国家出版基金项目
NATIONAL PUBLICATION FOUNDATION

汉语印地语大词典

बृहत् चीनी-हिन्दी शब्दकोश

主编　殷洪元　　副主编　姜景奎

北京大学出版社
PEKING UNIVERSITY PRESS

图书在版编目(CIP)数据

汉语印地语大词典/殷洪元主编. —北京：北京大学出版社，2016.2
ISBN 978-7-301-22177-8

Ⅰ. ①汉… Ⅱ. ①殷… Ⅲ. ①印地语-词典 ②词典-汉语，印地语 Ⅳ. ①H712.6

中国版本图书馆CIP数据核字(2013)第030420号

书　　　名	汉语印地语大词典
	HANYU-YINDIYU DA CIDIAN
著作责任者	殷洪元 主编　姜景奎 副主编
责 任 编 辑	杜若明
标 准 书 号	ISBN 978-7-301-22177-8
出 版 发 行	北京大学出版社
地　　　址	北京市海淀区成府路205号　100871
网　　　址	http://www.pup.cn　新浪官方微博：@北京大学出版社
电 子 信 箱	zpup@pup.cn
电　　　话	邮购部 62752015　发行部 62750672　编辑部 62757349
印 刷 者	北京中科印刷有限公司
经　　　销	新华书店
	787毫米×1092毫米　16开本　111印张　4390千字
	2016年2月第1版　2016年2月第1次印刷
定　　　价	345.00元

未经许可，不得以任何方式复制或抄袭本书之部分或全部内容。
版权所有，侵权必究
举报电话：010-62752024　电子信箱：fd@pup.pku.edu.cn
图书如有印装质量问题，请与出版部联系，电话：010-62756370

《汉语印地语大词典》编写人员

主编（मुख्य संपादक）	殷洪元
副主编（उप मुख्य संपादक）	姜景奎
编委（संपादक मंडल के सदस्य）	殷洪元　马孟刚　张德福
	陈宗荣　姜景奎
印地语顾问（हिन्दी सलाहकार）	拉格希·沃茨（राकेश वत्स）（印度）
计算机统编（कंप्यूटर संपादक）	张德福

目 录

(विषय-सूची)

前言 I

प्राक्कथन III

凡例 1

कोश-निर्देश 4

略语表（**कोश में प्रयुक्त हिन्दी संकेताक्षर**） 7

音节对照表（**ध्वनिमूलक अक्षरों के तुलनात्मक रूप**） 9

新旧字形对照表（**अक्षरों के पुराने और नये रूप**） 22

音节表（**शब्दांश-संबंधी वर्णमाला**） 24

部首检字表（**अक्षरांश क्रमसूची**） 31

词典正文（**कोश** A-Z） 1-1671

附录（**परिशिष्ट**） 1672

汉语拼音方案（**चीनी ध्वनिमूलक पद्धति**） 1673

中国历史年代简表（**चीनी इतिहास का संक्षिप्त कालानुक्रम**） 1677

天干地支表（**आकाशीय स्तंभ व पार्थिव शाखाएं**） 1679

二十四节气（**चौबीस सौरावधियां**） 1681

中国少数民族分布简表（**चीनी अल्पसंख्यक जातियां**） 1682

计量单位（**तौल और माप**） 1684

联合国主要机构（**संयुक्त राष्ट्र संघ के मुख्य संगठन**） 1689

中国现行军衔表（**चीनी सेनाओं में अब प्रचलित रेंक्स**） 1691

化学元素表（**रासायनिक तत्व**） 1692

前言

编写"印汉词典"和"汉印词典"是国家领导人在上世纪 70 年代全国词典工作会议上给当时北京大学东语系提出的两项任务。第一项任务已经完成，2000 年 12 月北京大学出版社出版了《印地语汉语大词典》。该词典的出版对提高印地语教学、科研和翻译水平起到了很大的作用，并有助于国人了解印度、研究印度。2002 年，这部词典获得了"第三届中国高校人文和社会科学研究优秀成果奖"。此后，第二项任务即编写"汉语-印地语词典"就成为摆在我们面前的紧要工作。现在，经过北京大学外国语学院印地语教研室与解放军国际关系学院多语种教研室的再次合作，在两校领导的大力支持下，这一任务终于完成了，这就是这部《汉语印地语大词典》。

中国和印度是世界上最大的两个发展中国家。中印两国人民数千年来进行着密切的文化交流，这种交流以后必将继续发展。《汉语印地语大词典》对中国人学习印地语很重要，对印度人学习汉语同样重要。近年来，国外学习汉语的人士日益增多。在印度、新加坡、香港等地印度人学习汉语的人数不断在增加。但是，世界上至今还没有这方面的工具书，因此，编写出版这样一部词典，确为形势所需。

在教学方面，这部词典将有助于提高印地语的教学质量，有利于更好地培养我国的印度学人才。在翻译方面，这部词典将有助于提高印地语翻译的水平，更好地向中国人民介绍印度，向印度人民介绍中国。

印地语专业是国家重点学科——印度语言文学专业的一部分。这部词典的出版问世，是重点学科的一项重点建设，它填补了我国外语词典领域的一项空白。

本词典是一部大型语言工具书。共收汉语繁简字一万余个。全书收录单字和多字条目七万余条。除一般的词语外，还收录了一些常见的方言词汇、旧词语、文言词语以及近年来报刊上出现的常见的新词语。一些专门用于人名、姓氏、地名的单字等，也有收录。

本词典的编写过程可分为三个阶段：第一阶段是收集资料阶段。编者收集了国内和印度著名作家作品中的词语和从《印地语汉语大词典》中对译过来的词汇以及《汉语-印地语词汇集》中的词汇。原《中国画报》社印地文部和中国国际广播电台的同志也为我们提供了他们积累的资料卡片。第二阶段为编写阶段。第三阶段为专家审阅阶段。词典书稿编写完后，由印度印地语专家审阅。先是请国际广播电台印度印地语专家维诺德·钱德拉（Vinod Chandola）先生审阅，历时一年多，但因其工作繁忙，只审阅了 A 和 B 两个字母的书稿。2003 年起聘请北京大学的印度印地语专家拉格希·沃茨（Rakesh Vats）教授审阅了其余大部分书稿。

本词典编写中的主要参考书有中国出版的《汉语大词典》《现代汉语词典》（修订版、第六版）、《新华词典》《新华新词语词典》《汉英词典》（修订版）和印度出版的 *Hindi Shabda Sagar*（《印地语大词海》十一卷本）、*Manak Hindi Kosh*（《标准印地语词典》五卷本）、*Manak English-Hindi Kosh*（《标准英语-印地语词典》）、बृहत् अंग्रेज़ी-हिन्दी कोश（《英语-印地语大词典》）等。

参加本词典编写工作的人员大部分是离退休人员，因而有足够的时间保证编写工作的顺利进行。本词典 A、B、E、H、L、M、N、O、Q、X、Y 为殷洪元教授编写，C、F、G 为马孟刚教授编写，W 为张德福教授编写，D、J、K、P、S、T 为陈宗荣教授编写，R 为张德福、陈宗荣和殷洪元教授编写，Z 为陈宗荣和殷洪元教授编写；姜景奎教授编写了新词语。

本词典在编写过程中，得到了两校各方面的大力支持。深圳大学文学院前院长郁龙余教授在得知编写本词典的信息后，立即给予经济资助，作为启动经费。这对本词典的编写工作得以顺利进行起到了很大的作用。在编写过程中郁龙余教授还对我们的工作提出了许多有益的建议。北京大学的印地语专家拉格希·沃茨担任本词典的印地语顾问后，在工作之暇严谨认真地审阅了大部分书稿。在"非典"肆虐期间他也坚持每天工作，有时还利用周末休息日审稿，使审阅工作顺利完成。《中国画报》社原印地文部主任林福集译审和中国国际广播电台原印地文部孙宝纲译审对我们的编写工作十分关注，为我们提供了他们多年积累的资料卡片，并提出了许多有益的建议。在计算机处理方面，吴松、陈伟、李朝和洪雷等同志放弃了节假日休息，为词典的排版作出了贡献。北京大学出版社以出版高层次的学术著作而著称，愉快地接受了本词典的出版任务，使本词典得以出版问世。在此，我们一并衷心致谢。

本词典获得 2015 年度国家出版基金项目资助，这为词典的出版提供了有力的保障。

本词典编写工作前后历时十余载，由于人力、物力以及编者水平的限制，词典中的缺点和错误在所难免，请广大读者批评指正。

《汉语印地语大词典》编写组
二〇一五年十二月

प्राक्कथन

पिछली शताब्दी की सातवीं दशाब्दी में तत्कालीन चीन के कोश-कार्य की सभा में राज्य नेता ने पीकिंग विश्वविद्यालय के प्राच्य भाषा व साहित्य विभाग से 'हिन्दी-चीनी' और 'चीनी-हिन्दी' दो शब्दकोश के निर्माण और संपादन के दो बृहत् कार्य करने का आग्रह किया था । इन में से 'हिन्दी-चीनी शब्दकोश' का कार्य बीस से अधिक वर्षों के प्रयास के बाद सन् 2000 में पूरा हुआ और पीकिंग विश्वविद्यालय के प्रकाशन-गृह द्वारा प्रकाशित होकर सामने आया । सन् 2002 में इस शब्दकोश को 'चीन के विद्यालयों, विश्वविद्यालयों में मानवशास्त्र तथा सामाजिक विज्ञान का तृतीय उत्तम अनुसंधान पुरस्कार' मिला । इस कोश ने चीन में हिन्दी के अध्ययन-अध्यापन, शोध अनुसंधान, अनुवाद और हिन्दी के क्षेत्र में काम करने वाले चीनी विद्यार्थियों, अध्यापकों व विद्वानों को जो सहायता प्रदान दी है, वह बहुत भारी ही है । जहाँ तक दूसरे शब्दकोश 'चीनी-हिन्दी शब्दकोश' का प्रश्न है, इस पर भी कार्य तो काफ़ी पहले शुरू किया जा चुका था और अब पीकिंग विश्वविद्यालय के विदेशी भाषा स्कूल के हिन्दी विभाग और मुक्ति सेना के अंतर्राष्ट्रीय संबंध कालेज के बहुभाषा उपविभाग के घनिष्ठ सहयोग और दोनों विद्यालयों के नेताओं के पुरज़ोर समर्थन में अंततः यह कार्य, अर्थात् प्रस्तुत 'बृहत् चीनी-हिन्दी शब्दकोश' भी पूरा हो गया है ।

चीन और भारत आज संसार में सब से बड़े दो विकासशील देश हैं । हज़ारों वर्षों से दोनों देशों की जनता में सांस्कृतिक आदान-प्रदान होता रहा है । यह परम्परा छिट-पुट बाधाओं के बाद आज भी बरकरार है । 'चीनी-हिन्दी शब्दकोश' चीनियों के हिन्दी सीखने के लिए बहुत महत्वपूर्ण है, और भारतीयों के चीनी सीखने के लिये समान रूप से महत्वपूर्ण है । विदेशों में चीनी भाषा सीखनेवाले व्यक्तियों की संख्या दिन-प्रति-दिन बढ़ रही है । भारत, सिंगापुर, हांगकांग आदि स्थानों के भारतीयों में चीनी भाषा सीखने वालों की संख्या भी बढ़ रही है । लेकिन, इस प्रकार के कोश का आभाव है । इस कोश का संपादन और प्रकाशन करना सचमुच परिस्थितियों की फ़ौरी आवश्यकता है । अध्ययन-अध्यापन में यह कोश हिन्दी पढ़ाई की गुणवत्ता को बढ़ाने में योग देगा । चीन में भारत-शास्त्र के सुयोग्य व्यक्तियों को प्रशिक्षित करने में भी सहायता मिलेगी । अनुवाद में यह कोश चीनी और हिन्दी अनुवाद-स्तर को बढ़ाने में भी योग देगा, जिस से चीनी जनता को भारत का और भारतीय जनता को चीन का परिचय और भी अच्छी तरह देने में सहायता मिलेगी ।

हिन्दी विशिष्ट-विषय चीन के प्रमुख विषय —— भारतीय भाषा व साहित्य विशिष्ट-विषय का एक भाग है । इस कोश का प्रकाशन होने से प्रमुख विषय के लिए एक प्रमुख निर्माण है । इस कोश ने चीन के विदेशी भाषा कोशों के क्षेत्र में एक रिक्त स्थान को भर दिया है । यह कोश एक बड़े आकार की भाषा-उपकरण पुस्तक

है। कोश में चीनी भाषा के जटिल और सरल रूप के कुल दस हज़ार से अधिक अक्षर हैं। एकाक्षर और बहु-अक्षर शब्द सत्तर हज़ार से अधिक हैं। साधारण शब्दों के अतिरिक्त प्रचलित बोली शब्द, पुराने शब्द, क्लासिकी भाषा में लिखित शब्द, चंद वर्षों में पत्र-पत्रिकाओं में प्रचलित नए-नए शब्द और व्यक्ति के नाम, कुलनाम तथा स्थान के नाम में प्रयुक्त कुछ एकाक्षर शब्द भी संकलित हैं।

इस कोश के संपादन में तीन अवस्थाएँ रही हैं। पहली अवस्था संदर्भ सामग्री के संकलन की थी। संपादकगणों ने देश के और भारत के प्रसिद्ध लेखकों की कृतियों से और 'हिन्दी-चीनी शब्दकोश' और 'चीनी-हिन्दी शब्दावली' से शब्द संकलित किए। तत्कालीन 'चीन-सचित्र' पत्र-गृह के हिन्दी विभाग और चीन के अंतर्राष्ट्रीय प्रसारण गृह के हिन्दी विभाग में कार्यरत सहयोगियों ने भी अपनी संग्रहीत सामग्रियों के कार्ड देकर सहायता की। दूसरी अवस्था संकलित सामग्री से कोश का निर्माण कार्य की थी। भारतीय विशेषज्ञों द्वारा समीक्षा कार्य की थी। आरम्भ में यह समीक्षा कार्य चीन के अंतर्राष्ट्रीय प्रसारण विभाग में तत्कालीन कार्यरत श्री विनोद चंदोला ने शुरू किया, किंतु अपनी व्यस्तताओं के कारण वे केवल शब्दकोश के दो अक्षर A और B की समीक्षा ही कर पाए। बाद में पीकिंग विश्वविद्यालय के हिन्दी विभाग में अध्यापन कार्य करने आए भारतीय विशेषज्ञ प्रोफ़ेसर राकेश वत्स ने शब्दकोश के बाकी अक्षरों की समीक्षा की।

कोश के संपादन में जिन मुख्य संदर्भ पुस्तकों से सहायता ली गयी है, उन में से प्रमुख पुस्तकें हैं 'बृहत् चीनी शब्दकोश', 'आधुनिक चीनी कोश' (संशोधित संस्करण, षष्ठ संस्करण), 'शिन-ह्वा शब्दकोश' (नया चीन शब्दकोश), 'शिन-ह्वा नए शब्द कोश', 'चीनी-अँग्रेज़ी शब्दकोश' (संशोधित संस्करण) आदि और भारत में प्रकाशित 'हिन्दी शब्दसागर' (ग्यारह खण्ड), 'मानक हिन्दी कोश' (पाँच खण्ड), 'मानक-अँग्रेज़ी-हिन्दी कोश', 'बृहत् अँग्रेज़ी-हिन्दी कोश' आदि।

इस कोश के सम्पादक-मंडल के अधिकांश सदस्य सेवानिवृत्त हैं, इसलिए अपने अधिकांश समय को वे इस कोश कार्य के निर्माण में दे पाए और कोश का संपादन कार्य निर्विघ्न रूप से पूरा हुआ। इस कोश में A, B, E, H, L, M, N, O, Q, X, Y का संपादन प्रोफ़ेसर यिन होंग-ख्वान ने किया। C, F, G का संपादन प्रोफ़ेसर मा मंग-कांग ने किया। W का संपादन प्रोफ़ेसर ट्षांग त-फ़ू ने किया। D, J, K, P, S, T का संपादन प्रोफ़ेसर ठ्षन त्सोंग-रोंग ने किया। R का संपादन प्रोफ़ेसर ट्षांग त-फ़ू, ठ्षन त्सोंग-रोंग और यिन होंग-ख्वान ने किया और Z का संपादन प्रोफ़ेसर ठ्षन त्सोंग-रोंग और यिन होंग-ख्वान ने किया। प्रोफ़ेसर च्यांग चंग-ख्वेइ ने नए शब्दों का संपादन किया है।

कोश के संपादन के दौरान में हमें दोनों विद्यालयों के नेताओं का पुरज़ोर समर्थन मिला है। शुन चन विश्वविद्यालय के साहित्य कालेज के पूर्व प्रधान प्रोफ़ेसर यू लोंग-यू को जब पता चला कि हम इस कोश का संपादन करना चाहते हैं तो उन्होंने कोश-कार्य का आरंभ करने के लिए आर्थिक सहायता दी। संपादन-कार्य में उन्होंने बहुत से हितकारी सुझाव भी दिये। इस कोश के संपादन-कार्य के निर्विघ्न रूप से पूरा होने में उन की बहुत महत्वपूर्ण भूमिका रही है। पीकिंग विश्वविद्यालय के हिन्दी विशेषज्ञ प्रोफ़ेसर राकेश वत्स ने इस कोश के

सलाहकार होने के साथ-साथ अशिथिलतापूर्वक और बड़ी संजीदगी से कोश का अधिकांश भाग पढ़ा और इस की समीक्षा की । 2003 में सार्स के फैलने के दिनों में भी अविचल और अथक रूप से कोश कार्य करते रहे । हर दिन यहाँ तक कि छुट्टियों में भी उन्होंने कोश की समीक्षा करना और इसे पढ़ना जारी रखा, जिस से कोश को पढ़ने और इस की समीक्षा करने का कार्य बेरोकटोक ढंग से पूरा हो गया । तत्कालीन "चीन-सचित्र" पत्र-गृह के हिन्दी विभाग के प्रधान प्रोफ़ेसर लिन फ़ू-ची और अंतर्राष्ट्रीय प्रसारण-गृह के हिन्दी विभाग के प्रोफ़ेसर सुन पाओ-कांग ने भी हमारे कोश के संपादन में अपनी संग्रहीत सामग्रियों के बहुत से कार्ड और हितकारी सुझाव दिये । वू सोंग, ठ्षन वेइ, ली ट्षाओ और होंग लेइ आदि साथियों ने छुट्टियों में भी कोश के लिये कंप्यूटर पर टाइप और टाइप सामग्री प्रिंट करके सहायता दी है, उन्होंने भी इस कोश के लिये बड़ा योगदान दिया है । पीकिंग विश्वविद्यालय का प्रकाशन-गृह उच्च-स्तरीय विद्याध्ययन रचनाओं को प्रकाशित करने में विख्यात है । प्रकाशन-गृह ने इस कोश को प्रकाशित करने का कार्य भार प्रसन्नता से स्वीकार किया है, जिस से यह कोश प्रकाशित हो सका । कोश के सम्पादक-मंडल के सभी सदस्य उपरोक्त संस्थाओं और व्यक्तियों के प्रति हार्दिक आभार प्रकट करते हैं ।

इस साल में प्रस्तुत शब्दकोश को राज्य प्रकाशन-फ़ंत की वित्तीय सहायता प्राप्त हुई जिस ने कोश के प्रकासन के लिए शक्तिशाली गारंटी कर दी थी ।

इस कोश के संपादन में दस वर्षों से अधिक समय लग गया । जन-शक्ति, वस्तु-स्थिति और संपादकों की जानकारी के स्तर में कमी के कारण कोश में त्रुटियाँ और कमियाँ अवश्य रहेंगी । आशा है कि पाठकगण आलोचना और राय दे सकेंगे ।

'बृहत् चीनी-हिन्दी शब्दकोश' संपादन-मंडल

दिसंबर, 2015

凡 例

一、条目安排

1. 本词典所收条目分单字条目和多字条目。单字条目用较大字号。
2. 有的单字有繁体字或异体字者，列于该字之后圆括号中。
3. 单字条目按汉语拼音音序排列。同音词按声调阴平、阳平、上声、去声次序排列。轻声在最后。同音同声调的字按笔画先少后多排列。如：按àn，胺àn。
4. 同形而读音不同的字，或因适用范围不同而读音不同的字，分立条目。例如：好 hǎo，好 hào。分立的条目后均注明“另见…”（…भी दे॰）如：好 hǎo 后注“hào भी दे॰”，好 hào 后注“hǎo भी दे॰”。
5. 同形同音的字，词义须分别处理的，分立条目。在该字的右上角标注阿拉伯数字 1、2、3…。例如：艾[1]āi，艾[2]āi，艾[3]āi，艾[4]āi。
6. 多字条目加方括号（【 】），列于相应的单字条目之下，按第二个字的汉语拼音音序排列。第二个字相同时，按第三个字的拼音音序排列，余类推。
7. 轻声字列于同音的非轻声字之后。例如：**【大方】** dàfang 列于 **【大方】** dàfāng 之后。
8. 口语里必须儿化的字，另立条目。儿化字属多字条目。拼音中的“r”不计入字母顺序。例如：**【哥儿】** ger 列在单字条目“哥 gē”之下；**【八宝儿】** bābǎor 列在 **【八宝】** bābǎo 之下，**【八宝菜】** bābǎocài 之上。儿化而书面上不一定写出的，“儿”加括号，如“八宝（儿）”
9. 多字条目形同义异者，分立条目，于方括号之右上角标注 1、2、3…。例如：**【把子】**[1] bǎzi，**【把子】**[2] bǎzi。

二、注音

10. 字、词条目用汉语拼音字母注音。例如：八 bā；**【八宝】** bābǎo。
11. 轻声不标调号。例如：啊（阿，呵）a；**【矮子】** ǎizi 中的“子”zi。
12. 声调只标原调，不标变调。
13. 多字条目的注音，音节界限有可能混淆的，加隔音符号（’）。例如：**【暗暗】** àn’àn。
14. 专名和姓氏的注音，第一个字母均用大写。例如：**【北京】** Běijīng；张（Zhāng）。

三、释义

15. 释义以现代汉语为准，一般不列古义。
16. 释义用对应的印地语词或词语解释。
17. 一个条目有数义时，用反白带圈阿拉伯数字❶、❷、❸…标注顺序。一义中又分数义者，用带圈阿拉伯数字①、②、③…标注顺序。
18. 释义中印地语各同义词之间用分号（;）隔开。例如：八 bā之释义为 आठ; अष्ट; आठवाँ。
19. 专业条目一般用印地语在释义前标明所属专业或学科的名称，用尖括号（〈 〉）括出。例如：锿āi 〈रसा०〉 आइंस्टाइनियम; 【菩提】pútí 〈बौद्ध धर्म〉 बोधि。
20. 实词不标注词类。
21. 介词、连词、叹词、拟声词、助词及量词在释义前用略语于尖括号内注明。例如：啊 ā 〈विस्मय०〉。
22. 有些修辞性说明如方言、口语、书面语等也在尖括号内用略语注明。例如：【巴士】bāshi 〈बो०〉 बस。
23. 释义中的可替换词或补充性说明放在圆括号内。例如：【八路军】Bā Lù Jūn（八路 भी）आठवीं राह सेना; आठवाँ मार्ग सेना (चीनी कम्युनिस्ट पार्टी के नेतृत्व में जापान-आक्रमण विरोधी क्रांतिकारी सेना) 。
24. 有的字条目只用于多字条目中，则在该单字条目后标注“नीचे दे०”（见下）或“दे०…”（参看），表示只用于下面的多字条目中。例如：吖ā नीचे दे०，其下为多字条目【吖嗪】āqín。表示“吖”只用于多字条目【吖嗪】中。又如“犴àn”仅用于【狴犴】bì’àn 中，在“犴”下注明 दे० 狴犴 bì’àn。
25. 成语及某些特有事物之释义，一般先按字面意义直译，再用破折号（——），后列释义。例如：【八辈子】bābèizi आठ जन्म; आठ जीवनों की अवधि —— बहुत लंबा समय

四、语证

26. 释义后如有语例，释义后用冒号（:）。冒号后为语例。例如：【八方】bāfāng अष्टदिशाएं; चारों ओर: 四面～ चारों ओर 。
27. 语例中所用之本条目字，用替代号（～）代替。多字条目如在本条目之间插入其他字时，则不用替代号。例如：【安心】ānxīn：～读书 / 安不下心来。后例中“安心”之间插入了“不下”，不用替代号。
28. 语例单音字不用替代号，不注音，亦不释义。例如：巴 bā之释义中第一义为❶उत्सुकता से राह ताकना, 其语例为“巴不得 / 巴望”。此二词均属于同一单字条目“巴”。语例中"巴"不用替代号，后边也不标注汉语拼音及印地语释义。
29. 如语例不属于同一单字条目的多字条目者，则于其后标注汉语拼音。
30. 语例之间用间隔号（/）隔开。例如：【爱护】ài'hù中～公物 सार्वजनिक सम्पत्ति को सुरक्षित करना ／ ～人民 जनता के साथ आत्मीयता बढ़ाना या बरतना

कोश-निर्देश

अ अक्षरों और शब्दों का प्रबंध

1. इस कोश में प्रयुक्त शब्द दो प्रकार के हैं —— एकाक्षर शब्द और बहु-अक्षर शब्द। एकाक्षर शब्द बड़े-बड़े आकार के हैं।
2. कुछ एकाक्षर शब्दों के भिन्न रूप या जटिल रूप हैं वे उस के पीछे गोलाभिवार लघु कोष्ठक (( )) में दर्शाये गये हैं, जैसे, 啊（呵）ā; 袄（襖）ǎo।
3. एकाक्षर शब्द चीनी ध्वन्यात्मक वर्णक्रम के अनुसार क्रमबद्ध किये गये हैं। समध्वनि एकाक्षर शब्द उच्च और समतल टोन, उठती टोन, गिरती-उठती टोन और गिरती टोन के क्रम से रखे गये हैं। हल्की टोन वाले एकाक्षर शब्द अंत में रखे गये हैं। समध्वनि और समटोन वाले एकाक्षर शब्द अपने-अपने घोतों या स्ट्रोकों की संख्या के अनुसार रखे गये हैं। कम घात या स्ट्रोकों वाले एकाक्षर शब्द पहले आते हैं और अधिक घात या स्ट्रोकों वाले एकाक्षर शब्द बाद में, जैसे, 按àn，胺àn।
4. समरूपों परंतु भिन्न उच्चारण वाले एकाक्षर शब्द, या भिन्न प्रयोगों में भिन्न उच्चारण वाले एकाक्षर शब्द अलग-अलग शब्दों के रूप में रखे गये हैं और अलग-अलग शब्दों के नीचे "…भी दे०" निर्दिष्ट है, जैसे, 好 hǎo; 好 hào। पहले 好 hǎo के नीचे "好 hàoभी दे०" और बाद के 好 hào के नीचे "好 hǎo भी दे०" लिखे गये हैं।
5. समरूप और समध्वनि वाले एकाक्षर शब्द जिन के अर्थ भिन्न हैं, उन्हें अलग-अलग शब्दों के रूप में रखा गया है, और उन की दायीं ओर ऊपर क्रम संख्या 1. 2. 3 … आदि भी दी गयी है, जैसे; 艾[1]āi，艾[2]āi，艾[3]āi，艾[4]āi।
6. बहु-अक्षर शब्द वर्गाकार कोष्ठक (【 】) में आद्यक्षर शब्द के नीचे रखे गये हैं और इन बहु-अक्षरों में आद्यक्षर के अलावा जो दूसरे अक्षर हैं उन्हें चीनी ध्वन्यात्मक वर्णक्रम से रखा गया है। इन में भी, यदि किसी शब्द के पहले दो अक्षर दूसरे शब्द के पहले दो अक्षरों के समान हैं, तो शब्द के तीसरे अक्षर के वर्णक्रम को आधार मान कर क्रम दिया गया है। आगे भी बहु-अक्षरों के वर्णक्रम में यही क्रम अपनाया गया है।
7. हल्की टोन वाले एकाक्षर शब्द उस के समध्वन्यात्मक वर्ण वाले शब्दों के नीचे रखे गये हैं, जैसे, "家 jia" "家 jiā" के नीचे रखा गया है; 【大方】dàfang 【大方】dàfāng के नीचे।
8. बोलचाल की भाषा में "r" के साथ बोले जाने वाले एकाक्षर शब्दों को बहु-अक्षर मान कर बहु-अक्षर शब्दों की श्रेणी में रखा गया है, जैसे, 【哥儿】ger एकाक्षर शब्द "哥 gē" के नीचे रखा गया है और शब्दक्रम में "r" नहीं गिना गया, जैसे, 【八宝儿】bābǎor 【八宝】bābǎo के नीचे और【八宝菜】bābǎocài के ऊपर रखा गया है।
9. बहु-अक्षर शब्दों के समध्वन्यात्मक वर्णों वाले शब्दों को यदि अर्थ भिन्न हो तो अलग-अलग शब्द माना गया है और उन्हें कोष्ठक की दायीं ओर ऊपर "1. 2. 3 …" आदि क्रम दे दिया गया है, जैसे, 【把子】[1]bǎ–

zi,【把子】[2] bǎzi।

ब उच्चारण

10. प्रत्येक शब्द के साथ उस का उच्चारण चीनी ध्वन्यात्मक वर्ण में दिया गया है, जैसे; 八 bā;【八宝】bā-bǎo।
11. हल्की टोन वाले शब्दों की टोन दर्शाने के लिए आमतौर पर कोई टोन-चिह्न इस्तेमाल नहीं किया जाता, जैसे,【矮子】ǎizi में 子 zi।
12. शब्दों की टोन में उस की मूल टोन ही दर्शायी गयी है न कि उच्चारण के दौरान परिवर्तित टोन।
13. बहु-अक्षर शब्दों के चीनी ध्वन्यात्मक वर्णों में उच्चारण के लिए दो अक्षरों के बीच उच्चारण और अर्थ की गलतफ़हमी से बचने के लिए विभाजन-चिह्न (') (अलगाने के लिए) लगाया गया है, जैसे,【暗暗】àn'àn।
14. जातिवाचक संज्ञाओं व कुलनामों के ध्वन्यात्मक वर्णों में आदि वर्ण बड़े अक्षर में लिखा गया है, जैसे,【北京】Běijīng; 张(Zhāng)।

स व्याख्या (हिन्दी अर्थ)

15. शब्दों के अर्थ को स्पष्ट करने के लिए आम तौर से उस शब्द के आधुनिक चीनी भाषा में प्रयुक्त अर्थ दिये गये हैं, प्राचीन चीनी भाषा में प्रयुक्त अर्थ विस्तार से नहीं दिये गये हैं।
16. अर्थ स्पष्ट करने के लिए आम तौर से हिन्दी का समतुल्य शब्द प्रयुक्त किया गया है। अन्यथा हिन्दी वाक्यों से अर्थ स्पष्ट किया गया है।
17. यदि एक अक्षर शब्द के अनेक अर्थ हों तो क्रम से उन्हें ❶❷❸…अंक चिह्नों से चिह्नित किया गया है और एक अर्थ में यदि अनेक उपार्थ हों तो उन्हें ①、②、③… चिह्नों से दर्शाया गया है।
18. व्याख्या में अनेक समानार्थक शब्दों को दर्शाते समय अर्द्धविराम चिन्ह (;) का प्रयोग किया गया है, जैसे, 八 bā आठ; अष्ट; आठवां।
19. विशेष क्षेत्रों के शब्दों की व्याख्या में विशेष क्षेत्रों को ऐंगिल ब्रैकेट (〈〉) (कोण वाले कोष्ठक) में दर्शाया गया है, जैसे, 锿āi 〈रसा०〉 आइंस्टाइनियम;【菩提】pútí 〈बौद्ध धर्म〉 बोधि।
20. संज्ञा, सर्वनाम, विशेषण, संख्या, क्रियाविशेषण और क्रिया आदि संरचनात्मक शब्दों के लिए शब्दभेद नहीं लिखे गये हैं।
21. व्याख्या में पूर्वसर्ग, संयोजक, विस्मयादिबोधक, अनुकरण शब्दों, लघु अव्यय शब्दों और परिमाण शब्दों के संक्षिप्त रूप ऐंगिल ब्रैकेट में लिखे गये हैं, जैसे, 啊a 〈विस्मय०〉 आह!
22. कुछ अलंकार संबंधी प्रयोग, जैसे, बोली, बोलचाल की भाषा, लिखित भाषा आदि के संक्षिप्त रूप भी ऐंगिल ब्रैकेट (कोणवाला कोष्ठक) में लिखे गये हैं, जैसे,【巴士】bāshi 〈बो०〉 बस।
23. व्याख्या में संदर्भीय, व्याख्यावाले और परिभाषीय शब्दों को अर्धगोल कोष्ठक में दर्शाया गया है, जैसे,【八

路军】 Bā Lù Jūn (八路 भी) आठवीं राह सेना; आठवीं मार्ग सेना (चीनी कम्युनिस्ट पार्टी के नेतृत्व में जापान-आक्रमण विरोधी क्रांतिकारी सेना) ।

24. ऐसा एकाक्षर शब्द जो केवल किसी एक बहु-अक्षर शब्द में ही प्रयुक्त होता है, उसे व्याख्या में "नीचे दे०" या "दे०…" लिखकर दर्शाया गया है, जैसे, 吖 ā का प्रयोग केवल बहु-अक्षर शब्द 【吖嗪】 āqín में होता है और इसे "नीचे दे०" 【吖嗪】 लिख कर दर्शाया गया है। इसी प्रकार 犴 àn का प्रयोग केवल 狴犴 bì'àn में होता है और इसे भी इसी प्रकार दे० 【狴犴】 bì'àn लिखकर दर्शाया गया है।

25. मुहावरों और विशेष वस्तुओं की व्याख्या में आमतौर से पहले उन के शाब्दिक अर्थ का हिन्दी में अनुवाद दिया गया है, फिर निर्देश चिह्न (डैश ——) के बाद उन का भावात्मक, सांस्कृतिक आदि अर्थ दिया गया है, जैसे; 【八辈子】 bābèizi आठ जन्म; आठ जीवनों की अवधि —— बहुत लंबा समय।

द उदाहरण

26. शब्दार्थ के बाद व्याख्या के लिए यदि उदाहरण दिया गया या दिये गये हैं तो उदाहरण से पूर्व कोलन चिह्न （：）प्रयुक्त किया गया है। कोलन चिह्न के बाद उदाहरण आता है, जैसे; 【八方】 bāfāng अष्टदिशाएं; चारों ओर： 四面～ चारों ओर।

27. उदाहरण में जो मुख्य शब्द हैं, उन्हें स्थानापन्न चिह्न （～） से दर्शाया गया है। बहु-अक्षरों के बीच यदि दूसरे शब्द आते हैं तो स्थानापन्न चिह्न का प्रयोग नहीं किया गया, जैसे, 【安心】 ānxīn शांतचित्त होना; …： "～休养 निश्चिंत होकर आराम करना" ; परंतु "安不下心来 चैन से न होना" दूसरे उदाहरण 安心 के बीच 不下 आया, इसलिए स्थानापन्न चिह्न का प्रयोग नहीं किया गया।

28. यदि एकाक्षर शब्द के उदाहरण का प्रयोग उस के नीचे आने वाले बहु-अक्षर शब्दों में उस एकाक्षर शब्द के लिए स्थानापन्न चिन्ह （～） का प्रयोग नहीं किया गया है और न ही उस के लिए चीनी ध्वन्यात्मक वर्ण दिया गया है और न ही हिन्दी अर्थ। जैसे, एकाक्षर शब्द 巴 bā की व्याख्या में पहला अर्थ "उत्सुकता से राह ताकना", उस का उदाहरण है 巴不得 और 巴望। ये दोनों शब्द नीचे स्वतंत्र रूप से आए हैं और वहां पर इन के चीनी ध्वन्यात्मक वर्ण और हिन्दी अर्थ दिये गये हैं।

29. यदि एकाक्षर शब्द के उदाहरण का प्रयोग उस के नीचे आनेवाले बहु-अक्षर शब्दों में न होता हो तो उस एकाक्षर शब्द की व्याख्या के लिए दिए गए उदाहरण शब्दों में उस एकाक्षर शब्द के लिए स्थानापन्न चिन्ह का प्रयोग किया है और उस के लिए चीनी ध्वन्यात्मक वर्ण भी दिया गया है।

30. यदि उदाहरण दो या दो से अधिक हों, तो उदाहरणों के बीच में पृथक्करण चिह्न （/） दर्शाया गया है, जैसे, 【爱护】 àihù में ～公物 सार्वजनिक सम्पत्ति को सुरक्षित करना / ～人民 जनता के साथ आत्मीयता बढ़ाना या बरतना।

略语表

(कोश में प्रयुक्त हिन्दी संकेताक्षर)

अना०	अनादरसूचक	贬义
अनु०	अनुकरणवाचक	拟声词
अरण्य०	अरण्यशास्त्र	林业
अर्थ०	अर्थशास्त्र	经济
अशि०	अशिष्ट	粗俗语
आदर०	आदरसूचक	敬辞
इति०	इतिहास	历史
औष०	औषधविज्ञान	药物
कंप्यू०	कंप्यूटर	计算机
कलाबा०	कलाबाज़ी	杂技
क०शि०	कलाशिल्प	工艺美术
कहा०	कहावत	谚语
का०	कानून	法律
की०	कीटाणुविज्ञान	微生物学
कृ०	कृषि	农业
क्रि०वि०	क्रिया-विशेषण	副词
खगोल०	खगोलशास्त्र	天文学
खनि०	खनिजविज्ञान	矿业
खेल०	खेलकूद	体育
गणित०	गणितशास्त्र	数学
घृणा०	घृणासूचक	詈辞
चिकि०	चिकित्सा	医学
ची०चि०	चीनी चिकित्सा	中医药
जी०र०	जीव-रसायन	生化
जीव०	जीवविज्ञान	生物学
ज्या०	ज्यामिति	几何
तर्क०	तर्कशास्त्र	逻辑
दर्शन०	दर्शनशास्त्र	哲学
दे०	देखिए	参看，见
धा०	धातुविज्ञान	冶金
ध्वनि०	ध्वनिविज्ञान	语音学
नाट०	नाटक	戏剧
परिव०	परिवहन	运输
परि०श०	परिमाण शब्द	量词
पुरा०	पुरातत्व	考古
पूर्व०	पूर्वसर्ग	介词
प्रा०	प्राचीन अर्थ	古义
प्राणि०	प्राणिविज्ञान	动物
फ़ोटो०	फ़ोटोग्राफ़ी	摄影
बुना०	बुनाई	纺织
बो०	बोली	方言
बोल०	बोलचाल की भाषा	口语
भा०वि०	भाषाविज्ञान	语言学
भू०	भूगोल	地理
भूगर्भ	भूगर्भविज्ञान	地质
भौ०	भौतिकी	物理
मनो०	मनोविज्ञान	心理学
मुद्रण०	मुद्रणकला	印刷
मौ०वि०	मौसमविज्ञान	气象
यां०	यांत्रिकी	机械
रसा०	रसायन	化学
रसा०रे०	रसायन रेशा	化纤
रेल०	रेलवे	铁路
लघु०अ०	लघु अव्यय	助词
ला०	लाक्षणिक	比喻
लि०	लिखित भाषा	书面语

वन०	वनस्पति	植物
वाणि०	वाणिज्य	商业
वाता०र०	वातावरण रक्षण	环保
वास्तु०	वास्तुशास्त्र	建筑
विद्यु०	विद्युतविज्ञान	电学
विनम्र०	विनम्रसूचक	谦辞
विमान०	विमानविज्ञान	航空
विस्मय०	विस्मयादिबोधक	叹词
वैद्यु०	वैद्युदण्विकी	电子学
व्या०	व्याकरण	语法
श०वि०	शरीर विज्ञान	生理学
शा०	शाब्दिक	字面意义
शिष्ट०	शिष्टोक्ति	婉辞
शि०भा०	शिष्टभाषा	客套语
संगी०	संगीत	音乐
संयो०	संयोजक	连词
साहि०	साहित्यिक	文学语言
सैन्य०	सैन्यविज्ञान	军事
हास्य०	हास्यसूचक	诙谐语

音节对照表

（ध्वनिमूलक अक्षरों के तुलनात्मक रूप）

汉语拼音、注音字母、威妥玛式拼音、印地语音节对照表
(चीनी ध्वनिमूलक पद्धति, राष्ट्रीय ध्वन्यात्मक वर्णमाला, वेड पद्धति व हिन्दी में अक्षरों से तुलनात्मक रूप)

汉语拼音 (चीनी ध्वनिमूलक पद्धति)	注音字母 (राष्ट्रीय ध्वन्यात्मक वर्णमाला)	威妥玛拼音 (वेड पद्धति)	印地语 (हिन्दी)	例字 (उदाहरण)
a	ㄚ	a	आ	啊
ai	ㄞ	ai	आए	哀
an	ㄢ	an	आन	安
ang	ㄤ	ang	आंग	肮
ao	ㄠ	ao	आओ	凹
ba	ㄅㄚ	pa	पा	八
bai	ㄅㄞ	pai	पाए	白
ban	ㄅㄢ	pan	पान	班
bang	ㄅㄤ	pang	पांग	邦
bao	ㄅㄠ	pao	पाओ	包
bei	ㄅㄟ	pei	पेइ	杯
ben	ㄅㄣ	pên	पन	奔
beng	ㄅㄥ	pêng	पंग	崩
bi	ㄅㄧ	pi	पी	逼
bian	ㄅㄧㄢ	pien	प्येन	边
biao	ㄅㄧㄠ	piao	प्याओ	标
bie	ㄅㄧㄝ	pieh	प्ये	憋
bin	ㄅㄧㄣ	pin	पिन	宾
bing	ㄅㄧㄥ	ping	पिंग	冰
bo	ㄅㄛ	po	पो	波
bu	ㄅㄨ	pu	पू	卜

ca	ㄘㄚ	ts'a	थ्सा	擦
cai	ㄘㄞ	ts'ai	थ्साए	猜
can	ㄘㄢ	ts'an	थ्सान	残
cang	ㄘㄤ	ts'ang	थ्सांग	仓
cao	ㄘㄠ	ts'ao	थ्साओ	操
ce	ㄘㄜ	ts'ê	थ्स	册
cei	ㄘㄟ	ts'ei	थ्सेइ	䫘
cen	ㄘㄣ	ts'ên	थ्सन	岑
ceng	ㄘㄥ	ts'êng	थ्संग	层
cha	ㄔㄚ	ch'a	छा	叉
chai	ㄔㄞ	ch'ai	छाए	柴
chan	ㄔㄢ	ch'an	छान	蝉
chang	ㄔㄤ	ch'ang	छांग	昌
chao	ㄔㄠ	ch'ao	छाओ	抄
che	ㄔㄜ	ch'ê	छ	车
chen	ㄔㄣ	ch'ên	छन	琛
cheng	ㄔㄥ	ch'êng	छंग	撑
chi	ㄔ	ch'i	छ्	吃
chong	ㄔㄨㄥ	ch'ung	छोंग	冲
chou	ㄔㄡ	ch'ou	छओ	抽
chu	ㄔㄨ	ch'u	छ्रू	出
chua	ㄔㄨㄚ	ch'ua	छवा	欻
chuai	ㄔㄨㄞ	ch'uai	छवाए	揣
chuan	ㄔㄨㄢ	ch'uan	छवान	川
chuang	ㄔㄨㄤ	ch'uang	छवांग	床
chui	ㄔㄨㄟ	ch'ui	छवेइ	吹
chun	ㄔㄨㄣ	ch'un	छुन	春
chuo	ㄔㄨㄛ	ch'uo，ch'o	छवो	戳
ci	ㄘ	ts'ü	थ्स्	此
cong	ㄘㄨㄥ	ts'ung	थ्सोंग	聪
cou	ㄘㄡ	ts'ou	थ्सओ	凑
cu	ㄘㄨ	ts'u	थ्सू	粗
cuan	ㄘㄨㄢ	ts'uan	थ्स्वान	撺
cui	ㄘㄨㄟ	ts'ui	थ्स्वेइ	催

cun	ㄘㄨㄣ	ts'un	थ्सुन	村
cuo	ㄘㄨㄛ	ts'uo	थ्स्वो	搓
da	ㄉㄚ	ta	ता	答
dai	ㄉㄞ	tai	ताए	呆
dan	ㄉㄢ	tan	तान	丹
dang	ㄉㄤ	tang	तांग	当
dao	ㄉㄠ	tao	ताओ	刀
de	ㄉㄜ	tê	त	得
dei	ㄉㄟ	tei	तेइ	得（必须）
den	ㄉㄣ	tên	तन	扽
deng	ㄉㄥ	têng	तंग	灯
di	ㄉㄧ	ti	ती	低
dia	ㄉㄧㄚ	tia	त्या	嗲
dian	ㄉㄧㄢ	tien	त्येन	掂
diao	ㄉㄧㄠ	tiao	त्याओ	刁
die	ㄉㄧㄝ	tieh	त्ये	爹
ding	ㄉㄧㄥ	ting	तिंग	丁
diu	ㄉㄧㄡ	tiu	त्यू	丢
dong	ㄉㄨㄢ	tung	तोंग	东
dou	ㄉㄡ	tou	तओ	兜
du	ㄉㄨ	tu	तू	独
duan	ㄉㄨㄢ	tuan	त्वान	端
dui	ㄉㄨㄟ	tui	त्वेइ	堆
dun	ㄉㄨㄣ	tun	तुन	吨
duo	ㄉㄨㄛ	tuo, to	त्वो	多
e	ㄜ	ê	अ	鹅
ê	ㄝ	eh	ए	欸
en	ㄣ	ên	अन	恩
eng	ㄥ	êng	अंग	鞥
er	ㄦ	êrh	अर्	而
fa	ㄈㄚ	fa	फ़ा	发
fan	ㄈㄢ	fan	फ़ान	帆
fang	ㄈㄤ	fang	फ़ांग	方

fei	ㄈㄟ	fei	फ़ेइ	飞
fen	ㄈㄣ	fên	फ़न	分
feng	ㄈㄥ	fêng	फ़ंग	丰
fiao	ㄈㄧㄠ	fiao	फ़्याओ	覅
fo	ㄈㄛ	fo	फ़ो	佛
fou	ㄈㄡ	fou	फ़ओ	否
fu	ㄈㄨ	fu	फ़ू	夫
ga	ㄍㄚ	ka	का	嘎
gai	ㄍㄞ	kai	काए	该
gan	ㄍㄢ	kan	कान	干
gang	ㄍㄤ	kang	कांग	冈
gao	ㄍㄠ	kao	काओ	高
ge	ㄍㄜ	kê	क	戈
gei	ㄍㄟ	kei	केइ	给
gen	ㄍㄣ	kên	कन	根
geng	ㄍㄥ	kêng	कंग	更
gong	ㄍㄨㄥ	kung	कोंग	工
gou	ㄍㄡ	kou	कओ	狗
gu	ㄍㄨ	ku	कू	估
gua	ㄍㄨㄚ	kua	क्वा	瓜
guai	ㄍㄨㄞ	kuai	क्वाए	乖
guan	ㄍㄨㄢ	kuan	क्वान	关
guang	ㄍㄨㄤ	kuang	क्वांग	光
gui	ㄍㄨㄟ	kuei	क्वेइ	归
gun	ㄍㄨㄣ	kun	कुन	滚
guo	ㄍㄨㄛ	kuo	क्वो	国
ha	ㄏㄚ	ha	हा	哈
hai	ㄏㄞ	hai	हाए	孩
han	ㄏㄢ	han	हान	酣
hang	ㄏㄤ	hang	हांग	杭
hao	ㄏㄠ	hao	हाओ	号
he	ㄏㄜ	hê	ह	喝
hei	ㄏㄟ	hei	हेइ	黑
hen	ㄏㄣ	hên	हन	很

heng	ㄏㄥ	hêng	हंग	亨
hm	ㄏㄇ	hm	ह्म, हम्	噷
hng	ㄏㄤ	hng	हन्ग	哼
hong	ㄏㄨㄥ	hung	होंग	轰
hou	ㄏㄡ	hou	हओ	后
hu	ㄏㄨ	hu	हू	呼
hua	ㄏㄨㄚ	hua	ह्वा	花
huai	ㄏㄨㄞ	huai	ह्वाए	怀
huan	ㄏㄨㄢ	huan	ह्वान	欢
huang	ㄏㄨㄤ	huang	ह्वांग	荒
hui	ㄏㄨㄟ	hui	ह्वेइ	灰
hun	ㄏㄨㄣ	hun	हुन	昏
huo	ㄏㄨㄛ	huo	ह्वो	活
ji	ㄐㄧ	chi	ची	几
jia	ㄐㄧㄚ	chia	च्या	加
jian	ㄐㄧㄢ	chien	च्येन	尖
jiang	ㄐㄧㄤ	chiang	च्यांग	江
jiao	ㄐㄧㄠ	chiao	च्याओ	交
jie	ㄐㄧㄝ	chieh	च्ये	节
jin	ㄐㄧㄣ	chin	चिन	斤
jing	ㄐㄧㄥ	ching	चिंग	京
jiong	ㄐㄩㄥ	chiung	च्योंग	炯
jiu	ㄐㄧㄡ	chiu	च्यू	究
ju	ㄐㄩ	chü	चू	居
juan	ㄐㄩㄢ	chuan	च्वान	捐
jue	ㄐㄩㄝ	chüeh	च्वे	决
jun	ㄐㄩㄣ	chün	चुन	军
ka	ㄎㄚ	k'a	खा	卡
kai	ㄎㄞ	k'ai	खाए	开
kan	ㄎㄢ	k'an	खान	看
kang	ㄎㄤ	k'ang	खांग	康
kao	ㄎㄠ	k'ao	खाओ	考
ke	ㄎㄜ	k'ê	ख	科
kei	ㄎㄟ	k'ei	खेइ	剋

ken	ㄎㄣ	k'ên	खन	肯
keng	ㄎㄥ	k'êng	खंग	坑
kong	ㄎㄨㄥ	k'ung	खोंग	空
kou	ㄎㄡ	k'ou	खओ	口
ku	ㄎㄨ	k'u	खू	哭
kua	ㄎㄨㄚ	k'ua	ख्वा	夸
kuai	ㄎㄨㄞ	k'uai	ख्वाए	快
kuan	ㄎㄨㄢ	k'uan	ख्वान	宽
kuang	ㄎㄨㄤ	k'uang	ख्वाग	匡
kui	ㄎㄨㄟ	k'uei	ख्वेइ	亏
kun	ㄎㄨㄣ	k'un	खुन	坤
kuo	ㄎㄨㄛ	k'uo	ख्वो	扩
la	ㄌㄚ	la	ला	拉
lai	ㄌㄞ	lai	लाए	来
lan	ㄌㄢ	lan	लान	兰
lang	ㄌㄤ	lang	लांग	郎
lao	ㄌㄠ	lao	लाओ	捞
le	ㄌㄜ	lê	ल	肋
lei	ㄌㄟ	lei	लेइ	勒
leng	ㄌㄥ	lêng	लंग	冷
li	ㄌㄧ	li	ली	丽
lia	ㄌㄧㄚ	lia	ल्या	俩
lian	ㄞㄧㄢ	lien	ल्यान	连
liang	ㄌㄧㄤ	liang	ल्यांग	良
liao	ㄌㄧㄠ	liao	ल्याओ	辽
lie	ㄌㄧㄝ	lieh	ल्ये	列
lin	ㄌㄧㄣ	lin	लिन	林
ling	ㄌㄧㄥ	ling	लिंग	灵
liu	ㄌㄧㄡ	liu	ल्यू	刘
lo	ㄌㄛ	lo	लो	咯
long	ㄌㄨㄥ	lung	लोंग	龙
lou	ㄌㄡ	lou	लओ	搂
lu	ㄌㄨ	lu	लू	卢
lü	ㄌㄩ	lü	ल्वी	驴

luan	ㄌㄨㄢ	luan	ल्वान	峦
lüe	ㄌㄩㄝ	lüeh	ल्वे	掠
lun	ㄌㄨㄣ	lun	लुन	伦
luo	ㄌㄨㄛ	lo	ल्वो	罗
m	ㄇ	m	म्	姆
ma	ㄇㄚ	ma	मा	妈
mai	ㄇㄞ	mai	माए	埋
man	ㄇㄢ	man	मान	蔓
mang	ㄇㄤ	mang	मांग	忙
mao	ㄇㄠ	mao	माओ	猫
me	ㄇㄜ	mê	म	么
mei	ㄇㄟ	mei	मेइ	玫
men	ㄇㄣ	mên	मन	闷
meng	ㄇㄥ	mêng	मंग	蒙
mi	ㄇㄧ	mi	मी	咪
mian	ㄇㄧㄢ	mien	म्येन	眠
miao	ㄇㄧㄠ	miao	म्याओ	苗
mie	ㄇㄧㄝ	mieh	म्ये	灭
min	ㄇㄧㄣ	min	मिन	民
ming	ㄇㄧㄥ	ming	मिंग	名
miu	ㄇㄧㄡ	miou	म्यू	谬
mo	ㄇㄛ	mo	मो	摸
mou	ㄇㄡ	mou	मओ	牟
mu	ㄇㄨ	mu	मू	模
n	ㄋ	n	न्	嗯
na	ㄋㄚ	na	ना	拿
nai	ㄋㄞ	nai	नाए	乃
nan	ㄋㄢ	nan	नान	男
nang	ㄋㄤ	nang	नांग	囊
nao	ㄋㄠ	nao	नाओ	挠
ne	ㄋㄜ	nê	न	讷
nei	ㄋㄟ	nei	नेइ	馁
nen	ㄋㄣ	nên	नन्	嫩
neng	ㄋㄥ	nêng	नंग	能

ng	ㄫ	ng	न्ग्	嗯
ni	ㄋㄧ	ni	नी	尼
nian	ㄋㄧㄢ	nien	न्येन	年
niang	ㄋㄧㄤ	niang	न्यांग	娘
niao	ㄋㄧㄠ	niao	न्याओ	鸟
nie	ㄋㄧㄝ	nieh	न्ये	捏
nin	ㄋㄧㄣ	nin	निन	您
ning	ㄋㄧㄥ	ning	निंग	宁
niu	ㄋㄧㄡ	niu	न्यू	牛
nong	ㄋㄨㄥ	nung	नोंग	农
nou	ㄋㄡ	nou	नओ	耨
nu	ㄋㄨ	nu	नू	奴
nü	ㄋㄩ	nü	न्वी	女
nuan	ㄋㄨㄢ	nuan	न्वान	暖
nüe	ㄋㄩㄝ	nüeh	न्वे	疟
nun	ㄋㄨㄣ	nun	नुन	黁
nuo	ㄋㄨㄛ	no	न्वो	挪
o	ㄛ	o	ओ	哦
ou	ㄡ	ou	अओ	欧
pa	ㄆㄚ	p‘a	फा	爬
pai	ㄆㄞ	p‘ai	फाए	拍
pan	ㄆㄢ	p‘an	फान	潘
pang	ㄆㄤ	p‘ang	फांग	乒
pao	ㄆㄠ	p‘ao	फाओ	抛
pei	ㄆㄟ	p‘ei	फेइ	胚
pen	ㄆㄣ	p‘ên	फन	喷
peng	ㄆㄥ	p‘eng	फंग	烹
pi	ㄆㄧ	p‘i	फी	批
pian	ㄆㄧㄢ	p‘ien	फ्येन	片
piao	ㄆㄧㄠ	p‘iao	फ्याओ	漂
pie	ㄆㄧㄝ	p‘ieh	फ्ये	撇
pin	ㄆㄧㄣ	p‘in	फिन	拼
ping	ㄆㄧㄥ	p‘ing	फिंग	平
po	ㄆㄛ	p‘o	फो	破

pou	ㄆㄡ	p'ou	फओ	剖
pu	ㄆㄨ	p'u	फू	仆
qi	ㄑㄧ	ch'i	छी	七
qia	ㄑㄧㄚ	ch'ia	छ्या	掐
qian	ㄑㄧㄢ	ch'ien	छ्येन	千
qiang	ㄑㄧㄤ	ch'iang	छ्यांग	枪
qiao	ㄑㄧㄠ	ch'iao	छ्याओ	悄
qie	ㄑㄧㄝ	ch'ieh	छ्ये	切
qin	ㄑㄧㄣ	ch'in	छिन	钦
qing	ㄑㄧㄥ	ch'ing	छिंग	青
qiong	ㄑㄩㄥ	ch'iung	छ्योंग	穷
qiu	ㄑㄧㄡ	ch'iu	छ्यू	丘
qu	ㄑㄩ	ch'ü	छवू	区
quan	ㄑㄩㄢ	ch'üan	छुआन	圈
que	ㄑㄩㄝ	ch'üeh	छवे	缺
qun	ㄑㄩㄣ	ch'ün	छुन	群
ran	ㄖㄢ	jan	रान	然
rang	ㄖㄤ	jang	रांग	嚷
rao	ㄖㄠ	jao	राओ	饶
re	ㄖㄜ	jê	र	惹
ren	ㄖㄣ	jên	रन	人
reng	ㄖㄥ	jêng	रंग	扔
ri	ㄖ	jih	र्	日
rong	ㄖㄨㄥ	jung	रोंग	荣
rou	ㄖㄡ	jou	रओ	柔
ru	ㄖㄨ	ju	रू	如
rua	ㄖㄨㄚ	jua	र्वा	挼
ruan	ㄖㄨㄢ	juan	र्वान	软
rui	ㄖㄨㄟ	jui	र्वेइ	蕊
run	ㄖㄨㄣ	jun	रुन	闰
ruo	ㄖㄨㄛ	juo, jo	र्वो	若
sa	ㄙㄚ	sa	सा	撒
sai	ㄙㄞ	sai	साए	塞

san	ㄙㄢ	san	सान	三
sang	ㄙㄤ	sang	सांग	丧
sao	ㄙㄠ	sao	साओ	骚
se	ㄙㄜ	sê	स	色
sen	ㄙㄣ	sên	सन	森
seng	ㄙㄥ	sêng	संग	僧
sha	ㄕㄚ	sha	शा	杀
shai	ㄕㄞ	shai	शाए	筛
shan	ㄕㄢ	shan	शान	山
shang	ㄕㄤ	shang	शांग	伤
shao	ㄕㄠ	shao	शाओ	烧
she	ㄕㄜ	shê	श	赊
shei	ㄕㄟ	shei	शेइ	谁
shen	ㄕㄣ	shên	शन	申
sheng	ㄕㄥ	shêng	शंग	升
shi	ㄕ	shih	श्	尸
shou	ㄕㄡ	shou	शओ	收
shu	ㄕㄨ	shu	शू	书
shua	ㄕㄨㄚ	shua	श्वा	刷
shuai	ㄕㄨㄞ	shuai	श्वाए	衰
shuan	ㄕㄨㄢ	shuan	श्वान	闩
shuang	ㄕㄨㄤ	shuang	श्वांग	双
shui	ㄕㄨㄟ	shui	श्वेइ	水
shun	ㄕㄨㄣ	shun	शुन	顺
shuo	ㄕㄨㄛ	shuo	श्वो	说
si	ㄙ	sü	स्	司
song	ㄙㄨㄥ	sung	सोंग	松
sou	ㄙㄡ	sou	सओ	搜
su	ㄙㄨ	su	सू	苏
suan	ㄙㄨㄢ	suan	स्वान	酸
sui	ㄙㄨㄟ	sui	स्वेइ	虽
sun	ㄙㄨㄣ	sun	सुन	孙
suo	ㄙㄨㄛ	suo	स्वो	缩
ta	ㄊ	t'a	था	他

tai	ㄊㄞ	t'ai	थाए	台
tan	ㄊㄢ	t'an	थान	坍
tang	ㄊㄤ	t'ang	थांग	汤
tao	ㄊㄠ	t'ao	थाओ	桃
te	ㄊㄜ	t'ê	थ	特
tei	ㄊㄟ	t'ei	थेइ	忒
teng	ㄊㄥ	t'êng	थंग	疼
ti	ㄊㄧ	t'i	थी	体
tian	ㄊㄧㄢ	t'ien	थ्येन	天
tiao	ㄊㄧㄠ	t'iao	थ्याओ	挑
tie	ㄊㄧㄝ	t'ieh	थ्ये	贴
ting	ㄊㄧㄥ	t'ing	थिंग	厅
tong	ㄊㄨㄥ	t'ung	थोंग	通
tou	ㄊㄡ	t'ou	थओ	偷
tu	ㄊㄨ	t'u	थू	突
tuan	ㄊㄨㄢ	t'uan	थ्वान	团
tui	ㄊㄨㄟ	t'ui	थ्वेइ	推
tun	ㄊㄨㄣ	t'un	थुन	吞
tuo	ㄊㄨㄛ	t'uo	थ्वो	托
wa	ㄨㄚ	wa	वा	蛙
wai	ㄨㄞ	wai	वाए	歪
wan	ㄨㄢ	wan	वान	弯
wang	ㄨㄤ	wang	वांग	汪
wei	ㄨㄟ	wei	वेइ	危
wen	ㄨㄣ	wên	वन	温
weng	ㄨㄥ	wêng	वंग	翁
wo	ㄨㄛ	wo	वो	窝
wu	ㄨ	wu	वू	乌
xi	ㄒㄧ	hsi	शी	西
xia	ㄒㄧㄚ	hsia	श्या	虾
xian	ㄒㄧㄢ	hsien	श्येन	仙
xiang	ㄒㄧㄤ	hsiang	श्यांग	乡
xiao	ㄒㄧㄠ	hsiao	श्याओ	消
xie	ㄒㄧㄝ	hsieh	श्ये	些

xin	ㄒㄧㄣ	hsin	शिन	心
xing	ㄒㄧㄥ	hsing	शिंग	兴
xiong	ㄒㄩㄥ	hsiung	श्योंग	雄
xiu	ㄒㄧㄡ	hsiu	श्यू	休
xu	ㄒㄩ	hsü	श्वू	须
xuan	ㄒㄩㄢ	hsüan	श्वान	轩
xue	ㄒㄩㄝ	hsüeh	श्वे	削
xun	ㄒㄩㄣ	hsün	श्युन	勋
ya	ㄧㄚ	ya	या	压
yan	ㄧㄢ	yen	यान	烟
yang	ㄧㄤ	yang	यांग	羊
yao	ㄧㄠ	yao	याओ	夭
ye	ㄧㄝ	yeh	ये	耶
yi	ㄧ	i	इ	一
yin	ㄧㄣ	yin	इन	因
ying	ㄧㄥ	ying	इंग	应
yo	ㄧㄛ	yo	यो	唷
yong	ㄩㄥ	yung	योंग	拥
you	ㄧㄡ	you	यओ	优
yu	ㄩ	yü	यू	于
yuan	ㄩㄢ	yüan	य्वान	元
yue	ㄩㄝ	yüeh	य्वे	约
yun	ㄩㄣ	yün	युन	云
za	ㄗㄚ	tsa	त्सा	扎
zai	ㄗㄞ	tsai	त्साए	灾
zan	ㄗㄢ	tsan	त्सान	咱
zang	ㄗㄤ	tsang	त्सांग	脏
zao	ㄗㄠ	tsao	त्साओ	遭
ze	ㄗㄜ	tsê	त्स	则
zei	ㄗㄟ	tsei	त्सेइ	贼
zen	ㄗㄣ	tsên	त्सन	怎
zeng	ㄗㄥ	tsêng	त्संग	曾
zha	ㄓㄚ	cha	चा	扎
zhai	ㄓㄞ	chai	चाए	斋

zhan	ㄓㄢ	chan	चान	占
zhang	ㄓㄤ	chang	चांग	张
zhao	ㄓㄠ	chao	चाओ	招
zhe	ㄓㄜ	chê	च	折
zhei	ㄓㄟ	chei	चेइ	这
zhen	ㄓㄣ	chên	चन	针
zheng	ㄓㄥ	chêng	चंग	争
zhi	ㄓ	chih	च्	之
zhong	ㄓㄨㄥ	chung	चोंग	中
zhou	ㄓㄡ	chou	चओ	周
zhu	ㄓㄨ	chu	च्वू	朱
zhua	ㄓㄨㄚ	chua	च्वा	抓
zhuai	ㄓㄨㄞ	chuai	च्वाए	拽
zhuan	ㄓㄨㄢ	chuan	च्वान	专
zhuang	ㄓㄨㄤ	chuang	च्वांग	庄
zhui	ㄓㄨㄟ	chuai	च्वेइ	追
zhun	ㄓㄨㄣ	chun	च्वुन	谆
zhuo	ㄓㄨㄛ	chuo,cho	च्वो	桌
zi	ㄗ	tsü	त्स्	仔
zong	ㄗㄨㄥ	tsung	त्सोंग	宗
zou	ㄗㄡ	tsou	त्सओ	邹
zu	ㄗㄨ	tsu	त्सू	奏
zuan	ㄗㄨㄢ	tsuan	त्स्वान	钻
zui	ㄗㄨㄟ	tsui	त्स्वेइ	嘴
zun	ㄗㄨㄟ	tsun	त्सुन	遵
zuo	ㄗㄨㄛ	tsuo	त्स्वो	作

新旧字形对照表

(अक्षरों के पुराने और नये रूप)

（字形后圆圈内的数字表示字形的笔画数）

(अक्षरों के बाद परिधियों में संख्या अक्षरों के घातों या स्ट्रोकों की संख्या का बोध कराती है)

旧字形	新字形	新字举例	旧字形	新字形	新字举例
四画			㡀	㡀⑥	敝弊
⺿	艹③	花草	𤔔	𤔔⑦	敢憨
⻍	辶③	连速	直	直⑧	值植
丯	丰④	艳沣	黽	黾⑧	绳鼋
屯	屯④	纯顿	彔	录⑧	渌篆
反	反④	板饭	九画		
丑	丑④	纽杻	奐	奂⑦	换痪
五画			者	者⑧	都著
巨	巨④	苣渠	咼	咼⑧	過蝸
瓦	瓦	瓶瓷	垂	垂⑧	睡郵
犮	犮⑤	拔茇	飠	飠⑧	飲飽
六画			郎	郎⑧	廊螂
幵	开④	型形	俞	俞⑨	偷渝
印	印⑤	茚鲫	十画		
耒	耒	耕耘	𥁕	昷⑨	温瘟
产	产⑥	彦産	骨	骨⑨	滑骼
七画			鬼	鬼⑨	槐嵬
吕	吕⑥	侣营	蚤	蚤⑨	搔骚
攸	攸⑥	修倏	眞	真⑨	慎填
𦍌	𦍌⑥	差养	䍃	䍃⑩	摇遥
吳	吴⑦	蜈虞	十一画		
角	角⑦	解确	敖	敖⑩	傲遨
八画			殺	殺⑩	摋鎩

爭	争⑥	净静
幷	并⑥	屏弊
黃	黄⑪	廣橫
虛	虚⑪	墟歔
異	異⑪	冀戴
象	象⑪	像橡

十二画

莽	莽⑩	漭蟒

十三画

奧	奥	澳襖
普	普⑫	谱氆

音节表

(शब्दांश-संबधी वर्णमाला)

A

ā 1
á 2
ǎ 3
à 3
a 3
āi 3
ái 4
ǎi 5
ài 5
ān 8
ǎn 12
àn 13
āng 17
áng 17
àng 17
āo 17
áo 18
ǎo 19
ào 19

B

bā 21
bá 24
bǎ 25
bà 26
ba 28
bāi 28
bái 28
bǎi 32
bài 35
bai 37
bān 37
bǎn 40
bàn 41
bāng 45
bǎng 46
bàng 47
bāo 48
báo 51
bǎo 51
bào 56
bēi 60
běi 63
bèi 64
bei 68
bēn 68
běn 69
bèn 72
bēng 72
béng 73
běng 73
bèng 73
bī 74
bí 75
bǐ 76
bì 80
biān 86
biǎn 89
biàn 91
biāo 96
biǎo 98
biào 100
biē 101
bié 101
biě 103
biè 103
bīn 103
bìn 104
bīng 105
bǐng 108
bìng 109
bō 112
bó 115
bǒ 119
bò 119
bo 119
bū 120
bú 120
bǔ 120
bù 123

C

cā 147
cǎ 147
cāi 147
cái 148
cǎi 150
cài 152
cān 153
cán 154
cǎn 155
càn 156
cāng 156
cáng 157
cāo 158
cáo 159
cǎo 159
cè 161
cèi 162
cēn 162
cén 163
cēng 163
céng 163
cèng 163
chā 164
chá 166
chǎ 169
chà 169
chāi 170
chái 171
chǎi 171
chài 171
chān 171
chán 172
chǎn 173
chàn 175
chāng 175
cháng 176
chǎng 180
chàng 181
chāo 182
cháo 184
chǎo 185
chào 186
chē 186
chě 187
chè 188
chēn 189
chén 189
chěn 192
chèn 192
chen 193
chēng 193
chéng 195
chěng 202
chèng 202
chī 202
chí 205
chǐ 207
chì 207
chōng 209
chóng 211
chǒng 213
chòng 213
chōu 213
chóu 215
chǒu 217
chòu 217
chū 218
chú 224
chǔ 226
chù 227
chuā 228
chuāi 229
chuái 229
chuǎi 229
chuài 230
chuān 230
chuán 230
chuǎn 233
chuàn 233

chuāng	234	dǎi	271	dǒu	319	fǎn	360	gē	437
chuáng	234	dài	271	dòu	320	fàn	365	gé	438
chuǎng	235	dān	274	dū	321	fāng	367	gě	441
chuàng	235	dǎn	276	dú	322	fáng	370	gè	441
chuī	236	dàn	277	dǔ	324	fǎng	372	gěi	442
chuí	237	dāng	279	dù	324	fàng	373	gēn	443
chūn	238	dǎng	281	duān	325	fēi	376	gén	444
chún	239	dàng	281	duǎn	326	féi	380	gěn	445
chǔn	240	dāo	282	duàn	327	fěi	381	gèn	445
chuō	240	dáo	283	duī	328	fèi	381	gēng	445
chuò	240	dǎo	283	duì	328	fēn	384	gěng	446
cī	241	dào	285	dūn	331	fén	389	gèng	446
cí	241	dē	288	dǔn	331	fěn	389	gōng	447
cǐ	243	dé	288	dùn	332	fèn	390	gǒng	455
cì	243	de	290	duō	332	fēng	392	gòng	455
cōng	244	dēi	290	duó	334	féng	398	gōu	457
cóng	245	děi	290	duǒ	335	fěng	399	gǒu	458
còu	247	dèn	291	duò	335	fèng	399	gòu	459
cū	248	dēng	291	**E**		fó	400	gū	460
cú	248	děng	292			fǒu	400	gǔ	463
cù	249	dèng	293	ē	336	fū	401	gù	467
cuān	249	dī	293	é	336	fú	402	guā	469
cuán	249	dí	295	ě	337	fǔ	407	guǎ	470
cuàn	249	dǐ	296	è	338	fù	410	guà	470
cuī	250	dì	297	e	340	**G**		guāi	472
cuǐ	250	diǎ	301	ê	340			guǎi	472
cuì	250	diān	301	é	340	gā	418	guài	473
cūn	251	diǎn	301	ě	341	gá	418	guān	473
cún	251	diàn	303	è	341	gǎ	418	guǎn	478
cǔn	252	diāo	306	ēn	341	gà	418	guàn	479
cùn	252	diǎo	307	èn	341	gāi	418	guāng	481
cuō	253	diào	307	ēng	341	gǎi	419	guǎng	484
cuó	253	diē	309	ér	342	gài	421	guàng	485
cuò	253	dié	309	ěr	343	gān	422	guī	485
D		dīng	310	èr	345	gǎn	425	guǐ	488
		dǐng	311	**F**		gàn	428	guì	489
dā	256	dìng	313			gāng	428	gǔn	490
dá	257	diū	314	fā	348	gǎng	430	gùn	491
dǎ	258	dōng	315	fá	353	gàng	430	guō	491
dà	263	dǒng	316	fǎ	354	gāo	431	guó	492
da	270	dòng	316	fà	355	gǎo	435	guǒ	495
dāi	270	dōu	319	fān	355	gào	435	guò	496
				fán	358				

H									L	
hā	501	hǔ	545	jiàng	626	kàn	690		lā	719
há	501	hù	546	jiāo	627	kāng	691		lá	721
hǎ	501	huā	548	jiáo	632	káng	692		lǎ	721
hà	502	huá	551	jiǎo	632	kàng	692		là	722
hāi	502	huà	553	jiào	634	kāo	693		la	723
hái	502	huái	556	jiē	637	kǎo	693		lái	723
hǎi	503	huài	556	jié	639	kào	694		lài	726
hài	505	huai	557	jiě	643	kē	694		lai	726
hān	506	huān	557	jiè	645	ké	696		lán	726
hán	506	huán	557	jie	647	kě	696		lǎn	728
hǎn	508	huǎn	559	jīn	647	kè	698		làn	729
hàn	509	huàn	560	jǐn	649	kēi	700		lāng	729
hāng	511	huāng	561	jìn	651	kěn	700		láng	730
háng	511	huáng	562	jīng	655	kèn	701		lǎng	731
hàng	512	huǎng	565	jǐng	660	kēng	701		làng	731
hāo	512	huàng	566	jìng	662	kōng	702		lāo	732
háo	513	huī	566	jiǒng	664	kǒng	703		láo	732
hǎo	514	huí	568	jiū	664	kòng	704		lǎo	735
hào	517	huǐ	571	jiǔ	665	kōu	705		lào	740
hē	519	huì	571	jiù	667	kǒu	705		lē	741
hé	519	hūn	575	jū	670	kòu	706		lè	741
hè	526	hún	576	jú	671	kū	707		le	742
hēi	527	hùn	576	jǔ	672	kǔ	708		lēi	742
hén	529	huō	577	jù	673	kù	709		léi	743
hěn	529	huó	578	juān	676	kuā	709		lěi	744
hèn	529	huǒ	579	juǎn	676	kuǎ	710		lèi	745
hēng	529	huò	582	juàn	677	kuà	710		lei	746
héng	529		**J**		juē	677	kuǎi	710		lēng	746
hèng	531	jī	585	jué	678	kuài	710		léng	746
hm	531	jí	592	juě	681	kuān	711		lěng	746
hng	531	jǐ	598	juè	681	kuǎn	712		lèng	748
hōng	532	jì	599	jūn	681	kuāng	713		lī	748
hóng	532	jiā	605	jùn	683	kuáng	713		lí	748
hǒng	536	jiá	609		**K**		kuàng	714		lǐ	750
hòng	536	jiǎ	609	kā	684	kuī	715		lì	753
hōu	536	jià	611	kǎ	684	kuí	715		li	759
hóu	537	jiān	612	kāi	684	kuǐ	716		liǎ	759
hǒu	537	jiǎn	616	kǎi	689	kuì	716		lián	759
hòu	537	jiàn	619	kài	689	kūn	717		liǎn	762
hū	541	jiāng	623	kān	689	kǔn	717		liàn	763
hú	543	jiǎng	625	kǎn	690	kùn	717		liáng	763
								kuò	718		

liǎng	765	lüě	799	men	837	nà	883	níng	904
liàng	766	lüè	799	mēng	837	na	885	nǐng	905
liāo	768	lūn	799	méng	838	nǎi	885	nìng	905
liáo	768	lún	799	měng	839	nài	885	niū	906
liǎo	769	lǔn	801	mèng	840	nān	886	niú	906
liào	770	lùn	801	mī	841	nán	886	niǔ	907
liē	770	luō	801	mí	841	nǎn	889	niù	907
liě	771	luó	801	mǐ	843	nàn	889	nóng	908
liè	771	luǒ	803	mì	844	nāng	889	nòng	909
lie	772	luò	803	mián	846	náng	890	nòu	909
līn	772	luo	805	miǎn	847	nǎng	890	nú	909
lín	772			miàn	849	nàng	890	nǔ	910
lǐn	775	**M**		miāo	852	nāo	890	nù	910
lìn	775	m̄	806	miáo	852	náo	890	nǚ	911
líng	775	ḿ	806	miǎo	853	nǎo	891	nǜ	911
lǐng	779	m̀	806	miào	853	nào	891	nuǎn	912
lìng	780	mā	806	miē	854	né	892	nüè	912
liū	781	má	807	miè	854	nè	893	nún	912
liú	781	mǎ	808	mín	855	ne	893	nuó	912
liǔ	785	mà	811	mǐn	858	něi	893	nuò	913
liù	785	ma	812	míng	859	nèi	893		
lo	786	mái	812	mǐng	865	nèn	895	**O**	
lōng	786	mǎi	812	mìng	865	néng	895	ō	914
lóng	786	mài	813	miù	866	ńg	896	ó	914
lǒng	788	mān	815	mō	866	ňg	896	ǒ	914
lòng	788	mán	815	mó	866	ǹg	896	ò	914
lōu	788	mǎn	816	mǒ	869	nī	896	ōu	914
lóu	789	màn	818	mò	870	ní	896	ǒu	915
lǒu	789	māng	820	mōu	874	nǐ	897	òu	916
lòu	789	máng	820	móu	874	nì	898		
lou	790	mǎng	821	mǒu	875	niān	899	**P**	
lū	790	māo	822	mú	875	nián	899	pā	917
lú	791	máo	822	mǔ	876	niǎn	901	pá	917
lǔ	791	mǎo	825	mù	876	niàn	901	pà	917
lù	792	mào	825			niáng	902	pāi	918
lu	795	me	827	**N**		niàng	902	pái	918
lǘ	795	méi	827	ń	882	niǎo	902	pǎi	920
lǚ	795	měi	832	ň	882	niào	903	pài	920
lǜ	796	mèi	833	ǹ	882	niē	903	pān	920
luán	797	mēn	834	nā	882	nié	903	pán	921
luǎn	798	mén	835	ná	882	niè	903	pàn	922
luàn	798	mèn	837	nǎ	883	nín	904	pāng	923
								páng	923

pǎng	924	póu	952	qiú	1009	ruǎn	1049	shǎo	1076
pàng	924	pǒu	952	qiǔ	1011	ruí	1050	shào	1076
pāo	924	pū	952	qū	1011	ruǐ	1050	shē	1077
páo	924	pú	954	qú	1013	ruì	1050	shé	1078
pǎo	925	pǔ	954	qǔ	1014	rùn	1051	shě	1078
pào	926	pù	955	qù	1015	ruó	1051	shè	1078
pēi	927			quān	1016	ruò	1051	shéi	1081
péi	927	**Q**		quán	1017	**S**		shēn	1081
pèi	928	qī	957	quǎn	1020	sā	1053	shén	1084
pēn	929	qí	960	quàn	1020	sǎ	1053	shěn	1086
pén	930	qǐ	964	quē	1021	sà	1053	shèn	1087
pèn	930	qì	968	qué	1022	sāi	1054	shēng	1088
pēng	930	qiā	972	què	1022	sài	1054	shéng	1093
péng	930	qiá	972	qūn	1023	sān	1054	shěng	1093
pěng	931	qiǎ	972	qún	1023	sǎn	1056	shèng	1094
pèng	932	qià	973			sàn	1057	shī	1095
pī	932	qiān	973	**R**		sāng	1057	shí	1099
pí	934	qián	977	rán	1025	sǎng	1058	shǐ	1105
pǐ	936	qiǎn	981	rǎn	1025	sàng	1058	shì	1107
pì	936	qiàn	982	rāng	1026	sāo	1058	shi	1114
piān	937	qiāng	983	ráng	1026	sǎo	1058	shōu	1114
pián	939	qiáng	984	rǎng	1026	sào	1059	shóu	1116
piǎn	939	qiǎng	986	ràng	1027	sè	1059	shǒu	1116
piàn	939	qiàng	987	ráo	1027	sēn	1060	shòu	1119
piāo	940	qiāo	988	rǎo	1028	sēng	1060	shū	1121
piáo	941	qiáo	988	rào	1028	shā	1060	shú	1124
piǎo	941	qiǎo	989	rě	1029	shá	1062	shǔ	1125
piào	941	qiào	990	rè	1029	shǎ	1062	shù	1126
piē	942	qiē	991	rén	1032	shà	1063	shuā	1128
piě	942	qié	991	rěn	1037	shāi	1063	shuǎ	1128
pīn	942	qiě	992	rèn	1038	shǎi	1063	shuà	1129
pín	943	qiè	992	rēng	1040	shài	1063	shuāi	1129
pǐn	943	qīn	993	réng	1040	shān	1064	shuǎi	1130
pìn	944	qín	995	rì	1040	shǎn	1066	shuài	1130
pīng	944	qǐn	997	róng	1042	shàn	1066	shuān	1130
píng	944	qìn	997	rǒng	1044	shāng	1068	shuàn	1130
pō	949	qīng	997	róu	1044	shǎng	1069	shuāng	1131
pó	949	qíng	1004	ròu	1045	shàng	1070	shuǎng	1131
pǒ	950	qǐng	1005	rú	1045	shang	1075	shuí	1132
pò	950	qìng	1006	rǔ	1047	shāo	1075	shuǐ	1132
po	952	qióng	1007	rù	1048	sháo	1076	shuì	1135
pōu	952	qiū	1008	ruá	1049	shǎo	1076	shǔn	1135

shùn	1135	tāo	1167	tuì	1205	wú	1256	xú	1362
shuō	1136	táo	1167	tūn	1206	wǔ	1265	xǔ	1362
shuò	1138	tǎo	1168	tún	1206	wù	1270	xù	1362
sī	1138	tào	1169	tǔn	1207	**X**		xu	1364
sǐ	1141	tè	1170	tùn	1207	xī	1274	xuān	1364
sì	1142	tēi	1171	tuō	1207	xí	1280	xuán	1366
sōng	1144	tēng	1171	tuó	1209	xǐ	1282	xuǎn	1368
sóng	1145	téng	1171	tuǒ	1210	xì	1284	xuàn	1369
sǒng	1145	tī	1172	tuò	1210	xiā	1286	xuē	1369
sòng	1145	tí	1172	**W**		xiá	1287	xué	1370
sōu	1146	tǐ	1174	wā	1211	xià	1288	xuě	1372
sǒu	1146	tì	1175	wá	1212	xiān	1294	xuè	1372
sòu	1146	tiān	1176	wǎ	1212	xián	1297	xūn	1374
sū	1146	tián	1179	wà	1212	xiǎn	1300	xún	1375
sú	1147	tiǎn	1180	wa	1213	xiàn	1302	xùn	1377
sù	1147	tiàn	1181	wāi	1213	xiāng	1305	**Y**	
suān	1149	tiāo	1181	wǎi	1213	xiáng	1311	yā	1379
suàn	1149	tiáo	1181	wài	1213	xiǎng	1311	yá	1382
suī	1150	tiǎo	1183	wān	1218	xiàng	1313	yǎ	1383
suí	1150	tiào	1183	wán	1219	xiāo	1316	yà	1384
suǐ	1152	tiē	1184	wǎn	1221	xiǎo	1320	ya	1385
suì	1152	tiě	1184	wàn	1222	xiào	1326	yān	1386
sūn	1152	tiè	1185	wāng	1224	xiē	1329	yán	1388
sǔn	1153	tīng	1186	wáng	1225	xié	1330	yǎn	1395
suō	1153	tíng	1187	wǎng	1226	xiě	1332	yàn	1400
suǒ	1154	tǐng	1188	wàng	1227	xiè	1333	yāng	1403
T		tōng	1188	wēi	1229	xīn	1335	yáng	1404
tā	1156	tóng	1191	wéi	1232	xín	1342	yǎng	1408
tǎ	1157	tǒng	1193	wěi	1236	xǐn	1342	yàng	1410
tà	1157	tòng	1194	wèi	1239	xìn	1342	yāo	1411
tāi	1157	tōu	1195	wēn	1244	xīng	1344	yáo	1413
tái	1158	tóu	1196	wén	1245	xíng	1347	yǎo	1415
tài	1158	tòu	1198	wěn	1249	xǐng	1351	yào	1416
tān	1160	tū	1199	wèn	1250	xìng	1351	yē	1420
tán	1161	tú	1200	wēng	1251	xiōng	1353	yé	1420
tǎn	1162	tǔ	1201	wěng	1251	xióng	1354	yě	1421
tàn	1163	tù	1202	wèng	1251	xiòng	1355	yè	1423
tāng	1164	tuān	1203	wō	1252	xiū	1355	yī	1426
táng	1165	tuán	1203	wǒ	1253	xiǔ	1358	yí	1443
tǎng	1166	tuī	1203	wò	1253	xiù	1358	yǐ	1448
tàng	1166	tuí	1205	wū	1254	xū	1359	yì	1453
		tuǐ	1205						

yīn	1462	zán	1552	zhěn	1582	zòng	1655
yín	1467	zǎn	1552	zhèn	1583	zōu	1656
yǐn	1469	zàn	1553	zhēng	1584	zǒu	1656
yìn	1473	zāng	1553	zhěng	1587	zòu	1658
yīng	1475	zǎng	1554	zhèng	1588	zū	1658
yíng	1478	zàng	1554	zhī	1592	zú	1659
yǐng	1481	zāo	1554	zhí	1595	zǔ	1659
yìng	1482	záo	1555	zhǐ	1598	zuān	1661
yō	1485	zǎo	1555	zhì	1601	zuǎn	1661
yo	1485	zào	1556	zhōng	1606	zuàn	1662
yōng	1485	zé	1557	zhǒng	1612	zuī	1662
yóng	1487	zè	1558	zhòng	1612	zuǐ	1662
yǒng	1487	zéi	1558	zhōu	1615	zuì	1663
yòng	1488	zěn	1559	zhóu	1617	zūn	1664
yōu	1490	zèn	1559	zhǒu	1617	zǔn	1665
yóu	1493	zēng	1559	zhòu	1617	zùn	1665
yǒu	1500	zèng	1560	zhū	1618	zuō	1665
yòu	1507	zhā	1561	zhú	1620	zuó	1665
yū	1510	zhá	1562	zhǔ	1622	zuǒ	1666
yú	1510	zhǎ	1562	zhù	1624	zuò	1667
yǔ	1516	zhà	1562	zhuā	1628		
yù	1520	zhāi	1563	zhuǎ	1629		
yuān	1526	zhái	1563	zhuāi	1629		
yuán	1527	zhǎi	1564	zhuǎi	1629		
yuǎn	1534	zhài	1564	zhuài	1629		
yuàn	1535	zhān	1564	zhuān	1629		
yuē	1536	zhǎn	1565	zhuǎn	1631		
yuě	1537	zhàn	1566	zhuàn	1633		
yuè	1537	zhāng	1568	zhuāng	1634		
yūn	1541	zhǎng	1569	zhuǎng	1636		
yún	1541	zhàng	1570	zhuàng	1636		
yǔn	1544	zhāo	1571	zhuī	1637		
yùn	1544	zháo	1573	zhuì	1638		
Z		zhǎo	1574	zhūn	1639		
zā	1548	zhào	1574	zhǔn	1639		
zá	1548	zhē	1576	zhuō	1640		
zǎ	1549	zhé	1577	zhuó	1640		
zāi	1549	zhě	1578	zī	1642		
zǎi	1550	zhè	1578	zǐ	1644		
zài	1550	zhe	1579	zì	1646		
zān	1552	zhèi	1580	zōng	1652		
		zhēn	1580	zǒng	1653		

部首检字表

(अक्षरांश क्रमसूची)

（一）部首目录

(कट्टरपंथी-सूची)

（部首左边的号码是部首序号，右边的号码指检字表的页码）

	一画			11	八	34		26	夂	36		40	巾	41		54	子	44
				12	人	34		[21]	巳	36		41	彳	41		55	屮	44
1	一	33		[12]	入	35						42	彡	42		56	女	44
2	丨	33		13	勹	35			三画			[66]	犭	46		57	飞	44
4	丶	33		[16]	几	35		27	干	36		43	夕	42		58	马	44
3	丿	33		14	儿	35		28	工	36		44	夂	42		[50]	幺	43
5	一（丆乁			15	匕	35		29	土	36		[185]	饣	66		[148]	纟	61
	乚乙)	33		16	几	35		[29]	士	37		45	斗	42		59	幺	44
				17	亠	35		[80]	扌	50		46	广	42		60	巛	44
	二画			18	冫	35		30	艹	37		47	门	42				
								31	寸	39		[77]	氵	48			四画	
6	十	33		[11]	丷	34		32	廾	39		[98]	忄	54		61	王	45
7	厂	33		19	冖	36		33	大	39		48	宀	42		62	无	45
8	匚	34		[166]	辶	63		[34]	兀	39		49	辶	43		63	韦	45
[9]	卜	34		20	凵	36		34	尢	39		[50]	彐	43		[123]	耂	58
[22]	勹	36		21	卩	36		35	弋	39		50	彐	43		64	木	45
[10]	冂	34		[175]阝	(在左)	64		36	小	39		51	尸	43		[64]	朩	46
[22]	刂	36		[159]阝	(在右)	62		[36]	小	39		52	己	43		65	支	46
9	卜	34		22	刀	36		[36]	小	39		[52]	已	43		66	犬	46
10	冂	34		23	力	36		37	口	39		[52]	巳	43		67	歹	47
[12]	亻	34		24	又	36		38	口	41		53	弓	43		68	车	47
[7]	厂	33		25	厶	36		39	山	41								

69 牙 47
70 戈 47
[62] 旡 45
71 比 47
72 瓦 47
73 止 47
74 支 47
[75] 冃 48
75 日(曰) 48
[88] 月 52
76 贝 48
77 水 48
78 见 50
[79] ⺧ 50
79 牛(牜) 50
80 手 50
[80] 龵 51
81 气 51
82 毛 52
[74] 攵 47
83 长 52
84 片 52
85 斤 52
86 爪 52
87 父 52
[86] 爫 52
88 月 52
89 氏 53
90 欠 53
91 风 53
92 殳 53
93 文 53
94 方 53
95 火 53
96 斗 54
[95] 灬 53
97 户 54
[100] 礻 55
98 心 54
[145] ⺻ 60
[45] 爿 42
99 毋 54

五画

[61] 玉 45
100 示 55
101 甘 55
102 石 55
103 龙 55
[67] 歺 47
104 业 55
[77] 氺 50
105 目 55
106 田 56
107 罒 56
108 皿 56
[176] 钅 64
109 生 56
110 矢 56
111 禾 56
112 白 56
113 瓜 56
114 鸟 56
115 疒 57
116 立 57
117 穴 57
[142] 衤 60
[118] 𤴔 57
118 疋 57
119 皮 57
120 癶 57
121 矛 57
[99] 母 55

六画

122 耒 57
123 老 58
124 耳 58
125 臣 58
126 覀(西) 58
127 而 58
128 页 58
129 至 58
130 虍 58
131 虫 58
132 肉 59
133 缶 59
134 舌 59
135 竹(⺮) 59
136 臼 59
137 自 59
138 血 59
139 舟 59
140 色 60
141 齐 60
142 衣 60
143 羊 60
[143] ⺶ 60
[143] ⺷ 60
144 米 60
145 聿 60
146 艮 60
147 羽 60
148 糸 60

七画

149 麦 61
150 走 61
151 赤 61
152 豆 61
153 酉 61
154 辰 62
155 豕 62
156 卤 62
157 里 62
[158] 𧾷 62
158 足 62
159 邑 62
[136] 𦥑 59
160 身 63
161 采 63
162 谷 63
163 豸 63
164 龟 63
165 角 63
166 言 63
167 辛 63

八画

168 青 64
169 𠦝 64
170 雨(⻗) 64
171 非 64
172 齿 64
[130] 虎 58
173 黾 64
174 隹 64
175 阜 64
176 金 64
177 鱼 65
178 隶 66

九画

179 革 66
180 面 66
181 韭 66
182 骨 66
183 香 66
184 鬼 66
185 食 66
186 音 66
187 首 66

十画

188 髟 66
189 鬲 66
190 高 66

十一画

191 黄 66
192 麻 66
193 鹿 66

十二画

194 鼎 67
195 黑 67
196 黍 67

十三画

197 鼓 67
198 鼠 67

十四画

199 鼻 67

十七画

200 龠 67

（二）检字表

(अक्षर-सूची)

（字右边的号码指字典正文页码）

1 一部	井 660 四画	1612 串 233	乖 472 禹 1518	769 刁 306	卉 571 半 42	厕 161 七至八画
一 1426	且 992	临 773	乘 200	也 1421	卅 1284	厘 749
一画	丕 932		1095	乡 1305	华 551	厚 540
二 345	世 1107	3		卫 1239	554	厝 253
丁 310	丙 108	丿部	4	子 639	协 1330	原 1529
1584	东 315	一至二画	丶部	乂 678	克 698	厢 1310
七 957	五画	乂 1453	二至三画	幺 1411	卑 61	厣 1396
二画	亘 445	乃 885	丫 1379	丑 217	卓 1641	厩 668
三 1054	百 32	九 665	丸 1219	四画以上	卖 814	厥 680
丁 227	六画	久 666	义 1453	书 1121	六画以上	680
于 1510	两 765	么 827	为 1232	予 1511	直 1595	十画以上
亏 715	严 1389	乞 964	1240	1517	南 882	厦 1063
才 148	丽 748	川 229	之 1592	孔 703	887	1294
丈 1570	756	三画	四画以上	丞 198	真 1581	厨 225
万 1222	甫 408	乌 1254	主 1622	买 812	博 117	雁 1402
870	来 723	1270	头 1196	乱 798	矗 228	厮 1140
与 1511	七画	卅 1053	必 80	甪 1487		厴 1426
1516	丧 1057	午 1267	永 1487	㭗 883	7 厂部	餍 1402
1520	1058	乏 353	州 1615	乳 1047		魇 1400
三画	事 1109	四画以上	举 672	承 198	厂 8	赝 1403
不 123	表 98	丘 1008		丞 971	180	黡 1400
不 331	八画	乍 1562	5	594	二至六画	
丐 421	甭 73	乎 541	㇇（㇉㇈ ㇄乙）	6	厄 338	[7] 厂部
丏 847	2	乐 741		十部	厅 1186	
专 1629	丨部	1539	乙 1448	十 1099	历 754	反 360
云 1541	个 441	乒 944	一至三画	一至五画	厉 754	后 537
互 546	丰 392	乔 988	乜 854	千 973	压 1379	盾 332
五 1265	中 1606	甪 792	903	升 1088	1385	质 1603
			了 742		厌 1400	

8 匚部	卣 1507	典 301	企 964	三画	伟 1236	佑 1509
	卤 1333	冀 605	众 1613	仕 1108	传 230	体 1172
二至四画	睿 1051		会 572	他 1156	1633	1174
匹 936		[11] 丷部	710	仗 1570	伢 1383	何 522
区 914	10 冂部		全 1017	付 410	伤 1068	佚 1457
1011		三至五画	伞 1056	仙 1294	伥 175	佛 400
匝 1443	内 893	兰 726	合 519	伬 909	伦 799	403
匜 1548	冇 825	关 473	佘 1207	仞 1039	伧 157	作 1665
叵 950	冈 428	并 106	余 1511	仟 975	193	1667
巨 673	冉 1025	109	佥 975	亿 437	伪 1237	伺 457
匠 626	再 1550	兑 331	臾 1512	代 271	仁 1624	佞 906
匡 713	同 1191	弟 299	舍 1078	仨 1053	伍 1212	佟 1192
	1194	六画以上	1080	仪 1443	五画	你 898
五画以上	网 1226	单 172	七画以上	仫 879	伯 34	佣 1485
匦 1287	冏 1227	275	俞 1514	们 837	115	1490
医 1441		1067	俎 1660	四画	估 460	攸 1491
匪 381	[10] 冂部	兹 1643	盒 525	仰 1408	467	六画
匿 898		前 977	禽 996	仲 1613	佁 898	佳 607
匮 716	丹 274	兼 615	奭 118	伲 936	伴 44	侍 1110
扁 90	用 1488	兽 1121		件 1267	伶 775	佶 594
	甩 1130	挚 1644	[12] 亻部	件 620	佃 1617	佬 740
9 卜部	册 161	尊 1664		价 611	伸 1082	供 454
	周 1615	輾 175	一画	647	伺 244	456
卜 119			亿 1453	任 1037	1143	侣 347
120	11 八部	12 人部	二画	1039	优 788	886
下 1288			什 1084	份 390	伻 72	佰 34
1289	八 21	人 1032	1100	仿 372	似 1109	使 1106
卦 470	二至四画	二至三画	仁 1037	仔 1511	1143	倗 710
	公 449	今 647	仉 741	伈 1342	伽 607	例 757
[9] 卜部	兮 1274	介 645	仃 310	伉 692	991	侠 1287
	分 384	从 245	仄 1558	伊 1440	418	侥 632
一至三画	390	仑 799	仅 649	伍 1267	佃 305	1413
上 1069	父 1413	仓 156	651	伎 600	1180	侄 1597
1070	共 455	丛 247	仆 952	伏 402	但 277	侃 690
占 1564	兴 1344	仝 1191	954	伐 353	佉 1012	佩 928
1566	1351	令 775	仇 215	休 1355	彼 77	佫 526
卡 684	五画以上	779	1009	伕 401	位 1242	佻 1181
972	兵 106	780	仍 1040	优 1490	低 293	佼 632
卢 791	其 961	以 1449	仔 1642	伙 582	住 1625	佾 1458
四画以上	具 674	四至六画	1645	伛 1517	佐 1667	侈 207
乩 587						

侏	1618		540	俯	408	傍	47	包	48	凯	689	衮	1129
侑	1509	侵	993	倞	767	储	227	句	674	咒	1617	衷	1612
侦	1580	侷	672	倌	478	傩	913	匆	244			毫	513
侗	318	俟	962	倥	703	十一画		匈	1353	[16]		率	797
侣	795		1143		704	催	250	甸	305	几部			1130
侧	161	俊	683	倦	677	傻	1062	匍	954	凤	399	袤	1334
	1563	俑	1488	倾	1000	僇	794	匐	532	凨	392	十一画以上	
侁	1615	八画		健	622	像	1315	匏	407	凤	1147	豪	513
侨	989	俵	100	九画		十二画				凰	564	襄	1359
侩	711	俸	400	偭	849	僖	1279	14				褒	51
依	1442	倩	982	债	391	僡	574	儿部		17		襄	1310
侪	171	债	1564	做	1670	僳	1149	儿	342	亠部		亶	837
伴	1407	借	646	偃	1399	儆	661	允	1544	一至四画		18	
侔	874	倻	1420	假	610	僭	623	充	210	亡	1225	冫部	
侬	908	偌	1051		612	僚	768	先	1295	亢	91	一至七画	
七画		倏	885	偈	603	僧	1060	光	481	六	785	习	1280
俦	215	俺	72		642	僮	1636	兜	319		792	冯	398
俨	1395	倚	1452	偿	179	十三画以上		竞	658	亢	511		947
俪	758	倒	284	偎	1231	僵	624			市	1108	兆	1574
便	93		285	偶	915	僻	937	15		玄	1366	冰	105
	939	倘	1166	偊	1519	儇	1366	匕部		交	627	冱	547
		倡	175	媛	7	儆	634	匕	76	亥	505	冲	209
俩	759		181	偷	1195	儒	1047	化	548	亦	1455		213
	766	俱	674	傀	716	儡	744		553	产	173	决	678
俅	1010	倮	803	偬	1655	龛	788	北	62	亨	529	次	243
傅	944	倻	858	偏	937	儒	744	幽	181	五至七画		况	714
保	52	俱	674	停	1187	[12]		匙	207	亩	876	冶	1421
俚	752	倮	803	偻	789	入部			1114	享	1312	冷	746
俣	1518	值	1597		796					京	655	冻	318
促	248	倬	1640	偕	1331	入	1048	16		亮	1395	洗	1300
侮	1269	倮	802	十画		全	249	几部		卒	248	冽	771
俄	336	候	540	傣	271	余	295	几	585		1659	净	662
俐	758	俾	80	傲	19	13			598	夜	1424	八画以上	
俗	1147	倜	1175	傅	415	勺部		凡	358	亭	1187	凄	958
俘	405	倏	1123	傈	758			壳	692	亮	766	准	1639
俭	616	倨	674	傺	911	勺	1076	凫	403	哀	3	凇	1144
修	1356	倔	680	觉	1166	勿	1270	壳	990	眇	854	凉	764
俛	848		681	偊	7	匀	1543		696	八至十画			767
信	1343	倪	897	偈	1278	勾	457	秃	1199	亳	116	凌	1006
俍	764	倭	1252				459	凭	948	离	749	清	1006
侯	537	倍	67	傧	104								

凋	307	即	594	刖	1539		1369	**23**		叉	164	建	621			
凌	777	却	1022	刎	1249	剧	470	**力部**			166	**27**				
减	617	卵	798	创	234	剑	622	力	753		169	**干部**				
凑	247	卸	1333		235	**八至十画**		**二至四画**		及	592	干	422				
溧	758	卿	1001	刘	781	剕	384	办	41	友	1500		428				
凛	775	**[21]**		**五画**		剔	1172	劝	1020	双	1131	平	944				
凝	905	**巳部**		划	174	剖	952	加	605	发	348	年	899				
19		厄	1593	别	101	剚	1652	劢	813		355	幸	1351				
冖部		危	1229		103	剜	1218	劣	771	圣	1094	**28**					
冗	1044	卷	676	利	756	剡	1395	动	316	对	328	**工部**					
写	1332		677	删	1065	剥	50	**五至六画**		戏	541	工	447				
	1333	卺	650	刨	57		114	助	1624		1284	功	452				
军	681	**22**			924	剧	674	努	910	欢	557	左	1666				
农	908	**刀部**		判	922	副	415	劫	640	**五至十画**		巧	989				
罕	508			到	660	剩	1095	劬	1013	叔	1122	邛	1007				
冠	478	刀	282	**六画**		割	438	劭	1077	取	1014	巩	455				
	480	刃	1038	到	285	**十一画以上**		励	756	艰	614	巫	1255				
冢	1612	切	991	刮	28	剽	940	劲	654	受	1119	项	1314				
冤	1527		992	刳	707	剿	184		662	变	91	巯	1011				
冥	864	券	1021	刵	347		634	劳	732	叙	1363	**29**					
幂	846		1369	刺	241	蒯	710	劼	523	叛	922	**土部**					
		剪	617		244	劁	988	势	1110	叟	1146	土	1201				
20		劈	750	刿	489	剧	1624	**七至九画**		**十一画以上**		**二至三画**					
凵部		劈	933	剀	689	劄	1561	勃	116	叠	310	在	1551				
凶	1353		936	制	1602		1562	勇	1488	**25**		圩	1233				
凸	1199	**[22]**		刮	470	剿	578	勉	848	**厶部**			1359				
凹	17	**刂部**		剑	489	劓	1462	勋	1374	去	1015	圬	437				
击	585			剎	335	劐	869	勍	1004	丢	314	圹	1255				
凼	282	**二至三画**		刷	1128	劖	750	勐	839	乩	321	圭	486				
函	507	刈	1454		1129			勔	848	县	1302	圮	936				
画	554	刊	689	刻	699	**[22]**		勘	690	矣	1452	圯	1444				
凿	1555	**四画**		剂	602	**夕部**		勖	1459	叁	1056	地	290				
圅	104	刑	1347	刹	169			**十画以上**		叆	8		297				
		列	771		1062	刍	224	勤	996	叇	274	圳	1583				
21		划	551	**七画**		争	1585	勰	1332	**26**		圹	714				
卩部			554	剚	789	兔	847			**廴部**		**四画**					
印	17		557	剋	700	兔	1202	**24**		廷	1187	场	178				
卯	825	则	1557	剌	722	赖	726	**又部**		延	1388						
印	1473	刚	429	剞	1175			又	1507								
				削	1316			**一至四画**									

	180	垃	719	堍	1363	塘	1165	艺	1454	芳	369		1067
圾	586	垄	788	埃	4	塝	48	艿	741	芴	1270	苯	71
圻	960	垆	791	埔	145	填	1180	芁	627	芷	1599	英	1476
	1467		六画	垩	1475	塬	1533	艾	5	芸	1543	苶	903
址	1599	型	1350		八画	塌	1334		1454	芹	995	苹	948
坂	40	垒	744	埝	901		十一画	艻	885	芼	825	荷	404
均	682	垓	419	域	1524	塾	1125	节	637	芽	1383	苤	82
坊	369	垕	540	埠	145	墁	818		640	苄	91	苗	1641
	371	垚	1413	堉	801	境	664	芋	1521	苅	1457	茂	825
坨	801	垛	335	埯	12	墅	1128	芍	1076	苇	1237	范	367
坋	72		335	埴	1597	墉	1486	芎	1353	苈	756	茄	607
坌	72	垟	1407	埸	1459	墒	1069	芭	964	苊	338		991
坍	1160	垠	1468	培	927	墕	1402	芒	820	苋	1302	茅	824
坎	690	垡	353	基	589	墙	986	芗	1306	苍	157	茆	824
坏	556	垢	459	埻	1640	堰	207	芝	1593	苎	1624	荬	24
坐	1669	垣	1529	垽	898	增	1560	芨	586	苏	1146	茉	871
坑	701	垦	701	堆	328	墟	1361	芈	844	苡	1452	茎	655
块	710	垧	1069	堉	1524		十二画以上		四画		五画	荭	787
坚	613	垩	338	堍	1202	墨	872	芙	403	苴	674	茑	902
坛	1161	垫	306	堎	748	墩	331	芫	1265		1014	茕	1370
坜	756	垭	1381	堑	982	墼	591	芰	1065	苑	1535	莹	1478
坝	26	垮	710	堕	335	壁	85	芡	982	苒	1025	茔	1007
坞	1270	垯	270	堵	324	壐	1423	芤	705	苓	776	茚	1475
坟	389	埚	891		九画	壅	1486	芥	421	苔	1157		六画
坠	1638	城	200	堙	1467	壑	527		645		1158	茗	864
	五画	垸	1536	堘	1412	壕	514	芦	791	苕	1076	茜	1276
坢	44		七画	堞	310	壤	1026		791	苗	852		982
坤	717	埒	734	堠	541	壎	728	芽	1363	苘	1005	茧	616
坦	1162	埔	510	堡	55		[29]		1624	苛	694	茨	242
坨	1209	埂	446		123		士部	芩	995	苷	879	茫	821
坩	425	埗	145		956	士	1107	芪	961	苞	50	荒	166
坪	948	埘	1374	堤	294	壬	1037	芫	1389	苟	458	荄	629
坭	896	埚	491	堪	690	声	1092		1528	苠	857	茯	405
坯	933	袁	1529	堰	1402	壶	544	芬	388	苜	1452	荣	1619
坰	145	埙	1022	塄	562	壸	1443	芭	23	苦	942	茵	570
坳	19	埇	1488	塄	746		30	芮	1050	若	1029	茵	1465
坷	694	埋	812	塔	1157		艹部	芯	1339		1051	茶	166
	698		815		十画				1342	苦	708	荁	1042
坾	188	埒	771	塌	1156		一至三画	芰	601	苧	904	茄	1046
垂	237	埌	731	塑	1149	花	548		1065			荮	1192

荀	1376	荻	295	菔	406	萱	1365	蒡	48		818	蕤	746
萱	559	茶	1200	菖	175	萹	87	蒲	954	蔗	1579	薛	1370
茎	1019	荽	1150	菜	152		90	蒸	1586	蔚	1243	薜	84
荆	657	苣	758	菝	25	萩	827	蒺	597		1526	薢	1334
荐	1352	莉	758	菟	1201	萼	340	蒽	341	蔡	153	薙	1334
草	159	莎	1062		1202	落	722	蒿	512	蔓	574	薨	532
茬	1038		1153	菠	115		740	蓁	1582	蔫	899	薪	1342
荏	621	莓	830	菌	510		801	蓂	846	蔷	986	薮	1146
荚	1444	莘	1083	菥	1277		804		864	蔸	319	薤	943
荒	561		1340	菩	954	葆	55	蓄	1364	蔺	775	薯	1126
荔	758	莜	1498	菱	777	葎	797	蓉	1043	蔻	707	**十四画**	
荞	609	莞	1221	菲	379	葜	536	蓤	8	蔼	5	薰	1374
茫	1027	莠	1507		381	葙	1310	蓊	1251	蔽	84	薸	941
荜	82	莨	731	菶	73	葚	1088	蒯	803	蕖	1014	薿	898
荠	989		764	菻	775		1040	蓐	1049	暮	881	藉	597
荟	573	莪	337	菽	1123	葛	440	蓑	1153	**十二画**			647
荠	602	莫	871	萁	962		441	蓓	68	蔬	1124	藕	90
	962	莱	725	萃	251	葵	972	蓖	83	蕃	356	藏	157
荡	282	莲	760	萄	1168	葡	954	蓝	727		359		1554
荣	1042	莳	1113	萆	83	董	316	蓠	750	蕈	1378	貌	853
荦	575	莴	1252	姜	958	葫	544	蓣	1525	蕉	631	藓	1302
	1374	莶	1297	萌	838	葬	1554	蓥	1480	蕙	575	**十五画**	
荧	768	荻	583	萍	949	葭	609	蓦	872	蕞	1664	爇	1052
荥	1350	莸	1498	萎	1239	葱	245	蓬	931	蕤	1050	藕	915
	1478	莩	1007	萑	559	葳	1231	蔀	145	蕨	680	藜	750
荤	803	莹	1479	萘	886	蕙	1284	**十一画**		蕲	964		750
荬	1478	莺	1477	萜	1184	茸	971	慕	880	蕴	1546	鹩	1462
荨	1376	莽	821	萝	802	蒂	300	摹	866	奭	1526	藠	745
	977	**八画**		莀	758	葳	175	蔁	839	**十三画**		蕾	637
萌	1465	菀	1221	萤	1479	蒋	626	蘖	1477	蕗	794	藤	1171
	1475		1524	营	1479	蒌	789	莸	1284	蕹	1252	药	1419
荚	813	菁	657	萦	1477	蒎	920	蓺	1461	蕻	536	摩	869
苴	535	菇	463	萦	1480	**十画**		蓼	770		536	藨	98
苟	1617	菉	797	萧	1319	墓	880		794	蕾	744	藩	356
药	1416	菊	672	萨	1054	蒗	732	蓿	1364	薄	51	**十六画以上**	
莛	1187	菌	683	萸	1514	蒙	837	蔂	743		118	蘖	904
七画			683	著	1579		838	㷮	510		119	藻	1556
荷	524	萘	903		1627		840	蔑	855	薜	513	藿	584
	526	菏	525		1641	蒜	1149	蔓	1224	薇	1232	蘅	531
莘	75	萏	1644	**九画**		蒟	673		816	薏	1462	蘑	869

蓬	1014	央	1403	**九画以上**			1076		283	唉	401	吭	511
蘖	904	夸	72	奠	306	尔	343		1167	哓	806		701
蘡	1477		511	奡	19	尖	612	召	1574	哇	1457	启	965
蠹	519	失	1096	奋	502	尘	189	另	780	哝	145	呲	77
蘖	904	夷	1444	奥	19	忝	1180	司	1138	否	400	君	682
蘸	1568	夸	709	奭	86	恭	454	叱	208		936	吧	23
蓙	843	夹	606					台	1157	呆	270		28
			609	**34**		**[36]**			1158	吾	1265	吵	183
31			418	**九部**		**亚部**		叹	1163	吱	1593		185
寸部		夺	334	尤	1493	尚	1074	叻	741		1642	吲	1471
寸	252	奁	23	尥	820	尝	178	叼	307	呔	271	吮	1135
寺	1143	奀	341		838	党	281			吠	381	吼	537
寻	1375	奁	759	尪	770	堂	1165	**三画**		呖	756	呎	207
导	283	奂	560	尬	418	常	178	吁	1359	呃	338		1478
寿	1119			尨	119	辉	567		1510		340	吸	1275
封	396	**五画**		就	668	耀	1419		1521	吨	535		
		奄	1395	尲	715			吉	592	吨	331	**五画**	
32		奇	588	尴	425	**37**		吐	1202	呀	1381	味	1242
廾部			961			**口部**			1202		1385	咕	461
廿	901	奈	885	**[34]**		口	705	吓	526			呵	519
开	684	奉	399	**兀部**					1293	呕	915	哎	3
弁	91	奋	391	兀	1270	**二画**		吏	756	呗	35	咂	927
异	1455	奔	68	元	1527	古	463	吋	253		68	咙	787
弃	970		72	尧	1413	叶	1330		1478	员	1529	咔	684
弄	909	**六画**		魔	567		1423	吕	795		1543		684
	788	奎	715			右	1508	吊	307		1546	呷	1286
拿	1395	奏	1658	**35**		叮	310	吃	202	呐	884	呻	1083
弈	1459	契	1333	**弋部**		可	696	吒	1561		893	咀	334
弊	84		971	弋	1453		698	向	1313	吽	532	咐	412
		奓	1563	式	347	号	513		1314	吟	1468	呤	781
33		奕	1459	弑	1056		517	合	441	呛	983	呱	461
大部		奖	626	式	1109	卟	121	名	859		987		470
大	263	牵	975	武	1268	只	1593	吖	1	吩	388	呼	541
	271	奋	256	弒	272		1598	吆	1411	鸣	1255	命	865
一至四画		套	1169	弑	1113	叭	23	吗	807	吹	236	咀	672
天	1176	**七至八画**				史	1105		811	吻	1249		1662
太	1158	奘	1554	**36**		兄	1353		812	呶	336	咂	1548
夫	401		1636	**小部**		叽	585	**四画**		含	506	咆	925
	402	奚	1277	小	1320	叩	706	呈	198	吣	997	咋	1549
夭	1411	奢	1077	少	1076	叫	634	吞	1206	听	1186		1558
		爽	1131			叨	283	吴	1265	吝	775		1561

咚	316		1537	哼	1376	唐	1165	唯	1235		1515	嗝	441
咛	905	咮	1618		1478	唆	1153		1239	喂	1243	嗣	1144
咏	1487	哗	551	哪	883	唉	4	啥	1062	喝	519	嗤	205
咜	338		552		885		6	啤	935		526	嗯	882
呢	893	咯	437		892	唑	1670	唾	1210	喟	716		882
	896		803		893	唤	561	啕	542	嗧	1617		882
哞	806		684	**七画**		唧	588	啁	1573	喘	233		896
	806		786	唪	788	啊	2		1616	哗	37		896
哈	502	咱	1549	唛	815		2	嗨	1168	啾	665		896
呦	1492		1552	唇	240		3	喉	758	喉	537	嗥	513
咝	1140	咩	854	哇	319		3	啃	1485	嗖	1146	嗅	1359
咴	890	咨	1642	哮	1327		3	唛	1063	喻	1525	嗲	301
咎	667	咬	1415	哓	205	**八画**		商	1068	啻	209	嗳	5
呵	256	咲	1327	哼	114	啫	399	啐	251	啼	1173		8
咖	684	咳	502	唢	536	喷	1558	啖	278	喀	684	嗡	1251
	418		696	唠	734	啡	380	啵	119	善	1067	嗌	8
六画		咷	1167		740	啫	913	啶	314	暗	1467		1459
哇	1211	咸	1299	哽	446	喵	852	啷	729	喔	1252	嗍	1153
	1213	咹	11	唡	766	唵	12	啜	240	喤	564	嗜	506
哪	45		12		1478		13	啸	1328	喧	1365	嗓	1058
哂	1087	啉	1356	唷	122	唻	726	**九画**		哓	768	嗔	189
哄	532	咽	1386	唷	1077	啾	915	喜	1283	喀	1402	嗽	876
	536		1401	唢	1155	啄	1641	喃	889	营	709		1478
	536		1425	唱	1459	啐	529	喇	721	嗞	1644	嗙	924
哐	347	咫	1601	哩	748		531		721	嗟	639	嗛	982
哑	1381	咻	1443		752	啉	774		721	嗉	574	嗨	502
	1383	品	943		759	啬	1060	喷	929	**十画**		嗢	1486
咪	841	哆	334		1478	啦	721		930	嗪	996	**十一画**	
咴	567	哈	501	哭	708		723	喽	789	嗷	18	嘈	574
哒	256		501	喁	1213	啪	917		790	嗓	1149	嘉	609
哓	1316		502	哲	1578	唪	1633	喂	1412	嘟	322	嘌	941
呲	241	哌	920	哳	1561	啮	903	喊	508	嗜	1113	嘎	418
咣	483	响	1312	哦	337	啃	701	嗑	700		418
咤	1563	哏	444		914	啰	801	喱	716	嗫	904	嗽	1146
咦	1444	哐	713		914		802	喹	1213	嗝	519	嘈	159
咧	770	哔	82	哼	529		805	喳	165	嗪	1153	嘞	741
	771	哜	602		531	唬	546		1561	嗒	257		746
	772	哞	874	唷	1401		1294	喋	310		1157	喊	959
哝	908	哟	1485	啀	1556	唱	181		1562	嘎	2	嘌	543
哕	573		1485	哜	1276	售	1121	喟	1487		1063	嘘	1099

	1361	嚆	513	回	568	三至四画	峥	1586	嶙	774	帚	1617
噇	1164	嘴	1662	囟	1342	屹	1455	峦	797	嶲	1280	六至九画	
嘣	73	噱	680	因	1462	屺	964	峨	337	嶓	115	帮	45
嘤	1477		1372	囡	886	屿	1517	峇	1301	嵩	1144	带	272
喝	288	器	972	团	1203	岁	1152	峪	1522	嶂	1571	帧	1581
	290	噪	1557	四画		岌	593	峋	120	嶒	1282	帝	300
喇	545	噬	1114	囤	332	岈	1383	峭	990	十三画以上		帱	215
嗾	1146	噫	1443		1207	岐	961	峰	397	嶭	1334		285
嘘	1579	噢	531	囫	543	岑	800	峻	683	嶷	1448	帷	1235
嘛	812	噻	1054	囵	1528	岑	163	崀	731	巅	301	幅	495
嘀	294	噼	934	囮	336	岔	169	崂	734	巇	1280	帽	827
	295	十四画		困	717	崃	1012	崃	725	巍	173	幄	1253
噿	846	嚅	1047	囱	245	岗	430	崄	1301	巉	1232	幅	407
十二画		嚎	1176	围	1234	岘	1302	八画		巊	890	十画以上	
嘻	1279	嘲	509	囹	800	吞	19	崚	746	40 巾部		嵼	904
嘭	1420	嚎	514	五至七画		岚	727	崎	962			幌	566
嘲	185	嚓	147	囷	1023	岛	284	崦	1387	巾	647	幎	846
嘶	1141		166	囵	776	邑	24	崖	1383	一至四画		幕	880
噘	678	十五画以上		固	467	五画		崭	1566	币	80	幔	818
嘹	769	嚣	1469	国	492	岵	547	崑	717	布	143	幖	98
噗	953	嚯	827	图	1200	岸	13	崔	250	帅	1130	幛	1571
嘿	528	嚚	19	囿	1509	岩	1392	釜	1468	帆	355	幞	407
	872		1320	圂	577	岢	715	崩	72	师	1098	幡	356
噶	1665	嚷	584	圃	955	岫	1358	崇	213	希	1276	幢	235
噍	637	嚷	1026	圈	1519	岬	610	崛	680	帏	541		1637
噢	914		1027	圆	1531	岞	1670	九画		帐	1235	幪	839
噙	1279	嚼	632	八画以上		岱	272	嵌	983	帑	1571	幰	1302
噜	997		637	圈	676	岳	1539	嵘	1043	帐	1571	41 彳部	
噌	163		680		677	岭	779	嵗	1213	五画			
噜	790	嚿	915		1016	崃	825	嵬	1550	帖	1184	彳	207
噢	1378	嚷	1013	圉	1519	岿	1370	嵬	1236		1184	三至五画	
嘱	1624	囊	889	圊	1001	岷	858	崿	340		1185	行	511
噔	292		890	圜	559	峄	1458	嵎	1515	帜	1602		512
十三画		囔	889		1534	六至七画		嵛	1515	帙	1602		1347
噩	340			圁	798	峇	24	嵯	253	帕	917	彷	923
嘮	746	38 口部		圝	1500	峋	1376	嵝	789	帛	116	役	1457
噤	655			39 山部		峙	1604	嵫	1644	帘	760	彻	188
嚯	578	二至三画				峡	1287	十画		帚	1166	彼	78
	584	囚	1009			峣	1413	嶅	18	帔	928	彼	78
	914	四	1142	山	1064	峤	989	嶬	1400	帑	1526	往	1227

征	1585	衞	545	备	64	府	408	廳	1478	阅	730
径	662	徽	634	复	413	庞	923		1485		731
六至七画			637	夏	1294	废	382	**47**		阁	1078
待	271	衡	1639	夐	1355	**六至八画**		**门部**		阈	1524
	273	衡	531	夔	890	庠	1311			阉	1387
徇	1377	徽	568	**45**		麻	1357	门	835	阅	1286
很	529	衢	1014	**爿部**		度	325	**二至四画**		阎	575
徉	1407	**42**		壮	1636	度	335	闩	1130	阁	1394
徊	556	**彡部**		妆	1634	庭	1187	闪	1066	阔	340
律	796	形	1349	状	1636	席	1281	闭	509		1387
衍	1395	彤	1192	将	624	座	1670	闭	81	阐	174
徐	1362	参	153		626	庸	120	问	1250	闽	1467
衔	512		162	**[45]**		库	83	闯	235	**九画**	
徒	1200		1083	**爿部**		庵	12	闰	1051	阑	727
八画		彦	1401	爿	921	庶	1127	闲	1235	阓	1016
徘	919	彧	1522	戕	984	康	691	闲	1297	阚	574
衕	1536	彪	97	斨	984	庸	1486	阁	535	阔	718
徛	603	彭	931	**46**		庹	1210	间	614	阕	1022
徕	725	彰	1569	**广部**		顾	1006		620	**十画以上**	
	726	影	1481	广	8	庚	1519	闵	858	阖	525
徙	1283	**43**			484	廊	730	闷	834	阗	1180
徜	180	**夕部**		**二至五画**		**九至十一画**			837	阙	1021
得	288	夕	1274	广	8	赓	446	**五至六画**			1023
	290	外	1213	庄	1634	廉	762	闸	1562	阎	1468
	290	多	332	庆	1006	廒	18	闹	891	阚	559
衔	1299	舛	233	庇	82	廓	718	闷	82	**48**	
九至十画		够	460	床	234	廑	1493	闺	488	**宀部**	
御	1525	夤	1469	庋	488	鹿	599	闻	1249	**二至四画**	
徨	565	够	582	序	1363	廛	996	囡	1157	宁	904
循	1376	舞	1269	庐	791	廖	770	闽	858		905
衖	1194	**44**		库	709	廙	1461	阀	795	它	1156
衙	1315	**夂部**		应	1475	腐	409	阁	353	字	1651
街	639		1482			**十二画以上**		阃	439	宅	1563
徭	1415	处	225	底	290	廨	1335	阁	439	宇	1517
微	1231		227		296	廪	775	阄	1591	守	1118
徯	1279	冬	316	店	305	膺	1477	阈	524	安	8
衕	1383	务	1270	庙	854	糜	1024	**七至八画**		宋	1145
十二画以上		各	442	庚	445	膺	843	阇	717	完	1219
徹	1601					鏖	19	阄	665	宏	535
德	289					魔	897	阅	1539		

牢	734			
五至六画				
宓	844			
宕	282			
宗	1652			
官	476			
宙	1617			
定	313			
宛	1221			
宜	1444			
宝	51			
实	1103			
宠	213			
审	1087			
穸	1276			
客	699			
宣	1365			
室	1113			
宥	1509			
七画				
害	505			
宸	192			
宽	711			
宦	1445			
宦	560			
家	607			
	607			
	647			
宬	200			
宵	1319			
宫	454			
宴	1401			
宪	1304			
宾	103			
宰	1550			
八画				
寇	707			
寅	1469			
寂	1663			
寄	604			

寂 604	过 491	退 1205	遄 233	50	尿 74	[52]		
宿 1149	496	送 1145	遏 340	彐部	居 670	巳部		
1358	496	适 1112	遗 1243	录 792	屈 1012	巳 1449		
1359	迈 813	逃 1167	1446		屄 1175	[52]		
密 845	迎 1478	迥 540	遑 564	[50]	屇 645	巳部		
九至十一画	运 1544	递 898	逾 1515	彐部	屋 1255	巳 1142		
富 415	近 653	选 1368	遁 332	归 485	屌 307	巴 22		
寐 834	远 511	逊 1378	道 1011	当 279	屎 1107	巷 512		
寒 507	迓 1385	七画	道 287	281	屏 107	1315		
寓 1525	返 364	逋 120	遂 1152	彗 574	108	巽 1378		
塞 1054	迕 1267	逗 321	1152	彟 1537	948			
1054	还 502	速 1148	遍 94		七画以上	53		
1060	557	逦 752	遐 1288	[50]	展 1565	弓部		
寝 997	这 1578	逐 1621	十画	彑部	屐 1010	弓 449		
宽 872	1580	逑 1010	遨 18	彘 1605	屙 589	引 1469		
寨 977	进 652	逍 1316	遘 460	彝 1448	屑 1333	弗 402		
察 168	远 1534	逞 202	遢 1156	51	厕 336	弘 532		
寡 470	违 1233	透 1198	遭 981	尸部	尉 1243	弛 206		
寤 1273	连 759	途 1201	遛 784		1524	弝 27		
寥 768	迟 206	造 1556	786	尸 1095	屠 1201	张 1568		
赛 1054	五画	递 300	遥 1415	一至三画	屣 172	弥 841		
寒 977	述 1127	通 1188	十一画	尹 1469	属 1125	弦 1299		
蜜 846	迥 664	1194	遭 1554	尺 187	1624	弧 543		
十二画以上	迪 295	逛 485	遮 1576	207	屦 1334	弩 910		
寮 769	迤 1444	逝 1113	十二	尻 693	屡 796	弭 844		
寰 559	1452	逡 1023	遴 774	尼 896	犀 1279	卷 1016		
寤 1462	追 920	逢 398	暹 1297	昼 1452	履 1284	弯 1218		
骞 1297	950	八画	遵 1665	尽 650	履 796	弱 1051		
謇 619	迭 309	逵 715	遝 1526	651	屦 676	彊 627		
49	迢 1182	逻 802	十三画以上	四至六画	屦 175	弹 278		
辶部	迦 607	逶 1231	遽 676	尾 1237	52	1162		
二至四画	迨 272	逭 561	避 84	1452	己部	强 627		
边 86	迟 345	逮 271	邀 1413	尿 1145	己 598	984		
辽 768	六画	274	邂 1334	26	岂 964	987		
达 257	迷 842	逯 793	邃 1152	尿 903	改 419	弼 83		
迁 1510	迸 73	逸 1459	邈 853	1150	忌 602	粥 1525		
迁 975	迹 602	九画	邋 721	局 671		1617		
迄 970	洒 885	逼 74		屁 936				
迂 1445	迻 1524	遇 1524		层 163				
迅 1377	追 1637	遒 340		屃 1285				

54 子部		她	1156	姆	806	娘	902	媳	1282	驭	1521	骑	963
		好	514		876	娱	4	媛	8	驮	335	骒	700
子	1644		517	始	1107		1277	嫁	612		1209	骓	1638
	1645	妁	1138	六画		婀	336	嫉	597	驯	1377	骕	793
一至五画		如	1045	娃	1212	婴	336	嫌	1300	驰	206	骖	578
孕	1544	妃	378	姮	530	八画		嫔	943	驱	1012	骏	1653
孖	806	妄	1227	姥	740	婊	100	十一画		驳	116	骗	939
存	251	妇	411		876	婞	1353	嫠	750	驴	795	鹭	1605
孙	1152	妈	806	娅	1385	娶	1015	嫣	1388	五画		骚	1058
孚	404	四画		娄	789	婪	727	嫩	895	驲	345	鹜	1272
孛	64	妍	1392	威	1230	媖	1477	嫖	941	驷	1143	鹙	20
	115	妩	1268	娆	1028	婳	556	婴	1443	驶	1107	骟	1515
孜	1642	妘	1543		1028	娼	175	嫱	986	驸	1554	骝	784
孝	1326	妓	602	姨	1445	婴	1477	嫚	815	驹	671	骗	1067
孢	50	妖	1412	姻	1467	娜	897		820	驺	1656	十一画以上	
孤	462	妥	1210	姚	1413	婢	83	嫦	180	驻	1626	骧	557
孥	910	姈	654	姝	1122	婚	575	嫘	743	驼	1209	骤	1618
学	1370	妨	371	姣	630	婉	1222	嬉	1461	驽	910	骠	98
六画以上		妒	325	妍	942	婵	1569	嫜	1569	驾	611		942
孩	502	妙	853	姹	169	婆	949	嫡	295	驵	82	骡	803
孪	797	姐	906	姜	624	婶	172	嫪	741	驿	1458	骢	245
孳	890	妯	78	姿	1643	婵	1087	十二画以上				骥	1311
孰	1124	妤	1512	娇	630	娜	731	嬷	769	六至十画		骧	605
孵	402	妪	1521	娈	797	九画		嬉	1280	骁	1316	59 幺部	
孺	1047	姊	1645	娜	884	媒	831	嬖	85	骂	811		
		妫	1143		913	蝶	1334	嬗	1068	骃	1467	幻	560
55 屮部		五画		媪	19	媚	827	嬛	559	骄	630	幼	1508
		妹	833	娠	1083	媕	12	嬴	1480	骅	552	幽	1492
屯	1206	妺	871	姬	589	媛	1533	嬲	902	骆	803	60 巛部	
出	218	姑	461	娌	752		1536	嬷	869	骇	505		
蚩	205	妸	336	娱	1514	嫂	1059	嬿	1403	骈	939	巡	1375
巢	1183	妻	957	娟	676	婷	1188	孀	1131	骉	97	巢	184
56 女部			971	娲	1211	媚	834	57 飞部		骊	749	61 王部	
		妞	1617	娥	337	婿	1364			骋	202		
女	911	姐	643	娩	830	十画		飞	376	验	1402	王	1225
二至三画		姓	1352	娓	848	媾	460	58 马部		骍	1346		1227
奴	909	姗	1065	娌	1239	嫫	866			骏	995	一至四画	
奶	885	妁	1362	娴	1299	嫄	1534	马部		骏	5		
奸	613	妮	896	姿	1153	嬉	205			骏	683		
		妾	992	娣	300	媳	937	二至四画		骐	963		

玉	1520	珠	1619	瑞	1050		1256	杠	430	板	40	枒	1316
玎	311	珞	804	瑪	1519	**[62]**		柱	324	枞	245	柬	616
劜	742	珣	1376	瑰	488	**无部**		杖	1571		1652	柞	1670
玑	586	珧	1413	瑜	1515			机	1270	松	1144	柂	1444
玖	666	珩	530	瑷	1536	既	603	杙	1457	枪	983	柏	34
玘	965	班	38	瑷	8			材	149	柳	17		116
玙	1511	珲	1376	瑶	1415	**63**		村	251	构	459		119
场	1406			瑄	1366	**韦部**		杏	1351	枫	396	柝	1210
玛	811	**七画**		瑑	1633	韦	1232	束	1126	杭	511	栀	1595
珏	1383	理	752	瑕	1288	韧	1039	杉	1061	枋	370	柃	776
玢	103	球	1010	瑙	891	韪	1239		1065	杰	641	栎	758
	389	琏	762	**十至十二画**		韫	1546	枓	96	枓	320		1539
玥	1539	琐	1155	璈	18	韨	82	杧	820	杪	853	柳	785
玦	679	琇	507	璘	774	韬	1167	权	164	杷	917	栅	1065
玩	1219	琅	1359	璜	565	韝	37	李	751	枏	907		1562
玫	829		730	璃	837			杝	748	杼	1625	炮	50
玮	1238	琉	784	璞	954	**64**			1458	枇	935	柱	1626
环	558	**八画**		璀	250	**木部**		杞	965	**五画**		柿	1111
现	1302	琫	73	璎	1477	木	876	杨	1406	标	96	柁	1209
玲	983	琹	996	璋	1569	**一画**		杩	811	柰	886	柠	905
五画		琴	996	璃	750	未	1241	极	593	栈	1566	样	45
珏	679	琶	935	璇	1368	末	870	**四画**		某	875	柲	82
珐	355	琪	963	璆	1011	本	69	柾	1226	枯	707	栏	727
珂	695	瑛	1477	**十三画以上**		术	1126	林	773	栉	1604	柒	958
珑	787	琳	774	璐	794		1620	杯	60	柯	695	架	611
玷	305	琦	963	璨	156	札	1562	枝	1593	柄	108	枷	607
玳	272	琢	1642	璩	1014	**二画**		枥	757	柘	1579	枸	458
珀	950		1666	瓅	758	朽	1358	枢	1122	栊	787		459
珍	1580	琥	546	瓖	1311	朱	1618	柜	489	枰	948		672
玲	776	琛	189	璬	559	朳	23	柩	547	栋	318	柔	1044
玻	113	琚	671			朴	941	杲	435	柩	668	柢	297
珉	858	琤	193	**[61]**			949	杳	1415	栌	791	柽	193
珠	758	琼	1007	**玉部**			950	果	495	相	1306	树	1127
珊	1065	斑	39				954	枧	64		1315	**六画**	
珌	82	琰	1399	玺	1283	朵	335	枘	1050	查	167	梆	46
		琭	793	璧	86	机	586	枕	1582		1561	桂	490
六画				璺	1251	权	1017	枣	1556	栐	1287	桔	642
珥	345	**九画**				**三画**		杵	227	柚	1498		672
珰	280	瑟	1060	**62**		杆	424	枚	829		1509	桠	1381
珲	567	瑚	544	**无部**			425	析	1276	枳	1599	桓	559
	576	瑁	827	无	866								

栖	1276	栩	1362	棱	746	椹	347		690	橘	672	獀	1500
	958	根	443		746	楠	889	楒	566	橙	202	獒	18
栗	758	栽	1549		778	椹	1088	楊	1157	橛	680	獘	84
栭	343	桀	642	楮	227		1582	榠	864	橱	226		
栲	694	桄	485	棋	963	椿	239	榫	1153	橹	792	[66]
栳	740	桅	1235	椰	1420	楂	168	槜	1664	橼	1534	犭部
桎	1604	桑	1057	梏	548		1561	槟	104	檎	997	二至三画
桄	1028	梃	1188	植	1597	楚	227		108	檠	1005	犯	365
框	714	七画		楔	323	棟	763	榕	1043	十三画	犰	1009
柴	171	梧	1265	森	1060	榄	728	榜	46	檀	1162	犴	13
桌	1640	梱	758	梦	389	楹	1245	榨	1563	檄	1282	犷	485
桤	958	梓	952	棫	1524	楫	597	榴	784	檐	1395	犸	811
桐	1192	彬	103	椅	1443	楞	746	榷	1023	檑	743	犹	1495
桢	1582	梦	840		1452	椵	328	槃	922	檗	119	狐	537
档	282	梵	367	椓	1642	榆	1515	十一画		橺	1334	犹	1544
株	1619	梧	61	椠	983	楦	1369	槽	575	檩	775	狂	713
梅	1565	梾	725	棹	1575	楢	1500	樯	1507	檬	839	狄	295
桦	556	械	1334	椒	631	椭	1448	槲	545	十四画以上	狈	64
柏	668	梿	761	棠	1165	楣	831	槱	904	檫	168	五至六画
桁	530	梢	1059	棍	491	椽	233	槽	159	檸	744	狉	933
栓	1130		1075	棵	695	楷	689	槿	651			狴	1345
桧	574	桯	1187	棘	596	楸	1009	樊	359	[64]	狍	925
	490	桲	749	椤	802	楹	1480	樘	1165	木部	狎	1287
桃	1168	梨	749	椪	238	楼	789	樟	1569	杀	1060	狐	543
格	437	梅	830	棉	847	概	421	横	530	杂	1548	狒	382
	439	梏	469	棚	931	樧	193		531	条	1181	狁	1509
栘	1445	检	616	棓	47	楦	795	樯	986	亲	994	狗	458
栾	798	桴	406		67	槌	238	樱	1477		1006	狙	670
桩	1634	梓	1646	棕	1653	槎	168	橄	428	寨	1564	狝	1300
桅	1443	梳	1123	棺	478	槐	556	橼	1316	65		狞	905
校	635	根	730	椁	496	十画		槊	1620	支部	狪	796
	1327	梁	764	椋	764	榛	1582	橐	1473	支	1592	狠	529
核	524	棁	1640	椰	731	模	867	村	1629	敊	959	狡	632
	544	梯	1172	楷	576		875	十二画				狩	1120
桉	11	桂	83	棣	300	榍	441	榉	1280	66		狲	1458
案	14	梭	1153	荣	968	槭	960	樲	347	犬部	独	322
样	1411	桶	1194	椴	1399		972	樽	1665	犬	1020	狭	1288
栟	69	棂	777	椭	1210	榧	381	樾	1541	猋	97	狮	1099
	107	八画		九画		椟	899	橐	988	献	1305	狰	1586
桨	626	棒	47	楔	1329	槛	623	橐	1210			狱	1522

狮 1153	猸 1519	殡 104	六画	69	71	74	
七画	猸 830	殪 1462	轼 1113	牙部	比部	支部	
獛 1302	猱 890	殨 574	载 1550	牙 1382	比 76	敱 1329	
狷 677	十至十三画		1552		毕 81	1371	
狸 749	瑶 1415	[67]	辂 343	70	毖 82	敲 988	
狲 506	猿 1533	歺部	轻 1604	戈部	毗 935		
狸 758	獐 1569	餐 154	轿 635	戈 437	毙 82	[74]	
狳 1302	獗 680	粲 156	辋 1616	一至二画		攵部	
狳 1514	獠 769		轾 1019	戊 1270	72	二至五画	
猗 1468	獬 1334	68	辂 793	戍 1359	瓦部	收 1114	
狼 730	獭 1157	车部	较 635	成 1126	瓦 1212	攻 453	
狭 1149	十四画以上	车 186		三至七画	1212	攸 38	
狴 83	獯 1374		670	戎 1042	瓩 975	放 373	
猁 890	獾 557	一至四画	辎 1578	成 195	瓮 1251	政 1590	
八画	玃 584	轧 1384	辅 409	我 1253	瓯 914	故 467	
猜 147			1562	戒 645	瓴 776	敉 1459	
猎 772	67		418	或 582	瓶 949	六至七画	
猪 1620	歹部	轨 488	辇 901	戗 984	瓷 242	效 1328	
猫 822	歹 271	轩 1364	辈 67		瓻 162	敁 844	
824	二至四画	轪 1539	辊 490	987	瓶 145	敌 295	
猗 1443	死 1141	轫 1040	辋 1227	哉 1549	瓿 1618	敆 18	
猡 175	歼 613	斩 1565	辏 897	战 1566	甄 1582	致 1604	
猞 802	殁 871	转 1629	辌 764	戚 958	髡 73	敏 858	
猓 1319	五至六画		1631	戛 609		74	救 668
猊 897	殂 249		1633	八至九画	甑 1561	敔 1519	
猃 1077	殃 1403	轭 338	辐 407	戟 599	甏 1400	敕 209	
猝 248	殄 1180	轮 800	辑 597	戡 690		教 631	
猕 842	殆 273	软 1049	输 1124	戢 596	73		635
猛 839	殇 1068	轰 532	辎 1500	戬 1652	止部	敛 762	
九画	殊 154	五画	辔 929	裁 149	止 1598	敝 83	
猰 1385	殉 1378	轱 462	辕 1534	戥 293	正 1584	敢 426	
猢 544	殊 1123	轲 791	辖 1288	十画以上	1588	赦 1080	
猹 168	七画以上	轴 1617	辗 1566	截 642	此 243	八画以上	
猩 1346	殍 941		1617	十一画以上	步 144	敞 180	
猥 526	殒 1544	轶 1458	辘 794	戡 619	些 1329	散 1056	
1334	殓 763	轷 542	辙 1578	臧 1554	歧 962	1057	
猬 1243	殖 1114	轸 1583	辚 774	戮 794	歪 1213	敦 331	
猥 1239	1598	轹 758	辘 559	畿 591		敬 663	
猹 552	殚 276	轺 1413		戴 274		数 1126	
猴 537	殛 596	轻 998	561	戳 240		1128	

	1138	易	1458	曹	159	暝	864	责	1557	赍	726	汇	571
敷	402	昕	1339	曼	818	曓	1302	贤	1298	赊	1077	氾	358
整	1587	昆	717	晟	1095	暑	519	败	35	赋	415	汉	509
75		五画		晡	120	暖	8	账	1571	赗	1005	三画	
日(曰)部		春	238	晤	1272	暨	604	货	582	赌	324	汗	506
		昧	834	暑	1125	揭	993	贩	367	赏	590		509
曰	1536	是	1111	晦	574	暴	59	贪	1160	赎	1124	污	1255
日	1040	昺	108	晗	507	暵	510	贫	943	赏	1070	江	623
一至三画		晓	787	晚	1221	暾	1206	贬	89	赐	244	汕	1067
旦	277	显	1300	晞	1277	暗	1462	购	459	赒	83	汱	270
旧	667	星	1345	八画		暰	1526	贮	1625	赐	1617	汔	970
旨	1599	曷	524	晴	1005	十三画以上		五画		赔	927	汐	1276
早	1555	映	1483	替	1176	曙	1126	贯	480	九画以上		汛	1377
曳	1424	昡	1369	最	1663	曚	839	贰	347	赘	1639	汊	169
曲	1011	昨	1665	晱	1485	曝	960	贱	621	赙	416	汝	1047
	1014	昇	93	量	764	曛	1374	贡	69	赚	1633	池	205
旬	1375	昫	1363		767	曜	1419		82		1662	汤	1068
旭	1362	昭	1573	晰	1278	曝	60	贳	1111	赜	1558		1164
更	445	昱	1522	晻	15		956	贴	1184	赞	1553	汲	593
	446	昳	1458		1399	曦	1280	贵	489	赟	1541	四画	
旮	418	昂	825	晶	658	矍	680	贷	273	赠	1561	汪	1224
旯	721	昵	898	晹	1459	曩	890	贸	826	赡	1068	汧	975
旰	428	昶	180	晬	1663	[75]		费	383	赢	1480	沅	1529
早	509	昼	1618	景	661	曰部		贺	526	赣	428	沄	1543
时	1101	六画		暑	489			贻	1444	**77**		沐	879
旷	714	晋	654	智	1605	六至七画				水部		汰	1159
罗	1311	晅	1368	晾	767	冒	825	贼	1558			沌	332
旸	1406	晒	1063	普	955	冕	848	贽	1604	水	1132		1633
四画		晓	1326	曾	163	勖	1363	贾	466	氶	455	泪	844
旺	1228	晃	184		1559	**76**			610	沓	257	汩	464
昊	518	晃	565	九画		贝部		贿	574			汹	1354
昙	1161		566	暍	1420			赁	775	泉	1019	汽	971
昔	1276	晌	1069	暗	15	贝	63	赂	793	泵	74	汾	389
昃	1558	晔	1425	暄	1366	二至四画		赃	1553	淼	853	沂	1444
昌	175	晕	1541	暇	1288	贞	1580	资	1643	[77]		沃	1253
昊	857		1546	暖	912	负	411	赅	419	氵部		汭	91
昀	1543	晖	567	曼	561	贡	456	赆	1010			汶	1251
昂	17	晏	1401	暋	858	财	149	赈	1584	二画		沁	997
明	860	七画		暌	716	虺	1444		1457	汁	1593	沆	512
昏	575	晨	192	十至十二画				八画		汀	1186	沈	1086

沉 190		844	洙 1619	泿 1641	涯 1383	渔 1514		574
沏 957	泓 535	洛 803	浠 1277	液 1425	渗 1088	溅 623
沔 848	泔 425	洞 318	涥 116	涴 1527	渚 1624	潄 1364
沥 757	法 354	浘 1443	浣 561	涵 507	渠 1014	溇 789
沤 914	泖 825	洣 844	洎 1459	涸 525	滗 45	溉 421
916	泗 1143	津 649	浦 955	涿 1640	九画	溲 1146
沦 800	泞 906	洪 535	浩 518	淀 306	颂 536	滋 1644
沧 157	泠 776	洫 1363	浪 731	淄 1644	渝 1515	滑 552
泛 366	泡 924	洱 345	浬 503	淅 1277	渡 325	滞 1605
沨 396		926	洲 1616		752	淇 963	渣 1561	十画
沟 457	波 112	洵 1376	浮 405	淋 774	渤 117	溏 1165
没 827	泣 971	洹 559	浴 1522	775	渥 1253	源 1533
871	泥 896	洺 864	海 503	淌 1166	温 1244	溘 700
沘 77	注 1625	活 578	浸 654	淏 518	渫 1334	溜 781
沙 1061	泪 745	洼 1211	浼 833	淑 1123	港 430	786
1063	泫 1369	洽 973	涂 1201	淖 892	渲 1369	溟 864
沛 928	泯 858	派 917	涅 903	淘 1168	渴 698	溢 1461
沪 547	泱 1403		920	消 1317	淙 247	游 1498	溥 955
泐 742	泳 1488	浃 607	涉 1080	淝 381	渺 853	溧 759
五画	泷 787	浇 629	涊 901	淡 278	湨 833	溪 1279
沫 871	泸 791	浊 1641	涌 1488	淤 1510	湄 830	溯 1149
沫 833	泺 803	测 161	浅 337	淫 1469	湍 1203	溱 996
沮 672	泻 1333	浍 573	涓 676	淬 251	湎 849	溴 1359
沱 1209	泼 949	济 598	涔 163	淮 556	湑 1361	潋 1467
河 523	泽 1558	603	涕 1175	淯 1524	1362	溶 1043
泠 757	泾 655	浏 781	涛 1167	深 1083	湖 544	涵 577
泺 844	浅 614	浑 576	涝 740	淳 240	湘 1310	溺 899
沸 383		981	浒 546	涞 725	淴 542	湛 1568	903
油 1495	六画	1362	涟 760	混 576	湟 565	溚 1049
治 1603	洁 641	浓 908	涡 1252	577	湮 83	滂 923
沼 1574	洄 570	浔 1376	涢 1543	淹 1387	湝 858	滇 301
沽 461	洇 1467	涎 1299	涣 561	添 1179	湧 1488	滈 518
沾 1564	洋 1407	七画	涤 295	清 1001	湫 1009	溷 566
沿 1393	浏 771	流 782	润 1051	渊 1527	湮 1388	淬 1646
泄 1333	洇 343	浆 624	涧 622	渌 793	1467	滔 1167
泅 1010	洑 405	浙 1579	涨 1570	渍 1652	溲 1533	滏 83
泚 1458	415	浚 683	1571	渎 323	湾 1218	滚 490
泊 116	洒 1053	1378	涩 1060	渐 615	湿 1099	滗 1402
949	洗 1282	浛 507	八画	622	溁 1480	满 816
泌 82	1301	浜 46	涮 1130	渑 849	溃 716	滢 1480

滤	797	潜	980	瀚	511	觍	1516	[79]		扛	429		1577
滥	729	潟	1286	瀛	1481	觑	460	牛部		托	692	抚	408
潆	798	潦	740	瀣	1335	觐	655			托	1207	抛	924
滨	104		769	瀹	1541	觑	1016	告	435	扠	164	扡	1203
滩	1161	潭	1162	灌	481			靠	694	扣	707	抠	705
溲	1526	潮	185	灏	519	79				扦	975	抢	799
漓	750	潲	1077	灞	28	牛(牜)部		80		执	1595		800
漠	872	潸	1066	浉	843			手部		扩	718	扮	44
漭	821	潺	173	滟	1486	牛	906	手	1116	扪	837	抢	983
十一画		潜	954	灞	745	二至四画		五至八画		扫	1058		986
滤	97	潾	774			牝	944	拿	882		1059	护	547
滴	294	澄	202	[77]		牟	874	挈	993	扬	1404	报	56
滹	543		293	氺部			879	挈	883	四画		拒	674
漂	940	澈	189	求	1009	牡	876	挚	1604	扶	403	拟	897
	941	澎	931	泰	1160	牤	820	挛	798	扯	187	五画	
	941	澔	519	黍	958	牦	824	挈	1053	扰	1028	抹	806
漆	959	澜	728	黎	750	牧	879		1062	扳	37		869
漉	794	澳	20			物	1270		1153	批	932		871
漏	790		20	78		五至六画		掌	1570	抵	1599	抨	930
演	1399	十三画		见部		牯	466	掣	188	扼	338	披	933
漕	159	潞	794	见	619	牲	1093	弄	917	拖	291	抬	1158
漤	728	澡	1556		1302	牴	297	九画以上		找	1574	抱	58
漩	1368	澥	1335	二至七画		牿	1652	挐	1395	技	601	抵	296
漪	1443	澧	753	观	476	特	1170	擎	1005	抔	91	押	189
漫	818	澴	559		479	牺	1276	擘	119	抄	182	押	1381
潆	805	澹	279	觇	1401	七至八画		攀	920	抝	1539	抽	213
潄	1128		1162	规	487	犄	821			抉	678	拚	858
潴	561	激	591	觅	171	犁	750	[80]		扭	907	拂	404
潺	768	濂	762	览	728	犏	590	扌部		把	25	拃	1562
潇	1411	濑	726	觊	802	犇	69	一至二画			26	拄	1624
潆	1480	濒	104	觉	635	犊	323	扎	1548	抑	1457	担	274
潇	1320	濛	839		679	犍	616		1561	抒	1122		277
潋	763	十四画以上		觐	603		980		1562	抓	1628	拆	147
潢	565	濞	85	觐	1281	九画以上		扑	952	抔	952		170
潦	1461	濠	514	八画以上		犏	938	扒	23	投	1197	拇	876
潴	1620	濡	1047	觏	295	犒	694		917	抆	566	拈	899
十二画		濯	1642	觑	1180	犖	750	打	257	抖	320	拉	719
潴	1526	瀍	98	靓	663	犟	627		258	抗	692		721
澉	575	瀑	60		767			扔	1040	折	1078		721
潘	920		956	觑	849			三画			1576		722
								扞	509				

拊 408	拼 942		1051		799	掊 13	搏 118	撞 1636
拌 45	拽 1425	挽 1221	探 1163	掴 1385	搒 228	撒 188
拍 918		1629	捂 1269	接 637	握 1253	搒 48	播 115
拎 772		1629	捅 1194	掉 34	搭 696	搛 616	擒 997
拐 472	拾 1104	捆 717	捕 1319	揣 229	搞 435	撰 1634
拓 1157	持 206	捉 1640	据 671	229	搠 1138	撒 331
1210	指 1599	捋 795	675	230	搡 1058	撸 790
拔 24	按 13	801	捯 283	搓 1213	搤 340	撣 249
拖 1208	挎 710	捌 24	捻 1655	揞 688	搦 913	十三画以上
拗 19	挑 1181	捍 510	捶 238	揪 665	搪 1165	撺 428
19	1183	捎 1075	掠 772	揭 639	搬 39	撼 510
907	挖 1561	1077	控 704	揳 1329	搋 553	擂 743
拘 670	挠 1211	捏 903	推 1203	援 1533	携 1332	745
拙 1640	挜 1385	捐 676	掩 1396	揸 1561	十一画	操 158
拚 922	挝 1252	捕 122	措 254	揽 728	摽 98	擐 561
招 1571	1628	挼 1665	掬 671	揾 1251	100	擅 1067
拢 788	挞 1157	八画	揍 1181	揿 997	摺 770	擞 1146
拣 616	挟 1331	捧 931	掮 980	搀 171	摞 805	1146
扑 972	挠 890	捷 642	掊 701	搁 437	摧 250	擗 936
拥 1485	挡 281	描 852	掳 792	440	撄 1477	擢 1642
拦 727	282	捺 885	掴 472	搂 788	摔 1129	擤 1351
扩 710	挣 1586	捡 996	495	789	摘 1563	攘 1564
拧 904	1591	捻 901	掷 1604	搅 634	撇 1598	擦 147
905	挤 598	捽 1666	掸 277	搓 253	撖 942	擩 1048
906	挥 567	掀 1297	1067	搔 1058	942	攉 578
拨 113	挦 1299	掂 301	掺 171	搜 1146	撤 510	攒 249
择 1558	挪 912	掇 334	掼 480	搭 256	十二画	1552
1564	挺 1188	授 1120	掷 1420	揖 544	撵 901	攘 1026
六画	七画	掉 309	九画	搽 168	撷 1332	攫 1662
拭 1111	捞 732	掊 952	揍 1658	擤 112	撕 1141	攥 681
挂 471	损 1153	952	掰 721	十画	撒 1053	攮 890
拮 641	捡 616	捆 1616	提 294	摄 1080	1053	
拯 1587	换 560	掏 1167	1172	摆 34	揭 684	[80]
挎 740	捣 284	掐 972	揾 1536	摁 341	撅 677	手部
拱 455	挨 4	排 918	揄 1515	摇 1414	撩 768
括 718	4	920	揆 716	摈 104	768	拜 36
拴 1130	挫 253	掖 1420	揉 1044	摊 1160	撑 194	掰 28
拶 1548	振 1583	1425	揎 1365	摸 866	撮 254
1552	挹 1459	掘 680	插 164	摅 229	1667
拷 693	捋 1049	掠 799	揩 1443	振 1566	撑 1665

81 气部		83 长部		彩	151	肱	454	胭	1386	豚	1207		48
				舜	1136	肟	1276	胯	710	**八画**			923
气	968	长	176	爵	680	胁	1631	胰	1445	期	958		923
氕	942		1569			肺	382	胱	484	脾	935	膈	441
氖	885	84 片部		87 父部		肼	660	胲	503	腆	1180	膊	118
氘	283					肽	1159		505	腈	658	膂	796
氙	1297	片	937			朊	853	胳	418	腊	722	胺	104
氚	230		939	父	407	肿	1612		437		1279	膑	584
氛	389	版	41		410	胀	1571		440	腋	1426	膜	867
氟	405	牌	919	爷	1420	肋	1331	胴	318	腌	2	**十一画**	
氢	316	牍	323	爸	27	**五画**		胶	631		1388	滕	1171
氩	1000	牒	310	爹	309	胸	1013	胸	1354	腑	409	臁	229
氪	1467	牓	47	釜	409	胂	1088	胹	343	腓	381	膘	98
氦	505	牖	1507			胆	276	胺	15	腔	984	膛	1165
氧	1410	85 斤部		88 月部		胈	25	胼	939	腕	1224	膝	1280
氨	12					胍	470	脂	1595	腘	495	**十二画**	
氪	1385	斤	647	月	1537	胎	1157	脆	250	腙	1653	膪	626
氪	700	斥	208	**一至三画**		胖	921	脒	1054	腚	314	膦	775
氮	279	所	1154	肋	741		924	脏	1553	腱	623	膨	931
氯	797	斧	408		745	胩	1581		1554	腴	1515	膳	1068
氰	1005	断	327	肌	587	胙	1670	脐	962	**九画**		**十三画**	
氲	1541	斯	1642	肘	1617	胚	927	脑	891	腠	202	朦	839
		斯	1140	肚	324	胛	610	脒	844	腰	1485	膻	1066
82 毛部		新	1340		324	胜	1094	脓	909	腤	12	臁	762
		斵	1642	肛	429	胝	1595	脞	1662	腥	1346	臃	1486
毛	822			肝	424	胞	50	**七画**		腩	889	臆	1462
毡	1565	86 爪部		肟	1253	胗	1012	望	1228	腭	340	臊	1058
毪	875			肠	178	胡	543	脖	117	腮	1054		1059
毯	1163	爪	1574	**四画**		胧	787	脘	1222	腰	1412	臌	467
毳	251		1629	肮	1050	胨	318	脚	633	腷	83	**十四画以上**	
毹	1056	爬	917	朋	930	胪	791	脖	529	腹	416	臏	892
毽	622	[86] 爫部		服	404	胩	684	脐	117	腺	1305	臑	584
毵	827				412	胪	791	脢	830	膩	290	臢	1548
氆	955			股	464	胫	662	脬	924	腼	849	臞	1014
氇	795			肢	1594	脉	815	脖	409	腽	1212		
氍	1014	觅	844	肤	401		871	脯	954	腾	1171	[88] 月部	
氅	1044	爱	1529	肥	380	**六画**		脱	1208	腿	1205		
氄	181	爰	6	肪	372	胸	912	脉	903	腿	1638	有	1500
		舀	1416	肭	1639	朔	1138	朕	1584	**十画**			1509
				肫	884	朗	731	脸	762	膀	47	育	561
				肮	17								

肖	1316	欲	1524	**92**		旌	657		925	焖	837	熺	1280
	1327	歃	1277	**殳部**		旎	898		926	焗	672	燃	1025
肩	614	欸	4	殴	915	族	1659	炯	664	焙	67	燎	769
肯	700		5	段	327	旒	784	炳	108	焚	389	燏	770
育	1485		340	殷	1386	旖	1453	炷	1626	焌	1344	燔	1526
	1521		340		1467	旗	963	炸	1562	焯	184	燊	1462
肴	1413		341		1472				1563		1640	燠	1526
肾	1087		341	榖	460	**95**		炼	763	焰	1402	燧	1152
胃	1243	**八画以上**		殿	306	**火部**		炽	209	焱	1402	**十三画以上**	
胄	1618	歆	1443	毁	571	火	579	烀	542	煐	1477	燥	1557
背	61		959	毂	463	**一至三画**		烁	1138	**九画**		燹	1302
	64	欺	959		467	灭	854	烂	729	煅	328	燿	1419
胤	1475	欻	228	毅	1462	灯	291	烃	1187	煊	1366	爆	60
胥	1360		1361	毅	545	灰	566	**六画**		煌	565	燻	18
能	895	款	712	毇	545	灵	776	烊	1408	煏	83	爌	1280
脊	599	歃	1063			灶	1556		1411	煖	1366	爟	1541
脩	1357	歇	1467	**93**		灸	666	烘	532	煜	1526		
脋	968	歂	1342	**文部**		灼	1640	烙	740	煤	831	**[95]**	
膏	434	歌	1329			灾	1549		804	煨	1232	**灬部**	
臀	1207	歆	1516	文	1245	灿	156	烛	1621	煲	50	**四至八画**	
臂	68	歌	438	斋	1563	炀	1406	烜	1369	煳	544	烝	971
	86	歉	983	斌	104	**四画**		烟	1386	煜	1541	点	302
		歔	1361	㴻	39	炆	1249		1467	煁	1546	热	1029
89		歙	1280	斓	591	炉	791	烤	694	煸	89	烈	771
氏部		歟	1473	斓	728	炊	237	烦	358	煺	1206	烹	930
氏	1107			**94**		炎	1393	烧	1075	**十至十一画**		焦	631
	1593	**91**		**方部**		炒	186	烨	1425	煽	1066	然	1025
氐	293	**风部**				炔	1021	烩	574	熄	1279	煮	1624
民	855	飏	1406	方	367	炕	693	烫	1166	熔	1043	**九画以上**	
氓	821	飑	97	於	1510	炖	332	烬	654	熘	781	煞	1062
	838	飒	1054	施	1099	炙	1603	**七至八画**		熥	1171		1063
		飓	675	旆	1498	炜	1239	烯	1277	熛	98	煦	1364
90		飕	1146	旂	1514	炝	987	烷	1221	熜	1403	照	1575
欠部		飘	1415	旁	923	烽	397	熠	1462	熊	1355		
欠	982	飖	784	旅	962	炬	674	焉	1387	熨	1526	熏	1374
二至七画		飘	940	游	1565	**五画**		焊	510		1547		1378
钦	1512	飙	98	旅	824	炤	1575	焌	1013	熳	510	熙	1279
欣	1339			旎	795	炫	1369	焐	1272	熯	820	煎	616
欧	914			旆	929	炭	1163	焓	507	熵	1069	熬	18
欤	689			旋	1367	炮	50	焕	561	**十二画**			18
					1369								

熟 1116
1125
熹 1280
燕 1388
1403

96
斗部

斗 319
320
斜 1331
斟 1582

97
户部

户 546
戽 548
戾 757
房 372
扁 90
937
扅 1445
扆 1452
扇 1065
1067
扈 548
扉 380
扊 1399
雇 469

98
心部

心 1335

一至四画

忍 1037
忐 1162
忑 1170
忒 1170
1171
1203
志 1602
忘 1228
忞 857
㤅 6
忠 1610
念 901
忽 542
忿 391
态 1159
怂 1145

五画

怎 1559
怒 910
思 1140
怠 273
急 594
怨 1535
总 1653
怼 331

六画

恁 895
904
恋 763
恐 703
恕 1127
恙 1411
恚 574
恝 609
恣 1652
恧 911
恩 341
息 1277
恳 701
恶 337
338
1256
1272

八画

恿 1488
悉 1277
悠 1493
患 561
您 904
[illegible] 1022
悬 1366
悲 61
惄 898
惑 584
惠 574
惩 202
惫 67
惹 1029

九至十画

想 1312
愁 216
愆 977
愈 1526
愍 858
意 1460
愚 1515
感 426
慈 243
愿 1536
慁 577
慇 1467
慝 1171

十一画

慜 858
慧 574
憖 1475
慰 1243
憋 101
憨 506
蕊 1050

十二画以上

憙 1280
憩 972
懃 997
懋 827
懑 837
懿 1462
戆 431
1637

[98]
忄部

一至四画

忆 1454
忏 175
忖 252
忙 820
忡 211
忤 1268
忧 1491
忪 1144
1610
快 711
忭 91
忮 1602
忱 191
忸 907
忻 1339
忾 689
怀 556
怄 916
怅 181
怆 236

五画

怍 1670
怏 1410
怔 1586
1590
怖 145
怙 547
怛 257
怜 760
怡 1444
怦 930
性 1352
㤘 1617
怩 897
怪 473
怫 405
怯 992
怳 565
怵 227
怿 1458

六画

恂 1376
恃 1113
恍 565
恒 529
恓 1276
恟 1354
恢 567
恤 1363
憹 890
恨 529
恪 699
恫 318
恬 1180
恰 973
恸 1194
恹 1386
恻 162
恼 891
㤥 505
恽 1546

七画

悃 717
悄 988
990
悌 1175
悍 510
悒 1459
悔 571
悕 1277
悖 66
悚 1145
悝 752
悟 1272
悢 767
悦 1540
悭 976

八画

悱 381
悴 251
悸 604
悻 1353
悼 287
情 1004
惆 215
惇 331
惊 657
惋 1222
惕 1175
惘 1227
惚 542
惛 575
惜 1277
惟 1235
惦 306
惧 675
惨 155
惬 993
惭 155
惮 278
惯 480

九画

惰 335
惴 1638
惶 565
惺 1346
惼 90
愀 990
愉 1515
愊 83
愎 83
愒 526
971
愔 1467
愕 340
愠 1546
愣 748
愤 391
愦 716
愧 716
慌 562
562
慨 689

十画

愫 1149
慊 983
慎 1088
慑 1081
慠 20

十一画

慓 940
慢 819
慵 1486
慷 692

十二画

憎 1560
憔 989
憧 211
憬 661
憭 770
懂 316

十三画

憷 228
憾 510
懁 1366
懈 1335
懊 20
懒 729
懔 775

十四画以上

懦 913
懵 840

99 毋部	祚 1670	码 811		442	碱 619	103 龙部	映 1066
	祛 1013	斫 1641	硎 1350	碲 301		眠 846
毋 1265	祜 548	砂 1062	硐 319	碣 340		眢 1526
毒 5	祝 1626	砉 551	硒 1277	碳 1164	龙 786	眩 1369
	神 1085	砌 971	硕 1138	磋 168	龚 1395	眬 787
[99] 母部	祠 242	砍 690	硖 1288	碹 972	龛 690	眹 791
	祢 842	砑 1385	硗 988	碹 1369	龚 455	眦 1652
母 876	六画以上	砒 933	硚 989	磁 243		眭 841
每 832	祯 1582	研 1393	碰 821	磋 253	104 业部	842
毒 322	祷 285		1401	硝 1319	十画	
毓 1526	祥 1311	砖 1631	硍 731	碾 901	业 1423	眵 205
	祸 583	砘 332	硪 1253	磅 48	亚 1384	眶 714
100 示部	祾 778	砚 1401	硫 784	924	黹 1601	眷 677
	禄 793	砜 397	硬 1483	磊 744	黻 407	眸 874
示 1107	禅 172	砭 87	确 1022	磙 1279	黼 410	眺 1183
崇 1152	1067	五画	硷 618	磕 762	105 目部	眼 1396
票 941	裎 1467	砝 355	八画	977		眦 872
祭 603	福 407	砟 1562	硼 931	磐 922	目 878	睁 1586
禀 109	裸 831	砢 695	碇 314	磲 1578	二至四画	睃 1153
禁 649	褉 1642	砣 1209	碉 307	磁 695	盯 311	睄 1077
	褐 1366	砥 297	碌 785	磅 491	盱 1359	睅 510
654	禧 1284	砧 1582	793	磔 972	盲 820	睆 561
[100] 衤部	禳 1026	硅 1627	碍 7	十一画	盹 331	睇 300
		砬 721	碎 1152	磙 786	盼 1286	睋 337
一至四画	101 甘部	砮 910	碏 1023	磨 868	盼 922	睒 1278
礼 750		砰 930	碑 62	874	省 1093	睐 726
社 1079	甘 424	砵 114	碓 331	磬 1006	1351	睑 618
祀 1143	甚 1087	砷 1083	碗 1222	磔 1014	眄 848	八画
祃 811	甜 1180	砸 1549	碘 303	磺 565	852	睐 748
袄 1297	102 石部	砹 6	碚 68	十二画以上	眇 853	睚 1383
祇 962		砺 758	碛 971	磴 293	眈 276	睛 658
祈 962	石 277	砻 787	碜 192	磷 774	眉 829	睡 1135
祉 1599	1100	砾 758	193	礁 631	眊 825	睢 1150
祊 72	二至四画	础 227	碰 932	礤 1570	看 689	督 321
祎 1443	矶 587	六至七画	九画	礤 331	690	睥 937
视 1111	矿 707	砦 1564	碟 310	礴 743	眍 705	睦 880
五画	矽 1276	硅 488	碡 1617	礞 839	眨 1562	睨 899
被 405	矾 358	硇 890	碣 643	礤 147	五至七画	睬 793
祖 1661	矿 714	硌 7	碥 90	礤 874	眙 1445	睫 642
祗 1595		硌 804	碧 84	礤 119	眛 872	睐 152
						睹 324

瞄 852	二至三画	罗 801	六至九画	526	皆 637
九至十画	男 886	罚 353	盔 715	543	皇 562
瞇 537	町 1188	罡 430	盖 421	稍 1075	皈 488
睽 789	畚 719	罢 27	盗 286	1077	龄 777
瞌 716	甾 1549	罨 1162	盘 921	税 1135	皋 431
瞀 827	畀 82	罱 758	盛 201	委 1230	皎 633
瞅 217	畅 181	罾 1399	1095	1238	皑 5
瞍 1146	四画	罩 1576	盟 839	稞 1038	皓 518
瞋 189	畇 1543	罪 1663	十画以上	稀 48	皕 83
瞎 696	畈 367	罴 1526	盥 480	稚 1606	皖 1222
瞑 1287	畋 1180	置 1605	盦 12	稗 695	皙 1279
瞑 865	界 646	署 1125	盭 1617	稠 216	九画以上
瞒 816	畎 1020	九画以上	盨 1362	九至十画	皞 519
瞢 839	畏 1242	罱 728	盬 467	稹 90	皤 950
十一画以上	禺 1514	蜀 1126		稳 1249	
瞖 1462	五至六画	瞿 750	109	稷 605	113
瞟 941	畔 922	罾 1560	生部		瓜部
瞠 195	留 781	羁 592	生 1089	稽 590	瓜 469
瞥 942	畚 72	丽 794	甥 1093	968	瓞 116
瞰 691	畛 1583			稿 435	瓠 548
瞧 989	畜 228	108	110	十一画以上	瓢 941
瞩 1624	1363	皿部	矢部	穋 743	瓤 1026
瞪 293	略 799	皿 858	矢 1106	穆 605	瓟 51
瞬 1136	畦 962	三至五画	知 1593	穗 881	
瞭 770	累 743	血 1332	矧 1087	穑 1060	114
瞳 1193	744	1372	矩 672	穗 1152	鸟部
瞵 774	745	孟 840	矫 632	穜 1612	鸟 307
瞻 1565	七画以上	盂 1512	633	1615	902
瞽 467	番 356	盅 1611	矬 253	穟 98	二至四画
瞿 1014	畲 1515	盆 930	短 326	穰 1026	鸠 665
矇 839	畬 1077	盈 1479	矮 5		鸡 587
矂 781	畴 215	盂 525	矱 1537	112	枭 1316
	畸 590	益 1459		白部	鸢 1526
106	疆 625	111		白 28	鸣 863
田部	纍 744	盏 114	禾部	一至八画	鸥 915
田 1179	疊 744	盍 524	禾 519	皂 1556	鸦 1381
由 1493	107	盔 17	二至三画	兒 825	鸧 55
甲 609	罒部	盒 1565	秀 1358	的 290	鸩 1583
申 1081		盐 1394	私 1139	295	五画
电 303	三至八画	监 615	和 522	300	鸪 463

鸲 791	鹜 750	115	痒 1410	癗 1280	七画以上	窦 321
鸭 1381	鹝 62	广部	痔 1605	癠 597	竣 683	窖 1374
鸮 1317	鸽 977		痕 529	癥 39	童 1193	1475
鸯 1403	鹍 240	二至四画	痖 1384	瘤 784	竦 1145	窬 1516
鸰 777	鹎 1527	疗 311	痦 834	瘘 101	靖 663	窳 1520
鸱 205	九画	疖 637	痘 321	103	竭 643	窸 1280
鸲 1013	鹕 545	疗 768	痛 1194	瘫 1161	端 325	窿 788
鸳 1526	鹖 526	疚 668	痞 936	瘼 873		
鸵 1522	鹗 340	疝 1067	痟 1527	癞 98	117	118
鸵 1209	鹘 545	疟 1416	痢 758	癝 803	穴部	疋部
鸶 1140	鹙 831	912	痣 1605	瘴 1571	穴 1370	疋 1383
六至七画	鹚 1273	疠 757	痤 253	癎 1022	一至六画	疍 278
鸶 1605	鹛 1541	疡 1407	痧 1062	癔 1473	究 665	疐 1606
鸸 343	十画	疣 1498	痨 734	瘿 1482	穷 1007	疑 1448
鹜 772	鹝 1461	疤 24	痪 561	癀 565	穸 1007	
鸹 470	鷪 1402	疥 646	八至九画	癛 788	空 702	[118]
鸺 1358	鹖 1419	疢 962	痫 1300	癌 5	704	正部
鸻 530	鹛 1251	疫 1458	痸 336	癍 39	穿 230	疏 1123
鸼 1617	鹜 784	疠 758	痰 1162	十三画以上	窀 1639	
鸽 437	鹝 597	疮 234	痱 384	癟 1462	突 1199	119
鸾 798	鹝 1462	疯 397	痲 808	癖 936	窃 993	皮部
鸿 536	鹤 527	五画	痴 205	癗 745	窆 90	皮 934
鸺 1265	十一画以上	痘 1627	痹 83	癥 306	容 1042	皱 1618
鹁 118	鹭 1443	疱 926	痼 469	癫 723	窄 1564	皲 683
鹃 123	鷖 1477	疴 695	痿 1239	726	窅 1416	皴 251
鹃 750	鹰 1579	疸 277	痊 251	癣 1369	窈 1416	
鹈 725	鹱 1642	疹 1583	瘃 1621	癯 745	窍 991	120
鹇 676	鹟 786	疼 1171	痒 279	癫 301	窑 1413	癶部
鸺 544	鹣 769	疽 671	瘆 1088	癯 1014	室 1605	癸 489
466	鹭 670	疾 596	痍 1519		窒 1183	登 291
鹅 337	鹳 1526	痂 607	痪 537	116	七画以上	凳 293
鹆 1525	鹭 794	痄 1563	痫 722	立部	窨 637	
鹇 1300	鹭 559	病 110	瘗 1461	立 754	窗 234	121
鹉 1174	鹝 19	症 1586	瘘 790	三至六画	窘 664	矛部
八画	鹺 548	1591	瘅 1059	竑 535	窜 249	矛 824
鹋 1269	鹪 839	痈 1486	瘟 1245	竖 1127	窝 1252	矜 649
鹊 1022	鹰 1477	痊 662	瘥 171	站 1567	窟 708	矜 996
鹋 852	鹮 481	六至七画	瘦 1121	竟 662	窠 695	矞 1525
鹌 12	鹱 1014	痋 241	瘩 258	竟 663	窣 1147	
鹍 1460		痖 1020	九至十二画	章 1569	窥 715	
		痍 1446				

122 耒部							
耒 744	耵 311	127 而部	频 943	[130] 虎部	蚧 646	蜓 1188	
籽 1645	耶 1420		颏 1205		蚨 405	七画	
耕 446	1420	而 342	领 510	虎 547	蚪 320	蜇 1576	
耖 186	四画	耍 1128	颖 1481	545	蚬 1301	1578	
耗 518	耸 1145	耐 886	颣 959	虓 1317	五画	蜃 1088	
耘 1543	耻 208		八至十画	虒 60	蛭 1009	蜗 766	
耙 27	耽 276	128 页部	颗 695		蚰 1498	蛸 1320	
917	耿 446		题 1174	131 虫部	蚱 1563	蛹 1488	
耜 1144	聂 903	页 1424	颞 1487		蚴 1509	蛾 337	
耠 577	五画以上	二至三画	颚 340	虫 211	蚶 506	1453	
耢 741	聃 276	顶 311	颟 1631	一至三画	蚺 1025	蜂 398	
耥 1164	聆 777	顷 1005	颜 1395	虬 1010	蛀 1627	蜈 1265	
耦 915	聊 768	预 506	额 337	虮 598	蛄 463	蜉 407	
耧 789	聋 787	顺 1135	颠 815	虱 1099	466	蜊 750	
耨 909	聒 1363	须 1359	颠 301	虹 535	蛆 1013	蜋 732	
耩 626	职 1597	四画	十二画以上	虺 567	蛇 1078	蜍 226	
耪 924	聍 905	顼 1360	颡 519	571	1445	蜎 1527	
耰 1493	聒 491	顽 1220	颢 745	虻 838	蛉 777	蜕 1206	
糖 874	联 761	顾 468	颤 175	虽 1150	蛊 466	蜗 1252	
糯 556	聘 944	顿 332	1568	虾 501	蛋 278	蛹 984	
123 老部	聚 675	颁 962	颦 1047	1286	蛎 758	八画	
老 735	聩 717	颂 38	颧 943	蚕 171	六画	蜘 1595	
耄 826	聪 245	颁 1145	颧 1020	蚀 1105	蛐 1013	蜚 380	
耆 962	聱 18	预 512	129 至部	蚁 1452	蛑 875	381	
耋 310	125 臣部	颃 1522		蚂 806	蛔 570	蜞 963	
[123] 耂部	臣 189	五至七画	至 1601	811	蛘 1408	蜡 722	
考 693	卧 1253	颅 791	臻 1582	811	蛙 1211	蜢 840	
者 1578	126 西(襾)部	领 779	130 虍部	蚤 1556	蛛 1620	蜥 1279	
124 耳部	西 1274	颇 949	虎部	四画	蛞 718	蜩 1183	
耳 343	要 1412	颈 661	虏 792	蚊 1249	蛟 631	蜮 1526	
二画	1417	446	虐 912	蚋 1050	蛤 959	蜂 48	
	覃 996	颉 1332	虑 796	蚌 47	蛤 501	蜱 936	
	覆 416	颊 609	虔 980	74	440	蝎 1461	
		颌 1452	虽 935	蚍 935	蛰 1008	蜷 1020	
		颔 525	蚓 1472	蛭 1605	蜿 897		
		440	虞 1515	蚕 155	蛮 816	蜻 1003	
		颍 1481		蚰 1615	蛰 1578	蜿 1218	
		颏 695		蚜 1383	蛴 890	蜥 41	
		颉 340		蚝 513	蛴 963	蜩 1227	
		颐 1447		蚣 455	蜒 1395	蝇 1480	

蝈	492	蟴	960	胬	910	笙	1093	筠	1543	篓	789	籫	1541
蝉	173	螺	803	胾	1652	笛	295	筹	734	**十至十二画**	籯	86
螂	731	蟊	1612	脔	798	笞	205	筱	1326	篙	435	
九画	螟	1473		笠	758	筼	1075	篝	458	**136**
蝌	696	蟀	1130	**133**	笹	858	筷	711	篡	249	**臼部**
蝎	1329	螽	825	**缶部**	筌	1183	筤	1543	篥	759	臼	667
蝓	1516	蟋	1280	缶	400	符	406	签	977	篚	84	兒	896
蝗	565	螭	1320	缸	430	笨	72	简	618	篮	728	舁	1514
蝘	1400	蟑	1569	缺	1021	第	300	**八画**	篰	145	舂	211
蝙	89	蟓	565	钆	1564	笭	777	箄	62	篱	750	舄	1286
蝠	407	**十二画**	罂	1477	笯	904	算	84	篷	931	舅	670
蝣	1500	蟛	931	罄	1007	竿	1666	箐	1006	簦	1557	舋	1344
蝤	1500	蟠	922	罅	1294	笳	609	箓	794	篾	1634	爨	250
	1011	蟪	575	罐	481	笺	615	箅	843		1661	
蛰	825	蟫	1469		笼	787	箔	118	箫	319	**[136]**
蝮	416	蟮	1068	**134**		788	箕	590	篾	855	**臼部**
蜂	716	**十三画**	**舌部**	笾	87	笺	1541	簌	1448	舆	1516
蜊	723	蟹	1335	舌	1078	笱	1007	算	1150	簇	249	
蝴	545	蟾	173	舐	1113	**六画**	箜	703	籁	1149	**137**
蝶	310	蠁	972	舒	1123	笑	609	箑	238	麓	794	**自部**
蝻	889	蠃	803	舔	1180	笼	1302	管	478	籀	742	自	1646
蝼	789	蠊	762		等	292	箢	1527	簖	328	臬	903
蝾	1043	蠋	1621	**135**	筋	649	箐	1558	簧	565	臭	217
十画	蠓	840	**竹(⺮)部**	筚	1020	篋	993	簪	769		1358
螃	924	蠖	584	竹	1620	筏	354	箩	803	簟	306	鼽	904
螅	1280	**十四画以上**	**二至四画**	筐	713	箧	384	箪	410	
螈	1534	蠕	1047	竺	1621	筑	1627	箪	276	箫	728	**138**
蟊	899	蠛	855	竿	425	筒	1194	箫	1320	簪	1552	**血部**
融	1043	蠡	750	竽	1514	答	257	箸	1052	**十三画以上**	衄	911
螟	865		753	笃	324		258	箐	1627	籖	118	衅	1344
螣	1462	蠢	240	笈	594	策	162	箭	623		120	
螨	818	蠲	676	笄	589	箝	707	篌	89	簿	145	**139**
螭	205	蠹	1280	笆	24	笔	740	箱	1310	籀	1618	**舟部**
螫	18	蠼	1014	笊	1575	筛	83	箴	1582	籁	726	舟	1615
螬	808	蠱	325	笋	1153	筚	1063	箬	1346	籍	597	舢	1065
螫	822	蠻	1014	笏	548	筝	1586	篁	565	纂	1661	舣	1452
				笑	1327	筳	1395	篆	1634	簪	1634	舨	41
十一画	**132**	笔	78	**七画**	篇	938		1662	航	512
螯	1114	**肉部**	笫	1646	筹	216	篌	537	籥	1481	舫	373
螳	1166	肉	1045	**五画**	笾	788	簋	717	篷	1014	般	38
螵	941									

114	142 衣部	袷 1419	褥 1049	羯 643	粹 251	147 羽部
舭 80		袒 1163	褴 886	羰 1164	粼 774	
舰 622	衣 1440	袖 1358	褫 208	羱 1534	粽 1656	羽 1517
舱 157	1455	袜 1212	褡 647	羲 1280	精 658	三至八画
舲 777	衮 490	祥 922	褶 728		糁 1084	羿 1459
舳 1621	袅 902	袪 1013	褶 1578	[143] 羊部	糅 1044	翁 1251
舴 1558	衾 995	被 66	十一画以上		猴 537	翃 536
舵 335	袈 609	袯 117	褾 100	美 832	糌 1362	翅 209
舶 117	袋 274	六至八画	襫 1332	羑 1507	糊 543	翈 1459
舷 1299	袤 827	袱 407	襆 987	羔 434	545	翊 1459
舸 441	袭 1281	袴 709	襕 728	羡 1305	548	翎 777
船 233	裂 771	袷 972	襟 649	羹 446	楂 168	翔 1311
舻 791	772	裆 280	襦 1047		糙 1552	翕 1279
舣 787	装 1634	裕 1525	襮 119	144 米部	糍 243	翘 989
舾 1278	裒 952	裙 1023	攀 922		糈 68	991
艇 1188	裔 1460	裲 766	襻 1026	米 843	糖 1165	翙 574
艄 1076	裘 1011	裢 761		二至六画	糗 1011	翚 567
艅 1516	裟 1062	裤 709	143 羊部	籹 911	糌 159	翛 1320
艋 840	裳 180	裨 83		类 745	十一画以上	翟 1564
艎 565	1075	936	羊 1405	籼 1297	糟 1555	翠 251
艑 95	裹 496	裰 334	群 1023	籽 1645	糠 692	翡 381
艘 1146	褰 977	裱 100	羸 744	料 770	糨 627	蓊 1627
艚 48	襞 86	裥 766		粔 1304	糯 913	九画以上
艟 159		裸 803	[143] 羌部	粉 389		翦 619
艨 839	[142] 衤部	裼 1279		粑 24	145 聿部	翩 938
		裾 671	羌 983	粒 758		翱 526
140 色部	二至五画	棋 963	养 1409	粕 952	聿 1521	翯 527
	初 224	褂 472	差 164	粗 248	肆 1460	翰 510
色 1059	补 120	褚 228	169	粘 900	肄 1144	翶 18
1063	衩 169	1624	171	1565	肇 1576	翳 1462
艳 1401	169	九至十画	241	粝 758		翼 1462
艴 407	衫 1065	褊 90	羞 1357	粞 1279	[145] 肀部	翻 356
艵 1286	衬 192	褐 526	着 1573	粟 1149		翾 1366
	衲 884	裸 56	1573	粢 1644	肃 1148	
141 齐部	衽 1040	褕 1516	1579	粤 1541		148 糸部
	衿 649	褙 68	1641	粪 391	146 艮部	
齐 960	袂 834	褛 796	七至十画			一画
	袄 19	褡 257	羚 777	粮 765	艮 445	系 602
	袖 567	褪 1206	羝 294	粱 765	良 763	1284
	袍 925	1207	羟 987	粳 658		二至六画
			羧 1153			

紊 1249	纫 1039		662	綝 774	缐 1305	缫 988	**151**
素 1148	**四画**	给 272	续 1364	缒 1638	缪 559	**赤部**
索 1155	妞 907	**六画**	绮 968	缓 559	缵 1473	赤 208
紧 650	纬 1238	绑 46	绯 380	缔 300	缴 634	赧 889
紫 1646	纭 1543	绒 1042	绰 183	缕 796	1642	赫 526
絮 1332	纮 535	结 637	240	编 87	缥 1374	赭 1578
絜 1364	纯 239	641	绱 1075	缙 858	缠 874	赯 1166
綮 1598	纰 933	绔 709	绳 490	缘 1533	缵 1661	
八画以上	纱 1062	绂 270	绳 1093	**十画**		**152**
綦 963	纲 429	绕 1028	维 1236	缚 416	**149**	**豆部**
綮 968	纳 884	绹 1467	绵 846	缛 1049	**麦部**	豆 320
1006	纵 1655	衍 512	绶 1121	缜 1583	麦 813	豇 624
繁 359	纶 800	绘 573	绷 73	缝 398	麸 401	豉 208
繄 1443	476	给 598	73	400	麹 1013	豌 1218
繇 1415	纷 388	442	74	缞 251	麴 875	踏 171
1500	纸 1599	绚 1369	绸 215	缟 435		
1618	纹 1248	绛 627	绺 785	缠 172	**150**	**153**
纛 288	1251	络 740	绻 1020	缡 750	**走部**	**酉部**
	纺 373	803	综 1560	缢 1461	走 1656	酉 1507
[148]	纻 1625	绝 679	1653	缤 104	**二至五画**	**二至五画**
纟部	纽 907	绞 632	绽 1568	**十一画**	赳 665	酊 311
二至三画	纾 1122	统 1193	绾 1222	缥 940	赴 413	312
丝 1139	**五画**	**七画**	缤 758	941	赵 1575	酋 1010
纠 664	线 1304	绠 446	绿 793	缦 820	赶 425	酌 1641
纤 1510	绀 428	绑 766	797	缧 743	起 965	配 928
红 533	继 1333	缃 749	缀 1638	缨 1477	趁 193	酎 1618
453	绂 405	1283	缁 1644	缜 1400	趄 671	酏 1452
纣 1617	练 763	绡 1319	**九画**	缩 1153	993	酒 666
纤 1296	组 1660	绢 677	缃 1310	缪 854	超 183	酞 824
982	绅 1083	绣 1359	缄 616	866	越 1540	酗 1363
纥 437	细 1285	绥 1150	缅 849	875	趋 1013	酚 389
521	织 1595	绦 1167	缆 728	缫 1058	**六画以上**	酝 1546
纨 1375	终 1610	继 603	缈 853	**十二画以上**	趑 1644	酢 248
约 1411	绉 1617	绨 1172	缉 590	缬 1332	趔 772	1671
1536	绊 45	1175	959	缭 769	趟 1164	酣 506
级 593	绋 405	**八画**	缊 1541	缮 1067	1166	酥 1147
纨 1219	绌 227	绩 604	缌 1546	缯 1560	趣 1016	**六至七画**
纩 714	绍 1077	绪 1363	缎 574	1560	趱 1553	酪 865
纪 598	绎 1458	绫 778	缑 328	缰 625		酩 741
601		缎 1656	缒 95	缲 982		酬 215

酴 909
酮 1193
酯 1601
酰 1297
酱 627
酲 202
酵 637
酶 831
酷 709
酸 1149
酹 745
酽 1402
酿 902

八至十画

醁 794
醇 240
醉 1664
醋 249
醌 717
醍 1174
醐 545
醑 1362
醒 1351
醚 843
醛 1020
醢 505
醨 750

十一画以上

醪 734
醭 120
醮 637
醯 1280
醴 753
醺 1374
醹 778
醾 843

154 辰部

辰 190
辱 1047

155 豕部

豕 1106
豝 24
象 1315
豢 561
豨 1279
豫 1526
豵 1656

156 卤部

卤 792

157 里部

里 751
重 211
1614
野 1421

158 足部

足 1659
趸 331
跫 1008
踅 1371
蹇 619
蹙 249
蹩 103
躄 86

[158] ⻊部

二至四画

趴 917
趵 59
114
趿 1156
趺 401
趼 617
趾 1601
跂 962
971
跃 1540
跄 984
距 675

五画

跋 25
跌 309
跎 1209
跏 609
跑 925
925
跖 1598
跗 401
跚 1066
跛 119
跞 758
805
践 622

六画

跐 241
243
跟 444
跣 1302
跨 710
跩 1629
跪 490
跬 716
路 793
跳 1183
跶 270
跷 988
跸 83
跹 1297
跻 988
跺 335
跻 590

七至八画

跽 604
踉 765
768
踊 1488
踌 216
踏 1156
1157
踒 1253
踝 556
踞 676
踟 207
踢 1172
踣 118
踦 1453
踩 152
踪 1653
踬 1606
踮 303
踯 1598

九至十画

踱 335
踵 1612
踹 230
踽 673
蹀 310
蹁 939
蹂 1044
蹄 1174
蹅 169
蹉 253
蹡 984
987
蹈 285
蹋 1157
蹊 960
1280
蹍 901
蹑 904
蹒 922
蹓 781
786

十一画

蹚 1164
蹠 1598
蹦 74
躇 226

十二画

蹼 955
蹬 292
293
蹭 163
蹯 360
蹰 226
蹲 253
331
蹴 249
蹶 680
681
蹽 768
蹿 250

十三画以上

躁 1557
躃 86
躅 1621
躈 991
躏 775
躐 772
躜 1661
躞 1335

159 邑部

邑 1457
邕 1486
鼍 1210

[159] 阝(在右)

二至四画

邓 293
邗 506
邘 1511
邙 820
邝 714
祁 960
邠 103
邢 1347
那 882
883
893
895
邦 45
邪 1330
1420
邬 1255

五画

邮 1494
邯 506
郍 884
邱 1008
邲 82
邴 108
邵 1077
邶 64
邸 296
邹 1656
邺 1424
邻 772

六画

邾 1618
郁 1521
郃 523
郄 1285
992
郅 1602
郇 558
1376
郈 540
郊 629
郋 1281
郎 730
731
郑 1590
郓 1546
鄩 1376

七画

郗 1276
郛 405
郜 436
郝 517
郡 683
郢 1481
郤 1286
郦 758
郧 1543

八画

部 145
郪 958
郭 491
都 319
321

九画

郾 1396
郿 830
鄂 340
鄮 827

十至十一画

鄅 1519
鄗 519
鄚 827
鄘 1486
鄙 80
鄞 1469
鄠 548
鄢 1388

十二画以上

鄂	1376	獬	1358	謇	1171	讼	1145	话	555	谀	1514	谥	1113
鄄	827	貆	559	誓	1114	讽	399	诞	277	谁	1081	谦	976
鄱	950	貉	513	詈	977	设	1078	诟	459		1132	谧	846
鄹	1656		525	警	18	访	373	诠	1019	谂	1087	**十一画**	
鄞	1493	貌	827	譬	1006	诀	678	诣	488	调	308	谨	651
鄘	779	貔	936	警	661	**五画**		询	1376		1182	谩	816
鄣	398	貘	874	譬	937	证	1590	诣	1458	谄	174		818
鄹	1016					诂	464	净	1590	谅	767	谪	1578
160		**164**		**[166]**		诃	519	该	418	谆	1639	谬	619
身部		**龟部**		**讠部**		评	947	详	1311	谈	1161	谫	1473
身	1082	龟	487	**二画**		诅	1659	诧	169	谊	1459	谬	866
射	1080		682	计	599	识	1103	诨	576	**九画**		**十二画以上**	
躯	1013		1008	订	313		1602	诩	1362	谋	874	谱	1279
躲	335	**165**		讣	410	诃	1355	**七画**		谌	192	谭	1162
躺	1166	**角部**		认	1038	诈	1562	诗	1616	谍	310	潛	1559
161		角	632	讥	585	诉	522	诚	646	谎	565	谯	989
采部			678	**三画**		诎	1444	诬	1255	谏	622	谰	728
采	150	斛	544	讦	640	诉	1147	语	1518	谐	1331	谱	955
	152	觚	463	讧	1359	诊	1582		1522	谑	1374	谲	680
釉	1510	筋	1069	讪	536	诋	296	诮	990	谒	1425	谳	1634
释	1113	觜	1644	讨	1168	诒	1615	误	1272	谓	1243	谶	1403
162			1662	让	1027	许	1624	诰	436	谔	340	谴	982
谷部		解	643	讪	1066	词	241	诱	1509	谖	1326	谖	1366
谷	464		647	讫	970	诎	1012	海	573	谕	1524	谵	1565
	1521		1334	训	1377	诏	1575	诳	713	媛	1365	谨	557
豁	1280	觥	455	议	1455	波	82	说	1135	逸	172	谳	193
豀	1280	触	228	讯	1377	译	1457		1136	谙	1644	**167**	
豁	553	觫	1149	记	600	诒	1444		1539	谙	12	**辛部**	
	578	觯	1606	**四画**		**六画**		诵	1145	谚	1402	辛	1339
	584	觱	84	讲	625	诓	713	**八画**		谛	300	辞	242
163		觳	1448	讳	573	诔	744	请	1005	谜	834	辟	84
豸部				讴	914	试	1110	诸	1619		843		937
豸	1602	**166**		讵	674	诖	471	諏	1656	谝	939	辣	722
豹	58	**言部**		讶	1385	诗	1098	诺	913	谞	1361	辨	95
豺	171	言	1391	讷	893	诘	594	读	321	**十画**		辩	95
貂	307	詈	1644	许	1362		641		323	谟	866	辫	96
			1646	讹	336	诙	566	诼	1641	谠	281	瓣	45
		詹	1565	论	800	诚	198	诽	381	谢	1334		
		誊	1526		801			课	700	谣	1414		
				讻	1354	诛	1619	透	1239	谤	48		

168 青部		霖 774	齯 241	[175]	陨 1544	鍪 922	钠 884
		霓 1477	齮 1453	阝(在左)部	险 1301	鏊 1553	钡 66
青	997	九画以上	齯 897	二至五画	陪 927	鏊 875	钢 429
静	663	霜 1131	齲 1015	队 328	陬 1656	鎏 784	431
靛	306	霞 1288	齷 1254	阡 975	陲 238	鳌 20	铃 800
169 卓部		霖 815	173 黾部	阮 701	陵 777	鏊 68	钣 41
		霪 1469		阮 1049	陶 1168	鑫 1342	铃 977
乾	980	霄 1282	黾 848	阱 660	1413		钥 1419
朝	185	霭 5		防 370	陷 1304	[176] 钅部	1539
	1573	霰 1305	黿 858	阳 1405	九画以上		钦 993
韩	507	露 790	鼋 1533	阴 1463	陾 1288	一至三画	钧 683
斡	1254	794	174 隹部	阵 1583	隅 1515	钆 8	钨 1255
170 雨(⻗)部		霸 27		阶 637	隆 786	钇 1452	钪 693
		霹 934	佳 1637	阻 1660	787	针 1580	钫 370
雨	1518	霾 812	隼 1153	阼 1670	限 1231	钉 311	钦 582
	1521	171 非部	隽 677	阽 1392	隋 1150	313	钮 907
三至八画			难 888	阿 1	隍 564	钊 1571	钯 26
零	1514	非 378	889	336	随 1151	钋 949	五画
雪	1372	辈 67	雀 988	陀 1209	隐 1472	钉 770	钰 1522
雯	1249	斐 381	990	陂 60	隗 1239	770	钱 980
雱	389	蜚 380	1022	附 412	715	钍 1202	钲 1586
雳	758	381	雄 1354	际 602	隔 440	钎 975	钳 980
零	777	裴 928	雅 1382	陆 785	隘 7	钏 234	钴 466
雷	743	172 齿部	1384	792	隙 1286	钐 1065	钵 114
雹	51		集 596	陇 788	嗷 18	钒 358	钶 695
雾	1272	齿 207	雉 1606	陈 191	障 1571	钓 308	钷 950
需	1361	齔 193	雍 1486	陉 1350	隩 1286	钔 837	钹 117
霁	604	齕 525	雎 226	六至八画	隧 1152	钕 911	铍 1539
霆	1188	断 1469	雌 243	陋 789	隩 20	钖 1406	钻 1661
霖	881	龀 1334	雒 805	陌 871	1526	钗 170	1662
霄	1320	齙 27	雕 307	降 626	隰 1282	四画	钼 880
震	1584	齣 972	膌 584	1311	隳 568	钘 1350	铲 797
霈	929	齟 673	雖 1487	限 1303	176 金部	钙 421	钽 1163
霉	831	龄 778	雠 217	陕 1066		钚 145	钾 610
霍	584	齙 50	175 阜部	陲 82	金 647	钛 1159	钿 306
霎	1063	齜 1644		陟 1604	鉴 623	钪 535	1180
霏	380	龈 1469	阜 412	陛 320	銎 1008	钜 674	铀 1498
霓	897	齬 1519		陧 1536	鎏 798	钝 332	铁 1184
				除 224	鋈 1543	钞 183	铂 117
				陉 903		钟 1611	铃 777

铈	1283	铫	309	锌	1340	锚	166	镘	820	鲅	27	鲫	605
铄	1138		1413	铳	785	锹	988	镚	74		115	鲬	1488
铅	976	铬	442	钢	688	锻	328	镛	1486	鲆	949	八画	
	1394	铭	864	铜	618	锽	565	镜	664	鲇	900	鲭	1003
铆	825	铮	1586	锐	1050	锾	559	镝	295	鲈	791	鲮	778
铈	1113		1591	锑	1172	镍	1305		296	鲉	1500	鲯	964
铊	1156	铯	1060	银	731	镎	4	镞	1659	稣	1147	鲰	1656
铋	83	铰	633	锒	997	锵	984	十二画以上		鲊	1562	鰔	584
铌	897	铱	1443	铜	671	镀	325	镡	1342	鲋	416	鲱	380
铍	935	铲	174		672	镁	833	镢	681	鲌	118	鲲	717
铎	335	铳	214	铜	2	镂	789	镣	770	鲍	1475	鲳	175
铒	876	铴	1164	八画		镄	384	镁	954	鲍	59	鲵	897
六画		铵	13	锗	1578	锢	831	镥	792	鲎	541	鲷	307
铡	1350	银	1468	锘	913	十画		镧	728	六画		鲸	660
铐	694	铷	1047	错	254	镆	873	镨	955	鲑	1332	鲽	794
铑	740	七画		锚	824	镇	1584	镩	250		488	鲻	1644
铒	345	铸	1627	锛	69	镈	118	镪	984	鲔	1239	九画	
铁	536	铹	734	锜	963	镉	441		987	鲕	343	鲽	310
铓	821	钍	325	锝	289	镊	797	镫	293	鲞	490	鲥	723
铕	1507	铼	1011	锞	700	镋	904	镬	584	鮰	571	鳂	75
钛	257	铺	953	锡	1279	锐	1166	镭	744	鲗	1559	鲢	763
铗	609		955	锢	469	镌	676	镯	1642	鲐	541	鲲	1245
铙	1420	铻	1519	锣	803	镍	904	镰	762	鲘	711	鳃	1054
铫	890	铼	725	锤	238	锟	75	镱	1462	鲑	1461	鳄	340
铛	194	铽	1171	锥	1638	锋	883	镲	169	鲚	604	鳊	553
	280	链	763	锦	651	镏	784	镳	98	鲛	631	鳅	1009
铜	1193	铿	701	锁	1606		786	镴	723	鲜	1297	鳆	416
铝	796	销	1319	锨	1297	镐	435	镶	1311		1302	鳇	565
铞	309	锁	1155	锫	928		519			鲞	1313	鳈	1020
铟	1467	锂	753	锭	314	镑	48	177		鲟	12	鳊	89
铡	1562	锃	1560	铍		锜	1461	鱼部		鲟	1376	鰕	1287
铁	1619	锄	226	锃	731	镓	609	鱼	1512	七画		十画	
铣	1283	锅	491	键	623	镔	104	二至四画		鲠	446	鳌	18
	1302	铿	509	锯	675	镕	1043	虹	536	鲡	750	鳍	964
铤	1188	锆	436	锰	840	十一画		鲂	1363	鲢	762	鳎	1157
铥	315	锇	337	锱	1644	锗	1640	鱿	1498	鲤	753	鳏	478
铧	552	锈	1359	锲	1477	镄	565	鲀	1207	鲵	849	鳐	1415
铨	1020	锉	254	九画		镖	98	鲁	792	鲥	1105	十一画	
铩	1062	锊	799	锶	1140	镗	1164	鲅	24	鲨	1062	鳓	742
铪	501	锋	398	锷	340		1165	五画		皖	561	鳔	101

鳕 1372	窜 12	骸 502	**185**	**七至八画**	**187**	**190**
鳖 101	鞍 12	骷 537	**食部**	铺 145	**首部**	**高部**
鳗 816	鞑 258	髀 85	食 1105	饿 339	首 1118	高 431
鳘 858	鞋 816	髁 696	1143	馀 1514	**188**	**191**
鳙 1487	鞘 1076	骼 973	1458	馁 893	**髟部**	**黄部**
鳛 1282	991	髃 1516	飨 1312	馃 496	髡 717	黄 563
十二画以上	鞴 73	髅 789	餐 1185	馄 576	髦 825	黇 1179
鳝 1284	鞭 109	髆 119	饕 1487	馅 802	髻 1183	黉 536
鳜 490	鞠 671	髂 47	饔 1167	馆 1305	髫 1025	**192**
鳟 1068	鞯 73	髋 712		馆 478	髯 905	**麻部**
鳞 775	鞑 723	髌 104	**[185]**	**九至十画**	髡 84	麻 806
鳟 1665	**九画以上**	髎 769	**饣部**	馇 165	髢 825	807
鳠 548	鞣 1044	髓 1152	**二至四画**	馈 716	髭 1644	摩 807
鳡 753	鞯 341	髑 324	饥 586	馊 1146	髹 1358	867
鳢 772	鞨 526		饧 1349	馒 565	髻 605	麈 567
178	鞭 89	**183**	饨 1207	馋 172	鬈 1629	麽 867
隶部	鞯 616	**香部**	饩 1284	馌 1426	鬃 759	糜 832
隶 757	鞴 68	香 1309	饪 1040	馎 118	鬏 1653	843
179	鞲 1332	馝 84	饫 1521	馏 784	鬓 931	麋 843
革部	鞯 977	馞 119	饬 209	786	鬟 1020	麇 843
革 438	**180**	馥 417	饭 366	馓 1358	鬣 723	844
二至五画	**面部**	馨 1342	饮 1471	**十一画以上**	鬆 665	魔 869
靪 311	面 849		1475	馒 816	鬣 964	麻 912
靰 1272	靧 575	**184**	**五至六画**	馑 651	鬒 762	**193**
靸 1053	**181**	**鬼部**	饯 621	馐 1462	鬌 104	**鹿部**
靳 654	**韭部**	鬼 488	饰 1110	馓 1057	鬟 816	鹿 793
靴 1370	韭 666	魁 716	饱 52	馔 1634	鬟 559	麒 964
靶 26	**182**	魂 576	饲 1143	馕 890	鬣 905	麓 794
靷 1473	**骨部**	魃 25	饴 1444	890	鬠 772	麝 1081
靼 258	骨 462	魄 118	饵 345	**186**		麟 775
鞒 45	465	952	饶 1027	**音部**	**189**	
勒 1419	骰 1239	1210	饼 82	音 1465	**鬲部**	
鞍 68	骸 1198	魅 834	饷 1312	韵 1546	鬲 758	
鞅 1404	骱 68	魆 1361	饸 524	韶 1076	鬻 1526	
1411	骶 297	魇 1320	饹 742			
六至八画		魉 766	饺 632			
鞋 1332	297	魏 1244	饼 108			
		魈 1227	饽 114			
		魍 205				

194 鼎部							
鼎 312	黔 981	鼄 1541	黏 900	198 鼠部	鼫 1265	駒 536	
鼐 1644	默 873	鼇 750	197 鼓部		鼹 1280	鼺 1252	
	黛 274	黩 323			鼷 1400	齉 890	
195 黑部	黜 228	黯 17	鼓 466	鼠 1126	199 鼻部	200 龠部	
	黝 1507	黵 1566	鼕 936	鼢 389			
黑 527	黟 1443	196 黍部		鼩 25	鼻 75	龠 1541	
	點 1288			鼧 1210	鼽 1011		
	黢 1013			鼫 1014	鼾 506		
	黥 1005	黍 1125		鼬 1510			

A

ā

吖 ā 吖嗪 āqín 〈रसा०〉 एज़ीन

阿 ā 〈बो०〉 आ (एक उपसर्ग, लघुनाम, कुलनाम, संबंधियों के नाम तथा स्नेह प्रदर्शन के लिए भाइयों तथा बहिनों के क्रम के पहले प्रयुक्त)： ～宝 आ पाओ / ～李 आ ली, ली / ～大 आ ता, सबसे बड़ा बेटा या सबसे बड़ी बेटी / ～爹 पिता जी; बाबू जी; अब्बा; पापा / ～哥 आ क, बड़ा भाई

ā 啊; ē भी दे०

【阿鼻地狱】 Ābí dìyù 〈बौद्धधर्म〉 अवीचि नरक

【阿波罗】 Ābōluó अपोलो, युनानी सूर्यदेव; अत्यन्त सुन्दर पुरुष; चन्द्र-अभियान के लिए प्रयुक्त अमरीकी अन्तरिक्ष-यान

【阿昌族】 Āchāngzú युन्नान प्रान्त में रहने वाली एक अल्पसंख्यक जाति, आ छांग जाति

【阿的平】 ādìpíng 〈औष०〉 ऐटब्रिन

【阿斗】 Ā Dǒu ❶आ तओ (त्रिराज्य-काल के शू हान राजवंश (229-263 ई०) के अंतिम सम्राट ल्यू शान (206-271 ई०) का बचपन का नाम, जो अपने दुर्बल चरित्र और असामर्थ्य के लिए बदनाम है) ❷मूर्ख; बेवकूफ़; निर्बुद्धि: 不要把群众当～ जन-समुदाय को आ तओ (मूर्ख) न समझो । 扶不起的～ जिसे सहारा देकर भी खड़ा न किया जा सके, आशाहीन व्यक्ति

【阿尔巴尼亚】 Ā'ěrbāníyà अल्बानिया

【阿尔巴尼亚人】 Ā'ěrbāníyàrén अल्बानियाई; अल्बानियावासी

【阿尔巴尼亚语】 Ā'ěrbāníyàyǔ अल्बानियाई (भाषा)

【阿尔卑斯山】 Ā'ěrbēisīshān आल्पस पर्वत

【阿尔法】 ā'ěrfǎ अल्फ़ा, ग्रीक वर्णमाला का पहला अक्षर

【阿尔法粒子】 ā'ěrfǎlìzǐ 〈भौ०〉 अल्फ़ा कण

【阿尔法射线】 ā'ěrfǎshèxiàn 〈भौ०〉 अल्फ़ा किरणें

【阿尔及利亚】 Ā'ěrjílìyà अल्जीरिया

【阿尔及利亚人】 Ā'ěrjílìyàrén अल्जीरियाई; अल्जीरियावासी

【阿飞】 āfēi आफ़ेइ, अजीबोगरीब बाज़ारू पोशाक पहनने वाला; झगड़ालू युवक; गुण्डा; बदमाश; टेडी बॉय

【阿伏加德罗定律】 Āfújiādéluó dìnglǜ 〈रसा०〉 आवोगाड्रो नियम

【阿芙蓉】 āfúróng अफ़्यून; अफ़ीम दे० 鸦片 yāpiàn

【阿富汗】 Āfùhàn अफ़गानिस्तान

【阿富汗人】 Āfùhànrén अफ़गान, काबुली

【阿富汗战争】 Āfùhàn Zhànzhēng अफ़गानिस्तान युद्ध

【阿格拉】 Āgélā आगरा

【阿根廷】 Āgēntíng अरजेंटीना

【阿根廷人】 Āgēntíngrén अरजेंटीनावासी; अरजें-टीनी

【阿公】 āgōng 〈बो०〉 ❶पति का पिता; ससुर; श्वसुर ❷पितामह; दादा ❸वृद्ध व्यक्ति के लिए आदरसूचक संबोधन

【阿含】 Āhán 〈बौद्धधर्म〉 आगमः ～经 आगम-सूत्र

【阿訇】 āhōng 〈इस्लाम〉 आखुंद, खादिम

【阿基米德原理】 Ājīmǐdé yuánlǐ 〈भौ०〉 आर्क-मेडीज़ का सिद्धान्त

【阿加尔塔拉】 Ājiā'ěrtǎlā अगारताला

【阿 Q】 Ā Q ❶आ क्यू, लूशुन की आ क्यू की सच्ची कहानी का प्रमुख पात्र, जो अकसर अपनी पराजय और असफलता-ओं को नैतिक या मानसिक विजय मानने में सांत्वना पाता है ❷वह व्यक्ति जो अपनी हार को नैतिक विजय बताता हो

【阿拉】[1] ālā 〈बो०〉 ❶मैं; मुझे ❷हम; हमें

【阿拉】[2] ālā 〈इस्लाम〉 अल्लाह

【阿拉伯半岛】 Ālābó Bàndǎo अरब प्रायद्वीप

【阿拉伯化】 ālābóhuà अरबीकरण

【阿拉伯国家】 Ālābó guójiā अरब देश, अरब राज्य

【阿拉伯国家联盟】 Ālābó Guójiā Liánméng अरब राज्य संघ; अरब लीग

【阿拉伯胶】 ālābójiāo अरब गोंद; कीकर या बबूल की गोंद

【阿拉伯胶树】 ālābójiāoshù कीकर; बबूल

【阿拉伯联合酋长国】 Ālābó Liánhé qiúzhǎngguó संयुक्त अरब अमीरात

【阿拉伯人】 Ālābórén अरबी; अरब; अरबवासी

【阿拉伯首脑会议】 Ālābó shǒunǎo huìyì अरब शिखर सम्मेलन

【阿拉伯数字】 Ālābó shùzì अरबी अंक

【阿拉伯也门】 Ālābó Yěmén अरबी यमन

【阿拉伯语】 Ālābóyǔ अरबी (भाषा)

【阿拉哈巴德】 Ālāhābādé अलाहाबाद; इलाहाबाद; प्रयाग

【阿兰若】 ālánruò अरण्य

【阿利安】 Ālì'ān (雅利安 Yǎlì'ān भी) आर्य

【阿留申群岛】 Āliúshēn Qúndǎo अल्यूशन द्वीप-समूह

【阿罗汉】 āluóhàn (罗汉 luóhàn भी) अर्हत

【阿妈】 āmā 〈बो०〉 ❶अम्मा; माँ ❷नौकरानी

【阿曼】 Āmàn ओमन
【阿曼人】 Āmànrén ओमानी; ओमनवासी
【阿芒拿】 āmángná 〈रसा०〉 अमोनल; एमोनल
【阿猫阿狗】 āmāo āgǒu 〈बो०〉 लोग जो महत्वपूर्ण न हों; ऐरा-गैरा नत्थू-खैरा
【阿门】 āmén आमीन; ऐसा ही हो; तथास्तु; एवमस्तु
【阿米巴】 āmǐbā अमीबा; एमीबा
【阿米巴痢疾】 āmǐbā lìji अमीबीय अतिसार; अमीबा पेचिश
【阿米妥】 āmǐtuǒ 〈औष०〉 अमीटल; एमीटल
【阿摩尼亚】 āmóníyà 〈रसा०〉 अमोनिया
【阿姆哈拉语】 Āmǔhālāyǔ अमहारिक; अम्हारी भाषा
【阿姆河】 Āmǔhé आमू दरिया
【阿姆利则】 Āmǔlìzé अमृतसर
【阿姆斯特丹】 Āmǔsītèdān एम्सटर्डम
【阿木林】 āmùlín 〈बो०〉 मूर्ख; बेवकूफ़ आदमी; गंवार
【阿尼林】 ānílín 〈रसा०〉 ऐनिलीन
【阿难】 Ānán (阿难陀 ānántuó भी) 〈बौद्धधर्म〉 आनन्द
【阿片】 āpiàn (鸦片 yāpiàn भी) अफ़ीम
【阿毗昙】 āpítán (阿毗达磨 āpídámó भी) 〈बौद्धधर्म〉 अभिधर्म
【阿毗昙师】 āpítánshī 〈बौद्धधर्म〉 अभिधर्माचार्य
【阿婆】 āpó 〈बो०〉 ❶पति की माता; सास ❷दादी; मातामही ❸वृद्धा के लिए आदरसूचक संबोधन
【阿朴吗啡】 āpǔmǎfēi 〈औष०〉 अपोमार्फ़ीन
【阿萨姆】 Āsàmǔ आसाम; असम प्रदेश
【阿萨姆人】 Āsàmǔrén आसामी; असामी
【阿萨姆语】 Āsàmǔyǔ आसामी; असमिया (भाषा)
【阿塞拜疆】 Āsàibàijiāng अज़रबैजान
【阿阇利】 Āshélì आचार्य
【阿是穴】 āshìxué 〈ची०चि०〉 आष् स्नायु-बिन्दु; दर्द का स्थान; यह एक प्रकार का अनिश्चित स्नायु-बिन्दु है जो सूचिवेध (अक्यूपंक्चर) के लिए विशेष-स्नायु-बिन्दुओं को छोड़कर शरीर के प्रभावित भागों पर स्थित कोई भी स्थान हो सकता है; रोगी को जहां दर्द या पीड़ा महसूस होती है वहां सूचिवेध किया जाता है; शरीर के रोगग्रस्त भाग का अक्यूपंक्चर के लिए निर्दिष्ट स्थान से इतर और कोई स्नायु-बिन्दु
【阿司匹林】 āsīpǐlín 〈औष०〉 एस्पिरीन; एस्परीन
【阿闼婆吠陀】 Ātàpó Fèituó अथर्ववेद
【阿闼婆吠陀本集】 Ātàpó Fèituó běnjí अथर्ववेद संहिता
【阿嚏】 ātì 〈अनु०〉 छींकने की आवाज़
【阿托品】 ātuōpǐn 〈औष०〉 एट्रोपीन
【阿维斯陀语】 Āwéisītuóyǔ अवेस्ता (भाषा)
【阿修罗】 āxiūluó असुर
【阿伊马拉语】 Āyīmǎlāyǔ आइमारा (भाषा)
【阿姨】 āyí ❶〈बो०〉 मां की बहिन; मौसी ❷(बच्चों द्वारा अपने माता-पिता की उम्र की महिलाओं के लिए प्रयुक्त संबोधन) चाची; काकी; मौसी ❸दाई; आया ❹शिशु पाठशाला या किंडरगार्डन की परिचारिका
【阿育王】 Āyùwáng सम्राट अशोक
【阿育王石柱】 Āyùwáng shízhù अशोक स्तंभ; अशोक की लाट
【阿月浑子】 āyuèhúnzǐ 〈वन०〉 (开心果 kāixīnguǒ भी) पिस्ता
【阿逾陀】 Āyútuó अयोध्या
【阿扎尼亚】 Āzāníyà अज़ानिया
【阿扎尼亚人】 Āzāníyàrén अज़ानियाई; अज़ानिया-वासी
【阿旃陀】 Āzhāntuó अजन्ता
【阿旃陀壁画】 Āzhāntuó bìhuà अजन्ता के भित्ति-चित्र
【阿旃陀石窟】 Āzhāntuó shíkū अजन्ता की गुफ़ाएँ

啊 (呵) ā 〈विस्मय०〉 (आश्चर्य या प्रशंसा सूचक) अहा; आहा; ओहो; अरे; वाह: ～!这些庄稼长得多好哇! वाह! कितनी अच्छी फ़सल है यह! / ～!你也来了! ओहो! तो तुम भी आये हो!
á; ǎ; à; a; 呵 के लिए hē भी दे०
【啊哈】 āhā 〈विस्मय०〉 ❶(आश्चर्य सूचक): ～!太阳出来了! अहा! सूरज निकल आया! ❷(प्रशंसा सूचक): ～!这花多美啊! अहा! यह फूल कितना सुन्दर है!
【啊呀】 āyā 〈विस्मय०〉 ❶(आश्चर्य सूचक): ～, 他写得真快呀! ओहो, वह सचमुच बहुत जल्दी लिखता है! ❷(असंतोष सूचक): ～, 怎么这样说! अरे, ऐसा क्यों कहते हो!
【啊哟】 āyō 〈विस्मय०〉 (आश्चर्य, आकस्मिक पीड़ा आदि भाव सूचक): ～!书丢了! अरे, किताब खो गई!

锕 (錒) ā 〈रसा०〉 ऐक्टिनियम (Ac)
【锕系元素】 āxìyuánsù 〈रसा०〉 ऐक्टिनाइड्ज़

腌 ā नीचे दे०
yān भी दे०
【腌臜】 āzā 〈बो०〉 ❶गन्दा; मैला; मैला-कुचैला; जो साफ़ न हो ❷अप्रसन्न; नाराज़: 晚到一步, 朋友们都走了, ～极了。 आने में ज़रा देर हुई, मित्र सब चले गये, मन अप्रसन्न ही हुआ।

á

啊 (呵) á 〈विस्मय०〉 (किसी बात का जवाब मांगने या कुछ कहे को दुहराने का आग्रह करने के लिए प्रयुक्त): ～, 你说什么? अरे, क्या कहा तुमने? / ～, 你明天到底去不去呀? बताओ तो सही, आखिर तुम कल जाओगे या नहीं?
ā; ǎ; à; 呵 hē भी दे०

嗄 á 啊 á के समान shà भी दे०

ǎ

啊（呵）ǎ 〈विस्मय०〉 (उलझन भरा आश्चर्य भाव सूचक): "你还小啊。" "～ ？我还小啊？" "तुम अभी छोटे हो।" "क्या, मैं छोटा हूँ ?" / ～ ？这是怎么回事啊？क्या ? बात क्या है ? / ～, 你说什么？ ऐं ! क्या कह रहे हो तुम ?

ā; á; à; a; 呵 के लिए hē भी दे०

à

啊（呵）à 〈विस्मय०〉 ❶ (स्वीकृति सूचक): ～, 好吧。अच्छा, ठीक है। / ～, 我就去。अच्छा, मैं अभी जाता हूँ। ❷(अचानक समझ में आ जाने के अर्थ में): ～, 原来是你。ओहो, यह तुम हो।

ā; á; ǎ; a; 呵 के लिए hē भी दे०

a

啊（阿、呵）a 〈लघु अ०〉 ❶(वाक्य के अंत में, प्रशंसा सूचक): 多好的天气～！ वाह, कितना अच्छा मौसम है! ❷(वाक्य के अंत में, निश्चय या तगादे के अर्थ में): 你这话说得是～！तुमने यह बात ठीक कही! / 快去～！ भागो रे! ❸(वाक्य के अंत में, प्रश्नसूचक): 这消息是真的～？ यह खबर सही है क्या? ❹(वाक्य में, यति के साथ, ताकि सुनने वाला आगे कहे जाने वाले वाक्यांश पर ध्यान दे): 你～, 这次不能去。तुम तो इस बार नहीं जा सकते। ❺(वस्तुओं का एक-एक कर वर्णन करने के अर्थ में): 市场上鱼～, 肉～, 鸡～, 鸭～, 什么都有。बाज़ार में मछली, मांस, मुर्गी, बत्तख, सब कुछ उपलब्ध हैं।

ā; á; ǎ; à; 呵 के लिए hē; 阿 के लिए ā; ē भी दे०

āi

哎（嗳）āi 〈विस्मय०〉 ❶ (आश्चर्य या असहमति सूचक): ～, 真是怪事！अरे, बड़ी अजीब बात है! / ～, 你怎么这么说呢！ अरे, तुम यह कैसे कह सकते हो? ❷(स्मरण कराने का भाव प्रकट होता है): ～, 这样做行不行？ लो, इस तरह करना ठीक है या नहीं? / ～, 别去那儿！ ऐ, वहाँ मत जाओ!

嗳 के लिए ǎi; ài भी दे०

【哎呀】 āiyā 〈विस्मय०〉 ❶(आश्चर्य सूचक): ～, 孩子长得这么高了！ ओह, बच्चा इतना बड़ा हो गया! / ～, 这画多美呀！ आहा, कितना सुन्दर है यह चित्र! ❷(शिकायत या अधीरता की भावना व्यक्त होती है): ～, 你又忘啦！ ओह, तुम फिर भूल गये!

【哎哟】 āiyō 〈विस्मय०〉 (आश्चय, पीड़ा, खेद आदि भाव प्रकट होता है): ～, 都十二点了！ ओफ़, बारह बज गए! / ～, 肚子好疼！ आह, पेट में भीषण दर्द हो रहा है। / ～, 这下要死了！ हाय, मैं मरा! / ～, 你真是个了不起的人！ ओहो, तुम वाकई ग़ज़ब के आदमी हो!

哀 āi ❶शोकाकुल; संतप्त; दुखी; मातमी: 喜怒～乐 हर्ष, क्रोध, शोक और आनन्द / 哀乐 / 悲～ शोक; दुःख ❷शोक प्रकट करना; मातम मचाना: 哀悼 / 志～ शोक प्रकट करना ❸दया; करुण: 哀怜 / 乞～告怜 दया मांगना; दया याचना

【哀兵必胜】 āibīng-bìshèng शोकोत्तप्त सेना की विजय निश्चित है

【哀愁】 āichóu तीव्र यातना; दुख; व्यथा; उदासी: 满腹～ गहरा दुख; असीम दुख

【哀辞】 āicí शोक संदेश; शोक प्रकट करने के लिए प्रयुक्त औपचारिक शब्द, विशेषकर शोक-काव्य, मरसिया

【哀悼】 āidào शोक संवेदना व्यक्त करना: 沉痛～ किसी मृत व्यक्ति के प्रति शोकाकुल श्रद्धांजलि अर्पित करना

【哀的美敦书】 āidìměidūnshū अंतिम चेतावनी; अल्टीमेटम

【哀告】 āigào बिनती करना; मिन्नत मांगना; दीन भाव से याचना करना; गिड़गिड़ाना; घिघियाना

【哀歌】 āigē ❶शोक-गीत; करुण गीत ❷शोक में गुनगुनाना

【哀号】 āiháo शोकपूर्वक रोना; विलाप करना; दहाड़ मारना; करुणा से पुकारना

【哀嚎】 āiháo ❶哀号 के समान ❷करुण पुकार; लंबी दर्द भरी आवाज़ या चीख: 饿狼～ भूखे भेड़िये की दर्द भरी चीत्कार

【哀鸿遍野】 āihóng-biànyě विपदाग्रस्त व्यक्तियों का यत्र-तत्र विद्यमान होना; स्थान-स्थान पर भूखे शरणार्थियों का उमड़ना: 旧社会一遇水灾便～ पुराने समय में जब कभी बाढ़ आती, बाढ़ग्रस्त आदमी जहाँ-तहाँ भर जाते।

【哀矜】 āijīn 〈लि०〉 哀怜 के समान

【哀恳】 āikěn चिरौरी करना; गिड़गिड़ाना

【哀怜】 āilián किसी पर दया आना; करुणा करना; रहम करना

【哀鸣】 āimíng दुख से झींखना; विलाप करना; शोक से चिल्लाना; कराहना: 没落阶级的～ पतनोन्मुख वर्गों का रोदन

【哀戚】 āiqī 〈लि०〉 गंभीर विषाद; गहरा दुख

【哀启】 āiqǐ 〈पुराना〉 मृत्यु-सूचना में शामिल मृतक की

संक्षिप्त जीवनी
【哀泣】 āiqì सिसकी भरना; विलाप करना; शोकपूर्ण ढंग से सुबकना
【哀求】 āiqiú गिड़गिड़ाना; घिघियाना; नाक रगड़ना; पाँव पड़ना; चिरौरी करना; बिनती करना
【哀荣】 āiróng 〈लि०〉 मरणोपरांत सम्मान
【哀伤】 āishāng शोक; शोच; खेद; करुणा या दुःख में होना
【哀思】 āisī शोक; श्रद्धांजलि; (मृतक की) दुखभरी यादें: 寄托～ किसी की मृत्यु पर शोक व्यक्त करना
【哀叹】 āitàn आह भरना; लंबी सांस लेकर दुख प्रकट करना; निराशावश विलाप करना; आह भरते हुए बताना; रोना-धोना: 她～自己命苦。वह अपने दुर्भाग्य पर विलाप करती है ।
【哀痛】 āitòng दुखी होना; शोकाकुल होना: 她～欲绝 वह इतनी दुखी है कि मरना चाहती है ।
【哀艳】 āiyàn 〈लि०〉 (काव्य पदावली) तीक्ष्ण रूप से इंद्रिय उद्दीपक
【哀怨】 āiyuàn अन्याय से दुखी होकर शिकायत करना
【哀乐】 āiyuè शोकधुन; मातमीधुन; शोकसंगीत
【哀子】 āizǐ 〈पुराना〉 माता की मृत्यु के शोक से विह्वल पुत्र

埃[1] āi धूल: 尘～ धूल

埃[2] āi 〈भौ०〉 अंगस्ट्रॉम; ऐंगस्ट्रॉम (Å)
【埃博拉病毒】 Āibólā bìngdú एबोला विषाणु; एबोला वाइरस
【埃及】 Āijí मिस्र; इजिप्ट
【埃及人】 Āijírén मिस्री; मिस्रवासी
【埃及学】 āijíxué मिस्र का पुरातत्व-ज्ञान; मिस्रशास्त्र; इजिप्टालाजी
【埃米尔】 āimǐ'ěr अमीर; मीर; अरब देश का शासक
【埃塞俄比亚】 Āisài'ébǐyà अबीसीनिया; एथियो-पिया; इथियोपिया
【埃塞俄比亚人】 Āisài'ébǐyàrén एथियोपियाई; इथियोपियाई

挨 āi ❶क्रमशः; क्रम से; एक के बाद एक: 挨个儿 / ～门～户去通知 घर-घर जाकर सूचना देना / 一个～一个地站着 एक के बाद एक खड़े होना; एक दूसरे की बगल में खड़े होना ❷(के) पास; पर: ～桌子的椅子 मेज़ से लगी कुर्सी / ～门站着 दरवाज़े पर खड़े होना / ～着窗口坐 खिड़की के पास बैठना ❸बारी: 该～到我了吧? अब मेरी बारी है ? आई मेरी बारी ?
ái भी दे०
【挨边儿】 áibiānr ❶किनारे: 在马路上要～走。सड़क के किनारे चलना चाहिए । ❷(से) निकट; (के) लगभग: 我七十～了。मेरी आयु सत्तर के लगभग है । ❸संबंध रखना; वास्ता होना: 这事跟他不～。यह काम उस से कोई संबंध नहीं रखता ।
【挨次】 āicì क्रमशः; क्रम से; एक-एक करके; एक के बाद एक; बारी-बारी से: ～入场 पंक्ति में या पांत बांधकर सभागृह में जाना; एक-एक कर प्रवेश करना / ～上车 गाड़ी पर एक के बाद एक सवार होना / ～检查 क्रमशः जांच-पड़ताल करना
【挨个儿】 āigèr एक-एक करके; एक के बाद एक: ～出来 एक-एक करके बाहर आना / ～检查身体 एक-एक करके स्वास्थ्य-परीक्षा करना
【挨户】 āihù 挨门 के समान
【挨家】 āijiā挨门 के समान
【挨肩】 āijiān एक दूसरे की बगल में: ～站着 एक की बगल में एक खड़े होना
【挨肩儿】 āijiānr (सगे भाइयों या बहिनों के लिए प्रयुक्त) आयु में बहुत निकट होना: 这姐儿俩是～的, 只差一岁。ये बहिनें आयु में एक दूसरे के बहुत निकट हैं, केवल एक वर्ष का अंतर है दोनों में ।
【挨近】 āijìn निकट होना; समीप होना; सटे होना: 挨得很近 एक दूसरे से सटना; पास-पास होना / 我们家～车站。हमारा घर स्टेशन के निकट है । / 他悄悄地～敌人哨所。वह चुपचाप दुश्मन की चौकी से सट गया ।
【挨门】 āimén (挨门挨户āimén-āihù, 挨门逐户 āimén-zhúhù, 挨家挨户āijiā-āihù भी)घर-घर जाना; द्वार-द्वार जाना: 他～通知开会。वह घर-घर जाकर सभा की सूचना देता है ।

唉 āi 〈विस्मय०〉 ❶(स्वीकारोक्त) जी हाँ; जी; हाँ: "快一点干!" "～!" "ज़रा जल्दी करो!" "जी!" ❷(आह भरने का शब्द) आह; हाय; हाय-हाय; हा: 他～～地直叹气。वह हाय-हाय करता आह भरता रहा ।
ài भी दे०
【唉声叹气】 āishēng-tànqì (पीड़ा, शोक, दुःख, खेद, ग्लानि आदि के कारण) आह भरना; हाय-हाय करना; हाय-तोबा मचाना; कराहना: 他们～。वे गहरी आहें भरते रहे । / 不要一受挫折就～。छोटी-सी असफलता पर हाय-हाय न करो ।

娭 āi नीचे दे०
xī भी दे०
【娭毑】 āijiě 〈बो०〉❶दादी; मातामही; पिता की माता ❷बूढ़ी महिलाओं के लिए सम्मानसूचक संबोधन

欸 āi 唉 āi के समान
ǎi; ê; é; ě; è भी दे०

锿（鎄） āi 〈रसा०〉 आइन्स्टाइनियम (Es)

ái

挨（捱） ái ❶सहना; झेलना; सहन करना: 他～

了打。उसने पिटाई सही । / ～饿 भूख सहना; क्षुधा से पीड़ित होना; हवा खाकर जीवित रहना / 他～了几拳几脚。उसे लात-घूँसे लगे हैं । ❷कठिनाइयों में दिन बिताना: ～日子 मुश्किल से जीना ❸देर करना; टालना: ～到中午 दोपहर तक टालना / ～到下月 अगले महीने तक टालना / 快吃吧, 不要～时间了。जल्दी खाओ, देर न करो ।

āi भी दे०

【挨打】 áidǎ ❶पिटना; लात-घूँसे खाना; मार खाना ❷आक्रमण का शिकार होना: 处于被动～的地位 निष्क्रिय और आक्रमण का आपात लक्ष्य होना

【挨剋】 áikēi 〈बोल०〉 ❶गाली खाना; डांट खाना ❷दूसरों की आलोचना का पात्र बनना; किसी व्यक्ति के खंडन का निशाना होना

【挨批】 áipī 〈बोल०〉 आलोच्य होना; खंडन का पात्र होना

骇（騃） ái 〈लि०〉 मूर्खतापूर्ण; मूर्ख: 痴～ मूर्ख; मंदबुद्धि; अचतुर

皑（皚） ái 〈लि०〉 श्वेत; हिमश्वेत

【皑皑】 ái'ái (हिम, पाले आदि के लिए) श्वेत; स्वच्छ: 白雪～ शुद्ध श्वेत हिम / ～的雪山 हिमावृत्त पर्वत; बर्फ़ीला पहाड़

癌 ái (पुराना उच्चारण yán) 〈चिकि०〉 कैंसर: 肺～ फेफड़े का कैंसर / 肝～ यकृत या जिगर का कैंसर / 胃～ आमाशय या पेट का कैंसर / 子宫颈～ गर्भाशयग्रीवा का कैंसर

【癌变】 áibiàn कैंसरेशन; कैंसर का प्रभाव

【癌扩散】 áikuòsàn कैंसर का क्रियांतरण या फैलाव

【癌细胞】 áixìbāo कैंसर कोशिका

【癌症】 áizhèng कैंसर रोग; कैंसर की बीमारी

【癌转移】 áizhuǎnyí कैंसर का स्थानांतरण या विक्षेपण

ǎi

毐 ǎi (व्यक्तियों के नाम में प्रयुक्त): 嫪毐 Làoǎi, युद्धरत राज्य कालीन छिन राज्य का एक निवासी

欸 ǎi नीचे दे०

āi; ê; é; ě; è भी दे०

【欸乃】 ǎinǎi 〈लि०〉 〈अनु०〉 ❶चप्पू चलाने का शब्द ❷(नाव खेनेवाले का) नाव खेते-खेते गाने का शब्द

矮 ǎi ❶नाटा; छोटा; ठिगना; छोटे कद का; छोटे डील वाला: 他比你～。वह तुम से नाटा है । ❷जिसकी ऊँचाई कम हो; नीचा: ～墙 नीची दीवार / ～树 छोटा पेड़; नीचा पेड़ ❷जिसका पद या स्तर नीचा हो; निम्न: 我比他～一级。मेरा पद उससे एक स्तर नीचा है ।

【矮凳】 ǎidèng छोटा और नीचा स्टूल; तिपाई

【矮墩墩】 ǎidūndūn नाटा और मोटा; ठिगना और स्थूल

【矮秆作物】 ǎigǎn zuòwù 〈कृ०〉 छोटे डंठलवाली उपज

【矮个儿】 ǎigèr ठिगना; नाटा आदमी; छोटे कद वाला

【矮林】 ǎilín झाड़ियों का जंगल; क्षुप वन; झाड़-झंखाड़

【矮胖子】 ǎipàngzi नाटा और मोटा व्यक्ति; गोल-मटोल; बौना

【矮小】 ǎixiǎo नाटा; छोटा और नीचा: 身材～ नाटे कद का; छोटे कद का; ठिगने कद का / ～的房屋 छोटा और नीचा मकान

【矮星】 ǎixīng 〈खगोल०〉 वामन नक्षत्र: 白～ श्वेत वामन नक्षत्र

【矮子】 ǎizi वामन; बौना; नाटा; ठिगना: ～里拔将军; ～里选长人 वामनों में सेनापति चुनना; अति सामान्यों में सर्व-श्रेष्ठ का चयन; अंधों में काना राजा

嗳（噯） ǎi 〈विस्मय०〉 (अस्वीकृति या निषेध प्रकट करने के लिए प्रयुक्त): ～, 不是这样的。नहीं, ऐसी बात नहीं है । / ～, 不能那么说。ना, यह नहीं कहा जा सकता ।

āi; ài भी दे०

【嗳气】 ǎiqì 〈चिकि०〉 डकार; डकार आना

【嗳酸】 ǎisuān 〈चिकि०〉 जठर रस की अति अम्लता का लक्षण; पेट में तेजाब का ऊपर उठना

蔼[1] ǎi नम्र; स्नेही; सुशील; मैत्रीपूर्ण; मिलनसार: 和～ मित्रवत्; नम्र; स्नेही; मिलनसार

蔼[2] ǎi 〈लि०〉 सम्पन्न; प्रचुर

【蔼蔼】 ǎi'ǎi 〈लि०〉 ❶(पेड़-पौधे) प्रचुर और सरस; घना; हरा-भरा ❷धुंधला; मद्धिम

【蔼然可亲】 ǎirán kěqīn मैत्रीपूर्ण; विनम्र; स्नेही; सुशील

霭 ǎi 〈लि०〉 कोहरा; झीना कोहरा; कुहासा: 暮～ शाम का कोहरा / 烟～ कोहरा और बादल

ài

艾[1] ài ❶〈वन०〉 चीनी चिरायता ❷ (Ài) एक कुलनाम

艾[2] ài 〈लि०〉 वृद्ध; बूढ़ा; बुजुर्ग: 耆～ वृद्ध; बूढ़ा; बुजुर्ग

艾[3] ài 〈लि०〉 रोकना बंद करना; खत्म करना: 方兴未～ अब उठता हुआ होना

艾 4 ài 〈लि०〉 सुन्दर; खूबसूरतः 少～ युवा और सुंदर; जवान और खूबसूरत

yì भी दे०

【艾火】 àihuǒ चिरायता जलने से पैदा होने वाली आग

【艾灸疗法】 àijiǔ liáofǎ मोक्सा की चिकित्सा-विधि

【艾卷】 àijuǎn चिरायते से भरी काग़ज़ की बत्ती जिसे जलाने से निकले धुंएँ से रोगी का उपचार किया जाता है

【艾绒】 àiróng चिरायते की सूखी पत्ती से बनी ऊन जैसी वस्तु; मोक्सा

【艾窝窝】 àiwōwo लसदार चावल से और भाप से पका मीठे पूर वाला एक गोलाकार चीनी व्यंजन

【艾叶】 àiyè 〈ची०चि०〉 चिरायते की पत्ती

【艾炷】 àizhù चिरायते से बना शंकु; चिरायता कोन

【艾炷灸】 àizhùjiǔ（艾灸 àijiǔ भी）〈ची० चि०〉 चिरायते से बने शंकु के धुंएँ से उपचार की पद्धति; माक्सिब्यूस्शन

【艾滋病】 àizībìng 〈चिकि०〉 एड्ज़ (AIDS) रोग

【艾子】 àizǐ 〈बो०〉 चिरायता

悉 ài 〈लि०〉 爱 ài के समान

砹 ài 〈रसा०〉 एस्टेटीन (At)

唉 ài 〈निस्मय०〉 शोक या खेद प्रकट करने के लिए प्रयुक्तः ～, 真可惜! ओह, बड़ा अफ़सोस है । / ～, 病了两个月。 ऐं, दो महीने बीमारी में गुज़रे ।

āi भी दे०

爱（愛） ài ❶प्यार करना; प्रेम करना; प्राण देना; जान देना: ～祖国 मातृभूमि से प्यार करना / ～人民 जनता को प्यार करना / ～真理 सत्यप्रियता; सच्चाई से प्यार करना / 你～那个姑娘吗? तुम उस लड़की से प्यार करते हो? ❷भाना; रीझना; पसन्द करना या होना; अच्छा लगना; चाहनाः ～游泳 तैरना पसन्द होना / 他很～看电视。 उसे टी० वी० देखना बहुत प्रिय है । / 他～文艺。 उसकी कला-साहित्य में रुचि है । / 他～讲公道话。 वह न्यायप्रिय है । / 他～养动物。 उसे पशु-पक्षी पालने का शौक है । / 很久以前他就～上了诗歌。 कविता का रोग उसे बहुत पहले लग गया था । / 他只～听恭维话, 不～听批评话。 वह सिर्फ़ चापलूसी पसन्द करता है और आलोचना कभी नहीं सहता । ❸आत्मीयता बढ़ाना या बरतना; बहुत किफ़ायत से इस्तेमाल करनाः ～公共财产 सार्वजनिक सम्पत्ति के प्रयोग में किफ़ायत बरतना / ～集体荣誉 सामूहिक प्रतिष्ठान को मूल्यवान समझना ❹आसानी से या अकसर होने की प्रवृत्तिः ～哭 रोने की आदत होना; जल्दी कमज़ोर पड़ने का स्वभाव होना / ～开玩笑 विनोद-प्रिय होना; मज़ाक करने की आदत होना / ～发脾气 तुनक मिज़ाज होना; शीघ्र ही क्रोध में आ जाना; छोटी-छोटी बातों पर नाराज़ होना / ～长虫子 आसानी ते कीड़े लगना / 铁～生锈。 लोहे में मोर्चा बहुत आसानी से लगता है ।

【爱…不…】 ài…bù… (इसका प्रयोग दो समान क्रियाओं के पहले संबोधित व्यक्ति को दो विकल्पों में से अंक का चयन करने देने के लिए होता है): 你爱信不信。 मानो या न मानो । 你爱去不去, 随你便。 जाओ, न जाओ, तुम्हारी इच्छा ।

【爱不释手】 àibùshìshǒu कोई चीज़ पसन्द आने पर उसे हाथ से जाने देने या अलग करने की अनिच्छा होना; अति प्रिय होना: 他拿着那本书～。 उन्हें वह पुस्तक इतनी अच्छी लगी कि वे उसे अब हाथ से निकलने नहीं देना चाहते ।

【爱财如命】 àicái–rúmìng धन-संपत्ति को प्राणों से भी प्यारा समझना; निजी संपत्ति को प्राणों-सा मूल्य देना; धनलोलुप होना; पैसे पर जान देना

【爱巢】 àicháo ❶प्रेमनीड़; सुहाग का कमरा ❷वर-वधू का सुखमय परिवार

【爱称】 àichēng लाड़-प्यार प्रकट करने के लिए प्रयुक्त संबोधन; प्यार का नाम

【爱戴】 àidài स्नेह और आदर करनाः 他得到群众真心实意的～。 उसने जन-समुदाय का सच्चा स्नेह और आदर पा लिया है ।

【爱尔兰】 Ài'ěrlán आयरलैंड

【爱尔兰人】 Ài'ěrlánrén आइरिश; आयरलैंड वासी

【爱尔兰语】 Ài'ěrlányǔ आइरिश (भाषा)

【爱抚】 àifǔ प्यार करना; चुमकारना; पुचकारना; थपकना; थपकी देना; प्यार से सहलाना

【爱国】 àiguó देशभक्त होना; देश-प्रेमी होनाः ～心 देशभक्ति की भावना / ～民主人士 देशभक्त जनवादी व्यक्ति / ～一家, 不分先后。 सभी देशभक्त एक ही बड़े परिवार के सदस्य होते हैं, भले ही वे इस सामान्य कार्य में पहले शामिल हुए हों या बाद में । / ～志士 निष्ठावान देशभक्त

【爱国卫生运动】 àiguó wèishēng yùndòng सार्वजनिक स्वास्थ्य और सफ़ाई आन्दोलन

【爱国者导弹】 àiguózhě dǎodàn देशभक्त मिसाइल; पेट्रियट मिसाइल

【爱国主义】 àiguó zhǔyì देशभक्ति; स्वदेशप्रेम: ～者 देशभक्त; स्वदेशप्रेमी

【爱好】 àihào ❶रुचि; शौक; आसक्ति; पसन्द; शौक होना; रुचि होना; रोग लगना: ～体育 खेल-कूद का शौक होना / ～音乐 संगीत में रुचि होना / 你有什么～? तुम्हें क्या पसन्द है? / 我只有这个～。 मुझे सिर्फ़ यह एक शोक है । / 他从小就～文学。 बचपन से ही उसे साहित्य का रोग लग गया था । ❷चाहना; पसन्द करनाः ～和平 शान्ति चाहना / 供应市民～的日用品。 नागरिकों को उन दैनंदिन वस्तुओं की आपूर्ति करना जो उन्हें पसन्द हों ।

【爱好者】 àihàozhě प्रिय; प्रेमी; शौकीन; पसन्द करने वालाः 音乐～ संगीतानुरागी; संगीतप्रेमी / 艺术～ कलानुरागी; कलाप्रेमी / 体育～ व्यायाम प्रेमी; व्यायाम का शौकीन

【爱护】 àihù प्यार और रक्षा करना; सुरक्षित करना; आत्मीयता बरतना; आत्मीय बरताव करनाः ～公物

सार्वजनिक सम्पत्ति को सुरक्षित रखना / ～群众的积极性 जनता की पहलकदमी को अपनी आँखों की पुतली समझना / ～武器 हथियारों की सार-संभाल करना / ～人民 जनता के साथ आत्मीयता बढ़ाना या बरतना / ～自己的有生力量 अपनी प्रभाव की शक्ति को संजोए रखना / ～人民的一草一木 जनता की हरेक चीज़ की सुरक्षा करना

【爱经】 Àijīng कामसूत्र; कामशास्त्र; कोकशास्त्र; कोककला

【爱克斯光】 àikèsīguāng एक्सरे; एक्स-किरण: 照～ एक्सरे करना; एक्स किरणों से रोग का निदान करना

【爱克斯光机】 àikèsīguāngjī एक्सरे यंत्र; एक्सरे मशीन

【爱克斯克透视】 àikèsīkè tòushì एक्सरे तस्वीर लेना; एक्सरे लेना; एक्सरे परीक्षण करना

【爱克斯光照片】 àikèsīguāng zhàopiàn एक्सरे-चित्र; एक्सरे-तस्वीर

【爱理不理】 àilǐ-bùlǐ दूरी बनाए रखना; ठकुराई जमाना: 他见人总是～的。वह दूसरों पर अपनी ठकुराई जमाए रहता है ।

【爱丽舍宫】 Àilìshěgōng अलेज़ प्रासाद, फ़्रांस के राष्ट्रपति का निवास-स्थान

【爱怜】 àilián प्यार और दया करना: 用～的目光看 प्यार और दया की दृष्टि से देखना

【爱恋】 àiliàn प्रेम करना; प्यार करना: 对乡土的～ अपने जन्म-स्थान को मन से चाहना / ～之情 गहरे प्रेम की भावना

【爱罗拉石窟】 Àiluólā shíkū एलोरा गुफ़ाएँ

【爱侣】 àilǚ प्रेमी या प्रेमिका; प्रियतम या प्रियतमा

【爱面子】 ài miànzi प्रतिष्ठा खोने का डर रहना

【爱莫能助】 àimònéngzhù चाहते हुए भी कोई सहायता न कर पाना: 我们对他～。हम चाहते हुए भी उसकी कोई सहायता नहीं कर पाएंगे ।

【爱慕】 àimù चाह होना; अनुराग करना: 互相～ एक दूसरे पर अनुराग रखना / ～虚荣 दंभी, दर्पी या अभिमानी होना

【爱钱如命】 àiqián-rúmìng 爱财如命 के समान

【爱情】 àiqíng (पुरुष और स्त्री के बीच) प्रेम; प्यार; प्रीति; मुहब्बत

【爱人】 àiren ❶पति या पत्नी: ～关系 पति और पत्नी का संबंध ❷प्रेमी या प्रेमिका; प्रियतम या प्रियतमा; माशूक या माशूका

【爱沙尼亚】 Àishāníyà एस्तोनिया

【爱沙尼亚人】 Àishāníyàrén एस्तोनियन; एस्तोनियाई

【爱沙尼亚语】 Àishāníyàyǔ एस्तोनियन; एस्तोनियाई (भाषा)

【爱神】 àishén कामदेव; मदन

【爱司】 àisī <ताश> एक बूटी वाला ताश का पत्ता; एस; इक्का; इक्की

【爱斯基摩人】 Àisījīmórén एस्किमो 爱斯基摩(今名因纽特 इंन्यूइट)

【爱窝窝】 àiwōwo 艾窝窝 àiwōwo के समान

【爱屋及乌】 àiwū-jíwū किसी व्यक्ति को प्यार करने के चलते उसकी छत पर के कौओं को भी प्यार करने लगना; मेरे मित्रों को भी अपना मित्र मानो; मुझे चाहो तो मेरी हर चीज़ को चाहो

【爱惜】 àixī प्यार करना; प्यार के साथ सुरक्षा करना; मूल्यवान समझना; बहुत किफ़ायत से इस्तेमाल करना; बचा-बचा कर उपयोग करना; कद्र करना: ～时间 समय का सदुपयोग करना / ～干部 कार्यकर्ताओं को प्यार करना / ～人力、物力 जन-शक्ति और भौतिक साधनों को बहुत किफ़ायत से इस्तेमाल करना; मानव-शक्ति और भौतिक साधनों में मितव्ययी होना

【爱小】 àixiǎo छोटे-छोटे लाभ पाने की बुरी आदत होना

【爱因斯坦方程】 Àiyīnsītǎn fāngchéng <भौ> आइन्स्टीन का समीकरण

【爱憎分明】 àizēng-fēnmíng किस से प्यार किया जाए और किस से घृणा यह अंतर स्पष्ट कर लेना

【爱之如命】 àizhīrúmìng प्राणों से भी प्रिय होना

【爱重】 àizhòng किसी को प्यार करना और उसका आदर करना

硋 ài <लि०> 碍 ài के समान

僾（僾） ài <लि०> ❶मानो; जैसे; ～然 मानो; जैसे ❷सांस आसानी से न ले या छोड़ पाना

【僾尼】 àiní हानि 哈尼 जाति में कुछ लोग स्वयं को आए-नी भी कहते हैं

隘 ài ❶तंग; सँकरा; संकुचित; संकीर्ण; कम चौड़ा: ～巷 तंग गली / 狭～ सँकरा; संकीर्ण; संकुचित ❷सँकरा दर्रा

【隘道】 àidào सँकरा दर्रा

【隘口】 àikǒu घाटी; पहाड़ी दर्रा

【隘路】 àilù सँकरा दर्रा; घाटी

碍（礙） ài बाधा डालना; रुकावट खड़ी करना; रोड़ा अटकाना; रोकना: 有～团结 एकता को हानि पहुंचाना / ～于情面 इस डर से कि किसी के मान-सम्मान पर ठेस न आए

【碍口】 àikǒu कुछ कहने में संकोच करना: 这事说起来有点～。यह कुछ ऐसी बात है कि उसे कहने में कुछ संकोच हो रहा है ।

【碍面子】 ài miànzi किसी के मनोभाव को चोट पहुंचाने का भय होना: 有意见就提, 别～不说。कोई राय हो तो बताओ, मेरा दिल दुखाने के भय से चुप न रहो ।

【碍难】 àinán <लि०> कोई काम करने में कठिनाई होना: ～照办。यह काम पूरा होना कठिन है । / ～照准。इसे स्वीकार न किया जा सकता ।

【碍事】 àishì ❶असुविधा उत्पन्न करना; गड़बड़ी करना; बाधा डालना; रुकावट डालना: 这张桌子放在这里～。इस मेज़ को यहाँ रखना ठीक नहीं, आने-जाने में असुविधा पैदा करती है । ❷गंभीर न होना; हर्ज़ न होना: 他的病不～。उसकी बीमारी गंभीर नहीं है । 他不来不～。वह नहीं आया, कोई बात नहीं; उसके न आने से कोई

हर्ज़ नहीं ।

【碍手碍脚】 àishǒu-àijiǎo असुविधा पैदा करना; गड़बड़ी फैलाना; दूसरों के काम में बाधा डालना: 走开, 别在这儿～。चलो, यहाँ गड़बड़ी न फैलाओ ।

【碍眼】àiyǎn देखने में अप्रिय होना; आँखों को बुरा लगना; आँखों में गड़ना या खटकना: 把垃圾清理掉吧, 以免～。कूड़ा-कर्कट साफ़ कर दो, वरना आँखों में खटकेगा ।

薆（薆）ài <लि०> ❶छिपाव ❷घास-पात का पनपना; लहलहाना

嗳（噯）ài <निस्मय०> (पश्चाताप, उद्विग्नता आदि भाव प्रकट करने के लिए): ～, 早知道这样, 我就不去了。खैर, अगर मुझे पहले से यह मालूम होता, तो मैं कभी न जाता ।

āi 哎; ǎi भी दे०

嗌 ài <ची०चि०> गले में दर्द होने की बीमारी

yì भी दे०

嫒（嬡）ài प्रिय पुत्री; प्यारी बेटी: 令～ आप की पुत्री या बेटी

瑷（璦）ài नीचे दे०

【瑷珲】 Àihuī आइह्वेइ, हेइलोंगच्यांग प्रान्त में एक स्थान (वर्तमान 爱辉 Àihuī)

叆（靉）ài नीचे दे०

【叆叆】ài'ài <लि०> मेघाच्छन्न; मेघाच्छादित; मेघमय

【叆叇】àidài <लि०> मेघमय; मेघाच्छादित; बदली

暧（曖）ài <लि०> (सूर्यप्रकाश) धुंधला; मंद

【暧昧】 àimèi ❶(रुख, अभिप्राय आदि) अस्पष्ट होना; साफ़ न होना: 态度～ अस्पष्ट रवैया; रवैया अस्पष्ट होना / 言语～ गोलगोल बात करना; दोहरे मतलब वाली बात करना ❷साफ़दिल न होना; (संबंध) अनुचित होना: 关系～ किसी के साथ कलुषित प्रेम करना; किसी के साथ अनुचित संबंध रखना

ān

厂 ān 庵 ān के समान (बहुधा व्यक्तियों के नामों में प्रयुक्त)

chǎng भी दे०

广 ān 庵 ān के समान (बहुधा व्यक्तियों के नामों में प्रयुक्त)

guǎng भी दे०

安[1] ān ❶शान्त होना; स्थिर होना: 安睡 / 心神不～ चिन्ताकुल होना; परेशान होना / 坐立不～ बेचैन रहना ❷(मन, चित्त) शान्त रखना; स्थिर करना: ～民 लोगों को इतमीनान दिलाना / ～神 मन की स्थिति को शान्त करना ❸(रहन-सहन, काम आदि से) सन्तुष्ट रहना: 心～ मन संतुष्ट होना / ～于生业 अपने काम में लगे रहना / ～于现状 यथा स्थिति से संतुष्ट रहना ❹सुरक्षित होना; कुशल होना; सुरक्षित रूप से; कुशलता से; सकुशल: ～抵某地 गंतव्य पर सकुशल पहुंचना / 公～ सार्वजनिक सुरक्षा / 治～ सुरक्षा / 欠～ स्वास्थ्य ठीक न होना/ 转危为～ खतरे से बचना ❺किसी उचित स्थान पर रखना या बैठाना: 安插/安顿 ❻लगाना; स्थिर करना; स्थापित करना: ～门窗 दरवाज़ा और खिड़की लगाना / ～电灯 बिजली-बत्ती या बल्ब लगाना / ～水管 नल लगाना / 门上～锁 दरवाज़े पर ताला ठोंकना ❼थोपना; ठहराना; चिप्पी लगाना; नाम देना: ～绰号 उपनाम होना / ～罪名 अभियोग लगाना; आरोपित करना; मत्थे मढ़ना; दोष देना / ～上…的名目 नाम रखना ❽मन में कोई कु-चेष्टा, बदनीयत आदि रखना: 没～好心 मन में कुचेष्टा, दुराग्रह या बदनीयत रखना ❾ (Ān) एक कुलनाम

安[2] ān <लि०> (प्रश्नवाचक सर्वनाम) ❶कहाँ: 而今～在? अब कहाँ रह गया? ❷क्या; कैसे: 不入虎穴, ～得虎子? व्याघ्र की माँद में घूसे बिना व्याघ्र शावक कैसे मिल सकते हैं ? / ～能袖手旁观? यह कैसे संभव है कि हम हाथ पर हाथ धरे बैठे रहें ? / ～知非福? कैसे मालूम कि इस में सुख नहीं ?

安[3] ān विद्युत-धारा की इकाई एम्पियर का संक्षिप्त रूप

【安邦定国】 ānbāng-dìngguó देश को शान्ति और स्थायित्व देना

【安不忘危】 ānbùwàngwēi शान्ति के समय भी आशंकित संकट को न भूलना

【安步当车】 ānbù-dàngchē गाड़ी की सवारी करने के बजाय चहलकदमी करना: 路并不远, 我们还是～吧。रास्ता ज़्यादा लंबा नहीं, आइए, कोई गाड़ी लेने के बजाय टहलते चलें ।

【安瓿】 ānbù <चिकि०> एम्प्यूल; आकन्द; इंजेक्शन की तुंबी के आकार की शीशी

【安插】 ānchā ❶(किसी व्यक्ति को) किसी पद पर बिठाना; किसी पद पर नियुक्त करना; नौकरी देना: ～亲信 अपने घनिष्ठ व्यक्तियों को महत्वपूर्ण पदों पर रखना / 请你把他～在你们系里。उसे अपने विभाग में नौकरी दे दीजिए। ❷(कहानी, नाटक, आलेख आदि में कोई उपाख्यान, वाक्य अनुच्छेद) जोड़ना: 把这个情节～进去很有必要。इसमें यह कथानक जोड़ना बहुत ज़रूरी है।

【安厝】 āncuò ताबूत को दफ़नाने के पहले किसी अस्थाई सुरक्षित स्थान में रखना, या अस्थाई रूप से दफ़नाना ताकि बाद में फिर स्थाई रूप से दफ़नाया जा सके

【安达曼和尼科巴群岛】 Āndámàn hé Níkēbā Qúndǎo अंडमान और निकोबार द्वीप-समूह

【安道尔】 Āndào'ěr अंडोराई; एंडोराई

【安的列斯群岛】 Āndìlièsī Qúndǎo अंटिलिस द्वीप-समूह

【安第斯山脉】 Āndìsī Shānmài अंडिस पर्वत; आंदेस पर्वत

【安得拉】 Āndélā आंध्र प्रदेश

【安定】[1] āndìng स्थिर होना; शान्त होना: 人心～ जनता का आवेश शान्त होना; जनता का आश्वस्त होना/ ～民生 स्थायी आजीविका की प्रतिभूति देना / 环境已经～。परिस्थिति स्थिर हो चुकी है । / 在新环境中～下来 नई परिस्थिति के अनुकूल करना

【安定】[2] āndìng 〈औष०〉 डाइयाज़ेपाम; नींद की गोली

【安堵】 āndǔ 〈लि०〉 स्थिरता; स्थिर जीवन बिताना; शान्त और सुरक्षित जीवन जीना

【安顿】 āndùn ❶प्रबन्ध करना; क्रमबद्ध करना; व्यवस्थित करना: ～工作 काम का प्रबन्ध करना / 家里都～好了吗? क्या घर में सब कुछ ठीक-ठाक हो गया? ❷स्थिर होना; शान्त होना: 病人吃了药, 睡得～多了。दवा खाने के बाद रोगी अधिक चैन से सोया ।

【安放】 ānfàng रखना; लेटाना; लिटाना; न्यास करना: 烈士墓前～着花圈。शहीद की कब्र के सामने फूलमाला रखी है । / 把工具～在顺手的地方。औज़ारों को सुविधाजनक स्थान पर रखो ।

【安分】 ānfèn शान्त स्वभाव वाला; शान्तिप्रिय; अपने काम से काम रखना; न्यायोचित कार्यवाही करना; सरकारी कानून का पालन करना; नियमानुसार जीवन बिताना: 他是一个～的庄稼人。वह एक शान्तिप्रिय किसान है । / ～耐劳 परिश्रमी और शान्त स्वभाव वाला

【安分守己】 ānfèn-shǒujǐ अपनी स्थिति जानना; अनुशासित आचरण करना: 人民～。जनता अनुशासन का आचरण करती है ।

【安抚】 ānfǔ सान्त्वना देना; आश्वासन देना; दिलासा देना; शान्त करना: ～人心 लोगों को आश्वासन देकर शान्त करना

【安哥拉】 Āngēlā अंगोला

【安哥拉人】 Āngēlārén अंगोलाई; अंगोला का निवासी

【安哥拉兔】 āngēlātù अंगोलाई खरगोश

【安圭拉】 Ānguīlā अंग्विल्ला

【安好】 ānhǎo सकुशल होना; स्वस्थ होना: 祝你～。कामना है कि तुम सकुशल रहो । / 全家～, 请勿挂念。घर में सब लोग ठीक हैं, चिन्ता न करना ।

【安徽】 Ānhuī आनह्वेइ (प्रान्त)

【安家】 ānjiā ❶घर बसना या बसाना; घर करना: 在农村～ गांव में घर बसाना ❷घर घाट बसना; घर बनना; शादी करना: 你说说, 你到底什么时候～? यह तो बताओ आखिर तुम्हारा घर कब बसेगा ?

【安家费】 ānjiāfèi ❶घर बसाने का भत्ता ❷नई जगह में बसने के लिए अतिरिक्त दिया जाने वाला वह विशेष धन जो किसी के दौरे पर रहने के समय उसके घर वालों को दिया जाता है

【安家立业】 ānjiā-lìyè घर बसाना और कामकाज संभालना

【安家落户】 ānjiā-luòhù घर बसना या बसाना; घर करना; कहीं जाकर बसना: 他们已经在农村～了。वे लोग गांव में घर कर चुके हैं ।

【安检】 ānjiǎn सुरक्षा निरीक्षण

【安靖】 ānjìng शान्त; शान्तिपूर्ण: 国内～。देश शान्तिपूर्ण स्थिति में है ।

【安静】 ānjìng ❶शान्त होना: 这里很～。यहाँ बहुत शान्ति है । / 保持～! शान्त रहो ! / 请～!请～! शान्ति ! शान्ति ! ❷आश्वस्त होना; चैन से; आराम से: 病人睡得很～。रोगी चैन (आराम) से सो रहा है । / 人心日见～。लोग दिन-प्रति-दिन आश्वस्त होते जा रहे हैं ।

【安居房】 ānjūfáng सुखप्रद गृह

【安居工程】 ānjū gōngchéng सुखप्रद निवास-व्यवस्था परियोजना

【安居乐业】 ānjū-lèyè सुखमय जीवन बिताना; सुखचैन से निर्वाह करना; शान्तिपूर्वक जीवन बिताते हुए काम-काज करना

【安康】 ānkāng कुशल; कुशल और स्वस्थ; सुख-चैन: 祝您～! कामना है कि आप सकुशल और स्वस्थ रहें ।

【安拉】 Ānlā 〈इस्लाम〉 अल्लाह

【安澜】 ānlán 〈लि०〉 ❶नदी में बाढ़ न आने या उसके शान्त रहने की स्थिति ❷शान्त होना; प्रशान्त होना: 天下～ संसार में अतुल्य शान्ति होना

【安乐】 ānlè सुख-चैन; आराम और आनन्द; सुखमय; आरामदेह: ～生活 सुखमय जीवन

【安乐死】 ānlèsǐ सुखद मृत्यु

【安乐窝】 ānlèwō विश्राम नीड़; सुरक्षित आरामदेह घर

【安乐椅】 ānlèyǐ आराम कुर्सी: 躺在～上 आराम कुर्सी पर लेटना: आरामदेह ज़िंदगी बिताना

【安理会】 ānlǐhuì 安全理事会 का संक्षिप्त रूप

【安那】 ānnà 〈पुराना〉 आना; रुपये का सोलहवां भाग

【安曼】 Ānmàn अमन

【安曼人】 Ānmànrén अमनी; अमनवासी

【安谧】 ānmì 〈लि०〉 (स्थान) शान्तिमय; शान्त होना

【安眠】 ānmián चैन से सोना; आराम से सोना; नींद भर होना

【安眠药】 ānmiányào 〈औष०〉 नींद लाने वाली दवा; निद्राजनक औषध; नींद की गोली

【安眠酮】 ānmiántóng 〈औष०〉 मेथाक्वालोन; हाइ-मिनल

【安民】 ānmín लोगों को इतमीनान दिलाना; पुनः आश्वस्त करना; ～政策 लोगों को इतमीनान दिलाने की नीति

【安民告示】 ānmín gàoshì लोगों को इतमीनान दिलाने के लिए दी जाने वाली सूचना: 出～ लोगों को इतमीनान दिलाने के लिए सूचना जारी करना

【安那其主义】 ānnàqí zhǔyì अराजकता; अराज-कतावाद

【安乃近】 ānnǎijìn 〈औष०〉 ऐनालजिन

【安宁】 ānníng ❶शान्ति; अमन; सुख-शान्ति: ～的日子 शान्ति के दिन / 确保边境～ सीमान्त क्षेत्रों की शान्ति की गारंटी करना / 扰乱～ शान्ति में बाधा

डालना / 世界不得～的根源 विश्व में अशान्ति का कारण ❷शान्तचित्त होना; मन स्थिर होना: 心里～ शान्तचित्त होना; मन में चैन होना

【安宁片】 ānníngpiàn 〈औष०〉 मेप्रोबामेट

【安排】 ānpái प्रबन्ध करना; आयोजन करना: ～参观游览 सैर-सपाटे और यात्रा का इंतज़ाम करना / ～本年度的生产 चालू वर्ष के उत्पादन का प्रबन्ध करना / ～睡眠或休息的地方 सोने या आराम करने का ठिकाना ढूँढना / ～适当的职务 अनुकूल पद पर नियुक्त करना / ～合理人力 जन-शक्ति का उचित प्रबन्ध करना / 重新～河山 नदियों और पहाड़ों का पुनर्प्रबन्ध करना; प्रकृति का पुनर्निर्माण करना / 把某事交给某人～ किसी काम को किसी व्यक्ति के प्रबन्ध में देना / 为会谈作出具体～ वार्तालाप के लिए उपयुक्त प्रबन्ध करना / 我～停当会告诉你的。सब ठीक-ठाक करके मैं तुम को बता दूँगा ।

【安培】 ānpéi 〈विद्यु०〉 एम्पियर; ऐंपियर

【安培计】 ānpéijì ऐंमीटर; ऐंपियरमीटर

【安培小时】 ānpéi xiǎoshí ऐंपियर-घंटा

【安贫乐道】 ānpín－lèdào फ़ाकामस्ती करना; दरिद्र होते हुए भी किती बात की चिन्ता न करना; दाल-रोटी से खुश रहना

【安琪儿】 ānqí'ér ऐंजेल; स्वर्गिक दूत; देवदूत; फ़रिश्ता

【安全】 ānquán अहानिकर; सुरक्षित: 交通～ यातायात सुरक्षा / 人身～ व्यक्तिगत सुरक्षा / ～到达 सकुशल पहुंचना / ～操作 सुरक्षा क्रिया-प्रणाली / ～行车 सुरक्षा से गाड़ी चलाना / ～设备 दुर्घटना रोकने का प्रबन्ध

【安全玻璃】 ānquán bōli सुरक्षा-कांच; सेफ़्टी-ग्लास

【安全保障权】ānquán bǎozhàngquán सुरक्षा का अधिकार

【安全带】 ānquándài सुरक्षा-पेटी

【安全岛】 ānquándǎo सेफ़्टी आइलैंड; पैदल राहगीरों के लिए सड़क पार करने की खास जगह

【安全导火线】ānquán dǎohuǒxiàn सुरक्षा-संगलक; सुरक्षा-फ़्यूज़; ज्वलनरोधी-पलीता; बचाव-पलीता

【安全灯】 ānquándēng ❶〈खनि०〉 निरापद-दीप; सेफ़्टी लैंप ❷〈फ़ोटो०〉 सेफ़लाइट

【安全阀】 ānquánfá सुरक्षा-कपाट; सेफ़्टी वाल्व

【安全感】 ānquángǎn सुरक्षा की भावना; सुरक्षा का मनोभाव

【安全火柴】 ānquán huǒchái दियासलाई; सेफ़्टी माचिस

【安全胶片】 ānquán jiāopiàn 〈फ़ोटो०〉 सेफ़्टी फ़िल्म

【安全角】 ānquánjiǎo 〈सैन्य०〉 सुरक्षित कोण

【安全界】 ānquánjiè 〈सैन्य०〉 सुरक्षा-परिसीमा; सेफ़्टी लिमिट

【安全理事会】 Ānquán Lǐshìhuì (संयुक्त राष्ट्र संघ) सुरक्षा परिषद

【安全帽】 ānquánmào सुरक्षा-टोप; सेफ़्टी कैप या हेल्मेट

【安全套】 ānquántào गर्भ-निरोधक झिल्ली

【安全梯】 ānquántī सुरक्षा-सीढ़ी

【安全剃刀】 ānquán tìdāo सेफ़्टी रेज़र; उस्तरा

【安全填埋】 ānquán tiánmái सुरक्षित तरीके से ज़मीन भरना

【安全通行证】 ānquán tōngxíngzhèng सुरक्षा-पास; सेफ़-कंडक्ट

【安全网】 ānquánwǎng सुरक्षा-जाल; सेफ़्टी नेटिंग

【安全系数】 ānquán xìshù सुरक्षा गुणांक; सेफ़्टी कोएफ़िशंट (या फैक्टर)

【安然】 ānrán ❶सकुशल; कुशलपूर्वक; सुरक्षित रूप से; सही-सलामत: ～返回 सही-सलामत लौटना / ～脱险 खतरे से सकुशल बच जाना / ～无恙 सुरक्षित और नीरोग होना; सकुशल और स्वस्थ; सही-सलामत ❷निश्चिन्तता से; आराम से; चैन ते: ～入睡 निश्चिन्त सोना; आराम से सोना

【安如磐石】 ānrúpánshí चट्टान की तरह सुदृढ़ होना; चट्टान की तरह अटल-अविचल होना

【安如泰山】 ānrútàishān थाए पर्वत जैसा सुदृढ़ होना; थाए पर्वत की भांति अडिग होना

【安山岩】 ānshānyán 〈भूगर्भ०〉 अंडिज़ाइट ज्वालामुखी चट्टान

【安设】 ānshè लगाना; स्थापित करना: 在岛上～观测站 टापू पर निरीक्षण-केन्द्र स्थापित करना

【安身】 ānshēn ठिकाना होना; ठिकाने लगना; शरण लेना; घर बसाना; रहना: 无处～ रहने का ठिकाना न होना / 在草棚里～ किसी झोंपड़ी में आश्रय लेना

【安身立命】 ānshēn－lìmìng ठिकाने लगना: ～之所 काम और गुज़ारे का स्थान

【安神】 ānshén मनःस्थिति शान्त करना

【安神药】 ānshényào 〈ची०चि०〉 प्रशामक औषधि

【安生】 ānshēng ❶आराम होना; चैन से रहना: 他不让我～。वह मुझे चैन से नहीं रहने देता । / 他们吵得邻居们不得～。वे शोरगुल मचाकर पड़ोसियों को आराम से नहीं रहने देते । ❷शान्त करना या होना; स्थिर करना या होना; चुप करना या होना: 这孩子一会儿也不～。यह बच्चा एक क्षण के लिए भी शान्त नहीं रहता ।

【安石榴】 ānshíliu ❶अनार ❷〈ची०चि०〉 अनार का छिलका

【安时】 ānshí 安培小时 का संक्षिप्त रूप

【安适】 ānshì शान्त और आरामदेह: 病人在疗养院里过着～的生活。सैनेटोरियम में रोगी शान्त और आरामदेह जीवन बिता रहे हैं ।

【安睡】 ānshuì चैन से सोना; आराम से सोना; गहरी नींद सोना: 子夜, 人们都已～。आधी रात, लोग चैन से सो चले हैं ।

【安泰】 āntài सकुशल होना; शान्त होना: 阖家～ घर में सब लोग कुशल हैं ।

【安恬】 āntián चैन से; आराम से: ～地睡觉 चैन से सोना

【安替比林】 āntìbǐlín 〈औष०〉 ऐंटिपाइरिन

【安帖】 āntiē शान्त होना; निश्चिन्त होना: 事情

办妥，心里～。सब काम ठीक-ठाक हो जाने से मन निश्चिन्त हो गया।

【安提瓜和巴布达】 Āntíguā hé Bābùdá अंटिग्वा और बार्बुडा

【安土重迁】 āntǔ-zhòngqiān एक स्थान पर लम्बे अरसे से रहने के कारण दूसरे स्थान पर घर बसाने की इच्छा न होना

【安妥】[1] āntuǒ सकुशल और सुरक्षित रूप से: 把货物～地运到商店 सुरक्षित रूप से दूकान में माल पहुंचाना

【安妥】[2] āntuǒ 〈औष०〉 ऐंटू (चूहे मारने का विष)

【安危】 ānwēi सुरक्षा और संकट; सुरक्षा: 把个人～置之度外（不顾个人～）व्यक्तिगत सुरक्षा की चिन्ता न करना / 把矿工的～冷暖时刻挂在心上 खान मज़दूरों की सुरक्षा और कल्याण को हमेशा ध्यान में रखना

【安慰】 ānwèi सान्त्वना देना; तसल्ली देना; आश्वासन देना; धीरज देना; दिलासा देना; ढाढ़स बंधाना: 自我～ आत्माश्वासन, आत्मसान्त्वना या अपने आपको दिलासा देना / 她很难过，我们应当～～她。वह बहुत दुखी है, हमें उसे धीरज बंधाना चाहिए। 众人的关怀给了我很大的～。लोगों की देखभाल ने मुझे बहुत सान्त्वना दी।

【安慰剂】 ānwèijì 〈औष०〉 कूट-भेषज; प्लेसेबो

【安慰奖】 ānwèijiǎng सांत्वना पुरस्कार

【安慰赛】 ānwèisài सांत्वना स्पर्द्धा मैच; प्रोत्साहन प्रतियोगिता

【安稳】 ānwěn ❶स्थिर होना; शान्त होना: 船走得很～。नाव स्थिरता से चल रही है। / 电视机要放～。टी० वी० को स्थिर रखना चाहिए। ❷चैन से; आराम से: 睡觉不～ आराम से न सो पाना / 过～日子 आराम से दिन बिताना

【安息】[1] ānxī ❶आराम करना; आराम से होना: 明早还要工作，早点～吧！कल सुबह फिर काम पर जाना है, जल्दी सो जाओ! / 夜已很深，大家都已～了。रात गहरा चुकी थी, सब लोग आराम से सो चले थे। ❷सुकून (शान्ति) से रहना (श्रद्धांजलि अर्पित करने के अर्थ में): 烈士们，～吧！शहीदो, सुकून से आराम करें! शहीदों की आत्मा को शान्ति मिले!

【安息】[2] Ānxī पार्थिया (पश्चिमी एशिया का एक प्राचीन राज्य)

【安息日】 ānxīrì विश्रामदिवस; सैबथ

【安息香】 ānxīxiāng ❶लोबान वृक्ष ❷〈ची० चि०〉 लोबान की राल ❸लोबान से बना इत्र

【安息香酸】 ānxīxiāngsuān लोबानी अम्ल या तेजाब; बेंज़ोइक एसिड （苯甲酸 běnjiǎsuān भी）

【安闲】 ānxián शान्त होना; आरामतलब होना: ～的心情 आरामतलब मिज़ाज / ～幽静 शान्ति ही शान्ति / ～自在 आरामतलब और निश्चिन्त होना

【安详】 ānxiáng शान्त; स्थिर: 举止～ स्थिर आचरण करना

【安歇】 ānxiē ❶सोना; शयन करना ❷आराम करना

【安心】[1] ānxīn ❶शान्तचित्त होना; चिन्ता मुक्त होना; निश्चिन्त होना: ～工作 लगन से काम करना / 希望您～休养。आशा है कि आप निश्चिन्त होकर आराम कर सकेंगे। / 一听到这个消息，她就～了。यह खुशखबरी सुनकर ही वह चैन ले सकी। / 大家都安不下心来，因为许多工作还没有完成。सभी लोग चैन से नहीं थे क्योंकि बहुत से काम अभी अधूरे थे। / ～作战 लड़ाई के मोर्चे पर घरेलू चिन्ताओं से मुक्त होकर लड़ना

【安心】[2] ānxīn मन में कोई कुचेष्टा, बदनीयत, अनुचित विचार या भाव रखना: ～不善 मन में कुचेष्टा या बुरा विचार रखना / 你安的什么心？ क्या चालें चल रहे हो ?

【安逸】 ānyì आराम-चैन; आरामतलबी: 贪图～ आरामतलबी की लालसा / 他心里很不～。उसके मन में बड़ी बेचैनी थी।

【安营】 ānyíng पड़ाव डालना; डेरा डालना; शिविर स्थापित करना; खेमा गाड़ना; तंबू खड़ा करना

【安营扎寨】 ānyíng-zhāzhài डेरा डालना; शिविर स्थापित करना; खेमा गाड़ना: 工人们一起在工地上～。मज़दूरों ने कार्य-स्थल पर एक साथ पड़ाव डाल दिया। / 今天就在这山上～。आज इसी पहाड़ पर पड़ाव रहेगा।

【安于】 ānyú किसी काम में सन्तुष्ट रहना: ～生业 बिना शिकायत काम में लगे रहना

【安于现状】 ānyú-xiànzhuàng यथास्थिति से सन्तुष्ट रहना

【安葬】 ānzàng दफ़नाना; दफ़न करना; अन्त्येष्टि करना: ～典礼 दफ़नाने की रस्म अदा करना; अस्थि भस्म दफ़नाने की रस्म निभाना

【安枕】 ānzhěn तकिया अच्छी तरह रखकर (सोना): ～而卧 निश्चिन्तता से सोना

【安之若素】 ānzhī-ruòsù (किसी प्रतिकूल परि-स्थिति या विधि-विरोधी बात के प्रति) उदासीनता बरतना

【安置】 ānzhì रखना; बसाना; प्रबन्ध करना; बन्दो-बस्त करना; इंतज़ाम करना: ～生活 आजीविका का प्रबंध करना / 把行李～好。सामान को उचित स्थान पर रख दो। / 他被～在医院里。उन्हें अस्पताल में रख दिया गया। / 把他～在自己家里过夜吧。रात उसे अपने यहां रख लो। / 复员军人得到了适当的～。सैन्य-वियोजित सैनिकों के लिए उचित प्रबन्ध किया जा चुका है।

【安置费】 ānzhìfèi बन्दोबस्त भत्ता

【安装】 ānzhuāng (नियत स्थान पर) लगना; लगाना; बैठाना-बिठाना; बांधना: ～电话 फ़ोन लगाना / ～机器 मशीन लगाना / ～公司 साज़-सामान लगाने वाली कम्पनी

唵

ān 唵 ān के समान
ǎn भी दे०

桉

ān 〈वन०〉 नीलगिरि वृक्ष; यूकेलिप्टस

【桉树】 ānshù 〈वन०〉 नीलगिरि वृक्ष; अनुकर्पूर वृक्ष; यूकेलिप्टस

【桉油】 ānyóu नीलगिरि तेल; अनुकर्पूर तेल; यूकेलिप्टस

आयल

氨 ān 〈रसा॰〉 अमोनिया; तिक्ताक्ति; नौसादरः 合成～ कृत्रिम अमोनिया; संश्लिष्ट अमोनिया

【氨苯磺胺】 ānběnhuáng'àn 〈औष॰〉 सल्फ़ानिलैमाइड

【氨茶碱】 ānchájiǎn 〈औष॰〉 एमिनोफ़ाइलीन

【氨化】 ānhuà अमोनियाकरण

【氨基】 ānjī अमिनो; अमिनो-समूह

【氨基比林】 ānjībǐlín 〈औष॰〉 ऐमिनोपाइरीन

【氨基酸】 ānjīsuān अमिनो ऐसिड; तिक्ती अम्ल

【氨碱法】 ānjiǎnfǎ 〈रसा॰〉 अमोनिया सोडा प्रक्रिया

【氨硫脲】 ānliúniào 〈औष॰〉 थियासेटाज़ोन

【氨水】 ānshuǐ 〈रसा॰〉 अमोनिया का घोल; अमोनिया वाटर

【氨压缩机】 ānyāsuōjī अमोनिया संपीडक; अमोकम्प्रेसर

谙(諳) ān 〈लि॰〉 अच्छी तरह जानना; सुपरिचित होनाः 熟～水性 तैरने में निपुण; मंजा हुआ तैराक / 不～针灸 एक्यूपंक्चर से परिचित न होना

【谙记】 ānjì मन में लगना; मन लगाना; याद करना

【谙达】 āndá (दुनियादारी) अच्छी तरह समझना; व्यवहार कुशल होनाः ～世情 दुनियादार होना

【谙练】 ānliàn 〈लि॰〉 सुपरिचित होना; अनुभवी होना

【谙熟】 ānshú (किसी विषय में) कुशल होना; सुपरिचित होना; अनुभवी होनाः ～印地语 हिन्दी भाषा में कुशल होना

庵(菴) ān ❶〈लि॰〉 झोंपड़ीः 茅～ कुटिया ❷बौद्ध मठ; बौद्ध संघाराम (प्रायः भिक्षुणियों का); भिक्षुणी- विहार

【庵堂】 āntáng भिक्षुणियों का मठ; भिक्षुणी-विहार

【庵子】 ānzi 〈बो॰〉 ❶झोंपड़ी ❷भिक्षुणियों का मठ

唵 ān 〈निस्मय॰〉 ❶(निश्चय व्यक्त करने के अर्थ में) हाँ; जी हाँ; जीः "会开完了?" "～, 开完了。" "सभा समाप्त हो गई?" "जी हाँ, समाप्त हो गई।" ❷(याद दिलाने के अर्थ में): 这事很重要, 不要告诉别人, ～! यह बात बहुत महत्वपूर्ण है, दूसरों को न बताना। / 你的建议, ～, 我看很好嘛! मेरे विचार में तुम्हारा सुझाव बहुत अच्छा है।

ǎn भी दे॰

媕 ān नीचे दे॰

【媕娿】 ān'ē 〈लि॰〉 निश्चय न कर पाने की प्रकृति

鹌(鵪) ān नीचे दे॰

【鹌鹑】 ānchun 〈प्राणि॰〉 बटेर; वर्तक; वर्तिका; लवा

腤 ān 〈लि॰〉 (मछली, मांस) पकाना

鮟(鮟) ān नीचे दे॰

【鮟鱇】 ānkāng हंसमत्स्य

鞍 ān काठी; ज़ीन; पर्याण; पल्ययनः 马～ घोड़े की काठी या ज़ीन / 备～ घोड़े पर काठी रखना या ज़ीन कसना / ～状 ज़ीन-नुमा

【鞍袱】 ānbèi ज़ीन-पोश

【鞍鼻】 ānbí ज़ीन-नुमा नाक

【鞍部】 ānbù पहाड़ का ज़ीन; पर्वत का पर्याण

【鞍韂】 ānchàn काठी और काठी के नीचे रखी जाने वाली चीज़ें

【鞍架】 ānjià काठी का ढांचा

【鞍鞯】 ānjiān 〈लि॰〉 鞍韂 के समान

【鞍匠】 ānjiàng काठी बनाने वाला

【鞍马】 ānmǎ ❶〈खेल॰〉 काठी व्यायाम; पम्मैल्ड हार्स ❷〈लि॰〉 काठी और घोड़ा; घोड़े की पीठ पर सवार होना; फ़ौजी जीवनः ～生活 फ़ौजी जीवन ❸वादाश्व; सवारी के लिए काठीदार घोड़ा

【鞍马劳顿】 ānmǎ-láodùn यात्रा या लड़ाई की थकान

【鞍囊】 ānnáng खुरजी; घोड़े पर लादा जाने वाला झोला

【鞍辔】 ānpèi काठी और लगाम का सामान्य नाम

【鞍鞒】 ānqiáo काठीः 跨上～ उचककर काठी पर बैठना

【鞍褥】 ānrù ज़ीन-पोश; अरकगीर

【鞍屉】 āntì ❶घोड़े की पीठ पर काठी के नीचे रखा जाने वाला कपड़ा ❷काठी; ज़ीन

【鞍子】 ānzi 鞍 के समान

【鞍座】 ānzuò (साइकिल आदि की) गद्दी; सीट

鞌 ān 〈लि॰〉 鞍 के समान

盦[1] ān प्राचीन काल में खाद्य पदार्थ रखने के लिए प्रयुक्त बर्तन

盦[2] ān 庵 ān के समान

ǎn

咹 ǎn 唵[3] ǎn के समान

ān भी दे॰

俺 ǎn 〈बो॰〉 ❶हम (कही गई बात को सुनने वाले को छोड़कर); हमाराः 你去, ～们不去。तुम जाओ, हम लोग नहीं जा रहे। ❷मैं; मेराः ～爹 मेरा बाप; मेरे पिता जी / ～妈 मेरी माँ; मेरी माता जी

埯(垵) ǎn ❶खीरे, सेम आदि के बीज बोने के लिए

सुराख बनाना ❷छिद्र-रोपण; खुरपी या कुदाली से भूमि खोदकर बीज बोना: ～豆 खुरपी से खोदकर सेम जाति के बीज बोना ❸〈परि० श०〉 गुल्म: 一～花生 मूंगफली के बीज से उगे पौधे का गुल्म

【埯子】 ǎnzi सेम जाति, खीरे आदि के बीज बोने के लिए बनाए गए छेद: 挖个～ बीज बोने के लिए छेद करना या गढ़ा बनाना

唵 1 ǎn हथेली में रखे कतरों या चूर्ण को फांकना: ～了一口炒米粉 भुने हुए चावल के चूर्ण को गटकना

唵 2 ǎn 俺 ǎn के समान

唵 3 ǎn 〈विस्मय०〉 (प्रश्नसूचक): ～, 他们都去哪儿了? ऐं, वे लोग कहां चले गए ?

唵 4 ǎn 〈बौद्धधर्म〉 ओम्

【唵声】 ǎnshēng ओंकार; ओम् का शब्द; प्रणव मंत्र ān भी दे०

铵（銨） ǎn 〈रसा०〉 अमोनियम

【铵盐】 ǎnyán 〈रसा०〉 अमानियम लवण

揞 ǎn घाव पर मरहम लगाना: 伤口上～上一点儿药面 (घाव पर) दवा का पाउडर या औषधि-चूर्ण छिड़कना या मलना

àn

犴 àn दे० 狴犴 bì'àn

岸 1 àn किनारा; तट; तीर; छोर: 江～ नदी का किनारा; नदी-तट / 海～ समुद्र-तट / 大洋彼～ महासागर के उस पार

岸 2 àn 〈लि०〉 ❶ऊँचा और बड़ा: 伟～ (कद) लंबा और तगड़ा ❷अभिमानी; अहंकारी: 傲～ घमंडी; दंभी

【岸标】 ànbiāo नदी के किनारे पर स्थित प्रकाशस्तम्भ; आकाशदीप; लाइट-हाउस

【岸坡】 ànpō घाट; नदी या समुद्र का ढलुवाँ किनारा

【岸线】 ànxiàn जलाग्र; वाटरफ्रंट

【岸然】 àngrán 〈लि०〉 गंभीर; गंभीरतापूर्ण: 道貌～ दंभी होना; पाखंडी होना

按 1 àn ❶उँगली या हाथ से दबाना; मसलना: ～电钮 बिजली का बटन दबाना / ～喇叭 (मोटर आदि का) हार्न दबाना / ～门铃 द्वारघंटी या कॉलबेल बजाना / ～手印 किसी दस्तावेज़ पर हस्ताक्षर के स्थान पर अंगुली की छाप या अंगूठा लगाना / ～不动 दबाए न दबना / 手指头～在地图上 नक्शे पर उँगली गड़ाना / ～住! ज़ोर से दबाओ; दबाए रखो! ❷(किसी काम या बात को) एक ओर रख छोड़ना; ताक पर रखना; स्थगित करना: ～下此事不说 (इस) काम या बात को कुछ समय के लिए एक ओर रखना ❸नियन्त्रण में रखना; नियन्त्रण करना: ～不住心头怒火 क्रोधाग्नि को न दबा सकना; क्रोध का आवेग वश में न आ पाना; क्रोध न संभाल सकना ❹किसी चीज़ को हाथ से दबाए रखना: ～剑 तलवार को हाथ में लेना; तलवार रखना / ～住操纵杆 कंट्रोल लीवर को हाथ से दबाए रखना ❺के अनुसार; के अनुकूल; के मुताबिक; के आधार पर; की दृष्टि से; ध्यान में रखते हुए: ～政策、制度办事 नीति और विधि के अनुसार काम करना / ～内容分类 विषयानुसार वर्गीकरण करना / ～规定 नियामानुसार / ～比例 यथानुपात; के अनुपात से / ～市价 बाज़ार भाव के अनुसार / ～质定价 क्वालिटी के मुताबिक दाम लगाना / ～公斤出售 किलो के हिसाब से बेचना / ～人头 प्रति व्यक्ति के आधार पर / ～年代顺序 कालानुसार; वर्षक्रमानुसार / ～姓氏笔画为序 चीनी कुलनाम के द्योतक अक्षर में प्रयुक्त रेखाओं के क्रम के अनुसार / ～字母顺序 वर्णक्रमानुसार; वर्णमाला के क्रम से / ～字面翻译 शब्दानुवाद

按 2（案） àn ❶〈लि०〉 मिलाना; जांच करना: 有原文可～。 मिलान करने के लिए इसका मूलपाठ मौजूद है। ❷(संपादक, लेखक की) परिचयात्मक टिप्पणी: 编者～ संपादकीय टिप्पणी; संपादक या संपादन-विभाग की टिप्पणी

【按兵不动】 ànbīng-bùdòng फ़ौज को उसकी तैनाती की जगह जमाए रखना; कोई कार्यवाही न करना

【按部就班】 ànbù-jiùbān नीयत क्रम के अनुसार काम करना; पारंपरिक उपायों से काम करना

【按成】 ànchéng प्रतिशत; प्रतिसैकड़ा; फ़ी सदी; दर या अनुपात के अनुसार: ～分配 अनुपात या दर के अनुसार वितरण करना

【按次】 àncì क्रम से; क्रमशः; एक-एक करके: ～购票 एक-एक करके टिकट खरीदना

【按钉】 àndìng ड्राइंग पिन

【按件计工】 àn jiàn jì gōng काम के आधार पर वेतन का हिसाब करना

【按键】 ànjiàn (पियानो, टाइपराइटर आदि की) खूंटी

【按揭】 ànjiē गिरवी रखकर बैंक से ऋण लेना

【按金】 ànjīn 〈बो०〉 बयाना; किराया

【按酒】 ànjiǔ 〈पुराना〉 शराब पीते समय खाए जाने वाले सामिष व्यंजन

【按扣儿】 ànkòur स्नैप-फ़ास्नर

【按劳分配】 àn láo fēnpèi श्रमानुसार वितरण करना: 各尽所能, ～ हर एक से उसकी योग्यता के अनुसार श्रम लेना, हर एक को उसके श्रमानुसार वितरण करना

【按理】 ànlǐ (按理说 ànlǐshuō भी) तर्क के अनुसार; नियमानुसार; विधि-अनुसार; नियमित रूप से; आम तौर पर; साधारणतः; वैसे तो: ～你该去。 विध्यानुसार तुम्हें

जाना चाहिए। / 这种病～不难治好。इस रोग की चिकित्सा आम तौर पर आसान है ।

【按例】 ànlì नियमानुसार; कायदे के मुताबिक: ～病了可以不去上班。नियामानुसार रोगी काम पर नहीं जाता।

【按脉】 ànmài रोगी की नब्ज़ देखना, टटोलना या परखना

【按摩】 ànmó अंगमर्दन; अभ्यंग; शरीर की मालिश (करना)

【按摩疗法】 ànmó liáofǎ <चिकि०> अभ्यंग चिकित्सा

【按摩师】 ànmóshī अभ्यंग चिकित्सक; अभ्यंजक; मालिश करने वाला माहिर

【按捺】 ànnà नियन्त्रण में रखना; वश में करना; नियन्त्रण करना; संयम बरतना; दबाना: ～不住心中怒火 क्रोधाग्नि को न दबा सकना / 他～不住地说。उसने अधीर होकर कहा।

【按钮】 ànniǔ दाब-बटन: ～操纵 दाब-बटन पर दाब रखना; यंत्रचालन करना / ～电话机 दाब-बटन टेलीफ़ोन

【按期】 ànqī नियत अवधि में; निश्चित समय पर; यथासमय; ठीक समय या तिथि पर: ～出版 निश्चित समय पर प्रकाशित करना या होना / ～交货 ठीक समय पर माल पहुंचाना या देना / ～缴税 तय तारीख पर कर चुकाना / ～完工 वक्त से काम खत्म करना

【按时】 ànshí नियत समय पर; ठीक वक्त पर; यथासमय: ～到达 ठीक समय पर पहुंचना

【按说】 ànshuō नियमानुसार; साधारणतः; आम तौर पर; वैसे तो: ～这时早该下雪了。वैसे तो इस समय बर्फ़ गिरनी चाहिए थी । / ～冬天蔬菜少, 可是这几年市场上供应还很充足。आम तौर पर जाड़ों में सब्ज़ी कम होती है, पर इधर कुछ सालों से बाज़ार में खासी सब्ज़ियां मिलने लगी हैं ।

【按图索骥】 àntú-suǒjì किसी शानदार घोड़े को उसके चित्र की सहायता से ढूँढ़ना —— किसी सुराग, निशान या संकेत आदि के सहारे इच्छित वस्तु का पता लगाना

【按蚊】 ànwén (疟蚊 nüèwén भी) मलेरिया फैलाने वाला मच्छर; एनोफ़ेलीज़

【按下葫芦浮起瓢】 ànxià húlu fúqǐ piáo एक लौकी को पानी में दबाए जाने पर दूसरी लौकी का पानी की सतह पर आ जाना; एक समस्या का समाधान होते ही दूसरी समस्या का उभर आना

【按需分配】 àn xū fēnpèi आवश्यकतानुसार वितरण करना: 各尽所能, ～ हर एक से उसकी योग्यतानुसार काम लेकर हर एक में उसकी आवश्यकतानुसार वितरण करना

【按压】 ànyā नियन्त्रण में रखना; संयत रखना; वश में करना; दबाना: ～不住的激情 नियन्त्रण में न रखे जा सकने वाले उद्वेग

【按验】 ànyàn 案验 ànyàn के समान

【按语】 ànyǔ परिचयात्मक टिप्पणी; नोट: 作者在这里加注～。लेखक ने यहाँ एक नोट जोड़ दिया है ।

【按照】 ànzhào के अनुसार; के मुताबिक: ～市价 बाज़ार भाव के अनुसार / ～实际情况决定工作方针 वास्तविक परिस्थिति के अनुरूप कार्यनीति निर्धारित करना / ～自愿原则 स्वेच्छानुसार; स्वेच्छापूर्वक; स्वेच्छया / ～计划, 会议应于下月召开。योजनानुसार सभा अगले महीने बुलानी होगी।

案[1] àn ❶पुरानी शैली की लंबी और संकरी मेज़: 条～ लंबी और संकरी मेज़ / 书～ लिखने-पढ़ने की मेज़; डेस्क / 拍～而起 मेज़ पर घूंसा मारकर उठ खड़ा होना; बहुत क्रोधित होना ❷लंबा तख्ता ❸प्राचीन काल में प्रयुक्त एक प्रकार की तश्तरी या ट्रे; काष्ठ का छिछला पात्र: 举～齐眉 तश्तरी को अपनी भौंह तक उठाना —— पति-पत्नी द्वारा एक दूसरे के साथ शिष्टाचारपूर्ण व्यवहार करना

案[2] àn ❶मुकदमा; मामला; काण्ड; अभियोग; केस: 翻～ किसी सही या गलत फ़ैसले को उलट देना / 凶杀～ हत्या का मामला; खून का मामला; हत्या काण्ड / 五卅惨～ 30 मई हत्या काण्ड ❷रिकार्ड; ऐतिहासिक प्रलेख; तारीखी दस्तावेज़; फ़ाइल: 备～ रिकार्ड में दर्ज करना; रजिस्टर करना / 有～可查 अभिलिखित; फ़ाइल में रखा हुआ / 声明在～ वक्तव्य लेकर रिकार्ड में लिख रखना ❸विचारार्थ प्रस्तुत प्रस्ताव; उपाय, योजना या अन्य सुझाव: 提～ प्रस्ताव; सुझाव / 方～ योजना; डिज़ाइन / 草～ मसविदा; मसौदा; प्रारूप / 法～ बिल / 决议～ प्रस्ताव; निश्चय ❹按[2] àn के समान

【案板】 ànbǎn आटा गूंधने या सब्ज़ी, मांस आदि काटने के लिए प्रयुक्त तख्ता; कर्तन-काष्ठ

【案秤】 ànchèng तुला; तराज़ू जो मेज़ पर रखी जा सके

【案底】 àndǐ थाने में किसी अपराधी का वह रिकार्ड जिसमें उसका पिछला अपराध दर्ज हो; हिस्ट्रीशीट; इतिवृत्तक

【案牍】 àndú <लि०> सरकारी दस्तावेज़ या पत्र-व्यवहार

【案犯】 ànfàn किसी अपराध में शामिल अपराधी

【案件】 ànjiàn मुकदमा; मामला; अभियोग; केस: 刑事～ फ़ौजदारी मुकदमा; आपराधिक अभियोग / 杀人～ खून का मामला; हत्या का मामला / 反革命～ प्रतिक्रान्तिकारी होने के अपराध का मामला / 他在那次～中代表政府起诉。उस मुकदमे में उसने सरकार की ओर से पैरवी की थी ।

【案酒】 ànjiǔ 按酒 ànjiǔ के समान

【案卷】 ànjuàn रिकार्ड; फ़ाइल; पुरालेख; अभिलेख

【案例】 ànlì केस की मिसाल: 分析～ केस-विश्लेषण

【案目】 ànmù <पुराना> नाटकशाला, सिनेमाघर आदि में दर्शकों को उनकी सीट दिखाने वाला व्यक्ति

【案情】 ànqíng अभियोग का विषय; मुकदमे का ब्यौरा: ～复杂 मुकदमे का ब्यौरा बहुत जटिल होना / 了解～ मुकदमे के ब्यौरे की जांच-पड़ताल करना

【案头】 àntóu मेज़ या डेस्क पर: ～日历 डेस्क-कैलेंडर / ～电扇 बिजली का टेबुलफ़ैन

【案头剧】 àntóujù क्लोज़ेट प्ले या ड्रामा

【案验】 ànyàn <लि०> अपराध के प्रमाण की जांच-पड़ताल करना

【案由】 ànyóu अभियोग के मुख्य बिन्दु या सार-संक्षेप

【案值】 ànzhí किसी मुकदमे से संबंधित धन-संपत्तियों का मूल्य

【案子】[1] ànzi पुराने प्रकार की लंबी संकरी मेज़; कांउटर की तरह इस्तेमाल में आने वाला लंबा तख्ताः 肉～ मांस-कांउटर / 裁缝～ सिलाई कांउटर / 乒乓～ टेबुल-टेनिस की मेज़; पिंग-पांग टेबुल

【案子】[2] ànzi 〈बोब०〉 कानूनी मामला; केस

胺 àn 〈रसा०〉 ऐमीन

【胺化】 ànhuà ऐमीनीकरण

【胺盐】 ànyán एमीन लवण

晻 àn 暗 àn के समान

yǎn भी दे०

暗[1] (闇) àn ❶अँधेरा; अंधकारमय; प्रकाशहीन; धुंधला; मद्धिमः 天色渐～。अँधेरा छाने लगा। / 灯光很～。दीपक का प्रकाश बहुत धुंधला है; बत्ती की रोशनी बहुत मद्धिम है। ❷(रंग) गहराः ～紫色 गहरा बैंगनी या जामुनी रंग / ～红色 गहरा लाल रंग / ～绿色 गहरा हरा रंग ❸अस्पष्ट; धुंध जैसाः 兼听则明, 偏信则～。दोनों पक्षों की बात सुनने से तुम्हारी समझ बढ़ती है जबकि केवल एक ही पक्ष की बात सुनने से तुम्हारी बुद्धि भ्रष्ट हो जाती है।

暗[2] àn गुप्त; छिपा हुआः 明争～斗 खुला संघर्ष और गुप्त प्रतिस्पर्धा / 明里是人, ～里是鬼。यह मुंह के सामने तो आदमी है, पर पीठ पीछे है भूत। / 敌人的明的和～的进攻 दुश्मन का खुल्लम-खुल्ला और गुप्त रूप से आक्रमण

【暗暗】 ànàn चुपके से; लुक-छिपकर; छिपकर; गुप्त रूप से; मन ही मन; मन मेंः ～吃了一惊 मन ही मन आश्चर्य होना / ～跟踪 गुप्त रूप से किसी का पीछा करना / 他～发誓要为牺牲的同志报仇。उसने मन में शहीदों की ओर से बदला लेने की बात ठान ली। / 侦察员～记住敌人的兵力部署。स्काउट ने मन ही मन शत्रु सेना का ठिकाना और सैन्य व्यूह याद कर लिया।

【暗坝】 ànbà पानी के नीचे का बाँध

【暗堡】 ànbǎo 〈सैन्य०〉 भूमिगत आश्रय-स्थल; शत्रु से बचाव के लिए निर्मित तहखाना; बंकर

【暗病】 ànbìng 暗疾 ànjí के समान

【暗补】 ànbǔ (暗贴 àntiē भी) राजकीय आवश्यकताओं के लिए दिया गया अगोचर वित्तीय अनुदान

【暗藏】 àncáng छिपना; छिपानाः ～枪枝 हथियार छिपा रखना; गैर-कानूनी तौर पर आग्नेयास्त्र पास रखना / ～的敌人 छिपा हुआ दुश्मन; प्रच्छन्न शत्रु

【暗查】 ànchá गोपनीय जांच; गुप्त रूप से पता लगाना

【暗娼】 ànchāng गुप्त वेश्या

【暗场】 ànchǎng नाटक के वे वृतान्त जो मंचित नहीं होते, पर संवादों या स्वगत संवादों द्वारा दर्शकों तक पहुंचाए जाते हैं

【暗潮】 àncháo गुप्तधारा; अन्तःप्रवाह

【暗处】 ànchù ❶आड़; अंधेरी जगहः 他躲在～。वह आड़ में छिपा है। ❷गुप्त स्थानः 我们在明处, 敌人在～, 要警惕。हम लोग तो खुले मैदान में हैं पर दुश्मन गुप्त स्थान में, सतर्क रहना चाहिए।

【暗袋】 àndài 〈फ़ोटो०〉 कैमरा-बैग (फ़िल्म बदलने के लिए)

【暗淡】 àndàn धुंधला; निस्तेज; मलिन; फीकाः ～的灯 टिमटिमाता लैम्प / 光线～ रोशनी का मलिन होना / 颜色～ रंग का धुंधला-सा होना / 呈现出一幅～的景象 दुखमय दृश्य प्रदर्शित होना

【暗道】 àndào सुरंग; गुप्त रास्ता

【暗地里】 àndìlǐ (暗地 भी) गुप्त रूप से; लुक-छिप कर; पीठ पीछे; छिपकर; चोरी से; मन ही मनः ～捣鬼 पीठ पीछे गड़बड़ करना / ～进行活动 पर्दे के पीछे से कार्यवाही करना / ～替他捏了一把汗 मन ही मन उसकी चिन्ता करना / 我～感激他对我的帮助。उसने मेरी सहायता की। मैंने मन ही मन उसे धन्यवाद दिया। / 公开谈论的没有了, 但～是有的。खुलेआम तो चर्चा नहीं होती, पर चुपके-चुपके चर्चा करने वाले हैं ही।

【暗度陈仓】 àndù-chéncāng (पुरुष और स्त्री के बीच) अनुचित या अवैध संबंध; गुप्त कार्यवाही करना

【暗房】 ànfáng डार्क-रूम; अंधेरी कोठरीः 在～里洗底片 डार्क-रूम में निगेटिव डेवलप करना; प्रतिरूप चित्र को सही चित्र में बदलना

【暗讽】 ànfěng व्यंग्य करना या कसना

【暗沟】 àngōu मोरी; भूमिगत नालाः ～口 मोरी का मुंह

【暗害】 ànhài ❶गुप्त-हत्या करना; छल-कपट से वध करना ❷पीठ में घोंपनाः ～分子 गुप्त-हत्यारा / ～活动 गुप्त-हत्या की हरकत

【暗含】 ànhán अन्तर्निहित होना; उपलक्षित होनाः 他的话里～着对我们的批评。उसकी बातों में हमारे काम की आलोचना उपलक्षित होती थी।

【暗号】 ànhào गूढ़लिपि; गुप्तचिह्न; गुप्त लेख; गुप्त संकेत

【暗合】 ànhé ठीक बैठना; जोड़ का होना; मैल खाना; एक मत होना

【暗河】 ànhé भूमिगत नदी

【暗盒】 ànhé 〈फ़ोटो०〉 कैमरा बाक्स; डिबिया; मैग-ज़ीन; कैसेट

【暗花儿】 ànhuār चीनी मिट्टी के बर्तनों, कागज़ों, रेशों से बुनी हुई वस्तुओं पर उत्कीर्ण झीना डिज़ाइनः ～纸 वाटर मार्क्ड पेपर / ～布 अवगुंठित बेल-बूटों से बुने वस्त्र

【暗火】 ànhuǒ छिपी हुई आग; वह आग जिससे लपट न उठे

【暗疾】 ànjí अकथनीय रोग; गुप्त रोग; शर्मनाक बीमारी

【暗记儿】 ànjìr गुप्तचिह्न

【暗间儿】 ànjiānr अन्तःकक्ष; भीतरी कमरा; मकान का वह भाग जहां से सीधे बाहर न निकल जा सके

【暗箭】 ànjiàn छिपकर छोड़ा गया तीर; दुश्मन द्वारा छिपकर किया गया हमला; पीठ पीछे वार करना; चुगली करनाः ～伤人 पीठ में छुरा भोंकना; गुप्त उपाय से दूसरों को क्षति पहुंचाना; टट्टी की आड़ में शिकार खेलना / 明

枪易躲, ～难防。खुले हमले से बचना आसान है, छिपकर चलाए गए तीर से बचना कठिन ।

【暗礁】 ànjiāo ❶पानी में दबी चट्टान: 绕过～ पानी में दबी चट्टान से बचकर निकलना ❷प्रच्छन्न बाधा

【暗井】 ànjǐng 〈खनि०〉 खान की सुरंग

【暗扣】 ànkòu (किसी वस्त्र पर) टंका हुआ या आवृत्त बटन

【暗牢】 ànláo गुप्त जेल; गुप्त बन्दीगृह

【暗里】 ànlǐ गुप्त रूप से; पीठ पीछे: ～活动 गुप्त रूप से कार्यवाही करना

【暗流】 ànliú भूमिगत धारा; अन्तः प्रवाह; अन्तर्धारा; गुप्तधारा

【暗楼子】 ànlóuzi मकान की भीतरी छत पर सामान रखने की कोठरी; अटारी

【暗码】 ànmǎ पुराने समय में दूकानदारों में प्रचलित माल पर प्रयुक्त गुप्त अंक; बीज लेख; संकेताक्षर; कोड: ～本 कोडबुक / ～电报 कोड टेलीग्राम / ～锁 कांबिनेशन लॉक / ～自开锁 रिंग-लॉक

【暗骂】 ànmà दबी ज़बान में गाली देना

【暗昧】 ànmèi ❶暧昧 àimèi के समान ❷मूर्ख; नासमझ

【暗门子】 ànménzǐ 〈बो०〉 暗娼 के समान

【暗盘】 ànpán 〈पुराना〉 गुप्त वार्ता से तय सौदे की कीमत

【暗器】 ànqì 〈पुराना〉 छिपाकर रखे गए शस्त्र (जैसे आस्तीन में रखे बाण आदि)

【暗渠】 ànqú भूमिगत नाली

【暗弱】 ànruò ❶(प्रकाश) धुंधला; निस्तेज; मलिन: 灯光～ दीप-प्रकाश का निस्तेज होना ❷〈लि०〉 मूर्ख; बेवकूफ़; जड़; मूढ़: 昏庸～ निर्बुद्धि; मंदमति

【暗色】 ànsè गाढ़ा रंग; गहरा वर्ण

【暗杀】 ànshā गुप्त रूप से हत्या करना; धोखे से मारना; छलपूर्वक वध करना: ～者 हत्यारा; कातिल

【暗沙】 ànshā (暗砂 ànshā भी) समुद्री पानी के नीचे मौजूद रेतीला टीला

【暗伤】 ànshāng ❶अन्तः आघात; भीतरी चोट; अदृश्य घाव; अगोचर चोट ❷अस्पष्ट क्षति

【暗哨】 ànshào गुप्त चौकी; गुप्त प्रहरी

【暗射】 ànshè (किसी विचार को) परोक्ष रूप से या घुमा-फिरा कर कहना; व्यंगोक्ति द्वारा प्रकट करना; संकेत द्वारा लांछन या आरोप लगाना

【暗射地图】 ànshè dìtú मानचित्र जिस पर दृष्टव्य विभिन्न स्थान चिह्नित हों, नामांकित नहीं

【暗示】 ànshì ❶संकेत देना; इंगित करना; इशारा करना: 他～要我走出去。उसने मुझे बाहर जाने का संकेत दिया। / 他没有理解我的～。मेरा इशारा उसे समझ में न आया। / 不许做任何～! ज़रा-भी इशारा न करना! ❷〈मनो०〉 संकेत; सुझाव

【暗事】 ànshì गुप्ताचार; गुप्त व्यवहार: 明人不做～。साफ़ दिलवाला गुप्ताचार नहीं करता ।

【暗室】 ànshì 〈फ़ोटो०〉 डार्क-रूम

【暗适应】 ànshìyìng 〈मनो०〉 अंधेरे से अनुकूलन

【暗送秋波】 ànsòng-qiūbō आँख मारना; आसक्ति से देखना; किसी के साथ गुप्त रूप से सांठ-गांठ करना

【暗算】 ànsuàn पर्दे की आड़ से शिकार करना: 他经常～别人。वह अकसर पर्दे की आड़ से शिकार करता है ।

【暗锁】 ànsuǒ बिल्ट-इन लॉक

【暗滩】 àntān प्रच्छन्न पुलिन; गुप्त पुलिन

【暗探】 àntàn ❶गुप्तचर; भेदी; भेदिया; खुफ़िया; जासूस ❷गुप्त रूप से जानकारी चुराना: ～军情 सैनिक भेदों का पता लगाना

【暗无天日】 ànwú-tiānrì घोर अंधेर; अन्याय; न्यायहीनता की स्थिति: 在～的旧社会里 पुराने घोर अंधेरे अन्यायपूर्ण समाज में / 旧社会～。पुराने समाज में न्याय का कतई अभाव था ।

【暗物质】 ànwùzhì अस्पष्ट पदार्थ; डार्क मैटर

【暗喜】 ànxǐ मन ही मन खुश होना: 心中～ मन ही मन प्रसन्न होना

【暗匣】 ànxiá 暗箱 के समान

【暗下】 ànxià (暗下里 ànxiàlǐ भी) गुप्त रूप से; चोरी-छिपे; चुपके से: ～打听消息 गुप्त रूप से ख़बर मालूम करना

【暗线】 ànxiàn ❶साहित्य रचना में किसी पात्र की परोक्ष रूप से वर्णित कार्यवाही या किसी घटना से परोक्ष रूप से प्रकट सूत्र ❷शत्रु के पक्ष में बैठा अपने पक्ष के लिए गुप्त जानकारी जुटाने वाला या जासूसी का काम करने वाला

【暗线光谱】 ànxiàn guāngpǔ 〈भौ०〉 अवशोषण किरण-बिंब; प्रकाशहीन वर्णक्रम; अबसार्प्शन स्पैक्ट्रम

【暗箱】 ànxiāng 〈फ़ोटो०〉 काला कैमरा; कैमरा-आबस्क्यूरा

【暗箱操作】 ànxiāng cāozuò गुप्त रूप से और गलत ढंग से कोई काम करना

【暗笑】 ànxiào ❶मन ही मन हँसना; गुप्त हँसी हँसना ❷मन ही मन व्यंग करना; हँसी आना

【暗写墨水】 ànxiě mòshuǐ अदृश्य स्याही

【暗影】 ànyǐng ❶छाया ❷〈खगोल०〉 भू-छाया; प्रति-च्छाया

【暗于】 ànyú किसी कार्य में कमज़ोर होना: ～知彼 अपने दुश्मन, विपक्ष या दूसरे लोगों को जानने में असमर्थ होना

【暗语】 ànyǔ गुप्त-भाषा; कूट भाषा; सांकेतिक भाषा

【暗喻】 ànyù 〈अलंकार〉 रूपक

【暗中】 ànzhōng ❶अंधेरे में: ～摸索 अंधेरे में टटोलना ❷चुपचाप; लुक-छिपकर; पर्दे के पीछे; मन ही मन; गुप्त रूप से: ～操纵 पर्दे के पीछे से नियन्त्रण करना / ～策划 छिपकर या पर्दे के पीछे षड़यंत्र रचना / ～打听 चुपचाप पूछताछ करना / ～勾结 गुप्त रूप से एक दूसरे के साथ सांठ-गांठ करना / ～活动 गुप्ताचार करना / ～准备 चुपचाप तैयारी करना

【暗转】 ànzhuǎn 〈नाट०〉 नाटक के किसी अंक या दृश्य के बीच समय या स्थान के परिवर्तन की सूचना देने के लिए या दृश्यपट के शीघ्र परिवर्तन के लिए मंच पर की बत्तियों का अचानक बुझ जाना

【暗自】 ànzì मन में; मन ही मन: ～庆幸 मन ही मन स्वयं को भाग्यवान समझना / ～喜欢 मन ही मन खुश होना / ～下决心 मन में निश्चय करना

黯 àn अँधेरा; प्रकाशहीन; निस्तेज; मद्धिम; धुंधला: 黯淡

【黯淡】 àndàn 暗淡 àndàn के समान

【黯然】 ànrán 〈लि०〉 अँधेरा; धुंधला; प्रकाशहीन: ～无光 धुंधला होना; कान्तिहीन होना / 天上星月～失色。आकाश में चाँद-तारों की छटा भी निष्प्रभ हो गई। / ～神伤 उदास होना; खिन्न होना

āng

肮（骯） āng नीचे दे०

【肮脏】 āngzāng ❶गंदा; मैला; मलीन; जो साफ़ न हो: ～的阴沟 गंदी मोरी; गंदा नाबदान ❷नीच; घृण्य; अपवित्र; खराब: ～的勾当 गंदा काम; कुकर्म; कपटपूर्ण कार्य / ～的角色 नीच पात्र / ～的买卖 गंदा सौदा; गंदी लेन-देन / ～的目的 घृण्य उद्देश्य; बदनीयत / ～的灵魂 अपवित्र आत्मा; मलिन मन / ～的思想 घृण्य विचार

áng

卬 áng 〈लि०〉 ❶मैं; मुझे ❷昂 áng के समान ❸(Áng) एक कुलनाम

昂 áng ❶सिर उठाना: ～首挺胸 सिर उठाकर और सीना तानकर (चलना) / 他～起头, 朝前走去。वह अपना सिर पीछे की ओर लटकाए आगे बढ़ गया। ❷ऊपर की ओर बढ़ना; ऊँचा होना; कीमती होना: ～贵 महंगा / 高～ ऊपर की ओर अग्रसर होना

【昂昂】 áng'áng ऊँचा होना; गौरवपूर्ण होना: 雄赳赳, 气～ साहसिक और वीर होना

【昂藏】 ángcáng 〈लि०〉 ऊँचा और प्रभावशाली: ～七尺之躯 पुरुषोचित पुरुष; लंबा-तड़ंगा या ऊँचा-पूरा पुरुष

【昂奋】 ángfèn उत्साहित होना; मन में उमंग उठना; उमंगना

【昂贵】 ángguì महंगा; कीमती: 价格～ दाम (या भाव) में महंगा होना; कीमती होना

【昂然】 ángrán साहसपूर्वक; वीरतापूर्वक: ～屹立 सिर उठाकर और सीना तानकर सुदृढ़ता से खड़ा होना / ～直入 सिर उठाकर और सीना तानकर लंबे डग भरते हुए प्रवेश करना

【昂首阔步】 ángshǒu-kuòbù सिर उठाए लंबे-लंबे डग भरना

【昂首望天】 ángshǒu-wàng tiān सिर उठाए आकाश ताकना —— निचले स्तर की वस्तुओं की उपेक्षा करना

【昂扬】 ángyáng ❶उमंग से भरा हुआ; उच्च भावनाओं से पूर्ण: 斗志～ संघर्ष का दृढ़ संकल्प होना ❷जोशीला: ～的歌声 गाने की जोशीली आवाज़

àng

枊 àng 〈लि०〉 वह खूँटा जिससे घोड़ा बाँधा जाता है

盎[1] àng एक प्राचीन कालीन पात्र जिसका मुंह छोटा और पेट बड़ा होता था और जो विभिन्न पेय पीने के काम आता था

盎[2] àng 〈लि०〉 लबालब भरा हुआ; बहुत पर्याप्त से अधिक; प्रचुर

【盎格鲁-撒克逊人】 Ànggélǔ-Sākèxùnrén एंग्लो-सैक्सन; अंग्रेज़; अंगरेज़

【盎然】 àngrán परिपूर्ण; सम्पन्न; बहुत अधिक; भरा हुआ: 春意～ वसन्त की पूर्णता / 趣味～ बहुत ही दिलचस्प; दिलचस्पी भरा होना / 生机～ ओज; ओजस्विता; ओजस्वी / 青年干部给工作带来了～生气。युवा कार्यकर्ताओं से काम में ओजस्विता आ गई।

【盎司】 àngsī (盎斯 àngsī भी) ओंस; औंस

āo

凹 āo निम्नोदर; नतोदर; अवतल; धंसा हुआ; पिचका हुआ: ～凸不平 रोड़ेदार; असमतल; ऊबड़-खाबड़

【凹岸】 āo'àn 〈भू०〉 नतोदर तट, तीर या किनारा

【凹版】 āobǎn 〈मुद्रण०〉 नक्काशी; उत्कीर्णन: 照相～ प्रकाशोत्कीर्णन

【凹版印刷】 āobǎn yìnshuā 〈मुद्रण०〉 उत्कीर्ण-मुद्रण; इंटाग्लियो प्रिंटिंग

【凹版印刷机】 āobǎn yìnshuājī 〈मुद्रण०〉 उत्कीर्ण-मुद्रण यंत्र; इंटाग्लियो प्रेस

【凹度】 āodù नतोदरता; अवतलता

【凹面镜】 āomiànjìng 〈भौ०〉 नतोदर दर्पण; अवतल शीशा

【凹透镜】 āotòujìng 〈भौ०〉 नतोदर लैंस; अवतल लैंस

【凹凸压花】 āotū yāhuā 〈बुना०〉 नक्काशी

【凹凸印刷】 āotū yìnshuā 〈मुद्रण०〉 नक्काशी

【凹凸印刷机】 āotū yìnshuājī 〈मुद्रण०〉 नक्काशी मशीन

【凹陷】 āoxiàn धंसना; घिसना; पिचकना: 双颊～。

गाल पिचक गए। / 两眼～。आंखें धंस गईं। / ～地形 धंसी हुई ज़मीन

熬 āo खूब पकाना; बड़ी देर तक उबालना: ～白菜 पात गोभी को खूब उबालना; उबली हुई पात गोभी / ～豆腐 सोयाबीन का पनीर खूब उबालना; उबाला गया सोयाबीन पनीर

áo भी दे०

爊（爈）āo ❶〈लि०〉लगभग बिना आंच की आग पर पकाना ❷〈बो०〉भोजन बनाने की एक विधि, अनेक प्रकार के मसाले डालकर पकाना: ～鸭 उपर्युक्त विधि से पकाई गई बत्तख

áo

敖 áo ❶遨 áo के समान ❷（Áo）एक कुलनाम

【敖包】áobāo（鄂博 èbó भी）〈पुराना〉आओ-पाओ, पत्थर का ढेर जो मंगोल जाति में मार्गचिह्न या सीमाचिह्न के रूप में प्रयुक्त होता है और पुराने समय में यह देवता का निवास-स्थान भी माना जाता था

隞 Áo（敖 Áo या 嚣 Áo भी）आओ, शांग 商 राजवंश (लगभग 1600-1046 ई०पू०) की राजधानी, वर्तमान हनान प्रान्त की राजधानी चंग चओ के उत्तरपश्चिम में स्थित

廒（厫）áo 〈लि०〉अनाज आदि का भंडार; अन्नभंडार; धान्यागार: 仓～ अन्नभंडार; धान्यागार

遨 áo 〈लि०〉यात्रा करना; भ्रमण करना; सैर करना; घूमना-फिरना; टहलना

【遨游】áoyóu भ्रमण करना; सैर करना; टहलना: 人造地球卫星～太空。कृत्रिम भू-उपग्रह अंतरिक्ष का भ्रमण कर रहे हैं।

嶅 áo नीचे दे०

【嶅阳】Áoyáng आओ यांग, शानतोंग प्रान्त का एक स्थान

嗷 áo नीचे दे०

【嗷嗷】áo'áo 〈लि०〉〈अनु०〉शोक से या दुख से चिल्लाना; चीखना: 疼得～叫 दर्द भरी आवाज़ या चीख / 雁群～地飞过。राजहंसों का समूह चीख मारता उड़ गया।

【嗷嗷待哺】áo'áo-dàibǔ शिशु आदि का भूख के कारण बेबसी से चिल्लाना या रोना

璈 áo एक प्राचीन वाद्य

熬 áo ❶अन्न, सब्ज़ी आदि खाद्य वस्तुओं को पानी में देर तक उबालना; पानी में खूब पकाना: ～粥 दलिया पकाना; लपसी बनाना; बैठा भात पकाना; चावल आदि अन्न को देर तक पानी में पकाकर दलिया जैसी चीज़ बनाना ❷धीरे-धीरे खौलाना या खौलना: ～药 कढ़ाना; काढ़ा बनाना; क्वाथ या जोशांदा बनाना / ～浓 पानी में उबालकर गाढ़ा करना / ～盐 नमक बनाना या तैयार करना ❸सहना; भुगतना; झेलना; उठाना; सहन करना; बर्दाश्त करना: ～过苦难岁月 दुख भरे दिन बिताना / 他～不住了。उसके लिए अब और सहना संभव नहीं रहा। / ～过这一段艰难的路程 यात्रा की कठिन मंज़िल को सही-सलामत पार कर लेना / 苦日子～出了头。कष्टदायक दिन खत्म हो गए; दुख भरे दिनों का अंत हुआ। / ～红了眼睛。देर रात तक काम करने से आंखें लाल हो गईं; रात को बहुत देर तक काम करते रहने के कारण आंखों में लाल डोरे खिंच आए।

āo भी दे०

【熬更守夜】áogēng-shǒuyè 熬夜 के समान

【熬煎】áojiān कष्ट: 受尽～ हर प्रकार का कष्ट उठाना या सहना / 癌症时时～着他。कैंसर रोग उसे हमेशा कष्ट दिए रहता है।

【熬磨】áomó 〈बो०〉❶बड़े कष्ट से समय बिताना ❷दूसरों को कष्ट देते रहना: 这孩子从不～人。यह बच्चा दूसरों को नहीं सताता।

【熬头儿】áotour कठिनाई और कष्ट सहने के बाद सुन्दर जीवन की आशा पूरी होने की संभावना

【熬刑】áoxíng सख्त दंड पाने पर भी अपराध स्वीकार न करना

【熬夜】áoyè रतजगा; रात भर या रात गए तक जगे रहना

獒 áo खूंख्वार कुत्ते की एक किस्म; मास्टिफ़

聱 áo दे० 佶屈聱牙 jíqū áoyá कठिन, अनुच्चारणीय शब्दों से भरा (लेख)

螯 áo 〈प्राणि०〉केकड़े आदि का चिमटी-नुमा पंजा: 蜈蚣有一对毒～。गोजर के दो ज़हरीले पंजे होते हैं।

翱（翶）áo 〈लि०〉पंख फैलाकर उड़ना

【翱翔】áoxiáng हवा में तैरना; मंडराना; चारों ओर घूमते हुए उड़ना; परिभ्रमण करना: ～长空 आकाश में मंडराना / ～飞行 चक्कर काटते उड़ना; मंडलाकार उड़ना / 在开阔的天空中～ मुक्त आकाश में अपने पंखों की शक्ति से उड़ना / 海鸥在海上～。समुद्र चिल्ली लहरें मारती मंडरा रही है।

【翱翔机】áoxiángjī बिना इंजन का विमान; सोरिंग ग्लाइडर; सेल-प्लेन

謷 áo 〈लि०〉बदनाम करना; लांछन लगाना; झूठी निन्दा करना

鳌（鰲、鼇）áo बृहत् आख्यानिक समुद्री कच्छप

鏖 áo <लि०> भयंकर महायुद्ध

【鏖战】 áozhàn घमासान युद्ध; अति भयानक युद्धः 与敌人～了三天三夜。शत्रुओं के साथ तीन दिन और तीन रात तक घमासान युद्ध होता रहा।

嚣 Áo <लि०> 隞 áo के समान
xiāo भी दे०

ǎo

拗（抝） ǎo <बो०> किसी चीज़ को मरोड़कर तोड़ देना; दो टुकड़े करना: 把甘蔗～断了。गन्ना तोड़ दिया गया।
ào; niù भी दे०

袄（襖） ǎo अस्तर लगा चीनी कोट या जैकेट: 棉～ अस्तर लगा रुईदार कोट या मिरज़ई / 皮～ अस्तर लगा चमड़े का कोट या जैकेट / 新夹～ अस्तर वाली नए जैकेट

媪 ǎo <लि०> बुढ़िया; बूढ़ी स्त्री; वृद्धा

𬸘（鸄） ǎo 𫛶𬸘 lái'ǎo (दक्षिणी अमरीका का) रीआ (शुतुरमुर्ग)

ào

岙（嶴） ào (चच्यांग; फ़ूच्येन आदि प्रान्त में) पहाड़ियों के बीच कम ऊँचाई वाला स्थान; वादी (बहुधा स्थान के नाम में प्रयुक्त): 珠～ चूआओ / 薛～ श्वेइ आओ

坳（㘭、垇） ào पहाड़ों में और पर्वतमालाओं के बीच समतल स्थान; वादी: 山～ पर्वतमाला के बीच स्थित समतल स्थान / 北～ जोमोलोंग्मा पर्वत की उत्तरी तंग घाटी

拗（抝） ào बाधा खड़ी होना; कठिन होना; आज्ञा न मानना; अवज्ञा करना; उल्लंघन करना
ǎo; niù भी दे०

【拗口】 àokǒu उच्चारण करने या बोलने में कठिन होना: 这两句读起来有点～。ये दो पंक्तियाँ पढ़ने में ज़रा कठिन हैं।

【拗口令】 àokǒulìng तेज़ी से बोलते समय जीभ रपटाने वाला वाक्य, गीत आदि; टंग ट्विस्टर (tongue twister)

奡 ào <लि०> ❶फुरतीला; स्वस्थ; शक्तिशाली; जोशीला: 排～ लेख में जोश भरा होना; तार्किक लेख ❷傲 ào के समान

傲 ào ❶घमंडी; अभिमानी: 这个人太～了。यह आदमी बहुत घमंडी है। ❷कठोर; कड़ा; सख्त; हठी: 要去掉孤～习气。अलगाव और हेकड़ी से दूर रहना चाहिए।

【傲岸】 ào'àn <लि०> घमंडी; अभिमानी: ～的青松 गर्वपूर्ण चीड़ या चीढ़

【傲岸不群】 ào'àn-bùqún अभिमानी और आम लोगों से अलग

【傲骨】 àogǔ न झुकने वाला मेरुदंड; सख्त और अटल स्वभाव

【傲慢】 àomàn घमंडी; अभिमानी: ～地说 ऐंठकर बोलना / 说话～ ढिठाई से बोलना / 态度～ घमंड होना / ～自尊 दंभ और अहंकार / 他变得～起来。उसे अभिमान हो गया है।

【傲气】 àoqì घमंड; अभिमान: ～十足 बड़ा घमंड; बहुत घमंडी

【傲然】 àorán घमंड से; गर्व से; अभिमानपूर्वक: ～地说 बड़े गर्व के साथ कहना / ～挺立的山峰 अभिमान से खड़ा शिखर

【傲世】 àoshì दुनिया या लोगों को अपने से नीचा समझना

【傲视】 àoshì तुच्छ मानना; उपेक्षा करना; अपने से नीचा समझना; हिकारत से देखना: 不要～工农。मज़दूरों और किसानों को हिकारत की नज़र से नहीं देखना चाहिए।

【傲物】 àowù <लि०> घमंड करना; दूसरों को खुद से नीचा समझना

奥[1] ào ❶गूढ़; सूक्ष्म; अथाह; गहन; जिसे समझने में कठिनाई हो: 深～ गूढ़; दुर्गम; परम गहन / 古～ (प्राचीन लेख) समझने में अत्यन्त कठिन होना ❷<लि०> प्राचीन मकानों का दक्षिणपश्चिमी भाग; मकान का भीतरी भाग; अन्तरतम कमरा: 堂～ मकान का अन्तरतम भाग ❸（Ào） एक कुलनाम

奥[2] Ào 奥地利, 奥斯特 आदि का संक्षिप्त रूप

【奥博】 àobó <लि०> गहरे और विस्तृत अर्थ वाला

【奥得河】 Àodéhé ओडर नदी

【奥德】 Àodé अवध

【奥德人】 Àodérén अवधी; अवधवासी

【奥德语】 Àodéyǔ अवधी (भाषा)

【奥德赛】 Àodésài प्राचीन यूनानी महाकाव्य; ओडिसे

【奥地利】 Àodìlì आस्ट्रिया

【奥地利人】 Àodìlìrén आस्ट्रियाई; आस्ट्रिया का निवासी

【奥利萨】 Àolìsà उड़ीसा प्रदेश

【奥利萨人】 Àolìsàrén उड़ीया; उड़ीसा का रहनेवाला

【奥林匹克运动会】 Àolínpǐkè yùndònghuì ऑलं-

पिक खेल समारोह
【奥纶】 àolún 〈बुना०〉 ओर्लोन
【奥秘】 àomì रहस्य; रहस्यमय; रहस्यपूर्ण: 探索宇宙的～ विश्व के रहस्य का पता लगाना
【奥妙】 àomiào रहस्यमय; रहस्यपूर्ण: 神奇～ विचित्र और रहस्यमय / ～无穷 अत्यन्त रहस्यमय / 其中必有～。इसमें कुछ न कुछ रहस्य अवश्य है। / 不难明白其中～。इसका रहस्य समझना कहीं कठिन नहीं।
【奥赛】 Àosài अंतर्राष्ट्रीय डिसिप्लिन ऑलम्पियाड
【奥氏体】 Àoshìtǐ 〈धा०〉 ओस्टेनाइट: ～钢 ओस्टेनाइट इस्पात
【奥斯曼帝国】 Àosīmàn Dìguó उस्मान साम्राज्य; उसमानिया (1260-1922 ई०)
【奥斯陆】 Àosīlù ओस्लो
【奥斯特】 Àosītè 〈भौ०〉 अर्स्टेड चुम्बकीय तीव्रता की मादक इकाई
【奥陶纪】 Àotáojì 〈भूगर्भ०〉 आरडोविशी काल
【奥陶世】 Àotáoshì 〈भूगर्भ०〉 आरडोविशी युग
【奥校】 Ào xiào（奥林匹克学校 Àolínpǐkè xuéxiào का संक्षिप्त रूप）विद्याशाखा की ऑलम्पियाड प्रतियोगियों के लिए ट्रेनिंग कोर्स
【奥匈帝国】 Àoxiōng Dìguó आस्ट्रो-हंगरी साम्राज्य
【奥义书】 Àoyìshū उपनिषद
【奥运村】 Àoyùncūn（奥林匹克村 Àolínpǐkècūn का संक्षिप्त रूप）ऑलम्पिक ग्राम
【奥运会】 àoyùnhuì 奥林匹克运动会 का संक्षिप्त रूप

傲 ào 〈लि०〉 傲 ào के समान

骜（驁） ào 〈लि०〉 ❶शानदार घोड़ा ❷傲 ào के समान

隩 ào 〈लि०〉 奥[1] ào ❷ के समान
yù भी दे०

澳[1] ào ❶(बहुधा स्थानों के नामों में प्रयुक्त) संकीर्ण खाड़ी: 三都～ सानतूआओ खाड़ी (फ़ूच्येन प्रान्त) ❷ (Ào) 澳门 का संक्षिप्त रूप: 港～同胞 हांग-कांग और मकाओ के देशबन्धु

澳[2] Ào 澳大利亚 का संक्षिप्त रूप: ～毛 आस्ट्रोलियाई ऊन
【澳大利亚】 Àodàlìyà आस्ट्रेलिया
【澳大利亚抗原】 Àodàlìyà kàngyuán 〈चि०कि०〉 अस्ट्रेलियाई एंटिजन; पीलिया रोधी एंटिजन
【澳大利亚人】 Àodàlìyàrén आस्ट्रेलियाई; आस्ट्रेलियावासी
【澳抗】 Àokàng 澳大利亚抗原 का संक्षिप्त रूप
【澳区】 Àoqū 澳门特别行政区 Àomén Tèbié Xíngzhèngqū आओमन (मकाओ) विशेष प्रशासनिक क्षेत्र का संक्षिप्त रूप
【澳门】 Àomén आओमन; मकाओ
【澳洲】 Àozhōu आस्ट्रेलिया महाद्वीप

懊 ào पछताना; पश्चाताप करना: ～恨 पछताना और क्रुद्ध होना
【懊悔】 àohuǐ पछताना; पश्चाताप करना: ～不已 बहुत पछताना
【懊侬】 àonáo क्रुद्ध होना; खटकना; परेशान होना
【懊恼】 àonǎo चिढ़ना; उद्विग्न होना; क्रुद्ध होना; परेशान होना: 他工作没做好，心里很～。उसने काम अच्छा नहीं किया, इसलिए उसे क्रुद्ध होना ही पड़ा।
【懊丧】 àosàng निराश होना; उदास होना; खिन्न होना

鏊 ào नीचे दे०
【鏊子】 àozi तवा

B

bā

八 bā आठ; अष्ट; आठवाँ: ～个人 आठ आदमी / ～叔 आठवें चाचा / ～中 नम्बर आठ मिडिल स्कूल

【八拜之交】 bábàizhījiāo घनिष्ठ मित्रता; जिगरी दोस्ती

【八宝菜】 bābǎocài अष्ट-रत्न अचार; कई प्रकार की चटनियों, अचारों का मिश्रण

【八宝饭】 bābǎofàn अष्ट-रत्न चावल, एक प्रकार का मीठा भात जिसमें कई प्रकार की मीठी चीज़ें मिली होती हैं

【八倍体】 bábèitǐ 〈जीव०〉 आक्टोप्लोयड

【八辈子】 bábèizi आठ जनम; आठ जीवनों की अवधि; बहुत लंबा समय: 这是～前的事儿。यह बहुत समय पहले की बात है।

【八成】 bāchéng ❶अस्सी प्रतिशत; अस्सी फ़ीसदी: ～新 अस्सी फ़ीसदी नया ❷बहुत संभव होना: 他～不来了。बहुत संभव है कि वह न आए।

【八带鱼】 bādàiyú 〈प्राणि०〉 आक्टोपस; अष्टभुज; अष्टबाहु (मछली)

【八斗才】 bādǒucái असाधारण प्रतिभा; अप्रतिभ योग्यता; महान विद्वत्ता

【八度】 bādù 〈संगी०〉 स्वर तथा उसके ऊपर या नीचे के सप्तकक्रमों के बीच का अन्तर; सप्तक अष्टक

【八方】 bāfāng अष्ट दिशा; चारों ओर: 四面～ चारों ओर / 一方有难, ～支援。जब एक पक्ष कठिनाई में हो, तो हर ओर से उसे सहायता आती है।

【八方呼应】 bāfāng-hūyìng हर ओर से सहयोग मिलना; सभी दिशाओं से उत्तर आना

【八分书】 bāfēnshū एक प्रकार की चीनी लिखावट, जो हान राजवंश (206-220 ई०पू०) में प्रचलित थी, 小篆 xiǎozhuàn नामक लिपि का सरल रूप, यह लिखावट 汉隶 hànlì भी कहलाती है

【八分音符】 bāfēn yīnfú 〈संगी०〉 आठवाँ स्वर कंपित सुर

【八分之一决赛】 bāfēnzhīyì juésài 〈खेल०〉 एठ्थ फ़ाइनल्स

【八竿子打不着】 bā gānzi dǎ bù zháo असंबंधित; ज़रा भी संबंध न होना (竿 को 杆 भी लिखा जाता है)

【八哥】 bāge या bāger 〈प्राणि०〉 (〈लि०〉 鸲鹆 qúyù) मैना; सारिका; शारक

【八公山上, 草木皆兵】 Bāgōng Shān shàng, cǎomù jiēbīng पाकुंग पहाड़ के हर पेड़ और झाड़-झंखाड़ को दुश्मन का सिपाही समझना

【八股】 bāgǔ रस्मी या घिसापिटा लेखन; अष्टपदी निबन्ध

【八卦】 bāguà अष्ट दिव्य रेखाचित्र (तीन रेखाओं के विभिन्न आठ संयोग, तीन अटूट रेखाओं, टूटी रेखाओं या टूटी-अटूट दोनों प्रकार की रेखाओं के मेल से बनी आकृतियां, जो पुराने ज़माने में शकुन-परीक्षण के काम आती थीं) इन आठ रेखाचित्रों के नाम क्रमशः इस प्रकार हैं: 乾 qián (☰), 坤 kūn (☷), 震 zhèn (☳), 巽 xùn (☴), 坎 kǎn (☵), 离 lí (☲), 艮 gèn (☶), 兑 duì (☱)

【八国峰会】 Bā Guó Fēnghuì आठ देशों का शिखर सम्मेलन

【八国联军】 Bā Guó Liánjūn आठ साम्राज्यवादी शक्तियों की संयुक्त आक्रमणकारी सेना (1900 ई० चीन में उठे साम्राज्यवाद-विरोधी ई-ह-थ्वान 义和团 आंदोलन का दमन करने के लिए संगठित आठ साम्राज्यवादी देशों —— ब्रिटेन, अमरीका, जर्मनी, फ्रांस, रूस, इटली, जापान और आस्ट्रिया की संयुक्त सेना)

【八行书】 bāhángshū (八行 bāháng भी) ❶〈पुरा०〉 पत्र लेखन के लिए प्रयुक्त आठ लाल उर्ध्वाधर रेखाएं अंकित कागज़ ❷पत्र; चिट्ठी; खत; पाती

【八会穴】 bāhuìxué 〈ची०चि०〉 अष्ट-एकत्रस्नायु बिन्दु; आठ रणनीतिक स्नायु-बिन्दु

【八级工资制】 bājí gōngzīzhì आठ स्तर वाली वेतन व्यवस्था

【八角】 bājiǎo ❶〈वन०〉 सौंफ वृक्ष ❷सौंफ

【八角枫】 bājiǎofēng 〈वन०〉 अलेनगियम वृक्ष

【八角帽】 bājiǎomào अठकोनी टोपी

【八角形】 bājiǎoxíng अष्टकोण; अष्टभुज; अष्टकोणीय आकृति

【八进制】 bājìnzhì (八进位制 bājìnwèizhì भी) आक्टल (अंक) पद्धति

【八九不离十】 bā jiǔ bù lí shí लगभग ठीक; बिलकुल करीब होना: 这个估计虽不能说百分之百的准确, 但也～。यह अनुमान शत प्रतिशत ठीक तो नहीं कहा जा सकता, पर लगभग ठीक ही है।

【八开】 bākāi ऑक्टेवो; अष्टपत्रक

【八开本】 bākāiběn ऑक्टेवो; अष्टपत्रक; कागज़ के ताव को तीन बार मोड़ कर, आठ पन्नों में विभाजित कर बनाई गई पुस्तक

【八六三计划】 Bāliù · Sān Jìhuà 863 परियोजना

【八路】 Bālù ❶आठवीं राह सेना; आठवीं पैदल सेना ❷आठवीं राह सेना के कार्यकर्त्ता या सैनिक

【八路军】 Bā Lù Jūn आठवीं राह सेना (चीनी कम्युनिस्ट पार्टी के नेतृत्व वाली जापानी आक्रमण विरोधी क्रांतिकारी सेना)

【八面光】 bāmiànguāng (八面见光 bāmiàn-jiànguāng भी) 八面玲珑 के समान

【八面玲珑】 bāmiàn-línglóng (दूसरों के साथ संबंध रखने में) चतुर और दक्ष होना

【八篇书】 Bāpiānshū (八章书 Bāzhāngshū भी) प्राचीन भारत में विख्यात वैयाकरण पाणिनि द्वारा लिखित संस्कृत व्याकरण "अष्टाध्यायी"

【八旗】 bāqí "अष्ट-ध्वज", छिंग राजवंश (1644-1911 ई०) में मान राष्ट्र के सैन्य प्रशासन-संगठन

【八仙】 Bāxiān ❶(ताओ धर्म की पौराणिक कथा में) अष्टर्षि; आठ अनश्वर ऋषि: 汉钟离 हान च्योंग-ली, 张果老 च्यांग क्वो-लाओ, 吕洞宾 लुइ तोंग-पिन, 李铁拐 ली थ्ये-क्वाए, 韩湘子 हान श्यांग-त्स्, 曹国舅 छाओ क्वो-च्यू, 蓝采和 लान छाए-ह और 何仙姑 ह श्येन-कू ❷〈बो०〉 दे० 八仙桌

【八仙过海, 各显神通】 Bāxiān-guòhǎi, gèxiǎn-shéntōng 〈कहा०〉 अष्टर्षि की तरह ओज-बल से समुद्र पार करना, अर्थात अनिश्चितता में भी अपनी कुशलता का परिचय देना

【八仙桌】 bāxiānzhuō अष्टर्षि मेज़ — आठ आदमियों के लिए उपयुक्त एक प्रकार की पुराने ढंग की चौकोर मेज़

【八小时工作制】 bāxiǎoshí gōngzuòzhì काम के आठ घंटे वाला दिन; कार्य दिवस, जिसमें आठ घंटे का श्रम अनिवार्य हो

【八一建军节】 Bā-Yī Jiànjūnjié सेना-दिवस (पहली अगस्त)

【八一南昌起义】 Bā-Yī Nánchāng Qǐyì चीनी कम्युनिस्ट पार्टी के नेतृत्व में क्वोमिन्तांग के विरोध में छिड़ा प्रथम अगस्त नानछांग विद्रोह (1927 ई०)

【八音盒】 bāyīnhé (八音琴 bāyīnqín भी) संगीत पेटी; संगीत बक्स

【八月】 bāyuè ❶अगस्त ❷चांद्रवर्ष का आठवाँ महीना, आठवाँ चांद्रमास

【八月节】 Bāyuè Jié (中秋节 Zhōngqiūjié भी) मध्य-शरदोत्सव (आठवें चान्द्रमास का पंद्रहवां दिन; आठवें चान्द्रमास की पूर्णिमा)

【八正道】 bāzhèngdào 〈बौद्ध धर्म〉 आर्याष्टांगिकमार्ग, अर्थात: 正见 सम्यक्-दृष्टि, 正思惟 सम्यक्-संकल्प, 正语 सम्यक्-वाच्, 正业 सम्यक्-कर्मान्त, 正命 सम्यकजीव, 正精进 सम्यक्-व्यायाम, 正念 सम्यक्-स्मृति और 正定 सम्यक्-समाधि

【八字】 bāzì अष्टाक्षर — जन्मपत्री; जन्मकुण्डली; जायचा

【八字步】 bāzì bù पैर की उंगलियां बाहर की ओर करके चली गई चाल: 迈着～ पैर बाहर की ओर फेंककर चलना

【八字没一撇】 bā zì méi yī piě अक्षर 八 का पहला आघात तक नहीं दिखता; काम अभी शुरू ही नहीं हुआ है: "您的书出版了吗?" "～呢。" "क्या आपकी पुस्तक प्रकाशित हो गई है ?" "जी नहीं, उसका प्रकाशन अब तक शुरू नहीं हुआ है।"

【八字胡】 bāzì hú अक्षर 八 के आकार वाली मूँछें

【八字脚】 bāzì jiǎo पैर की उंगलियां बाहर की ओर फेंककर चलने वाला; बाहर की ओर मुड़े हुए पाँव वाला व्यक्ति

【八字眉】 bāzìméi अक्षर 八 के आकार की भौं; तिरछी भौंह

【八字帖儿】 bāzìtiěr (庚帖 gēngtiě भी) 〈पुरा०〉 रिश्ते या सगाई के लिए तैयार की जानेवाली लड़के या लड़की की जन्मपत्री

【八字先生】 bāzì xiānsheng 〈पुरा०〉 ज्योतिषी; जन्मकुण्डलीकार

【八字宪法】 bāzì xiǎnfǎ (农业八字宪法 nóngyè bāzì xiǎnfǎ का संक्षिप्त नाम) आठ सूत्री कृषि कार्यक्रम

巴 1 bā ❶उत्सुकता से राह ताकना: 巴望 / 巴不得 ❷चिपकाना, चिपके रहना: 他～在墙上。वह दीवार से चिपका रहा। / 饭～了锅了。चावल देग में चिपक गया। ❸किसी चीज़ पर चिपकी हुई चीज़: 锅～ देग की तह पर लगा तहरेगी ❹〈बो०〉 आस पास होना; समीप होना: 前不～村, 后不～店 न कोई गांव आगे, न कोई दुकान पीछे —— किसी निर्जन स्थल में आ पहुंचना ❺〈बो०〉 खोलना; फाड़ना: ～着眼瞧 आँख फाड़कर देखना

巴 2 Bā ❶चओ राजवंश (1046-256 ई०पू०) कालीन एक राज्य जो आज के स्छवान प्रान्त के पूर्वी भाग में स्थित था ❷स्छवान प्रान्त का पूर्वी भाग ❸एक कुलनाम ❹巴基斯坦 आदि देशों का संक्षिप्त नाम

巴 3 bā 〈भौ०〉 बार: 微～ एक बार का एक लाखवाँ भाग; माइक्रोबार

巴 4 bā बस: 大～ बड़ी बस / 小～ छोटी बस

【巴巴】 bābā विशेषण के अर्थ को गहराने के लिए उसके पीछे प्रयुक्त: 可怜～ बहुत ही दयनीय

【巴巴多斯】 Bābāduōsī बारबाडोस

【巴巴多斯人】 Bābāduōsīrén बारबाडोसी; बारबाडोस का निवासी

【巴比伦】 Bābǐlún बाबुल; बाबिल; बैबिलोन

【巴比特合金】 bābǐtè héjīn बैबिट धातु

【巴比妥】 bābǐtuǒ 〈औष०〉 बार्बिटोन; बार्बिटल

【巴布亚新几内亚】 Bābùyà Xīnjǐnèiyà पापुआ न्यूगिनी

【巴布亚新几内亚人】 Bābùyà Xīnjǐnèiyàrén पापुआ न्यूगिनीयन; पापुआ न्युगिनी वासी

【巴不得】 bābudé 〈बोल०〉 अभिलाषा होना; अधीर (व्याकुल) होना: 他～我走。वह मेरे जाने को लेकर अधीर है।

【巴旦杏】 bādànxìng बादाम

【巴斗】 bādǒu 笆斗 bādǒu के समान

【巴豆】 bādòu ❶<वन०> क्रोटन का पौधा ❷<ची०चि०> क्रोटन का बीज; एक विरेचक

【巴豆霜】 bādòushuāng <ची०चि०> वसामुक्त; क्रोटन के बीजों की बुकनी

【巴豆油】 bādòuyóu क्रोटन का तेल

【巴尔干半岛】 Bā'ěrgàn Bàndǎo बाल्कन प्रायद्वीप

【巴尔干国家】 Bā'ěrgàn Guójiā बाल्कन देश

【巴儿狗】 bārgǒu (叭儿狗 bārgǒu भी) पेइचिंग में पायी जाने वाली कुत्ते की एक प्रजाति; पेकिंगीज़: 花白的～ चितकबरा पिल्ला

【巴哈马】 Bāhāmǎ बहामा द्वीप

【巴哈马人】 Bāhāmǎrén बहामाई; बहमावासी

【巴基斯坦】 Bājīsītǎn पाकिस्तान

【巴基斯坦人】 Bājīsītǎnrén पाकिस्तानी

【巴结】 bājie ❶खुशामद करना; चापलूसी करना: ～上级 अपने से ऊपर के स्तर के अधिकारी की खुशामद करना ❷<बो०> कड़ी मेहनत करना: 他干活很～。 वह बहुत मेहनती है।

【巴拉圭】 Bālāguī पारागुआ; पैराग्वाय

【巴拉圭人】 Bālāguīrén पारागुआई

【巴勒斯坦】 Bālèsītǎn फ़िलिस्तीन; फ़लस्तीन

【巴勒斯坦人】 Bālèsītǎnrén फ़िलिस्तीनी

【巴黎】 Bālí पेरिस

【巴黎公社】 Bālí Gōngshè पेरिस-कम्यून

【巴黎绿】 bālílǜ <रसा०> पेरिस ग्रीन; हरे रंग का एक विषैला रासायनिक पदार्थ जो कृमिनाशक की तरह प्रयुक्त होता है

【巴里纱】 bālǐshā <बुना०> (玻璃纱 bōlishā भी) एक प्रकार का बारीक कपड़ा; अरगंडी

【巴林】 Bālín बहरेन

【巴林人】 Bālínrén बहरेनी

【巴龙霉素】 bālóngméisù <औष०> पैरोमोमाइसिन

【巴拿马】 Bānámǎ पनामा

【巴拿马人】 Bānámǎrén पनामाई; पनामावासी

【巴山蜀水】 bāshān-shǔshuǐ पा और शू प्रदेशों के पर्वत और नदियां; स्छवान प्रान्त

【巴士】 bāshì <बो०> बस

【巴士底狱】 Bāshìdǐyù बास्टिल, पेरिस का किला, जिसमें विशेषकर राजनीतिक बंदी कैद रखे जाते थे

【巴松】 bāsōng <संगी०> (大管 dàguǎn भी) वाद्य-विशेष; अलगोज़ा

【巴特那】 Bātènà पटना

【巴头探脑】 bātóu-tànnǎo सिर अंदर कर (झांकना या निहारना)

【巴望】 bāwàng ❶(उत्सुकता से) राह देखना: ～儿子回来 बेटे की वापसी की राह ताकना ❷आशा होना; इच्छा रखना: 今年收成有～。 इस साल अच्छी फ़सल की आशा है। / 他～我成瞎子。 उसकी यही मंशा है कि मैं अंधा हो जाऊँ।

【巴乌】 bāwū चीन में हानि, ई, और म्याओ अल्पसंख्यक जातियों का खोखले बाँस से बना एक विशेष वाद्य, जो फूंककर बजाया जाता है

【巴西】 Bāxī ब्राज़िल; ब्राज़ील

【巴西人】 Bāxīrén ब्राज़िली; ब्राज़ीलवासी

【巴眨】 bāzhǎ <बो०> आँख झपकना या झपकाना; आँख मारना

【巴掌】 bāzhang ❶हथेली ❷तमाचा या थप्पड़ जमाना (मारना, लगाना)

扒 bā ❶पकड़े रहना; चिपके रहना: ～车窗看风景 गाड़ी की खिड़की पकड़े रखकर उसके बाहर के दृश्य देखना / ～树枝 पेड़ की डाल पकड़े रहना ❷खोदना; कुरेदना: ～土 मिट्टी खोदना / ～了旧房盖新房。पुराने मकान को ढहाकर नया मकान बनाना ❸हटाना; खिसकाना; सरकाना: ～开 घास को दोनों ओर हटाना ❹उधेड़ना: ～皮 चमड़ा उधेड़ना

pá भी दे०

【扒车】 bāchē मंद गति से चलती रेल, बस आदि पर चढ़ना

【扒拉】 bāla ❶धीरे से हटाना; खिसकाना; सरकाना: 把土～开 मिट्टी हटाना / ～算盘子儿 गिनतारे की गोलियों को ऊपर नीचे करना ❷पद से हटाना; पदच्युत करना; नौकरी से निकाल देना; छंटनी करना: ～下去几个人 कई कर्मचारियों की छंटनी कर देना / 他的职务给～掉了。 वह पदच्युत हो गया।

【扒皮】 bāpí ❶छिलका उतारना; छीलना; चमड़ी उधेड़ना ❷शोषण करना

【扒头儿】 bātour <बोल०> सहारा; आश्रय; वह वस्तु जो चढ़ाई चढ़ने वाले का सहारा बन सके

叭 bā 吧 bā के समान

【叭儿狗】 bārgǒu 巴儿狗 bārgǒu के समान

朳 bā <लि०> बिना दांतों वाला पांचा

芭 bā प्राचीन ग्रन्थों में उल्लिखित एक सुगन्धित घास

【芭蕉】 bājiāo केला; केले का वृक्ष या फल

【芭蕉扇】 bājiāoshàn ताड़ के पत्ते का पंखा: 摇～ ताड़ के पत्ते का पंखा झलना

【芭蕾舞】 bālěiwǔ बैले नृत्य: 跳～ बैले नृत्य करना

【芭蕾舞剧】 bālěi wǔjù बैले नृत्य नाटिका: ～团 बैले-नृत्य मण्डली

岜 bā 畚岜屯 Hǎbā Tún पेइचिंग के एक स्थल का नाम

吧 1 bā ❶<अनु०> 树枝～的一声断了。 डाली चटाख से टूट गयी। ❷<बो०> हुक्का पीना; हुक्का गुड़गुड़ाना; हुक्के से तंबाकू खींचना: 他～了一口烟。 उसने हुक्के का एक कश लगाया।

【吧嗒】 bādā <अनु०> दरवाज़ा, खिड़की आदि बन्द करने पर होने वाली आवाज़

吧[2] bā बार: 酒～ बार; बाररूम / 玩～ बार में जाना

ba भी दे०

【吧嗒】 bāda ❶〈अनु०〉 ओठों के खुलने और बन्द होने पर होने वाली आवाज़❷〈बो०〉 तंबाकू की पत्तियों को चीनी शैली की चिलम में भर कर कश लेना: 他～着叶子烟。वह तंबाकू को चिलम में भरकर धुआं खींचने लगा।

【吧唧】 bājī 〈अनु०〉 她光着脚在泥泞地里～～地走。वह फच्च-फच्च करती कीचड़ में चल रही है।

【吧女】 bānǚ बार की वेट्रेस या परिचारिका

岜 bā चट्टानी पहाड़: ～关岭 Bāguānlǐng क्वांगशी का एक स्थान

疤 bā ❶निशान; चिन्ह; दाग; चकत्ता; चट्टा: 伤～ चोट या घाव का चिन्ह / 他眼皮上有～。उसकी पलकों पर निशान है। ❷चोट का सा निशान: 碗上有个～。कटोरे पर एक निशान है।

【疤痕】 bāhén निशान; चिन्ह; दाग; चकत्ता

【疤瘌】 bāla (疤拉 bāla भी) निशान; चिन्ह; दाग

【疤瘌眼儿】 bālayǎnr ❶आँख जिस की पलक पर दाग हो ❷व्यक्ति जिसकी आँख की पलक दागदार हो

峇 bā 峇厘岛 Bālí Dǎo बाली द्वीप, इंडोनेशिया का एक टापू (वर्तमान 巴厘岛 Bālí Dǎo)

粑 bā 〈बो०〉 केक, रोटी की तरह का खाद्य पदार्थ: 糖～ मीठा केक; मीठी रोटी

【粑粑】 bābā केक, रोटी जैसा खाद्य पदार्थ: 玉米～ मकई का केक

捌 bā 八 bā का जटिल रूप (गलती और हेरफेर से बचने के लिए बैंक चेकों आदि पर अंक 八 की जगह प्रयुक्त)

笆 bā बांस, बेंत आदि से बनी चीज़ें: 竹篾～ बांस की खपच्चियों से बनी चीज़

【笆斗】 bādǒu गोल तहवाली टोकरी

【笆篱】 bālí 〈बो०〉 (篱笆 líba भी) बांस या अन्य टहनी वाली बाड़

【笆篱子】 bālízi 〈बो०〉 जेलखाना; जेल

【笆篓】 bālǒu बांस, बेंत आदि से बना टोकरा

豝 (犯) bā 〈लि०〉 मादा सूअर

鲃 (鲃) bā मत्स्यविशेष

bá

茇 bá 〈लि०〉 ❶घास की जड़; तृणमूल ❷घासों में ठहरना

拔 bá खींचना; निकालना; उखाड़ना: ～萝卜 मूली उखाड़ना / ～毛 बाल तोड़ना / ～牙 दाँत निकालना, उखाड़ना या निकलवाना ❷(विष आदि) खींचकर बाहर निकालना: ～火 चिमनी को अँगीठी पर रखकर आग ऊपर खींच लाना ❸(सुयोग्य व्यक्ति) चुनना; निर्वाचित करना: 选～ चुनना; छांटना ❹ऊपर उठाना; ऊँचा करना: ～嗓子 आवाज़ को ऊँचा करने का अभ्यास करना ❺आगे निकलना; किसी दूसरे से ऊँचा होना: 海～ समुद्र-तल से ऊँचा; समुद्रतल से स्थान विशेष की ऊँचाई ❻छीन लेना; कब्ज़ा कर लेना: 连～三个据点 दुश्मन के तीन किलों पर लगातार कब्ज़ा किये रहना ❼〈बो०〉 किसी चीज़ को ठंडे पानी में रखकर ठंडा करना: 把汽水放在冰水里～一～。सोडा वाटर को बर्फ़ के पानी में रखकर ठंडा करो।

【拔白】 bábái 〈बो०〉 पौ फटना

【拔步】 bábù दे० 拔腿

【拔除】 báchú उखाड़ना; कब्ज़ा कर लेना: ～杂草 घास-पात उखाड़ना / ～敌军据点 दुश्मन के किले पर कब्ज़ा कर लेना

【拔刀相助】 bádāo-xiāngzhù हर कहीं अन्याय से उत्पीड़ित व्यक्ति की सहायता के लिए अन्यायी के खिलाफ़ तलवार खींच लेना

【拔钉锤】 bádīngchuí मारतोल; जंबूरा

【拔毒】 bádú 〈ची०चि०〉 शरीर के किसी भाग पर पलस्तर लगाकर मवाद बाहर निकालना

【拔份儿】 báfènr 〈बो०〉 वाहवाही लूटना

【拔高】 bágāo ❶ऊँचा उठाना: ～嗓子唱 ऊंची आवाज़ में गाना ❷जानबूझकर (सोची-समझी चाल के तहत) किसी व्यक्ति, कृति आदि को ऊँचा उठाना

【拔罐子】 bá guànzi 〈ची०चि०〉 प्यालियों को शरीर पर चिपकाने की चीनी चिकित्सा विधि

【拔海】 báhǎi समुद्री तल से किसी स्थान की ऊँचाई

【拔河】 báhé 〈खेल०〉 रस्साकशी

【拔火罐儿】 báhuǒguànr (拔火筒 báhuǒtǒng भी) एक दूसरे से अलग हो सकने वाली अँगीठी-चिमनी

【拔尖儿】 bájiānr ❶प्रथम श्रेणी का; चोटी का; सर्वश्रेष्ट: 他是我们班里～的。वह हमारी कक्षा में चोटी पर है। ❷वाहवाही लूटना

【拔脚】 bájiǎo 拔腿 के समान

【拔节】 bájié 〈कृ०〉 बढ़ाव; विस्तार; दीर्घीकरण: ～期 विस्तार की विकासावधि

【拔举】 bájǔ किसी व्यक्ति को चुनकर उसका नाम किसी पद के लिए प्रस्तावित करना; अनुमोदन

【拔锚】 bámáo लंगर उठाना

【拔苗助长】 bámiáo-zhùzhǎng अंकुरों को जल्दी पनपने देने के उद्देश्य से ऊपर की ओर खींचना — अत्यन्त उत्साह से कोई बात बिगाड़ देना

【拔取】 báqǔ चुनकर नियुक्त करना

【拔群】 báqún अन्य लोगों से बहुत आगे निकल जाना

【拔染】 báran 〈बुना०〉 रंग छुड़ाना; रंग उतारना; रंग

हटाना: ～剂 रंग छुड़ाने का मसाला

【拔丝】 básī ❶<यां०> तार खींचना: ～机 तार खींचने की मशीन ❷पागना; चाशनी में पकाना या लपेटना: ～山药 पागा हुआ रतालू; चाशनी में पका रतालू / ～莲子 चाशनी में पका कमलगट्टा

【拔腿】 bátuǐ ❶कदम उठना या उठाना: ～就跑 सिर पर पाँव रखकर भाग खड़ा होना ❷काम से मुक्त न हो पाना: 他很忙, 拔不开腿。वह बहुत व्यस्त है, काम से भाग नहीं सकता।

【拔秧】 bá yāng रोपाई के लिए धान की पौद उखाड़ना

【拔营】 báyíng <सैन्य०> तंबू उखाड़ना

【拔擢】 bázhuó <लि०> पदोन्नत करना; तरक्की देना

胈 bá <लि०> पैर के बाल

菝 bá नीचे दे०

【菝葜】 báqiā <वन०> एक प्रकार की बेल, जिसके पत्ते प्रायः दीर्घवृत्तीय और फूल पीले-हरे रंग के होते हैं। इसकी बेल और जड़ दवा की तरह काम में आती है

跋¹ bá पहाड़ पर चलना; पहाड़ को पार करना: 跋山涉水

跋² bá (पुस्तक आदि का) पश्चलेख

【跋扈】 báhù अहंकार और स्वेच्छाचारिता; अहंकारी और स्वेच्छाचारी; निरंकुश

【跋前疐后】 báqián-zhìhòu (跋前踬后 báqián-zhìhòu भी) आगे कुआं, पीछे खाई

【跋山涉水】 báshān-shèshuǐ पहाड़ों और नदियों को पार करना — कष्टप्रद यात्रा

【跋涉】 báshè कष्टपूर्वक यात्रा करना: ～山川 पहाड़ों और नदियों को पार करते हुए कष्टपूर्वक यात्रा करना

【跋文】 báwén 跋² के समान

【跋语】 báyǔ 跋² के समान

魃 bá 旱魃 hànbá अनावृष्टि-पिशाच, अकाल दैव्य

鼥 bá 鼧鼥 tuóbá प्राचीन पुस्तकों में उल्लिखित मार्मोट (गिलहरी की प्रजाति का जन्तु)

bǎ

把¹ bǎ ❶पकड़ना: ～舵 पतवार संभालना / ～犁 हल पकड़ना या थामना ❷बच्चे को मलमूत्र कराने के लिए उसकी दोनों टांगों को पीछे से पकड़ना: ～屎～尿 बच्चे को मलमूत्र कराने के लिए उसकी दोनों टांगों को पीछे से पकड़कर ऊपर उठाना ❸किसी को अपने चंगुल में जकड़ना; किसी संगठन पर कब्ज़ा जमाना: ～着工作不放手 सभी काम अपने ही हाथ में रखना ❹रक्षा करना; पहरा देना: 把门 ❺के आस-पास; के समीप: ～墙角儿站着 दीवार के कोने के पास खड़ा होना / ～胡同口有家商店。गली के नुक्कड़ पर एक दूकान है। ❻<बो०> देना ❼गाड़ी की मूठ; दस्ता; मुटिया या हत्था ❽बंडल; गट्ठा: 草～ पुआल का गट्ठर ❾<परि० श०> ①मूठदार या हत्थे वाली चीज़ों के साथ प्रयुक्त: 一～刀 एक चाकू / 一～扇子 एक पंखा / 一～椅子 एक कुर्सी ②मुट्ठी: 一～铜元 मुट्ठी भर तांबे के सिक्के ③(भाववाचक संज्ञाओं के साथ प्रयुक्त): 用～力(气) थोड़ी शक्ति लगाना / 有一～年纪 उम्र काफ़ी बड़ी होना / 加～劲儿 ज़रा-सा ज़ोर लगाना ④(हाथ से संबंधित कुछ क्रियाओं के साथ प्रयुक्त): 帮他一～。ज़रा उसे मदद दो। / 擦～汗。ज़रा पसीना पोंछो।

把² bǎ <पूर्व०> (कर्म को उस क्रिया के पहले जिसकी पुनरावृत्ति हो या जिसके साथ कोई और शब्द या भाव जुड़ा हो लाने में प्रयुक्त): ～衬衣洗洗。कमीज़ धो लो। / ～头一扭 मुंह फेरना / 这活～他累坏了。इस काम ने उसे खूब थका दिया। / ～他选上了。वह निर्वाचित किया गया।

把³ bǎ <लघु अ०> (百 bǎi、千 qiān、万 wàn आदि संख्याओं और 里 lǐ、丈 zhàng、顷 qǐng、斤 jīn、个 gè आदि परिमाणवाचक शब्दों के साथ 'लगभग' के अर्थ में प्रयुक्त): 个～钟头 लगभग एक घंटा / 万～元钱 लगभग दस हज़ार य्वान

把⁴ bǎ शपथबद्ध: ～兄弟 घनिष्ठ मित्र; गहरे मित्र; जिगरी दोस्त; अन्तरंग मित्र

bà भी दे०

【把柄】 bǎbǐng वह स्थिति जिसका लाभ लिया जा सके; सुयोग; प्रमाण; सबूत: 抓住～ किसी व्यक्ति की कमी, गलती या अपराध का सबूत मिलना / 留下～ अपनी कमज़ोरी, त्रुटि या अपराध का प्रमाण छोड़ना

【把持】 bǎchí ❶<अना०> (किसी संगठन पर) कब्ज़ा जमाना; चंगुल में जकड़े रखना; कब्ज़े में रखना; अपने हाथ (या नियंत्रण) में रखना: ～某组织 किसी संगठन पर कब्ज़ा जमाना / ～政府政权 सरकार पर कब्ज़ा करना / 在某人的～下 किसी व्यक्ति के नियंत्रण में ❷(किसी की भावना पर) नियंत्रण रखना

【把舵】 bǎduò पतवार चलाना; बागडोर संभालना

【把风】 bǎfēng किसी गुप्त कार्य में अपने साथी के लिए पहरेदार का काम करना

【把关】 bǎguān ❶दर्रे की रक्षा करना ❷जांच-पड़ताल करना; निरीक्षण करना: 层层～ सभी स्तरों पर छानबीन करना / 严把质量关 उत्पादित वस्तुओं की क्वालिटी का कड़ा निरीक्षण करना

【把家】 bǎjiā गृहस्थी का प्रबंध करना; विशेष कौशल से गृहस्थी का प्रबंध करना

【把角儿】 bǎjiǎor मोड़; नुक्कड़

【把酒】 bǎjiǔ <लि०> शराब का प्याला उठाना: ～问

青天 अपना शराब का प्याला उठाकर नीले आकाश से पूछना

【把口儿】 bǎ kǒur मोड़: 这小街～有一家小商店。 इस सड़क के मोड़ पर एक छोटी सी दुकान है।

【把揽】 bǎlǎn एकाधिकार; सब कुछ अपने ही हाथ में रखना: 他想～大权。 वह सारे अधिकार अपने हाथ में ही रखने की कोशिश में है।

【把牢】 bǎláo 〈बो०〉 (प्रायः नकारात्मक वाक्यों में प्रयुक्त) दृढ़; स्थिर; विश्वस्त; विश्वसनीय; भरोसे का: 他做事不～。 वह आदमी किसी काम के लिए भरोसे मंद नहीं।

【把理】 bǎlǐ 〈बो०〉 युक्तिसंगत; युक्तिमान; तर्कसंगत; ठीक; समुचित: 他说话～。 उसकी बात युक्तिसंगत है।

【把脉】[1] bǎmài 〈बो०〉 नब्ज़ देखना; नाड़ी टटोलना

【把脉】[2] bǎmài किसी वस्तु या घटना की जांच-पड़ताल करने और उस का विश्लेषण करने के बाद निर्णय करना या समाधान की योजना पेश करना

【把门】 bǎmén ❶द्वार पर पहरा देना; द्वारपाल या दरबान का काम करना: ～很严 ध्यान से द्वारपाल का काम करना; गौर से पहरा देना ❷〈खेल०〉 गोल-कीपर या गोली होना

【把势】 bǎshi (把式 bǎshi भी) ❶〈बो०〉 〈वू शू wǔshù〉 रण-कौशल: 练～ रण-कौशल का अभ्यास करना ❷〈बो०〉 वह जो वू शू में कुशल हो; कौशलवाला; कुशल जो किसी कौशल में निपुण हो: 他干庄稼活可真是个好～。 खेती-बारी के काम में वह सचमुच कुशल है। ❸〈बो०〉 तकनीक; हुनर; कौशल: 他学会了织匠的全套～。 उसने बुनकरी का पूरा हुनर सीख लिया।

【把手】 bǎshou 〈बो०〉 ❶हाथ मिलाना ❷दस्ता; हत्था; मूठ; दण्ड; मुष्टि; मुठिया

【把守】 báshǒu रक्षा करना; पहरा देना: 分兵～ रक्षा के लिए सैन्य-शक्ति का विभाजन

【把水搅浑】 bǎ shuǐ jiǎo hún पानी को कीचड़ करना — गड़बड़ी पैदा करना; अस्तव्यस्तता फैलाना

【把头】 bǎtóu गैंगमास्टर; मज़दूरों के गोल का सरदार: 封建～ सामन्ती ठेकेदार; निरंकुश सामंत

【把稳】 bǎwěn 〈बो०〉 विश्वस्त; विश्वसनीय; भरोसे-मंद: 他办事很～。 वह काम में विश्वसनीय है।

【把握】 bǎwò ❶पकड़े रखना; पकड़ना: 司机～着方向盘。 चालक गाड़ी का चक्का पकड़े हुए है। ❷(अमूर्त वस्तुओं के संबंध में) अपने हाथ में लेना; स्वयं करना; महारत हासिल करना: ～整个战争的规律 समूचे युद्ध के नियमों पर महारत पाना ❸सुनिश्चितता; पूर्ण संभावना; विश्वास; यकीन (प्रायः 有 yǒu या 没有 méiyǒu के आगे प्रयुक्त): 我对这事没有～。 इस बात में मुझे स्वयं पर भरोसा नहीं। / 不打无～之仗。 ऐसी कोई लड़ाई न लड़ो जिसमें विजय की आस न हो। / 他对此事确有～。 उसे इस बात का पक्का विश्वास हो गया।

【把晤】 bǎwù 〈लि०〉 (मित्रों का) मिलना और हाथ मिलाना

【把戏】 bǎxì ❶कलाबाज़ी; बाज़ीगरी; खेल-तमाशा: 玩～ चमत्कारी जादू जानना; बाज़ीगरी दिखाना ❷चाल; छल; खेल; स्वांग: 他这一套～我都看穿了。 उसकी चाल मैंने भांप ली है। / 玩爱情的～ प्रेम का स्वांग करना या रचना

【把细】 bǎxì गंभीरता के साथ; ध्यानपूर्वक: 办事～ गंभीरतापूर्वक काम करना

【把兄弟】 bǎxiōngdì (盟兄弟 méngxiōngdì भी) बचनबद्ध मित्र; घनिष्ठ मित्र; गहरे, जिगरी दोस्त

【把斋】 bǎzhāi 〈धर्म०〉 रोज़ा रखना; उपवास करना

【把盏】 bǎzhǎn 〈लि०〉 शराब का गिलास उठाना; जाम पेश करना

【把捉】 bǎzhuō (अमूर्त वस्तुओं को) पकड़ना; पकड़े रखना: ～事物的本质 वस्तुओं के सारतत्व को पकड़ना

【把子】[1] bǎzi ❶बंडल: 一～秧苗 धान के पौधों का एक बंडल ❷〈अना०〉 समूह; गिरोह ❸(कुछ अमूर्त वस्तुओं के लिए प्रयुक्त) 加～劲儿 अधिक प्रयत्न करना; पूरा ज़ोर लगाना

【把子】[2] bǎzi दे० 拜把子 bàibǎzi

bàzi भी दे०

尼 bǎ 〈बो०〉 पाखाना; गू; मल: 屙～ हगना; पाखाने जाना; मल-त्याग करना; पाखाना फिरना

【尼尼】 bǎba (प्रायः शिशुओं के लिए प्रयुक्त) पाखाना; गू: 拉～ हगना; पाखाना फिरना

钯 (鈀) bǎ 〈रसा०〉 पैलेडियाम (Pd)

靶 bǎ निशाना; लक्ष्य; टारगेट: 对准～ निशाना साधना / 打中～ टार्गेट पर लगना; निशाना ठीक बैठना / 脱～ गोली खाली जाना / 打～ चांदमारी; चांदमारी करना

【靶标】 bǎbiāo निशाना: 瞄准～ निशाना लगाना

【靶场】 báchǎng चांदमारी के अभ्यास का मैदान

【靶船】 bǎchuán लक्ष्य-जलपोत

【靶壕】 bǎháo निशाना लगाने के लिए तय क्षेत्र

【靶台】 bǎtái चांदमारी के समय निशानेबाज़ का स्थान

【靶心】 bǎxīn निशाना लगाने की परिधि का केन्द्र; लक्ष्य-केन्द्र

【靶子】 bǎzi चांदमारी का पैड; निशान; लक्ष्य; टारगेट

bà

坝 (垻、壩) bà ❶बाँध; बन्द; पुश्ता ❷तटबन्ध; बांध ❸〈बो०〉 रेत का टीला ❹(प्रायः स्थान के नाम में प्रयुक्त) मैदान दे० 坝子❷: 沙坪～ Shā Píng Bà (重庆 चोंगछिंग नगर में) एक स्थान का नाम

【坝子】 bàzi ❶बाँध; बन्द; पुश्ता ❷(चीन के दक्षिण-पश्चिमी क्षेत्र में) मैदानी क्षेत्र; समतल क्षेत्र

把 (欛) bà ❶मुष्टि; दण्ड; मूठ; मुठिया; हत्था;

दस्ता; हैंडल; पकड़: 茶壶～儿 चायदानी का हैंडिल / 长～钳子 लम्बे हैण्डिल की संडसी ❷फल, फूल या पत्ते की डंडी: 苹果～儿 सेब की डंडी

bǎ भी दे०

【把子】 bàzi दे० 把 bà❶

bǎzi भी दे०

弝 bà ❶धनुष का मध्यम भाग जो बाण चलाते समय हाथ से पकड़े रखा जाता है ❷〈बो०〉 दे० 把子 bàzi

爸 bà (爸爸 भी) 〈बो०〉 अब्बा; बाप; पिता; पापा

耙(耀)bà ❶हेंगा; पटेला; सिरावन ❷हेंगा चलाना; सिरावन फेरना; पटेला फेरना: 这块地已经～过了。 इस खेत पर पटेला फेर दिया गया है।

pá भी दे०

罢(罷) bà रोकना: ～工 हड़ताल; हड़ताल करना / 欲罢不能 yù bà bùnéng ❷अधिकार-च्युत या पदच्युत करना; नौकरी छुड़ाना: 罢官 ❸〈बो०〉 खत्म करना या होना; समाप्त करना या होना: 吃～他就走了。 खाकर वह निकल गया।

【罢笔】 bàbǐ लिखना बन्द करना

【罢斥】 bàchì किसी अधिकारी को उस के पद से हटाना

【罢黜】 bàchù 〈लि०〉 ❶महत्वहीन समझना और ठुकरा देना; अस्वीकार करना; मान्यता न देना: 汉武帝～百家, 独尊儒术。 हान राजवंश के सम्राट वू ने कंफ़्यूशियसेत्तर सभी विचार-संप्रदायों को अस्वीकृत कर केवल कंफ़्यूशियसवाद को ही मान्यता प्रदान की। ❷पदच्युत करना; हटाना

【罢工】 bàgōng मज़दूरों की हड़ताल: 大～ आम हड़ताल

【罢官】 bàguān पदच्युत करना; ओहदे से बर्खास्त करना; पद से हटाना; अपदस्थ करना; नौकरी से निकालना

【罢教】 bàjiào अध्यापकों की हड़ताल

【罢考】 bàkǎo परीक्षार्थियों की हड़ताल; विद्यार्थियों द्वारा परीक्षा देने से इनकार करना

【罢课】 bàkè विद्यार्थियों की हड़ताल, छात्रों का कक्षा-बहिष्कार

【罢了】 bàle 〈लघु अ०〉 (प्रायः विधानार्थक वाक्य के अंत में प्रयुक्त; इस के पहले 不过 búguò, 无非 wúfēi, 只是 zhǐshì आदि शब्द समूह आते हैं) बस; केवल: 我只是做了我应该做的事～。 मैं ने केवल वह किया जो मुझे करना चाहिये।

【罢了】 bàliǎo न ··· न सही: 他不去也就～。 वह न जाए न सही।

【罢论】 bàlùn विचार त्यागना: 此事已作～。 यह विचार त्यागा जा चुका है।

【罢免】 bàmiǎn पद से बर्खास्त कर देना; पद (काम) से हटाना; पदच्युत करना: ～贪官污吏 भ्रष्ट अफ़सरों को उन के पदों से बर्खास्त कर देना

【罢免权】 bàmiǎnquán किसी अधिकारी की नियुक्ति रद्द या निरस्त करने का अधिकार; मतदाताओं का स्वयं निर्वाचित अधिकारी को वापस बुलाने का अधिकार

【罢赛】 bàsài खिलाड़ियों की हड़ताल; प्रतियोगिताविरोध

【罢市】 bàshì दुकानदारों की हड़ताल; बाज़ार बन्द करना

【罢手】 bàshǒu छोड़ना; त्याग देना; रोकना; बन्द करना: 不试验成功, 我们决不～。 परीक्षा में सफल न होने तक हम यह काम न छोड़ेंगे।

【罢讼】 bàsòng दे० 罢诉

【罢诉】 bàsù मुकदमा खारिज करना

【罢休】 bàxiū (प्रायः नकारात्मक वाक्य में प्रयुक्त) छोड़ना; परित्याग करना; बन्द करना: 不达目的, 决不～。 उद्देश्य प्राप्त किये बिना हम न मानेंगे।

【罢演】 bàyǎn अभिनेता और अभिनेत्रियों की हड़ताल

【罢战】 bàzhàn युद्ध समाप्त करना; लड़ाई खत्म करना; युद्ध-विराम करना

【罢职】 bàzhí पदच्युत करना; काम से हटाना (बर्खास्त करना; अपदस्थ करना)

鲃(齙) bà 〈बो०〉 आगे या बाहर की ओर निकला हुआ दांत

【鲃牙】 bàya बाहर की ओर निकला हुआ दांत

鲅(鮁、鲌) bà 〈प्राणि०〉 स्पेनिश मैकरेल

【鲅鱼】 bàyú स्पेनिश मैकरेल

霸(覇) bà ❶प्राचीन कालीन सामंत-प्रधान: 春秋五～ वसंत-शरद काल (770-476 ई०पू०) के पांच सर्वाधिपति ❷निरंकुश सामंत; मनमाने ज़ुल्म ढाने वाला; तानाशाह: 恶～ स्थानीय निरंकुश तत्व ❸प्रभुत्व: 争～ प्रभुत्व पाने के लिये संघर्ष करना ❹वह देश जो प्रभुत्ववाद का शिकार हो। ❺जबरन कब्ज़ा करना: 各～一方 अलग-अलग भूभाग पर जबरन कब्ज़ा करना ❻(Bà) एक कुलनाम

【霸持】 bàchí जबरन कब्ज़ा करना: ～他人产业 दूसरों की धन-सम्पति हड़पना

【霸道】 bàdào ❶(प्राचीन राजनीतिक विचार में) बलात् शासन ❷उद्दंड; निरंकुश; असंगत: 这人很～, 不要跟他说话。 यह आदमी बहुत उद्दंड है, इस से बात न करो।

【霸道】 bàdao (शराब, औषधि आदि) तेज़: 这酒真～, 少喝点。 यह शराब बहुत तेज़ है, ज़्यादा न पियो।

【霸气】 bàqì उद्दंड; विवेकशून्य: 这人太～。 यह आदमी बहुत विवेकशून्य है।

【霸权】 bàquán प्रभुत्व; आधिपत्य: 建立～ आधिपत्य जमाना

【霸王】 bàwáng ❶(Bàwáng) अधिपति; राजा श्यांग-यू (232-202 ई०पू०) की एक उपाधि: ～别姬 राजा श्यांग-यू की अपनी प्रिय रखैल यू-ची से विदाई ❷जो अत्यंत निरंकुश या अत्यंत अयुक्ति-संगत हो

【霸王鞭】 bàwángbiān ❶लोक-नृत्य में प्रयुक्त एक प्रकार की खड़खड़ाने वाली छड़ी ❷इस तरह की छड़ी के साथ किया जाने वाला नृत्य

【霸业】 bàyè अधिराज की सफलताएं; अधिपति का पराक्रम

【霸占】 bàzhàn जबरन कब्ज़ा करना; कब्ज़े में लाना: ～别国领土 दूसरे देशों की प्रादेशिक भूमि पर जबरन कब्ज़ा कर लेना

【霸主】 bàzhǔ ❶वसंत-शरत काल (770-476 ई०पू०) के सामंतों का शक्तिशाली नेता ❷अधिराज: 海上～ समुद्री अधिराज

灞 Bà नदी का नाम

【灞水】 Bàshuǐ शानशी प्रांत की एक नदी

ba

吧（罢、罷） ba 〈लघु० अ०〉 ❶(वाक्य के अंत में प्रयुक्त विचार-विनिमय, सुझाव, प्रार्थना, आज्ञा आदि का सूचक-शब्द) 咱们走～！ चलें, हम चलें！/ 你去～！ तुम जाओ！/ 请吃～！ कृप्या खाइये！ ❷(वाक्य के अंत में सहमति या स्वीकृति के अर्थ में प्रयुक्त) 好～，就明天办～！ अच्छा, कल ही करो！/ 就这么干～！ ऐसा ही करें！ ❸(वाक्य के अंत में प्रश्न, संदेह आदि के अर्थ में प्रयुक्त) 他大概去了～？ शायद वह गया हो？/ 你们也许已经知道了～？ शायद तुम लोगों को मालूम हुआ हो？ ❹(वाक्य के अंत में अनिश्चितता के अर्थ में प्रयुक्त जब अनिश्चित प्रश्न का जवाब अनपेक्षित हो): 他们都来了～。 वे सभी आये होंगे।/ 他们好像是昨天走的～。 मालूम होता है, वे कल चले गये। ❺(वाक्य के बीच में वक्ता द्वारा दुविधा के अर्थ में; यति के साथ प्रयुक्त) 来～，不好，不来～，也不好。 आऊं, तो ठीक नहीं, न आऊं, तो भी ठीक नहीं।

bā भी दे०

bāi

刉 bāi नीचे दे०

【刉划】 bāihuai 〈बो०〉 ❶प्रबन्ध करना; निपटाना: 这事由他去～吧。 इस बात का प्रबंध उस से करवाओ। ❷मरम्मत करना; ठीक करना; पूर्व स्थिति में लौटाना; बहाल करना: 钟给他～坏了。 उस ने घड़ी ठीक नहीं की, बिगाड़ दी।

掰（擘） bāi ❶किसी चीज़ के (हाथों से) टुकड़े करना या तोड़ना; हाथों से पृथक करना: 把饼干～成两半。 (हाथों से) बिस्कुट को दो टुकड़ों में बांटना / ～着手指头算。 उंगलियों पर गिनना; हिसाब लगाना ❷〈बो०〉 संबंध टूटना या तोड़ना; नाता टूटना या तोड़ना: 我和他～了。 मेरा उस से रिश्ता टूट गया है। ❸〈बो०〉 विश्लेषण करना; बोलना: 他胡～了很久，说得一点也不对。 वह बड़ी देर तक अकबकाया, पर कुछ भी साफ़ न कहा।

擘 के लिये bò भी दे०

【掰腕子】 bāi wànzi हाथ की कुश्ती

bái

白[1] bái ❶सफ़ेद; श्वेत ❷उज्ज्वल; प्रकाशमान: 东方发～。 पूर्व में प्रकाश फूटने लगा। ❸साफ़ होना; समझना: 真相大～ असली हालत साफ़ हो जाना / 不～之冤 ऐसा अन्याय जिस की सफ़ाई न दी जा सकती हो ❹कोरा; जिस में कोई और चीज़ न हो: ～卷 खाली परीक्षा-पत्र / ～饭 खाली भात / ～开水 खाली उबला पानी / 一穷二～ गरीब और कोर ❺〈क्रि०वि०〉 व्यर्थ; निरर्थक; बेकार: ～费劲 व्यर्थ प्रयत्न; व्यर्थ परिश्रम करना / 这一切都～化了。 ये सब बेकार गये। / 英雄的鲜血没有～流。 वीरों का रक्त बहाना बेकार नहीं जाता। ❻बिना पैसा दिये; सेंत-मेंत; मुफ़्त में: ～给 मुफ़्त में देना / ～拿 बिना पैसे दिये लेना ❼श्वेत (प्रतिक्रिया का प्रतीक): ～军 श्वेत सेना (दूसरे क्रांतिकारी गृह-युद्ध काल (1927-1937 ई०) की क्वोमिन्तांग सेना) / ～区 श्वेत क्षेत्र (उपर्युक्त काल के क्वोमिन्तांग शासित क्षेत्र) ❽श्वेत रंग (शोक का प्रतीक): 红～事 लाल और सफ़ेद रंग की कार्यवाही ❾बेरंग आंखों से देखना: 他斜着～眼看了看我。 उस ने मुझे बेरंग आंखों से देखा। ❿（Bái） एक कुलनाम

白[2] bái (चीनी अक्षर का उच्चारण करने या उसे लिखने में) गलती करना: 写～字 अक्षर गलत लिखना / 读～字 अक्षर का गलत उच्चारण करना

白[3] bái ❶व्यक्त करना; बताना; स्पष्ट करना; व्याख्या करना: 表～ आत्माभिव्यक्ति / 辨～ सफ़ाई देना; सफ़ाई पेश करना ❷नाटक या ऑपेरा में पात्र का संवाद: 独～ स्वगत संवाद / 对～ बातचीत; संवाद; संभाषण ❸बोली: 京～ पेइचिंग बोली ❹प्रचलित चीनी भाषा; आम बोल-चाल की ज़बान; लेखन-शैली: 半文半～ आधी क्लासिकी आधी आम चीनी भाषा; शास्त्रीय और प्रचलित चीनी भाषा; मिश्रित लेखन-शैली

【白皑皑】 bái'ái'ái (बर्फ़, पाले आदि के लिये प्रयुक्त) साफ़ सफ़ेद; शुद्ध श्वेत: ～的雪 स्वच्छ निर्मल बर्फ़

【白矮星】 bái'ǎixīng 〈खगोल०〉 श्वेत वामन नक्षत्र

【白案】 bái'àn सफ़ेद तख्ते वाली पाकविधि जो भात और रोटी दोनों से संबद्ध है। उसे 白案 कहते हैं।

【白白】 báibái 〈क्रि०वि०〉 नाहक; व्यर्थ; बेकार; मुफ़्त में: 不要～浪费时间。 समय को व्यर्थ बरबाद न करो / ～讨了没趣 मुफ़्त शर्मिंदगी होना / ～干活 बेगार देना

【白班儿】 báibānr दिन की पाली: 上～ दिन की पाली में काम करना

【白报纸】 báibàozhǐ अखबारी कागज़; न्यूज़प्रिंट
【白鼻子】 báibízi चीनी ऑपेरा के विदूषक, मसखरा
【白璧微瑕】 báibì-wēixiá श्वेत जेड पर छोटा सा नुक्स—— सुन्दर वस्तु पर छोटा सा दाग; किसी महान पुरुष की छोटी सी खामी
【白璧无瑕】 báibì-wúxiá दोषरहित श्वेत जेड —— त्रुटिहीन या सदाचारी पुरुष
【白醭】 báibú सिरका, सोयाबीन के सॉस पर लगी फफूं-दी; भुकड़ी
【白布】 báibù बिना छापे का सफ़ेद कपड़ा
【白不呲咧】 báibucīliē 〈बो०〉 रंगहीन या स्वादहीन; फीका: 这件衣服洗得～的了。यह कपड़ा बार-बार धोने से इस का रंग फीका पड़ गया है। / 酱油放少了，菜～的。यह व्यंजन सोयाबीन के सॉस की कमी के कारण रंगहीन और स्वादहीन लगता है।
【白菜】 báicài चीनी पातगोभी
【白痴】 báichī मूर्ख; बेवकूफ़; बुद्धू; उल्लू का पट्ठा; काठ का उल्लू
【白炽】 báichì श्वेत-ताप; अति उष्णता
【白炽电灯】 báichì diàndēng तापदीप्त लैंप; विद्युत प्रदीप; इंकैन्डेंसेंट लैम्प
【白醋】 báicù सफ़ेद सिरका
【白搭】 báidā 〈बोल०〉 बेकार; अच्छा नहीं: 跟他说也是～。उस से कुछ कहना भी बेकार है।
【白大褂】 báidàguà डॉक्टर का सफ़ेद कोट या पोशाक
【白带】 báidài 〈चिकि०〉 श्वेतस्राव; प्रदर; श्वेतप्रदर
【白蛋白】 báidànbái 〈जीव र०〉 अंडे की सफ़ेदी
【白道】 báidào 〈खगोल०〉 चंद्रमार्ग
【白地】 báidì ❶खाली खेत: 这块～我想种白菜。इस खाली खेत में मैं पातगोभी उगाना चाहता हूं। ❷बिना पेड़, मकान वाली ज़मीन: 村子被烧成～。गांव जलाया जाकर खंडहर बन गया।
【白癜风】 báidiànfēng 〈चिकि०〉 सफ़ेद दाग —— एक त्वचा रोग जिस में शरीर के रुग्न भाग पर सफ़ेद चकते निकल आते हैं, विटिलाइगो
【白丁】 báidīng सामंती समाज के शास्त्रीय उपाधि या सरकारी ओहदे से रिक्त लोग; सामान्य व्यक्ति
【白俄罗斯】 Bái'éluósī बेलारूस
【白俄罗斯人】 Bái'éluósīrén बेलारूसी; बेलारूस-वासी
【白垩】 bái'è शुक्ल शिला धातु; खड़िया मिट्टी; खड़िया; चाक
【白垩纪】 bái'èjì 〈भूगर्भ०〉 क्रिटेशस युग; खटिकामय युग
【白发苍苍】 báifà cāngcāng सफ़ेद बालों वाला; बाल सफ़ेद होना या पकना: ～的老人 पलित केशी वृद्ध; सफ़ेद बालों वाला बुज़ुर्ग
【白矾】 báifán फिटकिरी
【白饭】 báifàn किसी और व्यंजन के बिना पसरा खाली भात (चावल)
【白匪】 báifěi सफ़ेद डाकू; श्वेत दस्यु
【白费】 báifèi व्यर्थ; बेकार होना: ～工夫 समय बरबाद होना; व्यर्थ प्रयत्न करना; अलाभ परिश्रम करना / 六个月的心血～了。छह महीनों के काम पर पानी फिर गया।
【白费唇舌】 báifèi-chúnshé （徒费唇舌 túfèi-chúnshé के समान） बेकार की बातें बनाना
【白费蜡】 báifèilà मोम को व्यर्थ बरबाद करना; समय नष्ट करना
【白粉】 báifěn ❶सफ़ेद पाउडर ❷〈बो०〉 चाक, खड़िया-मिट्टी ❸〈बो०〉 हेरोइन
【白粉病】 báifěnbìng 〈कृ०〉 चूर्णमय भुकड़ी
【白干儿】 báigānr सफ़ेद शराब; श्वेत मद्यसार; श्वेत सुरा
【白宫】 Bái Gōng श्वेत भवन; ह्वाइट-हाउस (अमरीकी राष्ट्रपति का निवास स्थान)
【白骨】 báigǔ मृतकों की सफ़ेद हड्डियां: 君不见青海头，自古无人～收。क्या आप ने नहीं देखीं, नीले समुद्र के किनारे, प्राचीन काल से उघड़ी पड़ी हड्डियां ?
【白骨精】 báigǔjīng पौराणिक कहानी “शी यओ ची” (पश्चिम की तीर्थयात्रा) में वर्णित बहुत चालबाज़ और निष्ठुर पिशाचिनी —— चालबाज़ और निष्ठुर स्त्री
【白果】 báiguǒ 〈वन०〉 गिनको; गिंको; श्वेतफल, चीन में पाया जाने वाला एक वृक्ष जिस के पत्ते पंखे जैसे और फल सफ़ेद होते हैं
【白果儿】 báiguǒr 〈बो०〉 मुर्गी का अंडा
【白鹤】 báihè 〈प्राणि०〉（仙鹤 xiānhè，丹顶鹤 dāndǐnghè भी） श्वेत सारस
【白喉】 báihóu 〈चिकि०〉 कंठरोहिणी; डिफ़्थीरिया
【白狐】 báihú（北极狐 běijíhú भी） आर्कटिक लोमड़ी
【白虎星】 báihǔxīng अंधविश्वास से विपदा उपजाने वाला आदमी
【白花花】 báihuāhuā चमकदार सफ़ेद: ～的胡子 रे-शम जैसी चमकती दाढ़ी / ～的银子 चमकीले सफ़ेद चांदी के सिक्के
【白化病】 báihuàbìng 〈चिकि०〉 श्वेतता, विवर्णता, शरीर का बेरंग होना: ～人 वर्णहीन मनुष्य, जिस की त्वचा सफ़ेद हो और आंखें धूप न सह पाती हों
【白话】[1] báihuà ❶बढ़ा-चढ़ा कर कही गयी बात, आधार-हीन बात: 空口说～ खाली वादा करना ❷गपशप करना
【白话】[2] báihuà आम बोल-चाल की भाषा, देसी ज़बान
【白话诗】 báihuàshī आम बोलचाल की भाषा में लिखी स्वतंत्र छंद-शैली कविता
【白话文】 báihuàwén लेखन-शैली, प्रचलित चीनी भाषा
【白桦】 báihuà 〈वन०〉 भोजवृक्ष, भूर्जवृक्ष, भोजपत्र
【白晃晃】 báihuǎnghuǎng सफ़ेद और प्रकाशमान; च-मकदार और सफ़ेद
【白灰】 báihuī（石灰 shíhuī का सामान्य नाम） चूना; लाइम
【白芨】 báijī 〈ची०चि०〉 पाए ची; हाईसिन्ध ब्लेटीला (hyacinth bletilla) का कंद
【白鱀豚】 báijìtún 〈प्राणि०〉（白鳍豚 báiqítún के समान） चीनी डालफ़िन
【白金】 báijīn ❶प्लेटिनम ❷चांदी का पुराना नाम

【白金汉宫】 Báijīnhàn Gōng बकिंघम प्रासाद, लंदन का राजप्रासाद
【白净】 báijìng सफ़ेद और साफ़: 皮肤～ गोरा
【白酒】 báijiǔ सफ़ेद शराब; श्वेत सुरा, चीनी शराब
【白驹过隙】 báijū-guòxì सरपट दौड़ता छोटा श्वेताश्व पलक मारते ही दीवार की दरार को पार कर जाताहै —— समय बीतते देर नहीं लगती
【白卷】 báijuàn खाली परीक्षा-पत्र; खाली पर्चा: 交～ परीक्षा में खाली परीक्षा-पत्र दे आना; परीक्षा-पत्र कोरा छोड़ देना
【白军】 báijūn श्वेत सेना (1927-1937 ई० चीन में दूसरे क्रांतिकारी गृह-युद्ध की क्वोमिंतांग सेना)
【白开水】 báikāishuǐ सादा उबला हुआ पानी; पक्का पानी
【白口】 báikǒu चीन के क्लासिकी ऑपेरा के संवादों में (बोलचाल की भाषा का प्रयोग)
【白口铁】 báikǒutiě सफ़ेद लोहा
【白蜡】 báilà सफ़ेद मोम; लाख
【白蜡虫】 báilàchóng मोम का कीड़ा
【白镴】 báilà धातुलेप; टांका
【白兰地】 báilándì ब्रांडी (एक प्रकार की विलायती शराब)
【白兰瓜】 báilánguā सफ़ेद खरबूज़ा
【白浪】 báilàng धवल तरंग: ～滔天。उर्ध्वगामिनी धवल तरंगें अम्बर को छूती हैं।
【白痢】 báilì 〈ची०चि०〉 सफ़ेद आंव वाली पेचिश
【白鲢】 báilián 〈प्राणि०〉 सिल्वर कार्प (मत्स्यविशेष)
【白脸】 báiliǎn सफ़ेद चेहरेवाला, चीनी क्लासिकी ऑपेरा का दुष्ट पात्र; खलनायक
【白亮】 báiliàng सफ़ेद और चमकता हुआ: ～的刺刀 चमकती संगीन
【白磷】 báilín 〈रसा०〉 सफ़ेद फ़ॉस्फ़ोरस
【白蛉】 báilíng（白蛉子 báilíngzi भी）बड़मक्खी: ～热 〈चिकि०〉 बड़मक्खी ज्वर
【白领】 báilǐng बाबू लोग; सफ़ेद पोश तबका; श्वेत कॉलर
【白令海】 Báilìnghǎi बेरिंग सागर
【白榴石】 báiliúshí 〈खनिज०〉 श्वेतिजाश्म
【白鹭】 báilù एक प्रकार का बगुला; चूड़बकुल; इग्रेट
【白露】 báilù चौबीस सौरावधियों में से पंद्रहवीं —— श्वेत तुषार, इस का आरंभ सितम्बर की 7, 8 या 9 तारीख से होता है
【白马王子】 báimǎ wángzi श्वेताश्व राजकुमार; वह युवक जो युवतियों का आदर्श हो, जिसे युवतियां चाहती हों
【白茫茫】 báimángmáng अंतहीन सफ़ेदी; सफ़ेदी ही सफ़ेदी दिखाई देना (मेघ, कोहरा, बर्फ़, जल आदि के लिये प्रयुक्त): 雪很大，四下里一片～的。बर्फ़ ज़ोरों से गिर रही है, चारों ओर सफ़ेदी ही सफ़ेदी दिखाई पड़ती है।
【白毛风】 báimáofēng बर्फ़ और तूफ़ान
【白茅】 báimáo 〈वन०〉 कोगोन-ग्रास (cogongrass)
【白茅根】 báimáogēn 〈ची०चि०〉 कोगोनग्रास की जड़
【白煤】 báiméi ❶〈बो०〉 अंगाराश्म; पत्थर का कोयला ❷सफ़ेद कोयला; जलशक्ति
【白蒙蒙】 báiméngméng (धुआं, कोहरा, वाष्प आदि के लिये प्रयुक्त) धुंधला; कुहरीला; कुहरे से ढंका हुआ; धुंध भरा
【白米】 báimǐ पालिश किया हुआ चावल: ～饭 चावल; भात
【白面】 báimiàn मैदा; आटा
【白面儿】 báimiànr हेरोइन
【白面书生】 báimiàn shūshēng युवा पढ़निहार; कांतिहीन विद्वान; बहुत पढ़नेवाला किताबी कीड़ा
【白描】 báimiáo ❶चीनी क्लासिकी चित्रांकन (बिना रंग का अथवा एक क्लासिकी रंग में) ❷एक प्रकार की सरल और सादी लेखन-शैली
【白沫】 báimò फेन: 口吐～ मुंह से फेन निकलना
【白木耳】 báimù'ěr ट्रेमेला (tremella)
【白木香】 báimùxiāng 〈ची०चि०〉 रेफ़ियोलेपिस इण्डिका
【白内障】 báinèizhàng 〈ची०चि०〉 मोतियाबिंद; नेत्र-पटल; जाला
【白嫩】 báinèn (त्वचा) सुन्दर और स्वच्छ, गोरा और कोमल
【白砒】 báipī 〈रसा०〉सफ़ेद संखिया
【白皮书】 báipíshū श्वेतपत्र
【白皮松】 báipísōng एक प्रकार का सनोवर, श्वेतवल्क देवदारु
【白票】 báipiào खाली मतपत्र
【白旗】 báiqí सफ़ेद झंडा; श्वेत ध्वज (आत्मसमर्पण या युद्ध-विराम का संकेत)
【白鳍豚】 báiqítún सफ़ेद पंख वाली डालफ़िन; श्वेत पर शिंशुक; चीनी डालफ़िन
【白铅】 báiqiān（锌 xīn का लोकप्रचलित नाम）यशद; जस्ता
【白前】 báiqián 〈ची०चि०〉 सविता; आक; मदार
【白镪】 báiqiǎng चांदी की पुरानी मुद्रा
【白区】 báiqū श्वेत क्षेत्र (दूसरे क्रांतिकारी गृह-युद्ध 1927-1937 ई० का क्वोमिंतांग अधिकृत क्षेत्र)
【白屈菜】 báiqūcài 〈वन०〉 कुकरौंधा
【白饶】 báiráo ❶मुफ़्त में (निश्चित मात्रा से) अधिक देना ❷〈बो०〉 व्यर्थ प्रयत्न: 干了半天全算～，得打头儿重来。आधा दिन जो काम किया, सब बेकार हो गया, फिर से शुरुआत करनी होगी।
【白热】 báirè श्वेत-ताप; अति उष्णता
【白热化】 báirèhuà तपकर श्वेत पड़ जाना: 斗争～ विवाद का गर्म हो उठना
【白人】 báirén फ़िरंगी; गोरी जाति का आदमी या औरत
【白刃】 báirèn नंगी तलवार
【白刃战】 báirènzhàn दस्त-ब-दस्त लड़ाई; मुठ-भेड़
【白日】 báirì ❶सूरज; सूर्य ❷दिन: ～做梦 दिवास्वप्न
【白日见鬼】 báirì-jiànguǐ（白昼见鬼 báizhòu-jiànguǐ भी）दिन दहाड़े भूत-प्रेत दिखाई देना —— असम्भव बात
【白日撞】 báirìzhuàng दिन दहाड़े चोरी करने वाला

चोर

【白日做梦】 báirì-zuòmèng खाम-खयाली; दिवा स्वप्न; दिन में सपने देखना; हवा में महल बनाना

【白肉】 báiròu मसाले बिना पकाया गया मांस

【白色】báisè ❶सफ़ेद रंग; सफ़ेद; धौरा：～的耕牛 धौरा बैल / ～的奶牛 धौरी गाय ❷श्वेत (प्रतिक्रिया का संकेत)：～政权 श्वेत राजनीतिक सत्ता

【白色恐怖】 báisè kǒngbù श्वेत आतंक

【白色人种】 báisè rénzhǒng गोरी जाति

【白色收入】 báisè shōurù श्वेत आय; नियमित वेतन; धनानुदान आदि श्रमदान

【白色污染】 báisè wūrǎn श्वेत पंकिलता

【白山黑水】 báishān-hēishuǐ छांग पाए शान（长白山 Chángbái Shān）और हेइ-लोंग च्यांग（黑龙江 Hēilóng Jiāng）—— चीन का उत्तर-पूर्वी क्षेत्र

【白鳝】 báishàn सर्प-मीन; जलव्याल; ईल

【白食】 báishí मुफ़्त में मिला भोजन：吃～ मुफ़्त भोजन करना

【白事】 báishì अंत्येष्टि; अंतिम संस्कार; अंत्येष्टि संबंधी काम-काज

【白芍】 báisháo (छाल रहित) पिओनी की जड़

【白手】 báishǒu खाली हाथ： 白手起家

【白手起家】 báishǒu-qǐjiā नाममात्र की बुनियाद से शुरू करना; नगण्य से आरम्भ होना

【白首】 báishǒu 〈लि०〉 बुढ़ापा; वृद्धावस्था：～话当年 वृद्धावस्था में बीते वक्त की पुरानी बातें याद आना

【白薯】 báishǔ शकरकंद; गंजी

【白水】 báishuǐ दे० 白开水 ❷〈लि०〉 स्वच्छ जल

【白水泥】 báishuǐní 〈वास्तु०〉 सफ़ेद सीमेंट

【白送】 báisòng निः शुल्क भेंट करना; सेंत-मेंत भेंट देना

【白苏】 báisū 〈वन०〉 सामान्य पेरिला (perilla)

【白檀油】 báitányóu चंदन का तेल

【白汤】 báitāng बिना मसाले का मांस का सफ़ेद सूप या साग

【白糖】 báitáng चीनी; शक्कर; शर्करा

【白陶】 báitáo 〈पुरा०〉 शांग राजवंश (लगभग 1600-1046 ई०पू०) के श्वेत मृदापात्र; मिट्टी के सफ़ेद बर्तन

【白体】 báitǐ 〈मुद्रण०〉 लीन टाइप

【白天】 báitiān दिन; दिन का समय; दिन के वक्त; दिन में

【白田】 báitián न बोया हुआ खेत; (कहीं-कहीं) बोआई बिना छोड़ दिया गया धान का खेत

【白条】 báitiáo（白条子 báitiáozi भी）अनौपचारिक वचन टिप्पणी： 打～ अनौपचारिक प्रतिज्ञा पत्र लिखकर देना

【白铁】 báitiě सफ़ेद लोहा; जस्तेदार लोहा

【白铁皮】 báitiěpí जस्ती चादर; टीन-प्लेट

【白厅】 Bái Tīng ह्वाइट हाल

【白铜】 báitóng सफ़ेद तांबा; तांबे और निकल की मिश्र धातु： 中国～ त्यूटिनैग

【白头】[1] báitóu बुढ़ापा; वृद्धावस्था

【白头】[2] báitóu हस्ताक्षर रहित; नामहीन

【白头翁】[1] báitóuwēng 〈प्राणि०〉 चीनी बुलबुल

【白头翁】[2] báitóuwēng चीनी वायुवेप की जड़

【白头偕老】 báitóu-xiélǎo पति-पत्नी का जीवन पर्यंत साथ रहना; बुढ़ापे तक एक-दूसरे का साथ देना

【白脱】 báituō मक्खन (अंग्रेज़ी से लिप्यंतरण)

【白玩儿】 báiwánr ❶मुफ़्त खेलना; निशुल्क मनोरंजन ❷कोई काम बड़ी आसानी से कर लेना

【白文】 báiwén ❶सटीक पुस्तक का पाठ ❷किसी पुस्तक का टीकारहित संस्करण ❸(मुहर में) उकेरे गये अक्षर

【白皙】 báixī 〈लि०〉 गोरा और स्वच्छः 肤色～ गौर वर्ण; गोरा चिट्ठा रंग

【白细胞】 báixìbāo 〈श०वि०〉 श्वेताणु; श्वेतकण; श्वेत-सत्त्व; श्वेत रुधिर कणिका

【白鲜】 báixiān 〈वन०〉 एक प्रकार की रोएंदार फल वाली जड़ी-बूटी

【白鲜皮】 báixiānpí 〈ची०चि०〉 उक्त जड़ी-बूटी की जड़ की छाल

【白鹇】 báixián 〈प्राणि०〉 रजत चकोर

【白鲞】 báixiǎng उदर से काट खोलकर सुखाई गयी एक प्रकार की पीली मछली

【白相】báixiàng 〈बो०〉 खेलना; मज़े करना; आनन्द लेना; घूमना; घूमना-फिरना; मटरगश्ती करना

【白相人】 báixiàngrén 〈बो०〉 गुंडा; बदमाश; लफ़ंगा; शोहदा

【白熊】 báixióng 〈प्राणि०〉 सफ़ेद भालू; समुद्री भालू; समुद्र-रीछ; ध्रुवीय रीछ

【白絮】 báixù ❶सफ़ेद कपास (रेशा) ❷〈साहि०〉 बर्फ़ का टुकड़ा; हिमलवः 雪压冬云～飞，万花纷谢一时稀。हिमाच्छादित मेघ शिशिर के उड़ते, ज्यों रेशे कपास के, सुमन सभी झर गये, जो नहीं झरे अल्पमात्र हैं।

【白血病】 báixuèbìng 〈चि०〉 ल्यूकीमिया; श्वेताणुमयता; रक्त में श्वेत कोशिकाओं की संख्या बढ़ जाने की बीमारी

【白血球】 báixuèqiú 〈श०वि०〉 श्वेताणु; श्वेतकण; श्वेतसत्त्व; श्वेत रुधिर कणिका; श्वेत रक्त-कोशिका

【白鲟】 báixún चीनी पैडिल मछली

【白眼】báiyǎn बेरंग आंखें; उपेक्षा की दृष्टिः ～看人 किसी व्यक्ति को उपेक्षा की दृष्टि से देखना; किसी व्यक्ति से तिरस्कारपूर्ण व्यवहार करना / 他斜着～看了看我。उस ने मुझे बेरंग आंखों से देखा।

【白眼儿狼】 báiyǎnrláng कृतघ्न आदमी

【白眼珠】 báiyǎnzhū आंखों की सफ़ेदी

【白羊座】 báiyángzuò 〈खगोल०〉 मेष (राशि)

【白杨】 báiyáng सफ़ेद पोपलर; सफ़ेद चिनार; सफ़ेद हूर

【白药】 báiyào 〈ची०चि०〉 पेइयाओ; श्वेतौषध; रक्तस्राव, घाव, चोट आदि के उपचार के लिये प्रयुक्त एक सफ़ेद चूर्ण

【白页】 báiyè श्वेत-पृष्ठ, फ़ोन-नम्बर पुस्तक में सफ़ेद पृष्ठ

【白夜】 báiyè 〈खगोल०〉 श्वेतरात्रि; सफ़ेद रात

【白衣苍狗】 báiyī-cānggǒu（白云苍狗 भी）श्वेत-जलद क्षण भर में धूसर कुक्कुर में परिणत होते हैं ——

दुनिया के मामलों में बदलाव हमेशा अनिश्चित रहता है

【白衣天使】 báiyī tiānshǐ नर्स का प्रशंसात्मक नाम

【白衣战士】 báiyī zhànshì श्वेतवस्त्र धारी योद्धा, चिकित्सक या नर्स

【白蚁】 báiyǐ दीमक

【白翳】 báiyì 〈ची०चि०〉 फुल्ली; धुंध; नेबुला

【白银】 báiyín चांदी; रजत

【白玉】 báiyù जेड

【白云苍狗】 báiyún-cānggǒu दे० 白衣苍狗

【白云母】 báiyúnmǔ 〈खनिज०〉 सफ़ेद अबरक; श्वेत-अभ्रक; मस्कोवाइट

【白云石】 báiyúnshí 〈खनिज०〉 चूर्णभ्रांगिज; चूर्णभ्राजाश्म; डोलोमाइट

【白斩鸡】 báizhǎnjī एक प्रकार का व्यंजन, पानी में पकाया गया मुर्गा जो छोटे-छोटे टुकड़ों में काटे जाने के बाद सॉस, सिरका आदि के साथ खाया जाता है

【白芷】 báizhǐ 〈ची०चि०〉 डाहुरियन अंजलिका की जड़

【白纸黑字】 báizhǐ-hēizì स्याही से अंकित अकाट्य प्रमाण: 这是～，你必须承认。स्याही से लिखा गया यह प्रमाण तुम्हें मंज़ूर कर लेना चाहिये।

【白种】 báizhǒng गोरी जाति

【白昼】 báizhòu दिन का समय; दिन; दिन में

【白术】 báizhú 〈ची०चि०〉 एक प्रकार की बूटी, जिस की कंद का प्रयोग औषध के रूप में होता है

【白浊】 báizhuó 〈ची०चि०〉 प्रमेह; सूजाक; गोनोरिया

【白字】 báizì भ्रमवश समध्वनि अक्षर का त्रुटिपूर्ण प्रयोग; गलत लिखा या पढ़ा गया अक्षर: 念～ किसी अक्षर का गलत उच्चारण करना; गलत पढ़ना

【白族】 Báizú पाइ जाति (युन्नान प्रांत में रहने वाली एक अल्पसंख्यक जाति)

【白族吹吹腔】 Báizú chuīchuīqiāng पाइ जाति का नाटक या ऑपेरा

【白嘴儿】 báizuǐr 〈बो०〉 बिना किसी व्यंजन के केवल चावल खाना; बिना चावल खाये केवल कोई साग खाना

bǎi

百 bǎi ❶सौ; शत; सदी ❷बहुत; बहुत से; सैकड़ों: 百花齐放 / 百姓

【百般】 bǎibān अनेक उपायों से; हर तरीके से; हर प्रकार से; हर संभव उपाय से: ～辩护 वकालत में एड़ी-चोटी का ज़ोर लगाना / ～抵赖 किसी भी तरह से तथ्य स्वीकार न करना; हर तरह से अपने को बेकसूर बताना

【百宝箱】 bǎibǎoxiāng शत-रत्न संदूक (प्राय: उपमा में प्रयुक्त)

【百倍】 bǎibèi सौ गुना: 提高～警惕 सौ गुनी सतर्कता बढ़ाना

【百弊】 bǎibì ❶सभी प्रकार के दोष; सभी तरह की बुराइयां ❷बहुत सी कमियां; बहुत सी त्रुटियां; ढेरों कठिनाइयां

【百病】 bǎibìng सभी प्रकार के रोग

【百步穿杨】 bǎibù-chuānyáng सौ कदम परे बेद-वृक्ष के पत्ते को निशाना बनाना —— निशाना अचूक होना

【百部】 bǎibù 〈ची०चि०〉 स्तेमोना का कंद

【百尺竿头，更进一步】 bǎichǐ-gāntóu, gènjìn-yībù उत्तरोत्तर प्रगति करना; अपने काम को और आगे बढ़ाना

【百出】 bǎichū 〈अना०〉 बहुत; असंख्य: 错误～。 गलतियां बहुत सी हैं। / 矛盾～。 बहुत सी असंगतियां हैं।

【百川归海】 bǎichuān-guīhǎi सौ जलस्रोत समुद्र की ओर बहते हैं —— सभी वस्तुओं का एक ही दिशा में प्रवृत्त होना; मार्गदर्शन के लिये हर एक का किसी एक व्यक्ति की ओर देखना

【百儿八十】 bǎi'erbāshí 〈बोल०〉 सौ या उस से कुछ कम; लगभग सौ; सौ के आसपास

【百读不厌】 bǎidú-búyàn सौ बार पढ़ने पर भी न ऊबना; बार-बार पढ़ने पर भी न अघाना: 这本书我～。 यह पुस्तक बार-बार पढ़ने पर भी मन नहीं ऊबता।

【百端待举】 bǎiduān-dàijǔ सैकड़ों कामों को पूरा करना शेष रहना; बहुत से काम बाकी पड़े रहना

【百发百中】 bǎifā-bǎizhòng निशाना न चूकना; निशाना अचूक होना; निशाना कभी खाली न जाना: 他打靶时总是～。 चांदमारी में उस का निशाना कभी नहीं चूकता।

【百废俱兴】 bǎifèi-jùxīng (百废具兴 bǎifèi-jùxīng भी) सैकड़ों उपेक्षित कार्य पूरे हो रहे हैं; जो काम पूरे नहीं हुए, अब पूरे हो रहे हैं

【百分比】 bǎifēnbǐ प्रतिशतता; प्रतिशत; फ़ी सदी: 按～计算 प्रतिशतता तय करना / 我厂女工所占的～较高。 हमारे कारखाने में मज़दूरिनों का प्रतिशत अधिक है।

【百分点】 bǎifēndiǎn एक प्रतिशत अंक: 减少一个～ एक प्रतिशत अंक घटना

【百分号】 bǎifēnháo प्रतिशत चिह्न "%"

【百分率】 bǎifēnlǜ प्रतिशतता; प्रतिशत; फ़ी सदी

【百分数】 bǎifēnshù (% से निरूपित) प्रतिशत, जैसे 10%

【百分之百】 bǎi fēn zhī bǎi शत प्रतिशत; सौ फ़ी सदी; सोलह आने: ～的正确 सौ फ़ी सदी ठीक होना; सोलह आने सही / 这事他有～的把握。 इस काम पर उसे पूरा विश्वास है।

【百分制】 bǎifēnzhì शतांक पद्धति

【百感】 bǎigǎn भांति-भांति की भावनाएं; तरह-तरह के विचार: ～交集 दिल में तरह-तरह की भावनाएं पैदा होना

【百合】 bǎihé 〈वन०〉 लिली; कुमुदनी

【百花齐放】 bǎihuā-qífàng सौ फूल खिलें! ——कला-साहित्य के क्षेत्र में विभिन्न रूपों-शैलियों को स्वतंत्र रूप से विकसित होने देने संबंधी वैचारिक आह्वान।

【百花齐放，百家争鸣】bǎi huā–qífàng，bǎi jiā–zhēngmíng सौ फूल खिलें और सौ विचारधाराएं होड़ लें (1956 ई० में चीनी कम्युनिस्ट पार्टी द्वारा प्रस्तावित कलाओं के विकास, ज्ञान-विज्ञान की प्रगति तथा समृद्धिशाली समाजवादी संस्कृति के प्रोत्साहन की नीति

【百花齐放，推陈出新】bǎihuā–qífàng，tuī–chén–chūxīn सौ फूल खिलें, पुरानी खरपतवार दूर हो, नवांकुर फूटें (नाट्य के रूपांतर तथा विकास को लक्षित चीनी कम्युनिस्ट पार्टी की नीति)

【百花争艳】bǎihuā–zhēngyàn（百花争妍 bǎihuā–zhēngyán भी）सैकड़ों फूलों में सुन्दरता की होड़ होना

【百货】bǎihuò सामान्य सामग्री; आम असबाबः日用～ रोज़मर्रा की ज़रूरी चीज़ें

【百货公司】bǎihuò gōngsī डिपार्टमेंट-स्टोर; बड़ी दुकान जिस में सभी प्रकार की वस्तुएं बिकती हैं

【百货商店】bǎihuò shāngdiàn डिपार्टमेंट-स्टोर; जनरल स्टोर; दुकान जिस में विभिन्न प्रकार की बहुत सी विक्रेय सामग्री हो; बिसातखाना

【百家争鸣】bǎi jiā–zhēngmíng ❶वसंत-शरद काल और युद्धरत राज्य काल (770-221 ई०पू०) में विभिन्न विचार संप्रदायों में होड़ ❷सौ विचारधाराओं में होड़ हो

【百脚】bǎijiǎo 〈बो०〉 कनखजूरा; गोजर; शतपदी

【百科全书】bǎikē quánshū विश्वकोश; इनसाइक्लोपीडिया

【百孔千疮】bǎikǒng–qiānchuāng सभी रोगों से त्रस्त; हज़ारों बड़े घावों से ग्रस्त होना; छलनी होना

【百口莫辩】bǎikǒu–mòbiàn（百喙莫辩 bǎihuì–mòbiàn भी）सौ मुंह होते हुए भी सफ़ाई न दे पाना; कोई भी इस की सफ़ाई नहीं दे सकता

【百里挑一】bǎilǐ–tiāoyī सौ में एक; चुनिन्दा; सैकड़ों में से एक

【百炼成钢】bǎiliàn–chénggāng सौ बार तपकर फ़ौलाद बननाः在斗争中～ निरंतर संघर्षों में जूझकर शक्तिशाली बनना

【百灵】bǎilíng 〈प्राणि०〉 लवा; चंडूल; चकावक

【百米赛跑】bǎimǐ sàipǎo 〈खेल०〉 सौ मीटर की दौड़; सौ मीटर का डैश (रपट्टा)

【百慕大】Bǎimùdà बरम्यूदा (द्वीपसमूह)

【百慕大人】Bǎimùdàrén बरम्यूदा (द्वीपसमूह) का निवासी; बरम्यूदाई

【百衲本】bǎinàběn (प्रायः किसी पुरानी पुस्तक का) वह संस्करण या मूल पाठ जिस में विभिन्न प्रकार के संस्करणों या मूल पाठों के चयनित अंश शामिल हों, जैसेः ～《二十四史》"चौबीस इतिहासों" का पाएनापन संस्करण

【百衲衣】bǎinàyī ❶（袈裟 jiāshā भी）कषाय; काषाय संघाटी ❷कपड़ा जिस पर बहुत सी थिगलियां लगी हों

【百乃定】bǎinǎidìng 〈औष०〉 पैनाडिन

【百年】bǎinián ❶सौ साल; बहुत से वर्ष; शताब्दी; बहुत लंबा समयः百年大计 ❷जीवनकाल; आजीवन; ज़िंदगी भरः～之后 〈शिष्ट०〉 देहांत के बाद; चल बसने के बाद; मरने के बाद

【百年不遇】bǎinián–bùyù सौ साल में भी न मिलना; बहुत कम देखना; बहुत कम दिखाई देना

【百年大计】bǎinián–dàjì सौ साल तक बुनियादी महत्व रखने वाला सवाल; वह बुनियादी काम जिस की आने वाली अनेक पीढ़ियों के लिये निर्णायक भूमिका हो

【百年大业】bǎinián dàyè शताब्दी का महान कार्य

【百年纪念】bǎinián jìniàn（百周年纪念 bǎizhōu nián jìniàn भी）शताब्दिमहोत्सव; शतवार्षिक उत्सव; शतवार्षिक जयंति; सौवां जन्मदिवस; जन्मशती; सौवीं वर्षगांठ का; सौवें जन्म-दिवस संबंधी

【百年树人】bǎinián–shùrén योग्य व्यक्ति तैयार करने में सौ साल लगते हैं दे० 十年树木，百年树人 shínián–shùmù，bǎinián–shùrén

【百鸟朝凤】bǎiniǎo–cháofèng सभी पक्षी फ़ीनिक्स का सम्मान करते हैं —— चतुर शासक के शासन में शांति होना

【百日咳】bǎirìké 〈चि०〉 काली खांसी; कुकुरखांसी; अतिकास

【百日维新】Bǎirì Wéixīn 1898 ई० का सुधार आंदोलन 戊戌变法 Wùxū Biànfǎ का पुराना नाम

【百十】bǎishí लगभग सौ; सौ के करीबः ～公斤大米 लगभग सौ किलोग्राम चावल

【百世】bǎishì बहुत सी पीढ़ियांः流芳～ किसी का नाम सौ पीढ़ियों तक प्रचलित रहना; इतिहास में अपना नाम छोड़ना

【百事通】bǎishìtōng सब कुछ जानने वाला; सब कुछ जानने का दावा करने वाला; ज्ञानी

【百思不解】bǎisī–bùjiě सौ बार (या बार-बार) सोचने पर भी समझ में न आना

【百岁老人】bǎisuì lǎorén शतायु; शतवर्षीय व्यक्ति; सौ वर्ष की उम्र का वृद्ध

【百听不厌】bǎitīng–bùyàn सौ-बार सुनने पर भी न ऊबना; बार-बार सुनने योग्य; अत्यंत कर्णप्रियः这个歌～。यह गाना बार-बार सुनने लायक है।

【百万】bǎiwàn दस लाखः 百万富翁

【百万富翁】bǎiwàn fùwēng लखपति; करोड़पति; अरबपति; लक्षाधिपति

【百万雄师】bǎiwàn xióngshī दस लाख वीर सैनिक; कोटि-कोटि वीर सैनिकः～过大江 लाखों बली चमू हमारी कर चुकी महानद पार

【百闻不如一见】bǎi wén bù rú yī jiàn एक बार देखना सौ बार सुनने से भला; अपनी आंखों से देखना सब से विश्वसनीय है; आंखों देखी जानो कानों सुनी न मानो

【百问不厌，百拿不烦】bǎiwèn–bùyàn，bǎi ná–bùfán (दुकानदार या विक्री सहायक का) गाहकों की धैर्यपूर्वक और अथक सेवा करना; ग्राहकों के प्रश्नों का धैर्यपूर्वक उत्तर देना तथा उन्हें उन की आवश्यकता के अनुसार माल दिखाना

【百无禁忌】bǎiwú–jìnjì किसी भी चीज़ की पाबन्दी न होना

【百无聊赖】bǎiwú-liáolài खिन्न; ज़िंदगी से ऊबा हुआ: 在～中我读了这篇小说。खिन्नता से त्राण पाने के लिये मैं ने यह कहानी पढ़ी।
【百无一失】bǎiwú-yīshī गलती होने का खतरा न होना; कोई खतरा न होना; शत-प्रतिशत सुरक्षित होना
【百无一是】bǎiwú-yīshì गलतियां दर गलतियां होना; कुछ भी ठीक न होना: 不要把那篇论文说得～。ऐसा न कहो कि उस निबन्ध में कुछ भी ठीक नहीं है।
【百物】bǎiwù सब प्रकार की वस्तुएं: ～昂贵。सभी चीज़ों का दाम महंगा है।
【百响】bǎixiǎng एक साथ गुंथे हुए छोटे-छोटे (सौ) पटाखों की कड़ी
【百姓】bǎixìng सामान्य जनता; प्रजा; जन साधारण; आम लोग
【百业】bǎiyè सभी काम-धन्धे: ～萧条 सभी काम-धन्धे चौपट हो जाना
【百叶】bǎiyè 〈बो०〉 ❶सोया बीन पनीर की पतली सूखी परत ❷बैल, बकरे आदि पशुओं के पेट का खाने योग्य भाग
【百叶窗】bǎiyèchuāng झिलमिली; चिक; शटर
【百叶窗帘】bǎiyè chuānglián वेनेशियन झिलमिली
【百叶箱】bǎiyèxiāng 〈मौ०वि०〉 थर्मामीटर स्क्रीन
【百依百顺】bǎiyī-bǎishùn（百依百随 bǎiyī-bǎisuí भी）किसी व्यक्ति की इच्छा के विपरीत काम न करना; आज्ञाकारी जो हर मांग मान लेता है चाहे वह ठीक हो या गलत
【百战百胜】bǎizhàn-bǎishèng हर लड़ाई में विजय हासिल करना; सौ बार लड़ाइयां लड़ी जायेंगी, सौ बार जीत हासिल होगी
【百战不殆】bǎizhàn-bùdài बार-बार लड़ाइयां लड़ना; असफल न होना; सर्वजयी होना
【百折不挠】bǎizhé-bùnáo（百折不回 bǎizhé-bùhuí भी）बार-बार ठोकरें खाने के बावजूद हिम्मत न हारना: 用～的毅力 अदम्य संकल्प के साथ; फ़ौलादी इरादे के साथ
【百足之虫，死而不僵】bǎizú-zhīchóng, sǐ'ér-bùjiāng किसी व्यक्ति या संगठन के विफल रहने पर भी उस की शक्ति या प्रभाव का बना रहना

伯 bǎi ताऊ; पिता के बड़े भाई
bó भी दे०

佰 bǎi 百 bǎi का जटिल रूप (गलती और गड़बड़ी से बचने के लिये बैंक-चेक आदि में 百 की जगह प्रयुक्त)

柏 bǎi ❶〈वन०〉 सरू; साइप्रेस ❷（Bǎi）एक कुलनाम
bó; bò भी दे०
【柏树】bǎishù सरू; पाइप्रेस
【柏油】bǎiyóu 沥青 lìqīng का साधारण नाम; अस्फ़ाल्ट
【柏油路】bǎiyóulù डामर की सड़क; अस्फ़ाल्ट की सड़क; पक्की सड़क
【柏油纸】bǎiyóuzhǐ अस्फ़ाल्ट पेपर
【柏子仁】bǎizǐrén 〈ची०चि०〉 प्राच्य आर्बोर्वाइटि (arborvite) का बीज

捭 bǎi 〈लि०〉 विभाजित करना; अलग करना: 纵横～阖 विभिन्न देशों या राजनीतिक दलों का पैंतरे बदलना

摆[1]（擺）bǎi ❶रखना; अच्छी तरह रखना; करीने से रखना: 把东西～在桌子上。चीज़ों को मेज़ पर रखो। / 书柜里～着各种书。अलमारी में विभिन्न प्रकार की पुस्तकें रखी हुई हैं। / ～在桌子中央 मेज़ के बीचों-बीच रखना / 晚饭～出来了。शाम का खाना मेज़ पर लग गया। / 桌子上～着菜。मेज़ पर पकवान परोसे जा चुके थे। / ～问题 सवाल पेश होना ❷दिखाना; प्रकट करना: ～排场 ठाट-बाट दिखाना ❸हिलना; डोलना; झूलना; हिलाना; डोलाना: ～手 हाथ हिलना या हिलाना / 钟摆来回～动。दोलक दायें-बायें हिल रहा है। ❹〈भौ०〉 दोलक; घड़ी की लटकन; पेंडुलम ❺〈बो०〉 बोलना; कहना; बातचीत करना: 把意见～出来 अपनी राय बताना / 摆事实，讲道理

摆[2]（襬）bǎi ❶चोगा, कोट, कमीज़ आदि का निचला भाग: 下～ चोगा, कमीज़, कोट आदि का निचला हिस्सा

摆[3]（擺）bǎi ❶ताए राष्ट्र（傣族）के क्षेत्र में बौद्ध धर्म के अनुष्ठान होने, मेला लगने, अच्छी फ़सल मनाने या कला-संस्कृति से जुड़े कार्यक्रम दिखाने आदि की सार्वजनिक कार्यवाहियों की सर्वोपरि सभा
【摆布】bǎibù ❶प्रबन्ध; सजावट: 这房间～得很好。इस कमरे की सजावट बहुत अच्छी है। ❷उंगालियों पर नचाना: 任人～ दूसरों के पंजे में पड़ना; दूसरों को अपनी उंगलियों पर नचाना
【摆锤】bǎichuí लटकन
【摆荡】bǎidàng हिलना; डुलना; हिलना-डुलना: 随风～ हवा में हिलना-डुलना
【摆荡吊环】bǎidàng diàohuán 〈खेल०〉 स्विंगिंग रिंग्ज़
【摆动】bǎidòng हिलना; डुलना; झूलना; हिलना-डुलना; हिलाना; डोलना; हिलाना-डोलना: 柳枝随风～。बेद वृक्ष की टहनियां हवा में हिल-डुल रही हैं।
【摆渡】bǎidù ❶नाव से पार उतारना; नाव से नदी आदि में आना-जाना ❷नाव; यात्रियों को लाने (ले जाने) वाली नाव; पारक-नौका
【摆渡人】bǎidùrén मल्लाह; केवट; खेवट; खेवनहार
【摆饭】bǎi fàn मेज़ पर भोजन परोसना
【摆放】bǎifàng रखना; अच्छी तरह रखना; चीज़ों को करीने से रखना
【摆份儿】bǎi fènr ठाट-बाट दिखाना; शान बघारना:

他～说…。उस ने शान बघारते हुए कहा …

【摆供】 bǎigòng बलि देना; पुजापा चढ़ाना

【摆好】 bǎihǎo किसी की खूबियां बताना या पेश करना: 评功～ किसी व्यक्ति के गुणों का बखान करना

【摆划】 bǎihua 〈बो०〉 प्रबन्ध करना: 他心里在想怎么～这件事。उस ने सोचा, इस बात का प्रबन्ध कैसे किया जाय। ❷मरम्मत करना: 这表让他～好了。इस घड़ी की मरम्मत उस ने की।

【摆晃】 bǎihuàng हिलना; डुलना; झूलना; हिलाना; डोलना: 醉汉～着走去。पियक्कड़ आदमी लड़खड़ाता चला गया।

【摆架子】 bǎi jiàzi इठलाना; इतराना; रोब जमाना; रोब दिखाना; शान दिखाना; गर्व से ऐंठना: 摆知识分子架子 पंडिताई जताना या बघारना / 摆老爷架子 (दूसरों के सामने) शान बघारना / 摆出一副阔人的架子 ठाट-बाट दिखाना

【摆件】 bǎijiàn सजावटी दस्तकारी

【摆酒】 bǎijiǔ दावत देना; भोजन कराना: ～款客 अतिथियों को छककर भोजन कराना; अतिथियों को दावत देना

【摆开阵势】 bǎikāi zhènshì रण क्षेत्र में व्यूहबद्ध होना; लड़ने के लिये तैयार होना

【摆款儿】 bǎi kuǎnr दे० 摆架子

【摆阔】 bǎikuò आडंबर दिखाना; ठाट-बाट दिखाना; तड़क-भड़क दिखाना; शान-शौकत दिखाना

【摆老资格】 bǎi lǎozīgé बहुत तजुरबेकार होने की शेखी बघारना

【摆擂台】 bǎi lèitái ❶लोगों को युद्ध-कुशल की होड़ के मंच पर आमंत्रित करना ❷होड़ में शामिल होने का खुला निमंत्रण देना

【摆列】 bǎiliè रखना; करीने से रखना; दिखाना; प्रदर्शित करना

【摆龙门阵】 bǎi lóngménzhèn 〈बो०〉 गपशप करना; कथा बांचना

【摆轮】 bǎilún (摆盘 bǎipán भी) समतोलन चक्र

【摆门面】 bǎi ménmiàn बाहरी तड़क-भड़क दिखाना; शान-शौकत के साथ पेश आना

【摆弄】 bǎinòng ❶किसी चीज़ को आगे-पीछे करना: ～玩具 खिलौने को आगे-पीछे चलाना ❷उंगलियों से छूना (टटोलना); अपनी उंगलियों पर नचाना ❸कोई काम करना

【摆排场】 bǎi páichǎng ठाट-बाट दिखाना; शान-शौकत दिखाना

【摆平】 bǎipíng ❶निष्पक्ष होना; तरफ़दारी न करना: ～关系 लोगों के साथ व्यवहार में पक्षपात न करना ❷〈बो०〉 दण्ड देना

【摆谱儿】 bǎipǔr 〈बो०〉 ❶दे० 摆门面 ❷दे० 摆架子

【摆设】 bǎishè (मकान, कमरे आदि को) सजाना; (मेज़, कुर्सी आदि को) सुसज्जित करना: 房间里～得很整齐。कमरे में मेज़, कुर्सियां आदि सुसज्जित हैं।

【摆设】 bǎishe ❶सजावटी चीज़ें (विशेषकर आनंददायक हस्तशिल्प सामग्री): 这屋里的～很雅致。इस कमरे की सज्जा सुरुचिपूर्ण है। ❷सजावट: 这儿的老板是～。यहां के मालिक को यहां की एक सजावट ही समझो।

【摆事实，讲道理】 bǎi shìshí, jiǎng dàoli तथ्यों को पेश कर तर्क द्वारा अपनी बात सिद्ध करना; तथ्य पेश करना और तर्क-वितर्क करना

【摆手】 bǎishǒu हाथ हिलाना; हाथ नचाना; हाथ हिलाकर किसी व्यक्ति को कोई कार्य करने का संकेत देना: 他向我摆了摆手，叫我不要说话。उस ने हाथ हिलाकर मुझे न कहने को कहा।

【摆摊子】 bǎi tānzi (摆摊儿 bǎitānr भी) ❶सड़क के किनारे खोमचा लगाना ❷〈अना०〉 आडंबर फैलाना, शाह-खर्ची करना

【摆头】 bǎitóu सिर हिलाना

【摆脱】 bǎituō (कठिनाई, बन्धन, बुरी हालत आदि से) छूट जाना: ～危机 संकट से छूट जाना / 他～了财富的魔爪。वह दौलत के पंजे से छूट गया है। / ～枷锁 जुआ उतार फेंकना

【摆尾】 bǎiwěi दुम हिलाना

【摆样子】 bǎi yàngzi दिखावट; दिखावा: 他的检讨不是～，是认真的。उस की आत्मालोचना सही है, दिखावा नहीं।

【摆针】 bǎizhēn (पैमाने, मापनी आदि पर निर्देश की) सुई; संकेतक

【摆治】 bǎizhì 〈बो०〉 ❶देखभाल करना; देखरेख करना: 猫病了，他～好了。बिल्ली बीमार हो गयी, उस की देखरेख से ठीक हो गयी। ❷सताना; कसना; पीसना; कष्ट पहुंचाना; यातनाएं देना: 你把我～得好苦啊！ तुम ने मुझे बुरी तरह सताया है! ❸उंगलियों पर नचाना; पंजे में पड़ना: 上了人家圈套，就得听人～。दूसरों के जाल में फंस जाने पर उन की उंगालियों पर नाचना ही पड़ता है।

【摆钟】 bǎizhōng दोलक वाली घड़ी; पेंडुलम क्लॉक

【摆轴】 bǎizhóu (天心 tiānxīn, 摆杆 bǎigǎn भी) (घड़ी के गतिनियामक चक्र का) मुख्य ध्रुव

【摆桌】 bǎi zhuō दावत देना

【摆子】 bǎizi 〈बो०〉 मलेरिया; शीतज्वर; हिमज्वर

bài

呗 (唄) bài 梵～ 〈बौद्धधर्म〉 कर्मकांड पुस्तक पढ़ने की ध्वनि

bei भी दे०

败 (敗) bài ❶हारना; हार खाना; पराजित होना: 战争的胜～ युद्ध में हार और जीत / ～军之将 पराजित सेना का सेनापति ❷पराजित करना: 大～敌军 शत्रु सेना को बुरी तरह पराजित करना ❸असफल होना 事业的成～ कार्य की सफलता और असफलता ❹बिगाड़ देना; खराब कर देना: 事情都～在他手里。उस ने सारा

मामला बिगाड़ दिया। ❺हटाना; मिटाना; निष्फल करना; खत्म करना; दूर करना; नाश करना: 败毒 ❻सड़ना; झड़ना; खराब होना: 这花的叶子～不～? इस फूल की पत्तियां झड़ती हैं या नहीं? ❼गंवाना; बरबाद करना: 万贯家财都～在他手里。उस ने अपने ही घर की लाखों की सम्पति बरबाद कर दी। / ～光家业 घर बरबाद करना या होना; बापदादों की कमाई पर झाड़ू फेरना

【败北】 bàiběi 〈लि०〉 हारना; पराजित होना

【败笔】 bàibǐ चीनी अक्षर लिखते सगय कूची का त्रुटिपूर्ण आघात; चित्र का सदोष भाग; लेख या कविता में भूलवश प्रयुक्त सदोष पद; नाटक, सिनेमा आदि का सदोष अंग

【败壁】 bàibì सीलन के कारण पलस्तर छोड़ने वाली दीवार

【败兵】 bàibīng पराजित सेना; हारी हुई फ़ौज

【败草】 bàicǎo विशीर्ण तृण; सूखी घास; मुरझायी हुई घास; कुम्हलायी घास: ～残花 मुरझाई घास और फूल

【败毒】 bàidú 〈ची०चि०〉 शरीर के अंदरूनी ताप या ज्वर को बाहर निकालना

【败坏】 bàihuài बिगड़ना; बिगाड़ना; डुबाना; नष्ट करना या होना; बरबाद करना या होना; खराब करना या होना; भ्रष्ट करना या होना: ～门风 कुलमर्यादा को डुबाना / ～纪律 अनुशासन भंग करना / 道德～ नैतिक पतन; नैतिक दृष्टि से पतित होना / ～名誉 बदनाम करना; नाम को बट्टा लगाना; अपयश कमाना

【败火】 bàihuǒ 〈ची०चि०〉 शरीर की अन्दरूनी तपन या जलन को साफ़ करना

【败绩】 bàijì 〈लि०〉 युद्ध में पराजित होना

【败家】 bàijiā घरेलू धन को नष्ट करना

【败家子】 bàijiāzǐ अपव्ययी; फ़िज़ूलखर्च; उड़ाऊ; पैसा बरबाद करने वाला

【败将】 bàijiàng पराजित सेनापति; हारा हुआ सेनापति; शिकस्त खाया हुआ सेनापति: 你是我手下～。तुम तो मेरे द्वारा पराजित सेनापति हो।

【败局】 bàijú पराजय की स्थिति; हार की स्थिति: ～已定。पराजय की स्थिति निश्चित है।

【败军】 bàijūn ❶पराजित सेना; हार खाने वाली फ़ौज: ～之将 पराजित सेना का सेनापति ❷अपनी सेना को पराजय की स्थिति में लाना: ～亡国 अपनी सेना को पराजित होने देना और अपने राज्य का विनाश करना

【败类】 bàilèi कृमि-कीट; नाबदान का कीड़ा: 民族～ राष्ट्रीय कलंक

【败露】 bàilù पर्दाफ़ाश होना; भांडा फूटना: 阴谋～ साजिश का पर्दाफ़ाश होना

【败落】 bàiluò (धन, पद आदि का) पतन होना; पतन की ओर बढ़ना: 一个封建家庭的～ एक सामंतवादी परिवार का पतन

【败色】 bàisè (रंग आदि का) फीका पड़ना; उड़ जाना; हल्का पड़ना

【败诉】 bàisù मुकदमे में हारना; मुकदमे में पराजित होना

【败退】 bàituì सेना का पराजित होकर पीछे हटना; सेना का हारकर मोर्चा छोड़ना

【败亡】 bàiwáng पराजित होकर विनष्ट होना

【败胃】 bàiwèi (अधिक भोजन करने, कोई विशेष खाद्य-सामग्री या औषध खाने से) पेट खराब होने पर खाने की इच्छा न होना

【败谢】 bàixiè मुरझाना; झड़ना

【败兴】 bàixìng ❶निराशा से; अप्रसन्नता से: 乘兴而来，～而归。(व्यक्ति) प्रसन्नतापूर्वक आया है पर निराश होकर लौट गया।

【败絮】 bàixù फटा-पुराना कपड़ा: 金玉其表，～其中。ऊंची दुकान, फ़ीका पकवान

【败血症】 bàixuèzhèng 〈चिकि०〉 रक्तविषाक्तता; सेप्टिकीमिया; खून की खराबी

【败叶】 bàiyè सूखी और झड़ी हुई पत्तियां: 枯枝～ सूखी डालियां और झड़ी हुई पत्तियां

【败意】 bàiyì 〈लि०〉 निराश लगना; निराशा होना

【败仗】 bàizhàng पराजय; हार: 打～ पराजित हो जाना / 吃～ मात या हार खाना

【败阵】 bàizhèn लड़ाई में हार जाना; मोर्चे पर पराजित होना: ～而逃 लड़ाई में हारकर भाग खड़ा होना / (लड़ाई, वाद-विवाद, प्रतियोगिता आदि में) हार खाना; हार जाना

【败子】 bàizǐ अपव्ययी पुत्र; पापी; आवारा: ～回头 पापी का पश्चात्ताप करना

【败走】 bàizǒu हारकर भाग जाना

拜 bài ❶पूजा करना; (किसी के सामने) माथा टेकना; चरण छूना: ～佛 बुद्ध की मूर्ति की पूजा करना; बुद्ध की मूर्ति के आगे माथा टेकना; बुद्ध की मूर्ति के चरण छूना ❷प्रणाम; अभिवादन; नमस्कार: ～年 नये साल के अवसर पर मुबारकबाद कहना; पुराने पंचांग के नववर्ष में किसी को राम-जोहार करना / ～他吧! इन्हें प्रणाम करो! ❸किसी व्यक्ति से भेंट करना; किसी व्यक्ति से मिलने जाना; मुलाकात करना: 有人来～你来了。कोई तुम से मिलने आया है। ❹किसी व्यक्ति को खिताब, पद आदि प्रदान करना; नियुक्त करना: ～将 किसी व्यक्ति को मुख्य सेनापति नियुक्त करना / ～相 किसी व्यक्ति को प्रधान मंत्री नियुक्त करना; किसी व्यक्ति को प्रधान मंत्री की उपाधि प्रदान करना ❺किसी व्यक्ति को अपना मास्टर, भाई आदि स्वीकार करना: ～老师 किसी व्यक्ति को अपना शिक्षक मानना ❻〈शिष्ट०〉 (अधिकतर क्रिया के पहले प्रयुक्त): ～托 किसी को काम सौंपना / ～谢 किसी को धन्यवाद देना ❾(Bài) एक कुलनाम

【拜把子】 bài bǎzi मित्र होने की शपथ दिलाना या लेना

【拜拜】 bàibai ❶पुराने ज़माने में स्त्रियों के प्रणाम की पद्धति (万福 wànfú भी) ❷〈बो०〉 किसी उत्सव या भगवान बुद्ध के जन्म-दिवस के दिन रथ-यात्रा करना या दावत देना ❸नमस्कार; फिर मिलेंगे

【拜别】 bàibié (拜辞 bàicí भी) 〈शिष्ट०〉 विदा होना; विदा लेना; अलविदा कहना

【拜忏】 bàichàn 〈धर्म〉 प्रायश्चित करने के लिये बौद्ध साधु या ताओ धर्म के पुजारी से पूजा-पाठ करवाना

【拜赐】 bàicì दे० 拜领
【拜倒】 bàidǎo किसी के सामने माथा टेकना
【拜读】 bàidú 〈आदर०〉 आदर के साथ पढ़ना: ～大作 किसी व्यक्ति की कृति को आदरपूर्वक पढ़ना
【拜访】 bàifǎng 〈आदर०〉 (किसी व्यक्ति से) मिलने (भेंट करने, मुलाकात करने) जाना; किसी के दर्शन करने जाना या आना
【拜佛】 bàifó बुद्ध की पूजा करना
【拜服】 bàifú 〈आदर०〉 अत्यधिक प्रशंसा करना
【拜贺】 bàihè 〈आदर०〉 अभिवादन करना: ～新年 नये साल के अवसर पर बधाई देना
【拜候】 bàihòu 〈आदर०〉 (मिलने, भेंट करने, मुलाकात करने) जाना (आना), दर्शन करने जाना (आना)
【拜会】 bàihuì (प्रायः कूटनीतिक भाषा में) भेंट करने (दर्शन करने) जाना (आना)
【拜火教】 Bàihuǒjiào 〈धर्म〉 ज़रथुस्त्र पंथ; ज़रथुस्त्रवाद; पारसी धर्म (祆教 Xiānjiào, 琐罗亚斯德教 Suǒluó-yàsīdéjiào भी)
【拜火教徒】 Bàihuǒjiàotú ज़रथुस्त्र पंथी; ज़रथुस्त्र-वादी; पारसी; आतिशपरस्त; अग्निपूजक
【拜见】 bàijiàn 〈आदर०〉 भेंट करना; दर्शन करना: ～师长 गुरु, शिक्षक से भेंट करना
【拜节】 bàijié किसी उत्सव के अवसर पर बधाई देना
【拜金主义】 bàijīnzhǔyì मुद्रापूजा
【拜客】 bàikè किसी व्यक्ति से मिलने, भेंट करने या मुलाकात करने जाना
【拜聆】 bàilíng 〈आदर०〉 किसी व्यक्ति के विचार सुनने का आनंद पाना
【拜领】 bàilǐng 〈आदर०〉 धन्यवाद देकर भेंट स्वीकार करना
【拜门】 bàimén ❶किसी से भेंट कर उसे धन्यवाद देना ❷औपचारिक रूप से किसी गुरु का शिष्य बनना
【拜盟】 bàiméng दे० 拜把子
【拜年】 bàinián नये साल के अवसर पर किसी व्यक्ति को मुबारकबाद कहना
【拜认】 bàirèn विधि अनुसार किसी व्यक्ति को अपना संबंधी (ग्राह्य पिता या माता) बनाना; किसी को अपना गुरु बनाना
【拜扫】 bàisǎo 〈आदर०〉 मृतक की समाधि को दण्डवत् करना
【拜上】 bàishàng 〈आदर०〉 〈लि०〉 (प्रायः पत्र के अंत में पत्र लिखने वाले के नाम के साथ प्रयुक्त) आदर प्रकट करने के लिये सिर झुकाना
【拜神】 bàishén ईश्वर की आराधना करना
【拜师】 bàishī किसी को अपना शिक्षक (गुरु) मानना (बनाना): 拜工农为师 किसानों और मज़दूरों को अपना गुरु मानना
【拜识】 bàishí 〈आदर०〉 पहली बार किसी से मिलना; किसी को पहली बार जानना: ～尊颜，不胜欣喜。आप के दर्शन करके मुझे बड़ी प्रसन्नता हुई।
【拜寿】 bàishòu किसी वृद्ध व्यक्ति के जन्मदिवस पर उसे दीर्घजीवन की शुभकामना देना
【拜堂】 bàitáng (拜天地 bài tiāndì भी) 〈पुराना〉 वर-वधू का ब्याह की रीति पूरी करना
【拜托】 bàituō 〈आदर०〉 किसी व्यक्ति को कोई काम सौंपना; सुपुर्द करना: ～您买样东西。कृपया आप मेरे लिये एक चीज़ खरीद लाएं।
【拜望】 bàiwàng 〈आदर०〉 भेंट (दर्शन, मुलाकात) करना
【拜物教】 bàiwùjiào जड़पूजा; जड़पूजावाद; जड़पूजा का सिद्धांत; अंधश्रद्धः 商品～ विक्रयवस्तु
【拜物教徒】 bàiwùjiàotú जड़पूजक; जड़पूजावादी; जड़पूजा के सिद्धांत का अनुयायी
【拜谢】 bàixiè 〈आदर०〉 धन्यवाद देना; शुक्रिया अदा करना: 登门～ किसी को उस के घर जाकर धन्यवाद देना; किसी के घर जाकर कृतज्ञता प्रकट करना
【拜谒】 bàiyè ❶किसी से औपचारिक रूप से भेंट करना ❷(कीर्ति-स्तम्भ, समाधि आदि के सामने) श्रद्धांजलि अर्पित करना
【拜占庭帝国】 Bàizhàntíng Dìguó बाइज़ेंटिन सा-म्राज्य; बैज़ेन्तिया साम्राज्य, पूर्वीय रोमन साम्राज्य

稗 bài ❶बाड़ा; बखार का बाड़ा ❷〈लि०〉 तुच्छ; क्षुद्र; मामूली; नाचीज़; निरर्थक: 稗史
【稗官野史】 bàiguān-yěshǐ कथाओं की पुस्तकें; आ-ख्यान संग्रह
【稗记】 bàijì कथाओं की पुस्तकें
【稗史】 bàishǐ ❶अनौपचारिक इतिहास ❷कथाओं की पुस्तकें
【稗子】 bàizi 〈वन०〉 बाड़ा; बखार का बाड़ा

鞴 (韛) bài 〈बो०〉 भाथी; धौंकनी; भस्त्रा: 风～ भाथी; धौंकनी / ～拐子 धौंकनी का हत्था (दस्ता)

bai

呗 bai 〈लघु०अ०〉 呗 bei के समान

bān

扳 bān खींचना; अपनी ओर खींचना: ～道岔 रेल की पटरी की कैंचियां खींचना / ～枪机 बंदूक के घोड़े को पीछे खींचना / ～成平局 खेल में जीत-हार का आंकड़ा बराबर करना
【扳本】 bānběn पहले हारकर फिर जीत जाना
【扳不倒儿】 bānbùdǎor 〈बोल०〉 टम्बलर (खिलौना विशेष)
【扳道】 bāndào रेल की पटरी की कैंचियां खींचना

【扳道工】bāndàogōng（扳道员 bāndàoyuán भी）पाइंट्समैन; स्विचमैन; रेल के कांटों का कार्यभारी

【扳机】 bānjī बंदूक का घोड़ा

【扳手】 bānshou ❶पेच-कस; हथकल; स्पैनर; रेन्च ❷मशीन का लीवर

【扳闸】 bānzhá रेल का पथान्तरण

【扳指儿】 bānzhir जेड से बनी अंगूठे की मुंदरी, जो कभी तीरंदाज़ी के समय दायें हाथ के अंगूठे पर पहनी जाती थी और बाद में एक आभूषण बन गयी

【扳子】 bānzi हथकल; पेचकस; स्पैनर; रेन्च

攽 bān <लि०> बांटना; बंटना; देना; वितरित करना

班 bān ❶क्लास; टीम; दल; कक्षा; दर्जा; वर्ग： 甲乙两～ क्लास (कक्षा) अ और ब / 一～ दल नं० एक ❷शिफ़्ट; ड्यूटी; पाली： 白～ दिन की पाली / 三～倒 तीन पालियों में काम करना ❸<सैन्य०> स्क्वाड; दल; टुकड़ी; दस्ता： 三～ स्क्वाड नं० तीन ❹नाट्य दल; नाटक-मंडली ❺<परि०श०> ①लोगों का दल; व्यक्तियों का समुदाय： 这～人干得很起劲。इस दल के लोग बड़े ज़ोर-शोर से काम कर रहे हैं। ②जहाज़, रेल, बस, हवाई-जहाज़ आदि यातायात-साधनों के लिये प्रयुक्त： 十路公共汽车每隔五分钟一～。बस नं० दस हर पांच मिनट में आती है। / 他乘下一～飞机走。वह अगले हवाई-जहाज़ से जाएगा। ❻निश्चित समय पर आने-जाने वाली गाड़ी, हवाई-जहाज़ आदि： 班车 / 班机 ❼सेना को संचालित करना या वापस बुलाना： 班师 ❽（Bān） एक कुलनाम

【班巴拉语】 Bānbālāyǔ बम्बारा भाषा

【班白】 bānbái 斑白 bānbái के समान

【班驳】 bānbó 斑驳 bānbó के समान

【班禅喇嘛】 Bānchán Lǎma पानछान लामा; पंचन लामा

【班车】 bānchē नियमित कार या बस

【班次】 bāncì ❶स्कूल में कक्षाओं या दर्जों का क्रम ❷बारी; आवृत्ति; नियमित समय पर आने-जाने वाली बस, रेल आदि की बारी： 增加火车～ रेल की आवृत्ति बढ़ाना

【班底】 bāndǐ ❶<पुराना> नाटक-मंडली में मुख्य अभिनेता और अभिनेत्री के इतर बाकी अभिनेता और अभिनेत्री; सामान्य पात्र-वर्ग ❷किसी संगठन के बुनियादी सदस्य; कार्यकर्ता-वर्ग

【班房】 bānfáng ❶<पुराना> यामन（衙门 सरकारी दफ़्तर）में संदेशवाहक ❷<बोल०> जेल： 坐～ जेल भेजना; जेल काटना; कारावास भोगना

【班机】 bānjī एयर लाइनर; नियमित वायु सेवा

【班级】 bānjí स्कूल में क्लास (कक्षा) और ग्रेड (दर्जे)

【班加罗尔】 Bānjiāluó'ěr बंगलोर

【班轮】 bānlún नियमित यात्री या माल जहाज़

【班门弄斧】 bānmén-nòngfǔ लू पान（鲁班 प्राचीन काल के एक मशहूर बढ़ई）के सामने अपना कुठार कौशल दिखाना —— किसी विशेषज्ञ के सामने प्रदर्शित साधारण कौशल

【班配】 bānpèi 般配 bānpèi के समान

【班期】 bānqī पानी के जहाज़, हवाई-जहाज़ आदि के चलने का निश्चित समय： ～表 समय-सूची; टाइम-टेबुल; समय-सारिणी; समयतालिका

【班师】 bānshī <लि०> सेना को लौटा लेना： 得胜～ विजयी होने के बाद सेना की वापसी

【班头儿】 bāntóur दल का नेता

【班图人】 Bāntúrén बांटू

【班图语】 Bāntúyǔ बांटू (भाषा)

【班长】 bānzhǎng ❶क्लास-मानीटर ❷<सैन्य०> स्क्वाड लीडर; हवलदार; जमादार ❸कार्यदल का नेता

【班主】 bānzhǔ <पुराना> नाटक-मंडली का नेता

【班主任】 bānzhǔrèn (स्कूल में) क्लास-टीचर; कक्षाध्यापक; कक्षाध्यापिका

【班子】 bānzi ❶<पुराना> नाटक-मंडली; अभिनेताओं का दल ❷कोई सुसंगठित दल： 生产～ उत्पादन लक्ष्य को पूरा करने के लिये संगठित दल / 领导～ नेतृत्व-दल

【班组】 bānzǔ (कारखाने आदि में) टीम और दल： ～会 टीमों और दलों की बैठक / 优秀～ श्रेष्ठ टीम और दल

般1 bān प्रकार; तरह; भांति： 这～ इस प्रकार; इस तरह / 兄弟～的情谊 भाईचारे की भावना

般2 bān 搬 bān के समान
bō भी दे०

【般度族】 Bāndùzú（般度五子 Bāndùwǔzǐ भी）पांडव; पांडु के पांच पुत्र (महाभारत)

【般配】 bānpèi अच्छा जोड़ा; वर और वधू का अनुकूल होना： 不～ के योग्य न होना / 这一对挺～的。यह जोड़ा बहुत अनुकूल है।

【般遮罗国】 Bānzhēluó Guó पांचाल देश (महाभारत)

【般遮尸罗】 bānzhēshīluó（五戒 wǔjiè，五项原则 wǔxiàng yuánzé भी）पंचशील

【般遮越师】 bānzhēyuèshī（五年大会 wǔniándàhuì भी）पंचवार्षिक परिषद： 作～ पंचवार्षिक परिषद बुलाना

颁（頒）bān जारी करना या होना; आदेश निकालना： 命令昨～。कल आदेश जारी हुआ। / 制～宪法 संविधान बनाना और उसे जारी करना

【颁白】 bānbái दे० 斑白 bānbái

【颁布】 bānbù आदेश जारी करना या होना： ～警律 पुलिस-आदेश जारी होना / ～法令 कानूनी फ़रमान जारी करना

【颁发】 bānfā ❶जारी करना या होना; आदेश आदि निकालना： ～嘉奖令 प्रशस्ति-आदेश जारी करना ❷प्रदान करना： ～奖章 पदक प्रदान करना

【颁奖】 bānjiǎng पुरस्कार, पारितोषक, कप, योग्यता-प्रमाण-पत्र आदि प्रदान करना

【颁示】 bānshì <लि०> प्रदर्शित करना; दिखाना

【颁行】 bānxíng अमल में लाने के लिये जारी करना

斑 bān ❶धब्बा; दाग; चित्ती; धब्बा और धारी: ～点 धब्बा; दाग ❷धब्बेदार; दागदार; चितकबरा; धारीदार: ～竹 चितकबरा बांस / ～鹿 चीतल / ～马 ज़ेबरा

【斑白】 bānbái (班白 bānbái, 颁白 bānbái भी) (दाढ़ी या बाल का) खिचड़ी होना: 他的头发已经～了。उस के बाल खिचड़ी हो गये हैं।

【斑斑】 bānbān ढेर से धब्बे या दाग: 血迹～ खून के बहुत से धब्बे या दाग लगना या लगाना

【斑鬓】 bānbìn कनपटी के बालों का खिचड़ी होना

【斑驳】 bānbó (班驳 bānbó भी) 〈लि०〉 चित्र-विचित्र; रंग-बिरंगा; विभिन्न रंगों का; नाना वर्ण: 渍痕～的墙壁 दीवार पर जगह-जगह धब्बे उभर आये थे।

【斑驳陆离】 bānbó-lùlí रंग-बिरंगा; रंगीन

【斑翅山鹑】 bānchì shānchún 〈प्राणि०〉 तीतर; तित्तिर

【斑点】 bāndiǎn धब्बा; दाग; चित्ती

【斑痕】 bānhén निशान; चिह्न

【斑鸠】 bānjiū 〈प्राणि०〉 वनकपोत; जंगली कबूतर

【斑斓】 bānlán 〈लि०〉 रंग-बिरंगा; भड़कीले रंग वाला: 色彩～ रंगों की रेलपेल / ～的蝴蝶 रंग-बिरंगी तितलियां

【斑羚】 bānlíng 〈प्राणि०〉 गोराल

【斑鹿】 bānlù 〈प्राणि०〉 चीतल; चीतर

【斑马】 bānmǎ 〈प्राणि०〉 ज़ेबरा

【斑马线】 bānmǎxiàn ज़ेबरा क्रासिंग; चौराहे पर पैदल चलने वालों के लिये सड़क पार करने की सफ़ेद धारियों वाली जगह

【斑蝥】 bānmáo 〈प्राणि०〉 एक प्रकार की सूखी चीनी मक्खी; कैंथाराइड्स

【斑铜矿】 bāntóngkuàng 〈खनि०〉 मयूरायस्क; तांबा और लोहा मिली हुई कच्ची धातु

【斑秃】 bāntū 〈चि०〉 केशाभाव; गंजापन; खल्वाट रोग

【斑纹】 bānwén धब्बा और धारी: 斑马是一种似马的有～的动物。ज़ेबरा घोड़े जैसा एक धारीदार चौपाया है।

【斑岩】 bānyán 〈भूगर्भ०〉 आग्नेय शिला; पोर्फ़िरी; प्रकेलास

【斑疹】 bānzhěn 〈चिकि०〉 मैकूला

【斑疹伤寒】 bānzhěn shānghán 〈चिकि०〉 टायफ़स; सन्निपात ज्वर

【斑竹】 bānzhú 〈वन०〉 चितकबरा बांस

搬 bān ❶हटाना; ले जाना; हटा ले जाना; विस्थानित करना; स्थान परिवर्तन करना या होना: 把石头～开。इस चट्टान को हटा ले जाओ। / 把椅子～出去。कुर्सियां बाहर ले जाओ। / 堂倌～上酒菜。बैरे ने शराब और नमकीन लाकर मेज़ पर रख दी। / ❷मकान बदलना: 他在去年～走了。पिछले साल उस का मकान बदल गया। ❸यांत्रिक रूप से प्रयोग करना; अंधाधुंध तौर पर प्रयोग करना: 硬～外语 विदेशी अभिव्यक्तियों को यांत्रिक रूप से अपनी भाषा में शामिल कर लेना / 硬～古人的作品 पूर्ववर्तियों की कृतियों को अपनी रचना में आरोपित करना

【搬兵】 bānbīng (搬救兵 bān jiùbīng भी) कुमक बुलाना; सहायता के लिये अनुरोध करना

【搬不倒儿】 bānbùdǎor दे० 扳不倒儿 bānbùdǎor

【搬动】 bāndòng हटाना; ले जाना; स्थान बदलना

【搬家】 bānjiā ❶गृह-परिवर्तन करना; निवास-स्थान बदलना; मकान बदलना ❷स्थानांतरण करना; स्थान बदलना

【搬开】 bānkāi हटाना: 把桌子～。मेज़ को यहां से हटाओ।

【搬弄】 bānnòng ❶चलाना; हिलाना; खेलना: ～乐器 बाजा बजाना / ～枪栓 बंदूक के घोड़े से खेलना

【搬弄是非】 bānnòng-shìfēi फूट के बीज बोना; विरोध भड़काना

【搬起石头打自己的脚】 bānqǐ shítou dǎ zìjǐde jiǎo किसी बड़े पत्थर को उठाकर खुद अपने ही पांव तोड़ बैठना; एक विशाल पत्थर उठाकर अपने ही पैर तोड़ डालना

【搬迁】 bānqiān स्थान बदलना

【搬舌头】 bān shétou 〈बो०〉 दे० 搬弄是非

【搬嗦】 bānsuō भड़काना; उकसाना; दुष्प्रेरणा करना

【搬演】 bānyǎn बीती हुई बात या दूसरे स्थान की घटनाएं फिर से प्रदर्शित करना

【搬移】 bānyí हटाना; ले जाना; स्थान बदलना; स्थानांतरण करना: 商店～ दुकान का स्थानांतरण करना; दुकान का स्थान बदलना

【搬用】 bānyòng यांत्रिक रूप से अनुकरण करना: 盲目～ जाने बूझे बिना अनुकरण करना; अन्धानुकरण करना

【搬运】 bānyùn वहन करना; ढोना; (माल आदि को) एक स्थान से दूसरे स्थान पर ले जाना: ～货物 माल को एक स्थान से दूसरे स्थान तक ले जाना

【搬运工人】 bānyùn gōngrén भारवाहक; परिवहन मज़दूर; ट्रांसपोर्ट मज़दूर; पोर्टर; बन्दरगाह या गोदी का मज़दूर

【搬指】 bānzhi दे० 扳指儿 bānzhir

斒 bān नीचे दे०

【斒斓】 bānlán 斑斓 bānlán के समान

瘢 bān क्षत-चिह्न; जले या कटे भाग के ठीक हो जाने के बाद रह गया निशान

【瘢痕】 bānhén शरीर के जले या कटे भाग के ठीक हो जाने के बाद छूट गया निशान; चिन्ह

癍 bān 〈चिकि०〉 त्वचा पर धब्बे, दाग या चकत्ते पड़ना

bǎn

坂（阪）bǎn 〈लि०〉 ढलान; ढाल; उतार： 如丸走～ जैसे गोले ढाल पर तेज़ी से नीचे लुढ़कते हैं —— शीघ्रता से विकसित होने की स्थिति

板 1 bǎn ❶पट; पटरी; तख्ता; फलक： 木～ लकड़ी का तख्ता (पटरा) / 钢～ लोहे की चादर / 水泥～ कंक्रीट स्लैब / 石～ पत्थर की सिल्ली ❷(दुकान का) किवाड़; शटर： 上～儿 किवाड़ लगाना या लगना ❸ब्लैक-बोर्ड; श्यामपट्ट： ～书 श्यामपट्ट पर लिखना ❹〈खेल०〉 (क्रिकेट, बेसबाल, टेबुल-टेनिस आदि का) बैट; बल्ला ❺〈संगी०〉 चीन के परम्परागत संगीत या ऑपेरा में ताल देने के लिये प्रयुक्त क्लैपर्स： 檀～ चंदन की लकड़ी के क्लैपर्स ❻〈संगी०〉 ताल; गति： 快～ द्रुत ताल; तीव्र गति / 慢～ मंद या धीमी ताल / 行～ ऐंडैंति; धीरे चलने वाला ❼कड़ा; पट जैसा कड़ा： 地～了，不好锄。 खेत की मिट्टी इतनी कड़ी है कि खोदना मुश्किल है। ❽अस्वाभाविक： 你这张相片有点～了。 इस फ़ोटो में तुम अस्वाभाविक से लगते हो। ❾गंभीर： ～起面孔 गम्भीर दिखाई पड़ना; खिन्न दिखना / 他～着脸不说话。 वह माथे पर बल डालकर चुप ही रहा।

板 2（闆）bǎn दे० 老板 lǎobǎn दुकानदार; मालिक

【板板六十四】 bǎnbǎn liùshísì 〈बो०〉 बेलोच; जो अनुकूलन के अयोग्य हो; जो लचीला न हो

【板报】 bǎnbào ब्लैकबोर्ड बुलेटिन （黑板报 hēibǎnbào का संक्षिप्त रूप）

【板壁】 bǎnbì काष्ठभित्ति; तख्त-बन्दी; तख्तों से बनी दीवार

【板擦儿】 bǎncār ब्लैक-बोर्ड पोंछने के लिये प्रयुक्त ब्रुश

【板车】 bǎnchē समतल गाड़ी

【板床】 bǎnchuáng तख्त; बिना गद्दे का तख्ता

【板锉】 bǎncuò समतल रेती

【板荡】 bǎndàng 〈लि०〉 राजनीतिक स्थिति का गड़बड़ होना; समाज का अस्थिर होना; समाज में अशांति होना

【板凳】 bǎndèng लकड़ी की बेंच या स्टूल

【板斧】 bǎnfǔ कुल्हाड़ा

【板鼓】 bǎngǔ ताल देने के लिये प्रयुक्त एक प्रकार का ढोल

【板胡】 bǎnhú 〈संगी०〉 बानहू, गज से बजाया जाने वाला दोतारा चीनी बाजा जिस के लकड़ी या बांस से बने नाल पर लकड़ी की पतली पट्टी लगी होती है

【板画】 bǎnhuà दे० 版画 bǎnhuà

【板结】 bǎnjié मिट्टी का सख्त होना

【板块】 bǎnkuài 〈भूगर्भ०〉 पट्ट; पट्टिका; प्लेट

【板块构造学】 bǎnkuài gòuzàoxué 〈भूगर्भ०〉 भूगर्भ रचना शास्त्र; प्लेट टेकटोनिक्स

【板栗】 bǎnlì 〈वन०〉 चीनी शाहबलूत का वृक्ष या उस का फल

【板棚】 bǎnpéng लकड़ी के पटरों से छाकर बनाया गया स्थान

【板皮】 bǎnpí 〈रण्य०〉 स्लैब; शिला; शिलापट्ट

【板球】 bǎnqiú 〈खेल०〉 क्रिकेट का खेल ❶क्रिकेट की गेंद

【板上钉钉】 bǎnshàng-dìngdīng निश्चित बात; ऐसी बात जिस में वाद-विवाद या परिवर्तन के लिये कोई गुंजाइश न हो; इस का और दूसरा उपाय नहीं है; यह अपरिवर्तनीय है

【板实】 bǎnshí 〈बो०〉 ❶(मिट्टी) कड़ा और ठोस होना ❷(पुस्तक की जिल्द, कपड़े आदि) चिकना और कड़ा ❸(प्रायः वृद्ध व्यक्ति के लिये प्रयुक्त) (स्वास्थ्य) बहुत अच्छा

【板式】 bǎnshì चीनी ऑपेरा संगीत के द्रुत और मंद ताल रूप

【板书】 bǎnshū ❶ब्लैकबोर्ड पर लिखना ❷ब्लैकबोर्ड पर लिखे गये शब्द： 他的～很漂亮。 उस के ब्लैकबोर्ड पर लिखे शब्द बहुत सुन्दर हैं।

【板刷】 bǎnshuā सफ़ाई के लिये प्रयुक्त रगड़ने या मलने वाला ब्रुश

【板条】 bǎntiáo 〈वास्तु०〉 लकड़ी की पट्टी

【板条箱】 bǎntiáoxiāng कांच सामग्री, फल आदि की ढुलाई के लिये लकड़ी आदि का खुला बक्स या फ़्रेम

【板瓦】 bǎnwǎ एक प्रकार की टाइल

【板鸭】 bǎnyā दाबकर बनाई गयी सूखी नमकीन बतख

【板牙】 bǎnyá ❶〈बो०〉 चौक का दांत; छेदन दंत; काटने वाला दांत ❷〈बो०〉 दाढ़; चबाने वाला दांत; चर्वणदंत; चर्वणक ❸〈यां०〉 स्क्रू डाय; थ्रेडिंग डाय

【板烟】 bǎnyān (तंबाकू का) तंबाकू की टिकिया

【板岩】 bǎnyán 〈भूगर्भ०〉 शिलापट्ट, स्लेट

【板眼】 bǎnyǎn ❶〈संगी०〉 परम्परागत चीनी संगीत में स्वराघात या स्वराघातहीन ताल-मात्रा; ताल; लय： 一板三眼 एक ताव में एक स्वराघात और तीन स्वराघातहीन मात्राएं ❷विधि; प्रथा; पद्धति： 他做事很有～。 वह बहुत नियमपूर्वक काम करता है। ❸〈बो०〉 उपाय; तरीका; युक्ति： 我们组里他～多。 हमारे दल में वह उपायकुशल है।

【板油】 bǎnyóu सूअर के गुर्दे की चर्बी

【板羽球】 bǎnyǔqiú ❶〈खेल०〉 बैटलडोर और शटलकाक का खेल ❷शटलकाक

【板障】 bǎnzhàng ❶बाधा पार करने के अभ्यास के लिये प्रयुक्त काष्ठभित्ति जैसी वस्तु ❷〈बो०〉 काष्ठभित्ति; तख्तबंदी; तख्तों से बनी दीवार

【板正】 bǎnzhèng ❶सुव्यवस्थित; स्वच्छ; साफ़-सुथरा; बाकायदी ❷(प्रवृत्ति, भावना आदि) संजीदगी; व्यवहार की गंभीरता

【板纸】 bǎnzhǐ कागज़ की अनेक परतों को चिपका कर बनाया गया गत्ता; दफ़्ती

【板滞】 bǎnzhì (लेख, चित्र आदि) रूखा; सुस्त, अनाकर्षक

【板筑】 bǎnzhù दे० 版筑 bǎnzhù

【板子】 bǎnzi ❶लकड़ी का तख्ता या तख्ती ❷〈पुराना〉

शारीरिक दण्ड देने के लिये प्रयुक्त बांस या लकड़ी का डंडा

版 bǎn ❶प्रिंटिंग प्लेट; मुद्रण-पट्टिका: 珂罗～ कोलोटाइप / 制～ छपाई की प्लेटें बनाना ❷संस्करण: 修订～ संशोधित संस्करण / 初～ प्रथम संस्करण ❸(समाचार-पत्र का) पृष्ठ: 第二～ पृष्ठ 2; पेज 2 ❹मिट्टी की दीवार बनाने के लिये प्रयुक्त लकड़ी का पटरा: 版筑

【版本】 bǎnběn (एक ही पुस्तक के भिन्न रूपों, जिल्दों, प्रकाशकों आदि के कारण उत्पन्न) संस्करण: 出几种～ कई संस्करण प्रकाशित होना या करना

【版次】 bǎncì संस्करण का क्रम, जैसे प्रथम संस्करण, द्वितीय संस्करण आदि

【版画】 bǎnhuà काष्ठोत्कीर्णन, काष्ठ-चित्र, लकड़ी पर नक्काशी

【版籍】 bǎnjí 〈लि०〉 ❶भूमि, परिवार आदि की पंजी ❷(सामान्य अर्थ में) प्रादेशिक भूमि; राज्य-क्षेत्र ❸पुस्तकें

【版刻】 bǎnkè लेख या चित्र का काष्ठोत्कीर्णन; लकड़ी पर नक्काशी

【版口】 bǎnkǒu（版心 bǎnxīn，页心 yèxīn भी） काष्ठ-टाइप की पुस्तक के फ़्रेम के बीचोंबीच की लाइन

【版面】 bǎnmiàn ❶(पुस्तक, समाचार-पत्र, पत्रिका आदि के) पूरे पृष्ठ की जगह ❷उक्त पृष्ठ पर लेख या चित्रों का अभिरूप: ～设计 अभिरूप

【版纳】 bǎnnà 〈पुराना〉 ताए अल्पसंख्यक जाति के क्षेत्र में काउन्टी के बराबर की शासन-इकाई, जो वर्तमान में काउन्टी ही कहलाती है

【版权】 bǎnquán कापीराइट; स्वत्वाधिकार: ～所有，不准翻印。सर्वाधिकार सुरक्षित।

【版权页】 bǎnquányè कापीराइट पेज; कृतिस्वामित्व पृष्ठ

【版式】 bǎnshì पुस्तक का बाह्य रूप

【版税】 bǎnshuì अधिकारशुल्क; रायल्टी

【版图】 bǎntú शासनक्षेत्र; क्षेत्र: ～广大 क्षेत्र का विशाल होना

【版心】 bǎnxīn ❶पुस्तक आदि में हर पृष्ठ का वह भाग जिस पर लेख, चित्र आदि मुद्रित हो ❷版口

【版筑】 bǎnzhù 〈लि०〉〈वास्तु०〉 ❶（板筑 bǎnzhù भी）मिट्टी की दीवार बनाने के लिये प्रयुक्त लकड़ी के पटरे और मूसल ❷भवननिर्माण कार्य

钣（鈑）bǎn धातु की चादर: 钢～ लोहे या इस्पात की चादर / 铝～ एल्युमिनियम की चादर

舨 bǎn दे० 舢板 shānbǎn सांपान

蝂 bǎn 蝜蝂 fùbǎnचीनी किंवदंती में वर्णित एक प्रकार का कीड़ा जिसे बोझ ढोना पसन्द है

bàn

办（辦）bàn ❶करना; प्रबन्ध करना: 怎么～呢? क्या करें ? / 我有点事得～一～。मुझे कुछ काम करने हैं। / 你瞧着～吧。जो उचित हो, करो। ❷चलाना; संचालन करना: ～学 विद्यालय चलाना; स्कूलों का संचालन करना / ～好报纸 किसी अखबार को अच्छी तरह चलाना / ～杂志（刊物）पत्रिका निकालना; पत्रिका का संपादन करना ❸खरीदना; तैयार करना: ～货 माल खरीदना; माल तैयार करना / ～嫁妆 दहेज तैयार करना ❹दण्ड देना: ～罪 दण्ड देना; सज़ा देना / 严～ किसी को कड़ी सज़ा देना / 首恶必～。मुख्य अपराधियों को अवश्य दण्ड दिया जाएगा।

【办案】 bàn'àn ❶मामले, मुकदमे, अपराध काण्ड आदि का निपटारा करना ❷अपराधी को पकड़ना या गिरफ़्तार करना

【办报】 bànbào समाचार-पत्र चलाना; समाचार-पत्र का संचालन-संपादन करना

【办到】 bàndào काम करने में सक्षम होना: 这事他们是办不到的。ये लोग यह काम नहीं कर सकते। / 只要我办得到，我一定办。जहां तक मेरे बस में होगा, मैं ज़रूर करूंगा।

【办法】 bànfǎ रास्ता; मार्ग; चारा; उपाय; तरीका: 想～ रास्ता सूझना / 我有什么～? मेरा क्या बस ? / 我们能想个什么～呢? इस का हम क्या उपाय करें ? / 这是个老～。यह एक पुराना तरीका है। / 在这里他一点～也没有。यहां उस का कोई बस नहीं।

【办公】 bàngōng दफ़्तर में काम करना: 你在哪里～? तुम कहां काम करते हो ? तुम्हारा दफ़्तर कहां है ?

【办公大楼】 bàngōng dàlóu ऑफ़िस-बिल्डिंग; दफ़्तर इमारत; कार्यालय-भवन

【办公费】 bàngōngfèi दफ़्तर का खर्च, कार्यालय-व्यय

【办公时间】 bàngōng shíjiān कार्य-समय; दफ़्तर का वक्त: 你～来。दफ़्तर के वक्त आओ!

【办公室】 bàngōngshì कार्यालय; ऑफ़िस; दफ़्तर

【办公厅】 bàngōngtīng आम दफ़्तर; जनरल ऑफ़िस

【办公桌】 bàngōngzhuō डेस्क; दराज़दार मेज़

【办公自动化系统】 bàngōng zìdònghuà xìtǒng कार्यालय स्वचलितीकरण पद्धति; ऑफ़िस आउटोमेशन सिस्टम

【办货】 bànhuò माल खरीदना; माल तैयार करना

【办结】 bànjié मामले, मुकदमे आदि खत्म करना

【办理】 bànlǐ करना; प्रबन्ध करना; संचालन करना; इंतज़ाम करना; निपटाना: 这事请您去～一下。आप यह काम निपटाएं / ～各种入学手续 विद्यालय में भरती की विविध औपचारिकताएं निपटाना

【办事】 bàn shì काम करना; कार्य निपटाना; मामला चलाना: 太急了，事办不好。जल्दबाज़ी करने से कोई

लाभ नहीं होगा।
【办事处】 bànshìchù कार्यालय; दफ़्तर; दफ़्तरखाना; ऑफ़िस
【办事机构】 bànshì jīgòu कार्यालय; दफ़्तर; ऑफ़िस
【办事员】 bànshìyuán कर्मचारी; क्लर्क
【办事组】 bànshìzǔ प्रशासन-विभाग
【办学】 bàn xué स्कूलों का संचालन करना; विद्यालय चलाना
【办置】 bànzhì खरीदना; क्रय करना
【办罪】 bànzuì दण्ड देना; सज़ा देना

半 bàn ❶आधा; अर्द्ध (अर्ध): ～年 आधा साल / 一年～ डेढ़ साल / ～月刊 अर्धमासिक पत्रिका ❷में; के बीच; के मध्य में: ～夜 आधी रात में / ～空中 आकाश में ❸बहुत कम: 一知～解 अल्पज्ञान; ऊपरी जानकारी ❹अपूर्ण: ～成品 आधा तैयार माल / ～开的 अधखुला / ～生的 अधपका / ～建交 अधकूटनीतिक संबंध
【半百】 bànbǎi पचास: 年过～ उम्र पचास साल से ज़्यादा होना
【半…半…】 bàn…bàn… (इस का प्रयोग दो विलोम शब्दों के पहले होता है और ये दो स्थितियों के सह अस्तित्व का भाव प्रकट करता है): ～真～假 आधा सच, आधा झूठ / ～躺～坐 अधलेटा, अधबैठा / ～信～疑 आधा विश्वास, आधी शंका / ～饥～饱 आधे पेट रहना, आधे पेट खाकर जीना
【半半拉拉】 bànbanlālā अपूर्ण, अधूरा: 活干得～的就扔下了。काम अधूरा रहा और छोड़ दिया गया।
【半辈子】 bànbèizi अर्द्ध-जीवनकाल; आधी ज़िंदगी: 前（上）～ बीता हुआ अर्द्ध-जीवनकाल / 后（下）～ शेष अर्द्ध-जीवनकाल
【半壁江山】 bànbì-jiāngshān（半壁河山 bànbì héshān भी）आधा देश; आधा राज्य (प्रायः आक्रमण तले दबे देश के उस भाग की ओर संकेत किया जाता है जिस पर दुश्मन का कब्ज़ा न हो पाया हो)
【半边】 bànbiān ❶किसी वस्तु का आधा भाग: 这块地～种黄瓜，～种土豆。इस खेत के आधे भाग में खीरा बोयी जाएगी और बाकी आधे भाग में आलू। / 病人的左～身子已经瘫痪了。रोगी के शरीर का बायां आधा भाग सुन्न हो गया है।
【半边莲】 bànbiānlián 〈ची०चि०〉 चीनी लोबेलिया; चीनी नलोत्तम; चीनी वमघास
【半边人】 bànbiānrén 〈बो०〉 विधवा; रांड
【半边天】 bànbiāntiān ❶आधा आकाश; आकाश का एक भाग ❷नये समाज की महिलाएं: 妇女能顶～。महिलाएं आधे आकाश को थाम सकती हैं।
【半彪子】 bànbiāozi धृष्ट व्यक्ति; उद्दंड आदमी
【半病子】 bànbìngzi वह जिस की तबीयत अच्छी न हो; विशिष्ट श्रेणी रोगी मज़दूर जो आधा समय काम और आधा समय आराम करता हो
【半…不…】 bàn…bù… (इस का प्रयोग 半…半… की तरह होता है पर इस में घृणा की भावना शामिल रहती है): 半明不暗 बहुत अधिक प्रकाशमान न होना; अंधेरा सा होना
【半长靴】 bànchángxuē हाफ़ बूट
【半场】 bànchǎng 〈खेल०〉 ❶आधी पारी: 下～ अगली आधी पारी; दूसरी आधी पारी ❷(बास्केट बाल आदि में) आधा पाला
【半成品】 bànchéngpǐn आधा तैयार माल
【半大】 bàndà मध्यम आकार का; बड़ा-सा: ～桌子 मध्यम आकार की मेज़ / ～小子 किशोर, छोकरा
【半大不小】 bàndà-bùxiǎo वह जो अभी प्रौढ़ न हो पर जिस की आयु बालकों से ऊपर हो
【半导体】 bàndǎotǐ ❶〈भौ०〉 अर्ध-संवाहक; सेमी-कण्डक्टर; ट्रांजिस्टर ❷दे० 半导体收音机
【半导体收音机】 bàndǎotǐ shōuyīnjī ट्रांजिस्टर; ट्रांजिस्टर रेडियो
【半岛】 bàndǎo प्रायद्वीप; उपद्वीप; जजीरा
【半道儿】 bàndàor दे० 半路
【半点】 bàndiǎn बहुत कम: 知识的问题是一个科学问题，来不得～的虚伪和骄傲。ज्ञान एक वैज्ञानिक वस्तु है और इस मामले में ज़रा भी बेईमानी या घमण्ड की इजाज़त नहीं दी जा सकती।
【半佃农】 bàndiànnóng अर्ध-कृषक
【半吊子】 bàndiàozi ❶आवेगशील व्यक्ति ❷अल्पज्ञ; अपूर्ण ज्ञान रखने वाला; अधकचरा ❸संजीदगी से काम न करने वाला; बिना विचारे काम करने वाला
【半独立】 bàndúlì अर्धस्वाधीन: ～地位 अर्ध-स्वाधीनता की स्थिति
【半封建】 bànfēngjiàn अर्ध-सामंती
【半疯儿】 bànfēngr अर्धपागल
【半复赛】 bànfùsài 〈खेल०〉 एट्थ-फ़ाइनल्स
【半工半读】 bàngōng-bàndú आधे समय काम और आधे समय पढ़ाई
【半公开】 bàngōngkāi अधखुला
【半官方】 bànguānfāng अर्ध-सरकारी
【半官方团体】 bànguānfāng tuántǐ अर्ध-सरकारी मंडली
【半规管】 bànguīguǎn 〈श०वि०〉 अर्द्धवृत्ताकार नली
【半机械化】 bànjīxièhuà अर्ध-मशीनीकरण
【半价】 bànjià आधा मूल्य; आधे मूल्य में: ～出售 आधे मूल्य में बेचना
【半截】 bànjié अर्धभाग; आधा: ～黄瓜 आधा खीरा / 话说了～儿。जो वह कहना चाहता था, उस ने केवल उस का आधा कहा।
【半斤八两】 bànjīn-bāliǎng एक के पास छह हैं तो दूसरे के पास आधा दर्जन —— दोनों में कोई अंतर नहीं (प्रायः निंदा या अनादर के अर्थ में प्रयुक्त)
【半径】 bànjìng त्रिज्या; व्यासार्ध
【半决赛】 bànjuésài 〈खेल०〉 सेमी-फ़ाइनल्स
【半军事化】 bànjūnshìhuà अर्ध-सैनिक; अर्ध-सैन्य
【半开】 bànkāi ❶(द्वार) अधखुला ❷(फूल) अधखिला ❸(पानी) अध-उबला

【半开化】bànkāihuà अर्धसभ्य
【半开门儿】bànkāiménr 〈बो०〉 अधखुला दरवाज़ा —— बिना अनुज्ञा काम करने वाली या अपंजीकृत वेश्या
【半空】bànkōng（半空中 bànkōngzhōng भी）आकाश में; अधर में
【半拉】bànlǎ 〈बो०〉 आधा：～梨 आधी नाशपाती / ～黄瓜 आधी ककड़ी
【半劳动力】bànláodònglì（半劳力 भी）ऐसे लोग जो सिर्फ़ (खेती के) हल्के काम करने के योग्य हों
【半老徐娘】bànlǎo-xúniáng अधेड़ आयु की आकर्षक महिला
【半流体】bànliútǐ अर्द्धतरल; चिपचिपा; लसदार
【半路】bànlù रास्ते में; आधे रास्ते में：～上下起雨来了。रास्ते में पानी बरसने लगा।
【半路出家】bànlù-chūjiā आधा जीवन बिताने के बाद गृहत्याग करके बौद्ध भिक्षु या भिक्षुणी बनना —— एक नया अनजान पेशा अपनाना
【半面之交】bànmiànzhījiāo वह व्यक्ति जिसे पहले केवल एक बार देखा हो
【半裸体】bànluǒtǐ अधनंगा
【半盲症】bànmángzhèng 〈चि०〉 अर्द्धान्धता
【半农半读】bànnóng-bàndú आधा समय खेतीबारी और आधा समय पढ़ाई
【半票】bànpiào आधे दाम का टिकट
【半瓶醋】bànpíngcù（半瓶子醋 भी）आधा बोतल सिरका —— अपूर्ण ज्ञानवाला; अधूरी जानकारी रखने वाला
【半破产】bànpòchǎn अर्ध-दिवालियापन
【半旗】bànqí आधा झुका झंडा; मृत व्यक्ति के सम्मान में झंडे को आधी ऊंचाई तक फहराना
【半球】bànqiú गोलार्द्धः 南～ दक्षिणी गोलार्द्ध / 西～ पश्चिमी गोलार्द्ध
【半人半鬼】bànrén-bànguǐ आधा मनुष्य और आधा भूत —— अमानुषिक; वह जो अमानवीय परिस्थिति में रहता हो
【半人马座】bànrénmǎzuò 〈खगोल०〉 एक नक्षत्र; नराश्विका
【半日制学校】bànrìzhì xuéxiào आधे दिन का स्कूल
【半晌】bànshǎng 〈बो०〉 ❶आधा दिन：后～ दिन का बाकी आधा भाग ❷बड़ी देर तक; बहुत लंबा समय：他来了～一句话也不说。आने के बाद बहुत देर तक वह कुछ नहीं बोला।
【半晌午】bànshǎngwu 〈बोल०〉 मध्याह्न के थोड़े पहले; लगभग मध्याह्न
【半身】bànshēn अर्द्धांग; आधी देह; आधा शरीर
【半身不遂】bànshēn bùsuí 〈चि०〉 पक्षाघात; लकवा; आधे बदन का फ़ालिज
【半身像】bànshēnxiàng ❶सिर से कमर तक का फ़ोटो या चित्र ❷अर्ध-प्रतिमा (मूर्ति); ऊर्ध्वकाय मूर्ति (प्रतिमा); सिर और धड़ की मूर्ति; बस्ट
【半生】bànshēng आधा जीवनकाल：前～ जीवन का पहला आधा भाग
【半生不熟】bànshēng-bùshú ❶अधपका; अधकचरा; गदरा ❷अनभ्यस्त：～的外语 अधकचरी विदेशी भाषा
【半失业】bànshīyè आधा बेरोज़गार
【半世】bànshì आधा जीवनकाल
【半世纪】bànshìjì अर्द्धशताब्दी
【半熟练】bànshúliàn अर्द्धकुशल; अर्द्धप्रवीण; अर्द्धदक्ष
【半数】bànshù आधा; अर्ध-; अर्द्ध-：～以上 आधे से अधिक / ～人口 नीमआबादी
【半衰期】bànshuāiqī 〈भौ०〉 अर्ध-जीवन
【半睡半醒】bànshuì-bànxǐng अर्द्धनिद्रा; अर्द्धसुप्तावस्था
【半死】bànsǐ अधमरा; मृत-प्रायः：被打得～ पिटकर अधमरा हो जाना
【半死不活】bànsǐ-bùhuó अधमरा; अधमुआ; मृतप्राय; अर्द्ध-जीवित
【半天】bàntiān ❶आधा दिन：上～ दिन का पूवार्ध; सुबह / 下～ दिन का उत्तरार्द्ध; दोपहर ❷लंबा समय; बड़ी देर：他～才出来。बड़ी देर तक वह बाहर आया।
【半头】bàntóu ❶आधा सिर：低～ सिर आधा नीचा करना ❷आधा टुकड़ा; आधा हिस्सा; आधा भाग
【半透明】bàntòumíng अर्ध-पारदर्शी
【半透明纸】bàntòumíngzhǐ अतिसूक्ष्म कागज़
【半途】bàntú 〈लि०〉 रास्ते में; आधे रास्ते में
【半途而废】bàntú'érfèi आधे में (आधे रास्ते पर) ही रुकना (छोड़ देना); काम अधूरा छोड़ देना：做事不要～ काम का आधे रास्ते पर न रुकना
【半推半就】bàntuī-bànjiù दिखावटी इनकार करना; नखरा करना
【半吞半吐】bàntūn-bàntǔ चबा-चबाकर बातें करना; पूरी बात न कहना
【半脱产】bàntuōchǎn आधे समय अपने काम से मुक्ति
【半文盲】bànwénmáng अर्ध-निरक्षर
【半无产阶级】bàn wúchǎnjiējí अर्धसर्वहारा वर्ग
【半瞎】bànxiā अर्द्धान्ध; अन्धप्राय
【半夏】bànxià 〈ची०चि०〉 पिनेलिया का कन्द
【半硝革】bànxiāogé पशु-चर्म; क्रस्ट लेदर
【半心半意】bànxīn-bànyì अन्यमनस्कता से
【半新不旧】bànxīn-bùjiù अर्धनव; पुराना न होकर नया भी न होना; न नया न पुराना
【半信半疑】bànxìn-bànyí आधा विश्वास और आधी शंका; अपूर्ण विश्वास
【半歇】bànxiē लंबा समय; बड़ी देर
【半星儿】bànxīngr ज़रा भी; ज़रा साः 他的话里没有～怀疑。उस की बात में ज़रा भी शंका नहीं है।
【半休】bànxiū आधा दिन काम न करना
【半袖】bànxiù अधबंहियाः ～衬衫 अधबंहिया कमीज़
【半掩门儿】bànyǎnménr अधखुला दरवाज़ा ——दे० 半开门儿
【半腰】bànyāo मध्यः 山～ पहाड़ के मध्य में; पहाड़

के बीचोंबीच
【半夜】bànyè मध्यरात्रि; आधी रात; आधी रात का समय
【半夜三更】bànyè-sāngēng गहरी रात में; देर रात: 他～还在干活。वह देर रात तक काम करता है।
【半音】bànyīn 〈संगी०〉 अर्द्धस्वर
【半音音阶】bànyīn yīnjiē 〈संगी०〉 गीत की सरगम (जिस में श्रुतियां हों)
【半影】bànyǐng आंशिक ग्रास; खण्डच्छाया; उपच्छाया: ～锥 उपच्छाया शंकु; खण्डच्छाया शंकु
【半元音】bànyuányīn 〈ध्वनि०〉 अर्धस्वर
【半圆】bànyuán अर्द्धवृत; अर्धगोल
【半月】bànyuè अर्धमास; पखवाड़ा; पंद्रह दिन का समय
【半月瓣】bànyuèbàn 〈श०वि०〉 अर्द्धचन्द्राकार; वाल्व; सेमील्यूनर-वाल्व
【半月刊】bànyuèkān पाक्षिक पत्रिका; अर्धमासिक पत्रिका
【半月形】bànyuèxíng अर्द्धचन्द्राकार; अर्द्धचन्द्राकृति; अर्धगोलाकार
【半载】bànzǎi 〈परिव०〉 आधी ढुलाई
【半真半假】bànzhēn-bànjiǎ आधा सच, आधा झूठ
【半知识分子】bàn zhīshi fènzǐ अर्धबुद्धिजीवी
【半殖民地】bànzhìmíndì (अर्द्ध-) उपनिवेश
【半制品】bànzhìpǐn दे० 半成品
【半中腰】bànzhōngyāo मध्य; बीच: 山的～有所别墅。पहाड़ के मध्य में एक बंगला है।
【半周刊】bànzhōukān अर्द्ध साप्ताहिक पत्र (पत्रिका)
【半子】bànzǐ पुत्री का पति; जामाता; दामाद
【半自动】bànzìdòng अर्धस्वचालित; सेमी आटोमेटिक
【半自动步枪】bànzìdòng bùqiāng अर्धस्वचालित राइफ़ल; सेमी आटोमेटिक राइफ़ल
【半自动化】bànzìdònghuà अर्धस्वचालन
【半自耕农】bànzìgēngnóng अर्ध भूमिधर-किसान; अर्ध आसामी-किसान

扮 bàn ❶भेष बनाना; अभिनय करना; भूमिका अदा करना: 他～一个工人。उस ने एक मज़दूर का अभिनय किया। / 他～作一个学生。उस ने एक विद्यार्थी का वेश धारण किया। ❷चेहरे पर कोई भाव दिखाना: 扮鬼脸
【扮鬼脸】bàn guǐliǎn ऐसा मुंह बनाना जिस से हंसी छूटती हो; चेहरा बनाना, मुंह बिचकाना
【扮酷】bànkù बहुत अच्छा अलंकृत करना
【扮靓】bànliàng अलंकृत करके सुन्दर बनाना
【扮戏】bànxì ❶सज्जा-श्रृंगार आदि कर किसी पात्र का अभिनय करना ❷〈पुराना〉 नाटक खेलना
【扮相】bànxiàng अभिनेता या अभिनेत्री का वह रूप जो सज्जा-श्रृंगार से प्रकट हो: 他的～很好。सज्जा-शृंगार से निखरा उस का रूप बहुत ही अच्छा है।
【扮演】bànyǎn पार्ट अदा करना; भूमिका निभाना; अभिनय करना; खेलना: 他在《西游记》里～猴子孙悟空。"पश्चिम की तीर्थयात्रा (शी यओ ची)" नामक फ़िल्म में उस ने वानर राज सुन वू-खोंग की भूमिका निबाही।
【扮装】bànzhuāng अभितेता या अभिनेत्री का सज्जा-शृंगार आदि करना

伴 bàn ❶साथी; मित्र; संगी; सखा: 你得找个～儿一起去。तुम्हें किसी साथी की तलाश कर उस के साथ चलना चाहिये। / 结～同行 सहचर बनकर चलना ❷साथ देना; संग होना: 伴唱
【伴唱】bànchàng 〈संगी०〉 संगत या संगति करना; सुर भरना; सुर मिलाना
【伴当】bàndāng 〈पुराना〉 किसी का अनुसरण करने वाला नौकर या साथी
【伴酒】bànjiǔ (बहुधा मदिरालय या बार में) किसी का शराब पीने में साथ देना
【伴郎】bànláng शहबाला; विवाह के अवसर पर वर के साथ रहकर उस की देखभाल करनेवाला उस का अविवाहित मित्र
【伴侣】bànlǚ साथी; सहचर; संगी; सहकारी; हाथ बटाने वाला
【伴娘】bànniáng जन्या; सहबाली; दुल्हन की अविवाहित सहेली जो विवाह के समय वधू के साथ-साथ रहे
【伴生】bànshēng (गौण) जो मुख्य के साथ-साथ रहे: ～树 मुख्य वृक्ष के साथ-साथ रहने वाला वृक्ष
【伴送】bànsòng विदा देने के लिये साथ चलना: 他～我到机场。उस ने मुझे हवाई अड्डे तक विदा दी।
【伴宿】bànsù 〈बो०〉 शवयात्रा की पूर्ववेला में परिवार के लोगों का शव के साथ न सोना
【伴随】bànsuí किसी व्यक्ति का अनुसरण करना; साथ जाना; सहगमन करना: 我愿终生～着这绿色的林海。काश कि जीवन भर इस हरे वन-आगार के साथ रहूं।
【伴同】bàntóng साथ-साथ; साथ हो लेना: 我在她～下去看了一个朋友。मैं उस के साथ अपने एक मित्र से मिलने गया।
【伴舞】bànwǔ ❶साथ देने वाला नर्तक; सहयोगी वाली नर्तकी ❷किसी के साथ नाचना ❸गाने वालों के साथ नाचना
【伴星】bànxīng 〈खगोल०〉 किसी मुख्य तारे के साथ रहने वाला तारा
【伴音】bànyīn（伴声 bànshēng भी）(सिनेमा, टी० वी० आदि में) चित्र के साथ होने की आवाज़
【伴游】bànyóu ❶किसी के साथ खेलना या यात्रा करना ❷सहयात्री; साथ-साथ खेलने या यात्रा करने वाला
【伴奏】bànzòu 〈संगी०〉 संगत या संगति करना; किसी वाद्य के साथ कोई दूसरा वाद्य बजाना
【伴奏乐器】bànzòu yuèqì संगत वाद्य या साज़
【伴奏者】bànzòuzhě सहवादक; साज़िंदा

坢 bàn 〈बो०〉 गोबर आदि की खाद: 牛栏～ गोशाला की खाद / 猪栏～ शूकरशाला की खाद

拌 bàn ❶मथना; मिलाना; बिलोना: 糖～饭 चीनी मिलाये गये चावल ❷झगड़ना; झगड़ा करना या होना; कलह करना या होना: 今天又同他～了。आज उस से

फिर झगड़ा हो गया।

【拌和】 bànhuò मथना; मिलाना; बिलोना: ～肥料 खाद मिलाना; खाद में कोई चीज़ मिलाना

【拌面】 bànmiàn नूडल या लपसी में सिरका, सौस आदि मिलाना

【拌种】 bàn zhǒng 〈कृ०〉 बीज बिलोना

【拌种机】 bànzhǒngjī बीज बिलोने वाली मशीन

【拌嘴】 bànzuǐ झगड़ना; झगड़ा करना या होना; कलह करना; तकरार करना: 他俩经常～。उन दोनों में हमेशा झगड़ा होता रहता है।

绊（絆） bàn ❶लड़खड़ाना; ठोकर खाना: ～倒 ठोकर खाकर गिर पड़ना; पैर उलझने से गिर पड़ना; ठोकर मारकर गिराना / ～脚 ठोकर खाना / ～住 जकड़ना; उलझाना

【绊脚石】 bànjiǎoshí ठोकर; बाधा; रास्ते का रोड़ा: 骄傲是进步的～。अहंकार उन्नति के रास्ते की बाधा है।

【绊雷】 bànléi 〈सैन्य०〉 ठोकर माइन

柈 bàn नीचे दे०

【柈子】 bànzi चैला; चीरी गयी जलाने की बड़ी लकड़ी; लकड़ी का बड़ा टुकड़ा

湴 bàn 〈बो०〉 पानी मिली मिट्टी; कीचड़

靽 bàn 〈लि०〉 रथ आदि में पशुओं के पिछले भाग पर कसी चमड़े की पेटी

瓣 bàn ❶पंखड़ी; पंखुड़ी; दल; पुष्पदल: 这朵花有五个～儿。इस फूल में पांच पंखुड़ियां हैं। ❷खंडांश: 橘子～儿 नारंगी का खंडांश / 蒜～儿 लहसुन का खंडांश ❸भाग; टुकड़ा; खंड; किसी वस्तु का कटा या काटे जाने योग्य भाग: 碗摔成几～儿。कटोरा गिरकर टुकड़े-टुकड़े हो गया। ❹瓣膜 का संक्षिप्त रूप ❺〈परि०श०〉 (पुष्पदल, पत्ते, बीज, फल, कन्द आदि के टुकड़ों के लिये प्रयुक्त): 一～儿蒜 लहसुन की गांठ

【瓣膜】 bànmó 〈श०वि०〉 (瓣 का संक्षिप्त रूप) उपद्वार; वाल्व

bāng

邦（邦） bāng देश; राज्य; राष्ट्र: 邦交 / 友～ मित्र देश / 邻～ पड़ोसी देश

【邦国】 bāngguó 〈लि०〉 देश; राज्य; राष्ट्र

【邦家】 bāngjiā 〈लि०〉 देश; राज्य; राष्ट्र

【邦交】 bāngjiāo राजनयिक संबंध: ～正常化 राजनयिक संबंधों का सामान्यीकरण; (के बीच) सामान्य संबंध कायम होना या करना / 改善～ राजनयिक संबंधों में सुधार लाना

【邦联】 bānglián संघ; राज्यसंघ; राज्यमंडल

【邦人】 bāngrén 〈लि०〉 देशवासी; देशबन्धु

【邦土】 bāngtǔ 〈लि०〉 राज्यक्षेत्र; राज्यभूमि; भूखण्ड

哪 bāng 〈अनु०〉 लकड़ी को पीटने का शब्द

【哪啷】 bānglāng 〈अनु०〉 वस्तुओं को पीटने का शब्द

帮¹（幫） bāng ❶सहायता करना, देना या होना; मदद करना, देना या होना; हाथ बंटाना: 他～我写信。उस ने पत्र लिखने में मेरी सहायता की। / ～生炉子 चूल्हा सुलगाने में हाथ बंटाना / 我们应当经常～他办事。हमें चाहिये कि उस का हाथ बंटाएं। / 他只知道～儿子。वह अपने बेटे को शह देता रहा। ❷भाड़े पर मज़दूरी कराना: ～短工 दिहाड़ी मज़दूर होना

帮²（幫） bāng ❶वस्तु के दोनों पक्ष या चारों ओर का भाग: 鞋～ जूते का ऊपरी भाग / 船～ नाव के दोनों पक्ष ❷(पातगोभी आदि के) बाहरी पत्ते: 菜～ पातगोभी के बाहरी मोटे पत्ते

帮³（幫） bāng ❶गुट; समूह; गिरोह; राजनीतिक या आर्थिक उद्देश्य की सिद्धि के लिये बना लोगों का गुट: 匪～ डाकुओं का गिरोह / 四人～ चार (व्यक्तियों) का गिरोह ❷〈परि०श०〉 (लोगों के लिये प्रयुक्त): 一～小伙子 युवकों का दल / 一～土匪 डाकू-दल ❸गुप्त समाज: 青～ नील दल

【帮办】 bāngbàn ❶〈पुराना〉 प्रबन्ध कार्य में हाथ बंटाना: ～军务 सैन्य मामलों में हाथ बंटाना / ～民政的职务 सहायक नागरिक प्रशासक का पद ❷सहकारी: 助理国务卿～ विदेश मंत्री का सहायक

【帮补】 bāngbǔ आर्थिक सहायता देना: 我姐姐经常～我。मेरी बड़ी बहिन अक्सर पैसों से मेरी सहायता करती है।

【帮衬】 bāngchèn 〈बो०〉 ❶सहायता (मदद) देना या करना; हाथ बंटाना: 她总～着女儿做家务事。घर के काम में वह अक्सर बेटी का हाथ बंटाती है। ❷आर्थिक सहायता देना या करना

【帮厨】 bāngchú रसोई के काम में रसोइये का हाथ बंटाना

【帮凑】 bāngcòu किसी की कठिनाई को हल करने के लिये चंदा जमाकर सहायता देना: 他有困难，我们大家～他。उसे कठिनाई है, हम सब कुछ पैसे जमाकर उस की मदद करेंगे।

【帮倒忙】 bāng dàománg किसी की उलटी सेवा करना; मदद के बजाय नुकसान पहुंचाना

【帮冬】 bāngdōng 〈बो०〉 जाड़े में खेती के काम में हाथ बंटाना

【帮扶】 bāngfú सहायता करना और समर्थन करना

【帮困】 bāngkùn कठिनाइयों में पड़े हुओं का समर्थन करना

bāng bǎng 46

【帮工】 bānggōng ❶खेती के काम में हाथ बंटाना: 他去～去了。वह खेती के काम में हाथ बंटाने गया है। ❷खेती के काम में हाथ बंटाने वाला; अवसर पाकर या कभी कभार काम करने वाला मज़दूर; आकस्मिक श्रमिक: 请～ किसी को मज़दूरी के लिये बुलाना

【帮会】 bānghuì गुप्त समाज; गिरोह

【帮伙】 bānghuǒ <अना०> गुट; गिरोह; फिरका

【帮教】 bāngjiào शिक्षा में मदद देना: ～失足青少年 छोटी उम्र के अपराधियों को मदद देकर शिक्षित करना

【帮口】 bāngkǒu <पुराना> पुराने समाज में एक ही जन्म-स्थान वाले लोगों का या अन्य संबंधों के चलते संगठित लोगों का छोटा दल

【帮忙】 bāngmáng सहायता (मदद) देना; सेवा करना; हाथ बंटाना: 你们来帮帮我的忙。आओ, तुम लोग ज़रा मेरा हाथ तो बंटाओ। / 这件事我实在帮不上你的忙。इस काम में सचमुच मैं तुम्हारा हाथ नहीं बंटा सकता।

【帮派】 bāngpài स्वार्थी दल; दलबंदी; गुटबंटी; जत्थे-बंदी: ～思想 गुटबंदी का विचार / ～活动 दलबंदी करना; गुटपरस्त कार्यवाही

【帮浦】 bāngpǔ 泵 bèng का पुराना नाम, पंप

【帮腔】 bāngqiāng ❶<संगी०> कुछ चीनी क्लासिकी ऑपेराओं में एक पात्र के मंच पर गायन के समय अन्य कई लोगों का नेपथ्य में सहगान करना; सहगान ❷किसी व्यक्ति के समर्थन में बोलना; किसी के शब्दों-विचारों को हूबहू दुहराना; राग अलापना; स्वर में स्वर मिलाना: 见没有人～，她也就不说话了。जब उस ने देखा कि उस के समर्थन में कोई बोलने वाला नहीं है, तब वह चुप हो गयी।

【帮手】 bāngshǒu सहायता देना; हाथ बंटाना: 请您来帮把手。कृपया मेरी मदद करें।

【帮手】 bāngshou सहायक; मददगार; दाहिना हाथ; हाथ बंटाने वाला

【帮贴】 bāngtiē <बो०> आर्थिक सहायता देना: 过去，他很苦，他叔父常～他。पहले वह बहुत गरीब था, पर उस का चाचा हमेशा उस की आर्थिक सहायता करता था।

【帮同】 bāngtóng दूसरों को मदद देकर उन के साथ (कोई काम करना): 她～母亲洗衣服。वह अपनी मां की कपड़े धोने में मदद करती है।

【帮闲】 bāngxián ❶बुद्धिजीवी का किसी धनी और शक्तिशाली व्यक्ति के आश्रय में रहकर उस की सेवा करना ❷पिछलग्गू बुद्धिजीवी

【帮闲文人】 bāngxián wénrén पिछलग्गू बुद्धिजीवी; भाड़े का साहित्यिक

【帮凶】 bāngxiōng ❶अपराध में साथ देना ❷सह-अपराधी; अपराधी का साथी

【帮佣】 bāngyōng ❶मज़दूर या नौकर के रूप में काम करना ❷नौकर; भाड़े पर काम करने वाला

【帮主】 bāngzhǔ किसी गुप्त समाज या गिरोह का सरगना

【帮助】 bāngzhù सहायता (मदद) देना या करना, हाथ बंटाया: 互相～ एक दूसरे की सहायता करना / 谢谢您的～。आप की सहायता के लिये धन्यवाद।

【帮子】[1] bāngzi ❶पातगोभी आदि के बाहरी मोटे पत्ते ❷जूते का ऊपरी भाग

【帮子】[2] bāngzi <परि०श०> दल; समूह; गुट; गिरोह: 来了一～年轻人。लो आ गया युवकों का एक दल।

浜 bāng <बो०> छोटी नदी: 他家在～的东面。उस का घर छोटी नदी के पूर्व में है।

梆 bāng ❶पहरेदार का औज़ार जो रात में लोगों को समय बताता है: 梆子 ❷<बो०> डंडे आदि से मारना: 他爸手里拿着棒要～他。उस का बाप हाथ में डंडा लिये उसे मारना चाहता है। ❸<अनु०> लकड़ी पीटने का शब्द: 他～～～地使劲敲起门来。वह दरवाज़े पर ज़ोर से खट-खट करने लगा।

【梆子】 bāngzi ❶रात में लोगों को समय बताने वाला पहरेदार का औज़ार जो मोटे बांस या लकड़ी खोखल से बनाया जाता है। ❷<संगी०> एक प्रकार का बाजा, जो लंबी और छोटी लकड़ी की दो पट्टियों से बना होता है और प्रायः 梆子腔 के साथ संगत में प्रयुक्त होता है ❸梆子腔 के समान

【梆子腔】 bāngziqiāng ❶एक प्रकार के ऑपेरा की तान, इस तान की संगत 梆子 करता है। इस लिये इस का यह नाम पड़ा। ❷इस तान पर गाए जाने वाले शेनशी 陕西, शानशी 山西, शानतोंग, हनान, हपे आदि प्रांतों के स्थानीय ऑपेराओं का सामान्य नाम

bǎng

绑(綁)bǎng बांधना; लपेटना; संबद्ध करना; बंधना: 把东西～在树上 सामान को पेड़ से बांधना / ～紧 कसकर बांधना; जकड़ना

【绑带】 bǎngdài (घाव आदि पर बांधने के लिये कपड़े आदि की) पट्टी

【绑匪】 bǎngfěi बालापहर्ता; बाल-चोर; अपहर्ता; बलात् ले भागने वाला; अपहरणकर्ता

【绑架】 bǎngjià अपहरण करना; बलात् हर लेना

【绑票】 bǎngpiào फिरौती के लिये किसी का अपहरण करना

【绑腿】 bǎngtuǐ टांग पर बांधने के लिये कपड़े आदि की पट्टी; लेगिंग्ज़

【绑扎】 bǎngzā बांधना; संबद्ध करना; लपेटना; जकड़ना: ～伤口 घाव पर पट्टी बांधना / ～行李 माल-असबाब बांधना

榜 bǎng ❶महत्व के स्थानों पर चिपकी हुई नाम-सूची: 选民～ वोट देने वालों की नाम-सूची / 光荣～ सम्मान फलक / ～上无名 परीक्षा में फ़ेल हो जाना; परीक्षा में अनुत्तीर्ण होना ❷榜文 के समान ❸榜额 के समान

【榜额】 bǎng'é (匾额 biǎn'é के समान) टैबलेट, खोदकर लिखा हुआ समतल लकड़ी का तख्ता

【榜首】 bǎngshǒu परीक्षा आदि में सफल होने वालों की नामसूची में प्रथम: 跃居～ सब से बढ़कर अव्वल (नं० एक) बन जाना

【榜书】 bǎngshū（擘窠书 bòkēshū भी）साइनबोर्ड आदि पर अंकित बड़े-बड़े अक्षर

【榜尾】 bǎngwěi खुली नामसूची में अंतिम: 名列～ किसी का नाम खुलीसूची में अंतिम होना

【榜文】 bǎngwén 〈प्राचीन〉 सूचना; विज्ञापन; उद्घोषणा; प्रख्यापन

【榜眼】 bǎngyǎn 〈पुराना〉 मिंग (1368–1644 ई०) और छिंग (1616–1911 ई०) राजवंश की सर्वोच्च राजकीय परीक्षा में द्वितीय स्थान प्राप्त करने वाले को दिया जाने वाला अलंकरण

【榜样】 bǎngyàng आदर्श; नमूना; मिसाल: 学习雷锋的～लेइ फ़ंग द्वारा कायम किये गये आदर्श पर चलना / 他给我们提供了一个～。उस ने हमारे सामने एक मिसाल पेश की है।

膀 bǎng ❶कंधा: ～阔腰圆 चौड़ा कंधा और गोल कमर ❷बांह; बाहु; भुजा ❸पक्षियों का पंख; डैना; पर; पक्ष
bàng; pāng; páng भी दे०

【膀臂】 bǎngbì ❶दाहिना हाथ; मुख्य सहायक: 他成了总统的左膀右臂。वह राष्ट्रपति का दाहिना हाथ बन गया। ❷〈बो०〉 膀子

【膀大腰圆】 bǎngdà-yāoyuán 膀阔腰圆 के समान

【膀爷】 bǎngyé गरमियों के दिनों में छाती उघाड़ने वाला

【膀子】 bǎngzi ❶बांह; बाहु; भुजा; बाजू: 光着～ कमर तक नंगा होना ❷चिड़िया का पंख; पर; डैना

牓 bǎng 〈लि०〉 榜 bǎng के समान

髈 bǎng 〈लि०〉 膀 bǎng के समान

bàng

蚌 bàng मीठे पानी के सीपदार कीड़े; सीप; सीपी
bèng भी दे०

【蚌壳】 bàngké सीप; शुक्ति

棒 bàng ❶डंडा; लाठी; सोंटा: ～打 डंडे से मारना / 铁～ लोहे का डंडा / 板球或棒球～ क्रिकेट या बेसबाल का बल्ला ❷〈बोल०〉 अच्छा, (स्तर) ऊंचा, (खाद्य वस्तु) स्वादिष्ट: 这酥油真～。सचमुच यह घी बहुत अच्छा है। / 身体～ स्वास्थ्य अच्छा होना

【棒冰】 bàngbīng 〈बो०〉 जमी हुई आइस-क्रीम; आइसलॉली; आइस-सकर; पापसिकल

【棒疮】 bàngchuāng डंडे के आघात से त्वचा का रुग्ण होना

【棒槌】 bàngchui ❶मुंगरी; मोंगरी; काठ का हथौड़ा ❷अनजान; अज्ञानी;अनुभवहीन; अनुभवरहित; अनभिज्ञ (प्रायः नाटक में प्रयुक्त)

【棒喝】 bànghè डंडे की एक चोट और एक चीख —— तीव्र चेतावनी: 当头～ सिर पर डंडे का एक आघात और चीख; एक चीख बराबर प्रत्यक्ष चेतावनी

【棒球】 bàngqiú 〈खेल०〉 बेसबाल

【棒糖】 bàngtáng लॉलीपॉप

【棒针】 bàngzhēn ❶ऊनी धागों से कपड़े बुनने का एक अपेक्षाकृत मोटा औज़ार जो बांस का होता है ❷उक्त औज़ार से बुना हुआ: ～衫 उक्त औज़ार से बुना कोट

【棒子】 bàngzi ❶डंडा; लाठी; सोंटा (बहुधा छोटा और मोटा) ❷〈बो०〉 मकई; मक्का

【棒子面】 bàngzimiàn 〈बो०〉 पीसी हुई मकई; मकई का आटा

棓 bàng 〈लि०〉 棒 bàng के समान
bèi भी दे०

傍 bàng ❶समीप होना; पास पहुंचना; निकट आना: 依山～水 पहाड़ के पास और नदी के किनारे होना ❷(समय का) नज़दीक होना; निकट आना: 傍晚 ❸〈बो०〉 किसी व्यक्ति का अनुसरण करना: ～上他。उस का अनुसरण करो।

【傍边儿】 bàngbiānr 〈बो०〉 समीप होना; आस-पास होना; निकट आना

【傍大款】 bàng dàkuǎn 〈अना०〉 अमीर लोगों की पूजा करने और उन का अनुसरण करने वाला

【傍黑儿】 bànghēir 〈बो०〉 शाम; संध्या; संध्याकाल; सायंकाल; शाम को; दिन ढले: 他～才回家。वह शाम को घर लौट आया।

【傍近】 bàngjìn के निकट आना; पास पहुंचना: ～中午 मध्याह्न के निकट; लगभग दोपहर

【傍角儿】 bàngjuér 〈बो०〉 ❶नाटक के मुख्य पात्र के साथ नाटक खेलना; नाटक में मुख्य अभिनेता को वाद्य पर संगत देना ❷नाटक में मुख्य अभिनेता या अभिनेत्री के साथ अभिनय करने वाले गौणपात्र; मुख्य अभिनेता या अभिनेत्री की संगत करने वाला साजिंदा

【傍亮儿】 bàngliàngr 〈बो०〉 पौ फटने (सुबह होने) के निकट का समय: 天～他就起床了。वह पौ फटने के निकट उठ बैठा।

【傍明】 bàngmíng सुबह होने के निकट का समय; सुबह होते-होते: ～他就开始到那里去。सुबह होते-होते वह वहां की ओर चल पड़ा।

【傍人门户】 bàng rén ménhù जीविका के लिये दूसरों के घर में दूसरों पर आश्रित रहना

【傍晌】 bàngshǎng 〈बो०〉 मध्याह्न के निकट का समय

【傍晚】 bàngwǎn शाम; संध्या; सांझ; सायं; संध्याकाल; सायंकाल

【傍午】 bàngwǔ मध्याह्न के निकट का समय; लगभग दोपहर: ～时分 लगभग दोपहर के समय

【傍依】 bàngyī पास पहुंचना; निकट आना; निकट होना:

他的家～小湖。उस का घर एक छोटी सी झील के किनारे है।

谤（謗）bàng 〈लि०〉 लांछन लगाना; बदनामी करना; चुगली करना; सूरज पर थूकना： 毁谤 谤毁 के समान

【谤毁】 bànghuǐ 〈लि०〉 लांछन लगाना; बदनामी करना; चुगली करना

【谤书】 bàngshū 〈लि०〉 दूसरों पर लांछन लगाने वाले पत्र या पुस्तक

【谤议】 bàngyì 〈लि०〉 कलंक; लांछन; तोहमत

塝 bàng 〈बो०〉 खेत का किनारा; नाली आदि का किनारा (प्रायः स्थान के नाम में प्रयुक्त) 张家～ च्यांग च्या पांग (हूपेइ प्रांत में)

蒡 bàng दे० 牛蒡 niúbàng बर्डाक

搒 bàng 〈लि०〉 चप्पू खेकर नाव को आगे बढ़ाना; नाव खेना

稖 bàng नीचे दे०

【稖头】 bàngtóu 〈बो०〉 मकई; मक्का

蜯 bàng 〈लि०〉 蚌 bàng के समान

膀 bàng 吊膀子 diàobǎngzi (पुरुष का किसी स्त्री के साथ) दिखावटी प्रेम करना

bǎng; pāng; páng भी दे०

磅[1] bàng ❶पाउंड (एक अंग्रेज़ी तौल, जो 16 औंस या 453.59 ग्राम के बराबर होता है) ❷वज़न तौलने का यंत्र, तराज़ू： 过～ तराज़ू में तौलना ❸तराज़ू में तौलना： ～体重 बदन का वज़न तौलना; शरीर का भार मापना

磅[2] bàng 点[4]diǎn का पुराना नाम, प्वाइंट

páng भी दे०

【磅秤】 bàngchèng प्लेटफ़ार्म स्केल; मंच तुला

镑（鎊）bàng पाउंड (एक प्रचलित मुद्रा)： 英～ अंग्रेज़ी सोने का सिक्का; अंग्रेज़ी पाउंड; ब्रिटिश पाउंड; ब्रितानी मुद्रा

艕 bàng ❶नावों का पास-पास होना ❷搒 bàng के समान

bāo

包 bāo ❶लिपटना; बंधना; लपेटना; बांधना; पैक करना： ～药 दवा बांधना (लपेटना) / 用布～脚 कपड़े को पांवों में लपेटना / ～上两条红毛巾 दो लाल अंगोछे लपेट लेना / 用纸～着的书 कागज़ से लिपटी हुई किताब ❷बंडल; पैकेट; पैक; पुड़िया; गठरी; पोटली; कपड़े में गांठ देकर बांधा गया सामान： 纸～ कागज़ की पुड़िया / 邮～ डाक पार्सल / 打了个～ गांठ देकर गठरी बांधना ❸थैला; थैली; झोला; बोरा： 书～ किताबों की थैली ❹〈परि०श०〉 बंडल; पैकेट; पुड़िया; पैक; पार्सल： 两～花生米 दो पैकेट मूंगफली / 一～辣酱 एक पुड़िया लाल मिर्च की चटनी; लाल मिर्च की एक पुड़िया चटनी / 两大～大米 दो बोरे चावल / 一大～衣服 एक गठरी कपड़े ❺सूजन; स्फीति; गूमड़ा： 额上碰了个～。माथे पर आघात से होने वाली सूजन या गूमड़ा / 腿上长了个～ पैर पर उभर आयी सूजन ❻युर्तः 蒙古～ मंगोल युर्त ❼घेरना： 部队分两路～过去。सेना को दोनों बगलों से घेरना ❽शामिल करना या होना; व्याप्त करना या होना; (किसी के अंदर) समाविष्ट करना या होना： ～括 किसी में शामिल होना; किसी के अंदर समाविष्ट करना या होना / 无所不～ सर्वग्राही; सर्वव्यापी ❾पूरा भार या उत्तरदायित्व उठाना; वचन देना; बीड़ा उठाना： ～干 सब काम अपने हाथ में लेना; किसी काम को शुरू से अंत तक खुद निभाना ❿गारंटी करना; जमानत देना： ～君满意 ज़िम्मा है कि आप संतुष्ट रहेंगे। ⓫(गाड़ी आदि) किराये पर लेना; आरक्षित; रिज़र्व किया हुआ： ～车（船）गाड़ी (जहाज़) किराये पर लेना; आरक्षित वाहन (या जहाज़) ⓬（Bāo）एक कुलनाम

【包办】 bāobàn (किसी बात पर) एकाधिकार जमाना; इजारा कायम करना： ～一切 हर बात पर अपना एकाधिकार जमाना; हर मामले में इजारेदारी रखना; सभी काम अपने हाथ में ले लेना

【包办代替】 bāobàn-dàitì दूसरों द्वारा किये जाने वाले काम को अपने हाथ में ले लेना

【包办婚姻】 bāobàn hūnyīn दूसरों द्वारा तय किया गया विवाह (स्वेच्छा से की जाने वाली शादी या प्रेम विवाह के विपरीत अर्थ में प्रयुक्त)

【包背装】 bāobēizhuāng 〈मुद्रण०〉 सज़िल्द

【包庇】 bāobì अपराध छिपाना; शरण देना; पनाह देना; काले कारनामों पर परदा डालना： 互相～ एक दूसरे के काले कारनामों पर परदा डालना / ～盗窃犯 चोर को शरण देना

【包藏】 bāocáng छिपाना; प्रच्छन्न रखना; निहित होना; समाना; अंतर्विष्ट होना： 他的眼神里～着悲哀的情绪。उस की आंखों में शोक की वेदना छिपी है।

【包藏祸心】 bāocáng-huòxīn कुचेष्टा रखना

【包产】 bāochǎn उत्पादन का कोटा; एक निश्चित मात्रा

में उत्पादन करना; पैदावार की मात्रा निर्धारित करना： ～到户 किसान-परिवार के आधार पर पैदावार की मात्रा तय करना

【包场】 bāo chǎng पेशगी देकर नाटकघर, सिनेमाघर आदि की सारी या अधिकतर सीटें आरक्षित कराना

【包抄】 bāochāo घेरना; दोनों ओर से घेरना： 部队分两路～过去。सेना को दो खेमों में बांटकर दोनों बगलों से घेरना

【包车】 bāochē ❶आरक्षित (रेलगाड़ी, कार आदि) ❷<पुराना> निजी गाड़ी (विशेषकर रिक्शा) ❸किसी दल द्वारा रेलगाड़ी, बस, ट्रालीबस आदि के सभी काम खुद करना： ～组 ऐसा काम करने वाला दल

【包乘制】 bāochéngzhì <परिव०> उत्तरदायी कार्य दल प्रणाली; रिस्पोंसिबल क्रू सिस्टम

【包乘组】 bāochéngzǔ <परिव०> (रिस्पोंसिबल) ट्रेन क्रू; उत्तरदायी कार्य दल

【包打天下】 bāodǎ-tiānxià सारे देश पर विजय प्राप्त कर लेने का उत्तरदायित्व अपने ऊपर ले लेना —— जो काम दूसरे लोगों के द्वारा किया जाना चाहिये उसे अपने या अपने लोगों के हाथ में सीमित कर देना

【包打听】 bāodǎtīng ❶पता लगाने वाला; जासूस; गुप्तचर; भेदिया; खुफ़िया ❷गुप्त बातों का भेद जानने वाला

【包二奶】 bāo èrnǎi अवैध और गुप्त रूप से अपने घर के बाहर रखेल रखना (या रखेल के साथ सहवास करना)

【包饭】 bāofàn निश्चित दर या ठेके पर खाना देना या प्राप्त करना

【包袱】 bāofu ❶लपेटने का कपड़ा ❷कपड़े में गांठ लगाकर बांधा गया सामान; गठरी; गठिया; पोटली ❸बोझ： 思想～ मन का बोझ / 放下～ बोझ से छुटकारा पाना

【包袱布】 bāofubù बेठन; बस्ता; किसी वस्तु को लपेटने के काम में आने वाला कपड़ा

【包袱底儿】 bāofudǐr <बो०> पारिवारिक सम्पत्ति, विशेषकर अरसे से संचित मूल्यवान वस्तुएं ❷किसी व्यक्ति का रहस्य; किसी व्यक्ति के गोपनीय निजी मामले： 抖～ निजी रहस्य को खोलना ❸दायें हाथ का खेल; अद्वितीय कौशल; पक्की महारत： 抖搂～ अपनी अद्वितीय कुशलता दिखाना

【包袱皮儿】 bāofupír दे० 包袱布

【包干儿】 bāogānr किसी कार्य को शुरू से अंत तक निभाने का उत्तरदायित्व लेना： 分片～ कार्य को अलग अलग दलों या व्यक्तियों में बांटकर पूरा करने का उत्तरदायित्व लेना

【包干制】 bāogānzhì （供给制 gōngjǐzhì भी） आपूर्ति व्यवस्था

【包工】 bāogōng ❶（包活 bāohuó भी） कांट्रैक्ट वर्क; नियत कार्य; अनुबंधित कार्य ❷ठेकेदार

【包工头】 bāogōngtóu ठेकेदार; अनुबंधी

【包谷】 bāogǔ <बो०> मकई; मक्का（苞谷 bāogǔ भी）

【包管】 bāoguǎn विश्वास (यकीन) दिलाना; गारंटी करना： ～治好病 रोग को ठीक करने की गारंटी देना / 我～您满意。मैं आप को विश्वास दिलाता हूं कि आप संतुष्ट रहेंगे।

【包裹】 bāoguǒ ❶बांधना; लपेटना： 用绷带～伤口 घाव को पट्टी से बांधना ❷बंडल; पैकेट; पार्सल; पोटली; गठरी： 他背着一个蓝布～。वह पीठ पर नीले कपड़े की एक पोटली लिये है।

【包裹单】 bāoguǒdān पार्सल फ़ार्म

【包裹房】 bāoguǒfáng पार्सल ऑफ़िस

【包含】 bāohán शामिल करना या होना; अंतर्विष्ट करना या होना; समाविष्ट करना या होना： 这话里～着积极的因素。इस कथन में सकारात्मक तत्व समाविष्ट हुआ है।

【包涵】 bāohán <शिष्ट०> क्षमा करना; माफ़ करना： 我写得不好，请多～。क्षमा कीजिएगा, मेरी लिखावट अच्छी नहीं है।

【包伙】 bāohuǒ 包饭 के समान

【包机】 bāojī ❶आरक्षित हवाई-जहाज़; भाड़े पर लिया हुआ हवाई-जहाज़ ❷हवाई-जहाज़ भाड़े पर लेना

【包剿】 bāojiǎo घेरा डालना और विनाश करना; घेरकर मिटा देना

【包教包学】 bāojiào-bāoxué अच्छी तरह सिखाने और सीखने की गारंटी करना

【包金】 bāojīn ❶सोने का पत्तर चढ़ाना; सोना चढ़ाना ❷包银 के समान

【包举】 bāojǔ शामिल करना या होना; अंतर्गत होना; सम्मिलित करना या होना： ～无遗。इस में सब कुछ सम्मिलित है।

【包括】 bāokuò शामिल करना या होना; अंतर्गत होना; समाविष्ट करना या होना： 汉语里 '咱们' ～说话者和听话者。चीनी भाषा के शब्द '咱们' zánmen में बोलने वाला और सुनने वाला दोनों शामिल हैं।

【包揽】 bāolǎn पूरे कार्य का भार लेना या उठाना; हर काम अपने हाथ में रखना： 一个人不可能～这么多的事。हर कोई इतने अधिक काम अपने हाथ में नहीं रख सकता।

【包罗】 bāoluó शामिल करना या होना; अंतर्गत होना; समाविष्ट करना या होना： 民间艺术，～甚广。लोक-कला के अंतर्गत बहुत विस्तृत क्षेत्र आता है।

【包罗万象】 bāoluó-wànxiàng सर्वग्राही, सर्वव्यापी, अभिव्याप्त

【包米】 bāomǐ <बो०> मकई, मक्का（苞米 bāomǐ भी）

【包赔】 bāopéi हर्जाने की गारंटी देना： ～损失 क्षति-पूर्ति की गारंटी करना

【包皮】 bāopí ❶जिल्द; आवरण ❷<श०वि०> शिश्नाग्र-च्छद; लिंग के आगे की खाल

【包皮环切术】 bāopí huánqiēshù <चिकि०> शिश्नाग्र की खाल काटना

【包票】 bāopiào （保票 bǎopiào भी） गारंटी-पत्र： 打～ ज़िम्मा लेना / 我写～。मेरे ज़िम्मे रहा; मैं ने ज़िम्मा लिया।

【包容】 bāoróng ❶माफ़ी; क्षमा： 大度～ विशाल और उदार हृदय वाला ❷समाना, शामिल करना; अंतर्गत करना; सम्मिलित करना： ～各党派代表 सभी पार्टियों और

ग्रुपों के प्रतिनिधियों को सम्मिलित करना

【包身工】 bāoshēngōng मुहरबन्द राज़ीनामे से बंधा मज़दूर; प्रतिज्ञा-पत्र द्वारा वचन-बद्ध मज़दूर

【包探】 bāotàn 〈पुराना〉 पता लगाने वाला; जासूस; भेदिया; खुफ़िया

【包头】 bāotóu सिर की पगड़ी; साफ़ा

【包围】 bāowéi घेरना; घेरे में फांसना; घेरा डालना; घेरेबन्दी में लेना: 处于全民的～之中 समूची जनता की घेरेबन्दी में पड़ना / ～和反～ घेराबन्दी और जवाबी घेराबन्दी / ～歼击 घेरकर सफ़ाया करना

【包围圈】 bāowéiquān घेरा; घेराव

【包席】 bāoxí ❶(包桌 भी)रेस्तरां में पूरी मेज़ की दावत ❷दावत रिज़र्व करना

【包厢】 bāoxiāng बॉक्स; प्रेक्षागृह में आम दर्शकों से अलग बैठने का स्थान; रंगशाला में बैठने का विशेष स्थान

【包销】 bāoxiāo व्यापारी या व्यापारिक संस्था द्वारा बिक्री का भार उठाना

【包心菜】 bāoxīncài बंदगोभी

【包修】 bāoxiū मरम्मत की गारंटी करना

【包养】 bāoyǎng पूर्ण रूप से आर्थिक समर्थन करना

【包医百病】 bāoyī bǎibìng (包治百病 bāozhì bǎibìng भी) विविध रोगों की चिकित्सा की गारंटी करना: ～的灵丹圣药 ऐसी अचूक दवा जो एक बार हाथ लग जाने के बाद सारे रोगों का आसानी से उपचार कर सके

【包银】 bāoyín 〈पुराना〉 रंगशाला द्वारा क्लासिकी ऑपेरा गायकों या गायिकाओं को देय वेतन

【包圆儿】 bāoyuánr ❶सब की सब वस्तुएं खरीदना: 剩下的我都～。जो बाकी हैं मैं वह सब का सब खरीद लूंगा। ❷सारे कार्यों का भार उठाना: 剩下的活儿您都～吧! बाकी काम का भार आप उठाइये।

【包用】 bāoyòng उपयोगी होने की गारंटी करना

【包月】 bāoyuè (आरक्षित गाड़ी, बोर्डिंग हाउस आदि का) मासिक रूप से भुगतान चुकाना

【包孕】 bāoyùn निहित होना; शामिल होना; समाविष्ट होना

【包蕴】 bāoyùn निहित होना; शामिल होना; समाविष्ट होना: 他的话里～着很深的哲理。उन की बातों में गहरा दार्शनिक विचार निहित है।

【包扎】 bāozā बांधना: ～伤口 घाव पर मरहम-पट्टी बांधना

【包装】 bāozhuāng पैक, पैकिंग या पैकेज बांधना

【包装车间】 bāozhuāng chēxiāng पैकिंग वर्कशाप

【包装费】 bāozhuāngfèi पैकिंग संबंधी खर्च, पैकिंग फ़ीस

【包装设计】 bāozhuāng shèjì पैकिंग डिज़ाइन

【包装箱】 bāozhuāngxiāng पैकिंग बॉक्स

【包装纸】 bāozhuāngzhǐ रैपर; रैपिंग-पेपर; पैकिंग-पेपर

【包准】 bāozhǔn विश्वास दिलाना; गारंटी करना

【包子】 bāozi पाओत्स्, मीठी या नमकीन सामग्री से भरा भाप से पका एक व्यंजन

【包租】 bāozū ❶〈पुराना〉 खेत, मकान आदि किराये पर लेकर आगे दूसरों को किराये पर देना; पट्टे पर ली गयी वस्तु को किसी दूसरे को पट्टे पर दे देना ❷〈पुराना〉 फ़सल अच्छी हो या बुरी, पट्टे के अनुसार निश्चित लगान देना ❸किसी निश्चित समय के लिये नाव, गाड़ी, कार आदि का आरक्षण

苞¹ bāo कली; कलिका: 花～ कली; कलिका

苞² bāo 〈लि०〉 हरा-भरा; खूब उपजाऊ; सम्पन्न; घना; प्रचुर मात्रा में उगा हुआ: 竹～松茂。बांस और चीड़ प्रचुर मात्रा में उग रहे हैं।

【苞谷】 bāogǔ दे० 包谷 bāogǔ

【苞米】 bāomǐ दे० 包米 bāomǐ

孢 bāo नीचे दे०

【孢粉】 bāofěn 孢子 और 花粉 huāfěn का सामान्य नाम

【孢子】 bāozǐ 〈वन०〉 (胞子 bāozǐ भी) जीवाणु; बीजाणु; स्पोर

【孢子生殖】 bāozǐ shēngzhí 〈वन०〉 बीजाणु-जनन

【孢子植物】 bāozǐ zhíwù 〈वन०〉 फूलरहित पौधा; पुष्पहीन पौधा

炮 bāo ❶जल्दी-जल्दी भूनना; तलना: ～羊肉 जल्दी-जल्दी भूना गया भेड़-बकरी का मांस ❷ताप से सुखाना: ～干湿衣服 गीले कपड़ों को ताप से सुखाना
páo; pào भी दे०

枹 bāo (小橡树 xiǎoxiàngshù भी) एक प्रकार का वृक्ष जिस की छाल से टैनिन सार तैयार किया जा सकता है
桴 fú भी दे०

胞 bāo ❶जरायु; गर्भ की बाहरी झिल्ली ❷एक ही माता और पिता से उत्पन्न; सगा; सगी; सहोदर: ～兄弟 सगे भाई / ～姐妹 सगी बहिनें / ～叔 पिता का सगा भाई

【胞波】 bāobō बरमी भाषा में चीनी लोग पाओ पो कहलाते हैं जिस का मूल अर्थ देशबन्धु और रिश्तेदार है

【胞衣】 bāoyī (衣胞 yībāo, 胎衣 tāiyī भी, ची० चि० में 紫河车 zǐhéchē भी) जरायु; आंवल; गर्भ की वह झिल्ली जिस से गर्भस्थ शिशु बंधा पैदा होता है

剥 bāo छीलना; छिलका उतारना: ～豆 फलियां छीलना / ～皮 छिलका उतारना
bō भी दे०

龅 (齙) bāo नीचे दे०

【龅牙】 bāoyá आगे या बाहर को निकला हुआ दांत

煲 bāo 〈बो०〉 ❶एक प्रकार का गहरा देग: 瓦～ मिट्टी का देग / 电饭～ चावल पकाने का बिजली का देग ❷देग में पकाना या उबालना: ～饭 देग में चावल पकाना

【煲电话粥】 bāo diànhuàzhōu लंबे समय तक फ़ोन पर गपशप करना

褒（襃） bāo ❶प्रशंसा करना; तारीफ़ करना： 褒奖 / 褒扬 ❷<लि०> (कपड़ा) बड़ा; ढीला： ～衣博带 चौड़े कटिबंध के साथ ढीला चोगा

【褒贬】 bāobiǎn भले या बुरे सब की आलोचना करना; मूल्यांकन करना; मूल्य आंकना： ～人物 लोगों का मूल्यांकन करना; लोगों की प्रशंसा करना या निन्दा करना / 不加～ न प्रशंसा करना और न निन्दा करना

【褒贬】 bāobian आलोचना करना; निन्दा करना： 不要在背后～人。किसी व्यक्ति के पीठ पीछे उस की आलोचना न करो।

【褒词】 bāocí（褒义词 bāoyìcí भी）प्रशंसात्मक अर्थ वाला शब्द, जैसे： 坚强 jiānqiáng फ़ौलादी बनना या बनाना, 勇敢 yǒnggǎn साहसी

【褒奖】 bāojiǎng प्रशंसा करना और प्रोत्साहन देना; तारीफ़ करना और बढ़ावा देना： ～有功人员 योगदान देने वालों की प्रशंसा करना और उन को प्रोत्साहन देना

【褒扬】 bāoyáng प्रशंसा करना; गुणगान करना： ～先进 प्रगतिशील लोगों की प्रशंसा करना

【褒义】 bāoyì प्रशंसात्मक： ～词 प्रशंसात्मक अर्थ वाला शब्द

báo

瓝 báo ❶<लि०> छोटा कद्दू; छोटा तरबूज़ आदि ❷马～儿 mǎbáor तृणविशेष

雹 báo वर्षा-पत्थर; ओला; करका; उपल

【雹暴】 báobào ओलों या पत्थरों की बौछार

【雹灾】 báozāi ओले की विपत्ति

【雹子】 báozi ओले का साधारण नाम

薄 báo ❶पतला; बारीक; महीन; झीना： ～纸 पतला कागज़; महीन कागज़ / 一层～～的社会基础 एक झीनी सी सामाजिक बुनियाद ❷(भावना) उदासीन; बेरुख; निरुत्साह： 待人不～ लोगों के साथ काफ़ी अच्छा बर्ताव करना ❸जो गाढ़ा न हो; पतला： ～粥 पतला दलिया ❹जो उपजाऊ न हो; अनुपजाऊ： ～地 अनुपजाऊ भूमि

bó; bò भी दे०

【薄板】 báobǎn किसी धातु की चादर： 不锈钢～ स्टेनलेस स्टील की चादर

【薄饼】 báobǐng पतली रोटी; चपाती; फुलका

【薄布】 báobù बारीक कपड़ा; महीन कपड़ा; पट

【薄脆】 báocuì भुने हुए आटे के पतले-पतले टुकड़े

【薄浮雕】 báofúdiāo कम उभरी हुई नक्काशी

【薄片】 báopiàn फांक; पत्र; पत्री; परत

【薄纱织物】 báoshā zhīwù मलमल; महीन कपड़ा

bǎo

宝（寶、寳） bǎo ❶मूल्यवान वस्तु; रत्न： 粮食是～中之～。अन्न रत्नों में रत्न है। ❷मूल्यवान： ～石 मूल्यवान पत्थर; हीरा ❸<आदर०> आपका： ～号 आप की दुकान / ～刹 आप का मंदिर / ～眷 आप के परिवार के लोग

【宝宝】 bǎobao बच्चे का प्यार का नाम; मुन्ना; लाल

【宝贝】 bǎobèi ❶मूल्यवान वस्तु; रत्न ❷बच्चे का प्यार का नाम; मुन्ना; लाल ❸<बो०> अत्यंत प्यार करना： 他爸妈可～这个儿子了。बेटे को माता-पिता बहुत प्यार करते हैं। ❹<व्यंग्य> अजीब; अनोखे आचार वाला： 他真是个～。यह तो सचमुच अजीब आदमी है।

【宝贝疙瘩】 bǎobèi gēda <बो०> माता-पिता का लाड़ला बेटा

【宝刹】 bǎochà ❶बौद्ध चैत्य का पैगोडा ❷<आदर०> आप का चैत्य

【宝刀】 bǎodāo मूल्यवान तलवार

【宝刀不老】 bǎodāo-bùlǎo आदमी बूढ़ा हो गया, उस की तलवार नहीं —— किसी व्यक्ति के वृद्ध होने पर भी उस की शक्ति और कुशलता नहीं घटती

【宝地】 bǎodì ❶वह स्थान जिस की भू-सतह बहुत अच्छी हो और रसद-सप्लाई बहुत अधिक ❷<आदर०> आप का स्थान; आप का निवासस्थान

【宝典】 bǎodiǎn बहुमूल्य प्राचीन पुस्तकें

【宝贵】 bǎoguì ❶मूल्यवान; बहुमूल्य： ～东西 मूल्यवान वस्तु; अमूल्य वस्तु / ～（的）经验 मूल्यवान अनुभव ❷मूल्यवान समझना： 这是极可～的。इसे बहुत मूल्यवान समझना चाहिये।

【宝号】 bǎohào <आदर०> ❶आप की दुकान ❷आप का शुभ नाम

【宝货】 bǎohuò ❶मूल्यवान वस्तु ❷विदूषक; भांड़; मसखरा; नक्क़ाल

【宝剑】 bǎojiàn मूल्यवान दुधारी तलवार

【宝眷】 bǎojuàn <आदर०> आप के परिवार के लोग

【宝库】 bǎokù रत्न-भंडार; राजकोष; ट्रेज़री： 知识～ ज्ञान-रत्न-भंडार

【宝蓝】 bǎolán आसमानी रंग; नीलम का चमकीला नीला रंग

【宝瓶座】 bǎopíngzuò <खगोल०> कुंभ राशि दे० 黄道十二宫 huángdào shí'èrgōng

【宝石】 bǎoshí मूल्यवान पत्थर; रत्न; हीरा; मणि; जवाहर

【宝书】 bǎoshū मूल्यवान पुस्तक

【宝塔】 bǎotǎ पैगोडा का सुन्दर नाम

【宝塔菜】 bǎotǎcài <वन०> चीनी अर्टीचोक

【宝玩】 bǎowán मूल्यवान और प्राचीन वस्तुएं

【宝物】 bǎowù रत्न; मूल्यवान वस्तु; बहुमूल्य पदार्थ

【宝藏】 bǎozàng रत्नाकर; रत्न-भंडार; निधि; निधान (बहुधा खान के लिये प्रयुक्त): 发掘地下～ रत्न-भंडार को खोदकर बाहर निकालना / 民间艺术的～ लोक-कला का रत्न-भंडार

【宝重】 bǎozhòng बहुमूल्य समझकर संचित करना; बहुमूल्य समझकर अधिक महत्व देना

【宝座】 bǎozuò राजा-महाराजाओं का सिंहासन; बुद्ध या देवता का आसन: 登上冠军～ विजेता के आसन पर बैठना

饱（飽）bǎo ❶पेट भरना; भरपेट खाना: 孩子～了，吃不下了。बच्चे का पेट भर गया, कतई नहीं खा सकता। ❷भरपूर; परिपूर्ण: 子粒～ बीज के दाने पूर्ण होना ❸पूर्णतः; सम्पूर्ण रूप से: ～经风霜 लम्बा कठिन जीवन बिताना ❹तृप्त; संतुष्ट रहना (होना): 饱眼福 ❺अपनी जेब भरना: ～私囊 पैसे आदि को अपनी जेब में भरना

【饱餐】 bǎocān पेटभर खाना; अधिक खाकर पेट भर जाना: ～一顿 पेटभर भोजन करना / ～秀色 किसी की सुन्दरता को खूब निहारना

【饱尝】 bǎocháng ❶खूब चखना: ～美味 स्वादिष्ट भोजन चखना ❷लम्बे अर्से से झेलना या अनुभव करना: ～艰苦 खूब मुसीबतें झेलना

【饱读】 bǎodú खूब पढ़ना: ～兵书 युद्ध-कला संबंधी पुस्तकें खूब पढ़ना

【饱嗝儿】 bǎogér डकारना; डकार लेना: 打～ भरपेट खाना खाने के बाद डकार लेना

【饱含】 bǎohán भरना; भर आना: 他的眼睛里～着热泪。उस की आंखों में आंसू भर आये।

【饱汉不知饿汉饥】 bǎohàn bù zhī èhàn jī भरे पेट खाने वाला नहीं जानता कि भूखा अपनी भूख कैसे मिटाता है

【饱和】 bǎohé परिपूर्णता; सन्तृप्ति

【饱和差】 bǎohéchā 〈मौ०वि०〉 सन्तृप्ति-अभाव

【饱和点】 bǎohédiǎn सन्तृप्ति-बिन्दु

【饱和度】 bǎohédù सन्तृप्ति-सीमा

【饱和轰炸】 bǎohé hōngzhà सैचरेशन बॉम्बिंग; लक्षित क्षेत्र को पूरी तरह नष्ट करने के उद्देश्य से की गयी बमबारी

【饱和剂】 bǎohéjì 〈रसा०〉 अलकली या तेजाब को खपाने वाला पदार्थ; सन्तृप्तिकर; सन्तृप्तिकारक

【饱和器】 bǎohéqì अतिसेक यंत्र; सम्पृक्ति यंत्र; सैचरेटर

【饱和溶液】 bǎohé róngyè 〈रसा०〉 सन्तृप्त घोल या विलयन

【饱和压力】 bǎohé yālì सन्तृप्ति-दबाव; सन्तृप्ति-चाप; सैचरेशन प्रेशर

【饱和脂肪】 bǎohé zhīfáng सन्तृप्त-वसा

【饱和状态】 bǎohé zhuàngtài परिपूर्णता; सन्तृप्ति; सन्तृप्तीकरण की स्थिति

【饱经沧桑】 bǎojīng-cāngsāng जीवन के बहुत से बदलावों, उतार-चढ़ावों का अनुभव कर चुकना

【饱经风霜】 bǎojīng-fēngshuāng तूफ़ान के थपेड़े से पिटा हुआ लम्बा कठिन जीवन बिताना; आंधी-तूफ़ान का मारा होना

【饱看】 bǎokàn अच्छी तरह देख लेना

【饱满】 bǎomǎn भरपूर; परिपूर्ण: 稻子的颗粒～。चावल के दाने परिपूर्ण हैं / 精神～ जीवन-शक्ति से भरपूर होना; ऊर्जावान

【饱满度】 bǎomǎndù 〈कृषि०〉 बीज की परिपूर्णता

【饱暖】 bǎonuǎn बेहतर भोजन और वस्त्र से युक्त होना; पर्याप्त खाना-कपड़ा: ～思淫欲。पर्याप्त भोजन-वस्त्र से कामासक्ति पैदा होती है।

【饱食终日】 bǎoshí-zhōngrì भरपेट खाना खाकर दिनभर कुछ काम न करना; परजीवी की तरह रहना: ～的贵妇人 परितृप्त नायिका

【饱受】 bǎoshòu खूब (मुसीबतें) झेलना; (कष्ट) बहुत अधिक सहना: ～虐待 बहुत बुरा बर्ताव सहना

【饱私囊】 bǎo sīnáng (पैसे को) अपनी जेब में भरना

【饱学】 bǎoxué विद्यावान; विद्वानवत्; विद्वतापूर्ण: ～之士 विद्वान; पंडित

【饱眼福】 bǎo yǎnfú किसी वस्तु को अपनी आंखों से देखने का सौभाग्य प्राप्त करना; दृश्यादि का आनंद लेना

【饱以老拳】 bǎoyǐ-lǎoquán किसी को घमघमाना; किसी पर घूंसे बरसाना

【饱雨】 bǎoyǔ पूरी तरह भिगो देने वाली वर्षा; पूरी तरह तरबतर कर डालने वाली वर्षा

保 bǎo ❶रक्षा करना; हिफ़ाज़त करना; बचाना: ～安 शांति-रक्षा / ～家卫国 घर बचाना और देश की रक्षा करना / ～健 स्वास्थ्य रक्षा / 这条腿～不住了。यह टांग बचायी नहीं जा सकती। ❷बना; बने रहना; बनाए रखना: ～温 निश्चित तापमान पर रखना; ताप सुरक्षित रहना / ～鲜 ताज़ा रखना; किसी चीज़ की ताज़गी बनाए रखना / ～墒 खेत की आर्द्रता बनाये रखना ❹जमानत करना: ～票 गारंटी-पत्र / ～单 जमानत नामा / ～释 जमानत पर छोड़ना या छूटना / 联～连坐 सामूहिक रूप से ज़िम्मेदारी उठाना और दण्ड भुगतना ❺गारंटी करना: ～收～藏 अनाज की फ़सल अच्छी तरह काटने और सुरक्षित रखने की गारंटी करना / ～质～量 गुणवत्ता और मात्रा दोनों की गारंटी करना ❺जमानतदार; जमानती; जामिन; दर्शन-प्रतिभू: 作～ किसी व्यक्ति के लिये किसी बात के सत्य होने की गारंटी देना; किसी व्यक्ति का जमानतदार बनना / 交～ जमानत पर छुटकारा ❻〈पुराना〉 पारिवारिक आधार वाली प्रशासनिक इकाई, दे० 保甲 ❼（Bǎo）एक कुलनाम

【保安】 bǎo'ān ❶शांति-रक्षा करना: ～工作 शांतिरक्षा का काम ❷मज़दूरों की सुरक्षा करना: ～措施 सुरक्षा-व्यवस्था; सुरक्षा के उपाय / ～规程 सुरक्षा-नियम

【保安队】 bǎo'ānduì 〈पुराना〉 शांति-रक्षक कोर

【保安族】 Bǎo'ānzú कानसू प्रांत में रहने वाली एक अल्पसंख्यक जाति, पाओ-आन जाति

【保本】 bǎoběn मूल-धन या पूंजी की क्षति न होने की

गारंटी करनाः ～保值 मूलधन या पूंजी की मूल्य में वृद्धि के सापेक्ष क्षति न होने की गारंटी करना
【保膘】 bǎobiāo घरेल पशु को मोटा बनाये रखना
【保镖】 bǎobiāo अंगरक्षक
【保不定】 bǎobudìng दे० 保不住❶
【保不齐】 bǎobuqí दे० 保不住❶
【保不住】 bǎobuzhù ❶संभवतः; बहुत संभव है कि; निश्चित रूप से; अनिवार्य रूप सेः 今天～会下雨。बहुत संभव है कि आज पानी बरसे। ❷रक्षा न कर सकना; रक्षा न हो पाना; न बचा या बच सकना; बनाए न रख सकना; न रखा जा सकनाः 天很久不下雨了，田里的庄稼～了。बहुत दिनों से पानी नहीं बरसा, फ़सल की रक्षा नहीं की जा सकती।
【保藏】 bǎocáng सुरक्षित रखना; भविष्य में प्रयोग के लिये संचित करनाः ～药品 औषधि को भविष्य में प्रयोग के लिये संचित करना / 把这些画～好。इन चित्रों को सुरक्षित रखो।
【保持】 bǎochí रखना; सुरक्षित करना; बनाये रखना; कायम रखना; बने रहनाः ～本色 अपनी विशेषता बनाए रखना / ～独立性 स्वाधीनता बरकरार रखना / ～高度警惕 बहुत सावधान रहना, बहुत सतर्कता बरतना / ～冷静 दिमाग ठंडा रखना / ～晚节 उत्तरावस्था में सच्चरित्रता बनाए रखना / ～优良作风 अच्छी कार्यशैली कायम रखना / ～中立 तटस्थता बरतना; तटस्थ रहना
【保存】 bǎocún बचाना; नष्ट होने से बचाना; सुरक्षित रखना; बरकरार रखनाः ～实力 अपनी शक्ति सुरक्षित रखना / ～自己，消灭敌人 स्वयं को सुरक्षित रखकर शत्रु का विनाश करना / 财产好好～ जायदाद की अच्छी तरह देखभाल करना
【保单】 bǎodān ❶जमानत-पत्र ❷ज़िम्मेदारी (बेचने वाले की ओर से कि माल उस का है और असली है)
【保底】 bǎodǐ ❶दे० 保本 ❷निम्नतम से कम न होने की गारंटी करनाः 上不封顶，下不～ उच्चतम और निम्नतम सीमा की गारंटी न होना
【保固】 bǎogù ज़िम्मेदारी (ठेकेदार की ओर से कि निर्माण कार्य सुदृढ़ है और एक निश्चित समय के भीतर उसे कोई क्षति न होगी)
【保管】 bǎoguǎn ❶सुरक्षित रखना और प्रबंध करना; संचयनः ～工具 साधनों को सुरक्षित रखना और उन का प्रबंध करना ❷भंडारी; भंडारपाल ❸अवश्य; ज़रूर; निश्चित रूप सेः 你试试，～你成功。कोशिश करो, ज़रूर सफल होगे।
【保管费】 bǎoguǎnfèi संरक्षण (संचयन) शुल्क(फ़ीस)
【保管室】 bǎoguǎnshì भंडारघर; घर में सामान रखने की कोठरी; गोदाम
【保管员】 bǎoguǎnyuán भण्डारी; भंडारपाल
【保户】 bǎohù जिस का बीमा किया जा चुका हो; जिस ने बीमा करा रखा हो
【保护】 bǎohù रक्षा करना; सुरक्षा करना; सुरक्षित रखना; हिफ़ाज़त करनाः ～生命财产 प्राण और सम्पत्ति को सुरक्षित रखना; जानोमाल की रक्षा करना / ～庄稼 फ़सल की रक्षा करना
【保护地】 bǎohùdì संरक्षित देश (राज्य, राष्ट्र); पराधीन क्षेत्र; आश्रित क्षेत्र
【保护关税】 bǎohù guānshuì सुरक्षा टैरिफ़
【保护国】 bǎohùguó रक्षित राज्य; संरक्षित देश
【保护贸易政策】 bǎohù màoyì zhèngcè 〈अर्थ०〉 संरक्षणवाद; व्यापार-संरक्षण की नीति
【保护鸟】 bǎohùniǎo संरक्षित पक्षी
【保护人】 bǎohùrén संरक्षक; संरक्षिका; अभिपालक; अभिभावक
【保护伞】 bǎohùsǎn छाता; छतरी; छत्र (एक संरक्षक शक्ति के अर्थ में)
【保护色】 bǎohùsè संरक्षक रंग
【保护涂料】 bǎohù túliào रक्षक रंग या बचाव रोगन की तह
【保护性拘留】 bǎohùxìng jūliú संरक्षी हिरासत; प्रोटेक्टिव कस्टडी; सुरक्षा हेतु गिरफ़्तारी
【保护主义】 bǎohù zhǔyì संरक्षणवाद
【保皇党】 bǎohuángdǎng ❶सम्राट-रक्षा दल ❷राजवादी; राजतंत्रवादी; राजसत्तावादी; शाहपरस्त
【保加利亚】 Bǎojiālìyà बलगारिया
【保加利亚人】 Bǎojiālìyàrén बलगारियाई
【保加利亚语】 Bǎojiālìyàyǔ बलगारियाई (भाषा)
【保甲】 bǎojiǎ 〈पुराना〉 पाओ-च्या; परिवारों के आधार पर संगठित प्रशासनिक व्यवस्था जिस की च्या नामक इकाई में दस परिवारों से बनी होती थी और हर पाओ में दस च्या से।
【保价信】 bǎojiàxìn पंजीकृत पत्र; बीमाकृत पत्र(चिट्ठी)
【保驾】 bǎojià 〈हास्य०〉 सम्राट की सुरक्षा करनाः 不要担心，我给你～。चिंता न करो, मैं तुम्हारे साथ हूं (या मैं तुम्हारी रक्षा करूंगा)।
【保荐】 bǎojiàn किसी व्यक्ति को किसी काम के लिये गारंटी के साथ सिफ़ारिश करना
【保健】 bǎojiàn स्वास्थ्य रक्षाः ～工作 स्वास्थ्य रक्षा कार्य
【保健按摩】 bǎojiàn ànmó अंगमर्दन; शरीर की मालिश; स्वास्थ्य वर्द्धन के लिये की जाने वाली मालिश
【保健操】 bǎojiàncāo शरीर गठने के लिये किया जाने वाला व्यायाम
【保健费】 bǎojiànfèi स्वास्थ्य संबंधी अनुदान
【保健机构】 bǎojiàn jīgòu स्वास्थ्य संस्थान
【保健食品】 bǎojiàn shípǐn स्वास्थ्य-रक्षक अन्न
【保健网】 bǎojiànwǎng स्वास्थ्य रक्षा-तंत्र
【保健箱】 bǎojiànxiāng उपचार सामग्री का बाक्स
【保健站】 bǎojiànzhàn स्वास्थ्य केन्द्र
【保洁】 bǎojié सार्वजनिक स्थान को साफ़-सुथरा रखनाः ～工作 उक्त कार्य; स्वच्छता कार्य
【保洁箱】 bǎojiéxiāng कूड़ा-करकट रखने का डिब्बा; कूड़ेदान
【保举】 bǎojǔ किसी उच्च स्तर के अधिकारी को किसी

कुशल या योग्य व्यक्ति के नाम की सिफ़ारिश की निजी गारंटी

【保龄球】 bǎolíngqiú ❶बोलिंग, स्किटल, टेंपिनस् ❷बोलिंग बॉल; बोलिंग खेलने की गेंद

【保留】 bǎoliú ❶परिवर्तन न करना या होना: 他的工作室现在还～着。उन के दफ़्तर में अब भी परिवर्तन नहीं हुई है। ❷रक्षित करना; सुरक्षित रखना; आरक्षित करना: ～意见 अपना मत सुरक्षित करना / ～席位 सुरक्षित सीट; सीट आरक्षित करना / ～权利 सुरक्षित अधिकार; अधिकार रक्षित करना ❸असहमत होना; सहमत न होना: 持～态度 असहमति का रुख अपनाना ❹रखना; बाकी रखना; रख छोड़ना; बचा रखना: 这几本书你自己～着吧。ये कुछ किताबें तुम अपने पास रखे रहो। / 我给你～了几样东西。मैं ने तुम्हारे लिये कुछ वस्तुएं रख छोड़ी हैं।

【保留剧目】 bǎoliú jùmù (नाटकघर का) नाटकादि जो प्रदर्शन के लिये तैयार हों; ऐसा नाटक जो बार-बार प्रदर्शन के योग्य हो

【保媒】 bǎoméi <पुराना> विवाह संबंध ठीक कराने वाला बनना; दूसरों की शादी कराना

【保密】 bǎomì भेद छिपाना; गुप्त रखना; गोपनीय रखना: 我对你说的你要～。मैं ने तुम्हें जो बताया है, गुप्त रखना।

【保密级别】 bǎomì jíbié सुरक्षा वर्गीकरण

【保密条例】 bǎomì tiáolì सुरक्षा-नियम

【保密文件】 bǎomì wénjiàn वर्गीकृत दस्तावेज़

【保苗】 bǎomiáo खेत में निश्चित संख्या के छोटे कोमल पौधों के अच्छी तरह उगने की गारंटी करना

【保命】 bǎomìng प्राण-रक्षा करना; (बीमारी या दुर्घटना से) बच जाना; बच निकलना

【保姆】 bǎomǔ ❶(保母 bǎomǔ भी) आया; दाई; नर्स; नौकरानी; दासी ❷保育员 का पुराना नाम

【保票】 bǎopiào गारंटी-पत्र 包票 bāopiào के समान

【保全】 bǎoquán ❶सुरक्षित रखना; सुरक्षित होना या रहना: ～生命 जान रख लेना; प्राण सुरक्षित होना ❷मरम्मत करना; चालू रखना; मशीनों की रक्षा और मरम्मत करना: ～工 अनुरक्षण मज़दूर

【保人】 bǎorén 保证人 के समान

【保山】 bǎoshān 媒人 méirén का पुराना नाम

【保墒】 bǎoshāng खेत की आर्द्रता बनाए रखना

【保释】 bǎoshì जमानत पर छोड़ना या छूटना; जमानत पर रिहा करना: ～出狱 जेल से जमानत पर छूट निकलना

【保守】 bǎoshǒu ❶रखना; रक्षा करना: ～机密 किसी बात को अपने तक रखना; किसी से न कहना; गुप्त रखना; गोपनीय रखना; भेद छिपाना / ～中立 तटस्थ रहना ❷रूढ़िबद्ध; रूढ़िप्रिय; रूढ़िवादी: 他很～。वह बहुत रूढ़िवादी है। / ～思想 रूढ़िवादी विचार / 计划～ योजना का रूढ़िवादी होना

【保守党】 bǎoshǒudǎng कंसर्वेटिव पार्टी; अनुदार दल

【保守分子】 bǎoshǒu fēnzi पुरातनप्रेमी; पुरातनपंथी; रूढ़िवादी

【保守派】 bǎoshǒupài अनुदारपंथी; अनुदार; रूढ़िवादी

【保守疗法】 bǎoshǒu liáofǎ रूढ़िवादी चिकित्सा पद्धति

【保守主义】 bǎoshǒu zhǔyì रूढ़िवाद; रूढ़िवादिता

【保税区】 bǎoshuìqū बॉन्डेड एरिया

【保送】 bǎosòng सिफ़ारिश पर भर्ती कराना: ～留学生 विद्यार्थी को सिफ़ारिश के ज़रिये विदेश में दाखिला दिलाना; सिफ़ारिश के ज़रिये विदेशी विद्यालय में भर्ती हुआ विद्यार्थी

【保胎】 bǎotāi गर्भपात से रक्षा करना

【保泰松】 bǎotàisōng <औष०> फ़िनायल ब्यूटाज़ोन

【保外就医】 bǎo wài jiùyī जमानत पर जेल के बाहर चिकित्सा कराना

【保外执行】 bǎo wài zhíxíng <का०> जमानत पर सज़ा काटना

【保卫】 bǎowèi बचाना; रक्षा करना; हिफ़ाज़त करना; पनाह देना: ～独立 स्वाधीनता की रक्षा; आज़ादी की हिफ़ाज़त / ～和平 शांति की रक्षा करना; अमन रखना / ～祖国 मातृभूमि की रक्षा करना

【保卫部门】 bǎowèi bùmén सार्वजनिक सुरक्षा संस्थाएं

【保卫工作】 bǎowèi gōngzuò सुरक्षा कार्य

【保卫科】 bǎowèikē (किसी संगठन का) सुरक्षा विभाग

【保温】 bǎowēn तापमान संरक्षण; ताप परिरक्षण

【保温杯】 bǎowēnbēi थर्मस मग

【保温材料】 bǎowēn cáiliào तापरोधन सामग्री

【保温层】 bǎowēncéng <वास्तु०> तापरोधक परत

【保温车】 bǎowēnchē <रेल०> रेफ़्रीज़िरेटर वैगन

【保温瓶】 bǎowēnpíng थर्मस; फ़्लास्क; निर्वात पात्र

【保鲜】 bǎoxiān सब्ज़ियों, फल आदि वस्तुओं की ताज़गी बनाये रखना; ताज़गी का संरक्षण करना

【保鲜纸】 bǎoxiānzhǐ हैंडी-रैप; ताज़गी सुरक्षित रखने वाला कागज़

【保险】 bǎoxiǎn ❶बीमा; बीमा करना: 财产～ सम्पत्ति का बीमा / 火险 आग के विरुद्ध बीमा कराना / 参加劳动～ श्रमबीमा में शामिल होना ❷मशीन आदि में सेफ़्टी-उपकरण: 他关上了枪的～。उस ने बन्दूक का सेफ़्टी-बटन दबा लिया। ❸सुरक्षित होना: 这样做我们就～了。ऐसा करने से हम लोग सुरक्षित हो जाएंगे। ❹गारंटी; अवश्य; ज़रूर; निश्चय ही: 听我的话，～不出错。मेरी बात मानो, गारंटी है, कोई गलती न होगी। / 我叫他，他～会来。अगर मैं ने उसे बुलाया वह ज़रूर आएगा।

【保险带】 bǎoxiǎndài सेफ़्टी बेल्ट; सुरक्षा पेटी

【保险单】 bǎoxiǎndān बीमा-पत्र

【保险刀】 bǎoxiǎndāo सेफ़्टी रेज़र; उस्तरा

【保险灯】 bǎoxiǎndēng ❶बड़ी लालटेन ❷<बो०> गैसवाली लालटेन

【保险法】 bǎoxiǎnfǎ बीमा कानून; इंश्योरेंस लॉ

【保险费】 bǎoxiǎnfèi बीमा प्रीमियम; बीमे की किस्त

【保险粉】 bǎoxiǎnfěn <बना०> सोडियम हाइड्रोसल्फ़ाइट

【保险杆】 bǎoxiǎngǎn <यां०> बम्पर बार

【保险杠】 bǎoxiǎngàng (गाड़ी का) बम्पर; टक्कर-रोक पट्टा
【保险公司】 bǎoxiǎn gōngsī बीमा कम्पनी; इंश्योरेंस कम्पनी
【保险柜】 bǎoxiǎnguì सेफ़; तिजोरी
【保险盒】 bǎoxiǎnhé फ़्यूज़ बाक्स
【保险机】 bǎoxiǎnjī सेफ़्टी (आग्नेय अस्त्र)
【保险客户】 bǎoxiǎn kèhù जिस का बीमा हुआ हो; जिस ने बीमा करा रखा हो; पॉलिसी होल्डर; बीमा-धारक
【保险期】 bǎoxiǎnqī बीमा-अवधि
【保险人】 bǎoxiǎnrén बीमा करने वाला
【保险丝】 bǎoxiǎnsī फ़्यूज़; फ़्यूज़-वायर या तारः ～烧了。फ़्यूज़ उड़ गया; फ़्यूज़ जल गया।
【保险弹簧】 bǎoxiǎn tánhuáng रिलीफ़ स्प्रिंग
【保险系数】 bǎoxiǎn xìshù सुरक्षा-गुणांक
【保险箱】 bǎoxiǎnxiāng स्ट्रांग-बाक्स; सेफ़; तिजोरी; बहुमूल्य वस्तुओं को रखने का पक्का या मज़बूत संदूक; रुपये आदि रखने का लोहे की सुदृढ़ चादर से बना संदूक या छोटी अलमारी
【保险闸】 bǎoxiǎnzhá सेफ़्टी वाल्व
【保险装置】 bǎoxiǎn zhuāngzhì सुरक्षा-उपकरण; सेफ़्टी डिवाइस
【保修】 bǎoxiū (बेचने वाले की ओर से) चीज़ों की मरम्मत करने की गारंटीः 收音机～一年。रेडियो की मरम्मत-गारंटी की अवधि एक साल है; एक साल के लिये रेडियो की गारंटी की गयी है।
【保养】 bǎoyǎng ❶स्वास्थ्य बनाना; पुष्ट करना; ध्यान रखनाः 他很会～，八十岁了，身体还很好。वह अपने स्वास्थ्य का अच्छी तरह ध्यान रखता है, अस्सी साल की उम्र में भी उस का स्वास्थ्य बहुत अच्छा है। ❷मरम्मत करते रहना; ठीक-ठाक करते रहना; पूर्व स्थिति में बहाल करना; भरण-पोषण करना; बनाए रखनाः 道路～ सड़क आदि की मरम्मत करते रहना / 机器～ मशीन आदि को ठीक करते रहना
【保养费】 bǎoyǎngfèi भरण-पोषण की लागत; रक्षा या भरण-पोषण की फ़ीस
【保养工】 bǎoyǎnggōng रखरखाव श्रमिक; मरम्मत मज़दूर; 〈रेल०〉 लाइनमैन
【保有】 bǎoyǒu के पास होना; आधिपत्य में होनाः ～土地 ज़मीन को अपनी मिलकियत के भीतर रखना
【保佑】 bǎoyòu（保祐 bǎoyòu भी）आशीर्वचन और रक्षाः 老天爷～你。ईश्वर तुम्हारी रक्षा करें।
【保育】 bǎoyù बच्चों की देखभाल; बच्चों की रक्षा, बाल-कल्याण
【保育员】 bǎoyùyuán नर्स; बच्चों की देखभाल करने वाली; बाल-कल्याण कर्मचारी
【保育院】 bǎoyùyuàn शिशु कल्याण केंद्र; शिशुगृह
【保障】 bǎozhàng ❶(प्राण, सम्पत्ति, अधिकार आदि की) रक्षा करना; सुरक्षित करना; गारंटी करनाः ～工人的利益 मज़दूरों के हितों की रक्षा करना / ～军队的给养和供给 सेना की रसद और दूसरे सामान की सप्लाई की गारंटी करना
【保真度】 bǎozhēndù 〈वैद्यु०〉 तद्रूपताः 高～ उच्च-तद्रूपता
【保证】 bǎozhèng जमानत देना; गारंटी करना; वचन देना; वायदा करनाः ～提前完成任务 निश्चित समय से पहले कार्य को पूरा करने की गारंटी करना / ～安全 सुरक्षा की गारंटी करना; निरापद करना / ～产品质量 उत्पादों की गुणवत्ता की प्रतिभूति देना / 团结是胜利的～。एकता ही विजय की प्रतिभूति है। / 我不能～他以后不再犯错误。मैं इस बात की गारंटी नहीं कर सकता कि वह फिर गलती नहीं करेगा।
【保证单位】 bǎozhèng dānwèi गारंटी देने वाली इकाई; प्रतिभूतिकर्ता कार्यालय या संस्था
【保证金】 bǎozhèngjīn जमानत; जमानत की रकम
【保证人】 bǎozhèngrén जमानतदार; जमानती; जामिन
【保证书】 bǎozhèngshū गारंटी-पत्र
【保值】 bǎozhí वैल्यू गैरेटिंड
【保质保量】 bǎozhì bǎoliàng गुणवत्ता और मात्रा दोनों की गारंटी करना
【保重】 bǎozhòng (बहुधा किसी व्यक्ति के स्वास्थ्य पर ध्यान देने की सद्भावना प्रकट करने के लिये प्रयुक्त) स्वास्थ्य पर ध्यान देना; सकुशल रहनाः 请多多～。अपने स्वास्थ्य का अच्छी तरह ध्यान रखियेगा।
【保住】 bǎozhù रखना; पकड़ में रखना; पकड़े रहनाः 要不惜一切代价～这座城市。इस शहर को किसी भी कीमत पर पकड़े रहना चाहिये। / 庄稼～了。फ़सल सुरक्षित कर दी गयी है।
【保状】 bǎozhuàng 〈पुराना〉 गारंटी-पत्र
【保准】 bǎozhǔn ❶विश्वसनीय; भरोसे का; विश्वस्तः 他说话不～。उस की बात विश्वसनीय नहीं है। ❷गारंटी करना; जमानत करनाः ～改正错误 गलती को ठीक करने की गारंटी करना / ～完成任务 कार्य को पूरी तरह सुधारने की गारंटी करना

鸨（鴇）bǎo ❶〈प्राणि०〉 हुकना ❷दूती; कुटनीः 老～ दूती; कुटनी
【鸨母】 bǎomǔ（鸨儿 bǎo'ér，老鸨 lǎobǎo भी） दूती; कुटनी; चकले की मालकिन

葆¹ bǎo ❶〈लि०〉 रखना; रक्षा करना; बनाए रखनाः 永～青春 जवानी का जोश बनाए रखना ❷（Bǎo）एक कुलनाम

葆² bǎo 〈लि०〉 (घास का) हरा-भरा होना; खूब बढ़ना

堡 bǎo दुर्ग; गढ़; किलाः 碉～ दुर्ग; किला; किलेबंदी
bǔ; pù भी दे०
【堡垒】 bǎolěi दुर्ग; गढ़; किला; पुर; रक्षागृह; दुर्ग-गृह
【堡垒战】 bǎolěizhàn किलाबंद लड़ाई; दुर्गयुद्ध
【堡垒政策】 bǎolěi zhèngcè किलाबंद लड़ाई की नी-

ति: 实行～ किलाबंद लड़ाई की नीति पर चलना

【堡寨】 bǎozhài चारों ओर से चहारदीवारी से घिरा हुआ गांव

褓（緥） bǎo 襁褓 qiǎngbǎo शिशु को लपेटने की रज़ाई

bào

报（報） bào ❶बताना; रिपोर्ट देना: ～告 रिपोर्ट; रिपोर्ट देना / ～信 समाचार बताना / ～官 अधिकारियों को सूचित करना ❷उत्तर; उत्तर देना: ～友人书 मित्र को उत्तर का पत्र देना ❸बदला देना: ～酬 प्रतिफल; प्रतिदान; वेतन / ～恩 प्रत्युपकार; एहसान मानना ❹बदला लेना: ～仇 बदला चुकाना ❺फल; कर्मफल: 果～ (पाप या उपकार का) फल; (बुराई या भलाई का) बदला / 善有善～, 恶有恶～。भले का फल भला और बुरे का फल बुरा होता है। ❻समाचार-पत्र; अखबार: 月～ मासिक पत्र / 读～ समाचार-पत्र पढ़ना / 出～ समाचारपत्र का प्रकाशन करना ❼पत्रिकाएं: 画～ सचित्र पत्रिका पत्र ❽समाचार लिखना; अपनी राय प्रकट करना: 海～ नाटक आदि का विज्ञापन / 黑板～ ब्लैक-बोर्ड बुलेटिन; श्यामपट्ट पत्र ❾टेलीग्राम; तार: 发～ तार भेजना

【报案】 bào'àn पुलिस को रपट देना; थाने में रपट लिखाना; कोई मामला संबंधित विभाग के सामने उठाना

【报表】 bàobiǎo रिपोर्ट-फ़ार्म; आंकड़ों की रिपोर्ट देने के लिये फ़ार्म; सूची; सूचीपत्र

【报偿】 bàocháng बदला देना और क्षतिपूर्ति करना

【报呈】 bàochéng सरकारी दस्तावेज़ के ज़रिये रपट पेश करना

【报仇】 bàochóu बदला लेना; प्रतिकार करना; प्रतिशोध लेना; कसर निकालना: 他杀了我父亲，我一定要～。उस ने मेरे पिता की हत्या की, मैं अवश्य इस का बदला लूंगा।

【报仇雪耻】 bàochóu-xuěchǐ अपने प्रति किये गये अपराध का बदला लेकर अपना अपमान पूरी तरह भुला देना

【报仇雪恨】 bàochóu-xuěhèn बदला लेकर अपना क्रोध शांत करना

【报酬】 bàochou पुरस्कार; इनाम; प्रतिफल; वेतन: 不要～ प्रतिफल मांगे बिना

【报答】 bàodá प्रतिकार करना; बदला देना; इनाम देना: 他想拿点钱来～她的恩情。वह रुपयों से उस के एहसानों का बदला देना चाहता था।

【报单】 bàodān（报条 bàotiáo）❶करारोपण-फ़ार्म कराधान-पत्र ❷घोषणापत्र

【报导】 bàodǎo 报道 के समान

【报到】 bàodào अपनी उपस्थिति जताना: 新兵～ रंगरूटों का अपनी हाज़िरी जताना; स्वयं को पंजीकृत कराना

【报道】 bàodào ❶प्रकाशित करना: 在报纸第一版～重要消息 समाचार पत्र के मुख-पृष्ठ पर महत्वपूर्ण समाचार छापना ❷समाचार-कथा; रिपोर्ट: 一篇关于首脑会议的～ शिखर-सम्मेलन पर एक रिपोर्ट

【报德】 bàodé उपकार का बदला चुकाना: 以德～ उपकार का बदला उपकार से देना; प्रत्युपकार करना

【报端】 bàoduān समाचारपत्र में प्रकाश्य सामग्री की जगह: 这条消息已见～。इस समाचार को पत्र में जगह मिल चुकी है।

【报恩】 bào'ēn प्रत्युपकार करना; एहसान मानना; उपकार का बदला चुकाना; भलाई के बदले भलाई

【报贩】 bàofàn अखबार बेचनेवाला; अखबारवाला

【报废】 bàofèi ❶किसी चीज़ को बेकार घोषित करना; इस बात की घोषणा कि अमूक चीज़ बेकार हो चुकी है ❷त्याग देना; छोड़ना; रद्द करना; बेकार समझकर फेंक देना: ～了的机器 रद्द की गयी मशीन / 这台复印机快～了。यह प्रतिलिपिक यंत्र जल्द ही रद्द कर दिया जाएगा।

【报分】 bàofēn 〈खेल०〉 जीत की गिनती या स्कोर की घोषणा करना

【报复】 bàofù बदला लेना; प्रतिशोध लेना; कसर निकालना; प्रतिकार करना: ～行为 बदले की कार्रवाई / ～攻击 बदला लेने के लिये किसी पर हमला करना / ～性的措施 प्रतिकारपूर्ण कार्रवाई

【报复陷害罪】 bàofùxiànhàizuì बदला लेने के लिये जाल में फंसाने का अपराध

【报复主义】 bàofù zhǔyì बदला लेने की मनोवृत्ति

【报告】 bàogào ❶रिपोर्ट करना; रिपोर्ट प्रस्तुत करना: ～上级 उच्चतर अधिकारियों को रिपोर्ट देना / ～新闻 समाचार प्रसारित करना / 我想向大家～一个好消息。मैं आप सब लोगों को एक खुशखबरी देना चाहता हूं। ❷भाषण; रिपोर्ट: 作～ भाषण देना; रिपोर्ट पेश करना / 总结～ रिपोर्ट-सारांश; समापन-भाषण / 动员～ गोलबन्दी भाषण

【报告文学】 bàogào wénxué रिपोर्ताज; संवाद लेखन-शैली

【报关】 bàoguān चूंगी में महसूली माल का विवरण देना

【报关表】 bǎoguānbiǎo महसूली माल विवरण फ़ार्म

【报馆】 bàoguǎn 报社 का लोकप्रचलित नाम

【报国】 bàoguó तनमन से अपने देश की सेवा करना: 以身～ स्वदेश की सेवा में अपने जीवन की बलि देना

【报话】 bàohuà ❶ट्रांसमिटिंग मशीन या हैंडी-टाकी से एक व्यक्ति से दूसरे तक सूचना-संप्रेषण करना ❷ट्रांसमिटिंग मशीन या हैंडी-टाकी से दूसरों तक पहुंचायी जाने वाली बात

【报话机】 bàohuàjī ट्रांसमिटिंग मशीन, हैंडी-टाकी

【报价】 bàojià 〈अर्थ०〉 मूल्य बताना

【报捷】 bàojié विजय की सूचना (खबर) देना

【报界】 bàojiè समाचारपत्र-क्षेत्र, प्रेस-प्रतिनिधि

【报警】 bàojǐng पुलिस-कार्यालय को खबर देना; पुलिस में रपट लिखाना

【报刊】 bàokān प्रेस; पत्र-पत्रिकाएं

【报考】 bàokǎo प्रवेश-परीक्षा के लिये अपना नाम दर्ज कराना: ～北京大学 पेइचिंग विश्वविद्यालय की प्रवेश-

परीक्षा के लिये अपना नाम लिखाना
【报矿】 bàokuàng संबंधित संस्था को नयी खान या सद्यः आविष्कृतधातु का स्थान बताना
【报栏】 bàolán समाचार-पत्र का स्तंभ या कालम
【报名】 bàomíng सूची (रजिस्टर) में अपना नाम लिखवाना (चढ़वाना)： ～参加万米赛跑 दस हज़ार मीटर लम्बी दौड़ के लिये (प्रतियोगिताओं की) सूची में अपना नाम लिखवाना
【报幕】 bàomù मंच से सांस्कृतिक कार्यक्रम की घोषणा करना： ～员 सांस्कृतिक कार्यक्रम उद्घोषक
【报批】 bàopī उच्चतर अधिकारियों की स्वीकृति के लिये रिपोर्ट प्रस्तुत करना
【报屁股】 bàopìgu समाचार-पत्र के भीतरी पृष्ठों की अ-महत्वपूर्ण जगह
【报聘】 bàopìn 〈पुराना〉 अपनी सरकार की ओर से मित्र देश का जवाबी दौरा करना
【报请】 bàoqǐng (सरकारी पत्र-व्यवहार में प्रयुक्त) उच्चतर अधिकारियों से राय या अनुरोध के लिये रिपोर्ट प्रस्तुत करना： ～上级批准 उच्चतर अधिकारियों को कोई काम स्वीकृत करने के लिये रिपोर्ट देना
【报人】 bǎorén पत्र-पत्रिकाओं के संपादक-मंडल से सम्बद्ध व्यक्ति
【报丧】 bàosāng मृत्यु की सूचना देना
【报社】 bàoshè समाचारपत्र-प्रकाशन गृह; अखबार का दफ़्तर
【报审】 bàoshěn उच्चतर अधिकारियों को जांच के लिये रिपोर्ट भेजना
【报失】 bàoshī किसी वस्तु के खो जाने पर संबंधित अधिकारियों को सूचित करना
【报时】 bàoshí ठीक समय बताना; ठीक समय का प्रसारण करना
【报时器】 bàoshíqì विद्युत् के समय-संकेतों का प्रसारक-यंत्र; बिजली का यंत्र जो ठीक समय का प्रसारण करता है
【报时台】 bàoshítái (फ़ोन) समय पूछताछ सेवा
【报数】 bàoshù गिनती करना; काउंट-आफ़
【报税】 bàoshuì महसूली माल का विवरण देना
【报摊】 bàotān समाचार-पत्र का विक्री स्थल; अखबारों का स्टाल; न्यूज़स्टैंड
【报条】 bàotiáo प्राचीन काल में किसी व्यक्ति के राजकीय परीक्षा में सफल होने या पदोन्नति पाने पर उस के घर पहुंचायी जाने वाली सरकारी सूचना
【报亭】 bàotíng पत्र-पत्रिकाएं बेचने की मंडप जैसी छोटी दुकान
【报童】 bàotóng अखबार बेचने वाला लड़का
【报头】 bàotóu समाचार-पत्र आदि के पहले पृष्ठ का वह भाग जिसमें समाचार-पत्र आदि के नाम के साथ अंक आदि की जानकारी हो; मास्ट हेड; समाचार-पत्र आदि का शीर्षक
【报务员】 bàowùyuán वायरलेस आपरेटर; तार बाबू
【报喜】 bàoxǐ शुभ-समाचार (खुशखबरी) देना
【报喜不报忧】 bào xǐ bù bào yōu केवल शुभ समाचार बताना, कुछ भी अप्रिय न कहना; अप्रिय संदेश को रोके रखना
【报系】 bàoxì समाचार-पत्र शृंखला; सिंडीकेट
【报销】 bàoxiāo ❶खर्च का हिसाब जमाकर संबंधित दफ़्तर से पैसे वापस लेना： 向会计～ खर्च का हिसाब देकर हिसाबी से पैसा लेना ❷खर्च की गयी सामग्री की सूची में देना ❸〈बोल०〉 समाप्त कर डालना; नष्ट होना या करना： 敌人很快就～了。 शत्रु सेना शीघ्र ही नष्ट हो गयी।
【报晓】 bàoxiǎo (मुर्गे, घंटे आदि का) पौ की खबर देना： 雄鸡在～了。 मुर्गा बांग देने लगा।
【报效】 bàoxiào किसी व्यक्ति के उपकार के बदले में उस की सेवा करना： ～祖国 मातृभूमि के उपकार के बदले में उस की सेवा करना
【报谢】 bàoxiè किसी व्यक्ति के प्रति आभार प्रकट करना; किसी व्यक्ति के उपकार का आभार जताना
【报信】 bàoxìn खबर बताना; सूचना देना： 先给他报个信。 पहले उस को सूचना दो।
【报修】 bàoxiū मकान आदि की मरम्मत के लिये संबंधित विभाग को खबर करना
【报应】 bàoying ❶〈धर्म〉 फल; कर्मफल; कर्मभोग ❷बदला： 他作恶多端，将来总有～。 उस ने बहुत बुराई की है, फल भुगतने का दिन ज़रूर आएगा।
【报怨】 bàoyuàn जिस शत्रु से घृणा हो उस के साथ अनुपकार करना： 以德～ उपकार का बदला अनुपकार से देना
【报站】 bàozhàn रेल आदि में यात्रियों को आगे आने वाले स्टेशन का नाम बताना
【报章】 bàozhāng समाचार-पत्र： ～杂志 पत्र-पत्रिकाएं
【报账】 bàozhàng संबंधित दफ़्तर में जाकर खर्च का हिसाब देना
【报纸】 bàozhǐ（白报纸 báibàozhǐ भी）❶समाचार-पत्र; अखबार： ～订户 समाचार-पत्र का स्थाई ग्राहक ❷अखबारी कागज़; न्यूज़प्रिंट
【报子】 bàozi 〈पुराना〉 ❶भेदिया; गुप्तचर; जासूस ❷किसी व्यक्ति की राजकीय परीक्षा में सफलता या पदोन्नति आदि का शुभ समाचार उस के घर पहुंचाने वाले आदमी ❸दे० 报单 ❹नाटक आदि का विज्ञापन

刨（鉋、鑤） bào ❶रंदा; लकड़ी या धातु को छीलकर चिकना और साफ़ करने का रंदा： 细～ समतल या चिकना; बनाने के काम आने वाला रंदा ❷रंदा फेरना; रंदे से छीलना या साफ़ करना; समतल बनाना
páo भी दे०
【刨冰】 bàobīng मीठी बर्फ़
【刨床】 bàochuáng मशीनी-रंदा; तक्षणी-यंत्र
【刨刀】 bàodāo 〈यां०〉 ❶प्लेनर टूल ❷प्लेन आइयन
【刨工】 bàogōng ❶प्लेनिंग; रंदने का कार्य; रंदे से छीलने का काम ❷प्लेनर; रंदा करने वाला; तक्षणीकार： ～台 लकड़ी छीलने की घोड़ी
【刨花】 bàohuā रंदा करने से बनी लकड़ी की छीलन; लकड़ी का बुरादा; काष्ठोर्णा
【刨花板】 bàohuābǎn 〈वास्तु०〉 शेविंग बोर्ड

【刨刃儿】 bàorènr（刨铁 bàotiě भी）प्लेन-आइयन

【刨子】 bàozi (बढ़ई का औज़ार) प्लेन, रंदा

抱[1] bào ❶बाहों में भरना; गोद में लेना (उठाना); आलिंगन करना; चिपटाना; लिपटाना： 我还～过你。तू तो मेरी गोद में खेला था। / ～住铁柱 लोहे के खंभे का आलिंगन करना / 他～住头。उस ने अपना सिर दोनों हाथों से ढक लिया; उस ने सिर बाहों में भर लिया। ❷पहली बार (बेटा या पोता) प्राप्त होना： 他已经～孙子了。उस के एक पोता हुआ है। ❸(बच्चा) गोद लेना： 这孩子是～的。यह लड़का उस ने गोद लिया है। ❹<बो०> जुड़ा रहना; साथ रहना; मिल-जुलकर रहना： ～成一团 किसी के साथ जा मिलना; साथ मिलकर काम करना ❺<बो०> (कपड़ा, जूता) चुस्त होना; पूरा बैठना; पूरी तरह फ़िट होना： 这件西服～身儿。यह कोट बिलकुल फ़िट है। ❻मन में (विचार, राय आदि) रखना： 对……不～幻想 … के बारे में कोई भ्रम न रखना ❼<परि०श०> दोनों बांहों में भर जा सकने योग्य मात्रा： 一～稻草 दोनों बाहों भर पुआल

抱[2]（菢）bào अंडे सेना： 抱窝

【抱病】 bàobìng बीमार पड़ना; बीमार हो जाना： ～工作 बीमार होने पर भी काम करना

【抱不平】 bào bùpíng अन्याय होते देखकर क्रोधित हो उठना： 打～ अन्याय से किसी व्यक्ति की रक्षा करना; उत्पीड़ितों के हक में लड़ाई लड़ने या विवाद करने वाला बनना

【抱残守缺】 bàocán-shǒuquē अप्रचलित को मूल्यवान समझना और जीर्ण-शीर्ण को सुरक्षित रखना —— रूढ़िवादी होना; व्यक्ति जिस का वर्तमान के साथ मेल न बैठे

【抱粗腿】 bào cūtuǐ（抱大腿 bào dàtuǐ भी）किसी की टांग का आलिंगन करना —— किसी धनी और बली व्यक्ति की आड़ में रहना; किसी धनी और बली व्यक्ति की शरण लेना

【抱佛脚】 bào fójiǎo भगवान बुद्ध के चरण पकड़ना —— सिर पर विपत्ति का पहाड़ टूटने पर ही पूजा करना; अंतिम क्षण में जल्दी-जल्दी प्रयास करना

【抱负】 bàofù आकांक्षा; महत्वाकांक्षा： 有～的人 जो महात्वाकांक्षी हो

【抱憾】 bàohàn मन में खेद रहना： ～终生 जीवन भर मन में खेद रहना

【抱恨】 bàohèn घुन की तरह लगने वाला पछतावा： ～终天 जीवन भर पछतावा करना

【抱脚儿】 bàojiǎor <बोल०> (जूता) चुस्त होना; पूरा बैठना; फ़िट होना

【抱疚】 bàojiù <लि०> मन में खेद रहना; मन में दुःख होना

【抱愧】 bàokuì किसी काम को करने में लज्जित होना

【抱歉】 bàoqiàn खेद होना; अफ़सोस होना; खेद प्रकट करना; अफ़सोस करना： 我自己也很～。मैं खुद भी बेहद शर्मिन्दा हूं।

【抱屈】 bàoqū（抱委屈 bàowěiqū भी）उलाहना; शिकायत करना; दिल में बहुत शिकायतें भरी होना

【抱拳】 bàoquán <पुराना> प्रणाम करने का एक ढंग, इस में एक हाथ मुट्ठी बांधता है और दूसरा इस मुट्ठी को ढक लेता है, फिर दोनों हाथ सीने के सामने आकर दो-एक बार हिलते हैं

【抱厦】 bàoshà ❶मकान के सामने वाला बरामदा ❷मकान के पीछे लगने वाला छोटा कमरा; मकान के पीछे का सायबान

【抱身儿】 bàoshēnr <बोल०> (कपड़ा) चुस्त होना; पूरा बैठना; फ़िट होना

【抱头鼠窜】 bàotóu-shǔcuàn बदहवास होकर भागना; दुम दबाकर भाग खड़ा होना; बेतहाशा भगदड़ मचाना

【抱头痛哭】 bàotóu-tòngkū सिर को बाहों में भरकर रोना; शोक से रुदन करना; छाती पीट-पीटकर रोना

【抱团儿】 bàotuánr <बोल०> किसी के साथ जा मिलना; साथ मिलकर काम करना

【抱委屈】 bào wěiqū दे० 抱屈

【抱娃娃】 bào wáwa बच्चे को जन्म देना： 她很快就要～了。वह जल्दी ही बच्चे को जन्म देने वाली है।

【抱窝】 bàowō अंडे सेना： 母鸡～ मुर्गी का अंडे सेना; मुर्गी का अंडों पर बैठना

【抱薪救火】 bàoxīn-jiùhuǒ आग बुझाने के लिये ईंधन की लकड़ी को बाहों में भर लेना —— किसी स्थिति से निपटने के लिये गलत उपाय अपना कर उसे और बदतर बना देना

【抱养】 bàoyǎng गोद लेना; दत्तक रखना; किसी को अपना संबंधी बनाना

【抱恙】 bàoyàng <लि०> दे० 抱病

【抱腰】 bàoyāo <बो०> किसी व्यक्ति का समर्थन करना; साथ देना; प्रोत्साहित करना

【抱冤】 bàoyuān दे० 抱屈

【抱怨】 bàoyuàn शिकायत करना; झुंझलाना： 她有时～别人，有时～自己。वह कभी दूसरों पर झुंझलाती, कभी खुद पर।

【抱柱】 bàozhù मोटा खंभा; बड़ा और भारी स्तम्भ

【抱柱对儿】 bàozhùduìr स्तम्भ पर बिलंबित पद्यांश

【抱罪】 bàozuì किसी व्यक्ति के मन में किसी अपराध या गलती के कारण होने वाला दुख

趵 bào <बो०> छलांग लगाना; फलांग मारना; चौकड़ी भरना

bō भी दे०

【趵突泉】 Bàotū Quán शानतोंग प्रांत की राजधानी चीनान का एक प्रसिद्ध जल-स्रोत

豹 bào ❶（豹子 भी）चीता ❷（Bào）एक कुलनाम

【豹猫】 bàomāo चीता बिल्ला

【豹死留皮，人死留名】 bào sǐ liú pí, rén sǐ liú míng चीता मरने पर अपनी खाल छोड़ जाता है और मनुष्य देहांत के बाद अपना नाम

【豹头环眼】 bào tóu huán yǎn चीते का सा सिर और

गोल-गोल आंखें —— किसी व्यक्ति का सूरत-शक्ल से बलवान और साहसी लगना

【豹子】 bàozi चीता

鲍（鮑） bào ❶दे० 鲍鱼 ❷<प्राणि०> कनसीपी; कर्णशुक्ति; ऐबलोन（鳆鱼 fùyú भी）❸（Bào）एक कुलनाम

【鲍鱼】[1] bàoyú <लि०> नमकीन मछली

【鲍鱼】[2] bàoyú <प्राणि०> कनसीपी; कर्णशुक्ति; ऐबलोन

暴[1] bào ❶अचानक और प्रचण्ड; प्रबल और प्रचण्ड：～风雨 तूफ़ान; तेज़ आंधी ❷निर्दय; निरंकुश; क्रूर; कठोर; निष्ठुर：暴君 / 残暴 cánbào ❸निर्दय व्यक्ति; क्रूर व्यक्ति; निष्ठुर व्यक्ति; कठोर व्यक्ति ❹गुस्सावर; गुस्सैल; क्रोधी; जल्दी क्रोध करने वाला; तेज़-मिजाज़：他脾气～。वह क्रोधी है; वह तेज़ मिजाज़ वाला है। ❺（Bào）एक कुलनाम

暴[2] bào फूल आना; उभरना：他急得头上的青筋都～出来了。वह ऐसा उतेजित हुआ कि माथे पर नसें उभर आयीं। ❷प्रकट होना; ज़ाहिर होना：暴露

暴[3] bào <लि०> नष्ट करना; बरबाद करना; बिगाड़ देना; खराब कर देना：自暴自弃 zìbào-zìqì

【暴病】 bàobìng अचानक गंभीर बीमार पड़ जाना

【暴跌】 bàodiē (मूल्य, प्रतिष्ठा आदि) एकाएक गिर जाना; उतरना：粮价～ अनाज का भाव एकाएक गिर जाना / 声价～ ख्याति एकाएक गिर जाना

【暴动】 bàodòng विद्रोह करना; बगावत करना; फ़साद करना：～者 विद्रोही; विद्रोह करने वाला

【暴发】 bàofā ❶<अना०> अकस्मात धनी या बली बनना：～户 नौबढ़; नया अमीर; धरती का फूल ❷अचानक हो उठना; पैदा होना：山洪～ पहाड़ों में जल की प्रचण्ड धारा का ज़ोर से और तेज़ी के साथ आगे बढ़ना

【暴风】 bàofēng ❶<मौ०वि०> तूफ़ान (विण्ड स्केल पर 11 अंक की तीव्रता वाली तेज़ हवा ❷आंधी：暴风骤雨

【暴风雪】 bàofēngxuě बर्फ़ीला तूफ़ान

【暴风雨】 bàofēngyǔ तूफ़ान; झंझावात; आंधीपानी：革命的～ क्रांति का तूफ़ान

【暴风骤雨】 bàofēng-zhòuyǔ प्रबल झंझावात; भीषण तूफ़ान

【暴富】 bàofù अचानक धनी बन जाना; रातोंरात अमीर बनना

【暴光】 bàoguāng 曝光 bàoguāng के समान

【暴洪】 bàohóng प्रबल बाढ़

【暴虎冯河】 bàohǔ-pínghé बाघ से निहत्थे लड़ना और बिना नाव के नदी पार करना —— मूर्खतापूर्ण साहसी; मूर्ख वीर; अनावश्यक जोखिम उठाने वाला; व्यर्थ की साहसिकता दिखाने वाला

【暴君】 bàojūn निरंकुश शासक; अन्यायी शासक; अत्याचारी शासक; क्रूर शासक; तानाशाह

【暴客】 bàokè <लि०> दस्यु; डाकू; डकैत; लुटेरा

【暴库】 bàokù माल से बुरी तरह लदा भंडार：产品严重～。भंडार माल से इस कदर भरा हुआ है कि कहीं खाली जगह नहीं।

【暴雷】 bàoléi बिजली का आकस्मिक रूप से कड़कना

【暴力】 bàolì बल प्रयोग; हिंसा; बलात्कार; पाशविक बल：非～ अहिंसा / ～革命 हिंसक क्रांति / ～工具 हिंसक उपकरण / ～镇压机器 हिंसक दमन तंत्र

【暴利】 bàolì अवैध तरीके से मिला भारी मुनाफ़ा

【暴戾】 bàolì <लि०> निर्दय; क्रूर; कठोर

【暴戾恣睢】 bàolì-zìsuī निर्दय; निरंकुश; स्वेच्छाचारी; ज़ालिम

【暴敛】 bàoliǎn ज़बरन उगाही करना：～横征（横征暴敛 héngzhēng bàoliǎn के समान）जबरन वसूली और उगाही करना

【暴烈】 bàoliè प्रचण्ड; प्रबल; क्रूर; गरममिज़ाज：～的行动 प्रबल कार्रवाई / 性情～ तेज़ मिजाज़; शीघ्र क्रुद्ध हो जाने वाला

【暴露】 bàolù खुलना; खोलना; प्रकट करना या होना; पर्दाफ़ाश करना या होना：～自己 अपने आपको ज़ाहिर कर देना / ～弱点 कमज़ोरियों को स्पष्ट कर देना; नाज़ुक जगह उघड़ आना; अपर्याप्तता खामी प्रकट करना या होना / ～秘密 रहस्य खुलना; भेद खोलना / ～目标 अपनी उपस्थिति प्रकट करना या होना / ～真相 कलई खुलना; असलियत प्रकट करना या होना, असली रूप ज़ाहिर करना या होना / ～无遗 पूरी तरह नंगा होना; पूरा पर्दाफ़ाश होना; चेहरा पूरी तरह बेनकाब होना

【暴露文学】 bàolù wénxué ऐसा साहित्य जो केवल समाज के स्याह-पक्ष को उघाड़ता हो और उस का भविष्य उज्ज्वल न देखता हो; उद्घाटक साहित्य

【暴乱】 bàoluàn राजद्रोह; शांतिभंग; दंगाफ़साद：武装～ सशस्त्र राजद्रोह

【暴民】 bàomín विद्रोह में शामिल होने वाले लोग

【暴怒】 bàonù अति क्रोध; बहुत गुस्सा; प्रचण्ड रोष

【暴虐】 bàonüè निरंकुश; नृशंस; ज़ुल्मी

【暴晒】 bàoshài लम्बे समय तक कड़ाके की धूप में रखना या रहना

【暴尸】 bàoshī घर से बाहर मरने वाले का शव रास्ते में पड़े रहना：～街头 शव का रास्ते में पड़ा होना

【暴殄天物】 bàotiǎn-tiānwù प्राकृतिक वस्तुओं को मनमाने ढंग से नष्ट करना

【暴跳】 bàotiào अति क्रोध के कारण पैर पटकना

【暴跳如雷】 bàotiào-rúléi क्रोध में आकर स्वयं को नियंत्रित न कर पाना; क्रोधावेश में फट पड़ना; आपे से बाहर होना; गुस्से से लाल-पीला होना：他～说… वह गुस्से से लाल-पीला होता हुआ बोला …

【暴突】 bàotū फूल जाना; उभरना：青筋～ (माथे पर) नसें उभर आना

【暴徒】 bàotú उपद्रवी; हुल्लड़बाज़; गुण्डा

【暴行】 bàoxíng उपद्रव; हुल्लड़बाज़ी; अत्याचार; ज़ुल्म：军舰～ युद्धपोतों द्वारा की गयी नृशंस कार्यवाही

【暴饮暴食】 bàoyǐn-bàoshí एक ही जून में बहुत अ-

धिक खाना-पीना

【暴雨】 bàoyǔ अत्यधिक वर्षा; अतिवृष्टि; मूसलाधार वर्षा; तेज़बारिश; घनघोर वर्षा

【暴月】 bàoyuè तंगी का मौसमः 荒时～ अकाल के समय और तंगी के मौसम (में)

【暴躁】 bàozào तेज़ामिज़ाज; गर्ममिज़ाज; नाज़ुकमिज़ाज; तुनकमिज़ाज; बदमिज़ाज; चिड़चिड़ा; शीघ्रकोपीः 他性情～。वह तेज़मिज़ाज है; उस का मिज़ाज बहुत गर्म है।

【暴涨】 bàozhǎng (बाढ़, मूल्य आदि) अचानक शीघ्रता से बढ़ जानाः 河水～ नदी में पानी शीघ्रता से बढ़ आना / 粮价～ अनाज का भाव अचानक बढ़ जाना

【暴政】 bàozhèng निरंकुशता; निरंकुश शासन; अत्याचार; अत्याचारी शासनः 反抗～ अत्याचार के विरुद्ध विद्रोह करना

【暴卒】 bàozú 〈लि०〉 आकस्मिक बीमारी से मर जाना; टन हो जाना

虣 bào 〈लि०〉 暴 bào (निष्ठुर और कठोर) के समान

瀑 bào हूपेइ प्रांत की एक नदी का नाम
pù भी दे०

爆 bào ❶फट पड़ना; विस्फोट होनाः 爆炸 ❷अचानक प्रकट होनाः 爆冷门 ❸तेल में जल्दी-जल्दी तलना, भूनना या उबालनाः 葱～肉 प्याज़ के साथ जल्दी-जल्दी तला गया मांस

【爆炒】 bàochǎo ❶धूमधाम से बार-बार प्रचार करना ताकि उस का प्रभाव बढ़ जाय ❷बार-बार खरीदना और बेचना जिस से लाभ हो सके

【爆豆】 bàodòu ❶सोया बीन का लावा करना ❷सोया बीन का लावा

【爆肚儿】 bàodǔr जल्दी-जल्दी उबाला हुआ बैल, बकरे आदि के पेट का मांस

【爆发】 bàofā भड़कना; फूटना; छिड़ना; विस्फोट होनाः ～战争 युद्ध छिड़ना / ～革命 क्रांति फूटना / 火山～ ज्वालामुखी का विस्फोट; ज्वालामुखी का भड़क उठना

【爆发力】 bàofālì 〈खेल०〉 विस्फोटक शक्ति (बल)

【爆发音】 bàofāyīn 〈ध्वनि०〉 स्पर्श (ध्वनि)

【爆管】 bàoguǎn कारतूस प्रज्वलक-यंत्र

【爆花】 bàohuā ❶दिये की बत्ती का जला हुआ बाग ❷爆米花儿 के समान

【爆冷】 bàolěng आश्चर्यजनक घटना; खेलकूद की प्रतियोगिता में आशातीत घटना अचानक दिखाई देना

【爆冷门】 bào lěngmén (किसी प्रतियोगिता में) अप्रत्याशित विजेता का प्रकट होना, छिपी रुस्तम होना

【爆裂】 bàoliè फट पड़ना; फूट पड़ना; विस्फोट होनाः 豆荚成熟了就会～。सेम की फली पक जाने पर फट पड़ती है।

【爆满】 bàomǎn (नाटकघर, सिनेमाघर, स्टेडियम आदि में) कोई सीट खाली न होना; हाउसफ़ूल होना

【爆米花儿】 bàomǐhuār ❶लाजा; खील ❷लावा; फुटेहरा

【爆棚】 bàopéng 〈बो०〉 दे० 爆满

【爆破】 bàopò विस्फोट करनाः 连续～ शृंखलाबद्ध विध्वंस करना / ～班 विस्फोट दस्ता / ～工兵 डायनामाइट रखनेवाला / ～手 डायनामाइट से विस्फोट करने वाला / ～英雄 विस्फोट वीर

【爆破弹】 bàopòdàn उग्रविस्फोटक गोला

【爆破筒】 bàopòtǒng बैंगलोर टारपीडो

【爆破音】 bàopòyīn 〈ध्वनि०〉 स्पर्श ध्वनि

【爆破炸弹】 bàopò zhàdàn विध्वंस बम

【爆炸极限】 bàozhà jíxiàn विस्फोटक सीमा (परिसीमा)

【爆音】 bàoyīn 〈विमान०〉 ध्वनितरंगीय शोर

【爆炸物】 bàozhàwù विस्फोटक; विस्फोटक पदार्थ; ध्वंसक पदार्थ

【爆炸性】 bàozhàxìng विस्फोटक

【爆仗】 bàozhang （爆竹 bàozhú भी） पटाखाः 放～ पटाखे छोड़ना

【爆竹】 bàozhú（爆仗，炮仗 pàozhang भी）पटाखा

曝 bào (पुराना उच्चारण pù) नीचे दे०
pù भी दे०

【曝丑】 bàochǒu खुले-आम अपनी त्रुटि, गलती या समस्या खोलकर रख देना

【曝光】 bàoguāng ❶〈फ़ोटो०〉 फ़ोटो खींचने के लिये फ़िल्म को प्रकाश पहुंचाने की क्रिया ❷छल, कपट, वंचना आदि का रहस्योद्घाटन या प्रकटीकरण; भंडा-फोड़; कलई या पोल खुलना

【曝光表】 bàoguāngbiǎo एक्सपोज़र-मीटर

bēi

陂 bēi 〈लि०〉❶तालाब ❷तालाब, झील आदि का किनारा ❸ढाल; ढलान; उतार

杯（盃）bēi ❶प्याला; ग्लासः 一～牛奶 एक प्याला दूध / 来，来一～。आओ, एक प्याला पिओ। ❷किसी प्रतियोगिता में विजेता को पुरस्कार-स्वरूप दिया जाने वाला पारितोषिक पात्र (कप)ः 世界～ विश्व कप

【杯葛】 bēigě बहिष्कार करना; बॉयकाट करना

【杯弓蛇影】 bēigōng-shéyǐng प्याले में धनुष के प्रतिबिंब को देखकर सांप समझने की गलती करना —— अत्यंत संदेही; शंकालु; बेहद शक्की

【杯珓】 bēijiào दे० 珓 jiào शकुन-परीक्षण करना; भविष्यवाणी करना

【杯酒】 bēijiǔ (बहुधा दावत के लिये निमंत्रण में प्रयुक्त) एक प्याला शराबः ～言欢 एक साथ मदिरापान करना

【杯盘狼藉】 bēipán–lángjí (दावत खत्म होने के बाद) मेज़ पर शराब के प्यालों और थालियों का अव्यवस्थित रूप से बिखरा होना
【杯赛】 bēisài 〈खेल०〉 पारितोषिक पात्र या कप प्रति-योगिता; कप: 参加～ उक्त प्रतियोगिता में शामिल होना
【杯水车薪】 bēishuǐ–chēxīn एक प्याला पानी से गाड़ी भर लकड़ी की आग बुझाने की कोशिश करना —— ऊंट के मुंह में जीरा
【杯中物】 bēizhōngwù 〈लि०〉 प्याले की सामग्री —— शराब
【杯子】 bēizi प्याला; कप; ग्लास (गिलास)

卑 bēi ❶〈लि०〉 (स्थान) नीचा: 地势～湿 भू-सतह नीची और आर्द्र ❷निचले दर्जे का: 自～ हीन-भावना ❸(शील-स्वभाव, आचार या गुण) तुच्छ: 卑鄙 / 卑劣 ❹〈लि०〉 नम्रतापूर्ण, विनयशील: 卑辞
【卑鄙】 bēibǐ (भाषा, आचार) तुच्छ; नीच; दुष्ट; निकृष्ट; कमीना: ～行为 नीच आचरण / ～手段 नीचतापूर्ण उपाय
【卑鄙龌龊】 bēibǐ–wòchuò तुच्छ; हीन; कमीना; दुष्ट; घृणित; निंद्य; ओछा
【卑鄙无耻】 bēibǐ–wúchǐ नीच और बेहया; दुष्ट और निर्लज्ज; नीचतापूर्ण और लज्जाजनक: ～的手段 नीचता-पूर्ण और लज्जाजनक उपाय
【卑不足道】 bēibùzúdào इतना तुच्छ या महत्व- हीन कि कहने लायक नहीं
【卑辞】 bēicí विनम्र शब्द (卑词 bēicí भी)
【卑辞厚礼】 bēicí–hòulǐ विनम्र शब्द और उदार भेंट
【卑恭】 bēigōng खुशामदी; चापलूस
【卑躬屈膝】 bēigōng–qūxī (卑躬屈节 bēigōng–qūjié भी) खाक चाटना; हीनतापूर्वक घुटने टेक देना
【卑贱】 bēijiàn नीच; क्षुद्र; तुच्छ; कमीना; पाज़ी: ～者最聪明，高贵者最愚蠢。 क्षुद्र सब से बुद्धिमान है और कुलीन सर्वाधिक मूर्ख।
【卑劣】 bēiliè नीच; निंद्य; घृणित: ～的念头 घृणास्पद विचार
【卑劣行径】 bēiliè xíngjìng घृणित आचरण
【卑怯】 bēiqiè नीच और डरपोक: ～行为 नीच और डरपोक आचरण
【卑微】 bēiwēi तुच्छ; क्षुद्र: 官职～ पद नीचा होना
【卑污】 bēiwū नीच; कमीना; घृणित
【卑下】 bēixià नीचा; तुच्छ; क्षुद्र
【卑职】 bēizhí ❶〈लि०〉 क्षुद्र पद; नीचा पद ❷〈पुराना〉 〈विन०〉 (उच्च अधिकारियों के आगे निचले अधिकारियों द्वारा स्वयं के लिये संबोधन) आप का क्षुद्र सेवक

背 (揹) bēi ❶पीठ पर उठा लेना; पीठ पर लादना: 他～着我向前走去。 उस ने मुझे अपनी पीठ पर उठा लिया और आगे चल पड़ा। / ～口袋 बोरा पीठ पर लादना / 他肩上～着一支步枪。 उस ने कंधे पर राइफ़ल लटका रखी है। ❷बोझना; लादना; अपने कंधों पर बोझ (भार) उठाना: ～债 कंधे पर कर्ज़ का बोझ उठाना ❸〈परि०श०〉 किसी व्यक्ति की पीठ पर एक बारगी में लादी जा सकने वाली वस्तु का परिमाण: 一～稻子 पीठ पर एक बार लादे जा सकने वाले धान के डंठल

bèi भी दे०

【背榜】 bēibǎng परीक्षा में सफल होने वालों की सूची के अंत में नाम होना
【背包袱】 bēi bāofu मन का भारी बोझ से लदना: 不要～。 अपने मानसिक बोझ को दूर करो।
【背带】 bēidài ❶ब्रेसेस; सस्पेण्डर्स ❷(बंदूक, नैपसैक आदि की) पट्टी; चमड़े की पट्टी
【背负】 bēifù पीठ पर लादना; पीठ पर उठा लेना: ～衣包 पीठ पर कपड़ों का बंडल लादना (उठा लेना) / ～着人民的希望 मन में सदा जनता की आशाएं रखना
【背黑锅】 bēi hēiguō 〈बोल०〉 दूसरों के अपराधों के लिये आरोपित होना; बलि का बकरा बनना; अन्यायपूर्वक आक्षेपित होना
【背饥荒】 bēi jīhuang 〈बो०〉 ऋणी होना
【背头】 bēitóu पुरुषों का बाल संवारने का एक ढंग जिस में सारे बाल कनपटियों से पीछे की ओर संवारे जाते हैं
【背债】 bēizhài ऋणी होना; कर्ज़ का बोझ उठाना: 背了一屁股债 अपने ऊपर कर्ज़ का भारी बोझ लादना
【背子】 bēizi पीठ पर लादने का एक प्रकार का लंबा और पतला टोकरा

桮 bēi 〈लि०〉 杯 bēi के समान

椑 bēi नीचे दे०

【椑柿】 bēishì प्राचीन पुस्तकों में उल्लिखित एक प्रकार का परसिम्मों फल जो काले रंग का और छोटा होता है

悲 bēi ❶शोक; दुख: 悲痛 / 悲喜交集 ❷दया; करुणा: 慈～ दया; करुणा
【悲哀】 bēi'āi उदासी; अवसाद; दुख: 他脸上现出～的神色。 उस के चेहरे पर उदासी-सी छाई रहती थी। / 这使我非常的～。 इस से मेरा मन और उदास हो गया था।
【悲惨】 bēicǎn दुखी; पीड़ित; दुखद; दर्दनाक; हृदय-विदारक; हृदयवेधक; शोचनीय: ～的生活 दुखी (दुखमय) जीवन
【悲恻】 bēicè 〈लि०〉 शोकपूर्ण; दुखी; दुखद
【悲愁】 bēichóu दुख और चिंता; शोक और चिंता
【悲楚】 bēichǔ 〈लि०〉 दुख; शोक
【悲怆】 bēichuàng 〈लि०〉 दुःख; शोक; रंज; विषाद
【悲从中来】 bēicóngzhōnglái मन का अचानक उदास होने लगना; दिल में अचानक दुख उठना
【悲悼】 bēidào दुःख (शोक) करना; शोक प्रकट करना; शोक श्रद्धांजलि अर्पित करना; किसी की मृत्यु पर दुःख व्यक्त करना; शोकाकुल होना: ～亡友 किसी मित्र की मृत्यु पर श्रद्धांजलि अर्पित करना
【悲愤】 bēifèn करुणा और रोष

【悲愤填膺】 bēifèn–tiányīng शोक और कोष से भर जाना

【悲歌】 bēigē उत्प्रेरक गीत: 国际～歌一曲，狂飙为我从天落。सुनो इंटरनेशनल की गूंज का यह उत्प्रेरक स्वर नभ में सहसा उमड़ आया है तीव्र बवंडर।

【悲哽】 bēigěng शोक से सिसकना: 声音～ (आवाज़ का) सिसकियों से भरा होना

【悲观】 bēiguān निराशा; निराशावाद: ～思想 निराशावादी विचार / ～论者 निराशावादी / ～论调 निराशाजनक कथन; निराशावादी तर्क / ～的估计 निराशापूर्ण अनुमान / 对前途抱～情绪 भविष्य के प्रति निराशा रखना

【悲观失望】 bēiguān shīwàng हताश होना; निराश होना; हतोत्साह होना; साहस क्षीण होना: 对前途～ भविष्य पर विश्वास खो बैठना

【悲观厌世】 bēiguān yànshì निराशावाद और दुनिया से विरक्ति

【悲观主义】 bēiguān zhǔyì निराशावाद

【悲号】 bēiháo रोना-पीटना; शोकवश ऊंची आवाज़ में रोना; दयनीय रुदन

【悲欢离合】 bēihuān–líhé सुख-दुःख और संयोग-वियोग

【悲剧】 bēijù ❶दुःखांत; त्रासदी; दुखांत नाटक ❷दुखांत घटना; दुखांत कहानी

【悲剧片】 bēijùpiàn दुखांत फ़िल्म

【悲苦】 bēikǔ दुख; शोक; व्यथा; मानसिक क्लेश

【悲凉】 bēiliáng शोकपूर्ण और उदास

【悲悯】 bēimǐn किसी के लिये दया-भाव रखना; तरस खाना

【悲鸣】 bēimíng निराशा की चीख; करुणामयी पुकार: 绝望地～ निराशा में चीखना-चिल्लाना

【悲凄】 bēiqī शोकपूर्ण; शोकाकुल; शोक-विह्वल; दुख-भरा

【悲戚】 bēiqī शोकपूर्ण; दुखभरा; उदास: ～的面容 उदास चेहरा

【悲泣】 bēiqì शोक से रोना; शोकपूर्वक रुदन करना; दुख (करुणा) से सिसकियां लेना (भरना)

【悲切】 bēiqiè 〈लि०〉 शोक; दुख; व्यथा; रंज; उदासी

【悲秋】 bēiqiū शरद ऋतु से उत्पन्न उदासी

【悲伤】 bēishāng शोकपूर्ण; दुखभरा; उदास; व्यथित: 听了他的话，我心里不禁～起来。उस की बात सुनकर मेरा मन व्यथित हो उठा।

【悲酸】 bēisuān शोकपूर्ण; दुखभरा: 阵阵～，涌上心头 दिल में बार-बार शोकपूर्ण भावनाएं उमड़ आना

【悲叹】 bēitàn आह भरना; उसास भरना; दुख में आह भरना; करुणा की उसास लेना

【悲啼】 bēití सिसकना; सिसकियां भरना; हिचकी भरकर रोना

【悲天悯人】 bēitiān–mǐnrén लोक-जगत् के प्रति चिंतित तथा लोक-जन के प्रति दयालु होना

【悲恸】 bēitòng बहुत दुख; अत्याधिक शोक होना

【悲痛】 bēitòng दुखपूर्ण; शोकपूर्ण: 化～为力量 शोक को बल में बदलना / 对于他的死我是很～的。उन की मृत्यु का मुझे बेहद दुख है।

【悲喜交集】 bēixǐ–jiāojí दुख और हर्ष की मिश्रित भावनाओं से विह्वल होना; दुख और हर्ष की भावनाओं का एक साथ दिल में उमड़ना; सुख-दुख की मिश्रित भावना उत्पन्न होना

【悲喜剧】 bēixǐjù दुखांत-सुखांत नाटक

【悲辛】 bēixīn 〈लि०〉 शोकपूर्ण और कटु

【悲咽】 bēiyè शोक के कारण सिसकियां भरना

【悲壮】 bēizhuàng करुण और मर्मस्पर्शी; करुणरससिक्त: ～的歌曲 गम्भीर और मर्मस्पशी गीत

碑

bēi शिलालेख; स्मारक; समाधि-शिला; समाधि-प्रस्तर: 古～ पुराना शिलालेख / 里程～ मील का पत्थर / 纪念～ स्मारक; स्मृतिचिह्न; यादगार

【碑额】 bēi'é स्मारक (शिलालेख) का ऊपरी भाग

【碑记】 bēijì शिलालेख; प्रस्तर-लेख; पाषाण-लेख

【碑碣】 bēijié 〈लि०〉 स्मारक; शिलालेख; समाधि-शिला

【碑刻】 bēikè शिलालेख या शिलाचित्र

【碑林】 Bēilín सीधे पत्थरों का वन (शेनशी प्रांत के शीआन नगर में)

【碑铭】 bēimíng शिलालेख; अभिलेख

【碑铭学】 bēimíngxué पुरालिपि-शास्त्र; शिलालेख-शास्त्र

【碑拓】 bēità शिलालेखों के चरबों की पुस्तक

【碑帖】 bēitiè शिलालेखों, काष्ठलेखों की लिपियों के चरबों की पुस्तक (प्रायः लिखावट के नमूनों के लिये प्रयुक्त)

【碑亭】 bēitíng मंडप जिस में स्मारक, समाधि-प्रस्तर आदि रखा जाता है

【碑文】 bēiwén शिलालेख; प्रस्तर-लेख; पाषाण-लेख

【碑阴】 bēiyīn स्मारक, समाधि-शिला आदि का पिछला भाग

【碑志】 bēizhì शिलालेख; प्रस्तर-लेख; पाषाण-लेख

【碑座】 bēizuò स्मारक, समाधि-प्रस्तर आदि का निचला भाग; स्मारक आदि की कुर्सी; स्मारक-पाद

鹎

bēi 〈प्राणि०〉 बुलबुल

箄

bēi 〈लि०〉 मछली पकड़ने का बांस का टोकरा

běi

北[1]

běi उत्तर; उत्तरी: ～方 उत्तर की दिशा / ～部 उत्तरी भाग

北[2]

běi 〈लि०〉 हार खाना; हार होना; हार जाना: 败～ हार जाना / 连战皆～ लड़ाई में निरंतर हार खाना

【北安恰尔】 Běi'ānqià'ěr उत्तरांचल प्रदेश
【北半球】 běibànqiú उत्तरी गोलार्द्ध
【北边】 běibiān ❶उत्तर ❷उत्तरी भाग
【北冰洋】 Běibīngyáng उत्तरी महासागर; आर्कटिक महासागर
【北朝】 Běi Cháo 〈इति०〉 उत्तरी राजवंश, उत्तर के राजवंश (386-581 ई०), यानी: उत्तरी वेइ (北魏，386-534 ई०), पूर्वी (प्राच्य) वेइ (东魏，534-550 ई०), उत्तरी छी (北齐，550-577 ई०), पश्चिमी वेइ (西魏，535-556 ई०) और उत्तरी चओ (北周，557-581 ई०)
【北辰】 běichén 〈प्राचीन〉 〈खगोल०〉 ध्रुवतारा; ध्रुवनक्षत्र
【北大荒】 Běidàhuāng (उत्तरी चीन में) विशाल परती भूमि
【北大西洋公约组织】 Běi Dàxīyáng Gōngyuē Zǔzhī उत्तर अटलांटिक संधि संगठन (नाटो)
【北斗星】 Běidǒuxīng सप्तऋषि (सप्तर्षि)
【北伐军】 Běifájūn उत्तरी अभियान सेना
【北伐战争】 Běifá Zhànzhēng उत्तरी अभियान लड़ाई (1926-1927 ई०)
【北方】 běifāng ❶उत्तर ❷देश का उत्तरी भाग, विशेषकर पीली नदी के उत्तर का क्षेत्र; उत्तरी चीन
【北方邦】 Běifāngbāng उत्तर प्रदेश
【北方话】 běifānghuà उत्तरी चीन की बोली
【北非】 Běi Fēi उत्तरी अफ़्रीका
【北风】 běifēng उत्तरी हवा
【北瓜】 běiguā 〈बो०〉 कद्दू, लौकी
【北国】 běiguó 〈लि०〉 उत्तरी चीन: ～风光 उत्तरी चीन का प्राकृतिक दृश्य
【北海】 Běihǎi उत्तरी सागर (समुद्र)
【北海道】 Běihǎidào होक्काइदो (जापान)
【北寒带】 běihándài उत्तरी शीत कटिबंध
【北回归线】 běihuíguīxiàn कर्क रेखा; उत्तरी वृत्त; कर्क अयन वृत्त
【北货】 běihuò उत्तरी चीन में उत्पादित स्वादिष्ट वस्तुएं (जैसे सूखा परसिम्मों आदि)
【北极】 běijí ❶उत्तरी ध्रुव; आर्कटिक ध्रुव ❷उत्तरी चुंबकीय ध्रुव: ～地带 उत्तरी ध्रुव प्रदेश; आर्कटिक प्रदेश
【北极光】 běijíguāng 〈भू०〉 उत्तरी ध्रुवीय आभा (ज्योति); उत्तरी-मेरु-प्रकाश
【北极狐】 běijíhú दे० 白狐 báihú
【北极圈】 běijíquān उत्तरी ध्रुव वृत्त
【北极星】 běijíxīng ध्रुवतारा; ध्रुवनक्षत्र, कुतुब
【北极熊】 běijíxióng ध्रुव प्रदेशीय सफ़ेद रीछ, ध्रुवीय भालू
【北京】 Běijīng पेइचिंग (पेकिंग)
【北京时间】 Běijīng shíjiān पेइचिंग समय (चीन का मानक समय)
【北京鸭】 Běijīngyā पेइचिंग बत्तख
【北京话】 Běijīnghuà पेइचिंग (पेकिंग) की बोली
【北京猿人】 Běijīng yuánrén (北京人 Běijīngrén भी) 〈पुरा०〉 पेकिंग-मानव; पेकिंग कपिमानव
【北俱卢洲】 Běijùlúzhōu 〈धर्म〉 उत्तर कुरु द्वीप
【北马里亚纳】 Běimǎlǐyànà उत्तरी मरियाना द्वीप-समूह
【北美洲】 Běi Měizhōu उत्तरी अमरीका
【北面】[1] běimiàn उत्तर की ओर मुंह करना; प्रजा या दास होना: ～称臣 स्वयं को किसी राज्य की प्रजा या दास मान लेना
【北面】[2] běimiàn उत्तर; उत्तरी भाग
【北欧】 Běi Ōu उत्तरी यूरोप (योरोप)
【北齐】 Běi Qí उत्तरी छी राजवंश (550-577 ई०), उत्तरी राजवंशों में से एक
【北曲】 běiqǔ ❶सोंग और य्वान राजवंशों से उत्तरी चीन में प्रचलित तरह-तरह की संगीत-प्रस्तुतियां ❷य्वान राजवंश में उत्तरी चीन में प्रचलित नाटक
【北山羊】 běishānyáng (羱羊 yuányáng भी) उत्तरी बकरा
【北上】 běishàng उत्तर की ओर जाना
【北宋】 Běi Sòng उत्तरी सुंग राजवंश (960-1120 ई०)
【北天极】 běitiānjí 〈खगोल०〉 उत्तरी ध्रुव; उत्तर आकाशीय ध्रुव
【北纬】 běiwěi उत्तरी अक्षांश रेखा; उत्तरी अक्षांश (लैटीट्यूड)
【北魏】 Běi Wèi उत्तरी वेइ राजवंश (386-534 ई०), उत्तरी राजवंशों में से एक
【北温带】 běiwēndài उत्तरी समशीतोष्ण कटिबंध
【北洋】 Běi Yáng छिंग राजवंश कालीन उत्तरी चीन के समुद्र तटवर्ती प्रांतों ल्याओनिंग, हपेइ और शानतोंग का सामान्य नाम
【北洋军阀】 Běi Yáng Jūnfá उत्तरी युद्ध-सरदार (1912-1927 ई०)
【北岳】 Běi Yuè उत्तरी पर्वत (शानशी प्रांत के हंग 恒 पर्वत का दूसरा नाम)
五岳 Wǔyuè भी दे०
【北周】 Běi Zhōu उत्तरी चओ राजवंश (557-581 ई०), उत्तरी राजवंशों में से एक

bèi

贝 (貝) bèi ❶शंखमीन; खोलदार मछली; घोंघा मछली ❷〈प्राचीन〉 कौड़ी ❸ (Bèi) एक कुलनाम
【贝齿】 bèichǐ कौड़ी
【贝雕】 bèidiāo 〈कला और शिल्प〉 सीप-तराशी: ～画 सीप-चित्र, शेल-मोज़ैक
【贝加尔湖】 Bèijiā'ěrhú बैकाल झील
【贝多】 bèiduō (枧多 bèiduō भी) पत्र; पत्ता
【贝壳】 bèiké शंख; सीप; सुक्ति; कौड़ी; खोल
【贝壳学】 bèikéxué शांखिकी; शंखविज्ञान; शंखविद्या
【贝劳】 Bèiláo बेलौ (Belau)

【贝勒】 bèilè छिंग राजवंश का एक अभिजात वर्ग, पेइ-ल
【贝类】 bèilèi खोलदार मछली; घोंघा
【贝母】 bèimǔ 〈ची०चि०〉 लिलैक या बकाइन की तरह के पौधे जिन का ज़मीन के अंदर रहनेवाला गोल तना दवा के काम में आता है
【贝拿勒斯】 Bèinálèsī बनारस; वाराणसी
【贝宁】 Bèiníng बेनिन
【贝宁人】 Bèiníngrén बेनिनी; बेनिनवासी
【贝丘】 bèiqiū 〈पुरा०〉 कौड़ी का ढूह या टीला
【贝书】 bèishū (贝叶书 bèiyèshū भी) बौद्ध सूत्र
【贝塔粒子】 bèitǎ lìzǐ (β粒子 भी) बीटा कण; बीटा पार्टिकल
【贝塔射线】 bèitǎ shèxiàn (β射线 भी) बीटा किरणें
【贝叶】 bèiyè दे० 贝多
【贝叶书】 bèiyèshū दे० 贝书
【贝子】 bèizǐ छिंग राजवंश का एक अभिजात वर्ग जिस का स्थान 贝勒 से नीचा था, पेइ-त्स्

孛

bèi (प्राचीन पुस्तकों में उल्लिखित) पुच्छल तारा
bó भी दे०

邶

Bèi एक प्राचीन राज्य (वर्तमान हनान प्रांत की थांग-इन (汤阴) काउंटी के दक्षिण में स्थित)

狈（狽）

bèi नीचे दे०
【狼狈】 lángbèi कठिन परिस्थिति में

桪（棍）

bèi नीचे दे०
【桪多】 bèiduō 贝多 bèiduō के समान

备（備、偹）

bèi ❶(के पास) होना; मौजूद रहना; धारण करना: 德才兼～ नैतिकता और योग्यता दोनों से युक्त होना ❷तैयारी करना; आरक्षित करना: ～战 युद्ध के विरोध की तैयारी करना / ～用 बाद में प्रयोग के लिये तैयार करना ❸(से) सजग (सावधान) रहना; सजग करना: 防旱～荒 प्राकृतिक आपदा से सावधान रहना / 攻其不～ विपक्ष के सजग न रहने पर आक्रमण करना ❹प्रबंध करना: 军～ संहार-सामग्री; शस्त्रीकरण / 装～ साज़-सामान / 设～ प्रबन्ध ❺पूरा; सब तरह: 关怀～至 सब तरह की देखरेख प्राप्त होना या करना / ～受欢迎 सहर्ष स्वागत होना या करना
【备案】 bèi'àn पंजी में लिख रखना; अभिलेखबद्ध करना
【备办】 bèibàn आवश्यक वस्तुओं को संचित करना: ～酒席 दावत की तैयारी करना / ～嫁妆 दहेज की तैयारी करना / ～年货 चांद्र वर्ष के अंत में आवश्यक सामग्री का संचय करना
【备不住】 bèibuzhù 〈बो०〉(背不住 bèibuzhù भी) शायद; कदाचित्; संभव है; हो सकता है: ～他不来了。 हो सकता है कि वह न आए।
【备查】 bèichá (बहुधा सरकारी दस्तावेज़ में प्रयुक्त) जांच-पड़ताल के लिये अलग रखना; जांच के लिये सुरक्षित (पूर्वरक्षित) करना: 存档～ जांच-पड़ताल के लिये फ़ाइल में सुरक्षित करना
【备而不用】 bèi ér bù yòng भविष्य में संभावित प्रयोग के लिये तैयार करना या होना
【备份】 bèifèn ❶भावी प्रयोग के लिये सुरक्षित भाग: ～节目 भावी प्रयोग के लिये तैयार किया गया कार्यक्रम ❷〈बो०〉 कमी पूरी करना; क्षतिपूर्ति
【备耕】 bèigēng जुताई-बुवाई की तैयारी करना
【备荒】 bèihuāng प्राकृतिक आपदा के विरोध की तैयारी करना: ～仓 अकाल-निवारण खत्ती
【备货】 bèihuò बिक्री के माल की तैयारी करना
【备件】 bèijiàn अतिरिक्त पुरज़ा; भावी प्रयोग के लिये तैयार पुरज़ा
【备考】 bèikǎo ❶परीक्षा की तैयारी ❷संदर्भ-परिशिष्ट, नोट आदि
【备课】 bèikè (अध्यापकों का) पाठ की तैयारी करना; पाठ्य-विषय का पूर्वाध्ययन करना
【备料】 bèiliào सामग्री का संचय करना; सामग्री संचित करना
【备马】 bèimǎ घोड़ा तैयार करना
【备品】 bèipǐn सामग्री, पुरज़ा, औज़ार आदि का संचय करना
【备取】 bèiqǔ (विद्यालय में भरती होने के लिये) प्रतीक्षकों की सूची में नाम होना
【备述】 bèishù विस्तार से वर्णन करना: ～其事 घटना का विस्तारपूर्वक वर्णन करना
【备忘录】 bèiwànglù मेमोरैण्डम; स्मरण-पत्र; ज्ञापन
【备细】 bèixì 〈लि०〉 विस्तारपूर्ण: ～地解释 विस्तार-पूर्वक समझाना
【备用】 bèiyòng प्रयोग के लिये सुरक्षित (संचित, रिज़र्व) करना; प्रयोग के लिये रखा हुआ: ～零件 स्पेयर-पार्ट; फालतू या अतिरिक्त कल-पुर्ज़े
【备用航空站】 bèiyòng hángkōngzhàn विकल्प हवाई-अड्डा, विकल्प विमान पत्तन
【备用机器】 bèiyòng jīqì प्रयोग के लिये संभाल रखी हुई मशीन
【备战】 bèizhàn ❶युद्ध की तैयारी करना ❷युद्ध का विरोध करने की तैयारी करना: ～备荒 युद्ध और प्राकृतिक संकट के विरोध की तैयारी करना
【备至】 bèizhì हर संभव उपाय से: 爱护～ हर तरह से आत्मीयता का बरताव करना
【备注】 bèizhù (फ़ार्म आदि में) टिप्पणी: ～栏 टिप्पणी कालम

背 1

bèi ❶पीठ: ～后 पीठ पीछे / 他～驼了。 उस की कमर झुक गयी थी। ❷(किसी वस्तु का) पिछला भाग या पीछे का भाग: 脚～ पैर का ऊपरी भाग / 椅～ कुर्सी की पीठ / 刀～ तलवार की उलटी तरफ़

背 2

bèi ❶पीठ की ओर; की ओर पीठ करना: ～山面海 पीछे पहाड़, सामने समुद्र / ～着北窗 उत्तर की

खिड़की की ओर पीठ करना / ～着风 हवा की ओर पीठ करना / 他～靠墙坐。वह दीवार के सहारे टिककर बैठा था। ❷छोड़कर चले जाना; जाना; विदा होना: ～离 विचलित होना; अलग होना / 离乡～井 अपना घर और गांव छोड़कर चले जाना ❸किसी के पीठ पीछे कोई काम करना; छिपाना; छिपना: ～着人说话 किसी व्यक्ति के पीठ पीछे कुछ कहना / 不要～后议论。लोगों के पीठ पीछे कुछ न कहो। ❹कण्ठस्थ करना; रटना: 整本书～得出来。पूरी पुस्तक को कण्ठस्थ कर सकना। / ～得滚瓜烂熟 धारा प्रवाह रूप से रटना ❺तोड़ना; भंग करना: 背约 / 背信弃义 ❻उल्टी दिशा की ओर: 看见我,她～过脸去。मुझे देखकर उस ने मुंह फेर लिया। / ～着良心说话 अपने निर्मल अन्त:करण के विरुद्ध बात करना ❼सुनसान; जनशून्य; निर्जन: 那地方很～。वह स्थान उजाड़ है।; वह जगह सुनसान है। ❽〈बोल०〉 दुर्भाग्य; भाग्य अच्छा न होना: 手气～ (माजोंग आदि खेल में) भाग्य अच्छा न होना ❾ऊंचा सुनना: 他耳朵有点～。वह ऊंचा सुनता है।

bēi भी दे०

【背包】 bèibāo पिट्ठू; पीठ का थैला; नैप-सैक

【背不住】 bèibuzhù 备不住 bèi bu zhù के समान

【背场儿】 bèichǎngr 〈बोल०〉 सुनसान जगह; उजाड़, जनशून्य स्थान

【背城借一】 bèichéng-jièyī (背城一战 bèichéng-yīzhàn भी) नगर को अपने पृष्ठ में रखकर शत्रु के साथ जीवन-मरण की लड़ाई लड़ना

【背搭】 bèidā 〈बो०〉 बिना आस्तीन की पोशाक

【背搭子】 bèidāzi (被褡子 bèidāzi भी) यात्रा के लिये रज़ाई आदि वस्तुएं रखने का कपड़े का थैला

【背道儿】 bèidàor जनशून्य पगडंडी (तंग रास्ता)

【背道而驰】 bèidào'érchí विपरीत दिशा में जाना: 和他的愿望～ उस की इच्छा के विपरीत होना; उस की इच्छा के उल्टे बैठना

【背地】 bèidì (背地里 bèidìlì भी) पीठ पीछे: 不要～议论人。लोगों के पीठ पीछे कुछ न कहना।

【背篼】 bèidōu 〈बो०〉 पीठ पर सामग्री ढोने का बांस, बेंत आदि से बना टोकरा

【背对背】 bèiduìbèi एक दूसरे की पीठ से सटना

【背风】 bèifēng हवा से सुरक्षित; हवा से बचा हुआ: ～的地方 हवा से सुरक्षित (बचा हुआ) स्थान; निर्वात स्थान; प्रतिवात स्थान

【背旮旯儿】 bèigālár 〈बो०〉 सुनसान कोना

【背躬】 bèigōng पारंपरिक नाटक में एकांत कथन: 打～ एकांत में कहना (ऐसा करते समय अभिनेता अपनी आस्तीन उठाता है या मंच की एक ओर चलता है)

【背光】 bèiguāng प्रकाश का सामना न करना

【背后】 bèihòu ❶पीछे: 山～ पहाड़ के पीछे; पहाड़ के पिछले भाग में ❷पीठ पीछे: 不要～乱说。पीठ पीछे बुरा-भला न कहो।

【背晦】 bèihui दे० 悖晦 bèihui

【背货】 bèihuò माल जो प्रचलन में न हो, बिक्री के लायक न हो या बहुत धीरे बिकता हो

【背集】 bèijí 〈बो०〉 दिन जो मेले का न हो

【背脊】 bèijǐ पीठ; रीढ़

【背剪】 bèijiǎn दोनों हाथ पीठ पीछे बांधकर रखना: 他～双手在房间里踱来踱去。वह दोनों हाथ पीछे बांधे कमरे में टहल रहा है।

【背教】 bèijiào धर्मघात

【背角】 bèijiǎo लोगों के ध्यान में न रहने वाला कोना: ～处有两人在说话。लोगों के ध्यान से दूर उस कोने में दो आदमी बातचीत कर रहे हैं।

【背井离乡】 bèijǐng-líxiāng (अपनी इच्छा के विरुद्ध) जन्म-स्थान को छोड़कर चले जाना

【背景】 bèijǐng ❶पृष्ठभूमि: 历史～ ऐतिहासिक पृष्ठभूमि / 政治～ राजनीतिक पृष्ठभूमि / 舞台～ मंच की पृष्ठभूमि ❷पीछे की समर्थन की शक्ति: 他有～。उस के पीछे बलशाली व्यक्ति का समर्थन है।

【背静】 bèijìng (स्थान) सुनसान, शांत: ～的小巷 शांत गली

【背靠背】 bèikàobèi (背对背 bèiduìbèi भी) ❶एक दूसरे की पीठ के सहारे टिककर: 我们俩～地坐着。हम दोनों एक दूसरे की पीठ के सहारे टिककर बैठे हैं। ❷किसी व्यक्ति के मुंह के सामने नहीं पीठ पीछे आलोचना करना

【背筐】 bèikuāng बांस आदि से बना पीठ पर लादे जाने योग्य टोकरा

【背离】 bèilí (मार्ग, शासन, सत्य आदि से) विचलित होना; अलग होना; दूर चले जाना: ～乡土 अपने जन्म स्थान को (अपनी इच्छा के विरुद्ध) छोड़कर चल देना / ～社会主义 समाजवाद से विचलित होना

【背理】 bèilǐ (悖理 bèilǐ भी) तर्क के विपरीत; विवेक-रहित; अयुक्तियुक्त

【背令】 bèilìng समय से परे: ～商品 समय से परे वस्तु

【背篓】 bèilǒu 〈बो०〉 बांस आदि से बना पीठ पर माल ढोने का टोकरा

【背面】 bèimiàn ❶पुश्त; पृष्ठ: 照片的～ फ़ोटो के पृष्ठ पर ❷कुछ प्राणियों की पीठ

【背谬】 bèimiù 悖谬 bèimiù के समान

【背年】 bèinián फलदार वृक्ष, बांस आदि का धीमी गति से वृद्धि का वर्ष समय

【背囊】 bēináng पीठ का थैला; नैपसैक; (सैनिकों का) झोला; बैग

【背叛】 bèipàn किसी के साथ विश्वासघात करना; गद्दारी करना; दगा करना: ～朋友 अपने दोस्त के साथ धोखा करना / ～祖国 अपनी मातृभूमि के साथ विश्वासघात करना / ～者 गद्दार; विश्वासघातक

【背鳍】 bèiqí 〈प्राणि०〉 (脊鳍 jǐqí भी) पीठ का पंख, पृष्ठपक्ष

【背气】 bèiqì (रोग आदि के कारण) अचानक थोड़ी देर के लिये सांस रुक जाना: 孩子～了。बच्चे की सांस अचानक रुक गयी।

【背弃】 bèiqì किसी को तिलांजलि देना; उल्लंघन करना: ～遗嘱 वसीयत का उल्लंघन करना / ～诺言 वचन

तोड़ना

【背人】 bèirén लोगों को न बताना चाहने वाला; गुप्तः ～的病 गुप्त रोग / ～的事 गुप्त बात ❷कोई न होना या किसी से न देखा जानाः ～的地方 जहां कोई न हो; किसी दूसरे द्वारा न देखा जाने वाला स्थान

【背时】 bèishí（悖时 bèishí भी）❶असामयिक; बे-मौकाः ～的商品 असामयिक माल ❷अशुभ; अभागा; हतभाग्यः 何必说些～的话？ पहले से ही ऐसी अशुभ बात क्यों सोची जाय？

【背书】[1] bèi shū पाठ रटना

【背书】[2] bèishū चेक आदि के पृष्ठ भाग पर हस्ताक्षर करना; पृष्ठांकन करना

【背水一战】 bèishuǐ-yīzhàn नदी को अपने पीछे रखकर शत्रु के साथ जीवन-मरण की लड़ाई लड़ना; गति-रोध से बाहर निकलने के लिये अंतिम प्रयत्न करना

【背水阵】 bèishuǐzhèn नदी को अपना पृष्ठ भाग बनाने वाला व्यूह

【背诵】 bèisòng रटना; रट लगाना; बार-बार पढ़कर याद करना; कंठस्थ करना

【背销】 bèixiāo (माल की) बिक्री धीमी होना

【背斜层】 bèixiécéng 〈भूगर्भ०〉 एक दूसरे पर झुकी हुई परतें

【背心】 bèixīn बिना आस्तीन का कपड़ाः 西装～ वास्कट / 毛～ आस्तीनहीन ऊनी स्वेटर / 棉～ रूईदार वास्कट

【背信弃义】 bèixìn-qìyì विश्वासघात करना या होना; नमक-हरामी करना

【背兴】 bèixìng अभागा; हतभाग्य; अशुभः 真～，摔了一跤。दुर्भाग्य कि फिसलकर गिर पड़ा।

【背眼】 bèiyǎn लोगों से आसानी से न देखा जाने वाला (स्थान)：广告不要贴在～的地方。जहां लोगों की नज़र न पड़े वहां इश्तहार न चिपकाओ।

【背阴】 bèiyīn जहां धूप न होः ～的地方 ऐसा स्थान जहां धूप न हो

【背影】 bèiyǐng पीठ की आकृति; पीठ की छवि; बैक-साइट; पीछे की ओर से लिया गया नजाराः 他的～逐渐消失。उन की पीठ की आकृति धीरे-धीरे गायब हो गयी।

【背约】 bèiyuē वचन तोड़ना; वचन-भंग करना; संधि का पालन न करना; विश्वास-भंग करना

【背运】 bèiyùn ❶दुर्भाग्य; हतभाग्य ❷भाग्य अच्छा न होनाः 真～，不来好牌。भाग्य अच्छा नहीं है, कोई अच्छी गोट हाथ नहीं आती।

【背字儿】 bèizìr 〈बो०〉 दुर्भाग्य; हतभाग्य; भाग्यहीन

钡（鋇） bèi 〈रसा०〉 बेरियम (Ba)

【钡餐】 bèicān 〈चि०〉 बैरियम मील; बैरियम आहार

悖（誖） bèi 〈लि०〉❶के विपरीत होना; उल्लंघन करनाः 并行不～ एक दूसरे का बराबर चलते हुए आपस में उल्लंघन न करना ❷तर्क, न्याय आदि का उल्लंघन करना; गलती; भूलः 悖谬 ❸मुग्ध; भ्रम में पड़ा हुआ; बेसमझ; नासमझः 悖晦

【悖晦】 bèihui 〈बो०〉（背晦 bèihui भी）बुद्धि पथरा जाना; अक्ल सठिया जाना; बुढ़ापे के कारण बुद्धि का ठीक काम न देनाः 他年纪大了，有点～。बुढ़ापे के कारण उस की अक्ल सठिया गयी है।

【悖理】 bèilǐ 〈लि०〉 背理 bèilǐ के समान

【悖谬】 bèimiù 〈लि०〉（背谬 bèimiù भी）बेसिरपैर का; न्याय-विरुद्ध; ऊटपटांग; ऊलजलूल

【悖逆】 bèinì 〈लि०〉 राजद्रोही; शासनद्रोही; विद्रोही

【悖入悖出】 bèirù-bèichū पाप का धन प्रायश्चित में जाता है; चोरी का धन मोरी में जाता है

【悖时】 bèishí 背时 bèishí के समान

被 1

bèi रज़ाई; लिहाफ़ः 棉～ रूई की रज़ाई / 我给他盖上～。मैं ने उसे लिहाफ़ ओढ़ा दिया।

被 2

bèi ❶ढंकना; ढांकनाः 被覆 ❷(कष्ट, पीड़ा, हानि आदि) उठाना; सहना; भुगतनाः ～灾 विपत्ति (संकट) में पड़ना; विपत्ति सहना; विपत्ति भुगतना या भोगना

被 3

bèi ❶〈पूर्व०〉 (कर्मवाच्य वाक्य में कर्म के बाद कर्त्ता या क्रिया (कर्त्ता अक्सर लुप्त होता है) के पहले इस शब्द का प्रयोग होता है) से; के द्वाराः 贼～（人们）逮住了。चोर (लोगों द्वारा) पकड़ा गया है। / 报纸～（他）拿走了。अखबार (उस से) लिया गया है। ❷क्रिया के साथ जोड़ने से कर्मवाच्य का अर्थ बताने वाले शब्द बनते हैंः ～剥削 शोषित / ～压迫 उत्पीड़ित

【被剥削阶级】 bèibōxuē jiējí शोषित वर्ग

【被乘数】 bèichéngshù 〈गणित०〉 गुण्य; गुणित

【被除数】 bèichúshù 〈गणित०〉 भाज्य; भाज्य अंक

【被褡子】 bèidāzi 背搭子 bèidāzi के समान

【被袋】 bèidài यात्रा के लिये बिस्तर का थैला

【被单】 bèidān（被单子 bèidānzi भी）(बिस्तर आदि पर बिछाने या ओढ़ने की) चादर; खोल

【被动】 bèidòng（主动 zhǔdòng का विपर्यय）अ-क्रिय; निष्क्रियः 陷于～地位 निष्क्रियता की स्थिति (अव-स्था) में पड़ना / ～中的主动 निष्क्रियता की स्थिति में पहलकदमी की स्थिति / ～的仗 नकारात्मक युद्ध

【被动式】 bèidòngshì 〈व्या०〉 कर्मवाच्य रूप

【被动免疫】 bèidòng miǎnyì 〈चिकि०〉 निष्क्रिय उ-न्मुक्ति

【被动吸烟】 bèidòng xīyān निष्क्रिय धूम्रपान; पैसिव स्मोकिंग

【被动语态】 bèidòng yǔtài 〈व्या०〉（被动态 भी）कर्मवाच्य

【被服】 bèifú बिस्तर और कपड़े-लत्ते; बिस्तर-कपड़ाः ～厂 बिस्तर-कपड़ों की वर्कशाप

【被俘】 bèifú बन्दी (युद्ध-बन्दी) बनना

【被覆】 bèifù ❶छाना; आवृत्त करना ❷वनस्पति आवर-ण; पेड़-पौधों का प्राकृतिक आवरणः 地面～遭到破坏。पेड़-पौधों का प्राकृतिक आवरण नष्ट हो गया। ❸बांस, लकड़ी,

ईंट, पत्थर आदि से इमारत को अंदर और बाहर से सुदृढ़ करना

【被告】 bèigào (被告人 bèigàorén भी) प्रतिवादी; अभियुक्त; उत्तरपक्ष

【被告席】 bèigàoxí कचहरी का कटघरा जहां अभियुक्त खड़ा होता है; अभियुक्त की कुर्सी

【被管制分子】 bèiguǎnzhìfènzǐ जन-समुदाय की निगरानी में रखा जाने वाला; वह व्यक्ति जो जन-समुदाय की निगरानी में रखा गया हो; नियंत्रित व्यक्ति

【被害人】 bèihàirén 〈का०〉 क्षत; आहत; हत; हत्या का शिकार

【被加数】 bèijiāshù 〈गणित०〉 योज्य; योज्य अंक

【被减数】 bèijiǎnshù 〈गणित०〉 वियोज्य; वियोज्य अंक

【被里】 bèilǐ (被里子 bèilǐzi भी) रूई की रज़ाई (या खोल) का निचला भाग; सोते समय रज़ाई का बदन से लिपटा भाग

【被面】 bèimiàn सोते समय रज़ाई का बदन से हटा भाग

【被难】 bèinàn दुर्घटना, राजनीतिक वारदात आदि में मारा जाना

【被迫】 bèipò विवशता में; मजबूरन; विवश होकर; मजबूर होकर: ～降落 मजबूरी उतरान; विवश अवतरण; विवश होकर उतरना

【被侵略者】 bèiqīnlüèzhě आक्रमण का शिकार

【被褥】 bèirù बिस्तर; बिछौना; बिछावन; गद्दा-लिहाफ़

【被上诉人】 bèishàngsùrén 〈का०〉 ऐपेली; प्रतिवादी

【被套】 bèitào ❶बिस्तर का थैला ❷गिलाफ़; रज़ाई का खोल ❸भरन, रूई, ऊन आदि जो लिहाफ़ में भरी जाती है

【被统治者】 bèitǒngzhìzhě शासित

【被头】 bèitóu ❶(आसानी से धोने के लिये) लिहाफ़ के सिर की ओर के भाग पर सिया हुआ कपड़ा ❷〈बो०〉 लिहाफ़; रज़ाई

【被窝儿】 bèiwōr बिछी हुई रज़ाई (या लिहाफ़)

【被卧】 bèiwò रज़ाई; लिहाफ़

【被选举权】 bèixuǎnjǔquán चुने जाने का अधिकार

【被压迫】 bèiyāpò उत्पीड़ित: ～阶级 दलित श्रेणी; उत्पीड़ित (पीड़ित, दबा) वर्ग / ～民族 उत्पीड़ित जाति

【被遗忘】 bèiyíwàng उपेक्षित

【被罩】 bèizhào सूती छींट आदि की रज़ाई (या लिहाफ़) का गिलाफ़

【被子】 bèizi लिहाफ़; रज़ाई

【被子植物】 bèizǐ zhíwù 〈वन०〉 ऐंजियोस्पर्म

倍 bèi ❶गुणा; गुना, गुण: 六～ छगुना / 四的五～是二十。पांच गुणा चार बीस होता है। / 二十是十的两～。बीस दस का दुगुना है। / 今年的产量比去年增长了一～。इस साल का उत्पादन पिछले साल का दुगुना रहा है; इस साल का उत्पादन पिछले साल से एक गुना बढ़ गया है। ❷दुगुना करना या होना; दो से गुणा करना: 信心～增 विश्वास की अत्यधिक वृद्धि करना या होना

【倍儿】 bèir अत्यंत; बहुत अधिक: ～棒 अत्यंत अच्छा; बहुत अच्छा / ～新 एकदम नया; बिल्कुल नया

【倍加】 bèijiā पहले से और अधिक: ～爱护 पहले से और अधिक प्यार करना या सुरक्षित करना

【倍频器】 bèipínqì 〈वैद्यु०〉 पुनरावृत्ति गुणक; फ़्रीक्वैंसी मल्टिप्लायर

【倍数】 bèishù गुणनफल; अपवर्त्य

【倍塔】 bèitǎ बीटा

【倍塔粒子】 bèitǎ lìzǐ दे० 贝塔粒子 bèitǎ lìzǐ

【倍塔射线】 bèitǎ shèxiàn दे० 贝塔射线 bèitǎ shèxiàn

【倍增】 bèizēng अत्यधिक वृद्धि करना या होना: 勇气～ साहस की अत्यंत वृद्धि करना या होना

【倍增器】 bèizēngqì 〈वैद्यु०〉 गुणक: 光电～ फ़ोटो-इलेक्ट्रिक मल्टिप्लायर

焙 bèi धीमी-धीमी आग पर (औषधि, भोजन, तम्बाकू आदि को) सख्त करना: ～干 धीमी धीमी आग पर सुखाना / ～制 धीमी-धीमी आग पर सुखाकर किसी चीज़ को 7सुरक्षित रखना

【焙粉】 bèifěn पाकचूर्ण; खमीर उठाने का पाउडर

【焙烧】 bèishāo कच्ची धातु आदि को भट्टी में गरमाना; तपाना पर न गलाना: ～炉 (कच्ची धातु को) गरमाने या तपाने की भट्टी

棓 bèi दे० 五棓子 wǔbèizǐ 〈ची०चि०〉 माजूफल bàng भी दे०

辈（輩） bèi ❶पीढ़ी: 他比我长一～。वे मेरे पिता की पीढ़ी के हैं। ❷〈लि०〉 लोग: 我～ हम लोग / 无能之～ अयोग्य लोग ❸जीवन काल: 后半～ जीवन का उत्तरार्द्ध

【辈出】 bèichū (सुयोग्य व्यक्ति का) बड़ी तादाद में निरंतर सामने आना: 英雄～ वीरों का बड़ी तादाद में सामने आना

【辈分】 bèifen परिवार श्रेणी में स्थान; परिवार या कुल में ज्येष्ठता का: 他的～比我大。परिवार-श्रेणी में उस की पीढ़ी मेरी पीढ़ी से ऊपर है।

【辈行】 bèiháng 辈分 के समान

【辈数儿】 bèishùr दे० 辈分: 他虽年轻，但～大。वह जवान है पर उस का पीढ़ीगत दर्जा ऊंचा है।

【辈子】 bèizi जीवन काल: 这～ इस जीवन काल में; जीवन पर्यंत / 半～ जीवन काल का आधा भाग; आधा जीवन काल / 他当了一～工人。वह जीवन भर मज़दूर रहा।

惫（憊） bèi (पुराना उच्चारण bài) अत्यंत थका-मांदा: 疲～ बहुत थकना; बहुत अधिक थका-मांदा होना

【惫乏】 bèifá 〈लि०〉 थका हुआ; थका-मांदा

【惫倦】 bèijuàn 〈लि०〉 बहुत थका और उनींदा: 酒后～ शराब पीने के बाद बहुत थका और उनींदापन महसूस होना

【惫懒】 bèilǎn थका हुआ; कलांत; श्रांत

【惫累】 bèilèi थका हुआ; थका-मांदा

【惫色】bèisè 〈लि०〉 चेहरे से थकावट झलकना: 面带～ थकावट से चेहरा पीड़ा पड़ना

蓓 bèi नीचे दे०

【蓓蕾】 bèilěi बिना खिला फूल; कली; कलिका; अंकुर

碚 bèi (प्रायः स्थानों के नामों में प्रयुक्त): 北～ छोंग छिंग 重庆 नगर का एक उपनगरीय स्थान

褙 bèi एक कपड़े या कागज़ को दूसरे पर चिपकाना: 裱褙 biǎobèi

鞁 bèi ❶〈लि०〉 काठी और लगाम का सामान्य नाम ❷鞴 [1] bèi के समान

骳 bèi दे० 骩骳 wěibèi 〈लि०〉 पेचीदा; टेढ़ा-मेढ़ा

糒 bèi 〈लि०〉 सूखा भात

臂 bèi 胳臂 gēbei बांह; बाहु

bì भी दे०

鞴 1

bèi घोड़े की पीठ पर काठी रखना और घोड़े के मुंह में लगाम कसना

鞴 2

bèi 鞲鞴 gōubèi 〈यां०〉 पिस्टन

鐾 bèi रगड़ द्वारा (चाकू को) तेज़ करना; सान चढ़ाना; पैना करना: ～刀 चाकू को कपड़े, चमड़े, पत्थर आदि पर रगड़कर तेज़ करना या उस पर सान चढ़ाना

bei

呗 (唄) bei 〈लघु अ०〉 ❶(स्पष्ट, आसानी से समझ में आने वाले तथ्य, तर्क आदि प्रकट करने के लिये प्रयुक्त): 不懂，就问～。अगर समझ में नहीं आता, तो दूसरों से पूछ लो। ❷(बेदिली से स्वीकार करने या रियायत देने का अर्थ प्रकट करने के लिये प्रयुक्त): 你要来就来～。आना चाहते हो तो आओ।

bài भी दे०

bēn

奔 bēn ❶जल्दी दौड़ना; तेज़ी से कदम बढ़ाना: ～马 तेज़ी से दौड़ता हुआ घोड़ा ❷ज़ोर और तेज़ी के साथ आगे बढ़ना; शीघ्रता से चलना; फुर्ती या तेज़ी से जाना: 奔命 / 奔丧 ❸भाग खड़ा होना; जल्दी-जल्दी भागना: 奔逃

bèn भी दे०

【奔波】 bēnbō दौड़-धूप करना; ताना-बाना बुनना: 他虽然到处～，事情还是没有办成。बहुत ताने-बाने के बाद भी उस का काम नहीं बना। / 他为了填饱肚子经常在外～。पेट की आग बुझाने के लिये उन्हें दौड़-धूप करनी पड़ती थी।

【奔驰】 bēnchí (रथ, घोड़ा आदि) तेज़ी से दौड़ना या आगे बढ़ना; लपकना; सरपट दौड़ना: 列车～。रेल शीघ्रतापूर्वक आगे बढ़ती जा रही है। / 马儿在草原～。घोड़े घास के मैदान में सरपट दौड़ रहे हैं।

【奔窜】 bēncuàn हड़बड़ी में (हड़बड़ा कर) भागना; अस्तव्यस्त होकर भागना; भागमभाग करना; गिरते-पड़ते भागना: 敌军四处～。शत्रु सेना अस्तव्यस्त होकर भाग निकली।

【奔放】 bēnfàng स्वच्छन्द; अबाध; बन्धनमुक्त; प्रतिबंध रहित: 热情～ उत्साह भड़क उठना / 李白的诗潇洒～。ली पाइ की कविताएं अपनी स्वच्छंदता और प्राकृतिकता के लिये विख्यात हैं।

【奔赴】 bēnfù लपकना; तेज़ी से कदम बढ़ाना: ～前线 मोर्चे पर तेज़ी से कदम बढ़ाना

【奔劳】 bēnláo दौड़-धूप करना और मेहनत से काम करना: 日夜～ दिन रात दौड़-धूप और मेहनत करना

【奔雷】 bēnléi वज्र; बिजली

【奔流】 bēnliú ❶(पानी) तेज़ी से बह निकलना: ～入海 (पानी) तीव्रता से समुद्र में बह जाना ❷तेज़ी से बहता पानी: ～直下 तेज़ी से बहते पानी का सीधे नीचे जाना

【奔忙】 bēnmáng दौड़-धूप करना; व्यस्त करना: 他一天到晚在～。वह दिन रात दौड़-धूप करता रहता है।

【奔命】bēnmìng किसी की आज्ञा पर इधर-उधर दौड़ना: 疲于～ बहुत अधिक जल्दी-जल्दी आने-जाने के कारणथक जाना

bènmìng भी दे०

【奔跑】 bēnpǎo जल्दी-जल्दी चलना; जल्दी-जल्दी दौड़ना; तेज़ी से दौड़ना: 他一路～，很快就到了家里。रास्ते में उस ने बड़ी दौड़ लगाई और पलभर में घर पहुंच गया।

【奔泉】 bēnquán स्रोत का पानी वेग से निकलना: 如渴马～。आंसू स्रोत के पानी की भांति वेग से निकलते हैं।

【奔丧】 bēnsāng माता-पिता या दादा-दादी की अंत्येष्टि के लिये बाहरी स्थान से जल्दी-जल्दी घर की ओर प्रस्थान करना

【奔驶】 bēnshǐ (गाड़ी आदि) वेग से दौड़ना (चलना)

【奔逝】 bēnshì (समय) उड़ना, बीत जाना; (नदी) तेज़ी से बहना: 岁月～。समय बीतते देर नहीं लगती। / ～的河水 वेग से बहता नदी का पानी

【奔逃】 bēntáo बेतहाशा दौड़ना; सिर पर पांव रखकर भागना; जी-जान छोड़कर भागना; हवा हो जाना: 四散～ नौ-दो ग्यारह हो जाना

【奔腾】 bēnténg (घोड़ों का) तेज़ दौड़ना; सरपट दौड़ना; छलांग मारते दौड़ना: ～前进 तेज़ी से आगे बढ़ना / 潜

伏力～高涨 निहित शक्ति का प्रचण्ड रूप से विकसित होना

【奔突】 bēntū पागल की तरह उन्मत्त होकर दौड़ना： ～向前 पागल की तरह दौड़कर आगे बढ़ना

【奔湍】 bēntuān ❶तेज़ धारा; तीव्र धारा ❷(पानी) वेग से बहना： 溪水～流过。स्रोते का जल तेज़ी से बहता चला गया।

【奔袭】 bēnxí दूर तक मार करने वाला धावा; गहरा छापा

【奔泻】 bēnxiè (जल-धारा) नीचे की ओर वेग से बह चलना： ～而下 नीचे की ओर वेग से बहना

【奔涌】 bēnyǒng वेग से उभड़ना; तेज़ी से ऊपर उठना; पानी का तीव्रता से आगे बहना： 大江～ महा नदी का शीघ्रता से आगे बहना / 热泪～ आंसू उभड़ पड़ना

【奔月】 bēnyuè चन्द्रलोक की ओर उड़ान भरना： 嫦娥～ छांग-अ (एक परी) का चन्द्रलोक को जाना

【奔逐】 bēnzhú किसी का पीछा करने के लिये तेज़ी से दौड़ना： 孩子们在互相～。बच्चे एक दूसरे का पीछा करते बड़े वेग से दौड़ रहे हैं।

【奔注】 bēnzhù पानी का किसी स्थान या वस्तु में वेग से बहना

【奔走】 bēnzǒu दौड़ लगाना; खाक छानना; वेग से चलना： 奔走相告 ❷दौड़-धूप करना; ताना-बाना करना： ～衣食 आजीविका के लिये दौड़-धूप करना

【奔走呼号】 bēnzǒu-hūháo वेग से दौड़ते हुए सहायता या कोई उद्देश्य प्राप्त करने के लिये चीखना-पुकारना

【奔走相告】 bēnzǒu-xiānggào दौड़कर एक दूसरे को खबर सुनाना; सूचना देना： 人们～。लोग एक दूसरे से चर्चा करने के लिये पूरे वेग से दौड़ते हैं।

贲 bēn ❶दे० 虎贲 hǔbēn ❷（Bēn）एक कुलनाम
bì भी दे०

【贲门】 bēnmén 〈शo वि०〉 पेट के ऊपरी भाग का द्वार

栟 bēn नीचे दे०
bīng भी दे०

【栟茶】 Bēnchá च्यांग-सू प्रांत का एक स्थान

犇 bēn 奔 bēn के समान

锛（錛） bēn ❶कुल्हाड़ी; कुठार; बसूला ❷कुल्हाड़ी से लकड़ी काटना या गढ़ना; बसूले से छीलना： ～木头 कुल्हाड़ी से लकड़ी गढ़ना ❸〈बो०〉 धार के किसी भाग में टूट जाना： 斧子使～了。कुल्हाड़े की धार टूट गयी।

【锛子】 bēnzi कुल्हाड़ी; कुठार; बसूला

běn

本 1 běn ❶पेड़ की जड़ और तना： 草～植物 तृण; शाकपात; जड़ीबूटी / 木本 वूडी प्लाण्ट ❷〈परि० श०〉 (फूल, वृक्ष आदि के लिये प्रयुक्त)： 牡丹十～ दस पेओनी ❸आधार; बुनियाद： 本末倒置 / 兵民是胜利之～。सेना और जनता विजय के आधार हैं। ❹पूंजी; मूल धन： 还～ मूल धन चुकाना ❺मुख्य; प्रधान： 本部 ❻मूल; वास्तविक; प्राकृतिक： 本色 / 本意 ❼किसी व्यक्ति का अपना; अपनी ओर का： ～党 हमारी पार्टी / ～厂 हमारा कारखाना ❽यह; चालू; वर्तमान समय का： 在～季度 इस ऋतु में; चालू ऋतु में ❾के अनुसार： ～此方针 इस नीति के अनुसार

本 2 běn ❶पुस्तक; किताब： 记事～ नोट बुक ❷संस्करण： 抄～ प्रतिलिपि; हस्तलिखित ग्रंथ / 修订～ संशोधित संस्करण ❸पटकथा-आलेख： 剧～ नाटक का मूल प्रलेख ❹सम्राट को दिया जाने वाला प्रार्थनापत्र; सरकारी कागज़ात： 奏上一～ सम्राट के सामने प्रार्थनापत्र; सरकारी कागज़ात / 奏上～ सम्राट के सामने प्रार्थनापत्र, सरकारी कागज़ात आदि प्रस्तुत करना ❺〈परि०श०〉 ① (पुस्तक आदि के लिये प्रयुक्त)： 书两～ दो पुस्तकें; पुस्तक की दो प्रतियां ②(नाटक के लिये प्रयुक्त) 头～白蛇传 "श्वेत-सर्प की कहानी" का पहला अंक (भाग) ③(सिनेमा के लिये प्रयुक्त)： 这部电影是十～。यह दस रीलों की फ़िल्म है।

【本白布】 běnbáibù किसी रासायनिक प्रक्रिया के बिना सफ़ेद (रंग में) रंगा गया कपड़ा

【本本】 běnběn पुस्तकें; किताबें; छपे हुए दस्तावेज़

【本本主义】 běnběn zhǔyì पुस्तकपूजा; किताबीपन; किताबी ज्ञान का अनुकरण

【本币】 běnbì 本位货币 का संक्षिप्त रूप

【本部】 běnbù हेडक्वार्टर; मुख्यालय; प्रधान कार्यालय; प्रमुख केन्द्र： 中国～ 〈इति०〉 चीन की भूमि पर लम्बी दीवार के दक्षिण में / 校～ स्कूल या कालेज का मुख्य परिसर

【本埠】 běnbù यही नगर; इसी नगर में (बहुधा अपेक्षाकृत बड़े नगर या टाउन के लिये प्रयुक्त)

【本草】 běncǎo जड़ी-बूटी

【本草纲目】 Běncǎo Gāngmù "पनछाओ कांगमू" सुविख्यात चीनी चिकित्सक ली श्-चन (1518-1593 ई०) द्वारा लिखित "चिकित्सा-पदार्थों की विस्तृत रूपरेखा"

【本朝】 běncháo वर्तमान राजवंश

【本初子午线】 běnchū zǐwǔxiàn प्रमुख मध्याह्न-रेखा; प्रथम मध्याह्न-रेखा

【本大利宽】 běndà-lìkuān बड़ी पूंजी और भारी मुनाफ़ा —— बड़ा व्यापार

【本岛】 běndǎo मुख्य द्वीप

【本地】 běndì स्थानीय; देशी; देशीय; यहां का： ～牛 देशी गाय / 你不是～人吧? तुम यहां के निवासी नहीं जान पड़ते ?

【本地治理】 Běndìzhìlǐ पांडीचेरी

【本分】 běnfèn ❶निजी ड्यूटी; मर्यादित कर्त्तव्य (कार्य)： 尽～ अपना कर्त्तव्य निभाना (पूरा करना) / 保卫祖国是我们的～。मातृभूमि की रक्षा करना हमारा मर्यादित

कर्त्तव्य है। ❷अपनी परिस्थिति से संतुष्ट; ईमानदार: 这人很～。यह आदमी बहुत ईमानदार है।

【本干】 běngàn (वृक्ष का) तना

【本根】 běngēn जड़; स्रोत; मूल; उद्गम

【本固枝荣】 běngù-zhīróng वृक्ष की जड़ सुदृढ़ हो तो शाखाएं भी समृद्ध होंगी

【本国】 běnguó किसी व्यक्ति का अपना देश; स्वदेश; देशी; स्वदेशी: ～商品 देशी माल

【本国语】 běnguóyǔ मातृभाषा; अपने देश की भाषा

【本行】 běnháng मूल धंधा; निजी काम-धंधा; मूल पेशा: 教书是我的～。पुस्तक पढ़ाना मेरा मूल धंधा है।

【本号】 běnhào यह दुकान; हमारी दुकान

【本籍】 běnjí बाप-दादाओं का जन्मस्थान

【本纪】 běnjì मूल वृत्तांत, किसी राजवंश के इतिहास का प्रमुख भाग जिस में उस के सम्राट के इर्द-गिर्द घटी घटनाओं की काल-क्रम संबंधी रूपरेखा हो: 《三皇～》"तीन सम्राटों का वृत्तांत"

【本家】 běnjiā सह-कुलज; एक परिवार के सदस्य: 你是我的～么? तुम भी हमारे कुल के हो? / 我怎么会有你这样的～。भला मैं तेरे जैसे लोगों का सह-कुलज कैसे हो सकता हूं।

【本家儿】 běnjiār स्वयं; खुद; संबंधित व्यक्ति

【本届】 běnjiè इस साल का: ～毕业生 इस साल के स्नातक / ～大会 इस वर्ष का अधिवेशन

【本金】 běnjīn मूलधन; पूंजी

【本科】 běnkē (तैयारी कोर्स, पत्राचार पाठ्यक्रम आदि से भिन्न) नियमित कालेज कोर्स; स्नातक पाठ्यक्रम

【本科生】 běnkēshēng पूर्व-स्नातक; अण्डरग्रेजुएट

【本来】 běnlái ❶आदिम; मौलिक; प्रारंभिक; प्राथमिक: ～的意义 मूल अर्थ / ～的面目 असली शक्ल (सूरत); वास्तविक रूप; वास्तविक मुखाकृति ❷पहले; शुरू में: ～，他的意愿是这样的，现在改变了。शुरू में उस की यही उम्मीद थी, पर अब बदल गयी है। / 他～身体很不好，现在好了。पहले उस का स्वास्थ्य बहुत खराब था, अब ठीक है।

【本垒】 běnlěi 〈खेल०〉 (बेसबाल, सॉफ़्टबाल का) होम प्लेट; होम; प्लेट

【本利】 běnlì मूलधन और ब्याज; मूल और सूद

【本领】 běnlǐng योग्यता; क्षमता; कौशल; कार्य-कुशलता: 他的～大了。उस की कार्य-क्षमता पहले से अधिक बढ़ गयी।

【本名】 běnmíng ❶मूल नाम (उपनाम आदि से भिन्न) ❷व्यक्तिगत नाम: 有些外国人的名字里有～、父名和姓。कुछ विदेशियों के नाम में उन का खुद का नाम, पिता का नाम और कुल नाम सम्मिलित होता है।

【本命年】 běnmìngnián चीनी ज्योतिषविज्ञान के अनुसार हर बारह वर्ष बाद पड़नेवाला किसी व्यक्ति का जन्म-वर्ष / 生肖 shēngxiào भी दे०

【本末】 běnmò ❶वृक्ष का ऊपरी और निचला भाग; वस्तु का शिखर और तल; आरम्भ और अंत; किसी घटना का शुरू से अंत तक का पूरा क्रम ❷प्रधान और गौण: 本末倒置

【本末倒置】 běnmò-dàozhì चीज़ों को उलट-पलट कर पेश करना

【本能】 běnnéng वृत्ति; सहजवृत्ति; नैसर्गिक वृत्ति; मूल प्रवृत्ति: 自卫的～ आत्म-रक्षक वृत्ति

【本年度】 běnniándù यह वर्ष (साल); चालू वर्ष (साल); वर्तमान वर्ष: ～植树计划 इस वर्ष की वृक्ष लगाने की योजना / ～招生考试 इस वर्ष की विद्यालय प्रवेश-परीक्षा

【本票】 běnpiào खजांची का चेक

【本钱】 běnqián ❶पूंजी: 做生意要有～。व्यापार करने के लिये पूंजी होनी चाहिये। ❷निजी उन्नति के लिये प्रयुक्त कोई वस्तु

【本人】 běnrén ❶मैं (मुझे, मैं स्वयं): 如有建议，可交给～。अगर आप लोगों के पास सुझाव हों, तो मुझे दे सकते हैं। ❷खुद; स्वयं: 我想同张先生～谈谈。मैं स्वयं चांग साहब के साथ बातचीत करना चाहता हूं। / ～成分 व्यक्तिगत वर्ग-स्थिति

【本日】 běnrì आज; आज का दिन; यह दिन

【本嗓】 běnsǎng बात करते या गाना गाते समय सहज रूप से निकला शब्द

【本色】 běnsè वास्तविक रूप; वास्तविक गुण; स्वाभाविक गुण; प्रकृति: 他今天初次看到英雄的～。वह आज पहली बार असली वीर को देख रहा था।

【本色】 běnshǎi वस्तुओं का स्वाभाविक रंग (बहुधा बिना रंगे बुनाई के माल के लिये प्रयुक्त): 本色布

【本色布】 běnsèbù दे० 本白布

【本身】 běnshēn खुद; स्वयं; अपने आप (बहुधा ग्रुप, संस्था या वस्तु के लिये प्रयुक्त): 企业～的潜力 किसी कारोबार की स्वयं की निहित-शक्ति

【本生】 běnshēng गोद लिये बच्चे के सगे मां-बाप

【本生灯】 běnshēngdēng बुंसेन बर्नर (बुंसेन द्वारा आविष्कृत बर्नर; लैम्प जो रबर की नली द्वारा गैस के प्रवाह से लपट पैदा करने के सिद्धांत पर आधारित है

【本生经】 běnshēngjīng 〈बौद्ध धर्म〉 जातक: ～故事 जातक कथा

【本事】 běnshì मूल कथा; मूल सामग्री: 这部小说的～来自民间故事。इस उपन्यास की मूल कथा एक लोक-कथा से ली गयी है। / 电影～ फ़िल्म का संक्षिप्त विवरण

【本事】 běnshi 本领 के समान: 谁有～，就去向他要。जिस में बूता हो, चलकर उस से ले ले।

【本书】 běnshū प्रस्तुत पुस्तक; यह पुस्तक

【本题】 běntí मुख्य विषय; मूल विषय; विषयवस्तु; वाद-विवाद, विवरण या वर्णन का विषय: 这一段和～没有关系。यह अनुच्छेद मुख्य विषय से संबंधित नहीं है।

【本体】 běntǐ ❶〈दर्शन०〉 प्रकृत तत्व; बुद्धि तत्व ❷〈अलं०〉 उपमेय ❸मशीन आदि का मुख्य भाग

【本体论】 běntǐlùn 〈दर्शन०〉 सत्व शास्त्र

【本土】 běntǔ ❶किसी व्यक्ति की जन्मभूमि ❷अपने देश (न कि उपनिवेश) का क्षेत्र ❸स्थानीय मिट्टी; यहां की मिट्टी

【本位】 běnwèi ❶〈अर्थ०〉 मानक; स्टैण्डर्ड: 金～ गो-

ल्ड स्टैण्डर्ड / 银～ सिल्वर स्टैण्डर्ड ❷किसी का अपना विभाग या निजी इकाई: ～工作 किसी के अपने विभाग का काम; किसी का निजी काम

【本位号】 běnwèihào 〈संगी०〉 स्वाभाविक स्वर

【本位货币】 běnwèi huòbì किसी देश की मुद्रा की प्राथमिक इकाई (जैसे चीनी य्वान, अमरीकी डालर)

【本位主义】 běnwèi zhǔyì विभागवाद; स्वार्थपूर्ण विभागवाद; विभागवादी स्वार्थपरता: ～的倾向 विभागवादी प्रवृत्ति / 只顾自己不顾别人的～ स्वार्थपूर्ण विभागवाद

【本文】 běnwén ❶यह लेख; प्रस्तुत लेख: ～主要谈个人主义问题。प्रस्तुत लेख मुख्य रूप से व्यक्तिवाद पर विमर्श करता है। ❷मूल-लेख (अनुवादित लेख या टिप्पणी से भिन्न)

【本息】 běnxī मूलधन और सूद; असल और ब्याज

【本戏】 běnxì (ऑपेरा के प्रकाशमय भाग से भिन्न) एक प्रकार का ऑपेरा; एक ऑपेरा जो कई अंकों में विभाजित होता है और जिस का हर एक अंक आम तौर पर एक पूरी कहानी कहता है

【本乡本土】 běnxiāng-běntǔ जन्मभूमि; जन्मस्थान; यह गांव; यह मिट्टी: 我们都是～的，要互相照顾。हम लोग एक ही स्थान के निवासी हैं। हमें एक दूसरे की देखभाल करनी चाहिये।

【本相】 běnxiàng वास्तविक रूप; असली शक्ल; असली सूरत; मूल रूप; मौलिक आकृति: ～毕露 वास्तविक रूप पूरी तरह प्रकट होना

【本小利微】 běnxiǎo-lìwēi थोड़ी पूंजी और बहुत कम मुनाफ़ा —— बहुत छोटा व्यापार: 本店～，请勿赊欠。हमारी दुकान की पूंजी थोड़ी है और मुनाफ़ा बहुत कम, उधार पर बिक्री न होगी।

【本心】 běnxīn वास्तविक इरादा; निजी इच्छा; आत्माभिलाषा

【本性】 běnxìng प्रकृति; मूलप्रकृति; स्वभाव; वास्तविक रूप: 本性难移 / 人的～ इंसान का स्वभाव

【本性难移】 běnxìng nán yí किसी की प्रकृति मुश्किल से बदलती है; कुत्ते की दुम: 江山易改，本性难移。नदियां और पहाड़ियां आसानी से बदली जा सकती है, पर मनुष्य की प्रकृति बदलना मुश्किल है।

【本业】 běnyè ❶अपना काम; मूल कार्य ❷〈लि०〉 खेती

【本义】 běnyì मूल अर्थ: "兵" 字的～是跑。"兵" का मूल अर्थ "दौड़ना" है।

【本意】 běnyì नीयत; इच्छा; मूल आशय; मूल विचार: 这不是他的～。यह उस का मूल विचार नहीं था।

【本影】 běnyǐng 〈भौ०〉 प्रतिच्छाया

【本源】 běnyuán स्रोत; मूल स्रोत; आदि कारण

【本愿】 běnyuàn मूल कामना; मूल अभिलाषा

【本月】 běnyuè यह महीना; चालू महीना; वर्तमान मास

【本着】 běnzhe दृष्टि में रखते हुए; किसी तथ्य आदि को देखते हुए: ～这个事实 इस तथ्य को दृष्टि में रखतेहुए / ～这个原则 इस सिद्धांत को देखते हुए

【本职】 běnzhí निजी कार्य; निजी कर्त्तव्य: 做好～工作 अपना काम अच्छी तरह करना

【本旨】 běnzhǐ ❶मूल उद्देश्य; मूल आशय ❷मुख्य उद्देश्य; मुख्य अभिप्राय

【本质】 běnzhì मूलस्वरूप; मूल वस्तु: 事情（物）的～ वस्तुओं का सारतत्व / 最～的东西 सब से मूल-भूत वस्तु / 特殊的，共同的～ विशिष्ट, सामान्य मूल वस्तु / ～上 मूलत:; मूलतया / 从～上看 सारतत्व की दृष्टि से / 制度的～ व्यवस्था का स्वरूप / 二者～上是一样的。सारतत्व में दोनों एक से (या एक ही तरह के) हैं।

【本州】 Běnzhōu होनशू

【本主儿】 běnzhǔr ❶संबंधित व्यक्ति: ～一会儿就来，你问他好了。संबंधित व्यक्ति जल्दी आएगा, तुम उस से अच्छी तरह पूछो। ❷खोई हुई वस्तु का मालिक: 这辆汽车的～还没有来取。इस कार का मालिक अब तक इसे लेने नहीं आया।

【本传】 běnzhuàn प्रतिमानित जीवनकथा; जीवनी

【本字】 běnzì किसी प्रचलित अक्षर की मूल लिखावट: "喝" 的～是 "欱"（hè）。"喝" का मूल अक्षर "欱" है।

【本子】 běnzi ❶कापी; नोटबुक; पुस्तिका; अभ्यास पुस्तिका: 改～ कापी की जांच करना; विद्यार्थियों के अभ्यासों को ठीक करना ❶संस्करण: 两个～都是宋体。दोनों सुंग राजवंश के काष्ठोत्कीर्ण संस्करण हैं। ❸प्रमाण-पत्र: 考～ परीक्षा में उत्तीर्ण का प्रमाण-पत्र प्राप्त करना

【本族】 běnzú स्वजाति; स्वजातीय

【本族语】 běnzúyǔ मातृभाषा; स्वभाषा; मादरी ज़बान

苯 běn 〈रसा०〉 बेंज़ीन; बेंज़ाल: ～中毒 बेंज़ीन विषाक्तता

【苯胺】 běn'àn 〈रसा०〉（阿尼林油 ānílínyóu भी） ऐनिलीन

【苯胺革】 běn'àngé 〈रसा०〉 ऐनिलीन चमड़ा; ऐनिलीन लेदर

【苯胺染料】 běn'àn rǎnliào（合成染料 héchéng rǎnliào का दूसरा नाम）ऐनिलीन रंजक; ऐनिलीन डाइज़

【苯胺印刷】 běn'àn yìnshuā（苯胺橡皮版印刷 běn'àn xiàngpíbǎn yìnshuā भी）ऐनिलीन प्रिंटिंग; फ़्लेक्सोग्राफ़ी

【苯胺黑】 běn'ànhēi (कोलतार से प्राप्त) काला रंग

【苯胺紫】 běn'ànzǐ (कोलतार से प्राप्त) चमकीला किंतु हल्का बैंगनी रंग

【苯巴比妥】 běnbābǐtuǒ 〈औष०〉（鲁米那 lǔmǐnà भी）फ़ेनोबार्बिटर; फ़ेनोबार्बिटोन; लुमिनल

【苯丙胺】 běnbǐng'àn 〈औष०〉（苯齐巨林 běnqíjùlín भी）बेंज़ीड्राइन

【苯酚】 běnfēn 〈रसा०〉 फ़ीनोल; दर्शव; प्रांगविक अम्ल (इस का संक्षिप्त रूप 酚 fen，लोकप्रचलित नाम 石炭酸 shítànsuān)

【苯海拉明】 běnhǎilāmíng 〈औष०〉 डाइफ़ेहाइड्रमीन; बेनाड्राइल

【苯甲酸】 běnjiǎsuān 〈रसा०〉（安息香酸 ānxī-xiāngsuān भी）लोहबानी अम्ल

【苯肾上腺素】 běnshènshàngxiànsù 〈औष०〉（新福林 xīnfúlín भी）नव-सिनेफ़्रीन

畚 běn ❶बांस, लचीली टहनियों आदि से बना सूप; स्कूप ❷〈बो०〉 सूप से उठाना：～土 सूप से मिट्टी उठा-ना / ～炉灰 सूप से अंगीठी की राख उठाना

【畚斗】 běndǒu 〈बो०〉 केवल अनाज ओसाने के लिये प्रयुक्त सूप

【畚箕】 běnjī 〈बो०〉 स्कूप; सूप

bèn

夯 bèn（《西游记》“Xīyóujì”、《红楼梦》“Hónglóumèng” आदि पुस्तकों में प्रयुक्त）笨 bèn के समान

hāng भी दे०

坋 bèn 〈लि०〉 धूल; धूलि

fèn भी दे०

坌1 bèn 〈बो०〉 (मिट्टी) खोदना：～地 ज़मीन खोदना

坌2 bèn 〈बो०〉 धूल; धूलि

坌3 bèn 〈लि०〉 ❶इकट्ठा करना; जमा करना; एकत्र करना：～集 एक साथ इकट्ठा (जमा, एकत्र) करना ❷घटिया क्वालिटी का ❸(किसी पदार्थ पर) चूर्ण छिड़कना ❹笨 bèn के समान

奔（逩）bèn ❶सीधे गंतव्य की ओर जाना：他径向工地～去。वह तेज़ी से कदम बढ़ाता हुआ निर्माण-स्थल पर जा पहुंचा। ❷〈पूर्व०〉 की ओर; की तरफ़：他儿子向他～过来。उस का लड़का उस की तरफ़ लपका। / 你～这边看。तुम इस ओर देखो। ❸उम्र (चालीस, पचास आदि) के लगभग होना：她是～六十的人了。उस की उम्र साठ के निकट है। ❹किसी काम के लिये दौड़-धूप करना या होना：～戏票 ऑपेरा के टिकट के लिये दौड़ना / 你们需要什么，我去～。तुम लोग क्या चाहते हो, उस के लिये मैं दौड़ लगाऊंगा।

bēn भी दे०

【奔命】 bèn mìng दौड़ लगाना：他一路～，很快就到了家里。रास्ते में उस ने दौड़ मारी और बहुत जल्दी घर पहुंच गया।

bēnmìng भी दे०

【奔头儿】 bèntóur प्रयत्न या संघर्ष करके प्राप्त हो सकने वाला भविष्य; आशाजनक होना：有～ प्रयत्न या संघर्ष करके आशावान भविष्य प्राप्त करना / 没～ बड़े प्रयत्नों के बाद भी आशाप्रद भविष्य न प्राप्त हो पाना

倴 bèn नीचे दे०

【倴城】 Bènchéng हपे प्रांत का एक स्थान

笨 bèn ❶मूर्ख; अकुशल; बेवकूफ़：笨蛋 / 愚～ मूर्ख ❷अचतुर; अदक्ष：笨手笨脚 ❸बोझिल; भारी; भारी-भरकम; (भार, आकृत्ति आदि के कारण) जिस का प्रयोग करने में कठिनाई उठानी पड़े：这镐太～了。यह कुदाल बहुत भारी है। / 搬这些～家具可不容易。इस भारी भरकम फ़र्नीचर को हटाना आसान काम नहीं।

【笨伯】 bènbó 〈लि०〉 मूर्ख व्यक्ति; बेवकूफ़ आदमी

【笨蛋】 bèndàn 〈घृणा०〉 मूर्ख; बेवकूफ़; अंधीखोपड़ी; उल्लू का पट्ठा：这个～ यह उल्लू का पट्ठा

【笨活儿】 bènhuór 〈बोल०〉 हाथ का भारी काम

【笨货】 bènhuò 〈घृणा०〉 मूर्ख; बेवकूफ़; उल्लू का पट्ठा

【笨口拙舌】 bènkǒu-zhuōshé（笨嘴拙舌 bènzuǐ-zhuōshé भी）बोलने में अकुशल; जो धीरे बोलता हो; स्पष्ट भाषण करने में असमर्थ

【笨鸟先飞】 bènniǎo-xiānfēi (बहुधा विनम्रता सूचक) अकुशल पक्षी को पहले से उड़ना आरम्भ करना होता है —— अकुशल व्यक्ति को पहले काम शुरू करने की ज़रूरत होती है

【笨手笨脚】 bènshǒu-bènjiǎo अकुशल; अदक्ष; अनिपुण; कार्य में अनभ्यस्त होना：这人～。यह आदमी काम में अनाड़ी है।

【笨头笨脑】 bèntóu-bènnǎo ❶अनाड़ी; मूर्ख; दुर्बुद्धि; मंदबुद्धि ❷बेढंग; असुन्दर; जो ठीक प्रकार से न बनाया गया हो：这双鞋子做得～的。जूते का यह जोड़ा ठीक प्रकार से नहीं बनाया गया है।

【笨重】 bènzhòng भारी; बोझिल; भारी भरकम; हाथी-सा：～的体力劳动 हाथ का भारी काम / ～的家具 भारी भरकम फ़र्नीचर

【笨拙】 bènzhuō अकुशल; अदक्ष; अनिपुण; अनाड़ी; अचतुर：动作～ काम करने में अकुशल / 指挥～ सैन्य-संचालन का अबुद्धिमत्तापूर्ण होना; कमान का मूर्ख होना

bēng

伻 bēng 〈लि०〉 दूत

祊 bēng ❶प्राचीन कालीन सम्राटों या सामंतों के पैतृक-मंदिर के द्वार पर बलि चढ़ाने का स्थान ❷उक्त स्थान में होने वाला यज्ञ

崩 bēng ❶ढह जाना; टूट जाना：～岸 नदी आदि का बांध टूटना / 山～地裂。पहाड़ ढहा और भूमि फट गयी। ❷फट जाना; विस्फोट होना：气球吹～了。गुब्बारा फट गया। / 〈ला०〉 两党谈～了。दोनों पक्षों के बीच वार्ता भंग हो गयी। ❸फूटकर उड़ जाने वाली वस्तु से चोट लगना (चोट पहुंचना)：炸起的石头～伤了他。उसे पत्थर के

फूटकर उड़ने से चोट लगी। ❹गोली मार देना: 把犯人枪～了。अपराधी को गोली मार दी गयी। ❺(सम्राट का) मरना; देहांत होना; स्वर्गवास होना

【崩溃】 bēngkuì विघटन होना; ध्वंस होना; ढहना; नष्ट होना; तबाह होना: 原始公社～ आदिम कम्यूनों का विघटन / 经济～ अर्थव्यवस्था तबाह होना / 侵略战线～ आक्रमणकारी मोर्चे का ध्वंस होना / 挽救国家～ देश को तहस-नहस से बचाना / 走上～的道路 पतन की राह पर पहुंचना / 它走到了最后的～。वह पूर्ण विनाश के गर्त में पहुंच गया।

【崩裂】 bēngliè फटना; फूटना; फूटकर उड़ जाना: 炸药使山石～。डाइनामाइट से पहाड़ की चट्टानें फूट कर उड़ गयीं।

【崩龙族】 Bēnglóngzú 德昂族 Dé'ángzú का पुराना नाम, पंगलोंग जाति

【崩漏】 bēnglòu 〈ची०चि०〉 गर्भाशय से रुधिर बहना; गर्भकोषीय रक्त स्राव

【崩塌】 bēngtā ढह जाना; ढेर हो जाना; धड़ाम से गिर पड़ना; टुकड़े-टुकड़े होना; खंड-खंड होना

【崩坍】 bēngtān खड़ी चट्टान; पर्वत की खड़ी ढलान से चट्टानों का फूटकर गिर पड़ना: 山崖～ पर्वत की खड़ी चट्टानों का फूटकर नीचे गिर जाना

绷[1] （綳、繃） bēng ❶ज़ोर से तानना; कसना या खींचना: 把绳子～直。रस्से को खींचकर सीधा करो। ❷कपास, रेशम आदि का कपड़ा तानना: 绷子上～块布 कसीदे के फ्रेम में कपड़ा तानना ❸किसी वस्तु का अचानक उचकना, उछलना या कूदना: 弹簧～飞了。स्प्रिंग अचानक उछलकर गिर पड़ा। ❹(सिलाई में) कच्चे टांकों से जोड़ना या पिन से नत्थी करना: 布上～着几个字。कपड़े पर कुछ चीनी अक्षर पिन से नत्थी हैं। ❺〈बो०〉 कोई काम मुश्किल से होना: 绷场面 ❻पलंग का वह भाग जो ताड़ की रस्सी आदि के बुना हो और गद्दी के काम आता हो। ❼दे० 绷子❶

绷[2] （綳、繃） bēng 〈बो०〉 किसी व्यक्ति को धोखा देकर धन या वस्तु लूट लेना: 坑～拐骗 सभी प्रकार की धोखेबाज़ियों का सहारा लेना / 他～了别人几千元钱。उस ने दूसरे लोगों को धोखा देकर कई हज़ार य्वान लूट लिये।

běng; bèng भी दे०

【绷场面】 bēngchǎngmiàn 〈बो०〉 दिखावा करना; अपनी बाहरी हालत जस की तस बनाये रखना

【绷带】 bēngdài ड्रेसिंग; पट्टी; मरहम पट्टी; बंधन: 他眼睛上的～已经去掉。उस की आंख पर से मरहम-पट्टी अलग कर दी गयी है।

【绷弓子】 bēnggōngzi ❶दरवाज़े पर लगा वह उपकरण जो स्प्रिंग, बांस, टायर की अंदरूनी नली आदि से बना हो और जिससे दरवाज़ा खुलकर अपने-आप बन्द हो जाता हो ❷〈बो०〉 केटापुल्ट; स्प्रिंगशाट; गुतेल

【绷簧】 bēnghuáng 〈बो०〉 स्प्रिंग

【绷子】 bēngzi ❶कसीदे का फ्रेम; कढ़ाई के लिये रेशमी वस्त्र आदि तानने का फ्रेम (बड़े कपड़े के लिये लकड़ी का आयतीय फ्रेम, छोटे कपड़े के लिये बांस का गोल फ्रेम) ❷दे० 绷❻

嘣 bēng 〈अनु०〉 धड़कन या विस्फोट की आवाज़: 心里～～直跳 हृदय थरथर कांपना

鬅 bēng 祊 bēng के समान

béng

甭 béng 〈बो०〉 (不用 का मिश्रित रूप और उच्चारण) मत (निषेध के अर्थ में); अनावश्यक होना: ～去了。मत जाओ; जाने की आवश्यकता नहीं है।

běng

菶 běng नीचे दे०

【菶菶】 běngběng घास-पेड़ का हरा भरा होना

绷 （綳、繃） běng 〈बोल०〉 ❶गंभीर या खिन्न दिखाई पड़ना: 绷脸 ❷हद से ज़्यादा ज़ोर लगाना: 咬住牙～住劲 दांत भींचकर स्नायु तानकर हद से ज़्यादा काम लेना

bēng; bèng भी दे०

【绷劲】 běngjìn सांस रोककर हद से ज़्यादा ज़ोर लगाना: 他一～举起了大石头。उस ने सांस रोककर पूरा ज़ोर लगाकर एक बड़ी चट्टान उठा ली।

【绷脸】 běngliǎn अप्रसन्न होना; मुंह लम्बा करना: 他绷着脸说他不去。उस ने मुंह लम्बा करते हुए कहा कि वह नहीं जाएगा।

琫 běng प्राचीन काल में तलवार की म्यान के ऊपरी भाग की सजावट

鞛 běng 琫 běng के समान

鞞 běng 琫 běng के समान

bèng

迸 bèng ❶फूट निकलना; छिटकना; फटकर छिटकना: 里面～出火花来。इस में चिनगारियां फूट निकलीं।

❷फट जाना

【迸脆】 bèngcuì ❶(बिस्कुट आदि) करारा; खरा; कुरकुरा ❷(आवाज़) साफ़ और सुरीली

【迸发】 bèngfā विस्फोट होना; अचानक फूट पड़ना; फटकर छिटकना: ～火星 चिनगारियां फूट पड़ना

【迸飞】 bèngfēi फूटकर चारों ओर उड़ जाना

【迸裂】 bèngliè फटना; फूटना; विस्फोट होना: 脑浆～ भेजा फट जाना

【迸流】 bèngliú बह निकलना; धारा प्रवाह निकलना: 鲜血～ खून बह निकलना; खून का वेग से निकलना

【迸射】 bèngshè ❶लगातार तेज़ी से छोड़े गये तीर ❷भीतर से बाहर फूटकर उड़ जाना

泵 bèng ❶पंप: 气～ हवा भरने का पंप / 水～ पानी निकालने का पंप / 油～ तेल निकालने का पंप ❷पंप चलाना; पंप करना; पंप से पानी निकालना: ～入 पंप से पानी आदि भरना / ～出 पंप से पानी आदि निकालना / ～油 पंप से तेल निकालना

【泵房】 bèngfáng पंप-गृह; वह मकान जहां से पंप चलाया जाता है

【泵工】 bènggōng पंप ऑपरेटर

【泵排量】 bèngpáiliàng पंप द्वारा निकाला गया पानी

蚌 bèng नीचे दे०

bàng भी दे०

【蚌埠】 Bèngbù पन-पू, आन-ह्वेई प्रांत का एक नगर

绷（綳、繃） bèng ❶फट जाना; फूट जाना: 西瓜～了一道缝儿。तरबूज़ में फटकर एक दरार पड़ गयी। ❷〈बोल०〉 (कड़ा, सीधा, करारा आदि विशेषणों के पहले अधिक परिमाण का बोध कराता है): ～硬 बहुत कड़ा / ～直 नाक की सीध / ～脆 बहुत करारा

bēng; běng भी दे०

【绷瓷】 bèngcí चीनी मिट्टी के बर्तन जिन में छोटी-छोटी दरारें हों

甏 bèng 〈बो०〉 मिट्टी का बर्तन; मिट्टी से बना पका बर्तन

镚（鏰） bèng नीचे दे०

【镚儿】 bèngr दे० 镚子

【镚子】 bèngzi 〈बोल०〉 छोटा सिक्का

【镚子儿】 bèngzǐr 〈बो०〉 बहुत कम पैसा: ～不值 कौड़ी के काम का न होना

蹦 bèng कूदना; उछलना: 蹦跳 / 〈ला०〉 他经常嘴里～出些新词来。वह अक्सर मुंह से नये-नये शब्द निकालता है।

【蹦蹦跳跳】 bèngbèngtiàotiào उछलना-कूदना; उछल-कूद करना

【蹦蹦儿戏】 bèngbèngrxì 评剧 píngjù का पुराना नाम

【蹦床】 bèngchuáng 〈खेल०〉 ❶ट्रैम्पोलीन ❷ट्रैम्पोलीन में प्रयुक्त गद्देदार पलंग

【蹦跶】 bèngda दे० 蹦跳

【蹦迪】 bèngdí नृत्यगृह में जाकर डिस्को नृत्य करना; डिस्को डान्सिंग

【蹦极】 bèngjí 〈खेल०〉（蹦极跳 bèngjítiào भी） बुंगी जम्पिंग

【蹦豆儿】 bèngdòur 〈बो०〉 ❶एक प्रकार का भुना हुआ कड़ा माश ❷छोटा बच्चा

【蹦跳】 bèngtiào कूदना; उछलना; फुदकना; उछलते हुए चलना

bī

屄（屄） bī योनि-द्वार

逼（偪） bī ❶विवश करना; बाध्य करना; मजबूर करना; किसी पर दबाव डालना: ～他下台 उस को अपना पद छोड़ने के लिये मजबूर करना / 敌人～着他去开火车。दुश्मन ने उसे रेलगाड़ी चलाने पर मजबूर किया। / 他也是给刺刀～来的。उसे भी तो संगीन की नोक पर मजबूर किया गया। ❷किसी बात के लिये दबाव डालना: 逼租 / 逼债 ❹〈लि०〉 संकरा; संकीर्ण; तंग: 逼仄

【逼宫】 bīgōng मंत्री द्वारा सम्राट या सामंत पर राज्य-त्याग करने के लिये दबाव डालना

【逼供】 bīgòng ज़बरदस्ती अपराध स्वीकार कराना: 严刑～ कठोर शारीरिक यातना देकर जबरन अपराध स्वीकार कराना

【逼供信】 bī-gòng-xìn किसी व्यक्ति पर ज़ोर-ज़बरदस्ती करके जुर्म कबूल करवाना और उस के बयान को सच बताना; दबाव डालकर जुर्म कबूल करना और उसे मान लेना

【逼和】 bīhé शतरंज आदि में अनिर्णीक हार पर विवश करना

【逼婚】 bīhūn ज़ोर-ज़बरदस्ती से (बहुधा लड़की) को अपने या दूसरे के साथ विवाह करने पर विवश करना

【逼近】 bījìn किसी स्थान के पास पहुंचना; एकदम समीप आना; सन्निकट होना; आमने-सामने आना: 我军已～南京。हमारी सेना नानचिंग नगर के एकदम समीप आ गयी है। / 天色已～黄昏。सांझ समीप आ गयी है।

【逼良为娼】 bī liáng wéi chāng ज़ोर-ज़बरदस्ती अच्छे घर की महिला को वेश्या बनने पर मजबूर करना

【逼命】 bīmìng ❶किसी व्यक्ति को जबरन मजबूर करना ❷दबाना; पीड़ित करना; दमन करना

【逼迫】 bīpò किसी बात के लिये किसी व्यक्ति को मजबूर करना; दबाव डालना

【逼人】 bīrén बढ़ावा देना: 形势～。स्थिति हम लोगों को बढ़ावा देती है। / ～太甚 लोगों पर अत्यधिक दबाव डाला जाना

【逼上梁山】 bīshàngliángshān ल्यांगशान पर्वत

के बागियों में शामिल होने के लिये विवश होना
【逼视】 bīshì पास आकर उत्सुकता से देखना; निकट आकर निहारना
【逼死】 bīsǐ किसी को मरने के लिये विवश करना; किसी को आत्महत्या के लिये प्रेरित करना
【逼问】 bīwèn किसी को जवाब देने के लिये जबरन मजबूर करना
【逼肖】 bīxiào 〈लि०〉 बहुत मिलता-जुलता होना
【逼仄】 bīzè 〈लि०〉 संकीर्ण; संकरा; तंग
【逼窄】 bīzhǎi तंग; संकरा; संकीर्ण
【逼债】 bīzhài बार-बार तकाज़ा करना; दिये हुए ऋण को मांगने के लिये पीछे पड़ जाना
【逼真】 bīzhēn ❶यथावत्; जीता-जागता; यथा-रूप; सच-सा; यथार्थ की तरह: 这幅花画得很～。फूल का यह चित्र सच-सा लगता है। ❷बहुत साफ़; स्पष्टतः; निश्चित रूप से: 听得～ साफ़-साफ़ सुनना / 看得～ स्पष्टतः देखना
【逼真度】 bīzhēndù 〈वैद्यु०〉 मूल सा दृश्य; सभी दृष्टियों से मूल के समान होना
【逼租】 bīzū लगान मांगने के लिये पीछे पड़ना; ज़ोर-ज़बरदस्ती से लगान देने के लिये मजबूर करना

锟（錕）bī 〈लि०〉 ❶काढ़े गये बालों को एक निश्चित स्थिति में रखने के लिये प्रयुक्त पिन; हेयर-पिन; केश-पिन ❷कंघी जिस के दोनों ओर दांत होते हैं

鲾（鰏）bī एक प्रकार की मछली

bí

荸 bí नीचे दे०
【荸荠】 bíqi（地梨 dìlí，地栗 dìlì，马蹄 mǎtí भी）सिंघाड़ा; इस का पौधा और कंद

鼻 bí ❶नाक: ～翼 नथुना / ～尖 नाक का सिरा ❷〈लि०〉 शुरू करना; आरंभ करना: 鼻祖
【鼻儿】 bír ❶छिद्र; छेद: 针～ सूई की आंख; सूई का नाका ❷〈बो०〉 सीटी
【鼻窦】 bídòu 鼻旁窦 का साधारण नाम
【鼻窦炎】 bídòuyán 〈चिकि०〉 नेसोसिनसिटिस
【鼻辅音】 bífǔyīn 〈ध्वनि०〉 अनुनासिक व्यंजन
【鼻骨】 bígǔ नासास्थि
【鼻观】 bíguān 〈लि०〉 नथुना; नासिका रंध्र
【鼻化符号】 bíhuàfúhào 〈ध्वनि०〉 अनुनासिक
【鼻化辅音】 bíhuàfǔyīn 〈ध्वनि०〉 नासिक्य; अनुनासिक व्यंजन
【鼻化元音】 bíhuàyuányīn 〈ध्वनि०〉 अनुनासिक स्वर
【鼻化元音符号】 bíhuàyuányīn fúhào 〈ध्वनि०〉 चन्द्र-बिन्दु
【鼻环】 bíhuán नथ; नथुनी
【鼻甲】 bíjiǎ नाक की शंखाकार हड्डी; कांग्का
【鼻尖】 bíjiān नाक का सिरा; नाक की नोक
【鼻镜】 bíjìng 〈चि०〉 राइनोस्कोप; नाकिकाभ्यंतर-दर्शक यंत्र: 电光～ नैसोस्कोप
【鼻疽】 bíjū（马鼻疽 mǎbíjū भी）〈पशु चिकि०〉 ग्लैंडर्स (घोड़े का एक छूत का रोग जिस में जबड़ों के नीचे का भाग सूज जाता है और नाक से पानी गिरता है। इस रोग में यदा-कदा मनुष्य भी प्रभावित होता है)
【鼻孔】 bíkǒng नथुना; नासारंध्र: 他的～嗡扇嗡扇 的。उस के नथुने फड़क रहे थे।
【鼻梁】 bíliáng नाक का बांसा; नाक के ऊपर की हड्डी जो दोनों नथुनों के बीच में रहती है
【鼻毛】 bímáo नासा-रोम; नाक के बाल
【鼻牛儿】 bíniúr 〈बो०〉 नाक में सूखा मल या रेंट
【鼻衄】 bínǜ 〈चि०〉 नासारक्तस्राव; नकसीर; आपसे आप नाक से रक्त बहने का एक रोग
【鼻旁窦】 bípángdòu 〈श०वि०〉 मस्तिष्क के अन्दर नाक के आसपास का विवर; पैरानैसल साइनस
【鼻腔】 bíqiāng 〈श०वि०〉 नासिक्य विवर; नासा-गुहा (गुहिका); नाक की गुहा (गुहिका)
【鼻翘儿】 bíqiàor 鼻翼 का साधारण नाम
【鼻青脸肿】 bíqīng–liǎnzhǒng खून भरी नाक और सूजा हुआ मुंह; (किसी व्यक्ति को) मार-मारकर क्षत-विक्षत कर देना: 打得～ पीट-पीटकर सूरत बिगाड़ देना
【鼻绳】 bíshéng पगहिया
【鼻屎】 bíshǐ दे० 鼻牛儿
【鼻饲】 bísì 〈चिकि०〉 नाक से भोजन देना
【鼻酸】 bísuān नाक में खट्टा-सा लगना —— दुख होना; शोकातुर होना; रंज होना
【鼻涕】 bítì नाक से निकलने वाला तरल मल; नेटा; रेंट: 流～ नाक बहना
【鼻涕虫】 bítìchóng 〈प्राणि०〉（蛞蝓 kuòyú का लोकप्रचलित नाम）एक प्रकार का शुक्तिहीन शम्बूक, घोंघा आदि
【鼻头】 bítóu 〈बो०〉 नाक; नासा
【鼻洼子】 bíwāzi（鼻洼 भी）दोनों नथुनों के पास का धंसा हुआ भाग
【鼻息】 bíxī ❶सांस; प्रश्वास; निश्वास: 均匀的～声 नियमित वेग का श्वसन का शब्द ❷〈विशे०〉 खर्राटा: ～如雷 गरजदार खर्राटा
【鼻血】 bíxiě नकसीर
【鼻烟】 bíyān सुंघनी; नास; नसवार
【鼻烟盒】 bíyānhé सुंघनी की डिबिया
【鼻烟壶】 bíyānhú सुंघनी की शीशी; सुंघनीदानी
【鼻翼】 bíyì (लोकप्रचलित नाम 鼻翅子 bíchìzi) नाक की उपास्थि जो छेदों के परदे का काम देती है; नथना; नथुना
【鼻音】 bíyīn 〈ध्वनि०〉 अनुनासिक: ～字母 अनुनासिक वर्ण
【鼻渊】 bíyuān 〈ची०चि०〉 नेसोसिन्युसिटिस
【鼻韵母】 bíyùnmǔ 〈ध्वनि०〉 (चीनी उच्चारण में) अनुनासिक स्वर; अनुनासिक व्यंजनांत स्वर; जैसे: en, in,

un，ang，ong आदि
【鼻针疗法】 bízhēn liáofǎ नासा-अक्यूपंक्चर-चिकित्सा
【鼻中隔】 bízhōnggé 〈श०वि०〉 नाक के बीच का पर्दा
【鼻子】 bízi नाक; नासाः 高～ तीखी नाक; ऊंची नाक / 塌～ छोटी नाक; चपटी नाक
【鼻子眼儿】 bíziyǎnr नथुना; नासारंध्र
【鼻祖】 bízǔ 〈लि०〉 आरम्भकर्त्ता; प्रणेता; प्रवर्तक

bǐ

匕 bǐ ❶प्राचीन ढंग का चम्मच ❷〈लि०〉 छुरी; कटार
【匕鬯不惊】 bǐ chàng bù jīng सेना का कड़ा अनुशासन
【匕首】 bǐshǒu कटार; छुरी

比 1 bǐ ❶तुलना करनाः ～诸（～之于）किसी से तुलना करना / 欲与天公试～高 मानो ये अंतरिक्ष की ऊंचाई से होड़ कर रहे हों। / 学先进，～先进 आगे बढ़े हुओं से सीखना और उन से तुलना करना ❷तुलना हो सकनाः 坚～金石。दृढ़ता में धातु की पत्थर से तुलना की जा सकती है। ❸हाथ से इशारा करनाः 连说带～ हाथ से इशारा कर बताना ❹के प्रति; की ओरः 兵士拿枪～着敌人。सिपाही बन्दूक को पकड़ दुश्मन को लक्ष्य बनाता है। ❺अनुकरण करना; नकल करनाः ～着旧衣裁新衣。पुराने कपड़े नये कपड़े की तरह ढालना ❻उदाहरण (मिसाल); उपमाः 把部队～作革命大家庭 सेना को क्रांतिकारी महान परिवार की उपमा देना ❼अनुपातः 车间里男工和女工约为一与三之～。वर्कशाप में पुरुष और महिला श्रमिकों का अनुपात लगभग एक के प्रति तीन है। ❽(खेल की अंक तालिका में): 白队以三～二胜红队。सफ़ेद टीम ने लाल टीम को तीन-दो हराया। ❾〈पूर्व०〉 सेः 他们都～我高。वे सब मुझ से लंबे हैं। / 我们的生活一年～一年好。हमारा जीवन साल-दर-साल बेहतर होता जा रहा है।

比 2 bǐ 〈लि०〉 ❶एक दूसरे के निकट; पास-पासः ～肩 कंधे से कंधा मिलाकर ❷किसी के साथ सांठ-गांठ करनाः 朋～为奸 एक दूसरे के साथ सांठ-गांठ करना ❸हाल में: 比来 ❹जब, जिस समयः 比及

比 3 bǐ बेलजियम या बेल्जियम（比利时）का संक्षिप्त रूप.
【比比】 bǐbǐ 〈लि०〉 ❶लगातार; बार-बार; बारंबार ❷स्थान-स्थान; जगह-जगह; सर्वत्र; हर जगह; जहां-तहां: 比比皆是
【比比皆是】 bǐbǐ-jiēshì स्थान-स्थान में पाया जाना; हर जगह मिल सकना
【比方】 bǐfāng ❶उदाहरण; मिसाल; उपमाः 打～ सादृश्य; उपमा या दृष्टांत द्वारा व्यक्त करना ❷मान लेना; यदि; अगरः 听说他很热情，～我求他帮忙，他不会拒绝吧。सुना है कि वह बहुत सहानुभूतिपरक है। यदि मैं उस से सहायता की प्रार्थना करूं, तो वह शायद ही अस्वीकार करे।
【比分】 bǐfēn 〈खेल०〉 स्कोर; किसी खेल में खिलाड़ी द्वारा अर्जित अंकः 现在～是三比三。इस समय स्कोर तीन-दो है।
【比附】 bǐfù 〈लि०〉 बेमेल चीज़ों की तुलना करना
【比哈尔】 Bǐhā'ěr बिहार
【比号】 bǐhào कोलन; द्विबिन्दु (दो संख्याओं के अनुपात का बोध कराने के लिये प्रयुक्त)
【比葫芦画瓢】 bǐ húlu huà piáo लौकी को नमूना बनाकर कलछी का चित्र खींचना —— नकल करना
【比画】 bǐhua（比划 bǐhua भी）हाथ से इशारा करनाः 他～着说。वह हाथ से इशारा करते हुए बोलता है।
【比基尼】 bǐjīní एक प्रकार का स्विमिंगसूट; विकिनी
【比及】 bǐjí 〈लि०〉 जब; जिस समयः ～赶到，车已开走。जब पहुंचा तो गाड़ी छूट चुकी।
【比价】 bǐjià मुद्रा-विनिमय; विनिमय दरः 人民币和美元的～ रनमिनपी（RMB）और अमरीकी डालर की विनिमय दर
【比肩】 bǐjiān 〈लि०〉 ❶कंधे से कंधा मिलाकरः ～作战 कंधे से कंधा मिलाकर लड़ाई करना ❷होड़ करना; प्रतियोगिता करनाः 他的表演水平可与专业演员～。अभिनय के स्तर पर वह किसी भी पेशेवर अभिनेता से होड़ कर सकता है।
【比肩继踵】 bǐjiān-jìzhǒng（比肩接踵 bǐjiān-jiēzhǒng，摩肩接踵 mójiān-jiēzhǒng भी）भीड़ में एक दूसरे का टकराना —— बहुत भीड़
【比较】 bǐjiào ❶तुलना करना; मुकाबला करनाः 有～才能鉴别。तुलना करने से विशिष्टता दिखायी जा सकती है। ❷〈पूर्व०〉 (परिमाण की अवस्था का बोध होता है) 现在人们的生活～以前有很大的提高。अब लोगों के रहन-सहन का स्तर पहले से बहुत बढ़ गया है। ❸〈क्रि०वि०〉 अपेक्षाकृतः ～积极 अपेक्षाकृत सक्रिय / ～落后的 अपेक्षाकृत पिछड़ा / 阻力～大 प्रतिरोध अपेक्षाकृत कड़ा होना / ～充足的农具 अपेक्षाकृत रूप से काफ़ी कृषि-औज़ार
【比较法】 bǐjiàofǎ तुलनात्मक उपाय
【比较级】 bǐjiàojí 〈व्या०〉 उत्तरावस्था; तुलनात्मक स्थिति
【比较价格】 bǐjiào jiàgé（不变价格 búbiàn jiàgé का दूसरा नाम）स्थिर मूल्य; स्थिर दाम
【比较文学】 bǐjiào wénxué तुलनात्मक साहित्य
【比来】 bǐlái 〈लि०〉 हाल ही में; कुछ ही समय पहले
【比利时】 Bǐlìshí बेलजियम; बेल्जियम
【比利时人】 Bǐlìshírén बेलजियमी; बेलजियम का निवासी; बेलजियमवासी
【比例】 bǐlì ❶अनुपातः 按～发展 अनुपात के अनुसार विकास करना ❷पैमाना; अनुपातः 按～绘制 पैमाने के

अनुसार चित्र बनाना ❸अनुपातिक तौल; आपेक्षिक भार: 工业的～在增长。उद्योग का अनुपात बढ़ गया।

【比例尺】 bǐlìchǐ ❶〈सर्वेक्षण व आरेखन〉 स्केल; पैमाना ❷मापक यंत्र; वास्तुविद् का स्केल; इंजीनियर का स्केल

【比例代表制】 bǐlì dàibiǎozhì सानुपातिक प्रतिनिधित्व

【比例税制】 bǐlì shuìzhì अनुपातिक कर-प्रथा

【比量】 bǐliang ❶(हाथ, छड़ी आदि से) अनुमान के रूप में मापना ❷अंगविक्षेप से भाव व्यक्त करना

【比邻】 bǐlín ❶〈लि०〉 निकट पड़ोसी; साथ वाले मकान का पड़ोसी ❷के पास; के नज़दीक; के निकट: 跟公园～的那座大楼 पार्क के पास वाली इमारत

【比邻星】 bǐlínxīng 〈खगोल०〉 सूर्य के सब से निकट स्वतःदीप्त तारा

【比率】 bǐlǜ अनुपात; दर: 增长经费之～ रकम की अनुपात बढ़ाना

【比美】 bǐměi अनुकूलता से तुलना करना; मुकाबला करना

【比目鱼】 bǐmùyú फ़्लैट फ़िश; चपटी मछली

【比拟】 bǐnǐ ❶तुलना करना; मुकाबला करना: 无可～ तुलना न की जा सकना / 难以～ मुश्किल से मुकाबला करना ❷उपमा; रूपक: ～从句 〈व्या०〉 उपमान वाला उपवाक्य

【比年】 bǐnián (比岁 bǐsuì भी) 〈लि०〉 ❶कुछ ही साल पहले ❷प्रतिवर्ष; हर साल

【比配】 bǐpèi बराबर का जोड़ होना; (मात्रा, गुण, रंग में) समान या अनुरूप होना; एक दूसरे के मुकाबिले या साथ रहने योग्य

【比拼】 bǐpīn होड़; मुकाबला; प्रतियोगिता; प्रतिस्पर्धा

【比丘】 bǐqiū 〈बौद्ध धर्म〉 भिक्षु

【比丘尼】 bǐqiūní 〈बौद्ध धर्म〉 भिक्षुणी

【比热】 bǐrè 〈भौ०〉 विशिष्ट ताप; विशेष तपन

【比容】 bǐróng 〈भौ०〉 विशिष्ट अंतरभूत घनत्व; स्पेसिफ़िक वाल्यूम

【比如】 bǐrú उदाहरणार्थ; जैसे; उदाहरण के लिये; मिसाल के तौर पर

【比赛】 bǐsài प्रतियोगिता; मुकाबला; होड़; दौड़: 足球～ फ़ुटबाल मैच / 自行车～ साइकिल रेस / 象棋～ शतरंज टूर्नामेंट / 射击～ शूटिंग कंटेस्ट; चांदमारी स्पर्धा

【比色分析】 bǐsè fēnxi 〈रसा०〉 रंगमापी विश्लेषण

【比色计】 bǐsèjì 〈रसा०〉 वर्णमापक यंत्र

【比上不足，比下有余】 bǐ shàng bùzú, bǐ xià yǒuyú ऊपर वालों की तुलना में कम होना और नीचे वालों की तुलना में अधिक होना —— बीच के दर्जे का; औसत दर्जे का; मध्यम श्रेणी का; कामचलाऊ; साधारण

【比湿】 bǐshī विशिष्ट आर्द्रता; स्पेसिफ़िक ह्यूमिडिटी

【比试】 bǐshì ❶प्रतियोगिता करना; होड़ लगाना; मुकाबला करना: 不信咱俩～～看谁先到那里。यदि तुम्हें विश्वास न हो तो हम दोनों होड़ लगाकर देखें कि कौन वहां पहले पहुंचता है। ❷अंगविक्षेप से भाव व्यक्त करना: 两个孩子拿长枪一～，就开始练起对打来了。दोनों लड़के अपने-अपने हाथों में भाले लहराते हुए लड़ाई का अभ्यास करने लगे।

【比手画脚】 bǐshǒu-huàjiǎo अंगविक्षेप से भाव प्रकट करना

【比输】 bǐshū (किसी को) पराजित कर देना

【比索】 bǐsuǒ पेसो

【比特】 bǐtè 〈कंप्यू〉 बिट (एक लिप्यंतरण)

【比武】 bǐwǔ रण-कौशल की प्रतियोगिता करना; फ़ौजी हुनर के मुकाबले में भाग लेना

【比学赶帮超】 bǐ-xué-gǎn-bāng-chāo किसी के साथ स्पर्धा करना, एक-दूसरे से सीखना, बराबरी करना, सहायता देना और इस क्रम में आगे निकल जाना

【比翼】 bǐyì पर से पर मिलाकर उड़ना

【比翼鸟】 bǐyìniǎo दंतकथा में एक प्रकार की चिड़िया जिस का केवल एक पर होता है। इस लिये नरपक्षी और मादा पक्षी हमेशा पर से पर मिलाकर एक साथ उड़ते हैं। (शास्त्रीय काव्य में बहुधा प्रेमी युगल के लिये प्रयुक्त): 在天愿作～，在地愿为连理枝。हम दोनों चाहते हैं कि स्वर्ग में एक पर वाले पक्षी बनकर साथ उड़ें और पृथ्वी पर दो शाखाओं वाले वृक्ष बनकर साथ उगें।

【比翼齐飞】 bǐyì-qífēi 〈ला०〉 पति-पत्नी का दिन-रात प्रेमपूर्वक एक साथ रहना; एक-दूसरे की सहायता करते हुए एक साथ आगे बढ़ना

【比喻】 bǐyù उपमा; रूपक: 人们常用红色来～革命。लोग अक्सर लाल रंग को क्रांति की उपमा देते हैं।

【比喻义】 bǐyùyì रूपकालंकारिक अर्थ

【比照】 bǐzhào ❶के अनुसार; दृष्टि में रखते हुए: ～人家的计划来制订自己的计划 दूसरों की योजना को दृष्टि में रखते हुए अपनी योजना तैयार करना ❷परस्पर विपर्यय दिखाना; भिन्नता प्रकट करना; अंतर जताने के लिये तुलना करना; मुकाबले पर जांचना: 两相～就可看出明显的差异。दोनों की तुलना करने पर अंतर साफ़ दिखाई देता है।

【比值】 bǐzhí (比率 भी) अनुपात; दर

【比重】 bǐzhòng ❶〈भौ०〉 विशिष्ट गुरुत्व ❷अनुपात: ～很小 अनुपात बहुत कम होना / 我国工业在整个国民经济中的～年年增长。हमारे देश के उद्योग का अनुपात राष्ट्रीय अर्थतंत्र में प्रतिवर्ष बढ़ता जा रहा है।

【比重计】 bǐzhòngjì आर्द्रता मापी; द्रवघनत्व मापी; हाइड्रोमीटर

【比重选种】 bǐzhòng xuǎnzhǒng 〈कृ०〉 बीज का विशिष्ट गुरुत्व प्रवरण

彼 bǐ 〈लि०〉 नीचे दे०

【彼子】 bǐzi उत्पाती; गुंडा; बदमाश; शोहदा

沘 Bǐ नीचे दे०

【沘江】 Bǐjiāng युन्नान प्रांत की एक नदी का नाम

吡 bǐ नीचे दे०

【吡啶】 bǐdìng 〈रसा०〉 पिरिडीन; पायरिडाइन

【吡咯】 bǐluò 〈रसा०〉 पिरोल; पायरोल

妣 bǐ 〈लि०〉 दिवंगत माता; स्वर्गवासी मां: 先～ मेरी स्वर्गवासी मातृ / 如丧考～。मानो अपने माता-पिता मर गये हों।

彼 bǐ ❶वह (此 cǐ का विपर्यय): 由此及～ एक बात से दूसरी बात की ओर चलना ❷विपक्ष: 知己知～。अपने को जान लो और विपक्ष को भी जान लो।

【彼岸】 bǐ'àn ❶〈बौद्ध धर्म〉 पारमित ❷नदी, समुद्र आदि का दूसरा किनारा ❸〈ला०〉 आकर्षण-स्थल: 走向幸福的～ सुख के उस स्थान की ओर चल पड़ना

【彼此】 bǐcǐ ❶परस्पर; आपस में; एक दूसरे का (को, से) ～不分 हम, तुम का फ़र्क न करना / ～相助 एक दूसरे की मदद करना; परस्पर सहायता करना / ～呼应 एक दूसरे का साथ देना ❷〈शिष्ट०〉 (पुनरावृत्ति करके उत्तर देने में प्रयुक्त) "请多多保重!" "～～!" "आप अपने स्वास्थ्य का अच्छी तरह ध्यान रखिएगा!" "आप भी ध्यान रखिएगा!"

【彼一时，此一时】 bǐ yīshí, cǐ yīshí तब एक समय था (एक स्थिति थी) और अब दूसरा समय है (और अब की स्थिति दूसरी है) —— समय बदल गया और स्थिति बदल गयी है: ～，不要用老办法来处理这样的事情。स्थिति बदल गयी है, इस काम को पुराने तरीके से नहीं निपटाया जा सकता।

秕 (粃) bǐ ❶बीज जो भरा हुआ न हो; शुष्क धान्य; पोला अनाज; अनाज का पोला दाना ❷पोला; शुष्क (दाना): ～谷子 शुष्क धान्य / ～粒 पोला दाना ❸〈लि०〉 बुरा; खराब: ～政 बुरा शासन

【秕谷】 bǐgǔ (秕谷子 bǐgǔzi भी) पोला दाना; शुष्क धान्य

【秕糠】 bǐkāng पोला अनाज और भूसा; पोला दाना और भूसा —— अयोग्य वस्तु; बेकार चीज़

【秕子】 bǐzi खोखला बीज; पोला दाना; पोला अनाज: 谷～ शुष्क धान्य

笔 (筆) bǐ ❶लेखनी; कलम; ब्रुश; कूची; तूलिका; पेन: 毛～ (लिखने के लिये) ब्रुश / 铅～ पेंसिल / 钢～ पेन / 自来水～ स्याही भरा पेन; फ़ाउंटेनपेन / 粉～ खड़िया / 画～ (चित्र बनाने के लिये) ब्रुश; तूलिका; लेखनी / 一管～ (लिखने या चित्र बनाने के लिये) एक ब्रुश / 捏着～ कूंची थामे हुए ❷लेख लिखने, लिपि लिखने या चित्र बनाने की तकनीक: 败笔 bàibǐ / 工～ सूक्ष्म चित्र कला; सूक्ष्म चित्रकारी ❸कलम या ब्रुश से लिखना: 代～ किसी दूसरे व्यक्ति के लिये लिखना / 亲～ अपने आप लिखना; स्वयं लिखना ❹किसी व्यक्ति की लिखावट: 遗～ किसी मृत व्यक्ति द्वारा पीछे छोड़ी गयी लिखावट ❺चीनी अक्षर लिखने में प्रयुक्त अक्षराघात, स्ट्रोक: "人"字有两～。अक्षर "人" में दो स्ट्रोक हैं। ❻〈परि०श०〉 ①(हिसाब या उस से संबंधित बातों के लिये प्रयुक्त): 一～巨款 एक भारी रकम / 谈妥一～生意 सौदा ठीक करना ②(सुलेख या चित्र कला के लिये प्रयुक्त): 写得一～好字 सुन्दर अक्षर लिखना

【笔触】 bǐchù लेख लिखने, चित्र बनाने में प्रयुक्त ब्रुश स्ट्रोक; लेख लिखने, चित्र बनाने आदि की शैली: 简单鲜明的～ सरल और स्पष्ट शैली / 用犀利的～来揭露旧社会的丑恶现象 अपनी तीखी कलम से पुराने समाज की बुराइयों का पर्दाफ़ाश करना

【笔床】 bǐchuáng 笔架 के समान

【笔答】 bǐdá लिखकर उत्तर देना; लिखकर जवाब देना: ～试题 परीक्षापत्र में प्रश्नों का लिखकर उत्तर देना

【笔胆】 bǐdǎn (笔囊 bǐnáng भी) फ़ाउंटेनपेन की नली

【笔刀】 bǐdāo मोहर (मुद्रा) पर अक्षर खोदने की छोटी छेनी

【笔道儿】 bǐdàor चीनी अक्षर के स्ट्रोक

【笔底生花】 bǐdǐ-shēnghuā (笔下生花 bǐxià-shēnghuā भी) ब्रुश के नीचे फूल खिलना —— सुन्दर लेख लिखना

【笔底下】 bǐdǐxia लेख लिखने की योग्यता: 他～不错。उस में लेख लिखने की योग्यता है; वह अच्छी तरह लिखता है। / 他～来得快。वह बहुत जल्दी-जल्दी लिखता है; वह लेख बड़ी आसानी से लिखता है।

【笔调】 bǐdiào लेखन-शैली: 用讽刺的～ व्यंग्यात्मक लेखन-शैली में / 用文艺的～ कलात्मक लेखन-शैली में

【笔端】 bǐduān 〈लि०〉 ब्रुश की नोक —— लेखन या चित्रण शैली: ～妙趣横生 विनोदपूर्ण और मनोरंजक शैली में लिखना

【笔伐】 bǐfá लिखित निन्दा; निंदा-लेखन करना

【笔法】 bǐfǎ सुलेख लिखने और चित्र बनाने की तकनीक: 鲁迅～ लू शून की शैली वाली रचना / 八股文章的～ आठ भागों वाले घिसेपिटे लेखों की शैली

【笔锋】 bǐfēng ❶ब्रुश की नोक; ब्रुश का सिरा ❷लिखाई, चित्रण आदि की शैली: ～犀利 रचना-प्रवीणता; तीक्ष्ण शैली में लिखना

【笔杆儿】 bǐgǎnr ❶ब्रुश की डंडी; ब्रुश की मूठ; ब्रुश-होल्डर ❷लेखन की योग्यता

【笔杆枪】 bǐgǎnqiāng कलम रूपी बरछी: 摇动～ कलम को बरछी की तरह चलाना

【笔杆子】 bǐgǎnzi ❶ब्रुश की डंडी; ब्रुश की मूठ; ब्रुश होल्डर ❷लेखन की योग्यता

【笔耕】 bǐgēng लिखना: 伏案～ मेज़ पर बैठकर लिखना / ～不辍 निरंतर लिखते रहना

【笔供】 bǐgòng लिखित स्वीकारोक्ति

【笔管】 bǐguǎn ब्रुश-होल्डर; ब्रुश की मूंठ; ब्रुश की डंडी

【笔管条直】 bǐguǎn tiáo zhí 〈बोल०〉 सीधा खड़ा होना: 大家～地站着点名。सब लोग अपनी उपस्थिति की प्रतीक्षा में सीधे खड़े थे।

【笔盒】 bǐhé कलमदान

【笔画】 bǐhuà (笔划 bǐhuà भी) ❶चीनी अक्षर के स्ट्रोक; चीनी अक्षर की रेखाएं ❷अक्षराघातों की संख्या: 汉字～索引 चीनी अक्षरों में प्रयुक्त रेखाओं-बिन्दुओं की अनुक्रमणिका / ～简单。केवल कुछ ही रेखाएं हैं।

【笔会】 Bǐhuì पी०ई०एन०(PEN, कवियों, नाटककारों,

संपादकों, निबंधकारों तथा उपन्यासकारों का अंतरराष्ट्रीय संगठन)

【笔记】 bǐjì ❶लिख लेना ❷नोट करना： 记～ दर्ज करना ❷नोटबुक： 《哲学～》 "दार्शनिक नोटबुक" ❹जल्दी-जल्दी संक्षेप में लिखी हुई टिप्पणी (साहित्य की एक विधा)

【笔记本】 bǐjìběn नोटबुक; कापी： ～电脑 नोटबुक कंप्यूटर

【笔记小说】 bǐjì xiǎoshuō संक्षिप्त मनोरंजक साहित्यिक लेख; स्केच; स्केचबुक

【笔迹】 bǐjì किसी व्यक्ति की हस्तलिपि या लिखावट： 对～ किसी व्यक्ति की हस्तलिपि से मिलाना

【笔架】 bǐjià पेन-रैक; पेन-होल्डर

【笔尖】 bǐjiān ❶ब्रुश की नोक; कलम की जीभ या नोक; निब

【笔据】 bǐjù प्रमाणपत्र; लिखा-पढ़ी

【笔力】 bǐlì सुलेख या चित्रण में एक बार में खींची गयी रेखा की शक्ति; लेखन में शैली की ताकत： ～雄健 एक बार में खींची गयी सशक्त रेखा

【笔立】 bǐlì सीधा खड़ा होना： ～的山峰 सीधी खड़ी चोटी

【笔录】 bǐlù ❶लिख लेना： 您口述，我～。 आप बोलिये, मैं लिखे लेता हूं। ❷नोट; रिकार्ड： 罪犯口供的～ अपराधी की स्वीकारोक्ति का रिकार्ड

【笔路】 bǐlù ❶लिखने की शैली; लेखन कला दे० 笔法 ❷लेखन-प्रक्रिया में चलता किसी व्यक्ति का विचार-प्रवाह

【笔帽】 bǐmào पेन-कैप; कलम या ब्रुश का ढक्कन

【笔名】 bǐmíng उपनाम; साहित्यक नाम; पेन-नेम; छद्म-नाम

【笔墨】 bǐmò कलम-दवात; शब्द; लेखन： 浪费～ कलम-दवात का अपव्यय करना / 难以用～形容 मुश्किल से वर्णन किया जा सकना

【笔墨官司】 bǐmò guānsi लिखित वाद विवाद; वाक्युद्ध

【笔铅】 bǐqiān पेंसिल लेड; पेंसिल का सीसा

【笔峭】 bǐqiào खड़ी चट्टान जैसा; कगार जैसा

【笔润】 bǐrùn लेखक, चित्रकार आदि को दिया गया प्रतिफल (प्रतिदान)

【笔试】 bǐshì लिखित परीक्षा

【笔势】 bǐshì ❶सुलेख, चित्रण की शैली ❷साहित्यिक शैली की शक्ति

【笔受】 bǐshòu <लि०> दूसरों द्वारा कही हुई बात को लिख डालना

【笔顺】 bǐshùn चीनी अक्षरों में रेखाओं-बिन्दुओं का क्रम

【笔算】 bǐsuàn लिखित गणित; लिखित गणना; कलम से हिसाब लगाना

【笔谈】 bǐtán ❶लिखकर विचार-विनिमय करना ❷लेख से अपनी राय ज़ाहिर करना; लेख से अपना विचार प्रकट करना ❸नोटबुक (बहुधा पुस्तक के नाम में प्रयुक्त, जैसे： 《梦溪笔谈》 "स्वप्न ताल निबंधावली"

【笔套】 bǐtào ❶दे० 笔帽 ❷कलम या ब्रुश की कपड़े आदि से बनी छोटी सी थैली

【笔体】 bǐtǐ दे० 笔迹

【笔挺】 bǐtǐng ❶एकदम सीधा (खड़ा होना)： 哨兵～地站立着放哨。 पहरेदार एकदम सीधा खड़ा पहरा दे रहा है। ❷(कपड़ा) अच्छी तरह इस्तरी किया हुआ; सुव्यवस्थित तह किया हुआ： 他穿着一套～的西服。 उस ने अच्छी तरह लोहा किया हुआ सूट पहना।

【笔筒】 bǐtǒng (मिट्टी, बांस आदि से बना) कलमदान; ब्रुशदानी; लेखनीपात्र

【笔头儿】 bǐtóur ❶笔尖 के समान ❷लिखने की योग्यता; लिखावट की कुशलता： 他～快，让他写吧。 वह जल्दी-जल्दी लिख सकता है, उसे लिखने दें। ❸लिखित： ～练习 लिखित अभ्यास

【笔误】 bǐwù ❶गलत अक्षर लिखना ❷लेखन-अशुद्धि; लेखन-त्रुटि; लिखाई की भूल

【笔洗】 bǐxǐ मिट्टी, पत्थर आदि से बना ब्रुश धोने का पात्र

【笔下】 bǐxià ❶कलम, ब्रुश के नीचे ❷लेख में लेखक का शब्द-प्रयोग और प्रयोजन： 笔下留情

【笔下超生】 bǐxià-chāoshēng (न्यायाधीश के) ब्रुश के एक स्ट्रोक से एक जीवन को बचाना

【笔下留情】 bǐxià-liúqíng आलोचनात्मक लेखन में कृपालु होना

【笔心】 bǐxīn（笔芯 bǐxīn भी） ❶पेंसिल लेड; पेंसिल का सीसा ❷बाल-पेन का रिफ़िल

【笔形】 bǐxíng चीनी अक्षर के आघातों का रूप या उन का मेल, "丶", "一", "丨", "ノ", "女" आदि

【笔削】 bǐxuē <शिष्ट०> कृपया मेरे लेख को सही या संशोधित करें

【笔译】 bǐyì लिखित अनुवाद करना (मौखिक अनुवाद करने का विपर्यय)

【笔译者】 bǐyìzhě अनुवादक

【笔意】 bǐyì लेख, कविता, चित्र आदि में प्रकट की गयी कलात्मक संकल्पना

【笔友】 bǐyǒu पत्र-मित्र; पेन-पाल

【笔札】 bǐzhá ❶लिखाई का सामान; लिखने के उपकरण ❷लेख; पत्र; लिखित; लेख्य सामग्री

【笔债】 bǐzhài समाचार-पत्र, पत्रिका आदि के संपादक को न दिया गया आज्ञप्त लेख, चित्र आदि

【笔战】 bǐzhàn शब्द-युद्ध; वाग्युद्ध

【笔者】 bǐzhě लेखक (बहुधा लेखक द्वारा स्वयं के लिये प्रयुक्त)

【笔政】 bǐzhèng पत्र-पत्रिकाओं के महत्वपूर्ण संपादकीय लिखने का कार्य

【笔直】 bǐzhí एकदम सीधा： ～的道路 सीधा मार्ग (रास्ता)

【笔致】 bǐzhì लेख, चित्र आदि की शैली

【笔资】 bǐzī लेखन, चित्रण आदि का प्रतिफल, प्रतिदान या पारिश्रमिक

【笔走龙蛇】 bǐzǒulóngshé लेखन-तूलिका ब्रुश के अनुसरण करते नाग और सर्प —— सुलेखन, चित्रण की सशक्त शैली

俾 bǐ 〈लि०〉 ताकि; इसलिये कि; जिस सेः 俾众周知

【俾众周知】 bǐ zhòng zhōuzhī ताकि प्रत्येक व्यक्ति जान सके; जिस से सब लोगों को पता चल सके

舭 bǐ बिल्ज; जहाज़ की पेंदी का भीतर या बाहर का लगभग समतल भाग

鄙 bǐ ❶नीच; भद्दाः 卑～ तुच्छ; नीच; कमीना; दुष्ट / 肉食者～。मांसाहारी दुष्ट होते हैं। ❷〈विन०〉 मेराः ～人 मैं; आप का दास / ～意 मेरी राय; मेरा विचार / ～见 मेरी राय; मेरा विचार ❸〈लि०〉 तुच्छ समझना; नाचीज़ समझनाः 鄙薄 / 可～的 घृणास्पद ❹〈लि०〉 दूरवर्ती सीमांत प्रदेशः 边～ दूरवर्ती सीमांत प्रदेश

【鄙薄】 bǐbó ❶तुच्छ समझना; तिरस्कार करना; उपेक्षा करनाः ～技术工作 तकनीकी काम को तुच्छ समझना; तकनीकी काम की उपेक्षा करना / 他很～城里人。वह शहर के लोगों को बिल्कुल तुच्छ समझने लगा। ❷〈विन०〉 तुच्छ; क्षुद्रः ～之志 (मेरी) क्षुद्र अभिलाषा

【鄙称】 bǐchēng ❶तुच्छ समझकर बुलानाः 不劳而食者被～为寄生虫。बिना श्रम किये भोजन प्राप्त करने वाला पर-जीवी कहलाता है। ❷तुच्छ संबोधनः 寄生虫是对不劳而食者的～。बिना श्रम किये भोजन प्राप्त करने वालों के लिये परजीवी एक तुच्छ संबोधन है।

【鄙夫】 bǐfū 〈लि०〉 ❶तुच्छ व्यक्ति; ज्ञानहीन व्यक्ति; छोटी बुद्धि का आदमी ❷〈विन०〉 मैं; आप का दास

【鄙见】 bǐjiàn 〈विन०〉 मेरी राय; मेरा विचार

【鄙贱】 bǐjiàn 〈लि०〉 ❶नीच; तुच्छ; क्षुद्र ❷तुच्छ समझना; तिरस्कार करना; उपेक्षा करना

【鄙俚】 bǐlǐ 〈लि०〉 अशिष्ट; गंवार; भद्दा; असभ्य

【鄙吝】 bǐlìn 〈लि०〉 ❶अशिष्ट; गंवार ❷अतिकृपण; बहुत कंजूस

【鄙陋】 bǐlòu जो गहरा न हो; सतही; ऊपर काः ～无知 छिछला और ज्ञानहीन

【鄙弃】 bǐqì तुच्छ समझना; नाचीज़ समझना; घृणा की दृष्टि से देखनाः ～庸俗作风 अकर्मण्यता की कार्यशैली को तुच्छ समझना

【鄙人】 bǐrén ❶〈लि०〉 ज्ञानहीन व्यक्ति ❷〈विन०〉 आप का दास; मैं

【鄙视】 bǐshì तुच्छ समझना; नाचीज़ समझना; उपेक्षा की दृष्टि से देखना; अनादर करनाः 不应～体力劳动者。शारीरिक श्रम करने वालों का अनादर नहीं करना चाहिये।

【鄙俗】 bǐsú अशिष्ट; असभ्य; गंवार

【鄙夷】 bǐyí 〈लि०〉 तुच्छ समझना; तिरस्कार करना; उपेक्षा करनाः ～似地说 तिरस्कार के साथ कहना

bì

币（幣） bì मुद्रा; सिक्काः 金～ स्वर्ण-मुद्रा; सोने का सिक्का / 硬～ सिक्का / 银～ चांदी का सिक्का / 纸～ कागज़ी मुद्रा

【币市】 bìshì विशेष प्रकार का मुद्रा बाज़ार

【币值】 bìzhí मुद्रा का मूल्य; मुद्रा-मूल्य

【币制】 bìzhì मुद्रा-व्यवस्था

【币制改革】 bìzhì gǎigé करेंसी का सुधार; मुद्रा-व्यवस्था का सुधार

必 bì 〈क्रि०वि०〉 ❶अवश्य; ज़रूरः 每战～胜 हर लड़ाई में अवश्य जीत होना ❷अनिवार्य; लाज़िमीः ～不可免地 अनिवार्य रूप से / ～经之路 अनिवार्य रास्ता

【必不可少】 bìbùkěshǎo अति अनिवार्य

【必得】 bìděi 〈क्रि०वि०〉 अनिवार्य रूप से; लाज़िमी तौर परः 你～来一趟。तुम्हें अवश्य आना होगा।

【必定】 bìdìng 〈क्रि०वि०〉 अवश्य; ज़रूरः 他接到我的信～会去的。मेरा पत्र पढ़कर वह अवश्य जाएगा। / 这项任务我们～能完成。हम इस कार्य को अवश्य पूरा करेंगे। / 我明天～来看你。कल मैं तुम से अवश्य मिलने आऊंगा।

【必恭必敬】 bìgōng-bìjìng（毕恭毕敬 bìgōng-bìjìng भी）बड़े आदरभाव सेः ～地听 बड़े आदरभाव से सुनना

【必然】 bìrán ❶अनिवार्य; लाज़िमीः ～结果 लाज़िमी नतीजा; आवश्यक परिणाम / ～趋势 अनिवार्य प्रवृत्ति❷अनिवार्यतः; अनिवार्य रूप से; लाज़िमी तौर पर; अपरिहार्य रूप सेः 敌人～失败。दुश्मन की हार अनिवार्य है। ❸〈दर्शन०〉 अनिवार्यता

【必然规律】 bìrán guīlǜ अनिवार्य नियम

【必然王国】 bìrán wángguó 〈दर्शन०〉 अनिवार्यता का राज्य

【必修科目】 bìxiū kēmù अनिवार्य विषय (पाठ्यक्रम, कोर्स)

【必修课】 bìxiūkè अनिवार्य विषय (पाठ्यक्रम); अनिवार्य कोर्स; आवश्यक पाठ्यवस्तु

【必须】 bìxū ❶〈क्रि०वि०〉 अवश्य; अनिवार्यतः; अनिवार्य रूप से; लाज़िमी तौर पर; यह ज़रूरी है कि; यह लाज़िमी है किः 我们～学习，而学习～刻苦。हमें अध्ययन करना चाहिये और अध्ययन के लिये उद्यम की आवश्यकता होती है। ❷(आज्ञार्थ पर ज़ोर के अर्थ में)ः 你明天～去。तुम्हें कल जाना होगा। ❸आवश्यक; ज़रूरीः 几个～的人 कुछ ज़रूरी लोग

【必需】 bìxū आवश्यक; ज़रूरीः 煤铁为发展工业所～。कोयला और लोहा उद्योग का विकास करने के लिये आवश्यक है।

【必需品】 bìxūpǐn आवश्यक वस्तुएं; ज़रूरत की चीज़ें

【必需脂肪酸】 bìxū zhīfángsuān आवश्यक चर्बीयुक्त अम्ल

【必要】 bìyào आवश्यक; ज़रूरीः ～途径 आवश्यक साधन / 没有～去。जाने की ज़रूरत नहीं है।

【必要产品】 bìyào chǎnpǐn 〈अर्थ०〉 उत्पादित आवश्यक वस्तु; आवश्यक उपजा उत्पाद

【必要劳动】 bìyào láodòng आवश्यक परिश्रम; ज़रूरी मेहनत

【必要前提】 bìyào qiántí पूर्वापेक्षा; किसी कार्य को करने के पूर्व जिस का पालन आवश्यक हो; पहली शर्त; पूर्व-शर्त

【必要性】 bìyàoxìng आवश्यकता; ज़रूरत

【必由之路】 bìyóuzhīlù अनिवार्य मार्ग (पथ)：人民得解放的～ जनता की मुक्ति का एकमात्र मार्ग / 走历史～ इतिहास के अनिवार्य पथ का अनुसरण करना

闭（閉）bì ❶बन्द करना या होना：～门 दरवाज़ा बन्द करना / ～口 मुंह बन्द करना / ～目 आंखें मूंद लेना ❷रोकना; रुकना：～气 सांस रोकना या रुकना / ～塞 रोकना ❸खत्म करना या होना; समाप्त करना या होना; रोकना; रुकना：闭经 / 闭会 ❹（Bì）एक कुलनाम

【闭关】 bìguān ❶दर्रा बन्द करना; 〈ला०〉 बाहर से संबंध न रखना：闭关政策 ❷बौद्ध साधु का एकांत में तपस्या करना

【闭关锁国】 bìguān-suǒguó दर्रा बन्द करना और सीमा की नाकेबन्दी करना：～的国家 देश जो अपने द्वार बन्द कर संसार से अलग-थलग पड़ा हो

【闭关政策】 bìguān zhèngcè अपवर्जन-नीति; बहिष्कार-नीति

【闭关主义】 bìguān zhǔyì अपवर्जनवाद; बहिष्कार-वाद

【闭关自守】 bìguān-zìshǒu किवाड़ बन्द करके अपने आपको सुरक्षित रखना; अपने दरबे में बन्द रहना —— बाहरी दुनिया से आना-जाना बन्द करना या होना

【闭合】 bìhé बन्द करना या होना

【闭合电路】 bìhé diànlù बन्द-परिपथ

【闭合度】 bìhédù 〈भूगर्भ०〉 वेष्टन; क्लोशर

【闭合生态】 bìhé shēngtài बन्द-पारिस्थितिकी

【闭会】 bìhuì सभा आदि का विसर्जित होना：～期间 सभा आदि के विसर्जित होने की अवधि में

【闭架式】 bìjiàshì बन्द अलमारी पुस्तकालय प्रबंध की एक प्रथा जिस में पाठक की पुस्तकों की अलमारी तक सीधी पहुंच नहीं होती

【闭经】 bìjīng स्त्रियों का मासिक धर्म बन्द होना; ऋतुरोध

【闭卷】 bìjuàn（开卷 kāijuàn से भिन्न）एक प्रकार की परीक्षा जिस में परीक्षार्थी प्रश्न का उत्तर देते समय पुस्तक आदि सामग्री नहीं देख सकता

【闭口】 bìkǒu मुंह बन्द करना：这样一来，人家就会～。ऐसा करके वे जनता का मुंह बन्द कर सकते हैं।

【闭口不谈】 bìkǒu bù tán कहने से इनकार करना

【闭口无言】 bìkǒu wú yán निरंतर होना; मुंह से एक शब्द भी न निकलना; न बोलना; कुछ न कह सकना

【闭路电视】 bìlù diànshì बन्द-परिपथ टेलिविज़न; बन्द परिपथ

【闭门羹】 bìméngēng (बहुधा नीचे लिखे वाक्यांशों में प्रयुक्त) 以～ किसी व्यक्ति के मुंह पर दरवाज़ा बन्द करना —— किसी व्यक्ति का सत्कार करने से इनकार करना / 吃～ दरवाज़ा बन्द पाना —— स्वागत से वंचित किया जाना

【闭门思过】 bìmén-sīguò बन्द कमरे में अपनी गलती पर विचार करना

【闭门谢客】 bìmén-xièkè आगंतुकों के लिये दरवाज़ा बन्द करना

【闭门造车】 bìmén-zàochē बन्द दरवाज़ों के भीतर काम करना; बन्द कमरे में योजना तैयार करना

【闭目塞听】 bìmù-sètīng अपनी आंखें मूंद लेना और कान बन्द कर लेना

【闭幕】 bìmù ❶पर्दा गिरना ❷सभा आदि का समाप्त होना：会议胜利～。सभा सफलतापूर्वक समाप्त हुई।

【闭幕词】 bìmùcí समापन भाषण

【闭幕式】 bìmùshì समापन समारोह

【闭气】 bìqì सांस रोकना या रुकना：护士放轻脚步闭住气走进病人床前。नर्स दबे पांव सांस रोककर रोगी के सामने गयी।

【闭塞】 bìsè ❶बन्द होना：管道～ नली बन्द होना ❷यातायात में असुविधा होना：那里交通～。वहां यातायात की बड़ी असुविधा है। ❸सूचना से वंचित (व्यक्ति)：消息～ सूचना से वंचित (व्यक्ति)

【闭塞眼睛捉麻雀】 bìsè yǎnjīng zhuō máquè आंखों पर पट्टी बांधकर गौरैया पकड़ना —— अंधों की तरह बरताव करना

【闭塞音】 bìsèyīn 〈ध्वनि०〉 स्पर्श (वर्ण)

【闭市】 bì shì दुकान, बाज़ार आदि का बन्द होना

【闭锁】 bìsuǒ गतिरोध; रोध

【闭眼】 bì yǎn आंख मूंदना; आंख मिंचना (मीचना)

【闭音节】 bìyīnjié 〈ध्वनि०〉 बन्द अक्षर

【闭元音】 bìyuányīn 〈ध्वनि०〉 बन्द स्वर

【闭月羞花】 bìyuè-xiūhuā (किसी महिला की सुन्दरता के लिये प्रयुक्त) चमक में चांद से भी बढ़कर होना और फूलों को भी लज्जित करना

【闭嘴】 bìzuǐ मुंह बन्द करना

毕（畢）bì ❶समाप्त करना या होना; पूरा करना या होना：毕其功于一役 ❷〈लि०〉 पूरा; सारा; पूर्णतः; पूर्ण रूप से：毕力 / 毕生 ❸〈खगोल०〉 रोहिणी नक्षत्र ❹（Bì）एक कुलनाम

【毕恭毕敬】 bìgōng-bìjìng दे० 必恭必敬 bìgōng-bìjìng

【毕竟】 bìjìng 〈क्रि०वि०〉 अंततः; अंत में; आखिर; आखिरकार：这本书虽然有缺点，但～是名著。अंतः यह पुस्तक एक प्रसिद्ध पुस्तक है यद्यपि इस में कुछ त्रुटियां हैं।

【毕力】 bìlì सारी शक्ति लगाकर (बटोरकर); भरपूर प्रयत्न करना; जी तोड़ कोशिश करना

【毕露】 bìlù बेनकाब होना; कलई खुलना：凶相～ बेनकाब होने पर क्रूर रूप दिखाई देना

【毕命】 bìmìng 〈लि०〉 किसी का जीवन समाप्त करना; आत्महत्या आदि आकस्मिक घटनाओं में मरना

【毕其功于一役】 bì qí gōng yú yī yì एक ही बार में सारा कार्य पूरा करना

【毕生】 bìshēng आजीवन; जीवन भर; ज़िंदगी भर; जीवनकाल में: ～的事业 जीवन भर का कार्य

【毕肖】 bìxiào 〈लि०〉 बिल्कुल मिलता-जुलता: 画得神态～ चित्र का व्यक्ति असली व्यक्ति से बिल्कुल मिलता-जुलता है

【毕业】 bìyè स्नातक उपाधि पाना; स्नातक होना; बी०ए० की डिग्री प्राप्त करना: 大学～ बी०ए० की डिग्री प्राप्त करना या होना / 中学～ मिडिल स्कूल से पास होना

【毕业班】 bìyèbān ग्रेजुएटिंग क्लास; स्नातक-कक्षा

【毕业典礼】 bìyè diǎnlǐ दीक्षांत समारोह; उपाधि-ग्रहण समारोह; उपाधि-वितरणोत्सव

【毕业论文】 bìyè lùnwén ग्रेजुएशन थीसिस; डिप्लोमा थीसिस; स्नातक शोध-निबंध

【毕业设计】 bìyè shèjì ग्रेजुएशन प्रोजेक्ट; डिप्लोमा-डिज़ाइन; स्नातक-परियोजना

【毕业生】 bìyèshēng ग्रेजुएट; स्नातक छात्र: 大学～ विश्वविद्यालय-स्नातक; यूनिवर्सिटी ग्रेजुएट

【毕业文凭】 bìyè wénpíng 〈पुराना〉 ग्रेजुएशन सर्टिफ़िकेट; डिप्लोमा

【毕业证书】 bìyè zhèngshū ग्रेजुएशन सर्टिफ़िकेट; डिप्लोमा

庇 bì आश्रय देना; शरण देना; आड़ करना; ओट करना; रक्षा करना: 庇护

【庇护】 bìhù (किसी को) आश्रय देना; पनाह देना; शरण देना; आड़ करना; रक्षा करना

【庇护权】 bìhùquán शरण देने का अधिकार

【庇护所】 bìhùsuǒ शरण-स्थान; आश्रय

【庇荫】 bìyìn 〈लि०〉 ❶(वृक्ष आदि) छाया देना ❷रक्षा करना; आड़ करना; ओट करना

【庇佑】 bìyòu 〈लि०〉 आशीर्वाद देना; सफल करना; समृद्ध बनाना

邲 Bì एक प्राचीन स्थान (वर्तमान हनान प्रांत की राजधानी 郑州 zhèngzhōu नगर के पूर्व में)

诐（詖） bì 〈लि०〉 ❶वाद-विवाद ❷अधर्म: ～辞 अधर्म की बातें

泌 bì नीचे दे०
mì भी दे०

【泌阳】 Bìyáng हनान प्रांत का एक स्थान

閟（閟） bì 〈लि०〉 ❶दरवाज़ा बन्द करना; बन्द करना ❷सावधान रहना; विवेकशील होना

苾 bì 〈लि०〉 सुगन्धित; खुशबूदार

畀 bì 〈लि०〉 देना: ～以重任 भारी कार्य सौंपना

驶（駜） bì 〈लि०〉 (घोड़ा) मोटा और बलशाली होना

珌（璢） bì 〈लि०〉 तलवार की म्यान के निचले भाग की सजावट

贲（賁） bì 〈लि०〉 सुन्दरता से सजाना
bēn भी दे०

荜[1]（蓽） bì 筚 bì के समान

荜[2]（蓽） bì नीचे दे०

【荜拨】 bìbō 〈ची०चि०〉 एक पौधा जो दवा के काम आता है

【荜路蓝缕】 bìlù-lánlǚ दे० 筚路蓝缕 bìlù-lánlǚ

柲 bì 〈लि०〉 भाले आदि शस्त्र का हत्था

毖 bì 〈लि०〉 सावधानीपूर्वक: 惩前～后 भावी भूलों से बचने के लिये पिछली गलतियों से सबक सीखना

哔（嗶） bì नीचे दे०

【哔剥声】 bìbōshēng आग के चटकने की आवाज़

【哔叽】 bìjī 〈बुना०〉 सर्ज; एक प्रकार का बहुत चलने वाला ऊनी कपड़ा

饆（饆） bì नीचे दे०

【饆饠】 bìluó एक प्रकार की खाद्य वस्तु

陛 bì 〈लि०〉 राजमहल की सीधी जानेवाली सीढ़ी या ज़ीना: 石～ प्रस्तर सोपान; पत्थर की सीढ़ी

【陛辞】 bìcí 〈लि०〉 औपचारिक रूप से सम्राट से बिदा लेकर राजधानी छोड़ना

【陛见】 bìjiàn 〈लि०〉 औपचारिक रूप से सम्राट के दर्शन करना

【陛下】 bìxià ❶महामहिम; महाराज (सम्राट का सम्मान-सूचक संबोधन); सरकार; हुज़ूर; अत्रभवान ❷सम्राट; महाराज; तत्रभवान; महारानी; तत्रमहती

韠（韠） bì 〈लि०〉 प्राचीनकाल में राजमहल में सम्राट के दर्शन के समय मंत्रियों द्वारा पहनी जाने वाली पोशक का जानु-आवरण

毙（斃） bì ❶मरना; मारा जाना: ～命 मरना; मौत होना / 倒～ गिरकर मर जाना / 击～ मार डालना ❷〈बो०〉 गोलियों से उड़ा देना: ～罪犯 अपराधी को गोली से उड़ा देना ❸〈लि०〉 गिर पड़ना: 多行不义必自～。 अधिक अन्याय करने वाला अनिवार्य रूप से स्वयं गर्त में गिरता है।

【毙命】 bìmìng 〈अना०〉 मरना; मौत होना

铋（鉍）bì 〈रसा०〉 बिसमथ(Bi); कांसा; फूल(धातु)

秘（祕）bì ❶ध्वन्यानुवाद में प्रयुक्त अक्षर, जैसे: 秘鲁 ❷（Bì）एक कुलनाम
mì भी दे०

【秘鲁】 Bìlǔ पेरू

【秘鲁人】 Bìlǔrén पेरू का रहनेवाला; पेरू का निवासी

狴 bì नीचे दे०

【狴犴】 bì'àn 〈लि०〉 ❶एक पौराणिक पशु जो प्राचीन काल में अक्सर जेल के दरवाज़े पर चित्रित किया जाता था ❷जेल; जेलखाना

萆 bì ❶蓖 bì के समान ❷नीचे दे०

【萆薢】 bìxiè 〈ची०चि०〉 एक प्रकार की बेल जो दवा के काम में आती है

梐 bì नीचे दे०

【梐枑】 bìhù प्राचीन काल में अधिकारियों के कार्यालय के सामने से आने-जाने वालों को रोकने के लिये उन के रास्ते पर रखी लकड़ी के डंडों से बना उपस्कार

庳 bì 〈लि०〉 ❶निम्नस्थ; निचला ❷नीचा: 宫室卑～ मकान नीचा होना

敝 bì ❶〈लि०〉 पुराना और फटा हुआ; फटा-पुराना: ～衣 फटा-पुराना कपड़ा ❷〈विन०〉 मेरा; हमारा: ～姓 मेरा कुलनाम / ～处 हमारे यहां; मेरे यहां / ～校 मेरा (हमारा) स्कूल, मेरा (हमारा) विद्यालय या विश्वविद्यालय आदि / ～村 मेरा (हमारा) छोटा-सा गांव ❸〈लि०〉 पतन; निपतन: 经久不～ बहुत समय बीत जाने पर भी खराब न होना

【敝旧】 bìjiù फटा-पुराना

【敝人】 bìrén मैं

【敝俗】 bìsú बुरे रीतिरिवाज

【敝屣】 bìxǐ फटा-पुराना जूता: 弃之如～ फटे-पुराने जूते की तरह फेंक देना

【敝帚千金】 bìzhǒu-qiānjīn अपने पुराने झाड़ू को हज़ार स्वर्ण-खंड मानना —— कम दाम वाली चीज़ों को भी मूल्यवान समझना

【敝帚自珍】 bìzhǒu-zìzhēn दे० 敝帚千金

婢 bì दासी; नौकरानी: 奴～ दासी और नौकरानी

【婢女】 bìnǚ दासी; नौकरानी

湢 bì 〈लि०〉 स्नानागार; गुसलखाना; स्नानगृह

愊 bì ❶ईमानदारी; निश्छलता: 悃～ ईमानदारी; निश्छलता ❷मन अप्रसन्न होना

【愊忆】 bìyì 〈लि०〉 ❶ईमानदारी; सचाई; निश्छलता ❷(腷臆 bìyì भी) मन अप्रसन्न होना

愎 bì ❶हठी; ज़िद्दी; अड़ियल; दुराग्रही: 刚～自用 स्वमताग्रही; हठी; ज़िद्दी; उद्दंड

皕 bì 〈लि०〉 दो सौ

赑（贔）bì नीचे दे०

【赑屃】 bìxì 〈लि०〉 ❶बहुत ज़ोर लगाना; हद से ज़्यादा ज़ोर डालना ❷पौराणिक कथा में वर्णित एक कछुआ (पुराने ज़माने में समाधि-शिला का आधार बहुधा पत्थर को इसी आकृति में खोदकर बनाया जाता था)

筚（篳）bì 〈लि०〉 बांस, लचीली टहनियों आदि से बनी बाड़: 蓬门～户 खपचियों से बने दरवाज़े वाला मकान —— गरीब घर

【筚篥】 bìlì 觱篥 bìlì के समान

【筚路蓝缕】 bìlù-lánlǚ（荜路蓝缕 bìlù-lánlǚ भी）फटे-पुराने कपड़े पहने गाड़ी हांकते हुए ज़मीन जोतना —— मार्ग साफ़ करने में कठिनाइयां उठानी ही पड़ती है

【筚门圭窦】 bìmén-guīdòu गरीब का घर

弼 bì 〈लि०〉 सहायता करना या देना; मदद करना या देना

滗（潷）bì पानी निकालना; निचोड़ लेना; सोख लेना: 把水～去 पानी को बाहर निकालना / ～去汤 सूप से पानी निकालना

煏 bì 〈बो०〉 आग पर सुखाना

痹（痺）bì 〈ची०चि०〉 ठंड आर्द्रता आदि के कारण दर्द होना या सुन्न पड़ना: 痹症

【痹症】 bìzhèng 〈ची०चि०〉 ठंड, आर्द्रता आदि के कारण उत्पन्न पीड़ा या संवेदनशून्यता (सुन्न होने की हालत)

裨 bì 〈लि०〉 हित; लाभ; फ़ायदा: 裨益 / 无～于事 काम का फ़ायदेमंद न होना
pí भी दे०

【裨益】 bìyì 〈लि०〉 हित; लाभ; फ़ायदा: 大有～ (किसी काम से) बहुत फ़ायदा होना

蓖 bì नीचे दे०

【蓖麻】 bìmá रेंड़ी; अंडी; एरंड; अरंड

【蓖麻蚕】 bìmácán रेंड़ी का कोश-कृमि

【蓖麻油】 bìmáyóu रेंड़ी का तेल; एरंड तेल

【蓖麻子】 bìmázǐ रेंड़ी का बीज; अंडी का बीज

跸（蹕）bì 〈लि०〉 सम्राट के लिये मार्ग साफ़ करना: 驻～ सम्राट के बाहर निकलते समय रास्ते में आराम करने और रहने का स्थान

腷 bì नीचे दे०

【腷臆】 bìyì 愊忆 bìyì ❷ के समान

辟 1 bì 〈लि०〉 सम्राट: 复～ पुनर्स्थापना

辟 2 bì 〈लि०〉 ❶निकाल देना: 辟邪 ❷避 bì के समान

辟 3 bì 〈लि०〉 सम्राट का किसी व्यक्ति को बुलाकर उपाधि या पद प्रदान करना: ～举 बुलाना और सिफ़ारिश करना

pì भी दे०

【辟谷】 bìgǔ अनाज न खाना (तपस्या का एक तरीका)

【辟邪】 bìxié भूत हटाना

【辟易】 bìyì (भय के कारण अपना स्थान छोड़कर) हट जाना

弊 bì ❶कपट; छल; धोखा; दुर्व्यवहार: 舞～ बुरा व्यवहार करना; अपव्यवहार करना / 作～ धोखा देना ❷दोष; बुराई; खराबी; हानि; क्षति; नुकसान: 兴利除～ अच्छाइयों को प्रचलित करना और बुराइयों को मिटा देना

【弊病】 bìbìng ❶दोष; बुराई: 恐生～ बुराइयां पैदा होने का भय ❷हानि; नुकसान; क्षति; कमी; त्रुटि: 这种做法，～百出。ऐसा करने में त्रुटियां बहुत हैं।

【弊端】 bìduān दोष; बुराई: 克服～ बुराइयों को दूर करना

【弊绝风清】 bìjué-fēngqīng（风清弊绝 fēngqīng-bìjué भी）बुराइयां दूर की गयीं और हवा साफ़ की गयी —— सामाजिक परिस्थिति बहुत अच्छी होना

【弊政】 bìzhèng 〈लि०〉 कुप्रबन्ध; कुशासन: 革除～ कुशासन को समाप्त करना

碧 bì ❶〈लि०〉 हरे रंग का मूल्यवान पत्थर ❷नीला-सा हरा; नीला: ～草 हरी घास / ～海 नीला समुद्र

【碧波】 bìbō नीला पानी; नीली लहर: ～万顷 नीले पानी का असीम विस्तार

【碧草】 bìcǎo हरी घास: ～如茵 हरी घास का कालीन; गलीचे जैसी हरी घास

【碧空】 bìkōng नीला आकाश: ～如洗 निर्मेघ नीला आकाश

【碧蓝】 bìlán गहरा नीला रंग: ～的天空 नीला आकाश

【碧绿】 bìlǜ गहरा हरा रंग: ～的荷叶 कमल का हरा पत्ता / ～的田野 हरा मैदान

【碧螺春】 bìluóchūn एक प्रकार की प्रसिद्ध हरी चाय

【碧落】 bìluò 〈लि०〉 नीला आकाश

【碧瓦】 bìwǎ रोगन किया हुआ हरा खपरैल

【碧血】 bìxuè न्याय के लिये बहा खून: ～丹心 मरते दम तक राजभक्ति निभाना; आमरण राजभक्ति

【碧油油】 bìyōuyōu चमकता हुआ हरा रंग: ～的麦苗 गेहूं के हरे रंग के छोटे-छोटे कोमल पौधे

【碧玉】 bìyù हरितमणि; हरे रंग का मूल्यवान पत्थर

蔽 bì आवरण करना; रोकना; छिपाना: 浮云～日。मेघ से सूर्य छिप गया। / 衣不～体 कपड़े से शरीर को न ढंक पाना —— फटा-पुराना कपड़ा पहनना

【蔽塞】 bìsè बन्द करना

【蔽障】 bìzhàng आवरण करना; रोकना; ढांपना

箅 bì नीचे दे०

【箅子】 bìzi वह उपकरण जिस में छेद हों और जो किसी व्यंजन को भाप से पकाने या भूनने के काम आता हो; छड़ लगी लोहे की छेददार चौखट; ग्रेट; ग्रिड; ग्रेटिंग

馝 bì नीचे दे०

【馝馞】 bìbó 〈लि०〉 अत्यंत सुगन्धित; बहुत महकने वाला; बहुत महकदार; बेहद खुशबूदार

獘 bì 毙 bì के समान

髲 bì 〈लि०〉 (सर के) नकली बाल, विग

薜 bì नीचे दे०

【薜荔】 bìlì 〈वन०〉 ऊपर चढ़ती अंजीर; क्लाइम्बिंग फ़िग

觱 bì नीचे दे०

【觱篥】 bìlì（觱栗 bìlì，觱篥 bìlì，筚篥 bìlì भी）एक प्रकार का वात वाद्य जिस की नली बांस से बनी होती है और मुख नरकट से

篦 bì कंघी करना

【篦发】 bìfà (कंघी से) कंघी करना; बाल संवारना

【篦子】 bìzi एक प्रकार की कंघी जिस के दोनों ओर दांत होते हैं

避 bì ❶छिपना; बचना; कतराना: ～风 वायु (हवा) से बचना / ～雨 पानी से बचना / ～开敌军 दुश्मन की फ़ौज से कतराकर निकल जाना / 洗澡～女人 महिलाओं की नज़र से बचकर नहाना ❷किसी से रक्षा करना: 避孕 / 避雷针

【避弹坑】 bìdànkēng बम से बचाने वाली सुरंग

【避敌主力，打其虚弱】 bì dí zhǔlì, dǎ qí xūruò शत्रु की मुख्य सैन्य-शक्ति से बचना और उस के दुर्बल भाग पर प्रहार करना

【避风港】 bìfēnggǎng ❶आंधी तूफ़ान से सुरक्षित बन्दरगाह; मत्स्य बन्दरगाह ❷〈ला०〉 स्वर्ग

【避讳】 bìhuì（避忌 bìhuì भी）❶किसी शब्द या वाक्यांश को अभिशप्त या त्याज्य करार देने की क्रिया; टैबू; वर्जना ❷कतराकर बच निकलना; बचकर निकल जाना: 自己人不用～。अपने लोगों से कतराने की ज़रूरत नहीं।

【避坑落井】 bìkēng-luòjǐng गढ़े से बचकर कुएं में गिरना —— आसमान से गिरा खजूर में अटका; भाड़ से निकलकर भट्टी में; छोटी विपत्ति से छूटकर बड़ी विपत्ति में फंसना

【避雷器】 bìléiqì तड़ित-रोधक; विद्युत्-रोधक

【避雷针】 bìléizhēn तड़ित-संवाहक; विद्युत्-संवाहक

【避乱】 bìluàn सामाजिक उथलपुथल से बचने के लिये पनाह लेना; युद्ध से बचने के लिये शरण तलाशना
【避免】 bìmiǎn बचना; टालना; बचा लेना： ～犯错误 गलतियां करने से बचना / ～冲突 टकराव से बचना
【避难】 bìnàn शरण लेना
【避难港】 bìnángǎng शरण-बन्दरगाह
【避难权】 bìnánquán शरण-अधिकार
【避难所】 bìnánsuǒ आश्रय; शरण; आश्रयगृह; शरण-घर; शरणस्थल
【避难者】 bìnánzhě शरणगामी; शरणार्थी; शरणागत
【避其锐气，击其惰归】 bì qí ruìqì, jī qí duò guī जब शत्रु उत्साह से भरा हो, उस से बचो; जब वह थककर पीछे हट रहा हो, उस पर प्रहार करो
【避强打弱】 bìqiáng-dǎruò शहज़ोर से बचना और कमज़ोर पर हमला करना
【避让】 bìràng कतराकर बच निकलना; बचकर निकल जाना; रास्ता देने के लिये किनारे हटना
【避实就虚】 bìshí-jiùxū शत्रु सेना की मुख्य शक्तियों से बचना और उस के निर्बल पक्ष पर प्रहार करना
【避世】 bìshì संसार त्याग देना
【避暑】 bìshǔ ❶गर्मी से बचना; गर्मियों के दिनों में रमणीक स्थान में जाना ❷घर्माघात (आतपघात) से बचना
【避暑山庄】 Bìshǔ Shānzhuāng पीशू शान-च्वांग (छिंग राजवंश (1616-1911 ई०) के सम्राटों द्वारा गर्मी से बचाव के लिये छंग-त 承德 में निर्मित एक पहाड़ी विश्राम-स्थल)
【避暑胜地】 bìshǔ shèngdì गरमियों में आराम तथा सैर-सपाटे का रमणीक स्थान
【避暑药】 bìshǔyào घर्माघात से रक्षा की औषधि
【避税】 bìshuì टैक्स एवॉयडन्स; कर बचाना
【避嫌】 bìxián शंका (आशंका, संदेह, शक) से बचना
【避邪】 bìxié विपत्ति (आपदा, आफ़त) से बचना
【避雨】 bìyǔ वर्षा से बचना
【避孕】 bìyùn संतति (गर्भ)-निरोध; गर्भ रोध;
【避孕剂】 bìyùnjì बर्थ-कंट्रोल; गर्भ-निरोधक औषधि; संतान-निरोधक औषधि
【避孕栓】 bìyùnshuān गर्भकोश में रखने की दवाई की बत्ती
【避孕套】 bìyùntào गर्भ-निरोधक झिल्ली; कंडोम
【避孕丸药】 bìyùn wányào गर्भ-निरोधक गोली
【避孕药膏】 bìyùn yàogāo गर्भ-निरोधक जेली
【避孕用品】 bìyùn yòngpǐn गर्भ-निरोधक वस्तुएं
【避重就轻】 bìzhòng-jiùqīng कठिन काम छोड़कर आसान काम करना; अपने महत्वपूर्ण दोषों को छिपाकर साधारण दोषों को बता देना

壁 bì ❶दीवार： 壁报 / 壁灯 ❷दीवार की तरह कोई चीज़： 细胞～ कोषिका-भित्ति; कोशिका की दीवार ❸दीवार की तरह खड़ी चट्टान： 峭～ दीवार की तरह खड़ी चट्टान ❹किलाबन्दी; मोर्चाबन्दी ❺〈खगोल०〉 उत्तर-भाद्रपद नक्षत्र

【壁报】 bìbào दीवार-अखबार; दीवार-पत्र; वॉल न्यूज़-पेपर
【壁橱】 bìchú दीवार में बनी हुई अलमारी; आला; ताक
【壁灯】 bìdēng भित्ति-दीप; वाल-लैम्प
【壁挂】 bìguà दीवार पर लटकने वाला कपड़े आदि का पर्दा; दीवारगीरी
【壁柜】 bìguì दे० 壁橱
【壁虎】 bìhǔ 〈प्राणि०〉 छिपकली
【壁画】 bìhuà भित्ति-चित्र： 敦煌～ तुनह्वांग भित्ति-चित्र
【壁脚】 bìjiǎo 〈बो०〉 दीवार का पैर; दीवार का निचला भाग
【壁龛】 bìkān ताक; झरोखा; आला
【壁垒】 bìlěi चहारदीवारी; किलाबन्दी; मोर्चाबन्दी; गढ़： 贸易～ व्यापारिक बाधा
【壁垒森严】 bìlěi-sēnyán लोहे की दीवार की तरह रक्षा पंक्ति बनाना： 早已森严壁垒，更加众志成城。 रक्षा-पंक्ति हमारी, जैसे लोहे की दीवार बनी है; हमारे गढ़ जैसे संकल्प की फ़ौलादी एकता घनी है।
【壁立】 bìlì (खड़ी चट्टान आदि) दीवार की तरह खड़ा होना： ～的高峰 सीधी खड़ी चट्टान की तरह ऊंची चोटी
【壁炉】 bìlú फ़ायर-प्लेस; कमरे को गर्म रखने के लिये दीवार में बनी अंगीठी या चूल्हा
【壁炉台】 bìlútái दीवार-अंगीठी के ऊपर लगा हुआ शेल्फ़
【壁球】 bìqiú 〈खेल०〉 स्क्वेश; स्क्वेश रैकेट्स
【壁上观】 bìshàngguān अपने गढ़ पर बैठकर दूसरे पक्षों की लड़ाई पर निगाह रखना
【壁虱】 bìshī ❶पशुओं के शरीर में पड़ने वाले कीड़े, जैसे किलनी, जूं आदि उपजीवी कृमि ❷〈बो०〉 खटमल; मत्कुण
【壁毯】 bìtǎn （挂毯 guàtǎn भी） चित्र आदि की बुनावट (壁挂 की तरह प्रयुक्त)
【壁厢】 bìxiāng ओर; तरफ़： 这～ इस ओर; यहां / 那～ उस ओर; वहां
【壁障】 bìzhàng दीवार की तरह बाधा (रुकावट)
【壁纸】 bìzhǐ दीवारी कागज़; वाल पेपर
【壁钟】 bìzhōng वाल-क्लाक; ब्रैकेट क्लाक; दीवार-घड़ी; दीवार पर लटकने वाली घड़ी

嬖 bì 〈लि०〉 ❶कृपादृष्टि रखना; बहुत प्यार करना： ～爱 कृपादृष्टि रखना; बहुत प्यार करना; लाड़-दुलार करना ❷बहुत प्यार किया जाना ❸कृपापात्र; वह व्यक्ति जिस पर दूसरे की कृपा हो

【嬖臣】 bìchén वह मंत्री जिस पर सम्राट या राजा की कृपा हो
【嬖妾】 bìqiè चहेती रखैल
【嬖人】 bìrén वह व्यक्ति जिस पर (दूसरे की) कृपा हो; चहेता

濞 bì दे० 漾濞 Yàngbì युन्नान प्रांत का एक स्थान

髀 bì 〈लि०〉 ❶जांघ ❷जांघ की हड्डी

【髀肉复生】 bì ròu fù shēng किसी व्यक्ति के चूतड़ फिर से भारी होना (लम्बे समय तक घुड़सवारी न करने से जघाओं और नितम्ब में मांस बढ़ जाता है) —— बहुत दिन सिर्फ़ आराम करना और कुछ भी न करना

臂 bì ❶हाथः 双～ दोनों हाथ ❷बांह (बाहु, भुजा) का ऊपरी भाग
bei भी दे०

【臂板信号】 bìbǎn xìnhào 〈रेल०〉 संकेतक; रेलवे का सिगनल

【臂膀】 bìbǎng ❶हाथ ❷सहायक; मददगार

【臂膊】 bìbó 〈बो०〉 हाथः 苍白的瘦的～ गोरी-गोरी दुबली बांहें

【臂力】 bìlì हाथ का बल; हाथ की ताकत

【臂纱】 bìshā (काला) आर्मबैंड; बांह पर बांधी जाने वाली पट्टी

【臂弯】 bìwān कुहनी का मोड़

【臂腕】 bìwàn कलाई; मणिबंध

【臂章】 bìzhāng बाजूबन्द; बाहुबंध; भुजबंध; आर्मबेज

【臂肘】 bìzhǒu कोहनी; कुहनी

【臂助】 bìzhù 〈लि०〉 ❶सहायता करना या देना; बांह देना ❷सहायक; मददगार

奰 bì 〈लि०〉 ❶क्रुद्ध होना; गुस्सा आना; क्रोध में आना ❷विस्तार करना या होना; सुदृढ़ बनाना या बनना; सशक्त करना या होना

璧 bì प्राचीन काल में एक प्रकार का गोल चपटा जेड जिस के बीचोंबीच एक छेद होता था

【璧还】 bìhuán 〈लि०〉 〈आदर०〉 उधार ली हुई या भेंट की गयी वस्तु को वापस देना

【璧谢】 bìxiè 〈लि०〉 〈आदर०〉 भेंट की हुई वस्तु को धन्यवाद प्रकट करते हुए वापस लौटाना

襞 bì 〈लि०〉 ❶कपड़े की तहें; परतें ❷〈श०वि०〉 पेट; अंतड़ियों आदि की तहें

躃 bì 躄 bì के समान

躄 bì 〈लि०〉 ❶आगे की ओर गिर पड़ना ❷जिस का एक पैर काम न देता हो ❸पंजे के बल चलना： 他～出堂前。वह पंजे के बल चलता हुआ बड़े कमरे में आ पहुंचा। / 他慢慢地向她～过来。वह पंजे के बल चलता हुआ धीरे-धीरे उस के करीब जा पहुंचा। / 他怯怯地～进门去。वह डरता-डरता फाटक के अंदर जा पहुंचा।

篦 bì नीचे दे०

【篦篥】 bìlì 觱篥 bìlì के समान

biān

边[1] （邊） biān ❶भुज; भुजा; किसी ज्यामितिय आकृति का किनारा अथवा किनारे की रेखाः 长方形的一～ समकोण का एक भुज ❷किनाराः 河～ नदी का किनारा / 路～ रास्ते का किनारा / 纱丽～ साड़ी का किनारा ❸गोट, कपड़े आदि के किनारे पर शोभा के लिये लगाया जाने वाला फ़ीताः 镶金～的军帽 सुनहरी गोट लगी फ़ौजी टोपी / 镶金～的纱丽 जरी की साड़ी ❹सीमा; सरहदः 戍～ सीमांत क्षेत्र में रक्षक-सेना रखना (तैनात करना) / ～城 सीमांत नगर / 一望无～ सीमाहीन; असीम ❺पास; नज़दीक; मेंः 旁～ के पास; के नज़दीक / 他身～有钱。उस के पास पैसे हैं। ❻पक्षः 双～协议 द्विपक्षीय (दोपक्षीय, दुतर्फ़ा) समझौता / 站在人民一～ जनता का पक्ष ग्रहण करना ❼लगभग; करीब (समयसूचक अक्षर या अंक के बाद प्रयुक्त होता है)ः 我活到七十～上还没有见过这种事。लगभग सत्तर साल की अपनी उम्र में मैं ने ऐसी बात कभी नहीं देखी। / 立秋～上还很热。शरदारम्भ के लगभग निकट भी गरमी बहुत है। ❽दो या दो से अधिक क्रियाओं के पहले 边 का प्रयोग क्रियाओं की तात्कालिकता का बोध कराता हैः ～走～谈 चलते हुए बातचीत करना / ～生产, ～战斗 उत्पादन करने के साथ-साथ संघर्ष करना / ～读～议 किसी दस्तावेज़ को पढ़ते हुए विवाद करना ❾（Biān） एक कुलनाम

边[2] （邊） bian (स्थानवाचक संज्ञाओं का प्रत्यय)ः 后～ पीछे / 外～ बाहर / 南～ दक्षिण की ओर / 右～ दाईं ओर

【边隘】 biān'ài सीमांत दर्रा

【边岸】 biān'àn नदी के किनारे की भूमि

【边鄙】 biānbǐ 〈लि०〉 सीमांत प्रदेश; दूरवर्ती सीमांत क्षेत्र

【边币】 biānbì 〈इति०〉 जापानी-आक्रमण-विरोधी युद्ध और मुक्ति युद्ध के दौरान सीमांत क्षेत्र सरकार द्वारा जारी की गयी मुद्रा

【边…边…】 biān…biān… दो क्रियाओं के साथ प्रयोग से उन की तात्कालिकता या प्रगति का बोध कराता हैः ～干～学 काम करते-करते सीखना

【边陲】 biānchuí सीमांत क्षेत्रः ～重镇 सीमांत क्षेत्र की महत्वपूर्ण बस्ती (कस्बा)

【边地】 biāndì सीमांत क्षेत्र (प्रदेश)

【边防】 biānfáng सीमा की रक्षा

【边防部队】 biānfáng bùduì सीमावर्ती रक्षक टुकड़ी

【边防检查】 biānfáng jiǎnchá सीमावर्ती निरीक्षण

【边防军】 biānfángjūn सीमांत सेना; सीमावर्ती रक्षा-सेना; सरहदी फ़ौज; सीमासुरक्षा बल

【边防人员】 biānfáng rényuán सीमावर्ती पहरेदार; सीमांत प्रहरी

【边防哨所】 biānfáng shàosuǒ सीमावर्ती चौकी
【边防战士】 biānfáng zhànshì सीमा-रक्षक टुकड़ी का योद्धा; सीमा-रक्षक
【边锋】 biānfēng 〈खेल०〉 (फ़ुटबाल आदि खेल में) विंग; विंग फ़ारवर्ड: 右～ राइट विंग; आउटसाइड राइट; राइट फ़ारवर्ड खिलाड़ी
【边幅】 biānfú दे० 不修边幅 bùxiūbiānfú
【边关】 biānguān सीमांत दर्रा: 镇守～ सीमांत दर्रे की रक्षा करना
【边患】 biānhuàn 〈लि०〉 (विदेशी आक्रमण के कारण) सीमांत पर मुसीबतें
【边际】 biānjì सीमा; सरहद; किनारा: 望不到～ जिस की सीमा दिखाई न दे
【边际效用论】 biānjìxiàoyònglùn 〈अर्थ०〉 उपांत-उपयोगिता का सिद्धांत
【边疆】 biānjiāng सीमा-प्रदेश; सीमांत क्षेत्र; सरहद पर का इलाका: ～建设 सीमांत-क्षेत्र का निर्माण / 保卫～ सीमांत-क्षेत्र की रक्षा करना
【边角料】 biānjiǎoliào (कपड़े या अन्य औद्योगिक कच्चे माल का) शेषभाग; बकाया टुकड़ा या खंड
【边界】 biānjiè सीमांत; सीमा; सरहद: 越过～ सीमा पार करना
【边界实际控制线】 biānjiè shíjì kòngzhìxiàn सीमा पर वास्तविक नियंत्रण रेखा
【边界变动】 biānjiè biàndòng सीमाओं में हेरफेर
【边界事件】 biānjiè shìjiàn सीमावर्ती घटना; सीमांत की दुर्घटना
【边界谈判】 biānjiè tánpàn सीमा के बारे मं बात-चीत; सीमा-वार्ता
【边界线】 biānjièxiàn सीमारेखा; सीमांकन
【边界现状】 biānjiè xiànzhuàng वर्तमान सीमांत परिस्थिति
【边界协定】 biānjiè xiédìng सीमा-समझौता या संधि
【边界争端】 biānjiè zhēngduān सीमा-विवाद
【边界走向】 biānjiè zǒuxiàng सीमा-रेखा की दिशा
【边境】 biānjìng सीमा; सीमांत; सरहद: 封锁～ सीमा बन्द करना / 侵犯～ सीमा का उल्लंघन करना / 侵扰～ सीमा पर हमला करना और हैरान-परेशान करना
【边境冲突】 biānjìng chōngtū सीमांत-मुठभेड़; सीमा पर छेड़छाड़; सीमावर्ती इलाके की झड़प या संघर्ष
【边境纠纷】 biānjìng jiūfēn सीमा पर छेड़छाड़; सरहदी झगड़े
【边境贸易】 biānjìng màoyì (उस का संक्षिप्त रूप 边贸) सीमावर्ती व्यापार; सरहदी तिजारत; सीमा-व्यापार
【边境市镇】 biānjìng shìzhèn सीमावर्ती नगर; सरहदी कस्बे
【边境税】 biānjìngshuì तटकर
【边框】 biānkuàng चौखटा: 筛子的～ छलनी का घेरा / 镜子的～ आईने का घेरा (फ़्रेम, चौखटा)
【边门】 biānmén साइड-डोर; किनारे का दरवाज़ा; बगल का दरवाज़ा; उपद्वार
【边民】 biānmín सीमांत प्रदेश के निवासी
【边卡】 biānqiǎ सीमांत चौकी
【边区】 biānqū सीमांत प्रदेश; सीमांत क्षेत्र
【边塞】 biānsài सीमांत पर सैनिक दुर्ग; सरहदी किला
【边饰】 biānshì पाड़; साड़ी, धोती आदि का किनारा
【边线】 biānxiàn 〈खेल०〉 साइड-लाइन; सरहदी-लाइन; पार्श्व रेखा
【边沿】 biānyán ❶किनारा; तट: 森林～ जंगल का किनारा / ～地带 तटीय क्षेत्र ❷सीमांत: ～区 सीमांत-क्षेत्र; सरहदी इलाका
【边音】 biānyīn 〈ध्वनि०〉 पार्श्व ध्वनि
【边缘】 biānyuán ❶किनारा; सिरा; छोर; कगार: 悬崖的～ खड़ी चट्टान की कगार / 滑到…的～ …की कगार पर फिसलना / 推向破裂的～ फूट की कगार की ओर धकेल देना / 战争～政策 युद्ध की कगार पर लाने की नीति ❷सीमा-रेखा; सीमा
【边缘地区】 biānyuán dìqū सीमा; सीमांत क्षेत्र; सरहदी इलाका
【边缘海】 biānyuánhǎi सीमांत समुद्र
【边缘化】 biānyuánhuà केन्द्र से किनारे के क्षेत्र की ओर जाना या बढ़ना
【边缘科学】 biānyuán kēxué सीमातट विज्ञान
【边缘人】 biānyuánrén फ्रिंज ग्रुप; झालर समूह
【边远】 biānyuǎn दूरवर्ती; दूरदराज़ का: ～地区 दूरवर्ती सीमांत क्षेत्र (प्रदेश); दूरदराज़ का इलाका / ～省份 दूरवर्ती सीमांत प्रांत
【边寨】 biānzhài सीमांत पर गांव

砭 biān 〈ची०चि०〉 ❶प्राचीन कालीन पत्थर की अक्यूपंकचर सूई ❷उक्त सूई को त्वचा में चुभोकर रोगोपचार करना: 针～ उक्त सूई से त्वचा को चुभोकर चिकित्सा करना / 针～时弊 सामयिक कुरीतियों का सुधार करना
【砭骨】 biāngǔ हड्डियों को चुभोना: 寒风～。ठंडी हवा हड्डियों को सूई की तरह चुभोती है।
【砭石】 biānshí प्राचीन काल में चिकित्सा के लिये प्रयुक्त पत्थर की सूई या पत्थर का टुकड़ा

笾 (籩) biān (प्राचीन काल में बलिदान या भोज के समय फल, सूखा मांस आदि खाद्य वस्तुओं को रखने के लिये प्रयुक्त) बांस का बर्तन

萹 biān नीचे दे०
biǎn भी दे०
【萹蓄】 biānxù 〈ची०चि०〉 एक प्रकार की घास जो दवा के काम आती है और जिस के हरे रंग के फूल का किनारा सफ़ेद होता है

编 (編) biān ❶बुनना; गून्थना: ～柳条筐 लचीली टहनियों या खपचियों का टोकरा बुनना / ～小辫子 बाल (चोटीवेणी) गून्थना (बटना) / ～席子 चटाई बुनना ❷संगठित करना या होना: ～班 अलग-अलग कक्षा में

संगठित करना / ～组 दल या समूह में संगठित करना / 民兵应一律改～为地方自治队。सभी मिलिशिया सिपाहियों को स्थानीय आत्मरक्षा कोर के रूप में संगठित किया जाना चाहिये । ❸संपादन करना; (पुस्तक आदि) तैयार करना: ～报 समाचार-पत्र का संपादन करना / ～教材 पाठ्य-पुस्तक तैयार करना / ～书 पुस्तक संपादित करना ❹रचना; रचना करना; लिखना: ～剧本 नाटक रचना / ～歌 गीत की धुन बनाना ❺झूठ बोलना; झूठी बातें बनाना: 这是他胡～的。यह झूठी बात उस ने बनाई है। ❻(पुस्तक के नाम में प्रयुक्त) पुस्तक; किताब; ग्रंथ: 《故事新～》"नयी कहानियां" / 人手一～。हरेक के पास एक प्रति है। ❼ग्रंथ का एक भाग; खंड (अध्याय से बड़ा): 上～ ग्रंथ भाग 1; खंड 1 / 末～ (पुस्तक का) अंतिम भाग; अंतिम खंड; अंतिम संग्रह ❽(सेना का) संस्थापन; (सरकारी संस्था में) कर्मचारी-वर्ग (कर्मचारियों की संख्या): 减～ स्टाफ़ घटाना / 在～ कर्मचारी-वर्ग में रहना

【编查】 biānchá संगठित करना और जनगणना करना

【编次】 biāncì क्रमबद्ध बनाना; किसी निश्चित क्रम में व्यवस्थित करना

【编凑】 biāncòu बनाना; गढ़ना; एकत्र करना: ～故事情节 कहानी गढ़ना या रचना

【编导】 biāndǎo ❶(नाटक, फ़िल्म) लिखना और निर्देशन करना ❷नाटककार और निर्देशक; (बैले) नृत्य-संयोजक और निर्देशक; (फ़िल्म) पटकथाकार और निर्देशक

【编订】 biāndìng (编定 biāndìng भी) सामग्री संकलित करना और उस का संपादन करना; संकलन-संपादन करना

【编队】 biānduì कतार में बांटना; सेना की टुकड़ी में बांटना

【编队飞行】 biānduì fēixíng सैनिक विमानों की विन्यस्त उड़ान; व्यूह में उड़ना

【编队轰炸】 biānduì hōngzhà व्यूह-बमवर्षा; फ़ारमेशन बाम्बिंग

【编发】 biānfā समाचारों का संपादन करना और प्रकाशन करना

【编号】 biānhào ❶क्रमानुसार अंक (या नम्बर) लगाना (या डालना): 给图书～ पुस्तकों को अंक लगाना; पुस्तकों को क्रमबद्ध करना ❷क्रमांक (नम्बर): 这本书的～是多少? इस पुस्तक का क्रमांक कितना है ?

【编辑】 biānjí ❶संपादन करना: ～部 संपादकीय विभाग / ～刊物 पत्र-पत्रिका का संपादन करना ❷संपादक; संपादिका: 总～ मुख्य संपादक (या संपदिका)

【编校】 biānjiào संपादन करना और मूल प्रति से मिलाना

【编结】 biānjié बुनना; गून्थना: ～毛衣 ऊनी स्वेटर बनाना (बुनना)

【编剧】 biānjù ❶नाटक (फ़िल्म आदि) लिखना; नाटक रचना ❷नाटककार; नृत्य-संयोजक; रूपांतरकार

【编录】 biānlù उद्धृत सामग्री का संपादन करना

【编码】 biānmǎ कोडिंग; कूटभाषा; संकेतलिपि

【编目】 biānmù ❶सूची बनाना; सूचीबद्ध करना: 新书正在～。नयी पुस्तकों की सूची बनायी जा रही है। ❷पुस्तकों की सूची; अनुक्रमणिका

【编目部】 biānmùbù पुस्तकों की सूची बनाने वाला विभाग

【编目员】 biānmùyuán पुस्तकों की सूची बनाने वाला

【编年史】 biānniánshǐ 〈इति०〉 वार्षिकी; वृत्तलेख; वर्ष-क्रमानुसार घटनाओं का विवरण; घटनाओं का समयानुक्रम वर्णन

【编年体】 biānniántǐ 〈इति०〉 (चीनी इतिहास-लेखन में) वर्षक्रमानुसार घटनाओं का वर्णन करने की शैली

【编排】 biānpái ❶व्यवस्थित करना; क्रमबद्ध करना; श्रंखलाबद्ध करना: 按难易程度～课文 पाठों को उन के आसान-कठिन होने के अनुसार व्यवस्थित करना ❷नाटक लिखना और उस का पूर्वाभ्यास करना

【编派】 biānpai 〈बो०〉 दूसरों के बारे में मनगढ़ंत कहानी बनाना

【编遣】 biānqiǎn पुनर्गठन करना और अतिरिक्त लोगों की छंटनी करना: 听候～ पुनर्गठन और विघटन की प्रतीक्षा करना

【编磬】 biānqìng 〈संगी०〉 पत्थर या जेड की सुरीली घंटियों का समूह; संगीतमय पत्थरों का सेट

【编审】 biānshěn ❶जांच करके स्वीकार करना और संपादन करना ❷उक्त कार्य करने वाला

【编外】 biānwài सैनिक संस्थापन या किसी संस्था के कर्मचारी-वर्ग के बाहर: ～人员 सैनिक संस्थापन या किसी अन्य संस्था के कर्मचारी-वर्ग के बाहर के लोग

【编舞】 biānwǔ ❶नृत्य-संयोजन ❷नृत्य-संयोजक

【编写】 biānxiě ❶संकलित करना; संकलित सामग्री सेपुस्तक तैयार करना: ～教科书 पाठ्यु-पुस्तक तैयार करना ❷लिखना; रचना करना: ～舞剧 नृत्य-नाट्य की रचना करना / ～剧本 नाटक लिखना

【编选】 biānxuǎn चुनना और संपादन करना; संकलित करना: ～教材 पाठ्य-सामग्री को चुन-चुनकर संपादित करना

【编演】 biānyǎn नाटक आदि लिखकर उस का मंचन करना

【编译】 biānyì ❶अनुवाद और संपादन करना ❷अनुवादक-संपादक

【编印】 biānyìn संपादित कर प्रकाशित करना

【编余】 biānyú (सेना, संस्था आदि में) पुनर्गठन के बाद बचे अनावश्यक लोग: ～人员 (सेना, संस्था आदि में) अतिरिक्त लोग

【编造】 biānzào ❶बनाना; तैयार करना; संकलित करना: ～预算 बजट बनाना / ～名册 नाम-सूची बनाना ❷मनगढ़ंत कहानी बनाना; कपोल-कल्पना करना: ～神话 पौराणिक कथा की संरचना करना ❸झूठ बोलना; कपटरचना: ～谎言 झूठी बातें बनाना; झूठ बोलना / ～情节 झूठी कहानी बनाना (बताना); किसी घटना का झूठा वर्णन (विवरण) करना / ～迷信 अंधविश्वास गढ़ना

【编者】 biānzhě संपादक; संग्राहक; संकलनकर्त्ता; संपादिका

【编者按】 biānzhě'àn (编者案 biānzhě'àn भी) संपादकीय विभाग का नोट; संपादक का नोट

【编织】biānzhī बुनना; बीनना; सीना-पिरोना: ～地毯 कालीन बुनना; गलीचा बुनना / ～草席 चटाई बुनना / ～毛衣 स्वेटर बनाना

【编制】biānzhì ❶बुनना; बनाना: ～竹器 बांस की चीज़ें बनाना (बुनना) ❷बनाना; तैयार करना: ～计划 योजना बनाना / ～教学大纲 प्रशिक्षण कार्यक्रम बनाना (तैयार करना) / ～表册 सूची बनाना / ～法规 नियम-विनियम तैयार करना ❸(सेना, संस्था आदि में) संस्थापन; कर्मचारी-वर्ग: 部队原～ मूल सैन्य-रचना / 战时～ युद्धकालीन सैन्य-रचना / 政府机关的～ सरकारी संस्थाओं में कर्मचारी-वर्ग / 扩大～ स्टाफ़ बढ़ाना

【编钟】biānzhōng <संगी०> सुरीली घंटियों का समूह

【编著】biānzhù संकलन करना; लिखना

【编撰】biānzhuàn संकलन करना; लिखना

【编缀】biānzhuì ❶बनाना; गून्थना; बुनना: ～花环 पुष्प-माला बनाना ❷संकलन और संपादन करना: ～成书 संबंधित सामग्री को संकलित कर पुस्तक लिखना

【编组】biānzǔ ❶दल में बांटना; दल के रूप में संगठित करना ❷<रेलवे> मालगाड़ियों को जोड़ना और लादना: ～场 मालगाड़ियों को जोड़ने और लादने का यार्ड या हाता

【编纂】biānzuǎn संपादन करना; संकलित करना: ～词典 शब्दकोश का संपादन करना

煸 biān (भोजन पकाने का एक उपाय) उबालकर या भाप देकर पकाने के पहले तेल आदि में भूनना

蝙 biān नीचे दे०

【蝙蝠】biānfú चमगादड़; गादुर

【蝙蝠衫】biānfúshān चमगादड़ के परों की तरह की आस्तीन वाला कपड़ा या कमीज़

箯 biān नीचे दे०

【箯舆】biānyú पुराने ज़माने की बांस से बनी एक प्रकार की पालकी

鳊（鯿、鯾）biān ब्रीम मछली; छोटे तथा नुकीले सिर और धनुषाकार पीठ वाली मीठे पानी की मछली जो दोनों ओर चपटी होती है

鞭 biān ❶चाबुक; कोड़ा; हंटर: ～式战斗机 हंटर लड़ाकू विमान ❷चाबुक के आकार वाला लोहे का एक प्राचीन अस्त्र ❸चाबुक के आकार वाली वस्तु: 教～ अध्यापक की श्यामपट्ट पर निर्देश करने वाली छड़ी ❹भोजन या दवा के लिये प्रयुक्त कुछ नर पशुओं का लिंग, यथा: 牛～ बैल का लिंग / 鹿～ हिरन का लिंग / 虎～ बाघ का लिंग ❹छोटे छोटे पटाखों की लड़ी: 一挂～ छोटे छोटे पटाखों का एक गुच्छा / 放～ छोटे छोटे पटाखों की लड़ी छोड़ना ❺<लि०> चाबुक मारना: ～马 घोड़े पर चाबुक चलाना / ～尸 शव पर चाबुक मारना / 加～ (घोड़े को) चाबुक मारना / 加上两～ दो बार चाबुक घुमाना

【鞭策】biāncè बढ़ावा देना; आगे बढ़ाना; प्रेरित करना: 要经常～自己，努力学习。हमें स्वयं को हमेशा आगे बढ़ाना चाहिये ताकि हम मेहनत से अध्ययन कर सकें।

【鞭长莫及】biāncháng-mòjí अपनी शक्ति के बाहर होना; किसी की पहुंच से परे होना (रहना)

【鞭笞】biānchī <लि०> ताड़ना करना; (किसी पर) दुर्रा लगाना

【鞭虫】biānchóng <प्राणि०> ह्विपवार्म

【鞭打】biāndǎ चुटकना; चाबुक (कोड़ा) मारना (लगाना); हंटर लगाना (चलाना); दुर्रा लगाना

【鞭痕】biānhén कोड़े या छड़ी की चोट पड़ने पर उभरने वाला निशान; कोड़े का निशान

【鞭毛】biānmáo <प्राणि०> कोड़े जैसा उपांग; कशा; कशाभिकी

【鞭毛虫】biānmáochóng <प्राणि०> कशांग; फ़्लेजिलेट

【鞭炮】biānpào ❶छोटे-बड़े सभी पटाखों का सामान्य नाम ❷छोटे-छोटे आकार वाले पटाखों का गुच्छा: 放～ छोटे-छोटे पटाखों का गुच्छा फोड़ना

【鞭辟入里】biānpì-rùlǐ（鞭辟近里 biānpì-jìnlǐ भी）छेदने वाला; भेदने वाला; चीरने वाला; तीखा; तेज़

【鞭梢】biānshāo चाबुक का सिरा (छोर)

【鞭挞】biāntà <लि०> फटकारता; कोड़ा (चाबुक) मारना (लगाना); टीका-टिप्पणी करना: 作家对旧社会进行了无情的～。लेखक ने पुराने समाज को निर्दयता से फटकारा है।

【鞭子】biānzi कोड़ा; चाबुक; हंटर

biǎn

贬（貶）biǎn ❶(सामंतवादी समाज में) ओहदा कम करना; पदावनति करना; दर्जा नीचा करना: 贬黜 ❷(दाम, मूल्य) घटाना; कम करना: 贬值 ❸त्रुटियां दिखाकर कम मूल्यांकन करना; कम आंकना; तुच्छ (महत्वहीन, नाचीज़) समझना: 把…～得一钱不值 किसी की उपेक्षा करते हुए उसे नाचीज़ समझना (निकम्मा ठहराना)

【贬斥】biǎnchì ❶<लि०> पदावनति करना; ओहदा कम करना; दर्जा नीचा करना ❷दोषारोपण करना; निन्दा करना

【贬黜】biǎnchù <लि०> पदावनत करना; पदावनति करना; पद घटाना; ओहदा कम करना

【贬词】biǎncí（贬义词 biǎnyìcí भी）अनादर-सूचक शब्द

【贬低】biǎndī तुच्छ ठहराना; हीन मानना; कम आंकना: ～某人所起的作用 किसी व्यक्ति की भूमिका का महत्व घटाना (कम आंकना)

【贬官】biǎnguān ❶पदावनति करना; ओहदा कम करना; दर्जा नीचा करना ❷पदावनत अधिकारी

【贬毁】biǎnhuǐ तुच्छ ठहराना और बदनाम करना

【贬价】biǎnjià दाम घटाना; कीमत कम करना: ～出售 दाम घटाकर बेचना

【贬损】biǎnsǔn तुच्छ ठहराना; हीन मानना; कम आंकना: ～别人，抬高自己 दूसरों को तुच्छ ठहराना और

स्वयं को बड़ा समझना

【贬义】 biǎnyì अनादर-सूचक अर्थ; बुरा अर्थ: "阴谋"这个词常用于～。शब्द "阴谋" (साजिश) बुरे अर्थ में प्रयुक्त होता है।

【贬义词】 biǎnyìcí अनादरसूचक शब्द; अनादरसूचक अर्थ वाला शब्द

【贬抑】 biǎnyì तुच्छ ठहराना; कम करके देखना; छोटा बनाना; कम आंकना

【贬责】 biǎnzé दोष दिखाकर आलोचना करना; निन्दा करना: 横加～ जानबूझकर निन्दा करना

【贬谪】 biǎnzhé (सामंतवादी समाज में) किसी अधिकारी को पदावनत कर राजधानी से दूर भेजना

【贬值】 biǎnzhí ❶अवमूल्यन करना; मूल्य घटाना: 货币～ मुद्रा का मूल्य घटाना या घटना ❷मुद्रा की क्रय-शक्ति कम होना ❸(विस्तृत अर्थ में) मूल्य घटाना (कम होना): 商品～ वस्तुओं का मूल्य कम होना

窆 biǎn 〈लि०〉 〈प्रा०〉 दफ़नाना; दफ़न करना; गाड़ना

扁 biǎn चपटा; चिपिट: ～鼻子 चपटी नाक / ～盒子 चपटा डिब्बा (बाक्स) / ～体字 चपटीशैली वाली हस्तलिपि / ～圆 चपटा गोल / 橘子压～了。संतरा दबकर चपटा हो गया। / 这么多人，都快挤～了。ओह! इतनी भीड़, दबकर चपटा गया। / 别把人看～了。हम दूसरों को तुच्छ (नीचा) न समझें!

piān भी दे०

【扁柏】 biǎnbǎi एक प्रकार का साइप्रस वृक्ष जिस की पत्तियां चपटी होती हैं और जिस का फल गोली जैसा होता है

【扁铲】 biǎnchǎn एक प्रकार की चौड़ी और पतली धार वाली छेनी

【扁虫】 biǎnchóng 〈प्राणि०〉 चिपित कृमि

【扁蝽】 biǎnchūn 〈प्राणि०〉 चपटा खटमल; चिपिट मत्कुण

【扁锉】 biǎncuò चपटी रेती; समतल रेती

【扁担】 biǎndan (बोझ ढोने के लिये प्रयुक्त बहंगी, लट्ठा, बल्ली, चीरकर बनाया हुआ बांस या लकड़ी का मोटा फट्ठा जिस के दोनों छोरों पर सामान लटकाकर कंधे पर रखकर ढोया जाता है

【扁担没扎，两头打塌】 biǎndan méi zā, liǎngtóu dǎ tā बहंगी के दोनों छोरों पर गांठ से न बंधा सामान खिसककर गिर जाता है —— दो चीज़ों पर कब्ज़ा करने के प्रयत्न में अंततः एक को भी प्राप्त न कर पाना

【扁豆】 biǎndòu（萹豆，稨豆，藊豆 biǎndòu भी）एक प्रकार की फली; हाइसिंथ बीन

【扁钢坯】 biǎngāngpī 〈धा०〉 पटरा इस्पात का चपटा टुकड़ा: ～轧机 पटरा काटने की मशीन

【扁骨】 biǎngǔ 〈श०वि०〉 चपटी हड्डी; चिपिट अस्थि

【扁坯】 biǎnpī 〈धा०〉 स्लैब दे० 扁钢坯

【扁平】 biǎnpíng（平足 píngzú के समान）चपटा; चिपिट: ～足 चपटा पांव

【扁虱】 biǎnshī किलनी; चिचड़ी

【扁食】 biǎnshí 〈बो०〉 चाओत्स् (रेवियोली) या हुनथुन (स्क्रिर्ल डंप्लिंग)

【扁桃】 biǎntáo 〈वन०〉 ❶वाताम; बादाम ❷〈बो०〉 एक प्रकार का आड़ू जो चपटा होता है; चपटा आड़ू

【扁桃体】 biǎntáotǐ（扁桃腺 biǎntáoxiàn भी）〈श०वि०〉 टौन्सिल; टांसिल; गलसुआ

【扁桃体肥大】 biǎntáotǐ féidà टांसिल की अतिवृद्धि

【扁桃体切除术】 biǎntáotǐ qiēchúshù टांसिल-निराकरण; टांसिलेक्टामी

【扁桃腺炎】 biǎntáoxiànyán 〈चि०〉 टांसिल (गलसुओं) की सूजन; गलगोटिकाशोथ; तालूमूलप्रदाह

【扁体字】 biǎntǐzì चपटी-सी शैली वाली हस्तलिपि

【扁形动物】 biǎnxíng dòngwù चिपिट-कृमि

【扁圆】 biǎnyuán दोनों सिरों पर चपटी गोल आकृति; नारंगी के सिर की तरह चपटा गोला

匾 biǎn ❶लकड़ी का अभिलेख-पट्ट; रेशमी अभिलेख-वस्त्र; टैबलैट ❷बांस का बड़ा, गोल और छिछला टोकरा

【匾额】 biǎn'é दे० 匾❶

【匾文】 biǎnwén लकड़ी के फट्टे या रेशमी कपड़े पर अंकित अभिलेख

惼 biǎn संकीर्ण मनोवृत्ति; तंगदिली: ～心 तंगदिली; तंगदिल

萹 biǎn नीचे दे०

biān भी दे०

【萹豆】 biǎndòu 扁豆 biǎndòu के समान

褊 biǎn 〈लि०〉 संकीर्ण; संकरा; तंग; संकुचित

【褊急】 biǎnjí 〈लि०〉 संकीर्णचित्त (तंगदिल) और उग्र-स्वभाव (तेज़मिज़ाज)

【褊小】 biǎnxiǎo संकरा और छोटा

【褊狭】 biǎnxiá 〈लि०〉 संकीर्ण; संकरा; तंग: 气量～ संकुचित मनोवृत्ति; संकीर्णचित्त; क्षुद्रमना / 土地～ ज़मीन तंग होना / 居处～ रहने का स्थान तंग होना

碥 biǎn ❶नदी आदि के किनारे निकली पहाड़ की तिरछी चट्टान ❷खड़ी चट्टान आदि पर चढ़ने के लिये पत्थर की सीढ़ियां

稨 biǎn नीचे दे०

【稨豆】 biǎndòu 扁豆 biǎndòu के समान

藊 biǎn नीचे दे०

【藊豆】 biǎndòu 扁豆 biǎndòu के समान

biàn

卞 biàn 〈लि०〉 ❶उग्र स्वभाव; तेज़मिज़ाज; शीघ्र क्रुद्ध: ～急 उग्र स्वभाव; तेज़मिज़ाज ❷ (Biàn) एक कुलनाम

弁 biàn प्राचीन काल में पुरुषों की एक प्रकार की टोपी

【弁言】 biànyán 〈लि०〉 प्रस्तावना; भूमिका; प्राक्कथन

汴 Biàn हनान प्रांत के खाइफ़ंग 开封 नगर का दूसरा नाम

忭 biàn 〈लि०〉 आनन्दित; प्रसन्न; खुश: 不胜欣～ अतिप्रसन्न; बहुत खुश / ～跃 प्रसन्न होकर उछलना-कूदना

苄 biàn 〈रसा०〉 बेंज़िल

【苄基】 biànjī बेंज़िल

抃 biàn 〈लि०〉 〈प्रा०〉 ताली बजाना

变 (變) biàn ❶बदलना; परिवर्तन करना; परिवर्तित होना: ～计 योजना (उपाय, युक्ति) बदलना / ～脸色 चेहरा उतर जाना / 穷则思～。गरीबी परिवर्तन की इच्छा को जन्म देती है। / 理想～为现实。स्वप्न सत्य का रूप धारण करता है। / 孙悟空～作一个小虫。सुन वू-खोंग ने एक छोटे कीड़े का रूप धारण किया। / 中国的面貌完全～了。चीन का रूप बिल्कुल बदल चुका है। / 目前我们须得～一～。अब यह आवश्यक हो गया है कि हम कुछ रद्दोबदल करें। / 他完全～了似的。उस का कायापलट हो गया है। / 时运～了。समय का फेर है। ❷(में) बदलना; बनाना या बनना: ～被动为主动 निष्क्रियता को सक्रियता में बदलना / ～农业国为工业国。कृषि-प्रधान देश को औद्योगिक देश बनाना / 把不平衡的状态～到大体平衡的状态 असमानता को सामान्य समानता में परिवर्तित करना / 我们要把我们～得更加强大些。हम अपने आपको और ज़्यादा मज़बूत बनाएं। ❸परिवर्तनीय; बदलने लायक: ～数 परिवर्तनीय संख्या (अंक) / ～态 विकृत रूप ❹आकस्मिक प्रभावपूर्ण परिवर्तन: 事～ घटना; दुर्घटना / 政～ राज्य-विप्लव / 兵～ विद्रोह; बगावत / 民～ विद्रोह ❺बेचना; बेच देना: ～产 सम्पत्ति बेचना / 把废旧物品拿出来～了钱。पुरानी रद्दी चीज़ों को बेच-बाचकर पैसा पाना ❻दे० 变文

【变本加厉】 biànběn-jiālì पहले से और अधिक भीषण (भयानक) होना या बनना: ～地干涉他国内政 दूसरे देशों के अंदरूनी मामलों में अपनी दखलन्दाज़ी और अधिक बढ़ा देना / ～地剥削工人 दुगुनी ताकत से मज़दूरों का शोषण करना / 他们不仅毫无悔改之意，反而～。उन्हों ने न केवल अपनी गलतियां सुधारने की रत्तीभर इच्छा प्रकट नहीं की, बल्कि इस के विपरीत वे बद से बदतर होते गये।

【变产】 biànchǎn सम्पत्ति बेचना

【变成】 biànchéng (में) बदलना; (में) परिवर्तन करना या परिवर्तित होना: 物质可以～精神，精神可以～物质。पदार्थ चेतना में बदल सकता है और चेतना पदार्थ में। / 贫穷落后的旧中国～了繁荣昌盛的新中国。गरीब, पिछड़ा और पुराना चीन एक समृद्ध और नया देश बन गया है। / 在一定的条件下，坏事能够～好事。विशेष परिस्थिति में बुरी चीज़ अच्छी चीज़ बनायी जा सकती है।

【变蛋】 biàndàn 松花蛋 sōnghuādàn (विशेष विधि से तैयार एक प्रकार का सुरक्षित रखा हुआ अंडा) का दूसरा नाम

【变电站】 biàndiànzhàn विद्युत-परिवर्तन उपकेन्द्र; ट्रांस्फ़ार्मर सबस्टेशन

【变调】 biàndiào 〈ध्वनि०〉 ❶संधि; सुर-संधि ❷परिवर्तित सुर (तान); स्वर-परिवर्तन

【变动】 biàndòng बदलना; परिवर्तन करना: 人事～ कर्मचारी वर्ग में परिवर्तन होना / 比例上有～ अनुपात में हेर-फेर करना / 文字上作一些～ शब्दों में कुछ परिवर्तन होना / 计划已经～。योजना बदल गयी। / 时局发生了极大的～。परिस्थिति में बहुत भारी परिवर्तन हो गया है।

【变法】 biànfǎ राजनीतिक सुधार: ～维新 संवैधानिक सुधार और आधुनिकीकरण; वैधानिक सुधार और आधुनिकीकरण को लागू करना

【变法儿】 biànfǎr भांति-भांति उपाय करने का प्रयत्न करना; नये-नये उपाय सोच निकालना: 炊事员变着法儿改善伙食。रसोइये भोजन में सुधार लाने के लिये नये-नये उपाय सोच निकालते हैं।

【变分法】 biànfēnfǎ 〈गणित०〉 विचलन-कलन

【变革】 biàngé परिवर्तन करना या होना; सुधार करना या होना: 社会～ सामाजिक सुधार (परिवर्तन) / 大～ बड़ा (ज़बरदस्त) परिवर्तन / ～现实 वास्तविकता को बदलना / ～自然 प्रकृति को बदलना

【变格】 biàngé 〈व्या०〉 कारक-रचना

【变更】 biàngēng बदलना; परिवर्तन करना; रूपांतर करना: 所有制方面的～ सम्पत्ति में परिवर्तन होना / ～作息时间 दैनंदिन समयतालिका बदलना / ～兵力部署 सैन्य-पुनर्विन्यास; सैन्य विन्यास में परिवर्तन करना / 我们的计划稍有～。हमारी योजना में कुछ परिवर्तन हो गया है।

【变工】 biàngōng श्रम-विनिमय

【变工队】 biàngōngduì श्रम-विनिमय दल; (खेती में) किसानों का उभय सहायता दल

【变故】 biàngù दुर्घटना; आफ़त; परिवर्तन: 发生了～。दुर्घटना हुई।

【变卦】 biànguà (निर्णय, विचार, इरादा आदि) अचानक बदल जाना; अपना रुख बदल लेना: 他后来～了。

बाद में उस ने अपना रुख बदल लिया। / 这样一种～，露骨地表现在他们所发表的声明中。यह परिवर्तन उन के द्वारा दिये गये वक्तव्य में नग्न रूप में प्रकट हो चुका है।

【变化】 biànhuà परिवर्तन; परिणति; रूपांतर; तब्दीली; अदला-बदली; फेर-फार: 引起～ परिवर्तन होना / 质和量的～ गुण और मात्रा में फेर-फार / 化学～ रासायनिक परिवर्तन / 气温的～ तापमान का परिवर्तन / ～的条件 परिवर्तन की परिस्थिति; परिवर्तन का मूल आधार / ～多端 परिवर्तनशील; बहुरूपिया; पल-पल बदलना / ～无常 परिवर्तनशील / ～的过程 परिवर्तन-क्रम; परिवर्तन की प्रक्रिया / 感情起了～。भावनाओं का रूपांतर हो गया। / 他发球～多端。गेंद फेंकने के उस के तरह-तरह के तरीके हैं; वह हमेशा गेंद फेंकने का अपना तरीका बदलता रहता है।

【变幻】 biànhuàn बदलना; परिवर्तन करना; हेर-फेर करना: ～莫测 अनपेक्षित रूप से क्षण-क्षण बदलते रहना; परिवर्तनशील और अपूर्वकथनीय / 风云～ हवा और बादल की तरह बदलते रहना; घटनाओं का बदलते रहना

【变换】 biànhuàn बदलना; परिवर्तन करना; अदला-बदली करना: ～地点 अपना स्थान बदलना; स्थानांतरित करना / ～手法 हथकंडे बदलना; पैंतरें बदलना; नयी-नयी चालें चलना; नये दांवपेंच अपना लेना

【变价】 biànjià सामान को चालू दाम के अनुसार (बेचना): ～出售 चालू दाम पर बेचना

【变焦距镜头】 biànjiāojù jìngtóu 〈फ़ोटो०〉 ज़ूम लेंस

【变节】 biànjié विश्वासघात करना; गद्दारी करना; गद्दार निकलना या होना: 动摇～ डांवांडोल होना और विश्वासघात करना; ढुलमुल होना और गद्दारी करना

【变节分子】 biànjié fènzǐ गद्दार; विश्वासघाती; विश्वासघातक

【变局】 biànjú बदलती परिस्थिति: 应付～ बदलती परिस्थिति से निपटना

【变口】 biànkǒu 曲艺 qǔyì (तरह-तरह की लोक-कलाओं) में विभिन्न स्थानों की बोलियों का प्रयोग करना

【变脸】 biànliǎn ❶चेहरा उतरना; मुंह बिगड़ना; चेहरा तमतमाना; क्रोध होना: 他为了一点小事就～了。ज़रा-सी बात पर उस का मुंह बिगड़ गया। ❷अभिनय में बड़ी तेज़ी से चेहरा बदलना; 〈ला०〉 वस्तु की शक्ल बहुत ज़्यादा बदलना

【变量】 biànliàng 〈गणित०〉 चर; चल; विचर; परिवर्ती

【变流器】 biànliúqì 〈विद्यु०〉 परिवर्तक

【变乱】 biànluàn युद्ध या हिंसक कार्यवाही से उत्पन्न सामाजिक अशांति; हंगामा; खलबली; हलचल

【变卖】 biànmài बेचना; बेच-बाच देना; बेच डालना: ～家产 सम्पत्ति बेचना / 他～了家里的一切以清偿债务。उस ने कर्ज़ निपटाने के लिये घर का सब कुछ बेच डाला।

【变频】 biànpín 〈वैद्यु०〉 आवृत्ति-परिवर्तन: ～管 परिवर्तक नलिका

【变迁】 biànqiān परिवर्तन; हेर-फेर; तब्दीली: 历史～ ऐतिहासिक परिवर्तन / 煤乡的～ कोयला-खान क्षेत्र का परिवर्तन

【变色】 biànsè ❶रंग बदलना; रंग उतरना: 这种墨水不会～。इस तरह की स्याही का रंग नहीं उतरता। / 我国社会主义江山永不～。समाजवादी चीन का रंग कभी नहीं बदलेगा। / 风云～ हवा और बादल का रंग बदलना ❷रंग उड़ना; गुस्सा आना; क्रोधित होना: 勃然～ मुंह उतरना; चेहरा तमतमाना; क्रुद्ध होना

【变色龙】 biànsèlóng (रंग बदलने वाला) कृकलास; गिरगिट

【变生肘腋】 biànshēngzhǒuyè गड़बड़ अपने ही आस-पास पैदा होना

【变声】 biànshēng (यौवनारम्भ में) आवाज़ बदलना

【变数】 biànshù 〈गणित०〉 परिवर्ती: 力学～ गत्यात्मक (गतिविज्ञान संबंधी) परिवर्ती / 无规～ अनियमित परिवर्ती / 相似～ परिवर्ती-समानता

【变速】 biànsù वेग-परिवर्तन; गियरशिफ़्ट

【变速比】 biànsùbǐ वेग-परिवर्तन अनुपात; गियर रेशियो

【变速器】 biànsùqì गियर-बक्स; वेग-परिवर्तन यंत्र

【变速运动】 biànsù yùndòng 〈भौ०〉 परिवर्ती-गति; वैरियेबल मोशन; वेग-परिवर्तन की गति

【变态】 biàntài ❶〈जीव०〉 रूपांतर; कायांतरण; विकृत-रूप: 完全～ पूर्ण कायांतरण ❷अनियमित; नियम-विरुद्ध

【变态动词】 biàntài dòngcí विकृत क्रिया; क्रिया का विकृत रूप

【变态反应】 biàntài fǎnyìng 〈चिकि०〉 ऐलर्जी; प्रत्यूर्जता; औषधि से तत्काल उत्पन्न शारीरिक प्रतिक्रिया

【变态心理】 biàntài xīnlǐ विकृत मनोवृत्ति

【变态心理学】 biàntài xīnlǐxué विकृत मनोविज्ञान

【变天】 biàntiān ❶मौसम में परिवर्तन होना: 天闷得很，要～。बहुत उमंस है, मौसम बदलना चाहिये। ❷राजसत्ता का परिवर्तन: ～思想 वर्तमान सामाजिक व्यवस्था बदलने की कुत्सित आकांक्षा; पुरानी व्यवस्था की पुनर्स्थापना का कुविचार

【变天账】 biàntiānzhàng सत्ताच्युत वर्ग के पास गुप्त रूप से सुरक्षित हिसाब-किताब, बही आदि जिस के अनुसार वह किसी दिन नयी राजसत्ता से बदला लेने का स्वप्न देखता है

【变通】 biàntōng अनुकूलक; लचीला: ～办法 अनुकूल उपाय; लचीला तरीका; परिस्थितियों से अनुकूलन करने वाला उपाय / 根据不同的情况作适当的～ विशेष परिस्थिति के अनुकूल उचित परिवर्तन करना / 可以酌量～ इस अनुपात में कुछ रद्दोबदल किया जा सकना

【变为】 biànwéi (में) बदलना; (में) परिवर्तित करना: 变沙漠为良田 रेतीले स्थान को उपजाऊ खेत में बदलना

【变位】 biànwèi 〈व्या०〉 क्रिया-रूपांतर; रूप-साधन; क्रिया-रूप

【变温层】 biànwēncéng 对流层 duìliúcéng का दूसरा

【变温动物】 biànwēn dòngwù（冷血动物 lěng-xuè dòngwù भी）अनेकतापीय या असमतापीय जीव; शीतल-रक्त जीव; ठंडे खून वाले जानवर नाम

【变文】 biànwen थांग राजवंश (618-907 ई०) तथा उस के बाद प्रचलित एक प्रकार का विवरणात्मक साहित्य जिस में गाने और ज़ोर-ज़ोर से पढ़ने के लिये गद्य और पद्य दोनों शामिल होते थे

【变戏法】 biànxìfǎ जादू करना; बाज़ीगरी दिखाना; तमाशा करना; इन्द्रजाल रचना

【变现】 biànxiàn सम्पत्ति, बंधक स्टॉक आदि को रोकड़ में विनिमय करना

【变相】 biànxiàng दूसरा, विकृत रूप; गोपनीय: ～的剥削 शोषण का दूसरा रूप / ～的体罚 शारीरिक दण्ड का दूसरा रूप

【变心】 biànxīn मन बदलना; विचार बदलना

【变星】 biànxīng 〈खगोल०〉 परिवर्तनशील नक्षत्र

【变形】[1] biànxíng रूपांतर; विकृत रूप: 词的～ 〈व्या०〉 शब्दों का विकृत रूप / 某一物品的～ किसी वस्तु का विकृत रूप / 这苹果压得～了。दबने से इस सेब का आकार बदल गया है।

【变形】[2] biànxíng धारण किया गया रूप

【变形虫】 biànxíngchóng 〈प्राणि०〉 अमीबा; एमीबा

【变形虫痢疾】 biànxíngchóng lìji अतिसार; पेचिश

【变形体】 biànxíngtǐ 〈जीव०〉 अमीबा कोशिकाओं का समूह; प्लाज़मोडियम

【变型】 biànxíng ढंग बदलना

【变性】 biànxìng ❶〈रसा०〉 तत्वांतरण; स्वभाव-परिवर्तन; प्रकृति-परिवर्तन ❷〈व्या०〉 लिंग-परिवर्तन

【变性蛋白质】 biànxìng dànbáizhì तत्व-विकृत प्रोटीन

【变性酒精】 biànxìng jiǔjīng तत्व-विकृत मद्यसार या ऐल्कोहल

【变性术】 biànxìngshù लिंग बदलने की शल्यचिकित्सा

【变压器】 biànyāqì 〈विद्यु०〉 ट्रांसफ़ार्मर; परिणामित्र; बिजली-परिवर्तक यंत्र: 双水内冷～ भीतरी पानी से ठंडा करने के प्राथमिक और द्वितीय वक्रों वाला ट्रांसफ़ार्मर

【变压所】 biànyāsuǒ बिजली सबस्टेशन

【变样】 biànyàng रूपांतर होना; रूप बदलना: 他还没有～。उस का चेहरा अब भी पहले जैसा है। / 这里什么都没有～。यहां कुछ भी नहीं बदला।

【变异】 biànyì 〈जीव०〉 परिवर्तन; रचना या क्रिया में पहले से अंतर

【变异性】 biànyìxìng परिवर्तनशीलता; परिवर्तनीयता; परिवर्तिता

【变易】 biànyì परिवर्तन करना; बदलना

【变音】 biànyīn 〈ध्वनि०〉 स्वर-परिवर्तन

【变质】 biànzhì ❶बिगड़ना; खराब होना; स्वरूप बदलना: 这药～了。यह दवा खराब हो गयी। ❷〈भूगर्भ०〉 कायांतरण; उपरूपांतरण ❸〈ला०〉 पतनोन्मुख: 蜕化～分子 पतनोन्मुख तत्व

【变质岩】 biànzhìyán 〈भूगर्भ०〉 कायांतरित चट्टान

【变种】 biànzhǒng ❶〈जीव०〉 उपभेद; विभेद; प्रकार-भेद ❷〈ला०〉 प्रतिरूप: 机会主义的～ अवसरवाद का प्रतिरूप

【变奏】 biànzòu 〈संगी०〉 स्वर संगति का परिवर्तित रूप; भिन्न तान; भिन्न धुन; परिवर्तित या विस्तृत रूप में दुहराई गयी धुन

【变奏曲】 biànzòuqǔ परिवर्तित रूप में दुहरायी गयी धुन

【变阻器】 biànzǔqì 〈विद्यु०〉 रीओस्टैट

昪

biàn 〈लि०〉 ❶उज्ज्वलता ❷आनन्द

便[1]

biàn ❶सुविधा; सुभीता: 近～ नज़दीक और सुविधाजनक / 顾客称～。ग्राहकों के लिये यह बहुत सुविधाजनक है; ग्राहकों को बहुत सी सुविधाएं प्राप्त हैं। ❷सुविधा का अवसर या समय; फ़ुरसत: 得～ फ़ुरसत हो तो … / 有～请即回信。फ़ुरसत हो तो फ़ौरन जवाब लिखें। / 悉听尊～ जैसी आप की इच्छा या मरज़ी ❸अनौपचारिक; गैररस्मी; साधारण; मामूली; सादा: ～宴 साधारण भोज / ～装 साधारण पहनावा; मामूली पोशाक ❹मल; मूत्र; पेशाब; पाखाना: 大～ मल; पाखाना / 小～ मूत्र; पेशाब / 粪～ मल-मूत्र ❺मल-मूत्र विसर्जित करना: 大～ मलत्याग करना; मलोत्सर्ग करना; मल-विसर्जन करना; पाखाने जाना / 小～ मूत्र-विसर्जन करना; पेशाब करना / 饭前～后要洗手。भोजन करने के पहले और मल-मूत्र विसर्जित करने के बाद हाथ धोने चाहिये।

便[2]

biàn ❶〈क्रि०वि०〉 就 jiù के समान: 天一亮他～醒来了。पौ फटते ही वह जाग उठा। / 没有一个人民的军队，～没有人民的一切。यदि जनता के पास एक जन-सेना नहीं है तो जनता के पास कुछ भी नहीं है; एक जन-सेना के बिना जनता के पास कुछ भी नहीं होता। ❷〈संयो०〉 (या तो …) या: 不是… ～是 या तो … या ❸〈संयो०〉 यद्यपि: ～是…也 यदि … भी तो दे० 便是
pián भी दे०

【便步】 biànbù 〈सैन्य०〉 मार्च ऐट ईज़; आसान कूच

【便餐】 biàncān दे० 便饭

【便池】 biànchí पेशाबघर; पेशाबखाना; मूत्रालय

【便当】 biàndang सुविधा; सुभीता: 我们家离市场很近，买菜很～。हमारा घर बाज़ार से बहुत नज़दीक है, सब्ज़ियां खरीदने में बहुत सुभीता है।

【便道】 biàndào ❶छोटा रास्ता: 咱们抄～走。हम लोग छोटे रास्ते से चलें। ❷फ़ुटपाथ; सड़क के दोनों ओर पैदल चलने वालों की जगह: 行人走～。पैदल चलने वाले फ़ुटपाथ पर चलें। ❸अस्थायी रास्ता (सड़क)

【便毒】 biàndú 〈ची०चि०〉 गिल्टी; सूजी हुई गांठ जो शरीर के ग्रंथिल भागों (विशेषतः पैर और जांघ के बीच में निकल आती है

【便饭】 biànfàn अनौपचारिक भोज; साधारण (सादा) भोजन: 就在这儿吃顿～吧。यहीं साधारण भोजन करें।

【便服】 biànfú ❶अनौपचारिक वेश; साधारण पोशाक; सादी पोशाक; सादा पहनावा ❶चीनी पोशाक

【便函】 biànhán गैरसरकारी-पत्र（公函 gōnghán सरकारी-पत्र से भिन्न）
【便壶】 biànhú मूत्रपात्र
【便笺】 biànjiān ❶अनौपचारिक नोट ❷नोट-पेपर; मेमो; मेमो पैड; स्मरणपत्र
【便捷】 biànjié ❶सुविधाजनक ❷जल्दी; शीघ्र: 动作～ शीघ्र कार्यवाही करना; जल्दी-जल्दी काम करना
【便览】 biànlǎn निर्देश पुस्तिका: 邮政～ डाक-निर्देश पुस्तिका / 交通～ मार्गसूचिका; मार्गनिर्देशक पुस्तिका / 旅游～ यात्री निर्देश पुस्तिका
【便利】 biànlì ❶सुविधा; सुभीता; सहूलियत; सुविधा-जनक; सुविधापूर्ण: 交通～ सुविधापूर्ण यातायात / ～地送到 आसानी से कहीं पहुंचाना ❷सुविधा देना; सुभीता देना: ～告发 किसी पर इलज़ाम लगाने की सुविधा देना / 给予通行的～ आने-जाने की सुविधा प्रदान करना / 为某事提供～ किसी काम के लिये सुविधाएं प्रदान करना / 为～居民新修了一条马路。निवासियों की सुविधा के लिये एक नयी सड़क बनायी गयी है। / 水库建成后大大～了农田灌溉。जलाशय बनने के बाद सिंचाई की बड़ी सुविधा हो गयी हैं।
【便了】 biànliǎo〈लघु०अ०〉(वाक्य के अंत में प्रयुक्त) 就是了 jiùshìle के समान: 如有差池，由我担当～。यदि कोई भूल हुई तो उस की ज़िम्मेदारी मेरी होगी।
【便利店】 biànlìdiàn सुविधा दुकान; कंवीनियंस स्टोर
【便路】 biànlù छोटा रास्ता; शॉर्टकट
【便帽】 biànmào टोपी; सादी टोपी
【便门】 biànmén किनारे का द्वार; उपद्वार
【便秘】 biànmì〈चिकि०〉गुदग्रह; कोष्ठबद्धता; कब्ज़; कब्ज़ियत
【便民】 biànmín जनता के लिये सुविधा: ～商店 जनता की सुविधा के लिये दुकान / ～措施 जनता की सुविधा के लिये उपाय
【便溺】 biànnì ❶मल-मूत्र विसर्जित करना ❷मल-मूत्र
【便盆】 biànpén मल-मूत्र का पात्र
【便桥】 biànqiáo अस्थायी पुल; आपात पुल
【便人】 biànrén ऐसा आदमी जिसे लगे हाथ कोई काम या संदेश सौंपा गया हो: 如有～，请把那本书捎来。यदि कोई आए तो वह किताब मेरे यहां भिजवा दें।
【便士】 biànshì पेनी; एक अंग्रेज़ी कांस्य मुद्रा जो एक शिलिंग का बारहवां भाग होती है
【便是】 biànshi ❶〈संयो०〉(या तो …) या: 近来天气不好，不是刮风，～下雨。आजकल मौसम अच्छा नहीं है। या तो हवा चलती है या पानी बरसता है। ❷〈संयो०〉यदि (अगर) … भी तो …; चाहे: ～他不来也没关系。यदि (अगर) वह न आए तो भी परवाह नहीं। / ～牺牲我们的生命，我们也一定要把这条铁路筑成。वह रेल-लाइन हमें बनानी ही है और उसे हम बनाकर ही रहेंगे, चाहे हम मर ही क्यों न जाएं।
【便所】 biànsuǒ पाखाना; शौचालय; हाथ-मुंह धोने का कमरा; टोयलेट; प्रसाधन
【便条】 biàntiáo पत्र; उपपत्र; परचा; रुक्का: 收到他一张～，我便把钱寄去。जब उस का परचा पहुंचा, मैं ने तुरंत रुपये भेजे।
【便桶】 biàntǒng शौचपात्र; पाखाने की बन्द चौकी
【便席】 biànxí अनौपचारिक भोज; साधारण भोज
【便携式】 biànxiéshì वहनीय: ～激光器 वहनीय लैसर-यंत्र
【便鞋】 biànxié गुरगाबी; मुंडा जूता; चप्पल
【便血】 biànxiě〈चिकि०〉रक्तमय मल या मूत्र
【便宴】 biànyàn अनौपचारिक भोज; गैररस्मी दावत; साधारण भोज: 设～招待 किसी व्यक्ति को अनौपचारिक भोज देना
【便衣】 biànyī ❶सादा पहनावा; नागरिक वेश; सादी वर्दी: ～警察 सादी वर्दीधारी पुलिस; गुप्त पुलिस / ～公安人员 सार्वजनिक सुरक्षा विभाग के सादीवर्दीधारी सदस्य ❷सादीवर्दीधारी व्यक्ति
【便宜】 biànyí सुविधाजनक; सुविधापूर्ण; लाभप्रद; हितकारी

piányi भी दे०

【便宜行事】 biànyí-xíngshì（便宜从事 biànyí-cóngshì भी）कार्य-स्वातंत्र्य अधिकार के अनुसार काम करना; किसी विशेष परिस्थिति में अपने विचार के अनुसार निर्णय कर काम करना
【便于】 biànyú आसानी से; किसी काम के लिये उपयुक्त (या आसान) होना: ～接受 आसानी से स्वीकार कर लेना / ～领导 नेतृत्व करने में आसानी होना / ～携带 आसानी से लेना (या वहन करना): 党八股不～表现革命精神。घिसा-पिटापार्टी-लेखन क्रांतिकारी भावना की अभिव्यक्ति के लिये अनुपयुक्त होता है।
【便纸】 biànzhǐ टट्टी का कागज़
【便中】 biànzhōng सुभीते में: 我替您带来一本书，望～来取。मैं आप के लिये एक किताब लाया हूं, सुभीते में (या फ़ुरसत हो तो) आकर ले जाएं।
【便装】 biànzhuāng अनौपचारिक वेश; साधारण पोशाक; सादी पोशाक; सादा पहनावा
【便酌】 biànzhuó अनौपचारिक भोज; साधारण भोज

遍（徧） biàn ❶सर्वत्र; स्थान-स्थान पर; हर कहीं; हर जगह: ～于全世界 समूचे संसार में फैलना / 我们的朋友～天下。हमारे दोस्त दुनिया के कोने-कोने में मौजूद हैं। ❷〈परि०श०〉 बार: 请您再说一～。एक बार फिर कहिये। / 这样的文章不妨看它十多～。इस तरह के लेख को दस से अधिक बार पढ़ने में भी कोई नुकसान नहीं है।
【遍布】 biànbù हर जगह पाया जाना; सभी जगहों में फैल जाना: ～全球 सारी दुनिया में फैल जाना या मौजूद होना
【遍地】 biàndì स्थान-स्थान पर; जगह-जगह; इधर-उधर; यत्र-तत्र; सर्वत्र: ～开花 जगह-जगह फूलना-फलना / （有些国家）～贪污 (कुछ देशों में) भ्रष्टाचार का बोलबाला होना
【遍及】 biànjí हर जगह पहुंच जाना; जगह-जगह फैल

जाना：～全球 सारी दुनिया में फैल जाना; सारी दुनिया में छा जाना

【遍体鳞伤】 biàntǐ-línshāng शरीर में घाव ही घाव होना; (पीटते-पीटते) शरीर पर नील पड़ जाना

缏（緶） biàn नीचे दे०

【缏子】 biànzi 草帽缏 cǎomàobiàn तोपा, टोकरे आदि बनाने के लिये गूंथे हुए घास के तिनके

艑 biàn 〈लि०〉 नाव

辨 biàn अंतर करना; भेद करना; फ़र्क करना：不～真伪 सही और झूठ न पहचानना

【辨白】 biànbái 辩白 biànbái के समान

【辨别】 biànbié पहचानना; परखना; (के बीच) अंतर (भेद, फ़र्क) को पहचानना：～真伪 असली और नकली में भेद करना / ～方向 दिशा पहचानना / ～事物 एक वस्तु और दूसरी वस्तु के बीच के अंतर को पहचानना / ～是非 सही और गलत के अंतर (भेद, फ़र्क) को पहचानना / ～的标准 परखने की कसौटी

【辨尝】 biàncháng स्वाद लेना; स्वाद का अनुभव करना

【辨明】 biànmíng स्पष्ट पहचानना; अंतर (भेद, फ़र्क) स्पष्ट करना：～是非 सही और गलत को स्पष्ट पहचानना

【辨认】 biànrèn पहचानना; परखना：他的笔迹容易～。उस की लिखावट आसानी से पहचानी जा सकती है। / 照片已经模糊，不能～。फ़ोटो का रंग उतर गया है, पहचानी नहीं जा सकती।

【辨识】 biànshí पहचानना; परखना：～足迹 पद-चिह्न को परखना

【辨析】 biànxī पहचानना (परखना) और विश्लेषण करना：词义～ शब्दों के अर्थों का भेद करना और विश्लेषण करना

【辨正】 biànzhèng（辩正 biànzhèng भी）सही और गलत को स्पष्ट पहचानना; गलती को ठीक करना

【辨证】[1] biànzhèng 辩证 biànzhèng ❶ के समान

【辨证】[2] biànzhèng रोग को पहचानना：辨证论治

【辨证论治】 biànzhèng lùnzhì 〈ची०चि०〉（辨证施治 biànzhèng shīzhì भी）रोग और रोगी की बाह्य परिस्थिति की अच्छी तरह जांच-पड़ताल और विश्लेषण पर आधारित चिकित्सा

辩（辯）biàn वाद-विवाद करना; तर्क-वितर्क करना; बहस करना：真理愈～愈明。जैसे-जैसे हम वाद-विवाद करते चलते हैं, वैसे-वैसे सत्य अधिक स्पष्ट होता जाता है।

【辩白】 biànbái सफ़ाई देना; सफ़ाई पेश करना：给自己～ अपनी सफ़ाई देना; अपनी सफ़ाई पेश करना

【辩驳】 biànbó खंडन करना; प्रतिवाद करना：他对此无可～。वह इस का प्रतिवाद न कर सका।

【辩才】 biàncái 〈लि०〉 वाक्-चातुर्य; वाक्-पटुता：颇有～ वाक्-चातुर्य होना; वाक्-चतुर होना; मधुर भाषी या मृदुभाषी होना

【辩辞】 biàncí（辩词 biàncí भी）सफ़ाई; सफ़ाई में प्रस्तुत बातें

【辩护】 biànhù ❶सफ़ाई देना; सफ़ाई पेश करना; वकालत करना; पैरवी करना：为自己的罪行～ अपने पक्ष में पैरवी करना / 他为我们～。उस ने हमारी वकालत की। / 不要为自己的谎言～。अपनी झूठी दलीलें देने की कोशिश न करो। ❷〈का०〉 वकालत करना; पैरवी करना：律师先生在那次案件中没有出庭替政府～。उस मुकदमे में सरकार की ओर से पैरवी करने के लिये वकील अदालत भी न आये।

【辩护词】 biànhùcí वकालत(सफ़ाई) की शहादत; गवाही; प्रमाण

【辩护律师】 biànhù lǜshī पैरोकार; सफ़ाई-पक्ष का वकील

【辩护权】 biànhùquán वकालत (पैरवी) करने का अधिकार

【辩护人】 biànhùrén वकील; पैरोकार; डिफ़ेंडर; काउनसेल; अभिवक्ता

【辩护士】 biànhùshì पक्षसमर्थक; पक्षपोषक; पैरोकार; वह व्यक्ति जो तर्क या युक्ति द्वारा एक पक्ष का समर्थन करता हो：新殖民主义的～ नव उपनिवेशवाद का पैरोकार

【辩解】 biànjiě सफ़ाई देना; स्पष्टीकरण करना; दलील पेश करना：不对就不对，不要～。चूक तो चूक ही है, इस की सफ़ाई पेश न करो।

【辩论】 biànlùn वाद-विवाद करना; तर्क-वितर्क करना; बहस करना：一般性～ आम बहस करना या होना / 激烈的～ काफ़ी गरमागरम बहस करना या होना / ～个水落石出 बहस से किसी बात की तह तक पहुंचना

【辩论会】 biànlùnhuì डिबेट; वाद-विवाद सभा; तर्क-वितर्क सभा; बहस-मुबाहिका

【辩明】 biànmíng वाद-विवाद से साफ़ करना या होना

【辩难】 biànnàn वाद-विवाद (तर्क-वितर्क) करना; बहस करना：互相～ एक दूसरे से वाद-विवाद करना; आपस में वाद-विवाद करना

【辩赛】 biànsài वाद-विवाद प्रतियोगिता

【辩士】 biànshì 〈लि०〉 वाक्-पटु; पटुवक्ता; वाग्मी

【辩手】 biànshǒu वाद-विवाद; बहस करने वाला

【辩说】 biànshuō वाद-विवाद करना; बहस करना

【辩诉】 biànsù अपनी सफ़ाई पेश करना

【辩诉交易】 biànsù jiāoyì प्ली बार्गेन (plea bargain)

【辩诬】 biànwū अपने ऊपर लगे झूठे आरोप के विरुद्ध सफ़ाई पेश करना

【辩学】 biànxué ❶वाद-विवाद विज्ञान ❷逻辑学 luójíxué का पुराना नाम; तर्कशास्त्र

【辩正】 biànzhèng 辨正 biànzhèng के समान

【辩证】 biànzhèng ❶（辨证 biànzhèng भी）किसी की सचाई सिद्ध करना; प्रमाणित करना：反复～ बार-बार इस की सचाई सिद्ध करना ❷द्वन्द्ववादी; द्वन्द्वात्मक：～的统一 द्वन्द्वात्मक एकता / ～的思想方法 द्वन्द्ववादी

विचार-प्रणाली / ～地看问题 समस्याओं के प्रति द्वन्द्ववादी रुख अपनाना / 事物发展的～规律 वस्तुओं के विकास का द्वन्द्ववादी नियम

【辩证法】 biànzhèngfǎ द्वन्द्ववाद की प्रणाली या पद्धति; द्वन्द्वात्मकता; द्वन्द्वात्मक पद्धति; डायलेक्टिक्स: 自然～ प्रकृति-संबंधी द्वन्द्ववाद / 用唯物～武装起来的 भौतिकवादी द्वन्द्ववाद की पद्धति से संपन्न

【辩证逻辑】 biànzhèng luójí द्वन्द्वात्मक तर्कशास्त्र; डायलेक्टिक्ल लाजिक

【辩证唯物主义】 biànzhèng wéiwù zhǔyì द्वन्द्वात्मक भौतिकवाद: ～的方法 द्वन्द्वात्मक भौतिकवादी पद्धति / ～的观点 द्वन्द्वात्मक भौतिकवादी विचार (या दृष्टिकोण) / ～的认识论 ज्ञान के बारे में द्वन्द्वात्मक भौतिकवादी सिद्धांत / ～者 द्वन्द्वात्मक भौतिकवादी

辫（辮） biàn ❶चोटी; चुटिया; वेणी ❷चोटी जैसी वस्तु: 草帽～ गूंथे हुए सूखी घास के तिनके ❸〈बो०〉〈परि०श०〉 चोटी जैसी गून्थी हुई वस्तु: 蒜～ लहसुन से गून्थी हुई चोटी जैसी वस्तु ❹〈बो०〉 बाल गून्थना; बालों को बटना: 梳～ बाल को चोटी में गून्थना: ～辫子 चोटी करना; बाल गून्थना; वेणी करना / 把蒜～起来。 लहसुन को चोटी के रूप में गून्थो ।

【辫根】 biàngēn चोटियों की जड़

【辫子】 biànzi ❶चोटी; चुटिया; वेणी: 梳（结成）～ बाल चोटी में गून्थना; वेणी करना / 把问题梳梳～ 〈ला०〉 समस्याओं का प्रबंध करना ❷चोटी जैसी गून्थी हुई वस्तु ❸ऐसी भूल (गलती) जिस का लाभ विपक्षी (निपक्ष-दल के लोग) उठाएं: 揪～ चोटी पकड़ना; किसी की भूल (गलती) पकड़ना / 他的～抓在你的手里。 उस की चोटी तुम्हारे हाथ में है ।

biāo

杓 biāo 〈प्रा०〉 सप्तर्षि तारों में मूठ जैसे तीन तारे 勺 sháo भी दे०

标（標） biāo ❶〈लि०〉 वृक्ष का सिरा ❷वस्तुओं की शाखा या सतह: दे० 标本❷ ❸चिह्न; निशान; लेबिल: 商～ व्यापार-चिह्न; ट्रेड-मार्क / 音～ ध्वनि चिह्न ❹कसौटी; लक्षित परिणाम: 达～ लक्षित परिणाम प्राप्त होना / 超～ लक्षित परिणाम से आगे निकलना ❺चिह्न; निशान या लेबिल लगाना; चिह्नित करना: ～上号码 अंक (नंबर) लिखना / ～界 सीमा पर निशान लगाना (या रेखा खींचना) / 商品～价 हर वस्तु पर मूल्य (दाम) लिखना ❻पुरस्कार; इनाम: 夺～ पुरस्कार जीत लेना; पुरस्कार प्राप्त करना ❼ठेका; टेंडर; निविदा (नीलाम में लगा हुआ) दाम: 招～ टेंडर बुलाना; निविदा आमंत्रित करना / 投～ टेंडर देना; निविदा करना ❽छिंग राजवंश (1616-1911 ई०) के अंतिम समय की थल-सेना की वर्तमान रेज़ीमेंट के लगभग समान सैन्य-रचना ❾〈परि०श०〉(सैन्य टुकड़ी के लिये केवल 一（yī）के साथ प्रयुक्त)（彪 biāoभी）一～人马 सेना की एक टुकड़ी

【标榜】 biāobǎng❶दिखावा करना; ढोल पीटना; ढिंढोरा पीटना; शोर मचाना: ～民主 जनवाद का ढोल पीटना / 无耻地～ निर्लज्जतापूर्वक पेश आना ❷(एक दूसरे की) प्रशंसा करना; स्तुति करना; शेखी बघारना: 互相～ एक दूसरे की प्रशंसा करना; एक दूसरे की स्तुति करना / 自我～ अपना राग अलापना; अपने मुंह मियां मिट्ठू बनना; अपनी शेखी बघारना

【标本】 biāoběn ❶उदाहरण; आदर्श; नमूना; बानगी: 昆虫～ कीड़े का नमूना / 活～ जीता-जागता उदाहरण ❷〈ची०चि०〉 रोग का मूल कारण और लक्षण: ～兼治 रोग की जड़ और उस के बाह्य लक्षणों की चिकित्सा एक साथ करना

【标本虫】 biāoběnchóng 〈प्राणि०〉 स्पाइडर बीटल

【标兵】 biāobīng ❶(परेड आदि में) परेड गार्ड; कवायद गार्ड; सिगनल-मैन ❷उदाहरण; आदर्श; नमूना: 树立～ आदर्श खड़ा करना; आदर्श प्रतिष्ठित करना / 文艺战线上的～ कला-साहित्य के मोर्चे पर आदर्श

【标尺】 biāochǐ ❶पैमाना; मापदंड; स्टाफ; पानी की गहराई का मापदंड ❷〈सैन्य०〉 राइफ़ल का वीक्षणयंत्र; लीफ़ साइट: ～三 लीफ़ साइट तीन पर ❸表尺 biāochǐ का साधारण नाम

【标灯】 biāodēng सिगनली लालटेन; मार्ग-दर्शक-बत्ती; आकाश-दीप

【标底】 biāodǐ किसी परियोजना के लिये टेंडर बुलाने वाले का टेंडर बुलाने के पहले निश्चित तय मूल्य

【标的】 biāodì निशान; लक्ष्य

【标点】 biāodiǎn ❶विराम चिह्न ❷विराम-चिह्न लगाना

【标点符号】 biāodiǎn fúhào विराम-चिह्न; विराम आदि चिह्न

【标定】 biāodìng परिसीमित करना; सीमा बांधना; सीमा निर्धारित करना: ～边界线 सीमा-रेखा खींचना; सीमा निर्धारित करना

【标度】 biāodù 〈भौ०〉 स्केल: 温度计上的～ थर्मामीटर का स्केल; तापमापी का पैमाना / ～值 स्केल वैल्यू

【标杆】 biāogān ❶क्षैतिजकारी डंडा; निशान डंडा ❷आर्श; उदाहरण; नमूना

【标高】 biāogāo 〈सवेक्षण व चित्रांकन〉 ऊंचाई; बुलंदी

【标格】 biāogé शैली; चरित्र; गुण

【标号】 biāohào अंक; नम्बर; अंकन; मार्किंग: 高～水泥 उच्च-स्तरीय सीमेंट

【标记】 biāojì निशान; लक्षण; (सांकेतिक) चिह्न: 作～ निशान लगाना; लक्षण लगाना

【标记原子】 biāojì yuánzǐ 示踪原子 shìzōng yuánzǐ के समान अनुज्ञापक; ट्रेसर; लेबल्ड आइटम

【标价】 biāojià ❶दाम (मूल्य) देना (लिखना, लगाना): 没有～。 मूल्य नहीं लिखा गया है । ❷लिखा (दिया) हुआ मूल्य (दाम)

【标金】 biāojīn टेंडर भरते समय दी गयी जमानती रकम

【标量】 biāoliàng 〈भौ०〉 स्केलर; स्केलर परिमाण

【标卖】 biāomài नीलाम करना; नीलाम में बेचना; बेचने के लिये दाम लगाना; दाम लगाकर बेचना

【标明】 biāomíng चिह्न (लक्षण, निशान) लगाना; निर्दिष्ट करना: ～号码 अंक (नंबर) लिखना; अंकन करना

【标签】 biāoqiān लेबिल; अंकपत्र; परचा: 贴上～ लेबिल लगाना या थोप देना / 价目～ मूल्य परचा / 旧货色，新～ पुरानी चीज़ों पर नये लेबिल

【标枪】 biāoqiāng भाला; बर्छी; बर्छा: 掷～ 〈खेल०〉 भाला-फेंक; भाला फेंकना

【标示】 biāoshì चिह्न (लक्षण, निशान) लगाना; निर्दिष्ट करना

【标书】 biāoshū टेंडर बुलाने या देने के लिये पत्र

【标题】 biāotí शीर्षक; सुर्खी; हेडिंग; टाइटल: 通栏大字～ (समाचार-पत्र में) मुख्य शीर्षक; प्रमुख सुर्खी / 小～ उपशीर्षक; सबहेडिंग / 加上～ शीर्षक देना

【标题页】 biāotíyè शीर्षक-पन्ना; टाइटल-पेज

【标题音乐】 biāotí yīnyuè 〈संगी०〉 कार्यक्रम संगीत; प्रोग्रैम-म्यूज़िक

【标图】 biāotú सैन्य-मानचित्र आदि पर चिह्न लगाना

【标新立异】 biāoxīn-lìyì नयी और भिन्न राय पेश करना; नया राग अलापना; नया फूल खिलाना

【标语】 biāoyǔ नारा; पोस्टर; स्लोगन: 张贴～ नारा (पोस्टर, स्लोगन) लगाना (चिपकाना): ～牌 नारा (पोस्टर,स्लोगन) का तख्त (बोर्ड); प्लेकार्ड / ～塔 स्लोगन पाइलोन / ～口号式 पोस्टरबाज़ी और नारेबाज़ी की शैली

【标志】 biāozhì चिह्न; निशान; लक्षण; प्रतीक: 外部～ बाहरी लक्षण / 以…为～ जिस के लक्षण … के रूप में प्रकट हुए है / 兴旺发达的～ ओजस्विता और समृद्धि का लक्षण / ～着斗争的新高涨 संघर्ष में एक नये उभार का सूचक होना / ～着形势的根本改变 स्थिति में आमूल परिवर्तन का सूचक बन जाना / 中华人民共和国的成立～着我国社会主义革命的开始。चीन लोक गणराज्य की स्थापना चीन में समाजवादी क्रांति के प्रारम्भ की परिचायक थी।

【标识】 biāozhì 标志 के समान

【标致】 biāozhì (बहुधा महिलाओं के लिये प्रयुक्त) सुन्दर; रूपवान; रमणीय; सजीली; खूबसूरत; कबूल-सूरत

【标桩】 biāozhuāng सीमा प्रकट करने वाला खूंटा या खंभा

【标准】 biāozhǔn मानदंड; मापदंड; कसौटी; स्टैंडर्ड: 最高～ सब से बड़ी कसौटी / 合乎～ मानक (प्रामाणिक) होना / 正确的～ (परखने के लिये) सही किस्म की कसौटी / 区分的～ भेद करने की मुख्य कसौटी / 文艺批评的～ कला-साहित्य की समालोचना का मापदण्ड / 按我们的～来看 हमारे मापदण्ड के अनुसार / 提高工作～ काम का स्तर उन्नत करना / 用高～要求自己 अपने से ऊंची मांग करना / 真理的～只能是社会的实践。केवल सामाजिक व्यवहार ही सच्चाई की कसौटी हो सकता है।

【标准层】 biāozhǔncéng 〈भूगर्भ०〉 की (मार्कर) बेड

【标准大气压】 biāozhǔn dàqìyā 〈भौ०〉 मानक वायुभार (वायुमंडलीय दबाव); अंतर्राष्ट्रीय मानक वायुभार (आइ०एस०ए०)

【标准化】 biāozhǔnhuà मानकीकरण

【标准化考试】 biāozhǔnhuà kǎoshì मानक परीक्षा; स्टैण्डर्ड टेस्ट

【标准间】 biāozhǔnjiān मानक कमरा; स्टैण्डर्ड रूम

【标准局】 biāozhǔnjú मानक ब्यूरो

【标准普尔指数】 Biāozhǔn Pǔ'ěr zhǐshù 〈अर्थ०〉 मानक व पोर का कंपोज़िशन इंडेक्स

【标准时】 biāozhǔnshí मानक समय; प्रतिमान समय

【标准时区】 biāozhǔn shíqū मानक समय-क्षेत्र

【标准台】 biāozhǔntái 〈कृषि०〉 (ट्रैक्टरों की क्षमता मापने की) मानक इकाई, जो पंद्रह अश्वशकित के बराबर होती है

【标准设计】 biāozhǔn shèjì 〈वास्तु०〉 स्टैंडर्ड डिज़ाइन; प्रतिमान अभिकल्प

【标准音】 biāozhǔnyīn 〈ध्वनि०〉 शुद्ध उच्चारण; मानक उच्चारण; प्रामाणिक उच्चारण

【标准语】 biāozhǔnyǔ 〈भा०वि०〉 मानक (शुद्ध) बोली; शुद्ध भाषा; मानक भाषा

飑（颮） biāo ऐसी हवा जो अचानक रुख बदले और जिस की गति तेज़ी से बढ़े: ～风袭击了呼兰县。अचानक रुख बदलती और तेज़ी से वेगवती होती हवा ने हूलान काउंटी पर हमला किया।

骉（驫） biāo 〈लि०〉 बहुत से घोड़ों का एक साथ दौड़ना

彪 biāo ❶〈लि०〉 बाघ का बच्चा व्याघ्र शावक ❷बाघ के शरीर पर की धारियां ❸〈परि०श०〉 标 biāo ❾ के समान ❹（Biāo）एक कुलनाम

【彪炳】 biāobǐng 〈लि०〉 चमकीला; चमकदार; चमकता हुआ; शानदार; भव्य: ～青史 इतिहास में चमकदार / ～显赫的历史功勋 इतिहास में शानदार योगदान; भव्य ऐतिहासिक योगदान

【彪炳千古】 biāobǐng－qiāngǔ युग-युग चमकता हुआ

【彪悍】 biāohàn निडर; दिलेर; साहसी; शूर

【彪形大汉】 biāoxíng dàhàn बहुत हट्टा-कट्टा आदमी

【彪壮】 biāozhuàng लम्बा और तगड़ा; हृष्ट-पुष्ट; हट्टा-कट्टा: 身材～的大汉 तगड़े बदन वाला आदमी; हृष्ट-पुष्ट आदमी

猋 biāo 〈लि०〉 ❶तीव्र; तेज़; जल्दी; शीघ्र ❷飙 biāo के समान

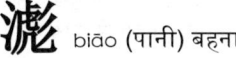

滮 biāo (पानी) बहना

【滮滮】 biāobiāo पानी का बहना
【滮稻】 biāodào धान
【滮流】 biāoliú बहता हुआ पानी
【滮田】 biāotián धान का खेत

摽 biāo 〈लि०〉 ❶किसी व्यक्ति की ओर हट जाने का इशारा करना ❷त्याग करना; छोड़ देना; फेंक देना
biào भी दे०
【摽榜】 biāobǎng 标榜 biāobǎng के समान

幖 biāo 〈लि०〉 ❶झंडा; पताका ❷〈प्रा०〉 标 biāo के समान

骠（驃）biāo 黄骠马 huángbiāomǎ सफ़ेद दाग वाला पीले रंग का घोड़ा
piào भी दे०
【骠实】 biāoshí 膘实 biāoshí के समान

熛 biāo 〈लि०〉 ज्वाला; लौ; लपट; शिखा; शोला

膘（臕）biāo (मांस की) चरबी; वसा (बहुधा घरेलू पशु के लिये प्रयुक्त)： 长（上）～ (घरेलू पशु) मोटा होना; चरबी बढ़ना / ～肥肉满 (घरेलू पशु) चरबी बहुत ज़्यादा होना; मोटा-ताज़ा होना
【膘情】 biāoqíng (घरेलू पशु की) चरबी बढ़ने की हालत
【膘实】 biāoshí (घरेलू पशु) मोटा होना; मांसल होना

飙（飆、飇、飈）biāo 〈लि०〉 तूफ़ान; भीषण वायु; तेज़ बवंडर： 狂～ तूफ़ान; तीव्र आंधी; प्रचंड वायु; चक्रवात
【飙车】 biāochē बड़े वेग से कार चलाना
【飙升】 biāoshēng दाम, संख्या आदि का बड़े वेग से ऊपर जाना

瘭 biāo नीचे दे०
【瘭疽】 biāojū 〈ची०चि०〉 उंगलियों के मांसल भाग में सूजन और मवाद उत्पन्न होने का रोग

镖（鏢）biāo 〈पुराना〉 भाले के सिरे जैसा हथियार
【镖局】 biāojú 〈पुराना〉 यात्रियों, व्यापारियों आदि के लिये सशस्त्र रक्षक भेजने वाली व्यावसायिक संस्था
【镖客】 biāokè 〈पुराना〉 यात्रियों, व्यापारियों आदि के काफ़िले का सशस्त्र रक्षक दल

瀌 biāo नीचे दे०
【瀌瀌】 biāobiāo 〈लि०〉 ज़ोरदार पानी या वर्षा गिरना

藨 biāo नीचे दे०
【藨草】 biāocǎo एक प्रकार की घास जिस के सूखे डंठल से चटाई आदि गून्थी जा सकती है और जिस से कागज़ भी बनाया जा सकता है

镳[1]（鑣）biāo 〈लि०〉 लगाम के दोनों ओर घोड़े के मुंह से बाहर निकला भाग; दहाना： 分道扬～ अलग-अलग रास्ते पर आगे बढ़ना

镳[2]（鑣）biāo 镖 biāo के समान

穮（穮）biāo 〈लि०〉 घास छीलना; घास उखाड़ना; घास काटना

biǎo

表 biǎo ❶बाह्यभाग; बहिर्भाग; बाहरी भाग (हिस्सा); बाह्य धरातल： 地～ ज़मीन की सतह / 由～及里 बाह्य से आन्तरिक की ओर बढ़ना ❷ममेरा; फुफेरा; मौसेरा： 舅～兄弟 ममेरा भाई / 姑～姐妹 फुफेरी बहिन ❸दिखाना; प्रकट करना; अभिव्यक्त करना; ज़ाहिर करना： ～同情 सहानुभूति (या सहानुभूति की भावना) प्रकट करना / ～决心 अपना निश्चय प्रकट करना; दृढ़ संकल्प प्रकट करना ❹〈ची०चि०〉 भीतरी शीत को बाहर निकालने के लिये औषधि का प्रयोग करना ❺आदर्श： 为人～率 दूसरे लोगों के लिये आदर्श बनना ❻〈प्रा०〉 सम्राटको दिया गया प्रार्थना-पत्र (या तथ्य-कथन, अभ्या-वेदन)： 《出师～》 "अभियान पूर्व प्रार्थना-पत्र" / 《陈情～》 "तथ्य-कथन के लिये सम्राट को दिया गया पत्र" ❼तालिका; फ़ार्म; नामसूची; टेबुल： 时间～ टाइम-टेबुल / 登记～ रजिस्ट्री फ़ार्म / 价目～ मूल्य सूची / 填～फ़ार्म भरना / 人口统计～ जन-संख्या तालिका ❽परछाई-घड़ी; सूर्य-घड़ी： 圭～ सूर्य-घड़ी ❾मापक; नापने का यंत्र; मापयंत्र： 温度～ थर्मामीटर / 电～ बिजली मापक / 水～ जल नापने का यंत्र / 煤气～ गैस नापने का यंत्र ❿घड़ी： 怀～ जेब-घड़ी / 手～ घड़ी; कलाई घड़ी / ～带 घड़ी का फ़ीता; घड़ी की पट्टी / 电子～ इलेक्ट्रॉनिक घड़ी
【表白】 biǎobái आत्माभिव्यक्ति करना; अपनी बात, प्र-वृत्ति, आचार आदि का स्पष्टीकरण करना： ～诚意 अपनी ईमानदारी निश्चयपूर्वक कहना / 我们看一个人，不是根据他的～，而是根据他的行动。 हम लोग किसी व्यक्ति को उस की कथनी के बजाय करनी से परखते है; जब हम लोग किसी व्यक्ति को परखते हैं तो उस की कथनी को नहीं बल्कि करनी को देखते हैं।
【表报】 biǎobào फ़ार्म और रिपोर्ट： 年度～ वार्षिक रिपोर्ट
【表册】 biǎocè सूची; कार्य-तालिका; फ़ेहरिस्त
【表层】 biǎocéng बाह्य भाग; बहिर्भाग; बाहरी भाग; ऊपरी भाग; तल; सतह
【表尺】 biǎochǐ 〈सैन्य०〉 (राइफ़ल आदि का) रियर सा-इट; नाल के निकटस्थ निशाना साधनों में मदद देने वाला भाग; मक्खी
【表尺座】 biǎochǐzuò रियर साइट बेस

【表达】 biǎodá अभिव्यक्त करना; ज़ाहिर करना: ～思想 विचार प्रकट करना / ～感情 भावों की अभिव्यक्ति करना / 这充分～了人民的强烈愿望。 इस से जनता की तीव्र इच्छा अभिव्यक्त होती है। / 我激动的心情难以用言语来～。 मेरी उत्तेजना शब्दों से व्यक्त नहीं हो सकती।

【表袋】 biǎodài (कोट, पेंट आदि में) घड़ी रखने की जेब

【表格】 biǎogé फ़ार्म; सूची; तालिका: 填写～ फ़ार्म भरना

【表功】 biǎogōng ❶अपना योगदान प्रकट करना ❷<लि०> योगदान की प्रशंसा करना

【表记】 biǎojì <लि०> किसी को भेंट के रूप में दिया गया स्मृति-चिह्न

【表决】 biǎojué वोट देना; मतदान करना; वोट लेना: 付～ (पर) वोट लेना / 投票～ मतपत्र द्वारा मत देना / 举手～ हाथ उठाकर मत देना / 唱名～ एक-एक नाम पुकारकर मत देना / 口头～ मौखिक मतदान / 对修正案提出～ संशोधन पर वोट लेना

【表决程序】 biǎojué chéngxù वोट देने की प्रक्रिया

【表决机器】 biǎojué jīqì मतदान मशीन; वोटिंग मशीन

【表决权】 biǎojuéquán मत देने का अधिकार; मताधिकार: 行使～ मताधिकार का प्रयोग करना / 有～的代表 वोट देने का हकदार प्रतिनिधि / 没有～的代表 मताधिकार से वंचित प्रतिनिधि

【表决者】 biǎojuézhě मतदान करने वाला; वोटर; मतदाता

【表决指示牌】 biǎojué zhǐshìpái वोट सूचक; मत प्रदर्शक

【表里】 biǎolǐ ❶बाहर और अंदर: ～不一 दुरंगा होना; बाहर से कुछ और अंदर से कुछ और; कहना कुछ, करना कुछ और / ～如一 जैसी कथनी वैसी करनी; जैसा विचार, वैसा व्यवहार; कथनी और करनी की एकरूपता ❷<ची०चि०> रोग का बाह्य लक्षण और मूल; बाह्य और भीतरी भाग

【表链】 biǎoliàn घड़ी की चेन (ज़ंजीर)

【表列种姓】 biǎoliè zhǒngxìng अनुसूचित जाति

【表露】 biǎolù प्रकट होना; व्यक्त होना; ज़ाहिर होना: 他很着急，但并没有～出来。 वह बहुत परेशान है, लेकिन उस के मुख से कुछ न कुछ प्रकट नहीं होता।

【表蒙子】 biǎoméngzi घड़ी का शीशा

【表面】[1] biǎomiàn तल, सतह: 地球的～ पृथ्वी का धरातल; पृथ्वी की सतह / ～上的情况 सतह की परिस्थिति / ～地看问题 उथले ढंग से विचार करना / ～上不是为个人 ऊपर से देखने पर तो यह व्यक्तिगत हितों की तलाश नहीं जान पड़ती / 他们～上气壮如牛，实际上胆小如鼠。 वे बाहर (ऊपर) से सांड जैसे मज़बूत दिखाई देते हैं पर वास्तव में अंदर से चूहे जैसे डरपोक हैं।

【表面】[2] biǎomiàn <बो०> ❶घड़ी का मुंह ❷घड़ी का शीशा; घड़ी का डायल; डायल प्लेट

【表面测定仪】 biǎomiàn cèdìngyí सतह-क्षेत्र निर्धारण यंत्र

【表面处理】 biǎomiàn chǔlǐ बाह्य बर्ताव; बाह्य व्यवहार; सतही आचरण

【表面化】 biǎomiànhuà सतह पर उभर आना; खुलकर सामने आना: 矛盾～ अंतर्विरोध खुलकर सामने आ जाना / 纠纷～ आपसी फूट सतह पर उभर आना

【表面价值】 biǎomiàn jiàzhí (नोट, सिक्के आदि पर) अंकित मूल्य

【表面文章】 biǎomiàn wénzhāng दिखावा; आडंबर: 他这番话不过是～。 उस की बातें केवल दिखावे के लिये हैं।

【表面现象】 biǎomiàn xiànxiàng ऊपरी अभिव्यक्ति; ऊपरी बात: 这只是一种～。 ऐसी अभिव्यक्ति बस ऊपर की ही है।

【表面性】 biǎomiànxìng उथलापन

【表面硬化】 biǎomiàn yìnghuà <धा०वि०> लोहे के तले को कार्बनीकरण द्वारा इस्पात की भांति कड़ा बनाना

【表面张力】 biǎomiàn zhānglì <भौ०> पृष्ठ-तनाव; सतही तनाव

【表明】 biǎomíng स्पष्ट रूप से प्रकट करना या होना; सिद्ध करना या होना; संकेत करना: ～立场 अपना दृष्टिकोण स्पष्ट रूप से प्रकट करना / ～态度 अपना रुख प्रकट (या स्पष्ट) करना / 有迹象～会谈将会破裂。 बहुत सी बातें यही संकेत करती हैं कि वार्ता भंग हो जाएगी।

【表盘】 biǎopán घड़ी का मुंह; डायल

【表皮】 biǎopí <जीव०> बाह्यत्वचा; बाहर की खाल; उपचर्म; बहिर्त्वचा; त्वचा की बाहरी परत

【表亲】 biǎoqīn ममेरा, फुफेरा, मौसेरा भाई या बहिन

【表情】 biǎoqíng भाव; मुद्रा: 面部～ मुख-मुद्रा / ～不自然 अस्वाभाविक मुद्रा में / 他脸上露出愉快的～。 उस के मुख पर प्रसन्नता का भाव प्रकट हुआ। / 演员们的～很好。 अभिनेताओं ने खूब अच्छी तरह भाव-प्रदर्शन किया।

【表示】 biǎoshì दिखाना; प्रकट करना; व्यक्त करना: ～感谢 कृतज्ञता निवेदन करना; कृतज्ञता ज्ञापन करना / ～决心 संकल्प प्रकट करना / ～反对 अस्वीकृति प्रकट करना / ～愤怒和声讨 रोष और निन्दा प्रकट करना / ～同情 सहानुभूति दिखाना / ～遗憾 खेद-प्रकाश; खेद प्रकट करना / ～义愤 (के प्रति) तीव्र आक्रोश प्रकट करना / 我们应该～赞成什么，反对什么。 हमें किसी चीज़ के पक्ष या विपक्ष में अपनी बात कहनी चाहिये। / 这些事情～了他们的腐朽和脆弱。 ये बातें उन के क्षय और दौर्बल्य की सूचक हैं।

【表述】 biǎoshù बताना; व्याख्या करना; प्रतिपादन करना

【表率】 biǎoshuài आदर्श; उदाहरण; मिसाल; नमूना: 他是全心全意为人民服务的～。 उस ने हमारे लिये तन-मन-धन से जनता की सेवा करने का एक अच्छा उदाहरण कायम किया है।

【表态】 biǎotài अपना रुख प्रकट करना: 作～式发言 अपनी स्थिति या दृष्टिकोण का बयान करना / 在重大问

题上要～。किसी भी महत्वपूर्ण समस्या पर अपना स्पष्ट (निश्चित) रुख प्रकट करना चाहिये।
【表土】 biǎotǔ 〈कृषि०〉 मिट्टी (भूमि) का ऊपरी भाग; सतही मिट्टी; आवरण
【表现】 biǎoxiàn ❶दिखाना; प्रकट करना; अभिव्यक्त करना; ज़ाहिर करना; प्रदर्शित करना: 任何质量都～为一定的数量。हर गुणात्मक पहलू की अभिव्यक्ति किसी परिमाणात्मक पहलू के रूप में होती है। / 人民的语汇是～实际生活的。जनता का शब्द-भंडार वास्तविक जीवन की अभिव्यक्ति करने वाला होता है। ❷अभिव्यक्ति: 政治是经济的集中～。राजनीति अर्थतंत्र की केन्द्रित अभिव्यक्ति है। / 他在工作中～良好。काम में उस का व्यवहार अच्छा रहता है। / 眼泪是意志懦弱的～吗? क्या आंसू हमेशा कमज़ोरी की निशानी होते हैं? ❸〈अना०〉 दूसरों के सामने अपनी अच्छाई दिखाना: 他总是要寻找机会～他自己的。वह हर संभव मौके पर अपने आप को प्रकट करता है। / 他好～。उसे आत्माभिव्यक्ति करना पसंद है।
【表现力】 biǎoxiànlì अभिव्यक्त करने की शक्ति; अभिव्यक्ति-शक्ति; अभिव्यंजन क्षमता
【表现手法】 biǎoxiàn shǒufǎ अभिव्यक्ति की शैली; चलचित्र आदि संबंधी तकनीक: 这部影片的～也比较新颖。इस फ़िल्म की तकनीक भी नयी है।
【表现形式】 biǎoxiàn xíngshì अभिव्यक्ति का रूप; अभिव्यक्ति की शैली; व्यक्त करने का ढंग: 主观主义、宗派主义的一种～就是洋八股或党八股。मनोगतवाद और संकीर्णतावाद की अभिव्यक्ति का एक रूप घिसा-पिटा विदेशी या पार्टी लेखन है।
【表现型】 biǎoxiànxíng 〈जीव०〉 दृश्यरूप
【表现主义】 biǎoxiàn zhǔyì 〈कला〉 अभिव्यंजनवाद
【表象】 biǎoxiàng 〈मनो०〉 मन पर छूट गयी किसी वस्तु की छाप; संवेदना; कल्पना
【表兄弟】 biǎoxiōngdì ममेरा (या फुफेरा, मौसेरा) भाई
【表演】 biǎoyǎn ❶अभिनय करना; नाटक खेलना: ～节目 कार्यक्रम प्रस्तुत करना; कार्यक्रम आयोजित करना / ～相声 हास्य संवाद प्रस्तुत करना / 杂技～ नट-कला का आयोजन / 体育～ खेल-कूद प्रदर्शन / 航空模型～ विमान-माडल प्रदर्शनी / 他～得很好。उस ने बहुत अच्छा अभिनय किया। / 他～得多么拙劣。उस ने कैसे भद्दे ढंग (या फूहड़ तरीके) से चाल चली। ❷दिखाना: ～新操作方法 मशीन पर काम करने का नया तरीका दिखाना
【表演唱】 biǎoyǎnchàng अभिनय के साथ-साथ गीत गाना
【表演赛】 biǎoyǎnsài प्रदर्शन-प्रतियोगिता; नुमाइशी मैच
【表演艺术】 biǎoyǎn yìshù अभिनय-कला
【表扬】 biǎoyáng प्रशंसा करना; सराहना करना; तारीफ़ करना: 受～ प्रशंसा की जाना / ～好人好事 अच्छे आदमी और उस के नेक काम की प्रशंसा करना / 大会～了许多先进单位。सभा में अनेक प्रगतिशील इकाइयों की प्रशंसा की गयी। / 同志们的革命干劲得到了～。साथियों के क्रांतिकारी उत्साह की सराहना की गयी।
【表扬信】 biǎoyángxìn प्रशंसा-पत्र; प्रशस्ति-पत्र
【表意文字】 biǎoyì wénzì 〈भा०वि०〉 चित्राक्षर; चित्रलेख
【表音文字】 biǎoyīn wénzì 〈भा०वि०〉 ध्वन्याक्षर; ध्वनिलेख; फ़ोनोग्राफ़ी
【表语】 biǎoyǔ 〈व्या०〉 उद्देश्य की पूर्ति; पूरक; विधेय का भाग
【表彰】 biǎozhāng (किसी के श्रेय, योगदान आदि की) प्रशंसा (सराहना, तरीफ़) करना; किसी का गुणगान करना; उदाहरण (मिसाल) के रूप में प्रस्तुत करना: ～他的功劳 उन के योगदान का गुणगान करना
【表针】 biǎozhēn (यंत्र, घड़ी आदि की) सूचक-सुई; सूचिका; घड़ी की सुई
【表证】 biǎozhèng 〈ची०चि०〉 इंफ़्लूएंज़ा (फ़्लू) जैसे गंभीर संक्रामक रोगों के बाह्य लक्षण
【表侄】 biǎozhí ममेरे (फुफेरे, मौसेरे) भाई का पुत्र
【表侄女】 biǎozhínǚ ममेरे (फुफेरे, मौसेरे) भाई की पुत्री
【表字】 biǎozì दूसरा नाम 黄忠～汉升。ह्वांग चुंग का दूसरा नाम ह्वांग हान-शंग था।

婊 biǎo नीचे दे०
【婊子】 biǎozi 〈घृणा०〉 (स्त्रियों के लिये प्रयुक्त) रंडी; वेश्या; पतुरिया: 又想当～，又想立牌坊。वेश्या का जीवन बिताना चाहती है और सतीत्व की मेहराब के लिये भी तरसती है —— कुकर्म करने पर भी यश पाने का यत्न करना

裱 biǎo चित्र (तस्वीर) आदि को दफ़्ती या गत्ते पर चिपकाना: 把画拿去～一下。तस्वीर को दफ़्ती पर चिपकाओ।
【裱褙】 biǎobèi तस्वीर आदि को दफ़्ती पर चिपकाना
【裱糊】 biǎohú (दीवार आदि को) कागज़ से मढ़ना (सजाना)
【裱装】 biǎozhuāng तस्वीर आदि को दफ़्ती पर चिपकाना

褾 biǎo 〈लि०〉 ❶आस्तीन का अगला भाग ❷कपड़े आदि का किनारा

biào

俵 biào 〈बो०〉 भाग या व्यक्ति के अनुसार बांटना
【俵分】 biàofēn भाग या व्यक्ति के अनुसार बांटना

摽1 biào ❶वस्तुओं को बांधकर जोड़ना: 椅子腿坏了，用铁丝把它～住吧。कुर्सी की टांग खराब हो गयी है, इसे लोहे की रस्सी से बांधकर स्थिर कर दो। ❷आपस में बांधना; बांह में बांह डालना: 弟兄俩～着胳膊走。दोनों भाई बांह में बांह डाले चल रहे हैं। ❸(प्रतियोगिता

आदि के कारण) दूसरों के साथ होड़ करना: 我跟你～上啦，你干多少我也干多少。मैं तुम्हारे साथ होड़ करूंगा, तुम जितना काम करोगे उतना मैं भी करूंगा। ❹〈अना०〉 निकट संबंध रखना; चिपके रहना: 他俩老～在一起。 ये दोनों हमेशा एक साथ रहते हैं या एक-दूसरे से चिपके रहते हैं।

摽 2 biào 〈लि०〉 ❶गिरना ❷मारना
biāo भी दे०

【摽劲儿】 biàojìnr (प्रतियोगिता करने, अनुचित व्यवहार किये जाने आदि के कारण) किसी के साथ होड़ करना

鳔（鰾） biào ❶〈प्राणि०〉 (मछली का) वायु-कोष; वायु-आशय; वायु-थैली ❷〈रसा०〉 मछली-गोंद ❸〈बो०〉 मछली-गोंद से चिपकाना

【鳔胶】 biàojiāo 〈रसा०〉 मछली-गोंद; मछली का सरेस; आइज़िंग्लास

biē

瘪（癟） biē नीचे दे०
biě भी दे०

【瘪三】 biēsān 〈पुराना〉 प्येसान, शांहाए की बोली में शहरों के ऐसे कंगले दिखनेवाले आवारागर्द जिन के पास रोज़ी कमाने का कोई उचित साधन नहीं था और जो भीख मांगकर या चोरी करके गुज़र-बसर करते थे: 语言无味，像个～。 'प्येसान' जैसी नीरस भाषा; ऐसी भाषा जो बिल्कुल नीरस हो और जिसे देखकर 'प्येसान' की याद आ जाती हो / 小～ छोटा प्येसान

憋 biē ❶दबाना; रोक रखना; मुश्किल से बर्दाश्त करना; दबाकर रखना: ～住气 (आवेग के कारण) सांस रोकना; क्रोध को वश में रखना / ～不住 रोके न रुकना, न संभाल सकना / ～了一肚子火 क्रोध (गुस्सा, आवेश) के कारण मूक (ज़बान बन्द) हो जाना / ～住不哭 आंसू टपकने न देना; रोना रोकना / ～住不笑 हंसना रोक रखना / 劲头儿～足 पूरी शक्ति लगाकर प्रयत्न करने को तैयार होना ❷दम घुटना: 心里～得发慌 बहुत दबा हुआ लगना / 室内空气不流通，～得人透不过气来。 कमरा हवादार न होने से दम घुट रहा है।

【憋闷】 biēmen अप्रसन्न होना; खिन्न होना; उदास होना; उद्विग्न होना; निरुत्साह होना

【憋气】 biēqì ❶दम घुटना; हवा न होने से सांस लेना कठिन लगना ❷दिल (मन) में दबी हुई अप्रसन्न भावना; पीड़ित और रुष्ट लगना: ～了一肚子气 क्रोध के कारण मूक हो जाना, क्रोध संवृत हो जाना

鳖（鱉、鼈） biē कछुए की एक जाति; स्नैपर; मत्स्य-कच्छप (कहीं-कहीं इसे 鼋 yuán भी कहते हैं, यों इस का लोकप्रचलित नाम 王八 wángba है)

【鳖甲】 biējiǎ 〈ची०चि०〉 स्नैपर-शेल; स्नैपर का खोल

【鳖裙】 biēqún（鳖边 biēbiān भी） स्नैपर के ऊपरी खोल के किनारे का चर्बीदार मांस जो स्वादु माना जाता है

bié

别 1 bié ❶बिदा होना; बिदाई लेना; बिछुड़ना: ～离故乡 अपना गांव छोड़ना / 临～赠言 विरह-परामर्श; विदा-सलाह / 久～重逢 दीर्घकालीन वियोग के बाद फिर से मिलना / 不辞而～ बिना राम-राम किये चलते बनना / ～了，张丹！अलविदा, चांग तान！❷दूसरा: ～人 दूसरे लोग; दूसरा आदमी / ～处 दूसरा स्थान; दूसरी जगह / ～人的 पराया / 用～的办法 दूसरे उपाय (तरीके) से ❸〈बो०〉 चलना; बदलना; (मुंह) फेरना: 她把脸～过去用手绢擦眼泪。 उस ने मुंह फेरकर रूमाल से आंसू पोंछे। / 他的思想一时～不过来。 उस का विचार क्षण भर में बदल न सका। ❹（Bié） एक कुलनाम

别 2 bié ❶अंतर करना; भेद करना; फ़र्क करना: 辨～ अंतर करना; भेद करना / 鉴～ विवेक करना / ～其真伪 शुद्ध और कृत्रिम के बीच अंतर करना; असली और नकली के बीच फ़र्क करना ❷अंतर; भेद; फ़र्क: 天渊之～ आकाश-पाताल का अंतर; ज़मीन आसमान का फ़र्क ❸प्रकार; भेद; किस्म: 性～ लिंगभेद; पुरुष वर्ग या नारी वर्ग / 派～ दल; गुट; पंथ; दलबंदी; दलभेद

别 3 bié ❶टंकना; टांकना: 她的胸前～着一朵红花。 उस के सीने पर एक लाल फूल टंका हुआ था। ❷लटका रखना: 他也～了手枪。 उस ने भी कमर में रिवाल्वर (पिस्तौल) लटका रखी है। / 腰里～着旱烟袋。 कमर से चिलम की थैली लटक रही है। / 把门～上。 द्वार बंद करो। ❸कुश्ती में टांग मारना ❹एक ही ओर चलने वाली दो साइकिलों में से आगे चलने वाली साइकिल का पीछे चलने वाली को बाधा देकर रोकना

别 4 bié ❶मत; न; नहीं: ～忙！जल्दी न करो！/ ～说了！बोलो मत！/ ～忘了！भूलो मत！/ 您～着急！आप उत्तेजित न हों！❷(इस चिंता में प्रयुक्त कि कहीं कोई बुरी बात पैदा न हो जाय) 明天可～刮风。 कहीं ऐसा न हो कि कल तेज़ हवा चले। / 可～他不来了。 कहीं ऐसा न हो कि वह न आए ❸अनुमान के अर्थ में बहुधा "是" के साथ प्रयुक्त होता है: 约定的时间过去了，～是他不来了吧！ नियत समय तो गुज़र गया है, कहीं वह आ न जाए！
biè भी दे०

【别本】 biéběn ❶(हस्तलेख की) दूसरी प्रति ❷(एक ही पुस्तक के) भिन्न संस्करण

【别才】 biécái（别材 biécái भी） असाधारण योग्यता

या क्षमता
【别称】 biéchēng दूसरा नाम：沪是上海的～。हू शांहाए का दूसरा नाम है।
【别出心裁】 biéchū-xīncái अनोखा विचार प्रकट करना; नये-नये गुल खिलाना
【别处】 biéchù अन्यत्र; अन्य स्थान; दूसरी जगह
【别动队】 biédòngduì ❶विशेष सैन्य-दल (दस्ता) ❷सशस्त्र गुप्त ऐजेंट स्क्वाड
【别管】 biéguǎn 〈संयो०〉 चाहे：～是谁，一律按原则办事。चाहे कोई भी क्यों न हो, हम लोग सिद्धांत के अनुसार काम करेंगे।
【别号】 biéhào उपनाम; छद्मनाम; दूसरा नाम
【别集】 biéjí（总集 संपूर्ण संग्रह से भिन्न）पृथक् संग्रह; लेखक की संकलित कृतियां
【别家】 biéjiā दूसरे घर; दूसरी दुकानें：～商店的东西都贵，这一家便宜。दूसरी दुकानों में चीज़ों का दाम महंगा है, इस दुकान में सस्ता है।
【别价】 biéjia कृपया मत：您～，等等再说。कृपया आप ऐसा मत कीजिये, ज़रा ठहर जाइये।
【别具肺肠】 biéjù-fèicháng मन में कुटिल अभिप्राय रखना
【别具匠心】 biéjù-jiàngxīn अपना कौशल दिखाना; किसी कार्य में किसी व्यक्ति की मौलिकता (रचनात्मकता, नवीनता) होना：山上建筑设计～。पहाड़ पर वास्तुओं के डिज़ाइन में वास्तु-कला विशारदों की रचलत्मकता दिखती है।
【别具一格】 biéjù-yīgé अपनी विशेषता या विशेष शैली होना (रहना)：这些舞蹈节目，绚丽多姿，～。ये नृत्य बहुत सुन्दर और विविध हैं। इन की अपनी-अपनी विशेष शैली भी है।
【别具只眼】 biéjù-zhīyǎn अपना विशेष दृष्टिकोण होना
【别开生面】 biékāi-shēngmiàn नया रास्ता खोल देना; नया रूप ले लेना; नयी परिस्थिति प्रस्तुत करना; नयी रीति चलाना; ताज़गी व अनोखेपन की छाप छोड़ना：开了一个～的现场会。ऐन स्थान पर एक बिलकुल नये ढंग की सभा बुलाई गयी।
【别来无恙】 biélái-wúyàng जब से हम लोग बिदा हुए, आशा है आप सकुशल और स्वस्थ हैं
【别离】 biélí विदा होना या करना; बिदाई लेना; बिछुड़ना：～家乡 अपने गांव से बिछुड़ना (विदा लेना)
【别论】 biélùn किसी के साथ अलग ही बर्ताव करना; दूसरा मामला मानना：此事另当～。इस के साथ अलग बर्ताव होना चाहिये।
【别名】 biémíng दूसरा नाम："铁牛"是拖拉机的～。"लौह-वृष" ट्रैक्टर का दूसरा नाम है।/"土豆"是马铃薯的～。"土豆"थूतओ (मिट्टी का बीज) आलू का दूसरा नाम है।
【别情】 biéqíng बिदाई का दुख
【别人】 biérén दूसरा कोई：家里只有我和爱人，没有～。घर में केवल मैं और मेरी पत्नी ही हैं, दूसरा कोई नहीं।
【别人】 biéren दूसरा आदमी; दूसरे लोग：认真考虑～的意见。दूसरे लोगों के मत पर अच्छी तरह विचार करो।/ 拿坏作风来教人，就是害了～。दूसरे लोगों को बुरी कार्यशैली सिखाने का मतलब है उन्हें नुकसान पहुंचाना।
【别史】 biéshǐ（正史 zhèngshǐ से भिन्न）एक पृथक् इतिहास (अर्थात् व्यक्तिगत तौर पर संकलित इतिहास ग्रंथ)
【别是】 biéshì कहीं ऐसा न हो कि：孩子老哭，～肚子饿了。बच्चा लगातार रो रहा है, कहीं ऐसा न हो कि उसे भूख लगी हो।
【别树一帜】 biéshù-yīzhì नया झंडा बुलंद (खड़ा) करना; एक नयी विचारधारा स्थापित करना
【别墅】 biéshù बंगला; आवास; विला; किसी उपनगर में अलग स्थित मकान
【别说】 biéshuō न कहना：这种事情谁都没听见过，～看见了。ऐसी बात कभी किसी ने नहीं सुनी थी, देखता तो दूर की बात है।
【别提】 biétí कुछ न पूछना：他们那个高兴劲儿啊，就～了。वे इतने खुश हैं कि कुछ न पूछो।
【别无长物】 bié wú chángwù और कुछ न होना：他除了书以外，～。उस के पास किताबों के अलावा और कुछ नहीं है।
【别无二致】 biéwú-èrzhì कुछ अंतर न होना：这两个人的意见～。इन दोनों व्यक्तियों की राय में कोई अंतर नहीं है।
【别绪】 biéxù बिदाई का दुख
【别筵】 biéyán बिदाई का भोज
【别样】 biéyàng ❶दूसरा; अन्य; विभिन्न ❷विभिन्न शैलियां
【别业】 biéyè 〈लि०〉 बंगला; आवास; विला
【别有洞天】 biéyǒu-dòngtiān दूसरे प्रकार का दृश्य; अत्यंत सुन्दर दृश्य वाला स्थान
【别有风味】 biéyǒu-fēngwèi दूसरे प्रकार की विशेषता, मज़ा (या रस)
【别有天地】 biéyǒu-tiāndì दूसरे प्रकार का दृश्य, अत्यंत सुन्दर दृश्य वाला स्थान
【别有用心】 biéyǒu-yòngxīn बुरी नीयत रखने वाला：～的人 वह जिस की नीयत खराब हो / ～之徒 बुरी नीयत रखने वाले लोग
【别择】 biézé अच्छे और बुरे की परख करना और चुनना
【别针】 biézhēn ❶सेफ़्टी-पिन; पिन; आलपिन ❷रत्नजटित (जड़ाऊ) पिन
【别致】 biézhì अनोखा; अनूठा; असाधारण：北京天坛的建筑结构可以说是非常～的。पेइचिंग के स्वर्ग-मंदिर की रचना अत्यंत असाधारण कही जा सकती है।/ 这对他来说，也算得颇为～。इस के लिये यह एक अनोखी बात कही जायेगी।
【别传】 biézhuàn（正传 zhèngzhuàn सरकार द्वारा संपादित जीवन-चरित से भिन्न）पूरक जीवन-चरित; पृथक् जीवन-चरित

【别子】 biézǐ (प्राचीन काल में) सम्राट, सामंतों के सब से बड़े पुत्र के अलावा अन्य पुत्र

【别子】 biézi ❶तागे से बांधी जाने वाली चीनी पुस्तक की जिल्द को बंद करने के लिये उस पर लगायी गयी पिन जो बहुधा हड्डी से बनायी जाती है ❷चिलम की थैली पर लटकी सजावट

【别字】 biézì ❶गलत लिखा या पढ़ा गया चीनी अक्षर: 读～ चीनी अक्षर का गलत उच्चारण करना / 写～ गलत चीनी अक्षर लिखना ❷उपनाम; दूसरा नाम

蹩 bié 〈बो०〉 (पैर या कलाई में) मरोड़ खाना; लंगड़ा (पंगु) करना या होना

【蹩脚】 biéjiǎo 〈बो०〉 घटिया; प्रभावहीन; अनिपुण; अकुशल: ～的不中用的宣传家 प्रभावहीन और अयोग्य प्रचारक / ～戏 भद्दा नाटक; खराब नाटक

【蹩脚货】 biéjiǎohuò घटिया माल; निचले दर्जे का माल

biě

瘪（癟）biě ❶पोपला: 干～ सूखा और पोप-ला / 车带～了。टायर चपटा हो गया। / ～花生 खोखली मूंगफली / 没牙～嘴儿 पोपला मुंह / 肚子饿～了。पेट पीठ एक हो गया। ❷कठिन स्थिति में पड़ना या डालना

biē भी दे०

【瘪螺痧】 biěluóshā 〈ची०चि०〉 विसूचिका; महामारी; हैज़ा; कालरा

【瘪子】 biězi 〈बो०〉 ❶बुरी परिस्थिति में पड़ना ❷पोपला बीज

biè

别（彆）biè 〈बो०〉 किसी व्यक्ति को अपना विचार या अपनी आदत बदलने के लिये विश्वास दिलाना: 我本来不想去，可是～不过他，只得去了。मैं नहीं जाना चाहता था, पर वह ज़िद करता रहा, लाचार होकर मुझे जाना पड़ा।

bié भी दे०

【别扭】 bièniu ❶किसी के साथ मुश्किल से रहना; मिलनसार न होना; अजीब-सा लगना: 他脾气很～ उस की तबीयत अजीब-सी लगती है; उस का मिज़ाज अच्छा नहीं है; उस के साथ तो हम मुश्किल से साथ कर पायेंगे। / 这天气真～。यह मौसम बहुत अजीब-सा लगता है। ❷मनमुटाव होना, मन में अच्छा न लगना: 他心里觉得～。वह मन में ऐंठकर रह गया। / 他们夫妇俩每天总要闹点～。पति और पत्नी में रोज़ ही किसी न किसी बात पर खटपट हो जाती है। / 他跟你不熟，说不定会闹点儿～。शायद तुम्हें अनजान समझकर वह कुछ दिक करे। ❸(उच्चारण करने या लेख लिखने में) अस्वाभाविक; खराब; भद्दा: 这句话看起来有点～。यह वाक्य देखने में अस्वाभाविक-सा लगता है।

bīn

邠 Bīn ❶पिन काउंटी (शेनशी प्रांत की वर्तमान 彬县 Bīnxiàn)

玢 bīn 〈लि०〉 एक प्रकार का जेड

fēn भी दे०

宾（賓、賔）bīn ❶अतिथि; मेहमान: 贵～ आदरणीय अतिथि; सम्माननीय अतिथि / 国～ राजकीयअतिथि / 来～ अतिथि; मेहमान; दर्शक; दर्शनार्थी; आगंतुक

【宾白】 bīnbái (ऑपेरा में) संवाद और स्वगत भाषण

【宾词】 bīncí ❶〈तर्क०〉 विधेयक; स्थाप्य ❷〈व्या०〉 कर्म

【宾东】 bīndōng 〈पुराना〉 अतिथेय और अतिथि; मेज़बान और मेहमान; मालिक और नौकर; स्वामी और सेवक; अधिकारी और अधीनस्थ कर्मचारी

【宾服】 [1] bīnfú 〈लि०〉 शरण में जाना

【宾服】 [2] bīnfú 〈बो०〉 (किसी व्यक्ति की) प्रशंसा करना; सराहना करना; तारीफ़ करना

【宾格】 bīngé 〈व्या०〉 कर्मकारक

【宾馆】 bīnguǎn अतिथि-भवन; अतिथि-गृह; मेहमानघर; गैस्ट-हाउस

【宾客】 bīnkè अतिथि; मेहमान; अभ्यागत

【宾客盈门】 bīnkè-yíngmén सदा अतिथियों से भरा रहने वाला घर

【宾礼】 bīnlǐ अतिथि के साथ किया जाने वाला शिष्टाचार: 待之以～。अतिथि के साथ शिष्टाचार बरतना

【宾朋】 bīnpéng अतिथि और मित्र; मेहमान और दोस्त: ～满座。अतिथियों और मित्रों से घर ठस गया और सारी सीटें भर गयीं।

【宾语】 bīnyǔ कर्म: 直接～ मुख्य कर्म / 间接～ गौणकर्म

【宾语补语】 bīnyǔ bǔyǔ（宾语补足语 bīnyǔ bǔzúyǔ भी）कर्म-पूर्ति

【宾至如归】 bīnzhì-rúguī (होटल, रेस्तरां आदि के लिये प्रयुक्त) ग्राहकों को ऐसा लग रहा है कि जैसे वे अपने घर में हों

【宾主】 bīnzhǔ आतिथेय और अतिथि; मेज़बान और मेहमान

彬 bīn ❶नीचे दे० ❷（Bīn）彬县 शेनशी प्रांत की पिन काउंटी

【彬彬】 bīnbīn <लि०> शिष्टतापूर्ण; विनम्रतापूर्ण

【彬彬有礼】 bīn bīn yǒu lǐ शिष्टतापूर्वक; विनम्रतापूर्वक

斌 bīn 彬 bīn के समान

傧（儐） bīn नीचे दे०

【傧相】 bīnxiàng विवाह के समय वर-वधू के साथ-साथ रहने वाले परिचारकः 男～ सहबाला; वर-सखा; दूल्हे का साथी / 女～ सहबाली; वधू-सखी; दुल्हन की सहेली

滨（濱） bīn ❶तट; किनारा: 海～ समुद्रतट / 湖～ झील का किनारा / 湘江之～ श्यांग नदी के किनारे पर ❷(समुद्र, नदी आदि) के किनारे पर; के पास; के नज़दीक: ～海 समुद्र के किनारे (स्थित होना) / ～海地区 समुद्रतटीय क्षेत्र; तटवर्ती क्षेत्र

缤（繽） bīn नीचे दे०

【缤纷】 bīnfēn <लि०> रंग-बिरंगा और भड़काऊ: 五彩～ रंग-बिरंगा / 落英～。फूलों की रंग-बिरंगी पंखुड़ियां विपुलता में गिर रही हैं।

槟（檳、梹） bīn नीचे दे०
bīng भी दे०

【槟子】 bīnzi ❶सेब की प्रजाति का वृक्ष जिस का लाल रंग का फल सेब से छोटा होता है ❷उक्त वृक्ष का फल

镔（鑌） bīn नीचे दे०

【镔铁】 bīntiě तपा-तपाया लोहा

濒（瀕） bīn ❶(समुद्र, नदी आदि) के पास; के नज़दीक; के निकट: 东～大海。इस के पूर्व में समुद्र है; यह (नगर आदि) समुद्र के पश्चिमी किनारे पर स्थित है। ❷के निकट; के नज़दीक; के करीब: ～死 मरणासन्न होना; मौत (मृत्यु) के निकट होना / ～行 चलते समय; जाते समय; जाने के पहले

【濒临】 bīnlín (समुद्र, नदी आदि) के निकट; के नज़दीक; के करीब: 上海～东海。शांहाए नगर की सीमा पूर्व चीन समुद्र से लगी है; शांहाए नगर पूर्व चीन समुद्र के निकट स्थित है। / 春秋末期奴隶制度～瓦解。वसंत और शरद काल के अंत में चीन में दास-प्रथा समाज का नाश होने लगा था।

【濒危】 bīnwēi मरणासन्न होना; मृत्यु के निकट होना; खतरे या संकट में होना (पड़ना)

【濒于】 bīnyú के निकट; के नज़दीक; के करीब: ～破产 दिवालिया होने के निकट होना / ～绝境 मरणासन्न होना; संकट में पड़ना; बन्द गली में फंसना

豳 Bīn（邠 Bīn भी लिखा जाता है）एक प्राचीन स्थान का नाम, वर्तमान शेनशी प्रांत की 彬县 Bīnxiàn पिन काउंटी और 旬邑 Xúnyì शुन ई के आसपास का स्थान

bìn

摈（擯） bìn <लि०> त्यागना; छोड़ देना; बहिष्कार करना; निकाल बाहर करना: ～而不用 अस्वीकार करना; न मानना; त्यागना; ठुकरा देना / ～诸门外 किसी व्यक्ति को दरवाज़े के बाहर निकाल देना; दरवाज़े के भीतर आने (जाने) न देना

【摈斥】 bìnchì किसी व्यक्ति को अस्वीकार करना; न मानना; बहिष्कार करना: ～异己 अपने से भिन्न मत रखने वाले का बहिष्कार करना

【摈除】 bìnchú ठुकरा देना; त्यागना; छोड़ देना; रद्द करना: ～陈规陋习 पुरानी और अनावश्यक रीति को रद्द करना

【摈弃】 bìnqì त्यागना; छोड़ देना; रद्द करना; ठुकरा देना: ～陈旧的道德观念 पुरानी नैतिकता का त्याग कर देना

殡（殯） bìn शवपेटी (ताबूत) को हाल (या किसी और स्थान) में रखना, या उसे समाधि (कब्रिस्तान) तक पहुंचाना: 送～ शव के साथ समाधि तक जाना

【殡车】 bìnchē शवपेटी (या शव) ले जाने वाली गाड़ी

【殡殓】 bìnliàn शव को शवपेटी में रखना और उसे समाधि पहुंचाना

【殡仪】 bìnyí क्रिया कर्म; अंत्येष्टि

【殡仪队】 bìnyíduì शवयात्रा

【殡仪馆】 bìnyíguǎn क्रियाकर्म-स्थली; अंत्येष्टिस्थल; शवदाहगृह

【殡葬】 bìnzàng शवपेटी को समाधि पहुंचाकर दफ़नाना

膑（臏） bìn 髌 bìn के समान

髌（髕） bìn ❶जानुफलक; चपनी; घुटने की हड्डी ❷प्राचीन काल में दोनों घुटनों की हड्डियों को काट देने का दण्ड

【髌骨】 bìngǔ <श०वि०> दे० 髌 bìn ❶

鬓（鬢、髩） bìn ❶कनपटी; गंडस्थल ❷कनपटी के बाल: 双～发白的人 कनपटियों पर सफ़ेद बालों वाला आदमी / 两～灰白 कनपटी के बाल पकना

【鬓发】 bìnfà कनपटियों पर बाल; काकुल; काकपक्ष

【鬓角】 bìnjiǎo 鬓脚 के समान

【鬓脚】 bìnjiǎo（鬓角 भी）❶कनपटी; गंडस्थल ❷काकुल; काकपक्ष

bīng

冰（氷）bīng ❶हिम; बर्फ़: 流～ पानी के बहाव से बहती बर्फ़ ❷बहुत ठंडा लगना: 这水～手。यह पानी बहुत ठंडा लगता है। ❸किसी वस्तु को बर्फ़ में रखकर ठंडा करना: 把西瓜～上。तरबूज़ को बर्फ़ (बर्फ़ के बाक्स; रेफ़्रीजरेटर) में रख दो। ❹बर्फ़ जैसी वस्तु: ～糖 मिसरी / ～片 बोर्नियाल

【冰棒】 bīngbàng 〈बो०〉 दे० 冰棍儿

【冰雹】 bīngbáo ओला; उपल; करका; पत्थर: 下～ ओला गिरना

【冰暴】 bīngbào ओलों की बौछार; ओलावृष्टि

【冰层】 bīngcéng बर्फ़ की तह

【冰碴儿】 bīngchár ❶बर्फ़ का टुकड़ा या चूर्ण ❷पानी पर जमी पतली बर्फ़

【冰场】 bīngchǎng स्केटिंग-रिंक; स्केटिंग-मैदान

【冰川】 bīngchuān हिमनदी; हिमनद हिमानी; तुषार-नदी; बर्फ़ का दरिया; ग्लैसियर

【冰川湖】 bīngchuānhú हिम सरोवर; हिमानी जलाशय; हिमनद-झील

【冰川期】 bīngchuānqī हिमनद-युग; हिमनद-काल; हिम-युग; हिम-काल

【冰川舌】 bīngchuānshé हिमनद जिह्वा; हिमनदीय जीभ; हिमनदी की जीभ

【冰川学】 bīngchuānxué हिमनद-विज्ञान

【冰川运动】 bīngchuān yùndòng हिमनदियों का बहाव; हिमनद-प्रवाह

【冰川作用】 bīngchuān zuòyòng हिमनदन; हिमाच्छादन

【冰床】 bīngchuáng हिमगाड़ी; बर्फ़गाड़ी; स्लेड; स्लेज; स्ले

【冰醋酸】 bīngcùsuān 〈रसा०〉 मणिभीभूत शौक्तिक अम्ल; बहुत तेज़ सिरका; सांद्र ऐसीटिक अम्ल; ग्लैसियल ऐसीटिक ऐसिड

【冰镩】 bīngcuān बर्फ़-छेनी; बर्फ़-टांकी

【冰袋】 bīngdài 〈चिकि०〉 बर्फ़ की थैली

【冰蛋】 bīngdàn बर्फ़ में सुरक्षित रखा अंडा

【冰刀】 bīngdāo स्केट्स; आइस स्केट्स

【冰岛】 Bīngdǎo आइसलैंड

【冰岛人】 Bīngdǎorén आइसलैंडर; आइसलैंडी

【冰岛文】 Bīngdǎowén आइसलैंडी लिपि; आइसलैंडिक लिपि

【冰岛语】 Bīngdǎoyǔ आइसलैंडी (भाषा); आइसलैंडिक (भाषा)

【冰灯】 bīngdēng आइस-लैंटर्न; बर्फ़-लालटेन

【冰点】 bīngdiǎn 〈भौ०〉 हिमांक; हिम-बिन्दु; जमाव-बिन्दु

【冰点测定器】 bīngdiǎn cèdìngqì क्रायोस्कोप

【冰雕】 bīngdiāo ❶बर्फ़ को काटना या खोदना; बर्फ़ तराशी ❷खोदी हुई बर्फ़; बर्फ़ को काट-खोदकर बनाई गयी मूर्तियां आदि वस्तुएं

【冰冻】 bīngdòng ❶जमकर बर्फ़ हो जाना ❷हिम; बर्फ़

【冰冻季节】 bīngdòng jìjié हिमावधि; हिमकाल

【冰冻区】 bīngdòngqū हिम-क्षेत्र; तुषार-क्षेत्र

【冰冻三尺，非一日之寒】 bīng dòng sān chǐ, fēi yī rì zhī hán नदी के पानी को तीन फ़ुट गहरा जमने में जाड़े के एक दिन से अधिक समय लगता है

【冰冻食物】 bīngdòng shíwù बर्फ़ में सुरक्षित रखी खाद्य वस्तुएं

【冰冻线】 bīngdòngxiàn तुषार-रेखा; हिम-रेखा

【冰斗】 bīngdǒu 〈भू०〉 हिम गह्वर

【冰毒】 bingdú आइस (एक प्रकार का विष)

【冰帆】 bīngfān ❶हिम-नौका; बर्फ़ पर चलने के लिये प्रयुक्त नाव ❷〈खेल०〉 आइस-बोटिंग

【冰封】 bīngfēng ❶हिमरुद्ध होना; बर्फ़ से बन्द करना या होना: 北国风光，千里～，万里雪飘。है उत्तरी अंचल की दृश्यावली सामने; है सैकड़ों योजन हिमबद्ध भूमि और सहस्र योजन तक बस घुमड़ रहा हिम है।

【冰峰】 bīngfēng हिम-चोटी; हिमपर्वतशिखर

【冰盖】 bīnggài 〈भूगर्भ०〉 हिम का व्यापक फैलाव; बर्फ़ की चादर

【冰糕】 bīnggāo 〈बो०〉 ❶冰激凌 के समान ❷冰棒儿 के समान

【冰镐】 bīnggǎo हिम-कुठार; आइस-ऐक्स

【冰柜】 bīngguì（电冰箱 diànbīngxiāng का संक्षिप्त नाम）रेफ़्रीजरेटर; फ़्रिज

【冰棍儿】 bīnggùnr आइस-लाली; आइस-सकर; फ्रोजन-सकर; एक तरह की आइसक्रीम

【冰河】 bīnghé हिमनदी; हिमनद; ग्लैसियर

【冰河期】 bīnghéqī हिमयुग; हिमकाल

【冰河时代】 bīnghé shídài हिमयुग; हिमकाल

【冰壶】 bīnghú 〈खेल०〉 ❶कर्लिंग; कर्लिंग स्टोन ❷इस खेल में प्रयुक्त पत्थर

【冰花】 bīnghuā ❶(खिड़की पर) तुषार; पाला ❷फ़्रास्ट-वर्क, कांच आदि पर तुषार की छाप से उभरी आकृति

【冰激凌】 bīngjilíng आइसक्रीम; मलाई-बर्फ़

【冰肌玉骨】 bīngjī-yùgǔ हिम जैसा मांस और जेड जैसी हड्डी —— ❶सुन्दर स्त्री ❷कुलीन और अकलंकित

【冰窖】 bīngjiào हिमगृह; बर्फ़-घर; आइस-हाउस

【冰晶】 bīngjīng 〈मौ०वि०〉 आइस-क्रिस्टल

【冰晶石】 bīngjīngshí क्रायोलाइट; तुषारिज; हिमाश्म

【冰块】 bīngkuài बर्फ़ का टुकड़ा; हिम खंड

【冰冷】 bīnglěng बर्फ़ की तरह ठंडा; बहुत ठंडा; अति-शीतल: ～的家 बर्फ़ीली कोठरी

【冰凉】 bīngliáng (वस्तु) बहुत सर्द या ठंडी; अत्यंत-शीतल: 浑身～ सारा शरीर अत्यंतशीतल होना

【冰凌】 bīnglíng बर्फ़; हिम

【冰轮】 bīnglún 〈लि०〉 हिम-चक्र; चांद; चंद्र

【冰囊】 bīngnáng बर्फ़ की थैली

【冰凝器】 bīngníngqì 〈भौ०〉 क्रायोफ़ोरस
【冰排】 bīngpái बहती हुई बर्फ़ की चादर या सिल
【冰片】 bīngpiàn 〈ची०चि०〉 बोर्नियाल
【冰瓶】 bīngpíng बड़े मुंह वाला थरमस (आइसलाली आदि ठंडी वस्तु रखने के लिये)
【冰期】 bīngqī 冰川期 के समान
【冰淇淋】 bīngqílín（冰激凌 भी）आइस-क्रीम
【冰碛】 bīngqì 〈भूगर्भ०〉 हिममोढ़; मोरेन
【冰橇】 bīngqiāo स्लेज; स्लेड
【冰清玉洁】 bīngqīng-yùjié（玉洁冰清 yùjié-bīngqīng के समान）जेड पत्थर जैसा शुद्ध और हिम जैसा स्वच्छ
【冰球】 bīngqiú 〈खेल०〉 ❶आइस हाकी ❷आइस-हाकी की गेंद; पक
【冰染染料】 bīngrǎn rǎnliào अज़ोइक डाइज़; पानी में न घुल पाने वाले विशेष रंजक
【冰人】 bīngrén 〈लि०〉 घटक; बरेखिया
【冰山】 bīngshān ❶हिममय पर्वत; हिमाच्छादित पर्वत ❷हिमशैल; हिमपर्वत; आइस-बर्ग ❸〈ला०〉 वह व्यक्ति या दल जिस पर लम्बे समय तक भरोसा न किया जा सके
【冰上运动】 bīngshàng yùndòng 〈खेल०〉 हिम-खेलकूद; आइस-स्पोर्ट्स
【冰舌】 bīngshé हिमनद-जीभ; हिमनद-जिह्वा
【冰释】 bīngshì 〈लि०〉 बर्फ़ की तरह पिघलना —— (संदेह, गलतफ़हमी आदि) मिट जाना; दूर हो जाना： 涣然～ तत्काल (संदेह आदि) मिट जाना; दूर हो जाना
【冰霜】 bīngshuāng 〈लि०〉 बर्फ़ और पाला —— ❶नीति निष्ठा ❷बहुत गंभीर： 凛若～ गुरु गंभीर; अति-गंभीर; अत्यंत गंभीर
【冰塔】 bīngtǎ 〈भूगर्भ०〉 सिरेक; बुर्ज के आकार की बर्फ़ की चट्टान
【冰坛】 bīngtán हिम-खेलकूद जगत्
【冰炭】 bīngtàn हिम और अंगार —— दो विपरीत वस्तुएं： ～不相容。〈ला०〉 दो विपरीत वस्तुएं एक साथ नहीं रह सकतीं।
【冰糖】 bīngtáng मिसरी; मिस्री; मिश्री
【冰糖葫芦】 bīngtáng húlu सींक पर लगे मीठी चाशनी में लिपटे हा (haw, बैर के समान छोटे और लाल फल)
【冰天雪地】 bīngtiān-xuědì हिमाच्छादित भूमि; बर्फ़ीली ज़मीन
【冰坨】 bīngtuó बर्फ़ का टुकड़ा
【冰隙】 bīngxì 〈भूगर्भ०〉 हिम-दरार; हिम खंड की दरार
【冰箱】 bīngxiāng आइस-बाक्स; रेफ़्रीजरेटर; फ़्रीजर; बर्फ़ की अलमारी; प्रशीतित्र
【冰消瓦解】 bīngxiāo-wǎjiě बर्फ़ की तरह पिघलना और टाइल की तरह टूटना; छिन्न-भिन्न होना
【冰鞋】 bīngxié स्केट्स; स्केटिंग बूट; स्केटिंग जूते
【冰心】 bīngxīn नैतिक निर्मलता
【冰镇】 bīngzhèn बर्फ़ से ठंडा करना; बर्फ़ के बाक्स में रखकर ठंडा करना： ～啤酒 बर्फ़ से ठंडी की गयी बियर
【冰洲石】 bīngzhōushí आइसलैंड स्पार (एक खनिज)
【冰柱】 bīngzhù हिमलंब; हिमवर्तिका; हिम-स्तंभ
【冰砖】 bīngzhuān ईंट के आकार की आइस-क्रीम; आइस-क्रीम ब्रिक
【冰锥】 bīngzhuī（冰锥子 bīngzhuīzi，冰溜 bīngliù भी）冰柱 के समान

并 Bīng शानशी प्रांत की राजधानी थाए-युएन का दूसरा नाम

bìng भी दे०

兵 bīng ❶शस्त्र; शस्त्रास्त्र; हथियार： 坚甲利～ सुदृढ़ कवच और तीक्ष्ण शस्त्र / 短～相接 आमने-सामने की लड़ाई होना; छुरी चलाना ❷सैनिक; सिपाही： 当～ सेना में भरती होना; सैनिक बनना / 新～ रंगरूट / 老～ अनुभवी सिपाही / 全民皆～ हर आदमी का सिपाही बनना / 工农～ मज़दूर, किसान और सैनिक / ～要精 हमारे सिपाही चुनिन्दा होने चाहिये ❸सेना; फ़ौज; सैन्य दल; टुकड़ी： ～民是胜利之本。सेना और जनता ही विजय का आधार हैं। / 骑～ घुड़सवार फ़ौज ❹युद्ध; लड़ाई： ～书 युद्ध-कला संबंधी पुस्तक ❺〈शतरंज〉 प्यादा
【兵败如山倒】 bīng bài rú shān dǎo लड़ाई लड़ती सेना भूस्खलन की तरह होती है
【兵变】 bīngbiàn सैनिक विप्लव; सैन्य द्रोह
【兵不血刃】 bīngbùxuèrèn शस्त्रों के रक्तरंजित हुए बिना; बिना गोली चलाये; बिना लड़ाई लड़े विजय प्राप्त करना
【兵不厌诈】 bīngbùyànzhà युद्ध में धोखे की इजाज़त है; लड़ाई में सब जायज़ है
【兵部】 bīngbù युद्ध मंत्रालय; युद्ध विभाग; (सामंती चीन के छै राज्यविभागों में से एक) दे० 六部 Liùbù
【兵操】 bīngcāo 〈पुराना〉 सैनिक शिक्षा; ड्रिल; कवायद
【兵差】 bīngchāi 〈पुराना〉 जबरन भर्ती किया गया मज़दूर
【兵车】 bīngchē ❶〈पुराना〉 (युद्ध) रथ ❷सैन्य वाहन; फ़ौजी गाड़ी
【兵船】 bīngchuán युद्ध पोत
【兵丁】 bīngdīng 〈पुराना〉 साधारण सैनिक
【兵端】 bīngduān 〈लि०〉 युद्ध; लड़ाई： 启～ युद्ध छिड़ जाना
【兵多将广】 bīngduō-jiàngguǎng बहुत से योग्य सेनापतियों वाली एक बहुत बड़ी सेना; अत्यंत शक्तिशाली सैन्य-बल
【兵法】 bīngfǎ युद्ध कला; युद्ध कौशल; सामरिकी： 熟谙～ युद्ध कला से अच्छी तरह परिचित होना
【兵符】 bīngfú ❶〈पुराना〉 सेना को युद्धकार्य में प्रवृत्त करने या सेनापतियों को भेजने के लिये प्रयुक्त सैन्य टैली ❷युद्धकला संबंधी पुस्तक
【兵戈】 bīnggē 〈लि०〉 ❶शस्त्र; शस्त्रास्त्र; हथियार： 不动～ बिना शस्त्र हिलाए (चलाए) ❷युद्ध; लड़ाई： ～扰攘 लड़ाई से उपद्रव मचना
【兵革】 bīnggé 〈लि०〉शस्त्र और शिरस्त्राण-कवच; 〈ला०〉

युद्ध; लड़ाई：～未息。लड़ाई खत्म नहीं हुई है।
【兵工】bīnggōng युद्ध उद्योग
【兵工厂】bīnggōngchǎng शस्त्रागार; आयुध कार-खाना; हथियार कारखाना
【兵贵神速】bīngguìshénsù युद्ध में गति ही मू-ल्यवान है
【兵荒马乱】bīnghuāng-mǎluàn लड़ाई में दंगा-फ़साद; युद्ध से उत्पन्न विक्षोभ और अस्तव्यस्तता
【兵火】bīnghuǒ युद्ध की ज्वाला; लड़ाई की आग：～连天。लड़ाई की आग हर जगह फैल गयी; हर जगह लड़ाई भड़कती जा रही है।
【兵祸】bīnghuò युद्ध-संकट; युद्ध की विपत्ति
【兵家】bīngjiā ❶(प्राचीन काल में) युद्धकलाविद; समर-नीति का पंडित; युद्ध-परिचालन में निपुण; व्यूह-रचना में कुशल ❷(विशिष्ट योग्यता प्राप्त) सैन्य-कमाण्डर：～必争之地 ऐसा स्थान जिस के लिये सैन्य-कमाण्डर लड़ते हों; सामरिक महत्व का स्थान / 胜败乃～常事。सैन्य-कमाण्डर के लिये हार-जीत रोज़ की बात है।
【兵舰】bīngjiàn युद्धपोत
【兵谏】bīngjiàn किसी व्यक्ति द्वारा सैन्य-बल से सम्राट या सत्ताधारी को परामर्श देना कि वे उस का मत स्वीकार करें
【兵精粮足】bīngjīng-liángzú (के पास) सुशिक्षित सैनिक और पर्याप्त से अधिक रसद होना
【兵来将挡，水来土掩】bīnglái-jiàngdǎng, shuǐlái-tǔyǎn सेनापति द्वारा सैनिकों का सामना करना और मिट्टी द्वारा पानी को रोक देना —— परिस्थिति के अनुसार तद्नुरूप कदम उठाना
【兵力】bīnglì ❶सैन्य शक्ति：以少数～牵制敌军 कम सैन्य-शक्ति इस्तेमाल करके शत्रु-सेना को उलझाए रखना / 分散～ अपनी सैन्य-शक्ति (या सेना, फ़ौज) को बिखेरना / 集中～ अपनी सैन्य-शक्ति को केन्द्रित करना; अपनी सैनाओं (फ़ौजों) का जमाव करना / 部署～于基地 किसी स्थान में सैन्य-शक्ति रखना ❷सेना; फ़ौज：集中强大～ बड़ी से बड़ी सेना केन्द्रित करना / 转移～ सेना का स्थानांतरण करना ❸सैनिक; सिपाही：敌人丧失了五万余人的～。शत्रु ने 50,000 से अधिक सैनिक गंवाए।
【兵连祸结】bīnglián-huòjié निरंतर लड़ाइयों से उप-द्रव मचना या लूट-पाट होना
【兵临城下】bīnglínchéngxià शत्रु-सेना का नगर-कोट पर पहुंचना; नगर घिर जाना —— लड़ाई का बड़े खतरे में पड़ जाना
【兵乱】bīngluàn लड़ाई से पैदा हुई खलबली
【兵马】bīngmǎ सेना और घोड़े; सैन्य-बल：～已到，粮草未备。फ़ौज और घोड़े आ पहुंचे हैं, लेकिन खुराक और चारे का इंतज़ाम नहीं हुआ।
【兵马未动，粮草先行】bīngmǎ-wèidòng, liángcǎo-xiānxíng सेना और घोड़ों के चलने के पहले ही खुराक और चारा भेज दिया जाना चाहिये
【兵马俑】bīngmǎyǒng मृतक के साथ गाड़ी गयी लकड़ी या मिट्टी की मूर्त्तियां
【兵痞】bīngpǐ सैनिक गुंडा (बदमाश); उत्पाती सैनिक
【兵棋】bīngqí विशेष रूप से निमित सेना के चिह्न; सेना का कर्मचारी वृन्द, शस्त्रास्त्र,धरातल की स्थिति आदि के नमूने जिन का प्रयोग कमान-अफ़सर युद्ध-योजना या प्र-शिक्षण आदि का अध्ययन करने के लिये करता है
【兵器】bīngqì शस्त्र; शस्त्रास्त्र; हथियार
【兵强马壮】bīngqiáng-mǎzhuàng सैनिक और घो-ड़े दोनों का अच्छी स्थिति में होना; खूब सधी हुई और शक्तिशाली सेना
【兵权】bīngquán सैन्य सत्ता; फ़ौजी ताकत
【兵戎】bīngróng शस्त्र; शस्त्रास्त्र; हथियार：～相见 स-शस्त्र मुठभेड़ होना; सशस्त्र टकराव होना
【兵士】bīngshì सैनिक; सिपाही
【兵势】bīngshì सैनिक शक्ति; सैन्य बल
【兵书】bīngshū युद्ध-कला संबंधी पुस्तक
【兵团】bīngtuán फ़ौजी संगठन कोर：地方～ क्षेत्रीय (प्रादेशिक) फ़ौजी संगठन / 主力～ मुख्य (नियमित) फ़ौ-जी संगठन / 游击～ छापामार संगठन / 辖军～ फ़ौ-जी संगठन की फ़ौजी कोर / 生产建设～ उत्पादन तथा निर्माण कोर
【兵燹】bīngxiǎn 〈लि०〉 युद्ध से पैदा हुई बरबादी
【兵饷】bīngxiǎng 〈पुराना〉 सिपाही का वेतन और खाद्य सामग्री
【兵械】bīngxiè युद्ध-सामग्री; लड़ाई का साज़-सामान
【兵役】bīngyì फ़ौजी भरती：服～ फ़ौज में सेवा करना / ～政策 फ़ौजी भरती नीति
【兵役法】bīngyìfǎ फ़ौजी भरती कानून
【兵役制】bīngyìzhì फ़ौजी भरती व्यवस्था：义务～ अनिवार्य फ़ौजी भरती व्यसस्था
【兵营】bīngyíng सैनिक शिविर; सैन्यावास; कैंप; बैरक
【兵勇】bīngyǒng 〈पुराना〉 सैनिक; सिपाही
【兵油子】bīngyóuzi 〈पुराना〉 आवारा फ़ौजी; फ़ौजी गुंडा
【兵员】bīngyuán साधारण सैनिक; सिपाही：干部和～ कार्यकर्त्ता और सैनिक / 损失～两万人 बीस हज़ार आद-मी (या साधारण सैनिक) गंवा देना / ～众多。सैनिकों की संख्या बहुत ज़्यादा है।
【兵源】bīngyuán सेना का स्रोत
【兵灾】bīngzāi युद्ध से पैदा विपत्ति
【兵站】bīngzhàn फ़ौजी भंडार; फ़ौजी डिपो; सैनिक-सेवा केन्द्र
【兵种】bīngzhǒng सैन्यांग; आर्म：各军～ सभी सेनाएं और सैन्यांग / 技术～ तकनीकी सैन्यांग
【兵卒】bīngzú 〈पुराना〉 सैनिक; सिपाही

屏

bīng नीचे दे०
bǐng; píng भी दे०

【屏营】bīngyíng डरते-डरते; डरते हुए

栟

bīng नीचे दे०
bēn भी दे०

【栟榈】bīnglǘ 〈प्रा०〉 〈लि०〉 ताड़ वृक्ष

槟（檳、梹）bīng नीचे दे०

bín भी दे०

【槟榔】bīnglang 〈वन०〉 सुपारी; पान; ताम्बूल: ~叶卷 पान; तांबूल

【槟榔子】bīnglangzǐ 〈ची०चि०〉 सुपारी; छाली; पुंगीफल

bǐng

丙 bǐng ❶आकाशीय स्तम्भों（天干）में तीसरा स्तम्भ ❷तीसरा: ~等 तीसरा वर्ग; तीसरी श्रेणी: ~种维生素 विटामिन C ❸〈लि०〉 अग्नि; आग: 阅后付~。पढ़ने के बाद आग में जला दिया जाय।

【丙丁】bǐngdīng 〈लि०〉 अग्नि; आग: 付~ आग में जला देना

【丙肝】bǐnggān 〈चिकि०〉 यकृतशोथ सी; हेपेटाइटिस सी

【丙纶】bǐnglún 〈बुन०〉 पोली प्रोपिलीन रेशा

【丙炔】bǐngquē 〈रसा०〉 प्रेमेडीन; प्रोपाइन

【丙炔醛】bǐngquēquán प्रोपाइनल

【丙酮】bǐngtóng 〈रसा०〉 शुक्ता; ऐसीटोन

【丙酮树脂】bǐngtóng shùzhī 〈रसा०〉 शुक्ता-उद्यास; रेज़िन

【丙烷】bǐngwán 〈रसा०〉 प्रमेदीन्य; प्रोपेन

【丙烯】bǐngxī 〈रसा०〉 प्रमेदन्य; प्रोपीन

【丙烯酸】bǐngxīsuān 〈रसा०〉 ऐक्रिलिक ऐसिड

【丙种射线】bǐngzhǒng shèxiàn 〈भौ०〉 गामा किरण

邴 Bǐng एक कुलनाम

秉 bǐng ❶〈लि०〉 लेना: ~笔 कलम लेकर (पकड़कर, थामकर) / ~烛 मोमबत्ती लेकर ❷〈लि०〉 शासन करना; नियंत्रण में रखना; काबू में रखना: 秉政 ❸〈प्रा०〉 समाई का मान, एक पिंग बराबर सोलह 斛 hú है। ❹（Bǐng）एक कुलनाम

【秉承】bǐngchéng 〈लि०〉 श्रद्धा के साथ कार्यान्वित करना: ~遗教 (किसी स्वर्गवासी नेता की) शिक्षाओं को श्रद्धा के साथ कार्यान्वित करना

【秉持】bǐngchí 〈लि०〉 पकड़ में रखना; पकड़े रहना; (सिद्धांत आदि पर) अधिकार करना

【秉赋】bǐngfù ❶सहज गुण; स्वाभाविक गुण; योग्यता ❷(प्रतिभा, गुण आदि) होना

【秉公】bǐnggōng न्यायपूर्वक काम करना; निष्पक्ष होना; पक्षपात रहित होना: ~办理 (किसी काम को) न्यायपूर्वक निपटाना; निष्पक्षता से निपटाना

【秉国】bǐngguó 〈लि०〉 राज्यसत्ता हाथ में लेना; राज्य का शासन करना

【秉钧】bǐngjūn 〈लि०〉 प्रभावशाली व्यक्ति बनना

【秉性】bǐngxìng प्रकृति; स्वभाव

【秉钺】bǐngyuè 〈लि०〉 सैन्य-बल नियंत्रण में रखना; सैन्य अधिकार हाथ में लेना

【秉正】bǐngzhèng 〈लि०〉 न्यायनिष्ठ; सरल; सच्चा; ईमानदार

【秉政】bǐngzhèng राज्यसत्ता हाथ में लेना; राज्य-सत्ताधारी बनना

【秉直】bǐngzhí न्यायनिष्ठ; सच्चा; ईमानदार

【秉烛夜游】bǐngzhú-yèyóu रात में दिया लेकर इधर-उधर फिरना —— मौका मिलने पर रंगरेलियां मनाना

炳 bǐng 〈लि०〉 उज्ज्वल; स्पष्ट; दीप्तिमान; भड़कीला; चमकदार: 彪~ शानदार; चमकदार; भव्य

柄 bǐng ❶मूठ; हत्था; दस्ता; मुठिया; हैंडल; बेंत; पकड़: 刀~ चाकू (छुरी) का हैंडल (मूठ, मुठिया, दस्ता) / 斧~ फरसे का हत्था (दस्ता) / 剑~ तलवार की मूठ / 枪~ बंदूक का कुंदा ❷(फल, फूल आदि की) डंडी: 花~ फूल की डंडी / 叶~ पत्ते की डंडी ❸〈ला०〉 सुयोग; वह स्थिति जिस का फ़ायदा उठाया जा सके: 把~ सुयोग ❹सत्तारूढ़ होना: ~政 सत्तारूढ़ होना ❺〈लि०〉 अधिकार: 国~ राज्याधिकार; राज्यसत्ता ❻〈परि०श०〉 (मूठ आदि वाली वस्तु के लिये प्रयुक्त) 一~斧头 एक फरसा (परशु)

【柄臣】bǐngchén 〈लि०〉 (सम्राट का) शक्तिशाली मंत्री

【柄权】bǐngquán हाथ में राजनीतिक शक्ति लेना; राजसत्ता की बागडोर थामना

【柄子】bǐngzi 〈बो०〉 दे० 柄❶

昺（昞）bǐng 〈लि०〉 प्रकाशमान; उज्ज्वल; रोशनीदार (बहुधा व्यक्ति के नाम में प्रयुक्त)

饼（餅）bǐng ❶आटे आदि से पकाई गई रोटी आदि चपटी गोलाकार खाद्य वस्तु: 烙~ रोटी; चपाती / 月~ चांद के आकार का केक; चांद-केक ❷केक जैसे आकार वाली वस्तु: 铁~ 〈खेल०〉 डिस्कस; चक्का / 豆~ सोयाबीन का केक

【饼铛】bǐngchēng तवा; कड़ाही

【饼饵】bǐng'ěr 〈लि०〉 केक; पेस्ट्री

【饼肥】bǐngféi सोयाबीन-केक, मूंगफली-केक आदि खादों का सामान्य नाम

【饼干】bǐnggān बिस्कुट

【饼子】bǐngzi मकई, बाजरे आदि के आटे को भूनकर बनाया गया केक

屏 bǐng ❶(सांस) रोकना; दम साधना: ~着呼吸 सांस रोकना / ~气 सांस रोकना ❷छोड़ देना; त्यागना; निकालना; हटा देना

bīng; píng भी दे०

【屏除】bǐngchú छोड़ देना; त्यागना; निकालना; हटा देना; एक ओर रखना

【屏居】bǐngjū 〈लि०〉 सार्वजनिक जीवन से अवकाश

ग्रहण करना (लेना)

【屏气】bǐngqì सांस रोकना; दम साधना: 他屏住气放轻脚步向病床走去。वह सांस रोककर दबे पांव रोगी के पलंग की ओर चला।

【屏气凝神】bǐngqì-níngshén मग्न भाव से; तल्लीनता से: 他～地听讲。वह मग्न होकर (या तल्लीन भाव से) सुन रहा है।

【屏弃】bǐngqì छोड़ना; त्यागना; निकालना; हटाना

【屏去】bǐngqù ❶छोड़ देना; त्यागना ❷अनुचर, नौकर आदि को अपने पास से हटाना

【屏声】bǐngshēng मग्न होकर; तल्लीन भाव से: ～倾听 मग्न मन से (या तल्लीन भाव से) सुनना

【屏退】bǐngtuì ❶अनुचर, नौकर-चाकर आदि को अपने पास से हटाना: ～左右 अपने आस-पास के आदमियों को दूर करना

【屏息】bǐngxī सांस रोकना; दम साधना: ～静听 सांस रोककर सुनना; मग्न मन से सुनना

禀（稟）bǐng ❶〈लि०〉(अपने से पद में ऊंचे या आयु में बड़े को) रिपोर्ट देना; बताना: 禀报 ❷〈पुराना〉 रिपोर्ट-दस्तावेज़: 具～详报 उच्च पदाधिकारी को विस्तृत रिपोर्ट देना ❸ग्रहण करना; स्वीकार करना: ～承 श्रद्धा के साथ स्वीकार करना

【禀报】bǐngbào 〈लि०〉(अपने से ऊंचे पद वाले अधिकारी या वृद्ध को) रिपोर्ट देना या करना; बताना

【禀呈】bǐngchéng 〈लि०〉(अपने से पद में ऊंचे या आयु में बड़े के सामने) प्रस्तुत करना

【禀承】bǐngchéng दे० 秉承 bǐngchéng

【禀赋】bǐngfù दिव्य गुण; प्रतिभा; चमत्कारिक योग्यता या क्षमता

【禀告】bǐnggào 〈लि०〉(अपने से पद में ऊंचे या आयु में बड़े को) बताना

【禀见】bǐngjiàn 〈लि०〉 उच्च स्तरीय अधिकारी से मिलना; उक्त व्यक्ति के दर्शन करना

【禀明】bǐngmíng (अपने से पद में ऊंचे या आयु में बड़े को) विवरण देना या ब्योरे के साथ समझाना

【禀帖】bǐngtiě 〈पुराना〉 सरकारी अधिकारियों को रिपोर्ट या प्रार्थनापत्र देना

【禀性】bǐngxìng प्रकृति; स्वभाव; दिव्य-गुण: ～纯厚 स्वभाव में सरल और सच्चा होना / 江山易改，～难移。पहाड़ हटाना आसान है पर वैयक्तिक स्वभाव बदलना कठिन है।

鞞 bǐng 〈लि०〉 तलवार की म्यान

bìng

并¹（併）bìng मिलकर एक हो जाना; मिलाना: 大国～小国 किसी बड़े देश द्वारा छोटे देश पर अधिकार करना / 两个组～成一个组 दो दलों का मिलकर एक हो जाना

并²（並、竝）bìng ❶दो या दो से अधिक वस्तुओं का पास-पास होना: 相提～论 (दोनों, तीनों आदि को) एक ही श्रेणी में रखना / ～肩前进 कंधे से कंधा मिलाकर आगे बढ़ना ❷〈कि०वि०〉 सहअस्तित्व: ～存 सहअस्तित्व होना ❸〈क्रि०वि०〉 (नकारात्मक शब्द के साथ प्रयुक्त होने पर थोड़ा खंडन करने का अर्थ प्रकट होता है) अवश्य; निश्चय ही: 你说他坏，其实他～不坏。तुम ने कहा कि वह खराब है, वास्तव में वह बुरा नहीं है। / 团结～非一团和气。एकता का अर्थ सब के साथ अच्छे संबंध बनाए रखना नहीं है। / 村子～不大，但风景很好。गांव था तो छोटा, पर बहुत गुलज़ार। / 事情～没有就此结束。बात यहीं पर समाप्त नहीं होती। ❹〈संयो०〉 और: 我完全同意～拥护这个决定。मैं यह निर्णय सोलहों आने स्वीकार करता हूं और इस का समर्थन भी करता हूं। ❺〈लि०〉 (वाक्य में बहुधा 而，亦 के साथ प्रयुक्त) भी: ～此而不知。इस को भी नहीं जानता।

Bīng भी दे०

【并存】bìngcún सह-अस्तित्व होना; साथ-साथ रहना: 两种制度～ दो व्यवस्थाओं का सह-अस्तित्व होना; दोनोंव्यवस्थाओं का एक साथ अस्तित्व में रहना / 那时抗战和投降～于中国。उस सयम चीन में प्रतिरोध और आत्मसमर्पण का सह-अस्तित्व था।

【并蒂莲】bìngdìlián जुड़वां कमल —— निष्ठाशील दम्पति

【并发】bìngfā साथ-साथ निकलना; साथ-साथ पैदा होना: 麻疹～肺炎 खसरे के साथ निमोनिया हो आना / 各种危机交织～。तरह-तरह के संकेत एक साथ फूट पड़े है और अब एक दूसरे पर प्रभाव डाल रहे हैं।

【并发症】bìngfāzhèng संमिश्र रोग

【并购】bìnggòu विलयन और उपलब्धि

【并轨】bìngguǐ दो बराबर अवयवों को एकत्र करना

【并激】bìngjī 〈विद्यु०〉 पार्श्ववाही उत्तेजन

【并激电动机】bìngjī diàndòngjī पार्श्ववाही मोटर

【并激绕组】bìngjī ràozǔ पार्श्ववाही वक्र

【并骨】bìnggǔ 〈लि०〉 पति-पत्नी का एक साथ समाधि (कब्र) में दफ़नाया जाना

【并驾齐驱】bìngjià-qíqū बराबर (एक साथ) आगे बढ़ना; बराबर (साथ-साथ, एक चाल से) चलना; कदम से कदम मिलाते हुए चलना (या आगे बढ़ना)

【并肩】bìngjiān कंधे से कंधा मिला (भिड़ा, लगा) कर: 他们俩～而行。वे दोनों कंधे से कंधा लगाकर चल रहे हैं। / 互帮互学，～前进 एक दूसरे की सहायता करके और एक दूसरे से सीखते हुए साथ-साथ आगे बढ़ना

【并肩作战】bìngjiān zuòzhàn कंधे से कंधा मिलाकर लड़ाई करना

【并进】bìngjìn साथ-साथ आगे बढ़ना: 同时～ एक ही समय में साथ-साथ आगे बढ़ना

【并举】bìngjǔ साथ-साथ विकसित करना; साथ-साथ प्रयुक्त करना: 土洋～ आधुनिक और सामान्य तरीकों को साथ-साथ प्रयुक्त करना
【并卷机】bìngjuǎnjī 〈बुना०〉 रिबन लैप मशीन
【并力】bìnglì 〈लि०〉 एक साथ ज़ोर लगाना: ～坚守 एक साथ ज़ोर लगाकर दृढ़तापूर्वक रक्षा करना
【并立】bìnglì सह-अस्तित्व होना: 群雄～ अनेक वीरों का सह-अस्तित्व होना
【并联】bìnglián ❶बराबर में जोड़ना ❷〈विद्यु०〉 समानांतर संयोजन: ～电路 समानांतर परिपथ
【并列】bìngliè एक समान; साथ-साथ: ～第三名 दोनों को साथ-साथ तीसरा स्थान मिलना
【并列分句】bìngliè fēnjù 〈व्या०〉 समानाधिकरण उपवाक्य
【并列句】bìnglièjù संयुक्त वाक्य
【并拢】bìnglǒng मिलना; जुड़ना; एकत्र होना; इकट्ठा होना; बन्द करना: 两脚～ दोनों पांव एकत्र होना / 双翅～ दोनों परों का बन्द होना
【并茂】bìngmào दो वस्तुओं का साथ-साथ सुन्दर होना: 图文～。चित्र और लेख दोनों सुन्दर हैं।
【并排】bìngpái साथ-साथ; पास-पास; संग-संग; कन्धे से कंधा मिलाकर: ～坐 पास-पास बैठना / 三个人～走着。तीनों संग-संग चल रहे हैं। / 他～坐下去。वह उस की बगल में जा बैठा। / 马路上不要～骑车。सड़क पर दो-तीन साइकिलें एक ही पंक्ति में न चलें।
【并辔】bìngpèi दोनों घोड़ों के सवारों का बराबरी पर चलना
【并且】bìngqiě 〈संयो०〉 और; तथा; साथ ही: 任务艰巨，～时间紧迫。काम कठिन है, साथ ही समय भी बहुत कम रह गया है। / 这本书内容好，～作者写得也深刻。इस पुस्तक का विषय अच्छा है, इतना ही नहीं लेखक ने लिखा भी मार्मिकता से है।
【并日】bìngrì 〈लि०〉 ❶ठीक उसी दिन ❷दूसरे दिन: ～而食 हर दूसरे (या तीसरे) दिन एक बार खाना —— बहुत दुखमय जीवन बिताना
【并入】bìngrù (किसी दूसरी वस्तु में) मिलना; मिलाना: 小的～大的 किसी छोटी वस्तु का दूसरी बड़ी वस्तु में जा मिलना
【并纱】bìngshā 〈बुना०〉 डबलिंग
【并纱机】bìngshājī 〈बुना०〉 डबलिंग वाइंडर
【并世】bìngshì उन दिनों; उस समय का: ～无双 उन दिनों बेजोड़ (अतुलनीय) होना
【并条】bìngtiáo 〈बुना०〉 ड्राइंग
【并条机】bìngtiáojī 〈बुना०〉 ड्राइंग फ़्रेम
【并吞】bìngtūn हड़पना; निगलना; अपने में मिला लेना; अपने अधिकार में कर लेना: 大企业～小企业 बड़े उद्योग का छोटे उद्योगों को अपने में मिला लेना
【并行】bìngxíng ❶(दो या अधिक व्यक्तियों का) एक साथ बराबरी पर चलना ❷समानांतर रहना; एक ही समय में दो (या अधिक) कार्यों को जारी रखना
【并行不悖】bìngxíng-bùbèi बिना द्वन्द्व के दो कार्यों का साथ-साथ चालू रहना
【并用】bìngyòng दोनों का प्रयोग एक साथ करना: 手脚～ हाथों और पांवों दोनों का प्रयोग करना
【并重】bìngzhòng दोनों पर एक साथ ज़ोर देना: 读写～ पढ़ने और लिखने दोनों पर ज़ोर देना / 生产和节约～ उत्पादन और किफ़ायत दोनों पर ज़ोर देना

病 bìng ❶रोग; बीमारी; मर्ज़: 疾～ रोग; बीमारी; मर्ज़ / 心脏～ हृदयरोग; दिल की बीमारी / 重～ गंभीर रोग; भारी बीमारी / 慢性～ लम्बी बीमारी / 您有什么～? आप को क्या रोग है? / 他从小就得了胃～。बचपन में उसे पेट का रोग लग गया था। / 你～好了。तुम चंगे हो गये। ❷बीमार होना; बीमार पड़ना: 他～了三天。वह तीन दिन तक बीमार पड़ा रहा। ❸त्रुटि; कमी; गलती: 语～ व्याकरण संबंधी गलती / 不足为～。यह तो त्रुटि नहीं कही जा सकती। ❹〈लि०〉 हानि पहुंचाना; नुकसान करना: 祸国～民 देश और जनता को हानि पहुंचाना ❺〈लि०〉 निन्दा करना; असंतोष व्यक्त करना: 为世所～。दुनिया के लोग इस की निन्दा करते हैं।
【病案】bìng'àn 病历 bìnglì के समान
【病包儿】bìngbāor 〈बोल०〉 ऐसा व्यक्ति जो सदा बीमार रहे; पुराना रोगी
【病变】bìngbiàn रोगसंबंधी विकार; व्याधि-विकार
【病病歪歪】bìngbingwāiwāi (的 de के साथ प्रयुक्त होता है) सदा रोगी या बराबर बीमार मालूम होना
【病残】bìngcán बीमार और अपाहिज
【病程】bìngchéng रोग का क्रम; बीमारी का सिलसिला
【病虫害】bìngchónghài 〈कृ०〉 बीमारी तथा कीड़े-मकोड़े की विपत्ति
【病床】bìngchuáng ❶रोगी का पलंग: 他躺在～上。बीमारी के कारण वह पलंग पर पड़ा रहा। ❷अस्पताल का बिस्तर; रोगशय्या: 三号～ बेड नंबर 3 / 这家医院有三百张～。इस अस्पताल में कुल 300 बेड हैं।
【病从口入，祸从口出】bìng cóng kǒu rù, huò cóng kǒu chū रोग मुंह के रास्ते शरीर में प्रवेश करता है और विपत्ति मुंह से बाहर आती है
【病倒】bìngdǎo बीमार पड़ने पर ज़मीन (या पलंग) पर लेट जाना; बिस्तर पकड़ लेना: 已经有三个人～了。तीन आदमियों ने बिस्तर पकड़ लिया है।
【病毒】bìngdú 〈चिकि०〉 संक्रामक विष; विषाणु; वायरस: 滤过性～ निस्यंदनीय विषाणु; फ़िल्टरेबल वायरस / ～病 विषाणु रोग / ～感染 विषाणु संक्रमण / 麻疹～ खसरे का विषाणु (वायरस)
【病毒学】bìngdúxué विषाणुविज्ञान; वायलोलाजी
【病笃】bìngdǔ 〈लि०〉 संकटपूर्ण रोग होना; खतरनाक बीमारी होना; रोगी का संकटावस्था में होना
【病房】bìngfáng वार्ड; रोगी-कक्ष: 隔离～ पृथक्करण वार्ड (रोगी-कक्ष); रोगियों को अलग रखने का कक्ष (वार्ड) / 内科～ मेडिकल वार्ड / 普通～ जनरल वार्ड / 单人～ वार्ड जिस में सिर्फ़ एक रोगी रहता हो
【病夫】bìngfū पुराना मरीज़; जीर्ण रोगी

【病根】 bìnggēn ❶रोग का कारण; रोग की जड़ ❷मूल कारण; मूल; जड़: 犯错误的～ गलती का मूल कारण

【病故】 bìnggù रोग से मृत्यु होना; बीमारी के कारण मर जाना

【病骸】 bìnghái बीमार बदन; रुग्ण शरीर

【病害】 bìnghài 〈कृ०〉 रोग

【病号】 bìnghào रोगी; मरीज़: 老～ पुराना मरीज़; पुराना रोगी / ～饭 पथ्य; पथ्यान्न

【病候】 bìnghòu रोग का लक्षण; बीमारी का निशान

【病患】 bìnghuàn रोग; बीमारी; अस्वस्थता

【病机】 bìngjī 〈ची०चि०〉 रोग के मूल; रोगोत्पत्ति; रोग की प्रक्रिया की व्याख्या

【病急乱投医】 bìng jí luàn tóu yī गंभीर रोग होने पर किसी भी डॉक्टर से इलाज कराना; डूबते को तिनके का सहारा

【病家】 bìngjiā (डॉक्टर, अस्पताल आदि की ओर से) रोगी और उस के परिवार के लोग

【病假】 bìngjià चिकित्सावकाश; रुग्णावकाश; बीमारी की छुट्टी: 请～ बीमारी की छुट्टी मांगना / 休～ बीमारी की छुट्टी पर होना / 给三天～ तीन दिन की बीमारी की छुट्टी देना

【病假条】 bìngjiàtiáo बीमारी की छुट्टी के लिये डॉक्टर का प्रमाण-पत्र

【病句】 bìngjù वाक्य जिस में व्याकरण या तर्क की गलती हो; गलत वाक्य

【病剧】 bìngjù खतरनाक बीमार होना; संकटपूर्ण रोग होना; बीमारी की हालत संगीन होना

【病菌】 bìngjūn रोगाणु; रोगकीट; रोग का कीड़ा; रोग कारक जीवाणु

【病苦】 bìngkǔ रोग से उत्पन्न कष्ट

【病况】 bìngkuàng रोग की अवस्था; रोगी की स्थिति

【病理】 bìnglǐ 〈चिकि०〉 निदान शास्त्र; रोगविज्ञान

【病理学】 bìnglǐxué 〈चिकि०〉 निदानशास्त्र; रोगविज्ञान: ～家 निदानशास्त्री; रोगविज्ञानविद्

【病历】 bìnglì 〈चिकि०〉 रोगी की वृत्तांत; चिकित्सीय रिकार्ड; केस-हिस्ट्री: ～室 अस्पताल का रिकार्ड-रूम

【病例】 bìnglì 〈चिकि०〉 रोग का उदाहरण; केस: 流感～ इंफ़्लुएंज़ा का उदाहरण (केस) / 烧伤～ बर्न (जलने का) केस / ～分析 केस-विश्लेषण

【病脉】 bìngmài 〈ची०चि०〉 अस्वाभाविक (अनियमित, विकृत) नाड़ी या नब्ज़

【病魔】 bìngmó रोग-राक्षस —— गंभीर रोग: ～缠身 रोग-राक्षस से कष्ट होना / 战胜～ रोग-राक्षस पर विजय पाना

【病情】 bìngqíng रोग की अवस्था; तबीयत: ～好转 तबीयत अच्छी होना; स्वास्थ्य सुधरना / ～严重 हालत संगीन होना / ～公报 चिकित्सीय विज्ञप्ति; चिकित्सीय बुलेटिन

【病躯】 bìngqū रुग्ण शरीर; बीमार बदन

【病人】 bìngrén रोगी; मरीज़; बीमार आदमी

【病容】 bìngróng रोगी (मरीज़) की सी सूरत: 面带～ रोगी की सी सूरत दिखना; अस्वस्थ दिखाई देना

【病入膏肓】 bìng rù gāo huāng रोग का असाध्य होना; लाइलाज होना; अचिकित्स्य होना —— बुराई को दूर करने का कोई साधन न होना

【病弱】 bìngruò बीमार और कमज़ोर

【病史】 bìngshǐ चिकित्सीय इतिहास; केस-हिस्ट्री

【病势】 bìngshì रोग की गंम्भीरता की अवस्था: ～大为减轻。रोग की अवस्था पहले से बहुत सुधर गयी। / ～极重 रोग की हालत बहुत नाज़ुक होना

【病逝】 bìngshì 〈लि०〉 रोग से मृत्यु हो जाना

【病死】 bìngsǐ बीमारी से मर जाना; बीमारी से घुल-घुलकर मर जाना

【病榻】 bìngtà रोगशय्या; रोगी का पलंग

【病态】 bìngtài रुग्णावस्था; अस्वस्थता: ～心理 अस्वस्थ रोगमनोवृत्ति; विकृत मनोदशा

【病态建筑物综合症】 bìngtài jiànzhùwù zōnghézhèng बीमारी इमारत संलक्षण; सिक बिल्डिंग सीनड्रोम

【病体】 bìngtǐ रुग्ण शरीर; बीमार बदन

【病痛】 bìngtòng हल्का रोग; मामूली बीमारी; कष्ट; पीड़ा

【病退】 bìngtuì किसी व्यक्ति का बीमारी के कारण त्यागपत्र देना

【病危】 bìngwēi रोग की अवस्था खतरनाक होना; संकटपूर्ण रोग होना

【病象】 bìngxiàng रोग के लक्षण

【病休】 bìngxiū रोग के कारण छुट्टी लेना: ～三天 रोग के कारण तीन दिन की छुट्टी लेना

【病恹恹】 bìngyānyān बीमार-सा दिखाई देना

【病秧子】 bìngyāngzi 〈बो०〉 ऐसा व्यक्ति जो सदा बीमार रहता हो; पुराना रोगी

【病疫】 bìngyì संक्रामक रोग; महामारी

【病因】 bìngyīn 〈चिकि०〉 रोग का कारण; रोगहेतु; निदान: ～辩证 〈ची०चि०〉 रोग के विभिन्न कारणों के अनुसार रुग्णावस्था का विश्लेषण और भेदीकरण करना

【病友】 bìngyǒu सहवार्ड; हमवार्ड; रोग-मित्र; अस्पताल में मित्र बनने वाले व्यक्ति; एक ही रोग के शिकार मरीज़ों का मित्र

【病愈】 bìngyù रोग का निराकरण हो जाना; बीमारी ठीक हो जाना; फिर से स्वस्थ होना; रोगमुक्त होना

【病员】 bìngyuán रोगी; मरीज़

【病原】 bìngyuán 〈चिकि०〉 रोगहेतु; रोग का कारण

【病原虫】 bìngyuánchóng（原虫 yuánchóng के समान）एककोशी; प्रोटोज़ोन

【病原菌】 bìngyuánjūn（病菌 bìngjūn के समान）रोगों के कीटाणु; रोगाणु; रोगकीट

【病原体】 bìngyuántǐ रोगजन; व्याधिजन

【病原学】 bìngyuánxué रोगहेतु विज्ञान

【病源】 bìngyuán रोग का मूल; रोग की जड़

【病院】 bìngyuàn अस्पताल; चिकित्सालय: 传染～ संक्रामक (फैलने वाले) रोग चिकित्सालय / 精神～ मान-

सिक रोग अस्पताल

【病灶】 bìngzào 〈चिकि०〉 रोग का प्रमुख स्थानः ～坏死 नाभीय क्षय / 肺结核～ फेफड़ों में तपेदिक (यक्षमा) ग्रस्त प्रमुख स्थान

【病征】 bìngzhēng रोग के लक्षण; बीमारी के निशान

【病症】 bìngzhèng रोग; मरज़; मर्ज़; बीमारी

【病重】 bìngzhòng बीमार की हालत संगीन होना; बीमार की हालत बहुत नाज़ुक होना

【病株】 bìngzhū 〈कृ०〉 अस्वस्थ पौधा; रुग्ण पौधा

【病状】 bìngzhuàng रोग के लक्षण; बीमारी के निशान

摒 bìng निकाल देना; अलग करना; डिसमिस करनाः ～之于外 बाहर निकाल देना

【摒除】 bìngchú निकाल देना; छोड़ देनाः ～杂念 मन से संभ्रम विचारों को निकाल देना

【摒挡】 bìngdàng 〈लि०〉 प्रबन्ध करना; तैयारी करना; इंतज़ाम करना; बन्दोबस्त करनाः ～行李 सामान-असबाब तैयार करना / ～家务 घरेलू काम का प्रबन्ध करना

【摒绝】 bìngjué निकाल देनाः ～妄念 संभ्रम विचारों को मन से निकाल देना; संभ्रम विचारों को छोड़ देना

【摒弃】 bìngqì त्यागना; छोड़ देना; निकाल बाहर करना; फेंक देना

bō

波 bō ❶लहर; तरंगः 声～ ध्वनि तरंग / 光～ प्रकाश तरंग / 电～ विद्युत् तरंग / 纵～ लंब तरंग / 横～ तिर्यक तरंग ❷घटनाओं का अप्रत्याशित परिवर्तनः 风～ हवा और लहर —— अव्यवस्था; अशांति

【波波族】 bōbōzú（布波 bùbō，波波 bōbō भी）बोबो (bobo,BoBo)

【波长】 bōcháng 〈भौ०〉 तरंग-दैर्घ्य; तरंग की लंबाईः ～极短 अत्यंत लघु तरंग-दैर्घ्य

【波长计】 bōchángjì तरंगयंत्र; तरंगमापक

【波茨坦公告】 Bōcítǎn Gōnggào पोट्सडाम उद्घोषण (1945 ई०)

【波荡】 bōdàng लहराना; तरंगित होना; हिलोरें लेना; लहरें उठनाः 海水～。समुद्र में पानी लहरा रहा है।

【波导】 bōdǎo 〈भौ०〉 तरंग-निर्देशक

【波导管】 bōdǎoguǎn तरंग निर्देशक दंड

【波导通信】 bōdǎo tōngxìn तरंग निर्देशित संचार

【波动】 bōdòng ❶लहराना; विचलित होना; अस्थिर होनाः 物价～ (वस्तुओं के) भाव की अस्थिरता; भाव (मूल्य) का उतार-चढ़ाव / 情绪～ मनोदशा अस्थिर होना; बेचैन होना ❷〈भौ०〉 तरंग-गतिः ～说 तरंग सिद्धांत; तरंगवाद

【波段】 bōduàn 〈रेडियो〉 बैंड; वेव-बैंडः ～开关 बैंड-स्विच; वेवर

【波多黎各】 Bōduōlígè प्यूरटोरिको

【波多黎各人】 Bōduōlígèrén प्यूरटोरिकी; प्यूरटोरिको का निवासी

【波尔多液】 bō'ěrduōyè 〈कृ०〉 बोर्दो मिक्सचर; बोर्दो मिश्रण

【波尔卡】 bō'ěrkǎ पोल्का (नृत्य)

【波峰】 bōfēng 〈भौ०〉 तरंगशिखर; लहरों की चोटी; तरंग-शीर्ष; तरंग-श्रृंग

【波幅】 bōfú 〈भौ०〉 तरंग-विस्तार; तरंग का आयाम; लहरों की चौड़ाईः ～失真 तरंग-विस्तार में शुद्धता का अभाव

【波哥大】 Bōgēdà बोगोता; बोगोटा

【波谷】 bōgǔ 〈भौ०〉 दो लहरों के बीच का गर्त; तरंग-गर्त

【波黑共和国】 Bō-Hēi Gònghéguó बोस्निया-हर्ज़ेगोवेना गणराज्य

【波及】 bōjí प्रभाव डालना; असर डालना; फैल जानाः 经济危机～到东南亚各国。आर्थिक संकट दक्षिण-पूर्व के अनेक देशों में फैल गया।

【波谲云诡】 bōjué-yúnguǐ（云谲波诡 yúnjué-bōguǐ भी）आश्चर्यजनक रूप से परिवर्तन-शील

【波兰】 Bōlán पोलैंड

【波兰人】 Bōlánrén पोल; पोलैंडवासी; पोलैंड का रहने वाला

【波兰语】 Bōlányǔ पोलिश; पोलैंड वालों की भाषा

【波澜】 bōlán महातरंग; उर्मि; बड़ी लहरः 文章～起伏 लेख में समुद्री तरंगों की तरह उतार-चढ़ाव होना

【波澜壮阔】 bōlán-zhuàngkuò लहरें मारते हुए तीव्र गति से आगे बढ़ते जाना; समुद्री तरंगों जैसा होना; शानदार; भव्यः 一首～、气势磅礴的史诗 एक शानदार (भव्य) महाकाव्य या वीरगाथा

【波浪】 bōlàng लहर; तरंग; हिलोरः ～形 लहरिया; लहरदार / ～式前进 लहरों के समान सिलसिलेवार आगे बढ़ना / ～翻滚 लहरें मारना / ～汹涌 तरंगें (लहरें, हिलोरें) उठना

【波浪热】 bōlàngrè दे० 波状热

【波浪鼓】 bōlànggǔ दे० 拨浪鼓 bōlanggǔ

【波棱盖】 bōlénggài 〈बो०〉 घुटना; जानु

【波利尼西亚】 Bōlìníxīyà पोलिनीशिया

【波利尼西亚人】 Bōlìníxīyàrén पोलिनीशियाई

【波利尼西亚语】 Bōlìníxīyàyǔ पोलिनीशियाई (भाषा)

【波罗的海】 Bōluódìhǎi बाल्टिक समुद्र

【波罗蜜】[1] bōluómì 〈धर्म〉（波罗蜜多 bōluómì-duō भी）पारमिता; पार पहुंचना

【波罗蜜】[2] bōluómì 〈वन०〉 दे० 菠萝蜜 bōluómì

【波罗乃兹】 bōluónǎizī पोलैंड का एक विशेष नृत्य; इस नृत्य का संगीत

【波美比重】 Bōměibǐzhòng 〈रसा०〉 बोमे गुरुत्वः ～标 बोमे स्केल (तुलायंत्र) / ～计（波美表 bōměibiǎo भी）बोमे आर्द्रतामापी; बोमे द्रवघनत्वमापी / ～度 बोमे डिग्री

【波你尼】 Bōnǐní पाणिनि, प्राचीन कालीन भारत का संस्कृतभाषा का विख्यात वैयाकरण

【波谱】 bōpǔ 〈भौ०〉 स्पेक्ट्रम; वर्णक्रम：～显形 तरंग-प्रतिरूप-अभिव्यतिकरण

【波束】 bōshù 〈भौ०〉 किरणावली; रश्मिमाला; विद्युत् विकिरण

【波斯】 Bōsī फ़ारस

【波斯猫】 bōsīmāo फ़ारस की लंबे चिकने बालों और मोटी दुम वाली बिल्ली; फ़ारसी बिल्ली

【波斯人】 Bōsīrén फ़ारसी, फ़ारसवासी

【波斯语】 Bōsīyǔ फ़ारसी (भाषा)

【波斯匿王】 Bōsīnìwáng सम्राट प्रसेनजित

【波速】 bōsù 〈भौ०〉 तरंग-वेग

【波涛】 bōtāo बड़ी लहर; तरंग：～滚滚的大海 लहराता हुआ सागर; उमड़ती लहरों वाला सागर

【波涛汹涌】 bōtāo-xiōngyǒng तरंगें (लहरें) मारना; गरजती हुई तरंगें (लहरें) उठना

【波特】 bōtè 〈वैद्यु०〉 बाउड

【波纹】 bōwén ❶लहरी; छोटी लहर; उर्मिका ❷लहरिया; धारीः ～管 〈यां०〉 बेलोज़ / ～铁 पनारीदार लोहा / ～纸板 पनारीदार गत्ता (दफ़्ती)

【波音】[1] bōyīn 〈संगी०〉 स्वरमिश्रण

【波音】[2] Bōyīn बोइंगः ～747 बोइंग 747

【波折】 bōzhé घटनाओं का अप्रत्याशित परिवर्तन; बाधा; रुकावटः 革命进程中的～ क्रांति में असफलता / 这件事情发生～是可能的。संभव है कि इस मामले में बाधाएं पड़ें।

【波状热】 bōzhuàngrè 〈चिकि०〉 लहरदार ज्वर; लहरिया बुखार, एक प्रकार का ज्वर जो तापमान में उतार-चढ़ाव के साथ जारी रहे

【波状铁板】 bōzhuàng tiěbǎn लहरदार लोहे की प्लेट

【波状云】 bōzhuàngyún 〈मौ०वि०〉 लहरदार बादल; तरंगित मेघ

拨（撥） bō ❶(हाथ, पैर, छड़ी आदि से किसी वस्तु को) ठेलना; पेलना; हटाना; अलग करनाः ～火 आग को ठेलना / ～开云雾，端正方向 कोहरे को हटाकर सही दिशा में चलना; कोहरे में भी दिशा देख पाना / ～开蛛网 मकड़ी के जालों को अलग करना / ～树叶 पत्तों को एक ओर सरका देना ❷(अंगुली से) चलाना; मिलाना; घुमानाः ～钟 घड़ी मिलाना; घड़ी का समय ठीककरना / ～电话号码 टेलीफ़ोन करना; टेलीफ़ोन का नंबर मिलाना या लगाना; टेलीफ़ोन का डायल घुमाना / ～到北京电台 रेडियो पेइचिंग में (रेडियो की सुई को) घुमाना ❸भाग देना; हिस्सा देनाः ～两间房子给他们 उन लोगों को दो कमरे दे देना / ～五个人到车间 पांच आदमियों को वर्कशाप में भेज देना / 国家～出大批资金发展农业。कृषि के विकास के लिये राज्य ने बड़ी मात्रा में पूंजी लगायी। ❹मोड़नाः ～转马头 घोड़े को मोड़ना ❺〈परि० श०〉 ग्रुप; दल; टोली; समूहः 把他们分成两～儿。उन लोगों को दो दलों में बांट दो। / 轮～儿休息 बारी-बारी से आराम करना

【拨发】 bōfā एक भाग निकालकर दे देनाः ～经费 लागत देना

【拨付】 bōfù किसी विशेष कार्य के लिये रकम देनाः ～经费 लागत देना

【拨工】 bōgōng 〈बो०〉 मज़दूरों का आदान-प्रदान करना

【拨号】 bōhào (फ़ोन) नंबर मिलानाः～盘 डायल; अंकपट्ट

【拨火棍】 bōhuǒgùn आग की सलाख; आग को कुरेदने की छड़; (इस काम के लिये) लोहे आदि की छड़

【拨款】 bōkuǎn ❶विनियोग करना; विनियोजित करनाः ～兴建工厂 कारखानों के निर्माण के लिये धनका विनियोग करना ❷विनियोजित धन राशि या रकमः 军事～ सैन्य विनियोग / 财政～ वित्तीय विनियोग / ～委员会 व्यय-निर्धारक समिति

【拨剌】 bōlà 〈अनु०〉 〈साहि०〉 (मछली के पानी में उछलने का शब्द) छपछप

【拨拉】 bōla (हाथ, पैर, छड़ी आदि से) चलाना; ठेलना; पेलना; स्थान-परिवर्तन करनाः ～算盘子 (हिसाब करने के लिये) गिनतारा (या गणनाफलक) की गोलियों को घुमाना

【拨浪鼓】 bōlanggǔ एक ढोलनुमा खिलौना जिस के दोनों ओर दो गेंद लगी होती हैं, जिसे पीटने पर ढोल की जैसी आवाज़ निकलती है

【拨乱反正】 bōluàn-fǎnzhèng अस्तव्यस्तता को व्यवस्था की पूर्वावस्था में लाना

【拨弄】 bōnong ❶(हाथ, पांव, छड़ी आदि से) इधर-उधर चलाना, हिलाना या घुमानाः ～琴弦 वीणा, सितार आदि तंतुवाद्यों के तार छेड़ना / ～火盆里的木炭 अंगीठी में जलते अंगारों को ठेलना ❷उकसाना; भड़कानाः ～是非 झगड़े या कलह का बीज बोना

【拨冗】 bōrǒng 〈शिष्ट०〉 〈लि०〉 समय निकालकरः 务希～出席。आशा है, आप समय निकालकर अवश्य पधारेंगे।

【拨弦乐器】 bōxián yuèqì उंगलियों से बजाये जाने वाले तंतु-वाद्य

【拨云见日】 bōyún-jiànrì बादल हट गया और सूरज निकल आया —— अंधेरे से निकलकर प्रकाश में आना

【拨正】 bōzhèng ठीक करनाः ～航向 दिशा ठीक करना

【拨子】 bōzi ❶〈संगी०〉 मिज़राब ❷〈परि०श०〉 (लोगों के लिये) दल; समूह; जत्था; टोलीः 一～队伍 सिपाहियों का एक दल

【拨奏】 bōzòu 〈संगी०〉 वायलिन आदि को अंगुलियों से बजाना

玻 bō नीचे दे०

【玻璃】 bōli ❶कांच; शीशाः 雕花～ बेलबूटेदार शीशा / 彩色～ रंगीन शीशा / 有机～ प्लैक्सि ग्लास (गिलास); प्रतिघात कांच / 镶嵌～ कांच जड़ देना ❷〈बोल०〉 नाइलोन, प्लास्टिक आदि कांच जैसी पारदर्शी वस्तुएंः ～牙刷 नाइलोन टुथब्रुश / ～丝 प्लास्टिक का तागा (धागा)

【玻璃板】 bōlibǎn शीशे की टेबलेट

【玻璃版】 bōlibǎn 〈मुद्रण०〉 फ़ोटो छापने की एक विधि;

कोलोटाइप
【玻璃杯】 bōlibēi गिलास; ग्लास
【玻璃布】 bōlibù कांच के महीन कटे हुए रेशों से बुना हुआ कपड़ा
【玻璃厂】 bōlichǎng कांच (शीशे) का कारखाना
【玻璃橱】 bōlichú शीशेदार अलमारी
【玻璃窗】 bōlichuāng शीशेदार खिड़की, शीशे की खिड़की
【玻璃刀】 bōlidāo शीशा-कटाई; शीशा काटने वाला औज़ार; हीराकनी कलम
【玻璃房】 bōlifáng शीशाघर
【玻璃粉】 bōlifěn शीशे का पाउडर या चूर्ण
【玻璃钢】 bōligāng इस्पाती शीशा; फ़ाइबर ग्लास
【玻璃管】 bōliguǎn शीशे की नली; कांच की नलिका
【玻璃画】 bōlihuà 〈ललित०〉 शीशे पर अंकित चित्र; शीशे से बना चित्र
【玻璃棉】 bōlimián (玻璃绒 bōliróng भी) ग्लास वूल; शीशे की ऊन; ऊन की तरह बुना शीशा
【玻璃幕墙】 bōli mùqiáng शीशे के पर्दे की दीवार
【玻璃暖房】 bōli nuǎnfáng पौधशाला
【玻璃片】 bōlipiàn शीशे का टुकड़ा
【玻璃瓶】 bōlipíng शीशी; शीशे की बोतल
【玻璃纱】 bōlishā 〈बुना०〉 आरगंडी
【玻璃丝】 bōlisī रेशमी शीशा; ग्लास-सिल्क
【玻璃体】 bōlitǐ 〈श०वि०〉 कांचवत् पिंड; विट्रियस बाडी
【玻璃温室】 bōli wēnshì शीशे का गरम कमरा
【玻璃纤维】 bōli xiānwéi कांच का रेशा
【玻璃纸】 bōlizhǐ ग्लास-पेपर; सेलोफ़ेन
【玻璃砖】 bōlizhuān शीशे की ईंट
【玻利维亚】 Bōlìwéiyà बोलीविया
【玻利维亚人】 Bōlìwéiyàrén बोलीवियाई
【玻意耳定律】 Bōyì'ěr dìnglǜ 〈भौ०〉 बोयल का नियम

砵 bō ❶铜砵 Tóngbō फ़ूच्येन प्रांत का एक स्थान ❷钵 bō के समान

盋 bō 〈लि०〉 钵 bō के समान

哱 bō नीचे दे०
【哱罗】 bōluó प्राचीन काल में सेना में प्रयुक्त एक प्रकार की तुरही; बिगुल; भोंपू

趵 bō 〈लि०〉 लात मारना; ठोकर मारना
bào भी दे०
【趵趵】 bōbō 〈अनु०〉 चलते समय पैर ज़मीन पर रखने का शब्द

钵(鉢、缽) bō ❶मिट्टी का बर्तन ❷भिक्षापात्रः 沿门托～ पात्र लेकर घर-घर भीख मांगना
【钵头】 bōtóu 〈बो०〉 मिट्टी का बर्तन
【钵盂】 bōyú प्राचीन काल के बौद्ध भिक्षुओं का भिक्षापात्र
【钵子】 bōzi 〈बो०〉 मिट्टी का बर्तन

般 bō नीचे दे०
bān भी दे०
【般若】 bōrě 〈धर्म〉 प्रज्ञा; बुद्धि; ज्ञानः《～波罗蜜多心经》"प्रज्ञापारमिता हृदय सूत्र"

饽(餑) bō नीचे दे०
【饽饽】 bōbo 〈बो०〉 ❶केक; पेस्ट्री; आटा, पानी, चीनी आदि वस्तुओं से बनी खाद्य-वस्तु ❷भाप से बना एक प्रकार का केक; बोबोः 玉米～ मकई का केक

剥 bō (यह 剥 bāo का समानार्थी है और इस का प्रयोग केवल सामासिक शब्दों या मुहावरों आदि में किया जाता है)
bāo भी दे०
【剥采比】 bōcǎibǐ 〈खनि०〉 अपसारण-अनुपात; स्ट्रिपिंग रेशियो
【剥夺】 bōduó वंचित करना; अपहरण करना; छीन लेनाः ～政治权利 राजनीतिक अधिकारों से वंचित करना / ～发言权 बोलने के अधिकार से वंचित करना; राय ज़ाहिर करने के हक से वंचित कर देना / ～选举权 मताधिकार-हरण करना; मताधिकार में काटछांट करना
【剥光】 bōoguāng नंगा करना; नग्न करना; नंगियाना
【剥离】 bōlí उघाड़ना; नंगा (नग्न) करना; छीलना; छिलका आदि उतारना; (खाल या छाल आदि) उतारनाः 表土～ भूमि की सतह उघड़ना
【剥落】 bōluò झड़ना; उतरना; छीलना; छिलका, छाल आदि उतारनाः 墙皮～。दीवार का पलस्तर झड़ (उतर) गया है।
【剥皮】 bāopí ❶छिलका, खाल आदि उतारना; खाल खींच लेना; खाल उधेड़ना ❷〈अरण्य०〉 पेड़ से छाल उतारनाः ～机 पेड़ से छाल उतारने वाली मशीन
【剥蚀】 bōshí उघाड़ना; नंगा (नग्न) करना; लूट-खसोट करनाः 资本家的～ पूंजीपतियों द्वारा लूट-खसोट करना / 由于风雨～，石像已无法辨认。वायु और वर्षा के विध्वंस के कारण पाषाण-मूर्त्ति अब पहचानी नहीं जा सकती।
【剥蚀作用】 bōshí zuòyòng 〈भूगर्भ०〉 नग्नीकरण; अनाच्छादन
【剥脱】 bōtuō उघारना; नंगा (नग्न) करना; छीलना
【剥削】 bōxuē किसी का शोषण करनाः 残酷地～ पाशविक शोषण करना / 消灭人～人的制度 मनुष्य द्वारा मनुष्य का शोषण करने वाली व्यवस्था को नष्ट करना / ～收入 शोषण से प्राप्त आमदनी
【剥削阶级】 bōxuējiējí शोषक वर्ग
【剥削者】 bōxuēzhě शोषक; शोषण करने वालाः ～与被～ शोषक और शोषित
【剥啄】 bōzhuó 〈लि०〉 〈साहि०〉 धीरे-धीरे दरवाज़ा

खटखटाना; दरवाज़े पर हल्की-हल्की दस्तक देना

菠 bō नीचे दे०

【菠菜】 bōcài पालक

【菠薐菜】 bōléngcài 〈बो०〉 पालक

【菠萝】 bōluó अनन्नास; अनानास

【菠萝蜜】 bōluómì ❶（木菠萝 mùbōluó，波罗蜜 bōluómì भी）कटहल; पनस ❷अनन्नास（凤梨 fènglí का लोकप्रचलित नाम）

鲅（鱍）bō नीचे दे०

【鲅鲅】 bōbō मछली की छलांग

播 bō ❶प्रचार करना; प्रसार करना; फैलाना: 广～ प्रसारित करना; (रेडियो, टीवी पर) सुनाना / ～出乐曲 संगीत प्रसारित करना; (रेडियो, टीवी पर) संगीत सुनाना ❷बोना: 春～ वसंत की बुवाई / 夏～ ग्रीष्म की बुवाई / 条～ पंक्ति में बीज बोना / 满～ खेत भर बीज बोना / 撒～ बीज छितराना; छितरा-छितराकर बीज बोना ❸〈लि०〉 स्थान परिवर्तन होना; वनवास करना: ～迁 दूसरे स्थान में जाकर रहना; स्थान परिवर्तन करना

【播荡】 bōdàng ❶(नाव का) धचके खाते हुए चलना; लहरें लेना; झूलना: 船在大海中～前进。नाव समुद्र में लहरें लेती आगे बढ़ रही है। ❷〈लि०〉 बेघर हो जाना; बेघर होकर इधर-उधर भटकते फिरना

【播发】 bōfā प्रसारित करना; ब्रॉडकास्ट करना: ～新闻 समाचार प्रसारित करना

【播放】 bōfàng ❶प्रसारित करना; ब्रॉडकास्ट करना ❷टी०वी० पर कार्यक्रम प्रसारित करना

【播幅】 bōfú बोये हुए बीजों की पंक्तियों के बीच की चौड़ाई

【播讲】 bōjiǎng रेडियो, टी०वी० आदि पर बोलना: ～故事 रेडियो, टी०वी० पर कहानी सुनाना / ～印地语 रेडियो, टी०वी० द्वारा हिन्दी भाषा सिखाना

【播弄】 bōnong ❶उंगलियों पर नचाना ❷उकसाना; भड़काना; छेड़ना: ～是非 फूट, अनबन, झगड़े आदि का बीज बोना

【播撒】 bōsǎ (बीज आदि) छितराना; छितरा-छितराकर बीज बोना: ～树种 वृक्ष के बीज बोना (छितराना)

【播散】 bōsàn फैलाना; विसरण करना

【播送】 bōsòng प्रसारित करना; ब्रॉडकास्ट करना: ～音乐(新闻、电视节目)संगीत (समाचार, टी०वी० प्रोग्राम) प्रसारित करना या ब्रॉडकास्ट करना / 向观众～的节目 दर्शकों के लिये प्रसारित कार्यक्रम

【播音】 bōyīn प्रसारण; ब्रॉडकास्ट: 这次～到此结束。अब हमारा प्रसारण समाप्त होता है।

【播音机】 bōyīnjī ध्वनिक्षेपक यंत्र; ट्रांसमीटर

【播音室】 bōyīnshì ब्रॉडकास्टिंग स्टुडियो; ब्रॉडकास्टिंग रूम; टी०वी०, रेडियो केन्द्र का प्रसार-कक्ष

【播音员】 bōyīnyuán प्रसारण करने वाला; प्रसारक; उद्घोषक

【播映】 bōyìng टी०वी० कार्यक्रम प्रसारित करना

【播种】 bōzhǒng बीजारोपण; बीज बोना (डालना): 及时～ समयानुकूल बीज बोना / ～机 बीज बोने की मशीन; बुवाई मशीन

【播种】 bōzhòng बुवाई: ～量 बुवाई का परिमाण / ～面积 बुवाई का क्षेत्रफल; बुवाई-क्षेत्रफल / ～期 बुवाई समय; बोनी

嶓 bō नीचे दे०

【嶓冢】 Bōzhǒng पोचोंक, कान-सू प्रांत का एक पर्वत

bó

孛 bó 〈लि०〉 勃 bó के समान

伯¹ bó ❶ताऊ; पिता के बड़े भाई ❷भाइयों में सब से बड़ा भाई: ～兄 सब से बड़ा भाई; ज्येष्ठ भ्राता

伯² bó सामंतों की पांच श्रेणियों में तीसरी श्रेणी, अर्ल; काउंट

bǎi भी दे०

【伯伯】 bóbo ❶ताऊ: 大～ बड़े ताऊ ❷पिता की पीढ़ी के पिता से बड़ी उम्र के व्यक्ति के लिये प्रयुक्त संबोधन: 李～ ली ताऊ

【伯尔尼】 Bó'ěrní बर्न

【伯父】 bófù ❶ताऊ ❷पिता की पीढ़ी के पिता से अधिक आयु के व्यक्ति को संबोधित करने के लिये प्रयुक्त शब्द: 李～ ली ताऊ

【伯爵】 bójué अर्ल; काउंट

【伯爵夫人】 bójué fūrén काउंटेस

【伯劳】 bóláo（虎不拉 hǔbùlā भी）शिक्र, एक पक्षी विशेष

【伯乐】 Bólè ❶एक पौराणिक अश्वपारखी ❷व्यक्ति जो सुयोग्य व्यक्तियों को खोज निकालने या निर्वाचित करने में कुशल हो

【伯力】 Bólì यानी 哈巴罗夫斯克 Hābāluófūsīkè खाबारोवस्क

【伯利兹】 Bólìzī बेलिज़

【伯母】 bómǔ पिता के बड़े भाई की पत्नी; ताई; जेठी चाची

【伯婆】 bópó 〈बो०〉 ❶पिता की ताई ❷पति की ताई

【伯仲】 bózhòng 〈लि०〉 बड़ा और छोटा भाई: 相～ लगभग एक-सा होना; करीब-करीब बराबर होना / ～之间 दोनों के स्तर में बहुत अंतर न होना

【伯仲叔季】 bó-zhòng-shū-jì भाइयों का वरिष्ठता क्रम; सब से बड़ा भाई, दूसरा भाई, तीसरा भाई … और सब से छोटा भाई

【伯祖】 bózǔ पिता के ताऊ

【伯祖母】 bózǔmǔ पिता की ताई

驳[1] （駁、駮） bó खंडन करना： 真理不怕人家～。सच्चाई खंडन से नहीं डरती। / ～得体无完肤 किसी की धज्जियां उड़ा देना; किसी का पूरी तरह खंडन कर देना / 痛～亡国论 राष्ट्रीय गुलामी के सिद्धांत की पूरी तरह धज्जियां उड़ा देना

驳[2] （駁、駮） bó 〈लि०〉 अशुद्ध रंग वाला; एक रंग में दूसरे रंग के मेल वाला： 斑驳 bānbó

驳[3] （駁） bó ❶छोटी नौका से माल या यात्रियों को ले जाना： 起～ छोटी डोंगी से माल चढ़ाना / ～卸 छोटी नौका से माल उतारना ❷लाइटर; बार्ज (नौका), माल लादने-उतारने की छोटी नाव; माल-बोट： 铁～ लोहा ढोने वाली डोंगी / 油～ तेल-नौका; ऑयल बार्ज ❸〈बो०〉 किनारे, बांध आदि को बाहर की ओर बढ़ाना： 把堤～出去一米。इस बांध की चौड़ाई बाहर की ओर और एक मीटर बढ़ाया जाय।

【驳岸】 bó'àn बांध की रक्षा के लिये बनाई गयी पत्थर की दीवार

【驳斥】 bóchì खंडन करना; प्रतिवाद करना; निराकरण करना; निन्दा करना： 痛加～ तीक्ष्ण (सख्ती से) खंडन करना / 从正面和侧面力加～ प्रत्यक्ष और परोक्ष रूप से ज़ोरदार खंडन करना / ～造谣 किसी व्यक्ति के लांछनों का मुंहतोड़ जवाब देना

【驳船】 bóchuán बार्ज; लाइटर; मालबोट; हाउसबोट

【驳倒】 bódǎo खंडन करना; निरुत्तर कर देना; लाजवाब कर देना： 真理是驳不倒的。सच्चाई का खंडन नहीं किया जा सकता। / 我一句话就把他～了。मेरे एक ही वाक्य ने उसे निरुत्तर कर दिया। / 这一下可把他～了。इस दलील से वह परास्त हो गया।

【驳回】 bóhuí स्वीकार न करना; अस्वीकार करना; न मानना; खारिज करना; डिसमिस करना： ～上诉 अपील (या मुकदमा) खारिज करना / 诉讼被～ दावा डिसमिस हो जाना

【驳价】 bójià मोल-तोल करना; भाव-ताव करना

【驳壳枪】 bókéqiāng पिस्तौल; कार्बाइन

【驳面子】 bómiànzi इज़्ज़त न देना

【驳难】 bónàn 〈लि०〉 प्रतिवाद करना और निन्दा करना; बुरा बताना; दोषी ठहराना

【驳卸】 bóxiè लाइटर से माल उतारना

【驳议】 bóyì ❶खंडन करके ठीक करना; झूठा सिद्ध करना; मिथ्या सिद्ध करना ❷(लिखित) आलोचना और खंडन

【驳运】 bóyùn बार्ज या लाइटर से माल या यात्री को जहाज़ के किनारे लाना-ले जाना, छोटे जहाज़ या नाव द्वारा जहाज़ पर माल लादना-उतारना： ～费 उक्त उपाय से माल लादने-या उतारने का भाड़ा

【驳杂】 bózá विभिन्न रूप (प्रकार) का; विभिन्न तत्वों से बना हुआ： 内容～ विषय की भिन्नता / 色泽～ रंग-बिरंगा; चितकबरा; अनेक रंगों का

泊 bó ❶लंगर डालना; लंगर गिराना; (नाव) ठहरना： 停～ लंगर डालना; नाव आदि का ठहरना / ～岸 जहाज़ का घाट पर ठहरना ❷ठहरना： 飘～ निरुद्देश्य चलते जाना ❸〈बो०〉 (गाड़ी को) कहीं रोककर रखना： ～车 गाड़ी को कहीं रोककर रखना

pō भी दे०

【泊地】 bódì लंगर डालने का स्थान

【泊位】 bówèi मोटर, बंदरगाह में जहाज़ आदि को एक ओर खड़ा करने का स्थान; लंगर; घाट; पार्किंग स्टॉल： 深水～ गहरे पानी का घाट; ऐसा घाट जिस का पानी बहुत गहरा हो

帛 bó 〈लि०〉 रेशम： 布～ कपड़ा और रेशम / 玉～ जेड और रेशम

【帛画】 bóhuà रेशम पर बना चित्र

【帛书】 bóshū प्राचीन काल में पुस्तक की रेशम पर तैयार प्रतिलिपि

瓝 bó 〈लि०〉 ❶छोटा कद्दू ❷प्राचीन पुस्तकों में वर्णित एक प्रकार की घास

柏 bó नीचे दे०

bǎi; bò भी दे०

【柏林】 Bólín बर्लिन

勃 （敎） bó 〈लि०〉 अति समृद्ध; भरपूर; परिपूर्ण; फलता-फूलता： 蓬～ बहुत ज़ोरों से

【勃勃】 bóbó बहुत समृद्ध; परिपूर्ण; भरपूर： 生气～ जीवनी शक्ति से परिपूर्ण / 兴致～ प्रसन्नता से; उत्साहपूर्वक; जोश से / 野心～ बुरी आकांक्षा से भरा होना; कुआकांक्षी होना

【勃发】 bófā 〈लि०〉 ❶समृद्ध होना; फलना-फूलना： 生机～ जीवन से भरा होना ❷अचानक या एकाएक उत्पन्न करना： 游兴～ अचानक सैर-सपाटे की तीव्र अभिरुचि उत्पन्न करना / 战争～ युद्ध (लड़ाई) का अचानक छिड़ जाना

【勃郎宁】 bólángníng ब्राउनिंग रिवाल्वर

【勃然】 bórán ❶ओजस्वितापूर्वक; जीवनी-शक्ति के साथ： ～兴起 उदय होना; उदित होना ❷उत्तेजित होकर; उद्वेग से： ～大怒 खून खौल जाना; गुस्से से आग-बबूला हो उठना; एकाएक आग भड़क उठना

【勃豀】 bóxī 〈लि०〉 （勃谿 bóxī भी） घर में (सास और बहू या पति-पत्नी के बीच) झगड़ा होना

【勃兴】 bóxīng 〈लि०〉 ओजस्विता के साथ उदित हो जाना; जीवनी-शक्ति के साथ विकसित होना： 工业城市的～ औद्योगिक नगरों का ओजस्विता के साथ उदित होना

浡 bó 〈लि०〉 उदित होना; विकसित होना

亳 bó नीचे दे०

【亳州】 Bózhōu आनह्वेइ प्रांत का एक स्थान

袯（襏） bó नीचे दे॰

【袯襫】 bóshì प्राचीन काल में किसानों द्वारा पहनी जाने वाली ताड़ की छाल से बनी बरसाती आदि

钹（鈸） bó 〈संगी॰〉 झांझ; मजीरा

铂（鉑） bó 〈रसा॰〉 प्लैटिनम (Pt)

舶 bó समुद्री जहाज़ः 巨～ बहुत बड़ा जहाज़ / 船～ जहाज़; जलयान / 海～ समुद्री जहाज़

【舶来品】 bóláipǐn 〈पुराना〉 आयातित सामग्री; विदेश से आया माल

脖 bó ❶गला; गरदन ❷बर्तन की गरदनः 长～儿瓶 लंबी गरदन वाली बोतल

【脖颈儿】 bógěngr（脖颈子 bógěngzi，脖梗儿 bógěngr भी）गरदन का पिछला भाग

【脖子】 bózi गला; गरदनः 套在～上 गले में डालना; गले में पड़ना

渤 Bó 渤海 का संक्षिप्त रूप

【渤海】 Bóhǎi पोहाए समुद्र

博[1] bó ❶अधिक; समृद्ध; सम्पन्न; विशाल; विस्तृत; व्यापकः 地大物～ विशाल भूमि और समृद्ध साधन; विशाल राज्य-क्षेत्र और समृद्ध प्राकृतिक साधन; विस्तृत भू-भाग और सम्पन्न साधन-स्रोत ❷जानना; सुपरिचित होना; दक्षता प्राप्त होना; महारत हासिल होनाः 博古通今 ❸〈लि॰〉 बड़ाः 宽衣～带 ढीली पोशाक में

博[2]（❷簙） bó ❶प्राप्त करना या होना; हासिल करना या होनाः 聊～一笑 केवल आप के आमोद-प्रमोद के लिये ❷जुआ खेलना; द्यूत-क्रीड़ा करनाः ～徒 जुआरी; द्यूतकार; जुएबाज़ / ～局 जुआ खेलने वाला दल

【博爱】 bó'ài मानव-प्रेम; विश्व-प्रेम; विश्व-बन्धुत्व; ममता; भ्रातृत्वः 自由、平等、～ स्वतंत्रता, समानता और भाईचारा / 有人说，所谓'～'是不存在的。किसी ने कहा है कि तथाकथित "विश्व-प्रेम" वास्तव में कहीं नहीं है।

【博彩】 bócǎi जुआ खेलने वाला उद्योग

【博采众议】 bócǎi-zhòngyì सभी क्षेत्रों (हलकों) की सलाह लेना

【博茨瓦纳】 Bócíwǎnà बोत्सवाना

【博茨瓦纳人】 Bócíwǎnàrén बोत्सवानाई

【博大】 bódà विशाल; विस्तृत; व्यापकः ～精深 विस्तृत जानकारी और गहरी विद्वता होना

【博导】 bódǎo पी॰एच॰डी॰ अभ्यर्थियों का निरीक्षक

【博得】 bódé प्राप्त करना या होना; हासिल करना या होना; मिलना; पानाः ～赞扬 प्रशंसा (तारीफ़) प्राप्त करना या होना / ～好评 लोगों की पसन्द प्राप्त करना या होना / ～同情 लोगों की वाहवाही प्राप्त करना / ～全场喝彩 (रंगमंच) अत्यधिक प्रशंसा प्राप्त करना या होना; दर्शकों का बड़ा खुश होना / ～欢心 (किसी व्यक्ति को) प्रसन्न रखना

【博而不精】 bó ér bù jīng हरफ़न-मौला पर किसी भी विषय में महारत न रखने वाला

【博古】 bógǔ ❶प्राचीन काल की घटनाओं से सुपरिचित होनाः 博古通今 ❷प्राचीन काल की वस्तुएं; इन वस्तुओं के चित्र ❸कृत्रिम प्राचीन वस्तुएं

【博古通今】 bógǔ-tōngjīn प्राचीन तथा आधुनिक का खासा ज्ञान होना

【博览】 bólǎn व्यापक अध्ययन करनाः ～群书 विस्तृत अध्ययन करना

【博览会】 bólǎnhuì (अंतर्राष्ट्रीय) मेला; प्रदर्शनी; नुमाइश

【博洽】 bóqià 〈लि॰〉 पांडित्यः ～多闻 पांडित्य और बहुश्रुत

【博取】 bóqǔ प्राप्त करने की इच्छा होना; हासिल करने की कोशिश करनाः ～同情 किसी व्यक्ति की वाहवाही प्राप्त करने की इच्छा होना / ～欢心 किसी को प्रसन्न रखने की कोशिश करना / ～信任 किसी का विश्वास प्राप्त करने की इच्छा करना

【博识】 bóshí विद्वान; पंडित; ज्ञानी; बहुज्ञः 多闻～ बहुश्रुत और विद्वान

【博识洽闻】 bóshí-qiàwén अनुभवी और सुबुद्ध; विद्वत्तापूर्ण; विद्वान

【博士】 bóshì ❶डॉक्टरः 科学～ डॉक्टर आफ़ साइंस; डी॰एस॰सी॰ / ～论文 डॉक्टर की डिग्री के लिये प्रस्तुत निबंध (थीसिस) / 获得～学位 डॉक्टर की डिग्री पाना ❷〈पुराना〉 किसी कला में कुशलः 茶～ चाय बनाने की कला में कुशल; चाय बेचने वाला; चायघर का रखवाला ❸〈इति॰〉 दरबारी अकादमिक

【博士后】 bóshìhòu ❶पोस्ट-डॉक्टरेट विद्यार्थी या अनुसंधानकर्त्ता ❷पोस्ट-डॉक्टर उपाधि के लिये अध्ययन या अनुसंधान ❸पोस्ट-डॉक्टरलः ～科研 पोस्ट-डॉक्टरल अनुसंधान

【博士生】 bóshìshēng पी॰एच॰डी॰ अभ्यर्थी (उम्मीदवार)

【博闻强识】 bówén-qiángzhì（博闻强记 bówén-qiángjì भी）विश्वकोश का-सा ज्ञान या जानकारी होना; विस्तृत अध्ययन करने वाला और मेधावी होना

【博物】 bówù प्राणिविज्ञान, वनस्पति विज्ञान, खनिज विज्ञान, शरीर-क्रिया विज्ञान आदि का सामान्य नाम

【博物馆】 bówùguǎn संग्रहालय; अजायब-घर; म्यूज़ियमः 历史～ इतिहास-संग्रहालय

【博物馆学】 bówùguǎnxué संग्रहालय-विज्ञान

【博物院】 bówùyuàn संग्रहालय; अजायब-घर; म्यूज़ियमः 故宫～ प्रासाद संग्रहालय

【博学】 bóxué विद्वान; विद्वत्तापूर्णः ～之士 विद्वान; पंडित

【博学多闻】 bóxué-duōwén पांडित्यः 对他的～表

示钦佩 उस के पांडित्य पर मुग्ध हो जाना
【博雅】 bóyǎ सुसंस्कृत; विद्वान: ～之士 विद्वान और सुसंस्कृत व्यक्ति
【博弈】 bóyì शतरंज खेलना
【博引】 bóyǐn विस्तृत उद्धरण देते हुए सिद्ध करना

鹁（鵓） bó नीचे दे०
【鹁鸽】 bógē 〈प्राणि०〉（家鸽 jiāgē भी） घरेलू कपोत; घरेलू कबूतर
【鹁鸪】 bógū 〈प्राणि०〉（水鹁鸪 shuǐgūgū भी）वन-कपोत; जंगली कबूतर

搏 bó ❶लड़ना; मुकाबला करना; हाथापाई करना: （和某人）～斗 (किसी के खिलाफ़) लड़ना / 肉～ हाथापाई करना; मुठभेड़ करना ❷किसी पर टूट पड़ना; झपट्टा मारना या पंजा मारकर दबोचना: 狮子～羊 सिंह का भेड़ पर झपट्टा मारना ❸धड़कना; स्पंदित होना: 脉～ नाड़ी-स्पंदन; नाड़ी; स्पंद; नब्ज़
【搏动】 bódòng धड़कन; धड़कना (बहुधा हृदय, नाड़ी आदि की धड़कन)
【搏斗】 bódòu (किसी से) लड़ना; संघर्ष करना; संग्राम करना: 同敌人进行～ दुश्मनों के विरुद्ध लड़ना (संघर्ष करना) / 与洪水～ बाढ़ के खिलाफ़ संघर्ष करना / 生死大～ जीवन-मरण का महासंग्राम
【搏击】 bójī किसी के साथ लड़ना; संघर्ष करना: ～风浪 हवा और लहरों के खिलाफ़ लड़ना (संघर्ष करना)
【搏杀】 bóshā हथियार से लड़ना; 〈ला०〉 (शतरंज में) दोनों पक्षों का मन लगाकर गंभीरतापूर्वक खेलना
【搏噬】 bóshì झपट्टा मारकर दांत से काटना

鲌（鮊） bó एक प्रकार की मीठे पानी की मछली
鲅 bà भी दे०

馎（餺） bó नीचे दे०
【馎饦】 bótuō प्राचीन काल में आटे से बनी एक प्रकार की खाद्यवस्तु

铍（鈹） bó 〈रसा०〉 बोह्रियम (Bh)

僰 bó प्राचीन चीन के दक्षिणपश्चिम में रहने वाली एक अल्पसंख्यक जाति

箔[1] bó ❶(नरकट, बाजरे आदि की) चटाई; परहा: 苇～ नरकट की चटाई ❷रेशम के कीड़े पालने के लिये प्रयुक्त बांस का छिछला पात्र

箔[2] bó ❶पत्तर: 金～ सोने का पत्तर / 银～ चांदी का पत्तर ❷〈पुराना〉 (अंधविश्वास) धातु के पाउडर या पतली पन्नी से बना कागज़ जो जलाकर मरे हुए की आत्मा को अर्पित किया जाता था

膊 bó बांह; बाहु: 赤～ नंगी पीठ; कमर तक नंगा

踣 bó 〈लि०〉 गिर पड़ना

镈（鎛） bó ❶〈संगी०〉 प्राचीन कालीन बड़ा घंटा ❷प्राचीन कालीन कृषि औज़ार; फावड़ा; कुदाल

魄 bó दे० 落魄 luòpò 〈लि०〉 ❶जीवन-संग्राम में पराजित; ज़माने का मारा हुआ ❷किसी रीतिरिवाज या प्रथा से मुक्ति
pò; tuò भी दे०

薄[1] bó ❶थोड़ा; कम: ～技 〈विन०〉 (मेरा) तुच्छ कौशल / ～酬 छोटा सा इनाम ❷अस्वस्थ: ～弱 कमज़ोर / 单～ पतला; दुबला-पतला ❸जो कृपालु न हो, जो गंभीर न हो: ～待 किसी के साथ बुरा व्यवहार (बर्ताव) करना / 轻～ छिछला; ओछा ❹तुच्छ समझना; उपेक्षा करना: 厚今～古 आधुनिक के प्रति पक्षपात करना और पुरातन की उपेक्षा करना / 厚此～彼 कुछ के प्रति पक्षपात बरतना और कुछ अन्य के प्रति भेदभाव / 鄙～ तुच्छ समझना; उपेक्षा करना ❺ (Bó) एक कुलनाम

薄[2] bó 〈लि०〉 निकट आना: 日～西山 दिन ढलना; सूर्य का पश्चिमी पहाड़ों के पीछे अस्त होना —— किसी चीज़ का पतन होना
báo; bò भी दे०
【薄冰】 bóbīng पतली बर्फ़: 如履～ जैसे पतली बर्फ़ पर चलना —— अत्यंत सावधानी से काम करना
【薄产】 bóchǎn 〈लि०〉 थोड़ी सम्पत्ति
【薄地】 bódì वह खेत जो उपजाऊ (उर्वरा) न हो
【薄海】 bóhǎi समुद्र तक पहुंचना; 〈ला०〉 व्यापक क्षेत्र; देश भर: ～同欢 सारे देश में आनंद (खुशियां) मनाना
【薄厚】 bóhòu（厚薄 hòubó भी） मोटापन; मोटाई
【薄近】 bójìn 薄礼 के समान
【薄酒】 bójiǔ 〈विन०〉 हल्की शराब
【薄礼】 bólǐ 〈विन०〉 मेरी तुच्छ भेंट
【薄利】 bólì कम मुनाफ़ा: ～多销 कम मुनाफ़ा ज़्यादा फ़रोख्त
【薄面】 bómiàn 〈विन०〉 मेरी खातिर; मुझे देखते हुए
【薄明】 bómíng भोर; सबेरा; प्रभात; तड़का
【薄命】 bómìng (महिलाओं के लिये प्रयुक्त) जन्म से हत-भाग्य (अभागी, बदनसीब)
【薄膜】 bómó ❶झिल्ली: 细胞～ कोशिका की झिल्ली ❷पट; पटल; आवरण; चादर: 塑料～ प्लास्टिक चादर
【薄膜电阻】 bómó diànzǔ फ़िल्म रेसिस्टर; झिल्लीदार रोधीयंत्र; झिल्लीदार तरंग-रोधक
【薄暮】 bómù 〈लि०〉 शाम; सन्ध्या; सांझ; सायंकाल
【薄片】 bópiàn पतला टुकड़ा: ～分析 सूक्ष्म अनुच्छेद विश्लेषण
【薄情】 bóqíng प्रेम में निर्मम; अस्थिर; परिवर्तनशील: ～郎 निर्मम आदमी; निर्मम प्रेमी
【薄弱】 bóruò कमज़ोर; नाज़ुक: 意志～ अदृढ़ संकल्प-

वाला / 能力～ क्षमता (योग्यता) का अभाव होना / 技术力量～ योग्य तकनीकी व्यक्तियों का अभाव होना / 责任心～ ज़िम्मेदारी की भावना से उत्पन्न कमज़ोरी / 工作～的地方 जहां काम ठीक नहीं होता / ～部位 नाज़ुक स्थान / ～环节 कमज़ोर कड़ी

【薄胎瓷器】 bótāi cíqì अंड-खोल चीनी मिट्टी

【薄田】 bótián वह खेत जो उपजाऊ (उर्वर) न हो; अनुर्वर

【薄物细故】 bówù-xìgù छोटी सी बात; ज़रा सी बात

【薄雾】 bówù हल्का कुहरा

【薄晓】 bóxiǎo भोर होने के पहले; पौ फटने के फ़ौरन पहले

【薄行】 bóxíng ❶निरर्थक आचरण ❷निरर्थक; दुराचारपूर्ण

【薄幸】 bóxìng प्रेम में निर्मम; अस्थिर; हृदयहीन

【薄葬】 bózàng अंतिम संस्कार का सरलीकरण करना

馞 bó दे० 馝馞 bìbó महक की अधिकता

髆 bó 〈लि०〉 कंधा; स्कंध

襮 bó 〈लि०〉 ❶प्रकट होना： 表～ खोलना; पर्दाफ़ाश होना ❷आकृत्ति; बाहरी रूप

礴 bó सीमाहीन; असीम; अनंत： 磅礴 pángbó

bǒ

尮 bǒ 〈लि०〉 跛 bǒ के समान

跛 bǒ लंगड़ा; पंगु： 一颠一～ लंगड़ाना; लंगड़ाकर चलना / 他～了一只脚。 वह एक पैर से लंगड़ा हो गया ।

【跛鳖千里】 bǒbiē-qiānlǐ लंगड़ा कछुआ हज़ार ली (पाँच सौ किलोमीटर) चल सकता है —— अविरत प्रयत्न करने से सफलता प्राप्त हो सकती है

【跛脚】 bǒjiǎo लंगड़ा; पंगु

【跛腿】 bǒtuǐ लंगड़ा; पंगु

【跛行】 bǒxíng लंगड़ाना; लंगड़ाकर चलना

【跛子】 bǒzi लंगड़ा; पंगु (व्यक्ति)

簸 bǒ ओसाना： ～粮食 अनाज ओसाना / ～糠 भूसी उड़ाना

bò भी दे०

【簸荡】 bǒdàng हिलना-डोलना; झूलना; हिलना; लहराते हुए चलना： 船在大海中～得很厉害。 नाव समुद्र की लहरों में बहुत हिलती-डोलती चल रही है ।

【簸动】 bǒdòng ऊपर-नीचे झटके देना： 用簸 bò箕～粮食 छाज से अनाज ओसाना

【簸谷】 bǒgǔ ओसाना; फटकना; पछोड़ना; भूसा निकालना; अनाज के दाने साफ़ करना

【簸箩】 bǒluo（笸箩 pǒluo भी） छिछला टोकरा

【簸弄】 bǒnong ❶अपनी अंगुलियों पर नचाना ❷उकसाना; भड़काना; फूट डालना; फूट के बीज बोना; (के बीच में) लड़ाई करवाना

【簸扬】 bǒyáng ओसाना; फटकना; पछोड़ना： ～机 ओसाई मशीन; अनाज पछोड़ने की मशीन

bò

柏 दे० 黄柏 huángbò 〈ची०चि०〉 वंजु या बांज वृक्ष की छाल

bǎi; bó भी दे०

薄 bò नीचे दे०

báo; bó भी दे०

【薄荷】 bòhe पोदीना： ～油 पोदीने का तेल; पिपरमिंट का तेल

【薄荷醇】 bòhechún（薄荷脑 bòhenǎo भी）〈रसा०〉 पोदीने का सत; मेंथाल

【薄荷酮】 bòhetóng मेन्थोन

檗（蘗） bò दे० 黄檗 huángbò 〈ची०चि०〉 वंजु वृक्ष का वल्कल

擘 bò 〈लि०〉 अंगूठा; अंगुष्ठ： 巨～ अंगूठा; किसी विषय या क्षेत्र का प्रमुख विशेषज्ञ जिसका मत मान्य हो

掰 bāi भी दे०

【擘画】 bòhuà（擘划 bòhuà भी） 〈लि०〉 योजना बनाना; प्रबन्ध करना： 一切均待～。 सभी कार्य अभी प्रबंध की प्रतीक्षा में हैं ।

【擘肌分理】 bòjī-fēnlǐ विस्तार से विश्लेषण करना; विस्तृत विश्लेषण

簸 bò 簸 bǒ का समानार्थक, केवल 簸箕 bòji में प्रयुक्त होता है

bǒ भी दे०

【簸箕】 bòji ❶छाज; सूप ❷अनाज ओसाने का छाजनुमा औज़ार ❸(अंगुली की छाप) चक्कर; घेरा

bo

卜（蔔） bo दे० 萝卜 luóbo मूली

bǔ भी दे०

啵 bo 〈बो०〉 〈लघु०अ०〉 (विचार-विनिमय, प्रस्ताव, प्रार्थना, आज्ञा आदि भाव प्रकट करने के लिए प्रयुक्त)： 你说要得～？ तुम्ही कहो, अच्छा है कि नहीं ? / 你先去，行～？ यदि तुम पहले जाओ कैसा रहे ?

bū

逋 bū <लि०> ❶भाग जाना; कहीं भाग कर भटकते फिरना: 逋逃 ❷कर्ज़ अदा करने में देर होना; वादे के मुताबिक रुपया न चुकाना: 逋欠

【逋客】 būkè <लि०> ❶पलायक; फ़रार, भगोड़ा ❷वैरागी; एकांतवासी

【逋留】 būliú <लि०> रहना: ～他乡 परदेश में रहना

【逋欠】 būqiàn <लि०> वादे पर रुपया आदि न चुकाना: ～税 समय पर कर या लगान न देना

【逋峭】 būqiào 峬峭 būqiào के समान

【逋逃】 būtáo <लि०> ❶भाग कर कहीं भटकते रहना; भाग जाना ❷भगोड़ा; कहीं भागकर भटकते रहने वाला

【逋逃薮】 būtáosǒu <लि०> भगोड़ों की शरण-स्थली

庯 bū नीचे दे०

【庯峭】 būqiào <लि०> 峬峭 būqiào के समान

峬 bū नीचे दे०

【峬峭】 būqiào <लि०> (रंगढंग, निबंध लिखने की शैली आदि) सुन्दर; खूबसूरत; रूपवान; रमणीय

晡 bū <लि०> दोपहर के बाद; सांझ; संध्या (तीन बजे से पाँच बजे तक का समय)

bú

醭 bú (इस का पुराना उच्चारण pú था) (सिरके, सॉस, चटनी आदि की सतह पर लगी हुई) फफूंदी; भुकड़ी

bǔ

卜 bǔ ❶अदृष्ट या भविष्य की स्थिति जानना या बताना; भविष्य वाणी करना; शकुन-परीक्षण करना: ～卦 पाक्वा (अष्ट-देवी रेखा-चित्र) द्वारा अदृष्ट या भविष्य की स्थिति जानना / 卜辞 ❷<लि०> पहले से जान लेना: 预～ पहले से भविष्य की स्थिति जान लेना / 生死未～ यह बताना कठिन है कि अमुक व्यक्ति जीवित है या मर गया है / 行期未～ रवानगी का समय पूर्व में मालूम न होना / 胜败可以预～ पहले से हार-जीत जान सकना; नतीजा पहले से मालूम कर सकना ❸<लि०> (स्थान) चुनना: ～居 निवासस्थान चुनना; निवासस्थान निश्चित करना ❹(Bǔ) एक कुलनाम

bo भी दे०

【卜辞】 bǔcí शांग राजवंश काल (लगभग 1600-1046 ई०पू०) में कचकड़ या पशुओं की हड्डियों पर खुदे हुए प्रश्न और उन से संबद्ध देववाणी अभिलेख

【卜骨】 bǔgǔ पशुओं की ऐसी हड्डियां जिन पर किसी व्यक्ति की शंकाएं और उन के बारे में देववाणी खुदी हो

【卜居】 bǔjū <लि०> स्थान चुनकर घर बसाना

【卜课】 bǔkè शकुन-परीक्षण; भविष्य बताना

【卜甲】 bǔjiǎ ऐसा कच्छप-खोल जिस पर किसी व्यक्ति के प्रश्न और उन के बारे में देववाणी खोदी गई हो

【卜筮】 bǔshì अदृष्ट या भविष्य जानना या बताना; भविष्य-वाणी करना; शकुन-परीक्षण करना

【卜昼卜夜】 bǔzhòu–bǔyè (卜夜卜昼 bǔyè–bǔzhòu भी) दिन-रात जी भरकर आनंद भोगना (मौज उड़ाना या मारना)

卟 bǔ नीचे दे०

【卟吩】 bǔfēn <रसा०> पोर्फ़िन

补(補) bǔ ❶थिगली लगाना; पैबन्द लगाना; मरम्मत करना: ～衣服 कपड़े पर पैबन्द लगाना / ～鞋 जूते को पैबन्द से ठीक करना / ～袜子 मौज़े के छेद को तागे से भरना / ～自行车带 साइकिल का पंक्चर जोड़ना (जुड़वाना) / 修桥～路 पुल का निर्माण करना और सड़क की मरम्मत करना ❷भरना; जोड़ना; क्षति-पूर्ति करना: 抽多～少 जिन के पास फ़ालतू है उन से लेकर जिन के पास कम है उन्हें देना / 将功～过 अपने नेक कामों से अपनी क्षतिपूर्ति करना / 建立征～制度 अनिवार्य भरती और क्षतिपूर्ति के व्यवस्था कायम करना / 早稻损失晚稻～。 पिछली फ़सल की क्षति की इसी फ़सल से पूर्ति की जाय। / 这里漏了一个字，得～上去。यहीं एक अक्षर छूट गया है, इसे जोड़ दे। / 他们那里还得～三个人。उन लोगों के यहाँ तीन और व्यक्ति भर देने हैं। ❸परिवर्द्धन करना; भोजन द्वारा पोषित करना; पौष्टिक औषध आदि खाना: ～血 खून का परिवर्द्धन करना / ～身体 पौष्टिक खाद्य-वस्तुएं खाकर स्वास्थ्य बढ़ाना ❹<लि०> हित; लाभ; फ़ायदा; सुविधा; प्रयोग; सहायता; मदद: 补益 / 不无小～ इस से थोड़ा बहुत लाभ अवश्य होगा / 于事无～ इस से काम के लिए कोई लाभ न होगा

【补白】 bǔbái ❶(पत्र-पत्रिका में) खाली स्थान भरने के लिए छोटा लेख; पूरक लेख; भरती का लेख; फ़िलर

【补办】 bǔbàn जो कार्य पहले करना चाहिए था वह न करना, बल्कि बाद में करना: 这件事办得不好，以后得～。यह काम ठीक तरह से नहीं किया गया, खामी को दूर करने के लिए बाद में फिर से करना होगा।

【补报】 bǔbào ❶किसी घटना (या काम) के बाद रिपोर्ट देना; पूरक रिपोर्ट देना ❷बदला देना

【补差】 bǔchā (रिटायर होने के बाद काम जारी रखने की स्थिति में) पहले के वेतन और पेंशन के बीच के अंतर की पूर्ति करना

【补偿】 bǔcháng हरजाना देना; क्षतिपूर्ति करना: ～所受的损失 किसी का घाटा भरना (पूरा करना) / ～亏损 हानि की भरपाई करना / ～差额 कमी पूरी करना

【补偿电容器】 bǔcháng diànróngqì क्षतिपूर्ति संघनित्र; कम्पेंसेशन कंडेंसर

【补偿费】 bǔchángfèi क्षतिपूरक शुल्क; कम्पेंसेटरी पेमेंट

【补偿贸易】 bǔcháng màoyì क्षतिपूर्ति व्यापार

【补充】 bǔchōng ❶क्षतिपूर्ति करना; परिवर्द्धन करना: ～兵力 सैन्य शक्ति बढ़ाना / ～部队 फ़ौज की क्षतिपूर्ति करना / ～不足 न्यूनता की पूर्ति करना / ～库存 भंडार की क्षतिपूर्ति करना / 互相～ एक दूसरे की क्षतिपूर्ति करना / 他又～说… उस ने फिर एक वाक्य जोड़ा कि … / 我对这些意见作了些～。मैं ने इन सुझावों में कुछ बातें और जोड़ दीं। / 有些问题尚请～。कुछ सवालों पर आप और विस्तार से प्रकाश डालें। ❷अतिरिक्त; पूरक: ～提案 परिवर्द्धित प्रस्ताव / ～规定 अतिरिक्त (पूरक) विनियम / ～读物 सहायक पाठ्य-सामग्री

【补丁】 bǔding पैबन्द; थिगली; चकती: 打～ पैबन्द (थिगली, चकती) लगाना; पैबन्द लगाकर दुरुस्त करना / 她的纱丽上打了好几个～。उस की साड़ी में कई पैबन्दें लगी हुई हैं।

【补发】 bǔfā फिर से देना, फिर से क्षतिपूर्ति करना: ～材料 सामग्रियों की कमी पूरी करना / ～增加的工资 वेतन-वृद्धि की पूर्ति बाद में करना / 上次没有拿到书的，可～。पिछली बार जिसे पुस्तक नहीं मिली थी उसे दी जा सकती है।

【补法】 bǔfǎ <ची०चि०> ❶रोगी को स्वस्थ बनाने के लिए पौष्टिक औषधों के प्रयोग की चिकित्सा-पद्धति; स्वास्थ्यकर चिकित्सा ❷(एक्यू-पंक्चर में) फिर से बल देने की पद्धति

【补过】 bǔguò भूल की क्षतिपूर्ति करना: 将功～ अपने नेक काम से भूल की क्षतिपूर्ति करना

【补花】 bǔhuā <कला और शिल्प> किसी एक वस्तु से काटा गया और दूसरी पर लगाया गया कढ़ाई का काम

【补给】 bǔjǐ <सैन्य०> सप्लाई; पूर्ति: 设立公平合理的～制度 रिक्त स्थानों की पूर्ति के लिए एक न्यायोचित और युक्तियुक्त व्यवस्था कायम करना / ～点 सप्लाई पाइंट / ～品 सप्लाई की वस्तुएँ / ～线 सप्लाई-लाइन / ～站 डिपो

【补假】 bǔjià छुट्टी के निश्चित समय से अधिक कार्य दिवसों की पूर्ति बाद में करना

【补角】 bǔjiǎo <गणि०> संपूरक कोण; पूरक कोण

【补救】 bǔjiù क्षतिपूर्ति करना; अभाव की पूर्ति करना: ～缺点 त्रुटियों को दूर करना / ～财政不足 वित्तीय घाटे की पूर्ति करना / ～办法 क्षतिपूर्ति का उपाय; किसी बुराई को दूर करने का उपाय / 无可～ जिस की क्षतिपूर्ति न हो सके; क्षतिपूर्ति का कोई उपाय न होना

【补苴】 bǔjū <लि०> ❶कपड़े पर पैबन्द लगाना ❷(कमी) पूरा करना; पूर्ति करना

【补苴罅漏】 bǔjū-xiàlòu कमी पूरी करना; अभाव की पूर्ति करना

【补考】 bǔkǎo अनुत्तीर्ण होने या अनुपस्थिति के कारण पूरक परीक्षा देना; दुबारा परीक्षा देना

【补课】 bǔkè ❶अनुपस्थिति के कारण न पढ़े गए पाठ की पूर्ति करना: 教师利用星期天给学生～。रविवार को अध्यापक विद्यार्थियों द्वारा अनुपस्थिति के कारण खोये हुए पाठ की पूर्ति करने के लिए उन की सहायता करते हैं। ❷क्षतिपूर्ति करना: 你这篇作文没有做好，以后得～。तुम ने यह लेख अच्छा नहीं लिखा, क्षतिपूर्ति के लिए इसे बाद में फिर से लिखना होगा।

【补空】 bǔkòng रिक्त स्थान की पूर्ति करना

【补漏】 bǔlòu ❶छेद (छिद्र, दरार, सूराख) की मरम्मत करना ❷क्षतिपूर्ति करना; त्रुटियों को दूर करना

【补炉】 bǔlú <धा०वि०> भट्टी को सुधारना; भट्टी को दुरुस्त करना

【补苗】 bǔmiáo <कृ०> नष्ट पौधों के स्थान पर नए पौधे लगाना; रिक्त स्थानों में छोटे कोमल पौधे रोपना

【补偏救弊】 bǔpiān-jiùbì क्षतिपूर्ति करना और दोष निवारण करना

【补票】 bǔpiào (गाड़ी, जहाज़ आदि पर या नाटकशाला, सिनेमाघर आदि में) टिकट खरीदना या टिकट का दाम भरना

【补品】 bǔpǐn पौष्टिक पदार्थ; पौष्टिक औषध; बलवर्द्धक औषध

【补葺】 bǔqì नया कर देना; मरम्मत करना: ～一新 मरम्मत करके फिर से नया कर देना

【补情】 bǔqíng अनुग्रह का बदला देना

【补缺】 bǔquē ❶रिक्त स्थान भरना; क्षति या अभाव की पूर्ति करना ❷<पुराना> किसी पद के उम्मीदवार अफ़सर को उस पद पर नियुक्त करना

【补缺选举】 bǔquē xuǎnjǔ उपनिर्वाचन; उपचुनाव

【补色】 bǔsè पूरक रंग; परिपूरक रंग

【补税】 bǔshuì बचा हुआ या टाला गया कर अदा करना

【补台】 bǔtái किसी व्यक्ति की सहायता करना

【补体】 bǔtǐ <चिकि०> (रक्तोदक में) पूरक: ～结合试验 पूरक स्थिरीकरण परीक्षा; कंप्लीमेंट फ़िक्सेशन टेस्ट

【补贴】 bǔtiē ❶आर्थिक सहायता देना: 由国家给予～ राज्य द्वारा आर्थिक सहायता देना ❷भत्ता; हरजाना; आर्थिक सहायता: 粮食～ अनाज के लिए भत्ता / 出口～ निर्यात-भत्ता / 生活～ निर्वाह-भत्ता; जीविका-भत्ता

【补习】 bǔxí ज्ञान की क्षतिपूर्ति के लिए अवकाशकालीन अध्ययन (या पढ़ाई): ～学校 अवकाशकालीन विद्यालय

【补泻】 bǔxiè <ची०चि०> (एक्यूपंक्चर में) फिर से बल देने और कम करने की पद्धति

【补休】 bǔxiū निश्चित से अधिक समय काम करने के कारण छुट्टी की क्षतिपूर्ति करना

【补选】 bǔxuǎn उपनिर्वाचन; उपचुनाव: ～委员 आयोग के सदस्यों का उपनिर्वाचन

【补血】 bǔxuè रक्त-परिवर्द्धन करना; खून की पूर्ति करना: ～剂 रक्त वर्द्धक औषध; रक्त-शोधक औषध

【补牙】 bǔyá <चिकि०> दांतों को भरना

【补养】 bǔyǎng पौष्टिक औषध द्वारा स्वस्थ बनाना: ～食品 पौष्टिक (बलवर्द्धक) औषध (या भोजन)

【补药】 bǔyào पौष्टिक औषध; बलवर्द्धक औषध; टानिक

【补液】 bǔyè 〈चिकि०〉 ❶शरीर में तरल औषध का इंजेक्शन देना ❷पौष्टिक शरबत

【补遗】 bǔyí परिशिष्ट; पूरक; छूट की पूर्ति

【补益】 bǔyì 〈लि०〉 ❶हित; लाभ; सहायता: 只有这样才于前途有所～。केवल इसी तरह भविष्य के लिए कुछ उपयोगी काम किया जा सकता है। ❷लाभ होना; सहायता होना: ～国家 देश को लाभ पहुंचाना

【补语】 bǔyǔ 〈व्या०〉 ❶चीनी भाषा में क्रिया या विशेषण के बाद आया पूरक शब्द जो "कैसे" प्रश्न का उत्तर देता है, जैसे: "看懂了"में "懂", "美得很"में "很"। ❷पूर्ति; पूरक: दे० 补足语 ❸कर्म: 直接～ मुख्य कर्म; प्रधान कर्म; प्रत्यक्ष कर्म / 间接～ गौण कर्म; अप्रधान कर्म; अप्रत्यक्ष कर्म

【补正】 bǔzhèng (लेख में) क्षतिपूर्ति कर त्रुटियों को दूर करना

【补种】 bǔzhòng रिक्त स्थान में पौधा लगाना; खराब पौधों की जगह दूसरे पौधे लगाना; दुबारा बीज बोना: ～花生 दुबारा मूँगफली के बीज बोना / ～树苗 खराब पौधे को बदल कर दूसरा पौधा लगाना

【补助】 bǔzhù भत्ता देना; अनुदान देना; आर्थिक सहायता देना; अलाउंस देना: 粮食～ अन्न अनुदान; अलाउंस / ～清寒学生 गरीब छात्रों की परवरिश करना

【补助金】 bǔzhùjīn भत्ता; अनुदान; सहायतार्थ धन; इमदाद

【补缀】 bǔzhuì पैबन्द लगाना; थिगली लगाना; चकती लगाना: 缝连～ पैबन्द लगाना और रफ़ू करना / ～成文 मिल-जुलकर लेख तैयार करना; काट-छांट कर निबंध तैयार करना

【补足】 bǔzú क्षतिपूर्ति करना; न्यूनता की पूर्ति करना: ～缺额 रिक्त स्थान (पद) की पूर्ति करना

【补足语】 bǔzúyǔ 〈व्या०〉 पूरक: 主语～ उद्देश्य-पूरक / 宾语～ कर्म-पूरक

捕

bǔ पकड़ना; गिरफ़्तार करना; बंदी बनाना: ～蝇 मक्खी मारना / 被～ पकड़ा जाना; गिरफ़्तार किया जाना; बंदी बनना / 猫头鹰～鼠。उल्लू चूहों का शिकार करता है।

【捕虫】 bǔchóng कीड़े-मकोड़े फंसाना: ～网 कीड़े-मकोड़े फंसाने का जाल / ～叶〈वन०〉 कीड़े-मकोड़े फंसाने का पत्ता

【捕打】 bǔdǎ (हानिकर कीड़े-मकोड़े) पकड़ना और मारना

【捕房】 bǔfáng (巡捕房 xúnbǔfáng भी) 〈पुराना〉 पुलिस-केन्द्र

【捕风捉影】 bǔfēng-zhuōyǐng हवा का पीछा करना और परछाईं को पकड़ना —— सुनी-सुनाई बात कहना और उस के अनुरूप आचरण करना

【捕俘】 bǔfú 〈सैन्य०〉 (गुप्त समाचार जानने के लिए) दुश्मन के व्यक्ति को पकड़ लेना

【捕获】 bǔhuò पकड़ लेना; गिरफ़्तार कर लेना; कैद कर लेना: 警察看见小偷在偷窃就把他当场～。चोर को चोरी करते देख पुलिसों ने सेंध पर जा पकड़ा। / ～量 मारी गई मछली की मात्रा (संख्या)

【捕鲸船】 bǔjīngchuán ह्वेल पकड़ने वाला जहाज़; ह्वेल का शिकारी जहाज़

【捕快】 bǔkuài 〈पुराना〉 अपराधी को पकड़ने वाला सिपाही

【捕捞】 bǔlāo मछली को जाल से मारना: ～对虾 झींगा मछली मारना / ～能力 मछली मारने की क्षमता

【捕猎】 bǔliè जंगली पशु पकड़ना; जंगली पशु का शिकार करना

【捕拿】 bǔná जा पकड़ना; गिरफ़्तार करने की कोशिश करना

【捕杀】 bǔshā (पशु आदि को) पकड़कर मार डालना: ～害虫 हानिकर कीड़े-मकोड़े को पकड़कर मार डालना

【捕食】 bǔshí ❶(जानवर का) भोजन के लिए शिकार करना ❷(जानवर का) दूसरे जानवर को पकड़कर खा जाना: 蛇～老鼠。सांप चूहों का शिकार करता है।

【捕蛇者】 bǔshézhě सँपेरा

【捕鼠器】 bǔshǔqì चूहेदानी

【捕头】 bǔtóu 〈इति०〉 (विदेशियों को पट्टे पर दी गई बस्ती का) पुलिस अफ़सर

【捕鱼】 bǔyú मछली मारना; मछली पकड़ना: 出海～ समुद्र जा कर मछली मारना / ～船队 मछली पकड़ने वाली कश्तियों का दल / ～量 पकड़ी हुई मछलियों की मात्रा / ～区 मछली पकड़ने का क्षेत्र

【捕捉】 bǔzhuō फंसाना; पकड़ना; मारना: ～害虫 हानिकर कीड़े-मकोड़े पकड़ना (या फंसाना, नष्ट करना) / ～镜头 चित्र खींचने का अवसर पकड़ना / ～战机 युद्ध करने का सुअवसर पकड़ना; लड़ने का अवसर झपट लेना / ～新兵 युवकों को जबरन भरती करना / 妒嫉的网只能～大鱼。द्वेष का माया-जाल बड़ी बड़ी मछलियों को ही फंसाता है।

哺

bǔ 〈लि०〉 ❶(शिशु को) खिलाना-पिलाना; पालन-पोषण करना: ～乳 दूध पिलाना ❷किसी के मुंह का खाना

【哺乳】 bǔrǔ स्तन पिलाना; दूध पिलाना; दूध देना; छाती देना

【哺乳动物】 bǔrǔ dòngwù स्तनपायी प्राणी; स्तन-पोषित प्राणी: ～学 स्तनपायी प्राणी विज्ञान

【哺乳类】 bǔrǔlèi स्तनधारी वर्ग

【哺乳室】 bǔrǔshì दूध पिलाने का कमरा; नर्सिंग रूम

【哺喂】 bǔwèi खिलाना

【哺养】 bǔyǎng 〈लि०〉 पिलाना; खिलाना; पालन-पोषण करना

【哺育】 bǔyù ❶〈लि०〉 पिलाना-खिलाना; पालन-पोषण करना: ～婴儿 शिशु को दूध पिलाना; शिशु का पालन-पोषण करना ❷पोषित करना: ～青年一代 युवा पीढ़ी का पालन-पोषण करना

䴓（鵏） bǔ 地䴓 dìbǔ तुगदर (पक्षी)

堡 bǔ (बहुधा स्थान के नाम में प्रयुक्त)：吴～ वूपू, शेनशी प्रांत का एक स्थान
bǎo; pù भी दे०

【堡子】 bǔzi ❶मिट्टी की दीवार से घिरा कस्बा या गांव ❷गांव; ग्राम

bù

不 bù <क्रि०वि०> ❶(क्रिया, विशेषण और अन्य क्रिया-विशेषण के पहले, पर 有 yǒu के पहले कभी न प्रयुक्त) न; नहीं： ～来 न आना / ～多 अधिक नहीं; अधिक न होना / ～很好 बहुत अच्छा न होना / ～太大 बहुत बड़ा न होना / 互～侵犯 एक-दूसरे पर हमला न करना / 他～吃饭就走的。वह बिना खाए चला गया। / 他心情～平静。उस का हृदय अधीर हो उठा। / ～达目的决～罢休。अपना लक्ष्य प्राप्त किए बिना हम नहीं रहेंगे। ❷(संज्ञा या संज्ञा-शब्दांश के पहले जोड़कर विशेषण बनाने के लिए प्रयुक्त) अ-, नि-, बे-, ना-, गैर-： ～法 अवैध; नाजायज़; गैरकानूनी / ～规则 अनियमित; बेकायदा; नियम-विरुद्ध; बेउसूल; बेढंगा ❸(प्रश्न के उत्तर में निषेध सूचित करने के लिए)： 你来吗？—— ～，我不来。तुम आओगे ? नहीं, मैं नहीं आऊंगा। / 他～去吧？—— ～，他去。वह नहीं जाएगा ? हां, वह जाएगा। ❹<बो०> (वाक्य के अंत में प्रश्न के अर्थ में)： 你去～？ तुम जाओगे कि नहीं ? ❺(क्रिया और उस के पूरक के बीच में असंभावना सूचित करने के लिए)： 出～来 बाहर न आ सकना / 做～好 अच्छा न कर सकना ❻(दो समान शब्दों के बीच में अपने आगे बहुधा 什么 shénmō के साथ) आपत्ति न करना; चाहे जो हो： 什么困难～困难，我们一定要完成任务。चाहे कितनी ही कठिनाइयां क्यों न हों, हम इस कार्य को पूरा करके ही रहेंगे। ❼(就 jiù के साथ प्रयुक्त होकर विभाजन का अर्थ में देता है)： 晚上他～是看报，就是看电视。रात को वह या तो समाचारपत्र पढ़ता है या टी०वी० देखता है। ❽<बो०> (शिष्ट भाषा में) मत, न： ～谢 कोई बात नहीं / ～客气 कोई बात नहीं; तकल्लुफ न करें

【不安】 bù'ān ❶अधीर; व्याकुल; बेचैन; अशांत; अस्थिर： 感到～ अधीर (बेचैन) हो उठना / 激起～ अशांति उभारना / 世界局势动荡～。दुनिया की स्थिति उथल-पुथल भरी और अस्थिर है। / 我很～。मुझे बेचैनी महसूस होती है; मेरे मन को बहुत ठेस लगी। / 你使他很～。तुम उन्हें बहुत दिक करते हो। ❷<शि०भा०> (खेद और धन्यवाद प्रकट करने के लिए प्रयुक्त) खेद की बात है कि, खेद है कि： 老来打扰你，真是～。खेद है कि मैं अकसर आप को कष्ट देता हूँ।

【不白之冤】 bùbáizhīyuān दूर न किया गया अन्याय; ऐसा अन्याय जो दूर न किया गया हो： 蒙受～ हानिकर ढंग से गलत इल्ज़ाम लगाया जाना

【不败之地】 bùbàizhīdì अपराजेय स्थिति： 立于～ स्थिति अजेय होना; अजेय बन जाना; अपराजेय स्थिति में होना (रहना); अपनी स्थिति अजेय बनाना

【不饱和脂肪】 bùbǎohé zhīfáng असंतृप्त वसा

【不卑不亢】 bùbēi-bùkàng（不亢不卑 bùkàng-bùbēi भी）न मानभंग न अभिमानी; अपने को न लघु (तुच्छ) समझना और न उच्च (बड़ा)

【不备】 bùbèi ❶तैयारी किये बिना; असावधान; जो तैयार न हो： 乘其～ किसी को असावधानी में पकड़ना / 伺其～किसी की असावधानी का इंतज़ार करना; किसी को अचानक पकड़ने के लिए अवसर की प्रतीक्षा करना / 攻其～ अचानक किसी दुश्मन पर हमला बोल देना ❷(पत्र के अंत में प्रयुक्त) इस पत्र में मैं विस्तृत रूप से नहीं बता सकता

【不比】 bùbǐ किसी की तरह न होना; एक-सा न होना： 冬天～夏天，水在外面很快就冻。गरमी की तरह नहीं, जाड़े में पानी बाहर ही बहुत जल्दी जम जाता है।

【不比不知道，一比吓一跳】 bù bǐ bù zhīdào, yī bǐ xià yī tiào बिना तुलना किये तुम अनजान रहते हो, तुलना करने पर तुम्हारा जी धक हो जाता है

【不必】 bùbì <क्रि०वि०> अनावश्यक होना; गैर-ज़रूरी होना： ～担心 चिंता करने की कोई आवश्यकता नहीं / ～枉费心机 अपनी शक्ति बरबाद न करना / 你～去了。अब तुम्हें जाने की ज़रूरत नहीं है।

【不避艰险】 bù bì jiānxiǎn कठिनाई और खतरे से पीछे न हटना; कठिनाइयों और खतरों से न कतराना

【不变词】 bùbiàncí <व्या०> अविकारी शब्द; अव्यय

【不变论】 bùbiànlùn अपरिवर्तनवाद

【不变价格】 bùbiàn jiàgé <अर्थ०> स्थिर मूल्य; स्थिर दाम

【不变资本】 bùbiàn zīběn स्थिर पूंजी

【不便】 bùbiàn ❶असुविधा： 交通～ यातायात की असुविधा / 给治疗带来～ इलाज में कष्ट पहुंचना या पहुंचाना / 他是病人，～和他长谈。वह बीमार है उस से देर तक बातचीत करना अनुचित है। / 他家离学校很远，孩子上学～。उस का घर स्कूल से बहुत दूर है, बच्चों के स्कूल जाने की सुविधा नहीं है। ❷<बोल०> पैसे की कमी; पैसे का अभाव; नकदी की कमी： 手头～ हाथ तंग होना / 近来我手头～。आजकल मेरा हाथ तंग है।

【不辨菽麦】 bùbiàn-shūmài सेम और गेहूँ का अंतर न कर पाना —— व्यावहारिक जानकारी न होना

【不…不…】 bù…bù… ❶(दो समानार्थी या निकट अर्थ रखने वाले शब्दों के पहले प्रयुक्त होकर गहरा निषेधार्थ प्रकट करता है)： ～迟～早 जल्दबाज़ न होना; बिना जल्दी के; इतमीनान से; शनैः शनैः; धैर्य से / ～骄～躁 घमंडी और उतावला न होना; घमंड और उतावलापन से मुक्त होना / ～理～睬 अनसुनी करना; आँख उठा कर न देखना; किसी की उपेक्षा करना; अनदेखी करना / ～言～语 कुछ

न बोलना; बिल्कुल मौन धारण करना; चुप रहना ❷विपर्यय अर्थ वाले दो वाक्यांशों या शब्दों के पहले प्रयुक्त) न … न …; न तो … न …; न … और न …: ～大～小 न अधिक बड़ा और न अधिक छोटा; मंझोला / ～多～少 न कम न ज़्यादा; ज़्यादा नहीं और कम भी नहीं / ～上～下 अनिश्चित अवस्था में रहना; दुविधा में पड़ना / ～死～活 अधमरा; अधमुआ; मृतप्राय; अर्द्धमृत ❸(विपर्यय अर्थ वाले शब्दों, भावों के पहले प्रयुक्त) यदि न … तो … न …, … के बिना न …: ～破～立。विध्वंस के बिना निर्माण नहीं हो सकता। / ～塞～流，～止～行。बंद न करने से बहना नहीं होता और न रोकने से चलना नहीं होता।

【不才】 bùcái 〈लि०〉 〈विन०〉 मैं (शब्दार्थ; अयोग्य; योग्यताहीन; क्षमताहीन): 这个道理，～倒要请教。क्या मैं पूछ सकता हूँ कि इस का क्या कारण है?

【不测】 bùcè आकस्मिक घटना; अपूर्वदृष्ट दुर्घटना: 以防～ किसी आकस्मिक घटना के लिए तैयार रहना / 如有～ अगर कोई अपूर्वदृष्ट दुर्घटना हो

【不曾】 bùcéng कभी नहीं: 我～去过南京。मैं कभी नानचिंग नहीं गया।

【不差累黍】 bùchā-lěishǔ ज़रा भी अंतर न होना

【不差什么】 bù chà shénme ❶कोई अभाव या कमी न होना; लगभग पूरा होना: 材料已经～了，只是人手还不够。सामग्री लगभग पूरी हो गई है, पर जन-शक्ति अभी काफ़ी नहीं है। ❷〈बो०〉 प्रायः; लगभग; करीब-करीब: 这几本书～我全都看过。इन पुस्तकों को मैं प्रायः पूरा पढ़ चुका हूं। ❸〈बो०〉 साधारण; मामूली: ～的人 आम लोग

【不成】 bùchéng ❶काम न चलना; काम थोड़े ही चलना: 光说～。केवल कथनी से काम न चलेगा। ❷असमर्थ; अशक्त; नालायक; कमज़ोर; जो अच्छा न हो: 我的记忆力～。मेरी स्मरणशक्ति ठीक नहीं है। ❸〈लघु अ०〉 (प्रायः 难道、莫非 से शुरू होने वाले अलंकारी प्रश्न-वाक्य के अंत में प्रयुक्त होकर अनुमान आदि अर्थ प्रकट करता है): 难道就这样让他走了～? तो क्या आप इस तरह उसे जाने देंगे? / 莫非说拖拉机不来我们大家就坐等～? तो क्या ट्रैक्टर न आने से हम लोग हाथ पर हाथ धरे बैठे रहेंगे?

【不成比例】 bù chéng bǐlì (दो वस्तुओं के बीच) मात्रा या आकार आदि में बड़ा अंतर होना; अतुलनीय होना

【不成材】 bùchéngcái निकम्मा; अयोग्य; बेकार; जो किसी काम के उपयुक्त न हो

【不成话】 bùchénghuà दे० 不像话

【不成器】 bùchéngqì दे० 不成材

【不成体统】 bù chéng tǐtǒng अभद्र; शिष्ट; अश्लील; निर्लज्ज

【不成文】 bùchéngwén अलिखित; जो लिखा न गया हो: ～的规矩 अलिखित विधि; अलिखित नियम

【不成文法】 bùchéngwénfǎ 〈का०〉 अलिखित विधि

【不成问题】 bùchéng wèntí कोई प्रश्न (समस्या) न होना; कोई मुश्किल नहीं; किसी प्रश्न के बारे में कोई संदेह न रह जाना: 打下某城是～的。अमुक नगर पर कब्ज़ा करना कोई मुश्किल नहीं है। / 这个问题早已解决了，～了。यह सवाल पहले ही हल कर लिया गया है और इस बारे में अब कोई संदेह नहीं रह गया है।

【不承认】 bùchéngrèn स्वीकार न करना; न मानना; इनकार करना: ～主义 न मानने की नीति

【不诚意】 bùchéngyì जो सच्चे दिल से न हो: ～地执行决议 सच्चे दिल से फ़ैसले को अमल में न लाना

【不逞之徒】 bùchěngzhītú बेलगाम तत्त्व; गुंडा; बदमाश; दुष्ट; शोहदा

【不齿】 bùchǐ 〈लि०〉 तुच्छ समझना; घृणा करना; तिरस्कार करना: 人所～。लोग इसे तिरस्कार की दृष्टि से देखते हैं। / ～于人类的狗屎堆 कुत्ते के मल की तरह गंदा और घृणित; कुत्ते के मल की तरह बहुत ही घृणा के योग्य वस्तु

【不耻下问】 bùchǐ-xiàwèn अपने से नीचे या कनिष्ठ लोगों से सीखने में शर्म महसूस न करना; अपने मातहत काम करने वाले लोगों से सवाल करने और सीखने में न झिझकना

【不啻】 bùchì 〈लि०〉 ❶न केवल; न सिर्फ़; (से) कम नहीं: 陆游诗词，～万篇。लू यओ (1125-1210 ई०) ने जो कविताएँ लिखी हैं उन की संख्या दस हज़ार से कम नहीं है। ❷की भांति; की तरह; के समान; जैसे; मानो; गोया: ～沧海一粟 जैसे सागर में एक बूंद / 人民盼望解放军，～大旱之望云霓。जन-मुक्ति सेना के आगमन के लिए जनता ऐसे तरसती है जैसे गंभीर अनावृष्टि में लोग वर्षा के लिए तरसते हैं।

【不愁】 bùchóu चिंता न होना; इस चिंता से मुक्ति मिल गयी है कि

【不出所料】 bùchū-suǒliào जैसे कि आशा थी; आशा के अनुकूल होना: ～，敌人果然自投罗网。जैसे कि आशा थी दुश्मन अपने आप जाल में फंस गया।

【不揣冒昧】 bùchuǎi-màomèi 〈शिष्ट०〉 क्या मैं … करने का साहस कर सकता हूँ

【不纯】 bùchún अशुद्धता: 成分～ वर्ग-संरचना में मौजूद अशुद्धता / 作风～ कार्यशैली में मौजूद अशुद्धि

【不辞而别】 bùcí'érbié बिना राम राम किये चलते बनना; बिना बताए चला जाना

【不辞辛苦】 bùcí-xīnkǔ कष्ट उठाना; कष्ट करना: 感谢你们～支援我们。हम आप लोगों को धन्यवाद देते हैं कि आप ने हमें सहायता देने के लिए बहुत कष्ट उठाए।

【不错】[1] bùcuò ❶सही; गलत नहीं: 这个结论是～的。यह निष्कर्ष सही है। ❷(अकेले प्रयुक्त) ठीक है, हाँ: ～，那天他是这么说的。ठीक है, उस दिन उसने तो ऐसा ही कहा था।

【不错】[2] bùcuò 〈बोल०〉 काफ़ी अच्छा; बुरा नहीं; खराब नहीं: 庄稼长得挺～。फ़सल काफ़ी अच्छी है। / 他待你可～。वह तुम्हारे साथ तो अच्छा व्यवहार करता है।

【不错眼】 bùcuòyan 〈बो०〉 टुकुर टुकुर ताकना

【不答应】 bùdāying अस्वीकार करना; मंजूर न होना: 反革命要复辟，我们坚决～。प्रतिक्रांतिकारी पूंजीवाद की पुनर्स्थापना करना चाहते हैं, यह हमें कतई मंज़ूर नहीं है।

【不打不成相识】 bù dǎ bù chéng xiāngshí बिना लड़े (या झगड़े) दोस्त नहीं बन सकते; बिना मतभेद के मतैक्य नहीं हो सकता; लड़ने से मित्रता बढ़ती है

【不打紧】 bùdǎjǐn 〈बो०〉 कोई बात नहीं; चिंता न करो

【不打折扣】 bù dǎ zhékòu बिलकुल; सोलह आने: ～地实行诺言 अपने वचन का अक्षरशः पालन करना

【不打自招】 bùdǎ-zìzhāo बिना दबाव के अपना पाप आप बताना या स्वीकार करना; बिना किसी दबाव के अपने आप सारा भेद खोल देना

【不大】 bùdà 〈क्रि०वि०〉 ❶बहुत नहीं; बहुत अधिक नहीं: ～好 बहुत अच्छा नहीं / ～清楚 ज़्यादा साफ़ नहीं / ～正派 एकदम दुरुस्त और उचित नहीं / ～能认识字 अक्षर को अच्छी तरह न पहचान सकना ❷अकसर नहीं: 我最近～去。आजकल मैं अकसर नहीं जाता।

【不大离儿】 bùdàlír 〈बो०〉 ❶लगभग बराबर; करीब-करीब; प्रायः समान: 这两个孩子个子～。इन दोनों लड़कों का कद लगभग बराबर है। ❷खराब नहीं; बुरा नहीं: 这块地的庄稼长得～。इस खेत की फ़सल खराब नहीं है।

【不带声】 bù dàishēng 〈ध्वनि०〉 अघोष; मूक

【不带音】 bù dàiyīn दे० 不带声

【不待见】 bùdàijian अरुचि रखना; नापसंद करना; नफ़रत करना

【不待说】 bùdàishuō कहने की ज़रूरत नहीं; कहना न होगा कि

【不待言】 bùdàiyán 〈लि०〉 दे० 不待说

【不逮】 bùdǎi किसी से कम होना; किसी क्रिया को न कर सकना: 匡其～ जो काम हो नहीं सकता उस के लिए सहायता देना

【不丹】 Bùdān भूटान

【不丹人】 Bùdānrén भूटानी

【不丹语】 Bùdānyǔ भूटानी (भाषा)

【不单】 bùdān ❶अकेला नहीं: 超额完成任务的，～是这个工厂。यह ऐसा अकेला कारखाना नहीं है जिस ने अपने निर्धारित लक्ष्यों को पार किया है। ❷न केवल; केवल नहीं: 他～学习好，身体、工作也好。वह न केवल अध्ययन में अच्छा है, बल्कि उस का स्वास्थ्य भी अच्छा है और वह काम करने में भी कुशल है।

【不但】 bùdàn न केवल; केवल नहीं: ～如此 इतना ही नहीं; केवल यही नहीं / 他～会说印地语，而且还会说英语。वह न केवल हिन्दी बोल सकता है, अँग्रेज़ी भी बोल सकता है।

【不惮】 bùdàn (किसी बात से) न डरना; भय न होना: ～其烦 कष्ट उठाने से न डरना

【不当】 bùdàng अनुचित रूप से; गलत तरीके से: 处理～ अनुचित रूप से बंदोबस्त (या निपटारा) करना / 措词～ शब्दों का गलत प्रयोग करना; गलत शब्द चुनना

【不倒翁】 bùdǎowēng (扳不倒儿 bānbùdǎor भी) एक प्रकार का चीनी खिलौना जो बूढ़े आदमी की आकृति लिये होता है, छूने से झूलने लगता है और उलटने पर स्वतः सीधा हो जाता है; लुढ़कने पर कभी न उलटने वाला गुड्डा; टम्बलर

【不到长城非好汉】 bù dào Chángchéng fēi hǎohàn यदि तुम चीन की दीवार तक पहुंचने में असफल रहे तो वीर नहीं हो सकते

【不到黄河心不死】 bù dào Huánghé xīn bù sǐ अलंघ्य पीली नदी के किनारे पहुंचने तक आशा बनाए रखना; जब तक सांस, तब तक आस; कुछ उम्मीद न होने पर भी काम जारी रखना

【不道德】 bùdàodé अनैतिक; नीति-विरुद्ध; धर्म-विरुद्ध: 私拆别人信件～。छिपकर दूसरे की चिट्ठी खोलकर पढ़ना अनैतिक है।

【不得】 bùdé (क्रिया के पहले प्रयुक्त) मत, न: ～携出室外。कमरे के बाहर ले जाना मना है।

【不得】 bùde (क्रिया के साथ प्रयुक्त) नहीं चाहिए; न कर या हो सकना: 这件事你做～。तुम्हें यह काम नहीं करना चाहिए। / 看～ नहीं देखना चाहिए; (पुस्तक) नहीं पढ़नी चाहिए

【不得不】 bùdébù विवश होकर; मजबूर होकर; लाचार होकर; विवशता से; मजबूरन; मजबूरी से: 他们～听。उन्हें मजबूर होकर ध्यान देना पड़ेगा। / 他～向法院起诉。उस ने मजबूर होकर नालिश कर दी। / 等了好久敌人未来，我们～重新发动自己的进攻。काफ़ी समय राह देखने के बाद भी जब दुश्मन नज़र नहीं आया, तो स्वयं हमला करने के अलावा हमारे पास कोई चारा न रह गया।

【不得而知】 bù dé ér zhī अपरिचित; अंजान; नामालूम: 作者是谁，～。हमें मालूम नहीं कि लेखक कौन है।

【不得劲】 bùdéjìn ❶〈बोल०〉 कोई काम करने में असुविधाजनक होना: 这枝笔使起来好像～。यह कलम लिखने में असुविधाजनक है। ❷〈बोल०〉 स्वास्थ्य ठीक न होना; अस्वस्थ होना: 着了点凉，我今天有点～。सर्दी लग गई, आज मेरी तबीयत कुछ भारी है (या मेरा स्वास्थ्य कुछ अच्छा नहीं है)। ❸〈बो०〉 झेंपना; लज्जित होना; संकोच करना: 大家都看着她，她怪～儿的。सब लोग उस की ओर टकटकी बांधकर देख रहे थे, वह झेंप गई।

【不得力】 bùdélì कारगर न होना: 领导～ कारगर नेतृत्व से दूर होना / 处处～ किसी भी जगह पर्याप्त शक्ति न लगा सकना

【不得了】 bùdéliǎo ❶बहुत बुरा होना; बहुत गंभीर होना: 坚持错误～。अपनी गलतियों पर अड़े रहना बड़ा नुकसान पहुंचाने वाली बात है। / 哎呀，～，着火了！अरे, गज़ब हो गया, आग लग गई। / 这样下去就～。अगर यह सिलसिला जारी रहा तो विनाश ही होगा। / 革命也好，不革命也好，总之是～。क्रांति हो या न हो एक शब्द में यही कहा जा सकता है कि स्थिति निराशाजनक है। ❷(得 के बाद प्रयुक्त) बहुत; अत्यंत; एकदम; खूब: 高兴得～ बहुत प्रसन्न; प्रसन्नता की सीमा न रहना / 坏得～ बहुत खराब / 后悔得～ खूब पछताना; बहुत पछताना

【不得其门而入】 bù dé qí mén ér rù अंदर जाने के लिए दरवाज़े का पता न लगना

【不得人心】 bù dé rénxīn अलोकप्रिय होना; लोकनिंदित होना; जनता का समर्थन न पाना; लोगों की इच्छा के विरुद्ध होना: 这项法律～。यह कानून अलोकप्रिय है।

【不得要领】 bù dé yàolǐng महत्वपूर्ण बिन्दु का न पकड़ पाना; समझ में न आना: 他讲了半天我还是～。वह बड़ी देर तक बोलता रहा पर मेरी समझ में कुछ न आ सका; हालांकि उसने खूब समझाया फिर भी मैं उस की बातों का निचोड़ न निकाल पाया।

【不得已】 bùdéyǐ विवश होकर; और कोई चारा न देखकर; अनिवार्य रूप से; अपनी इच्छा के विरुद्ध; न चाहने पर भी: ～的办法 परिस्थिति-जन्य साधन / 非万～，不要用这种药。अत्यावश्यकता पड़ने पर ही इस औषध का प्रयोग करें; आवश्यक न हो तो इस औषध का प्रयोग न करें। / 他实在～，只好自己干。खुद करने के अलावा उस के पास और कोई चारा नहीं था; विवश होकर उसे खुद करना पड़ा।

【不得已而求其次】 bùdéyǐ ér qiú qí cì मजबूर होकर अपनी पसन्द त्यागना; विवश होकर द्वितीय श्रेष्ठ से संतुष्ट रहना

【不得已而为之】 bùdéyǐ ér wéi zhī विवश होकर करना; न चाहने पर भी करना; करना पड़ना

【不登大雅之堂】 bù dēng dàyǎ zhī táng <लि०> विद्वानों के बीच उपस्थित रहने के योग्य न होना; अप्रदर्शनीय होना; अपरिष्कृत होना

【不等】 bùděng भिन्न होना; असमान होना; बराबर न होना: 大小～ आकार में बराबर न होना / 数量～ मात्रा में असमान होना / 每包重量从一公斤到三公斤～。हर पैकेज का अलग-अलग वज़न एक किलोग्राम से तीन किलोग्राम तक है बराबर नहीं।

【不等边三角形】 bùděngbiān sānjiǎoxíng <गणित०> विषमत्रिकोण, विषमभुजत्रिकोण

【不等号】 bùděnghào <गणित०> असाम्यसूचक चिन्ह

【不等价交换】 bùděngjià jiāohuàn <अर्थ०> असम मूल्य के आधार पर विनिमय; असमान मूल्य-विनिमय

【不等式】 bùděngshì <गणित०> असमता; असमिका

【不抵抗】 bùdǐkàng प्रतिरोध न करना: 绝对～ ज़रा भी प्रतिरोध न करना / ～主义 अप्रतिरोध की नीति; प्रतिरोध न करने की नीति

【不第】[1] bùdì शाही परीक्षा में फ़ेल होना

【不第】[2] bùdì <संयो०> <लि०> न केवल

【不点儿】 bùdiǎnr बहुत कम; बहुत छोटा; नन्हा

【不迭】 bùdié ❶देर होना: 后悔～。पछताने में देर हुई। ❷अविराम; लगातार; निरंतर: 叫苦～ लगातार शिकायत करते रहना; अपने अपार दुखों की कहानी सुनाना / 称赞～ अत्यधिक प्रशंसा करना; खूब तालीफ़ करना / 马喘气～。घोड़ा लगातार हांफ़ रहा था।

【不丁点儿】 bùdīngdiǎnr बहुत कम; बहुत छोटा

【不顶事】 bùdǐngshì किसी भी काम का न होना: 这把刀～。यह चाकू किसी काम का नहीं है।

【不定】 bùdìng यह निश्चित नहीं है कि; यह कहना मुश्किल है कि: 她一天～去多少次。यह निश्चित नहीं कि वह एक दिन में कितनी बार जाती है। / 明天我还～来不来呢。अभी निश्चित नहीं है कि कल मैं आऊँगा या नहीं। / 一天他～写多少页。कहना मुश्किल है कि एक दिन में वह कितने पन्ने लिखता है।

【不定变异】 bùdìng biànyì <जीव०> अनिश्चित भिन्नता

【不定代词】 bùdìng dàicí <व्या०> अनिश्चयवाचक सर्वनाम; अनिश्चयात्मक सर्वनाम

【不定方程】 bùdìng fāngchéng <गणित०> अनिश्चित समीकरण

【不定根】 bùdìnggēn <वन०> अपस्थानिक जड़

【不定冠词】 bùdìng guàncí <व्या०> अनिश्चयवाचक आर्टिकल

【不定积分】 bùdìng jīfēn <गणित०> अनिश्चित पूर्णांक; अनिश्चित समाकल; अनिश्चित अनुकल

【不定式】 bùdìngshì <व्या०> क्रियार्थक संज्ञा

【不定芽】 bùdìngyá <वन०> अपस्थानिक अंकुर

【不懂事】 bùdǒngshì नादान होना: 他往往～。वह आम तौर पर नादान है।

【不动产】 bùdòngchǎn अचल संपत्ति; स्थावर संपत्ति; स्थिर संपत्ति; गैरमनकूला जायदाद

【不动声色】 bùdòng-shēngsè क्रोध, दुख, असंतोष, भय आदि भाव प्रकट न होना; माथे पर बल (या शिकन) न पड़ना (या आना); तेवर न बदलना; स्थिर भाव रहना: 不管敌人如何威胁利诱，他始终～。दुश्मन ने उसे कितना ही धमकाया और फुसलाया, पर वह शुरू से अंत तक स्थिर भाव बनाए रहा।

【不冻港】 bùdònggǎng आइस-फ़्री पोर्ट; गरम पानी का बन्दरगाह

【不独】 bùdú न केवल; न सिर्फ़; केवल नहीं: 发展养猪事业，～可以改善人民生活，还能多积肥料。सूअर-पालन से न केवल जनता का रहन-सहन सुधर सकता है, खाद-संचय में भी सहायता मिलती है।

【不端】 bùduān अनैतिक; अनुचित; बेईमान; नीच: 品行～ जिस का चाल-चलन बुरा हो

【不断】 bùduàn निरंतर; अविराम; अनवरत; लगातार: ～高涨 स्थाई उभार / 新生事物～涌现。नव वस्तुएं लगातार नज़र आती रहती हैं। / 人类社会总是～进步的。मानव-समाज निरंतर आगे बढ़ता रहता है।

【不断革命论】 bùduàn gémìnglùn अनवरत क्रांति का सिद्धांत; क्रांति लगातार जारी रखने का सिद्धांत

【不对】[1] bùduì ❶ठीक नहीं; सही नहीं; गलत: 这样做～。ऐसा करना गलत (या ठीक नहीं) है। ❷न; नहीं; यह सच नहीं: ～，我没有那样说。ना, मैं ने ऐसा कहा ही नहीं था।

【不对】[2] bùduì ❶अस्वाभाविक; अजीब; विचित्र; बेढंगा: 她今天神色有点儿～。उस की आकृति अस्वाभाविक सी दिखाई देती है। / 这机器声音～。इस मशीन की आवाज़ ठीक नहीं है; इस मशीन की आवाज़ अजीब सी लगती है। ❷न पटना; न बनना: 他们俩素来～。दोनों में हमेशा नहीं पटी।

【不对茬儿】 bù duìchár 〈बोल०〉 अनुचित; स्थिति के अनुकूल नहीं: 他说的话～。जो बात उस ने कही, अनुचित थी।

【不对称管制】 bùduìchèn guǎnzhì असंगत नियंत्रण

【不对劲】 bùduìjìn ❶मन में ठीक न लगना; अनुचित होना: 新换的工具使起来～。नया बदला औज़ार काम करने में ठीक नहीं लगता। ❷न पटना; न बनना: 两人有时有点儿～，就闹起来。कभी-कभी दोनों में नहीं पटती, तो झगड़ा होने लगता है। ❸अस्वाभाविक; असामान्य: 他觉得自己身体有点～。उसे अपनी तबीयत कुछ कुछ ठीक नहीं लगती।

【不对头】 bùduìtóu ❶अनुचित; गलत; जो ठीक न हो: 这种做法～。ऐसा करना ठीक नहीं है। ❷अस्वाभाविक; असामान्य ❸न पटना; न बनना

【不…而…】 bù…ér… कोई काम किये बिना ही … होना या करना: ～劳～获 श्रम किये बिना ही फल का उपभोग करना; बिना श्रम किए फल प्राप्त करना; बिना मेहनत की कमाई / ～约～同 बिना विचार-विमर्श किये समान कार्यवाही करना; संयोग से एकमत होना

【不二法门】 bùèr-fǎmén एकमात्र उपाय (मार्ग, रास्ता, तरीका); अनिवार्य (आवश्यक, ज़रूरी) पाठ (पढ़ना)

【不二价】 bù èrjià स्थिर दाम; नियत दाम

【不二心】 bù èrxīn ईमानदारी से; आधे दिल (मन) से नहीं: 真正而～地实行 ईमानदारी के साथ न कि आधे दिल से किसी कार्य पर अमल करना

【不贰过】 bù èrguò 〈लि०〉 पुरानी लीक पर फिर न चलना; पुरानी भूल न दुहराना

【不发达国家】 bùfādá guójiā अल्पविकसित देश

【不乏】 bùfá 〈लि०〉 (किसी व्यक्ति या वस्तु की) कमी न होना; बहुत होना; कम न होना: ～其人 इस तरह के लोग बहुत होना / ～先例 इस प्रकार के उदाहरणों की कमी नहीं होना

【不法】 bùfǎ विधिभंगकारी; विधि-विरोधी; गैरकानूनी; जो कानून का पाबंद न हो: ～之徒 दुष्ट; शोहदा; विधि-विरोधी व्यक्ति / ～行为 विधि-विरोधी आचरण; दुराचार; गैरकानूनियत / ～地主 स्वेच्छाचारी ज़मींदार

【不凡】 bùfán असाधारण: 自命～ अपने को असाधारण समझना; अपने को आसमान पर उठाना

【不犯】 bùfàn 〈बो०〉 आवश्यक न होना; लायक न होना: 走吧，咱们～跟他吵架。चलो, हम झगड़ा करने लायक नहीं; चलो, उस से झगड़ा करने की क्या ज़रूरत है।

【不妨】 bùfáng 〈क्रि०वि०〉 कोई हानि न होना: 你～试一试。ज़रा कोशिश करो, क्या नुकसान है। / 重要的文章，～看它十多遍。किसी भी महत्वपूर्ण लेख को दस से अधिक बार पढ़ने में भी कोई नुकसान नहीं।

【不放在眼里】 bù fàng zài yǎn lǐ किसी पर किसी की नज़र न पड़ना: 他们不把某人放在眼里。उन की नज़र उस पर पड़ती तो ज़रा उपेक्षा का रुख अपना लेते। / 某人她是～的。अमुक व्यक्ति से वह ज़रा भी नहीं डरती थी।

【不费吹灰之力】 bù fèi chuī huī zhī lì जैसे राख (या धूल) को फूंकना; बड़ी आसानी से; बिना कोई बल लगाए

【不分彼此】 bùfēn-bǐcǐ अपने और दूसरे (या पराये) का भेद न करना; जो आप वह हम, अंतरंग होना

【不分敌我】 bùfēn-díwǒ अपने और दुश्मन के बीच कोई फ़र्क न करना

【不分青红皂白】 bù fēn qīng-hóng-zào-bái काले और सफ़ेद के बीच भेद न करना; कुछ पूछना न ताछना; आव देखा न ताव: 他～，就夹脸一嘴巴。उस ने आव देखा न ताव कसकर तमाचा जड़ दिया।

【不分轻重缓急】 bù fēn qīng-zhòng-huǎn-jí अनेक कार्यों में किसी के तुलनात्मक महत्व और आवश्यकता को स्पष्ट किए बिना

【不分胜负】 bùfēn-shèngfù ❶हार या जीत का अनिश्चित होना; (खेल आदि में) बराबरी पर हटना; खेल में बराबर स्कोर (या अंक) बनाना; हार-जीत के बिना समाप्त होना: 两队～。दोनों टीमें बराबर हैं। / 比赛结果二比二，～。खेल दो-दो के अंक से बराबर होकर समाप्त हुआ। ❷〈शतरंज〉 ज़िच; कायम

【不分轩轾】 bùfēn-xuānzhì बराबर का होना; टक्कर का होना

【不分畛域】 bù fēn zhěnyù कोई अंतर न होना

【不分是非】 bùfēn-shìfēi सही या गलत का फ़र्क न करना; सत्य-असत्य का भेद न करना

【不忿】 bùfèn अपनी हार, अयोग्यता आदि न मानना

【不孚众望】 bùfú-zhòngwàng लोगों में विश्वास पैदा न होना; लोक विश्वास प्रेरित न कर सकना

【不服】 bùfú न मानना; अस्वीकार करना; अवज्ञा करना: ～输 अपनी हार न मानना / ～罪 अपना अपराध न मानना / ～老 अपना बुढ़ापा स्वीकार न करना / ～禁令 पाबंदी तोड़ना / ～政令 सरकारी फ़रमानों की अवज्ञा करना / ～裁判员的裁判 रेफ़री के निर्णय को मानने से इनकार करना

【不服水土】 bù fú shuǐtǔ परदेश की जलवायु का अनभ्यस्त होना; नई जलवायु का आदी न होना; जलवायु के अनुकूल न होना; किसी जगह का पानी माफ़िक न आना: 我在那儿～。वहां की जलवायु का मैं आदि नहीं हूँ; वहाँ का पानी मुझे रास नहीं आता।

【不负责任】 bù fù zérèn लापरवाही; गैरज़िम्मेदाराना: ～的建议 अनुत्तरदायी सुझाव / ～的谰言 गैरज़िम्मेदाराना और बेतुकी बातें / ～的乱说 गैर-ज़िम्मेदाराना बातचीत

【不符】 bùfú के अनुकूल न होना; किसी से मेल न खाना: 言行～ कथनी और करनी का बेमेल होना / 名实～ नाम का वास्तविकता से मेल न खाना / 与事实～ तथ्य से अंतर होना; तथ्य से मेल न खाना / 他说话前后～。उस की बातों में असंगति रहती है।

【不复】 bùfù फिर न होना; अब न रहना: ～存在 अब अस्तित्व में न रहना

【不干】 bùgān काम न करना; काम छोड़ देना; त्यागपत्र देना: 根本～ किसी भी हालत में न करना

【不干不净】 bùgān-bùjìng मैला; गंदा; भ्रष्ट: 嘴里~ गाली-गलौज करना; अपशब्द निकालना; अशिष्ट बात करना / 说~的话 भद्दी बात बोलना

【不干涉】 bùgānshè हस्तक्षेप न करना: ~政策 हस्तक्षेप न करने की नीति; अहस्तक्षेप-नीति / 互~内政 एक दूसरे के अंदरूनी मामलों में हस्तक्षेप न करना

【不甘】 bùgān अनिच्छा होना; न चाहना; तैयार न होना; इच्छा न होना: ~后人 दूसरों के पीछे पड़ने की इच्छा न होना / ~落后 पीछे रहना न चाहना / ~示弱 अपने को कमज़ोर मानने के लिए तैयार न होना

【不甘寂寞】 bùgān-jìmò अकेले रहने के लिए तैयार न होना; उपेक्षित किये जाने से घृणा होना

【不甘心】 bùgānxīn न मानना; तैयार न होना: 敌人~于他们的失败。दुश्मन अपनी असफलता पर हार नहीं मानते। / 他不去~。उस से बिना गये रहा नहीं जाता।

【不尴不尬】 bùgān-bùgà दुविधा में पड़ जाना

【不敢】 bùgǎn किसी काम को करने का साहस न होना; मानने की हिम्मत न होना; लायक न होना: 他~说话。वह कुछ बोलने में हिचक रहा था। / ~提意见 राय देने में संकोच होना / ~出面 सामने आने का साहस न होना

【不敢当】 bùgǎndāng <शिष्ट०> (स्तुति-वचन या सम्मानसूचक अंगविक्षेप (जैसे कमर झुकाना, घुटने टेकना आदि) के उत्तर में प्रयुक्त) योग्य न होना; लायक न होना; आप की मेहरबानी है, व्यर्थ कष्ट न करें: "敬请上坐。" "~。" "आप सम्मान की सीट पर विराज़ें।" "मैं इस के योग्य नहीं हूँ।"

【不敢问津】 bùgǎn-wènjīn पूछने का साहस न होना

【不敢越雷池一步】 bùgǎn yuè léichí yī bù सीमा से बाहर एक कदम तक बढ़ने का साहस न होना

【不高明】 bùgāomíng नासमझी: 这是他们~。यह उन लोगों की नासमझी है।

【不高兴】 bùgāoxìng नाराज़ होना; इच्छा न होना: 他很~。वह बहुत नाराज़ हो गया। / 他会~的。उस का जी दुखेगा। / 他~再在那儿干活了。उसे वहां काम करने की इच्छा नहीं रही।

【不更事】 bùgēngshì अनुभवहीन; नासमझ; नौसिखिया; अल्हड़: ~的少年 या 少~ अल्हड़ नौजवान

【不公】 bùgōng अन्याय; न्याय-विरुद्ध; अन्यायपूर्ण; अनुचित: 办事~ अनुचित तरीके से काम करना; पक्षपातपूर्ण काम करना; अन्याय करना

【不攻自破】 bùgōng-zìpò अपने आप टूटना; अपने आप भंग होना: 在事实面前这种谣言将~。तथ्यों के सामने ये अफ़वाहें अपने आप नष्ट हो जाएंगी।

【不恭】 bùgōng अनादरपूर्ण: 言词~ अनादरपूर्ण बात कहना / 却之~。स्वीकार न करना अनादर होगा।

【不共戴天】 bùgòngdàitiān शत्रु के साथ एक ही आकाश के नीचे न रहना: ~之仇 आग-पानी का वैर; बहुत गहरी शत्रुता

【不苟】 bùgǒu असावधान न होना; लापरवाह न होना: 工作一丝~ काम रत्ती भर लापरवाही से भी न करना; बड़ी सावधानी से काम करना / ~言笑 करने और कहने में सावधान होना

【不够】 bùgòu अपर्याप्त; नाकाफ़ी; थोड़ा; कम: ~资格 अयोग्य होना; हैसियत न होना / 我们做得很~。हम ने बहुत कम काम किया। / 他们人力~。उन के पास जन-शक्ति की कमी है। / 他们所举的理由很~。जो दलीलें उन्हों ने दी हैं, वे कतई नाकाफ़ी हैं। / 原有的语汇~了。पुराना शब्द-भण्डार अपर्याप्त है।

【不辜负】 bùgūfù निराश न होने देना; आशा पर पानी फिरने न देना; आशाओं के अनुरूप सिद्ध होना; आशाओं पर पूरा-पूरा उतरना

【不顾】 bùgù किसी की उपेक्षा करना; किसी की परवाह न करना; किसी से आंखें फिरना: ~个人安危 अपनी जान की परवाह न करना / ~事实 तथ्यों से अपनी आंखें फेरना / ~羞耻 उधड़कर नाचना / ~民族利益 राष्ट्र के हितों को ठुकराना / ~死活地干 काम के पीछे जान देने पर तुले होना; जीवन-मरण की परवाह न करके काम करना / ~别人死活 दूसरों के भाग्य की प्रवाह न करना / ~主客观条件 मनोगत और वस्तुगत परिस्थितियों का ध्यान न रखना / 只顾自己，~别人 अपने हितों की ही देखभाल करना और दूसरों के हितों की उपेक्षा करना

【不关】 bùguān (की) बला से; (से) संबंध न होना: 这~我的事。मेरी बला से; इस का मुझे से कोई संबंध नहीं।

【不关痛痒】 bùguān-tongyǎng किसी के प्रति अन्यमनस्कता का भाव रखना; रुखाई का रवैया अपनाना; पूरी तरह उदासीन रहना

【不管】 bùguǎn ❶<संयो०> चाहे: ~结果如何。चाहे नतीजा कैसा भी हो। / ~是什么人。चाहे वह कोई भी क्यों न हो। / ~多大的困难我们都能克服。कठिनाइयां कितनी ही बड़ी क्यों न हों, हम उन्हें दूर कर सकते हैं। / ~工作多忙，我们还是挤时间学习。चाहे काम में कितने ही व्यस्त क्यों न हों, फिर भी हम समय निकाल कर अध्ययन करते हैं। ❷किसी पर ध्यान न देना; किसी का कुछ खयाल न करना; किसी के प्रति उदासीनता का रुख अपनाना: ~别人困难 दूसरे लोगों की कठिनाइयों के प्रति उदासीनता का रूख अपनाना / 他只讲玩，别的什么事情都~。वह तो केवल खेलने वाली बातें ही करता है, दूसरी बातों पर ध्यान ही नहीं देता। / 这事我们不能~。इस तरह के काम को हम नहीं छोड़ सकते। / ~他。खैर, जाने दो।

【不管部】 bùguǎnbù अविभाग; बिना विभाग; बिना पोर्टफ़ोलियो: ~部长 विभागहीन मंत्री; बिना पोर्टफ़ोलियो के मंत्री

【不管三七二十一】 bùguǎn sān qī èrshí yī किसी भी बात की परवाह न करना; नतीजे पर ध्यान न देना; आव देखा न ताव

【不光】 bùguāng <बोल०> ❶केवल एक नहीं; अकेला नहीं: 报名参加的~是他一个人。भाग लेने के लिए अपना नाम लिखाने वालों में वह अकेला नहीं था। ❷<संयो०> न केवल: 这里~出煤，而且还出铁。यहां न केवल कोयले का बल्कि लोहे का भी उत्पादन होता है।

【不规则】 bùguīzé अनियमित; नियम-विरुद्ध; बेउसूल:

～动词<व्या०> अनियमित क्रियाएं

【不轨】 bùguǐ कानून का उल्लंघन करना; विद्रोह करना: 图谋～ अपराधिक षड्यंत्र रचने में लगना

【不过】 bùguò ❶(विशेषण के साथ प्रयुक्त होकर गुण की अधिकता या न्यूनता सूचित करता है): 再好～ सर्वश्रेष्ठ; सब से अच्छा / 最快～ शीघ्रतम; सब से जल्दी ❷<क्रि०वि०> केवल; सिर्फ़: 当年他参军的时候～十七岁。जब उस ने सेना में प्रवेश किया तब उस की उम्र केवल सत्रह साल थी। / 敌人～几个师团。शत्रु सेना की महज़ चंद डिविज़नें हैं। ❸<संयो०> पर; परंतु; लेकिन: 这东西很好，～贵了点。यह चीज़ अच्छी तो है पर ज़रा महंगी है। / 病人精神还不错，～胃口不大好。रोगी का जी तो अच्छा लग रहा है पर खाने की इच्छा अधिक नहीं है।

【不过尔尔】 bùguò-ěr'ěr <लि०> साधारण ही है; न अच्छा न बुरा

【不过如此】 bùguò rúcǐ साधारण ही है; मामूली ही है

【不过问】 bùguòwèn किसी का खयाल न करना; किसी पर ध्यान न देना: ～政治可不行啊! राजनीति पर ध्यान न देना ठीक नहीं!

【不过意】 bùguòyì खेद होना; अफ़सोस होना: 老来打扰您，真～。खेद है कि मैं आप को अकसर कष्ट देता हूँ।

【不含糊】 bùhánhu <बोल०> ❶स्पष्ट; बिल्कुल साफ़; असंदिग्ध: 党叫干啥就干啥，她一点～。पार्टी जो काम करने को कहती है उसे पूरा करने में वह पीछे नहीं हटती। / 在原则问题上他绝～。सैद्धांतिक समस्याओं पर वह डटा रहता है। / 他以毫～的语言做出回答。उस ने स्पष्ट शब्दों में उत्तर दिया। ❷असाधारण; बढ़िया; कुशल; योग्य: 她这活儿做得真～。उस ने यह काम वास्तव में बड़ा अच्छा किया है। / 他这画可真～。उन का यह चित्र वास्तव में असाधारण है। ❸किसी से न डरना; किसी का भय न होना: 在学者们面前他也～。विद्वानों के सामने भी वह निर्भय है।

【不寒而慄】 bùhán'érlì सरदी के न होने पर भी थरथराना; डर के मारे कांपना; कंपकंपी छूटना; थरथरा उठना: 他瞻念前途，～。भविष्य का ध्यान आते ही उन्हें कंपकंपी छूटने लगती है।

【不好办】 bùhǎobàn दुविधा में पड़ जाना: 弄得他很～。वह भारी दुविधा में पड़ गया।

【不好惹】 bùhǎorě अपमानित न किया जा सकना: 中国人民是～的。चीनी जनता को अपमानित नहीं किया जा सकता।

【不好意思】 bù hǎoyìsi ❶खिसियाना; लज्जित होना; शर्म होना: 她被大家夸得～了。लोगों की अधिक प्रशंसा से वह शर्माने लगी। / 两个漂亮的女人嫣然一笑，他觉得～。दोनों सुन्दरियां मुस्करायीं। वह कट गया। ❷संकोच होना; मुश्किल से कोई काम करना: ～推辞 मुश्किल से टाल पाना; टालने में संकोच करना / ～再问 फिर एक बार पूछने में संकोच होना / 我～说再回去看看。फिर लौट चलने की राय देने का मुझे साहस नहींथा। / 你为什么～承认这一点呢? यह स्वीकार करते तुम झेंपते क्यों हो? / 往后我就～去了。तब से मैं जाते झेंपता हूँ। / 我～伸出手来同他握手。उस से हाथ मिलाने के लिए अपना हाथ बढ़ाने में मुझे झिझक हुई। / 他觉得～，好几天没有出门。वह संकोच के मारे कई दिन बाहर न निकले।

【不合】 bùhé ❶के अनुकूल न होना; मेल न खाना: ～规定 नियम के अनुकूल न होना / ～当前需要 मौजूदा ज़रूरतों के अनुकूल न होना / ～逻辑 तर्कहीन; युक्ति-विरुद्ध / ～时宜 असमयोचित; असामयिक; बे मौका❷नहीं चाहिए: 当初～叫他来。उसे नहीं बुलाना चाहिए था। ❸न पटना

【不合作运动】 bùhézuò yùndòng असहयोग आंदोलन; सत्याग्रह

【不和】 bùhé न पटना; अनबन होना; अच्छा संबंध न होना; झगड़ा होना; मतभेद पैदा होना: 他俩为着某一件小事而弄得～。दोनों में किसी छोटी-सी बात पर कहा-सुनी हो गई।

【不哼不哈】 bùhēng-bùhā कुछ न बोलना; मौन रहना (जब बोलना चाहिए था): 有事问他，他总～。जब उस से किसी बात के बारे में पूछा जाता तो वह मौन रहता।

【不怀好意】 bùhuái-hǎoyì बदनीयत होना; नीयत बिगड़ना; मन में कुचेष्टा रखना; नीयत अच्छी न होना

【不欢而散】 bùhuān'érsàn अप्रसन्नता से बिदा होना: 会议～。सभा झगड़े (या गंभीर मतभेद) से समाप्त हुई।

【不患】 bùhuàn चिंता न होना या रहना: 我们～不能支持长期战争。इस बात की रत्ती भर भी चिंता नहीं है कि हम इस दीर्घ-कालीन युद्ध में टिक पाएंगे।

【不慌不忙】 bùhuāng-bùmáng धैर्य से; इतमीनान से; जल्दबाज़ी न करना; चिंता या भय प्रकट न करना

【不遑】 bùhuáng <लि०> बहुत व्यस्त होना; समय का अभाव होना: ～顾及。इस पर ध्यान देने के लिए समय बहुत कम है।

【不灰木】 bùhuīmù（石棉 shímián का पुराना नाम） ऐस्बेस्टस; शिलातंतु

【不讳】 bùhuì <लि०> ❶कुछ न छिपाना; बात न दबा पाना: 供认～ अपने सभी अपराधों को स्वीकार कर लेना / 直言～ अशिष्टता से बात करना; यथार्थ कहना; लाग-लपेट न रखना; स्पष्ट रूप से कहना ❷<शिष्ट०> चल बसना; मर जाना

【不会】 bùhuì ❶न होगा (या करेगा आदि); संभव न होना: 我～去的。मैं नहीं जाऊंगा। / 人～多的。भीड़ नहीं होगी। / 你～去说的。तुम कहने थोड़े ही जाओगे। ❷(किसी को कोई काम करना) न आना; आदत न होना; किसी बात का आदी न होना: 我～抽烟。मुझे सिग्रेट पीना नहीं आता; मैं सिग्रेट नहीं पीता; मुझे सिग्रेट पीने की आदत नहीं है। ❸(डांटने में प्रयुक्त) न कर सकना: 你就～问一问? तो क्या तुम नहीं पूछ सकते?

【不惑】 bùhuò <लि०> संदेह से मुक्त होना —— चालीस साल की आयु: ～之年 चालीस साल की आयु

【不羁】 bùjī <लि०> किसी रीति-रिवाज या प्रथा से मुक्त; कार्य या व्यवहार से स्वच्छंद: 放荡～ किसी रीति-रिवाज

या प्रथा से मुक्त और अनियंत्रित

【不及】 bùjí ❶के समान नहीं; से कम; से घटकर: 我～他刻苦用功。मैं उस के समान मेहनत से अध्ययन नहीं करता। / 城市苦力工人～产业工人集中。शहर के कुली औद्योगिक मज़दूरों से कम संगठित हैं। ❷(कोई काम करने में) देर होना: 躲避～。बच निकलने में देर हुई। / 后悔～。पछताने में देर हुई।

【不及物动词】 bùjíwù dòngcí 〈व्या०〉 अकर्मक क्रिया

【不即不离】 bùjí-bùlí न अधिक घनिष्ठ न अधिक दूर; किसी व्यक्ति से पर्याप्त दूरी पर रहना

【不急之务】 bùjízhīwù कार्य जो अविलंब्य न हो; वे तमाम काम जो फ़ौरी न हों

【不计】 bùjì (किसी बात पर या किसी विषय में) तकरार या हुज्जत न करना; विचार न करना: ～个人得失 अपने हित-अहित पर विचार न करना / ～成本 उत्पादन-खर्च पर विचार न करना

【不计其数】 bùjì-qíshù अनगिनत; असंख्य; जिस की गणना न हो सके

【不记名投票】 bùjìmíng tóupiào गुप्त वोट (पद्धति); गुप्त मतदान (पद्धति)

【不济】 bùjì 〈बोल०〉 अच्छा न होना; बेकार होना: 眼力～ दृष्टि दुर्बल होना; दृष्टि घट जाना

【不济事】 bùjìshì अच्छा नहीं; बेकार का: 这活人少了～。जन-शक्ति की कमी से यह काम नहीं बनेगा। / 这些不是简单的方法所能济事。ये सब करने के लिए साधारण तरीके बेकार साबित होंगे।

【不加】 bùjiā (कुछ क्रियाओं के साथ प्रयुक्त) बिना: ～分析 किसी प्रकार का विश्लेषण किए बिना / ～检点 बिना जांच-पड़ताल किए

【不假思索】 bùjiǎ-sīsuǒ（不加思索 bùjiā-sī-suǒ भी）बिना सोचे-समझे ही; झट से; तुरंत

【不坚定】 bùjiāndìng ढुलमुल; ढुलमुल यकीन का: ～分子 ढुलमुल यकीन के लोग; ढुलमुल तत्व

【不检】 bùjiǎn (किसी व्यक्ति के बोलने, आचरण करने में) बेपरवाह होना; विवेक-रहित होना; सही आचरण से विचलित होना

【不减当年】 bùjiǎn-dāngnián (शक्ल आदि में) पहले जैसा होना: 他的精力～。वह पहले जैसा बलवान है।

【不简单】 bùjiǎndān असाधारण; सरल नहीं; असामान्य: 这事～。यह कोई साधारण बात नहीं है। / 这篇文章真～。सचमुच यह एक असाधारण लेख है।

【不见】 bùjiàn ❶न देखना; न मिलना; गुम होना: 好久～了。बहुत दिनों से नहीं मिले। / 我们～不散。जब तक एक दूसरे को न मिल पाए तब तक (वह) स्थान न छोड़ें। / 这东西是在他家里～的。यह चीज़ उस के घर में गुम हुई थी। ❷मालूम न होना; न जानना: 君～ क्या आप नहीं जानते; क्या आप को मालूम नहीं है

【不见得】 bùjiàndé अनिश्चित; संभवतः नहीं: 他～对。यह निश्चित नहीं कि वह ठीक है। / 他也～好。ज़रूरी नहीं कि वही अच्छा हो। / 他今晚～会来。आज रात वह शायद ही आएगा। / 他也～能解决这个问题。ऐसा भी नहीं लगता कि वह इस सवाल को सुलझा सकेगा।

【不见棺材不落泪】 bù jiàn guāncái bù luò lèi जब तक ताबूत न देखा आंसू नहीं टपके —— कठोर यथार्थ का मानना करने तक कुछ भी मानने से इनकार करना

【不见经传】 bùjiàn-jīngzhuàn शास्त्रीय ग्रन्थों में न पाया जाना; अज्ञात; अपरिचित: 名～ अप्रसिद्ध व्यक्ति; तुच्छ व्यक्ति

【不见天日】 bùjiàn-tiānrì आकाश और सूर्य का दिखाई न देना —— बहुत अंधेरा

【不间断】 bùjiànduàn बिना रुके हुए; बराबर; निरंतर; धारावाहिक रूप से

【不间断电源】 bùjiànduàn diànyuán बंद न कर सकने वाली विद्युत-शक्ति सप्लाई

【不骄不躁】 bùjiāo-bùzào न अभिमानी न उतावला; अभिमान और उतावलेपन से बचना

【不讲】 bùjiǎng परवाह न करना; ध्यान न देना; अवहेलना करना: ～道理 तर्क पर ध्यान न देना; स्वेच्छाचारी / ～情面 इस बात की परवाह न करना कि ऐसा करने से किसी की भावनाओं को ठेस पहुंचेगी; रियायत न देना

【不教而诛】 bùjiào'érzhū पूर्व चेतावनी के बिना दंड देना; सावधान किये बिना दंडित करना

【不接头】 bùjiētóu मामले का पता न लगना; हालत की जानकारी न होना

【不结盟】 bùjiéméng निर्गुटता; गुट-निरपेक्षता; गुट से अलग (या परे) रहना: ～国家 निर्गुट देश; गुट-निरपेक्ष देश; गुटों से अलग देश / ～国家首脑会议 निर्गुट शिखर सम्मेलन / ～政策 निर्गुटता की नीति

【不解】 bùjiě ❶न समझना; न जानना; समझ में न आना: ～其意 इस का अर्थ न समझना / 迷惑～ किंकर्त्तव्यविमूढ़ होना; उलझन में पड़ना; हैरान होना / ～之谜 अनबूझ पहेली; रहस्यपूर्ण बात / ～之缘 चिरस्थाई संबंध

【不价】 bùjie 〈बो०〉 नहीं; जी नहीं: 是老张来了吗? —— ～，是老李。क्या लाओ च्यांग आए थे ? —— नहीं, लाओ ली आए थे।

【不禁】 bùjīn न रोक सकना; वश में न रख पाना: 忍俊～ हंस उठना; हंसी न रोक सकना / 他～脸上有些发热了。उस का शर्म महसूस करना स्वाभाविक था।

【不禁不由】 bùjīn bùyóu 〈बोल०〉 स्वाभाविक रूप से; अनिच्छित रूप से: 他看着孩子们跳舞，便～地打起拍子来。बच्चों को नाचते देख वह स्वाभाविक रूप से ताल देने लगा।

【不仅】 bùjǐn ❶ही नहीं: ～如此 इतना ही नहीं; ऐसा ही नहीं; केवल यही नहीं / 这～是我一个人的意见。यह मुझ अकेले का मत नहीं है। ❷दे० 不但

【不尽】 bùjìn बिलकुल नहीं; पूरी तरह नहीं: ～一致 अपर्याप्त तालमेल होना / ～相同 बिलकुल समान न होना / 说～ पूर्ण रूप से न कह सकना

【不尽然】 bùjìnrán निश्चय ही ऐसा न होना; पूरी तरह ऐसा न होना

【不近人情】 bújìn-rénqíng अमानुषिक; अयुक्तिसंगत; तर्कहीन

【不经常】 bùjīngcháng ❶अकसर नहीं ❷असाधारण: ～的事件 असाधारण घटना

【不经一事，不长一智】 bù jīng yī shì, bù zhǎng yī zhì व्यवहार के बिना बुद्धि नहीं बढ़ती; व्यवहार से ही बुद्धि बढ़ती है

【不经意】 bùjīngyì अन्यमनस्क; लापरवाह; असावधान; उपेक्षापूर्ण: 稍～，便会出错。ज़रा-सी असावधानी कि गलती हुई।

【不经之谈】 bùjīngzhītán बनावटी कहानी; बेसिरपैर की बातें; निराधार गल्प

【不景气】 bùjǐngqì ❶<अर्थ०> मंदी; मंदापन; सुस्ती; गिरावट ❷दबाव की स्थिति में: 近来生意～。आजकल व्यापार अच्छा नहीं है।

【不胫而走】 bùjìng'érzǒu पैर के बिना भी दौड़ सकना —— बहुत तेज़ दौड़ना; शीघ्रता से दूर-दूर तक फैल जाना: 这消息～。यह खबर हवा की तरह फैल गयी।

【不久】 bùjiǔ हाल ही में; थोड़े समय में; थोड़ी देर में; शीघ्र ही; निकट: ～的将来 निकट भविष्य में / ～以前 कुछ ही समय पहले; कुछ दिन पहले / 楼房～就能完工。इमारत शीघ्र ही पूरी हो जाएगी। / ～他就学会了很多。उस ने जल्दी ही बहुत कुछ सीख लिया। / 你走后～他就来了。वह तुम्हारे चलने के फ़ौरन बाद आया।

【不咎既往】 bùjiù-jìwǎng (既往不咎 jìwǎng-bùjiù भी) जो हुआ सो हुआ; बीती सो बीती; पिछली गलतियों के लिए माफ़ करना

【不…就…】 bù…jiù… ❶दे० 不❼ ❷जब तक न … तब तक …: 不解决这个问题就会使我们不能前进。जब तक यह सवाल हल न हुआ तब तक हम आगे नहीं बढ़ सकते।

【不拘】 bùjū ❶(से) सीमित न होना; (से) मुक्त होना: ～俗套 रीति-रिवाज पर ध्यान न रखना; चिराचरित परिपाटी से मुक्त होना / ～礼节 बेतकल्लुफ़ ❷जो भी; चाहे जो भी; कुछ भी; कोई भी: ～什么任务，只要对人民有益的，我都愿意接受。हर कार्य, चाहे वह कुछ भी क्यों न हो, और जिस से जनता का फ़ायदा होता हो, मैं करने को तैयार हूँ।

【不拘小节】 bùjū-xiǎojié छोटी-मोटी बातों की परवाह न करना; बारीकियों पर ध्यान न देना

【不拘形式】 bùjū xíngshì रूप की ओर विशेष ध्यान न देना; अनौपचारिक; गैररस्मी: 请您给报纸写些东西，～，散文、诗都可以。समाचार-पत्र के लिए आप कुछ लिखिएगा, लेख, कविता आदि जो भी हो। / ～的讨论 एक अनौपचारिक विचार-विनिमय

【不拘一格】 bùjū-yīgé एक ही शैली में सीमित न करना या होना: 文艺作品只要内容健康，形式方面可以～。अगर कलात्मक रचना की विषय-वस्तु अच्छी है तो इसे किसी एक रूप तक सीमित करने की ज़रूरत नहीं है। / 在社会这个大学里，真是人材济济，～啊! समाज रूपी विश्वविद्यालय में अनेक तरह के विद्यार्थी हैं, सचमुच इस में तरह-तरह के योग्य व्यक्ति पाये जाते हैं।

【不具】 bùjù <लि०> ❶अपूर्ण; अधूरा; अपर्याप्त; थोड़ा ❷不备 के समान (पत्र-चिट्ठी के अंत में प्रयुक्त): 这封信里我～详谈。इस पत्र में मैं विस्तार ले नहीं बता सकता।

【不倦】 bùjuàn अथक; अक्लांत: 诲人～ शिक्षा देने का अथक प्रयत्न करना; बिना थके सिखाना / 作～的努力 सतत, अथक प्रयत्न करना

【不绝如缕】 bùjué-rúlǚ ❶पतले सूत से लटका; बहुत खतरनाक; संकटपूर्ण; जोखिम से भरा हुआ ❷(आवाज़ आदि) धीमी; मंद; रुक-रुक कर

【不刊之论】 bùkānzhīlùn अपरिवर्तनीय तर्क, मत आदि; सत्य

【不堪】 bùkān ❶न सह सकना: ～其苦 इस का कष्ट न सह सकना / ～一击 ज़ोर का एक धक्का न सह सकना / 土地受到～负担的压力 भूमि पर असहनीय दबाव आ पड़ना ❷न कर सकना: 不堪入耳 / 不堪设想 ❸(निष्क्रियता के अर्थ वाले शब्दों के साथ प्रयुक्त होकर अधिकता का अर्थ सूचित करता है): 痛苦～ अत्यंत दुखमय / 疲惫～ बहुत अधिक थक जाना / 狼狈～ अत्यंत संभ्रांत; बहुत कठिन परिस्थिति में / 衣服破烂～ कपड़े चिथड़े-चिथड़े हो जाना ❹बहुत खराब: 他这个人太～了。वह आदमी बहुत खराब है।

【不堪回首】 bùkān-huíshǒu बीती बातों पर विचार करना बर्दाश्त न कर सकना; अपने बीते हुए दुखमय जीवन का स्मरण करना कठिन पाना

【不堪入耳】 bùkān-rù'ěr कान को बुरा लगने वाला; अरुचि उत्पन्न करने वाली (बातें)

【不堪设想】 bùkān-shèxiǎng कल्पना न की जा सकना; अकल्पनीय: 危险～ अकल्पनीय खतरा / 其后果将～。इस के परिणाम की कल्पना नहीं की जा सकती।

【不看僧面看佛面】 bù kàn sēng miàn kàn fó miàn साधु के वास्ते नहीं बल्कि बुद्ध के वास्ते —— किसी व्यक्ति को तीसरे व्यक्ति का लिहाज़ कर मदद देना या माफ़ करना

【不亢不卑】 bùkàng-bùbēi न घमंड करना न मानभंग करना —— दे० 不卑不亢

【不可】 bùkě ❶न कर या हो सकना; न करना या होना चाहिए: ～等闲视之。कोई मामूली घटना नहीं समझना चाहिए। / ～一概而论。सब के साथ एक ही मानदंड से बरताव नहीं करना चाहिए। ❷(非 fēi के साथ प्रयुक्त) अवश्य; निश्चय ही; ज़रूर: 今天的电影很好，我非看～。आज की फ़िल्म बहुत अच्छी है, मैं ज़रूर देखूंगा।

【不可比拟】 bùkě bǐnǐ अतुलनीय; अनुपम; बेजोड़: 社会生活比起文学艺术来，有着～的生动丰富的内容。सामाजिक जीवन की विषय-वस्तु कला-साहित्य के मुकाबले अतुलनीय रूप से अधिक सजीव और समृद्ध होती है।

【不可避免】 bùkě bìmiǎn अनिवार्य; अपरिहार्य: 在阶级社会里战争是～的。वर्ग समाज में युद्ध अनिवार्य रूप से छिड़ेगा; वर्ग समाज में युद्ध अवश्यंभावी है।

【不可辩驳】 bùkě biànbó अखंड्य; अकाट्य: ～的事

实 अकाट्य तथ्य; अखंड्य तथ्य

【不可剥夺】 bùkě bōduó अहरणीय; अनन्य; अनुल्लंघनीयः ～的权利 अहरणीय अधिकार

【不可不】 bùkěbù अवश्य; ज़रूर; चाहिएः ～去 जाना चाहिए / ～注意 (की ओर) ध्यान देना चाहिए

【不可多得】 bùkě-duōdé अप्राप्य; दुर्लभः ～的佳作 उच्च कोटि का आदर्श रचना

【不可动摇】 bùkě dòngyáo अटल; अडिग; अचलः ～的信心 अटल विश्वास

【不可遏制】 bùkě èzhì अदम्य; अप्रतिबद्धः ～的力量 अदम्य शक्ति

【不可分割】 bùkě fēngē अभिन्न; अविभाज्य; अखंड्यः ～的一部分 अभिन्न भाग / 二者～地联系在一起。वे दोनों एक दूसरे से अभिन्न रूप से जुड़े हुए हैं।

【不可分离】 bùkě fēnlí अविभाज्य; अविच्छेद्यः ～的几个环节 कुछ अविभाज्य कड़ियाँ / 二者的利益是～的。उन दोनों के हित अभिन्न रूप से जुड़ चुके हैं।

【不可否认】 bùkě fǒurèn जो अस्वीकार्य न होः ～的事实 अकाट्य तथ्य

【不可告人】 bùkě-gàorén अनुल्लेख्य; जो दूसरों को न बताया जा सकेः ～的动机 बदनीयत; बुरी नीयत / ～的勾当 गंदा सौदा / ～的目的 गुप्त उद्देश्य; बुरी नीयत; ऐसा काम जो दिन की रोशनी बरदाश्त न कर सके

【不可更新资源】 bùkě gēngxīn zīyuán अनवीकरणीय साधन-स्रोत

【不可估量】 bùkě gūliàng अपरिमित; अतुलनीय; बेअंदाज़; बेहदः ～的损失 बेहद नुकसान; अतुलनीय हानि

【不可或缺】 bùkě-huòquē आवश्यक; ज़रूरी; अनिवार्य; अपरिहार्य

【不可计量】 bùkě jìliàng अकूत; अपरिमित; अगणितः ～力量 अकूत शक्ति

【不可接触】 bùkě jiēchù अछूतः ～者 अछूत; हरिजन / ～种姓制度 छुआछूत पर अस्पृश्य आधारित जाति-व्यवस्था

【不可救药】 bùkě-jiùyào असाध्य; लाइलाज; रोगी की चिकित्सा असंभव हो जानाः ～的分子 बिलकुल न सुधर सकने वाला / 他坚持错误，以致于达到～的地步。वह अपनी गलतियों पर इस हद तक अड़ा रहा कि उस के मर्ज़ का इलाज असंभव हो गया। / 这个人是～了。वह तो ऊपर से नीचे एकदम सड़ गया था।

【不可开交】 bùkě-kāijiāo (केवल 得 dé के बाद प्रयुक्त होकर उस का पूरक बनता है) बहुत अधिक; अत्यंत; अनिवार्य रूप से; (से) छुटकारा न पा सकनाः 忙得～ बहुत व्यस्त; अतिव्यस्त / 争得～ गरमागरम बहस होना; झगड़ा पूरे ज़ोर पर होना

【不可抗】 bùkěkàng अनिवार्यः ～的变化 अनिवार्य परिवर्तन / ～的压力 असह्य दबाव

【不可抗力】 bùkěkànglì ❶देव-कृत्य; ऐक्त ऑफ़ गॉड ❷〈का०〉 अरोध्य शक्ति; अप्रतिहत शक्ति

【不可抗拒】 bùkě kàngjù अबाध्य; अदम्य; अप्रतिहतः ～的历史潮流 अदम्य ऐतिहासिक उफान

【不可靠】 bùkěkào अविश्वसनीय; अविश्वस्त

【不可克服】 bùkě kèfú दुर्जय; दुर्जेय; असाध्यः ～的困难 अलंघनीय कठिनाई / ～的矛盾 असाध्य अंतर-विरोध

【不可理解】 bùkě lǐjiě अकल्पनीय; कल्पना से परे होना; समझ में न आ सकना

【不可理喻】 bùkě-lǐyù तर्क से समझाया न जा सकना; तर्क सुनने से इनकार करना; उद्दण्ड और स्वेच्छाचारी

【不可免】 bùkěmiǎn अनिवार्य; आवश्यक; ज़रूरी; लाज़िमी

【不可名状】 bùkě-míngzhuàng（不可言状 bùkě-yánzhuàng भी）अवर्णनीय; अनिर्वचनीय; वर्णनातीत; जिस का वर्णन न किया जा सके

【不可磨灭】 bùkě mómiè अमिट; अपरिहार्यः ～的贡献 अमिट योगदान / ～的胜利 अपरिहार्य विजय / ～影响 अमिट प्रभाव

【不可逆转】 bùkě nìzhuǎn अपलट; अपरिवर्त्य; अपरिवर्तनीयः ～的历史潮流 अपरिवर्तनीय ऐतिहासिक प्रवृत्ति

【不可偏废】 bùkě piānfèi जिस की अवहेलना न की जा सकेः 二者～。दोनों में से किसी एक की ही अवहेलना नहीं की जा सकती।

【不可企及】 bùkě qǐjí अनुकरणीय; अद्वितीय; अतुल; अनुपम

【不可侵犯】 bùkě qīnfàn 〈कूटनीति〉 अनतिक्रमणीयता; अलंघ्यता; अनुल्लंघनीयता

【不可缺少】 bùkě quēshǎo(不可或缺 भी)अनिवार्य; आवश्यक; ज़रूरी; लाज़िमीः ～的任务 अनिवार्य कार्य / ～的条件 लाज़िमी शर्त

【不可缺一】 bùkě quēyī (इन में से) किसी को भी छोड़ा नहीं जा सकता

【不可饶恕】 bùkě ráoshù अक्षम्य; क्षमा करने योग्य न होना

【不可认识】 bùkě rènshí अविदित; अज्ञेय; जो पहचाना न जा सकेः 世界上的事物没有～的。दुनिया में ऐसी कोई वस्तु नहीं जो अविदित हो।

【不可胜数】 bùkě-shèngshǔ अनगिनत; अगणित; असंख्य; बेहिसाबः 出现奇迹～ अनगिनत कमाल (या अद्‌भुत-करतब) दिखाई देना

【不可收拾】 bùkě-shōushi काबू से बाहर हो जाना; आशातीत होना; असाध्य होना; हल करने की संभावना एकदम न होनाः ～之局面 परिस्थिति काबू के बाहर होना

【不可思议】 bùkě-sīyì ❶अकल्पनीय; कल्पनातीत; समझ में न आ सकना ❷रहस्यमय; रहस्यपूर्णः ～的事 रहस्य की बात

【不可调和】 bùkě tiáohé समझौताहीन; असाधेय; जिस के साथ संधि न की जा सके; जिसे हल न किया जा सकेः ～的矛盾 कभी हल न होने वाले अंतरविरोध / ～的敌人 समझौताहीन शत्रु / ～的斗争 समझौताहीन संघर्ष

【不可同日而语】 bùkě tóngrì ér yǔ एक ही समय

में दो चीज़ों की चर्चा न की जा सकना; एक ही श्रेणी में न रखा जा सकना; अतुलनीय; असमान

【不可推卸】 bùkě tuīxiè अपरिहार्य: ～的义务 अपरिहार्य कर्तव्य

【不可望其项背】 bùkě wàng qí xiàngbèi मुकाबले योग्य न होना; (किसी के आगे) पानी भरना; कुछ लगाव न रखना

【不可限量】 bùkě xiànliàng असीम; असीमित; बेहद: 其发展前途，～。उन के भावी विकास की असीमित संभावनाएं हैं।

【不可想象】 bùkě xiǎngxiàng अकल्पनीय: 其后果～。इस का नतीजा बहुत बुरा होगा।

【不可向迩】 bùkě-xiàng'ěr निकट न जा सकना; दुर्गमनीय; दुर्गम: ～的'禁区'दुर्गमनीय 'प्रतिषिद्ध क्षेत्र'

【不可言宣】 bùkě-yánxuān जो व्याख्या से परे हो; अनिर्वचनीय

【不可一世】 bùkě-yīshì अपने को दुनिया में अतुलनीय समझना; घमंड में चूर होना; खुद को तीसमारखां समझना

【不可移易】 bùkě yíyì जो बदला न जा सके; अ-परिवर्तनीय; निर्विकार: ～的自然规律 अपरिवर्तनीय प्राकृतिक विधान

【不可逾越】 bùkě yúyuè अलंघ्य; अगम्य; दुर्गम्य; जिसे पार न किया जा सके; बहुत कठिन: ～的鸿沟 अलंघ्य खाई / ～的障碍 अलंघ्य बाधा

【不可知】 bùkězhī अविदित; अज्ञेय: ～论〈दर्शन०〉 अज्ञेयवाद / ～论者 अज्ञेयवादी

【不可终日】 bùkě-zhōngrì मात्र एक दिन के लिए भी न निबाह सकना; बहुत अधिक आतुर होना; नाज़ुक घड़ी में होना: 惶惶～ मारे डर, परेशानी आदि के मात्र एक दिन के लिए भी न निबाह सकना

【不可捉摸】 bùkě zhuōmō जो लोगों की समझ में न आए; मुश्किल से जान पाना; मुश्किल से पता चलाना; पकड़ में न आने वाला: 情况～。स्थिति का निर्णय करना मुश्किल है।

【不克】 bùkè न कर सकना; असमर्थ होना: ～自拔 अपने को फंसाव से बाहर न निकल पाना

【不客气】 bù kèqi ❶बेतकल्लुफ़; बेमुरौवत: 说句～的话，这事您做得不对。गुस्ताखी माफ़ करें, आपने यह काम ठीक नहीं किया। / 你再这样说，我可就要～了。अगर तुम ने फिर ऐसा कहा, तो इस में मेरी अशिष्टता न होगी। ❷〈शिष्ट०〉 तकल्लुफ़ न कीजिए; कोई बात नहीं ❸धन्यवाद; मैं खुद ही कर लूंगा

【不肯】 bùkěn तैयार न होना; इनकार करना: 他们～去。वे जाने को तैयार नहीं हैं; उन्होंने जाने से इनकार कर दिया है। / 她～罢休。वह इतनी जल्दी छोड़ने वाली नहीं है। / ～改悔 अपनी गलतियाँ सुधारने से इनकार करना

【不快】 bùkuài ❶(मन) अप्रसन्न होना; उदासीन होना; अन्यमनस्क होना: 颇为～ काफ़ी अप्रसन्न हो जाना / 他当初很～。वह पहले तो कुछ खीज गया। / 使人～ किसी व्यक्ति को परेशान करना ❷(स्वास्थ्य) अच्छा न लगना; सुस्त होना

【不愧】 bùkuì (बहुधा 为 wéi या 是 shì के साथ प्रयुक्त) के योग्य होना; सार्थक होना; सिद्ध करना: 他们～为中国人民的好儿女。उन्होंने स्वयं को चीनी जनता का सपूत सिद्ध किया।

【不赖】 bùlài 〈बो०〉 अच्छा; बढ़िया; बुरा नहीं: 这地里的庄稼可真～。इस खेत की फ़सल सचमुच अच्छी है।

【不郎不秀】 bùláng-bùxiù (不稂不莠 bùláng-bùxiù भी) अनुपयोगी; बेकार; निकम्मा; अयोग्य

【不劳而获】 bùláo'érhuò श्रम किए बिना फल का उपभोग करना; बिना मेहनत किए या दूसरों की मेहनत की कमाई खाना

【不老少】 bùlǎoshǎo पर्याप्त संख्या में; काफ़ी तादाद में: 来开会的人～。सभा में काफ़ी तादाद में लोग आये थे।

【不老实】 bùlǎoshí बेईमान: ～的人 बेईमान आदमी / 这种人的吃亏在于～。इस तरह के लोग अपनी बेईमानी के कारण ही असफल रहते हैं।

【不离（儿）】 bùlír 〈बो०〉 बुरा नहीं; खूब अच्छा: 他写得还真～呢。उस ने सचमुच खूब अच्छा लिखा।

【不理】 bùlǐ किसी की उपेक्षा करना; अनसुना करना; अनदेखा करना; उदासीनता बरतना: 别～他，要帮助他。उस की उपेक्षा न करो, सहायता करो।

【不力】 bùlì नीम-दिली से करना; आधे-मन से करना; प्रयत्न न करना; सारी शक्ति लगाकर न करना: 办事～ नीम-दिली से काम करना / 斗争～ आधे मन से संघर्ष करना / 领导～ कारगर नेतृत्व न करना

【不利】 bùlì ❶हानिकारक होना; हानिकर होना: ～的决战 प्रतिकूल निर्णायक लड़ाई / 对指导工作～ काम का निर्देशन करने में हानिकारक होना / 化～因素为有利因素 प्रतिकूल तत्वों को अनुकूल तत्वों में बदलना ❷असफल होना: 首战～。पहली बार की लड़ाई असफल रही।

【不良】 bùliáng अच्छा नहीं; बुरा: ～分子 अनचाहे लोग / ～后果 कुपरिणाम; दुष्परिणाम / ～嗜好 बाज़ार का चस्का / ～企图 कुचेष्टा; बदनीयत / ～倾向 कु-प्रवृत्ति / ～现象 अवांछनीय प्रवृत्तियां / ～行为 कुकर्म; दुराचार; काला कारनामा / ～作风 बुरी कार्यवाही / 存心～ नीयत साफ़ न होना / 消化～ अपच; अजीर्ण; बदहज़मी

【不良贷款】 bùliáng dàikuǎn अक्रियाशील ऋण

【不了】 bùliǎo ❶(क्रिया और 个 gè के साथ प्रयुक्त) बेअंत होना; जिस का कोई अंत न हो; अनंत: 忙个～ बहुत व्यस्त होना / 雨下个～。वर्षा निरंतर होती रही। ❷(क्रिया के साथ प्रयुक्त) न कर या हो सकना: 吃～ पूरा न खा सकना / 改变～ अपरिवर्तनीय / 反～ विरोध करने में सफल न हो सकना

【不了了之】 bùliǎo-liǎozhī बिना समाप्त हुए ही समाप्त कर देना; किसी काम को एक ओर छोड़ कर ध्यान में न लाना और खत्म हुआ समझना

【不料】 bùliào अप्रत्याशित रूप से; आशा के विपरीत हुआ यह कि; किसी बात की आशा न होना; अनुमान न होना:

早上天还好好的，～下午竟下起雨来了。सुबह मौसम बहुत अच्छा था, आशा न थी कि दुपहर वर्षा भी होगी। / 以前情况一直很好，～近日却发生了这样的变化。पहले तो स्थिति बहुत अच्छी थी, लेकिन पिछले कुछ दिनों में एक अप्रत्याशित परिवर्तन आया है। / ～你也回来了。नहीं सोच सका कि तुम भी लौट आओगे।

【不吝】 bùlìn 〈लि०〉〈शिष्ट०〉 (राय पूछने के लिए प्रयुक्त) अकृपणता से; उदारता से; दिल खोलकर: 希望读者～赐教。आशा है कि पाठक अपना मत देने में कृपणता नहीं बरतेंगे (या दिल खोलकर प्रस्तुत करेंगे); आशा है, पाठक टीका-टिप्पणी करने में संकोच नहीं करेंगे।

【不灵】 bùlíng निकम्मा होना; काम न चलना; अप्रभावी होना: 这机器～了。यह मशीन नहीं चलती। / 老太太耳朵有点～了。बुढ़िया कुछ कम सुनती है।

【不留余地】 bùliú-yúdì (किसी काम के लिए) कोई गुंजाइश न रखना; कोई स्थान न छोड़ना; खयाल न करना

【不流血】 bùliúxuè रक्तपातहीन: 政治是～的战争，战争是流血的政治。राजनीति रक्तपातहीन युद्ध है, युद्ध रक्तरंजित राजनीति।

【不露声色】 bùlù-shēngsè अपनी भावना, विचार, अभिप्राय आदि प्रकट न करना

【不伦不类】 bùlún-bùlèi न यह न वह; न तीतर न बटेर; विचित्र; जो किसी वर्ग में न आए; जिस का वर्गीकरण न किया जा सके: ～的比喻 अनुचित रूपक

【不论】 bùlùn ❶〈संयो०〉 चाहे; जो भी; जहां कहीं भी; जब भी; जैसा भी: ～到什么地方 जहां कहीं भी जाना / ～做什么事情 कोई भी काम करना / ～什么人 चाहे वह कोई भी क्यों न हो; जो भी हो / ～职位高低 चाहे वे किसी भी पद पर क्यों न हों / ～性别年龄 लिंग और आयु की परवाह न करके / ～他成了什么样子。चाहे वह जैसा भी हो गया हो। / ～哪一天爆发战争，我们都要有准备。युद्ध चाहे जब छिड़े, हमें तैयार रहना चाहिए।

【不落窠臼】 bùluò-kējiù (लेख, कलाकृति आदि) पुरानी शैली पर न चलना; एकदम नई शैली का होना

【不买账】 bùmǎizhàng व्यर्थ या तुच्छ समझना; अस्वीकार करना; परवाह न करना या होना: 我才不会买这个账呢。मुझे परवाह नहीं। / 你摆老资格，群众就不买你的账。यदि तुम ने स्वयं दिग्गज बनने की कोशिश की तो जनता द्वारा तुम्हें स्वीकार किए जाने की संभावना बाकी नहीं रहेगी।

【不瞒】 bùmán किसी से न छिपाना: ～你说… तुम से छिपाता नहीं कि …

【不满】 bùmǎn ❶असंतोष; अप्रसन्न; नापसन्द: 表示～ किसी के प्रति असंतोष प्रकट करना / 产生～情绪 असंतोष की भावना उत्पन्न होना या करना / 心怀～ मन में कष्ट, शिकायत, दुख ,असंतोष आदि पालना ❷से कम: ～一年 एक साल से कम

【不蔓不枝】 bùmàn-bùzhī न फैलना न डाल लगाना —— संक्षिप्त; थोड़े शब्दों का

【不忙】 bùmáng जल्दी नहीं: 这事先调查一下，～发表意见。पहले इस मामले की जांच-पड़ताल करें, फिर अपनी राय प्रकट करें, जल्दी नहीं है। / 那倒～。इस की अभी क्या जल्दी है।

【不毛之地】 bùmáozhīdì ऊसर; बंजर; नोनी भूमि; वह भूमि जिस में अन्न आदि कुछ उत्पन्न न हो

【不免】 bùmiǎn 〈क्रि०वि०〉 अनिवार्य रूप से; अवश्य; लाज़िमी तौर पर: 他～转眼去看。वह नज़र ऊपर उठाए बिना न रह सका। / 有些人还～带来旧社会不良思想的尾巴。कुछ लोग अनिवार्य रूप से पुराने समाज की अस्वस्थ विचारधारा के अवशेष अपने साथ ले आये हैं।

【不妙】 bùmiào (स्थिति परिवर्तन के लिए) अच्छा न होना; गज़ब होना; शुभ न होना: 情况～ लक्षण शुभ न होना

【不敏】 bùmǐn 〈लि०〉 (आत्म-लघुता के लिए प्रयुक्त) अविवेकी; अबुद्धि

【不名数】 bùmíngshù 〈गणित०〉 अमूर्त संख्या

【不名一文】 bùmíng-yīwén（不名一钱 bùmíng-yīqián भी）किसी के पास कौड़ी भर भी न होना; कौड़ी पास न होना; कौड़ी कौड़ी का मुहताज़ होना; रुपये पैसे से खाली होना; पैसा-वैसा बिलकुल न होना

【不名誉】 bùmíngyù अकीर्तिकर; अप्रतिष्ठित; कुख्यात; बदनाम

【不明】 bùmíng अस्पष्ट होना; अविदित होना; न समझना; न जानना; पता न चलना: 下落～ लापता होना; पता न लगना / 敌情～ दुश्मन की स्थिति का पता न होना / ～国籍的 जिस की राष्ट्रीयता पहचानी न जा सकी हो / ～事理 जानकारी का कमी होना; साफ़ साफ़ तर्क न करना / ～是非 सही और गलत फ़र्क न समझना; सही और गलत दोनों को एक-दूसरे से उलझा देना / ～真相 असलियत न समझना; सच्चाई से बेखबर होना; तथ्यों को न जानना

【不明不白】 bùmíng-bùbái संदेहपूर्ण; अस्पष्ट; अज्ञात: 死得～ रहस्यमय मौत

【不明飞行物】 bùmíng fēixíngwù अज्ञात उड़ने वाली वस्तु; उड़नतश्तरी

【不摸头】 bùmōtóu 〈बोल०〉 हालत साफ़-साफ़ न मालूम होना: 我刚来，对这里的情况～。मैं नया-नया आया हूँ, मुझे यहां की हालत साफ़-साफ़ नहीं मालूम।

【不谋而合】 bùmóu'érhé बिना विचार-विमर्श किए सहमत हो जाना; मतैक्य होना; एकमत होना: 我们的主张～。मेरा मत उस का जैसा है।

【不睦】 bùmù 〈लि०〉 न पटना; न बनना

【不耐烦】 bùnàifán अधीर होना; अधैर्य होना; उतावला होना: ～工作 काम करने का धीरज न रखना / 他对那些孩子～。उन बच्चों से उसे विरक्ति थी।

【不难】 bùnán कठिन न होना: ～纠正 सुधारने में कठिन न होना

【不能】 bùnéng ❶न कर सकना: ～应用 प्रयोग न कर सकना; लागू करने में असमर्थ होना / ～令人满意 असंतोषजनक होना ❷न करना चाहिए: 我们决～一见

成绩就自满起来。हमें किसी भी सफलता से आत्मतुष्ट नहीं होना चाहिए।
【不能不】 bùnéngbù अनिवार्य रूप से; करना चाहिए; सिवाय इस के कि … और कोई चारा नहीं: 我们～指出 हमें यह बताना है कि … / 这～使人发生这样的疑问 ऐसी हालत में लोग अनिवार्य रूप से यही पूछते हैं कि … / 我们～坚决地反对这种错误的思想。हमें इस तरह के गलत विचार का दृढ़ता से विरोध काना चाहिए।
【不能赞一词】 bùnéng zàn yī cí (किसी त्रुटिरहित लेख की आलोचना करने के लिए प्रयुक्त) एक शब्द भी नहीं कह सकना; अवाक् रहना
【不能自拔】bùnéng-zìbá (किसी दुर्दशा से) अपने आप बाहर न निकल सकना
【不能自已】 bùnéng-zìyǐ अपनी भावना स्वयं नियंत्रित न कर सकना: 高兴得～。इतने प्रसन्न हुए कि अपने आप को काबू में न रख सके।
【不念旧恶】 bùniàn-jiù'è पुरानी शत्रुता न रखना या भुलाना; क्षमा करना और विस्मरण करना
【不宁唯是】bùnìngwéishì 〈लि०〉 इतना ही नहीं; और तो और; तिस पर
【不佞】 bùnìng 〈लि०〉 〈विन०〉 मैं; मुझ जैसा अयोग्य
【不怕】 bùpà ❶न डरना: ～牺牲 कुरबानियों से न डरना / ～麻烦 मुसीबतों से न डरना ❷〈बोल०〉 कोई बात नहीं; कोई हर्ज़ नहीं ❸〈बो०〉 〈संयो०〉 हालांकि; यद्यपि; चाहे; भले ही: ～风再大，他要出去办事。चाहे हवा कितनी ही तेज़ क्यों न हो, वह काम करने के लिए बाहर निकलेगा ही।
【不怕不识货，就怕货比货】 bù pà bù shí huò, jiù pà huò bǐ huò माल को न पहचानना चिंता की बात नहीं, इस की दूसरे माल से तुलना करो तभी जान सकोगे कि दोनों में कौन बेहतर है
【不怕官，只怕管】 bù pà guān, zhǐ pà guǎn अफ़सर से न डरकर, बाबू या चपरासी से डरना; डर केवल उसी से होता कि जिस से सीधा काम हो
【不怕慢，只怕站】 bù pà màn, zhǐ pà zhàn एक ही स्थान पर खड़े रहने से धीरे-धीरे आगे चलना भला
【不配】 bùpèi के योग्य न होना; अनुचित होना; बराबरी या जोड़ का न होना; मेल का न होना
【不偏不倚】 bùpiān-bùyǐ निष्पक्ष; अपक्षपाती; पक्षपातरहित; किसी एक पक्ष की ओर झुकने से बचना
【不平】 bùpíng ❶असम; ऊँचा-नीचा ❷अन्याय; अन्यायपूर्ण; बेइन्साफ़; अनुचित: ～的事 अन्यायपूर्ण बात ❸अन्यायपूर्ण बात; अन्यायपूर्ण घटना: 路见～，拔刀相助。रास्ते में अन्यायपूर्ण घटना दिखे, तो तलवार निकाल कर पीड़ित पक्ष की सहायता करो।❹अन्यायपूर्ण बात से असंतुष्ट होना या क्रुद्ध होना: 愤愤～ अन्यायपूर्ण बात से बहुत क्रुद्ध होना ❺अन्यायपूर्ण बात से मन में उत्पन्न क्रोध: 消除心中的～ मन में उत्पन्न क्रोध को मिटाना
【不平等条约】bùpíngděng tiáoyuē असमान संधि: 订立～ असमान संधि करना
【不平衡】 bùpínghéng असंतुलित; असमान: 发展～ असंतुलित ढंग से विकास होना; असमान विकास होना / ～状态 असंतुलन की अवस्था
【不平则鸣】 bùping-zémíng जहां अन्याय, तहां असंतोष; जहां दमन तहां रोष
【不破不立】 bùpò-bùlì विध्वंस के बिना निर्माण नहीं हो सकता
【不期而遇】 bùqī'éryù संयोगवश मिलना; आकस्मिक भेंट होना
【不期然而然】 bù qī rán ér rán（不期而然 bùqī'érrán भी）अप्रत्याशित रूप से होना; अपेक्षा के विपरीत
【不起眼】 bùqǐyǎn 〈बो०〉 ध्यान आकर्षित न करना; ध्यान देने लायक न होना: ～的房子 ध्यान आकर्षित न करने वाला मकान
【不巧】 bùqiǎo दुर्भाग्यवश; ऐन मौके पर न होना: 我到这儿～他刚走。मैं यहाँ पहुंचा कि दुर्भाग्यवश वह जा चुका था।
【不切实际】 bù qiè shíjì अव्यावहारिक; अवास्तविक; यथार्थहीन; अमल में लाने लायक न होना: ～的计划 अव्यावहारिक योजना / ～的空论 सारहीन और अव्यावहारिक चर्चा / ～的想法 अवास्तविक धारणा; अयथार्थवादी दृष्टिकोण / 不抱～的幻想 दिल में कोई यथार्थहीन कल्पना न रखना
【不情之请】 bùqíngzhīqǐng 〈लि०〉 〈शिष्ट०〉 मेरी अनुचित प्रार्थना (दूसरों से प्रार्थना करने के समय प्रयुक्त)
【不求】 bùqiú प्रार्थना न करना; (के लिए) तैयार न करना; न चाहना; न खोजना: ～进取 आगे बढ़ने को तैयार न होना
【不求人】 bù qiú rén ❶दूसरे लोगों से सहायता की प्रार्थना न करना ❷〈बो०〉 खुजलाने के लिए प्रयुक्त बांस, हाथी-दाँत आदि से बनी पंजे के आकार की वस्तु; पुश्त-खार
【不求甚解】 bùqiú-shènjiě वस्तुओं को अच्छी तरह समझने की कोशिश न करना; अपूर्ण समझ से संतुष्ट रहना: 我们不应该～。ऐसा नहीं होना चाहिए कि हम वस्तुओं को अच्छी तरह समझने की कोशिश न करें।
【不屈】 bùqū अदम्य; स्थिर; अटल: 宁死～ आत्मसमर्पण से मृत्यु भली / ～的人民 निडर जनता / 进行～的斗争 अदम्य संघर्ष करना
【不屈不挠】bùqū-bùnáo अदम्य: 坚持斗争，～。अदम्य संघर्ष पर डटे रहना / ～，再接再厉的英勇斗争 अदम्य, सतत और वीरतापूर्ण संघर्ष
【不然】 bùrán ❶ऐसा नहीं है: 其实～ वास्तव में ऐसा नहीं है ❷(वाक्य के आरम्भ में प्रयुक्त होकर अस्वीकृति सूचित करता है) जी नहीं; यह ठीक नहीं है: ～，事情不那样简单。जी नहीं, बात इतनी सरल नहीं है। ❸〈संयो०〉 नहीं तो; अन्यथा; वरना; यदि नहीं तो: 明天我还有点儿事，～倒可以陪你们去一趟。कल मुझे कुछ काम है, नहीं तो मैं तुम लोगों के साथ जा सकूंगा। / 我必须早点去，～就赶不上火车了。मुझे जल्दी जाना है, वरना गाड़ी छूट जाएगी।

【不让】 bùràng न करने देना：～敌人得逞 शत्रु को कदापि सफल न होने देना

【不人道】 bùréndào अमानुषिक; बर्बर; क्रूर; निर्दय; कठोर：～的待遇 (किसी व्यक्ति के प्रति) अमानुषिक बर्ताव (या व्यवहार)

【不仁】 bùrén ❶निर्दय; हृदयहीन; कठोर; क्रूर：为富～ धन के लालच में दया लुप्त होना; ज़ालिम अमीर ❷चेतना का अभाव：麻木～ निर्भाव; भावनाहीन; संवेदनशून्य

【不忍】 bùrěn न सहना; बरदाश्त न करना：～坐视 हाथ पर हाथ धरे बैठे रहना बरदाश्त न कर पाना

【不认账】 bù rènzhàng अपनी कही से मुकर जाना; कोई बात कह कर उस से फिर जाना; न मानना; वचन तोड़ना：翻脸～ कोई बात कह कर उस से फिर जाना; अंगूठा दिखा देना

【不认真】 bù rènzhēn संजीदगी से नहीं; बेमन से：工作～ बेमन से काम करना; लगन से काम करने से दूर रहना

【不日】 bùrì 〈लि०〉 कुछ ही दिनों में; कुछ दिन बाद

【不容】 bùróng सहन न करना; बरदाश्त न करना; इजाज़त न देना：～耽搁 देर न करने देना / ～讳言 इस तथ्य से कतराना नहीं चाहिए कि; यह कहने से कतराना नहीं चाहिए / ～外国干涉 विदेशी हस्तक्षेप की इजाज़त न देना / ～于（乡里等）(गांव आदि में) टिकने न देना

【不容置辩】 bùróng-zhìbiàn निर्विवाद：～的事实 निर्विवाद तथ्य

【不容置喙】 bùróng-zhìhuì हस्तक्षेप न करने देना; दूसरे लोगों को (किसी काम के) बीच हाथ न डालने देना

【不容置疑】 bùróng-zhìyí असंदिग्ध; संदेह से परे

【不如】 bùrú ❶किसी की अपेक्षा कम अच्छा होना; से बदतर होना; … जैसा … न होना：有人认为绿茶～红茶好。कुछ लोग समझते हैं कि हरी चाय काली चाय की अपेक्षा कम अच्छी है। / 伤其十指，～断其一指。किसी की दसों उंगलियों को घायल करना उतना कारगर नहीं होता, जितना उन में से एक को काट देना। / 他连小张都～。वह श्याओ चांग से भी बदतर है। ❷ज़्यादा अच्छा होना：我看～派他去。मेरे खयाल से उसे भेजना ज़्यादा अच्छा है। / 他～在那里等。बेहतर है कि वह वहां जाकर प्रतीक्षा करे।

【不入耳】 bùrù'ěr कान को अच्छा न लगना; सुनने में अप्रिय; कर्णप्रिय न होना

【不入虎穴，焉得虎子】 bùrù-hǔxuè, yāndé-hǔzǐ बाघ की माँद में घुसे बिना बाघ के बच्चे कैसे मिल सकते हैं

【不三不四】 bùsān-bùsì ❶संदेहास्पद; बेईमान; अविश्वसनीय：～的人 अविश्वसनीय व्यक्ति; बेईमान आदमी ❷न यह न वह; न तीतर न बटेर; जो किसी वर्ग में न आवे; जिस का वर्ग विभाजन न किया जा सके; विचित्र：说些～的话 बेहूदा बात कहना; ऊल-जलूल बकना / 自己生造出来的～的词句 खुद की गढ़ी हुई अनुपयुक्त उक्तियां

【不塞不流，不止不行】 bùsè-bùliú, bùzhǐ-bùxíng बाँध के बिना बहाव नहीं होता और विराम के बिना गति नहीं होती; अटके बिना बह नहीं सकता और आराम दिये बिना चल नहीं सकता

【不杀生】 bù shāshēng अहिंसा

【不衫不履】 bùshān-bùlǚ बेसलीका होना; बेढंगा होना; बेढंगेपन से पहने होना

【不善】 bùshàn ❶अच्छा नहीं; बुरा：来意～ आने का अभिप्राय अच्छा न होना; बदनीयत के साथ आना / 处理～ बुरा बर्ताव करना; बुरे ढंग से पेश आना ❷कुशल (निपुण) न होना：管理～ शासन करने में कुशल न होना（不善于 bùshànyú भी） ❸〈बो०〉 असाधारण रूप से：他身体不强，干起农活来可～。हालांकि वह तंदुरुस्त नहीं है लेकिन खेतीबारी करने में बहुत अच्छा है।

【不上紧】 bùshàngjǐn (के लिए) ज़्यादा कोशिश न करना

【不上不下】 bùshàng-bùxià न ऊपर न नीचे; अधर में लटकना; दुविधा में पड़ना

【不设防城市】 bù shèfáng chéngshì खुला शहर; रक्षा-व्यवस्था से मुक्त नगर

【不甚了了】 bùshèn-liǎoliǎo (किसी वस्तु के बारे में) अधिक जानकारी न होना; अधिक स्पष्ट न होना

【不声不响】 bù shēng bù xiǎng चुपके से; चुपचाप; चुप; शांत; मौन：他平时～，埋头工作。वह प्रायः चुपचाप काम में लगा रहता है। / 他～地出去了。वह चुपके से बाहर गया।

【不胜】 bùshèng ❶सहन न कर सकना：体力～ शारीरिक रूप से सहन न कर सकना / ～其烦 कष्ट उठाना, सहनशीलता से परे होना ❷(दो समान क्रियाओं के बीच में प्रयुक्त) न कर सकना; कठिन होना; असंभव होना：防～防 रक्षा (या रोकथाम) करने में असंभव होना ❸बहुत; बहुत अधिक; अत्यंत：～感谢 बहुत बहुत धन्यवाद / ～遗憾 बहुत खेद होना

【不胜枚举】 bùshèng-méijǔ (संख्या में) इतने अधिक कि एक-एक कर लिखे न जा सकें; अनगिनत उदाहरण：诸如此类，～。इस तरह की बहुत सी बातें हैं, जो लिखी नहीं जा सकतीं।

【不失时机】 bùshī-shíjī सुअवसर को हाथ से निकलने न देना; ऐन मौके का फ़ायदा उठाना：～地完成任务 मौका चूके बिना समूचा कार्य पूरा कर लेना

【不失为】 bùshīwéi आखिरकार मान्य होना：这也～一个好办法。आखिरकार यह भी एक अच्छा उपाय है।

【不识大体】 bùshí-dàtǐ मुख्य मद्दों को पकड़ने में असफल होना; सामान्य हित की उपेक्षा करना

【不识好歹】 bùshí-hǎodǎi बीन की कदर क्या जानें

【不识人间羞耻事】 bù shí rénjiān xiūchǐ shì निर्लज्ज होना; बेशर्म होना; बेहया होना; सारी शर्म-हया खो बैठना

【不识时务】 bùshí-shíwù ज़माने से अनजान होना; समय का ज्ञान न होना

【不识抬举】 bùshí-táiju एहसान की कद्र करना भी न जानना; दूसरों की सद्भावना न समझना

【不识之无】 bùshí-zhīwú अपढ़; अनपढ़

【不时】 bùshí ❶अकसर; समय समय पर; रह रहकर; कभी कभी; यदा कदा ❷किसी भी समय: 不时之需
【不时之需】 bùshízhīxū संकट-काल; ज़रूरत के वक्त: 储备粮食，以应～ संकट-काल के लिए अनाज संचित करना
【不是】 bùshi ❶भूल; गलती; कसूर; बुराई: 落个～ (किसी को) दोष मिलना / 派他个～ उस पर दोष डालना / 这就是你的～了。यह तो तुम्हारा ही दोष है। / 说某人的～ किसी व्यक्ति की बुराई करना; किसी को कुछ कहना ❷〈संयो०〉न; या: ～…而是… न होना, बल्कि …; … के बजाय … / ～…便是… या तो … या … / ～…，也… न … और न …
【不是话】 bùshìhuà (बात) अनुचित होना
【不是玩儿的】 bù shì wánr de 〈बोल०〉कोई हंसी की बात नहीं; हंसी-खेल नहीं: 把大衣穿上，受了寒可～。ओवर-कोट पहन लो, सर्दी लग गई तो कोई हंसी-खेल की बात न होगी।
【不是味儿】 bùshìwèir 〈बो०〉（不是滋味儿 bùshì zīwèir भी）❶(स्वाद) ठीक न होना: 这个菜炒得～。यह व्यंजन ठीक से नहीं बना है; इस व्यंजन का स्वाद ठीक नहीं है। / 他的民歌唱得～。उस ने लोकगीत ठीक से नहीं गाया। ❷(कार्य आदि में) कुछ दोष होना: 他的作风我越看越～。जैसे-जैसे समय बीतता गया वैसे-वैसे मेरे मन में यह विचार जमता गया कि उस की कार्यशैली ठीक नहीं है। ❸बुरा लगना: 听了他的话，我心里感到～。उस की बात सुन कर मुझे बुरा लगा।
【不适】 bùshì स्वास्थ्य ठीक न होना; शरीर के किसी भाग में कष्ट होना; अस्वस्थ होना: 胃部～。पेट दुखता है; पेट में गड़बड़ है। / 全身～。सारा शरीर दुखता है; सारे बदन में सुस्ती है।
【不适时宜】 bùshì-shíyí असामयिक; अनुपयुक्त; अनुचित: ～的政策 अनुपयुक्त नीति
【不守信用】 bù shǒu xìnyòng बात का कच्चा होना; वचन तोड़ना या भंग करना; अपने वादे पर कायम न रहना
【不受欢迎的人】 bù shòu huānyíng de rén 〈कूटनीति〉अप्रिय पात्र; अमान्य व्यक्ति; अवांछित व्यक्ति
【不受理】 bù shòulǐ ❶〈का०〉अभियोग अस्वीकार करना ❷〈कूटनीति〉(प्रस्ताव को) विचार के लिए ग्रहण करने से अस्वीकार करना
【不舒服】 bù shūfú ❶बेआराम; जो आरामदेह न हो ❷अस्वस्थ होना; स्वास्थ्य ठीक न होना
【不爽】[1] bùshuǎng जी अच्छा न होना; अस्वस्थ होना; स्वास्थ्य ठीक न होना: 心情～ मन ठीक न होना
【不爽】[2] bùshuǎng गलत न होना; बिलकुल सही होना; बिलकुल मेल खाना: 丝毫～ बिलकुल सही निकलना; बिलकुल ठीक होना / 屡试～ बार बार परखने पर सही निकलना या होना
【不顺手】 bù shùnshǒu ठीक न होना: 一开头就～。बोहनी अच्छी नहीं हुई।
【不顺眼】 bù shùnyǎn देखने में अप्रिय होना; आँख में गड़ना; आंखों में खटकना
【不死不活】 bùsǐ-bùhuó अधमरा; अधमुआ; मृतप्राय
【不死心】 bù sǐxīn छोड़ने की इच्छा न होना; हार न मानना: 敌人失败了，还～。दुश्मन हार कर भी अपनी हार नहीं मानता।
【不送气】 bù sòngqì 〈ध्वनि०〉अल्प-प्राण (ध्वनि): ～辅音 〈ध्वनि०〉अल्प-प्राण व्यंजन
【不速之客】 bùsùzhīkè बिन बुलाये मेहमान; अनपेक्षित आगंतुक
【不算数】 bù suànshù ❶बात का कच्चा: 说话～ वचन तोड़ना; अपने वादे पर कायम न रहना ❷कोई मतलब न होना: 这是～的。इस का कोई मतलब नहीं।
【不随意肌】 bùsuíyìjī 〈श०वि०〉अनैच्छिक मांसपेशी; असंकल्प मांसपेशी
【不遂】 bùsuì 〈लि०〉असफल; इच्छा के प्रतिकूल: 谋事～ युक्ति न चलना; योजना असफल होना / 半身～ 〈चि०〉लकवा; आधे अंग का फ़ालिज; पक्षाघात
【不碎玻璃】 bùsuì bōli अटूट शीशा; सेफ़्टी ग्लास
【不特】 bùtè 〈लि०〉न केवल
【不祧之祖】 bùtiāozhīzǔ पूज्य आदि पूर्वज
【不通】 bù tōng ❶बन्द होना; बाधा पड़ना; अटकना: 管子～。नली बन्द है। / 此路～。यह आम रास्ता नहीं है; यह रास्ता बन्द है। / 想～ जी न मानना; समझ में न आ सकना / 这个办法行～。इस उपाय से काम न चलेगा; यह उपाय अमल में नहीं लाया जा सकता। ❷असंगत; व्याकरण के नियम के विरुद्ध: 文章写得～。लेख में व्याकरण की बहुत गलतियाँ हैं। / ～的决议 तर्कहीन फ़ैसला
【不通人情】 bùtōng-rénqíng बेसमझ; निर्मोह: 你不能像他那样～。तुम उस की तरह बेसमझ से नहीं हो सकते।
【不同】 bùtóng असमान; भिन्न-भिन्न; अलग-अलग: 各地情况～。स्थान-स्थान की स्थिति भिन्न होती है। / 在～程度上 विभिन्न मात्राओं में; विभिन्न सीमा तक / 甲和乙～。क और ख में अंतर है। / 这件事各人说法～。इस घटना के बारे में अलग-अलग आदमी का विवरण अलग-अलग है।
【不同凡响】 bùtóng-fánxiǎng (साहित्यिक और कलात्मक कृतियों के लिए प्रयुक्त) असाधारण; असामान्य
【不痛不痒】 bùtòng-bùyǎng सारतत्व के संपर्क में न आना; बहुत नरम भाषा में; सतही रूप से: ～的批评 सतही आलोचना करना / 讲些～的话 बेमन से बातें करना
【不透明】 bù tòumíng धुंधला; बेचमक; अपारदर्शी; अपारदर्शक: ～色 अपारदर्शी रंग / ～体 अपारदर्शी पदार्थ / ～性 अपारदर्शिता
【不透气】 bù tòuqì वायुरुद्ध; हवाबन्द
【不透水】 bù tòushuǐ अपारगम्य; वाटर-प्रूफ़; जिस में से पानी न बह सके: ～层 〈भूगर्भ०〉अपारगम्य स्तर (या परत); अप्रवेश्य स्तर (या परत)
【不图】 bùtú 〈लि०〉दे० 不料: ～这支竹杠阻了他的去路。नहीं सोच सका कि यह लम्बा बांस उसे पीछे नहीं लौटने देगा।

【不吐气】 bù tǔqì <ध्वनि०> अल्पप्राण (ध्वनि)
【不脱产】 bù tuōchǎn उत्पादन से अलग न होना; उत्पादन-कार्य न छोड़ना; जो नियमित रूप से उत्पादन-कार्य में लगा हो; जो श्रम करने के साथ-साथ अन्य काम भी करता हो
【不妥】 bùtuǒ कमी; अनुचित; अनुपयुक्त; जो उचित न हो: 生怕有什么～。इस खयाल से कि कहीं कोई कमी न रह गई हो। / 我觉得有些～。मुझे लगा कि इस में कुछ कमी रह गई है; मैंने कुछ अटपटा महसूस किया। / 这样处理，恐怕～。डर है कि इस तरह निपटारा करना कहीं अनुचित न हो; इस तरह निबटारा करना शायद उचित न होगा।
【不妥协】 bù tuǒxié समझौताहीन: 采取毫～的态度 समझौताहीन रुख अपनाना
【不外】 bùwài केवल; मात्र; सिर्फ़: ～两种可能 केवल दो ही संभावनाएं हैं
【不完备】 bù wánbèi नाकाफ़ी; अपर्याप्त: 选举手续～。चुनाव के लिए अपनाई गई कार्य-विधि अपर्याप्त थी।
【不完全】 bù wánquán अपूर्ण: ～统计 अपूर्ण आंकड़े / ～叶 <वन०> अपूर्ण पत्र / ～中立 अपूर्ण तटस्थता / ～的革命者 अपरिपक्व क्रांतिकारी
【不完整】 bù wánzhěng अधूरा; खंड
【不为已甚】 bùwéi-yǐshèn <लि०> अति से बचना; चरम रूप को वश में रखना
【不违农时】 bùwéi-nóngshí खेती के लिए उपयुक्त समय न खोना; ठीक समय पर खेतीबाड़ी करना; कृषि के मौसम पर ध्यान देना; खेती का काम ठीक मौसम में होना
【不惟】 bùwéi <लि०> न केवल
【不韪】 bùwěi <लि०> दोष; गलती; कसूर: 冒天下之大～ व्यापक निन्दा का खतरा उठाना
【不谓】 bùwèi <लि०> ❶(निषेधवाचक शब्दों के साथ प्रयुक्त) न कहा जा सकना: 时间～不长。यह कहा नहीं जा सकता कि समय लंबा नहीं है।
【不闻不问】 bùwén-bùwèn कान पर जूँ तक न रेंगना; (की ओर से) आंखें मूँद लेना; (की ओर से) उदासीन रहना: 对同志们的困难我们不能～。साथियों की कठिनाइयों से हमें बेपरवाह नहीं रहना चाहिए। / 他百事～。उस ने किसी काम में रुचि नहीं दिखाई।
【不稳平衡】 bùwěn pínghéng <भौ०> अस्थिर संतुलन
【不问】 bùwèn ❶बेपरवाह होना या रहना; परवाह न करना; ध्यान न देना: ～年龄大小 उम्र की अपेक्षा किए बिना / ～事实真相 तथ्यों की परवाह न करना; तथ्यों पर विचार न करना / ～是非曲直 सही और गलत के बीच फ़र्क न करना; किसी मामले के सही या गलत होने की जांच-पड़ताल न करना ❷क्षमा कर देना; सज़ा माफ़ करना; छोड़ देना: 首恶必办，胁从～。मुख्य अपराधियों को सज़ा ज़रूर दी जाएगी पर जिन्होंने दबाव में आकर कुछ किया है उन्हें सज़ा से मुक्त रखा जाएगा।
【不无小补】 bùwú-xiǎobǔ थोड़ी बहुत मदद का होना; कुछ लाभ का होना
【不务空名】 bùwù-kōngmíng महज़ खोखली शोहरत के चक्कर में न होना
【不务正业】 bùwù-zhèngyè ❶विशुद्ध रूप से कार्य में न लगना; अपने औपचारिक पेशे की उपेक्षा करना ❷अपने औपचारिक पेशे पर ध्यान न देना; अपनी ड्यूटी पर ध्यान नदेना
【不惜】 bùxī हिचकिचाए बिना; बिना किसी हिचकिचाहट के; झिझके बिना; आगा-पीछा सोचे बिना: ～一切代价 किसी भी कीमत पर; हर सूरत में; (के लिए) कोई कसर न छोड़ना / ～工本 न श्रम की और न ही रुपये-पैसे की किफ़ायत करना; खर्च करने में न हिचकिचाना / ～牺牲一切 कोई भी कुरबानी देने में पीछे न रहना
【不暇】 bùxiá (के लिए) समय न होना: ～顾及 ध्यान देने के लिए समय न होना / 应接～ (अधिक लोगों या कामों पर) ध्यान देने के लिए समय न होना; काम में फंसे रहना
【不下】 bùxià ❶不下于❷ ❷(क्रिया के साथ प्रयुक्त होकर क्रिया की अपूर्णता सूचित करता है): 屡攻～ बार-बार आक्रमण करने पर भी कब्ज़े में न ला पाना / 委决～ निर्णय न कर सकना
【不下于】 bùxiàyú ❶से नीचा न होना; से घटिया न होना; (की तरह) अच्छा होना; के बराबर होना: 这个小厂的产品，质量～大厂。इस छोटे से कारखाने में उत्पादित वस्तुएं बड़े-बड़े कारखानों द्वारा निर्मित वस्तुओं से कम अच्छी नहीं हैं। ❷से कम न होना; उतना … जितना: 新产品～一百种。नए उत्पादों की संख्या सौ से कम नहीं है। / 参加游行的～五十万人。जलूस में शामिल होने वालों की संख्या पाँच लाख से कम नहीं।
【不相称】 bù xiāngchèn मेल न खाना; के अनुरूप न बैठना
【不相干】 bù xiānggān असंबद्ध होना; अप्रासंगिक होना; (से, के साथ) कोई संबंध न होना: 和你～。तुम से कोई संबंध नहीं। / 甲和乙是～的。अ और ब में कोई समानता नहीं है। / 这事跟我～ मेरी बला से / 他的话和本题毫～。उस की बात का इस विषय से कोई संबंध नहीं है।
【不相容】 bù xiāngróng असदृश; बेमेल: 水火～ आग-पानी जैसी विरोधी स्वभाव वाली चीज़ें; एक दूसरे के विरोधी
【不相上下】 bùxiāng-shàngxià बराबर होना; लगभग एक सा होना; अधिक भिन्न न होना: 能力～ योग्यता लगभग एक सी होना / 产量～ उत्पादन लगभग बराबर होना
【不详】 bùxiáng <लि०> ❶विस्तर से न होना; विस्तृत न होना: 语焉～ अविस्तृत वर्णन करना; बहुत संक्षेप में लिखना या बताना ❷अधिक स्पष्ट न होना; अस्पष्ट होना: 历史情况～ ऐतिहासिक परिस्थिति के बारे में बहुत कम जानना
【不祥】 bùxiáng अमंगल; अशुभ: ～的征兆 अशुभ चिन्ह; अमंगल सूचना; अपशकुन; अलक्षण
【不想】 bùxiǎng प्रयत्न न करना; किसी काम से जी

हटना: ～改正 सुधारने का प्रयत्न न करना

【不像话】 bùxiànghuà खराब; अनुचित; अयुक्तिसंगत: 太～了。कैसी बेहूदा बात है। / 这种行为真～。इस तरह का आचरण बिलकुल अनुचित है।

【不像样】 bùxiàngyàng ❶बेढंगा; भद्दा; अदर्शनीय: 比如自己挑东西吧，他也觉得～。उदाहरणार्थ सामान उठाने में भी वह अपनी तौहीन समझता है। ❷अत्यंत; बहुत अधिक: 瘦得～ बहुत दुबला-पतला; घुल-घुल कर कांटा हो जाना

【不消】 bùxiāo <बो०> आवश्यक नहीं: ～说 कहने (या बताने) की आवश्यकता नहीं; कहना न होगा कि; (का) सवाल ही पैदा न होना

【不消化】 bù xiāohuà अपच; अजीर्ण; बदहज़मी

【不肖】 bùxiào अयोग्य: ～子 कुपुत्र; कपूत / ～子孙 अयोग्य उत्तराधिकारी

【不孝】 bùxiào अपुत्रोचित; जो (पुत्र या पुत्री) आज्ञाकारी न हो: ～有三，无后为大。अपुत्रोचित आचरण के तीन रूप हैं, जिन में सन्तानहीन होना सब से निकृष्ट है।

【不屑】 bùxiè किसी काम को करने योग्य या आवश्यक न समझना; किसी काम को अपनी प्रतिष्ठा के विरुद्ध समझना: ～一顾 किसी की ज़रा-सी परवाह करना भी तुच्छ समझना / ～隐蔽自己的观点 अपना विचार छिपाने की उपेक्षा करना / ～一辩 उत्तर देना व्यर्थ समझना

【不谢】 bùxiè <शिष्ट०> कोई बात नहीं

【不懈】 bùxiè ❶अथक: 作～的斗争 किसी के खिलाफ़ अथक संघर्ष करना / 作～的努力 अथक प्रयत्न करना ❷अनवरत; निरंतर: 坚持～ निरंतर प्रयत्न करते रहना; डटे रहना

【不信任】 bùxìnrèn अविश्वास: ～案 अविश्वास प्रस्ताव / ～感 अविश्वास की भावना / ～投票 अविश्वास-मत

【不信邪】 bùxìnxié मिथ्या-दृष्टि या अपसिद्धांत पर विश्वास न करना; दुष्ट शक्तियों से न डरना

【不兴】 bùxīng ❶अप्रचलित; फ़ैशन से परे; चलन से बाहर: 现在～做寿了。जन्मदिवस-समारोह अब प्रचलन में नहीं है। ❷अस्वीकार्य होना; मनाही होना: ～这样做。ऐसा करना मना है; ऐसा न करो। ❸(अलंकारपूर्ण प्रश्न में प्रयुक्त) न कर सकना: 你为什么这样嚷嚷，就～小点儿声吗? तुम ज़ोर ज़ोर से शोर क्यों मचाते हो? धीरे नहीं बोल सकते?

【不行】 bùxíng ❶काम न चलना; बेकार होना: 光说不做是～的。बिना काम किये निरे बकवाद से काम नहीं चलेगा। / 性急是～的。जल्दबाज़ी से कुछ नहीं बनेगा; उतावलेपन से काम नहीं चलेगा। / 不抓～，抓而不紧也～。गिरफ़्त न होने से भी काम नहीं चलेगा और अगर गिरफ़्त मज़बूत न हुई तो भी काम नहीं चलेगा। ❷असंभव होना: 要建设社会主义的强国，没有先进的科学技术是～的。प्रगतिशील विज्ञान और तकनीक के बिना समाजवादी शक्तिशाली देश का निर्माण असंभव है। ❸मरणासन्न होना: 他病很重，快～了。उस का रोग बहुत गंभीर है, बच न सकेगा। ❹अच्छा न होना; ठीक न होना: 这枝笔～。यह कलम अच्छा नहीं है। / 他教学生不大行。विद्यार्थियों को पढ़ाने में वह बहुत अच्छा नहीं है। ❺(得 dé के बाद आकर अधिकार का अर्थ देता है): 高兴得～ बेहद खुश; प्रसन्नता की सीमा न रही

【不省人事】 bùxǐng-rénshì अचेत होना; बेहोश होना: 他倒在地上～。वह बेहोश होकर ज़मीन पर गिर पड़ा।

【不幸】 bùxìng ❶दुर्भाग्य; बदकिस्मती; अशुभ; अमंगल: ～的时刻 अशुभ समय; बुरे वक्त / ～事件 दुर्घटना; ऐक्सींडेंट / ～的消息 अशुभ समाचार; बुरी खबर / ～中的幸事 दुर्भाग्य से उत्पन्न होने वाली सौभाग्यपूर्ण बात ❷विपत्ति; आफ़त; दुख; मुसीबत: ～的遭遇 विपत्ति-कथा / 遭到～ विपत्ति में पड़ना / 他遭到～。उस पर विपदा आ पड़ी; उस के ऊपर विपत्ति का पहाड़ टूटा है। / 我怎么会知道竟会发生这种～呢? मैं क्या जानता था कि गज़ब ढाने को है? ❸दुर्भाग्यवश: 那事～未能实现。दुर्भाग्यवश उसे कार्यान्वित नहीं किया जा सका। / ～而言中。दुर्भाग्यवश यह भविष्यवाणी सही निकली (या सही सिद्ध हुई)।

【不休】 bùxiū (पूरक के लिए प्रयुक्त) निरंतर; लगातार: 争论～ निरंतर वादविवाद करते रहना

【不修边幅】 bùxiū-biānfú फूहड़; बेसलीका; बेढंगा; मैला-कुचैला; अपनी सूरत की ओर ध्यान न देना

【不朽】 bùxiǔ अमर; चिरस्थायी; सदा रहने वाला: 建立～的功勋 अमली कारनामे अंजाम देना / ～的著作 चिरस्मरणीय (या अमर) रचना / 人民英雄，永垂～! जन-वीर अमर रहें!

【不锈钢】 bùxiùgāng ज़ंगरोधक इस्पात; स्टेनलेस स्टील

【不须】 bùxū न करना चाहिए; आवश्यक न होना; आवश्यकता न होना: ～放屁! बन्द करो अपनी बेहूदा बकवास!

【不虚此行】 bùxū-cǐxíng यात्रा व्यर्थ नहीं थी; यात्रा बिलकुल समयोचित थी

【不虚心】 bù xūxīn नम्रता खो बैठना

【不许】 bùxǔ ❶इजाज़त न देना; करने न देना; अनुमति न देना; मना होना; वर्जित होना: ～杀害俘虏。किसी भी युद्ध बन्दी की जान लेना वर्जित है। / 熄灯后～说话。बत्ती बुझने के बाद बातचीत करना मना है। / ～住他这里。उस के यहां रहने पर पाबन्दी लगा दी गई है। / ～他有一丝一毫的怀疑。उन्हें लेशमात्र भी संदेह रखने की अनुमति नहीं।

【不恤】 bùxù ध्यान न देना: ～人言 लोगों की चर्चा पर ध्यान न देना

【不宣而战】 bùxuān'érzhàn बिना सूचना दिये (या घोषणा किये) युद्ध आरंभ करना

【不学无术】 bùxué-wúshù जिस के पास न तो विद्वत्ता हो और न कुशलता; अज्ञानी और अयोग्य होना

【不逊】 bùxùn <लि०> धृष्ट; गुस्ताख; अशिष्ट; अहंकारपूर्ण: 出言～ अशिष्ट (या असभ्य) बात कहना

【不雅观】 bù yǎguān आँख को अप्रिय लगना; अभद्र; भद्दा; अशिष्ट: 随地吐痰～。सार्वजनिक स्थानों में थूकना अभद्र है।

【不言不语】 bùyán–bùyǔ चुप रहना; मौन धारण करना

【不言而喻】 bùyán'éryù बिना कहे स्पष्ट हो जाना; स्वतः स्पष्ट होना; स्वयंसिद्ध होना

【不厌】 bùyàn न थकना; संकोच न होना: ～其烦（不厌麻烦 bùyàn máfán भी）बताने में ज़रा भी संकोच न होना; धीरज से बताना / ～其详 विस्तार से बताना / 兵～诈。लड़ाई में धोखा देने की इजाज़त है।

【不扬】 bùyáng (सूरत) अच्छी न होना: 其貌～ सूरत अच्छी न होना

【不要】 bùyào ❶मत; न; नहीं: ～骄傲 घमंडी न बनना / ～麻痹大意 अपनी सतर्कता में ज़रा भी ढील न आने देना / ～自私自利 स्वार्थपरता से दूर रहना ❷न लेना; छोड़ना: ～本钱的生意 बिना पूंजी का रोज़गार

【不要紧】 bùyàojǐn कोई हर्ज़ नहीं; कोई बात नहीं: 即使他说错了也～。अगर उस ने गलत भी कहा हो तो भी कोई हर्ज़ नहीं। / 路远也～，我们可以乘出租去。रास्ता लंबा है, कोई हर्ज़ नहीं, हम टेक्सी से जा सकते हैं। ❷देखने में कोई हर्ज़ नहीं पर …: 你这一嚷～，把大家都吵醒了。शायद तुम ने सोचा कि क्या हर्ज़ है, शोर मचाने पर तुम ने सब को जगा दिया।

【不要脸】 bùyàoliǎn निर्लज्ज; बेशर्म: 真～！इतनी बेशर्मी！/ 只有～的人们才说得出～的话。सिर्फ़ परले सिरे के बेशर्म लोग ही ऐसा शर्मनाक सुझाव पेश कर सकते हैं।

【不一】 bùyī भिन्न; अंतर; फ़र्क: 质量～ क्वालिटी में अंतर होना / 长短～ लंबाई में फ़र्क होना / 意见～ मत में अंतर होना; मतभेद होना

【不一而足】 bùyī'érzú एक नहीं; बहुत हैं; बहुत; असंख्य; अनगिनत; इत्यादि इत्यादि: 凡此种种，～。इस तरह के बहुत से उदाहरण हैं।

【不依】 bùyī ❶न मानना; स्वीकार न करना: 我劝他休息，他～。मैं ने उसे आराम करने को समझाया लेकिन वह मानता ही नहीं। ❷सहज ही न छोड़ना: 你要是再这样，我可～你。अगर तुम फिर ऐसा करोगे, तो मैं तुम्हें न छोड़ूंगा (या न मानूंगा)।

【不宜】 bùyí अच्छा होना; ठीक होना; उचित न होना: ～操之过急。बहुत उतावलेपन से काम करना अच्छा नहीं होता। / 这种土壤～种水稻。इस तरह की मिट्टी धान के लिए अनुचित है। / 这一点～过分强调。इस बात पर ज़ोर देना उचित नहीं।

【不遗余力】 bùyí–yúlì (में) कुछ भी (या कोई कसर) उठा न रखना;(में) कोई कसर न छोड़ना

【不已】 bùyǐ लगातार; निरंतर; बराबर: 赞叹～ बार-बार प्रशंसा करना; प्रशंसा का पुल बांधना

【不以人废言】 bù yǐ rén fèi yán मत विशेष उसे प्रकट करने वाले व्यक्ति के कारण अस्वीकार न किया जाए

【不以为然】 bùyǐwéirán न मानना; स्वीकार न करना: 对他抽烟我颇～。उस का सिग्रेट पीना मुझे पसन्द नहीं। / 他～。उस ने नहीं माना; उस की राय दूसरों से भिन्न है।

【不以为意】 bùyǐwéiyì ध्यान न देना; आपत्ति न करना: 他似乎不以深冬为意。मानो उन्हें जाड़े-बर्फ़ की कोई परवाह न हो।

【不义之财】 bùyìzhīcái काला धन; बेईमानी से कमाया गया धन; पाप की कमाई; हराम का माल; हराम के पैसे: ～必遭殃。हराम का माल हराम में जाता है।

【不亦乐乎】 bùyìlèhū (得 dé के बाद पूरक के लिए प्रयुक्त) बहुत अधिक; अत्यंत: 忙得～ बहुत अधिक व्यस्त / 高兴得～ खुशी के मारे फूला न समाना

【不易】 bùyì अपरिवर्तनीय: ～之论 सही और अकाट्य तर्क; अखंडनीय युक्ति / ～之真理 अपरिवर्तनीय सच्चाई

【不意】 bùyì <लि०> ❶आकस्मिक; अचानक; किसी की आशा के विपरीत: ～的攻击 आकस्मिक प्रहार करना (या हमला करना) / 攻其无备，出其～。जहाँ दुश्मन तैयार न रहते वहां हम अचानक हमला करते। ❷असावधानी; तैयारी न होने की स्थिति: 利用敌人的错觉和～，来争取自己的主动 दुश्मन की गलत धारणाओं और उस के तैयार न होने की स्थिति का फ़ायदा उठा कर पहलकदमी करना

【不翼而飞】 bùyì'érfēi ❶पंख बिना उड़ना; अचानक अदृश्य हो जाना; अचानक खो बैठना ❷(समाचार आदि) बहुत जल्दी फैल जाना, जैसे उसे पंख लगे हो

【不阴不阳】 bùyīn–bùyáng अस्पष्ट रुख अपनाना

【不用】 bùyòng अनावश्यक होना; आवश्यक न होना: ～着急 चिंता करने की आवश्यकता नहीं है; कोई जल्दी नहीं है / ～说 कहने की ज़रूरत नहीं / ～花钱 सेंत-मेंत में / ～气力 प्रयत्न न करना / 他干活～催。काम के लिए उसे ठेलना नहीं पड़ता।

【不由得】 bùyóude（不由的 bùyóude भी）स्वाभाविक रूप से; अनायास ही; बरबस; किये (या हुए) बिना न रहना: 她～转过眼去看他。वह मुड़कर उस की तरफ़ देखे बिना न रह सकी। / 我想着想着～笑起来。यह सब सोचते-सोचते अनायास ही मेरी हंसी पड़ी। / 他说得这么透彻，～你不信服。उस ने इतने ज़ोर से कहा, कि तुम्हें माने बगैर न रह सके।

【不由分说】 bùyóufēnshuō किसी व्यक्ति को अपनी बात का स्पष्टीकरण करने न देना; किसी की अपनी निर्दोषता आदि के संबंध प्रस्तुत तर्क न सुनना: 他们抓住他，～打了一顿。वे उस को उस के अपनी निर्दोषता के संबंध में दिये तर्क सुने बिना मारने लगे।

【不由自主】 bùyóuzìzhǔ स्वाभाविक रूप से; अपने को नियंत्रित न कर सकना: 他～地流下了眼泪。उस की आंखों से स्वाभाविक रूप से आंसू टपकने लगे।

【不虞】 bùyú <लि०> ❶अप्रत्याशित; अचानक; एकाएक; सहसा: ～之誉 अप्रत्याशित प्रशंसा ❷आकस्मिक घटना; अप्रत्याशित घटना: 以备～ किसी भी आकस्मिक घटना के लिए तैयार रहना ❸चिंता न करना: ～匮乏 अभाव की चिंता न करना

【不予】 bùyǔ स्वीकार न करना; न मानना: ～批准 अनुमोदन करने से अस्वीकार करना / ～考虑 विचार करने से अस्वीकार करना / ～发表 प्रकाशित करने से

इनकार करना

【不育性】 bùyùxìng（不孕性 búyùnxìng भी）〈कृ०〉 निर्जीवाणुकता

【不育症】 bùyùzhèng 〈चिकि०〉 वन्ध्यता; बांझपन

【不豫】 bùyù 〈लि०〉 ❶अप्रसन्न करना; चिढ़ाना; असंतुष्ट होना： 面有～之色 चेहरे पर अप्रसन्नता का भाव होना ❷〈शिष्ट०〉 स्वास्थ्य अच्छा न होना ❸पहले से तैयारी करना： 凡事豫则立，～则废。काम की तैयारी जब पहले से अच्छी तरह की जाती है तब वह सफल रहता है और जब तैयारी पहले से अच्छी नहीं होती तब असफल ।

【不远千里】 bùyuǎn-qiānlǐ हज़ार ली की यात्रा को अधिक दूरी न समझना; बहुत दूर की यात्रा से न डरना

【不愿】 bùyuàn इच्छा न होना; (किसी काम से) कतराना： ～改变 किसी को बदलने में आनाकानी करना / ～改悔 अपने अपराधों का पश्चाताप तक न करना / ～接受 स्वीकार करने के लिए अनिच्छुक होना / ～艰苦地做细致的工作 बारीक काम करने का झंझट उठाने से बचना

【不约而同】 bùyuē'értóng पूर्व विचार-विमर्श किए बिना एक सी कार्यवाही करना या समान मत व्यक्त करना, एक साथ घटना： 他一讲完，大家都～鼓起掌来。उन का भाषण समाप्त होते ही लोग स्वतः तालियां बजाने लगे। / 在会上他们都～地提出了这个问题。सभा में उन लोगों ने बिना पूर्व विचार-विमर्श के एक-सा सवाल उठाया।

【不在】 bùzài न होना; अनुपस्थित होना： 他～家里。वह घर पर नहीं है। ❷〈शिष्टोक्ति〉 चल बसना; मर मिटना; मरना： 他爷爷早就～了。उस के दादा बहुत पहले चल बसे थे।

【不在乎】 bùzàihu प्रवाह न होना; बिलकुल चिंता न होना： 他满～。उसे कोई परवाह नहीं; उसे बिलकुल चिंता नहीं। / 他对这件事一点儿也～。उसे इस बात की ज़रा भी परवाह नहीं। / ～他怎么说，要看他怎么做。वह क्या कहता है, इस पर ध्यान न देकर यह देखना चाहिए कि वह करता क्या है। / 他～看戏。उसे ऑपेरा में कोई रुचि नहीं है।

【不在话下】 bùzài-huàxià कुछ कठिन नहीं; उल्लेखनीय न होना： 对我们来说，这～。हमारे लिए यह कोई कठिन काम नहीं है। / 两天拿下这座城市～。दो दिन में इस नगर पर कब्ज़ा कर लेना क्या कठिन काम है।

【不在意】 bùzàiyì ध्यान न देना; खयाल न करना： 对这些小事他是不大在意的。इन छोटी-मोटी बातों पर वह ध्यान थोड़े ही देता है।

【不赞一词】 bùzàn-yīcí 〈लि०〉 चुप रहना; मौन साधना： 我对他的文章不了解，只能～。उस के निबन्धों के बारे में मैं कुछ नहीं जानता इसलिए मैं चुप रहा।

【不则声】 bùzéshēng 〈बो०〉 चुप रहना; मौन साधना

【不择手段】 bùzé-shǒuduàn सभी प्रकार के हथकंडों का इस्तेमाल करना; तरह-तरह के हथकंडों से; हर तरह के निर्लज्ज हथकंडों से

【不怎么】 bùzěnme बहुत अधिक नहीं; खास तौर से नहीं： 这房子～好。यह मकान बहुत सुन्दर नहीं है। / 我～想去。मुझे जाने की बहुत इच्छा नहीं है।

【不怎么样】 bù zěnmeyàng अधिक अच्छा नहीं; साधारण： 他英语说得～。वह अच्छी अँग्रेज़ी नहीं बोलता (या अच्छी तरह नहीं बोल पाता)।

【不战不和】 bùzhàn bùhé न युद्ध न शांति

【不战而溃】 bùzhàn'érkuì बिना लड़े मैदान छोड़ देना

【不战而胜】 bùzhàn'érshèng बिना लड़े मैदान जीत लेना

【不战则已，战则必胜】 bùzhànzéyǐ, zhànzébìshèng ऐसी लड़ाई लड़ें जिस में जीत हो सके

【不折不扣】 bùzhé-bùkòu ❶सोलहों आने; सौ फ़ी सदी; पूर्ण रूप से： ～地贯彻政府的政策 सरकार की नीति को ज्यों का त्यों लागू करना / ～地执行命令 पूर्ण रूप से आज्ञापालन करना ❷पूरे का पूरा; पूरा： ～的唯心主义者 पूरा आदर्शवादी

【不振】 bùzhèn अनुत्साहित; असमृद्ध： 精神～ नैतिक शिथिलता; स्फूर्तिशून्य; उत्साहित न होना

【不争】 bùzhēng अविवाद्य; निर्विवाद： ～的事实 अविवाद्य तथ्य

【不争气】 bùzhēngqì निराशाजनक; नाउम्मीद; आशाओं पर पानी फेरना： 他这个人真～。उस से तो बिलकुल उम्मीद नहीं की जा सकती है। / 我的手～，做不动了。मेरे हाथ जवाब दे रहे हैं, (मैं) कोई काम नहीं कर सकता।

【不正】 bùzhèng कमी; गलत; अस्वस्थ： 学风～ अध्ययन की शैली में कमी / 作风～ गलत शैली / ～之风 अस्वस्थ प्रवृत्ति; हानिकर रुझान; भ्रष्ट आचरण

【不正当】 bùzhèngdang अनुचित; बेईमानी-भरा; बुरा; कलुषित： ～的恋爱关系 कलुषित प्रेम / ～的行为 अनुचित आचरण / ～的手段 बेईमानी भरे हथकंडे

【不正当竞争】 bùzhèngdāng jìngzhēng अनीतिपूर्ण प्रतियोगिता

【不正经】 bùzhèngjīng दुराचार; कुमार्ग; बेईमानी; बदचलनी

【不正派】 bùzhèngpài दूषित; बेईमानी; बदचलनी： ～的学风 दूषित अध्ययन-शैली / ～的路线 बेईमानी की राह

【不支】 bùzhī संभाल न सकना： 身体～ बदन संभाल न सकना

【不知不觉】 bùzhī-bùjué अनजाने में; अनायास ही： ～已过了三个月。अनजाने तीन महीने बीत गए। / 他～把脚步放慢了。उस की चाल अनायास ही धीमी हो गई।

【不知凡几】 bùzhī-fánjǐ न जाने कुल संख्या कितनी है; इस तरह की न जाने कितनी वस्तुएं हैं

【不知分寸】 bùzhī-fēncùn व्यवहार कुशलता न जानना; बेसमझ： 说话～ बात करने का ढंग न आना

【不知好歹】 bùzhī-hǎodǎi भले-बुरे की समझ न होना; सही-गलत में फ़र्क न कर पाना

【不知进退】 bùzhī-jìntuì (बोलने, काम करने आदि की)

शिष्टाचार न जानना; बेसमझ

【不知人间有羞耻事】 bù zhī rénjiān yǒu xiū-chǐ shì बेहया होना; बेशर्म होना; निर्लज्ज होना

【不知死活】 bùzhī-sǐhuó बिना सोचे-समझे कार्य-वाही करना; असावधानीपूर्वक कार्यवाही करना

【不知所措】 bùzhī-suǒcuò किंकर्तव्य-विमूढ़ होना; हैरान होना; हिचकिचाना; हक्का-बक्का होना; असमंजस में पड़ना

【不知所云】 bùzhī-suǒyún न जाने उसने क्या कहा; न जाने उस की बातों का क्या मतलब है; किसी की कही बातों का अर्थ समझ में न आना: 这篇东西写的太乱，使人看了～。इस लेख में बहुत गड़बड़ है, समझ में नहीं आता कि इस में लिखा क्या है।

【不知天高地厚】 bù zhī tiān gāo dì hòu आसमान की ऊँचाई और ज़मीन की गहराई न जानना —— अल्प-विदित होना; अज्ञानी होना

【不值】 bùzhí लायक न होना; योग्य न होना: ～一驳 खंडन करने योग्य न होना / 这些～一顾。इन पर ध्यान देने की ज़रूरत ही महसूस नहीं होगी। / ～一文 एक कौ-ड़ी का भी न होना; कौड़ी का होना; अयोग्य; निकम्मा / ～识者一笑 समझदार लोगों की घृणा के अयोग्य / 我看～那么多。मेरे खयाल में यह इस दाम का नहीं है।

【不止】 bùzhǐ ❶अनवरत; निरंतर; लगातार; न रुकना; जारी रखना: 树欲静而风～。पेड़ शांत रहना चाहता है पर हवा नहीं रुकना चाहती। ❷से अधिक; (में) सीमित न होना: 他恐怕～七十岁了。उस की उम्र सत्तर से अधिक होगी। / 好处很多，～这一些。इस का इतना ही नहीं और बहुत फ़ायदा है।

【不只】 bùzhǐ न केवल; मात्र … नहीं: 它的好处很多，～这一点。उस के फ़ायदे बहुत हैं, केवल यही एक नहीं।

【不至于】 bùzhìyú ऐसा न होना; असंभाव्य: 你～连这一点道理也不明白吧。यह तो नहीं हो सकता कि तुम इस का कारण भी न समझते। / 如果他平时多学习，就～犯这样的错误了。अगर वह हमेशा अध्ययन करता रहता तो उस से इस तरह की गलती न होती।

【不忮不求】 bùzhì-bùqiú ईर्ष्या और लालच से मुक्त होना

【不治之症】 bùzhìzhīzhèng असाध्य रोग; राजरोग

【不致】 bùzhì संभवतः नहीं: 如果你考前作好准备，就～不及格了。अगर तुम ने परीक्षा के पहले अच्छी तरह तैयारी की होती तो संभवतः अनुतीर्ण न होते।

【不置可否】 bùzhì-kěfǒu न सही कहा और न गलत; न हां और न ना; राय देने से इनकार करना: 他～。उस ने अपनी राय न दी। / 这是个原则问题，你怎么能～呢? यह एक सैद्धांतिक समस्या है तुम राय देने से कैसे इनकार का सकते हो?

【不中】 bùzhōng <बो०> अच्छा न होना: 这个办法～，再想个办法。यह उपाय ठीक नहीं, कोई और उपाय सोचें।

【不中用】 bùzhōngyòng ❶अयोग्य; निकम्मा; बेकार: 这把刀～，另换一把吧。यह चाकू खराब हो गया है, इसे बदल दो। / ～的宣传家 अयोग्य प्रचारक ❷<बो०> मरणासन्न

【不中意】 bùzhòngyì नापसन्द; पसन्द न होना

【不周】 bùzhōu पूरा न होना; अच्छी तरह न होना: 考虑～ अच्छी तरह सोच-विचार न करना / 招待～ अच्छी तरह सत्कार न करना / 计划～ अच्छी तरह योजना न बनाना

【不周延】 bù zhōuyán <तर्क०> अव्याप्त

【不准】 bùzhǔn मना करना या होना; (पर) पाबंदी लगाना; (की) मनाही करना: ～吸烟。सिग्रेट पीना मना है। / 妈妈～，她说不要去。अम्मां मना करती हैं, कहती है कि वहां न जाया करो।

【不着边际】 bùzhuó-biānjì विषय से दूर; अप्रासंगिक; असंगत; महत्वहीन: 说话不要～。विषयानुसार बात करनी चाहिये। / ～的长篇大论 अप्रासंगिक लंबी-चौड़ी बातें / 他越说越～。जैसे जैसे वह बोलता गया उस की बात विषय से दूर होती गयी।

【不着痕迹】 bùzhuó-hénjì निशान या चिह्न न छोड़ना

【不着陆飞行】 bù zhuólù fēixíng रास्ते के बीच में बिना उड़ान रुके भरना; अविराम उड़ना

【不赀】 bùzī <लि०> बहुत अधिक; बेहिसाब (प्रायः रुपये-पैसे के लिए प्रयुक्त): 工程浩大，所费～。यह परियोजना इतनी बड़ी है कि इस की लागत बताना मुश्किल है।

【不自量】 bù zìliàng अपनी योग्यता को अत्यधिक ऊँचा आंकना: 蚍蜉撼大树，可笑～ अपनी शक्ति को हास्यास्पद रूप से कुछ इस तरह अत्यधिक आंकना जैसे चीटें वटवृक्ष को नष्ट करने की कोशिश करें

【不自量力】 búzìliànglì（自不量力 zìbùliànglì भी）अपनी शक्ति को अत्यधिक आंकना

【不自然】 bùzìrán झिझक; अचकचाते हुए: 她在我面前很～。उसे मेरे सामने कुछ झिझक महसूस हो रहीथी। / 他～地伸出手来。उस ने कुछ अचकचाते हुए हाथ बढ़ाया।

【不自在】 bùzìzài शर्म आना: 他为自己的穿戴感到～。उसे अपने कपड़ों पर शर्म आई।

【不自由，毋宁死】 bù zìyóu, wúnìng sǐ मुझे स्वतंत्रता दो, या मरने दो; गुलाम होने से मरना भला; परतंत्रता से मृत्यु अच्छी

【不足】 bùzú ❶काफ़ी नहीं; नाकाफ़ी; से कम: 兵力～ फ़ौजों का नाकाफ़ी होना / 估计～ कम आंकना; अव-मूल्यन करना; अल्पानुमान करना; वास्तविकता से कम समझना / 人手～ जन-शक्ति की कमी / ～之处 कमी; अपर्याप्तता / ～一千 एक हज़ार से कम / 补救财政～ वित्तीय घाटे की पूर्ति करना ❷अयोग्य; के योग्य नहीं: 不足道 / 不足为奇 ❸न हो सकना: ～恃 (पर) भरोसा न कर सकना

【不足道】 bùzúdào कहने योग्य न होना: 鄙薄技术工作以为～ तकनीकी काम को तुच्छ और भविष्यहीन समझना और यह समझना कि यह दूसरों को बताने योग्य नहीं है

【不足挂齿】 bùzúguàchǐ ज़बान पर लाने योग्य न होना： 区区小事，～。 यह छोटा-सा काम है, ज़बान पर लाने योग्य नहीं ।

【不足轻重】 bùzúqīngzhòng योग्य नहीं; अवहेलना के योग्य; जिस की ओर ध्यान देना आवश्यक न हो

【不足为凭】 bùzúwéipíng（不足为据 bùzúwéijù भी）जिस से कुछ प्रमाणित न किया जा सके; प्रमाण के योग्य न होना

【不足为奇】 bùzúwéiqí（不足为怪 bùzúwéiguài भी）ज़रा भी आश्चर्य की बात न होना; विस्मय की बात न होना： 阿 Q 以为癞是～。 आ क्यू सोचता था कि दाद से पीड़ित होना कोई खास बात नहीं है ।

【不足为训】 bùzúwéixùn किसी व्यक्ति को आदर्श न माना जा सकना; किसी व्यक्ति को आदर्श मानना उचित न होना： 书本上讲的也有～的。 ग्रंथों में जो शिक्षा दी गई है वह भी कभी-कभी प्रामाणिक नहीं मानी जा सकती ।

【不足为外人道】 bù zú wéi wàirén dào यह बात बाहर के किसी भी आदमी को नहीं बतायी जा सकती

【不作声】 bù zuòshēng चुप रहना; मौन साधना; चुप्पी लगाना

【不作为】 bùzuòwéi अपने कानूनी कर्त्तव्य का पालन न करने का व्यवहार

布 1 bù ❶कपड़ा; वस्त्र; सूती कपड़ा： 花～ छींट; छापेदार सूती कपड़ा / ～鞋 कपड़े का जूता; सूती जूता / ～挎包 कैंवस बैग; म्यूज़ैट बैग ❷प्राचीन काल की एक प्रकार की ताम्र मुद्रा ❸（Bù）एक कुलनाम

布 2（佈）bù ❶घोषणा करना; प्रकाशित करना： 宣～无效 (संधि आदि को) अवैध घोषित करना / 公～于众 सार्वजनिक करना ❷फैलना; बिखेरना; फैलाना; बिछाना： 控制疾病传～ रोग के फैलने को रोक-थाम करना / 星罗棋～ तारों की तरह इधर-उधर बिखेरना ❸रचना; बिछाना; क्रम से रखना： ～阵 व्यूह रचना / ～下天罗地网 ऐसा जाल बिछाना जिस से भागना आसान न हो / ～下圈套 फंदा डालना; जाल बिछाना

【布帛】 bùbó सूती और रेशमी कपड़ा; सूती और रेशमी वस्त्र; सूत या रेशम से बनी वस्तुएं

【布帛菽粟】 bùbó–shūsù कपड़ा, रेशम, फलियां और अन्न; भोजन और वस्त्र; रोज़मरा की आवश्यक वस्तुएं; रोटी-कपड़ा

【布菜】 bùcài अतिथियों को भोजन परोसना; भोजन वितरण; अतिथियों के सामने खाद्य पदार्थ रखना

【布达拉宫】 Bùdálā Gōng पोताला महल (चीन के शीत्सांग स्वायत्त क्षेत्र की राजधानी ल्हासा स्थित दलाई लामा का पूर्व निवास)

【布道】 bùdào 〈धर्म०〉 इंजील का प्रचार करना; धर्मोपदेश करना

【布店】 bùdiàn कपड़े की दूकान; बजाज की दूकान; वस्त्र-विक्रेता

【布丁】 bùdīng पुडिंग

【布尔乔亚】 bù'ěrqiáoyà पूँजीपति वर्ग; बुर्ज़ुआ

【布尔什维克】 bù'ěrshíwéikè बोल्शेविक： ～党 बोल्शेविक पार्टी / ～主义 बोल्शेविक विचारधारा; बोल्शेविकवाद

【布防】 bùfáng 〈सैन्य०〉 मोर्चेबन्दी करना; व्यूह-रचना करना; रक्षा के निमित्त सेना या टुकड़ियां तैनात करना

【布岗】 bùgǎng पहरेदार बैठाना

【布告】 bùgào नोटिस; बुलेटिन; सूचना： 张贴～ दीवार पर नोटिस चिपकाना / ～栏 नोटिस बोर्ड; सूचना पट्ट / 为～事 ऐलान किया जाता है / ～牌 नोटिस बोर्ड; सूचना पट्ट

【布谷鸟】 bùgǔniǎo कोयल; कोकिला; कलकंठ

【布鼓雷门】 bù gǔ léi mén किसी विशेषज्ञ के आगे अपना साधारण कौशल दिखाना

【布褐】 bùhè मामूली सूती पोशाक

【布基纳法索】 Bùjīnàfǎsuǒ बुर्किना फ़ासो

【布景】 bùjǐng ❶(चित्र आदि की) संरचना करना ❷〈ना०〉 दृश्य; दृश्यसाधन; दृश्यपट; दृश्यबंध： ～设计师 दृश्यबंध अभिकल्पक या डिज़ाइनर

【布局】 bùjú ❶(चित्र आदि की) व्यवस्था करना ❷सर्वतोमुखी प्रबंध; योजनानुसार व्यवस्था; नियोजन： 工业的合理～ उद्योग का युक्तियुक्त नियोजन / 市区的～ नगर नियोजन ❸(शतरंज में मुहरों की) स्थिति

【布控】 bùkòng (अपराधों आदि के सुराग का) आदमी बैठा कर निरीक्षण और नियंत्रण करना

【布拉吉】 bùlājí（连衣裙 liányīqún भी）स्त्रियों की पोशाक (इस पोशाक के लिए रूसी भाषा के शब्द का ध्वन्यानुवाद)

【布莱尔盲字】 Bùlái'ěr mángzì ब्रेल प्रणाली या इस प्रणाली की छपाई; नेत्रहीनों के पढ़ने और लिखने के लिए प्रयुक्त उभरे अक्षरों की छपाई; उत्कीर्ण लेख

【布朗基主义】 Bùlǎngjī zhǔyì ब्लानक्विज़्म

【布朗运动】 Bùlǎng yùndòng 〈भौ०〉 ब्राउन-गति

【布朗族】 Bùlǎngzú पूलांग जाति (युन्नान प्रांत का एक अल्पसंख्यक जाति)

【布雷】 bùléi सुरंग बिछाना; सुरंग लगाना： 在港口～ बंदरगाह में सुरंग बिछाना / ～区 सुरंग बिछाया हुआ क्षेत्र; सुरंग-क्षेत्र / ～舰艇 सुरंग बिछाने वाला जहाज़; सुरंग पोत / ～队 सुरंग बिछाने वाला दस्ता / ～飞机 सुरंग बिछाने वाला वायुयान / ～潜水艇 सुरंग बिछाने वाली पनडुब्बी

【布列斯特和约】 Bùlièsītè Héyuē ब्रेस्ट-लिटोवस्क की संधि (1918 ई०)

【布隆迪】 Bùlóngdí बुरुंडी

【布隆迪人】 Bùlóngdírén बुरुंडीवासी

【布鲁氏菌】 bùlǔshìjūn 〈जीव०〉 ब्रूसेला： ～病 〈चिकि०〉 ब्रूसेलोसिस

【布鲁塞尔】 Bùlǔsài'ěr ब्रसेल्स

【布面】 bùmiàn कपड़े की जिल्द; कपड़े का पुस्तकावरण; कपड़े का खोल： ～精装本 कपड़े के जिल्दवाली पुस्तक

【布匹】 bùpǐ कपड़ा; सूती कपड़ा; कपड़े का थान： ～染

色 कपड़ा-रँगाई, रंगा कपड़ा
【布票】 bùpiào कपड़े की पर्ची; कपड़े का कूपन
【布衫】 bùshān कुरता: 玄色～ कत्थई रंग का कुरता
【布哨】 bùshào पहरेदार बैठाना
【布设】 bùshè बिछाना: ～地雷 सुरंग बिछाना / ～圈套 (किसी को फंसाने के लिए) जाल बिछाना / ～声纳 सोनार बिछाना
【布施】 bùshī <लि०> <बौद्धधर्म> भीख देना; भिक्षा देना; दान-दक्षिणा देना
【布条】 bùtiáo कपड़े की छज्जी; पट्टी; चिट
【布头】 bùtóu ❶थान से बचा हुआ कपड़ा (आम तौर पर दो मीटर से कम) ❷कटपीस
【布网船】 bùwǎngchuán <सैन्य०> नेट-लेयर
【布纹纸】 bùwénzhǐ <फ़ोटो०> क्लॉथ-लाइंस पेपर
【布线】 bùxiàn <विद्यु०> तार लपेटना; तार बांधना; तार कसना; तार से घेरना: ～图 तार लपेटने का खाका
【布衣】 bùyī ❶सूती कपड़े ❷<लि०> आम जनता
【布衣蔬食】 bùyī-shūshí साधारण वस्त्र और भोजन —— मितव्ययी और सादा जीवन
【布依族】 Bùyīzú पुई जाति (क्वेइ चओ आदि प्रांतों में बसी एक अल्पसंख्यक जाति)
【布置】 bùzhì ❶सजाना; संवारना; अलंकृत करना: ～会场 सभा-स्थल या सभा भवन को व्यवस्थित करना / ～展品 प्रदर्शित वस्तुओं का प्रबन्ध करना / 新房～得很漂亮。दुलहन का नया कमरा सजाया-संवारा गया। ❷सौंपना; नियत करना; प्रबन्ध करना; इंतज़ाम करना: ～工作 कार्य का संगठन करना; कार्य का इंतज़ाम (या बंदोबस्त) करना / 军事～ सैन्य-विन्यास / ～伏兵 <सैन्य०> अपने सैनिकों को भेष बदलकर गुप्त रूप से शत्रु के शिविर में प्रवेश करा देना

步 1

bù ❶कदम; डग: 大～前进 लंबे लंबे डग भरते हुए आगे बढ़ना / 快～走 जल्दी जल्दी कदम बढ़ाना / 只有几～路了。रास्ता केवल कुछ ही कदम बाकी रह गया है। / 一～跨四、五级楼梯 चार-पाँच सीढ़ियों को एक डग में भर लेना ❷मंज़िल; अवस्था; कदम: 大大地提高了一～ आगे की ओर एक बड़ा कदम रखना / 下一～怎么办? अगला कदम क्या होगा? / 这只好一～一～地去做。यह कदम-ब-कदम करना होगा ❸हालत; स्थिति: 事情不幸落到这一～。दुर्भाग्यवश बात इस स्थिति में आ गई। ❹पुराने ज़माने में लंबाई नापने की एक इकाई जो लगभग पाँच फ़ीट के बराबर होती थी ❺पैदल चलना: (小孩) 学～ (बच्चे का) चलना सीखना / 散～ घूमना; टहलना ❻<लि०> रौंदना; पद-दलित करना; अनुसरण करना: ～人后尘 किसी के पद-चिह्नों पर चलना ❼डगों से न नापना; कदमों से मापना: ～测二十米的距离 बीस मीटर की दूरी को कदमों से मापना ❽<शतरंज> चाल: 第九～棋以后 नवीं चाल के बाद ❾ (Bù) एक कुलनाम

步 2

bù (埠 bù के समान) बहुधा स्थानों के नाम में प्रयुक्त, जैसे 盐步 यानबू, 禄步 लूबू, 炭步 थानबू (ये सब स्थान क्वांगतोंग प्रांत में हैं)
【步兵】 bùbīng ❶इंफ़ैंट्री; पैदल सेना; पदाति सेना: 机械化～ मोटरों पर चलने वाली पैदल सेना / ～炮 पैदल सेना तोप / ～学校 इंफ़ैंट्री स्कूल ❷पैदल सैनिक; पैदलज सेना का सिपाही; प्यादा; इंफ़ैंट्री मैन
【步步】 bùbù हर कदम पर; कदम-ब-कदम: ～进逼 लगातार आगे चलना (या बढ़ना); बराबर डग बढ़ाना / ～紧跟 हर कदम पर अनुसरण करना / ～退让 लगातार पीछे हटते रहना
【步步为营】 bùbù-wéiyíng हर कदम पर मोर्चा बांधना; कदम कदम पर किलेबंदी करना
【步测】 bùcè (दूरी) डगों से नापना; कदमों से मापना
【步调】 bùdiào कदम; डग; पदगति: ～一致 कदम से कदम मिलाकर चलना / 统一～ सम्मिलित कार्यवाही करना
【步伐】 bùfá कदम; पग; डग; चरण; पाद: 跟上时代的～ युग की परिस्थितियों के साथ चलना / 加快建设的～ निर्माण की रफ़्तार को तेज़ करना / ～整齐 कदम से कदम मिलाकर चलना / ～混乱 कदम न मिलना
【步弓】 bùgōng (弓 gōng भी) ज़मीन नापने का धनुषाकार (साधन, इस की लंबाई एक मीटर के लगभग होती है
【步话机】 bùhuàjī (步谈机 bùtánjī भी) वाकी-टाकी: 手提式～ हैंडी-टाकी
【步进制】 bùjìnzhì डाक सेवा में कदम-ब-कदम पद्धति
【步犁】 bùlí पशु द्वारा खींचा जाने वाला हल; वाकिंग प्लौ
【步履】 bùlǚ <लि०> चलना: ～蹒跚 लंगड़ाकर चलना / ～维艰 मुश्किल से चलना; चलने में कठिनाई होना
【步枪】 bùqiāng राइफ़ल; बन्दूक: ～手 बन्दूकची
【步人后尘】 bùrénhòuchén दूसरे के पद-चिह्नों पर चलना; अनुसरण करना; पीछे पीछे चलना: 发展科学技术不能～，一定要走自己的路。विज्ञान और तकनालाजी के विकास के लिए दूसरों के पीछे-पीछे न चलकर अपना रास्ता तय काना चाहिए।
【步哨】 bùshào संतरी; पहरेदार; चौकीदार
【步谈机】 bùtánjī दे० 步话机 bùhuàjī
【步武】 bùwǔ <लि०> ❶डेढ़ कदम; <ला०> बहुत नज़दीक: 相去～ बहुत नज़दीक होना ❷दूसरे के पद-चिह्न पर चलना; किसी का अनुसरण करना: ～前贤 पूर्ववर्ती योग्य व्यक्तियों का उत्साहपूर्वक अनुकरण करना
【步行】 bùxíng पैदल चलना; पैदल जाना; डग भरना
【步行虫】 bùxíngchóng <प्राणि०> भूमि पर रेंगने वाला एक हिंस्र कीट
【步行街】 bùxíngjiē ऐसी सड़क जिस पर लोग केवल पैदल आते जाते हों पर गाड़ी आदि के आने-जाने पर प्रतिबंध हो (बहुधा व्यापारिक सड़क); पैदल सड़क
【步行机】 bùxíngjī 步话机 का लोकप्रचलित नाम
【步骤】 bùzhòu कदम; गति; मंज़िल: 有计划有～地 योजना के अनुसार कदम-ब-कदम / 增产的具体～

उत्पादन बढ़ाने का ठोस तरीका / 采取适当～ उचित कदम उठाना / 战略～ रणनीति कदम / 分两个～ दो मंज़िलों में विभाजित होना / 混淆革命的～ क्रांति में उठे कदमों को आपस में उलझा देना

【步子】 bùzi कदम; डग; पग: ～越迈越大 डग की अधिकाधिक जल्दी उठना / 他～轻快。वह लचीले ढंग से चलता है।

吥 bù 唝吥 Gòngbù कम्बौडिया का एक स्थान

埗 bù 茶埗 Chábù फ़ूच्येन प्रांत का एक स्थान

怖 bù डरना; भय होना: 恐～ आतंक; खौफ़ / 可～ भयावह; भयंकर; डरावना

钚（鈈）bù 〈रसा०〉 प्लूटोनियम (Pu): ～弹 प्लूटोनियम बम

埔 bù 大埔 dàbù क्वांगतोंग प्रांत का एक स्थान

埗 bù 埠bù के समान (बहुधा स्थान के नाम में प्रयुक्त): 深水埗 Shēnshuǐbù (हांग-कांग का एक स्थान)

部 bù ❶अंश; भाग; हिस्सा; अंग: 南～ दक्षिणी भाग / 内～ भीतरी भाग / 上～ ऊपरी भाग / 胸～ छाती; वक्ष-स्थल / 分为三～ तीन भागों में विभाजित होना ❷(संस्थानों, संगठनों का) विभाग; मंत्रालय: 外交～ विदेश मंत्रालय / 国防～ रक्षा मंत्रालय / 编辑～ संपादकीय विभाग ❸〈सैन्य०〉 मुख्य कार्यालय; सदर-मुकाम; हेड-क्वार्टर: 师～ डिविज़न का हेड-क्वार्टर / 前沿指挥～ अग्रिम मोर्चा कमान दफ़्तर ❹सेना; फ़ौज; टुकड़ी: 解放军某～ जन-मुक्ति सेना की अमुक सेना (या टुकड़ी) / 率～入川 अपने दस्ते को सछ्वान प्रांत ले जाना ❺〈लि०〉 के अधीन में; की कमान में (सेना): 所～ किसी सेनापति आदि की कमान में रहने वाली टुकड़ियां ❻〈परि०श०〉 ①(पुस्तक, फ़िल्म आदि के लिए प्रयुक्त): 一～词典 एक शब्दकोश / 两～影片 दो फ़िल्में / 三～电视剧 तीन टी०वी० नाटक ②(मशीन, कार आदि के लिए प्रयुक्त): 一～汽车 एक कार / 两～机器 दो मशीनें ❼（Bù）एक कुलनाम

【部队】bùduì 〈सैन्य०〉 सेना; फ़ौज; टुकड़ी; फ़ौजी यूनिट: 模范～ आदर्श सेना; आदर्श टुकड़ी / ～通讯员 फ़ौज संवाददाता

【部分】 bùfen भाग; हिस्सा; अंश; अंग; विभाग: ～同志 कुछ कामरेड; कुछ साथी / 机器各～的性能 मशीन के हर भाग की विशेषता

【部件】 bùjiàn (मशीन के) भाग: ～分解图 विघटित चित्र

【部将】 bùjiàng 〈पुराना〉 अधीनस्थ फ़ौजी अफ़सर

【部类】 bùlèi श्रेणी; वर्ग; विभाग

【部落】 bùluò आदिम जाति; कबीला; फ़िरका: ～社会 कबाइली समाज; आदिम समाज / 未开化的～ जंगली फ़िरका / ～地区 कबाइली क्षेत्र

【部门】 bùmén विभाग; क्षेत्र; संस्था; सेक्शन; डिपार्टमेंट: 设计～ डिज़ाइनिंग संस्था / 铁路～ रेल का सीगा / 邮政～ डाक का सीगा / 政府各～ सरकार के विभिन्न विभाग / 主管～ ज़िम्मेदार डिपार्टमेंट / 国民经济的重要～ राष्ट्रीय अर्थतंत्र के महत्वपूर्ण अंग

【部首】 bùshǒu चीनी अक्षर के मूलांश जिन के अनुसार चीनी क्लासिकल शब्दकोशकार चीनी अक्षरों का वर्गीकरण करते हैं

【部属】 bùshǔ ❶部下 के समान ❷मंत्रालय के अधीन (संस्थाएं): ～机构 मंत्रालय की अधीनस्थ संस्थाएं

【部署】 bùshǔ विन्यास; सैन्य-विन्यास; योजना; व्यवस्था: 国防～ प्रतिरक्षा व्यवस्था / 战争的～ युद्ध का सैन्य-विन्यास / ～军队 सेना एकत्र करना / ～力量 अपनी शक्ति का विन्यास करना

【部头】 bùtóu (बड़ी जिल्द वाली पुस्तक का) आकार; साइज़: 大～著作 बड़े आकार वाली कृति

【部委】 bùwěi मंत्रालय और कमेटियां: 国务院各～ राज्य परिषद के विभिन्न मंत्रालय और समितियां

【部位】 bùwèi स्थान; जगह; अंगक्षेत्र (बहुधा मनुष्य के शरीर में प्रयुक्त): 发音时舌头的～ उच्चारण करने में जीभ की स्थिति / 受伤～ क्षतांग; आहत भाग

【部下】bùxià 〈सैन्य०〉 किसी के मातहत काम करने वाला: 老～ पहले के मातहत / 他是你的老～。वह तुम्हारे मातहत था।

【部长】 bùzhǎng मंत्री; प्रधान: 外交部～ विदेश मंत्रालय के प्रधान; विदेश मंत्री / 国防部～ रक्षा मंत्री / 宣传部～ प्रचार विभाग का प्रधान / ～会议 मंत्रि-मंडल; मंत्रिपरिषद; मंत्रियों की सभा / ～会议主席 प्रधान मंत्री / ～级会议 मंत्री स्तरीय सम्मेलन / 副～ उपमंत्री / ～助理 सहायक मंत्री

【部族】 bùzú कबीला

饰（餔）bù नीचे दे०

【饰子】 bùzi शिशु के खाने योग्य दलिया; शिशु के लिए आटा आदि से तैयार की गई लपसी

埠 bù ❶घाट; जेटी; जहाज़-घाट; घाट वाला शहर; कस्बा: 本～ यही शहर; यही कस्बा ❷बंदरगाह: 商～ व्यापारिक बंदरगाह; वाणिज्य बंदरगाह

【埠头】 bùtóu 〈बो०〉 घाट; जेटी

瓿 bù 〈लि०〉 छोटा मर्त्तबान; मिट्टी आदि का छोटा बर्तन

蔀 bù 〈लि०〉 ❶आड़ करना; ओट करना; ओझल करना ❷प्राचीन-कालीन पंचांग के अनुसार एक बू बराबर छिहत्तर साल

篰 bù 〈बो०〉 बांस से बना टोकरा या टोकरी

簿 bù पुस्तक; किताब; बुक; नोटबुक: 练习～ अभ्यास

पुस्तिका या पुस्तक / 账~ हिसाब-किताब; बही; बही-खाता; लेखा-बही / 支票~ चेक-बुक

【簿册】bùcè स्मरणार्थ लिख लेने या जमा के साथ खर्च का लेखा-जोखा करने के लिए प्रयुक्त पुस्तक

【簿籍】bùjí हिसाब-किताब, नाम-सूची, रिकार्ड आदि

【簿记】bùjì हिसाब-किताब; बही-खाता; बुक-कीपिंग: 复（单）式~ हिसाब लिखने की पद्धति जिस के अनुसार हर मद खाते में दो या एक बार दर्ज की जाए; द्वि-प्रविष्टि (एक-प्रविष्टि) बुक-कीपिंग; डबल (सिंगल) एंट्री बुक-कीपिंग / ~员 पुस्तपाल; मुनीम; हिसाब-किताब रखने वाला; बुक-कीपर

【簿子】bùzi कापी; बुक; नोटबुक

C

cā

拆 cā 〈बो०〉 पाखाना या पेशाब करना
chāi भी दे०

【拆烂污】 cā lànwū 〈बो०〉 क्रमहीन काम करना; असावधानी से (काम आदि) करना; अनुत्तरदायी होना; गैर-ज़िम्मेदार होना

擦 cā ❶रगड़ना: ～火柴 (किसी चीज़ से रगड़ कर) दियासलाई जलाना / 我的手只是～破了点皮，没什么关系。मेरा हाथ सिर्फ़ खुरचा गया, कोई हर्ज नहीं। ❷पोंछना; साफ़ करना: ～桌子 मेज़ पोंछना /～地板 फ़र्श साफ़ करना / 用手帕～汗(眼泪)रूमाल से पसीना (आँसू) पोंछना / ～皮鞋 चमड़े के जूते पर पालिश करना / ～自行车 साइकिल साफ़ करना ❸लगाना; मलना; लेप करना: ～头油 सिर के बालों में तेल लगाना / 脸上～粉 मुँह पर पाउडर लगाना / 伤口上～点药 घाव में थोड़ी दवा लगाना ❹छूना; लगना; छूते में निकल जाना; बिना छुए हुए पास से निकल जाना: ～肩而过 कंधे से छू कर निकल जाना; बहुत करीब से निकल जाना / 球～桌边了。बाल टेबल के किनारे से छू गया। ❺किसी उपकरण से रगड़ कर फाँकों में काटना: 把萝卜～成丝儿。मूली को रगड़ कर फाँकों में काट दो।

【擦背】 cābèi नहाने में तौलिये से किसी की पीठ रगड़ना

【擦边球】 cābiānqiú 〈टेबल टेनिस〉 किनारे की बाल; एज बाल (edge ball); टच बाल (touch ball): 打～ किनारे पर टकराई हुई बाल खेलना

【擦黑儿】 cāhēir 〈बो०〉 संध्या-समय; सायंकाल; अंधेरा: 我回到家时，天已经～了。जब मैं घर पहुँचा, तब अँधेरा होने लगा था।

【擦亮眼睛】 cāliàng yǎnjīng आँखों पर से पर्दा हटाना; सावधानी बढ़ाना

【擦屁股】 cā pìgu किसी दूसरे का अधूरा छोड़ा हुआ काम पूरा करना

【擦拭】 cāshì पोंछना; साफ़ करना: ～枪支 बंदूक साफ़ करना

【擦网球】 cāwǎngqiú नेट बाल (net ball)

【擦洗】 cāxǐ (पानी या अलकोहल से) अच्छी तरह साफ़ करना: ～器皿 बर्तन माँजना / 这个手表该～了。इस घड़ी को साफ़ करना है।

【擦音】 cāyīn 〈ध्वनि०〉 संघर्षी; घर्ष (व्यंजन)

【擦澡】 cāzǎo गीले तौलिये से सारा शरीर अच्छी तरह से पोंछना

嚓 cā 〈अनु०〉: 汽车～的一声停住了。चलते-चलते मोटर कर्कश ध्वनि के साथ रुक गई।

cǎ

礤 cǎ 〈लि०〉 खुरदरा पत्थर

【礤床儿】 cǎchuángr (मूली आदि को) रगड़ कर फाँकों में काटने का उपकरण

cāi

猜 cāi ❶भांपना; ताड़ना; अनुमान करना (या लगाना); अंदाज़ा लगाना; बूझना; (पहेली का) हल्करना: 他叫我～谜语。वह मुझ से पहेली बूझाता है। / 这个谜语不好～。इस पहेली का हल करना बड़ा कठिन है; यह पहेली बूझने में ज़रा मुश्किल है। / 你～谁来了? अनुमान करो कि कौन आया है। / 他准～不着。अवश्य ही वह ठीक अंदाज़ा नहीं लगाएगा; वह अवश्य सही नहीं बूझेगा (पहेली)। / 你老实说，我～对了没有? सच कहो, मैं ने बात ताड़ ली कि नहीं? / 要是让他～到了，那就糟了。कहीं उस ने भांप लिया, तो गज़ब ही हो जाएगा। / 我～出了他的心思。मैं ने उस के मन की बात जान ली। ❷संदेह होना या करना; शंका होना या करना; अटकल करना: 我～这件事他也插手了。मुझे संदेह है कि इस मामले में उन का भी कुछ हाथ है।

【猜测】 cāicè अनुमान (करना या लगाना); अंदाज़ा (लगाना); अटकल (लगाना): 那纯粹是～。वह खाली अंदाज़ा है। / 考古新发现否定了过去对这个问题的～。पुरातत्त्व संबंधी खोज से पता चला है कि इस समस्या के बारे में पहले जो अनुमान था वह निराधार है।

【猜度】 cāiduó अनुमान करना; अंदाज़ा लगाना; अटकल लगाना: 他心里在～，来人会是谁呢? वह मन ही मन अटकल लगाता था कि आने वाला कौन हो सकता है।

【猜忌】 cāijì (किसी के प्रति) शंकालु और असंतुष्ट होना
【猜谜儿】 cāimèir ❶पहेली का हल करना; पहेली का उत्तर बूझना; पहेली बूझना ❷पहेली बुझाना: 你想干什么就说出来，别让人家～。अब पहेलियाँ बुझाना छोड़ो और साफ़-साफ़ बतलाओ कि तुम क्या चाहते हो।
【猜谜】 cāimí <लि०> दे० 猜谜儿
【猜破】 cāipò ठीक भांपना: 他的意思我早就～了。मैं ने पहले ही भांप लिया था कि उस के मन में क्या है।
【猜拳】 cāiquán दावत में शराब पीने का एक खेल, जिस में दो व्यक्ति खेलते हैं, दोनों एक साथ उँगलियाँ निकालते हुए कोई संख्या बताते हैं। अगर किसी ने जो संख्या बताई, वह दोनों पक्षों की निकाली उँगलियों की कुल संख्या से मेल खाती है तो वह व्यक्ति विजेता माना जाता है और दूसरे को शराब पीनी पड़ती है; उँगली-अंदाज़ा खेल
【猜想】 cāixiǎng अनुमान (करना या लगाना); अंदाज़ा (लगाना); अटकल (लगाना): 我～他又去看电影了。मेरा अंदाज़ा है कि वह फिर सिनेमा देखने गया है। / 我～她病了。मेरा अनुमान है कि वह बीमार पड़ी है। / 你这种～也许是对的。तुम्हारा अनुमान शायद ठीक होगा।
【猜疑】 cāiyí संदेह करना या होना; आशंका होना; शक्की होना; आशंकित होना: 心里有鬼，～就更多。जब मन में चोर हो तो आशंका और भी बढ़ जाती है। / 不要随便～。निराधार संदेश न करो।

cái

才[1] cái ❶योग्यता; प्रतिभा: 德～兼备的干部 योग्यता और नैतिकता से संपन्न कार्यकर्ता / 多～多艺的人 बहुमुखी प्रतिभा वाला व्यक्ति ❷सुयोग्य व्यक्ति; प्रतिभावान: 人～ बड़ी योग्यता वाला व्यक्ति; सुयोग्य व्यक्ति ❸किसी तरह का व्यक्ति: 奴～ तुच्छ व्यक्ति; पिछलग्गू; दास

才[2] (纔) cái <क्रि०वि०> ❶थोड़ी देर पहले; अभी-अभी: 比赛～开始。मैच अभी-अभी शुरू हुआहै। / 怎么，～来了就要走? इतनी जल्दी क्यों जा रहे हो? अभी-अभी तो आये हो! / 他～回到家里，老马就来找他了。 वह घर वापस आया ही था कि लाओ मा उस से मिलने आ गया। ❷(देर या विलंब का भाव बताने के लिये) (किसी समय को) ही; जब … तभी …: 你怎么～来? तुम इतनी देर से क्यों आये हो? / 大风到晚上～住了。तेज़ हवा शाम को ही रुक गई। / 会议开始了，他～赶到。जब सभा शुरू हुई, तभी वह वहां पहुँचा। / 这事你怎么现在～告诉我? तुम ने यह बात अब से पहले मुझे क्यों नहीं बताई? ❸(शर्त या कारण बताने वाले किसी वाक्यांश के साथ) तब कहीं जा कर; … के बाद ही; … कर के ही; जब … तभी …; जब तक न … तब तक न: 我们只有依靠群众～有力量。जनसमूह पर निर्भर हो कर ही हम शक्तिशाली बन सकते हैं। / 我们一再解释，他～同意我们的意见。हम ने बार-बार समझाया-बुझाया, तब जा कर उस ने हमारी बात मान ली। / 他说行～行。जब वे ठीक कहते हैं तभी ठीक (माना जाता) है। / 正因为事情重大，～需要仔细调查。मामला गंभीर है, इसीलिये अच्छी तरह जाँच-पड़ताल करने की ज़रूरत है। ❹(किसी संख्यावाचक शब्द के साथ) सिर्फ़; केवल; ही: 参加红军时，他～十四岁。लाल सेना में भर्ती होते समय उस की उम्र सिर्फ़ चौदह वर्ष की थी। / 解放前全国钢产量最高～九十多万吨。मुक्ति के पहले चीन में इस्पात का सब से अधिक उत्पादन केवल नौ लाख टन से कुछ अधिक था। ❺(उक्ति पर ज़ोर देने के लिये और वाक्य के अंत में प्रायः 呢 के साथ प्रयुक्त) सचमुच; निश्चय ही: 麦子长得～好呢! गेहूँ का पौधा ही अच्छा उग रहा है। / 你～撒谎呢。झूठ बोलने वाले तुम ही हो। / 这事他要是不知道～怪呢! अगर वह यह बात नहीं जानता तो सचमुच ही बड़े ताज्जुब की बात है।
【才干】 cáigàn योग्यता; निपुणता; कुशलता; सामर्थ्य: 在实践中增长～。अमल में योग्यता बढ़ाना / 他既年轻，又有～。वह जवान भी है और सुयोग्य भी।
【才华】 cáihuá साहित्यिक या कलात्मक प्रतिभा (निपुणता): 这位年轻作家很有～。यह जवान लेखक बड़ा प्रतिभाशाली है।
【才华横溢】 cáihuá-héngyì प्रतिभा से परिपूर्ण होना; महान प्रतिभा से संपन्न होना
【才具】 cáijù <लि०> योग्यता; सामर्थ्य: ～有限 सीमित योग्यता का होना; क्षमता सीमित होना
【才力】 cáilì योग्यता; सामर्थ्य; क्षमता
【才略】 cáilüè (राजनीतिक या सैन्य मामलों में) सुयोग्यता और चातुर्य; निपुणता और बुद्धिमत्ता
【才貌】 cáimào प्रतिभा और रंगरूप: ～双全 प्रतिभा और सुन्दरता दोनों से संपन्न होना
【才能】 cáinéng ज्ञान और योग्यता; सुयोग्यता; क्षमता: ～是从实践中来的。मनुष्य में ज्ञान और योग्यता व्यवहार से आती है। / 有～ सुयोग्य होना / 施展～ अपनी क्षमता दिखाना
【才女】 cáinǚ प्रतिभासंपन्न स्त्री विद्वान
【才气】 cáiqì 才华 के समान
【才情】 cáiqíng साहित्यिक या कलात्मक प्रतिभा; कल्पनात्मक शक्ति
【才识】 cáishí योग्यता और अंतर्दृष्टि: ～卓异 असाधारण योग्यता और अंतर्दृष्टि होना
【才疏学浅】 cáishū-xuéqiǎn <शिष्ट०> प्रतिभा तुच्छ और विद्या नगण्य होना
【才思】 cáisī साहित्य और कला का सृजन करने की योग्यता; सृजनात्मकता; कल्पनात्मक शक्ति: ～敏捷 कल्पना से संपन्न होना
【才学】 cáixué प्रतिभा और विद्या; योग्यता और ज्ञान
【才智】 cáizhì योग्यता और बुद्धिमत्ता: 充分发挥人民群众的聪明～ जन-साधारण की योग्यता, बुद्धिमत्ता और सृजनात्मकता का पूर्ण रूप से विकास करना
【才子】 cáizǐ प्रतिभाशाली पंडित (विद्वान); युवा पंडित (विद्वान): ～佳人 युवा पंडित और सुन्दर युवती

材 cái ❶इमारती लकड़ी: 木～ लकड़ी; इमारती लकड़ी ❷ताबूत: 寿～ ताबूत ❸सामग्री; सामान: 教～ पाठ्य-सामग्री / 钢～ इस्पाती पैदावार; इस्पात / 药～औषधि; जड़ी-बूटी / 就地取～ स्थानीय स्रोत से सामग्री प्राप्त करना ❹योग्यता; प्रतिभा; क्षमता: 因～施教 विद्यार्थियों की क्षमता के अनुसार उन को शिक्षा देना ❺सुयोग्य व्यक्ति; समर्थ व्यक्ति: 自学成～ आत्मशिक्षा से अपने को सुयोग्य बनाना

【材积】 cáijī 〈अरण्य०〉 लकड़ियों की राशि

【材料】 cáiliào ❶सामग्री; सामान; साधन: 建筑～ इमारती सामग्री / 学习～ पाठ्य सामग्री / 调查～ जाँच-पड़ताल से प्राप्त सामग्री / 搜集～ सामग्रियां इकट्ठी करना / 会议的全部～ अधिवेशन के सब दस्तावेज़ / 据报上的～ समाचार-पत्र में दिये गए आंकड़ों के अनुसार / 根据现有～，还不能得出肯定的结论。 वर्तमान सामग्रियों के आधार पर कोई निश्चित निष्कर्ष नहीं निकाला जा सकता। ❷आवश्यक गुण; विशेषता: 他不是唱歌的～。 उस में गायक के आवश्यक गुण नहीं हैं।

财（財）cái धन-दौलत; धन; जायदाद; संपत्ति; संपदा: 发～धनवान बन जाना; मालामाल हो जाना

【财宝】 cáibǎo धन और बहुमूल्य वस्तुएँ; रुपया-पैसा और कीमती चीज़ें

【财帛】 cáibó धन-दौलत; धन; जायदाद

【财产】 cáichǎn संपत्ति; जायदाद: 公共～ सार्वजनिक संपत्ति / 国家～ राष्ट्रीय संपत्ति; राजकीय जायदाद / 私人～ व्यक्तिगत संपत्ति

【财产保金】 cáichǎn bǎojīn संपत्ति परिरक्षण

【财产权】 cáichǎnquán संपत्ति का अधिकार; संपत्ति-संबंधी अधिकार

【财产税】 cáichǎnshuì संपत्ति कर

【财大气粗】 cáidà-qìcū जिस के पास धन-दौलत है वह दूसरों से ऊँची आवाज़ में बोलता है —— जो धनवान है वही दूसरों को रोब दिखाता है।

【财东】 cáidōng 〈पुराना〉 ❶दूकानदार ❷धनवान; मालदार

【财阀】 cáifá वित्तीय धुरंधर; बड़ा धनिक

【财富】 cáifù संपत्ति; संपदा; धन-दौलत; धन; जायदाद: 自然～ प्राकृतिक संपत्ति / 精神～ आध्यात्मिक संपत्ति / 社会～ समाज की दौलत / 创造～ जायदाद तैयार करना; संपत्ति की सृष्टि करना

【财经】 cáijīng वित्त और अर्थतंत्र: ～学院 वित्तीय व आर्थिक कालेज / ～纪律 वित्तीय अनुशासन

【财会】 cáikuài वित्त और लेखा: ～人员 लेखापाल; मुनीम

【财礼】 cáilǐ 彩礼 cǎilǐ के समान

【财力】 cáilì वित्तीय साधन; वित्तीय क्षमता: ～雄厚 वित्तीय साधन प्रचुर होना / ～不足 वित्तीय साधन कम होना / ～有限 वित्तीय क्षमता सीमित होना

【财贸】 cáimào वित्त और वाणिज्य (या व्यापार)

【财迷】 cáimí धन-लिप्सु; लोभी

【财迷心窍】 cáimíxīnqiào धन के लिये पागल होना; (किसी व्यक्ति पर) धन-लिप्सा का भूत सवार होना

【财气】 cáiqì （财气儿 cáiqìr भी） पैसा कमाने या धन प्राप्त करने का भाग्य: ～不佳 पैसा मिलने का सौभाग्य न होना

【财权】 cáiquán ❶संपत्ति का स्वामित्व; संपत्ति-अधिकार ❷वित्तीय अधिकार; धनाधिकार: 掌握～ वित्तीय अधिकार अपने हाथ में लेना; धनाधिकारी होना

【财神】 cáishén （财神爷 cáishényé भी） धन-देवता; लक्ष्मी; कुबेर: 请～ लक्ष्मी का आवाहन करना

【财势】 cáishì धन-संपत्ति और प्रभाव: 依仗～ अपने या किसी दूसरे की धन-संपत्ति और प्रभाव के भरोसे

【财团】 cáituán वित्त-मंडल; वित्तीय ग्रुप: 国际～ अंतर्राष्ट्रीय वित्त-मंडल

【财务】 cáiwù वित्तीय मामला: ～报告 वित्तीय मामला संबंधी रिपोर्ट / ～科 वित्त-विभाग

【财物】 cáiwù धन-संपत्ति; संपत्ति (अचल संपत्ति छोड़ कर); माल-असबाब: 个人～ वैयक्तिक माल-असबाब / 公共～ सार्वजनिक जायदाद

【财险】 cáixiǎn (财产保险 cáichǎn bǎoxiǎn संपत्ति बीमा) का संक्षिप्त रूप

【财源】 cáiyuán वित्तीय साधन; वित्तीय स्रोत; आमदनी का स्रोत: ～茂盛 वित्तीय साधन संपन्न होना / 开辟～ वित्तीय स्रोतों का पता लगाना

【财运】 cáiyùn पैसा कमाने का भाग्य: ～亨通 पैसा कमाने में भाग्य खुलना; धन प्राप्त करने में कोई रुकावट न होना

【财政】 cáizhèng वित्त; सार्वजनिक वित्त: ～危机 वित्तीय संकट / ～收入 वित्तीय आय / ～支出 वित्तीय व्यय / ～赤字 वित्तीय घाटा; माली घाटा / ～贷款 वित्तीय कर्ज़ / ～收支平衡 वित्तीय आय-व्यय का संतुलन / ～监督 वित्त-निरीक्षण / ～预算 वित्तीय बजट / ～决算 आय-व्यय का लेखा-जोखा / ～机关 वित्तीय संस्था; वित्तीय संगठन / ～部长 वित्त मंत्रि

【财政部】 cáizhèngbù वित्त मंत्रालय; वित्तीय विभाग

【财政年度】 cáizhèng niándù वित्तीय वर्ष

【财主】 cáizhǔ धनपति; धनवान; अमीर

裁 cái ❶(कागज़, कपड़े आदि को) टुकड़ों में काटना; (कपड़ा) ब्योंतना: 把纸～成条儿 कागज़ को पट्टियों में काटना / 给孩子～件新衣服 बच्चे के लिये एक नई पोशाक ब्योंतना / 这块布料可以～两件衣服。 इस कपड़े को काट कर दो कोट बनाये जा सकते हैं। ❷घटाना; कम करना; छंटनी करना; बरखास्त करना; पदच्युत करना: 他被～了。 उस को बरखास्त कर दिया गया है; उस की छंटनी हुई है; वह नौकरी से अलग कर दिया गया है। ❸निर्णय करना; फ़ैसला करना: 裁夺 ❹प्रतिबंध; रोक; दंड; निषेध; सज़ा: 经济制～ आर्थिक सज़ा ❺मानसिक योजना: 别出心～ दूसरों से भिन्न उपाय अपनाना

【裁兵】 cáibīng 〈पुराना〉 सैन्य शक्ति की कटौती करना

【裁并】 cáibìng (संगठनों या संस्थाओं को) कम करना और मिला देना

【裁撤】 cáichè (संगठन या संस्था को) विसर्जित करना; विघटित करना: 这个机构应该～。इस संस्था को विसर्जित किया जाना चाहिये।

【裁处】cáichǔ विचार करना और समाधान करना; निर्णय करना और उपाय निकालना: 这件事由你～。इस समस्या का तुम ही निपटारा करोगे।

【裁定】 cáidìng 〈का०〉 (अदालत का) निर्णय; अधिकार युक्त निर्णय करना: 法官～他的抗议无效。जाज ने निर्णय किया कि उस का विरोध अमान्य है।

【裁断】 cáiduàn विचार करना और निर्णय करना: 这篇文章是否发表，由主编～。इस निबंध को प्रकाशित किया जाएगा कि नहीं, इस का प्रधान संपादक ही निर्णय करेंगे।

【裁夺】 cáiduó 裁断 के समान

【裁缝】 cáifeng दर्ज़ी; दर्ज़िन

【裁剪】cáijiǎn नाप के अनुसार कपड़ा काटना; ब्योंतना: 我这条裤子请按这个尺寸～。मेरी पतलून इस नाप की बना दीजिए।

【裁减】 cáijiǎn छंटाई; छंटनी; कटौती; कटौती करना; घटाना; कम करना: ～机关工作人员 किसी संस्था के कर्मचारियों को कम करना / ～军备 निःशस्त्रीकरण; सैन्य शक्ति की कटौती करना

【裁决】 cáijué निर्णय करना; न्याय-निर्णय करना: 依法～ कानून के अनुसार न्याय-निर्णय करना / 会议主席作出了～。सभापति ने निर्णय किया है।

【裁军】 cáijūn निःशस्त्रीकरण; सैन्य शक्ति की कटौती करना: ～谈判 निःशस्त्रीकरण वार्त्तालाप

【裁判】 cáipàn ❶〈का०〉 (कानून के अनुसार मुकदमे पर) फ़ैसला (निर्णय) करना; फ़ैसला (निर्णय) सुनाना: 缺席～ अनुपस्थिति में फ़ैसला सुनाना ❷〈खेल०〉 रेफ़री का कार्य; निर्णय: ～权 निर्णय करने का अधिकार ❸〈खेल०〉 रेफ़री; निर्णायक; अम्पायर: 乒乓球～ टेबल टेनिस का रेफ़री

【裁判员】 cáipànyuán 〈खेल०〉 रेफ़री; निर्णायक; अम्पायर

【裁判长】 cáipànzhǎng 〈खेल०〉 मुख्य रेफ़री; प्रधान निर्णायक

【裁汰】 cáitài 〈लि०〉 (आवश्यकता से अधिक या निकम्मे व्यक्तियों की) छंटाई करना: ～冗员 अनावश्यक कर्मचारियों की छंटाई करना

【裁员】 cáiyuán नौकरी में लगे हुए व्यक्तियों को कम करना; कर्मचारियों की संख्या घटाना: 这家公司已～十五人。इस कंपनी में 15 कर्मचारियों को नौकरी से अलग कर दिया गया है।

【裁纸机】 cáizhǐjī कागज़ काटने वाला यंत्र; पेपर कटर

cǎi

采[1] (採) cǎi ❶तोड़ना; चुनना; चयन करना; इकट्ठा करना; संकलन करना; बटोरना: ～茶 चाय की पत्तियां इकट्ठी करना; चाय पत्ति तोड़ना / ～药 औषधिक जड़ी-बूटियां इकट्ठी करना / ～花 फूल चुनना; फूल तोड़ना / ～桑 शहतूत के पत्ते इकट्ठे करना / ～蜜 शहद इकट्ठा करना / ～珍珠 मोतियों के लिये सीप पकड़ना ❷खान खोदना; खान से (धातु आदि) प्राप्त करना; निकालना: ～煤 खान से कोयला प्राप्त करना; कोयला खोदना / ～油 तेल निकालना ❸चुनना; पसंद करना: 采取

采[2] cǎi भाव; भावना: 兴高～烈 उत्साहपूर्ण होना / 无精打～ स्फूर्तिहीन होना; उदासीन होना

采[3] cǎi 彩 cǎi के समान
cài भी दे०

【采办】 cǎibàn बड़ी मात्रा में पसंद कर के खरीद लेना (विशेषतः किसी विशिष्ट अवसर पर): ～年货 वसंत त्यौहार के लिये सामान खरीदना

【采编】 cǎibiān इंटरव्यू लेना और संपादन करना: 报社的～人员 समाचार पत्र के इंटरव्यूकर्ता और संपादक

【采场】 cǎichǎng 〈खनि०〉 स्टोप

【采伐】 cǎifá (लकड़ी) काटना; काट कर गिरा देना: ～林木 जंगली लकड़ी काटना

【采访】 cǎifǎng ❶ढूंढ़ना और इकट्ठा करना: 图书～工作 पुस्तकालय के लिये किताबें खोजने और संग्रह करने का कार्य ❷(संवाददाता का) सामग्री इकट्ठी करना; संवाद देना; (किसी का) इंटरव्यू लेना: ～新闻 खबरें इकट्ठी करना / ～全国运动会的消息 राष्ट्रीय खेलकूद समारोह की खबरें इकट्ठी करना / ～一位老工人 एक बुज़ुर्ग मज़दूर का इंटरव्यू लेना

【采风】 cǎifēng लोक गीतों का संग्रह करना

【采购】 cǎigòu किसी संगठन या उद्योगधंधे के लिये सामान खरीदना; सामान खरीदना: ～建筑材料 इमारती सामग्री खरीदना / ～员 खरीदार; ग्राहक

【采光】 cǎiguāng 〈वास्तु०〉 प्रकाश-प्रबन्ध

【采集】 cǎijí इकट्ठा करना; जमा करना; संकलित करना; संग्रह करना: ～标本 नमूने जमा करना / ～民间歌谣 लोकगीतों को इकट्ठा करना

【采掘】 cǎijué 〈खनि०〉 खुदाई; खोदना; खोद कर निकालना: ～工业 खुदाई उद्योग / ～设备 खुदाई का साज-सामान; खुदाई का उपकरण / ～铁矿 लोहे की खान खोदना

【采矿】 cǎikuàng खान-खुदाई; खनिज पदार्थ खोद कर निकालना: 露天（地下）～ खुली (भूमिगत) खान की खुदाई; खुली (भूमिगत) खान से खनिज पदार्थ खोद कर निकालना / ～工业 खान-खुदाई उद्योग / ～机 खान खोदने की मशीन

【采录】 cǎilù इकट्ठा करना और लिपिबद्ध करना: ～民歌 लोक-गीत इकट्ठा करना और लिपिबद्ध करना

【采买】 cǎimǎi सामान चुन कर खरीदना; खरीदना; मोल लेना

【采棉】 cǎimián कपास चुनना: ～机 कपास चुनने की मशीन

【采纳】 cǎinà ग्रहण करना; स्वीकार करना; मंज़ूर करना; मान लेना; अपनाना: ～群众建议 जन-समूह का सुझाव मंज़ूर करना; जन-समूह का सुझाव अपनाना; जन-समूह के सुझाव पर अमल करना / ～正确的意见 सही राय मान लेना

【采暖】 cǎinuǎn 〈वास्तु०〉 हीटिंग (heating): 热水～ गर्म पानी की हीटिंग / ～设备 हीटिंग का प्रबन्ध

【采取】 cǎiqǔ अपनाना; काम लेना; काम में लाना: ～紧急措施 फ़ौरी उपाय अपनाना; फ़ौरी उपाय करना / ～主动 पहलकदमी करना; पहल करना / ～攻势 आक्रमणात्मक आचरण करना; आक्रमणात्मक स्थिति तैयार करना / ～新政策 नई नीति अपनाना / ～说服教育的办法 समझाने-बुझाने और शिक्षा देने का तरीका अपनाना / ～强制手段 ज़बरदस्ती से काम लेना / ～积极态度 सक्रिय रूख अपनाना / ～同志式的态度 कामरेडों जैसा रवैसा अपनाना / ～谨慎态度 सावधानी से काम लेना / ～行动 हरकत करना / ～新的方法 नया तरीका इस्तेमाल करना / ～上述步骤 उपरोक्त कदम उठाना / ～同样的原则 समान उसूल लागू करना

【采石场】 cǎishíchǎng पत्थर की खान

【采撷】 cǎixié 〈लि०〉 ❶चुनना; चयन करना ❷इकट्ठा करना; संग्रह करना

【采写】 cǎixiě (संवाददाता का किसी का) इंटरव्यू लेना और रिपोर्ट लिख देना

【采样】 cǎiyàng ❶〈खनि०〉 नमूना लेना ❷(पदार्थों का) नमूना लेना: 食品～检查 जांच-पड़ताल के लिये खाद्य-पदार्थों का नमूना लेना

【采用】 cǎiyòng अपनाना; व्यवहार में लाना; प्रयोग करना; इस्तेमाल करना: ～新技术 नई टेकनीक का इस्तेमाल करना / ～适当的方法 उचित तरीका अपनाना / 可～的计划 ऐसी योजना जो मंज़ूर करने लायक हो / 来稿不能～。आप का लेख अस्वीकृत हो गया है।

【采择】 cǎizé चुनना और अपनाना: 提出几种办法，以供～。चुनने के लिये आप के सामने कई उपाय पेश किये गये हैं।

【采摘】 cǎizhāi (फूल, पत्तियां या फल आदि) तोड़ना; चुनना: ～苹果 सेब तोड़ना / ～棉花 कपास चुनना

【采脂】 cǎizhī 〈अरण्य०〉 वृक्ष में से काट कर रस निकालना; राल निकालना

【采制】 cǎizhì इकट्ठा करना और तैयार करना; जमा करना और बनाना: ～中草药 औषधिक जड़ी-बूटियां जमा कर उपयोग के लिए तैयार करना

【采种】 cǎizhǒng 〈कृ०〉 बीज संग्रह करना

彩（綵） cǎi ❶रंग: 五～ बहुरंग; रंगबिरंगा / ～云 रंगीन बादल ❷रंगीन रेशम; रंजित रेशम: 张灯结～ लालटेनों और रंगीन फीतों से सजाना ❸वाह-वाह; शाबाशी: 喝～वाह-वाह करना; शाबाशी देना; जय-जयकार करना / ～声 वाह-वाह; शाबाशी; जय-जयकार ❹विविधता; विचित्रता; शान-शौकत: 丰富多～ समृद्ध और विचित्र ❺लाटरी; पुरस्कार; इनाम; जीत का माल: 中～ लाटरी जीत लेना; (के नाम) लाटरी निकल आना ❻चोट लगने से खून बहना: 挂～ लड़ाई में घायल होना

【彩蚌】 cǎibàng 〈क०शि०〉 चित्रित शंख; चित्रित सीपी

【彩车】 cǎichē ❶(परेड में) सुसज्जित गाड़ी ❷शादी की गाड़ी

【彩池】 cǎichí लाटरी पूल

【彩绸】 cǎichóu रंगीन रेशम; रंजित रेशमी कपड़ा

【彩带】 cǎidài रंगीन फीता

【彩旦】 cǎidàn पुराने नाटक में विदूषक-नायिका; विदूषिका

【彩蛋】 cǎidàn 〈क०शि०〉 अंडे का चित्रित छिलका; चित्रित अंड-खोल

【彩灯】 cǎidēng रंग-बिरंगी बत्तियां

【彩电】 cǎidiàn ❶（彩色电视 का संक्षिप्त रूप）कलर टेलिविज़न (टेलिविज़न से लिया गया दृश्य): ～中心 कलर टेलिविज़न केन्द्र ❷（彩色电视机 का संक्षिप्त रूप）कलर टेलिविज़न सेट; कलर टी०वी०: 一台～ एक कलर टी०वी०

【彩号】 cǎihào लड़ाई में घायल हुआ सैनिक

【彩虹】 cǎihóng इन्द्रधनुष

【彩绘】 cǎihuì रंगीन चित्र; रंगबिरंगी तस्वीर; रंजित चित्रण: ～磁器 रंगीन चित्रों से अलंकृत चीनी मिट्टी के बर्तन / 金漆～ सुनहरी वार्निश का रंगीन चित्रण

【彩轿】 cǎijiào (शादी में प्रयुक्त) सुसज्जित पालकी

【彩卷】 cǎijuǎn（彩卷儿 cǎijuǎnr भी）कलर फ़िल्म

【彩扩】 cǎikuò（彩色扩印 का संक्षिप्त रूप）〈फ़ोटो०〉 (रंगीन फ़ोटो) बढ़ा कर बड़े आकार का बनाना; 135 कलर फ़िल्मों का इंलार्जमेंट बनाना

【彩礼】 cǎilǐ सगाई का उपहार (बर पक्ष की ओर से कन्या पक्ष को दिया हुआ): 要（收，送）～ सगाई का उपहार मांगना (लेना, देना)

【彩练】 cǎiliàn रंगीन फीता

【彩门】 cǎimén 彩牌楼 के समान

【彩迷】 cǎimí लाटरी उत्साही; लाटरी प्रेमी

【彩民】 cǎimín लाटरी खरीददार

【彩排】 cǎipái वेशभूषा सहित पूर्वाभ्यास; ड्रेस रिहर्सल (dress rehearsal): 明天进行～。कल हम ड्रेस रिहर्सल करेंगे।

【彩牌楼】 cǎipáilou सुसज्जित मेहराबनुमा इमारत (उत्सव के अवसर पर बनाई हुई)

【彩喷】 cǎipēn (彩色喷墨打印 का संक्षिप्त रूप) कालर इंक जेट प्रिंटर

【彩棚】 cǎipéng सुसज्जित शिविर; बड़ा तम्बू

【彩票】 cǎipiào लाटरी-टिकट

【彩评】 cǎipíng लाटरी रिव्यू

【彩旗】 cǎiqí रंगीन पताका; रंगबिरंग झंडा: 道路两旁，～飘扬。सड़क के दोनों ओर रंगबिरंगे झंडे हवा में फहरा रहे थे।

【彩券】 cǎiquàn दे० 彩票

【彩色】 cǎisè विविध रंग; रंगीन: ～铅笔 रंगीन पेंसिल / ～照片 रंगीन फ़ोटो / ～图画 रंगीन चित्र

【彩色玻璃】 cǎisè bōli अभिरंजित शीशा

【彩色电视】 cǎisè diànshì कलर टेलिविज़न (टेलि-

विज़न से लिया गया दृश्य)
【彩色电视机】 cǎisè diànshìjī कलर टेलिविज़न सेट; कलर टी०वी०
【彩色胶卷】 cǎisè jiāojuǎn 〈फ़ोटो०〉 कलर फ़िल्म
【彩色片儿】 cǎisèpiānr 〈बोल०〉 रंगीन सिनेमा; कलर फ़िल्म
【彩色片】 cǎisèpiàn रंगीन सिनेमा; कलर फ़िल्म
【彩色印刷】 cǎisè yìnshuā रंगीन छपाई
【彩市】 cǎishì लाटरी बाज़ार
【彩塑】 cǎisù रंगीन मूर्ति-कला; रंगीन मूर्ति; रंगीन मूर्ति बनाना; रंगीन मूर्ति गढ़ना: ～泥人 मिट्टी से गढ़ी रंगीन मानव-मूर्ति
【彩陶】 cǎitáo प्राचीन चीन के रंजित मिट्टी-बर्तन
【彩陶文化】 cǎitáo wénhuà （仰韶文化 yǎngsháo wénhuà का दूसरा नाम） रंजित मिट्टी-बर्तन की सभ्यता
【彩头】 cǎitóu शकुन; लाभ या जीत मिलने का शकुन
【彩霞】 cǎixiá रंगबिरंगे बादल; गुलाबी बादल
【彩页】 cǎiyè रंगीन पन्ना; कलर पृष्ठ
【彩印】 cǎiyìn 彩色印刷 का संक्षिप्त रूप

睬（倸） cǎi ध्यान देना; परवाह करना: 不要～他。उस पर ध्यान न दो; उस की परवाह न करो।

踩（跴） cǎi कदम रखना; कुचलना; रौंदना; लताड़ना; लतियाना: 当心～坏了庄稼。सावधान, फ़सल को रौंदो मत। / 他～在凳子上挂灯笼。उस ने स्टूल पर खड़े हो कर लालटेन लटकाई। / 把一切困难～在脚下 सब कठिनाइयों को पैरों तले कुचल डालना; सभी कठिनाइयों पर जीत हासिल करना / 在旧社会，穷人是被富人～在脚底下的。पुराने समाज में गरीब आदमी अमीरों के पैरों के नीचे दबे हुए थे।
【踩水】 cǎishuǐ 〈खेल०〉 खड़ी तैराकी
【踩线】 cǎixiàn 〈खेल०〉 फ़ूट फ़ाल्ट

cài

采（埰） cài नीचे दे०
cǎi भी दे०
【采地】 càidì दे० 采邑
【采邑】 càiyì जागीर; सामंत-जागीर

菜 cài ❶सब्ज़ी; तरकारी; साग-सब्ज़ी; सागभाजी: 野～ जंगली सब्ज़ी / 种～ सागभाजी उगाना ❷(सहायक) खाद्य पदार्थ: 上菜市场买～ खाद्य पदार्थ खरीदने बाज़ार जाना; खाने की चीज़ें लेने बाज़ार जाना ❸व्यंजन; डिश; कोर्स: 一道～ एक कोर्स / 素～ शाक डिश / 荤～ मांस डिश / 川～ स्छवान प्रांत के तरीके से बनायी डिश; स्छवान डिश / 做～ व्यंजन तैयार करना; व्यंजन पकाना
【菜板】 càibǎn सब्ज़ी काटने का तख्ता; चापिंग बोर्ड
【菜帮】 càibāng (पात गोभी आदि की) बाहरी पत्ती
【菜场】 càichǎng सब्ज़ी की मंडी; भोजन का बाज़ार; फ़ूड मार्केट
【菜单】 càidān ❶व्यंजन-सूची; भोजन-सूची; मेन्यू (menu) ❷〈कंप्यूटर〉 मेन्यू ❸सेवा-मदों की सूचि; सेवा-कार्य की सूची
【菜刀】 càidāo सब्ज़ी काटने का चाकू; रसोई की छुरी
【菜地】 càidì सब्ज़ी की भूमि
【菜豆】 càidòu सेम; लोबिया
【菜粉蝶】 càifěndié सफ़ेद तितली
【菜瓜】 càiguā स्नेक मेलन
【菜馆】 càiguǎn 〈बो०〉 रेस्तरां
【菜花】 càihuā ❶फूलगोभी ❷सरसों के फूल
【菜窖】 càijiào सब्ज़ी रखने के लिये भूमिस्थ गोदाम; सब्ज़ी का तहखाना
【菜篮子】 càilánzi ❶सब्ज़ी रखने की टोकरी; भोजन की टोकरी ❷(सागसब्ज़ी, सहायक खाद्य पदार्थ आदि) भोजन की सप्लाई: 此地居民的～问题已基本解决。यहां के निवासियों के लिये सहायक खाद्य पदार्थ की सप्लाई की समस्या बुनियादी तौर पर हल हो गई है।
【菜码儿】 càimǎr 〈बो०〉 नुडल के साथ खायी जाने वाली सब्ज़ी
【菜牛】 càiniú खाद्य गाय-बैल
【菜农】 càinóng सब्ज़ी उगाने वाला किसान; सब्ज़ी उत्पादक
【菜圃】 càipǔ सब्ज़ी-बाग; तरकारी का बगीचा
【菜谱】 càipǔ ❶व्यंजन-सूची; मीनू (menu) ❷पाक-कला की पुस्तक
【菜畦】 càiqí सब्ज़ी-बाग का खण्ड
【菜青】 càiqīng काला और भूरा सा लिये हरा रंग; गहरा हरा रंग
【菜青虫】 càiqīngchóng शाक-क्रीड़ा
【菜色】 càisè उस किसी का रोगी जैसा पीलापन जो जंगली सब्ज़ियों पर ही जीवित रहता हो; क्षुधातुरता (या दुर्बलता) दिखाई देना: 面有～ देखने में क्षुधातुर मालूम होना
【菜市】 càishì सब्ज़ी का बाज़ार; व्यंजन की मंडी
【菜蔬】 càishū ❶सब्ज़ी; तरकारी; शाक-भाजी ❷भोजन (सब्ज़ी और मांस); प्रीतिभोज में विविध प्रकार के व्यंजन
【菜苔】 càitái (सरसों आदि का) डंठल
【菜摊】 càitān सब्ज़ी का स्टाल
【菜心儿】 càixīnr (पातगोभी आदि का) केन्द्र भाग
【菜肴】 càiyáo 〈लि०〉 पकाये हुए व्यंजन (प्रायः मांस डिश)
【菜油】 càiyóu तोरिये का तेल; रेप आयल
【菜园】 càiyuán सब्ज़ी बाग; तरकारी का बगीचा
【菜子】 càizǐ （菜籽 càizǐ भी） ❶सब्ज़ी का बीज ❷तोरिये का बीज
【菜子饼】 càizǐbǐng तोरिये की खली; रेप केक
【菜子油】 càizǐyóu 菜油 के समान

蔡 Cài एक कुलनाम

cān

参[1] （參） cān ❶शामिल होना; दाखिल होना; शरीक होना; भरती होना; भाग लेना： 参军 ❷(पुस्तक आदि से) सहायता लेना; राय लेना; शिक्षा लेना： 参考

参[2] （參） cān ❶(आदरणीय व्यक्ति आदि के) दर्शन करना： 参拜 ❷सम्राट के सामने किसी अधिकारी पर दोषारोपण करना： ～一本 सम्राट के सामने किसी अधिकारी पर दोषारोपण करने का प्रार्थना-पत्र उपस्थित करना

cēn; shēn भी दे०

【参拜】 cānbài (किसी आदरणीय व्यक्ति आदि के) दर्शन करना; (किसी आदरणीय व्यक्ति की समाधि या मूर्ति के सामने) श्रद्धांजलि अर्पित करना： ～孔庙 कंफ़्यूशियस के मंदिर के दर्शन करना

【参半】 cānbàn आधा; आधा-आधा： 疑信～ आधा विश्वास, आधा संदेह / 毁誉～ आधा यश, आधा अपयश; यश भी मिलना और अपयश भी मिलना

【参禅】 cānchán (बौद्धों का) ध्यान (करना)

【参股】 cāngǔ (कंपनी आदि का) शेयर खरीदना; साझीदार बनना

【参观】 cānguān देखना; दर्शन करना; दौरा करना： ～工厂 कारखाना देखना / ～名胜古迹 प्रसिद्ध दर्शनीय स्थान और प्राचीन स्मारक देखना / ～团 दर्शक मंडल / 欢迎～ दर्शकों का स्वागत

【参加】 cānjiā ❶शामिल होना; दाखिल होना; शरीक होना; भरती होना; जुटना; हिस्सा लेना; भाग लेना; शिरकत करना： ～革命 क्रांतिकारी पांतों में शामिल होना; क्रांतिकारी कार्य में जुट जाना / ～党 (कम्युनिस्ट) पार्टी में शामिल होना; (कम्युनिस्ट) पार्टी में दाखिल होना / ～会议 सभा (बैठक) में भाग लेना; सभा (बैठक) में उपस्थित होना / ～会谈 बातचीत में हिस्सा लेना / ～晚会 रात्रि-समारोह में शिरकत करना / ～选举 चुनाव में भाग लेना / ～生产劳动 उत्पादक श्रम में हिस्सा लेना / 积极～社会主义建设 समाजवादी निर्माण कार्य में सक्रिय भाग लेना / ～管理国家大事 राजकीय मामलों के प्रबंध में शरीक होना ❷(सलाह, सुझाव आदि) देना; पेश करना： 这件事请您也～点意见吧。 आइये, इस मामले में आप भी अपनी शुभ राय पेश कीजिये।

【参见】[1] cānjiàn देखिये; … भी देखिये (प्रायः पुस्तक के नोटों में प्रयुक्त)： ～第三章 परिच्छेद 3 पर भी देखिये

【参见】[2] cānjiàn (किसी आदरणीय व्यक्ति के) दर्शन करना

【参军】 cānjūn सैन्य-प्रवेश; सेना में भरती होना： 你是什么时候～的？ तुम कब सेना में भरती हुए ?

【参看】 cānkàn ❶देखिये; … भी देखिये (प्रायः पुस्तक के नोटों में प्रयुक्त)： ～第十页。 पृष्ठ 10 पर देखिये / ～列宁《国家与革命》。 देखियेः वी० आई० लेनिन की रचना 'राज और क्रांति' ❷(पुस्तक आदि से) सहायता लेना; राय लेना; शिक्षा लेना; संदर्भ के लिये पढ़ना： 为了写这篇文章，他～了不少书刊。 यह निबंध लिखने में उन्हों ने बहुत सी पुस्तकों और पत्र-पत्रिकाओं से सहायता ली। / 学习时事可以～这几篇文章。 आप सामायिक घटनाओं की जानकारी प्राप्त करने के लिये ये लेख पढ़ सकते हैं।

【参考】 cānkǎo ❶(पुस्तक आदि से) सहायता लेना; राय लेना; शिक्षा लेना： 作者写这本书，～了许多历史文献。 लेखक ने यह पुस्तक लिखने में बहुत-से ऐतिहासिक दस्तावेज़ों से सहायता ली। ❷संदर्भ; रेफ़रेंस： 仅供～。 केवल संदर्भ के लिये; सिर्फ़ रेफ़रेंस के लिये।

【参考书】 cānkǎoshū संदर्भ पुस्तक; निर्देश-पुस्तक; निर्देशिका; सहायक पुस्तक; रेफ़रेंस बुक

【参考书目】 cānkǎo shūmù संदर्भ पुस्तकों की सूची; बिब्लियोग्राफ़ी

【参考资料】 cānkǎo zīliào संदर्भ सामग्री; रेफ़रेंस सामग्री

【参谋】 cānmóu ❶〈सैन्य०〉 स्टाफ़ आफ़िसर ❷सलाह देना; परामर्श देना： 这事该怎么办，您给～一下。 आप सलाह दीजिये कि अब क्या किया जाए। / 这事可以让老马给您～～。 इस मामले के बारे में आप लाओ मा से सलाह ले सकते हैं।

【参谋部】 cānmóubù 〈सैन्य०〉 जनरल स्टाफ़

【参谋长】 cānmóuzhǎng 〈सैन्य०〉 चीफ़ आफ़ स्टाफ़

【参赛】 cānsài मैच या प्रतियोगिता में भाग लेना： ～选手 प्रतियोगी

【参事】 cānshì सलाहकार; परामर्श दाता; कौंसिलर

【参数】 cānshù 〈गणित०〉 पैरामीटर

【参天】 cāntiān गगनचुंबी; बहुत ऊँचा (पेड़ आदि)： ～古树 बहुत ऊँचे और पुराने वृक्ष

【参透】 cāntòu पूर्ण रूप से समझ लेना： ～他的机关 उस का चातुर्य खूब समझ लेना

【参谒】 cānyè (उच्च पद पर आसीन व्यक्ति के) दर्शन करना ❷श्रद्धांजलि अर्पित करना： ～烈士陵园 शहीदों के मकबरों के प्रति श्रद्धांजलि अर्पित करना

【参议】 cānyì 〈लि०〉 सम्मति देना; परामर्श देना： ～国事 राजकीय मामलों में परामर्श देना

【参议员】 cānyìyuán सीनेटर

【参议院】 cānyìyuàn सीनेट

【参与】 cānyù हिस्सा लेना; भाग लेना; सम्मिलित होना; हाथ बंटाना： ～其事 इस मामले में हाथ बंटाना / ～制订规划 योजना बनाने में सम्मिलित होना / ～进步活动 प्रगतिशील कार्यवाहियों में हिस्सा लेना / 这种事我不～。 मैं ऐसी बातों में हाथ बंटाना नहीं चाहता।

【参预】 cānyù 参与 के समान

【参阅】 cānyuè 参看 के समान

【参杂】 cānzá मिलाना; मिश्रित करना

【参赞】 cānzàn ❶कौंसिलर; अटैची： 商务～ वाणिज्य

कौंसिलर / 文化～ सांस्कृतिक अटैची ❷<लि०> योजनाएं बनाने में योग देना; सलाहकार के रूप में काम करना: ～军务 सैनिक योजना बनाने में हिस्सा लेना

【参战】 cānzhàn युद्ध में शामिल होना; लड़ाई में हिस्सा लेना

【参战国】 cānzhànguó युद्धरत देश

【参照】 cānzhào के अनुसार; देखते हुए: 我们～原文作了一些修改。मूल को देखते हुए हम ने कुछ संशोधन किये। / ～具体情况作出适当安排。ठोस परिस्थितियों के अनुसार उचित प्रबंध करो। / 他们的办法很好，我们可以～实行。उन का उपाय बहुत अच्छा है, हम वैसा ही कर सकते हैं।

【参政】 cānzhèng राजनीतिक गतिविधियों में हिस्सा लेना; राजनीतिक संगठन में शामिल होना: ～议政 सरकारी मामलों में शामिल होना और उन पर विचार-विमर्श करना

【参酌】 cānzhuó वास्तविक परिस्थितियों को देखते हुए किसी मामले पर सोच-विचार करना

餐（飡、湌）cān ❶भोजन करना; खाना खाना: 聚～ बहुत-से लोगों का साथ बैठ कर भोजन करना; सहभोज (सहभोजन) करना / 野～ वनभोज; पिकनिक; वनभोज करना; पिकनिक करना ❷भोजन; खाना: 中～ चीनी भोजन / 西～ पश्चिमी भोजन / 印（度）～ भारतीय भोजन ❸<परि०श०> एक वक्त का खाना: 一日三～ दिन में तीन वक्त का खाना

【餐车】 cānchē (रेल में) भोजन का डिब्बा; डाइनिंग कार

【餐风宿露】 cānfēng-sùlù हवा खाना और खुले मैदान में रात बिताना —— दुर्गम यात्रा या जंगली जीवन का कष्ट सहना

【餐馆】 cānguǎn रेस्तरां

【餐巾】 cānjīn भोजन के समय व्यवहृत रूमाल; नैपकिन

【餐巾纸】 cānjīnzhǐ नैपकिन कागज़; पेपर नैपकिन

【餐具】 cānjù खाने-पीने के बर्तन

【餐室】 cānshì भोजन का कमरा; डाइनिंग रूम

【餐厅】 cāntīng ❶भोजन का कमरा; डाइनिंग रूम; भोजनशाला; भोजनालय ❷रेस्तरां

【餐桌】 cānzhuō भोजन की मेज़; डाइनिंग टेबल

cán

残（殘）cán ❶अपूर्ण; अधूरा: ～稿 अपूर्ण हस्तलिपि; अधूरा हस्तलेख ❷अवशेष; अवशिष्ट; शेष; बचा-खुचा: ～敌 दुश्मन का अवशेष; बचा-खुचा शत्रु / ～冬 जाड़े के अंतिम दिन / 风卷～云 हवा का बचे-खुचे बादल को छिन्न-भिन्न करना —— एक ही आघात में सब कुछ मिटा देना ❸क्षति करना; नुकसान पहुँचाना; घायल करना: 残害 ❹निष्ठुर; क्रूर; निर्दय; जालिम: 残暴

【残败】 cánbài खण्डित और पतित: ～不堪 पूरी तरह खण्डित और पतित हो जाना

【残暴】 cánbào ❶निर्दयता और क्रूरता; बर्बरता; नृशंसता; निष्ठुरता; पाशविकता; खूंखारपन ❷निर्दय और क्रूर; बर्बर; नृशंस; निष्ठुर; जालिम; पाशविक; खूंखार: ～的敌人 बर्बर शत्रु; खूंखार दुश्मन

【残杯冷炙】 cánbēi-lěngzhì किसी अमीर का अवशिष्ट भोजन; स्वादिष्ट भोजन के बचे-खुचे टुकड़े; जूठा टुकड़ा; जूठी पत्तल

【残本】 cánběn वह ग्रंथ जिस का एक भाग या कुछ पृष्ठ छूट गए हों

【残兵败将】 cánbīng-bàijiàng विध्वस्त सेना का अवशेष; बची-खुची सेना

【残部】 cánbù किसी की पराजित सेना का अवशेष; किसी के बचे-खुचे सैनिक

【残喘】 cánchuǎn अंतिम सांस; अंतिम सांस लेना: 苟延～ अंतिम सांस लेते रहने की भरसक कोशिश करना; जीवित रहने का यथासंभव प्रयास करना

【残存】 cáncún अवशेष; अवशिष्ट; शेष; बचा-खुचा: ～的封建思想 बची-खुची सामंतवादी विचारधारा / ～者 बचा रहने वाला; उत्तरजीवी

【残废】 cánfèi ❶अपाहिज; पंगु; विकलांग; अपांग; अपाहिज होना; अपंग होना: ～军人 अपाहिज सैनिक; अपंग सैनिक / 他的一只腿是在一次战斗中～的。उस की एक टाँग किसी लड़ाई में बेकार हो गई थी। ❷अपाहिज; लंगड़ा; लूला; लूला-लंगड़ा: 一等～ पहले दर्जे का पंगु सैनिक

【残羹剩饭】 cángēng-shèngfàn जूठन; जूठा टुकड़ा; जूठी पत्तल

【残骸】 cánhái (मनुष्य या पशु का) मृतक शरीर; (इमारत, मशीन, गाड़ी आदि का) भग्नशेष; ध्वंसावशेष: 敌机～ दुश्मन के विमान का ध्वंसावशेष

【残害】 cánhài निर्ममता से घायल करना या हत्या करना: ～肢体 शरीर को घायल करना / ～儿童 बच्चों पर अत्याचार करना

【残货】 cánhuò (दूकान में) बिगड़ी हुई चीज़; अप्रामाणिक चीज़

【残疾】 cánjí विकलांगता; विरूपता; अंगभंग; अपाहिज; विकलांग: ～儿童 विकलांग बाल-बच्चे / 他的左腿有～，行动不便。उस का बायां पैर बेकाम है, चलने-फिरने में ज़रा मुश्किल है।

【残疾人】 cánjírén अपाहिज व्यक्ति; विकलांग व्यक्ति

【残迹】 cánjì अवशिष्ट निशान; चिन्ह; अवशेष

【残局】 cánjú ❶(शतरंज आदि की) अधूरी बाज़ी या किसी बाज़ी की अंतिम अवस्था ❷किसी कार्य के विफल होने के बाद बच रही बुरी हालत; सामाजिक गड़बड़ का परिणाम: 收拾～ बिगड़ी स्थिति को संभालने

【残酷】 cánkù निर्मम; निर्दय; बर्बर; क्रूर; नृशंस; हृदय-शून्य; पाशविक: ～的剥削 निर्मम शोषण / ～地压迫 निर्दयतापूर्वक दमन करना / ～的殖民统治 क्रूर उपनिवेशवादी शासन / ～的现实 निर्मम वास्तविकता / 对敌人～无情 दुश्मन के साथ निर्दयता करना

【残留】 cánliú आंशिक रूप से बचा रहना; अवशेष रह

जाना: 这里还～着战争的痕迹。यहां युद्ध के निशान अभी भी मौजूद हैं। / 他头脑中还～着旧观念。उस के दिमाग में पुरानी धारणाएं फिर भी बची रही हैं।

【残年】 cánnián ❶ज़िन्दगी का संध्याकाल; जीवन-संध्या: 风烛～ चलती हवा में जलती मोमबत्ती जैसी हासोंमुख जीवन-संध्या ❷वर्ष के अंतिम दिन

【残虐】 cánnüè ❶क्रूर और निरंकुश ❷निर्ममता से अत्याचार करना: ～囚犯 कैदियों पर निर्ममता से निर्ममता से अत्याचार करना

【残篇断简】 cánpiān-duànjiǎn वह पुस्तक या निबंध जिस का कोई भाग या कुछ पृष्ठ छूट गये हों; अपूर्ण पुस्तक; अधूरा निबंध

【残品】 cánpǐn सदोष माल; क्षतिग्रस्त माल

【残破】 cánpò खण्डित; भग्न; अपूर्ण; जीर्ण-शीर्ण; टूटा-फूटा: 出土的文物有些已经～。ज़मीन खोद कर निकाली गई सांस्कृतिक निधियों में कुछ तो टूटी-फूटी हैं।

【残缺】 cánquē अपूर्ण; अधूरा; आंशिक: 一套～不全的茶具 चाय के बर्तनों का अधूरा सेट

【残忍】 cánrěn हृदयहीन; निर्दय; क्रूर; निष्ठुर: 他这样对待自己的父母，太～了。अपने माता-पिता के साथ उस का यह व्यवहार सचमुच ही बहुत निष्ठुर है।

【残杀】 cánshā (किसी की) हत्या करना; (किसी का) कत्ल करना; (किसी का) वध करना: 自相～ एक दूसरे का वध करना; पारस्परिक हत्या करना / ～无辜 निर्दोषों का कत्ल करना

【残生】 cánshēng ❶दे० 残年❶ ❷संयोग से बचे हुए प्राण

【残阳】 cányáng डूबता सूरज

【残余】 cányú अवशेष; शेषभाग; शेष; अवशिष्ट; बाकी; बकाया; बचा-खुचा: 封建～ सामंती अवशेष / ～势力 बची-खुची शक्ति / 剥削阶级思想～ शोषक वर्गों की विचारधारा का अवशेष

【残垣断壁】 cányuán-duànbì टूटी-फूटी दीवारें —— वीरानी का दृश्य

【残渣余孽】 cánzhā-yúniè पुराने समाज के बचे-खुचे दुष्ट व्यक्ति

【残障】 cánzhàng विकलांगता; अपाहिजपन: ～者 विकलांग; अपाहिज

【残照】 cánzhào डूबते सूरज की रोशनी; संध्या की लाली

蚕（蠶） cán रेशम का कीड़ा; रेशम-कीड़ा: 养～ रेशम के कीड़ों का पालन (करना)

【蚕宝宝】 cánbǎobǎo 〈बो०〉 रेशम-कीड़ा

【蚕箔】 cánbó रेशम के कीड़े पालने के लिये प्रयुक्त बांस का छिलका पात्र

【蚕蔟】 cáncù पुआल से बना बंडल जिस पर रेशम के कीड़ों के द्वारा कोये बनाये जाते हैं

【蚕豆】 cándòu उड़द; माष; चौड़ी फली; ब्राड बीन

【蚕蛾】 cán'é रेशम-फतिंगा

【蚕茧】 cánjiǎn रेशम का कोया; रेशम-कोश

【蚕眠】 cánmián चमड़ा उतरने के पहले रेशम के कीड़ों का सुप्तावस्था में होना; रेशम के कीड़ों की सुप्तावस्था

【蚕农】 cánnóng रेशम के कीड़ों का पालन करने वाला; रेशम-उत्पादक

【蚕沙】 cánshā रेशम के कीड़ों का मल

【蚕山】 cánshān दे० 蚕蔟

【蚕食】 cánshí थोड़ा-थोड़ा कर के हड़पना; कदम ब कदम कब्ज़ा करना; किसी दूसरे के क्षेत्र को कुतरना: ～邻国 पड़ोसी देश की भूमि पर थोड़ा-थोड़ा कर के कब्ज़ा करना; पड़ोसी देश को कदम ब कदम हड़पना

【蚕食鲸吞】 cánshí-jīngtūn रेशम के कीड़ों की तरह खाना या ह्वेल की तरह निगलना —— किसी दूसरे देश की प्रादेशिक भूमि पर थोड़ा-थोड़ा कर के या बड़े पैमाने पर कब्ज़ा करना

【蚕食政策】 cánshí zhèngcè किसी दूसरे देश की भूमि पर थोड़ा-थोड़ा कर के कब्ज़ा करने की नीति; किसी दूसरे देश को कुतरने की नीति

【蚕丝】 cánsī असली रेशम; रेशम; सिल्क

【蚕蚁】 cányǐ नवजात रेशम के कीड़े

【蚕蛹】 cányǒng रेशम के कीड़ों का क्रिसेलिस

【蚕纸】 cánzhǐ वह कागज़ जिस पर रेशम-फतिंगा अंडे देता है

【蚕子】 cánzǐ रेशम-फतिंगे के अंडे

惭（慚） cán शर्म; लाज; लज्जा; शर्मिंदा; लज्जित; शर्मिंदा होना; लज्जित होना: 大言不～ शेखी बघारते शर्म न आना; बेशर्म से डींग मारना

【惭愧】 cánkuì शर्म; लाज; लज्जा; शर्मिंदा; लज्जित; शर्म आना; शर्मिंदा होना; लज्जित होना: 我没有尽到责任，感到很～。मैं ने अपना कर्तव्य पूरा नहीं किया, इस से मुझे बड़ी शर्म आती है; मैं इसलिये बहुत लज्जित हूँ कि मैं ने अपना कर्तव्य पूरा नहीं किया।

【惭色】 cánsè लज्जित होने का भाव; शर्मिंदगी; लाज: 面有～ चेहरे पर लज्जित होने का भाव आना

cǎn

惨（慘） cǎn ❶शोचनीय; दुखद; दयनीय: ～遭不幸 दुर्भाग्य से शोचनीय मौत होना ❷क्रूर; निर्दय; नृशंस: ～遭杀害 निष्ठुरता से हत्या की जाना ❸बहुत गंभीर; अतिघोर: 敌人愈是捣乱，就失败得愈～。दुश्मन जितना अधिक गड़बड़ करता है उतना अधिक हार खाता है।

【惨案】 cǎn'àn हत्या काण्ड: 五卅～ तीस मई हत्या काण्ड (1925 ई०, शांगहाए में)

【惨白】 cǎnbái फीका; वर्णहीन: 脸色～ चेहरा फीका पड़ना

【惨败】 cǎnbài घोर पराजय होना; करारी हार खाना: 敌军～而退。शत्रु सेना करारी हार खा कर हट गई।

【惨变】 cǎnbiàn ❶शोचनीय घटना; दुर्घटना; घोर आपत्ति: 家庭的～令人心碎。परिवार पर जो घोर आपत्ति पड़ी वह सचमुच ही दुखदायक थी। ❷(चेहरे का रंग) बहुत

बदलना; फीका पड़ना: 吓得脸色～ डर के मारे चेहरा फीका पड़ जाना

【惨不忍睹】 cǎnbùrěndǔ इतना शोचनीय कि देखा न जा सके

【惨淡】 cǎndàn ❶धुंधला; मलिन; आभाहीन: 在～的灯光下 बत्ती की धुंधली रोशनी में / 天色～ मौसम धुंधला होना ❷मंदी होना: 市面～。बाज़ार में मंदी थी। ❸बड़े कष्ट से कार्य चालू रखना: 惨淡经营

【惨淡经营】 cǎndàn-jīngyíng (व्यवसाय, उद्योगधंधा आदि) भगीरथ परिश्रम से प्रबन्ध करना; कठिन परिस्थितियों में बड़े कष्ट से कार्य चालू रखना

【惨祸】 cǎnhuò घोर विपत्ति; भीषण दुर्घटना; घोर संकट

【惨景】 cǎnjǐng शोचनीय दृश्य; दुखदायक घटना-स्थिति

【惨境】 cǎnjìng शोचनीय स्थिति; दयनीय परिस्थिति

【惨剧】 cǎnjù भीषण दुर्घटना; घोर विपत्ति: 有两节车厢脱轨了，一场～发生了。रेलगाड़ी के दो डब्बे पटरी से उतर गये, जिस से एक भीषण दुर्घटना हुई।

【惨绝人寰】 cǎnjuérénhuán ऐसी भयानक घटना जिस की मिसाल संसार में नहीं मिलती; अत्यंत दर्दनाक: ～的暴行 अपूर्व नृशंस अत्याचार

【惨苦】 cǎnkǔ हृदयवेधक और दुखी

【惨厉】 cǎnlì हृदयवेधक; दीन; खिन्न: ～的叫喊声 हृदयवेधक चिल्लाहट

【惨烈】 cǎnliè ❶बहुत हृदयवेधक: ～的景象 बहुत हृदयवेधक दृश्य ❷अत्यंत वीरतापूर्वक: ～牺牲 अत्यंत वीरतापूर्वक शहीद होना ❸घोर; भीषण; कठोर: ～的斗争 कठोर संघर्ष

【惨然】 cǎnrán शोकाकुल होना; व्यथित होना: 他听到这个不幸的消息，不禁～。यह दुखपूर्ण खबर सुन कर वह शोकाकुल हुआ।

【惨杀】 cǎnshā क्रूरतापूर्वक हत्या करना

【惨死】 cǎnsǐ शोचनीय मौत होना

【惨痛】 cǎntòng शोकाकुल; दुखी; व्यथायुक्त; कटु; कड़ुवा: ～的教训 दुखद सबक; कड़ुवा सबक / ～的经验 कड़ुवा अनुभव

【惨无人道】 cǎnwúréndào अमानुषिक; वहशी; बर्बर

【惨笑】 cǎnxiào (दुख, कष्ट आदि के कारण) अस्वाभाविक रूप से हँसना

【惨重】 cǎnzhòng घोर; गंभीर; कठोर; करारा; भीषण: 损失～ नुकसान बहुत गंभीर होना; बहुत गंभीर नुकसान होना / ～失败 घोर पराजय; करारी हार खाना / 敌军伤亡～。दुश्मन बहुत गंभीर रूप से हताहत हुआ है।

【惨状】 cǎnzhuàng दुर्दशा; दीनावस्था

càn

灿（燦）càn नीचे दे०

【灿烂】 cànlàn चमकीला; शोभावान; चमकदार; चमक-दमक वाला: ～的阳光 चमकदार सूरज; सूरज की चमकदार रोशनी / ～的民族文化 दीप्तिमान राष्ट्रीय संस्कृति / 祖国前途光辉～。हमारी मातृभूमि का भविष्य उज्ज्वल है।

【灿然】 cànrán उज्ज्वल; चमकीला; शोभावान

粲 càn <लि०> ❶चमकदार; उज्ज्वल ❷मनोहर; सुन्दर

【粲然】 cànrán ❶चमकदार; उज्ज्वल: 星光～。आकाश में तारे चमक रहे थे। ❷स्पष्ट होना ❸इस प्रकार हँसना कि दशन-पंक्ति दिखाई दे: ～一笑 दाँत दिखा कर हँसना; प्रसन्नता की अभिव्यक्ति दाँत दिखा कर करना

璨 càn ❶बढ़िया जेड ❷粲 càn के समान

cāng

仓（倉）cāng गोदाम; माल गोदाम; भंडार; अनाज का गोदाम: 粮食满～。गोदाम अनाज से भरा हुआ है।

【仓储】 cāngchǔ अनाज, माल आदि के गोदाम में रखना या सुरक्षित रखना; भंडार; गोदाम

【仓促】 cāngcù जल्दबाज़ी; उतावली; जल्दबाज़; उतावला; जल्दबाज़ी से; उतावली में; हड़बड़ी में: ～应战 जल्दबाज़ी से लड़ाई स्वीकार करना; तुरत-फुरत और हड़बड़ी में लड़ाई लड़ना / 走得～ जल्दबाज़ी से चल देना / 不要～下结论。उतावली में निष्कर्ष मत निकालो; निष्कर्ष निकालने की जल्दी न करो। / 时间太～，我没有跟你打个招呼就走了。समय इतना कम था कि मैं बिना आप से कुछ कहे चल दिया। /～之间，我把书落在那儿了。मैं हड़बड़ी में पुस्तक वहीं छोड़ आया।

【仓猝】 cāngcù 仓促 के समान

【仓房】 cāngfáng गोदाम; भंडार

【仓皇】 cānghuáng घबड़ाहट के साथ; हड़बड़ी में; जल्दबाज़ी से: ～逃窜 दुम दबा कर भागना; सिर पर पाँव रख कर भागना / ～应战 हड़बड़ी में ललकार का जवाब देना / ～退却 जल्दबाज़ी से पीछे हटना

【仓皇失措】 cānghuáng-shīcuò घबड़ा कर किंकर्त्तव्यविमूढ़ हो जाना; डर कर अपने होश खो बैठना

【仓惶】 cānghuáng （仓黄 cānghuáng भी）仓皇 के समान

【仓库】 cāngkù गोदाम; भंडार; कोठरी: 粮食～ अनाज का गोदाम; अन्नभंडार / 军火～ शस्त्रशाला; शस्त्रागार / 清理～ गोदाम में माल की सूची बनाना; गोदाम की जाँच-पड़ताल करना; गोदाम खाली करना

【仓库保管员】 cāngkù bǎoguǎnyuán भंडारी

【仓廪】 cānglǐn <लि०> अनाज का गोदाम; अन्नभंडार; बखार

【仓鼠】 cāngshǔ हैम्स्टर

【仓租】 cāngzū गोदाम में माल रखने का किराया; गोदाम भाड़ा

伧（傖）cāng असभ्य; अभद्र; उजड्डु chen भी दे०

【伧伧】cāngcāng अशिष्ट; भद्दा

苍（蒼）cāng ❶गहरा हरा; गहरा नीला: ～松 हरा देवदास; हरा चीड़ ❷भूरा; धूसर: ～髯 भूरी दाढ़ी

【苍白】cāngbái ❶फीका; विवर्ण; वर्णहीन: 脸色～ मुख की विवर्णता; चेहरा फीका पड़ना ❷निर्जीव; दुर्बल: 这篇文章～无力。यह लेख नीरस है।

【苍苍】cāngcāng ❶भूरा; धूसर: 两鬓～ दोनों कनपटियों के बाल भूरे होना ❷गहरा नीला: 天～，野茫茫。नीला-नीला है आसमान, बड़ा-बड़ा है मैदान।

【苍翠】cāngcuì (पेड़, पौधों आदि का) गहरा हरा: ～的山峦 हरे-भरे पहाड़

【苍黄】[1] cānghuáng ❶हरापन लिये पीले रंग का; पीला: 病人面色～。रोगी के मुँह का रंग पीला है। / 时近深秋，竹林变得～了。पतझड़ के अंतिम दिनों में बांसों का रंग पीला हो रहा है। ❷<लि०> काला या पीला —— परिवर्तनशील (जैसे मोइस्ट Mohist का कहना या कि "श्वेत रेशम काले रंग में भी रंगा जा सकता है और पीले रंग में थी")

【苍黄】[2] cānghuáng 仓皇 cānghuáng के समान

【苍劲】cāngjìng ❶(पेड़) पुराना और दृढ़: ～挺拔的古松 दृढ़ व सीधा खड़ा हुआ पुराना चीड़ ❷(लिखावट या चित्रण) ओजस्वी; शक्तिशाली: 笔力～ लिखावट (या चित्रण) की रेखाएँ शक्तिशाली दिखाई देना

【苍老】cānglǎo ❶बूढ़ा; वृद्ध; पुराना; (किसी बूढ़े व्यक्ति की आवाज़) भर्राई हुई; बैठी हुई: 几年不见，他显得～多了。कुछ वर्ष बाद जब मिले, तो वह देखने में पहले से काफ़ी बूढ़े मालूम पड़ते थे। ❷(लिखावट या चित्रण की रेखाएँ) ओजस्वी; शक्तिशाली

【苍凉】cāngliáng सुनसान; वीरान; निर्जन; एकांत: 过去这一带满目～，现在却建起了无数的工厂。पहले यहां बिल्कुल सुनसान था, पर अब बेशुमार कारखाने स्थापित हुए हैं।

【苍龙】cānglóng ❶नीला नाग (चीन के ज्योतिषशास्त्र में पूर्व-आकाश के सात तारों का सामूहिक नाम) ❷(प्राचीन दंतकथा में) एक भयानक देवता; (लाक्षणिक अर्थ में) अत्यंत दुष्ट व्यक्ति

【苍鹭】cānglù बहुला; सारस

【苍茫】cāngmáng ❶विशाल; अपार; असीम: ～大地 अपार धरती / ～的大海 विशाल समुद्र ❷अस्पष्ट; धुंधला: 暮色～ संध्या का धुंधलापन; धुंधला संध्या-काल / 海天～ समुद्र और आकाश का धुंधलापन

【苍莽】cāngmǎng 苍茫 के समान

【苍穹】cāngqióng <लि०> आकाश मंडल; खगोल

【苍生】cāngshēng <लि०> सामान्य जनता

【苍天】cāngtiān भगवान; ईश्वर

【苍鹰】cāngyīng शाहबाज़; बाज़

【苍蝇】cāngying मक्खी: ～拍 मक्खी मारने का बल्ला

【苍郁】cāngyù <लि०> (पेड़-पौधे) हरे-भरे और अति वर्द्धनशील

沧（滄）cāng (समुद्र का) गहरा नीला

【沧海】cānghǎi गहरा नीला समुद्र; विशाल समुद्र; समुद्र

【沧海桑田】cānghǎi-sāngtián समुद्र का शहतूत के खेत में और शहतूत के खेत का समुद्र में बदलना —— समय संसार में बड़े-बड़े परिवर्तन ले आता है; ज़िन्दगी में बड़े-बड़े परिवर्तन होते हैं

【沧海一粟】cānghǎi-yīsù सागर में अन्न का एक दाना; सागर में एक बूँद; ऊँट के मुँह में जीरा: 个人的力量和群众的力量相比，不过是～。जन-समूह की शक्ति की तुलना में किसी व्यक्ति की अकेली शक्ति विशाल समुद्र में एक बूँद ही के समान है।

【沧桑】cāngsāng 沧海桑田 का संक्षिप्त रूप: 饱经～ ज़िन्दगी में बड़े-बड़े परिवर्तनों का अनुभव करना; वह जिस ने खूब दुनिया देखी हो

舱（艙）cāng ❶जहाज़ में यात्रियों का खाने और सोने का कमरा; केबिन: 客～ यात्री-केबिन / 货～ जहाज़ का गोदाम; होल्ड ❷(अंतरिक्ष यान का) माड्यूल: 指挥～ कमाण्ड माड्यूल

【舱单】cāngdān <परिवहन> जहाज़ में लदे हुए माल की सूची; माल-सूची

【舱面】cāngmiàn जहाज़ की छत; डेक

【舱室】cāngshì जहाज़ का कमरा; केबिन

【舱位】cāngwèi केबिन सेट; केबिन बर्थ

cáng

藏 cáng ❶छिपना; दबकना; दुबकना; छिपाना; गुप्त रखना; प्रच्छन्न रखना: 他～起来了。वह दुबक गया; वह छिप गया। / 你把我的信～在哪儿了？तुम ने मेरा पत्र कहाँ छिपा रखा है? / 这个人肚子里～不住话。उस के पेट में बात नहीं पचती; उस के पेट में पानी नहीं पचता। ❷(भावी प्रयोग के लिये) अलग रखना; संग्रहीत रखना; बचा रखना; सुरक्षित रखना: 地窖里可以～好多蔬菜。तहखाने में बहुत सी सब्ज़ियां रखी जा सकती हैं। zàng भी दे०

【藏躲】cángduǒ छिपना; दुबकना: 无处～ छिपने के लिये कहीं जगह न मिलना

【藏垢纳污】cánggòu-nàwū（藏污纳垢 cángwū-nàgòu भी）दुष्ट जनों को छिपा रखना और दुराचारों को बढ़ावा देना: ～之地 गंदा स्थान; मोरी

【藏奸】cángjiān ❶मन में दुर्भावनाओं को जगह देना: 笑里～ मुसकराहट के पीछे दुर्भावनाओं को छिपा रखना ❷<बो०> दूसरों की मदद करने में अपनी पूरी शक्ति लगाने के लिये तैयार न होना

【藏龙卧虎】cánglóng-wòhǔ (विशेष रूप से निम्न-लिखित में प्रयुक्त): ～之地 वह स्थान जहां नाग और बाघ

छिपे रहते हों —— वह स्थान जहां सुयोग्य व्यक्ति मिल सकते हों

【藏猫儿】 cángmāor 〈बोल०〉 आँखमिचौनी; आँख-मिचौनी खेलना

【藏闷儿】 cángmènr 〈बो०〉 आँखमिचौनी; आँख-मिचौनी खेलना

【藏匿】 cángnì छिपा रहना; गुप्त रूप में रहना: 他在一个窑洞里～了好多天。वह एक गुफ़ा में कई दिनों तक छिपा रहा।

【藏品】 cángpǐn संगृहीत वस्तुएँ; संग्रह-वस्तु: 私人～ निजी संग्रह-वस्तु

【藏身】 cángshēn छिपना; अपने आप को छिपाना: 无处～ छिपने का स्थान न मिलना / ～之处 छिपने की जगह; पनाह / 给予～处 पनाह देना / 得到～之处 पनाह पाना

【藏书】 cángshū ❶किताबों का संग्रह करना: 他喜爱～。वह किताबों का संग्रह करने का शौकीन है। ❷संगृहीत किताबें: 他有许多珍贵的～。उन के पास बहुत-सी कीमती संगृहीत किताबें हैं।

【藏头露尾】 cángtóu-lùwěi सिर को छिपाना पर पूँछ को दिखाना —— किसी बात का एक भाग छिपा रखना और केवल दूसरा भाग दिखाना; यह नहीं कि किसी बात का सब कुछ दिखाना

【藏掖】 cángyē परदा डालने की कोशिश करना: ～躲闪 टालमटोल करना और छिपा रखना

【藏拙】 cángzhuō चुप साधने के उपाय से अपनी अ-योग्यता को छिपा रखना

cāo

操 cāo ❶कस कर पकड़ना; थामना: ～刀 हाथ में छुरा कस कर पकड़ना / 稳～胜券 विजय प्राप्त करने का निश्चय होना ❷कार्य करना; काम करना; चलाना: 重～旧业 अपना पुराना पेशा फिर से चलाना; अपना पुराना व्यवसाय अपनाना ❸(भाषा या बोली) बोलना: ～本地口音 स्थानीय लहजे में बोलना / 他～一口流利的印地语。वह धाराप्रवाह हिन्दी बोलता है। ❹कवायद; कसरत: 战士们在上～。सैनिक कवायद कर रहे हैं। / 咱们去做～吧。हम कसरत करने चलें। ❺आचरण; व्यवहार; चाल-चलन: 节～ नैतिक चाल-चलन; वैयक्तिक सच्चरित्रता

【操办】 cāobàn प्रबंध करना; इंतज़ाम करना; तैयारी करना; व्यवस्था करना: ～婚事 शादी की तैयारियाँ कर-ना / ～宴会 दावत का प्रबंध करना

【操场】 cāochǎng खेल का मैदान; खेलकूद का मैदान; कवायद का मैदान

【操持】 cāochí प्रबंध करना; व्यवस्था करना; देखभाल करना; चलाना; संभालना: ～家务 घरेलू मामले संभाल-ना / 这件事由你～一下。तुम ज़रा इस कार्य की देख-भाल करो।

【操典】 cāodiǎn 〈सैन्य०〉 कवायद-विनियमन; सैनिक नियम पुस्तक; ड्रिल बुक

【操舵室】 cāoduòshì कर्ण चलाने का कमरा; कर्णधार कक्ष

【操法】 cāofǎ सैनिक कवायद या शारीरिक कसरत के उपाय और नियम

【操课】 cāokè 〈सैन्य०〉 ❶फ़ौजी कवायद ❷फ़ौजी ट्रेनिंग के एक भाग के रूप में व्याख्यान देना: ～时间 कवायद (या व्याख्यान) का समय

【操劳】 cāoláo ❶परिश्रम करना; मेहनत करना; मेहनत से काम करना: ～过度 अत्यधिक परिश्रम करना / 日夜为集体～ दिन-रात सामूहिकता के लिये बड़ी मेहनत से काम करना ❷ध्यान रखना; देखभाल करना: 这事您多～。कृपया आप इस मामले की देखभाल करें।

【操练】 cāoliàn कवायद; अभ्यास

【操切】 cāoqiè जल्दबाज़ी: 不要～从事。जल्दबाज़ी से काम न लेना।

【操神】 cāoshén कष्ट उठाना; तकलीफ़ उठाना: 让您～受累了。अफ़सोस की बात है कि हम ने आप को इतना कष्ट दिया।

【操守】 cāoshǒu 〈लि०〉 वैयक्तिक सच्चरित्रता

【操心】 cāoxīn ❶चिंता करना; कष्ट उठाना; प्रयत्न कर-ना: 这件事，你不必～了。इस बात के बारे में तुम चिंता न करो। / 您白～了。आप को व्यर्थ ही कष्ट हुआ। / 两年来他一直为这事～。वह तो दो साल से इस बात की फ़िक्र में था। / 孩子大了，我不～了。लड़का बड़ा हो गया है, मुझे उस का गम नहीं। ❷दिमाग लड़ाना; माथा-पच्ची करना: 为了打赢这场比赛，队长可没少～。इस मैच में जीत पाने के लिए कैप्टन ने कम माथा-पच्ची नहीं की।

【操行】 cāoxíng (प्रायः स्कूल में किसी विद्यार्थी का) आचरण; व्यवहार; चाल-चलन

【操演】 cāoyǎn कवायद; पूर्वाभ्यास; अभ्यास: 战士们正在操场上～。सैनिक मैदान में कवायद कर रहे हैं।

【操之过急】 cāozhī-guòjí जल्दबाज़ी करना; जल्द-बाज़ी से काम लेना: 这事不可～。यह काम जल्दबाज़ी से नहीं किया जाना चाहिये। / 这件事得一步步进行，不要～。यह काम कदम-ब-कदम करना है, जल्दबाज़ी से काम न लेना।

【操纵】 cāozòng ❶चालू करना; चलाना; संचालित करना: 他能同时～两台机器。वह एक साथ दो मशीनें चला सकता है। / 远距离～ दूरवर्ती संचालन (करना); दूरवर्ती नियंत्रण (करना) / 无线电～ रेडियो-संचालन; रेडियो-नियंत्रण / ～卫星飞行 उपग्रह संचालित करना; उपग्रह नियंत्रित करना ❷नियंत्रित करना; नियंत्रण में रखना; जोड़-तोड़ करना; कंट्रोल करना: ～市场 कोई चाल चल कर बाज़ार-भाव को घटाना-बढ़ाना; बाज़ार पर नियंत्रण करना / 幕后～ परदे के पीछे से नियंत्रित करना / 资本家～的选举 पूंजीपतियों द्वारा नियंत्रित चुनाव / 他难道会任意～你? क्या वह तुम्हारी चोटी पकड़कर नचाने लगेगा?

【操纵杆】 cāozònggǎn नियंत्रण दंड; नियंत्रण छड़ी; कंट्रोल स्टिक

【操纵台】 cāozòngtái नियंत्रण-बुर्ज; कंट्रोल पैनल

【操作】 cāozuò चालू करना; चलाना; संचालन करना: 避免～上的疏忽 (मशीन) चलाने में असावधानी से बचना / 在老师傅的指导下，青年徒工很快就学会独立～了。बुज़ुर्ग मज़दूरों के निर्देशन में नौसिखियों ने जल्दी ही खुद ब खुद मशीन चलाना सीख लिया है।

【操作程序】 cāozuò chéngxù संचालन-क्रम

【操作规程】 cāozuò guīchéng कार्यविधि

【操作系统】 cāozuò xìtǒng 〈कंप्यूटर〉 परिचालन-क्रमव्यवस्था

糙 cāo मोटा; खुरदरा; घटिया: ～纸 घटिया कागज़ / 这活儿做得太～。यह काम बहुत लापरवाही से किया गया है।

【糙粮】 cāoliáng घटिया अनाज (गेहूँ और चावल से भिन्न, जैसे मकई, बाजरा आदि)

【糙米】 cāomǐ मोटा चावल

【糙皮病】 cāopíbìng पैलाग्रा (pellagra)

cáo

曹[1] cáo 〈लि०〉 एक ही प्रकार के व्यक्ति: 尔～ तुम लोग; तुम

曹[2] Cáo एक कुलनाम

【曹白鱼】 cáobáiyú चीनी हेरिंग

漕 cáo जल-परिवहन (विशेषतः अनाज का)

【漕船】 cáochuán (पुराने ज़माने में) जल-मार्ग से अनाज को राजधानी तक पहुँचाने का पोत

【漕河】 cáohé (पुराने ज़माने में) जल-परिवहन से अनाज को राजधानी तक पहुँचाने के लिये प्रयुक्त नदी

【漕粮】 cáoliáng (पुराने ज़माने में) जल-मार्ग से राजधानी तक पहुँचाया जाने वाला अनाज

【漕运】 cáoyùn (पुराने ज़माने में) जल-मार्ग से राजधानी तक अनाज का परिवहन

嘈 cáo शोर-गुल; कोलाहल

【嘈杂】 cáozá शोरमय; कोलाहलपूर्ण: 人声～ कोलाहलपूर्ण आवाज़

槽 cáo ❶नाँद; चरनी: 马～ नाँद / 水～ जल-नाँद / 酒～ मदिरा-नाँद ❷खाँचा; छेद: 开～ खाँचा बनाना

【槽坊】 cáofāng 〈पुराना〉 मद्य निर्माणशाला; शराब का कारखाना

【槽钢】 cáogāng (槽铁 cáotiě भी) 〈धा०वी०〉 नालदार लोहा; चेनल आरन

【槽糕】 cáogāo 〈बो०〉 साँचे में ढाल कर बनाया हुआ केक

【槽谷】 cáogǔ 〈भूगर्भ०〉 नांदरूपी घाटी

【槽头】 cáotóu मवेशियों को चारा खिलाने का स्थान; मवेशी-झोंपड़ी: ～兴旺 भरपूर मवेशी-झोंपड़ी

【槽牙】 cáoyá चबानेवाला दाँत; दाढ़

【槽子】 cáozi 槽 के समान

【槽子糕】 cáozigāo 槽糕 के समान

艚 cáo नीचे दे०

【艚子】 cáozi माल के परिवहन के लिये लकड़ी का बना पोत जिस में पतवार के आगे एक केबिन रहता है

cǎo

草[1] (艸) cǎo ❶घास; घासफूस: 青～ हराघास / 水～ जलीय घासफूस / 割～ घास काटना ❷पुआल; भूसा: ～绳 भूसे से बनी रस्सी; भूसा-रस्सी / ～可以做饲料，也可以做燃料。भूसा तो चारे के काम भी आता है और इंधन के काम भी।

草[2] (艸) cǎo ❶असावधान; लापरवाह; जल्दबाज़: 这几个字写得太～。इन शब्दों की लिखावट बहुत ही उलटी-सीधी है। ❷(चीनी लिखावट में) द्रुत-हस्तलिपि ❸मसौदा; मसविदा: 起～ मसविदा बनाना

草[3] (騲) cǎo 〈बोल०〉 (पालतू पशु या पक्षी) मादा: ～驴 गधी / ～鸡 मुर्गी

【草案】 cǎo'àn (योजना, प्रस्ताव, कानून आदि का) मसौदा; मसविदा; प्रारूप: 决议～ प्रस्ताव का मसविदा / 贸易协定～ व्यापार समझौते का प्रारूप / 拟订一个计划～ योजना का मसौदा बनाना

【草包】 cǎobāo ❶भूसे का बना थैला; भूसा-थैला ❷मूर्ख; अयोग्य व्यक्ति

【草本】 cǎoběn बूटी से संबंधित; शाकीय

【草本植物】 cǎoběn zhíwù बूटी; शाक; तृण

【草编】 cǎobiān भूसे से (बिकाऊ माल) निर्मित करने की दस्तकारी: ～提篮 भूसे से निर्मित टोकरी

【草草】 cǎocǎo असावधानी से; लापरवाही से; जल्दबाज़ी से: ～地看过一遍 सरसरी नज़र से एक बार देखना; जल्दबाज़ी से पढ़ डालना

【草草了事】 cǎocǎo-liǎoshì जल्दबाज़ी से कोई काम किसी न किसी प्रकार खत्म कर देना

【草草收场】 cǎocǎo-shōuchǎng जल्दबाज़ी से कोई कार्य समाप्त कर डालना

【草测】 cǎocè प्रारम्भिक सर्वेक्षण करना

【草叉】 cǎochā जेली; कंटिया

【草场】 cǎochǎng घास का मैदान; घासस्थली; चरागाह

【草虫】 cǎochóng ❶घास-पात में जीवित रहने वाला

कीड़ा ❷घास-पात व कीड़े-मकोड़े विषयक चित्रकारी

【草创】 cǎochuàng (व्यवसाय आदि का) आरम्भ; शुरू-आत; श्रीगणेश：～时期 आरम्भिक अवस्था; प्रारम्भिक मंज़िल

【草刺儿】 cǎocìr बहुत छोटी चीज़; नन्ही सी वस्तु

【草丛】 cǎocóng घास-पात की घनी उत्पत्ति; घास-पात की झाड़ी

【草底儿】 cǎodǐr 〈बोल०〉 कच्चा मसौदा; मसविदा

【草地】 cǎodì ❶घास का मैदान; घासस्थली; चरागाह ❷लॉन：～网球 लॉन टेनिस

【草甸子】 cǎodiànzi 〈बो०〉 घास-पात की दलदलीय भूमि

【草垫子】 cǎodiànzi फूस का गद्दा; फूस की चटाई

【草垛】 cǎoduò घास का ढेर

【草房】 cǎofáng फूस की कुटिया; झोंपड़ी; मड़ैया：搭～ मड़ैया डालना

【草肥】 cǎoféi खाद के काम में आने वाला घास-फूस

【草稿】 cǎogǎo कच्चा मसौदा; मसविदा

【草荒】 cǎohuāng फ़सल से अधिक घास-पात की उत्पत्ति; खेत में प्रचुर मात्रा में घास उगना

【草灰】 cǎohuī ❶घास-पात का भस्म ❷भस्म के रंग का

【草鸡】 cǎojī ❶मुर्गी ❷कमज़ोर आदमी; डरपोक व्यक्ति

【草菅人命】 cǎojiān-rénmìng मनुष्य के प्राण को तृण के बराबर समझना; मानव के जान की अति उपेक्षा करना

【草荐】 cǎojiàn फूस की चटाई

【草浆】 cǎojiāng (कागज़ बनाने के लिये प्रयुक्त) घास का गूदा

【草芥】 cǎojiè क्षुद्र वस्तु; नगण्य पदार्थ; नाचीज़：视如～ क्षुद्र वस्तु समझना; नाचीज़ समझना

【草寇】 cǎokòu 〈पुराना〉 जंगल का डाकू; दस्यु

【草帘】 cǎolián (草帘子 cǎoliánzi भी) फूस से बना पर्दा; फूस का पर्दा

【草料】 cǎoliào भूसा; चारा

【草履虫】 cǎolǚchóng पैरामीसियम (paramecium)

【草绿】 cǎolǜ घास के रंग का; पीलापन लिये हुए हरा; काही

【草莽】 cǎomǎng ❶घास-पात की घनी उत्पत्ति; घास-पात की झाड़ी ❷परती स्थान; जंगलीपन：～英雄 जंगल का वीर

【草帽】 cǎomào फूस की टोपी

【草帽缏】 cǎomàobiàn (草帽辫 cǎomàobiàn भी) फूस से बनी वेणी (फूस की टोपी, टोकरी आदि बनाने के काम में प्रयुक्त)

【草莓】 cǎoméi स्ट्राबेरी

【草昧】 cǎomèi 〈लि०〉 असभ्य; आदिम

【草棉】 cǎomián कपास

【草木灰】 cǎomùhuī वनस्पति की राख (खाद के काम में प्रयुक्त)

【草木皆兵】 cǎomù-jiēbīng हर पौधा और पेड़ देखने में दुश्मन का सिपाही मालूम होता है —— महज़ पत्तों के खड़कने से और पेड़ की परछाई से ही दुश्मन के आशंका होने लगना; अत्यन्त आशंकित और भयभीत होने की अवस्था

【草拟】 cǎonǐ मसविदा बनाना; खाका खींचना या बनाना：～一个计划 एक योजना का मसविदा बनाना

【草棚】 cǎopéng झोंपड़ा; झोंपड़ी

【草皮】 cǎopí घास लगी मिट्टी की ऊपरी पर्त; सतृण भूमि：铺～ घास लगी मिट्टी की पर्तों से ढकना

【草坪】 cǎopíng घास का मैदान; लॉन

【草器】 cǎoqì 〈क०शि०〉 फूस से बनी हुई वस्तु

【草签】 cǎoqiān अनौपचारिक रूप से हस्ताक्षर करना; आद्यक्षर करना：～协定 समझौते पर आद्यक्षर (हस्ताक्षर) करना

【草食】 cǎoshí शाकाहारी：～动物 शाकाहारी जानवर

【草书】 cǎoshū द्रुत-हस्तलिपि (चीनी सुलिपि की एक शैली)

【草率】 cǎoshuài असावधान; लापरवाह; जल्दबाज़; असावधानी से; लापरवाही से; जल्दबाज़ी से; बिना सोचे-समझे：不要～从事。जल्दबाज़ी से काम न लेना चाहिये; लापरवाही से कोई कदम उठाना उचित नहीं।

【草酸】 cǎosuān 〈रसा०〉 आक्सेलिक एसिड (oxalic acid)

【草台班子】 cǎotái bānzi वह छोटी नाटक-मंडली जो गाँवों और छोटे नगरों में भ्रमण करते हुए अभिनय करती हो

【草体】 cǎotǐ ❶द्रुत-हस्तलिपि ❷हस्तलिपि; प्रचलित हस्तलेख

【草头王】 cǎotóuwáng झाड़-झंखाड़ का राजा —— डाकुओं का मुखिया

【草图】 cǎotú रेखाचित्र; रूपरेखा; खाका

【草屋】 cǎowū फूस की कुटिया; मड़ैया; झोंपड़ी

【草席】 cǎoxí फूस की चटाई

【草鞋】 cǎoxié फूस से बने चप्पल; फूस के सैंडल

【草鞋没样，边打边像】 cǎoxié méi yàng, biān dǎ biān xiàng फूस के चप्पल बनाने के लिये नमूने की ज़रूरत नहीं होती, जब वह बनाये जाने लगता है, तो उस का आकार भी साथ-साथ स्वयं ही निकल आता है —— जब कोई चीज़ बनाई जाती है तो वह चीज़ खुद-ब-खुद धीरे-धीरे बन जाती है, हालांकि आरम्भ में कोई भी निश्चित योजना नहीं होती

【草写】 cǎoxiě हस्तलिपि; प्रचलित हस्तलेख

【草药】 cǎoyào जड़ी-बूटी; औषधि

【草野】 cǎoyě 〈पुराना〉 देहाती समाज：～小民 प्रजा

【草鱼】 cǎoyú ग्रास कार्प (grass carp)

【草原】 cǎoyuán घास का विस्तृत मैदान; प्रशाद्वलमृदा

【草约】 cǎoyuē संधि का मसविदा; समझौते का मसौदा

【草泽】 cǎozé ❶घास का दलदल मैदान ❷〈लि०〉〈पुराना〉 देहाती समाज：～医生 देहाती चिकित्सक

【草纸】 cǎozhǐ ❶घास (या पुआल) से बना घटिया कागज़ ❷टायलेट पेपर; पाखाने के लिए इस्तेमाल में आने वाला कागज़

【草质茎】 cǎozhìjīng डंठल (गेहूँ, जौ आदि के पौधों का)

【草子】 cǎozǐ घास का बीज

【草字】 cǎozì दे० 草书

cè

册[1]（冊）cè ❶(पुस्तक का) भाग; खण्ड; ग्रंथ-खण्ड：这部书一共六～。यह ग्रंथ छः अलग-अलग भागों में विभाजित है। / 装订成～ पुस्तक के रूप में जिल्द बांधना ❷जिल्द; पुस्तक; सूची：名～ नाम-सूची / 画～ चित्र-अलबम ❸〈परि०श०〉 प्रति：这本书已销售十万～。इस किताब की एक लाख प्रतियां बिक चुकी हैं।

册[2]（冊）cè ❶(खिताब, पद, डिग्री आदि) प्रदान करने की शाही आज्ञा ❷(खिताब, पद, डिग्री आदि) देना; प्रदान करना

【册封】cèfēng (सम्राट, बादशाह आदि का) किसी को कोई खिताब, पदवी आदि प्रदान करना：皇帝～她为贵妃。सम्राट ने उन को सर्वोच्च श्रेणी की शाही उपपत्नी की पदवी प्रदान की।

【册页】cèyè चित्रों या सुलेखों का अलबम

【册子】cèzi पुस्तिका; अलबम：小～ पुस्तिका

厕[1]（厠、廁）cè शौचालय; शौचगृह; पाखाना; टट्टीघर; टायलेट：公～ सार्वजनिक शौचालय / 男～ शौचालय (पुरुष के लिये) / 女～ शौचालय (महिला के लिये)

厕[2]（厠、廁）cè 〈लि०〉 साथ रहना; घुल-मिल जाना; सम्मिलित होना

【厕身】cèshēn 〈लि०〉 〈शिष्ट०〉 कोई निम्न पद ग्रहण करना; (किसी व्यवसाय आदि का) अयोग्य सदस्य होना：～教育界 शिक्षा-क्षेत्र में कार्य करने का मौका संयोग से मिल जाना

【厕所】cèsuǒ शौचालय; शौचगृह; पाखाना; टट्टीघर; टायलेट

【厕足】cèzú 〈लि०〉 टाँग अड़ाना; हस्तक्षेप करना; सम्मिलित होना：～其间 (किसी काम या बात में) टाँग अड़ाना; सम्मिलित होना

侧（側）cè ❶ओर; तरफ़; पहलू; बगल; पक्ष：左（右）～ बाईं (दाईं) ओर / 公路两～种着杨树。राजमार्ग के दोनों ओर पोपलर लगाए हुए हैं। ❷किसी ओर झुकना; किसी ओर मुड़ना; एक तरफ़ हटना：～着身子睡 एक ओर मुड़ कर सोना; अपने पार्श्व पर सोना

zhāi भी दे०

【侧耳】cè'ěr (किसी ओर) कान लगाना：～细听 कान लगा कर सुनना; कान खोल कर सुनना

【侧根】cègēn 〈वन०〉 पार्श्व-जड़; बगल की जड़

【侧光】cèguāng 〈फ़ोटो०〉 बगल की रोशनी

【侧击】cèjī सेना की बाजू वाली टुकड़ी पर हमला करना; पार्श्व की ओर आक्रमण करना

【侧记】cèjì (प्रायः समाचार के शीर्षक में प्रयुक्त) प्रासंगिक वृत्तांत या सूचना：《出口商品交易会～》'निर्यात माल मेला' के बारे में गौण खबरें

【侧门】cèmén बगल का दरवाज़ा; बगल-द्वार

【侧面】cèmiàn बगल; बाजू; पार्श्व; पहलू：从～进攻敌人 दुश्मन के बगल की ओर हमला करना; दुश्मन पर एक पार्श्व से वार करना / 从～了解 परोक्ष सूत्रों से पता लगाना / 这部小说反映了当前教育改革的一个～。इस उपन्यास में वर्तमान शिक्षा-सुधार के एक पहलू के बारे में चित्रण किया गया है।

【侧面像】cèmiànxiàng पार्श्वचित्र; अर्धमुखचित्र

【侧目】cèmù (मारे भय या घृणा के) तिरछी आँखों से देखना; तिरछी नज़र से देखना：～而视 तिरछी आँखों से देखना; तिरछी दृष्टि से देखना

【侧身】cèshēn ❶झुकना; मुड़ना; बगल के बल लेटना; एक तरफ़ हटना：他一～躲到树后。वह मुड़ कर पेड़ के पीछे छिप गया। / 战士们～匍匐前进。सैनिक लोग बगल के बल आगे खिसक रहे थे। ❷厕身 cèshēn के समान

【侧视图】cèshìtú पार्श्व-दृश्य; एक ओर का दृश्य

【侧室】cèshì ❶किसी मकान का पार्श्विक कमरा ❷〈पुराना〉 उपपत्नी; रखेली

【侧卧】cèwò दाहने या बायें बाजू लेटना; बगल के बल लेटना

【侧线】cèxiàn (मछली, स्थल-जल-चर आदि की) पार्श्व-रेखा

【侧旋】cèxuán 〈खेल०〉 पार्श्व-घुमाव; साइडस्पिन

【侧翼】cèyì 〈सैन्य०〉 सेना की दाहिनी या बाईं टुकड़ी; बाजू; पार्श्वभाग：～包围 बाजू से घेरना

【侧影】cèyǐng पार्श्वचित्र; अर्धमुखचित्र

【侧泳】cèyǒng 〈खेल०〉 साइडस्ट्रोल

【侧重】cèzhòng (किसी कार्य या बात पर) विशेष रूप से ज़ोर देना：他～抓宣传工作。वह विशेष रूप से प्रचार-कार्य संभालता है। / 这篇文章～于教育改革方面。इस लेख का प्रधान विषय शिक्षा-सुधार है।

测（測）cè ❶सर्वेक्षण करना; नापना; मापना; आजमाना; थाह लेना：～雨量 वर्षा की मात्रा मापना / ～温度 तापमान मापना / ～距离 फ़ासला नापना / ～深浅 गहराई की थाह लेना / 深不可～ जिस की थाह न मिल सके ❷अनुमान करना; कल्पना करना：变化莫～ अप्रत्याशित; नित्य परिवर्तनशील

【测电笔】cèdiànbǐ टेस्ट पेंसिल

【测定】cèdìng माप कर निर्धारित करना：～风向 हवा का रुख माप कर निर्धारित करना / ～航线 जहाज़ के मार्ग का सर्वेक्षण कर के निर्धारण करना

【测度】cèduó परिमाप करना; अनुमान लगाना; थाह लेना：他的想法难以～。उन के विचार की थाह लेना सहज नहीं है। / 根据风向～，今天可能下雨。हवा की दिशा से यह अनुमान लगाया गया है कि आज पानी बरसने की संभावना है।

【测风气球】cèfēng qìqiú पवन सूचक गुब्बारा

【测高仪】cègāoyí ऊँचाई मापक यंत्र

【测候】cèhòu 〈मौ०वि०〉 खगोलीय व मौसम-विज्ञान संबंधी निरीक्षण

【测绘】 cèhuì सर्वेक्षण और मानचित्रण; सर्वेक्षण करना और मानचित्र बनाना: 地形～ स्थलाकृतिक सर्वेक्षण
【测绘飞机】 cèhuì fēijī हवाई मानचित्रण विमान
【测绘员】 cèhuìyuán मानचित्रकार; सर्वेक्षक
【测距仪】 cèjùyí दूरी मापक यंत्र; रेंज-फ़ाइंडर
【测力计】 cèlìjì 〈भौ०〉 डायनमोमीटर (dynamometer)
【测量】 cèliáng माप; नाप; सर्वेक्षण; मापना; नापना; सर्वेक्षण करना: ～水温 पानी का तापमान मापना / ～地形 भौगोलिक दशा का सर्वेक्षण करना / 航空～ हवाई सर्वेक्षण (करना) / ～仪器 सर्वेक्षण यंत्र; मापक यंत्र
【测量学】 cèliángxué सर्वेक्षण विज्ञान
【测量员】 cèliángyuán सर्वेक्षक; सर्वेयर
【测深仪】 cèshēnyí जल की गहराई नापने का यंत्र
【测试】 cèshì ❶(किसी वस्तु, गुण आदि की) परीक्षा करना; परखना; जाँच करना: ～绝缘性能 बिजली-रोधी क्षमता की जाँच करना / 新产品出厂前须经严格～。कारखाने से बाहर भेजने से पहले नई उत्पादित वस्तुओं की कठोर परीक्षा करनी चाहिये। ❷(किसी विद्यार्थी की दक्षता की) जाँच करना; परीक्षा लेना: 要～一下学生的印地语水平。विद्यार्थियों की हिन्दी दक्षता की परीक्षा लेनी चाहिये।
【测算】 cèsuàn मापना और आँकना
【测探】 cètàn थाह लेना; पता लगाना; अनुमान लगाना: 他来这里是想～您心里的想法。वे यहाँ आप के मन की थाह लेने आये थे। / ～海水的深度 समुद्र की गहराई का पता लगाना; समुद्र में पानी की थाह पाना
【测向仪】 cèxiàngyí कोणमापी; गोनियोमीटर
【测压计】 cèyājì दाबमापी; मेनोमीटर (manometer)
【测验】 cèyàn ❶जाँचना; परीक्षा करना; परीक्षा लेना: ～机器性能 मशीन की क्षमता की जाँच करना / ～耐久力 सहनशक्ति की परीक्षा करना / 老师在～学生们的印地语口语能力。अध्यापक विद्यार्थियों की हिन्दी में बोलने की शक्ति की परीक्षा ले रहे हैं। ❷जाँच; परीक्षा; परीक्षण; इम्तहान: 智力～ बुद्धिबल की जाँच / 算术～ अंकगणित की परीक्षा
【测音器】 cèyīnqì 〈सैन्य०〉 ध्वनि-अंवेषक; ध्वनिग्राहक यंत्र
【测远器】 cèyuǎnqì दूरी मापक यंत्र; रेंज फ़ाइंडर
【测震表】 cèzhènbiǎo भूकम्पमापी; भूकम्पबग-मापक यंत्र
【测字】 cèzì चीनी अक्षरों के अंगों का विश्लेषण कर के सौभाग्य या दुर्भाग्य की बात बताना; ग्लिफ़ोमेंसी (glyphomanacy): ～先生 ग्लिफ़ोमेंसर (glyphomancer)

恻（惻）cè दुखी; शोकाकुल: 凄～ दुखी; शोकाकुल
【恻然】 cèrán दुःखित भाव से; शोक से
【恻隐】 cèyǐn 〈लि०〉 सहानुभूति; दया; सहानुभूति दिखाना; दया करना
【恻隐之心】 cèyǐnzhīxīn सहानुभूति; दया; करुणा: ～，人皆有之。करुणा की भावना हर एक के दिल में मौजूद होती है। / 他对那个孤儿起了～。उस को उस अनाथ पर दया आयी।

策¹（筞）cè ❶प्रचीन चीन में बांस या लकड़ी के पतले टुकड़े जिन पर शब्द लिखे जाते थे ❷प्रचीन चीन में एक प्रकार की परीक्षा ❸उपाय; योजना; कार्यनीति; दाँव-पेंच: 上～ उत्तम उपाय / 献～ सुझाव पेश करना; उपाय पेश करना

策²（筞）cè ❶प्राचीन ज़माने में घोड़े को आगे बढ़ाने का एक प्रकार का कोड़ा ❷(घोड़े को) कोड़े से पीटना; एड़ लगाना: ～马前进 घोड़े को एड़ लगाना; घोड़े को चाबुक लगाना
【策动】 cèdòng उत्तेजित करना; उकसाना; भड़काना: ～政变 राज्य सत्ता पलटने के लिए उकसाना / ～政治阴谋 राजनीतिक षड़यंत्र रचना
【策反】 cèfǎn दुश्मन के खेमे में विद्रोह उकसाना
【策划】 cèhuà (योजना) बनाना; (षड़यंत्र) रचना: ～作战方案 लड़ाई की योजना बनाना / ～阴谋 षड़यंत्र रचना / 幕后～ पर्दे के पीछे प्रबन्ध करना
【策励】 cèlì प्रेरणा देना; प्रेरित करना; बढ़ावा देना; प्रोत्साहन देना; प्रोत्साहित करना: 时时刻刻～自己向前 आगे बढ़ने के लिये हर समय अपने आप को प्रेरणा देना
【策略】 cèlüè ❶कार्यनीति: 改变～ कार्यनीति बदलना / 在～上重视敌人 कार्यनीति की दृष्टि से दुश्मन का पूरा-पूरा ब्योरा नज़र में रखना / 研究对敌斗争的～ दुश्मन के खिलाफ़ संघर्ष करने की कार्यनीति का अध्ययन करना ❷व्यवहार-कुशल: 这样做不～。ऐसा करना व्यवहार कौशल की दृष्टि से ठीक नहीं है।
【策应】 cèyìng 〈सैन्य०〉 समन्वित कार्यवाई से समर्थन करना
【策源地】 cèyuándì (किसी युद्ध या किसी सामाजिक आंदोलन का) स्रोत; उद्गमस्थान: 战争～ युद्ध का स्रोत / 列宁主义的～ लेनिनवाद का हिंडोला / 北京是五四运动的～。पेइचिंग चार मई आंदोलन का उद्गमस्थान है।

cèi

䂿 cèi 〈बोल०〉 (शीशे, चीनी मिट्टी के बने हुए पदार्थ आदि का) टूटना; चूर होना; तोड़ना; चूर-चूर करना: 玻璃杯一掉在地上就～了。काँच की प्याली ज़मीन पर गिरते ही चूर-चूर हो गई। / 小心别把碗～了。खबरदार रहो। कहीं कटोरा तोड़ न दो।

cēn

参（參）cēn नीचे दे०
cān; shēn भी दे०

【参差】 cēncī असम; असमतल; विषम; जो एकरूप न हो
【参差不齐】 cēncī-bùqí असमतल; विषम: 同学们的汉语水平～。विद्यार्थियों की चीनी भाषा की दक्षता एक-सी नहीं है।

cén

岑 cén ❶〈लि०〉ऊँचा पहाड़ ❷ (Cén) एक कुलनाम
【岑寂】 cénjì 〈साहि०〉शांत और स्थिर; सुनसान

涔 cén 〈लि०〉अधिवृष्टि
【涔涔】 céncén (पसीना, आँसू, पानी आदि) बहता रहना: 汗～下 पसीना आता रहना

cēng

噌 cēng 〈बो०〉डाँटना; फटकारना: 他挨了～了。उसे डाँट बताई गई।

céng

层（層） céng ❶〈परि०श०〉①मंज़िल: 二十五～大楼 पच्चीस मंज़िल की इमारत / 这是一幢六～楼的楼房。यह इमारत छः मंज़िल की है। / 我住一～。मैं पहली मंज़िल पर रहता हूँ। / 她住二～。वह दूसरी मंज़िल पर रहती है। ②सिलसिले का एक अंग: 他这话还有一～意思。उन के कथन में एक और तरह का मतलब है। / 听了您这话，我又去了一～顾虑。आप की बातों से मेरी शंका कम हो गई। ③परत; तह: 一～油漆 रोगन की परत / 一～薄冰 बरफ़ की पतली परत / 煤～ कोयले की तह / 冻土～ जमी हुई मिट्टी की परत / 双～窗户 दोहरी खिड़की ❷स्तर; दर्जा: 五～的书柜 पाँच दर्जोंवाली अलमारी ❸एक के बाद दूसरा; एक के ऊपर दूसरा: 层峦叠嶂
【层层】 céngcéng स्तर पर स्तर; अनेक स्तर; घेरे पर घेरा: ～梯田 अनेक स्तरों का सीढ़ीनुमा खेत / ～包围 घेरे पर घेरा डालना; घेरों में डालना / ～设防 एक के बाद एक मोर्चाबन्दी बाँधना / ～把关 हर स्तर पर जाँच-पड़ताल करना / ～下达 निम्न स्तरों के एक-एक को सूचना देना
【层出不穷】 céngchū-bùqióng लगातार उभरना; निरंतर उठ खड़ा होना; एक के बाद एक निकलता जाना: 新生事物～。नव वस्तुएँ एक के बाद एक निकलती जाती हैं।
【层次】 céngcì ❶(निबंध या भाषण में) विषय-वस्तुओं का क्रम: 这篇文章～不清。इस लेख में विषय-वस्तुएँ सुव्यवस्थित नहीं हैं। ❷प्रशासनिक दर्जा: 减少～，精简人员。प्रशासनिक दर्जे कम करना और कर्मचारियों को घटाना ❸स्तर; दर्जा: 高～领导人 उच्चस्तरीय नेता / 不同～的人 विभिन्न दर्जों के व्यक्ति
【层叠】 céngdié एक के ऊपर दूसरा: 层层叠叠的山峦 पर्वतों की श्रेणियों पर श्रेणियाँ
【层峦】 céngluán पहाड़ियों की श्रेणी पर श्रेणी: ～叠翠 हरी-भरी पहाड़ियों की श्रेणियों पर श्रेणियाँ
【层峦叠嶂】 céngluán-diézhàng पहाड़ों की चोटियाँ एक के पीछे एक खड़ी होना; पहाड़ों की श्रेणी पर श्रेणी
【层云】 céngyún 〈मौ०वि०〉बादल की पतली परत; मेघपटल; स्ट्रेटस
【层面】 céngmiàn ❶किसी स्तर का विस्तार; फैलाव: 这次事件影响的～极大。इस घटना का प्रभाव-क्षेत्र बहुत ही बड़ा है। ❷क्षेत्र: 我们谈话涉及的～很广。हमारी बातचीत का क्षेत्र बहुत विस्तृत था।
【层见叠出】 céngxiàn-diéchū बार-बार प्रकट होना; अकसर होना; लगातार प्रकाश में आना

曾 céng 〈क्रि०वि०〉कभी: 几年前我～见过她。कई साल पहले मैं ने उस को कभी देखा था। / 我未～听说过这样的事。ऐसी बात मैं ने कभी नहीं सुनी थी।
zēng भी दे०
【曾几何时】 céngjǐhéshí थोड़े ही समय में: 猖獗一时的纳粹帝国，～，遭到了彻底覆灭。नाज़ी का जर्मन साम्राज्य एक समय में बहुत उच्छृंखल और निरंकुश था, लेकिन थोड़े ही समय में वह संपूर्ण रूप से नष्ट कर दिया गया।
【曾经】 céngjīng 〈क्रि०वि०〉(यह बताना कि कोई क्रिया या स्थिति हुई थी): 他～参过军。वह सेना में भरती हुआ था। / 他～对我说过这件事。उन्होंने यह बात मुझे बताई थी। / 这里两年前～闹过水灾。दो साल पहले यहाँ बाढ़ आई थी। / 他～在印度住过两年。वह भारत में दो वर्ष रह चुके हैं।
【曾经沧海】 céngjīng-cānghǎi सात घाटों का पानी पीना —— सांसारिक व्यवहार में बहुत अनुभवी होना; दुनिया में बहुत कुछ देख चुकना; दुनिया देखना

cèng

蹭 cèng ❶रगड़ना; घिसना; खरोंचना; खुरचना; छिलना: 我的手～破了一点儿皮。मेरे हाथ का चमड़ा छिल गया। ❷किसी वस्तु से रगड़ खा कर या छू कर दाग लगना: 油漆没干，小心别～了。रोगन ताज़ा है, सावधान रहो,

कहीं छू कर दाग न लगे। ❸धीरे-धीरे आगे खिसकना; रेंगना: 他的脚受伤了，只能一步一步往前～。उस के पाँव में चोट लगी थी, इस से उस को घिसटते-घिसटते आगे बढ़ना पड़ता था। ❹〈बो०〉 किसी मौके पर बिना मूल्य चुकाए खूब लाभ मिलना: ～吃～喝 खाने-पीने की चीज़ें मुफ़्त में मिलना / 坐～车 बिना टिकट लिये बस या रेलगाड़ी में सवार होना

【蹭蹬】 cèngdèng 〈लि०〉 बाधा मिलना; अभागा होना

chā

叉 chā ❶काँटा; फ़ोर्क: 钢～ स्टील फ़ोर्क / 鱼～ मछली फंसाने का काँटा / 餐～ (खाने का) काँटा / 用刀～吃饭 छुरी-काँटे से भोजन करना ❷काँटे से कोई चीज़ ले लेना: ～鱼 काँटे से मछली फंसाना ❸（～儿）X के आकार का निशान; X-चिह्न: 在每个错字上面打个～ हरेक गलत चीनी अक्षर पर एक X-निशान लगाना

chá; chǎ भी दे०

【叉车】 chāchē फ़ोर्कलिफ़्ट

【叉烧】 chāshāo (मसालेदार सूअर का गोश्त) जालीदार अँगीठी पर भूनना; कबाब बनाना: ～肉 भूना हुआ सूअर का गोश्त

【叉腰】 chāyāo कूल्हों पर हाथ रखे हुए: 他两手～站在那里。कूल्हों पर हाथ रखे हुए वह वहाँ खड़ा था।

【叉子】 chāzi छोटे काँटा; काँटी

扠 chā 叉 chā ❷ के समान

杈 chā खेती का कई नोंकवाला एक औज़ार जो खोदने, उठाने, ले जाने या फेंकने के काम में आता है; काँटा; फ़ोर्क

chà भी दे०

差 chā ❶अंतर; भेद; फ़र्क; भिन्नता; असादृश्य; विषमता: 差别 / 差异 ❷〈गणित०〉 घटाने के बाद बची हुई रकम; बाकी; शेष ❸〈लि०〉 केवल; मात्र; तनिक; ज़रा: ～可 केवल कामचलाऊ

chà; chāi; cī भी दे०

【差别】 chābié भेद; अंतर; फ़र्क; भिन्नता; असादृश्य; असमानता: 年龄～ आयु में भिन्नता / 毫无～ तनिक भी अंतर न होना; बाल भर भी फ़र्क न होना / 两者之间～很大。दोनों में बड़ा फ़र्क है।

【差池】 chāchí 〈बो०〉 ❶भूल; गलती; भूल-चूक; त्रुटि; दोष: 这项任务很重要，不得有半点～。यह काम बड़े महत्व का है, इस में ज़रा भी दोष न होने पाए। ❷अप्रत्याशित घटना (प्रायः विपत्ति आदि); आकस्मिक होने वाली बात: 病人年纪大了，家属又不在身边，万一有个～，那就不好办了。यह रोगी बहुत बूढ़ा है और फिर उस के परिवार के लोग यहाँ नहीं हैं, अगर उस को कुछ हुआ, तो गज़ब होगा।

【差错】 chācuò ❶भूल; भूल-चूक; गलती; त्रुटि; दोष: 这笔账目没有任何～。इस हिसाब-किताब में कहीं भी भूल-चूक नहीं है। / 工作中出现～，要及时纠正。काम करने में अगर कोई दोष हुआ, तो तुरंत ठीक करना चाहिये। / 工作不认真，必然会出～。काम में पूरा ध्यान न दो, तो अवश्य ही गलतियाँ होती हैं। ❷अप्रत्याशित घटना (प्रायः विपत्ति आदि); अचानक होने वाली बात: 万一这孩子出了～怎么办? कहीं इस बच्चे को कुछ हुआ, तो क्या किया जाए?

【差额】 chā'é अंतर; बाकी; शेष: 补足～ कमी की पूर्ति करना; संतुलन ठीक करना

【差额选举】 chā'é xuǎnjǔ अनेक उम्मीदवारों का चुनाव

【差价】 chājià मूल्य में अंतर; मूल्य की भिन्नता: 地区～ मूल्य में स्थानीय अंतर; विभिन्न स्थानों में मूल्य की भिन्नता / 季节～ मूल्य में मौसमी अंतर; विभिन्न मौसमों में मूल्य की भिन्नता

【差距】 chājù दूरी; अंतर; विषयता; कमी: 对比先进找～。प्रगतिशील इकाइयों की तुलना करने में अपनी कमियों का पता लगा कर उन्हें पूरा करें। / 他俩的看法～很大。दोनों के विचारों में बड़ा अंतर है।

【差强人意】 chāqiáng-rényì जैसे-तैसे लोगों को संतुष्ट कर सकने वाला; कामचलाऊ

【差失】 chāshī भूल; भूल-चूक; गलती; दोष

【差误】 chāwù गलती; त्रुटि; दोष; भूल-चूक

【差异】 chāyì भिन्नता; भेद; असादृश्य; असमानता: 中国和印度气候～很大。जलवायु की दृष्टि से चीन और भारत दोनों में बड़ा भेद है। / 他们俩的意见有相当大的～。उन दोनों की राय में काफ़ी बड़ा अंतर है।

【差之毫厘，谬以千里】 chā zhī háolí, miù yǐ qiānlǐ (差之毫厘，失之千里 chā zhī háolí, shī zhī qiānlǐ भी) बाल भर की भूल तुम को हज़ार ली तक भटका सकती है —— तनिक भी त्रुटि के फलस्वरूप बहुत गंभीर गलती पैदा हो सकती है

插 chā ❶चुभोना; ठूँसना; घुसेड़ना; भोंकना; लगाना; जमाना; गड़ाना; भीतर डालना; रखना: 把插销～上。डाट (या प्लग) लगा दो। / 他一只手～在口袋里慢慢走来。वह अपना एक हाथ जेब में रखे धीरे-धीरे आ रहा था। / 一定要把红旗～上顶峰。हम लाल झंडे को चोटी पर गाड़ कर के ही रहेंगे। ❷बीच में जोड़ना; शामिल करना; दखल देना: ～一句话 बीच में एक शब्द बोलना

【插班】 chābān (अन्य विद्यालय से आये हुए किसी विद्यार्थी का) कोर्स के बीच में ही किसी कक्षा में शामिल होना; किसी उचित कक्षा में बैठाया जाना

【插翅难飞】 chāchì-nánfēi (插翅难逃 chāchì-nántáo भी) पर दिये जाने पर भी भाग न सकना; घेरे आदि से बाहर निकल भागना असंभव होना

【插床】 chāchuáng 〈यां०〉 स्लोटर (slotter)

【插戴】 chādài महिलाओं का शिरोभूषण

【插断】 chāduàn (बात) काटना; (भाषण) बीच में ही

रोक देना; टोकना: 他的讲话多次被人～。उस का भाषण अनेक बार रोक दिया गया; भाषण करते समय उस को कई बार टोक दिया गया।

【插队】 chāduì (शहरों के स्कूल के विद्यार्थियों का) उत्पादक ब्रिगेड के सदस्य के रूप में कुछ वर्ष के लिये गाँव में भेजा जाना

【插队落户】 chāduì luòhù (शहरों के स्कूल के विद्यार्थियों का) उत्पादक टीम के निश्चित और स्थाई सदस्य के रूप में गाँव में बसाया जाना; उत्पादक ब्रिगेड में जा बसना

【插管】 chāguǎn <चिकि०> इंट्यूबेशन करना

【插杠子】 chā gàngzi बीच में ही किसी बातचीत या काम में शामिल होना; बेकार दखल देना: 这事与你无关，你不要再插一杠子。इस बात का तुम से कोई सम्बन्ध नहीं, इस में टाँग मत अड़ाओ।

【插关儿】 chāguānr छोटा अर्गल; छोटी अगरी; बोल्ट: 插上～ अर्गल (या अगरी) लगाना

【插花】[1] chāhuā ❶गुलदान या टोकरी आदि में फूल सजाना: ～艺术 फूल सजाने की कला; फूल की सजावट ❷<बो०> कसीदा काढ़ना; बेल-बूटे का काम

【插花】[2] chāhuā किसी चीज़ को दूसरे प्रकार की चीज़ों में जोड़ना; मिलाना; मिलना; मिलना-जुलना: 玉米地里还～着种大豆。मकई की पंक्तियों के बीच सोयाबीन बोया गया है।

【插话】 chāhuà ❶बीच में बोलना; (किसी की बात) काट कर बोलना: 我们在谈正事，你别～。हम काम की बात कर रहे हैं, तुम बात काट कर न बोलो। ❷बीच में बोली हुई बात; (किसी की बात) काट कर बोली हुई बात ❸उपकथा; उपाख्यान; भाषण में अन्य गौण प्रसंग: 这一段～，使他的报告生动多了。इस उपकथा ने उन के भाषण में सजीवता बढ़ाई है।

【插画】 chāhuà (पुस्तक या लेख में दिया हुआ) चित्र; निर्देश चित्र

【插肩袖】 chājiānxiù रेगलन आस्तीन

【插脚】 chājiǎo ❶(प्रायः नकारात्मक में प्रयुक्त) किसी स्थान में पाँव रखना: 车厢里挤得满满的，后来的人几乎没地方～。यात्रियों से रेल का डिब्बा इतना ठसाठस भरा था कि पीछे आने वालों के लिये उस में पाँव रखने की भी जगह नहीं थी। ❷(किसी कार्रवाई में) शामिल होना; (किसी काम या बात में) टाँग अड़ाना: 这样的事你何必去插一脚？ऐसी बात में तुम क्यों कूद पड़ोगे?

【插科打诨】 chākē-dǎhùn (अभिनेता द्वारा) फबती कसना; नाटक में प्रहसन का प्रभाव लाना

【插空】 chākòng अवकाश में; फ़ुरसत के समय में: 你～把这件事也办一下。अवकाश मिलने पर तुम यह काम भी कर लो।

【插口】[1] chākǒu 插嘴 के समान

【插口】[2] chākǒu <विद्यु०> साकेट

【插屏】 chāpíng <क०शि०> मेज़ पर रखने वाला एक अलंकार; टेबल प्लेग

【插瓶】 chāpíng गुलदान

【插曲】 chāqǔ ❶किसी सिनेमा या नाटक में कोई गीत ❷बीच में घटित कोई घटना; संयोगवश आई हुई कोई कथा; उपकथा: 这次会议中还出现了一个小～。इस सम्मेलन के बीच में एक छोटी-सी घटना घटी।

【插身】 chāshēn ❶बलपूर्वक प्रवेश करना; घुसना ❷शामिल होना; फँसना; उलझना: 他不想～在这场纠纷中间。वह इस झगड़े में उलझना नहीं चाहता।

【插手】 chāshǒu ❶किसी के काम में सम्मिलित होना; हाथ बँटाना; सहायता करना: 我想帮忙，可不知道如何～。मैं इस काम में हाथ बँटाना चाहता हूँ, पर पता नहीं कैसे करूँ। ❷(किसी के काम में) हाथ लगाना; टाँग अड़ाना; (किसी काम में किसी का) हाथ लगना: 什么事他一～，准办不成。जिस काम में उस का हाथ लगेगा, वह कभी पूरा न होगा। / 我的事你不要～。मेरे मामले में अपनी टाँग मत अड़ाओ।

【插条】 chātiáo ❶कलम (पेड़-पौधों की टहनियाँ) ❷कलम लगाना

【插头】 chātóu <विद्यु०> डाट; प्लग: 三脚～ तीन पैरवाला प्लग; थ्री पिन प्लग

【插图】 chātú (पुस्तक या लेख में दिया हुआ) चित्र; निर्देश चित्र (कलात्मक और वैज्ञानिक इन दो प्रकार का): 书中有几幅彩色～。इस पुस्तक में कई रंगीन चित्र दिये गए हैं।

【插销】 chāxiāo ❶अर्गल; अगरी; बोल्ट (द्वारा, खिड़की आदि के लिये प्रयुक्त) ❷<विद्यु०> डाट; प्लग

【插叙】 chāxù किसी वृत्तांत में बीते हुए दृश्य का संक्षेप में दोहराना

【插言】 chāyán 插话❶के समान

【插秧】 chāyāng धान के छोटे कोमल पौधे लगाना; धान रोपना

【插秧机】 chāyāngjī धान के पौधे लगाने का यंत्र; धान-रोपाई मशीन

【插页】 chāyè पुस्तक आदि में सन्निविष्ट अतिरिक्त पत्र या पन्ना जिस में चित्र, फ़ोटो आदि अंकित हों

【插枝】 chāzhī 插条 के समान

【插足】 chāzú 插脚❷के समान

【插嘴】 chāzuǐ बीच में बोलना; (किसी की बात) काट कर बोलना: 你别～，让我把话讲完。मेरी बात न काटो, मुझे बात खत्म करने दो। / 别人谈话的时候，他老爱～。वह हमेशा दूसरों की बातचीत के बीच में ही कुछ बोलना चाहता है।

【插座】 chāzuò <विद्यु०> साकेट; आउटलेट

喳 chā नीचे दे०
zhā भी दे०

【喳喳】 chāchā बहुत धीमे से बोलने की आवाज़; होंठों ही होंठों में बोलने की आवाज़; फुसफुस शब्द करते हुए कुछ कहना: 嘁嘁～ फुसफुसाने की आवाज़

【喳喳】 chācha फुसफुसाना; कानाफूसी करना: 打～ धीमी आवाज़ में बोलना; फुसफुसाना / 她在她妈妈耳边～了几句。उस ने माँ के कान में कुछ कहा।

馇（餷） chā ❶(सूअर या कुत्ते का चारा) पानी में मथते हुए पकाना: ～猪食 सूअरों के लिये चारा पकाना ❷<बो०> बंद बर्तन में थोड़े पानी में देर तक उबाल कर

पकाना या पकना: ～粥 दलिया पकाना

锸（鍤）chā फावड़ा; कुदाल

嚓 chā 〈अनु०〉(प्रायः 喀 kā या 啪 pā के साथ प्रयुक्त): 喀～ किसी चीज़ के चिटकने, टूटने-फटने या कटने से होने वाला तड़ शब्द; तड़ाके का शब्द

chá

叉 chá 〈बो०〉(मार्ग आदि का) अवरोध करना; रोक देना; बाधा देना: 车辆～住了路口，过不去了。गाड़ियों से सड़क पर यातायात बिल्कुल बन्द हो गया, हम गुज़र ही नहीं सकते थे।

chā; chǎ भी दे०

茬 chá ❶(कटे हुए खेत की) ठूँठी; खूँटी: 麦～ गेहूँ की ठूँठी ❷फ़सल; उपज; पैदावार: 这块菜地一年能种好几～。इस सब्ज़ी के खेत में वर्ष में कई फ़सलें होती हैं। ❸碴儿 के समान

【茬口】chákǒu ❶खेत में बारी-बारी से उगाई जाने वाली फ़सलें: 选好～，实行合理轮作。ठीक फ़सलें चुन कर उचित तरीके से बारी-बारी से उगाओ। ❷वह खेत जिस में से कोई फ़सल काटी गई हो: 西红柿～壮，种白菜很合适。टमाटर की फ़सल ज़मीन को उपजाऊ बनाती है और उस खेत में गोभी बहुत अच्छी तरह से उगती है। ❸〈बो०〉(～儿)मौका; अवसर: 这事抓紧办，现在正是个～。अभी इस काम को पूरा करने का ठीक मौका है, तुम जल्दी करो।

【茬子】cházi (कटे हुए खेत की) ठूँठी; खूँटी: 刨～ खूँटी खोदना

茶 chá ❶चाय (पौधा और उस की पत्तियां); टी: 绿～ हरी चाय / 红～ काली चाय / 种～ चाय बोना; चाय उगाना / 采～ चाय (की पत्तियां) चुनना ❷चाय का पानी; चाय; टी: 沏～ चाय बनाना / 浓～ तेज़ चाय / 淡～ फीकी चाय / 请给客人倒杯～。आप मेहमान को एक कप चाय पिलाएं। ❸किंहीं तरल खाद्य पदार्थों के नाम के लिये प्रयुक्त: 杏仁～ बादाम का रस

【茶杯】chábēi चाय की प्याली; टी कप

【茶场】cháchǎng चाय का बागान

【茶匙】cháchí छोटी चम्मच; चमची

【茶炊】cháchuī चाय का मुँहबन्द प्याला (जिस में चाय का पानी उबाला जा सकता है); टी-अर्न

【茶底儿】chádǐr उबलने के बाद की चाय की बेकार पत्तियां: 把茶壶里的～倒年掉。चायदान से बेकार पत्तियां बाहर छोड़ो।

【茶点】chádiǎn चाय और नमकीन, बिस्कुट; जलपान; नाश्ता; चाय-पानी

【茶碟儿】chádiér चाय की तश्तरी (चाय की प्याली रखने के लिये)

【茶饭】cháfàn चाय और चावल —— भोजन और पेय; भोजन: 不思～ भोजन करने की इच्छा न होना; भूख न होना

【茶房】cháfang 〈पुराना〉 बैरा; वेटर (होटलों, चायघरों आदि में अभ्यागतों को भोजन, चाय आदि पहुँचाने या अन्य सेव करने वाला)

【茶缸子】chágāngzi हत्थेदार गिलास; गिलास; मग

【茶倌】cháguān 〈पुराना〉 चायघर का बैरा

【茶馆】cháguǎn（～儿）चायघर: 开～ एक चायघर खोलना

【茶褐色】cháhèsè गहरा भूरा (रंग)

【茶壶】cháhú चायदान; चायदानी

【茶花】cháhuā कैमिलिया; कैमिलिया के फूल

【茶话会】cháhuàhuì वह सामाजिक जमाव जिस में चाय और उपाहार का प्रबन्ध हो; टी पार्टी

【茶会】cháhuì चाय की दावत; टी पार्टी

【茶几】chájī（～儿）चाय के बर्तन रखने की छोटी मेज़; टी टेबुल

【茶鸡蛋】chájīdàn चाय के पानी में उबाल कर पकाये हुए अंडे

【茶巾】chájīn चाय का मेज़पोश

【茶晶】chájīng तेज़ चाय के रंग का स्फटिक; पीले रंग का बिल्लोर

【茶镜】chájìng पीले रंग के बिल्लोर या काँच से बने शीशों वाला चश्मा; धूप का चश्मा

【茶具】chájù चाय के बर्तन; टी-सेट

【茶客】chákè ❶किसी चायघर का अभ्यागत (ग्राहक) ❷〈पुराना〉 चाय का व्यापारी

【茶楼】chálóu दो या उस से अधिक मंज़िलों वाला चाय-घर (प्रायः चाय-घर के नाम के लिये प्रयुक्त)

【茶炉】chálú ❶पानी उबालने की भट्टी ❷गरम या उबला हुआ पानी देने या बेचने का स्थान

【茶卤儿】chálǔr (बहुत ही) तेज़ चाय (जिस में पानी मिला कर पिया जाता हो)

【茶农】chánóng चाय उगाने वाला किसान

【茶盘】chápán（茶盘子 chápánzi भी）चाय की ट्रे; टी-ट्रे; टी-बोर्ड

【茶钱】cháqián ❶चाय के लिये अदा की गई रकम (चायघर में) ❷बख्शीश; टिप

【茶青】cháqīng पीलापन लिये गहरा हरा

【茶色】chásè गहरा भूरा (रंग): ～玻璃 गहरे भूरे रंग का शीशा

【茶社】cháshè चायघर (प्रायः चायघर के नाम के लिये प्रयुक्त)

【茶食】cháshí केक और मिठाइयाँ

【茶树】cháshù चाय का पौधा; चाय का पेड़

【茶水】cháshuǐ चाय का पानी या उबला हुआ सादा पानी (प्रायः पथिकों या यात्रियों आदि को पिलाने के लिये)

【茶水站】cháshuǐzhàn (किसी मौके पर लगाया हुआ) टी स्टाल: 运动场上为运动员设了几处～。खेल-कूद

के मैदान में खिलाड़ियों के लिये कई टी स्टाल लगाये गए हैं।
【茶肆】 chásì <लि०> चायघर; चायखाना
【茶摊】 chátān सड़क के किनारे पर लगाया हुआ चाय का स्टाल
【茶碗】 cháwǎn चाय की कटोरी; चाय का प्याला
【茶锈】 cháxiù चाय का दाग; चाय का धब्बा
【茶叶】 cháyè चाय की पत्ती; चाय; टी
【茶叶蛋】 cháyèdàn दे० 茶鸡蛋
【茶叶罐】 cháyèguàn (चाय की पत्ती रखने के लिये धातु का) डिब्बा; चाय का डिब्बा; चाय की पत्ती रखने की पिटारी; चाय की पिटारी
【茶艺】 cháyì चाय बनाने, पीने और पिलाने की विशिष्ट कला
【茶役】 cháyì 茶房 के समान
【茶余饭后】 cháyú-fànhòu（茶余酒后 cháyú-jiǔhòu भी）चाय पीने या खाना खाने के बाद विश्राम का समय: 这些趣闻可作～的谈话资料。ये दिलचस्प बातें भोजन के बाद गपशप करने के लिए हैं।
【茶园】 cháyuán ❶चाय-बागान ❷चाय का बाग; टी गार्डन ❸<पुराना> नाटकघर; थियेटर
【茶盅】 cházhōng बिना हत्थे की चाय की प्याली
【茶砖】 cházhuān ईंट के रूप में बनी धाय; ईंटनुमा चाय
【茶资】 cházī चाय के लिये अदा की गई रकम (चायघर में)
【茶座】 cházuò（～儿）❶चाय का पानी बेचने का स्थान (प्रायः कमरे के बाहर का); सीटों वाला टी स्टाल: 树阴下面有～儿。पेड़ की छाया में सीटोंवाला टी स्टाल है। ❷चायघर या चाय के बाग में सीटें: 这家茶馆有五十多个～儿。इस चायघर में पचास से ज़्यादा सेटें हैं।

查 chá ❶जाँच करना; जाँच-पड़ताल करना; निरीक्षण करना; परीक्षा करना: ～尿 पेशाब की जाँच करना / ～卫生 सार्वजनिक स्वच्छता-प्रबन्ध का निरीक्षण करना ❷अनुसंधान करना; पता लगाना; जाँच-पड़ताल करना; देखना: ～明事故的原因 दुर्घटना के कारण का अच्छी तरह पता लगाना / ～过他的病历了吗? उस का मेडिकल रिकार्ड देखा है? ❸उलटते हुए देखना; देखना; (पुस्तक आदि से) राय लेना: ～字典 शब्दकोश देखना / ～资料 सामग्रियां देखना
zhā भी दे०
【查办】 chábàn जाँच-पड़ताल कर के सज़ा देना: 撤职～ किसी को पदच्युत करना और जाँच-पड़ताल कर के सज़ा देना
【查抄】 cháchāo किसी अपराधी की संपत्तियों का पता लगना और उन्हें ज़ब्त करना
【查处】 cháchǔ अनुसंधान करना और सज़ा देना
【查点】 chádiǎn गिनना; गिनती करना; संख्या का पता लगना: ～人数 आदमियों की गिनती करना / ～存货 माल की सूची बनाना
【查对】 cháduì जाँच करना और सत्यापित करना: ～材料 सामग्री की जाँच करना / ～账目 हिसाब-किताब सत्यापित करना / ～原文 मूल (हस्तलेख आदि) से मिला कर देखना / ～无误 जाँच और मिलान की जाने पर सत्य सिद्ध होना; सत्यापित होना
【查房】 cháfáng (डाक्टरों, नर्सों आदि का) वार्डों का दौरा करना: 那位医生隔天查一次房。वह डाक्टर हर दूसरे दिन वार्डों का दौरा करता है।
【查访】 cháfǎng इधर-उधर पूछताछ करते हुए पता लगाना; जाँच-पड़ताल करना: ～案情 किसी अपराध के पूरे हाल की जाँच-पड़ताल करना
【查封】 cháfēng सीलबन्द करना या होना; मुहरबन्द करना या होना: ～赃物 चुराई हुई चीज़ों को मुहरबन्द करना / 这家商店因违法经营被～了。अवैध व्यापार की वजह से इस दुकान को सीलबन्द किया गया।
【查岗】 chágǎng 查哨 के समान
【查号台】 cháhàotái (टेलीफ़ोन एक्सचेंज की) इंफ़ोर्मेशन
【查核】 cháhé जाँच करना और सत्यापित करना; (हिसाब-किताब) सत्यापित करना
【查户口】 cháhùkǒu (घर-घर जा कर) आवास पहचान-पत्र का निरीक्षण करना; बस्तियों की जाँच करना
【查获】 cháhuò (अपराधी को) खोज कर पकड़ लेना; (निषिद्ध वस्तुओं आदि को) कानूनी अधिकार के द्वारा ज़ब्त करना; कुर्क करना; खोज लेना: ～毒品 मादक द्रव्य खोज निकालना / ～逃犯 किसी भगौड़े अपराधी को खोज कर पकड़ लेना
【查禁】 chájìn निषेध करना; मनाही करना; प्रतिबन्ध लगाना; पाबन्दी लगाना; दबा देना; दमन करना: ～赌博 जुए पर प्रतिबन्ध लगाना / ～走私活动 तस्करी के व्यापार को दबा देना
【查究】 chájiū जाँच-पड़ताल करना; (कारण, ज़िम्मेदारी आदि) निश्चित करने का प्रयास करना; पता लगाना; ढूँढ निकालना: ～责任 यह पता लगाना कि कौन ज़िम्मेदार है / 对腐败现象，必须认真～。भ्रष्टाचार का ध्यान-पूर्वक पता लगा कर निपटारा करना चाहिये।
【查勘】 chákān सर्वेक्षण करना; खोजना; ढूँढना: ～地形 भूमि-सर्वेक्षण (करना) / ～矿产资源 खान ढूँढना
【查看】 chákàn निरीक्षण करना; जाँच करना: ～证件 प्रमाण-पत्र की जाँच करना / ～货物 माल परखना / ～帐目 हिसाब-किताब जाँचना / ～灾情 प्राकृतिक विपत्ति का निरीक्षण करना / ～房屋损坏的情况 बरबाद हुए मकानों को देखना
【查考】 chákǎo जाँच-पड़ताल करना; निश्चित करने का प्रयास करना; रिसर्च करना: ～中国古时有关水患的全部文献 प्राचीन चीन में बाढ़ से सम्बन्धित सभी प्रकार के साहित्य का अध्ययन करना / 作者的生卒年月已无从～。लेखक का जन्म-मरण का समय निश्चित करना अब असंभव है।
【查明】 chámíng जाँच-पड़ताल के द्वारा सिद्ध करना या होना; ढूँढ निकालना; निश्चित करना: ～真相 सत्यता की जानकारी प्राप्त करना; (किसी बात आदि का) असली रूप देखने में आना / 事故原因，现已～。इस दुर्घटना के घटित होने का कारण अब ढूँढ निकाला गया है।
【查谟和克什米尔】 Chámó hé Kèshímí'ěr जम्मू और कश्मीर

【查票】 chápiào टिकट का निरीक्षण करना; टिकट देखना

【查讫】 cháqì निरीक्षित

【查清】 cháqīng पूर्ण रूप से जाँच-पड़ताल करना; ढूँढ निकालना: ～某人的来历 किसी व्यक्ति की पृष्ठभूमि का पता लगा लेना / 事情已经全部～。जाँच-पड़ताल के द्वारा इस बात का संपूर्ण रूप अब स्पष्ट हो गया है।

【查哨】 cháshào संतरी की ड्यूटी जाँचना; सेना की चौकियों का दौरा करना

【查实】 cháshí जाँच करना उर सत्यापित करना: 案情已经～。संपूर्ण जाँच-पड़ताल के द्वारा अब मामला सत्यापित हो गया है।

【查收】 cháshōu (प्रायः चिट्ठी, सूचना आदि में प्रयुक्त) जाँच कर ग्रहण करना; ले लेना: 寄去杂志两本，请～。आप को दो पत्रिकाएँ भेजी गई हैं, कृपया ग्रहण करें।

【查提斯加尔】 Chátísījiā'ěr छत्तीसगढ़ (प्रदेश)

【查问】 cháwèn ❶पूछना: ～邮政编码 पोस्ट कोड पूछना ❷पूछ-ताछ करना; जवाब-तलब करना: ～证人 गवाह से पूछ-ताछ करना / ～过往行人 सड़क पर आने-जानेवालों से पूछ-ताछ करते हुए उन की जाँच करना

【查无实据】 chá wú shíjù जाँच-पड़ताल से अब पता चला है कि इस मामले का कोई ठोस प्रमाण नहीं है; पता लगाया गया है कि इस बात का कोई ठोस प्रमाण नहीं है

【查寻】 cháxún ढूँढना; खोजना; पता लगाना: ～失散多年的亲人 कई वर्षों से लापता हुए किसी रिश्तेदार को ढूँढना

【查询】 cháxún पूछना: ～电话号码 टेलीफ़ोन का नम्बर पूछना

【查验】 cháyàn परखना; जाँच करना: ～证件 प्रमाण-पत्र की जाँच करना

【查夜】 cháyè रात में दौरा करना; रात में घूमते हुए निरीक्षण करना

【查阅】 cháyuè पुस्तकों, दस्तावेज़ों आदि में से संबंधित भागों को चुन कर पढ़ना; पढ़ना; देखना: ～技术资料 तकनीकी सामग्री पढ़ना

【查账】 cházhàng हिसाब जाँचना; लेखा जाँचना: 年终～ वर्ष के अंत में लेखा जाँचना

【查找】 cházhǎo ढूँढना; खोजना; पता लगाना: ～失主 खोई हुई वस्तुओं के स्वामी का पता लगाना / ～资料 सामग्री ढूँढ कर पढ़ना

【查照】 cházhào 〈लि०〉 दस्तावेज़ों पर ध्यान देना; दस्तावेज़ों के अनुरूप (काम करना): 希～办理。कृपया ध्यान दें और उचित कार्य करें।

【查证】 cházhèng जाँच करना और सत्यापित करना; जाँच कर साबित करना: 此事已～属实。जाँच करने पर इस बत की सत्यता सिद्ध हुई है; यह बात सत्यापित हो गई है।

搽 chá (पाउडर; तेल आदि) त्वचा पर लगाना; लेप करना: 脸上～粉 मुँह पर पाउडर लगाना / ～雪花膏 वैनिशिंग क्रीम लगाना / 伤口上～点药。घाव पर ज़रा मरहम लगाओ।

猹 chá बिज्जू की तरह का एक जंगली जानवर

楂 chá ❶कटे हुए बाल या दाढ़ी; बाल या दाढ़ी के छोटे और कड़े टुकड़े: 胡子～ कटी हुई दाढ़ी ❷茬 chá के समान

zhā भी दे०

槎[1] chá 〈लि०〉 लट्ठों से बना बेड़ा; बेड़ा

槎[2] chá 茬 chá के समान

碴 chá 〈बोल०〉 (चीनी मिट्टी के बने हुए पदार्थ या शीशे आदि के टुकड़े से) काटा जाना: 他的手让玻璃～破了。शीशे (के टुकड़े) से उस का हाथ फट गया।

【碴儿】 chár ❶टूट कर बने हुए टुकड़े; खंड: 冰～ बर्फ़ के छोटे-छोटे टुकड़े / 玻璃～ शीशे के छोटे-छोटे खंड ❷टूटे हुए शीशे आदि की तेज़ धार: 碰到碗～上，拉破了手。मैं ने टूटे हुए कटोरे की तेज़ धार को हाथ से छू लिया और उँगली कट गई। ❸दुर्भाव; बैर; झगड़े का कारण: 过去他们俩有～，现在和好了。पहले वे दोनों एक दूसरे के प्रति दुश्मनी रखते थे, अब तो दोनों में मेल हो गया है। ❹किसी की अभी कही हुई बात; अभी चर्चित हुई बात: 不答～ किसी की बात का जवाब न देना

察 chá गौर से देखना; जाँचना: 观～ अवलोकन

【察察为明】 cháchá-wéimíng छोटी-मोटी बातों में ही चतुर होना

【察访】 cháfǎng प्रत्यक्ष निरीक्षण करना और पूछताछ करना; दौरा करते हुए जाँच-पड़ताल करना: 暗中～ जाँच-पड़ताल के उद्देश्य से गुप्त रूप से इधर-उधर घूमना

【察觉】 chájué महसूस करना या होना; पता चलना; मालूम होना; लगना: 我～他近来身体不太好。मुझे ऐसा लगता है कि इधर कुछ दिनों से उस का स्वास्थ्य पहले से अच्छा नहीं है। / 大家对他的阴谋早有～。उस की साज़िशों का लोगों को पहले ही पता चला था।

【察看】 chákàn दर्शन करना; ध्यानपूर्वक देखना; निरीक्षण करना; जाँचना: ～风向 हवा का रुख देखना / ～地形 किसी स्थान की भौगोलिक स्थिति देखना / ～动静 यह जानने का प्रयत्न करना कि कोई बात हो रही है कि नहीं; आहट लेना / 医生仔细～了他的病情。डाक्टर ने उस की बीमारी की ध्यानपूर्वक जाँच-पड़ताल की।

【察其言，观其行】 chá qí yán, guān qí xíng किसी व्यक्ति की कथनी और करनी की छान-बीन करना; किसी की कथनी और करनी को मिला कर देखना

【察言观色】 cháyán-guānsè किसी के मुख की अभिव्यक्ति व उस की बातों से उस के मन की थाह लेना; किसी की हरेक मनोदशा पर ध्यान देना

馇 chá नीचे दे०

【馇子】 cházi 〈बोल०〉 पीसी हुई मकई आदि के कण

檫 chá सैसफ़्रैस (पेड़) (sassafras)

chǎ

叉 chǎ अलग कर के कांटे का रूप बनाना: ～着腿站着 अपनी टाँगें खोल कर खड़ा होना
chā; chá भी दे०

衩 chǎ दे०裤衩 kùchǎ
chà भी दे०

蹅 chǎ (कीचड़, बर्फ़ आदि में) कष्टपूर्वक चलना; ज़ोर लगा कर चलना: 他是冒着雨来的，鞋都～湿了。 वह वर्षा में पैदल चल कर आया था, इस से उस का जूता पानी से तरबतर हो गया था।

镲（鑔） chǎ झाँझ

chà

汊 chà नदी की शाखा

【汊港】 chàgǎng धारा की शाखा

【汊流】 chàliú दे० 岔流 chàliú

【汊子】 chàzi 汊 के समान

岔 chà ❶विशाखित: 岔路 ❷मुख्य सड़क से हटना: 汽车下了公路～上了小道。 मोटरकार राजमार्ग से हट कर एक छोटी सड़क पर चलने लगी। ❸दे० 岔子 ❹<बो०> (आवाज़) फटना; गला बैठना: 她越说越伤心，嗓音都～了。 वह जितना अधिक बोलती जाती थी, उस का दुख उतना अधिक बढ़ता जाता था, यहाँ तक कि उस की आवाज़ फटने लगी। ❺बातचीत का विषय बदलना: 打～ बातचीत का विषय बदलना

【岔道儿】 chàdàor दे० 岔路

【岔开】 chàkāi ❶शाखाओं में बँटना; शाखा फूटना: 线路在这儿～了。 पंक्ति यहाँ से शाखाओं में बँट जाती है। ❷दूसरे विषय में बदलना; बातचीत का विषय बदलना: 看到他俩要吵架，我赶紧给～了。 जब देखा कि दोनों में झगड़ा होने वाला था, मैं ने तुरंत विषय बदल कर रोक दिया। ❸(छुट्टियों, काम के घंटों आदि को) इस प्रकार व्यवस्थित करना कि वे एक दूसरे के साथ न उलझें (बल्कि उन में अंतर रहे): 把两个会的时间～。 दो सभाओं के समय में अंतर रहने दो।

【岔口】 chàkǒu दोराहा: 一直往前走，碰到～向左拐。 सीधे आगे बढ़ो, दोराहे पर बाईं ओर मुड़ कर चलो।

【岔流】 chàliú नदी की शाखा

【岔路】 chàlù सड़क की शाखा; छोटी सड़क

【岔气】 chàqì साँस लेते समय छाती में कष्ट लगना

【岔子】 chàzi ❶岔路 के समान ❷दुर्घटना; गलती: 那辆公共汽车出了什么～，怎么不走了？ उस बस को क्या हुआ, क्यों रुक गई ? / 你放心吧，出不了～。 तुम चिंता मत करो, इस में कोई गलती न होने पाएगी; घबराओ मत, सब ठीक से होगा।

诧（詫） chà आश्चर्य होना; अचरज में पड़ना: 诧异

【诧异】 chàyì आश्चर्यचकित होना; अचंभित होना; अचरज में पड़ना: 他脸上露出～的神色。 उस के चेहरे पर अचरज का भाव आया। / 听了这个突如其来的消息，大家都十分～。 यह अप्रत्याशित समाचार सुन कर सब लोग आश्चर्यचकित हो गये; अचानक आने वाली खबर सुन कर सब लोग अचरज में पड़ गये।

衩 chà किसी पोशाक के दोनों किनारों पर कटे हुए रेखाछिद्र
chǎ भी दे०

刹 chà बौद्ध मंदिर: 古～ प्राचीन बौद्ध मंदिर
shā भी दे०

【刹帝利】 chàdìlì क्षत्रिय

【刹那】 chànà क्षण: 一～ एक क्षण में / ～间，他倒在地上，不省人事。 क्षण भर में, वह ज़मीन पर गिर पड़ा और बेहोश हो गया।

【刹时】 chàshí दे० 刹那

姹（奼） chà <साहि०> सुन्दर

【姹紫嫣红】 chàzǐ-yānhóng गहरा बैंगनी रंग और भड़कीला लाल रंग —— सुन्दर फूल: 花园里，～，十分绚丽。 बाग में हर जगह भड़कीले रंगों के सुन्दर-सुन्दर फूल खिले हुए हैं।

差 chà ❶भिन्न होना; असमान होना; मेल न खाना: 在学习方面，小王比小李～远了。 अध्ययन में शाओ वांग शाओ ली से कहीं पीछे है। ❷गलत; अनुचित: 这话你可说～了。 तुम्हारी यह बात गलत है; तुम गलत कहते हो। / 我走～了房间。 मैं गलत कमरे में गया था। ❸कम होना: 人到齐了吗? —— 还～一个人。 क्या सब लोग आ गये ? —— एक कम है। / ～十分九点 नौ बजने में दस मिनट / 一个月还～三天。 महीना पूरा होने में तीन दिन और हैं। / 这块肉一公斤～一点儿。 मांस का यह टुकड़ा एक किलोग्राम से थोड़ा-सा कम है। ❹बुरा; प्रामाणिक तक न पहुँचा हुआ: 他的考试成绩并不太～。 उस का परीक्षा का नतीजा बहुत बुरा तो नहीं है।
chā; chāi; cī भी दे०

【差不多】 chàbuduō ❶लगभग समान; एक-सा; मिलता-जुलता: 姐妹俩长相～。 इन बहनों की शक्ल बहुत मिलती-जुलती है। / 两人身高～。 दोनों की लम्बाई एक-सी है। / 这两种观点～。 इन दो दृष्टिकोणों में उन्नीस

बीस का फ़र्क है। ❷लगभग ठीक; लगभग पर्याप्त; दूर नहीं: 这只箱子你扛不动，我扛还～。यह संदूक तुम कंधे पर उठा नहीं सकते, मैं शायद उठा सकता हूँ। ❸लगभग; करीब-करीब; प्रायः: ～所有的人都知道这件事。यह बात लगभग सभी लोग जानते हैं। / 他去世～快十年了。उन का देहांत हुए लगभग दस वर्ष हो गए हैं। / 这件事情～解决了。इस समस्या का प्रायः समाधान हो गया है।

【差不多的】 chàbuduōde साधारण आदमी; मामूली आदमी: 这包大米一百公斤重，～还扛不起来。चावल के इस थैले का वज़न एक सौ किलोग्राम है, कोई साधारण आदमी इसे कंधे पर उठा नहीं सकता। / ～都知道这件事。यह बात वास्तव में हर कोई जानता है।

【差不离】 chàbulí（～儿）差不多 के समान

【差点儿】 chàdiǎnr ❶इच्छित लक्ष्य तक पूरी तरह न पहुँचना; काफ़ी अच्छा न होना: 这张画比那张画～。यह चित्र उतना अच्छा नहीं है जितना वह चित्र। / 这块布料质量很好，就是颜色～。इस कपड़े का गुण तो बहुत अच्छा है, मगर इस का रंग उतना अच्छा नहीं है। ❷<क्रि० वि०> लगभग; प्रायः; करीब-करीब: 这话我～脱口而出。इस बात को मैं ने लगभग बता ही दिया था। / 那个问题可难了。我～没答上来。वह सवाल इतना कठिन था कि मैं ने जैसे-तैसे उस का जवाब दिया। / 她～（没）哭出来。वह करीब-करीब रो पड़ी; उस ने बड़ी कठिनता से अपने आँसुओं को रोका। / 老太太～（没）摔倒。वह बुढ़िया गिरते-गिरते बच गई।

【差劲】 chàjìn (गुण, योग्यता आदि) बुरा; घटिया; नीच: 这酒～，味儿不正。यह शराब बहुत घटिया है, इस का स्वाद ठीक नहीं। / 今天的节目太～了。आज के प्रोग्राम ज़रा भी अच्छे नहीं हैं। / 这个人老是说话不算数，太～。वह गया-गुज़रा आदमी है, कह कर अपनी बात से मुकर जाना तो उस के लिये मामूली बात है।

chāi

拆 chāi ❶फाड़ कर खोलना; पृथक् करना: ～信 लिफ़ाफ़ा खोलना / ～机器 मशीन से पुर्ज़े अलग करना; मशीन के पुर्ज़े उतार लेना ❷गिराना; ढाना; तोड़ना: ～墙 दीवार गिराना / ～房子 मकान को तोड़-फोड़ कर गिराना; मकान ढाना / 把旧毛衣～了重新织一下。पुराने स्वेटर को उधेड़ कर फिर से बुन लेना
cā भी दे०

【拆白党】 chāibáidǎng <बो०> धोखेबाज़ों का गुट; धोखेबाज़

【拆除】 chāichú तोड़-फोड़ कर गिराना; हटाना; मिटाना: ～城墙 किसी नगर की दीवार को तोड़-फोड़ कर गिराना / ～违章建筑物 अवैध रूप से निर्मित मकानों को गिरा देना / ～工事 मोर्चाबन्दियों को हटा देना / ～障碍物 रुकावटों को हटा देना

【拆穿】 chāichuān भंडाफोड़ करना; पर्दाफ़ाश करना: ～阴谋 साज़िश का पर्दाफ़ाश करना / ～骗局 धोखेबाज़ी की कलई खोलना / ～西洋镜 किसी की चालबाज़ी का पर्दाफ़ाश करना

【拆东墙，补西墙】 chāi dōngqiáng, bǔ xīqiáng पश्चिमी दीवार की मरम्मत करने के लिये पूर्वी दीवार को गिरा देना —— किसी एक स्थान को मज़बूत बनाने के लिये दूसरे स्थान का तिरस्कार करना; एक को लूट कर दूसरे को दान देना

【拆毁】 chāihuǐ (भवन आदि) तोड़-फोड़ कर गिराना; ध्वस्त करना; हटाना; मिटाना

【拆伙】 chāihuǒ एक दूसरे का साथ छोड़ना: 半途～ आधे रास्ते में ही एक दूसरे का साथ छोड़ना

【拆借】 chāijiè <बो०> दैनिक सूद पर कुछ समय के लिये (रुपये) उधार लेना

【拆开】 chāikāi अलग करना; पृथक् करना; खोलना: 把机器～ मशीन से पुर्ज़े अलग करना; मशीन के पुर्ज़े उतार लेना / 这两个字构成一个词，不能～。इन दो अक्षरों से ही एक शब्द बन जाता है, दोनों को पृथक् नहीं किया जा सकता।

【拆卖】 chāimài (प्रायः सेट में बेची जाने वाली वस्तुओं में से) कोई निकाल कर बेचना: 这套家具不～。यह फ़र्नीचर सेट में बिकता है, अलग-अलग हिस्सों में नहीं।

【拆迁】 chāiqiān किसी पुरानी इमारत को गिरा देना और वहाँ के रहने वालों का वहाँ से हट कर दूसरी जगह चले जाना

【拆墙脚】 chāi qiángjiǎo नींव खोखली कर देना; जड़ खोदना; आधारस्तंभ हटा देना

【拆散】 chāisǎn (वस्तुओं के समूह को) हिस्सों में करना; पृथक् करना: 这套瓷器当心不要～了。सावधान रहो, चीनी के इन बर्तनों को एक साथ रखा जाए, इन में से कोई अलग न होने पाए।

【拆散】 chāisàn (परिवार, दल, शादी का संबंध आदि) भंग करना; विलग करना

【拆台】 chāitái नींव खोखली कर देना; जड़ खोदना; (किसी की) टेक हटाना; तोड़-फोड़ करना; (किसी के काम में) बाधा डालना: 工作要互相支持，不要互相～。हम को काम में एक दूसरे की सहायता करनी चाहिये, न कि एक दूसरे के काम में अड़ंगा लगाना चाहिये।

【拆息】 chāixī दैनिक सूद की दर

【拆洗】 chāixǐ (रज़ाई या रूईदार कपड़े का) ऊपरी भाग (गिलाफ़) उतार कर धोना: ～棉被 रज़ाई का ऊपरी भाग उतार कर धोना

【拆线】 chāixiàn (शल्य-क्रिया में प्रयुक्त) रेशम (या तार) निकालना

【拆卸】 chāixiè (मशीन आदि से) पुर्ज़े अलग करना; (मशीन आदि के) पुर्ज़े उतार लेना

【拆账】 chāizhàng प्राप्तियों में किसी के हिस्से के अनुसार उसे भुगतान करना

【拆字】 chāizì 测字 cèzì के समान

钗（釵） chāi पुराने ज़माने में सजावट के लिये

महिलाओं द्वारा बालों में लगाई जाने वाली पिन; हेयरपिन

差 chāi ❶(कोई काम करने के लिये किसी को) भेजना; रवाना करना: ～人去了解一下 पता लगाने के लिये किसी को भेजना / ～他去办件事 उस को किसी काम पर रवाना करना ❷कार्य; नौकरी; दफ़्तर का काम: 出～ दफ़्तर के काम पर जाना (या यात्रा करना) ❸नौकर; चपरासी: 当～ नौकर होना

chā; chà; cī भी

【差旅费】 chāilǚfèi दफ़्तर के काम पर यात्रा करने के लिये दिया जाने वाला भत्ता; यात्रा-भत्ता

【差遣】 chāiqiǎn किसी को किसी काम पर भेजना; रवाना करना; प्रेषित करना; सौंपना: 候～ कार्य को सुपुर्द करने के लिए इंतज़ार करना

【差使】 chāishǐ भेजना रवाना करना; प्रेषित करना

【差使】 chāishi सरकारी पद; नौकरी; कार्य

【差事】 chāishi ❶प्रदत्त कार्य; सौंपा हुआ काम: 交给你一件～。तुम को एक काम सौंपा जाता है। ❷差使 के समान

【差役】 chāiyì ❶बेगार ❷〈पुराना〉 सरकारी कार्यालय का चपरासी

chái

侪（儕） chái 〈लि॰〉 एक ही पीढ़ी का व्यक्ति: 吾～ हम; हम जैसी लोग

【侪辈】 cháibèi （侪类 cháilèi भी） 〈लि॰〉 एक ही पीढ़ी का व्यक्ति

柴 1 chái ❶ईंधन की लकड़ी ❷ （Chái） एक कुलनाम

柴 2 （㾹） chái 〈बो॰〉 ❶(खाद्य पदार्थ) कठोर; सख्त; सूखा: 这肉有点发～。यह माँस ज़रा सूखा सा लगता है। / 烙饼搁得时间长了就～了。जब रोटी लम्बे समय तक पड़ी रहती है तो वह सख्त और सूखी हो जाती है। ❷खोटा; घटिया; निम्न कोटि का; अयोग्य: 这种笔太～了。इस तरह की कलम बहुत घटिया है। / 他棋下得特～。शतरंज खेलने में वह बिल्कुल अनाड़ी है; वह शतरंज बिलकुल खेलना नहीं जानता।

【柴草】 cháicǎo जलाने की लकड़ियाँ; ईंधन का गट्ठर

【柴扉】 cháifēi 〈लि॰〉 लकड़ी के टुकड़ों, टहनियों आदि से बना हुआ दरवाज़ा

【柴火】 cháihuo जलाने की लकड़ियाँ; ईंधन की लकड़ी

【柴门】 cháimén लकड़ी के टुकड़ों, टहनियों आदि से बना हुआ दरवाज़ा —— कोई दरिद्र परिवार

【柴米】 cháimǐ (रसोईघर में प्रयुक्त) ईंधन की लकड़ी और चावल —— जीवन-निर्वाह के लिये ज़रूरी वस्तुएँ

【柴米油盐】 chái-mǐ-yóu-yán ईंधन की लकड़ी चावल, तेल और नमक —— रोज़मर्रे की मुख्य ज़रूरी चीज़ें; जीवन यापन का साधन

【柴油】 cháiyóu डीज़ल आयल

【柴油机】 cháiyóujī डीज़ल-एंजन

【柴油机车】 cháiyóu jīchē रेल का डीज़ल-एंजन

豺 chái गीदड़

【豺狼】 cháilang गीदड़ और भेड़िये —— क्रूर और लोभी व्यक्ति; भेड़िये जैसा खूँखार व्यक्ति

【豺狼成性】 cháiláng-chéngxìng स्वभाव से ही खूंखार; अति क्रूर

【豺狼当道】 cháiláng-dāngdào गीदड़ और भेड़िये शासन करते हैं —— क्रूर एवं लोभी व्यक्तियों के हाथ में अधिकार है

chǎi

䦆 chǎi पीसा हुआ सोयाबीन या मक्का: 玉米～儿 पीसा हुआ मक्का

chài

虿（蠆） chài एक प्रकार का बिच्छू

瘥 chài 〈लि॰〉 फिर स्वस्थ हो जाना: 久病而～ लम्बी बीमारी से उबर कर फिर स्वस्थ हो जाना

chān

觇（覘） chān 〈लि॰〉 सर्वेक्षण करना

【觇标】 chānbiāo सर्वेक्षक का संकेत-चिह्न

掺（摻） chān 搀 2 chān के समान

搀 1 （攙） chān अपने हाथ से किसी को सहारा देना; संभालना: 护士～着病人去厕所。नर्स रोगी को सहारा देकर पाखाने की ओर ले चली। / ～着他点儿。उन को संभाले रहो। / 他经常～着盲人过马路。वह अकसर सड़क पार करने में अंधों को सहारा देता है।

搀 2 （攙） chān मिलाना; घुलाना: 往水泥里～沙子 सीमेंट में बालू मिलाना / 饲料里再～点水。चारे

में थोड़ा पानी और डालो। / 油和水～不到一块儿。तेल और पानी दोनों एक दूसरे से नहीं मिलते हैं।

【搀兑】 chānduì विभिन्न तत्वों की वस्तुओं (विशेषतः द्रवों) को एक साथ मिलाना: 把酒精跟水～起来 पानी में अल्कोहल मिलाना

【搀扶】 chānfú अपने हाथ से किसी को सहारा देना; संभालना

【搀混】 chānhùn मिश्रित करना या होना: 别把不同的药～在一起。विभिन्न प्रकार की दवाएं मिश्रित न होने पाएं।

【搀和】 chānhuo ❶मिश्रित करना; मिला देना: 把水泥和沙子～起来加上水抹墙。सीमेंट और बालू को मिला दो, फिर उस में पानी डाल कर दीवार की पोताई करो। ❷दखल देना; हाथ डालना; टाँग अड़ाना; तंग करना; परेशान करना: 这事你别～。इस मामले में तुम हाथ न डालो। / 人家正忙着呢，你别在这儿瞎～。हम व्यस्त हैं, तुम हम को तकलीफ़ न दो।

【搀假】 chānjiǎ अपमिश्रण करना; मिलावट करना: 这酒里是搀了假的。इस शराब में कुछ मिलावट की गई है।

【搀杂】 chānzá मिश्रित करना या होना: 别把好的坏的～在一起。बढ़िया और घटिया को मिश्रित न करो।

chán

单（單） chán नीचे दे० dān; Shàn भी दे०

【单于】 chányú श्योंगनू（匈奴）के प्रधान शासक की उपाधि

婵（嬋） chán नीचे दे०

【婵娟】 chánjuān 〈साहि०〉 ❶(महिला) सुन्दर ❷चाँद: 但愿人长久，千里共～。कामना है कि हम चिरंजीव रहें और हज़ार मीलों की दूरी पर एक साथ चाँदनी का मज़ा ले लें।

【婵媛】 chányuán 婵娟 के समान

谗（讒） chán बुराई करना; बदनाम करना

【谗害】 chánhài किसी को आघात पहुँचाने के विचार से उस की बुराई करना; किसी की बदनामी करना

【谗佞】 chánnìng 〈लि०〉 बुराई और चापलूसी करने वाला; मिथ्यानिंदक और चाटुकार

【谗言】 chányán दुर्वचन; अपवाद

馋（饞） chán पेटु; स्वादलिप्सु; लालची: 别这么～，留点儿给大家吃吧。इतना लालच न करो, दूसरों के लिये भी कुछ छोड़ दो। / 看见下棋他就～得慌。जब दूसरों को शतरंज खेलते देखता है तो उस का जे ललचता है।

【馋鬼】 chánguǐ पेटु; भुक्खड़; लालची; लोभी

【馋涎欲滴】 chánxián－yùdī (भोजन देख कर) मुँह में पानी भर आना; मुँह से लार टपकना

【馋嘴】 chánzuǐ ❶पेटुपन; लालच ❷पेटु; भुक्खड़; लालची

禅（禪） chán 〈बौद्ध धर्म〉 ❶ध्यान; झाण: 坐～ ध्यान करना ❷बौद्ध धर्म से संबंधित; बौद्ध: 禅堂 shàn भी दे०

【禅房】 chánfáng ❶वह मकान जिस में साधु रहते हों; विहार ❷मंदिर; देवालय

【禅机】 chánjī बौद्धमत समझाने में रूपकात्मक भाषण या इंगित

【禅理】 chánlǐ बौद्ध मत

【禅林】 chánlín बौद्ध मंदिर

【禅门】 chánmén बौद्ध धर्म

【禅师】 chánshī भिक्षु का आदरसूचक बोधक

【禅堂】 chántáng वह कमरा या भवन जिस में भिक्षु ध्यान करते हों; ध्यान करने का कमरा या भवन

【禅悟】 chánwù बौद्ध मत का परिज्ञान

【禅学】 chánxué बौद्ध धर्म में ध्यान संप्रदाय का मत या सिद्धांत

【禅院】 chányuàn बौद्ध मंदिर

【禅杖】 chánzhàng भिक्षु की लाठी

【禅宗】 chánzōng (बौद्ध धर्म का) ध्यान संप्रदाय

孱 chán दुबला-पतला; निर्बल

【孱羸】 chánléi 〈लि०〉 दुबला-पतला और दुर्बल; कमज़ोर; क्षीण

【孱弱】 chánruò 〈लि०〉 ❶(शरीर) दुबला-पतला और कमज़ोर ❷शक्तिहीन और असमर्थ ❸असार; अदृढ़

缠（纏）chán ❶लपेटना; घुमाना; बल देना; लिपटाना; लिपटना: 把绳子～在竹杆上 बाँस पर रस्सी लपेटना / 把线～成球 तागा लपेट कर उस की गोली बनाना / 用绳子～几道 रस्सी के बल डाल देना / 藤条～在树上。लताएं वृक्ष में लिपटी हुई हैं। / 他胳臂上～着绷带。उस की बाँह में पट्टी लिपटी हुई है। ❷उलझना; उलझाना; (काम आदि से) जकड़ देना; कष्ट देना; परेशान करना: 两个风筝～在一起了。दो पतंगों की डोरें उलझ गईं। / 那天我被事情～住了，来不了。उस दिन मैं नहीं आ सका, क्योंकि किसी काम में फँस गया था। / 小孩子老～着妈妈要这要那。बच्चे लोग हमेशा माँ से उलझ कर यह चीज़ और वह चीज़ माँगते हैं। / 是你跟他吵架，你干吗来～着我？झगड़ा तो तुम्हारा उन से है, मुझ से क्यों व्यर्थ उलझते हो? / 这孩子太～人了。यह बच्चा हमेशा बड़ों को तंग करता है। ❸〈बो०〉 निपटारा करना; निपटना: 这人真难～。इस आदमी से निपट लेना बहुत मुश्किल है।

【缠绵】 chánmián ❶(बीमारी का) बहुत दिनों तक रहना; (किसी भावना से) छुटकारा न पाना: ～病榻 किसी लम्बी

बीमारी से खाट पर पड़ा रहना / 情意～ प्रेम की भावना से छुटकारा न पाना ❷सुरीला और मार्मिक： 歌声柔和～ गाने का स्वर कोमल और मधुर था

【缠绵悱恻】 chánmián-fěicè (कोई कहानी, कविता आदि) अतिभावुकतापूर्ण; करुण रस से भरा हुआ

【缠磨】 chánmo कष्ट देना; परेशान करना： 这孩子老～人。यह बच्चा हमेशा कष्ट देता रहता है। / 许多难题～着他。वह अनेक बखेड़ों में पड़ा हुआ है। / 别～人! मुझे तंग न करो।

【缠绕】 chánrào लिपटना; लिपटाना; लपेटना; बल देना： 藤萝～在大树上。विस्टारिया बड़े पेड़ पर लिपटा हुआ है। ❷उलझना; लिपटना; कष्ट देना; परेशान करना： 孩子们～着她什么也干不成。वह बच्चों से परेशान रह कर कुछ भी नहीं कर सकती।

【缠绕茎】 chánràojīng लता; बेल

【缠身】 chánshēn लिपटना; उलझना; फँसना： 琐事～ छोटी-मोटी बातों में उलझा हुआ होना; छोटी-मोटी बातों में फँस जाना / 病魔～ बीमारी के पिशाच का किसी व्यक्ति पर हावी होना; बड़े दिनों से रोग से पीड़ित होना

【缠手】 chánshǒu (मामला) कष्ट दायक होना; निपटाने में कठिन होना; (किसी रोग का) इलाज करने में मुश्किल होना： 工作中遇到的问题 काम के दौरान कठिनाई पैदा होना; काम के दौरान कोई बड़ी मुश्किल आना / 这病很～。इस बीमारी का इलाज करने में कठिनाइयां हैं।

【缠足】 chánzú पैर बाँधना (एक घृणित सामंती प्रथा जिस से स्त्रियों को शारीरिक और मानसिक दोनों प्रकार से बंधन में डाला जाता था)

蝉（蟬） chán सिकेडा (cicada)

【蝉联】 chánlián (कोई पद या उपाधि) लगातार प्राप्त करना： 多次～世界冠军 कई बार विश्व-चेंपिनशिप जीत लेना

【蝉蜕】 chántuì ❶सिकेडों की परित्यक्त केंचुली (चीनी दवा के रूप में प्रयुक्त) ❷〈लि०〉 छुटकारा मिलना

【蝉翼】 chányì सिकेडे का पर： 薄如～ सिकेडे के पर जैसा पतला

潺 chán नीचे दे०

【潺潺】 chánchán 〈अनु०〉 (नदी-नालों या झरनों की) कल-कल की ध्वनि： ～流水 कल-कल बहती हुई नदी की धारा

【潺湲】 chányuán (नदी का) मंद गति से बहना： 溪水～。नदी का पानी मंद-मंद गति से बहता है।

蟾 chán 蟾蜍 का संक्षिप्त रूप

【蟾蜍】 chánchú ❶भेक; टोड (toad) ❷(किंवदंती में प्रसिद्ध) चाँद पर रहने वाला तीन टांगों वाला भेक ❸〈साहि०〉 चाँद

【蟾宫】 chángōng 〈लि०〉 भेक का महल —— चाँद

【蟾宫折桂】 chángōng-zhéguì भेक के महल से लारल (laurel) की शाखा तोड़ना —— jìnshì（进士）की उपाधि प्राप्त करना

【蟾光】 chánguāng चाँद का प्रकाश; चाँदनी

【蟾酥】 chánsū भेक का सुखाया हुआ विष; टोड-केक (toad-cake) (चीनी दवा के रूप में प्रयुक्त)

巉 chán 〈लि०〉 खतरनाक रूप से सीधी ढलवीं (खड़ी चट्टान)

【巉峻】 chánjùn 〈लि०〉 सीधी ढलवीं (खड़ी चट्टान)： ～的悬崖 आगे की ओर निकली हुई सीधी चट्टान

【巉岩】 chányán 〈लि०〉 आगे की ओर निकली हुई खड़ी चट्टान： ～林立 आगे की ओर निकली खड़ी चट्टानों का जंगल

chǎn

产（產） chǎn ❶जन्म देना; अंडा देना： 产卵 ❷पैदा करना; उत्पन्न करना; उत्पादित करना; तैयार करना： ～油 तेल तैयार करना / ～煤 कोयला तैयार करना / 这一带不～小麦。इस क्षेत्र में गेहूँ पैदा नहीं होता ❸उत्पादित वस्तु; निर्मित वस्तु; उत्पादन; उपज; पैदावार： 土～ स्थानीय उपज / 水～ जल में उपजने वाले वस्तु; जलीय उपज ❹संपत्ति; संपदा; धन-दौलत： 不动～ अचल संपत्ति / 家～ पारिवारिक संपदा

【产地】 chǎndì (किसी वस्तु का) उत्पन्न होने का स्थान; उपजने की जगह： 原料～ कच्चे माल का स्रोत / 熊猫～ पंडों का अड्डा

【产儿】 chǎn'ér ❶नव जात शिशु ❷नतीजा; फल; पैदावार： 时代的～ ज़माने की पैदावार / 这种新工具正是技术革新运动的～。यह नया औज़ार तकनीकी सुधार आंदोलन का ही फल है।

【产房】 chǎnfáng प्रसूति-भवन; प्रसव-कमरा; जच्चा-खाना; सौरी; डिलिवरी रूम

【产妇】 chǎnfù प्रसूता; सूतिका; जच्चा

【产假】 chǎnjià जच्चा-छुट्टी; प्रसवावकाश

【产科】 chǎnkē ❶प्रसव-विभाग; प्रसूति-विभाग ❷प्रसूति विज्ञान

【产科病房】 chǎnkē bìngfáng प्रसूति वार्ड; मैटर्निटी वार्ड

【产科学】 chǎnkēxué प्रसूति विज्ञान; प्रसूतिशास्त्र

【产科医生】 chǎnkē yīshēng प्रसूति विज्ञान-वेत्ता; प्रसूति विभाग का डॉक्टर

【产科医院】 chǎnkē yīyuàn प्रसूति का अस्पताल; मैटर्निटी हास्पिटल

【产量】 chǎnliàng उत्पादनों की मात्रा; उत्पादन; उपज; पैदावार： 粮食～ अनाज की पैदावार / 今年原煤～略高于去年。इस साल कोयले का उत्पादन पिछले साल से थोड़ा अधिक है।

【产卵】 chǎnluǎn अंडा देना; अंडे देना; अंडजनन करना

【产品】 chǎnpǐn उत्पादित वस्तु; निर्मित वस्तु; उत्पादन; उपज; पैदावार： 农～ कृषिजन्य उत्पादन / 畜～ पशु-

शाला की उपज / 工业～ औद्योगिक उत्पादन / ～质量 उत्पादनों का गुण / ～销售 उत्पादित वस्तुओं की बिक्री / ～设计 उत्पादन-वस्तुओं का डिज़ाइन / ～分配 उत्पादित माल का वितरण

【产婆】 chǎnpó 〈पुराना〉 वह स्त्री जो प्रसव-काल में बच्चा जनाने का काम जानती और करती है; दाई; मिडवाइव

【产期】 chǎnqī प्रसव-काल

【产前】 chǎnqián जन्म से पूर्व का; जन्म पूर्व; प्रसव पूर्ण

【产前检查】 chǎnqián jiǎnchá प्रसव पूर्व परीक्षा

【产钳】 chǎnqián प्रसूति-चिमटी

【产权】 chǎnquán （财产权 cáichǎnquán का संक्षिप्त रूप）संपत्ति का अधिकार; (किसी चीज़ का) स्वामित्व; (किसी चीज़ पर) मिल्कियत：对这所房子我们拥有～。इस मकान पर हमारी मिल्कियत है।

【产褥期】 chǎnrùqī 〈चिकि०〉 प्रसूति-काल

【产褥热】 chǎnrùrè प्रसूतिज्वर

【产生】 chǎnshēng (अभौतिक वस्तुओं के साथ प्रयुक्त) पैदा होना या करना; उत्पन्न होना या करना; निकलना; उठना; अस्तित्व में आना; होना; सामने आना：这样做也许不会～好的结果。ऐसा करने से शायद अच्छा फल नहीं निकलेगा। / 这篇讲话在群众中～了巨大影响。इस भाषण का जन-समुदाय पर बहुत बड़ा प्रभाव पड़ा था। / 近来我们对网球～了兴趣。आज कल टेनिस में मेरी दिलचस्पी पैदा हुई है। / 旧的问题解决了，新的问题又～了。पुरानी समस्याएं हल होने के बाद फिर नए समस्याएँ उत्पन्न हुईं। / 没想到这件事会～这么大的麻烦。मुझे अनुमान नहीं था कि इस मामले में ऐसा बखेड़ा सामने आएगा। / 这个想法是我刚刚～的。यह विचार अभी-अभी मेरे दिमाग में आया है।

【产物】 chǎnwù उपज; फल; नतीजा：迷信是愚昧落后的～。अंधविश्वास तो मूर्खता और पिछड़ेपन का ही फल है।

【产销】 chǎnxiāo उत्पादन और खपत：～平衡 उत्पादन और खपत का संतुलन / ～两旺 उत्पादन और बिक्री दोनों बढ़ती पर हैं।

【产业】 chǎnyè ❶संपत्ति; जायदाद; (प्रायः ज़मीन, मकान, कारखाना आदि) अचल संपत्ति：祖上传下来的～ मौरूसी जायदाद ❷उद्योग; व्यवसाय：第三～ तीसरा उद्योग

【产业革命】 chǎnyè gémìng औद्योगिक क्रांति

【产业工人】 chǎnyè gōngrén औद्योगिक मज़दूर

【产业后备军】 chǎnyè hòubèijūn औद्योगिक रिज़र्व फ़ौज

【产业结构】 chǎnyè jiégòu औद्योगिक बनावट：使～合理化 औद्योगिक बनावट को सर्वोचित बनाना

【产业资本】 chǎnyè zīběn औद्योगिक पूँजी

【产院】 chǎnyuàn प्रसूति का अस्पताल; प्रसवशाला

【产值】 chǎnzhí उत्पादन-मूल्य

【产仔】 chǎnzǐ (स्तनपायी का) बच्चा जनना; बच्चा पैदा करना

刬（剗） chǎn 铲[2] chǎn के समान

谄（諂） chǎn चापलूसी करना; खुशामद करना

【谄媚】 chǎnmèi (किसी की) चापलूसी करना; (किसी की) खुशामद करना

【谄上欺下】 chǎnshàng-qīxià अपने से उच्च अधिकारियों की चापलूसी करना और अपने अधीनस्थ कर्मचारियों पर अत्याचार करना; अपने ऊपरवालों के लिये दास-सदृश और अपने मातहतों के लिये क्रूर शासक होना

【谄笑】 chǎnxiào (किसी की) खुशामद में हँसना; चाटुकारी से हँसना：胁肩～ अपने कंधे चढ़ाना और चाटुकारी से हँसना —— हँसते हुए किसी की खुशामद करना

【谄谀】 chǎnyú अपनी हीनता दिखाते हुए किसी की चाटुकारी करना

铲[1]（鏟） chǎn बेलचा; फावड़ा; स्पेड：煤～ कोयला स्पेड

铲[2]（鏟、剷） chǎn बेलचे से उठाना (या हटाना)：～煤 बेलचे से कोयला उठाना / ～草 बेलचे से घास हटाना / 把地～平 स्पेड से खेत को समतल बनाना; ज़मीन को चौरस करना

【铲车】 chǎnchē फ़ोर्कलिफ़्ट ट्रक

【铲除】 chǎnchú जड़ से उखाड़ना; उखाड़ना; उन्मूलन करना; निर्मूल करना：～杂草 घासपात उखाड़ना; (भूमि को) निराना / ～祸根 पाप की जड़ निकाल कर फेंकना / ～旧习俗 दकियानूसी रीति-रिवाजों का उन्मूलन करना

【铲土机】 chǎntǔjī स्पेडिंग मशीन; अर्थ-स्क्रेपर

【铲运车】 chǎnyùnchē केरी स्क्रेपर; स्क्रेपर

【铲子】 chǎnzi बेलचा; फावड़ा; स्पेड

阐（闡） chǎn साफ़-साफ़ कह देना; स्पष्ट करना

【阐发】 chǎnfā व्याख्या करना; रोशनी डालना：这篇文章详细～了科教兴国的重大意义。इस लेख में विज्ञान और शिक्षा के द्वारा अपने देश को समृद्धिशाली बनाने के महत्व पर खूब रोशनी डाली गई है।

【阐明】 chǎnmíng (किसी विषय पर) प्रकाश डालना; प्रकाशित करना; (किसी विषय पर) रोशनी डालना; स्पष्ट करना; निरूपित करना; विस्तृत रूप से व्याख्या करना：～观点 अपना अभिप्राय स्पष्ट करना; अपना विचार निरूपित करना / ～社会发展规律 सामाजिक विकास के नियमों पर रोशनी डालना / 声明中～了我们的一贯立场。इस वक्तव्य में हमारी उस स्थिति की व्याख्या की गई है जो हम हमेशा से धारण करते आये हैं।

【阐释】 chǎnshì व्याख्या करना; विवरण देना; समझाना; स्पष्टीकरण करना：他对这个计划作了详细的～。उन्होंने इस योजना का ब्योरेवार विवरण दिया।

【阐述】 chǎnshù व्याख्यान करना; स्पष्ट व्याख्या करना; विवरण देना; रोशनी डालना：～自己的见解 अपने विचारों का स्पष्टीकरण करना / 系统地～马克思主义学说 मार्क्सवाद के सिद्धांतों का सिलसिलेवार बयान करना

【阐扬】 chǎnyáng व्याख्या करना और प्रचार करना：～

真理 सत्यता की व्याख्या करना और प्रचार करना

蒇（蕆）chǎn <लि०> समाप्त करना; पूरा करना: ～事 कोई काम समाप्त करना; कोई काम पूरा करना

辴（辴、䵐）chǎn <लि०> मुस्कुराहट; हँसी: ～然而笑 मुस्कुराना; हँस पड़ना

chàn

忏（懺）chàn प्रायश्चित्त करना

【忏悔】 chànhuǐ ❶प्रायश्चित्त करना; पछताना; पश्चात्तापी होना ❷(भगवान या पादरी आदि के सामने अपने पापों को) प्रकट रूप में स्वीकारना

颤（顫）chàn कंपना; कांपना; लरजना; थरथराना: 他的腿～得利害。उस की टाँगें ज़ोरों से कांपती हैं। / 他写字的时候手有点儿～。कलम से लिखते समय उस का हाथ ज़रा थरथराता है।

zhàn भी दे०

【颤动】 chàndòng हिलना-डुलना; कांपना; थरथराना; लरजना: 树叶在微风中～。पेड़ों की पत्तियां मंद हवा में हिलती रहती थीं। / 拖拉机一经过，地面都～起来。जब ट्रैक्टर यहां से गुज़रता है तो ज़मीन ही काँपने लगती है। / 她～得一句话也说不出来。वह इतनी उत्तेजित थी कि मुँह से एक शब्द भी न निकल सका और उस के होंठ थरथराते रहे।

【颤抖】 chàndǒu कंपना; कांपना; लरजना; थरथराना; फड़कना; हिलना: 他冻得全身～。सर्दी से उस का पूरा शरीर कांपता है। / 一见警察，小偷吓得两腿～。पुलिस के सिपाही को देखते ही चोर की टाँगें थरथर कांपने लगीं। / 树叶在微风中～。पेड़ों की पत्तियां मंद हवा में हिलती रहती थीं।

【颤巍巍】 chànwēiwēi (प्रायः बूढ़ों के लिये प्रयुक्त) लड़खड़ाते हुए; डगमगाते हुए: 老太太～地走出屋来。बुढ़िया लड़खड़ाते हुए चल कर कमरे से बाहर आयी।

【颤音】 chànyīn ❶<ध्वनि०> कंपित स्वर; कंपित स्वर से उच्चरित व्यंजन ❷<संगी०> कंपित स्वर; स्वर-कंप

【颤悠】 chànyou हिलना; हिलना-डुलना; टिमटिमाना; लचकना: ～的灯光 लैंप की टिमटिमाती हुई रोशनी / 跳板直～。स्प्रिंबोर्ड लचकत रहता था।

羼 chàn समाविष्ट करना; मिश्रित करना

【羼杂】 chànzá 搀杂 chānzá के समान

chāng

伥（倀）chāng बाघ के द्वारा हड़प किये गए व्यक्ति की आत्मा, जो दूसरों को हड़प करने में बाघ की सहायता करती है: 为虎作～ बाघ का मददगार बन जाना —— पाप करने में किसी पापी की सहायता करना

【伥鬼】 chāngguǐ 伥 के समान

昌 chāng ❶समृद्ध; अभ्युदित; विकसित; फलता-फूलता; प्रफुल्लित ❷（Chāng）एक कुलनाम

【昌迪加尔】 Chāngdíjiā'ěr चंडीगढ़

【昌明】 chāngmíng (राजनीति, संस्कृति आदि) अभ्युदित; विकसित; उन्नत: 科学～。विज्ञान उन्नति पर है।

【昌盛】 chāngshèng समृद्ध; प्रफुल्लित: 文化～。संस्कृति खूब फलती-फूलती है। / 把祖国建设成为一个繁荣～的社会主义国家。अपने देश को एक समाजवादी समृद्ध राष्ट्र बनाना चाहिये।

【昌言】 chāngyán <लि०> ❶समुचित भाषण; कीमती बातें ❷बिना छिपाए कहना; खुले तौर पर कहना: ～无忌 किसी की परवाह न कर के बिना छिपाए कह देना

倡 chāng ❶<लि०> गायक, नृतक या वाद्यक ❷娼 chāng के समान

chàng भी दे०

【倡优】 chāngyōu <लि०> ❶गायक, नृतक या मनोरंजन करने वाले ❷वेश्याएँ और अभिनेता या अभिनेत्रियाँ

菖 chāng नीचे दे०

【菖蒲】 chāngpǔ <वन०> केलमस

猖 chāng <लि०> हिंस्र; क्रूर

【猖獗】 chāngjué उग्र; उच्छृंखल; क्रूर; हिंसक: ～的敌人 हिंसक दुश्मन / 今年沙尘暴十分～。इस साल रेत का तूफ़ान खूब ज़ोरों से आया।

【猖獗一时】 chāngjué-yīshí एक समय के लिये उग्र और उच्छृंखल होना; थोड़े समय के लिये ज़ोरों पर होना

【猖狂】 chāngkuáng भीषण; प्रचंड; उद्दंड; पागल जैसा: ～的挑衅 प्रचंड उत्तेजनात्मक कार्यवाही / 打退敌人的～进攻 दुश्मन के पागलपनपूर्ण आक्रमण को निष्प्रभावी बना देना

娼 chāng वेश्या

【娼妇】 chāngfù <घृना०> व्यभिचारिणी स्त्री; छिनाल; वेश्या

【娼妓】 chāngjì वेश्या

【娼门】 chāngmén वेश्यालय

鲳（鯧）chāng बटरफ़ीश

【鲳鱼】 chāngyú बटरफ़ीश

cháng

长（長）cháng ❶(दूरी या समय) लम्बा：这条路很～。यह रास्ता बहुत लम्बा है। / 夏季昼～夜短。गर्मी के दिनों में दिन का समय लम्बा और रात का समय छोटा होता है। ❷लम्बाई：南京长江大桥全～6, 772米。नानचिंग की छांगच्यांग नदी के पुल की पूरी लम्बाई 6,772 मीटर है। ❸अच्छाई; ख़ूबी：特～ विशिष्ट अच्छाई; विशेषता / 取人之～，补己之短 दूसरों की खूबियों से शिक्षा ले कर अपनी कमियों को दूर करना ❹(किसी काम में) निपुण होना; दक्ष होना; कुशल होना：他～于绘画。वह चित्र बनाने में निपुण है।

zhǎng भी दे०

【长安】 Cháng'ān छांगआन (हान और थांग राजवंशों में चीन की राजधानी)

【长臂猿】 chángbìyuán 〈प्राणि०〉 गिबन

【长波】 chángbō लांग वेव

【长策】 chángcè लम्बे अरसे तक कारगर योजना; प्रभावशाली योजना：治国～ राष्ट्र का प्रबंध करने की प्रभावशाली योजना

【长城】 chángchéng ❶(छांगछंग) लम्बी दीवार; बड़ी दीवार ❷अजेय दुर्ग; सुदृढ़ चहारदीवारी：人民解放军是中国的钢铁～。जन मुक्ति सेना चीन की लम्बी लौह-दीवार है।

【长虫】 chángchong सांप; सर्प

【长处】 chángchù अच्छाई; ख़ूबी; विशेषता; श्रेष्ठता：他有许多～。उन में अनेक अच्छाइयां हैं। / 每人都有自己的～和短处。सब लोगों में अपनी-अपनी खूबियाँ और कमियाँ होती हैं।

【长川】 chángchuān 常川 chángchuān के समान

【长春】 Chángchūn छांगछुन (चीलिन प्रांत का प्रधान नगर)

【长辞】 chángcí हमेशा के लिये विदा होना —— मर जाना; चल बसना：与世～ इस दुनिया को छोड़ कर चला जाना; देहांत होना

【长此以往】 chángcǐ-yǐwǎng (长此下去 cháng cǐ xià qù भी) अगर बात इसी तरह होती जाए; यदि ऐसी स्थिति लगातार बनी रहे：～后果不堪设想。अगर बात इसी तरह होती जाए तो इस का नतीजा ज़रूर बुरा होगा।

【长凳】 chángdèng बेंच

【长笛】 chángdí बांसुरी; फ़्ल्यूट

【长度】 chángdù लंबाई：～合适 (किसी चीज़ की) लंबाई ठीक (या उचित) होना / ～不够 (किसी चीज़ की) लंबाई में कम होना / 这条路～是多少？इस सड़क की लंबाई क्या है; यह सड़क कितनी लम्बी है ?

【长短】 chángduǎn ❶लम्बाई：这件衣裳你穿～儿正合适。इस कपड़े की लम्बाई तुम्हारे लिये बिल्कुल ठीक है। ❷दुर्घटना; मुसीबत (जिस में प्रायः जान खोने का खतरा हो)：病人的亲属不在，他万一有个～，怎么办？इस मरीज़ का यहाँ कोई रिश्तेदार नहीं है, इस को कहीं कुछ हुआ तो क्या होगा ? ❸सही और गलत; अच्छाई और कमी：不要背地里议论人家的～。किसी के पीठ-पीछे उस की चर्चा नहीं करनी चाहिये। ❹〈बो०〉 किसी भी हालत में; कैसे भी हो; जो भी हो：明天的座谈会您～要来。कैसे भी हो, कल की गोष्ठी में आप ज़रूर आइयेगा।

【长短句】 chángduǎnjù 词 cí ❸ का दूसरा नाम

【长法儿】 chángfǎr (प्रायः नकारात्मक में प्रयुक्त) दीर्घकालीन योजना; चिरकालीन समाधान：头痛医头，脚痛医脚，这不是个～。रोग का नहीं, बल्कि रोग-लक्षण का ही इलाज करना कोई चिरस्थायी उपाय नहीं है।

【长方形】 chángfāngxíng ❶आयत; समगोण ❷आयताकार; समकोणीय：～的盒子 आयताकार डिबिया; किताबी डिबिया / ～的脸 किताबी चेहरा

【长歌当哭】 chánggē-dàngkū कविताओं को ज़ोर-ज़ोर से पढ़ कर अपना दुख और गुस्सा प्रकट करना

【长庚】 chánggēng 〈ज्यौ०〉 प्राचीन काल में शुक्र का चीनी नाम

【长工】 chánggōng साल के हिसाब से मज़दूरी पर लगाये जाने वाला खेत मज़दूर; साल भर मज़ूरी पर काम करने वाला खेतिहर मज़दूर

【长骨】 chánggǔ 〈श०वि०〉 लंबी हड्डी

【长鼓】 chánggǔ पतली कमरवाला लंबा ढोलक (कोरियाई और याओ जातियों द्वारा प्रयुक्त)

【长号】 chánghào 〈संगी०〉 ट्राम्बोन

【长河】 chánghé लम्बी नदी —— अंतहीन प्रवाह：历史的～ इतिहास की लम्बी प्रक्रिया

【长话短说】 chánghuà-duǎnshuō लम्बी-चौड़ी बातों को संक्षेप में बताना; लम्बी कहानी को छोटी कर के सुनाना

【长活】 chánghuó ❶दीर्घ अवधि के लिए (खेतिहर मज़दूर का) काम करना：他以前给地主扛过～。वह पहले किसी ज़मींदार के पास दीर्घ अवधि के लिए खेतिहर मज़दूर था। ❷〈बो०〉 दे० 长工

【长假】 chángjià लम्बी छुट्टी —— इस्तीफ़ा; त्याग-पत्र：请～ इस्तीफ़ा देना; त्याग-पत्र देना

【长江】 Cháng Jiāng छांगच्यांग (यांगत्सी) नदी：～后浪推前浪，一代更比一代强。जिस प्रकार यांगत्सी नदी में पीछे उठनेवाली लहरें आगेवाली लहरों को धकेलती जाती हैं, उसी प्रकार हरेक नई पीढ़ी पिछली पीढ़ी से बढ़ कर होती है।

【长颈鹿】 chángjǐnglù जिराफ़

【长久】 chángjiǔ दीर्घकालीन; चिरकालिक रूप में; लम्बे समय के लिये; स्थाई रूप में：～打算 दीर्घकालीन तैयारियां; स्थाई प्रबंध / 他准备在这儿～住下去。उस का विचार है कि वह यहां स्थाई रूप में रहेगा। / ～不见了，您一切都好吗？आप बहुत दिनों के बाद मिले हैं, क्या सब ठीक है ? / 这种笔用不～。इस तरह की कलम टिकाऊ नहीं है।

【长久之计】 chángjiǔzhījì लम्बे अरसे की योजना; स्थाई प्रबंध

【长距离】 chángjùlí लम्बी दूरी：～赛跑 लम्बी दूरी की दौड़; लम्बी दौड़

【长空】 chángkōng विशाल आकाश：万里～ आकाश का विशाल विस्तार

【长裤】 chángkù पतलून

【长廊】 chángláng ❶आने-जाने के लिये आच्छादित स्थान; दालान ❷लम्बा बरामदा (पेइचिंग में समर पेलेस का)

【长龙】 chánglóng लम्बा नाग —— लगा हुआ ताँता：买电影票的人排起了～。सिनेमा का टिकट लेनेवालों का ताँता लगा है।

【长毛绒】 chángmáoróng प्लश

【长矛】 chángmáo लम्बा बरछा; भाला

【长眠】 chángmián <शिष्ट०> चिर-निद्रा में चला जाना; मृत्यु होना：～地下 चिर-निद्रा में चला जाना और दफ़ना दिया जाना

【长明灯】 chángmíngdēng वेदी पर रखा जाने वाला दिन-रात जलता रहने वाला दीया

【长命百岁】 chángmìng-bǎisuì (छोटों के लिये एक आशीर्वाद का विशेषण) सौ वर्षों तक जीवित रहना; दीर्घ आयु की प्राप्ति होना; चिरंजीव रहना

【长年】 chángnián पूरे साल में; साल भर：他们～工作在荒漠地带。वे साल भर रेगिस्तान में काम करते हैं।
zhǎngnián भी दे०

【长年累月】 chángnián-lěiyuè साल-ब-साल; कई वर्षों से; लम्बे अरसे के लिये：他～坚持锻炼，所以身体很好。वह कई वर्षों से हर रोज़ व्यायाम करता है, इसलिये बहुत स्वस्थ है।

【长袍儿】 chángpáor चोगा; लम्बा गाउन (पुरुषों का पहना हुआ)

【长跑】 chángpǎo लम्बी दूरी की दौड़; लम्बी दौड़：他是～运动员。वह लम्बी दौड़ का खिलाड़ी है। / 他每天～。वह रोज़ लम्बी दौड़ लगाता है।

【长篇大论】 chángpiān-dàlùn लम्बा भाषण; लम्बा लेख：他一发言，就是～。जब कभी वह बोलता है, तब लम्बा भाषण देने लगता है। / 尽量简明扼要，不要～。संक्षेप में साफ़-साफ़ बताओ, लम्बी-चौड़ी बातें न करो।

【长篇小说】 chángpiān xiǎoshuō उपन्यास; नॉवल

【长期】 chángqī दीर्घकालीन; लम्बे अरसे का; चिर-स्थायी：～计划 दीर्घकालीन योजना / ～打算 दीर्घ-कालीन तैयारियां; स्थायी प्रबन्ध / ～贷款 दीर्घकालीन ऋण; लम्बी मुद्दत का कर्ज़ / ～存在的问题 लम्बे अरसे से चली आती समस्या; चिरस्थायी समस्या / ～战争 लम्बी अवधि का युद्ध; लम्बे समय तक खिंचनेवाला युद्ध

【长期共存】 chángqī gòngcún दीर्घकालिक सह-अस्तित्व

【长期共存，互相监督】 chángqī gòngcún，hù-xiāng jiāndū दीर्घकालीन सह-अस्तित्व और पारस्परिक निरीक्षण (चीन के अन्य जनवादी राजनीतिक दलों के साथ अपना सम्बन्ध रखने का चीनी कम्युनिस्ट पार्टी का एक सिद्धांत)

【长期性】 chángqīxìng दीर्घकालीनता; दीर्घकालीन स्वरूप

【长崎】 Chángqí नागासाकी (Nagasaki)

【长枪】 chángqiāng ❶बरछा; भाला ❷बंदूक; राइफ़ल

【长驱】 chángqū (सेना का) गहराई तक आगे बढ़ना; दूर की चढ़ाई：～千里 एक हज़ार ली तक आगे बढ़ना

【长驱直入】 chángqū-zhírù तूफ़ानी वेग से अन्दर बढ़ जाना; तूफ़ानी वेग से लगातार आगे बढ़ना; सीधा धँसता हुआ चला जाना

【长沙】 Chángshā छांगशा (हूनान प्रांत का प्रधार नगर)

【长衫】 chángshān चोगा; गाउन (पुरुषों का पहना हुआ)

【长舌】 chángshé लम्बी ज़बान —— अफ़वाहबाज़; गपोड़िया：～妇 गपोड़िया स्त्री

【长生不老】 chángshēng-bùlǎo सदा जीवित रहना और कभी बूढ़ा न होना： ～药 अमृत

【长生果】 chángshēngguǒ <बो०> मूँगफली; पीनट

【长逝】 chángshì सदा के लिये चला जाना; चल बसना

【长寿】 chángshòu दीर्घजीवी; दीर्घायु; चिरंजीवः 祝您健康～。मेरी शुभकामना है कि आप स्वस्थ और दीर्घायु रहें।

【长叹】 chángtàn दीर्घ निःश्वास छोड़ना; लम्बी सांस लेना; आह भरना：～一声 एक लम्बी सांस लेना

【长天】 chángtiān विस्तृत आकाशः 仰望～ सिर उठा कर विस्तृत आकाश की ओर देखना

【长亭】 chángtíng यात्रियों का मंडप (प्राचीन ज़माने में नगर के बाहर सड़क के किनारे हर दस ली पर निर्मित मंडप, जिस में यात्री लोग बैठ कर विश्राम करते थे)：～送别 यात्रियों के मंडप पर किसी को विदाई देना

【长统皮靴】 chángtǒng píxuē घुटने तक के बूट

【长统袜】 chángtǒngwà जानु तक पहनने का मोज़ा; मोज़ा

【长途】 chángtú ❶लम्बे रास्ते का; लम्बी दूरी का：～旅行 लम्बी यात्रा / 经过～飞行 लम्बी उड़ान के बाद ❷长途电话 या 长途汽车 का संक्षिप्त रूप

【长途跋涉】 chángtú-báshè लम्बी और कठिन यात्रा करना; कष्टपूर्वक चल कर लम्बी दूरी पूरी करना

【长途电话】 chángtú diànhuà लम्बी दूरी की टेली-फ़ोन कॉल

【长途电话局】 chángtú diànhuàjú लम्बी दूरी का टेलीफ़ोन एक्स्चेंज

【长途汽车】 chángtú qìchē दूर जानेवाली बस

【长物】 chángwù ❶अतिरिक्त ❷भेंट में देने योग्य वस्तुः 身无～ किसी के पास कोई दिखाने लायक चीज़ न होना; दरिद्र होना

【长线】 chángxiàn ❶(उत्पादित वस्तुओं का) अत्यधिक पूर्ति में होना; ;लम्बी लकीर (अत्यधिक संभरण)：～产品 अत्यधिक पूर्ति में उत्पादित वस्तुएँ; लम्बी लकीर (अत्यधिक संभरण) ❷लम्बा अरसा：～工程 लम्बे अरसे का निर्माणकार्य

【长项】 chángxiàng खास बात; विशेषता; निपुणता：मौखिक अनुवाद उस की खास बात है; वह मौखिक अनुवाद करने में निपुण है।

【长效】 chángxiào स्थायी प्रभाव

【长啸】 chángxiào चीख मारना; चीत्कार करना：仰天～ आकाश की ओर देखते हुए चीख मारना

【长性】 chángxìng स्थिरता; दृढ़ता; धीरता

【长袖善舞，多财善贾】 chángxiù-shànwǔ, duō-cái-shàngǔ अगर तुम्हारे पास लम्बे बाँह वाला कपड़ा हो, तो तुम अच्छी तरह नाच सकते हो; अगर तुम्हारे पास बहुत धन हो, तो तुम अच्छी तरह व्यापार कर सकते हो —— अगर सहारा मिल जाए, तो सफलता निश्चित होगी

【长吁短叹】 chángxū-duǎntàn आह भरना और कराहना： 他躺在床上翻来覆去，不时地～。वह चारपाई पर करवटें बदलते रहे और समय-समय पर कराहते रहे।

【长夜】 chángyè <साहि०> ❶लम्बी, अंधेरी रात; अनंत रात ❷पूरी रात में; रात भर： ～不眠 रात भर अनिद्रित होना

【长缨】 chángyīng <लि०> लम्बा फ़ीता; लम्बा रस्सा

【长于】 chángyú (किसी काम में) कुशल होना; दक्ष होना： 他～绘画。वह चित्र खींचने में कुशल है। / 他～音乐。वह संगीत में दक्ष है।

【长元音】 chángyuányīn <ध्वनि०> दीर्घ-स्वर

【长圆】 chángyuán अंडाकृति; अंडाकार

【长远】 chángyuǎn दीर्घकालीन; दूर का： ～利益 दीर्घकालीन हित / ～规划 दीर्घकालीन योजना / ～目标 दूर का लक्ष्य / 从～的观点看问题 दूर दृष्टि से समस्या को देखना

【长斋】 chángzhāi (किसी बौद्ध का) साल भर शाकाहारी बन कर रहना

【长征】 chángzhēng ❶अभियान; अभियात्रा ❷लम्बा अभियान (1934-1936 ई० में चीनी मज़दूरों और किसानों की लाल सेना द्वारा च्यांगशी प्रांत से शानशी प्रांत के पूर्वी भाग तक किया गया 25000 ली या 12500 किलोमीटर का अभियान)

【长治久安】 chángzhì-jiǔ'ān एक लम्बे अरसे की शांति और सुव्यवस्था; दीर्घकालीन राजनीतिक स्थिरता

【长足】 chángzú <लि०> बड़े-बड़े डग; तेज़ कदम： 有了～的进展 बड़ी तेज़ी से आगे बढ़ना; दिन दूनी रात चौगुनी गति से विकसित होना

场（塲、場）cháng ❶खलिहान： 打～ (खलिहान में) भूसे से दाने को अलग करना; गाहना ❷<बो०> मेला; मंडी： 赶～ मेले में जाना ❸<परि०श०> एक बारी का काम; दौरान; अवधि： 那是一～硬仗。वह एक भीषण लड़ाई थी। / 去年他害了一～大病。पिछले साल उस को गंभीर बीमारी हुई थी।

chǎng भी दे०

【场院】 chángyuàn खलिहान; खलियान

肠（腸）cháng आंत; अँतड़ी; आंत्र： 大～ बड़ी आंत; वृहदांत्र / 小～ छोटी आंत; क्षुद्रांत्र

【肠儿】 chángr गोश्त भरी मसालेदार जानवर की आंत; सासेज

【肠穿孔】 chángchuānkǒng आंत्रिक छिद्रण

【肠断】 chángduàn <साहि०> अत्यंत दुख से अभिभूत होना

【肠梗阻】 chánggěngzǔ आंत्रिक अवरोध

【肠管】 chángguǎn दे० 肠

【肠结核】 chángjiéhé आंत-क्षय

【肠胃】 chángwèi आँतें और आमाशय; पेट： ～不太好 पेट में कुछ खराबी होना; पेट में कुछ गड़बड़ होना

【肠炎】 chángyán आंत्रशोथ; अंटेराइटिस

【肠衣】 chángyī सासेज का खोल

【肠子】 chángzi आंत; अंतड़ी

尝¹（嘗、嚐）cháng ❶चखना： ～～味道 (किसी चीज़ का) आस्वादन करना; स्वाद लेना; चख कर देखना ❷अनुभव करना; अनुभूति होना： 难苦备～ कडुआ अनुभव करना / ～到甜头 (किसी चीज़ या बात की) अच्छाई जानने लगना; मज़ा पा लेना

尝²（嘗）cháng किसी भी समय; कभी： 未～ कभी नहीं; नहीं / 何～ क्यों न

【尝鼎一脔】 chángdǐngyīluán एक कौर चख कर बरतन भर का स्वाद जानना; आंशिक नमूना ले कर संपूर्ण जानकारी प्राप्त करना

【尝试】 chángshì आज़माना; प्रयत्न करना; कोशिश करना; प्रयास करना： 为了解决这个问题，他们～了各种方法。उन्होंने इस समस्या को हल करने की अनेक तरीकों से कोशिश की। / 那是最后一次～，终于成功了。वह अंतिम प्रयास था और आखिर वह सफल हुआ।

【尝味】 chángwèi आस्वादन करना; स्वाद लेना; चख कर देखना： 这是中国的名茶，请您一定～一下。यह चीन की मशहूर चाय है, आप इस का ज़रूर आस्वादन कीजिये।

【尝鲜】 chángxiān ताज़ा और सुस्वादु भोजन खाना; मौसमी चीज़ों का स्वाद लेना

【尝新】 chángxīn मौसमी चीज़ों का स्वाद लेना

常 cháng ❶साधारण; मामूली; सामान्य： 常人 / 常态 ❷स्थायी; अचर; स्थिर： 冬夏～青 साल भर हरा रहना; सदा हरा ❸हमेशा; अकसर： 我们～见面。हम अकसर मिलते हैं। / 我以前～看电影。मैं हमेशा सिनेमा देखता था। ❹（Cháng）एक कुलनाम

【常备不懈】 chángbèi-bùxiè सदा सतर्क रहना; हमेशा तैयार रहना (युद्ध का विरोध करने आदि के लिये)

【常备军】 chángbèijūn स्थायी सेना; नियमित सेना

【常常】 chángcháng अकसर; हमेशा; प्रायः; बहुधा： 她～工作到深夜。वह अकसर देर रात तक काम करती है। / 这是～发生的。यह प्रायः हुआ करता है।

【常川】 chángchuān हमेशा; बहुधा; स्थायी： ～往来 बहुधा आते-जाते रहना; सतत संपर्क बनाये रखना / ～供给 स्थायी पूर्ति करना

【常春藤】 chángchūnténg <वन०> चायनिस आइवी

【常规】 chángguī ❶साधारण नियम; परिपाटी; नित्य-कर्म： 按～ पुरानी परिपातियों के अनुकूल / 打破～ साधारण नियमों को तोड़ना ❷<चिकि०> नियम सम्बन्धी; दस्तूरी： 血～ खून की दस्तूरी जाँच / 尿～ पेशाब की दस्तूरी जाँच

【常规疗法】 chángguī liáofǎ 〈चिकि०〉 दस्तूरी इलाज; नियमित चिकित्सा
【常规武器】 chángguī wǔqì सामान्य अस्त्र
【常规战争】 chángguī zhànzhēng नियमित युद्ध; रूढ़िसम्मत युद्ध
【常轨】 chángguǐ सामान्य तरीका; दिनचर्या; नित्य का कर्म: 来到这里以后，他改变了生活～。जब से वह यहाँ आया है, उस की दिनचर्या बदल गयी है। / 这类事情，可以遵循～解决。इस प्रकार की समस्याओं को सामान्य तरीकों से हल कर सकते हैं।
【常会】 chánghuì नियमित मीटिंग; नियमित बैठक: 委员会每半年举行一次～。हर छः महीने में इस समिति की नियमित मीटिंग होती है।
【常见病】 chángjiànbìng मामूली रोग; साधारण बीमारी
【常客】 chángkè अकसर आने वाला अतिथि; प्रयः आने वाला ग्राहक (रेस्तरां, बालरूम आदि का)
【常理】 chánglǐ साधारण नियम; सामान्य ढंग: 按～你应该向他道个歉。सामान्य दृष्टि से देखा जाए, तुम्हारा उस से माफ़ी मांगना ही उचित है।
【常例】 chánglì साधारण नियम; परिपाटी: 沿用～ साधारण नियम के अनुसार; पुरानी परिपाटियों पर चलना
【常绿】 chánglǜ सदाबहार; सदाहरित: ～植物 सदाहरित पेड़-पौधा; सदाबहार वनस्पति
【常年】 chángnián ❶पूरे साल में; साल भर तक; दीर्घ-काल के लिये: ～坚持体育锻炼 साल भर व्यायाम पर डटे रहना / ～从事教学工作 दीर्घकाल तक पढ़ाई का काम करना ❷सामान्य वर्ष: 这儿小麦～亩产五百斤。इस क्षेत्र में गेहूँ की पैदावार सामान्य वर्ष में 250 किलो ग्राम प्रति मू है।
【常青】 chángqīng सदाबहार; बारहमासी: 四季～ बारहों महीने में फलना-फूलना; साल भर हरी पत्तियाँ होना / ～树 सदाबहार पेड़
【常情】 chángqíng सामान्य मनःस्थिति; समुचित व्यवहार; तर्क-बुद्धि; तर्क: 人之～ मनुष्य की सामान्य मनःस्थिति / 他那样做是符合～的。उस के लिये वैसा करना तर्कसंगत था।
【常人】 chángrén साधारण व्यक्ति; सामान्य मनुष्य: 他的性格与～不同。उस का स्वभाव सामान्य मनुष्य से भिन्न है।
【常任】 chángrèn स्थायी रूप से नियुक्त; स्थायी: 安理会～理事国 सुरक्षा परिषद का स्थायी सदस्य स्थायी प्रतिनिधि
【常设】 chángshè (संगठन) स्थायी; चिरस्थायी: ～机构 स्थायी संस्था / ～委员会 स्थायी समिति
【常胜将军】 chángshèng jiāngjūn अजेय सेनापति
【常胜军】 chángshèngjūn विजयिनी सेना
【常识】 chángshí साधारण ज्ञान; बुनियादी ज्ञान: 卫生～ स्वास्थ्य-संबंधी साधारण ज्ञान / 科学～ वैज्ञानिक बुनियादी ज्ञान ❷साधारण बुद्धि: 出远门要多带点钱，这是～。यह साधारण बुद्धि की बात है कि जब कोई दूर के यात्रा करता है तो ज़्यादा पैसा साथ ले जाना चाहिये।
【常事】 chángshì मामूली बात; साधारण बात: 工作到深夜对他来说是～。गहरी रात तक काम करते रहना उस के लिये मामूली बात है।
【常数】 chángshù 〈गणित०〉 स्थिरांक
【常态】 chángtài सामान्य स्थिति; समुचित व्यवहार: 一反～ समुचित व्यवहार के विपरीत / 恢复～ सामान्य स्थिति में लौट आना
【常委】 chángwěi 常务委员 का संक्षिप्त रूप
【常委会】 chángwěihuì 常务委员会 का संक्षिप्त रूप
【常温】 chángwēn सामान्य तापमान（15℃ और 25 ℃ के बीच）
【常务】 chángwù ❶रोजमर्रा के कार्य: 主持～ रोज़मर्रा के कार्यों का प्रबन्ध करना ❷रोज़मर्श के कार्यों का प्रबन्धक: ～副市长 प्रबन्धक उप-मेयर
【常务理事】 chángwù lǐshì प्रबन्धक निर्देशक; मैनेज़िंग डाइरेक्टर
【常务委员】 chángwù wěiyuán स्थायी समिति का सदस्य
【常务委员会】 chángwù wěiyuánhuì स्थायी समिति; स्टैंडिंग समिति
【常性】 chángxìng अध्यवसाय; दृढ़ता: 没有～ अध्यवसाय से रहित होना / 有～ लक्ष्य-प्राप्ति की दृढ़ता दिखाना
【常言】 chángyán कहावत; लोकोक्ति: ～道 कहावत है कि; वही कहावत है कि / ～说得好 लोग ठीक कहते हैं कि
【常用】 chángyòng अकसर काम में आनेवाला; प्रायः-प्रयुक्त: ～药材 अकसर काम आनेवाली जड़ी-बूटियाँ
【常用词】 chángyòngcí प्रचलित शब्द
【常住】 chángzhù ❶स्थायी रूप से निवास करना: 有～户口(स्थान-विशेष का) स्थायी निवासी ❷〈बौद्ध धर्म〉 अपरिवर्तित; स्थिर ❸〈बौद्ध धर्म〉（常住物 का संक्षिप्त रूप）मंदिर और उस की संपत्ति
【常驻】 chángzhù स्थायी रूप से स्थित; स्थायी: ～联合国代表团 संयुक्त राष्ट्र संघ में स्थित स्थायी मंडल
【常驻代表】 chángzhù dàibiǎo स्थायी प्रतिनिधि
【常驻记者】 chángzhù jìzhě (स्थान-विशेष में) स्थित संवाददाता

偿（償）cháng ❶लौटा देना; चुका देना; क्षति-पूर्ति करना: ～债 ऋण चुका देना ❷पूरा करना; तुष्ट करना: 如愿以～ अपनी इच्छा तुष्ट होना या करना
【偿付】 chángfù (ऋण) चुकाना; अदा करना: ～债务 ऋण देना; कर्ज़ अदा करना / 如期～ निर्धारित समय पर (ऋण) चुका देना
【偿还】 chánghuán लौटा देना; चुका देना: ～贷款 ऋण चुका देना; कर्ज़ अदा करना / 如数～ ठीक मात्रा में लौटा देना
【偿命】 chángmìng अपनी जान से कीमत अदा करना (हत्यारे का); किसी की जान के लिये अपनी जान देना
【偿清】 chángqīng (ऋण) पूरी तरह चुका देना; पाई-पाई चुका देना

徜 cháng नीचे दे०

【徜徉】 chángyáng <लि०> आराम से इधर-उधर फिरना; निरुद्देश्य इधर-उधर घूमना

裳 cháng लहँगा (प्राचीन चीन में पहना जानेवाला)
shang भी दे०

嫦 cháng नीचे दे०

【嫦娥】 cháng'é छांग अड़ (देव-कथा में चन्द्रलोक की देवी)

chǎng

厂（廠、厰）chǎng ❶कारखाना; मिल: 钢～ इस्पात का कारखाना / 制糖～ चीनी की मिल / 火柴～दियासलाई का कारखाना / 纺织～ कपड़े का कारखाना; कपड़ा मिल / 造船～ जहाज़ का कारखाना ❷हाता; डिपो: 煤～ कोयला-हाता
ān भी दे०

【厂房】 chǎngfáng ❶कारखाने की इमारतें ❷वर्कशाप; कर्मशाला

【厂家】 chǎngjiā कारखाना; मिल: 这次展销会有几百个～参加。सैकड़ों कारखानों ने इस प्रदर्शनी में भाग लिया था।

【厂矿】 chǎngkuàng कारखाने और खानें

【厂矿企业】 chǎngkuàng qǐyè कारखाने, खानें और दूसरे उद्योग-धंधे; उद्योग-धंधे

【厂礼拜】 chǎnglǐbài किसी कारखाने की साप्ताहिक छुट्टी (प्रायः रविवार के अतिरिक्त कोई दिन): 星期三是我们的～。बुद्धवार को हमारे कारखाने की साप्ताहिक छुट्टी है।

【厂商】 chǎngshāng ❶कारखाने का मालिक; मिल-मालिक: 承包～ ठेकेदार ❷कारखाने और दुकानें

【厂丝】 chǎngsī <बुना०> फ़िलेचर सिल्क

【厂校挂钩】 chǎngxiào guàgōu किसी स्कूल और किसी कारखाने के बीच कोई परस्पर संयोग स्थापित करना

【厂休】 chǎngxiū किसी कारखाने का छुट्टी का दिन (प्रायः रविवार के अतिरिक्त कोई दिन): 今天我们～。आज हमारे कारखाने का छुट्टी का दिन है।

【厂长】 chǎngzhǎng कारखाने का संचालक

【厂址】 chǎngzhǐ कारखाने का स्थान (या स्थल): 选择～ किसी कारखाने के निर्माण के लिये स्थान चुनना

【厂主】 chǎngzhǔ कारखाने का मालिक; मिल-मालिक

【厂子】 chǎngzi ❶<बोल०> कारखाना; मिल ❷हाता; डिपो

场（塲、場）chǎng ❶किसी विशिष्ट उद्देश्य के लिये प्रयुक्त कोई बड़ा स्थान; स्थान; स्थल; मैदान: 操～ खेल-कूद का मैदान / 会～ सभास्थल; सम्मेलन-भवन / 市～ बाज़ार / 剧～ नाटकघर ❷रंगमंच; स्टेज: 上～ मंच पर आना / 开～ अभिनय का आरम्भ होना (या करना); आरम्भ होना (या करना) ❸<नाट०> नाटक के अंक का उपविभाग; दृश्य: 第一幕第二～ प्रथम अंक, दितीय दृश्य ❹<परि०श०> (मनोरंजक या खेल-कूद आदि की गतिविधियों के लिये): 一～电影 एक सिनेमा; एक फ़िल्म-शो / 一～球赛 एक मैच / 第二～四点开始。दूसरा शो चार बजे शुरू होता है। ❺किसी घटना के घटित होने का स्थान: 现～ घटना स्थल; मौका ❻<भौ०> क्षेत्र: 磁～ चुम्बक प्रभाव क्षेत्र / 电～ विद्युत क्षेत्र
cháng भी दे०

【场次】 chǎngcì सिनेमा, नाटक आदि दिखाने की संख्या

【场地】 chǎngdì खुला मैदान; स्थान; स्थल: 体育比赛～ खेल-कूद का मैदान; अखाड़ा / 施工～ निर्माण-स्थल

【场合】 chǎnghé स्थान; स्थिति; अवसर; मौका: 在外交～ कूटनीतिक मौके पर / 在公共～，要遵守秩序。सार्वजनिक स्थान पर सुव्यवस्था का पालन करना चाहिये।

【场记】 chǎngjì (फ़िल्म उतारने या नाटक में अभिनय का पूर्वाभ्यास करने के लिये रोज़नामचे में लिखना ❷रोज़-नामचे में लिखनेवाला

【场景】 chǎngjǐng दे० 场面❶,❷

【场面】 chǎngmiàn दृश्य; घटना-स्थिति (नाटक, सिनेमा, कथा-कहानी के साहित्य में): 激动人心的～ मर्मस्पर्शी दृश्य / 惊险的～ खतरनाक दृश्य ❷स्थिति; दृश्य: 热烈友好的～ उत्साहपूर्ण मैत्री का दृश्य ❸दिखावा; मुख; बाह्य रूप: 撑～ दिखावा करना; अपनी बाहरी हालत बनाये रखना

【场所】 chǎngsuǒ स्थान; जगह; क्षेत्र: 公共～ सार्वजनिक स्थान / 娱乐～ मनोरंजन की जगह / 这里过去是流氓斗殴的～。यह ऐसा क्षेत्र है जिस में गुंडे लोग मार-पीट करते थे।

【场子】 chǎngzi वह स्थान जहाँ लोग विभिन्न उद्दश्यों के लिये इकट्ठे होते हों (जैसे सिनेमाघर, भवन, खेल-कूद का मैदान इत्यादि): 大～ बड़ा स्थान / 空～ शून्य जगह / 网球～ टेनिस का मैदान

昶 chǎng ❶<लि०> दिन का समय लम्बा होना ❷<लि०> 畅 chàng के समान ❸（Chǎng）एक कुलनाम

敞 chǎng ❶(मकान, आँगन आदि) लम्बा-चौड़ा; विस्तृत; खुला हुआ: 这屋子太～。यह कमरा ज़्यादा बड़ा है। ❷खुलना; खोलना; खुला हुआ होना; अनावृत होना: ～着门 दरवाज़ा खुला रहना; दरवाज़ा खुला रहने देना

【敞车】 chǎngchē ❶माल ढोने वाली खुली कार; खुला वैगन ❷(माल की) खुली रेलगाड़ी

【敞怀】 chǎnghuái बिना बटन बन्द किये अपनी कमीज़ खुली रखना; अपनी छाती अनावृत करना

【敞开】 chǎngkāi ❶खुलना; खोलना; पूरा खोलना: 把门～。दरवाज़ा पूरा खोल दो। / 大门～着。दरवाज़ा पूरा खुला हुआ था। / ～思想 अपने दिल की बात कहना; अपना विचार पूरी तरह प्रकट करना ❷<बोल०> असीमित करना; प्रतिबंध हटाना; भरपूर मात्रा में: ～价格 दामों पर

प्रतिबंध न लगाना / 你有什么话就～说吧。अगर कुछ कहना चाहते हो तो दिल खोल कर कहो । / 啤酒有的是，大家～喝吧。बीयर बहुत है, पेट भर पीओ ।

【敞亮】 chǎngliàng ❶लम्बा-चौड़ा और रोशनीदार: 这间屋子很～。यह कमरा काफ़ी बड़ा और रोशनीदार है । ❷(अपना दिल) साफ़ होना; स्पष्ट होना: 跟他谈话之后，我心里～多了。उन से बातचीत करने के बाद मेरा दिल अधिक साफ़ हो गया है ।

【敞篷车】 chǎngpéngchē खुली कार

【敞着口儿】 chǎngzhekǒur अनावृत होना; खुला हुआ होना; बन्द न किया हुआ होना: 他的伤还～呢。उस का घाव अभी भरा नहीं है। / 信封还～呢，你把它封上。लिफ़ाफ़ा खुला हुआ है, इसे बन्द कर दो ।

氅 chǎng लबादा; चोगा: 大～ लबादा; ओवरकोट

chàng

怅（悵） chàng असंतुष्ट; अप्रसन्न; निराश; उदास; खिन्न: 怅惘

【怅怅】 chàngchàng 〈लि०〉 असंतुष्ट और अप्रसन्न; खिन्न: ～不乐 असंतुष्ट और अप्रसन्न होना / ～离去 खिन्न हो कर चले जाना

【怅恨】 chànghèn अपनी विफलता पर दुखित होना; निराश और रुष्ट हो जाना

【怅然】 chàngrán असंतुष्ट; निराश: ～而返 निराश हो कर वापस आना

【怅惘】 chàngwǎng निरुत्साहित; उदास: 他神情～，久久地望着远方。वह बहुत उदास था और शून्य में देर तक देखता रहा ।

畅（暢） chàng ❶बेरोकटोक; निर्विघ्न: 畅达 ❷जी भर कर; दिल खोल कर: ～饭 पेट भर पीना

【畅达】 chàngdá धारावाही; निर्विघ्न: 译文～。यह अनुवाद पढ़ने में बहुत सहज है । / 这里车辆往来～。यहाँ गाड़ियाँ बेरोकटोक आती-जाती हैं ।

【畅怀】 chànghuái पूर्ण परितृप्ति से; जी भर कर: ～痛饮 जी भर कर पीना

【畅快】 chàngkuài निःसंकोच और प्रसन्न; निश्चित: 心情～ निश्चिंत और प्रसन्न होना

【畅所欲言】 chàngsuǒyùyán वह सब कह देना जो कोई कहना चाहता हो; दिल खोल कर कहना; निश्चित हो कर अपने दिल की बात बता देना

【畅谈】 chàngtán बिना संकोच के जी भर कर बातें करना; दिल खोल कर बात करना: ～国内外大好形势 देश-विदेश की अनुकूल परिस्थितियों पर जोश में भाषण देना

【畅通】 chàngtōng बेरोकटोक; निर्विघ्न: 前面道路～无阻。आगे के रास्ते में कोई बाधा नहीं रहेगी; आगे का रास्ता बेरोकटोक है । / 这里虽是个小城市，然而铁路～。छोटा-सा शहर होने पर भी यहाँ से रेलगाड़ियाँ गुज़रती हैं ।

【畅想】 chàngxiǎng मुक्त रूप से कल्पना करना; उड़ान मारना (या भरना): ～未来 भविष्य के सम्बन्ध में उड़ान भरना

【畅销】 chàngxiāo सहज ही बिक जाना; हाथोंहाथ बिक जाना; (माल) जिस की बहुत माँग हो: 这种货很～。इस तरह की वस्तुएँ हाथोंहाथ बिक जाती हैं । / 中国丝绸～国外。विदेशी बाज़ार में चीनी रेशमी कपड़े की बहुत माँग है ।

【畅行】 chàngxíng बेरोकटोक गुज़र जाना; (किसी मार्ग पर) आसानी से चला जाना: ～无阻的道路 सुगम मार्ग

【畅叙】 chàngxù जी भर कर बातें करना; हँसी-खुशी बातचीत करना (प्रायः बीते हुए समय के बारे में): ～友情 पुरानी दोस्ती पर दिल खोल कर बातें करना

【畅游】 chàngyóu ❶खूब अच्छी तरह तैरना; खुशी से तैरना ❷आमोद-यात्रा से आनन्द लेना; सैर-सपाटे का मज़ा लेना: ～黄山 ह्वांगशान पहाड़ की आनन्दपूर्ण आमोद-यात्रा करना

倡 chàng आरम्भ करना; पहल करना; खुले तौर पर सिफ़ारिश करना: 倡议
chāng भी दे०

【倡导】 chàngdǎo पहलेपहल आरम्भ करना; पहल करना; सूत्रपात करना: ～改革 सुधार का सूत्रपात करना / ～者 आरम्भकर्ता; प्रवर्तक

【倡始】 chàngshǐ आरम्भ करना; पहलेपहल चलाना; नींव डालना: ～人 संस्थापक; प्रवर्तक

【倡言】 chàngyán 〈लि०〉 खुले तौर पर सिफ़ारिश करना; प्रस्ताव रखना; पहल करना: ～革命 खुले तौर पर क्रांति का प्रतिपादन करना

【倡议】 chàngyì पहलेपहल प्रस्ताव रखना; पहल करना; सुझाव देना: ～开展歌咏比赛 गीत गाने में प्रतियोगिता का सुझाव देना / 这个～得到大家一致的赞同。इस प्रस्ताव का लोगों ने एक स्वर में समर्थन किया ।

【倡议书】 chàngyìshū लिखित प्रस्ताव; प्रस्ताव; सुझाव

【倡议者】 chàngyìzhě प्रस्ताव रखने वाला; सुझाव देने वाला

鬯 1 chàng प्राचीन युग में यज्ञ के समय प्रयुक्त शराब; यज्ञ-रस

鬯 2 chàng 畅 chàng के समान

唱 chàng ❶गाना: ～国歌 राष्ट्रीय गीत गाना ❷चिल्लाना; पुकारना; ज़ोर से बोलना: 鸡～三遍。मुर्गे ने तीसरी बार बाँग दी । ❸（～儿）चीनी ऑपेरा में कोई गीत या गाने का कोई भाग

【唱本】 chàngběn गीति-नाट्य अथवा लम्बी संगीत-रचना की पुस्तिका; गाथा-गीत की पुस्तिका

【唱酬】 chàngchóu 〈लि०〉 दे० 唱和❷

【唱词】 chàngcí गीति-नाट्य अथवा लम्बी संगीत-रचना का शब्द-समूह; गाथा-गीत का शब्द-समूह

【唱碟】 chàngdié 〈बो०〉 दे० 唱片
【唱独角戏】 chàng dújiǎoxì （唱独脚戏 chàng dújiǎoxì भी）एक ही अभिनेता का नाटक दिखाना; अकेले डट कर काम करना
【唱段】 chàngduàn गीति-नाट्य में कोई संपूर्ण गीतः 京剧～ पेइचिंग ऑपेरा में कोई संपूर्ण गीत
【唱对台戏】 chàng duìtáixì प्रतिस्पर्धी ड्रामा खेलना; किसी से प्रतिस्पर्धा करना
【唱反调】 chàng fǎndiào अलग सुर अलापना; किसी के विपरीत बोलना या आचरण करना
【唱高调】 chàng gāodiào ऊँचा सुर अलापना; केवल सुन्दर बातें कहना और अमल में न लाना; चिकनी-चुपड़ी बातें करनाः 少～，你要是能干，就来试试。चिकनी-चुपड़ी बातें न करो, अगर तुम कर सकते हो तो आओ, कोशिश करो।
【唱歌】 chànggē गीत गाना; गानाः 他很会～。वह एक अच्छा गायक है।
【唱工】 chànggōng 〈नाट०〉 गाने की कला; गानाः ～戏 गीत-प्रधान चीनी ऑपेरा
【唱功】 chànggōng 唱工 के समान
【唱和】 chànghè ❶किसी के गाने के समय दूसरों का उस के साथ एक स्वर से गानाः 此唱彼和。जब कोई व्यक्ति गाना शुरू करता है तब दूसरा उस में शामिल होता है। ❷कविताओं का विनिमय (अर्थात् कोई व्यक्ति एक कविता लिखता है तो दूसरा उस के जवाब में दूसरी कविता लिखता है और दोनों एक ही तुक का प्रयोग करते हैं)
【唱机】 chàngjī फ़ोनोग्राफ़; रिकार्ड प्लेयर; ग्रामोफ़ोन
【唱空城计】 chàng kōngchéngjì "शून्य नगर की कूटचाल" का अभिनय करना —— अपनी निर्बल प्रतिरक्षा छिपाने के लिये शत्रु को धोखा देने की चाल चलना
【唱名】 chàngmíng ❶किसी नामसूची को ज़ोर से पढ़ना ❷सॉलफ़ा (sol-fa) अक्षर (यूरोपीय संगीत के सात स्थित स्वर)
【唱名表决】 chàngmíng biǎojué रजिस्टर से एक-एक नाम पुकारने के द्वारा चुनाव करना; रोल-काल वोट (roll-call vote)
【唱念做打】 chàng-niàn-zuò-dǎ गाना, संकेत करना, वाक्पटुता और कलाबाज़ी —— परम्परागत चीनी ऑपेरा में अभिनय की चार कलाएँ
【唱盘】 chàngpán दे० 唱片
【唱片】 chàngpiàn फ़ोनोग्राफ़ रिकार्ड; ग्रामोफ़ोन रिकार्ड; डिस्कः 放～ ग्रामोफ़ोन रिकार्ड चलाना / 灌～ डिस्क भरना
【唱票】 chàngpiào मतपत्र गिनने के समय चुने हुए व्यक्तियों का नाम ज़ोर से पढ़ना
【唱票人】 chàngpiàorén गणक; टेलर
【唱腔】 chàngqiāng चीनी ऑपेरा में वाक्-संगीत
【唱诗班】 chàngshībān गिरजाघरों में उपासना या भजन आदि के समय भजन गानेवालों का दल; भजन-मंडली
【唱双簧】 chàng shuānghuáng ❶दो व्यक्तियों का हास्यपूर्ण अभिनय करना; युगल-अभिनय करना (एक व्यक्ति के हाथ से संकेत करने के समय उस के पीछे छिपनेवाला दूसरा व्यक्ति बोलता या गाता है) ❷एक दूसरे के साथ मिल कर काम करना; परस्पर साथ देना
【唱头】 chàngtóu (फ़ोनोग्राफ़ का) पिक अप
【唱戏】 chàngxì 〈बोल०〉 परम्परागत चीनी ऑपेरा में गाना और अभिनय करना
【唱针】 chàngzhēn ग्रामोफ़ोन का काँटा; ग्रामोफ़ोन की सुई

chāo

抄 [1] （钞）chāo ❶(लेख आदि की) नकल करना; नकल तैयार करना; (मूल से) प्रतिलिपि बनाना या करना; कापी करनाः ～文件 दस्तावेज़ की नकल करना / ～稿件 मूल मसौदे की प्रतिलिपि बनाना / 照～原件 मूल की अक्षरशः नकल करना ❷(किसी के विचार, लेख, आविष्कार आदि को) चुरा लेना; साहित्यिक चोरी करना; नकल टीपना; नकल उतारनाः 考试时～别人的答卷 परीक्षा में पड़ोसी की नकल टीपना / 不要～别人的作业。किसी दूसरे के गृहकार्य की नकल मत उतारो।

抄 [2] chāo ❶तलाशी लेना और ज़ब्त करना; धावा बोलना; छापा मारनाः ～土匪的老窝 डाकुओं के अड्डे पर छापा मारना ❷छोटे रास्ते पर चलनाः ～到他们前面 छोटे रास्ते पर चल कर उन के आगे बढ़ जाना ❸(अपने हाथों को) जोड़नाः 他～着手站在一边。वह अपने हाथों को सामने की ओर जोड़ कर एक ओर आराम से खड़ा था। ❹पकड़ लेना; ले लेना; उठा लेनाः 他～起一把铁锹就走。उस ने एक फावड़ा हथ में ले लिया और तुरंत चल दिया। / 谁把我的钢笔～走了？किस ने मेरा फ़ाउंटनपेन उड़ा दिया?
【抄靶子】 chāo bǎzi 〈बो०〉 (पुलिस आदि द्वारा) पथिकों की तलाशी लेना
【抄本】 chāoběn हाथ से लिखी हुई किताब; हस्तलिखित कापी; नकल; प्रतिलिपिः 文件的～ दस्तावेज़ की नकल
【抄道】 chāo dào ❶छोटे रास्ते पर चलनाः ～进山 छोटे रास्ते से पहाड़ पर चढ़ना ❷〈बोल०〉 छोटा रास्ताः 走～去赶集 छोटे रास्ते से मेले पर जाना
【抄后路】 chāo hòulù मुड़ कर शत्रु के पीछे जाना और उस पर आक्रमण करना; पीछे से शत्रु पर हमला करना
【抄获】 chāohuò (किसी के घर से चुरा या छिपा कर रखा हुआ पदार्थ) ढूँढ कर निकालना; बरामद करना या होना
【抄家】 chāojiā किसी के घर की तलाशी लेना और उस की जायदाद ज़ब्त करना
【抄件】 chāojiàn अनुलिपि; प्रतिलिपि; नकल; कापी; दस्तावेज़ की प्रतिलिपिः 报告的～ रिपोर्ट की कापी
【抄近儿】 chāojìnér छोटे रास्ते से चलना
【抄录】 chāolù हाथ से प्रतिलिपि बनाना; नकल करना; कापी करनाः ～名人名言 प्रसिद्ध व्यक्तियों की उक्तियों की नकल करना / 这段话是从一本小说中～来的。

यह बातें किसी उपन्यास से उतारी गई हैं।
【抄没】 chāomò किसी के घर की तलाशी लेना और उस की जायदाद ज़ब्त करना
【抄身】 chāoshēn किसी व्यक्ति की तलाशी लेना (प्रायः छिपा कर साथ लिये हुए पदार्थ के लिये)
【抄袭】[1] chāoxí ❶(किसी के विचार, लेख, आविष्कार आदि को) चुरा लेना; साहित्यिक चोरी करना; नकल टीपना; नकल उतारना: ～别人的文章 किसी दूसरे व्यक्ति के लेख की नकल उतारना; किसी का लेख चुराना ❷किसी दूसरे के अनुभवों या तरीकों का अँधाधुंध प्रयोग करना
【抄袭】[2] chāoxí मुड़ कर शत्रु के बगल में (या शत्रु के पीछे) जाना और उस पर आक्रमण करना; बगल से (या पीछे से) शत्रु पर हमला करना
【抄写】 chāoxiě (हाथ से) नकल करना (या बनाना); प्रतिलिपि करना (या बनाना)
【抄写员】 chāoxiěyuán प्रतिलिपिकारक; नकलनवीस
【抄用】 chāoyòng (किसी अनुभव या तरीके आदि का) अँधाधुंध प्रयोग करना

吵 chāo नीचे दे०
chǎo भी दे०
【吵吵】 chāochao 〈बो०〉 शोर मचाना; शोर-गुल मचाना: 别～，一个一个说。शोर मत मचाओ, एक-एक कर के बोलो।

钞[1] (鈔) chāo बैंक नोट; नोट; पत्र-मुद्रा: 现～ नकद रुपया; नकद; केश (cash)

钞[2] (鈔) chāo 抄[1] chāo के समान
【钞票】 chāopiào बैंक नोट; नोट; पत्र-मुद्रा: 五张十元一张的～ दस-दस य्वान के पाँच नोट

绰[1] (綽) chāo पकड़ लेना; ले लेना; उठा लेना: ～起一根棍子 एक लाठी ले लेना

绰[2] (綽) chāo 焯 chāo के समान
chuò भी दे०

超 chāo ❶पार कर जाना; आगे बढ़ जाना; आगे निकल जाना; किसी को पीछे छोड़ जाना: 赶先进，～先进 प्रगतिशील के बराबर आ जाना फिर उस के आगे निकल जाना / 亩产～千斤 एक हज़ार चिन फ़ी मू से अधिक उत्पादन करना; फ़ी मू के उत्पादन में एक हज़ार चिन से बढ़ जाना ❷सामान्य से अधिक; असाधारण; अतिरिक्त: 超高压 ❸मर्यादा से बाहर होना; असीमित होना: ～现实 यथार्थता से परे होना
【超编】 chāobiān किसी संस्था के नियमित कर्मचाइयों से अधिक (कर्मचारी): ～人员 अतिरिक्त कर्मचारी
【超标】 chāobiāo नियमित स्तर से अधिक; निश्चित मानक से अधिक: 禁止～排污。नियमित स्तर से अधिक गंदी वस्तुओं को बाहर निकालना निषिद्ध है।
【超产】 chāochǎn नियत मात्रा से अधिक उत्पादन करना; उत्पादन के लक्ष्य को पार कर जाना: ～百分之二十 कोटा से 20% अधिक उत्पादन करना
【超常】 chāocháng औसत से ऊपर होना; साधारण से ऊपर होना: 智力～的儿童 असाधारण बुद्धि का बच्चा
【超车】 chāochē दूसरी गाड़ियों से आगे बढ़ना; दूसरी गाड़ियों को पार कर जाना: 不要强行～。ज़बरन् आगे बढ़ने की कोशिश न करो।
【超尘拔俗】 chāochén-bású सांसारिक लगाव से अलग रहना और अशिष्टता से दूर रहना
【超出】 chāochū (नियत मात्रा या मर्यादा से) बढ़ जाना; निकल जाना; बाहर जाना; पार कर जाना: ～范围 सीमा को पार कर जाना / ～定额 नियत मात्रा (या कोटा) से आगे निकल जाना / ～想象 कल्पना से बाहर होना
【超导】 chāodǎo 〈भौ०〉 सुपरकंडक्शन (superconduction)
【超导电性】 chāodǎodiànxìng 〈भौ०〉 सुपरकंडक्टिविटी (superconductivity)
【超导体】 chāodǎotǐ 〈भौ०〉 सुपरकंडक्टर (superconductor)
【超低温】 chāodīwēn अतिनिम्न तापमान
【超度】 chāodù उपासना और धार्मिक कृतियों के द्वारा आत्मा को पाप या नरक-यातना से मुक्ति दिलाना
【超短波】 chāoduǎnbō अतिलघु तरंग
【超短裙】 chāoduǎnqún अतिलघु घाघरा; मिनिस्कर्ट
【超额】 chāo'é कोटा से ऊपर; लक्ष्य से ज़्यादा: ～完成生产指标 कोटा से अधिक उत्पादन करना / ～完成任务 काम के लक्ष्य से आगे बढ़ जाना
【超额利润】 chāo'é lìrùn अत्यधिक लाभ; अतिरिक्त मुनाफ़ा
【超凡】 chāofán ❶सांसारिकता से परे होना ❷साधारण से बाहर; असाधारण; असामान्य
【超凡入圣】 chāofán-rùshèng सांसारिकता से दूर होना और पवित्रता प्राप्त करना; पवित्र स्थिति को प्राप्त करना
【超负荷】 chāofùhè ओवरलोड
【超高压】 chāogāoyā 〈भौ०〉 अति उच्च दबाव
【超过】 chāoguò (किसी से) आगे होना; बढ़ा-चढ़ा होना; पार कर जाना; आगे निकल जाना; किसी को पीछे छोड़ जाना; किसी को पछाड़ देना: ～限度 सीमा को पार कर जाना; हद से ज़्यादा होना / ～历史最高水平 पहले के सभी रिकार्डों से आगे बढ़ जाना / 他的车从左边～了我的车。उस की गाड़ी बायीं ओर से मेरी गाड़ी से आगे निकल गई। / 到会代表已～半数。आधे से अधिक प्रतिनिधि सम्मेलन में आ गये हैं।
【超级】 chāojí परले दर्जे का; उत्तम कोटि का; बढ़िया किस्म का: ～间谍 परले दर्जे का जासूस; सुपर जासूस
【超级大国】 chāojí dàguó अति-महाशक्ति; सर्वोपरि शक्ति; सुपरपावर
【超级市场】 chāojí shìchǎng सुपरबाज़ार; सुपर-मार्केट
【超假】 chāojià अपनी छुट्टी की सीमा को पार करना; निश्चित अवधि से अधिक छुट्टी मनाना

【超阶级】 chāojiējí वर्गों से परे रहना
【超绝】 chāojué बेजोड़; अद्वितीय; उत्कृष्ट: 技艺～ उत्कृष्ट कौशल दिखाना
【超龄】 chāolíng नियत आयु से निकला हुआ; अधिक आयु
【超平彩电】 chāopíng cǎidiàn अति समतल रंगीन टेलीविज़न; हाइपर प्लेन कलर टी०वी०
【超期】 chāoqī नियत अवधि से बढ़ा हुआ: ～服役 सैनिक सेवा की अवधि बढ़ाना
【超迁】 chāoqiān 〈लि०〉 (किसी अधिकारी की) एक दर्जे से अधिक पदोन्नति एक ही बार में होना
【超前】 chāoqián वर्तमान से आगे बढ़ा हुआ; नियमित समय से पहले का: ～消费 समय से पहले खर्च करना; अत्यधिक खपत / ～意识 अति प्रगतिशील विचार
【超群】 chāoqún दूसरों से बढ़ कर; सर्वोत्कृष्ट; उत्तम; सर्वश्रेष्ठ: 武艺～ सैनिक कौशल में सर्वश्रेष्ठ होना
【超群绝伦】 chāoqún-juélún सर्वोत्कृष्ट; सर्वश्रेष्ठ
【超然】 chāorán निष्पक्ष; पक्षपातरहित; अनिच्छुक; उदासीन: 他对那件事持～的态度。 वह उस मामले से उदासीन रहता है।
【超然物外】 chāorán-wùwài ❶संसार से अलग रहना; समाज से दूर रहना; विरक्त भाव से अलग रहना ❷निष्पक्ष रहना; तटस्थ रहना; उदासीन रहना
【超人】 chāorén ❶(योग्यता आदि) असाधारण; असामान्य: ～的记忆力 असाधारण स्मरण-शक्ति ❷अतिमानव; सुपरमैन (जर्मन दार्शनिक नीत्शे द्वारा परिभाषित)
【超升】 chāoshēng 〈बौद्ध धर्म〉 (मृत व्यक्ति की आत्मा का) उठ कर नंदन-कानन में पहुँचना
【超生】 chāoshēng ❶〈बौद्ध धर्म〉 पुनः शरीर ग्रहण करना; फिर से अवतार लेना ❷जान न लेना; दयालु होना: 笔下～ (जज का) बस कलम चलाने से किसी की जान छोड़ देना; मृत्यु-दंड से बचाना
【超声波】 chāoshēngbō सुपरसोनिक (वेव)
【超声速】 chāoshēngsù दे० 超音速
【超市】 chāoshì सुपर मार्केट
【超速】 chāosù रफ़्तार की सीमा को पार करना
【超脱】 chāotuō ❶किसी रीति-रिवाज या प्रथा से मुक्त; स्वभाव, कार्य या व्यवहार में स्वच्छंद: 性格～ स्वभाव से स्वच्छंद होना / 他的字写得十分～。 उस का सुलेख अपने ढंग का निराला है। ❷परे रहना; दूर रहना: ～尘世 दुनियादारी से परे रहना / ～现实是不可能的。 यह असंभव है कि यथार्थ से कोई दूर रहे।
【超现实主义】 chāoxiànshízhǔyì अतियथार्थवाद
【超新星】 chāoxīnxīng 〈ज्यौ०〉 सुपरनोवा
【超逸】 chāoyì स्वच्छंद और आकर्षक; स्वतंत्र और स्वाभाविक
【超音速】 chāoyīnsù सुपरसोनिक गति
【超音速喷气机】 chāoyīnsù pēnqìjī सुपरजेट
【超音速战斗机】 chāoyīnsù zhàndòujī सुपरसोनिक लड़ाकू विमान
【超员】 chāoyuán (रेलगाड़ी आदि में) वाहन-शक्ति से अधिक यात्री होना; अतिभारित होना: 列车～百分之十。 इस रेलगाड़ी में वाहन-शक्ति से दस प्रतिशत अधिक यात्री हैं।
【超越】 chāoyuè पार करना; (किसी से) बढ़ जाना; आगे निकल जाना; रुकावट आदि पर) विजय पाना: ～前人 पूर्वजों से आगे निकल जाना / ～障碍 किसी रुकावट को पार करना / ～职权 अपने पदाधिकार से बाहर जाना
【超载】 chāozài 〈परिवहन〉 अतिभार: ～能力 अतिभार की क्षमता
【超支】 chāozhī नियम या योजना से अधिक व्यय करना; अत्यधिक व्यय करना
【超重】 chāozhòng ❶अतिभार ❷अधिक वज़न: ～信件 अधिक वज़न वाली चिट्ठी / ～行李 अधिक वज़नी माल-असबाब
【超卓】 chāozhuó सर्वोत्कृष्ट; सर्वश्रेष्ठ
【超擢】 chāozhuó एक दर्जे से अधिक पदोन्नति एक ही बार में करना या होना
【超子】 chāozǐ 〈भौ०〉 हाइपेरन (hyperon)
【超自然】 chāozìrán अति प्राकृतिक; अलौकिक

焯 chāo सब्ज़ियों को खौलते पानी में डुबाना; उबालना; खौलाना: 先把菠菜～一下。 पहले पालक को ज़रा उबाल लो।

剿（勦） chāo 〈लि०〉 (किसी के विचार, लेख, आविष्कार आदि को) चुरा लेना; साहित्यिक चोरी करना; नकल उतारना
jiǎo भी दे०
【剿袭】 chāoxí 抄袭[1] chāoxí के समान

cháo

晁（鼂） Cháo एक कुलनाम

巢 cháo ❶(पक्षियों आदि का) घोंसला; नीड़: 鸟～ पक्षियों का घोंसला / 蜂～ मधुमक्खी का छत्ता; मधु-कोष ❷डाकुओं आदि का अड्डा: 匪～ डाकुओं का अड्डा
【巢居】 cháojū पेड़ों में निवास करना
【巢窟】 cháokū दे० 巢穴
【巢穴】 cháoxué ❶माँद ❷चोरों, डाकुओं के छिपने का अड्डा: 匪徒的～ डाकुओं का अड्डा / 直捣敌人的～ शत्रु के अड्डे पर छापा मारना

朝 cháo ❶दरबार; सरकार: 上～ दरबार में जाना; दरबार बुलाना ❷वंश; राजवंश; राजकुल: 唐～ थांग वंश ❸(किसी शहंशाह या सम्राट् का) शासन; शासन-काल: 康熙～ सम्राट् खांगशी का शासन-काल ❹किसी सम्राट् द्वारा बुलायी गयी सभा; राजसभा; दरबार: 早～ प्रातःकालिक दरबार ❺सम्राट् के दर्शन करना; तीर्थ में जा कर ईश्वर की पूजा करना: ～圣 तीर्थयात्रा करना ❻〈सं०अ०〉 की ओर; की तरफ़: ～东走。 पूर्व की ओर चलो। / 他背～我坐

着。वह मेरी ओर पीठ कर के बैठा है। / 这门是～里开还是～外开? यह दरवाज़ा अन्दर की ओर खुलता है या बाहर की ओर ?

zhāo भी दे०

【朝拜】 cháobài ❶(किसी सम्राट् का) अभिवादन करना ❷तीर्थ (या मंदिर में) जा कर देवता, बुद्ध आदि की पूजा करना

【朝臣】 cháochén राजदरबारी; राज-सभासद

【朝代】 cháodài वंश; राजवंश

【朝顶】 cháodǐng (बौद्धों का) किसी पहाड़ पर स्थित किसी मंदिर में जा कर गौतम बौद्ध की पूजा करना

【朝奉】 cháofèng 〈पुराना〉 अमीरों या साहूकारों के लिये एक संबोधन

【朝服】 cháofú दरबारी पोशाक

【朝贡】 cháogòng (पराधीन देशों या विदेशों से आये हुए राजदूतों का) सम्राट् के दर्शन करना और उस को श्रद्धापूर्वक उपहार देना

【朝见】 cháojiàn सम्राट् के दर्शन करना

【朝觐】 cháojìn ❶〈लि०〉 सम्राट् के दर्शन करना ❷(धर्म के अनुयायियों का) किसी पवित्र स्मारक या तीर्थ-स्थान की यात्रा करना; तीर्थ-यात्रा करना; (मुसलमानों का) हज करना

【朝山】 cháoshān (बौद्धों का) किसी प्रसिद्ध पहाड़ पर स्थित किसी मंदिर में जा कर गौतम बुद्ध की पूजा करना; धर्म यात्रा करना

【朝圣】 cháoshèng (धर्म के अनुयायियों का) तीर्थयात्रा करना; (मुसलमानों का) मक्के और मदीने की तीर्थयात्रा करना; हज करना: 他们曾两次到麦加～。वे दो बार मक्के की तीर्थ-यात्रा कर चुके हैं; वे दो बार हज कर आये हैं।

【朝廷】 cháotíng ❶दरबार ❷शाही सरकार

【朝鲜】 Cháoxiǎn कोरिया

【朝鲜人】 Cháoxiǎnrén कोरियाई

【朝鲜语】 Cháoxiǎnyǔ कोरियाई (भाषा)

【朝鲜族】 Cháoxiǎnzú ❶चीन की कोरियाई जाति; चीन के कोरियाई जो मुख्यतः चीलिन, हेइलोंगच्यांग और ल्याओनिंग प्रांतों में फैले हुए हैं ❷(कोरिया के) कोरियाई

【朝向】 cháoxiàng की ओर; की तरफ़: 向日葵总是～太阳。सूर्यमुखी फूल सदा सूरज की ओर घूमता है।

【朝阳】 cháoyáng सूरज की ओर का; (प्रायः) दक्षिणमुख; दक्षिण की ओर का: 这间屋～。यह कमरा दक्षिण की ओर है।

【朝阳花】 cháoyánghuā सूर्यमुखी; सूरजमुखी

【朝野】 cháoyě ❶दरबार और जनसाधारण ❷सरकार और जनता

【朝政】 cháozhèng (शाही ज़माने में) दरबारी प्रशासन; राज-सत्ता: 当时，～日非，人心思乱。उन दिनों दरबारी प्रशासन दिन-प्रति दिन बिगड़ता जाता था और प्रजा के दिल में विद्रोह की भावना बढ़ती जाती थी।

【朝珠】 cháozhū कोरल या ऐगेट की बनी माला जो छिंग वंश के राजदरबारियों द्वारा पहनी जाती थी

嘲（謿）

cháo (किसी की) हंसी उड़ाना; (किसी का) मज़ाक उड़ाना: 嘲弄

【嘲讽】 cháofěng (किसी की) हंसी उड़ाना और व्यंग करना; (किसी का) उपहास करना; (किसी को) ताना देना

【嘲弄】 cháonòng (किसी का) उपहास करना; (किसी को) तुच्छ समझना; (किसी का) मखौल उड़ाना

【嘲笑】 cháoxiào (किसी की) हंसी उड़ाना; (किसी का) मज़ाक उड़ाना; (किसी पर) हंसना

潮 1

cháo ❶ज्वार और भाटा; ज्वार भाटा: 早～ ज्वार / 花如海，歌如～ फूलों का समुद्र, गीतों की ज्वारीय तरंगें ❷समाज का परवाह; धारा; प्रवृत्ति; ज्वार या भाटा: 思～ विचारधारा / 革命高～ क्रांति का ज्वार ❸तर; गीला; सीला: 这火柴～了。यह दियासलाई गीली हो गई है। / 这房间很～。इस कमरे में बहुत सीलन है।

潮 2

Cháo क्वांगतोंग प्रांत के 潮州 का संक्षिप्त रूप

【潮红】 cháohóng (चेहरे का) लाल हो जाना; सुर्ख हो जाना

【潮呼呼】 cháohūhū तर; गीला; आर्द्र; सीला: 接连下了几天雨，屋子里什么都是～的。कई दिनों तक लगातार पानी बरसने की वजह से घर में हर चीज़ सीली-सी लगता है।

【潮解】 cháojiě 〈रसा०〉 प्रस्वेदन; डिलीक्विसेंस

【潮剧】 cháojù ऑपेरा (क्वांगतोंग के 潮州 Cháozhōu और 汕头 Shàntóuआदि क्षेत्रों में प्रचलित एक स्थानीय ऑपेरा)

【潮流】 cháoliú ❶ज्वार-भाटा; ज्वारीय धारा ❷प्रवृत्ति; झुकाव; प्रवाह; धारा: 历史～ इतिहास की प्रवृत्ति / 革命～ क्रांतिकारी प्रवाह

【潮气】 cháoqì हवा में होने वाली आर्द्रता; नमी; सीलन: 仓库里～太大，粮食就容易发霉。गोदाम में अधिक सीलन हो तो अनाज पर जल्दी ही फफूँदी लग जाती है।

【潮湿】 cháoshī तर; गीला; आर्द्र; सीला: 这间屋子太～，不能住人。इस कमरे में इतनी सीलन है कि इस में निवास नहीं कर सकते।

【潮水】 cháoshuǐ ज्वार; भाटा; जल-धारा: ～上涨了。ज्वार आ रहा है। / 人群像～般涌进来。भीड़ का रेला अन्दर बढ़ आया।

【潮位】 cháowèi ज्वार की सतह; भाटे की सतह; ज्वार-भाटे की सतह

【潮汐】 cháoxī ज्वार-भाटा

【潮信】 cháoxìn ज्वार; भाटा

【潮汛】 cháoxùn अधिकतम ज्वार-भाटा

【潮涌】 cháoyǒng ज्वार की भांति उमड़ आना: 人们从四面八方～而来。भीड़ चारों ओर से उमड़ आई। / 心事如～ अनेक चिंताओं से उद्विग्न होना

chǎo

吵

chǎo ❶शोर मचाना; शोर मचना; शोर-गुल मचाना;

शोर-गुल मचना: 别～! शोर मत मचाओ। / 瞧，你们把孩子～醒了。देखो, तुम लोगों ने बच्चे को जगा दिया। / 他在工作，别～他。वह काम कर रहा है, उस का सिर मत खाओ। ❷झगड़ना; झगड़ा करना; कचकच करना: 俩人说着说着～了起来。दोनों बातें करते-करते झगड़ने लगे। / 你放心，我不跟他～。तुम चिंता न करो, उस से मैं झगड़ा नहीं करुंगा।

chāo भी दे०

【吵架】 chǎojià झगड़ना; झगड़ा करना; कचकच करना: 我跟他吵了一架。मैं ने उस से झगड़ा किया था। / 我不喜欢动不动就～。मुझे हर समय की कचकच अच्छी नहीं लगती।

【吵闹】 chǎonào ❶ऊँची आवाज़ में झगड़ना: ～不休 निरंतर झगड़ते रहना ❷हैरान करना; तंग करना; परेशान करना; सिर खाना: 他在休息，不要去～。वह विश्राम कर रहा है, उसे तंग मत करो। ❸शोर मचाना; शोर-गुल मचाना; कोलाहल मचाना: 院子里一片～声。आँगन में कोलाहल मच रहा है।

【吵嚷】 chǎorǎng चीखना-चिल्लाना; शोर-गुल मचना या मचाना; चीखते-चिल्लाते हुए झगड़ा करना

【吵嘴】 chǎozuǐ झगड़ा करना; झगड़ना: 他从来不跟别人～。उस ने किसी से भी झगड़ा नहीं किया था।

炒 chǎo ❶भुनना; भूनना: ～肉片 मांस के टुकड़े भूनना; भुने हुए मांस के टुकड़े / ～鸡蛋 अंडे की बनी भुजिया / ～花生 मूँगफली भूनना; भुनी हुई मूँगफली ❷〈बोल०〉 (शेयर बाज़ार आदि में) सट्टा करना; सट्टेबाज़ी करना: ～股票（外汇）शेयरों (विदेशी मुद्रा) की सट्टेबाज़ी करना ❸〈बो०〉 नौकरी से अलग करना; बर्खास्त करना ❹खरीद-बेच से रुपया कमाना; बेच कर पैसा कमाना ❺बार-बार प्रचार करना; बहुत ही चर्चा करना या होना ❻炒鱿鱼 का संक्षिप्त रूप

【炒菜】 chǎocài ❶सब्ज़ी भूनना; तरकारी पकाना: 我～，你做饭。मैं सब्ज़ियाँ भूनूँगा और तुम भात बनाओ। ❷(भुनी हुई) सब्ज़ी; (पकायी हुई) तरकारी: 我要了两个～一个汤。मैं ने दो सब्ज़ियां और एक शोरबा मँगवाया है।

【炒家】 chǎojiā सट्टा खेलने वाला; सटोरिया

【炒汇】 chǎohuì विदेशी मुद्रा की सट्टेबाज़ी करना

【炒货】 chǎohuò (दूकान में बिकने वाले) भुने हुए खाद्य पदार्थ (बीज, दाने, मूँगफली आदि)

【炒冷饭】 chǎo lěngfàn बचे हुए भात को तड़का लगाते हुए गर्म करना —— कही हुई बात या किया हुआ काम दोहराना; निर्जीव या पुरानी सामग्री को नया रूप देना

【炒买炒卖】 chǎomǎi-chǎomài खरीद कर तुरंत बेच देना; (किसी चीज़ की) सट्टेबाज़ी करना

【炒米】 chǎomǐ ❶भुना हुआ चावल ❷मक्खन में भुना हुआ बाजरा (मंगोलों का मुख्य भोजन)

【炒米花】 chǎomǐhuā फुलाया हुआ चावल

【炒面】 chǎomiàn ❶मांस के टुकड़ों और सब्ज़ियों के साथ तेल में पका हुआ नूडल; छओम्येन ❷भुना हुआ आटा

【炒勺】 chǎosháo (सब्ज़ियाँ भूनने के लिये प्रयुक्त) कड़ाही

【炒鱿鱼】 chǎo yóuyú 〈बोल०〉 नौकरी से अलग कर देना; नौकरी से निकाल देना; बर्खास्त करना: 被～ नौकरी से अलग कर दिया जाना; बर्खास्त किया जाना

【炒作】 chǎozuò ❶बार-बार प्रचार करना; बहुत ही चर्चा करना या होना ❷खरीद-बेच से रुपया कमाना; बेच कर पैसा कमाना

chào

耖 chào ❶मिट्टी के टुकड़ों को चूर्ण बनाने के लिये प्रयुक्त हेंगे के आकार का एक औज़ार ❷इस औज़ार से जोते हुए खेत की मिट्टी बराबर करना

chē

车（車） chē ❶गाड़ी; वाहक: 火～ रेलगाड़ी / 汽～ कार / 牛～ बैलगाड़ी / ～开了。कार (बस आदि) चली गई। ❷पहियेदार यंत्र: 纺～ चरखा / 水～ रहट ❸मशीन: 开～ मशीन चलाना / 这台～停了。यह मशीन रुक गई। ❹खराद पर उतारना; खरादना: ～螺丝钉 स्क्रू खरादना / ～光 (किसी चीज़ को) खराद पर चढ़ा कर चिकना बनाना ❺रहट से पानी खींचना: ～水 रहट से पानी खींच कर खेत में भरना ❻（Chē）एक कुलनाम

jū भी दे०

【车把】 chēbǎ (बाइसाकिल, मोटरकार आदि का) दस्ता; हैंडिल (handle); (ठेले आदि का) मूठ

【车把式】 chēbǎshi（车把势 chēbǎshi भी）गाड़ी हांकनेवाला; गाड़ीवान

【车程】 chēchéng मोटर-गाड़ी में सफ़र करने का रास्ता: 从这里到他家只有 20 分钟的～。यहाँ से उस के घर तक मोटर-गाड़ी से केवल बीस मिनट का रास्ता है।

【车床】 chēchuáng खराद; लेथ

【车次】 chēcì ❶रेलगाड़ियों का नंबर; ट्रेन नंबर ❷बसों का नंबर (चलने का क्रम बताने के लिये)

【车到山前必有路】 chē dào shān qián bì yǒu lù कोई गाड़ी जब पहाड़ के पास पहुँचती है तो उसे अपना कोई न कोई रास्ता मिल जाता है —— कोई भी मामला अंत में हल हो ही जाता है; समस्या का समाधान करने का आखिरकार कोई न कोई उपाय निकलेगा

【车道】 chēdào सड़क का मध्य भाग (विशेषतः गाड़ियों के चलने के लिये, पटरी से भिन्न); गाड़ियों के आने-जाने का पथ: 这条路上有六条～。इस सड़क पर गाड़ियों के छः पथ हैं।

【车灯】 chēdēng गाड़ियों पर लगी हुई बत्तियों का

सामान्य नाम (जैसे हैड लाईट, बाइसाकिल लंप आदि)
【车队】 chēduì मोटरों की पंक्ति; मोटरों का दल; मोटर-केड
【车匪路霸】 chēfěi–lùbà रेलवे और राजपथ लुटेरा
【车费】 chēfèi गाड़ी का किराया: 乘出租汽车去火车站～多少？रेलवे स्टेशन जाने के लिये टैक्सी का कितना किराया है ?
【车夫】 chēfū 〈पुराना〉 गाड़ीवान; वाहक; ड्राइवर
【车工】 chēgōng ❶खरादने का काम ❷खरादी; खराद-टर्नर; टर्नर: ～车间 टर्निंग शाप
【车沟】 chēgōu पहिये की लीक; लीक
【车钩】 chēgōu 〈रेल०〉 (रेल के डिब्बों को जोड़नेवाला) कुंडा; कपलिंग
【车轱辘】 chēgūlu 〈बोल०〉 (गाड़ी का) पहिया
【车轱辘话】 chēgūluhuà 〈बो०〉 दुहराई जाने वाली बातें: 他的～说起来没完。जब वह अपनी बातें दोहराने लगता है तो उन का कभी कोई अंत ही नहीं होता ।
【车祸】 chēhuò यातायात की दुर्घटना; गाड़ियों के दुर्घटना; सड़क दुर्घटना: 昨天出了一起～，死伤二人。कल यातायात की एक दुर्घटना हुई, जिस में दो व्यक्ति हताहत हुए ।
【车技】 chējì 〈कलाबा०〉 साइकिल पर सवार हो कर दिखाया जानेवाला करतब; साइकिल चलाने का कौशल; साइकिल के करतब
【车驾】 chējià शाही रथ
【车架】 chējià (कार, साइकिल आदि का) ढाँचा
【车间】 chējiān यंत्रालय; वर्कशाप: ～主任 वर्कशाप का प्रधान; वर्कशाप डाइरेक्टर
【车库】 chēkù गाड़ीखाना; मोटरखाना; गैरेज
【车辆】 chēliàng गाड़ी: 来往～ आने-जाने वाली गाड़ियां; गाड़ियों का आना-जाना; यातायात
【车裂】 chēliè पाँच रथों से किसी को खींच कर फाड़ना (प्राचीन चीन में एक मृत्युदंड)
【车流】 chēliú गाड़ियों का आना-जाना; गाड़ियों का तांता: ～不息 गाड़ियों का तांता लगा रहना; गाड़ियों की अटूट धारा बहती रहना
【车轮】 chēlún (गाड़ी का) पहिया; चक्र
【车轮战】 chēlúnzhàn एक युद्धकौशल, जिस में विपक्ष को थका कर पराजित करने के निमित्त अनेक व्यक्तियों या दलों का एक ही व्यक्ति या दल के विरुद्ध बारी-बारी से लड़ना
【车马费】 chēmǎfèi यात्रा-भत्ता
【车门】 chēmén गाड़ी (मोटर आदि) का दरवाज़ा
【车牌】 chēpái लाइसेंस प्लेट
【车棚】 chēpéng साइकिल आदि रखने का तम्बू
【车篷】 chēpéng गाड़ी को ऊपर से ढकने का कपड़ा; पाल; ओहार
【车皮】 chēpí रेल का डिब्बा (प्रायः माल रखने का): 两～货物 माल के दो डिब्बे
【车票】 chēpiào टिकट (रेलगाड़ी, बस, ट्राम आदि का)
【车钱】 chēqian 〈बोल०〉 गाड़ी का किराया; फ़ेयर
【车市】 chēshì गाड़ी बाज़ार; कार मार्केट
【车水马龙】 chēshuǐ–mǎlóng गाड़िओं और घोड़ों का तांता —— गाड़ियों का निरंतर आना-जाना; गाड़ियाँ ही गाड़ियाँ नज़र आना: 那天游览颐和园的人络绎不绝，真是～。उस दिन समर पैलेस को देखने वाले निरंतर आते जाते थे, दर्शकों की भीड़ लगी रहती थी । / 他家门前总是～。उन का आँगन सदा अतिथियों से भरा रहता था ।
【车速】 chēsù मोटर गाड़ी की गति: ～太快！इस कार की गति अधिक तीव्र है; यह कार अधिक तेज़ चल रही है ।
【车胎】 chētāi टायर
【车条】 chētiáo 〈बोल०〉 पहिये की तीली
【车头】 chētóu ❶गाड़ी का अग्रभाग ❷इंजन (रेलगाड़ी का); लोकोमोटिव
【车帷】 chēwéi रथ का पर्दा
【车尾】 chēwěi गाड़ी का पिछला भाग
【车位】 chēwèi मोटर रखने का स्थान
【车险】 chēxiǎn गाड़ी-बीमा; कार-बीमा
【车厢】 chēxiāng रेल का डिब्बा; रेल-डिब्बा; रेल की गाड़ी
【车削】 chēxiāo यां खरादना; टर्निंग
【车辕】 chēyuán इक्के, तांगे आदि के बम
【车载斗量】 chēzài–dǒuliáng इतना अधिक कि गाड़ियों में भरा जा सके और बुशल से नापा जाए —— बहुत अधिक; अनगिनत
【车闸】 chēzhá ब्रेक (कार, साइकिल आदि का)
【车展】 chēzhǎn गाड़ी प्रदर्शनी; कार नुमाइश
【车站】 chēzhàn (रेलगाड़ी का) स्टेशन; (बस का) स्टाप
【车照】 chēzhào ड्राइविंग लैसेंस
【车辙】 chēzhé पहिये की लीक; लीक
【车轴】 chēzhóu धुरा; धुरी
【车资】 chēzī 车钱 के समान
【车子】 chēzi ❶छोटी गाड़ी (जैसे कार आदि) ❷〈बो०〉 साइकिल
【车组】 chēzǔ किसी रेलगाड़ी, बस या ट्राम में काम करने वाले सभी कर्मचारी

chě

尺 chě 〈संगी०〉 चीन की प्राचीन स्वरलिपि 工尺谱 में स्वर का एक दर्जा, जो आज की अंकोंवाली स्वरलिपि में 2 के तुल्य है
chǐ भी दे०

扯（撦）chě ❶खींचना: ～着…的袖子 किसी को बाँह से खींचना / ～住绳子不放 रस्सी को पकड़े रहना / ～着嗓子喊 गला फाड़-फाड़ कर चिल्लाना ❷फाड़ना; नोचना; खींच कर अलग करना: 把信～得粉碎 चिट्ठी को फाड़ कर टुकड़ों में कर देना / 把树叶～下来 पेड़ के पत्ते नोच डालना ❸〈बोल०〉 (कपड़ा आदि) खरीदना: ～三尺布 तीन छ्र कपड़ा खरीदना ❹गपशप करना; बातचीत करना: 闲～ यों ही गपशप करना / 东拉西～ इधर-उधर की बातें करना

【扯白】 chěbái 〈बो०〉 झूठ बोलना

【扯淡】 chědàn 〈बो०〉 बकवस करना; बक-बक करना: 别瞎～！ बकवास मत करो।

【扯后腿】 chě hòutuǐ किसी को पीछे की ओर खींचना; आगे बढ़ने न देना; किसी की प्रगति में रुकावट डालना; किसी के काम में अड़चन डालना: 他要去参军，你不要扯他的后腿。 वह सेना में भरती होना चाहता है, उस को पीछे की ओर मत खींचो।

【扯谎】 chěhuǎng झूठ बोलना; झूठ कहना: 你跟我说实话，别～。 मुझे सच्ची बात बताओ, झूठ न बोलो।

【扯皮】 chěpí झगड़ा करना; झगड़ना; तू-तू मैं-मैं करना: 快干活吧，别～啦。 झगड़ा बन्द करो और अपना-अपना काम करो। / 两个单位互相～ दो संबंधित संस्थाओं का एक दूसरे पर ज़िम्मेदारी डालना

【扯臊】 chěsào 〈बो०〉 निरी बकवास करना; बेशरमी से झूठ बोलना

【扯谈】 chětán गपशप करना; बातचीत करना

【扯腿】 chětuǐ 扯后腿 के समान

chè

彻（徹） chè संपूर्ण; चुभनेवाला: 彻夜 / 彻骨

【彻查】 chèchá (किसी मामले की) पूर्ण रूप से जाँच-पड़ताल करना

【彻底】 chèdǐ पूर्ण; संपूर्ण; आमूल: ～改革 आमूल सुधार (करना) / ～解决 (किसी मामले का) पूरी तरह समाधान करना / ～决裂 (किसी से) कोई सम्बन्ध न रखना / ～失败 पूर्ण पराजय; पक्की हार / ～改变 आमूल परिवर्तन करना / ～消灭 समूल नष्ट करना; नाम-निशान मिटाना / 这个房间打扫得很～。 इस कमरे की पूर्ण सफ़ाई की गई है। / ～性 पूर्णता

【彻骨】 chègǔ हड्डियों में चुभनेवाला: 严寒～ हड्डियों में चुभनेवाली कड़ाके की सर्दी / ～痛恨 बेहद नफ़रत करना

【彻头彻尾】 chètóu-chèwěi सरासर; बिल्कुल; पूरी तरह से; शुरू से आखिर तक; एड़ी से चोटी तक: ～的谎言 संपूर्ण झूठ / ～的大傻瓜 निरा मूर्ख / ～的骗局 शुरू से अंत तक की धोखाधड़ी / ～的假货 बिल्कुल नकली चीज़

【彻悟】 chèwù पूर्ण रूप से जागृत होना; बिल्कुल समझना

【彻夜】 chèyè रात भर; सारी रात: ～不眠 रात भर अनिद्रा में रहना; सारी रात जागते रहना / ～工作 रात भर काम करते रहना; सबेरे तक काम करते रहना

坼 chè 〈लि०〉 फटना; फट जाना: 天旱地～。 लम्बे समय के सूखे से ज़मीन फट गई।

【坼裂】 chèliè 〈लि०〉 फट जाना

掣 chè ❶घसीटना; खींचना: 他赶紧～回手去。 उस ने तुरंत अपना हाथ वापस खींच लिया ❷चमकना; प्रकाश देना: 电～雷鸣。 बिजली चमकती थी और बादल गरजता था।

【掣肘】 chèzhǒu किसी की कुहनी को पकड़ कर पीथे की ओर खींचना —— किसी को कोई काम करने से रोकना; बाधा डालना; रुकावट डालना: 你们要是相互～，这事谁也做不成。 तुम लोग अगर एक दूसरे के काम में रोड़े डालते हो, तो यह मामला किसी से सफल नहीं होगा।

撤 chè ❶हटाना; हटा ले जाना; सरकाना; ले जाना: ～掉障碍物 रुकावटें हटाना / 把盘子、碗～了 खाने के बर्तन ले जाना ❷बर्खास्त करना; पदच्युत करना: 他的职务给～了。 उस को पदच्युत किया गया। ❸हटना; हटाना; दूसरे स्थान को ले जाना: 向后～ पीछे हटना / 把伤员～走 घायलों को हटा ले जाना

【撤兵】 chèbīng फ़ौजों को हटाना

【撤差】 chèchāi 〈पुराना〉 किसी अधिकारी को उस के पद से अलग करना; किसी अधिकारी को पदच्युत करना

【撤除】 chèchú हटाना; तोड़ देना; उतार लेना: ～工事 मोर्चाबन्दी तोड़ देना / ～外国军事基地 विदेशी फ़ौजी अड्डा हटा देना

【撤佃】 chèdiàn (किसी ज़मींदार का) किसी किसान को किराये पर दी गई ज़मीन ज़बर्दस्ती वापस लेना

【撤防】 chèfáng मोर्चाबन्दी तोड़ना; सेना को मोर्चे से हटाना

【撤换】 chèhuàn किसी को बर्खास्त कर के उस की जगह पर दूसरे को नियुक्त करना; किसी वस्तु को हटा कर उस की जगह पर दूसरी वस्तु रखना (या लगाना); (किसी का) तबादला होना या करना; वापस बुलाना; वापस लेना; बदलना: ～代表 प्रतिनिधि बदलना

【撤回】 chèhuí ❶लौटाना; वापस बुलाना: ～军队 सेना को वापस लौटाना / ～代表 प्रतिनिधि वापस बुलाना ❷(प्रस्ताव आदि) वापस लेना: ～提案 प्रस्ताव वापस लेना / ～起诉 अभियोग वापस लेना

【撤军】 chèjūn फ़ौजों को हटाना

【撤离】 chèlí हटना; (किसी स्थान से) अलग होना: ～阵地 मोर्चे से हटना / ～现场 घटनास्थल से अलग होना

【撤诉】 chèsù (अभियोक्ता का) अभियोग वापस लेना; मुकदमा छोड़ना

【撤退】 chètuì (सेना का) मोर्चा या कब्ज़ा किये हुए इलाके को छोड़ना; हटना; हटाना: 从火线上～下来 मोर्चे से हटना / ～一切武装力量 सभी सशस्त्र सेनाओं को हटाना

【撤消】 chèxiāo 撤销 के समान

【撤销】 chèxiāo रद्द करना; मंसूख करना; निरसन करना; वापस लेना: ～处分 दंड का निरसन करना / ～职务 किसी को उस के पद से अलग करना; किसी को पदच्युत करना / ～命令 आज्ञा वापस लेना; हुक्म मंसूख करना; आज्ञा उठाना / ～原计划 आरम्भिक योजना रद्द करना / ～某项决议 कोई फ़ैसला मंसूख करना

【撤职】 chèzhí किसी को उस के पद से बर्खास्त करना; किसी को पदच्युत करना: ～查办 किसी को उस के पद से बर्खास्त करना और उसे अभियोजित करना

澈 chè (पानी) स्वच्छ; निर्मल: 清～ स्वच्छ
【澈底】 chèdǐ 彻底 chèdǐ के समान

chēn

抻（捵）chēn 〈बोल०〉 खींचना; तानना: 把绳子～直 रस्सी तानना / 把你的衣服～一～。अपना कपड़ा ज़रा तान कर चिकना बनाओ।
【抻面】 chēnmiàn ❶हाथ से ताना हुआ नूडल ❷हाथ से गुँधा आटा तान कर नूडल बनाना

琛 chēn 〈लि०〉 रत्नराशि

嗔 chēn ❶क्रुध होना; चिढ़ना ❷(किसी से) अप्रसन्न होना; असंतुष्ट होना: 嗔斥
【嗔斥】 chēnchì डाँटना; फटकारना; भर्त्सना करना
【嗔怪】 chēnguài दोष देना; आरोप लगाना
【嗔怒】 chēnnù नाराज़ होना; चिढ़ जाना
【嗔色】 chēnsè मुख पर क्रोध का भाव: 她面带～。वह देखने में ज़रा नाराज़ मालूम होती है; उस के मुख पर क्रोध का भाव नज़र आता है।

瞋 chēn 〈लि०〉 गुस्से के मारे आँखें फाड़-फाड़ कर देखना; घूरना
【瞋目而视】 chēnmù'érshì गुस्से में किसी को घूर-घूर कर देखना; आग-बबूला हो कर किसी पर कड़ी नज़र डालना

chén

臣 chén ❶सामंती शासक से अधीन कोई अधिकारी; मंत्री; प्रजा: 君～ बादशाह और उस की प्रजा ❷आप का सेवक (बादशाह से बातें करते समय मंत्री द्वारा प्रयुक्त आत्म संबोधन)
【臣服】 chénfú 〈लि०〉 ❶किसी के शासन में आत्म-समर्पित करना; अपनी अधीनता स्वीकार करना ❷मंत्री की हैसियत से किसी शासक की सेवा करना
【臣僚】 chénliáo सामंती युग में असैनिक और सैनिक अधिकारी
【臣民】 chénmín किसी सामंती शासक के मंत्रीगण और प्रजाजन
【臣属】 chénshǔ ❶सामंती युग में कोई अधिकारी ❷臣服❶के समान
【臣子】 chénzǐ सामंती शासक के अधीन कोई अधिकारी; मंत्री

尘（塵）chén ❶धूल; धूलि; गर्द: 灰～ धूल ❷इहलोक; नश्वर संसार: 红～ मानव का संसार; मानव-समाज
【尘埃】 chén'āi धूल
【尘埃落定】 chén'āi-luòdìng 〈लाक्षणिक〉 समाप्त होना; नतीजा निकलना; नतीजे पर पहुँचना
【尘暴】 chénbào धूलि-तूफ़ान
【尘凡】 chénfán मानव का संसार
【尘肺】 chénfèi 〈चिकि०〉 न्यूमोकोनियोसिस (pneumoconiosis)
【尘封】 chénfēng धूल से ढका हुआ होना; धूलिमय होना
【尘垢】 chéngòu धूल और मैल; मैल
【尘海】 chénhǎi दे० 尘世
【尘寰】 chénhuán दे० 尘世
【尘芥】 chénjiè धूल और घासपात —— तुच्छ वस्तु; सामान्य चीज़; बेकार सामान; रद्दी
【尘世】 chénshì इहलोक; नश्वर संसार; इस दुनिया का जीवन
【尘事】 chénshì सांसारिक मामला: 不问～ सांसारिक मामलों से परे रहना; विरक्त रहना
【尘俗】 chénsú ❶इहलोक; इस दुनिया का जीवन; मानव-समाज ❷लौकिक मामले; इस दुनिया के मामले
【尘土】 chéntǔ धूल; गर्द: 桌上落满～。मेज़ पर धूल पड़ी हुई है। / ～飞扬 धूल उड़ना; गर्द उठना
【尘嚣】 chénxiāo सांसारिक झगड़ा-फ़साद; कोलाहल; गुलगपाड़ा: 远离～ सांसारिक झंझटों से बहुत दूर रहना
【尘烟】 chényān （尘雾 chénwù भी）❶धूल का बादल: ～滚滚 धूल का बादल उमड़ आना ❷धुआँ और धूल: ～弥漫 धूल और धुएँ से भरा हुआ होना
【尘缘】 chényuán सांसारिक बंधन; सांसारिक जंजाल: ～未断 सांसारिक बंधनों से मुक्त न होना

辰[1] chén ❶खगोलीय पिंड: 星～ तारे; सितारे ❷(पुराने ज़माने में) एक दिन के चौबीस घंटों में दो-दो घंटों का काल (कुल बारह काल) ❸समय; दिन; दिवस; मौका: 诞～ जन्मदिन

辰[2] chén बारह पार्थिव शाखाओं 地支 में पाँचवीं（干支 gānzhī भी दे०）
【辰光】 chénguāng 〈बो०〉 समय
【辰砂】 chénshā सिंदूर; इंगुर; हिंगुल
【辰时】 chénshí सुबह सात से नौ बजे तक का काल

沉（沈）chén ❶डूबना: 船～了。नाव डूब गयी। / 星～月落，旭日东升。चन्द्रमा छिप गया और तारे अस्त हो गये। पूर्व में सूर्योदय हो गया। ❷〈ला०〉 उतारना; नीचे रखना: 别慌，～住气。धैर्य रखो, घबराओ मत। / ～下脸来 मुख पर गंभीर भाव दिखाना ❸गहरा; गंभीर: 睡得很～ गहरी नींद लेना ❹भारी; वज़नी: 这个柜子很～。यह अलमारी बहुत भारी है। ❺भारी महसूस होना (कष्ट मालूम होना): 我今天头有点～。मेरा सिर आज

कुछ भारी है। / 他两条腿～得迈不动步。उस की टाँगें इतनी भारी थीं कि एक भी कदम नहीं उठा सकता था

【沉沉】 chénchén ❶भारी：谷穗儿～地垂下来。 डंठलों पर भारी-भारी बाल लटके हुए थे। ❷गहरा： ～入睡 गहरी नींद सोना / 暮气～ मन में उदासी का भाव भरा होना; उदासीन रहना / 死气～ निर्जीव होना; उत्साहहीन होना

【沉甸甸】 chéndiāndiān भारी： ～的袋子 भारी थाली / ～的麦穗 गेहूँ की भारी बालियाँ / 听说他病得很重，我心里～的。उस की गंभीर बीमारी का समाचार सुन कर जी भारी हो गया है।

【沉淀】 chéndiàn तलछट बैठना; गाद बैठना： 这酒～了。इस शराब में कुछ तलछट है। / 水太浑，～一下再用。यह पानी गंदा है, इसे ज़रा गाद बैठने दो, फिर प्रयोग में लाओ।

【沉淀物】 chéndiànwù तलछट; गाद

【沉浮】 chénfú ❶डूबना और उठना; ऊपर-नीचे होना ❷भाग्य खुलना और फूटना; भाग्य परिवर्तन： 宦海～ किसी अधिकारी के जीवन का हेरफेर

【沉痼】 chéngù 〈लि०〉 ❶जीर्ण रोग; गंभीर बीमारी ❷लाइलाज बुरी आदत

【沉积】 chénjī (मिट्टी, बालू आदि का) तह छोड़ना; तलछट छोड़ना： 泥沙～河底。मिट्टी और बालू नदी के तल पर तह छोड़ जाता है।

【沉积物】 chénjīwù तलछट; गाद

【沉寂】 chénjì ❶सन्नाटा; निस्तब्धता; शांति： ～的深夜 निस्तब्ध रात्रि; गहरी रात के सन्नाटे में / 入夜后，四周一片～。रात हो गई, चारों ओर सन्नाटा छाया हुआ था। ❷कोई समाचार नहीं： 音信～。कुछ भी खबर नहीं।

【沉降】 chénjiàng उतर जाना; बैठ जाना; धंस जाना; धसक जाना： 地面～。भूमि बैठ गई; भूमि धंस गई। / 轮船开始～。जहाज़ पानी में धसकने लगा।

【沉浸】 chénjìn डूबे हुए होना; मग्न होना; लीन होना： 我们～在幸福的回忆中。हम सुखमय स्मृतियों में डूबे हुए थे। / 他们完全～在胜利的喜悦里。वे विजय की खुशियों में मग्न थे।

【沉静】 chénjìng ❶शांत; खामोश; निस्तब्ध： 夜深了，四周～下来。रात गहरी हो गई, चारों ओर बिल्कुल शांति हो गयी। ❷(प्रकृति; भाव आदि) शांत： 这姑娘性格～。यह लड़की स्वभाव से ही शांत है।

【沉疴】 chénkē 〈लि०〉 जीर्ण रोग; पुरानी और गंभीर बीमारी

【沉沦】 chénlún पापों में डूबना; अधःपतित होना; भ्रष्ट होना

【沉闷】 chénmèn (मौसम, वातावरण आदि) दमनपूर्ण; अवसादी： ～的气氛 दमनपूर्ण वातावरण / ～的天气 अवसादकारक मौसम ❷खिन्न; उदास： 心情～ उदास होना; जी भारी होना ❸जो मुक्त हृदय न हो; जो साफ़ दिल न हो

【沉迷】 chénmí (किसी बात के) भ्रम में पड़ना; विभ्रांत होना; मग्न होना; लीन होना; मस्त होना： ～于歌舞 नाच-गाने में मस्त होना

【沉湎】 chénmiǎn 〈लि०〉 (किसी बात या विषय में) उलझ जाना; फँस जाना; लिप्त होना; ग्रस्त होना： ～酒色 मद्य और स्त्री का अति-सेवन करना; वासनाओं की तृप्ति में लिप्त रहना

【沉没】 chénmò डूब जाना： 战舰触礁～。युद्धपोत चट्टानों से टकरा कर डूब गया।

【沉默】 chénmò ❶मितभाषी; अल्पभाषी; बहुत कम बोलनेवाला： 丈夫去世以后，她变得更加～了。पति की मृत्यु के बाद वह और भी मितभाषी हो गई। ❷मौन; खामोश; चुप： 保持～ मौन रहना; चुप रहना; चुप रहने का व्रत करना; मौन साधना / 打破～ देर तक चुप रहने के उपरांत बोलना; मौन खोलना; मौन व्रत तोड़ देना; मौन तोड़ना / 他～了一会儿又继续说下去。वह थोड़ी देर तक चुप रहने के बाद फिर बोलने लगा।

【沉默寡言】 chénmò-guǎyán मितभाषी; अल्पभाषी; बहुत कम बोलनेवाला： 他一向～。वह हमेशा से बहुत कम बोलता है; वह स्वभाव से ही मितभाषी है।

【沉默权】 chénmòquán 〈कानून〉 चुप्पी का अधिकार; खामोशी का हक

【沉溺】 chénnì (किसी बात या विषय में) मग्न होना; तन्मय होना; तल्लीन होना： ～于声色 इंद्रिय-सुख में तन्मय होना

【沉潜】 chénqián ❶पानी में रहना या छिपना： 这种鱼常～于海底。इस प्रकार की मछली अकसर समुद्र के तल पर रहती है। ❷〈लि०〉 अव्यग्र; स्थिरात्मा ❸(काम या अध्ययन आदि में) दत्त-चित्त होना; पूरा मन लगाना： 他～在研究工作中。वह शोध कार्य में मग्न थे; वह रिसर्च के कार्य में डूबे हुए थे।

【沉睡】 chénshuì गहरी नींद में पड़ना; मीठी नींद सोना; घोर निद्रा में चला जाना

【沉思】 chénsī ध्यान में डूबना; ध्यान में मग्न होना; चिंतन में डूबना; विचारों में मग्न होना： 他～良久。वह बहुत देर तक विचारमग्न थे। / 陷入～之中 चिंतन में डूबा हुआ होना / 电话铃声打断了他的～。टेलीफ़ोन की घंटी से उस का ध्यान टूट गया।

【沉痛】 chéntòng ❶बहुत शोक; बड़ा दुख; बहुत खेद; बड़ा अफ़सोस： 怀着～的心情 अत्यंत शोक से / ～的表情 अत्यंत दुखमय मुद्रा / 表示～的哀悼 हृदय से सम्वेदना प्रदर्शित करना / 用～的语调述说 दुख भरे लहजे में बोलना / 他为自己的过失感到十分～。उस को अपनी गलती के लिये बड़ा दुख था।

【沉稳】 chénwěn ❶स्थिरचित्त; दृढ़; धीर; शांत： 你要～，要考虑周全些。दृढ़ रहो, संतुलित हो कर सोच-विचार से काम लो। ❷शांत; स्थिर： 睡得～ चैन से सोना; गहरी नींद सोना

【沉陷】 chénxiàn ❶(भूमि, मकान आदि) बैठ जाना; धँस जाना： 地震后路基～了。भूकंप के बाद सड़क की भूमि बैठ गई। ❷गहराई तक फँस जाना： 车子～在泥泞中。गाड़ी कीचड़ में फँस गई। / 她～于甜蜜的回忆中。वह मीठी स्मृतियों में डूबी हुई थी।

【沉箱】 chénxiāng 〈वास्तु०〉 कैसान; कैसून

【沉毅】 chényì दृढ़ और प्रबल: 行动～ धीरज और दृढ़ता से काम लेना

【沉吟】 chényín मंद स्वर में अपने आप से कहना; हिचकिचाना: ～片刻 थोड़ी देर के लिये हिचकना / 他～半天，还是拿不定主意。वह बड़ी देर तक हिचकिचाया, पर फिर भी कोई निश्चय नहीं कर सका।

【沉吟不决】 chényín–bùjué (किसी काम के करने में) झिझकना; आगा-पीछा सोचना; हिचकिचाना; असमजस में पड़ना

【沉郁】 chényù खिन्न; उदास

【沉冤】 chényuān बड़ा भारी अन्याय; दूर न किया हुआ दोष: 十年～终于得到昭雪。दस वर्ष तक भारी अन्याय का शिकार बना रहने के बाद वह फिर से प्रतिष्ठित किया गया।

【沉渣】 chénzhā ❶तलछट; गाद ❷अवशिष्ट निरर्थक वस्तु; समाज का बेकार हिस्सा

【沉滞】 chénzhì <लि०> रुद्ध; स्थिर; मंद निश्चल: ～的目光 निर्निमेष दृष्टि

【沉重】 chénzhòng ❶भारी; घोर: ～的脚步 भारी कदम / ～的负担 भारी बोझ / 给敌人以～的打击 शत्रु पर करारा प्रहार करना / 他最近心情很～。आजकल उस का मन बहुत भारी है। ❷गंभीर; संकटपूर्ण; नाज़ुक: 病情～ बीमारी की हालत नाज़ुक होना

【沉住气】 chénzhùqì शांत रहना; धैर्य रखना; दृढ़ रहना; धीरज से काम लेना: 别慌，千万要～。घबराओ मत, दृढ़ रहो। / 听到不同意见他沉不住气了。विपरीत बात सुन कर उस का धैर्य टूट गया।

【沉着】 chénzhuó दृढ़; धीर; शांतचित्त: 勇敢～ साहसी और दृढ़ / ～应战 धीरता से चुनौती का उत्तर देना

【沉醉】 chénzuì <ला०> (किसी बात या विषय में) मस्त होना; मग्न होना; मोहित होना; उन्मत्त होना: ～在节日的欢乐里 उत्सव के आनन्द में मस्त हो जाना

忱 chén <लि०> असली मनोभाव; यथार्थ भावना: 谢～ धन्यवाद / 热～ उत्साह

陈[1] (陳) chén ❶रखना; लगाना; सजा कर दिखाना: 陈列 ❷बताना; वर्णन करना; विवरण बताना: 此事当另函详～。दूसरे पत्र में इस मामले का विस्तार-पूर्वक वर्णन किया जाएगा।

陈[2] (陳) chén पुराना; बासी; लम्बे अरसे से रखा हुआ: ～米 पुराना चावल

陈[3] (陳) Chén ❶छन राजवंश (557-589 ई०), दक्षिणी राजवंशों में से एक ❷एक कुलनाम

【陈兵】 chénbīng (किसी स्थान पर) अपनी फ़ौजें जमा कर रखना: ～边境 सीमांत पर अपनी फ़ौजें जमा कर रखना / ～百万 दस लाख सैनिकों को जमा कर रखना

【陈陈相因】 chénchén–xiāngyīn पुराने ढंग पर चलना; किसी प्राचीन प्रथा पर चलना; लकीर का फ़कीर होना

【陈词】 chéncí अपनी राय प्रकट करना; अपना विचार पेश करना: 恳切～ दिल से अपनी राय पेश करना

【陈词滥调】 chéncí–làndiào पुरानी और अयथार्थ बातें; पिटी-पिटाई बातें

【陈放】 chénfàng सजा कर रखना; सजा कर दिखाना: 展品～在展柜里。प्रदर्शित वस्तुएँ अलमारियों में रखी हुई थीं।

【陈腐】 chénfǔ पुराना और क्षीण; जीर्ण-शीर्ण; बासी; सड़ा-गला: ～的观念 जीर्ण-शीर्ण धारणाएं / 内容～ घिसी-पिटी विषयवस्तु

【陈谷子烂芝麻】 chén gǔzi làn zhīma पुराना बाजरा और सड़ा-गला तिल —— बातचीत का पुराना विषय; पुरानी और महत्वहीन बातें

【陈规】 chénguī अप्रचलित नियम; रुढ़ि; रूढ़िगत परि-पाटी: 墨守～ रूढ़िगत परिपाटियों पर चलना; लकीर का फ़कीर होना / 打破～ पुराने रीति-रिवाजों को दूर करना

【陈规陋习】 chénguī–lòuxí अप्रचलित नियम और रूढ़िगत परिपाटियां; बुरे रीति-रिवाज और आदतें

【陈货】 chénhuò लम्बे समय से रखा हुआ माल; पुराना माल; अप्रचलित वस्तु

【陈迹】 chénjì बीती हुई बात; पुरानी बात

【陈酒】 chénjiǔ कई वर्षों से रखी हुई शराब; पुरानी शराब

【陈旧】 chénjiù पुराना; पुराना पड़ा हुआ; अप्रचलित; जीर्ण; शीर्ण; दकियानूसी: ～的观念 जीर्ण-शीर्ण धार-णाएँ / ～的思想 दकियानूसी विचार / ～的设备 पुराना साज-समान

【陈列】 chénliè सजा कर दिखाना; दिखाने के लिये रख-ना; प्रदर्शित करना: 橱窗里～着许多新商品。दुकान के शोकेस में बहुत-सा नया सामान दिखाया गया है।

【陈列馆】 chénlièguǎn प्रदर्शन हाल

【陈列柜】 chénlièguì शीशा जड़ी हुई वस्तुओं को सजा कर रखने की अलमारी; शोकेस

【陈列品】 chénlièpǐn प्रदर्शित वस्तु

【陈列室】 chénlièshì प्रदर्शन-कमरा; शोरूम

【陈年】 chénnián अनेक वर्षों का पुराना; लम्बे समय से सुरक्षित रखा हुआ: ～老酒 पुरानी और बढ़िया शराब / ～老账 अनेक वर्षों का पुराना ऋण

【陈皮】 chénpí <ची०चि०> नारंगी का सूखा छिलका

【陈皮梅】 chénpíméi सूखा बेर; आलू बुखारा

【陈情】 chénqíng <लि०> कारण, राय आदि बताना; पूर्ण विवरण बताना

【陈请】 chénqǐng (अपने से उच्चाधिकारियों आदि से किसी बात की) प्रार्थना करना; अनुरोध करना; अनुनय करना

【陈设】 chénshè ❶सजा कर रखना; सजाना: 屋里～着一套新沙发。कमरे में नए सोफ़े का एक सेट रखा हुआ है। ❷सजाया हुआ साज़-सामान; सुसज्जित वस्तुएँ: 房间里的～简单朴素。कमरे में रखा हुआ साज़-सामान सरल और साधारण ढंग का था।

【陈述】 chénshù वर्णन करना; विवरण बताना; स्पष्ट रूप से बताना: ～理由 हेतु प्रस्तुत करना / ～自己的意见 अपने मतों का ब्योरेवार विवरण बताना

【陈述句】 chénshùjù 〈व्या०〉 ज्ञापक वाक्य; सूचक वाक्य

【陈说】 chénshuō वर्णन करना; विवरण बताना: ～事件的经过 पूरी घटना का विवरण बताना / ～利害 हित और अहित (या लाभ और हानि) का वर्णन करना

【陈诉】 chénsù वर्ण करना; बयान करना; विस्तार से बताना; सुनाना: ～委屈 शिकायत सुनाना / ～冤情 अपने प्रति अन्याय का वर्णन करना

【陈言】[1] chényán कारण, राय आदि बताना; पूर्ण विवरण बताना

【陈言】[2] chényán पुरानी और अयथार्थ बातें; पिटी-पिटाई बातें: 写文章务去～。लेख लिखने में पिटी-पिटाई बातों से बचना चाहिये।

【陈账】 chénzhàng पुराना ऋण; लम्बे अरसे का ऋण: 这些事都是多年～了，不必提了。यह सब अनेक वर्षों की पुरानी बातें हैं, इन को छोड़ दो।

宸 chén 〈लि०〉 ❶विशाल भवन ❷महल; प्रासाद ❸राजगद्दी; राजसिंहासन; सम्राट्; शहंशाह

【宸衷】 chénzhōng सम्राट् की इच्छा

晨 chén सबेरा: 清～ तड़का; भोर

【晨操】 chéncāo सबेरे की कसरत

【晨光】 chénguāng भोर की सूर्य-रश्मि: ～熹微 प्रातःकाल सूर्य की मन्द किरणें

【晨昏】 chénhūn 〈लि०〉 सुबह और शाम: ～定省 सुबह और शाम को अपने माता-पिता का आशीर्वाद लेना

【晨练】 chénliàn सुबह का व्यायाम; सुबह की कसरत

【晨夕】 chénxī सुबह और शाम: ～相处 सुबह से शाम तक साथ-साथ रहना; बहुत घनिष्ठ होना

【晨曦】 chénxī भोर की सूर्य-रश्मि

【晨星】 chénxīng ❶प्रातःकाल के तारे: 寥若～ भोर के सितारों की तरह कम होना ❷〈खगोल०〉 भोर का तारा; शुक्र का तारा

【晨钟暮鼓】 chénzhōng-mùgǔ (बौद्ध मंदिरों में) सुबह की घंटी और शाम का नगाड़ा —— सद्गुण और शुद्धता के लिये उपदेश-वचन

谌（諶） Chén（Shèn भी）एक कुलनाम

chěn

碜（磣、硶） chěn (खाद्य पदार्थ में) किरकिरा होना

chen भी दे०

chèn

衬（襯） chèn ❶अस्तर लगाना; कोई चीज़ नीचे रखना: ～上一层纸 एक कागज़ नीके रखना / 给衣服～上里子 कपड़े में अस्तर लगाना / 里面～一件背心 नीचे एक बनियान पहनना ❷अस्तर; भितल्ला: 帽～ टोपी का अस्तर / 裤～ पतलून का भितल्ला / 领～ (कपड़े के) गले का अस्तर ❸पृष्ठभूमि उपस्थित करना; सज्जित करना; अलंकृत करना: 绿叶把红花～得更好看了。हरी पत्तियों में खिले हुए लाल फूल और भी सुन्दर दिखाई देते हैं।

【衬布】 chènbù नीचे वाला कपड़ा; अस्तर; भितल्ला

【衬裤】 chènkù जाँघिया

【衬里】 chènlǐ अस्तर; भितल्ला

【衬领】 chènlǐng अलग किया जा सकने वाला कालर (कालर के नीचे लगाया जानेवाला)

【衬裙】 chènqún स्कर्ट के नीचे पहने जाने वाला कपड़ा; पेटीकोट

【衬衫】 chènshān कमीज़; शर्ट

【衬托】 chèntuō सज्जित करना; अलंकृत करना: 红花要有绿叶～。लाल फूलों के लिये हरी पत्तियों से सज्जित होना ज़रूरी है।

【衬衣】 chènyī कमीज़; शर्ट

【衬字】 chènzì छंदोबद्ध पंक्ति में संतुलन या सुस्वरता के लिये जुड़े हुए अक्षर（जैसे, 北风那个吹，雪花那个飘 में 那个）

称（稱） chèn समुपयुक्त; योग्य; उचित: 相～ उचित होना; के योग्य होना / 称心

chēng भी दे०

【称钱】 chènqián 趁钱 chènqián के समान

【称身】 chènshēn (पोशाक का) ठीक आना; फिट होना; चुस्त होना: 这件外套人穿上挺～的。यह कोट तुम्हारे लिये बिल्कुल फ़िट है।

【称体裁衣】 chèntǐ-cáiyī शरीर के अनुसार कपड़ा काट कर वस्त्र बनाना —— वास्तविक स्थिति के अनुसार व्यवहार करना

【称心】 chènxīn इच्छित होना; संतोषप्रद होना; प्रसन्न होना; संतुष्ट होना; पसंद होना: 他日子过得挺～。वह मज़े में अपना जीवन-यापन करता है। / 顾客们～地离开了商店。ग्राहक संतुष्ट हो कर दुकान से चले गए।

【称心如意】 chènxīn-rúyì मनचाहा; बहुत संतोषजनक: ～的工作 मनचाहा काम; मनचाही नौकरी / 世上哪有事事都能～的呢? इस दुनिया में यह कैसे हो सकता है कि हर कोई बात संतोषजनक हो ?

【称意】 chènyì 称心 के समान

【称愿】 chènyuàn संतुष्ट होना; प्रसन्न होना (विशेषतः

किसी विरोधी के दुर्भाग्य पर)
【称职】 chènzhí अपनी नौकरी में अपने को योग्य सिद्ध करना; अपने काम के लायक होना; किसी काम या पद के लिये उपयुक्त होना: 他是一个～的律师。वकील के काम के लिये वह उपयुक्त है। / 当教师，他不～。अध्यापक के काम के लिए वह अयोग्य है।

龀（齔）<लि०> chèn ❶(बच्चों का) स्थाई दाँत निकलना ❷बचपन

趁（趂）chèn ❶(समय, अवसर आदि का) लाभ उठाना; उपयोग करना: 我想～这个机会讲几句话。मैं इस सुअवसर पर कुछ बोलना चाहता हूँ। / 你们要～着年轻的时候努力学习。तुम लोग जवान हो, इस समय का सदुपयोग कर के लगन से अध्ययन करना चाहिये। / 请～热吃吧。अभी यह गर्म है, आप खा लीजिये। ❷<बो०> के पास होना; संपन्न होना: 他～两部车子。उस के पास दो कारें हैं। / 他可～啦！उस के पास बहुत पैसा है; वह बड़ा धनवान है।

【趁便】 chènbiàn अनुकूल अवसर पर; सुविधा में; सुभीते से: 我走的时候，～把您这封信给发了吧。जब मैं वापस जाऊँगा, आप का यह पत्र लेटरबक्स में डाल दूँगा। / 我回国的时候，～看了看香港。देश लौटते समय मैं ने लगे हाथों हांगकांग भी देखा।
【趁火打劫】 chènhuǒ-dǎjié किसी का घर जले और कोई आग तापे —— खलबली से लाभ उठाना; किसी के संकट से फ़ायदा उठाना
【趁机】 chènjī अवसर से फ़ायदा उठाना; मौका देख कर; के अवसर पर: ～逃跑 मौका देख कर भाग निकलना
【趁钱】 chènqián <बो०> बहुत पैसा होना: 他很趁几个钱儿。उस के पास बहुत पैसा है।
【趁热打铁】 chènrè-dǎtiě गरम लोहे पर चोट करना; लोहा जब गरम हो, तभी चोट की जाए
【趁势】 chènshì अनुकूल स्थिति से फ़ायदा उठाना; अनुकूल अवसर पर: ～发起攻击 अनुकूल स्थिति देख कर शत्रु सेना पर धावा बोलना
【趁手】 chènshǒu <बो०> सुभीते से; बिना अतिरिक्त कष्ट किये: 请您～把门带上。लगे हाथ आप दरवाज़ा भी बन्द कर लीजिये।
【趁心】 chènxīn 称心 chènxīn के समान
【趁愿】 chènyuàn 称愿 chènyuàn के समान
【趁早】 chènzǎo जितना हो सके उतनी जल्दी; बहुत देर होने से पहले; जल्दी से; जल्दी ही: 要下雨了，咱们～动身吧。पानी बरसने वाला है, हम जल्दी ही चल पड़ें। / 那个主意行不通，～打消为好。वह उपाय उचित नहीं है, उसे जल्दी से छोड़ देना ही अच्छा है।

榇（櫬）chèn <लि०> ताबूत

谶（讖）chèn <लि०> भविष्यवाणी
【谶语】 chènyǔ भविष्य-कथन (जो अंधविश्वासियों के अनुसार पूरा होने वाला हो)

chen

伧（傖）chen दे० 寒伧 hánchen
cāng भी दे०

碜（磣、硶）chen दे० 牙碜 yáchen
chěn भी दे०

chēng

柽（檉）chēng नीचे दे०
【柽柳】 chēngliǔ <वन०> चीनी टेमारिस्क (tamarisk)

琤 chēng नीचे दे०
【琤琤】 chēngchēng <अनु०> (सितार आदि की) झंकार; (नदी आदि की) कल-कल

称[1]（稱）chēng ❶कहना; पुकारना; संबोधित करना: 大家都称他老师傅。लोग उन को बुज़ुर्ग उस्ताद जी कहते हैं। ❷नाम: 俗～ सामान्य नाम / 简～ संक्षिप्त नाम ❸बोलना; कहना: 连声～好 बार-बार 'वाह वाह' कहना / 据～，… कहा जाता है कि … ❹<लि०> प्रशंसा करना; तारीफ़ करना: 称许

称[2]（稱）chēng तौलना: 用秤～一～ तराज़ू पर तौल लेना / 给我～两斤西红柿。मुझे एक किलो टमाटर तौल दीजिये।
chèn भी दे०

【称霸】 chēngbà अपना प्रभुत्व जमाना: ～世界 सारी दुनिया पर अपना प्रभुत्व जमाना
【称便】 chēngbiàn सुविधाजनक समझना: 公园增设茶座，游人无不～。पार्क में चायघर क्खोला गया, यह लोगों के लिये बड़ी सुविधा है।
【称兵】 chēngbīng <लि०> सामरिक गतिविधियां शुरू करना
【称病】 chēngbìng बीमार होने का बहाना करना: ～辞职 बीमारी के बहाने से त्याग-पत्र देना
【称臣】 chēngchén किसी के शासन में आत्म-समर्पण करना; अपनी अधीनता स्वीकार करना
【称贷】 chēngdài धन उधार लेना
【称道】 chēngdào प्रशंसा करना; तारीफ़ करना: 值得～ प्रशंसा के योग्य होना; प्रशंसनीय होना / 无足～ चर्चा करने के योग्य न होना; महत्वहीन होना
【称得起】 chēngdeqǐ कहलाने के लायक होना; किसी

नाम के योग्य होना：他～一位伟大的革命家。वे एक महान क्रांतिकारी कहलाने के योग्य हैं।

【称孤道寡】 chēnggū-dàoguǎ अपने आप को बादशाह कहना —— अपने आप को सर्वोच्च शासक मानना

【称号】 chēnghào उपाधि; खिताब; पदवी：他获得了先进工作者的～。उस ने प्रगतिशील कार्यकर्ता की उपाधि प्राप्त की।

【称呼】 chēnghu ❶संबोधन करना; कहना; पुकारना：我该怎么～他？मुझे उस को क्या कह कर संबोधित करना चाहिये; मैं उस को कैसे संबोधित करूँ？❷संबोधन का रूप：工人中通常的～是"师傅"。मज़दूरों में संबोधन का सामान्य रूप श्फ़ू है।

【称快】 chēngkuài अपनी प्रसन्नता प्रकट करना; हर्ष प्रकट करना; फूला न समाना

【称量】 chēngliáng तौलना; नापना

【称赏】 chēngshǎng सराहना करना; तारीफ़ करना; अत्यधिक बड़ाई करना; प्रशंसा के पुल बाँधना

【称述】 chēngshù वर्णन करना; कहना

【称说】 chēngshuō बात करते समय किसी चीज़ का नाम बताना

【称颂】 chēngsòng सराहना करना; प्रशंसा करना; गुणगान करना：～民族英雄 राष्ट्रीय वीरों का गुणगान करना

【称叹】 chēngtàn प्रशंसा में आह भरना; हद से ज़्यादा तारीफ़ करना：连声～ प्रशंसा के पुल बाँधना; वाह-वाह कहना

【称王称霸】 chēngwáng-chēngbà तानाशाह की तरह व्यवहार करना; दूसरों पर सवारी गाँठना

【称为】 chēngwéi कहलाना：这种人过去～教师爷。इस तरह का आदमी गुरु कहलाता था।

【称谓】 chēngwèi संबोधन; नाम; पदवी; उपाधि

【称羡】 chēngxiàn प्रशंसा करना; सराहना करना：～不已 प्रशंसा के पुल बाँधना

【称谢】 chēngxiè धन्यवाद देना; एहसान मानना：～不止 पुनःपुनः धन्यवाद देना

【称兄道弟】 chēngxiōng-dàodì एक दूसरे को भाई कह कर संबोधित करना; एक दूसरे के साथ भाईचारा कायम करना

【称雄】 chēngxióng किसी क्षेत्र में अपना प्रभुत्व जमाना; किसी क्षेत्र का शासक बन जाना

【称许】 chēngxǔ प्रशंसा; सराहना; तारीफ़：他的工作业绩受到普遍～。हर किसी ने उस के काम की खूब तारीफ़ की।

【称扬】 chēngyáng प्रशंसा करना; सराहना करना：交口～ (लोगों का किसी की) एक स्वर में प्रशंसा करना

【称誉】 chēngyù प्रशंसा करना; सराहना करना：这位作家的写作风格一向为人们所～。अपनी लेखन-शैली के लिये इस लेखक की हमेशा से सराहना की जाती है।

【称赞】 chēngzàn प्रशंसा (करना); सराहना (करना); तारीफ़ (करना); बड़ाई (करना)：大家都～他为人纯朴。लोग उस की सादगी के लिये उस की सराहना करते हैं; लोग उस की सादगी की सराहना करते हैं। / 他获得同学们的～。उस ने सहपाठियों से प्रशंसा प्राप्त की; उस ने सहपाठियों से प्रशंसा जीत ली।

铛（鐺） chēng समतल कड़ाही; तवा：饼～ तवा dāng भी दे०

撑（撐） chēng ❶टेकना; टेक लगाना：两手～着下巴 दोनों हाथों से ठोड़ी टेकना ❷खेना：～船 नाव खेना ❸संयम रखना; नियंत्रित रखना：说得她自己也～不住，笑了。वह खुद ही कहते-कहते अपनी हँसी न रोक सकी और हँस पड़ी। ❹तानना; खोलना：～伞 छाता खोलना / ～开帐篷 खेमा तानना ❺विस्फोट की हद तक भरना; इतना भर जाना कि न समाना：我已经有点～了，不能再吃了。मैं गले तक भर गया हूँ, अब और नहीं खा सकता। / 装得连口袋都～破了。इतना भर दिया कि थैला ही फट गया।

【撑场面】 chēng chǎngmiàn दिखाऊ शोभा कायम रखना; मर्यादा निभाना; किसी तरह काम चलाना：他们为了～，借了很多钱大摆喜宴。उन्हों ने अपनी मर्यादा निभाने के निमित्त भारी कर्ज़ उठा कर शादी में प्रीतिभोज दिया।

【撑持】 chēngchí टेक लगाना; सहारा देना; सम्भाले रखना：～危局 डगमगाती स्थिति को टेक लगाना

【撑杆跳高】 chēnggān tiàogāo लाठी-कुदाना; पोल-जम्प; बांस से कूदना

【撑门面】 chēng ménmian दे० 撑场面

【撑死】 chēngsǐ 〈बो०〉 अधिक से अधिक; ज़्यादा से ज़्यादा：这辆旧自行车～值五十块钱。इस पुरानी साइकिल का दाम ज़्यादा से ज़्यादा 50 य्वान है।

【撑腰】 chēngyāo सहारा देना; (किसी का) समर्थन करना; (किसी का) साथ देना：有我们给你～，你大胆干吧。हम लोग तुम्हारा साथ देंगे, साहस के साथ अपना काम करते जाओ।

瞠 chēng 〈लि०〉 घूरना; टकटकी बाँध कर देखना

【瞠乎其后】 chēnghūqíhòu प्रतियोगिता में हारने वाले का निराश होकर आगे वाले को घूरता रहना —— पकड़ने की कोई आशा न होना

【瞠目】 chēngmù (आशंका, घबराहट आदि में) घूर-घूर कर देखना：～不知所答 उचित जवाब देने में असमर्थ हो कर शून्य दृष्टि से देखना / ～相视 एक दूसरे को आँखें फाड़-फाड़ कर देखना

【瞠目结舌】 chēngmù-jiéshé चुप रह कर घूरते रहना; अवाक् हो जाना

chéng

成[1] chéng ❶पूरा होना; खत्म होना; सफल होना：房子盖～了。मकान का निर्माण पूरा हो गया। / 试验

搞～了。आज़माइश सफल हो गई। / 他～不了大事。 उस को किसी भी काम में सफलता नहीं मिल सकती। ❷बन जाना; बदल जाना: 他～了专家。वह विशेषज्ञ बन गया। / 我们俩～了好朋友。हम दोनों अच्छे दोस्त बन गये। / 冰化～水了。बर्फ़ पिघल कर पानी में बदल गई। ❸सफलता; कामयाबी; उपलब्धि: 一事无～ किसी भी काम में कामयाबी हासिल न होना ❹पूर्ण रूप से विकसित या बढ़ा हुआ: 成人 / 成虫 ❺सुनिश्चित; स्थापित; प्रतिष्ठित; बना-बनाया: 成规 / 成药 ❻बड़ी मात्रा में; बहुत लम्बे समय में: ～群的游客 यात्रियों के झुंड के झुंड / ～千～万 हज़ारों; लाखों ❼अच्छा; ठीक: ～! 就这么办吧。अच्छा, ऐसा ही करें। / 你不去不～。 तुम को जाना ही पड़ेगा। ❽योग्य; समर्थ; सक्षम; काबिल: 他可真～，什么都难不住他。उस में हर तरह की योग्यता है, उस के सामने शायद ही कोई कठिनाई हो। ❾（Chéng）एक कुलनाम

成 2 chéng दसवाँ भाग; दस फ़ीसदी: 产量增加两～ उत्पादन में बीस प्रतिशत बढ़ जाना

【成百上千】 chéngbǎi-shàngqiān सैकड़ों; हज़ारों

【成败】 chéngbài हार-जीत: ～在此一举。हार या जीत इसी कार्रवाई पर निर्भर होगी।

【成败利钝】 chéngbài-lìdùn सफलता या असफलता, अनुकूलता या प्रतिकूलता: ～尚难逆料。सफलता मिलेगी या नहीं, अभी बताना मुश्किल है।

【成本】 chéngběn लागत; उत्पादन-व्यय; उत्पादन-खर्च: 生产～ उत्पादन की लागत; उत्पादन-व्यय / ～价格 असली लागत; उत्पादन-लागत / ～核算 कोस्ट एकाउंटिंग

【成本会计】 chéngběn kuàijì कोस्ट एकाउंटिंग

【成材】 chéngcái ❶(वृक्ष का) बढ़ कर इमारती लकड़ी के लायक हो जाना: 这些树已经～了。ये पेड़ अब इमारती लकड़ी के काम आ सकते हैं। ❷उपयोगी व्यक्ति बन जाना: 他长大了一定能～。वह सयाना हो कर अवश्य ही सुयोग्य बन जाएगा।

【成材林】 chéngcáilín स्टैंडिंग टिंबर

【成虫】 chéngchóng 〈प्राणि०〉 पूर्ण कीट

【成都】 chéngdū छंगतू (स्छवान प्रांत का प्रधान नगर)

【成堆】 chéngduī ढेर सा होना; ढेरों में होना: 院子里放着～的木材。आँगन में ढेर के ढेर लकड़ियाँ रखी हुई हैं। / 问题～ समस्याओं का ढेर सा होना

【成法】 chéngfǎ ❶बनाये हुए कानून; सदा से प्रचलित नियम ❷प्रयुक्त हुआ उपाय (या तरीका)

【成方】 chéngfāng 〈ची०चि०〉 प्रस्तुत औषधपत्र; तैयार नुस्खा (किसी डॉक्टर के लिखे हुए नुस्खे से भिन्न)

【成分】 chéngfèn ❶तत्व; अंश; अवयव; बनावट: 土壤的化学～ मिट्टी की रासायनिक बनावट / 主要～ मुख्य तत्व ❷किसी की वर्ग-स्थिति; किसी का पेशा या आर्थिक स्थिति: 他的个人～是学生。उस का सामाजिक पद विद्यार्थी है।

【成份】 chéngfèn 成分 के समान

【成风】 chéngfēng साधारण व्यवहार बन जाना; सर्व प्रचलित बन जाना: 眼下出国旅游～。अब विदेश यात्रा करना साधारण बात हो गई है।

【成服】 chéngfú ❶〈लि०〉 (मृतक के रिश्तेदारों का) अंत्येष्टि में शोक-वस्त्र पहनना ❷बना-बनाया कपड़ा; पोशाक; वस्त्र

【成个儿】 chénggèr ❶ठीक आकार तक बढ़ जाना: 果子已经～了。अब फल ठीक आकार तक बढ़ गए हैं। ❷सुढंग होना; सुडौल होना; उचित रूप में होना: 他的字写得不～。उस की लिखावट अच्छी नहीं है।

【成功】 chénggōng सफल होना; कामयाब होना; सफलता प्राप्त होना; कामयाबी हासिल होना: 试验～了。परीक्षण सफल हुआ। / 大会开得很～。वह सम्मेलन बहुत सफल था। / 这项革新一定能～。यह सुधार कामयाब हो कर ही रहेगा।

【成规】 chéngguī स्थापित कार्यपद्धति; सदा से प्रचलित नियम; सुनिश्चित लीक; पुरानी प्रथा: 打破～ पुरानी प्रथा को तोड़ना; सदा से प्रचलित नियमों को भंग करना

【成果】 chéngguǒ फल; प्राप्ति; उपलब्धि; सफलता; सकारात्मक नतीजा: 科研～ वैज्ञानिक अनुसंधान में प्राप्त सफलता / 劳动～ परिश्रम का फल / 这些都是改革的～。यह सब सुधार में प्राप्त उपलब्धियां हैं।

【成婚】 chénghūn शादी होना

【成活】 chénghuó जीवित रह जाना; जीते रह जाना; ज़िन्दा रह जाना: 新栽的树苗全都～了。ये नए पौधे सब के सब जीवित रह गए।

【成活率】 chénghuólǜ ज़िन्दा रहने की दर; जीवित शेषदर

【成绩】 chéngjì (प्राप्त की हुई) सफलता; उपलब्धि; फल; नतीजा: 学习～ अध्ययन का नतीजा / 取得很大～ बड़ी सफलता प्राप्त करना / 考试～优良。परीक्षा का अच्छा नतीजा प्राप्त हुआ। / 他的工作是有～的。उस के काम में उपलब्धियाँ हासिल हुई हैं।

【成绩单】 chéngjìdān स्कूल रिपोर्ट; रिपोर्ट कार्ड

【成家】[1] chéngjiā (पुरुष का) विवाह करना; घर आबाद करना; (किसी का) घर बसना: 几个姐姐都出嫁了，哥哥也成了家。बड़ी बहनों का विवाह हो चुका है और बड़े भाई का भी घर आबाद हुआ है।

【成家】[2] chéngjiā विशेषज्ञ बन जाना; एक्सपर्ट बन जाना —— 成名成家 भी दे०

【成家立业】 chéngjiā-lìyè (किसी का) घर आबाद होना और किसी व्यवसाय में लगा हुआ होना; विवाहित और व्यवसायी होना

【成见】 chéngjiàn पूर्वग्रह; पूर्वाग्रह; पूर्वकल्पना; दुराग्रह: 有～ (किसी के मन में किसी के सम्बन्ध में) पूर्वग्रह होना; (किसी के बारे में) पूर्वग्रस्त होना / 消除～ दुराग्रह दूर करना / 他对你毫无～。तुम्हारे संबंध में उस के मन में ज़रा भी पूर्वाग्रह नहीं है।

【成交】 chéngjiāo सौदा पटना; सौदा पटाना; सौदा ठीक करना

【成教】 chéngjiào 成人教育 का संक्षिप्त रूप

【成就】 chéngjiù ❶उपलब्धि; प्राप्ति; सफलता; कामयाबी; सिद्धि: 他在事业上很有～。अपने कार्य में उस

की बड़ी उपलब्धियाँ हुई हैं; उस को अपने कार्य में महान सफलताएँ प्राप्त हुई हैं। / 他是一个有～的艺术家。वह एक सफल कलाकार है। / 论文的学术～ निबंध की शास्त्रीय श्रेष्ठता ❷पूरा करना; समाप्त करना; संपन्न करना: ～革命大业 महान क्रांतिकारी कार्य संपन्न करना

【成句】 chéngjù पूरा वाक्य बनाना: 他的印地语说不～。वह टूटी-फूटी हिन्दी बोलता है।

【成考】 chéngkǎo 成人高考 का संक्षिप्त रूप

【成立】 chénglì ❶स्थापना करना या होना; कायम करना या होना; स्थापित करना या होना: 中华人民共和国于 1949 年 10 月 1 日～。पहली अक्तूबर 1949 ई० को चीनी जन गणतंत्र की स्थापना हुई थी। / ～一个机构 कोई संस्था चलाना / ～一所学校 एक स्कूल खोलना (या कायम करना) / 举行～大会 स्थापना-सम्मेलन बुलाना; स्थापना-समारोह आयोजित करना ❷समर्थन योग्य होना; कायम रहने के लायक होना: 这个论点不能～。यह तर्क कायम नहीं रह सकता; यह तर्क खड़ा नहीं रह सकता।

【成例】 chénglì पूर्वोदाहरण; बना-बनाया उदाहरण; मौजूदा मिसाल: 此事无～可循。ऐसी बात का कोई पूर्व उदाहरण नहीं है। / 援引～ कोई मौजूदा मिसाल देना

【成殓】 chéngliàn ताबूत में रखा जाना; कफ़न ओढ़ाया जाना

【成龙配套】 chénglóng-pèitào क्रमबद्ध करना; क्रम में लगाना; व्यवस्थित बनाना: 本产品的生产、销售、维修已经～。इस माल के उत्पादन, बिक्री और मरम्मत आदि बातों को अब क्रमबद्ध किया गया है।

【成眠】 chéngmián <लि०> नींद में पड़ना; नींद लेना: 夜不～ रात भर जागते रहना; रात भर अनिद्रित रहना

【成名】 chéngmíng नाम कमाना; नाम करना; मशहूर होना: 一举～ एक दम मशहूर हो जाना / 他早就成了名。वह पहले ही अपना नाम कर गए थे।

【成名成家】 chéngmíng-chéngjiā नाम कमा लेना और विशेषज्ञ बन जाना; अपने विषय के विशेषज्ञ के रूप में अपना नाम करना

【成命】 chéngmìng दिया हुआ आदेश; दी हुई आज्ञा; घोषित किया हुआ निर्णय: 收回～ आदेश वापस लेना; आज्ञा रद्द करना; निर्णय का खंडन करना

【成年】[1] chéngnián ❶वयस्कता; प्रौढ़ता ❷वयस्क; प्रौढ़: ～人 वयस्क / ～树 प्रौढ़ वृक्ष / 尚未～ वयस्कता तक न पहुँचा हुआ होना / 在我国，年满十八岁为～。चीन में युवक 18 वर्षों का होने पर वयस्क माना जाता है।

【成年】[2] chéngnián <बोल०> साल भर: ～在外奔忙 साल भर घर से बाहर दौड़-धूप करना

【成年累月】 chéngnián-lěiyuè साल भर; साल भर तक; पूरे साल भर तक

【成批】 chéngpī समूह के समूह; समूहों में: ～生产 पुंजोत्पादन

【成品】 chéngpǐn पक्का माल; तैयार माल

【成气候】 chéng qìhòu (प्रायः नकारात्मक में प्रयुक्त) सफल होना; अपना लक्ष्य पूरा करना; भविष्य उज्ज्वल होना: 成不了气候 कहीं भी कोई उपलब्धि न होना

【成器】 chéngqì बढ़ कर योग्य व्यक्ति बन जाना: 他的孩子将来一定能～。उस का लड़का बाद में ज़रूर काम का आदमी होगा।

【成千成万】 chéngqiān-chéngwàn हज़ारों; लाखों-हज़ारों; कोटि-कोटि; सहस्त्रों की संख्या में; लाखों में

【成千上万】 chéngqiān-shàngwàn（成千累万 chéngqiān-lěiwàn भी）दे० 成千成万

【成亲】 chéngqīn <बोल०> विवाह करना या होना: 他们最近刚～。उन का विवाह अभी हाल ही में हुआ था।

【成全】 chéngquán किसी को मदद देकर उस का उद्देश्य पूरा होने देना; किसी का उद्देश्य पूरा करने में उस को मदद देना: ～好事 कोई अच्छा काम करने में किसी को मदद देना

【成群】 chéngqún झुंडों में; बड़ी तादाद में: ～的牛羊 भैंसों और बकरों के गल्ले (या झुंड) / ～的鸭子 बत्तखों के गल्ले / ～的鸟 पक्षियों के झुंड / ～的鱼 मछलियों के झुंड (या समूह) / ～的蜜蜂 मधुमक्खियों के झुंड

【成群结队】 chéngqún-jiéduì झुंड के झुंड; समूह के समूह; झुंडों में: 孩子们～地出发了。लड़कों के झुंड के झुंड चल पड़े।

【成人】 chéngrén ❶(शरीर का) विकसित हो कर पूर्णता तक पहुँचना; पूर्ण रूप से विकसित होना: 长大～ विकसित हो कर प्रौढ़ आदमी बन जाना ❷प्रौढ़ व्यक्ति; बालिग; सयाना

【成人高考】 chéngrén gāokǎo प्रौढ़ उच्चतर परीक्षा

【成人教育】 chéngrén jiàoyù प्रौढ़ शिक्षा

【成人之美】 chéngrénzhīměi किसी की इच्छा पूरी करने में उस को मदद देना; कोई अच्छा काम करने में किसी को मदद देना

【成仁】 chéngrén <लि०> किसी न्यायपूर्ण कार्य के लिये जान देना: 不成功，便～。अपना उद्देश्य पूरा कर लो, वरना अपने जीवन की बलि दे दो।

【成日】 chéngrì <बो०> दिन भर; पूरे दिन में

【成日成夜】 chéngrì-chéngyè दिन-रात; चौबीसों घंटे

【成色】 chéngsè ❶किसी सिक्के में सोने या चाँदी का प्रतिशत; किसी गहने में सोने या चाँदी की शुद्धता: 这个金戒指的～不错。यह सोने की अंगूठी घटिया नहीं है। ❷गुण; गुणवत्ता; क्वालिटी: 看～定价钱 गुण के अनुसार दाम निश्चित करना

【成式】 chéngshì काम करने का मान्य तरीका; तैयार नियम

【成事】 chéngshì ❶कोई काम पूरा करना; सफल बनाना: 你这样蛮干，成不了事。तुम ऐसे मनमाने ढंग से काम करोगे, तो कोई सफलता नहीं मिलेगी। ❷<लि०> पूरा हुआ काम; बीती हुई बात

【成事不足，败事有余】 chéngshì-bùzú, bàishì-yǒuyú कोई काम पूरा करने में असमर्थ होना और हर किसी काम को बिगाड़ने में चतुर होना; सफल बनाने के बजाए असफल बनाने के योग्य होना; बिल्कुल निकम्मा होना

【成书】 chéngshū ❶पुस्तक के रूप में प्रकाशित होना ❷कोई वितरित पुस्तक

【成熟】 chéngshú पकना; पक्का होना; परिपक्व होना;

पूर्ण रूप से विकसित होना; वयस्क होना: 桃子快～了。आड़ू पकने वाले हैं। / 她身心都已发育～。वह शारीरिक और मानसिक दोनों दृष्टियों से पूर्ण रूप से विकसित हो गई है। / 时机～。उपयुक्त समय आ गया है। / 条件～ अच्छी परिस्थितियाँ तैयार हो गई हैं। / 政治上的～ राजनीतिक परिपक्वता / ～的经验 पक्का अनुभव / ～的意见 पक्का मत; पक्की राय / 我的意见还不～。मेरा विचार अभी पक्का नहीं है।

【成熟卵】 chéngshúluǎn परिपक्व अंडा

【成数】[1] chéngshù पूरा अंक

【成数】[2] chéngshù प्रतिशत; अनुपात

【成双】 chéngshuāng जोड़ का; जोड़ में; जोड़ के रूप में

【成说】 chéngshuō स्वीकृत सिद्धांत; प्रचलित नियम; माना हुआ मत: 研究学问，不能囿于～。शास्त्रीय अनुसंधान में हमें अपने को बने-बनाये सिद्धांतों से नहीं बांधना चाहिये।

【成算】 chéngsuàn पहले से बांधी हुई नीयत; पहले से दृढ़ रहनेवाला विचार: 心有～，遇事不慌。मन में पक्की योजना हो तो किसी भी नई स्थिति के सामने कोई घबरायेगा नहीं।

【成套】 chéngtào मुकम्मिल सेट के रूप में होना: 这些仪器是～的，不要拆散。ये यंत्र मुकम्मिल सेट के रूप में प्रयुक्त हैं, इन को पृथक् न करो। / ～家具 फर्नीचर का पूरा सेट / ～设备 साज-सामान का पूरा सेट

【成天】 chéngtiān <बोल०> दिन भर: ～忙忙碌碌 दिन भर व्यस्त रहना

【成为】 chéngwéi बनना; हो जाना; हो बैठना; हो रहना: ～劳动模范 आदर्श श्रमिक बन जाना / 把我国建设～社会主义的现代化强国 चीन को निर्मित कर के एक शक्तिशाली समाजवादी आधुनिक देश बनाना

【成文】 chéngwén ❶विद्यमान लेख: 抄袭～ विद्यमान लेखों की नकल करना ❷लिखित

【成文法】 chéngwénfǎ लिखित विधि

【成效】 chéngxiào सफलता; सार्थकता; कामयाबी; प्रभाव; परिणाम: ～显著 ज़बरदस्त प्रभाव पड़ना (या डालना); विशिष्ट सफलता प्राप्त होना (या करना) / 卓有～ बड़ी कामयाबी हासिल होना (या करना) / 这种药连着吃几天必见～。यह दवा कुछ दिन तक खाते रहोगे, तो इस का प्रभाव अवश्य दिखाई पड़ेगा। / 这种病还是吃中药易见～。इस रोग के लिये चीनी दवा ही कारगर है। / 这几年计划生育工作收到了巨大～。इधर कुछ वर्षों में परिवार नियोजन के कार्य में बहुत बड़ी सफलताएँ प्राप्त हुई हैं।

【成心】 chéngxīn जानबूझकर; इच्छापूर्वक: ～装糊涂 जानबूझकर अंजान बनना / ～捣乱 जानबूझकर गड़बड़ करना / 他～让我难堪。वह इरादा कर के मुझे शरमिंदा कर रहा था।

【成行】 chéngxíng (पूर्व-योजित) यात्रा के लिये रवाना होना; चल पड़ना: 代表团将于日内～。प्रतिनिधि मंडल योजन के अनुसार कुछ ही दिनों में रवाना होगा।

【成形】 chéngxíng आकार देना; रूप धारण करना; ढाँचा बनाना: 我们的计划已经～。हमारी योजना का अब ढाँचा बनने लगा है; हमारी योजना की रूपरेखा तैयार हो गई है।

【成型】 chéngxíng (पुर्ज़ों या उत्पादित वस्तुओं का) अंतिम (यानी वांछित) रूप में होना

【成性】 chéngxìng स्वभावत:; सहज भाव से; किसी का अभ्यासलब्ध स्वभाव बन जाना: 懒惰～ स्वभाव से आलसी होना / 那个人盗窃～。चोरी करना उस का अभ्यासलब्ध स्वभाव बन गया है।

【成宿】 chéngxiǔ <बोल०> पूरी रात में; रात भर: ～侍候病人 रात भर रोगी की शुश्रूषा करना

【成药】 chéngyào औषधालय में निर्मित दवा; बनी-बनाई दवा

【成夜】 chéngyè पूरी रात में; रात भर: 成日～ दिन-रात / ～不睡 रात भर जागते रहना

【成衣】 chéngyī ❶<पुराना> कपड़े बनानेवाला; कपड़े सीनेवाला ❷सिले-सिलाये कपड़े; बने-बनाये कपड़े; तैयार कपड़ा

【成衣匠】 chéngyījiàng <पुराना> दर्ज़ी; दर्ज़िन

【成衣铺】 chéngyīpù <पुराना> दर्ज़ी की दूकान

【成议】 chéngyì किया हुआ समझौता: 此事已有～。इस के सम्बन्ध में एक समझौता हो चुका है।

【成因】 chéngyīn बनने का कारण; रचनाकारी तत्त्व; निर्माणकारी तत्त्व: 海洋的～ सागरों का उद्गम

【成语】 chéngyǔ मुहावरा (प्रायः चार अक्षरों से बना हुआ)

【成员】 chéngyuán (किसी संगठन या परिवार का) सदस्य: 家庭～ परिवार के सदस्य / 全社会～ समाज का हरेक सदस्य

【成员国】 chéngyuánguó सदस्य देश

【成约】 chéngyuē हस्ताक्षरित संधि; हस्ताक्षरित समझौता: 破坏～ हस्ताक्षरित समझौते को तोड़ना

【成灾】 chéngzāi विपत्ति पैदा करना या होना; विपत्तिग्रस्त होना: 暴雨～。मूसलधार वर्षा से विपत्तिपूर्ण बाढ़ आयी।

【成长】 chéngzhǎng उगना; बढ़ना; विकसित होना; बड़ा होना; वृद्धि होना: 这些果树正茁壮～。फल के ये पेड़-पौधे अच्छी तरह उग रहे हैं। / 年轻的一代在健康地～。जवान पीढ़ी की स्वस्थ वृद्धि हो रही है।

【成竹在胸】 chéngzhú-zàixiōng मन में परिपक्व विचार होना; खूब सोच विचार कर तैयार की हुई योजना होना: 此事他已～。इस विषय पर उस के मन में परिपक्व विचार हैं।

【成总儿】 chéngzǒngr <बोल०> ❶पूरी तरह से; एक ही साथ; एकबारगी: 这笔钱我～付吧。सारा देन एकमुश्त चुकाना चाहता हूँ। ❷थोक में; बड़ी मात्रा में: 用得多就～买，用得少就零碎买。बहुत अधिक की आवश्यकता हो तो थोक में खरीद लो, नहीं तो फुटकर ले लो।

丞 chéng (प्राचीन चीन में) किसी अधिकारी का सहायक: 县～ काउँटी मजिस्ट्रेट का सहायक

【丞相】 chéngxiàng (प्राचीन चीन में) प्रधान मंत्री; प्राइम-मिनिस्टर

呈 chéng ❶(आकार) देना; (रूप) धारण करना; (रंग) दिखाई देना: 果实～长圆形。इस का फल अंडाकार है। ❷(रिपोर्ट आदि) विनयपूर्वक प्रस्तुत करना; नम्रता से पेश करना; सामने रखना: ～上名片 अपना कार्ड पेश करना ❸प्रार्थना-पत्र; आवेदन-पत्र

【呈报】 chéngbào रिपोर्ट प्रस्तुत करना; (उच्चतर अधिकारी को) रिपोर्ट देना: ～上级批准 उच्चतर अधिकारियों को निर्णयार्थ रिपोर्ट देना

【呈递】 chéngdì विनयपूर्वक प्रस्तुत करना; पेश करना; सामने रखना: (向…) ～国书 (… की सेवा में) अपना परिचय-पत्र उपस्थित करना / ～公文 सरकारी कागज़ात पेश करना

【呈览】 chénglǎn उच्चतर अधिकारियों के सामने पठन के लिये सरकारी कागज़ात आदि उपस्थित करना

【呈请】 chéngqǐng (उच्चतर अधिकारियों के विचारार्थ अथवा स्वीकृति हेतु) आवेदन करना: ～上级审批 उच्चतर स्तर पर स्वीकृति हेतु आवेदन करना

【呈文】 chéngwén उच्चतर अधिकारियों को पेश किया गया दस्तावेज़; प्रार्थना-पत्र; रिपोर्ट

【呈现】 chéngxiàn प्रदर्शित करना या होना; दिखाई देना; प्रकट करना या होना: 到处～出欣欣向荣的景象。समृद्धि के दृश्य जगह-जगह दिखाई पड़ते हैं।

【呈献】 chéngxiàn आदरपूर्वक उपस्थित करना; नम्रता से पेश करना; अर्पित करना: ～花环 फूलों का हार अर्पित करना

【呈正】 chéngzhèng <लि०> आलोचना या सुधार के लिये अपनी कृति किसी को प्रस्तुत करना

【呈政】 chéngzhèng दे० 呈正

【呈子】 chéngzi (प्रायः आम जनता द्वारा सरकार को दिया हुआ) प्रार्थना-पत्र

诚(誠) chéng ❶सच्चा; ईमानदार: 诚心 ❷<लि०> सचमुच; वास्तव में; दरअसल: ～非易事。यह सचमुच ही सरल नहीं है।

【诚笃】 chéngdǔ ईमानदार और निष्कपट: 他为人～，可以信赖。वह ईमानदार और निष्कपट है, इसलिये विश्वसनीय है।

【诚惶诚恐】 chénghuáng-chéngkǒng घबराना और परेशान होना; डरना और विकल होना

【诚恳】 chéngkěn सच्चा और ईमानदार: 态度～ सचाई और ईमानदारी से काम लेना / 待人谦虚～ दूसरों के साथ नम्रता और ईमानदारी से व्यवहार करना / 作～的自我批评 सच्चे दिल से आत्म-आलोचना करना

【诚朴】 chéngpǔ ईमानदार; सच्चा; निश्छल और सीधा-सादा; सरल: 一个～的青年 एक ईमानदार युवक / 他为人～，可以交往。वह चरित्र में ईमानदार और सीधा-सादा है, और दोस्त बनने लायक है।

【诚然】 chéngrán ❶वस्तुतः; सचमुच: 她喜爱她的小猫，那小猫也～可爱。वह अपनी बिल्ली को बहुत पसन्द करती है, और वह बिल्ली सचमुच ही प्यारी है। ❷निस्सन्देह; बेशक; इस में संदेह नहीं कि; यह सच है कि: 困难～巨大的，但我们一定能克服它。बेशक, कठिनाइयां बहुत बड़ी हैं, पर हम उन को ज़रूर दूर कर सकेंगे।

【诚实】 chéngshí ईमानदार; निश्छल: 他是个～的人。वह एक ईमानदार आदमी है। / 这孩子很～，从不撒谎。यह लड़का ज़बान का सच्चा है, कभी झूठ नहीं बोलता।

【诚心】 chéngxīn ❶सचाई; ईमानदारी; निश्छलता: 一片～ ईमानदारी से; सच्चे दिल से ❷सच्चा; ईमानदार; निश्छल: 我们～向您求教。हम सच्चे दिल से आप से शिक्षा लेना चाहते हैं। / 她长年吃斋念佛，可～了。कई वर्षों से वह शाकाहारी है और बुद्ध की पूजा करती है, सचमुच बौद्धधर्म की बड़ी श्रद्धालु है।

【诚心诚意】 chéngxīn-chéngyì सच्चे दिल से; ईमानदारी से; निश्छलता से

【诚意】 chéngyì ईमानदारी; सचाई; सद्भाव; नेकनीयती: 用实际行动来表明自己的～ अमल से अपना सद्भाव प्रकट करना / 缺乏～ ईमानदारी की कमी होना / 谁也不怀疑你的～。तुम्हारी नेकनीयती पर कोई संदेह नहीं करता।

【诚挚】 chéngzhì सच्चा; हार्दिक: 双方进行了～友好的会谈。दोनों पक्षों ने बहुत खुल कर दोस्ताना बातचीत की। / 致以～的谢意 हार्दिक धन्यवाद देना

承 chéng ❶भार वहन करना; संभालना: 承重 ❷उत्तरदायित्व लेना; भार लेना; ठेका लेना: ～印名片 मुलाकाती कार्ड छापने का ठेका लेना ❸<लि०> कृतज्ञ होना; एहसानमंद होना; कृपा मानना: 昨～盛情款待，不胜感激。कल आप ने मेरा खूब आदर-सत्कार किया, इस के लिये मैं आप का बहुत एहसानमंद हूँ। ❹जारी रखना; कायम रखना: 承上启下

【承办】 chéngbàn उत्तरदायित्व लेना; भार लेना; भार संभालना: ～土木工程 सिविल इंजीनिरिंग प्रोजेक्टों का भार संभालना / 这件事由他～。यह काम उस ने अपने ज़िम्मे लिया।

【承包】 chéngbāo ठेका लेना: ～房屋建筑工程 इमारतें बनाने का ठेका लेना

【承包商】 chéngbāoshāng ठेकेदार; कंट्रेक्टर

【承保】 chéngbǎo बीमा करने का उत्तरदायित्व लेना; बीमा करना: 这家公司只～寿险。इस कंपनी में केवल जीवन-बीमा किया जाता है।

【承保人】 chéngbǎorén बीमा करनेवाला

【承保通知书】 chéngbǎotōngzhīshū कवर नोट

【承尘】 chéngchén ❶<लि०> चँदोवा ❷<बो०> भीतरी छत

【承担】 chéngdān अपने ऊपर लेना; भार उठाना; थामना; संभालना; (कार्य, व्यय आदि) भुगताना: ～一切费用 सारा खर्च भुगतना / ～义务 कर्तव्य संभालना / ～责任 उत्तरदायित्व लेना; भार उठाना; अपने ऊपर लेना / ～后果 (किसी बात का) फल भुगतना / ～重任 बड़ा भारी

कार्य अपने ऊपर लेना; (किसी कार्य का) भार उठाना; कंधों पर बोझ लेना; ज़िम्मेदारी लेना / ～额外工作 अतिरिक्त कार्य अपने ऊपर लेना

【承当】 chéngdāng ❶भार वहन करना; (अपने) ज़िम्मे लेना: 一切责任由我～。इस की सारी ज़िम्मेदारियाँ मैं ही अपने ऊपर ले लूँगा। ❷<बो०> (कोई काम करने का) वादा करना

【承乏】 chéngfá <लि०> <शिष्ट०> (नम्रता प्रकट करने के लिये प्रयुक्त) किसी पद के अयोग्य होना; कोई योग्य व्यक्ति मिलने तक पद संभालना

【承管】 chéngguǎn (किसी बात का) पूरा प्रबंध करना और (उस की) ज़िम्मेदारी लेना; (किसी बात के लिये) पूर्ण रूप से ज़िम्मेदार होना: 此事由宣传部门～。इस बात के लिये प्रचार विभाग ज़िम्मेदार है।

【承欢】 chénghuān <लि०> माता-पिता या अन्य बड़ों को खुश करना: ～膝下 अपने माता-पिता की अच्छी तरह देख-रेख करना और उन को प्रसन्न करना

【承继】 chéngjì ❶अपने ताऊ या चाचा द्वारा दत्तक लिया जाना ❷अपने भाई के बेटे को (उत्तराधिकारी के रूप में) गोद लेना ❸विरासत के रूप में ग्रहण करना: ～遗产 विरासत के रूप में संपत्ति ग्रहण करना; विरासत ग्रहण करना

【承建】 chéngjiàn भवन-निर्माण का ठेका लेना; किसी इमारत के निर्माण का भार लेना: 这座大厦是哪家建筑公司～的? कौन-सी भवन-निर्माण कंपनी ने इस भवन का ठेका लिया है?

【承接】 chéngjiē ❶बहता हुआ तरल पदार्थ लेने के लिये कोई पात्र आगे बढ़ाना ❷जारी रहना; चलते रहना: ～上文 ऊपर लिखित पैरे से आगे ❸किसी काम का भार अपने ऊपर लेना; ठेका लेना: ～广告 विज्ञापन का व्यवसाय करना

【承揽】 chénglǎn कोई संपूर्ण कार्य करने का ठेका लेना; किसी परियोजना का भार लेना: ～物资运输 सामान का परिवहन करने का ठेका लेना

【承溜】 chéngliū <लि०> ओरी की नाली; नाली

【承蒙】 chéngméng <शिष्ट०> (सद्भाव, सत्कार आदि) मिलना; (कृपा) स्वीकृत होना: ～指教，十分感谢。आप के उपदेशों के लिये मैं आप को बहुत धन्यवाद देता हूँ। / ～热情款待，不胜荣幸。इतने अधिक उत्साह से मेरा सत्कार कर के आप ने जो मेरी इज़्ज़त बढ़ाई, उस के लिए बहुत-बहुत धन्यवाद।

【承诺】 chéngnuò कोई काम करने का वादा करना; वचन देना: 双方～进一步加强联系。दोनों पक्षों ने वादा किया कि वे पारस्परिक संपर्क और भी घनिष्ठ बनाएंगे।

【承平】 chéngpíng <लि०> शांतिपूर्ण: ～盛世 अमन चैन वाला विकासमान युग

【承前启后】 chéngqián-qǐhòu दे० 承先启后

【承情】 chéngqíng <शिष्ट०> एहसान मानना; कृतज्ञ होना: ～关照 कृपा के लिये (किसी का) एहसान मानना

【承认】 chéngrèn ❶मानना; स्वीकार करना; हामी भरना; इकरार करना: ～自己的错误 अपनी त्रुटि को स्वीकार करना; अपनी भूल मानना / ～失败 अपनी हार स्वीकार करना / 大家都～你的用意是好的。सब लोग मानते हैं कि तुम्हारी नीयत अच्छी थी। ❷अस्तित्व को स्वीकार करना; मान्यता देना: ～新政府 नई सरकार को मान्यता देना / ～中华人民共和国政府为中国的唯一合法政府 चीनी जन गणतंत्र की सरकार को चीन की एक ही विधिक सरकार मानना

【承上启下】 chéngshàng-qǐxià (承上起下 chéngshàng-qǐxià भी) ऊपर से आने वाले और नीचे जाने वाले को जोड़ने की कड़ी बनना (किसी लेख के एक भाग आदि के रूप में)

【承受】 chéngshòu ❶भार वहन करना; भार संभालना; सहन करना; (परीक्षा आदि में) खरा उतरना: ～不住一百公斤的重量 एक सौ किलो का भार संभालने में असमर्थ होना / ～住种种考验 विभिन्न प्रकार की परीक्षाओं में खरा उतरना ❷(विरासत के तौर पर) प्राप्त करना; (उत्तराधिकार में) पाना: ～遗产 विरासत प्राप्त करना

【承望】 chéngwàng (प्रायः नकारात्मक में प्रयुक्त) प्रत्याशा करना: 不～您帮了这个忙，太感谢了。आप की अप्रत्याशित सहायता के लिये आप को बहुत धन्यवाद देता हूँ।

【承袭】 chéngxí ❶(परम्परा आदि) ग्रहण करना; अपनाना; अनुसरण करना: ～旧制 पुरानी व्यवस्था पर चलना ❷उत्तराधिकार में प्राप्त करना; कुलक्रम से या दायाधिकार द्वारा (संपत्ति, पद, उपाधि आदि) प्राप्त करना

【承先启后】 chéngxiān-qǐhòu पिछली पीढ़ी का कार्य आदि विरासत के तौर पर ग्रहण करना और अगली पीढ़ी के आगे-आगे चलना; भूत और भविष्य के बीच की कड़ी के रूप में काम करना

【承销】 chéngxiāo आढ़त (व्यवसाय की एक प्रथा)

【承销处】 chéngxiāochù आढ़त (व्यवसाय का स्थान)

【承销人】 chéngxiāorén आढ़तदार; आढ़तिया

【承应】 chéngyìng (कोई काम करने के लिये) सहमत होना; वादा करना; स्वीकार करना

【承运】 chéngyùn (परिवहन कंपनियों आदि का) (माल) परिवहन का व्यवसाय करना

【承载】 chéngzài भार वहन करना; भार संभालना: ～能力 भार वहन करने की क्षमता

【承造】 chéngzào उत्पादन करने का भार लेना; दूसरों के लिये निर्माण करना या तैयार करना

【承重】 chéngzhòng भार वहन करना; वहन संभालना

【承重墙】 chéngzhòngqiáng <वास्तु०> वहन (या भार-वहन) दीवार

【承重孙】 chéngzhòngsūn ज्येष्ठ पोता जो अपने मृत पिता के स्थान में अपने दादा के अंतिम संस्कार में मातम करने वाला प्रधान व्यक्ति हो

【承转】 chéngzhuǎn (कोई दस्तावेज़) ऊपरी या निचले स्तर को भेज देने का उत्तरदायित्व लेना

【承租】 chéngzū भाड़े पर लेना; किराये पर लेना: ～私房 किराये पर व्यक्तिगत मकान लेना

【承做】 chéngzuò दूसरों के लिये तैयार करने का व्यवसाय करना: ～各式服装 विभिन्न ढंग के कपड़े बनाने का व्यवसाय करना

城 chéng ❶नगर का प्राकार; नगर की चहारदीवारी; नगर-दीवार; दीवार：万里长～ लम्बी दीवार / ～外 नगर की दीवार के बाहर ❷नगर：外～ बाहरी नगर / 内～ भीतरी नगर / 东～ नगर का पूर्वी भाग ❸शहर; नगर：电影～ फ़िल्म नगर / 美食～ रेस्टोरेंट शहर / 图书～ पुस्तक नगर / 城乡

【城堡】 chéngbǎo दुर्ग; किला

【城池】 chéngchí 〈लि०〉 नगर की दीवार और उस के चारों ओर बनी खाई; नगर

【城堞】 chéngdié (किले की) दाँतेदार मुँडेर

【城垛】 chéngduǒ दे० 城堞

【城防】 chéngfáng नगर की सुरक्षा：～工事 नगर की मोर्चाबंदी / ～巩固。नगर पूर्ण रूप से सुरक्षित है।

【城防部队】 chéngfáng bùduì नागरिक सेना

【城府】 chéngfǔ 〈लि०〉 मन या विचार जिस की थाह पाना सहज न हो; गूढ़ विचार：～很深 व्यवहारकुशल और गंभीर; होशियार

【城根】 chénggēn नगर की दीवार से सटा हुआ स्थान

【城关】 chéngguān नगर गेट के बाहर का क्षेत्र

【城郭】 chéngguō नगर की भीतरी और बाहरी दीवारें; नगर की दीवारें; (विस्तृत अर्थ में) नगर

【城壕】 chéngháo चहारदीवार के चारों ओर बाहर की ओर खुदी खाई; खाई

【城隍】 chénghuáng नगरदेवता (ताऊ धर्म)

【城隍庙】 chénghuángmiào नगरदेवता का मंदिर

【城建】 chéngjiàn 城市建设 का संक्षिप्त रूप

【城郊】 chéngjiāo उपनगर

【城楼】 chénglóu किसी नगर गेट के ऊपर बनाया गया किला; गेट टॉवर：天安门～ थ्येन आन मन का गेट टॉवर

【城门】 chéngmén नगर द्वार

【城门失火，殃及池鱼】 chéngmén-shīhuǒ, yāngjí-chíyú जब नगर द्वार में आग लग जाती है तो चारों ओर खुदी खाई में रहने वाली मछलियाँ विपत्ति में पड़ जाती हैं —— जब किसी पर कोई बड़ा संकट पड़ता है तो उस की हानि अन्य भोले-भाले व्यक्तियों को पहुँचती है

【城墙】 chéngqiáng नगर का प्राकार; नगर-दीवार

【城区】 chéngqū खास नगर：～和郊区 खास नगर और उपनगर

【城市】 chéngshì नगर; शहर：～环境 नगर की परिस्थिति; शहर का वातावरण / ～居民 शहरवाला; शहरवासी / ～人口 नागरिक आबादी

【城市病】 chéngshìbìng ❶नगरीय समाज की समस्याएं ❷नगरीय रोग; शहरी बीमारी

【城市建设】 chéngshì jiànshè शहरी निर्माण

【城市贫民】 chéngshì pínmín शहर की गरीब जनता

【城下之盟】 chéngxiàzhīméng नगर-दीवार तक पहुँचे हुए शत्रुओं के साथ तय की हुई संधि; विवश होकर हस्ताक्षरित की हुई संधि

【城乡】 chéngxiāng शहर और गांव; ग्राम और नगर：～差别 गांव और शहर के बीच का भेद / ～关系 ग्रामों और शहरों के निवासियों के बीच का संबंध / ～互助 शहरों और गांवों के बीच पारस्परिक सहायता / ～物资交流 शहरों और देहाती इलाकों के बीच तिजारती माल का आदान-प्रदान

【城厢】 chéngxiāng खास नगर और उस के द्वारों के ठीक बाहर के इलाके

【城邑】 chéngyì 〈लि०〉 नगर; शहर

【城域网】 chéngyùwǎng 〈कंप्यूटर〉 नगरीय क्षेत्र जाल; मेट्रोपोलिटन एरिया नेटवर्क

【城垣】 chéngyuán 〈लि०〉 नगर की दीवार; नगर की चहारदीवारी

【城镇】 chéngzhèn नगर व कस्बा

宬 chéng 〈प्रा०〉 ग्रंथ रखने का कमरा：皇史～ शाही ग्रंथालय (मिंग और छिंग राजवंशों के समय में)

乘[1] chéng ❶आरोहण करना; सवार होना：～公共汽车 बस पर सवार होना; बस से जाना / 路太远，咱们～出租汽车去吧。रास्ता बहुत लम्बा है, हम टैक्सी से चलें। / ～火车（轮船、飞机）旅行 रेलगाड़ी (पानी जहाज़, हवाई जहाज़) से यात्रा करना ❷उपयोग करना; लाभ उठाना; काम में लाना：～敌不备 दुश्मन की बेखबरी से फ़ायदा उठाना; शत्रु पर अचानक टूट पड़ना / 有机可～ वह अवसर होना जिस का उपयोग किया जा सके ❸(बौद्ध धर्म) यान：大～ महायान / 小～ हीनयान

乘[2] chéng 〈गणित०〉 गुणन करना; गुणित करना; गुणा करना：三～二等于六。दो को तीन से गुणा करने से छः आता है।

shèng भी दे०

【乘便】 chéngbiàn जब सुविधा हो; सुविधा होने पर; अनुकूल अवसर पर：请你～把那本书带给我。जब कभी सुविधा हो, मेरे लिये वह किताब ले आइयेगा।

【乘法】 chéngfǎ 〈गणित०〉 गुणन; हनन; ज़रब

【乘法表】 chéngfǎbiǎo गुणन-सारणी; पहाड़ा

【乘方】 chéngfāng 〈गणित०〉 ❶घातक्रिया; घातकरण ❷घात; पॉवर

【乘风破浪】 chéngfēng-pòlàng तूफ़ानों और लहरों को चीर कर आगे बढ़ना; तूफ़ान और आँधी का मुकाबला करना

【乘号】 chénghào 〈गणित०〉 गुणनचिह्न（×）

【乘火打劫】chénghuǒ-dǎjié दे० 趁火打劫 chènhuǒ-dǎjié

【乘机】 chéngjī अकसर का लाभ उठाना; अच्छा मौका पाकर; अनुकूल अवसर पर：～反攻 अनुकूल अवसर पर प्रत्याघात करना / ～插手 मौका देख कर हाथ डालना

【乘积】 chéngjī 〈गणित०〉 गुणनफल

【乘客】 chéngkè मुसाफ़िर; पैसेंजर

【乘凉】 chéngliáng गरमी के दिनों में घर के बाहर शीतल हवा का मज़ा लेना; ठंडक लेना

【乘龙快婿】 chénglóng-kuàixù कोई श्रेष्ठ या आदर्श दामाद (प्रायः उच्चतर सामाजिक स्थिति का)

【乘幂】 chéngmì 〈गणित०〉 घात; पॉवर

【乘人之危】 chéngrénzhīwēi किसी की संकटपूर्ण स्थिति से लाभ उठा कर उस को हानि पहुँचाना

【乘胜】 chéngshèng विजय का फ़ायदा उठाना; विजयपूर्वक: ～前进 विजय के भावावेश में आगे बढ़ता चलना / ～追击 विजयपूर्वक दुश्मनों का पीछा करना

【乘时】 chéngshí अनुकूल अवसर का लाभ उठाना; उपयुक्त मौके का फ़ायदा उठाना

【乘势】 chéngshì अनुकूल स्थिति से फ़ायदा उठाना

【乘数】 chéngshù 〈गणित०〉 गुणक

【乘务员】 chéngwùyuán रेलगाड़ी में सेवा करनेवाला; ट्रेनमैन

【乘隙】 chéngxì किसी की भूल से लाभ उठाना; अनुकूल अवसर का फ़ायदा उठाना; फ़ुरसत का उपयोग करना: ～逃脱 मौका देख कर भाग निकलना

【乘兴】 chéngxìng खुशी में; आनन्द में; आवेग में: ～赋诗一首 आनन्द में एक कविता रचना

【乘兴而来】 chéngxìng ér lái जोश में आना; आनन्द में यात्रा आरम्भ करना: ～，败兴而归 आनन्द में यात्रा आरम्भ करना और निराश हो कर वापस आना

【乘虚】 chéngxū किसी की कमज़ोरी से फ़ायदा उठाना; किसी की बेखबरी में आचरण करना

【乘虚而入】 chéngxū ér rù（乘隙而入 chéngxì ér rù भी）किसी की किसी कमज़ोरी से फ़ायदा उठा कर अपना उद्देश्य प्राप्त करना; किसी की बेखबरी में आचरण करना

盛 chéng ❶(थाली आदि में) परोसना; रखना; भरना; डालना: ～饭 (प्याले में) भात परोसना / 缸里～满了酒。कुंडे में शराब भरी हुई है। / 把菜～出来 कड़ाही से तरकारी निकालना ❷समाना; रखा जाना: 这个袋子可以～十公斤粮食。इस थैले में दस किलो अनाज रखा जा सकता है। / 这间屋子～不了这么多东西。इस कमरे में इतना सामान नहीं समा सकता।

shèng भी दे०

【盛器】 chéngqì बर्तन; पात्र (जैसे पीपा, प्याला, बोतल, थाली आदि)

程 chéng ❶नियम; कायदा; परिपाटी; विधि: 章～ (संगठन के) नियम ❷प्रक्रिया; कार्यपद्धति; कार्यप्रणाली; व्यवहारविधि: 议～ विचारणीय विषय; कार्यसूची; कार्यक्रम ❸(यात्रा करने का) रास्ता; रास्ते का एक भाग; मंज़िल: 我送你一～。मैं तुम्हारे साथ कुछ दूर तक चलूँगा। ❹फ़ासला; दूरी; रास्ता: 行～ तय किया जाने वाला रास्ता ❺（Chéng）एक कुलनाम

【程度】 chéngdù ❶स्तर; दर्जा; डिग्री: 文化～ शिक्षा का स्तर; साक्षरता की डिग्री / 农业机械化～还不高。कृषि में मशीनीकरण का स्तर अभी बहुत ऊँचा नहीं है। ❷परिमाण; सीमा; हद; मात्रा: 在一定～上 एक हद तक; कुछ हद तक / 在很大～上 बहुत हद तक / 在不同～上 विभिन्न परिमाणों में / 他的错误已发展到十分危险的～。उस की गलतियाँ अब बढ़ती हुई एक बहुत खतरनाक स्थिति तक पहुँच गई हैं।

【程控】 chéngkòng 程序控制 का संक्षिप्त रूप

【程控电话】 chéngkòng diànhuà प्रोग्राम कंट्रोल्ड टेलीफ़ोन

【程门立雪】 Chéngmén-lìxuě छंग के घर के दरवाज़े पर बर्फ़ में खड़ा रहना —— एक शिष्य का अपने गुरु जी के प्रति श्रद्धा प्रकट करना (सोंग राजवंश के महान शास्त्री छंगई के प्रति प्रकट की हुई श्रद्धा)

【程式】 chéngshì ढंग; तरीका; प्रचलित रीति; विधि; फ़ार्मूला; नमूना: 公文～ सरकारी दस्तावेज़ की रचना में विन्यास और शैली / 表演的～ अभिनय की विधियाँ

【程限】 chéngxiàn 〈लि०〉 ❶नमूना और प्रतिबंध: 创作是没有一定的～的。सृष्टिमूलक रचना के लिये कोई विधि या सूत्र नहीं है। ❷प्रगति की निश्चित दर: 读书日有～ अपनी पढ़ाई में प्रगति करते जाना

【程序】 chéngxù ❶क्रम; प्रक्रिया; कार्यपद्धति: 工作～ कार्यों का क्रम; कार्यप्रणाली / 法律～ कानूनी कार्य-पद्धति; विधिक प्रक्रिया / 会议～ सम्मेलन की कार्य-पद्धति / 符合～ कार्यप्रणाली से मेल खाना; नियमानुकूल होना ❷〈ओटोमेशन〉 प्रोग्राम: 编～ कंप्यूटर के लिये प्रोग्राम लिखना; प्रोग्राम बनाना

【程序控制】 chéngxù kòngzhì 〈ओटोमेशन〉 प्रि-प्रोग्राम्ड ओटोमेटिक कंट्रोल

【程序设计】 chéngxù shèjì 〈ओटोमेशन〉 प्रोग्रामिंग

【程序设计员】 chéngxù shèjìyuán（程序员 भी）प्रोग्रामर

【程子】 chéngzi 〈बोल०〉 समय का कोई खंड या हिस्सा; कुछ समय; कुछ दिन: 那～我很忙。उन दिनों मैं बहुत व्यस्त था।

惩 chéng सज़ा देना; दंड देना; सबक सिखाना: 惩办 / 惩治

【惩办】 chéngbàn सज़ा देना; दंड देना: ～坏分子 समाज के बुरे तत्वों को सज़ा देना / 严加～ (किसी को) कठोर दंड देना

【惩处】 chéngchǔ सज़ा देना; दंड देना: 依法～ कानून के अनुसार सज़ा देना; विधिवत् दंड देना

【惩罚】 chéngfá दंड देना; सज़ा देना: 严厉～犯罪分子 अपराधियों को कठोर दंड देना / 受到了应得的～ उचित दंड भुगतना

【惩戒】 chéngjiè किसी को शिक्षा देने के उद्देश्य से सज़ा देना; चेतावनी के रूप में सबक सिखाना; अनुशासनीय सज़ा देना

【惩前毖后】 chéngqián-bìhòu भावी गलतियों से बचने के लिये पिछली गलतियों से सबक सीखना: ～，治病救人 भावी गलतियों से बचने के लिये पिछली गलतियों से सबक सीखना और मरीज़ को बचाने के लिये उस की बीमारी का इलाज करना

【惩一儆百】 chéngyī-jǐngbǎi（惩一警百 chéngyī-jǐngbǎi भी）सौ को चेतावनी देने के उद्देश्य से एक को सज़ा देना; किसी को एक उदाहरण देना: 严办这个为首的，～。दूसरों के लिये एक चेतावनी के रूप में इस दल के मुखिये को कठोर दंड देना चाहिये।

【惩治】 chéngzhì दंड देना; सज़ा देना: ～罪犯 अपराधियों को सज़ा देना / 依法～ विधिवत् दंड देना

塍（塖） chéng 〈बोल०〉 खेतों के बीच का पतला मार्ग; पगडंडी: 田～ पगडंडी

酲 chéng 〈लि०〉 मदोन्मत्त होना

澄（澂） chéng ❶(पानी, हवा आदि) स्पष्ट; निर्मल: 澄空 ❷स्पष्ट करना; स्पष्टीकरण करना

dèng भी दे०

【澄碧】 chéngbì स्पष्ट और स्वच्छ: 湖水～。 झील का जल स्पष्ट और स्वच्छ है।

【澄彻】 chéngchè 澄澈 के समान

【澄澈】 chéngchè 〈लि०〉 पारदर्शी रूप से स्पष्ट; स्फटिक जैसा स्वच्छ: 清溪～见底。 नदी का पानी इतना स्वच्छ है कि आप उस के तल तक को देख सकते हैं।

【澄空】 chéngkōng स्वच्छ और निर्मेघ आकाश

【澄清】 chéngqīng ❶स्पष्ट; स्वच्छ; पारदर्शी: 湖水碧绿～。 झील का पानी हरा और स्वच्छ है। ❷स्पष्ट करना; स्पष्टीकरण करना: ～误会 गलतफ़हमी को दूर करना / ～问题 समस्या को सुलझाना / ～事实 तथ्यों का स्पष्टीकरण करना

dèngqīng भी दे०

橙 chéng ❶नारंगी (वृक्ष या फल) ❷नारंगी रंग

【橙黄】 chénghuáng नारंगी रंग

【橙子】 chéngzi नारंगी (फल)

chěng

逞 chěng ❶दिखाना; प्रदर्शित करना: ～英雄 अपनी वीरता दिखाना; वीर बनना / ～威风 रोब दिखाना; अपनी शक्ति दिखाना ❷(कोई बुरा उद्देश्य) प्राप्त होना; सफल होना: 得～ (किसी की अशुभ कामना) पूरी होना ❸निरंकुश होना; उच्छृंखल होना: 逞性

【逞能】 chěngnéng अपनी योग्यता दिखाना; अपनी खूबी दिखाना

【逞强】 chěngqiáng अपनी शान दिखाना; अपनी शक्ति दिखाना: ～好胜 अपनी शान दिखाना और होड़ में दूसरों से बढ़ जाने का प्रयत्न करना

【逞性】 chěngxìng（逞性子 chěngxìngzi भी） स्वेच्छाचारी; ज़िद्दी; हठी

【逞凶】 chěngxiōng नृशंस कार्य करना

骋（騁） chěng 〈लि०〉 ❶(घोड़े का) सरपट दौड़ना: 驰骋 chíchěng ❷खोलना

【骋怀】 chěnghuái 〈लि०〉 पेट भर कर: ～痛饮 पेट भर कर शराब पीना

【骋目】 chěngmù 〈लि०〉 आँखें खोल कर देखना: ～远眺 दूर की ओर दृष्टि रखना

chèng

秤 chèng तुला; तराज़ू; मीज़ान: 用～称称 तराज़ू पर तौलना

【秤锤】 chèngchuí पासंग

【秤杆】 chènggǎn डंडी

【秤钩】 chènggōu (तराज़ू का) काँटा

【秤毫】 chèngháo डंडी पर की रस्सी

【秤花】 chènghuā 〈बोल०〉 दे० 秤星

【秤纽】 chèngniǔ दे० 秤毫

【秤盘】 chèngpán（秤盘子 chèngpánzi भी）पल्ला; पलड़ा

【秤砣】 chèngtuó बटखरा; बाट

【秤星】 chèngxīng तराज़ू की डंडी पर अंकित मात्राएँ बताने वाली बिंदियाँ

chī

吃[1] （喫） chī ❶खाना; पीना; लेना: ～饭 खाना खाना / ～奶 दूध पीना / ～药 दवा लेना / ～得很饱 पेट भर खाना ❷किसी जगह भोजन करना: ～食堂 भोजनालय में भोजन करना ❸जीवन-निर्वाह के लिये अवलंबित होना; निर्वाह करना: ～利钱 सूद पर निर्वाह करना / ～劳保 श्रमिक बीमे पर गुज़र करना ❹सत्यानाश करना; मटियामेट करना; नेस्त-नाबूद करना; खाना: ～掉敌人一个营 दुश्मन की एक बटालियन नष्ट करना / ～一个子儿 (शतरंज का) एक मोहरा मार लेना ❺व्यय करना; खर्च करना: 吃力 ❻सोख लेना; चूसना; पी लेना: 这种纸不～墨水。इस तरह का कागज़ स्याही को ज़्यादा सोखता नहीं। ❼भार वहन करना; सहना; भुगतना; बर्दाश्त करना; खाना: 这根绳子～不住这么重的分量。 यह रस्सी इतना भार नहीं संभाल सकती। / 连～败仗 मात पर मात खाना / 我可不～这一套。 मैं यह बर्दाश्त नहीं कर सकता।

吃[2] chī दे० 口吃 kǒuchī

【吃白饭】 chī báifàn ❶भोजन में केवल भात खाना ❷जीवन-निर्वाह के लिये दूसरों पर अवलंबित होना

【吃白食】 chī báishí 〈बो०〉 वह भोजन खाना जो अपना कमाया हुआ न हो; दूसरों पर गुज़र करना

【吃饱了撑的】 chībǎo le chēng de बहुत अधिक भोजन करने से बेचैन होना (किसी की मूर्खता या बेकार कार्य करने पर एक गाली के रूप में प्रयुक्त)

【吃不得】 chībudé ❶नहीं खा सकना; नहीं खाया जा सकना: 这苹果太酸了，～。 यह सेब बहुत खट्टा है, इसे

खाया नहीं जाता । ❷सह नहीं सकना; बर्दाश्त नहीं कर सकना: ～苦 कष्ट सहन नहीं कर सकना

【吃不服】 chībufú कोई चीज़ खाने की आदत न होना; किसी चीज़ को खाने का आदी या अभ्यस्त न होना: 生冷的东西我总～。ठंडी और कच्ची चीज़ें खाने का मैं हमेशा से आदी नहीं हूँ ।

【吃不开】 chībukāi अलोकप्रिय होना; काम न चलना: 这种工作作风在这儿～。ऐसी कार्यशैली यहाँ लोकप्रिय नहीं है । / 你这老一套现在可～了。काम करने के तुम्हारे पुराने तरीकों से अब काम नहीं चलेगा ।

【吃不来】 chībulái खाने-पीने की अमुक चीज़ पसन्द न होना; खाने-पीने का अभ्यस्त न होना: 酸的东西我～。खट्टी चीज़ें मुझे पसन्द नहीं हैं । / 很多南方人～生蒜。बहुत-से दक्षिणवाले कच्चा लहसुन खाने के अभ्यस्त नहीं हैं ।

【吃不了兜着走】 chībuliǎo dōuzhe zǒu अपने आप को मुसीबत में डालना; बड़ी झंझट में पड़ना: 主意是你出的，出了事你可～。यह सुझाव तुम ही ने पेश किया है, अगर कुछ हुआ तो तुम बड़ी झंझट में पड़ जाओगे ।

【吃不上】 chībushàng खाने के लिये अमुक चीज़ न मिलना: 快走吧，不然就～饭了。जल्दी चलें, नहीं तो भोजन न मिलेगा ।

【吃不下】 chībuxià भोजन करने की इच्छा न होना; और ज़्यादा न खा सकना: 谢谢，我实在～了。बहुत धन्यवाद, अब सचमुच और कुछ नहीं खा सकता; बहुत धन्यवाद, मैं ने वाकई गले तक खाया है ।

【吃不消】 chībuxiāo सहन न कर सकना; झेलने में असमर्थ होना: 爬这么高的山恐怕你～。इतने ऊँचे पहाड़ पर चढ़ने में तुम असमर्थ होंगे । / 这么热真～。ऐसी गर्मी दरअसल असहनीय है ।

【吃不住】 chībuzhù भार वहन न कर सकना; सहारा देने में असमर्थ होना: 机器太沉，这个架子怕～。यह मशीन इतनी भारी है कि शायद इस चौकी पर टिक नहीं सकती; इतनी भारी मशीन को यह चौकी शायद वहन नहीं कर सकती ।

【吃吃】 chīchī 〈अनु०〉 ठठा कर हँसने का शब्द; खिल खिल का शब्द: 她～地笑了。वह खिल खिलाते हुए हँसी ।

【吃吃喝喝】 chīchīhēhē 〈अना०〉 खाने और पीने में लिप्त होना; भोजन और शराब का सेवन करना

【吃醋】 chīcù ईर्ष्या करना; डाह करना (रखना); जलना (प्रायः प्रेम में प्रतिद्वंदी से): 他爱～。वह ज़रा सी बात पर जलने लगता है; वह बड़ा ईर्ष्यालु है ।

【吃大锅饭】 chī dàguōfàn एक ही बड़े कड़ाहे से भोजन निकाल कर खाना —— काम में योगदान या योग्यता की उपेक्षा कर के सब लोगों को एक ही पुरस्कार या वेतन मिलना

【吃大户】 chī dàhù (चीन की मुक्ति से पहले) अकाल के समय भूखे-प्यासे जनसमूह का ज़मीन्दारों के घरों में जा कर भोजन करना या अनाज लूटना

【吃得苦中苦，方为人上人】 chī dé kǔzhōngkǔ, fāng wéi rénshàngrén जब तुम बड़े से बड़े कष्टों को सहन कर सकते हो, तभी तुम समाज में उन्नति कर सकते हो ।

【吃得开】 chīdekāi लोकप्रिय होना; आदर-प्राप्त होना: 这种农具在农村很～。इस तरह को कृषि-औज़ार गाँव में बहुत लोकप्रिय है । / 有手艺的人到哪儿都～。जो हाथ से काम करने में कुशल हो उस का कहीं भी आदर-सत्कार किया जाता है ।

【吃得来】 chīdelái खा सकना: 辣椒我～，但并不特别喜欢。मिर्च तो मैं खा सकता हूँ, पर मुझे उस में विशेष रुचि नहीं ।

【吃得消】 chīdexiāo सहन कर सकना; झेलने में समर्थ होना: 一连几天不睡觉，人怎么能～！कोई इस बात को कैसे सहन कर सकता है कि वह कई दिनों तक अनिद्रित रहे ।

【吃得住】 chīdezhù वहन करने या सहारा देने में समर्थ होना: 这座木桥过大卡车也能～。इस लकड़ी का पुल बड़ी लारी तक का भार वहन कर सकता है ।

【吃豆腐】 chī dòufu 〈बो०〉 ❶(स्त्री को) छेड़ना; छेड़-छाड़ करना: 你别想吃她豆腐！उस के साथ छेड़छाड़ करने की कोशिश मत करो । ❷हँसी-मज़ाक करना ❸किसी घर के मृतक भोज में शामिल होना

【吃独食】 chī dúshí दूसरों को न दे कर सब भोजन खुद ही खाना; अपना भोजन दूसरों में बाँटने से इंकार करना

【吃耳光】 chī ěrguāng 〈बो०〉 थप्पड़ मारा जाना; तमाचा खाना

【吃饭】 chīfàn ❶खाना खाना; भोजन करना: 吃了饭再走吧！जाओ मत, भोजन के लिये ठहरो । / 吃过饭了吗？(〈शा०〉 क्या तुम ने खाना खाया ?) नमस्ते; क्या हाल चाल है ? ❷जीवन निर्वाह करना; गुज़र करना; गुज़र-बसर करना: 靠手艺～ हस्तकौशल की कमाई में गुज़र-बसर करना / 靠自己劳动～ स्वयं की श्रम-शक्ति से निर्वाह करना

【吃官司】 chī guānsi 〈बोल०〉 अभियुक्ति में दंड मिलना; सज़ा भुगतना; कैद की सज़ा मिलना; कैद होना

【吃馆子】 chī guǎnzi 〈बोल०〉 किसी रेस्तरां में भोजन करना; घर से बाहर भोजन करना: 他要请我们～。वह हम को बाहर भोजन खिलाएंगे; वह हम को बाहर दावत देंगे ।

【吃喝拉撒睡】 chī–hē–lā–sā–shuì खाना, पीना, पाखाना करना, पेशाब करना और सोना —— नित्यकर्म; रोज़ के काम

【吃喝嫖赌】 chī–hē–piáo–dǔ अफ़ीम पीना, शराब पीना, वेश्यालय में जाना और जुआ खेलना —— दुराचार-पूर्ण जीवन बिताना

【吃喝玩乐】 chī–hē–wán–lè खेलना-खाना; गुलछर्रे उड़ाना; मौज उड़ाना

【吃喝儿】 chīhēr 〈बोल०〉 खाने-पीने की चीज़ें: 这里物价高，～不便宜。यहाँ के दाम ऊँचे हैं, खाने-पीने की चीज़ें सस्ती नहीं ।

【吃后悔药】 chī hòuhuǐyào पश्चात्ताप करना; पछताना: 你要先考虑好再做，免得～。ऐसा करने से पहले अच्छी तरह सोच-विचार करो, जिस से कि तुम को पछताना न पड़े ।

【吃皇粮】 chī huángliáng सरकारी दफ़्तरों आदि में नौकरी करना

【吃回扣】 chī huíkòu दस्तूरी पाना; दलाली मिलना; कमीशन खाना

【吃荤】 chīhūn माँस खाना; माँस का आहार करना

【吃紧】 chījǐn संकटमय होना; संकटपूर्ण होना; खतरनाक होना; तनावपूर्ण होना: 形势～。परिस्थिति संकटपूर्ण थी। / 银根～。मुद्राचलन तनावपूर्ण है।

【吃劲】 chījìn अधिक शक्ति लगाने की आवश्यकता होना; कष्टसाध्य होना: 他挑二百斤也～。वह बिना ज़्यादा ज़ोर लगाए दो सौ चिन का भार कंधे पर उठा सकता है।

【吃惊】 chījīng चौंकना; विस्मित होना; अचरज में पड़ना; अचम्भे में पड़ना; आश्चर्यचकित होना: 大吃一惊 आश्चर्यचकित होना; अचरज में पड़ना / 令人～ आश्चर्यचकित करना; अचम्भे में डालना

【吃空额】 chī kòng'é（吃空缺 chī kòngquē भी）(सैनिक अधिकारियों का) गलत नाम-सूचि पेश कर के बेईमानी से धन हड़पना

【吃苦】 chīkǔ कष्ट उठाना; कष्ट सहना; कठिनाइयों को झेलना: 怕～，就干不成大事。अगर कठिनाइयों से डरते हो तो तुम कोई भी बड़ा काम नहीं कर पाओगे। / 他以前吃了不少苦。पहले उस को तरह-तरह के कष्ट उठाने पड़े थे।

【吃苦耐劳】 chīkǔ-nàiláo मेहनती और कष्ट-सहिष्णु होना

【吃苦在前，享乐在后】 chīkǔ-zàiqián，xiǎnglè-zàihòu पहले कष्टों को सहन करना, फिर बाद में सुखभोग करना

【吃亏】 chīkuī ❶नुकसान उठाना; नुकसान पहुँचना: 你放心，我不会让你～。निश्चिंत रहो, मुझ से तुम को कोई भी नुकसान न पहुँचेगा। / 他～就在于不老实。उसे अपनी बेईमानी से ही हानि उठानी पड़ती थी। ❷असुविधा में होना; प्रतिकूल स्थिति में होना: 在体力上我们吃了亏。शारीरिक शक्ति के विचार से हम प्रतिकूल स्थिति में थे।

【吃老本】 chī lǎoběn अपने अतीत की कमाई पर ही ज़िंदा रहना; अपनी कामयाबियों से संतुष्ट होना

【吃里爬外】 chīlǐ-páwài एक पर निर्भर हो कर निर्वाह करना जब कि गुप्त रूप से दूसरे की सहायता करना

【吃力】 chīlì ❶श्रमसाध्य होना; कष्टसाध्य होना; कठिन होना; कमज़ोर होना: 爬山～。पहाड़ पर चढ़ने में बड़ी शक्ति खर्च होती है। / 他干这活儿有点～。यह काम उस के लिये ज़रा कठिन है। / 我们要帮助学习上～的同学。हमें पढ़ाई में कमज़ोर सहपाठियों को मदद देनी चाहिये। ❷<बो०> थका हुआ; थका-मांदा: 跑了一天路，我感到很～。पूरे एक दिन की यात्रा के बाद मैं थक गया।

【吃力不讨好】 chīlì bù tǎohǎo कोई कठिन काम करना पर उस का थोड़ा सा ही फल प्राप्त होना; कोई ऐसा काम करना जो कठिन हो परंतु जिस का उपकार मानने वाला कोई न हो

【吃粮】 chīliáng <पुराना> एक सिपाही के रूप में सेना में सेवा करना

【吃枪子儿】 chī qiāngzǐr <घृणा०> (बंदूक की) गोली खाना; गोली खा कर मर जाना

【吃请】 chīqǐng (रिश्वत के रूप में दिये हुए) दावत में जाना

【吃食】 chīshí (पशु-पक्षियों का) चारा खाना: 小鸡正在～。छोटी मुर्गियाँ अब चारा खा रही थीं।

【吃水】[1] chīshuǐ <बो०> पानी पीना; पानी मिलना: 过去这里～很困难。यहाँ पहले पानी मिलने में बहुत मुश्किल थी।

【吃水】[2] chīshuǐ सोखना; चूसना; पी जाना: 这块地不～。यह खेत बहुत कम पानी सोखता है। / 这种大米不～。इस तरह का चावल पकाने में ज़्यादा पानी की ज़रूरत है।

【吃水】[3] chīshuǐ <नौपरिवहन> जहाज़ चलने के लिये आवश्यक पानी की गहराई; डुबाव: 这船～三米。इस जहाज़ के लिये तीन मीटर का डुबाव है।

【吃素】 chīsù शाक खाना; शाकाहारी होना

【吃透】 chītòu पूर्ण रूप से समझ लेना; पूरी तरह आत्मसात कर लेना: ～文件精神 दस्तावेज़ को पूर्ण रूप से समझ लेना; दस्तावेज़ का मुख भाव ग्रहण करना

【吃瓦片儿】 chī wǎpiànr <बो०> अपने मकानों के किराये में जीवन निर्वाह करना

【吃闲饭】 chī xiánfàn बेकार रहना; हाथ पर हाथ धरे बैठे रहना; मक्खियाँ मारना

【吃现成饭】 chī xiànchéngfàn बना-बनाया भोजन खाना —— बिना खुद मेहनत किये दूसरों के श्रम का फल भोगना

【吃香】 chīxiāng <बोल०> लोकप्रिय होना; प्रचलित होना: 今年这种款式的服装很～。इस साल इस शैली की पोशाक बहुत प्रचलित है।

【吃心】 chīxīn <बो०> शंकित होना; शक करना; संदेह करना; अति संवेदनशील होना: 我们在说他呢，你吃什么心？हम उस की बात कह रहे थे, तुम क्यों शंकित होने लगे?

【吃鸭蛋】 chī yādàn बत्तख का अंडा खाना —— खेल में कोई अंक न जीतना; परीक्षा में सिफ़र मिलना

【吃哑巴亏】 chī yǎbakuī गम खाना

【吃一堑，长一智】 chī yī qiàn，zhǎng yī zhì गढ़े में गिरे तो अक्ल आएगी; ठोकर खावे बुद्धि पावे

【吃斋】 chīzhāi (धार्मिक व्यवहार के रूप में) शाकाहार करना; शाकाहारी होना

【吃重】 chīzhòng ❶यत्नसाध्य; दुष्कर; कठिन: 这个任务很～。यह दुष्कर काम है; यह काम बड़ा कठिन है। ❷परिवहन की क्षमता; भारवाहन की क्षमता: 这辆卡车～多少？इस ट्रक की भारवाहन की क्षमता क्या है?

【吃准】 chīzhǔn <बोल०> निश्चित होना; अवश्यम्भावी होना; असंदिग्ध होना; पक्का विश्वास होना: 他～小李过几天会回来。उस के विचार में श्याओ ली कुछ ही दिनों में ज़रूर वापस आएगा।

【吃租】 chīzū किराये पर जीवन-निर्वाह करना

【吃罪】 chīzuì निन्दा सहना; आरोप सहना; दोष स्वीकार करना: ～不轻 कड़ी निन्दा सहना / ～不起 दोष स्वी-

कार न कर सकना; दोष अस्वीकृत करना

哧 chī 〈अनु०〉 फटने का शब्द: ～的一声撕下一块布来 कपड़े का एक टुकड़ा फट से फाड़ देना / ～～地笑 खिल-खिल करते हुए हँसना

【哧溜】 chīliū 〈अनु०〉 संयोग से फिसल जाने का शब्द; जल्द ही खिसक जाने की आवाज़: ～一下，她滑了一跤。वह सड़ाक से फिसल कर ज़मीन पर गिर पड़ी।

蚩 chī 〈लि०〉 अनभिज्ञ; अनाड़ी

鸱（鴟） chī छोटा बाज़ (पुराने ग्रंथों में प्रयुक्त)

眵 chī आँख की कीच; आँख का कीचड़

【眵目糊】 chīmuhū 〈बोल०〉 आँख की कीच; आँख का कीचड़

笞 chī 〈लि०〉 बेंत, छड़ी या कोड़े आदि से मारना: 鞭～ कोड़े मारना या बाँस के टुकड़े से मारना

嗤 chī 〈लि०〉 उपहास

【嗤笑】 chīxiào (किसी की) हँसी उड़ाना; (किसी का) उपहास करना; (किसी की) खिल्ली उड़ाना: 为人～ उपहास का पात्र बन जाना / 大家都～他愚蠢。लोगों को उस की बेवकूफ़ी पर हँसी आती है।

【嗤之以鼻】 chīzhī-yǐbí तिरस्कार से नथुने फुलाना; उपेक्षा की दृष्टि से देखना; कुछ न समझना

痴（癡） chī ❶मूर्ख; बेवकूफ़ ❷मोहित होना; आसक्त होना; लीन होना ❸〈बोल०〉 पागल

【痴呆】 chīdāi ❶निष्क्रिय; जड़मति ❷〈चिकि०〉 मूढ़ता; मनोभ्रंश

【痴肥】 chīféi विकृत रूप से मोटा; स्थूलकाय

【痴迷】 chīmí मुग्ध होना; मोहित होना; प्रेमांध होना; लीन होना; आसक्त होना

【痴男怨女】 chīnán-yuànnǚ प्रेम-पाश में फँसे हुए युवक और युवती

【痴情】 chīqíng ❶अविवेक भावावेश; तीव्र मनोभाव ❷मुग्ध होना; प्रेमांध होना; आसक्त होना

【痴人说梦】 chīrén-shuōmèng मूर्खतापूर्ण बकवास करना; ऊलजलूल बातें कहना

【痴想】 chīxiǎng तर्क पर नहीं, बल्कि आकांक्षाओं पर आधारित विचार; भ्रम

【痴笑】 chīxiào मूर्खता से हँसना; फूहड़पन से हँसना

【痴心】 chīxīn मुग्धता; प्रेमांधता; इश्क में अंधा होना; मोहित होना: 他对那姑娘一片～。वह उस लड़की पर मोहित था; वह उस लड़की पर लट्टू था।

【痴心妄想】 chīxīn-wàngxiǎng तर्क पर नहीं, बल्कि आकांक्षाओं पर आधारित विचार; भ्रम

【痴长】 chīzhǎng 〈शिष्ट०〉 उम्र में उस व्यक्ति से बड़ा परंतु अधिक बुद्धिमान नहीं जिस से बातचीत की जा रही हो: 我～你几岁，可也没多学什么东西。मैं तुम से कुछ साल बड़ा हूँ, पर तुम से अधिक सुबुद्ध नहीं।

【痴子】 chīzi 〈बो०〉 ❶मूर्ख; बेवकूफ़ ❷पागल; पगला

媸 chī 〈लि०〉 अशोभन; कुरूप; भद्दा

螭 chī ❶बिना सींगों वाला अजगर (प्राचीन इमारतों या कलात्मक वस्तुओं पर अंकित एक सजावट) ❷魑 chī के समान

魑 chī नीचे दे०

【魑魅】 chīmèi 〈लि०〉 पहाड़ों पर रहने वाली आदमखोर प्रेतात्माएं

【魑魅魍魉】 chīmèi-wǎngliǎng 〈लि०〉 अनिष्टकर प्रेतात्माएं; पिशाच; शैतान; दानव और राक्षस

chí

池 chí ❶सरोवर; ताल; तालाब: 游泳～ तैरने का तालाब / 养鱼～ मछली पालने का तालाब ❷कोई घिरा हुआ स्थान जिस के किनारे ज़रा ऊँचे हों: 花～ (बाग की) क्यारी; संस्तर / 乐～ आर्केस्ट्रा पिट ❸(थियेटर का) स्टाल ❹〈लि०〉 परिखा: 城～ नगर की चहारदीवारी और परिखा; नगर ❺（Chí）एक कुलनाम

【池汤】 chítāng सामान्य स्नान-तालाब (किसी स्नान-घर में)

【池塘】 chítáng तालाब; ताल; सरोवर

【池盐】 chíyán सरोवर का नमक

【池鱼之殃】 chíyúzhīyāng परिखा में रहने वाली मछलियों पर पड़ी हुई विपत्ति —— किसी को दूसरे की भूल से पहुँचा हुआ नुकसान —— दे० 城门失火，殃及池鱼

【池浴】 chíyù सामान्य स्नान-तालाब में स्नान करना

【池沼】 chízhǎo बड़ा तालाब; सरोवर

【池子】 chízi 〈बोल०〉 ❶ताल; तालाब ❷सामान्य स्नान-तालाब (किसी स्नान-घर का) ❸डांस फ़्लोर (किसी बालरूम का) ❹(थियेटर का) स्टाल; आर्केस्ट्रा

【池座】 chízuò (थियेटर का) स्टाल; आर्केस्ट्रा

弛 chí 〈लि०〉 शिथिल होना; ढीला होना: 松～ ढीला पड़ना

【弛废】 chífèi 〈लि०〉 दे० 废弛 fèichí

【弛缓】 chíhuǎn ❶शिथिल होना; धीमा होना; शांत होना: 他听这一番话，紧张的心情渐渐～下来。यह बातें सुन कर उस की घबराहट कम होने लगी। ❷ढीला होना; ढील आना: 纪律～ अनुशासन में ढील आई।

【弛禁】 chíjìn 〈लि०〉 मनाही का हुक्म रद्द करना; निषेध हटा देना

【弛懈】 chíxiè 〈लि०〉 ढीला; सुस्त

驰 chí ❶(गाड़ियों या घोड़ों आदि का) सरपट दौड़ना: 飞驰 fēichí ❷फैलना: 驰名 ❸〈लि०〉 (विचारों का)

किसी बात की ओर आतुरता से प्रवृत्त होना: ～想 तीव्र अभिलाषा

【驰骋】 chíchěng सरपट दौड़ना: ～疆场 रणभूमि में अपनी वीरता खूब अच्छी तरह दिखाना / ～文坛 साहित्यिक संसार में प्रमुख भूमिका अदा करना; साहित्यिक मंच पर खूब अभिनय करना

【驰电】 chídiàn तुरंत पर भेजना: ～告急 तुरंत तार भेज कर अपनी आपत्तिजनक स्थिति बताना

【驰名】 chímíng दूर-दूर तक लोगों की जानकारी में होना; नाम फैलना; प्रसिद्ध होना; विख्यात होना; मशहूर होना: 世界～的万里长城 विश्वविख्यात लम्बी दीवार / ～中外 देश-विदेश में प्रसिद्ध होना / ～天下 सारे संसार में मशहूर होना

【驰驱】 chíqū ❶(घोड़े पर चढ़ कर) सरपट दौड़ना ❷किसी की सेवा में दौड़धूप करना

【驰书】 chíshū 〈लि०〉 तुरंत चिट्ठी भेजना: ～告急 तुरंत चिट्ठी भेज कर अपनी आपत्तिजनक स्थिति बताना

【驰突】 chítū 〈लि०〉 (घोड़े पर चढ़ कर या सरपट दौड़ कर) धावा बोलना: 往来～，如入无人之境 आगे या पीछे से धावा बोल कर सभी प्रतिरोधकों को नष्ट करना

【驰骛】 chíwù 〈लि०〉 (घोड़ों का) सरपट दौड़ना

【驰誉】 chíyù दे० 驰名

【驰援】 chíyuán (किसी को) खतरे से बचाने के लिये बहुत वेग के साथ दौड़ कर जाना

【驰骤】 chízhòu 〈लि०〉 सरपट दौड़ना: 纵横～ स्वच्छंदता के साथ सरपट दौड़ना

迟（遲） chí ❶मंद; धीमा: 事不宜～。 यह काम धीरे-धीरे नहीं करना चाहिये; यह काम जल्दी-जल्दी करना चाहिये। ❷देर में; विलंबपूर्वक: 对不起，来～了。 माफ़ करें, मैं देर से आया। / 昨晚睡得太～了。 रात को सोने में बहुत देर हुई थी। ❸ (Chí) एक कुलनाम

【迟迟】 chíchí मंद; धीमा: ～不决 लम्बे समय के बाद भी निश्चय न कर पाना / 他为什么～不来? वह यहाँ आने में क्यों इतनी देर लगाता है; उस के यहाँ आने में क्यों इतनी देर हो रही है ?

【迟到】 chídào देर हो जाना; देर में आना: ～十分钟 दस मिनट देर हो जाना / 咱们～一步就赶不上车了。 ज़रा भी देर हुई होती, तो हम गाड़ी नहीं पकड़ पाते।

【迟钝】 chídùn (विचारण या आचरण में) मंद; जड़; दुर्बुद्धि: 反应～ प्रतिक्रिया में मंद होना / 头脑～ मंदबुद्धि होना

【迟缓】 chíhuǎn धीमा; मंद; मंथर: 行动～ मंद गति से कार्रवाई करना / 效力～ धीरे-धीरे अपना प्रभाव दिखाना / 进展～ धीमी गति से विकसित होना

【迟暮】 chímù ❶सायंकाल; संध्या; सांझ ❷〈लि०〉 जीवनसंध्या; वृद्धावस्था

【迟误】 chíwù विलंब करना; देर करना: 事关重要，不得～。 मामला महत्वपूर्ण है, इस में देर न करो।

【迟延】 chíyán विलंब करना; देर करना (या लगाना): 情况紧急，不能再～了。 स्थिति गंभीर है, अब और विलंब न करो।

【迟疑】 chíyí हिचकिचाना; झिझकना; आगा-पीछा सोचना; असमंजस में पड़ना: 他毫不～地接受了任务。 उस ने बिना हिचकिचाए यह कार्य स्वीकार किया।

【迟疑不决】 chíyí-bùjué कोई निश्चय करने में आगा-पीछा करना; अनिश्चित होना; हिचकिचाना: 你要是再～，就失去机会了。 अब और हिचकिचाते रहोगे, तो मौका हाथ से खो जाएगा।

【迟早】 chízǎo जल्दी या देर में; देर-सबेर: 他～会来的。 वह देर-सबेर आ ही जाएगा।

【迟滞】 chízhì ❶मंद; मंद गति से चलता हुआ: 河道淤塞，水流～。 इस नदी में मिट्टी जमी हुई है, इस से इस का पानी धीमी गति से बहता है। ❷〈सैन्य०〉(कार्रवाई) विलंब करना: ～敌人的行动 शत्रु-सेना की कार्रवाइयों में विलंब करना

持 chí ❶हाथ में लेना; पकड़ना; थामना; धारण करना: ～枪 बंदूक को हाथ में लेना; बंदूक धारण करना / ～相反意见 विपरीत राय रखना ❷सहारा देना; कायम रखना; करते रहना: 坚～ डटे रहना / 支～ सहारा देना ❸प्रबन्ध करना; संभालना: 操～ देखभाल करना; संभालना / 主～ सदारत करना; निर्देशन करना ❹काबू में रखना; नियंत्रित करना: 劫～ अपहरण करना ❺विरोध करना: 相～ गत्यवरोध उत्पन्न होना

【持法】 chífǎ कानून को लागू करना; कानून को अमल में लाना

【持家】 chíjiā गृहस्थी संभालना: ～有方 गृहस्थी संभालने में सुयोग्य होना

【持久】 chíjiǔ स्थायी; स्थिर रहने वाला; सहनशील; कायम रहने वाला: ～和平 स्थायी शांति / 他们之间的感情是不会～的。 उन का प्रेम स्थिर नहीं रहेगा।

【持久力】 chíjiǔlì कायम रहने की शक्ति; सहनशक्ति

【持久战】 chíjiǔzhàn दीर्घकालीन युद्ध

【持论】 chílùn कोई दलील पेश करना; कोई तर्क उपस्थित करना; अपनी धारणा प्रकट करना: ～有据 कोई आधारयुक्त तर्क उपस्थित करना

【持平】 chípíng ❶न्यायपूर्ण; निरपेक्ष: ～之论 निरपेक्ष दलील; युक्तिसंगत तर्क ❷बराबर रहना; समानता कायम रहना: 今年与去年的物价基本～。 पिछले वर्ष और इस वर्ष के दामों में बुनियादी तौर पर बराबरी बनी रही है।

【持身】 chíshēn अपने आप से तकाज़ा करना: ～严正 अपने आप से सख्त तकाज़ा करना

【持续】 chíxù जारी रहना या रखना; चालू रहना या रखना: 他的报告～了三个钟头。 उन का भाषण तीन घंटों तक जारी रहा। / 使国民经济以较高的速度～发展 राष्ट्रीय अर्थव्यवस्था को अपेक्षाकृत द्रुत गति से लगातार विकसित करना

【持有】 chíyǒu धारण करना; रखना: ～护照 पासपोर्ट धारण करना / ～不同意见 अलग राय रखना

【持之以恒】 chízhī-yǐhéng लगन से लगे रहना; प्रयत्न करते रहना: 努力学习，～ पढ़ाई में अनवरत प्रयत्न करते रहना

【持之有故】 chízhī–yǒugù अपने तर्क (या दलील) के लिये आधार होना

【持重】 chízhòng सावधान; होशियार; विवेकपूर्ण; दुनियादार: 老成～ दुनियादार और विवेकपूर्ण

匙 chí चम्मच; चमचा; चमची
shi भी दे०

【匙子】 chízi चम्मच

踟 chí नीचे दे०

【踟蹰】 chíchú हिचकिचाना; आगा-पीछा करना; उधेड़-बुन में रहना: ～不前 आगे बढ़ने में हिचकिचाना

【踟躇】 chíchú दे० 踟蹰

墀 chí <लि०> (महल की ओर जाने वाली) सीढ़ी के डंडे; सीढ़ी: 丹～ (महल की ओर जाने वाली) सिंदूरी सीढ़ी

chǐ

尺 chǐ ❶छ (लम्बाई की इकाई, 1/3 मीटर के बराबर) ❷रूल; रूलर: 皮～ नापने वाला फ़ीता; फ़ीता ❸रूलर के आकार का कोई औज़ार: 计算～ स्लाइड रूल
chě भी दे०

【尺寸】 chǐcùn ❶नाप; परिमाण; लम्बाई; साइज़: 衣服的～ कपड़े का परिमाण / 量～ कपड़े के लिये व्यक्ति की नाप लेना / 这件衣服～不合适。इस कपड़े के नाप ठीक नहीं; यह कपड़ा मेरे लिये फ़िट नहीं है। ❷<बोल०> बात कहने या काम करने की उचित सीमा; औचित्य: 他办事很有～。वह जानता है कि क्या करना है और क्या नहीं करना है।

【尺牍】 chǐdú चिट्ठी; पत्र; पत्र-व्यवहार

【尺度】 chǐdù मापक; मापदंड; प्रामाणिक-माप: 检验真理的～ सच्चाई का मापक

【尺短寸长】 chǐduǎn–cùncháng 尺有所短，寸有所长 का संक्षिप्त रूप

【尺幅千里】 chǐfú–qiānlǐ एक फ़ुट के लपेटे हुए कागज़ पर एक हज़ार किलोमीटर का दृश्य —— छोटे बर्तन में बहुत की समाई; बाहरी रूप छोटा पर विषयवस्तु बहुत

【尺骨】 chǐgǔ <श०वि०> अलना

【尺蠖】 chǐhuò <प्राणि०> एक प्रकार का कीड़ा जो कुंडली बनाता हुआ चलता है; लूपर

【尺码】 chǐmǎ साइज़; माप; नाप; नम्बर: 各种～的帽子都齐全。सभी नम्बरों की टोपियाँ यहां बिकती हैं। / 你穿多大～的鞋子？तुम किस नम्बर का जूता पहनते हो？

【尺有所短，寸有所长】 chǐ yǒu suǒ duǎn, cùn yǒu suǒ cháng कभी-कभी एक फ़ुट भी छोटा लग सकता है और कभी-कभी एक इंच भी लम्बा लग सकता है —— हरेक में अपनी खूबियाँ और कमियाँ होती हैं

【尺子】 chǐzi रूल; रूलर

呎 chǐ（英尺 yīngchǐ भी）फ़ुट का पुराना रूप

齿（齒）chǐ ❶दाँत ❷किसी चीज़ का दाँत के आकार का भाग: 锯～儿 आरी के दाँत ❸<लि०> आयु; अवस्था: 稚～ नौजवान / ～德俱尊 आयु और नैतिक पूर्णता दोनों में आगे बढ़ा हुआ ❹<लि०> चर्चा, उल्लेख: 不足～数 उल्लेख करने के अयोग्य होना

【齿唇音】 chǐchúnyīn <ध्वनि०> दंतोष्ठ्य (वर्ण)

【齿及】 chǐjí <लि०> चर्चा करना; उल्लेख करना: 区区小事，何足～。छोटी-सी बात है, इस की चर्चा करने की क्या ज़रूरत है।

【齿冷】 chǐlěng <लि०> उपेक्षापूर्ण उपहास करना: 令人～ उपेक्षापूर्ण उपहास किये जाने के योग्य होना; उपहास्य होना; उपहासास्पद होना

【齿轮】 chǐlún दांतेदार पहिया; मशीन के दाँते

【齿音】 chǐyīn <ध्वनि०> दंत्य

【齿龈】 chǐyín <श०वि०> मसूड़ा

侈 chǐ <लि०> ❶फ़िज़ूल खर्ची: 奢～ विलासी; विषयासक्त ❷लम्बी-चौड़ी बातें; लफ़्फ़ाज़ी: 侈谈

【侈谈】 chǐtán ❶लम्बी-चौड़ी बातें करना; बात को बढ़ा-चढ़ा कर कहना; लफ़्फ़ाज़ी करना ❷लम्बी-चौड़ी बातें; लफ़्फ़ाज़ी: 不过是～而已。यह लफ़्फ़ाज़ी ही है।

耻（恥）chǐ ❶शर्म; हया; लज्जा: 可～ शर्मनाक; लज्जास्पद ❷अपमान; बेइज़्ज़ती; अप्रतिष्ठा: 引以为～ अपमान समझना

【耻骨】 chǐgǔ <श०वि०> प्यूबिस

【耻辱】 chǐrǔ अपमान; बेइज़्ज़ती; अप्रतिष्ठा

【耻笑】 chǐxiào (किसी की) हँसी उड़ाना; (किसी का) उपहास करना; (किसी की) खिल्ली उड़ाना

豉 chǐ खमीर उठाया हुआ सोयाबीन

褫 chǐ <लि०> वंचित करना; अपहरण करना; छीन लेना: ～职 (किसी को) पदच्युत करना; किसी को उस की नौकरी से बरखास्त करना

【褫夺】 chǐduó वंचित करना; अपहरण करना; छीन लेना: ～继承权 उत्तराधिकार-हरण करना; (किसी को) उत्तराधिकार से वंचित करना

【褫革】 chǐgé <लि०> (किसी को) पदच्युत करना; किसी को उस की नौकरी से बरखास्त करना

chì

彳 chì नीचे दे०

【彳亍】 chìchù <लि०> धीमे कदमों से चलना; रुक-रुक कर चलना: 她独自在河边～。वह अकेले नदी के किनारे-

किनारे टहलती रहती थी।

叱 chì <लि०> गुस्से में डांट-डपट करना; चिल्ला-चिल्ला कर बुराई करना

【叱呵】 chìhē डाँटना; डपटना; झल्ला कर (किसी पर) बरस पड़ना

【叱喝】 chìhè डाँटना; डपटना; झल्ला कर (किसी पर) बरस पड़ना: 厉声～ गंभीर स्वर से डाँट-डपट करना

【叱骂】 chìmà डाँटना; फटकारना; गाली देना; धिक्कारना; निंदा करना

【叱责】 chìzé डाँटना; फटकारना; गाली देना; धिक्कारना; निंदा करना भर्त्सना करना

【叱咤】 chìzhà <लि०> गुस्से में चिल्लाना; नाराज़ हो कर चीखना

【叱咤风云】 chìzhà-fēngyún हवा और बादलों पर हावी होना; आसमान और ज़मीन को हिलाना; अत्यंत प्रभावयुक्त होना

斥[1] chì ❶डाँटना; डाँट-फटकार करना; निंदा करना; दोष लगाना: 痛～ खूब ज़ोर से डाँट-फटकार करना ❷हटा देना; निकाल देना; बहिष्कृत करना: 排～ बहिष्कार करना; शामिल न करना ❸<लि०> (धन) देना; खर्च करना: 斥资 ❹<लि०> प्रसार करना; विस्तार करना: ～地 भूखंड का विस्तार करना

斥[2] chì <लि०> टोह लगाना; जाँच करना; पता लगाना; जासूसी करना

【斥革】 chìgé <लि०> नौकरी से बरखास्त करना; दफ़्तर से बाहर निकाल देना

【斥候】 chìhòu <पुराना> ❶(शत्रु की स्थिति की) टोह लगाना; जासूसी करना ❷जासूसी सैनिक; जासूस

【斥力】 chìlì <भौ०> प्रतिघात

【斥骂】 chìmà डाँटना; डाँट-फटकार करना; गाली देना: 高声～ उच्च स्वर से गालियां देना

【斥退】 chìtuì ❶<पुराना> पदच्युत करना; बरखास्त करना ❷<पुराना> (स्कूल से) निष्कासित करना ❸किसी को बाहर जाने की आज्ञा देना

【斥责】 chìzé डाँट-फटकार करना; फटकारना; निंदा करना; भर्त्सना करना: 厉声～ गंभीर स्वर में डाँट-फटकार करना

【斥逐】 chìzhú <लि०> हटा देना; भगा देना; निकाल बाहर करना: ～入侵之敌 अन्दर घुसे हुए शत्रु को हटा देना

【斥资】 chìzī <लि०> धन देना; धन प्रदान करना: ～办学 स्कूलों की स्थापना के लिये धन प्रदान करना

赤 chì ❶लाल: ～色 लाल रंग / 面红耳～ चेहरा लाल हो जाना ❷<पुराना> क्रांतिकारी; कम्युनिस्ट: ～卫队 लाल रक्षक दल ❸वफ़ादार; निष्ठावान; अनन्य भक्त: 赤心 ❹नंगा: 赤脚 ❺खाली; छूछा

【赤背】 chìbèi अधनंगा; कमर तक नग्न

【赤膊】 chìbó अधनंगा; कमर तक नग्न: 打～ कमर तक नग्न होना

【赤膊上阵】 chìbó-shàngzhèn कमर तक नग्न हो कर युद्धस्थल में जाना —— छद्म वस्त्र उतारना; नकली रूप छोड़ना; बिना लुके-छिपे कोई काम करना

【赤忱】 chìchén <लि०> ❶赤诚 के समान ❷संपूर्ण ईमानदारी; पूर्ण सचाई

【赤诚】 chìchéng बेहद ईमानदार; बिल्कुल सच्चा: ～待人 लोगों के साथ बेहद ईमानदारी से व्यवहार करना

【赤胆忠心】 chìdǎn-zhōngxīn पूरी वफ़ादारी; संपूर्ण भक्ति; पूरी निष्ठा: ～干革命 वफ़ादारी से क्रांतिकारी कार्य करना

【赤道】 chìdào ❶भूमध्य रेखा; मध्यरेखा; इक्वेटर ❷<खगोल०> खगोलीय इक्वेटर

【赤道几内亚】 Chìdào Jǐnèiyà इक्वेटोरियल गिनी

【赤道仪】 chìdàoyí इक्वेटोरियल टेलिस्कोप

【赤地千里】 chìdì-qiānlǐ एक हज़ार ली की ऊसर भूमि —— भीषण प्राकृतिक विपत्ति का एक दृश्य (सूखे या कीड़ों-मकोड़ों के हमले के बाद)

【赤豆】 chìdòu <बो०> रेड बीन

【赤红】 chìhóng शोणित; गहरा लाल

【赤脚】 chìjiǎo नंगे पैर; नंगे पाँव; नंगे पैरोंवाला: 赤着脚在田里插秧 नंगे पाँव खेत में पौधे लगाना

【赤脚医生】 chìjiǎo yīshēng नंगे पांवोंवाला डॉक्टर (उस डॉक्टर का उपनाम जो देहाती इलाकों में डॉक्टरी के साथ-साथ खेतीबारी भी करता हो)

【赤金】 chìjīn शुद्ध और स्वच्छ सोना; कुंदन

【赤佬】 chìlǎo <बो०> ❶भूत ❷नीच; दुष्ट; बदमाश

【赤露】 chìlù नंगा; नग्न; विवस्त्र: ～着胸口 बिना छाती को आवृत्त किये; छाती खोले हुए

【赤裸】 chìluǒ ❶नंगा; नग्न; विवस्त्र: ～着上身 कमर तक नग्न हो कर; अधनंगा / 全身～ बिल्कुल नंगा; नंगा-धड़ंगा

【赤裸裸】 chìluǒluǒ ❶बिल्कुल नंगा; नंगा-धड़ंगा ❷अनावृत; आवरणरहित; नंगा; खुला हुआ; साफ़: ～的事实 नंगा तथ्य; खुली हुई बात / ～的侵略 खुला आक्रमण / ～的强盗逻辑 डाकुओं जैसा नंगा सिद्धांत

【赤霉素】 chìméisù <जी०र०> गिबरेलीन (gibberellin)

【赤贫】 chìpín अत्यंत दरिद्र; बहुत गरीब; कंगाल

【赤身】 chìshēn नंगा; विवस्त्र: ～裸体 नंगा-धड़ंगा

【赤手空拳】 chìshǒu-kōngquán छूछा हाथ; खाली हाथ; निहत्था; बेहथियार; शस्त्रशून्य: ～的民众 निहत्था जनसमूह / ～和敌人对抗 शत्रुओं से छूछे हाथ लड़ना

【赤条条】 chìtiáotiáo बिल्कुल नंगा होना; नंगा-धड़ंगा होना

【赤县神州】 Shìxiàn Shénzhōu लाल राज्यक्षेत्र और दैवी भूभाग (चीन के लिये एक काव्यात्मक नाम)

【赤小豆】 chìxiǎodòu रेड बीन

【赤心】 chìxīn सच्चा दिल; पूर्ण सचाई; पूरी ईमानदारी: ～相待 किसी के साथ सच्चे दिल से व्यवहार करना

【赤子】 chìzǐ ❶नवजात शिशु: ～之心 नवजात शिशु का दिल —— विशुद्ध हृदय; सादापन ❷<लि०> स्वदेशीय;

एकदेशीय：海外～ विदेशों में रहनेवाले स्वदेशीय

【赤字】 chìzì घाटा; टोटा：财政～ वित्तीय घाटा / 贸易～ व्यापारिक घाटा / 弥补～ घाटा पोरा हो जाना; घाटा भरना

【赤足】 chìzú नंगे पैर; नंगे पांव; नंगे पैरोंवाला

饬（飭）chì 〈लि०〉❶पुनःसमंजन करना; फिर से मेल बिठाना; सुव्यवस्थित करना：整～ पुनःसमंजन करना ❷अनुशासन-पालक; सुशील ❸(प्रायः सरकारी दस्तावेज़ों में प्रयुक्त) आज्ञा देना

【饬令】 chìlìng (प्रायः सरकारी दस्तावेज़ों में प्रयुक्त) आज्ञा देना

炽（熾）chì भड़कता हुआ; प्रज्वलित; प्रचंड

【炽烈】 chìliè जलता हुआ; भड़कता हुआ：篝火在～地燃烧。अलाव ज़ोरों से जल रहा है। / ～的感情 जोशपूर्ण भावना / ～的战斗 घमासान युद्ध

【炽热】 chìrè ❶बहुत गर्म; तप्त：～的阳光 बहुत तेज़ धूप ❷भावुक; जोशीला：～的情感 तीव्र भावना; भावुकता

【炽灼】 chìzhuó ❶बहुत गर्म (आग) ❷शक्तिशाली; प्रभावशाली

翅（翄）chì ❶पर; पंख ❷शार्क मछली के पंख; मीन पंख

【翅膀】 chìbǎng पर; पंख

【翅果】 chìguǒ 〈वन०〉 सेमेरा

【翅席】 chìxí प्रमुख व्यंजन के रूप में शार्क मछली के पंखोंसहित महाभोज

敕（勅、勑）chì सम्राट् की आज्ञा; शाही आज्ञा; राजाज्ञा; राजघोषणा

【敕封】 chìfēng सम्राट् की आज्ञा से किसी को कोई अधिकार का पद या उपाधि देना

【敕建】 chìjiàn सम्राट् की आज्ञा के अनुसार (इमारत आदि का) निर्माण करना

【敕令】 chìlìng ❶(सम्राट् का) आज्ञा देना ❷सम्राट् की आज्ञा; राजाज्ञा

啻 chì 〈लि०〉 केवल; सिर्फ़：不～ ❶… से कम नहीं ❷के समान; की तरह

chōng

冲[1]（沖、衝）chōng ❶आम रास्ता; महत्वपूर्ण स्थान：要～ यातायात का केंद्र ❷लपकना; झपटना; चढ़ाई करना：～向敌阵 शत्रु के मोर्चे पर चढ़ाई करना / ～出重围 वेगपूर्वक घेरों को तोड़ कर निकल जाना / 他～进着火的房子，救出一名老人。वह लपक कर जलते हुए मकान के अन्दर घुस गया और एक बूढ़ा आदमी बचा लिया। ❸टकराना; मेल न खाना; मतभेद होना：冲突 ❹〈खगोल०〉 अपोजीशन

冲[2]（沖）chōng ❶उंडेलना; ढालना：～茶 चाय बनाना ❷पानी की धार से साफ़ करना; खँगालना; बहाना：用水把碗～干净 पानी की धार से कटोरे साफ़ करना / 秧苗给大水～走了。बाढ़ में धान के पौधे बह गए। ❸〈फ़ोटो०〉 फ़ोटो प्लेट को धोना：～胶卷 फ़िल्म धोना; फ़िल्म धुलवाना

冲[3]（沖）chōng 〈बो०〉 किसी पहाड़ी इलाके में कोई समतल भूमि

chòng भी दे०

【冲程】 chōngchéng 〈यां०〉 स्ट्रोक：四～发动机 चार-स्ट्रोक इंजन

【冲冲】 chōngchōng भावावेश की स्थिति में; मनोविकार की स्थिति में：怒气～ प्रचंड क्रोधावेश में

【冲刺】 chōngcì 〈खेल०〉 (दौड़ आदि में) ज़रा देर के लिये एकाएक अपने सारी शक्ति लगा देना; अधिकतम वेग से छोटी दौड़ दौड़ना; पूरे वेग से दौड़ना; सरपट दौड़ना：最后～ अपनी सारी शक्ति लगा कर अंतिम प्रयत्न करना

【冲淡】 chōngdàn ❶(द्रव में) पानी आदि मिला कर (उस की) शक्ति कम करना; पतला करना：加水把酒精～ अलकोहल में पानी मिला कर उस को पतला करना ❷फीका बनाना; कमज़ोर करना; बेमज़ा करना：～了剧本的艺术效果 नाटक का कलात्मक प्रभाव कमज़ोर करना

【冲顶】 chōngdǐng ❶पहाड़ की चोटी पर ज़ोरों के साथ चढ़ना ❷पूरा ज़ोर लगा कर किया जानेवाला अंतिम प्रयत्न

【冲动】 chōngdòng ❶आवेग; उत्तेजना：出于一时～ आवेग में; उत्तेजित हो कर ❷उग्र स्वभाव का होना; तेज़मिज़ाज होना：他很容易～。वह तेज़मिज़ाज आदमी है। / 不要～，应当冷静考虑问题。उग्रता से काम न लो, ठंडे हो कर बात पर विचार करना चाहिये।

【冲犯】 chōngfàn अप्रसन्न करना; गुस्ताखी करना; निरादर करना：他一时冲动，说了几句话，～了他叔父。उस ने उत्तेजित हो कर कुछ ऐसी बातें कहीं कि उस के चाचा जी नाखुश हो गए।

【冲锋】 chōngfēng चढ़ाई करना; धावा बोलना：向敌人阵地～ शत्रु के मोर्चे पर धावा बोलना / 在改革中，他们～在前。सुधार के मार्ग पर वे सब से आगे बढ़े हुए हैं।

【冲锋号】 chōngfēnghào धावा बोलने के समय बजाया जाने वाला बिगुल

【冲锋枪】 chōngfēngqiāng सब-मशीनगन

【冲锋陷阵】 chōngfēng-xiànzhèn शत्रु के मोर्चे पर आक्रमण करना; मैदान में उतरना और शत्रु पर धावा बोलना

【冲服】 chōngfú दवा को पानी, शराब आदि में मिला कर पीना

【冲昏头脑】 chōnghūn tóunǎo सिर फिर जाना; दिमाग फिर जाना：胜利～ विजय से दिमाग फिर जाना; सफलता में किंकर्तव्य विमूढ़ हो जाना

【冲击】 chōngjī ❶(लहरों का) ज़ोर से टकराना：海

浪～着石崖。समुद्र की लहरें खड़ी चट्टानों से टकरा रही थीं। ❷चढ़ाई करना; धावा बोलना: 向敌人阵地发起～ शत्रु के मोर्चे पर धावा बोलना ❸आघात करना; प्रहार कर-ना: 猛烈地～着反动统治 प्रतिक्रियावादी शासन पर प्रबल आघात करना / 在文化大革命中受到～ सांस्कृतिक क्रांति में (किसी को) आघात पहुँचना

【冲击波】 chōngjībō 〈भौ०〉 शॉक वेव

【冲击机】 chōngjījī झपट्टामार विमान

【冲积】 chōngjī 〈भूगर्भ०〉 बाढ़ के कारण मिट्टी या बालू आदि का जमाव

【冲积层】 chōngjīcéng 〈भूगर्भ०〉 कछार; जलोढ़

【冲积地】 chōngjīdì 〈भूगर्भ०〉 कछार; जलोढ़

【冲剂】 chōngjì वह दवा जो उबले पानी या शराब आदि में मिला कर खाई जाए

【冲决】 chōngjué (जलधारा का) तोड़-फोड़ करना; टुकड़े-टुकड़े करना; टुकड़ों में विभक्त करना: ～河堤 नदी के बाँध को तोड़-फोड़ डालना / ～罗网 बंधनों के जाल को फाड़ कर टुकड़े-टुकड़े कर देना

【冲口而出】 chōngkǒu'érchū बिना सोचे बोल उठना; अकस्मात् बोल पड़ना

【冲浪】 chōnglàng ❶〈खेल०〉 पट्टियों पर बैठ कर लह-रों पर बहना; सर्फ़िंग; सर्फ़बोर्डिंग: ～板 सर्फ़बोर्ड ❷〈लाक्षणिक〉 कठिनाइयों और बड़े जोखिमों की परवाह न कर के यथासंभव प्रयत्न करना ❸〈कंप्यूटर〉 इंटरनेट पर सर्फ़ करना; ऑन लाइन

【冲凉】 chōngliáng 〈बो०〉 फुहार-स्नान करना; नहाना

【冲破】 chōngpò तोड़ देना; तोड़-फोड़ कर डालना; तोड़ कर निकल जाना; टुकड़े-टुकड़े करना: ～封锁 नाकेबंदी को तोड़ कर निकल जाना / ～障碍物 बाधाओं को तोड़-फोड़ डालना / ～传统观念的束缚 परम्परा के बंधनों को टुकड़े-टुकड़े करना

【冲散】 chōngsàn तितर-बितर करना; छितराना: ～人群 भीड़ को तितर-बितर करना

【冲绳】 Chōngshéng ओकीनावा

【冲刷】 chōngshuā ❶धोना और पोंछना; धो डालना: 把汽车～得干干净净 कार को धो कर बिल्कुल साफ़ कर देना ❷(धारा आदि का) किसी वस्तु को काटना; धीरे-धीरे नष्ट करना; बहा ले जाना: 河水～着岩石。नदी का पानी चट्टानों को धो कर नंगा करता है। / 雨水～着土壤。वर्षा मिट्टी को बहा ले जाती है।

【冲塌】 chōngtā (बाढ़ आदि का) गिरा देना; ढेर करना; नष्ट करना; तोड़ देना; पानी के बहाव से गिराया जाना: ～堤坝 (बाढ़ का) बाँध को तोड़ कर गिरा देना / ～房屋 मकानों को गिरा कर बहा ले जाना

【冲天】 chōngtiān गगनभेदी; आकाश का भेदन करना; सितारों तक पहुँचना: ～的干劲 अपार उत्साह; असीम शक्ति / 怒气～ क्रोधावेश में होना; क्रोध-मूर्छित होना

【冲突】 chōngtū टकराव; टक्कर; मुठभेड़; भिड़ाई; संघर्ष; विरोध: 武装～ सशस्त्र मुठभेड़ / 利害～ हितों में विरोध / 避免～ संघर्ष से बचना / 意见发生～ एक दूसरे के राय से मेल न खाना; मतभेद होना / 言语～ बातचीत में टक्कर / 两个会议的时间～了。दो सभाओं के समय में अंतर नहीं है; दोनों सभाओं के समय में टकराव है।

【冲洗】 chōngxǐ ❶पानी से साफ़ करना; धोना; धुलना: 用消毒药水～伤口 घाव को रोगाणुनाशक पानी से साफ़ करना / ～汽车 मोटर कार को धोना ❷〈फ़ोटो०〉 (फ़ोटो प्लेट को) धोना: ～照片 फ़ोटो प्रिंट को धोना

【冲喜】 chōngxǐ जान बचाने के लिए किया जाने वाला विवाह (पुराने ज़माने में किसी जवान मरणासन्न रोगी की जान बचाने के लिये विवाह कर दिया जाता था, इस उम्मीद में कि खुशी के घटना से वह ठीक हो जाएगा)

【冲霄】 chōngxiāo गगनभेदी: ～的高楼 गगनभेदी इमारतें; गगनचुम्बी प्रासाद

【冲要】 chōngyào सामरिक महत्व का (स्थान)

【冲澡】 chōngzǎo 〈बोल०〉 फुहार-स्नान करना; नहाना

【冲账】 chōngzhàng 〈अकाऊंटिंग〉 ❶संतुलन को बरा-बर करना ❷दर्ज की हुई मद रद्द करना

【冲撞】 chōngzhuàng ❶झटका देना; टकराना: 巨浪～着山崖。ऊँची लहरें चट्टानों से टकरा रही थीं। / 渔船遭到敌舰的～。मछुआ-जहाज़ शत्रु के युद्धपोत से टकरा गया

充 chōng ❶पर्याप्त; भरा हुआ; पूर्ण: 充满 ❷भरना; ठूंसना: 充电 ❸कोई कार्य संभालना; कोई कार्य-भार लेना: 充任 ❹बनना; प्रदर्शित करना; स्वाँग रचना; स्वरूप धारण करना: ～行家 माहिर बनना / 拿假货～真货 असली चीज़ के रूप में नकली चीज़ दिखलाना

【充畅】 chōngchàng (व्यापार की वस्तुओं का) अधिक संख्या में आना-जाना

【充斥】 chōngchì 〈अना०〉 परिपूर्ण होना; बाहुल्य हो-ना; अतिजमाव होना; भरमार होना: 不能让质量低劣的商品～市场。बाज़ार में घटिया चीज़ों की भरमार नहीं होनी चाहिये।

【充当】 chōngdāng कोई कार्य संभालना; कार्य-भार लेना; भूमिका अदा करना: ～调解人 मध्यस्थ का कार्य संभालना / ～主角 मुख्य पात्र की भूमिका अदा करना

【充电】 chōngdiàn ❶(बैटरी को) चार्ज करना ❷नया ज्ञान प्राप्त करने के लिये अध्ययन करना

【充电器】 chōngdiànqì चार्जर

【充耳不闻】 chōng'ěr-bùwén कान बन्द करना और सुनने से इंकार करना; सुनी-असुनी कर देना: 我们劝他多少次，他总是～。हम ने उस को अनेक बार समझाया-बुझाया था, पर उस ने सब सुनी-असुनी कर दी।

【充分】 chōngfèn ❶पर्याप्त; यथेष्ट; संपूर्ण; पूर्ण; पूरा: ～协商 पर्याप्त वार्तालाप / ～证据 यथेष्ट प्रमाण / 你的理由不～。तुम्हारे तर्क काफ़ी नहीं हैं। / 准备工作做得很～。पूरी तैयारी की गई है। ❷पूर्ण रूप से; पूरी तरह; भरसक; यथासंभव: ～利用 पूरी तरह इस्तेमाल करना; पूरा लाभ उठाना / ～证明 पूर्ण रूप से साबित करना (होना) / ～发挥特长 यथासंभव अपनी विशेषता दिखा-ना

【充公】 chōnggōng ज़ब्त करना; कुर्क करना: 他受贿的财物全部～了。उस का रिश्वत में लिया हुआ माल और

धन-दौलत सब-का-सब कुर्क किया गया।

【充饥】 chōngjī भूख मिटाना; भूख की आग बुझाना: 带个面包，准备在路上～。रास्ते में भूख बुझाने के लिये अपने साथ एक पावरोटी लेते जाओ।

【充军】 chōngjūn निर्वासित करना; काले पानी भेजना

【充满】 chōngmǎn भरपूर होना; भरा होना: 她眼里～了泪水。उस की आँखों में आँसू भर आये। / 欢呼声～了会场。सभा-भवन में हर्षध्वनि गूंज रही थी। / 他浑身～革命朝气。उस में क्रांतिकारी जोश भरा हुआ था। / 屋子里～着阳光。कमरे में सूर्य को तेज़ प्रकाश था; कमरा बहुत रोशनीदार था। / ～热情的讲话 जोशपूर्ण भाषण / ～信心 (किसी को) पूरा विश्वास होना; भरपूर विश्वास के साथ

【充沛】 chōngpèi भरपूर; परिपूर्ण; प्रचुर: 雨水～ वृष्टि का पर्याप्त परिमाण; प्रचुर वर्षा / 具有～的革命热情 क्रांतिकारी जोश से परिपूर्ण होना

【充其量】 chōngqíliàng अधिक से अधिक; अधिकाधिक: 他～三天准能回来。वह अधिक से अधिक तीन दिन में वापस आ ही जाएगा। / 这件行李～也不过二十公斤。इस सामान-असबाब का वज़न अधिकाधिक बीस किलो है।

【充任】 chōngrèn कोई विशिष्ट कार्य संभालना; कोई कार्य-भार लेना; कोई पद ग्रहण करना: 大家推举他～大会主席。सब ने उन को सभापति का पद प्रदान किया। / 他～院长很适当。वह स्कूल मास्टर के (पद के) योग्य है।

【充塞】 chōngsè परिपूर्ण होना; भरा होना; भरपूर होना: 他胸中～着喜悦的心情。उस के मन में आनन्द का भाव भरा हुआ था; वह आनन्द से पुलकित था।

【充实】 chōngshí ❶समृद्ध; पर्याप्त; प्रचुर; संपूर्ण; विस्तृत: 这篇文章内容～。इस लेख में विषय-वस्तुएँ विस्तृत हैं। / 库存～。गोदाम संपूर्ण है। ❷समृद्ध बनाना; विस्तृत करना; शक्तिशाली बनाना: ～了文章的内容 लेख की विषय-वस्तु को विस्तृत करना / 下放干部，～基层 कार्यकर्ताओं को भेज कर निम्नतम स्तरों को सुदृढ़ बनाना

【充数】 chōngshù निश्चित संख्या की पूर्ति करना; अ-योग्य होते हुए भी किसी पद पर बैठाया जाना: 要是人手不够，就由我去充个数吧。अगर आदमियों की कमी हो, तो मुझ जैसे नालायक को भी शामिल कर लो।

【充血】 chōngxuè <चिकि०> अतिरक्तता

【充溢】 chōngyì परिपूर्ण होना; भरा होना; प्रचुर होना; समृद्ध होना; छलकना; प्रकट होना: 孩子们的脸上～着笑容。बच्चों के चेहरे पर मुसकराहट टपक रही थी। / 眼睛里～着爱意 आँखों से स्नेह छलकना

【充盈】 chōngyíng ❶परिपूर्ण; भरा हुआ; प्रचुर; समृद्ध: 泪水～ आँखों में आँसू छलकना / 仓禀～。अनाज के भंडार भरे हुए हैं। ❷<लि०> (माँसपेशी का) अच्छी तरह विकसित; पुष्ट

【充裕】 chōngyù समृद्ध; संपन्न; पर्याप्त; प्रचुर: 经济～ खुशहाल; समृद्ध / 时间～ समय काफ़ी होना / 我手头不～。मेरा हाथ ज़रा तंग है।

【充足】 chōngzú पर्याप्त; यथेष्ट; प्रचुर: 光线～ प्रकाश से परिपूर्ण होना; रोशनीदार होना / 经费～ स्थायी पूँजी पर्याप्त होना / 理由～ यथेष्ट कारण होना

忡（憷）chōng नीचे दे०

【忡忡】 chōngchōng चिंताग्रस्त; परेशान: 忧心～ चिंताग्रस्त होना; परेशानी में पड़ना

舂 chōng (धान आदि को) कूटना: ～米 धान कूट-ना / ～药 जड़ी-बूटियों को कूटना

憧 chōng नीचे दे०

【憧憧】 chōngchōng झूलता हुआ; इधर-उधर हिलता हुआ: 树影～ पेड़ों की झूलती हुई छायाएँ / 人影～ आदमियों की छायाएँ इधर-उधर हिलना / 灯影～ दिया टिमटिमाना

【憧憬】 chōngjǐng शौक से चाहना; आशा रखना; उत्कंठित रहना; लालायित होना: ～着幸福的明天 आने वाले सुखमय कल से उत्कंठित रहना / 对未来的～ भविष्य की ओर (हमारी) उत्सुकता

chóng

虫（蟲）chóng कीड़ा; कीड़ा-मकोड़ा; जंतु

【虫害】 chónghài कीड़ों-मकोड़ों का नाशक रोग; जंतुओं द्वारा पहुँचाई जानेवाली हानि

【虫胶】 chóngjiāo लाख

【虫漆】 chóngqī लाख

【虫牙】 chóngyá ❶दाँत का क्षरण ❷सड़ा हुआ दाँत

【虫灾】 chóngzāi कीड़े-मकोड़ों का हमला; हानिकारक कीड़े-मकोड़ों का बोलबाला

【虫豸】 chóngzhì <लि०> कीड़ा; कृमि

【虫子】 chóngzi कीड़ा; जंतु

重 chóng ❶दोहराना; दोहरा: ～犯错误 एक ही गलती दोबारा करना; गलती दोहराना / 书买～了。एक ही पुस्तक की दो प्रतियां भूल से खरीद ली गईं। ❷<क्रि० वि०> फिर; फिर से; नये सिरे से: 从头至尾～读一遍。शुरू से अंत तक एक बार फिर पढ़ो। / ～提旧事 पुरानी बात का फिर से ज़िक्र करना ❸परत; स्तर; तह: 越过万～山 अनगिनत पहाड़ों पर चढ़ना / 突破一～又一～的障碍 एक के बाद एक अनेक बाधाओं को तोड़ देना

zhòng भी दे०

【重版】 chóngbǎn (पुस्तकों आदि को) ❶पुनः प्रकाशित करना ❷पुनः प्रकाशन

【重播】 chóngbō ❶(एक ही स्टेशन से) प्रसारित किया गया कार्यक्रम फिर से प्रसारित करना; टी०वी० का दिखाया गया कार्यक्रम फिर से दिखाना ❷(एक ही खेत में) फिर से बीज बोना; पुनः बुआई करना

【重操旧业】 chóngcāo-jiùyè अपना पुराना व्यवसाय

फिर से करना; अपना पुराना पेशा पुनः शुरू करना

【重唱】 chóngchàng 〈संगी०〉 दो या इस से अधिक गायकों का सामूहिक गान, हरेक द्वारा एक भाग गाया जाना: 四～ एक राग जो चार ध्वनियों को मिला कर गाया जाए; क्वार्टेट

【重重】 chóngchóng परत पर परत; तह पर तहः 克服～困难 तरह-तरह की कठिनाइयों को दूर करना / 突破敌人的～包围 शत्रु के एक के बाद एक घेरे को तोड़ देना

【重蹈覆辙】 chóngdǎo-fùzhé गिरी हुई गाड़ी की लकीर पर चलना —— विनाश की ओर जानेवाले एक-से मार्ग पर चलना

【重叠】 chóngdié एक को दूसरे पर जमाना; ढेर लगाना: 山峦～ पर्वतों की श्रेणी पर श्रेणी / 精简～的行政机构 प्रशासन की संस्थाओं के अत्यधिक स्तरों को कम करना

【重返】 chóngfǎn वापस आना; वापस जाना; लौटना: ～前线 मोर्चे पर लौटना / ～家园 अपनी मातृभूमि वापस आना

【重犯】 chóngfàn (गलती, दोष, अपराध आदि को) दोहराना: 避免～错误 पहले की गलती पुनः करने से बचना

【重逢】 chóngféng फिर से मिलना; पुनर्मिलन होना: 故友～ पुराने मित्रों का पुनर्मिलन होना / 久别～ कई दिनों से बिछुड़े हुए व्यक्तियों का फिर से मिलना

【重复】 chóngfù दोबारा कोई काम करना; दोहराना; पुनरावृत्ति करना: 避免说话～ अपनी कोई बात बार-बार दोहराने से बचना / 他再三～他的观点。उन्हों ने अपना दृष्टिकोण दुहराया-तिहराया ।

【重婚】 chónghūn 〈का०〉 द्विविवाह

【重见天日】 chóngjiàn-tiānrì दिन का प्रकाश फिर से देख पाना —— अत्याचार या उत्पीड़न आदि से छुट-कारा पाना; आज़ाद होना

【重建】 chóngjiàn पुनर्निर्माण करना; पुनःस्थापना करना; पुनर्संगठन करना; पुनःप्रतिष्ठित करना; पुनर्वासन करना: ～家园 फिर से अपना नया घर बनाना; पुनर्वासन करना / 战后的～工作 युद्ध के बाद होने वाला पुनर्निर्माण

【重九】 chóngjiǔ दोहरा नवाँ दिवस (नवें चंद्रमास की नवीं तारीख)

【重峦叠嶂】 chóngluán-diézhàng अनगिनत पहाड़ों की चोटियाँ

【重名】 chóngmíng（～儿）समनामधारी होना; हम-नाम होना: 他和我～。हम दोनों हमनाम हैं ।

【重申】 chóngshēn बयान की पुनरावृत्ति करना; पुनः-पुष्ट करना; एक बार फिर कहना: ～前令 वर्तमान आज्ञा पुनःपुष्ट करना / ～我国的对外政策 हमारे देश की विदेश नीतियों का एक बार फिर बयान करना

【重审】 chóngshěn 〈का०〉 पुनर्विचार

【重孙】 chóngsūn परपोता

【重孙女】 chóngsūnnǚ परपोती

【重弹老调】 chóngtán-lǎodiào पुराना राग अलापना

【重温】 chóngwēn सिंहावलोकन करना: ～第二次世界大战的历史 द्वितीय महायुद्ध के इतिहास का सिंहाव-लोकन करना

【重温旧梦】 chóngwēn-jiùmèng पुराने स्वप्न का स्मरण करना; पुरानी घटना का फिर अनुभव करना

【重霄】 chóngxiāo सातों आकाश

【重新】 chóngxīn फिर; फिर से; पुनः; नये सिरे से: ～考虑 पुनर्विचार करना / ～开始 पुनरारम्भ करना; फिर शुरू करना / ～估价 पुनर्मूल्यांकन करना / ～安排 फिर से प्रबंध करना / ～抄写一遍 एक बर फिर नकल कर-ना / ～检查一遍 नये सिरे से जाँच-पड़ताल करना

【重新做人】 chóngxīn zuòrén अपना नया जीवन आरम्भ करना; एक नई ज़िन्दगी शुरू करना

【重行】 chóngxíng फिर से कोई काम करना; कोई आचरण या व्यवहार फिर शुरू करना: ～宣布 पुनःघोषणा करना / ～审核 पुनर्निरीक्षण करना

【重修】 chóngxiū ❶दुबारा मरम्मत करना; पुनर्निर्माण करना: ～马路 सड़कों की फिर मरम्मत करना / ～寺 मदिरों का पुनर्निर्माण करना ❷संशोधन करना: ～《印地语汉语词典》 'हिन्दी-चीनी शब्दकोश' का संशोधन करना

【重修旧好】 chóngxiū-jiùhǎo मैत्रीपूर्ण सम्बन्ध पूर्ववत बना देना; (झगड़े के बाद) फिर से मैत्री स्थापित कर लेना

【重言】 chóngyán 〈व्या०〉 शब्द-रचना में अक्षर की पुनरावृत्ति; इस प्रकार दोहराये हुए अक्षर (जैसे, 年年 niánnián, 茫茫 mángmáng)

【重演】 chóngyǎn ❶कोई नाटक आदि फिर से दिखाना ❷सदृश्य घटना फिर घटित होना; दोहराना: 历史的错误不许～。पहले की गलतियाँ दोहराई नहीं जानी चा-हिये ।

【重阳】 chóngyáng दोहरा नवाँ दिवस (नवें चंद्रमास की नवीं तारीख)

【重洋】 chóngyáng सात समुद्र: 远涉～ सात समुद्र पार करना

【重样】 chóngyàng समान आकार का; एक ही शैली का

【重译】 chóngyì फिर से अनुवाद करना; दोबारा अनुवाद करना

【重印】 chóngyìn ❶(पुस्तक आदि को) फिर से छापना; दुबारा छापना; पुनःमुद्रित करना ❷पुनःमुद्रण

【重印本】 chóngyìnběn (पुस्तक आदि का) दूसरा सं-स्करण

【重圆】 chóngyuán फिर से मिलना; पुनः जुड़ा हुआ होना; पुनर्मिलन होना: 他们二人多年离散，今日～。वे दोनों कई वर्षों से बिछुड़े हुए थे, आज फिर से मिल गये ।

【重整旗鼓】 chóngzhěng-qígǔ (पराजय के बाद) फिर से शक्तियों को एकत्र करना

【重奏】 chóngzòu 〈संगी०〉 दो या इस से अधिक वादकों का सामूहिक वाद्य: 四～ (वाद्य का) क्वार्टेट

崇

崇 chóng ❶ऊँचा; उच्चः ～山峻岭 ऊँचे-ऊँचे पहाड़ों की शृंखला ❷पूजा करना; उपासना करना: 尊～ आदर और उच्च मूल्यांकन करना ❸ (Chóng) एक कुलनाम

【崇拜】 chóngbài पूजा करना; उपासना करना; आस्था

करना; श्रद्धा करना; भक्ति करना: ～英雄人物 वीरों के प्रति भक्ति दिखाना / ～偶像 मूर्ति की पूजा करना; मूर्ति की उपासना / ～者 पूजक; उपासक; पुजारी

【崇奉】 chóngfèng (किसी धर्म में) विश्वास करना; आस्था करना

【崇高】 chónggāo उच्च; उत्तम; महान; उदात्त: ～的理想 उच्च आदर्श; उदात्त आदर्श / ～的目的 उच्च उद्देश्य; सोद्देश्य / ～的精神 उच्च भावना; उदात्त भावना / ～的使命 उच्चतम कर्तव्य / 致以最～的敬意 (किसी के प्रति) उच्चतम आदर प्रकट करना

【崇敬】 chóngjìng उपासना करना; श्रद्धा करना; आदर करना: 他们很～自己的老师。वे अपने गुरु जी का बहुत आदर करते हैं। / 革命英雄永远受人民～。क्रांतिकारी वीरों को हमेशा जनता की श्रद्धा प्राप्त रहेगी। / 模范人物值得～。आदर्श व्यक्ति आदरणीय होते हैं। / 怀着十分～的心情 पूरे उपासना की भावना से; श्रद्धापूर्ण भावना ले कर

【崇尚】 chóngshàng आदर करना; समर्थन करना; हिमायत करना: ～正义 न्याय का पक्ष-समर्थन करना

【崇信】 chóngxìn विश्वास करना; आस्था करना: ～佛教 बौद्धधर्म में विश्वास करना

【崇洋】 chóngyáng विदेशी चीज़ों की पूजा करना: 盲目～ विदेशी चीज़ों की अंधाधुंध पूजा करना / ～媚外 विदेशी चीज़ों की पूजा करना और विदेशी व्यक्तियों की हीनतापूर्वक चाटुकारिता करना

chǒng

宠（寵） chǒng अत्यधिक प्यार करना; लाड़-दुलार करना; (किसी पर) जान देना: 他太～他的女儿了。वह अपनी बेटी को बहुत लाड़-दुलार करता है। / 他把孩子～坏了。उस ने अपने बच्चे को अत्यधिक लाड़ से बिगाड़ दिया।

【宠爱】 chǒng'ài अत्यधिक प्यार करना; लाड़-दुलार करना; (किसी पर) जान देना: 受到父母的～ माता-पिता द्वारा अत्यधिक प्यार किया जाना; माता-पिता का प्रिय-पात्र बन जाना / 爷爷特别～小孙儿。दादा जी अपने छोटे पोते पर जान देते हैं।

【宠儿】 chǒng'ér प्रिय-पात्र; प्रियतम; प्यारा; दुलारा; हाथ का खिलौना: 他是全家的～。वह सारे परिवार-जनों के हाथ का खिलौना है। / 时代的～ ज़माने का प्रिय-पात्र

【宠辱不惊】 chǒngrǔ-bùjīng चाहे प्यारा हो या अपमानित, ज्यों का त्यों रहना

【宠物】 chǒngwù पालतू जानवर (कुत्ता, बिल्ली आदि); प्रिय-पात्र

【宠信】 chǒngxìn अत्यधिक प्रेम और अतिविश्वास करना: ～奸佞 दुष्ट चाटुकारों से अत्यधिक प्रेम और अतिविश्वास करना

【宠幸】 chǒngxìng अत्यधिक प्यार करना; लाड़-दुलार करना

chòng

冲[1]（衝） chòng 〈बोल०〉 ❶जीवनशक्ति के साथ; ओजस्वितापूर्वक: 这小伙子干活儿真～。यह जवान आदमी बड़ी शक्ति के साथ अपना काम करता है। / 水流得很～。यह पानी बहुत ज़ोर से बहता है। ❷(गंध का) कटु; तीक्ष्ण: 这药味很～。इस दवा की गंध बड़ी तेज़ है।

冲[2]（衝） chòng 〈सं०अ०〉 〈बोल०〉 ❶किसी दिशा में (घूम कर); की ओर: 大门～南开。दरवाज़ा दक्षिण की दिशा में है। / 她～我笑了笑。वह मेरी ओर देखते हुए ज़रा मुस्करायी। / 警察～着天上连放了三枪。पुलिस के सिपाही ने आकाश की ओर लगातार तीन गोलियाँ चलाईं। ❷किसी शक्ति के साथ; किसी आधार पर; के अनुसार; के कारण: 就～着你这几句话，我也不好拒绝。तुम्हारी इन बातों के ही कारण मैं इंकार नहीं कर सकूँगा।

冲[3]（衝） chòng 〈यां०〉 छिद्रण; पंचिंग: 冲压 chōng भी दे०

【冲床】 chòngchuáng 〈यां०〉 पंचिंग मशीन; पंच

【冲劲儿】 chòngjìnr ❶ओजस्विता; प्रबल प्रेरणा; बेहद जोश ❷(शराब आदि का) तेज़ी; प्रभाव; ज़ोर: 这酒有～，少喝点。यह शराब बहुत तेज़ है, ज़्यादा मत पीओ।

【冲模】 chòngmú 〈यां०〉 डाई

【冲压】 chòngyā 〈यां०〉 पंचिंग

【冲子】 chòngzi पंचिंग पिन

铳（銃） chòng पुराने ढंग की एक छोटी बंदूक: 鸟～ चिड़ियों का शिकार करने की एक छोटी बंदूक

【铳子】 chòngzi दे० 冲子 chòngzi

chōu

抽[1] chōu ❶(किसी चीज़ में से) बाहर निकालना; खींचना: 从信封里～出信纸 लिफ़ाफ़े में से चिट्ठी बाहर निकालना / ～剑 तलवार खींचना ❷(किसी चीज़ में से एक भाग) निकालना; लेना: ～些好的作样品 जो कुछ बढ़िया हों, उन को नमूने के रूप में निकाल लेना / 老李病了，～时间去看看他吧。लाओ ली बीमार हैं, कभी समय निकाल कर उन को देख आओ। ❸(पौध का) अंकुरित होना; पत्ती, कली आदि निकलना: ～枝 टहनी उगना; शाखा

फूटना ❹पीना; खींचना：～烟 सिगरेट पीना / ～水 पानी खींचना

抽 2 chōu ❶सिकुड़ना：这种布一下水就～。इस प्रकार का कपड़ा पानी में सिकुड़ जाता है। ❷चाबुक मारना; कोड़े लगाना; कोड़े से पीटना：用鞭子～马 घोड़े को चाबुक मरना / ～陀螺 लट्टू किराना

【抽查】 chōuchá चुन-चुन कर जाँच-पड़ताल करना

【抽抽儿】 chōuchouér 〈बोल०〉 ❶सिकुड़ जाना：这块布一洗就～。यह कपड़ा धुलने से सिकुड़ जाता है। ❷सूख जाना; सूख कर पतला होना; अकड़ना：这些枣儿都～了。ये खजूर सूख कर पतले हो गए।

【抽搐】 chōuchù 〈चिकि०〉 चेहरे या शारीरिक अंगों की पेशियों की बार-बार सिकुड़न; टिक

【抽打】 chōudǎ चाबुक मारना; कोड़े से पीटना; कोड़े लगाना：～牲口 पालतू चौपाये को कोड़े से पीटना

【抽打】 chōuda (कम्बल, कालीन आदि को) मार-पीट कर उस पर पड़ी हुई धूल को हटाना

【抽搭】 chōuda 〈बोल०〉 सिसकना：抽抽搭搭地哭 सिसक-सिसक कर रोना

【抽调】 chōudiào (व्यक्ति या वस्तु की) बदली करना; बदल देना; (किसी स्थान से) निकाल कर कहीं भेजना：～物资 (किसी जगह से) सामग्रियां निकालना / ～干部支援农业 (किसी स्थान से) कार्यकर्ताओं को बुला कर कृषि के मोर्चे पर भेजना / 他被～到别的单位去了。उस की दूसरे कार्यालय में बदली की गई है।

【抽丁】 chōudīng सेना में भर्ती होने को विवश करना

【抽斗】 chōudǒu 〈बो०〉 (मेज़, अलमारी की) दराज़

【抽肥补瘦】 chōuféi-bǔshòu मोटे से लेकर पतले को देना —— बहुत वाले से लेकर कम वाले को देना; संतुलित करना

【抽风】[1] chōufēng ❶〈चिकि०〉 ऐंठन; शिशुओं के शरीर की ऐंठन ❷〈बोल०〉 पागल होना; होशो-हवास गुम होना; होश ठिकाने न होना：你抽什么风，深更半夜了还唱歌？ क्या पागल हो गए ? इतनी रात में गाना गाते हो !

【抽风】[2] chōufēng हवा खींचना; हवा निकालना

【抽风机】 chōufēngjī एयर पंप

【抽功夫】 chōugōngfu दे० 抽空

【抽奖】 chōujiǎng लाटरी डाल कर पुरस्कार पाने वालों का निश्चय करना

【抽筋】 chōujīn 〈बोल०〉 ऐंठ जाना; अकड़ जाना：腿肚子～ पिंडली ऐंठ जाना

【抽空】 chōukòng फ़ुरसत की खोज करना; फ़ुरसत पाना; समय निकालना：不管你工作怎么忙，也要～学习。काम में चाहे कितने व्यस्त क्यों न हो, समय निकाल कर पढ़ना-लिखना चाहिये। / 哪天～我陪您去见他。किसी दिन फ़ुरसत मिले, तो मैं आप के साथ उन से मिलने जाऊँगा।

【抽冷子】 chōulěngzi लोगों की असावधानी में कोई काम करना; अचानक：爸爸让他在家里好好学习，他却～跑掉了。बाप ने उस से कहा था कि घर पर रहो और पढ़ने-लिखने में मन लगाओ, पर वह तो घर से खिसक गया।

【抽搦】 chōunuò दे० 抽搐

【抽气机】 chōuqìjī एयर एक्स्ट्रेक्टर; एयर पंप

【抽泣】 chōuqì सिसकना; सिसकियाँ लेना：低声～ धीमी आवाज़ से सिसकना

【抽签】 chōuqiān लाटरी डालना

【抽球】 chōuqiú 〈खेल०〉 ड्राइव

【抽取】 chōuqǔ लेना, निकालना; खींचना：～佣金 कमिशन लेना / ～部分资金 पूँजी का एक हिस्सा निकालना / ～地下水 भूमिगत पानी खींचना

【抽身】 chōushēn अपने काम से छुट्टी मिलना; अपने को मुक्त करना; अपने काम से छुटकारा पाना：他工作很忙，一直抽不出身来。वह काम में बहुत व्यस्त रहा था, अब तक छुट्टी नहीं मिली।

【抽水】[1] chōushuǐ पंप पानी निकालना; पंप से पानी खींचना：从河里～ पंप से नदी का पानी निकालना

【抽水】[2] chōushuǐ (धुले हुए कपड़े का) सिकुड़ जाना

【抽水机】 chōushuǐjī पानी पंप; पंप; जलयंत्र

【抽水马桶】 chōushuǐ mǎtǒng वाटर क्लोज़ेट

【抽税】 chōushuì कर लगाना; महसूल लगाना

【抽穗】 chōusuì (अनाजों के पौधों की) बाल लगना：小麦正在～。गेहूँ में बाल लग रही है।

【抽缩】 chōusuō सिकुड़ना; संकुचित होना

【抽屉】 chōuti दराज़; ड्राअर

【抽头】 chōutóu जूए में जीतनेवालों से थोड़ा पैसा वसूल करना

【抽闲】 chōuxián दे० 抽空

【抽象】 chōuxiàng अमूर्त; अभौतिक; खोखला; भाववाचक：～的概念 अमूर्त संकल्पना / 科学的～ वैज्ञानिक अमूर्तिकरण / ～的教条 खोखला सूत्र / ～的定义 भाववाचक परिभाषा

【抽象劳动】 chōuxiàng láodòng 〈अर्थ०〉 अभौतिक परिश्रम; भाववाचक परिश्रम

【抽象名词】 chōuxiàng míngcí भाववाचक संज्ञा; भाववाचक

【抽象派】 chōuxiàngpài ❶कल्पवाद; भाववाद ❷कल्पवादी; भाववादी

【抽象思维】 chōuxiàng sīwéi ❶किसी विचार को सूक्ष्म करने की प्रक्रिया; सूक्ष्मीकरण; अमूर्तिकरण ❷सूक्ष्मीकृत विचार; तर्कपूर्ण विचार

【抽象艺术】 chōuxiàngyìshù भाववादी कला

【抽选】 chōuxuǎn चुनना; चुनाव करना; पसन्द करना

【抽芽】 chōuyá अंकुरित होना; पत्ती (कली) निकलना：这些小树开始～了。ये पौधे अंकुरित होने लगे हैं।

【抽烟】 chōuyān सिगरेट (हुक्का, सिगार, चुरूट आदि) पीना; धूम्रपान करना：你～吗？ सिगरेट पिओगे ? / 请～。सिगरेट पीजिये।

【抽验】 chōuyàn (वस्तुओं में से) एक हिस्सा निकाल कर आज़माना

【抽样】 chōuyàng नमूना लेना：～检查 नमूना ले कर गुणों की परीक्षा करना; नमूना ले कर खुबियों की जाँच करना / ～化验 नमूना लेना और उस का प्रयोग करके देखना

【抽噎】 chōuyē सिसकना; सिसकी भरना; सिसकियां लेना; घिग्घी बंधना
【抽油烟机】 chōuyóuyānjī रेंज हुड
【抽壮丁】 chōu zhuàngdīng दे० 抽丁

chóu

仇（讎、讐） chóu ❶शत्रु; दुश्मन; बैरी: 疾恶如～ शत्रु के समान दुष्ट से घृणा करना ❷शत्रुता; दुश्मनी; बैर; घृणा; द्वेष: 结～ (किसी से) दुश्मनी मोल लेना / 报～雪恨 (किसी से) बैर निकालना
Qiú भी दे०
【仇雠】 chóuchóu <लि०> शत्रु; दुश्मन; बैरी
【仇敌】 chóudí शत्रु; दुश्मन; बैरी; बैरिन
【仇恨】 chóuhèn ❶शत्रुता; दुश्मनी; बैर; घृणा; द्वेष: 满腔～ मन में शत्रुता का भाव भरा हुआ होना ❷(किसी से) बैर करना; (किसी से) द्वेष करना; (किसी से) घृणा करना
【仇家】 chóujiā व्यक्तिगत शत्रु; अपना दुश्मन
【仇人】 chóurén व्यक्तिगत शत्रु; अपना दुश्मन: ～相见，分外眼红。जब दुश्मन आमने-सामने आ जाते हैं तो उन की आँखें घृणा से लाल हो जाती हैं।
【仇杀】 chóushā दुश्मनी से कत्ल करना
【仇视】 chóushì शत्रु के रूप में देखना; (किसी से) बैर करना; (किसी से) द्वेष करना
【仇隙】 chóuxì <लि०> शत्रुता; बैर; द्वेष
【仇怨】 chóuyuàn बैर; विद्वेष; दुर्भाव

俦（儔） chóu <लि०> साथी; सहचर
【俦类】 chóulèi <लि०> एक ही पीढ़ी या वर्ग के व्यक्ति (विशे० मित्र या साथी)
【俦侣】 chóulǚ <लि०> साथी; सहचर

帱（幬） chóu <लि०> आवरण-पट; पर्दा
dào भी दे०

惆 chóu नीचे दे०
【惆怅】 chóuchàng विषाद; उदासी; म्लानता: 离别之后，她心里感到一阵～。विदाई के बाद उस के मन में तनिक विषाद का भाव उत्पन्न हुआ।

绸（綢、紬） chóu रेशमी कपड़ा; रेशमी; सिल्क: ～料 रेशमी कपड़ा
【绸缎】 chóuduàn सिल्क और साटन; अतलस
【绸缪】 chóumóu <लि०> भावुकतापूर्वक सम्मिलित होना: 情意～ प्रेम की भावुकता में फँसना
【绸子】 chóuzi रेशमी कपड़ा

畴（疇） chóu <लि०> ❶कृषिभूमि; खेत: 田～ कृषिभूमि ❷श्रेणी; वर्ग: 范～ क्षेत्र
【畴辈】 chóubèi <लि०> एक ही पीढ़ी के व्यक्ति
【畴日】 chóurì <लि०> विगत युग में; पिछले ज़माने में
【畴昔】 chóuxī <लि०> दे० 畴日

酬（酧、醻） chóu ❶<लि०> किसी के स्वास्थ्य या सम्मान के नाम पर मदिरा-पान करना ❷पारिश्रमिक; वेतन: 稿～ लेखक का पारिश्रमिक ❸मित्रों का आना-जाना: 应～ (किसी के साथ) शिष्ट व्यवहार करना ❹पूरा होना; उद्देश्य प्राप्त होना: 壮志未～ महान मनोरथ पूरा न होना
【酬报】 chóubào ❶बदला देना; बदले में देना; पुरस्कार देना; पारिश्रमिक देना ❷पुरस्कार; पारिश्रमिक
【酬宾】 chóubīn रिआयती बिक्री
【酬答】 chóudá ❶धन या उपहार दे कर आभार प्रदर्शित करना ❷कविता या भाषण से उत्तर देना
【酬对】 chóuduì उत्तर देना; जवाब देना
【酬和】 chóuhè (किसी कविता का) किसी कविता से उत्तर देना
【酬金】 chóujīn मानदेय; पारिश्रमिक; मेहनताना
【酬劳】 chóuláo ❶पारिश्रमिक देना; मेहनताना देना; श्रमफल देना ❷पारिश्रमिक; मेहनताना; श्रमफल
【酬谢】 chóuxiè धन या उपहार दे कर आभार प्रदर्शित करना; बदले में देना
【酬应】 chóuyìng ❶(किसी के साथ) शिष्ट व्यवहार करना ❷<लि०> उत्तर देना

稠 chóu ❶गाढ़ा: 奶很～。यह दूध बहुत गाढ़ा है। ❷घना; गहन; निविड़: 地窄人～ क्षेत्रफल छोटा पर आबादी घनी होना
【稠密】 chóumì घना; घनघोर; गहन; निविड़: 人口～ आबादी घनी होना; घनी आबादी होना / ～的交通网 यातायात का घना जाल
【稠人广众】 chóurén-guǎngzhòng बहुत भीड़; लोगों का बड़ा जमाव: 在～面前讲话，她还是第一回呢。इतने लोगों के सामने भाषण देने का यह उस के लिये पहला मौका था।

愁 chóu चिंता करना; फ़िक्र करना; चिंतित होना; फ़िक्रमंद होना: 发～ चिंता करना; चिंतित होना / 不～吃穿 भोजन और कपड़ों की चिंता न करना / 为这点小事何必犯～呢。इतनी छोटी-सी बात पर फ़िक्र करने की क्या ज़रूरत है। / 你别～，一切都会安排妥当的。तुम बेफ़िक्र रहो, सब कुछ ठीकठाक हो जाएगा। / 这件事真～人。मुझे इसी बात की चिंता लगी रहती है।
【愁肠】 chóucháng चिंता (या परेशानी) का भाव; मनोदाह; मनस्ताप: ～百结 मन में बहुत चिंता होना; चिंताकुल होना; चिंतातुर होना; चिंताशील होना
【愁苦】 chóukǔ चिंता और परेशानी
【愁眉】 chóuméi चिंता के कारण माथे पर बल पड़ना
【愁眉不展】 chóuméi-bùzhǎn उदास होना; चेहरे पर अप्रसन्नता का भाव प्रकट होना
【愁眉苦脸】 chóuméi-kǔliǎn चिंता के कारण माथे पर बल पड़ना; चेहरे से उदासी का भाव प्रकट होना; बहुत उदास

होना: 你这几天老是～的，你怎么啦? इधर कुछ दिनों से तुम तो अकसर उदास दिखाई देते हो, क्या हुआ तुम को ?

【愁闷】 chóumèn ❶उदासी; खिन्नता; अप्रसन्नता ❷उदास होना; खिन्न होना; अप्रसन्न होना: 心里～ उदास होना; मन में उदासी का भाव भरा होना / 为疾病～ रोग से परेशान होना

【愁容】 chóuróng चेहरे पर प्रकट होने वाला उदासी का भाव; चिंता की मुद्रा; उदासी; खिन्नता: ～满面 चेहरे से उदासी का भाव प्रकट होना; बहुत उदास दिखाई देना / 面带～ चेहरे से तनिक उदासी का भाव प्रकट होना; कुछ उदास दिखाई देना

【愁思】 chóusī चिंता का भाव; शोकपूर्ण विचार

【愁绪】 chóuxù <लि०> चिंता का भाव; उदासी का मनोभाव; मनोदाह: ～萦怀 मन में उदासी का भाव भरा होना

【愁云】 chóuyún दुखी बादल —— उदासी; अप्रसन्नता: 满脸～ चेहरे पर उदासी का भाव प्रकट होना

筹（籌）

chóu ❶(लकड़ी, बाँस आदि का) पतला टुकड़ा; चिप: 竹～ बाँस की चिप ❷तैयारी करना; आयोजित करना; प्रबन्ध करना: ～款 धन संग्रह करना; रुपया-पैसा मुहैया करना; पैसा इकट्ठा करना

【筹办】 chóubàn तैयारी करना; आयोजन करना; प्रबन्ध करना: ～婚事 विवाह का प्रबन्ध करना / ～展览会 प्रदर्शनी का आयोजन करना

【筹备】 chóubèi तैयारी करना; प्रबन्ध करना: ～工作 तैयारी से संबंधी कार्य; प्रारंभिक कार्य; तैयारियाँ / ～会议 तैयारी-बैठक / ～委员会 तैयारी-समिति

【筹措】 chóucuò (धन, अनाज आदि) प्राप्त करने का प्रयास करना; संग्रह करना: ～旅费 यात्रा के खर्च के लिये पैसा इकट्ठा करना

【筹划】 chóuhuà योजना बनाना और तैयारियाँ करना; आयोजन करना; प्रबन्ध करना; प्रयास करना: 这里正在～建设一座核电站。यहाँ एक न्यूक्लियर बिजली-स्टेशन के निर्माण का आयोजन किया जा रहा है।

【筹集】 chóují इकट्ठा करना; जमा करना; संग्रह करना: ～资金 पैसा इकट्ठा करना

【筹建】 chóujiàn (किसी संस्था, संगठन आदि की) स्थापना या निर्माण करने की तैयारी करना: ～研究所 अनुसंधानशाला की स्थापना की तैयारियाँ करना / ～化肥厂 रासायनिक खाद कारखाने के निर्माण की तैयारियाँ करना

【筹借】 chóujiè उधार लेने का प्रयास करना: ～款项 पैसा उधार लेने का प्रयास करना

【筹码】 chóumǎ चिप; गणित्र; काउंटर: 麻将～ महजोंग (mahjong) काउंटर्स

【筹谋】 chóumóu योजना बनाना; उपाय सोचना: ～解决问题的途径 समस्या का समाधान करने का उपाय सोचना

【筹募】 chóumù (फ़ंड) उगाहना; संग्रह करना: ～福利基金 कल्याण फंड उगाहना

踌（躊）

chóu नीचे दे०

【踌躇】 chóuchú हिचकना; हिचकिचाना; अगर-मगर करना; आगा-पीछा करना: 颇费～ बड़ी देर तक आगा-पीछा करना / 他～了一会儿，终于答应下来。वह थोड़ी देर तक हिचकिचाया, फिर आखिर मान लिया। / 他毫不～地接受了这项任务。उस ने बिना हिचकिचाये यह काम स्वीकार कर लिया।

【踌躇不决】 chóuchú-bùjué हिचकना; हिचकिचाना; आगा-पीछा करना

【踌躇不前】 chóuchú-bùqián आगे बढ़ने में हिचकना

【踌躇满志】 chóuchú-mǎnzhì (किसी को) अपनी सफलता पर गर्व होना; आत्मतुष्ट होना; सुसंतुष्ट होना

雠[1]（讎、讐）

chóu प्रूफ़ देना

雠[2]（讎、讐）

chóu 仇 chóu के समान

chǒu

丑[1]

chǒu भूमि से संबंधी बारह शाखाओं में से द्वितीय 干支 भी दे०

丑[2]（醜）

chǒu ❶कुरूप; बदसूरत; विकृत; भद्दा: 她长得不～。वह बदसूरत तो नहीं है। ❷घृणास्पद; शर्मनाक; अपमानजनक: 这事太～了，不要说出去。यह बड़ी शर्म की बात है, किसी को पता न चले।

丑[3]

chǒu विदूषक (परंपरागत नाटकों में चार प्रधान पात्रों में से एक पात्र)

【丑八怪】 chǒubāguài <बोल०> बहुत कुरूप व्यक्ति

【丑表功】 chǒubiǎogōng अपने कार्य की निर्लज्जतापूर्वक आत्मप्रशंसा करना; शेखी बघारना

【丑恶】 chǒu'è कुरूप और दुष्ट; बदसूरत और खराब; भद्दा; भोंडा; विकृत: ～面目 भद्दी और विकृत आकृति; भोंडापन / ～的灵魂 विकृत आत्मा / ～行为 अभद्र व्यवहार / 露出了～嘴脸 अपना बदसूरत चेहरा दिखा देना

【丑化】 chǒuhuà (किसी पर) कालिख पोतना; कीचड़ उछालना; बदनाम करना: ～劳动人民的形象 मेहनतकश जनता के चेहरे पर कालिख पोतना / 这人没那么坏，不要～他。यह आदमी उतना खराब नहीं है, उस को बदनाम न करो।

【丑话】 chǒuhuà ❶अशिष्ट वचन; अश्लील बातें ❷अप्रिय बातें; कटु बातें: 我把～说在前头，事情要是办糟了，你可别来找我。मुझे तुम से एक कटु बात कहनी है कि अगर मामला बिगड़ गया तो इस की ज़िम्मेदारी मुझ पर नहीं रहेगी।

【丑剧】 chǒujù भद्दा तमाशा
【丑角】 chǒujué ❶दे० 丑[3] ❷(यथार्थ जीवन में) विदूषक; कुत्सित व्यक्ति
【丑类】 chǒulèi दुष्ट; नीच; पाजी; बदमाश
【丑陋】 chǒulòu कुरूप; बदसूरत; विकृत
【丑婆子】 chǒupózi बूढ़ी विदूषिका (परंपरागत नाटक में)
【丑时】 chǒushí रात में एक बजे से तीन बजे तक का समय
【丑事】 chǒushì शर्म की बात; कुत्सित बात; अपचार; कलंक
【丑态】 chǒutài भद्दा क्रियात्मक अभिव्यक्ति; अशोभनीय रवैया; कुत्सित व्यवहार: ～百出 विदूषक की तरह आचरण करना; कुत्सित व्यवहार करना / ～毕露 बेहद निर्लज्ज होना
【丑闻】 chǒuwén लज्जाजनक घटना; लोकापवाद; बदनामी; फ़ज़ीहत: 官场～ अधिकारी वर्ग में होने वाली लज्जाजनक घटना; सरकार की बदनामी
【丑行】 chǒuxíng दुष्ट व्यवहार; निर्लज्ज आचरण; पाजी हरकत

瞅（田）chǒu 〈बो०〉 देखना; दृष्टि डालना: 让我～～。मुझे देखने दो; मैं ज़रा देखूँ। / 他向我～了一眼，转身走了。उस ने मुझ पर दृष्टि डाली, फिर मुड़ कर चला गया।
【瞅见】 chǒujiàn 〈बो०〉 देखना; देख लेना; दिखाई देना: 今天我一天没～他。आज मैं ने पूरे दिन में उसे नहीं देखा। / 他～我们了，跟他打个招呼吧。उस ने हम को देख लिया, उस से नमस्ते कहो।

chòu

臭 chòu ❶दुर्गंधयुक्त; बदबूदार: ～味儿 दुर्गंध; बदबू / ～不可闻 बेहद बदबूदार ❷घृणास्पद; कुत्सित; बदनाम: 他的名声很～。वह बहुत बदनाम है। ❸कठोरता से; निष्ठुरता से: ～骂 बुरी तरह डाँटना; खूब डाँट-फटकार करना / 挨了一顿～揍 बुरी तरह पीटा जाना ❹(गोला, गोली) जो न फटे; व्यर्थ: 这颗子弹～了。यह गोली व्यर्थ है।
xiù भी दे०
【臭虫】 chòuchóng खटमल
【臭豆腐】 chòudòufu उग्र गंध वाला बीन कर्ड
【臭烘烘】 chòuhōnghōng बहुत दुर्गंधयुक्त; खूब बदबूदार
【臭乎乎】 chòuhūhū कुछ बदबू वाला; कुछ सड़ाँध से युक्त: 这块肉～的，是不是坏了？इस माँस के टुकड़े से कुछ बदबू आ रही है, क्या खराब हो गया ?
【臭架子】 chòujiàzi मिथ्याभिमान: 摆～ मिथ्याभिमान करना
【臭美】 chòuměi 〈बोल०〉 (अपनी सुन्दरता या योग्यता) निर्लज्जता से दिखाना; चिढ़ाते हुए आत्मतुष्ट होना: 你看他走起路来那副趾高气扬的样子，真～。देखो, वह कितना इठलाते हुए चलता है, बिल्कुल निर्लज्ज दिखावटी है।
【臭名远扬】 chòumíng-yuǎnyáng कुख्यात होना; बदनाम होना
【臭名昭著】 chòumíng-zhāozhù कुख्यात होना; बदनाम होना
【臭皮囊】 chòupínáng 〈बौद्ध धर्म〉 बेकार मशक; मानवीय शरीर
【臭棋】 chòuqí 〈बोल०〉 शतरंज के खेल में भूल से कोई मोहरा चलाना; शतरंज खेलने में कुशल न होना: 他走一步～，结果输了。उस ने भूल से एक मोहरा चलाया जिस से वह हार गया। / ～篓子 निकम्मा शतरंजी
【臭气】 chòuqì दुर्गंध; बदबू
【臭水沟】 chòushuǐgōu गंदे पानी का नाला
【臭味相投】 chòuwèi-xiāngtóu एक ही प्रकार के लोग होना; एक ही स्वभाव के लोग होना; एक ही थैली के चट्टे-बट्टे होना
【臭氧】 chòuyǎng 〈रसा०〉 ओज़ोन
【臭氧层】 chòuyǎngcéng ओज़ोनस्फ़ेयर

chū

出[1] chū ❶बाहर जाना या आना: ～城 शहर से बाहर जाना / ～院 अस्पताल से बाहर आना ❷(किसी निश्चित संख्या आदि से) अधिक होना; बढ़ जाना; पार कर जाना; आगे निकल जाना: 火车～了轨。रेलगाड़ी पटरी से उतर गई। / 不～两个月 दो महीनों के अन्दर ही ❸प्रस्तुत करना; निकालना; देना: ～钱 पैसा निकालना / ～证明 प्रमाणपत्र देना / ～布告 सूचनापत्र लगाना / ～杂志 पत्रिका प्रकाशित करना / ～主意 उपदेश देना; सुझाव देना ❹पैदा करना या होना; तैयार करना या होना; बाहर निकलना या निकालना; (कोई घटना) घटना: 东北～大豆。उत्तर-पूर्वी चीन में सोयाबीन पैदा होती है। / 这个工厂～了不少劳动模范。इस कारखाने में अनेक आदर्श मज़दूर तैयार हुए थे। / ～问题 समस्या पैदा होना; गलती होना / 防止～事故 दुर्घटना से बचना / 这事～在二十年前。यह घटना बीस वर्ष पहले हुई थी; यह बात बीस वर्ष पहले की थी। ❺निकलना; निकालना: 他手上～血了。उस के हाथ से खून निकल आया। / ～天花 (किसी को) चेचक निकल आना ❻प्रकट होना; ज़ाहिर होना: 出名 / 出面 ❼(पकाने से) खूब बढ़ना; परिमाण में अधिक दिखाई देना: 出饭 ❽खर्च करना; दान देना: 量入为～ आमदनी को देखते हुए खर्च करना ❾〈बोल०〉 (往 के साथ प्रयुक्त) बाहर की ओर: 散会了，大家往～走。सभा खत्म हो गई, लोग बाहर आने लगे।

出[2]（齣）chū 〈परि०श०〉 (ऑपेरा या नाटकों

के लिये)：一～戏 एक ऑपेरा; एक नाटक

出 3 chū ❶(क्रिया के पीछे बाहर की ओर प्रकट करने के लिये प्रयुक्त)：跑～大门 दरवाज़े से बाहर भाग निकलना / 从口袋里拿～一封信 जेब से एक चिट्ठी निकाल लेना / 电报已经发～了。तार भेज दिया गया है। ❷(क्रिया के पीछे समाप्ति या सफलता की प्राप्ति प्रकट करने के लिये प्रयुक्त)：做～成绩 अच्छा फल प्राप्त कर लेना; कामयाबी हासिल करना / 看～问题 समस्या का पता चलना; गलती को पकड़ लेना / 想～办法 उपाय सोच निकालना

【出版】 chūbǎn प्रकाशित करना; प्रकाशित होना; निकालना; निकलना：那本书已经～了。वह पुस्तक प्रकाशित हो गई है; वह पुस्तक निकल चुकी है। / ～自由 प्रकशन की स्वाधीनता; प्रेस की स्वतंत्रता; छपाई की आज़ादी

【出版社】 chūbǎnshè प्रकाशन-गृह

【出版物】 chūbǎnwù प्रकाशित पुस्तक आदि; प्रकाशन

【出版者】 chūbǎnzhě प्रकाशक; पुस्तक-प्रकाशक

【出榜】 chūbǎng ❶सफल उम्मीदवारों या परीक्षार्थियों की नामसूची प्रकाशित करना：考试后三日～。परीक्षा के तीन दिन बाद सफल परीक्षार्थियों की नामसूची प्रकाशित होगी। ❷<पुराना> बड़े आकार की सूचना (दीवार आदि पर) लगाना

【出奔】 chūbēn अपने घर से चला जाना; भाग जाना

【出殡】 chūbìn शवयात्रा करना

【出兵】 chūbīng (लड़ाई के लिये) सेना भेजना; अपनी फ़ौजें भेज देना

【出彩】 chūcǎi शानदार कार्य करना; कमाल का काम करना; कमाल दिखाना

【出操】 chūcāo सैनिक अभ्यास के लिये बाहर जाना; कवायद करना：战士们～去了。कवायद के लिये सैनिक बाहर चले गये हैं।

【出岔子】 chū chàzi दुर्घटना होना; गलती होना या करना：手术中千万不能～。ऑपरेशन में ज़रा भी गलती न होने पाए।

【出差】 chūchāi दफ़्तर के काम से यात्रा करना：去南京～ दफ़्तर के काम पर नानचिंग की यात्रा करना / 出了几天差 कुछ दिनों के लिये काम पर चला जाना / ～津贴 काम के लिये यात्रा का भत्ता

【出产】 chūchǎn ❶उत्पन्न होना या करना; उत्पादित होना या करना：云南～大理石。युन्नान में संगमरमर उत्पन्न होता है। /景德镇～的瓷器是世界闻名的。चिंगतचन में उत्पादित चीनी मिट्टी की वस्तुएँ सारे संसार में मशहूर हैं। ❷उत्पादित वस्तु; उत्पादन

【出厂】 chūchǎng (उत्पादित वस्तुओं का) कारखाने से बाहर भेजा जाना：～价格 उत्पादक मूल्य; एक्स-फ़ैक्ट्री प्राइस / ～日期 उत्पादन का दिनांक

【出场】chūchǎng ❶रंगमंच पर आना; उपस्थित होना：她一～，观众立即报以热烈掌声。ज्योंही वह रंगमंच पर आयी, त्योंही दर्शक जोश के साथ तालियाँ बजाने लगे। ❷खेल-कूद के मैदान में प्रवेश करना; क्रीड़ाक्षेत्र में उपस्थित होना：～的运动员 होड़ में उपस्थित खिलाड़ी

【出超】 chūchāo निर्यात-अतिरेक; एक्सपोर्ट सरप्लस

【出车】 chūchē गाड़ी रवाना करना; गाड़ी भेजना：我要上车站去，给出辆车吧。मुझे रेलवे स्टेशन जाना है, एक कार भेज दो।

【出丑】 chūchǒu नाक कटना या कटाना; (अपना या किसी का) मुँह काला करना; लाज न रखना：当众～ लोगों के सामने अपना मुँह काला करना

【出处】 chūchù (किसी उद्धरण या उदाहरण का) स्रोत; मोल：注明引文～ नोट में उद्धरण का मूल बताना

【出道】 chūdào नौसिखिया द्वारा कोई कला या शिल्प सीखने के बाद उस का व्यवसाय शुरू करना; कोई व्यवसाय करना आरम्भ करना

【出点子】 chū diǎnzi उपदेश देना; सुझाव देना; उपाय सोचना：这事该怎么办? 你也出出点子。क्या करें? तुम भी कोई उपाय सोचो।

【出动】 chūdòng ❶बाहर निकल जाना; रवाना होना; चल देना：部队马上～。सेना अभी रवाना हो रही है। / 待命～ रवानगी की आज्ञा की प्रतीक्षा में होना ❷(सेना) भेजना：～伞兵部队 छत्रधारी सेना भेजना / ～军舰 युद्धपोत भेजना ❸(बहुत-से लोगों का किसी काम में) सम्मिलित होना：昨天大扫除，全家都～了。कल घर की सफ़ाई की गई थी, जिस में परिवार के सब लोग शामिल हुए।

【出尔反尔】 chū'ěr-fǎn'ěr अपना वचन तोड़ना; अपना वादा भंग करना; अकसर चोला बदलते रहना：这个人老是～，最好离他远点。यह आदमी अकसर अपना वचन तोड़ता है, उस को दूर से सलाम करना ही अच्छा है।

【出发】 chūfā ❶रवाना होना; चल देना; प्रस्थान करना; कूच करना：部队今晚～。सेना आज शाम को ही रवाना होगी। / 医疗队什么时候～? चिकित्सक दल कब प्रस्थान करेगा? ❷सोच-विचार में … को प्रारम्भिक बिंदु मानना; … से अग्रसर होना：从人民的利益～ जनता के कल्याण के ख्याल से / 从长远的观点～ दीर्घकालीन दृष्टिकोण से

【出发点】 chūfādiǎn ❶किसी यात्रा का आरम्भ स्थल ❷(वाद-विवाद आदि में) प्रस्थान-बिन्दु; आरंभिक बिन्दु：全心全意地为人民服务，一切为了人民的利益，这就是我们的～。हमारा प्रस्थान-बिन्दु है जनता की दिलोजान से सेवा करना और हर हालत में जनता के हितों को ख्याल में रखना।

【出饭】 chūfàn (चावल, बाजरा आदि पकाये जाने से) खूब बढ़ जाना; परिमाण में अधिक दिखाई देना：这种米～。इस प्रकार का चावल पकाये जाने पर खूब बढ़ जाता है।

【出访】 chūfǎng विदेश की सरकारी यात्रा करना：～印度 भारत की सरकारी यात्रा करना

【出份子】 chū fènzi (किसी को उपहार देने के लिये) सामान्य कोष में धन देना

【出风头】 chū fēngtou यश कमाना; वाहवाही लूटना; सुविख्यात होना：他爱～。वह खूब यश कमाना चाहता है; वह वाहवाही लूटने में रुचि रखता है। / 他出够了风头。उस ने खूब यश कमाया है।

【出伏】 chūfú (चीन के) 'फ़ू' दिन समाप्त होना; वर्ष में अधिकतम गर्मी के दिन बीत जाना: 今天～。आज फ़ू दिन समाप्त होते हैं।

【出钢】 chūgāng इस्पात पैदा करना

【出港】 chūgǎng बंदरगाह से निकल जाना

【出阁】 chūgé (लड़की की) शादी होना

【出格】 chūgé ❶(करनी या कथनी में) असामान्य होना; गैर मामूली होना ❷हद से बाहर जाना; उचित से आगे बढ़ जाना: 他这样做太～了。उस ने जो किया, वह बिल्कुल अनुचित था। / 他这话似乎有点～了。उस की बात ज़रा हद से बाहर मालूम होती है।

【出工】 chūgōng काम पर जाना; उपस्थित होना; हाज़िर होना: 他每天准时～。वह हर रोज़ ठीक समय पर काम पर जाता है।

【出恭】 chūgōng मल त्यागना; पाखाना करना; पाखाने जाना; शौचालय जाना

【出轨】 chūguǐ ❶(रेलगाड़ी आदि का) पटरी से उतरना ❷हद से बाहर जाना; उचित से आगे बढ़ जाना: ～行为 अनुचित व्यवहार

【出国】 chūguó विदेश जाना: ～旅行 विदेश की यात्रा करना / ～留学 पढ़ने के लिये विदेश जाना / 她出过两次国。वह देश से बाहर दो बार जा चुकी है।

【出海】 chūhǎi समुद्र में जाना; समुद्र में जहाज़ चला कर ले जाना: ～捕鱼 मछली पकड़ने के लिये समुद्र में जाना; समुद्र में जा कर मछली पकड़ना

【出汗】 chūhàn पसीना आना; पसीना छूटना: 他热得身上直～。गर्मी से उस के शरीर से पसीना आने लगा।

【出航】 chūháng (जहाज़ का) समुद्री यात्रा के लिये बंदरगाह से छूट जाना; (विमान का) हवाई यात्रा के लिये हवाई अड्डे से उड़ना

【出号】 chūhào अत्यधिक बड़ा: 我得穿～的鞋。मुझे अत्यधिक बड़ा जूता पहनना पड़ता है।

【出乎意料】 chūhū-yìliào अपनी अपेक्षा से बाहर होना; अपनी आशा से बाहर होना; अप्रत्याशित होना: 这件事出乎我的意料。यह बात मेरी आशा से बाहर थी। / ～之外，却在情理之中。अप्रत्याशित पर आश्चर्यजनक नहीं।

【出活】 chūhuó काम का फल मिलना; बहुत काम पूरा करना: 用这种新式工具，～快。इस नये ढंग के औज़ार से काम करेंगे तो जल्द ही अधिक फल मिलेगा।

【出击】 chūjī ❶(शत्रुओं पर) आक्रमण करने के लिये कूच करना; धावा बोलना; टूट पड़ना: 四面～ चारों ओर से धावा बोलना ❷(दुष्ट या अपराधी आदि से) लड़ना

【出继】 chūjì दत्तक पुत्र बनाया जाना; दत्तक लिया जाना; गोद लिया जाना: 他一岁时就～给伯父了。जब वह एक वर्ष का ही था तब उस को ताऊ जी द्वारा गोद लिया गया।

【出家】 chūjiā संन्यास लेना; गृहत्याग करना

【出家人】 chūjiārén संन्यासी; संन्यासिन

【出价】 chūjià दाम बताना; दाम लगाना: 你要真想买，就出个价吧。अगर सचमुच खरीदना चाहते हो, तो इस के लिए एक दाम बताओ। / 你～多少? तुम कितना देते हो?

【出嫁】 chūjià (किसी स्त्री की) शादी होना

【出将入相】 chūjiàng-rùxiàng रणक्षेत्र में सेनापति या राजदरबार में मंत्री होना —— उच्चपदाधिकारी होना

【出界】 chūjiè 〈खेल०〉 आउटसाइड; आउट

【出借】 chūjiè प्रायः (वस्तुएँ) उधार देना

【出境】 chūjìng ❶देश से बाहर जाना: 限期～ निश्चित समय में देश से निकल जाना / ～签证 देश से बाहर जाने का वीज़ा; प्रस्थान-वीज़ा / ～许可证 प्रस्थान अनुमति-पत्र ❷किसी क्षेत्र से बाहर जाना

【出镜】 chūjìng (फ़िल्म या टेलीविज़न में) अपना मुँह दिखाना; दर्शन देना

【出九】 chūjiǔ वर्ष में अधिकतम सर्दी के दिन समाप्त होना: 虽说还没有～，可天气暖和多了。हालांकि वर्ष में अधिकतम सर्दी के दिन अभी खतम नहीं हुए, पर फिर भी कुछ गर्मी-सी महसूस होने लगी है।

【出局】 chūjú ❶〈खेल०〉 बाहर करना या जाना; हरा देना या हरा दिया जाना; (बैसबाल या सोफ़्टबाल आदि में) आउट ❷जबर्दस्ती निकाल देना या निकाल दिया जाना ❸(सट्टाबाज़ार) अपने सारे हिस्से बेच देना

【出圈】 chūjuàn दे० 出栏

【出口】[1] chūkǒu ❶कहना; बोलना; मुँह खोलना: 这话我很难～。मेरे लिये ये बातें मुँह से निकालना मुश्किल है। ❷(किसी जहाज़ का) बंदरगाह से निकल जाना ❸निर्यात करना: ～粮食 अनाज का निर्यात करना / 增加～ निर्यात बढ़ाना

【出口】[2] chūkǒu निर्गम द्वार या पथ; निर्गम: 地铁～ भूमिगत रेलवे का निर्गम / 剧场的～ (थियेटर) निर्गम / 会场的～ सभास्थल का निर्गम

【出口成章】 chūkǒu-chéngzhāng मुँह से ऐसी बातें निकलना जैसी किसी लेखक की कलम से निकलती हों —— साहित्यिक भाषा बोलना; वाक्-चातुर होना

【出口货】 chūkǒuhuò निर्यात माल; निर्यात वस्तु

【出口贸易】 chūkǒu màoyì निर्यात-व्यापार; निर्यात-वाणिज्य

【出口伤人】 chūkǒu-shāngrén ऐसी बातें कहना जिन से दूसरों के मन में चोट लगे; बहुत अधिक कठोर बातें कहना

【出口商】 chūkǒushāng निर्यात-व्यापारी

【出口商品】 chūkǒu shāngpǐn निर्यात-व्यापार की वस्तुएँ

【出口税】 chūkǒushuì विदेशों में माल भेजने पर लगने वाली चुंगी; निर्यात कर

【出口许可证】 chūkǒu xǔkězhèng निर्यात लाइसेंस

【出来】[1] chūlái ❶बाहर आना; निकल आना: 太阳～了。सूरज निकल आया है। / 你～一下，我跟你说件事。ज़रा बाहर आओ, तुम से एक बात कहनी है। ❷प्रकट होना; उठ खड़ा होना; हो जाना: 经过讨论，～两种相反的意见。वाद-विवाद के बाद दो विपरीत विचार पेश किये गए। / 现在又～一个新问题。अब एक नई समस्या उठ खड़ी हुई।

【出来】[2] chūlái ❶(क्रिया के पीछे लगा कर यह प्रकट करने के लिये प्रयुक्त कि किसी क्रिया की दिशा बोलने वाले की

ओर हो)：他从口袋里拿出一封信来。उस ने जेब से एक पत्र निकाल लिया। / 从屋里走出一个人来。एक आदमी कमरे से निकल आया। ❷(क्रिया के पीछे लगा कर किसी काम या बात की समाप्ति प्रकट करने के लिये प्रयुक्त)：他那本小说写～了。उस ने अपना उपन्यास लिख डाला; उस का उपन्यास खत्म हो गया। ❸(क्रिया के पीछे लगा कर अभिव्यक्ति प्रकट करने के लिये प्रयुक्त)：我一眼就认出他来了。मैं ने उसे देखते ही पहचान लिया। / 你的话是什么意思，我听不～。तुम्हारा मतलब मेरी समझ में नहीं आया।

【出栏】 chūlán (पशुधन का) पूरी तरह बढ़ जाना और वध के लिये तैयार होना ❷<बो०> सुअरों या भेड़ों आदि के बाड़े से खाद निकालना

【出类拔萃】 chūlèi-bácuì अपनी श्रेणी के अन्य लोगों से बढ़ कर होना; साधारण से बाहर होना; सर्वश्रेष्ठ; सर्वोत्तम：～的人物 सर्वश्रेष्ठ व्यक्ति

【出力】 chūlì अपनी शक्ति लगाना; योगदान देना; यथा-संभव प्रयास करना; सहायता देना; सहयोग देना：他为编写《汉印词典》出过不少力。उस ने चीनी-हिन्दी शब्दकोश बनाने में काफ़ी योगदान दिया है। / 有钱的出钱，有力的～。जिस के पास धन हो वह धन निकाल दे और जिस में शक्ति हो वह शक्ति लगा दे।

【出猎】 chūliè शिकार करने जाना

【出溜】 chūliu <बो०> फिसलना：他脚底下一～，摔了一交。वह फिसल कर गिर पड़ा।

【出笼】 chūlóng ❶स्टीमर से निकाल लिया जाना：刚～的馒头 स्टीमर से अभी निकला हुआ भाप से पकाया हुआ गरमागरम 'मानटो' ❷<अना०> निकलना; प्रकट होना：那本坏书是什么时候～的？वह खराब किताब कब निकली थी？

【出炉】 chūlú ❶भट्टी में से निकाल दिया जाना ❷<लाक्षणिक> बाहर आना; प्रकाशित होना; लोगों के सामने आना

【出路】 chūlù ❶बाहर निकलने की राह; निर्गम पथ：他们在森林里迷失了方向，找不到～。वे जंगल में दिङ्मूढ़ हो गए और बाहर जाने की राह न मिल सकी। ❷जीवन या विकास का रास्ता; भविष्य：另谋～ अन्य रास्ता ढूँढ़ना / 社会主义是中国唯一的～。समाजवाद ही चीन के विकास का एक मात्र रास्ता है। / 农业的根本～在于机械化。कृषि का बुनियादी विकास-पथ मशीनीकरण में स्थित है। ❸(व्यापार की वस्तुओं को) बेचने का स्थान：品质优良的产品，不愁没有～。बढ़िया चीज़ों की आसानी से बिक्री होती है।

【出乱子】 chū luànzi गड़बड़ी होना; गलती होना; उपद्रव होना：你放心，出不了乱子。बेफ़िक्र रहो, कोई गड़बड़ी न होने पाएगी।

【出落】 chūluo (जवान आदमी, विशेषतः जवान स्त्री का) विकसित होना; बढ़ना：两年不见，这姑娘～得更漂亮了。यह लड़की बढ़ कर उस समय से अधिक रमणीय हो गई है जब कि मैं ने उसे दो वर्ष पहले देखा था।

【出马】 chūmǎ (खुद) कार्रवाई करना; उपस्थित होना; मैदान में उतर आना：亲自～ स्वयं कोई काम करना; किसी बात का अपने आप प्रबन्ध करना; किसी मामले में खुद शामिल होना

【出卖】 chūmài बिकना; बेचना：～房屋 मकान बेचना / ～劳动力 श्रमशक्ति बेचना / ～良心 ईमान बेचना / ～民族利益 राष्ट्रीय हितों को बेचना

【出毛病】 chū máobìng गड़बड़ होना; खराब होना; अव्यवस्थित होना; गलती होना; बिगड़ जाना：机器～了。मशीन कुछ खराब हो गई। / 摩托车～了。मोटरकार खराब हो गई।

【出门】 chūmén ❶बाहर जाना：他刚～，你等一会儿吧。वह अभी बाहर गया है, तुम ज़रा इंतज़ार करो। ❷घर छोड़ कर दूर जाना; यात्रा करने जाना：～在外，要多加小心。जब घर से अलग रहते हो, तब अपनी देखभाल रखो। / 他出远门了。वह लम्बी यात्रा करने के लिये चला गया है। ❸<बो०> (किसी स्त्री की) शादी होना

【出门子】 chūménzi <बो०> (किसी स्त्री की) शादी होना

【出面】 chūmiàn व्यक्तिगत या किसी संस्था के नाम से (कोई काम करना); किसी की ओर से (कोई काम करना)：这事你～交涉就更好了。यह और भी अच्छा है कि तुम ही हमारी ओर से इस बात पर बातचीत करोगे। / 这次运动会由工会～组织。इस खेलकूद का समारोह ट्रेड यूनियन के नाम से आयोजित होगा। / 你为什么自己不～？तुम व्यक्तिगत रूप से यह काम क्यों नहीं करोगे？

【出苗】 chūmiáo अंकुर उगना

【出名】 chūmíng ❶प्रसिद्ध होना; मशहूर होना; नामी होना; यश मिलना：哈密瓜在国内外都很～。हामी तरबूज़ देश-विदेश में बहुत मशहूर हैं। / ～的劳动模范 नामी-गिरामी आदर्श श्रमिक / 他这个人～地老实。वह आदमी अपने ईमानदारी के कारण प्रसिद्ध है। ❷किसी के नाम से या किसी की ओर से (कोई काम करना)：今晚由学生会～，召开联欢晚会。आज शाम को छात्र संघ की ओर से एक मनोरंजन समारोह आयोजित होगा।

【出没】 chūmò नज़र आना और गायब होना; (किसी स्थान पर) बहुधा आना-जाना：这座山里常有野兽～。इस पहाड़ पर जंगली जानवर अकसर आते-जाते हैं। / ～无常 अप्रत्याशित रूप से दिखाई देना और गायब होना

【出谋划策】 chūmóu-huàcè सलाह देना; उपायों को खोज निकालना

【出纳】 chūnà ❶धन या बिलों की वसूली और अदायगी ❷रोकड़िया; खज़ांची; कैशियर; टेलर ❸पुस्तकें उधार देना और वसूल करना

【出纳台】 chūnàtái ❶कैशियर की डेस्क ❷(पुस्तकालय में) सर्कुलेशन डेस्क

【出纳员】 chūnàyuán खज़ांची; रोकड़िया; कैशियर

【出盘】 chūpán <बो०> (दुकान; कारखाना आदि) बेच देना

【出品】 chūpǐn ❶बनना या बनाना; पैदा होना या करना; उत्पादित होना या करना：天津～的手表 थिएनचिन में उत्पादित घड़ी ❷उत्पादित वस्तु; पैदावार; पैदाइश：这是本厂的新～。यह हमारे कारखाने की नई पैदावार है।

【出聘】 chūpìn ❶(किसी स्त्री की) शादी होना ❷<लि०> राज-प्रतिनिधि की हैसियत से विदेश जाना

【出其不意】 chūqíbùyì आकस्मिक कार्यवाही करना; अचानक चौका देना: ～地向敌人发起进攻 दुश्मन पर अप्रत्याशित आक्रमण करना / 攻其不备，～。अप्रस्तुत पर प्रहार करो; आकस्मिक कार्यवाही करो।

【出奇】 chūqí असाधारण; विशेष; विलक्षण; अनोखा; अजीब: 这事儿真～。यह बड़ी अनोखी बात है। / 没什么～的地方。कोई विशेषता न होना / 今年夏天热得～。इस वर्ष ग्रीष्म में अजीब-सी गर्मी पड़ रही है।

【出奇制胜】 chūqí-zhìshèng आश्चर्ययुक्त उपाय से विजय प्राप्त करना

【出气】 chūqì शिकवे-शिकायतों को सामने लाना; (किसी पर) अपना क्रोध उतारना: 你在外面受了委曲，不要拿家人～。तुम को बाहर अन्याय का शिकार बनना पड़ा, पर परिवार-जनों पर अपना क्रोध मत उतारो।

【出气筒】 chūqìtǒng 〈बो०〉 क्रोध भरने वाला थैला —— जिस पर कोई अपना क्रोध उतारे

【出勤】 chūqín ❶काम पर जाना; सेवा में उपस्थित रहना: 按时～ ठीक समय पर उपस्थित होना / 他已经好几天没～了。वह कई दिनों से सेवा में हाज़िर नहीं रहता। ❷दफ़्तरी कार्य के लिये बाहर जाना

【出勤率】 chūqínlǜ सेवा में उपस्थिति-दर; उपस्थिति

【出去】[1] chūqù बाहर जाना; निकलना: ～走走 बाहर जा कर ज़रा टहलना / 他刚刚～。वह अभी-अभी बाहर चला गया है। / 出得去 बाहर जा सकना; निकल पाना / 出不去 बाहर न जा सकना; निकलने न पाना

【出去】[2] chūqù (क्रिया के पीछे लगा कर यह प्रकट करने के लिये प्रयुक्त कि किसी क्रिया की दिशा बोलने वाले के विपरीत हो): 稿子全都交～了。सब लेख दे दिये गए हैं। / 把客人送出大门去 मेहमानों को द्वार के बाहर पहुँचा देना

【出圈儿】 chūquānr 〈बो०〉 हद से बाहर जाना; अधिक दूर जाना: 你这话说得～了。तुम ने जो कहा वह हद से बाहर था।

【出缺】 chūquē (कोई उच्च पद) खाली होना

【出让】 chūràng (अपनी निजी वस्तुएँ) बेचना

【出人头地】 chūréntóudì सामान्य व्यक्तियों से बढ़ कर होना; अपने वर्ग के अन्य व्यक्तियों से श्रेष्ठ होना

【出人意料】 chūrényìliào (出人意表 chūrényìbiǎo भी) अपेक्षा से बाहर होना; अप्रत्याशित होना: 这次考试成绩这么好，真是～。इस परीक्षा का इतना अच्छा नतीजा सचमुच ही अपेक्षा से बाहर था।

【出任】 chūrèn 〈लि०〉 (कोई सरकारी पद) ग्रहण करना: ～要职 ज़िम्मेदारी का पद ग्रहण करना

【出入】 chūrù ❶भीतर आना और बाहर जाना: 禁止外人～。बाहरी व्यक्तियों का भीतर आना और बाहर जाना मना है। ❷भिन्नता; अंतर; फ़र्क; असंगति: 你俩说的话有～。तुम्हारी और उस की बातों में कुछ अंतर है। / 现款与账面有～。हाथ में जो रोकड़ है और खाते में जो दर्ज है, दोनों में असंगति है।

【出入证】 chūrùzhèng प्रवेश-पत्र; पास

【出丧】 chūsāng दे० 出殡

【出色】 chūsè उत्तम; बढ़िया; प्रमुख; विशिष्ट; विचित्र; उत्कृष्ट: ～的人物 विशिष्ट व्यक्ति; असाधारण व्यक्ति / ～的本领 सर्वश्रेष्ठ गुण / ～的表现 उत्कृष्ट अभिव्यक्ति / ～地完成了任务 खूबी के साथ अपना काम पूरा करना

【出山】 chūshān (एकांतवास, निवृत्ति आदि से) बाहर आ कर कोई सरकारी पद ग्रहण करना

【出身】 chūshēn ❶उत्पन्न होना; पैदा होना: ～工人家庭 मज़दूर के परिवार में उत्पन्न होना ❷पारिवारिक पृष्ठभूमि; वर्ग-उत्पत्ति; उत्पन्न होने की श्रेणी: 他～很好。उस की उत्तम वर्ग-उत्पत्ति है। / 咱俩都是农民～。हम दोनों किसान परिवारों में पैदा हुए थे। ❸किसी का प्राथमिक व्यवसाय या पेशा: 工人～的技术员 मज़दूरों में से निकला हुआ प्रविधिज्ञ (तकनीकज्ञ)

【出神】 chūshén मंत्रमुग्ध होना; अचेतावस्था में होना; विचारमग्न होना; मग्न होना: 孩子们听故事，听得出了神。ये लड़के कहानियाँ सुनते-सुनते मंत्रमुग्ध हो गए। 她坐在窗前～。खिड़की के पास बैठी हुई वह विचारों में मग्न थी। / 你看什么看得这么～？ तुम ऐसी कौन सी किताब पढ़ रहे हो जिस में तुम इतने तल्लीन हो ?

【出神入化】 chūshén-rùhuà पराकाष्ठा को पहुँचना; उत्कृष्ट; बहुत ही शानदार: 他的表演艺术～。उन का अभिनय कलात्मक पराकाष्ठा को पहुँचा हुआ है।

【出生】 chūshēng जन्म होना; पैदा होना; उत्पन्न होना: 我是 1950 年～的。मेरा जन्म सन् 1950 में हुआ था। / 他～在印度。वह भारत में पैदा हुआ था। / ～年月 जन्मदिन (मास, वर्ष); जन्म-काल

【出生地】 chūshēngdì जन्मस्थान; उत्पत्तिस्थान

【出生率】 chūshēnglǜ जन्मदर; बर्थ रेट

【出生入死】 chūshēng-rùsǐ जान खतरे में डालना; सभी खतरों का सामना करना; जान पर खेलना: 他们在革命战争中，～，建立了许多功勋。उन्हों ने क्रांतिकारी युद्ध में जान खतरे में डाल कर अनेक कारनामे कर दिखाये थे।

【出生证】 chūshēngzhèng जन्म का प्रमाण-पत्र

【出师】[1] chūshī अपनी शिष्यता पूरी करना; अपना नौसिखियापन समाप्त करना

【出师】[2] chūshī 〈लि०〉 फ़ौज का प्रस्थान करना; लड़ाई के लिये सेना भेजना: ～不利 प्राथमिक लड़ाई (या खेल) में ही हार जाना

【出使】 chūshǐ राज-प्रतिनिधि की हैसियत से विदेश में जाना: ～印度 कूटनैतिक दूत की हैसियत से भारत में जाना

【出示】 chūshì ❶दिखाना; पेश करना: 请～车票。अपना टिकट दिखाइये। / 请～证件。अपना प्रमाण-पत्र पेश कीजिये। ❷〈लि०〉 (दीवार आदि पर) सूचना-पत्र लगाना: ～安民 जनता की आशंकाएं दूर करने के लिये सूचना-पत्र लगाना

【出世】 chūshì ❶दुनिया में आना; जन्म होना; पैदा होना; अस्तित्व में आना: 他～不久，他妈妈就去世了。उस के जन्म के बाद अधिक दिन नहीं हुए थे कि उस की माँ का देहांत हुआ। / 旧制度要灭亡，新制度要～了。पुरानी व्यवस्था का अंत होने वाला है और नई व्यवस्था अस्तित्व में आ रही है। ❷संसार छोड़ देना; संन्यास लेना: ～思想

संन्यास लेने की धारणाएँ ❸इस दुनिया से बहुत ऊँचा होना: 横空～ गगनचुंबी (पहाड़ के चोटी)

【出世作】 chūshìzuò <पुराना> अपने जीवन में प्रकाशित प्राथमिक रचना

【出仕】 chūshì <पुराना> कोई सरकारी पद ग्रहण करना; पदाधिकारी बन जाना

【出事】 chūshì दुर्घटना घटित होना; अप्रत्याशित घटना होना; आकस्मिक घटना होना: 飞机～了。हवाई जहाज़ धरती पर गिर गया। / 那里出了什么事? वहाँ क्या हुआ ? / 你干吗这么慌张，出了什么事? तुम को क्या हुआ जिस से इतने घबराते हो ? / ～地点 घटनास्थल

【出手】[1] chūshǒu ❶(संचित माल आदि को) अपने हाथ से अलग करना; बिक्री करना; बेचना: 货物～了。माल हाथ से अलग कर दिया गया; माल बेच दिया गया। ❷निकाल लेना; दे देना: 他很大方，一～就给了一千块钱。वह बहुत उदार था, एक हज़ार य्वान निकाल कर दे दिये।

【出手】[2] chūshǒu ❶आस्तीन की लम्बाई ❷(शतरंज, वूशू आदि में) शुरू में ही प्रदर्शित किया गया कौशल: 出手不凡

【出手不凡】 chūshǒuo-bùfán (शतरंज, वूशू आदि में) शुरू में ही अपन विशिष्ट कौशल प्रदर्शित कर देना

【出售】 chūshòu बेचना; बिकना; खपाना: 降价～ सस्ते भाव में बेचना / ～价格 विक्रयमूल्य

【出书】 chūshū पुस्तक प्रकाशित करना

【出数儿】 chūshùr <बोल०> (चावल का) पकाये जाने पर खूब बढ़ जाना: 这种米做饭～。इस प्रकार का चावल पकाये जाने पर खूब बढ़ जाता है।

【出台】 chūtái ❶(मूल अर्थ में, अभिनेता का) रंगमंच पर आना ❷(नये अर्थ में, नीति, उपाय आदि का) प्रकाशित होना; अमल में लाना; घोषित करना या अपनाना: 医疗制度改革的措施即将～。चिकित्सा-व्यवस्था सुधारने के लिये नये उपाय जल्द ही घोषित किये जाएंगे।

【出摊】 chūtān (～儿) (सड़क के किनारे, मैदान या मेले-ठेले में) बिसात पर सामान फैला कर बेचना: 为方便过往行人，禁止在路边～售物。पथिकों की सुविधा के लिये सड़क के किनारे बिसात पर सामान फैला कर बेचना मना है।

【出逃】 chūtáo भाग जाना; पलायन करना: ～国外 विदेश में पलायित होना / 离家～ घर से भाग जाना

【出题】 chūtí ❶सवाल पेश करना; प्रश्न-पत्र पेश करना ❷विषय (या शीर्षक) रखना

【出挑】 chūtiāo ❶दे० 出落 ❷(कौशल आदि में) विकसित होना; उन्नति होना: 不满一年，他就～成师傅的好帮手。एक ही वर्ष में वह बढ़ कर अपने उस्ताद का अच्छा-खासा मददगार बन गया।

【出粜】 chūtiào (अनाज) बेचना

【出庭】 chūtíng न्यायालय में उपस्थित होना; पेशी होना

【出头】 chūtóu ❶विपत्ति आदि की स्थिति में से निकल आना; छुटकारा पाना: 穷苦人有了～的日子。गरीब जनता को अब हीनता से छुटकारा मिल गया है। ❷किसी की ओर से (कोई काम करना); आगे बढ़ना; पहल करना: 这些活动总是由他～来搞。इन कार्यवाइयों में वह अकसर पहल करता है। ❸(किसी संपूर्ण संख्या से) कुछ ऊपर: 小麦亩产八百斤～。गेहूँ का उत्पादन 800 चिन फ़ि मू से कुछ ऊपर है। / 那人不过三十岁～。उस की उमर तीस वर्ष से कुछ ऊपर की ही थी।

【出头露面】 chūtóu-lòumiàn लोगों के सामने उपस्थित होना; विख्यात होना: ～的人物 सार्वजनिक कार्यकर्ता / 喜欢～ लोगों के सामने उपस्थित होने का इच्छुक होना; लोगों के ध्यान का केन्द्र बनना चाहना

【出徒】 chūtú अपनी शिष्यता पूरी करना; अपना नौसिखियापन समाप्त करना

【出土】 chūtǔ ❶(ऐतिहासिक अवशेष का) खोद कर निकाला जाना: ～文物 खोद कर बाहर निकाला गया सांस्कृतिक अवशेष; पुरातत्व-संबंधी प्राप्त वस्तुएँ ❷(पौधों का) भूमि में से बाहर निकलना

【出脱】 chūtuō ❶(माल) बिक जाना; बिक्री होना या करना: 那批货一时～不了。उस माल की अभी बिक्री नहीं हो पायी। ❷दे० 出落 ❸निर्दोष ठहराना; अपराध-मुक्त करना: 你的罪名无法～。तुम कभी अपराध से मुक्त नहीं हो सकते।

【出外】 chūwài घर से बाहर जाना; घर छोड़ना: ～谋生 अपनी आजीविका कमाने के लिये घर छोड़ना; रोटी कमाने के लिये घर से बाहर कहीं जाना

【出亡】 chūwáng <लि०> अपने घर (या देश) से पलायित होना; कहीं भाग जाना

【出席】 chūxí (सभा, समारोह आदि में) उपस्थित होना; हाज़िर होना; भाग लेना; वर्तमान होना: ～会议 अधिवेशन में भाग लेना / ～宴会 प्रीतिभोज में उपस्थित होना / ～人数 उपस्थित लोगों की संख्या

【出息】 chūxi ❶उज्ज्वल भविष्य; सुयोग्य (या सफल) होने के आशाएं: 有～ अपने जीवन में सफलता की आशाएं होना; भविष्य उज्ज्वल होना; होनहार होना / 没～ सफल होने की आशा न होना; निकम्मा होना; बेकार होना ❷<बो०> तरक्की होना; अच्छी प्रगति होना: 这孩子比以前～多了。इस लड़के की पहले से काफ़ी तरक्की हो गई है। ❸<बो०> लाभ; नफ़ा; प्राप्ति: 咱这儿种稻子比种高粱～大。यहां सोर्गम से धान उगाना ही अधिक लाभदायक है।

【出险】 chūxiǎn ❶खतरे से छुटकारा पाना: 他一定会救你～。वह तुम को खतरे से ज़रूर बचाएंगे। ❷(बाँध आदि का) खतरे में होना: 加固堤坝，防止～。खतरे से सुरक्षित रहने के लिये बाँध को अधिक दृढ़ बनाओ।

【出现】 chūxiàn व्यक्त होना; निकलना; दिखाई देना; हो उठना; सामने आना; सूरत दिखाना; नज़र में आना; उपस्थित होना: 眼前仿佛～了母亲的面影。मालूम होता था कि माता का चेहरा आँखों के सामने दिखाई दिया। / 昨天下午天上又～了不明飞行物。कल शाम को आकाश में यू०एफ़०ओ० फिर नज़र में आया। / 最近没有～新情况。इधर कुछ दिनों से यहां कोई नई स्थिति पैदा नहीं हुई। / 他的～使人大为惊讶。उस की उपस्थिति से लोग अचंभे में पड़ गए। / 我们将以一个具有高度文化的民族～于世界。हम प्रगतिशील संस्कृति से लैस राष्ट्र की हैसियत से इस संसार में अपना स्थान बना लेंगे।

【出线】 chūxiàn <खेल०> आगे की होड़ में शामिल होने के योग्य ठहराना; पूरा उतरना
【出项】 chūxiàng व्यय की मद; व्यय; खर्च
【出血】 chūxiě <बो०> धन (या पदार्थ) निकाल कर दे देना
【出行】 chūxíng बाहर जाना; यात्रा पर जाना
【出血】 chūxuè ❶खून निकलना: 他手上～了。उस के हाथ से खून निकल रहा है। ❷<चिकि०> रक्तस्राव; रक्त-संचार
【出巡】 chūxún निरीक्षण के लिए दौरा करना; दौरे पर जाना
【出芽】 chūyá अंकुर निकलना; अंकुरित होना; कली आना (फूटना, खिलना, निकलना)
【出言不逊】 chūyán-bùxùn कटु वचन कहना; अबे-तबे करना; टर्राना
【出演】 chūyǎn ❶अभिनय करना ❷(किसी की) भूमिका अदा करना
【出洋】 chūyáng <पुराना> विदेश में जाना: ～留学 पढ़ने के लिये विदेश में जाना
【出洋相】 chū yángxiàng नाक कटना या कटाना; (अपना या किसी का) मुँह काला करना; लाज न रखना; अपना तमाशा दिखाना
【出游】 chūyóu सैर-सपाटे के लिये बाहर जाना
【出于】 chūyú की वजह से; के ख्याल से; देखते हुए; के उद्देश्य से; के आधार पर: ～对同志们的关怀 अपने साथियों की देख-भाल करने के ख्याल से / ～对双方利益的考虑 दोनों पक्षों के हितों को ध्यान में रखते हुए / ～不可告人的目的 अपने छिपे हुए उद्देश्य से / ～自愿 अपनी ही इच्छा से; स्वेच्छा से / ～无奈 विवशत से; विवश हो कर
【出狱】 chūyù जेल से रिहा किया जाना
【出院】 chūyuàn (किसी रोगी का) अस्पताल से अलग होना
【出月子】 chū yuèzi (प्रसविनी का प्रसव के बाद) पूरा एक महीना समाप्त करना
【出战】 chūzhàn लड़ाई पर जाना; युद्धस्थल में जाना
【出账】 chūzhàng किसी अदायगी की मद बही में चढ़ाना
【出蛰】 chūzhé (पशुओं का) शीत निष्क्रियता से निकल आना; शीत-निद्रा समाप्त करना
【出诊】 chūzhěn (किसी डॉक्टर का) मरीज़ के घर में जा कर इलाज करना
【出阵】 chūzhèn ❶युद्धस्थल में जाना; लड़ाई पर जाना ❷(किसी कार्रवाई में) शामिल होना; भाग लेना
【出征】 chūzhēng लड़ाई पर जाना; अभियान पर जाना; अभियान करने जाना
【出众】 chūzhòng असाधारण होना; असामान्य होना; विशिष्ट होना; आम लोगों से बढ़ कर होना: 人才～ असामान्य योग्यता रखने वाला व्यक्ति; विशिष्ट रूप से सुयोग्य व्यक्ति / 成绩～ पढ़ाई (या कार्य) में असाधारण फल पाना
【出资】 chūzī धन निकालना: 这座工厂是由一家公司～兴建的。इस कारखाने के निर्माण में किसी कंपनी ने पूँजी लगाई थी।
【出自】 chūzì (किसी स्थान से) आना, शुरू होना या आगे चलना: ～肺腑 अपने दिल की गहराई से / 这个典故～何处? यह कोटेशन कहाँ से लिया गया है?
【出走】 chūzǒu अपने घर (या प्रदेश) से विवश हो कर अलग होना; पलायन करना; भाग जाना: 为了参加革命离家～ घर छोड़ कर क्रांतिकारी कार्य में भाग लेना / 仓促～ घबड़ाहट में भाग जाना
【出租】 chūzū किराये पर देना; भाड़े पर देना: 房屋～ मकान किराये पर देना / 这家公司～自行车。इस कंपनी के पास किराये पर देने वाली साइकिलें हैं। / ～土地 भूमि को लगान पर देना
【出租汽车】 chūzū qìchē टैक्सी: ～司机 टैक्सीवाला

初 chū ❶आरम्भ; शुरुआत; प्रारम्भिक भाग: 五月～ मई के आरम्भ में / 年～ वर्ष की शुरूआत में ❷प्रथम; पहला: ～战 प्रथम लड़ाई / ～一（五、十）चंद्रमास की पहली (पाँचवीं, दसवीं) तारीख ❸पहली बार; प्रारम्भिक रूप से; शुरूआत ही में: ～登舞台 पहली बार रंगमंच पर आना / ～见面 पहली मुलाकात होना / 感冒～起 ज़ुकाम की शुरूआत ही में ❹निम्नतम; प्रारम्भिक; शुरूआत का; प्राथमिक; मूल; बुनियादी: 初级 / 初等 ❺मौलिक; पहले का; पहले की स्थिति: 和好如～ (झगड़े के बाद) फिर से मैत्री स्थापित कर लेना; फिर से अच्छे दोस्त बन जाना ❻（Chū）एक कुलनाम
【初版】 chūbǎn ❶पहला संस्करण ❷पहली बार प्रकाशित किया जाना: 这本书 1980 年～。यह पुस्तक सन् 1980 में पहली बार प्रकाशित हुई थी।
【初步】 chūbù आरंभिक; प्रारम्भिक; प्रयोगात्मक; प्राथमिक: 获得～成果 प्राथमिक फल प्राप्त होना; प्रारम्भिक नतीजा हासिल करना / 提出～方案 प्रयोगात्मक कार्यक्रम प्रस्तुत करना / 作出～估价 प्राथमिक मूल्यांकन करना / ～交换意见 प्रारम्भिक रूप से विचारों का आदान-प्रदान करना; विचारों का प्रारम्भिक आदान-प्रदान करना
【初潮】 chūcháo प्रथम रजोधर्म
【初出茅庐】 chūchū-máolú अपनी झोंपड़ी से अभी निकल आना —— अपनी जीवन-यात्रा की शुरूआत में ही; जवान और अनुभवहीन: ～的话剧演员 अनुभवहीन नाटक-अभिनेता
【初创】 chūchuàng नया स्थापित: ～阶段 प्राथमिक अवस्था; शुरूआत की मंज़िल
【初春】 chūchūn वसंत के मौसम का आरम्भ-काल; वसंत का पहला महीना (अर्थात् चंद्र वर्ष का पहला महीना)
【初等】 chūděng प्रारम्भिक; प्राथमिक; प्राइमरी; निम्न: ～数学 निम्न गणित-शास्त्र
【初等教育】 chūděng jiàoyù प्राथमिक शिक्षा; प्राइमरी शिक्षा; निम्नतम शिक्षा
【初等小学】 chūděng xiǎoxué <पुराना> निम्न प्राइमरी स्कूल
【初冬】 chūdōng सर्दी के मौसम का आरम्भकाल; सर्दी

chū chú 224

के मौसम का पहला महीना (अर्थात् चंद्र वर्ष का दसवां महीना)

【初度】 chūdù 〈लि०〉 जन्मदिवस: 四十～ अपना चालीसवां जन्मदिवस

【初犯】 chūfàn ❶पहली बार अपराध करनेवाला; प्रथम अपराधी ❷पहली बार अपराध करना

【初伏】 chūfú प्रथम फ़ु —— ग्रीष्म मौसम के तीन दस-दिन वाले कालों में प्रथम ❷प्रथम फ़ु का प्रथम दिन (मध्य-जुलाई में)

【初稿】 chūgǎo पहला मसौदा

【初会】 chūhuì प्रथम मिलन; पहली मुलाकात

【初婚】 chūhūn ❶प्रथम विवाह ❷नया विवाहित

【初级】 chūjí आरंभिक; प्रारम्भिक; प्राइमरी; निम्नतम: ～课程 प्रारम्भिक पाठ्यक्रम / ～读本 प्राइमर / ～形式 प्राथमिक रूप / ～阶段 प्राथमिक अवस्था; प्रारम्भिक मंज़िल / ～农业生产合作社 आरंभिक कृषि-उत्पादक सहकारी समिति

【初级小学】 chūjí xiǎoxué निम्न प्राइमरी स्कूल

【初级中学】 chūjí zhōngxué जूनियर माध्यमिक स्कूल

【初交】 chūjiāo नया परिचित व्यक्ति: 我们是～，对他不太了解。हम हाल ही में परिचित हुए हैं, इसलिये उन के बारे में मैं ज़्यादा नहीं जानता।

【初亏】 chūkuī 〈खगोल०〉 ग्रहण का आरम्भ (ग्रहण की सब से पहली स्थिति जब सूर्य या चंद्र एक दूसरे को काटना या स्पर्श करना शुरू करते हैं); फ़र्स्ट कंटेक्ट

【初恋】 chūliàn ❶प्राथमिक प्रेम ❷प्रेमपाश में फँस जाने की प्राथमिक अवस्था; हाल ही में प्रेम में फँसा हुआ होना

【初露锋芒】 chūlù-fēngmáng अपनी शक्ति (या योग्यता) की प्रारम्भिक अभिव्यक्ति करना

【初露头角】 chūlù-tóujiǎo अपनी प्रतिभा (या क्षमता) की अभिव्यक्ति का आरम्भ करना

【初年】 chūnián किसी ऐतिहासिक काल के आरंभिक वर्ष: 民国～ लोकतंत्र के आरंभिक वर्षों में

【初期】 chūqī आरंभकाल; प्रारम्भिक अवस्था; आरंभिक दौर: 二十世纪～ बीसवीं शताब्दी के आरम्भ काल में / 战争～ लड़ाई की प्रारम्भिक अवस्था में / 这种病的～症状是咳嗽。इस रोग का प्रारम्भिक लक्षण खाँसी ही है।

【初秋】 chūqiū शरत् मौसम का आरंभकाल; शरत् मौसम का पहला महीना (अर्थात् चंद्र वर्ष का सातवाँ महीना)

【初赛】 chūsài प्रारम्भिक होड़ (या प्रतियोगिता)

【初审】 chūshěn 〈का०〉 प्रथम सुनवाई; प्रथम सुनवाई करना: ～法庭 प्रथम सुनवाई का न्यायालय

【初生之犊不畏虎】 chū shēng zhī dú bù wèi hǔ नवजात बछड़े बाघों से नहीं डरते —— जवान लोग निर्भीक होते हैं।

【初试】 chūshì ❶प्रथम प्रयास; पहला प्रयोग ❷प्राथमिक परीक्षा

【初岁】 chūsuì 〈लि०〉 वर्ष का आरम्भकाल; वर्ष के आरंभिक दिनों में

【初头】 chūtóu 〈बो०〉 वर्ष या मास के आरंभिक दिन: 一九九零年～ 1990 ई० का आरम्भकाल / 六月～ जून के आरंभिक कुछ दिन

【初夏】 chūxià ग्रीष्म मौसम का आरम्भकाल; ग्रीष्म मौसम का पहला महीना (अर्थात् चंद्र वर्ष का चौथा महीना)

【初小】 chūxiǎo 初级小学 का संक्षिप्त रूप

【初心】 chūxīn 〈लि०〉 अपनी आरंभिक अभिलाषा (या आकांक्षा या आशय): 不改～ अपना आरंभिक आशय नहीं बदलना

【初选】 chūxuǎn प्राथमिक निर्वाचन

【初学】 chūxué अभी हाल ही में सीखना शुरू करना; नौसिखिया होना: 我是～，请多指教。मैं नौसिखिया हूँ। आप का उपदेश बहुत आवश्यक है। / 这本书对～的人很合适。यह पुस्तक नौसिखियों के लिये बिल्कुल उचित है।

【初旬】 chūxún महीने के प्रथम दस-दिन

【初叶】 chūyè (शताब्दी का) आरम्भकाल; (शताब्दी के) आरंभिक वर्ष: 二十世纪～ बीसवीं शताब्दी के आरंभिक वर्षों में

【初夜】 chūyè ❶रात का आरम्भकाल ❷विवाह की पहली रात

【初愿】 chūyuàn अपना आरंभिक आशय

【初月】 chūyuè नया बालचंद्र; नवचंद्र

【初诊】 chūzhěn प्रथम बार चिकित्सा करना (या कराना); प्रथम बार चिकित्सालय में आना

【初志】 chūzhì अपनी आरंभिक महत्त्वाकांक्षा; अपनी आरंभिक इच्छा का लक्ष्य

【初中】 chūzhōng 初级中学 का संक्षिप्त रूप

【初衷】 chūzhōng अपना आरंभिक आशय: 有违～ अपने आरंभिक आशय के विपरीत होना / 虽经挫折，不改～ अनेक बाधाओं के बावजूद अपना आरंभिक आशय नहीं बदलना

chú

刍（芻）chú 〈लि०〉 ❶सूखी घास; भूसा; चारा: 反～ जुगाली करना ❷घास काटना: 刍荛 ❸〈विनम्र०〉 मेरा: ～言 मेरी हलकी बातें

【刍秣】 chúmò 〈लि०〉 चारा; भूसा

【刍荛】 chúráo 〈लि०〉 ❶घास और ईंधन की लकड़ी काटना ❷घास और ईंधन की लकड़ी काटनेवाला ❸〈विनम्र०〉 मेरा: ～之言 मेरी हलकी बातें

【刍议】 chúyì 〈लि०〉 〈विनम्र०〉 (मेरा) साधारण सुझाव; (मेरा) प्रयोगात्मक प्रस्ताव: 教育改革～ शिक्षा-सुधार के लिये साधारण सुझाव (प्रयोगात्मक प्रस्ताव)

除[1] chú ❶काटना; हटाना; दूर करना; विच्छिन्न करना; निरसन करना: 根～ मूल से दूर करना / 铲～ उन्मूलन करना ❷〈सं०अ०〉 के अतिरिक्त; के अलावा; छोड़ कर: ～此而外 इस के अलावा; इस को छोड़ कर / ～您以外，还有谁知道这件事？ आप के अलावा और कौन-कौन

यह बात जानता है? / ～你以外，谁也不会这样说。तुम्हें छोड़ कर और कोई ऐसा नहीं कहता। ❸〈गणित०〉 भाग करना：用二～六得三。6 को 2 से भाग करने से 3 आता है। / 二十能用五～尽。20 को 5 से पूरा-पूरा भाग किया जा सकता है। ❹〈लि०〉 नियुक्त करना

除 2

chú 〈लि०〉 सीढ़ी; बाहर के दरवाज़े की ओर जाने वाला रास्ता：庭～ आँगन

【除暴安良】 chúbào-ānliáng अत्याचारियों का सफ़ाया करना और अच्छे आदमियों को शांतिपूर्ण जीवन प्रदान करना

【除草】 chúcǎo घास काटना; घास खोदना; घास उखाड़-ना; निराना

【除尘器】 chúchénqì धूल दूर करने वाली मशीन; डस्ट रिमूवर

【除恶务尽】 chú'è-wùjìn दुष्टों का सफ़ाया करने में पूर्ण रूप से काम करना चाहिये

【除法】 chúfǎ 〈गणित०〉 भाग

【除非】 chúfēi 〈संयो०〉 (प्रायः 才、否则、不然 आदि के साथ प्रयुक्त) बशर्तेकि; अतिरिक्त इस के कि; सिवाय इस के कि; जब तक न：～你去请，否则他是不会来的。जब तक तुम खुद जा कर नहीं बुलाओगे, तब तक वह नहीं आएगा। / ～你跟我去，我才去。मैं जाने को तैयार हूँ, बशर्तेकि तुम भी चलो। / ～有了要紧的事，不然他是不会不来的。वह ज़रूर आएगा, इस को छोड़ कर कि उस की कोई ज़रूरी बात हुई हो। / 若要人不知，～己莫为。अगर तुम चाहते हो कि किसी को यह पता न चले, तो यह तो तभी हो सकता है जब कि तुम ने कुछ किया ही न हो।

【除服】 chúfú शोक-वस्त्र उतारना (मृत्यु-शोक की अवधि की समाप्ति पर)

【除根】 chúgēn जड़ खोदना; जड़ से दूर करना; जड़ से उखाड़ना：斩草必须～。जब तुम को घास काटनी हो तो उसे जड़ से उखाड़ना चाहिये। / 这病很难～。इस रोग के लिये कोई चिरस्थाई इलाज ढूँढ़ लेना मुश्किल है।

【除号】 chúhào भागक（÷）

【除旧布新】 chújiù-bùxīn पुराने को दूर करना और नये को स्थापित करना; नये को स्थान देने के लिये पुराने को हटा देना

【除旧更新】 chújiù-gēngxīn पुराने की जगह पर नया रख देना

【除开】 chúkāi दे० 除了

【除了】 chúle 〈सं०अ०〉 ❶छोड़ कर; अतिरिक्त：～他，我都通知了。उस को छोड़ कर मैं ने सब को सूचना दे दी है। / 那里的情况，～你，谁也不熟悉。वहाँ की स्थिति तुम्हें छोड़ कर और कोई नहीं समझता। ❷(还、也 आदि के साथ प्रयुक्त) के अतिरिक्त; के सिवाय; के अलावा：他～教课，还负责学校工会的工作。पढ़ाई के अलावा वह विद्यालय के ट्रेड यूनियन का प्रबन्ध भी करते हैं। / 他～写小说，有时也写诗。वह कहानियों के अलावा कभी-कभी कविताएं भी लिखते हैं। ❸(就是 के साथ प्रयुक्त) अगर … नहीं, तो …; या तो … या …：刚生下来的孩子，～吃就是睡。नवजात शिशु अगर नहीं खा रहा है तो सो ही रहा है; नवजात शिशु जब देखो या तो खा रहा है या सो रहा है।

【除名】 chúmíng नामसूची में से (किसी का) नाम काट-ना; सूची से नाम लोप करना

【除却】 chúquè विच्छिन्न करना; निरसन करना

【除丧】 chúsāng 〈लि०〉 दे० 除服

【除数】 chúshù 〈गणित०〉 भाजक

【除霜】 chúshuāng डिफ़्रोस्ट करना

【除四害】 chú sì hài चार हानिकर जीव-जंतुओं का सफ़ाया करना

【除外】 chúwài न गिनना; न शामिल करना; छोड़ कर：图书馆天天开放，星期一～。सोमवार को छोड़ कर पुस्तकालय हर रोज़ खुलता है।

【除夕】 chúxī वसंतोत्सव की पूर्ववेला

【除夜】 chúyè वसंतोत्सव की पूर्ववेला

厨（廚、厨）

chú ❶रसोईघर：下～ रसोईघर में जाना (भोजन पकाने के लिये) ❷बावरची：名～ मशहूर या कुशल बावरची

【厨房】 chúfáng रसोईघर; रसोईखाना; रसोई; बावर-चीखाना; चौका

【厨娘】 chúniáng 〈पुराना〉 रसोई बनाने वाली

【厨师】 chúshī रसोइया; बावरची; महाराज; खानसामा

【厨艺】 chúyì पाक-कला

【厨子】 chúzi 〈पुराना〉 रसोइया; बावरची

锄（鋤、耡）

chú ❶कुदाल ❷कुदाल से खेत निराना; भूमि खोदना：～草 कुदाल से घास खोदना ❸जड़ उखाड़ना; उन्मूलन करना; सफ़ाया करना：锄奸

【锄地】 chúdì कुदाल से खेत गोड़ना और घास खोदना; कुदाल से खेत निराना

【锄奸】 chújiān देशद्रोहियों का उन्मूलन करना

【锄强扶弱】 chúqiáng-fúruò ताकतवर को दबा देना और कमज़ोर को मदद देना

【锄头】 chútou 〈बो०〉 कुदाल

蜍

chú दे० 蟾蜍 chánchú

雏（雛）

chú शावक; (प्रायः) पक्षी का छोटा बच्चा：～燕 अबाबील का छोटा बच्चा

【雏儿】 chúr 〈बोल०〉 ❶पक्षी का छोटा बच्चा; शावक：鸭～ बत्तख का छोटा बच्चा ❷जवान और अनुभवहीन व्यक्ति

【雏鸡】 chújī चूज़ा

【雏妓】 chújì कम उमर की वेश्या; बाल-वेश्या

【雏鸟】 chúniǎo चिड़िया का छोटा बच्चा; पोटा; पोतक

【雏形】 chúxíng ❶किसी जीव या वस्तु का अविकसित रूप; अतिरूप; मूलरूप; प्राथमिक रूप：龙山文化时期已产生了阶级的～。लोंगशान संस्कृति के काल में ही वर्गों का प्राथमिक रूप उत्पन्न हुआ था। ❷लघु रूप; अणु प्रति-

रूप; लघु माँडल

橱（櫥）chú अलमारी; दराज़दार अलमारी: 衣～ कपड़ा रखने की अलमारी / 书～ किताब की अलमारी

【橱窗】 chúchuāng ❶दुकान की सामान से सजी हुई खिड़की; शो-विंडो ❷शीशा जड़ा हुआ प्रदर्शन केस

【橱柜】 chúguì ❶अलमारी (बर्तनों या सामान रखने के लिये) ❷मेज़ के काम आने वाली छोटी अलमारी

躇 chú दे० 踌躇 chóuchú

蹰（躕）chú दे० 踟蹰 chíchú

chǔ

处（處、處、処）chǔ ❶〈लि०〉 निवास करना; रहना: 穴居野～ जंगलों में स्थित गुफ़ाओं में निवास करना ❷(किसी के साथ) मिलजुल कर रहना: 他脾气好，容易～。वह स्वभाव से शांत है, उस के साथ सहज ही मिलजुल कर रह सकते हैं। / 他们俩～得很好。उन दोनों में खूब बनती है। ❸स्थित होना; किसी स्थिति में होना: 天津地～渤海之滨。थ्येनचिन पोहाइ सागर के तट पर स्थित है। / 我们正～在社会主义建设时期。हम समाजवादी निर्माण के दौर में गुज़र रहे हैं। ❹प्रबन्ध करना; निपटाना; बरताव करना; व्यवहार करना: 处理 ❺दंड देना; सज़ा देना: ～以极刑 मौत की सज़ा देना; चरम दंड देना

chù भी दे०

【处罚】 chǔfá दंड देना; सज़ा देना

【处方】 chǔfāng ❶नुस्खा लिखना ❷नुस्खा

【处方药】 chǔfāngyào औषध-निर्देशन औषधि; नुस्खा-दवा

【处分】 chǔfèn ❶अनुशासनीय दंड देना; सज़ा देना: 受～ दंड भुगतना; सज़ा भोगना / 免予～ दंड से बचना; सज़ा से छुटकारा देना ❷〈लि०〉 प्रबन्ध करना; निपटारा करना

【处境】 chǔjìng प्रतिकूल स्थिति; बुरी हालत; दुर्दशा: ～困难 शोचनीय अवस्था में होना; दुर्दशा में होना; कठिन स्थिति में होना / ～危险 खतरनाक हालत में होना; संकट की स्थिति में होना; खतरे में पड़ना

【处决】 chǔjué ❶प्राणदंड को अमल में लाना; मृत्युदंड देना: 依法～ कानून के अनुसर प्राणदंड को अमल में लाना / 立即～ तत्काल ही प्राणदंड देना ❷प्रबन्ध करना और निर्णय करना: 此事由常务委员会～。इस मामले का स्थाई समिति ही निपटारा और निर्णय करती है।

【处理】 chǔlǐ ❶प्रबन्ध करना; व्यवस्था करना; निपटारा करना; (समस्या का) समाधान करना; हल करना: ～日常事务 दैनिक कार्यों का निपटारा करना / ～国家大事 राष्ट्रीय मामलों का प्रबन्ध करना ❷(किसी वस्तु के निर्माण में) किसी विशिष्ट विधि का प्रयोग करना: 用硫酸～ गंधक के तेज़ाब का प्रयोग करना ❸दाम घटा कर बेचना; सस्ते भाव से बेचना: ～品 सस्ते में बिकने वाली चीज़; बट्टे से बिकने वाली चीज़

【处女】 chǔnǚ अक्षतयोनि कन्या; अविवाहिता स्त्री; क्वांरी; कुमारी

【处女地】 chǔnǚdì न जोती हुई भूमि; अनजोती ज़मीन

【处女航】 chǔnǚháng (जहाज़ या विमान की) प्रथम समुद्र-यात्रा या उड़ान

【处女膜】 chǔnǚmó 〈श०वि०〉 कुमारी के योनी-मुख की झिल्ली; योनिच्छद

【处女作】 chǔnǚzuò (लेखक आदि की) प्रथम रचना

【处身】 chǔshēn अपने आप को किसी स्थिति में रख देना: ～在艰险的环境中 अपने आप को कठिनाइयों और जोखिमों से भरी परिस्थिति में रख देना / ～涉世 समाज में उचित व्यवहार

【处士】 chǔshì एकांतवासी; विरागी; त्यागी

【处世】 chǔshì समाज में उचित व्यवहार; सांसारिक व्यवहार: ～哲学 जीवन का दर्शनशास्त्र

【处事】 chǔshì कार्यों का प्रबन्ध करना; मामलों का निपटारा करना

【处暑】 chǔshǔ चौबीस सौर अवधियों में चौदहवीं का आरम्भ (22वीं, 23वीं या 24वीं अगस्त, जब ग्रीष्म का मौसम समाप्त हो जाता है)

【处死】 chǔsǐ प्राणदंड देना; मृत्युदंड देना; मौत की सज़ा देना

【处心积虑】 chǔxīn-jīlǜ 〈अना०〉 खूब सोच-विचार कर योजना बनाना (अपना बुरा उद्देश्य प्राप्त करने के लिये); हर तरह की साज़िश रचना: 他～地想破坏我们的友谊。वह हमारी दोस्ती को जानबूझ कर तोड़ने की हर तरह की कोशिश करता है।

【处刑】 chǔxíng 〈का०〉 दंड देना; सज़ा देना

【处于】 chǔyú (किसी स्थिति में) होना: ～危险境地 संकटपूर्ण स्थिति में होना; खतरे में पड़ना / ～优势 बेहतर हालत में होना; लाभदायक परिस्थिति में होना / ～昏迷状态 बेहोशी की हालत में होना / ～水深火热之中 बेहद दुखमय जीवन व्यतीत करना; संकटों और विपत्तियों में पड़ना

【处之泰然】 chǔzhī-tàirán किसी संकट या कठिनाई के सामने निश्चित रहना; अक्षुब्ध रहना; शांत रहना

【处治】 chǔzhì दंड देना; सज़ा देना: 严加～ (किसी को) कठोर दंड देना

【处置】 chǔzhì ❶प्रबन्ध करना; व्यवस्था करना; निपटारा करना; निपटाना: 妥善～各种复杂问题 जटिल समस्याओं का उचित समाधान करना / ～不当 अनुचित व्यवस्था करना ❷दंड देना; सज़ा देना: 依法～ कानून के मुताबिक सज़ा देना

【处子】 chǔzǐ 〈लि०〉 दे० 处女

杵 chǔ ❶मूसल; दस्ता; बट्टा: ～臼 खरल और मूसल ❷मूसल से कूटना या पीसना: ～药 मूसल से औषधि पीसना; खरल करना ❸धुलाई में काठ के मूसल से कपड़े मारना

❹गोदना; भोंकना; गड-आना; चुभाना: 把纸～个窟窿 कागज़ में भोंक कर छेद बनाना / 用胳膊肘儿～他一下 उस को कुहनी से धक्का देना; उस को कुहनी मारना / 用棍子～一～，看看里面是什么东西。लकड़ी गड़ा कर देखो, अन्दर क्या चीज़ है।

【杵乐】 chǔyuè (杵舞 chǔwǔ भी) मूसल नृत्य (थाए-वान प्रांत की काओशान जाति में प्रचलित एक नृत्य-गान)

础（礎） chǔ खंभे की कुर्सी: ～石 खंभे की आधारशिला

楮 chǔ ❶पेपर मलबेरी ❷〈लि०〉 कागज़

储（儲） chǔ ❶जमा करना; संग्रहीत करना; भविष्य में प्रयोग के लिये संचित करना: ～粮备荒 अकाल में प्रयोग के लिये अनाज संचित करना / 冬～白菜 सर्दी के दिनों में प्रयोग के लिये सुरक्षित पातगोभी ❷ (Chǔ) एक कुलनाम

【储备】 chǔbèi ❶भविष्य में प्रयोग के लिये संचित करना; भंडार आदि में रखना; जमा करना; सुरक्षित रखना: ～粮食 भविष्य में प्रयोग के लिये अनाज संचित करना / ～过冬饲料 सर्दी के मौसम में प्रयोग के लिये चारा जमा करना ❷(आगे के लिये) रखी हुई चीज़; रक्षित वस्तु; रिज़र्व: 动用～ रक्षित वस्तुओं का प्रयोग करना / 黄金～ गोल्ड रिज़र्व / 外汇～ फ़ोरेन एक्सचेंच रिज़र्व

【储备金】 chǔbèijīn संचित धन; रिज़र्व फ़ंड

【储备粮】 chǔbèiliáng प्रारक्षित अनाज

【储藏】 chǔcáng ❶सुरक्षित रखना; बनाये रखना; भंडार में रखना: ～粮食 अनाज को भंडार में रखना / ～鲜果 ताज़े फलों को सुरक्षित रखना; ताज़े फलों का परिरक्षण ❷भांडार; खज़ाना; डिपोज़िट: 此地矿产～丰富。यहाँ खनिज पदार्थों का समृद्ध खज़ाना है। / ～量 रक्षित प्राकृतिक वस्तुओं की संख्या; खज़ाने का पैमाना

【储藏室】 chǔcángshì भंडार; कोठार; कोठी

【储存】 chǔcún (धन या वस्तु) कुछ समय के लिये संचित करना; जमा करना; सुरक्षित रखना: ～余粮 अतिरिक्त अनाज संचित करना / ～资料 सामग्रियाँ सुरक्षित रखना / 把钱～在银行里 बैंक में धन जमा करना

【储户】 chǔhù बैंक में धन जमा करनेवाला; डिपोज़िटर

【储积】 chǔjī ❶संचित करना; सुरक्षित रखना: ～余粮，以备急需 आवश्यकता पड़ने पर प्रयोग के लिये अतिरिक्त अनाज संचित करना ❷संचित धन; रक्षित वस्तुएँ

【储集】 chǔjí संचित करना; जमा करना; इकट्ठा कर के सुरक्षित रखना

【储君】 chǔjūn राज्य का उत्तराधिकारी

【储量】 chǔliàng खनिज पदार्थों आदि का खज़ाना; खज़ाने का पैमाना: 探明油田的～ तेल-क्षेत्र के पैमाने का पता लगाना / 矿产～极为丰富 खनिज पदार्थों का अत्यंत समृद्ध खज़ाना होना

【储蓄】 chǔxù ❶(बैंक में) धन जमा करना; रुपया संचित करना ❷संचित धन; रक्षित वस्तु: 此地家家有～。यहाँ घर-घर बैंक में रुपया-पैसा जमा रहता है।

【储蓄所】 chǔxùsuǒ बचत बैंक; सेविंग्स बैंक

【储蓄银行】 chǔxù yínháng सेविंग-बैंक

楚[1] chǔ ❶स्पष्ट; व्यवस्थित: 清～ स्पष्ट; साफ़ ❷〈लि०〉 पीड़ा; वेदना: 苦～ मानसिक वेदना

楚[2] Chǔ ❶युद्धरत राज्यों में से एक, जिस के शासित क्षेत्र में आज का हूपेइ और उत्तरी हूनान शामिल था ❷आज के हूपेइ और हूनान (विशेषतः हूपेइ) के क्षेत्र के लिये एक नाम था ❸एक कुलनाम

【楚楚】 chǔchǔ ❶स्वच्छ; साफ़-सुथरा; कायदे का; सुव्यवस्थित: 衣冠～ कायदे का सुन्दर वस्त्र (पहने हुए होना) ❷कोमल; नाज़ुक; कमज़ोर; रमणीय; सुन्दर; मन-मोहक: ～动人 रमणीय और मनमोहक होना

【楚剧】 chǔjù छू ऑपेरा (हूपेइ और च्यांगशी के एक भाग में प्रचलित एक स्थानीय ऑपेरा)

褚 Chǔ एक कुलनाम
zhǔ भी दे०

chù

亍 chù दे० 彳亍 chìchù

处（處、處、処） chù ❶स्थान; जगह: 别～ अन्य स्थान; दूसरी जगह / 住～ निवासस्थान / 心灵深～ दिल की गहराई में ❷बात; विषय; भाग: 有相同之～ (दोनों में) कुछ समानता होना; सादृश्य होना ❸〈परि०श०〉 (प्रायः स्थानों के लिये): 几～人家 कुछ मकान ❹विभाग; कार्यालय: 联络～ संपर्क विभाग / 办事～ कार्यालय
chǔ भी दे०

【处处】 chùchù 〈क्रि०वि०〉 हर जगह; जगह-जगह; सर्वत्र; सभी पहलुओं में; हर विषय में: 祖国～都发生了巨大的变化。हमारे देश में हर जगह भारी परिवर्तन हुए हैं। / 教师～关心学生。अध्यापक हर विषय में विद्यार्थियों को अपने ध्यान में रखते हैं। / ～以革命利益为重 हमेशा क्रांतिकारी हितों को सर्वोपरि रखना / ～设防 हर जगह अपनी रक्षा का प्रबन्ध करना

【处所】 chùsuǒ स्थान; जगह; ठिकाना

【处长】 chùzhǎng किसी विभाग या कार्यालय का प्रधान; सेक्शन-चीफ़

怵（怵） chù डर; भय; आशंका: 心里直犯～ मन में डर लगना

【怵然】 chùrán भयभीत; आशंकित

【怵惕】 chùtì 〈लि०〉 भयभीत होना और सतर्क होना: ～不宁 भयभीत हो कर बेचैन रहना

【怵头】 chùtóu 〈लि०〉 दे० 憷头 chùtóu

绌（絀） chù 〈लि०〉 अपर्याप्त; नाकाफ़ी: 相形

见～ (अन्य व्यक्ति या वस्तु की) तुलना में घटिया सिद्ध होना; (किसी वस्तु के समक्ष) फीका पड़ जाना

畜 chù पालित पशु; पालतू पशु; पशुधन: 牲～ पालतू पशु

xù भी दे०

【畜肥】 chùféi गोबर आदि की खाद; पशु-खाद

【畜圈】 chùquān पशुशाला

【畜类】 chùlèi पालतू पशु; पशु

【畜力】 chùlì पशु-शक्ति; पशु-बल: ～车 पशु-बल से खींचने वाली गाड़ी

【畜生】 chùsheng ❶पालतू पशु ❷〈घृणा०〉 सुअर कहीं का; गधा कहीं का

【畜疫】 chùyì पालतू पशुओं का संक्रामक रोग; पालित पशुओं की महामारी

搐 chù खिंचना; माँसपेशियों का अपने आप ऐंठना; झटके से हिलना

【搐动】 chùdòng (माँसपेशियों आदि में) अपने आप ऐंठना; झटके से हिलना

触（觸） chù ❶टकराना; छूना; स्पर्श करना: ～到痛处 मर्म को छू लेना; मर्मस्पर्श करना ❷प्रभावित करना; दिल पर असर करना: ～起前情 पुराना प्रेम जमाना

【触电】 chùdiàn ❶बिजली का स्पर्श करना; बिजली लगना: ～而死 बिजली लग कर मर जाना ❷फ़िल्म या टेलीविज़न में काम शुरू करना

【触动】 chùdòng ❶छूना; टकराना; स्पर्श करना: 他在暗中摸索着，忽然～了什么，响了一下。वह अंधकार में टटोल रहा था, अचानक किसी चीज़ को छू लिया और वह बज उठी। ❷प्रभावित करना या होना; दिल पर असर करना या पड़ना: 听了这些话，他有所～。 वह इन बातों से कुछ प्रभावित हुआ। / 群众的批评对他～很大。लोगों की आलोचनाओं का उस के दिल पर भारी असर पड़ा।

【触发】 chùfā स्पर्श से विस्फोट करना या होना; कुछ प्रभावित करना या होना: ～地雷 सुरंग से टकराना / ～乡思 जन्मभूमि की याद जगाना

【触犯】 chùfàn उल्लंघन करना; अतिक्रमण करना; विरोध करना: ～法律 कानून का अतिक्रमण करना; कानून भंग करना / ～人民的利益 जनता के हितों के खिलाफ़ काम करना / ～忌讳 किसी पाबन्दी का उल्लंघन करना / 我什么地方～了你? मैं ने तुम्हारे लिये कौनसा अनुचित कार्य किया; मैं ने किस बात से तुम को नाराज़ किया ?

【触及】 chùjí स्पर्श करना; छू लेना: ～灵魂 (किसी की या अपनी) सम्पूर्ण चेतना का स्पर्श करना; आत्मा का स्पर्श करना / ～要害 मर्म को छू लेना

【触礁】 chùjiāo जल-शैल से टकराना

【触角】 chùjiǎo 〈प्राणि०〉 स्पर्शेन्द्रिय; फ़ीलर

【触景生情】 chùjǐng-shēngqíng वर्तमान दृश्य से प्रभावित होकर मन में कोई भाव उत्पन्न होना: 他～，泪如雨下。 वर्तमान दृश्य से प्रभावित होकर वह आँसू बहाने लगा।

【触觉】 chùjué 〈श०वि०〉 स्पर्श

【触觉器官】 chùjué qìguān स्पर्शेन्द्रिय

【触雷】 chùléi सुरंग (माइन) से टकराना

【触类旁通】 chùlèi-pángtōng आदर्श नमूने को पकड़कर समान जाति की अन्य वस्तुओं को पकड़ लेना; साम्यानुमान द्वारा समझना

【触霉头】 chù méitóu 〈बो०〉 दुर्भागी होना; पराजय का मुंह देखना

【触摸】 chùmō स्पर्श करना; छूना; टटोलना: 请勿～展品。प्रदर्शित वस्तुओं का स्पर्श न करें।

【触目】 chùmù ❶दृष्टि डालना; दृष्टि जाना: 触目皆是 ❷ध्यान खींचनेवाला; आकर्षक; मोहक: ～的广告 आकर्षक पोस्टर

【触目皆是】 chùmù-jiēshì हर जगह देखा जा सकना; जगह-जगह दिखाई देना: 目光所及，～。जहां तक दृष्टि जाती थी, वहां तक (कोई वस्तु) दिखाई देती थी।

【触目惊心】 chùmù-jīngxīn विस्मयजनक; स्तब्धकारी; रोमांचकारी

【触怒】 chùnù नाराज़ करना; खिझाना

【触网】 chùwǎng 〈खेल०〉 टच नेट

憷 chù डरना; घबराना: 这孩子～见生人。यह बच्चा अतिथियों से डरता है।

【憷场】 chùchǎng 〈बो०〉 श्रोताओं या दर्शकों के सामने घबराना

【憷头】 chùtóu 〈बो०〉 कठिनाइयों से डरना; हिचकना

黜 chù 〈लि०〉 पदच्युत करना; अधिकार-च्युत करना; नौकरी छुड़ा देना; बर्खास्त करना

【黜免】 chùmiǎn 〈लि०〉 (सरकार के किसी अधिकारी को) अधिकार-च्युत करना; पदच्युत करना

【黜退】 chùtuì पदच्युत करना

矗 chù 〈लि०〉 ऊंचा और सीधा खड़ा होना

【矗立】 chùlì ऊंचा और सीधा खड़ा होना; किसी चीज़ से बहुत ऊंचा चढ़ जाना: 人民英雄纪念碑～在天安门广场上。लोक-वीरों का स्मारक थ्येनआनमन चौक में ऊंचा खड़ा है।

chuā

欻（歘） chuā भारी कदमों का स्वर: 一队队民兵～～地走过来了，非常整齐。मिलिशिया के सिपाही कई दलों में बंटकर भारी कदमों से ठक-ठक करते हुए गुज़र गये।

xū भी दे०

【欻拉】 chuālā 〈अनु०〉 सी-सी करने का स्वर: ～一声，把菜倒进了油锅。उबलते हुए तेल में सब्ज़ियां डालने पर छन-छन की आवाज़ हुई।

chuāi

揣 chuāi ❶कपड़े में रखना या छिपाना：这封信～在我口袋里很久了。यह पत्र मेरी जेब में कब का रखा हुआ है। / 把孩子～在怀里 बच्चे को गोद में लेना ❷〈बो०〉 ठूंस-ठूंसकर खाना या खिलाना：她把孩子～成了胖墩儿。वह अपने बच्चे को खूब ठूंस-ठूंसकर खिलाती थी, इसी से वह अब इतना मोटा और नाटा है।

chuǎi; chuài भी दे०

【揣手儿】 chuāishǒur अपने हरेक हाथ को दूसरी आस्तीन में छिपाना

搋 chuāi ❶शक्ति लगाकर दबाना या गूंधना：～面 आटा गूंधना / 把衣服洗了又～ कपड़े को धोकर दबाना ❷सक्शन पंप से नाली को साफ़ करना

【搋子】 chuāizi सक्शन पंप

chuái

膗 chuái 〈बो०〉 मोटा और ढीला：瞧他那～样。देखो, वह कितना मोटा और ढीला है।

chuǎi

揣 chuǎi 〈लि०〉 अनुमान करना; आकलन करना; अंदाज़ लगाना; आंकना：揣测

chuāi; chuài भी दे०

【揣测】chuǎicè अनुमान करना; अंदाज़ा करना：据我～，他已经离开上海了。मेरा अंदाज़ा है कि वह अब शांगहाए से अलग हो गया।

【揣度】 chuǎiduó 〈लि०〉 अनुमान करना; अंदाज़ लगाना：～敌情 दुश्मन की हालत का अंदाज़ लगाना / 距离多远，难以～。इस की दूरी का अनुमान करना मुश्किल है।

【揣摩】 chuǎimó खूब विचार करना; कल्पना करना; अनुमान करना：仔细～文章的含义 इस लेख के आशयों पर खूब सोच-विचार करना / 我始终～不透他的心思。मैं आखिर तक भांप नहीं सका कि उस के मन में क्या है।

【揣想】 chuǎixiǎng सोच-विचार करना; भांपना; कल्पना करना; अनुमान करना：他心里～着下一步会出现什么情况。वह कल्पना कर रहा था कि आगे की क्या स्थिति हो सकती है; वह सोच-विचार कर रहा था कि आगे क्या होगा।

chuài

揣 chuài दे० 挣揣 zhèngchuài

chuāi; chuǎi भी दे०

踹 chuài ❶लात मारना; ठोकर मारना：一脚把门～开 दरवाज़े को ठोकर मारकर खोल देना ❷कुचलना：一脚～在水沟里 नाली में कदम रखना

chuān

川 chuān ❶नदी：高山大～ ऊंचे पहाड़ और बड़ी नदियां ❷मैदान; मैदानी (गैरपहाड़ी) प्रदेश：米粮～ विशाल मैदान जहां प्रचुर मात्रा में अनाज पैदा होता हो ❸（Chuān）四川 Sìchuān का संक्षिप्त रूप

【川菜】 chuāncài स्छ्वान भोजन; स्छ्वान पाकशैली

【川剧】 chuānjù स्छ्वान ऑपेरा (एक स्थानीय ऑपेरा)

【川流不息】 chuānliú-bùxī जल-धारा के समान लगातार बहता जाना; निरंतर गुज़रता जाना; लगातार आना-जाना：顾客～。ग्राहक धारा के रूप में निरंतर आते रहते थे। / 大街上各种车辆～。सड़क पर तरह-तरह की गाड़ियां लगातार गुज़रती जाती थी।

【川资】 chuānzī यात्रा-व्यय; रास्ते का व्यय; सफ़र का खर्च

氚 chuān 〈रसा०〉 ट्रिटिअम

穿 chuān ❶चुभाना; बेधना; छेदना：把墙～了个洞 दीवार में छेद कर देना / 子弹～透了胸膛。गोली छाती को बेधकर निकल गयी। ❷गुज़रना; निकलना; पार करना या होना：横～马路 सड़क पार करना / ～过胡同儿 गली से गुज़रना / ～过这片牧场，你就到江边了。इस चरागाह से निकलकर तुम नदी के तट पर पहुंच जाओगे। ❸पहनना; धारण करना：～衣服 कपड़ा पहनना / ～鞋 जूता पहनना / ～雨衣的男人 बरसाती पहनने वाला पुरुष; बरसाती-धारी पुरुष / 那天他～着一身军服。उस दिन वह फ़ौज की वर्दी पहने हुए था। ❹पिरोना; धागे में नत्थी करना：～念珠 माला पिरोना / 把珠子～成项链 मनकों को हार के रूप में नत्थी करना; मनकों को पिरोकर हार बनाना

【穿不出去】 chuānbuchūqù ऐसे कपड़ों में नहीं देखा जा सकना; (रंग, ढंग आदि के कारण) अप्रदर्शनीय होना; भद्दा

होना: 这件衣服式样太老，我实在～。ऐसे पुराने ढंग का कपड़ा पहनकर मैं बाहर नहीं जाना चाहता ।

【穿不起】 chuānbuqǐ पहनने के लिये संपन्न न होना; पहनना बस का न होना: 这么贵的皮衣我可～。इतना कीमती ऊनी कपड़ा (पहनना) मेरे बस का नहीं ।

【穿插】 chuānchā ❶बारी-बारी से करना; एकांतर क्रम से करना: 施肥和除草～进行 खेत में खाद डालने और भूमि को निराने का काम बारी-बारी से करना ❷बीच में जोड़ना; शामिल करना; सम्मिलित करना; कथानक गढ़ना: 他在报告中～了一些生动的事例。उन्हों ने अपने भाषण में अनेक जीवित उदाहरण सम्मिलित किये ।

【穿刺】 chuāncì <चिकि०> पंचर करना; सुई लगाना: 肝～ जिगर पंचर

【穿戴】 chuāndài वस्त्र और आभूषण पहनना; पोशाक पहनना और गहनों से सजाना; शृंगार करना; अलंकृत करना: ～整齐 सुन्दर वस्त्र और आभूषण पहने हुए होना; अच्छी तरह अलंकृत होना / 不讲究～ कपड़ों का शौकीन न होना; सुवेशप्रिय न होना; विशेष वस्त्र चाहनेवाला न होना

【穿过】 chuānguò से गुज़रना; से निकलना; पार करना; बेधकर निकल जाना: ～马路 सड़क पार करना / ～树林 जंगल से गुज़रना / 咱们从操场～去吧。हम खेलकूद के मैदान से होते हुए निकल जाएं । / 子弹～盔甲射入他的胸膛。गोली उस के कवच को बेधकर उस की छाती में घुस गयी ।

【穿甲弹】 chuānjiǎdàn कवचभेदी गोला; फ़ौलाद को भी बेंधने वाली गोली ।

【穿孔】 chuān kǒng ❶छेद करना; पंच करना: ～机 छेद करने का यंत्र; छिद्रकार ❷<चिकि०> छिद्रण: 胃～ आमाशय छिद्रण

【穿连裆裤】 chuān liándāngkù <बो०> आपस में सांठ-गांठ करना; एक दूसरे का पक्षपात करना; एक ही सांस में सांस लेना

【穿山甲】 chuānshānjiǎ ❶<प्राणि०> पैंगोलिन ❷<ची०-चि०> पैंगोलिन का छिलका

【穿梭】 chuānsuō आगे-पीछे शटल करना: ～轰炸 शटल बमबारी / ～外交 शटल कूटनीति

【穿堂儿】 chuāntángr चीन की प्राचीन वास्तु में दो आंगनों के बीच का रास्ता

【穿堂风】 chuāntángfēng वात-प्रवाह; हवा का प्रवाह

【穿堂门】 chuāntángmén बरामदे का द्वार; गली का द्वार

【穿透】 chuāntòu भोंक देना; बेध देना; घुसेड़ देना; छेदकर देना: 钉子～了木板。कील काठ के तख्ते को छेदकर निकल गयी ।

【穿小鞋】 chuān xiǎoxié (किसी को) कसा हुआ जूता पहनाना —— अपने अधिकार का दुरुपयोग करके किसी को कष्ट देना; किसी के लिये कठिनाई पैदा करना; (किसी की) नाक में दम करना

【穿孝】 chuānxiào शोक-वस्त्र पहनना: 为母亲～ अपनी माता जी के लिये शोक-वस्त्र पहनना

【穿新鞋，走老路】 chuān xīnxié, zǒu lǎolù नया जूता पहनकर पुराने पथ पर चलना —— कोई असली या मूल परिवर्तन नहीं करना

【穿一条裤子】 chuān yītiáo kùzǐ एक ही पतलून पहनना —— आपस में सांठ-गांठ करना; एक दूसरे का पक्षपात करना; एक ही सांस में सांस लेना; एक दूसरे के साथ गठ-जोड़ करना

【穿衣镜】 chuānyījìng लम्बा पड़ा हुआ आईना

【穿窬】 chuānyú <लि०> दीवार में सेंध लगाना या दीवार पर चढ़ना (चोरी करने के लिये): ～之辈 सेंधिया चोर; चोर-चकार

【穿越】 chuānyuè पार करना; गुज़रना; निकलना: ～沙漠 रेगिस्तान से गुज़रना / ～边境 सीमांत पार करना

【穿云裂石】 chuānyún-lièshí बादलों में घुसना और चट्टानों को तोड़ देना —— (गाने या बाजे की आवाज़) बेहद बुलंद

【穿凿】 chuānzáo अस्वाभाविक व्याख्या करना; ज़बर्दस्ती का अर्थ लगाना: ～附会 ज़बर्दस्ती का अर्थ लगाना और एकरूपता में खींचना

【穿针】 chuānzhēn सुई में धागा डालना; सुई में धागा पिरोना

【穿针引线】 chuānzhēn-yǐnxiàn मध्यस्थ (या मध्यवर्ती, घटक) के रूप में काम करना

【穿着】 chuānzhuó पहनावा; वस्त्र; पोशाक: ～朴素整洁 साधारण पर साफ़-सुथरे वस्त्र पहने हुए होना

chuán

传（傳） chuán ❶आगे बढ़ाना; पास करना; भेजना; पहुंचाना; दे देना: 由前往后～ आगे से पीछे की ओर पास करते जाना ❷परंपरा से चले आना; देना; पहुंचाना: 这是古代～下来的文化遗产。यह प्राचीन काल से चली आती हुई सांस्कृतिक विरासत है । ❸(ज्ञान, कौशल आदि) विदित कराना; सिखाना: 把自己的手艺～给人 अपना हस्त-कौशल दूसरों को सिखाना ❹फैलना; फैलाना: 这消息很快～开了。यह खबर जल्द ही फैल गयी । / 这个秘密是谁～出去的? किस ने यह रहस्य खुलने दिया ? ❺(ऊष्मा, ध्वनि, विद्युत आदि) दूसरों तक पहुंचाना; भेजना: ～热 ऊष्मा पहुंचाना / 铜～电。तांबा विद्युत पहुंचाने में समर्थ होता है । ❻प्रकट करना; बतलाना; समझाना; पहुंचाना: 传神 / 传情 ❼किसी को बुलाने की आज्ञा देना; बुलाना: ～被告。प्रतिवादी को बुलाओ । ❽छूत फैलाना; संक्रामक होना: 这种病～人。यह छूत का रोग है; यह रोग संक्रामक होता है ।

zhuàn भी दे०

【传帮带】 chuán bāng dài (नौसिखियों को शिक्षित करने में) अपना अनुभव बताना, मदद देना और नमूना रखना

【传播】 chuánbō फैलाना; प्रसार करना; प्रचार करना: ～消息 खबर फैलाना / ～马克思主义 मार्क्सवाद का प्रसार करना / ～花粉 परागण करना / 制止疾病

的～ रोग का फैलाव रोकना

【传播媒介】 chuánbō méijiè माध्यम; मीडिया

【传布】 chuánbù फैलाना; प्रसारित करना; प्रचार करना: ～病菌 रोगाणु फैलाना / ～新思想 नयी विचार-धारा को प्रसारित करना

【传抄】 chuánchāo (किसी हस्तलेख, दस्तावेज़ आदि की) निजी प्रतिलिपि बनाना

【传达】 chuándá ❶पहुंचाना; सूचित करना; प्रसारित करना: ～命令 आज्ञा पहुंचाना / ～报告 रिपोर्ट सूचित करना; रिपोर्ट प्रसारित करना ❷किसी सार्वजनिक इमारत के द्वार पर मुलाकातियों का स्वागत-सत्कार और पंजीकरण (रेजिस्ट्रेशन) करना ❸द्वारपाल; दरबान

【传达室】 chuándáshì स्वागत-कक्ष; रिसेप्शन ऑफ़िस

【传代】 chuándài पीढ़ी दर पीढ़ी चलना

【传单】 chuándān पर्ची; परचा; इश्तिहार

【传导】 chuándǎo ❶〈भौ०〉 (गर्मी, विद्युत आदि) पहुंचाना: 金属有～作用。सभी धातुएं संवाहन में समर्थ होती हैं। ❷〈श०वि०〉 प्रेषण करना; संचार करना

【传道】 chuándào ❶धर्मोपदेश देना; धर्म-प्रवचन करना ❷कंफ़्यूशियस के सिद्धांतों का प्रसार करना

【传递】 chuándì पहुंचाना; भेजना: ～信件 पत्र भेजना / ～消息 खबर पहुंचाना

【传动】 chuándòng 〈यां〉 संचारण; प्रेषण; ट्रांसमिशन: ～带 ट्रांसमिशन बेल्ट / ～箱 ट्रांसमिशन केस

【传粉】 chuánfěn 〈वन०〉 परागण

【传告】 chuángào (खबर आदि) पहुंचाना; फैलाना; बताना: ～喜讯 एक दूसरे को खुशखबरी सुनाना / 奔走～ दौड़-धूप करते हुए खबर फैलाना

【传观】 chuánguān एक से दूसरे तक किसी चीज़ को देखने के लिये पहुंचाना

【传呼】 chuánhū (ट्रंक-लाइन आपरेटर या सार्वजनिक टेलीफ़ोन की निगरानी करनेवाले का) किसी को टेलीफ़ोन से भेजा हुआ समाचार पहुंचाना या फ़ोन का उत्तर देने के लिये बुलाना

【传呼电话】 chuánhū diànhuà सार्वजनिक टेलीफ़ोन सेवा

【传话】 chuánhuà एक की खबर दूसरे तक पहुंचाना; एक का संदेश दूसरे को देना; कहलाना: 我已经托他～，把情况都告诉了您。मैं ने आप के सामने उस से सब बातें कहलवा ली हैं।

【传唤】 chuánhuàn 〈का०〉 इत्तलानामा (या सूचनापत्र) भेजकर बुलाना; मुकदमे से संबंधित व्यक्ति को न्यायालय में उपस्थित होने के लिये आज्ञा देना

【传家】 chuánjiā किसी कुल में पीढ़ी दर पीढ़ी से चला आना

【传家宝】 chuánjiābǎo ❶वंशागत मूल्यवान वस्तु; पैतृक संपत्ति; कुलागत रत्न: 这幅画是我们家的～。यह चित्र हमारा कुलागत रत्न है। ❷मूल्यवान परम्परा; कीमती वसीयत: 艰苦朴素的作风是劳动人民的～。कठोर मेहनत करना और सादा जीवन बिताना मेहनतकश जनता की मूल्यवान परम्परा है।

【传见】 chuánjiàn (किसी मातहत को) बुलाना

【传教】 chuánjiào धर्म-प्रचार करना

【传教士】 chuánjiàoshì धर्म-प्रचारक; धर्मोपदेशक; मिशनरी

【传戒】 chuánjiè 〈बौद्धधर्म〉 (भिक्षु या भिक्षुणियों के लिये) प्रारम्भ का धार्मिक संस्कार

【传经送宝】 chuanjīng-sòngbǎo अपना मूल्यवान अनुभव बताना

【传令】 chuánlìng आज्ञा पहुंचाना; आज्ञा भेजना: ～嘉奖 किसी को पुरस्कार देने का शासकीय पत्र भेजना

【传令兵】 chuánlìngbīng संदेशवाहक सिपाही; अरदली

【传流】 chuánliú फैलना; प्रचलित होना; पीढ़ी दर पीढ़ी से चला आना

【传媒】 chuánméi माध्यम; मीडिया

【传票】 chuánpiào ❶〈का०〉 इत्तलानामा; समन: 发出～ इत्तलानामा भेजना ❷〈बहीखाता〉 रसीद; वाउचर

【传奇】 chuánqí ❶थांग राजवंश में लिखित कहानियां, जैसे 'लीवा की कहानी' आदि ❷मिंग और छिंग राजवंशों के समय में प्रचलित बृहत् नाटक, जैसे खोंग शांगरन का 'आड़ू पुष्प पंख' आदि ❸किंवदंती; पौराणिक कथा: ～小说 अजीबोगरीब कहानी / ～式的人物 पौराणिक ढंग का मनोहर व्यक्ति

【传情】 chuánqíng अपना भाव (विशेषकर प्रेम) प्रकट करना: 眉目～ मुख की मुद्रा से प्रेम प्रकट करना

【传球】 chuánqiú (अपने पक्ष के खिलाड़ी को) गेंद पास करना या गेंद देना

【传染】 chuánrǎn (रोग आदि का) संचार होना; छूत फैलाना; संक्रामक होना: 接触～ छूत का संक्रमण होना / 这病不～。यह रोग संक्रामक नहीं है; यह छूत का रोग नहीं है। / 感冒很容易～。ज़ुकाम का सहज ही संक्रमण होता है।

【传染病】 chuánrǎnbìng संक्रामक रोग; छूत का रोग

【传染病院】 chuánrǎnbìngyuàn संक्रामक रोगों का अस्पताल; छूत के रोगियों का अस्पताल; पृथक्करण अस्पताल

【传染性】 chuánrǎnxìng संक्रामकता; संक्रमण: ～疾病 संक्रामक रोग

【传人】 chuánrén ❶अपना कौशल या शिल्प आदि दूसरों को सिखाना; हस्तांतरित करना: 祖传秘方向来不轻易～。विरासत में मिला नुसखा सदा से दूसरों के हाथ यों ही सौंप नहीं दिया जाता। ❷〈लि०〉 उत्तराधिकारी; प्रमुख प्रतिनिधि: 梅派～ (पेइचिंग ऑपेरा का) मेइ संप्रदाय का उत्तराधिकारी ❸किसी को बुलाना: ～问话 पूछताछ के लिये किसी को बुलाना ❹संक्रामक होना; छूत का होना: 这种病～。यह रोग संक्रामक है।

【传神】 chuánshén सजीव; जीवित; जीवंत; जीता-जागता: 他的画很～。उन के चित्र सजीव होते हैं। / ～之笔 (लिखने या अंकित करने में) कलाकार की सजीव शैली

【传审】 chuánshěn 〈का०〉 पूछताछ के लिये बुलाना

【传声器】 chuánshēngqì माइक्रोफ़ोन

【传声筒】 chuánshēngtǒng ❶ध्वनि-प्रवर्धी; मेगाफ़ोन ❷दूसरों की ओर से बोलनेवाला व्यक्ति; किसी का मुख

【传世】 chuánshì परम्परा से चला आना; प्राचीन काल

से हस्तांतरित होता आनाः ～珍宝 प्राचीन काल से हस्तांतरित होता आया रत्न; पीढ़ी दर पीढ़ी से सौंपा गया रत्न

【传授】 chuánshòu (ज्ञान, कौशल आदि) विदित कराना; समझाना; सिखाना; बतानाः ～技术 तकनीक सिखाना / ～知识 ज्ञान विदित कराना / ～经验 अनुभव बताना

【传输】 chuánshū <विद्यु०> ट्रांस्मिशन

【传输线】 chuánshūxiàn <विद्यु०> ट्रांस्मिशन लाइन

【传述】 chuánshù दे० 传说❶

【传说】 chuánshuō ❶सुनी-सुनाई बात होना; सुना जाता है; कहा जाता है; कहते हैं किः ～他就要出国留学去了。सुना जाता है कि वह विदेश में पढ़ने जा रहा है। / 此事～已久。यह बड़े दिनों से सुनी-सुनाई बात है। ❷किंवदंती; दंतकथा; प्राचीन कथा-कहानी; परम्परागत आख्यान; पौराणिक कथाएंः 鲁班的～ लू पान की दंत-कथा / 民间～ लोक-कथा; प्रचलित किंवदंती

【传诵】 chuánsòng दूर तक पढ़ा जाना; हरेक के मुंह से निकलना; लोगों में व्यापक प्रशंसा होनाः ～一时 एक समय के लिये हरेक के मुंह से निकलना / 他的事迹在人们当中广为～。उन के कारनामों की लोगों में व्यापक प्रशंसा की जाती है।

【传送】 chuánsòng वहन करना; पहुंचाना; (डाक) बांटना; वितरण करनाः ～消息 खबर पहुंचाना / ～邮件 डाक बांटना

【传送带】 chuánsòngdài <यां०> कनवेयर बेल्ट

【传颂】 chuánsòng लोगों में व्यापक प्रशंसा की जाना; हरेक के मुंह से प्रशंसात्मक रूप में निकलनाः 全村人～着他英勇救人的事迹。सारे गांव में उन के दूसरों के प्राण बचाने की वीरतापूर्ण कार्रवाई की व्यापक प्रशंसा की जाती थी।

【传统】 chuántǒng परम्पराः 革命～ क्रांतिकारी परम्पराएं / 发扬优良～ श्रेष्ठ परम्पराओं को विकसित करना / ～节目 परम्परागत मनोरंजक कार्यक्रम / ～观念 पारम्परिक विचार / ～友谊 परम्परागत दोस्ती; सनातन मैत्री

【传闻】 chuánwén ❶सुना जाता है; कहते हैं कि ❷सुनी-सुनाई बात; जनश्रुति; उड़ती खबर; अफ़वाहः 这只是～而已。यह सुनी-सुनाई बात ही है। / ～失实。यह उड़ती खबर बेबुनियाद है। / ～他已出国。सुना जाता है कि वह देश से बाहर चला गया है।

【传习】 chuánxí (ज्ञान, कौशल आदि) सीखना और सिखानाः ～民间传统技艺 परम्परागत हस्त-कौशल सीखना और सिखाना

【传销】 chuánxiāo प्रत्यक्ष विक्रय; मीडिया

【传写】 chuánxiě <लि०> दे० 传抄

【传讯】 chuánxùn <का०> पूछताछ के लिये बुलानाः ～有关人员 संबंधित व्यक्तियों को पूछताछ के लिये बुलाना

【传言】 chuányán ❶सुनी-सुनाई बात; उड़ती खबर; अफ़वाहः 不要轻信～！सुनी-सुनाई बात पर न जा-इये। / 关于此事，外界～很多。इस बात पर समाज में बहुत-सी अफ़वाहें फैली हुई हैं। ❷संदेश भेजना; संवाद भेजनाः 我不愿给别人～送语，有话你自己找他去说。मैं संदेशवाहक का काम नहीं करना चाहता, तुम खुद जाकर उस से कह दो।

【传扬】 chuányáng फैलना; प्रसारित होना; प्रचारित होनाः 这个消息很快在工厂里～开了。कारखाने में यह खबर जल्द ही फैल गयी। / 这件事不要～出去。इस बात का किसी को पता न लगे।

【传阅】 chuányuè पढ़ने के लिये एक से दूसरे तक पहुंचाना; पढ़ने के लिये संबंधित लोगों में घूमना-फिरना; पढ़ने के लिये सरक्यूलेशन करनाः 文件正在委员中～。यह दस्तावेज़ कमेटी के सदस्यों के बीच घूम-फिर रहा है।

【传真】 chuánzhēn ❶पोर्ट्रीचर ❷अनुलिपि करना; हूबहू नकल करनाः 无线电～ रेडियो-अनुलिपि; रेडियोफ़ोटोग्राफ़ी

【传真电报】 chuánzhēn diànbào फ़ोटोटेलीग्राफ़

【传真照片】 chuánzhēn zhàopiàn रेडियो-अनुचित्र; रेडियोफ़ोटो

【传种】 chuánzhǒng प्रजनन-क्रिया

【传宗接代】 chuánzōng-jiēdài किसी वंशक्रम को जारी रखने के लिये एक उत्तराधिकारी उत्पन्न करना

船（舩） chuán जहाज़; नाव; नौका; पोत; बोट; जलयानः 上～ जहाज़ पर चढ़ जाना / 乘～去上海 जहाज़ से शांगहाए जाना / 一只小～ एक छोटी-सी नाव / 两艘轮～ दो वाष्पपोत; दो स्टीमर

【船帮】 chuánbāng ❶जहाज़ का पक्ष; शिपबोर्ड ❷जहाज़ी बेड़ा

【船舶】 chuánbó जहाज़; जलयान

【船埠】 chuánbù जहाज़ी घाट; घाट; क्वे

【船舱】 chuáncāng ❶जहाज़ का गोदाम ❷जहाज़ में खाने और सोने का कमरा; केबिन

【船队】 chuánduì जहाज़ी बेड़ा; समुद्री बेड़ा

【船费】 chuánfèi नाव का किराया; जहाज़ का फ़ेयर

【船夫】 chuánfū <पुराना> नाववाला; नाविक; मल्लाह; मांझी

【船工】 chuángōng मल्लाह; मांझी

【船户】 chuánhù ❶दे० 船家 ❷<बो०> बोट निवासी; पोत-वासी

【船籍】 chuánjí किसी जहाज़ की राष्ट्रीयता

【船家】 chuánjiā <पुराना> वह व्यक्ति जिस के पास अपना लकड़ी का पोत हो और जो उस पर अपना जीवन-निर्वाह करता हो; मल्लाह; मांझी

【船老大】 chuánlǎodà <बो०> (लकड़ी के जहाज़ या नाव के सारे) मल्लाहों का प्रधान; प्रधान मल्लाह ❷मल्लाह; मांझी

【船篷】 chuánpéng ❶लकड़ी की छोटी नाव का आवरण ❷पाल

【船票】 chuánpiào स्टीमर टिकट

【船钱】 chuánqián नाव का किराया; जहाज़ का फ़ेयर

【船艄】 chuánshāo जहाज़ का पुट्ठा; जहाज़ का पृष्ठभाग

【船身】 chuánshēn जहाज़ का ढांचा

【船首】 chuánshǒu जहाज़ का अग्र भाग; जहाज़ का माथा

【船台】chuántái वह ढांचा जिस पर जहाज़ बनाकर पानी में उतारा जाता है; शिप वे; स्लिप
【船体】chuántǐ जहाज़ का शरीर; जहाज़ का ढांचा
【船尾】chuánwěi जहाज़ का पुट्ठा; जहाज़ का पृष्ठभाग
【船位】chuánwèi ❶(जहाज़ पर का) वासस्थान; जगह: 预订～ जहाज़ का वासस्थान सुरक्षित करा लेना ❷(समुद्र में) जहाज़ का स्थान
【船坞】chuánwù जहाज़ का कारखाना; शिपयार्ड; डॉक
【船舷】chuánxián (जहाज़ या पोत का) पक्ष
【船员】chuányuán जहाज़ के सारे मल्लाह; मल्लाह; नाविक
【船闸】chuánzhá (जहाज़) जलपाश; लॉक
【船长】chuánzhǎng कप्तान
【船只】chuánzhī जहाज़; जलयान: 捕捞队有大小～二十余艘。मछली पकड़ने की टीम में छोटे-बड़े कुल बीस से ज़्यादा जहाज़ हैं।
【船主】chuánzhǔ ❶जहाज़ का कप्तान ❷जहाज़ (या नाव) का मालिक

遄 chuán <पुराना> जल्दी; जल्द ही: ～返 जल्दी वापस आना

椽 chuán धरन
【椽笔】chuánbǐ धरन जैसा लिखने का बड़ा ब्रश —— आप की श्रेष्ठ रचना
【椽子】chuánzi धरन

chuǎn

舛 chuǎn <लि०> ❶भूल: 舛错 ❷दुर्घटना; अनर्थ: 命途多～ अपने जीवन में अनेक मुसीबतें झेलना ❸के विपरीत जाना
【舛错】chuǎncuò ❶भूल; गलती: 引文～ उद्धरण में होनेवाली गलतियां ❷अप्रत्याशित घटना; दुर्घटना: 万一有个～，那就糟了。कहीं कुछ हुआ तो गज़ब होगा। ❸अनियमित; असमतल
【舛误】chuǎnwù <लि०> भूल; गलती

喘 chuǎn ❶दम चढ़ना; दम फूलना; हांफना ❷दमा
【喘气】chuǎnqì ❶(गहरा) सांस लेना; सांस चढ़ना; सांस फूलना; हांफना: 累得大口～ थकावट के मारे खूब हांफना / 喘不过气来 सांस फूलने लगना; सांस जल्दी-जल्दी चलने लगना ❷विश्राम करना; सांस (दम) लेना: 我们喘口气儿再干。हम ज़रा सांस ले लें, फिर आगे चलें।
【喘息】chuǎnxī ❶सांस फूलना; हांफना ❷विश्राम के लिये थोड़ा-सा अवकाश; दम भर की फ़ुरसत; सांस लेने का अवसर: 他忙得连～的机会都没有。वह काम में इतना व्यस्त रहता था कि सांस लेने तक का भी अवसर न मिल पाया।
【喘息未定】chuǎnxī-wèidìng अपने को दम फूलने से रोकने के पहले; दम लेने का अवसर प्राप्त करने से पहले; दम में दम आने के पहले: 敌人～，即予以迎头痛击。बिना दम लेने का अवसर दिये ही शत्रु पर करारा प्रहार करो।
【喘哮】chuǎnxiào दमा
【喘吁吁】chuǎnxūxū सांस फूलना; हांफना

chuàn

串 chuàn ❶नाथना; धागे में नत्थी करना; एक साथ जोड़ना; पिरोना: 把珠子～起来 मनके पिरोना; माला पिरोना ❷सांठ-गांठ करना: 串通 ❸कई चीज़ों का भूल से मिश्रित होना; विभ्रमित होना; गड़बड़ी में पड़ जाना: 电话～线 (टेलीफ़ोन के) तार गड़बड़ी में पड़ जाना / 字印得太小，容易看～行。ये छपे हुए अक्षर बहुत छोटे हैं, पढ़ने में कोई पंक्ति सहज ही छोड़ दी जाती है। ❹इधर से उधर जाना; घूमना-फिरना: 到处乱～ नाहक इधर-उधर चक्कर मारना / ～亲戚 अपने रिश्तेदारों से मिलने जाना ❺(ऑपेरा आदि में) कोई भूमिका अदा करना; किसी पात्र का अभिनय करना: 客～ (किसी अव्यवसायी अभिनेता आदि का) पेशेवर अभिनेताओं के साथ किसी पात्र का अभिनय करना ❻<परि०श०> गुच्छा; माला: 一～珍珠 मोतियों की एक माला / 一～钥匙 चाभियों का एक गुच्छा / 两～葡萄 अंगूरों के दो गुच्छे
【串供】chuàngòng (अभियुक्तों का) एक दूसरे के साथ सांठ-गांठ करके एक-सा बयाना देना
【串换】chuànhuàn अदला-बदली करना: ～优良品种 (अनाज के बीजों आदि की) उत्तम किस्मों की अदला-बदली करना
【串讲】chuànjiǎng (अध्यापकों का) ❶किसी पाठ का एक-एक वाक्य समझाना ❷किसी पाठ का एक एक पैरा समझाने के बाद उस का सारांश बतलाना
【串联】chuànlián ❶व्यक्तियों के मध्य सम्बन्ध स्थापित करना; एक-एक व्यक्ति से संपर्क करना (किसी सम्मिलित कार्य के लिये): 他～了几户农民，办了个砖厂。उस ने कुछ किसानों से संपर्क करके एक ईंट की भट्टी (या भट्टे) की स्थापना की। ❷<विद्यु०> सीरीज़ कंनेक्शन
【串铃】chuànlíng ❶छोटे-छोटे घुंघरुओं का गुच्छा (पुराने ज़माने में भ्रमणशील ज्योतिषियों, चिकित्सकों आदि द्वारा प्रयुक्त) ❷घंटियों का गुच्छा जो घोड़े, गधे आदि के गले में पहनाया जाता है
【串门子】chuànménzi (串门儿 chuànménr भी) <बोल०> किसी (बहुधा पड़ोसी) के घर जाकर गपशप करना: 有空来～。कभी फ़ुरसत हो तो आओ।
【串骗】chuànpiàn धोखाधड़ी में सांठ-गांठ करना; छल-कपट का षड़यंत्र करना
【串通】chuàntōng सांठ-गांठ करना; मिली-भगत करना; षड़यंत्र रचना
【串通一气】chuàntōng-yīqì सांठ-गांठ करना; मिली-

भगत करना; साज़िश करना: 他们俩～来算计我。वे दोनों मिली-भगत करके मेरा विरोध करते हैं।

【串味】 chuànwèi किसी वस्तु की गंध सोखना; गंध दूषित होना: 茶叶与化妆品放在一起就会～。शृंगार-सामग्री के साथ रखे रहने से चाय में उस सामग्री की गंध समा जाती है।

【串戏】 chuànxì (किसी अव्यवसायी अभिनेता का) पेशेवर अभिनेताओं के साथ नाटक में किसी पात्र का अभिनय करना

【串演】 chuànyǎn किसी पात्र का अभिनय करना

【串秧儿】 chuànyāngr <बोल०> दोगला; दोनस्ला

【串珠】 chuànzhū मनकों की माला; मनका; माला

钏（釧） chuàn कंगन; दस्तबंद; कड़ा: 金～ सोने का कंगन

chuāng

创（創） chuāng घाव; ज़ख्म: 创伤
chuàng भी दे०

【创痕】 chuānghén घाव का निशान; दाग

【创巨痛深】 chuāngjù-tòngshēn बुरी तरह आहत और व्यथित होना —— तीव्र पीड़ा से ग्रस्त होना

【创口】 chuāngkǒu घाव; ज़ख्म

【创伤】 chuāngshāng घाव; चोट; आघात: 精神上的～ मानसिक आघात; भावनात्मक चोट / 医治战争的～ युद्ध के घाव भरना

【创痍】 chuāngyí दे० 疮痍

疮（瘡） chuāng ❶स्फोटक; फोड़ा; फुंसी: 我腿上长了个～。मेरी टांग पर एक फुंसी निकल आयी। ❷घाव; ज़ख्म: 刀～ तलवार का घाव

【疮疤】 chuāngbā घाव का निशान; सूखा घाव; कच: 脸上的～ मुंह पर घाव का निशान

【疮痕】 chuānghén घाव का निशान; क्षत-चिह्न

【疮痂】 chuāngjiā <चिकि०> खुरंट; खुरंड

【疮口】 chuāngkǒu फोड़े का खुला हुआ भाग; फोड़े का मुंह

【疮痍】 chuāngyí <लि०> घाव; चोट; आघात —— बर्बादी (किसी युद्ध या प्राकृतिक विपत्ति से होनेवाली)

【疮痍满目】 chuāngyí-mǎnmù हर जगह बर्बादी का दृश्य नज़र में आना

窗（窓、牕） chuāng खिड़की: 开～ खिड़की खोलना / 关～ खिड़की बन्द करना / 看～外 खिड़की से बाहर देखना

【窗玻璃】 chuāngbōli खिड़की के खाने में लगा हुआ शीशा; खिड़की का शीशा

【窗洞】 chuāngdòng झरोखा (रोशनी आने और हवा चलने के लिये बनाया जानेवाला)

【窗扉】 chuāngfēi शीशेदार खिड़की; खिड़की

【窗格子】 chuānggézi खिड़की के खाने

【窗户】 chuānghu खिड़की; शीशेदार खिड़की

【窗花】 chuānghuā खिड़की की सजावट के लिये काटे हुए कागज़

【窗口】 chuāngkǒu खिड़की: 坐在～ खिड़की के पास बैठना / 去天津的火车票在这个～卖。थ्येनचिन के लिये रेल का टिकट इस खिड़की पर बिकता है। / 在对外开放中发挥～的作用 बाहरी दुनिया की ओर खुली हुई खिड़की के रूप में काम करना

【窗框】 chuāngkuàng खिड़की का चौखटा

【窗帘】 chuānglián खिड़की का परदा

【窗棂】 chuānglíng（窗棂子 chuānglíngzi भी） <बो०> खिड़की के खाने

【窗幔】 chuāngmàn खिड़की का परदा

【窗明几净】 chuāngmíng-jījìng खिड़की के चमकदार शीशे और साफ़-सुथरी मेज़ें; चमकदार और साफ़-सुथरा

【窗纱】 chuāngshā खिड़की की जाली

【窗扇】 chuāngshàn खिड़की का पल्ला

【窗台】 chuāngtái खिड़की में नीचे लगा हुआ पत्थर या लकड़ी का टुकड़ा; खिड़की-सिल

【窗帷】 chuāngwéi खिड़की का परदा

【窗沿】 chuāngyán（窗沿儿 chuāngyánr भी） दे० 窗台

【窗友】 chuāngyǒu <पुराना> सहपाठी

【窗子】 chuāngzi दे० 窗

chuáng

床（牀） chuáng चारपाई; पलंग; खाट; शय्या: 单人～ एक आदमी के सोने का पलंग / 铁～ लोहे की चारपाई / 卧病在～ रोग से खाट पर पड़ा रहना ❷पलंग के आकार की कोई चीज़: 河～ नदी का तल ❸<परि०श०> (बिछौना, बिस्तर आदि के लिये प्रयुक्त) 一～被子 एक रज़ाई / 两～毯子 दो कंबल

【床单】 chuángdān पलंग पोश; चादर; बिछौना

【床垫】 chuángdiàn गद्दा: 弹簧～ स्प्रिंगदार गद्दा

【床铺】 chuángpù चारपाई; पलंग

【床榻】 chuángtà पलंग; शय्या: 卧病～ रोग से पलंग पर पड़ा रहना

【床头】 chuángtóu पलंग का सिरा; सिरहाना

【床头灯】 chuángtóudēng पलंग के पास रखनेवाली बत्ती; सिरहाने की बत्ती

【床头柜】 chuángtóuguì पलंग के पास रखनेवाली छोटी अलमारी

【床位】 chuángwèi (रेलगाड़ी या जहाज़ आदि में) शयन-स्थल; सोने का स्थान; पलंग; बर्थ

【床沿】 chuángyán पलंग का किनारा; खटपाटी

【床罩】 chuángzhào शय्यावरण; पलंग पोश

【床笫】 chuángzǐ 〈लि०〉 पलंग-चटाई —— दाम्पतिक घनिष्ठता प्रकट करने का स्थान

【床笫之间】 chuángzǐzhījiān दाम्पतिक घनिष्ठता

【床笫之言】 chuángzǐzhīyán पति और पत्नी के बीच होनेवाली गोपनीय बातचीत

【床子】 chuángzi ❶खराद; लेथ ❷〈बो०〉 पलंग के आकार का कोई ढांचा (माल रखने का)

幢 chuáng ❶प्राचीन चीन में प्रयुक्त झंडा या झंडी ❷शिला-स्तंभ जिस पर बुद्ध का नाम या बौद्ध धर्मग्रंथ के उद्धरण खोदकर लिखे हुए हों

zhuàng भी दे०

【幢幢】 chuángchuáng (छायाओं का) इधर-उधर हिलना; झूलना; नाचना: 人影～ आदमियों की छायाएं इधर-उधर हिलना / 树影～ पेड़-पौधों की नाचती हुई छायाएं

chuǎng

闯（闖） chuǎng ❶ज़ोर से और तेज़ी के साथ आगे बढ़ना; लपकना; झपटना; घुसना: ～进屋来 कमरे में घुस आना; कमरे के अन्दर लपके हुए आना ❷(कठिनाइयों और खतरों को दूर करते हुए) अपने को तैयार करना; अपने को योग्य बनाना; तपा-तपाया होना: 他这几年～出来了。इधर कुछ वर्षों में उस ने अपने को सुयोग्य बनाया है। ❸(रास्ता) प्रशस्त करना; खोलना: ～新路 नया रास्ता खोलना

【闯荡】 chuǎngdàng घर से अलग होकर रोज़ी कमाना

【闯关东】 chuǎng Guāndōng (पुराने समाज में, अपनी आजीविका के लिये) उत्तर-पूर्व की यात्रा करना; रोटी कमाने के लिये उत्तर-पूर्वी चीन में जाना

【闯祸】 chuǎnghuò विपत्ति खड़ी करना; अनर्थ करना; आफ़त मचाना: 你～了！ तुम ने अनर्थ कर दिया; देखो, तुम ने क्या किया !

【闯江湖】 chuǎng jiānghú（闯荡江湖 chuǎngdàng jiānghú भी）रोज़ी कमाने के लिये दूर-दूर की यात्रा करना (जैसे भ्रमणशील ज्योतिषी, चिकित्सक आदि)

【闯将】 chuǎngjiàng दिलेर सेनापति —— हौसले और हिम्मत से भरा अग्रगामी; नया पथ खोलनेवाला: 他是技术革新的一名～。वह तकनीकी सुधार में एक साहसी अग्रगामी है।

【闯劲】 chuǎngjìn साहसी अग्रगामी का हौसला; पथ खोलनेवाले की हिम्मत: 搞改革就要有这种～。सुधार करने में नया पथ खोलने जैसा साहस होना चाहिये।

【闯练】 chuǎngliàn घर से अलग होकर अपने को तैयार करना; समाज में अपने को योग्य बनाना: 年轻人应到外面～～。युवकों को बाहर जाकर अपने को सुयोग्य बनाना चाहिये।

【闯路】 chuǎnglù कोई पथ खोलना; कोई रास्ता प्रशस्त करना

【闯世界】 chuǎng shìjiè रोज़ी कमाने के लिये दूर-दूर की यात्रा करना

chuàng

创（創、刅、剏） chuàng (कोई काम करना) आरम्भ करना; (पहली बार कोई काम) करना: ～记录 नया रिकार्ड कायम करना / ～历史最高水平 इतिहास में सर्वोच्च स्तर पर पहुंचना

chuāng भी दे०

【创办】 chuàngbàn स्थापित करना; निर्माण करना: ～学校 विद्यालय की स्थापना करना / ～工厂 कारखाने का निर्माण करना / ～人 निर्माता; संस्थापक

【创编】 chuàngbiān (नाटक का) सृजन करना; रचना; लिखना; (नृत्य की) रूपरेखा तैयार करना: ～历史剧 ऐतिहासिक नाटक का सृजन करना

【创汇】 chuànghuì विदेशी मुद्रा कमाना: 出口～能力 निर्यात द्वारा विदेशी मुद्रा कमाने की क्षमता

【创见】 chuàngjiàn प्रारम्भिक धारणा; मौलिक विचार; बिल्कुल नया विचार; विशेष मत: 他对印度文学的研究很有～。भारतीय साहित्य के अनुसंधान में उन की अनेक मौलिक धारणाएं हैं।

【创建】 chuàngjiàn स्थापना करना या होना; निर्माण प्रारम्भ करना या होना; प्रारम्भ करना; जन्म देना: ～一个政党 किसी राजनैतिक दल की स्थापना करना

【创举】 chuàngjǔ सृजनात्मक कार्य; श्रीगणेश

【创刊】 chuàngkān प्रकाशन आरम्भ करना

【创刊号】 chuàngkānhào (पत्रों का) पहला अंक

【创立】 chuànglì स्थापना करना; प्रतिष्ठापन करना; कायम करना; निर्माण करना: ～新学派 नया शास्त्रीय संप्रदाय कायम करना

【创设】 chuàngshè ❶निर्माण करना; स्थापित करना: ～科学研究所 वैज्ञानिक अनुसंधानशाला स्थापित करना ❷(स्थिति आदि) उत्पन्न करना; तैयार करना: 为学习和工作～有利的条件 अध्ययन और कार्य के लिये अनुकूल परिस्थितियां तैयार करना

【创始】 chuàngshǐ प्रवर्तन करना; स्थापना आरम्भ करना; श्रीगणेश करना: 处在～阶段 प्रारम्भिक काल में होना / 中国是联合国的～国之一。चीन संयुक्त राष्ट्र संघ के प्रवर्तक देशों में से एक है।

【创始人】 chuàngshǐrén प्रवर्तक; संस्थापक; जन्मदाता

【创世纪】 chuàngshìjì उत्पत्ति; जैनेसिस

【创新】 chuàngxīn नया विचार सामने रखना; नवीन प्रयास करना: 勇于实践，大胆～。(बातों को) अमल में लाने और नवीन प्रयास करने में साहस होना चाहिये।

【创业】 chuàngyè कारोबार की स्थापना करना; कामकाज की शुरुआत करना

【创议】 chuàngyì ❶प्रस्ताव ❷सुझाव

【创意】 chuàngyì ❶बिल्कुल नया विचार; नया ख्याल

❷बिलकुल नया विचार उपस्थित करना; नया ख्याल पेश करना

【创造】 chuàngzào सृजन करना; सृष्टि करना; तैयार करना; बनाना; पैदा करना; निर्माण करना: ～财富 धन-संपत्ति पैदा करना; दौलत बनाना / ～新纪录 नया रिकार्ड कायम करना; पुराना रिकार्ड तोड़ देना / ～有利条件 अनुकूल परिस्थितियां तैयार करना / ～奇迹 चमत्कार उत्पन्न करना; अलौकिक घटना पैदा करना / ～优异成绩 उत्तम फल पैदा करना; श्रेष्ठ नतीजा प्राप्त करना / ～历史 इतिहास का निर्माण करना / ～精神 सृजन करने की भावना / ～力 सृजनशक्ति; रचनात्मक शक्ति

【创造性】 chuàngzàoxìng ❶सृजनशीलता; सृजनात्मकता ❷सृजनशील; सृजनात्मक: ～的劳动 सृजनशील परिश्रम

【创造者】 chuàngzàozhě सृष्टिकर्ता; निर्माता; विधाता

【创制】 chuàngzhì निर्धारण करना; सृष्टि करना; रचना; बनाना: ～民法 दीवानी कानून बनाना / ～拼音文字 लिखने की वर्णमाला क्रमबद्ध करना

【创作】 chuàngzuò ❶सृष्टि करना; रचना करना; लिखना: ～文艺作品 कला-साहित्य की सृष्टि करना / ～经验 रचनात्मक अनुभव ❷सृष्टि; रचना: 文艺～ कला-साहित्य की रचनाएं / 划时代的～ युगांतरकारी सृष्टि

怆（愴） chuàng 〈लि०〉 शोकपूर्ण; दुखी: 悲～ शोकाकुल; व्यथित

【怆然】 chuàngrán 〈लि०〉 शोकपूर्ण; दुखभरा: ～泪下 शोक में आंसू बहाना

【怆痛】 chuàngtòng शोकाकुल; व्यथित: 万分～ बेहद शोकाकुल होना

chuī

吹 chuī ❶फूंकना; फूंक मारना: ～一口气 हवा फूंकना; हवा छोड़ना / 把灯～灭 फूंककर बत्ती बुझाना / ～气球 गुब्बारा फूंकना / 门～开了。दरवाज़ा हवा से खुल गया। ❷मुंह से बजाये जानेवाले बाजों को फूंककर बजाना: ～笛子 बांसुरी फूंकना; बांसुरी बजाना / ～号 बिगुल बजाना ❸〈बोल०〉 डींग मारना; डींग हांकना; शेखी बघारना; लम्बी-चौड़ी हांकना: 这个人就会～。यह आदमी डींग मारना ही जानता है। / 他瞎～，别听他的。वह सरासर शेखी बघारता था, उस की बात पर न जाओ। ❹〈बोल०〉 असफल होना; धूल में मिल जाना; खत्म होना; टूट जाना; अलग होना: 他们俩～了。वह जोड़ा अलग हो गया; उन दोनों का सम्बन्ध टूट गया। / 那件事～啦。वह बात असफल हो गयी।

【吹吹打打】 chuīchuīdǎdǎ बाजा बजाना और ढिंढोरा पीटना

【吹吹拍拍】 chuīchuīpāipāi डींग हांकना और चापलूसी करना; शेखी बघारना और खुशामद करना

【吹打】 chuīdǎ ❶बाजा बजाना और ढिंढोरा पीटना ❷(तेज़ हवा या वर्षा का) आकस्मिक प्रहार: 经受暴风雨的～ तूफ़ान की मुसीबतों का सामना करना

【吹大气】 chuī dàqì 〈बो०〉 डींग मारना; लम्बी-चौड़ी हांकना

【吹灯】 chuīdēng ❶फूंककर बत्ती बुझाना ❷〈बो०〉 जीवन की बत्ती बुझना; मरना; चल बसना ❸〈बो०〉 असफल होना; खत्म हो जाना; अलग हो जाना: 两人不知为了什么就～了。वे न जाने किस बात पर अलग हो गये।

【吹风】 chuīfēng ❶हवा के प्रवाह में रहना; सर्दी लगना: 吃了药别～。दवा खाकर खुली हवा में मत रहो। ❷(सिर के बाल आदि) ब्लोअर से फूंककर सुखाना ❸（～儿）〈बोल०〉 किसी को पहले से कोई खबर देना: 他～要辞职。उस ने यह खबर फैलाई है कि वह त्याग-पत्र देगा। / ～会 स्थिति से परिचित कराने के लिये आयोजित की गयी सभा; ब्रीफ़िंग

【吹风机】 chuīfēngjī ❶ब्लोअर (सिर के बाल सुखाने के लिये प्रयुक्त) ❷धौंकनी

【吹拂】 chuīfú (धीमी हवा) चलना: 春风～大地。वसंत की धीमी हवा विशाल भूमि पर बह रही थी।

【吹鼓手】 chuīgǔshǒu ❶(पुराने ज़माने के विवाह या अंत्येष्टि में) ढोलकिया; बिगुल ची ❷〈अना०〉 प्रशंसक

【吹管】 chuīguǎn 〈यां〉 ब्लोपाइप

【吹胡子瞪眼】 chuī húzi dèngyǎn क्रोध से मुंह लाल हो जाना और गुस्सैल दृष्टि से देखना; आग बबूला हो जाना

【吹灰之力】 chuīhuīzhīlì थोड़ी-सी धूल मुंह से फूंककर उड़ाने के लिये जितनी शक्ति की ज़रूरत हो —— थोड़ा-सा ही प्रयास (प्रायः नकारात्मक प्रसंगों में): 不费～ बिना थोड़ा-सा ही प्रयास किये; बहुत आसानी से ही

【吹火筒】 chuī huǒtǒng फुंकनी; धौंकनी

【吹喇叭，抬轿子】 chuī lǎba, tái jiàozi बिगुल बजाना और किसी की पालकी ढोना —— चापलूसी करना; खुशामद करना; गुणगान गाना

【吹冷风】 chuī lěngfēng ठंडी हवा फूंकना; ठंडा पानी उड़ेलना; निरुत्साह से भरी हुई बातें कहना

【吹毛求疵】 chuīmáo-qiúcī मीन-मेख निकालना; छिद्रान्वेषण करना; नुक्ताचीनी करना

【吹牛】 chuīniú डींग मारना (हांकना, भरना); शेखी बघारना (मारना); लम्बी-चौड़ी हांकना; हवा बांधना: 他就会～。वह लम्बी-चौड़ी हांकना ही जानता है।

【吹牛拍马】 chuīniú-pāimǎ डींग मारना और चापलूसी करना; शेखी बघारना और खुशामद करना

【吹拍】 chuīpāi डींग मारना और चापलूसी करना; शेखी बघारना और खुशामद करना: 惯于～ डींग मारने और चापलूसी करने की आदत होना

【吹捧】 chuīpěng तारीफ़ करके प्रसन्न करना; फुलाना; तारीफ़ों के पुल बांधना; गुणगान करना: 互相～ एक दूसरे का गुणगान करना

【吹求】 chuīqiú दे० 吹毛求疵

【吹台】 chuītái 〈बोल०〉 असफल होना; असफलता में

खत्म होना; बिगड़ जाना; टूट जाना: 这事看来又要～。ऐसा लगता है कि यह मामला फिर विफल हो जाएगा।
【吹嘘】 chuīxū अपने आप की या दूसरों की अत्यधिक प्रशंसा करना; डींग मारना; शेखी बघारना; लम्बी-चौड़ी हांकना: 自我～ अत्यधिक आत्मप्रशंसा करना; अपना ही गुणगान करना
【吹奏】 chuīzòu (मुंह से बजाये जानेवाले बाजों को) फूंककर बजाना; बाजा बजाना
【吹奏乐】 chuīzòuyuè बैण्डम्युज़िक

炊 chuī आग जलाकर खाना पकाना: 炊具 / 炊烟
【炊具】 chuījù खाना पकाने में प्रयुक्त सामान, औज़ार, पात्र, बर्तन आदि
【炊事】 chuīshì खाना पकाने का कार्य; रसोईघर का काम: ～用具 रसोईघर में प्रयुक्त सामान
【炊事班】 chuīshìbān मेस-स्क्वाड
【炊事员】 chuīshìyuán रसोईया; बावरची; खानसामां
【炊烟】 chuīyān चूल्हे का धुआं
【炊帚】 chuīzhou देग, कटोरा आदि साफ़ करने का ब्रश

chuí

垂 chuí ❶लटकना; नवाना; झुकना या झुकाना: 下～ नीचे की ओर झुकना / ～泪 आंसू गिराना ❷<लि०> आगामी पीढ़ियों के लिये आदर्श स्थापित करना अथवा आदर्श छोड़ जाना: 名～千古 (किसी की) प्रतिष्ठा युग-युग तक बनी रहना ❸<लि०> के नज़दीक; पहुंचनेवाला: 功败～成 सफलता के नज़दीक पहुंचकर ही विफल हो जाना; विजय प्राप्त करते करते पराजित होना ❹<लि०> <शिष्ट०> (अपने से बड़ों या उच्च पदाधिकारियों का) अपने पद को कम कर लेना; झुकना: ～问 (मेरा) हाल-चाल पूछना / ～念 (मेरे लिये) चिंता प्रकट करना
【垂爱】 chuí'ài (प्रायः पत्र-व्यवहार में प्रयुक्त) (मेरे लिये) चिंता प्रकट करना; कृपापूर्वक मेरे बारे में सोचना; कृपापूर्वक मेरा ध्यान रखना
【垂钓】 chuídiào बांस के टुकड़े और कांटे से मछली पकड़ना; कांटा डालना
【垂范】 chuífàn <लि०> (अपने मातहतों या कम अवस्थावालों के लिये) उदाहरण प्रस्तुत करना; आदर्श पेश करना: ～后世 आगामी पीढ़ियों के लिये आदर्श या अपना उदाहरण छोड़ जाना
【垂挂】 chuíguà लटकना; पड़ना
【垂帘听政】 chuílián-tīngzhèng (किसी महारानी का) राजसभा में परदे के पीछे बैठकर राजकीय मामलों में भाग लेना
【垂柳】 chuíliǔ विपिंग विलो
【垂落】 chuíluò उतरना; गिरना; झुकना: 两行眼泪簌簌地～下来。उस की आंखों से आंसू गिरने लगे। / 日沉西山，夜幕～。सूरज डूब गया था। रात हो चली थी।
【垂暮】 chuímù <लि०> सूर्यास्त के ठीक पहले; संध्या; सांझ: ～之时，炊烟四起。सांझ हो गयी। चूल्हे का धूआं घर-घर से निकलने लगा। / ～之年 वृद्धावस्था में
【垂青】 chuíqīng <लि०> (किसी का) बहुत अधिक सम्मान करना; (किसी बात को) बहुत महत्व देना; (किसी को) कृपा-दृष्टि से देखना
【垂手】 chuíshǒu अपने दोनों हाथ अपने दोनों ओर लटकाये रखना: ～侍立 परिचर्या के लिये आदरपूर्वक खड़ा होना
【垂手可得】 chuíshǒu-kědé प्राप्त करना बहुत ही आसान होना; बहुत सुलभ होना; आसानी से मिलना
【垂首】 chuíshǒu मस्तक अवनत करना; सिर नवाना; सिर झुका लेना
【垂首贴耳】 chuíshǒu-tiē'ěr दे० 俯首帖耳 fǔshǒutiē'ěr
【垂死】 chuísǐ मरणासन्न होना; मरणोन्मुख होना; प्राण कंठगत होना
【垂死挣扎】 chuísǐ-zhēngzhá मरते वक्त की आखिरी छटपटाहट; अंतिम सांस में छटपटाना; ज़िन्दा रहने के लिये आखिरी संघर्ष करना
【垂髫】 chuítiáo <लि०> आरम्भिक बचपन
【垂头】 chuítóu सिर नवाना; सिर झुका लेना: ～叹息 सिर झुकाकर आह भरना
【垂头丧气】 chuítóu-sàngqì उदास होना; उदास बैठना; हताश होना; निरुत्साह होना
【垂危】 chuíwēi ❶मरणासन्न अवस्था में होना; मरण-संकट में होना ❷(किसी देश का) खतरात्मक स्थिति में होना
【垂涎】 chuíxián राल टपकना; लार टपकना; मुंह में पानी भर आना; लालायित हो उठना: ～欲滴。मुंह से लार टपकती है।
【垂涎三尺】 chuíxián-sānchǐ तीन गज़ लम्बी लार टपकना —— डाह से लार टपकना
【垂询】 chuíxún <लि०> <शिष्ट०> कृपापूर्वक हाल-चाल पूछना
【垂直】 chuízhí लंबवत; लंबरूप; उदग्र; सीधा खड़ा; खड़ा: ～平面 उदग्र समतल / ～降落 लंब रूप में उतरना / ～起飞 लंब रूप में उड़ान लेना / ～线 खड़ी रेखा; लंब / 两线～相交。दो रेखाएं सम्मुख कोणों पर मिलती हैं। / 由某人～领导 किसी के प्रत्यक्ष नेतृत्व में होना

陲 chuí <लि०> सीमा-प्रदेश; सीमांत: 边～ सीमांत प्रदेश

捶（搥） chuí कूटना; पीटना; घूंसा मारना; लाठी से मारना: ～背 (अंग मर्दन के रूप में) किसी की पीठ पर घूंसा मारना / ～鼓 ढोल पीटना / ～门 घूंसे से दरवाज़े पर मारना
【捶打】 chuídǎ कूटना; मूसल से लगातार पीटना; घूंसा मारना (लगाना, जमाना): ～衣服 कपड़ों को (धोते समय) मूसल से लगातार पीटना
【捶胸顿足】 chuíxiōng-dùnzú अपनी छाती पीटना

और धरती पर ज़ोर से अपने पांव पटकना (शोक आदि में)

棰 chuí 〈लि०〉 ❶छड़ी; लाठी ❷लाठी से मारना ❸箠 chuí के समान ❹槌 chuí के समान

椎 chuí ❶槌 chuí के समान ❷捶 chuí के समान zhuī भी दे०

【椎心泣血】 chuíxīn-qìxuè अपनी छाती पीटना और खून के आंसू बहाना —— अत्यंत शोकाकुल होना

槌 chuí मुग्दर; मुगरी： 棒～ मुग्दर; मूसल / 鼓～ ढोल पीटने की मुगरी

锤（錘、鎚） chuí ❶हथौड़ा; हथौड़ी; मुगरा; मुगरी： 铁～ लोहे का हथौड़ा ❷हथौड़े के आकार की कोई चीज़： 秤～ बाट; बटखरा ❸हथौड़े से पीटना; ठोकना; कूटना： 千～百炼 कड़ी मेहनत से या अनेक प्रकार के कष्ट देकर अपने को सुदृढ़ बनाना

【锤炼】 chuíliàn ❶अपने को तपाकर तैयार करना; अपने को कठोर कर लेना ❷(किसी कलाकार, लेखक आदि का) अपना कौशल या तकनीक परिपूर्ण बनाने का लगातार प्रयास करना; परिमार्जित करना; परिष्कार करना： ～艺术表现手法 अपनी कलात्मक शैली को परिमार्जित करना

【锤子】 chuízi हथौड़ा; हथौड़ी; मुगरा; मुगरी

箠 chuí 〈लि०〉 ❶कोड़ा ❷कोड़े लगाना

chūn

春 chūn ❶वसंत： 温暖如～ वसंत का मौसम जैसा हल्का गरम ❷प्रेम; वासना; कामुकता： 春心 ❸जीवन; जीवन-शक्ति： 妙手回～ (किसी श्रेष्ठ चिकित्सक का) खतरे में पड़े मरीज़ को फिर जीवन-शक्ति देना; मरणासन्न रोगी की जान एकदम बचा लेना ❹（Chūn）एक कुलनाम

【春饼】 chūnbǐng वसंत ऋतु के प्रारम्भ में खाई जाने वाली पूरी

【春播】 chūnbō वसंत-बोनी

【春茶】 chūnchá वसंत-चाय (वसंत में चुनी जाने वाली चाय की पत्तियां)

【春凳】 chūndèng वसंत-बेंच (एक पुराने ढंग का बेंच)

【春分】 chūnfēn वासंतिक विषुव (वर्ष के 24 काल-खंडों में से चौथा)

【春风】 chūnfēng ❶वसंत की हवा; मधुपवन： ～送暖。वसंत की हवा हल्की गर्मी ले आती है। ❷स्निग्ध और प्रसन्न मुख

【春风得意】 chūnfēng-déyì सफलता या विजय के गर्व में उल्लसित हो उठना

【春风化雨】 chūnfēng-huàyǔ जीवनी शक्ति देने-वाली वसंत की हवा और वर्षा —— शिक्षा का अच्छा प्रभाव

【春风满面】 chūnfēng-mǎnmiàn (चेहरा) संतोष से चमकना; प्रसन्न होकर मुस्कराना

【春耕】 chūngēng वसंत की जुताई： ～播种 वसंत की जुताई और बुवाई

【春宫】 chūngōng ❶प्रासाद में उत्तराधिकारी राजकुमार का निवास-स्थान ❷अश्लील चित्र

【春灌】 chūnguàn 〈कृ०〉 वसंत की सिंचाई

【春光】 chūnguāng वसंत का दृश्य： ～明媚 सूर्य से प्रकाशित और लुभावना वसंत का दृश्य

【春寒料峭】 chūnhán-liàoqiào वसंत के आरम्भ में हवा में थोड़ी सी ठण्डक होना

【春华秋实】 chūnhuá-qiūshí वसंत में फूलना और शरद में फलना —— साहित्यिक योग्यता और नैतिक पूर्णता

【春画】 chūnhuà अश्लील चित्र

【春荒】 chūnhuāng वसंत में होनेवाला अनाज का अभाव

【春晖】 chūnhuī 〈लि०〉 वसंत में सूर्य का प्रकाश —— माता-पिता का प्रेम

【春季】 chūnjì वसंत; वसंत-ऋतु; बहार： ～攻势 वसंतकालीन आक्रमण

【春季作物】 chūnjì zuòwù रबी

【春假】 chūnjià वसंत की छुट्टियां

【春节】 Chūn Jié वसंतोत्सव; वसंत त्यौहार

【春卷】 chūnjuǎn वसंत-रोल (पापड़ जैसा बेलनाकार का एक पकवान)

【春兰】 chūnlán आर्चिड

【春兰秋菊】 chūnlán-qiūjú वसंत में आर्चिड और शरद में गुलदावदी —— अपनी-अपनी विशिष्टता होना; अपनी-अपनी खूबी होना

【春雷】 chūnléi वसंत का गर्जन

【春联】 chūnlián वसंत त्यौहार का शेर (दो पंक्तियों का पद, जो अपनी शुभकामनाएं प्रकट करने के उद्देश्य से दरवाज़े के दोनों ओर या किवाड़ों पर चिपकाया जाता है)

【春令】 chūnlìng ❶वसंत ❷वसंत का मौसम： 冬行～ वसंत जैसी शीत ऋतु; जाड़े का गरम-सा मौसम

【春梦】 chūnmèng वसंत का स्वप्न —— क्षणिक हर्ष; कभी पूरी न होनेवाली अभिलाषा

【春情】 chūnqíng दे० 春心

【春秋】[1] chūnqiū ❶वसंत और शरद; वर्ष： ～多佳日。वसंत और शरद में बहुत-से दिनों का मौसम सुहावना होता है। / 几度～ कुछ वर्ष ❷उम्र; अवस्था： ～已高 बड़ी उम्र में होना

【春秋】[2] Chūnqiū ❶वसंत-शरद काल (770-476 ई०पू०)： ～战国时代 चीन का वसंत-शरद काल तथा युद्धरत राज्य काल ❷वसंत और शरद काल की वार्षिकी ❸（chūnqiū）इतिहास; कथा; आख्यान

【春秋笔法】 Chūnqiū bǐfǎ वसंत और शरद काल की वार्षिकी की शैली —— समालोचना में दुर्बोध और नपे-तुले शब्दों का प्रयोग

【春色】 chūnsè ❶वसंत का दृश्य： ～宜人。वसंत का लुभावना दृश्य है। ❷प्रसन्न-मुख; शराब पीने से होनेवाला लाल चेहरा： ～满面 प्रसन्न-मुख होना

【春上】 chūnshang 〈बोल०〉 वसंत में: 今年～雨水多。 इस वसंत में अधिक बरसात हुई थी।
【春事】 chūnshì 〈लि०〉 वसंत की खेतीबारी; विशेषकर वसंत की जुताई
【春笋】 chūnsǔn बांस की कोंपल; बैम्बो शूट्स
【春天】 chūntiān वसंत; वसंत ऋतु; ऋतुराज; मधु; बहार
【春条】 chūntiáo 〈बो०〉 वसंत-त्यौहार परचा
【春帖】 chūntiē ❶दे० 春条 ❷दे० 春联
【春宵】 chūnxiāo वसंत की रात: ～苦短。 वसंत की रात अधिक छोटी होती है।
【春小麦】 chūnxiǎomài वसंत का गेहूं
【春心】 chūnxīn प्रेम की चाह; भड़कने वाला प्रेम; प्रेम की कली: 动了～ पहला प्रेम भड़क उठना; प्रेम की कली फूटना
【春汛】 chūnxùn वसंतकालीन बाढ़
【春药】 chūnyào कामोद्दीपक दवा
【春意】 chūnyì ❶वसंत का निशान; वसंत का दृश्य; वसंत का आरम्भ: ～盎然。 वसंत का वातावरण भरा हुआ है।
【春游】 chūnyóu वसंत-सैर; वसंत-भ्रमण
【春运】 chūnyùn वसंत-परिवहन (वसंत-त्यौहार के पहले और बाद में परिवहन विभागों का व्यस्त कार्य)
【春装】 chūnzhuāng वसंत की पोशाक

椿 chūn 〈वन०〉 चीनी तुन
【椿庭】 chūntíng 〈लि०〉 〈आदर०〉 आप के पिता जी
【椿萱】 chūnxuān 〈लि०〉 माता-पिता: ～并茂。 माता-पिता दोनों जीवित और स्वस्थ हैं।

chún

纯（純） chún ❶शुद्ध; विशुद्ध; अमिश्रित; खरा; खालिस: ～水 शुद्ध जल / ～奶 खालिस दूध / ～金 खरा सो-ना / ～毛 विशुद्ध ऊन ❷कुशल; अभ्यस्त: 工夫不～ कुशल न होना ❸बिल्कुल; सरासर: 他的话～属谎言。 वह सरासर झूठ बोलता था।
【纯粹】 chúncuì ❶विशुद्ध; अमिश्रित; खालिस; निरा: ～酥油 विशुद्ध घी / ～的人 शुद्धहृदय वाला व्यक्ति; सच्चा व्यक्ति / ～的傻瓜 निरा मूर्ख ❷शुद्ध रूप से; बिल्कुल; सरासर; सिर्फ़; केवल: 我说这话～是为你好。 मैं ने यह बात केवल तुम्हारे हित के लिये कही थी। / 这～是浪费时间。 यह समय की फ़िज़ूलखर्ची ही है।
【纯度】 chúndù विशुद्धता की मात्रा; विशुद्धता; खरापन
【纯厚】 chúnhòu दे० 醇厚 chúnhòu
【纯洁】 chúnjié ❶शुद्ध; विशुद्ध; निर्दोष; निष्कलंक; पवित्र; सादा: 心地～ शुद्धहृदय का होना; सीधा-सादा होना ❷शुद्ध करना: ～组织 संगठन को शुद्ध करना
【纯净】 chúnjìng शुद्ध; स्वच्छ: ～的水是透明的。 शुद्ध जल पारदर्शी होता है।
【纯利】 chúnlì（纯利润 chúnlìrùn भी）शुद्ध लाभ; असल मुनाफ़ा
【纯平彩电】 chúnpíng cǎidiàn पूर्ण समतल रंगीन टेलीविज़न; प्यूर कंप्लेनेट रंगीन टी०वी०
【纯朴】 chúnpǔ दे० 淳朴 chúnpǔ
【纯情】 chúnqíng ❶(स्त्रियों का) स्वच्छ और सच्चा प्रेम या भावना: 少女的～ युवती की निर्मल और सच्ची भावना ❷स्वच्छ और सच्चा: ～少女 स्वच्छ और सच्चे दिल की लड़की
【纯然】 chúnrán स्पष्टतः; बिल्कुल; सरासर: 这～是捏造。 यह बिल्कुल मनगढ़ंत है।
【纯熟】 chúnshú कुशल; अभ्यस्त: 技术～ अत्यंत कुशल होना
【纯一】 chúnyī अकेला; केवल एक: 目标～ केवल एक उद्देश्य होना; लक्ष्य का अकेलापन
【纯音】 chúnyīn 〈भौ०〉 शुद्ध ध्वनि
【纯贞】 chúnzhēn विशुद्ध और विश्वसनीय: ～的爱情 विशुद्ध और विश्वसनीय प्रेम
【纯真】 chúnzhēn विशुद्ध और सच्चा: ～无邪 विशुद्ध और निष्कपट
【纯正】 chúnzhèng ❶शुद्ध: 他说的是～的印地语。 वह शुद्ध हिन्दी बोलता है। ❷स्वच्छ और उचित: 动机～ निष्छल अभिप्राय
【纯种】 chúnzhǒng शुद्धरक्त: ～马 शुद्धरक्त वाला घोड़ा

唇（脣） chún ओठ; होंठ; लब: 上～ ऊपरी होंठ / 下～ निचला होंठ
【唇齿相依】 chúnchǐ-xiāngyī होंठों और दांतों की तरह घनिष्ठ होना; दांत और होंठ की तरह एक दूसरे पर निर्भर होना
【唇齿音】 chúnchǐyīn 〈ध्वनि०〉 दंतोष्ठ्य
【唇膏】 chúngāo ओंठों की लाली; लिपिस्टिक
【唇裂】 chúnliè ओंठ के बीच की दरार; खंडोष्ठ; हेयरलिप
【唇枪舌剑】 chúnqiāng-shéjiàn शाब्दिक तलवारें चलाना; मौखिक लड़ाई लड़ना; वाग्युद्ध करना
【唇舌】 chún shé वाणी; भाषा; वाद-विवाद: 大费～ देर तक वाद-विवाद करने (या समझाने-बुझाने) की आवश्यकता होना
【唇亡齿寒】 chúnwáng-chǐhán अगर होंठ न रहें तो दांतों को सर्दी लगेगी; (एक दूसरे पर निर्भर रहनेवाली दो चीज़ों में) कोई एक गिरती है तो दूसरी खतरे में पड़ जाती है; (दोनों का) घनिष्ठ संबंध होना
【唇音】 chúnyīn 〈ध्वनि०〉 ओष्ठ्य; ओष्ठ्यवर्ण

淳 chún 〈लि०〉 शुद्ध; ईमानदार; सीधा-सादा
【淳厚】 chúnhòu सीधा-सादा; भोला; भोला-भाला
【淳美】 chúnměi शुद्ध और मीठा (स्वर); सुरीला: 她的音色～。 उस के स्वर के स्वरूप में शुद्धता और मिठास है।
【淳朴】 chúnpǔ ईमानदार; सीधा-सादा; सरल; भोला-भाला: ～的庄稼人 भोला-भाला किसान
【淳于】 Chúnyú दो अक्षरोंवाला एक कुलनाम

鹑（鶉） chún बटेर

【鹑衣】 chúnyī 〈लि०〉 फटे-पुराने और रद्दी कपड़े; चि-थड़ा-गुदड़
【鹑衣百结】 chúnyī–bǎijié चिथड़े पहने हुए
醇 chún ❶〈लि०〉 सपरिपक्व मदिरा; बढ़िया शराब ❷〈लि०〉 शुद्ध; अमिश्रित ❸〈रसा०〉 अलकोहल
【醇和】 chúnhé (गुण, स्वाद आदि) शुद्ध; मृदु; सपरिपक्वः 酒味～。मद्य का स्वाद शुद्ध और मृदु है।
【醇厚】 chúnhòu ❶(गंध, स्वाद आदि) शुद्ध और तेज़ः 香味～。यह सुगंध शुद्ध और तेज़ है। ❷दे० 淳厚 chúnhòu
【醇化】 chúnhuà ❶शुद्ध करना; परिष्कृत करना; सं-स्कार करना; पवित्र बनाना ❷〈रसा०〉 अलकोहल में तर करना
【醇酒】 chúnjiǔ बढ़िया शराब
【醇美】 chúnměi शुद्ध और मीठा; सपरिपक्व; सुरीलाः 酒味～。यह शराब परिपूर्ण है।/ ～的嗓音 शुद्ध और मीठा स्वर; सुरीली आवाज़
【醇朴】 chúnpǔ दे० 淳朴 chúnpǔ
【醇香】 chúnxiāng सुगंधित; खुशबूदार

chǔn

蠢[1] chǔn 〈लि०〉 कुलबुलाना
蠢[2] (惷) chǔn मूर्ख; मूढ़; नासमझ; बेवकूफ़; अ-नाड़ी
【蠢笨】 chǔnbèn अनाड़ी; भोंडा; मूर्खः ～的狗熊 भोंडा भालू
【蠢材】 chǔncái 〈घृणा०〉 बेवकूफ़; उल्लू कहीं का
【蠢蠢】 chǔnchǔn 〈लि०〉 ❶कुलबुलाना; रेंगना ❷अ-शांत; अस्थिर
【蠢蠢欲动】 chǔnchǔn–yùdòng कीड़े की तरह रेंगना शुरू करने के लिये तैयार होना —— गड़बड़ी करने के लिये तैयार होनाः 敌人在～。हमारा शत्रु कुछ करने की कोशिश कर रहा है।
【蠢动】 chǔndòng ❶कुलबुलाना; रेंगना ❷गड़बड़ कर-ना; शांति भंग करना; उथल-पुथल करना
【蠢话】 chǔnhuà बेवकूफ़ी की बात; बेहूदा बात; बक-वास
【蠢货】 chǔnhuò 〈घृणा०〉 मूर्ख; बेवकूफ़; उल्लू कहीं का
【蠢驴】 chǔnlǘ 〈घृणा०〉 मूर्ख; बेवकूफ़; गधा; खर
【蠢人】 chǔnrén मूर्ख; बेवकूफ़; खरदिमाग आदमी
【蠢事】 chǔnshì बेवकूफ़ी की बात; बेवकूफ़ीः 我再也不干这种～了。मैं फिर ऐसी बेवकूफ़ी कभी नहीं करूंगा।
【蠢猪】 chǔnzhū 〈घृणा०〉 मूर्ख; बेवकूफ़; सुअर; उल्लू कहीं का

chuō

戳 chuō ❶चुभोना; भोंकना; भोंककर छेद करना; छेदनाः 在纸上～了一个洞 कागज़ पर भोंककर एक छेद बनाना / 一～就破 चुभते ही फट जाना; ज़रा छूते ही फट जाना ❷〈बो०〉 मोच आनाः 他踢足球～了脚。फ़ुटबाल खेलते समय उस के पाँव में मोच आ गयी। ❸〈बो०〉 खड़ा करना या होनाः 把竹竿儿～起来 बांस का बल्ला खड़ा करना / 有话进屋说，干吗在门口儿～着。दरवाज़े पर क्यों खड़े हो ? अगर कुछ कहना हो तो अन्दर आओ।
【戳穿】 chuōchuān ❶बींधना; चुभोना; छेदनाः 刺刀～了他的胸膛。संगीन उस की छाती में बींधती चली गयी। ❷भंडाफोड़ करना; पर्दाफ़ाश करना; कलई खोलनाः ～阴谋 षड़यंत्र का भंडाफोड़ करना / ～纸老虎 कागज़ी बाघ में छेद करना; कागज़ी बाघ का सच्चा रूप प्रकट करना
【戳脊梁骨】 chuō jǐlianggǔ पीठ पीछे बुरा कहना; (किसी की) चुगली खानाः 办事要公正，别让人家～。कोई भी मामला हो उस को न्याय से निपटाओ, ताकि लोग तुम्हारी चुगली न खाएं।
【戳记】 chuōjì मुहर; स्टांप; (प्रायः) सरकारी मुहर
【戳破】 chuōpò दे० 戳穿
【戳子】 chuōzi(戳儿 chuōr भी)〈बोल०〉 मुहर; स्टांपः 在文件上盖个～ दस्तावेज़ पर मुहर लगाना / 橡皮～ रबर स्टांप

chuò

啜 chuò 〈लि०〉 ❶थोड़ा-थोड़ा करके पीना; चुस्की लेनाः ～茗 चाय की चुस्की लेना ❷सिसकना
【啜泣】 chuòqì सिसकना; सिसकी भरना
绰 (綽) chuò 〈लि०〉 प्रचुर; यथेष्ट
chāo भी दे०
【绰绰有余】 chuòchuò–yǒuyú पर्याप्त से अधिक; य-थेष्ट और अतिरिक्त
【绰号】 chuòhào चलताऊ नाम; उपनामः 起～ चल-ताऊ नाम रखना; उपनाम रखना / 他的～叫小老虎。उस का उपनाम 'जवान बाघ' है; उस को उपनाम 'जवान बाघ' से पुकारा जाता है।
【绰约】 chuòyuē 〈लि०〉 (लड़की) सुन्दर और सुडौल
【绰约多姿】 chuòyuē–duōzī (लड़की) सुन्दर और सु-डौल
辍 (輟) chuò 〈लि०〉 रोकना; बन्द करना; छोड़

देना：～工 काम रोकना / 时作时～ (कोई काम) कभी करते रहना और कभी छोड़ देना; बीच-बीच में रुककर और फिर एकदम जोश से कोई काम करना

【辍笔】 chuòbǐ लिखने या चित्र बनाने का काम बीच में छोड़ देना; अपना लेख या चित्रण अधूरा छोड़ देना

【辍学】 chuòxué अपनी पढ़ाई बीच में ही छोड़ देना; स्कूल से अलग हो जाना

龊（齪） chuò मलिन

cī

刺 cī 〈अनु०〉 फिसलने आदि की आवाज़：～的一声，他滑了一个跟头。वह खट से फिसलकर गिर पड़ा। / 花炮点着后，～～地直冒火星。आतिशबाज़ी जलने पर रंग-बिरंगी चिंगारियां निकलने लगीं।

cì भी दे०

【刺啦】 cīlā 〈अनु०〉 फाड़ने, चीरने, या रगड़ने की आवाज़：～一声，他划着了火柴。रगड़ने की आवाज़ करते हुए उस ने दियासलाई जलाई।

【刺棱】 cīlēng 〈अनु०〉 तीव्र गति से चलने का शब्द：猫～一下跑了。बिल्ली हड़बड़ाकर भाग गयी।

【刺溜】 cīliū 〈अनु०〉 फिसलने या सरकने आदि की आवाज़：他～一下滑到了。वह फिसलकर गिर पड़ा। / 子弹～～地从他耳边擦过。बंदूक की गोलियां सनसन करते हुए उस के कानों के पास से निकल गयीं।

呲 cī 〈बोल०〉（～儿）डांटना; फटकारना; बुरा-भला कहना：他挨了一顿～儿。उस को खूब डांट दिया गया।

差 cī दे० 参差 cēncī

chā; chà; chāi भी दे०

疵 cī दोष; कमी; बुराई; कलंक：无～ निर्दोष; निष्कलंक / 吹毛求～ दोष निकालना; मीनमेख निकालना

【疵点】 cīdiǎn दोष; कमी; बुराई; कलंक

【疵品】 cīpǐn घटिया माल

【疵瑕】 cīxiá दोष; कमी; कलंक

跐 cī फिसलना：他脚一～，差点儿摔倒了。उस का पैर फिसल गया और वह गिरते-गिरते बच गया।

cǐ भी दे०

【跐溜】 cīliū फिसलना：他～一滑，摔了个大马趴。वह फिसल गया और औंधे मुंह गिर पड़ा।

cí

词（詞） cí ❶शब्द; भाषा：贬～ तिरस्कारसूचक शब्द / 戏～ नाटक की भाषा / 歌～ गीत के बोल; बोल ❷भाषण; कथन; वक्तव्य：开幕～ उद्घाटन-भाषण ❸थ्स्, पद्य का एक रूप, जो कविता और लोकगीत से बना था और थांग राजवंश में उत्पन्न होकर सुंग राजवंश में पूर्ण रूप से विकसित हुआ था

【词不达意】 cíbùdáyì वे शब्द जो अर्थ प्रकट करने में असमर्थ हों; अप्रकट शब्द; अस्पष्ट शब्द

【词典】 cídiǎn शब्दकोश; डिक्शनरी

【词调】 cídiào थ्स् का सुर-संबंधी विन्यास और तुकों का प्रयोग —— 词❸ भी दे०

【词法】 cífǎ 〈भा०वि०〉 शब्द-रूप-विज्ञान

【词赋】 cífù दे० 辞赋 cífù

【词干】 cígàn 〈भा०वि०〉 मूल शब्द

【词根】 cígēn 〈भा०वि०〉 शब्द धातु

【词汇】 cíhuì शब्द-भांडार; शब्दावली

【词汇表】 cíhuìbiǎo शब्द-सूची; शब्दावली

【词汇学】 cíhuìxué शब्द-विज्ञान; लेक्सीकोलोजी

【词句】 cíjù शब्द और वाक्यांश; अभिव्यक्ति：空洞的～ खोखले शब्द और वाक्यांश

【词类】 cílèi 〈व्या०〉 शब्द-भेद

【词令】 cílìng दे० 辞令 cílìng

【词牌】 cípái थ्स् में सुरों के विन्यास का नाम, जिस से थ्स् बनाया जाता है —— 词❸ भी दे०

【词谱】 cípǔ थ्स् के सुरों का संग्रह —— 词❸ भी दे०

【词人】 círén ❶थ्स् लिखनेवाला; थ्स् लेखक ❷साहित्यिक योग्यता रखनेवाला व्यक्ति

【词讼】 císòng मुकद्दमा

【词素】 císù 〈भा०वि०〉 मार्फ़िम

【词头】 cítóu 〈भा०वि०〉 उपसर्ग

【词尾】 cíwěi 〈भा०वि०〉 प्रत्यय

【词形】 cíxíng 〈भा०वि०〉 शब्द का रूप：～变化 शब्द के रूप में होनेवाला परिवर्तन; शब्द का रूपांतर

【词性】 cíxìng 〈भा०वि०〉 शब्द-लिंग

【词序】 cíxù 〈भा०वि०〉 शब्दक्रम; पदविन्यास

【词义】 cíyì 〈भा०वि०〉 शब्द का अर्थ; शब्दार्थ

【词语】 cíyǔ शब्द और वाक्यांश; अभिव्यक्ति

【词源】 cíyuán 〈भा०वि०〉 शब्द-व्युत्पत्ति

【词韵】 cíyùn ❶थ्स् का तुक ❷(थ्स् का) तुक-कोश —— 词❸ भी दे०

【词藻】 cízǎo दे० 辞藻 cízǎo

【词章】 cízhāng दे० 辞章 cízhāng

【词缀】 cízhuì 〈भा०वि०〉 उपसर्ग या प्रत्यय

【词组】 cízǔ 〈व्या०〉 शब्द-समूह; वाक्यांश; पद

茨 cí <लि०> ❶(पुआल की छत) डालना ❷<वन०> चुभोनेवाली बेल; कांटेदार लता

【茨冈人】 Cígāngrén जिप्सी का दूसरा नाम

【茨菰】 cígu दे० 慈姑 cígu

祠 cí खानदानी मंदिर; पुरखों का मंदिर

【祠堂】 cítáng खानदानी मंदिर; पुरखों का मंदिर

瓷（甆）cí चीनी मिट्टी; चाइना：～碗 चीनी मिट्टी का कटोरा; चाइना कटोरा

【瓷公鸡】 cígōngjī चीनी मिट्टी का बना मुर्गा —— कृपण; कंजूस：这个人是个～，一毛不拔。यह आदमी चीनी मिट्टी का बना मुर्गा है, जिस का एक भी पर तोड़ा नहीं जा सकता।

【瓷瓶】 cípíng ❶चीनी मिट्टी का कलश (घड़ा) ❷इंसुलेटर का दूसरा नाम

【瓷漆】 cíqī इनेमल पेंट; इनेमल

【瓷器】 cíqì चीनी मिट्टी का बर्तन

【瓷实】 císhi दृढ़; मज़बूत; सुगठित：他身体很～。वह बहुत मज़बूत है।

【瓷土】 cítǔ चीनी मिट्टी

【瓷窑】 cíyáo चीनी मिट्टी के बर्तन बनाने के लिये निर्मित भट्टी; चीनी मिट्टी की भट्टी

【瓷砖】 cízhuān चीनी मिट्टी की टाइल; ईंट की टाइल

辞[1]（辭、辤）cí ❶भाषा; वाणी; शब्द-चयन; शब्द प्रयोग का ढंग：修～ अलंकार शास्त्र; वाग्विलास ❷प्राचीन चीनी साहित्य की एक शैली：《楚～》छू के गीत ❸प्राचीन कविता का एक रूप：《木兰～》मूलान गाथा-गीत

辞[2]（辭、辤）cí ❶विदा होना：告～ (किसी से) बिदा लेना / 不～而别 बिना कुछ कहे चले जाना ❷पदत्याग करना; इस्तीफ़ा देना (या पेश करना)：他～了主任的职务。उन्हों ने प्रधान के पद से इस्तीफ़ा दिया। ❸पदच्युत करना; बर्खास्त करना; अलग करना; नौकरी छुड़ा देना：老板把他给～了。मालिक ने उस को नौकरी से अलग कर दिया; मालिक ने उस की नौकरी छुड़ा दी। ❹काम से बचना; कर्तव्य से भागना：推～ (नौकरी, न्यौता आदि) अस्वीकार करना / 不～辛苦 तकलीफ़ों की परवाह न करना; कष्ट उठाना; कष्ट करना

【辞别】 cíbié विदा होना; विदा लेना：～父母 अपने माता-पिता से बिदा लेना

【辞呈】 cíchéng त्यागपत्र; इस्तीफ़ा：提出～ त्यागपत्र देना; इस्तीफ़ा देना (या पेश करना)

【辞典】 cídiǎn शब्दकोश; डिक्शनरी

【辞赋】 cífù फ़ू（赋）की जैसी साहित्यिक रचना की एक शैली

【辞工】 cígōng ❶(किसी कर्मचारी, सेवक आदि को) बर्खास्त करना; नौकरी छुड़ा देना：东家辞了他的工。मालिक ने उस को बर्खास्त कर दिया। ❷अपनी नौकरी छोड़ देना; इस्तीफ़ा देना：他～不干了。उस ने अपनी नौकरी छोड़ दी।

【辞活】 cíhuó（～儿）अपनी नौकरी छोड़ देना; इस्तीफ़ा देना (या पेश करना)

【辞灵】 cílíng ताबूत को कब्रिस्तान ले जाने से पहले उसे विदाई देना

【辞令】 cílìng भाषा; वाणी; मौके के अनुसार उचित कथन：外交～ कूटनैतिक भाषा / 善于～ वाक्-चातुर होना

【辞却】 cíquè (पद) त्याग देना; (उपहार आदि) अस्वीकार करना

【辞让】 círàng विनम्रता से अस्वीकार करना：他～了一番，才坐在前排。वह विनम्रता से अस्वीकार करने के बाद ही पहली पंक्ति में बैठ गया।

【辞色】 císè <लि०> अपना कथन और चेहरे की मुद्रा：～严厉 कथन और सूरत में कठोरता होना

【辞世】 císhì इस संसार से चला जाना; गुज़र जाना; चल बसना

【辞书】 císhū शब्द-कोश; कोश-रचना; डिक्शनरी

【辞岁】 císhuì बीते हुए वर्ष को विदाई देना; नये चंद्र वर्ष की पूर्ववर्ती संध्या की खुशियां मनाना

【辞退】 cítuì पदच्युत करना; बर्खास्त करना; डिसमिस करना

【辞谢】 cíxiè विनम्रता से अस्वीकार करना; धन्यवाद देते हुए अस्वीकार करना

【辞行】 cíxíng (दूर की यात्रा से पहले अपने रिश्तेदारों या मित्रों से) विदा लेना

【辞藻】 cízǎo अलंकारयुक्त भाषा; सुसज्जित शब्दावली：堆砌～ आलंकारिक शब्दों का ढेर लगाना

【辞章】 cízhāng ❶पद्य और गद्य ❷लेख लिखने की कला; अलंकार शास्त्र

【辞职】 cízhí पदत्याग करना; (पद से) इस्तीफ़ा देना (या पेश करना)：～书 त्यागपत्र; इस्तीफ़ा

慈 cí ❶सौम्य; मृदु; दयावान：心～ नर्म-दिल; सहृदय ❷<लि०> माता：家～ मेरी माता

【慈爱】 cí'ài वात्सल्य; स्नेह; ममता

【慈悲】 cíbēi दया; दयाभाव; करुणा; तरस：发～ (किसी पर) तरस खाना; (किसी पर) दया करना / ～为怀 (सब के लिये) दयाभाव रखना

【慈姑】 cígu <वन०> एरोहेड

【慈和】 cíhé दयावान और मिलनसार

【慈眉善目】 címéi-shànmù कृपालु मुखाकृति; सूरत से ही दयाभाव और भद्रता प्रकट होना

【慈母】 címǔ प्रिय माता; माता

【慈善】 císhàn पुण्य; परोपकारी; भला; शुभ：～机关 लोक-हितैषी संस्था; धर्मार्थ संस्था / ～事业 पुण्य-कर्म; परोपकारी कार्य; दया-धर्म का काम

【慈善家】 císhànjiā पुण्यात्मा; परोपकारी; दीनबंधु

【慈祥】 cíxiáng दयामय और मंगलमय：～的面容 दयामय और मंगलमय मुखाकृति

磁[1] cí <भौ०> मेगनेटिज़्म

磁 2 cí 瓷 cí के समान

【磁暴】 cíbào <भौ०> मेगनेटिक स्टोर्म

【磁场】 cíchǎng <भौ०> चुम्बक प्रभाव क्षेत्र; मेगनेटिक फ़ील्ड

【磁化】 cíhuà <भौ०> मेगनेटिज़ीशन

【磁极】 cíjí <भौ०> चुम्बकीय ध्रुव; मेगनेटिक पोल

【磁卡】 cíkǎ चुंबकीय कार्ड; मेग्नेटिक कार्ड

【磁力】 cílì चुम्बकीय शक्ति; मेगनेटिक फ़ोर्स

【磁疗】 cíliáo मेगनेटोथेरेपी

【磁盘】 cípán <कंप्यूटर> चुंबकीय डिस्क; मेगनेटिक डिस्क

【磁石】 císhí चुंबकलोहा; लोहचुंबक; चुंबक

【磁铁】 cítiě <भौ०> चुंबकलोहा; चुंबक; मेगनेट

【磁头】 cítóu (रिकार्डर का) मेगनेटिक हेड

【磁性】 cíxìng <भौ०> चुम्बकीय गुण; मेगनेटिज़्म; मेग-नेटिक

【磁性水雷】 cíxìng shuǐléi चुम्बकीय सुरंग; मेगनेटिक माइन

【磁性炸弹】 cíxìng zhàdàn मेगनेटिक बम

【磁悬浮列车】 cíxuánfú lièchē मेग्लेव ट्रेन

【磁针】 cízhēn मेगनेटिक नीडल

雌 cí मादा

【雌伏】 cífú ❶किसी दूसरे के नियंत्रण में रहना; अपनी अधीनता स्वीकार करना ❷पस्त पड़े रहना; छिपे रहना

【雌花】 cíhuā <वन०> मादा फूल

【雌黄】 cíhuáng हरताल; ओर्पिमेंट

【雌蕊】 círuǐ <वन०> पिस्टिल

【雌性】 cíxìng मादा

【雌雄】 cí xióng ❶नर और मादा ❷विजय और पराजय; ऊपर और नीचे: 决一～ लड़कर देखना कि कौन अधिक शक्तिशाली है; लड़कर तय करना

糍 cí नीचे दे०

【糍粑】 cíbā लसदार चावल से बना एक प्रकार का खाद्य पदार्थ

cǐ

此 cǐ ❶यह; यहां; इधर: ～人 यह आदमी / ～处 इस जगह; यहां / 由～往东 इधर से पूर्व की ओर जाना ❷यहां या अब: 从～ अब से; तब से / 谈话就～结束。बातचीत यहीं तक खत्म हुई। ❸इस प्रकार; ऐसा: 当时听劝，何至于～。अगर उस समय तुम मेरी बात सुनते तो ऐसा नतीजा क्यों निकलता ?

【此岸】 cǐ'àn <बौद्धधर्म> इस पार; ऐहिकता

【此辈】 cǐbèi इस प्रकार का आदमी; ऐसा आदमी: 勿与～合作。ऐसे आदमी से सहयोग न करो।

【此地】 cǐdì यहां; इस जगह: 您是～人吗? आप यहीं के हैं ?

【此地无银三百两】 cǐdì wú yín sānbǎi liǎng यहां 300 चांदी के सिक्के नहीं गाड़े गये (यह सूचना-पट्ट लोककथा में उस आदमी ने उस भूमि के ऊपर लगाया था जिस ने वहां वे सिक्के छिपाये थे) —— अचतुर अस्वीकृति से ही अपना पर्दाफ़ाश करना

【此后】 cǐhòu इस के बाद; तब से: 三十年前他离开家乡，～一直在这里工作。तीस वर्ष पहले वह अपनी जन्मभूमि से बिदा हुए और तब से यहीं काम करते रहे हैं।

【此间】 cǐjiān यहां; इधर: ～亦有耳闻。यहां भी यह खबर फैल रही है।

【此刻】 cǐkè इस समय; अब; वर्तमान में

【此路不通】 cǐlù-bùtōng रास्ता बन्द हो जाना; बन्द गली: ～! (सड़क पर का सूचना-पट्ट) यह रास्ता बन्द है !

【此起彼伏】 cǐqǐ-bǐfú जब एक का पतन होता है तो दूसरे का उदय हो जाता है; एक के बाद एक उदय हो जाना; लगातार होता जाना: 欢呼声～。ज़ोर की हर्षध्वनि निरंतर उठती रही।

【此生】 cǐshēng यह जीवन; इस ज़िन्दगी में

【此外】 cǐwài इस के सिवा; इस के अलावा: 他说明天再来，～什么也没说。उस ने कहा कि कल फिर आएगा, इस के अलावा और कुछ नहीं कहा।

【此一时，彼一时】 cǐ yī shí, bǐ yī shí इस समय यह हालत है और उस समय हालत दूसरी थी; अब की हालत पहले की जैसी नहीं रही

跐 cǐ ❶कदम रखना; पांव धरना: ～着门槛儿 देहली पर पांव धरे हुए ❷पंजों के बल खड़ा होना: ～着脚往前头看 पंजों के बल खड़े रहकर आगे की ओर देखना
cī भी दे०

cì

次 cì ❶क्रम; सिलसिला; क्रम में रहने की स्थिति; सिलसिले में स्थित जगह: 座～ सीट का अंक / 车～ ट्रेन का नम्बर / 依～ क्रमशः; एक के बाद एक ❷दूसरा; अगला: ～子 दूसरा बेटा / ～年 अगले साल / ～日 दूसरे दिन ❸गौण; घटिया: ～品 घटिया माल / 这个人太～。यह आदमी बहुत खराब है। ❹बार; दफ़ा: 首～ पहली बार / 这～ इस दफ़े / 屡～ बार-बार; अनेक बार / 第一～世界大战 प्रथम विश्वयुद्ध / 我是初～来北京。मैं पहली बार पेचिंग आया हूं। ❺<लि०> दूर की यात्रा में कुछ समय के लिये ठहरने का स्थान: 旅～ अपनी यात्रा में ठहरने का स्थान; पड़ाव

【次大陆】 cìdàlù उपमहाद्वीप

【次等】 cìděng गौण; दूसरी श्रेणी का; दूसरे दर्जे का: ～货 दूसरे दर्जे का माल

【次第】 cìdì ❶क्रम; सिलसिला ❷एक के बाद एक; एक-एक करके: ～入座 एक के बाद एक बैठ जाना

【次货】 cìhuò घटिया माल; निचले दर्जे की वस्तु; निम्न

श्रेणी का माल
【次贫】 cìpín कम गरीब
【次品】 cìpǐn अप्रामाणिक उत्पादन; घटिया माल
【次日】 cìrì दूसरे दिन; अगले दिन
【次数】 cìshù बार; दफ़ाः ～不多 अक्सर नहीं / 练习的～越多，熟练的程度越高。जितना अधिक अभ्यास करोगो उतने अधिक कुशल बन जाओगे ।
【次序】 cìxù क्रम; सिलसिलाः 按～入场 क्रमानुसार प्रवेश करना / 这些文件的～不对。ये दस्तावेज़ क्रमबद्ध रूप से नहीं हैं; इन दस्तावेज़ों का क्रम ठीक नहीं है ।
【次要】 cìyào अप्रधान; गौण; कम महत्वपूर्णः ～矛盾 अप्रधान अंतरविरोध / ～地位 गौण स्थान / ～问题 कम महत्वपूर्ण समस्याएं; गौण विषय / 内容是主要的，形式是～的。विषय-वस्तु प्रधान है और अभिव्यक्ति का रूप तो गौण है ।
【次长】 cìzhǎng उपमंत्री

伺 cì नीचे दे०
sì भी दे०

【伺候】 cìhou सेवा में उपस्थित रहना; सेवा करनाः ～病人 रोगी की शुश्रूषा करना / 这人很难～。इस आदमी को संतुष्ट करना बड़ा मुश्किल है; यह आदमी मुश्किल से संतुष्ट होनेवाला है ।

刺 cì ❶（～儿）कांटा; कंटकः 他手上扎了个～。उस के हाथ में एक कांटा चुभ गया । / 他说话总带～儿。वह अक्सर चुभती बात कहता है । ❷चुभाना; भोंकना; बेधना; बींधना; छेदनाः ～伤 चुभाकर चोट पहुंचाना ❸गुप्त हत्या करना; छिपकर कत्ल करनाः 被～ गुप्त हत्या की जाना ❹(शारीरिक अवयव आदि को) उकसाना; उत्तेजित करना; सताना; तंग करनाः ～鼻 नाक में खुजली होना ❺गुप्त रूप से पता लगाना; टोह लगाना; जासूसी करनाः 刺探 ❻व्यंग्य करना; हंसी उड़ानाः 讽刺 ❼〈लि०〉 मुलाकाती कार्डः 名～ मुलाकाती कार्ड
cī भी दे०

【刺柏】 cìbǎi 桧 guì का दूसरा नाम
【刺刺不休】 cìcì-bùxiū निरंतर बातें करते रहना; बक-बक करना
【刺刀】 cìdāo संगीनः 上～ संगीन चढ़ाना / 拼～ संगीन से लड़ना
【刺耳】 cì'ěr कर्कश आवाज़ पैदा करना; कर्कश शब्द करना; कान खाना; (कान को) बुरा लगना; कान चुभानाः ～的声音 कर्कश आवाज़ / ～的话 चुभती बात
【刺骨】 cìgǔ हड्डियों को बेधना; बहुत सर्दी होनाः 寒风～。हड्डियों को बेधनेवाली ठंडक थी; शीतल हवा हड्डियों को बेधती थी ।
【刺槐】 cìhuái लोकस्ट (वृक्ष)
【刺激】 cìjī ❶उत्तेजना; प्रेरणा; प्रोत्साहनः 竞争给产业以有力的～。उद्योग-धंधों के लिये प्रतियोगिता बड़ी उत्तेजना (प्रेरणा) है । ❷उत्तेजित करना; प्रेरित करना; बढ़ावा देनाः ～生产力的发展 उत्पादन-शक्ति के विकास को बढ़ावा देना ❸भड़काना; चिढ़ाना; परेशान करना; मानसिक आघात पहुंचानाः 别～他！उस को चिढ़ाओ मत; उस को परेशान न करो । / 这个不幸的消息对他～很大。इस दुखद समाचार से उस को बड़ा मानसिक आघात पहुंचा ।
【刺客】 cìkè हत्यारा; गुप्तघाती
【刺目】 cìmù दे० 刺眼
【刺挠】 cìnao 〈बोल०〉 खुजलाहट होना; खुजली होनाः 浑身～ सारे शरीर में खुजली होना
【刺儿话】 cìrhuà व्यंग्यः 说～ व्यंग्य करना
【刺儿头】 cìrtóu 〈बो०〉 वह व्यक्ति जिस के साथ पेश आने में कठिनाई हो; बेढब आदमी
【刺杀】 cìshā ❶गुप्त हत्या करना ❷〈सैन्य०〉 संगीन से प्रहार करनाः 练～ संगीन से प्रहार करने का अभ्यास करना
【刺探】 cìtàn गुप्त रूप से पता लगाना; टोह लगानाः ～军情 सैनिक रहस्य की टोह लगाना
【刺猬】 cìwei साही; शल्यकी
【刺绣】 cìxiù ❶कसीदा काढ़ना; ज़रदोजी करना; बेल-बूटे काढ़कर सजाना ❷कढ़ाई; कसीदा; ज़रदोजी ❸बेल-बूटे का काम; ज़रदोजी
【刺绣品】 cìxiùpǐn बेल-बूटे का काम; ज़रदोजी
【刺眼】 cìyǎn चकाचौंध करना; चौंधियानाः 亮得～ तेज़ रोशनी से आंखें चौंधियाना; चकाचौंध करनेवाली रोशनी
【刺痒】 cìyang 〈बोल०〉 खुजलाहट होना; खुजली होनाः 我背上被蚊子咬了一下，好～。मेरी पीठ पर मच्छर के काटने से बड़ी खुजली हो रही है ।
【刺字】 cìzì ❶(चमड़े पर) गोदकर अक्षर या चित्र बनाना; गोदना ❷(प्राचीन काल में) अपराधी के चेहरे पर गोदकर अक्षर बनाना

赐（賜） cì ❶देना; दान करना; प्रदान करना; बख्शनाः ～恩 कृपा करना / ～福 आशीर्वाद देना ❷〈शिष्ट०〉 कृपया; कृपा करकेः 请即～复。कृपया तुरंत ही उत्तर दे दें । ❸〈शिष्ट०〉 उपहार; भेंटः 厚～受之有愧。आप का मूल्यवान उपहार स्वीकार करने के मैं अयोग्य हूं ।
【赐教】 cìjiào 〈शिष्ट०〉 सिखाने की कृपा करना; उपदेश देनाः 望不吝～。मेरी कामना है कि कृपया उपदेश दें ।
【赐予】 cìyǔ देना; प्रदान करना; बख्शना

cōng

匆（悤、怱） cōng जल्दी; जल्दबाज़ी
【匆匆】 cōngcōng जल्दी से; सरसरी तौर पर; हड़बड़ाकरः 他～地吃完饭就走了。वह जल्दी मचाते हुए खाना खाकर चला गया । /
【匆促】 cōngcù जल्दबाज़ी; जल्दीः ～起程 रवानगी में जल्दबाज़ी होना; रवाना होने में जल्दी करना / 时间～ समय कम होना; समय की कमी होना; समय कम होने के कारण विवश होना
【匆忙】 cōngmáng जल्दबाज़ी; जल्दीः 不要～下结

论。जल्दबाज़ी से कोई निष्कर्ष न निकालो। / 临行～，未能向你告别。मेरी रवानगी में इतनी जल्दी थी कि तुम से विदा लेने का समय न मिल पाया।

囱 cōng चिमनी; धूमपथ

枞（樅） cōng 〈वन०〉 देवदारु; फ़र

葱（蔥） cōng ❶प्याज़ ❷हरा रंग： 葱绿

【葱白】 cōngbái बहुत हल्का नीला

【葱白儿】 cōngbáir प्याज़ का डंठल

【葱翠】 cōngcuì ताज़ा और हरा; हरा-भरा： ～的竹林 बांस का हरा-भरा जंगल; बांसों की हरियाली

【葱花】 cōnghuā प्याज़ के टुकड़े

【葱黄】 cōnghuáng हल्का पीला; हरापन लिये पीला

【葱茏】 cōnglóng हरा-भरा और संपन्न： 林木～ हरे-भरे और संपन्न पेड़-पौधे; पेड़-पौधों की हरियाली / 春天来了，大地一片～。वसंत आ गया है, धरती पर हरियाली ही हरियाली दिखाई देती है।

【葱绿】 cōnglǜ हल्का हरा रंग; पीलापन लिये हरा; हरा-भरा： ～的田野 हरे-भरे खेत

【葱茂】 cōngmào (वनस्पति का) हरा-भरा और संपन्न

【葱头】 cōngtóu प्याज़

【葱郁】 cōngyù हरा-भरा और संपन्न： ～的松树林 देवदार वृक्षों का हरा-भरा और संपन्न जंगल

骢（驄） cōng 〈लि०〉 चितला घोड़ा

聪（聰） cōng ❶श्रवण： 左耳失～ बायें कान से बहरा होना ❷तेज़ श्रवण： 耳～目明 सुनने और देखने की बड़ी शक्ति होना —— (स्थिति का) स्पष्ट ज्ञान होना ❸बुद्धिमान; समझदार： 聪慧

【聪慧】 cōnghuì बुद्धिमान; चतुर; तेज़

【聪明】 cōngming बुद्धिमान; होशियार; चतुर; तेज़： ～能干 बुद्धिमान और सुयोग्य / 这孩子很～。 यह लड़का बड़ा तेज़ है। / ～人 बुद्धिमान व्यक्ति

【聪明才智】 cōngmíng cáizhì बुद्धि और कुशलता

【聪悟】 cōngwù 〈लि०〉 बुद्धिमान; होशियार

【聪颖】 cōngyǐng 〈लि०〉 बुद्धिमान; होशियार; चतुर; तेज़

cóng

从[1]（從） cóng ❶पीछे-पीछे चलना; अनुसरण करना; … के अनुसार (काम) करना： ～俗 रीति-रिवाजों के पीछे चलना; रीति-रिवाजों के अनुसार करना ❷शामिल होना; (कोई काम) करना： ～军 सेना में भर्ती होना ❸कोई रुख अपनाना; किसी सिद्धांत का अनुसरण करना： ～宽处理 (किसी के साथ) रिआयत से व्यवहार करना; रिआयत करना / 诸事～俭 सभी बातों के लिये मितव्ययिता से काम लेना ❹अनुयायी; पीछे चलनेवाला： 随～ अनुयायी; अनुचर ❺गौण; सहायक： 从犯 ❻चचेरा： ～兄弟 चचेरा भाई

从[2]（從） cóng ❶〈सं०अ०〉 (किसी स्थान, समय आदि) से： ～北京到上海 पेइचिंग से शांगहाइ तक / ～现在起 अब से / ～全局考虑 सर्वांगीण स्थिति के विचार से; पूरी स्थिति को देखते हुए ❷〈सं०अ०〉 (किसी स्थान से) गुज़रकर; (किसी चीज़) में से; से होकर; से： ～门缝里往外看 दरवाज़े की दरार से बाहर की ओर झांकना / 你～桥上过，我～桥下走。तुम पुल पर चलो, मैं उस के नीचे चलूंगा। ❸〈क्रि०वि०〉 (किसी नकारात्मक शब्द के साथ प्रयुक्त) कभी： 这事我～没听说过。यह बात मैं ने कभी नहीं सुनी थी। / 他～不计较个人得失。 वह अपने हितों की कभी परवाह नहीं करता।

【从长计议】 cóngcháng-jìyì और अधिक सोच-विचार और सलाह-मशविरा करना; कोई निश्चय करने में अधिक समय देना

【从此】 cóngcǐ इस समय से; अब से; उस समय से; तब से; इस से; इस के बाद

【从…到…】 cóng…dào… … से … तक 从上到下 ऊपर से नीचे तक / 从头到尾 शुरू से आखिर तक; नख से शिख तक; आदि से अंत तक / 从无到有 नहीं की स्थिति से उत्पन्न होना / 从早到晚 सुबह से शाम तक / 从古到今 प्राचीन काल से आज तक / 从弱到强 कमज़ोर से शक्तिशाली बन जाना / 从小到大 बचपन से अब तक; छोटी शक्ति से बढ़कर बड़ी शक्ति बन जाना

【从而】 cóng'ér 〈संयो०〉 इस से कि; इस लिये; परिणाम-स्वरूप: 这次科学实验取得重大成果，～增强了我们的信心。 इस वैज्ञानिक प्रयोग में महान सफलताएं प्राप्त हुईं, इस से कि हमारा विश्वास और भी पक्का हो गया।

【从犯】 cóngfàn सहायक अपराधी; अप्रधान अपराधी; अपराध-सहायक

【从简】 cóngjiǎn सरलता के सिद्धांत के अनुसार करना; सरलता से काम लेना： 一切～ सभी मामलों में सरलता से काम लेना

【从井救人】 cóngjǐng-jiùrén कुएं में कूदकर उस में गिरे हुए आदमी को बचाना —— गलत उपाय से कोई अच्छा काम करने की कोशिश करना; अपनी जान खतरे में डालकर किसी दूसरे की जान बचाने की कोशिश करना

【从句】 cóngjù 〈व्या०〉 अधीन उपवाक्य; उपवाक्य

【从来】 cónglái 〈क्रि०वि०〉 पहले से अब तक; हमेशा से; कभी (नकारात्मक शब्द के साथ प्रयुक्त)： 我们班的同学～都是互相帮助的。 हमारी कक्षा के सहपाठी हमेशा से एक दूसरे की मदद करते आये हैं। / 我～没有见过他。 मैं ने उस को कभी नहीं देखा था।

【从良】 cóngliáng (किसी वेश्या का) विवाह करके नया जीवन शुरू करना

【从略】 cónglüè लोप किया जाना： 此处引文～。यहां उद्धरण का लोप किया गया।

【从命】 cóngmìng आज्ञा का पालन करना; उपदेश स्वी-

कार करना; किसी की इच्छा पूरी करना: 欣然～ हर्ष के साथ किसी की इच्छा पूरी करना

【从前】 cóngqián पहले; पूर्व में; भूतकाल में; बीते हुए समय में: 两年不见，他跟～大不一样了。 दो साल के बाद जब फिर मिले तो वह पहले से बिल्कुल बदल गये। / ～的事儿，不要再提了。 बीती हुई बातों का फिर ज़िक्र न करो; बीती हुई बातों को छोड़ दो।

【从权】 cóngquán कालोचितता से काम लेना: ～处理 वह करो जो कालोचित हो

【从戎】 cóngróng <लि०> सेना में भर्ती होना: 投笔～ कलम छोड़कर सेना में भर्ती होना —— (किसी बुद्धिजीवी का) अपना काम छोड़कर सेना में भर्ती होना

【从容】 cóngróng ❶शांतचित्त; धीरज से; इत्मीनान से: 举止～ आचरण में शांतचित दिखाई देना; धीरज से काम लेना ❷प्रचुर; बहुत; पर्याप्त: 时间很～。 समय बहुतहै। / 手头～ अभी खुशहाल होना

【从容不迫】 cóngróng-bùpò शांत और स्थिर: ～地对付敌人 शत्रु के साथ बरताव करने में धीरज से काम लेना / 她面带笑容，～地走上了讲台。 वह मुस्कराती हुई इत्मीनान से मंच पर चढ़ गयी।

【从善如流】 cóngshàn-rúliú जो राय ठीक हो उस पर चलना जैसे जलधारा नदी में बहती हो; निःसंकोच अच्छा सुझाव स्वीकार करना

【从师】 cóngshī किसी अध्यापक या गुरु से शिक्षा लेना: ～学艺 किसी गुरु से शिक्षा लेना और कौशल सीखना

【从事】 cóngshì ❶(किसी काम में) लग जाना; कोई व्यवसाय करना; (किसी काम में) जुट जाना: ～科学研究工作 वैज्ञानिक अनुसंधान का कार्य करना / ～文学创作 साहित्यिक रचनाएं रचने में लगना / ～革命工作 क्रांतिकारी कार्यों में जुट जाना ❷(किसी उपाय से) व्यवहार करना; (किसी सिद्धांत से) काम लेना: 慎重～ (कोई काम करने में) सावधानी से काम लेना / 军法～ सैन्य कानून के अनुसार बरताव करना

【从属】 cóngshǔ अधीन; मातहत; अप्रधान; गौण; परतंत्र; आश्रित: ～地位 अधीनस्थ स्थिति; अधीनता / ～关系 मातहती का संबंध

【从速】 cóngsù जितनी जल्दी हो सके उतनी जल्दी से; बिना विलंब के; तुरंत ही: ～处理 जितनी जल्दी हो सके उतनी जल्दी से (मामला) निपटाना; जल्दी से समस्या हल करना / 存货不多，欲购～。 केवल थोड़ा-सा माल बचा है, अभी खरीद लो।

【从头】 cóngtóu （～儿）❶शुरू से: ～儿做起 शुरू से ही करना ❷नये सिरे से; फिर से: ～儿再来 फिर से शुरू करना; फिर से करना

【从先】 cóngxiān <बो०> पहले; भूतकाल में: 他身体比～结实多了。 वह पहले से ज़्यादा मज़बूत हो गया है।

【从小】 cóngxiǎo बचपन से; बच्चे के रूप में: 他～就喜欢运动。 उस को बचपन से ही व्यायाम करना पसन्द है; वह बचपन से ही व्यायाम-प्रेमी है।

【从心所欲】 cóngxīn-suǒyù मनमानी करना; मनमाने ढंग से कोई काम करना

【从新】 cóngxīn नये सिरे से

【从业】 cóngyè किसी व्यवसाय या पेशे में लगना; रोज़गार पाना; नौकरी मिलना: ～人员 (किसी व्यवसाय या पेशे के) कर्मचारी; पेशेवर; नौकरीशुदा

【从业员】 cóngyèyuán व्यापार या सेवा-कार्य में काम करनेवाले कर्मचारी (या सेवक)

【从优】 cóngyōu रिआयत देना: 价格～ दाम में रिआयत देना; रिआयती दाम पर / 待遇～ वेतन में रिआयत देना

【从者】 cóngzhě अनुयायी; सम्मिलित होनेवाला

【从征】 cóngzhēng सैनिक अभियान में शामिल होना

【从政】 cóngzhèng राजनीति में शामिल होना; राजनैतिक कार्य करना; सरकारी काम करना; सरकार में कोई पद ग्रहण करना

【从中】 cóngzhōng बीच में; बीच में से: ～调解 दो पक्षों के बीच में पड़ना; बीच-बचाव करना / ～取利 इस से फ़ायदा उठाना / ～作梗 रास्ते में रोड़े अटकाना; (किसी मामले में) बाधा डालना

【从众】 cóngzhòng बहुमत के अनुसार या प्रचलित तरीके से कोई काम करना; बहुमत पर चलना

丛（叢、藂）cóng ❶इकट्ठा होना; जमा होना: 丛生 ❷झुरमुट; निकुंज; झुंड: 树～ झाड़ियों का झुंड ❸भीड़; जमाव; जमघट; झुंड; समूह; अवली: 人～ लोगों की भीड़ / 论～ निबंधावली; निबंधों का संग्रह ❹（Cóng）एक कुलनाम

【丛集】 cóngjí ❶इकट्ठा होना; ढेर लगना: 百感～ अनेक प्रकार के मनोभाव उत्पन्न होना / 债务～ ऋण का ढेर लगना; ढेर सा कर्ज़ होना ❷पुस्तकमाला; लेखों का संग्रह

【丛刊】 cóngkān पुस्तकमाला; ग्रंथ-माला (प्रायः ग्रंथमाला के नाम के रूप में प्रयुक्त): 《四部～》‘ साहित्य की चार बुनियादी शाखाओं की पुस्तकमाला ’

【丛林】 cónglín ❶उपवन; जंगल: ～战 जंगली लड़ाई ❷भिक्षु-समुदाय का निवास-स्थान; विहार; मठ; मंदिर

【丛密】 cóngmì (वनस्पतियों या पेड़-पौधों के संबंध में) घना

【丛生】 cóngshēng ❶(पेड़-पौधों का) सघन रूप में उगना: 荆棘～ कंटीली झाड़ियां प्रचुर मात्रा में उगना ❷(बीमारियों, बुराइयों आदि का) फैलना: 百病～ सभी प्रकार की बीमारियां फैल जाना

【丛书】 cóngshū पुस्तकमाला; ग्रंथमाला: 《历史小～》 ‘इतिहास-विषयक लघु पुस्तकमाला’

【丛谈】 cóngtán (प्रायः पुस्तक के नाम के रूप में प्रयुक्त) लेखों का संग्रह; संग्रहित लेख

【丛杂】 cóngzá प्रचुर और अव्यवस्थित; अस्त-व्यस्त: 事务～ अस्त-व्यस्त मामले

【丛葬】 cóngzàng ❶सामूहिक शवाधान ❷सामूहिक कब्रिस्थान

【丛冢】 cóngzhǒng अस्त-व्यस्त कब्रों का समूह

淙 cóng नीचे दे०

【淙淙】 cóngcóng <अनु०> पानी बहने की ध्वनि; झरझर शब्द: 流水～ झर-झर शब्द करती हुई जलधारा

còu

凑（湊） còu ❶इकट्ठा होना या करना; जमा होना या करना; सामान्य निधि में डालना: ～钱 पैसा इकट्ठा करना / ～足人数 पर्याप्त व्यक्तियों को जमा करना; कोरम पूरा करना ❷संयोग से; आकस्मिक रूप से; फ़ायदा उठाकर: 这事以后～机会再说吧。इस बात के बारे में फिर मौका मिलने पर देखा जाएगा। ❸निकट आना: ～近点儿。और भी निकट आओ।

【凑份子】 còu fènzi ❶(किसी को उपहार देने के लिये) सामान्य कोष में धन देना ❷<बो०> तकलीफ़ देना; कष्ट देना

【凑合】 còuhe ❶इकट्ठा होना; जमा होना: 昨天大伙儿～在一起练习唱歌。कल लोगों ने जमा होकर गाना गाने का अभ्यास किया। ❷तात्कालिक व्यवस्था करना; तत्क्षण तैयार कर लेना; तत्काल एकत्र करना; कामचलाऊ प्रबंध करना: 请大家会前作好发言准备，不要临时～。बैठक में आने से पहले भाषण की तैयारी कर लीजिये, ऐसा नहीं कि तत्काल बोलें। ❸काम चलाना; गुजारा करना: 我这辆旧自行车～着还能骑两年。मेरी इस पुरानी साइकिल से और दो साल काम चलेगा। ❹कामचलाऊ; बहुत बुरा तो नहीं: 他这个人怎样？—— 还～。वह आदमी कैसा है？—— बहुत बुरा तो नहीं।

【凑乎】 còuhu 凑合❷❸ के समान

【凑集】 còují एकत्र करना; इकट्ठित करना या होना; जमा करना या होना: 人烟～ निवासियों का जमाव होना; घनी आबादी होना / ～技术力量 विभिन्न तकनीकी व्यक्तियों को एकत्र करना

【凑近】 còujìn नज़दीक आना; निकट आना: 他～小李的耳朵，悄悄说了几句。उस ने अपना मुंह श्याओ ली के कान के पास ले जाकर चुपके से कुछ कहा; उस ने श्याओ ली के कान में कुछ कहा।

【凑巧】 còuqiǎo संयोग से; इत्तिफ़ाक से; भाग्य या अ-भाग्य से: 我正要去找他，～他来了。मैं उन से मिलने जा रहा था कि इतने में संयोग से वे आ धमके। / 真不～，他不在家。दुर्भाग्य है, वह घर पर नहीं है।

【凑趣儿】 còuqùr ❶(खेल आदि में) शामिल होना; लोगों को प्रसन्न करना ❷मज़ाक करना; दिल्लगी करना; हंसी उड़ाना; उल्लू बनाना: 别拿我～。मुझे उल्लू मत बनाओ।

【凑热闹】 còu rènao ❶हंसी-खेल में शामिल होना; लोगों के साथ क्रीड़ा कौतुक करना: 孩子们玩得挺起劲，我也想去凑个热闹。बच्चे लोग बड़े जोश से खेल रहे हैं, मैं भी उस में भाग लेना चाहता हूं। ❷कष्ट देना; तकलीफ़ देना: 这里够忙的，别再来～了。वैसे ही यहां लोग काफ़ी व्यस्त हैं, तुम और ज़्यादा तकलीफ न दो।

【凑数】 còushù ❶उचित संख्या की पूर्ति करना ❷अ-योग्य होते हुए भी किसी पद पर बैठना या बैठाया जाना; पद भर देना: 人员要精干，不能随便找几个人～。सभी कार्यकर्ता सुयोग्य होने चाहिये। यह नहीं कि यों ही कुछ आदमी बुलाकर पद भर दें।

【凑整儿】 còuzhěngr पूरा अंक बनाना: 我这儿有九十八元，你再出两元，凑个整儿吧。मेरे यहां अट्ठानवे य्वान हैं, तुम दो य्वान और दे दो तो पूरा अंक बन जाएगा।

cū

粗（觕、麤、麄） cū ❶मोटा; स्थूल: 一根～线 एक मोटा धागा / 这棵树很～。यह पेड़ बहुत मोटा है। ❷खुरदरा; घटिया; भद्दा: ～沙 मोटा बालू; कंकड़ी / ～盐 कुदरती नमक; घटिया नमक / 这活儿太～了。यह बहुत मैला-कुचैला काम है। ❸रूखा; रुक्ष: ～嗓子 रुक्ष स्वर; कर्कश स्वर / ～声大气 भारी आवाज़ ❹लापरवाह: 粗心 ❺भद्दा; अशिष्ट; उजड्ड: 说话很～ भद्दी बात कहना ❻थोड़ा-सा; कुछ-कुछ: ～知一二 थोड़ा-सा जानना; मोटे तौर पर जानना

【粗暴】 cūbào अभद्र; असभ्य; अशिष्ट; बेहूदा; उग्र: ～的态度 अभद्र रवैया / ～的行为 अशिष्ट व्यवहार; अशिष्ट आचार / 性情～ स्वभाव से उग्र होना / ～地干涉别国内政 दूसरे देशों के अंदरूनी मामलों में बेहूदगी से हस्तक्षेप करना

【粗笨】 cūbèn भद्दा; भोंड़ा; बेढंगा; भारी; भारी-भरकम: 动作～ अदक्ष; अकुशल / ～的家具 घर के भारी-भरकम साज़-सामान

【粗鄙】 cūbǐ भद्दा; अभद्र; अशिष्ट: 言语～ भद्दी बात; बात करने में अशिष्टता

【粗布】 cūbù ❶खुरदरा कपड़ा ❷खद्दर

【粗糙】 cūcāo ❶खुरदरा; रूखा; रुक्ष: 皮肤～ रूखा चमड़ा ❷भद्दा; बेढंगा; भद्दे तौर पर बनाया हुआ; कारीगरी में अकुशल

【粗茶淡饭】 cūchá-dànfàn रूखा-सूखा; मोटा खाना

【粗大】 cūdà ❶मोटा; स्थूल: ～的胳膊 मोटी और बलवान बांह / ～的树干 पेड़ का मोटा तना ❷भारी: ～的嗓门 भारी आवाज़ / ～的鼾声 कड़कदार खुर्राटा

【粗放】 cūfàng ❶स्वतंत्र और सरल: ～的笔触 साहित्यिक रचना या चित्रण करने की स्वतंत्र और सरल शैली ❷असावधान; अव्यवस्थित; ढीला-ढाला: 管理～ ढीला-ढाला प्रबन्ध ❸<कृ०> (ज़मीन की पैदावार आदि का) क्षेत्र विस्तार पर निर्भर; भूप्रधान: ～耕作 भूप्रधान खेती-बारी

【粗犷】 cūguǎng ❶अशिष्ट; उद्दंड; उजड्ड; बेहूदा ❷सीधा-सादा और अनियंत्रित; स्वतंत्र और सरल

【粗豪】 cūháo ❶सीधा-सादा; स्पष्टवादी; सरल: ～坦率 सरल और स्पष्टवादी ❷(आवाज़) भारी; भर्रायी हुई; बैठी

【粗话】 cūhuà भद्दी बात; अश्लील बातें

【粗活】 cūhuó भारी शारीरिक श्रम; अकुशल श्रम; अदक्ष काम

【粗粝】 cūlì ❶<लि०> अपरिमार्जित चावल ❷रूखा;

रुक्ष: ～的饭食 रूखा-सूखा भोजन
【粗粮】 cūliáng मोटा अनाज
【粗劣】 cūliè भद्दा; रूखा; घटिया; तुच्छ: ～的饭食 रूखा-सूखा भोजन / ～的赝品 घटिया कृत्रिम वस्तु
【粗陋】 cūlòu बेढंगा; भद्दा; भोंड़ा: 面貌～ भद्दा रूप; भोंड़ी आकृति: ～的建筑 बेढंगा निर्माण
【粗鲁】 cūlǔ (粗卤 cūlǔ भी) अशिष्ट; उजड्ड; उद्दंड; बेहूदा: 态度～ अशिष्ट; बेहूदा
【粗略】 cūlüè मोटा; सरसरी: 按～估计 मोटे हिसाब से / ～地看了一遍 सरसरी नज़र से एक बार देखना (या पढ़ना)
【粗麻布】 cūmábù टाट; पटसन; गनी
【粗浅】 cūqiǎn उथला; छिछला; ऊपरी; सतही; नगण्य; सरल: ～的体会 छिछली समझ / ～的道理 सरल तथ्य; सीधी-सी बात
【粗人】 cūrén ❶उद्दंड व्यक्ति; अविवेकी आदमी ❷असभ्य व्यक्ति; अशिक्षित व्यक्ति; गंवार
【粗纱】 cūshā 〈बुना०〉 मोटा सूत
【粗纱机】 cūshājī 〈बुना०〉 फ़्लाई फ़्रेम
【粗疏】 cūshū असावधान; लापरवाह
【粗率】 cūshuài स्थूल और असावधान; जल्दबाज़; अपरिपक्व: ～地作出决定 जल्दबाज़ी से कोई निश्चय करना
【粗饲料】 cūsìliào घटिया खाद
【粗俗】 cūsú अशिष्ट; भद्दा: 说话～ भद्दी बातें कहना
【粗通】 cūtōng ऊपरी जानकारी होना; थोड़ा-सा जानना: ～文墨 पढ़ने-लिखने में ही समर्थ होना
【粗细】 cūxì ❶मोटाई (की कोटि): 碗口～的钢管 प्याले के मुंह जैसा मोटा इस्पाती प्यूब / 这样～的沙子最合适。इतना मोटा बालू ही उचित होगा। ❷बढ़िया या घटिया; काम की कुशलता या अकुशलता: 地面平不平，就看活儿的～了。फ़र्श चिकना हो या नहीं, यह इस बात पर निर्भर होगा कि काम कैसे किया गया है।
【粗线条】 cūxiàntiáo ❶मोटी रेखा; रूपरेखा: ～地描写 मोटे तौर पर वर्णन करना ❷असावधानी; जल्दबाज़ी: ～的工作方法 जल्दबाज़ी से काम करने का तरीका
【粗心】 cūxīn लापरवाह; असावधान: ～大意 लापरवाह; असावधान
【粗野】 cūyě अशिष्ट; बेहूदा; उद्दंड; भद्दा: 举止～ अशिष्टाचार करना; भद्दे तौर पर व्यवहार करना
【粗枝大叶】 cūzhī-dàyè बेपरवाह; गफ़लती: ～的工作作风 गफ़लत से काम करने का ढंग
【粗制滥造】 cūzhì-lànzào भद्दे तौर पर उत्पादन करना; घटिया तरीके से तैयार करना
【粗重】 cūzhòng ❶(आवाज़ आदि) भारी: ～的嗓音 भारी और रूखी-सी आवाज़ / ～的喘息声 सांस लेने की भारी आवाज़ ❷बड़ा और भारी: ～的钢管 बड़े और भारी इस्पाती प्यूब ❸स्थूल और भारी: 眉毛浓黑～ स्थूल काली भौंहें ❹(काम आदि) भारी; परिश्रमी: ～的活计 भारी काम; भारी शारीरिक श्रम
【粗壮】 cūzhuàng ❶हृष्ट-पुष्ट; तगड़ा; गठीला; ताकतवर: ～的小伙子 तगड़ा जवान / ～的胳膊 ताकतवर बांहें ❷मोटा और मज़बूत: ～的绳子 मज़बूत रस्सा ❸बड़ा और भारी: ～的声音 बड़ी और भारी आवाज़

cú

殂 cú 〈लि०〉 गुज़र जाना; मरना
【殂谢】 cúxiè 〈लि०〉 गुज़र जाना; मरना

cù

卒 cù 猝 cù के समान
zú भी दे०
【卒中】 cùzhòng (中风 zhòngfēng का दूसरा नाम) मिरगी; अपस्मार: 患～ (किसी को) मिरगी (अपस्मार) आना

促 cù ❶(समय) थोड़ा; कम; अत्यावश्यक; शीघ्र: 短～ समय कम होना / 气～ जल्दी-जल्दी सांस लेना ❷आगे बढ़ाना; प्रेरित करना; जल्दी कराना: ～其实现 सफल बनाने में सहायता देना ❸〈लि०〉 निकट आना; के नज़दीक: 促膝
【促成】 cùchéng सफल बनाने में सहायता देना; आगे बढ़ाने में सहायता देना; सुविधा देना: 这件事希望您大力～。आशा है कि आप इस मामले को सफल बनाने में भरसक सहायता देंगें।
【促进】 cùjìn बढ़ावा देना; प्रेरित करना; प्रोत्साहन देना: 相互～ आगे बढ़ने में एक दूसरे को सहायता देना / 大力～生产的发展 उत्पादन के विकास में खूब बढ़ावा देना
【促进派】 cùjìnpài प्रगति का प्रेरक
【促使】 cùshǐ प्रेरित करना; बढ़ावा देना; विवश करना: ～他不断进步 उस को निरंतर प्रगति करने मं प्रेरित करना / ～生产迅速发展 उत्पादन का तेज़ रफ़्तार से विकास करने में बढ़ावा देना; उत्पादन में तेज़ प्रगति करना
【促膝】 cùxī (एक दूसरे के) घुटनों से लगकर बैठना; एक दूसरे के नज़दीक ही बैठना: ～谈心 पास-पास बैठे हुए दिली बातें कहना
【促狭】 cùxiá 〈बो०〉 शरारती: ～鬼 शरारती आदमी

猝 cù 〈लि०〉 अचानक; आकस्मिक; अप्रत्याशित: ～不及防 कोई घटना अचानक ही घट जाना; कोई बात अप्रत्याशित रूप से हो जाना
【猝而】 cù'ér 〈लि०〉 अकस्मात्; अप्रत्याशित रूप से
【猝然】 cùrán अकस्मात्; सहसा; अप्रत्याशित रूप से: ～而至 एकाएक आ पहुंचना
【猝死】 cùsǐ 〈चिकि०〉 आकस्मिक मृत्यु

酢 cù 醋 cù के समान
zuò भी दे०

醋 cù ❶सिरका ❷डाह; ईर्ष्या; जलन (प्रायः प्रेम के मामले में)

【醋大】 cùdà दे० 措大 cuòdà

【醋罐子】 cùguànzi（醋坛子 cùtánzi भी）ईर्ष्यालु; द्वेषी

【醋劲儿】 cùjìnr ईर्ष्या; डाह; जलन: 瞧她的～可不小。देखो, वह कितनी ईर्ष्यालु स्त्री है।

【醋酸】 cùsuān ऐसीडिक अम्ल

【醋意】 cùyì ईर्ष्या; डाह; जलन (प्रेम में)

簇 cù ❶〈लि०〉 गुच्छा बनना; झुंड बनना; ढेर लगना: 花团锦～ फूलों के गुच्छे और रेशमी कपड़ों के ढेर —— रंगबिरंगी सजावट ❷〈परि०श०〉 गुच्छा; गिरोह: 一～鲜花 फूलों का एक गुच्छा

【簇居】 cùjū इकट्ठे होकर एक साथ रहना

【簇聚】 cùjù इकट्ठे होना; जमा होना

【簇生】 cùshēng (पौधों, फूलों आदि का) झुंडों में उगना

【簇新】 cùxīn बिल्कुल नया; एकदम नया: ～的大衣 एकदम नया ओवरकोट

【簇拥】 cùyōng (किसी के) चारों ओर इकट्ठा होना; एकत्र होना: 孩子们～着老师走进教室。लड़के अपने अध्यापक के इर्द-गिर्द इकट्ठे हो गये और उन के साथ ही कक्षा में आये।

蹙 cù 〈लि०〉 ❶दबा हुआ; कसा हुआ: 穷～ घोर तंगी में ❷(भौंह) सिकोड़ना; (भृकुटि) तानना: 蹙额

【蹙额】 cù'é भौंह सिकोड़ना; भृकुटि तानना

蹴（蹵）cù 〈लि०〉 ❶लात मारना ❷कदम रखना: 一～而就 एक ही कदम चलकर अपने लक्ष्य पर पहुंचना; बहुत आसानी से अपना उद्देश्य प्राप्त करना

cuān

汆 cuān तुरंत उबला हुआ: ～丸子 तुरंत उबले हुए मांस के गोल टुकड़े

【汆子】 cuānzi धातु का छोटा और बेलनाकार पात्र जिसे आग पर रखकर जल्दी से पानी उबाला जा सकता है

撺（攛）cuān 〈बो०〉 ❶फेंकना; उड़ाना ❷कूदना: ～入水中 पानी में कूदना ❸जल्दबाज़ी से (कोई काम) करना: 临时现～ तत्क्षण प्रबंध करना; तत्क्षण तैयार कर लेना ❹क्रोधित होना; नाराज़ होना: 他～儿了。वह नाराज़ हो गया।

【撺掇】 cuānduo 〈बोल०〉 (किसी व्यक्ति को किसी काम के लिये) उत्तेजित करना; उकसाना: 他一再～我学滑冰。उस ने मुझे स्केटिंग सीखने के लिये बार-बार उकसाया था।

镩（鑹）cuān बर्फ़ काटने वाले सुए से (बर्फ़) तोड़ना या काटना

【镩子】 cuānzi बर्फ़ तोड़ने या काटने का सुआ

蹿（躥）cuān ❶उछलना; आगे की ओर कूदना: 他身子向上一～，把球接住了。उस ने उछलकर गेंद पकड़ ली। / 猴子～到树上去了。बन्दर उछलकर पेड़ पर चढ़ गया। ❷〈बो०〉 (तरल पदार्थ आदि की) तेज़ धार छूटना; फूट निकलना: 鼻子～血 नाक से खून की तेज़ धार छूटना

【蹿房越脊】 cuānfáng-yuèjǐ (चीन के पुराने उपन्यासों में शमशीरबाज़ों, डाकुओं आदि का) छत से छत पर उछलकूद करना

【蹿火】 cuānhuǒ 〈बो०〉 आग-बबूला हो जाना

【蹿稀】 cuānxī 〈बोल०〉 दस्त आना

cuán

攒（攢、欑）cuán एकत्र करना; जमा करना; जोड़ना: 自己～一台计算机 स्वयं पुर्ज़े जोड़कर एक कंप्यूटर बनाना

zǎn भी दे०

【攒动】 cuándòng (मनुष्यों के समूह का) हिलना-डोलना: 街上人头～。सड़क पर लोगों की भीड़ के हिलते-डुलते सिर दिखाई दिये।

【攒集】 cuánjí दे० 攒聚

【攒聚】 cuánjù पास-पास इकट्ठा होना

cuàn

窜（竄）cuàn ❶भगदड़ मचना: 抱头鼠～ दुम दबाकर भागना ❷〈लि०〉 देश निकाला देना; निष्कासित करना ❸(मूल शब्द, विषय-वस्तु आदि) बदलना; फेर-फार करना: 点～ शब्दों या वाक्यों में परिवर्तन करना

【窜犯】 cuànfàn अचानक आक्रमण करना; धावा बोलना; चढ़ना: ～边境 सीमावर्ती क्षेत्र पर अचानक आक्रमण करना

【窜改】 cuàngǎi मनमाने ढंग से हेर-फेर करना; अनधिकृत परिवर्तन करना; जाली बनाना; गलत बनाना: ～原文 मूल पाठ में मनमाने ढंग से हेर-फेर करना / ～遗嘱 वसीयतनामे में अनधिकृत परिवर्तन करना / ～帐目 लेन-देन का हिसाब गलत बनाना

【窜扰】 cuànrǎo बार-बार आक्रमण करके तंग करना; चढ़कर गड़बड़ी करना; हैरान करना

【窜逃】 cuàntáo भगदड़ मचना; बदहवास होकर भागना; दुम दबाकर भागना

篡 cuàn हथिया लेना; हड़प लेना; छीन लेना: ～权 सत्ता हथिया लेना

【篡党】 cuàndǎng पार्टी का नेतृत्व हथिया लेना
【篡夺】 cuànduó हथिया लेना; नाजायज़ तरीके से अपने कब्ज़े में कर लेना: ～领导权 नेतृत्व हथिया लेना / ～政权 राजसत्ता हथिया लेना
【篡改】 cuàngǎi मनमाने ढंग से हेर-फेर करना; तोड़ना-मरोड़ना; मिथ्या वर्णन करना; अनधिकृत परिवर्तन करना; जाली बनाना; गलत बनाना: ～历史 इतिहास का मिथ्या वर्णन करना / ～事实 तथ्यों को तोड़ना-मरोड़ना
【篡国】 cuànguó राजसत्ता हथिया लेना
【篡权】 cuànquán सत्ता हथिया लेना
【篡位】 cuànwèi सिंहासन हथिया लेना

爨 cuàn 〈लि०〉 ❶खाना पकाना; भोजन बनाना: 分～ अलग गुज़ारी होना ❷खाने पकाने का मिट्टी का बना हुआ स्टोव

cuī

崔 cuī ❶दे० 崔巍，崔嵬 ❷(Cuī) एक कुलनाम
【崔巍】cuīwēi 〈लि०〉 (पहाड़, इमारत आदि) ऊंचा; बुलंद; गगनचुंबी; आलीशान
【崔嵬】 cuīwéi 〈लि०〉 ❶पथरीला टीला ❷ऊंचा; बुलंद

催 cuī ❶तगादा करना; तकाज़ा करना; कोई काम करने के लिये किसी को विवश करना; हड़बड़ाना: ～办 कोई काम करने के लिये किसी से तगादा करना / ～债 ऋणी से ऋण का तगादा करना / 去～他一下。जाओ, उस को ज़रा हड़बड़ाओ। / ～印刷所快点印书 छापेखाने से किताब जल्दी छापने का तगादा करना ❷गति में वृद्धि करना; तीव्रतर करना; जल्दी-जल्दी कराना: 催眠 / 催生
【催逼】 cuībī तगादा करना; विवश करना (ऋण पटाने आदि के लिये): ～还债 ऋण का तगादा करना
【催产】 cuīchǎn प्रसव में सहायता करना; जल्दी बच्चा पैदा करना
【催促】 cuīcù तगादा करना; तकाज़ा करना; हड़बड़ाना; विवश करना: 我已经写信～他立即返回。मैं ने पत्र भेजकर उस से तुरंत वापस आने का तगादा किया है।
【催肥】 cuīféi (जानवरों को) मोटा करना; (मारने के लिये जानवरों को) तैयार करना
【催化剂】 cuīhuàjì उत्प्रेरक
【催泪弹】 cuīlèidàn अश्रुगोला; अश्रुगैस बम; आंसूगैस का गोला; टियर-बम
【催泪瓦斯】 cuīlèi wǎsī अश्रुगैस; टियर-गैस
【催眠】 cuīmián (थपकियां देकर या लोरियां गाकर) सुलाना; मोहनिद्रारत करना
【催眠曲】 cuīmiánqǔ लोरी; ललबी
【催眠术】 cuīmiánshù सम्मोहन विद्या; मेस्मेरिज़्म
【催命】 cuīmìng (किसी से) लगन के साथ तगादा करना; (किसी को) डटे रहकर हड़काना: ～鬼 लगन के साथ तगादा करनेवाला; डटे रहकर हड़कानेवाला
【催奶】 cuīnǎi दूध का स्राव उत्तेजित करना; स्तनों में दूध के उतार को बढ़ाना
【催迫】 cuīpò 催逼 के समान
【催生】 cuīshēng दे० 催产
【催讨】 cuītǎo ऋण का तगादा करना; उधार लिया हुआ माल वापस देने के लिये विवश करना
【催租】 cuīzū लगान का तकाज़ा करना; (किरायेदार से) किराये के रुपयों का तगादा करना

缞（縗） cuī टाट का बना शोक-वस्त्र

摧 cuī तोड़-फोड़ करना; नष्ट करना; विध्वंस करना: 摧毁
【摧残】 cuīcán भारी हानि पहुंचाना; बरबाद करना; नष्ट करना; बिगाड़ना: 他的身体受到严重～。उस के शरीर को बुरी तरह बिगाड़ दिया गया।
【摧毁】 cuīhuǐ नष्ट करना; विध्वंस करना; सर्वनाश करना; चकनाचूर करना; नेस्तनाबूद करना: ～敌人阵地 शत्रु के मोर्चे को विध्वंस करना / ～旧制度 पुरानी सामाजिक व्यवस्थाओं को चकनाचूर करना
【摧枯拉朽】 cuīkū-lāxiǔ सूखा घास कुचलने और सड़ी हुई लकड़ी को तोड़-फोड़ करने जैसा (आसान)
【摧眉折腰】 cuīméi-zhéyāo चापलूसी में सिर और कमर झुका लेना
【摧折】 cuīzhé 〈लि०〉 ❶तोड़ना; तोड़-फोड़ करना ❷रुकावट; बाधा: 他们历尽～，终于回到祖国。वे लोग अनेक बाधाओं को दूर करके अंत में अपनी मातृभूमि लौट आये।

cuǐ

璀 cuǐ नीचे दे०
【璀璨】 cuǐcàn 〈लि०〉 चमकदार; चमकीला; देदीप्यमान; उज्जवल: ～夺目 चकाचौंध करना; चुंधियाना

cuì

脆（脃） cuì ❶भंगुर; चटाक से टूटने वाला: 这纸太～。इस तरह का कागज़ बहुत भंगुर है। ❷करारा; कुरकुरा: 这豆子挺～。ये चने बहुत कुरकुरे हैं। / 这花生不～。यह मुंगफली करारी नहीं है। ❸(आवाज़) स्पष्ट; तीव्र: 她的嗓音挺～。उस की आवाज़ बहुत स्पष्ट है। ❹〈बो०〉 साफ़-सुथरा: 这件事办得很～。यह काम बड़ी

सफ़ाई से किया गया।

【脆骨】cuìgǔ उपास्थि; कुरकुरी; ग्रिसल (भोजन में प्रयुक्त)

【脆快】cuìkuài <बो०> खरा; साफ़; बेलाग; सीधा; सरल; स्पष्ट

【脆弱】cuìruò भंगुर; कमज़ोर; नाज़ुक: 感情～ आसानी से परेशान किया जाना / ～性 नाज़ुकी

【脆性】cuìxìng <धा०वि०> भंगुरता

萃 cuì <लि०> ❶एकत्र होना; इकट्ठा होना: 荟～ (प्रतिष्ठित व्यक्तियों या बढ़िया वस्तुओं का) एकत्र होना ❷मनुष्यों या वस्तुओं का जमाव: 出类拔萃 chūlèi-bácuì

【萃集】cuìjí एकत्र होना; इकट्ठा होना; जमा होना: 港口船舶～ बन्दरगाह में जहाज़ों का इकट्ठा होना

【萃聚】cuìjù एकत्र होना; इकट्ठा होना; जमा होना: 群英～ बहुत-से वीरों का जमाव होना

啐 cuì ❶थूकना; कफ़ आदि निकालना: ～他一口 उस पर थूकना / ～一口唾沫 मुंह से कुछ थूक उगलना ❷<विस्मय०> <पुराना> (तिरस्कार, भर्त्सना, अपमान आदि का सूचक शब्द) छिः; धिक्; अहह

淬（焠）cuì (धातु के पुर्ज़े को) पानी, तेल आदि में डुबाने के द्वारा ठंडा करके वांछित कड़ा बनाना; (गरम धातु को) पानी में डालकर शीतल बनाना

【淬火】cuìhuǒ (गरम धातु को) पानी में डालकर शीतल करना

悴 cuì <लि०> ❶चिंतित होना ❷कमज़ोर होना

毳 cuì <लि०> पशु-पक्षियों के कोमल बाल

瘁 cuì <लि०> अत्यधिक थका हुआ होना; थका-मांदा होना: 鞠躬尽～ सावधानी से काम लेना और अपनी पूरी शक्ति लगा देना

粹 cuì ❶शुद्ध; विशुद्ध; निरा; अमिश्रित: ～白 शुद्ध गोरा / ～而不杂 विशुद्ध और अमिश्रित ❷सार; अपरिहार्य तत्त्व: 精～ सारयुक्त और संक्षिप्त

翠 cuì ❶पन्ने का हरा रंग; हरा: ～竹 हरा बांस ❷किंग्फ़िशर ❸जेडाइट

【翠绿】cuìlǜ पन्ने का हरा रंग; जेड का हरा रंग; हरा; हरा-भरा

【翠鸟】cuìniǎo किंग्फ़िशर

【翠生生】cuìshēngshēng ताज़ा और हरा: ～的秧苗 धान के कोमल और हरे-भरे पौधे

【翠微】cuìwēi ❶पहाड़ का हरापन ❷हरा-भरा पहाड़

cūn

村（邨）cūn ❶गांव; ग्राम; देहात: 一个小～儿 एक छोटा-सा गांव ❷अशिष्ट; गंवार: 村野

【村夫】cūnfū देहाती; ग्रामीण; ग्रामवासी; गांव का आदमी: ～俗子 गंवार

【村姑】cūngū देहाती लड़की; गांव की छोकरी

【村口】cūnkǒu किसी गांव का प्रवेश-द्वार

【村落】cūnluò गांव; कस्बा

【村民】cūnmín ग्रामवासी; देहाती: ～大会 ग्रामवासियों का सम्मेलन

【村舍】cūnshè ग्रामीणों का छोटा निवास-स्थान; देहाती मकान; कुटीर

【村塾】cūnshú (पुराने ज़माने में) देहाती स्कूल; गांव की पाठशाला

【村头】cūntóu किसी गांव का छोर; किसी गांव का प्रवेश-द्वार

【村圩】cūnxū <बो०> ❶देहाती बाज़ार ❷गांव; कस्बा

【村学】cūnxué दे० 村塾

【村野】cūnyě ❶गांव और खेत; देहाती क्षेत्र: 过～生活 ग्रामीण जीवन बिताना ❷अशिष्ट; गंवार; भद्दा; उज्जड: ～难听的话语 बुरी लगनेवाली भद्दी बातें

【村寨】cūnzhài गांव; देहात; ग्राम

【村长】cūnzhǎng गांव का मुखिया; महतो; चौधरी

【村镇】cūnzhèn गांव और छोटे कस्बे

【村庄】cūnzhuāng गांव; कस्बा

【村子】cūnzi गांव; कस्बा

皴 cūn ❶(त्वचा का) सर्दी के मारे फटना: 孩子的手～了。बच्चे का हाथ सर्दी के मारे फट गया। ❷चमड़े पर जमी हुई गंदगी: 一脖子～ गले भर की गंदगी

【皴裂】cūnliè (त्वचा का) सर्दी के मारे फटना: 手足～。हाथ और पैर दोनों सर्दी के मारे फट गये।

cún

存 cún ❶रहना; जीवित रहना: 残～ बचा रहना / 父母俱～。माता-पिता दोनों जीवित हैं। ❷सुरक्षित रहना या रखना; भविष्य में प्रयोग के लिये संचित करना; कुछ समय के लिये रखना; भरना: ～粮 गोदाम में अनाज रखना / 水库里～满了水。जलाशय लबालब भरा हुआ है। / 天气热，这些水果～不住。गरमी के दिनों में ये फल सुरक्षित रखे नहीं जा सकेंगे। ❸जमा होना; संचित होना या करना; एकत्र होना या करना: 他～下了不少钱。उस ने काफ़ी धन एकत्र किया है। / 一下雨，水池里～了很多水。पानी बरसने से तालाब में बहुत पानी

जमा है। ❹(बैंक आदि में धन) जमा करना: 把钱～在银行里 बैंक में धन जमा करना ❺न्यास में रखना; रखना; छोड़ना: ～自行车 अपनी साइकिल साइकिल-स्टैंड पर रखना / 行李先～在这里，回头再来取。यह माल-असबाब यहीं छोड़ दें, थोड़ी देर बाद फिर आकर ले लें। ❻बाकी रखना; आगे के लिये रख छोड़ना; सुरक्षित रखना; आरक्षित करना; रखे रहना: 去伪～真 खोटे को छोड़ दो और खरे को रखे रहो। ❼बचा रहना; बाकी रहना; अवशिष्ट होना: 收支相抵，净～一千元。बहीखाते में एक हज़ार य्वान बाकी बचा है। ❽मन में रखना; दिल में जगह देना: ～着很大的希望 मन में बड़ी आशाएं रखना / 不～任何幻想 दिल में ज़रा भी भ्रम को जगह न देना

【存案】 cún'àn किसी संबंधित संस्था में रजिस्टर करना; किसी विशेष रजिस्टर में चढ़वाना

【存车处】 cúnchēchù साइकिल रखने का स्थान; साइ-किल-स्टैंड; साइकिल पार्क

【存储器】 cúnchǔqì (कंप्यूटर का) मेमोरी; स्टोरेज

【存单】 cúndān बैंक में जमा किये हुए धन की रसीद; डिपाज़िट रसीद

【存档】 cúndàng अभिलेखों में सुरक्षित रखना; फ़ाइलों में रखना

【存放】 cúnfàng ❶अमानत रखना; सौंपना; रखना: 我把箱子～在朋友那里了。मैं ने अपना संदूक एक मित्र के यहां रखा है। ❷(धन) जमा करना: 把节余的钱～在银行里。अपनी बचत बैंक में रखो।

【存根】 cúngēn (किसी चैक, रसीद आदि का) प्रतिपत्रक; नकल; बचा हुआ भाग या टुकड़ा: 支票～ चैक बुक का बचा हुआ भाग जो चैक फाड़ने पर बचा रहता है

【存户】 cúnhù बैंक आदि में धन जमा करनेवाला; डिपा-ज़िटर

【存货】 cúnhuò ❶भंडार में माल रखना ❷(दुकान में) बचा माल; माल; भंडार

【存款】 cúnkuǎn ❶(बैंक में) धन जमा करना ❷बैंक में जमा किया हुआ धन; डिपाज़िट

【存栏】 cúnlán <पशुपालन> हाथों में पशुधन: 牲畜～总头数比去年大有增加。पशुधन की कुल संख्या पिछले वर्ष से बहुत बढ़ गयी।

【存念】 cúnniàn यादगार के रूप में सुरक्षित रखना

【存盘】 cúnpán <कंप्यूटर> सेव; सुरक्षित रखना

【存身】 cúnshēn आश्रय लेना; शरण लेना; अपना घर बसाना: 无处～ शरण-स्थल न मिलना; अपना घर कह-लाने का कोई स्थान न होना

【存食】 cúnshí अपाचन का कष्ट भोगना

【存亡】 cúnwáng जीवन-मरण: 抗日战争是关系中华民族生死～的战争。जापान-विरोधी युद्ध चीनी राष्ट्र के लिये जीवन-मरण का संघर्ष था।

【存息】 cúnxī बैंक में जमा किये हुए धन का सूद; सूद

【存项】 cúnxiàng संचित रकम; बची रकम

【存心】 cúnxīn ❶आंतरिक आशय; नीयत: ～不良 नीयत अच्छी न होना; बुरी नीयत होना ❷जान-बूझकर; इराद-तन: 我不是～这么做的。मैं ने जान बूझकर ऐसा नहीं किया था।

【存疑】 cúnyí किसी कठिन समस्या को कुछ समय के लिये एक ओर छोड़ना; भविष्य में विचार के लिये किसी मामले को एक ओर छोड़ना: 这件事情只好暂时～了。फ़िलहाल इस मामले को एक ओर छोड़ना पड़ता है।

【存在】 cúnzài अस्तित्व में रहना; होना; रहना; मौजूद होना; जीवित रहना; बने रहना: 事情已经解决，不～任何问题了。मामला हल हो गया, फिर कोई समस्या न रही। / 在同一性中～着斗争性。एकरूपता में संघर्ष मौजूद रहता है। / ～决定意识。मनुष्य का अस्तित्व ही उस की चेतना का निर्णय करता है।

【存照】 cúnzhào ❶किसी दस्तावेज़ को फ़ाइलों में रखना ❷फ़ाइलों में रखा हुआ कोई दस्तावेज़

【存折】 cúnzhé डिपाज़िट बुक; बैंकबुक; पास-बुक

【存执】 cúnzhí दे० 存根

【存贮器】 cúnzhùqì 存储器 के समान

蹲 cún ज़ोर से कुचलने आदि की वजह से अपने पैर को चोट पहुंचाना

dūn भी दे०

cǔn

忖 cǔn मनन करना; चिंतन करना; अनुमान करना

【忖度】 cǔnduó अनुमान करना; अंदाज़ा लगाना

【忖量】 cǔnliàng ❶मन में सोचना; सोच-विचार करना: 他～了半天，还是下不了决心。उस ने बड़ी देर तक सोच-विचार किया, पर फिर भी पक्का इरादा न कर पाया। ❷अनुमान करना; अंदाज़ करना; मन में तौलना: 我一边走，一边～着他说的那番话的意思。मैं रास्ते में चलते हुए उस की बातों के आंतरिक आशय की कल्पना करता रहा।

【忖摸】 cǔnmo अनुमान करना; अंदाज़ा लगाना

cùn

寸 cùn ❶छुन (लम्बाई की एक इकाई या यूनिट) ❷छोटा-सा; थोड़ा-सा; ज़रा-सा: 寸功 / 寸土

【寸步】 cùnbù बहुत छोटा-कदम; एक भी कदम (न): ～不离 किसी के पीछे-पीछे चलना; किसी के पास-पास रहना; अक्सर किसी के पास रहना

【寸步不让】 cùnbùbùràng एक इंच भी देना अस्वीकार करना; एक इंच भी न हटना; टस से मस न होना

【寸步难行】 cùnbù-nánxíng एक कदम भी आगे नहीं बढ़ सकना —— कुछ नहीं कर सकना

【寸草不留】 cùncǎo-bùliú तिनका भी न बच रहना; पूरी तरह बरबाद हो जाना; बिल्कुल नष्ट होना; सफ़ाचट हो जाना

【寸草春晖】 cùncǎo-chūnhuī नन्हा घास और वसंत का सूर्य प्रकाश —— जैसे वसंत के सूर्य प्रकाश द्वारा नन्हा घास उपकृत है वैसे ही माता-पिता द्वारा बाल-बच्चे

【寸断】 cùnduàn टुकड़े-टुकड़े हो जाना: 肝肠～ दिल के टुकड़े-टुकड़े हो जाना —— अत्यंत शोकाकुल होना

【寸功】 cùngōng थोड़ी-सी सफलता; थोड़ा-सा योगदान; थोड़ा-सा कारनामा: 身无～ थोड़ा-सा योगदान न दिया होना; पुरस्कार-योग्य न होना

【寸进】 cùnjìn थोड़ी प्रगति; थोड़ी बढ़ती: 略有～ थोड़ी-सी प्रगति ही कर लेना

【寸劲儿】 cùnjìnr 〈बो०〉 ❶संयोग; दैवयोग; इत्तिफ़ाक: 这种东西早已不兴了，赶上～，还能买到旧的。 ऐसी चीज़ बड़े दिनों से प्रचलित नहीं है, दैवयोग से एकाध पुरानी मिल सकती है। ❷(श्रम करने में) उचित शक्ति: 砸钉子又快又不弯，全靠～。 कील को जल्द और सीधे ठोकने के लिये उचित शक्ति लगाना ज़रूरी है।

【寸铁】 cùntiě छोटा हथियार: 手无～ हाथ में छोटा हथियार भी न होना; निःशस्त्र होना

【寸土】 cùntǔ एक इंच ज़मीन —— ज़मीन का एक छोटा टुकड़ा: ～寸金。 एक इंच ज़मीन एक इंच स्वर्ण के बराबर है।

【寸土必争】 cùntǔ-bìzhēng एक-एक इंच ज़मीन के लिये लड़ना

【寸心】 cùnxīn ❶संवेदन; भाव; भावना; जी; दिल: 聊表～ (किसी चीज़ आदि के द्वारा) अपना भाव ज़रा प्रकट करना ❷मन; चित्त: ～不忘 मन में रखना

【寸阴】 cùnyīn 〈लि०〉 बहुत थोड़ा समय; क्षण: ～足惜。 एक-एक क्षण का सदुपयोग करना चाहिये।

吋 cùn (yīngcùn भी) 英寸 yīngcùn का पुराना रूप

cuō

搓 cuō रगड़ना; मलना; बटना: ～手 हाथ मलना / ～绳 रस्सी बटना / 这件衣服太脏了，洗时要多～～。 यह कपड़ा बहुत गंदा है, इसे खूब रगड़कर धोओ।

【搓板】 cuōbǎn पाटा

【搓弄】 cuōnòng रगड़ना; मलना; मरोड़ना: 她手里～着手绢，一句话也不说。 वह बैठी हुई रूमाल से खेलती रही और कुछ भी न बोली।

【搓手顿脚】 cuōshǒu-dùnjiǎo अपने हाथ मलना और अपने पांव पटकना —— अत्यंत चिंतित और अधीर होना

【搓洗】 cuōxǐ (कपड़ा) हाथ से धोना

磋 cuō सलाह-मशविरा करना; परामर्श करना; विचार करना

【磋磨】 cuōmó 〈लि०〉 विचारों का आदान-प्रदान करना; सलाह-मशविरा करना

【磋切】 cuōqiē 〈लि०〉 विचारों का आदान-प्रदान करके एक दूसरे से सीखना

【磋商】 cuōshāng सलाह-मशविरा करना; विचारों का आदान-प्रदान करना; गंभीर बहस करना: 与有关方面～ संबंधित पक्षों से सलाह-मशविरा करना

撮 cuō ❶〈लि०〉 एकत्र करना; इकट्ठा करना ❷(छाज आदि से उठाना; निकालना: ～起一簸箕土 छाज भर धूल उठा लेना ❸〈बो०〉 चुनना; अंगुष्ठ और संकेत-अंगुली से (चूर्ण, धूल आदि) उठाना: ～一点盐 थोड़ा-सा नमक लेना ❹(सारांश) निकालना: 撮要

【撮合】 cuōhe शादी कराना; मध्यस्थ के रूप में काम करना

【撮弄】 cuōnòng ❶उल्लू बनाना; हंसी उड़ाना; छेड़ना ❷उकसाना; प्रोत्साहित करना

【撮要】 cuōyào ❶सारांश निकालना; संक्षेप करना: 把工作内容～报告 अपने काम की संक्षिप्त रूप में रिपोर्ट देना ❷सारांश; संक्षेप: 论文～ थीसिस (या शोध प्रबन्ध) का सारांश

蹉 cuō नीचे दे०

【蹉跌】 cuōdiē 〈लि०〉 ठोकर खाकर गिर पड़ना —— भूल करना; गलती करना

【蹉跎】 cuōtuó समय बरबाद करना या होना; समय का बेकार व्यय करना या होना: 一再～ एक के बाद एक अवसर खो देना / ～岁月 काहिली में अपना समय गंवाना

cuó

嵯 cuó नीचे दे०

【嵯峨】 cuó'é 〈लि०〉 गगनचुंबी और चट्टानों से भरे हुए (पहाड़)

矬 cuó 〈बो०〉 छोटे कदवाला; नाटा; ठिंगना —— ～个儿 नाटा आदमी

【矬子】 cuózi 〈बो०〉 नाटा आदमी

痤 cuó नीचे दे०

【痤疮】 cuóchuāng मुंहासे का रोग; फुंसी: 生～ फुंसी निकल आना

cuò

厝 cuò 〈लि०〉 ❶रखना ❷अंतिम संस्कार की प्रतीक्षा में किसी ताबूत को कुछ समय के लिये किसी आश्रयस्थल पर रखना

【厝火积薪】 cuòhuǒ-jīxīn इंधन की लकड़ियों के नीचे आग रखना —— कोई छिपा हुआ खतरा

挫 cuò ❶बाधा; असफलता: 受～ बाधा पड़ना; अ-

सफल होना ❷दबा देना; उतारना; नीचा करना; घटाना：～敌人的锐气，长自己的威风 शत्रु की भावुकता घटाना और अपना हौसला बढ़ाना

【挫败】 cuòbài ❶बाधा और पराजय：遭到严重的～ बुरी तरह पराजित होना ❷पराजित करना; विफल करना：～敌人的侵略计划 शत्रु की आक्रमणकारी योजना पर पानी फेरना

【挫伤】 cuòshāng ❶〈चिकि०〉 अंतःक्षति; गुम चोट ❷(भावुकता) घटाना; (हिम्मत) तोड़ना; निरुत्साहित करना：不要～群众的积极性。जन-समुदाय की भावुकता मत घटाओ।

【挫折】 cuòzhé बाधा; असफलता; विफलता; पराजय：屡遭～ अनेक बाधाएं पड़ना

措 cuò ❶प्रबन्ध करना; व्यवस्था करना：不知所～ किंकर्त्तव्य विमूढ़ होना ❷आयोजित करना; योजना बनाना; उपाय करना：措办

【措办】 cuòbàn आयोजित करना; उपाय करना：如款项数目不大，还可～。अगर रकम बड़ी न हो, तो उपाय कर सकते हैं।

【措辞】 cuòcí शब्दों का प्रयोग：～不当 शब्दों का अनुचित प्रयोग / ～强硬 कड़े शब्दों का प्रयोग करना

【措大】 cuòdà 〈पुराना〉 मुसीबत में पड़ा निर्धन बुद्धिजीवी

【措施】 cuòshī उपाय; कार्रवाई; कदम：采取重大～ महान कार्रवाइयां करना; भारी कदम उठाना

【措手不及】cuòshǒu-bùjí बिना तैयारी के; तैयार होने के पहले ही：打他个～ उन पर आकस्मिक प्रहार करना

【措置】 cuòzhì प्रबन्ध; व्यवस्था：～得当 उचित प्रबन्ध करना

锉（銼） cuò ❶रेती ❷रेती से चिकना बनाना; रेतना：～光 रेतकर चिकना बनाना

【锉刀】 cuòdāo रेती

错¹（錯） cuò ❶आपस में उलझा हुआ और एक दूसरे को काटता हुआ; जटिल：错落 / 错杂 ❷पीसना; रगड़ना：～牙 दांत पीसना (नींद में) ❸रास्ता देना; रास्ते से हट जाना：请把车往那边～一～。कृपा करके अपनी कार ज़रा उधर हटा लें। ❹(काम के घंटों आदि को) इस प्रकार व्यवस्थित करना कि वे एक दूसरे के साथ न पड़ें (बल्कि उन में अंतर रहे)：这两个会不能同时开，得～一下。ये दो बैठकें एक साथ नहीं हो सकतीं, उन में अंतर रखना होगा। ❺गलत; भ्रांत; भूल से युक्त：你～了。तुम गलतहो। / 他搞～了。उस ने गलती की। / 拿～东西 गलत चीज़ लेना / 走～了房间 गलत कमरे में जाना ❻दोष; कुसूर：这是我的～，请原谅。यह मेरा कुसूर है, माफ़ करें। ❼(केवल नकारात्मक प्रसंगों में) बुरा：这个人不～， 我早就认识他。यह आदमी बुरा नहीं है, उस को मैं पहले से जानता हूं।

错²（錯） cuò 〈लि०〉 (सोना, चांदी आदि) जड़ देना; (किसी वस्तु में सोना, चांदी आदि) जड़ कर सजाना：错金 / 错银

错³（錯） cuò 〈लि०〉 ❶जेड की पालिश करने का सान：他山之石，可以为～。अन्य पहाड़ों के पत्थर इस पहाड़ के जेड की पालिश करने के काम आ सकते हैं —— दूसरों की सलाह से किसी को अपनी कसर निकालने में मदद मिल सकती है। ❷जेड की पालिश करना

【错爱】 cuò'ài 〈शिष्ट०〉 अयोग्य कृपा या स्नेह

【错案】 cuò'àn 〈का०〉 भूल से फ़ैसला किया हुआ मामला

【错别字】 cuòbiézì भूल से लिखित या उच्चारित अक्षर

【错车】 cuòchē एक गाड़ी का दूसरी को रास्ता देना：地方太小，错不开车。जगह इतनी छोटी है कि गाड़ियां एक दूसरी को रास्ता नहीं दे सकतीं।

【错处】 cuòchù दोष; कसूर

【错待】cuòdài अन्यायपूर्ण बर्ताव करना; बुरा बर्ताव करना：他们不会～你，你放心好了。तुम निश्चिंत रहो, वे लोग तुम्हारे साथ अच्छा ही बर्ताव करेंगे।

【错讹】 cuò'é (लिखने या रिकार्ड करने की) भूल; भूल-चूक

【错愕】 cuò'è 〈लि०〉 आश्चर्यचकित होना; ताज्जुब में पड़ना; अचम्भे में पड़ना

【错非】 cuòfēi 〈बो०〉 छोड़कर; अलावा：～这种药，没法治他的病。इस दवा के अलावा उस की बीमारी का और कोई इलाज नहीं।

【错怪】 cuòguài (किसी की) गलत निंदा करना; (किसी की) गलत शिकायत करना

【错过】 cuòguò ❶खो देना; गंवाना; छूट जाना; हाथ से निकलना; न मिलना：～机会 अवसर हाथ से खोना; मौका हाथ से जाने देना; मौका छोड़ना / ～这趟汽车，今天就走不成了。अगर यह बस छूट जाएगी, तो हम आज नहीं जा सकेंगे। ❷दोष; कुसूर

【错会】 cuòhuì (किसी की कही हुई बात का आशय) कुछ का कुछ समझना; गलतफ़हमी होना：你～了我的意思。तुम ने मेरी बात का अर्थ कुछ का कुछ निकाला है; तुम्हें मेरी बात से गलतफ़हमी पैदा हो गयी है।

【错金】 cuòjīn सोना जड़कर सजाना：～器皿 सोना-जड़ित बर्तन; धातु-जड़ित बर्तन

【错觉】 cuòjué भ्रम; भ्रांति; दृष्टिभ्रम; धोखा：这样会给人造成～。इस से लोगों में मिथ्या धारणा पैदा हो सकती है; इस से लोगों के मन पर उल्टा प्रभाव पड़ सकता है।

【错开】 cuòkāi (काम के घंटों आदि को) इस प्रकार व्यवस्थित करना कि एक दूसरे के साथ न पड़ें (बल्कि उन में अंतर रहे)：这两个会议的时间要～。इन दो बैठकों के समय में अंतर रखना होगा।

【错漏】 cuòlòu भूल-चूक और छूट

【错乱】 cuòluàn अस्तव्यस्त होना; विक्षिप्त होना; अव्यवस्थित होना：颠倒～ उल्टा-पुल्टा; अस्तव्यस्त / 精神～ मनोविक्षिप्त होना

【错落】 cuòluò अव्यवस्थित प्रचुरता में：苍松翠柏～其间 उन में हरे देवदार और साइप्रेस बूंदों की भांति इधर-उधर बिखरे हुए होना

【错落不齐】cuòluò-bùqí अस्तव्यस्त और असम
【错落有致】cuòluò-yǒuzhì चित्रवत् अस्तव्यस्तता में
【错位】cuòwèi〈चिकि०〉संधिभंग：肘关节~ कुहनी का संधिभंग
【错误】cuòwù ❶गलत; अशुद्ध; भ्रमपूर्ण; भ्रांत：~观点 गलत दृष्टिकोण / ~的结论 गलत निष्कर्ष ❷गलती; भूल; भूल-चूक：犯~ गलती करना; भूल करना / 改正~ भूल सुधारना; गलती को ठीक करना
【错银】cuòyín चांदी जड़कर सजाना：~首饰盒 आ-भूषण रखने का चांदी-जड़ित बक्स
【错杂】cuòzá जटिल; पेचीदा; उलझा हुआ
【错字】cuòzì ❶भूल से लिखित अक्षर; गलत शब्द ❷(छपाई में) भूल-चूक
【错综】cuòzōng आड़ी-तिरछी रेखाओं की तरह; जालदार; पेचीदा; उलझा हुआ：公路~ जालदार राजपथ
【错综复杂】cuòzōng-fùzá पेचीदा; जटिल; उलझनदार：这部小说的情节~，引人入胜。इस उपन्यास का कथानक बड़ा जटिल और आकर्षक है।

D

dā

哒 dā <अनु०> (खुले या गाड़ी आदि में जुते हुए चौपायों को हांकने की आवाज़) डट् डट्

耷 dā <लि०> बड़े कान वाला

【耷拉】 dāla उतरना; झुकना; नीचा करना: 他～着脑袋走了。वह सिर नीचा कर चला गया। / 眼皮～下来 पलकें झुक जाना

哒（噠）dā ❶<अनु०> 嗒 dā के समान ❷चौपायों को हांकने की आवाज़

搭 dā ❶खड़ा करना; लगाना; बनाना: ～棚 मंडप खड़ा करना / ～窝 घोंसला बनाना / ～帐篷 तंबू तानना ❷लटकाना; लगाना: 把湿衣服～在绳子上晾干 गीले कपड़े सुखाने के लिए रस्सी पर लटकाना ❸जुड़ना; मिलना; लगना: 两根电线～上了。बिजली के दो तार मिल गए। ❹अलग से देना; (अधिक आदमी, पैसे आदि) लगाना; जोड़ना: ～上这些钱就可以买个电视机了。ये पैसे जोड़ कर एक टी०वी० सेट खरीदा जा सकता है। / 这活儿我一个人干不了，还得～上两个人。यह काम मैं अकेले पूरा नहीं कर सकता। इस में दो और आदमियों को लगाना चाहिए। ❺के साथ-साथ: 鱼大的小的～着卖。छोटी मछलियों के साथ-साथ बड़ी मछलियाँ बिकती हैं। ❻साथ मिल कर उठाना; एक साथ चढ़ाना: 咱们俩把这柜子～到那屋去。आइये, हम दोनों साथ मिल कर इस अलमारी को उठा कर उस कमरे में ले जाएं। ❼सवार होना, (बस) पकड़ना; से यात्रा करना: ～飞机去上海 विमान से शांगहाए जाना / ～汽车 बस पकड़ना / ～船 जहाज़ पर सवार होना

【搭班】 dābān ❶<पुराना> किसी नाटक मंडली में अस्थाई रूप से शामिल होना ❷कार्यदल में अस्थाई रूप से सम्मिलित होना

【搭班子】 dā bānzi ❶नाटक मंडली स्थापित करना ❷(किसी को) कार्य में लगाना

【搭伴】 dābàn (किसी को) यात्रा में शामिल करना; एक साथ भ्रमण करना: 他们决定～去西藏。उन्हों ने एक साथ तिब्बत जाने का निर्णय किया।

【搭补】 dābǔ आर्थिक सहायता देना

【搭碴儿】 dāchár 答茬儿 dāchár के समान

【搭乘】 dāchéng (विमान, पोत, कार आदि पर) सवार होना

【搭档】 dādàng ❶सहयोग करना; साथ देना; मिलकर कार्य करना: 我们几个～吧。हम लोग साथ मिल कर काम करें। ❷साथी; सहयोगी; पार्टनर: 这是我的～。यह मेरा सहयोगी है।

【搭话】 dāhuà ❶बात करना; टोकना: 孩子们抢着和他～。बच्चों ने उस से बात करने की भरपूर कोशिशें कीं।

【搭伙】[1] dāhuǒ ❶टोली में शामिल होना; के साथ होना: 他们明天去郊游，我也想～去。वे कल सैर-सपाटे के लिए जा रहे हैं। मैं भी उन की टोली में शामिल होना चाहता हूँ।

【搭伙】[2] dāhuǒ (भोजनालय आदि में) नियमित रूप से भोजन करना: 在机关食堂～ अपनी संस्था के भोजनालय में खाना खाना

【搭架子】 dā jiàzi ❶ढांचा तैयार करना; (किसी कार्य को) प्राथमिक रूप देना ❷<बो०> ठाट बदलना; बड़ापन जताना

【搭脚儿】 dājiǎor <बो०> निःशुल्क सवारी करना; लिफ़्ट लेना

【搭街坊】 dā jiēfang <बो०> पड़ोसी बनना

【搭界】 dājiè ❶के बीच समान सीमा होना: 这是两县～之处。यह दो काउंटियों की सीमा पर स्थित है। ❷<बो०> (प्रायः नकारात्मक रूप में प्रयुक्त) संबंध होना; वास्ता होना: 这事跟我不～。इस का मुझ से कोई वास्ता नहीं। / 别跟这类人～。बेहतर यह है कि तुम इस प्रकार के लोगों से संबंध न रखो।

【搭救】 dājiù बचाना; उबारना: ～落水儿童 पानी में डूबते बच्चे को बचाना

【搭客】 dākè <बो०> यात्रियों को चढ़ाना

【搭凉棚】 dā liángpéng ❶मंडप लगाना ❷हाथ से आँखों पर छाया करना: 他手～，向远处张望。उस ने हाथ से आँखों पर छाया करते हुए दूर देखने की कोशिश की।

【搭配】 dāpèi ❶जोड़ा, युगल या युग्म बनाना; दो-दो करके काम में लगाना: 他俩～参加双打比赛。वे दोनों जोड़ा बन कर युगल की स्पर्धा में भाग लेंगे। ❷<भा०वि०> जोड़ना: 这两个词不能～在一起。इन दो शब्दों को जोड़ना ठीक नहीं है।

【搭腔】 dāqiāng ❶उत्तर देना; जवाब देना: 我再三追问，他就是不～。मैं ने बार-बार पूछा, लेकिन उस ने कोई भी जवाब नहीं दिया। ❷आपस में बात करना: 以前他俩合不来，彼此从不～。उन दोनों के बीच नहीं बनती

थी। वे एक दूसरे से बात तक नहीं करते थे।

【搭桥】 dāqiáo ❶पुल बनाना (निर्मित करना) ❷（搭鹊桥 dā quèqiáo भी）शादी तय कराने वाले का काम करना

【搭讪】dāshàn（搭赸 dāshàn भी）बात छेड़ना; अपनी परेशानी छिपाने के लिए कुछ कहना: 他自觉无趣，～着走开了。वह अपने को अवमानित समझ कर बुदबुदाया और वहाँ से चला गया। / 别和陌生人～。किसी अपरिचित से बात न छेड़ना।

【搭手】 dāshǒu हाथ देना; हाथ बंटाना; मदद देना: 我忙不过来，你搭把手。मैं अकेले मामला निबटा नहीं पा रहा हूँ, तुम हाथ दो।

【搭售】 dāshòu न बिक पाने वाली चीज़ों को हाथोंहाथ बिकने वाली चीज़ों के साथ जबरन बेचना

【搭载】 dāzài (ट्रक, गाड़ी आदि पर) अतिरिक्त माल या यात्री चढ़ाना

嗒 dā 〈अनु०〉: ～～的马蹄声 घोड़े की टाप / 机枪的～～声 मशीनगन की गड़गड़ाहट

tà भी दे०

答（荅）dā नीचे दे०

dá भी दे०

【答碴儿】 dāchár 〈बो०〉（答茬儿 dāchár，搭茬儿 dāchár，搭碴儿 dāchár भी）बातों का सिलसिला जोड़ना: 他的话没头没脑，叫人没法～。उस की बेसिरपैर की बातों का कोई भी सिलसिला नहीं जोड़ सकता। / 又没问你，你搭什么碴儿？किसी ने भी तुम से नहीं पूछा, तो क्यों बीच में पड़ते हो？

【答理】 dāli (प्रायः नकारात्मक रूप में प्रयुक्त) (अभिवादन आदि) स्वीकार करना; उत्तर देना; जवाब देना; बात करना: 我叫了他一声，他不～我。मैं ने उसे आवाज़ दी, पर उस ने उत्तर नहीं दिया। / 她气得谁都不～。वह रूठ गई है और किसी से भी बात नहीं कर रही।

【答腔】 dāqiāng 搭腔 dāqiāng के समान

【答应】 dāying ❶उत्तर देना; जवाब देना: 我在门外叫你半天，你怎么也不～一声？मैं दरवाज़े पर तुम्हें आवाज़ देता रहा, तुम ने जवाब क्यों नहीं दिया？/ 我大声～了好几声，她才听见。मैं ने ऊंचे स्वर में कई बार जवाब दिया, तभी जाकर वह सुन पायी। ❷सहमत होना; राज़ी होना; वचन देना: 他～参加明天的研讨会。वह कल की संगोष्ठी में उपस्थित होने पर सहमत हुआ। / 我不能～你的无理要求。मैं तुम्हारी अयुक्तिसंगत मांग को स्वीकार नहीं कर सकता।

褡 dā नीचे दे०

【褡包】 dābāo（褡膊 dābo；褡布 dābù भी）लम्बी चौड़ी पेटी

【褡裢】 dālián ❶एक लम्बा आयताकार थैला, जिस के दोनों सिरे सिले हों और जो बीच से खुला हो (आम तौर पर यह कमर में बाधा जाता है या कंधे पर लटकाया जाता है) ❷पहलवान की जाकेट, जो कपड़ों की कई तहों से बना होता है

dá

打 dá 〈परि०श०〉 दर्जन: 一～铅笔 एक दर्जन पेंसिल / 论～出售 दर्जन में बेचना

dǎ भी दे०

达（達）dá ❶फैलना; पहुँचना: 直达 zhídá / 四通八～ चारों ओर फैलना ❷प्राप्त करना; हासिल करना; पहुँचना: 水稻每公顷产量～7500 公斤。धान की प्रति हेक्टेयर पैदावार 7500 किलो तक पहुँची। / 不～目的誓不罢休。जब तक हमें अपना उद्देश्य प्राप्त नहीं हो जाता, तब तक हम अपनी कोशिशों में ढील नहीं लाएंगे। ❸पूरी तरह समझना: 通达 ❹पहुँचाना; भेजना: 转达 ❺प्रतिष्ठित; प्रसिद्ध: 达官贵人

【达标】 dábiāo मानदंड पर सही उतरना; कसौटी पर खरा निकलना

【达成】 dáchéng (समझौता) संपन्न करना; (समझौते) पर पहुँचना; (समझौता) करना: 两国就会谈程序～协议。दोनों देशों ने वार्ता की कार्यविधि पर समझौता किया। / ～交易 सौदा करना

【达旦】 dádàn सुबह तक: 通宵达旦 tōng xiāo dá dàn

【达到】 dádào प्राप्त करना; हासिल करना; उपलब्ध करना; पहुँचना: ～目标 लक्ष्य पर पहुँचना / ～世界先进水平 विश्व समुन्नत स्तर पर पहुँचना / ～目的 अपना उद्देश्य प्राप्त करना

【达德拉和纳加尔·哈维利】 Dádélā hé Nàjiā'ěr Hāwéilì दादरा और नागर हवेली

【达尔文主义】 Dá'ěrwén zhǔyì डार्विनिज़्म; डार्विनवाद; डार्विन का सिद्धांत

【达观】 dáguān दार्शनिकता से काम लेना

【达官贵人】 dáguān-guìrén वरिष्ठ अधिकारी एवं कुलीन व्यक्ति; अतिमहत्वपूर्ण पुरुष

【达赖喇嘛】 Dálài Lǎma दलाई लामा

【达曼和第乌】 Dámàn hé Dìwù दमन और दीव

【达姆弹】 dámǔdàn 〈सैन्य०〉 डमडम (बुलेट)

【达斡尔族】 Dáwò'ěrzú तावोर, हेइलोंगच्यांग प्राँत, भीतरी मंगोलिया स्वायत्त प्रदेश और शिनच्यांग वेवुर स्वायत्त प्रदेश में आबाद एक अल्पसंख्यक जाति

【达意】 dáyì अपना विचार प्रगट या व्यक्त करना

【达因】 dáyīn 〈भौ०〉 डाइन

沓 dá 〈परि०श०〉 बंडल, पुलिंदा: 一～钞票 नोटों का एक पुलिंदा / 一～报纸 अखबारों का एक बंडल

tà भी दे०

怛 dá 〈लि०〉 दुखित; शोकाकुल

鿫（鐽）〈रसा०〉 डाम्स्टाड्टियम (Ds)

答（荅）dá ❶उत्तर देना; जवाब देना：答非所问 / 他连这么简单的问题都～不上来。वह इतने सरल सवाल का भी जवाब न दे सका। ❷बदले में देना; जवाब देना：～礼 सलाम का जवाब देना

dā भी दे०

【答案】dá'àn उत्तर; जवाब; समाधान：寻求～ सवाल का समाधान खोज निकालना / 试题的～ प्रश्नों के उत्तर

【答拜】dábài वापसी या जवाबी दौरा करना

【答辩】dábiàn जवाब देना; उत्तर देना：进行论文～ शोध निबंध का प्रत्युत्तर देना / 他有～的权利。उसे जवाब देने का अधिकार है।

【答词】dácí धन्यवाद अभिभाषण; उत्तर

【答对】dáduì उत्तर देना; जवाब देना：对这个问题，他无以～。इस सवाल का वह जवाब नहीं दे सका। / ～得体 समुचित उत्तर देना

【答非所问】dáfēisuǒwèn असम्बद्ध उत्तर देना

【答复】dáfù（答覆 dáfù भी）उत्तर; जवाब; उत्तर देना; जवाब देना：我对他的～感到满意。मैं उस के उत्तर से संतुष्ट हूँ। / 两天之内给你～。दो दिन के अंदर तुम्हें जवाब दिया जाएगा।

【答话】dáhuà (प्रायः नकारात्मक रूप में प्रयुक्त) जवाब देना; उत्तर देना：人家问你，你怎么不～？तुम मेरे सवाल का जवाब क्यों नहीं देते？

【答卷】[1] dájuàn परीक्षा में प्रश्न-पत्र का समाधान करना

【答卷】[2] dájuàn हल किया गया प्रश्न-पत्र

【答数】dáshù (अंकगणित के सवाल का) जवाब; हासिल; फल

【答谢】dáxiè (आतिथ्य-सत्कार पर) आभार प्रकट करना：我们简直不知道怎样～你们的盛情接待。हम नहीं जानते कि आप लोगों के आतिथ्य-सत्कार का उत्तर कैसे दिया जाए।

【答谢宴会】dáxiè yànhuì आभार प्रकट करने के लिए आयोजित भोज

【答疑】dáyí (अध्यापक, व्याख्याता आदि द्वारा) प्रश्न का उत्तर देना

靼 dá दे० 鞑靼 Dádá

瘩 dá नीचे दे०

【瘩背】dábèi <ची०चि०> पीठ का फोड़ा

鞑（韃）dá नीचे दे०

【鞑靼】Dádá तातार

dǎ

打[1] dǎ ❶पीटना; बजाना; खटखटाना：～鼓 ढोल बजाना / ～门 दरवाज़ा खटखटाना / 钟～了八下。घड़ी ने आठ बजाया। ❷तोड़ना; बरबाद करना (होना); नष्ट करना (होना); टूटना：我～了一个玻璃杯。मैं ने एक गिलास तोड़ डाला। ❸पीटना; मारना; लड़ना; भिड़ना：打架 / ～人 किसी को पीटना (मारना) ❹निबटना; निबटाना; बरताव करना：打交道 / 打官司 ❺बनाना; निर्माण करना; निर्मित करना：～坝 बाँध का निर्माण करना / ～墙 दीवार बनाना ❻(दैनिक उपयोग की चीज़ें या खाना) बनाना：～刀 चाकू बनाना / ～家具 फ़र्नीचर बनाना / ～烧饼 केक बनाना ❼मिश्रण बनाना; हिलाना; पूरी तरह मिलाना; घोलना：～糨子 आटा घोलकर लेई बनाना / ～鸡蛋 अंडा फेंटना ❽बांधना; पैक करना：～行李 सामान बांधना / 打包 ❾बुनना：～毛衣 ऊनी स्वेटर बुनना ❿खींचना; चिन्ह लगाना：～方格 वर्ग खींचना / ～戳子 मुहर लगाना ⓫खोदना：～井 कुआं खोदना / ～眼儿 बरमे से छेद करना ⓬उठाना; ऊँचा उठाना：～伞 छाता उठाना / ～旗 झंडा ऊँचा उठाना / ～帘子 परदा उठाना ⓭भेजना; छोड़ना：～枪 बन्दूक छोड़ना (दागना) / ～电报 तार भेजना / ～电话 टेलीफ़ोन करना / ～信号 संकेत देना ⓮(प्रमाण पत्र आदि) जारी करना या प्राप्त करना：～证明 प्रमाण पत्र लिखना या प्राप्त करना ⓯काटना; हटाना; साफ़ करना：～旁杈 टहनियाँ काटना ⓰(चमचे से) निकालना; (कलछी से) परोसना：～粥 कलछी से दलिया परोसना / 从井里～水 कुएं से पानी भरना ⓱खरीदना; लेना：～票 टिकट लेना / ～醋 सिरका लेना ⓲पकड़ना; शिकार करना：～鱼 मछली पकड़ना; मछलियों का शिकार करना ⓳काटकर एकत्र करना; इकट्ठा करना：～柴 लकड़ी चुनना / ～了400公斤粮食 चार सौ किलो अनाज की फ़सल काटना ⓴आकलन करना; कूतना; आंकना：成本～200块钱 लागत को दो सौ य्वान आंकना ㉑तैयार करना：～草稿 मसौदा तैयार करना ㉒करना; (किसी काम में) लगना：打工 / 打杂儿 ㉓खेलना：～篮球 बास्केटबाल खेलना / ～扑克 ताश खेलना / ～秋千 झूला झूलना ㉔भाव-भंगिमा का प्रदर्शन करना：～手势 हाथ से इशारा करना / ～哈欠 जँभाई लेना / ～喷嚏 छींक मारना ㉕प्रयोग करना; अपनाना：打比 ㉖(दोषी) ठहराना; का लेबिल लगाना：他曾被～成右派。वह दक्षिणपंथी ठहराया गया था।

打[2] dǎ से：～明儿起 कल से / ～哪儿来 कहाँ से आना / 他～门缝往外看。उस ने दरवाज़े की दरार से बाहर झांका।

dá भी दे०

【打熬】dǎ'áo ❶कष्ट झेलना (भोगना); दुख भुगतना (उठाना) ❷कष्ट; कठोरता ❸दृढ़ बनाना; कड़ा करना：～筋骨 शरीर को हृष्ट-पुष्ट करना; बदन गठना

【打靶】dǎbǎ चांदमारी; चांदमारी करना

【打靶场】dǎbǎchǎng टार्गेट रेंज

【打白条】dǎ báitiáo ❶अनौपचारिक वाउचर देना ❷कोई चीज़ खरीदते वक्त देय पैसा चुकाने के बजाए केवल रकम-अंकित पुर्जा देना, जिस के मुताबिक बाद में चीज़ बेचने वाले को पैसा दिया जाएगा

【打摆子】dǎ bǎizi <बो०> मलेरिया से पीड़ित होना

【打败】dǎbài ❶हराना; पराजित करना ❷हारना; परा-

जित होना; पिट जाना: 今天这场足球赛上他们又～了。आज के फ़ुटबाल मैच में वे एक बार फिर पिट गए।

【打扮】 dǎban ❶सजाना; मेकअप करना; प्रसाधन करना; सज-धज करना: 姑娘们～得很漂亮。लड़कियों ने खूब सज-धज की। / 节日里天安门～得格外壮丽。उत्सवों के दौरान थ्येनआनमन मंच खूब सजाये जाने के बाद पहले से कहीं अधिक आलीशान नज़र आता है। ❷वस्त्रपरिधान: 看他的～，像是个公司职员。उस के वस्त्रपरिधान से लगता है कि वह किसी निगम का एक कर्मचारी है। / 学生～ छात्र का-सा वस्त्र पहनना

【打包】 dǎbāo ❶सामान बांधना; पैक करना ❷पोटली खोलना

【打包票】 dǎ bāopiào（打保票 dǎ bǎopiào भी） ज़िम्मेदारी लेना; ज़िम्मा लेना; वादा करना; गारंटी करना: 这件事你千万不可给人～。तुम्हें इस मामले की ज़िम्मेदारी किसी भी तरह नहीं लेनी चाहिए। / 我敢～，这种汽车的质量绝对没问题。मैं इस मोटर-गाड़ी की उत्तम क्वालिटी की गारंटी करता हूं।

【打苞】 dǎbāo (गेहूँ आदि की) बालियाँ निकल आना

【打抱不平】 dǎbàobùpíng अत्याचार के शिकार के पक्ष में खड़ा होना; अन्याय से किसी का बचाव करना; असहाय की मदद करना

【打奔儿】 dǎbēnr 〈बो०〉 ❶हकलाना; अटक-अटक कर बोलना ❷ठोकर खाना

【打比】 dǎbǐ ❶उपमा देना; उपमा देकर स्पष्ट करना: 讲抽象的事情，拿具体的东西～，就容易使人明白。यदि आप मूर्त चीज़ों की उपमा देकर अमूर्त चीज़ों को स्पष्ट करें, तो लोग आप की बातें आसानी से समझ पाएंगे। ❷〈बो०〉 तुलना करना: 她是个病人，怎么能跟健康人～？ वह एक रोगी है। आप उस की किसी निरोग व्यक्ति से तुलना कैसे कर सकते हैं ?

【打边鼓】 dǎ biāngǔ 敲边鼓 qiāo biāngǔ के समान

【打草惊蛇】 dǎcǎo-jīngshé घास पर चोट कर सर्प को चौंकाना —— उतावली से काम कर विपक्ष को सतर्क करना

【打喳喳】 dǎchācha 〈बो०〉 फुसफुसाना; कानाफूसी करना

【打岔】 dǎchà बीच में बोलना; टोकना: 我说话时你别老～。जब मैं बोल रही होती हूँ, तो तुम बीच में न बोला करो। / 你总喜欢在别人谈正事时～。तुम भी हो कि दूसरों को किसी मामले पर बातचीत करते समय टोकने से बाज़ नहीं आते।

【打场】 dǎcháng ओसाई; ओसाना

【打车】 dǎchē दे० 打的

【打成一片】 dǎchéng-yīpiàn के साथ घुल-मिलकर रहना; से अपने आप को अभिन्न समझना: 与群众～ जन-साधारण के साथ घुल-मिलकर रहना

【打冲锋】 dǎ chōngfēng ❶धावा बोलना ❷हिरावल दस्ते या अग्रिम मोर्चे में होना

【打抽丰】 dǎ chōufēng 打秋风 dǎ qiūfēng के समान

【打从】 dǎcóng ❶से: ～上周起 पिछले सप्ताह से ❷(经过 के साथ प्रयुक्त) के सामने से; के पास से: ～学校门口经过 स्कूल के सामने से गुज़रना

【打打闹闹】 dǎdǎnàonào हो-हल्ला मचाना; शोर-गुल मचाना

【打倒】 dǎdǎo (का) नाश हो; मुर्दाबाद: ～帝国主义！ साम्राज्यवाद का नाश हो ! साम्राज्यवाद मुर्दाबाद !

【打道】 dǎdào (राज-महाराजाओं के समय में अधिकारियों के स्वागत के लिए) सड़क साफ़ करना

【打的】 dǎdī 〈बो०〉 टैक्सी लेना; टैक्सी से जाना (आना)

【打底子】 dǎ dǐzi ❶रूपरेखा, रेखाचित्र, प्रारूप आदि तैयार करना: 这篇文章我先打个底子，然后你来修改。पहले मैं लेख का प्रारूप तैयार करूंगा, फिर आप उस का परिमार्जन करें। ❷नींव डालना: 调查研究为制定计划打下了底子。जांच-पड़ताल ने योजना की नींव डाली है।

【打点】 dǎdian ❶(सामान आदि) एकत्र करना; बांधना; समेटना: ～行李 सामान बांधना ❷अपना मतलब निकालने के लिए किसी को धन देना

【打叠】 dǎdié बांधना; समेटना; पैक करना; तैयारी करना: ～停当 तैयारी पूरी करना

【打动】 dǎdòng प्रभावित करना; हृदय छू लेना: 小王的一番话～了她的心。श्याओ वांग की बातों ने उस का हृदय छू लिया।

【打斗】 dǎdòu मार-पीट; लड़ाई-भिड़ाई; मार-पीट करना; लड़ना; भिड़ना

【打赌】 dǎdǔ बाज़ी लगाना; दांव पर रखना: 你说他会来，我说他不会来，咱们～吧！ तुम कहते हो कि वह आएगा ही, पर मैं नहीं मानता। तो आएं, हम बाज़ी लगाएं।

【打断】 dǎduàn ❶तोड़ना; टूटना: ～了一只胳膊 एक बांह टूट जाना ❷खलल डालना; दखल देना; टोक देना: 他的思绪被～了。उस के मनन में खलल डाला गया। / 别～他说话。उसे टोकना मत।

【打盹儿】 dǎdǔnr झपकी लेना; ऊंघना: 一上火车，他就开始打起盹儿来。रेल-गाड़ी में बैठने पर ही वह ऊंघने लगा।

【打趸儿】 dǎdǔnr थोक खरीदना या बेचना

【打呃】 dǎ'è 打嗝儿 के समान

【打耳光】 dǎ ěrguāng चपत मारना; थप्पड़ मारना

【打发】 dǎfa ❶भेजना: 我已经～人去买药了。मैं ने किसी को दवा लेने के लिए भेजा है। ❷सामने से हटाना; बाहर करना; भेजना: 他把孩子～出去玩。उस ने बच्चे को बाहर खेलने के लिए भेज दिया। ❸(दिन) काटना; (समय) गुज़ारना

【打幡儿】 dǎfānr (मृतक के पुत्र द्वारा) शवयात्रा में पताका उठाना

【打翻】 dǎfān उलटना; गिराना: 一艘小船被海浪～了。एक नौका समुद्र की लहरों ने उलट दी। / 把人～在地 किसी को गिरा देना

【打榧子】 dǎ fěizi चुटकी बजाना

【打分】 dǎfēn अंक देना; छात्रों के प्रश्नपत्रों की जांच कर अंक देना

【打嗝儿】 dǎgér ❶डकार लेना; डकारना ❷बच्चे को दूध पिलाने के बाद उस की पीठ थपथपाकर डकार दिलवाना

【打更】 dǎgēng रात के समय पहरा देते समय आवाज़ लगाना
【打工】 dǎgōng शारीरिक काम करना; अस्थाई नौकरी करना
【打躬作揖】 dǎgōng-zuòyī हाथ जोड़कर नमस्कार करना
【打谷场】 dǎgǔcháng खलिहान
【打鼓】 dǎgǔ ❶ढोल पीटना; ढोल बजाना ❷संशयित होना; संशयालु होना; अधीर होना: 心里直～ संशय से भरा होना
【打卦】 dǎguà गुट्टियाँ चुनकर शुभाशुभ बताना
【打官腔】 dǎ guānqiāng नौकरशाह के शब्दजाल से टाल-मटोल करना; नौकरशाह के लहजे में बोलना; नौकरशाह के अंदाज़ में बात करना
【打官司】 dǎ guānsi मुकदमा दायर कराना
【打光棍】 dǎ guānggùn कुआंरा बना रहना
【打滚】 dǎgǔn लोटना: 毛驴在地上～。गधा ज़मीन पर लोट रहा है। / 他肚子痛得直～。पेट में दर्द के मारे वह छटपटा रहा है।
【打棍子】 dǎ gùnzi लाठी मारना —— निराधार आलोचना करना; बेरहमी से भर्त्सना करना
【打哈哈】 dǎ hāha मज़ाक उड़ाना; खिलवाड़ करना: 别拿人家～。मेरा मज़ाक न उड़ाओ। / 这是正经事，你可别～。यह एक गंभीर मामला है। इस से खिलवाड़ न करना।
【打哈欠】 dǎ hāqian（打呵欠 dǎ hēqian भी） अंगड़ाई लेना; जम्हाई लेना
【打鼾】 dǎhān खर्राटे लेना (भरना)
【打夯】 dǎhāng दुरमुस से पीटना
【打横】 dǎhéng वर्गाकार मेज़ की सब से कम महत्व वाली सीट पर बैठना
【打呼噜】 dǎ hūlu खर्राटे लेना
【打滑】 dǎhuá फिसलना; सरकना: 他走在冰上两脚直～。बर्फ़ पर उस के दोनों पाँव टिक न सके और फिसलते ही गए।
【打晃儿】 dǎhuàngr लड़खड़ाना; हिलना; डुलना; डगमगाना
【打诨】 dǎhùn दे० 插科打诨 chākē dǎhùn
【打火机】 dǎhuǒjī लाइटर
【打伙儿】 dǎhuǒr साथ मिलकर; जत्थे में; साझे में: 孩子们～上山打柴。बच्चे एक साथ पहाड़ पर लकड़ियाँ चुनने गए।
【打击】 dǎjī प्रहार करना; आघात करना; विफल बनाना: ～敌人 दुश्मन पर प्रहार करना / ～走私 तस्करी पर रोक लगाना / ～报复 प्रतिशोध करना
【打击乐器】 dǎjī yuèqì ताल-वाद्य
【打饥荒】 dǎ jīhuang 〈बो०〉 कर्ज़ के बोझ से दबना; तंगी में आना
【打家劫舍】 dǎjiā-jiéshè लूट-पाट मचाना; लूट-मार करना
【打假】 dǎjiǎ जाली चीज़ों पर अंकुश लगाना; जालसाज़ी का भंडाफोड़ करना
【打架】 dǎjià लड़ना; भिड़ना; हाथापाई करना; झगड़ा करना
【打尖】[1] dǎjiān (विश्राम-स्थल पर) जल-पान करना; यात्रा के दौरान अल्पाहार के लिए रुकना
【打尖】[2] dǎjiān 〈कृ०〉 खुटकना; चुटकना
【打浆】 dǎjiāng (कागज़ बनाने के लिए) लुगदी कूटना
【打桨】 dǎjiǎng चप्पू चलाना
【打交道】 dǎ jiāodao लेन-देन होना; लेना-देना होना; सरोकार-संबंध होना: 我没跟他打过交道。मेरा उस से कभी लेना-देना नहीं हुआ।
【打脚】 dǎjiǎo 〈बो०〉 (जूतों के छोटे होने से) कष्ट देना; चुभना
【打搅】 dǎjiǎo तंग करना; परेशान करना; कष्ट देना: 他在起草报告，别～他。वह रिपोर्ट का मसौदा तैयार करने में मग्न है। उसे परेशान न करो। / 我能～你一下吗? क्या मैं आप को थोड़ी देर के लिए कष्ट दे सकता हूँ?
【打醮】 dǎjiào ताओपंथी अनुष्ठान करना
【打劫】 dǎjié लूटना; लूट-पाट करना; लूट-मार करना
【打结】 dǎjié गांठ बांधना: 眉头～ भौंहों में बल पड़ना / 舌头～ बद्धजिह्व होना
【打紧】 dǎjǐn 〈बो०〉 (प्रायः नकारात्मक रूप में प्रयुक्त) विकट; गंभीर: 缺你一个也不～。तुम्हारी अनुपस्थिति से कोई विकट समस्या पैदा न होगी। / 这事不～。यह कोई गंभीर बात नहीं है।
【打开】 dǎkāi ❶खोलना: ～衣箱 संदूक खोलना / ～眼界 ज्ञान की सीमा बढ़ाना / ～新局面 नई संभावनाएं उत्पन्न करना ❷स्विच खोलना; ऑन करना: ～电视 टी०वी० सेट ऑन करना / ～电灯。बत्ती जलाओ।
【打开天窗说亮话】 dǎ kāi tiānchuāng shuō liàng huà दिल खोलकर बात करना; खुलकर बात करना
【打瞌睡】 dǎ kēshuì ऊंघना; झपकी लेना
【打垮】 dǎkuǎ धूल में मिलाना; नष्ट करना; नष्ट-भ्रष्ट करना
【打捞】 dǎlāo पानी से बाहर निकालना; उबारना: ～沉船 डूबा हुआ जहाज़ निकालना / ～尸体 पानी में से लाश बरामद करना
【打雷】 dǎléi बिजली कड़कना; बादल गरजना (गड़गड़ाना)
【打擂】 dǎlèi खुली प्रतियोगिता में भाग लेना
【打冷枪】 dǎ lěngqiāng ❶छिपकर गोली चलाना; गुप्त स्थान से गोली चलाना ❷धूर्तता से आक्रमण करना
【打冷战】 dǎ lěngzhan （打冷颤 dǎ lěngzhan भी） ठंड या भय के मारे कंपकंपी छूटना
【打愣】 dǎlèng 〈बो०〉 स्तब्ध रहना; जड़ीभूत होना
【打量】 dǎliang ❶निहारना; ताकना; गौर से देखना: 他对我上下～了一番。उस ने मुझे गौर से देखा। ❷मानना; सोचना; अन्दाज़ा लगाना; समझना: 你把事情搞砸了，～我不知道? तुम ने सारा काम बिगाड़ दिया है। और समझते हो कि मुझे इस बारे में कुछ भी पता नहीं है।
【打猎】 dǎliè शिकार; आखेट; शिकार करना; आखेट करना
【打乱】 dǎluàn उलझन में डालना; अस्तव्यस्त करना; गड़बड़ी पैदा करना; गड़बड़ाना: 他的一席话～了会

议正常进行。उस की बातों ने सभा में गड़बड़ी पैदा कर दी। / ～计划 योजना को अस्तव्यस्त करना
【打落水狗】 dǎ luòshuǐgǒu डूबते कुत्ते को मारना —— पराजित शत्रु को पूरी तरह नष्ट करना
【打马虎眼】 dǎ mǎhuyǎn मूक दर्शक बनना; नज़रंदाज़ करने का स्वांग करना
【打埋伏】 dǎ máifu ❶घात में बैठना ❷अपने प्रयोग के लिए कुछ छिपा रखना; अपने पास सुरक्षित रखना
【打闷棍】 dǎ mèngùn ❶(लुटेरे द्वारा) किसी को अकस्मात लाठी मारना ❷किसी पर आकस्मिक चोट करना
【打鸣儿】 dǎmíngr 〈बोल०〉 बाँग देना
【打磨】 dǎmó पालिश करना; चमकाना
【打蔫儿】 dǎniānr ❶(पत्तियों का) कुम्हलाना ❷〈बो०〉 निरुत्साह होना; पस्तहिम्मत होना
【打泡】 dǎpào फफोले पड़ना
【打屁股】 dǎ pìgu ❶चूतड़ पर धौल जमाना ❷〈बोल०〉 डांटना; फटकारना
【打拼】 dǎpīn (जीविका या भविष्य के लिए) संघर्ष करना
【打破】 dǎpò तोड़ना; टुकड़े-टुकड़े करना; चकनाचूर करना: ～会谈僵局 वार्ता में गतिरोध तोड़ना / ～纪录 रिकार्ड तोड़ना / ～沉默 मौन तोड़ना / ～平衡 संतुलन बिगाड़ना / ～惯例 रस्म से हटना
【打破沙锅问到底】 dǎpò shāguō wèn dào dǐ बात की थाह लेने पर दृढ़ रहना
【打气】 dǎqì ❶हवा भरना: 给球～ गेंद में हवा भरना ❷हौसला बढ़ाना; प्रोत्साहित करना; प्रोत्साहन देना: 给他打打气。उस का हौसला बढ़ाओ।
【打气筒】 dǎqìtǒng टायर पम्प; पम्प; हवा भरने का पम्प
【打千】 dǎqiān एक घुटना टेककर अभिवादन करना
【打钎】 dǎqiān हथौड़े और बरमे से चट्टान में छेद करना
【打前失】 dǎ qiánshi (घोड़े या गधे का) ठोकर खाना
【打前站】 dǎ qiánzhàn अग्रिम दस्ते का काम करना
【打钱】 dǎqián (फ़ुटपाथों पर तमाशा करने वाले कलाकारों द्वारा) दर्शकों से पैसे मांगना
【打情骂俏】 dǎqíng-màqiào इश्कबाज़ी करना
【打秋风】 dǎ qiūfēng（打抽丰 dǎ chōufēng भी）बहाना बनाकर दूसरों से पैसा आदि मांगना
【打趣】 dǎqù हंसी-मज़ाक करना; परिहास करना; छेड़ना
【打圈子】 dǎ quānzi चक्कर लगाना (काटना)
【打拳】 dǎquán मुक्केबाज़ी का अभ्यास करना
【打群架】 dǎ qúnjià गुटों में लड़ना
【打扰】 dǎrǎo 打搅 के समान
【打入冷宫】 dǎrù lěnggōng (रानी या उपरानी को) कोपभवन में भेजना —— ठंडे बस्ते में डालना; उपेक्षित स्थल में भेज देना
【打扫】 dǎsǎo झाड़ू लगाना (देना); सफ़ाई करना; साफ़ करना: ～卫生 सफ़ाई करना / ～房间 कमरा साफ़ करना / ～院子 आँगन में झाड़ू लगाना
【打闪】 dǎshǎn बिजली कौंधना
【打扇】 dǎshàn (किसी को) पंखा करना
【打食】[1] dǎshí (पशु-पक्षी का) आहार खोजना
【打食】[2] dǎshí पाचनशक्ति बढ़ाने के लिए दवा लेना
【打手】 dǎshou भाड़े का टट्टू; बदमाश; गुंडा
【打私】 dǎsī तस्करी पर अंकुश लगाना
【打死老虎】 dǎ sǐlǎohǔ मरे हुए बाघ को मारना —— प्रभावहीन व्यक्ति पर आक्षेप करना
【打算】 dǎsuan योजना बनाना; इरादा करना: 他～明天去上海旅游。उस ने शांगहाए के भ्रमण के लिए कल जाने की योजना बनाई है। / 他～当一名工程师。उस का एक इंजीनियर बनने का इरादा है।
【打算盘】 dǎ suànpan ❶गिनतारे पर गणना करना ❷योजना बनाना; मनसूबा बांधना: 打小算盘 स्वार्थी होना
【打碎】 dǎsuì तोड़ना; टुकड़े-टुकड़े करना; चकनाचूर करना; तबाह करना; नष्ट करना: 瓷瓶～了。चीनीमिट्टी के बर्तन के टुकड़े-टुकड़े हो गए।
【打胎】 dǎtāi गर्भपात कराना
【打探】 dǎtàn पता लगाना: ～消息 पता लगाना
【打天下】 dǎ tiānxià ❶राजसत्ता छीनना ❷एक बड़ा उपक्रम या उद्यम चलाने में सफलता प्राप्त करना
【打铁】 dǎtiě लोहा गढ़ना; लोहार का काम करना
【打听】 dǎting पूछना; पूछताछ करना; मालूम करना; पता लगाना: 我跟您～个事儿。मैं आप से पूछना चाहता हूं। / ～老同学的下落 अपने पुराने सहपाठी का पता लगाना
【打挺儿】 dǎtǐngr 〈बो०〉 पीछे की ओर झुकना या हटना: 孩子在妈妈怀里～。बच्चा मां की गोद में पीछे हट रहा है।
【打通】 dǎtōng निर्बाध करना; पहुंचने योग्य बनाना; खोल देना: ～道路 मार्ग निर्बाध करना / 把这两个房间～。इन दो कमरों के बीच की दीवार तोड़ दो।
【打头】[1] dǎtóu 抽头 chōutóu के समान
【打头】[2] dǎtóu आगे-आगे चलना; अग्रसर होना: ～的是个军人。जो आगे-आगे चल रहा था, वह एक सैनिक था।
【打头】[3] dǎtóu 〈बो०〉 नए सिरे के: 咱们再～儿来。हम नए सिरे से काम शुरू करें।
【打头阵】 dǎ tóu zhèn लड़ाई में अग्रसर रहना; सेना के सब से पहले जत्थे में शामिल होना; किसी काम में अग्रसर रहना
【打退】 dǎtuì खदेड़ना; भगाना: ～敌人 दुश्मन को खदेड़ना
【打退堂鼓】 dǎ tuìtánggǔ पीछे हटना; हाथ खींचना: 这件事您不能～。आप को इस काम से हाथ नहीं खींचना चाहिए।
【打围】 dǎwéi घेर कर शिकार करना
【打硪】 dǎwò दुरमुट चलाना
【打问号】 dǎ wènhào प्रश्नचिन्ह लगाना; संदेह करना; संदेह होना; संशय होना: 我对他的言行不禁打了个问号。मुझे उस की कथनी और करनी पर संदेह करना पड़ा।
【打下】 dǎxià ❶कब्ज़ा करना; अधिकार करना ❷(नींव) डालना
【打先锋】 dǎ xiānfēng लड़ाई में अग्रिम दस्ते में शामिल होना

【打响】 dǎxiǎng ❶गोली दागना शुरू करना; गोलीबारी करने लगना; लड़ाई शुरू होना：战斗～了。लड़ाई शुरू हो गई। ❷प्रारंभिक सफलता पाना：这一炮～了，下一步就好办了。हमारी प्रारंभिक सफलता अगले चरण के काम को सरल बना देगी।

【打响鼻】 dǎ xiǎngbí (पशुओं का) फुफकारना; फुत्कारना

【打消】 dǎxiāo छोड़ देना; दूर करना：他～了出国留学的念头。उस ने विदेश में अध्ययन करने जाने का इरादा छोड़ दिया। / ～顾虑 चिंता दूर करना

【打旋】 dǎxuán चक्कर खाना; फिरना

【打雪仗】 dǎ xuězhàng बर्फ़ की गेंदों से लड़ना; एक दूसरे पर बर्फ़ की गेंदें फेंकना

【打压】 dǎyā दबाव डालना; ज़ोर डालना：对其实行～的做法 उस पर ज़ोर डालने का तरीका अपनाना / 形成～日元的态势 जापानी येन पर दबाव डालने की स्थिति उत्पन्न होना

【打鸭子上架】 dǎ yāzi shàng jià 赶鸭子上架 gǎn yāzi shàng jià के समान

【打牙祭】 dǎ yájì 〈बो०〉 विशिष्ट व्यंजन पकाना

【打掩护】 dǎ yǎnhù संरक्षण देना; आड़ करना; सहारा देना; सेना की प्रमुख शक्तियों को संरक्षण देना

【打眼】[1] dǎyǎn छेद करना

【打眼】[2] dǎyǎn 〈बो०〉 खरीदारी के समय ठगा जाना

【打眼】[3] dǎyǎn 〈बो०〉 आकर्षित करना; ध्यान आकृष्ट करना

【打佯儿】 dǎyángr 〈बो०〉 अनजान होने का स्वांग रचना

【打样】 dǎyàng ❶डिज़ाइन तैयार करना ❷〈मुद्रण०〉 प्रूफ़ बनाना

【打烊】 dǎyàng 〈बो०〉 दूकान बढ़ाना

【打药】 dǎyào ❶रेचक ❷नीमहकीम द्वारा बेची जाने वाली मरहम

【打噎】 dǎyē ❶हिचकी आना ❷गले में कोई चीज़ अटक जाने से दम घुटना

【打夜作】 dǎ yèzuò देर रात तक काम करना; गई रात मेहनत करना

【打印】[1] dǎyìn मुहर लगाना

【打印】[2] dǎyìn स्टेंसिल से अनुलिपियाँ बनाना

【打印机】 dǎyìnjī प्रिंटर

【打油】 dǎyóu ❶तेल खरीदना ❷〈बो०〉 तेल पेरना; तेल निकालना

【打油诗】 dǎyóushī तुकबन्दी

【打游击】 dǎ yóujī ❶गोरिल्ला युद्ध चलाना; छापामार युद्ध लड़ना：与敌人～ दुश्मन से गोरिल्ला युद्ध चलाना ❷〈हास्य०〉 छापामारों का सा जीवन बिताना —— काम करने, खाने या सोने आदि का निश्चित स्थान न होना

【打鱼】 dǎyú मछली मारना; मछली पकड़ना

【打冤家】 dǎ yuānjia कुल वैर; परंपरागत वैर

【打圆场】 dǎ yuánchǎng विवाद में मध्यस्थता करना; गतिरोध दूर करना

【打援】 dǎyuán शत्रु की कुमुक सेना पर प्रहार करना

【打杂儿】 dǎzár छोटे-मोटे काम करना：他在剧团里～。वह नाटक मंडली में छोटे-मोटे काम करता है।

【打造】 dǎzào (धातुओं की वस्तुएं) बनाना：～农具 कृषि औज़ार बनाना / ～船只 जहाज़ बनाना

【打战】 dǎzhàn (打颤 dǎzhàn भी) कांपना; कंपकंपी छूटना; ठिठुरना; सिहरना：冻得直～ सर्दी से ठिठुरना

【打仗】 dǎzhàng लड़ना; युद्ध करना; लाम पर जाना

【打招呼】 dǎ zhāohu ❶अभिवादन करना; नमस्ते कहना：相互～ एक दूसरे का अभिवादन करना ❷बताना; जताना; सूचित करना：您去天津之前给我打个招呼。आप थ्येनचिन जाने से पहले मुझे सूचित करें। ❸याद दिलाना; सतर्क करना：这事给你们打过招呼，可你们不听。मैं ने इस मामले के बारे में आप लोगों को याद दिलाई थी, मगर आप लोगों ने अनसुनी कर दी।

【打照面儿】 dǎ zhàomiànr ❶संयोगवश मिलना; आकस्मिक भेंट होना; सामना होना：昨天我在马路上跟他打了个照面儿。कल सड़क पर मेरा उस से सामना हो गया। ❷मुंह दिखाना; थोड़ी देर के लिए सामने आना：她打了个照面儿就走了。वह बस मुंह दिखाकर चली गई।

【打折扣】 dǎ zhékòu ❶छूट देना; रियायत करना ❷अपने वचन से मुकरना; अपेक्षा के अनुकूल न होना：他说到做到，不～。वह अपनी बात का पक्का है।

【打针】 dǎzhēn इंजेक्शन देना या लेना

【打肿脸充胖子】 dǎ zhǒng liǎn chōng pàngzi बड़प्पन दिखाने के लिए अपने मुंह को मार-मार कर फुला देना —— आडम्बर की कीमत चुकाना

【打皱】 dǎzhòu 〈बो०〉 चुन्नट पड़ना; शिकन पड़ना

【打主意】 dǎ zhǔyi ❶युक्ति सुझाना; उपाय करना：这主意不行，得另～。इस युक्ति से काम नहीं चलेगा। दूसरी युक्ति सुझानी चाहिए। / 打定主意 पक्का इरादा करना ❷प्राप्त करने की कोशिश करना; प्रयास करना：你别老在钱上～。तुम्हें हर समय धन प्राप्त करने की कोशिश नहीं करनी चाहिए।

【打住】 dǎzhù रुकना; विराम होना：他到了门口突然～脚步。दरवाज़े पर उस के कदम अचानक रुक गए। / 他说到这里忽然～了。वह इस प्रसंग पर कुछ बोलने को था कि सहसा रुक गया।

【打转】 dǎzhuàn चक्कर खाना; घूमना; फिरना：吉普车轮子陷在泥里直～。जीप के पहिए कीचड़ में चक्कर खाते रहे।

【打桩】 dǎzhuāng खंभा गाड़ना

【打字】 dǎzì टाइप करना; टंकण करना

【打字带】 dǎzìdài टाइपराइटर रिबन

【打字稿】 dǎzìgǎo टाइपस्क्रिप्ट; टंकित प्रति

【打字机】 dǎzìjī टाइपराइटर; टंकण मशीन

【打字员】 dǎzìyuán टाइपिस्ट; टंकक

【打总儿】 dǎzǒngr 〈बोल०〉 एक बार में：～算帐 एकबारगी हिसाब चुकता करना

【打嘴】 dǎzuǐ ❶मुंह पर थप्पड़ कसना; तमाचा लगाना ❷〈बो०〉 अपने ही मुंह पर थप्पड़ कसना —— मूर्खता करना

【打嘴巴】 dǎ zuǐba थप्पड़ कसना; तमाचा जड़ना; चपत लगाना; झापड़ मारना：打了他一嘴巴 उस के मुंह पर तमाचा जड़ना

【打嘴仗】 dǎ zuǐzhàng झगड़ा करना; तकरार करना
【打坐】 dǎzuò (बौद्धभिक्षु या ताओपंथी का) आसन जमाना; आसन लगाना; समाधिस्थ होना

dà

大 1 dà ❶बड़ा; विशाल; बृहत; महान्: ～会堂 बृहत सभा भवन / ～眼睛 बड़ी आंखें / ～草原 विशाल चरागाह / ～人物 महापुरुष ❷भारी; प्रचंड, तेज़: 下～雨 भारी वर्षा होना / 刮～风 तेज़ हवा चलना ❸ऊंचा: ～声说话 ऊंची आवाज़ में बोलना ❹व्यापक; बड़ा; मुख्य: ～道 मुख्य मार्ग / ～手术 बड़ा आपरेशन ❺आकार; साइज़; विस्तार: 您穿多～的衣服? आप के कपड़े किस साइज़ के हैं? / 这两间屋子一样～。ये दो कमरे एक जैसे बड़े हैं। ❻उम्र; आयु: 他比我～三岁。 वह मुझ से तीन वर्ष बड़ा है। / 孩子多～了? आप का बच्चा कितना बड़ा है? ❼खूब; अच्छी तरह; बहुत: 大吃一惊 / ～笑 बहुत हंसना ❽ज़ोर-शोर से; ज़ोरों से; बड़े पैमाने पर: 大张旗鼓 / ～搞水利 जल संरक्षण परियोजनाओं का ज़ोर-शोर से निर्माण करना ❾सब से बड़ा; ज्येष्ठ: 老～ भाई-बहनों में सब से बड़ा होना / ～哥 ज्येष्ठ भाई ❿<आदर०> आप: ～名 आप का नाम / ～作 आप की कृति ⓫(ज़ोर देने के लिए समय-सूचक शब्द के आगे प्रयुक्त): ～清早 बड़े सबेरे ⓬दे० 不大 bùdà

大 2 dà <बो०> ❶बाप; पिता ❷पिता के भाई; ताऊ; ताया; चाचा
dài भी दे०

【大白】[1] dàbái <बो०> खड़िया; चूना: ～浆 खड़िया का लेप; सफ़ेदी
【大白】[2] dàbái प्रकट होना; स्पष्ट होना; सर्वविदित होना: ～于天下 सर्वविदित होना
【大白菜】 dàbáicài चीनी बंदगोभी
【大白天】 dàbáitiān दिन; दिन का उजाला
【大白天说梦话】dàbáitiān shuō mènghuà दिवा-स्वप्न में बकझक करना; निरी बकवास होना
【大伯子】 dàbǎizi <बोल०> पति का सब से बड़ा भाई; जेठ
【大败】 dàbài ❶पूरी तरह हराना; खूब पीटना ❷मुंह की खाना; बुरी तरह हारना
【大班】[1] dàbān <बो०> बड़ा बॉस (जिस का मतलब पुराने चीन में विदेशी फ़र्म के मैनेजर से लिया जाता था); थाएपान
【大班】[2] dàbān किंडरगार्टन में सर्वोच्च कक्षा
【大阪】 Dàbǎn ओसाका
【大半】 dàbàn ❶आधे से अधिक; ज़्यादातर; अधिकतर: 在公园晨练者中～是老年人。पार्कों में सुबह-सुबह कसरत करने वालों में आधे से अधिक बूढ़े-बुढ़िया होते हैं। ❷बहुत संभव है कि …: 他今天没来上课，～是病了。आज वह क्लास में नहीं आया। बहुत संभव है कि वह बीमार पड़ा हो।
【大棒】 dàbàng डंडा —— भयभीत करने का साधन: "～加胡萝卜"政策 डंडे और गाजर की नीति; भय और प्रलोभन की नीति
【大本营】 dàběnyíng ❶सर्वोच्च मुख्यालय; सुप्रीम हेडक्वार्टर ❷आधार-शिविर: 登山～ पर्वतारोहियों का आधार-शिविर
【大便】 dàbiàn ❶मल; गू ❷मल त्याग करना; पाखाना फिरना: ～不通 कब्ज़ होना
【大兵】 dàbīng साधारण सैनिक; जवान
【大饼】 dàbǐng रोटी
【大伯】 dàbó ❶पिता के सब से बड़े भाई; ताया ❷(बड़े-बूढ़ों का संबोधन) ताऊ जी; चाचा जी
【大脖子病】 dàbózibìng <बो०> गलगंड; घेंघा
【大不列颠】 Dàbùlièdiān ग्रेट ब्रिटेन; ब्रिटेन; बरतानिया
【大不了】 dàbuliǎo ❶बुरे से बुरा हुआ, तो …: ～我们少吃一顿就是了。बुरे से बुरा हुआ, तो हम एक जून का खाना न खाएंगे। ❷(नकारात्मक रूप में प्रयुक्त) चिंताजनक; डरावना: 这件事没什么～的。यह चिंता का विषय नहीं है।
【大步流星】dàbù-liúxīng लम्बे-लम्बे डग भरना: 他～地朝营地走去。वह लम्बे-लम्बे डग भरते हुए शिविर की ओर चल पड़ा।
【大材小用】 dàcái-xiǎoyòng बृहद् सामग्री का लघु प्रयोग —— किसी की प्रतिभा का क्षुद्र काम के लिए दुरुपयोग करना; किसी की बुद्धिमत्ता के साथ अन्याय करना
【大菜】 dàcài ❶भोज में परोसा जाने वाला अंतिम व्यंजन (अकसर पूरी मूर्गी या बत्तख, या फिर सुअर के गोश्त का एक बड़ा टुकड़ा) ❷योरोपियन व्यंजन
【大肠】 dàcháng <श०वि०> बड़ी आंत
【大肠杆菌】 dàcháng gǎnjūn बृहदांत्र जीवाणु
【大氅】 dàchǎng ओवरकोट; लबादा
【大潮】 dàcháo वसंतकालीन ज्वार
【大车】[1] dàchē घोड़ा-गाड़ी
【大车】[2] dàchē इंजन ड्राइवर या जहाज़ के मुख्य अभियंता का सम्मानजनक संबोधन
【大车店】 dàchēdiàn गाड़ीवानों की सराय
【大臣】 dàchén (दरबार का) मंत्री
【大乘】 dàchéng महायान
【大吃大喝】 dàchī-dàhē खाने-पीने में फ़ज़ूल खर्ची करना; खा-पी कर मन भरना
【大吃一惊】 dàchī-yījīng भौंचक्का रह जाना; आश्चर्य से हतबुद्धि होना
【大冲】 dàchōng <खगोल०> हर 15-17 सालों में मंगल ग्रह का पृथ्वी के ठीक सामने आना
【大虫】 dàchóng <बो०> बाघ
【大出血】 dàchūxuè व्यापक रक्तस्राव
【大处落墨】 dàchù-luòmò (大处着墨 dàchù-zhuómò भी) कुंजीभूत बात पर ध्यान केंद्रित करना
【大吹大擂】 dàchuī-dàléi ढिंढोरा पीटना; अपने मुंह अपनी बड़ाई करना
【大吹法螺】 dàchuī-fǎluó शेखी बघारना; डींग मारना

【大春】 dàchūn 〈बो०〉 ❶वसंत; बहार ❷大春作物 के समान
【大春作物】 dàchūn zuòwù वसंत ऋतु में बोयी जाने वाली फ़सलें
【大醇小疵】 dàchún-xiǎocī संपूर्णता की दृष्टि से निर्दोष, पर अंगों की दृष्टि से त्रुटिपूर्ण
【大词】 dàcí 〈तर्क०〉 प्रमुख पद
【大葱】 dàcōng चीनी हरा प्याज़
【大打出手】 dàdǎ-chūshǒu हाथापाई करना; भिड़ना; गुंथना
【大…大…】 dà…dà… (अधिकता या व्यापकता दिखाने के लिए संज्ञा, क्रिया या विशेषण के आगे प्रयुक्त)：～吵～闹 आसमान सिर पर उठाना / ～红～绿 चटकीले रंग
【大大】 dàdà बहुत अधिक; काफ़ी ज़्यादा：人民生活～改善。जन-जीवन बहुत अधिक सुधर गया। / 困难程度～超出想象。कठिनाई कल्पना से कहीं अधिक निकली।
【大大咧咧】 dàdaliēliē लापरवाही; असावधानता; लापरवाह; असावधान：他做什么都是～的。वह हर काम में लापरवाही करता है।
【大大落落】 dàdaluōluō 〈बो०〉 सरल और धैर्यवान
【大袋鼠】 dàdàishǔ कंगारू
【大胆】 dàdǎn साहसी; निडर; निर्भय; निर्भीक; साहसिकता; निडरता; निर्भयता; निर्भीकता; साहसपूर्ण; निडरतापूर्ण; निर्भीकतापूर्ण: 采取～步骤 साहसपूर्ण कदम उठाना / 你好～! तुम्हारी क्या मजाल है!
【大刀】 dàdāo खांड़ा
【大刀阔斧】 dàdāo-kuòfǔ साहसपूर्ण; प्रबल; ज़बरदस्त：～地进行改革 ज़बरदस्त सुधार करना
【大道理】 dàdàoli मुख्य सिद्धांत; आम सिद्धांत：～人人会讲，但要做到却很难。हरेक मुख्य सिद्धान्तों को ज़बान पर ला सकता है, लेकिन उन पर अमल करना बहुत ही कठिन है।
【大灯】 dàdēng (कार की) हेडलाइट
【大敌】 dàdí भयानक शत्रु; कट्टर दुश्मन
【大敌当前】 dàdí-dāngqián भयानक शत्रु का सामना करना
【大抵】 dàdǐ कुल मिलकर कहा जाए; मुख्यतः; कुल मिलाकर：情况～如此。कुल मिलाकर कहा जाए, तो हालत ऐसी ही है।
【大地】 dàdì धरती; पृथ्वी：阳光普照～。सूर्य का प्रकाश धरती के हर कोने को प्रदीप्त कर रहा है।
【大典】 dàdiǎn ❶भव्य समारोह：开国～ (एक देश का) स्थापन-समारोह ❷प्राचीन लेखों का संग्रह
【大殿】 dàdiàn ❶राजसभा; दरबार ❷बौद्ध मंदिर का मुख्य भवन
【大动干戈】 dàdòng-gāngē युद्ध छेड़ना; लड़ाई लड़ना
【大动肝火】 dàdòng-gānhuǒ आगबबूला होना; क्रोधाग्नि में पड़ना
【大动脉】 dàdòngmài ❶〈श०वि०〉 महाधमनी ❷यातायात की मुख्य लाइन,धमनी：交通～ यातायात की धमनी / 经济～ अर्थव्यवस्था की धमनी
【大都】 dàdōu अधिकतर; ज़्यादातर：这些文章～是他写的。इन लेखों में ज़्यादातर उस ने लिखे हैं।
【大豆】 dàdòu सोयाबीन
【大肚子】 dàdùzi 〈बोल०〉 ❶गर्भवती होना; पेटवाली होना; पेट फूलना ❷खाऊ ❸तोंदवाला; तोंदल
【大度】 dàdù 〈लि०〉 विशालहृदय
【大度包容】 dàdù-bāoróng विशालहृदय होना; उदारचित्त और सहनशील होना
【大端】 dàduān 〈लि०〉 मुख्य पक्ष; मुख्य बिन्दु：举其～ मुख्य पक्षों का उल्लेख करना
【大队】 dàduì ❶बटालियन या रेजीमेंट के समान सैनिक इकाई ❷दल; झुंड; जत्था：～人马 सैनिकों का जत्था; लोगों का दल
【大多】 dàduō अधिकांश; ज़्यादातर：示威者中～是妇女。प्रदर्शनकारियों में अधिकांश महिलाएं थीं। / 这些电子产品～为国内所造。इन इलेक्ट्रोनिक वस्तुओं में ज़्यादातर देशी माल हैं।
【大多数】 dàduōshù बहुमत; बहुसंख्यक; अधिकांश：赢得～人的支持 बहुसंख्यक लोगों से समर्थन प्राप्त कर लेना
【大而化之】 dà'érhuàzhī लापरवाही से; असावधानी से; बेफ़िक्री से
【大而无当】 dà'érwúdàng बड़ा लेकिन अनुपयोगी; बृहद् लेकिन अव्यावहारिक
【大发雷霆】 dàfā-léitíng लाल होना; आपे से बाहर होना; आंखों में खून उतरना
【大法】 dàfǎ ❶संविधान ❷आधारभूत विधि और नियमावली
【大凡】 dàfán आम तौर पर; साधारणतः; प्रायः：～工作经验丰富的人，遇事总比较冷静。काम में प्रचुर अनुभव अर्जित किए लोग किसी आकस्मिक घटना का सामना करने पर आम तौर पर धैर्य से काम लेते हैं।
【大方】 dàfāng 〈लि०〉 विद्वान; विशेषज्ञ
【大方】 dàfang ❶उदार; दानशील ❷सरलचित्त और धैर्यवान：举止～ सरलचित्त और धैर्यवान होना ❸सुरुचिपूर्ण：陈设～ सुरुचिपूर्ण ढंग से सजावट करना
【大放厥词】 dàfàng-juécí बेतुकी बकवास करना; अनाप-शनाप बकना; अंडबंड कहना
【大粪】 dàfèn मल; गू; पाखाना; बिष्ठा; टट्टी; मैल
【大风大浪】 dàfēng-dàlàng आंधी-पानी; प्रचंड तूफ़ान (जो मानव समाज में होने वाले भारी परिवर्तन और उथल-पुथल की उपमा है)
【大夫】 dàfū (प्राचीन चीन में) उच्च अधिकारी
dàifu भी दे०
【大副】 dàfù चीफ़ मेट
【大腹便便】 dàfù-piánpián तोंदू; तोंदल
【大概】 dàgài ❶स्थूल जानकारी; मोटी बात：详细情况我不了解，只知道个～。मुझे इस बारे में विस्तृत नहीं, स्थूल जानकारी ही है; मैं तफ़सील नहीं, मोटी बात भर जानता हूँ। / 他介绍了一个～。उस ने स्थूल जानकारी दी। ❷संक्षिप्त; स्थूल; मोटा：～计算一下 स्थूल गणना करना / 作一个～的介绍 संक्षिप्त परिचय देना / ～地说了说 संक्षेप में कहना ❸संभवतः; शायद：这个

会～开不成了。यह बैठक शायद नहीं बुलाई जाएगी। / ～会有一千人参加明天的开幕式。कल के उद्घाटन-समारोह में संभवतः कोई एक हज़ार लोग उपस्थित होंगे।
【大概其】 dàgàiqí <बो०> संक्षिप्त; स्थूल; मोटा: 他说了半天，我只听了个～。वह देर तक बोला, लेकिन मैं ने सिर्फ़ मोटी बातें पकड़ीं। / 这件事我只知道个～。मुझे इस मामले के बारे में केवल स्थूल जानकारी है।
【大纲】 dàgāng रूपरेखा; खाना: 五年计划～ पंच-वर्षीय योजना की रूपरेखा
【大哥】 dàgē ❶ज्येष्ठ भाई ❷(हमउम्र पुरुष का संबोधन) भाई जान
【大公】 dàgōng ग्रैंड ड्यूक
【大公国】 dàgōngguó ग्रैंड डची; ग्रैंड ड्यूक की रियासत
【大公无私】 dàgong-wúsī ❶निःस्वार्थता; बेगरजी; निःस्वार्थी; बेगरज ❷निष्पक्षता; निष्पक्ष
【大功】 dàgōng असाधारण काम; सराहनीय सेवा
【大功告成】 dàgong-gàochéng नियत कार्य सफल (पूरा, संपन्न) होना
【大功率】 dàgōnglǜ <विद्यु०> हाई पावर: ～电缆 हाई पावर केबल
【大姑子】 dàgūzi पति की बड़ी बहन; ननद
【大鼓】 dàgǔ ❶<संगी०> बैस ड्रम ❷दाकू, डफ़ली और वाद्यों की संगत में गाकर सुनाई जाने वाली छन्दोबद्ध कहानी
【大褂】 dàguà बिना अस्तर का लबादा
【大关】 dàguān ❶महत्वपूर्ण या दुर्गम दर्रा ❷नई बुलंदी; सर्वोच्च कीर्तिमान: 外贸进出总额突破四千五百亿美元～。कुल आयात-निर्यात ने चार खरब पाँच अरब अमरीकी डालर की नई बुलन्दी छू ली है।
【大观】 dàguān भव्य दृश्य: 蔚为大观 wèiwéi-dàguān
【大管】 dàguǎn <संगी०> बैसून
【大规模】 dàguīmó बड़े पैमाने वाला; व्यापक; विस्तृत: ～应用电子计算机 बड़े पैमाने पर कम्प्यूटरों का उपयोग करना / ～杀伤性武器 नरसंहारक हथियार
【大国沙文主义】 dàguó shāwén zhǔyì（大国主义 dàguó zhǔyì भी）महाराष्ट्रवाद; अंधमहाराष्ट्रवाद
【大海捞针】 dàhǎi-lāozhēn समुद्र से सुई ढूँढ निकालना; समुद्र में सुई की तलाश करना; समुद्र में ढूँढने की कोशिश करना
【大寒】 dàhán ❶अधिकतर शीत, जो 24 सौरावधियों में अंतिम होता है ❷अंतिम सौरावधि के आरंभ का दिन (20 या 21 जनवरी)। इस सौरावधि में सब से अधिक सर्दी पड़ती है
节气 jiéqì; 二十四节气èrshísì jiéqì भी दे०
【大喊大叫】 dàhǎn-dàjiào गला फाड़-फाड़ कर चिल्लाना; चीख-पुकार करना; चीखना
【大汉】 dàhàn हट्टा-कट्टा पुरुष
【大旱望云霓】 dàhàn wàng yúnní सूखे के दिनों में मेघ की राह देखना —— विपत्ति से उद्धार की प्रतीक्षा करना
【大好】 dàhǎo उत्तम; बढ़िया: ～时机 बढ़िया मौका; सुनहरा अवसर / ～形势 उत्तम स्थिति
【大好河山】 dàhǎo-héshān प्यारा देश; (देश की) सुन्दर भूमि
【大号】[1] dàhào ❶आप का शुभनाम ❷बड़ा साइज़ या आकार: ～皮鞋 बड़े साइज़ के चमड़े के जूते
【大号】[2] dàhào <संगी०> बैस हार्न
【大合唱】 dàhéchàng समूहगान; कोरस
【大河】 dàhé ❶बड़ी नदी ❷महानद (पीली नदी का साहित्यिक नाम)
【大亨】 dàhēng <पुराना> बड़ा आदमी
【大轰大嗡】 dàhōng-dàwēng कोलाहल मचाना; हो-हल्ला करना
【大红】 dàhóng चटख लाल; सुर्ख
【大后年】 dàhòunián अब से तीन साल आगे
【大后天】 dàhòutiān आने वाले परसों से अगला दिन; तरसों; अतरसों
【大户】 dàhù ❶संपन्न और प्रतिष्ठित परिवार ❷बड़ा परिवार
【大花脸】 dàhuāliǎn बृहद् पुष्पालंकृत मुख (पुष्पालंकृत मुख वाले पात्रों 花脸 का एक वर्ग, जो आंगिक अभिनय से अधिक गायन पर ज़ोर देता है और जिस में काला मुख 黑头 जैसे पात्र भी शामिल हैं)
【大话】 dàhuà शेखी; डींग: 说～ शेखी बघारना; डींग हांकना / 好说～ शेखीबाज़ होना
【大黄蜂】 dàhuángfēng बर्रे; हाड़ा
【大黄鱼】 dàhuángyú बड़ी पीली क्रोकर मछली
【大茴香】 dàhuíxiāng <वन०> सौंफ
【大会】 dàhuì ❶पूर्ण अधिवेशन; पूरी मीटिंग ❷सार्वजनिक सभा; समारोह; जलसा; रैली: 成立～ स्थापन-समारोह
【大伙儿】 dàhuǒr（大家伙儿 dàjiāhuǒr भी）<बोल०> हम सब लोग; आप सब लोग; हरेक आदमी
【大祸临头】 dàhuò-líntóu संकट सिर पर आना; सिर पर सनीचर सवार होना
【大惑不解】 dàhuò-bùjiě उलझन में पड़ना; गुत्थी सुलझ न पाना
【大吉】 dàjí ❶शुभ; मंगल ❷(व्यंग्यात्मक अर्थ में): 溜之大吉 liū zhī dà jí / 关门大吉 guān mén dà jí
【大吉大利】 dàjí-dàlì मंगल और वैभवशाली रहे (शुभकामना)
【大计】 dàjì दूरगामी महत्व का कार्यक्रम; मौलिक महत्व का मामला: 百年～ दूरगामी महत्व का कार्यक्रम
【大家】[1] dàjiā ❶शिल्पी; महान कलाकार: 书法～ महान लिपिकार; सुप्रसिद्ध लिपिकार ❷पुराना व सुप्रसिद्ध घराना; प्रतिष्ठित घराना; उच्चकुल
【大家】[2] dàjiā सब; सभी; हरेक: 他给～带来一个好消息。वह हम सब लोगों के लिए एक खुशखबरी लाया। / ～知道，这个计划是不可行的。सभी को मालूम है कि यह योजना अव्यावहारिक है। / 你们～一起去。आप सब लोग एक साथ जाएं।
【大家闺秀】 dàjiā-guīxiù उच्चकुल की लड़की; सुशीला
【大家庭】 dàjiātíng बड़ा परिवार; समुदाय
【大驾】 dàjià <आदर०> आप श्रीमान

【大建】 dàjiàn तीस दिनों का चन्द्रमास
【大江】 dàjiāng ❶बड़ी नदी ❷लम्बी नदी（长江 का साहित्यिक नाम）
【大将】 dàjiàng ❶सीनियर जनरल ❷उच्चस्तरीय अधिकारी
【大教堂】 dàjiàotáng मुख्य गिरजा घर (चर्च)
【大街】 dàjiē मुख्य सड़क; सड़क
【大街小巷】 dàjiē-xiǎoxiàng छोटी-बड़ी सड़कें; गलियाँ और सड़कें: ～都挤满了人。गलियों और सड़कों में लोगों की भीड़ जमी है।
【大节】 dàjié राजनीतिक निष्ठा
【大捷】 dàjié भारी विजय
【大姐】 dàjiě ❶ज्येष्ठ बहन ❷(हमउम्र महिला का संबोधन) बड़ी बहन; दीदी
【大解】 dàjiě पाखाना जाना; पेट साफ़ करना; मल त्याग करना
【大襟】 dàjīn चीनी वस्त्र का सामने का हिस्सा, जो दायीं ओर बटनों से बन्द होता है
【大尽】 dàjìn 大建 के समान
【大惊失色】 dàjīng-shīsè चेहरा सफ़ेद हो जाना; चेहरे पर हवाइयां उड़ना
【大惊小怪】 dàjīng-xiǎoguài व्यर्थ चिंतित होना; छोटी सी बात पर घबरा जाना: 你真是～。तुम तो व्यर्थ चिंतित हो। / 用不着～。इतनी छोटी बात पर घबराने की क्या ज़रूरत?
【大净】 dàjìng 〈इस्लाम〉 गुसल; गुस्ल
【大静脉】 dàjìngmài 〈श०चि०〉 महाशिरा
【大舅子】 dàjiùzi 〈बोल०〉 पत्नी का बड़ा भाई; जेठ
【大局】 dàjú संपूर्ण या समग्र स्थिति: 事关～。यह मामला संपूर्ण स्थिति से संबंधित है। / 从～出发 संपूर्ण स्थिति से प्रस्थान करना
【大举】 dàjǔ (सैन्य कार्रवाई में) दल-बल के साथ; बड़े पैमाने पर: ～进犯 दल-बल के साथ हमला बोलना
【大军】 dàjūn ❶सेना की मुख्य टुकड़ियाँ: 先头部队穿过敌人防线，～随即跟进。अग्रिम दल ने शत्रु सेना की रक्षा व्यवस्था तोड़ दी और मुख्य टुकड़ियाँ तुरंत आगे बढ़ निकलीं। ❷जत्था; दल; विशाल पांत: 地质～ भूतत्ववेत्ताओं की विशाल पांतें
【大卡】 dàkǎ 〈भौ०〉 किलोकैलोरी
【大楷】 dàkǎi ❶चीनी लिपिकला में नियमित लिखावट के बड़े अक्षर ❷बड़े अक्षर
【大考】 dàkǎo सत्र के अंत में होने वाली परीक्षा; सत्र की अंतिम परीक्षा
【大客车】 dàkèchē（大轿车 dàjiàochē भी）बस; कोच
【大课】 dàkè अनेक क्लासों के छात्रों के सामने दिया जाने वाला व्याख्यान
【大快人心】 dàkuài-rénxīn (अपराधियों को दंडित किए जाने पर) जनता का दिल बाग-बाग होना; राहत की सांस लेना
【大块头】 dàkuàitóu 〈बो०〉 मोटेमल; स्थूलकाय व्यक्ति
【大款】 dàkuǎn 〈बोल०〉 धनपात्र; रुपयों की बोरी
【大牢】 dàláo 〈बोल०〉 जेल; जेलखाना
【大老粗】 dàlǎocū अनपढ़; गंवार; उजड्ड आदमी
【大礼拜】 dàlǐbài बड़ा इतवार —— वह दिन, जब दो हफ़्तों या दस दिनों में एक दिन की छुट्टी हो
【大理石】 dàlǐshí मार्बल; संगमरमर
【大力】 dàlì ज़ोरदार; प्रबल: ～发展第三产业 सेवा क्षेत्र का ज़ोरदार विकास करना / ～支持 प्रबल समर्थन देना
【大力士】 dàlìshì पहलवान; मल्ल
【大丽花】 dàlìhuā डेलिया का फूल
【大殓】 dàliàn अंतिम संस्कार; अंत्येष्टि
【大梁】 dàliáng धरण; शहतीर
【大量】 dàliàng ❶बड़ी संख्या; बड़ी मात्रा: ～生产轿车 बड़ी मात्रा में कारों का उत्पादन करना / ～人群涌上街头。बड़ी संख्या में लोग सड़कों पर उमड़ पड़े। / ～事实证明… बड़ी संख्या में तथ्यों ने यह सिद्ध किया है कि … ❷विपुलहृदय; उदार
【大料】 dàliào 〈बो०〉 सौंफ के बीज; तारा फल
【大龄青年】 dàlíng qīngnián कोई तीस वर्ष का अविवाहित युवक या युवती
【大陆】 dàlù ❶महाद्वीप: 亚洲～ एशियाई महाद्वीप ❷मुख्य भूमि: 中国～ चीन की मुख्य भूमि
【大陆架】 dàlùjià कंटिनेंटल शेल्फ़; महाद्वीपीय पट्टी
【大陆漂移】 dàlù piāoyí कंटिनेंटल ड्रिफ़्ट; महाद्वीपीय अपवाह
【大陆性气候】 dàlùxìng qìhòu महाद्वीपीय जलवायु
【大路】 dàlù राजमार्ग; हाईवे
【大路货】 dàlùhuò अच्छी क्वालिटी की लोकप्रिय वस्तुएँ
【大略】 dàlüè ❶मोटी बात; स्थूल जानकारी: 这个问题我只知道个～。मुझे इस मामले के बारे में केवल स्थूल जानकारी है। ❷大致 के समान ❸साहसिक दृष्टि: 雄才大略 xióngcái-dàlüè
【大妈】 dàmā ❶पिता के बड़े भाई की पत्नी; काकी; ताई ❷(बड़ी उम्र की महिला का संबोधन) काकी
【大麻】 dàmá ❶भांग ❷चरस; गाँजा; भाँग
【大麻哈鱼】 dàmáhǎyú（大马哈鱼 dàmǎhǎyú भी）डाग साल्मन मछली
【大马趴】 dàmǎpā मुंह के बल गिर पड़ना: 他摔了个～。वह मुंह के बल गिर पड़ा।
【大麦】 dàmài जौ
【大忙】 dàmáng बहुत व्यस्त: 榨糖的～季节 पेराई का व्यस्त मौसम / ～人 अति व्यस्त व्यक्ति
【大猫熊】 dàmāoxióng भीमकाय पांडा
【大毛】 dàmáo लम्बे कोयों वाली खाल
【大帽子】 dàmàozi बड़ी टोपी —— अनुचित आरोप; राजनीतिक लेबल या चिप्पी: 拿～压人 लोगों पर राजनीतिक लेबल लगाकर उन पर दबाव डालने की कोशिश करना
【大媒】 dàméi 〈बोल०〉 बिचौली; मंझवा
【大门】 dàmén मुख्य द्वार; फाटक
【大米】 dàmǐ चावल
【大面儿】 dàmiànr 〈बो०〉 सतह; प्रकट रूप: ～上还过得去。यह आम तौर पर ठीक कहा जा सकता है।
【大民族主义】 dàmínzúzhǔyì महाजातिवाद; अंधजातिवाद

【大名】 dàmíng ❶किसी का औपचारिक नाम ❷〈आदर०〉 आप का शुभनाम

【大名鼎鼎】 dàmíng-dǐngdǐng नामी; विख्यात; सुप्रसिद्ध; मशहूर: 他是位～的历史学家。वह एक नामी इतिहासकार है।

【大谬不然】 dàmiù-bùrán बिल्कुल गलत; एकदम झूठ; नितांत असत्य

【大漠】 dàmò विशाल रेगिस्तान

【大模大样】 dàmú-dàyàng अकड़कर; नखरे से; ठसक से: 他～地出现在众人面前。वह भरी सभा में अकड़कर प्रगट हुआ।

【大拇哥】 dàmǔgē 〈बो०〉 अंगूठा; अंगुष्ठ

【大拇指】 dàmǔzhǐ 〈बोल०〉 अंगूठा; अंगुष्ठ

【大拿】 dàná 〈बोल०〉 ❶प्रभावशाली व्यक्ति ❷माहिर; विशेषज्ञ: 技术～ तकनीकी माहिर

【大难临头】 dànàn-líntóu भारी संकट मुंह बाए खड़ा होना; सिर पर सनीचर सवार होना

【大脑】 dànǎo 〈श०वि०〉 मस्तिष्क; भेजा; दिमाग

【大脑半球】 dànǎo bànqiú मस्तिष्क गोलार्द्ध

【大脑皮层】 dànǎo pícéng मस्तिष्क आवरण

【大内】 dànèi 〈पुराना〉 राजमहल

【大鲵】 dàní 〈प्राणि०〉 भीमकाय सैलामंडर

【大逆不道】 dànì-bùdào जघन्य अपराध; संगीन जुर्म; गंभीर अधर्म

【大年】 dànián ❶अच्छी फ़सल वाला वर्ष ❷वह चन्द्र-वर्ष, जिस का अंतिम मास तीस दिनों का होता है ❸वसंतोत्सव

【大年初一】 dàniánchūyī 〈बोल०〉 चन्द्रवर्ष का प्रथम दिन; चन्द्रवत्सर का नववर्ष दिवस

【大年夜】 dàniányè 〈बो०〉 नए चन्द्रवर्ष की पूर्ववेला

【大娘】 dàniáng 〈बोल०〉 ❶पिता के बड़े भाई की पत्नी; काकी; ताई ❷(बुज़ुर्ग महिला का संबोधन) काकी

【大排行】 dàpáiháng चचेरे भाइयों व बहनों या एक ही दादा के पौत्रों-पौत्रियों की वरियता का क्रम

【大炮】 dàpào ❶तोप ❷〈बोल०〉 बढ़ा-चढ़ा कर बातें करने वाला; तीखी बातें करने वाला

【大批】 dàpī बड़ी संख्या; बड़ी मात्रा: ～青年学生愿意充当志愿者。बड़ी संख्या में छात्र स्वयंसेवक के रूप में काम करने को तैयार हैं। / 码头上堆积着～货物。घाट पर बड़ी मात्रा में माल जमा है।

【大辟】 dàpì (सामंत युग में) सिर काटने का दंड; शिरश्छेदन

【大片】 dàpiàn 〈फ़िल्म०〉 ब्लॉकबस्टर

【大谱儿】 dàpǔr आम योजना: 这件事怎么处理，你心里该有个～。यह मामला कैसे निबटाया जाए, इस के लिए तुम्हें एक आम योजना बनानी चाहिए।

【大漆】 dàqī लाख

【大起大落】 dàqǐ-dàluò तेज़ी से भारी उतार-चढ़ाव होना; तेज़ी से हेर-फेर होना: 市场价格～。चीज़ों के दामों में तेज़ी से भारी उतार-चढ़ाव हुआ।

【大气】 dàqì ❶〈मौ०वि०〉 वायु; हवा; वात ❷सांस: 他吓得连～也不敢出。डर के मारे वह सांस तक न लेता था। / 直喘～ सांस फूलना

【大气】 dàqi सुरुचिपूर्ण

【大气层】 dàqìcéng वायुमंडल

【大气候】 dàqìhòu ❶〈मौ०वि०〉 संपूर्ण जलवायु ❷आम प्रवृत्ति; आम राजनीतिक माहौल

【大气磅礴】 dàqì-pángbó शक्तिशाली; तीव्र; प्रचंड

【大气污染】 dàqì wūrǎn वायुप्रदूषण

【大气压】 dàqìyā वायुमंडलीय दबाव

【大器晚成】 dàqì-wǎnchéng बड़े बरतन बनाने में वर्ष लगते हैं ——कुशाग्रबुद्धि व्यक्ति धीरे-धीरे तैयार होते हैं

【大千世界】 dàqiān shìjiè अपार संसार

【大前年】 dàqiánnián तीन साल पहले

【大前提】 dàqiántí प्रमुख पूर्वशर्त; प्रमुख आधार

【大前天】 dàqiántiān（大前儿 dàqiánr भी）तीन दिन पहले; अतरसों

【大钱】 dàqián भारी रकम; धनराशि: 赚～ धनराशि अर्जित करना

【大巧若拙】 dàqiǎo-ruòzhuō बहुत प्रवीण व्यक्ति देखने में मूढ़ सा लगता है

【大庆】 dàqìng ❶किसी महत्वपूर्ण घटना को मनाने के लिए किया गया भव्य आयोजन ❷किसी सम्माननीय बुज़ुर्ग का जन्मदिवस या जयंती: 七十～ इकहतरवीं जयंती

【大秋】 dàqiū ❶शरद में फ़सल काटने का मौसम ❷खरीफ़ की फ़सल

【大秋作物】 dàqiū zuòwù खरीफ़ की फ़सल

【大曲】 dàqū ❶तेज़ शराब बनाने में काम आने वाला खमीर ❷ऐसे ही खमीर से खिंची तेज़ शराब

【大权】 dàquán महत्वपूर्ण मामले निबटाने का अधिकार; सत्ता

【大权独揽】 dàquán-dúlǎn सत्ता की बागडोर अपने हाथ में लेना; (पर) एकाधिकार कायम करना

【大权旁落】 dàquán-pángluò अपना अधिकार खोना (गंवाना); अधिकार छीना जाना

【大犬座】 dàquǎnzuò 〈खगोल०〉 बृहत् श्वान राशि

【大人】 dàrén 〈पुराना, आदर०〉 (पत्र में अपने माता-पिता को या किसी वृद्ध को संबोधित करने के लिए प्रयुक्त) पूजनीय; पूज्य: 父亲～ पूज्य पिता जी

【大人】 dàren ❶वयस्क; बालिग; बड़ा ❷〈पुराना〉 महामहिम आप; महामहिम वह

【大人物】 dàrénwù प्रतिष्ठित व्यक्ति; महापुरुष; बड़ा आदमी

【大肉】 dàròu सुअर का मांस

【大扫除】 dàsǎochú सफ़ाई अभियान; सफ़ाई: 进行～ सफ़ाई करना

【大嫂】 dàsǎo ❶बड़े भाई की पत्नी; भाभी ❷(हमउम्र महिला का सम्मानपूर्ण संबोधन) भाभी जी

【大杀风景】 dàshā-fēngjǐng（大煞风景 dàshā-fēngjǐng भी）मज़ा किरकिरा करना (होना); रंग में भंग करना (होना); आनन्द में विघ्न पड़ना

【大厦】 dàshà ऊंची इमारत; अट्टालिका; भवन

【大厦将倾】 dàshà-jiāngqīng ऊंची इमारत का ढहने को होना —— स्थिति निराशाजनक होना

【大少爷】 dàshàoye ❶(संपन्न घर का) जेष्ठ पुत्र ❷संपन्न परिवार का दुर्ललित पुत्र; उड़ाऊ; फ़ज़ूलखर्च

【大舌头】 dàshétou <बोल०> तुतलाने वाला; तोतला
【大赦】 dàshè क्षमादान: 实行～ क्षमादान देना
【大婶儿】 dàshěnr (माता की आयु की नारी का सम्मान-पूर्ण संबोधन) चाची जी
【大声疾呼】 dàshēng-jíhū बुलन्द आवाज़ उठाना; आवाज़ बुलन्द करना: ～和平 शांति के लिए आवाज़ बुलन्द करना
【大牲口】 dàshēngkou(大牲畜 dàshēngchù भी) भारवाही पशु
【大失所望】 dàshī-suǒwàng आशा पर पानी फेरना; आशा टूटना; आशा तोड़ना; निराशा होना
【大师】 dàshī ❶महान कलाकार; हस्ती; शिल्पी: 文学～ साहित्य शिल्पी ❷धर्माचार्य
【大师傅】 dàshīfu रसोईया; बावर्ची; सूपकार
【大使】 dàshǐ राजदूत: 特命全权～ असाधारण और पूर्णाधिकार प्राप्त राजदूत / ～级会谈 राजदूत स्तर पर वार्त्ता
【大使馆】 dàshǐguǎn दूतावास
【大使衔】 dàshǐxián राजदूतीय पद
【大事】 dàshì ❶महत्वपूर्ण मामला; प्रमुख मुद्दा; बड़ी बात: 国家～ राज्य के महत्वपूर्ण मामले / 头等重要的～ प्राथमिक महत्व का मामला / 这是政治生活中的一件～。यह राजनीतिक जीवन का एक प्रमुख मुद्दा है। ❷पूरे ज़ोर से; ज़ोरशोर से: ～宣扬 ज़ोरशोर से विज्ञापन करना
【大事记】 dàshìjì घटनावली; बड़ी बड़ी घटनाओं का विवरण
【大事化小，小事化了】 dàshì huà xiǎo, xiǎoshì huà liǎo बड़े सवाल को छोटे में और छोटे को नहीं में बदलना; महत्वपूर्ण मामले को नगण्य और नगण्य को शून्य बनाना
【大势】 dàshì घटनाक्रम की आम प्रवृत्ति
【大势所趋】 dàshì-suǒqū युग की पुकार; आम रुझान
【大势已去】 dàshì-yǐqù स्थिति निराशाजनक होना; खेल बिगड़ जाना
【大是大非】 dàshì-dàfēi सिद्धांत संबंधी प्रमुख मुद्दे; प्रमुख मुद्दों में सही और गलत: 分清～ प्रमुख मुद्दों में सही और गलत का स्पष्ट अंतर करना
【大手笔】 dàshǒubǐ ❶सुप्रसिद्ध लेखक की कृति ❷सु-प्रसिद्ध लेखक ❸बृहद् योजना; बृहद् कार्य
【大手大脚】 dàshǒu-dàjiǎo शाहखर्ची; फ़िज़ूलखर्ची; अपव्यय; उड़ाऊपन; शाहखर्च; फ़िज़ूलखर्च; अपव्ययी; उ-ड़ाऊ: 花钱不能～。फ़िज़ूलखर्ची नहीं करनी चाहिए। / 她太～。वह बिल्कुल उड़ाऊ है।
【大书特书】 dàshū-tèshū स्वर्ण-अक्षरों में अंकित करना; खूब सराहना
【大叔】 dàshū (पिता की उम्र के पुरुष का सम्मानपूर्ण संबोधन) चाचा जी; अंकल
【大暑】 dàshǔ ❶अधिकतर उष्णता, जो 24 सौरावधियों में 12वीं होती है। ❷12वीं सौरावधि के आरंभ का दिन, जो 22, 23 या 24 जुलाई होता है। इस दिन के बाद सर्वाधिक गरमी शुरू होती है
节气 jiéqì, 二十四节气 èrshí sì jiéqì भी दे०
【大水】 dàshuǐ बाढ़: 发～ बाढ़ आना
【大肆】 dàsì मनमाने ढंग से; मनचाहे: ～鼓吹 की मनचाही वकालत करना / ～攻击 पर मनमाने ढंग से लांछन लगाना / ～渲染 मनचाहे अतिरंजित करना
【大苏打】 dàsūdá <रसा०> सोडियम हाइपोसल्फ़ाइट
【大蒜】 dàsuàn लहसन: 一瓣～ लहसन का एक जवा
【大踏步】 dàtàbù लम्बे-लम्बे डग भरना; लम्बे-लम्बे कदम उठाना
【大堂】 dàtáng ❶衙门 yámen का वह हॉल, जहाँ मामले की सुनवाई होती थी ❷होटल की लॉबी
【大…特…】 dà…tè… (ज़ोर देने के लिए एक ही क्रिया दोहराते हुए): 大书大书 dà shū tè shū / ～吃～吃 खूब खाना
【大提琴】 dàtíqín <संगी०> चेलो
【大体】 dàtǐ ❶महत्वपूर्ण सिद्धांत; सार्वजनिक हित: 识～, 顾大局。सार्वजनिक हित को ध्यान में रखते हुए पूरी परिस्थिति का जायजा लेना ❷मोटे तौर पर; सामान्यत:; साधारणत:; कुल मिलाकर: ～上说，这部电影是成功的。कुल मिलाकर कहा जाए, यह फ़िल्म सफल रही है। / 他～上谈了谈自己的打算。उस ने मोटे तौर पर अपनी योजना बताई। / 他们俩的观点～相同。उन दोनों के दृष्टिकोण सामान्यत: मिलते-जुलते हैं।
【大天白日】 dàtiān-báirì <बोल०> दिन का उ-जाला: ～的，你竟也迷失了方向！ दिन के उजाले में भी तुम भटक गए।
【大田】 dàtián बड़े क्षेत्रफल में फैले हुए खेत
【大田作物】 dàtián zuòwù मकई, गेहूँ, कपास आदि की फ़सलें
【大厅】 dàtīng हॉल: 会议～ सभा हॉल
【大庭广众】 dàtíng-guǎngzhòng भरी सभा (में); सब (के सामने); भरी मजलिस (में): ～之中 भरी सभी में
【大同】 dàtóng ❶महासामंजस्य (एक आदर्श समाज) ❷मुख्य बातों में समानता: 求～，存小异。गौण बातों में मतभेद दरकिनार रखकर मुख्य बातों में समानताएं खोज निकालना
【大同小异】 dàtóng-xiǎoyì समानताएं अधिक भिन्न-ताएं कम होना; लगभग एक जैसा होना
【大头】 dàtóu ❶मुखौटा ❷एक चाँदी का बड़ा सिक्का, जो चीन गणराज्य के आरंभिक वर्षों में (1912-1916 ई०) ढाला गया था और जिस पर य्वान शिखाई का सिर अंकित था ❸बृहत्तर सिरा; मुख्य भाग: 抓～儿 मुख्य भाग पर गिरफ़्त रखना ❹<अना०> उड़ाऊ; फ़जूलखर्च: 拿～ किसी उड़ाऊ के टुकड़े तोड़ना
【大头针】 dàtóuzhēn पिन
【大团圆】 dàtuányuán ❶सुखमय पुनर्मिलन ❷सुखांत
【大腿】 dàtuǐ जांघ; जंघा
【大腕】 dàwàn <बोल०> बिग शाट; स्टार; सितारा; ख्याति प्राप्त व्यक्ति
【大王】 dàwáng ❶राजा; प्रभावशाली व्यक्ति: 汽车～ मोटर-राजा ❷चोटी का: 足球～ चोटी का फ़ुटबाल खिलाड़ी
dàiwang भी दे०
【大为】 dàwéi <क्रि०वि०> बहुत; बहुत कुछ; उल्लेखनीय रूप से; काफ़ी ज़्यादा: ～失望 बहुत निराश होना / ～

改善 बहुत कुछ सुधर जाना / ～高兴 काफ़ी ज़्यादा खुश होना / ～提高 उल्लेखनीय वृद्धि होना
【大尉】 dàwèi सीनियर कप्तान
【大我】 dàwǒ (小我 का विपर्याय) बृहत् अहम् —— समूह
【大无畏】 dàwúwèi निडरता; निर्भीकता; निर्भयता; निडर; निर्भीक; निर्भय: 显示～的精神 अपनी निडरता का परिचय देना
【大西洋】 Dàxīyáng अटलांटिक महासागर
【大喜】 dàxǐ 〈बोल०〉 ❶बड़ी खुशी: ～的日子 बड़ी खुशी का दिन ❷विवाह; विवाह समारोह: 哪天是你们～的日子? आप कब विवाह कर रहे हैं?
【大喜过望】 dàxǐ-guòwàng अपेक्षा से अधिक अच्छा नतीजा निकलने पर अत्यधिक प्रसन्न होना
【大戏】 dàxì ❶एक संपूर्ण परंपरागत ऑपेरा ❷〈बो०〉 पेइचिंग ऑपेरा
【大虾】 dàxiā झींगा (मछली)
【大显身手】 dàxiǎn-shēnshǒu अपनी कुशलता का पूरा परिचय देना; अपना सामर्थ्य पूर्ण रूप से प्रदर्शित करना; प्रसिद्ध होना
【大显神通】 dàxiǎn-shéntōng अपने पराक्रम का परिचय देना; अपनी निपुणता प्रदर्शित करना
【大限】 dàxiàn मृत्युघंटा
【大相径庭】 dàxiāng-jìngtíng बिल्कुल भिन्न होना: 他们在这个问题上的看法～。 इस मामले पर उन के विचार एकदम भिन्न हैं।
【大小】 dàxiǎo ❶छोटा-बड़ा: ～工厂十余家 दस से अधिक छोटे-बड़े कारखाने / 国家不分～，一律平等。 सभी छोटे-बड़े देश बराबर हैं। ❷साइज़; आकार: 这样～的体恤正合我穿。 इस साइज़ की टीशर्ट मुझ पर फ़िट है। ❸ज्येष्ठता का क्रम: 你说话怎么没个～? तुम ने बड़ों से बात करते समय यह कैसी गुस्ताखी की? ❹छोटा-बड़ा: 一家～六口人。 घर में छोटे-बड़े कुल छह लोग हैं।
【大校】 dàxiào सीनियर कर्नल
【大写】 dàxiě ❶चीनी अंकों के जटिल रूप ❷बड़े अक्षरों में लिखना
【大兴土木】 dàxīng-tǔmù बड़े पैमाने पर भवन-निर्माण करना
【大猩猩】 dàxīngxing गोरिल्ला
【大行星】 dàxíngxīng 〈खगोल०〉 बड़ा ग्रह
【大型】 dàxíng बड़े आकार का; बड़ा: ～国有企业 बड़ा सार्वजनिक उपक्रम / ～客机 बड़ा यात्री विमान / ～水利工程 बड़ी जल-संरक्षण परियोजना
【大雄宝殿】 Dàxióng Bǎodiàn महात्मा भवन (बौद्ध मंदिर का प्रमुख भवन, जिस में बुद्ध की मूर्ति बीच में और बगलों में आनन्द व कश्यप की मूर्तियाँ सुशोभित हों)
【大熊猫】 dàxióngmāo भीमकाय पांडा
【大熊座】 dàxióngzuò 〈खगोल०〉 बृहत सप्तर्षि राशि
【大修】 dàxiū पूरी मरम्मत करना
【大选】 dàxuǎn आम चुनाव
【大学】 dàxué विश्वविद्यालय; कालेज; यूनिवर्सिटी
【大学生】 dàxuéshēng कालेज छात्र
【大雪】 dàxuě ❶अधिकतर हिम, जो 24 सौरावधियों में 21वीं होती है ❷21वीं सौरावधि के आरंभ का दिन (6, 7, या 8 दिसम्बर)

节气 jiéqì; 二十四节气 èrshísì jiéqì भी दे०

【大循环】 dàxúnhuán 〈श०वि०〉 सिस्टिमिक सरक्यूलेशन
【大牙】 dàyá ❶चर्वणक; चबाने का दांत ❷अग्र दांत: 笑掉大牙 xiào diào dàyá
【大雅】 dàyǎ 〈लि०〉 सुरुचि; सुन्दर रुचि; संस्कृत रुचि: 不登～之堂 सुरुचि से कोसों दूर होना
【大烟】 dàyān अफ़ीम का सामान्य नाम
【大烟鬼】 dàyānguǐ अफ़ीमची
【大言不惭】 dàyán-bùcán बढ़ा-चढ़ा कर बात करना; शेखी बघारते शर्म न आना
【大盐】 dàyán कच्चा नमक
【大雁】 dàyàn जंगली हंस
【大洋】 dàyáng ❶सागर; महासागर ❷चाँदी का बड़ा सिक्का
【大洋洲】 Dàyángzhōu ओशेनिया
【大样】 dàyàng ❶〈मुद्रण०〉 फुल पेज प्रूफ़ ❷〈वास्तु०〉 विस्तृत खाका
【大摇大摆】 dàyáo-dàbǎi अकड़ से; अकड़ी चाल से; ढिठाई से; घमंड से: 他～地走了出去。 वह अकड़ी चाल से कमरे से बाहर निकल गया। / 他～地走上讲坛。 वह बड़े घमंड से मंच पर गया।
【大要】 dàyào मुख्य विषयवस्तु; सार
【大爷】 dàyé तुनकमिज़ाज अमीरज़ादा: ～作风 तुनकमिज़ाज अमीरज़ादे का-सा व्यवहार
【大爷】 dàye ❶पिता का बड़ा भाई; काका; ताऊ ❷(बुज़ुर्ग का सम्मानपूर्ण संबोधन) काका जी
【大业】 dàyè महान कार्य; महान काम: 雄图～ महत्वाकांक्षी कार्य
【大衣】 dàyī ओवरकोट
【大姨】 dàyí माता की बड़ी बहन; मौसी
【大姨子】 dàyízi 〈बो०〉 पत्नी की बड़ी बहन; साली
【大义】 dàyì न्यायपरायणता के मौलिक सिद्धांत; न्यायपूर्ण कार्य: 深明～ किसी विचार या कार्य की न्यायपरायणता के प्रति जागरूक होना
【大义凛然】 dàyì-lǐnrán निर्भीकता से न्याय-पथ पर चलना; दृढ़ न्यायपरायणता
【大义灭亲】 dàyì-mièqīn न्याय के लिए संबंध तोड़ना; न्यायपरायणता को रिश्ते से अधिक महत्वपूर्ण समझना
【大异其趣】 dàyì-qíqù रुचियों में भारी भिन्नता होना
【大意】 dàyì सार; मुख्य विषयवस्तु; भाव; भावार्थ: 该文的～是… उस लेख का भावार्थ है कि … / 知道其～就足够了。 इस की मुख्य विषयवस्तु जानना भर काफ़ी है।
【大意】 dàyi असावधानी; लापरवाही; बेखबरी; असावधान; लापरवाह; बेखबर: 他太～了，竟把机密文件弄丢了。 वह इतना असावधान था कि गोपनीय दस्तावेज़ तक भी खो गया। / 不可粗心～。 लापरवाही नहीं बरतनी चाहिए।
【大油】 dàyóu 〈बोल०〉 सुअर की चर्बी

【大有】 dàyǒu बहुत होना; बहुत अधिक होना：～人在 ऐसे आदमी बहुत हैं; ऐसे आदमियों की कमी नहीं है / ～区别 बहुत अधिक भिन्नताएं हैं
【大有可为】 dàyǒu-kěwéi कोई काम करने के योग्य होना; भविष्य उज्ज्वल होना
【大有文章】 dàyǒu-wénzhāng इस के पीछे बहुत कुछ छिपा है; इस के अनेक मतलब निकाले जा सकते हैं
【大有作为】 dàyǒu-zuòwéi बहुत कुछ कर दिखा सकना; अपनी प्रतिभा पूरी तरह उजागर कर सकना
【大鱼吃小鱼】 dàyú chī xiǎoyú बड़ी मछली छोटी मछली को खा लेती है —— ताकतवर कमज़ोर को हड़प लेता है
【大雨】 dàyǔ भारी वर्षा; अतिवृष्टि; अत्यधिक वर्षा; मूसलधार वर्षा; मेह; घनघोर वर्षा; ताबड़तोड़ वर्षा：～如注 मेह बरसना; मूसलधार वर्षा होना
【大元帅】 dàyuánshuài जनरलिस्मो
【大员】 dàyuán 〈पुराना〉 उच्चस्तरीय अधिकारी
【大院】 dàyuàn प्रांगण; आँगन; अहाता; कंपाउंड：居民～ चाल
【大约】 dàyuē ❶लगभग; कोई; तकरीबन; करीब：～一千人参加了反战游行。कोई एक हज़ार लोगों ने युद्धविरोधी जलूस निकाला। / 会谈进行了～两个半小时。वार्त्ता लगभग ढाई घंटों तक चली। ❷संभवतः; शायद; कदाचित्; संभव है; हो सकता है：他～去乡下了。हो सकता है कि वह गांव चला गया हो।
【大约摸】 dàyuēmo 〈बो०〉 大约 के समान
【大月】 dàyuè बृहत्तर मास —— 31 दिनों का सौर मास या 30 दिनों का चन्द्रमास
【大杂烩】 dàzáhuì (साग और मांस इत्यादि मिला हुआ) विशेष प्रकार का व्यंजन; खिचड़ी; गड़बड़-झाला
【大杂院儿】 dàzáyuànr चाल; अनेक घरों के साझे कब्ज़े वाला कम्पाउंड
【大早】 dàzǎo मुंह अंधेरे; मुंह उजाले; बहुत सबेरे; पौ फटते ही：他一～就起床了。वह मुंह अंधेरे ही उठ गया।
【大灶】 dàzào सामान्य भोजनालय
【大张旗鼓】 dàzhāng-qígǔ व्यापक रूप से; ज़ोरशोर से; ज़ोरों से; बड़े पैमाने पर：～地进行宣传 ज़ोरों से प्रचार अभियान चलाना
【大丈夫】 dàzhàngfu मर्द; पराक्रमी पुरुष; मर्द आदमी
【大政方针】 dàzhèng fāngzhēn बुनियादी नीति; प्रमुख नीति：制定国家的～ देश की बुनियादी नीति तय करना
【大旨】 dàzhǐ 〈लि०〉（大指 भी）मुख्य विषयवस्तु
【大指】 dàzhǐ ❶अंगूठा ❷大旨 के समान
【大志】 dàzhì उदात्त उद्देश्य; महत्वाकांक्षा; उदात्त आदर्श：胸怀～ महत्वाकांक्षी होना; उदात्त आदर्श रखना
【大治】 dàzhì राजनीतिक स्थिरता और समृद्धि：天下～。देश भर में राजनीतिक स्थिरता और समृद्धि है।
【大致】 dàzhì 〈क्रि०वि०〉 मोटे तौर पर; लगभग; तकरीबन; कुल मिलाकर：他所说的，～是对的。जो कुछ उस ने कहा है, वह कुल मिलाकर सही है। / 情况～如此。स्थिति लगभग ऐसी ही है। / ～符合 मोटे तौर पर मेल खाना
【大智若愚】 dàzhì-ruòyú कुशाग्रबुद्धि व्यक्ति देखने में कभी कभी मंदबुद्धि सा लगता है
【大众】 dàzhòng जन-साधारण; जन-समुदाय; जनता
【大众化】 dàzhònghuà प्रचलित करना; सामान्य बनाना; लोकप्रिय बनाना; लोकविख्यात बनाना
【大洲】 dàzhōu महाद्वीप
【大轴子】 dàzhòuzi प्रस्तुतीकरण का अंतिम (और सर्वाधिक आकर्षक) हिस्सा
【大主教】 dàzhǔjiào आर्चबिशप
【大专】 dàzhuān व्यावसायिक प्रशिक्षण महाविद्यालय
【大专院校】 dàzhuān yuànxiào विश्वविद्यालय और कालेज; महाविद्यालय और उच्च शिक्षा संस्थान
【大篆】 dàzhuàn एक प्राचीन लिखावट, जो चाओ राजवंश (1406-256 ई०पू०) के काल में प्रचलित थी
【大自然】 dàzìrán प्रकृति; कुदरत：回归～ प्राकृतिक जीवन का आनन्द उठाना
【大宗】 dàzōng ❶बड़ी मात्रा में; बड़ी संख्या में：～货物运抵港口。बड़ी मात्रा में वस्तुएं बन्दरगाह तक पहुंचाई गईं। ❷प्रमुख (माल)：出口商品中以机械为～。निर्यात वस्तुओं में मशीनरी प्रमुख है।
【大族】 dàzú कुल; घराना
【大作】[1] dàzuò 〈आदर०〉 आप की कृति
【大作】[2] dàzuò अचानक शुरू होना：雷声～。अचानक बिजली कड़कने लगी। / 枪声～。बन्दूकों की गड़गड़ाहट एकाएक गूंजने लगी।

汏 dà 〈बो०〉 धोना; साफ़ करना：～衣裳 कपड़े धोना

da

垯（墶）da दे० 圪垯 gēda
纮（繨）da दे० 纥纮 gēda
跶（躂）da दे० 蹦跶 bèngda；蹓跶 liūda

dāi

呆（獃）dāi ❶मंदबुद्धि; अल्पबुद्धि; मूर्ख：呆傻 / 呆头呆脑 ❷स्तब्ध रहना; स्तंभित रहना; हक्का-बक्का होना; घबड़ाना; भौंचक होना：他吓～了。वह हक्का-बक्का रह गया। ❸待 dāi के समान
【呆板】 dāibǎn अस्वाभाविक; जड़; अचेतन; भावशून्य; नियमनिष्ठ; निर्जीव：动作～ चाल-ढाल अस्वाभाविक और भद्दा होना / 表情～ भावशून्य होना / 此人办事～。वह काम में एकदम नियमनिष्ठ है।

【呆痴】 dāichī मूर्ख; बेवकूफ़; नासमझ; बुद्धू
【呆气】 dāiqì मूर्खता; बेवकूफ़ी; नासमझी
【呆若木鸡】 dāiruò-mùjī काठ मार जाना: 听到这消息，他顿时～。यह खबर सुनते ही उसे काठ मार गया।
【呆傻】 dāishǎ मूर्ख; बेवकूफ़; मंदबुद्धि; अल्पबुद्धि
【呆头呆脑】 dāitóu-dāinǎo मूर्ख-सा दीखना
【呆小症】 dāixiǎozhèng 〈चिकि०〉 क्रेटिनिज़्म; जड़वामंता; विकलांग-मूढ़ता
【呆账】 dāizhàng बुरा कर्ज़; डूबी हुई रकम
【呆滞】 dāizhì ❶मंद; नीरस; निस्तेज; सूना: 两眼～ आंखें सूनी होना ❷बेकार: 资金～。पूँजी बेकार पड़ी रही है।
【呆子】 dāizi जड़बुद्धि; बुद्धू; मूर्ख

呔（呀）dāi 〈पुराना〉 (ध्यान आकर्षित करने के लिए प्रयुक्त)

待 dāi 〈बो०〉 रहना; ठहरना: 您在北京～了多长时间? आप कितने समय तक पेइचिंग में ठहरे? / ～在家里别出去。घर में रहो, कहीं बाहर न जाओ।
dài भी दे०
【待会儿】 dāihuir अभी; तुरंत; फ़ौरन; जल्द ही; शीघ्र ही: 别着急，他～就到。उतावली न करें। वह जल्दी ही आने वाला है। / 我～就走。मैं फ़ौरन जाता हूँ।

dǎi

歹 dǎi बुराई; दुष्टता; पाप; दुराचार; बदमाशी; बुरा; दुष्ट; पापी; दुराचारी; बदमाश: 为非作歹 wéi fēi zuò dǎi
【歹毒】 dǎidú 〈बो०〉 दुष्ट; नीच
【歹人】 dǎirén 〈बो०〉 डाकू; लुटेरा; बदमाश
【歹徒】 dǎitú गुंडा; दुष्ट; बदमाश
【歹心】 dǎixīn（歹意 dǎiyì भी）दुर्भावना; बदनीयती; खोटा इरादा; बेईमानी: 他对您没～。उस के दिल में आप के लिए कोई दुर्भावना नहीं है।

逮 dǎi पकड़ना; धरना: ～住他。उसे पकड़ो। / 猫～老鼠。बिल्ली ने एक चूहे को धर दबोचा।
dài भी दे०

傣 Dǎi नीचे दे०
【傣族】 Dǎizú ताए, युन्नान प्रांत में बसी एक अल्पसंख्यक जाति

dài

大 dài नीचे दे०
dà भी दे०
【大夫】 dàifu 〈बोल०〉 डॉक्टर; चिकित्सक
dàfū भी दे०
【大黄】 dàihuáng 〈वन०〉 चीनी रुबर्ब
【大王】 dàiwang महाराज (परंपरागत ऑपेरा और उपन्यासों में सम्राट् या डाकुओं के मुखिया के लिए प्रयुक्त संबोधन)
dàwáng भी दे०

代[1] dài ❶की जगह; के स्थान पर; के स्थान पर काम करना; की ओर से; की तरफ़ से: ～我向他问好。मेरी ओर से उसे नमस्ते कहें। / 他的职务由小李～。उस के स्थान पर श्याओ ली काम करेगा। ❷कार्यवाहक: ～总理 कार्यवाहक प्रधान मंत्री

代[2] dài ❶ऐतिहासिक काल: 唐～ थांग राजवंश का काल ❷〈भूगर्भ०〉 युग: 古生代 Gǔshēngdài ❸पीढ़ी: 年青一～ युवा पीढ़ी / 新一～ नई पीढ़ी
【代办】 dàibàn ❶किसी के लिए काम करना; किसी की तरफ़ से काम करना: 您可为我～这件事吗? क्या आप मेरे लिए यह काम कर सकते है? ❷〈कूटनीति〉 कार्यदूत: 临时～ अंतरिम कार्यदूत
【代办所】 dàibànsuǒ एजेंसी: 邮政～ पोस्टल एजेंसी
【代笔】 dàibǐ किसी के लिए (पत्रादि) लिखना; अन्यार्थ लेखक के रूप में काम करना: 他要我～写封信。उस ने मुझ से एक पत्र लिखने को कहा।
【代表】 dàibiǎo ❶प्रतिनिधि: 工人～ मज़दूरों का प्रतिनिधि / 常驻联合国～ संयुक्त राष्ट्र संघ स्थित स्थायी प्रतिनिधि ❷प्रतिनिधित्व करना: ～本阶级利益 अपने वर्ग के हितों का प्रतिनिधित्व करना ❸की ओर से; की तरफ़ से: ～中国政府进行交涉 चीन सरकार की ओर से मामला उठाना / ～农民发言 किसानों की ओर से बोलना
【代表大会】 dàibiǎo dàhuì कांग्रेस; प्रतिनिधि सभा: 全国～ राष्ट्रीय कांग्रेस / 全国人民～ राष्ट्रीय जन प्रतिनिधि सभा
【代表权】 dàibiǎoquán प्रतिनिधित्व
【代表人物】 dàibiǎo rénwù प्रतिनिधि; प्रमुख प्रवक्ता
【代表团】 dàibiǎotuán प्रतिनिधि मंडल; शिष्ट मंडल
【代表性】 dàibiǎoxìng प्रतिनिधित्व: 具有广泛的～ (का) व्यापक प्रतिनिधित्व होना
【代表资格】 dàibiǎo zīgé प्रतिनिधि की योग्यता
【代表资格审查委员会】 dàibiǎo zīgé shěnchá wěiyuánhuì प्रमाण पत्र कमेटी; प्रत्यय पत्र समिति
【代表作】 dàibiǎozuò प्रतिनिधि कृति
【代步】 dàibù 〈लि०〉 पैदल चलने के बजाए सवारी लेना
【代词】 dàicí 〈व्या०〉 सर्वनाम
【代沟】 dàigōu पीढ़ियों का फ़र्क; पीढ़ी-अंतर
【代号】 dàihào कोडनेम; संक्षिप्त नाम; कूट नाम
【代价】 dàijià कीमत: 不惜任何～ किसी भी कीमत पर / 付出巨大的～ भारी कीमत चुकाना
【代金】 dàijīn नकदी के तुल्य द्रव्य
【代课】 dàikè किसी दूसरे अध्यापक के लिए पढ़ाने का काम करना

【代劳】 dàiláo किसी के लिए काम करना या कष्ट उठाना

【代理】 dàilǐ ❶अधिकार प्राप्त व्यक्तिविशेष के प्रतिनिधि के रूप में कार्य करना; कार्यवाहक होना：～办公室主任 कार्यालय का कार्यवाहक प्रधान होना ❷एजेंट का काम करना

【代理人】 dàilǐrén ❶एजेंट; अभिकर्ता ❷〈का०〉 मुख़्तार; वकील; प्राधिकर्ता

【代名词】 dàimíngcí ❶代词 के समान ❷पर्याय; समानार्थ：他嘴里的"研究研究"不过是推托的～而已。उस के मुंह में 'विचार-विमर्श' टाल-मटोल का पर्याय ही है।

【代庖】 dàipáo 〈लि०〉 किसी के स्थान पर काम करना; किसी दूसरे का काम करना
　　越俎代庖 yuèzǔ-dàipáo भी दे०

【代人受过】 dài rén shòu guò किसी दूसरे के दोष के लिए दंड पाना; बलि का बकरा बनना

【代售】 dàishòu आढ़त, दलाली या कमीशन पर वस्तुएं बेचना

【代数】 dàishù बीजगणित

【代数方程】 dàishù fāngchéng बीजगणितीय समीकरण

【代数式】 dàishùshì बीजगणितीय व्यंजक

【代数学】 dàishùxué बीजगणित

【代替】 dàitì (का) स्थान लेना; (की) जगह लेना; के बदले में इस्तेमाल करना：您去～他。आप उस का स्थान ले लें। / 用铜丝～铁丝 लोहे के तार के बदले में तांबे के तार का इस्तेमाल करना

【代为】 dàiwéi की ओर से; की तरफ़ से; के लिए：请～照看一下孩子。मेरे लिए इस बच्चे की देखभाल करो। / ～出席会议 किसी की ओर से सभा में उपस्थित होना

【代销】 dàixiāo आढ़त, दलाली या कमीशन पर वस्तुएँ बेचना

【代谢】 dàixiè ❶एक के स्थान पर दूसरे व्यक्ति या वस्तु की नियुक्ति या स्थापना करना ❷〈जीव०〉 उपापचय
　　新陈代谢 xīnchén-dàixiè भी दे०

【代谢病】 dàixièbìng उपापचयी रोग

【代谢期】 dàixièqī 〈जीव०〉 उपापचयी चरण

【代谢物】 dàixièwù 〈जीव०〉 उपापचनज

【代谢作用】 dàixiè zuòyòng उपापचयन

【代行】 dàixíng की ओर से काम करना; दूसरे के कार्य या पद का भार वहन करना：他～老王的职权。वह लाओ वांग के पद का भार वहन किए हुए है।

【代序】 dàixù प्रस्तावना के तौर पर लिखा गया लेख

【代言人】 dàiyánrén प्रवक्ता

【代议制】 dàiyìzhì प्रतिनिधि व्यवस्था

【代用】 dàiyòng एवजी; स्थापन्न

【代职】 dàizhí कार्यवाहक की हैसियत से पद संभालना

【代字号】 dàizìhào छूटे हुए अक्षरों या वर्णों को व्यक्त करने का चिन्ह（～）

甙 dài 〈रसा०〉 ग्लुकोसाइड

岱 Dài（岱岳 Dàiyuè，岱宗 Dàizōng भी）泰山 Tàishān का दूसरा नाम

迨 dài 〈लि०〉 ❶… तक इंतज़ार करना ❷से पहले

绐（紿） dài 〈लि०〉 छल करना; धोखे में डालना

玳（瑇） dài नीचे दे०

【玳瑁】 dàimào 〈प्राणि०〉 होक्स-बिल टर्टल

带[1]（帶） dài ❶पेटी; रिबन; टेप; फ़ीता; पट्टी：皮带 pídài / 磁带 cídài ❷टायर：自行车～ साइकिल का टायर ❸क्षेत्र; इलाका：她住在那一～。उस का घर उस क्षेत्र में है। ❹白带 báidài के समान

带[2]（帶） dài ❶साथ लेना; ले जाना; ले आना; लाना：你把这本书～走吧。तुम इस पुस्तक को ले जाओ। / 她～来了好消息。वह खुशखबरी लाई। / 您别忘了～伞。आप अपने साथ छाता लेना न भूलें। ❷लगे हाथ कोई काम करना：您去邮局时～一份报纸来。जब आप डाकघर जाएंगी, तो लगे हाथ मेरे लिए अख़बार भी लाइएगा। / 给我～张电影票。आप लगे हाथ मेरे लिये भी एक सिनेमा टिकट ले लें। ❸रखना; धारण करना：～有地方特色 स्थानीय विशेषता रखना / 面～笑容 चेहरे पर मुस्कान खिलना ❹एक साथ; साथ-साथ; के साथ संलग्न होना：～电脑的洗衣机 कंप्यूटर नियंत्रित धुलाई मशीन / 上学的时候还～着做点工 पढ़ाई करने के साथ-साथ मज़दूरी भी करना ❺के नेतृत्व में; की रहनुमाई में; नेतृत्व करना; रहनुमाई करना; लेना：您～路。आप हमें ले चलें। / 他～着大队人马赶到。उस के नेतृत्व में बड़ी संख्या में सैनिक मौके पर आ पहुँचे। / ～研究生 स्नातकोत्तर छात्र पढ़ाना ❻देखभाल; देख-रेख; पालन-पोषण; लालन-पालन：～孩子 बच्चों की देखभाल करना / 他是由奶奶～大的。उस की दादी ने ही उस का लालन-पालन किया है। ❼प्रेरित करना; प्रोत्साहन देना; प्रोत्साहित करना：他这样一来～得大家都勤快了。उस की मिसाल से हम लोगों को मेहनत करने में प्रोत्साहन मिला।

【带病】 dàibìng बीमार पड़ने पर भी

【带材】 dàicái 〈धा०वि०〉 स्ट्रिप; पट्टी

【带刺儿】 dàicìr चुभती हुई बात कहना; ताना देना; व्यंग्य कसना：她说话老～。वह दूसरों को ताना देने से कभी नहीं चूकती।

【带电】 dàidiàn विद्युतमय; चार्ज किया हुआ; आवेशित：～导线 गरम तार / ～作业 गरम तार पर काम करना

【带电粒子】 dài diàn lìzǐ 〈भौ०〉 आवेशित कण

【带动】 dàidòng संचालित करना या होना; चालित करना या होना; प्रेरित करना या होना; प्रोत्साहित करना या होना; बढ़ावा देना (मिलना)：用蒸汽（电、马达）～ भाप (बिजली, मोटर) से संचालित होना / 改革开放～了经济发展。सुधार और खुले द्वार की नीति से आर्थिक विकास को बढ़ावा मिला। / 在他的～下，大家开始都

重视环保。उस से प्रेरित होकर लोगों ने पर्यावरण संरक्षण की ओर ध्यान देना शुरू किया।

【带钢】 dàigāng स्ट्रिप स्टील; इस्पाती पट्टी

【带好儿】 dàihǎor नमस्ते कहना; अभिवादन भेजना: 请替我给他～。उसे मेरी नमस्ते कहें।

【带花】 dàihuā（带彩 dàicǎi भी）सैनिक कार्यवाही में घायल होना

【带话】 dàihuà 捎话 shāohuà के समान

【带劲】 dàijìn ❶ज़बरदस्त; ओजपूर्ण: 这场足球赛真～。यह फ़ुटबाल मैच ज़बरदस्त रहा। / 他无论干什么活，都挺～。उसे जो भी काम सौंपा जाए, उसे वह ओजपूर्वक पूरा करता है। ❷दिलचस्प; उत्तेजक: 这部电影很～。यह फ़िल्म बड़ी दिलचस्प रही। / 打扑克不～，不如去踢足球。ताश खेलना उत्तेजक नहीं। चलें, फ़ुटबाल खेलने चलते हैं।

【带锯】 dàijù 〈यां०〉 पट्टी आरा

【带菌】 dàijūn रोगाणु साथ ले चलना: ～者 रोगाणु वाहक (व्यक्ति या प्राणी)

【带累】 dàilěi उलझाना; फंसाना; मुसीबत में डालना: 没想到，我～了您。मैं ने सोचा तक नहीं था कि आप को भी इस में फंसा दिया जाएगा।

【带领】 dàilǐng के नेतृत्व में रहना; का नेतृत्व करना; मार्गदर्शन करना; ले चलना: 老师～学生去参观展览。अध्यापक अपने छात्रों को प्रदर्शनी दिखाने ले चले। / 在他的～下，我们找到了那个石窟。उस के मार्गदर्शन में हम उस गुफ़ा तक पहुँचे।

【带路】 dàilù（带道 dàidào भी）मार्ग दिखलाना; गाइड का काम करना; पथप्रदर्शन करना: 你～。तुम मार्ग दिखलाओ। / ～者 गाइड

【带声】 dàishēng 带音 के समान

【带手儿】 dàishǒur 〈बो०〉 लगे हाथ

【带头】 dàitóu मिसाल पेश करना; सब से आगे चलना; अगुवाई करना; पहल करना: ～人 अगुवा / 发挥～作用 हिरावल की भूमिका निभाना / ～参加义务劳动 श्रमदान में पहल करना

【带头羊】 dàitóuyáng घंटी वाली अगली भेड़

【带下】 dàixià 〈ची०चि०〉 विकृत श्वेतप्रदर

【带孝】 dàixiào मातमी लिबास पहनना; शोक वस्त्र धारण करना: 给父亲～ अपने स्वर्गीय पिता के लिए मातमी लिबास पहनना

【带音】 dàiyīn 〈ध्वनि०〉 सघोष

【带引】 dàiyǐn 带领 के समान

【带鱼】 dàiyú हेयरटेल मछली

【带状疱疹】 dàizhuàng pàozhěn 〈चिकि०〉 हर्पीज जोस्टर

【带子】 dàizi पट्टी; फ़ीता; रिबन; टेप

殆 dài 〈लि०〉 ❶खतरा; संकट; खतरनाक; संकटपूर्ण: 知彼知己，百战不殆 zhī bǐ zhī jǐ, bǎi zhàn bù dài ❷〈क्रि०वि०〉 लगभग; तकरीबन: 森林毁坏～尽。पूरे जंगल लगभग नष्ट हो गए।

贷 dài ❶कर्ज़; ऋण; कर्ज़ा ❷कर्ज़ा देना या लेना; उधार देना या लेना: 银行～款给工厂。बैंक ने कारखाने को कर्ज़ दिया। / 工厂向银行～款。कारखाने ने बैंक से कर्ज़ा लिया। ❸कर्तव्य टालना; कर्तव्यच्युत होना: 责无旁贷 zéwúpángdài ❹माफ़ करना; क्षमा करना; माफ़ी देना: 严惩不贷 yán chéng bù dài

【贷方】 dàifāng धनपक्ष

【贷款】 dàikuǎn ❶कर्ज़ देना; ऋण देना; उधार देना ❷कर्ज़; ऋण; कर्ज़ा; उधार: 无息～ सूदरहित कर्ज़ / 未偿～ बकाया कर्ज़ / ～利率 कर्ज़ की ब्याज दर / ～期限 कर्ज़ की मुद्दत / ～条件 कर्ज़ की शर्तें / ～账户 कर्ज़ खाता / 低息～ कम सूद वाला कर्ज़

待[1] dài ❶व्यवहार करना; बरताव करना: ～人谦虚 लोगों के साथ विनयपूर्ण व्यवहार करना; विनीत होना / 他们～我如亲人。वे मेरे साथ अपने परिजन का सा बरताव करते हैं। ❷आतिथ्य-सत्कार करना; सत्कार करना: ～客 मेहमान का सत्कार करना

待[2] dài ❶इंतज़ार करना; इंतज़ार में होना; प्रतीक्षा करना; प्रतीक्षा में होना; राह देखना: 待机 / 待命 / 这问题尚～解决。इस सवाल को हल करना अभी बाकी है। ❷आवश्यकता; ज़रूरत: 自不待言 zìbùdàiyán ❸चाहना: 他～说不说。वह कुछ बोलना चाहता था, लेकिन बोला नहीं।

dāi भी दे०

【待到】 dàidào जब; जिस समय: ～春暖花开，我们去郊游。जब बहार आएगी, तब हम सैर-सपाटे के लिए निकलेंगे।

【待机】 dàijī अनुकूल अवसर की राह देखना; मौका ताकना; मौका देखना; घात में रहना: ～行事 मौका देखकर कुछ करना

【待价而沽】 dàijià'érgū ऊंचे दामों पर बेचने की प्रतीक्षा करना; सर्वोच्च बोली का इंतज़ार करना

【待考】 dàikǎo जांच करना बाकी होना; सच्चा सिद्ध करना शेष होना

【待理不理】 dàilǐ-bùlǐ रूखा पड़ना; बेमुरौवत होना

【待命】 dàimìng（待令 dàilìng भी）आदेश की प्रतीक्षा में होना: 原地～ यथास्थान आदेश की प्रतीक्षा में होना

【待人处世】 dàirén-chǔshì चाल-ढाल; आचरण

【待人接物】 dàirén-jiēwù लोगों के साथ बरताव करना

【待续】 dàixù (टी०वी० धारावाहिक की) अगली किस्त देखें; (पत्र-पत्रिका का) अगला अंक देखें; जारी; अगले अंक में जारी

【待遇】 dàiyù ❶व्यवहार; बरताव; सलूक: 受到冷淡的～ रूखा व्यवहार किया जाना; रुखाई दिखाई जाना / 战俘受到良好的～。युद्धबंदियों के साथ अच्छा सलूक किया गया। ❷वेतन; पारिश्रमिक; मेहनताना; तनख्वाह: ～优厚 अच्छा वेतन (देना)

【待字】 dàizì 〈लि०〉 (कन्या के) विवाह की ठहरौनी नहीं होना; (कन्या का) विवाह-संबंध तय न होना; वाग्दत्ता नहीं होना: ～闺中 वाग्दत्ता नहीं होना

怠 dài आलस्य; शिथिलता; सुस्ती; आलसी; शिथिल; सुस्त

【怠惰】 dàiduò आलस्य; शिथिलता; सुस्ती; आलसी; शिथिल; सुस्त

【怠工】 dàigōng धीरे से काम करना

【怠倦】 dàijuàn अकर्मण्य और निरुत्साह होना; शिथिल होना

【怠慢】 dàimàn ❶रुखाई दिखाना; अनादर करना; अवमानना करना: 不要～了客人。अतिथियों को कतई रुखाई न दिखाना ❷<शिष्ट०> (दावत आदि के अंत में मेज़बान द्वारा प्रयुक्त) सत्कार में दोष होना; अच्छा मेज़बान नहीं होना: ～之处，请多包涵。सत्कार में जो भी दोष हुआ हो, उस के लिए माफ़ कीजिएगा।

袋 dài ❶बैग; थैला; थैली; पाकेट; जेब; बोरा; बोरी: 衣～ जेब / 布～ थैला / 麻～ बोरा ❷<परि०श०> 一～米 एक बोरा चावल / 两～洗衣粉 दो पैकेट डिटरजेंट पाउडर

【袋泡茶】 dàipàochá टीबैग

【袋鼠】 dàishǔ कंगारू

【袋装】 dàizhuāng बैग में बन्द: ～咖啡 बैग में बन्द काफ़ी

【袋子】 dàizi बोरा; बोरी; बैग; थैला; थैली

逮 1 dài <लि०> पहुंच; बस: 力有未～ पहुँच के बाहर होना

逮 2 dài नीचे दे०

dǎi भी दे०

【逮捕】 dàibǔ पकड़ना; गिरफ़्तार करना; हिरासत में लेना: ～罪犯 अपराधी को गिरफ़्तार करना

【逮捕证】 dàibǔzhèng वारंट; गिरफ़्तारी का वारंट

叇（靆） dài दे० 叆叇 àidài

戴 dài ❶पहनना; पहनाना; लगाना: 给人～花环 फूलमाला पहनाना / ～眼镜 चश्मा लगाना / ～耳环 कर्णफूल पहनना ❷सम्मान; आदर; सम्मान करना; आदर करना: 爱戴 àidài ❸ (Dài) एक कुलनाम

【戴高帽子】 dài gāomàozi（戴高帽儿 dài gāomàor भी）चापलूसी करना; खुशामद करना; मक्खन लगाना; पैर धोकर पीना

【戴绿帽】 dài lǜmào（戴绿头巾 dài lǜtóujīn भी）जारिणी का पति होना

【戴孝】 dàixiào 带孝 dàixiào के समान

【戴月披星】 dàiyuè-pīxīng दिन को दिन, रात को रात न समझना

【戴罪立功】 dàizuì-lìgōng अच्छा काम करके अपने अपराध के लिए प्रायश्चित्त करना; पुण्यकर्म करके अपने पाप का मार्जन करना

黛 dài एक काला रंग, जिसे प्राचीन काल में महिलाएं अपनी भौंहें रंगने के लिए इस्तेमाल करती थीं

【黛绿】 dàilǜ <लि०> गहरा हरा

dān

丹 dān ❶लाल; सुर्ख ❷<ची०चि०> गोली; चूर्ण

【丹忱】 dānchén ईमानदारी; सच्चाई

【丹墀】 dānchí（丹陛 dānbì भी）दरबार तक पहुंचने के लिए सोपान

【丹顶鹤】 dāndǐnghè लाल कलगी वाला सारस

【丹毒】 dāndú <चिकि०> दाद

【丹方】 dānfāng 单方 dānfāng के समान

【丹麦】 Dānmài डेनमार्क

【丹麦语】 Dānmàiyǔ डेनिश भाषा

【丹青】 dānqīng <लि०> ❶लाल और हरा रंग —— चित्रकला: ～妙笔 चित्रकला की उत्कृष्ट कृति; चित्रकार के सधे हुए हाथ ❷ऐतिहासिक ग्रंथ

【丹砂】 dānshā सिन्दूर

【丹参】 dānshēn <ची०चि०> लाल जड़ वाले सैल्विया की जड़

【丹田】 dāntián नाभिमूल

【丹心】 dānxīn निष्ठा; वफ़ादारी

担（擔） dān ❶बहंगी से उठाना; ढोना: ～土 बहंगी से मिट्टी की टोकरियाँ ढोना ❷का ज़िम्मा लेना; उठाना: ～风险 जोखिम उठाना / 把任务～起来 इस कार्य का ज़िम्मा लेना; इस कार्य का भार उठा लेना

dàn भी दे०

【担保】 dānbǎo दावे के साथ कहना; आश्वासन देना; विश्वास दिलाना: 他能处理好这件事，我敢～。मैं दावे के साथ कहता हूँ कि वह यह मामला निबटाने में समर्थ होगा।

【担保人】 dānbǎorén गारंटर; जमानती

【担不起】 dānbuqǐ ❶(उत्तरदायित्व) उठाने में असमर्थ होना: 我～这个重任。मैं यह दायित्व उठाने में असमर्थ हूँ। ❷<विनम्र०> के योग्य नहीं होना; का पात्र नहीं होना: 你过奖了，我～。मैं ऐसी प्रशंसा का पात्र नहीं हूँ।

【担不是】 dān bùshi उत्तरदायी होना; दोषी ठहराया जाना: 出了这样的问题，不能让他～。गलती हुई है, पर उस का दोषी अकेले उसे नहीं ठहराना चाहिए।

【担待】 dāndài <बोल०> ❶माफ़ करना; क्षमा करना: 孩子小，不懂事，您多～。यह अभी बच्चा है, नादान है। आप उसे माफ़ करें। ❷ज़िम्मेदारी लेना; ज़िम्मेदार होना: 您放心吧！一切由我～。आप निश्चिंत रहें। सारी ज़िम्मेदारी मैं ले लूँगा।

【担当】 dāndāng अपने हाथ में लेना; निभाना: ～重任 भारी दायित्व निभाना / 再艰巨的工作，他也勇于～。चाहे कार्य कितना कठोर क्यों न हो, वह उसे अपने हाथ में लेने से कभी नहीं हिचकता।

【担负】 dānfù उठाना; का ज़िम्मा अपने ऊपर लेना: ～

一切费用 सभी खर्च उठाना / ～责任 ज़िम्मेदारी उठाना
【担纲】 dāngāng प्रमुख भूमिका निभाना
【担搁】 dānge 耽搁 dānge के समान
【担架】 dānjià स्ट्रेचर
【担惊受怕】dānjīng-shòupà आशंकित होना; चिंतित होना; चिंतातुर होना
【担名】 dānmíng नाम का होना; कहने भर को होना: 担罪名 नाम लगना / 他只担个名，没干具体事。वह नाम का विभागाध्यक्ष है, करता कुछ नहीं।
【担任】 dānrèn पद संभालना; देखभाल करना; देख-रेख करना: ～国防部长 रक्षा मंत्री का पद संभालना; रक्षा मंत्रालय की देखभाल करना / 她～什么工作? वह किस काम की देख-रेख करती है?
【担心】 dānxīn चिंतित होना; चिंता होना; बेचैन होना; बेचैनी होना: 我～他的安全。मैं उस की सुरक्षा के लिए चिंतित हूँ। / 她一切都好，请不必～。बेचैन न हो। वह एकदम ठीक है।
【担忧】 dānyōu उद्विग्न होना; घबराना; परेशान होना

单(單) dān ❶एक; एकल; अयुग्म: ～扇门 दरवाज़े का एक पल्ला / ～只袜子 अयुग्म मोज़ा ❷विषम: ～数 विषम संख्या ❸अकेला; निःसंग: 形～影只 xíngdān-yǐngzhī ❹<क्रि०वि०> सिर्फ़; केवल; महज; ही; भर: ～他一个人就能完成这工作。वह अकेले ही यह काम पूरा कर सकता है। / ～凭热情是不够的。सिर्फ़ जोश से काम नहीं चलता। / 这本书要～放。यह किताब अलग स्थान पर रखो। ❺सरल: 单纯 ❻महीन; पतला: 单薄 ❼बिना अस्तर का (वस्त्र): 单衣 ❽चादर: 床单 ❾बिल; सूची: 名单 / 账单
chán; Shàn भी दे०
【单帮】 dānbāng अकेले काम करने वाला सफ़री व्यापारी: 跑～ व्यापार करने के लिए अकेले सफ़र करना
【单薄】dānbó ❶कम (कपड़े पहनना): 他衣服穿得～。वह कम कपड़े पहने हुए हैं। ❷पतला; कमज़ोर; दुर्बल: 身体～ कमज़ोर होना ❸अशक्त; बेदम: 论据～ तर्क में दम नहीं होना
【单产】 dānchǎn प्रति इकाई पैदावार
【单车】 dānchē <बो०> साइकिल
【单程】 dānchéng एकतरफ़ा: ～车票 एकतरफ़ा टिकट
【单传】 dānchuán ❶वह वंशवृक्ष, जिस में हर पीढ़ी में केवल एक पुत्र हो ❷किसी उस्ताद द्वारा एक ही शिष्य को अपना हुनर सिखाया जाना
【单纯】dānchún ❶सादा; सरल; शुद्ध: 这是个非常～的问题。यह एक बहुत सरल समस्या है। ❷अकेला; केवल; सिर्फ़: 不能～追求速度。सिर्फ़ गति पर ज़ोर देना ठीक नहीं है।
【单纯词】 dānchúncí <भा०वि०> सिंगल-मार्फ़िम वर्ड
【单词】 dāncí ❶शब्द ❷单纯词 के समान
【单打】 dāndǎ <खेल०> सिंगल्स; एकल खेल: 男子～ पुरुष एकल; मैंस सिंगल्स
【单打一】dāndǎyī ❶एक ही काम पर शक्ति केंद्रित करना ❷दिमाग एक ही लीक पर दौड़ना
【单单】 dāndān <क्रि०वि०> केवल; सिर्फ़; अकेले; मात्र: 别人都同意这个意见，～他反对。अन्य सभी लोगों ने इस मत का समर्थन किया, अकेले उसीने इस का विरोध किया। / 这么多书，你～挑这本。यहाँ इतनी अधिक पुस्तकें हैं और तुम हो कि सिर्फ़ वह एक पसन्द की।
【单刀】 dāndāo ❶छोटे मूठ वाला खांड़ा ❷खांड़ा चलाने का कौशल
【单刀直入】 dāndāo-zhírù सीधी बात कहना; साफ़-साफ़ कह देना: 他说话从来都是～。वह हमेशा सीधी बात कहता है।
【单调】 dāndiào नीरस; अरुचिकर; बेमज़ा; बेजान: 声音～ स्वर बेजान होना / 节目～ प्रस्तुतीकरण अरुचिकर होना / ～的生活 नीरस जीवन
【单独】dāndú अकेला; अपने आप: 让我～待一会儿。मुझे थोड़ी देर के लिए अकेला छोड़ दीजिए। / 他～一人完成了这项工作。उस ने अकेले ही यह काम पूरा कर दिया। / 她想～和您谈一谈。वह आप से अकेले ही बात करना चाहती है।
【单方】 dānfāng लोकप्रचलित नुस्खा
【单方面】 dānfāngmiàn एकपक्षीय; एकतरफ़ा: 采取～行动 एकतरफ़ा कार्रवाई करना / ～撕毁协议 एकतरफ़ा तौर पर समझौते को रद्दी की टोकरी में फेंक देना
【单峰驼】 dānfēngtuó एक कूबड़ वाला ऊँट; अरबी ऊँट
【单幅】 dānfú <वस्त्र०> सिंगल विड्थ
【单干】 dāngàn अकेले काम करना; बिना किसी साथ के काम करना; व्यक्तिगत रूप से खेती करना
【单杠】 dāngàng <खेल०> होरिजंटल बार
【单个儿】 dāngèr ❶व्यक्तिगत रूप से; अकेले: 他想～干。वह अकेले यह काम करना चाहता है। ❷एक शेष (रह जाना): 这双鞋只剩～了。केवल एक पाँव का जूता रह गया।
【单轨】 dānguǐ रेल की सिंगल ट्रैक
【单号】 dānhào (टिकट, सीट आदि का) विषम अंक
【单簧管】 dānhuángguǎn <संगी०> क्लैरिनेट
【单季稻】 dānjìdào धान की अकेली फ़सल
【单价】 dānjià ❶<अर्थ०> एकक मूल्य ❷<रसा०> <जीव०> एक संयोजक
【单间】 dānjiān (होटल, रेस्तराँ आदि में) पृथक कक्ष
【单晶硅】 dānjīngguī <वैद्युत०> मोनोक्रिस्टलाइन सिलिकन
【单晶体】 dānjīngtǐ <भौ०> मोनोक्रिस्टल
【单句】 dānjù <व्या०> सरल वाक्य
【单据】 dānjù रसीद, बिल, वाउचर और बीजक आदि दस्तावेज़
【单跨】 dānkuà <वास्तु०> सिंगल स्पैन
【单利】 dānlì <अर्थ०> सरल सूद
【单恋】 dānliàn एकपक्षीय प्रेम
【单名】 dānmíng एक अक्षरवाला नाम
【单宁酸】 dānníngsuān <रसा०> टैनिक एसिड
【单皮】 dānpí एकल खाल वाला ढोल (जो लकड़ी के घेरे पर सुअर की चमड़ी मढ़कर तैयार किया जाता है और परंपरागत चीनी ऑपेरा में एक प्रमुख ताल वाद्य है)

【单片眼镜】 dānpiàn yǎnjìng एक आँख वाला चश्मा; मोनोकल
【单枪匹马】 dānqiāng-pǐmǎ（匹马单枪 pǐmǎ-dānqiāng भी）अकेले; अपनी ही शक्ति के भरोसे; अपने आप
【单亲家庭】 dānqīn jiātíng सिर्फ़ मां या बाप वाला परिवार
【单人床】 dānrénchuáng सिंगल बेड
【单人房】 dānrénfáng सिंगल बेडरूम
【单人舞】 dānrénwǔ एकल नाच
【单日】 dānrì मास के विषम संख्या वाले दिन
【单弱】 dānruò पतला और कमज़ोर; दुर्बल
【单色】 dānsè एकरंगा：～光 एकरंगा प्रकाश
【单身】 dānshēn ❶अविवाहित; कुंआरा या कुंआरी ❷अपने परिवार से अलग होकर रहना; अकेले रहना：～在外 घर से अलग होकर अकेले जीवन बिताना
【单身汉】 dānshēnhàn अविवाहित पुरुष; कुंआरा
【单数】 dānshù ❶विषम संख्या ❷〈व्या०〉 एकवचन
【单瘫】 dāntān 〈चिकि०〉 एकांगघात
【单条】 dāntiáo सीधे लटका चित्र या लिपिकला की कृति (जिस का दूसरे चित्रों या लिपिकला कृतियों के साथ सेट न बनता हो)
【单位】 dānwèi ❶नाप-जोख इकाई：长度～ लम्बाई की इकाई ❷इकाई：行政～ प्रशासनिक इकाई / 基层～ बुनियादी इकाई / 下属～ अधीनस्थ इकाई
【单细胞】 dānxìbāo एककोशिकीय：～动物 एक-कोशिकीय प्राणी
【单线】 dānxiàn ❶एक ही लाइन ❷प्रत्यक्ष; सीधा (संपर्क)：他和我～联系。वह मुझ से प्रत्यक्ष संपर्क रखे हुए है। ❸〈परिवहन०〉 एक पथ
【单相思】 dānxiāngsī एकपक्षीय प्रेम
【单向】 dānxiàng एकतरफ़ा; एकदिशीय：～交通 एकतरफ़ा यातायात
【单项】 dānxiàng 〈खेल०〉 व्यक्तिगत स्पर्द्धा
【单行本】 dānxíngběn ❶पृथक संस्करण ❷अंश-प्रकाशन
【单行法规】 dānxíng fǎguī विशेष नियमावली
【单行条例】 dānxíng tiáolì विशिष्ट अधिनियम
【单行线】 dānxíngxiàn एकतरफ़ा सड़क
【单姓】 dānxìng एकअक्षरीय कुलनाम
【单性生殖】 dānxìng shēngzhí 〈जीव०〉 एकलिंगी जनन
【单眼皮】 dānyǎnpí एक किनारी वाली पलक
【单一】 dānyī एक ही; एकाकी：～经济 एकाकी उत्पाद वाला अर्थतंत्र / ～种植 एक ही उपज वाली खेती
【单衣】 dānyī बिना अस्तर का वस्त्र
【单翼机】 dānyìjī मोनोप्लेन; एक पंख का विमान
【单音词】 dānyīncí 〈भा०वि०〉 एकाक्षर; एकाक्षरी शब्द
【单元】 dānyuán इकाई; समूह
【单质】 dānzhì 〈रसा०〉 सरल पदार्थ
【单子】 dānzi ❶चादर ❷सूची; लिस्ट; बिल; फ़ार्म：写个～ सूची बनाना / 填～ फ़ार्म भरना
【单字】 dānzì ❶(चीनी भाषा का) एकाकी अक्षर ❷(विदेशी भाषा का) एक-एक शब्द

眈 dān दे० 虎视眈眈 hǔshì-dāndān

耽¹（躭）dān देर लगाना; विलम्ब करना：耽误

耽² dān 〈लि०〉 लिप्त होना; लीन होना：～于幻想 कल्पना करने में लीन होना
【耽搁】 dānge ❶रुकना; ठहरना：他在北京～了数天。उसे पेइचिंग में कुछ दिनों तक रुकना पड़ा। ❷देर लगाना; विलम्ब करना; विलम्ब होना; देर होना：他把事情给～了。उस ने यह मामला निपटाने में देर लगाई। / 一分钟也不能～。एक मिनट तक की देर भी नहीं होनी चाहिए।
【耽溺】 dānnì लिप्त होना; लीन होना; लगना：～于纵情享乐 भोग-विलास में लीन होना
【耽误】 dānwu देर लगाना; विलम्ब करना; रोकना：～时间 समय बरबाद करना / ～工作 कार्य पूरा करने में विलम्ब करना / ～治病 रोग का उपचार कराने में देर लगाना

聃（聸）dān 〈लि०〉 老～ में प्रयुक्त, दार्शनिक 老子 का दूसरा नाम

殚（殫）dān 〈लि०〉 पूरी तरह खत्म करना; खपाना：～心 (किसी काम में) पूरा मन लगाना
【殚竭】 dānjié 〈लि०〉 पूरी तरह खत्म करना; खपाना：国有～。राजकोष पूरी तरह खत्म किया गया।
【殚精竭力】 dānjīng-jiélì भरपूर कोशिश करना; पूरी शक्ति लगाना; कोई कसर उठा न रखना
【殚精竭虑】 dānjīng-jiélǜ（殚思竭虑 dānsī-jiélǜ भी）माथा-पच्ची करना; सिर खपाना
【殚力】 dānlì हरचन्द कोशिश करना; हरसंभव प्रयास करना

箪（簞）dān 〈प्रा०〉 भात रखने के लिए बांस से बना बरतन
【箪食壶浆】 dānshí-hújiāng खाद्य-पदार्थ और पेय (से अपनी सेना का स्वागत करना)
【箪食瓢饮】 dānshí-piáoyǐn खाने को एक कटोरा भर भात और पीने को एक करछी भर पानी नसीब होना —— गरीबी का जीवन बिताना

dǎn

胆（膽）dǎn ❶पित्ताशय; पित्ता ❷साहस; बहादुरी; दिलेरी; हिम्मत ❸थैली रूपी भीतरी पात्र：热水瓶～ निर्वात फ़्लास्क की कांची की बनी भीतरी दीवार

【胆大】 dǎndà निडर; दिलेर; साहसी; बहादुर
【胆大包天】 dǎndà-bāotiān धृष्ट होना; उद्दंड होना
【胆大妄为】 dǎndà-wàngwéi दुःसाहसी होना
【胆大心细】 dǎndà-xīnxì निडर बल्कि चौकस होना
【胆矾】 dǎnfán 〈रसा०〉 तूतिया
【胆敢】 dǎngǎn दुस्साहस करना; धृष्टता करना: 你竟～对我挑衅！ तुम ने मुझे भी ललकारने का दुस्साहस तक कर डाला！
【胆固醇】 dǎngùchún 〈जी०र०〉 कोलिस्टेराल
【胆管】 dǎnguǎn पित्तनली: ～炎 पित्त नली का शोथ
【胆寒】 dǎnhán भीरु होना; दिल दहलना; जी कांपना
【胆力】 dǎnlì साहस और निडरता
【胆量】 dǎnliàng साहस; हिम्मत; बहादुरी; दिलेरी: 有～ साहसी होना
【胆略】 dǎnlüè साहस और चतुरता: 有过人的～ असाधारण रूप से साहसिक और चतुर होना
【胆囊】 dǎnnáng पित्ताशय; पित्तकोष; पित्ता
【胆瓶】 dǎnpíng तंग गरदन और फूले हुए पेट वाला फूलदान
【胆气】 dǎnqì साहस; हिम्मत
【胆怯】 dǎnqiè कायर; डरपोक; कातर; बुजदिल
【胆石】 dǎnshí 〈चिकि०〉 पित्तपथरी
【胆识】 dǎnshí साहस और अंतर्दृष्टि
【胆酸】 dǎnsuān 〈जी०र०〉 पित्तीय अम्ल
【胆小】 dǎnxiǎo डरपोक; कायर
【胆小鬼】 dǎnxiǎoguǐ डरपोक; कायर
【胆小如鼠】 dǎnxiǎo-rúshǔ बुजदिल होना
【胆虚】 dǎnxū भयभीत होना; डरना; भयाकुल होना
【胆战心惊】 dǎnzhàn-xīnjīng कलेजा धकधक करना; दिल धड़कना
【胆汁】 dǎnzhī पित्त
【胆壮】 dǎnzhuàng निडर; निर्भीक
【胆子】 dǎnzi साहस; हिम्मत; पौरुष; बहादुरी: 放开～ साहस बांधना / 好大的～！ तुम्हारी कैसी धृष्टता है यह！

疸 dǎn दे० 黄疸 huángdǎn

掸（撣、撢） dǎn धीरे-धीरे झटकारना; झाड़ना; धूल-गर्द साफ़ करना: 快把衣服上的土～掉。कपड़े पर से धूल झाड़ दो। / 房里的墙～得很干净。कमरे की दीवारों से धूल-गर्द साफ़ कर दी गई है।
【掸子】 dǎnzi डस्टर

dàn

石 dàn तान, अनाज की एक तौल, जो एक हेक्टोलिटर के बराबर होता है
shí भी दे०

旦 1 dàn ❶〈लि०〉 प्रातःकाल; प्रभात ❷दिन; दिवस: 元旦

旦 2 dàn नारी पात्र (परंपरागत ऑपेरा के चार प्रमुख पात्रों में से एक। शेष तीन क्रमशः: 生 shēng, 净 jìng, 丑 chǒu हैं। 旦——青衣 qīngyī, 花旦 huādàn, 武旦 wǔdàn, 老旦 lǎodàn इत्यादि में विभाजित है)

旦 3 dàn 〈वस्त्र०〉 डेनियर
【旦角儿】 dànjuér 旦 [2] के समान, विशेषकर इस से 青衣 qīngyī या 花旦 huādàn का मतलब निकाला जाता है
【旦暮】 dànmù ❶सुबह और शाम ❷अल्प समय में
【旦夕】 dànxī 〈लि०〉 इस सुबह या शाम —— थोड़े ही समय में
【旦夕之间】 dànxīzhījiān सुबह से शाम तक

但 dàn ❶〈संयो०〉 लेकिन; मगर; परंतु; पर; किंतु; तो भी; तथापि: 电话铃响个不停，～他不接。टेलीफ़ोन की घंटी बजती रही, लेकिन वह चोंगा उठाता ही न था। / 这是个庞大～不切实际的计划。यह एक बृहद् किंतु अव्यावहारिक योजना है। / 我不赞同您的看法，～我欣赏您的坦率。मैं आप के विचारों का समर्थन नहीं करता, तो भी आप की स्पष्टवादिता का प्रशंसक हूँ। ❷सिर्फ़; केवल; मात्र: 四周一片寂静，～闻风吹树叶沙沙声。चारों तरफ़ सन्नाटा था, केवल पत्तियों की सरसराहट सुनाई दे रही थी।
【但凡】 dànfán हर हालत में; बिना अपवाद के; यदि: ～见过他的人，都夸他为人谦虚。जो भी उस से मिलता है, बिना अपवाद के उस की विनीति की प्रशंसा करता है। / ～谁遇到困难，他都热心帮助。जब भी किसी को मदद की ज़रूरत होती है, वह हमेशा आगे आता है।
【但是】 dànshì 〈संयो०〉 तथापि; लेकिन: 尽管他说得天花乱坠，～我还是不信。यद्यपि उस के मुंह से फूल झड़ते रहे, तथापि मैं उस पर विश्वास नहीं करता।
【但书】 dànshū 〈का०〉 परंतुक; शर्त की धारा
【但愿】 dànyuàn आशा है कि …; भगवान करे: ～他安全归来。भगवान करे, वह सही-सलामत वापस लौट आए। / ～如此。आशा है कि ऐसा ही होगा।

担（擔） dàn ❶बहंगी से ढोयी जाने वाली वस्तुओं का वज़न; भार; बोझ ❷〈परि०श०〉 ऐसा भार, जो एक ही बहंगी से उठाया जा सकता हो: 一～水 दो बाल्टियों का पानी ❸तान, एक तौल, जो पचास किलोग्राम के बराबर होती है
dān भी दे०
【担子】 dànzi ❶बहंगी और उस से ढोयी जाने वाली वस्तुओं का वज़न; भार; बोझ ❷कार्यभार: 挑～ कार्यभार संभालना

诞 1 （誕） dàn ❶जन्म; पैदाइश: 诞辰 ❷जन्मदिवस: 华～ आप का जन्मदिवस

诞 2 （誕） dàn मूर्खतापूर्ण; बेतुका; असंगत;

काल्पनिक: 荒诞

【诞辰】 dànchén 〈लि०〉 जन्मदिवस; जन्मदिन; जन्म-तिथि

【诞生】 dànshēng जन्म होना; पैदाइश होना; अस्तित्व में आना; उदय होना: 一九四九年十月一日，新中国～了。पहली अक्तूबर 1949 ई० को नए चीन का जन्म हुआ।

【诞生地】 dànshēngdì जन्मस्थान

疍（蜑） dàn नीचे दे०

【疍民】 dànmín नाव पर बसर करने वाले

啖（啗、噉） dàn 〈लि०〉 ❶खाना; भोजन करना ❷भोजन खिलाना ❸फुसलाना; प्रलोभन देना

淡 dàn ❶हल्का; पतला: ～酒 हल्की शराब ❷फीका; बेमज़ा: ～咖啡 फीका कहवा / 菜太～，再放点盐。यह तरकारी बेमज़ा है। इस में थोड़ा नमक छोड़ दें। ❸(रंग) हल्का: ～绿 हल्का हरा ❹रुखाई; स्नेहहीनता: ～然 ❺मंदी: 淡季 ❻〈बो०〉 निरर्थक; अर्थहीन; बेमतलब; व्यर्थ: ～话 निरर्थक बातें

【淡泊】 dànbó 〈लि०〉 नाम और धन-धान्य के लिए कोशिश न करना; सादगी से जीवन बिताना: ～明志 सादगी से जीवन बिताते हुए उदात्त आदर्श प्रदर्शित करना

【淡薄】 dànbó ❶पतला; हल्का: 雾渐渐～了。कोहरा हल्का होने लगा। ❷फीका; बेमज़ा ❸उदासीनता; विरक्ति; उदासीन; विरक्त: 感情～ विरक्ति होना ❹धुंधला; अस्पष्ट: 对他的印象～了。मेरे दिल पर उस की छवि धुंधली होती गई।

【淡出】 dànchū ❶〈फ़िल्म०〉 फ़ेड आउट ❷लुप्त होना

【淡淡】 dàndàn ❶पतला; हल्का: ～的香味 हल्की सी सुगंध ❷रुखाई; स्नेहहीनता; बेमुरौवती: ～地说 रुखाई से कहना / ～地一笑 रूखी हंसी हंसना

【淡而无味】 dàn'érwúwèi फीका; अस्वादिष्ट; बदमज़ा

【淡化】[1] dànhuà ❶गौण होना; महत्वहीन होना: 这个问题在他的脑子里渐渐～了。उस के दिमाग में यह सवाल गौण होता गया। ❷गौण करना; महत्वहीन करना: ～情节 कथावस्तु को महत्वहीन करना

【淡化】[2] dànhuà अपक्षारीयकरण: 海水～ समुद्री पानी का अपक्षारीयकरण करना; समुद्री पानी को मीठे पानी में बदलना

【淡季】 dànjì व्यापार का मंदी का समय; ठंडा बाज़ार; मंद मौसम

【淡漠】 dànmò ❶उदासीनता; विरक्ति; रूखापन; उदासीन; विरक्त; रूखा ❷धुंधला; अस्पष्ट; धुंधलापन; अस्पष्टता

【淡青】 dànqīng हरापन लिए हल्का नीला रंग

【淡然】 dànrán 〈लि०〉 तटस्थता; उदासीनता; तटस्थ; उदासीन: ～处之 तटस्थ होना; उदासीनता से काम लेना

【淡入】 dànrù 〈फ़िल्म०〉 फ़ेड इन

【淡食】 dànshí ❶लवणमुक्त भोजन ❷लवणमुक्त भोजन करना

【淡水】 dànshuǐ मीठा पानी: ～养鱼 मीठे पानी में मत्स्यपालन / ～湖 मीठे पानी की झील

【淡忘】 dànwàng भूलना; भुलाना; याद न होना: 他已被人～。वह भुलाया गया; लोगों के दिमाग में उस की याद न रही।

【淡雅】 dànyǎ सादा लेकिन सुरुचिपूर्ण; सुन्दर: 服饰～ कपड़े सादे लेकिन सुरुचिपूर्ण होना

【淡妆】 dànzhuāng हल्का मेकअप (करना): 浓妆淡抹 मेकअप चाहे हल्का हो या भारी, …

惮（憚） dàn 〈लि०〉 भयभीत होना; डरना: ～烦 मुसीबतों से डरना / 肆无忌惮 sìwújìdàn

弹（彈） dàn ❶गुटिका; गुटी; बटी; गोली ❷गोला; गोली; बम: 中～ गोली लगना; गोली खाना

tán भी दे०

【弹道】 dàndào ट्रैजेक्टरी; प्रक्षेप-पथ

【弹道导弹】 dàndào dǎodàn बैलिस्टिक मिसाइल

【弹弓】 dàngōng गुलेल

【弹痕】 dànhén गोलियों से बने छेद; गोली का निशान

【弹夹】 dànjiá चार्जर

【弹尽粮绝】 dànjìn-liángjué न गोला बारूद और न रसद शेष रह जाना

【弹尽援绝】 dànjìn-yuánjué न गोला-बारूद बाकी रहा और न ही सहायता मिलने की कोई आशा

【弹壳】 dànké शेल केस

【弹坑】 dànkēng खड्ड; गढ़ा

【弹片】 dànpiàn गोले के टुकड़े

【弹头】 dàntóu बुलेट; वारहेड

【弹丸】 dànwán ❶गोली; गुटिका ❷〈साहि०〉 (किसी स्थान का) बहुत छोटा होना; संकीर्ण होना: ～之地 एक बहुत छोटा स्थान

【弹匣】 dànxiá 〈सैन्य०〉 मैगज़ीन

【弹药】 dànyào गोला-बारूद: ～库 गोला-बारूद का गोदाम / ～箱 गोला-बारूद की पेटी

【弹着点】 dànzhuódiǎn हिटिंग प्वाइंट

【弹子】 dànzǐ ❶गुलेल से फेंकी जाने वाली मिट्टी की गोली ❷कांच की बनी गोली: 打～ गोली से खेलना ❸〈बो०〉 बिलियर्ड

【弹子锁】 dànzisuǒ 〈बो०〉 स्प्रिंग लॉक

蛋 dàn ❶अंडा ❷गोलाकार वस्तु: 泥～ मिट्टी का गोल पिंड

【蛋白】 dànbái ❶अंडे की सफ़ेदी ❷प्रोटीन

【蛋白酶】 dànbáiméi 〈जी०र०〉 प्रोटीस

【蛋白尿】 dànbáiniào 〈चिकि०〉 अलब्यूमियूरिया; मूत्र में अलब्यूमिन होना

【蛋白石】 dànbáishí उपल; दूधिया पत्थर

【蛋白质】 dànbáizhì प्रोटीन

【蛋粉】 dànfěn अंडे का चूर्ण

【蛋糕】 dàngāo केक

【蛋黄】 dànhuáng जर्दी

【蛋鸡】 dànjī अंडा देने वाली मुर्गी

【蛋壳】 dànké अंडे का छिलका
【蛋品】 dànpǐn अंडे से बनी वस्तुएं
【蛋青】 dànqīng हल्का नीला
【蛋清】 dànqīng 〈बो०〉 अंडे की सफ़ेदी
【蛋子】 dànzi गोलाकार वस्तु

氮 dàn 〈रसा०〉 नाइट्रोजन (N)
【氮肥】 dànféi नाइट्रोजन उर्वरक

瘅（癉） dàn 〈लि०〉 ❶अत्यधिक श्रम के कारण होने वाली बीमारी ❷निन्दा करना; दोषारोपण करना; घृणा करना： 彰善～恶 zhāng shàn dàn è

澹 dàn 〈लि०〉 शांत; स्थिरमना
tán भी दे०
【澹泊】 dànbó 淡泊 dànbó के समान
【澹然】 dànrán 淡然 dànrán के समान

dāng

当[1]（當）dāng ❶के समान; के समकक्ष; के तुल्य： 门当户对 méndāng-hùduì / 相当 ❷चाहिए; पड़ना; होना： ～省得省 खर्च जितना कम कर सकें, करना चाहिए ❸के सामने; की उपस्थिति में; की मौजूदगी में： ～着大家说。सबों के सामने बोलो। ❹उस समय या स्थान： ～他并不在场。उस समय वह मौके पर नहीं था। / 他在～地颇有名气。वह उस स्थान में काफ़ी नामी है।

当[2]（當）dāng ❶का काम करना; होना; बनना： 我要～个医生。मैं डॉक्टर बनना चाहता हूँ। / 她～过护士。वह एक नर्स थी। ❷वहन करना; स्वीकार करना; के योग्य होना： 敢作敢当 gǎnzuò-gǎndāng / 我可～不起这样的夸奖。मैं इस प्रशंसा के योग्य नहीं हूँ। ❸ज़िम्मा लेना; संचालन करना; चलाना： 当家 ❹〈लि०〉 रोकना; मुकाबला करना： 锐不可当 ruìbùkědāng

当[3]（當）dāng 〈लि०〉 सिरा; छोर： 瓦～ खपरैल का सिरा

当[4]（當、噹）dāng 〈अनु०〉 टन-टन (घंटा या घड़ियाल बजने का शब्द); टनटनाना： 钟～～敲了两下。घंटे ने टनटनाते हुए दो बजाए।
dàng भी दे०

【当班】 dāngbān (की) पाली होना： 该他～了。उस की पाली होगी।
【当兵】 dāngbīng सैनिक बनना; सेना में सेवा करना
【当差】 dāngchāi 〈पुराना〉 ❶छोटे अधिकारी या अर्दली का काम करना ❷नौकर
【当场】 dāngchǎng मौके पर; ऐन वक्त पर： ～承诺 मौके पर वचन देना / ～拒绝 ऐन वक्त पर इनकार कर देना / ～抓获 रंगे हाथों पकड़ना
【当场出彩】 dāngchǎng chūcǎi ❶ऐन मौके पर किसी की पोल खुल जाना ❷ऐन मौके पर नीचा खाना
【当初】 dāngchū पहले; उस समय; शुरू में; आरंभ में： ～这里是一片沙地。पहले यहाँ रेतीली भूमि फैली हुई थी। / ～计划在这里盖一座饭店，后来修建了一座小学。शुरू में यहाँ एक होटल बनाने की योजना थी। बाद में एक प्राइमरी स्कूल कायम किया गया। / 早知今日，何必～？ यदि मुझे मालूम हुआ होता कि यह नतीजा निकलेगा, तो मैं ने वैसा नहीं किया होता।
【当代】 dāngdài वर्तमान युग; समकाल： ～著名文学家 समकालीन प्रसिद्ध साहित्यकार / ～英雄 हमारे युग का हीरो
【当道】 dāngdào ❶बीच रास्ते में： 别在～站着。बीच रास्ते में न रुको। ❷〈अना०〉 सत्ता में होना; हाथ में शासनसूत्र होना： 权臣～。शासनसूत्र उच्छृंखल दरबारियों के हाथ में था।
【当地】 dāngdì उस स्थान का; स्थानीय： ～时间 स्थानीय समय / ～风俗 उस स्थान का रीति-रिवाज
【当断不断】 dāngduàn-bùduàn ज़रूरत पड़ने पर फ़ैसला करने में नाकामयाब होना; निर्णय करने की आवश्यकता पड़ने पर हिचकना
【当行出色】 dāngháng-chūsè अपने कार्यक्षेत्र में सर्वश्रेष्ठ सिद्ध होना
【当回事】 dānghuíshì (किसी बात को) गंभीरता से लेना
【当机立断】 dāngjī-lìduàn तुरत-फुरत तय करना; समुचित निर्णय करना
【当即】 dāngjí तुरंत; तत्काल; फ़ौरन： ～采纳他的建议 उस का सुझाव तुरंत स्वीकार करना
【当家】 dāngjiā (घर के) काम-काज की देखभाल करना： 他妻子是个会～的好主妇。उस की पत्नी एक योग्य गृहिणी है।
【当家的】 dāngjiāde ❶〈बोल०〉 घर का मालिक (मालकिन) ❷〈बो०〉 पति; घरवाला ❸〈बोल०〉 बौद्ध मठ का महंत; बौद्ध मठाधीश
【当家作主】 dāngjiā-zuòzhǔ अपने भाग्य का मालिक आप बनना： 人民～。जनता अपने देश की आप मालिक बन गई।
【当间儿】 dāngjiànr 〈बो०〉 बीचोंबीच： 客厅～放着一盆花。बैठकखाने के बीचोंबीच फूलों का एक गमला रखा हुआ है।
【当街】 dāngjiē ❶सड़क के सम्मुख ❷सड़क पर
【当今】 dāngjīn ❶वर्तमान; हाल का; आज का： ～世界 आज की दुनिया; वर्तमान दुनिया ❷〈पुराना〉 सिंहासनासीन सम्राट; गद्दीनशीं बादशाह
【当紧】 dāngjǐn 〈बो०〉 महत्वपूर्ण
【当局】 dāngjú अधिकारी; प्रशासन： 政府～ साकार के अधिकारी / 学校～ स्कूल का अधिकारी
【当局者迷，旁观者清】 dāngjúzhěmí, pángguān-zhěqīng दर्शक शतरंजियों से अधिक स्पष्ट रूप से चाल देखते हैं
【当空】 dāngkōng ऊंचे आकाश में： 烈日～。ऊंचे

आकाश में सूरज आग उगल रहा है।

【当口儿】 dāngkour 〈बोल०〉 इसी या उसी क्षण: 就在这～ इसी क्षण; उसी समय

【当啷】 dānglāng 〈अनु०〉 टनटन; झनझन

【当量】 dāngliàng 〈रसा०〉 इक्वीवैलेंट (वज़न)

【当令】 dānglìng का मौसम होना: 眼下芒果正～。इस समय आम का मौसम है।

【当面】 dāngmiàn के सामने; के सम्मुख; की उपस्थिति में; की मौजूदगी में: 这话您去跟他～说。आप यह बात उस के सामने कहें। / 是我～把文件交给他的。स्वयं मैं ने यह दस्तावेज़ उसे दिया था।

【当面锣对面鼓】dāngmiànluó duìmiàngǔ आमने-सामने तर्क-वितर्क करना; आमने-सामने बैठकर बात करना

【当面说好话，背后下毒手】 dāngmiàn shuō hǎo huà, bèihòu xiàdúshǒu मुंह में राम बगल में छुरी

【当年】 dāngnián ❶उन वर्षों में; उन दिनों: ～，这河上没一座桥。उन दिनों इस नदी पर एक भी पुल नहीं था। ❷चढ़ती जवानी: 他正～，精力充沛。वह चढ़ती जवानी में है, सो एकदम स्फूर्तिमान है।

dàngnián भी दे०

【当前】dāngqián ❶सामने आना; आगे आना: 大敌～。खूंख्वार दुश्मन सामने आ गया है। ❷वर्तमान; मौजूदा: ～的形势 वर्तमान परिस्थिति / ～的问题 मौजूदा सवाल

【当枪使】 dāngqiāngshǐ भाड़े का टट्टू बनना

【当权】 dāngquán सत्ता में आना; सत्ताधारी बनना; सत्तासीन होना: 他～，他说了算。वह सत्ता में है। उसे अंतिम निर्णय करने का हक है।

【当儿】dāngr ❶इसी क्षण; उसी क्षण ❷बीच का स्थान: 两张桌子中间有一米宽的～。दो मेज़ों के बीच एक मीटर चौड़ा स्थान है।

【当然】 dāngrán ❶अवश्य; ज़रूर; निश्चय; बेशक; निस्संदेह: 您能帮我一下吗? —— ～可以。क्या आप मेरी मदद कर सकते हैं? —— अवश्य। / 他人～很聪明，但学习不努力。वह निस्संदेह कुशाग्रबुद्धि है, पर पढ़ाई में मेहनत नहीं करता। ❷स्वाभाविक: 您这样用功取得好成绩是～的。आप इतनी मेहनत से पढ़ते हैं, इसलिए अच्छा अंक पाना स्वाभाविक है।

【当仁不让】 dāngrén-bùràng अपना उत्तरदायित्व निभाने में कभी हिचकिचाहट न करना; जो काम करना होता है, उस से हाथ न खींचना

【当时】 dāngshí तब; उस समय; उस वक्त: ～我听了大吃一惊。उस समय यह संवाद सुनकर मैं अचंभे में पड़ गया।

dàngshí भी दे०

【当事人】 dāngshìrén ❶〈का०〉 वादी पक्ष; मुद्दई; अभियुक्त; मुलजिम ❷संबंधित पक्ष या व्यक्ति

【当庭】dāngtíng अदालत में: ～作证 अदालत में हाज़िर होकर गवाही देना

【当头】 dāngtóu ❶ठीक ऊपर; सिर पर; पर: 太阳～照。सूर्य सिर पर आ गया है। ❷सामने आना; आसन्न होना: 困难～，不能退缩。जब कठिनाइयाँ सामने आती हैं, तो पीछे नहीं हटना चाहिए। ❸प्रथम स्थान पर रखना; प्राथमिकता देना: 不能遇事钱～。जब कोई मामला निबटाना होता है, तो रुपये-पैसे पर ज़ोर नहीं देना चाहिए।

dàngtóu भी दे०

【当头棒喝】 dāngtóu-bànghè आघात और गरज —— गंभीर चेतावनी

【当头一棒】 dāngtóu-yībàng ❶दे० 当头棒喝 ❷आकस्मिक चोट करना

【当务之急】 dāngwùzhījí सर्वोच्च प्राथमिकता वाला कार्य; आपात् कार्य; सब से फ़ौरी काम

【当下】 dāngxià तुरंत; फ़ौरन; तत्काल; चटपट: 他一听这话，～就火了。यह बात सुनते ही वह आग-बबूला हो उठा।

【当先】 dāngxiān अग्रसर होना; अग्रणी होना; सब से आगे होना: 一马～ सब से आगे होना

【当心】[1] dāngxīn खबरदार रहना; सावधान रहना; सतर्क होना; सावधानी बरतना: ～!别碰那根电线。खबरदार! उस तार को ना छुओ। / 做实验时要～。परीक्षण करते समय सावधानी बरतनी चाहिए। / ～路上的汽车。सड़क पर आने-जाने वाली कारों से सावधान रहना।

【当心】[2] dāngxīn 〈बो०〉 छाती; मध्य भाग: ～一拳 छाती पर एक घूँसा मारना / 他站在院子～。वह प्रांगण के मध्य में खड़ा था।

【当选】 dāngxuǎn निर्वाचित होना; चुना जाना: 他以全票～。वह सर्वसम्मति से निर्वाचित हुआ।

【当选总统】dāngxuǎn zǒngtǒng निर्वाचित राष्ट्रपति

【当腰】 dāngyāo (किसी लम्बी वस्तु का) मध्य भाग: 两头细，～粗 दोनों सिरों पर पतला पर मध्य में मोटा होना

【当政】 dāngzhèng सत्ता में आना; सत्ता की बागडोर अपने हाथ में लेना

【当之无愧】dāngzhī-wúkuì के योग्य होना; के काबिल होना: 他获这份奖励，～。वह इस पुरस्कार के योग्य है।

【当之有愧】 dāngzhī-yǒukuì के योग्य न होना; के काबिल न होना

【当中】 dāngzhōng ❶के मध्य में; के बीचोंबीच: 马路～ सड़क के बीचोंबीच ❷के बीच: 楼群～有一座公园。इमारतों के बीच एक बाग स्थित है।

【当中间儿】 dāngzhōngjiànr 〈बोल०〉 ठीक बीच में; ठीक मध्य में

【当众】 dāngzhòng भरी सभा में; सब के सामने

【当子】 dāngzi 〈बो०〉 (दो वस्तुओं के) बीच का स्थान

珰（璫） dāng 〈लि०〉 ❶कर्णफूल ❷खोजा; हिजड़ा सेवक

铛（鐺） dāng 〈अनु०〉 झंकार; झनझनाहट

chēng भी दे०

【铛铛】 dāngdāng झंकारना; झनझन करना

裆（襠） dāng ❶पायजामे के दो पायचों का जोड़ ❷〈श०वि०〉 ऊरुसंधि; पट्टा

dǎng

挡（擋、攩） dǎng ❶रोकना; अवरुद्ध करना; छेंकना：～住去路 रास्ता रोकना (छेंकना) / ～光 प्रकाश रोकना ❷बचना; बचाव करना：戴顶帽子～太阳 धूप से बचने के लिए टोपी पहनना / ～雨 वर्षा से बचाव करना ❸(चूल्हे का) जंगला; (खिड़की का) परदा：炉～儿 चूल्हे का जंगला / 窗～子 खिड़की का परदा ❹(कार का) गियर

dàng भी दे०

【挡车】 dǎngchē करघे की देख-रेख करते हुए उत्पाद की गुणवत्ता व मात्रा की जांच करना

【挡横儿】 dǎnghèngr रोकना; बाधा डालना; अड़चन डालना：没你的事儿，你挡什么横儿？ इस से तुम्हें कोई मतलब नहीं, तो क्यों मुझे रोक रहे हो ?

【挡驾】 dǎngjià 〈शिष्टोक्ति〉 अतिथि से मिलने से इनकार करना; मिलने आने वाले को विनीत ढंग से वापस भिजवा देना

【挡箭牌】 dǎngjiànpái ❶ढाल ❷बहाना

【挡泥板】 dǎngníbǎn (कार का) मड गार्ड

党（黨） dǎng ❶राजनीतिक दल; पार्टी ❷चीनी कम्युनिस्ट पार्टी：党校 / 党报 ❸गुट; गिरोह; दल：结～营私 गुटबन्दी करना ❹पक्षपात करना; तरफ़दारी करना：党同伐异 ❺〈लि०〉 रिश्तेदार; सगा-संबंधी：父党 ❻（Dǎng）एक कुलनाम

【党报】 dǎngbào ❶किसी पार्टी का मुखपत्र ❷चीनी कम्युनिस्ट पार्टी का मुखपत्र

【党阀】 dǎngfá स्वेच्छाचारी पार्टी अधिकारी; निरंकुश पार्टी अधिकारी

【党费】 dǎngfèi पार्टी सदस्यता शुल्क

【党风】 dǎngfēng पार्टी की कार्यशैली; पार्टी सदस्यों का आचरण

【党纲】 dǎnggāng पार्टी कार्यक्रम

【党棍】 dǎnggùn पार्टी बॉस; पार्टी मैन

【党籍】 dǎngjí पार्टी की सदस्यता

【党纪】 dǎngjì पार्टी का अनुशासन

【党魁】 dǎngkuí 〈अना०〉 पार्टी का सरगना

【党龄】 dǎnglíng पार्टी स्टेंडिंग

【党派】 dǎngpài राजनीतिक पार्टियों और उन के गुट

【党旗】 dǎngqí पार्टी झंडा

【党同伐异】 dǎngtóng-fáyì अपने गुट के सदस्यों का बचाव करना और दूसरे गुटों के सदस्यों पर लांछन लगाना

【党徒】 dǎngtú 〈अना०〉 किसी गुट, गिरोह या दल का सदस्य

【党团】 dǎngtuán ❶राजनीतिक दल और अन्य संगठन ❷चीनी कम्युनिस्ट पार्टी और चीनी कम्युनिस्ट यूथ लीग ❸किसी पार्टी का संसदीय मंडल

【党外】 dǎngwài गैरपार्टी; निर्दलीय

【党委】 dǎngwěi पार्टी कमेटी

【党务】 dǎngwù पार्टी का कामकाज

【党校】 dǎngxiào पार्टी स्कूल

【党性】 dǎngxìng दलगत भावना

【党羽】 dǎngyǔ 〈अना०〉 गिरोह का सदस्य; अनुयायी; भाड़े का टट्टू

【党员】 dǎngyuán पार्टी सदस्य

【党章】 dǎngzhāng पार्टी चार्टर

【党证】 dǎngzhèng पार्टी कार्ड

谠（讜） dǎng 〈लि०〉 खरा：～言 दो टूक बात / ～论 खरी आलोचना

dàng

当[1]（當） dàng ❶उचित; समुचित; मुनासिब; ठीक：得当 dédàng / 恰当 qiàdàng ❷के समान; के तुल्य; के समकक्ष：一个人～两个人用 अकेले ही दो आदमियों का काम करना ❸समझना; का-सा व्यवहार करना：请把这里～成自己家里。 अपना ही घर समझना । ❹सोचना; समझना：您～我不知道。 आप सोचते थे कि यह मुझे मालूम नहीं है । ❺उसी (दिन; महीने, वर्ष, समय इत्यादि)：当月 / 当时

当[2]（當、儅） dàng ❶गिरवी रखना; रेहन रखना ❷गिरवी; रेहन; बंधक रखी हुई चीज़：赎当 shúdàng

dāng भी दे०

【当成】 dàngchéng समझना; का-सा व्यवहार करना：您别把我～客人来招待。 आप मुझे मेहमान न समझिए ।

【当当】 dàngdàng गिरवी रखना; रेहन रखना

【当家子】 dàngjiāzi 〈बो०〉 एक ही कुल के जन; एक ही कुलनाम के दूर के रिश्तेदार

【当年】 dàngnián उसी वर्ष：这所学校～建成，～招生。 यह स्कूल जिस वर्ष कायम हुआ, उसी वर्ष छात्रों को दाखिल करने लगा ।

dāngnián भी दे०

【当票】 dàngpiào रेहननामा; गिरवीनामा

【当铺】 dàngpù गिरवी की दूकान：～老板 गिरवीदार

【当日】 dàngrì उसी दिन

【当时】 dàngshí उसी क्षण; तुरंत; फ़ौरन：他一接到传真，～就报告了上级。 फ़ैक्स मिलते ही उस ने तुरंत अपने ऊपर वाले को रिपोर्ट दी ।

dāngshí भी दे०

【当事】 dàngshì ❶किसी बात को गंभीरता से लेना：他根本不把小王的话当回事儿。 उस ने श्याओ वांग की बात को गंभीरता से नहीं लिया । ❷महत्वपूर्ण; महत्व का होना：他的话不～。 उस की बातों का कोई महत्व नहीं है ।

【当天】 dàngtiān एक ही दिन में; इसी दिन; उसी दिन: 您去天津，～就可回来。आप एक ही दिन में थ्येनचिन जाकर फिर वापस आ सकते हैं।

【当头】 dàngtóu गिरवी; रेहन
dāngtóu भी दे०

【当晚】 dàngwǎn इसी शाम; उसी शाम

【当夜】 dàngyè इसी रात; उसी रात

【当月】 dàngyuè इसी महीने; उसी महीने

【当真】 dàngzhēn ❶किसी बात को गंभीरता से लेना: 开个玩笑，不用～。मज़ाक कर रहा हूँ। इसे गंभीरता से लेने की ज़रूरत नहीं। ❷सच होना; सत्य होना: 此话～? क्या यह सच है? ❸सचमुच; वास्तव में: 他答应来，就～来了。उस ने आने का आश्वासन दिया था और आज सचमुच आ गया।

【当做】 dàngzuò समझना; मानना: 人类应该把动物～自己的朋友。मानव को पशुओं को अपना दोस्त समझना चाहिए। / 把他～自己的榜样 उसे अपना आदर्श मानना

凼（氹） dàng 〈बो०〉 जलकुंड; खेतों में खाद का गड्ढा

【凼肥】 dàngféi तर वानस्पतिक खाद

宕 dàng 〈लि०〉 देर लगाना; विलम्ब करना: 延宕 yándàng

【宕账】 dàngzhàng बकाया कर्ज़ा

荡[1]（蕩、盪） dàng ❶झूलना; हिलना; तरंगित होना; लहराना: ～秋千 झूला झूलना / 荡漾 ❷आवारागर्दी करना; बेकार घूमना: 游荡 yóudàng ❸धोना: 荡涤 ❹सफ़ाचट करना; सत्यानाश करना; सफ़ाया करना: 扫荡 sǎodàng

荡[2]（蕩） dàng व्यभिचार; दुराचार: 放荡 fàngdàng

荡[3]（蕩） dàng ❶छिछले पानी की झील; कच्छ: 芦苇～ नरकट कच्छ

【荡除】 dàngchú सफ़ाया करना; दूर करना

【荡船】 dàngchuán झूला-गाड़ी

【荡涤】 dàngdí 〈लि०〉 पूरी तरह साफ़ करना; हटा देना; मिटा देना

【荡妇】 dàngfù 〈लि०〉 ❶व्यभिचारिणी ❷वेश्या; रंडी

【荡平】 dàngpíng सफ़ाया करना; शांत करना; शमन करना; कुचलना

【荡气回肠】 dàngqì-huícháng दे० 回肠荡气 huí-cháng-dàng qì

【荡然无存】 dàngrán-wúcún सफ़ाचट होना; सर्वनाश होना; सत्यानाश होना

【荡漾】 dàngyàng तरंगित होना; हिलोरे लेना; लहराना; तैरना: 湖水～。झील का पानी हिलोरे ले रहा है। / 歌声在空中～。गीतों की स्वरलहरियाँ आकाश में तैरती हैं।

【荡舟】 dàngzhōu 〈बो०〉 नौकाविहार करना

挡（擋） dàng दे० 摒挡 bìngdàng
dǎng भी दे०

档（檔） dàng ❶(फ़ाइल रखने की) अल्मारी: 归～ guīdàng ❷फ़ाइल; अभिलेख: 查档 chádàng ❸(मेज़, पलंग इत्यादि को टिकाने के लिए) टेक; थूनी ❹श्रेणी; कोटी: 档次 / 高～商品 उच्च श्रेणी की वस्तुएँ ❺〈बो०〉 स्टॉल; छोटी दूकान: 鱼～ मछली की छोटी दूकान

【档案】 dàng'àn फ़ाइल; अभिलेख; रिकार्ड

【档案馆】 dàng'ànguǎn अभिलेखागार

【档次】 dàngcì श्रेणी; कोटी

【档子】 dàngzi 〈बो०〉〈परि०श०〉 ❶(मामलों के लिए): 我不管这～事。इस प्रकार का मामला निबटाना मेरा काम नहीं है। ❷(कलाकारों के दलों के लिए): 两～龙灯 ड्रैगन लालटेन कलाकारों के दो दल

dāo

刀 dāo ❶छुरा; छुरी; चाकू; तलवार ❷〈यां०〉 कटिंग टूल; औज़ार: 铣刀 xǐdāo ❸छुरी जैसी वस्तु: 冰～ आइस स्केट ❹〈परि०श०〉 (कागज़ के) सौ ताव ❺（Dāo）एक कुलनाम

【刀把儿】 dāobàr（刀把子 dāobàzi भी）❶छुरी का मूठ; दस्ता ❷सैन्य शक्ति; सत्ता ❸〈बो०〉 ऐसी बात, जिस का किसी दूसरे के विरुद्ध प्रयोग किया जा सके

【刀背】 dāobèi छुरे की पीठ

【刀笔】 dāobǐ अभियोग पत्र, याचिका इत्यादि लिखने का काम; साधारण वकील का काम: ～吏 अभियोग पत्र आदि लिखने वाला छोटा अधिकारी; साधारण दर्जे का वकील

【刀兵】 dāobīng ❶हथियार; शस्त्रास्त्र; शस्त्रीकरण ❷युद्ध; लड़ाई: 动～ लड़ाई लड़ना / ～之灾 युद्ध की विभीषिका / ～相见 खांड़ा बजना

【刀叉】 dāochā छुरी और कांटा

【刀豆】 dāodòu स्वॉर्डबीन

【刀法】 dāofǎ रसोईघर में व्यंजन बनाते समय चाकू इस्तेमाल करने का हुनर; नक्काशी में छेनी चलाने की कला; तलवारबाज़ी

【刀锋】 dāofēng छुरे की धार

【刀斧手】 dāofǔshǒu 〈पुराना〉 जल्लाद; वधिक

【刀耕火种】 dāogēng-huǒzhòng आदिम तरीके से खेतीबारी करना

【刀光剑影】 dāoguāng-jiànyǐng खांड़े और तलवार की चमक-दमक —— भीषण भिड़ाई या हिंसक वाता-वरण

【刀痕】 dāohén छुरे से काटने पर पड़ा निशान

【刀具】 dāojù 〈यां०〉 कटिंग टूल; औज़ार

【刀口】 dāokǒu ❶छुरे की धार ❷सही स्थान; निर्णायक

क्षेत्र; कुंजीभूत मामला： 把劲儿使在～上。 कुंजीभूत मामले पर ज़ोर देना चाहिए। ❸चीरा; चीरने का घाव

【刀马旦】 dāomǎdàn तलवार और अश्व तान —— वूतान（武旦）पात्र की एक श्रेणी, जो घुड़सवार योधिन की भूमिका निभाती है

【刀片】 dāopiàn रेज़रब्लेड

【刀枪】 dāoqiāng तलवार और भाला; हथियार; आयुध

【刀枪入库，马放南山】 dāoqiāng rù kù, mǎ fàng nánshān शस्त्रों को वापस शस्त्रागार में रखना और जंगी घोड़ों को पहाड़ की तलहटी में चराना —— युद्ध से सतर्कता में ढील आना

【刀鞘】 dāoqiào म्यान; खड्गकोष

【刀刃】 dāorèn 刀口❶❷के समान

【刀山火海】 dāoshān–huǒhǎi तलवारों का पहाड़ और आग का समुद्र —— सब से खतरनाक स्थान; सर्वाधिक गंभीर परीक्षा

【刀伤】 dāoshāng छुरे या तलवार का घाव

【刀子】 dāozi 〈बोल०〉 छुरी; जेबी चाकू

【刀子嘴】 dāozizuǐ ❶बदज़बानी ❷बदज़बान; मुंहफट; ज़बानदराज़

【刀俎】 dāozǔ 〈लि०〉 कसाई का छुरा और कर्तन-काष्ठ —— उत्पीड़क; अत्याचारी

叨 dāo नीचे दे०

dáo; tāo भी दे०

【叨叨】 dāodao बकवास; बकबक; बकवास करना; बकबक करना; बकना： 别～了，说正事儿吧。 बकवास बन्द करो ! काम की बात कहो।

【叨登】 dāodeng 〈बो०〉 ❶उलटना-पलटना： 把箱底的衣服～出来晒晒。 संदूक की तह में पड़े कपड़ों को निकाल कर धूप में डालो। ❷पुरानी बात की याद दिलाना： 事情已经过去了，还～什么？ जो हुआ, सो हुआ। इस की याद दिलाने से क्या फ़ायदा ?

【叨唠】 dāolao 叨叨 के समान

氘 dāo 〈रसा०〉 ड्यूटिरियम या (H^2 या D)

【氘核】 dāohé 〈रसा०〉 ड्यूटरोन

dáo

叨 dáo नीचे दे०

dāo; tāo भी दे०

【叨咕】 dáogu 〈बो०〉 बड़बड़ाना; बुदबुदाना

捯 dáo 〈बो०〉 ❶(रस्सी या डोर) लपेटना： 把风筝～下来。 पतंग को वापस खींच लो। ❷सुराग मिलना： 这事儿已～出头来了。 इस मामले का सुराग मिल गया है।

【捯饬】 dáochi 〈बो०〉 शृंगार करना

【捯根儿】 dáogēnr 〈बो०〉 तह तक पहुँचना

【捯气儿】 dáoqìr 〈बो०〉 ❶दम होंठों पर आना ❷दम फूलना; दम टूटना; हांफ़ना

dǎo

导（導） dǎo ❶मार्गदर्शन; पथप्रदर्शन; मार्गदर्शन करना; पथप्रदर्शन करना; ले चलना： 导游 / 导航 ❷स्थानांतरण; प्रेषण; संचारण： 导热 / 导电 ❸सबक देना; शिक्षा देना; उपदेश देना; सिखाना： 教导 jiàodǎo ❹निर्देशन; डायरेक्शन： 执～ निर्देशक का काम करना; फ़िल्म का निर्देशन करना

【导弹】 dǎodàn गाइडेड मिसाइल; मिसाइल; प्रक्षेपास्त्र

【导弹发射场】 dǎodàn fāshèchǎng मिसाइल प्रक्षेपण स्थल

【导弹发射井】 dǎodàn fāshèjǐng प्रक्षेपण साइलो

【导弹发射器】 dǎodàn fāshèqì मिसाइल लांचर

【导弹发射台】 dǎodàn fāshètái लांचिंग पैड

【导弹核潜艇】 dǎodàn héqiántǐng मिसाइलों से लैस नाभिकीय पनडुब्बी

【导弹基地】 dǎodàn jīdì मिसाइल अड्डा

【导弹驱逐舰】 dǎodàn qūzhújiàn मिसाइल युक्त विध्वंसक पोत

【导弹巡洋舰】 dǎodàn xúnyángjiàn मिसाइल युक्त क्रूज़र

【导电】 dǎodiàn विद्युत संचारण; बिजली प्रवाहित करना

【导购】 dǎogòu ❶खरीददारों को सलाह देना ❷खरीददारों को सलाह देनेवाला

【导管】 dǎoguǎn ❶〈यां०〉 नली; पाइप; डक्ट ❷〈जीव०〉 नली; वाहिनी

【导航】 dǎoháng मार्गदर्शन; नेविगेशन： 无线电（雷达）～ रेडियो (राडार) नेविगेशन

【导航台】 dǎohángtái मार्गदर्शन केन्द्र

【导火索】 dǎohuǒsuǒ फ़्यूज़

【导火线】 dǎohuǒxiàn ❶फ़्यूज़ ❷ऐसी छोटी घटना, जो बड़ी घटना का कारण बने： 战争的～ युद्ध को जन्म देने वाली घटना

【导流】 dǎoliú जल-मार्ग बदलना; डाइवर्शन： ～洞 डाइवर्शन सुरंग

【导论】 dǎolùn प्रस्तावना; परिचयात्मक टिप्पणी; प्राक्कथन

【导热】 dǎorè उष्मा प्रवाहन; उष्मा का संचारण करना

【导师】 dǎoshī ❶शिक्षक; अध्यापक ❷किसी महान कार्य का निर्देशक; शिक्षक

【导体】 dǎotǐ 〈भौ०〉 कंडक्टर; संवाहक

【导线】 dǎoxiàn 〈विद्यु०〉 लीड, बिजली का तार

【导向】 dǎoxiàng ❶की ओर ले जाना： 会谈～两国关系的正常化。 यह वार्त्ता दोनों देशों के संबंधों को सामान्यीकरण की ओर ले गई। ❷मार्गदर्शन; पथप्रदर्शन： 舆论～ लोकमत का निर्देशन

【导言】 dǎoyán प्रस्तावना; प्राक्कथन

【导演】 dǎoyǎn ❶(फ़िल्म, नाटक इत्यादि का) निर्देशन करना ❷निर्देशक; डाइरेक्टर
【导游】 dǎoyóu ❶गाइड का काम करना; पर्यटकों का पथप्रदर्शन करना ❷गाइड
【导源】 dǎoyuán ❶(नदी का) उद्गम; उद्गम स्थान: 长江~于青藏高原。यांगत्सी नदी का उद्गम छिंगहाई-तिब्बत पठार पर है। ❷उत्पन्न होना; निकलना: 知识~于实践。ज्ञान व्यवहार से उत्पन्न होता है।
【导致】 dǎozhì से पैदा होना; से उत्पन्न होना; की ओर ले जाना: 疏忽大意，~了这起恶性事故。लापरवाही से यह दुर्घटना उत्पन्न हुई।

岛（島） dǎo द्वीप; टापू
【岛国】 dǎoguó द्वीप देश
【岛屿】 dǎoyǔ द्वीप; टापू; जज़ीरे

捣（擣、擣） dǎo ❶कूटना; पीसना: ~药 जड़ी-बूटियाँ पीसना / ~米 चावल कूटना ❷पीटना: ~衣 कपड़े पीट-पीट कर साफ़ करना ❸परेशान करना; तकलीफ़ देना; कष्ट देना: 捣乱
【捣蛋】 dǎodàn शरारत करना; नटखट होना; शरारती होना: 这孩子调皮~。यह एक शरारती बच्चा है।
【捣固】 dǎogù कूट-कूट कर पुख़्ता बनाना
【捣鼓】 dǎogu 〈बो०〉 तोड़ना-जोड़ना
【捣鬼】 dǎoguǐ चाल चलना; छल-कपट करना; चालबाज़ी करना: 小心他暗中~。उस की चालबाज़ी से सतर्क रहो।
【捣毁】 dǎohuǐ नष्ट करना; बरबाद करना; विध्वंस करना: 肇事者~商店、汽车。उपद्रवियों ने दूकानों और कारों को नष्ट कर दिया।
【捣乱】 dǎoluàn गड़बड़ करना; अनिष्ट करना; परेशान करना: 别跟他~，让他安心工作。उसे परेशान न करो। उसे अपने काम में मन लगाने दो। / 他总是~。वह हमेशा गड़बड़ करता है।
【捣麻烦】 dǎo máfan 〈बोल०〉 झगड़े की आग लगाना; झगड़ा मोल लेना; झगड़ा खड़ा करना
【捣腾】 dǎoteng 倒腾 dǎoteng के समान

倒 1 dǎo ❶गिरना; गिर पड़ना; च्युत होना; गिराना: 摔~ गिर पड़ना / 大风把树刮~了。तेज़ हवा ने एक ऊंचे पेड़ को जड़ से उखाड़ दिया। / 她把我问~了。उस ने मुझे निरुत्तर कर दिया। / 碰~了杯子 कप गिरा देना। ❷पतन होना; गिरना; गिराना: 倒阁 / 这届政府~了。इस सरकार का पतन हुआ। ❸बन्द होना; दिवाला निकलना (पिटना): 这家公司~了。इस कंपनी का दिवाला पिट गया। ❹गला बैठना: 倒嗓 ❺(भूख) मर जाना: 倒胃口

倒 2 dǎo ❶बदलना; अदला-बदली करना: 倒班/ 倒手 ❷हिलना: 房间太小，~不开身。कमरा इतना छोटा है कि हिलने की गुंजाइश तक भी नहीं। ❸काले बाज़ार में सक्रिय होना: 倒汇 / ~粮食 अनाज के काले बाज़ार में सक्रिय होना ❹काला बाज़ारी
dào भी दे०
【倒把】 dǎobǎ सट्टा करना; सट्टेबाज़ी करना: 投机倒把 tóujī dǎobǎ
【倒班】 dǎobān पाली बदलना; पालियों में काम करना
【倒闭】 dǎobì बन्द होना; दिवाला निकलना (पिटना)
【倒毙】 dǎobì मर गिरना; लाश पड़ना: 他~在街头。उस की लाश सड़क पर पड़ी मिली।
【倒仓】 dǎocāng ❶गोदाम से अनाज निकाल कर धूप में सुखाना ❷अनाज को एक गोदाम से दूसरे गोदाम में रखना
【倒茬】 dǎochá 〈कृ०〉 फ़सलों को अदल-बदल कर बोना
【倒车】 dǎochē रेल-गाड़ी या बस बदलना
dàochē भी दे०
【倒伏】 dǎofú खड़ी फ़सल गिरना
【倒戈】 dǎogē लड़ाई में विपक्ष से जा मिलना; पक्ष बदलना
【倒阁】 dǎogé सरकार गिराना; का तख्ता उलटना
【倒海翻江】 dǎohǎi-fānjiāng दे० 翻江倒海 fānjiāng-dǎohǎi
【倒换】 dǎohuàn ❶बारी-बारी से: 几种作物~着种 कई फ़सलों को बारी-बारी से बोना / ~着照看病人 रोगियों की बारी-बारी से देखभाल करना ❷बदलना; अदला-बदली करना: ~次序 क्रम बदलना / ~稻种 धानों के बीजों की अदला-बदली करना
【倒汇】 dǎohuì विदेशी मुद्रा के काले बाज़ार में सक्रिय होना
【倒嚼】 dǎojiào（倒嚼 dǎojiào भी）पागुर करना; जुगाली करना
【倒买倒卖】 dǎomǎi-dǎomài सट्टेबाज़ी
【倒卖】 dǎomài अधिक मूल्य पर बेचना: ~火车票 अधिक मूल्य पर रेल-टिकट बेचना
【倒霉】 dǎoméi（倒楣 dǎoméi भी）बदकिस्मत होना; बदकिस्मती होना; किस्मत बुरी होना; दुर्दशा होना
【倒弄】 dǎonong ❶उलटना-पुलटना; एक स्थान से दूसरे स्थान ले जाना ❷खरीदना-बेचना; व्यापार करना: ~果品 फलों का व्यापार करना ❸उल्लू बनाना; छलना; धोखा देना; ठगना
【倒嗓】 dǎosǎng (गायक का) गला बैठना
【倒手】 dǎoshǒu एक व्यापारी के हाथ से दूसरे के हाथ में जाना: 这批货他一~就赚了一万元。ज्यों ही ये वस्तुएँ उस के हाथ से निकलीं, उस ने दस हज़ार य्वान का नफ़ा कमा लिया।
【倒塌】 dǎotā（倒坍 dǎotān भी）ढहना; गिरना; बरबाद होना
【倒台】 dǎotái पतन होना; गिरना
【倒腾】 dǎoteng 〈बोल०〉 ❶एक स्थान से दूसरे स्थान पहुंचाना: 他们把肥料~到地里。उन्हों ने खाद खेतों में पहुंचाई। ❷खरीदना-बेचना; व्यापार करना
【倒替】 dǎotì बारी-बारी से
【倒头】 dǎotóu सिर तकिये पर रखना; लेट जाना: 他~就睡着了。वह अपना सिर तकिये पर रखते ही सो गया।
【倒胃口】 dǎo wèikou ❶भूख मर जाना: 吃这东西真叫人~。इसे खाने से भूख मर जाती है। ❷अरुचिकर होना: 这部电影令人~。यह फ़िल्म अरुचिकर है।

【倒卧】 dǎowò लेट जाना
【倒休】 dǎoxiū छुट्टी के लिए पाली बदलना
【倒牙】 dǎoyá 〈बो०〉 दाँत खट्टे करना
【倒爷】 dǎoyé 〈बोल०〉 〈अना०〉 मुनाफ़ाखोर
【倒运】[1] dǎoyùn 〈बो०〉 बदकिस्मत होना; बदकिस्मती होना
【倒运】[2] dǎoyùn सस्ते दाम पर खरीदकर ऊंचे दाम पर बेचना
【倒灶】 dǎozào 〈बो०〉 ❶पतन होना; ह्रास होना ❷किस्मत बुरी होना; किस्मत फूटना
【倒账】 dǎozhàng बुरा कर्ज़; डूबी हुई रकम

祷（禱） dǎo ❶प्रार्थना करना: 祈祷 qídǎo ❷(पुरानी शैली के पत्रों में प्रयुक्त) आशा है: 是所至～。यही मेरी उत्कट आशा है।
【祷告】 dǎogào ईश्वर से प्रार्थना करना; दुआ मांगना
【祷念】 dǎoniàn 祷告 के समान
【祷文】 dǎowén भजन
【祷祝】 dǎozhù ईश्वर से किसी की भलाई के लिए प्रार्थना करना

蹈 dǎo ❶〈लि०〉 पर पैर रखना; कुचलना: 赴汤～火 fùtāng-dǎohuǒ ❷उछलना-कूदना: 手舞足～ shǒuwǔ-zúdǎo
【蹈常袭故】 dǎocháng-xígù लीक पर चलना; पुरानी रस्म से चिपके रहना; लकीर पीटना; लीक पीटना
【蹈海】 dǎohǎi 〈लि०〉 (आत्महत्या के लिए) समुद्र में कूदना
【蹈袭】 dǎoxí की नकल करना; का अनुसरण करना: ～前人 अपने पूर्वजों का अनुसरण करना

dào

到 dào ❶पहुँचना; आना; आगमन होना: 新年～了。नया साल आ गया है। / 他今天刚～北京。वह आज ही पेइचिंग पहुँचा है। / 时候～了。समय आ गया है। ❷जाना; रवाना होना; प्रस्थान करना: 她～上海去了。वह शांगहाए गई है; उस ने शांगहाए के लिए प्रस्थान किया। ～群众中去 जनता के बीच जाना ❸तक: ～今天为止 आज तक / 从一月～三月 जनवरी से मार्च तक / 气温上升～38 摄氏度。तापमान 38 डिग्री सेल्सियस तक जा पहुँचा। ❹(किसी काम का परिणाम दिखाने के लिए क्रिया के साथ प्रयुक्त): 这做得～的。ऐसा किया जा सकता है। / 想不～你也会来。मैं ने सोचा तक नहीं था कि तुम भी आओगे। / 我到处找这本书，终于在这里找～。मैं ने हर जगह छान मारी, आखिर यह पुस्तक यहीं मिल गई। ❺लिहाज़ रखना: 有不～的地方请原谅。यदि कोई बेलिहाज़ी हुई, तो आप मुझे माफ़ कीजिएगा।
【到场】 dàochǎng उपस्थित होना; मौजूद होना; पधारना; आना: 总理～并发表讲话。प्रधान मंत्री पधारे और उन्होंने भाषण भी दिया।
【到处】 dàochù हर जगह; जगह-जगह; जहां कहीं; जहाँ-तहाँ: ～洋溢着欢乐的气氛。जगह-जगह खुशी का माहौल छाया रहा। / 代表团～受到热烈欢迎。प्रतिनिधि मंडल जहां कहीं गया, उस का उत्साहपूर्ण स्वागत किया गया।
【到达】 dàodá पहुँचना; आना
【到达港】 dàodágǎng आगमन पत्तन
【到达站】 dàodázhàn मंज़िल; गंतव्य
【到底】[1] dàodǐ अंत तक; आखिर तक: 将斗争进行～。संघर्ष को अंत तक चलाओ।
【到底】[2] dàodǐ ❶अंत में; आखिर में; अंततः; आखिर; आखिरकार: 我想了许久，～明白了。मैं ने देर तक सोचा-विचारा और बात अंततः मेरी समझ में आ गई। ❷(ज़ोर देने के लिए प्रश्न में प्रयुक्त): 你～想干什么？आखिर तुम क्या करना चाहते हो? / 你～是什么意思? तुम्हारे कहे का आखिर क्या मतलब है? ❸तो; जो: 他～老了，行动不便。वह तो बूढ़ा है। चल-फिर नहीं सकता।
【到点】 dàodiǎn समय हो गया है; समय आया है: ～了，赶紧工作。समय हो गया। जल्दी जल्दी काम शुरू करो।
【到顶】 dàodǐng हद होना: 糊涂～! मूर्खता की हद हो गई।
【到家】 dàojiā स्तर का होना; स्तरीय होना; मंजा हुआ होना; उत्तम होना: 他作画的功夫还不～。चित्र बनाने में उस का हाथ उतना मंजा हुआ नहीं है।
【到来】 dàolái आना; आगमन होना: 新世纪的～ नई सदी का आगमन
【到了儿】 dàoliǎor 〈बो०〉 अंततः; आखिर में; अंत में
【到期】 dàoqī अवधि समाप्त होना; समय पूरा होना; समय आना: 签证下周五～。वीज़ा अगले गुरुवार को समाप्त हो रहा है।
【到任】 dàorèn कार्यभार संभालना; पद संभालना
【到手】 dàoshǒu किसी के हाथ में होना; किसी के स्वामित्व में होना; प्राप्त होना: 证件～了。प्रमाणपत्र प्राप्त हुए।
【到头】 dàotóu अंत में; सिरे पर; छोर पर: 这条路走～就是学校大门。इस रास्ते के अंत में स्कूल का फाटक है।
【到头来】 dàotóulái अंत में; अंततः; आखिर में; आखिरकार: ～吃亏的是他自己。आखिर में उसे खुद नुकसान उठाना पड़ा।
【到位】 dàowèi उचित या नियत स्थान पर पहुंचना: 发电机组已安装～。जनरेटिंग सेट नियत स्थान पर स्थापित किया जा चुका।
【到职】 dàozhí कार्यभार संभालना; पद संभालना

帱（幬） dào 〈लि०〉 परदा डालना
chóu भी दे०

倒[1] dào ❶उल्टा होना; उल्टा करना: 次序～了。

क्रम उल्टी करके रखी है। ❷विपरीत; उल्टा; प्रतिकूल: 倒彩 ❸पीछे की ओर जाना; पीछे हटना: 倒退 ❹उड़ेलना; ढालना; गिराना; फेंक देना: ~茶 चाय डालना / ~垃圾 कूड़ा फेंकना / ~苦水 दुखड़ा रोना; रोना रोना

倒[2]

dào 〈क्रि०वि०〉 ❶(अपेक्षा के विपरीत प्रयुक्त): 我们本想抄近路，没想~绕了一大圈。छोटे रास्ते से जाना चाहते थे। उल्टे एक बड़ा चक्कर लगाना पड़ा। / 说到这个，我~想起一个笑话。इस बात पर चर्चा छेड़ते ही मुझे एक हास्य कथा याद हो आई। ❷(विषमता दिखाने के लिए प्रयुक्त): 你说得~轻巧，可真做起来就费劲了。तुम हो कि इस काम को हल्केपन से ले रहे हो। लेकिन इसे पूरा करने में काफ़ी मेहनत करनी पड़ेगी। ❸(यद्यपि का अर्थ बताने के लिए प्रयुक्त): 我跟他认识~认识，就是不太熟。मैं उसे जानता तो हूँ, लेकिन सुपरिचित नहीं। / 那本书好~是好，就是太贵。वह किताब अच्छी तो है, पर दाम ज़रा ज़्यादा है। ❹(ज़ोर डालने के लिए प्रयुक्त): 你~说呀！कहो न! / 你~去不去呀！बताओ न, जाओगे कि नहीं?

dǎo भी दे०

【倒背如流】 dàobèi-rúliú पीछे से भी रट सकना —— किसी बात को हृदयंगम करना; किसी चीज़ को अच्छी तरह जानना

【倒不如】 dàobùrú इस से बेहतर यह होगा कि …

【倒彩】 dàocǎi सीटी बजाना; छि:छि: करना

【倒插门】 dàochāmén खानादामाद (घरजंवाई) बनना

【倒车】 dàochē कार को पीछे ले चलना या पीछे की ओर चलाना

dǎochē भी दे०

【倒刺】 dàocì गलका

【倒打一耙】 dàodǎ-yīpá उल्टा चोर कोतवाल को डांटे; प्रत्यारोपण करना

【倒挡】 dàodǎng रिवर्स गियर

【倒读数】 dàodúshù उल्टी गिनती करना

【倒挂】 dàoguà ❶उल्टा लटकना या लटकाना: 他肩上~着一枝枪。उस के कंधे पर एक राइफ़ल उल्टी लटकी थी। ❷चीज़ों का प्राकृतिक क्रम उल्टा होना: 购销价格~ क्रयदाम का बिक्रीदाम से ऊंचा होना

【倒灌】 dàoguàn ❶(बाढ़ के पानी या ज्वर-भाटे से उठी जल-तरंगों इत्यादि का) निचले स्थान से ऊंचे स्थान की ओर बहना ❷धुएं का उल्टे चिमनी के अन्दर जाना

【倒果为因】 dàoguǒ-wéiyīn परिणाम को कारण समझने की गलती करना

【倒过儿】 dàoguòr 〈बोल०〉 क्रम बदलना: 把号码倒个过儿就行了。इन दो अंकों का क्रम बदल दो। तब संख्या ठीक हो जाएगी।

【倒好儿】 dàohǎor सीटी बजाना; छि:छि: करना

【倒计时】 dàojìshí उल्टी गिनती

【倒立】 dàolì ❶(का) प्रतिबिंब पड़ना; प्रतिबिंबित होना; (की) प्रतिच्छाया पड़ना: 湖面上映出~的塔影。झील के जल पर मीनार की प्रतिच्छाया नज़र आती है। ❷〈खेल०〉 हाथों के बल खड़ा होना

【倒流】 dàoliú पीछे की ओर बहना; उल्टा प्रवाह होना: 河水不能~。नदी का पानी पीछे की ओर नहीं बहता। / 时光不会~。बीता हुआ समय फिर वापस नहीं आता।

【倒轮闸】 dàolúnzhá साइकिल का बैक पेडलिंग ब्रैक; कोस्टर ब्रैक

【倒赔】 dàopéi नफ़ा कमाने के बजाए घाटा उठाना

【倒是】 dàoshì 〈क्रि०वि०〉 ❶उल्टे: 该说的不说，不该说的~说个没完没了。जो कहना चाहिए था, तुम ने नहीं कहा। उल्टे जो कहना नहीं चाहिए था, तुम कहते मुंह बन्द नहीं करते थे। ❷(विषमता दिखाने के लिए): 说的~容易，你做起来试试！कहना तो आसान है। करके देखो न! ❸(अपेक्षा के विपरीत): 还有什么理由，我~想听一听。बस, मैं यही जानना चाहता हूँ कि इस का और क्या कारण हो सकता है। ❹(यद्यपि का अर्थ बताने के लिए): 东西~好东西，就是价钱太贵。यह चीज़ अच्छी तो है, पर दाम बहुत ज़्यादा है। ❺(लेकिन का अर्थ बताने के लिए): 屋子不大，布置得~挺讲究。कमरा ज़्यादा बड़ा नहीं है, लेकिन सजावट उत्कृष्ट है। ❻(लहजे में नरमी लाने के लिए): 如果人手不够，我~愿意帮忙。अगर हाथों की कमी होगी, तो मैं हाथ देने को तैयार हूँ। ❼(आग्रह करने के लिए): 你~快说呀！ज्ल्दी-जल्दी बोलो न!

【倒数】 dàoshǔ पीछे से आगे या नीचे से ऊपर गिनना: ~第二行 नीचे से दूसरी लाइन / ~第三名 पीछे से तीसरा स्थान

【倒数】 dàoshù 〈गणित०〉 रिसिप्रोकल; प्रतिलोम-फल

【倒锁】 dàosuǒ किसी को ताले के अन्दर बन्द कर देना: 她把孩子~在屋子里。उस ने बच्चे को कमरे में ताला लगा कर बन्द कर दिया।

【倒贴】 dǎotiē लेने के देने पड़ना

【倒退】 dàotuì अधोगति; अधोगमन; पीछे हटना: 他一把推了我~好几步。उस ने मुझे इतने ज़ोर से ढकेल दिया कि मैं दो-तीन कदम पीछे हटा। / ~是没有出路的。अधोगति से कुछ भी नहीं बनेगा।

【倒行逆施】 dàoxíng-nìshī ❶उल्टी गंगा बहाना ❷रीतिविरुद्ध कार्यवाही

【倒序】 dàoxù अतीतावलोकन; फ़्लैशबैक

【倒悬】 dǎoxuán 〈लि०〉 सिर नीचे और पैर ऊपर कर लटकना —— घोर विपत्ति में पड़ना: 解民于~ जनता को घोर विपत्ति से उबारना

【倒影】 dàoyǐng प्रतिच्छाया; प्रतिबिंब

【倒栽葱】 dàozāicōng अधोमुख (औंधेमुख; मुंह के बल) गिरना: 他一个~，从马背上摔下来。वह घोड़े पर से मुंह के बल गिर पड़ा।

【倒置】 dàozhì उल्टा होना; उल्टा करना: 本末倒置 běn mò dào zhì

【倒转】 dàozhuǎn उल्टे: 你自己做错了，~来怪我。गलती तुम से हुई। उल्टे मुझे कोस रहे हो।

【倒装词序】 dàozhuāng cíxù 〈व्या०〉 विपरीत शब्दक्रम

盗

dào ❶चोरी; चोरी करना; चुराना: 盗窃 ❷डाकू; लुटेरा; डकैत; दस्यु: 海盗 hǎidào / 盗贼

【盗案】 dào'àn चोरी का मामला
【盗版】 dàobǎn ❶अनधिकृत रूप से किताब छापना या टेप आदि पर रिकार्डिंग करना ❷अनधिकृत संस्करण
【盗匪】 dàofěi डाकू; लुटेरा; डकैत; दस्यु
【盗汗】 dàohàn <चिकि०> नैशातिस्वेदता
【盗劫】 dàojié लूटना: ～文物 सांस्कृतिक अवशेष लूटना
【盗寇】 dàokòu डाकू; लुटेरा; डकैत; दस्यु
【盗卖】 dàomài (सार्वजनिक संपत्ति की) चोरी करके उसे बेचना
【盗名欺世】 dàomíng-qīshì लोक को धोखा देकर नाम कमाना; अनुचित प्रसिद्धि प्राप्त करना
【盗墓】 dàomù कब्र लूटना
【盗骗】 dàopiàn चुराना और लूटना
【盗窃】 dàoqiè चोरी करना; चुराना
【盗窃犯】 dàoqièfàn चोर
【盗窃罪】 dàoqièzuì <का०> चोरी
【盗取】 dàoqǔ चोरी करना; हेराफेरी करना
【盗用】 dàoyòng हेराफेरी करना; अनधिकृत रूप से ग्रहण करना; अनुचित प्रयोग करना: ～公款 सरकारी पैसे की हेराफेरी करना / ～名义 (किसी का) नाम चुराना
【盗贼】 dàozéi डाकू; लुटेरा; डकैत; दस्यु

悼 dào शोक मनाना; शोक करना; मातम मनाना: 哀悼 āidào
【悼词】 dàocí (悼辞 dàocí भी) शोक-भाषण: 致～ शोक-भाषण देना
【悼念】 dàoniàn शोक प्रकट करना: 沉痛～ गहरा शोक प्रकट करना
【悼亡】 dàowáng <लि०> ❶अपनी पत्नी की मौत पर शोक मनाना ❷अपनी पत्नी की मौत से शोकसंतप्त होना
【悼唁】 dàoyàn किसी की मृत्यु पर शोक करना और उस के परिजनों से संवेदना व्यक्त करना

道[1] dào ❶रास्ता; मार्ग; पथ; सड़क; पगडंडी ❷नहर; नाला; जल-मार्ग: 河道 hédào / 下水道 xiàshuǐdào ❸प्रणाली; विधि; तरीका: 养生之道 yǎngshēng zhī dào ❹नीति; नैतिकता: 道义 / 道德 ❺कला; हुनर: 书～ लिपिकला ❻सिद्धांत; वाद; मत; पंथ; मार्ग: 孔孟之道 Kǒng-Mèng zhī dào ❼ताओपंथ; ताओपंथी: ～士 ❽अंधविश्वासी संप्रदाय: 会道门 huìdàomén ❾रेखा: 他画了两条斜～儿。उस ने दो तिरछी रेखाएं खींच दीं। ❿<परि०श०> ① (लम्बी और संकीर्ण वस्तुओं के लिए): 一～缝儿 एक दरार / 一～河 एक नदी / 一～阳光 सूर्य की किरणें ② (दरवाज़े, दीवार इत्यादि के लिए): 一～墙 एक दीवार / 两～门 दो दरवाज़े ③ (आदेश, प्रश्न इत्यादि के लिए): 一～命令 एक आदेश / 两～算术题 अंकगणित के दो प्रश्न ④ (दावत में व्यंजनों के दौर, कार्य-विधि के चरण इत्यादि के लिए): 上了八～菜。व्यंजनों के आठ दौर चले। / 需办两～手续。दो बार खानापुरी करनी है।

道[2] dào मंडल क्षेत्र (पुराने युग में प्रांत के अधीन एक प्रशासनिक इकाई): ～台 मंडल का प्रमुख अधिकारी

道[3] dào ❶बोलना; कहना; बात करना; बताना: 能说会道 néngshuō-huìdào ❷शब्दों में अपना मनोभाव प्रकट करना: 道谢 / 道贺 ❸समझना; सोचना: 你～他是谁? तुम सोचो कि वह कौन है?
【道白】 dàobái (नाटक में) संवाद
【道班】 dàobān रेलवे या सड़क रखरखाव दल
【道别】 dàobié बिदाई देना; आज्ञा लेना; इजाज़त लेना: 他向主人～。उस ने मेज़बान से इजाज़त ली।
【道不拾遗】 dàobùshíyí कोई भी सड़क के किनारे पड़ी हुई चीज़ नहीं उठाता —— पूरे समाज का ईमानदार होना
【道岔】 dàochà <रेल०> स्विच; कैंची
【道场】 dàochǎng ❶(मृतक की आत्मा के मोक्ष के लिए) ताओपंथी या बौद्ध अनुष्ठान ❷वह स्थान जहाँ ऐसा अनुष्ठान किया जाता हो
【道床】 dàochuáng <रेल०> रोडशेड
【道道儿】 dàodaor <बो०> तरीका; विधि; प्रणाली; उपाय: 您得想出个新～来。आप को एक नया उपाय सुझाना चाहिए। / 这事儿，您要说出个～来。आप को इस मामले के बारे में विश्वसनीय स्पष्टीकरण देना चाहिए।
【道德】 dàodé नीति; नैतिकता; नीतिदर्शन: ～教育 नैतिकता संबंधी शिक्षा / 职业～ पेशेवर चरित्र / ～败坏 नैतिक पतन
【道地】 dàodì 地道 dìdào के समान
【道钉】 dàodìng <रेल०> (डोग) स्पाइक; कील
【道乏】 dàofá किसी से कष्ट उठाने पर आभार प्रगट करना
【道高一尺，魔高一丈】 dàogāoyīchǐ, mógāoyīzhàng जब धर्म की शक्ति दुगनी होती है, तब अधर्म दसगुना बढ़ता है
【道姑】 dàogū ताओपंथी पुजारिन
【道观】 dàoguàn ताओपंथी मंदिर
【道贺】 dàohè बधाई देना; अभिनंदन करना
【道行】 dàoheng सक्षमता; सक्षम: ～深 बहुत सक्षम होना
【道家】 Dàojiā (770-221 ई०पू० वसंत-शरद काल और युद्धरत राज्य काल की) ताओपंथी विचारधारा; ताओपंथी
【道教】 Dàojiào ताओपंथी धर्म; ताओपंथ
【道具】 dàojù मंच-सामग्री
【道口】 dàokǒu ❶सड़कों का संगम; रोड जंक्शन ❷लेवल क्रासिंग; समपार
【道理】 dàoli ❶नियम; सिद्धांत: 老师在跟孩子们讲热胀冷缩的～。अध्यापक बच्चों के समक्ष वस्तु के ताप पाने पर फूलने और शीत पाने पर सिकुड़ने का नियम स्पष्ट कर रहा है। ❷औचित्य; तर्क; दलील: 讲～ दलील उपस्थित करना / 你的话毫无～。तुम्हारी बातें एकदम तर्कहीन हैं; तुम्हारी बातों में कोई दम नहीं है। / 他这样做是有～的。उस की इस कार्रवाई का औचित्य है। ❸युक्ति; उपाय: 怎么办我自有～。इस का उपाय मैं सुझाऊँगी।

【道林纸】 dàolínzhǐ ग्लेज्ड प्रिंटिंग पेपर

【道路】 dàolù सड़क; मार्ग; रास्ता; पथ: 平坦的～ समतल मार्ग / 走社会主义～ समाजवाद के रास्ते पर चलना / 为和谈铺平～ शांति वार्त्ता के लिए रास्ता प्रशस्त करना

【道貌岸然】 dàomào-ànrán पाखंडी होना; ढोंगी होना; बगुलाभगत होना; सदाचारी होने का स्वांग रचना

【道木】 dàomù 〈रेल०〉 स्लीपर

【道袍】 dàopáo ताओपंथी लबादा

【道破】 dàopò भंडाफोड़ करना; नंगा करना; पते की बात कहना: 一语道破 yī yǔ dàopò

【道歉】 dàoqiàn माफ़ी मांगना; क्षमा मांगना; क्षमा-याचना करना: 我已经向他～了。मैं ने उन से माफ़ी मांगी है।

【道情】 dàoqíng तालवाद्यों की संगत में गीत गाते हुए कथा सुनाने की एक लोककला

【道人】 dàoren ताओपंथी पुजारी का एक सम्मानजनक संबोधन

【道士】 dàoshi ताओपंथी

【道听途说】dàotīng-túshuō सुना-सुनाया: 这是～，不足为凭。यह सुनी-सुनायी बात है। इस पर विश्वास नहीं किया जा सकता।

【道统】 dàotǒng कंफ़्यूशियसी परम्परानिष्ठा; कंफ़्यू-शियसी रूढ़िवादिता

【道喜】 dàoxǐ शुभअवसर पर बधाई देना

【道谢】 dàoxiè धन्यवाद देना; शुक्रिया अदा करना; आ-भार प्रकट करना: 您应该向他～才对。आप को उन का आभार प्रकट करना चाहिए।

【道学】 dàoxué ❶理学 lǐxué के समान ❷घिसे-पिटे नियमों और विचारों पर हठपूर्वक कायम रहने वाला

【道义】 dàoyì नैतिकता और न्याय: 给予～上的支持 नैतिक समर्थन देना

【道藏】 dàozàng ताओपंथी साहित्य संग्रह

【道砟】 dàozhǎ 〈रेल०〉 रोड़ी

稻 dào धान

【稻草】 dàocǎo पुआल; पयाल

【稻草人】 dàocǎorén धूहा

【稻谷】 dàogǔ धान का दाना

【稻糠】 dàokāng भूसी

【稻米】 dàomǐ चावल

【稻田】 dàotián धान का खेत

【稻秧】 dàoyāng धान का पौधा

【稻子】 dàozi 〈बोल०〉 धान

纛 dào प्राचीन युग में सेना की बड़ी पताका

dē

嘚 dē 〈अनु०〉 टाप (घोड़े के पाँव के ज़मीन पर पड़ने से उठी आवाज़)

【嘚啵】 dēbo 〈बो०〉 बकझक; बकवाद; बकझक करना; बकवाद करना

【嘚嘚】 dēde 〈बो०〉 बकबक करना; बकवाद करना

dé

得 1 dé ❶मिलना; पाना; प्राप्त होना; उपलब्ध होना; प्राप्त करना; उपलब्ध करना: ～了一笔赠款 चंदा मिल-ना / ～了金牌（冠军）स्वर्ण पदक (चैंपियनशिप) प्राप्त होना ❷गणना में फल निकालना: 二加二～四。दो और दो चार है। ❸उचित; ठीक; मुनासिब: 得体 ❹〈लि०〉 आत्मसंतुष्ट होना; संतोष होना: 得意 ❺〈बोल०〉 तैयार होना: 饭～了。चावल पककर तैयार है। ❻〈बोल०〉 (समर्थन करने या रोकने के लिए): ～，就这样吧！बस, ऐसा ही होगा। / ～了，你给我闭嘴！बस, अपना मुंह बन्द कर! ❼〈बोल०〉 (लाचारी या हताशा प्रकट करने के लिए): ～，又错了。लो, फिर गलती हो गई।

得 2 dé (कानून और विधेयक में क्रियाओं के आगे प्रयुक्त कर अनुमति जताई जाती है): 此款项未经批准不～动用。यह धन-राशि अनुमति के बिना खर्च नहीं की जा सकती।

de; děi भी दे०

【得便】débiàn जब सुविधा हो: 这几件东西，请你～捎给他。जब सुविधा हो, तो ये वस्तुएं उसे सौंप दें।

【得病】débìng रोगग्रस्त होना; बीमार पड़ना; रोगी होना: 得了传染病 संक्रामक रोग से ग्रस्त होना / ～卧床 रोगशय्या पकड़ना

【得不偿失】 débùchángshī लाभ से ज़्यादा नुकसान होना

【得逞】 déchěng 〈अना०〉 चाल चलना; सफल होना: 他的诡计没有～。उस की चाल नहीं चली। / 阴谋～ साजिश सफल होना

【得宠】 déchǒng 〈अना०〉 कृपापात्र बनना; कृपादृष्टि पड़ना

【得寸进尺】 décùn-jìnchǐ उँगली पकड़कर पहुंचा पकड़ना; लोभी होना

【得当】 dédàng समुचित; ठीक; मुनासिब: 安排～ समुचित प्रबंध करना / 措施～ कदम ठीक होना

【得到】 dédào पाना; प्राप्त करना (होना); उपलब्ध करना (होना); हासिल करना (होना); मिलना: ～机会 मौका प्राप्त करना (होना) / 得不到一点消息。कोई खबर नहीं मिली। / ～及时治疗 समय पर उपचार उपलब्ध करना (होना) / ～成功 सफलता हासिल करना (होना)

【得道多助，失道寡助】dédào-duōzhù, shīdào-guǎzhù न्यायपूर्ण कार्य को पर्याप्त समर्थन प्राप्त होता है, जबकि अन्यायपूर्ण को बहुत थोड़ा समर्थन

【得法】 défǎ सही तरीका अपनाना: 管理～ सही प्रबंध करना

【得分】défēn ❶अंक प्राप्त करना: 他一人独得十分。 उस ने अकेले 10 अंक प्राप्त किए। ❷अंक

【得过且过】déguò-qiěguò बिना किसी ध्येय के अव्यवस्थित रूप से काम करना; ड्यूटी पूरी करते चलना

【得计】déjì चाल सफल होना

【得奖】déjiǎng पुरस्कृत होना; पुरस्कार जीतना; पुरस्कार प्राप्त करना; इनाम मिलना: ～者 पुरस्कार विजेता

【得劲】déjìn ❶तबीयत ठीक होना: 他今天身体不～儿。आज उस की तबीयत ठीक नहीं। ❷सुविधाजनक होना; ठीक होना: 新工具使起来很～。नए औज़ारों का प्रयोग करने में सुविधा होती है।

【得救】déjiù बच जाना; उबरना: 溺水儿童～了。पानी में डूबता बच्चा बच गया।

【得空】dékòng फ़ुरसत मिलना: 你～, 就来我家玩。तुम्हें जब भी फ़ुरसत मिले, मेरे घर आओ।

【得了】déle ❶बस; ठहरो; रुको: ～, 别再说了。बस, आगे कुछ मत बोलना ❷(स्वीकृति देने के लिए प्रयुक्त): 您走～, 其余的事我们干。आप चलें। शेष काम हम पूरा कर देते हैं।

【得力】[1] délì ❶देन होना; फल होना: ～于刻苦学习 मेहनत का फल होना ❷मदद मिलना; मदद लेना: 我得他的力不小。मुझे उस से काफ़ी मदद मिली।

【得力】[2] délì सक्षम; योग्य; कुशल: ～助手 योग्य सहयोगी; दाहिना हाथ / 办事～ कार्य करने में कुशल होना

【得了】déliǎo अत्यंत गंभीर ; भयंकर: 这不～吗? क्या यह बात गंभीर नहीं है? / 不～啦, 出事了! गज़ब हो गया। दुर्घटना घट गई।

【得陇望蜀】délǒng-wàngshǔ लोंग पर अधिकार करने के बाद शू को हासिल करने की इच्छा पैदा होना —— अत्यंत लालायित होना

【得人儿】dérénr 〈बो०〉 得人心 के समान

【得人心】dé rénxīn लोक समर्थन प्राप्त करना (होना); लोक प्रियता प्राप्त करना (होना)

【得胜】déshèng जीत हासिल करना; विजय प्राप्त करना; विजयी होना; जीतना: 旗开得胜 qí kāi dé shèng

【得失】déshī लाभ-हानि; नफ़ा-नुकसान: 不考虑个人～ अपनी लाभ-हानि का विचार न करना / 这两种办法各有～。इन दो तरीकों में से हरेक की अपनी लाभ-हानि है।

【得时】déshí तकदीर का धनी होना; भाग्य खुलना; किस्मत चमकना (जागना)

【得势】déshì ❶सत्ता में आना; अधिकार प्राप्त होना ❷प्रभावशाली होना

【得手】déshǒu काम सुचारु रूप से पूरा करना; सफल होना; सफलता प्राप्त करना (होना): 屡屡～ सफलता पर सफलता प्राप्त करना

【得数】déshù 答数 dáshù के समान

【得体】détǐ समुचित होना; अवसर के अनुरूप होना; अपने पद या स्थान के अनुकूल होना: 他的话说很不～。उस ने जो कुछ कहा, वह अवसर के अनुरूप नहीं था। / 衣着～ (कपड़ा) फबना

【得天独厚】détiāndúhòu प्रकृति की देन से संपन्न होना

【得悉】déxī पता चलना (लगना); मालूम होना; ज्ञात होना; जानना

【得闲】déxián अवकाश मिलना; फ़ुरसत मिलना (पाना)

【得心应手】déxīn-yìngshǒu ❶कुशलता से; निपुणता से: 他干这种活儿, 可说十分～。वह इस प्रकार का काम करता है बड़ी कुशलता से। ❷का काम होना; उपयोगी होना: 这支笔使起来～。यह कलम बहुत उपयोगी है।

【得样儿】déyàngr 〈बो०〉 सुन्दर नज़र आना

【得宜】déyí उचित; समुचित: 措置～ (मामले का) समुचित निपटारा करना

【得以】déyǐ ताकि; जिस से (कि): 必须采取有力措施, 使生态环境～进一步改善。प्रबल कदम उठाना आवश्यक है ताकि पारिस्थितिकी पर्यावरण में और अधिक सुधार हो सके।

【得意】déyì गर्वित होना; प्रफुल्लित होना; आत्मसंतुष्ट होना; स्वाभिमानी होना: ～扬扬 आत्मसंतुष्ट होना / 他为自己取得的一点成绩感到～。वह अपनी छोटी सी उपलब्धि पर ही गर्वित हो उठा।

【得意门生】déyì-ménshēng चहेता शिष्य

【得意忘形】déyì-wàngxíng खुशी से फूला न समाना; आपे से बाहर होना; धरती पर पाँव न रखना

【得用】déyòng काम का: 这把改锥不～。यह पेचकश काम का नहीं। / 这几个人～。ये काम के आदमी हैं।

【得鱼忘筌】déyú-wàngquán मछली फांस पर मछली फंसाने का झाबा भूल जाना; सफलता पाने पर वे चीज़ें भूल जाना, जिन्हीं के सहारे सफलता पाई जा सकी थी

【得知】dézhī पता चलना; मालूम होना; ज्ञात होना; जानना: 当他～这一情况后, 非常恼火。यह बात जानने पर वह खीझ गया।

【得志】dézhì आकांक्षा पूरी करना (होना); मनोरथ सिद्ध करना (होना): 郁郁不～ अपनी आकांक्षा पूरी न होने पर मन मारे हुए होना

【得主】dézhǔ विजेता: 金牌～ स्वर्णपदक विजेता

【得罪】dézuì नाखुश करना; नाराज़ करना: 这下我把他给～了。अब की मैं ने उसे नाखुश कर दिया। / 他做的尽是～人的事。वह जो कुछ करता है, वह लोगों को नाराज़ करता है।

锝 (鍀) dé 〈रसा०〉 टेकनेटियम (Tc)

德 (悳) dé ❶चरित्र; आचार; गुण: 品德 pǐndé ❷मन; दिल: 离心离德 líxīn-lídé ❸उपकार; दयालुता: 感恩戴德 gǎn'ēn-dàidé

【德昂族】Dé'ángzú तआंग जाति, जो युन्नान प्रांत में रहती है

【德才兼备】décái-jiānbèi सदाचारी और समर्थ होना; सत्यनिष्ठ और सकुशल होना

【德高望重】dégāo-wàngzhòng उदात्त और प्रतिष्ठित होना; प्रतिष्ठित और सर्वसम्माननीय होना

【德国】Déguó जर्मनी

【德国人】Déguórén जर्मन

【德黑兰】Déhēilán तेहरान

【德里】 Délǐ दिल्ली
【德谟克拉西】 démókèlāxī अँग्रेज़ी शब्द डेमोक्रेसी का लिप्यांतरण, जिस के स्थान पर अब 民主 mínzhǔ का प्रयोग होता है
【德行】 déxíng आचार; चरित्र
【德行】 déxing 〈बो०〉 बेशरमी; निर्लज्जता; बेशरम; निर्लज्जता: 瞧他这副～。उस की बेशरमी देखो।
【德性】 déxìng आचार; चरित्र
【德性】 déxing दे० 德行 (déxing)
【德语】 Déyǔ जर्मन (भाषा)
【德育】 déyù नैतिक शिक्षा; सचरित्र की शिक्षा
【德政】 dézhèng परोपकारी शासन
【德治】 dézhì नीति से शासन करना

de

地 de 〈लघु०〉 (क्रिया-विशेषण पद के बाद प्रयुक्त): 天渐渐～热了。मौसम धीरे-धीरे गरम होने लगा। / 合理～利用水资源 जलसाधनों का समुचित रूप से प्रयोग करना / 他一本正经～说… उस ने गंभीर मुद्रा में कहा कि …

dì भी दे०

的 1 de 〈लघु०〉 ❶(विशेषण के बाद प्रयुक्त): 幸福～生活 सुखमय जीवन / 我～父亲 मेरे पिता जी / 别找我～麻烦行不行? मुझे तंग न करो! क्यों? / 谁～书? यह किताब किस की है? ❷(संज्ञा वाक्यांश या संज्ञात्मक अभिव्यंजना के लिए प्रयुक्त): 开汽车～ कार चलाने वाला; कार ड्राइवर / 这是你～，那才是我～。यह तेरा है और वही मेरा है। / 大冷天～，怎么光穿件毛衣? इतनी सर्दी है और तुम अपने शरीर पर केवल एक ऊनी स्वेटर क्यों डाले हुए हो? / 没你什么事儿，你玩儿你～去。यहां तुम्हारा कोई काम नहीं। चलो, जाके अपना खेल खेलो। / 读书～读书，看报～看报。कोई किताब पढ़ रहा है, तो कोई अख़बार। ❸(वाक्य के किसी अंश पर ज़ोर देने के लिए क्रिया के बाद या फिर क्रिया व उस के कर्म के बीच प्रयुक्त): 我是在车站打～票。मैं ने रेल-स्टेशन पर ही टिकट लिया। / 我写～词，他谱～曲。मैं ने गीत के बोल ही लिखे और स्वर उसी ने दिया। ❹(ज़ोर देने के लिए ज्ञापक वाक्य के अंत में प्रयुक्त): 您们这几天真够辛苦～。आप लोगों ने इधर के दिनों में काफ़ी मेहनत की है। ❺(इत्यादि का अर्थ प्रकट करने के लिए प्रयुक्त): 桌子板凳～，堆满一屋子。पूरा कमरा मेज़ों, चौपाइयों इत्यादि से भरा हुआ है। ❻〈बोल०〉 (गुणा या जोड़ प्रदर्शित करने के लिए): 这间屋是五米～三米，合十五平方米。यह कमरा पाँच गुणा तीन यानी कुल पन्द्रह वर्ग मीटर बड़ा है। / 两个～三个，一共五个。दो और तीन पाँच होते हैं।

的 2 de 得 de❷❸के समान

dí; dì भी दे०

【的话】 dehuà 〈लघु०〉 (यद्यपि का अर्थ प्रकट करने के लिए): 如果您忙～，就不必去了。यदि आप व्यस्त होंगे, तो वहाँ जाने की ज़रूरत नहीं।

底 de 的 के समान; का: 我～书 मेरी किताब

dǐ भी दे०

得 de 〈लघु०〉 ❶(संभावना बताने के लिए क्रिया या विशेषण के पीछे प्रयुक्त): 她去～，我也去～。जब वह जा सकती है, तो मैं भी जा सकता हूँ। / 这种东西吃不～。यह चीज़ खाने योग्य नहीं है। / 我们可大意不～。हमें लापरवाही नहीं बरतनी चाहिए। ❷(संभावना बताने के लिए क्रिया एवं उस के विधेयार्थ के बीच प्रयुक्त): 这办～到。यह हो सकता है। / 拿～动 उठा सकना ❸(रीति या परिमाण बताने के लिए क्रिया या विशेषण को विधेयार्थ से जोड़ने में प्रयुक्त): 这写～非常好。यह बहुत अच्छा लिखा गया है। / 笑～肚子痛 हंसते-हंसते पेट में बल पड़ना

dé; děi भी दे०

脦 de दे० 肋脦 lēde

dēi

嘚 dēi टिक-टिक (गधा, खच्चर इत्यादि को हांकने का संकेत)

dē भी दे०

děi

得 děi 〈बोल०〉 ❶ज़रूरत; आवश्यकता; ज़रूरी; आवश्यक: 这条路～两个月才能铺完。यह सड़क बिछाने के लिए दो महीने का समय लगाना ज़रूरी है। ❷चाहिए; होना: 要创造好成绩，就～刻苦训练。नए रिकार्ड कायम करने के लिए कठोर प्रशिक्षण लेना चाहिए। / 我～去一趟办公室。मुझे दफ़्तर जाना है। ❸अवश्य; ज़रूर: 快下雨了，要不快走，就～挨淋。पानी बरसेगा। जल्दी भागें वरना अवश्य भीग जाएंगे। ❹〈बो०〉 आराम; सुख; आरामदेह; सुखदायक: 这沙发坐着真～。यह सोफ़ा आरामदेह है।

dé; de भी दे०

【得亏】 děikuī 〈बो०〉 अच्छा हुआ कि …: ～我来得及时，不然又见不着你了。अच्छा हुआ कि मौके पर आया हूँ। वरना तुम से मुलाकात न हो सकेगी।

dèn

扽（撜）dèn तानना：～一～袖子。आस्तीन तान लो।/ 你～住绳子，别松手。रस्सी तानना। पकड़ ढ़ीली न करना।

dēng

灯（燈）dēng ❶लैंप; लालटेन; रोशनी; दीप; दीया; बत्ती：开～ रोशनी करना ❷बर्नर：酒精灯 jiǔjīng-dēng ❸ट्यूब; वैल्व：五～收音机 पाँच ट्यूबों वाला रेडियो सेट

【灯标】dēngbiāo संकेत-प्रकाश; तैरती संकेत प्रकाश व्यवस्था

【灯彩】dēngcǎi ❶रंगीन लालटेन बनाने का हुनर ❷रंगीन लालटेन

【灯草】dēngcǎo बत्ती का काम देने वाला सरपत या जलबेंत

【灯光】dēngguāng ❶बत्ती की रोशनी ❷(मंच पर) प्रकाश व्यवस्था

【灯光球场】dēngguāng qiúchǎng प्रकाशपुंज से सज्जित पाला, मैदान इत्यादि

【灯红酒绿】dēnghóng-jiǔlǜ लाल बत्तियाँ और हरी शराब —— रंगरलियाँ और भोग-विलास

【灯花】dēnghuā फूल; गुल：剪～ गुल काटना

【灯会】dēnghuì दीपोत्सव

【灯火】dēnghuǒ रोशनी; प्रकाश：～辉煌 रोशनी से चमकना; जगमगाना / ～管制 ब्लैकआऊट

【灯节】dēngjié दीपोत्सव (प्रथम चंद्रमास के पंद्रहवें दिन को मनाता है)

【灯具】dēngjù दीप आदि

【灯笼】dēnglong लालटेन：打～ लालटेन ले चलना / 挂～ लालटेन लटकाना / 点～ लालटेन जलाना

【灯笼裤】dēnglongkù एक प्रकार का पायजामा, जिस के मोटे पायंचे टखनों से बंधे होते हैं

【灯谜】dēngmí लालटेनों पर अंकित पहेलियाँ; लालटेन-पहेली：打～ लालटेन पहेली बुझाना

【灯苗】dēngmiáo दीये की लौ; दीपशिखा

【灯捻】dēngniǎn（灯捻子 dēngniǎnzi भी）दीये की बत्ती; पलीता

【灯泡】dēngpào <बोल०> बल्ब：螺口～ स्क्रू सोकेट बल्ब / 卡口～ बेयानिट सोकेट बल्ब

【灯市】dēngshì दीप मेला (प्रथम चंद्रमास के पंद्रहवें दिन को पड़ता है)

【灯丝】dēngsī बल्ब के तंतु

【灯塔】dēngtǎ प्रकाश स्तंभ; प्रकाशगृह

【灯台】dēngtái लैंपस्टेंड; दीया

【灯头】dēngtóu लैंप होल्डर

【灯心】dēngxīn（灯芯 dēngxīn भी）दीप की बत्ती; पलीता

【灯心草】dēngxīncǎo <वन०> सरपत; जलबेंत

【灯心绒】dēngxīnróng <बुना०>（条绒 tiáoróng भी）कोर्डराई

【灯油】dēngyóu केरोसिन; मिट्टी का तेल

【灯语】dēngyǔ प्रकाश संकेत

【灯盏】dēngzhǎn चिराग; दीया; दीपक

【灯罩】dēngzhào ❶लैंपशेड ❷लैंप-चिमनी

【灯烛】dēngzhú दीप और मोमबत्तियाँ —— रोशनी; प्रकाश

【灯柱】dēngzhù लैंपपोस्ट

【灯座】dēngzuò लैंपस्टेंड

登1 dēng ❶नीचे से ऊपर को जाना; चढ़ना; आरोहण करना：～上峰顶 पर्वत की चोटी पर चढ़ जाना / ～车 गाड़ी पर चढ़ना / ～上讲坛 मंच पर जाना ❷प्रकाशित करना (होना); जारी करना (होना); अंकित करना (होना); दर्ज करना (होना); छापना; छपना：您的文章～报了。आप का लेख अख़बार में छपा है। / 登记 ❸(फ़सल) पकना：五谷丰登 wǔgǔ fēngdēng

登2 dēng ❶पैर से नीचे दबाना; पैडल से चलाना：～自行车 साइकिल चलाना ❷जाकर खड़ा होना：～在窗台上 खिड़की की चौखट पर जाकर खड़ा होना ❸<बो०> (जूता, पायजामा इत्यादि) पहनना：～上鞋 जूते पहनना

【登岸】dēng'àn किनारे (पर) उतरना

【登报】dēngbào समाचार-पत्र में प्रकाशित करना (हो-ना); छपना

【登场】dēngcháng फ़सलों को एकत्र कर खलिहान में ले जाना：玉米已经～。मकई खलिहान में लायी जा चुकी है।

【登场】dēngchǎng मंच पर जाना (आना)：～人物 नाटक के पात्र

【登程】dēngchéng रवाना होना; प्रस्थान करना; रास्ता अपनाना

【登第】dēngdì शाही परीक्षा में उत्तीर्ण होना

【登峰造极】dēngfēng-zàojí पराकाष्ठा पर पहुँचना; चोटी का होना：他的书法艺术达到～的地步。लिपिकला में उस की निपुणता पराकाष्ठा पर पहुँच गई।

【登高】dēnggāo ❶ऊंचे स्थान पर जाना：～远眺 ऊँचे स्थान पर जाकर दूर का नज़ारा करना (लेना) ❷दोहरा नवां उत्सव（重阳节）के दिन पर्वत का आरोहण करना

【登革热】dēnggérè <चिकि०> डेंगू ज्वर

【登机】dēngjī विमान पर चढ़ना

【登基】dēngjī राजगद्दी पर बैठना; राजपद पर आसीन होना; सिंहासनासीन होना; राजभिषेक होना

【登极】dēngjí 登基 के समान

【登记】dēngjì पंजीकरण कराना; रजिस्टर कराना; पं-जीकृत करना; नामांकित करना; नामांकन कराना：结婚～ विवाह पंजीकरण / ～参选 चुनाव में नामांकन कराना

【登记簿】dēngjìbù पंजीपत्रिका; रजिस्टर

【登记处】dēngjìchù पंजीकरण कार्यालय; रजिस्ट्रेशन

आफ़िस

【登科】 dēngkē (सामंती युग में) लोक सेवा परीक्षा में सफल होना

【登临】 dēnglín ❶किसी स्थान का पूरा नज़ारा लेने के लिए पहाड़, ऊंची इमारत इत्यादि पर चढ़ना ❷प्रसिद्ध पर्वतों, रमणीक स्थानों इत्यादि की यात्रा करना

【登陆】 dēnglù (जहाज़ से) उतरना; किनारे लगना (उतरना)：～作战 लैंडिंग आपरेशन / ～演习 लैंडिंग अभ्यास / 台风在沿海地区～。तूफ़ान समुद्रतट के निकट क्षेत्रों में पहुँचा।

【登陆部队】 dēnglù bùduì लैंडिंग फ़ोर्स; अवतरण टुकड़ियाँ

【登陆场】 dēnglùchǎng अवतरण क्षेत्र

【登陆地点】 dēnglù dìdiǎn अवतरण स्थल

【登陆舰】 dēnglùjiàn लैंडिंग शिप

【登陆艇】 dēnglùtǐng लैंडिंग ड्राफ़्ट

【登录】 dēnglù पंजीकरण कराना; रजिस्टर कराना

【登门】 dēngmén किसी के घर जाना：～拜访 किसी से मिलने उस के घर जाना

【登攀】 dēngpān चढ़ना; आरोहण करना

【登山】 dēngshān ❶पहाड़ पर चढ़ना; पर्वत का आरोहण करना ❷〈खेल०〉 पर्वतारोहण：～运动员 पर्वतारोही / ～队 पर्वतारोही दल

【登时】 dēngshí तत्काल; तुरंत; फ़ौरन; तुरत-फुरत：听到这个消息，大家～怔住了。यह खबर पाते ही सब लोग तुरंत स्तंभित हो गये।

【登市】 dēngshì (मौसमी फलों का) बाज़ार में मिलने लगना

【登台】 dēngtái मंच पर जाना

【登堂入室】 dēngtáng-rùshì बैठक से होकर भीतरी कक्ष में कदम रखना —— अध्ययन के क्षेत्र में ऊंचे स्तर पर पहुँच जाना या अपने पेशे में अधिक कुशल होना

【登徒子】 dēngtúzǐ 〈साहि०〉 लंपट

【登载】 dēngzǎi (पत्र-पत्रिका में) प्रकाशित करना; छपना：各报在显著位置～了这条消息。समाचार-पत्रों में यह खबर सुर्खियों में प्रकाशित की गई।

噔 dēng 〈अनु०〉 धम：有人从楼上～～地走下来。किसी के ऊपरी तल्ले से नीचे उतरने की धम-धम सुनाई दी।

蹬 dēng पैर से दबाना; पैर से चलाना; पैडल से चलाना dèng भी दे०

【蹬技】 dēngjì 〈कलाबा०〉 पैरों की कलाबाज़ी

【蹬腿】 dēngtuǐ ❶टाँग बढ़ाना ❷〈बोल०〉〈हास्य०〉 चल बसना

děng

等¹ děng ❶वर्ग; श्रेणी; कोटि; दर्जा：分为四～ चार श्रेणियों में विभाजित करना ❷तरह; प्रकार; भांति：这～事 इस तरह का मामला ❸समान; समकक्ष; तुल्य; बराबर：等于 / 相等 xiāngděng ❹戥 děng के समान

等² děng ❶इंतज़ार; प्रतीक्षा; इंतज़ार (प्रतीक्षा) करना; इंतज़ार (प्रतीक्षा) में होना; राह देखना (ताकना)：我在～他来。मैं उस की राह देख रहा हूँ। / ～他的电话 उस के टेलिफ़ोन के इंतज़ार में होना ❷जब：～他打完电话，我们才一起走的。जब उस ने फ़ोन पर बात पूरी की, हम एक साथ बाहर निकले।

等³ děng 〈लघु०〉 ❶〈लि०〉 (बहुवचन दिखाने के लिए पुरुषवाचक सर्वनाम या व्यक्ति नाम के बाद प्रयुक्त)：我～ हम / 彼～ वे ❷इस प्रकार और; इत्यादि; आदि; वगैरह：在京、津、沪～地 पेइचिंग, थ्येनचिन, शांगहाए आदि शहरों में / 种植小麦、玉米、小米～～ गेहूँ, मकई, बाजरे इत्यादि की खेती करना ❸(गणना की समाप्ति दिखाने के लिए)：在北京、天津、上海～三大城市中 पेइचिंग, थ्येनचिन, शांगहाए आदि तीन बड़े शहरों में

【等边三角形】 děngbiān sānjiǎoxíng समभुज त्रिकोण

【等差】 děngchā 〈लि०〉 वर्गीकरण

【等次】 děngcì वर्गीकरण：产品按质量分～。वस्तुओं का गुणवत्ता के अनुरूप वर्गीकरण किया गया।

【等待】 děngdài इंतज़ार करना; प्रतीक्षा करना; राह देखना (ताकना)：～时机 अनुकूल अवसर की राह देखना; मौका देखना / 请耐心～。धैर्य से प्रतीक्षा कीजिए।

【等到】 děngdào जब तक：～消防车赶到，整条街已化为灰烬。जब तक दमकल पहुँचा, पूरा मुहल्ला जलकर राख हो चुका था।

【等等】 děngděng 〈लघु०〉 आदि; इत्यादि; वगैरह

【等等】 děngdeng ज़रा इंतज़ार कीजिए

【等第】 děngdì 〈लि०〉 ❶शाही परीक्षा में वर्गीकरण ❷प्रतियोगिता में स्थान

【等而下之】 děng'érxiàzhī इस से बदतर; निम्न स्तर का：好的尚且如此，～的就不必提了。अच्छी क्वालिटी की चीज़ इतनी घटिया निकली, तो इस से बदतर क्वालिटी वाली चीज़ पूछना ही बेकार।

【等份】 děngfèn समभाग; बराबर हिस्सा

【等号】 děnghào 〈गणित०〉 समता-चिन्ह; इक्वलिटी लाइन

【等候】 děnghòu इंतज़ार (प्रतीक्षा) करना; इंतज़ार (प्रतीक्षा) में होना; राह देखना：～远方来的客人 दूर से आने वाले अतिथि की प्रतीक्षा में होना / ～公共汽车 बस की राह देखना

【等级】 děngjí ❶वर्ग; श्रेणी; कोटि ❷सामाजिक स्थान; वर्ग; सोपान：～制度 सोपानतंत्र

【等价】 děngjià समान मूल्य का：～交换 समान मूल्य का विनिमय

【等价物】 děngjiàwù तुल्यमूल्य वस्तु

【等距离外交】 děngjùlí wàijiāo सम दूरी रखने वाली कूटनीति

【等离子体】 děnglízǐtǐ 〈भौ०〉 प्लैज़्मा：～激光器 प्लैज़्मा लैसर / ～加速器 प्लैज़्माट्रोन

【等量齐观】děngliàng-qíguān समान तुले पर रखना; बराबर मानना
【等日】 děngrì 〈बो०〉 कुछ समय बाद; कुछ दिन बाद: 这两天没空，～再去看您。आजकल समय नहीं निकाल पाता। कुछ दिन बाद आप के दर्शन करने जाऊंगा।
【等身】děngshēn ❶आदमकद: ～雕像 आदमकद मूर्ति ❷बहुत; अधिक: 著作～ रचनाएँ बहुत अधिक होना
【等式】 děngshì 〈गणित०〉 समता
【等同】 děngtóng एक ही तुला पर रखना; बराबर समझना
【等外】 děngwài घटिया: ～品 घटिया माल
【等闲】 děngxián 〈लि०〉 ❶साधारण; मामूली; सामान्य: ～视之 (किसी बात को) मामूली समझना; हल्केपन से लेना / ～之辈 मामूली आदमी ❷निरुद्देश्य रूप से; यों ही: 青春时光，不要～度过。युवावस्था यों ही व्यतीत करनी नहीं चाहिए।
【等腰三角形】 děngyāo sānjiǎoxíng समद्विबाहु त्रिभुज
【等因奉此】 děngyīn-fèngcǐ ❶(पुराने सरकारी दस्तावेज़ में प्रयुक्त) इसे ध्यान में रखते हुए हम … ❷दफ़्तरी ज़बान
【等于】 děngyú के समान होना; के बराबर होना; के तुल्य होना: 一元～一百分。एक य्वान सौ फ़न के बराबर है। / 五加五～十。पाँच और पाँच दस होते हैं। / 这不～自找麻烦吗? क्या यह खतरा मोल लेने के बराबर नहीं है?
【等着瞧】 děngzheqiáo इंतज़ार करके देखना
【等子】 děngzi 戥子 děngzi के समान

戥 děng लघु विषमभुज तुला से तौलना
【戥子】 děngzi लघु विषमभुज तुला, जिस से कीमती धातु या दवा तौली जाती है

dèng

邓（鄧） Dèng एक कुलनाम

凳（櫈） dèng चौकी; तिपाई; बेंच: 方～ चौकी / 长～ बेंच
【凳子】 dèngzi चौकी; तिपाई

澄 dèng निथरना; निथारना
chéng भी दे०
【澄清】dèngqīng निथरना; निथारना: 这水浑，要～。यह पानी गंदला है। इसे निथारना चाहिए।
chéngqīng भी दे०
【澄沙】 dèngshā मीठा बीन पेस्ट

磴 dèng ❶पत्थर की सीढ़ियाँ ❷〈परि०श०〉 (सोपान, सीढ़ी के पायों के लिए): 这楼梯有十～。इस सीढ़ी के दस डंडे हैं।

瞪 dèng आंखें फाड़ना; तरेरना; घूरना: 您干嘛～着他? आप क्यों उसे घूर रहे हैं? / 他～圆眼睛，看了半天。वह आँखें फाड़-फाड़ कर देखता रहा।
【瞪眼】 dèngyǎn ❶देखते रह जाना; आँख गड़ाना: 干～ देखते रह जाना ❷नाक-भौं सिकोड़ना; तरेरना; घूरना: 你怎么老爱跟人～? तुम क्यों हमेशा दूसरों पर नाक-भौं सिकोड़ती हो? / 我生气地～了他一眼。मैं ने उसे घूरकर देखा।

镫（鐙） dèng रकाब
【镫骨】 dènggǔ 〈श०वि०〉 वलयक
【镫子】 dèngzi 〈बोल०〉 रकाब

蹬 dèng दे० 蹭蹬 cèngdèng
dēng भी दे०

dī

氐 dī ❶विशाखा (28 नक्षत्रों में से एक) ❷（Dī）चीन की एक प्राचीन जाति का नाम

低 dī ❶नीचा; निचला; निम्न: ～水平 निम्न स्तर / ～地 नीची ज़मीन / ～收入阶层 निम्न आय वर्ग / 在～处 निचले स्थान पर / ～年级学生 निचली जमात का छात्र / 鸟儿飞得很～。पक्षी बहुत नीचे उड़ रहे हैं। / 水位降～了。जल-स्तर नीचे उतर आया। ❷(सिर) झुकाना; नीचा करना: 他～着头坐在那里。वह सिर नीचा किए बैठा था।
【低层】 dīcéng ❶निचला तल्ला: 他住高层，我住～。उस का घर ऊंचे तल्ले में है और मेरा निचले तल्ले में। ❷निम्न; निम्न स्तर का: ～官员 निम्न अधिकारी
【低产】 dīchǎn नीची पैदावार: ～作物 नीची पैदावार देने वाली फ़सल / ～田 नीची पैदावार वाला खेत
【低潮】 dīcháo ❶भाटा ❷अवनति; उतार; उतराव: 处于～阶段 उतार के दौर से गुज़रना
【低沉】 dīchén ❶(आकाश का) बादलों से घिर जाना ❷मन्द; धीमा (स्वर) ❸हतोत्साह; निरुत्साह: 他近来情绪～。आजकल वह हतोत्साह दिखाई दे रहा है।
【低垂】 dīchuí छाना: 乌云～。काले बादल छा गए।
【低档】 dīdàng निम्न स्तर का; घटिया; सस्ता: ～商品 सस्ती चीज़
【低等动物】 dīděng dòngwù अपृष्ठवंशी
【低等植物】 dīděng zhíwù अविकसित पौधा
【低调】 dīdiào मंद स्वर: 发表一份～声明 मंद स्वर में एक वक्तव्य देना
【低估】 dīgū कम आंकना; कम महत्व देना: ～实力 शक्ति को कम आंकना
【低缓】 dīhuǎn धीमा: ～的声音 धीमा स्वर / 坡度～

ढाल धीमी होना
【低回】 dīhuí <लि०>（低徊 dīhuí भी）❶टहलना; चहलकदमी करना; मटरगश्ती करना ❷(स्वर का) आरोह-अवरोह होना; उतार-चढ़ाव होना： 思绪～ विचारों में उतार-चढ़ाव होना
【低级】 dījí ❶प्राथमिक; प्रारंभिक; निम्न ❷नीच; अधम; गंवारू
【低级趣味】 dījí qùwèi कुरुचि; अश्लीलता
【低贱】 dījiàn नीच; अधम
【低空】 dīkōng कम ऊंचाई： ～飞行 कम ऊँचाई पर उड़ना
【低栏】 dīlán <खेल०> लो हर्डल; निम्न बाधा
【低廉】 dīlián सस्ता; कम： 价格～。दाम सस्ते हैं। / 收费～。कम शुल्क वसूल किया जाता है।
【低劣】 dīliè घटिया： 质量～的产品 घटिया चीज़
【低落】 dīluò नीचे जाने वाला; पस्त： 价格～ दाम नीचे गिरना / 士气～ मनोबल टूटना / 情绪～ पस्तहिम्मत होना
【低眉顺眼】 dīméi-shùnyǎn विनीत; विनम्र; दब्बू
【低能】 dīnéng मूढ़ता; जड़ता; मूढ़; जड़
【低能儿】 dīnéng'ér मंदबुद्धि (अल्पबुद्धि) बच्चा
【低频】 dīpín लो फ़्रिक्वेंसी
【低人一等】 dī rén yī děng दूसरों से गया-गुज़रा होना
【低三下四】 dīsān-xiàsì दीन; नीच; हीन： 他们不是～的人家。वे नीच कुल के नहीं हैं। / ～地求情 दीन भाव से याचना करना
【低烧】 dīshāo（低热 dīrè भी）हल्का बुखार
【低声下气】 dīshēng-xiàqì दीनता; दीन： ～地乞求 नाक रगड़ना; दीनता प्रकट करना; मिन्नत करना
【低首下心】 dīshǒu-xiàxīn दब्बू होना; आज्ञाकारी होना
【低俗】 dīsú नीच; बाज़ारू： 言语～ बाज़ारू भाषा
【低头】 dītóu ❶सिर झुकना; सिर झुकाना; गर्दन नीची करना： ～不语 गर्दन नीची किए चुप्पी साधना ❷घुटने टेकना; सिर झुकना; सिर झुकाना; पराजय स्वीकार करना： 决不向困难～。कठिनाइयों के सामने सिर कभी न झुकाना
【低洼】 dīwā निम्नस्थ (ज़मीन); नीचा; निम्न; निचला： ～地 निचली भूमि
【低微】 dīwēi ❶(स्वर) धीमा होना： ～的呻吟 हल्की कराह ❷कम; अल्प; निम्न： 收入～ आय अल्प (निम्न) होना ❸नीच： 出身～ नीच कुल में पैदा होना
【低温】 dīwēn ❶नीचा तापमान ❷<मौ०वि०> न्यून-तापी： ～气候 न्यूनतापी मौसम ❸<चिकि०> अपताप
【低息】 dīxī कम ब्याज; कम सूद： ～贷款 कम सूद वाला कर्ज़
【低下】 dīxià नीचा; निम्न： 生产水平～。उत्पादन का स्तर निम्न है। / 社会地位～ का नीचा सामाजिक स्थान होना
【低陷】 dīxiàn धंसना; पिचकना： 两颊～ गाल पिचके (धंसे) हुए होना
【低血糖】 dīxuètáng <चिकि०> हाइपोग्लुसेमिया
【低压】 dīyā ❶<भौ०> <मौ०वि०> निम्न दाब ❷<विद्यु०> निम्न वाल्टेज़ ❸<चिकि०> निम्न चाप
【低哑】 dīyǎ (आवाज़) बैठी हुई： 声音～ आवाज़ बैठना; गला बैठना
【低音提琴】 dīyīn tíqín डबल बैस
【低语】 dīyǔ धीमे स्वर में बोलना; बुदबुदाना

羝 dī <लि०> नर भेड़; बकरा

堤（隄）dī तटबंध; बाँध

【堤岸】 dī'àn तटबंध
【堤坝】 dībà बाँध
【堤防】 dīfáng बाँध; तटबंध： 加固～ बाँध मज़बूत करना
【堤围】 dīwéi बाँध; तटबंध

提 dī नीचे दे०
tí भी दे०

【提防】 dīfang सतर्क होना; सावधान रहना; चौकन्ना होना
【提溜】 dīliu <बो०> हाथ में लेना： 她手里～着一只篮子。वह हाथ में एक टोकरी लिए हुए थी। / ～着心 कलेजा मुंह को आना

嘀 dī नीचे दे०
dí भी दे०

【嘀嗒】 dīdā टिक-टिक; टप-टप
【嘀里嘟噜】 dīlidūlū इतनी जल्दी से बोलना कि बात सुनने वालों की समझ में न आ सके

滴 dī ❶टपकना; बूंद-बूंद गिरना; टपकाना; बूंद-बूंद गिराना： 他身上的汗水直往下～。उस के शरीर से पसीना बूंद-बूंद गिर रहा है। / 往轴承里～油 बेयरिंग में तेल टपकाना ❷बूंद： 汗～ पसीने की बूंद / 水～ पानी की बूंद ❸<परि०श०> बूंद： 一～血 खून की एक बूंद

【滴答】 dīdā <अनु०> टिक-टिक (घड़ी की आवाज़); टप-टप (बूंद गिरने का शब्द)： 雨～～地下着。पानी टप-टप करता बरस रहा है। / 四周一片寂静，只听见钟表的～声。चारों ओर सन्नाटा था। केवल घड़ी की टिक-टिक सुनाई दे रही थी।
【滴答】 dīda（嘀嗒 dīda भी）टपकना; बूंद बूंद गिरना： 汗直往下～。पसीना बूंद-बूंद गिरा। / 房顶上的雪化了，～着水。मकान की छत पर बर्फ़ पिघलकर टपक रही है।
【滴滴涕】 dīdītì डी०डी०टी०
【滴定】 dīdìng <रसा०> टाइट्रेशन： ～管 ब्यूटेट
【滴管】 dīguǎn ड्रौपर
【滴灌】 dīguàn <कृ०> टपकन सिंचाई व्यवस्था
【滴剂】 dījì <चिकि०> ड्रौप
【滴沥】 dīlì <अनु०> टप-टप (पानी गिरने का शब्द)： 泉水～。झरने का पानी टप-टप करते हुए गिर रहा था।
【滴溜儿】 dīliūr ❶एकदम गोल： 这小孩的脸蛋～圆。इस बच्चे का मुखड़ा एकदम गोल है। ❷तेज़ी से चारों ओर घूमना या फिरना： 他忙得～转。वह इतना व्यस्त है

कि फिरकी की तरह घूम रहा है।

【滴漏】 dīlòu जलघड़ी

【滴水不进】 dīshuǐ-bùjìn एक भी बूंद पानी न पीना —— खाने-पीने में असमर्थ होना

【滴水不漏】 dīshuǐ-bùlòu एक भी बूंद पानी नहीं रिसता —— दोषमुक्त (दोषरहित) होना: 她说起话来～。वह जो कुछ भी बोलती है, उस में दोष पाना कठिन होता है।

【滴水成冰】 dīshuǐ-chéngbīng (ठंड इतनी कि) पानी टपकते ही जम जाता है: ～的天气 कड़ाके की सरदी

【滴水穿石】 dīshuǐ-chuānshí 水滴石穿 shuǐdī-shíchuān के समान

【滴水瓦】 dīshuǐwǎ छज्जा

镝（鏑） dī 〈रसा०〉 डिस्प्रोसियम (Dy)
dí भी दे०

dí

狄 dí ❶उत्तरी चीन में बसने वाले कबीलों का प्राचीन नाम ❷（Dí）एक कुलनाम

迪（廸） dí 〈लि०〉 प्रबुद्ध करना; मार्गदर्शन करना: 启迪 qǐdí

【迪斯科】 dísīkē डिस्को: ～舞厅 डिस्कोथेक

的 dí 〈लि०〉 सचमुच; वास्तव में: 的确
de; dì भी दे०

【的当】 dídàng 〈लि०〉 उचित; समुचित: 这个评论十分～。यह समीक्षा बहुत समुचित है।

【的款】 díkuǎn निश्चित रूप से उपलब्ध होने वाली धन-राशि

【的确】 díquè 〈क्रि०वि०〉 सचमुच; वास्तव में; दरअसल; वाकई: 我～不知道。मैं सचमुच नहीं जानता। / 她～很痛苦。वह दरअसल बहुत दुखी है।

【的确良】 díquèliáng डैक्रोन; टेरिलीन

【的士】 díshì 〈बो०〉 टैक्सी

【的证】 dízhèng अकाट्य प्रमाण

籴（糴） dí (खाद्यान्न) खरीदना: ～麦子 गेहूँ खरीदना

荻 dí एक प्रकार का नरकट

敌（敵） dí ❶दुश्मन; शत्रु; बैरी: ～军 शत्रु सेना / ～机 दुश्मन विमान ❷विरोध करना; प्रतिरोध करना; मुकाबला करना: 寡不敌众 guǎbùdízhòng ❸समान होना; बराबर होना; बराबरी करना: 双方势均力～。दोनों पक्षों की शक्ति बराबर है।

【敌百虫】 díbǎichóng 〈कृ०〉 डिप्टरेक्स

【敌敌畏】 dídíwèi 〈कृ०〉 डी०डी०वी०पी०

【敌对】 díduì शत्रुता; दुश्मनी; बैर; शत्रुतापूर्ण: ～气氛 शत्रुतापूर्ण वातावरण / ～情绪 बैर / ～行为 शत्रुतापूर्ण कार्यवाही / ～双方 दो परस्पर विरोधी पक्ष

【敌国】 díguó शत्रु देश

【敌后】 díhòu दुश्मन का पृष्ठ क्षेत्र: 深入～ दुश्मन के पृष्ठ क्षेत्र में घुसना

【敌忾】 díkài 〈लि०〉 शत्रु से द्वेष-भाव रखना: 同仇敌忾 tóng chóu díkài

【敌寇】 díkòu आक्रमणकारी; हमलावर; शत्रु; दुश्मन: 围歼～ आक्रमणकारियों को घेरकर उन का सफ़ाया करना

【敌情】 díqíng दुश्मन का हाल: 了解～ दुश्मन के हाल का पता लगाना / ～观念 शत्रु से सर्तकता (बरतना)

【敌酋】 díqiú शत्रु का मुखिया; दुश्मन का अगुवा

【敌人】 dírén शत्रु; दुश्मन; बैरी

【敌视】 díshì दुश्मनी रखना; शत्रुतापूर्ण रुख अपनाना

【敌手】 díshǒu प्रतियोगी; प्रतिद्वंद्वी

【敌特】 dítè दुश्मन का गुप्तचर (जासूस; खुफ़िया)

【敌我矛盾】 díwǒ máodùn जनता और शत्रु के बीच के अंतरविरोध

【敌意】 díyì शत्रुता; दुश्मनी; बैर भाव

【敌阵】 dízhèn शत्रु की मोर्चेबंदी

涤（滌） dí धोना; साफ़ करना: 洗涤 xǐdí

【涤除】 díchú साफ़ करना; हटा देना; मिटा देना: ～旧习 पुरानी रीति को मिटा देना

【涤荡】 dídàng साफ़ करना; हटा देना

【涤纶】 dílún 〈बुना०〉 पोलीएस्टर रेशा

笛 dí ❶बांसुरी; बंसी ❷सीटी; भोंपू: 汽笛 qìdí

【笛子】 dízi बांसुरी; बंसी; बंशी

觌（覿） dí 〈लि०〉 मिलना; मुलाकात होना

【觌面】 dímiàn 〈लि०〉 एक दूसरे से मिलना

嘀（啾） dí नीचे दे०
dī भी दे०

【嘀咕】 dígu ❶कानाफूसी करना; खुसरफुसर करना: 谁知道他们在～什么。कौन जाने कि वे किस बात को लेकर कानाफूसी कर रहे हैं। / 俩人一见面就～上了。वे दोनों मिलते ही खुसरफुसर करने लगीं। ❷संदेह होना; संशय होना: 我心里直～。उस की बात पर मुझे संदेह है।

嫡 dí ❶(सामंती पितृसत्तात्मक व्यवस्था के अंतर्गत सौत से भिन्न) पत्नी का: ～长子 पत्नी का ज्येष्ठ पुत्र ❷सगोत्र

【嫡出】 díchū 〈पुराना〉 (सौत से भिन्न) पत्नी से उत्पन्न

【嫡传】 díchuán उस्ताद द्वारा प्रत्यक्ष रूप से दीक्षित

【嫡母】 dímǔ सौतेले बच्चों द्वारा अपने पिता की पत्नी का संबोधन

【嫡派】 dípài ❶嫡系 के समान ❷स्वयं गुरु द्वारा दीक्षित

【嫡亲】 díqīn सगा; सहोदर: ～兄弟 सगा भाई

【嫡堂】 dítáng एक ही पितामह के भाइयों के बीच का

संबंध: ～兄弟 चचेरे या फुफेरे भाई

【嫡系】 díxì ❶वंश की प्रत्यक्ष परंपरा ❷किसी व्यक्ति का अपना गुट: ～部队 किसी द्वारा प्रत्यक्ष रूप से नियंत्रित सैनिक टुकड़ियाँ; किसी के अपने आदमी

镝（鏑） dí <लि०> बाण का फल; गांसी
dī भी दे०

dǐ

邸 dǐ उच्च अधिकारी का निवास: 官邸 guāndǐ

【邸报】 dǐbào प्राचीन काल में समाचार-पत्र का सामान्य नाम

诋（詆） dǐ <लि०> लांछन लगाना; कलंक लगाना; मानहानि करना

【诋毁】 dǐhuǐ लांछन लगाना; कलंक लगाना; कलंकित करना; मानहानि करना; बदनाम करना

抵[1] dǐ ❶टिकाना; टेकना; टेक लगाना: 他双手～着下巴，一声不吭地坐在角落里。वह दोनों हाथों से ठुड्डी टिकाए चुपचाप कोने में बैठा था। / ～住门别让风刮开。दरवाज़े को टेक लगाओ, ताकि हवा के झोंके से वह खुल न सके। ❷विरोध करना; प्रतिरोध करना; मुकाबला करना: ～住来自外部的压力 बाहरी दबाव का मुकाबला करना ❸बदला देना; मुआवज़ा देना: 抵命 ❹गिरवी रखना; रेहन रखना: 用汽车作～ कार गिरवी रखना ❺खाता बराबर होना; संतुलन होना: 收支相～ आय-व्यय में संतुलन होना ❻के बराबर होना; के समान होना: 一个～两个 अकेले ही दो आदमियों के बराबर काम करना

抵[2] dǐ <लि०> पहुँचना: 他于昨日～京。वह कल पेइचिंग पहुँचा।

【抵补】 dǐbǔ भरना; पूर्ति करना: ～损失 क्षतिपूर्ति करना / ～不足 न्यूनता की पूर्ति करना

【抵偿】 dǐcháng मुआवज़ा देना; क्षतिपूर्ति करना; भुगतान के तौर पर कोई चीज़ देना: ～损失 मुआवज़ा देना / 用货物～欠款 कर्ज़ के भुगतान के लिए वस्तुएँ देना

【抵触】 dǐchù टक्कर होना; के विरुद्ध होना: 双方的利益有～。दोनों पक्षों के बीच हितों की टक्कर है। / 这与法律相～。यह कानून के विरुद्ध है। / ～情绪 रोष; नाराज़गी

【抵达】 dǐdá पहुँचना; पहुँच जाना; पहुँच आना: ～目的地 गंतव्य स्थान पहुँचना

【抵挡】 dǐdǎng रोकना; घुसने न देना; मुकाबला करना; बचाव करना: ～严寒 सख्त सर्दी से बचाव करना / ～洪水 बाढ़ के पानी को रोकना / ～攻击 हमले का मुकाबला करना

【抵换】 dǐhuàn (का) स्थान लेना; (की) जगह लेना

【抵抗】 dǐkàng विरोध करना; मुकाबला करना: 奋起～外来侵略 बाहरी आक्रमण का विरोध करने के लिए उठ खड़ा होना

【抵赖】 dǐlài अस्वीकार करना; इनकार करना; मुकरना: 事实是～不了的。तथ्यों को अस्वीकार नहीं किया जा सकता।

【抵命】 dǐmìng (खून के लिए) जान गंवाने को मजबूर होना

【抵事】 dǐshì (प्रायः नकारात्मक रूप में प्रयुक्त) काम का होना; से काम बनना: 人少了不～。एकाध आदमियों से काम न बनता।

【抵数】 dǐshù सिर्फ़ संख्या पूरी करना; कामचलाऊ प्रबंध करना

【抵死】 dǐsǐ मरते दम तक; अंत तक: ～也不承认 मरते दम तक भी स्वीकार करने से इनकार करना

【抵牾】 dǐwǔ अंतरविरोध

【抵消】 dǐxiāo दूर करना; समाप्त करना: ～影响（作用）प्रभाव को दूर करना

【抵押】 dǐyā गिरवी रखना; रेहन रखना

【抵押贷款】 dǐyā dàikuǎn मॉर्गेज कर्ज़ा

【抵押品】 dǐyāpǐn गिरवी; रेहन

【抵御】 dǐyù सामना करना; मुकाबला करना; रोकना: ～入侵 अतिक्रमण का मुकाबला करना / ～风沙 रेतीला तूफ़ान रोकना / ～自然灾害 प्राकृतिक विपत्तियों का सामना करना

【抵债】 dǐzhài उपज या माल के रूप में या फिर मज़दूरी के रूप में कर्ज़ चुकाना

【抵账】 dǐzhàng दे० 抵债

【抵制】 dǐzhì बहिष्कार करना; बहिष्कृत करना; बायकाट करना: ～谈判 वार्त्ता का बहिष्कार करना

【抵罪】 dǐzuì अपने किए अपराध की सज़ा पाना

底[1] dǐ ❶तह; तल; पेंदी: 海～ समुद्र का तल ❷मामले का गूढ़; मामले का पूर्ण विवरण: 摸底 mōdǐ ❸प्रारूप; मसौदा ❹रिकार्ड के रूप में रखी हुई कापी: 留～ (दस्तावेज़ इत्यादि की) प्रतिलिपि बनाकर फ़ाइल में रखना ❺वर्ष या मास का अंत: 年底 niándǐ / 月底 yuèdǐ ❻भूमि; ज़मीन: 白～红花 सफ़ेद ज़मीन में लाल-लाल फूल ❼बेस नंबर ❽<लि०> प्राप्त करना; उपलब्ध करना: 终～于成 अंत में सफलता प्राप्त करना

底[2] dǐ <लि०> क्या: ～处 किस जगह / ～事 क्या बात है

底[3] dǐ <लि०> ❶यह ❷इस तरह; इस प्रकार
de भी दे०

【底版】 dǐbǎn निगेटिव; फ़ोटोग्राफ़िक प्लेट

【底本】 dǐběn ❶मूल पांडुलिपि ❷प्रामाणिक प्रतिलिपि

【底财】 dǐcái ज़मीन-जायदाद

【底册】 dǐcè फ़ाइल में सुरक्षित दस्तावेज़ की जिल्दबंद कापी

【底层】 dǐcéng ❶पहला तल्ला ❷तह: 生活在社会的～ समाज की तह में रहना

【底肥】 dǐféi आधार खाद
【底稿】 dǐgǎo हस्तलेख; मसौदा; प्रारूप
【底工】 dǐgōng (अभिनेताओं का) बुनियादी कौशल या प्रशिक्षण
【底火】 dǐhuǒ ❶नया ईंधन डालने से पहले चूल्हे में जल रही आग ❷〈सैन्य०〉 इंजक; इग्निशन कार्ट्रिज
【底价】 dǐjià आधार मूल्य
【底里】 dǐlǐ गूढ़; ब्योरा: 不知～ इस बात का ब्योरा न जानना
【底牌】 dǐpái (पत्ते के) शेष पत्ते: 亮～ अपने शेष पत्ते दिखाना
【底盘】 dǐpán (कार आदि की) चैसिस
【底片】 dǐpiàn निगेटिव
【底气】 dǐqì आवाज़ का ज़ोर: ～足 आवाज़ ऊँची होना
【底情】 dǐqíng सत्य; सचाई: 了解～ सत्य जानना
【底墒】 dǐshāng 〈कृ०〉 बोवाई से पहले मिट्टी में मौजूद नमी
【底数】 dǐshù ❶〈गणित०〉 बेस नंबर ❷(मामले की) असलियत
【底细】dǐxi जानकारी; पूर्ण विवरण: 我不知该人的～。 मुझे उस आदमी के बारे में कुछ भी नहीं मालूम ।
【底下】 dǐxia ❶के नीचे: 花瓶～ गमले के नीचे / 手～活儿多。 मुझे बहुत से काम करने हैं । / 笔～不错 उत्तम लेख लिखना ❷के बाद; बाद में; के पश्चात; के उपरांत: 这～的事儿我就不知道了。 इस के बाद क्या हुआ, मुझे मालूम नहीं ।
【底下人】 dǐxiarén ❶नौकर; नौकरानी ❷अधीन या अधीनस्थ कर्मचारी; मातहत
【底限】 dǐxiàn न्यूनतम सीमा
【底线】 dǐxiàn ❶〈खेल०〉 एंड लाइन ❷गुप्तचर ❸सीमा; मर्यादा
【底薪】 dǐxīn मूल वेतन
【底蕴】 dǐyùn 〈लि०〉 ब्योरा; तफ़सील; विवरण
【底止】 dǐzhǐ 〈लि०〉 अंत; सीमा: 永无～。 इस का कोई अंत नहीं ।
【底子】 dǐzi ❶तल्ला: 鞋～ जूते का तल्ला ❷ब्योरा; तफ़सील: 您去把这事儿的～摸清了。 आप इस बात की तफ़सीलों का पता लगाइये । ❸आधार; नींव: ～薄 आधार कमज़ोर होना / 打好～ आधार मज़बूत बनाना ❹कच्चा नक्शा; रेखाचित्र; खाका ❺लिखित प्रमाण के रूप में सुरक्षित दस्तावेज़ की प्रतिलिपि ❻शेष; बाकी: 货～सामान का शेष; बाकी माल ❼भूमि; ज़मीन: 一件灰色～粉色花朵的上衣 भूरे रंग की ज़मीन पर गुलाबी रंग के फूलों वाला कपड़ा
【底座】 dǐzuò बेस; पेडिस्टल

柢 dǐ (पेड़ की) जड़: 根深柢固 gēnshēn–dǐgù

牴（觝） dǐ नीचे दे०
【牴触】 dǐchù 抵触 dǐchù के समान
【牴牾】 dǐwǔ 抵牾 dǐwǔ के समान

砥 dǐ 〈लि०〉 सान; सिल्ली
【砥砺】 dǐlì 〈लि०〉 ❶सान ❷पक्का करना: ～革命意志 क्रांतिकारी संकल्प पक्का करना ❸प्रोत्साहित करना; प्रोत्साहन देना
【砥柱】 dǐzhù मुख्य स्तंभ: 中流砥柱 zhōngliú–dǐzhù

骶 dǐ नीचे दे०
【骶骨】 dǐgǔ 〈श०वि०〉 त्रिकास्थि

dì

地 dì ❶धरती; पृथ्वी: 天地 tiāndì ❷भूमि; ज़मीन: 陆地 lùdì ❸खेत; भूमि: 可耕～ खेतीयोग्य भूमि ❹फ़र्श; ज़मीन: 水泥～ सीमेंट का फ़र्श ❺स्थान; जगह; क्षेत्र; इलाका: 各～ विभिन्न स्थान / 内～ भीतरी क्षेत्र ❻स्थिति; नौबत; हाल: 地步 / 不败之地 bù bài zhī dì ❼ज़मीन; भूमि: 白～红花的布 सफ़ेद ज़मीन पर लाल लाल फूलों वाला कपड़ा ❽दूरी; फ़ासला (जिस की नाप ली या स्टॉप 站 होती है): 火车站离这里有十里～。 रेल-स्टेशन यहाँ से दस ली की दूरी पर है । / 我家离学校有五站～。मेरे घर और स्कूल के बीच बस के पाँच स्टॉपों का फ़ासला है ।
de भी दे०
【地板】 dìbǎn ❶फ़र्शी तख्त ❷फ़र्श: 水泥～ सीमेंट का फ़र्श
【地磅】 dìbàng 地秤 के समान
【地堡】 dìbǎo 〈सैन्य०〉 बंकर; कंकरीट का छोटा किला
【地表】 dìbiǎo भूतल; धरातल; ज़मीन की सतह: ～水 सतही धारा
【地步】 dìbù ❶दशा; स्थिति; नौबत; हाल: 您今天落到这个～，完全是自作自受。 आज आप की जो दुर्दशा हुई है, वह आप के किए का ही फल है । ❷सीमा; हद: 到了无法容忍的～。 सहिष्णुता की सीमा हो गई । ❸गुंजाइश: 留～ गुंजाइश छोड़ना
【地财】 dìcái 〈बो०〉 ज़मीन में गाड़ी गई बहुमूल्य वस्तुएँ
【地层】 dìcéng 〈भूगर्भ०〉 धरती की परत: ～学 स्तर-शैल विज्ञान
【地产】 dìchǎn भू-संपत्ति; ज़मीन-जायदाद
【地秤】 dìchèng वे ब्रिज; तोल सेतु
【地磁】 dìcí भूचुम्बक
【地磁极】 dìcíjí भूचुम्बकीय ध्रुव
【地大物博】 dìdà–wùbó विशाल भूभाग और संसाधनों की प्रचुरता; विशाल भूमि और विपुल संसाधन
【地带】 dìdài क्षेत्र; इलाका; पट्टी: 丘陵～ टीलेदार इलाका / 危险～ खतरनाक क्षेत्र
【地道】 dìdào सुरंग
【地道】 dìdao ❶शुद्ध: ～药材 शुद्ध जड़ी-बूटियाँ ❷प्रामाणिक शुद्ध; ठेठ: 他说一口～的北京话。 वह ठेठ पेइचिंग बोली बोलता है । ❸पक्का: 他们干的活儿真～。 वे जो काम करते हैं, पक्का करते हैं ।
【地地道道】 dìdidàodào शतप्रतिशत; सौफ़ीसदी;

पक्का：～的伪君子 पक्का पाखंडी (होना)

【地点】 dìdiǎn स्थान; जगह; स्थल：出事～ घटना-स्थल / 在这里开超市，～挺适中。यह सुपर-बाज़ार के लिए उचित स्थल है।

【地动】 dìdòng 〈बोल०〉 भूचाल; भूकंप

【地动山摇】 dìdòng-shānyáo धरती को हिलाकर रख देने वाला

【地动仪】 dìdòngyí भूकंप यंत्र, जिस का आविष्कार चीनी वैज्ञानिक चांग हंग（张衡）ने 132 ई० में किया था

【地洞】 dìdòng ज़मीन में छेद; बिल

【地段】 dìduàn क्षेत्र; इलाका：这是城市的繁华～。यह शहर का व्यस्त इलाका है।

【地对地导弹】 dì duì dì dǎodàn भूमि से भूमि तक मार करने वाली मिसाइल

【地对空导弹】 dì duì kōng dǎodàn भूमि से हवा में मार करने वाली मिसाइल

【地方】 dìfāng ❶(केंद्रीय प्रशासन से भिन्न) स्थानीय प्रशासन：发挥～的积极性 स्थानीय प्रशासन की पहलकदमी उजागर करना ❷स्थानीय：他当军医时，常给～上的人看病。जब वे मेडिकल अफ़सर थे, स्थानीय लोगों का भी इलाज किया करते थे।

【地方】 dìfang ❶जगह; स्थान：这柜子太占～。यह अलमारी ज़्यादा जगह घेरती है। / 这～有点痛。इस स्थान पर दर्द हो रहा है। / 火车里很挤，没～了。रेल-गाड़ी में बहुत भीड़-भाड़ थी। कहीं जगह न थी। / 您是什么～人？आप किस स्थान (कहाँ) के रहने वाले हैं? ❷भाग; हिस्सा：这话有对的～，也有不对的～。इन बातों के कुछ हिस्से ठीक हैं, कुछ हिस्से गलत।

【地方病】 dìfāngbìng स्थानिक रोग

【地方时】 dìfāngshí स्थानीय समय

【地方税】 dìfāngshuì स्थानीय कर

【地方戏】 dìfāngxì स्थानीय ऑपेरा

【地方志】 dìfāngzhì स्थानिक इतिवृत्त

【地方主义】 dìfāng zhǔyì स्थानीयता

【地府】 dìfǔ यमलोक

【地覆天翻】 dìfù-tiānfān आकाश पाताल एक करना

【地埂】 dìgěng मेंढ़; डांड़ा

【地宫】 dìgōng ❶भूमिगत महल —— सम्राट् की कब्र में ताबूत रखने का कक्ष ❷पार्थिव भवन —— बौद्धधर्म के अवशेष रखने का तीर्थ

【地沟】 dìgōu भूमिगत नाला

【地瓜】 dìguā 〈बो०〉 ❶शक्करकंद ❷यैम

【地光】 dìguāng भूकंप होने से पूर्व दिखाई देने वाला प्रकाश

【地广人稀】 dìguǎng-rénxī विशाल लेकिन विरल जन-संख्या वाला (प्रदेश)

【地核】 dìhé 〈भूगर्भ०〉 भूक्रोड

【地积】 dìjī भूमि का क्षेत्रफल

【地基】 dìjī ❶ज़मीन ❷नींव

【地极】 dìjí 〈भू०〉 पृथ्वी के ध्रुव

【地脚】 dìjiǎo (पुस्तक के पन्ने के) नीचे का हाशिया

【地窖】 dìjiào तहखाना

【地界】 dìjiè ❶भूमि के टुकड़े की सीमा ❷क्षेत्र; अधिकार क्षेत्र：出了北京市就是河北～。पेइचिंग शहर की सीमा हपेइ क्षेत्र से लगी हुई है।

【地久天长】 dìjiǔ-tiānchánɡ 天长地久 tiānchánɡ-dìjiǔ के समान

【地窟】 dìkū ❶तहखाना ❷गुफ़ा; कंदरा

【地牢】 dìláo भूमिगत कारागार

【地老天荒】 dìlǎo-tiānhuānɡ चिरकाल; शाश्वत

【地雷】 dìléi सुरंग; लैंडमाइन：埋～ सुरंगें बिछाना / ～场 सुरंग क्षेत्र

【地理】 dìlǐ ❶किसी स्थान की भौगोलिक स्थिति：熟悉～民情 उस स्थान और वहाँ की जनता के बारे में जानकारी होना ❷भूगोल; भौगोलिक：经济～ आर्थिक भूगोल / ～分布 भौगोलिक वितरण

【地理先生】 dìlǐ xiānsheng भू-शकुनवेत्ता

【地理学】 dìlǐxué भूगोलशास्त्र：～家 भूगोलशास्त्री

【地力】 dìlì भूमि की उर्वरता

【地利】 dìlì ❶लाभदायक भौगोलिक स्थिति：天时～ अनुकूल मौसम और लाभदायक भौगोलिक स्थिति / ～人和 लाभदायक भौगोलिक स्थिति और हितैषी लोग ❷भूमि का उपजाऊपन

【地灵人杰】 dìlíng-rénjié विलक्षण स्थान उत्तम पुरुष पैदा करते है

【地漏】 dìlòu 〈वास्तु०〉 फ़्लोर ड्रेन

【地脉】 dìmài धरती की शिराएं (भू-शकुनवेत्ताओं के विचार में मौजूद)

【地幔】 dìmàn 〈भूगर्भ०〉 प्रावार

【地貌】 dìmào भू-आकृति：～学 भू-आकृति विज्ञान / ～图 भू-आकृति का नक्शा

【地面】 dìmiàn ❶धरती की सतह; ज़मीन：高出～两米 ज़मीन से दो मीटर ऊँचा होना ❷〈वास्तु०〉 फ़र्श; ज़मीन：瓷砖～ ग्लेज्ड टाइलों का फ़र्श ❸〈बोल०〉 क्षेत्र; इलाका：这里已是江苏～。अब हम च्यांगसू प्रांत में दाखिल हुए हैं।

【地面部队】 dìmiàn bùduì थल सेना

【地面卫星站】 dìmiàn wèixīngzhàn（地面站 dìmiànzhàn भी）भू-उपग्रह केन्द्र

【地面遥测装置】 dìmiàn yáocè zhuāngzhì भू-दूरमापक यंत्र

【地面砖】 dìmiànzhuān 〈वास्तु०〉 फ़्लोर टाइल

【地膜】 dìmó प्लास्टिक चादर

【地亩】 dìmǔ खेत; खेतीयोग्य भूमि

【地盘】 dìpán प्रभाव क्षेत्र; अधिकार क्षेत्र; किसी द्वारा नियंत्रित क्षेत्र：争夺～ प्रभाव क्षेत्रों की छीनाझपटी करना

【地皮】 dìpí ❶ज़मीन; धरती：雨停了，～还没干。वर्षा थम गई है लेकिन ज़मीन अब भी गीली है। ❷मकान बनाने के लिए आवंटित भूखंड

【地痞】 dìpǐ बदमाश; गुंडा

【地平线】 dìpíngxiàn क्षितिज

【地铺】 dìpù फ़र्श पर सीधे बिछाया गया बिस्तर：打～ फ़र्श पर ही बिस्तर बिछाना

【地契】 dìqì भूमि का स्वत्वबोधन

【地壳】 dìqiào 〈भूगर्भ०〉 धरती की पपड़ी：～运动 पपड़ी की गति

【地勤】 dìqín <विमा़न> ग्राउंड सर्विस： ～人员 ग्राउंड कर्मचारी
【地球】 dìqiú धरती; पृथ्वी; भूमंडल
【地球村】 dìqiúcūn ग्लोबल विलिज; विश्व ग्राम
【地球化学】 dìqiú huàxué भू रसायन शास्त्र
【地球科学】 dìqiú kēxué भूविज्ञान
【地球同步卫星】 dìqiú tóngbù wèixīng समकालिक (समस्थानिक, भूस्थिर) उपग्रह
【地球物理学】 dìqiú wùlǐxué भू-भौतिक विज्ञान
【地球仪】 dìqiúyí पृथ्वी गोलक; ग्लोब
【地区】 dìqū ❶क्षेत्र; इलाका ❷प्रिफ़ैक्चर (एक प्रशासनिक इकाई)
【地区冲突】 dìqū chōngtū क्षेत्रीय मुठभेड़
【地权】 dìquán भूमि का स्वामित्व
【地儿】 dìr स्थान; जगह： 他们在房里腾出个～放衣柜。 उन्होंने अपने कमरे में अलमारी रखने के लिए स्थान खाली किया। / 里边还有坐的～。 अन्दर अभी बैठने की जगह मिल सकती है।
【地热】 dìrè <भूगर्भ०> （地下热 dìxiàrè भी） भूताप： ～发电 भूताप विद्युत उत्पादन / ～能源 भूतापी ऊर्जा / ～学 भूताप विज्ञान / ～资源 भूताप साधन
【地煞】 dìshà ❶ज्योतिषियों की नज़र में एक नश्वर तारा, जो हत्या का अधिष्ठाता माना जाता है ❷पिशाच; दुष्ट आदमी
【地声】 dìshēng भूकंप-ध्वनि
【地势】 dìshì भू-आकृति; भौगोलिक स्थिति： ～险要。 यह स्थान रणनीतिक महत्व का है और दुर्भेद्य भी है। / ～平坦。 यह एक चौरस क्षेत्र है।
【地摊】 dìtān दूकान या स्टॉल (जहाँ वस्तुएं ज़मीन पर फैलाकर बेची जाती हैं)
【地毯】 dìtǎn कालीन; गलीचा; दरी
【地毯式轰炸】 dìtǎnshì hōngzhà अंधाधुंध बमबारी
【地铁】 dìtiě ❶地下铁道 का संक्षिप्त रूप ❷भूमिगत रेल-गाड़ी： 坐～ भूमिगत रेल-गाड़ी पकड़ना
【地头】[1] dìtóu ❶खेत का सिरा (छोर) ❷<बो०> गंतव्य स्थान ❸<बो०> स्थान; जगह： 熟悉～ यह स्थान खूब जानना
【地头】[2] dìtóu दे० 地脚
【地头蛇】 dìtóushé स्थानीय बदमाश
【地图】 dìtú नक्शा; मानचित्र： ～集 एटलस; मानचित्रावली
【地位】 dìwèi ❶स्थान; स्थिति： 国际～ अंतर्राष्ट्रीय स्थान / 政治～ राजनीतिक स्थान / ～平等 के समान स्थान है ❷(किसी व्यक्ति या वस्तु द्वारा घेरा गया) स्थान
【地温】 dìwēn भू-तापमान
【地物】 dìwù ग्राउंड फ़ीचर्स (मकान, सड़कें, जल-संरक्षण परियोजनाएं इत्यादि)
【地峡】 dìxiá स्थल संयोजक; भूडमरूमध्य; भूसंधि; थलसंधि
【地下】 dìxià ❶भूमिगत; ज़मीनदोज़： ～河 भूमिगत नदी / ～商场 भूमिगत बाज़ार ❷गुप्त; भूमिगत： 转入～ भूमिगत होना
【地下】 dìxia ज़मीन पर; धरती पर： 掉在～ ज़मीन पर गिरना / 从～拾起 ज़मीन पर से उठाना
【地下核试验】 dìxià héshìyàn भूमिगत नाभिकीय परीक्षण
【地下室】 dìxiàshì तहखाना
【地下水】 dìxiàshuǐ भूमिगत जल
【地下铁道】 dìxià tiědào भूमिगत रेल; मेट्रो
【地线】 dìxiàn <विद्यु०> ग्राउंड तार
【地心】 dìxīn भूक्रोड
【地心引力】 dìxīn yǐnlì गुरुत्व
【地形】 dìxíng स्थलाकृति： ～复杂 भिन्न-भिन्न स्थलाकृतियाँ होना / ～测量 स्थलाकृतिक सर्वेक्षण / ～图 स्थलाकृति मानचित्र
【地窨子】 dìyìnzi तहखाना
【地狱】 dìyù नरक; जहन्नुम
【地域】 dìyù ❶भूभाग： ～辽阔 विशाल भूभाग ❷क्षेत्र; इलाका; स्थान： ～观念 स्थानीयता
【地缘政治学】 dìyuán zhèngzhìxué भूराजनीति
【地震】 dìzhèn भूकंप; भूचाल： 6. 5 级～ रिक्टर स्केल पर 6.5 अंकित भूकंप; भूकंप की तीव्रता रिक्टर स्केल पर 6.5 मापी गई
【地震波】 dìzhènbō भूकंप तरंग
【地震带】 dìzhèndài भूकंप पट्टी
【地震海啸】 dìzhèn hǎixiào समुद्रकंप; भूकंप से समुद्र में उठने वाली ऊंची-ऊंची लहरें
【地震烈度】 dìzhèn lièdù भूकंप की तीव्रता
【地震学】 dìzhènxué भूकंप विज्ञान
【地震仪】 dìzhènyí भूकंपमापी यंत्र
【地震预报】 dìzhèn yùbào भूकंप की पूर्वसूचना
【地震震级】 dìzhèn zhènjí तीव्रता
【地支】 dìzhī पार्थिव शाखाएं, जिन की कुल बारह होती हैं। उन्हें दस आकाशीय स्तंभों 天干 के साथ मिलाकर वर्ष, मास, दिन और पहर बताए जाते हैं
【地址】 dìzhǐ पता： 我的～是… मेरा पता है …
【地质】 dìzhì भूतत्व： ～调查 भूतत्वीय सर्वेक्षण
【地质构造】 dìzhì gòuzào भूतत्वीय संरचना
【地质勘探】 dìzhì kāntàn भूतत्वीय पर्यवेक्षण
【地质年代】 dìzhì niándài भूतत्वीय युग
【地质学】 dìzhìxué भूतत्व विज्ञान： ～家 भूतत्व वैज्ञानिक
【地中海】 Dìzhōnghǎi भूमध्य सागर
【地轴】 dìzhóu पृथ्वी का अक्ष
【地主】 dìzhǔ ❶ज़मींदार ❷मेज़बान： 尽～之谊 मेज़बानी करना; आतिथ्य-सत्कार करना
【地租】 dìzū लगान

弟 dì ❶कनिष्ठ भाई ❷<विनम्र०> (पुरानी शैली के पत्रों में मित्रों के बीच प्रयुक्त संबोधन)
【弟弟】 dìdi छोटा भाई; भाई
【弟妇】 dìfù छोटे भाई की पत्नी; बहू
【弟妹】 dìmèi ❶छोटे भाई और बहन ❷<बोल०> बहू; छोटे भाई की पत्नी
【弟兄】 dìxiong भाई： 亲～ सजात भाई / 他就～一个。 वह परिवार का एकमात्र पुत्र है।

【弟子】 dìzǐ शिष्य; चेला; शागिर्द

的 dì लक्ष्य; निशाना: 目的 mùdì
de; dí भी दे०

帝 dì ❶भगवान; ईश्वर: 上帝 shàngdì ❷सम्राट्: 三皇五帝 Sān Huáng Wǔ Dì ❸～国主义 का संक्षिप्त रूप

【帝俄】 Dì'é ज़ारशाही रूस

【帝国】 dìguó साम्राज्य: 罗马～ रोमन साम्राज्य

【帝国主义】 dìguó zhǔyì साम्राज्यवाद: ～分子 साम्राज्यवादी

【帝君】 dìjūn देवताओं के नामों के साथ जोड़ी जाने वाली आदरसूचक उपाधि: 文昌～ विद्या देव

【帝王】 dìwáng सम्राट्; नरेश; राजा

【帝制】 dìzhì राज्यतंत्र

递（遞）dì ❶दे देना; पहुँचाना: 把水杯～给我。 मुझे वह मग दे दो। / ～个口信给他。यह संदेश उस तक पहुँचा दो। ❷क्रमशः: 递增

【递补】 dìbǔ अनुक्रम के अनुसार किसी को खाली हुई जगह पर नियुक्त करना

【递加】 dìjiā क्रमशः वृद्धि होना

【递减】 dìjiǎn क्रमशः कमी होना

【递降】 dìjiàng क्रमशः गिरावट होना

【递交】 dìjiāo देना; प्रस्तुत करना; पेश करना: ～国书 परिचयपत्र प्रस्तुत करना / ～抗议书 विरोध पत्र पेश करना / ～报告 रिपोर्ट पेश करना

【递解】 dìjiè निगरानी में (एक अपराधी को) एक जगह से दूसरी जगह भेजना

【递升】 dìshēng पदोन्नति करना; तरक्की देना

【递送】 dìsòng भेजना; पहुँचाना: ～邮件 डाक पहुँचाना / ～情报 गुप्त सूचनाएं भेजना

【递眼色】 dìyǎnsè आँख मारना; आंखों से इशारा करना: 他递了个眼色，要我别作声。उस ने मुझे कुछ भी न बोलने के लिए आँख मारी।

【递增】 dìzēng क्रमशः वृद्धि होना; कदम-ब-कदम बढ़ना: 工业总产值平均每年～百分之五。कुल औद्योगिक उत्पादन मूल्य 5 प्रतिशत की वार्षिक दर से बढ़ता गया।

娣 dì 〈प्रा०〉 ❶पति के छोटे भाई की पत्नी; देवरानी ❷किसी स्त्री की छोटी बहन

第[1] dì ❶(क्रमसूचक संख्या बनाने के लिए अंकों के आगे प्रयुक्त): ～一 पहला / ～九 नवाँ ❷〈लि०〉 शाही परीक्षा में सफल प्रत्याशियों के स्थान: 及第 jídì

第[2] dì उच्च अधिकारी का निवास: 府第 fǔdì

第[3] dì 〈लि०〉 ❶लेकिन; मगर ❷सिर्फ़; केवल

【第二产业】 dì-èr chǎnyè द्वितीय उद्योग; उद्योग

【第二次国内革命战争】 Dì-Èr Cì Guónèi Gémìng Zhànzhēng चीनी कम्युनिस्ट पार्टी के नेतृत्व में क्वोमिंगतांग शासन के विरुद्ध चलाया गया द्वितीय क्रांतिकारी गृह युद्ध या कृषिक क्रांतिकारी युद्ध (1927-1937 ई०)

【第二次世界大战】 Dì-Èr Cì Shìjiè Dàzhàn द्वितीय विश्व युद्ध; दूसरा महायुद्ध (1939-1945 ई०)

【第二次鸦片战争】 Dì-Èr Cì Yāpiàn Zhànzhēng दूसरा अफ़ीम युद्ध (1856-1860 ई०)

【第二审】 dì-èrshěn 〈का०〉 दूसरी सुनवाई

【第二职业】 dì-èr zhíyè अपनी नियमित नौकरी से अलग दूसरी नौकरी

【第三产业】 dì-sān chǎnyè तीसरा उद्योग; सेवा क्षेत्र

【第三次国内革命战争】 Dì-Sān Cì Guónèi Gémìng Zhànzhēng तृतीय क्रांतिकारी गृह युद्ध या मुक्ति युद्ध (1945-1949 ई०), जिस में चीनी जनता ने चीनी कम्युनिस्ट पार्टी के नेतृत्व में क्वोमिंगतांग शासन का तख्ता उलट कर चीन लोक गणराज्य की स्थापना की

【第三世界】 dì-sān shìjiè तीसरी दुनिया

【第三者】 dìsānzhě (झगड़े में या तलाक के मामले में) तीसरा पक्ष

【第五纵队】 dì-wǔ zòngduì पांचवाँ दस्ता; फ़िफ़्थ कॉलम

【第一】 dì-yī पहला; प्रथम; प्राथमिक: 奖牌榜上排名～पद-तालिका में पहले स्थान पर होना / 安全～。सुरक्षा प्राथमिक है।

【第一把手】 dì-yībǎshǒu कमान में पहला; प्राथमिक कार्यभार निभाने वाला व्यक्ति; नंबर एक

【第一产业】 dì-yī chǎnyè पहला उद्योग; कृषि

【第一次国内革命战争】 Dì-Yī Cì Guónèi Gémìng Zhànzhēng पहला क्रांतिकारी गृह युद्ध (1924-1927 ई०), जो चीनी कम्युनिस्ट पार्टी के नेतृत्व में साम्राज्यवादियों तथा उत्तरी युद्ध-सरदारों के विरुद्ध चलाया गया था

【第一次世界大战】 Dì-Yī Cì Shìjiè Dàzhàn पहला विश्व युद्ध; पहला महायुद्ध (1914-1918 ई०)

【第一审】 dì-yīshěn 〈का०〉 पहली सुनवाई

【第一手】 dìyīshǒu प्रत्यक्ष: ～材料 प्रत्यक्ष सामग्री

谛（諦）dì 〈लि०〉 ❶गौर से; ध्यान से: 谛视 ❷सच्चाई: 真谛 zhēndì

【谛视】 dìshì 〈लि०〉 गौर से देखना

【谛听】 dìtīng 〈लि०〉 ध्यान से सुनना; कान लगाकर सुनना

蒂（蔕）dì फल का मूलांश

棣[1] dì ❶दे० 棣棠 ❷दे० 棠棣 tángdì

棣[2] dì 〈लि०〉 छोटा भाई

【棣棠】 dìtáng 〈वन०〉 केरिया

睇 dì 〈लि०〉 तिरछी नज़र से देखना; कनखियों से देखना

缔（締）dì (संधि इत्यादि) संपन्न करना; (मैत्री आदि) बनाना

【缔交】 dìjiāo ❶राजनयिक संबंध स्थापित करना ❷दोस्ती बनाना; दोस्त बनाना

【缔结】dìjié संपन्न करना; हस्ताक्षर करना; स्थापना करना; स्थापित करना; कायम करना: ～和约 शांति संधि संपन्न करना; शांति संधि पर हस्ताक्षर करना / ～邦交 राजनयिक संबंध स्थापित करना

【缔盟】 dìméng गठबंधन करना

【缔约】 dìyuē संधि संपन्न करना; संधि पर हस्ताक्षर करना

【缔约国】 dìyuēguó संधि पर हस्ताक्षर करने वाला देश

【缔造】 dìzào निर्माण करना; स्थापना करना: ～者 निर्माता; संस्थापक

碲 dì 〈रसा०〉 टेलुरियम (Te)

diǎ

嗲 diǎ〈बो०〉 ❶चोंचला करना; नखरा करना; चोंचलेबाज़ होना; नखरेबाज़ होना: ～声～气 चोंचला करना ❸उत्तम; बढ़िया

diān

掂（战） diān किसी चीज़ को हाथ में तौलना

【掂对】 diānduì 〈बो०〉 ❶विचार करना; मनन करना ❷अदला-बदली करना; बदलना

【掂掇】 diānduo ❶विचार करना; सोचना: 你～着办吧。सोच कर करो। ❷अन्दाज़ करना; अनुमान करना: 我～着这么办能行。मेरा अनुमान है कि इस से काम बनेगा।

【掂斤播两】 diānjīn-bōliǎng（掂斤簸两 diānjīn-bǒliǎng भी）एक-एक पाई का हिसाब रखना

【掂量】 diānliáng 〈बो०〉 ❶किसी चीज़ को हाथ में तौलना: 他拿起一个西瓜，～了一下。उस ने एक तरबूज़ हाथ में लेकर तौलने की कोशिश की। ❷विचार करना; सोच-विचार करना: 这件事你好好～～。इस मामले पर अच्छी तरह सोच-विचार करो।

滇 Diān 云南 Yúnnán का दूसरा नाम

【滇红】 diānhóng युन्नान की काली चाय

颠[1] （顛） diān ❶शीर्ष; सिर ❷शिखर; चोटी: 山～ पहाड़ की चोटी / 塔～ पैगोडे का शिखर

颠[2] （顛） diān ❶हिचकोला खाना; झटका खाना; धक्का खाना: 这条路高低不平，车子～得厉害。सड़क ऊबड़-खाबड़ थी। जीप झटके खाते हुए आगे बढ़ रही थी। ❷गिरना; पतन होना; गिराना; तख्ता उलटना: 颠覆 ❸〈बो०〉 दौड़ना; भागना; चले जाना: 时间不早了，我要～儿了。काफ़ी देर हो गई। मुझे जाना है।

颠[3] （顛） diān 癫 diān के समान

【颠簸】 diānbǒ ऊपर-नीचे हिलना-डोलना; हिचकोला खाना: 起风了，小船开始～不定。हवा चलने लगी और नाव हिचकोले खाती रही।

【颠倒】 diāndǎo ❶उलटा करना; उलटना; बदलना: 主次～ प्राथमिकता का क्रम उलटना / 您把这幅画挂～了。आप ने इस चित्र को उलटा कर लटकाया। / 把这两个词～过来就对了。इन दो शब्दों का क्रम बदल दो, तो ठीक रहेगा। ❷चकराना; हैरान होना; घबराना: 神魂颠倒 shénhún-diāndǎo

【颠倒黑白】 diāndǎo-hēibái काले को सफ़ेद बताना

【颠倒是非】 diāndǎo-shìfēi झूठ को सच बताना; गलत को सही बताना

【颠覆】 diānfù उलटना; पलटना: 列车出轨～了。रेल-गाड़ी पटरी से उतरकर उलट गई। / ～活动 विध्वंसक कार्यवाही

【颠来倒去】diānlái-dǎoqù बारंबार; बार-बार: 你～就那几句话，究竟想说什么？ तुम वही बातें दुहरा रहे हो। आखिर क्या बताना चाहते हो ?

【颠连】 diānlián 〈लि०〉 कठिनाई; कठोरता; संकट

【颠末】 diānmò 〈लि०〉 आद्यंत

【颠沛流离】 diānpèi-liúlí बेघरबार होना; मारा-मारा फिरना; दुर्दशाग्रस्त होकर जहाँ-तहाँ भटकना: 难民们～，处境悲惨。शरणार्थियों को बेघरबार होकर मुसीबतें झेलनी पड़ रही थीं।

【颠仆】 diānpū गिर पड़ना

【颠扑不破】 diānpū-bùpò अकाट्य; अखंडनीय: ～的真理 अकाट्य सत्य

【颠三倒四】 diānsān-dǎosì असंबद्ध; असंगत; ऊटपटांग; बेतुका

巅（巔） diān pचोटी; शिखर: 高山之～ ऊंचे पहाड़ की चोटी

癫（癲） diān पागल; विक्षिप्त; सनकी: 疯～ fēngdiān

【癫狂】 diānkuáng ❶पागलपन; विक्षिप्तता; सनक; पागल; विक्षिप्त; सनकी ❷ओछापन; छिछोरापन; ओछा; छिछोरा

【癫痫】 diānxián मिरगी

【癫子】 diānzi 〈बो०〉 पगला

diǎn

典[1] diǎn ❶मानक; मानदण्ड; नियम; संहिता: ～章 ❷मानक साहित्य: 词典 cídiǎn ❸अंतर्कथा: 用～ अंतर्कथाओं का प्रयोग करना ❹समारोह: 盛典 shèngdiǎn ❺〈लि०〉 ज़िम्मा लेना; देखभाल करना: 典狱

典 2 diǎn गिरवी रखना; रेहन रखना; बंधक रखना

【典当】 diǎndàng ❶गिरवी रखना; रेहन रखना; बंधक रखना ❷<बो०> रेहनदार की दुकान

【典范】 diǎnfàn आदर्श उदाहरण

【典故】 diǎngù अंतर्कथा

【典籍】 diǎnjí प्राचीन ग्रंथ और अभिलेख; प्राचीन साहित्य

【典礼】 diǎnlǐ समारोह; जशन; जश्न

【典型】 diǎnxíng ❶मिसाल; उदाहरण: ～事件 उदाहरण; मिसाल ❷प्रतिनिधि: ～人物 प्रतिनिधि पात्र / ～性 प्रतिनिधित्व

【典押】 diǎnyā गिरवी रखना; रेहन रखना; बंधक रखना

【典雅】 diǎnyǎ सुसंस्कृत; परिष्कृत; सुरुचिपूर्ण

【典狱】 diǎnyù जेलर

【典狱长】 diǎnyùzhǎng जेलर

【典章】 diǎnzhāng कायदा-कानून; विधि और अधिनियम

点 1 (點) diǎn ❶बूंद: 雨点 yǔdiǎn ❷दाग; धब्बा; चित्ती: 斑～ चित्तियां ❸चीनी अक्षरों की एक रेखा, जो बिंदु जैसी होती है ❹<गणित०> बिंदु ❺दशमलव; प्वाइंट: 七～儿八 सात दशमलव आठ ❻<परि०श०> कुछ; थोड़ा; तनिक: 吃～儿吧。कुछ तो खा लो। / 读～鲁迅。लू शुन की कुछ पुस्तकें पढ़ो। ❼<परि०श०> (मुद्दों के लिए): 我谈～儿意见。मैं अपने कुछ विचार व्यक्त करना चाहता हूँ। / 四～建议 चारसूत्रीय सुझाव ❽स्थान; ठिकाना; बिन्दु: 出发～ प्रस्थान-बिन्दु ❾(किसी वस्तु या बात का) पक्ष; पहलू: 优点 yōudiǎn ❿बिन्दु लगाना: ～三个点 तीन बिंदु लगाना ⓫छूते ही निकल जाना: 蜻蜓～水。ड्रैगनफ़्लाई पानी की सतह छूते ही ऊपर उड़ जाती है। ⓬ 踮 diǎn के समान ⓭(सिर या हाथ) हिलाना: 他～了～头。उस ने सिर हिलाया। ⓮बूंद-बूंद गिराना; टपकाना: ～眼药 आई ड्रोप डालना ⓯गड्ढा खोद कर बोना: ～豆子 बीन को गड्ढों में बोना ⓰एक एक करके जांच करना 点名 / 清～货物 स्टाक की जांच करना ⓱चुनना; पसन्द करना: ～菜 मैन्यू में व्यंजन चुनना ⓲इशारा करना; संकेत करना: 聪明人一～就明白。बुद्धिमान को एक इशारा काफ़ी है। ⓳(आग) लगाना; सुलगाना; प्रज्वलित करना: ～火炬 मशाल प्रज्वलित करना / ～灯 दीया जलाना / 他是个火暴性子，一～就着。वह तुनक-मिज़ाज है, ज़रा सी बात पर चिढ़ जाता है। ⓴सजाना; सजावट करना: ～缀

点 2 (點) diǎn ❶बजा; बजे: 下午四～ दोपहर बाद चार बजे / 你的表几～了? तुम्हारी घड़ी में कितने बजे हैं? ❷नियत समय: 到点 dàodiǎn

点 3 (點) diǎn जलपान; अल्पाहार: 茶点 chádiǎn

点 4 (點) diǎn <मुद्रण०> प्वाइंट, जो टाइप का एक माप होती है

【点播】[1] diǎnbō <कृ०> नियत दूरी पर गड्ढे खोदकर बोना

【点播】[2] diǎnbō रेडियो पर फ़रमाइशी कार्यक्रम: 听众～的节目 श्रोताओं की फ़रमाइश पर कार्यक्रम (प्रसारित करना)

【点拨】 diǎnbo <बोल०> समझाना; जतलाना; आगाह करना

【点补】 diǎnbu भूख बुझाने के लिए कुछ खाना

【点唱】 diǎnchàng (श्रोताओं द्वारा गीत, परंपरागत ऑपेरा के अंश इत्यादि) की फ़रमाइश करना

【点穿】 diǎnchuān प्रकाश में लाना; भेद खोलना

【点窜】 diǎncuàn शब्द बदलना; परिमार्जन करना: 经他一～，这篇文章就好多了。उस ने कुछ शब्द बदल कर इस लेख को बेहतर बना दिया।

【点滴】 diǎndī ❶थोड़ा: 这批资料是点点滴滴积累起来的。यह संदर्भ-सामग्री थोड़ी-थोड़ी करके एकत्र की गई है। ❷<चिकि०> इंट्रावीनस ड्रिप: 打～ इंट्रावीनस ड्रिप लेना (देना)

【点厾】 diǎndū चित्र पर कूंची फेरना

【点化】 diǎnhuà उपदेश देना; प्रबुद्ध करना

【点火】 diǎnhuǒ ❶आग जलाना; सुलगाना ❷प्रज्वलन ❸गड़बड़ी पैदा करना

【点饥】 diǎnjī भूख मिटाने के लिए कुछ खाना

【点将】 diǎnjiàng ❶पुराने ज़माने में नामसूची के अनुसार सेनापतियों के नाम ले लेकर उन्हें कार्यभार सौंपना ❷किसी काम के लिए किसी की नामजदगी करना

【点卯】 diǎnmǎo ❶पुराने ज़माने में सुबह पाँच से सात बजे तक सरकारी संस्थाओं में हाज़िरी लेना ❷हाज़िरी देना; गिनती पर जाना

【点名】 diǎnmíng ❶हाज़िरी लेना ❷नाम लेना: 他～要您去。उस ने आप का नाम लेकर बुलाया है। / ～攻击 किसी का नाम लेकर उस पर ज़हर उगलना

【点名册】 diǎnmíngcè नामसूची; नामावली

【点明】 diǎnmíng बताना; बतलाना: ～主题 मुख्य विषय-वस्तु बताना

【点破】 diǎnpò भेद खोलना; प्रगट करना; साफ़-साफ़ बताना: 我没有～他的真实想法。मैं ने साफ़-साफ़ नहीं बताया कि वह वास्तव में क्या सोच रहा था। / 这件事就不必～了。इस मामले का भेद खोलने की ज़रूरत नहीं।

【点球】 diǎnqiú <खेल०> पेनल्टी किक

【点燃】 diǎnrán जलाना; प्रज्वलित करना; सुलगाना: ～火炬 मशाल प्रज्वलित करना

【点染】 diǎnrǎn ❶चित्र में छोटी-मोटी सजावट करना ❷लेख को परिमार्जित करना

【点射】 diǎnshè <सैन्य०> एक-एक कर गोलियाँ चलाना

【点石成金】 diǎnshí-chéngjīn 点铁成金 के समान

【点收】 diǎnshōu माल जांचकर लेना

【点数】 diǎnshù गिनना; गिनती करना

【点题】 diǎntí विषय-वस्तु स्पष्ट करना

【点铁成金】 diǎntiě-chéngjīn लोहे को सोने में बदलना —— एक नीरस लेख को उत्कृष्ट साहित्यिक कृति में बदलना

【点头】 diǎntóu सिर हिलाना; सहमति प्रगट करना: ～同意 सिर हिलाकर हामी भरना / ～示意 सिर हिलाकर इशारा देना / 这件事他已经～了。इस मामले पर उस ने सहमति प्रगट की है।
【点头哈腰】 diǎntóu-hāyāo 〈बोल०〉 झुकना; नत होना; नमित होना
【点头之交】 diǎntóuzhījiāo साधारण परिचय होना; साधारण रूप से परिचित होना: 我和他只是～而已。मेरा उस से साधारण परिचय ही है।
【点心】 diǎnxīn 〈बो०〉 भूख मिटाने के लिए कुछ खा लेना
【点心】 diǎnxin अल्पाहार; जलपान
【点穴】 diǎnxué (चीनी मुक्केबाज़ी में) प्रतिद्वंद्वी को चोट पहुँचाने के लिए उस के मर्म स्थानों पर आघात करना
【点验】 diǎnyàn (वस्तुओं को) एक-एक करके परखना
【点种】 diǎnzhǒng गड्ढों में बीज बोना
【点种】 diǎnzhòng 点播[1] के समान
【点缀】 diǎnzhuì ❶सजाना; संवारना; निखरना: 迎风飘扬的彩旗把广场～得更加美丽。लहराते रंगीन झंडों से चौक का रूप और निखर गया है। ❷केवल दिखावे के लिए कुछ चीज़ें सजाना
【点字】 diǎnzì (नेत्रहीनों के लिए) ब्रेल लिपि
【点子】[1] diǎnzi ❶बूंद: 水～ पानी की बूंद ❷दाग; धब्बा: 油～ तेल के धब्बे ❸ताल: 鼓～ ढोल का ताल
【点子】[2] diǎnzi ❶कुंजीभूत बात; पते की बात: 您这句话说到～上了。आप ने पते की बात कही। / 他劲儿没使在～上，结果任务没完成。उस ने कुंजीभूत स्थान पर ज़ोर नहीं दिया, सो वह काम पूरा करने में असफल रहा। ❷उपाय; युक्ति; सुझाव: 出～ उपाय सुझाना / 想～ युक्ति सोचना

碘 diǎn 〈रसा०〉 आयोडिन (I)
【碘酊】 diǎndīng 〈औष०〉 आयोडिन टिंचर
【碘化银】 diǎnhuàyín सिल्वर आयोडाइड
【碘酒】 diǎnjiǔ 碘酊 के समान
【碘钨灯】 diǎnwūdēng आयोडिन-टंगस्टन लैंप

踮（跕） diǎn पंजों के बल खड़ा होना या चलना: 孩子小，得～着脚才够得着桌子。बच्चा छोटा है और पंजों के बल खड़ा होकर ही मेज़ का किनारा पकड़ सकता है। / 她～着脚走到孩子身边。वह पंजों के बल चलती हुई बच्चे के पास गई।

diàn

电（電） diàn ❶बिजली; विद्युत ❷बिजली का झटका लगवाना या लगना: 电门有毛病，～了我一下。यह स्विच खराब हुआ होगा। मुझे बिजली का झटका लगा। ❸तार; संदेश: 贺～ बधाई का तार; बधाई संदेश ❹तार भेजना; संदेश भेजना: ～贺 तार भेजकर बधाई देना
【电棒】 diànbàng 〈बो०〉 टार्च; फ़्लैशलाइट
【电报】 diànbào तार; संदेश; टेलीग्राम: 打～ तार भेजना
【电笔】 diànbǐ 测电笔 cèdiànbǐ का लोकप्रचलित नाम
【电表】 diànbiǎo ❶बिजली की माप के लिए प्रयुक्त कोई भी मीटर ❷इलेक्ट्रिक मीटर
【电冰箱】 diànbīngxiāng रेफ़्रिजरेटर; फ़्रिज
【电波】 diànbō 电磁波 के समान
【电铲】 diànchǎn बेलचा मशीन
【电场】 diànchǎng इलेक्ट्रिक फ़ील्ड
【电唱机】 diànchàngjī ग्रामोफ़ोन; रिकार्ड प्लेयर
【电唱针】 diànchàngzhēn ग्रामोफ़ोन की सूई
【电车】 diànchē ❶ट्राम ❷ट्रॉलीबस
【电陈】 diànchén तार से विवरण देना
【电池】 diànchí बैटरी; सेल: 太阳能～ सौर सेल
【电传】 diànchuán टेलेक्स
【电船】 diànchuán 〈बो०〉 स्टीमर
【电磁】 diàncí इलेक्ट्रोमैग्नीटिज़्म; विद्युत चुंबकत्व
【电磁波】 diàncíbō विद्युत चुंबकीय तरंग; बिजली की तरंग
【电磁炉】 diàncílú इलेक्ट्रोमैग्नीटिक स्टोव
【电磁铁】 diàncítiě विद्युत चुंबक
【电大】 diàndà 电视大学 का संक्षिप्त रूप
【电导】 diàndǎo कंडक्टेंस
【电灯】 diàndēng बिजली की बत्ती; बिजली का लैंप
【电灯泡】 diàndēngpào बल्ब
【电动】 diàndòng मोटर चालित; विद्युत चालित; विद्युत-: ～泵 बिजली का पम्प / ～记分牌 विद्युत स्कोरबोर्ड / ～汽车 विद्युत चालित मोटर कार
【电动机】 diàndòngjī मोटर
【电镀】 diàndù इलेक्ट्रोप्लेट; बिजली से मुलम्मा करना
【电饭煲】 diànfànbāo 〈बो०〉 (इलेक्ट्रिक) राइस कूकर
【电饭锅】 diànfànguō (इलेक्ट्रिक) राइस कूकर
【电风扇】 diànfēngshàn बिजली का पंखा
【电复】 diànfù तार से जवाब देना
【电杆】 diàngān बिजली का खंभा
【电告】 diàngào तार से सूचित करना या रिपोर्ट देना
【电工】 diàngōng ❶इलेक्ट्रिकल इंजीनियरिंग: ～技术 विद्युत प्रौद्योगिकी / ～器材 विद्युत उपकरण ❷बिजली मिस्त्री
【电工学】 diàngōngxué विद्युत प्रौद्योगिकी
【电灌站】 diànguànzhàn बिजली पंपिंग स्टेशन
【电光】 diànguāng बिजली की चमक; कौंध
【电滚子】 diàngǔnzi 〈बो०〉 ❶जनरेटर ❷मोटर
【电棍】 diàngùn इलेक्ट्रिक प्रोड
【电焊】 diànhàn इलेक्ट्रिक वेल्डिंग: ～工 इलेक्ट्रिक वेल्डर / ～条 वेल्डिंग रोड / ～机 इलेक्ट्रिक वेल्डिंग मशीन
【电荷】 diànhè चार्ज; आवेश: 正（负）～ घनात्मक (ऋणात्मक) चार्ज (आवेश)
【电弧】 diànhú इलेक्ट्रिक आर्क: ～焊接 आर्क वेल्डिंग
【电化教育】 diànhuà jiàoyù दृश्य-श्रव्य साधनों से

शिक्षा देना; दृश्य-श्रव्य शिक्षा कार्यक्रम

【电话】 diànhuà ❶टेलीफ़ोन; फ़ोन ❷फ़ोन कॉल：打～ फ़ोन करना / ～交谈 टेलीफ़ोन पर बातचीत करना / 有您的～。आप का फ़ोन है।

【电话簿】 diànhuàbù टेलीफ़ोन निर्देशिका

【电话分机】 diànhuà fēnjī एक्सटेंशन (टेलीफ़ोन)

【电话号码】 diànhuà hàomǎ टेलीफ़ोन नंबर

【电话会议】 diànhuà huìyì टेलीफ़ोन बैठक

【电话机】 diànhuàjī टेलीफ़ोन मशीन

【电话间】 diànhuàjiān टेलीफ़ोन बॉक्स

【电话交换台】 diànhuà jiāohuàntái टेलीफ़ोन एक्सचेंज; टेलीफ़ोन केन्द्र

【电话局】 diànhuàjú टेलीफ़ोन आफ़िस (एक्सचेंज)

【电话亭】 diànhuàtíng टेलीफ़ोन बूथ

【电话用户】 diànhuà yònghù टेलीफ़ोन ग्राहक

【电汇】 diànhuì तार से पैसा भेजना

【电火花】 diànhuǒhuā विद्युत स्फुलिंग

【电击】 diànjī बिजली का झटका：遭受～ बिजली का झटका लगना

【电机】 diànjī इलेक्ट्रिक मशीनरी

【电吉他】 diànjítā 〈संगी०〉 विद्युत गिटार

【电极】 diànjí इलेक्ट्रोड：阳～ एनोड / 阴～ कैथोड

【电键】 diànjiàn टेलीग्राफ़-की; कुंजी; बटन

【电教】 diànjiào 电化教育 का संक्षिप्त रूप

【电解】 diànjiě इलेक्ट्रोलिसिस; वैद्युत अपघटन

【电解质】 diànjiězhì इलेक्ट्रोलाइट; वैद्युत अपघट्य

【电介质】 diànjièzhì डाइइलेक्ट्रिक

【电锯】 diànjù विद्युत आरा

【电烤箱】 diànkǎoxiāng विद्युत ओवन; विद्युत ग्रिल; विद्युत रोस्टर

【电缆】 diànlǎn केबल

【电烙铁】 diànlàotiě ❶विद्युत इस्त्री ❷विद्युत कहिया

【电离层】 diànlícéng 〈मौ०वि०〉 आयन मंडल

【电力】 diànlì बिजली; विद्युत：～工业 बिजली उद्योग / ～供应 बिजली आपूर्ति / ～网 बिजली जाल / ～线 बिजली का तार

【电疗】 diànliáo 〈चिकि०〉 विद्युत चिकित्सा

【电料】 diànliào विद्युत सामग्री और उपकरण

【电铃】 diànlíng ❶इलेक्ट्रिक बेल ❷द्वार घंटी

【电令】 diànlìng ❶तार के द्वारा आदेश जारी करना ❷तार के द्वारा जारी आदेश

【电流】 diànliú इलेक्ट्रिक करंट; विद्युत धारा प्रवाह

【电流表】 diànliúbiǎo ऐमिटर; धारामापी

【电溜子】 diànliùzi 〈खनि०〉 चैन वाहक पट्टा; फ़ेस कंवेयर

【电炉】 diànlú ❶बिजली का चूल्हा ❷बिजली की भट्टी：～钢 इलेक्ट्रिक स्टील

【电路】 diànlù सर्किट

【电路图】 diànlùtú सर्किट डायग्राम

【电驴子】 diànlǘzi 〈बो०〉 मोटर साइकिल

【电码】 diànmǎ (तार का) कोड：莫尔斯～ मोर्स कोड / ～本 कोड बुक

【电门】 diànmén स्विच

【电母】 diànmǔ तड़ित देवी

【电脑】 diànnǎo 电子计算机 का लोकप्रचलित नाम

【电脑病毒】 diànnǎo bìngdú कंप्यूटर वायरस

【电钮】 diànniǔ बटन：按～ बटन दबाना

【电瓶】 diànpíng 蓄电池 xùdiànchí का साधारण नाम

【电瓶车】 diànpíngchē स्टोरेज बैटरीकार; इलेक्ट्रो मोबाइल

【电气】 diànqì बिजली; विद्युत：～机车 विद्युत लोकोमोटिव / ～设备 विद्युत उपकरण

【电气化】 diànqìhuà विद्युतीकरण：～铁路 विद्युतीकृत रेल-लाइन

【电器】 diànqì विद्युत उपकरण：家用～ घरेलू विद्युत उपकरण

【电热】 diànrè विद्युत ताप

【电热杯】 diànrèbēi इलेक्ट्रिक हीटिंग जग

【电热毯】 diànrètǎn इलेक्ट्रिक ब्लैंकिट

【电容】 diànróng इलेक्ट्रिक कैपेसिटी

【电容器】 diànróngqì कैपेसिटर; कंडेंसर

【电扇】 diànshàn बिजली का पंखा

【电石】 diànshí 〈रसा०〉 कैलशियम कार्बाइड

【电石气】 diànshíqì 乙炔 yǐquē के समान

【电视】 diànshì टेलीविज़न; टी०वी०; दूरदर्शन：看～ टी०वी० देखना / 彩色～ रंगीन टेलीविज़न / 液晶～ लिक्विड क्रिस्टॉल टेलीविज़न

【电视大学】 diànshì dàxué टी०वी० विश्वविद्यालय

【电视电话】 diànshì diànhuà वीडियो-फ़ोन

【电视发射机】 diànshì fāshèjī टेलीविज़न ट्रांसमीटर

【电视会议】 diànshì huìyì वीडियो कांफ्रेंस

【电视机】 diànshìjī 电视接收机 का साधारण नाम

【电视接收机】 diànshì jiēshōujī टेलीविज़न सेट

【电视剧】 diànshìjù टी०वी० नाटक

【电视连续剧】 diànshì liánxùjù धारावाहिक：～第一集 धारावाहिक की पहली किस्त

【电视片】 diànshìpiàn टेलीफ़िल्म

【电视屏幕】 diànshì píngmù टेलीविज़न स्क्रीन; छोटा परदा

【电视塔】 diànshìtǎ टेलीविज़न टावर

【电视台】 diànshìtái टेलीविज़न स्टेशन; दूरदर्शन केंद्र

【电视网】 diànshìwǎng टेलीविज़न नेटवर्क

【电视转播卫星】 diànshì zhuǎnbō wèixīng टेलीविज़न ट्रांसमिशन उपग्रह

【电台】 diàntái ❶ट्रांसमीटर-रिसीवर ❷रेडियो स्टेशन

【电烫】 diàntàng स्थायी घूंघर बनाना

【电梯】 diàntī लिफ़्ट; इलेवेटर：～司机 लिफ़्ट आपरेटर

【电筒】 diàntǒng टॉर्च; फ़्लैशलाइट

【电网】 diànwǎng ❶गरम तारों का घेरा ❷ग्रिड

【电文】 diànwén तार का पाठ

【电线】 diànxiàn बिजली का तार：～杆子 बिजली का खंभा

【电信】 diànxìn दूरसंचार

【电刑】 diànxíng ❶बिजली से यंत्रणाएं देना ❷बिजली की कुर्सी से मृत्युदंड देना

【电学】 diànxué विद्युतविज्ञान
【电讯】 diànxùn ❶(समाचार एजेंसी द्वारा भेजा गया) समाचार ❷दूरसंचार：～设备 दूरसंचार उपकरण
【电压】 diànyā वोल्टेज
【电压表】 diànyābiǎo （电压计 diànyājì भी） वोल्टमीटर
【电眼】 diànyǎn विद्युत नेत्र; मैजिक आइ
【电唁】 diànyàn तार भेजकर शोक प्रगट करना
【电邀】 diànyāo तार से आमंत्रण देना
【电椅】 diànyǐ बिजली की कुर्सी
【电影】 diànyǐng फ़िल्म; सिनेमा; मूवी; चलचित्र：无声～ मूक चलचित्र / 有声～ सवाक् चलचित्र / ～放映队 फ़िल्म प्रोजेक्शन टीम; चलता-फिरता सिनेमाघर / ～译制厂 फ़िल्म डबिंग स्टूडियो / ～制片厂 फ़िल्म स्टूडियो
【电影放映机】 diànyǐng fàngyìngjī फ़िल्मप्रोजेक्टर; सिनेप्रोजेक्टर
【电影胶片】 diànyǐng jiāopiàn सिनेफ़िल्म
【电影节】 diànyǐngjié फ़िल्मोत्सव
【电影界】 diànyǐngjiè फ़िल्म जगत
【电影剧本】 diànyǐng jùběn पटकथा
【电影明星】 diànyǐng míngxīng फ़िल्म स्टार
【电影摄影机】 diànyǐng shèyǐngjī सिनेकैमरा; फ़िल्म कैमरा
【电影演员】 diànyǐng yǎnyuán फ़िल्म अभिनेता; फ़िल्म अभिनेत्री
【电影院】 diànyǐngyuàn सिनेमाघर; सिनेमा
【电影业】 diànyǐngyè फ़िल्म उद्योग
【电影周】 diànyǐngzhōu फ़िल्म सप्ताह
【电影字幕】 diànyǐng zìmù कैपशन
【电源】 diànyuán मुख्य लाइन：接～ मुख्य लाइन से जोड़ना
【电灶】 diànzào इलेक्ट्रिक कूकिंग स्टोव
【电闸】 diànzhá मास्टर स्विच
【电针疗法】 diànzhēn liáofǎ 〈ची०चि०〉 विद्युत-उद्दीपन से सूचीभेदन करने की विधि
【电钟】 diànzhōng बिजली की घड़ी
【电珠】 diànzhū लघु बल्ब (जैसे टॉर्च का)
【电子】 diànzǐ इलेक्ट्रोन：正～ पोजिट्रोन / 负～ निगेट्रोन / ～工业 इलेक्ट्रोनिक्स उद्योग / ～器件 इलेक्ट्रोनिक उपकरण
【电子表】 diànzǐbiǎo 石英手表 shíyīng shǒubiǎo का साधारण नाम
【电子秤】 diànzǐchèng इलेक्ट्रोनिक तौल व्यवस्था
【电子出版物】 diànzǐ chūbǎnwù इलेक्ट्रोनिक प्रकाशन
【电子管】 diànzǐguǎn इलेक्ट्रोन ट्यूब; वाल्व
【电子光学】 diànzǐ guāngxué इलेक्ट्रोन ओपटिक्स; इलेक्ट्रोन प्रकाश विज्ञान
【电子回旋加速器】 diànzǐ huíxuán jiāsùqì बीटाट्रोन
【电子计算机】 diànzǐ jìsuànjī कंप्यूटर
【电子计算器】 diànzǐ jìsuànqì इलेक्ट्रोनिक कैल-क्यूलेटर
【电子枪】 diànzǐqiāng इलेक्ट्रोन गन
【电子琴】 diànzǐqín इलेक्ट्रोनिक ऑर्गन; इलेक्ट्रोनिक की बोर्ड
【电子束】 diànzǐshù इलेक्ट्रोन बीम
【电子玩具】 diànzǐ wánjù इलेक्ट्रोनिक खिलौना
【电子望远镜】 diànzǐ wàngyuǎnjìng इलेक्ट्रोनिक दूरबीन
【电子物理学】 diànzǐ wùlǐxué इलेक्ट्रोन भौतिकी
【电子显微镜】 diànzǐ xiǎnwēijìng इलेक्ट्रोनिक खुर्द-बीन：八十万倍～ चीज़ों को आठ लाख गुना बड़ा करने वाला इलेक्ट्रोनिक खुर्दबीन
【电子学】 diànzǐxué इलेक्ट्रोनिक्स
【电子音乐】 diànzǐ yīnyuè इलेक्ट्रोनिक संगीत
【电子游戏】 diànzǐ yóuxì वीडियो गेम; टी०वी० गेम：玩～ वीडियो गेम खेलना
【电子游戏机】 diànzǐ yóuxìjī वीडियो गेम प्लेयर; टी०वी० गेम प्लेयर
【电子战】 diànzǐzhàn इलेक्ट्रोनिक युद्ध
【电子钟】 diànzǐzhōng 石英钟 shíyīngzhōng का साधारण नाम
【电阻】 diànzǔ 〈विद्यु०〉 रेज़िस्टेंस
【电钻】 diànzuàn बिजली का बरमा

佃 diàn लगान पर ज़मीन लेना
【佃东】 diàndōng (काश्तकार द्वारा ज़मींदार का संबोधन) मालिक
【佃户】 diànhù काश्तकार; खेतिहर
【佃农】 diànnóng काश्तकार; खेतिहर
【佃契】 diànqì काश्तकारी अनुबंध
【佃权】 diànquán काश्तकारी
【佃租】 diànzū लगान; पोत

甸 diàn (स्थान के नाम में प्रयुक्त) चरागाह：宽～ ख्वानत्येन
【甸子】 diànzi 〈बो०〉 चरागाह

店 diàn ❶विश्रामगृह; मुसाफ़िरखाना; सराय：住～ सराय में डेरा डालना ❷दूकान; स्टोर：布店 bùdiàn / 书店 shūdiàn
【店东】 diàndōng 〈पुराना〉 ❶दूकानदार ❷सराय मा-लिक
【店铺】 diànpù दूकान; स्टोर
【店堂】 diàntáng दूकान का अगला हिस्सा, जहाँ वस्तुएं प्रदर्शित होती है
【店小二】 diànxiǎo'èr 〈पुराना〉 वेटर; अटेंडेंट
【店员】 diànyuán सेल्सक्लर्क; शॉप असिस्टेंट
【店主】 diànzhǔ दूकानदार

玷 diàn ❶जेड पर की चित्ती ❷कलंक लगाना; लांछन लगाना：玷污
【玷辱】 diànrǔ बदनाम करना; बदनामी करना; अपयश करना：～门户 अपने कुल का अपयश करना

【玷污】 diànwū कलंक लगाना; धब्बा लगाना; लांछन लगाना: ～名声 नाम पर धब्बा लगाना

垫（墊） diàn ❶किसी चीज़ को ऊपर उठाने या समतल करने के लिए उस के नीचे कुछ डालना; भरना: 把椅子～高些。कुर्सी के पायों के नीचे कोई चीज़ डाल कर उसे ज़रा ऊपर उठाओ। / ～路 गड्ढों को पाटकर सड़क समतल करना ❷रिक्तता भरना: 正戏还没开演，先～出一个小戏。हम ऑपेरा शुरू होने से पहले एक लघु प्रहसन प्रस्तुत करें। ❸किसी दूसरे के लिए इस अपेक्षा से धन चुकाना कि वह बाद में लौट दिया जाएगा: 我先给你～上，以后再还我。मैं अभी तुम्हारे बदले पैसा चुका देता हूँ। बाद में लौटा दो। ❹गद्दी; तोषक

【垫背】 diànbèi 〈बो०〉 गद्दी का काम करना —— दूसरों के दोष के लिए दंड पाना; बलि का बकरा बनना

【垫补】 diànbu 〈बो०〉 ❶उधार लेकर या दूसरी मदों के पैसे से घाटा भरना ❷जलपान करना

【垫底儿】 diàndǐr ❶किसी चीज़ के तल में दूसरी चीज़ डालना: 用细沙在鱼缸里～。मछलीदान के तल में बालू की परत बिछा दो। ❷आधार होना ❸नींव डालना

【垫付】 diànfù（垫支 भी）किसी दूसरे के लिए पैसा चुकाना इस अपेक्षा से कि वह पैसा फिर बाद में लौटा आएगा

【垫肩】 diànjiān शूल्डर पैड; कंधे की पट्टी

【垫脚石】 diànjiǎoshí पैर रखने का पत्थर

【垫圈】 diànjuàn पशुशाला या बाड़े में मिट्टी बिखेरना

【垫平】 diànpíng समतल करना; चौरस करना

【垫圈】 diànquān 〈यां०〉 वाशर

【垫上运动】 diànshàng yùndòng 〈खेल०〉 मैट पर कलाबाज़ी

【垫支】 diànzhī 垫付 के समान

【垫子】 diànzi गद्दी; मैट: 沙发～ सोफ़े की गद्दी / 体操～व्यायाम मैट / 茶杯～ टीकप मैट

钿（鈿） diàn दे० 螺钿 luódiàn
tián भी दे०

淀[1]（澱） diàn निथरना; निथारना

淀[2] diàn (स्थान के नाम में प्रयुक्त) उथले पानी की झील: 白洋～ पाएयांगत्येन झील (हपेइ प्रांत में)

【淀粉】 diànfěn स्टार्च; मांड़

惦 diàn चिंता; फ़िक्र; चिंता करना (होना); फ़िक्र करना (होना): 老师病了，可心里总～着自己的学生。बीमार पड़ने पर भी अध्यापक को अपने छात्रों की चिंता रहती थी।

【惦记】 diànjì चिंता करना (होना); फ़िक्र करना (होना): 老母亲～在外工作的儿子。बूढ़ी मां को दूसरे स्थान में काम करने वाले बेटे की फ़िक्र होती है।

【惦念】 diànniàn（惦挂 diànguà भी）चिंता करना (होना); फ़िक्र करना (होना): 我一切都好，请勿～。यहाँ सब कुछ ठीक है। चिंता न करो।

奠[1] diàn स्थापना करना; स्थापित करना; कायम करना; बनाना: 奠都

奠[2] diàn मृतक के प्रति श्रद्धांजलि अर्पित करने के लिए चीज़ चढ़ाना: 祭奠 jìdiàn

【奠定】 diàndìng प्रतिष्ठित करना; मज़बूत बनाना; दृढ़ बनाना: ～基础 नींव मज़बूत बनाना

【奠都】 diàndū राजधानी बनाना; में राजधानी बसाना: ～北京。पेइचिंग में राजधानी बसाई गई।

【奠基】 diànjī नींव डालना: ～典礼 शिलान्यास समारोह / ～人 संस्थापक / ～石 आधार शिला

【奠酒】 diànjiǔ पूजा के समय धरती पर शराब उड़ेलना

【奠仪】 diànyí अंतिम संस्कार में शोकसंतप्त परिवार को दिया जाने वाला धन

殿[1] diàn भवन; कक्ष; महल; मंदिर: 金銮～ सिंहासन भवन

殿[2] diàn सब से पीछे रहना: 殿后

【殿后】 diànhòu सब से पीछे होना

【殿军】 diànjūn ❶पृष्ठरक्षक; पृष्ठगोप ❷प्रतियोगिता में आखिरी स्थान प्राप्त करने वाला या अंतिम विजेता

【殿试】 diànshì राजभवन परीक्षा (सम्राट् की अध्यक्षता में होने वाली अंतिम शाही परीक्षा)

【殿堂】 diàntáng राजभवन या मंदिर का भवन

【殿下】 diànxià 〈आदर०〉 महाराज

靛 diàn ❶नील ❷नीला रंग

【靛蓝】 diànlán नील: ～色 नीला रंग

【靛青】 diànqīng ❶नीला ❷〈बो०〉 नील

簟 diàn 〈बो०〉 बांस की चटाई

癜 diàn त्वचा पर पड़ने वाला बैंगनी या सफ़ेद धब्बे: 紫癜 zǐdiàn

diāo

刁 diāo ❶कपटी; चालाक; धूर्त: 放刁 fàngdiāo ❷खाना चुनने में हद से अधिक सावधान होना: 嘴～ खाना चुनने में हद से अधिक सावधान होना ❸（Diāo） एक कुलनाम

【刁悍】 diāohàn चालाक और क्रूर

【刁滑】 diāohuá धूर्त; चालाक; कपटी

【刁民】 diāomín उच्छृंखल व्यक्ति

【刁难】 diāonán कठिनाइयाँ पैदा करना; झंझट में डालना: 您这是在～人！ आप तो मुझे झंझट में डाल रहे हैं।

【刁顽】 diāowán चालाक और ज़िद्दी

【刁钻】 diāozuān कपटी; चालाक; धूर्त

【刁钻古怪】 diāozuān–gǔguài धूर्त और झक्की: 他这个人可谓～。यह आदमी धूर्त और झक्की कहा जा सकता है।

叼 diāo मुंह में दबाना: ～着烟卷 मुंह में सिग्रेट दबाना / 猫～住了老鼠。बिल्ली ने चूहे को दबोच कर मुंह में दबा लिया।

凋（彫） diāo कुम्हलाना; मुरझाना: 凋零

【凋败】 diāobài कुम्हलाना; मुरझाना

【凋敝】 diāobì ❶(जीवन) दूभर; कठोर; कष्टदायक: 民生凋敝 mínshēng diāobì ❷(कारोबार) मन्द: 百业凋敝 bǎiyè diāobì

【凋零】 diāolíng ❶कुम्हलाना; मुरझाना ❷चौपट होना; ह्रास होना: 家道～。घर चौपट हो गया।

【凋落】 diāoluò मुरझा कर नीचे गिरना

【凋谢】 diāoxiè ❶मुरझाना; कुम्हलाना ❷बुढ़ापे में मरना

貂（鼦） diāo मार्टेन

碉 diāo नीचे दे०

【碉堡】 diāobǎo पिलबॉक्स

【碉楼】 diāolóu वॉच टॉवर

雕[1]（彫、琱） diāo ❶नक्काशी करना; उत्कीर्ण करना; मूर्ति बनाना: 这个人像是用花岗石～的。यह मूर्ति ग्रेनाइट से बनी है। ❷नक्काशी: 石雕 shídiāo ❸नक्काशीदार; बेलबूटेदार: 雕梁画栋

雕[2]（鵰） diāo 〈प्राणि०〉 गिद्ध

【雕虫小技】 diāochóng–xiǎojì (विशेषकर लेखन का) महत्वहीन शिल्प

【雕花】 diāohuā ❶लकड़ी पर बेल-बूटे बनाना; नक्काशी करना ❷बेल-बूटा

【雕镌】 diāojuān 〈लि०〉 नक्काशी

【雕刻】 diāokè नक्काशी करना; उत्कीर्ण करना; बेल-बूटा खोदना: 大理石～ संगमरमर की नक्काशी / 这座佛像用玉石～而成。यह बुद्ध मूर्ति जेड से बनी है।

【雕梁画栋】 diāoliáng–huàdòng नक्काशीदार स्तंभ और शहतीर —— सुसज्जित भवन

【雕漆】 diāoqī नक्काशीदार लाख के बर्तन

【雕砌】 diāoqì अनावश्यक विस्तार से और अलंकृत शैली में लिखना

【雕饰】 diāoshì ❶नक्काशी करना ❷नक्काशीदार वस्तु ❸अतिरंजित

【雕塑】 diāosù मूर्तिकला

【雕像】 diāoxiàng मूर्ति; प्रतिमा: 半身～ आवक्ष मूर्ति / 全身～ आदमकद मूर्ति

【雕琢】 diāozhuó ❶(जेड आदि) काटकर (मूर्ति आदि) बनाना; नक्काशी करना ❷अलंकृत लेखन-शैली

鲷（鯛） diāo पोर्गी मछली

diǎo

鸟（鳥） diǎo 屌 diǎo के समान, पुराने उपन्यासों में एक गाली

niǎo भी दे०

屌 diǎo लौड़ा

diào

吊[1]（弔）diào ❶टंगना; लटकना; टांगना; लटकाना: 大门口～着一对灯笼。फाटक के ऊपर एक जोड़ा लालटेनें लटकी हुई थीं। ❷रस्सी आदि से ऊपर या नीचे ले जाना: 把篮子～上去。रस्सी से टोकरी ऊपर ले जाओ। ❸कपड़े में फ़र का अस्तर लगाना: ～皮袄 कोट में फ़र का अस्तर लगाना ❹रद्द करना; वापस लेना: 吊销

吊[2]（弔） diào पुराने ज़माने में मुद्रा की एक इकाई, जो एक लड़ी में बंधे एक हज़ार सिक्कों के बराबर होती थी

吊[3]（弔） diào शोक करना; मातम मनाना: 吊丧

【吊膀子】 diàobàngzi 〈बो०〉 स्त्री से छेड़खानी करना; छेड़-छाड़ करना

【吊车】 diàochē क्रेन

【吊床】 diàochuáng झूला; दोला

【吊打】 diàodǎ लटका कर मारना-पीटना

【吊带】 diàodài 吊袜带 के समान

【吊灯】 diàodēng लटकता लैंप

【吊儿郎当】 diào'erlángdāng 〈बोल०〉 लापरवाह; बेढंगा; फूहड़; सुस्त: 他整天～的，工作不好好干。वह हमेशा अपने काम में सुस्त रहता है।

【吊古】 diàogǔ ऐतिहासिक अवशेष देखकर अतीत पर चिंतन करना

【吊环】 diàohuán 〈खेल०〉 रिंग्ज़

【吊祭】 diàojì मृतक के प्रति श्रद्धांजलि अर्पित करना

【吊脚楼】 diàojiǎolóu पानी के ऊपर स्तंभों पर निर्मित मकान

【吊扣】 diàokòu रोक रखना: ～驾驶执照 ड्राइवर लाइसेंस रोक रखना

【吊楼】 diàolóu ❶吊脚楼 के समान ❷पहाड़ी क्षेत्रों में खंभों पर बने मकान

【吊民伐罪】 diàomín–fázuì पददलित जनता के प्रति संवेदना प्रगट करना और उत्पीड़क शासकों को दंड देना

【吊铺】 diàopù झूला; दोला

【吊桥】 diàoqiáo ❶झूला पुल ❷उठाऊ पुल; चलसेतु

【吊丧】 diàosāng मातमपुर्सी करना; मृतक के घर जाकर शोक प्रकट करना
【吊嗓子】diào sǎngzi वाणी के नियंत्रण के लिए अभ्यास करना
【吊扇】 diàoshàn सीलिंग फ़ैन; छत का पंखा
【吊索】 diàosuǒ रस्सा
【吊桶】 diàotǒng डोल
【吊袜带】 diàowàdài गार्टर्स; सस्पेंडर्स
【吊胃口】 diào wèikǒu तरसाना; ललचाना
【吊销】 diàoxiāo रद्द करना; वापस लेना: ～执照 लाइसेंस रद्द करना / ～护照 पासपोर्ट वापस लेना
【吊孝】 diàoxiào 吊丧 के समान
【吊唁】 diàoyàn शोक प्रकट करना; संवेदना प्रकट करना
【吊装】 diàozhuāng 〈वास्तु०〉 हॉइस्टिंग
【吊子】 diàozi 铫子 diàozi के समान

钓（釣） diào ❶कंटिया से मछली पकड़ना ❷धन और यश के लिए कोशिश करना: 沽名钓誉 gūmíng-diàoyù ❸कंटिया; बंसी: 下～ बंसी लगाना
【钓饵】 diào'ěr चारा
【钓竿】 diàogān मछली मारने की छड़
【钓钩】 diàogōu कंटिया; बंसी
【钓具】 diàojù मछली पकड़ने का सामान
【钓丝】 diàosī डोर
【钓鱼】 diàoyú कंटिया से मछली पकड़ना

调¹（調）diào ❶तबादला करना (होना); तबदीली करना (होना); स्थानांतरण होना (करना): 他～到天津去工作了。उस का थ्येनचिन शहर में तबादला हुआ। / ～军队 सैन्य टुकड़ियों का स्थानांतरण करना ❷जांच करना; जांच-पड़ताल करना: 调查

调²（調） diào ❶लहजा: 她说话带上海～儿。वह शांगहाए लहजे में बोलती है। ❷〈संगी०〉 की; प्रथमस्वर ❸दलील: 两个人的意见是一个～。उन दोनों ने समान दलील पेश की। ❹〈संगी०〉 लय ❺〈ध्वनि०〉 धुन: 升调 shēngdiào
tiáo भी दे०
【调包】 diàobāo 掉包 diàobāo के समान
【调兵遣将】diàobīng-qiǎnjiàng ❶सेना भेजना; सेना तैनात करना ❷मानवशक्ति जुटाना
【调拨】 diàobō आवंटन करना; आवंटित करना; अलग रखना; देना: ～专款修建学校 स्कूलों की स्थापना के लिए विशेष धन-राशि का आवंटन करना
【调查】diàochá जांच करना; जांच-पड़ताल करना; छान-बीन करना; तहकीकात करना; पता लगाना: ～报告 जांच रिपोर्ट / ～真相 सत्य खोजना / ～原因 कारण का पता लगाना / ～问卷 प्रश्न-पत्र / 进行～ जांच पड़ताल करना
【调车场】 diàochēchǎng 〈रेल०〉 स्विचयार्ड
【调调】 diàodiao ❶〈संगी०〉 प्रथम स्वर; की ❷〈संगी०〉 लय ❸दलील; तर्क
【调动】 diàodòng ❶तबदीली करना (होना); तबादला करना (होना): 他最近～了工作。हाल में उस का तबादला हुआ। ❷जुटाना; एकत्र करना; इकट्ठा करना: ～军队 सैनिक शक्ति एकत्र करना ❸गोलबन्द करना; आंदोलित करना; उजागर करना: ～积极因素 सकारात्मक तत्वों को आंदोलित करना / ～积极性 सक्रियता उजागर करना
【调度】 diàodù ❶(रेल-गाड़ी, बस आदि) रवाना करना ❷डिस्पैचर ❸प्रबंध करना: 生产～ उत्पादन प्रबंध
【调防】 diàofáng 〈सैन्य०〉 सेनास्थान बदलना
【调号】 diàohào ❶〈ध्वनि०〉 धुनचिन्ह ❷〈संगी०〉 की सिगनेचर; प्रथम स्वर चिन्ह
【调虎离山】 diàohǔ-líshān बाघ को पहाड़ से बाहर निकलने के लिए लुभाना —— दुश्मन को उस के अपने अड्डे से बाहर निकलने के लिए ललचाना
【调换】 diàohuàn 掉换 diàohuàn के समान
【调集】 diàojí इकट्ठा करना; एकत्र करना; जुटाना: ～军队 सैन्य टुकड़ियाँ एकत्र करना / ～资金 संसाधन जुटाना
【调卷】 diàojuàn जांच के लिए फ़ाइल मांगना
【调侃儿】 diàokǎnr（调坎儿 diàokǎnr भी）〈बो०〉 व्यावसायिक शब्दावली में बात करना
【调类】 diàolèi 〈ध्वनि०〉 धुनों के वर्ग
【调令】 diàolìng तबादले का आदेश
【调门儿】 diàoménr 〈बोल०〉 ❶स्वर; आवाज़: 你说话～低一点行不行。तुम अपनी आवाज़ ज़रा धीमी करो न। ❷तर्क; दलील: 他们的发言怎么都是一个～? उन्हों ने कैसे एक जैसी दलील पेश की?
【调派】 diàopài भेजना; नियुक्त करना: ～干部下农村 कार्यकर्ताओं को ग्रामीण क्षेत्र में भेजना
【调配】 diàopèi बांटना; वितरण करना: 合理～劳力 श्रमशक्ति उचित रूप से बांटना
tiáopèi भी दे०
【调遣】diàoqiǎn भेजना; नियुक्त करना; नियुक्ति करना: 服从～ नियुक्ति स्वीकार करना / ～部队 सैन्य टुकड़ियाँ भेजना
【调任】 diàorèn दूसरे कार्य पर लगाना; दूसरे पद पर नियुक्त करना: ～新职 नए पद पर नियुक्त करना
【调式】 diàoshì 〈संगी०〉 स्वरपद्धति
【调头】¹ diàotóu 掉头 diàotóu के समान
【调头】² diàotóu तर्क; दलील; दृष्टिकोण
【调头】 diàotou 〈बो०〉 ❶लय ❷लहजा
【调研】 diàoyán（调查研究 diàochá yánjiū का संक्षिप्त रूप）जांच और अध्ययन करना
【调用】 diàoyòng (कार्यकर्ताओं की) तबदीली करना; (वस्तुओं का) वितरण करना: ～人员 कर्मचारियों की तबदीली करना / ～物资 वस्तुओं का वितरण करना
【调阅】 diàoyuè परामर्श के लिए (दस्तावेज़, संदर्भ-सामग्री आदि) मांगना
【调运】 diàoyùn इकट्ठा करके भेजना; पहुँचाना: ～帐篷、食品等物资到地震灾区 तंबू, खाद्यपदार्थ और अन्य वस्तुएं इकट्ठी करके भूकंप ग्रस्त क्षेत्र में भेजना
【调职】 diàozhí दूसरे काम के लिए तबादला करना (होना)
【调子】 diàozi ❶लय, तान ❷(भाषण का) मूल स्वर:

定～ मूल स्वर निर्धारित करना

掉 1 diào ❶गिरना; उखड़ना; टूटना: ～眼泪 आंसू गिरना / 杯子～在地上。मग ज़मीन पर जा गिरा। / 衣服扣子～了。एक बटन कपड़े से टूट गया। ❷पीछे रह जाना: 掉队 ❸खोना; गंवाना; छोड़ना: 我的手表～了。मेरी कलाई घड़ी खो गई। / 我把书～在办公室了。मैं वह पुस्तक दफ़्तर में छोड़ आया। ❹कम होना; घटना: 他体重～了两公斤。उस का वज़न दो किलो कम हुआ।

掉 2 diào ❶हिलना; डुलना; हिलाना; डोलना: ～尾巴 दुम हिलाना ❷मुड़ना; मोड़ना: 他～头看了一眼。उस ने मुड़ कर एक नज़र डाली। / 把车头～过来。कार को मोड़ देना। ❸बदलना; अदला-बदली करना: 掉换 / ～副眼镜 चश्मा बदलना

掉 3 diào (क्रिया का परिणाम बताने के लिए कुछ क्रियाओं के पीछे प्रयुक्त): 关～电灯。बत्ती बुझा दो। / 把眼泪擦～。आंसुओं को पोंछ दो। / 扔～ फेंक देना / 他跑～了。वह भाग गया।

【掉包】 diàobāo चोरी-छिपे कोई चीज़ बदलना

【掉膘】 diàobiāo (पालतू पशु का) दुबला होना

【掉点儿】 diàodiǎnr बूंदाबूंदी होना

【掉队】 diàoduì पीछे रह जाना; पिछड़ जाना: 我们只有努力学习才不至于在新技术革命中～。कड़ी मेहनत से अध्ययन करने पर ही हम इस नई तकनीकी क्रांति में पीछे न रहेंगे। / 他在行军途中～了。वह मार्च के दौरान पीछे रह गया।

【掉过儿】 diàoguòr एक दूसरे का स्थान बदलना: 他个儿高，你跟他掉个过儿。वह लंबा है। तुम उस के साथ अपना स्थान बदल दो।

【掉换】 diàohuàn बदलना; अदला-बदली करना: ～工作时间 कार्यसमय की अदला-बदली करना / 这件衣服上有污点，～一件。इस कपड़े पर काले धब्बे पड़े हैं। इसे बदल दो।

【掉魂】 diàohún खून सूखना

【掉价】 diàojià ❶दाम गिरना; मूल्य में गिरावट आना ❷इज़्ज़त खोना (गंवाना)

【掉枪花】 diàoqiānghuā 〈बो०〉 चालबाज़ी करना

【掉色】 diàoshǎi रंग उड़ना; रंग उतर जाना: 这种布料不～。इस किस्म के कपड़े का रंग नहीं उड़ता या इस किस्म के कपड़े का रंग पक्का है।

【掉书袋】 diàoshūdài चलता बस्ता —— वह व्यक्ति, जो उद्धरण देकर और अंतर्कथाएं सुना कर भाषण झाड़े

【掉头】 diàotóu मुड़ना; मोड़ना: 他～就走。वह मुड़ कर चल दिया। / 路窄，汽车无法～。सड़क संकीर्ण है। कार मुड़ नहीं सकती।

【掉以轻心】 diàoyǐqīngxīn लापरवाही बरतना; सतर्कता में ढील लाना

【掉转】 diàozhuǎn पीछे मुड़ना; मोड़ना; विपरीत दिशा में ले जाना: ～身子 पीछे मुड़ना / ～船头 नाव विपरीत दिशा में ले जाना

铞（鍣） diào दे० 钌铞儿 liǎodiàor

铫（銚） diào नीचे दे०
yáo भी दे०

【铫子】 diàozi मूठ और टोंटी वाला बरतन, जो पानी उबालने या काढ़ा बनाने के काम आता है

diē

爹 diē 〈बोल०〉 बाप; पिता; पापा: ～娘 मां-बाप; माता-पिता

【爹爹】 diēdie 〈बो०〉 ❶बाप; पिता; पापा ❷दाद

跌 diē ❶गिरना; गिर पड़ना: 他～伤了。उसे ज़मीन पर गिरकर चोट लगी। ❷गिरना; घटना: 跌价

【跌宕】 diēdàng（跌荡 diēdàng भी）〈साहि०〉 ❶मनचला और स्वच्छंद; उन्मुक्त और निश्चिंत ❷उतार-चढ़ाव

【跌倒】 diēdǎo गिरना; गिर पड़ना: 他脚绊了一下，～了。वह ठोकर खाकर गिर पड़ा।

【跌跌撞撞】 diēdiēzhuàngzhuàng गिरते-पड़ते; गिरते-उठते

【跌份】 diēfèn 〈बो०〉 मर्यादा खोना

【跌价】 diējià भाव गिरना; दाम घटना

【跌跤】 diējiāo ❶ठोकर खाकर गिरना: 不知为什么他今天跌了好几跤。वह न जाने क्यों आज ठोकरें खा-खा कर गिरा। ❷ठोकर खाना; गलती करना

【跌落】 diēluò गिरना; नीचे गिरना

【跌眼镜】 diē yǎnjìng (प्रायः 大 के साथ प्रयुक्त) चश्मा गिरना —— आश्चर्यचकित होना; चकित होना; ठगा-सा रह जाना: 他的这番话教人大～。उस की इन बातों से लोग चकित रह गए।

【跌足】 diēzú 〈लि०〉 पैर पटकना

dié

迭 dié ❶बदलना; परिवर्तित होना; बदलाव आना; हेर-फेर होना: 更迭 gēngdié ❷〈क्रि०वि०〉 बार-बार; बारं-बार: ～有新发现 नई-नई खोज करना ❸समय पर; समय रहते: 忙不～ तुरंत; फ़ौरन

【迭出】 diéchū बारंबार सामने आना; बार-बार प्रकाश में आना; बार-बार नज़र आना: 新书～。नई-नई पुस्तकें प्रकाश में आती हैं।

【迭次】 diécì 〈क्रि०वि०〉 एक से अधिक बार; कई बार: ～协商 कई बार सलाह-मशविरा करना

【迭起】 diéqǐ बार-बार घटित होना; अकसर होना: 车祸～。सड़क दुर्घटनाएं हुआ करती थीं।

谍（諜）dié ❶जासूसी; गुप्तचरी ❷जासूस; गुप्तचरः 间谍 jiàndié

【谍报】 diébào जासूसी से प्राप्त सूचना; गुप्त सूचनाः ～人员 जासूस; गुप्तचर; खुफ़िया

堞 dié किले की दांतेदार दीवारः 城堞 chéngdié

耋 dié 〈लि०〉 ❶सत्तर से अस्सी वर्षों के बूढ़े ❷बूढ़ा; बुज़ुर्ग; वयोवृद्ध

喋 dié नीचे दे०
zhá भी दे०

【喋喋】 diédié निरंतर बोलना

【喋喋不休】 diédié-bùxiū बकबक करते रहना; निरंतर बोलता जाना

【喋血】 diéxuè 〈लि०〉 रक्तपात; खूनखराबा; खून बहना

牒 dié सरकारी पत्र या अधिसूचना; प्रमाण-पत्रः 通牒 tōngdié

叠（疊、疉）dié ❶दोहरना; दोहरा होना; दोहरानाः 重叠 chóngdié ❷तह करना; तहियानाः ～衣服 कपड़ा तह करना / ～纸 कागज़ तह करना

【叠床架屋】 diéchuáng-jiàwū पलंग पर पलंग रखना या एक मकान की छत पर दूसरा मकान बनाना —— पुनरुक्ति (साहित्य में यह एक दोष माना जाता है)

【叠罗汉】 dié luóhàn 〈खेल०〉 पिरैमिड

【叠印】 diéyìn 〈फ़ोटो०〉 डबल एक्सपोज़र

【叠韵】 diéyùn दो या उस से अधिक अक्षरों की तुक मिल जाए, तो यह 叠韵 कहलाता है, मसलन् 徘徊 páihuái, 阑干 lángān

【叠嶂】 diézhàng चोटी पर चोटी दिखाई देनाः 重峦叠嶂 chóng luán dié zhàng

碟 dié तश्तरी

【碟子】 diézi तश्तरी; छोटी रकाबी

蝶 dié तितलीः 蝴蝶 húdié

【蝶骨】 diégǔ 〈श०वि०〉 स्फ़ीनोइड बोन

【蝶泳】 diéyǒng 〈खेल०〉 बटरफ़्लाई स्ट्रोक

蹀 dié 〈लि०〉 पैर पटकना

【蹀躞】 diéxiè 〈लि०〉 ❶छोटे-छोटे कदम भरते हुए चलना ❷मटरगश्ती करना; टहलना

【蹀血】 diéxuè 喋血 diéxuè के समान

鲽（鰈）dié फ़्लेटफ़िश मछली; चपटी मछली

dīng

丁 1 dīng ❶पुरुष; मर्दः 壮丁 zhuàngdīng ❷एक परिवार के सदस्य; आबादी; जनसंख्याः 人～ réndīng ❸किसी धंधेविशेष में लगा व्यक्तिः 园～ yuándīng ❹（Dīng）एक कुलनाम

丁 2 dīng ❶दस आकाशीय स्तंभों（天干）में चौथा —— 干支 gānzhī भी दे० ❷चौथा; चतुर्थ

丁 3 dīng मांस या साग के छोटे-छोटे चौकोर टुकड़ेः 胡萝卜～儿 गाजर के टुकड़े

丁 4 dīng 〈लि०〉 सामना करनाः 丁忧
zhēng भी दे०

【丁坝】 dīngbà स्पर बाँध

【丁当】 dīngdāng 〈अनु०〉 टनटन; झनझन; टनटनाहट; झंकारः 发出～声 टनटनाना; झंकारना; झनकना / 铃儿～响。घंटी टनटना रही है। / 穷得～响 घोर गरीबी से पीड़ित होना; मुंहताज होना

【丁点儿】 dīngdiǎnr 〈बो०〉 तनिक; ज़रा-सा; थोड़ा-साः 不必为这～事操心。ज़रा-सी बात पर चिंतित होने की क्या ज़रूरत। / 一～毛病也没有。तनिक भी दोष नहीं।

【丁东】 dīngdōng（丁冬 dīngdōng भी）〈अनु०〉 टनटन; झनझन

【丁赋】 dīngfù（丁税 dīngshuì भी）〈लि०〉 व्यक्ति कर

【丁零】 dīnglíng 〈अनु०〉 टनटन; झनझन; टनटनाहट; झनझनाहट

【丁零当啷】 dīnglingdānglāng 〈अनु०〉 टनटनाहट; झंकार

【丁宁】 dīngníng सचेत करना; बार-बार चेताना; ताकीद करनाः 母亲一再～儿子要好好学习。मां ने बेटे को मेहनत से पढ़ने के लिए ताकीद की।

【丁是丁，卯是卯】 dīng shì dīng, mǎo shì mǎo कड़ाई से पेश आना; सख्ती से पेश आना; नियमनिष्ठ होना

【丁酸】 dīngsuān 〈रसा०〉 ब्यूटिरिक एसिड

【丁烷】 dīngwán 〈रसा०〉 ब्यूटेन

【丁烯】 dīngxī 〈रसा०〉 ब्यूटीन

【丁香】 dīngxiāng 〈वन०〉 ❶नीलक; लाइलैक ❷लौंग

【丁忧】 dīngyōu 〈लि०〉 अपने पिता या माता की मृत्यु पर मातम मनाने की अवधि में होना

【丁字尺】 dīngzìchǐ टी-स्क्वेयर

【丁字钢】 dīngzìgāng टी-स्टील

【丁字街】 dīngzìjiē तिराहा

仃 dīng दे० 伶仃 língdīng

叮 dīng ❶काटना; डंक मारना; डसना; दंशनाः 我这胳膊上不知被什么虫～了一下。न जाने किस तरह के कीड़े ने मेरी बांह पर डंक मारा। ❷बार-बार चेताना; ताकीद करनाः 千～万嘱 बार-बार ताकीद करना ❸किसी बात की पक्की जानकारी के लिए दुबारा पूछनाः 我又～了一句，他才说了实话。मैं ने उस से दुबारा पूछा, तब कहीं जाकर उस ने असली बात कह दी।

【叮当】 dīngdāng 丁当 dīngdāng के समान
【叮咛】 dīngníng 丁宁 dīngníng के समान
【叮问】 dīngwèn <बो०> खोद-खोद कर पूछना
【叮咬】 dīngyǎo काटना; डंसना: 蚊虫～ मच्छर का काटना
【叮嘱】 dīngzhǔ बार-बार चेताना; सचेत करना; ताकीद करना: 他～我要谨慎从事。उस ने मुझे सावधानी बरतने के लिए सचेत किया।

玎 dīng नीचे दे०
【玎珰】 dīngdāng 丁当 dīngdāng के समान
【玎玲】 dīnglíng <अनु०> टनटन

盯 dīng नज़र रखना; टकटकी लगाकर देखना; एकटक देखना; दृष्टि लगा रखना: 这孩子～住玩具不肯离开。वह बच्चा खिलौनों को एकटक देखता रहा और वहाँ से जाने का नाम नहीं लेता था।
【盯梢】 dīngshāo 钉梢 dīngshāo के समान

钉[1] (釘) dīng कील; बिरंजी: 钉子

钉[2] (釘) dīng ❶पीछा करना; के पीछे लगा रहना: 钉梢 / 他被对方球员～住了。विपक्ष टीम का एक खिलाड़ी उस के पीछे लगा रहा। ❷आग्रह करना; ज़ोर डालना: ～着他一点，叫他尽早办好这件事。आप यह काम जल्द से जल्द पूरा कराने के लिए उस पर ज़ोर डालें। ❸盯 dīng के समान
dìng भी दे०
【钉齿耙】 dīngchǐbà खूंटीदार पाटा (पांजा)
【钉锤】 dīngchuí हथौड़ा
【钉螺】 dīngluó <प्राणि०> घोंघा
【钉耙】 dīngpá पांजा
【钉梢】 dīngshāo पीछा करना; के पीछे लगा रहना
【钉是钉，铆是铆】 dīng shì dīng, mǎo shì mǎo 丁是丁，卯是卯 dīng shì dīng, mǎo shì mǎo के समान
【钉鞋】 dīngxié स्पाइकेड शूज़; नुकीली कील जड़े जूते
【钉子】 dīngzi ❶कील ❷गुप्तचर: 安插～ गुप्तचर आरोपित करना

疔 dīng फोड़िया
【疔毒】 dīngdú <ची०चि०> घातक फोड़िया

耵 dīng नीचे दे०
【耵聍】 dīngníng कान का मैल

酊 dīng टिंचर
dǐng भी दे०
【酊剂】 dīngjì <औष०> टिंचर

靪 dīng जूते के तल्ले की मरम्मत करना

dǐng

顶 (頂) dǐng ❶सिर; चोटी; शीर्ष; शिखर: 头～ सिर / 山～ पहाड़ की चोटी / 塔～儿 स्तूप का शिखर ❷सिर पर उठाना: 头～水罐 घड़े को सिर पर उठाना / 他～着月亮走了。वह चांदनी में चला गया। ❸टक्कर मारना; भोंक कर घायल करना: 这牛常常～人。यह सांड़ लोगों को सींग भोंक कर घायल करता रहता है। ❹सामना करना: 顶风 ❺ऊपर उठाना: 用千斤顶把汽车～起来。जैक से कार को ऊपर उठाओ। / 竹笋把土～起来了。बांस की कोपलें मिट्टी में से निकल आईं। ❻कड़ा उत्तर देना; करारा जवाब देना; टका-सा जवाब देना; अस्वीकार करना: 他～了我几句。उस ने मुझे टका-सा जवाब दे दिया। ❼सफलतापूर्वक करना; सामना करना; डटना: 活儿虽重，他们两个也～下来了。काम भारी तो था ही, पर उन दोनों ने उसे सफलतापूर्वक पूरा कर लिया। ❽के स्थान पर काम करना; के बदले में इस्तेमाल करना; स्थान लेना: 拿假货～真货卖 असली वस्तुओं के बदले में नकली वस्तुएं बेचना / 顶班 ❾टेक लगाना; टिकाना; सहारा देना: 用杠子～上门 मोटे डंडे से दरवाज़ा टिकाना ❿के समान होना; के समकक्ष होना; के बराबर होना: 他一个人能～两个人用。अकेले उस से दो आदमियों के बराबर काम लिया जा सकता है। ⓫अधिकार में लेना या हस्तांतरित करना: 顶盘 ⓬<बो०> (किसी समय) तक: ～下午三点他才休息。दोपहर तीन बजे तक उस ने ज़रा भी विश्राम नहीं किया। ⓭<परि०श०> (शिखर वाली चीज़ों के लिए): 一～帽子 एक टोपी / 两～帐篷 दो तंबू ⓮<क्रि०वि०> नितांत; अत्यंत: 我～喜欢看足球赛。मैं फुटबाल मैच देखना अत्यंत पसन्द करता हूँ। / ～好 सर्वोत्तम
【顶班】 dǐngbān ❶गैरहाज़िर व्यक्ति की जगह पर काम करना ❷नियमित पाली में शारीरिक श्रम करना
【顶板】 dǐngbǎn ❶<खनि०> रूफ़ ❷छत
【顶承】 dǐngchéng ❶ज़िम्मेदारी लेना; उत्तरदायित्व निभाना: 出了什么问题，由我～。यदि कोई झंझट हुआ, तो इस की ज़िम्मेदारी मैं लूंगा। ❷सहन करना; बर्दाश्त करना
【顶戴】 dǐngdài छिंग राजवंश के काल में पदाधिकारियों की टोपियों पर के मोती, जो पद के सूचक होते थे
【顶灯】 dǐngdēng ❶कार की डोम लाइट ❷छत पर लगाई गई बत्ती
【顶点】 dǐngdiǎn ❶<गणित०> शीर्ष ❷पराकाष्ठा; चरमबिंदु; चरमोत्कर्ष
【顶端】 dǐngduān ❶शिखर; शीर्ष ❷छोर; सिरा: 大桥的～ पुल का छोर
【顶多】 dǐngduō ज़्यादा से ज़्यादा; अधिक से अधिक: ～再用一个小时，这工作就可以完成了。अधिक से अधिक और एक घंटे बाद यह कार्य पूरा कर लिया जाएगा।
【顶风】 dǐngfēng ❶हवा की उलटी दिशा में जाना: 开～船 हवा बांध कर जाना ❷प्रतिकूल हवा ❸खुले आम

कानून या नियम के विरुद्ध काम करना
【顶风冒雨】 dǐngfēng-màoyǔ आंधी-पानी की परवा न करना; हवा और वर्षा का साहस के साथ सामना करना
【顶峰】 dǐngfēng ❶चोटी; शिखर ❷चरमबिन्दु
【顶缸】 dǐnggāng दूसरों के लिए उत्तरदायी होना
【顶岗】 dǐnggǎng 〈बो०〉 नियमित पाली में शारीरिक श्रम करना
【顶杠】 dǐnggàng (顶杠子 dǐnggàngzi भी) झगड़ा करना; वाद-विवाद करना
【顶骨】 dǐnggǔ 〈श०वि०〉 पैरीटल बोन; भित्तिकास्थि
【顶呱呱】 dǐngguāguā (顶刮刮 dǐngguāguā भी) बढ़िया; सर्वोत्तम; अव्वल दर्जे का
【顶尖】 dǐngjiān ❶नोक; अनी ❷शीर्ष; शिखर ❸सर्वश्रेष्ठ; सर्वोत्तम; चोटी का
【顶角】 dǐngjiǎo 〈गणित०〉 शीर्षकोण
【顶礼】 dǐnglǐ पैर पकड़ना
【顶礼膜拜】 dǐnglǐ-móbài 〈अमा०〉 पूजा करना; श्रद्धा रखना; (का) भक्त होना
【顶梁柱】 dǐngliángzhù मेरुदंड
【顶门儿】 dǐngménr सिर का अग्र भाग
【顶名】 dǐngmíng ❶धोखेबाज़ी के लिए किसी दूसरे का नाम धारण करना ❷नाम को; नाम मात्र का
【顶命】 dǐngmìng (हत्या के लिए) मृत्युदंड भोगना
【顶牛儿】 dǐngniúr सींग मारना; झगड़ना; कहा-सुनी करना (होना): 这两人动不动就～。वे दोनों बात बेबात पर झगड़ने लगते हैं।
【顶盘】 dǐngpán किसी कारोबार को अपने हाथ में लेना
【顶棚】 dǐngpéng छत
【顶事】 dǐngshì उपयोगी होना; काम का होना; (से) काम चलाना; काम करना: 这小伙子能～吗？ इस जवान से काम चलाया जा सकता है？/ 刹车不～了。ब्रेक काम नहीं करती।
【顶数】 dǐngshù ❶गिनती के लिए शामिल करना: 别拿劣质品～。गिनती के लिए घटिया चीज़ें शामिल न करो। ❷(प्रायः नकारात्मक रूप में प्रयुक्त) प्रभावी होना; वज़न होना; दम होना: 您说的不～。आप की बातों का कोई वज़न नहीं।
【顶替】 dǐngtì स्थान लेना; जगह लेना: 他生病来不了，您去～一下。वह बीमारी के कारण हाज़िर नहीं हो सका। आप उस का स्थान लें।
【顶天立地】 dǐngtiān-lìdì निर्भीक; निडर; निर्भय
【顶头】 dǐngtóu सामने से: 一出大门，～就遇到他。मुझे दरवाज़े से बाहर निकलते ही वह सामने से आता दिखाई दिया।
【顶头上司】 dǐngtóu shàngsi 〈बोल०〉 किसी से सीधे एक स्तर बड़ा अधिकारी
【顶芽】 dǐngyá 〈वन०〉 अग्रस्थ कली
【顶叶】 dǐngyè 〈वन०〉 अग्रस्थ पत्ती
【顶用】 dǐngyòng उपयोगी होना; काम का होना; काम चलना; काम बनना: 我去也不～。अगर मैं वहाँ जाऊँ भी, तो भी काम नहीं बनेगा। / 这牛再养上一年就～了。एक साल बाद इस बछड़े से काम चलाया जा सकता है।

【顶真】 dǐngzhēn 〈बो०〉 गंभीरता; संजीदगी; गंभीर; संजीदा: 他做什么事都很～。वह हर किसी काम को गंभीरता से लेता है।
【顶针】 dǐngzhēn अंगुश्ताना
【顶住】 dǐngzhù मुकाबला करना; अविचलित होना; अटल होना; टिकना: ～外来压力 बाहरी दबाव का मुकाबला करना / ～诱惑 प्रलोभन के सामने अविचलित रहना
【顶撞】 dǐngzhuàng गुस्ताखी करना; बेअदबी करना: 他后悔不该～父母。उस ने अपने मां-बाप से बेअदबी का पश्चाताप किया।
【顶嘴】 dǐngzuǐ 〈बोल०〉 नोकझोंक; झकझक; तकरार: 与大人～ बड़ों के साथ झकझक करना
【顶罪】 dǐngzuì किसी दूसरे के लिए दंड भुगतना

酊 dǐng दे० 酩酊大醉 mǐngdǐng dàzuì
dīng भी दे०

鼎¹ dǐng ❶खाना पकाने का एक प्राचीन पात्र, जिस के दो कुंडलाकार हत्थे और तीन या चार पाद होते थे: 三足～ त्रिपाद / 四足～ चतुर्पाद ❷〈लि०〉 सिंहासन; गद्दी; राजत्व: 问鼎 wèndǐng ❸〈लि०〉 बृहद्; भारी: 鼎力 / 鼎言 ❹〈बो०〉 कड़ाह

鼎² dǐng 〈लि०〉 किसी काल में प्रवेश करना: 鼎盛
【鼎鼎大名】 dǐngdǐng-dàmíng 大名鼎鼎 dàmíng-dǐngdǐng के समान
【鼎沸】 dǐngfèi 〈लि०〉 शोर-गुल; कोलाहल: 人声～ शोर-गुल (कोलाहल) मचना
【鼎革】 dǐnggé 〈लि०〉 राजसत्ता में हेरफेर होना
革故鼎新 gégù-dǐngxīn भी दे०
【鼎力】 dǐnglì 〈लि०〉〈आदर०〉 भरपूर प्रयास: 多蒙～协助，无任感谢！ हमारी भरपूर मदद करने के लिए हम आप के बहुत आभारी हैं।
【鼎立】 dǐnglì तीन परस्पर विरोधी पक्षों का आमने-सामने होना; त्रिपक्षीय मुठभेड़; त्रिपक्षीय शक्ति संतुलन; त्रिपक्षीय संघर्ष
【鼎盛】 dǐngshèng शक्ति और समृद्धि की बुलंदी पर; पूर्ण विकास के दौर में; स्वर्णयुग में: 处于～时期 पूर्ण विकास के दौर से गुज़रना; बहार पर आना (होना)
【鼎新】 dǐngxīn 〈लि०〉 नवीनता लाना; नया परिवर्तन लाना: 革故鼎新 gégù-dǐngxīn
【鼎言】 dǐngyán 〈लि०〉 वज़नी बात
【鼎峙】 dǐngzhì 〈लि०〉 त्रिपक्षीय मुठभेड़; त्रिपक्षीय संघर्ष
【鼎足】 dǐngzú त्रिपाद के तीन पाद —— तीन परस्पर विरोधी शक्तियाँ: 势成～ त्रिपक्षीय संघर्ष की स्थिति
【鼎足而立】 dǐngzú'érlì (तीन परस्पर विरोधी शक्तियों के) पैर जमना
【鼎足之势】 dǐngzúzhīshì त्रिपक्षीय शक्ति-संतुलन

dìng

订（訂） dìng ❶संपन्न करना; निश्चित करना; निर्धारित करना: ～协定 समझौता संपन्न करना / ～日期 तिथि निश्चित करना / ～目标 लक्ष्य निर्धारित करना ❷बुक करना; ऑर्डर देना; (पत्र-पत्रिका का) ग्राहक बनना: ～《人民日报》जन दैनिक का ग्राहक बनना / ～火车票 रेल टिकट बुक करना / ～货 माल का ऑर्डर देना ❸शुद्ध करना; सुधारना: 订正 ❹नत्थी करना: 把这些纸～在一起。कागज़ के इन टुकड़ों को नत्थी कर दो।

【订单】 dìngdān ऑर्डर; ऑर्डर फ़ॉर्म

【订费】 dìngfèi चन्दा; शुल्क

【订购】 dìnggòu ऑर्डर देना; मंगाना: ～服装 वस्त्रों के ऑर्डर देना; वस्त्र मंगाना

【订户】 dìnghù ❶(पत्र-पत्रिका का) ग्राहक ❷दूध आदि के लंबी अवधि के ऑर्डर देने वाला व्यक्ति या परिवार; नियमित ग्राहक

【订婚】 dìnghūn मंगनी; सगाई

【订货】 dìnghuò ❶माल का ऑर्डर देना; मंगाना ❷मंगाया हुआ माल: ～已如期发运。मंगाई हुई वस्तुएं नियत समय पर रवाना की गई हैं।

【订交】 dìngjiāo दोस्ती बनाना

【订金】 dìngjīn पेशगी: 收取～ पेशगी लेना

【订立】 dìnglì (समझौता, संधि, संविदा आदि) संपन्न करना: ～贸易协定 व्यापारिक समझौता संपन्न करना / ～购货合同 क्रय संविदा संपन्न करना

【订书机】 dìngshūjī ❶स्टेप्लर; स्टेप्लिंग मशीन ❷बुक बाइंडिंग मशीन; जिल्द साजी की मशीन

【订阅】 dìngyuè (पत्र-पत्रिका का) ग्राहक बनना

【订正】 dìngzhèng लेख में गलती ठीक करना; गलती सुधारना

钉（釘） dìng ❶कील ठोंकना; कील लगाना, (नाल, कील) जड़ना: ～钉子 कील ठोंकना / ～马掌 नाल जड़ना ❷सीना; जोड़ना: ～扣子 बटन जोड़ना

dīng भी दे०

定 dìng ❶शांति; स्थिरता; निश्चिंतता; शांत; स्थिरमना; निश्चिंत: 安定āndìng / 稳定 wěndìng ❷स्थिर करना: 定睛 ❸निर्णय करना; तय करना: 开会的日期～下来了。बैठक की तिथि तय हो गई है। / ～计划 योजना निर्धारित करना ❹निश्चित; निर्धारित; तय: 定局 ❺(पत्र-पत्रिका का) ग्राहक बनना; (टिकट आदि) बुक करना; (माल का) ऑर्डर देना ❻<लि०> अवश्य; ज़रूर; निश्चय ही: ～可完成任务 काम अवश्य पूरा कर लेना

【定案】 dìng'àn ❶(किसी मामले पर) निर्णय या फ़ैसला करना; निर्णय पर पहुँचना ❷निर्णय; फ़ैसला

【定本】 dìngběn अंतिम संस्करण

【定编】 dìngbiān संगठनात्मक ढांचा निश्चित करना

【定场白】 dìngchǎngbái परंपरागत ऑपेरा में किसी पात्र द्वारा रंगमंच पर प्रथम बार आने पर अपना परिचय देने के लिए कहा गया संवाद

【定场诗】 dìngchǎngshī परंपरागत ऑपेरा में किसी पात्र द्वारा रंगमंच पर प्रथम बार आने पर पढ़ी गई कविता, जो साधारणतया चार पंक्तियों की होती है

【定单】 dìngdān 订单 dìngdān के समान

【定当】 dìngdàng <बो०> उचित; समुचित: 安排～ समुचित प्रबंध करना

【定都】 dìngdū राजधानी स्थापित करना; किसी स्थान को राजधानी बनाना: ～北京 पेइचिंग को राजधानी बनाना

【定夺】 dìngduó निश्चय करना; निर्णय करना; फ़ैसला करना

【定额】 dìng'é कोटा

【定稿】 dìnggǎo ❶मसौदे या पांडुलिपि को अंतिम रूप देना ❷अंतिम पाठ

【定购】 dìnggòu 订购 dìnggòu के समान

【定规】 dìngguī ❶नियम; दस्तूर; स्थाई कार्यक्रम: 周末举行诗歌朗诵会已成～。सप्ताहांत में कवितापाठ एक नियम बन गया है। ❷<बो०> ज़िद पकड़ना; ज़िद पर आना: 劝他别去，他～要去。उस से वहाँ न जाने को कहा, लेकिन वह है कि वहाँ जाने की ज़िद पकड़े हुए है।

【定户】 dìnghù 订户 dìnghù के समान

【定婚】 dìnghūn 订婚 dìnghūn के समान

【定货】 dìnghuò 订货 dìnghuò के समान

【定计】 dìngjì युक्ति सुझाना; उपाय करना; दांव-पेंच खेलना

【定价】 dìngjià ❶दाम तय करना; कीमत ठहराना; मूल्य निर्धारित करना ❷निर्धारित मूल्य

【定见】 dìngjiàn स्थिर मत; पक्का मत: 这事我没～。इस मामले में मेरा कोई स्थिर मत नहीं है।

【定金】 dìngjīn 订金 dìngjīn के समान

【定睛】 dìngjīng आँखें जमना; दृष्टि स्थिर रहना: ～细看 आँखें गड़ाकर देखना

【定居】 dìngjū बसना; घर बसाना: ～北京 पेइचिंग में अपना घर बसा लेना

【定居点】 dìngjūdiǎn बस्ती

【定局】 dìngjú ❶निर्णय करना; फ़ैसला करना: 事情还未～，明天还可以商议。इस मामले पर निर्णय अभी नहीं किया गया। और हम कल इस पर फिर विचार-विमर्श कर सकते हैं। ❷तय होना; निश्चित होना: 该队获胜已成～。उस टीम की विजय निश्चित हो गई है।

【定礼】 dìnglǐ वर पक्ष द्वारा मंगनी के समय वधु पक्ष को भेंट किया जाने वाला उपहार या धन

【定理】 dìnglǐ थ्योरम; प्रमेय

【定例】 dìnglì दस्तूर; कायदा; नियम: 每逢月末我们机关总要举行足球赛，这已成了～。हर माह के अंत में हमारी संस्था में फ़ुटबाल मैच होता है, जो एक दस्तूर बन गया है।

【定量】 dìngliàng ❶निश्चित परिमाण; राशन: ～供应粮食 राशन का खाद्यान्न सप्लाई करना ❷किसी पदार्थ के अवयवों की मात्रा निश्चित करना

【定量分析】 dìngliàng fēnxī <रसा०> परिमाणात्मक

विश्लेषण

【定律】 dìnglǜ (वैज्ञानिक) नियमः 万有引力～ सामान्य गुरुत्व का नियम

【定论】 dìnglùn अंतिम निष्कर्षः 这个问题已有～，用不着讨论了。इस मसले के बारे में अंतिम निष्कर्ष निकाला जा चुका है, इसलिए बहस-मुबाहिसा करने की ज़रूरत नहीं।

【定苗】 dìngmiáo 〈कृ०〉 पौधों की आखिरी छंटाई

【定名】 dìngmíng नाम रखना; नामाकरण करना

【定盘星】 dìngpánxīng ❶विषमभुजा तुले का ज़ीरो प्वाइंट ❷(नकारात्मक रूप में प्रयुक्त) पक्का विचारः 他做事没～。उस का किसी भी मामले पर पक्का विचार नहीं है।

【定评】 dìngpíng अंतिम निष्कर्ष

【定期】 dìngqī ❶तिथि निर्धारित करना; तारीख नियत करना ❷सावधिक; नियतकालिकः 作～体格检查 नियतकालिक डॉक्टरी जांच कराना / ～刊物 पत्र-पत्रिका / 不～刊物 अनियतकालिक प्रकाशन

【定期存款】 dìngqī cúnkuǎn मियादी जमा; सावधि जमा

【定亲】 dìngqīn सगाई; मंगनी

【定情】 dìngqíng प्रेम के सूत्र में बंधना

【定然】 dìngrán 〈क्रि०वि०〉 अवश्य; निश्चय; ज़रूरः 他～会去的。वह अवश्य जाएगा।

【定神】 dìngshén ❶सँभलना; अपने को संभालना; अपने को ज़ब्त करनाः 她停住哭喊，慢慢定下神来。उस ने रोना-धोना बन्द कर दिया और धीरे-धीरे अपने को संभाल लिया। ❷मन लगानाः 他定了定神，继续看书。वह मन लगाकर फिर किताब पढ़ने में लीन हो गया।

【定时器】 dìngshíqì टाइमर

【定时炸弹】 dìngshí zhàdàn टाइम बम

【定数】 dìngshù भाग्य में लिखा होना; किस्मत में बदा होनाः 有人认为，什么事都有～。कुछ लोगों का विचार है कि सब कुछ किस्मत में बदा होता है।

【定说】 dìngshuō निश्चित मतः 艾滋病的起因已有～。एड्स रोग के कारण के बारे में निश्चित मत है।

【定位】 dìngwèi ❶स्थान निर्धारित करना; स्थान निश्चित करना ❷स्थिति; स्थान

【定弦】 dìngxián ❶तंतुवाद्य के तारों का सुर मिलाना ❷〈बो०〉 निश्चय करना

【定向爆破】 dìngxiàng bàopò डिरेक्शनल ब्लास्टिंग; दिष्ट विस्फोट

【定向天线】 dìngxiàng tiānxiàn डिरेकशनल एंटीना

【定心】 dìngxīn राहत की सांस लेनाः 见到丈夫平安回来，她方才定下心来。यह देखकर कि अपना पति सही-सलामत लौट आया, उस ने राहत की सांस ली।

【定心丸】 dìngxīnwán ढाढ़स बंधाने वाली चीज़ः 吃了～ ढाढ़स बंधाना

【定刑】 dìngxíng दंड देनाः ～过重 ज़रूरत से अधिक सख्त दंड देना

【定型】 dìngxíng डिज़ाइन को अंतिम रूप देनाः 这种新式战斗机刚研制出来，还未～。इस नई किस्म के लड़ाकू विमान का अनुसंधान और उत्पादन अभी-अभी हुआ है। उस के डिज़ाइन को अंतिम रूप नहीं दिया गया।

【定性】 dìngxìng ❶(किसी मामले का) स्वरूप निश्चित करना ❷किसी पदार्थ की रासायनिक रचना का पता लगाना

【定性分析】 dìngxìng fēnxī 〈रसा०〉 गुणात्मक विश्लेषण

【定义】 dìngyì परिभाषाः 下～ परिभाषा करना

【定音鼓】 dìngyīngǔ 〈संगी०〉 टिम्पानी; केटलड्रम्स

【定影】 dìngyǐng 〈फ़ोटो०〉 फ़िक्सिंग; फ़िक्सेशन; स्थायीकरणः ～液 फ़िक्सिंग बाथ

【定语】 dìngyǔ 〈व्या०〉 विशेषण; गुणवाचकः ～从句 गुणवाचक उपवाक्य

【定员】 dìngyuán ❶कर्मचारियों या यात्रियों की निर्धारित संख्याः 这车厢～一百二十人。इस रेल-डिब्बे में 120 यात्री-सीटें हैं। ❷कर्मचारियों या यात्रियों की संख्या निर्धारित करना

【定植】 dìngzhí पेड़ या सब्ज़ियों के पौधों की रोपाई

【定准】 dìngzhǔn ❶मानक; मापदंड; स्टैंडर्ड ❷〈क्रि०वि०〉 अवश्य; ज़रूर; निश्चित रूप सेः 这件事听了您～高兴。यह बात सुन कर आप अवश्य खुश होंगे।

【定子】 dìngzǐ 〈विद्यु०〉 स्टेटर

【定罪】 dìngzuì किसी को अपराधी करार देना

【定做】 dìngzuò बनवानाः 这件衣服是～的。यह कपड़ा मैं ने बनवाया है।

啶 dìng दे० 吡啶 bǐdìng

腚 dìng 〈बो०〉 चूतड़; नितम्ब

碇（矴、椗） dìng लंगर के रूप में प्रयोग किया जाने वाला भारी पत्थरः 启碇 qǐdìng

锭（錠） dìng ❶〈बुना०〉 तकला; तकली ❷(दवा, धातु, चीनी स्याही आदि की) डली ❸〈परि०श०〉 (डली रूपी चीज़ के लिए)ः 一～墨 स्याही की एक डली

【锭剂】 dìngjì 〈औष०〉 लौजेंज; दवा की टिकिया

【锭子】 dìngzi तकला; तकली

diū

丢 diū ❶खोना; खो देनाः 我把钥匙～了。मेरी चाबी खो गई। ❷फेंकना; उछालनाः 别乱～垃圾。कूड़ा-कर्कट मनचाहे न फेंको। ❸दरकिनार रखनाः ～在脑后 एकदम भूल जाना; याद न रहना / 先把这事～在一边。इस बात को दरकिनार रखो।

【丢丑】 diūchǒu मुंह काला होना; बेइज़्ज़त होना; बेइज़्ज़ती होनाः 这回你可～了。अब की तुम्हारा मुंह काला हो गया।

【丢掉】 diūdiào ❶खो देनाः 我～了一本书。मैं ने एक पुस्तक खो दी। / ～饭碗 रोज़गार छूटना ❷त्याग देना;

छोड़ देना: ～幻想 भ्रम छोड़ देना

【丢份】 diūfèn（丢份子 diūfènzi भी）इज़्ज़त खोना; इज़्ज़त गंवाना

【丢魂落魄】 diūhún-luòpò जान सूखना

【丢盔卸甲】 diūkuī-xièjiǎ（丢盔弃甲 diūkuī-qìjiǎ भी）अपना कवच और शिरस्त्राण त्याग देना; बुरी तरह पिट जाना

【丢脸】 diūliǎn मर्यादा खोना: 真～! तुम ने वाकई अपनी मर्यादा खो दी।

【丢面子】 diū miànzi 丢脸 के समान

【丢弃】 diūqì छोड़ना; त्यागना; फेंक देना

【丢人】 diūrén 丢脸 के समान

【丢人现眼】 diūrén-xiànyǎn मूर्खता करना; बेवकूफ़ी करना

【丢三落四】 diūsān-làsì हमेशा कोई न कोई चीज़ भूल जाना: 你老是～，上学竟忘带课本。तुम हमेशा कोई न कोई चीज़ भूल जाते हो। स्कूल जाते समय अपनी पुस्तक तक घर में ही छोड़ देते हो।

【丢失】 diūshī खो देना

【丢手】 diūshǒu हाथ खींचना: 他～不管了。उस ने इस काम से हाथ खींच लिया।

【丢眼色】 diū yǎnsè आँख मारना; इशारा करना: 他朝我丢了个眼色，叫我别啃声。उस ने आँख मारकर मुझे कुछ बोलने से रोक दिया।

【丢卒保车】 diūzú-bǎojū (शतरंज में) रथ की रक्षा के लिए प्यादा त्याग देना —— महत्वपूर्ण चीज़ की रक्षा के लिए गौण चीज़ की बलि देना

铥（銩） diū <रसा०> थोरियम (Tm)

dōng

东（東） dōng ❶पूर्व; पूरब; पूर्वी; पूरबी ❷मालिक; स्वामी: 房东 fángdōng / 股东 gǔdōng ❸आतिथ्य-सत्कार करना; मेज़बान होना; आतिथेय होना: 今天谁作～? आज कौन मेज़बान होगा?

【东半球】 dōngbànqiú पूर्वी गोलार्द्ध

【东北】 dōngběi ❶उत्तर-पूर्व; उत्तरपूर्वी ❷उत्तरपूर्वी चीन

【东奔西蹿】 dōngbēn-xīcuān भगदड़ मचाना

【东奔西跑】 dōngbēn-xīpǎo भाग-दौड़ करना; दौड़-धूप करना: 他为找职业～。उस ने नौकरी के लिए दौड़-धूप की।

【东边】 dōngbian पूर्व; पूर्वी

【东不拉】 dōngbùlā 冬不拉 dōngbùlā के समान

【东窗事发】 dōngchuāng-shìfā भेद खुल जाना; रहस्य का उद्घाटन होना

【东床】 dōngchuáng पूर्वी पलंग —— दामाद

【东倒西歪】 dōngdǎo-xīwāi लड़खड़ाना; डगमगाना; हिलना-डुलना: 他～地走过来。वह लड़खड़ाता चला आया। / 几间～的房屋 टूटे-फूटे मकान

【东道】 dōngdào（东道主 dōngdàozhǔ भी）मेज़बान; आतिथेय: ～国 मेज़बान देश

【东帝汶】 Dōngdìwèn पूर्वी तिमोर

【东方】 dōngfāng ❶पूर्व; पूरब: 太阳从～升起。पूर्व में सूर्योदय होता है। ❷पूर्व; पूरब (यानी एशिया) ❸（Dōngfāng）एक द्विअक्षरी कुलनाम

【东风】 dōngfēng ❶पूर्वी हवा; वसंत का समीर ❷क्रांति की प्रेरक शक्ति

【东风吹马耳】 dōngfēng chuī mǎ'ěr जैसे पूर्वी हवा का झोंका घोड़े के कान को लगता हो —— भैंस के आगे बीन बजाना

【东宫】 dōnggōng ❶राजमहल का पूर्वी भवन (युवराज का निवास) ❷युवराज

【东郭先生】 Dōngguō xiānsheng गुरु तोंगक्वो (एक दयालु विद्वान, जिसे एक भेड़िये को शिकारी के हाथों से बचा लिया था, लेकिन बाद में उसी भेड़िये के मुंह में जाने से बाल-बाल बचा) —— सीधा-सादा आदमी अपनी दयालुता के कारण दुष्टात्माओं से खतरा मोल लेता है

【东海】 Dōnghǎi पूर्वी चीन समुद्र

【东汉】 Dōng Hàn पूर्वी हान राजवंश (25-220 ई०)

【东家】 dōngjia मालिक; हुज़ूर (मज़दूर द्वारा मालिक का संबोधन या खेतिहर द्वारा ज़मींदार का संबोधन)

【东晋】 Dōng Jìn पूर्वी चिन राजवंश (317-420 ई०)

【东经】 dōngjīng <भू०> पूर्वी देशांतर: ～110 度 110 डिग्री पूर्वी देशांतर

【东拉西扯】 dōnglā-xīchě इधर-उधर की बातें करना

【东鳞西爪】 dōnglín-xīzhǎo छोटी-मोटी चीज़ें

【东南】 dōngnán ❶दक्षिण-पूर्व ❷दक्षिणपूर्वी चीन

【东南亚】 Dōngnán Yà दक्षिणपूर्वी एशिया

【东南亚国家联盟】 Dōngnán Yà Guójiā Liánméng दक्षिणपूर्वी एशियाई देशों का संघ (एसियान)

【东跑西颠】 dōngpǎo-xīdiān दौड़ लगाना; दौड़ मारना

【东拼西凑】 dōngpīn-xīcòu जुटाना; जोड़-तोड़ करना: 这本书～，没有作者自己的东西。यह पुस्तक जोड़-तोड़ कर लिखी गई है और इस में लेखक का अपना विचार नहीं।

【东三省】 Dōng Sān Shěng तीन पूर्वी प्रांत, यानी उत्तरपूर्वी चीन के तीन प्रांत ल्याओनिंग, चीलिन और हेइलोंगच्यांग

【东山再起】 dōngshān-zàiqǐ शक्ति या महत्व की पुरानी स्थिति में वापस आना; पुनर्प्रतिष्ठित होना

【东施效颦】 dōngshī-xiàopín कुरूप औरत तोंगशी प्रसिद्ध सुन्दरी शिशी का अनुसरण करते हुए भौहें सिकोड़ देती थी और फलस्वरूप और कुरूप दीखने लगती थी —— अंधानुकरण का परिणाम हास्यास्पद होता है

【东魏】 Dōng Wèi पूर्वी वेई राजवंश (534-550 ई०)

【东西】 dōngxī ❶पूर्व और पश्चिम ❷पूर्व से पश्चिम तक: 这座殿～十二米，南北三十米。यह भवन पूर्व से पश्चिम तक 12 मीटर चौड़ा और दक्षिण से उत्तर तक 30 मीटर लम्बा है।

【东…西…】 dōng…xī… जहाँ-तहाँ; इधर-उधर： ～张～望 इधर-उधर देखना / 东西扔得～一个，～一个。चीज़ें जहाँ-तहाँ बिखरी हुई नज़र आईं।
【东西】 dōngxi ❶चीज़; वस्तु: 把这些～收拾收拾，摆整齐一些。इन चीज़ों को करीने से रखो। / 有没有什么可吃的～? क्या कोई खाने की चीज़ है ? / 语言这～，要下苦功才能学好。भाषा एक ऐसी चीज़ है, जिस पर कड़ी मेहनत करके ही अधिकार पाया जा सकता है। ❷(व्यक्ति या जीव के संबंध में): 这小～真可爱。यह नन्हा मुन्ना कितना प्यारा है। / 他算什么～? वह हमारे सामने क्या चीज़ है ?
【东乡族】 Dōngxiāngzú तोंगश्यान जाति, जो कानसू प्रांत में आबाद है
【东亚】 Dōng Yà पूर्वी एशिया
【东洋】 dōngyáng जापान; जापानी： ～人 जापानी
【东一榔头，西一棒子】 dōng yī lángtou, xī yī bàngzi हथौड़ा यहाँ और बल्ला वहाँ —— बेसिर-पैर की बातें करना; ऊलजलूल बात या काम करना
【东瀛】 dōngyíng <लि०> ❶पूर्वी चीन समुद्र ❷जापान
【东正教】 Dōngzhèngjiào ओर्थोडोक्स ईस्टर्न चर्च
【东周】 Dōng Zhōu पूर्वी चओ राजवंश (770-256 ई०पू०)

冬[1] dōng जाड़ा; सर्दी; शीतकाल: 隆冬 lóngdōng / 冬季

冬[2] （鼕） dōng <अनु०> (ढोल आदि की ध्वनि) ढम-ढम; (दरवाज़ा खटने का शब्द) खट-पट; खट-खट
【冬不拉】 dōngbùlā <संगी०> तानपूरा
【冬菜】 dōngcài संरक्षित सूखी बन्दगोभी या सरसों की पत्तियाँ
【冬虫夏草】 dōngchóng-xiàcǎo <ची०चि०> चीनी केटरपिलर फ़ंगस
【冬耕】 dōnggēng शीतकालीन जोताई
【冬菇】 dōnggū (जाड़ों में चुने गए) सूखे कवक
【冬瓜】 dōngguā वैक्स ग्वोर्ड; ह्वाइट ग्वोर्ड
【冬灌】 dōngguàn <कृ०> शीतकालीन सिंचाई
【冬烘】 dōnghōng ओछा और पंडिताऊ: ～先生 लीक पीटने वाला विद्वान
【冬候鸟】 dōnghòuniǎo शीतकालीन पक्षी
【冬季】 dōngjì जाड़ा; सर्दी; शीतकाल
【冬节】 dōngjié 冬至 के समान
【冬令】 dōnglìng ❶जाड़ा; सरदी; शीतकाल ❷जाड़ों की आब-हवा; शीतकाल का जलवायु
【冬眠】 dōngmián <जीव०> शीतनिद्रा; शीत-निष्क्रियता
【冬青】 dōngqīng <वन०> चाइनीज़ इलेक्स
【冬日】 dōngrì ❶जाड़ा; सरदी; शीतकाल ❷<लि०> जाड़ों का सूरज: ～融融 गर्मी पहुँचाने वाला जाड़ों का सूरज
【冬笋】 dōngsǔn बांस की शीतकालीन कोपलें
【冬天】 dōngtiān जाड़ा; सरदी; शीतकाल
【冬瘟】 dōngwēn <ची०चि०> जाड़ों में फैलने वाली महामारी
【冬闲】 dōngxián जाड़ों में (खेतीबारी का) मंदा मौसम
【冬小麦】 dōngxiǎomài शीतकालीन गेहूँ
【冬汛】 dōngxùn जाड़ों में मछुआगिरी का मौसम
【冬衣】 dōngyī (सर्दियों में पहने जाने वाले) मोटे कपड़े
【冬泳】 dōngyǒng जाड़ों में नदी या झील में तैरना
【冬月】 dōngyuè ग्यारहवाँ चन्द्रमास
【冬蛰】 dōngzhé शीत-निष्क्रियता
【冬至】 dōngzhì ❶दक्षिणायण, 24 सौरावधियों में 22वीं ❷मकर-संक्रांति, जो दिसम्बर की 21, 22 या 23 तारीख को पड़ती है
【冬装】 dōngzhuāng 冬衣 के समान

咚 dōng <अनु०> दे० 冬 [2]dōng

氡 dōng <रसा०> रेडोन (Rn)

dǒng

董 dǒng ❶<लि०> निरीक्षण करना; निगरानी रखना: ～其成 परियोजना पूरी हो जाने तक उस पर निगरानी रखे रहना ❷डायरेक्टर; निदेशक; प्रबंधक: 董事 ❸ （Dǒng） एक कुलनाम
【董事】 dǒngshì निदेशक
【董事会】 dǒngshìhuì निदेशक मंडल; बोर्ड ऑफ़ डिरेक्टर्स
【董事长】 dǒngshìzhǎng निदेशक मंडल का अध्यक्ष

懂 dǒng समझना; समझ में आना; जानना: ～汉语 चीनी जानना / 我～你说的话。तुम्हारी बात मेरी समझ में आ गई। / 不～装～ कुछ न जानने पर भी ज्ञानी होने का दिखावा करना
【懂得】 dǒngde समझना; समझ में आना; जानना; जानकारी होना: ～礼貌 सलीका जानना / 他～你说的话吗? क्या तुम्हारी बात उस की समझ में आई है ? / 这件事使我们～了问题的复杂性。इस कांड से हमें सवाल की जटिलता की जानकारी हो गई है।
【懂行】 dǒngháng जानकारी होना; ज्ञान होना; जानकार होना; ज्ञानवान् होना
【懂事】 dǒngshì समझदार होना: 这孩子～。यह बच्चा समझदार है। / 真不～! यह एकदम नासमझी है !

dòng

动 （動） dòng ❶हिलना; डोलना; चलना; फिरना: 风吹草～。हवा के एक झोंके से घास हिलने लगती है। / 站着别～! खड़ा रह। हिल मत। / 这你拿不～。इसे तुम अकेले नहीं ले जा सकते। ❷हरकत में आना; कार्य

करना: 听他这一讲，大家就～了起来。उस की बात सुन कर सभी लोग हरकत में आ गए। ❸बदलना; फेरबदल करना: 改动 gǎidòng / 挪动 nuódòng ❹प्रयोग करना; इस्तेमाल करना; उपयोग करना; काम लेना; चलाना: ～脑筋 दिमाग से काम लेना / ～笔 कलम चलाना ❺छूना; स्पर्श करना; भड़काना: ～了公愤 लोगों में रोष भड़काना / ～心 मन विचलित होना; मन डोलना ❻भावावेश में आना; भावविभोर होना; मर्मस्पर्शी होना: 这个故事很～人。यह एक मर्मस्पर्शी कहानी है। ❼〈बो०〉 खाना या पीना (प्रायः नकारात्मक रूप में प्रयुक्त): 他从不～酒。वह कभी शराब नहीं पीता। / 不～荤腥 मांस या मछली न खाना ❽अकसर; प्रायः; बहुधा: 捐款者～以千计。अकसर सैकड़ों लोग चन्दा देने आते हैं।

【动兵】 dòngbīng लड़ाई के लिए सैनिक भेजना

【动不动】 dòngbudòng बात-बात पर; बात-बेबात: 他～就发火。वह बात-बात पर आग बबूला हो जाता है। / ～就训斥人 बात-बेबात झिड़कियाँ सुनाना

【动产】 dòngchǎn चल संपत्ति; निजी धन-दौलत

【动词】 dòngcí 〈व्या०〉 क्रिया: 及物～ सकर्मक क्रिया / 不及物～ अकर्मक क्रिया / 致使～ प्रेरणार्थक क्रिया / 被动语态～ कर्मवाच्य क्रिया

【动荡】 dòngdàng ❶हिलोरे लेना; तरंगें उठना; तरंगित होना ❷अस्थिरता; अशांति; उथल-पुथल; खलबली: 局势～ अस्थिरता होना / ～不安 अशांति होना / 社会～ खलबली मचना

【动肝火】 dòng gānhuǒ टेंपर चढ़ना; आग बबूला होना

【动感】 dònggǎn सजीवता; सजीव; जीवित

【动工】 dònggōng ❶निर्माण आरंभ होना (करना): 学校新大楼～了。स्कूल की नई इमारत का निर्माण आरंभ हो गया। ❷निर्माण कार्य चलना: 这里正在～，请绕行。यहाँ निर्माण कार्य हो रहा है। दूसरी दिशा में जाओ।

【动画片】 dònghuàpiàn कार्टून

【动换】 dònghuan हिलना; डोलना: 车里太挤，人都没法～了。बस में इतनी भीड़ थी कि आदमी हिल तक नहीं सकता था।

【动火】 dònghuǒ 〈बोल०〉 टेंपर चढ़ना; आग बबूला होना

【动机】 dòngjī अभिप्राय; प्रयोजन; उद्देश्य: ～不纯 अभिप्राय अपवित्र होना / 他～是好的，但把事情办坏了。उस का प्रयोजन तो ठीक था, लेकिन उस ने काम गलत कर डाला।

【动劲儿】 dòngjìnr 〈बो०〉 ज़ोर लगाना; शक्ति लगाना

【动静】 dòngjing ❶(चलने-फिरने या बोलने की) आवाज़; शब्द: 屋内静悄悄的，一点～也没有。कमरे में एकदम नीरवता है, कोई भी शब्द सुनाई नहीं देता। ❷हरकत; गतिविधि: 要密切注意对方的～。विपक्ष की हरकत पर कड़ी नज़र रखनी चाहिए।

【动力】 dònglì ❶चालक शक्ति; विद्युत शक्ति ❷प्रेरक शक्ति; आगे बढ़ाने की शक्ति: 社会发展的～ सामाजिक विकास आगे बढ़ाने की शक्ति

【动力机】 dònglìjī 发动机 fādòngjī के समान

【动量】 dòngliàng 〈भौ०〉 मोमेंटम; संवेग: ～守恒定律 संवेग संरक्षण का सिद्धांत

【动乱】 dòngluàn उथल-पुथल; उपद्रव; दंगा-फ़साद; दंगा; खलबली: 发生～ उपद्रव मचना (होना)

【动脉】 dòngmài 〈श०वि०〉 धमनी

【动脉硬化】 dòngmài yìnghuà आर्टिरियोस लिरोसिस; धमनी-काठिन्य

【动能】 dòngnéng गतिज ऊर्जा

【动怒】 dòngnù क्रोध होना; क्रोधित होना; क्रुद्ध होना; गुस्सा आना

【动气】 dòngqì 〈बोल०〉 रूठना; नाराज़ होना

【动迁】 dòngqiān नए स्थान में बसाना (बसना); पुनर्वास करना (होना)

【动情】 dòngqíng ❶भावविभोर होना; द्रवित होना; आवेश में आना ❷अनुरक्त होना; आसक्त होना; मोहित होना

【动人】 dòngrén हृदयस्पर्शी; दिलकश; मर्मस्पर्शी: ～的情景 हृदयस्पर्शी दृश्य

【动人心弦】 dòngrénxīnxián दिल को छूना; मर्मस्थल को छेदना

【动容】 dòngróng 〈लि०〉 बहुत प्रभावित होना

【动身】 dòngshēn रवाना होना; प्रस्थान करना: 从上海～前往北京 शांगहाए से पेइचिंग के लिए रवाना होना

【动手】 dòngshǒu ❶काम शुरू करना; काम में लगना: 大家立即～搞卫生。सब लोग तुरंत सफ़ाई के काम में लग गए। ❷छूना; हाथ लगाना; स्पर्श करना: 展品请勿～。कृपया, प्रदर्शित वस्तुओं को न छुएं। ❸हाथ उठाना; हाथ चलाना: 你为什么～打他? तुम ने क्यों इस पर हाथ उठाया?

【动手动脚】 dòngshǒu-dòngjiǎo छेड़खानी करना; छेड़छाड़ करना

【动手术】 dòng shǒushù ❶(पर) ऑपरेशन करना; शल्यक्रिया करना; चीर-फाड़ करना ❷ऑपरेशन कराना

【动态】 dòngtài ❶विकासक्रम: 科技～ विज्ञान का विकासक्रम ❷डाइनैमिक स्टेट

【动弹】 dòngtan हिलना-डोलना; चलना-फिरना; चलना: 他的手脚被捆住，～不得。उस के हाथ और पैर रस्सी से बांधे गए। वह हिल-डुल नहीं सकता था। / 汽车陷在泥里，无法～。कार कीचड़ में धंस गई और चल नहीं सकती।

【动听】 dòngtīng कर्णप्रिय; सुनने में रुचिकर या चित्ताकर्षक: 她的声音很～。उस की आवाज़ कर्णप्रिय है। / 他说的故事很～。उस ने जो कहानी सुनाई, बहुत चित्ताकर्षक है।

【动土】 dòngtǔ ज़मीन खोदना; भवन-निर्माण शुरू करना

【动问】 dòngwèn 〈बो०〉 〈शिष्ट०〉 क्या मैं पूछ (जान) सकता हूँ कि …: 不敢～，您是从北京来的张教授吗? क्या मैं पूछ सकता हूँ कि आप पेइचिंग से आए प्रोफ़ेसर चांग हैं?

【动窝】 dòngwō 〈बो०〉 हिलना; डोलना; हिलना-डोलना: 您说了也没用，他就不肯～。आप जो भी कहें, वह बेकार ही होगा। वह हिलेगा नहीं।

【动武】 dòngwǔ बल प्रयोग करना; लड़ने पर उतारू

होना; झपटना
【动物】 dòngwù जंतु; प्राणी; पशु; जानवर
【动物学】 dòngwùxué प्राणीविज्ञान; जंतुशास्त्र
【动物园】 dòngwùyuán चिड़ियाघर
【动物志】 dòngwùzhì जंतुसमूह
【动向】 dòngxiàng प्रवृत्तिः 新～ नई प्रवृत्ति
【动心】 dòngxīn मन डोलना; मन विचलित होना
【动刑】 dòngxíng यंत्रणा देना; यातना देना
【动摇】 dòngyáo हिलना-डुलना; विचलित होना; डिगना： 军心～。(जवानों का) मनोबल टूट गया। / 决心～ संकल्प डिगना
【动议】 dòngyì प्रस्ताव
【动用】 dòngyòng काम में लाना; लगाना; प्रयोग करना： ～大量人力物力 बड़ी मात्रा में मानव और भौतिक शक्ति का प्रयोग करना
【动员】 dòngyuán गोलबन्द करना (होना); जत्थेबन्द करना (होना); आंदोलित करना (होना)： 全体人员都～起来，装运救灾物资。सभी लोग गोलबन्द होकर राहत सामग्री लारियों में लादने लगे।
【动辄】 dòngzhé 〈लि०〉 बात-बात पर; बात-बेबात
【动辄得咎】 dòngzhé-déjiù बात-बात पर झिड़कियाँ खाना; बात-बेबात दोषी ठहराया जाना
【动嘴】 dòngzuǐ जीभ हिलाना; ज़बान खोलना; मुंह खोलना： 别光～，快干活！ तुम खाली जीभ क्यों हिला रहे हो？जल्दी काम करो न！
【动作】 dòngzuò ❶अंग-संचालन; चेष्टा; क्रिया; गति： 优美的舞蹈～ नयनाभिराम अंग-संचालन ❷हरकत; कार्रवाई： 看他下一步如何～。देखें, वह आगे क्या करता है।

冻（凍） dòng ❶(पानी) जमना： 桶里的水～了。बाल्टी में पानी जम गया। / 白菜～坏了。बन्दगोभियाँ पाले से बरबाद हो गई। ❷जेली： 肉冻 ròudòng ❸ठंड लगना; सरदी खाना： 她～着了，直打喷嚏。ठंड लगने के कारण वह छींक पर छींक मार रही है। / 他～得够呛。वह ठिठुर गया।
【冻冰】 dòngbīng पानी जमना
【冻疮】 dòngchuāng हिमदाह
【冻害】 dònghài 〈कृ०〉 सर्दी से हानि (पहुँचना)
【冻僵】 dòngjiāng ठंडक के मारे अकड़ना
【冻结】 dòngjié ❶जमना ❷जाम लगाना; रोक लगाना： ～工资 वेतनवृद्धि पर जाम लगाना / ～双方关系 द्विपक्षीय संबंधों के विकास पर रोक लगाना
【冻馁】 dòngněi 〈लि०〉 सर्दी और गरीबी की चक्की में पीसना
【冻伤】 dòngshāng हिमदाह; कड़ी सर्दी से त्वचा सूजने या सड़ने का रोग
【冻死】 dòngsǐ सर्दी से मर जाना
【冻土】 dòngtǔ बर्फ़ीली ज़मीन
【冻雨】 dòngyǔ 〈मौ०वि०〉 बर्फ़ या ओलों के साथ होने वाली वर्षा

侗 Dòng नीचे दे०
【侗族】 Dòngzú तोंग जाति, जो क्वेइचओ प्रांत, हूनान प्रात और क्वांगशी च्वांग स्वायत्त प्रदेश में आबाद है

栋（棟） dòng ❶〈लि०〉 शहतीर ❷〈परि०श०〉 (इमारत के लिए)： 一～楼 एक इमारत
【栋梁】 dòngliáng शहतीर —— देश का सहारा： 社会～ सामाजिक सहारा / ～之才 राजनीतिज्ञ बनने की संभावनाओं से युक्त व्यक्ति

胨（腖） dòng 〈जी०र०〉 पेप्टोन

洞 dòng ❶छेद; छिद्र; सूराख; गुफ़ा; गुहा： 你衣服上有一个～。तुम्हारे कपड़े में एक छेद हो गया है। / 洞穴 ❷〈लि०〉 छेद करना; छेदना： 洞穿 ❸संख्या बताते समय 零 की जगह प्रयुक्त ❹〈लि०〉 पूर्ण रूप से; पूर्णरूपेण; अच्छी तरह： 洞察 / 洞晓
【洞察】 dòngchá सूक्ष्मदृष्टि से देखना; विवेचन करना; भेद करना： ～是非 सही-गलत का भेद करना
【洞彻】 dòngchè पूर्ण रूप से समझना; साफ़-साफ़ देखना： ～事理 विवेकशील और जागरूक होना
【洞穿】 dòngchuān छेद करना; छेदना; वेधना： 一颗子弹～他的胳膊。एक गोली उस की बांह को वेध गई।
【洞达】 dòngdá जानकारी होना; अच्छी तरह से समझना： ～人情世故 सांसारिक बातों की जानकारी होना
【洞房】 dòngfáng सुहाग कक्ष
【洞房花烛】 dòngfáng-huāzhú विवाह; विवाह समारोह
【洞府】 dòngfǔ गुहा (देवताओं का निवास)
【洞见】 dòngjiàn साफ़-साफ़ देख लेना： ～肺腑 दिल खोलना
【洞开】 dòngkāi (दरवाज़े, खिड़की आदि का) पूरा खुलना： 门户～。दरवाज़ा पूरा खुला है।
【洞若观火】 dòngruòguānhuǒ स्पष्ट रूप से देख लेना
【洞天】 dòngtiān परीलोक; स्वर्ग： 别有～ स्वर्ग जैसा अनुपम मनोहर स्थान
【洞天福地】 dòngtiān-fúdì परीलोक; स्वर्ग
【洞悉】 dòngxī पूरी जानकारी होना; पूरी तरह ज्ञात होना
【洞箫】 dòngxiāo सीधी बांसुरी
【洞穴】 dòngxué गुफ़ा; कंदरा
【洞烛其奸】 dòngzhú-qíjiān विपक्ष की चालबाज़ी से वाकिफ़ होना
【洞子】 dòngzi ❶〈बो०〉 गरमघर ❷कंदरा; गुफ़ा; गुहा
【洞子货】 dòngzihuò 〈बो०〉 गरमघर में उगे फूल-पौधे या साग

恫 dòng 〈लि०〉 भय; डर
【恫吓】 dònghè भयभीत करना; डराना; धमकी देना; धमकाना： 以武力～ शस्त्रबल से धमकी देना

胴 dòng ❶धड़ ❷〈लि०〉 बड़ी आंत
【胴体】 dòngtǐ धड़; तना (विशेषकर वध किये गए पशु का)

硐 dòng गुफ़ा; कंदरा; गुहा; पिट

dōu

都 dōu 〈क्रि०वि०〉 ❶सब; सब के सब; सभी: 人～到齐了。सभी लोग आ गए हैं। / 他们～失败了。वे सब के सब हार गए। / 无论你说什么，他～不听。तुम जो कुछ भी कहोगे, वह मानेगा नहीं। / 什么～行。जो भी हो। ❷(कारण बताने के लिए 是 के साथ प्रयुक्त): ～是你不小心，这杯子才摔碎。तुम्हारी असावधानी के कारण ही यह गिलास टूट गया। / ～是他，害得我们迷了路。उस की गलती के कारण ही हम भटक गए। ❸भी: 我～不知道，你怎么知道? मुझे भी मालूम नहीं, तुम्हें कैसे पता चला? / 他比谁～啰嗦。वह किसी भी दूसरे से ज़्यादा बकबक करता है। ❹हो चुकना; कर चुकना: ～九点了，他还不来。नौ बज चुके हैं। वह फिर भी नहीं आया।

dū भी दे०

哣 dōu 〈पुराना〉 रोष प्रकट करने का शब्द

兜[1] dōu ❶जेब; थैली; पाकिट: 把手放进～里 हाथ जेब में डालना / 裤兜 kùdōu ❷कपड़े इत्यादि में लपेटना: 用毛巾～着几个鸡蛋 कुछ अंडों को तौलिये में लपेट लाना ❸चक्कर काटना: 我们骑车绕城墙～了一圈。हम ने साइकिल चलाते हुए शहर की चारदीवारी के साथ-साथ चक्कर काटा। ❹गाहक की दृष्टि आकर्षित करना: 兜售 / 他出去～生意了。वह आर्डरों की खोज में बाहर निकला है। ❺ज़िम्मा लेना; भार उठाना: 别怕，出了岔子我～着。डरो मत। अगर काम बिगड़ा, तो इस का ज़िम्मा मैं ले लूँगा। ❻दे० 兜底 ❼सामने ही: 兜头盖脸 ❽篼 dōu के समान

兜[2] dōu 蔸 dōu के समान

【兜捕】 dōubǔ घेरकर गिरफ़्तार करना: ～逃犯 भगोड़े अपराधी को चारों तरफ़ से घेरकर गिरफ़्तार करना

【兜抄】 dōuchāo पीछे और दोनों पार्श्वों से घेरकर प्रहार करना

【兜底】 dōudǐ 〈बोल०〉 किसी की अशोभन पृष्ठभूमि का उद्घाटन करना: 别兜他的底啦! उस के अतीत के बारे में कुछ ना बताओ।

【兜兜】 dōudou 兜肚 के समान

【兜兜裤儿】 dōudoukùr बच्चे का सनसूट

【兜肚】 dōudu छाती और पेट को ढकने वाला अन्दरूनी कपड़ा

【兜翻】 dōufān 〈बो०〉 ❶(पुरानी चीज़ों की) तलाश करना ❷(पुरानी बातें) कुरेदना ❸रहस्य का उद्घाटन करना

【兜风】 dōufēng ❶(पाल इत्यादि में) हवा भरना: 帆破了，兜不住风。पाल में छेद हो गए हैं, जिस से उस में हवा भरी नहीं जा सकती। ❷हवा खाना

【兜揽】 dōulǎn ❶(गाहक की) दृष्टि आकर्षित करना: ～生意 सौदे की खोज में घूमना ❷का ज़िम्मा लेना; अपने ज़िम्मे लेना: 你别～这种事。तुम इस तरह का काम अपने ज़िम्मे न लो।

【兜圈子】 dōu quānzi ❶चक्कर काटना; फेर लगाना: 飞机在空中～。विमान आकाश में चक्कर काट रहा है। ❷घुमा-फिरा कर बातें करना

【兜售】 dōushòu फेरी लगाना: ～军火 युद्ध-सामग्री की फेरी लगाना / ～假货 जाली चीज़ों की फेरी लगाना

【兜头盖脸】 dōutóu-gàiliǎn (兜头盖脑 dōutóu-gàinǎo भी) सिर पर ही: 一盆水～全泼在他身上。एक चिलमची पानी पूरे का पूरा उस के सिर पर ही गिरा दिया गया। और वह तर-बतर हो गया।

【兜销】 dōuxiāo 兜售 के समान

【兜子】 dōuzi ❶जेब; थैली; पॉकिट ❷篼子 के समान

蔸（橷） dōu 〈बो०〉 ❶कुछ पौधों की जड़ और डंठल ❷〈परि०श०〉: 一～树 एक वृक्ष

篼 dōu बांस, बेंत, लचीली टहनियों इत्यादि से बनी टोकरी

【篼子】 dōuzi एक प्रकार की बांस की कुर्सी, जिस पर बैठा व्यक्ति दो कुलियों द्वारा दो डंडों के सहारे उठाकर ले जाया जाता है।

dǒu

斗 dǒu ❶एक तौल, जो एक डेकालीटर के बराबर होती है ❷एक मापक यंत्र, जिस में केवल एक तऊ 斗 अनाज तौला जा सकता है ❸कप के आकार की वस्तु: 漏斗 lòudǒu ❹चक्कर (अंगुली का एक निशान) ❺उत्तराषाढ़ा (28 नक्षत्रों में से एक) ❻ (北斗星 běidǒuxīng का संक्षिप्त नाम) सप्तर्षि ❼陡 dǒu के समान

dòu भी दे०

【斗车】 dǒuchē (खान या निर्माण स्थल पर) ट्रॉली; ट्राम

【斗胆】 dǒudǎn 〈विनम्र०〉 धृष्टता करना; गुस्ताखी करना: 我～问一下 मैं यह पूछने की धृष्टता करता हूँ कि …

【斗方】 dǒufāng ❶चित्रकला या लिपिकला में प्रयुक्त कागज़ का चौकोर टुकड़ा ❷कागज़ के चौकोर टुकड़े पर बना चित्र या लिपिकला की कृति

【斗拱】 dǒugǒng पुराने ढंग के मकान में स्तंभों के शीर्षों पर गड़े कोष्ठक-समूह, जो शहतीरों को टिकाने के काम आते हैं। प्रत्येक कोष्ठक-समूह बाहर निकले भुजों और उन के बीच गड़ाए गए लकड़ी के चौकोर खंडों से बनता है। ऐसे भुज 拱 gǒng कहलाते हैं, जबकि वे चौकोर खंड 斗

【斗箕】 dǒuji उँगली का निशान

【斗笠】 dǒulì बांस की टोपी

【斗篷】 dǒupeng ❶बिना आस्तीन का कोट ❷〈बो०〉 बांस की टोपी

【斗渠】 dǒuqú शाखा नहर

【斗筲】 dǒushāo <लि०> 斗 एवं 筲 दोनों सूक्ष्म मापक यंत्र थे। यहाँ उन का मतलब सीमित योग्यता या छोटेपन से है：～之辈 नालायक आदमी

【斗室】 dǒushì <लि०> बहुत छोटा कमरा

【斗烟丝】 dǒuyānsī पाइप तंबाकू

【斗转星移】 dǒuzhuǎn–xīngyí नक्षत्रों की स्थिति में परिवर्तन; मौसम में परिवर्तन; समय का गुज़रना

抖 dǒu ❶कांपना; कंपकंपी छूटना; सिहरना; थरथराना：浑身发～ कंपकंपी छूट जाना ❷हिलाना; झटकाना; झटकारना; झटका देना：把衣服上的土～掉。कपड़े पर से धूल झटकार दो।/ ～缰绳 लगाम में झटका देना ❸ (出来 के साथ प्रयुक्त) भंडाफोड़ करना; भेद खोलना：把他干的丑事都～出来。उस के सभी कुकर्मों का भंडाफोड़ कर दो । ❹(हिम्मत) बांधना; (साहस) बटोरना; उत्तेजित करना：～起精神 हिम्मत बांधना ❺(व्यंग्य के लिए प्रयुक्त) ऐंठना; अकड़ना：他如今有了钱，～起来了。आज वह धनपात्र बन गया और ऐंठने भी लगा।

【抖颤】 dǒuchàn 颤抖 chàndǒu के समान

【抖动】 dǒudòng ❶कांपना; सिहरना; थरथराना ❷झटका देना; झटकारना

【抖搂】 dǒulou ❶हिलाना; झटकाना; झाड़ना：把麻袋里的东西～出来。बोरी को झाड़कर खाली कर दो। ❷भंडाफोड़ करना; भेद खोलना：把一切都～出来 सब कुछ का भंडाफोड़ करना ❸पैसा उड़ाना; अपव्यय करना：别把钱～光了。पैसा मत उड़ाओ।

【抖落】 dǒuluo 抖擞 के समान

【抖擞】 dǒusǒu जान डालना; जागृत होना：～精神 साहस जुटाना

【抖威风】 dǒu wēifēng ठाट बदलना

枓 dǒu नीचे दे०

【枓栱】 dǒugǒng 斗拱 dǒugǒng के समान

陡 dǒu ❶खड़ा; दुरारोह：这山很～。यह पहाड़ दुरारोह है। ❷<क्रि०वि०> अचानक; अकस्मात्; सहसा：天气～变。मौसम अचानक खराब हो गया।

【陡壁】 dǒubì खड़ी चट्टान

【陡峻】 dǒujùn ऊँचा और दुरारोह：山崖～ ऊँचा और दुरारोह कगार

【陡立】 dǒulì खड़ा होना

【陡坡】 dǒupō खड़ी ढाल

【陡峭】 dǒuqiào खड़ा; दुरारोह：～的山峰 दुरारोह चोटी

【陡然】 dǒurán <क्रि०वि०> सहसा; अचानक; यकायक

【陡削】 dǒuxuē दुरारोह

蚪 dǒu दे० 蝌蚪 kēdǒu

dòu

斗(鬥、鬦、鬭) dòu ❶लड़ना; लड़ाई करना; हाथापाई करना; भिड़ना：械～ सशस्त्र संघर्ष करना / 拳～ घूंसेबाज़ी करना; घूंसों की लड़ाई करना ❷संघर्ष करना; निन्दा करना ❸(जीवजन्तुओं को) लड़ाना：斗鸡 ❹प्रतिद्वंद्विता करना; प्रतियोगिता करना：斗嘴 / 这个家伙很难～。इस शख्स से निबटना बहुत कठिन है। ❺जोड़ना; मिलाना：孩子的这件衣服是用各色花布～起来的。बच्चे का यह कपड़ा छींटों के टुकड़ों को जोड़ कर सिला गया है।

dǒu भी दे०

【斗法】 dòufǎ ❶जादुई शक्ति से आपस में लड़ना ❷साजिश करना; चालबाज़ी करना

【斗富】 dòufù तड़क-भड़क दिखाने में आपस में होड़ लगाना

【斗鸡】 dòujī ❶मुर्गों को लड़ाना; मुर्गेबाज़ी करना ❷लड़ने वाला मुर्गा

【斗鸡眼】 dòujīyǎn भेंगापन; भेंगा (व्यक्ति); ऐंचा-ताना

【斗鸡走狗】 dòujī–zǒugǒu (斗鸡走马 dòujī–zǒumǎ भी) मुर्गों को लड़ाना और कुत्तों को दौड़ाना —— नवाबज़ादों का खोटा चाल-चलन

【斗口齿】 dòu kǒuchǐ <बो०> तू-तू मैं-मैं करना; कहा-सुनी होना

【斗牛】 dòuniú सांडों से लड़ाई का खेल; सांडों को लड़ाना

【斗殴】 dòu'ōu मार-पीट (करना); हाथापाई (करना); उठा-पटक (करना)

【斗气】 dòuqì मन में मैल आना; मन मैला करना; मन-मुटाव होना：有事好好商量，不要～。जब समस्या सुलझानी है, तो बैठकर सलाह-मशविरा करो, न कि परस्पर मन-मुटाव हो।

【斗士】 dòushì योद्धा; सेनानी

【斗心眼儿】 dòu xīnyǎnr दिमाग से काम लेते हुए हार-जीत का फ़ैसला करना

【斗眼】 dòuyǎn 斗鸡眼 के समान

【斗争】 dòuzhēng संघर्ष; संग्राम; संघर्ष करना; संग्राम करना：反对霸权主义的～ प्रभुत्ववाद के विरुद्ध संघर्ष / 进行坚决的～ दृढ़तापूर्वक संग्राम करना / 为维护世界和平而～ विश्वशांति की रक्षा के लिए संघर्ष करना

【斗志】 dòuzhì हौसला; मनोबल：激励～ हौसला बढ़ाना / ～昂扬 उन्नत मनोबल के साथ; उत्साह से ओतप्रोत होना

【斗智】 dòuzhì बुद्धिमत्ता से मुकाबला करना

【斗嘴】 dòuzuǐ ❶तू-तू मैं-मैं करना; झगड़ा करना; झगड़ना ❷हंसी-मज़ाक करना

豆¹ dòu प्राचीन काल की दंड युक्त थाली

豆² (荳) dòu फलीदार पौधा या उस के दाने

绿豆 lǜdòu

豆 3 dòu दाना：花生豆儿 huāshēngdòur

【豆瓣酱】 dòubànjiàng ब्राडबीन की चटनी

【豆包】 dòubāo बीन की मीठी लपसी से भरी हुई ब्रेड जो भाप से पकाई जाती है

【豆饼】 dòubǐng 〈कृ०〉 खली

【豆豉】 dòuchǐ खमीर वाला सोयाबीन, जो नमकीन या फीका होता है

【豆腐】 dòufu बीन कर्ड; बीन पनीर

【豆腐干】 dòufugān सूखा बीन कर्ड

【豆腐脑儿】 dòufunǎor तरल बीन कर्ड

【豆腐皮】 dòufupí ❶सोयाबीन के दूध की मलाई ❷〈बो०〉 सूखे बीन कर्ड का पतला टुकड़ा

【豆腐乳】 dòufurǔ खमीर वाला बीन कर्ड

【豆花儿】 dòuhuār 〈बो०〉 बीन जेली

【豆荚】 dòujiá फली

【豆浆】 dòujiāng सोयाबीन का दूध

【豆角儿】 dòujiǎor 〈बो०〉 ताज़ा मोठ

【豆秸】 dòujiē फलीदार पौधे की [illegible]

[illegible], फलीदार पौध

【豆蔻】 dòukòu 〈वन०〉 इलायची

【豆蔻年华】 dòukòu-niánhuá (लड़की की) तेरह-चौदह वर्ष की अवस्था

【豆绿】 dòulǜ（豆青 dòuqīng भी）मूंगिया (रंग)

【豆面】 dòumiàn सेम का आटा

【豆萁】 dòujī 〈बो०〉 फलीदार पौध की डंठल

【豆蓉】 dòuróng बीन की महीन लुगदी, जो केक इत्यादि में भरी जाती है

【豆沙】 dòushā बीन का मीठा पेस्ट

【豆薯】 dòushǔ याम बीन

【豆芽儿】 dòuyár बीन का अंकुर

【豆油】 dòuyóu सोयाबीन का तेल

【豆渣】 dòuzhā दूध निकालने के बाद सोयाबीन का अवशेष

【豆汁】 dòuzhī ❶मूंग से बना एक खट्टा पेय ❷〈बो०〉 सोयाबीन का दूध

【豆制品】 dòuzhìpǐn बीन से बनी वस्तुएं

【豆子】 dòuzi ❶दलहन; फलीदार पौधा ❷दाना

逗 1 dòu ❶के साथ खेलना; छेड़ना; बहलाना：～孩子玩 बच्चे के साथ खेलना / 别～他了。उसे छेड़ो मत। ❷आकर्षित करना; रिझाना：这孩子胖乎乎的小脸真～人喜欢。इस बच्ची का मोटा सा मुखड़ा बहुत प्यारा है। ❸〈बो०〉 हास्यास्पद：这话真～！ यह बात कितनी ही हास्यास्पद है! / 她是个爱说爱～的姑娘。वह एक बातूनी और हंसोड़ लड़की है।

逗 2 dòu ❶रुकना; ठहरना：逗留 ❷读 dòu के समान

【逗点】 dòudiǎn अल्प-विराम; अर्ध-विराम; अर्द्ध-विराम

【逗哏】 dòugén (विशेषकर 相声 xiàngshēng के प्रस्तुतिकरण में) (किसी बात को) हंसी में लेना

【逗号】 dòuhào 逗点 के समान

【逗乐儿】 dòulèr 〈बो०〉 हंसाना; खुश करना

【逗留】 dòuliú（逗遛 dòuliú भी）रुकना; ठहरना; टिकना：他们在广州～了两天。वे क्वांगचओ में दो दिन ठहरे।

【逗闷子】 dòu mènzi मज़ाक करना; परिहास करना

【逗弄】 dòunong ❶बहलाना：～孩子 बच्चे को बहलाना ❷मज़ाक उड़ाना; हंसी उड़ाना：她～你呢！ वह तो तेरी हंसी उड़ा रही है।

【逗趣儿】 dòuqùr हंसाना

【逗笑儿】 dòuxiàor मन बहलाना; हंसाना

【逗引】 dòuyǐn बहलाना：～小孩子 बच्चों को बहलाना / ～哭了 रुलाना

读（讀）dòu पढ़ने में अल्प विराम：句读 jùdòu
dú भी दे०

痘 dòu ❶चेचक ❷चेचक का टीका ❸चेचक के दाने

【痘苗】 dòumiáo चेचक का टीका：接种～ चेचक का टीका लगवाना

窦（竇）dòu ❶छेद; छिद्र ❷〈श०वि०〉 विवर：鼻窦 bídòu ❸（Dòu）एक कुलनाम

dū

厾（豛）dū उँगली, कूंची या डंडी से हल्के से छूना

都 dū ❶(राष्ट्रीय) राजधानी：建都 jiàndū ❷महा-नगर; किसी विशेष वस्तु के उत्पादन के लिए प्रसिद्ध नगर：钢～ इस्पात नगर / 煤～ कोयला नगर
dōu भी दे०

【都城】 dūchéng (राष्ट्रीय) राजधानी

【都督】 dūdu ❶प्राचीन काल में कमांडर इन चीफ़ ❷चीन गणराज्य के आरंभिक काल में प्रांतीय सैन्य गवर्नर, जो नागरिक मामलों की भी देखभाल करता था

【都会】 dūhuì बड़ा शहर; महानगर

【都市】 dūshì 都会 के समान

督 dū ❶निरीक्षण और संचालन (करना)：督办 / 督战

【督办】 dūbàn ❶निरीक्षण और प्रबंध करना ❷निरीक्षक

【督察】 dūchá ❶अधीक्षण; अधीक्षण करना ❷अधीक्षक

【督促】 dūcù आग्रह करना; ज़ोर डालना：您要～他好好学习。आप को उस पर पढ़ाई में मेहनत करने के लिए ज़ोर डालना चाहिए।

【督军】 dūjūn चीन गणराज्य के प्रारंभिक काल में प्रांतीय सैन्य गवर्नर

【督励】 dūlì प्रोत्साहित करना; हिम्मत बंधाना

【督率】 dūshuài（督帅 dūshuài भी）नेतृत्व करना; संचालन करना：～大军 सेना का संचालन करना

【督学】 dūxué शिक्षा निरीक्षक
【督造】 dūzào उत्पादन की देखरेख करना
【督战】 dūzhàn सैन्य कार्यवाहियों की निगरानी करना

嘟 1 dū 〈अनु०〉 भों-भों की आवाज़: 汽车喇叭～～响。कार भोंपू बजा रही थी।

嘟 2 dū 〈बो०〉 मुंह फुलाना: ～嘴 मुंह फुलाना

【嘟噜】 dūlu ❶〈परि०श०〉 गुच्छा: 一～葡萄 एक गुच्छा अंगूर ❷लटकना; लटकाना: ～着脸 मुंह लटकाना ❸गिटकिरी भरते हुए बोलना: 打～儿 स्वर कंपाना
【嘟囔】 dūnang（嘟哝 dūnong भी） ओंठ में कहना: 你在～什么? तुम मुंह में क्या कह रहे हो?

dú

毒 dú ❶ज़हर; विष: 服毒 fúdú / 下毒 xiàdú / 中毒 zhòngdú ❷ज़हर; अतिअप्रिय, असह्य बात: 毒害 ❸नशीली वस्तु; मादक पदार्थ: 吸毒 xīdú / 贩毒 fàndú ❹ज़हरीला; विषैला; विषाक्त: ～箭 विषाक्त तीर / 毒气 ❺ज़हर देना (पिलाना, खिलाना): ～老鼠 चूहों को ज़हर देना ❻क्रूर; निर्दय; निष्ठुर; प्रचंड: 这人真～。यह एकदम निर्दय है! / ～太阳 कड़ी धूप; चिलचिलाती धूप
【毒草】 dúcǎo ❶ज़हरीली घास ❷हानिकारक भाषण, लेख इत्यादि
【毒打】 dúdǎ बुरी तरह पीटना; मार-मार कर बुरा हाल करना: 他被人～一顿。मार-मार कर उस का बुरा हाल किया गया; वह बुरी तरह पिटा।
【毒饵】 dú'ěr विषाक्त चारा
【毒害】 dúhài ❶विष देना ❷दिल-दिमाग में ज़हर घोलना: ～少年儿童的心灵 किशोरों के दिल-दिमाग में ज़हर घोलना
【毒化】 dúhuà विषाक्त करना; दूषित करना: ～会谈气氛 वार्ता के वातावरण को दूषित करना
【毒计】 dújì जानलेवा साजिश; खतरनाक षड्यंत्र
【毒剂】 dújì विष; ज़हर
【毒辣】 dúlà क्रूर; निष्ठुर; बेरहम; क्रूरता; निष्ठुरता; बेरहमी: 阴险～ कुटिल और निष्ठुर होना
【毒瘤】 dúliú घातक ट्यूमर; कैंसर
【毒谋】 dúmóu कुत्सित चाल
【毒品】 dúpǐn नशीली वस्तु; मादक पदार्थ
【毒气】 dúqì विषैली गैस; विषाक्त गैस
【毒气弹】 dúqìdàn गैसबम
【毒蛇】 dúshé विषैला सर्प
【毒手】 dúshǒu क्रूरतापूर्ण षड्यंत्र; हत्या की साजिश: 险遭～ हत्या का शिकार बनने से बाल-बाल बचना
【毒死】 dúsǐ ज़हर पिलाना; विष खिलाना
【毒素】 dúsù ❶〈जीव०〉 विष ❷ज़हर; दुष्प्रभाव: 清除封建～ सामंतवादी दुष्प्रभाव मिटाना
【毒瓦斯】 dúwǎsī ज़हरीली गैस
【毒物】 dúwù विषैला पदार्थ; विष
【毒腺】 dúxiàn 〈प्राणि०〉 विषग्रंथी
【毒刑】 dúxíng घोर यातना
【毒性】 dúxìng विषाक्तता
【毒牙】 dúyá (सांप के) विषदांत
【毒药】 dúyào ज़हर; विष
【毒液】 dúyè ज़हर; विष
【毒汁】 dúzhī ज़हर; विष
【毒资】 dúzī नशीले पदार्थों की तस्करी के लिए धन

独（獨） dú ❶इकलौता; एकमात्र; अकेला: ～子 इकलौता पुत्र ❷अकेले; स्वयं; खुद: 独揽 / 独断独行 ❸संतानहीन; निराश्रित; आश्रयहीन; लावारिस: 鳏寡孤独 guān-guǎ-gū-dú ❹〈क्रि०वि०〉 केवल; सिर्फ़; मात्र; अकेले: 大家都同意，～有他反对。सिर्फ़ उस ने इस का विरोध किया, जबकि शेष लोगों ने समर्थन। ❺स्वार्थी; खुदगर्ज: 这个人真～，他的东西谁也碰不得。यह निरा स्वार्थी है। उस की चीज़ों को कोई भी छू नहीं सकता।
【独霸】 dúbà एकाधिकार; इजारा; एकाधिकार कायम करना; इजारा होना: ～一方 एक क्षेत्रविशेष पर (किसी का) इजारा होना; स्थानीय स्वेच्छाचारी शासक होना
【独白】 dúbái स्वगत कथन
【独步】 dúbù अनुपम होना; बेजोड़ होना; अपना सानी न रखना: ～文坛 अपने समय में साहित्य के जगत में अपना सानी नहीं रखना
【独裁】 dúcái तानाशाही; एकाधिपत्य: ～者 तानाशाह; निरंकुश शासक / ～统治 तानाशाही
【独唱】 dúchàng सोलो; एकलगान
【独出心裁】 dúchū-xīncái नया कर दिखाना
【独处】 dúchǔ एकांतवास करना
【独创】 dúchuàng मौलिक सृजन: ～一格 अपनी ही शैली का सृजन करना / ～精神 सृजनात्मक भावना / ～性 मौलिकता; सृजनात्मकता
【独当一面】 dúdāng-yīmiàn किसी एक क्षेत्र का कार्यभार अकेले उठाना
【独到】 dúdào मौलिक: ～的看法 मौलिक विचार
【独到之处】 dúdàozhīchù विशिष्ट गुण; विशेषता
【独断】 dúduàn स्वेच्छाचारिता; मनमानी
【独断专行】 dúduàn-zhuānxíng（独断独行 dúduàn-dúxíng भी） मनमानियाँ करना
【独夫】 dúfū स्वेच्छाचारी शासक; वह निरंकुश शासक, जिस की ओर सभी लोग उँगलियाँ उठाते हों
【独夫民贼】 dúfū-mínzéi तानाशाह
【独个】 dúgè अकेले: 她～走了。वह अकेले चली गई।
【独孤】 Dúgū एक द्विअक्षरी कुलनाम
【独家】 dújiā एकमात्र: ～经销 एकमात्र एजेंट
【独家新闻】 dújiā xīnwén अनन्य रिपोर्ट
【独角戏】 dújiǎoxì（独脚戏 dújiǎoxì भी） ❶एकल नाटक ❷प्रहसन
【独具匠心】 dújù-jiàngxīn अपना पटुता का परिचय देना

【独具只眼】 dújù-zhīyǎn तीक्ष्णदृष्टि होना; सूक्ष्मदर्शी होना

【独来独往】 dúlái-dúwǎng अकेले ही आना-जाना —— उदासीन; विरक्त; वैरागी; आपाधापी में होना: 他总是~, 不和人交往。वह हमेशा आपाधापी में रहता है और किसी से भी बात नहीं करता ।

【独揽】 dúlǎn एकाधिकार जमाना: ~大权 सभी अधिकार अपने ही हाथ में लेना

【独立】¹ dúlì अपनी ही शक्ति के भरोसे; अपने आप: ~经营 अपने आप संचालन करना

【独立】² dúlì ❶अकेले खड़ा होना ❷स्वाधीनता; स्वतंत्रता ❸स्वतंत्र; अपने आप: ~思考 स्वतंत्र चिंतन करना / ~营 इंडिपेंडेंट बटालियन

【独立成分】 dúlì chéngfèn 〈व्या०〉 स्वतंत्र अवयव

【独立国】 dúlìguó स्वाधीन देश; स्वतंत्र देश

【独立王国】 dúlì wángguó 〈ला०〉 स्वतंत्र राज्य

【独立自主】 dúlì zìzhǔ स्वतंत्रता; स्वतंत्र: ~的和平外交政策 स्वतंत्र एवं शांतिपूर्ण विदेश नीति

【独联体】 Dúliántǐ स्वतंत्र देशों का समुदाय

【独龙族】 Dúlóngzú तुलोंग जाति, चीन की अल्पसंख्यक जातियों में से एक

【独轮车】 dúlúnchē एकपहिया ठेला

【独门儿】 dúménr एक ही व्यक्ति या परिवार का विशेष हुनर

【独门独院】 dúmén-dúyuàn एक ही परिवार का प्रांगण सहित मकान

【独苗】 dúmiáo (独苗苗 dúmiáomiao भी) इकलौता बेटा; एकमात्र उत्तराधिकारी

【独木不成林】 dú mù bù chéng lín एक वृक्ष से वन नहीं बनता —— अकेला चना भाड़ नहीं फोड़ सकता

【独木难支】 dúmù-nánzhī एक लट्ठे पर पूरा भवन नहीं टिक सकता —— अकेला आदमी पूरी स्थिति संभाल नहीं सकता

【独木桥】 dúmùqiáo ❶एक ही लट्ठे का बना पुल ❷कठिन रास्ता

【独木舟】 dúmùzhōu डगआउट कनू; लकड़ी के कुंदे को खोखला कर बनाई गई नाव

【独幕剧】 dúmùjù एकांकी

【独辟蹊径】 dúpì-xījìng अपने लिए नया रास्ता बनाना; अपनी नई शैली या प्रणाली का सृजन करना

【独善其身】 dúshàn-qíshēn सत्यनिष्ठ बने रहना; अपनी सत्यनिष्ठा बनाए रखना

【独擅胜场】 dúshàn-shèngchǎng अखाड़े में एकमात्र विजेता होना —— सकुशल होना; सक्षम होना; अद्वितीय होना

【独身】 dúshēn ❶घर से बाहर अकेले रहना ❷अविवाहित; कुँआरा; कुँआरी

【独身主义】 dúshēn zhǔyì कौमार्यव्रत

【独生女】 dúshēngnǚ इकलौती पुत्री

【独生子】 dúshēngzǐ इकलौता पुत्र

【独树一帜】 dúshù-yīzhì अपनी ही पताका फहराना —— अपनी विचार पद्धति प्रतिपादित करना

【独特】 dútè अनुपम; बेजोड़: ~的风格 बेजोड़ शैली

【独吞】 dútūn अकेले हड़पना: ~家产 घर की धन-संपत्ति अकेले हड़पना

【独舞】 dúwǔ एकल नृत्य

【独行其是】 dúxíng-qíshì मनमानी करना

【独眼龙】 dúyǎnlóng 〈हास्य०〉 काना

【独一无二】 dúyī-wú'èr अनुपम; अद्वितीय; बेजोड़; बेमेल

【独占】 dúzhàn एकाधिकार जमाना; सब कुछ अपने नियंत्रण में कर लेना

【独占鳌头】 dúzhàn-áotóu प्रथम निकलना; चैंपियन होना; सफल प्रत्याशियों में पहला होना

【独资】 dúzī अकेले लगाई जाने वाली पूँजी; एकल पूँजी: ~企业 एकल निवेश से संचालित उपक्रम / 外商~企业 अकेली विदेशी पूँजी से संचालित उपक्रम

【独自】 dúzì अकेले: ~在家 अकेले घर में होना

【独奏】 dúzòu एकलवादन: 小提琴~ वायलिन एकलवादन

读（讀） dú ❶पढ़ना: 高声朗~ ऊँचे स्वर से पढ़ना ❷स्कूल जाना; पढ़ाई करना; शिक्षा लेना: ~完大学 विश्वविद्यालय में पढ़ाई पूरी करना

dòu भी दे०।

【读本】 dúběn पाठ्यपुस्तक: 汉语~ चीनी की पाठ्य-पुस्तक

【读后感】 dúhòugǎn लेख या पुस्तक पढ़ने के बाद मन में आने वाला विचार

【读书】 dúshū ❶पढ़ाई; अध्ययन; पढ़ना; अध्ययन करना: 他~用功。वह मन लगाकर पढ़ता है। ❷स्कूल जाना; पढ़ाई करना

【读书人】 dúshūrén ❶बुद्धिजीवी; विद्वान ❷〈बो०〉 छात्र

【读数】 dúshù रीडिंग: 温度计~ थर्मामीटर रीडिंग

【读物】 dúwù पाठ्य सामग्री; साहित्य: 通俗~ सुलभ साहित्य / 儿童~ बाल सुलभ साहित्य

【读音】 dúyīn उच्चारण

【读者】 dúzhě पाठक: ~来信 पाठकों के पत्र

渎¹（瀆、凟） dú 〈लि०〉 अवमान; अनादर; अवमानना करना; अनादर करना: 亵渎 xièdú

渎²（瀆） dú नहर; नाला

【渎职】 dúzhí कर्तव्यच्युति; कर्तव्यविमुखता; कर्तव्यच्युत; कर्तव्यविमुख

椟（櫝、匵） dú 〈लि०〉 मंजूषा; पिटक

犊（犢） dú बछड़ा; बछिया

牍（牘） dú ❶(प्राचीन काल में) लिखने में काम आनेवाला फलक या पट्टी ❷दस्तावेज़; अभिलेख; पत्र: 文~ wéndú

黩（黷） dú 〈लि०〉 ❶कलंक लगाना; लांछन लगाना

❷मनचाहा आचरण करना
【黩武】 dúwǔ <लि०> युद्धपोषक; युद्धप्रिय; युयुत्सुः 穷兵黩武 qióng bīng dú wǔ / ～主义 सैन्यवाद

髑 dú नीचे दे०
【髑髅】 dúlóu <लि०> मृतक की खोपड़ी

dǔ

肚 dǔ ओझड़ी; ओझर; ओझरी
dù भी दे०
【肚子】 dǔzi ओझड़ी; ओझर; ओझरी
dùzi भी दे०

笃（篤）dǔ ❶ईमानदार; सच्चा; निष्ठावानः 感情弥～ एक दूसरे पर आसक्त होना ❷(बीमारी) गंभीर; भारीः 病～ bìngdǔ
【笃爱】 dǔ'ài गहरा प्यार करना
【笃诚】 dǔchéng सत्यनिष्ठ
【笃定】 dǔdìng <बो०> ❶अवश्य; ज़रूर; निस्संदेह ❷शांत; निश्चिंत
【笃厚】 dǔhòu ईमानदार; वफ़ादार
【笃实】 dǔshí ❶सच्चा; ईमानदार ❷पक्का; ठोस; प्रगाढ़ः 学问～ पक्का ज्ञान होना
【笃守】 dǔshǒu ईमानदारी से पालन करनाः ～诺言 वचन-पालक होना; वफ़ादार होना
【笃信】 dǔxìn (पर) विश्वास (आस्था) रखना
【笃学】 dǔxué अध्ययनशील होना; अध्ययन में पूरा मन लगाना
【笃志】 dǔzhì संकल्पबद्ध होना; दृढ़संकल्प होना

堵 dǔ ❶बन्द करना (होना); रोकनाः 鼻子～了。नाक बंद हुई। / 他把路～住了。उस ने रास्ता रोक रखा। / ～窟窿 छेद बन्द करना ❷घुटन; घुटनाः 胸口～得慌。दम घुट रहा है। ❸<लि०> दीवारः 观者如～。दर्शकों का भारी जमघट है। ❹<परि०श०> (दीवार के लिए): 一～墙 दीवार
【堵车】 dǔchē ट्रैफ़िक जाम
【堵截】 dǔjié रोकनाः ～走私船只 तस्करों का जहाज़ रोकना
【堵塞】 dǔsè बन्द करना (होना); रोकना; रुकना; अवरुद्ध करना (होना): 道路～ रास्ता अवरुद्ध होना / ～漏洞 छेद बन्द करना
【堵心】 dǔxīn मन जलना; रंज होनाः 想起这件事就觉得怪～的。इस बात का ध्यान आते ही मेरा मन जलने लगता है।
【堵嘴】 dǔzuǐ मुंह बन्द करना; चुप कर देना

赌（賭）dǔ ❶जुआ; जुआ खेलनाः 赌博 ❷बाज़ी; दांव; बाज़ी लगाना; दांव पर रखनाः 打赌 dǎdǔ
【赌本】 dǔběn बाज़ी की रकम
【赌博】 dǔbó जुआ खेलना
【赌场】 dǔchǎng जुआघर; जुआखाना
【赌东道】 dǔdōngdào（赌东儿 dǔdōngr भी）वह चीज़ दांव पर रखना, जिस का खर्च हारने वाला उठाता है
【赌棍】 dǔgùn पेशेवर जुआरी
【赌局】 dǔjú जुआ
【赌具】 dǔjù जुआ खेलने का साधन
【赌窟】 dǔkū जुआरियों का अड्डा
【赌气】 dǔqì रूठकर या नाराज़ होकर मनमाने कुछ कर डालनाः 她～走了。वह रूठकर चली गई।
【赌钱】 dǔqián जुआ खेलना
【赌球】 dǔqiú गेंद खेलों पर बाज़ी लगाना
【赌徒】 dǔtú जुआरी
【赌咒】 dǔzhòu शपथ लेना; सौगंध खाना
【赌注】 dǔzhù बाज़ी की रकम; बाज़ी की वस्तु
【赌资】 dǔzī बाज़ी की रकम

睹（覩）dǔ देखनाः 目睹 mùdǔ
【睹物思人】 dǔwù-sīrén वस्तु देखकर व्यक्ति की याद आती है —— कोई वस्तु अपने स्वामी की याद दिलाती है

dù

杜[1] dù ❶बर्च-लीफ़ नाशपाती ❷（Dù）एक कुल-नाम

杜[2] dù बन्द करना; रोकनाः 杜门谢客
【杜衡】 dùhéng（杜蘅 dùhéng भी）जंगली अदरक
【杜鹃】[1] dùjuān <प्राणि०> कोकिल; कोयल
【杜鹃】[2] dùjuān <वन०> एज़ेलिया
【杜绝】 dùjué रोकना; समाप्त करना (होना); बन्द करना (होना); खत्म करना (होना): ～浪费 फ़जूलखर्ची समाप्त करना
【杜康】 dùkāng <सहि०> शराब; मदिरा
【杜门谢客】 dùmén-xièkè मेहमानों के लिए अपना दरवाज़ा बन्द कर लेना; एकांत में रहना
【杜撰】 dùzhuàn मनगढ़ंत; कल्पितः 这篇报道纯属～。यह रिपोर्ट बिल्कुल मनगढ़ंत है।

肚 dù उदर; पेट
dǔ भी दे०
【肚带】 dùdài तंग; ज़ीन कसने की पेटी
【肚量】 dùliàng ❶度量 dùliàng के समान ❷खाने की चाह; भूखः 他～大。वह बहुत अधिक खाता है।
【肚皮】 dùpí <बो०> पेट
【肚脐】 dùqí（肚脐眼儿 dùqíyǎnr भी）नाभि
【肚子】 dùzi ❶पेट; उदरः ～痛 पेट में दर्द होना / 笑得～疼 हंसते-हंसते पेट में बल पड़ना ❷पेट के आकार की चीज़ः 腿肚子 tuǐdùzi

dǔzi भी दे।

妒（妬）dù ईर्ष्या; डाह; जलन; ईर्ष्या करना; डाह करना; जलन होना; ईर्ष्यालु होना

【妒火中烧】dùhuǒ-zhōngshāo जलना; ईर्ष्या से कुढ़ना

【妒忌】dùjì ईर्ष्या करना; डाह करना; जलन होना; ईर्ष्यालु होना

【妒贤嫉能】dùxián-jínéng सुयोग्य और सक्षम व्यक्ति से ईर्ष्या करना

度 dù ❶नाप: 度量衡 ❷घनत्व की मात्रा: 硬度 yìngdù / 热度 rèdù ❸कोण, तापमान इत्यादि की एक माप; डिग्री: 北纬四十一～ 40 डिग्री उत्तर देशांतर / 气温高达三十九摄氏～。तापमान 39 डिग्री सेल्सियस तक जा पहुँचा । / 四十五～角 45 डिग्री का कोण ❹<विद्यु०>किलोवॉट / घंटा ❺हद; सीमा: 紧张过～ हद से अधिक अधीर होना ❻सहिष्णुता; उदारता: 度量 ❼ध्यान; विचार: 置之度外 zhì zhī dù wài ध्यान नहीं देना ❽बार: 四年一～的奥运会 चार साल में एक बार आयोजित होने वाला ऑलंपियाड / 再～发表声明 एक बार फिर वक्तव्य जारी करना ❾व्यतीत करना; बिताना: 在北京～过青年时代 पेइचिंग में अपनी युवावस्था व्यतीत करना / 欢～节日 दिवस मनाना ❿(बौद्धभिक्षुओं या ताओपंथियों द्वारा) उपदेश देना; किसी को प्रव्रज्या के लिए मनाना
duó भी दे।

【度牒】dùdié (बौद्धभिक्षु के लिए विधिवत् जारी) प्रमाण-पत्र; दीक्षा उपाधिपत्र

【度假】dùjià छुट्टियां मनाना; छुट्टियों पर जाना

【度量】dùliàng उदारता; सहिष्णुता: ～大 विशालहृदय होना / ～小 संकीर्ण विचारों वाला होना

【度量衡】dùliánghéng नाप, माप और तौल; नाप-तौल

【度命】dùmìng जैसे-तैसे गुज़ारा करना

【度曲】dùqǔ <लि०> ❶धुन रचना ❷बनी-बनाई धुन में गाना

【度日】dùrì किसी तरह जीविका चलाना; दिन काटना; दिन कटना: ～如年 दिन काटनां

【度数】dùshu मात्रा; रीडिंग: 看看电表上的～是多少? देखो कि बिजली के मीटर पर कितनी मात्रा दर्शाई गई है?

渡 dù ❶पार करना; पार उतरना: ～河 नदी पार करना; नदी के पार उतरना ❷पार उतारना; पार लगाना: 快把我们～过河去。जल्दी करो । हमें नदी के पार उतार दो । ❸से पार पाना; पार कर लेना: ～过难关 कठिनाई पार कर लेना; कठिनाई से पार पाना ❹(स्थान के नाम के साथ प्रयुक्त) घाट: 深～ शनतू (आनहवेइ प्रांत में)

【渡槽】dùcáo जल-प्रणाली

【渡船】dùchuán फेरीबोट; नाव; नौका

【渡口】dùkǒu घाट

【渡轮】dùlún फेरीस्टीमर

【渡头】dùtóu घाट

镦（鋱）dù <रसा०> डुब्नियम (Db)

镀（鍍）dù मुलम्मा चढ़ाना; पानी चढ़ाना

【镀层】dùcéng कलई; मुलम्मा

【镀金】dùjīn ❶किसी वस्तु पर सोने का मुलम्मा चढ़ाना ❷खोटा नाम कमाने की कोशिश करना

【镀锡铁】dùxītiě टीन

【镀锌铁】dùxīntiě जस्तेदार लोहा

【镀银】dùyín किसी चीज़ पर चाँदी का पानी चढ़ाना

蠹（蛀、蠧、蠹）dù ❶एक कीड़ा, जो किताब, कपड़ा आदि खा जाता है; कपड़े का कीड़ा: 书～ किताबी कीड़ा ❷(कीड़े द्वारा) नष्ट किया हुआ होना; कीड़ा पड़ना

【蠹弊】dùbì <लि०> अनाचार; कदाचार; भ्रष्टाचार

【蠹虫】dùchóng ❶एक कीड़ा, जो किताब, कपड़ा आदि खा जाता है ❷बदमाश; कुकर्मी

【蠹害】dùhài हानि पहुँचाना; नुकसान पहुँचाना; जोखिम में डालना: ～人民 जनता को जोखिम में डालना

【蠹蚀】dùshí कीड़ा लगना; घुन लगना

duān

端¹ duān ❶सिरा; छोर; नोक: 笔～ कलम की नोक / 路的北～ सड़क का उत्तरी छोर ❷आरंभ; शुरुआत: 开端 kāiduān ❸कारण; निमित्त: 无～ अकारण ❹विषय; बात: 举其一～ एक उदाहरण उपस्थित करना; मिसाल के लिए

端² duān ❶सीधा; ठीक; सही: ～坐 छाती तान कर बैठना ❷दोनों हाथों से उठाना; ले जाना; ले आना: ～菜上桌 खाना परोसना / ～两杯茶来。दो कप चाय ले आओ । / 您有什么想法都～出来。आप के दिमाग में जो विचार हैं, वे सब के सब प्रगट कर दें ।

【端的】duāndì <पुराना> ❶वाकई; सचमुच: ～是好! यह वाकई अच्छा है। ❷आखिर; अंत में: 这人～是谁? आखिर यह कौन है? ❸थाह: 我一问起, 方知～。पूछने पर ही मैं ने थाह पाई ।

【端方】duānfāng <लि०> सुशील; सच्चरित्र: 品行～ सच्चरित्र होना

【端架子】duān jiàzi <बो०> हवा बांधना

【端节】Duān Jié 端午节 के समान

【端丽】duānlì सुन्दर; मनोरम: 字体～ लिखावट सुन्दर होना / 姿容～ सुन्दर रूपरंग

【端量】duānliang निहारना

【端木】Duānmù एक द्विअक्षरीय कुलनाम

【端倪】duānní ❶आभास; संकेत: ～渐显。कुछ आभास मिलने लगे । ❷पूर्वाभास करना: 千变万化, 不可～。यह परिवर्तनशील है। पूर्वाभास करना कठिन है ।

【端视】duānshì ताकना

【端午节】Duānwǔ Jié ड्रैगन नौका उत्सव (पांचवें चांद्र-

मास का पांचवाँ दिन)
【端线】 duānxiàn <खेल०> अंड लाइन
【端详】 duānxiáng ❶ब्योरा; तफ़सील; विस्तृत विवरण: 说~ ब्योरे देना; विस्तृत विवरण देना ❷शालीन और शांत: 举止~ शालीनता और शांति का आचरण करना
【端详】 duānxiang निहारना: 她~了半天，也没认出我是谁。देर तक निहारने के बाद भी वह मुझे पहचान न सकी।
【端绪】 duānxù आभास; अभिप्राय: 我们谈了许久，仍然毫无~。हम ने काफ़ी बातचीत की, फिर भी किसी नतीजे पर पहुँच न सके।
【端阳】 Duānyáng 端午节 के समान
【端由】 duānyóu कारण; निमित्त; वजह: 细说~ विस्तृत रूप से कारण बताना
【端正】 duānzhèng ❶सीधा; साधारण: 五官~ साधारण मुखाकृति / 把画挂~。तस्वीर को सीधा टाँग दो। ❷सच्चरित्र; सही: 品行~ सच्चरित्र होना ❸दुरुस्त करना; सुधारना; ठीक करना: ~态度 सही रुख अपनाना
【端庄】 duānzhuāng शालीन; गंभीर: 神情~ गंभीर मुद्रा

duǎn

短 duǎn ❶छोटा; लघु; अल्प; संक्षिप्त: 一篇~文 एक छोटा लेख / 他的发言很~。उस का भाषण बहुत संक्षिप्त था। / 这根绳子~。यह रस्सी छोटी है। / ~期内 अल्प समय में / 白昼变~。दिन छोटे होते गए। ❷कम होना, कमी होना; अभाव होना: 这根绳子~了两尺。यह रस्सा दो छि कम लम्बा है। / 你还~我五元钱。तुम्हें मुझे पाँच य्वान देने हैं। / 书怎么~了三本? तीन पुस्तकें कैसे कम पड़ीं? ❸कमी; खामी; दोष: 取长补~ खूबियाँ अपना कर खामियाँ दूर करना
【短兵相接】 duǎnbīng-xiāngjiē लड़ना; भिड़ना; गूथना
【短波】 duǎnbō शॉर्ट वेव
【短不了】 duǎnbuliǎo ❶के बिना रह नहीं सकना: 生物~空气和水。जीव वायु और जल के बिना रह नहीं सकते। ❷पड़ना; से बच न सकना: 以后~还要请您帮忙。मुझे आगे भी आप से मदद लेनी पड़ेगी। / 他这样干，~要摔跟头。ऐसा करने में वह ठोकरें खाने से बच न सकता।
【短程】 duǎnchéng अल्प दूरी; कम फ़ासला: ~运输 कम फ़ासले का परिवहन / ~导弹 अल्प दूरी मारक मिसाइल
【短秤】 duǎnchèng कम तौलना: 那家铺子卖东西常常~。वह दूकान चीज़ों को कम तौलती है।
【短绌】 duǎnchù कमी होना; अभाव होना: 资金~。पूँजी का अभाव है।
【短处】 duǎnchù कमज़ोरी; दोष; त्रुटि; खामी
【短传】 duǎnchuán <खेल०> शॉर्ट पास
【短促】 duǎncù अल्प; अल्पकालीन; संक्षिप्त: ~的访问 संक्षिप्त यात्रा / ~的一生 अल्प जीवन-काल / 呼吸~ सांस टूटना
【短打】 duǎndǎ ❶परंपरागत ऑपेरा में चुस्त पोशाक पहने हाथापाई करना ❷短装 के समान
【短大衣】 duǎndàyī शॉर्ट ओवरकोट; कार कोट
【短笛】 duǎndí <संगी०> पिकलो; छोटी बांसुरी
【短工】 duǎngōng अनियत मज़दूर; थोड़े समय के लिए काम में लगाया गया मज़दूर
【短号】 duǎnhào <संगी०> कोर्नेट
【短见】 duǎnjiàn ❶अदूरदर्शिता ❷आत्महत्या; खुदकुशी: 寻~ आत्महत्या करना
【短距离】 duǎnjùlí अल्प दूरी; कम फ़ासला
【短距离赛跑】 duǎnjùlí sàipǎo 短跑 के समान
【短裤】 duǎnkù शॉर्ट्स; नेकर
【短路】 duǎnlù ❶<विद्यु०> शॉर्ट सर्किट ❷<बो०> बटमारी; राहजनी
【短命】 duǎnmìng बेमौत मरना; अल्पजीवी होना; अल्पायु होना
【短跑】 duǎnpǎo लघु दौड़; तेज़ दौड़: ~运动员 धावक; धाविका
【短篇小说】 duǎnpiān xiǎoshuō कहानी
【短片】 duǎnpiàn लघु फ़िल्म
【短评】 duǎnpíng संक्षिप्त समीक्षा
【短期】 duǎnqī अल्पकाल; अल्पकालीन: ~旅行 अल्पकालीन पर्यटन / ~贷款 अल्पकालीन कर्ज़ / ~内 अल्पकाल में
【短气】 duǎnqì हिम्मत पस्त होना; हतोत्साहित होना; हताश होना
【短浅】 duǎnqiǎn संकीर्ण और सतही: 目光~ संकीर्ण दृष्टि
【短欠】 duǎnqiàn ❶देनदार होना; ऋणी होना ❷कमी होना; अभाव होना
【短枪】 duǎnqiāng हैंडगन
【短缺】 duǎnquē अभाव होना; कमी होना: 资金~ पूँजी का अभाव होना / 劳动力~ श्रम शक्ति की कमी होना / ~经济 अभावग्रस्त अर्थतंत्र
【短少】 duǎnshǎo कम; लुप्त: 库房内的货物一件也没~。गोदाम से एक भी चीज़ लुप्त नहीं हुई।
【短视】 duǎnshì ❶अल्पदृष्टि; निकट दृष्टि ❷अदूरदर्शी; अल्पदर्शी
【短寿】 duǎnshòu अल्पायु; अल्पजीवी
【短统靴】 duǎntǒngxuē ऐंकल बूट
【短途】 duǎntú अल्पदूरी; कम फ़ासला: ~运输 अल्पदूरी परिवहन
【短袜】 duǎnwà मोज़ा; जुराब
【短线】 duǎnxiàn (वस्तुओं) की कम आपूर्ति होना; (वस्तुओं) की बढ़ती मांग होना: ~产品 कम आपूर्ति वाली वस्तुएं
【短小】 duǎnxiǎo लघु; छोटा: ~的身材 छोटा कद; नाटा / ~的文章 लघु लेख

【短小精悍】 duǎnxiǎo–jīnghàn ❶(व्यक्ति का) नाटा पर चुस्त एवं सक्षम होना ❷(किसी लेख का) संक्षिप्त पर सारगर्भित होना
【短信】 duǎnxìn（短信息服务 duǎn xìnxī fúwù का संक्षिप्त रूप）शॉर्ट मेसिज सर्विस (एस०एम०एस); संक्षिप्त संदेश सेवा
【短讯】 duǎnxùn संक्षिप्त समाचार; संक्षिप्त रिपोर्ट
【短训班】 duǎnxùnbān अल्पकालीन प्रशिक्षण कक्षा
【短语】 duǎnyǔ <व्या०> वाक्यांश
【短元音】 duǎnyuányīn <ध्वनि०> लघु स्वर
【短暂】duǎnzàn क्षणिक; अल्पकालिक: ～的一生 अल्प जीवन काल / ～休息 कुछ देर तक आराम करना
【短装】duǎnzhuāng चीनी शैली की जाकिट और पतलून पहनना

duàn

段 duàn ❶भाग; हिस्सा; अंश; खंड: 一～公路 सड़क का एक भाग / 一～布料 कपड़े का एक टुकड़ा / 在一～时间里 एक समय में / 边界东～ सीमा का पूर्वी हिस्सा ❷पैराग्राफ़; अनुच्छेद; लेखांश; संगीत का टुकड़ा ❸（Duàn）एक कुलनाम
【段落】 duànluò ❶लेखांश; पैराग्राफ़: 这篇文章～清楚。यह लेख अंशों में अच्छी तरह विभक्त है। ❷चरण; दौर: 工作到此告一～。हमारे कार्य का यह चरण संपन्न हो गया है।

断¹（斷）duàn ❶टूटना; टुकड़े-टुकड़े होना (कर-ना); तोड़ना; दो टुकड़े होना (करना); खंडित होना (करना): 木棍咔嚓一声～为两截。लाठी तड़क के साथ दो टुकड़े हो गई। / 绳子～了。रस्सी टूट गई। ❷बन्द होना (करना); कटना; काटना: ～电了。बिजली गुल हो गई। / ～水 जल-आपूर्ति बन्द होना / 与外界的联系中～。बाहरी दुनिया के साथ संपर्क कट गया। ❸(गेंद) छीन लेना: 把对方的球～了下来 विपक्ष से गेंद छीन लेना ❹छोड़ना; बाज़ आना: ～烟 सिग्रेट पीना छोड़ देना

断²（斷）duàn ❶निर्णय करना; फ़ैसला करना: 判断 pànduàn ❷<क्रि०वि०> <लि०> (नकारात्मक रूप में प्रयुक्त) हरगिज़; बिल्कुल; कतई: ～不能信他的话。उस की बातों पर कतई विश्वास नहीं करना चाहिए। / ～无此理 बिल्कुल असंगत होना; असंगति की हद होना
【断案】 duàn'àn ❶मुकदमे का फ़ैसला करना ❷निष्कर्ष
【断壁】 duànbì ❶ध्वस्त दीवार: 残垣断壁 cányuán duànbì ❷खड़ी चट्टान
【断编残简】duànbiān–cánjiǎn（断简残编 duàn-jiǎn–cánbiān भी）किसी पुस्तक या लेख के छुटपुट खंड
【断层】 duàncéng <भूगर्भ०> भ्रंश; फ़ॉल्ट
【断肠】 duàncháng कलेजा फट जाना; हृदय विदीर्ण होना
【断炊】 duànchuī चूल्हा न जलना
【断代】[1] duàndài ❶संतानहीन; बेऔलाद ❷कोई कार्य अधूरा रह जाना; उत्तराधिकारी न होना
【断代】[2] duàndài एक-एक काल का इतिहास लिखना
【断代史】 duàndàishǐ वंशगत इतिहास
【断档】 duàndàng बिक चुकना; गोदाम खाली हो जाना
【断定】 duàndìng दावा करना; दावे के साथ कहना; निष्कर्ष पर पहुँचना: 我～他今天不会来出席会议。मैं दावे के साथ कह सकता हूँ कि वह आज की बैठक के लिए नहीं आएगा। / 他～电脑遭到病毒破坏。वह इस निष्कर्ष पर पहुँचा कि कंप्यूटर वायरस से ध्वस्त हो गया है।
【断断】 duànduàn <क्रि०वि०> (प्रायः नकारात्मक रूप में प्रयुक्त) हरगिज़; कतई: ～使不得。ऐसा हरगिज़ नहीं करना चाहिए।
【断断续续】 duànduanxùxù रुक-रुक कर; ठहर-ठहर कर: ～地说 रुक-रुक कर बोलना / 这本书～写了五年才写成。यह पुस्तक पिछले पाँच सालों में ठहर-ठहर कर लिखी गई है।
【断顿】 duàndùn अगले जून का खाना जुटा न सकना; भूखा रहना
【断根】 duàngēn ❶संतानहीन होना; बेऔलाद होना ❷जड़ उखाड़ना: 顽疾难以～。इस लम्बी बीमारी से उठना कठिन है।
【断喝】 duànhè गरजना; ज़ोर से कड़क कर बोलना: 他一声～，把所有的人都镇住了。वह इतने ज़ोर से कड़क कर बोला कि बस, सभी लोग भौचक्क से रह गए।
【断后】 duànhòu ❶संतानहीन होना; संततिहीन होना ❷<सैन्य०> पृष्ठ रक्षण करना
【断乎】 duànhū <क्रि०वि०> (नकारात्मक रूप में प्रयुक्त) बिल्कुल; हरगिज़: ～不可 बिल्कुल अस्वीकार्य होना
【断交】 duànjiāo ❶दोस्ती तोड़ना ❷राजनयिक संबंध तोड़ना
【断井颓垣】 duànjǐng–tuíyuán बन्द कुएं और ध्वस्त दीवारें —— तबाही का दृश्य
【断句】 duànjù ❶बिना विराम चिन्हों का प्राचीन-कालीन गद्य पढ़ने में विराम करना ❷विराम चिन्ह लगाना
【断绝】 duànjué तोड़ना; टूटना; संबंध-विच्छेद करना (होना); बन्द करना (होना): ～外交关系 राजनयिक संबंध तोड़ना / ～交通 यातायात रोक देना / ～来往 आवाजाही बन्द करना
【断粮】 duànliáng अनाज की किल्लत होना
【断裂】 duànliè टूटना; फटना; दरार पड़ना
【断路】 duànlù ❶राहजनी करना; बटमारी करना ❷ओपन सर्किट; टूटा हुआ सर्किट
【断奶】 duànnǎi दूध-छुड़ाई; दूध छुड़ाना; छाती छु-ड़ाना: 断了奶的孩子 दूध छुड़ाया बच्चा
【断片】 duànpiàn झलक; अंश; खंड
【断七】 duànqī किसी की मृत्यु के बाद 49वें दिन होने वाला कृत्य
【断气】 duànqì ❶दम तोड़ देना; सांस न लेना ❷गैस की आपूर्ति बन्द करना (होना)

【断然】 duànrán ❶दृढ़; मज़बूत; कड़ा; प्रबल: 采取～措施 दृढ़ कदम उठाना / ～反对 डटकर विरोध करना / ～拒绝 दो टूक इनकार करना ❷〈क्रि०वि०〉 हरगिज़; कतई; बिल्कुल: ～不可 कतई अस्वीकार्य होना
【断送】 duànsòng गंवाना; खोना; नष्ट करना: ～性命 जान गंवाना / ～前程 किस्मत उलटना
【断头台】 duàntóutái गिलोटिन
【断弦】 duànxián तंतुवाद्य का तार टूट जाना —— किसी की पत्नी की मृत्यु होना
【断线风筝】 duànxiàn fēngzheng कटी पतंग —— लापता होना
【断言】 duànyán ❶दावा करना; दावे के साथ कहना ❷निष्कर्ष: 现在做出这样的～未免过早。अब ऐसा निष्कर्ष निकालना जल्दबाज़ी है।
【断狱】 duànyù 〈पुराना〉 मुकदमे की सुनवाई करना; मुकदमे में फ़ैसला सुनाना
【断垣残壁】 duànyuán-cánbì ध्वस्त दीवारें —— बरबादी का दृश्य
【断章取义】 duànzhāng-qǔyì प्रसंग के विरुद्ध या बाहर के उद्धरण देना; अप्रासंगिक होना
【断种】 duànzhǒng संतानहीन होना
【断子绝孙】 duànzǐ-juésūn 〈घृणा०〉 संतानहीन होकर मरना

缎（緞） duàn साटन
【缎子】 duànzi साटन

椴 duàn 〈वन०〉 (चाइनीज़) लिनडेन

煅 duàn ❶चूर्ण बनाना: ～石膏 पलस्तर को चूर्ण बनाना ❷गढ़ना
【煅烧】 duànshāo आग पर तपा कर चूर्ण बनाना

锻（鍛） duàn गढ़ना; गढ़ाई: ～铁 लोहा गढ़ना
【锻锤】 duànchuí फ़ॉर्जिंग हैमर
【锻工】 duàngōng ❶गढ़ाई: ～车间 गढ़ाई वर्कशॉप ❷लोहार
【锻件】 duànjiàn गढ़ी वस्तु
【锻炼】 duànliàn ❶कसरत करना; व्यायाम करना: 经常～身体，有益健康。अकसर कसरत करने से स्वास्थ्य बनता है। ❷तपना-तपाना; तपाकर फ़ौलादी बनाना: 劳动～ शारीरिक परिश्रम में तपना-तपाना
【锻炉】 duànlú भट्ठी
【锻模】 duànmú गढ़ाई का सांचा
【锻铁】 duàntiě गढ़ा हुआ लोहा
【锻压】 duànyā गढ़ना और संपीडित करना
【锻压机】 duànyājī फ़ॉर्जिंग प्रेस
【锻造】 duànzào गढ़ाई; गढ़ना

簖（籪） duàn बांस का जाल, जो मछली आदि को फंसाने में काम आता है

duī

堆 duī ❶ढेर लगाना (लगना); अम्बार जमाना; ढेर करना; इकट्ठा करना: 仓库里～满了货物。गोदाम में चीज़ों का ढेर लगा हुआ है। / 他把书～在桌子上。उस ने मेज़ पर पुस्तकों का अम्बार जमा दिया। ❷ढेर; अम्बार; अटाला: 草～ भूसों का अम्बार / 土～ मिट्टी का ढेर ❸〈परि०श०〉 ढेर; जत्था; जमघट: 一～人 लोगों का जत्था / 一～煤 कोयले का एक ढेर ❹(स्थान के नाम के साथ प्रयुक्त) टीला: 双～集 श्वांगत्वीची (आनह्वेइ प्रांत में)
【堆存】 duīcún जमा करना; इकट्ठा करना
【堆放】 duīfàng जमा करना (होना); इकट्ठा करना (होना)
【堆房】 duīfang कोठार; भंडार
【堆肥】 duīféi 〈कृ०〉 कूड़ा खाद; वानस्पतिक खाद
【堆积】 duījī ढेर लगाना (लगना); ढेर करना
【堆集】 duījí ढेर लगना
【堆砌】 duīqì ❶(पत्थरों या ईंटों को) एक के ऊपर एक रखना ❷शब्दाडम्बर
【堆笑】 duīxiào (चेहरे पर) मुस्कराहट लाना
【堆栈】 duīzhàn गोदाम; भंडार

duì

队（隊） duì ❶लाइन; पंक्ति; कतार: 排～ लाइन में खड़ा होना ❷टीम; दल; दस्ता: 足球～ फ़ुटबाल टीम ❸（少年先锋队 shàonián xiānfēngduì का संक्षिप्त रूप）यंग पायनियर: 队礼 ❹〈परि०श०〉: 一～人马 सैनिकों का एक दल
【队礼】 duìlǐ यंग पायनियरों का सलाम
【队列】 duìliè फ़ॉर्मेशन: ～训练 फ़ॉर्मेशन की कवायद
【队旗】 duìqí ❶यंग पायनियरों का ध्वज ❷〈खेल०〉 टीम-पताका
【队日】 duìrì यंग पायनियर दिवस, जब यंग पायनियर सामूहिक आयोजन करते हैं
【队伍】 duìwǔ ❶सैन्य दल; सैनिक टुकड़ियाँ; सेना: 这是我们的～。यह हमारी सेना है। ❷पांत: 革命～ क्रांतिकारियों की पांत / 科技～ वैज्ञानिकों और तकनीशियनों की पांत

对（對） duì ❶उत्तर; जवाब; उत्तर (जवाब) देना: 对答 / 无言以～ निरुत्तर होना ❷पेश आना; सामना करना (होना); मुकाबला करना (होना): 北京队将～上海队。पेइचिंग टीम का शांगहाए टीम से मुकाबला होगा। / 他～下属很严厉。वह अपने मातहतों से सख्ती से पेश आता है। ❸लक्षित करना; लक्ष्य करना; निशाना बनाना: 他这话是～着你的。उस ने यह बात तुम्हें

लक्षित करके कही है। / ～着敌机开火 शत्रु-विमानों को लक्ष्य करके गोले दागना ❹परस्पर; आपस में; आमने-सामने: ～坐 आमने-सामने बैठना ❺सामने का; विपरीत; विरोधी: 对岸 / 对方 ❻(दो चीज़ों को) मिलाना; जोड़ना; ठीक बैठाना: 这个榫头～不上。यह कील ठीक नहीं बैठती। ❼उपयुक्त होना; मेल खाना: 对劲 / ～脾气 गहरी छनना ❽पहचान करना; जांच करना; मिलाकर देखना; तुलना करना: ～笔迹 लिखावट की पहचान करना / ～表 दो घड़ियों में समय मिलाना ❾ठीक करना; मिलाना: ～焦距 फ़ोकस ठीक करना / 拿琴来～～弦。वीणा लाकर स्वर मिलाओ। ❿ठीक; सही: 您说～了。आप ने ठीक कहा। / 这件事他做得不～。उस ने यह काम ठीक नहीं किया। ⓫मिलाना; डालना; मिश्रित करना: 咖啡里～点牛奶。कहवे में कुछ दूध मिला दें। ⓬आधा-आधा बांटना: ～半分钱 पैसे को आधा-आधा बांटना ⓭द्विपदी: 喜～ विवाहोत्सव में प्रस्तुत द्विपदी ⓮<परि०श०> जोड़ा; युग्य; युगल: 一～鹦鹉 तोतों का एक जोड़ा / 一～夫妻 एक दंपति ⓯से; के प्रति; पर; के लिए; के बारे में: 双方～两国关系顺利发展表示满意。दोनों पक्ष अपने संबंधों के बेरोकटोक विकास पर संतुष्ट हैं। / 这～我来说太重要了。यह मेरे लिए बहुत महत्वपूर्ण है। / ～他表示感谢 उस के प्रति आभार प्रगट करना / 大家～他都不满意。सभी उस से नाराज़ हैं। / 我～这个问题的看法和您的不同。इस सवाल के बारे में मेरा मत आप से भिन्न है।

【对岸】duì'àn नदी, समुद्र आदि का दूसरी ओर का किनारा; पार

【对白】duìbái डायलॉग; संवाद

【对半】duìbàn ❶आधा-आधा; पचास-पचास प्रतिशत: ～分 आधा-आधा बांटना ❷दुगुना: ～儿利 दुगुना मुनाफ़ा

【对比】duìbǐ ❶तुलना; तुलना करना: 您把两者～一下，就会发现有很大的差异。एक से दूसरे की तुलना करने पर आप को दोनों में भारी फ़र्क दिखाई देगा। / 力量～ शक्ति-संतुलन / 鲜明的～ भारी अंतर ❷अनुपात: 双方人数～是二对五。दोनों पक्षों का अनुपात दो और पाँच का है।

【对簿】duìbù <लि०> अभियुक्त होना; मुलज़िम होना: ～公堂 अदालत में हाज़िर होना

【对不起】duìbuqǐ(对不住 duìbuzhù भी) ❶<शिष्ट०> माफ़ करें; क्षमा करें; माफ़ कीजिए; क्षमा कीजिए ❷निराश करना; आशा पर पानी फेरना; अन्याय करना: 我～他，把过错全推到了他的头上。सारा दोष उस के सिर मढ़कर मैं ने उस के साथ अन्याय किया।

【对策】duìcè प्रत्युपाय; किसी स्थिति से निबटने के लिए किया गया उपाय; युक्ति: 商量～ युक्ति सुझाना

【对茬儿】duìchár <बो०> मेल खाना; संगति होना: 你们俩所说的话对不上茬儿。तुम दोनों की बातों में संगति नहीं है।

【对唱】duìchàng गीत गाते हुए सवाल-जवाब करना

【对称】duìchèn संतुलन; प्रतिसाम्य

【对答】duìdá उत्तर देना; जवाब देना

【对答如流】duìdá-rúliú हाज़िर-जवाबी; हाज़िर-जवाब होना

【对待】duìdài व्यवहार करना; बर्ताव करना; पेश आना: ～朋友要真诚。मित्रों के साथ ईमानदारी से बरताव करना चाहिए।

【对得起】duìdeqǐ (对得住 duìdezhù भी) आशा पर पानी न फेरना; निराश न करना; समुचित व्यवहार करना: 我做了这么多，该～他了。मैं ने इतना सारा काम किया है कि उसे निराश नहीं होना चाहिए।

【对等】duìděng पारस्परिकता: 在～的基础上 पारस्परिकता के आधार पर

【对调】duìdiào अदला-बदली करना; बदलना: 你们俩把位置～一下。आप दोनों अपनी सीटें बदल लें।

【对方】duìfāng विपक्ष; विरोधी पक्ष; दूसरा पक्ष

【对付】duìfu ❶निबटाना; निपटारा करना; निबटना: 他很难～。उस से निबटना कठिन है। / 他识字不多，但写信还能～。वह ज़्यादा पढ़ा-लिखा तो नहीं है, पर पत्र लिखने का काम निबटा सकता है। ❷काम चलाना: 这支笔还能～着用。इस कलम से किसी तरह काम चलाया जा सकता है। ❸<बो०> मन मिलना; दिल मिलना: 小两口最近好像有些不～。लगता है कि इन दिनों युवा पति-पत्नी के दिल में फ़र्क आया है।

【对歌】duìgē उत्तर-प्रत्युर के रूप में गीत प्रस्तुत करना

【对光】duìguāng <फ़ोटो०> कैमरे का लेंस ठीक करना

【对过】duìguò सामने; आगे: 医院就在邮局～。अस्पताल डाकघर के सामने ही है। / 我家就在～。मेरा घर आगे ही है।

【对号】[1] duìhào ❶नम्बर की जांच करना: ～入座 टिकट पर छपे नम्बर की जांच करके अपनी सीट लेना ❷ठीक बैठना; मेल खाना: 他说的和做的对不上号。उस की करनी कथनी से मेल नहीं खाती; उस की कथनी और करनी में फ़र्क है।

【对号】[2] duìhào चेक मार्क (✓); सही: 打～ सही लगाना

【对话】duìhuà वार्त्तालाप: 双方决心继续～。दोनों पक्षों ने अपना वार्त्तालाप जारी रखने का संकल्प किया।

【对换】duìhuàn बदलना; अदल-बदल करना

【对火】duìhuǒ दूसरे की जलती सिगरेट से अपनी सिगरेट जलाना

【对角线】duìjiǎoxiàn <गणित०> विकर्ण रेखा

【对接】duìjiē (अंतरिक्षयानों का) जुड़ना

【对襟】duìjīn चीनी वस्त्र, जिस के बटन मध्य में होते हैं

【对劲儿】duìjìnr ❶पसन्द का; काम का; उपयोगी: 这件工具使起来很～。यह औज़ार बड़े काम का है। ❷सामान्य; मामूली: 这事好像不大～。लगता है, यह कोई मामूली बात नहीं है। ❷आपस में गहरी छनना; के बीच बनना: 他们俩一向很～。उन दोनों के बीच खूब बनती है।

【对局】duìjú शतरंज की एक पारी खेलना

【对开】duìkāi ❶(रेल-गाड़ियों, बसों या जहाज़ों का) परस्पर विपरीत दिशाओं में चलना ❷आधा-आधा बांटना ❸<मुद्रण०> फ़ोलियो

【对抗】duìkàng विरोध; प्रतिद्वंद्व; सामना; मुकाबला: 两派之间的～ दो दलों के बीच मुकाबला / 武装～ सशस्त्र बल से विरोध करना

【对抗赛】 duìkàngsài <खेल०> ड्यूएल मीट
【对抗性矛盾】 duìkàngxìng máodùn शत्रुतापूर्ण अंतर्विरोध
【对空射击】 duì kōng shèjī विमानभेदी गोलाबारी
【对口】 duìkǒu ❶(दो कलाकारों का) बारी-बारी से बोलना या गाना ❷नौकरी की ज़रूरत पूरी करना; व्यावसायिक प्रशिक्षण या विशिष्ट ज्ञान के अनुरूप होना: 工作～ व्यावसायिक प्रशिक्षण के अनुरूप काम ❸दो संस्थाओं के काम एक जैसे होना: ～协作 एक जैसे काम करने की दो संस्थाओं के बीच सहयोग ❹स्वादिष्ट लगना: 这个菜～。मुझे यह व्यंजन स्वादिष्ट लगा।
【对口会谈】 duìkǒu huìtán दो देशों के समान विभागों के प्रतिनिधियों के बीच वार्त्ता; समकक्ष अधिकारियों की वार्त्ता
【对垒】 duìlěi आमने-सामने होना; लड़ाई के लिए तैयार होना; मुकाबले के लिए मुस्तैद होना: 两军～。दोनों पक्षों की सेनाएं मुकाबले के लिए मुस्तैद हो गईं।
【对立】 duìlì विरोध होना; के विरुद्ध होना; के खिलाफ़ होना; विरोधी होना: ～情绪 बैर; शत्रुता; विरोध / 这两者并不～。ये दो चीज़ें एक दूसरी के विरुद्ध नहीं हैं। / ～面 विरोधी पक्ष; विपरीत तत्व; प्रतिपक्ष / ～物 विरोधी तत्व
【对立统一】 duìlì tǒngyī विरोधी तत्वों की एकता
【对联】 duìlián (कागज़, कपड़े, पट्टी इत्यादि पर अंकित) अर्थांतरन्यास युक्त द्विपदी
【对流】 duìliú <भौ०> संवहन
【对流层】 duìliúcéng <मौ०वि०> परिवर्ती मंडल
【对路】 duìlù ❶मांग (आवश्यकता) होना; मांग (आवश्यकता) पूरी करना: 这种洗衣机到农村正～。ऐसी धुलाई मशीन की ग्रामीण क्षेत्र में खूब मांग है। ❷अच्छा लगना; भला मानना: 他觉得干这个工作很～。उसे अपना काम बहुत अच्छा लगा। / 一句话不～，两个人就拌起嘴来。दो बातें बुरी लगतीं कि दोनों में तू-तू मैं-मैं होने लगती।
【对门】 duìmén ❶(दो मकानों का) आमने-सामने होना ❷सामने का मकान या कमरा: 我家～住着一位教师。मेरे घर के सामने के मकान में एक अध्यापक रहता है।
【对面】 duìmiàn ❶के सामने; के आगे: 电影院～有家餐厅。सिनेमा-घर के आगे एक रेस्तरां है। ❷सामने; आगे: ～来了个人。सामने से कोई आ रहा है। ❸आमने-सामने: 他们俩～坐着。वे दोनों आमने-सामने बैठे हैं।
【对内】 duìnèi घरेलू; गृह-; आन्तरिक; अन्दरूनी: ～政策 घरेलू नीति
【对牛弹琴】 duìniú-tánqín भैंस के आगे बीन बजाना
【对偶】 duì'ǒu अर्थांतरन्यास
【对脾味】 duì píwèi पसन्द आना
【对手】 duìshǒu ❶प्रतिद्वंद्वी; प्रतियोगी ❷मुकाबला करना; बराबरी करना: 你不是他的～。तुम उस की बराबरी नहीं कर सकते।
【对数】 duìshù <गणित०> लघुगणक
【对数表】 duìshùbiǎo लघुगणकीय सारिणी
【对台戏】 duìtáixì प्रस्तुतीकरण में होड़ लगाना; प्रतिस्पर्धा करना: 演～ प्रस्तुतीकरण में होड़ लगाना; होड़ लगाना
【对头】 duìtóu ❶सही; ठीक; उचित: 您的想法～。आप का विचार सही है। ❷(प्रायः नकारात्मक रूप में प्रयुक्त) सामान्य; स्वाभाविक: 他的神色不～。उस का चेहरा विकृत नज़र आता है। ❸(प्रायः नकारात्मक रूप में प्रयुक्त) अच्छा संबंध होना; मिज़ाज पहचानना: 两个人脾气不～，处不好。एक दूसरे का मिज़ाज न पहचानने के कारण उन दोनों में तनातनी सी रहती है।
【对头】 duìtou ❶शत्रु; दुश्मन; द्वेषी; बैरी: 死～ जानी दुश्मन ❷प्रतियोगी; प्रतिद्वंद्वी
【对外】 duìwài विदेशी; वैदेशिक: ～政策 विदेशी नीति / ～关系 वैदेशिक संबंध / ～援助 विदेशों को सहायता देना
【对外开放】 duìwài kāifàng विदेशों के लिए द्वार खोलना; खुलेपन की नीति; खुले द्वार की नीति
【对外贸易】 duìwài màoyì विदेशी व्यापार: ～顺(逆)差 विदेशी व्यापार में अनुकूल (प्रतिकूल) संतुलन
【对味儿】 duìwèir ❶मनपसन्द; स्वादिष्ट; जायकेदार ❷(प्रायः नकारात्मक रूप में प्रयुक्त) ठीक लगना: 我觉得他的话不太～。मुझे उस की बातें ज़्यादा ठीक नहीं लगीं।
【对虾】 duìxiā प्रोन; झींगा
【对象】 duìxiàng ❶लक्ष्य; निशाना; विषय: 研究～ अध्ययन का विषय / 革命的～ क्रांति का निशाना ❷ब्वॉय-फ़्रैंड; गर्ल-फ़्रैंड; लड़का; लड़की: 找～ ब्वॉय-फ़्रैंड या गर्ल-फ़्रैंड पसन्द करना / 他有～了。उस ने एक लड़की पसन्द कर ली है।
【对消】 duìxiāo परस्पर निरसन
【对眼】 duìyǎn भेंगापन; भेंगा होना
【对弈】 duìyì <लि०> शतरंज खेलना
【对应】 duìyìng ❶सदृश; समान ❷किसी स्थिति के अनुरूप; उचित; समुचित; यथेष्ट: ～措施 यथेष्ट कदम (उठाना)
【对于】 duìyú <पूर्व०> के लिए; के प्रति; के सिलसिले में; के बारे में; के संदर्भ में; के संबंध में; के साथ; जहां तक ··· का सवाल है ···: 这～他太不公平了。उस के साथ अन्याय किया गया। / ～这个建议，我既不反对也不赞同。जहाँ तक इस प्रस्ताव का सवाल है, मैं न उस का विरोध करता हूँ न अनुमोदन। / 他～这件事一无所知。उसे इस मामले के बारे में कुछ भी मालूम नहीं। / 这事～他来说很重要。यह बात उस के लिए बहुत महत्वपूर्ण है।
【对仗】 duìzhàng कविता, पद्य आदि के दो चरणों के शब्दों और अर्थों में मेल बैठाना
【对照】 duìzhào तुलना; तुलना करना: ～原文修改译文 मूल पाठ की तुलना करते हुए अनूदित पाठ परिमार्जित करना / 两者形成鲜明的～。दोनों के बीच स्पष्ट अंतर नज़र आता है।
【对折】 duìzhé 50 प्रतिशत की छूट: 打～ 50 प्रतिशत की छूट देना / ～出售 50 प्रतिशत की छूट पर बेचना
【对着干】 duìzhegàn ❶कोई जो कुछ करता है, उसी के ठीक विपरीत कार्य करना ❷कोई जो कुछ करता है, वही

करके उसे हराने की कोशिश करना

【对阵】 duìzhèn ❶(दो विरोधी पक्षों की सेनाओं का) लड़ाई के लिए कमर कसना ❷(दो दलों के बीच) मुकाबला होना

【对证】 duìzhèng सच्चा साबित करना; परीक्षण करना: ～事实 तथ्य को सच्चा साबित करना

【对症下药】 duìzhèng-xiàyào रोग के उपचार के लिए सही दवा देना

【对质】 duìzhì न्यायालय में जिरह करना

【对峙】 duìzhì आमने-सामने होना; मुकाबले में खड़ा होना; टक्कर लेना: 两山～。दो पर्वत आमने-सामने खड़े दिखाई देते हैं। / 两军～。दो सेनाएं मुकाबले में खड़ी हैं।

【对准】 duìzhǔn लक्ष्य करना; लक्षित करना; निशाना लगाना (बनाना)

【对酌】 duìzhuó (दो व्यक्तियों का) आमने-सामने बैठे मदिरापान करना

【对子】 duìzi ❶दो अर्थांतरन्यास युक्त वाक्यांशों का जोड़ा ❷द्विपदी

兑 duì ❶विनिमय; विनिमय करना; एक मुद्रा को दूसरी मुद्रा में बदलना; एक मुद्रा का दूसरी मुद्रा में परिवर्तन करना: 用人民币～美元 रनमिनबी से अमरीकी डॉलर का विनिमय करना ❷(पानी आदि) मिलाना: 这牛奶～水了。दूध में पानी मिलाया हुआ है।

【兑付】 duìfù (चेक, हुंडी आदि को) नगदी में बदलना

【兑换】 duìhuàn विनिमय; विनिमय करना; एक मुद्रा को दूसरी मुद्रा में बदलना; एक मुद्रा का दूसरी मुद्रा में परिवर्तन करना

【兑换率】 duìhuànlǜ विनिमय दर

【兑奖】 duìjiǎng विजेता होने पर लाटरी आदि रुपये या सामान के रूप में पुरस्कार लेना

【兑现】 duìxiàn ❶(चेक, हुंडी आदि को) नगदी में बदलना ❷वचन का पालन करना; बात का पक्का होना: ～诺言 अपने वचन का पालन करना

怼（懟） duì 〈लि०〉 विद्वेष; बैर

碓 duì पत्थर की ओखली

dūn

吨（噸） dūn टन

【吨公里】 dūngōnglǐ टन किलोमीटर

【吨海里】 dūnhǎilǐ टन समुद्रीमील

【吨位】 dūnwèi टन भार

惇 dūn 〈लि०〉 ईमानदार और सत्यनिष्ठ

敦 dūn सत्यनिष्ठा; ईमानदारी; सत्यनिष्ठ; ईमानदार: 敦厚

【敦促】 dūncù आग्रह करना; ज़ोर देना: ～有关各方履行协议 संबंधित पक्षों से समझौते पर अमल करने का आग्रह करना

【敦厚】 dūnhòu ईमानदार और सत्यनिष्ठ

【敦煌石窟】 Dūnhuáng Shíkū तुनह्वांग गुफ़ाएं, जो कानसू प्रांत में स्थित हैं। इन गुफ़ाओं में बुद्ध मूर्तियाँ, भित्तिचित्र तथा पांडुलिपियाँ सुरक्षित हैं। इन का निर्माण सन् 366 में शुरू हुआ था

【敦睦】 dūnmù 〈लि०〉 मैत्रीपूर्ण संबंध बढ़ाना: ～邦交 दो देशों के बीच मैत्रीपूर्ण संबंध बढ़ाना

【敦聘】 dūnpìn 〈लि०〉 हार्दिक निमंत्रण देना

【敦请】 dūnqǐng 〈लि०〉 हार्दिक आमंत्रण देना; अनुनय-विनय करना; सविनय आमंत्रित करना

【敦实】 dūnshi नाटा लेकिन गठीला (आदमी); छोटा लेकिन मज़बूत (बरतन)

墩 dūn ❶ढूह; टीला ❷पत्थर या लकड़ी का खंड या पिंड: 桥墩 qiáodūn / 树墩 shùdūn ❸पुचारा देना: ～地 फ़र्श पर पुचारा देना ❹〈परि०श०〉 गुच्छ; गुच्छा: 一～稻秧 धान के पौधों का एक गुच्छा

【墩布】 dūnbù पुचारा; झाड़न

【墩子】 dūnzi पत्थर या लकड़ी का मोटा खंड: 菜～ चॉपिंग ब्लॉक

撴 dūn 〈बो०〉 कसकर पकड़ना: 我伸手把他～住。मैं ने हाथ बढ़ाकर उसे पकड़ लिया।

礅 dūn बड़ा और भारी पत्थर

蹲 dūn ❶उकड़ूँ: ～下 उकड़ूँ बैठना ❷घर बैठना: 他整天～在家里不出门。वह दिन भर घर बैठे रहता है।
cún भी दे०

【蹲班】 dūnbān तय समय के भीतर पढ़ाई पूरी न करने पर दोबारा पढ़ना

【蹲班房】 dūn bānfáng 〈बोल०〉 जेल की हवा खाना

【蹲膘】 dūnbiāo (चौपायों आदि का) बाड़े में रोके जाने पर मोटा होना

【蹲点】 dūndiǎn जांच-पड़ताल के लिए किसी चुनिंदा बुनियादी स्तर की इकाई में जाकर काम करना

【蹲苗】 dūnmiáo 〈कृ०〉 (जड़ जमने के लिए) पौधों की बाढ़ रोकना

dǔn

不 dǔn नीचे दे०

【不子】 dǔnzi 〈बो०〉 ❶काठ या शिला का खंड ❷चीनी मिट्टी का गोला

盹 dǔn झपकी: 打～儿 झपकी लेना; आँख लगना

趸（躉） dǔn ❶थोक ❷थोक खरीद

【趸船】 dǔnchuán लैंडिंग स्टेज
【趸买】 dǔnmǎi थोक खरीद; थोक माल खरीदना
【趸卖】 dǔnmài（趸售 dǔnshòu भी）थोक फ़रोश; थोक माल बेचना
【趸批】 dǔnpī थोक：～买进 थोक करना / ～卖出 थोक माल बेचना

dùn

囤 dùn बखार：粮食～ अनाज का बखार
tún भी दे०

沌 dùn दे० 混沌 hùndùn
zhuàn भी दे०

炖（燉）dùn ❶धीमी आंच पर बन्द बरतन में देर तक पकाना：～肉 गोश्त को बन्द बरतन में डाल धीमी आंच पर देर तक पकाना ❷किसी वस्तु को पात्र में रखकर गरम पानी में गरम करना：～酒 शराब गरम करना

砘 dùn बोवाई के बाद बेलन से भुरभुरी मिट्टी को बराबर करना
【砘子】 dùnzi पत्थर का बेलन

钝（鈍）dùn ❶कुंद; भोथर; भोथरा; कुंठित：～刀子 कुंद छुरी ❷मंदबुद्धि; अल्पबुद्धि; कुंठित：迟钝 chídùn

盾 dùn ढाल
【盾牌】 dùnpái ❶ढाल ❷बहाना

顿[1]（頓）dùn ❶विराम; ठहराव; रुकना; ठहरना：他～了一下，又接着往下说。वह थोड़ी देर रुका और फिर बोलता गया। ❷(चीनी लिपिकला में) एक रेखा के आरंभ या अंत पर ज़ोर देने के लिए लिखने में ठहराव ❸सिर से ज़मीन छूना：顿首 ❹पटकना：顿足 ❺बसाना; ठीक करना; प्रबंध करना：安顿āndùn / 整顿 zhěngdùn ❻<क्रि०वि०> अचानक; सहसा; तुरंत; फ़ौरन; झट से：～悟 सहसा समझ में आना ❼<परि०श०> (खाने, मनाने, डांटने, मारने आदि के लिए)：两～饭 दो जून का खाना / 痛打一～ खूब मरम्मत करना

顿[2]（頓）dùn थकावट; थकान; थकना：困顿 kùndùn
【顿挫】 dùncuò लय या ताल में ठहराव और परिवर्तन：抑扬顿挫 yìyáng dùncuò
【顿号】dùnhào हल्का विराम चिन्ह（、），जो एक शृंखला की वस्तुओं को अलग करने के लिए प्रयुक्त होता है
【顿开茅塞】 dùnkāi-máosè आँख खुलना; सहसा समझ जाना
【顿然】 dùnrán <क्रि०वि०> सहसा; अकस्मात्; यकायक：～觉得心胸开朗 दिल में यकायक तरो-ताज़गी पहुँचना
【顿时】 dùnshí <क्रि०वि०> तुरंत; फ़ौरन：一听到飞机失事的消息，大家～呆住了。विमान दुर्घटना की खबर मिलते ही सब लोग फ़ौरन सकते में आ गए।
【顿首】 dùnshǒu नतमस्तक (पुराने ज़माने में पत्र के अंत में हस्ताक्षरों के बाद लिखा जाता था)
【顿足捶胸】dùnzú-chuíxiōng 捶胸顿足 chuíxiōng-dùnzú के समान

遁（遯）dùn ❶भागना; पलायन करना：逃～ भाग खड़ा होना ❷छिपना; अदृश्य होना; ओझल होना：遁迹 / ～形 अदृश्य होना
【遁北】 dùnběi <लि०> पीठ दिखाना
【遁词】 dùncí बहाना; टाल-मटोल की बात; वाक्छल
【遁迹】 dùnjì <लि०> सांसारिक बंधन से मुक्त होना; एकांतवास करना
【遁入空门】 dùnrù-kōngmén प्रव्रज्या करना
【遁世】 dùnshì <लि०> संन्यास लेना

duō

多[1] duō ❶बहुत; अधिक; ज़्यादा; काफ़ी; बहुतेरा：有很～事情要处理。बहुत से काम निपटाने हैं। / 许～人聚在那里。काफ़ी लोग वहाँ जमा हैं। / ～谢 बहुत बहुत धन्यवाद / 今天比昨天冷～了。आज कल से ज़्यादा सर्दी है। / 比指标～生产十吨 लक्ष्य से दस टन अधिक का उत्पादन करना ❷और; ज़्यादा; अधिक：～收了一元钱。एक य्वान ज़्यादा लिया गया। / ～两天就不成问题了。और दो दिनों में सब कुछ ठीक होगा ही। ❸अत्यधिक; बेहद：～疑 अत्यधिक सशंकित होना ❹बहुतायत; प्रचुरता; विपुलता; अधिकता：南方～水稻，北方～小麦。दक्षिणी चीन में धान प्रचुरता से मिलता है, जबकि उत्तरी चीन में गेहूँ। ❺निश्चित संख्या से अधिक; ज़्यादा：十～个人 दस से अधिक लोग / 二十～年 बीस वर्षों से ज़्यादा वक्त

多[2] duō <क्रि०वि०> ❶(प्रश्नों में प्रयुक्त) कितना：这屋子有～高？इस मकान की छत कितनी ऊँची है? / 这孩子～大啦？यह बच्चा कितना बड़ा है? ❷कितना ही：她长得～美！वह कितनी सुन्दर है। / 这孩子～机灵！यह लड़का कितना चतुर है! ❸कितना … क्यों न हो：～难的题他都能做出来。सवाल कितना कठिन क्यों न हो, वह उस का हल निकाल सकता है। / 不管山有～陡，他总能爬上去。चाहे पहाड़ की ढाल कितनी ही तेज़ क्यों न हो, वह उस का आरोहण करने में हमेशा सफल हो जाता है।
【多半】 duōbàn ❶अधिकतर; ज़्यादातर：来看电影的～是学生。फ़िल्म देखने वालों में अधिकतर छात्र हैं। ❷संभवतः; संभव है; हो सकता है; मुमकिन है：他～是没接到通知，所以没来开会。उसे संभवतः सूचना नहीं मिली, सो बैठक में नहीं आया।

【多宝槅】 duōbǎogé कलाकृतियाँ रखने की अलमारी
【多边】 duōbiān बहुपक्षीय: ～会谈 बहुपक्षीय वार्त्ता / ～贸易体制 बहुपक्षीय व्यापार व्यवस्था
【多边形】 duōbiānxíng 〈गणित०〉 बहुभुज; बहुभुजी
【多变】 duōbiàn परिवर्तनशील; बदलता हुआ; विविध: 北方的春天气候～，小心着凉。 उत्तरी चीन में वसंत में मौसम बदलता रहता है । इसलिए सर्दी लगने से बचना । / ～的手段 विविध हथकंडे
【多才多艺】 duōcái-duōyì बहुमुखी प्रतिभा; अनेक कलाओं में पारंगत: 他～，真是个天才！ वह वाकई एक बहुमुखी प्रतिभा है ।
【多愁善感】 duōchóu-shàngǎn भावुकता; भावुक; कोमलचित्त
【多此一举】 duōcǐyījǔ अनावश्यक (गैरज़रूरी) काम करना: 这简直是～。 यह बिल्कुल अनावश्यक है ।
【多弹头导弹】 duōdàntóu dǎodàn मल्टीपल वॉरहेड मिसाइल
【多党】 duōdǎng बहुदलीय: ～合作制 बहुदलीय सहयोग व्यवस्था
【多端】 duōduān विविध; विभिन्न: 变化～ विविध परिवर्तन होना / 诡计～ विभिन्न चालें
【多多益善】 duōduō-yìshàn जितना अधिक उतना अच्छा
【多发】 duōfā नित्य घटित होना; अकसर होना: ～病 अकसर होने वाला रोग / 前方是事故～地段。 सड़क के आगे के भाग पर दुर्घटनाएं नित्य घटित होती हैं ।
【多方】 duōfāng हर तरह से; हरसंभव: ～设法 हरसंभव कोशिश करना / ～帮助 हर तरह से मदद देना
【多方面】 duōfāngmiàn अनेक पहलुओं में: 带来～的好处 अनेक पहलुओं में लाभ पहुँचाना
【多哥】 Duōgē टोगो
【多哥人】 Duōgērén टोगोवासी
【多功能】 duōgōngnéng बहुप्रयोजन; बहुद्देशीय: ～厅 बहुप्रयोजन हॉल
【多寡】 duōguǎ संख्या; तादाद; मात्रा: ～不等 संख्या या मात्रा में भिन्न होना
【多管】 duōguǎn 〈सैन्य०〉 मल्टीबैरल: ～火箭炮 मल्टीपैरल रॉकेट लांचर
【多国】 duōguó बहुदेशीय; बहुराष्ट्रीय: ～公司 बहुराष्ट्रीय निगम / ～维和部队 बहुदेशीय शांति सेना
【多会儿】 duōhuìr 〈बोल०〉 ❶कब; किस समय: 您～来的? आप कब आए ? ❷कभी; किसी दिन: 他说他～有空就过来。 उसे ने कहा कि वह किसी दिन आएगा ।
【多级火箭】 duōjí huǒjiàn बहुखंडी रॉकेट
【多极】 duōjí बहुध्रुवीय: ～化 बहुध्रुवीयकरण / ～化世界 बहुध्रुवीय संसार
【多晶硅】 duōjīngguī 〈वैद्यु०〉 पोलीक्रिस्टलीन सिलिकन
【多晶体】 duōjīngtǐ 〈भौ०〉 पोलीक्रिस्टल
【多亏】 duōkuī 〈क्रि०वि०〉 की बदौलत; के फलस्वरूप; से; अच्छा यह हुआ कि …: ～您帮助，我们才完成这任务。 आप की मदद की बदौलत ही हम यह कार्य पूरा कर सके हैं । / ～他提醒，我们才没上当。 अच्छा यह हुआ कि उस ने हमें चेता दिया । वरना हम धोखे में आ गए होते ।
【多虑】 duōlǜ अधिक चिंताग्रस्त होना; ज़्यादा चिंतित होना
【多么】 duōme ❶कितना (बोलचाल की भाषा में प्रायः केवल 多 का प्रयोग होता है): 天安门离西单有～远? थ्येनआनमन चौक शि तान से कितना दूर है ? ❷कितना ही: 这里的风景～美啊！ यहाँ का दृश्य कितना मनोरम है ! / 这是～崇高的精神！ यह कितनी उदात्त भावना है ! ❸चाहे … कितना ही … क्यों न हो: 不管天～冷，他都坚持洗冷水澡。 चाहे कितनी सर्दी क्यों न हो, वह हमेशा ठंडे पानी से नहाता है ।
【多媒体】 duōméitǐ मल्टीमीडिया: ～计算机 मल्टीमीडिया कंप्यूटर / ～技术 मल्टीमीडिया तकनीक / ～通讯 मल्टीमीडिया संचार
【多米尼加】 Duōmǐníjiā डोमिनिका
【多米诺骨牌】 duōmǐnuò gǔpái डोमिनो: ～理论 डोमिनो सिद्धांत / ～效应 डोमिनो इफ़ेक्ट
【多面手】 duōmiànshǒu हरफ़नमौला; सभी पक्षों में सिद्धहस्त
【多面体】 duōmiàntǐ 〈गणित०〉 बहुफलक
【多民族】 duōmínzú बहुजातीय: ～国家 बहुजातीय देश
【多谋善断】 duōmóu-shànduàn विवेकशील एवं दृढ़संकल्प
【多幕剧】 duōmùjù अनेक अंकों वाला नाटक
【多难兴邦】 duōnàn-xīngbāng विपत्तियाँ एक देश को नया जीवन प्रदान काती हैं; मुसीबतें देश का पुनरुत्थान करती है
【多瑙河】 Duōnǎohé डेन्यूब नदी
【多年生】 duōniánshēng 〈वन०〉 बहुवर्षी: ～植物 बहुवर्षी पौधा
【多尿症】 duōniàozhèng बहुमूत्रता
【多普勒效应】 Duōpǔlè xiàoyìng 〈भौ०〉 डोप्लर प्रभाव
【多情】 duōqíng रसिक; दिलफेंक: 自作多情 zìzuò-duōqíng
【多如牛毛】 duōrúniúmáo बैल पर जितने ज़्यादा बाल होते हैं, उतने ही ज़्यादा होना —— असंख्य; बेशुमार; बेहिसाब; अनगिनत
【多色】 duōsè बहुरंग: ～印刷 बहुरंग मुद्रण
【多少】 duōshǎo ❶संख्या; मात्र; तादाद: ～不等 संख्या या मात्रा में भिन्न होना ❷कमोवेश; थोड़ा बहुत: 我们对他～有点失望。 हम उसे थोड़े बहुत निराश हैं । / 他说的～是对的。 उस की बात कमोवेश ठीक है । / 他～懂点汉语。 वह थोड़ी बहुत चीनी जानता है ।
【多少】 duōshao ❶कितना: 你们组里有～人? आप के दल में कितने सदस्य हैं ? / 黄金的年产量是～? सोने का वार्षिक उत्पादन कितना है ? ❷कितना ही: 我对你讲过～遍了，别这样干。 मैं कितनी ही बार बता चुका हूँ कि तू ऐसा न कर ।
【多神教】 duōshénjiào बहुदेववाद; बहुदेवोपासना
【多时】 duōshí काफ़ी देर; काफ़ी समय; लम्बा समय: 我们～未见面了。 एक लम्बे समय तक हमारी मुलाकात

नहीं हुई। / 等候～ काफ़ी समय से इंतज़ार करना
【多事】 duōshì अनावश्यक हस्तक्षेप करना; व्यर्थ ही हाथ डालना: 你真～! तुम इस में क्यों व्यर्थ ही हाथ डाल रहे हो!
【多事之秋】 duōshìzhīqiū घटनापूर्ण ज़माना; अशांति का काल
【多数】 duōshù बहुमत; बहुसंख्या; बहुसंख्यक: 绝对～ निर्पेक्ष बहुमत / 微弱的～ संकीर्ण बहुमत / 绝大～ भारी बहुमत / 按照～人的意见 बहुमत के अनुसार / ～党 बहुसंख्यक पार्टी
【多头】 duōtóu ❶(स्टॉक बाज़ार में) बुल ❷अनेक नेताओं का: 受～领导 अनेक नेताओं के अधीन होना
【多头政治】 duōtóu zhèngzhì बहुतंत्र
【多谢】 duōxiè 〈शिष्ट०〉 बहुत-बहुत धन्यवाद; बहुत बहुत शुक्रिया
【多心】 duōxīn नाज़ुक-दिमाग; नाज़ुक-मिज़ाज: 他真是～。वह वाकई नाज़ुक-दिमाग है।
【多行不义必自毙】 duō xíng bùyì bì zì bì जो अन्याय करे, उस का सत्यानाश होकर ही रहेगा।
【多样】 duōyàng विविध; अनेक प्रकार का
【多样化】 duōyànghuà विविधता; अनेकता; विविधतापूर्ण: 生物～ जैविक विविधता / 艺术风格～ कला-शैलियों में विविधता / 一个～世界 विविधतापूर्ण विश्व
【多一半】 duōyībàn 多半 के समान
【多疑】 duōyí शंकाशील; संदेहशील; संशयालु
【多义词】 duōyìcí 〈भा०वि०〉 अनेकार्थी शब्द
【多余】 duōyú अनावश्यक; गैरज़रूरी; फ़ालतू; अतिरिक्त; अप्रासंगिक; बेकार: 这个词～。यह शब्द अप्रासंगिक है। / 您的担心是～的。आप बेकार चिंता कर रहे हैं। / ～产品 अतिरिक्त उत्पाद / 他这话实属～。उस की यह बात एकदम फ़ालतू है।
【多元论】 duōyuánlùn अनेकवाद; बहुत्ववाद; बहुलवाद
【多咱】 duōzan 〈बो०〉 कब; किस समय: 这是～的事? यह कब की बात है? / 咱们～出发? हम किस समय रवाना होंगे?
【多早晚】 duōzaowǎn 多咱 के समान
【多种多样】 duōzhǒng-duōyàng विविध; अनेकरूप; भिन्न प्रकार का; कई तरह का: ～的需求 भिन्न प्रकार की आवश्यकताएं
【多足动物】 duōzú dòngwù बहुपादीय जानवर
【多嘴】 duōzuǐ मुंहफट; ज़बानदराज़; बदज़बान; मुंह चलाना; ज़बानदराज़ी करना: ～多舌 मुंहफट होना / 都怪你～, 要不事情早就办成了。तुम्हारा दोष ही है। यदि तुम ने मुंह न चलाया होता, तो हमारा काम कब का बन गया होता।

咄 duō 〈लि०〉 धत्; छिः; छी
【咄咄】 duōduō धत्; छिः; छी
【咄咄逼人】 duōduō-bīrén आक्रामक होना; उद्धत होना; दबंग होना; रोब जमाना; अदब-लिहाज़ न करना; दबदबा जमाना: 他说起话来总是～。जब वह बोलने लगता, तो दूसरों का अदब-लिहाज़ न करता। / ～的态度 आक्रामक रुख
【咄咄怪事】 duōduō-guàishì नितांत मूर्खता: 真是～! यह नितांत मूर्खता है!
【咄嗟立办】 duōjiē-lìbàn (कार्य) अभी पूरा किया जाएगा

哆 duō नीचे दे०
【哆嗦】 duōsuo कंपकंपी; कंप; कंपन; कांपना; सिहरना; कंपकंपी छूटना: 气得直～ क्रोध से कांपना / 冻得打～ ठंड से कंपकंपी छूटना

掇（敠） duō ❶चुनना; बीनना ❷उठाना
【掇弄】 duōnòng 〈बो०〉 ❶मरम्मत; दुरुस्ती; मरम्मत करना; दुरुस्त करना: 这录音机经他一～就好了。यह टेप-रिकार्डर उस के द्वारा मरम्मत किये जाने पर ठीक से काम करने लगा। ❷उकसाना; भड़काना
【掇拾】 duōshí 〈लि०〉 ❶व्यवस्थित करना; ठीक-ठाक करना; सजाना ❷एकत्र करना; इकट्ठा करना; संगृहीत करना

裰 duō ❶पैबन्द लगाना; रफ़ू करना ❷दे० 直裰 zhíduō

duó

夺[1]（奪） duó ❶हथियाना; हरण करना; छीनना; जबरन् ले लेना; छिनना: 夺取 / 地震～走数十人的生命。भूकंप ने दर्जनों जानें ले लीं। ❷के लिए भरपूर प्रयास करना; के लिए होड़ लगाना; के लिए संघर्ष करना: ～高产 ऊंची पैदावार के लिए भरपूर प्रयास करना ❸से बढ़कर होना; हावी होना: 巧夺天工 qiǎoduó-tiāngōng ❹वंचित करना: 剥夺 bōduó ❺〈लि०〉 चूकना; हाथ से जाने देना: 勿～农时。खेती का मौसम हाथ से नहीं जाने देना चाहिए।

夺[2]（奪） duó 〈लि०〉 निर्णय करना; फ़ैसला करना; निश्चय करना; तय करना: 定夺 dìngduó

夺[3]（奪） duó 〈लि०〉 (लेख में शब्दों का) छूटना
【夺杯】 duóbēi कप पर कब्ज़ा करना; चैंपियनशिप जीतना
【夺标】 duóbiāo ❶चैंपियनशिप जीतना; स्वर्ण-पदक प्राप्त करना; चैंपियन होना: 有望～ चैंपियनशिप जीतने की अपेक्षा होना ❷निविदा-पत्र स्वीकार किया जाना
【夺冠】 duóguàn चैंपियनशिप प्राप्त कर लेना; खिताब पर कब्ज़ा करना
【夺魁】 duókuí प्रथम स्थान प्राप्त करना; पहले स्थान पर आना
【夺目】 duómù चकाचौंध; चौंधियाना: 光彩夺目 guāngcǎi duó mù
【夺取】 duóqǔ ❶कब्ज़ा करना; अधिकार करना; अपने हाथ में लेना: ～敌人阵地 शत्रु की मोर्चाबंदियों पर कब्ज़ा करना ❷के लिए प्रयास करना: ～农业丰收 भरपूर फ़सल

के लिए प्रयास करना
【夺权】 duóquán सत्ता हथियाना; सत्ता अपने हाथ में ले लेना

度 duó <लि०> अनुमान; अन्दाज़ा; अटकल; अनुमान (अन्दाज़ा, अटकल) लगाना: 揣度 chuǎiduó
dù भी दे०
【度德量力】 duódé-liànglì अपने चरित्र व शक्ति का सही अनुमान लगाना; अपनी स्थिति का सही अन्दाज़ा लगाना

铎（鐸） duó घंटा, जो प्राचीन युग में कोई घोषणा करते समय या युद्ध के समय बजाया जाता था

踱 duó चहलकदमी; मटरगश्ती; टहलना; घूमना; चहल-कदमी (मटरगश्ती) करना

duǒ

朵（朶） duǒ <परि०श०>: 一～花 एक फूल / 一～云 बादल का एक टुकड़ा
【朵儿】 duǒr ❶फूल ❷朵 के समान
【朵颐】 duǒyí <लि०> चबाना: 大快～ बड़े चाव से खाना

垛（垜） duǒ पुश्ता
duò भी दे०
【垛堞】 duǒdié 垛口 के समान
【垛口】 duǒkǒu दांतेदार दीवार
【垛子】 duǒzi ❶पुश्ता ❷मोखा; फ़सील

躲（躱） duǒ ❶छिपाव; छिपना; छिपाना: 他～在一大树后面。वह एक बहुत बड़े पेड़ के पीछे छिप गया। ❷कतराना; बचना; सामना बचाना; आंखें चुराना; आंखें छिपाना; निगाह बचाना: 他总～着你。वह तुम से बराबर आंखें छिपाता है। / ～雨 वर्षा से बचना
【躲避】 duǒbì ❶छिपना; निगाह बचाना: 这两天我有意～他。इन दिनों मैं उस से जानबूझकर निगाह बचाता हूँ। ❷बचाव करना; बचना; कतराना: 不要～问题。सवालों से नहीं कतराना चाहिए। / ～风浪 तूफ़ान से बचाव करना
【躲藏】 duǒcáng छिपना; छिपाना: 她～在哪儿? वह कहाँ छिप गई? / 这儿连～的地方都没有。यहाँ छिपने के लिए भी जगह नहीं मिलती।
【躲躲闪闪】 duǒduoshǎnshǎn आगा-पीछा करना; पसोपेश करना; टाल-मटोल करना; इधर-उधर करना
【躲懒】 duǒlǎn काम से जी चुराना; से दूर भागना
【躲让】 duǒràng रास्ते से हट जाना; खिसकना: 一棵大树突然倒下，他及时～开了。एक ऊँचा वृक्ष अकस्मात् गिर पड़ा। वह तुरंत खिसक कर बच गया।
【躲闪】 duǒshǎn हटना; खिसकना: 他～不及，和我撞了个正着。वह रास्ते से खिसक न पाया और मुझ से टकरा गया।
【躲债】 duǒzhài लेनदार की नज़र से बचना

duò

驮（馱） duò नीचे दे०
tuó भी दे०
【驮子】 duòzi ❶भारवाही पशु पर लदा भार; गठरी ❷<परि०श०>: 两～货 वस्तुओं की दो गठरियाँ

剁（剁） duò काटना; कतरना; टुकड़े-टुकड़े करना: 把藤条～成两截 बेंत को काट कर दो टुकड़े करना / ～馅 मांस को छोटे-छोटे टुकड़ों में काट कर कीमा बनाना

垛（垜） duò ❶ढेर लगाना; अम्बार लगाना: ～稻草 पुआल का ढेर लगाना ❷ढेर; अम्बार; टाल; पुंज; अटाला: 柴火～ लकड़ियों का ढेर / 麦～ गेहूँ का अम्बार
duǒ भी दे०

舵（柁） duò पतवार; कर्ण
【舵工】 duògōng（舵公 duògōng भी）कर्णधार; मांझी
【舵轮】 duòlún（舵盘 duòpán भी）स्टीयरिंग ह्वील
【舵手】 duòshǒu पतवार पकड़ने वाला नाविक; कर्ण-धार; मांझी

堕（墮） duò गिरना; गिर पड़ना: ～地 ज़मीन पर गिरना
【堕落】 duòluò पतन; पतन होना; पतित होना; बिगड़-ना: 腐化～ भ्रष्ट और पतित होना / ～为罪犯 बिगड़कर अपराधी बनना
【堕落风尘】 duòluò-fēngchén वेश्यावृत्ति के लिए मजबूर होना
【堕入】 duòrù फंसना; पड़ना: ～陷井 फंदे में पड़ना / ～情网 प्रेम के फंदे में पड़ना
【堕胎】 duòtāi ❶गर्भपात ❷गर्भपात कराना

惰 duò आलस्य; अकर्मण्यता; आलसी; सुस्ती; अकर्मण्य; सुस्त: 懒惰 lǎnduò
【惰性】 duòxìng अक्रियता; जड़
【惰性气体】 duòxìng qìtǐ अक्रिय गैस

跺（跥、跢） duò (पैर) पटकना: 气得直～脚 रोष के मारे पैर पटकना

E

ē

阿 1 ē ❶हां में हाँ मिलाना; खुशामद करना; चापलूसी करना: 阿附 / 阿谀 ❷〈लि०〉पहाड़ियों का बड़ा क्षेत्र: 崇～ बड़ी-बड़ी पहाड़ियों का क्षेत्र ❸〈लि०〉टेढ़ा-मेढ़ा स्थान: 山～ पहाड़ का टेढ़ा-मेढ़ा स्थान

阿 2 Ē शानतोंग प्रान्त की तोंग-अ काउन्टी: 阿胶
ā; a भी दे०

【阿附】 ēfù 〈लि०〉खुशामद करना; चापलूसी करना: ～权贵 अभिजात की खुशामद करना या तलवे चाटना; ठकुरसुहाती

【阿胶】 ējiāo 〈ची०चि०〉(驴皮胶 lǘpíjiāo भी) तोंग-अ काउन्टी में उत्पादित रक्त-पुष्टिकर अ-जिलेटिन (गधे के चर्म को उबालने से प्राप्त काले रंग का चिपचिपा पदार्थ जो दवा के काम आता है)

【阿弥陀佛】 Ēmítuófó 〈धर्म〉 ❶अमिताभ; अमिताभ बुद्ध (बौद्ध धर्म के अनुसार पश्चिमी स्वर्गलोक का अधिपति) ❷भगवान बुद्ध, हमारी रक्षा करें।

【阿其所好】 ēqísuǒhǎo किसी व्यक्ति की खुशामद करना; किसी व्यक्ति के तलवे चाटना

【阿魏】 ēwèi 〈ची०चि०〉हींग

【阿谀】 ēyú खुशामद करना; चापलूसी करना; तलवे चाटना; लल्लो-चप्पो करना

【阿谀逢迎】 ēyú-féngyíng चापलूसी और चाटुकारी करना

【阿谀奉承】 ēyú-fèngcheng खुशामद करना; चाटुकारी करना; (किसी व्यक्ति के) तलवे चाटना

婀 ē नीचे दे०

【婀娜】 ēnuó 〈लि०〉दे० 婀娜 ēnuó

屙 ē 〈बो०〉मल-मूत्र विसर्जित करना; पेशाब करना; मल-त्याग करना

娿 ē दे० 媕娿 ān'ē

婀 ē नीचे दे०

【婀娜】 ēnuó (महिलाओं के चलने, उठने, बैठने का ढंग) लचीला और सुन्दर; लचकदार और सुन्दर: ～多姿 सुन्दरता से चलना, उठना, बैठना आदि / 体态～ चलने, उठने, बैठने आदि का ढंग सुन्दर और आकर्षक होना

痾 ē 〈लि०〉रोग; बीमारी

é

讹(譌) é ❶गलत; ठीक नहीं: ～字 गलत अक्षर; गलत शब्द ❷चोर-धमकी देना: ～钱 धमकी से धन ऐंठना

【讹传】 échuán झूठी अफ़वाह; बेबुनियाद अफ़वाह

【讹舛】 échuǎn 〈लि०〉(लिखने में) गलत अक्षर; गलत शब्द

【讹夺】 éduó 〈लि०〉(लिखने में) भूल-चूक; त्रुटि और लोप

【讹赖】 élài 〈बो०〉चोर-धमकी देना

【讹谬】 émiù गलती; त्रुटि

【讹脱】 étuō (लिखने में) गलती और चूक

【讹误】 éwù (लेख में) गलती

【讹言】 éyán ❶〈लि०〉अफ़वाह ❷बड़बड़; प्रलाप: 口出～ बकना; प्रलाप करना

【讹诈】 ézhà ❶चोर-धमकी करना: ～钱财 धमकी से धन ऐंठना ❷धौंस; धमकी: 核～ नाभिकीय धौंस; नाभिकीय धौंसपट्टी; नाभिकीय धमकी; नाभिकीय शक्ति का डर दिखाना

吪 é 〈लि०〉 ❶चलना; कार्यवाही; करनी; चाल ❷(किसी व्यक्ति को किसी विषय की) शिक्षा देना

囮 é नीचे दे०

【囮子】 ézi (游子 yóuzi, 圝子 yóuzi भी) लुभाकर फंसाने के लिए प्रशिक्षित पक्षी

俄 1 é 〈लि०〉थोड़ी देर में; शीघ्र ही; अभी; तुरन्त; अचानक: 俄倾

俄 2 É ❶〈इति०〉俄罗斯帝国 (रूसी साम्राज्य) का संक्षिप्त रूप ❷俄罗斯联邦 (रूसी राज्य संघ) का संक्षिप्त रूप ❸〈इति०〉सोवियत संघ

【俄而】 é'ér 〈लि०〉(俄尔 é'ěr भी) थोड़ी ही देर में; तुरन्त: ～日出。थोड़ी ही देर में सूर्य निकल आया।

【俄尔】 é'ěr दे० 俄而

【俄罗斯帝国】 Éluósī Dìguó रूसी साम्राज्य (1729-1917 ई०)

【俄罗斯联邦】 Éluósī Liánbāng रूसी राज्य संघ

【俄罗斯人】 Éluósīrén रूसी, रुसवासी
【俄罗斯族】 Éluósīzú ❶रूसी जाति (चीन में एक अल्पसंख्यक जाति जो शिनच्यांग वेइगुर स्वायत प्रदेश और हेइलोंगच्यांग प्रान्त में बसा हुआ है) ❷रूसी राज्य संघ की बहुसंख्यक जाति
【俄顷】 éqǐng <लि०> थोड़ी ही देर में; तुरन्त
【俄然】 érán अचानक; एकाएक; सहसा: ～消失 सहसा अदृश्य हो जाना
【俄延】 éyán <लि०> टालना; स्थगित करना; देर करना; विलम्ब करना
【俄语】 Éyǔ रूसी (भाषा)

莪 é नीचे दे०
【莪蒿】 éhāo एक प्रकार का पौधा जो बहुधा नदी या जल के किनारे पैदा होता है, जिसकी पत्तियां सुई जैसी होती हैं और फूल हरे-पीले रंग के होते हैं
【莪术】 ézhú <ची०चि०> एक प्रकार का पौधा जिसके फूल पीले रंग के होते हैं और जिसकी जड़ （郁金 yùjīn भी कहलाती है） दवा के काम आती है ।

哦 é <लि०> (कविता) गुनगुनाना; गायन करना: 吟～ कविता को ज़ोर-ज़ोर से पढ़ना
ó; ò भी दे०

峨（峩） é <लि०> ऊँचा: 巍～ बहुत ऊँचा पहाड़; गगनचुंबी पर्वत
【峨冠博带】 éguān-bódài ऊँचा टोप और चौड़ी कमर-पट्टी (प्राचीन काल में अधिकारियों की पोशाक)
【峨嵋山】 Éméishān（峨眉 Éméi भी）अमेइ पर्वत (स्छवान प्रान्त का एक प्रसिद्ध पर्वत)

涐 É प्राचीन काल की एक नदी, वर्तमान 大渡河 Dà-dùhé नदी

娥 é सुन्दरी: 宫～ राजमहल में सेवा करने वाली महिला; परिचारिका
【娥眉】 éméi（蛾眉 éméi भी） ❶स्त्री की सुन्दर भौंहें ❷सुन्दर स्त्री; सुन्दरी
【娥眉月】 éméiyuè नवचंद्र; दूज का चाँद

睋 é <लि०> ❶देखना ❷सहसा; अचानक; थोड़ी ही देर में

锇（鋨） é <रसा०> ओस्मियम (osmium) (Os)

鹅（鵞、鵝） é कलहंस: 宰～ कलहंस मारना
【鹅蛋脸】 édànliǎn अंडाकृति मुख; अंडाकार चेहरा
【鹅喉羚】 éhóulíng गैज़ल (gazelle)
【鹅黄】 éhuáng हलका पीला
【鹅颈管】 éjǐngguǎn <यां०> गूज़नेक
【鹅口疮】 ékǒuchuāng थ्रश (thrush), एक प्रकार का बच्चों में होने वाला रोग जिसमें मुंह और गले में मोतियों की तरह चमकते हुए छाले पड़ जाते हैं
【鹅卵石】 éluǎnshí बट्टा; बट्टी
【鹅毛】 émáo ❶कलहंस का पर ❷कलहंस जैसी हल्की चीज़: 下着～大雪。ढेर-ढेर बर्फ़ गिर रही है; बर्फ़ के मोटे-मोटे गोले गिर रहे हैं; बड़े बड़े तुषारखण्ड गिर रहे हैं ।
【鹅绒】 éróng कलहंस के कोमल पर या लोम
【鹅行鸭步】 éxíng-yābù（鸭步鹅行 yābù-éxíng भी） कलहंस और बत्तख की तरह चलना
【鹅掌风】 ézhǎngfēng <ची०चि०> हाथ का दाद; हस्तदद्रु
【鹅掌楸】 ézhǎngjiū चीनी कन्दपुष्प वृक्ष

蛾 é फतिंगा
yǐ भी दे०
【蛾眉】 éméi दे० 娥眉 éméi
【蛾子】 ézi फतिंगा; पतंग; पतंगा

额[1] é ❶माथा; ललाट (सामान्य नाम 额头): ～上青筋条条绽出。माथे की नसें फूल आतीं। ❷टैबलेट; अभिलेखपट्ट: 匾～ टैबलेट

额[2] é निश्चित संख्या; विशिष्ट संख्या: ～外开支 अतिरिक्त खर्च
【额定】 édìng नियत संख्या: ～工资 निर्धारित वेतन
【额骨】 égǔ <श०वि०> कपाल-अस्थि (कपालास्थि)
【额角】 éjiǎo कपाल के दोनों सिरे
【额鲁特】 Élǔtè छिंग राजवंश (1616-1911 ई०) में पश्चिमी मंगोलिया के कबिलों का सामान्य नाम, अलूथ
【额门】 émén कपाल; माथा; ललाट: 宽阔的～上 चौड़े माथे पर
【额手称庆】 éshǒu-chēngqìng प्रसन्नता से अपना हाथ उठाकर अपने माथे तक ले जाना —— बहुत प्रसन्न होना
【额数】 éshù नीयत संख्या; निर्धारित संख्या, अंक या राशि
【额头】 étóu कपाल या माथे का सामान्य नाम
【额外】 éwài अतिरिक्त; फ़ाज़िल: ～开支 अतिरिक्त खर्च / ～利润 अतिरिक्त मुनाफ़ा / ～收入 अतिरिक्त आमदनी; ऊपर की आमदनी; ऊपरी आय

ě

恶（惡、噁） ě नीचे दे०
è; wū; wù भी दे०
【恶心】 ěxīn ❶समुद्री यात्रा में होने वाली मिचली; मतली होना; जी मचलना; मिचलाना; कै जैसी लगना; वमनेच्छा होना ❷जी मचलाना: 看了他那副嘴脸，让人～。उसका भद्दा चेहरा देखकर मेरा तो जी मतलाता है। ❸<बो०> घृणास्पद; घिनौना; सड़ा-गला: 他棋下得可～。वह शतरंज का सड़ा खिलाड़ी है । वह सड़ी चालें चलता है ।

è

厄[1]（戹、阸）è 〈लि०〉सामरिक महत्व का स्थान：险～ सामरिक सहत्व का दर्रा

厄[2]（戹）è ❶विपत्ति；मुसीबत；दुख；आफ़त：～运 ❷मुसीबत में फंसना；कठिनाई में पड़ना：船受～于风浪。नाव आंधी में फंस गई।

【厄尔尼诺】 È'ěrnínuò एलनिन्यो：～现象 एलनिन्यो घटना

【厄瓜多尔】Èguāduō'ěr इक्वेडोर

【厄瓜多尔人】Èguāduō'ěrrén इक्वेडोरी

【厄境】 èjìng कठिन स्थिति；विपत्ति；मुसीबत：处于～ मुसीबत में पड़ना；कठिन स्थिति में पड़ना

【厄立特里亚】 Èlìtèlǐyà एरीट्रीया

【厄难】 ènàn विपत्ति；आपदा；संकट；दुख

【厄运】 èyùn विपत्ति；आफ़त；दुर्भाग्य

苊 è 〈रसा०〉ऐसेनैफ़्थीन

扼 è 〈लि०〉❶दबोचना；मज़बूती से पकड़ना：扼杀 गला घोंटकर मार डालना ❷पहरा देना；रक्षा करना：～守 रक्षा करना

【扼流圈】 èliúquān 〈विद्यु०〉चोक

【扼杀】 èshā ❶गला घोंटकर मार डालना ❷दबाना；दमन करना：～新生事物 नई जन्मी वस्तुओं का दम घोंटना / ～在摇篮里 पालने में ही गला घोंटकर मार डालना

【扼守】 èshǒu रणनीतिक स्थान की रक्षा करना

【扼死】 èsǐ गला घोंटकर मार डालना

【扼腕】 èwàn (उत्तेजना, निराशा आदि में) किसी का अपनी कलाई थामना：～叹息 अपनी कलाई थामकर आह भरना

【扼要】 èyào रूपरेखा；महत्वपूर्ण बात；संक्षिप्त और स्पष्ट：简明～ स्पष्ट और संक्षिप्त होना / 内容～ विषयवस्तु की दृष्टि से नपा-तुला होना / ～地介绍 रूपरेखा पेश करना

【扼制】 èzhì रोकना；दबाना；दबाए रखना；नियंत्रण करना：～心里的怒火 मन में क्रोधाग्नि को दबाए रखना

呃 è हिचकियां
e भी दे०

【呃逆】 ènì हिचकी आना (प्रचलित शब्द 打嗝儿 dǎgér)

轭（軛）è जुआ (बैल के कंधे पर रखा जाने वाला)

呝 è 〈लि०〉❶呃 è के समान ❷पक्षियों के बोलने का शब्द

垩（堊）è ❶खड़िया；चॉक ❷〈लि०〉खड़िया घिसना ❸〈बो०〉खाद डालना；खाद देना

恶（惡）è ❶（善 shàn का विदपर्याय）दुष्कर्म；पाप；बुराई：罪大～极 घोर अपराध；भारी जुर्म ❷रौद्र；उग्र；क्रूर；भयानक；भयंकर；खूंख्वार：恶霸 / 恶骂 / 恶战 ❸बुरा：恶习 / 恶意 ❹अपराधी；पापी；बुरा आदमी：首～必办 मुख्य अपराधियों को अवश्य सज़ा दी जाएगी। / ～有～报 बुरे का फल बुरा होता है।
ě；wū；wù भी दे०

【恶霸】 èbà स्थानीय निरंकुश तत्व：～地主 स्वेच्छाचारी जमींदार；निरंकुश जमींदार

【恶报】 èbào बुरा फल：受～ बुरा फल मिलना / 恶有恶～ बुरे का फल बुरा हो泺伕ता है।

【恶变】 èbiàn 〈चिकि०〉कैंसर का मरीज़ होना；कैंसर का रूप धारण करना

【恶病质】 èbìngzhì 〈चिकि०〉(कैंसर आदि गंभीर रोग के कारण आने वाली दुर्बलता) कैकेक्ज़ी

【恶补】 èbǔ बुरी तरह ठूंसना；ठूंस-ठूंसकर भरना：高考前～基础知识 कालेज प्रवेश परीक्षा के पहले बुनियादी जानकारी ठूंस-ठूंसकर भरना

【恶炒】 èchǎo अनीतिपूर्ण उपायों से ज़ोर-शोर से बार-बार प्रचार करना

【恶臭】 èchòu ❶अति दुर्गन्ध ❷बहुत बदबूदार：名声～ बदनाम होना

【恶斗】 èdòu भयंकर लड़ाई：一场～之后 भयंकर लड़ाई के बाद

【恶毒】 èdú दुष्ट；कुटिल：～的语言 दुर्भावनापूर्ण भाषा / ～的手法 कुटिल तरीका / ～的污蔑 विषैले वचन；किसी के विरुद्ध गहरे लांछनों से भरा होना / ～的阴谋 कुकर्मी षड़यन्त्र / ～攻击 बर्बर प्रहार करना；पागलपन के साथ प्रहार करना

【恶恶实实】 è'èshíshí 〈बो०〉क्रूर；भयानक；खूंख्वार

【恶感】 ègǎn दुर्भावना；द्वेष；दुश्मनी：抱有～ किसी व्यक्ति के प्रति मन में दुर्भावना रखना / 人民对他没有～。उनके प्रति जनता में गहरा रोष नहीं है।

【恶贯满盈】 èguàn-mǎnyíng पापों का घड़ा भर जाना；गुनाहों का प्याला लबालब भर जाना

【恶鬼】 èguǐ ❶दुष्ट आत्मा ❷〈घृणा०〉दुष्ट；पाज़ी

【恶棍】 ègùn दुष्ट；नर-पिशाच；गुंडा；बदमाश：出名的～ अव्वल नम्बर का बदमाश

【恶果】 èguǒ कुफल；कुपरिणाम；कुप्रभाव；बुरा असर：严重～ गंभीर दुष्परिणाम / 既播恶种, 必食～。जो बोया है कांटा तो उसका फल खाना ही पड़ेगा।

【恶耗】 èhào दे० 噩耗 èhào

【恶狠狠】 èhěnhěn उग्र；क्रूर；क्रूरता से：他～地看着我。वह मुझे घूर-घूर कर देखता है। / 他～地说。वह तीक्ष्ण स्वर में बोला।

【恶化】 èhuà बिगड़ना；बिगाड़ना；बदतर होना：两国关系不断～。दोनों देशों के आपसी संबंध बदतर होते जा रहे हैं। / 他的病情日益～。उसकी बीमारी की हालत दिन-पर-दिन बिगड़ती जा रही है।

【恶疾】 èjí घिनौनी बीमारी; घृण्य रोग
【恶口】 èkǒu घिनौनी बात; दुर्वचनः ～伤人 दुर्वचन करके लोगों की भावनाओं को चोट पहुंचाना
【恶浪】 èlàng भीषण तरंग; 狂风～ आंधी और ज़बरदस्त लहर
【恶劣】 èliè बुरा; दुष्टः ～的攻击 नीचतापूर्ण प्रहार / ～环境 प्रतिकूल या कठिन परिस्थिति / ～倾向 बुरा रुझान / ～影响 बुरा असर / ～手段 गंदी चाल / ～品质 दुश्चरित्र / ～行径 कुव्यवहार; दुर्व्यवहार; अनैतिक आचरण / ～作风 बुरी कार्यशैली / 开创～的先例 दुष्ट मिसाल कायम करना / 克服～现象 बुराइयों पर काबू पा लेना
【恶露】 èlù <ची०चि०> सूतिस्राव
【恶骂】 èmà गाली देना; अपशब्द कहनाः 互相～ आपस में गाली-गलौज करना
【恶梦】 èmèng दुःस्वप्न; डरावना या भयानक स्वप्न
【恶名】 èmíng बदनामी; कुख्याति; अपयश
【恶魔】 èmó असुर; राक्षस; दैत्य
【恶念】 èniàn बुरी इच्छा; कुआकांक्षा
【恶癖】 èpǐ व्यसन; दुर्व्यसन; तबाह करने वाली आदत; बुरी लत
【恶评】 èpíng बुरी आलोचना
【恶气】 èqì ❶दुर्गन्ध; बदबू ❷अनादर; अपमान; बेइज़्ज़ती ❸क्रोध; नाराज़गी; रोषः 出口～ किसी पर क्रोध (या गुस्सा) उतारना ❹क्रोध; गुस्साः 恶声恶气
【恶人】 èrén दुष्ट; गुंडा; बदमाशः 大～ बदनाम दिलेर गुण्डा / ～先告状 दुष्ट का दूसरों से पहले जज के यहां जाकर दुहाई देने का हथकंडा; अपराधी द्वारा मुकदमा दायर करना
【恶煞】 èshà ❶पिशाच; शैतान; भूत-प्रेत ❷शैतान आदमी; दुष्ट
【恶少】 èshào जवान गुण्डा, बदमाश या शोहदा
【恶声】 èshēng ❶अपशब्द; अपवचनः ～对骂 एक दूसरे को अपवचन कहना ❷<लि०> गंवारू या अश्लील संगीत ❸<लि०> बदनामी; कुख्याति
【恶声恶气】 èshēng-èqì गुस्से की आवाज़ और गाली-गलौज
【恶事传千里】 èshì chuán qiānlǐ बुरी खबर बहुत जल्दी फैलती है ।
【恶岁】 èsuì बुरा साल; अकाल का वर्ष
【恶俗】 èsú ❶बुरी रीति-रस्म; बुरा रीति-रिवाज ❷भद्दा; बाज़ारूः 语言～ बाज़ारू भाषा
【恶习】 èxí बुरी आदत; दुर्व्यसन; बुरा रीति-रिवाजः 染上～ बुरी आदत पड़ना; लत लग जाना / 肃清～ बुरी आदत मिटाना
【恶星】 èxīng (अंधविश्वास) बुरा ग्रहः ～已退 बुरा ग्रह टल जाना
【恶行】 èxíng दुराचार; बदी
【恶性】 èxìng दुर्दम्य; दुष्ट; घातक; मारक; विषालुः ～通货膨胀 गंभीर (या घातक) मुद्रा-स्फीति
【恶性疟疾】 èxìng nüèji <चि०कि०> दुर्दम्य मलेरिया
【恶性贫血】 èxìng pínxuè दुष्ट (या सांघातिक) रक्तक्षीणता
【恶性循环】 èxìng xúnhuán दुष्ट चक्र; कुचक्र
【恶性肿瘤】 èxìng zhǒngliú घातक अर्बुद; कैंसर; नासूर
【恶言】 èyán असभ्य भाषा; अभद्र भाषा; अशिष्ट भाषाः 口出～ असभ्य भाषा बोलना; अशिष्ट भाषा का प्रयोग करना
【恶衣恶食】 èyī-èshí घटिया वस्त्र और भोजन
【恶意】 èyì दुर्भावना; वैमनस्य; कुआकांक्षा; बुरा इरादा; ज़हरीली नीयतः ～攻击 द्वेषपूर्ण प्रहार करना / ～宣传 कुप्रचार करना / ～污蔑 द्वेषपूर्ण लांछन लगाना / ～的宣传家 वैमनस्य प्रचारक / 并无～。 उसकी कोई दुर्भावना नहीं है ।
【恶意诉讼】 èyì sùsòng <का०> दुर्भावनापूर्ण मुकदमा
【恶语中伤】 èyǔ-zhòngshāng लांछन लगाना; अपशब्द कहना
【恶运】 èyùn दुर्भाग्य; सनीचरः 交～ सिर पर सनीचर सवार होना
【恶战】 èzhàn भीषण युद्ध; भयावह युद्ध
【恶仗】 èzhàng दे० 恶战
【恶兆】 èzhào अपशकुन; अशुभ चिह्न
【恶浊】 èzhuó मलिन; मैला; गंदा; गन्दगीभराः 空气～ गंदी हवा; गंदगीभरी हवा / 极端～的官僚主义灰尘 नौकरशाही की गंदगीभरी आंधी
【恶阻】 èzǔ <ची०चि०> गर्भावस्था के आरंभ में होने वाली मतली और कै
【恶作剧】 èzuòjù शरारत करना; खुराफ़ात करना; किसी के साथ की गई ठिठोली या मज़ाक जिससे वह हंसी का पात्र बन जाए

饿（餓） è ❶भूख; खाली पेटः 挨～ भूख का कष्ट होना / 感到～ भूख लगना / 他肚子～得要命。 उसकी आंतें जल रही थीं। / 他～着肚皮睡觉。 वह भूखा सो रहा था । / 她～了一个通宵。 बेचारी रात-भर भूखी पड़ी रही । ❷भूखा रखना; कम खाने को देनाः 你是存心～我一个晚上吗? क्या मुझे रात-भर भूखों मारना चाहते हो ?
【饿肚】 èdù भूखा रहना
【饿饭】 èfàn <बो०> भुखमरी; भूखा रहना; भूखा ही रह जानाः 不～ भुखमरी से मुक्त हो जाना; भूखा न रहना
【饿鬼】 èguǐ ❶खाली पेट वाला भूत ❷सूअर की तरह खाने वाला
【饿虎扑食】 èhǔ-pūshí （饿虎扑羊 èhǔ pū yáng भी）भूखे बाघ का शिकार पर लपकना (या टूट पड़ना)
【饿狼】 èláng भूखा भेड़िया —— लोभी आदमी
【饿殍】 èpiǎo <लि०> भूख से मरने वाले का शव
【饿殍遍野】 èpiǎo-biànyě （饿殍载道 èpiǎo-zǎidào भी）स्थान-स्थान पर भूख से मरने वालों के शव दिखाई देना; जहां-तहां भुखमरी के शिकार लोगों की लाशें बिखरी होना
【饿死】 èsǐ भूख से मरना; भूखों मरनाः 他们宁可～也不投降敌人。 वे भूखों मर जाते पर दुश्मन के आगे

आत्मसमर्पण न करते।

鄂 È ❶हूपेइ प्रान्त का संक्षिप्त रूप ❷एक कुलनाम

【鄂博】 èbó दे० 敖包 áobāo

【鄂伦春族】 Èlúnchūnzú (भीतरी मंगोलिया और हेइलोंगच्यांग प्रान्त में रहने वाली) अलुनछुन जाति, ओलुनछुन जाति

【鄂温克族】 Èwēnkèzú (भीतरी मंगोलिया और हेइलोंगच्यांग प्रान्त में रहने वाली) अवनख जाति

阏（閼）è 〈लि०〉 ❶अटकना; अटकाना ❷तूम द्वार; तूम वाल्व

yān भी दे०

谔（諤） è नीचे दे०

【谔谔】 è'è 〈लि०〉 सीधी बात कहना： 千人之诺诺，不如一士之～。 हज़ारों लोगों की हाँ में हाँ मिलाने से एक ही व्यक्ति का सीधी बात कहना भला।

萼 è 〈वन०〉 वाह्यदल; कैलिक्स

【萼片】 èpiàn 〈वन०〉 पुष्पकोष की पत्ती; वाह्यदल

遏 è रोकना; मना करना： 遏止 / 浪～飞舟。 चंचल लहरों ने रोकी दौड़ती नौकाएँ। / 怒不可～ क्रोध को वश में न कर सकना

【遏抑】 èyì रोकना; दबाना; काबू में करना： ～不住胸中怒火 मन की क्रोधाग्नि को शांत न कर सकना

【遏止】 èzhǐ रोकना; दबाना; वश में करना： 不可～的革命力量（或革命洪流） क्रांति की अदम्य शक्ति (या ज्वार, उभार)

【遏制】 èzhì रोकना; वश में रखना; नियंत्रण रखना： ～住愤怒的情绪 क्रोध को वश में रखना

【遏制政策】 èzhì zhèngcè रोकने की नीति; दबाने की नीति; दमन-नीति

遻 è 〈लि०〉 (किसी से) मिलना; भेंट होना

崿 è 〈लि०〉 खड़ी चट्टान; अधरशिला

愕 è विस्मित होना; स्तम्भित होना; दंग रह जाना

【愕然】 èrán विस्मित होना; दंग रह जाना： 消息传来，大家都为之～。 समाचार सुनते ही लोग दंग रह गये।

频（頞） è 〈लि०〉 नाक का बांसा; नाक का पुल

搤 è 〈लि०〉 扼 è के समान

腭 è 〈श०वि०〉 तालु： 硬～ तालु का अगला भाग / 软～ तालु का पिछला (या पश्च) भाग (इसका साधारण नाम 上膛 shàngtáng)

【腭化】 èhuà 〈ध्वनि०〉 तालव्यीकरण： ～辅音 तालव्य व्यंजन

【腭裂】 èliè भंग तालु; फटा तालु

【腭音】 èyīn 〈ध्वनि०〉 तालव्य： 软～ कामल तालव्य; कंठ्य

碍 è नीचे दे०

【碍嘉】 Èjiā युन्नान प्रान्त का एक स्थान

鹗（鶚） è (आम नाम 鱼鹰 yúyīng) आस्प्रे; मछली खानेवाला उकाब पक्षी विशेष; कुकरी या समुद्री बाज़

锷（鍔） è 〈लि०〉 तलवार की धार

颚（顎） è ❶जबड़ा： 上～ ऊपरी जबड़ा / 下～ निचला जबड़ा ❷腭 è के समान

【颚骨】 ègǔ जबड़े की हड्डी; हन्वास्थि

噩 è डरावना; रोमांचकारी दहलाने वाला

【噩耗】 èhào दुःसंवाद; शोक संवाद; शोक समाचार; किसी की मौत की खबर： ～传来，犹如晴天霹雳。 शोक संवाद सुनते ही सर पर मानो बिजली गिर गई; शोक समाचार वज्रपात की भांति आया।

【噩梦】 èmèng दुःस्वप्न; डरावना (या भयानक) स्वप्न

【噩运】 èyùn 恶运 èyùn के समान

【噩兆】 èzhào 恶兆 èzhào के समान

鳄（鰐、鱷） è 〈प्राणि०〉 मकर; मगर; ग्राह： 扬子～ यांत्सी मगरमच्छ

【鳄鱼】 èyú मगर; मगरमच्छ： ～的眼泪 मगरमच्छ के आंसू या टसुए; कृत्रिम आंसू; झूठ-मूठ का रोना

【鳄蜥】 èxī मगरनुमा छिपकली

e

呃 e 〈लघु०अ०〉 (वाक्य के अन्त में प्रयुक्त होने पर आश्चर्य, प्रशंसा आदि का भाव प्रकट होता है)： 红霞映山崖～！ वाह! कितनी सुन्दर है, खड़ी चट्टान पर लालिमाएँ!

è भी दे०

【呃啾】 eqiū (छींकने की आवाज़) आक् क्छीं!

ê

欸（誒） ê(ēi भी) 〈विस्मय०〉 (संबोधन के लिए प्रयुक्त)： ～，你到这里来一下！ऐ! ज़रा इधर आना!

āi; ǎi; ế; ề; ê भी दे०

é

欸（誒） é (éi भी) 〈विस्मय०〉 विस्मय सूचक

शब्दः ～，他怎么走了！क्यों, वह चला गया！
ái; ǎi; ê; ě; è भी दे०

ě

欸（誒）ě (ēi भी) 〈विस्मय०〉 अस्वीकृति-सूचक शब्दः ～，你这话可不对呀！अरे, तुम्हारी यह बात तो ठीक नहीं！
āi; ǎi; ê; é; è भी दे०

è

欸（誒）è (ēi भी) 〈विस्मय०〉 स्वीकृति-सूचक शब्दः ～，我这就来！जी, मैं अभी आता हूँ！/ ～，就这么办！ठीक है, ऐसा ही करो！
āi; ǎi; ê; é; ě भी दे०

ēn

奀 ēn 〈बो०〉 दुबला-पतला (बहुधा व्यक्ति के नाम में प्रयुक्त)

恩 ēn ❶कृपा; उपकार; मेहरबानी; एहसानः 报～ बदला चुकाना; बदला देना / 施～ उपकार देना या करना / 父母之～ माता-पिता का ऋण / 忘～负义 नमक हराम; एहसान फ़रामोश; उपकार भूलना ❷(Ēn)एक कुलनाम ❸恩格斯 एंगेल्स का संक्षिप्त रूपः 马～ मार्क्स और एंगेल्स

【恩爱】ēn'ài दाम्पतिक प्रेम; प्रेम-क्रीड़ाः～夫妻 प्रेममय दम्पति / 那时是她跟丈夫～缱绻的时候。वह समय उसकी प्रेम-क्रीड़ा और हास-विलास का था ।

【恩宠】ēnchǒng ❶सम्राट का स्नेह ❷विशेष स्नेह दिखाना

【恩赐】ēncì अनुग्रह करना; प्रदान करना; दान देनाः 反对～观点 दाता के रवैये के खिलाफ़ संघर्ष करना / 自由是人民争来的，不是什么人～的。आज़ादी एक ऐसी चीज़ है जिसे जनता संघर्ष के ज़रिए प्राप्त करती है, इसे किसी के अनुग्रह के रूप में प्राप्त नहीं किया जा सकता ।

【恩德】ēndé उपकार; अनुग्रह; भलाई; एहसानः 谁能不报他的～? उसके ऋण से कौन मुक्त हो सकता है ? / 终身不忘您的～。जीवन भर आपका उपकार न भूलूंगा ।

【恩典】ēndiǎn ❶उपकार; अनुग्रह; भलाई; एहसान ❷(वर) देना; प्रदान करनाः 请大神～。 महादेव, वर दें।

【恩断义绝】ēnduàn-yìjué संबंध विच्छेद होना; (बहुधा पति-पत्नी के बीच) सम्पर्क टूट जाना

【恩公】ēngōng हितकारी; उपकारी; उपकार करने वाला

【恩格尔系数】Ēngé'ěr xìshù 〈अर्थ०〉 एंगेल का गुणांक

【恩惠】ēnhuì उपकार; अनुग्रह; भलाई; एहसान

【恩将仇报】ēnjiāng-chóubào खुद पर उपकार करने वाले को प्राणघातक हानि पहुंचाना; जिस पत्तल में खाना उसी में छेद करना

【恩情】ēnqíng उपकार; कृपा; एहसानः 拿钱来报答他的～ धन से उसके एहसानों का बदला देना / 他的～说不完。हम उसके एहसान गिनाए नहीं गिन सकते।

【恩人】ēnrén उपकारी; उपकारक; उपकार करने वालाः 救命～ तारक; उद्धारकर्त्ता; विनाश से उद्धार करने वाला

【恩深义重】ēnshēn-yìzhòng बहुत अधिक या विशाल कृपा

【恩师】ēnshī वह गुरु या उस्ताद, शिष्य को जिसका उपकार प्राप्त हो

【恩同再造】ēntóngzàizào ऐसा उपकार जो किसी को नया जीवन देने के बराबर हो

【恩遇】ēnyù ❶किसी व्यक्ति पर कृपा करना ❷कृपापूर्ण व्यवहार (या बर्ताव)

【恩怨】ēnyuàn उपकार और द्वेष; आपत्ति; द्वेषः 不计较个人～ अपने व्यक्तिगत (या निजी) द्वेष के बारे में न सोचना

【恩泽】ēnzé सम्राट द्वारा अपने मंत्रियों (या अधिकारी द्वारा अपने मातहत) या जनता पर किया गया उपकार, कृपा आदि

【恩重如山】ēnzhòng-rúshān पर्वत जैसी भारी कृपा

【恩准】ēnzhǔn कृपापूर्वक स्वीकार करना

蒽 ēn 〈रसा०〉 एंथ्रासीन

【蒽酸】ēnsuān एंथ्रोइक ऐसिड

èn

摁 èn हाथ या अंगुली से दबानाः ～电铃 बिजली की घंटी बजाना / ～电扭 बटन दबाना / ～住不放 किसी चीज़ या व्यक्ति को नीचे दबाए रखना

【摁钉儿】èndìngr 〈बो०〉 ड्राइंग पिन

【摁扣儿】ènkòur 〈बो०〉 स्नैप फ़ास्नर

ēng

鞥 ēng 〈लि०〉 रास; लगाम; बाग़

ér

儿¹（兒）ér ❶बच्चा; बाल; बालक: 婴～ शिशु; बहुत छोटा बच्चा ❷युवक; जवान; नौजवान: 男～ मनुष्य; पुरुष; आदमी / 健～ वीर योद्धा; कुशल खिलाड़ी ❸पुत्र; लड़का; बेटा: ～媳 पुत्र-वधू ❹नर: ～马 घोड़ा

儿²（兒）ér <प्रत्यय> ❶संज्ञाओं के साथ लगकर यह प्रत्यय निम्नलिखित अर्थ सूचित करता है: ① लघुता: 小猫～ बिल्ली का बच्चा; मार्जार-शिशु / 窟窿～ छोटा छेद ②शब्दभेद परिवर्तन: 吃～ भोजन; खाने योग्य वस्तु / 盖～ ढक्कन (क्रियाओं का संज्ञा बनना) / 亮～ प्रदीप; वस्तु जिससे प्रकाश निकलता है / 热闹～ हंसी; दिल्लगी; तमाशा (विशेषणों का संज्ञा बनना) ③पदार्थ-वाचक संज्ञाओं का भाववाचक संज्ञाएँ बनना: 门～ मार्ग; उपाय / 根～ जड़; कारण ④अलग-अलग वस्तुओं में अन्तर करना: 白面 आटा —— 白面～ हेरोइन ❷यह क्रियाओं में भी लगता है: 玩～牌 ताश खेलना / 火～了 एकाएक आग या क्रोध भड़क उठना (दे० 儿化)

兒 Ní भी दे०

【儿茶】 érchá ❶<वन०> बबूल; कीकर ❷<ची०चि०> खैर; कत्था; कीकर का गोंद

【儿歌】 érgē बाल-गीत; बच्चों का गाना

【儿化】 érhuà <भा०वि०> चीनी भाषा की पेइचिंग और कुछ अन्य बोलियों में संज्ञाओं अथवा क्रियाओं में अनाक्षरिक “r” लगकर उसके पीछे वाले स्वर का मूर्द्धन्यीकरण होना, जैसे “花～” का उच्चारण “huā'ér” न होकर “huār” होता है

【儿皇帝】 érhuángdì कठपुतली सम्राट; अधीन सम्राट

【儿科】 érkē शिशुरोग विभाग; बालरोग विभाग: ～医生 बालरोग विशेषज्ञ

【儿郎】 érláng <लि०> ❶मनुष्य; पुरुष; आदमी ❷पुत्र; बेटा; लड़का ❸सामान्य सैनिक; टुकड़खोर; पिछलग्गू

【儿马】 érmǎ (नर) घोड़ा

【儿男】 érnán ❶मनुष्य; पुरुष; आदमी ❷पुत्र; बेटा: 膝下只有一女，别无～。(किसी के) केवल एक पुत्री है, कोई पुत्र नहीं।

【儿女】 érnǚ ❶बाल-बच्चे; बेटे-बेटियां; संतान: 英雄的中华～ चीनी जनता की वीर संतान ❷प्रेमी युगल: ～情长 प्रेम को अति महत्वपूर्ण समझना; प्रेम का हावी होना; प्रेमाधीन होना

【儿女亲家】 érnǚ qìngjia समधी; समधिन; संबंधी (दो परिवारों के बेटे बेटी के एक-दूसरे से विवाह करने से उत्पन्न उनके मां-बाप का संबंध)

【儿时】 érshí शैशव; बाल्यकाल; बचपन

【儿孙】 érsūn पुत्र और पौत्र; संतान: ～自有～福 पुत्रों और पौत्रों का अपना-अपना भविष्य होना; अपने बाल-बच्चों के भविष्य को निर्धारित न कर सकना

【儿童】 értóng बालक; बाल: ～剧院 बाल रंगशाला; बाल नाट्यशाला / ～医院 बाल चिकित्सा केंद्र; बच्चों का अस्पताल / ～读物 बाल-पुस्तिकाएं / ～节 बाल-दिवस / ～影片 बाल-फ़िल्म / ～文学 बाल-साहित्य / ～游戏 बाल-क्रीड़ा / ～心理学 बाल-मनोविज्ञान

【儿童团】 értóngtuán बाल-कोर (मुक्ति के पहले क्रान्तिकारी आधार-क्षेत्रों में चीनी कम्युनिस्ट पार्टी के नेतृत्व में स्थापित बालकों के संगठन)

【儿媳妇儿】 érxífur बहू; पुत्रवधू

【儿戏】 érxì बच्चों का खेल: 这是很重要的工作，不是～。यह बहुत महत्वपूर्ण कार्य है, कोई हंसी-खेल नहीं। / 把生命当～ जान पर खेलना

【儿韵】 éryùn <भा० वि०> r – कारान्त मूर्द्धन्यीकरण

【儿子】 érzi पुत्र; बेटा; लड़का

而 ér ❶<संयो०> (संज्ञाओं को छोड़कर) ①और; तथा: 伟大～艰巨的任务 महान और कठोर कार्य / 这篇文章长～空。यह लेख लंबा पर थोथा है । ②पर; लेकिन; मगर; बल्कि: 少～精 कम लेकिन बेहतर / 被敌人反对是好事～不是坏事。दुश्मन द्वारा प्रहार किया जाना कोई बुरी बात नहीं बल्कि अच्छी बात है। / 有其名～无其实。नाम बड़ा दर्शन थोड़ा। / 华～不实 ऊंची दूकान फीका पकवान ③होते हुए भी; हालांकि … पर: 脆～不坚 सख्त होते हुए भी मज़बूत नहीं / 知～不言，言～不尽 जानकारी रखते हुए भी न बताना, या बताते हुए भी पूरी तरह से न बताना / 骆驼力气大，～吃得比骡子还省。ऊँट ताकतवर होते हुए भी खच्चर और घोड़े से कम खाता है । ④जबकि: 群众是真正的英雄，～我们自己则往往是幼稚可笑的。जन-समुदाय ही सच्चा वीर होता है, जबकि हम खुद बड़े बचकाने और अनजान साबित होते हैं । ❷तक: 由南～北 दक्षिण से उत्तर तक / 由春～夏 वसन्त से ग्रीष्म तक / 一～再，再～三 बार बार; बारंबार ❸कालवाचक या रीतिवाचक अव्यय का क्रिया के साथ जुड़ना: 匆匆～来 जल्दी-जल्दी आना / 半途～废 बीच ही में रुक जाना; मंझधार या आधे रास्ते में काम छोड़ देना; काम अधूरा रह जाना ❹उद्देश्य और विधेय के बीच में आकर ‘यदि’, ‘अगर’ का अर्थ सूचित करता है: 作家～不深入群众，就写不出好的作品来。यदि कोई लेखक जन-समुदाय के बीच न घुलमिल सका तो वह अच्छी रचना की सृष्टि नहीं कर सकेगा। / 民族战争～不依靠人民大众，毫无疑义将不能取得胜利。यदि राष्ट्रीय युद्ध जन-समुदाय पर निर्भर न रहा तो, निस्संदेह विजय प्राप्त न कर सकेगा। ❺क्रिया और उसके कारण या उद्देश्य को जोड़ता है: 为工农兵～创作 मज़दूरों, किसानों, और सैनिकों के लिए कला-साहित्य की रचनाओं की सृष्टि करना / 因困难～畏惧～退却是不对的。कठिनाइयों से डरना और उससे पीछे हट जाना ठीक नहीं। / 不要因失败～灰心，因成功～骄傲。हमें न तो असफलता से निराशा होनी चाहिए, और न सफलता पर घंमड।

【而后】 érhòu के बाद; फिर: 先学习～讨论 पहले अध्ययन करना फिर (या और इसके बाद) वादविवाद करना

【而今】 érjīn अब; आज: ～安在哉? अब वह कहां रह गया है ?

【而况】 érkuàng तो दूर; दरकिनार: 这块石头很重，

年轻人都搬不动，～老人呢？ यह चट्टान बहुत भारी है, नौजवान भी इसे नहीं हटा सकते, बूढ़े तो दरकिनार (या दूर रहे)।

【而立】 érlì 〈लि०〉 (केवल आयु के साथ प्रयुक्त) तीसः ～之年 तीस वर्ष की आयु में; तीस साल की उम्र में

【而且】 érqiě 〈संयो०〉 और … भी; बल्किः 灾民们不但战胜了灾害，～获得了丰收。बाढ़-पीड़ित जनता ने न केवल बाढ़ पर विजय पा ली है बल्कि भरपूर फ़सल भी प्राप्त की है। / 这屋子很宽敞，～光线很充足。यह कमरा बहुत बड़ा है और बहुत रोशनीदार भी।

【而外】 érwài को छोड़कर; के अलावाः 他除了印地语～，还会说俄语、英语等外语。हिन्दी भाषा के अलावा वह रूसी, अंग्रेज़ी आदि विदेशी भाषाएं भी बोल सकता है।

【而已】 éryǐ 〈लघु०अ०〉 इतना ही है; और कुछ नहीं; सब कुछ यही हैः 如此～，岂有他哉！ बस इतना ही है, और कुछ नहीं! / 不过说说～。कहना भर है। / 我不过是个学生～。मैं तो केवल एक विद्यार्थी हूँ।

洏 ér दे० 涟洏 lián'ér आंसू गिरते हैं और नाक बहती है।

栭 ér 〈लि०〉〈वास्तु०〉 斗拱 dǒugǒng के समान (स्मारक भवन में) स्तम्भों के शिखर पर बैठाई गई चौखट जो भीतर काठ की धरन और बाहर छत के छज्जे संभालती हैं। (हर सेट में तओ dǒu और कोंग gǒng शामिल होते हैं। बाहर की ओर निकले धनुषाकार भाग को कोंग कहते हैं और कोंग के बीच गद्दी के काम आने वाले काठ का समलम्बाकार कुंदा तओ कहलाता है)

轜（輀、轜）ér 〈लि०〉 मुर्दा ले जाने वाली गाड़ीः 灵～ मुर्दा ढोने वाली गाड़ी, शववाहन

胹 ér 〈लि०〉 पकाना

鸸（鴯）ér नीचे दे०

【鸸鹋】 érmiáo 〈प्राणि०〉 एमू; पक्षी विशेष

鲕（鮞）ér 〈लि०〉 मछली के अंडे

ěr

尔（爾）ěr लि० ❶तुमः 尔曹 / 非～之过。यह तुम्हारी त्रुटि नहीं है। ❷ऐसा; इस तरहः 果～ यदि ऐसा हो / 不过～～。केवल ऐसा ही है। ❸वह; यहः ～日 उस दिन / ～时 उस समय ❹और कुछ नहीं; इतना ही हैः 唯谨～。केवल सावधान है और कुछ नहीं। ❺〈प्रत्यय〉 विशेषण प्रत्यय (वाक्य में क्रियाविशेषण का काम देता है)ः 率～而对 बिना सोचे उत्तर देना; शीघ्र उत्तर देना / 莞～而笑 मुस्करा उठना

【尔曹】 ěrcáo 〈लि०〉 तुम लोग; तुम और तुम जैसे लोग

【尔代节】 ěrdàijié（尔德节 ěrdéjié और 开斋节 kāizhāijié भी）〈धर्म〉 ईदः ～会礼 ईद मेला / ～会礼地 ईदगाह

【尔德节】 ěrdéjié दे० 尔代节

【尔尔】 ěr'ěr ऐसा ही हैः 不过～～。केवल ऐसा ही है।

【尔格】 ěrgé 〈भौ०〉 अर्ग (erg) (शक्ति की इकाई)

【尔后】 ěrhòu 〈लि०〉 इसके पश्चात; बाद मेंः ～的战斗 आगे होने वाली लड़ाई

【尔来】 ěrlái 〈लि०〉 उस समय सेः ～十有七年矣。तब से अब तक सत्रह साल हो चुके हैं।

【尔许】 ěrxǔ 〈लि०〉 इतना; ऐसा; इस तरहः ～高 इतना ऊँचा; इस तरह ऊँचा / ～多 इतना अधिक; ठीक इतना अधिक

【尔雅】 ěryǎ 〈लि०〉 शिष्ट; सभ्य; सुसंस्कृतः 温文～ सुसंस्कृत और सभ्य

【尔虞我诈】 ěryú-wǒzhà आपस में धोखाधड़ी; एक दूसरे को धोखा देनाः ～是不行的。धोखाधड़ी से काम न चलेगा।

耳1 ěr ❶कान; कर्ण; श्रुतिः 外～ बाह्य कर्ण; कान का बाहरी भाग / 内～ कान का भीतरी भाग ❷कान जैसी वस्तुएंः 银～ ट्रेमेला ❸के दोनों ओर; बगल काः ～房 दोनों बगल के कमरे / ～门 फाटक की बगल के छोटे द्वार

耳2 ěr 〈लि०〉〈लघु०अ०〉 केवल … ही होना; इतना ही होनाः 想当然～。 यह तो केवल इच्छित विचार ही है।

【耳报神】 ěrbàoshén 〈अना०〉 छिपकर सूचना देने वाला; भेदी; भेदिया; जासूस

【耳杯】 ěrbēi 〈पुरा०〉 हत्थेदार प्याला; कुण्डेवाला प्याला

【耳背】 ěrbèi कम सुनना; ऊँचा सुननाः 请大声一点，我～。ज़रा ज़ोर से बोलो, मैं ऊँचा सुनता हूँ।

【耳鼻喉科】 ěr-bí-hóu kē 〈चिकि०〉 ❶कान-नाक-गला विभाग; कर्ण-नासा-कंठ विभाग; ई·एन·टी·विभाग ❷कर्ण-नासा-कंठ रोग विज्ञानः ～医生 कर्ण-नासा-कंठ विशेषज्ञ

【耳边风】 ěrbiānfēng（耳旁风 ěrpángfēng भी）कान से टकराती हवा की लहर; अनसुना सुझाव, राय आदिः 把报告当作～ रिपोर्ट को एक कान से सुनकर दूसरे कान से बाहर निकाल देना

【耳鬓厮磨】 ěrbìn-sīmó कान से कान और कनपटी से कनपटी रगड़ना —— (लड़के और लड़की के बीच घनिष्ट संबंध)

【耳沉】 ěrchén 〈बो०〉（耳朵沉 ěrduochén भी）कम सुनना; ऊँचा सुनना

【耳垂】 ěrchuí 〈श०वि०〉 लौ; लोलकी; ललरी; लव; कुचिया

【耳聪目明】 ěrcōng-mùmíng कान और आंखें तेज़ होना —— विवेकपूर्ण होना

【耳道】 ěrdào 〈श०वि०〉 कर्ण-कुहर; श्रवण-मार्ग

【耳朵】 ěrduo कान; कर्ण; श्रुति; (पशु की) कनौती: ～尖 कान तेज़ होना / 拧～ कान उमेठना

【耳朵底子】 ěrduo dǐzi 〈बो०〉〈चिकि०〉 कान के बीच के भाग की सूजन; कर्ण-शोथ

【耳朵软】 ěrduo ruǎn सहज़ ही विश्वास कर लेने वाला; कच्चे कान वाला: 他～, 人家一说就信了。वह सहज़ ही विश्वास कर लेने वाला है, दूसरों के कहने पर विश्वास कर लेता है ।

【耳朵眼儿】 ěrduoyǎnr ❶कर्ण द्वार ❷कान के बुन्दे पहनने के लिए लौ पर बनाया गया छिद्र

【耳房】 ěrfáng मकान के मुख्य कमरे की दोनों बगलों के कमरे; पार्श्व कक्ष

【耳风】 ěrfēng 〈बो०〉 सुनी गई वह खबर जिस पर विश्वास अनिश्चित हो।

【耳福】 ěrfú सुरीले संगीत, ऑपेरा आदि सुनने का बड़ा सौभाग्य: 大饱～ सुरीले संगीत ऑपेरा आदि सुनने का सुख उठाना

【耳根】 ěrgēn（耳根子 ěrgēnzi भी）❶कान की जड़ ❷〈बो०〉 कान: 她脸红到～。लज्जा की लाली उसके कानों तक पसर गई।

【耳垢】 ěrgòu（耵聍 dīngníng भी; लोकप्रचलित नाम 耳屎 ěrshǐ）खूँट; कर्णमल; कान का मैल

【耳鼓】 ěrgǔ 〈श०वि०〉 कर्णमृदंग; कर्णपटह; कान का पर्दा; कान की झिल्ली

【耳刮子】 ěrguāzi दे० 耳光

【耳掴子】 ěrguāizi 〈बो०〉 耳刮子

【耳管】 ěrguǎn कान का बाहरी श्रुतिगत मार्ग

【耳光】 ěrguāng （耳光子 ěrguāngzi भी）तमाचा; थप्पड़; चपत: 打～ मुंह पर तमाचा मारना; थप्पड़ जमाना / 挨～ मुंह पर थप्पड़ खाना

【耳郭】 ěrguō 〈श०वि०〉(耳廓 ěrkuò भी)बाह्यकर्ण का एक भाग; कर्ण-पल्लव

【耳锅】 ěrguō कुंडेदार पात्र या मर्तबान

【耳环】 ěrhuán कन-कली; कर्णिका; कुण्डल; बाली; बुन्दा: 戴～ कुण्डल (या बुन्दे) पहनना: 一副银～ एक जोड़ी चाँदी के बुन्दे

【耳机】 ěrjī（听筒 tīngtǒng, 耳机子 ěrjīzi भी）इयरफ़ोन; कनढक्कन: 戴～ इयरफ़ोन लगाना

【耳际】 ěrjì कान में: 在～萦绕 कान में बजना या बज रहना

【耳尖】 ěrjiān कान तेज़ होना; श्रवण-शक्ति तेज़ होना

【耳镜】 ěrjìng 〈चिकि०〉 कर्ण-परीक्षायंत्र; आटोस्कोप

【耳科】 ěrkē कर्ण-विभाग; कान रोग विभाग

【耳孔】 ěrkǒng 〈श०वि०〉 कर्ण-कुहर; कान का छेद

【耳廓】 ěrkuò दे० 耳郭 ěrguō

【耳力】 ěrlì सुनने की शक्ति: 他的～不太好。 उसकी श्रवण शक्ति बहुत अच्छी नहीं है ।

【耳聋】 ěrlóng बहरा; बधिर जिसे सुनाई न देता हो

【耳轮】 ěrlún 〈श०वि०〉 कर्णवक्र; कान का बाहरी भाग

【耳帽】 ěrmào（耳朵帽儿 ěrduomàor भी）फ़र का बना कर्ण-आवरण

【耳门】 ěrmén फाटक के दोनों ओर के छोटे दरवाज़े; फाटक की बगल का छोटा दरवाज़ा

【耳鸣】 ěrmíng 〈चिकि०〉 कर्णनाद; कान में भन-भनाहट की ध्वनि

【耳膜】 ěrmó कान का पर्दा

【耳目】 ěrmù ❶कान और आँख: 掩人～ लोगों की आंखों पर पर्दा डालना; आंखों में धूल झोंकना ❷जो सुना हो या देखा हो: ～所及 देखा सुना / ～不广 अच्छी तरह सूचित न करना ❸जासूस; गुप्तचर; भेदिया: 充当别人～ किसी दूसरे व्यक्ति का गुप्तचर बनना / 到处都有他们的～。उनकी आंखें और कान सब जगह थे ।

【耳目一新】 ěrmù-yīxīn सभी वस्तुएँ नई-ताज़ी नज़र आ रही हैं: 他们一到祖国便感到～。उन्हें मातृभूमि लौटने पर वहां की सभी वस्तुएं नयी-ताज़ी दिखीं।

【耳旁风】 ěrpángfēng दे० 耳边风

【耳屏】 ěrpíng 〈श०वि०〉 कान के बाहरी द्वार पर मांस का छोटा उभार; ट्रेगस (tragus)

【耳热】 ěrrè लज्जा की लाली कान तक दौड़ जाना: 她顿觉脸红～。लज्जा की लाली उसके कान तक दौड़ गई।

【耳濡目染】 ěrrú-mùrǎn अकसर देखने-सुनने से प्रभावित होना

【耳软心活】 ěrruǎn-xīnhuó सहज ही विश्वास कर लेने और मान लेने वाला व्यक्ति

【耳塞】 ěrsāi ❶कनढक्कन; ईयर-फ़ोन ❷ईयर-प्लग

【耳塞】 ěrsai 〈बो०〉 खूंट; कर्णमल

【耳扇】 ěrshàn ❶टोपी के दोनों ओर की लटकन जो मुड़कर कान को ढकती है; ईयर-फ़्लैप ❷बाह्य कर्ण का एक भाग; कर्ण-पल्लव: ～上夹着一支纸烟。कर्ण-पल्लव पर एक सिग्रेट टिकी है ।

【耳生】 ěrshēng अपरिचित ध्वनि; किसी ध्वनि का कान के लिये अपरिचित होना: 外面说话的声音听着～。बाहर से आती आवाज़ अपरिचित सी लग रही है ।

【耳食】 ěrshí 〈लि०〉 बिना सोचे-विचारे किसी के कहे पर विश्वास कर लेना: ～之谈 अफ़वाह; सुनी-सुनाई बात

【耳屎】 ěrshǐ 〈बोल०〉 खूंट; ठेंठी; कर्ण-मल

【耳饰】 ěrshì कनकली; लौंग; कुंडल

【耳熟】 ěrshú （耳生 का विलोम） परिचित ध्वनि; कान के लिए परिचित होना; सुनकर परिचित होना

【耳熟能详】 ěrshú-néngxiáng बार-बार सुनने से ऐसा परिचित हो गया है कि विस्तार से बताया जा सकता है

【耳顺】 ěrshùn ❶〈लि०〉 साठ वर्ष की आयु: ～之年 साठ वर्ष की आयु / 年近～ आयु का साठ वर्ष के नज़दीक होना ❷कानों को खुश करने वाला; कर्णप्रिय

【耳提面命】 ěrtí-miànmìng न केवल मुंह पर बल्कि कान पकड़कर भी बताना: गंभीरता के साथ उपदेश-वचन करना

【耳听为虚，眼见为实】 ěr tīng wéi xū, yǎn jiàn wéi shí कानों सुना झुठ हो सकता है, पर आंखों देखा सच होता है; आंखों देखा जाना, कानों सुना न माना

【耳挖子】 ěrwāzi （耳挖勺儿 ěrwāsháor भी） कानखोदनी

【耳闻】 ěrwén सुना है; कानों सुना: ～不如目见。कानों सुने से आंखों देखा भला। / ～目睹的事 कानों सुनी और आंखों देखी बात / 此事略有～, 详情不知。उसके बारे में मैंने कुछ कुछ सुना है, पर विस्तार से अभी साफ़ नहीं है ।
【耳蜗】 ěrwō <श०वि०> कनघोंघा; कान के भीतर की शंख के समान पोली जगह; कॉक्लिया
【耳下腺】 ěrxiàxiàn (腮腺 sāixiàn के समान) कर्णमूल; कर्णमूलीय ग्रन्थि; गले की गिल्टी
【耳性】 ěrxìng (बहुधा बच्चों के लिए प्रयुक्त) बच्चे की पहली गलती पर उसे सीख दी गई, पर उसने याद नहीं रखी और फिर इस तरह की गलती की । इसे 没有耳性 कहा जाता है
【耳穴】 ěrxué <ची०चि०> कानों पर ऐक्यूपंक्चूर के स्नायु-बिन्दु
【耳熏目染】 ěrxūn-mùrǎn दे० 耳濡目染 ěrrú-mùrǎn
【耳咽管】 ěryānguǎn <श०वि०> (咽鼓管 yāngǔguǎn, 欧氏管 ōushìguǎn भी) यूस्टेकियन नली (Eustachian tube); नली जो कण्ठवलिका के ऊर्ध्व भाग से कान के मध्य भाग तक जाती है
【耳炎】 ěryán <चिकि०> कर्णकोप; कर्णार्ति
【耳音】 ěryīn सुनने की शक्ति; श्रवण-शक्ति: 我的～可不行。मेरी सुनने की शक्ति ठीक नहीं है ।
【耳语】 ěryǔ कानाफूसी करना; आनाकानी करना; कनफुसकियों में कहना; फुसफुसाना
【耳针疗法】 ěrzhēn liáofǎ <ची०चि०> कर्णऐक्यूपंक्चर चिकित्सा
【耳坠子】 ěrzhuìzi <बोल०> (耳坠儿 ěr zhuìr भी) कर्णफूल
【耳子】 ěrzi बर्तन आदि का हत्था; मुठिया या कुण्डा आदि

迩 (邇) ěr <लि०> नज़दीक; निकट: 遐～驰名 नाम बहुत दूर तक फैल जाना
【迩来】 ěrlái आजकल; हाल ही में

洱 ěr नीचे दे०
【洱海】 Ěrhǎi युन्नान प्रान्त की एक झील, अर-हाइ झील

饵 (餌) ěr ❶केक: 果～ मिठाइयां और केक; कैण्डी और केक ❷मछली को फंसाने के लिए कांटे पर रखा गया दाना, चारा, कीड़ा आदि चीज़; कटिया; चारा ❸<लि०> फुसलाना; प्रलोभन देना; लुभाना
【饵敌】 ěrdí शत्रु को लालच देकर फुसलाना
【饵料】 ěrliào ❶(मत्स्य पालन) मछली को खिलाया जाने वाला भोजन: 鱼～ (मछली मारने के लिए) चारा; कटिया ❷टिड्डे आदि कीड़ों को नष्ट करने के लिए प्रयुक्त विष मिला चूर्ण आदि

駬 (騈) ěr दे० 騄駬 lù'ěr प्राचीन काल का एक बढ़िया नस्ल का घोड़ा (騄耳 lù'ěr भी)

珥 ěr <लि०> मोतियों या जेड से बना कुण्डल

铒 (鉺) ěr <रसा०> एर्बियम; अर्बियम (erbium) (Er)

èr

二 èr ❶दो; द्विः ～百 दो सौ / 二者必居其一 ❷दूसरा; द्वितीय: ～中全会 दूसरा पूर्णाधिवेशन / ～哥 दूसरा बड़ा भाई / ～楼 दूसरी मंज़िल ❷दो प्रकार का; भिन्न: 不二法门 bú èr fǎmén / 不二价 búèr jià
【二八】 èrbā <लि०> सोलह: 年方～ केवल सोलह वर्ष की आयु
【二把刀】 èrbǎdāo <बो०> ❶किसी वस्तु की ऊपरी जानकारी होना ❷अल्पज्ञ; पल्लवग्राही
【二把手】 èrbǎshǒu उपनेता
【二百二】 èrbǎi'èr <औष०> 汞溴红 gǒngxiùhóng मेर्क्यूरोक्रोम का साधारण नाम, इसे 二百二十 èrbǎi-èrshí भी कहते हैं
【二百海里领海】 èrbǎi hǎilǐ lǐnghǎi दो सौ समुद्री मील की समुद्री सीमा
【二百五】 èrbǎiwǔ <बो०> ❶मूर्ख; बेवकूफ़; मूढ़ ❷<बो०> अल्पज्ञ
【二板市场】 èrbǎn shìchǎng द्वितीय बाज़ार (बोर्ड)
【二倍体】 èrbèitǐ <जीव०> द्विद्वादश पार्श्वक
【二遍苦, 二茬罪】 èr biàn kǔ, èr chá zuì (बहुधा 吃二遍苦, 受二茬罪 में प्रयुक्त): दुबारा शोषित और उत्पीड़ित जीवन बिताना
【二部制】 èrbùzhì <शिक्षा> दो पाली व्यवस्था; द्वि अंशकालिक पाली: ～学校 पार्ट-टाइम शिफ़्ट वाला स्कूल
【二重唱】 èrchóngchàng <संगी०> युगल गान; दो-गाना
【二重性】 èrchóngxìng द्वित्व; द्वैत; द्विगुण; दुरंगा चरित्र
【二重奏】 èrchóngzòu <संगी०> युगल वाद्य
【二传手】 èrchuánshǒu <खेल०> (वालीबाल में) सेटर (setter)
【二次方程】 èrcì fāngchéng <गणित०> द्विघात समीकरण
【二次曲面】 èrcì qūmiàn <गणित०> द्विघात तल
【二次曲线】 èrcì qūxiàn <गणित०> कानिक सेक्शन
【二次污染】 èrcì wūrǎn दूसरी बार पंकिलता
【二道贩子】 èr dào fànzi <अना०> व्यक्ति जो किसी वस्तु को फिर से बढ़ाए गए दाम में बेच देता हो
【二等】 èrděng द्वितीय श्रेणी; दूसरा दर्जा: ～残废军人 दूसरे दर्जे का विकलांग सैनिक / ～舱 दूसरे दर्जे का केबिन / ～功 दूसरी श्रेणी का योगदान / ～奖 दूसरा पुरस्कार; दूसरे दर्जे का पुरस्कार / ～秘书<कूटनीति> सेकेन्ड सेक्रेटरी; अवर सचिव / ～品 घटिया माल; घटिया चीज़
【二地主】 èrdìzhǔ उप-जमींदार; बड़े जमींदार से सस्ते लगान में पट्टे पर ज़मीन लेकर दूसरों को भारी लगान में पट्टे

पर ज़मीन देने वाला जमींदार; सबलैंडलार्ड
【二叠纪】 èrdiéjì 〈भूगर्भ०〉 पर्मियन युग
【二叠系】 èrdiéxì 〈भूगर्भ०〉 पर्मियन स्तर
【二噁英】 èr'èyīng 〈रसा०〉 डाइ-ऑक्सिन (dioxin)
【二房】 èrfáng ❶बड़े घर की दूसरी शाखा ❷रखैल; रखेली
【二房东】 èrfángdōng सस्ते किराये पर मकान या कमरा लेकर दूसरों को दाम बढ़ाकर देने वाला; सबलेसर
【二分点】 èrfēndiǎn 〈खगोल०〉 विषुवीय युगल बिन्दु, भूमध्यरेखा पर दो बिन्दु जहां से सूर्य गुज़रता है ।
【二分裂】 èrfēnliè 〈जीव०〉 द्वि-विभाजन; द्वि-विखंडन
【二分音符】 èrfēn yīnfú 〈संगी०〉 अर्धस्वर; आधासुर; हाफ़ नोट; मिनिम
【二伏】 èrfú（中伏 zhōngfú भी）मध्यम फ़ू (साल में सब से गरम दिनों को फ़ू कहते हैं)
【二副】 èrfù दूसरा साथी; द्वितीय अधिकारी; सेकेंड आफ़ीसर (प्रमुख के पूरक के अर्थ में)
【二鬼子】 èrguǐzi देशद्रोही; गद्दार (जापानी आक्रमण-विरोधी युद्ध काल में जापानियों की सहायता करने वालों को दिया गया नाम)
【二锅头】 èrguōtóu अर-क्वो-थओ, एक प्रकार की तेज़ और रंगहीन शराब जो बाजरे से खींची जाती है (इस का यह नाम इसके दोहरे आसवन से पड़ा है)
【二胡】 èrhú अर-हू, एक प्रकार का परम्परागत चीनी तार-वाद्य; दोतारा
【二乎】 èrhu 〈बो०〉（二忽 èrhu भी）❶डरकर पीछे हटना: 他在困难面前向来不～。वह कठिनाइयों से डरकर कभी पीछे नहीं हटता । ❷हिचकिचाना; अनिश्चय में होना; दुविधा में पड़ना: 你越说越把我弄～了。जैसे-जैसे तुम कहते जाओगे वैसे-वैसे मेरा मन अनिश्चय में पड़ता जाएगा। ❸आशाप्रद न होना; आशारहित होना: 我看这件事～了，你说呢？मेरे ख्याल में इस बात के सफल होने की आशा बहुत कम है, आपका क्या विचार है ?
【二花脸】 èrhuāliǎn（架子花 jiàzihuā भी）पेइचिंग ऑपेरा में प्रयुक्त एक प्रकार का रंगा हुआ चेहरा, गाने की बनिस्बत हाव-भाव और अभिनय पर अधिक ज़ोर देने वाला पुरुष पात्र
【二化螟】 èrhuàmíng धान के पौधों में कुरेद-कुरेद कर खाने वाला धारीदार कीड़ा
【二话】 èrhuà (बहुधा निषेधवाचक वाक्यों में प्रयुक्त) आपत्ति; एतराज़: ～不说 बिना कोई आपत्ति किए / 需要我干什么，我就干什么，决没有～。मुझ से जो काम कराना चाहते हो, मैं करने के लिए तैयार हूँ। मुझे कोई आपत्ति नहीं।
【二黄】 èrhuáng 〈ना०〉 अर्-ह्वांग, परम्परागत चीनी ऑपेरा के संगीत की दो मुख्य शैलियों में से एक
【二婚】 èrhūn पुनर्विवाह (बहुधा महिला के लिए प्रयुक्त)
【二婚头】 èrhūntóu（二婚儿èrhūnr भी）〈अना०〉 फिर विवाह करने वाली स्त्री, पुनर्विवाहित स्त्री
【二混子】 èrhùnzi 〈बो०〉 आवारा; लोफ़र
【二级风】 èrjífēng 〈मौ०वि०〉 शक्ति 2 वायु; हल्की धीमी हवा
【二级市场】 èrjí shìchǎng दूसरे दर्जे का बाज़ार
【二极管】 èrjíguǎn 〈वैद्यु०〉 डाइऑड
【二尖瓣】 èrjiānbàn 〈श०वि०〉 दिल का एक कपाट; द्विदल कपाट; माइट्रल वाल्व (mitral valve): ～狭窄 रक्तकपाटिका की संकीर्णता; माइट्रल स्टेनोसिस (mitral stenosis)
【二进制】 èrjìnzhì 〈गणित०〉 द्विआधारी प्रणाली: ～标度 द्विआधारी स्केल / ～数 द्विआधारी संख्या / ～数字 द्विआधारी अंक
【二赖子】 èrlàizi 〈बो०〉 निर्लज्ज आवारा
【二郎腿】 èrlángtuǐ 〈बो०〉 बैठने का एक ढंग, एक टाँग को दूसरी टाँग पर रखकर बैठना: 跷起～ टाँग पर टाँग रखकर बैठना
【二老】 èrlǎo माता-पिता: ～双亲 माता-पिता
【二愣子】 èrlèngzi अविवेकपूर्ण व्यक्ति; बिना सोचे-समझे काम करने वाला
【二连音符】 èrlián yīnfú 〈संगी०〉 यमक; युग्मक
【二流子】 èrliúzi आवारागर्द: ～习气 आवारागर्दी
【二硫化物】 èrliúhuàwù 〈रसा०〉 बाइसल्फ़ाइड (bisulphide)
【二路儿】 èrlùr दूसरी श्रेणी का: ～货 दूसरी श्रेणी का माल; घटिया माल
【二毛】 èrmáo 〈लि०〉 ❶खिचड़ी बाल ❷खिचड़ी बालों वाला बूढ़ा आदमी
【二门】 èrmén (बड़े घर में) भीतरी द्वार
【二米饭】 èrmǐfàn पका हुआ चावल और बाजरे का मिश्रण
【二面角】 èrmiànjiǎo 〈गणित०〉 द्वितलकोण
【二名法】 èrmíngfǎ 〈जीव०〉 दो नाम वाला; दोहरे नाम का नामतंत्र
【二拇指】 èrmǔzhǐ तर्जनी (इसे 食指 shízhǐ भी कहा जाता है)
【二年生】 èrniánshēng 〈वन०〉 द्विवर्षीय; द्वि-वार्षिक: ～植物 द्वि-वर्षीय वनस्पति
【二七大罢工】 Èr Qī Dà Bàgōng 7 फ़रवरी, 1923 ई० की विशाल ऐतिहासिक हड़ताल जो चीनी कम्युनिष्ट पार्टी के नेतृत्व में पेइ-चिंग —— हांनखओ रेल-मज़दूरों द्वारा साम्राज्यवाद और युद्ध-पतियों के विरुद्ध चलाई गई थीं
【二全音符】 èrquán yīnfú 〈संगी०〉 अल्प; दो अर्द्धस्वर (जिन का अब बहुत कम प्रयोग होता है)
【二人台】 èrréntái ❶भीतरी मंगोलिया में प्रचलित युगल नृत्य-गान ❷उक्त युगल नृत्य-गान से विकसित लोकनाट्य
【二人转】 èrrénzhuàn ❶उत्तर-पूर्वी चीन का प्रचलित युगल नृत्य-गान ❷उक्त नृत्य-गान से विकसित स्थानीय नाटक, जो 吉剧 jíjù (ची-लिन नाटक) भी कहलाता है
【二十八星瓢虫】 èrshíbā xīng piáochóng पोटेटो लेडी-बाक, आलू पर पलने वाला एक भौंरा
【二十八宿】 èrshíbā xiù अट्ठाईस नक्षत्र, उनका नाम इस प्रकार है: पूर्व हरित नाग में सात नक्षत्र: 角 jiǎo चित्रा, 亢 kàng स्वाति, 氐 dī विशाखा, 房 fáng अनुराधा,

心 xīn ज्येष्ठा, 尾 wěi मूल और 箕 jī पूर्वाषाढ़ा । उत्तरी कृष्ण-कच्छप में सात नक्षत्रः 斗 dǒu उत्तराषाढ़ा, 牛 niú अभिजित, 女 nǚ श्रवण, 虚 xū धनिष्ठा, 危 wēi शतभिषा, 室 shì पूर्वभाद्रपद और 壁 bì उत्तरभाद्रपद । पश्चिम के सात नक्षत्रों को श्वेत-व्याघ्र कहते हैं: 奎 kuí रेवती, 娄 lóu अश्विनी, 胃 wèi भरणी, 昴 mǎo कृत्तिका, 毕 bì रोहिणी, 觜 zī मृगशिरा और 参 shēn आर्द्रा । दक्षिण के सात नक्षत्रों को अरुण-पक्षी कहते हैं: 井 jǐng पुनर्वसु, 鬼 guǐ पुष्य, 柳 liǔ अश्लेषा, 星 xīng मघा, 张 zhāng पूर्वा-फाल्गुनी, 翼 yì उत्तरा-फाल्गुनी और 轸 zhěn हस्त ।

【二十四节气】 èrshísì jiéqì चौबीस सौरावधियां (अर्थात: 立春 lìchūn वसन्तारंभ, 雨水 yúshuǐ वृष्टिजल, 惊蛰 jīngzhé कीट-जागरण, 春分 chūnfēn बसन्त-विषुव, 清明 qīngmíng शुद्ध-उज्ज्वलता, 谷雨 gúyǔ अन्नवृष्टि, 立夏 lìxià ग्रीष्मारंभ, 小满 xiǎomǎn अन्न की अल्प पूर्णता, 芒种 mángzhòng अन्न की बाल में रेशे आना, 夏至 xiàzhì उत्तरायण, 小暑 xiǎoshǔ अल्प उष्णता, 大暑 dàshǔ अति उष्णता, 立秋 lìqiū शरदारंभ, 处暑 chǔshǔ उष्णान्त, 白露 báilù श्वेत-तुषार, 秋分 qiūfēn शरदविषुव, 寒露 hánlù शीतल-तुषार, 霜降 shuāngjiàng तुहिन-अवरोह, 立冬 lìdōng शीतारंभ, 小雪 xiǎoxuě अल्प हिम, 大雪 dàxuě अतिहिम, 冬至 dōngzhì दक्षिणायण, 小寒 xiǎohán अल्प शीत और 大寒 dàhán अति शीत)

【二十四开】 èrshísì kāi ❶24 कैरट सोना; शुद्ध सोना ❷(पुस्तक या कागज़ का आकार) 24 मो

【二十四史】 Èrshísì Shǐ ❶चौबीस इतिहास वृत्तान्त (अति प्राचीन काल से लेकर मिंग राजवंश तक के राजवंशों का इतिहास) ❷लंबी और पेचीदा कहानी: 一部～, 不知从何说起。 यह एक ऐसी लंबी और जटिल कहानी है कि मुझे मालूम नहीं कहां से शुरू की जाए।

【二十五史】 Èrshíwǔ Shǐ चौबीस इतिहास वृत्तांत और य्वान राजवंश का नया इतिहास

【二十一条】 Èrshíyī Tiáo 21 मांगों की संधि (1915 ई० चीन पर अधिकार रखने के लिए जापान द्वारा य्वान श खाए पर ज़बर्दस्ती लादी गई)

【二手】 èrshǒu ❶सहायक: 我可以当您～吗? क्या मैं आपका सहायक बन सकता हूँ ? ❷पुराना; दूसरों से प्राप्त: ～资料 पुरानी सामग्री / ～货 पुराना माल / ～房 पुराना मकान

【二手烟】 èrshǒuyān सिगरेट पीने वाले द्वारा छोड़ा गया वह विषैला धुआँ जो उसके आसपास के लोग विवश होकर निगलते हैं; सेकण्ड-हैण्ड स्मोकिंग; पैसिव स्मोकिंग

【二四滴】 èrsìdī <कृ०> 2,4-D; 2,4 डाइक्लोरोफ़ीनोक्सीएसेटिक ऐसिड (dichlorophenoxyacetic acid)

【二踢脚】 èrtījiǎo <बो०> दो धमाकों वाला पटाखा

【二天】 èrtiān <बो०> दो-एक दिन बाद; किसी दिन: ～我再来看您。 किसी दिन मैं आपसे मिलने फिर आऊंगा।

【二头肌】 èrtóujī <श०वि०> दोसिरी पेशी; बाइसेप्स

【二五减租】 èrwǔ jiǎnzū भूमि के लगान में 25 प्रतिशत की कटौती करना

【二五眼】 èrwǔyǎn ❶(व्यक्ति) अयोग्य; अशक्त; (वस्तु) घटिया ❷अयोग्य व्यक्ति

【二线】 èrxiàn ❶युद्ध में दूसरा मोर्चा ❷ज़िम्मेदारी से मुक्त पद: 退居～ पूर्व के ज़िम्मेदारी के पद से अलग होकर; ज़िम्मेदारी से मुक्त पद ग्रहण करना

【二项式】 èrxiàngshì <गणित०> द्विपद; द्विपदी

【二象性】 èrxiàngxìng <भौ०> द्वित्व; द्वैत: 物质的～ पदार्थ के द्वैतवादी गुण / 波粒～ तरंग-कण द्वैत; तरंग-कण द्वित्व

【二心】 èrxīn ❶विश्वासघात; मित्रघात; बेवफ़ाई ❷आधा मन; बेदिली; अनमनापन

【二性子】 èrxìngzi (两性人 liǎngxìngrén का साधारण नाम) उभयलिंगी मनुष्य; हर्माफ़्रोडाइट

【二氧化物】 èryǎng huàwù <रसा०> डाइ-आक्साइड (जैसे: 二氧化硅 सिलिकोन डाइ-आक्साइड; 二氧化锰 मैंगनीज़ डाइ-आक्साइड; 二氧化碳 कार्बन डाइ-आक्साइड)

【二一添作五】 èr yī tiānzuò wǔ आधा-आधा बांटना; समान भाग में बांटना; आधा हिस्सा लेना

【二意】 èryì 二心 के समान

【二元】 èryuán ❶<गणित०> द्वित्व; द्वैत ❷<रसा०> द्विअंगी; दुअंगी: ～酸 द्विअंगी अम्ल (बाहनीर ऐसिड)

【二元论】 èryuánlùn <दर्शन०> द्वैतवाद; द्विवाद

【二元体】 èryuántǐ 二倍体 èrbèitǐ का दूसरा नाम

【二月】 èryuè ❶फ़रवरी ❷चांद्रवर्ष का दूसरा मास

【二战】 Èrzhàn द्वितीय महा-विश्वयुद्ध का संक्षिप्त रूप

【二者必居其一】 èr zhě bì jū qí yī दोनों में से एक को ही अपनाना होगा; दो में से एक ही चीज़ हो सकती है

【二职】 èrzhí दूसरा (द्वितीय) काम-धन्धा

【二指】 èrzhǐ तर्जनी, प्रदेशिनी

【二至点】 èrzhìdiǎn <खगोल०> आयनबिन्दु

【二致】 èrzhì फ़र्क; अंतर; भिन्न: 我和你的意见毫无～。 मैं तुम्हारी राय से पूरी तरह सहमत हूँ।

弍 èr 二 èr के समान

刵 èr प्राचीन काल में कान काटने का दंड

佴 èr <लि०> ठहरना; रुकना; रखना
Nài भी दे०

贰 èr ❶अंक 二 èr का बड़ा मूल रूप ❷विश्वासघातक: 贰臣

【贰臣】 èrchén ऐसा अधिकारी जो पूर्व वर्त्ती राजवंश का हो और नये राजवंश के आगे आत्मसमर्पण करके फिर से अधिकारी बन गया हो

【贰心】 èrxīn 二心 èrxīn के समान

咡 èr <लि०> मुंह के दोनों ओर; गाल; कपोल

樲 (樲) èr (प्राचीन काल की पुस्तकों में) बदरी; बेर; जूजूब का पौधा या वृक्ष

F

fā

发（發）fā ❶भेजना; देना; बाँटना: ～电报 तार भेजना / ～工资 वेतन बाँटना / ～命令 आज्ञा देना / 给孩子们～糖果 बच्चों को (में) मिठाई बाँटना ❷चलाना; छोड़ना; दागना: ～炮 तोप चलाना; गोला दागना ❸जारी करना; प्रचलित करना: ～纸币 मुद्रा जारी करना ❹व्यक्त करना; ज़ाहिर करना: 大～议论 खूब राय ज़ाहिर करना; / 一言不～ कुछ भी न बोलना; ज़बान न हिलाना ❺अस्तित्व में आना; पैदा होना या करना: 发芽 / 发电 ❻विकसित होना; विस्तृत होना: 发育 ❼बन जाना; हो जाना: 脸色～黄 चेहरा पीला पड़ जाना / 树叶～绿了。पेड़ की पत्तियां हरी होने लगी हैं। ❽(खमीर उठने या जल में भिगोये जाने से) फूल जाना; उभर आना: 面～起来了。गूँधा हुआ आटा फूल गया है। / ～豆芽 दाल या सोयाबीन आदि को अंकुरित करना ❾खोदना; खोल देना: 发掘 / 揭～ भंडा फोड़ करना ❿अनुभव करना; महसूस होना; लगना: 脚～麻 पाँव सुन्न हो जाना / ～痒 खुजलाना / 嘴里～苦 मुँह में कड़ुआ सा लगना ⓫यात्रा आरंभ करना; रवाना होना या करना: 出～ रवाना होना / 整装待～ माल-असबाब ठीक-ठाक करके रवानगी के लिये तैयार होना / 朝～夕至 सुबह रवाना होना और शाम को वहाँ पहुँच जाना ⓬〈परि०श०〉(गोलियों या गोलों के लिये प्रयुक्त): 一～炮弹 एक गोला / 五百～子弹 पाँच सौ गोलियाँ

fà भी दे०

【发榜】 fābǎng उत्तीर्ण परीक्षार्थियों की नाम-सूची प्रकाशित करना या होना: 高校录取新生明天～。मैट्रिक परीक्षा का नतीजा कल प्रकाशित होगा।

【发包】 fābāo (किसी ठेकेदार से) ठेका लेने का काम कराना; ठेका देना

【发报】 fābào रेडियो या तार आदि से समाचार पहुँचाना

【发报机】 fābàojī रेडियो ट्रांसमीटर (radio transmitter)

【发背】 fābèi 〈ची०चि०〉 पीठ का राजफोड़ा

【发表】 fābiǎo प्रकाशित करना; जारी करना: ～声明 बयान जारी करना, वक्तव्य निकालना / ～讲话 भाषण देना / ～文章 लेख प्रकाशित करना / ～意见 विचार व्यक्त करना; राय ज़ाहिर करना / ～论文 निबंध प्रकाशित करना / 这次事件的调查结果尚未正式～。इस घटना की जाँच-पड़ताल का नतीजा अभी अधिकृत रूप से घोषित नहीं किया गया।

【发兵】 fābīng सेना भेजना

【发病】 fābìng किसी रोग से पीड़ित होना, बीमार पड़ना: 旧病复发 अच्छा होने पर फिर दुबारा बीमार पड़ जाना / 他是昨天夜里发的病，现在情况有些好转。वह रात को बीमार था, अब कुछ ठीक हो रहा है।

【发病率】 fābìnglǜ किसी रोग का घटना: 近几年流感的～逐渐降低了。इधर कुछ सालों से फ़्लू का घटना कम होता जा रहा है।

【发布】 fābù प्रकाशित करना; जारी करना: 向…～命令 … के नाम आज्ञा जारी करना / ～新闻 समाचार प्रकाशित करना

【发财】 fācái धनी बनना; अमीर हो जाना; मालामाल हो जाना; खूब रुपया कमाना: 去年他做买卖发了财。पिछले साल वह व्यापार से मालामाल हो गया।

【发颤】 fāchàn काँपना; थरथराना; थर्राना: 他冻得两腿～。शीत के मारे उस के पाँव काँपने लगे। / 小偷一见警察吓得混身～。पुलिस के सिपाही को देखते ही चोर थर्रा गया।

【发潮】 fācháo सीलना; तर होना: 这房子好久没人住了，地上有点儿～。बड़े दिनों से यह मकान खाली पड़ा है, इसलिये इस का फ़र्श कुछ सील गया सा लगता है।

【发车】 fāchē (रेलगाड़ी या बस आदि) गाड़ी छूटना; गाड़ी छोड़ना: 首班车早晨五点～。सुबह पाँच बजे पहली गाड़ी छूटती है।

【发车场】 fāchēchǎng 〈रेल०〉 प्रस्थान केंद्र; डिपार्चर यार्ड

【发痴】 fāchī 〈बो०〉 ❶निस्तब्ध होना ❷पागल होना; बौखलाना; बौखला उठना

【发愁】 fāchóu चिंता करना या होना; फ़िक्र करना या होना: 何必为这件事～呢。इस बात की चिंता करने की क्या ज़रूरत है। / 别～，大家都会帮助你的。फ़िक्र मत करो, सब लोग तुम्हारी मदद करेंगे। / 我正为这件事～呢。मुझे इस की चिंता मारे डालती है।

【发出】 fāchū ❶देना; भेजना; निकालना: ～通知 सूचना देना / ～呼吁 दुहाई देना / ～警告 चेतावनी देना / ～声响 स्वर निकालना; आवाज़ निकलना / ～香味 सुगंध निकलना; महक देना / 货物已经～了。माल भेज दिया गया है। / 信件～了没有? क्या चिट्ठी भेज दी गई है? ❷प्रकाशित करना; जारी करना: ～通告 विज्ञप्ति प्रकाशित करना; सूचना निकालना

【发怵】 fāchù संकोच करना; डर लगना: 他第一次在众人面前讲话心里有点～。वह पहली बार इतने लोगों के सामने बोलने में ज़रा संकोच कर रहा है।

【发憷】 fāchù दे० 发怵

【发喘】 fāchuǎn जल्दी-जल्दी और लंबी-लंबी साँस लेना; हाँफना

【发达】 fādá ❶विकसित; उन्नत; समृद्ध; फला-फूला:

交通～ यातायात की व्यवस्था विकसित होना / 这个地区工业很～。इस इलाके के उद्योग-धंधे उन्नति पर हैं। ❷बलवान और हृष्ट-पुष्ट; तगड़ा: 四肢～ हाथ-पाँव तगड़े होना ❸आगे बढ़ाना; विकास करना: ～贸易 व्यापार का विकास करना

【发达国家】 fādá guójiā विकसित देश

【发呆】 fādāi निस्तब्ध होना; बिना हिले-डोले शून्य-दृष्टि से देखते रहना: 他一声不吭，坐在那里～。वह कुछ बोला नहीं; वहाँ बैठा शून्य-दृष्टि से देखता रहा।

【发嗲】 fādiǎ 〈बो०〉 नखरा करना; नखरा बघारना

【发电】 fādiàn विद्युत का संचार करना; बिजली पैदा करना

【发电厂】 fādiànchǎng बिजली-घर; विद्युत-गृह; पावर-प्लान्ट; पावर स्टेशन: 水力～ पन-बिजलीघर / 火力～ ताप-बिजलीघर / 原子能～ अणु शक्ति बिजलीघर / ～容量 स्टेशन कपैसिटी (station capacity)

【发电机】 fādiànjī विद्युत-उत्पादक; जनरेटर (generator): ～容量 जनरेटर कपैसिटी (capacity) / ～组 जनरेटिंग सेट

【发电量】 fādiànliàng विद्युत ऊर्जा का उत्पादन

【发电站】 fādiànzhàn विद्युत-केंद्र; पावर-स्टेशन

【发动】 fādòng ❶आरंभ करना; छेड़ना: ～战争 लड़ाई छेड़ना / ～攻势 धावा बोलना ❷आन्दोलित करना; जागृत करना: ～群众 जन-साधारण को आन्दोलित करना; जन-समुदाय को जागृत करना ❸संचालित करना; गतिशील बना देना: ～机器 मशीन चलाना

【发动机】 fādòngjī इंजन; मोटर

【发抖】 fādǒu कंपना; कांपना; थर्राना; थरथराना; लरजना: 吓得～ डर के मारे कांपना; भय से थर्राना / 冷得～ शीत से कांपना; जाड़े के मारे थरथराना / 气得～ क्रोध से कांपना

【发堵】 fādǔ मन-ही-मन दुखी और विकल होना; खिन्न होना; क्लिष्ट होना

【发端】 fāduān ❶आरंभ; प्रारंभ; शुरुआत ❷आरंभ होना; शुरुआत होना

【发凡】 fāfán 〈लि०〉 ❶विषय-प्रवेश; रूपरेखा ❷(किसी विषय या पुस्तक की) भूमिका; प्रस्तावना

【发烦】 fāfán झुँझलाना; खीझना; उद्विग्न होना

【发放】 fāfàng देना; प्रदान करना; पहुँचाना: ～农（工）业贷款 कृषि (उद्योग) के लिये सरकारी ऋण मुहय्या करना / ～奖学金 छात्रवृत्ति देना / 救灾款物已经～到受灾地区。सहायता धन राशि व वस्तुएँ विपत्तिग्रस्त स्थानों में पहुँचाई गईं।

【发粉】 fāfěn खमीर उठाने का पाउडर; पाकचूर्ण

【发奋】 fāfèn ❶उत्साहित होकर काम करना: ～努力 उत्साहपूर्वक प्रयत्न करना ❷发愤 के समान

【发愤】 fāfèn प्रयत्न का दृढ़ निश्चय करना; निश्चित रूप से प्रयास करना: ～工作 भरपूर शक्ति लगा कर काम करना; काम में पूरी तरह जुटना

【发愤图强】 fāfèn-túqiáng अपने राष्ट्र को शक्तिशाली बनाने की तीव्र इच्छा रखते हुए काम करना

【发愤忘食】 fāfèn-wàngshí किसी काम में इस तरह लगे रहना कि नियमित भोजन भी भूल जाए

【发疯】 fāfēng बौखलाना; बौखला उठना; पागल होना; विक्षिप्त होना: ～似的 विक्षिप्त की भांति; पागल की तरह

【发福】 fāfú 〈शिष्ट०〉 (प्रायः अधेड़ों या उन से अधिक आयु वालों के लिये प्रयुक्त) मोटा हो जाना; मोटा-ताज़ा होना

【发绀】 fāgàn 〈चिकि०〉 श्यामता

【发糕】 fāgāo (भाप से पकाया) स्पंज केक

【发稿】 fāgǎo ❶(समाचार समिति द्वारा) लिखित समाचार बांटना ❷(किसी लेख या पुस्तक की) हस्तलिखित प्रति को छपने के लिये छापेखाने भेजना

【发给】 fāgěi देना; बाँटना; प्रदान करना: ～护照 पासपोर्ट देना / ～学生课本 विद्यार्थियों को पाठ्य-पुस्तकें बाँटना

【发光】 fāguāng ❶प्रकाश देना; चमकना; दमकना; चमचमाना: 天上星星在闪闪～。आकाश में तारे टिमटिमा रहे हैं। / 有一份热，发一份光 जितना ताप पैदा होगा उतना ही प्रकाश देगा —— अपनी पूरी शक्ति लगाकर काम करना, चाहे वह थोड़ी-सी भी क्यों न हो / ～电钟 विद्युत प्रकाश छोड़ने वाली घड़ी / ～屏 प्रकाशयुक्त पर्दा ❷〈भौ०〉 संदीप्ति: ～度 दीप्ति; ज्योति

【发光漆】 fāguāngqī प्रदीप्त रंग, अंधेरे में चमकता रोगन

【发光体】 fāguāngtǐ ❶प्रकाश फेंकने वाली वस्तु ❷〈खगोल०〉 प्रकाश-पुंज

【发汗】 fāhàn (दवाओं आदि के प्रयोग से) पसीना लाना

【发汗药】 fāhànyào पसीना लाने वाली दवा

【发号施令】 fāhào-shīlìng आज्ञा देना; आदेश जारी करना: 你有什么资格对别人～？ तुम्हें दूसरों को आज्ञा देने का क्या अधिकार है ? / 要深入群众，不要坐在办公室里～。जनसमुदाय के बीच जाकर घुलोमिलो, बन्द कमरे में बैठे-बैठे आदेश जारी न करो।

【发狠】 fāhěn ❶आवेश से निश्चय करना: 他一～，两天的任务一天就完成了。आवेश से काम करने का निश्चय कर उस ने एक ही दिन में दो दिन का काम समाप्त कर दिया। ❷क्रोधित होना; आग-बबूला होना

【发横】 fāhèng अविवेकी या अयुक्तिसंगत तरीके से काम करना

【发花】 fāhuā (आँखों का) धुँधला होना

【发话】 fāhuà ❶(मौखिक) आज्ञा देना: 到底该怎么办，你～吧。आखिर क्या किया जाए, बोलो तो सही। ❷क्रोध के असर में बोलना

【发话器】 fāhuàqì टेलीफ़ोन-ट्रांस्मीटर

【发还】 fāhuán (प्रायः निम्नपदस्थों या मातहतों को) कोई चीज़ वापस देना; लौटा देना: 把作业～给学生 विद्यार्थियों को गृह-कार्य वापस देना / 将被盗物品～原主 चुराया गया सामान सामान के स्वामी को लौटा देना

【发慌】 fāhuāng घबराना; व्यग्र होना; बेचैन होना: 新演员第一次登台，心里难免有点～。नया अभिनेता जब पहली बार मंच पर आता है तो ज़रूर कुछ-न-कुछ घबराता है।

【发挥】 fāhuī ❶विकसित करना; पूर्ण उपयोग करना; प्रदर्शित करना: ～创造性 सृजनशक्ति का पूरा विकास करना / ～共产党员的模范作用 कम्युनिस्टों की आदर्श भूमिका अदा करना / ～长处 किसी की विशेषता को उपयोग में लाना / ～威力 अपनी शक्ति का प्रदर्शन करना / ～想象力 कल्पना-शक्ति का पूर्ण उपयोग करना / ～冲天干劲 अभूतपूर्व साहस का परिचय देना ❷(विचार, विषय-वस्तु आदि का) विकास करना या उस की स्पष्ट व्याख्या करना: 这一理论有待进一步～。इस सिद्धांत की और स्पष्ट व्याख्या करने की आवश्यकता है।

【发昏】 fāhūn ❶सिर का चक्कर खाना; सिर चकराना; सिर घूमना: 我的头有点～。मेरा सिर चक्कर खा रहा है; मेरा सिर चकरा रहा है। ❷भ्रम में पड़ना

【发火】 fāhuǒ ❶जलने या सुलगने लगना: ～点 प्रज्वलन-ताप ❷विस्फोट होना: 打了一枪，没有～。एक गोली छूट गई पर उस में विस्फोट नहीं हुआ। ❸〈बो०〉 अग्नि-कांड होना; आग लगना ❹〈बो०〉 (अँगीठी आदि का) जल्दी जलना या सुलगना ❺क्रोध में आना; आग-बबूला होना: 不要～，有话好好说。क्रोध न करो, हम आराम से बात करें। / 一提起这事他就～。इस बात को लेकर वह आग-बबूला हो जाता है।

【发货】 fāhuò माल भेजना; माल वितरण करना

【发货单】 fāhuòdān बीजक; डिस्पैच लिस्ट

【发货人】 fāhuòrén माल भेजने वाला (व्यापारी)

【发急】 fājí अधीर होना; सह न सकना: 他到现在还不来，让人等得～。वह अभी तक नहीं आया, प्रतीक्षा करते-करते धैर्य टूट गया।

【发迹】 fājì (प्रायः गरीब आदमी का) अकस्मात् धनी बन जाना; प्रतिष्ठित हो जाना

【发家】 fājiā अपने परिवार को धनवान बनाना

【发家致富】 fājiā-zhìfù अपने परिवार को धनवान बनाना

【发奖】 fājiǎng पुरस्कार देना; इनाम देना: ～仪式 पुरस्कार वितरण-संस्कार

【发酵】 fājiào खमीर उठाना

【发酵粉】 fājiàofěn खमीर उठाने का पाउडर; पाकचूर्ण

【发酵饲料】 fājiào sìliào खमीर उठा चारा

【发紧】 fājǐn कसा हुआ लगना; तना हुआ लगना

【发酒疯】 fā jiǔfēng मदहोशी में पागल का सा व्यवहार करना

【发觉】 fājué पता चलना; पाना: 问题一经～，就应立即解决。समस्याओं का पता चलते ही उन्हें तुरंत हल कर लेना चाहिये।

【发掘】 fājué खोदना; ढूँढ़ निकालना: ～古墓 प्राचीन समाधि खोदना / ～文物 सांस्कृतिक अवशेषों को ज़मीन के नीचे से खोद कर निकालना / 考古～ पुरातत्व-संबंधी खुदाई / ～人才 सुयोग्य व्यक्तियों का पता लगा कर उन्हें उपयोग में लाना / ～资源 भंडार को खोल कर उस का प्रयोग करना / ～祖国的医药学遗产 चीन की परम्परागत चिकित्सा और औषधि-विज्ञान की पैतृक संपत्ति को खोज निकालना

【发刊词】 fākāncí (किसी पत्रिका के प्रथम अंक के लिये) परिचय; भूमिका:《共产党人》～'कम्युनिस्ट' का परिचय

【发狂】 fākuáng बौखलाना; बौखला उठना; पागल हो जाना

【发困】 fākùn 〈बोल०〉 नींद आना; उनींदा होना

【发懒】 fālǎn सुस्त लगना; आलसी लगना

【发牢骚】 fāláosāo शिकायत करना; बड़बड़ाना

【发冷】 fālěng सर्दी लगना: 我有点～，也许发烧了。मुझे सर्दी लग रही है, शायद बुखार आ रहा है।

【发愣】 fālèng 〈बोल०〉 发呆 के समान

【发亮】 fāliàng चमकना; रोशनी फैलना: 机器擦得～ मशीन का रगड़ने से चमकना / 东方～了。पूर्व में उजाला होने लगा; पौ फट गई।

【发令】 fālìng आज्ञा देना; हुक्म चलाना

【发令枪】 fālìngqiāng 〈खेल०〉 स्टार्टिंग गन

【发聋振聩】 fālóng-zhènkuì इतनी तेज़ आवाज़ करना कि बहरों तक को सुनाई देना —— किसी अनभिज्ञ को प्रबुद्ध करना: 您的这篇讲话，真可叫～。आप के इस भाषण से लोगों की आँखें खुल गईं।

【发落】 fāluò निबटाना; (किसी के साथ) बर्ताव करना: 从轻～ (किसी के साथ) रियायत करना

【发毛】 fāmáo ❶〈बोल०〉 डर होना, डर के मारे रोंगटे खड़े हो जाना ❷〈बो०〉 नाराज़ होना; गुस्से में आना

【发霉】 fāméi (किसी वस्तु में) फफूँद लगना; (किसी चीज़ पर) भुकड़ी लगना

【发闷】 fāmēn ❶उमस होना; हवा बन्द होना: 今天天气有点～。आज ज़रा उमस है। ❷(आवाज़ का) रुका या दबा हुआ होना

fāmèn भी दे०

【发闷】 fāmèn उदास होना; खिन्न होना

fāmēn भी दे०

【发蒙】 fāmēng 〈बोल०〉 भ्रम में पड़ना; सुध खोना

【发蒙】 fāméng 〈पुराना〉 किसी बच्चे को क ख ग पढ़ाना-सिखाना; किसी बच्चे को प्रारंभिक शिक्षा देना

【发面】 fāmiàn ❶गुंधे हुए आटे में खमीर उठाना ❷खमीरा आटा: ～饼 खमीरी रोटी

【发明】 fāmíng ❶आविष्कार; ईजाद: 最新～ नवीनतम आविष्कार ❷आविष्कार करना; ईजाद करना: 印刷术是中国首先～的。छपाई का आविष्कार सब से पहले चीनियों द्वारा किया गया था। ❸〈लि०〉 (किसी सिद्धांत को) ब्योरेवार बयान करना; विस्तृत रूप से प्रस्तुत करना

【发明家】 fāmíngjiā आविष्कारक

【发木】 fāmù (शरीर का अंग) संज्ञाहीन होना; सुन्न होना: 我这只胳臂～。मेरी यह बाँह सुन्न हो गई है।

【发难】 fānàn ❶क्रांति का सूत्रपात करना; विद्रोह करना ❷〈लि०〉 (वाद-विवाद के लिये) कठिन समस्याएं प्रस्तुत करना

【发蔫】 fāniān ❶मुरझाना; कुम्हलाना: 这花要～了。ये फूल मुरझाने वाले हैं। ❷उदास होना; अप्रसन्न होना

【发怒】 fānù क्रुद्ध होना; गुस्से में आना; आग-बबूला होना

【发排】 fāpái किसी लेख या पुस्तक की हस्तलिखित प्रति को छपने के लिये छापेखाने भेजना

【发胖】 fāpàng मोटा हो जाना; मुटाना; चरबी चढ़ना

【发泡剂】 fāpàojì 〈रसा०〉 झाग (या फेन) निकालने वाला पदार्थ

【发配】 fāpèi 〈पुराना〉 (किसी को) कालापानी भेजना; (किसी को) देश-निकाला देना; (किसी को) देश-निकाला मिलना

【发脾气】 fāpíqi गुस्से में आना; क्रुद्ध होना; बिगड़ना: 瞧吧，他明天一定会大～。 कल देखना, वह कितना बिगड़ता है। / 他一听这话就向我发起脾气来了。 यह बात सुनते ही वह मुझ पर बरस पड़ा।

【发票】 fāpiào रसीद: 开～ रसीद देना

【发起】 fāqǐ ❶प्रतिपादन करना; पहल करना: 这个会议是由四国～的。 यह सम्मेलन चार देशों द्वारा प्रतिपादित था। ❷आरम्भ करना; सूत्रपात करना: ～反攻 प्रत्याक्रमण करना; जवाबी हमला शुरू करना

【发起国】 fāqǐguó प्रवर्तक राष्ट्र

【发起人】 fāqǐrén प्रवर्तक

【发气】 fāqì ❶गुस्से में आना; बिगड़ना: 我从来没见他那样～过。 मैं ने पहले उस को इतना बिगड़ते कभी नहीं देखा। ❷(किसी पर) गुस्सा उतारना

【发情】 fāqíng 〈प्राणि०〉 ❶काम-वासना; उत्तेजना ❷काम-वासना से उन्मत्त होना; मद पर आना; गरम होना

【发情期】 fāqíngqī 〈प्राणि०〉 मदकाल

【发情周期】 fāqíng zhōuqī 〈प्राणि०〉 मदचक्र

【发球】 fāqiú 〈खेल०〉 सर्विस करना: 该谁～? किस की सर्विस है? / 换～ सर्विस बदलना; चैंज सर्विस / ～得分 एस (ace); सर्विस से अंक मिलना / ～失误 फ़ाल्ट; मिस्ड सर्विस / 他～发得好。 उस की सर्विस बहुत अच्छी है।

【发球区】 fāqiúqū 〈खेल०〉 सर्विस क्षेत्र

【发热】 fārè ❶ताप उत्पन्न करना; गर्मी पैदा करना ❷बुखार आना; ज्वर चढ़ना: 我好像有点～。 लगता है, मुझे बुखार आ रहा है। ❸उग्र होना: 头脑～ उग्रता से काम लेना

【发热量】 fārèliàng 〈रसा०〉 तापकारक क्षमता; उष्मोत्पादन क्षमता

【发人深省】 fārén-shēnxǐng（省 को 醒 भी लिखा जाता है） (लोगों को) पूर्ण रूप से सचेत बनाना; गहराई तक सोचने में प्रवृत्त करना

【发轫】 fārèn 〈लि०〉 नवोदित वस्तु का आरंभ होना; नया कार्य प्रारम्भ करना या होना

【发散】 fāsàn ❶(किरणों का) फैलना ❷〈ची०चि०〉 स्वेदजनक दवा से भीतरी ताप निकालना: 吃点药～一下。 भीतरी ताप बाहर निकालने के लिये पसीना पैदा करने वाली दवा खाओ।

【发散度】 fāsàndù 〈भौ०〉 अपसरण

【发丧】 fāsāng ❶(रिश्तेदारों और मित्रों को) शोक-समाचार पहुँचाना ❷मृतक-कर्म का प्रबन्ध करना

【发色团】 fāsètuán 〈बुना०〉 क्रोमोफ़ोर (chromophore)

【发痧】 fāshā 〈बो०〉 तापाघात होना; लू लगना

【发善心】 fāshànxīn हृदय पसीज उठना; रहमदिली दिखाना

【发烧】 fāshāo बुखार आना; ज्वर चढ़ना

【发烧友】 fāshāoyǒu (किसी मनोरंजन-विशेष या किसी वस्तु का) प्रेमी; शौकीन

【发射】 fāshè ❶छोड़ना; फेंकना; बरसाना; प्रक्षेपण करना: ～导弹 गाइडिड मिसाइल छोड़ना / ～火箭 राकेट छोड़ना / ～地球卫星 भू-उपग्रह प्रक्षेपण करना / ～炮弹 गोला दागना; गोले बरसाना ❷〈भौ०〉 प्रेषण; ट्रांसमिट

【发射场】 fāshèchǎng प्रक्षेपण-स्थान

【发射光谱】 fāshè guāngpǔ उत्सर्जन-किरण-बिंब; एमिशन स्पेक्ट्रम (emission spectrum)

【发射架】 fāshèjià लाउंचर (launcher)

【发射井】 fāshèjǐng प्रक्षेपण-साइलो (silo)

【发射台】 fāshètái प्रक्षेपण-केंद्र

【发身】 fāshēn वयस्कता; यौवनारम्भ

【发神经】 fāshénjīng पागल होना: 你～啦，这么大热天，还穿棉袄! क्या पागल हो गए हो, इतनी गर्मी में रूई का कपड़ा पहनते हो!

【发生】 fāshēng होना; घटित होना; उठना; जगना; पैदा होना: 这几年这里～了巨大变化。 इधर कुछ सालों से यहां भारी परिवर्तन हुए हैं। / 那里～了地震。 वहां भूकंप हुआ। / ～了新的困难。 नई कठिनाई पैदा हुई। / 他俩～了争吵。 दोनों में झगड़ा हुआ। / 昨天～了一起交通事故。 कल यहां एक यातायात दुर्घटना घटी। / 近来她对养花～了兴趣。 आजकल उसे फूल लगाने में दिलचस्पी जगी है।

【发生器】 fāshēngqì 〈रसा०〉 जनरेटर: 氨～ अमोनिया जनरेटर

【发声】 fāshēng ध्वनि-उत्पादन

【发誓】 fāshì शपथ लेना; कसम खाना; प्रतिज्ञा करना: 指天～ ईश्वर को साक्षी मान कर कहना; हलफ़ लेना / 他们～要为死难烈士报仇。 उन्होंने शपथ ली कि शहीद हुए साथियों का प्रतिकार कर के रहेंगे।

【发售】 fāshòu बिकना; बिक्री करना; बेचना: 新的纪念邮票将于明天～。 कल ही नये स्मृति-टिकट बिक जाएंगे। / 这几种杂志在全国各地书店均有～。 ये पत्रिकाएं देश के सभी किताबघरों में बिकती हैं।

【发抒】 fāshū प्रकट करना; प्रस्तुत करना: ～己见 अपना मत प्रकट करना / ～革命豪情 उच्च क्रांतिकारी भावनाएं व्यक्त करना

【发水】 fāshuǐ बाढ़ आना: 发大水 ज़बरदस्त बाढ़ आना

【发送】 fāsòng (पत्र, तार आदि) भेजना; पहुँचाना: ～密码电报 सांकेतिक तार भेजना / ～文件 (दूसरों तक) दस्तावेज़ पहुँचाना

【发送】 fāsong अंत्येष्टि का प्रबन्ध करना

【发酸】 fāsuān ❶खट्टा होना: 牛奶～了。 दूध खट्टा हो गया। ❷हल्का दर्द होना: 我的腰有点～。 मेरी कमर में थोड़ा दर्द है। ❸(रोआंसा होने के कारण नाक या आँखों में) तकलीफ़ होना: 她觉得两眼一阵～，泪水止不住流了下来。 उस को आँखों में थोड़ा कष्ट हुआ, तो वह आँसुओं का बहाव न रोक सकी।

【发条】 fātiáo 〈यां०〉 स्प्रिंग

【发文】 fāwén बाहर भेजे जाने वाले दस्तावेज़ या पत्र आदि: ～簿 प्रेषित दस्तावेज़ों या पत्रों आदि की पंजी

【发问】 fāwèn प्रश्न पूछना; सवाल उठाना

【发现】 fāxiàn ❶पता लगाना; खोज निकालना; दिखाई देना; देखने को मिलना; पाना: ～秘密 रहस्य का पता लगाना / ～新的线索 नया चिह्न देखने को मिलना / ～敌舰 शत्रु-युद्धपोत का पता लगना / 我没有～什么新情况。मुझे कोई नई स्थिति दिखाई न दी। / ～错误应立即改正。गलतियों का पता लगाते ही उन्हें तुरंत ठीक कर लेना चाहिये। ❷खोज; उपलब्धि: 这是考古方面的一项重大～。यह पुरातत्व के क्षेत्र में एक महत्वपूर्ण खोज है। / 本世纪在医学方面有许多新的～。इस शताब्दी में चिकित्सा-शास्त्र में बहुत-सी नई उपलब्धियां हुईं। ❸पता चलना; मालूम होना; देखना; समझना: 我～这个人不大老实。मैं देख रहा हूँ कि यह आदमी उतना सीधा-सादा नहीं है। / 我～近来他学习很用功。ऐसा मालूम होता है कि आजकल वह पढ़ने में खूब मन लगा रहा है।

【发祥地】 fāxiángdì जन्मभूमि; उत्पत्ति स्थान; उद्गम: 黄河流域是我国古代文化的～。ह्वांग ह (पीली) नदी की घाटी चीन की प्राचीन संस्कृति की जन्मभूमि रही।

【发饷】 fāxiǎng 〈पुराना〉 (सिपाहियों को) वेतन (तनखाह) देना

【发笑】 fāxiào हँसना; हँसी आना: 令人～ किसी को हँसने में प्रवृत्त करना; हँसाना

【发泄】 fāxiè प्रदर्शित करना; उतारना: ～个人情绪 (किसी व्यक्ति का) अपनी भावनाएं प्रदर्शित करना / ～怒气 (किसी पर) अपना क्रोध उतारना

【发薪】 fāxīn वेतन (तनखाह) देना

【发信】 fāxìn चिट्ठी भेजना: ～人 चिट्ठी भेजने या लिखनेवाला, प्रेषक

【发行】 fāxíng प्रकाशित करना; जारी करना; बेचना: ～报刊 पुस्तकें और पत्रिकाएं प्रकाशित करना / ～货币（债券，股票）मुद्रा (ऋण-पत्र, अंश-पूँजी) जारी करना / ～影片(प्रकाशन के लिये) फ़िल्म जारी करना / 由新华书店～ शिनह्वा किताबघर द्वारा वितरण किया जाना / 这本书将在全国各地～。इस पुस्तक की सारे देश में बिक्री होगी / ～者 प्रकाशक

【发行银行】 fāxíng yínháng जारीकर्ता बैंक

【发虚】 fāxū ❶(भय या आत्म-विश्वास के अभाव से) अशांत होना; बेचैन होना ❷(शरीर का) कमज़ोर होना

【发芽】 fāyá अंकुर निकलना; कली आना: 种子还没有～。अभी बीज का अंकुर निकला नहीं है। / ～率 अंकुरण-दर / ～试验 अंकुरण-परीक्षण

【发言】 fāyán बोलना; भाषण देना; राय देना; मत प्रकट करना: 你在会上～了吗? सभा में तुम ने भाषण दिया; सभा में क्या तुम कुछ बोले? / 他的～很精彩。उस ने बहुत सुन्दर भाषण दिया। / 没有～的同志下次还有机会。जो साथी अपना मत प्रकट नहीं कर पाये, उन्हें बाद में बोलने का अवसर मिलेगा। / ～稿 भाषण का मूलपाठ

【发言权】 fāyánquán बोलने का अधिकार; अपनी राय ज़ाहिर करने का हक: 我们对这事当然有～。निस्संदेह हमें इस बात पर बोलने का हक है। / 我们将保留自己的～。हम राय ज़ाहिर करने का अपना अधिकार सुरक्षित रखेंगे। / 没有调查就没有～。बिना जाँच के बोलने का हक नहीं। / 他们对这个问题最有～。इस समस्या पर अपना मत प्रकट करने का उन्हें सर्वाधिक अधिकार है।

【发言人】 fāyánrén प्रवक्ता: 外交部～ विदेश मंत्रालय का प्रवक्ता

【发炎】 fāyán 〈चिकि०〉 सूजना; शोथ होना: 伤口～了。घाव सूज गया।

【发扬】 fāyáng ❶विकास करना; आगे बढ़ाना: ～优良传统 श्रेष्ठ परम्पराओं को आगे बढ़ाना / ～民主作风 जनवादी कार्यशैली को विकसित करना / ～革命精神 क्रांतिकारी भावनाओं का विकास करना / ～成绩 अपनी उपलब्धियों को समृद्ध बनाते रहना ❷पूर्ण रूप से प्रयोग करना: ～火力，消灭敌人 दुश्मन के विनाश के लिये आग्नेयास्त्रों का पूर्ण प्रयोग करना

【发扬踔厉】 fāyáng-chuōlì（发扬蹈厉 fāyáng-dǎolì भी）जोश से परिपूर्ण; जोशीला

【发扬光大】 fāyáng-guāngdà आगे बढ़ाना; विकसित करना: 延安精神～。येनान की भावना को आगे ले जाएं।

【发洋财】 fā yángcái सौभाग्य से मालामाल होना; अचानक बहुत धनी बनना

【发疟子】 fā yàozi जूड़ी (मलेरिया) आना: 他接连发了三天疟子。उस को लगातार तीन दिन तक जूड़ी आती रही।

【发音】 fāyīn उच्चारण: 这个字怎么～? इस शब्द का उच्चारण क्या है? / 他～清晰。उस का उच्चारण बहुत साफ़ है। / 对中国学生来说，印地语的～比较困难。चीनी विद्यार्थियों के लिये हिन्दी का उच्चारण ज़रा मुश्किल है। / 在印地语的词汇当中，没有不～的字母。हिन्दी के शब्दों में प्रयुक्त कोई भी अक्षर अनुच्चरित नहीं रहता।

【发音部位】 fāyīn bùwèi उच्चारण-स्थान

【发音困难】 fāyīn kùnnan 〈चिकि०〉 वाग्वैकल्य; डाएस्फ़ोनिया (dysphonia)

【发音器官】 fāyīn qìguān स्वर यंत्र

【发育】 fāyù विकास: 身体的～ शारीरिक विकास / ～健全的身体 भली-भांति विकसित शरीर / ～成熟 पूर्णता तक पहुँचना; परवान चढ़ना / 婴儿～情况良好。यह शिशु अच्छी तरह विकसित हो रहा है।

【发育不全】 fāyù bùquán 〈चिकि०〉 अवयव की अववृद्धि; आकार का असामान्य विकास; हाइपोप्लैज़िया (hypoplasia)

【发育异常】 fāyù yìcháng ऊतकों की असामान्य वृद्धि; डाएस्प्लैज़िया (dysplasia)

【发源】 fāyuán (नदी का) शुरू होना; उत्पन्न होना: 长江～于青海。यांगत्सी महानदी छिंगहाए प्रांत में शुरू होती है; महानदी यांगत्सी का उद्गम छिंगहाए प्रांत में है। / 一切真知都是从直接经验～的。सभी प्रकार का सच्चा ज्ञान प्रत्यक्ष अनुभव से ही उत्पन्न होता है।

【发源地】 fāyuándì उत्पत्ति स्थान; जन्मभूमि; उद्गम
【发晕】 fāyūn सर चकराना; सिर में चक्कर आना
【发展】 fāzhǎn ❶विकास करना या होना; बढ़ाना या बढ़ना; फैलाना या फैलना: ～生产力 उत्पादन शक्ति का विकास करना / ～革命力量 क्रांतिकारी शक्तियों का विस्तार करना / ～友好关系 मैत्रीपूर्ण संबंधों का विकास करना / ～组织 संगठन का विस्तार करना; नए सदस्यों को बनाना / 进一步～大好形势 मौजूदा शानदार परिस्थिति को और आगे ले जाना / ～到一个崭新的阶段 विकसित हो कर एक बिल्कुल नई मंज़िल पर पहुँचना / 我国社会主义建设事业蓬勃～。हमारे देश का समाजवादी निर्माण बहुत ज़ोरों के साथ आगे बढ़ रहा है। ❷विकास; प्रगति; बढ़ती: ～道路 विकास का रास्ता / ～方向 प्रगति की दिशा / ～不平衡 असंतुलित विकास / 人类社会的～ मानव-समाज की प्रगति / 战争规律是～的。युद्ध के नियम विकाससमान हैं। ❸(किसी दल, समाज आदि में) सम्मिलित करना; सदस्य बनाना: ～新党员 नये पार्टी-सदस्य बनाना
【发展权】 fāzhǎnquán विकास का अधिकार (मानवाधिकारों में से एक)
【发展中国家】 fāzhǎnzhōng guójiā विकासशील देश; विकासमान राष्ट्र; विकसित हो रहे राष्ट्र
【发颤】 fāzhàn (发战 fāzhàn भी) दे० 发颤 fāchàn
【发胀】 fāzhàng ❶फूलना; उभरना: 肚子～ पेट का फूलता लगना / 头脑～ सिर का फूलना लगना; (लाक्षणिक अर्थ में) बुद्धि भ्रष्ट होना; सिर फिरना ❷〈एक्युपंक्चर चिकित्सा〉 भीतर ही भीतर फूलता हुआ-सा लगना
【发怔】 fāzhèng दे० 发呆
【发咒】 fāzhòu कसम खाना; शपथ लेना
【发作】 fāzuò ❶(पुरानी बीमारी आदि का) अचानक होना या आना; प्रभाव दिखाना: 他的心脏病又～了。उसे फिर हृदय-रोग का कष्ट हुआ। / 药性开始～。औषध का प्रभाव होने लगा। ❷क्रोध करना; आग-बबूला होना: 他有些生气，但当着大家的面不好～。वह नाराज़ था, पर लोगों के सामने उस ने अपना क्रोध दबाये रखा। / 歇斯底里大～ हिस्टीरिया के बुरे दौरे पड़ना

fá

乏 fá ❶अभाव; कमी: 匮乏～ अभाव होना / 不～其人 इस तरह के लोग कम न होना / 回天～术 कठिन परिस्थिति से निकलने का उपाय न सूझना ❷थकना; थकान होना: 走～了 बहुत ज़्यादा चलने से थक जाना ❸〈बो०〉 (शक्ति, प्रभाव आदि) कम होना: ～力 कमज़ोर होना / ～地 अनुपजाऊ भूमि / 火～了，该续煤了。आग बुझने वाली है, और कुछ कोयला चढ़ा दो।
【乏货】 fáhuò 〈बो०〉 निकम्मा
【乏味】 fáwèi नीरस; अरुचिकर; शुष्क; फीका: 语言～ नीरस भाषा

伐[1] fá ❶(पेड़) काटना: ～了几棵树 कुछ पेड़ काट गिराना ❷प्रहार करना; आक्रमण करना: 北～ उत्तरी अभियान / 讨～ (किसी पर) सैनिक आक्रमण करना

伐[2] fá 〈लि०〉 आत्म-प्रशंसा करना: ～善 अपनी अच्छाई बघारना / 不矜不～ अहंकार और आत्म-प्रशंसा में लिप्त न होना
【伐木】 fámù लकड़ी-कटाई; जंगल की लकड़ी काटना: ～场 लकड़ी-कटाई का क्षेत्र / ～工人 जंगली लकड़ियों को काट गिराने, संवारने या ढोने वाला; लकड़ी काटने वाला; लकड़हारा
【伐木业】 fámùyè लकड़ी काटने का धंधा
【伐区】 fáqū 〈अरण्य०〉 लकड़ी-कटान क्षेत्र
【伐罪】 fázuì 〈लि०〉 किसी निरंकुश शासक पर सैनिक आक्रमण करना: 吊民～ उत्पीड़ित प्रजा को सांत्वना और उस के अत्याचारी शासक को दंड देना (प्राचीन चीन में प्रायः विद्रोहियों द्वारा प्रयुक्त एक नारा)

罚(罸) fá दंड देना; सज़ा देना; जुरमाना देना: 挨～ दंड भुगतना / 体～ शारीरिक दंड / 赏～分明 जो पुरस्कार का पात्र हो उसे पुरस्कार देना और जो दंड का उसे दंड देना / ～他唱个歌。जुरमाने के तौर पर उसे एक गाना गाने दो।
【罚不当罪】 fábùdāngzuì अपराध की तुलना में अधिक दंड देना; बहुत कठोर दंड देना
【罚出场】 fá chū chǎng 〈खेल०〉 खेल में नियम-विरुद्ध खिलाड़ी को मैदान से हटने का हुक्म देना; फ़ाउल आउट
【罚金】 fájīn अर्थदंड; जुर्माना: 处以～ (किसी पर) जुर्माना करना; दाँड़ लेना
【罚酒】 fájiǔ सज़ा के रूप में शराब पीने को मजबूर होना: 我打赌输了，被罚了三杯酒。मैं बाज़ी हार गया, इसलिए सज़ा के रूप में तीन गिलास शराब पीनी पड़ी।
【罚款】 fákuǎn ❶अर्थदंड; जुर्माना: 付～ जुर्माना देना / 收～ (किसी से) जुर्माना वसूल करना ❷(किसी पर) जुर्माना लगाना
【罚没】 fámò अपराध के लिए शासन द्वारा किसी से जुर्माना वसूल करना और अवैध रूप से प्राप्त संपत्ति ज़ब्त करना
【罚球】 fáqiú (बास्केटबाल में) फ़ाउल शोट (foul shot); फ़्री थ्रो (free throw); (फ़ुटबाल में) पेनाल्टी किक (penalty kick)

垡 fá 〈बो०〉 ❶खेत की गोड़ाई करना ❷गोड़ी गई ज़मीन की मिट्टी का टुकड़ा
【垡子】 fázi (垡头 fátóu भी) 〈बो०〉 जोती या गोड़ी गई ज़मीन की मिट्टी का टुकड़ा

阀[1] (閥) fá किसी क्षेत्र में कोई शक्तिशाली मनुष्य, परिवार या दल: 军～ युद्ध-पति; युद्ध-सरदार / 财～ धनिकतंत्र-वादी; लखपति; करोड़पति / 学～ धुरंधर विद्वान

阀[2] （閥） fá 〈यां०〉 वाल्व (valve)：安全～ सेफ़्टी वाल्व

【阀门】 fámén 〈यां०〉 वाल्व (valve)

【阀阅】 fáyuè 〈लि०〉 ❶प्रशंसनीय सेवा ❷कोई शक्तिशाली और प्रसिद्ध घराना

筏 fá बेड़ा; बेड़ी：皮～ हवा भरी हुई चमड़े की नौका / 竹～ बांस-बेड़ा

【筏道】 fádào लागवे (logway)

【筏子】 fázi बेड़ा; बेड़ी

fǎ

法 fǎ ❶कानून; विधान：民～ दीवानी कानून / 刑～ फ़ौजदारी कानून / 宪～ संविधान / 国际～ अंतर्राष्ट्रीय कानून / 守～ कानून का पालन करना / 违（犯）～ कानून तोड़ना ❷उपाय; प्रणाली; तरीका：教～ पढ़ाने का तरीका / 疗～ चिकित्सा की प्रणाली ❸(किसी का) अनुसरण करना; किसी के रास्ते पर चलना：效～ किसी के अनुसरण पर काम करना / ～古 पुरातन का अनुसरण करना; पुराने रास्ते पर चलना ❹मानक; प्रामाणिक; आदर्श：法书 ❺बौद्ध-धर्म-सिद्धांत; धर्म：佛～ बौद्ध-धर्म-सिद्धांत ❻जादू; माया; इंद्रजाल ❼（Fǎ）法国 का संक्षिप्त रूप

【法案】 fǎ'àn विधेयक; बिल：～委员会 विधेयक कमेटी / 反陪嫁～ दहेज विरोधी बिल

【法办】 fǎbàn कानून के अनुसार दंड देना

【法宝】 fǎbǎo ❶बौद्ध मत; सूत्र ❷दिव्यास्त्र; रामबाण; जादू का डंडा या छड़ी; जादुई हथियार ❸〈ला०〉 कोई अत्यंत कारगर साधन, तरीका या अनुभव

【法币】 fǎbì 1935 और उस के बाद क्वोमिंतांग सरकार द्वारा जारी की गई कागज़ी मुद्रा

【法场】 fǎchǎng 〈पुराना〉 वध-स्थल; कत्लगाह

【法槌】 fǎchuí अदालती मुग्दर

【法典】 fǎdiǎn विधि-संग्रह; संहिता

【法定】fǎdìng विधिक; वैध; वैधानिक; कानूनी：按照～的手续办理 कानूनी कार्यपद्धति के अनुसार कोई काम करना

【法定代理人】 fǎdìng dàilǐrén विधिक प्रतिनिधि

【法定汇率】fǎdìng huìlǜ (मुद्रा-विनिमय) सरकारी दर; विनिमय की राजकीय दर

【法定货币】 fǎdìng huòbì वैध मुद्रा; चलता सिक्का

【法定假期】 fǎdìng jiàqī सरकारी छुट्टियां; अवकाश

【法定年龄】 fǎdìng niánlíng वैध (या वैधानिक) आयु

【法定期限】 fǎdìng qīxiàn 〈का०〉 विधिक अवधि

【法定人数】fǎdìng rénshù कोरम：已达～。कोरम पूरा हो गया।

【法度】 fǎdù ❶विधान; कानून ❷नैतिक आदर्श

【法官】 fǎguān न्यायाधीश; जज; मुनसिफ़; काज़ी：首席～ मुख्य न्यायाधीश

【法规】 fǎguī कायदा-कानून; नियम-कायदा

【法国】 Fǎguó फ़्रांस

【法国大革命】 Fǎguó Dàgémìng महान फ़्रांसीसी क्रांति (1789-1799 ई०)

【法国人】 Fǎguórén फ़्रांसीसी

【法国梧桐】 Fǎguó wútóng प्लेन वृक्ष

【法号】 fǎhào 〈बौद्ध धर्म〉 धार्मिक नाम

【法华经】 Fǎhuá Jīng सद्धर्मपुंडरीक सूत्र

【法纪】fǎjì कानून और अनुशासन：目无～ कानून और अनुशासन की उपेक्षा करना / 遵守～ कानून और अनुशासन का पालन करना

【法家】 fǎjiā विधानवादी (वसंत-शरद् और युद्धरत राज्य काल अर्थात 770-221 ई०पू० के राजनीतिक विचारकों का एक दल)

【法警】 fǎjǐng अदालत का चौकीदार ; बेलिफ़

【法拉】 fǎlā 〈भौ०〉 फ़ैरड (farad)

【法拉第定律】 Fǎlādì dìnglǜ 〈भौ०〉 फ़ैराडे (Faraday)का नियम

【法兰】fǎlán 〈यां०〉 फ़्लैंज (flange)：～盘 फ़्लैंज प्लेट

【法兰绒】 fǎlánróng फ़्लैनेल (flannel)

【法郎】 fǎláng फ़्रांक

【法老】 fǎlǎo फ़ैरो (Pharaoh) (मिस्र के प्राचीन शासक की उपाधि)

【法理】 fǎlǐ कानून का सिद्धांत

【法理学】 fǎlǐxué विधि-शास्त्र; न्याय-शास्त्र

【法力】 fǎlì ❶बौद्ध मत की शक्ति; धर्म-बल ❷चमत्कारी शक्ति; मंत्रबल：使～ मंत्रबल का प्रयोग करना

【法令】 fǎlìng कायदा-कानून; कानून और फ़रमान：政府～ सरकारी फ़रमान / 颁布～ फ़रमान जारी करना

【法律】 fǎlǜ कानून; विधान; विधि：～保护 कानूनी रक्षा / ～地位 कानूनी हैसियत; विधिक स्थिति / ～根据 विधिक आधार / ～手续 कानूनी कार्यपद्धति / ～上的承认 कानूनी स्वीकृति / ～效力 कानूनी प्रभाव / ～制裁 कानून के अनुसार दंड देना; कानूनी कार्यवाही करना / 实施～ कानून को अमल में लाना / 废除～ कानून को रद्द कर देना / 服从～ कानून का पालन करना / ～面前人人平等。कानून के सामने सब बराबर हैं।

【法律顾问】 fǎlǜ gùwèn कानूनी सलाहकार

【法律援助】 fǎlǜ yuánzhù कानूनी सहायता

【法轮】 fǎlún 〈बौद्ध धर्म〉 धर्म-चक्र

【法罗群岛】 Fǎluó Qúndǎo फ़ैरो (Faeroe) द्वीप-समूह

【法螺】 fǎluó शंख

【法盲】 fǎmáng जिसे कानून की जानकारी न हो; कानून से अनभिज्ञ

【法门】 fǎmén ❶〈बौद्ध धर्म〉 धर्म में प्रवेश का मुख्य द्वार：～寺 धर्म-द्वार मंदिर ❷रास्ता; उपाय：不二～ एक मात्र रास्ता; एक ही उपाय

【法名】 fǎmíng दे० 法号

【法袍】 fǎpáo जज का चोगा

【法器】 fǎqì 〈धर्म〉 बौद्ध या ताओ धर्म के संस्कारों में प्रयुक्त साधन या वाद्य

【法权】 fǎquán अधिकार; विशेषाधिकार
【法人】 fǎrén <का०> विधिक व्यक्ति; पर्सन; कार्पोरेशन
【法人股】fǎréngǔ निगम-निगमित अंश; संस्था का शेयर; कार्पोरेट शेयर
【法人团体】 fǎrén tuántǐ निगम-निकाय; बाडी कार्पोरेट; कार्पोरेशन
【法师】 fǎshī धर्माचार्य (बौद्ध या ताओ धर्म के पुरोहितों के प्रति एक आदरणीय संबोधन)
【法式】 fǎshì रीति; विधि; आदर्श; नमूना:《营造~》 'भवन-निर्माण की विधि'
【法事】 fǎshì (बौद्ध या ताओ धर्म के) धार्मिक कृत्य; धर्म-कांड
【法书】 fǎshū ❶आदर्श लिखावट; सुलेख ❷<शिष्ट०> आप का सुलेख
【法术】 fǎshù ❶विधानवादी शासन-कला या राज-कौशल (दे० 法家) ❷टोना; टोटका: 施~ टोना चलाना; टोटका करना
【法堂】 fǎtáng ❶<पुराना> न्यायालय; अदालत; कचहरी ❷वह स्थान जहां बौद्ध मत की व्याख्या की जाती हो; व्याख्यानशाला
【法帖】 fǎtiè आदर्श लिखावट; सुलेख
【法庭】 fǎtíng न्यायालय; अदालत; कचहरी
【法统】 fǎtǒng विधिसम्मत सत्ताधिकार; वैधानिक व्यवस्था
【法网】 fǎwǎng न्याय का जाल; सख्त कानून-व्यवस्था: 落入~ न्याय के जाल में फंस जाना / 逃不出人民的~ जनता द्वारा फैलाये न्याय-जाल से बाहर भाग निकलने में असमर्थ होना
【法西斯】 fǎxīsī फ़ासिस्ट: ~化 फ़ासिस्टीकरण
【法西斯蒂】 fǎxīsīdì फ़ासिस्टी (1922-1943 ई०) (फ़ासिस्टवादी संगठन या उस का सदस्य)
【法西斯主义】 fǎxīsī zhǔyì फ़ासिस्टवाद; फ़ासिज़्म
【法线】 fǎxiàn <गणित०> लम्ब-रेखा
【法相】 fǎxiàng ❶गौतम बुद्ध की मूर्ति ❷<बौद्ध धर्म> पदार्थों का स्वरूप
【法像】 fǎxiàng गौतम बुद्ध की मूर्ति
【法学】 fǎxué न्याय-शास्त्र; विधिशास्त्र
【法学家】 fǎxuéjiā न्यायशास्त्री; विधिवेत्ता; कानूनदां
【法眼】 fǎyǎn ❶<बौद्ध धर्म> पदार्थ का स्वरूप जानने-समझने की दृष्टि ❷तीक्ष्ण या सूक्ष्म दृष्टि
【法衣】 fǎyī धार्मिक वस्त्र जिसे बौद्ध या ताओ धर्म के पुरोहित धार्मिक संस्कार के समय पहनते हैं
【法医】 fǎyī विधिक चिकित्सा विशेषज्ञ; अदालती डाक्टर
【法医学】 fǎyīxué विधिक चिकित्सा-विज्ञान; अदालती डाक्टरी
【法语】 fǎyǔ फ़्रांसीसी (भाषा)
【法援】 fǎyuán 法律援助 का संक्षिप्त रूप
【法院】 fǎyuàn न्यायालय; अदालत; कचहरी; कोर्ट: ~判决 अदालत का फ़ैसला / 高级人民~ उच्च जन-न्यायालय / 最高人民~ उच्चतम (या सर्वोच्च) जन-न्यायालय
【法则】 fǎzé ❶नियम: 自然~ प्रकृति का नियम ❷<लि०> कानून और विनियम ❸<लि०> आदर्श; नमूना
【法政】 fǎzhèng कानून और राजनीति
【法治】 fǎzhì कानून के अनुसार शासन करना
【法制】 fǎzhì कानून-व्यवस्था: 加强社会主义~ समाजवादी कानून-व्यवस्था को दृढ़ बनाना
【法子】 fǎzi उपाय; चारा: 想~ उपाय सोचना; कोई उपाय करना / 没~ कोई चारा नहीं

砝 fǎ नीचे दे०

【砝码】 fǎmǎ बाट; बटखरा

fà

发（髮）fà (सिर के) बाल: 白~ सफ़ेद बाल / 理~ बाल बनाना या बनवाना / 梳~ बालों में कंघी करना

fā भी दे०

【发辫】 fàbiàn चोटी; चुटिया; वेणी
【发际】 fàjì (सिर के) बालों का किनारा
【发髻】 fàjì जूड़ा: 结~ जूड़ा बांधना
【发夹】 fàjiā हेयर-पिन
【发蜡】 fàlà पोमेड
【发廊】 fàláng नाई की दूकान; हज्जाम की दुकान
【发妻】 fàqī <पुराना> प्रथम पत्नी
【发卡】 fàqiǎ हेयर-पिन
【发乳】 fàrǔ हेयर क्रीम; पोमेड
【发式】 fàshì केश-विन्यास का ढंग; बालों की शैली; हेयरस्टाइल
【发刷】 fàshuā हेयर-ब्रुश
【发网】 fàwǎng बालों की जाली; हेयर-नेट
【发型】 fàxíng केश-विन्यास का ढंग; हेयरस्टाइल
【发绣】 fàxiù <क०शि०> केश-कढ़ाई (जिस में रेशमी धागों की जगह मनुष्य के बालों का प्रयोग होता है)
【发癣】 fàxuǎn केशरोग; बालों में दाद की बीमारी
【发油】 fàyóu केश-तैल; हेयर-ओइल
【发指】 fàzhǐ (बहुत गुस्से के कारण) बाल खड़े हो जाना: 敌人的暴行令人~。शत्रुओं की क्रूरता से लोगों के दिल में द्वेष की भावना भड़क उठी।

珐（琺）fà नीचे दे०

【珐琅】 fàláng इनैमल
【珐琅质】 fàlángzhì (दांतों का) इनैमल

fān

帆 fān पाल; बादबान: 扬~远航 पाल चढ़ा कर दूर तक नाव चलाना

【帆板】 fānbǎn सैलबोर्ड
【帆板运动】 fānbǎn yùndòng सैलबोर्डिंग
【帆布】 fānbù किरमिच; कैंवस：～包 कैंवस बैग / ～床 सफ़री पलंग / ～（行李）袋 बिस्तरबन्द; होल्ड-आल / ～篷 कैंवस रूफ़ / ～鞋 किरमिच का जूता
【帆船】 fānchuán पालदार नाव; बादबानी जहाज़
【帆船运动】 fānchuán yùndòng सैलबोर्टिंग; सैलिंग
【帆篷】 fānpéng पाल; बादबान
【帆樯】 fānqiáng मस्तूल：～林立 मस्तूलों का जंगल —— बहुत से जहाज़ों का जमाव

番 1 fān विदेशी; विजातीय：番邦 / 番茄 / 番薯

番 2 fān 〈परि०श०〉 ❶(क्रियाओं, कार्यों आदि के लिये) बार; दफ़ा; कुछ; बहुत：三～五次 बारंबार; अनेक बार / 费了一～心思 बार-बार सोचने पर; बहुत विचार करने के बाद / 经过几～周折，双方终于达成协议。अनेक बाधाओं को दूर करने के बाद दोनों पक्षों में आखिर समझौता हो गया। / 他考虑了一～，总算答应了我们的要求。कुछ देर तक सोच-विचार करने के बाद उस ने आखिर हमारी मांग मान ली। ❷(केवल संख्या 一 के साथ प्रयुक्त) प्रकार; तरह：那里的景致别有一～天地。वहाँ का दृश्य बिल्कुल अलग दुनिया है। ❸(शब्द 翻 के बाद प्रयुक्त) गुना：粮食产量翻了一～。अनाज का उत्पादन दुगुना हो गया।
【番邦】 fānbāng 〈पुराना〉 विदेश; परराष्ट्र
【番瓜】 fānguā 〈बो०〉 लौकी; कद्दू
【番号】 fānhào फ़ौजी यूनिट का नाम-नंबर
【番红花】 fānhónghuā 〈वन०〉 केसर; ज़ाफ़रान
【番木鳖】 fānmùbiē 〈वन०〉 कुचला
【番木鳖硷】 fānmùbiējiǎn 〈औष०〉 स्ट्रिकनीन (strychnine)
【番木瓜】 fānmùguā 〈वन०〉 पपीता (वृक्ष या उस के फल)
【番茄】 fānqié टमाटर：～酱 टमाटर के रस की चटनी; टमाटर सास / ～汁 टमाटर का रस
【番石榴】 fānshíliu अमरूत; अमरूद
【番薯】 fānshǔ 〈बो०〉 शकरकन्द

幡（旛） fān एक तरह का लम्बा और पतला झंडा
【幡儿】 fānr अंत्येष्टि-ध्वज
【幡然】 fānrán दे० 翻然 fānrán

蕃 fān दे० 番 1 fān
fán भी दे०

藩 fān ❶वृक्ष की शाखाओं या लकड़ियों आदि की बाड़ या घेरा：藩篱 ❷〈लि०〉 पर्दा; आड़; बाधा ❸सामंत युग के पराधीन राष्ट्र या देश
【藩国】 fānguó सामंत युग के पराधीन राष्ट्र
【藩篱】 fānlí बाड़; घेरा
【藩属】 fānshǔ सामंत युग के पराधीन राष्ट्र या देश
【藩镇】 fānzhèn थांग-राजवंश में सम्राट की ओर से नियुक्त सीमांत प्रांत का शासक

翻 fān ❶उलटना; पलटना; उलटना-पलटना：～谷子 बाजरे के दानों को (सुखाने के लिये) उलटना / ～地 मिट्टी गोड़ना; ज़मीन जोतना / 车～了。गाड़ी उलट गई। / 把饼～个个儿。रोटी को ज़रा पलट दो। / 他把水杯碰～了。उस ने पानी का गिलास गिरा दिया। ❷किसी चीज़ को ढूँढ़ने के लिये दूसरी चीज़ों का स्थान बदलना; ढूँढ़ना; उलट-पलट कर देखना：～参考书 सहायक पाठ्य सामग्री के पन्ने उलटना / ～字典 शब्दकोश देखना / 从箱子底下～出一件旧衣服来。संदूक की तह से कोई पुराना कपड़ा ढूँढ़ निकालना ❸उलट देना：翻案 ❹पार करना; फांदना：～墙 दीवार फांदना / ～过山头 पहाड़ की चोटी पार करना ❺किसी परिमाण, मात्रा या संख्या को एक बार या निरंतर कई बार जोड़ना：粮食产量～了一番 अनाज की पैदावार दुगुनी हो जाना / 发电能力比以前～了两番。अब बिजली की उत्पादन-मात्रा पहले की बनिस्बत तिगुनी हो गई है। ❻अनुवाद करना：把印地文～成中文 हिन्दी से चीनी में अनुवाद करना / ～电报 तार की गुप्त भाषा को पढ़ना ❼〈बोल०〉 झगड़ा होना; लड़ना; उलट पड़ना; नाता टूट जाना：他俩闹～了。दोनों में नाता एक झगड़े से टूट गया। / 他怎么把你惹～了？उस ने तुम्हारा क्या बिगाड़ा जो तुम उस पर उलट पड़े？
【翻案】 fān'àn पुराने फ़ैसले को उलट देना
【翻案文章】 fān'àn wénzhāng वह लेख जिस में किसी ऐतिहासिक घटना या व्यक्ति पर विभिन्न विचार व्यक्त हो
【翻白眼】 fān báiyǎn （翻白眼儿 fān báiyǎnr भी）❶आँखें चढ़ना; त्यौरियाँ चढ़ाना या बदलना; तिरछी नज़र से देखना：她直朝我们～，好像很生气的样子。उस ने हमारी ओर त्यौरियाँ चढ़ा कर देखा, मानो बहुत नाराज़ हो। ❷मृत्यु के समीप होना; आँख उलटना
【翻版】 fānbǎn (पुस्तक आदि का) दूसरा संस्करण; नकल; प्रतिलिपि
【翻本】 fānběn (जुए में) हारा हुआ धन वापस जीत लेना
【翻茬】 fānchá फ़सल काटने के बाद खेत की ठूँठी के नीचे जोतना
【翻场】 fāncháng खलिहान पर अनाज के दाने उलटना
【翻车】 fānchē ❶(गाड़ी का) उलटना：昨天公路上发生一起～事故。कल राजमार्ग पर एक गाड़ी उलट गई। ❷〈ला०〉 किसी काम में बाधा पड़ना या कोई काम विफल हो जाना
【翻车机】 fānchējī 〈खनि०〉 टिपर
【翻车鱼】 fānchēyú समुद्री सनफ़िश (sunfish)
【翻斗】 fāndǒu टिपिंग बकेट (tipping bucket)
【翻斗车】 fāndǒuchē टिपगाड़ी
【翻斗卡车】 fāndǒu kǎchē टिप ट्रक; टिपिंग लारी
【翻番】 fānfān कोई परिमाण, मात्रा या संख्या एक बार या निरंतर कई बार जोड़ना：翻了一番 दुगुना करना या होना / 翻了两番 तिगुना करना या होना

【翻飞】 fānfēi ❶(चिड़ियों, तितलियों आदि का) ऊपर-नीचे उड़ना ❷(झंडों आदि का) फहरना

【翻覆】 fānfù ❶उलटना; पलटना: 车辆～。गाड़ियाँ उलट गईं। ❷भारी परिवर्तन होना: 天地～ आसमान और ज़मीन का नीचे-ऊपर हो जाना —— कायापलट होना ❸करवट बदलना: ～不成眠 बिस्तर में पड़े करवटें बदलता रहना और सो न पाना ❹〈लि०〉 मुँह मोड़ लेना; अपनी बात से फिर जाना

【翻改】 fāngǎi (पुराने कपड़ों को) काट-काट कर फिर से सीना

【翻盖】 fāngài (मकान को) नया कर देना या मरम्मत करना

【翻杠子】 fān gàngzi 〈खेल०〉 हॉरिज़ेंटल बार या पैरेलल बार्स पर व्यायाम करना

【翻个儿】 fāngèr 〈बोल०〉 उलट देना; पलट देना: 场上晒的粮食该～了。खलिहान पर का अनाज उलट देना है। / 这件雨衣～也能穿。यह बरसाती कोट उलट कर भी पहना जा सकता है।

【翻跟头】 fān gēntou कलाबाज़ी खाना; कलैया मारना; उलथा मारना: 他能连翻二十个跟头。वह निरंतर बीस कलाबाज़ियां खा सकता है। / 飞机连翻了几个跟头。हवाई जहाज़ कई उलथे मारता उड़ा।

【翻供】 fāngòng आत्म स्वीकारोक्ति वापस लेना; अपना बयान वापस लेना

【翻滚】 fāngǔn ❶लुढ़कना: 乌云～。बादल लुढ़कता हुआ तिर आया। ❷इधर-उधर लोटना: 他肚子痛得不住地在床上～。पेट में दर्द की वजह से वह चारपाई पर इधर-उधर लोटता रहा।

【翻悔】 fānhuǐ अपनी बात से फिर जाना; अपना वादा पूरा न करना; वचन तोड़ना; मुकर जाना: 既然答应了就不要～。अगर वादा किया है तो उस से मुकरना ठीक नहीं।

【翻检】 fānjiǎn (कागज़-पत्तर, चिट्ठियाँ या पुस्तकें अथवा उन के पन्ने) उलटना-पलटना; (पुस्तक आदि के पृष्ठ) उलट-पलट कर देखना

【翻江倒海】 fānjiāng-dǎohǎi नदी-समुद्र को उलट देना —— अत्यधिक; बेहद; भयानक; प्रचंड; घोर: 以～之势 अतितीव्र वेग से; निर्बाध शक्ति से

【翻浆】 fānjiāng (सड़क की सतह का) फट जाना और उस के नीचे से कीचड़ निकल आना

【翻旧账】 fān jiùzhàng दे० 翻老帐

【翻来覆去】 fānlái-fùqù ❶करवटें बदलना: 他整夜在床上～，没有睡好。पूरी रात उस ने करवटें बदलते गुज़ारी, ठीक से सो न सका। ❷बार-बार; बारंबार: 这话他已经～说过不知多少遍了。ऐसी बातें उस ने बार-बार न जाने कितनी बार कहीं।

【翻老账】 fān lǎozhàng पुराना घाव कुरेदना; गड़े मुरदे उखाड़ना: 别～了，不然又要吵起来。अब गड़े मुरदे न उखाड़ो, या फिर झगड़ा मोल लो।

【翻脸】 fānliǎn लड़ बैठना; झगड़ पड़ना; अचानक मुँह बिगाड़ना: ～不认人 मित्र से मुंह फेर लेना / 她们两姐妹从来没有翻过脸。उन दो बहनों में कभी झगड़ा नहीं हुआ।

【翻脸无情】 fānliǎn-wúqíng अपने मित्र से मुंह फेर लेना और उस पर ज़रा भी दया न करना; विश्वासघाती और क्रूर होना

【翻领】 fānlǐng तह किया हुआ कालर

【翻录】 fānlù रेकार्डों की नकल करना

【翻弄】 fānnòng (पुस्तक आदि के पन्ने) उलटना-पलटना

【翻拍】 fānpāi 〈फ़ोटो०〉 (किसी फ़ोटोग्राफ़ से) प्रतिलिपि या प्रतिकृति तैयार करना

【翻然】 fānrán बहुत जल्दी और पूरी तरह (बदलना): ～悔悟 अपने अतीत से बहुत जल्दी और पूरी तरह नाता तोड़ देना; अपनी भ्रांत धारणा को पूरी तरह छोड़ देना

【翻砂】 fānshā 〈यां०〉 (धातु को) गला कर ढालने का काम; साँचे में ढालने का काम; ढलाई

【翻砂车间】 fānshā chējiān ढलाई घर; फ़ाउंडरी शाप

【翻砂工】 fānshāgōng ढलाई का काम करने वाला (मज़दूर); ढलैया

【翻山越岭】 fānshān-yuèlǐng एक के बाद एक पहाड़ पार करना; पहाड़ों-घाटियों को पार कर चलना

【翻身】 fānshēn ❶करवट बदलना: 他翻了翻身又睡着了。करवट बदल कर वह फिर सो गया। / 他一～从床上爬起来。वह उछल कर पलंग से उठ बैठा। ❷(शोषित व दलित हालत से) मुक्त होना; आज़ाद होना; कायापलट होना: ～农奴 बंधन-मुक्त भूदास; आज़ाद भूदास / ～户 शोषण-मुक्त किसान / ～做主人 आज़ाद हो कर अपने भाग्य का स्वामी बन जाना

【翻腾】 fānténg ❶उबलना; खौलना; उठना; ऊपर चढ़ना; लहरें उठना; ज्वार आना: 波浪～ लहरें उठना / 许多问题在他脑子里～着。अनेक समस्याओं से उस का दिमाग उबल रहा था। ❷उलट-पलट करना; उथल-पुथल मचाना: 几个抽屉都～遍了也没找到。सभी दराज़ों को उलट-पुलट कर देखा, फिर भी वह (चीज़) न मिली। / 事情已经过去了，何必再去～呢。जो बात गुज़र चुकी है, उसे फिर उठाने की क्या ज़रूरत। ❸〈खेल०〉 टक डाइव (tuck dive): 向内（前）～两周半 पीछे (आगे) की ओर ढाई कलाबाज़ियों के साथ टक डाइव

【翻天】 fāntiān ❶आकाश उलट देना —— सरकार का तख्ता उलट देना ❷(吵 या 闹 के बाद प्रयुक्त) असभ्य व्यवहार करना: 吵翻了天 बहुत अधिक शोर मचाना

【翻天覆地】 fāntiān-fùdì ज़मीन-आसमान उलट देना —— अत्यंत भारी परिवर्तन होना: ～的变化 अत्यंत भारी परिवर्तन

【翻蔓儿】 fānwànr (शकरकन्द आदि की) बेलों को उलटना

【翻胃】 fānwèi दे० 反胃 fǎnwèi

【翻箱倒柜】 fānxiāng-dǎoguì （翻箱倒箧 fānxiāng-dǎoqiè भी）(तलाश करने में) संदूकों और अलमारियों को खोल कर उन में रखी वस्तुओं को उलटना-पुलटना

【翻新】 fānxīn नया करना; नया रूप देना: 旧衣～ पुराने कपड़े को नया कर देना / 花样～ पुरानी चीज़ को

नया रूप देना

【翻修】fānxiū (पुराने मकान आदि का) पुनर्निर्माण करना; फिर से बनाना; मरम्मत करना: ～房屋 मकान को फिर से बनाना या बनवाना / ～马路 सड़क की मरम्मत करना

【翻译】fānyì ❶अनुवाद करना; भाषांतर करना: 把印地文小说～成中文 हिन्दी उपन्यास का चीनी में अनुवाद करना / 他能做口头～工作。वह मौखिक अनुवाद का काम कर सकता है। / ～古书 प्राचीन-कालीन पुस्तकों का आधुनिक भाषा में अनुवाद करना / ～电码 कोड का अर्थ निकालना / 这是篇～文章。यह लेख अनुवादित है। ❷अनुवादक; दुभाषिया: 他当过好几年～了。उसे दुभाषिये का काम करते कई वर्ष हो गए हैं।

【翻译本】fānyìběn अनुवाद

【翻译片】fānyìpiàn अनुवादित फ़िल्म

【翻印】fānyìn पुनर्मुद्रण करना: ～本 पुनः मुद्रण

【翻阅】fānyuè (दस्तावेज़, पुस्तक आदि के पन्ने) उलटना-पुलटना; उलट कर देखना; नज़र डालना: ～杂志 किसी पत्रिका के पन्ने उलटना-पुलटना / ～目录 सूची पर नज़र डालना / ～大量史料 बड़ी मात्रा में ऐतिहासिक सामग्री का अध्ययन करना

【翻越】fānyuè पार करना; फांदना: ～山岭 पहाड़ों को पार करना / ～障碍物 रुकावट फांदना

【翻云覆雨】fānyún-fùyǔ हथेली को ऊपर की ओर कर बादल पैदा करना और नीचे की ओर कर पानी बरसाना —— पैंतरा बदलते रहना; अकसर चोला बदलते रहना; बहुत चालाक होना; बड़ा धूर्त होना

【翻造】fānzào (पुराने मकान, पुल आदि का) पुनर्निर्माण करना; फिर से बनाना

fán

凡[1] (凢) fán ❶साधारण; मामूली; सामान्य: 非～ असाधारण; गैरमामूली; असामान्य; विशेष; खास ❷यह जगत; इहलोक; पृथ्वी: 神仙下～ देवताओं का मानव शरीर धारण करना; अवतरित होना

凡[2] (凢) fán <लि०> कोई भी; हरेक; सभी: ～年满十八岁的公民都有选举权与被选举权。प्रत्येक नागरिक को, जो अठारह वर्ष की आयु पूरी पार कर चुका हो, चुनाव में वोट देने और चुने जाने का अधिकार है। / ～此种种，无不说明科学技术是第一生产力。यह सब हम को बताता है कि विज्ञान और प्रौद्योगिकी प्रथम उत्पादक शक्ति है। ❷कुल; कुल मिला कर: 全书～十二卷。इस ग्रंथ में कुल बारह खंड हैं। ❸<लि०> रूपरेखा: 发凡 fāfán

凡[3] (凢) fán <संगी०> चीनी संगीत की स्वर-लिपि (工尺谱) का एक स्वर, जो संख्यांकित स्वरलिपि में स्वर संख्या 4 के समान है

【凡尘】fánchén यह जगत; इहलोक

【凡夫】fánfū ❶साधारण आदमी; मामूली मनुष्य ❷(देवताओं से भिन्न) सामान्य मानव; इहलोक वासी

【凡夫俗子】fánfū súzǐ दे० 凡夫

【凡立丁呢】fánlìdīngní <बुना०> वैलिटीन (valitin)

【凡例】fánlì किसी पुस्तक आदि के प्रयोग से संबंधी टिप्पणियां या निर्देश

【凡人】fánrén दे० 凡夫

【凡士林】fánshìlín वैसलीन (vaseline)

【凡事】fánshì हर काम; हर बात: ～得仔细研究，才能作出正确的结论。समस्या कोई भी हो, उस का ध्यानपूर्वक अध्ययन करना चाहिये, तभी हम सही निष्कर्ष पर पहुँच सकते हैं।

【凡是】fánshì हर, हरेक, कोई भी, सभी: ～正义的事业都是不可战胜的。सभी न्यायोचित कार्य अजेय होते हैं। / ～我知道的，都告诉你了。जो कुछ मैं जानता हूँ तुम्हें बता चुका हूँ।

【凡俗】fánsú अधकचरा; साधारण: 不同～ साधारण से भिन्न

【凡响】fánxiǎng साधारण संगीत; मामूली संगीत: 非同～ साधारण से अलग

【凡心】fánxīn (साधु-संतों में प्रयुक्त) सांसारिक जीवन का स्मरण; इस दुनिया की याद

【凡庸】fányōng (प्रायः मनुष्यों के लिये प्रयुक्त) साधारण; सामान्य; मामूली: ～之辈 साधारण आदमी / 才能～ योग्यता के विचार से मामूली; अधकचरा

氾 Fán एक कुलनाम
泛 fàn भी दे०

矾 (礬) fán <रसा०> विट्रिआल: 明～ ऐलम

【矾土】fántǔ अल्यूमिना (alumina，एक खनिज पदार्थ): ～水泥 अल्यूमिना सीमेंट

钒 (釩) fán <रसा०> वैनेडियम (vanadium): ～钢 वैने-डियम इस्पात / ～铅矿 वैनेडिनाइट (vanadinite)

烦 (煩) fán ❶खीझना; चिढ़ना; उद्विग्न होना; परेशान होना; बेचैन होना; झुंझलाना: 孩子们的吵闹声使他心～。लड़कों के शोरगुल से वह परेशान हो गया। / 我要工作了，别～我。मेरा सिर न खाओ, मुझे काम करने दो। / 你～什么? तुम क्यों बेचैन हो? / 那本书哪儿也找不到，真～死人了。वह किताब खोजते-खोजते नाक में दम आ गया, पर उस का कहीं भी पता न चला। ❷ऊब जाना; उकताना; थक जाना: 厌～ (किसी का) जी ऊब जाना / 这些话我都听～了。ऐसी बातें सुनते-सुनते मैं ऊब गया। ❸बहुत अधिक और अव्यवस्थित: 要言不～ सारगर्भित; संक्षिप्त; नपा-तुला और प्रभावपूर्ण (कथन) ❹<शिष्ट०> कृपया; मेहरबानी से; आप को कष्ट होगा कि: ～您给他捎个话儿，让他马上来一趟。कृपा कर उसे बता दीजिये कि वह यहां ज़रा जल्दी आए।

【烦劳】fánláo <शिष्ट०> कृपया; कृपा करके; मेहरबानी

करके; आप को कष्ट होगा कि: ～您把这件衣服给他带去。मेहरबानी करके उस के लिये यह कपड़ा ले जाइये।
【烦忙】 fánmáng दे० 繁忙 fánmáng
【烦闷】 fánmèn अप्रसन्न होना; परेशान होना; चिंतित होना: 他心里一定很～，一天都没说话。वह दिन भर चुप लगाए रहा, निश्चय ही बहुत अप्रसन्न है। / 这不是什么大不了的事儿，你干吗这样～? तुम परेशान क्यों हो ? यह कोई बड़ी बात तो नहीं।
【烦难】 fánnán दे० 繁难 fánnán
【烦恼】 fánnǎo परेशान होना; दुखी होना: 这件事让他很～。इस मामले से वह बड़ा परेशान है। / 何必为这点小事～? इस छोटी-सी बात के लिये दुखी क्यों हो ?
【烦请】 fánqǐng <शिष्ट०> कृपया; मेहरबानी करके: ～尽速复函。कृपया शीघ्र उत्तर दें।
【烦扰】 fánrǎo ❶परेशान करना; तंग करना; कष्ट देना ❷परेशान होना
【烦冗】 fánrǒng ❶(मामले) बहुत अधिक और अव्यवस्थित ❷(भाषण या लेख) लम्बा और नीरस
【烦神】 fánshén (किसी काम में) मानसिक शक्ति और समय व्यय करना; दिमाग खपाना: 这件事就不用您～了。इस बात के लिये आप कष्ट न करें।
【烦琐】 fánsuǒ अत्यधिक विस्तृत; लम्बा-चौड़ा; व्यर्थ; निरर्थक: ～的礼节 व्यर्थ शिष्टाचार / ～的手续 लम्बी-चौड़ी कार्य-प्रणाली / ～的考证 अत्यधिक विस्तृत अन्वेषण / 这篇文章写得太～。यह लेख अत्यधिक लम्बा और नीरस है।
【烦琐哲学】 fánsuǒ zhéxué ❶पांडित्य प्रदर्शनवाद ❷<बोल०> अत्यधिक विस्तार; बाल की खाल निकालने वाला विश्लेषण
【烦嚣】 fánxiāo <लि०> (लोगों को) परेशान करने वाला शोर-गुल: 夜深了，集市上～的声音一点也听不到了。गहरी रात हो गई। मंडी का शोर-गुल बिल्कुल शांत हो गया।
【烦心】 fánxīn दुख देना; परेशान करना: 别说这些～的事儿了。ऐसी दुख देने वाली बातें मत कहो।
【烦言】 fányán <लि०> ❶शिकायत; उलाहना: 啧有～(बहुत-से लोगों द्वारा) शिकायत करना ❷लंबी-चौड़ी बातें; बेकार बातें
【烦忧】 fányōu परेशान और चिंतित होना
【烦杂】 fánzá दे० 繁杂 fánzá
【烦躁】 fánzào व्याकुल होना; अधीर होना: ～不安 बेचैन होना / 病人感到～。रोगी अधीर और अशांत है।

蕃 fán ❶(पेड़, घास आदि का) हरा-भरा होना; खूब पनपना: ～茂 हरा-भरा; संपन्न; प्रचुर और सरस ❷संतान उत्पन्न करना; वृद्धि करना; फलना-फूलना: 蕃息
fān भी दे०
【蕃息】 fánxī (संतान आदि) अधिक संख्या में उत्पन्न करना; वृद्धि करना
【蕃衍】 fányǎn दे० 繁衍 fányǎn

樊 fán ❶<लि०> बाड़; घेरा ❷ （Fán） एक कुलनाम
【樊篱】 fánlí ❶बाड़; घेरा ❷रोक; प्रतिबंध; बाधा; बंधन: 冲破～ बाधाओं को तोड़ देना; बंधन से मुक्त करना या होना
【樊笼】 fánlóng ❶पिंजरा ❷<ला०> बंधन

繁 fán ❶बड़ी संख्या में; अनेक; बहुत; अनगिनत: ～星 अनगिनत तारे / 删～就简 अनुपयोगी विषयवस्तुओं को काट कर संक्षिप्त करना ❷(पशुओं का) प्रजनन करना; अधिक संख्या में संतान उत्पन्न करना: 农场自～自养的牲畜 ऐसे पशु जिन का प्रजनन और पालन फ़ार्म में हुआ हो
【繁本】 fánběn मूलग्रंथ
【繁多】 fánduō अनेक; बहुत; बहुसंख्यक: 花色～ विभिन्न प्रकार का; रंगबिरंगा / 名目～ अनेक प्रकार के नाम; नामों की बहुतायत
【繁复】 fánfù भारी और जटिल: ～的组织工作 भारी और जटिल संगठन-कार्य
【繁花】 fánhuā प्रस्फुटित पुष्प; विभिन्न रंगों के फूल: ～似锦 पूर्ण विकसित पुष्प; ज़रीदार कपड़ों की तरह खिले सुन्दर फूल
【繁华】 fánhuá रौनक-भरा; समृद्ध व तड़क-भड़क वाला; चहल-पहल वाला: ～的街道 चहल-पहल वाली सड़क / ～的城市 गुलज़ार शहर / 这条街道并不～。यह सड़क इतनी रौनक-भरी नहीं।
【繁忙】 fánmáng व्यस्त; मशगूल: 工作～ काम में व्यस्त होना / ～的收获季节 फ़सल काटने का व्यस्त मौसम
【繁茂】 fánmào समृद्ध और हरा-भरा: 枝叶～ पत्ते-पत्तियाँ खूब उत्पन्न होना / 公园里花木～。बाग फूल और पेड़-पौधों से हरा-भरा है।
【繁密】 fánmì घना: 人口～ घनी आबादी / ～的树林 घना जंगल / ～的鞭炮声 पटाखों की बेरोकटोक आवाज़
【繁难】 fánnán पेचीदा और कठिन; कष्ट देने वाला: 工作～ जटिल कार्य / 最近他遇到了一件～的事。आजकल वह एक झंझट में फंसा हुआ है।
【繁荣】 fánróng ❶समृद्ध; संपन्न; ज़ोर-शोर से विकसित: ～的社会主义文化事业 समृद्ध समाजवादी सांस्कृतिक कार्य / ～富强 समृद्ध और शक्तिशाली / ～幸福 सुख-समृद्धि / 经济～。अर्थतंत्र सक्रिय है। / 市场～。बाज़ार गरम है। ❷समृद्ध बनाना; तेज़ करना: ～经济 आर्थिक तेज़ी को बढ़ाना / ～文化艺术事业 सांस्कृतिक और कलात्मक कार्य को ज़ोरों के साथ विकसित करना
【繁荣昌盛】 fánróng-chāngshèng फला-फूला; समृद्ध: 我们的国家日益～。हमारा देश दिन-प्रति-दिन फलता-फूलता जा रहा है।
【繁冗】 fánrǒng दे० 烦冗 fánrǒng
【繁缛】 fánrù अत्यधिक विस्तृत; लम्बा-चौड़ा; अत्यधिक और व्यर्थ: ～的礼节 अनावश्यक और व्यर्थ शिष्टाचार
【繁盛】 fánshèng फलता-फूलता; समृद्ध: 这个城市越来越～了。यह शहर लगातार फलता-फूलता जा रहा है।

【繁琐】 fánsuǒ दे० 烦琐 fánsuǒ

【繁体字】 fántǐzì सरलीकृत चीनी अक्षरों का मूल जटिल रूप (जैसे “体” का मूल जटिल रूप “體”)

【繁文缛节】 fánwén-rùjié अनावश्यक और व्यर्थ शिष्टाचार; दफ़्तरी घिसघिस; अत्यधिक औपचारिकता या नियम-परायणता

【繁芜】 fánwú अनावश्यक शब्दों से भरा; शब्दबहुल

【繁细】 fánxì अत्यधिक विस्तृत

【繁嚣】 fánxiāo दे० 烦嚣 fánxiāo

【繁衍】 fányǎn धीरे धीरे बढ़ते जाना; संख्या या मात्रा में शनैःशनैः बढ़ते जाना： 子孙～。संतानों की धीरे-धीरे बढ़ती होती गई।

【繁育】 fányù (संतान) उत्पन्न करना; जनना： ～优良品种 अच्छी नस्ल विकसित करना

【繁杂】 fánzá अधिक और भिन्न; विभिन्न： ～的日常事务 रोज़मर्रे के छोटे-बड़े मामले

【繁殖】 fánzhí जनना; संतानोत्पत्ति करना; जीवन-वृद्धि करना： ～牲畜 पशुओं की नस्ल बढ़ाना / 靠种子～的植物 ऐसे पौधे जो अपने आप को बीजों के ज़रिये फैलाते हों / 无性～ अलैंगिक संतानोत्पत्ति / 有性～ लैंगिक संतानोत्पत्ति

【繁殖力】 fánzhílì प्रजनन-शक्ति; संतानोत्पन्न शक्ति

【繁殖率】 fánzhílǜ संतानोत्पन्न करने की दर; प्रजनन दर

【繁重】 fánzhòng भारी; कठोर： ～的体力劳动 कठोर शारीरिक श्रम / 这项任务十分～。यह काम बहुत भारी है।

蹯 fán (पशु का) पंजा; चंगुल： 熊～ （熊掌 xióngzhǎng के समान） भालू का पंजा (एक दुर्लभ स्वादिष्ट वस्तु)

fǎn

反 fǎn ❶उलटना; पलटना; बदलना： 易如～掌的事 हाथ उलटने जैसा आसान काम; उल्टे हाथ का दांव / 反败为胜 ❷विपरीत दिशा में; उलटा： 你把袜子穿～了。तुम ने अपना मोज़ा उलट कर पहन लिया है। / 他被～绑着两只手。उस के दोनों हाथ पीठ पीछे बंधे थे। / 他～背着两手，慢慢走来。वह दोनों हाथ पीछे रखे धीरे-धीरे चला आ रहा था। / 你这样做，将会适得其～。तुम ऐसा करोगे, तो नतीजा ठीक विपरीत होगा। ❸जवाब देना; जवाबी कार्रवाई करना： 反攻 / 反问 ❹विद्रोह करना; (किसी के साथ) गद्दारी करना： 官逼民～ शासक के दबाव से प्रजा का विद्रोह करना ❺(किसी बात आदि का) विरोध करना; मुकाबला करना： ～保守 रूढ़िवाद का विरोध करना / ～潮流 ज्वार के खिलाफ़ जाना; धारा के विरोध में खड़ा होना ❻反革命 या 反动派 का संक्षिप्त रूप： 肃～ प्रतिक्रांतिकारियों का सफ़ाया करना ❼के विपरीत; के बजाय; उल्टे： 他不但不生气，～笑了起来。वह नाराज़ नहीं हुआ बल्कि इस के विपरीत वह हँस पड़ा। / 他不但没有批评我，～把我表扬了一番。उन्होंने मेरी निन्दा नहीं की, उल्टे खूब तारीफ़ की। ❽反切 का संक्षिप्त रूप ❾-विरोधी; प्रति-： ～法西斯 फ़ासिस्ट-विरोधी / ～侵略 आक्रमण-विरोधी

【反霸】 fǎnbà ❶स्थानीय निरंकुश का विरोध करना (भूमि-सुधार के दौरान) ❷प्रभुत्ववाद का विरोध करना： 各国人民的～斗争 प्रभुत्ववाद के विरुद्ध विभिन्न देशों की जनता का संघर्ष

【反败为胜】 fǎnbài-wéishèng हार को जीत में बदलना; हवा का रुख बदलना

【反比】 fǎnbǐ ❶विपरीत सम्बन्ध; विलोम समानुपातः 与…成～ … से विपरीततः समानुपातिक होना ❷दे० 反比例

【反比例】 fǎnbǐlì 〈गणित०〉 विलोमानुपात; विलोम अनुपातः 分数值与分母值成～。भिन्न में नीचे की संख्या (डिनोमिनेटर) भिन्न की राशि से विलोमानुपाती होती है।

【反驳】 fǎnbó खंडन करना; निराकरण करना; प्रतिवाद करना： 对这种指责我们立即进行～。हम ने तुरंत इस आक्षेप का खंडन किया।

【反哺】 fǎnbǔ ❶चिड़िया का बड़े हो जाने पर बदले में अपनी माँ को खिलाना —— संतान का अपने वृद्ध माता पिता का भरण-पोषण करना; ～之情 पुत्रोचित निष्ठा ❷〈ला०〉 विकसित हो कर अपने आधारभूत व्यवसायों को आर्थिक प्रतिदान करना： 支持农业，～农业，也是乡镇企业义不容辞的责任。कृषि को सहायता दे कर उस का प्रतिदान करना भी ग्रामीण उद्योग-धंधों का कर्तव्य है।

【反侧】 fǎncè 〈लि०〉 ❶करवटें बदलना ❷अस्थिर होना

【反差】 fǎnchā ❶〈फ़ोटो०〉 कंट्रास्ट (contrast) ❷(बढ़िया और घटिया अथवा सुन्दर और कुरूप आदि दोनों की तुलना में) स्पष्ट अंतर; भिन्नता： 今昔对比，～巨大。आज और कल की तुलना में दोनों में बहुत बड़ा अंतर है।

【反常】 fǎncháng अनियमित; असाधारण; असामान्य; उलटा： 这几天天气有些～。आजकल मौसम कुछ असामान्य-सा लगता है। / 昨天他在会上的表情有点儿～。कल की सभा में उन की मुख-मुद्रा अजीब-सी थी। / 这样一来，就在他们中间造成了一种～心理。इस तरह उन में एक उलटी मनोवृत्ति पैदा हो गई।

【反衬】 fǎnchèn विषम तुलना के लिये उपयुक्त होना： 作～ विपरीत उदाहरण के रूप में प्रयोग करना

【反冲】 fǎnchōng (बंदूक आदि का छूटने के झटके से) पीछे हटना; पलटा; झटका; प्रतिक्षेप

【反冲核】 fǎnchōnghé 〈भौ०〉 प्रतिक्षेप नाभिक; रिकाइल न्यूक्लियस

【反冲力】 fǎnchōnglì 〈भौ०〉 पलटा; झटका; प्रतिक्षेप

【反刍】 fǎnchú जुगाली करना; पागुर करना

【反刍动物】 fǎnchú dòngwù जुगाली करने वाला पशु

【反刍胃】 fǎnchúwèi जुगाली करने वाला पेट

【反串】 fǎnchuàn (परम्परागत चीनी ऑपेरा में) अपने पात्र से भिन्न पात्र का अभिनय करना

【反唇相讥】 fǎnchún-xiāngjī व्यंग्य से प्रतिवाद करना

【反导弹导弹】 fǎndǎodàn dǎodàn एंटीमिसाइल मिसाइल

【反导条约】 fǎndǎo tiáoyuē एंटी बैलिस्टिक मिसाइल संधि

【反导系统】 fǎndǎo xìtǒng एंटी बैलिस्टिक मिसाइल व्यवस्था

【反倒】 fǎndào <बोल०> इस के विपरीत; के बजाय; उल्टे: 你不承认自己错了，～怪我。अपनी भूल तो मानते नहीं, उल्टे मुझे दोष देते हो ।

【反帝】 fǎndì साम्राज्यवाद का विरोध करना; साम्राज्य-वाद-विरोधी: ～斗争 साम्राज्यवाद-विरोधी संघर्ष

【反动】 fǎndòng ❶प्रतिक्रियावादी: ～势力 प्रतिक्रिया-वादी शक्तियां ❷प्रतिक्रिया: 他弃家出走是对封建制度的～。यह उस की सामंतवादी व्यवस्था के विरुद्ध प्रति-क्रिया ही थी कि वह अंत में घर छोड़ कर चल दिया ।

【反动分子】 fǎndòng fènzǐ प्रतिक्रियावादी तत्व; प्रतिक्रियावादी

【反动会道门】 fǎndòng huìdàomén प्रतिक्रियावादी गुप्त संस्था

【反动派】 fǎndòngpài प्रतिक्रियावादी (तत्व)

【反对】 fǎnduì विरोध करना; आपत्ति करना या होना; लोहा लेना; संघर्ष करना: ～官僚主义 नौकरशाही का विरोध करना / ～贪污浪费 घूसखोरी और फ़िज़ूलखर्ची से संघर्ष करना / ～浮夸 बात को बढ़ा-चढ़ा कर कहने की प्रवृत्ति का विरोध करना / 第三世界人民正在～霸权主义。तीसरी दुनिया की जनता प्रभुत्ववाद से लोहा ले रही है। / 我们没有理由～正确的决定。सही फ़ैसले पर एतराज़ करने का हमारा कोई सबब नहीं । / 如果你没有～意见，咱们就这样办了。अगर तुम को कोई आपत्ति न हो, तो हम ऐसा ही करेंगे। / 我～这个建议。मैं इस सुझाव का विरोधी हूँ। / 他的论点遭到某些人的～。उन की धारणाओं पर कुछ लोगों द्वारा आपत्ति उठाई गई ।

【反对党】 fǎnduìdǎng विरोधी पार्टी; विपक्षी दल

【反对派】 fǎnduìpài विरोधी पक्ष

【反对票】 fǎnduìpiào विरोधी मत; नकारात्मक वोट

【反而】 fǎn'ér इस के विपरीत; के बजाय; उल्टे: 叫他们不要大声吵闹，他们～越吵越厉害了。उन से कहा कि शोर न करें पर वे उल्टे और शोरगुल मचाने लगे। / 风不但没停，～越来越大了。हवा बन्द हो जाने के बजाय और तेज़ हो गई ।

【反封建】 fǎnfēngjiàn सामंत-विरोधी; सामंतवाद-विरोधी

【反方】 fǎnfāng (वाद-प्रतिवाद में) प्रतिवादी; विरोधी पक्ष

【反腐】 fǎnfǔ भ्रष्टाचार-निरोध

【反复】 fǎnfù ❶बार-बार; बारंबार; अनेक बार; पुनः-पुनः: ～研究 बारंबार अध्ययन करना / ～调查 अनेक बार जाँच-पड़ताल करना / ～宣传 पुनःपुनः प्रचार कर-ना / ～解释 बार-बार समझाना-बुझाना / 这个决定是大家经过～考虑作出的。लोगों ने बारंबार सोच-विचार करने के बाद ही यह निश्चय किया। ❷अपनी बात से फिर जाना; मुकर जाना; विचार बदल लेना; अस्थिर होना: 说一是一，说二是二，决不～。मैं बात का पक्का हूँ, जो कहा है उस से कभी न फिरूँगा । ❸(किसी काम या बात का) दोहराया जाना; पुनरावृत्ति (विशे. कुछ स्वस्थ होने पर रोगी की हालत फिर से बिगड़ जाना): 不管要经历多少～，最后胜利一定是属于我们的。चाहे कितनी ही पुनरावृत्तियों का सामना क्यों न करना पड़े, अंत में जीत हमारी ही होगी । / 你的病虽然好了，可要注意防止～。तुम्हारी बीमारी ठीक तो हो गई, पर ध्यान रखो कि यह फिर से वापस न हो जाए।

【反复记号】 fǎnfù jìhào <संगी०> पुनरावृत्ति

【反复无常】 fǎnfù-wúcháng विचार बदलते रहना; अस्थिर होना; पैंतरा बदलते रहना: 他这个人～，不要理他。कुछ कह कर मुकर जाना उस के लिये मामूली बात है। उस से संबंध न रखो ।

【反感】 fǎngǎn चिढ़ना; अरुचि उत्पन्न होना; उकताना; असंतुष्ट होना; अप्रसन्न होना: 你对他的话为什么这样～? तुम उस की बातों से क्यों इतना चिढ़ते हो ? / 我对这种人非常～。ऐसे आदमी से मैं बहुत अप्रसन्न हूँ। / 他那副面孔真让人～。उस का चेहरा देख कर मेरा जी मिचलाता है।

【反戈一击】 fǎngē-yījī हथियार बगल की ओर मोड़ कर वार करना —— उलट कर अपने पक्ष का विरोध करना

【反革命】 fǎngémìng ❶प्रतिक्रांतिकारी; क्रांति-विरोधी: ～罪行 प्रतिक्रांतिकारी अपराध ❷क्रांति का विरोध करने वाला; प्रतिक्रांतिकारी: 镇压～ प्रतिक्रांति-कारियों का दमन करना

【反攻】 fǎngōng प्रत्याक्रमण करना; जवाबी हमला करना: 我军已向敌人发起～。हमारी सेना ने दुश्मन पर प्रत्याक्रमण शुरू कर दिया।

【反攻倒算】 fǎngōng-dàosuàn (पराजित प्रति-क्रांतिकारी वर्ग के व्यक्तियों का बदले की भावना से किसी पर) जवाबी प्रहार करना; प्रत्याघात करना: 粉碎阶级敌人～的阴谋 वर्ग शत्रुओं के प्रत्याघात के षड़यंत्र को मिट्टी में मिला देना

【反躬自问】 fǎngōng-zìwèn अपने आप से पूछ-ताछ करना; स्वयं अपनी परीक्षा लेना

【反供】 fǎngòng (न्यायालय में) अपना बयान उलट देना

【反光】 fǎnguāng ❶प्रकाश प्रतिबिंबित करना; प्रकाश-किरणें परावर्तित करना: 白墙～，屋里显得很敞亮。सफ़ेद दीवारें प्रकाश प्रतिबिंबित करती हैं जिस से कमरा रोशनीदार और बड़ा लगता है । ❷प्रतिबिंबित प्रकाश; परावर्तित ज्योति: 雪地上的～让人睁不开眼。बर्फ़ के प्रतिबिंबित प्रकाश से लोगों की आँखें चौंधिया गईं ।

【反光灯】 fǎnguāngdēng प्रकाशक्षेपी लैम्प

【反光镜】 fǎnguāngjìng प्रकाशक्षेपी; परावर्तक

【反过来】 fǎnguòlái ❶विपरीत दिशा से; उल्टे क्रम से: 你把这些帐目～再算一遍。एक बार फिर उल्टे क्रम से हिसाब लगाओ। ❷विपरीत रूप से; दूसरी तरफ़ से: ～说，如果你是他，你会怎么做? दूसरी तरफ़ से देखा जाए, उस की जगह तुम होते, तो क्या करते ? ❸इस के विपरीत;

उल्टेः 你不但不感谢他，～还说他的坏话。तुम उस का एहसान तो मानते नहीं, उल्टे उस की बुराई करते हो।

【反函数】 fǎnhánshù <गणित०> विलोम फलन

【反黑】 fǎnhēi ❶बुरी शक्तियों पर प्रहार करना ❷<व्यायाम> काली सीटी का प्रतिरोध करना

【反话】 fǎnhuà उल्टी बात; व्यंग्योक्ति

【反悔】 fǎnhuǐ अपनी बात से फिर जाना; वचन तोड़नाः 一言为定，决不～。मैं तुम को वचन देता हूँ और उसे कभी न तोड़ूँगा।

【反击】 fǎnjī जवाबी प्रहार करना; हमले का जवाब देना; प्रत्याक्रमण करनाः 自卫～ आत्मरक्षा के लिये जवाबी प्रहार करना / 给对方以有力的～ विरोधी पक्ष को मुँह तोड़ जवाब देना

【反剪】 fǎnjiǎn ❶दोनों बाँहों को पीठ की ओर कर रखना ❷दोनों बाँहों को पीठ की ओर कर बाँधना; (किसी का) मुश्कें कसना या बाँधना

【反间】 fǎnjiàn किसी उपाय से (जैसे अफ़वाहें फैला कर आदि) दुश्मनों में फूट (पारस्परिक अविश्वास की भावना आदि) पैदा करना

【反间计】 fǎnjiànjì दुश्मनों में फूट पैदा करने के लिये प्रयुक्त उपायः 不要中了敌人的～。हम लोगों में फूट पैदा कराने वाली दुश्मन की चाल में न फँसो।

【反建议】 fǎnjiànyì प्रतिप्रस्ताव

【反骄破满】 fǎnjiāo-pòmǎn आत्माभिमान का विरोध करना और आत्मसंतोष को चूर-चूर करना; आत्मा-भिमान और आत्मसंतोष से संघर्ष करना

【反诘】 fǎnjié उत्तर के बदले कोई प्रश्न करना; किसी सवाल से जवाब देना

【反季节】 fǎnjìjié ऋतु के अनुपयुक्त; समय के प्रतिकूल; असमयोचित

【反抗】 fǎnkàng प्रतिरोध करना; मुकाबला करना; विद्रोह करनाः ～精神 विद्रोह की भावना / ～侵略 आक्रमण का मुकाबला करना / 哪里有压迫，哪里就有～。जहां दमन, वहां विद्रोह।

【反客为主】 fǎnkè-wéizhǔ मेहमान से बदल कर मेज़बान बन जाना —— निष्क्रियता की स्थिति से क्रिया-शीलता की स्थिति में आना; पहलकदमी करने की स्थिति में रहना

【反恐】 fǎnkǒng आतंकवाद का विरोध करना

【反口】 fǎnkǒu अपनी बात पलटना; अपनी बात से फिर जानाः 既然答应了，就不要～。जब वादा किया है तो उसे मत पलटो।

【反馈】 fǎnkuì ❶<वैद्यु०> फ़ीडबैक (feedback)ः 正（负）～ पाज़िटिव (नेगेटिव) फ़ीडबैक ❷(जानकारी, समाचार या सूचना आदि की) प्रतिक्रियाः 市场销售情况的信息不断～到厂家。कारखाने को बाज़ार में बिक्री की सूचनाएँ मिलती रहती हैं।

【反粒子】 fǎnlìzǐ <भौ०> प्रतिकणिका; ऐंटीपार्टिकल

【反面】 fǎnmiàn ❶पृष्ठभाग; पीठ; विपरीत पक्ष; उल्टा रुखः 唱片的～ रिकार्ड का पृष्ठभाग / 料子的～ कपड़े का उल्टा रुख ❷किसी बात या विषय का विपरीत पक्ष; उल्टा पहलूः 我们要学会全面地看问题，不但要看到事物的正面，也要看到它的～。हमें यह सीख लेनी चाहिये कि हमें समस्याओं के सभी पहलुओं पर ध्यान दें, सिर्फ़ वस्तुओं के सीधे पहलू पर ही नहीं, बल्कि उन के उल्टे पहलू पर भी ध्यान दें। ❸विपरीत स्थिति; नकारात्मक पक्षः 向～转化 विपरीत स्थिति की ओर बदलना / ～的教训 कड़वे अनुभवों से सीखा हुआ सबक / ～经验 कड़ुआ अनुभव

【反面教材】 fǎnmiàn jiàocái कड़ुवे अनुभवों से प्राप्त शिक्षा; नकारात्मक उदाहरण

【反面教员】 fǎnmiàn jiàoyuán नकारात्मक उदाहरण के रूप में रहने वाला शिक्षक

【反面人物】 fǎnmiàn rénwù दुर्जन; दुष्ट; नकारात्मक पात्र

【反目】 fǎnmù (प्रायः पति और पत्नी का) मेल-मिलाप का अभाव होना; झगड़ा होना

【反派】 fǎnpài दुर्जन; दुष्ट (नाटक आदि में); नकारात्मक पात्रः 演～人物 किसी दुष्ट की भूमिका अदा करना; नकारात्मक पात्र की प्रस्तुति करना

【反叛】 fǎnpàn विद्रोह करना; बगावत करनाः ～朝廷 शाही सरकार के खिलाफ़ बगावत करना

【反叛】 fǎnpan <बोल०> गद्दार; देशद्रोही; अपना पक्ष या दल बदलने वाला

【反批评】 fǎnpīpíng (किसी की) प्रत्यालोचना करना

【反扑】 fǎnpū (हिंसक जानवरों या दुश्मनों आदि का) हटाये जाने पर फिर से हमला करना; प्रत्याक्रमण करना; जवाबी हमला करना

【反璞归真】 fǎnpú-guīzhēn दे० 归真反璞 guīzhēn-fǎnpú

【反其道而行之】 fǎn qí dào ér xíng zhī ठीक विपरीत रास्ता अपनाना; पूर्ण रूप से विपरीत उपाय से काम करना

【反潜】 fǎnqián शत्रु की पनडुब्बियों से (अपने समुद्री क्षेत्र की) रक्षा करना

【反潜机】 fǎnqiánjī पनडुब्बी-भेदी विमान; ऐंटी-सबमैरीन प्लेन (antisubmarine plane)

【反潜舰艇】 fǎnqián jiàntǐng पनडुब्बी-भेदी पोत; ऐंटी-सबमैरीन वेसेल

【反切】 fǎnqiè किन्हीं ऐसे दो अक्षरों की मदद से किसी तीसरे अक्षर का उच्चारण बताने की एक परम्परागत पद्धति, जिन में से एक की आरंभिक ध्वनि उस तीसरे अक्षर की आरंभिक ध्वनि के समान हो जब कि दूसरे का अंतिम स्वर उस के अंतिम स्वर के समान हो। इस तरह, इन दोनों ध्वनियों को मिला कर तीसरे अक्षर का उच्चारण बताया जाता है, जैसे —— "塑" के उच्चारण के लिये "桑故切" या "桑故反" की मदद ली जाती है, अर्थात् पहले अक्षर 桑（sang）की आरंभिक ध्वनि s और दूसरे अक्षर 故（gù）का अंतिम स्वर u मिला कर "塑"（su）का उच्चारण तय करते हैं

【反倾销】 fǎnqīngxiāo एंटी-डम्पिंग

【反求诸己】 fǎnqiúzhūjǐ दूसरों के बजाय अपने दोष ढूँढ़ना

【反射】 fǎnshè ❶(प्रकाश, ध्वनि, उष्मा आदि को)

परावर्तित करना: 玻璃能～光线。दर्पण प्रकाश का परावर्तन करता है। ❷〈श०वि०〉 प्रतिकृतक्रिया : 条件～ प्रतिबंधित प्रतिकृतक्रिया

【反射比】 fǎnshèbǐ 〈भौ०〉 परावर्तकता

【反射测云器】 fǎnshè cèyúnqì परावर्ती मेघदर्शी

【反射弧】 fǎnshèhú 〈श०वि०〉 प्रतिवर्त चाप

【反射计】 fǎnshèjì रिफ़्लैक्टोमीटर; परावर्तन मापी

【反射镜】 fǎnshèjìng परावर्तक (यंत्र); रिफ़्लैक्टर

【反射炉】 fǎnshèlú परावर्तनी भट्ठी

【反射望远镜】 fǎnshè wàngyuǎnjìng परावर्ती दूरबीन

【反身】 fǎnshēn पीठ फेरना; मुड़ना: 见他～要走我急忙拦住。यह देख कर कि वह मुड़ कर चलने को है, मैं ने झटपट उसे रोक लिया।

【反身代词】 fǎnshēn dàicí 〈भा०वि०〉 निजवाचक सर्वनाम

【反噬】 fǎnshì 〈लि०〉 मिथ्या प्रत्यारोपण करना; आरोप लगाने वाले के विरुद्ध झूठा आरोप लगाना

【反手】 fǎnshǒu ❶बैकहैंड (backhand): ～抽球 बैकहैंड ड्राइव करना ❷हाथ उलटना —— बहुत आसान काम करना: ～可得 (काम) जो बहुत आसान हो

【反水】 fǎnshuǐ 〈बो०〉 गद्दारी करना; किसी का साथ छोड़ कर अन्य किसी से जा मिलना; रंग बदल लेना

【反思】 fǎnsī सिंहावलोकन करना; पिछली बातों पर दृष्टिपात करना

【反诉】 fǎnsù 〈का०〉 (किसी पर) प्रत्यभियोग लगाना

【反锁】 fǎnsuǒ ❶किसी व्यक्ति के कमरे के अन्दर रहते हुए बाहर से दरवाज़े में ताला लगाना ❷किसी व्यक्ति के कमरे के बाहर रहते हुए अन्दर से ताला लगाना

【反弹】 fǎntán ❶कमानी का दाब हटने पर फिर अपने स्थान पर आ जाना ❷गिरे हुए दाम या भाव का फिर से ऊपर चढ़ जाना: 股市～。शेयर बाज़ार फिर तेज़ हो गया। ❸नीचे उतरने के बाद फिर ऊपर चढ़ना; पलटा खाना; प्रतिघात करना

【反坦克炮】 fǎntǎnkèpào टैंक-नाशक तोप; एंटीटैंक गन

【反特】 fǎntè गुप्तचर्या-विरोधी; जासूसी विरोधी: ～影片 जासूसी फ़िल्म

【反题】 fǎntí 〈दर्शन०〉 अर्थवैपरीत्य; अर्थविपरीतता

【反胃】 fǎnwèi वमन करना; उलटी करना; मतली होना

【反问】 fǎnwèn ❶किसी सवाल का जवाब सवाल से देना; उत्तर देने के बदले प्रश्न करना ❷〈व्या०〉 अलंकारपूर्ण प्रश्न

【反诬】 fǎnwū (किसी पर) मिथ्या प्रत्यभियोग लगाना; (किसी पर) मिथ्या प्रत्यारोप लगाना

【反响】 fǎnxiǎng प्रतिध्वनि; गूंज: 这件事在人们的心中引起强烈～。इस घटना की लोगों के दिलों में बड़ी प्रतिध्वनि हुई। / 在世界上引起广泛的～ विश्व-व्यापी प्रभाव पड़ना

【反向】 fǎnxiàng विपरीत दिशा; उलटी ओर

【反向电流】 fǎnxiàng diànliú उत्क्रम विद्युत-धारा

【反向卫星】 fǎnxiàng wèixīng प्रतिगामी उपग्रह

【反信风】 fǎnxìnfēng 〈मौ०वि०〉 प्रतिव्यापार-वायु

【反省】 fǎnxǐng आत्मपरीक्षण; अंतर्निरीक्षण: 停职～ आत्मपरीक्षण के लिये अस्थाई रूप से पदच्युत होना

【反宣传】 fǎnxuānchuán प्रतिक्रियात्मक प्रचार

【反咬一口】 fǎnyǎo-yīkǒu (किसी पर) मिथ्या प्रत्यभियोग लगाना; (किसी पर) मिथ्या प्रत्यारोप लगाना

【反义词】 fǎnyìcí 〈व्या०〉 विपर्याय; विलोम शब्द (जैसे अच्छे का बुरा)

【反应】 fǎnyìng ❶प्रतिक्रिया; प्रभाव; उत्तर: ～冷淡。प्रतिक्रिया कमज़ोर थी। / 迅速做出～ शीघ्र ही उत्तर में कुछ कहना या करना; जल्दी से जवाब देना / 他的讲话引起了强烈的～。उन के भाषण का बहुत प्रभाव पड़ा। ❷प्रतिक्रिया व्यक्त करना; प्रभावित होना; उत्तर देना: 大家对我的建议～如何? मेरे सुझाव पर लोगों ने क्या प्रतिक्रिया दी? / 对老师的提问，他～很快。अध्यापक के प्रश्नों का वह जल्दी से उत्तर देता है। ❸〈श०वि०〉 〈चिकि०〉 प्रतिक्रिया; असर; प्रभाव: 过敏～ औषधि, भोजन, टीके आदि से उत्पन्न प्रतिक्रिया / 阳性（阴性）～ सकारात्मक (नकारात्मक) प्रतिक्रिया / 您打针以后有什么～? आप पर इंजेक्शन की क्या प्रतिक्रिया हुई? ❹〈रसा०〉 〈भौ०〉 प्रतिक्रिया: 链式～ शृंखला प्रतिक्रिया / 碱（酸）性～ क्षारीय (अम्लीय) प्रतिक्रिया

【反应本领】 fǎnyìng běnlǐng 〈भौ०〉 प्रतिक्रिया की योग्यता

【反应堆】 fǎnyìngduī 〈भौ०〉 रिएक्टर (reactor): 高温～ उच्च ताप रिएक्टर / 浓缩铀～ समृद्ध यूरेनियम रिएक्टर / 热中子～ उष्णीय न्यूट्रान रिएक्टर

【反应塔】 fǎnyìngtǎ रिएक्शन टावर (reaction tower)

【反应物】 fǎnyìngwù 〈रसा०〉 रिएक्टैंट (reactant)

【反映】 fǎnyìng ❶प्रतिबिंब होना; प्रतिबिंबित होना या करना; आभा झलकना: 这本杂志～知识分子的思想和情绪。यह पत्रिका बुद्धिजीवियों के अंतरतम विचारों और भावनाओं को प्रतिबिंबित करती है। / 这部小说～了钢铁工人的现实生活。इस उपन्यास में लौह-इस्पात श्रमिकों का यथार्थ जीवन प्रतिबिंबित होता है। / 这～了人民群众的愿望。इस से जन-समुदाय की इच्छाएं ज़ाहिर होती हैं। / 在她的脸上～出坚强的意志。उस के मुँह पर दृढ़ संकल्प की आभा झलक पड़ी। ❷रिपोर्ट करना; खबर देना; बताना: 向上级～ ऊपर के स्तर को रिपोर्ट करना / 向领导及时～情况 नेताओं को तुरंत समाचार पहुँचाना / 我将经常向您～同志们的意见。मैं आप को समय-समय पर साथियों की राय बताता रहूँगा।

【反映论】 fǎnyìnglùn 〈दर्शन०〉 परावर्तन सिद्धांत: 唯物论的～परावर्तन का भौतिकवादी सिद्धांत

【反右派斗争】 fǎnyòupài dòuzhēng दक्षिण पंथी विरोधी संघर्ष (1957 ई०)

【反语】 fǎnyǔ दे० 反话

【反掌】 fǎnzhǎng हाथ उलटना —— कोई बहुत आसान काम करना: 易如～ हाथ उलटने जैसा आसान होना

【反照】 fǎnzhào प्रकाश का परावर्तन: 夕阳～ सूर्यास्त (शाम) की लालिमा

【反照镜】 fǎnzhàojìng रियरव्यू मिरर (rearview mirror)

【反正】 fǎnzhèng शत्रु पक्ष से स्वपक्ष में आना

【反正】 fǎnzheng 〈क्रि०वि०〉 ❶(प्रायः 不管，无论 आदि के साथ प्रयुक्त) किसी की तरह; जैसे भी हो; जो भी हो; किसी भी हालत में: 不管怎么样，～这项任务今天必须完成。जैसे भी हो, यह काम आज ही पूरा करना होगा। / 无论你怎么说，～我不相信。चाहे तुम जितना भी समझाओ, इस बात पर मैं विश्वास नहीं करूं-गा। / 不管他来不来，～你得来。वह आये या न आये, तुम्हें आना ही पड़ेगा। ❷यह देखते हुए कि; क्योंकि; चूँकि; इसलिये कि: ～路不远，咱们就走着去吧。चूँकि दूरी ज़्यादा नहीं, इसलिये हम पैदल ही चलें। / 您别着急，～不是什么要紧的大事。आप चिंता न करें, आखिर यह कोई बहुत ज़रूरी बात तो नहीं। / 就让我干吧，～这活儿得有人干。मुझे यह काम करने दो, क्योंकि यह किसी न किसी को करना ही है।

【反证】 fǎnzhèng प्रत्याख्यान; खंडन या रद्द करने वाली दलील

【反证法】 fǎnzhèngfǎ किसी सिद्धांत, नियम आदि की सत्यता सिद्ध करने का एक उपाय, जिस के अनुसार पहले उस सिद्धांत, नियम आदि के तर्कपूर्ण निष्कर्ष के विरुद्ध कोई अन्य कल्पना की जाए, और फिर उस का मिथ्यापन सिद्ध कर के उसी सिद्धांत, नियम आदि की सत्यता सिद्ध की जाए; रिडक्शन टू एबसर्डिटी (reduction to absurdity)

【反之】 fǎnzhī 〈संयो०〉 〈लि०〉 के विपरीत; उल्टे; विपरीत रूप से; वरना; अन्यथा: 认为物质是第一性的，意识是第二性的，是唯物主义；～，认为意识是第一性的，物质是第二性的，则是唯心主义。वस्तु को प्रधान और विचारधारा को अप्रधान मानने वाला सिद्धांत भौतिकवाद कहलाता है, इस के विपरीत विचार-धारा को प्रधान और वस्तु को अप्रधान मानने वाला आदर्शवाद कहलाता है।

【反殖】 fǎnzhí उपनिवेशवाद-विरोधी

【反质子】 fǎnzhìzǐ 〈भौ०〉 ऐंटीप्रोटोन

【反中子】 fǎnzhōngzǐ 〈भौ०〉 ऐंटीन्यूट्रान

【反转】 fǎnzhuǎn विपरीत दिशा में चलना

【反转来】 fǎnzhuǎnlái दे० 反过来

【反转片】 fǎnzhuǎnpiàn रिवर्सल फ़िल्म

【反坐】 fǎnzuò 〈का०〉 झूठा अभियोग लगाने वाले को वह दंड देना जिसे उस के द्वारा आरोपित व्यक्ति को भुगतने को हो

【反作用】 fǎnzuòyòng प्रतिक्रिया; बुरा प्रभाव: 社会意识对于社会存在的～ सामाजिक चेतना की सामाजिक अस्तित्व पर प्रतिक्रिया / 你这样一意孤行，是会起～的。तुम इस तरह मनमानी करोगे, तो इस का प्रभाव बुरा ही होगा। / 你要起好作用，不要起～。तुम्हें बुरा नहीं, अच्छा उदाहरण देना चाहिये।

【反作用力】 fǎnzuòyònglì 〈भौ०〉 प्रतिक्रिया-शक्ति

返

fǎn लौटना; वापस आना या जाना: ～京 पेइचिंग लौटना / 往～ आना-जाना / 一去不复～ हमेशा के लिये लद जाना; लौट कर कभी वापस न आना

【返场】 fǎnchǎng दर्शकों या श्रोताओं की माँग पर प्रस्तुति दोहराना: 那位青年舞蹈演员～三次。दर्शकों की माँग पर उस युवा नर्तक ने तीन बार प्रस्तुति दुहरायी।

【返潮】 fǎncháo सीला होना; सीलना; नम होना; तर होना: 每年到这个时候东西就爱～。हर साल इस समय चीज़ें जल्दी सीलती हैं।

【返程】 fǎnchéng वापस आने या जाने का सफ़र; वापसी का सफ़र; वापसी

【返防】 fǎnfáng 〈सैन्य०〉 फ़ौजी छावनी लौटना

【返工】 fǎngōng खराब ढंग से किया गया काम फिर से करना: 这项工程必须～。इस निर्माण-कार्य को फिर से करना होगा।

【返航】 fǎnháng (विमान या जलपोत आदि का) अपने अड्डे पर या बंदरगाह में लौट आना या जाना: 在～途中 घर की ओर वापसी की समुद्र-यात्रा या उड़ान में / 第一批战斗机群已胜利～。लड़ाकू विमानों का पहला दल विजय प्राप्त कर अपने अड्डे पर लौट आया।

【返还】 fǎnhuán लौटाना; वापस देना; वापस भेजना: ～定金 पेशगी वापस देना

【返回】 fǎnhuí लौटना; वापस आना या जाना; फिरना: 从原路～ पूर्व के रास्ते से लौटना / ～原地 प्रस्थान की जगह लौटना; घर (निवास स्थान, अड्डे) लौटना / ～工作岗位 अपने पद-स्थान पर वापस लौटना / 使人造地球卫星～地面 मानव निर्मित भू-उपग्रह को पृथ्वी पर लौटाना

【返魂】 fǎnhún मृत्यु के बाद फिर जी उठना; पुन-रुज्जीवित (या पुनर्जीवित) होना

【返碱】 fǎnjiǎn ज़मीन की सतह पर क्षार संचित होना

【返老还童】 fǎnlǎo-huántóng (किसी का) पुनः यौवन प्राप्त करना; फिर से जवान होना; नई शक्ति प्राप्त करना

【返里】 fǎnlǐ 〈लि०〉 जन्मभूमि वापस आना; घर लौटना

【返聘】 fǎnpìn अवकाशप्राप्त कर्मचारियों को उन के पूर्व कार्यालय में काम करने के लिये निमंत्रित करना; उक्त व्यक्तियों को फिर से नियुक्ति देना; निवृत्ति के बाद पुनर्नियुक्ति

【返青】 fǎnqīng 〈कृ०〉 (जाड़े की फ़सलों या एक स्थान से उखाड़ कर दूसरे स्थान पर रोपे गये पौदों का) हरा होना

【返任】 fǎnrèn अपने पद पर लौटना

【返俗】 fǎnsú (बौद्ध भिक्षु-भिक्षुणियों या ताओ धर्म पुरोहितों का) लौकिक जीवन में लौटना

【返销】 fǎnxiāo ❶(प्राकृतिक विपत्ति आदि के कारण) राज्य का किसी क्षेत्र से खरीदे गये अनाज को उल्टे उसी क्षेत्र में बेचना: 吃～粮 'ऐसी उल्टी बिक्री का अनाज' खाना ❷किसी देश या क्षेत्र से आयातित कच्चे माल या सामग्री से निर्मित वस्तुओं को उसी देश या क्षेत्र में बेचना; 'उलटी बिक्री' करना

【返校】 fǎnxiào (विद्यार्थियों का) अपने स्कूल लौटना: ～日 वह निश्चित दिन जब छुट्टियों के बीच स्कूली बच्चे अपने गृहकार्य की जाँच कराने के लिये स्कूल लौटते हों

【返修】 fǎnxiū बुरी मरम्मत वाली वस्तुओं की फिर से

मरम्मत करना या कराना
【返盐】 fǎnyán दे० 返碱
【返照】 fǎnzhào दे० 反照 fǎnzhào
【返祖现象】 fǎnzǔ xiànxiàng （返祖遗传 fǎnzǔ yíchuán भी）पूर्वजता; ऐटाविज़्म (atavism)

fàn

犯 fàn ❶(कानून आदि को) तोड़ना; भंग करना; उल्लंघन करना: ～纪律 अनुशासन तोड़ना / ～校规 स्कूल का कोई नियम भंग करना ❷(किसी पर) आक्रमण करना; हमला करना; चढ़ाई करना: 人不～我，我不～人；人若～我，我必～人。जब तक हम पर हमला न हो, हम हमला नहीं करेंगे; अगर हम पर हमला हुआ, तो हम ज़रूर जवाबी हमला करेंगे। ❸अपराधी; पापी: 战～ युद्ध अपराधी / 杀人～ हत्यारा / 政治～ राजनीतिक अपराधी; राजनीतिक बंदी ❹(कोई भूल या अनुचित कार्य आदि) करना या होना: ～错误 भूल होना; गलती होना या करना / ～官僚主义 नौकरशाही की गलती करना / ～脾气 नाराज़ होना; गुस्से में आना; बिगड़ना / ～烟瘾 सिग्रेट पीने की इच्छा होना / 他的老毛病又～了。उस को फिर वही बीमारी हुई जो पहले ठीक हो गई थी।
【犯案】 fàn'àn (किसी अपराधी का) पता लगाया जाना और अदालत में पेश किया जाना
【犯病】 fànbìng (किसी रोगी का) अच्छा हो जाने पर फिर बीमार पड़ना; कुछ स्वस्थ हो जाने पर रोगी की स्थिति फिर से बिगड़ना; पुराने रोग का बुरा प्रभाव उभरना: 她又～了。वह फिर बीमार पड़ गयी। / 这孩子爱咳嗽，一着凉就～。इस बच्चे को अकसर खाँसी रहती है, ज़रा सी सर्दी लगते ही खाँसने लगता है।
【犯不上】 fànbushàng दे० 犯不着
【犯不着】 fànbuzháo 〈बोल०〉 उचित न होना; लायक न होना; मूल्यहीन होना: 他不懂事，～跟他计较。वह बिल्कुल नादान है, उस के साथ तर्क करना उचित नहीं। / 为这么一点小事花这么多时间，真～。इतनी छोटी-सी बात पर इतना ज़्यादा समय बर्बाद करना कतई मुनासिब नहीं।
【犯愁】 fànchóu फ़िक्र करना; चिंतित होना; परेशान होना: 你不用～，这事交给我去办好了。तुम फ़िक्र न करो, यह काम मुझ पर छोड़ दो। / 您犯什么愁? आप किस बात पर चिंतित हैं?
【犯憷】 fànchù 〈बो०〉 संकोच करना; डरना
【犯得上】 fàndeshàng दे० 犯得着
【犯得着】 fàndezháo 〈बो०〉 (प्रायः आलंकारिक प्रश्नों में प्रयुक्त) क्या यह उचित है कि: 为这点小事～和他生气吗? क्या इस छोटी-सी बात के लिये उस पर क्रोध करना उचित है?
【犯嘀咕】 fàn dígu अनिष्ट की शंका होना; आशंका होना; संदेह होना
【犯法】 fànfǎ कानून का उल्लंघन करना; कानून भंग करना: ～行为 कानून के खिलाफ़ कार्रवाई; कानून भंग का व्यवहार / 谁犯了法都要受到法律的制裁。कोई भी हो, कानून तोड़ेगा तो कानून के मुताबिक दंड भोगेगा।
【犯规】 fànguī ❶नियम तोड़ना ❷〈खेल०〉 फ़ाउल करना: 这场比赛六号队员犯了三次规。छः नम्बर के खिलाड़ी ने इस प्रतियोगिता में तीन फ़ाउल किये।
【犯讳】 fànhuì कोई वर्जित बात या अमंगल शब्द कहना: 这个地方，早晨起来谁要是说'蛇'、'虎'什么的，就被认为是～，不吉利。इस जगह सुबह खाट से उठ कर 'साँप', 'बाघ' आदि शब्द मुँह से निकालना अमंगल समझा जाता है।
【犯浑】 fànhún बुद्धि या मस्तिष्क का ठिकाने न रहना; सिर फिर जाना; दिमाग काबू में न रहने पर अनुचित बात या आचरण करना: 我一时～，说话惹您生气了，请您多原谅。उस समय मेरा सिर फिर गया था, कुछ ऐसा-वैसा कह कर आप को नाराज़ कर दिया। मुझे माफ़ कर दें।
【犯急】 fànjí अधीर होना; बेसब्र होना; बेचैन होना; जल्दबाज़ होना
【犯忌】 fànjì वर्जना तोड़ना: 过去在船上话里带'翻'字是～。पुराने ज़माने में पानी के जहाज़ पर 'उलटना' शब्द कहना वर्जित था।
【犯贱】 fànjiàn आत्मसम्मान न करना; नीचतापूर्ण व्यवहार करना
【犯节气】 fàn jiéqi ऋतु बदलने पर किसी पुराने रोग का फिर से उभर आना
【犯戒】 fànjiè धार्मिक आचरण-नियम तोड़ना; धर्मादेश के विरुद्ध आचरण करना
【犯禁】 fànjìn प्रतिषेध तोड़ना; मनाही का हुक्म न मानना
【犯境】 fànjìng दूसरे देश के सीमांत-प्रदेश पर आक्रमण करना; दूसरे देश के भूभाग का अतिक्रमण करना; दूसरे देश में अनधिकृत रूप से प्रवेश करना
【犯科】 fànkē 〈लि०〉 कानून का उल्लंघन करना
【犯困】 fànkùn नींद आना; ऊँघना: 我每到中午这个时候就～。दोपहर को इस समय मुझे अकसर नींद आती है।
【犯难】 fànnán मुश्किल में पड़ना; झंझट में पड़ना; उलझन या असमंजस में पड़ना
【犯人】 fànrén अपराधी; बंदी; कैदी
【犯傻】 fànshǎ 〈बो०〉 ❶मूर्ख बनना; अज्ञानी बनना; बेवकूफ़ी का स्वांग भरना: 这事情你很明白，别～啦。यह बात तुम अच्छी तरह जानते हो, मूर्ख न बनो। ❷मूर्खता करना; बेवकूफ़ी की बात करना: 你怎么又～了，忘了他上次骗过你一回? तुम ने फिर वही मूर्खता की, क्या भूल गये कि उस ने पिछली बार भी तुम्हें ऐसे ही धोखा दिया था? ❸निस्तब्ध होना; बिना हिले-डुले शून्य दृष्टि से देखते रहना
【犯上】 fànshàng ❶बादशाह, सम्राट आदि का विरोध करना (पुराने ज़माने में) ❷बड़े-बूढ़ों, उच्च-अधिकारियों आदि की अवमान करना
【犯上作乱】 fànshàng-zuòluàn अपने उच्च-अधिका-

रियों की अवमानना करना और गड़बड़ी मचाना
【犯事】 fànshì अपराध करना; अनुशासन तोड़ना
【犯嫌疑】 fànxiányí संदेह पैदा करना; संदेहजनक होना
【犯颜】 fànyán <लि०> किसी की (विशेषतः किसी शासक की) मान-प्रतिष्ठा की परवाह न करना: ~直谏 सम्राट की मान-प्रतिष्ठा की अवहेलना कर खुली आलोचना करना
【犯疑】 fànyí (犯疑心 fànyíxīn भी) संदेह करना या होना
【犯罪】 fànzuì अपराध करना; जुर्म करना: ~行为 अपराध; जुर्म; दोष / ~分子 अपराधी / ~团伙 अपराधी दल / 他犯了什么罪? उस से कौन-सा अपराध हुआ?
【犯罪嫌疑人】 fànzuì xiányírén आपराधिक संदिग्ध व्यक्ति

饭（飯）fàn ❶भात; पकाया हुआ चावल या अन्य अनाजः 米~ भात / 小米~ (पकाया हुआ) बाजरा ❷विशेषतः भात के लिये प्रयुक्तः 你吃~还是吃饼? तुम भात खाओगे या रोटी ? ❸खाना (खाना); भोजन (करना): ~前洗手。खाना खाने से पहले हाथ धो लो। / 我习惯每天吃两顿~。मेरी आदत रोज़ दो वक्त भोजन करने की है।
【饭菜】 fàncài ❶खाना; भोजन: ~可口，服务周到 स्वादिष्ट भोजन और अच्छी सेवा ❷भात या रोटी आदि के साथ खाई जाने वाली सब्ज़ियां (शराब के साथ नहीं)
【饭单】 fàndān ❶रूमाल या छोटा तौलिया जो भोजन के समय व्यवहृत होता है ❷व्यंजन-सूची; होटल की भोजन-सूची; मेन्यू ❸<बो०> ऐप्रन (apron) ❹बच्चों के कपड़ों को मैला होने से बचाने के लिये उन के गले से बाँधा जाने वाला कपड़े का टुकड़ा; बिब (bib)
【饭店】 fàndiàn ❶होटल: 北京~ पेइचिंग होटल ❷<बो०> रेस्टोरेण्ट; रेस्त्रां; भोजन-गृह
【饭馆】 fànguǎn रेस्तराँ; भोजन-गृह
【饭锅】 fànguō एक बर्तन जिस में दाल, चावल आदि पकाये जाते हैं; बटलोई; देगची
【饭盒】 fànhé लंच बाक्स; मेस टिन
【饭局】 fànjú दावत; प्रीतिभोज; सहभोज
【饭来张口，衣来伸手】 fàn lái zhāng kǒu, yī lái shēn shǒu भोजन करने के लिये केवल मुँह भर खोलने और कपड़ा पहनने के लिये केवल हाथ फैलाने की आवश्यकता होना —— निश्चिंत जीवन बिताना; खाने-पहनने की सभी चीज़ें तैयार होना
【饭粒】 fànlì भात का दाना; भात के दाने
【饭量】 fànliàng एक बार में किसी व्यक्ति द्वारा किया जाने वाला भोजन: 近来他的~很大。आजकल वह बहुत बड़ी मात्रा में खाना खाता है; आजकल वह पेटू बन गया है। / 你的~比他小多了。तुम उस से बहुत कम खाते हो।
【饭囊】 fànnáng भात की थैली —— अयोग्य; निकम्मा आदमी
【饭票】 fànpiào भोजन-टिकट
【饭铺】 fànpù छोटा रेस्तराँ; भोजन-गृह
【饭食】 fànshi किसी रेस्तराँ, विद्यालय के भोजनालय आदि का भोजन (विशेषतः क्वालिटी के संदर्भ में): 这儿的~挺不错。यहां का खाना काफ़ी अच्छा है।
【饭厅】 fàntīng बड़ा भोजनालय; भोजनशाला: 这个~可容二百人就餐。इस भोजनालय में दो सौ आदमी एक साथ बैठ कर खाना खा सकते हैं।
【饭桶】 fàntǒng ❶भात रखने का डोल ❷खाऊ; पेटू ❸मूर्ख; बेवकूफ़; निकम्मा; अयोग्य व्यक्ति
【饭碗】 fànwǎn ❶खाना खाने का प्याला; कटोरा ❷<बोल०> नौकरी; रोज़ी; जीविका का साधन: 丢~ रोज़ी से हाथ धोना; नौकरी छूट जाना / 找~ नौकरी की तलाश करना / 砸~ नौकरी से अलग होना / 铁~ कभी न छूटने वाली नौकरी; स्थायी रोज़ी
【饭辙】 fànzhé <बो०> भोजन का ठिकाना; जीवन-निर्वाह का उपाय
【饭庄】 fànzhuāng (饭庄子 fànzhuāngzi भी) बड़ा रेस्तराँ
【饭桌】 fànzhuō खाने की मेज़; डाइनिंग टेबुल

泛[1]（汎）fàn ❶<लि०> तैरना; तिरना; पानी की सतह पर तैरना; बहना: ~舟西湖 पश्चिमी झील में नाव खेते हुए जी बहलाना ❷चारों ओर फैलना; हवा या पानी के बहाव के साथ बहना; दौड़ना; छलकना: 鲜花~出一阵阵的香味。फूलों से रह रह कर खुशबू छलक रही थी। / 一听这话，她脸上~出了红晕。यह बात सुन कर उस के चेहरे पर लाली दौड़ गई। ❸व्यापक; सामान्य; अविशेष: 泛指

泛[2]（汎、氾）fàn उमड़ना; बाढ़ आना: 黄~区 वह क्षेत्र जहाँ पहले ह्वांग-ह (पीली नदी) बाढ़ लाई थी; ह्वांग-ह का बाढ़-पीड़ित क्षेत्र
氾 Fán भी दे०
【泛称】 fànchēng सामान्य परिभाषा (शब्द)
【泛读】 fàndú सामान्य अध्ययन के लिए तय पाठ्य सामग्री
【泛泛】 fànfàn साधारण; सतही; जो गहराई तक न गया हुआ हो: 对这个问题我们只是~地议论了一下。इस समस्या पर हम ने सिर्फ़ आम चर्चा की।
【泛泛而谈】 fànfàn'értán आम बातचीत करना
【泛泛之交】 fànfànzhījiāo अस्थाई रूप से परिचित व्यक्ति; साधारण मित्र
【泛光灯】 fànguāngdēng फ़्लडलाइट (flood-light)
【泛碱】 fànjiǎn दे० 返碱 fǎnjiǎn
【泛览】 fànlǎn व्यापक रूप से पढ़ना
【泛滥】 fànlàn ❶उमड़ना; बाढ़ आना: 河水~。नदी उमड़ आई। ❷बोलबाला होना; भरमार होना: 不能让错误思想自由~。गलत विचारों का बेरोकटोक फैलाव न होने पाये।
【泛滥成灾】 fànlàn-chéngzāi ❶नदी का पानी इतना उमड़ना कि विपदा पैदा हो जाए; बाढ़ आना ❷(किसी चीज़ आदि का) इतना बोलबाला होना कि वह एक मुसीबत बन

जाए
【泛美主义】 fànměi zhǔyì सर्व-अमरीकावाद
【泛神论】 fànshénlùn सर्वेश्वरवाद; सर्वात्मवाद
【泛酸】 fànsuān 〈रसा०〉 पैंटोथीनिक एसिड (pantothenic acid)
【泛音】 fànyīn 〈संगी०〉 संवादी स्वर
【泛音列】 fànyīnliè 〈संगी०〉 हर्मोनिक सीरिज़ (harmonic series)
【泛指】 fànzhǐ सामान्य अर्थ में प्रयुक्त होना (किसी विशेष व्यक्ति या बात के लिये नहीं); उक्ति का अर्थ आम स्थिति से सम्बन्धित होना: 他的发言是～一般情况，不是针对某一个人的。उन का वक्तव्य आम लोगों से सम्बन्धित है, किसी व्यक्ति-विशेष से नहीं।

范[1]（範） fàn ❶〈लि०〉 ढांचा; साँचा: 铁～ लोहे का ढांचा ❷आदर्श; नमूना; उदाहरण: 典～ आदर्श; उदाहरण / 示～ आदर्श दिखाना; उदाहरण प्रस्तुत करना ❸दायरा; सीमा: 就～ अधीनता स्वीकार करना; हार मानना ❹〈लि०〉 रोक; प्रतिबंध: 防范 fángfàn

范[2] Fàn एक कुलनाम
【范本】 fànběn (प्रायः सुलेख या चित्रण के लिये प्रयुक्त) आदर्श; नमूना: 习字～ सुन्दर लिखावट का नमूना
【范畴】 fànchóu ❶श्रेणी; वर्ग; कोटि: 这些概念属于哲学的～。ये संकल्पनाएं दर्शनशास्त्र के क्षेत्र में हैं। ❷प्रकार; प्रारूप
【范例】 fànlì आदर्श; उदाहरण; नमूना: 提供～ नमूना पेश करना; उदाहरण प्रस्तुत करना / 作出～ मिसाल कायम करना / 这是勤俭持家的一个～。यह मेहनत और किफ़ायत से परिवार चलाने का एक उदाहरण है।
【范围】 fànwéi ❶सीमा; परिसीमा; क्षेत्र; दायरा; मर्यादा: 工作～ कार्यक्षेत्र / 势力～ प्रभाव-क्षेत्र / 国家管辖～ देश का शासनाधिकार-क्षेत्र / 实际控制～ वास्तविक नियंत्रित क्षेत्र / ～狭小 परिसीमा संकुचित होना / ～扩大 दायरा विस्तृत होना / 在指定的～内 निर्धारित मर्यादा के भीतर / 在协定规定的～内 समझौते की निर्धारित सीमा में / 飞机飞行的～ विमानों के उड़ने का दायरा / 我们讨论的～很广。हमारे वाद-विवाद का क्षेत्र विस्तृत है। / 这个问题超出了我们研究的～。यह विषय हमारे अध्ययन के दायरे से बाहर है। ❷〈लि०〉 सीमित करना
【范文】 fànwén आदर्श लेख (पढ़ाई के लिये प्रयुक्त)
【范性】 fànxìng 〈भौ०〉 प्लैस्टिसिटी (plasticity)

贩（販） fàn ❶(व्यापारियों का) पुनर्बिक्री के लिए माल खरीदना: ～牲口 मवेशियों को खरीदना और बेचना ❷खरीद-बेच करने वाला; फेरी वाला: 小～ फेरी वाला; खोंचे वाला / 摊～ वह जो बिसात आदि पर सामान फैला कर बेचता हो; बिसाती
【贩毒】 fàndú स्वापक औषधि (मादक द्रव्य) का क्रय-विक्रय करना
【贩夫】 fànfū 〈पुराना〉 फेरी वाला; खोंचे वाला
【贩黄】 fànhuáng अश्लील प्रकाशनों का व्यापार करना
【贩卖】 fànmài (किसी माल का) व्यापार करना; क्रय-विक्रय करना: ～干鲜果品 मेवों और फलों की खरीद-बेच करना / ～军火 गोला-बारूद का व्यापार करना / ～资产阶级腐朽思想 पूँजीपति वर्ग की पतनशील विचार-धाराओं की फेरी लगाना
【贩卖人口】 fànmài rénkǒu मानव का क्रय-विक्रय करना; (विशिष्ट रूप से) महिलाओं की खरीद-बेच करना; वेश्या-वृत्ति के लिये लड़कियां फँसाने का धंधा करना
【贩私】 fànsī गैर-कानूनी तौर पर बिना चुंगी दिये माल का आयात या निर्यात करना; तस्करी करना; तस्करी की वस्तुओं का व्यापार (करना)
【贩运】 fànyùn (व्यापारियों का) माल को एक स्थान से दूसरे स्थान पर ले जाना; माल को (गाड़ी, नाव आदि द्वारा) लाना, ले जाना; व्यापार करना: 在天津和北京之间～海货 थ्येनचिन से समुद्री वस्तुओं को पेइचिंग ले जाना और बेचना
【贩子】 fànzi बनिया; व्यापारी; सौदागर: 牲口～ मवेशियों का सौदागर / 鱼～ मछली-व्यापारी / 战争～ जंगखोर; युद्ध-लिप्सु

畈 fàn 〈बो०〉 ❶(प्रायः जगह के नाम के लिये प्रयुक्त) खेत; भूमि ❷〈परि०श०〉 (बड़े भूभाग के लिये प्रयुक्त): 一～田 खेत का एक बड़ा भाग

梵 fàn ❶संस्कृत (भाषा): 梵文 ❷ब्रह्म ❸बौद्ध धर्म-संबंधी: ～刹 बौद्ध मठ
【梵呗】 fànbài बौद्ध भिक्षुओं द्वारा बौद्ध सूत्रों के जाप का स्वर
【梵蒂冈】 Fàndìgāng वेटिकन (Vatican)
【梵阿铃】 fàn'ēlíng वायलिन (violin)
【梵宫】 fàngōng बौद्ध मठ
【梵天】 fàntiān 〈धर्म〉 ब्रह्मा; ब्रह्म
【梵文】 Fànwén संस्कृत (भाषा)
【梵行】 fànxíng 〈धर्म〉 ब्रह्मचर्य
【梵学】 fànxué 〈धर्म〉 ब्रह्मविद्या
【梵宇】 fànyǔ बौद्ध मठ
【梵语】 Fànyǔ संस्कृत (भाषा)

fāng

方[1] fāng ❶चौकोर; चौकोना; वर्गाकार: ～桌 चौकोर मेज़ ❷〈गणित०〉 घात: 二的三次～是八。दो का तीसरा घात आठ होता है। ❸〈परि०श०〉 (चौकोर चीज़ों के लिये): 一～手帕 एक रूमाल / 两～图章 दो मोहरें ❹वर्गमीटर या घनमीटर का संक्षिप्त रूप: 一～木材 एक घनमीटर लकड़ी / 铺地板十五～ पंद्रह वर्गमीटर तख्तों से फ़र्श बनाना ❺ईमानदार; नेक; सीधा; न्यायनिष्ठ: 方正 ❻（Fāng）एक कुलनाम

方 2 fāng ❶दिशा; ओर: 东～ पूर्व दिशा; पूर्व / 前～ सामने / 四面八～ चारों ओर ❷पक्ष; पहलू; ओर; तरफ़: 我～ हमारा पक्ष; अपनी ओर / 双～ दोनों पक्ष ❸स्थान: 远～ दूर का स्थान; दूर / ～言 स्थानीय बोली

方 3 fāng ❶उपाय; तरीका: 千～百计 हर संभव तरीके से; हरचन्द कोशिश करना / 领导有～ सशक्त नेतृत्व करना ❷नुस्खा: 这～儿专治头痛。यह नुस्खा खास कर सिर-दर्द के लिये बड़ा कारगर है।

方 4 fāng <क्रि०वि०> <लि०> ❶वर्तमान समय में; इसी समय; अभी: 方今 ❷सिर्फ़; केवल: 他年～二十。उस की आयु बीस वर्ष मात्र है।

【方案】 fāng'àn योजना; कार्यक्रम; प्रोग्राम: 设计～ डिज़ाइन की योजना / 制定～ प्रोग्राम बनाना / 提出～ कार्यक्रम प्रस्तुत करना; रूपरेखा तैयार करना

【方便】 fāngbiàn ❶सुविधा; सुभीता; सहूलियत: 为了～起见 सुविधा के लिये / 这儿交通很～。यहाँ यातायात सुविधाजनक है। / 你什么时候～，请来一下。जब फ़ुर्सत हो, तो ज़रा इधर आइयेगा। / 把～让给别人，把困难留给自己。सुख-सुविधाएं दूसरों के लिये रख छोड़ना और स्वयं कठिनाइयाँ उठाना ❷(किसी को) सुभीता देना; सुविधा पहुँचाना: ～群众 लोगों को सुविधाएं पहुँचाना ❸अनुकूल; उपयुक्त; उचित: 这儿说话不～。यहां बातचीत करना उचित नहीं है; यह बातचीत करने की ठीक जगह नहीं। ❹<शिष्ट०> (खर्च करने या उधार देने के लिये) काफ़ी पैसा होना: 近来手头不～。आजकल हाथ तंग है। ❺<शिष्ट०> <बोल०> शौचालय जाना: 请等一等，我去～一下。ठहरिये, मुझे ज़रा शौचालय जाना है।

【方便面】 fāngbiànmiàn इंस्टैंट नूडल्स (instant noodles)

【方便之门】 fāngbiàn zhī mén सुविधा; सुभीता: 大开～ (किसी को) सुभीता देना

【方步】 fāngbù (सज्जनों के) धीमे और बड़े कदम: 迈～ कदम-ब-कदम चलना; धीरे-धीरे चलना

【方才】 fāngcái ❶अभी; अभी-अभी: ～这儿发生的事情，你都看到了。अभी यहां जो कुछ हुआ, तुम सब देख चुके हो। / 她～还在这儿。वह अभी-अभी यहां थी। ❷ही; तक; जब तक; जब तक न: 等到天黑，他～回来。वह अँधेरा होने के बाद ही वापस आया। / 直到现在，我～明白您的意思。आप का मतलब अभी तक मेरी समझ में नहीं आ रहा था।

【方材】 fāngcái इमारती लकड़ी का एक लंबा टुकड़ा जिस का रूप चौकोर या आयताकार हो

【方程】 fāngchéng <गणित०> समीकरण: 三次～ घन-समीकरण / 高次～ उच्चतर डिग्री समीकरण

【方程式】 fāngchéngshì <गणित०> <रसा०> समीकरण: 数学～ गणितीय समीकरण / 化学～ रासायनिक समीकरण

【方程式赛车】 fāngchéngshì sàichē फ़ारमूला दौड़-कार

【方尺】 fāngchǐ वर्ग छ्र (=1/9 वर्ग मीटर)

【方寸】 fāngcùn ❶वर्ग थ्सुन (=1/9 वर्ग डेसीमीटर) ❷<साहि०> दिल; हृदय; मनोभाव: ～已乱 दिल उलटना; दिल बैठ जाना; चित्त ठिकाने न रहना

【方法】 fāngfǎ उपाय; तरीका; पद्धति; ढंग; कार्य-प्रणाली; कार्यविधि: 解决问题的～ समस्या हल करने का उपाय / 工作～ काम करने का तरीका / 学习～ अध्ययन करने का ढंग / 思想～ विचार करने की विधि / 有效的～ कारगर तरीका / 看问题的～ समस्याओं पर विचार करने का ढंग / 形而上学的～ अध्यात्मवादी पद्धति / 用各种～ हर संभव तरीके से; विभिन्न उपायों से / 用某种～ किसी तरीके से; किसी ढंग से

【方法论】 fāngfǎlùn <दर्शन०> विचार-प्रणाली; कार्य-पद्धति

【方方面面】 fāngfāngmiànmiàn हरेक पक्ष; हर पहलू; हर क्षेत्र: 要办好一件事，须要考虑到～的问题。किसी कार्य को सफल बनाने के लिये उस के हर पहलू पर विचार करना चाहिये।

【方格】 fānggé चारखाना: ～布 चारखाना कपड़ा / ～桌布 चारखाना मेज़पोश / ～纸 ग्राफ़ पेपर

【方根】 fānggēn <गणित०> मूल

【方剂】 fāngjì <ची०चि०> नुसखा; औषध-सेवन निर्देश

【方尖碑】 fāngjiānbēi ओबलिस्क (obelisk)

【方解石】 fāngjiěshí <खनि०> केल्साइट (calcite)

【方家】 fāngjiā विद्वान; विद्यावान; विद्या वृद्ध; विशिष्ट कलाकार

【方巾】 fāngjīn रूमाल जो मिंग राजवंश के छात्रों द्वारा सिर पर पहना जाता था

【方巾气】 fāngjīnqì (विचारधाराओं, धारणाओं या आचरण में) रूढ़िवादी; सिद्धांतवादी; दकियानूसी

【方今】 fāngjīn अब; इसी समय; आजकल; वर्तमान समय (में); आधुनिक युग में: ～盛世 वैभव-संपन्नता के इस युग में

【方块】 fāngkuài ईंट (ताश का पत्ता)

【方块字】 fāngkuàizì चीनी अक्षर

【方框】 fāngkuàng चौखटा

【方括号】 fāngkuòhào स्क्वेयर ब्रेकेट्स ([ ])

【方略】 fānglüè आम योजना; सर्वांगीण योजना: 建国～ देश के निर्माण की आम योजना

【方面】 fāngmiàn ओर; तरफ़; दिशा; पक्ष; पहलू; क्षेत्र: 在这～ इस क्षेत्र में; इस विषय में; इस सम्बन्ध में / 一～，另一～ एक ओर … दूसरी ओर … / 在意识形态～ विचारधारा के क्षेत्र में / 从科学技术等～ विज्ञान और तकनालाजी आदि क्षेत्रों में / 从各个～ हर पहलू से / 考虑各～的意见 विभिन्न पक्षों की राय पर विचार करना / 这件事可以从两～来调查。इस घटना की दो पहलुओं से जाँच की जा सकती है। / 从我们这～来说，解决这个问题没有什么困难。हमारी ओर से इस समस्या के हल में कोई बाधा नहीं है। / 优势在我们～，不在敌人～。बेहतर स्थिति में हम हैं, दुश्मन नहीं।

【方面军】 fāngmiànjūn मोर्चा सेना: 中国工农红军第一～ चीनी मज़दूरों व किसानों की लाल सेना की प्रथम मोर्चा सेना
【方铅矿】 fāngqiānkuàng गैलेना (galena)
【方枘圆凿】 fāngruì-yuánzáo चौकोर चूल और गोल खाना —— चूल न बैठना; (दोनों में) मेल न होना; एक दूसरे में अंतर होना; अनबन होना
【方士】 fāngshì ❶प्रेत-साधक ❷कीमियागर
【方式】 fāngshì तरीका; ढंग; पद्धति; प्रकार; शैली; रूप: 工作～ कार्यशैली; काम करने का तरीका / 生活～ जीवन का ढंग / 斗争～ संघर्ष का रूप / 领导～ नेतृत्व की शैली / 思维～ सोच-विचार करने का तरीका
【方术】 fāngshù औषध, फलित ज्योतिष, कीमिया आदि कलाएं
【方糖】 fāngtáng शुगर क्यूब, चीनी की डली
【方外】 fāngwài <लि०> ❶विदेशी भूमि: ～之国 विदेश; परराष्ट्र ❷इस संसार से बाहर; इस लोक से भिन्न दूसरा लोक: ～之人 पारलौकिक व्यक्ति; बौद्ध भिक्षु या ताओ पुजारी
【方位】 fāngwèi ❶दिशा: 东、南、西、北为基本～。 उत्तर, दक्षिण, पूर्व और पश्चिम मुख्य दिशाएं हैं। ❷दिशा और स्थिति: 下着大雨，辨不清～。मूसलधार वर्षा में दिशा और स्थिति का पता न चल पाया।
【方位词】 fāngwèicí <व्या०> स्थानवाचक संज्ञा
【方位角】 fāngwèijiǎo <खगोल०> दिगंश; ऐज़िमथ
【方位罗盘】 fāngwèi luópán <सर्वेक्षण> दिगंश-कुतुबनुमा; दिक्सूचक
【方位天文学】 fāngwèi tiānwénxué स्थिति-संबंधी खगोल विज्ञान
【方位物】 fāngwèiwù <सैन्य०> स्थलाकृतिक रेखक; लैंड मार्कर
【方向】 fāngxiàng दिशा; ओर; तरफ़; रुख: 迷失～ दिशा खोना; दिशा-भ्रम में पड़ना / 他朝车站～走了。वह रेल स्टेशन की दिशा में गया; वह रेलवे स्टेशन की ओर चल पड़ा। / 坚定正确的政治～ सुदृढ़ और सही राजनीतिक दिशा / 坚持为人民服务的～ जनता की सेवा के रुख पर डटे रहना / 党为全国人民指明了前进的～。पार्टी ने सारे देश को आगे बढ़ने का रास्ता दिखाया।
【方向】 fāngxiang <बो०> परिस्थिति; हालत; स्थिति: 看～做事 परिस्थिति के अनुसार काम करना; हालत देखते हुए काम करना
【方向舵】 fāngxiàngduò (हवाई जहाज़ का) रडर (rudder)
【方向盘】 fāngxiàngpán चालक या ड्राइवर का चक्का; स्टीरिंग ह्वील
【方兴未艾】 fāngxīng-wèiài उठान पर होना; पूरे ओज पर होना: 这场运动～。यह आंदोलन अभी उठान पर है।
【方形】 fāngxíng चौकोर; वर्गाकार
【方言】 fāngyán (स्थानीय) बोली, उपभाषा
【方言学】 fāngyánxué उपभाषा-विज्ञान
【方音】 fāngyīn उच्चारण का स्थानीय ढंग; स्थानीय बोली का उच्चारण; स्थानीय लहज़ा: 他说话～很重。उस के उच्चारण पर स्थानीय बोली का ज़बर्दस्त असर है।
【方圆】 fāngyuán ❶आसपास; चारों ओर: ～左近的人，谁不知道他？ आसपास के लोगों में उसे कौन नहीं जानता ? ❷घेरा; दायरा: 这个湖～二百公里。इस झील का घेरा 200 किलोमीटर है। ❸चौकोर और गोला आकार —— नियम या आदर्श: 不依规矩，不能成～。परकार के बिना गोला नहीं खींचा जा सकता और बढ़ई के स्क्वेयर के बिना चौकोर बनाया नहीं जा सकता —— आदर्शों या नियमों के बिना कोई काम अच्छी तरह संपन्न नहीं हो सकता
【方丈】 fāngzhàng वर्ग चांग (एक चांग = 3.3333 मीटर)
【方丈】 fāngzhang ❶(बौद्ध मठ का) महंत; मठाधीश ❷मठाधीश का कमरा
【方针】 fāngzhēn (निर्देशक) सिद्धांत: 基本～ बुनियादी सिद्धांत / ～政策 निर्देशक सिद्धांत और विशिष्ट नीतियां / 指导～ मार्गदर्शक सिद्धांत / 文艺～ कला-साहित्य का निर्देशक सिद्धांत
【方正】 fāngzhèng ❶सीधा और वर्गाकार: 字要写得～。लिखते समय अक्षरों को वर्गाकार और सीधा बनाओ। ❷सीधा-सादा; ईमानदार: 他为人～。वह सीधा-सादा आदमी है।
【方志】 fāngzhì स्थानीय अभिलेख
【方舟】[1] fāngzhōu <लि०> दो नावों का एक दूसरे से सटा हुआ होना
【方舟】[2] fāngzhōu नूह की नौका
【方子】 fāngzi ❶नुसखा: 开～ नुसखा लिखना ❷<रसा०> फ़ार्मूला ❸दे० 方材
【方钻杆】 fāngzuàngǎn <पेट्रोलियम> केली (बार)

坊

fāng ❶गली (प्रायः गली या सड़क के नाम के साथ प्रयुक्त): 白纸～ सफ़ेद कागज़ गली (पेइचिंग) ❷मेहराबनुमा स्मारक
fáng भी दे०
【坊本】 fāngběn <पुराना> पुराने ज़माने में निजी किताबघर द्वारा मुद्रित पुस्तक संस्करण
【坊间】 fāngjiān <पुराना> बाज़ार में; विशेषतः किताबघरों में

芳

fāng ❶सुगंधित; खुशबूदार; महकदार: ～草 सुगंधित घास ❷नेक (नाम या गुण के लिये): 流～百世 सौ पीढ़ियों तक नेक नाम बना रहना
【芳菲】 fāngfēi ❶फूलों और पौधों की सुगंध ❷फूल और पौधे
【芳邻】 fānglín <शिष्ट०> पड़ोसी
【芳龄】 fānglíng <पुराना> किसी युवती की आयु
【芳名】 fāngmíng <पुराना> ❶किसी युवा स्त्री का नाम ❷नेक नाम; सुकीर्ति
【芳烃】 fāngtīng <रसा०> ऐरोमेटिक हाइड्रोकार्बन
【芳香】 fāngxiāng (विशेषतः फूलों या पौधों की) सुगंध;

खुशबू; महक
【芳香剂】 fāngxiāngjì ऐरोमेटिक्स
【芳心】 fāngxīn किसी युवा स्त्री का दिल
【芳泽】 fāngzé ❶(प्राचीन काल में महिलाओं द्वारा प्रयुक्त) सुगंधित केश-तैल ❷सुगंध; खुशबू
【芳族】 fāngzú 〈रसा०〉 ऐरोमेटिक्सः ～化合物 ऐरोमेटिक कंपांड; ऐरोमेटिक / ～酸 ऐरोमेटिक ऐसिड

枋 fāng दे० 枋子❶
【枋子】 fāngzi ❶इमारती लकड़ी का लम्बा टुकड़ा जो चौकोर या आयताकार हो ❷〈बो०〉 ताबूत

钫[1] (鈁) fāng 〈रसा०〉 फ़्रैंसिअम (francium)

钫[2] (鈁) fāng ❶〈पुराना〉 काँसे का बना चौकोर मुँह और गोल पेट वाला मदिरा पात्र ❷〈लि०〉 देगची; कड़ाही

fáng

防 fáng ❶रोकना; रोकथाम करनाः ～病 बीमारी की रोकथाम करना / 以～万一 आकस्मिक घटनाओं के लिये तैयार रहना ❷रक्षा करनाः 国～ राष्ट्रीय सुरक्षा / 边～ सीमा की रक्षा ❸बांध
【防暴警察】 fángbào jǐngchá उपद्रव रोकने वाला पुलिस दस्ता; दंगा पुलिस
【防备】 fángbèi रोकथाम करना; सचेत रहना; सावधानी बरतनाः ～敌人突然袭击 दुश्मन के आकस्मिक प्रहार से सतर्क रहना / 采取措施～发生火灾 आग की रोकथाम के उपाय करना
【防波堤】 fángbōdī लहरों की रोक के लिये निर्मित बंद; बाँध; पनकट दीवार; ब्रेकवाटर
【防不胜防】 fángbùshèngfáng अपनी रक्षा करने में असमर्थ होना; कारगर ढंग से आत्मरक्षा करना कठिन होना
【防潮】 fángcháo ❶आर्द्रता-निरोधक; नमी-रोधीः ～纸 नमी-रोधी कागज़ / ～砖 आर्द्रता-निरोधक ईंट ❷ज्वार-रोधीः ～大堤 (ज्वारीय) बाँध
【防潮层】 fángcháocéng 〈वास्तु०〉 नमी-रोधी तह
【防潮火药】 fángcháo huǒyào आर्द्रता-निरोधक बारूद
【防尘】 fángchén धूल-रोधक
【防尘圈】 fángchénquān 〈यां०〉 डस्ट रिंग (dust ring)
【防尘罩】 fángchénzhào डस्ट कवर (dust cover)
【防除】 fángchú रोकथाम करना और विनाश करनाः ～害虫 नाशक कीड़ों की रोकथाम करना और उन का विनाश करना
【防磁】 fángcí चुंबक-निरोधक; प्रतिचुंबकीयः ～表 चुंबक-रोधी घड़ी
【防弹】 fángdàn गोली-रोक; शेल-प्रूफ़ः ～玻璃 गोली-रोक शीशा / ～汽车 गोली-प्रूफ़ कार
【防盗】 fángdào चोरों से सतर्क रहना; चोर-उचक्कों से सावधानी बरतना
【防地】 fángdì 〈सैन्य०〉 प्रतिरक्षा-क्षेत्र
【防冻】 fángdòng ❶(पौधों आदि को) पाला लगने से बचाना ❷बिवाई से बचनाः ～药品 बिवाई से बचाने वाली औषधि
【防毒】 fángdú (मनुष्यों या मवेशियों की) ज़हरीले पदार्थों से रक्षा करना; ज़हरीली वायु से रक्षा करनाः ～器材 गैस से बचाने वाला सामान
【防毒面具】 fángdú miànjù गैस रक्षण नकाब; गैस-मास्क
【防范】 fángfàn चौकस रहना; चौकीदारी करना; पहरा देनाः 对走私活动要严加～。 तस्करी से पूर्ण सावधान रहना
【防风】 fángfēng ❶वायु से रक्षा करना ❷वायु-रोधी
【防风林】 fángfēnglín वायु-रोधी वन; विंड ब्रेक
【防风障】 fángfēngzhàng विण्ड-ब्रेक
【防辐射】 fángfúshè विकिरण-निरोधक; रेडिएशन-निरोधक
【防腐】 fángfǔ ❶रोगाणुरोधक; ऐंटिसेप्टिकः ～纱布 ऐंटिसेप्टिक गाउज़ ❷सड़न रोकने वाला; ऐंटिरोटः ～材料 ऐंटिरोट सामग्री
【防腐剂】 fángfǔjì सड़न रोकने वाला पदार्थ; परिरक्षक; ऐंटिसेप्टिक
【防腐蚀】 fángfǔshí ❶संक्षारकरोधक; ऐंटिकोरोसिव ❷भ्रष्टाचार से सावधान रहना
【防寒】 fánghán जाड़े से रक्षा करनाः 穿上棉衣可以～。 रूई के कपड़े पहन कर शीत का प्रभाव कम किया जा सकता है। / ～服 गरम कपड़ा
【防旱】 fánghàn सूखे की रोकथाम करना; सूखे का मुकाबला करना
【防洪】 fánghóng बाढ़ की रोकथाम करना; बाढ़ को नियंत्रित करनाः ～措施 बाढ़ नियंत्रण के उपाय / ～工程 बाढ़ नियंत्रण का निर्माण
【防护】 fánghù सुरक्षित रखना; रक्षा करना; संरक्षण करनाः ～涂层 सुरक्षित लेप / 人体～ शारीरिक संरक्षण
【防护堤】 fánghùdī तटबंध; बाँध
【防护林】 fánghùlín रक्षा-वनः ～带 वृक्षों की रक्षक-पंक्ति; जंगलों की रक्षा-पंक्ति
【防滑链】 fánghuáliàn टायर चेन
【防化学兵】 fánghuàxuébīng (防化兵 fánghuà-bīng भी) रासायनिक युद्ध विरोधी कोर
【防患未然】 fánghuàn-wèirán (防患于未然 fang huàn yú wèi rán भी) अवांछनीय घटनाओं का सामना करने के उपाय करना; रोक-थाम का पूर्वोपाय करना
【防火】 fánghuǒ ❶आग से रोक-थाम करना ❷अग्नि-अवरोधक; फ़ायर-प्रूफ़
【防火隔离线】 fánghuǒ gélíxiàn 〈अरण्य०〉 आग को फैलने से रोकने वाला मार्ग; फ़ायर लेन
【防火墙】 fánghuǒqiáng आग को फैलने से रोकने

वाली दीवार; अग्नि भित्ति; फ़ायर वॉल
【防空】 fángkōng हवाई हमले से रक्षा (करना); एयर डिफ़ेंस: ～导弹 एयर डिफ़ेंस मिसाइल / ～演习 हवाई हमले से बचने का अभ्यास; एयर डिफ़ेंस एक्सर्साइस
【防空部队】 fángkōng bùduì विमानभेदी टुकड़ी; एयर डिफ़ेंस फ़ोर्सेस
【防空洞】 fángkōngdòng ❶हवाई-हमले से रक्षा की जगह; रक्षागृह ❷(लाक्षणिक अर्थ में) दुष्टों के छिपने का स्थान; गलत विचारों के लिये कोई आवरण (परदा)
【防空壕】 fángkōngháo हवाई बचाव खंदक
【防空警报】 fángkōng jǐngbào हवाई हमले की चेतावनी
【防老】 fánglǎo बुढ़ापे के जीवन की तैयारी करना: ～钱 बुढ़ापे के जीवन-निर्वाह के लिये अलग रखा हुआ धन
【防老剂】 fánglǎojì <रसा०> अवनतिरोधक; क्षय-रोधी
【防涝】 fánglào जल-लग्नता की रोकथाम करना; जलाक्रमण से सचेत रहना
【防凌】 fánglíng (बर्फ़ पिघलने के समय) जलमार्ग में बर्फ़ के टुकड़ों का अवरोध कम करना
【防区】 fángqū रक्षा-क्षेत्र
【防身】 fángshēn हिंसा से अपनी रक्षा करना; आत्मरक्षा करना: ～武器 आत्मरक्षा हथियार
【防守】 fángshǒu रक्षा करना; पहरा देना: ～阵地 सैनिक मोर्चे की रक्षा करना
【防暑】 fángshǔ तापाघात से बचाव करना; लू लगने से बचना: ～措施 तापाघात से बचाव का उपाय / ～药 लू लगने से बचाने वाली दवा
【防水】 fángshuǐ पानीरोक; वाटरप्रूफ़: ～表 वाटरप्रूफ़ घड़ी
【防水布】 fángshuǐbù वाटरप्रूफ़ कपड़ा; तिरपाल
【防水层】 fángshuǐcéng <वास्तु०> वाटरप्रूफ़ तह
【防缩】 fángsuō <बुना०> सिकुड़नरोधी; श्रिंक-प्रूफ़: ～整理 श्रिंक-प्रूफ़ फ़िनिश
【防坦克】 fángtǎnkè टैंक-प्रतिरोधी: ～地雷 टैंक-प्रतिरोधी सुरंग / ～阵地 टैंक-प्रतिरोधी मोर्चा
【防特】 fángtè शत्रु-गुप्तचरों से सतर्क रहना
【防微杜渐】 fángwēi-dùjiàn आरंभ में ही नष्ट कर देना; शुरू में ही रोक देना और विकसित न होने देना
【防伪】 fángwěi नकली-परीक्षण
【防卫】 fángwèi ❶रक्षा करना; बचाव करना ❷रक्षात्मक; प्रतिरक्षात्मक: 加强～力量 रक्षात्मक शक्ति बढ़ाना
【防务】 fángwù राष्ट्रीय सुरक्षा से संबंधित मामला; सुरक्षा
【防线】 fángxiàn रक्षा-पंक्ति; बचाव-मोर्चा; मोर्चा: 突破敌军～ शत्रु का मोर्चा तोड़ना
【防修】 fángxiū संशोधनवाद की रोकथाम करना
【防锈】 fángxiù ❶मोरचा खाने से बचाना; ज़ंग लगने से बचाना ❷मोरचा-प्रतिरोधक; ज़ंगरोधी; रस्ट-प्रूफ़: ～漆 मोरचा-प्रतिरोधक रोगन / ～脂 ज़ंगरोधी चिकनाई
【防锈剂】 fángxiùjì ज़ंग रोकने वाला पदार्थ; मोरचा-प्रतिरोधक
【防汛】 fángxùn बाढ़ की रोकथाम या नियंत्रण: ～大军 बाढ़-योद्धाओं की सेना / ～指挥部 बाढ़ नियंत्रण विभाग
【防疫】 fángyì संक्रामक रोग निरोध: ～队 संक्रामक रोग निरोध दल / ～站 रोग निरोध केंद्र; महामारी रोकथाम केंद्र
【防疫隔离】 fángyì gélí (संक्रामक रोग से ग्रस्त संदिग्ध पोत या व्यक्ति को) एकांत में रखना; संगरोध करना
【防疫针】 fángyìzhēn टीका: 打～ टीका लगाना
【防雨布】 fángyǔbù तिरपाल; वाटर-प्रूफ़ कपड़ा
【防御】 fángyù प्रतिरक्षा करना; रक्षा करना: ～外部敌人的颠覆和侵略 बाहरी शत्रुओं के विद्रोह और आक्रमण से प्रतिरक्षा करना / 积极（消极）～ सक्रिय (निष्क्रिय) प्रतिरक्षा / 加强～力量 रक्षात्मक शक्ति बढ़ाना
【防御地位】 fángyù dìwèi रक्षा-स्थिति
【防御工事】 fángyù gōngshì प्रतिरक्षा-व्यवस्था; किलाबंदी; मोर्चेबंदी
【防御战】 fángyùzhàn रक्षात्मक लड़ाई
【防御阵地】 fángyù zhèndì रक्षात्मक मोर्चा
【防灾】 fángzāi प्राकृतिक विपत्तियों की रोकथाम करना
【防长】 fángzhǎng 国防部长 guófáng bùzhǎng (रक्षा-मंत्रि) का संक्षिप्त रूप
【防震】 fángzhèn ❶शाकप्रूफ़: ～表 शाकप्रूफ़ घड़ी ❷भूकंपरोधी: ～措施 भूकंपरोधी पूर्वोपाय
【防止】 fángzhǐ रोकथाम करना; सावधानी बरतना; बचाव करना; पहले से तैयारी करना; पेशबंदी करना: ～煤气中毒 गैस की विषाक्तता से सचेत रहना / ～浮夸作风 अतिशयोक्ति से बचाव करना / ～交通事故 यातायात दुर्घटनाओं से बचाव के पूर्वोपाय करना / ～战争 युद्ध टालना
【防治】 fángzhì रोकथाम और इलाज: ～结核病 क्षय-रोग की रोकथाम और इलाज / ～病虫害 पौधों के रोगों की रोकथाम और नियंत्रण तथा नाशक कीड़ों का विनष्टिकरण

坊 fáng हस्तशिल्पियों की कर्मशाला; दस्तकारों की वर्कशाप; मिल: 油～ तेल-मिल / 磨～ चक्कीघर
fāng भी दे०

妨 fáng ❶अड़चन डालना; बाधा डालना; अवरोध होना; बाधक होना: 妨碍 ❷हर्ज; नुकसान (नकारात्मक या प्रश्नवाचक शब्द के साथ प्रयुक्त): 不～ (कोई काम करने में) कोई हर्ज न होना / 何～ (कोई काम करने में) क्या हर्ज
【妨碍】 fáng'ài अड़चन डालना; बाधा डालना; अवरोध होना; बाधक होना: ～交通 यातायात में बाधक होना; यातायात-अवरुद्ध करना / ～团结 एकता में बाधा डालना; एकता में बाधक होना / ～发展 बढ़ोतरी में अड़चन होना; विकास में रोड़े अटकाना / 这也不～我们按时出发。यह हम को समय पर रवाना होने से नहीं रोकेगा। / 不要在这个时候弹钢琴，免得～邻居们休息。इस समय पियानो न बजाओ, वरना पड़ोसी लोग

चैन आराम नहीं कर पाएँगे।
【妨害】 fánghài नुकसान पहुँचाना; हानिकर होना: 吸烟～健康。सिगरेट पीना स्वास्थ्य के लिये हानिकर है।
【妨害公务罪】 fánghài gōngwùzuì सरकारी कार्य में हस्तक्षेप करने का अपराध

肪 fáng दे० 脂肪 zhīfáng

房 1 fáng ❶मकान: 一所瓦～ एक खपरैल का मकान ❷कमरा; सोने का कमरा: 两～一厅 सोने के दो कमरे और एक बैठक ❸बनावट में मकान जैसी कोई वस्तु: 蜂～ मधुमक्खी का छत्ता ❹बहुत बड़े खानदान की कोई शाखा: 长～ प्रथम शाखा (अर्थात् प्रथम पुत्र और उस का परिवार) ❺<परि०श०> (बहुओं या उपपत्नियों के लिये): 他有两～儿媳妇。उन की दो बहुएं हैं। ❻प्राचीन चीनी खगोल विज्ञान में वर्णित अट्ठाईस नक्षत्र-राशियों（二十八宿）में से एक ❼（Fáng）एक कुल नाम

房 2 fáng दे० 坊 fáng
【房舱】 fángcāng जहाज़ में यात्रियों का कमरा; केबिन
【房产】 fángchǎn गृह-संपत्ति
【房产主】 fángchǎnzhǔ किराये पर मकान देने वाला; मकान-मालिक
【房地产】fángdìchǎn अचल संपत्ति: ～经纪人 अचल संपत्ति का दलाल;मकान-एजेंट
【房车】 fángchē ❶सुविधापरक कार ❷बंद गाड़ी; कारवाँ
【房贷】 fángdài 住房贷款 zhùfáng dàikuǎn (रिहाइशी मकान के लिये ऋण) का संक्षिप्त रूप
【房顶】 fángdǐng छत
【房东】 fángdōng किराये पर मकान देने वाला; मकान-मालिक; मकानदार
【房改】 fánggǎi आवास व्यवस्था का सुधार
【房管】 fángguǎn अचल संपत्ति का प्रबन्ध (प्रशासन): ～局 अचल-संपत्ति प्रबन्ध-विभाग
【房荒】 fánghuāng मकानों की कमी
【房基】 fángjī (किसी इमारत की) बुनियाद; नींव
【房间】 fángjiān कमरा: 这套房子有三个～。इस मकान में तीन कमरे हैं / ～号数 कमरा नम्बर
【房客】 fángkè किराये पर मकान लेने वाला; किरायेदार
【房契】 fángqì मकान के स्वामित्व का अधिकार-पत्र या दस्तावेज़
【房钱】 fángqián मकान का किराया; कमरे का भाड़ा
【房市】 fángshì बिकाऊ मकान बाज़ार; मिल्कियत बाज़ार; प्रॉपर्टी मार्केट
【房事】 fángshì संभोग; मैथुन (प्रायः पति-पत्नी के लिये प्रयुक्त)
【房帖】 fángtiě (फाटक आदि पर चिपकायी हुई) किराये पर मकान देने की व्यक्तिगत सूचना
【房型】 fángxíng मकान का ढाँचा; कमरों की रचना; अपार्टमेंट का टाइप
【房屋】 fángwū मकान; भवन; इमारत
【房檐】 fángyán दीवार से बाहर निकला या बढ़ा हुआ छत का भाग; छज्जा
【房展】 fángzhǎn बिकाऊ मकान नुमाइश; मिल्कियत नुमाइश; प्रॉपर्टी प्रदर्शनी
【房主】 fángzhǔ मकान-मालिक; मकानदार
【房柱】 fángzhù मकान के स्तंभ
【房子】 fángzi मकान; भवन; इमारत: 我买了一套两室一厅的～。मैं ने एक मकान खरीद लिया है जिस में दो सोने के कमरे और एक बैठक है।
【房租】 fángzū मकान का किराया; कमरे का भाड़ा

fǎng

仿（倣） fǎng ❶नकल करना; अनुकरण करना: 仿制 ❷सदृश होना; समरूप होना; मिलता-जुलता होना: 他长得跟他爷爷相～。उस का चेहरा दादा जी से बहुत मिलता-जुलता है। ❸किसी सुन्दर लिखावट का नमूना देख कर लिखे हुए अक्षर: 写一张～ आदर्श लिखावट का अनुकरण कर लिखना
【仿单】 fǎngdān (किसी उपभोक्ता वस्तु विशेषतः औषधि का) प्रयोग-अनुदेश
【仿佛】 fǎngfú ❶जान पड़ना; प्रतीत होना; मालूम होना; लगना; जैसे: 我～在哪儿见到过这个人。ऐसा मालूम होता है कि मैं कहीं इस आदमी को देख चुका हूँ। / 那位老人～有点耳沉。लगता है, वह बूढ़ा आदमी ज़रा ऊँचा सुनता है। / 这孩子看起来～挺聪明，可学习不太好。यह लड़का देखने में बहुत तेज़ मालूम होता है, पर पढ़ने-लिखने में ज़रा कमज़ोर है। / 听他们两人谈话～是老朋友。उन की बातचीत से यही प्रतीत होता है कि दोनों पुराने मित्र हैं। ❷लगभग एक सा होना; बहुत कम भिन्नता होना; ज्यों का त्यों होना: 他们两个人的身材相～。उन दोनों की लम्बाई एक-सी है। / 他的模样还和十年前相～。दस वर्ष बाद भी उस का रंग-रूप ज्यों का त्यों है; वह देखने में ठीक वैसा है जैसा दस वर्ष पहले था।
【仿古】 fǎnggǔ प्राचीन वस्तुओं या कलात्मक वस्तुओं की नकल उतारना; प्राचीन शैली में बनाना: ～陶器 प्राचीन मिट्टी के बरतन की अनुकृति
【仿生学】 fǎngshēngxué बायोनिक्स (bionics)
【仿宋】 fǎngsòng （仿宋体 fǎngsòngtǐ भी） <मुद्रण०> सोंग（宋）राजवंश के मुद्रण अक्षरों की नकल
【仿效】 fǎngxiào (किसी का) अनुसरण करना; (किसी का) अनुगमन करना; (किसी व्यक्ति या वस्तु के) पीछे चलना: 科学技术贵在创新，不能一味～别人。विज्ञान व प्रौद्योगिकी का मूल्य नवीन सृष्टि में निहित है, उन का दूसरों के पीछे चलना ठीक नहीं। / 他是一位成功的企业管理者，我们应该～他。वे एक सफल व्यवसायी हैं, हमें उन का अनुगमन करना चाहिये।
【仿行】 fǎngxíng किसी उदाहरण का अनुसरण करना; (किसी की बात पर) अमल करना
【仿造】 fǎngzào (किसी वस्तु की) नकल करना; किसी

वस्तु की अनुकृति बनाना: 这些展品都是～的。यहां जो चीज़ें प्रदर्शित हैं, सब नकली हैं।

【仿照】 fǎngzhào (किसी युक्ति या रंगढंग का) अनुकरण करना; (किसी उपाय आदि का) अनुसरण करना: 这是个好办法，我们可以～办理。यह अच्छा उपाय है, इसे हम अपना सकते हैं। / 这个饭店是～中国古代建筑风格建造的。इस होटल का निर्माण चीन की प्राचीन वास्तु-शैली के अनुसरण पर किया गया है।

【仿真】 fǎngzhēn ❶नकली रूप धारण (करना); सि-म्यूलेशन (करना) ❷असली वस्तु के अनुरूप

【仿制】 fǎngzhì (किसी वस्तु की) नकल बनाना; किसी वस्तु का अनुकरण करना

【仿制品】 fǎngzhìpǐn नकल; प्रतिकृति; अनुकृति

访（訪） fǎng ❶देखने (के लिये) जाना; मिलने (के लिये) जाना या आना: ～友 मित्र से मिलने जाना ❷जाँच करना; पूछताछ करना; खोज करना; प्राप्त करने का प्रयास करना: 访求

【访查】 fǎngchá जाँच-पड़ताल करने जाना; पता लगाना

【访古】 fǎnggǔ पुरावशेषों की खोज करना

【访旧】 fǎngjiù ❶किसी पुराने मित्र से मिलने जाना ❷अपने पूर्व निवास को देखने जाना

【访求】 fǎngqiú ढूँढ़ना; पूछताछ कर प्राप्त करने का प्रयास करना: ～善本古籍 प्राचीन ग्रंथों के उत्तम संस्करणों को ढूँढ़ना

【访谈】 fǎngtán (किसी से) भेंट करना और वार्तालाप करना; भेंट करना: ～录 भेंट-वार्ता का विवरण

【访问】[1] fǎngwèn मुलाकात करना; भेंट करना; दर्शन करना; इंटरव्यू लेना; यात्रा करना: ～亲友 रिश्तेदारों और मित्रों से मुलाकात करना / ～模范工作者 आदर्श कार्यकर्ताओं से भेंट करना / ～知名人士 (संवाददाताओं द्वारा) किसी प्रसिद्ध व्यक्ति का इंटरव्यू लेना / ～印度 भारत की यात्रा करना / 国事～ राजकीय यात्रा

【访问】[2] fǎngwèn 〈नेटवर्क〉 देखना; दर्शन करना

【访问学者】 fǎngwèn xuézhě अतिथि-विद्वान; विज़िटिंग स्कालर

纺（紡） fǎng ❶कातना: ～纱 सूत कातना / ～棉花 कपास कातना ❷एक तरह का महीन रेशमी कपड़ा

【纺车】 fǎngchē रहँटा; चरखा; सूत कातने की मशीन

【纺绸】 fǎngchóu एक तरह का समतल-बुनाई वाला पतला रेशमी कपड़ा

【纺锤】 fǎngchuí (चरखे का) तर्कु; तकुआ; (हाथ से कातने की) तकली

【纺锭】 fǎngdìng तकला

【纺纱】 fǎngshā कताई; कातना; सूत कातना: ～女工 सूत कातने वाली (मज़दूरिन)

【纺纱机】 fǎngshājī कताई-मशीन; सूत कातने की मशीन

【纺丝】 fǎngsī 〈रसा०रे०〉 स्पिनिंग (spinning): ～泵 स्पिनिंग पम्प / ～机 स्पिनिंग मशीन

【纺织】 fǎngzhī कताई-बुनाई; कातना और बुनना: ～厂 पुतलीघर; बुनाई-मिल; कपड़ा कारखाना / ～工人 कपड़ा-मज़दूर; टेक्सटाइल मज़दूर / ～工业 कपड़ा-उद्योग; वस्त्र-व्यवसाय / ～机 कताई-बुनाई मशीन; सूती मिल मशीन / ～机械厂 सूती-मिल मशीन बनाने का कारखाना / ～业 कताई-बुनाई का धंधा

【纺织品】 fǎngzhīpǐn बुनाई का माल

舫 fǎng पोत; नाव: 石～ पत्थर से बना पोत; पत्थर की नाव

fàng

放 fàng ❶(किसी को) जाने देना; छुटकारा देना; रिहा करना; छोड़ना या छुड़ाना: ～他走吧。उसे जाने दो। / 把俘虏～回去 युद्धबंदियों को छोड़ना / 孩子抓住妈妈的衣襟不～。बच्चे ने माँ का आँचल पकड़ कर हाथ न छुड़ाया। ❷स्वच्छंद या मनमाना आचरण या व्यवहार करना: 放声 ❸चराना: ～牛 गाय, बैल आदि चराना / ～羊 भेड़ चराना / ～鸭子 बतखों को खिलाने के लिये तालाब आदि में भगाना ❹चलाना; छोड़ना; फेंकना; उड़ाना: ～枪 बंदूक मारना; गोली चलाना / ～炮 तोप चलाना; तोप दागना / ～箭 तीर चलाना / ～鞭炮 पटाखे छोड़ना / ～风筝 पतंग उड़ाना / ～礼炮 तोपों की सलामी देना / ～光 प्रकाश फेंकना; चमकना ❺(फ़िल्म आदि) दिखाना; (रिकार्ड आदि) सुनाना: ～电影 फ़िल्म दिखाना / ～录像 वीडियो दिखाना / ～录音 टेप रिकार्डिंग सुनाना / ～电视 टेलिविज़न दिखाना / ～音乐 संगीत सुनाना ❻जलाना: 放火 ❼सूद पर कर्ज़ देना: 放债 ❽बड़ा करना या करवाना; लम्बा करना या करवाना; चौड़ा करना या करवाना: ～几张照片 कुछ फ़ोटो बड़े करवाना / 把这条裤子～长半寸。इस पतलून को आधा इंच लम्बा कर दो। / 这件上衣的领口太小，再～一点儿。इस कोट का गला बहुत कसता है, इसे ज़रा ढीला कर दो। ❾(अपना आचरण, रवैया, मनोभाव आदि) नियंत्रण में रखना; संयम बरतना; निग्रह करना: ～聪明点儿! ज़रा समझदारी से काम लो। / ～老实些! ज़रा तमीज़ से काम लो। / 把收音机的声音～低点儿。रेडियो की आवाज़ ज़रा नीची कर दो। ❿(फूल) खिलना; फूलना: 心花怒～ खुशी से फूला न समाना ⓫रखना; डालना; लगाना; मिलाना: 把书～在桌子上 मेज़ पर किताब रखना / 牛奶里多～点糖。दूध में ज़रा अधिक चीनी डालो। / 他～倒头睡着了。वह तकिए पर सिर रखते ही गहरी नींद सो गया। / 时时刻刻把人民的利益～在第一位 हर समय जनता के हित को सर्वोपरि रखना ⓬〈बोल०〉 (व्यक्ति या वस्तु को) ज़मीन पर गिराना: 上山～树 पेड़ गिराने के लिये पहाड़ पर जाना ⓭अलग रखना; भावी प्रयोग के लिये बचा रखना; अच्छी दशा में बने रहना: 这件事不着急，先～一～，明天再说。यह कोई ज़रूरी बात नहीं, इसे कल पर छोड़ दो। / 把鱼放到冰箱里去，不然怕～不住。यह मछली आइस-बाक्स

में रख दो, नहीं तो खराब हो जाएगी।

【放黜】 fàngchù <लि०> निर्वासित करना; जलावतन करना

【放大】 fàngdà बड़ा करना; बढ़ाना; (दूरबीन या हलब्बी शीशे से) छोटी वस्तु को बड़ा दिखाना: 把照片～ फ़ोटो बड़ा करना / 这台显微镜可以把细菌～两千倍。 यह सूक्ष्मदर्शी जीवाणुओं का वास्तविक आकर दो हज़ार गुना बड़ा दिखा सकता है। / 本位主义是～了的个人主义。 विभागवाद व्यक्तिवाद का ही बढ़ा-चढ़ा रूप है।

【放大机】 fàngdàjī <फ़ोटो०> परिवर्धक-यंत्र; एनलार्जर

【放大镜】 fàngdàjìng बृहत्प्रदर्शक शीशा; मेग्निफ़ायर

【放大炮】 fàngdàpào ❶डींग मारना; लफ़्फ़ाज़ी करना ❷लम्बी-चौड़ी बातें बघारना (प्रायः किसी बैठक में)

【放大器】 fàngdàqì <वैद्यु०> प्रवर्धक; ऐम्पलीफ़ायर

【放贷】 fàngdài ऋण देना; कर्ज़ देना

【放胆】 fàngdǎn आत्म-विश्वास और साहस के साथ पेश आना: 你尽管～干下去，大家会支持你的。 साहस के साथ अपना काम जारी रखें, सब लोग आप के साथ हैं।

【放诞】 fàngdàn अनुशासनहीन; (कथन और आचरण में) अनियंत्रित; नियंत्रण के बाहर: 生性～ स्वभाव स्वच्छंद होना

【放荡】 fàngdàng ❶दुराचारी; दुश्चरित्र; व्यभिचारी: 她不是一个～的女人。 वह कोई व्यभिचारिणी नहीं है। ❷(व्यवहार आदि में) स्वच्छंद

【放荡不羁】 fàngdàng-bùjī स्वच्छंद और निरंकुश

【放电】 fàngdiàn <भौ०> विद्युत का संचार करना: 闪电是自然界的～现象。 तड़ित विद्युत का प्राकृतिक विसर्जन है।

【放刁】 fàngdiāo दुष्टाचार से किसी के लिये कठिनाइयां पैदा करना; बदमाशी करना

【放毒】 fàngdú ❶(खाद्य पदार्थ या पानी आदि में) विष देना; ज़हर देना; विषैली वायु छोड़ना ❷विषाक्त विचार प्रसारित करना

【放飞】 fàngfēi ❶(विमानों को) उड़ान की अनुमति देना ❷पक्षियों को उड़ने के लिए छोड़ना (प्रायः संदेशवाहक कबूतरों के लिये प्रयुक्त) ❸(पतंग) उड़ाना

【放风】 fàngfēng ❶ताज़ी हवा चलती रहने देना; हवादारी करना ❷जेल में निश्चित समय पर कैदियों को व्यायाम करने अथवा पेशाब या पाखाना करने के लिये बाहर जाने देना ❸कोई खबर फैलाना ❸<बो०> किसी स्थान पर चौकी-पहरे का काम करना; रखवाली करना; पहरे जैसा काम करना

【放高利贷】 fàng gāolìdài महाजनी करना; सूदखोरी करना

【放工】 fànggōng काम की छुट्टी होना; काम छोड़ देना: 这儿的工厂一般下午五点～。 यहां के कारखानों में आम तौर पर शाम को पाँच बजे छुट्टी होती है।

【放过】 fàngguò (किसी व्यक्ति को) छोड़ देना; कोई चीज़ खो देना: 我们决不冤枉一个好人，也决不～一个坏人。 हम किसी भी अच्छे आदमी के साथ कभी अन्याय नहीं करेंगे, और किसी भी बुरे आदमी को कभी न छोड़ेंगे। / 你不要～这个好机会。 तुम इस अच्छे मौके से हाथ न धोओ।

【放虎归山】 fànghǔ-guīshān （纵虎归山 zònghǔ-guīshān भी） बाघ को पहाड़ पर वापस जाने के लिये छोड़ देना —— भविष्य के लिये भयंकर संकट पैदा करना

【放怀】 fànghuái जी भर कर; पूर्ण परितृप्ति से: ～畅饮 जी भर कर शराब पीना

【放还】 fànghuán छोड़ना; रिहाई देना; जाने देना: ～人质 शरीर बंधक को छोड़ना / 将牲畜～原主 मवेशी को उस के मालिक के पास वापस जाने देना ❷किसी चीज़ को उस के पूर्व-स्थान पर लौटाना: 架上期刊，阅后～原处。 शेल्फ़ों की पत्रिकाएं उन के स्थानों पर लौटा दें।

【放火】 fànghuǒ ❶जान-बूझ कर आग लगाना; जला देना ❷उपद्रव करना; सार्वजनिक शांति भंग करवाना

【放火犯】 fànghuǒfàn गृहदहन अपराधी

【放假】 fàngjià छुट्टी होना; छुट्टी मिलना: 今天学校～。 आज स्कूल में छुट्टी है। / 国庆节～两天。 राष्ट्रीय दिवस की दो दिन की छुट्टी होती है।

【放空】 fàngkōng खाली ट्रक, नाव आदि चलाना (बिना माल या यात्री के)

【放空炮】 fàng kōngpào खाली बातें करना; ज़बानी जमा-खर्च करना; मौखिक वादा करना: 既然说了，就要做到，不要～。 जो कहा है वह कर दिखाओ, खाली बातें न करो।

【放空气】 fàng kōngqì खबर फैलाना; जान-बूझ कर मुँह से कोई बात कह जाना; संकेत देना; मन पर प्रभाव उत्पन्न करना: 他早就放出空气，说他要被提升厂长。 उस ने पहले ही खबर फैला दी थी कि उसे कारखाने के निदेशक के पद पर नियुक्त किया जाएगा।

【放宽】 fàngkuān प्रतिबंध आदि को शिथिल करना; ढीला करना; कठोरता में कमी करना; नरमी बरतना: ～尺度 माँग में कमी करना / ～期限 अवधि बढ़ाना / ～条件 शर्तें नरम करना

【放款】 fàngkuǎn ऋण देना; कर्ज़ देना

【放浪】 fànglàng ❶स्वच्छंद: 行为～ व्यवहार में स्वच्छंद होना ❷दुराचारी; व्यभिचारी

【放浪形骸】 fànglàng-xínghái परिपाटियों के बंधन से इनकार करना; परिपाटियों को तोड़ने वाला होना

【放冷风】 fàng lěngfēng अपवादपूर्ण अफ़वाहें उड़ाना

【放冷箭】 fàng lěngjiàn छिप कर तीर चलाना —— (किसी की) पीठ में छुरा भोंकना

【放量】 fàngliàng पेट भर कर; जी भर कर

【放疗】 fàngliáo 放射疗法 का संक्षिप्त रूप

【放牧】 fàngmù ❶चराई ❷गल्ला चराना; चराना: ～牛羊 बैलों और बकरों को चराना

【放牧期】 fàngmùqī चराई का मौसम

【放牛娃】 fàngniúwá बाल चरवाहा

【放排】 fàngpái बेड़ा (लट्ठों का ठाट) बहाना

【放盘】 fàngpán <पुराना> (दुकान का) घटे दामों पर बेचना या बढ़े दामों पर मोल लेना

【放炮】 fàngpào ❶तोप चलाना; तोप दागना ❷पटाखे छोड़ना ❸बारूद आदि से उड़ा देना; विस्फोट करना ❸(साइकिल, मोटर आदि का टायर) फट जाना: 车胎～

了。टायर में विस्फोट हुआ; टायर फट गया। ❺निंदात्मक आक्षेप करना; आक्रमण करना: 发言要慎重，不要乱～。बोलते समय सावधानी से काम लो, मनमानी बात न करो।

【放屁】 fàngpì ❶पादना; गोज़ करना; हवा निकल जाना ❷〈घृणा०〉 बकवास; क्या व्यर्थ की बात है

【放弃】 fàngqì त्यागना; छोड़ना; परित्याग करना; विसर्जित करना: ～所有权 स्वामित्व का परित्याग करना / ～原则 सिद्धांत छोड़ना / ～阵地 मोर्चा छोड़ देना / 这是个好机会，千万不可～。इस सुअवसर को कभी हाथ से जाने न देना।

【放青】 fàngqīng (बैल आदि को) चराने के लिये मैदान में छोड़ना; घास चराना

【放青苗】 fàngqīngmiáo 〈पुराना〉 (ज़मींदारों या व्यापारियों का) कम दामों पर उन गरीब किसानों से खड़ी फ़सल खरीदना जिन्हें कटाई के पहले नकदी की आवश्यकता हो; सस्ते दामों में खड़ी फ़सल मोल लेना

【放情】 fàngqíng जी भर कर; पूर्ण परितृप्ति से

【放晴】 fàngqíng आसमान खुलना; धूप निकलना: 天已～，我们可以出发了。आकाश खुल गया, अब हम चल सकते हैं।

【放权】 fàngquán अधीनस्थ कर्मचारी या मातहत विभाग को अधिकार देना

【放任】 fàngrèn हस्तक्षेप न करना; दखल न देना; जाने देना; छोड़ देना: 采取～态度 दखल न देने का रुख अपनाना

【放任自流】 fàngrèn-zìliú बेपरवाह रहना; उदासीन रहना: 对这种不负责任的行为不能～。ऐसे गैर-ज़िम्मेदारी से बेपरवाह रहना ठीक नहीं।

【放散】 fàngsàn (धुआँ, गंध आदि) फैलना; बिखरना; विसारित होना

【放哨】 fàngshào पहरा देना; गश्त लगाना: 站岗～ पहरा देना; चौकीदारी करना / 巡逻～ घूम-घूम कर पहरा देना; गश्त लगाना

【放射】 fàngshè (किरणें) बिखेरना या बिखरना; विकिरण करना या होना; विकीर्ण करना या होना: 太阳～出耀眼的光芒。सूरज से चकाचौंध करने वाला तीव्र प्रकाश विकीर्ण हो रहा था।

【放射病】 fàngshèbìng विकिरण जनित रोग; रेडियेशन सिकनिस

【放射疗法】 fàngshè liáofǎ विकिरण-चिकित्सा; रेडियोथिरैपी

【放射线】 fàngshèxiàn विकिरणशील किरणें; रेडियोऐक्टिव रे

【放射现象】 fàngshè xiànxiàng 〈भौ०〉 विकिरणशीलता; रिडियोऐक्टिविटी

【放射形】 fàngshèxíng विकिरण-रूप: ～道路 विकिरण-पथ

【放射性】 fàngshèxìng 〈भौ०〉 विकिरणशीलता; रेडियोऐक्टिविटी

【放射性同位素】 fàngshèxìng tóngwèisù रेडियमधर्मी समस्थानिक; रेडियो आइसोटोप

【放射性元素】 fàngshèxìng yuánsù विकिरणशील तत्व; रेडियोऐक्टिव एलीमेंट

【放射性物质】 fàngshèxìng wùzhì रेडियमधर्मी पदार्थ; रेडियोऐक्टिव द्रव्य

【放生】 fàngshēng पकड़े हुए जानवरों को छोड़ना; (बौद्ध धर्म के अनुयायियों द्वारा) दूसरों द्वारा पकड़ी हुई चिड़ियों या मछलियों को खरीद कर छोड़ देना

【放声】 fàngshēng अपनी आवाज़ अधिक से अधिक ऊँची करना: ～大哭 फूट-फूट कर रोना; दहाड़ें मार कर रोना / ～大笑 खिलखिला कर हँसना; ठहाका लगाना / ～歌唱 खुले गले से गाना

【放手】 fàngshǒu ❶पकड़ ढीली करना; हाथ से छोड़ना; छोड़ना: 放开手。हाथ से छोड़ दो। / 他一～，笔记本就掉了。उस ने पकड़ ढीली की तो नोटबुक ज़मीन पर गिर पड़ी। / 你抓紧，我要～了。पकड़े रखो, मैं छोड़ रहा हूँ। ❷विवेक से कार्य-संपादन का अधिकार रखना या देना; साहस के साथ कोई काम करना: ～发动群众 साहस के साथ जन-समुदाय को गोलबन्द करना; पूर्ण रूप से जनता को जागृत करना / 我们相信你，你～干吧。हमें तुम पर विश्वास है, तुम निश्चिंत हो कर काम करो। ❸किसी के हाथ सौंपना; (किसी के) हवाले करना; किसी को दे देना: 我让他把这事交给我去办，可他不肯～。मैं ने उन से कहा था कि यह काम मेरे हाथ सौंप दें, पर उन्होंने यह स्वीकार न किया।

【放水】 fàngshuǐ ❶टोंटी घुमा कर नल खोल देना; पानी खोलना: 给浴缸里放上水 बाथटब में पानी छोड़ना ❷जल-निकास करना; पानी बाहर निकालना

【放肆】 fàngsì बेलगाम; असंयत; उच्छृंखल; स्वेच्छाचारी; बेहूदा: ～的行为 असंयत व्यवहार / ～诬蔑 बेहूदगी से बदनाम करना / 说话注意点，不要太～。मुँह संभाल कर बात करो, संयम से काम लो।

【放松】 fàngsōng ढीला करना; ढील देना; (किसी बात या चीज़ में) ढील आने देना; शिथिल करना: ～拳头 मुट्ठी ढीली करना / ～肌肉 मांसपेशी में ढील आने देना / ～警惕 सतर्कता में ढील देना / ～学习，就会落后。अध्ययन में शिथिलता से पिछड़ जाना ज़रूरी है। / 你对孩子太～了，所以他才变坏。तुम ने लड़के को ढीला छोड़ रखा है, इसीलिये वह बिगड़ता जा रहा है।

【放送】 fàngsòng प्रसारित करना; ब्रॉडकास्ट करना: ～大会实况录音 सम्मेलन का लाइव रेकार्डिंग प्रसारित करना; सम्मेलन का सीधा प्रसारण करना

【放下】 fàngxià उतारना; रखना; छोड़ना; डालना: ～肩上的行李 कंधे से माल-असबाब उतारना / 命令敌军～武器 दुश्मन को हथियार छोड़ने की आज्ञा देना / ～架子，向群众学习 अपना रोब छोड़ कर जन-साधारण से सीखना

【放下屠刀，立地成佛】 fàngxià-túdāo, lìdì-chéngfó कसाई का छुरा ताक पर रख कर तुरंत बुद्ध भगवान बनना —— दुष्टता छोड़ते ही भलामानस बन जाना

【放像机】 fàngxiàngjī वीडियोटेप प्लेयर

【放血】 fàngxiě ❶〈चिकि०〉 खून बाहर निकालना ❷(किसी का) खून बहाना

【放心】 fàngxīn ❶निश्चिंत होना; मन शांत होना; जी में जी आना; चैन मिलना: 您～好了，一切都会安排妥当的。आप निश्चिंत रहें, सब ठीक हो जाएगा। / 收到他的来信，我才放了心。जब उस का पत्र मिला तभी मेरे जी में जी आ पाया। / 对这件事我一直～不下。इसी बात से मेरा मन अशांत रहा है। ❷विश्वास करना या होना; भरोसा रखना या होना: 我对这个人不大～。मुझे इस आदमी पर पक्का विश्वास नहीं है। / 你～，他不会让你失望的。भरोसा रखो, वे तुम्हें निराश नहीं करेंगे।

【放心菜】 fàngxīncài गुण-सुरक्षित साग-सब्ज़ियां

【放心肉】 fàngxīnròu गुण-सुरक्षित माँस

【放行】 fàngxíng (व्यक्ति या वस्तु को) जाने देना; गुज़रने देना; निकल जाने देना: 申请～ निकासी-पत्र माँगना

【放学】 fàngxué ❶(स्कूल में) पढ़ाई की छुट्टी होना; कक्षाएं समाप्त होना: 你们学校几点～? तुम्हारे स्कूल की छुट्टी कब होती है? ❷(स्कूल में) छुट्टी का दिन होना; छुट्टियों में होना

【放眼】 fàngyǎn (देखने के लिये) दूर तक दृष्टि ले जाना; आँखें दौड़ाना; दूर तक देखना: 他～望去，田野上一片碧绿。उस ने दूर तक देखा तो खेत में हरियाली ही हरियाली दिखाई दी।

【放眼世界】 fàngyǎn-shìjiè सारी दुनिया को दृष्टि में रखना; सारी दुनिया को आँखें खोल कर देखना: 胸怀祖国，～ अपने देश को मन में और सारी दुनिया को नज़र में रखना

【放羊】 fàngyáng ❶भेड़-बकरियों को चराना ❷नियंत्रण से बाहर होना; स्वच्छंद होना; मनमाना आचरण करने की आज़ादी मिलना: 今天老师请假，学生们都～了。मास्टर जी ने छुट्टी ले ली, इसलिये आज विद्यार्थी आज़ाद हैं।

【放养】 fàngyǎng (मछलियों या कीड़ों आदि को) पालने के लिये उचित स्थान पर रखना: 水库里～了许多鱼。जलाशय में विभिन्न प्रकार की मछलियों का पालन किया जा रहा है।

【放样】 fàngyàng नमूना बनाना

【放音机】 fàngyīnjī टेप रिकार्डिंग प्लेयर

【放映】 fàngyìng (फ़िल्म) दिखाना: 有好几家电影院正在～这部电影。कई सिनेमाघरों में यह फ़िल्म दिखाई जा रही है।

【放映队】 fàngyìngduì फ़िल्म प्रदर्शक दल

【放映机】 fàngyìngjī सिनेमा दिखाने वाली मशीन; प्रोजेक्टर

【放映室】 fàngyìngshì सिनेमा दिखाने वाला कमरा; प्रोजेक्शन रूम

【放淤】 fàngyū 〈कृ०〉 गाद डालना: ～肥田 (धरती को) गाद डाल कर उर्वरा बनाना

【放债】 fàngzhài सूद पर कर्ज़ देना

【放账】 fàngzhàng दे० 放债

【放赈】 fàngzhèn 〈लि०〉 विपत्ति-ग्रस्त लोगों या निर्धनों को सहायता देना

【放之四海而皆准】 fàng zhī sìhǎi ér jiē zhǔn दुनिया के कोने-कोने में लागू होना; हर जगह लागू किया जा सकना

【放置】 fàngzhì अलग रखना; पड़ा रहने देना: ～不用 (मशीन, साज़-सामान आदि) अलग रखना; प्रयोग में न लाना

【放逐】 fàngzhú (अपराधी को) निर्वासित करना; जलावतन करना; देश-निकाला देना

【放恣】 fàngzì 〈लि०〉 अहंकारी और उच्छृंखल होना; निरंकुश होना

【放纵】 fàngzòng ❶(किसी को) मनमाना आचरण करने देना; निरंकुश रहने देना: 对孩子不要太～。अपने लड़के को बहुत रिआयत न दो। ❷स्वच्छंद; निरंकुश

fēi

飞(飛) fēi ❶(पक्षियों या फतिंगों का) हवा में उड़ना; उड़ानें भरना: 鸟～了。चिड़िया उड़ गई। / 蝴蝶在花丛中～来～去。तितलियां फूलों के ऊपर मंडरा रही हैं। ❷(विमानों आदि का) आकाश में उड़ना: 这架飞机直～上海。यह हवाई जहाज़ सीधे शांगहाए जाता है। ❸हवा में तैरना; मँडराना: ～鸢 तैरता पतंग / ～雪花了。बर्फ़ गिर रही है। ❹द्रुतगति से; तेज़ी से; शीघ्रतापूर्वक: 飞奔 / 飞涨 ❺〈बो०〉 बहुत; असाधारण रूप से: ～快 बहुत जल्दी / 这药～灵。यह दवा बहुत कारगर है। ❻〈बोल०〉 किसी चीज़ का धीरे-धीरे घटते हुए कम हो जाना या गायब हो जाना; उड़ना: 把瓶子盖儿盖好，免得香味儿～了。शीशी का मुँह अच्छी तरह ढक दो, नहीं तो सुगंध उड़ जाएगी। / 樟脑放久了会～净的。अधिक दिनों तक पड़ा रहने वाला कपूर उड़ जाएगा। ❼अप्रत्याशित; आकस्मिक; अचानक होने वाला: ～祸 अप्रत्याशित विपत्ति ❽〈बो०〉 (साइकिल का) फ़्री ह्वील

【飞白】 fēibái चीनी लिपिकला की एक विशिष्ट शैली जिस में अक्षर जैसे अर्ध-शुष्क तूलिका से लिखे जाते हों

【飞奔】 fēibēn सरपट दौड़ना; लपकना

【飞镖】 fēibiāo ❶बर्छी-रूपी एक अस्त्र ❷डार्ट (निशानेबाज़ी का एक खेल)

【飞播】 fēibō विमान से बीज बोना; हवाई बोआई

【飞车】 fēichē ❶द्रुतगति से साइकिल या मोटर चलाना ❷बहुत तेज़ी से आगे बढ़ने वाली मोटर; उड़न मोटर: 开～容易造成交通事故。तेज़ गति वाली मोटरों से अकसर यातायात दुर्घटनाएं होती हैं।

【飞车走壁】 fēichē-zǒubì 〈कलाबा०〉 बेलनाकार दीवार के अंदरूनी भाग पर साइकिल, मोटर-साइकिल आदि चलाने का कमाल दिखाना

【飞驰】 fēichí (रेलगाड़ी, मोटर, घोड़े आदि का) तीव्रगति से दौड़ना; सरपट दौड़ना: 火车～而过。रेलगाड़ी सरपट दौड़ती गुज़र गई।

【飞虫】 fēichóng उड़ने वाला कीड़ा; पतंगा

【飞船】 fēichuán ❶अंतरिक्ष-यान; स्पेसशिप ❷〈पुराना〉 हवाई-जहाज़; एयरशिप

【飞弹】 fēidàn ❶मिसाइल ❷अचानक आ निकलने वाली

गोली; इधर-उधर चलने वाली गोलियां; उड़न-गोली

【飞地】 fēidì ❶किसी एक प्रांत या काउंटी का वह क्षेत्र जो किसी दूसरे प्रांत या काउंटी द्वारा शासित हो ❷विदेश शासित क्षेत्र; विदेशी अंतः क्षेत्र

【飞碟】 fēidié ❶<खेल०> तश्तरी की आकृति की उड़ती हुई वस्तु को निशाना बनाने का खेल; स्कीट शूटिंग ❷उड़न-तश्तरी; यू०एफ़०ओ० (UFO)

【飞短流长】 fēiduǎn-liúcháng नमक-मिर्च लगा कर बुरी बातें करना

【飞蛾投火】 fēi'é-tóuhuǒ （飞蛾扑火 fēi'é-pūhuǒ भी）फतिंगे का आग के लपट या दीये की लौ के चारों ओर घूमना —— विनाश के पथ पर अग्रसर होना; अपना आप विनाश करना

【飞红】 fēihóng गहरा लाल; गहरा सुर्ख़: 一听这话，他气得满脸～。यह बात सुनते ही क्रोध के मारे उस का चेहरा लाल हो गया। / 她羞得满脸～。उस के चेहरे पर लाज की लाली छा गई।

【飞鸿】 fēihóng <ला०> चिट्ठी; पत्र; पत्र-व्यवहार: ～传情 पत्र से प्रेम संदेश पहुँचाना

【飞花】 fēihuā <बुना०> उड़ते हुए रूई के रेशे

【飞黄腾达】 fēihuáng-téngdá किसी की जल्दी-जल्दी पदोन्नति होना या होते रहना; किसी की तीव्र-गति से तरक्की होना या होते रहना; किसी की आर्थिक स्थिति बहुत अच्छी हो जाना; मालामाल हो जाना

【飞机】 fēijī विमान; हवाई जहाज़; एरोप्लेन: 我是乘～来的。मैं हवाई जहाज़ से आया हूँ।

【飞机场】 fēijīchǎng हवाई अड्डा; एयरपोर्ट

【飞机驾驶员】 fēijī jiàshǐyuán हवाई जहाज़ चलाने वाला; विमान-चालक

【飞机库】 fēijīkù विमान-गृह; हैंगर

【飞机跑道】 fēijī pǎodào हवाई पट्टी

【飞机制造业】 fēijīzhìzàoyè एयरक्राफ़्ट उद्योग

【飞检】 fēijiǎn <व्यायाम> प्रतियोगिता के बाहर की जाँच (करना)

【飞溅】 fēijiàn (पानी आदि के) छींटे उड़ना: 浪花～到甲板上。लहरें उठ-उठ कर डेक पर छींटे उड़ा रही थीं; लहरों के छींटे डेक पर उड़ रहे थे। / 钢花～ गलते इस्पात से चिनगारियां छूटना

【飞快】 fēikuài ❶बहुत जल्दी से; तीव्र-गति से: 他～地跑回家去。वह घर की ओर सरपट दौड़ पड़ा। / 日子过得～，他离开家已经快两年了。दिन इतनी जल्दी बीते कि उसे घर छोड़े लगभग दो साल हो गए। ❷तेज़; तीव्र; तेज़ धार वाला; तीखा: 把镰刀磨得～ हंसिये की धार तेज़ करना

【飞来横祸】 fēilái-hènghuò अप्रत्याशित विपत्ति

【飞掠】 fēilüè (किसी के पास या ऊपर) उड़ जाना: 飞机在头上～而过。हवाई जहाज़ सिर के ऊपर उड़ता गुज़र गया।

【飞轮】 fēilún ❶<यां०> फ़्लाई ह्वील ❷(साइकिल का) फ़्री ह्वील

【飞毛腿】 fēimáotuǐ ❶द्रुतपद; तेज़ कदम ❷बहुत जल्दी दौड़ने वाला; तेज़ दौड़ने वाला

【飞沫】 fēimò उड़ने वाले छोटे जलकण या बूँदें; छींटें

【飞盘】 fēipán तश्तरी के आकार का एक प्रकार का खिलौना जिस से फेंकने-पकड़ने का खेल खेला जाता है; फ़्रिस्बी

【飞跑】 fēipǎo बहुत तेज़ी से दौड़ना; हवा से बातें करना

【飞蓬】 fēipéng <वन०> फ़्लीबैन

【飞禽】 fēiqín पक्षी; चिड़िया

【飞禽走兽】 fēiqín-zǒushòu पशु-पक्षी

【飞泉】 fēiquán ❶खड़ी चट्टानों के बीच का स्रोत ❷फ़ौवारा

【飞人】 fēirén ❶<कलाबा०> मनुष्य का आकाश में उड़ना ❷बहुत ऊँचा उछलने वाला या बहुत तेज़ दौड़ने वाला

【飞散】 fēisàn ❶(धुएं, फुहारे आदि का) चारों ओर फैल जाना; छितराना; बिखरना ❷(पक्षियों आदि का) भिन्न दिशाओं में उड़ जाना; उड़ कर बिखर जाना

【飞沙走石】 fēishā-zǒushí (आँधी में) बालू का उड़ना और पत्थरों का लुढ़कना

【飞身】 fēishēn फुर्ती से उछलना: ～上马 फुर्ती से उछल कर घोड़े पर सवार होना

【飞升】 fēishēng ❶ऊँचा उठना; ऊपर की ओर बढ़ना; ऊँचे उड़ना; ऊपर की ओर उड़ते हुए बढ़ना ❷देवलोक में पहुँचना —— दिव्य प्राणी बन जाना

【飞驶】 fēishǐ (गाड़ियों का) तीव्रगति से आगे बढ़ना: 一辆小汽车～而过。एक मोटर कार तेज़ रफ़्तार से सामने से गुज़र गयी।

【飞逝】 fēishì (समय आदि का) बहुत जल्दी से बीत जाना; अनजाने गुज़र जाना: 时光～。समय उड़ता बीत जाता है।

【飞鼠】 fēishǔ ❶गिलहरी ❷चमगादड़

【飞速】 fēisù द्रुतगति से; तेज़ रफ़्तार से: ～前进 तेज़ रफ़्तार से आगे बढ़ना / ～发展 द्रुतगति से विकसित होना; लम्बे डग भरना; तेज़ कदमों से चलना

【飞腾】 fēiténg ऊपर की ओर तेज़ी से उड़ना; जल्दी से ऊँचा उठना; ऊपर की ओर द्रुतगति से बढ़ना: 烟雾～。धुआँ जल्दी से ऊपर चढ़ कर चारों ओर भर गया।

【飞天】 fēitiān <कला> उड़ने वाली अप्सराएं (जैसे तुनहवांग गुफ़ाओं के भित्तिचित्रों में अंकित)

【飞艇】 fēitǐng वायुयान; वायुपोत

【飞吻】 fēiwěn चुंबन उड़ाना; चुंबन फूंकना

【飞舞】 fēiwǔ हवा में नाचना; मँडराना: 雪花～。हिमकण हवा में नाच रहे हैं। / 蝴蝶在花丛中～。तितलियां फूलों के बीच मंडरा रही हैं।

【飞翔】 fēixiáng आकाश में चक्कर लगाना; (पक्षियों आदि का) मँडराना: 展翅～ पर फैला कर उड़ना / 鸽子在天空中～。कबूतर आकाश में मंडरा रहे हैं।

【飞行】 fēixíng (विमान, राकेट आदि का) उड़ना; उड़ान; उड़न: ～速度 उड़न की रफ़्तार / ～训练 उड़ान का अभ्यास / 我们这次～只用了一个小时。हमारी इस उड़ान को केवल एक घंटा लगा। / 他是一位有多年～经验的驾驶员。इस विमान-चालक को अनेक वर्षों की उड़ान का अनुभव है।

【飞行服】 fēixíngfú उड़न-वस्त्र; फ़्लाइंग सूट
【飞行管制】 fēixíng guǎnzhì हवाई यातायात नियंत्रण
【飞行器】 fēixíngqì एयरक्राफ़्ट
【飞行人员】 fēixíng rényuán हवाई जहाज़ के कर्मी; विमान चालक
【飞行员】 fēixíngyuán विमान-चालक; उड़ाका; पायलट
【飞旋】 fēixuán चक्कर लगाते हुए उड़ना; मँडराना: 鸟儿在空中～。 चिड़ियाँ आकाश में चक्कर काटती उड़ रही हैं।
【飞檐】 fēiyán 〈वास्तु०〉 ऊपर उठी हुई ओरी
【飞檐走壁】 fēiyán-zǒubì (पुरानी कथाओं में तलवार के धनियों का) मकानों की छतों पर फांदना और हाथों के बल दीवारों पर तेज़ी से चलना
【飞眼】 fēiyǎn आँख का इशारा करना; आँखों से संकेत करना; नज़रबाज़ी करना; आसक्ति से देखना: 他直向她～。 वह उस पर वासनामय दृष्टि डालता रहा।
【飞扬】 fēiyáng ❶ऊपर की ओर उड़ना; उठना: 尘土～ चारों ओर धूल उड़ रही है। / 处处歌声～。 गीतों का स्वर जगह-जगह गूंज रहा था। / 神采～ आनन्द से चेहरा चमचमाना ❷फहरना; लहराना: 彩旗～ रंगबिरंगे झंडे हवा में फहर रहें हैं।
【飞扬跋扈】 fēiyáng-báhù अहंकारी और निरंकुश
【飞鱼】 fēiyú उड़ने वाली मछली
【飞语】 fēiyǔ निराधार या अप्रमाणित कथन; अफ़वाह: 流言～ निराधार अपवचन; झूठी बदनामी
【飞跃】 fēiyuè ❶छलांग: ～发展 दिन दूनी रात चौगुनी गति से विकसित होना ❷〈दर्शन०〉 छलांग
【飞越】 fēiyuè ❶उड़ते हुए पार करना: ～印度洋 हिन्द महासागर पार करने की उड़ान भरना ❷ऊपर की ओर उड़ना; उन्नत होना: 心神～ उत्साहित होना; जोश में आना
【飞灾】 fēizāi अप्रत्याशित विपत्ति
【飞贼】 fēizéi ❶सेंधचोर; सेंधमार ❷हवाई हमला करने वाला शत्रु
【飞涨】 fēizhǎng (चीज़ों के दामों या नदी के जल आदि का) जल्दी से ऊपर उठना: 物价～ दामों में तेज़ी होना / 连日暴雨，河水～。 इधर की लगातार मूसलधार वर्षा से नदी का पानी बढ़ता रहा है।
【飞针走线】 fēizhēn-zǒuxiàn सीने-पिरोने का काम कुशलता से करना; सिलाई-कढ़ाई में अभ्यस्त होना

妃 fēi ❶बादशाह की उपपत्नी ❷राजकुमार की पत्नी
【妃红】 fēihóng हल्का गुलाबी रंग
【妃色】 fēisè हल्का गुलाबी रंग
【妃子】 fēizi बादशाह की उपपत्नी

非[1] fēi ❶गलत; गलती: 是～ ठीक और गलत ❷के प्रतिकूल; के विपरीत: 非法 ❸तिरस्कार करना; निन्दा करना; विरोधी आलोचना करना: 非难 ❹〈लि०〉 नहीं होना: 答～所问 कोई असंबद्ध उत्तर देना / 此事～一般人所能为。 यह काम कोई मामूली आदमी नहीं कर सकता। ❺〈उपसर्ग〉 गैर-; अ-: ～党人士 गैरपार्टी जन / ～印地语邦 अहिन्दी-भाषी प्रांत ❻〈बोल०〉 अवश्य ही; ज़रूर: 不行，我～去不可。 नहीं, मैं ज़रूर जाऊँगा। / 他不想参加这项工作就算了，干吗～让他参加。 इस काम में भाग लेने की उस की इच्छा न हो, तो जाने दें, उसे मजबूर क्यों करें? ❼〈लि०〉 खराब होना; बिगड़ना: 景况日～。 परिस्थिति दिन-प्रतिदिन बिगड़ती जा रही है।

非[2] Fēi 非洲 का संक्षिप्त रूप
【非暴力】 fēibàolì अहिंसा; अहिंसात्मक
【非暴力主义】 fēibàolì zhǔyì अहिंसावाद
【非比寻常】 fēibǐ-xúncháng असामान्य; असाधारण
【非…不…】 fēi…bù… ❶(कुछ करने को) विवश होना; चाहिये: 今天的会我非参加不可。 मुझे आज की सभा में शामिल होना ही पड़ेगा। / 要想取得成绩，非下苦功不成。 सफलता प्राप्त करने के लिये घोर प्रयत्न चाहिये। / 干这种工作非要有耐心不行。 धैर्य के बिना इस तरह का काम कोई नहीं कर सकता। ❷अवश्यंभावी होना; निश्चित होना: 你这样任性，非把事情搞糟不行。 तुम ऐसी मनमानी करते रहोगे, तो बात अवश्य ही बिगड़ जाएगी।
【非常】 fēicháng ❶अनियमित; असामान्य; असाधारण; विशिष्ट: ～会议 अनियमित सम्मेलन / ～支出 असाधारण व्यय / ～措施 अविलंब कार्यवाही / ～事件 आकस्मिक घटना ❷〈क्रि०वि०〉 बहुत; परम; अत्यंत; बेहद; निहायत: ～重要 बहुत महत्वपूर्ण / ～必要 निहायत ज़रूरी; परमावश्यक / ～优秀 परमोत्कृष्ट / ～恰当 अत्यंत उचित / ～优美 बेहद सुन्दर / ～清晰 अत्यंत स्पष्ट / ～重视 (किसी बात आदि को) बहुत महत्वपूर्ण समझना
【非常任】 fēichángrèn अस्थाई: 安理会～理事国 संयुक्त राष्ट्र सुरक्षा-परिषद का अस्थाई सदस्य
【非常时期】 fēicháng shíqī संकट-काल; आपात-स्थिति
【非处方药】 fēichǔfāngyào ओवर द काउंटर मेडिसिन
【非此即彼】 fēicǐ-jíbǐ या तो यह या वह; दोनों में कोई न कोई
【非但】 fēidàn न केवल; न सिर्फ़: 他～自己学习好，还肯帮助别人。 वह न सिर्फ़ स्वयं पढ़ाई में तेज़ है, बल्कि दूसरों की मदद करने के लिये भी तैयार रहता है। / 你这样做～不解决问题，反而会增加新的困难。 अगर तुम ने ऐसा किया, तो न केवल समस्या हल होने से रही, नई कठिनाइयां भी पैदा हो सकती हैं।
【非导体】 fēidǎotǐ 〈भौ०〉 अचालक; नोनकंडक्टर
【非得】 fēiděi (प्रायः 不 या 才 के साथ प्रयुक्त) (करने को) बाध्य होना; चाहिये: 我今天～去不可。 मुझे आज जाना ही पड़ेगा। / 干这活儿～有勇气不成。 इस काम में बड़ी हिम्मत की ज़रूरत है; बड़े साहस के बिना यह नहीं हो सकेगा। / 要想尽快退烧，～打针才行。 जल्द बुखार उतारने के लिये इंजेक्शन ही लगाना चाहिये।
【非典】 fēidiǎn (非典型肺炎 fēidiǎnxíng fèiyán

का संक्षिप्त रूप) सार्स

【非独】 fēidú 〈लि०〉 न केवल; न सिर्फ़: ～无益，而且有害。अहित ही नहीं, बल्कि हानिकारक है।

【非对抗性】 fēiduìkàngxìng अशत्रुतापूर्ण: ～矛盾 अशत्रुतापूर्ण अंतरविरोध

【非法】 fēifǎ अवैध; गैर-कानूनी: ～活动 अवैध कार्रवाई / ～监禁 गैर-कानूनी कैद / ～收入 नाजायज़ आमदनी / 被宣布为～ (किसी कार्रवाई, संस्था आदि को) अवैध घोषित किया जाना

【非凡】 fēifán असाधारण; विचित्र; लोकोत्तर: ～的成就 गैर-मामूली कारनामा; असाधारण सफलता / ～的毅力 कल्पनातीत दृढ़ता / ～的才能 अद्भुत कौशल

【非…非…】 fēi…fēi… न तो … और न …: 非亲非故

【非分】 fēifèn ❶असंयमित; अमर्यादित; अनुचित: 不做～的事 अनुचित कार्य न करना ❷जो अपने हिस्से का न हो; जो अपना न हो: 不取～之财 वह धन-दौलत न लेना जो अपने हिस्से की न हो

【非分之想】 fēifènzhīxiǎng अत्यधिक अभिलाषा; दुराशा

【非公莫入】 fēigōng-mòrù विशेष काम के बिना प्रवेशानुमति नहीं

【非官方】 fēiguānfāng गैर-सरकारी: ～人士 गैर-सरकारी व्यक्ति / 据～消息… गैर-सरकारी सूत्रों से पता लगा है कि …

【非婚生子女】 fēihūnshēng zǐnǚ अविवाहित माता पिता की संतान; अवैध संतति; अवैध बच्चा; जारज-संतान; जारज

【非…即…】 fēi…jí… या तो … या …: 非亲即友 या तो रिश्तेदार या दोस्त

【非交战国】 fēijiāozhànguó युद्ध में भाग न लेने वाला देश

【非金属】 fēijīnshǔ अधातु: ～材料 अधात्विक सामग्री / ～元素 अधात्विक तत्त्व

【非晶体】 fēijīngtǐ नानक्रिस्टल

【非军事化】 fēijūnshìhuà ❶असैन्यीकृत ❷असैन्यीकरण

【非军事区】 fēijūnshìqū असैन्यीकृत क्षेत्र

【非军事人员】 fēijūnshì rényuán असैनिक अधिकारी

【非礼】 fēilǐ ❶अशिष्ट; अभद्र; मर्यादा के विरुद्ध; अनुचित: ～举动 अशिष्ट व्यवहार; अनुचित आचरण ❷(किसी स्त्री से) छेड़छाड़ या बलात्कार करना: 欲行～ (किसी स्त्री से) छेड़छाड़ या बलात्कार करने की कोशिश करना

【非驴非马】 fēilǘ–fēimǎ न गधा न घोड़ा —— न तो मुर्गी साबित हुई और न ही मुर्गी का अंडा; न यह न वह

【非卖品】 fēimàipǐn अविक्रेय (चीज़ें)

【非命】 fēimìng अप्राकृतिक मृत्यु; आकस्मिक विपत्ति या हिंसात्मक घटना में हुई मौत: 死于～ अस्वाभाविक मौत मरना

【非难】 fēinàn (किसी की) निंदा करना; दोष देना; मलामत करना; डाँटना; फटकारना: 遭到～ (किसी को) दोष दिया जाना / 无可～ अनिंदनीय होना; निर्दोष होना

【非亲非故】 fēiqīn–fēigù न तो रिश्तेदार और न मित्र होना; संबंधक न होना

【非人】 fēirén अमानुषिक; पाशविक: ～待遇 अमानुषिक बर्ताव / 过着～的生活 पाशविक जीवन बिताना

【非生产部门】 fēishēngchǎn bùmén अनुत्पादक विभाग

【非生产劳动】 fēishēngchǎn láodòng अनुत्पादक श्रम

【非生产人员】 fēishēngchǎn rényuán अनुत्पादक कर्मचारी

【非生产性】 fēishēngchǎnxìng अनुत्पादक: ～开支 अनुत्पादक खर्च

【非熟练工人】 fēishúliàn gōngrén अकुशल मज़दूर

【非特】 fēitè 〈लि०〉 दे० 非徒

【非条件刺激】 fēitiáojiàn cìjī 〈श०वि०〉 निरपेक्ष (प्रतिबंध रहित) उत्तेजना

【非条件反射】 fēitiáojiàn fǎnshè 〈श०वि०〉 निरपेक्ष (प्रतिबंध रहित) प्रतिवर्तक्रिया

【非同小可】 fēi tóng xiǎo kě छोटी-सी (या ओछी) बात नहीं: 这事～，不要大意。यह कोई ओछी बात नहीं, लापरवाही से काम न लेना।

【非徒】 fēitú 〈लि०〉 न केवल: ～无益，而且有害。यह अहितकर ही नहीं, बल्कि हानिकारक है।

【非笑】 fēixiào (किसी की) हँसी उड़ाना; (किसी की) उपहासपूर्ण निंदा या बदनामी करना: 不要做遭人～之事。ऐसा काम न करो जिस से चार आदमियों में हँसी हो।

【非刑】 fēixíng कठोर शारीरिक यातना (कानून-विरोधी): 受尽～折磨 (किसी को) तरह-तरह की कठोर यातनाएं दी जाना / ～拷打 कठोर शारीरिक यातनाएं देना

【非议】 fēiyì (किसी की) निंदा करना: 无可～ अनिंदनीय होना

【非战斗人员】 fēizhàndòu rényuán 〈सैन्य०〉 गैर-लड़ाका

【非正规军】 fēizhèngguījūn अनियमित सेना

【非正式】 fēizhèngshì गैर-सरकारी; अनौपचारिक; अनियमित: ～访问 अनौपचारिक यात्रा / ～会议 अनियमित सभा / ～会谈 अनौपचारिक बातचीत

【非正统】 fēizhèngtǒng शास्त्र विरुद्ध; अपरंपरागत

【非正义战争】 fēizhèngyì zhànzhēng अन्यायपूर्ण युद्ध

【非洲】 Fēizhōu अफ़्रीका

【非洲统一组织】 Fēizhōu Tǒngyī Zǔzhī अफ़्रीकी एकता संगठन

【非主要矛盾】 fēizhǔyào máodùn अप्रधान अंतरविरोध

菲 1

fēi ❶(फूलों और घास के विषय में) सुन्दर और सुगंधित: 芳菲 fāngfēi ❷ (Fēi) 菲律宾 का संक्षिप्त रूप

菲 2 fēi 〈रसा०〉 फ़िनांथ्रीन
fěi भी दे०

【菲菲】 fēifēi 〈साहि०〉 ❶हरा-भरा और सुन्दर ❷सुगंध से भरा

【菲林】 fēilín 〈बो०〉 फ़िल्म का गोला; फ़िल्म

【菲律宾】 Fēilǜbīn फ़िलिपाइन; फ़िलिपीन

啡 fēi दे० 咖啡 kāfēi; 吗啡 mǎfēi

绯（緋）fēi लाल

【绯红】 fēihóng चटकीला लाल; गहरा लाल; गुलाबी: ～的晚霞 अस्त होते हुए सूर्य की लाली / 脸羞得～ शर्म से चेहरा लाल हो जाना

【绯闻】 fēiwén प्रेम और लिंग संबंधी लोकापवाद; लैंगिक चर्चा

扉 fēi कपाट; किवाड़: 柴～ जलाने की लकड़ियों से बना किवाड़

【扉页】 fēiyè 〈मुद्रण०〉 पुस्तक का मुख-पृष्ठ; टाइटल पेज

蜚 fēi 〈लि०〉 飞 fēi के समान
fěi भी दे०

【蜚短流长】 fēiduǎn-liúcháng 飞短流长 fēiduǎn-liúcháng के समान

【蜚声】 fēishēng 〈लि०〉 प्रसिद्ध होना; नाम कमाना; नाम चमकना: ～文坛 साहित्यिक क्षेत्र में विख्यात होना / 他的艺术成就～海内外。अपनी कलात्मक रचनाओं से वे देश-विदेश में विख्यात हैं।

【蜚语】 fēiyǔ 飞语 fēiyǔ के समान

霏 fēi 〈साहि०〉 ❶(वर्षा, बर्फ़ का) सघन रूप में जल्दी-जल्दी गिरना: 雨雪其～。घनी बर्फ़ तेज़ी से गिर रही है। ❷(बादल, कुहरे आदि का) छितरा होना; कम होना

【霏霏】 fēifēi 〈साहि०〉 ❶(वर्षा, बर्फ़ का) सघन रूप में जल्दी-जल्दी गिरना: 淫雨～。कई दिनों से भारी वर्षा होती रही है। ❷(बादल, कुहरे आदि का) अविरल होना; बहुत अधिक होना: 云雾～。घना बादल और कुहरा छाया हुआ है।

鲱（鯡）fēi हेरिंग मछली; पैसिफ़िक हेरिंग

féi

肥 féi ❶मोटा; चर्बीयुक्त: ～猪 मोटा सूअर / 这肉太～了。इस मांस में चर्बी अधिक है। ❷उपजाऊ; उर्वर: 这里的地很～。यहां की ज़मीन बहुत उपजाऊ है। ❸उपजाऊ बनाना; शक्तिशाली बनाना: 肥田粉 ❹उर्वरक; खाद; रासायनिक खाद: 这地该上～了。इस मिट्टी में खाद देने की ज़रूरत है। / 因为缺～，这些花都要打蔫儿了。उर्वरक की कमी से ये फूल मुरझाने वाले हैं। ❺अनुचित आमदनी से धनी बनना ❻ढीला: 我穿这鞋太～了。मेरे लिये यह जूता बहुत ढीला है।

【肥差】 féichāi अधिक लाभ देने वाली नौकरी; फ़ायदेमंद काम

【肥肠】 féicháng सूअर की बड़ी आँत (खाद्य के रूप में प्रयुक्त)

【肥大】 féidà ❶ढीला; ढीला-ढाला: ～的衣服 ढीला-ढाला वस्त्र ❷मोटा; स्थूल; भारी-भरकम: ～的母猪 भारी-भरकम मादा सूअर / 果实～ गुदगुदा फल ❸〈चिकि०〉 अतिवृद्धि; हाइपर्ट्रोफ़ी: 心脏(扁桃体)～ हृदय (टौंसिल) की अतिवृद्धि

【肥分】 féifèn 〈कृ०〉 किसी खाद में पोषक का प्रतिशत

【肥厚】 féihòu ❶मोटा; भरा-पूरा; माँसल; गुदगुदा: 果肉～。फल का गूदा भरा-पूरा है। / ～的嘴唇 माँसल ओठ ❷मोटा और उर्वर: 土层～ उर्वर भूमि का ऊपरी मोटा तल ❸〈लि०〉 (खाद्य पदार्थ) पौष्टिक और स्वादिष्ट

【肥力】 féilì 〈कृ०〉 (भूमि की) उर्वरता; उपजाऊपन

【肥料】 féiliào खाद; उर्वरक: 化学～ रासायनिक खाद

【肥美】 féiměi ❶उपजाऊ; उर्वर: ～的土地 उपजाऊ भूमि; उर्वरा ❷हरा-भरा; संपन्न: ～的牧草 हरा-भरा चरागाह ❸परिपुष्ट और बलवान: ～的牛羊 परिपुष्ट और बलवान भैंस-बकरियों का झुंड ❹पौष्टिक और स्वादिष्ट

【肥胖】 féipàng मोटा; स्थूल; स्थूलकाय

【肥胖症】 féipàngzhèng स्थूलता (एक रोग)

【肥缺】 féiquē लाभ की नौकरी

【肥实】 féishi ❶मोटा; मोटा-ताज़ा: 这匹马很～。यह घोड़ा बड़ा मोटा-ताज़ा है। ❷चर्बीदार: 这块肉很～。यह माँस चर्बीदार है।

【肥瘦】 féishòu ❶पहनने के कपड़ों में, शरीर की चौड़ाई के बल का कुल विस्तार; घेरा: 你看这件衬衫的～怎么样? देखो, इस कमीज़ का घेरा ठीक है ? ❷किसी मांस के टुकड़े में चर्बी की मात्रा: 这块肉～刚好。मांस के इस टुकड़े में चर्बी न तो बहुत ज़्यादा है और न ही बहुत कम।

【肥瘦儿】 féishòur 〈बो०〉 किसी अंश में चर्बीदार और किसी अंश में बिना चर्बी का मांस; मांस का वह टुकड़ा जिस में चर्बी न तो बहुत ज़्यादा हो और न बहुत कम

【肥硕】 féishuò ❶(फल आदि के लिए) बड़ा और गुदगुदा ❷(शरीर या शारीरिक अंगों के विषय में) स्थूल; स्थूलकाय; मोटा; मोटा-ताज़ा

【肥田】[1] féitián उपजाऊ भूमि; उर्वरा

【肥田】[2] féitián उपजाऊ बनाना; शक्तिशाली बनाना: 草木灰可以～。पौधों की राख भूमि को उपजाऊ बनाने के काम आती है।

【肥田粉】 féitiánfěn 〈बोल०〉 अमोनियम सल्फ़ेट

【肥头大耳】 féitóu-dà'ěr (बच्चा) गोल-मटोल; गलफूला; (व्यक्ति) मोटा और भारी-भरकम; (सूअर) मोटा; मांसल

【肥沃】 féiwò उपजाऊ; उर्वर: ～的土地 उपजाऊ भूमि; उर्वरा

【肥效】 féixiào 〈कृ०〉 उर्वरत्व; उर्वरता

【肥育】 féiyù 〈पशुपालन〉 मोटा करना; तैयार करना

(मारने के लिये जानवरों को)：～期 तैयार करने की अवधि
【肥源】 féiyuán 〈कृ०〉 खाद का स्रोत
【肥皂】 féizào साबुन：～盒 साबुनदानी / ～泡 साबुन का बुलबुला / 打～ साबुन लगाना / 擦～ साबुन से रगड़ना
【肥皂粉】 féizàofěn साबुन का पाउडर
【肥皂剧】 féizàojù टीवी-रेडियो का धाराक्रम; सोप ऑपेरा
【肥壮】 féizhuàng परिपुष्ट और बलवान：～的牛羊 परिपुष्ट और बलवान भैंस-बकरियों का झुंड

淝 Féi 淝河 का संक्षिप्त रूप
【淝河】 Féihé （淝水 Féishuǐ भी） आनह्वेइ प्रांत में बहने वाली एक नदी

腓 1 féi पिंडली

腓 2 féi 〈लि०〉 व्याधिग्रस्त; मुरझाया हुआ; सूखा हुआ：百卉俱～。सब के सब पौधे सूखे जा रहे हैं।
【腓骨】 féigǔ 〈श०वि०〉 बहिर्जंघिका; फ़िबुला

fěi

匪 1 fěi डाकू; डकैत; लुटेरा：盗～ चोर और डाकू

匪 2 fěi 〈लि०〉 न; नहीं：获益～浅 कम लाभ प्राप्त न होना
【匪帮】 fěibāng डाकू-गुट; कोई महापराधी राजनैतिक गुट：法西斯～ फ़ासिस्ट डाकू
【匪巢】 fěicháo डाकुओं की गुहा
【匪患】 fěihuàn चोरी-डकैती की मुसीबत
【匪军】 fěijūn डाकू-सेना
【匪窟】 fěikū डाकुओं की गुहा
【匪首】 fěishǒu डाकू-गुट का सरदार; डाकू-सरदार
【匪徒】 fěitú डाकू; लुटेरा
【匪穴】 fěixué डाकुओं की गुहा; शत्रु की मोर्चाबंदी
【匪夷所思】 fěiyísuǒsī 〈लि०〉 (विचार, आचरण) अजीब; विचित्र; कल्पनातीत

诽（誹） fěi मानहानि
【诽谤】 fěibàng (किसी की) मानहानि करना; (किसी की) बदनामी करना; (किसी पर) मिथ्या आरोप लगाना：恶意～ द्वेषपूर्ण मिथ्या आरोप (लगाना)

菲 fěi ❶〈प्रा०〉 मूली या उस की जैसी कोई हरी तरकारी ❷〈विनम्र०〉 कम और घटिया; मामूली; निकम्मा; अयोग्य：～礼 छोटा-सा उपहार / ～材 मेरी अयोग्यता; मेरी अपात्रता
fēi भी दे०
【菲薄】 fěibó ❶कम और घटिया; मामूली：待遇～。मेहनताना बहुत ही मामूली है। ❷हीन मानना; तुच्छ समझना：妄自～ अपने आप को तुच्छ समझना
【菲敬】 fěijìng 〈विनम्र०〉 मेरा छोटा-सा उपहार
【菲仪】 fěiyí 〈विनम्र०〉 मेरा छोटा-सा उपहार
【菲酌】 fěizhuó 〈विनम्र०〉 (निमंत्रण-पत्र में प्रयुक्त) शराब के साथ साधारण भोजन：敬备～，恭候光临。आप का हमारे साधारण भोज में पधारने के लिये हार्दिक स्वागत है।

悱 fěi 〈लि०〉 कहने के लिए शब्दों की कमी महसूस होना
【悱恻】 fěicè 〈लि०〉 शोकाकुल होना; मन में दुख होना：缠绵～ मन में इतना दुख रहना कि उस से मुक्ति न मिल पाये

斐 fěi 〈लि०〉 (साहित्यिक प्रतिभा के विषय में) आकर्षक; प्रभावकारी
【斐济】 Fěijì फ़ीजी
【斐然】 fěirán 〈लि०〉 ❶आकर्षक; प्रभावकारी：文采～ साहित्यिक प्रतिभा का आकर्षक होना ❷शानदार; उत्कृष्ट：成绩～ शानदार सफलता (पाना); उत्कृष्ट उपलब्धि (प्राप्त करना)
【斐然成章】 fěirán-chéngzhāng आकर्षक साहित्यिक गुण प्रदर्शित करना

榧 fěi चीनी टोरेया (एक पेड़)
【榧子】 fěizi 〈वन०〉 ❶चीनी टोरेया (पेड़) ❷चीनी टोरेया के कड़े छिलकेदार फल

蜚 fěi 〈प्रा०〉 कीड़ा; पतंगा
fēi भी दे०
【蜚蠊】 fěilián （蟑螂 zhāngláng का दूसरा नाम） तिलचटा; काकरोच

翡 fěi 〈प्रा०〉 लाल परोंवाला एक पक्षी
【翡翠】 fěicuì ❶रामचिरैया (एक पक्षी) ❷संग-यशब (एक कीमती पत्थर)

fèi

吠 fèi भूँकना; भौंकना：狂～ कर्कश स्वर में भूँकना
【吠叫】 fèijiào भूँकना; भौंकना
【吠舍】 fèishè वैश्य
【吠陀】 fèituó वेद
【吠影吠声】 fèiyǐng-fèishēng （吠形吠声 fèixíng-fèishēng भी） जब एक कुत्ता कोई छाया देख कर भूँकता है तो सभी दूसरे उस के साथ भूँकने लगते हैं —— अंधा-धुंध किसी के पीछे-पीछे चलना; किसी का अंधानुकरण करना

肺 fèi फेफड़ा; फुप्फुस
【肺癌】 fèi'ái फेफड़ों का कार्सिनोमा; फेफड़ा कैंसर
【肺病】 fèibìng 〈बोल०〉 क्षयरोग; तपेदिक; टी०बी०
【肺动脉】 fèidòngmài 〈श०वि०〉 फेफड़ा-धमनी
【肺腑】 fèifǔ ❶हृदय की तह: 出自～ हृदय की तह से; दिल की गहराई से ❷मन; दिल: 感人～ मन पर बड़ा प्रभाव डालना; बहुत प्रभावित करना
【肺腑之言】 fèifǔzhīyán दिल की गहराई से निकलने वाली बातें; मन की बात
【肺活量】 fèihuóliàng वाइटल कपैसिटी
【肺结核】 fèijiéhé क्षयरोग; तपेदिक; टी०बी०: 他得了～。उसे तपेदिक हो गया है।
【肺静脉】 fèijìngmài 〈श०वि०〉 फुप्फुसी शिरा
【肺痨】 fèiláo 〈बोल०〉 तपेदिक; क्षयरोग
【肺脓肿】 fèinóngzhǒng फुप्फुसी फोड़ा
【肺泡】 fèipào 〈श०वि०〉 फुप्फुसी एल्वियोलस
【肺气肿】 fèiqìzhǒng फुप्फुसी वातस्फीति
【肺吸虫】 fèixīchóng फुप्फुस फ़्लूक
【肺循环】 fèixúnhuán 〈श०वि०〉 फुप्फुसी परिसंचारण
【肺炎】 fèiyán निमोनिया
【肺叶】 fèiyè 〈श०वि०〉 फेफड़े का लोब
【肺鱼】 fèiyú फुप्फुस मीन
【肺脏】 fèizàng फेफड़ा; फुप्फुस
【肺蛭】 fèizhì दे० 肺吸虫

狒 fèi नीचे दे०
【狒狒】 fèifèi बबून (एक स्तनपायी)

废（廢）fèi ❶त्याग देना; छोड़ देना; उन्मूलन करना; अंत करना; रद्द करना; ठुकरा देना: 半途而～ कोई काम अधूरा छोड़ देना / 不以人～言 कोई राय उसे पेश करने वाले की वजह से न ठुकराना ❷रद्दी; बेकार; अनुपयोगी; काम में न लाया गया: ～井 अप्रयुक्त कुआँ / ～矿 परित्यक्त खान ❸पंगु; अपाहिज; विकलांग: ～疾 अपाहिजपन; विकलांगता
【废弛】 fèichí (कानून, नियम, अनुशासन आदि का) उपेक्षित होना; तिरस्कृत होना; ढील आना: 纪律～ अनुशासन में ढील आना
【废除】 fèichú रद्द करना; निरस्त करना; छोड़ देना; उन्मूलन करना: ～不平等条约 असमान संधियों को रद्द कर देना / ～奴隶制 दास-प्रथा का उन्मूलन करना / ～特权 विशेषाधिकार छोड़ देना
【废黜】 fèichù राज्यच्युत करना; राजगद्दी से उतारना; (राज्य या अधिकार से) च्युत करना: ～王位 राज्यच्युत करना / ～国王 राजा को राज्यच्युत करना; राजा को राजगद्दी से उतारना / 太子被～了。(सम्राट् द्वारा) युवराज को पदच्युत किया गया।
【废帝】 fèidì राज्यच्युत सम्राट्
【废话】 fèihuà फ़िज़ूल बात; बेकार की बात; व्यर्थ की बात कहना; बकवास करना: 少说～，快干你的活儿吧。बकवास न करो, अपना काम देखो तो। / ～，我要知道，干吗还问你? क्या व्यर्थ की बात है! अगर मैं जानता तो तुम से क्यों पूछता? / 别～了，快跟我走。बक बक न करो, जल्दी से मेरे साथ चलो।
【废话连篇】 fèihuà-liánpiān ढेर-सी थोथी बातें; बकवास ही बकवास: 他的演说简直是～。उस के भाषण में बकवास ही बकवास भरी थी।
【废旧】 fèijiù (वस्तुएँ) पुरानी और अनुपयोगी: ～物资 रद्दी सामग्री; बचा-खुचा माल
【废料】 fèiliào रद्दी सामग्री; बचा-खुचा माल: ～堆 बेकार चीज़ों का ढेर
【废票】 fèipiào ❶रद्दी टिकट ❷रद्दी मतपत्र
【废品】 fèipǐn ❶रद्दी चीज़ें; बेकार सामग्री ❷अस्वीकृत उत्पादित (या निर्मित) वस्तु; रद्दी माल
【废品回收】 fèipǐn huíshōu बेकार वस्तुओं की वसूली; रद्दी सामग्री इकट्ठा करना और उसे प्रयोग में लाना
【废品回收站】 fèipǐn huíshōuzhàn रद्दी सामग्री की वसूली का केंद्र; साल्वेज स्टेशन (जहां रद्दी सामग्री को खरीदा जाता है)
【废气】 fèiqì रद्दी गैस या भाप
【废弃】 fèiqì परित्याग करना; छोड़ देना; रद्द कर देना; फेंकना: ～陈规陋习 रूढ़िगत प्रथाओं और रीति-रिवाजों को छोड़ देना / 把～的土地变成良田 अप्रयुक्त भूमि को उपजाऊ बनाना
【废寝忘食】 fèiqǐn-wàngshí खाना और सोना भूल जाना; खाने-सोने की परवाह न करना: 他专心致志埋头工作，有时到了～的程度。वह अपने काम में इतना मग्न रहता कि कभी-कभी उसे खाने-सोने की भी सुध न रहती।
【废然】 fèirán 〈लि०〉 निराशा से; उदास होकर: ～而叹 निराश होकर आह भरना
【废热】 fèirè रद्दी ताप
【废人】 fèirén ❶अपाहिज ❷निकम्मा आदमी
【废水】 fèishuǐ रद्दी जल; बचा-खुचा द्रव
【废水处理场】 fèishuǐ chǔlǐchǎng रद्दी जल प्रोसेसिंग स्टेशन
【废铁】 fèitiě बचा-खुचा लोहा
【废物】 fèiwù रद्दी चीज़ें; बचा-खुचा माल; कूड़ा-करकट: ～利用 रद्दी चीज़ों को काम में लाना; बचे-खुचे माल को उपयोगी बनाना
【废物】 fèiwu 〈घृणा०〉 निकम्मा आदमी: 你连这个都不会，简直是个～。तुम्हें यह भी नहीं आता, बिल्कुल निकम्मे हो।
【废墟】 fèixū खंडहर; ध्वंसावशेष: 地震曾经把这座城市变成了～。भूकंप ने इस शहर को खंडहर बना दिया था।
【废学】 fèixué स्कूल जाना छोड़ देना; पढ़ाई जारी न रखना
【废液】 fèiyè दे० 废水
【废渣】 fèizhā रद्दी अवशेष
【废止】 fèizhǐ (कानून, प्रथा, आज्ञापत्र आदि को) समाप्त करना; बन्द करना; रद्द करना: 封建婚姻制度在我国早已～了。हमारे देश में विवाह की सामंती प्रथा बहुत

पहले ही रद्द कर दी गई थी।

【废纸】 fèizhǐ रद्दी कागज़; रद्दी: 不要乱扔～。रद्दी कागज़ फ़र्श पर मत फेंको।

【废置】 fèizhì अनुपयोगी समझ कर एक ओर रख देना: 这些机器已经～多年，太可惜了。बड़ी खेदजनक बात है कि ये मशीनें वर्षों से यहां व्यर्थ पड़ी हुई हैं।

沸 fèi उबलना; खौलना: ～水 उबलता हुआ जल / ～油 उबलता हुआ तैल

【沸点】 fèidiǎn उबाल बिंदु; क्वथनांक

【沸反盈天】 fèifǎn-yíngtiān शोर-गुल भरा होना; कोलाहलपूर्ण होना; बहुत गड़बड़ होना

【沸沸扬扬】 fèifèiyángyáng बुलबुलों के उठने-बैठने जैसी आवाज़ करना; शोरगुल करना; गुलगपाड़ा करना: 一听这话，大家～地嚷起来。यह बात सुनते ही लोग कोलाहल मचाने लगे। / 消息～地传开了。यह खबर जंगल की आग की तरह फैल गई।

【沸滚】 fèigǔn उबलता हुआ; खौलता हुआ

【沸泉】 fèiquán 〈भूगर्भ०〉 लगभग उबलने वाला स्रोत (वह स्रोत, जिस का तापमान 80℃ से ऊपर हो)

【沸热】 fèirè उबलते जल जैसे गर्मी; आग के समान गर्मी

【沸腾】 fèiténg ❶〈भौ०〉 उबाल; उत्क्वथन ❷उत्तेजित होना; जोश में आना; उत्साहित होना: 他的讲话引起会场一片～。उन के भाषण से सभा में उत्तेजना फैल गई।

费（費）fèi ❶शुल्क; फ़ीस; खर्च; व्यय: 学～ स्कूल की फ़ीस / 医药～ चिकित्सा शुल्क / 邮～ डाक व्यय / 生活～ निर्वाह खर्च / 入场～ प्रवेश शुल्क / 教育～ शिक्षा व्यय / 军～ सैनिक व्यय ❷(किसी चीज़ या किसी काम में धन, समय आदि) व्यय करना या होना; खर्च करना या होना; खपना या खपाना: ～时间 समय व्यय करना / ～脑筋 सिर खपाना / 买这些书～了不少钱。इन पुस्तकों पर बहुत खर्च हुआ है। ❸बहुत ज़्यादा खर्च करना; बहुत जल्दी खपाना; फ़िज़ूलखर्च होना: 这部汽车～油。यह कार बहुत ज़्यादा गैसलीन खर्च करती है। / 这孩子穿鞋太～。यह लड़का अपना जूता बहुत जल्दी घिस डालता है। ❹（Fèi）एक कुलनाम

【费边主义】 Fèibiān zhǔyì （费边社会主义 Fèibiān shèhuì zhǔyì भी）फ़ैबियनिज़्म

【费唇舌】 fèi chúnshé अधिक बातें करना; खूब समझाना-बुझाना: 要让他同意，那得费一番唇舌。उसे मनाने के लिये खूब समझाना-बुझाना पड़ेगा।

【费工】 fèigōng किसी काम में अधिक शक्ति व्यय करना; अधिक परिश्रम की आवश्यकता होना: 做这种衣服很～。इस तरह का कपड़ा बनाना बहुत मुश्किल है। / 这活儿不太～。यह काम बहुत कठिन तो नहीं है।

【费工夫】 fèi gōngfu （费功夫 fèi gōngfu भी）समय और शक्ति लगना; समय खर्च होना; समय की आवश्यकता होना; कठिन होना; भारी होना: 干这活儿费了我两天的工夫。इस काम में मेरे दो दिन खर्च हुए। / 画这幅画你费了多少工夫? यह चित्र बनाने में तुम ने कितना समय लगाया? / 编词典很～。शब्दकोश संपादन एक भारी कार्य है।

【费话】 fèihuà अधिक बातें करना; खूब समझाना-बुझाना: 我刚一开口他就明白了，根本没用～。मैं ने मुँह खोला ही था कि उस की समझ में आ गया, अधिक बातें करनी ही न पड़ीं। / 我费了好多话才把他说服。मैं खूब समझाने-बुझाने पर ही उसे विश्वास दिला पाया।

【费解】 fèijiě समझने में मुश्किल; दुर्बोध: 这篇文章实在～。इस निबंध का आशय समझने में सचमुच बड़ा मुश्किल है।

【费尽心机】 fèijìn-xīnjī (किसी बात पर) माथापच्ची करना; हर प्रकार की कोशिश करना

【费劲】 fèijìn 〈बोल०〉 भारी प्रयास करना; कड़ी मेहनत की ज़रूरत होना; ज़ोर लगाना: 装修房子很～。मकान की सजावट करना कड़ी मेहनत का काम है। / 为这事我们费了好大劲。इस बात के लिये हम ने भारी प्रयास किया। / 这事挺麻烦，你费多大劲也没用。यह मामला बड़ा जटिल है, तुम लाख ज़ोर मारो, होगा कुछ नहीं।

【费力】 fèilì भारी प्रयास करना; कड़ी मेहनत की ज़रूरत होना; ज़ोर लगाना: 他耳朵有点背，听人说话很～。वे ज़रा ऊँचा सुनते हैं, बात सुनने में भारी प्रयास करना पड़ता है। / 他没～就把这项工作完成了。उस ने कष्ट उठाये बिना यह काम पूरा कर दिया।

【费钱】 fèiqián अधिक धन का व्यय करना; बहुत रुपया खर्च होना; कीमती होना; महँगा होना: 出国旅游挺～。विदेश यात्रा में बहुत रुपया खर्च होता है। / 出版这类书不太～。इस तरह की पुस्तकें कम खर्च पर प्रकाशित की जा सकती हैं।

【费神】 fèishén ❶मानसिक शक्ति की ज़रूरत होना: 照看孩子费力又～。बच्चों की देखभाल के लिये शारीरिक शक्ति के साथ-साथ मानसिक शक्ति की भी ज़रूरत होती है। ❷〈शिष्ट०〉 (किसी से प्रार्थना करने या किसी को धन्यवाद देने में प्रयुक्त) कृपया; मेहरबानी कर के; तकलीफ़ कर के; कष्ट करना या होना: 我这篇稿子您～给看看吧。मेहरबानी कर के आप मेरा यह लेख ज़रा देख लें। / 让您～了，多谢，多谢! कष्ट उठाने के लिये बहुत बहुत धन्यवाद।

【费时】 fèishí समय व्यय करना; समय खर्च होना: 这座体育馆～两年才完成。यह व्यायामशाला बनाने में दो साल खर्च हुए।

【费事】 fèishì बहुत कष्ट करना या होना; बहुत तकलीफ़ करना या होना; अधिक कष्ट देने वाला होना: 这房间不用打扫了，太～了。—— 不，一点也不～。इस कमरे की सफ़ाई करने की तकलीफ़ न करें। —— नहीं, कोई तकलीफ़ नहीं। / 他费了不少事才打听到你的消息。उस ने तुम्हारा पता लगाने में बहुत कष्ट झेला।

【费手脚】 fèi shǒujiǎo भारी प्रयास करना; कड़ी मेहनत की ज़रूरत होना

【费心】 fèixīn बहुत ध्यान देना; अधिक परवाह करना; बहुत तकलीफ़ करना या देना: 这孩子真让人～。यह बच्चा बहुत तकलीफ़ देता है। ❷〈शिष्ट०〉 (किसी से प्रार्थना

करने या किसी को धन्यवाद देने में प्रयुक्त) कृपया; मेहरबानी कर के; तकलीफ़ कर के; कष्ट करना या होना: 您要是见到他，～把这封信交给他。आप को वे कभी मिलें, तो मेहरबानी कर के उन को यह पत्र दे दें। / 您太～了，谢谢您。आप का कष्ट करने के लिये बहुत धन्यवाद।

【费用】 fèiyòng व्यय; खर्च; शुल्क: 他每月的费用500 元。उन का महीने का खर्च 500 य्वान है। / 家里的所有～都由他负担。घर का सारा खर्च वे ही चलाते हैं।

【费嘴皮子】 fèi zuǐpízi बेकार की बातें करना; बकवास करना

剕（跸）fèi दोनों पाँव काट देना (प्राचीन चीन में लागू एक प्रकार का दंड)

痱（疿）fèi नीचे दे०

【痱子】fèizi <चिकि०> अँधौरी; अम्हौरी; गर्मी के दाने

【痱子粉】 fèizifěn अँधौरी के उपचार का पाउडर

镄（鐨）fèi <रसा०> फ़र्मियम (Fm)

篚（篚）fèi <प्रा०> बाँस की चटाई

fēn

分 fēn ❶बाँटना या बँटना; विभक्त करना या होना; विभाजित करना या होना; अलग करना: 在印度一年～六季。भारत में एक वर्ष छै ऋतुओं में विभाजित है। / 这条河把这座城市～为两部分。यह नदी इस शहर को दो भागों में विभक्त करती है। / 这所幼儿园的孩子们～成三个班。इस किंडरगार्टन के बच्चों को तीन कक्षाओं में बाँटा गया है। / 这药～三次吃。यह दवा तीन हिस्सों में बाँट कर खाएं। /～阶段实行 कदम-ब-कदम अमल में लाना /～小组开会 दलों में मीटिंग करना ❷वितरित करना; सौंपना; देना; बाँटना या बँटना; नियुक्त करना या होना: 把这个任务～给他很合适。यह कार्य उन को सौंप (या दे) देना बिल्कुल उचित है। / 展览会的入场券都已经～完了。प्रदर्शनी के प्रवेश-पत्र सब बाँट दिये गए हैं। / 他最近～到一套新房子。हाल ही में उन के हिस्से में एक नया मकान आया है। / 把这些糖果～给孩子们吃吧。ये मिठाइयां बच्चों को बाँट दो। / 他大学毕业后就～到教育部去工作了。विश्वविद्यालय से स्नातक होने के बाद वे शिक्षा-मंत्रालय में नियुक्त किये गये। ❸फ़र्क करना; भेद करना; भिन्न मानना या बताना; पहचानना: ～清敌友 दोस्तों और दुश्मनों के बीच फ़र्क करना / 是非不～ सही और गलत के बीच भेद न करना; सही और गलत के अंतर को न समझना / 这姐妹长得太像了，简直～不出谁是谁。इन दो बहनों की शक्ल इतनी मिलती-जुलती है कि दोनों में फ़र्क करना मुश्किल है। ❹(किसी संगठन, संस्था आदि की) शाखा: 中国农业银行天津～行 चीनी कृषि बैंक की थ्येनचिन शाखा ❺भिन्न; भाग; अपूर्णांक: 分母 / 分子 ❻(भिन्न और अनुपात प्रकट करने के रूप में प्रयुक्त): 百～之三 तीन प्रतिशत / 四～之一 एक-चौथाई / 三～之二 दो-तिहाई ❼किन्हीं मान-संबंधी इकाइयों का) दसवाँ भाग: 分克 / 分米 ❽फ़न (माप-तौल की इकाई) ①लम्बाई की इकाई, जो 0.1 थ्सुन（寸）या 0.01 छ्（尺）के बराबर है। ②क्षेत्रफल की इकाई, जो 0.1 मू（亩）के बराबर है। ③वज़न की इकाई, जो 0.1 छ्येन（钱）या 0.01 ल्यांग（两）के बराबर है। ❾फ़न (एक य्वान 元 का सौवां भाग): 四元一角五～ 4.15 य्वान ❿मिनट (एक घंटे का साठवां भाग) ⓫मिनट (कोण या चाप की एक डिग्री का साठवां भाग): 成 36 度 30～角 36 डिग्री 30 मिनट（36° 30′）का कोण बनाना / 东经 129 度 15～ पूर्वी रेखांश 129 डिग्री 15 मिनट（129° 15′）⓬(सूद के दर की इकाई) ①1% मासिक सूद: 月利一～二厘 1.2% मासिक सूद ②10% वार्षिक सूद: 年利一～二厘 12% वार्षिक सूद ⓭अंक; नम्बर; मार्क: 60～为及格。उत्तीर्ण अंक साठ है। / 他今天考试得了 80～。आज की परीक्षा में उन को अस्सी नम्बर मिले। ⓮<परि०श०> (अभौतिक चीज़ों के लिये प्रयुक्त) दस में से एक: 七～成绩，三～错误 70 प्रतिशत सफलता, 30 प्रतिशत भूलें / 听到这个消息，他感到几～得意。इस खबर से उन का मन कुछ भर गया।

fèn भी दे०

【分贝】 fēnbèi <भौ०> डेसिबल

【分崩离析】 fēnbēng-líxī (किसी दल, राष्ट्र आदि का) छिन्न-भिन्न होना; टूटना-फूटना; खंडित होना; एकता का अभाव होना

【分辨】[1] fēnbiàn फ़र्क करना; भेद करना; भिन्न मानना या बताना; पहचानना: ～真伪 सत्य और असत्य का भेद करना; असली और नकली में फ़र्क करना / 天太黑，我们连方向也～不清了。ऐसी अंधेरी रात थी कि हम दिशाओं को भी न पहचान सके। / 很难～谁是谁非。यह बताना मुश्किल है कि कौन ठीक है और कौन गलत।

【分辨】[2] fēnbiàn <भौ०> रेज़ोल्यूशन: ～率 रेज़ोलिंग पावर

【分辩】 fēnbiàn (लगाये हुए इलज़ाम या आरोपित दोष से) अपनी रक्षा करना; सफ़ाई देना: 随你们怎么说好了，我不想～。आप लोग चाहे जो कुछ कहें, ठीक है, मैं सफ़ाई नहीं देना चाहता।

【分别】[1] fēnbié बिछुड़ना; जुदा होना; अलग होना: 我们～快五年了。हम को बिछुड़े हुए लगभग पाँच वर्ष हो गये हैं। / 他们～不久又见面了。वे थोड़े समय के लिये अलग होकर फिर मिल गये।

【分别】[2] fēnbié ❶फ़र्क करना; भेद करना; भिन्न बताना; परखना: ～好坏 खरा-खोटे की परख करना ❷फ़र्क; भेद: 两者之间看不出有何～。दोनों में कोई फ़र्क दिखाई नहीं देता। ❸<क्रि०वि०> भिन्न रूप से; अलग तरीके से; अलग-अलग: ～对待 (व्यक्तियों के प्रति) अलग-अलग बरताव करना / 根据不同情况，～处理 भिन्न-भिन्न परिस्थिति के अनुकूल (मामलों को) भिन्न तरीकों से निबटाना ❹<क्रि०वि०> अलग से; व्यक्तिगत रूप से; एक एक कर के;

क्रमशः; बारी-बारी से: 我已经～和他们两人交换过意见了。मैं ने उन दोनों के साथ अलग-अलग सलाह-मशविरा किया था। / 他们～代表本校在大会上发言。सभा में उन्होंने अपने-अपने विश्वविद्यालय की ओर से भाषण दिया। / 我班同学～来自广东、浙江、河北等省份。हमारी कक्षा के सहपाठी क्वांगतोंग, चच्यांग, हपेइ आदि विभिन्न प्रांतों से आये हैं।

【分兵】fēnbīng सेनाओं को विभक्त करना: ～把守 रक्षा के लिये अपनी सैन्य-शक्ति को विभक्त करना / ～两路前进。सेनाएं विभक्त होकर दो भिन्न रास्तों से आगे बढ़ीं।

【分布】fēnbù फैलना; बिखरना; छितरना: 我国侨民～在世界各地。प्रवासी चीनी सारे संसार में छितरे हुए हैं। / 我国矿产资源～极广。चीन में खनिज भंडार विस्तृत रूप से फैले हुए हैं।

【分册】fēncè किसी ग्रंथावली का अलग से प्रकाशित भाग या खंड: 《初中英语》第三～ 'जूनियर मिडिल स्कूल की अँग्रेज़ी' का तीसरा भाग

【分杈】fēnchà <कृ०> ❶शाखा; टहनी ❷शाखा फूटना; शाखाओं में बँटना

【分成】fēnchéng (धन या वस्तुओं आदि को) दस हिस्सों के हिसाब से बाँटना: 四六～ चार और छः हिस्सों के हिसाब से दो भागों में बाँटना

【分词】fēncí <व्या०> कृदंत: 现在（过去）～ वर्तमान (भूत) कृदंत / 将来～ भविष्य कृदंत

【分爨】fēncuàn <लि०> (भाइयों का) अलग-अलग रसोई पकाना —— पृथक् होकर जीवन-निर्वाह करना

【分寸】fēncun कथन या आचरण की उचित सीमा; औचित्य का ज्ञान: 他说话很有～。वह जानते हैं कि क्या कहना चाहिये और क्या नहीं। / 这个人做事一向没有～。इस आदमी को अपने आचरण में सदा औचित्य का ज्ञान नहीं रहता। / 你今后说话做事都要注意～。बात या काम करने में औचित्य की सीमा के बाहर न जाना।

【分担】fēndān दूसरों के साथ (फ़र्ज़, कार्यभार आदि में) साझेदारी करना; (अपने ऊपर) आंशिक ज़िम्मेदारी लेना: 结婚的费用由双方～。दोनों पक्ष ब्याह का खर्च आंशिक रूप से उठाएंगे। / 父母要～教育子女的责任。माता-पिता दोनों को अपने बच्चों की शिक्षा की ज़िम्मेदारी लेनी चाहिये। / 她从小就帮助母亲～家务。वह बचपन से ही घर के काम में अपनी माँ का हाथ बँटा रही है।

【分道扬镳】fēndào-yángbiāo अलग-अलग रास्ते पर आगे बढ़ना; साथ छोड़ना; आपसी सम्बन्ध बिगड़ जाना

【分等】fēnděng श्रेणीबद्ध करना; दर्जाबन्दी करना; वर्गीकरण करना: 产品按质～ उत्पादित वस्तुओं की उन के गुणों के अनुसार दर्जाबन्दी करना

【分店】fēndiàn (दुकान की) शाखा

【分队】fēnduì सैन्य-दल, जो पलटन या दस्ते के अनुरूप हो

【分而治之】fēn'érzhìzhī फूट डालना और राज्य करना

【分发】fēnfā ❶बाँटना; वितरित करना; (व्यक्तियों को) प्रदान करना; देना: 把糖果～给孩子们。बच्चों को मिठाई बाँटना / 给优秀运动员～奖品 श्रेष्ठ खिलाड़ियों को पुरस्कार देना ❷किसी पद पर नियुक्त करना; कार्य सौंपना; काम पर भेजना

【分肥】fēnféi अनुचित लाभ बाँटना; लूट के माल का बंटवारा करना

【分赴】fēnfù निर्दिष्ट स्थानों के लिये रवाना होना: ～各自的工作岗位 अपने-अपने कार्यपद पर जाना

【分付】fēnfù 吩咐 fēnfù के समान

【分割】fēngē (वस्तु आदि का) बँटवारा करना; विभाजित करना; अलग करना; छोटे-छोटे हिस्सों में बाँटना; टुकड़े-टुकड़े करना: ～财产 संपत्ति का बँटवारा करना / 把肉～开冷冻 माँस को टुकड़े टुकड़े कर के फ़्रीज़र में रखना / ～围歼入侵之敌 आक्रमणकारी दुश्मनों को छोटे-छोटे हिस्सों में बाँट कर नष्ट करना

【分隔】fēngé विभक्त करना; हिस्सों में बाँटना; कई भागों में विभाजित करना: 把一间房～成两小间 एक बड़े कमरे को दो छोटे कमरों में बाँटना

【分工】fēngōng श्रम-विभाजन; काम का बँटवारा: 社会～ सामाजिक श्रम-विभाजन / ～负责 व्यक्तिगत ज़िम्मेदारी के साथ कामों का बँटवारा करना / 事情这么多，咱们分分工吧。काम बहुत ज़्यादा है, हम ज़रा इस का बँटवारा कर लें। / 这事您问问老李吧，他～抓宣传。इस बारे में आप लाओ ली से पूछ लें, प्रचार-कार्य उन के ज़िम्मे है।

【分工合作】fēngōng hézuò काम का बँटवारा कर आपस में सहयोग करना

【分管】fēnguǎn किसी काम के लिये व्यक्तिगत ज़िम्मेदारी लेना; किसी काम का संचालन करना: 他在报社里～编辑部工作。वह अखबार के दफ़्तर में सम्पादकीय विभाग का संचालन करते हैं।

【分光计】fēnguāngjì <भौ०> स्पेक्ट्रोमीटर

【分光镜】fēnguāngjìng <भौ०> स्पेक्ट्रोस्कोप

【分规】fēnguī 分线规 के समान

【分行】fēnháng (बैंक, दुकान आदि की) शाखा: 中国人民银行上海～ चीनी जन बैंक की शांगहाए शाखा

【分毫】fēnháo रत्ती; रत्ती भर; फूटी कौड़ी: ～不差 रत्ती भर भी त्रुटि या दोष न होना; सोलह आने सही

【分号】[1] fēnhào सेमीकोलन; अर्धविराम (；)

【分号】[2] fēnhào (दुकान आदि की) शाखा: 本店只此一家，别无～。हमारी दुकान इस नाम की अकेली ही है, इस की और कोई शाखा नहीं।

【分红】fēnhóng (कंपनी आदि के भागीदारों को) बोनस बाँटना; बोनस देना या लेना: 按股～ शेयरों के मुताबिक बोनस देना

【分洪】fēnhóng बाढ़ की पथभिन्नता; बाढ़-विपथन: ～工程 बाढ़-विपथन निर्माण

【分洪区】fēnhóngqū बाढ़-विपथन क्षेत्र

【分洪闸】fēnhóngzhá बाढ़-विपथन जलद्वार

【分户账】fēnhùzhàng खाताबही; लेजर

【分化】fēnhuà ❶विभक्त होना; बिखरना; अलग-अलग होना; बँट जाना: 奴隶制产生以后，人类就～为阶级。दास-प्रथा की उत्पत्ति से मानव-समाज वर्गों में विभक्त

हो गया। ❷छिन्न-भिन्न करना; (दलों में) फूट डालना या भेद उत्पन्न करना; फूट के बीज बोना: ～敌人 दुश्मनों को छिन्न-भिन्न करना ❸〈जीव०〉 (कोशिकाओं आदि का) भेदीकरण; विभिन्नीकरण

【分化瓦解】 fēnhuà-wǎjiě छिन्न-भिन्न करना; (दलों में) फूट डालना

【分会】 fēnhuì (सोसाइटी, समिति, कमेटी, एसोशिएशन आदि की) शाखा

【分机】 fēnjī (टेलिफ़ोन) एक्स्टेंशन

【分级】 fēnjí दर्जाबन्दी करना; वर्गीकरण करना: 这些水果还没～。इन फलों की अभी दर्जाबन्दी नहीं हुई।

【分家】 fēnjiā ❶सम्मिलित कुटुंब से संपत्ति बाँट कर अलग होना; अलगौझा होना: 他们兄弟几个到现在也没～。उन भाइयों का अभी तक अलगौझा नहीं हुआ है। ❷अलग होना; पृथक् होना: 咱们分工不～。काम का बँटवारा करने पर भी हम साथ-साथ काम करें।

【分解】 fēnjiě ❶〈भौ०〉〈गणित०〉 वियोजित करना; विभेदन करना: 力的～ बल का वियोजन / ～成因式 फ़ैक्टरों में वियोजित करना ❷〈रसा०〉 विच्छिन्न करना या होना; विश्लिष्ट करना या होना: 水可以～为氢和氧。जल हाइड्रोजन और आक्सीजन में विच्छिन्न (या विश्लिष्ट) हो सकता है। ❸बीच-बचाव कराना; समझौता कराना: 难以～ समझौता कराने में मुश्किल होना / 您可替他们～～。आप उन का बीच-बचाव कराने की कोशिश करें। ❹छिन्न-भिन्न करना; विघटित करना: 促使敌人内部～ शत्रुओं के आंतरिक विघटन में शीघ्रता लाना ❺(आचरण आदि की) सफ़ाई देना: 不容他～，就把他赶出了家门。उसे अपनी सफ़ाई देने का मौका दिये बिना ही घर से बाहर निकाल दिया गया। ❻(प्राचीन उपन्यासों में प्रयुक्त) विवरण देना: 且听下回～ इस का विवरण अगले परिच्छेद में दिया जाएगा।

【分解代谢】 fēnjiě dàixiè 〈जीव०〉 केटेबोलिज़्म

【分解反应】 fēnjiě fǎnyìng 〈रसा०〉 डिकम्पोज़िशन रेएक्शन

【分解热】 fēnjiěrè 〈रसा०〉 डिकम्पोज़िशन हीट

【分界】 fēnjiè ❶सीमा निर्धारित करना; हदबन्दी करना; सीमा बनना; हद होना: 河北省和辽宁省在山海关～。हपेइ और ल्याओनिंग इन दो प्रांतों की सीमा शानहाएक्वान पर बनती है। ❷विभाजन-रेखा; विभाजक रेखा: 这条河是这两个区的～。यह नदी इन दो क्षेत्रों की विभाजक रेखा है।

【分界线】 fēnjièxiàn विभाजन-रेखा; सीमा-रेखा: 军事～ सैनिक सीमा-रेखा

【分斤掰两】 fēnjīn-bāiliǎng छोटी-छोटी बातों में समय नष्ट करना; बेकार की बात बढ़ाना

【分进合击】 fēnjìn-héjī 〈सैन्य०〉 अलग-अलग दिशाओं से आगे बढ़ना और एक स्थान पर हमला करना; अलग अलग सैन्य दलों का केंद्राभिमुख आक्रमण करना

【分居】 fēnjū ❶(परिवार के सदस्यों का) अलग-अलग निवास करना या बसना: 他们兄弟几个都已成家，现在～各地。उन भाइयों की शादी हो गई है और अब वे विभिन्न स्थानों पर बसे हुए हैं। ❷(पति और पत्नी का) अलग-अलग निवास करना; अलहदा होना: 他们夫妻已经～多年了。उस दंपति को अलग हुए कई वर्ष हो गए हैं।

【分句】 fēnjù 〈व्या०〉 वाक्यांश

【分开】 fēnkāi ❶जुदा होना; अलग होना: 他们兄弟俩～已经三年了。उन दो भाइयों को अलग हुए तीन वर्ष हो गए हैं। ❷अलग करना; विभक्त करना: 他～人群挤到最前面。वह भीड़ को चीर कर सब के आगे पहुँच गया। / 这两件事要～解决。इन दो मामलों को अलग से हल किया जाना चाहिये।

【分克】 fēnkè डेसीग्राम

【分类】 fēnlèi वर्गीकरण करना; श्रेणी-विभाजन करना: 把这些图书加以～ इन पुस्तकों का वर्गीकरण करना / 按等级～ दर्जों के अनुसार बांटना

【分类法】 fēnlèifǎ वर्गीकरण; वर्ग-विभाजन

【分类索引】 fēnlèi suǒyǐn वर्गीकृत सूची

【分类学】 fēnlèixué वर्गीकरण-विज्ञान; वर्गीकरण- शास्त्र: 植物（动物）～ वर्गीकृत वनस्पति-विज्ञान (प्राणी-विज्ञान)

【分厘】 fēnlí रत्ती; रत्ती भर; रत्ती भर भी: ～不差 रत्ती भर भी फ़र्क न होना; थोड़ी-सी भी गलती न होना

【分离】 fēnlí ❶(वस्तुओं को) विच्छिन्न करना; वियोजित करना; पृथक् करना: 从空气中把氮～出来 वायु से नाइट्रोजन को विच्छिन्न करना / 理论和实践是不可～的。सिद्धांत और व्यवहार पृथक् नहीं किया जा सकता। ❷(व्यक्तियों का) जुदा होना; अलग होना; बिछुड़ना: ～多年的兄弟又重逢了。वर्षों से बिछुड़े दो भाई फिर मिल गए।

【分离器】 fēnlíqì 〈रसा०〉 सेपेरेटर

【分理处】 fēnlǐchù (बैंक की) स्थानिक छोटी शाखा

【分列式】 fēnlièshì 〈सैन्य०〉 मार्च-पास्ट

【分裂】 fēnliè ❶〈जीव०〉〈भौ०〉 विभाजन; विखंडन: 核～ नाभिकीय विखंडन / 细胞～ कोशिका-विभाजन ❷फूटना; फूट पड़ना; फूट डालना; खंडित करना: 那个政党～了。वह राजनीतिक पार्टी टूट गई। / ～敌人，瓦解敌人 शत्रुओं में फूट डाल कर उन्हें टुकड़े-टुकड़े करना / 这些人是从保守党～出来加入民主党的。ये लोग रूढ़िवादी पार्टी से फूट कर जनवादी पार्टी में शामिल हुए हैं।

【分裂活动】 fēnliè huódòng पक्षविभेद; दलबंदी

【分裂主义】 fēnliè zhǔyì पृथक्तावाद; फूटपरस्ती: ～分子 पृथक्तावादी; फूटपरस्त

【分馏】 fēnliú 〈रसा०〉 प्रभागत आसवन

【分路】 fēnlù अलग-अलग रास्तों या दिशाओं से चलना: ～前进 अलग-अलग सैन्य दलों में आगे बढ़ना / ～出击 अलग-अलग दिशाओं से हमला करना

【分袂】 fēnmèi 〈लि०〉 (व्यक्तियों का) एक दूसरे से अलग होना; बिछुड़ना

【分门别类】 fēnmén-biélèi (वस्तुओं का) वर्गीकरण करना

【分米】 fēnmǐ डेसीमीटर

【分泌】 fēnmì 〈जीव०〉 (का) स्राव होना; स्रवण करना:

～胃液 आमाशय रस का स्राव होना
【分泌物】 fēnmìwù स्रावित पदार्थ या रस; स्राव
【分娩】 fēnmiǎn ❶जनन; प्रसव; प्रसूति ❷जनना; प्रसव होना या करना; बच्चा जन्मना
【分秒】 fēnmiǎo हर मिनट और हर सेकंड; हर क्षण: 时间不饶人，～赛黄金。समय किसी को नहीं छोड़ता, हरेक मिनट स्वर्ण की भांति मूल्यवान है।
【分秒必争】 fēnmiǎo-bìzhēng हर मिनट और हर सेकंड पकड़ना; हर सेकंड को उत्सुकतापूर्वक हथियाना या अपने कब्ज़े में करना; हर पल का अच्छी तरह उपयोग करना
【分明】 fēnmíng ❶स्पष्ट होना; निश्चित होना; निर्भ्रांत होना: 我们要爱憎～。हमें यह स्पष्ट होना चाहिये कि किसे प्यार किया जाए और किस से घृणा। / 这件事情是非～，无需争辩。यह बिल्कुल साफ़ है कि इस मामले में क्या सही है और क्या गलत, इसलिये वाद-विवाद की ज़रूरत ही नहीं। ❷स्पष्टतः; निश्चित रूप से: 我～看见他已经离开这里了。मैं साफ़-साफ़ देख चुका हूँ कि वह यहां से कब का चला गया है। / 这件事～是你不对。इस में कोई संदेह नहीं कि तुम ही गलत हो।
【分母】 fēnmǔ <गणित०> भिन्न की नीचे की संख्या; हर; डिनोमिनेटर
【分蘖】 fēnniè <कृ०> पौधे के मूल डंठल की जड़ से छोटी शाखा उगना; अंकुर फूटना; कल्ला निकलना: 稻子正在～。धान में कल्ले निकल रहे हैं।
【分蘖期】 fēnnièqī कल्ला निकलने की अवस्था
【分派】 fēnpài (विभिन्न व्यक्तियों या दलों को) काम सौंपना; काम का बंटवारा करना: 他已经把任务～下去了。उन्होंने लोगों में काम का बंटवारा कर दिया।
【分配】 fēnpèi ❶वितरित करना; बंटवारा करना; बांटना: ～土地 भूमि का बंटवारा करना / ～住房 रिहाइशी मकानों को वितरित करना ❷नियुक्त करना; नीयत करना: 服从组织～ संगठन द्वारा नियुक्त काम स्वीकार करना / 他毕业后被～到农村工作。स्नातक होने के बाद वह गांव में काम पर नियुक्त हुआ। ❸<अर्थ०> वितरण: ～制度 वितरण-व्यवस्था
【分批】 fēnpī दलों में बंट कर; थोड़ा-थोड़ा कर के; कदम-ब-कदम; बारी-बारी से: ～轮流参加培训 बारी-बारी से प्रशिक्षण कार्यक्रम में जाना / 代表团将～出发。प्रतिनिधि मंडल कई दलों में बँट कर रवाना होगा।
【分片包干】 fēnpiàn bāogān काम बांट कर हरेक को उस का एक हिस्सा सौंपना
【分期】 fēnqī किस्तवार; किस्त-ब-किस्त; क्रमानुसार: ～实施 क्रमानुसार अमल में लाना / ～分批 क्रमशः और कई अंशों में; कदम-ब-कदम और किस्त-ब-किस्त
【分期付款】 fēnqī fùkuǎn ❶किस्तों में अदा करना ❷किस्त; किस्तबंदी
【分歧】 fēnqí भेद; भेदभाव; विभेद; भिन्नता; अनैक्य: 意见～ विचारों की भिन्नता; मतभेद / 原则～ सिद्धांत में भेद / 消除～ भेदभाव दूर करना / 在这个问题上我和您的看法没有～。इस समस्या पर मेरे और आप के विचारों में कोई फ़र्क नहीं है।
【分清】 fēnqīng (बातों, वस्तुओं आदि के बीच) फ़र्क करना; भेद करना; एक स्पष्ट विभाजन रेखा खींचना; अंतर समझना: ～敌我友 दुश्मन, अपने और अपने मित्रों के बीच के अंतर को समझना / ～是非 सही और गलत के बीच फ़र्क करना; सच और झूठ के अंतर को समझना / 分不清真假 असल और नकली का भेद करने में असमर्थ होना
【分权】 fēnquán अधिकार-विभाजन
【分润】 fēnrùn लाभ या मुनाफ़े को विभक्त करना
【分散】 fēnsàn ❶विकेंद्रित; विकेंद्रीकृत; बिखरा हुआ; तितर-बितर: ～活动 विकेंद्रित कार्यवाही / ～经营 विकेंद्रीकृत प्रबन्ध व्यवस्था / ～作战 बिखरी हुई फ़ौजी कार्यवाही ❷विकेंद्रित करना; बिखेरना; तितर-बितर करना: ～兵力 सैन्य-शक्ति को बिखेरना / ～注意力 किसी का ध्यान कहीं दूसरी ओर आकर्षित करना ❸बांटना; वितरित करना: ～传单 परचे बाँटना
【分散主义】 fēnsàn zhǔyì विकेंद्रीकरण का सिद्धांत
【分色机】 fēnsèjī <मुद्रण०> कलर स्कैनर
【分身】 fēnshēn (प्रायः निषेधार्थ में प्रयुक्त) अपने मुख्य काम से समय निकाल कर दूसरी बातों पर ध्यान देना: 他实在太忙，无法～。वह सचमुच इतने व्यस्त हैं कि किसी दूसरी बात पर ध्यान नहीं दे सकते। / 我一直想去看您，可总是分不开身。आप से मिलने की मेरी हमेशा से इच्छा थी पर अब तक फ़ुरसत न मिली।
【分神】 fēnshén <शिष्ट०> (किसी पर) ज़रा ध्यान देना: 请～照看一下我的行李。मेहरबानी कर के मेरे सामान पर ज़रा नज़र रखें।
【分升】 fēnshēng डेसीलीटर
【分手】 fēnshǒu जुदाई; जुदा होना; एक दूसरे से अलग होना: 我们是在街口～的。हम सड़क के मोड़ पर जुदा हुए। / 他们意见不一致，早已～了。मतभेदों के कारण वे कब के अलग हो गये हैं।
【分数】 fēnshù ❶<गणित०> भिन्न ❷नम्बर; अंक; मार्क
【分水岭】 fēnshuǐlǐng ❶<भूगर्भ०> जलविभाजन; जलविभाजक ❷विभाजन-रेखा
【分水线】 fēnshuǐxiàn 分水岭 के समान
【分水闸】 fēnshuǐzhá जलविभाजक फाटक
【分税制】 fēnshuìzhì कर-वितरण व्यवस्था
【分说】 fēnshuō <लि०> (लगाये हुए इलज़ाम या आरोपित दोष से) अपनी रक्षा करना; सफ़ाई देना: 不容～ किसी को अपनी सफ़ाई देने की इजाज़त न देना; किसी को अपने आचरण की व्याख्या करने का अवसर न देना
【分送】 fēnsòng भेजना; पहुँचाना; बाँटना: 把文件～各部门 विभिन्न विभागों को दस्तावेज़ भेजना
【分摊】 fēntān (खर्च) साझेदारी करना; आंशिक रूप से भुगतना: 聚餐的钱，大家～。भोजन के खर्च में सब लोग साझा करेंगे।
【分庭抗礼】 fēntíng-kànglǐ किसी के विरुद्ध बराबरी के तल पर खड़ा होना; किसी का मुकाबला करना
【分头】[1] fēntóu अलग-अलग; अलग-अलग भागों में: 这事咱们～去准备吧。इस की तैयारी हम अलग-अलग करें।

【分头】[2] fēntóu माँग में संवारे गये सिर के बाल：他理了个～。उस ने मांग वाले बाल बनवाये हैं।
【分文】fēnwén फूटी कौड़ी：身无～ किसी के पास फूटी कौड़ी भी न होना / ～不取 मुफ़्त में
【分析】fēnxī (किसी चीज़ या बात का) विश्लेषण करना; विवेचन करना; छानबीन करना：～句子成分 वाक्य के अवयवों की व्याख्या करना / ～问题和解决问题 समस्याओं का विश्लेषण और उन का समाधान करना / ～国际形势 अंतर्राष्ट्रीय परिस्थिति का विवेचन करना
【分析化学】fēnxī huàxué विश्लेषणात्मक रसायन
【分析语】fēnxīyǔ 〈व्या०〉 विश्लेषणात्मक भाषा
【分享】fēnxiǎng (आनन्द, अधिकार आदि का) हिस्सा लेना; (किसी व्यक्ति के साथ) शामिल होना; सम्मिलित होना：～胜利的喜悦 विजय के आनन्द में सम्मिलित होना
【分销】fēnxiāo फुटकर बिक्री; खुदरा बिक्री (करना)
【分销店】fēnxiāodiàn परचून-दुकान
【分销商】fēnxiāoshāng खुदरा विक्रेता
【分晓】fēnxiǎo ❶(प्रायः 见 के साथ प्रयुक्त) नतीजा; परिणाम; समाधान; हल：此事明日可见～。इस का नतीजा कल निकलेगा। ❷स्पष्ट जानकारी होना; साफ़-साफ़ मालूम होना：问个～ पूछ-ताछ कर स्पष्ट जानकारी प्राप्त करना ❸(प्रायः 没 के साथ प्रयुक्त) कारण; युक्ति：没～的话 अयुक्तियुक्त बातें
【分校】fēnxiào किसी विद्यालय की शाखा
【分心】fēnxīn ❶ध्यान बँटाना; ध्यान आकर्षित करना या होना; एकाग्र न होना：他工作起来，什么事也不能使他～。जब वह काम करने लगते हैं, तो कोई भी बात उन का ध्यान नहीं बँटा सकती। ❷〈शिष्ट०〉 तकलीफ़ कर के; कृपया; मेहरबानी कर के：这件事您多～吧。कृपया इस बात का ध्यान रखें।
【分压器】fēnyāqì 〈विद्यु०〉 वोल्टेज डिवाइडर
【分野】fēnyě विभाजन-रेखा：政治～ राजनीतिक विभाजन-रेखा / 意识形态的～ विचारधाराओं के बीच विभाजन-रेखा
【分阴】fēnyīn एक सेकंड; एक क्षण：惜～ हरेक सेकंड का सदुपयोग करना; हर क्षण का फ़ायदा उठाना
【分忧】fēnyōu किसी का दुख बँटाना; कोई कठिनाई दूर करने में हाथ बँटाना：子女们要懂得为父母～。लड़के-लड़कियों को अपने माता-पिता का दुख बँटाना जानना चाहिये।
【分赃】fēnzāng लूट का माल बाँटना; अनुचित आमदनी का वितरण करना
【分针】fēnzhēn (घड़ी या दीवार-घड़ी की) बड़ी सूई
【分支】fēnzhī शाखा：保险公司的～机构 बीमा-कंपनी की शाखाएं
【分子】fēnzǐ ❶〈गणित०〉 भिन्न की ऊपरी संख्या; न्यूमरेटर ❷〈रसा०〉 मोलिक्यूल
fènzǐ भी दे०
【分子量】fēnzǐliàng मोलिक्यूलर वेट
【分子筛】fēnzǐshāi मोलिक्यूलर सीव
【分子式】fēnzǐshì मोलिक्यूलर फ़ार्मूला
【分组】fēnzǔ छोटे समूहों में बाँटना：～讨论 छोटे दलों में बहस करना

芬 fēn सुगंध; खुशबू
【芬芳】fēnfāng ❶सुगंधित; खुशबूदार：～的花朵 सुगंधित फूल ❷सुगंध; खुशबू：房间里飘散着玫瑰的～。कमरे में गुलाब की खुशबू तैर रही थी।
【芬兰】Fēnlán फ़िनलैंड
【芬兰人】Fēnlánrén फ़िनलैंडर; फ़िन; फ़िनलैंडवासी
【芬兰语】Fēnlányǔ फ़िनिश (भाषा)

吩 fēn नीचे दे०
【吩咐】fēnfù 〈बोल०〉 ❶कहना; बताना; फ़रमाना; निर्देश देना; हिदायत देना：母亲～女儿好好照看小弟弟。माता जी बेटी से कह गई थीं कि छोटे भाई की अच्छी तरह देख-भाल करे। / 我们做什么，请您～。आप फ़रमाइये कि हम क्या करें। ❷निर्देश; हिदायत; आज्ञा：听候～ हिदायत का इंतज़ार करना / 您有什么～？आप को कोई निर्देश देना है？

纷（紛）fēn ❶अव्यवस्थित; विशृंखल; उलझनदार：纷扰 ❷बहुत और विभिन्न; अगणित：纷飞
【纷繁】fēnfán अगणित और जटिल：头绪～ ध्यान देने लायक बहुत-सी बातें होना; बहुत पेचीदा होना / ～的事务 अगणित और जटिल बातें
【纷飞】fēnfēi (हिमकण, फूल आदि का) हवा में आवर्त में पड़ना; चारों ओर उड़ना：大雪～。घने हिमकण द्रुतगति से गिर रहे थे; तेज़ बर्फ़बारी हो रही थी।
【纷纷】fēnfēn ❶बहुत अधिक और अस्तव्यस्त：落叶～。पत्तियां भारी मात्रा में गिर रही थीं। / 议论～ खूब चर्चा करना या होना ❷एक के बाद एक; निरंतर：大家～要求上台发言。लोग एक के बाद एक मंच पर आकर बोलना चाहते थे। / 新政策～出台。नई नीतियाँ निरंतर प्रकाशित की गईं।
【纷纷扬扬】fēnfēnyángyáng (हिमकणों, फूलों, पत्तियों का) भारी मात्रा में गिरना या उड़ना：鹅毛大雪～。परों जैसे बड़े हिमकण हवा में गिर रहे थे; भारी बर्फ़बारी हो रही थी।
【纷乱】fēnluàn अत्यधिक और अव्यवस्थित; हड़बड़ी से भरा; अराजकतापूर्ण：～的脚步声 हड़बड़ी भरी पद-चाप; तेज़ी से बढ़ते कदम / ～的局面 उलझन भरी स्थिति
【纷忙】fēnmáng बहुत व्यस्त होना; दौड़-धूप करना：终日～ दिन भर इधर-उधर दौड़ना
【纷披】fēnpī 〈लि०〉 सब ओर फैलने वाला：枝叶～ सब ओर फैली हुई पेड़ की शाखाएं
【纷扰】fēnrǎo उलझन; परेशानी; घबराहट：内心的～使他无法入睡。परेशानी से वह सो नहीं सका।
【纷纭】fēnyún अत्यधिक और उलझन भरा：众说～，莫衷一是。लोग अपनी अपनी राय पेश करते रहे और कोई सर्वसम्मत निर्णय न हो सका।
【纷杂】fēnzá अत्यधिक और अव्यवस्थित：～的思绪 उलझा हुआ मन

【纷争】 fēnzhēng झगड़ा; वाद-विवाद: 他的发言引起一场～。उन के भाषण से लोगों में झगड़ा होने लगा।
【纷至沓来】 fēnzhì-tàlái एक के बाद एक आना; निरंतर आते रहना: 参加婚礼的客人～。विवाह में शामिल होने के लिए अतिथि निरंतर आते रहे।

玢 fēn सेलफोन (cellophane)
bīn भी दे०

氛 fēn वातावरण: 气～ वातावरण
【氛围】 fēnwéi वातावरण: 人们在欢乐的～中迎来了新的一年。लोगों ने आनन्द के वातावरण में नये साल की खुशियां मनाईं।

酚 fēn <रसा०> फ़ीनोल (phenol)
【酚醛】 fēnquán <रसा०> फ़ीनोलिक अल्डिहाइड (phenolic aldehyde)
【酚醛树脂】 fēnquán shùzhī फ़ीनोलिक रेसिन (phenolic resin)
【酚醛塑料】 fēnquán sùliào फ़ीनोलिक प्लास्टिक (phenolic plastics)

雰 fēn <लि०> कुहरा; हवा
【雰雰】 fēnfēn <साहि०> (हिम, तुषार आदि के लिए) भारी: 雨雪～。भारी बर्फ़ गिर रही है।
【雰围】 fēnwéi 氛围 fēnwéi के समान

fén

坟（墳） fén कब्र; समाधि
【坟地】 féndì कब्रिस्तान; समाधि-स्थल
【坟墓】 fénmù कब्र; समाधि
【坟丘】 fénqiū कब्र के ऊपर का मिट्टी का ढूह; समाधि; कब्र
【坟头】 féntóu कब्र के ऊपर का मिट्टी का ढूह
【坟茔】 fényíng ❶कब्र; समाधि ❷कब्रिस्तान; समाधि-स्थल

汾 Fén शानशी प्रांत की एक नदी
【汾酒】 fénjiǔ फ़नयांग（汾阳）(शानशी प्रात) में खींची जाने वाली एक रंगहीन शराब

棼 fén <लि०> अस्तव्यस्त; उलझा हुआ: 治丝益～ उलझे रेशमी तागों को अलग करने की कोशिश कर और अधिक उलझाना —— सहायता करने की कोशिश कर अधिक अड़चन डालना; मामले को उलझन में डालना

焚 fén जलाना: ～香 धूप जलाना
【焚风】 fénfēng <मौ०> गरम हवा
【焚膏继晷】 féngāo-jìguǐ आधी रात को दिया जलाना —— देर रात तक काम करना
【焚化】 fénhuà आग में जला डालना; भस्म करना; दाह-क्रिया करना
【焚化炉】 fénhuàlú शव-दाह भट्टी; भस्मकारी भट्टी
【焚毁】 fénhuǐ जला देना; भस्मीभूत कर देना
【焚琴煮鹤】 fénqín-zhǔhè ईंधन के लिये वीणा जलाना और भोजन के लिये सारस पकाना —— सुरुचि को ठेस पहुंचाने वाला कार्य करना; असभ्य और असंस्कृत आचरण करना
【焚烧】 fénshāo जलाना; दग्ध करना: ～毒品 मादक द्रव्य जलाना
【焚尸场】 fénshīchǎng श्मशान
【焚尸扬灰】 fénshī-yánghuī शव जला कर उस की राख हवा में उड़ाना (इस को सामंती ज़माने में मृतक के प्रति बहुत क्रूर व्यवहार समझा जाता था)
【焚书坑儒】 fénshū-kēngrú ग्रंथों को जलवाना और कंफ़्यूशियस पंथियों को जीवित दफ़नाना (秦始皇 यानी छिन वंश के प्रथम सम्राट द्वारा)
【焚香】 fénxiāng धूप जलाना; धूप-बत्ती करना: ～膜拜 धूप-दीप जला कर प्रार्थना करना

鼢 fén नीचे दे०
【鼢鼠】 fénshǔ <प्राणि०> ज़ोकर (zokor)

fěn

粉 fěn ❶पाउडर; चूर्ण: 奶～ दूध का पाउडर / 磨成～ चूर्ण करना ❷चूर्ण के रूप में शृंगार-सामग्री; चेहरे का पाउडर: 脸上擦～ चेहरे पर पाउडर लगाना ❸सेम या शकरकंद के माँड़ से बनी नूडल या सेवंई: 米～ चावल की सेवंई / 绿豆～ दाल की सेवंई ❹<बो०> चूर्ण बन जाना ❺<बो०> लीपना; पोतना; पुताई करना: 这墙刚～过。इस दीवार की अभी पुताई की गई है। ❻सफ़ेद: ～蝶 सफ़ेद तितली ❼हल्का गुलाबी रंग का: ～色 हल्का गुलाबी रंग / 这块布料是～的。यह कपड़ा हल्के गुलाबी रंग का है।
【粉笔】 fěnbǐ खड़िया; चाक
【粉笔画】 fěnbǐhuà रंगीन खड़िया से बना हुआ चित्र; चाक ड्राइंग
【粉肠】 fěncháng सासेज
【粉尘】 fěnchén धूल; धूलि
【粉刺】 fěncì ❶मुँहासा; फुँसी ❷मुँहासे का रोग
【粉黛】 fěndài ❶चेहरे का पाउडर और भ्रू वर्णक (प्राचीन चीन की महिलाओं द्वारा प्रयुक्त शृंगार सामग्री) ❷सुन्दर स्त्रियाँ
【粉底霜】 fěndǐshuāng फ़ाउंडेशन क्रीम
【粉坊】 fěnfáng बीन-नूडल मिल
【粉盒】 fěnhé पाउडर बक्स
【粉红】 fěnhóng हल्के गुलाबी रंग का; गुलाबी: 一张～的圆脸 गोल गुलाबी चेहरा / 一件～色的大衣 हल्के गुलाबी रंग का कोट
【粉剂】 fěnjì ❶<चिकि०> चूर्ण; पाउडर ❷<कृ०> चूर्ण; चूरा

【粉领】 fěnlǐng गुलाबी गला; पिंक कॉलर (सेक्रेटरी, मुनीम, टाइपिस्ट आदि का कार्य करने वाली महिलाओं के लिये एक संबोधन)

【粉末】 fěnmò चूर्ण; पाउडर

【粉墨登场】 fěnmò-dēngchǎng अपने आप को सजा-संवार कर रंगमंच पर चढ़ जाना —— राजनीतिक काम शुरू करना (व्यंग्य)

【粉皮】 fěnpí सेम या शकरकंद के माँड़ से बनी स्वादिष्ट जेली

【粉扑】 fěnpū त्वचा पर पाउडर लगाने के लिये प्रयुक्त कपड़ा; पाउडर पफ़

【粉芡】 fěnqiàn (रसोई बनाने में प्रयुक्त) पानी में माँड़ के घोल से बना लेप

【粉墙】 fěnqiáng पलस्तर दीवार; सफ़ेद दीवार

【粉沙】 fěnshā रेत का चूर्ण; सिल्ट

【粉身碎骨】 fěnshēn-suìgǔ किसी के शरीर के टुकड़े टुकड़े हो जाना और उस की हड्डियां चूरचूर हो जाना —— (प्रायः किसी उद्देश्य के लिये) जान देना

【粉饰】 fěnshì गलती या बुराई को ढकना; सफ़ाई देना; लीपा-पोती करना; रंग चढ़ाना

【粉饰太平】 fěnshì-tàipíng शांति और खुशहाली का मिथ्या चित्र उपस्थित करना

【粉刷】 fěnshuā ❶सफ़ेदी करना; लीपा-पोती करना; लीपना; लीपना-पोतना: ～一新 लीप-पोत कर नया रूप लेना ❷〈बो०〉 दीवारी पलस्तर; प्लास्टर

【粉丝】 fěnsī (सेम के माँड़ आदि से बनी) सेवंई; बीन-नूडल

【粉碎】 fěnsuì ❶चूर होना; टुकड़े-टुकड़े होना: 玻璃杯掉在地上，摔得～。कांच की प्याली ज़मीन पर गिरते ही चूर हो गईं। ❷चूरचूर करना; चकनाचूर करना; टुकड़े टुकड़े करना; धूल में मिलाना; पूर्ण रूप से पराजित करना: 把纸撕得～ कागज़ को फाड़ कर टुकड़े-टुकड़े कर देना / ～敌人的进攻 शत्रु के आक्रमण को चूरचूर करना / ～反动派的迷梦 प्रतिक्रियावादियों का सुनहरा सपना धूल में मिला देना / ～敌对分子的阴谋 विरोधियों के षड़यंत्र को चकनाचूर कर देना / ～经济封锁 आर्थिक नाकेबंदी को तोड़ देना

【粉碎机】 fěnsuìjī पीसने की मशीन; ग्राईंडर: 饲料～ चारा पीसने की मशीन

【粉碎性骨折】 fěnsuìxìng gǔzhé खंडित अस्थिभंग; कोमिन्यूटिड फ़्रेक्चर (comminuted fracture)

【粉条】 fěntiáo सेम या शकरकंद के माँड़ से बनी नूडल; बीन-नूडल

【粉头】 fěntóu 〈पुराना〉 वेश्या

【粉线】 fěnxiàn दर्ज़ी की खड़िया से खिंची लकीर; दर्ज़ी की लकीर

fèn

分 1 fèn ❶अंश; मात्रा: 盐～ नमक की मात्रा ❷कर्तव्य, अधिकार आदि का क्षेत्र: 本～ अपना कर्तव्य / 过～ हद से ज़्यादा ❸पारस्परिक स्नेह; भाव; भावना; खयाल: 看在老朋友的～上，原谅他吧。पुरानी दोस्ती के खयाल से उसे माफ़ कर दो। ❹份 fèn के समान

分 2 fèn 〈लि०〉 विचार करना; समझना; अनुमान करना: 自～不能肩此重任 अपने आप को भारी ज़िम्मेदारी लेने के लिये अयोग्य समझना

fēn भी दे०

【分际】 fènjì 〈लि०〉 कथन या आचरण की उचित सीमा

【分量】 fènliàng तौल; वज़न: 给足～ पूरी मात्रा में देना / ～给得不够 कम मात्रा में देना / 称一称行李的～ माल-असबाब तौलना / 这块肉的～不足一公斤。मांस के इस टुकड़े का वज़न एक किलोग्राम से कम है। / 他这话说得很有～。उन्हों ने जो बात कही है, बहुत वज़नदार है; उन्हों ने जो बात कही है उस का कम महत्व नहीं है।

【分内】 fènnèi अपना काम या कर्तव्य: 这是我～的事。यह मेरा कर्तव्य है। / 他做的只是～的事。उन्हों ने जो किया वह उन का अपना ही काम था।

【分外】 fènwài ❶विशेष रूप से; असाधारण ढंग से; अत्यधिक; बेहद: ～高兴 बेहद खुश / 月到中秋～明。शरदोत्सव की चाँदनी अत्यधिक उज्ज्वल होती है। ❷अपने काम या कर्तव्य के बाहर: 他从不把帮助别人看作～的事。वह कभी नहीं सोचता था कि दूसरों की सहायता करना उस का अपना काम नहीं है; वह कभी न कहता कि दूसरों की सहायता करना मेरा काम नहीं है। / 不做～之想 अपने कर्तव्य के बाहर की बात पर विचार न करना; अत्यधिक अभिलाषा न करना

【分子】 fènzǐ सदस्य; तत्व: 工人阶级一～ मज़दूर वर्ग का एक सदस्य / 反动～ प्रतिक्रियावादी तत्व; प्रतिक्रियावादी

fēnzǐ भी दे०

份 fèn ❶भाग; अंश; हिस्सा: 分成三～ तीन भागों में बाँटना / 我的一～是多少? मेरे हिस्से में कितना है? ❷(省，县，年 या 月 के साथ प्रयुक्त हो कर विभिन्न इकाइयां प्रकट करता है): 他们来自不同的省～。वे विभिन्न प्रांतों से आये हैं। / 上月～ पिछले महीने में ❸〈परि०श०〉 ①अंश; हिस्सा: 送一～礼 एक भेंट देना / 两～冰淇淋 दो आइस क्रीम / 为祖国做一～贡献 मातृभूमि के लिये अपना योगदान देना ② (अभौतिक चीज़ों के लिये 这 या 那 के साथ प्रयुक्त): 我心里那～儿高兴就甭提了。मेरी तबीयत इतनी खुश हुई कि क्या कहूँ। ③(दस्तावेज़ों, समाचार-पत्रों आदि के लिये) प्रति; कापी: 一～《人民日报》'रनमिन रपाओ' की एक प्रति / 这～文件请复印三十～。तकलीफ़ कर के इस दस्तावेज़ की तीस फ़ोटो प्रतियां तैयार कर दीजिये। / 本协议一式两～，两种文本具有同等效力。इस समझौते की दो प्रतियां हैं, दोनों समान रूप से प्रामाणिक हैं।

【份额】 fèn'é हिस्सा; अंश; भाग

【份儿】 fènr 〈बोल०〉 दर्जा; स्थिति; कोटि: 事情都

闹到这～上了，他还不依不饶。बात बढ़ते-बढ़ते ऐसी नौबत आ गई, फिर भी वह छोड़ना नहीं चाहता।

【份儿饭】 fènrfàn एक-एक अंश में बिकने वाला भोजन या खुराक; अंशों में बांट कर खाया जाने वाला भोजन

【份子】 fènzi ❶सामूहिक रूप से दी गई भेंट के खर्च में किसी का हिस्सा: 凑～ (किसी को भेंट देने के लिये) सामान्य कोष में धन देना; उपहार देने में सम्मिलित होना ❷भेंट दिया गया धन: 出～ भेंट के रूप में धन देना

奋（奮） fèn ❶हाथ-पैर हिलाना; जी तोड़ कोशिश करना; उत्साहपूर्वक काम करना: 勤～ उद्यमशील होना ❷उठाना; ऊँचा करना; हिलाना: ～臂高呼 हाथ उठा कर ज़ोरों के साथ चिल्लाना / ～笔疾书 तूलिका उठा कर तेज़ी से लिखना

【奋不顾身】 fènbùgùshēn अपने प्राणों की परवाह न कर के वीरतापूर्वक आगे बढ़ना: ～地与烈火搏斗 अपनी जान खतरे में डाल कर आग बुझाने की जी-तोड़ कोशिश करना

【奋斗】 fèndòu संघर्ष करना; लड़ना; जी-तोड़ कोशिश करना: ～目标 संघर्ष का लक्ष्य; प्रयत्न का लक्ष्य /～到底 अंत तक संघर्ष करना / 为共产主义事业～终身 साम्यवादी उद्देश्य के लिये जीवन भर लड़ना; साम्यवाद के लिये संघर्ष में अपना सर्वस्व निछावर करना

【奋发】 fènfā अक्रियता छोड़ कर चौकस होना; उत्साह-पूर्वक काम करना: 一个～有为的青年 एक होनहार उद्यमशील युवक

【奋发图强】 fènfā-túqiáng अपने देश को शक्ति-शाली बनाने के लिये जी-तोड़ कोशिश करना; अपने देश की समृद्धि के लिये घोर प्रयत्न करना

【奋击】 fènjī बड़ी शक्ति से प्रहार करना; साहस के साथ हमला करना

【奋激】 fènjī उत्साहित होना; प्रोत्साहित होना: 群情～。 लोग प्रोत्साहित हुए।

【奋力】 fènlì भरसक कोशिश करना; जी-तोड़ प्रयत्न करना; (किसी काम में) जी-जान से लगना: ～拼搏 जी-जान से लड़ना / ～抢救落水儿童 पानी में डूबे हुए बच्चे को बचाने के लिये जी-तोड़ प्रयत्न करना

【奋袂而起】 fènmèi'érqǐ 〈लि०〉 आस्तीन फेंक कर उठ खड़ा होना —— कोई काम करने के लिये तैयार होना; लड़ने के लिये उतारू होना; आस्तीन चढ़ाना

【奋勉】 fènmiǎn प्रयत्न करना; प्रयास करना

【奋起】 fènqǐ ❶ज़ोरों से उठ खड़ा होना: ～自卫 आत्मरक्षा के लिये वीरता से उठ खड़ा होना; आत्मरक्षा के लिये लड़ना / ～反抗 साहस के साथ उठ कर प्रतिरोध करना ❷(किसी चीज़ को) अपनी पूरी शक्ति लगा कर उठाना या ऊँचा करना

【奋起直追】 fènqǐ-zhízhuī किसी के बराबर पहुँचने के लिये भरसक कोशिश करना

【奋然】 fènrán उत्साहपूर्वक; ज़िंदादिल से

【奋勇】 fènyǒng साहस करना; हिम्मत करना: ～前进 साहस के साथ आगे बढ़ना; वीरतापूर्वक आगे चलना

【奋战】 fènzhàn वीरतापूर्वक लड़ना; जी तोड़ काम करना: ～到底 अंत तक लड़ते रहना / ～两昼夜 दो दिन और दो रात लगातार जी तोड़ काम करना

忿 fèn 愤 fèn के समान

偾（僨） fèn 〈लि०〉 नष्ट करना; बरबाद करना

【偾事】 fènshì 〈लि०〉 बात बिगाड़ना: 胆大而心不细，只能～。 जल्दबाज़ी से बात बिगड़ेगी ही।

粪（糞） fèn ❶मल; विष्ठा; पाखाना; गोबर; लीद (घोड़े, गधे, हाथी आदि पशुओं का मल) ❷〈लि०〉 खाद डालना: ～田 खेत में खाद डालना ❸〈लि०〉 साफ़ करना; बिल्कुल नष्ट कर देना: ～除 बिल्कुल नष्ट कर देना

【粪便】 fènbiàn मल और मूत्र; पाखाना और पेशाब: 检查～ मल की जाँच करना

【粪车】 fènchē मल ढोने वाली गाड़ी

【粪池】 fènchí खाद रखने वाला गड्ढा

【粪堆】 fènduī मल का ढेर; गोबर का ढेर

【粪肥】 fènféi (मल, गोबर, लीद आदि की) खाद

【粪箕子】 fènjīzi मल आदि रखने वाली टोकरी

【粪坑】 fènkēng मल आदि भर कर खाद बनाने का गड्ढा; खाद रखने का गड्ढा; गैरी

【粪筐】 fènkuāng मल आदि रखने वाली टोकरी

【粪桶】 fèntǒng मल आदि रखने वाला डोल; खाद रखने का डोल

【粪土】 fèntǔ मल और मिट्टी; गोबर-मिट्टी —— नगण्य चीज़

愤（憤） fèn क्रोध; गुस्सा; कोप; नाराज़गी: 气～ क्रोध; कोप / 公～ जनता में रोष

【愤愤不平】 fènfèn-bùpíng कोपाकुल होना; सरोष होना; रुष्ट हो जाना; झल्लाया हुआ होना: 大家为他受到的不公正待遇～。 लोग उस के प्रति अन्यायपूर्ण व्यवहार पर रुष्ट हो गए। / 他～地说，这太不讲道理了。 उन्हों ने झल्ला कर कहा कि यह बड़ा अन्याय है।

【愤恨】 fènhèn रुष्ट होना और घृणा करना; नफ़रत करना

【愤激】 fènjī उत्तेजित और रुष्ट; गुस्से में भरा हुआ

【愤慨】 fènkǎi 〈लि०〉 ❶(न्यायनिष्ठ) कोप; रोष; गुस्सा: 表示～ गुस्सा प्रकट करना ❷कुपित होना; क्रुद्ध होना: 人们对此事感到无比～。 लोग इस बात पर अतिक्रुद्ध हुए।

【愤懑】 fènmèn 〈लि०〉 क्रोध; गुस्सा; असंतोष

【愤怒】 fènnù क्रोध; गुस्सा; रोष; नाराज़गी: 此事激起群众极大的～。 इस बात पर लोग बहुत गुस्से में आ गये। / 抑制不住心中的～ अपना क्रोध न दबा सकना / ～的目光 रोषपूर्ण दृष्टि / ～的烈火在胸中燃烧 मन में क्रोधाग्नि जल उठना

【愤然】 fènrán क्रोध-वश; गुस्से में आ कर: ～离去 गुस्से में आ कर चला जाना; क्रोध-वश अलग हो जाना

【愤世嫉俗】 fènshì-jísú अन्यायपूर्ण समाज और उस के अनुचित रीति-रिवाजों से घृणा करना

fēng

丰[1]（豐）fēng ❶समृद्ध; प्रचुर: 丰收 ❷महान; शानदार: 丰功伟绩 ❸（Fēng）एक कुलनाम

丰[2] fēng सुन्दर; सुरूप; भव्य रंगरूप का: 丰姿

【丰碑】fēngbēi ❶कीर्ति-स्तंभ; स्मारक-चिन्ह: 烈士们的英勇事迹在人民心中立下了不朽的～。शहीदों के वीरतापूर्ण कारनामे जनता के दिल में एक चिरस्थाई कीर्ति-स्तंभ हैं। ❷स्मारक-रचना: 这部著作堪称为新文化运动的～。यह पुस्तक चीन के नये सांस्कृतिक आंदोलन की एक स्मारकीय रचना मानी जाती है।

【丰采】fēngcǎi 风采 fēngcǎi❶ के समान

【丰产】fēngchǎn अधिक उत्पादन; भरपूर फ़सल: ～田 अच्छी उपज देने वाला खेत / 连年～ कई सालों तक लगातार ज़ोरदार फ़सल

【丰登】fēngdēng भरपूर फ़सल: 五谷～ सभी अनाजों की ज़ोरदार फ़सल

【丰度】[1] fēngdù 风度 fēngdù के समान

【丰度】[2] fēngdù 〈भौ०〉 अबेंडेंस: 同位素～ आइसोटोपिक अबेंडेंस (isotopic abundance)

【丰富】fēngfù ❶समृद्ध; प्रचुर; विपुल; संपन्न: 物产～ समृद्ध उत्पादन / 学识～ विद्या-संपन्न / ～的资料 प्रचुर सामग्री / 他有～的教学经验。उन्हें अध्यापन का बड़ा अनुभव है। ❷समृद्ध बनाना: 通过实践，～自己的工作经验 व्यवहार से अपने आप को काम का अनुभवी बनाना

【丰富多彩】fēngfù-duōcǎi प्रचुर और विविध; रंग-बिरंगा: ～的节目 विविध और रोचक कार्यक्रम / ～的出口商品 निर्यात के लिये प्रचुर विविध उत्पाद

【丰功伟绩】fēnggōng-wěijì शानदार कारनामा; महान योगदान: 他为祖国的解放事业建立了～。उन्हों ने देश की मुक्ति में महान योगदान किया है।

【丰厚】fēnghòu स्थूल; मोटा: ～的绒毛 घने और मोटे रोएँ ❷प्रचुर; विपुल: ～的收入 मोटी आमदनी / ～的礼品 प्रचुर उपहार

【丰满】fēngmǎn ❶भरा-पूरा: 今年好收成，粮仓～。इस साल अच्छी फ़सल हुई, इसलिये गोदाम भरापूरा है। ❷मोटा और अच्छे डील-डौल का; पूरी तरह विकसित; गदराया हुआ: ～的脸盘 गलफुल्ला चेहरा / 她长得很～。उस का शरीर भरा-पूरा है; उस का बदन गदराया हुआ है।

【丰茂】fēngmào प्रचुर मात्रा में उगा हुआ; सघन; संपन्न; हरा-भरा: ～的枝叶 पेड़ की हरी-भरी डालियां और पत्तियाँ

【丰美】fēngměi प्रचुर और सरस: 水草～ प्रचुर और सरस घास

【丰年】fēngnián भरपूर फ़सल वाला साल

【丰沛】fēngpèi पर्याप्त; प्रचुर: 雨水～ पर्याप्त वर्षा होना

【丰饶】fēngráo प्रचुर; उपजाऊ: 物产～ प्रचुर उत्पादन / 辽阔～的大草原 विशाल और उपजाऊ घास का मैदान

【丰稔】fēngrěn 〈लि०〉 भरपूर फ़सल; अच्छी फ़सल

【丰润】fēngrùn (चमड़े आदि का) कोमल और चिकना: 肤色～ कोमल और चिकना चमड़ा

【丰盛】fēngshèng प्रचुर और बहुत बढ़िया: ～的酒席 प्रचुर मात्रा में स्वादिष्ट भोजन; बहुत बढ़िया दावत

【丰收】fēngshōu भरपूर फ़सल; ज़ोरदार फ़सल: 连年～ कई सालों तक ज़ोरदार फ़सल प्राप्त करना या होना / ～在望 भरपूर फ़सल प्राप्त करने की आशा होना; शानदार फ़सल पाने की पूरी आशा होना

【丰硕】fēngshuò प्रचुर और शानदार: 取得～的成果 प्रचुर सफलता प्राप्त होना

【丰衣足食】fēngyī-zúshí काफ़ी खुराक व कपड़ा-लत्ता होना: 过着～的生活 संपन्न जीवन बिताना

【丰盈】fēngyíng ❶मोटा और सुडौल; पूरा बढ़ा हुआ: 体态～ पूरा बढ़ा हुआ बदन होना ❷प्रचुर; पर्याप्त: 衣食～ खाने के लिये पर्याप्त भोजन और पहनने के लिये पर्याप्त कपड़े होना

【丰腴】fēngyú ❶दे० 丰盈❶ ❷प्रचुर; उपजाऊ: ～的牧场 उपजाऊ चरागाह ❸प्रचुर और बहुत बढ़िया: ～的酒席 बहुत बढ़िया दावत

【丰裕】fēngyù संपन्न; सफल: 生活～ सफल जीवन बिताना; जीवन खुशहाल होना

【丰韵】fēngyùn 风韵 fēngyùn के समान

【丰姿】fēngzī 风姿 fēngzī के समान

【丰足】fēngzú प्रचुर; पर्याप्त: 衣食～ भोजन और वस्त्र पर्याप्त होना

风（風）fēng ❶हवा; वायु; पवन: 起～了。हवा चलने लगी। / ～小了。हवा कम हो गयी है। / ～停了。हवा बन्द हो गई है। ❷(किसी चीज़ या चीज़ों को सुखाने या साफ़ करने के लिये) हवा देना: ～干 हवा में सुखाना / 晒干～净 धूप में सुखाना और हवा से साफ़ करना / ～鸡 हवा से सुखाई गई मुर्गी / ～肉 हवा से सुखाया गया माँस ❸हवा की तरह तेज़: 风发 / 风行 ❹रीति; रिवाज; प्रथा; लोकरीति; प्रवृत्ति: 移～易俗 रूढ़िगत रीति-रिवाजों में सुधार करना और आदतें बदलना / 不正之～ अनुचित प्रवृत्ति; बुरा रुझान ❺दृश्य; प्राकृतिक दृश्य: 风景 ❻शैली; ढंग; रंग-ढंग; रुख; रवैया: 作～ कार्यशैली; आचरण; व्यवहार / 风度 ❼खबर; समाचार: 闻～而动 खबर मिलते ही प्रतिक्रिया करने लगना ❽अफ़वाही; निराधार; अप्रमाणित: 风闻 ❾लोकगीत (《诗经》'गीत ग्रंथ' के तीन परिच्छेदों में से एक, जिस में गाथा-गीत हैं): 采～ लोकगीत इकट्ठा करना ❿〈ची० चि०〉 (किन्हीं रोगों के नाम के लिये प्रयुक्त): 羊痫～ मिरगी ⓫（Fēng）एक कुलनाम

【风暴】fēngbào ❶आँधी; अंधड़; तूफ़ान: ～来临 आँधी आना; आँधी चलना ❷ज़ोरदार उपद्रव; विप्लव; तूफ़ान: 革命～ क्रांतिकारी तूफ़ान

【风泵】fēngbèng ❶एयर पम्प ❷एयर कम्प्रेसर

【风标】 fēngbiāo वायुदिग्दर्शक; हवानुमा; वात-सूचक

【风波】 fēngbō हवा और लहरें —— उपद्रव; झगड़ा; गड़बड़ी: 政治～ राजनीतिक गड़बड़ी / 平地起～ अचानक तूफ़ान उठना

【风伯】 fēngbó वायु का देवता

【风采】 fēngcǎi ❶<लि०> सुन्दर चाल-ढाल; रंगढंग: ～动人 आकर्षक चाल-ढाल होना; मोहक रंगढंग होना ❷<लि०> साहित्यिक प्रतिभा

【风餐露宿】 fēngcān-lùsù हवा में खाना और ओस में सोना —— कठिन यात्रा आदि में कष्ट उठाना

【风操】 fēngcāo चाल-चलन और चरित्र; व्यक्तिगत सत्यनिष्ठा

【风潮】 fēngcháo हलचल; हँगामा; गड़बड़ी: 闹～ हलचल मचाना; गड़बड़ी करना

【风车】 fēngchē ❶पवन चक्की ❷अनाज के दाने साफ़ करने की मशीन; ओसाई-मशीन ❸पिनह्वील (बच्चों का एक खिलौना)

【风尘】 fēngchén ❶हवा और धूल —— यात्रा की क्लांति: 满面～ यात्रा से शिथिल ❷किसी अशांत समाज की तकलीफ़ें या अनिश्चितता ❸वेश्या-वृत्ति: 沦落～ वेश्या का व्यवसाय करने पर मजबूर होना; विवश हो कर वेश्या बन जाना ❹<लि०> युद्ध से फैली अराजकता: ～之警 युद्ध का भय

【风尘仆仆】 fēngchén-púpú लम्बी यात्रा के कष्ट झेलना; यात्रा से क्लांत होना

【风驰电掣】 fēngchí-diànchè हवा की तरह तेज़ और बिजली के समान द्रुत: 列车～般闪过。रेल-गाड़ी बिजली की तरह गुज़र गई।

【风传】 fēngchuán खबर मिलना; अफ़वाह फैलना; सुना जाता है; कहा जाता है: ～他要办一所学校。बताया जाता है कि वे एक स्कूल खोलेंगे। / 这不过是～而已。यह उड़ती खबर ही है।

【风吹草动】 fēngchuī-cǎodòng हवा में पत्तियों की हल्की सरसराहट —— अशांति या मुसीबत का लक्षण: 一旦有个～，这些人就会出来闹事。ज़रा-सा संकट आ जाए, तो ये लोग हंगामा करने लगेंगे।

【风吹浪打】 fēngchuī-làngdǎ हवा और लहरों से पिटना; तूफ़ान में दुर्गत बनना —— मुसीबत में पड़ना: ～不动摇 तूफ़ान में दृढ़ता से खड़ा रहना; किसी की मुसीबत में डावाँडोल न होना

【风吹雨打】 fēngchuī-yǔdǎ आँधी और वर्षा के आघात सहना; मौसम के प्रभाव से अरक्षित होना: 经不起～ प्राकृतिक विपत्तियों का मुकाबला करने में असमर्थ होना

【风锤】 fēngchuí वायुचालित हथौड़ा

【风挡】 fēngdǎng <आटोमोबाइल> हवारोक शीशा

【风刀霜剑】 fēngdāo-shuāngjiàn चुभने वाली हवा और काटने वाला शीत —— ❶भारी सर्दी ❷बुरी परिस्थिति

【风灯】 fēngdēng लालटेन

【风笛】 fēngdí मशकवीणा; बाँसुरी

【风动工具】 fēngdòng gōngjù वायुचालित औज़ार

【风洞】 fēngdòng <विमान०> वायुछिद्र

【风斗】 fēngdǒu विंड स्कूप

【风度】 fēngdù चाल-दाल; रंगढंग; शील; उत्तम आचरण; अच्छा व्यवहार: 有～ सुशील होना; शांतचित्त से व्यवहार करना; धैर्य से काम लेना / 保持军人的～ सैनिक का उत्तम आचरण बनाये रखना / 他的举止动作完全是学者～。उन की चाल-ढाल और रंगढंग से मालूम होता है कि वे वास्तव में विद्वान हैं।

【风度翩翩】 fēngdù-piānpiān मनोहर चाल-ढाल होना; सुन्दर और बांका होना: 一个～的年轻人 एक बांका जवान

【风发】 fēngfā ❶हवा की तरह तेज़ ❷उत्साही; ऊर्जस्वी: 意气～ भावुक और तेजस्वी; साहसी और ऊर्जावान

【风帆】 fēngfān ❶पाल: 扬起～ पाल चढ़ाना; पाल तानना / 降下～ पाल उतारना ❷पाल वाला जहाज़; पालदार नाव

【风范】 fēngfàn <लि०> ❶चाल-ढाल; रंगढंग; शील; उत्तम आचरण ❷ढंग; शैली

【风风火火】 fēngfēnghuǒhuǒ ❶जल्दी मचाते हुए; उतावली करते हुए; हड़बड़ी करते हुए: 他～地闯了进来。वह हड़बड़ाते हुए कमरे में घुस आया। ❷उत्तेजक; झकझोर देने वाला: ～的战争年代 झकझोर देने वाली युद्धावधि

【风风雨雨】 fēngfēngyǔyǔ ❶कठिनाइयां और बाधाएँ ❷अप्रामाणिक बातें

【风镐】 fēnggǎo वायु-गैंती, न्यूमेटिक पिक

【风格】 fēnggé ढंग; शैली; रीति; प्रकार; प्रणाली; स्टाइल: 艺术～ कला की शैली / 民族～ राष्ट्रीय विशेषता; जातीय शैली / ～高 शिष्टाचार दिखाना; तमीज़ से काम लेना / 发扬～ दूसरों की सहायता में तकलीफ़ों की परवाह न करना

【风骨】 fēnggǔ ❶चरित्र-बल; चारित्रिक दृढ़ता ❷(लेखन, चित्रण या लिखावट में) प्रभावशाली ढंग

【风光】 fēngguāng दृश्य; प्राकृतिक दृश्य: ～明媚 सुन्दर दृश्य / 好一派北国～ कितना सुहावना उत्तरी दृश्य

【风光】 fēngguang <बोल०> ❶समारोह; धूमधाम ❷इज़्ज़त; प्रतिष्ठा: 儿子有出息，母亲也觉得～。बेटा सफल जीवन बिताता है तो माँ की भी इज़्ज़त होती है।

【风害】 fēnghài आँधी से हुई हानि

【风寒】 fēnghán सर्दी; ठंढ; ठंड: 你只是受了点～，吃点药就会好的。तुम्हें ज़रा सर्दी लग गई है, थोड़ी दवा ले लो तो ठीक हो जाओगे।

【风和日丽】 fēnghé-rìlì चमकीला सूर्य और मंद पवन; हलका गरम और उजला मौसम; गुनगुनी धूप वाला मौसम

【风戽】 fēnghù पन-चरखी (सिंचाई के लिये प्रयुक्त)

【风花雪月】 fēnghuā-xuěyuè ❶पवन, पुष्प, हिम तथा चंद्रमा —— प्राचीन साहित्यिक रचनाओं में प्राकृतिक दृश्यों के चित्रण में प्रयुक्त चार वस्तुएँ, जिन से आशय बाद में ऐसी रचनाओं से दिया गया जिन में शब्द-बाहुल्य और सारहीनता हो ❷प्रेम-संबंधी बातें

【风华】 fēnghuá <लि०> रमणीयता और कुशाग्र बुद्धि

【风华正茂】 fēnghuá-zhèngmào आयु के सर्वोत्कृष्ट भाग में; ठीक युवावस्था में

【风化】[1] fēnghuà नैतिकता और शिष्टता: 有伤～ शिष्टता को ठेस लगना

【风化】[2] fēnghuà ❶<भूगर्भ०> (हवा, धूप आदि द्वारा) प्रभावित होना; छीजना ❷<रसा०> (स्फटिक पदार्थों का) हवा लगने से चूरचूर हो जाना

【风级】 fēngjí <मौ०वि०> विंड स्केल

【风纪】 fēngjì आचरण और अनुशासन

【风纪扣】 fēngjìkòu वर्दी के गले का काज और बटन

【风景】 fēngjǐng दृश्य; प्राकृतिक दृश्य; लैंडस्केप: 欣赏～ प्राकृतिक दृश्य का आनन्द उठाना / 桂林以～优美著称。 क्वेइलिन अपने सुन्दर प्राकृतिक दृश्य के लिये प्रसिद्ध है।

【风景画】 fēngjǐnghuà प्रकृतिचित्र; लैंडस्केप

【风景区】 fēngjǐngqū सैरगाह

【风景线】 fēngjǐngxiàn ❶लम्बी और सँकरी दृश्यभूमि ❷दृश्य (ध्यान देने योग्य कोई सामाजिक घटना)

【风镜】 fēngjìng धूप-चश्मा

【风卷残云】 fēngjuǎn-cányún तेज़ हवा का बचे-खुचे बादलों को छिन्न-भिन्न करना —— किसी चीज़ को एकदम नष्ट कर देना; किसी चीज़ का सर्वनाश करना

【风口】 fēngkǒu वह स्थान जहाँ वात-प्रवाह हो: 身上出汗不要站在～上，不然会着凉。 जब पसीना आ रहा है तो वात-प्रवाह में न खड़े हो, सर्दी लग जाएगी।

【风口浪尖】 fēngkǒu-làngjiān जहाँ हवा सब से तेज़ और लहरें सब से ऊँची हों —— जहाँ संघर्ष सर्वाधिक भीषण हो

【风快】 fēngkuài हवा की तरह तेज़; द्रुतगति से; जल्दी ही: 消息～地传开了。 खबर बहुत जल्दी फैल गई।

【风浪】 fēnglàng ❶लहरें; तूफ़ानी लहरें; तूफ़ान: 海上～大，船颠簸得很厉害。 समुद्र में लहरें प्रचंड थीं, जहाज़ बहुत हिलता-डोलता चल रहा था। ❷भयंकर विपत्ति; भारी आफ़त; तूफ़ान: 久经～ तूफ़ानों का अनुभवी होना

【风雷】 fēngléi आँधी और मेघगर्जन; तूफ़ान; प्रचंड आंदोलन: 革命的～ क्रांतिकारी तूफ़ान

【风力】 fēnglì ❶हवा की तेज़ी: 测试～ हवा की तेज़ी मापना ❷हवा की शक्ति; वायु-बल: 以～为动力 हवा की शक्ति से चलने वाला; वायुचालित

【风力发电机】 fēnglì fādiànjī वायुचालित जनरेटर

【风力发电站】 fēnglì fādiànzhàn वायुचालित बिजली घर

【风力提水机】 fēnglì tíshuǐjī वायुचालित जल पंप; वायु पंप

【风里来，雨里去】 fēng li lái, yǔ li qù हवा में आना और वर्षा में जाना —— हवा और वर्षा के बावजूद अपना कार्य पूरा कर लेना

【风凉】 fēngliáng शीतल; ठंडा; सर्द: 大家坐在～的地方休息。 सब लोग सर्द जगह में बैठे हुए विश्राम कर रहे हैं।

【风凉话】 fēngliánghuà अनुत्तरदायी और व्यंग्यपूर्ण बातें: 说～ व्यंग्य कसना

【风铃】 fēnglíng (पगोडे या मंदिर के छज्जों पर लटकने वाली) घंटी, जो हवा से हिल कर बजने लगती है

【风流】 fēngliú ❶सुसंस्कृत और सुरुचिपूर्ण; वीरतापूर्ण और सर्वोत्कृष्ट: ～人物 उत्तमपुरुष ❷स्वेच्छाचारी; अनियंत्रित; स्वच्छंद: ～才子 स्वच्छंद युवा विद्वान ❸प्रेम-संबंधी; सरस; रसिया; आशिक मिज़ाज; रँगीला; रोमांटिक: ～年少 जवान रसिया / ～韵事 प्रेम-संबंधी बातें; प्रेम कहानी

【风流云散】 fēngliú-yúnsàn हवा के झोंके से तितर-बितर होना और बादलों की तरह छिन्न-भिन्न होना —— अलग हो कर लुप्त होना

【风马牛不相及】 fēng mǎ niú bù xiāng jí एक दूसरे से बिल्कुल असंबद्ध होना: 这两件事～。 इन दो मामलों में कोई संबंध नहीं है।

【风帽】 fēngmào ❶कनटोप ❷(चोगे के साथ पहना जाने वाला) हुड

【风貌】 fēngmào ❶शैली और रूप: 民间艺术的～ लोककला की शैली और रूप ❷रंगढंग और आकृति ❸दृश्य: 农村新～ गाँव का नया दृश्य

【风门】 fēngmén （风门子 fēngménzi भी） शीत या खराब मौसम से रक्षा के लिये अतिरिक्त बाहरी दरवाज़ा; स्टार्म डोर

【风靡】 fēngmǐ बहुत प्रचलित होना: ～世界 सारे संसार में प्रचलित होना / ～一时 एक निश्चित समय में बहुत प्रचलित होना

【风磨】 fēngmò पवनचक्की

【风派】 fēngpài （风派人物 fēngpài rénwù भी） समय या सत्ताधारी व्यक्ति के साथ चलने वाला व्यक्ति; हवा के रुख के साथ जाने वाला; अवसरवादी व्यक्ति; अवसरवादी

【风平浪静】 fēngpīng-làngjìng हवा का बन्द होना और लहरों का गायब होना; शांत और स्थिर होना: ～的海面 प्रशांत समुद्रतल / 他过着～的生活。 वह शांति से जीवन बिताता है।

【风起云涌】 fēngqǐ-yúnyǒng ❶हवा का चलने लगना और बादलों का घिर आना ❷पूरी शक्ति से आगे बढ़ना; तेज़ रफ़्तार से विकसित होना

【风气】 fēngqì सामान्य मनोदशा; प्रवृत्ति; वातावरण; रीति-रिवाज; प्रचलित प्रथा: 社会～ सामाजिक वातावरण / 助人为乐已成为一种～。 दूसरों की सहायता में आनन्द एक सामान्य प्रवृत्ति बन गई है।

【风琴】 fēngqín आर्गन: 弹～ आर्गन बजाना

【风情】 fēngqíng ❶हवा की दिशा और शक्ति आदि की सूचना ❷<लि०> चाल-ढाल; रंगढंग ❸<लि०> मनोभाव; भावना; संवेदन ❹हाव-भाव: 卖弄～ हाव-भाव दिखाना ❺स्थानीय वातावरण और प्रचलित प्रथाएं

【风趣】 fēngqù हँसोड़पन; विनोदप्रियता; मसखरी; मज़ेदारी; हाज़िरजवाबी: 他是一个很有～的人。 वह बड़ा हँसोड़ है; वह एक विनोदप्रिय आदमी है। / 她说话很有～。 वह हमेशा मज़ेदार बातें करती है।

【风圈】 fēngquān सूर्य या चन्द्र का प्रभामंडल

【风骚】[1] fēngsāo 〈लि०〉 ❶साहित्य ❷साहित्यिक उत्कृष्टता

【风骚】[2] fēngsāo नखरा; हावभाव: 卖弄～ नखरा दिखाना; हाव-भाव दिखलाना

【风色】 fēngsè ❶हवा चलने की स्थिति: ～突然变了，由南往北刮。हवा अचानक दिशा बदल कर उत्तर की ओर चलने लगी। ❷स्थिति; हालत; दशा: ～不对。स्थिति खराब हो रही है; हवा बिगड़ रही है। / 看～ दशा देखते हुए; हवा का रुख देखते हुए

【风沙】 fēngshā हवा और हवा द्वारा उड़ाई गई रेतधूल: 这里春天～很大。वसंत में यहां तेज़ हवा चलती है और वातावरण में खूब धूल उड़ती है।

【风扇】 fēngshàn बिजली का पंखा; पंखा

【风尚】 fēngshàng किसी निश्चित समय में सर्वत्र प्रचलित रीति (या आचरण, व्यवहार, प्रवृत्ति): 社会～ समाज में प्रचलित रीति / 时代～ युग का सार्वजनिक व्यवहार

【风声】 fēngshēng ❶हवा चलने का शब्द; हवा की सनसनाहट: ～萧萧。हवा सनसन शब्द करती चल रही है। ❷खबर; उड़ती खबर: 走漏～。खबर उड़ी। / ～很紧。स्थिति गंभीर है।

【风声鹤唳，草木皆兵】 fēngshēng-hèlì, cǎomù-jiēbīng (परास्त सेना का) हवा की सनसनाहट और सारसों की चिल्लाहट से घबराना तथा महज़ पत्तों के खड़कने से और पेड़ों की परछाई से ही दुश्मन की आशंका करने लगना

【风湿病】 fēngshībìng 〈चिकि०〉 वातरोग; गठिया; रूमेटिज़्म: 他得了～。उसे गठिया हो गया है।

【风蚀】 fēngshí 〈भूगर्भ०〉 वायु-अपरदन

【风势】 fēngshì ❶हवा की शक्ति या गति: 到了傍晚，～减弱。शाम को हवा गिरने लगी थी। ❷हालत; स्थिति; परिस्थिति: 他一看～不对，拔腿就跑。यह देख कर कि स्थिति उस के विपरीत जा रही है, वह नौ दो ग्यारह हो गया।

【风霜】 fēngshuāng हवा और पाला —— यात्रा या जीवन की कठिनाइयाँ: 饱经～ लम्बे अरसे तक कठिन जीवन बिताना

【风水】 fēngshuǐ मकान या समाधि की स्थिति, माना जाता है कि इस का किसी परिवार के भाग्य पर प्रभाव पड़ता है; भू-शकुन: 看～ भू-शकुन देखना या विचारना / 这栋房子～好。इस मकान का स्थान शुभ शकुन लिये हुए है।

【风水先生】 fēngshuǐ xiānsheng भू शकुनवेत्ता

【风俗】 fēngsú लोकरीति; रिवाज; रीति-रिवाज: ～习惯 रीति-रस्म; रस्म-रिवाज; व्यवहार; दस्तूर

【风速】 fēngsù हवा की चाल; वायुवेग

【风速计】 fēngsùjì वायुवेगमापी; वायुगति-सूचक; ऐनिमोमिटर

【风瘫】 fēngtān（瘫痪 tānhuàn का सामान्य नाम）लकवा; फ़ालिज

【风调雨顺】 fēngtiáo-yǔshùn फ़सलों के लिये अच्छा मौसम; अनुकूल मौसम: ～，五谷丰登。अच्छे मौसम की वजह से अच्छी फ़सलें होती हैं।

【风头】 fēngtóu हवा की दिशा

【风头】 fēngtou घटनाओं की प्रवृत्ति; झुकाव: 避避～ कोई घटना गुज़र जाने तक छिपे रहना / 看～办事 स्थितियों के अनुसार आचरण करना ❷〈प्राय: अना०〉 प्रसिद्धि जो किसी को प्राप्त होती हो: 出～ अपने नाम के लिये कोई काम करना / ～十足 बहुत प्रसिद्धि प्राप्त होना / ～一时的人物 कुछ समय के लिये प्रसिद्ध व्यक्ति

【风土】 fēngtǔ किसी स्थान की प्राकृतिक स्थिति और लोकरीतियाँ

【风土人情】 fēngtǔ-rénqíng स्थानीय स्थिति और लोक-प्रथाएं

【风味】 fēngwèi विशिष्ट रस; सुरस; मज़ा; स्थानीय विशिष्टता: ～小吃 विशेष स्वाद वाला जलपान / 家乡～ किसी के जन्मस्थान के भोजन का विशिष्ट आस्वाद / 这首诗有民歌～。इस कविता में लोकगीत का रस है।

【风闻】 fēngwén उड़ती खबर से मालूम होना; खबर सुनना; सुना जाता है: ～他要提前退休了。सुना जाता है कि वे समय से पहले रिटायर हो रहे हैं।

【风物】 fēngwù किसी स्थान के विशिष्ट दृश्य

【风险】 fēngxiǎn खतरा; जोखिम; आशंकित संकट: 冒～ खतरे का साहसपूर्वक सामना करना; खतरा मोल लेना; जोखिम सिर पर उठाना / 要改革就不怕担～。एक सच्चा सुधारक खतरों से नहीं डरता।

【风箱】 fēngxiāng धौंकनी

【风向】 fēngxiàng ❶हवा की दिशा; हवा का रुख ❷हालत; दशा: 看～行动 स्थिति के अनुसार आचरण करना

【风向标】 fēngxiàngbiāo वायुनिर्देशक यंत्र

【风向仪】 fēngxiàngyí पवन दिग्दर्शी

【风信子】 fēngxìnzǐ 〈वन०〉 हाइसिंथ

【风行】 fēngxíng लोकप्रचलित होना; लोकप्रिय होना: ～全国 सारे देश में लोकप्रिय बन जाना

【风行一时】 fēngxíng-yīshí एक निश्चित समय में लोकप्रचलित होना; एक समय के लिये लोकप्रिय होना

【风选机】 fēngxuǎnjī ओसाई-मशीन

【风雪】 fēngxuě आँधी और बरफ़; बरफ़ का तूफ़ान: ～交加 आँधी के साथ ज़ोरों की बरफ़ गिरना; बरफ़ का तूफ़ान उठना

【风压】 fēngyā 〈मौ०वि०〉 हवा का दबाव

【风雅】 fēngyǎ ❶साहित्यिक अनुधावन ❷सुशील; शिष्ट: 举止～ सुशील व्यवहार वाला होना; शिष्टाचारी होना

【风雅颂】 fēng-yǎ-sòng 'गीत ग्रंथ'（《诗经》）के तीन परिच्छेद

【风言风语】 fēng yán fēng yǔ निराधार बातें; निंदक चर्चा

【风衣】 fēngyī वायु रोधी वस्त्र; विंड-जैकेट

【风雨】 fēngyǔ ❶आँधी और वर्षा; तूफ़ान: ～大作 तूफ़ान उठना ❷कष्ट और बाधाएँ; तूफ़ान: 经～，见世面 तूफ़ानों का मुकाबला करते हुए दुनिया देखना

【风雨交加】 fēngyǔ-jiāojiā वर्षा हो रही है और तेज़ हवा चल रही है; आँधी के साथ मूसलधार वर्षा हो रही है

【风雨飘摇】 fēngyǔ–piāoyáo तूफ़ान में फँसी हुई नाव की तरह हिलना-डोलना; अस्थिर; संकटपूर्ण; जोखिम भरा: ～的年代 संकटपूर्ण समय; खतरों से भरा हुआ वक्त

【风雨同舟】 fēngyǔ–tóngzhōu तूफ़ान में फँसी हुई एक ही नाव में —— एक साथ कठिनाइयों को दूर करना; एक साथ तूफ़ान का सामना करना

【风雨无阻】 fēngyǔ–wúzǔ चाहे वर्षा हो या तेज़ हवा चले, किसी भी हालत में न रुकना —— मौसम की परवाह करना: 我们将按时出发，～。हम ठीक समय पर रवाना होंगे, चाहे मौसम कैसा भी क्यों न हो।

【风月】 fēngyuè ❶पवन और चंद्रमा —— प्राकृतिक दृश्य: ～清幽 प्रशांत और मनोहर दृश्य ❷प्रेम-संबंधी बातें: ～场 प्रेम का अखाड़ा; (प्रायः) वेश्यालय

【风云】 fēngyún हवा और बादल —— अस्थिर परिस्थिति

【风云变幻】 fēngyún–biànhuàn महत्वपूर्ण घटनाओं में लगातार परिवर्तन; अस्थिर परिस्थिति: 国际形势～。अंतर्राष्ट्रीय परिस्थिति लगातार बदलती जा रही है।

【风云人物】 fēngyún rénwù एक समय के लिये प्रभावशाली व्यक्ति; नामी व्यक्ति

【风云突变】 fēngyún–tūbiàn परिस्थिति में अचानक परिवर्तन

【风韵】 fēngyùn (प्रायः किसी महिला का) मनोहर रंगढंग; सौंदर्य

【风灾】 fēngzāi आँधी से आई विपदा: 遭受～ आँधी से पीड़ित होना

【风闸】 fēngzhá 〈यां०〉 वायु-ब्रेक

【风障】 fēngzhàng झाड़ी आदि जो हवा से टक्कर लेने के लिये लगा दी जाती है; वायु अवरोध; विंड ब्रेक

【风疹】 fēngzhěn 〈चिकि०〉 पित्ती: 出～ पित्ती उछलना

【风筝】 fēngzheng पतंग; कनकौवा: 放～ पतंग उड़ाना

【风中之烛】 fēngzhōngzhīzhú हवा में जलती मोमबत्ती —— ❶वह व्यक्ति जो किसी भी क्षण मरने को हो ❷पदार्थ जो कभी भी नष्ट हो सकता हो

【风烛残年】 fēngzhú–cánnián हवा में जलती मोमबत्ती की तरह बूढ़ा और बीमार होना; मरणासन्न अवस्था में होना

【风姿】 fēngzī रंगढंग; रंगरूप: ～绰约 मनोहर रंगढंग

【风钻】 fēngzuàn वायुचलित बरमा

沨 (渢) fēng 〈साहि०〉 बहते हुए पानी का शब्द

枫 (楓) fēng 枫树 के समान

【枫树】 fēngshù मैपल; मैपल-वृक्ष

【枫叶】 fēngyè मैपल के पत्ते, जो शरद ऋतु में लाल हो जाते हैं

封 1

fēng ❶(उपाधि, पद, अधिकार-क्षेत्र आदि) प्रदान करना: ～王 राजा बनाया जाना / 分～诸侯 उच्चपदस्थ व्यक्तियों को उपाधियां और अधिकार-क्षेत्र प्रदान करना ❷封建主义 का संक्षिप्त रूप ❸ (Fēng) एक कुलनाम

封 2

fēng ❶बन्द करना; रोकना; मोहर लगाना: 把信～上 पत्र को लिफ़ाफ़े में बन्द करना / ～住瓶口 बोतल का मुँह कस कर बन्द करना / 这家商店因违法经营被～了。गैरकानूनी व्यापार करने की वजह से यह दुकान बन्द कर दी गई है। / 反动政府企图封住人民群众的嘴巴，那是徒劳的。प्रतिक्रियावादी सरकार ने जन-साधारण का मुँह बंद करने की कोशिश की, पर असफल रही। ❷(अँगीठी की आग) दबाना या ढंकना जिस से वह ज़ोरों से सुलगने न पाये ❸कागज़ की थैली; लिफ़ाफ़ा: 信～ चिट्ठी या कागज़-पत्र रखने का लिफ़ाफ़ा; लिफ़ाफ़ा ❹〈परि०श०〉 (लिफ़ाफ़े में बन्द की हुई किसी चीज़ के लिये प्रयुक्त): 一～信 एक चिट्ठी

【封闭】 fēngbì ❶कस कर बन्द करना; रोक देना; मोहर लगाना; मुँहबन्द करना: 大雪～了道路 भारी बर्फ़ से रास्ता बन्द हो जाना या रास्ता रुका हुआ होना / 用蜡～瓶口 मोम से बोतल का मुँहबन्द करना / ～的房间 बन्द कमरा ❷तालाबन्दी करना; बन्द कर देना: ～工厂 कारखाने की तालाबन्दी करना / ～赌场 जुआघर बन्द कर देना

【封闭疗法】 fēngbì liáofǎ ब्लाक थेरेपी

【封存】 fēngcún (किसी चीज़ को) बन्द कर के सुरक्षित रखना

【封底】 fēngdǐ (किताब या पत्रिका का) अंतिम आवरण; बैक कवर

【封地】 fēngdì जागीर

【封顶】 fēngdǐng ❶(किसी वनस्पति का) और अधिक ऊँचाई की ओर बढ़ने से रुकना ❷(किसी इमारत की) छत तैयार करना: 大楼已经按期～。भवन की छत नियत-तिथि पर तैयार हुई है। ❸(मूल्य, वेतन, बोनस आदि की) उच्चतम सीमा नियत करना: 奖金不～。बोनस की कोई उच्च-सीमा नहीं है।

【封冻】 fēngdòng ❶(नदी, तालाब आदि का) जम कर बर्फ़ हो जाना; जमाव होना ❷(ज़मीन का) सर्दी के कारण सख्त या कठोर हो जाना

【封冻期】 fēngdòngqī (नदी, तालाब आदि का) जमने का समय

【封二】 fēng'èr (封里 भी) (किताब या पत्रिका का) आवरण-पृष्ठ का भीतरी भाग

【封港】 fēnggǎng बंदरगाह को बन्द करना; घाटबंदी करना

【封官许愿】 fēngguān–xǔyuàn 〈अना०〉 अधिकारी पद पर नियुक्ति का प्रस्ताव और अनेक वादे करना; ऊँचे पदों पर नियुक्त करने और अन्य मनोरथ पूरा करने का वादा करना

【封火】 fēnghuǒ (अँगीठी की आग) दबाना या ढंकना जिस से वह ज़ोरों से सुलगने न पाये

【封建】 fēngjiàn ❶जागीर देने की व्यवस्था ❷सामंतवाद ❸सामंतवादी; सामंती: ～思想 सामंती विचार-धारा / ～迷信活动 सामंती और अंधविश्वासी कार्यवाहियाँ / ～残余 सामंतवाद के अवशेष; सामंती अवशेष

【封建把头】 fēngjiàn bǎtóu सामंती निरंकुश; निरंकुश सामंत
【封建割据】 fēngjiàn gējù सामंती पृथकतावादी शासन
【封建社会】 fēngjiàn shèhuì सामंतवादी समाज; सामंती समाज
【封建主】 fēngjiànzhǔ जागीरदार; सामंती सरदार
【封建主义】 fēngjiàn zhǔyì ❶सामंतवाद ❷सामंतवादी
【封疆】 fēngjiāng <लि०> सीमांत; सरहद
【封疆大吏】 fēngjiāng dàlì मिंग और छिंग राजवंशों में प्रांतीय उच्च पदाधिकारियों का सामान्य नाम
【封禁】 fēngjìn ❶तालाबंदी करना; बंद कर देना ❷निषेध करना; मनाही करना; रोक लगाना; पाबन्दी लगाना: ～黄色书刊 अश्लील किताबों और पत्रिकाओं की सार्वजनिक बिक्री पर रोक लगाना
【封口】 fēngkǒu ❶मुँह बन्द करना; मुँहबन्द करना; मुहरबन्द करना: ～瓶子 मुँहबन्द बोतल / 这封信还没～。यह पत्र मुहरबन्द नहीं किया गया है। ❷(घाव का) भर जाना; अच्छा होना: 腿上的伤已经～了。पैर का घाव भर गया है। ❸निर्णयात्मक ढंग से कोई बात कहना; पक्के तौर पर कोई बात कहना जिस से और अधिक बहस करने की गुँजाइश न हो
【封里】 fēnglǐ (किताब या पत्रिका का) आवरण-पृष्ठ का भीतरी भाग या अंतिम आवरण का भीतरी भाग
【封门】 fēngmén ❶दरवाज़े को सील करना; दरवाज़ा सील करना ❷दे० 封口❸
【封面】 fēngmiàn ❶सूत्र-आबद्ध ग्रंथ का मुख पृष्ठ ❷(किताब की) जिल्द ❸(किताब या पत्रिका का) आवरण-पृष्ठ
【封皮】 fēngpí ❶(किताब की) जिल्द ❷लिफ़ाफ़ा ❸वेष्टन ❹दे० 封条
【封妻荫子】 fēngqī-yìnzǐ (सम्राट् का) किसी योग्य अधिकारी की पत्नी को उपाधियों और उस के वंशजों को वंशागत पदों से सम्मानित करना
【封三】 fēngsān (किताब या पत्रिका का) अंतिम आवरण का भीतरी भाग
【封杀】 fēngshā निषेध करना; मनाही करना; रोक लगाना; पाबन्दी लगाना
【封山】 fēngshān पहाड़ी दर्रा बन्द करना या रोकना: 大雪～。भारी बर्फ़ ने पहाड़ी दर्रे बन्द कर दिये हैं।
【封山育林】 fēng shān yù lín पहाड़ पर वनरोपण के उद्देश्य से उसे (चराई, लकड़ी-कटाई आदि की मनाही के लिये) बन्द करना
【封四】 fēngsì दे० 封底
【封锁】 fēngsuǒ नाकाबंदी करना; मुहासिरा करना; घेरना; घेरे में डालना; अवरोध खड़ा करना: ～港口 बंदरगाह की नाकाबंदी करना / ～边境 सरहद का मुहासिरा करना / ～消息 सूचनाओं को … तक न पहुँचने देना / 经济～ आर्थिक नाकाबन्दी
【封锁线】 fēngsuǒxiàn अवरोध-रेखा
【封套】 fēngtào कागज़ की थैली; बड़ा लिफ़ाफ़ा (दस्तावेज़, किताबें आदि रखने के लिये)
【封条】 fēngtiáo मोहरबंदी-कागज़ (दरवाज़े और मेज़ या आलमारी की दराज आदि के लिये प्रयुक्त)
【封一】 fēngyī दे० 封面❸
【封斋】 fēngzhāi रोज़ा करना
【封嘴】 fēng zuǐ ❶दे० 封口❸ ❷(किसी के) मुँह पर ताला लगाना; (किसी की) ज़बान बन्द करना; (किसी को) चुप कराना: 他想封住我的嘴，这办不到。वह मेरी ज़बान बन्द करना चाहता है, पर यह हरगिज़ नहीं हो सकता।

砜（碸） fēng <रसा०> सल्फ़ोन

疯（瘋） fēng ❶पागल; दीवाना; बावला; सनकी: 他～了。वह पागल हो गया। ❷(पौधों या अनाज की खड़ी फ़सल आदि का) अत्यधिक ऊपर बढ़ना पर अधिक फल या बीज उत्पन्न न करना: 这些棉花长～了。ये कपास के पौधे खूब बढ़ रहे हैं।
【疯癫】 fēngdiān दे० 疯❶
【疯疯癫癫】 fēngfengdiāndiān मानसिक विकृति से पीड़ित; पागलों का सा आचरण या व्यवहार करने वाला; विक्षिप्त
【疯狗】 fēnggǒu पागल कुत्ता
【疯话】 fēnghuà पागल की बातें; बेसिर-पैर की बातें; अयुक्तिसंगत बातें; बकवास
【疯狂】 fēngkuáng पागलपन; उन्मत्तता; दीवानापन; बौखलाहट: ～反扑 पागलपन के साथ जवाबी हमला करना / ～掠夺 असंयत रूप से लूटना
【疯牛病】 fēngniúbìng गाय की पागलपन की बीमारी (मैड काव डीसिज़)
【疯人院】 fēngrényuàn पागलखाना
【疯瘫】 fēngtān 风瘫 fēngtān के समान
【疯长】 fēngzhǎng <कृ०> अत्यधिक बढ़ना; लंबे पतले आकार में बढ़ना: 防止～ अत्यधिक बढ़ने से रोकना
【疯枝】 fēngzhī（疯杈 fēngchà भी）लंबे पतले आकार में बढ़ने वाली शाखा (जो फलती न हो)
【疯子】 fēngzi पागल; पगला या पगली

峰（峯） fēng ❶(पर्वत का) नुकीला शिखर; शिखर; चोटी; शृंग: 山～ पहाड़ की चोटी / 浪～ लहर-शृंग ❷कूबड़; कोहान: 驼～ ऊँट का कूबड़ ❸<परि०श०> (केवल ऊँटों के लिये): 两～骆驼 दो ऊँट
【峰巅】 fēngdiān पहाड़ की चोटी; शिखर
【峰回路转】 fēnghuí-lùzhuǎn पहाड़ों की चोटियों और टेढ़ी-मेढ़ी सड़कों के बीच
【峰会】 fēnghuì शिखर सम्मेलन
【峰峦】 fēngluán पर्वतमाला और चोटियाँ

烽 fēng संकेत-सूचक अग्नि
【烽火】 fēnghuǒ ❶संकेत-सूचक अग्नि; आग का सिगनल (प्राचीन काल में सीमांतों पर खतरे की सूचना देने के लिए प्रयुक्त) ❷युद्ध की लपटें; युद्ध

【烽火连天】 fēnghuǒ-liántiān जगह-जगह लड़ाई की लपटें उठना
【烽火台】 fēnghuǒtái संकेत-बुर्ज
【烽烟】 fēngyān संकेत-सूचक अग्नि; सिगनल आग

锋（鋒） fēng ❶(तलवार, संगीन आदि की) नोक: 刀～ संगीन की नोक / 笔～ (लिखने के) ब्रश की नोक ❷सब से आगे रहने वाला; हरावल: 先～ हरावल दस्ता ❸<मौ॰ वि॰> फ़्रंट
【锋镝】 fēngdí <लि॰> तलवार और तीर —— हथियार; युद्ध: ～余生 किसी युद्ध के उत्तरजीवी
【锋快】 fēngkuài ❶(तलवार, चाकू आदि) तेज़; तीक्ष्ण; धारदार; पैना ❷कुशाग्र; तीखा; तेज़: ～的反诘 तीखा उत्तर (देना); तुरंत प्रत्युत्तर (देना); करारा जवाब (देना)
【锋利】 fēnglì ❶तेज़; तीक्ष्ण; धारदार; पैना: ～的匕首 पैनी छुरी ❷कुशाग्र; तीखा; तीव्र: ～的目光 तीखी नज़र
【锋芒】 fēngmáng ❶तलवार, संगीन आदि की नोक; हरावल: 斗争的～ संघर्ष का हरावल ❷प्रकट की गई योग्यता; योग्यता: 不露～ अपनी योग्यता प्रकट करने से बाज़ आना; सुयोग्य परंतु विनम्र होना
【锋芒毕露】 fēngmáng-bìlù अपनी योग्यता दिखाना
【锋芒所向】 fēngmáng-suǒxiàng संघर्ष का निशाना; प्रहार का लक्ष्य
【锋铓】 fēngmáng दे॰ 锋芒
【锋面】 fēngmiàn <मौ॰वि॰> फ़्रंटल सरफ़ेस
【锋刃】 fēngrèn (चाकू, तलवार आदि की) तेज़ धार

蜂（蠭） fēng ❶मधुमक्खी; शहद की मक्खी ❷भिड़; भौंरा ❸झुंड में: 蜂拥
【蜂巢】 fēngcháo मधुमक्खियों का छत्ता; छत्ता; मधुकोष
【蜂巢胃】 fēngcháowèi <प्राणि॰> द्वितीय आमाशय; (जुगाली करने वाले पशु का) दूसरा पेट
【蜂刺】 fēngcì (मधुमक्खी, भिड़, भौंरे आदि का) डंक; दंश
【蜂毒】 fēngdú डंक का विष
【蜂房】 fēngfáng मधुमक्खियों के छत्ते में मधुमोम से बना षड्भुजी खाना, जिस में वे अंडे देती तथा शहद जमा करती हैं
【蜂糕】 fēnggāo भाप से पकाया हुआ स्पंज केक (गेहूँ या चावल के आटे से बनाया हुआ)
【蜂皇精】 fēnghuángjīng दे॰ 蜂王精
【蜂集】 fēngjí दे॰ 蜂聚
【蜂聚】 fēngjù मधुमखियों के झुंड की तरह एकत्र होना; इकट्ठा होना; जमा होना: 几千人～在广场上。मैदान में कई हज़ार आदमी जमा थे।
【蜂蜡】 fēnglà मधुमोम
【蜂蜜】 fēngmì शहद
【蜂鸣器】 fēngmíngqì बज़र
【蜂鸟】 fēngniǎo पक्षी जिन के पंखों के फड़फड़ाने से भनभनाने की आवाज़ आती है; हमिंगबर्ड
【蜂起】 fēngqǐ झुंडों में उठ खड़ा होना; बड़ी संख्या में उठ खड़ा होना
【蜂群】 fēngqún मधुमक्खियों का झुंड
【蜂乳】 fēngrǔ रायल जेली
【蜂王】 fēngwáng मधुमक्खियों की रानी; रानीमक्खी
【蜂王精】 fēngwángjīng रायल जेली
【蜂窝】 fēngwō ❶蜂巢 का सामान्य नाम ❷मधुमक्खियों के छत्ते के आकार की चीज़; छत्ता
【蜂窝炉】 fēngwōlú छत्तेनुमा ब्रिकेट की अँगीठी
【蜂窝煤】 fēngwōméi छत्तेनुमा ब्रिकेट
【蜂箱】 fēngxiāng छत्ता-धानी
【蜂响器】 fēngxiǎngqì 蜂鸣器 का दूसरा नाम
【蜂拥】 fēngyōng धक्कम-धक्का करते हुए आगे बढ़ना; झुंड में आगे बढ़ना; झुंड के झुंड टूट पड़ना; भीड़ उमड़ना: ～而来 भीड़ उमड़ आना / 车门一开，乘客～而上。दरवाज़ा खुलते ही झुंड के झुंड मुसाफ़िर बस पर चढ़ गए।

酆 Fēng एक कुलनाम
【酆都】 Fēngdū स्छवान प्रांत की एक काउंटी (अब 丰都 लिखा जाता है)
【酆都城】 Fēngdūchéng नरक; रसातल; यमपुर

féng

冯（馮） Féng एक कुलनाम
píng भी दे॰

逢 féng मिलना; भेंट होना; अकस्मात् मिलना; सामने आना: ～人便说 कहीं भी मिलने वाले हर किसी को बता देना / ～周日休息。इतवार के दिन छुट्टी होती है।
【逢场作戏】 féngchǎng-zuòxì मौका मिलने पर खेलना; मौके पर खेल में भाग लेना; केवल खेल खेलना
【逢集】 féngjí मेले का दिन: 这个村子是初一、十五～。इस गांव में हर महीने की पहली और पंद्रहवीं तारीख को मेला लगता है।
【逢年过节】 féngnián-guòjié नये साल के दिन या दूसरे त्योहारों में
【逢凶化吉】 féngxiōng-huàjí बुरी स्थिति को अच्छी स्थिति में बदलना; संकट से बच निकलना; खतरे से बचने का उपाय निकालना
【逢迎】 féngyíng हाँ में हाँ मिला कर किसी का कृपापात्र बन जाना; खुश करना; चापलूसी करना; खुशामद करना: 百般～ हर तरीके से किसी की खुशामद करना

缝（縫） féng सीना; टाँकना; टाँका लगाना; सिलाई करना: ～衣服 कपड़ा सीना / ～扣子 (कपड़े में) बटन टाँकना / 伤口～了四针。घाव में चार टाँके लगे हैं।
fèng भी दे॰
【缝补】 féngbǔ सीना; रफ़ू करना; चकती लगाना: ～衣服 कपड़े में रफ़ू करना या चकती लगाना
【缝缝连连】 féngféngliánlián सिलाई और रफ़ूगरी:

拆拆洗洗、～的活儿，她都很在行。वह धुलाई और सिलाई का काम बखूबी कर सकती है।
【缝工】 fénggōng दर्ज़ी; दर्ज़िन
【缝合】 fénghé टाँका लगाना: ～伤口 घाव में टाँका (या टाँके) लगाना
【缝纫】 féngrèn सिलाई; दर्ज़ी का काम: ～车间 सिलाई शाप
【缝纫机】 féngrènjī सिलाई मशीन
【缝制】 féngzhì (कपड़े आदि) बनाना
【缝缀】 féngzhuì टाँकना; रफ़ू करना; पैबंद लगाना: 把领章～在军装的领子上 सैनिक वर्दी के कालर पर बिल्ले टाँकना / ～破衣服 फटे-पुराने कपड़ों में पैबंद लगाना

fěng

讽（諷）fěng ❶व्यंग्य करना; ताना देना या मारना; आवाज़ कसना या छोड़ना: 讥～ व्यंग्य करना ❷<लि०> खास लहजे में पढ़ना; लय से पढ़ना: 讽诵
【讽刺】 fěngcì (किसी पर) व्यंग्य करना; (किसी को) ताना देना या मारना; (किसी की) हँसी उड़ाना; (किसी का) मज़ाक उड़ाना; आवाज़ कसना या छोड़ना: 别～他了。उस की हँसी मत उड़ाओ। / 我用话～了他几句。मैं ने उस से कुछ व्यंग्यपूर्ण बातें कहीं।
【讽刺画】 fěngcìhuà व्यंग्यचित्र; हास्य चित्र
【讽刺画家】 fěngcì huàjiā व्यंग्य चित्रकार
【讽刺诗】 fěngcìshī व्यंग्यात्मक कविता
【讽刺文学】 fěngcì wénxué व्यंग्य साहित्य
【讽刺小品】 fěngcì xiǎopǐn व्यंग्यात्मक निबंध
【讽诵】 fěngsòng <लि०> खास लहजे में पढ़ना; लय से पढ़ना
【讽喻】 fěngyù अन्योक्ति: ～诗 अन्योक्ति-कविता

唪 fěng ऊँचे स्वर में गायन करना
【唪经】 fěngjīng (बौद्ध भिक्षुओं या ताओ धर्म के पुजारियों का) धर्म-ग्रंथ का ज़ोर-ज़ोर से पाठ करना

fèng

凤（鳳）fèng अमरपक्षी; कुकनुस; फ़ीनिक्स: 凤凰
【凤冠】 fèngguān फ़ीनिक्स मुकुट (जो महारानियाँ पहनती थीं और जो पहले नववधुओं के शिरोभूषण के रूप में भी प्रयुक्त होता था)
【凤凰】 fènghuáng अमरपक्षी; कुकनुस; फ़ीनिक्स (नर को 凤 और मादा को 凰 कहते हैं)
【凤梨】 fènglí अनन्नास (वनस्पति और उस का फल)
【凤毛麟角】 fèngmáo-línjiǎo फ़ीनिक्स के पर और यूनिकोर्न के सींग जैसा मूल्यवान और विरल; दुर्लभ; दुष्प्राप्य
【凤尾鱼】 fèngwěiyú（鲚 jì का सामान्य नाम）एंकोवी
【凤仙花】 fèngxiānhuā गुलमेंहदी; बालसम

奉 fèng ❶किसी को आदरपूर्वक कुछ देना या सौंपना; अर्पित करना; भेंट करना: ～上新书一册。मैं आप को एक नई पुस्तक भेंट करता हूँ। ❷(आज्ञा आदि) प्राप्त करना या होना; पाना; मिलना: ～上级命令 ऊपर से आज्ञा प्राप्त होना ❸सम्मान करना; पूज्य मानना: 崇～ श्रद्धा रखना / ～为楷模 (किसी को) आदर्श मानना ❹विश्वास करना: 素～佛教 हमेशा से बौद्ध धर्म पर विश्वास करना ❺सेवा में उपस्थित रहना; परिचर्या करना: 侍～ (किसी की) परिचर्या करना ❻<शिष्ट०> आदरपूर्वक: 奉告 ❼（Fèng）एक कुलनाम
【奉承】 fèngcheng (किसी की) चापलूसी करना; (किसी की) खुशामद करना; (किसी का) अंगूठा चूमना: 您别听他的，他是在～您。उन की बात पर न जाइये, वे आप की चापलूसी ही करते हैं। / 他很会～上司。वह ऊपर वालों के अँगूठे चूमना खूब जानता है।
【奉承话】 fèngchenghuà लल्लो-चप्पो; चिकनी-चुपड़ी बात: 这种～我已经听腻了。ऐसी लल्लो-चप्पो सुनते-सुनते मैं ऊब गया।
【奉告】 fènggào बताना; सूचित करना: 详情容后～。पूरा हाल आप को बाद में बताऊँगा।
【奉公守法】 fènggōng-shǒufǎ अपना कर्तव्य निभाना और कानून का पालन करना; कानून का पाबंद होना
【奉还】 fènghuán <शिष्ट०> (किसी को कोई चीज़) वापस देना
【奉令】 fènglìng दे० 奉命
【奉命】 fèngmìng आज्ञा प्राप्त करना या होना; (किसी की) आज्ञा के अनुसार कार्य करना: ～出发 प्रस्थान का आदेश प्राप्त करना / 奉上级命 ऊपर के हुकुम से / 新华社～发表声明。शिनह्वा समाचार समिति आदेशानुसार वक्तव्य प्रकाशित करती है।
【奉陪】 fèngpéi <शिष्ट०> (किसी का) साथ रखना: 恕不～。माफ़ कीजिये, अब मुझे आप का साथ छोड़ना पड़ रहा है; अब मुझे चलना है, आज्ञा दें।
【奉陪到底】 fèngpéi dàodǐ ❶अंत तक (किसी का) साथ देना या रखना ❷(किसी के खिलाफ़) अंत तक लड़ना: 他们要打，我们就～。अगर वे हम पर हमला करना चाहें, तो हम उन से अंत तक लड़ेंगे।
【奉劝】 fèngquàn <शिष्ट०> सलाह देना चाहता हूँ; ज़रा मेरी सलाह सुनें; क्या मैं एक छोटी सलाह दे सकता हूँ: ～您少喝点儿酒。आप को सलाह देना चाहता हूँ कि आप ज़्यादा शराब न पिएं।
【奉若神明】 fèngruò-shénmíng (किसी व्यक्ति या वस्तु की) देवता के रूप में आराधना करना; धार्मिक भक्ति प्रकट करना; मूर्ति की भाँति पूजना; पूज्य समझना; अंधविश्वास करना

【奉送】 fèngsòng 〈शिष्ट०〉 भेंट के रूप में देना; भेंट करना; मुफ़्त में देना
【奉为圭臬】 fèngwéi-guīniè आदर्श मानना; सिद्धांत के रूप में स्वीकार करना
【奉献】 fèngxiàn ❶आदरपूर्वक कुछ देना या सौंपना; अर्पित करना; नम्रतापूर्वक भेंट करना: 把一切～给祖国 अपना सर्वस्व मातृभूमि को अर्पित करना ❷दान; योगदान: 她要为家乡的建设做点～。वे अपनी जन्मभूमि के निर्माण में कुछ योगदान करना चाहती हैं।
【奉行】 fèngxíng (किसी नीति आदि का) पालन करना; बरतना; लागू करना: ～独立自主的外交政策 स्वतंत्रता और पहलकदमी की विदेश नीति का पालन करना
【奉行故事】 fèngxíng-gùshì पुरानी परिपाटी का अनुसरण करना
【奉养】 fèngyǎng (अपने माता-पिता आदि की) परवरिश और खिदमत करना
【奉迎】 fèngyíng ❶(किसी की) चापलूसी करना; (किसी की) खुशामद करना; (किसी का) अँगूठा चूमना ❷〈शिष्ट०〉 (किसी का) आदरपूर्वक स्वागत करना
【奉赠】 fèngzèng 〈शिष्ट०〉 आदरपूर्वक भेंट करना; भेंट में देना
【奉召】 fèngzhào बुलाया जाना: 大使已～回国。राजदूत वापस बुला लिए गए हैं।
【奉旨】 fèngzhǐ सम्राट् की आज्ञा से

俸

fèng वेतन; तनख्वाह
【俸给】 fèngjǐ दे० 俸禄
【俸禄】 fènglù 〈पुराना〉 अधिकारी का वेतन; सरकारी वेतन

缝（縫）

fèng ❶सीवन-जोड़; जोड़; सीवन: 缭～儿 सीवन मिलाना ❷दरार; दरज़: 抹墙～儿 दीवार की दरज़ में मसाला लगाना; दीवार की दरज़ बन्द करना; दीवार की दरज़बंदी करना
féng भी दे०
【缝隙】 fèngxì दरार; दरज़
【缝子】 fèngzi 〈बोल०〉 दरार; दरज़: 门板裂了一道～。किवाड़ में एक दरार है।

fó

佛

fó ❶भगवान बुद्ध; बुद्ध (佛陀 का संक्षिप्त रूप) ❷बौद्धधर्म; बौद्धमत: 信～ बौद्धधर्म पर विश्वास करना ❸बुद्ध की मूर्ति: 一尊铜～ बुद्ध की एक कांस्य मूर्ति
fú भी दे०
【佛得角】 Fódéjiǎo केप वेर्डे
【佛典】 fódiǎn बौद्धधर्म का कोई धार्मिक ग्रंथ; बौद्ध सूत्र
【佛法】 fófǎ ❶बुद्धधर्म; बौद्धधर्म सिद्धांत: 传布～ बौद्धमत का प्रचार करना; बौद्धधर्म को प्रचलित करना ❷बुद्ध-बल
【佛法僧】 fó-fǎ-sēng बौद्धधर्म में बुद्ध, धर्म और संघ इन तीनों विचारों का समूह; त्रिरत्न
【佛光】 fóguāng ❶भगवान बुद्ध का प्रकाश ❷बुद्ध की मूर्ति के ऊपर का तेज
【佛号】 fóhào बुद्ध का नाम, विशेषतः अमिताभ बुद्ध का नाम: 口诵～ बुद्ध का नाम लेना
【佛家】 fójiā बुद्ध के मत को मानने वाले; बौद्ध
【佛教】 Fójiào बुद्ध का मत; बौद्धधर्म; बौद्धमत
【佛教圣地】 Fójiào shèngdì बौद्ध तीर्थ
【佛教徒】 Fójiàotú बुद्ध के मत को मानने वाला; बौद्ध
【佛教文献】 Fójiào wénxiàn बौद्ध साहित्य
【佛教协会】 Fójiào xiéhuì बौद्ध संघ
【佛经】 fójīng बौद्ध-सूत्र; बौद्ध ग्रंथ
【佛龛】 fókān भगवान बुद्ध की मूर्ति को रखने का आला
【佛口蛇心】 fókǒu-shéxīn मुँह बुद्ध का पर दिल विषैले साँप का —— बातें मीठी पर नीयत बुरी
【佛门】 fómén बौद्धधर्म: ～弟子 बौद्धधर्म के अनुयायी; बौद्ध / 皈依～ बौद्धधर्म में श्रद्धा रखना; धर्म बदल कर बुद्ध की ओर प्रवृत्त होना
【佛事】 fóshì बौद्ध धार्मिक कृत्य; बौद्ध संस्कार
【佛手】 fóshǒu （佛手柑 fóshǒugān भी）〈वन०〉 बुद्ध का हाथ; अँगुलिदार गलगल
【佛寺】 fósì बौद्ध मंदिर
【佛塔】 fótǎ स्तूप; पैगोडा
【佛堂】 fótáng घर में भगवान बुद्ध की पूजा का कमरा
【佛头着粪】 fótóu-zhuófèn (चिड़ियों का) विष्ठा से भगवान बुद्ध की मूर्ति कलंकित करना —— अपवित्र करना
【佛陀】 Fótuó भगवान बुद्ध; बुद्ध
【佛像】 fóxiàng ❶भगवान बुद्ध की मूर्ति ❷(विस्तृत अर्थ में) बौद्धधर्म के देवताओं की मूर्ति
【佛学】 fóxué बौद्ध-मत-संबंधी दर्शनशास्त्र; बौद्ध दर्शन
【佛牙】 fóyá स्मृति-चिह्न के रूप में सुरक्षित भगवान बुद्ध के दाँत; बुद्ध के दाँत
【佛爷】 fóye भगवान बुद्ध; बुद्ध (शाक्यमुनि का आदर-सूचक संबोधन)
【佛珠】 fózhū जपमाला
【佛祖】 fózǔ बौद्धधर्म के प्रवर्तक; (विशेषतः) गौतमबुद्ध

fǒu

缶

fǒu ❶〈लि०〉 मिट्टी का बना छोटे मुँह का घड़ा ❷चिकनी मिट्टी का बना एक प्राचीन बाजा

否

fǒu ❶नकारना; अस्वीकार करना; न मानना; नहीं करना: 否认 ❷〈बोल०〉 अस्वीकार कर देना: 我的建议被他们～了。उन्हों ने मेरा सुझाव अस्वीकार कर दिया। ❸〈लि०〉 इंकार; नहीं: 你这样做合适吗? ～! तुम्हारा ऐसा काम करना उचित है ? नहीं । ❹〈लि०〉 (प्रश्नवाचक वाक्य के अंत में प्रयुक्त): 知其事～? इस के

बारे में आप कुछ जानते हैं? ❺(是，能，可 आदि के साथ प्रयुक्त) या नहीं; कि नहीं: 明日能～出发尚未决定。अभी यह निश्चित नहीं है कि कल हम रवाना हो सकते हैं कि नहीं।
pǐ भी दे०

【否定】 fǒudìng ❶अस्वीकार करना; निषेध करना; रद्द करना; गलत ठहराना; इंकार करना: 您不能～他的用意是好的。आप उन की अच्छी नीयत को अस्वीकार नहीं कर सकते। / 事实～了您的看法。तथ्य आप का विचार गलत ठहराते हैं। / 我们不能采取～一切的态度。हम को सब कुछ का निषेध करने का रवैया नहीं अपनाना चाहिये। ❷नकारात्मक; निषेधात्मक; अस्वीकार-सूचक: ～的答复 नकारात्मक उत्तर ❸<दर्शन०> निषेध; अस्वीकृति: ～之～ निषेध का निषेध

【否定词】 fǒudìngcí निषेधार्थ शब्द

【否定句】 fǒudìngjù निषेधार्थ वाक्य

【否决】 fǒujué निषेध करना; अस्वीकार करना; वीटो लगाना: 提案被～了。प्रस्ताव का निषेध किया गया; प्रस्ताव रद्द कर दिया गया।

【否决权】 fǒujuéquán निषेधाधिकार; वीटो का अधिकार; वीटो: 行使～ निषेधाधिकार का प्रयोग करना; वीटो का इस्तेमाल करना

【否认】 fǒurèn स्वीकार न करना; न मानना; मंजूरी रद्द करना; इंकार करना; मुकरना: 他～做过任何违法的事。वह कोई भी गैरकानूनी कार्य करने से इंकार करता है। / 他老是～自己说过的话。कह कर मुकर जाना तो उस के लिये मामूली बात है। / 无论你怎样～，事实总是事实。चाहे जिस तरह अस्वीकार करो, तथ्य तो तथ्य है ही। / 我们断然～这种无理指责。हम ऐसे निराधार आरोप से साफ़ इंकार करते हैं।

【否则】 fǒuzé <संयो०> वरना; अन्यथा; नहीं तो: 快点走，～要晚了。ज़रा तेज़ चलो, नहीं तो देर हो जाएगी। / 他一定有要紧事要办，～怎么会不辞而别呢。उन को किसी ज़रूरी काम की जल्दी थी, वरना क्यों बिना कुछ कहे जाते। / 我们必须进行教育体制改革，～难以培养出优秀人才。शिक्षा-व्यवस्था में सुधार किया जाना चाहिये, अन्यथा श्रेष्ठ और सुयोग्य व्यक्तियों को तैयार करना मुश्किल होगा।

fū

夫 fū ❶पति: 夫妻 ❷आदमी: 匹～ साधारण आदमी ❸शारीरिक श्रम करने वाला: 农～ कृषक; किसान / 渔～ मछुआ ❹(पुराने ज़माने में) बेगारी: 拉～ (सेना का) बेगारी पकड़ना
fú भी दे०

【夫唱妇随】 fūchàng-fùsuí जब पति गाना गाता है तो पत्नी उस का अनुकरण करती है —— (पति और पत्नी का) एक दूसरे का साथ देना; पारिवारिक मेल-मिलाप होना

【夫妇】 fūfù पति और पत्नी; दंपति: 新婚～ हाल ही में विवाहित जोड़ा; नवदंपति

【夫君】 fūjūn <लि०> मेरा पति

【夫妻】 fūqī पति और पत्नी; दंपति

【夫妻店】 fūqīdiàn पति-पत्नी द्वारा संचालित छोटी दुकान

【夫权】 fūquán पति की सत्ता

【夫人】 fūrén ❶कुलीन महिला; सामंती सरदार की पत्नी; उच्च अधिकारी की पत्नी ❷कूटनीतिज्ञ की पत्नी: 各国使节和～ विदेशी राजनयिक दूत और उन की पत्नियां ❸मैडम; मदाम; महोदया; कुलीन महिला: 孙～ मैडम सुन / 第一～ प्रथम महिला ❹<शिष्ट०> श्रीमती: 您的～好吗? आप की श्रीमती जी ठीक हैं?

【夫婿】 fūxù <लि०> पति; स्वामी

【夫役】 fūyì (पुराने ज़माने में प्रयुक्त) ❶बेगारी ❷कुली

【夫子】 fūzǐ ❶<पुराना> (विद्वानों या अध्यापकों के नाम के आगे लगने वाला आदरसूचक संबोधन) आचार्य; पंडित; गुरु: 孔～ आचार्य खोंग; कंफ़्यूशियस ❷<पुराना> मेरा पति ❸विद्याभिमानी; सिद्धांत-निष्ठ: ～气 विद्याभिमान; सिद्धांत-निष्ठा

【夫子自道】 fūzǐ-zìdào आचार्य जो कहते हैं, वह उन का स्वयं का ही वर्णन है —— नीयत तो दूसरों की आ- लोचना करने की थी परंतु वास्तव में आलोचना हुई अपनी ही

伕 fū 夫 fū❹ के समान

【伕子】 fūzi <बो०> (पुराने ज़माने में प्रयुक्त) बेगारी

呋 fū नीचे दे०

【呋喃】 fūnán <रसा०> फ़्यूरेन

【呋喃妥英】 fūnántuǒyīng <औष०> नाइट्रोफ़्यूरेंटोइन

【呋喃西林】 fūnánxīlín <औष०> फ़्यूरेसिन

肤（膚） fū त्वचा; चर्म; चमड़ा: 皮～ चमड़ा

【肤泛】 fūfàn ऊपरी; छिछला; खोखला: ～之论 छिछली बातें; बेजान दलील

【肤觉】 fūjué <श०वि०> त्वचीय इंद्रियबोध

【肤皮潦草】 fūpí-liǎocǎo सरसरी; लापरवाह; असावधान

【肤浅】 fūqiǎn सतही; छिछला: 我对诗歌的理解很～。कविता के सम्बन्ध में मुझे केवल सतही ज्ञान है।

【肤色】 fūsè त्वचा का रंग; वर्ण: 不同国度、不同～的人们欢聚在一起。विभिन्न देशों से आये विभिन्न वर्णों के लोग आनन्द से यहां इकट्ठे हुए।

麸（麩） fū भूसा; भूसी; चोकर

【麸皮】 fūpí भूसा; भूसी; चोकर

【麸皮面包】 fūpí miànbāo बिना छने हुए आटे की बनी हुई पाव-रोटी; ब्राउन ब्रेड

【麸子】 fūzi भूसा; भूसी; चोकर

趺 fū टखने से उँगलियों तक का पैर का ऊपरी भाग

【趺坐】 fūzuò <लि०> (बौद्धों का) पालथी मारना; पद्मासन लगाना

跗 fū टखने से उँगलियों तक का पैर का ऊपरी भाग

【趺骨】 fūgǔ <श०वि०> गुल्फ़; टार्सस
【趺面】 fūmiàn टखने से उँगलियों तक का पैर का ऊपरी भाग
【趺蹠】 fūzhí चिड़िया के पंजे का ऊपरी भाग

稃 fū 麸 fū के समान

孵 fū अंडे सेना; अंडों पर बैठना: ～小鸡 (मुर्गी का) अंडे सेना; अंडों से बच्चे निकालना
【孵化】 fūhuà अंडे सेना (मूल अर्थ में, सेने से या और किसी तरह से अंडों से बच्चे निकालना; नये अर्थ में, पालन-पोषण या प्रशिक्षण कर के नई चीज़ें पैदा करना); अंडों का सेया जाना: 用这个机器一次能～的蛋比一百只母鸡还多。इस मशीन से एकबारगी सौ मुर्गियों से अधिक अंडे सेये जा सकते हैं।
【孵化场】 fūhuàchǎng मुर्गियों आदि के अंडे सेने का स्थान; अंडज उत्पत्तिशाला; हैचरी
【孵化池】 fūhuàchí मछलियों के अंडे सेने का जलाशय; मत्स्य-उत्पत्ति जलाशय; हैचरी
【孵卵】 fūluǎn अंडे सेना; अंडों पर बैठना
【孵卵期】 fūluǎnqī अंडे सेने का समय
【孵卵器】 fūluǎnqì अंडे सेने की मशीन; इनक्यूबेटर
【孵育】 fūyù अंडे सेना: 刚～出来的小鸡就会走会啄食。अंडों से नये निकले मुर्गी के बच्चे चल भी सकते हैं और कुतर-कुतर खा भी सकते हैं।

敷 fū ❶(पाउडर, मरहम आदि) लगाना: 在脸上～粉 चेहरे पर पाउडर लगाना / 在伤口上～药 घाव पर मरहम लगाना; घाव की मरहम-पट्टी करना ❷बिछाना; लगाना; जमाना; रखना: 敷设 ❸पर्याप्त होना: 入不～出 खर्च के लिये आमदनी काफ़ी न होना; आमदनी खर्च से कम होना
【敷陈】 fūchén <लि०> विस्तृत वर्णन करना; विवरण देना
【敷料】 fūliào <चिकि०> पट्टी
【敷设】 fūshè बिछाना; लगाना; जमाना; रखना: ～铁路 रेल (की पटरी) बिछाना / ～管道 (पेट्रोल की) नली (या पाइप) बिछाना / ～海底电缆 समुद्री तार जमाना / ～地雷 सुरंग बिछाना
【敷贴】 fūtiē (शरीर के आहत भाग पर) मरहम लगाना
【敷衍】[1] fūyǎn (敷演 fūyǎn भी) <लि०> सविस्तार व्याख्या करना; प्रतिपादित करना: ～经文要旨 धर्मग्रंथ के मूल मतों को प्रतिपादित करना
【敷衍】[2] fūyǎn ❶येन-केन-प्रकारेण करना; गैर-ज़िम्मेदारी से कोई काम करना; अन्यमनस्कता से कोई काम समाप्त करना; बेमन से काम करना; किसी को संतुष्ट करने भर के लिये कोई बात कहना या कोई काम करना: 这是个细活儿，～不得。यह महीन काम है, अन्यमनस्कता से न करना। / 他那些话分明是～你的。स्पष्ट है कि उन्हों ने तुम को संतुष्ट करने के लिये ही वे बातें कही थीं। ❷मुश्किल से काम चलाना; यों ही बंदोबस्त करना: 手里的钱还够我～几天。मेरे पास जो पैसा है उस से कुछ दिन काम चल सकता है।
【敷衍了事】 fūyǎn-liǎoshì बिना अक्ल का इस्तेमाल किये मशीन की तरह काम करना; अन्यमनस्कता से काम समाप्त करना
【敷衍塞责】 fūyǎn-sèzé बेमन से ज़िम्मेदारी पूरी करना

fú

夫 fú <लि०> ❶यह; वह: 此～鲁国之巧伪人孔丘非邪? यह कोई दूसरा नहीं, बल्कि लू राज्य का चालाक फ़रेबी खोंग छ्यू ही होगा। ❷यह आदमी; वह आदमी: ～也不良 वह आदमी अच्छा नहीं है। ❸<लघु०अ०> ①(कोई नया विषय शुरू करने के लिये किसी वाक्य के आरम्भ में प्रयुक्त): ～人也自侮而后人侮之。कोई आदमी जब अपने आप को तुच्छ समझता है, तब दूसरे लोग भी उसे वैसा ही समझने लगते हैं। ②(विस्मयादि-बोधक के रूप में किसी वाक्य के अंत में प्रयुक्त): 逝者如斯～! समय इसी प्रकार बीतता जाता है।
fū भी दे०

弗 fú <लि०> नहीं: 自愧～如 अपनी हीनता से लज्जित होना
【弗拉芒语】 Fúlāmángyǔ फ़्लैंडर्स की भाषा; फ़्लैमिश

伏[1] fú ❶(किसी चीज़ का) सहारा लेना; (शरीर का) झुकना: 伏案 ❷पेट के बल लेटना: ～在地上 ज़मीन पर पेट के बल लेटना ❸उतर जाना; घट जाना; शांत हो जाना: 起～ चढ़ना और उतरना; चढ़ा-उतरी ❹छिपना: 昼～夜出 दिन में छिप जाना और रात में बाहर निकल जाना ❺सिर झुकाना; (पराजय, अपराध आदि) मानना; विवश हो कर स्वीकार करना: 伏罪 ❻परास्त करना; वशीभूत करना; अनुशासित करना; नियंत्रित करना: 降～ वशीभूत करना ❼वर्ष में सर्वाधिक गर्मी के दिन: 入～ सब से अधिक गर्मी के दिनों का आरम्भ होना ❽ (Fú) एक कुलनाम

伏[2] fú 伏特 का संक्षिप्त रूप
【伏安】 fú'ān <विद्यु०> वोल्ट ऐंपियर
【伏案】 fú'àn मेज़ का सहारा लेना: ～写作 गरदन झुका कर मेज़ पर लेख लिखना / ～入睡 मेज़ का सहारा लेकर सो जाना
【伏笔】 fúbǐ उपन्यास आदि में घटनाओं के विकास का पूर्वाभास (देना): 这件事为以后故事情节的发展埋下了～。इस प्रसंग ने कहानी में आगे चल कर होने वाली घटना का पूर्वाभास दिया।
【伏兵】 fúbīng घात (या ताक) में छिप कर बैठी सेना; कमीनगाह में छिपी फ़ौज
【伏尔加河】 Fú'ěrjiāhé वोल्गा
【伏法】 fúfǎ मृत्युदंड दिया जाना; मौत की सज़ा दी

जाना; मौत की सज़ा अमल में आना
【伏击】 fújī कमीनगाह में छिपी फ़ौज का अचानक वार करना; घात लगा कर अचानक आक्रमण करना: ～敌人 घात लगा कर शत्रु पर अचानक आक्रमण करना; कमीनगाह से दुश्मन पर वार करना / 遭到～ ताक में छिपे शत्रु द्वारा आक्रमण किया जाना
【伏侍】 fúshì 服侍 fúshì के समान
【伏输】 fú shū 服输 fúshū के समान
【伏暑】 fúshǔ वर्ष में सर्वाधिक गरमी के दिनों की उष्णता; सब से अधिक गरमी का मौसम
【伏特】 fútè <विद्यु०> वोल्ट
【伏特计】 fútèjì वोल्टमीटर
【伏特加】 fútèjiā वोदका
【伏天】 fútiān फ़ू दिन —— वर्ष में सब से अधिक गरमी के दिन
【伏帖】 fútiē ❶आराम; चैन; सुख: 心里很～ (किसी को) चैन आना या मिलना ❷服帖 fútiē❶ के समान
【伏贴】 fútiē ❶(वस्त्र आदि के लिये नाप, आकार, लम्बाई आदि का) ठीक होना; फ़िट होना: 这件衣服穿着挺～。 यह कोट तुम पर बिल्कुल फ़िट है। ❷伏帖❶ के समान
【伏卧】 fúwò पेट के बल लेटना; मुँह के बल लेटना
【伏线】 fúxiàn 伏笔 के समान
【伏汛】 fúxùn गरमी के मौसम में आने वाली बाढ़
【伏诛】 fúzhū <लि०> प्राणदंड दिया जाना; मौत की सज़ा दी जाना
【伏罪】 fúzuì 服罪 fúzuì के समान

凫（鳧） fú ❶जंगली बत्तख ❷तैरना: ～水 तैरना
【凫翁】 fúwēng <प्राणि०> जल मुर्ग

芙 fú नीचे दे०
【芙蕖】 fúqú <साहि०> कमल
【芙蓉】 fúróng ❶कॉटनरोज़ हिबिस्कस ❷कमल

扶 fú ❶(किसी वस्तु का) सहारा लेना; टेकना; संभालना: ～着墙站起来 दीवार का सहारा ले कर उठना / 您要是累了，就～着我的肩膀走。 आप थक गए हों, तो मेरा कंधा टेक कर चलते रहें। / 你～好梯子，我上去。 तुम सीढ़ी संभाले रहो, मैं ऊपर चढ़ जाता हूँ। ❷किसी को खड़ा होने या बैठने में सहारा देना; किसी चीज़ को खड़ा करना: ～苗 गिरे हुए पौधों को खड़ा करना / 护士～起伤员，给他换药。 नर्स ने घायल सिपाही को बैठने में सहारा दिया और उस की पट्टी बदल दी। ❸सहारा देना; सहायता करना; हाथ देना: 扶助 ❹（Fú）एक कुलनाम
【扶病】 fúbìng बीमार होते हुए भी; बीमार होने के बावजूद: ～出席会议 बीमार के बावजूद सभा में उपस्थित होना
【扶持】 fúchí ❶किसी को खड़ा होने या चलने में सहारा देना; संभालना: 他～着病人慢慢练习走路。 उन्हों ने रोगी को संभाल कर उस से चलने का अभ्यास कराया। ❷सहारा देना; सहायता देना; हाथ देना: ～新办的学校 नये विद्यालय को सहायता देना / 疾病相～。 जब कोई बीमार पड़ता है तो दूसरे लोग उस की तीमारदारी करते हैं।
【扶乩】 fújī 扶箕 के समान
【扶箕】 fújī प्लैंशेट-लेखन का एक रूप
【扶老携幼】 fúlǎo-xiéyòu वृद्ध को संभाले रहना और बालक का हाथ पकड़े रखना; वृद्ध और बालक को साथ ले चलना
【扶犁】 fúlí हल चलाना; जुताई करना
【扶鸾】 fúluán दे० 扶箕
【扶贫】 fúpín निर्धन सहायता कार्यक्रम (देश के गरीब क्षेत्रों को सहायता देने का एक सरकारी कार्यक्रम); गरीब-सहायता; गरीबी कम करना
【扶弱抑强】 fúruò-yìqiáng निर्बल को सहायता देना और बलवान को दबाना; बलवान के विरोध में निर्बल को सहारा देना
【扶桑】[1] fúsāng ❶संसार के पूर्वी छोर पर स्थित काल्पनिक शहतूत-वृक्ष, जहाँ से, कहा जाता है कि सूर्य का उदय होता है ❷（Fúsāng）जापान का एक प्राचीन काव्यात्मक नाम
【扶桑】[2] fúsāng चीनी हिबिस्कस
【扶手】 fúshǒu सीढ़ियों का जंगला; जंगला
【扶手椅】 fúshǒuyǐ बाँहदार कुर्सी; आर्म-चैयर
【扶疏】 fúshū <लि०> हरा-भरा और अच्छी तरह फैला हुआ: 枝叶～。 पेड़ की शाखाएं और पत्तियाँ हरी-भरी और अच्छी तरह फैली हुई हैं।
【扶梯】 fútī ❶(वास्तु-कला में) सीढ़ी ❷<बो०> ज़ीना
【扶危济困】 fúwēi-jìkùn गरीब लोगों की मदद करना और संकट में पड़े हुए लोगों को सहारा देना
【扶养】 fúyǎng पालन-पोषण करना; भरण-पोषण करना; पालना-पोसना: ～子女 बाल-बच्चों का भरण-पोषण करना
【扶养费】 fúyǎngfèi पोषण-वृत्ति
【扶摇】 fúyáo <लि०> बवंडर
【扶摇直上】 fúyáo-zhíshàng बवंडर की तरह ऊपर उठना —— (पद, प्रतिष्ठा, मूल्य आदि का) द्रुतगति से बढ़ना; जल्दी से उन्नत होना
【扶掖】 fúyè <लि०> सहारा देना; सहायता देना
【扶正】 fúzhèng ❶(किसी चीज़ को) सीधा करना: 把柱子～ खंभे को सीधा करना ❷(उपपत्नी को) पत्नी के स्थान पर उन्नत करना
【扶植】 fúzhí वृद्धि में सहायता देना; पोषण करना; टेक लगाना; सहारा देना: ～新生力量 नव-जात शक्तियों की वृद्धि में सहायता देना
【扶助】 fúzhù सहारा देना; सहायता देना; मदद देना: ～老弱 बूढ़ों और कमज़ोरों को मदद देना

佛[1] fú दे० 仿佛 fǎngfú

佛[2] fú <लि०> 拂 fú❸ के समान
fó भी दे०
【佛戾】 fúlì <लि०> किसी के खिलाफ़ जाना; किसी बात के विपरीत आचरण करना

孚 fú दृढ़ विश्वास दिलाना: 深～众望 बहुत लोकप्रिय होना; बहुत प्रतिष्ठित होना

苻 fú ❶नरकट के अन्दर की झिल्ली ❷ (Fú) एक कुलनाम

拂 fú ❶धीरे-धीरे सहलाना; थपकना: 春风～面。 वसंत का पवन मुख पर धीरे-धीरे थपकी देते चल रहा है। ❷झाड़ना: ～去灰尘 धूल झाड़ना ❸〈लि०〉 (किसी की इच्छा) के खिलाफ़ जाना: 拂意

【拂尘】 fúchén चंवर

【拂荡】 fúdàng धीरे-धीरे हिलना या झूलना; आहिस्ते से हिलना-डुलना

【拂拂】 fúfú (हवा का) धीरे धीरे चलना: 凉风～。ठंडी हवा धीरे-धीरे चल रही थी।

【拂逆】 fúnì (किसी की इच्छा) के विपरीत आचरण करना: 他不敢～父母的意旨。माता-पिता की इच्छा के खिलाफ़ जाने का उस में साहस नहीं है।

【拂拭】 fúshì (धूल) झाड़ देना; पोंछना; साफ़ करना

【拂晓】 fúxiǎo उषाकाल; प्रभात; पौ फटना; दिन निकलना: ～出发 प्रातःकाल रवाना होना / ～前发起总攻 पौ फटने से पहले ही सामूहिक आक्रमण शुरू करना

【拂袖而去】 fúxiù'érqù आस्तीन झटकार कर चले जाना —— गुस्से में आकर चल देना

【拂煦】 fúxù 〈लि०〉 (हवा का) गरमी सी पहुँचाना: 微风～。हल्की हवा गरमी सी पहुँचाती है।

【拂意】 fúyì असंतोष: 稍有～，他就大发雷霆。वह थोड़े-से असंतोष पर आग-बबूला हो जाते हैं।

服 fú ❶पहनने का कपड़ा; वस्त्र; पोशाक: 便～ सादा वेश; नागरिक (या आम) पोशाक ❷दुःख प्रकट करने के लिये पहने जाने वाले वस्त्र; शोकवस्त्र: 有～在身 शोकवस्त्र पहने हुए होना; मृत्युशोक में होना ❸(कपड़ा) पहनना: 服丧 ❹(औषधि का) सेवन करना: 日～三次，每次一片。रोज़ तीन बार और हर बार एक टिकिया का सेवन करना ❺सेवा करना: ～兵役 सैनिक सेवा करना ❻विश्वस्त होना; कायल होना: 您说得有道理，我～了。आप की बातें तर्कसंगत हैं, मैं कायल हूँ। ❼(किसी को) विश्वास दिलाना: 以理～人 तर्कों से किसी को विश्वास दिलाना ❽आदी हो जाना; अभ्यस्त हो जाना: 不～水土 (किसी यात्री का) किसी नये स्थान के जल-वायु का आदी न होना

fù भी दे०

【服从】 fúcóng मानना; पालन करना; अधीनता स्वीकार करना; (अपने आप को) अधीनस्थ करना; (अपने आप को) मातहत बनाना: ～命令 आज्ञा मानना; हुकुम का पालन करना / ～真理 सत्य के आगे झुकना / 少数～多数。अल्पमत वालों को बहुमत वालों की बात माननी चाहिये; अल्पमत को बहुमत के अधीन होना चाहिये। / 个人利益应当～集体利益。व्यक्तिगत हितों को सामूहिक हितों के अधीन रखा जाना चाहिये।

【服毒】 fúdú विषपान करना; ज़हर खाना: ～自杀 ज़हर खा कर आत्महत्या करना

【服法】[1] fúfǎ कानून के सामने दबना: 认罪～ अपना अपराध स्वीकार करना और कानून के सामने दबना

【服法】[2] fúfǎ (औषधि की) प्रयोगविधि

【服老】 fúlǎo अपने को बूढ़ा और कमज़ोर मानना: 不～ बुढ़ापे के सामने न दबना

【服满】 fúmǎn शोकवस्त्र पहनने की अवधि पूरी होना

【服气】 fúqì अपनी हार मानना; अपनी अयोग्यता मानना; कायल होना: 他批评得有道理，您别不～。उन की आलोचना न्यायोचित है, आप बुरा न मानें।

【服软】 fúruǎn ❶हार मानना; झुकना; दबना: 不在困难面前～ कठिनाइयों के सामने न दबना ❷गलती मानना; अपनी भूल स्वीकार करना: 他知道是自己错了，可嘴上却不肯～。वे जानते हैं कि गलती उन की ही थी, पर उसे हठपूर्वक अस्वीकार करते हैं।

【服丧】 fúsāng शोकवस्त्र पहने हुए होना; मृत्युशोक में होना

【服色】 fúsè पोशाक का ढंग और रंग: 民族～ जातीय पोशाकों के ढंग और रंग

【服式】 fúshì पोशाक का ढंग: 新潮～ पोशाक का नवीनतम ढंग

【服饰】 fúshì पोशाक और व्यक्तिगत आभूषण; वेश-भूषा; पहनावा

【服侍】 fúshi सेवा में उपस्थित रहना; (किसी की) देख-रेख करना; (किसी की) सुश्रूषा करना: ～父母 माता-पिता की सेवा में उपस्थित रहना / ～病人 रोगी की देख-रेख करना; रोगी की सेवा-टहल करना

【服事】 fúshi दे० 服侍

【服输】 fúshū अपनी हार मानना

【服帖】 fútiē ❶वश्य; अधीन; आज्ञाकारी; नम्र; विनयशील: 幼儿园的孩子们对老师很～。किंडरगार्टन के बालक अध्यापिकाओं के बड़े आज्ञाकारी हैं। ❷ठीक-ठाक; समुचित; सुव्यवस्थित; सुगठित: 事情都已弄得服服帖帖。सभी मामलों को सुव्यवस्थित कर लिया गया है; सब ठीक-ठाक है।

【服务】 fúwù (किसी की) सेवा करना; (किसी की) खिदमत करना; नौकरी करना: 为人民～。जनता की सेवा करो। / 科学应当为生产～。विज्ञान को उत्पादन की सेवा करनी चाहिये। / 他在邮局～了三十年。उन्हों ने डाकखाने में तीस वर्ष तक नौकरी की। / 这家餐馆的～很好。इस भोजनालय की सेवा अच्छी है।

【服务行业】 fúwù hángyè सेवा-व्यवसाय

【服务台】 fúwùtái सर्विस डेस्क

【服务员】 fúwùyuán सेवक; सेविका

【服务站】 fúwùzhàn सेवा-केंद्र; सर्विस सेंटर

【服刑】 fúxíng कारादंड भोगना; कैद की सज़ा भुगतना; कैद काटना: ～期满 कारावास की अवधि पूरी होना / 他已～三年。वह तीन साल से जेल काट रहा है; उस ने तीन साल तक जेल की हवा खाई है।

【服药】 fúyào औषधि का सेवन करना; दवा खाना

【服役】 fúyì ❶सैनिक सेवा करना; सेना में सेवा करना: 他在部队～多年。उन्हों ने कई वर्ष तक सेना में सेवा

की। / ～期间 सैनिक सेवा के दौरान / ～年限 सैनिक सेवा की अवधि / ～期满 सैनिक सेवा की अवधि पूरी होना ❷(पुराने ज़माने में) बेगारी करना

【服膺】 fúyīng (कोई बात) गाँठ बांधना; मन से आश्वस्त होना

【服用】 fúyòng ❶(औषधि का) सेवन करना; (दवा) खाना: 此药每日～三次。यह दवा रोज़ तीन बार खाना। ❷〈लि०〉 पहनने के कपड़े और नित्य प्रयुक्त वस्तुएं: ～甚俭 किफ़ायत से खर्च करने का आदी होना

【服装】 fúzhuāng वेश; वेश-भूषा; पोशाक; ड्रेस: ～整齐 सफ़ाई से पहने होना / 民族～ जातीय पोशाक

【服罪】 fúzuì अपना अपराध स्वीकार करना

怫 fú 〈लि०〉 क्रोधित होना; क्रोध प्रदर्शित करना

【怫然】 fúrán क्रोधित हो कर; गुस्से में आ कर: ～作色 नाराज़ होना; लाल-पीला होना

绂（紱）fú ❶कीमती पत्थर की बनी मोहर को बाँधने का रेशमी फ़ीता ❷黻 fú के समान

绋（紼）fú 〈लि०〉 ❶लंबा और मोटा रस्सा ❷मुर्दा ले जाने वाली गाड़ी खींचने वाली लंबी डोरी: 执～ अंत्येष्टि में उपस्थित होना; मैयत में शामिल होना

茯 fú नीचे दे०

【茯苓】 fúlíng फ़ूलिंग (पोरिया कोकोस) (प्रायः जड़ी-बूटी के रूप में प्रयुक्त एक भोज्य कवक)

【茯苓饼】 fúlíngbǐng फ़ूलिंग केक

氟 fú 〈रसा०〉 फ़्लोरीन

【氟化氢】 fúhuàqīng 〈रसा०〉 हाइड्रोजन फ़्लोराइड

【氟化物】 fúhuàwù 〈रसा०〉 फ़्लोराइड

【氟利昂】 fúlì'áng 〈रसा०〉 फ्रेओन

俘 fú ❶पकड़ लेना; बंदी बनाना: 被～ पकड़ लिया जाना; बंदी बनाया जाना ❷युद्धबंदी: 遣～ युद्धबंदियों को स्वदेश लौटाना; युद्धबंदियों को उन के देश वापस भेजना

【俘获】 fúhuò बंदी बनाना और (वस्तुएँ) बलात् ग्रहण करना: 我军～甚众。हमारी सेना ने बहुत-से शत्रु-सैनिकों को बंदी बनाया और उन से अनेक हथियार छीन लिये।

【俘虏】 fúlǔ ❶पकड़ लेना; बंदी बनाना: ～了许多敌人 दुश्मन के बहुत-से सिपाहियों को बंदी बनाना ❷बंदी; बंदी सिपाही; युद्धबंदी: 优待～ युद्धबंदियों के साथ अच्छा बरताव करना

郛 fú किसी शहर की बाहरी दीवार

洑 fú ❶(बहते हुए जल का) भँवर ❷भूमिगत जलधारा
fù भी दे०

祓 fú ❶भूत-अपसारण; झाड़-फूंक का एक प्राचीन अनुष्ठान ❷〈लि०〉 शोधन करना; साफ़ करना

【祓除】 fúchú झाड़-फूंक का अनुष्ठान: ～缢鬼 झाड़-फूंक के अनुष्ठान द्वारा भूत-प्रेतों को भगाना

蚨 fú ❶एक काल्पनिक कीड़ा ❷पुराने ज़माने में प्रचलित तांबे का एक सिक्का

浮 fú ❶सतह पर तैरना; तैरना; उतराना: 油～在水上。तेल पानी के सतह पर तैर रहा है। / 潜水员～上来了。गोताखोर उतरा आया है। / 她脸上～起了微笑。उस के चेहरे पर एक अस्पष्ट मुस्कराहट झलकी। ❷〈बोल०〉 पानी में तैरना; तैरना: 他能一口气～到对岸。वह एक ही साँस में उस पार तक तैर सकता है। ❸सतही; ऊपरी: 浮土 ❹चल; गतिशील; चलाने योग्य: 浮财 ❺अस्थाई; अल्पकालिक: 浮记 ❻स्वभाव में गंभीरता-रहित; ओछा; उथला: 这个人太～，办事不踏实。यह बड़ा ओछा आदमी है, वास्तविक कार्य करने के योग्य नहीं। ❼खोखला; अवास्तविक: 浮夸 ❽अत्यधिक; अतिरिक्त: 人～于事 आवश्यकता से अधिक कर्मचारी होना

【浮报】 fúbào बढ़ा-चढ़ा कर रिपोर्ट देना: ～产量 रिपोर्ट में उत्पादन की मात्रा बढ़ा-चढ़ा कर बताना

【浮标】 fúbiāo तैराक पीपा; बॉय: 设置～ तैराक पीपे लगाना

【浮财】 fúcái 〈पुराना〉 (धन, ज़ेवर, अनाज, कपड़ा आदि) चल संपत्ति

【浮尘】 fúchén हवा में उड़ती हुई धूल; सतही धूल

【浮沉】 fúchén कभी डूबना तो कभी उतराना; चढ़ा-उतरी; डूबना-उतराना: 宦海～ अधिकारी वर्ग में डूबना-उतराना; किसी अधिकारी का भाग्य परिवर्तन

【浮出水面】 fúchū-shuǐmiàn 〈लाक्षणिक〉 बाहर निकलना; नज़र आना; प्रकट होना; पैदा होना

【浮船坞】 fúchuánwù तैरने वाली गोदी; फ़्लोटिंग डाक

【浮词】 fúcí निराधार बातें; अवास्तविक बातें

【浮厝】 fúcuò किसी ताबूत को अंत्येष्टि क्रिया होने तक अस्थाई रूप से किसी आड़ में रखना

【浮荡】 fúdàng तैरना; हवा में तैरना: 歌声在空中～。गाने की आवाज़ आकाश में तैर रही थी। / 小船在湖中～。छोटी नाव झील में तैर रही थी।

【浮雕】 fúdiāo उभरी हुई नक़्क़ाशी; उभरवाँ काम: ～像 उभरवाँ काम की मूर्ति

【浮吊】 fúdiào 〈यां०〉 फ़्लोटिंग क्रेन

【浮动】 fúdòng ❶पानी पर तैरना; पानी के बहाव के साथ बहना: 树叶在水面上～。पेड़ की पत्तियाँ पानी पर बह रही थीं। ❷घटना-बढ़ना; अस्थिर होना; अनिश्चित होना: ～价格 बेची जाने वाली चीज़ों के अनिश्चित दाम / 向上～一级工资 वेतन को एक दर्जा बढ़ाना / 物价飞涨，人心～。चीज़ों के दाम बहुत बढ़ते जा रहे थे, इसलिये लोगों में असुरक्षा का भाव उत्पन्न हो रहा था।

【浮动工资】 fúdòng gōngzī अनिश्चित वेतन; फ़्लोटिंग वेजस

【浮动汇率】 fúdòng huìlǜ मुद्रा-विनिमय की अनि-

श्चित दर; फ़्लोटिंग एक्सचैंज रेट

【浮泛】 fúfàn ❶〈लि०〉 उतराना; बहना: 轻舟～ हल्की नाव का बहना ❷प्रकट होना: 她的脸上～着喜悦的神情。उस के चेहरे पर आनन्द का भाव प्रकट होता था। ❸ऊपरी; अवास्तविक: 言词～ ऊपरी बातें

【浮光掠影】 fúguāng-lüèyǐng ❶सतह के ऊपर से जल्दी निकल जाना; छूते हुए निकल जाना ❷द्रुत और अस्थाई; क्षणिक

【浮华】 fúhuá दिखावटी; आडंबरपूर्ण; ऊपरी तड़क-भड़क वाला: ～的装饰品 ऊपरी तड़क-भड़क वाली सजावट / 文辞～ आडंबरपूर्ण भाषा / ～的生活 दिखावटी ठाट-बाट से रहने की जीवन-प्रणाली

【浮滑】 fúhuá चालाक और ओछा

【浮记】 fújì जमा-खर्च का अस्थाई हिसाब रखना

【浮夸】 fúkuā शेखीखोर; बढ़ा-चढ़ा कर कहने वाला: 语言～अतिशयोक्ति करना / ～作风 डींग मारने और नमक-मिर्च लगा कर बयान करने की प्रवृत्ति

【浮力】 fúlì 〈भौ०〉 उत्प्लावकता

【浮面】 fúmiàn सतह; (किसी चीज़ का) ऊपरी भाग: 把～的一层泥铲掉 सतह पर की कीचड़ उलीच कर हटा देना

【浮名】 fúmíng खाली नाम; खोखला नाम: 不慕～ खाली नाम की लालसा न करना

【浮皮】 fúpí ❶（～儿）बाहरी चमड़ा ❷（～儿）किसी चीज़ का ऊपरी भाग; सतह

【浮皮潦草】 fúpí-liáocǎo दे० 肤皮潦草 fūpí-liáocǎo

【浮漂】 fúpiāo (काम या पढ़ाई के सम्बन्ध में) लापरवाह; असावधान

【浮萍】 fúpíng 〈वन०〉 डक-वीड

【浮签】 fúqiān परीक्षा-पत्र या किताब आदि के किसी पन्ने के छोर पर चिपकाई जाने वाली ऐसी परची, जो उस से अलग की जा सकती हो

【浮浅】 fúqiǎn ऊपरी; छिछला: 他对社会的认识很～。समाज के सम्बन्ध में उसे केवल ऊपरी ज्ञान है।

【浮桥】 fúqiáo नाव पुल; पोंटून ब्रीज

【浮生】 fúshēng ❶उड़ता हुआ जीवन; क्षणिक जीवन: ～若梦。हमारा यह क्षणिक जीवन एक स्वप्न के समान है। ❷पानी पर उगना: 浮萍～在池塘中。डक-वीड तालाब पर उगता है।

【浮水】 fúshuǐ ❶पानी पर तैरना ❷तैराई; तैराकी

【浮筒】 fútǒng तैराक पीपा; पोंटून; बॉय

【浮头】 fútóu (पानी में आक्सीजन की कमी की वजह से मछली का) साँस लेने के लिये पानी के ऊपर सिर उठाना

【浮头儿】 fútour 〈बो०〉 ऊपरी भाग; सतह

【浮图】 fútú दे० 浮屠

【浮屠】 fútú 〈बौद्ध धर्म〉 ❶佛陀 Fótuó के समान ❷〈लि०〉 भिक्षु ❸स्तूप; मीनार; पैगोडा: 救人一命胜造七级～。किसी की जान बचाना सात मंज़िलों वाला पैगोडा बनवाने से अधिक अच्छा है।

【浮土】 fútǔ साज़-सामान, कपड़े आदि के ऊपरी भाग पर जमी हुई धूल; सतही धूल

【浮现】 fúxiàn किसी की आँखों के सामने उपस्थित होना; दृष्टिगोचर होना: 往事又～在我眼前。बीती हुई बातें फिर मेरी आँखों के सामने उपस्थित हुईं; अतीत का फिर स्मरण आया।

【浮想】 fúxiǎng ❶विचारों का दिमाग में उभर आना ❷स्मरण आना; याद आना: ～起一幕幕往事 (किसी को) बीते हुए एक एक दृश्य का स्मरण आना

【浮想联翩】 fúxiǎng-liánpiān विचार-तरंगों का दिमाग में उठना: ～，夜不能寐。विचार-तरंगें मेरे दिमाग में उठती रहीं और मैं जगा रहा।

【浮言】 fúyán निराधार बातें

【浮艳】 fúyàn ❶तड़क-भड़क वाला; भड़कीला: 衣饰～ भड़कीले वस्त्र ❷आडंबरपूर्ण: 词句～ आडंबरपूर्ण भाषा

【浮游】 fúyóu ❶पानी पर तैरना या चलना ❷〈लि०〉 सुखमय यात्रा करना

【浮游生物】 fúyóu shēngwù तैरते जीव; प्लैंकटन

【浮游资金】 fúyóu zījīn फ़्लोटिंग फ़ंड

【浮云】 fúyún उड़ते बादल; गतिशील मेघ

【浮躁】 fúzào चंचल; गंभीरता-रहित

【浮肿】 fúzhǒng जलशोथ; ड्राप्सि

【浮子】 fúzi (मछली पकड़ने की डोर पर सूचक के तौर पर बांधने वाला) कार्क; फ़्लोट

菔 fú मूली

桴[1] fú ❶〈लि०〉 लकड़ियों से बना छोटा बेड़ा ❷〈बो०〉 मुख्य धरन को सहारा देने वाली छोटी धरनें

桴[2] （枹） fú 〈लि०〉 नगाड़े की डंडी; चोब 枹 bāo भी दे०

【桴鼓相应】 fúgǔ-xiāngyìng चोब के आघात से नगाड़े का बजना —— ताल-मेल से काम करना

符 fú ❶किसी शासक द्वारा सेनापतियों, राजदूतों आदि को प्रदत्त टेली (प्राचीन चीन में प्रमाण पत्र के रूप में प्रयुक्त): 兵～ फ़ौजी टेली (फ़ौजी अधिकार के प्रमाण के लिये प्रयुक्त) ❷चिह्न; संकेत; निशान: 音～ स्वर; नोट ❸किसी के अनुकूल होना; किसी के समान होना: 两个数目相～。दोनों की संख्या एक-सी है। / 您说的与事实不～。आप ने जो कहा है वह तथ्यों से मेल नहीं खाता। ❹ऐंद्रजालिक चिह्न, जो ताओ धर्म के पुरोहितों द्वारा मृतात्मा को बुलाने या निकाल देने अथवा सौभाग्य या दुर्भाग्य लाने के लिये अंकित किया जाता था: 画了一张～ एक ऐंद्रजालिक चिह्न अंकित करना ❺（Fú）एक कुलनाम

【符号】 fúhào ❶चिह्न; संकेत; निशान; मार्क: 注音～ ध्वन्यात्मक संकेत / 标点～ विरामचिह्न / 文字是记录语言的～。लिपि तो भाषा को अंकित करने के चिह्न हैं।

【符合】 fúhé के अनुकूल होना; के मुताबिक होना; मेल खाना; एक-सा होना; के अनुरूप होना: ～要求 माँगों के अनुकूल होना / 与实际情况完全～ यथार्थ स्थिति से बिल्कुल मेल खाना / ～规则 नियमों के मुताबिक होना / ～人民的愿望 आम जनता की इच्छाओं के अनुकूल

होना / ～人民的利益 जनता के भारी हित में होना

【符节】 fújié किसी शासक द्वारा सेनापतियों, राजदूतों आदि को प्रदत्त टेली (प्राचीन चीन में प्रमाण पत्र के रूप में प्रयुक्त)

【符咒】 fúzhòu ताओ धर्म के ऐंद्रजालिक चिह्न और मंत्र

匐 fú दे० 匍匐 púfú

袱 fú बेठन: 包～ गठरी

艴 fú 〈लि०〉 क्रोध का भाव: ～然不悦 खिन्न होकर उदास होना

幅 fú ❶कपड़े की चौड़ाई: 宽～的白布 बड़ा चौड़ा सफ़ेद कपड़ा ❷आकार; लंबाई-चौड़ाई; साइज़: 大～照片 बड़े आकार का फ़ोटो ❸〈परि०श०〉 (चित्र, कपड़े आदि के लिये): 一～画 एक चित्र / 一～布 पूरे अर्ज़ का कपड़ा

【幅度】 fúdù विस्तार-क्षेत्र; प्रभाव-क्षेत्र; सीमा; परिमाण; मात्रा: 物价涨落的～不大。चीज़ों के दामों में घटाव-बढ़ाव की मात्रा बड़ी नहीं है। / 今年的粮食产量大～增长。इस साल अनाज का उत्पादन बड़े परिमाण में बढ़ा है।

【幅面】 fúmiàn कपड़े की चौड़ाई

【幅员】 fúyuán किसी राष्ट्र का भूक्षेत्र: ～辽阔 विशाल भूक्षेत्र

辐 fú पहिये की तीली; स्पोक

【辐辏】 fúcòu (辐凑 fúcòu भी) 〈लि०〉 (वस्तुओं या व्यक्तियों का) पहिये की घिरनी पर लगी तीलियों के समान एकत्र होना: 车船～。गाड़ियाँ और नौकाएं पहिये की तीलियों के समान जमा थीं।

【辐射】 fúshè ❶विकिरण करना या होना; विकीर्ण करना या होना: 呈～形 विकिरण के आकर में; विकिरण के रूप में ❷〈भौ०〉 विकिरण; रेडिएशन: ～热 विकिरण ताप

【辐射带】 fúshèdài विकिरण क्षेत्र

【辐射计】 fúshèjì विकिरणमापी; रेडियोमीटर

【辐射学】 fúshèxué विकिरण चिकित्सा-विज्ञान; एक्स-रेविज्ञान; रेडियोलॉजी

【辐条】 fútiáo 〈बोल०〉 पहिये की तीली; स्पोक

蜉 fú नीचे दे०

【蜉蝣】 fúyóu क्षणभंगुर या एक दिन के लिये जीवित कीड़ा; मे-फ़्लाई

福 fú ❶सौभाग्य; मंगल; कल्याण; सुख; आनन्द: 享～ सुख भोगना / 造～ कल्याण करना ❷(पुराने ज़माने में महिलाओं द्वारा) घुटने मोड़ कर और शरीर को आगे झुका कर किया जाने वाला अभिवादन: ～了一～ (किसी व्यक्ति को) घुटने मोड़ कर और शरीर को आगे झुका कर अभिवादन करना ❸(Fú)福建 का संक्षिप्त रूप ❹(Fú)एक कुलनाम

【福彩】 fúcǎi 福利彩票 का संक्षिप्त रूप

【福地】 fúdì आनन्दमय स्थान; सुख-चैन से परिपूर्ण जगह

【福尔马林】 fú'ěrmǎlín 〈रसा०〉 फ़ोर्मालिन

【福分】 fúfen 〈बोल०〉 सौभाग्य; सुख: 有～ सौभाग्यशाली होना; (किसी का) सौभाग्य होना; भागवान् होना

【福建】 Fújiàn फ़ूच्येन (प्रांत)

【福利】 fúlì कल्याण; सुख-सुविधा; हित: 为人民谋～ जनता के कल्याण के लिये काम करना ❷〈लि०〉 किसी के जीवन की स्थिति बेहतर बनाना: 发展生产, ～人民 उत्पादन बढ़ा कर जनता के जीवन की स्थिति बेहतर बनाना

【福利彩票】 fúlì cǎipiào कल्याणकारी लॉटरी

【福利房】 fúlìfáng कल्याणकारी सार्वजनिक मकान

【福利国家】 fúlì guójiā कल्याणकारी देश

【福利金】 fúlìjīn कल्याणकारी कोश

【福利设施】 fúlì shèshī कल्याणकारी साधन

【福利事业】 fúlì shìyè कल्याण-कार्य; कल्याणकारी कार्य

【福气】 fúqi सौभाग्य; सुख: 有～ सौभाग्यशाली होना / ～大 बड़ा भाग्यवान् होना / 你的～好。तुम्हारे भाग्य खुल गये।

【福如东海】 fúrú-dōnghǎi पूर्वी सागर के समान असीम सुख (अभिनंदन के लिये प्रयुक्त): 爷爷! 祝您老人家～, 寿比南山。दादा जी, मेरी शुभकामना है कि आप दीर्घायु और सुखी हों।

【福无双至, 祸不单行】 fú wú shuāng zhì, huò bù dān xíng सुख कभी जोड़ों में नहीं मिलता, विपत्ति कभी अकेली नहीं आती

【福相】 fúxiàng सौभाग्य का लक्षण दिखाने वाला चेहरा

【福星】 fúxīng भाग्य नक्षत्र; मांगलिक वस्तु या व्यक्ति: ～高照。भाग्य नक्षत्र आकाश में चमक रहा है।

【福音】 fúyīn ❶〈ईसाई धर्म〉 ईसाई धर्मोपदेश; शुभ संदेश ❷सुसमाचार; खुशखबरी

【福祉】 fúzhǐ 〈लि०〉 कल्याण; सुख-सुविधा

【福至心灵】 fúzhì-xīnlíng जब तकदीर जागती है, दिमाग अच्छी तरह काम करता है

【福州】 Fúzhōu फ़ूचओ (फ़ूच्येन प्रांत का मुख्य नगर)

蝠 fú 〈प्राणि०〉 चमगादड़

幞 fú ❶प्राचीन चीन में एक प्रकार का शिरोभूषण ❷袱 fú के समान

黻 fú प्राचीन सरकारी पोशाकों पर काढ़ कर सजाए हुए काले और पीले रंग के बेल-बूटे

fǔ

父 fǔ ❶〈लि०〉 बूढ़े आदमी के लिये एक आदरसूचक संबोधन: 渔～ बूढ़ा मछुआ ❷甫[1] fǔ के समान

fù भी दे०

甫[1] fǔ 〈पुराना〉 किसी का प्रशंसात्मक नाम; किसी का शुभनाम: 台～? आप का शुभनाम ?

甫[2] fǔ 〈लि०〉 अभी; केवल: 惊魂～定 घबराहट से अभी-अभी होश में आना / 年～二十 (किसी की) उमर अभी बीस वर्ष की ही होना

抚（撫） fǔ ❶ढाढ़स देना; तसल्ली देना: 安～ सहायता और ढाढ़स देना ❷संभालना; पालना; पालन-पोषण करना: 抚育 ❸हाथ फेरना; थपकना: ～琴 सितार बजाना ❹拊 fǔ के समान

【抚爱】 fǔ'ài दुलार करना; दुलारना; (किसी की) ठोड़ी पकड़ना

【抚躬自问】 fǔgōng-zìwèn दे० 反躬自问 fǎn-gōng-zìwèn

【抚今追昔】 fǔjīn-zhuīxī वर्तमान घटनाओं को देख कर बीती हुई बातों का स्मरण करना; अतीत का स्मरण करना और उस की वर्तमान से तुलना करना

【抚摩】 fǔmó प्यार से हाथ फेरना; धीरे-धीरे सहलाना: 妈妈轻轻地～着女儿的头发。माँ जी बेटी के बालों पर प्यार से धीरे-धीरे हाथ फेर रही थीं।

【抚弄】 fǔnòng हाथ फेरना; उँगलियाँ फेरना; प्यार से खिलवाड़ करना: 她双手不停地～着自己的辫子。वह अपनी चोटियों पर उँगलियाँ फेरती रहती थी।

【抚慰】 fǔwèi सांत्वना देना; ढाढ़स बंधाना; तसल्ली देना; आश्वासन देना; आँसू पोंछना: ～灾民 विपत्तिग्रस्त जन-समुदाय को आश्वासन देना

【抚恤】 fǔxù (राज्य या किसी संस्था की ओर से किसी को या किसी मृत के परिवार-जनों को) सांत्वना और आर्थिक सहायता देना; ढाढ़स और हरजाना देना

【抚恤金】 fǔxùjīn पेंशन (किसी विकलांग या किसी मृत के परिवार-जनों के लिये)

【抚养】 fǔyǎng पालना; पोसना; पालन-पोषण करना; लालन-पालन करना; परवरिश करना: ～子女 बाल-बच्चों का पालन-पोषण करना; बाल-बच्चों की परवरिश करना / ～成人 (किसी का) वयस्क होने तक लालन-पालन करना; (किसी को) पाल-पोस कर आदमी बनाना

【抚养费】 fǔyǎngfèi किसी के बाल-बच्चों के लालन-पालन के लिये दिया भत्ता (जैसे तलाक के बाद)

【抚育】 fǔyù लालन-पालन करना; पालन-पोषण करना; पालना-पोसना; पालन करना: ～孤儿 अनाथों को पालना / ～幼畜 मवेशियों के बच्चों को पालना / ～森林 जंगल की रखवाली करना

【抚掌】 fǔzhǎng तालियां बजाना

拊 fǔ 〈लि०〉 पीटना; बजाना: ～手 तालियां बजाना

【拊膺】 fǔyīng 〈लि०〉 छाती पीटना: ～长叹 छाती पीट कर आह भरना

【拊掌】 fǔzhǎng तालियां बजाना: ～大笑 तालियां बजाते हुए ठहाका लगाना

斧 fǔ ❶कुल्हाड़ा; कुल्हाड़ी; कुठार ❷परशु (प्राचीन काल का एक अस्त्र)

【斧头】 fǔtóu कुल्हाड़ा; कुल्हाड़ी; कुठार

【斧削】 fǔxuē 〈लि०〉 दे० 斧正

【斧钺】 fǔyuè जल्लाद का कुठार और परशु (प्राचीन चीन में प्रयुक्त अस्त्र) —— मौत की सज़ा; मृत्युदंड: 甘冒～以陈 मृत्युदंड की परवाह न कर के (किसी आधिकारिक व्यक्ति से) शिकायत करना

【斧凿】 fǔzáo ❶कुल्हाड़ा और टाँकी ❷(साहित्यिक रचनाओं में) बनावटी कला-कौशल; अस्वाभाविकता

【斧凿痕】 fǔzáohén 〈लि०〉 कुल्हाड़े और टाँकी का निशान —— बनावटी कला-कौशल: 不露～ (साहित्यिक रचनाओं में) बनावटी कला-कौशल से रहित होना; स्वाभाविक और सहज होना

【斧正】 fǔzhèng 〈शिष्ट०〉 (लेख, निबंध आदि का) (कृपया) सुधार करें; शोधन कीजिये

【斧锧】 fǔzhì (प्राचीन काल में प्रयुक्त) जल्लाद का पटरा और छुरा

【斧子】 fǔzi कुल्हाड़ा; कुल्हाड़ी; कुठार

府 fǔ ❶सरकारी स्थल; सरकारी कार्यालय: 政～ सरकार ❷〈पुराना〉 सरकारी भंडार: 府库 ❸सरकारी आवास; भवन: 总统～ राष्ट्रपति भवन ❹〈आदर०〉 आप का दौलतखाना: 贵～ आप का दौलतखाना ❺ज़िला (थांग से छिंग राजवंश तक): 济南～ चीनान ज़िला

【府绸】 fǔchóu पापलिन; एक माड़ीदार मुलायम रेशम; पांजी

【府邸】 fǔdǐ दे० 府第

【府第】 fǔdì (अभिजातों, उच्च अधिकारियों, बड़े ज़मींदारों आदि का) निवास-स्थान; हवेली

【府库】 fǔkù सरकारी भंडार; सरकारी संग्रहालय

【府上】 fǔshàng 〈आदर०〉 ❶आप का दौलतखाना; आप का परिवार: 改日再来～拜访。किसी दिन आप के दौलतखाने पर हाज़िर होऊँगा। / ～都好吗? आप के घर पर सब लोग ठीक हैं ? ❷आप की जन्मभूमि: 您～哪里? आप कहां के रहने वाले हैं ?

【府尹】 fǔyǐn ज़िले का प्रधान अधिकारी; ज़िला-जज

俯 fǔ ❶(सिर) झुकाना: 俯视 ❷〈शिष्ट०〉 〈पुराना〉 (सरकारी दस्तावेज़ों या चिट्ठियों में प्रयुक्त) कृपा करना: ～允 कृपया अनुमति देना / ～察 जाँच-पड़ताल करने की कृपा करना

【俯冲】 fǔchōng 〈विमान०〉 (वायुयान का) सीधे एकदम नीचे उतरना: ～轰炸 वायुयान का तेज़ी से उतर कर बममारी करना

【俯伏】 fǔfú मुँह के बल लेटना; पेट के बल लेटना; साष्टांग दण्डवत करना

【俯角】 fǔjiǎo 〈सर्वेक्षण और चित्रांकन〉 अवनमन कोण; डिप्रेशन का कोना

【俯就】 fǔjiù ❶〈शिष्ट०〉 (कार्यालय आदि में कोई पद) ग्रहण करने की कृपा करना ❷अपने आप को अनुकूल

बनाना; किसी चीज़ के एवज़ में उस से घटिया चीज़ से काम चलाना; अस्थाई रूप से काम चलाना

【俯瞰】 fǔkàn नीचे की ओर देखना; ऊँचे स्थान से किसी (दृश्य) को देखना: 从飞机上～海面 हवाई जहाज़ से समुद्र को देखना

【俯念】 fǔniàn 〈शिष्ट०〉 (अपने से उच्च अधिकारी से कहने में प्रयुक्त) विचार करने (या ध्यान देने) की कृपा करना

【俯身】 fǔshēn अपने शरीर को नीचे की ओर झुकाना; नीचे की ओर झुकना; किसी की तरफ़ झुकना

【俯拾即是】 fǔshí–jíshì जो हर जगह मिल सकता हो; जो बिल्कुल मामूली हो: 这种事例～。ऐसे उदाहरण हर जगह मिल सकते हैं।

【俯视】 fǔshì दे० 俯瞰

【俯首】 fǔshǒu सिर झुकाना (आत्मसमर्पण में); अधीन हो जाना; दब जाना: ～听命 दब कर आज्ञा पालन करना

【俯首帖耳】 fǔshǒu–tiē'ěr अधीन और आज्ञाकारी होना; बिल्कुल विनीत होना; दास-सदृश होना; भीगी बिल्ली की तरह कोई काम करना

【俯卧】 fǔwò (ज़मीन पर) मुँह के बल लेटना

【俯卧撑】 fǔwòchēng 〈खेल०〉 पुश-अप

【俯仰】 fǔyǎng 〈लि०〉 ❶सिर झुकाना या उठाना: 俯仰之间 ❷थोड़ी-सी चेष्टा या क्रिया: 俯仰由人

【俯仰由人】 fǔyǎng–yóurén दूसरों के इशारे पर चलना (या नाचना)

【俯仰之间】 fǔyǎngzhījiān बहुत थोड़े समय में; क्षण भर में; पलक मारते ही

釜

fǔ प्राचीन काल में प्रयुक्त एक प्रकार का कड़ाहा

【釜底抽薪】 fǔdǐ–chōuxīn कड़ाहे के नीचे से ईंधन की लकड़ियों को हटाना —— किसी संकट का सामना करने के लिए कठोर उपाय अपनाना

【釜底游鱼】 fǔdǐ–yóuyú किसी मछली का कड़ाहे तले तैरना —— वह व्यक्ति जो बहुत बड़े खतरे में पड़ा हुआ हो

辅（輔）

fǔ सहायक; पूरक; गौण: 相～相成 एक दूसरे का पूरक और सहायक होना / 自力更生为主，争取外援为～ मुख्य तौर पर अपने प्रयत्नों पर निर्भर रहना जब कि पूरक के रूप में बाहरी सहायता लेना

【辅币】 fǔbì आंशिक मुद्रा (या रुपया): 硬～ छोटा सिक्का; लघु सिक्का

【辅弼】 fǔbì 〈लि०〉 किसी राज्य के शासन में शासक की सहायता करना

【辅车相依】 fǔchē–xiāngyī गाल और जबड़े की भांति एक दूसरे पर आश्रित होना; गाल और जबड़े की तरह घनिष्ठ होना

【辅导】 fǔdǎo पढ़ाई या प्रशिक्षण में निर्देश करना; हिदायत करना; सिखाना-पढ़ाना: ～学生复习功课 पाठ दोहराने में विद्यार्थियों को निर्देश देना / ～孩子们做练习 अभ्यास के लिये लड़कों की हिदायत करना / 个别～ व्यक्तिगत रूप से सिखाना / ～材料 निर्देश सामग्री

【辅导员】 fǔdǎoyuán (राजनीतिक और सैद्धांतिक) सहायक; शिक्षक; निर्देशक: 政治～ राजनीतिक शिक्षक

【辅路】 fǔlù बराबर की सड़क; बगल की सड़क; साइड रोड

【辅课】 fǔkè गौण पाठ्यक्रम

【辅料】 fǔliào सामग्री; सहायक सामग्री

【辅音】 fǔyīn 〈ध्वनि०〉 व्यंजन

【辅助】 fǔzhù ❶सहायता करना; मदद देना: 多加～ (किसी को) यथासंभव सहायता देना ❷सहायक; सहकारी; अप्रधान: ～劳动 सहायक श्रम (या काम) / ～人员 सहायक; (किसी संस्था का) सहकारी सदस्य

【辅助机构】 fǔzhù jīgòu सहायक संस्था

【辅佐】 fǔzuǒ 〈लि०〉 किसी राज्य के शासन में शासक की सहायता करना

脯

fǔ ❶सुखाया हुआ मांस: 鹿～ सूखा हरिण-मांस ❷चीनी की चाशनी से मिला हुआ सूखा फल: 杏～ मीठी सूखी खूबानी

pú भी दे०

腑

fǔ 〈ची०चि०〉 शरीर के आंतरिक अंग

腐

fǔ ❶सड़ा हुआ; गला हुआ; सड़ांधयुक्त; जीर्ण-शीर्ण: ～肉 सड़ा हुआ मांस ❷तोफ़ू; बीनकर्ड

【腐败】 fǔbài ❶सड़ा हुआ; गला हुआ; सड़ियल: ～的食物 सड़ा-गला भोजन ❷भ्रष्ट; पतित; पतनशील: 政治上的～ राजनीतिक पतन / ～无能 भ्रष्ट और अयोग्य; भ्रष्टाचार और अक्षमता / 消除～现象 भ्रष्टाचार दूर करना; भ्रष्टाचार का उन्मूलन करना

【腐臭】 fǔchòu सड़ी हुई चीज़ से निकलने वाली तीक्ष्ण गंध; सड़ाँध

【腐恶】 fǔ'è भ्रष्ट और दुष्ट: ～势力 दुष्ट प्रभाव / 惩～ भ्रष्ट-दुष्ट जनों को दंड देना

【腐化】 fǔhuà ❶भ्रष्ट होना या करना; पतित होना या करना: 生活～ विलासिता के जीवन से भ्रष्ट हो जाना / ～思想 पतनशील विचार / 封建思想～了一些人的灵魂。सामंतवादी विचारधारा ने कुछ लोगों की आत्मा को भ्रष्ट कर दिया। ❷सड़ना-गलना; जीर्ण-शीर्ण होना; जर्जर होना: 尸体已经～。लाश सड़-गल चुकी है।

【腐化堕落】 fǔhuà–duòluò भ्रष्ट और पतित होना; विलासिता के जीवन से भ्रष्ट (या पतित) होना

【腐化分子】 fǔhuà fènzǐ पतित व्यक्ति; दुश्चरित्र व्यक्ति

【腐烂】 fǔlàn ❶सड़ना; गलना; सड़ाँधयुक्त होना: 这些水果全都～了。ये फल बिल्कुल सड़ गए हैं। / ～的树叶可用来作肥料。पेड़ की गली पत्तियाँ खाद के काम आती हैं। ❷भ्रष्ट होना; पतित होना

【腐儒】 fǔrú विद्याभिमानी विद्वान; सिद्धांतनिष्ठ व्यक्ति

【腐乳】 fǔrǔ खमीर उठाया हुआ तोफ़ू; खमीर उठाया हुआ बीनकर्ड

【腐生】 fǔshēng 〈जीव०〉 सड़े हुए पदार्थ में रहने वाला: ～细菌 सड़े हुए पदार्थ में रहने वाले कीटाणु

【腐蚀】 fǔshí ❶〈रसा०〉 सड़न; संक्षारण ❷भ्रष्ट करना; पतित करना; दूषित करना: 资产阶级思想会～革命

意志。पूँजीवादी विचारधारा से क्रांतिकारी संकल्प भ्रष्ट किया जा सकता है। / ～性 संक्षारकता; क्षयकारिता
【腐蚀剂】 fǔshíjì 〈रसा०〉 संक्षारक; क्षयकारक
【腐熟】 fǔshú 〈कृ०〉 (मिश्रित खाद आदि का) पूर्ण रूप से विश्लिष्ट होना
【腐刑】 fǔxíng पुंसत्वहरण (प्राचीन चीन में एक दंड)
【腐朽】 fǔxiǔ ❶सड़ना; गलना; सड़ाँधयुक्त होना: 这些木头已经～了。ये लकड़ियाँ सड़ गई हैं। ❷भ्रष्ट; पतनशील; जीर्ण-शीर्ण; सड़ा-गला: 资产阶级～思想 पतनोन्मुख पूँजीवादी विचारधारा / ～势力 सड़ी-गली शक्तियां
【腐殖质】 fǔzhízhì ह्यूमस
【腐竹】 fǔzhú बीन मिल्क क्रीम के सूखे गोले

簠 fǔ 〈पुरा०〉 प्राचीन चीन में यज्ञ-अनुष्ठान में प्रयुक्त अनाज रखने का बर्तन

黼 fǔ प्राचीन सरकारी पोशाक पर काढ़े हुए काले-सफ़ेद बेलबूटे

fù

父 fù ❶पिता: ～与子 पिता और बेटा ❷ऊपरी पीढ़ी का कोई पुरुष सजातीय रिश्तेदार: 舅～ मामा / 祖～ दादा
fǔ भी दे०
【父辈】 fùbèi पिता की पीढ़ी का आदमी
【父本】 fùběn 〈वन०〉 पुरुष जनक: ～植株 पैतृक पौधा
【父老】 fùlǎo (किसी देश या क्षेत्र के) वरिष्ठ व्यक्ति; ज्येष्ठ व्यक्ति; गुरुजन; बुज़ुर्ग: ～兄弟 गुरुजन और भाई-बंधु; बुज़ुर्ग और बिरादर
【父母】 fùmǔ पिता और माता; माता-पिता
【父母官】 fùmǔguān माता-पिता अधिकारी (पूर्व में काउंटी मजिस्ट्रेट के लिये प्रयुक्त एक संबोधन)
【父亲】 fùqīn पिता
【父权制】 fùquánzhì पितृसत्ता; पितृतंत्र
【父系】 fùxì पित्रीय; पैतृक; पितृक: ～亲属 पैतृक रिश्तेदार / ～家族制度 पितृक कुल प्रथा
【父兄】 fùxiōng ❶पिता और बड़े भाई ❷किसी परिवार का स्वामी
【父执】 fùzhí 〈लि०〉 पिता का मित्र
【父子】 fùzǐ पिता और बेटा; बाप-बेटा

讣 fù ❶किसी की मृत्यु की सूचना देना ❷मृत्यु-सूचना
【讣告】 fùgào ❶किसी की मृत्यु की सूचना देना ❷मृत्यु-सूचना
【讣文】 fùwén दे० 讣闻
【讣闻】 fùwén मृत्यु-सूचना (प्रायः मृत व्यक्ति की संक्षिप्त जीवनी के साथ)

付[1] fù ❶सौंपना; सुपुर्द करना: ～表决 मतदान के लिये उपस्थित करना; (पर) वोट देना / ～诸实施 अमल में लाना ❷देना; भुगताना; भुगतान करना; चुकाना: ～租金 किराया देना / ～债 ऋण चुकाना ❸ (Fù) एक कुलनाम

付[2] fù 副 fù के समान
【付丙】 fùbǐng (付丙丁 fùbǐngdīng भी) 〈लि०〉 (कोई चिट्ठी आदि) जला देना: 阅后～ (इस चिट्ठी को) पढ़ कर जला देना
【付出】 fùchū देना; चुकाना; व्यय करना; खपाना: ～旅费 यात्रा का खर्च देना / ～代价 कीमत चुकाना / ～辛勤的劳动 कठोर परिश्रम करना / ～自己的全部力量 अपनी पूरी शक्ति लगाना / 为人类的正义事业不惜～自己的生命 मानवजाति के न्यायपूर्ण कार्यों के लिये अपने प्राण देने को तैयार होना
【付方】 fùfāng 〈बहीखाता〉 क्रेडिट
【付刊】 fùkān प्रेस में भेजना; प्रकाशित करना
【付款】 fùkuǎn रुपया-पैसा देना; भुगतान करना: 货到～ माल पहुँचने पर मूल्य देना / ～办法 भुगतान का तरीका
【付款凭证】 fùkuǎn píngzhèng भुगतान का प्रमाण पत्र; भुगतान की पर्ची
【付款人】 fùkuǎnrén भुगतान करने वाला
【付排】 fùpái 〈मुद्रण०〉 कम्पोज़ करने के लिये भेजना
【付讫】 fùqì (प्रायः धन के लिये प्रयुक्त) पूरी तरह चुका देना; भुगतान कर चुकना
【付清】 fùqīng पूरी तरह दे चुकना; पाई-पाई चुका देना; साफ़ करना: 债务已经～。कर्ज़ साफ़ कर दिया गया है। / 一次～ एकबारगी पूरी तरह चुका देना
【付托】 fùtuō सौंपना; सुपुर्द करना; किसी के ज़िम्मे करना; रखवाली में देना: ～得人 कोई कार्य उचित आदमी को सौंप देना / 她把孩子～给姐妹照管。उस ने अपना बच्चा अपनी बहन के सुपुर्द किया।
【付现】 fùxiàn नगद रूप में देना
【付型】 fùxíng 〈मुद्रण०〉 कागज़ का साँचा बनाना
【付印】 fùyìn ❶प्रेस में भेजना; प्रकाशन के लिये भेजना ❷(प्रूफ़ देखने के बाद) छपाई के लिये भेजना
【付邮】 fùyóu डाक से भेजना; डाक में डालना
【付与】 fùyǔ दे देना; सौंप देना; सुपुर्द करना: 我们要尽力完成时代～我们的使命。युग ने जो कार्य हमें सौंपा है उसे हम पूरा करने की पूरी कोशिश करेंगे।
【付账】 fùzhàng कीमत अदा करना; माल के बदले धन चुकाना; बिल अदा करना
【付之一炬】 fùzhī-yījù अग्नि की भेंट करना; पूरी तरह जला देना; भस्म कर देना
【付之一笑】 fùzhī-yīxiào हँसी में उड़ाना
【付诸东流】 fùzhū-dōngliú पूर्व की ओर बहती हुई जलधारा में फेंकना —— (किसी बात पर) पानी फिर जाना; सभी प्रयत्न निरर्थक हो जाना
【付梓】 fùzǐ 〈लि०〉 प्रेस में भेजना; प्रकाशन के लिये भेजना

负（負） fù ❶〈लि०〉 (कोई भारी चीज़) पीठ या कंधे पर रख कर कहीं ले जाना; ढोना: ～薪 ईंधन की लकड़ियाँ ढोना ❷ज़िम्मेदारी लेना; दायित्व ग्रहण करना: 身～重任 भारी कार्य अपने ज़िम्मे लेना / ～责任 ज़िम्मेदारी लेना; दायित्व ग्रहण करना ❸सहारा लेना; के सहारे; सहायता पर: ～险固守 सामरिक स्थिति के सहारे हठपूर्वक अपनी रक्षा करना ❹सहना; भोगना; भुगतना: 负伤 ❺(अच्छा नाम) कमाना; ख्याति अर्जित करना: 素～盛名 अरसे से सुख्यात होना; हमेशा से मशहूर होना ❻ऋणी होना; एहसानमंद होना: 负债 ❼कर्तव्यविमुख होना; अपनी ज़िम्मेदारी न निभाना; विश्वासघात करना: 忘恩～义 किसी का किया हुआ उपकार भूल जाना बल्कि उस का अपकार करना ❽(लड़ाई, खेल आदि में) हार जाना; पराजित होना: 胜～ हार-जीत; हारना और जीतना / 一比二～于对方 इस मैच में एक-दो से हार जाना ❾〈गणित०〉 सिफ़र से कम; शून्य से कम; ऋणात्मक; ऋण; माइनस; निगेटिव: ～一点五 माइनस एक पाइंट पाँच (－1.5) ❿〈विद्यु०〉 ऋणात्मक; निगेटिव: 负极

【负担】 fùdān ❶(भार) संभालना; (बोझ) उठा लेना; कंधों पर बोझ लेना; ज़िम्मेदारी लेना: ～任务 काम संभालना / 一切费用由我方～。 सभी खर्च हम उठा-एंगे। ❷भार; बोझ; दबाव; परेशानी: 家庭～ परिवार का बोझ (विशेषतः आर्थिक) / 思想～ मानसिक बोझ; मन में दबाव / 精神～ चिंता-भार / 减轻学生～ विद्यार्थियों का बोझ हल्का करना / 加重～ बोझ बढ़ा देना

【负电】 fùdiàn ऋण-विद्युत; निगेटिव इलेक्ट्रिसिटी

【负号】 fùhào 〈गणित०〉 ऋणात्मक चिह्न; निगेटिव साइन （－）

【负荷】 fùhè ❶〈लि०〉 (भार) संभालना; (बोझ) उठा लेना; कंधों पर बोझ लेना; ज़िम्मेदारी लेना: 不克～ भार संभालने में असमर्थ होना ❷बोझ; लोड: 满～ फ़ुल-लोड

【负极】 fùjí 〈विद्यु०〉 निगेटिव पोल; ऋणात्मक ध्रुव

【负笈】 fùjí 〈लि०〉 पुस्तकों का संदूक साथ लेना —— शिक्षा के लिये घर छोड़ना: ～从师 गुरु से शिक्षा लेने के लिये घर छोड़ना

【负荆请罪】 fùjīng-qǐngzuì भोजपत्र अर्पित करना और कोड़ों की मार के लिये निवेदन करना —— विनयपूर्वक क्षमा-याचना करना

【负疚】 fùjiù 〈लि०〉 अपराध-भावना से परिपूर्ण होना; खेद महसूस होना; अफ़सोस होना

【负离子】 fùlízǐ 〈भौ०〉 ऋणायन; एनिआन

【负面】 fùmiàn बुरा; उल्टा: ～影响 बुरा प्रभाव

【负片】 fùpiàn 〈फ़ोटो०〉 निगेटिव

【负气】 fùqì क्रोध के आवेश में कोई आचरण करना: ～出走 क्रोध के आवेश में घर छोड़ कर चला जाना

【负情】 fùqíng किसी का प्रेम त्याग देना; प्रेम में विश्वास-घातक होना

【负伤】 fùshāng घायल होना; आहत होना; जख्मी होना; चोट खाना: 负重伤 बुरी तरह घायल होना / 他在一次战役中负过伤。 वह एक लड़ाई में आहत हुआ था।

【负数】 fùshù 〈गणित०〉 ऋणात्मक अंक; निगेटिव नंबर

【负心】 fùxīn कृतघ्न (विशेषतः प्रेम में); बेवफ़ा

【负隅顽抗】 fùyú-wánkàng (किसी शत्रु या डाकू का) विवश होकर हठपूर्वक लड़ना; निराशा के कारण उग्र प्रतिरोध करना

【负约】 fùyuē ❶वादा टालना; कह कर मुकर जाना ❷नियत समय या स्थान पर न पहुँचना

【负载】 fùzài 〈विद्यु०〉 〈यां०〉 बोझ; लोड: 工作～ आपरेटिंग लोड

【负责】 fùzé ❶(किसी काम के लिये) ज़िम्मेदारी होना; उत्तरदायी होना; कार्य-भार संभालना; (किसी काम की) देखरेख करना: 他～宣传工作。 वह प्रचार का कार्य संभाले हुए है। / 这里的事由你～。 यहां के मामलों की ज़िम्मेदारी तुम संभाल लो। / 向人民～ जनता के प्रति उत्तरदायी होना; जनता के प्रति अपना कर्तव्य निभाना / 一切后果由你方～。 इस का जो भी फल होगा उस की पूरी ज़िम्मेदारी तुम्हारे पक्ष को उठानी होगी। ❷कर्तव्य-परायण; ईमानदार: 她对工作一向很～。 वह हमेशा बहुत ईमानदारी से काम करती है।

【负责人】 fùzérén (किसी कार्य की) ज़िम्मेदारी संभालने वाला व्यक्ति; ज़िम्मेदार व्यक्ति; उत्तरदाता; ओहदेदार

【负债】 fùzhài ❶ऋणग्रस्त होना; कर्ज़दार होना: ～累累 बुरी तरह ऋणग्रस्त होना; ऋण के भार से दबा हुआ होना / 他负了上万元的债。 उस पर दस हज़ार य्वान का कर्ज़ है। ❷ऋण: 资产与～ संपदा और ऋण

【负增长】 fùzēngzhǎng नकारात्मक बढ़त; ऋणात्मक बढ़त; निगेटिव बढ़ोती

【负重】 fùzhòng ❶पीठ पर कोई भारी चीज़ ढोना ❷कोई भारी कार्य संभालना

妇（婦） fù ❶स्त्री; औरत; महिला: 妇幼 ❷विवाहित स्त्री: 少～ विवाहित युवती ❸पत्नी: 夫～ पति और पत्नी; दंपति

【妇产科】 fùchǎnkē (अस्पताल में) स्त्री-रोग और प्रसूति विभाग

【妇产医院】 fùchǎn yīyuàn स्त्री-रोग और प्रसूति चिकित्सालय; जच्चा-बच्चा अस्पताल

【妇道】 fùdào स्त्रीत्व; औरतपन

【妇道】 fùdao स्त्रियाँ; औरतें; घर की औरतें

【妇道人家】 fùdao rénjiā 〈अना०〉 स्त्रियाँ; औरतें; घर की औरतें

【妇科】 fùkē ❶स्त्री-रोग विभाग (अस्पताल में) ❷स्त्री रोग विज्ञान

【妇科医生】 fùkē yīshēng स्त्री रोग-चिकित्सक

【妇女】 fùnǚ स्त्री; औरत; महिला: ～干部 महिला कार्यकर्ता

【妇女病】 fùnǚbìng स्त्री-रोग

【妇女节】 fùnǚjié अंतर्राष्ट्रीय महिला दिवस (8 मार्च)

【妇女联合会】 fùnǚ liánhéhuì महिला संघ

【妇人】 fùrén विवाहित स्त्री

【妇孺】 fùrú 〈लि०〉 स्त्रियाँ और शिशु: ～皆知 स्त्रियों

और शिशुओं तक को विदित होना

【妇幼】 fùyòu स्त्रियाँ और शिशु: ～保健站 स्वास्थ्य-केंद्र; जच्चा-बच्चा कल्याण केंद्र

附(坿) fù ❶जोड़ना; लगाना; संलग्न करना; (लिफ़ाफ़े में पत्र के अतिरिक्त और कुछ) रखना: ～上一笔 (पत्र आदि में) दो-एक शब्द जोड़ना / ～表三张 तीन सूचियाँ संलग्न होना / 随信～上照片一张。 इस लिफ़ाफ़े में एक फ़ोटो रखा हुआ है। ❷किसी चीज़ के पास पहुँचना; नज़दीक होना: ～在耳边低声说话 किसी के कान में कहना ❸अधीन होना; निर्भर होना; आश्रित होना: 附庸

【附笔】 fùbǐ (पत्र, दस्तावेज़ आदि में) अतिरिक्त शब्द या बातें: 内人～问候。 अंत में अपनी पत्नी की ओर से नमस्ते कहना चाहता हूँ।

【附带】 fùdài ❶इस प्रसंग में; इस के अलावा; हाँ, सुनो तो: ～说一下，明天的会我不参加了。 हाँ, सुनो तो, कल की सभा में मैं नहीं जाऊँगा। ❷जोड़ना; संलग्न करना: 我们的援助不～任何条件。 हम जो सहायता देते हैं, उस के साथ कोई शर्त नहीं जुड़ी है। ❸अप्रधान; सहायक: ～的劳动 सहायक श्रम

【附耳】 fù'ěr किसी के कान के पास पहुँचना: ～低语 किसी के कान में कहना / 他们俩～谈了一会儿。 वे दोनों कुछ देर तक कानाफूसी करते रहे।

【附睾】 fùgāo <श०वि०> एपिडिडिमिस

【附睾炎】 fùgāoyán <चिकि०> एपिडिडिमिटिस

【附和】 fùhè (किसी के शब्दों या विचारों आदि को) हूबहू दुहराना; (किसी की) हाँ में हाँ मिलाना: 随声～ किसी के सुर में सुर मिलाना /～别人的意见 दूसरे के विचारों को हूबहू दुहराना

【附会】 fùhuì अवास्तविक साम्यानुमान के अनुसार गलत परिणाम निकालना; झूठा अर्थ लगाना

【附骥】 fùjì (附骥尾 fùjìwěi भी) <शिष्ट०> (मैं) केवल एक महान पुरुष के पीछे-पीछे चल रहा हूँ

【附加】 fùjiā ❶जोड़ना; लगाना; संलग्न करना: 文件后面～两项说明。 इस दस्तावेज़ के साथ दो व्याख्यात्मक टिप्पणियां संलग्न हैं। ❷जुड़ा हुआ; अतिरिक्त: ～税 अतिरिक्त कर

【附加费】 fùjiāfèi अतिरिक्त मूल्य; एक्स्ट्रा चार्ज

【附加条款】 fùjiā tiáokuǎn अतिरिक्त अनुच्छेद

【附件】 fùjiàn ❶किसी प्रलेख का पूरक अंश; परिशिष्ट: 作为调查报告的～ जाँच-रिपोर्ट के परिशिष्ट के रूप में ❷संलग्न दस्तावेज़ या चीज़ ❸<यां०> उपकरण; साथ की चीज़ें; पुर्ज़े: 汽车～ आटोमोबाइल के उपकरण

【附近】 fùjìn ❶किसी स्थान के पास का; आस-पास का; पड़ोस का: ～地区 आस-पास के क्षेत्र / ～居民 अगल-बगल रहने वाले / ～的城市 पड़ोस का शहर ❷के पास; के समीप; के नज़दीक; के आस-पास: 我住在医院～。 मैं एक अस्पताल के पास रहता हूँ। / ～有没有书店? यहाँ आस-पास कोई किताब-घर है? / 他家就在～，几分钟就可以走到。 उन का मकान नज़दीक ही है, यहां से पैदल कुछ ही मिनट का रास्ता है।

【附丽】 fùlì <शिष्ट०> अवलंबित होना; आश्रित होना; निर्भर होना

【附录】 fùlù परिशिष्ट: 词典的八个～ इस शब्द-कोश के आठ परिशिष्ट

【附逆】 fùnì विद्रोही दल में जा मिलना: 变节～ विश्वासघात कर के विद्रोही दल में जा मिलना

【附设】 fùshè संलग्न करना; (किसी संस्था के साथ) संबद्ध होना: 这所大学～一所中学。इस विश्वविद्यालय से एक मिडिल स्कूल संबद्ध है।

【附属】 fùshǔ संलग्न; सहायक; अधीनस्थ (स्कूल, अस्पताल आदि): 医学院～医院 किसी चिकित्सा-विद्यालय का अधीनस्थ अस्पताल / ～机构 सहायक संस्था / ～公司 सहायक कम्पनी

【附属国】 fùshǔguó पराधीन देश; परतंत्र देश

【附属品】 fùshǔpǐn संलग्नक; उपांग; परिशिष्ट उपकरण; उपसाधन

【附属小学】 fùshǔ xiǎoxué प्राइमरी स्कूल जो किसी मिडिल स्कूल के साथ संलग्न हो; अधीनस्थ प्राइमरी स्कूल

【附属中学】 fùshǔ zhōngxué मिडिल स्कूल जो किसी कालेज या विश्वविद्यालय के साथ संलग्न हो; अधीनस्थ मिडिल स्कूल

【附图】 fùtú संलग्न मानचित्र; नत्थी नक्शा; जुड़ा चित्र: 见～一。 जुड़ा चित्र 1 दे०।

【附小】 fùxiǎo 附属小学 का संक्षिप्त रूप

【附言】 fùyán पुनश्च; पश्च-लेख

【附议】 fùyì (वाद-विवाद समिति के सदस्य का) किसी प्रस्ताव के पक्ष में आवश्यक व औपचारिक अनुमोदन करना; (किसी का) समर्थन करना: 我～。 मैं अनुमोदन करता हूँ।

【附庸】 fùyōng ❶अधीन राष्ट्र; आश्रित देश; पराधीन देश ❷अधीन वस्तु; संलग्नक; पिछलग्गू: 语言文字学在清代还只是经学的～。 छिंग राजवंश में भाषा विज्ञान केवल शास्त्रीय विद्या के अधीन ही था।

【附庸地位】 fùyōng dìwèi अधीनस्थ स्थिति; पराधीनता

【附庸风雅】 fùyōng-fēngyǎ (ज़मींदारों, व्यापारियों आदि का) साहित्यकारों के साथ रहना और अपने आप को साहित्यप्रेमी-जैसा प्रदर्शित करना

【附则】 fùzé (किसी विधि, संधि, नियम आदि के) परिशिष्ट अनुच्छेद; उपनियम

【附中】 fùzhōng 附属中学 का संक्षिप्त रूप

【附注】 fùzhù नोट; टिप्पणी

【附着】 fùzhuó चिपकना; स्थिर रहना; साथ लगे रहना; चिमटे रहना; संलग्न रहना: 这种病菌～在病人使用的东西上。 यह रोगाणु रोगियों द्वारा प्रयुक्त वस्तुओं में रहता है।

咐 fù दे० 吩咐 fēnfù

阜 fù <लि०> ❶छोटी पहाड़ी; टीला ❷प्रचुर; संपन्न: 物～民丰。 उत्पाद प्रचुर हैं और लोगों का जीवन खुशहाल है।

服 fù <परि०श०> (चीनी औषधि के लिये) खुराक;

मात्रा： 一～中药 चीनी औषधि की एक खुराक
fú भी दे०

驸（駙） fù (गाड़ी में) जुते हुए घोड़े के पास रहने वाला घोड़ा (गाड़ी खींचने में सहायता के लिये)

【驸马】 fùmǎ सम्राट् का दामाद

赴 fù ❶(किसी स्थान को) जाना; शामिल होना： 离沪～日 शांगहाए से जापान के लिये रवाना होना ❷讣 fù के समान

【赴敌】 fùdí 〈लि०〉 शत्रु से लड़ने के लिये युद्धस्थल में जाना

【赴会】 fùhuì सभा में शामिल होना; भेंट के लिये उपस्थित होना; (किसी से मिलने के लिये) नियत समय या स्थान पर पहुँचना

【赴难】 fùnàn अपने देश की सहायता के लिये जाना; देश को खतरे से बचाने के लिये पहुँचना

【赴任】 fùrèn अपने पद पर जाना; अपने पद पर पहुँचने के रास्ते में होना

【赴汤蹈火】 fùtāng-dǎohuǒ उबलते पानी या आग में कूदना —— सारे खतरों का सामना करना; सभी विपत्तियों को झेलना

【赴宴】 fùyàn भोज में सम्मिलित होना; दावत में जाना

【赴约】 fùyuē किसी से मिलने जाना; (किसी से मिलने के लिये) नियत समय या स्थान पर पहुँचना

复¹（複） fù ❶दोहरा करना： 复写 ❷यौगिक; मिश्रित; संयुक्त; जटिल： 复姓

复²（復） fù ❶मुड़ना; इधर-उधर मुँह फिराना： 反～无常 अपनी नीति या मत बदलते रहना ❷उत्तर देना; जवाब देना： 请即电～。तुरंत तार से उत्तर दें।

复³（復） fù पूर्वावस्था प्राप्त करना; फिर से शुरू करना： 复职 / 康～ फिर से स्वस्थ होना ❷बदला लेना; प्रतिकार करना： 复仇

复⁴（復） fù 〈क्रि०वि०〉 फिर से： 复查/复苏

【复本】 fùběn अनुलिपि; प्रतिलिपि

【复本位制】 fùběnwèizhì 〈अर्थ०〉 सोने-चाँदी को मिला कर सिक्के बनाने की रीति; द्विधातुमत्ता

【复辟】 fùbì किसी राज्यच्युत शासक का अधिकार बहाल करना; पहले का शासन पुनःस्थापित करना; पुरानी व्यवस्था की पुनर्स्थापना करना： 粉碎～资本主义的阴谋 पूंजीवाद की पुनर्स्थापना करने के सभी षड़यंत्रों को चकनाचूर करना

【复查】 fùchá फिर से जाँच करना या कराना; दुबारा परीक्षा करना या कराना： 一个月后再来～一次。एक महीने में फिर जाँच कराने आइएगा।

【复仇】 fùchóu ❶बदला; प्रतिशोध： ～心理 बदले की भावना; प्रतिशोध की इच्छा ❷(किसी से किसी बात का) बदला लेना या चुकाना; प्रतिशोध करना; (किसी से) बैर काढ़ना (या निकालना)： 我们总有一天要向敌人～。हम किसी न किसी दिन दुश्मनों से इस का बदला चुकाएंगे।

【复仇主义】 fùchóu zhǔyì प्रतिशोधवाद

【复出】 fùchū (प्रायः पदच्युत प्रसिद्ध व्यक्तियों का) फिर से अपने पद पर जाना या लोगों के सामने दर्शन देना

【复电】 fùdiàn ❶जवाब में तार भेजना; जवाबी तार देना： 你给家里～了吗？ तुम ने घर को जवाबी तार दिया है？ ❷जवाबी तार

【复读机】 fùdújī रिप्लेयर

【复发】 fùfā अच्छा हो जाने पर दुबारा बीमार पड़ना या बुरी दशा में जा गिरना; कुछ स्वस्थ होने पर रोगी की हालत फिर बिगड़ना; किसी रोग की पुनराक्रांति होना： 旧病～ पुराने रोग की पुनराक्रांति होना / 他的咳嗽本来已经好了，因为着了点凉，又～了。उस की खाँसी टूट गई थी, पर ज़रा सर्दी लगी कि पलट गई।

【复返】 fùfǎn वापस आना; लौटना： 一去不～ चला जाना और फिर वापस न आना; हमेशा के लिये चला जाना

【复方】 fùfāng ❶〈ची०चि०〉 दो या दो से अधिक नुस्खों से तैयार की हुई दवाओं का औषधपत्र ❷〈चिकि०〉 दो या दो से अधिक मसालों से तैयार की गई दवा; मिश्रित दवा; कंपाउंड： ～阿斯匹林 एस्पिरीन कंपाउंड (ए०पी०सी)

【复辅音】 fùfǔyīn 〈ध्वनि०〉 व्यंजनसमूह

【复岗】 fùgǎng अपना पद पुनः प्राप्त करना; अपने पहले वाले पद पर फिर जाना

【复工】 fùgōng (हड़ताल या अस्थाई रूप से कार्य बन्द करने के बाद) काम पर लौटना

【复古】 fùgǔ पुरातन की ओर जाना; पुरानी लीक पर लौटना

【复古派】 fùgǔpài पुरातनप्रेमी; पुरातनमतवादी

【复古主义】 fùgǔ zhǔyì पुरातनमतवाद; प्राचीनतावाद

【复归】 fùguī (पहले की स्थिति में) आना： 暴风雨过后，湖面～平静。तूफ़ान के बाद झील फिर शांत हो गई।

【复果】 fùguǒ 〈वन०〉 मिश्रफल

【复合】 fùhé संयोजित; यौगिक; संयुक्त

【复合词】 fùhécí 〈व्या०〉 यौगिक शब्द; समास

【复合句】 fùhéjù 〈व्या०〉 संयुक्त वाक्य; मिश्रित वाक्य

【复合量词】 fùhé liàngcí 〈व्या०〉 यौगिक परिमाण-शब्द

【复合元音】 fùhé yuányīn 〈ध्वनि०〉 संयुक्त स्वर

【复核】 fùhé ❶फिर से जाँच-पड़ताल करना; पड़ताल करना; निरीक्षण करना： 把数字～一下 आँकड़ों की पड़ताल करना ❷〈का०〉 (सर्वोच्च जन न्यायालय का) ऐसे मामले का पुनर्निरीक्षण करना जिस में अधीनस्थ अदालत में मृत्युदंड सुनाया गया हो

【复会】 fùhuì (रुकने के बाद) फिर से कोई सभा (या बैठक) करना

【复婚】 fùhūn (तलाक के बाद स्त्री-पुरुष का) एक दूसरे के साथ विवाह करना

【复活】 fùhuó ❶पुनरुज्जीवन; पुनरुत्थान： 防止法西斯主义～ फ़ासिस्टवाद के पुनरुज्जीवन को रोकना ❷पुनरुज्जीवित होना या करना; पुनरुत्थित होना या

करना: 反对～军国主义的一切企图 सैन्यवाद को पुनरुत्थित करने के सभी प्रयासों का विरोध करना

【复活节】 Fùhuó Jié <धर्म> ईस्टर

【复交】 fùjiāo ❶(विच्छिन्न) सम्बन्धों को पुनर्स्थापित करना ❷<कूटनीति> कूटनीतिक सम्बन्धों की पुनर्स्थापना करना

【复旧】 fùjiù पुरानी लीक पर लौटना; पहले की स्थिति में वापस आना

【复句】 fùjù <व्या०> दो या दो से अधिक उपवाक्यों से बना हुआ वाक्य; संयुक्त वाक्य

【复刊】 fùkān (पत्रिकाओं या समाचारपत्रों का) (रुकने के बाद) फिर प्रकाशन शुरू करना

【复课】 fùkè (हड़ताल या अस्थाई रूप से कक्षा बन्द करने के बाद) कक्षा में लौटना

【复利】 fùlì <अर्थ०> चक्रवृद्धि ब्याज; सूद-पर-सूद

【复明】 fùmíng खोई हुई दृष्टि बहाल होना; खोई हुई दृष्टि फिर मिलना

【复命】 fùmìng किसी आज्ञा का पालन करने के बाद वापस आकर उस की रिपोर्ट देना

【复赛】 fùsài <खेल०> सेमी-फ़ाइनल

【复审】 fùshěn ❶फिर से परीक्षण करना ❷<का०> (किसी मामले का) पुनर्निरीक्षण करना

【复生】 fùshēng फिर से जीवित होना; पुनरुज्जीवित होना; पुनरुत्थित होना

【复试】 fùshì पुनर्परीक्षा; अंतिम परीक्षा

【复述】 fùshù ❶पुनरुक्ति करना; दोहराना: ～命令 आज्ञा दोहराना ❷फिर से सुनाना या बताना (भाषा सीखने के लिये): 把故事～一遍 किसी कहानी को फिर से सुनाना

【复数】 fùshù ❶<व्या०> बहुवचन ❷<गणित०> मिश्रित अंक

【复苏】 fùsū ❶फिर से जीवित होना; फिर होश में आना; फिर से चैतन्य होना ❷पुनर्जीवन; पुनरुत्थान: 经济～ आर्थिक पुनरुत्थान

【复位】 fùwèi ❶<चिकि०> (संधि-च्युत हड्डियों को) पहले जैसी अवस्था में लाने के लिये उपचार करना ❷(सत्ताच्युत सम्राट् का) फिर राज-सिंहासन पर बैठना (या बैठाया जाना)

【复胃】 fùwèi जुगाली करने वाले पशुओं का आमाशय

【复习】 fùxí दोहराना; फिर से पढ़ना; दुहराना-तिहराना: ～功课 पाठ दोहराना

【复线】 fùxiàn <परिव०> दोहरी लाइन

【复现】 fùxiàn पुनः प्रकट होना; फिर आना: 往事一幕幕在脑海中～。अतीत का एक एक दृश्य दिमाग में फिर उभर आया।

【复写】 fùxiě कारबन प्रतिलिपि बनाना; नकल उतारना

【复写纸】 fùxiězhǐ कारबन पेपर

【复信】 fùxìn ❶चिट्ठी का जवाब देना; जवाबी चिट्ठी लिखना ❷जवाबी चिट्ठी; जवाब: 信寄出去很久了，但我至今还没有收到～。मैं ने बहुत पहले चिट्ठी भेज दी थी, पर अब तक जवाब नहीं आया।

【复兴】 fùxīng ❶पुनरुत्थान; पुनरुद्धार; पुनर्निर्माण: 民族～ राष्ट्रीय पुनरुत्थान ❷पुनरुत्थान करना; पुनरुद्धार करना; पुनर्निर्माण करना: ～农业 कृषि का पुनरुद्धार करना

【复姓】 fùxìng ऐसा कुलनाम जिस में दो अक्षर हों; संयुक्त कुलनाम: 司马是个～。司马(Sīmǎ)एक संयुक्त कुलनाम है।

【复学】 fùxué स्कूल लौटना (स्वास्थ्य आदि के कारण लम्बे समय तक अनुपस्थित होने के बाद); बीच में बन्द की हुई पढ़ाई फिर से शुरू करना

【复眼】 fùyǎn <प्राणि०> (कीड़ों की) संयुक्त आँखें

【复业】 fùyè ❶फिर से पुराना व्यवसाय करना ❷पुनः व्यापार शुरू करना

【复议】 fùyì (किसी निर्णय पर) पुनर्विचार करना

【复音】 fùyīn <भौ०> मिश्रित ध्वनि

【复音词】 fùyīncí दो या दे से अधिक अक्षरों वाला शब्द

【复印】 fùyìn नकल उतारना; प्रतिलिपि बनाना: ～文件 दस्तावेज़ की प्रतिलिपियाँ बनाना

【复印机】 fùyìnjī नकल उतारने की मशीन; डुप्लिकेटर

【复印纸】 fùyìnzhǐ डुप्लिकेटिंग पेपर

【复员】 fùyuán ❶शांति-काल की स्थिति में लौटना ❷सेना से सेवा-निवृत्त होना: 他是去年从部队～的。वह पिछले साल सेना से निवृत्त हुआ।

【复员军人】 fùyuán jūnrén सेवा-निवृत्त सैनिक

【复原】 fùyuán ❶ (复元 fùyuán भी) रोग से उठना; स्वस्थ हो जाना: 他身体已经～了。वह बिल्कुल स्वस्थ हो गया है। ❷पहले जैसी अवस्था में आना (या लाना): 被破坏的壁画已经无法～。नष्ट हुए भित्ति-चित्र अब अपने पूर्व-रूप में नहीं लाये जा सकते। / 被地震毁坏的城市已经～。भूकंप से ध्वस्त नगर अब पुनर्निर्मित हो गया है।

【复圆】 fùyuán <खगोल०> (चंद्रमा या सूर्य का) ग्रहण का अंत

【复杂】 fùzá जटिल; पेचीदा: 情况～。परिस्थिति पेचीदा है। / ～的问题 जटिल बात; पेचीदा मामला; उलझा प्रश्न / ～的局面 जटिल स्थिति; पेचीली स्थिति / ～的心情 जटिल मनोवृत्ति / 故事情节～。यह कहानी बड़ी पेचदार है। / 使问题～化 समस्या को जटिल बनाना; मामले को पेचीला करना / 认识问题的～性 समस्या की जटिलता समझ लेना; मामले का पेचीदा स्वरूप देख लेना

【复照】 fùzhào <कूटनीति> जवाबी नोट

【复诊】 fùzhěn (किसी चिकित्सक से) पुनः परामर्श लेना; फिर से इलाज कराना

【复职】 fùzhí किसी का अपना पद बहाल करना; अपने पूर्व पद पर लौटना या ले लिया जाना

【复制】 fùzhì (किसी चीज़ की) अनुकृति करना; (किसी चीज़ की) नकल उतारना (या बनाना); पुनर्निर्मित करना: 展出的这些艺术品都是～的。यहां दिखाई हुई कलात्मक चीज़ें सब नकली हैं।

【复制片】 fùzhìpiàn अनुकृत फ़िल्म

【复制品】 fùzhìpǐn पुनर्निर्मित माडल; नकल; प्रतिकृति

【复种】 fùzhòng <कृ०> अनेक बोआई; अनेक फ़सलें

【复种指数】 fùzhòng zhǐshù फ़सलों का औसतन

सूचकांक
【复壮】 fùzhuàng 〈कृ०〉 यौवन की पुनर्प्राप्ति

洑 fù तैरना: ～过河去 तैरते हुए नदी पार करना
fú भी दे०
【洑水】 fùshuǐ तैरना

副 1 fù ❶डिप्टी; असिस्टेंट; सहायक; उप-; वाइस-: ～主席 उपाध्यक्ष; उपसभापति / ～总理 उपप्रधान मंत्रि / ～部长 उपमंत्री; वाइस-मिनिस्टर / ～书记 उप-सचिव / ～市长 उप-मेयर / ～校长 उप-कुलपति; वाइस-प्रिंसिपल / ～主任 डिप्टी डाइरेक्टर / ～经理 डिप्टी मैनेजर / ～主编 उपप्रधान संपादक / ～领事 वाइस-कौंसल / ～司令员 असिस्टेंट कमांडिंग अफ़सर; डिप्टी कमांडर / （飞机）～驾驶员 (वायुयान का) उपसंचालक / ～导演 उपनिर्देशक / ～代表 उप-प्रतिनिधि ❷सहायक पद; सहायक पद पर रहने वाला अधिकारी: 大～ (जहाज़ का) प्रथम सहायक कप्तान ❸सहायक; अतिरिक्त: 副业 ❹अनुकूल होना; समान होना; मेल खाना: 名不～实 हकीकत से कहीं अधिक नाम होना; नाम बड़े दर्शन थोड़े

副 2 fù 〈परि०श०〉 ❶एक साथ काम आने वाली या दो एक-से भागों वाली वस्तु के लिये प्रयुक्त: 一～手套 दस्तानों का एक जोड़ा; एक जोड़ा दस्ताना / 一～银耳环 एक जोड़ी चाँदी के बुन्दे ❷मुख-मुद्रा के लिये प्रयुक्त: 一～笑脸 मुस्कराता हुआ एक चेहरा / 装出一～庄严的面孔 गंभीर होने का स्वांग रचना
【副本】 fùběn प्रतिलिपि; कापी
【副标题】 fùbiāotí उपशीर्षक; सबहेडिंग
【副产品】 fùchǎnpǐn उपोत्पाद; उपफल
【副产物】 fùchǎnwù दे० 副产品
【副词】 fùcí क्रिया-विशेषण
【副官】 fùguān एडजुटेंट
【副虹】 fùhóng 〈मौ०वि०〉 गौण इंद्रधनुष
【副交感神经】 fùjiāogǎn-shénjīng 〈श०वि०〉 पैरे-सिमपेथेटिक नर्व
【副教授】 fùjiàoshòu एसोशिएट प्रोफ़ेसर
【副刊】 fùkān संपूरक: 文学～ साहित्यिक संपूरक
【副品】 fùpǐn अप्रामाणिक उत्पाद
【副热带】 fùrèdài गौण उष्ण प्रदेश; सबट्रोपिक्स
【副神经】 fùshénjīng 〈श०वि०〉 गौण स्नायु; एक्सेसरे नर्व
【副食】 fùshí सहायक खाद्य पदार्थ
【副食品】 fùshípǐn सहायक खाद्य पदार्थ; गौण खाद्य पदार्थ
【副食商店】 fùshí shāngdiàn पंसारी की दुकान; ग्रोसरी
【副手】 fùshǒu सहायक; असिस्टेंट
【副题】 fùtí उपशीर्षक; सबहेडिंग
【副研究员】 fùyánjiūyuán एसोशिएट रिसर्च फ़ेलो
【副业】 fùyè सहायक धंधा: ～生产 सहायक उत्पादन / ～收入 सहायक आमदनी
【副油箱】 fùyóuxiāng 〈विमान०〉 अतिरिक्त टंकी
【副职】 fùzhí (किसी दफ़्तर, विभाग आदि में) उपप्रधान अधिकारी का पद: ～干部 उपप्रधान पदाधिकारी / 担任～ उपप्रधान पद पर रहना
【副作用】 fùzuòyòng अतिरिक्त परिणाम; बुरा असर: 这种药没有～。इस दवा का कोई बुरा असर नहीं होता।

赋 1 （賦） fù 〈लि०〉 दान करना; प्रदान करना

赋 2 （賦） fù 〈पुराना〉 ❶भूमि-कर ❷(कर) लगाना: ～以重税 (किसी पर) भारी कर लगाना

赋 3 （賦） fù ❶साहित्यिक रचना की एक जटिल शैली, जिस में पद्य और गद्य दोनों के मूल सिद्धांत सम्मिलित हैं और जो हान वंश से छः राजवंशों तक के ज़माने में प्रचलित थी (अकसर फू में लिप्यंतरित): 《赤壁～》 'लाल खड़ी चट्टान के विषय में फू' ❷(कविता) रचना: ～诗一首 एक कविता रचना
【赋税】 fùshuì कर; टैक्स
【赋闲】 fùxián नौकरी से मुक्त होना; बेरोज़गार हो कर घर बैठना
【赋性】 fùxìng जन्मजात स्वभाव; सहज प्रकृति: ～聪颖 जन्मजात बुद्धि; जन्म से ही बुद्धिमान होना
【赋役】 fùyì कर और बेगार
【赋有】 fùyǒu (स्वभाव, गुण आदि से) संपन्न होना: 劳动人民～忠厚质朴的性格。मेहनतकश जनता स्वभाव से सरल और सीधी-सादी होती है।
【赋予】 fùyǔ (किसी को कोई महत्वपूर्ण कार्य) सौंपना; सुपुर्द करना: 这是历史～我们的使命。हमारा यह कार्य इतिहास का सौंपा हुआ है; इतिहास ने यह कार्य हमें सुपुर्द किया है।

傅 1 fù ❶सिखाना; निर्देश देना ❷शिक्षक; निर्देशक: 师～ गुरु; उस्ताद ❸（Fù）एक कुलनाम

傅 2 fù 〈प्रा०〉 लेप आदि पोतना; लगाना; चढ़ाना: ～彩 रंग चढ़ाना / ～粉 (मुँह आदि पर) पाउडर लगाना
【傅会】 fùhuì 附会 fùhuì के समान
【傅科摆】 fùkēbǎi फ़ोकाल्ट पेंडुलम

富 fù ❶धनी; धनिक; अमीर; संपत्ति-संपन्न; मालदार: 他很～。वह बड़ा धनिक है। / 村里人越来越～了。ग्रामीण मालदार होते जा रहे हैं। ❷धनी बनाना; समृद्ध बनाना: ～国强兵 देश को समृद्धशाली बनाना और सैन्य शक्ति बढ़ाना ❸संपत्ति; साधन: 财～ धन-दौलत ❹भरपूर होना; प्रचुर होना; संपन्न होना: ～于养分 पोषण-संपन्न होना / ～于创造性 सृजनात्मकता से भरपूर होना ❺（Fù）एक कुलनाम
【富贵】 fùguì अमीर और प्रतिष्ठित; धनी और कुलवान्: ～人家 धनवान और प्रभावशाली परिवार
【富贵病】 fùguìbìng अमीरों का रोग (अर्थात् वह रोग

जिस में लम्बे अरसे के विश्राम और कीमती संतुलित आहार की आवश्यकता हो)
【富豪】 fùháo धनवान और प्रभावशाली व्यक्ति
【富矿】 fùkuàng <खनि०> बढ़िया खनिज द्रव्य; उच्च श्रेणी का खनिज द्रव्य
【富丽堂皇】 fùlì-tánghuáng भव्य; शानदार: ～的建筑 शानदार इमारतें
【富农】 fùnóng अमीर किसान; धनी किसान
【富强】 fùqiáng (देश) समृद्ध और शक्तिशाली: 使祖国更加繁荣～ अपने देश को और भी संपन्न और शक्तिशाली बनाना
【富饶】 fùráo समृद्ध; संपन्न; उपजाऊ: 美丽～的国家 सुन्दर और समृद्ध देश / ～的土地 उपजाऊ ज़मीन
【富人】 fùrén अमीर; धनी; धनवान
【富商】 fùshāng धन-दौलत-संपन्न बनिया; अमीर व्यापारी
【富实】 fùshí संपन्न; समृद्ध; धनी: 家业～ संपत्ति-संपन्न होना
【富士山】 Fùshìshān फ़ूजीयामा
【富庶】 fùshù साधनसंपन्न और जन (संख्या) बहुल
【富态】 fùtai <शिष्ट०> <बो०> मोटा; मोटा-ताज़ा; भारी-भरकम: 这个人长得很～。यह आदमी बड़ा मोटा-ताज़ा है।
【富翁】 fùwēng धन-दौलत-संपन्न आदमी; बड़ा अमीर; करोड़पति
【富有】 fùyǒu ❶धनी; अमीर; मालदार: ～的商人 अमीर बनिया / 他家很～。उस का परिवार बड़ा मालदार है। ❷प्रचुर होना; भरपूर होना: ～经验 अनुभवों से भरपूर होना; बहुत अनुभवी होना / ～生命力 जीवनी-शक्ति से ओतप्रोत होना / ～代表性 प्रतीकात्मक होना
【富裕】 fùyù वैभवशाली; धन-दौलत-संपन्न; समृद्ध; खुशहाल: ～生活 खुशहाल जीवन / 农民一天天地～起来。किसान लोगों का जीवन दिन-प्रति-दिन संपन्न होता जा रहा है।
【富裕中农】 fùyù zhōngnóng खुशहाल मध्यम किसान
【富余】 fùyu आवश्यकता से अधिक; अतिरिक्त; फ़ालतू: ～人员 अतिरिक्त कर्मचारी / 时间还～，不必着急。अभी समय काफ़ी है, घबराओ मत। / 你有～的钱吗? तुम्हारे पास फ़ालतू पैसा है?
【富源】 fùyuán प्राकृतिक साधन
【富足】 fùzú प्रचुर; संपन्न: 过着～的日子 खुशहाल जीवन बिताना

腹 fù ❶पेट; तोंद; उदर ❷(बोतल आदि का) पेट: 一个～大颈细的瓶子 पतली गरदन और बड़े पेटवाली बोतल
【腹背受敌】 fùbèi-shòudí आगे और पीछे दोनों ओर से प्रहार किया जाना; चक्की के दो पाटों में पिस जाना
【腹地】 fùdì केन्द्र के आस-पास का क्षेत्र; अंतरीय क्षेत्र
【腹诽】 fùfěi (腹非 fùfēi भी) <लि०> अनुक्त आलोचना
【腹稿】 fùgǎo अपने मन में बनाया हुआ मसविदा: 打～ अपने मन में मसविदा बनाना
【腹股沟】 fùgǔgōu <श०वि०> ग्रोइन
【腹膜】 fùmó उदरावरण; पेरिटोनियम
【腹膜炎】 fùmóyán <चिकि०> पेरिटोनाइटिस
【腹鳍】 fùqí <प्राणि०> उदरीय मीनपक्ष
【腹腔】 fùqiāng <श०वि०> उदरीय कोटर; एब्डोमिनल कैविटी
【腹水】 fùshuǐ <चिकि०> असाइटिज़: 抽～ शरीर से तरल पदार्थ निकालना
【腹痛】 fùtòng पेट में दर्द होना
【腹泻】 fùxiè ❶दस्त ❷(किसी को) दस्त आना
【腹心】 fùxīn ❶शरीर के प्राणधारी अंग; मूल भाग: 腹心之患 ❷घनिष्ठ अधीनस्थ कर्मचारी; विश्वसनीय एजेंट ❸सच्चा दिल: 敢布～ अपने विचार प्रकट करने का साहस करना
【腹心之患】 fùxīnzhīhuàn अपने शरीर के प्राणधारी अंग में कोई रोग —— भीतरी खतरा; अंतर्निहित संकट
【腹胀】 fùzhàng उदरीय प्रसारण

鲋（鮒） fù क्रूशन कार्प

缚（縛） fù बांधना; बंधन में डालना; जकड़ना: 手无～鸡之力 हाथ में मुर्गी कस कर जकड़ने की ताकत भी न होना —— बहुत ही कमज़ोर होना

赙（賻） fù <लि०> किसी शोकाकुल परिवार को भेंट के रूप में वस्तु या धन देना
【赙金】 fùjīn <लि०> किसी शोकसंतप्त परिवार को दिया जाने वाला धन
【赙仪】 fùyí <लि०> किसी शोकाकुल परिवार को दी जाने वाली वस्तु
【赙赠】 fùzèng <लि०> किसी शोकसंतप्त परिवार को भेंट के रूप में वस्तु या धन देना

蝮 fù नीचे दे०
【蝮蛇】 fùshé पेलेस पिट वाइपर; वाइपर सांप

鳆（鰒） fù नीचे दे०
【鳆鱼】 fùyú एबेलोन

覆 fù ❶<लि०> ढंकना: 在播下的种子上面～土 मिट्टी से बोये हुए बीज ढंकना ❷<लि०> उलट जाना; गिर पड़ना; उलटा देना; गिरा देना: 颠～ उलट देना ❸复[2] fù के समान
【覆被】 fùbèi आच्छादन: 森林～率 वन-आच्छादन
【覆巢无完卵】 fù cháo wú wán luǎn जब घोंसला गिर जाता है तो कोई अंडा अटूट नहीं रहता —— कोई परिवार आदि जब आफ़त में पड़ जाता है तो उस का कोई सदस्य सही-सलामत नहीं बच सकता
【覆车之鉴】 fùchēzhījiàn आगे की गाड़ी उलट जाने

से मिली हुई चेतावनी —— दूसरे की भूल से मिला हुआ सबक

【覆盖】 fùgài ❶ढंकना： 积雪～着地面。ज़मीन बर्फ़ से ढंकी हुई है। ❷वनस्पति आच्छादन; पेड़-पौधे

【覆盖物】 fùgàiwù आच्छादन; आवरक

【覆灭】 fùmiè ❶सर्वनाश; पतन ❷पूर्ण रूप से नष्ट होना

【覆没】 fùmò ❶<लि०> (जहाज़ का) उलट कर डूब जाना ❷(सेना का) सत्यानाश होना; विनाश होना： 全军～ पूरी सेना का विनाश होना ❸<लि०> दुश्मन द्वारा कब्ज़ा किया जाना： 中原～。दुश्मन द्वारा केंद्रीय मैदान पर कब्ज़ा कर लिया गया।

【覆盆之冤】 fùpén-zhīyuān वह अन्याय जिस की कभी क्षतिपूर्त्ति न की जा सकती हो; असाध्य अन्याय

【覆水难收】 fùshuǐ-nánshōu उँडेल दिया हुआ पानी फिर ज़मीन पर से उठाया नहीं जा सकता —— जो किया गया है वह बिना किया हुआ नहीं हो सकता

【覆亡】 fùwáng (साम्राज्य, राष्ट्र आदि का) पतन

【覆辙】 fùzhé उलटी हुई गाड़ी की लीक： 重蹈～ उलटी हुई गाड़ी की लीक पर चलना —— विनाश की ओर जाने वाले पुराने रास्ते पर चलना; पुराना विनाशकारी रास्ता अपनाना

馥 fù <लि०> सुगंध; खुशबू

【馥馥】 fùfù <लि०> अत्यंत सुगंधित; बहुत खुशबूदार

【馥郁】 fùyù <लि०> अत्यंत सुगंधित; बहुत खुशबूदार： ～的花香 फूलों की तेज़ खुशबू

G

gā

夹（夾）gā नीचे दे०
jiā; jiá भी दे०
【夹肢窝】gāzhiwō बगल; काँख
旮 gā नीचे दे०
【旮旮旯旯儿】gāgalálár 〈बो०〉 हरेक कोना; सभी कोने：～都打扫干净了。कोने-कोने तक की सफ़ाई की गई है।
【旮旯儿】gālár 〈बो०〉 ❶कोना; कोण：墙～ दो दीवारों के मेल से बना भीतरी कोना ❷कोई कम चौड़ा और एकांत स्थान; गुप्त स्थान：山～ पहाड़ का पिछला हिस्सा
伽 gā नीचे दे०
jiā; qié भी दे०
【伽马射线】gāmǎ shèxiàn 〈भौ०〉 गामा किरण
咖 gā नीचे दे०
kā भी दे०
【咖喱】gālí कढ़ी：～牛肉 गाय के माँस (बीफ़) की कढ़ी / ～粉 कढ़ी का पाउडर
胳 gā नीचे दे०
gē; gé भी दे०
【胳肢窝】gāzhiwō 夹肢窝 gāzhiwō के समान
嘎 gā 〈अनु०〉 एक भारी,ऊँचे स्वर की आवाज़：汽车～的一声刹住了。कार कर्कश आवाज़ करते हुए रुक गई।
gǎ भी दे०
【嘎巴】gābā 〈अनु०〉 चटखने या तड़कने की ध्वनि：木棍～一声断成两截。छड़ी चट से दो टुकड़ों में टूट गई।
【嘎巴】gāba 〈बो०〉 ❶किसी वस्तु की ऊपरी सतह पर परत,या लेप चढ़ना (लगना)：瞧，浆糊都～在你袖子上了。देखो, लई की परत तुम्हारी आस्तीन पर लग गई है। ❷किसी वस्तु की ऊपरी सतह पर चढ़ी परत या लेप：粥～儿 दलिये की परत
【嘎嘣脆】gābēngcuì 〈बोल०〉 ❶(खाद्य पदार्थ) करारा; कुरकुरा：这种豆子吃起来～。ये चने बहुत कुरकुरे हैं। ❷साफ़-सुथरी (आवाज़)：这个人的唱腔～。इस गायिका की आवाज़ बहुत साफ़-सुथरी है।
【嘎嘎】gāgā 〈अनु〉 (बत्तख आदि की) कें-कें; कें-कें करना
【嘎吱】gāzhī 〈अनु〉 (प्रायः पुनरावृत्ति के रूप में प्रयुक्त) बहुत दबाव पड़ने पर वस्तुओं के चरमराने की आवाज़：行李压得扁担～～的响。माल-असबाब के भार से बहँगी चरमराने लगी।

gá

轧（軋）gá 〈बो०〉 ❶परस्पर धक्का लगाना, दबाव डालना ❷मित्रता करना ❸निरीक्षण करना; जांचना：～账 लेखा जोखा जांचना
yà; zhá भी दे०
【轧朋友】gá péngyou 〈बो०〉 ❶(किसी से) मित्रता करना; मित्र से संबंध जोड़ना; मित्र बनना ❷प्रेमी-प्रेमिका का संबंध जोड़ना
【轧姘头】gá pīntou 〈बो०〉 ❶अवैध रूप से पति और पत्नी के रूप में रहना; पति-पत्नी की तरह रहना; सहवास करना
钆（釓）gá 〈रसा०〉 गेडालीनियम (gadolinium) (Gd)

gǎ

嘎 gǎ 〈बो०〉 ❶सनकी; खराब मिज़ाज वाला ❷नटखट; शरारती
gā भी दे०

gà

尬 gà 〈बो०〉 दे० 尴尬 gāngà

gāi

该[1]（該）gāi ❶चाहिये：～说的我都说了。

मुझे जो कुछ कहना चाहिये वह सब मैं ने कह डाला। / 你累了～休息一下了。तुम थक गए हो, तुम्हें थोड़ा विश्राम करना चाहिये। / 你昨天～来呀，怎么没来? तुम को कल आना चाहिये था, क्यों नहीं आये ? ❷किसी की बारी होना; किसी का कर्तव्य होना: 这回～我了吧? अब मेरी बारी आई है, है न! / 您不要客气，这是我～做的。आप तकल्लुफ़ न करें, यह मेरा कर्तव्य था। / 下面～谁发言了? अब कौन बोलेगा ? ❸(अकेले में प्रयुक्त) दंड के योग्य होना; (किसी के साथ) उचित बर्ताव होना: ～! 谁叫他不听话来着。यही सज़ा उस के लिये उचित है! उसे हमारी बात माननी चाहिये थी। ❹(करने को) बाधित होना; चाहिये; अवश्यम्भावी होना; निश्चित होना: 我～走了。मुझे अब जाना है। / 我不～来。मुझे आना नहीं चाहिये था। / 你昨天不～不来。कल तुम को आना चाहिये था। /～我做的工作我一定会做好的。मेरे लिये जो काम निश्चित है, उसे मैं ज़रूर अच्छी तरह कर लूँगा। / ～上班了。अब काम पर जाने का समय है; काम का समय आ गया है। ❺संभावी होना; संभव होना: 他是昨天出发的，今天～到了。वह कल रवाना हुआ था, इसलिए आज ही उसे यहां पहुंचना है। / 再不浇水，花都～蔫了。अगर इन फूलों में फ़ौरन पानी न दें, तो ये मुरझा जाएंगे। / 接到这封信，你～放心了吧? यह पत्र पा कर तुम ज़रूर बेफ़िक्र हो गये होंगे ? ❻(विस्मयादिबोधक वाक्य में ज़ोर देने के लिये प्रयुक्त): 再过十年，这里～有多大的变化啊! दस वर्ष और, और यहां कितने बड़े परिवर्तन हो चुके होंगे! / 要是能到首都北京去，～多好啊! अगर हम राजधानी पेइचिंग जा सकेंगे, तो क्या कहना है!

该[2] (該) gāi जिस पर ऋण या कर्ज़ हो; ऋणग्रस्त होना; ऋणी होना; कर्ज़दार होना: 我～他十元钱。मुझ पर उस के दस य्वान का कर्ज़ है; मुझे उस के दस य्वान देने हैं। /没带钱没关系，先～着吧。कोई बात नहीं, अगर आप अपने साथ पैसा नहीं लाये हैं तो उधार ले लीजिये।

该[3] (該) gāi <लि०> यह; वह; ऊपरोक्त: ～厂 यह (या ऊपर कहा हुआ) कारखाना / ～校 वह (या ऊपरोक्त) विद्यालय / ～生品学兼优。यह विद्यार्थी पढ़ाई और चरित्र दोनों में श्रेष्ठ है।

该[4] (該) gāi 赅 gāi के समान

【该博】 gāibó 赅博 gāibó के समान

【该当】 gāidāng ❶योग्य होना; उचित होना: ～何罪? तुम्हारे ख़्याल में तुम्हारे लिये कौन-सी सज़ा उचित होगी? ❷चाहिये: 这是大家的事，我～出力。यह काम सब लोगों के लिये है, मुझे इस में अपनी शक्ति लगानी चाहिये।

【该死】 gāisǐ <बोल०> (घृणा, क्रोध आदि प्रकट करने में प्रयुक्त): ～的猫又叼去一条鱼。कमबख्त बिल्ली ने एक मछली की फिर चोरी की। / 真～! 我又忘记带钥匙了。लानत है! मैं फिर अपनी चाबी लाना भूल गया।

【该应】 gāiyīng <बो०> ❶चाहिये ❷दे० 该着

【该着】 gāizháo भाग्य से निर्णित: भाग्य में लिखा हुआ: 刚一出门就摔了一跤，～我倒霉。घर से निकला ही था कि मैं ठोकर खाकर गिर पड़ा। मेरा दुर्भाग्य ही था!

垓 gāi <प्रा०> दस करोड़

赅 (賅) gāi <लि०> ❶पूरा; पूर्ण; परिपूर्ण: 言简意～ संक्षिप्त किंतु व्यापक ❷(किसी में) शामिल होना: 举一～百 एक उदाहरण से अन्य मामलों का अनुमान करना

【赅博】 gāibó गंभीर और व्यापक; विद्वान: 学问～ विद्वान; विद्वत्तापूर्ण

【赅括】 gāikuò <लि०> संक्षेप करना; सारांश निकालना; सामान्यीकरण करना

gǎi

改 gǎi ❶बदलना; परिवर्तन करना या होना; रूपांतर करना या होना: ～名 नाम बदलना / 这几年，这里完全～了样子了。इधर कुछ वर्षों से यहां काफ़ी बदलाव हो गया है। ❷हेर-फेर करना; रद्दोबदल करना; संशोधन करना: 这篇文章已经～过好几次了。इस लेख का कई बार संशोधन किया गया है। / 这件衣服太长了，请把它～短一点。यह कोट मेरे लिये अधिक लम्बा है, इसे ज़रा छोटा कर दीजिये। ❸(दोष या त्रुटि आदि का) सुधार करना; सुधारना; ठीक करना; शुद्ध करना; (भूल, गलती आदि को) दूर करना: 有错误一定要～。तुम से कोई भी गलती हुई हो तो उस का ज़रूर सुधार कर लेना। ❹(क्रिया के साथ प्रयुक्त) बदलना; हेर-फेर करना: ～种水稻 बदल कर धान की बुवाई करना / ～乘 1 路公共汽车 बदल कर नम्बर 1 से चलना / 把洼地～成稻田 दलदली भूमि को धान के खेत में बदलना

【改扮】 gǎibàn बनावटी वेश या रूप धारण करना; स्वांग बनाना; स्वांग रचना

【改编】 gǎibiān ❶बदलना; रूपांतर करना; पुनर्विन्यास करना: 把小说～成剧本 उपन्यास को नाटक में बदलना; उपन्यास का नाटक में रूपांतर करना ❷पुनः संगठन करना; पुनर्गठित करना: 把原来的红军～为八路军 लाल सेना को आठवीं रूट सेना के रूप में पुनर्गठित कर लेना

【改变】 gǎibiàn बदलना; परिवर्तन करना या होना; तब्दीली करना या होना; हेर-फेर करना; सुधार करना: ～计划 अपनी योजना में तब्दीली करना / ～观念 अपनी धारणाओं को बदलना / 社会风气～了。समाज की हवा बदल गई है। / 这几年，他家的经济状况大有～。इधर कुछ सालों से उस के घर की आर्थिक स्थिति में भारी परिवर्तन हुआ है। / 历史发展的总趋势是不可～的。इतिहास की आम प्रवृत्ति अपरिवर्तनीय है।

【改朝换代】 gǎicháo-huàndài राजवंशों को बदलना; राजवंश का परिवर्तन

【改窜】 gǎicuàn दे० 窜改 cuàngǎi

【改道】gǎidào ❶अपना मार्ग बदलना: 我们决定~先乘飞机去上海。हम ने निश्चय किया है कि मार्ग बदल कर पहले हवाई जहाज़ से शांगहाए जाएंगे। ❷(किसी नदी का) जलमार्ग बदलना: 历史上, 黄河曾多次~。पिछले ज़माने में ह्वांग ह नदी ने अनेक बार अपना मार्ग बदला है।

【改掉】gǎidiào त्याग देना; : ~坏习惯 बुरी आदत छोड़ना

【改订】gǎidìng (नियम, व्यवस्था आदि का) संशोधन करना; फिर से बनाना: ~计划 योजना में तब्दीली करना; योजना को फिर से तैयार करना

【改动】gǎidòng बदलना; परिष्कृत करना; संशोधन करना; परिवर्तन करना: 这篇文章我只~了个别词句。मैं ने इस लेख में केवल इने-गिने वाक्यों को परिष्कृत किया है। / 这学期的课程没有大的~。इस सत्र की पाठ्यचर्या में कोई बड़ा परिवर्तन नहीं हुआ है।

【改革】gǎigé सुधारना; सुधार करना; संशोधन करना; परिष्कार करना: ~币制 करेंसी का सुधार करना / ~旧的教育制度 पुरानी शिक्षा-व्यवस्था में संशोधन करना / ~经济管理体制 आर्थिक प्रबंध की व्यवस्था में सुधार करना / 土地~ भूमि-सुधार / 技术~ तकनीक में सुधार

【改观】gǎiguān पहले का रूप बदल जाना; शक्ल बदल जाना; रूपांतर हो जाना: 几年没来, 天津的面貌大为~。कुछ वर्ष के बाद जब मैं फिर थ्येनचिन आया तो देखा कि इस की शक्ल बहुत बदल गई है।

【改过】gǎiguò अपनी गलती सुधारना; अपना दोष सुधारना : 勇于~ अपनी गलतियों को सुधारने का साहस होना

【改过自新】gǎiguò-zìxīn अपनी गलती को सुधार कर एक नई ज़िन्दगी शुरू करना; अपना दोष सुधारना; नया जीवन आरम्भ करना

【改行】gǎiháng अपना पेशा या व्यवसाय बदलना: 他原先是做律师, 后来~当老师了。पहले वह वकील का काम करता था, बाद में वकालत छोड़कर अध्यापक बन गया।

【改换】gǎihuàn बदलना; अदल-बदल करना; परिवर्तन करना: ~名称 नाम बदलना / ~日期 दिनांक (तिथि) बदलना / ~生活方式 रहन-सहन में परिवर्तन करना / 这句话不好懂, 您最好~一个说法。आप का यह वाक्य समझने में ज़रा मुश्किल है, बेहतर होगा कि आप किसी दूसरे ढंग से बता दें।

【改悔】gǎihuǐ पछताकर अपनी गलतियों को सुधारना; पश्चात्ताप करना 不肯~ अपनी गलतियों को सुधारने के लिये तैयार न होना

【改嫁】gǎijià (किसी स्त्री का) पुनर्विवाह करना या होना; फिर विवाह करना या होना: 丈夫死了以后, 她~了。पति के मर जाने के बाद उस का फिर विवाह हुआ।

【改建】gǎijiàn पुनर्निर्माण करना; पुनर्स्थापन करना; फिर बनाना: 把房子的一部分~成托儿所 मकान के एक हिस्से को किंडरगार्डन बनाना

【改醮】gǎijiào 〈पुराना〉 (किसी स्त्री का) पुनर्विवाह

【改进】gǎijìn सुधार करना या होना; बेहतर बनाना या होना; उन्नति करना; उन्नत होना: 最近他的工作有所~。हाल में उस का काम कुछ बेहतर हो गया है। / ~服务态度 सेवा में सुधार करना

【改口】gǎikǒu अपना कथन बदलना; अपने आप को ठीक करना: 他发现自己说错了, 连忙~。जब उस को पता लगा कि उस ने कोई गलत बात कही तभी उस ने अपने आप को ठीक किया।

【改良】gǎiliáng सुधार करना; संशोधन करना: ~土壤 मिट्टी सुधारना (उपजाऊ बनाना) / ~品种 नस्ल-सुधार (करना)

【改良主义】gǎiliáng zhǔyì ❶सुधारवाद ❷सुधार-वादी: ~运动 सुधारवादी आन्दोलन

【改判】gǎipàn 〈का०〉 पहले का निर्णय (फ़ैसला) बदलना; दंड को बदल कर कम करना या दूसरा दंड देना: 把死刑~无期徒刑 मृत्यु-दंड को बदल कर आजन्म कैद की सज़ा देना

【改期】gǎiqī दिनांक (तिथि) बदलना (प्रायः स्थगित करना); तारीख टालना: 会议~举行。बैठक स्थगित की गई है।

【改日】gǎirì दे० 改天

【改善】gǎishàn सुधार करना; संशोधन करना; बेहतर बनाना; उन्नति करना: ~人民生活 जनता के रहन-सहन की हालत में सुधार करना / ~劳动条件 श्रम की स्थितियों में सुधार करना; श्रम की स्थितियों को बेहतर बनाना / ~关系 संबंध को बेहतर बनाना; संबंध ठीक करना

【改天】gǎitiān किसी दूसरे दिन; किसी दिन: 今天我有事, ~我去看您。आज मुझे काम है, किसी दिन आप से मिलने जाऊंगा। / ~见! फिर मिलेंगे।

【改天换地】gǎitiān-huàndì आसमान और ज़मीन का रूपांतर करना; संसार बदलना: 以~的气概 मन में आसमान और ज़मीन को बदलने की भावना भरकर

【改头换面】gǎitóu-huànmiàn विषय-वस्तु बनाये रखते हुए केवल रूप बदलना; केंचुली बदलना: 旧思想往往~地深入新事物之中。पुराने विचार अक्सर केंचुली बदल कर नई बातों में प्रकट होते हैं।

【改弦更张】gǎixián-gēngzhāng पुरानी व्यवस्था को सुधार करना; नये उपाय अपनाना

【改弦易辙】gǎixián-yìzhé अपना मार्ग बदलना; रुख बदलना; नये पथ पर चलना

【改邪归正】gǎixié-guīzhèng कुमार्ग त्याग कर सु-मार्ग पर वापस आना; गलत राह छोड़कर ठीक राह पर चलना

【改写】gǎixiě ❶संशोधन करना; फिर से लिखना: 根据大家的意见, 他把论文又~了一次。उस ने लोगों के मत के अनुसार अपने निबंध का एक बार फिर संशोधन किया। ❷बदलना; रूपांतर करना: 请把这部短篇小说~成剧本。इस कहानी का एक नाटक में रूपांतर कीजिए।

【改选】gǎixuǎn ❶पुनर्निर्वाचन ❷पुनर्निर्वाचित करना; फिर से चुनाव करना: ~工会主席 ट्रेड यूनियन के अध्यक्ष का फिर चुनाव करना

【改易】 gǎiyì <लि०> बदलना; परिवर्तन करना: ～文章标题 निबंध का शीर्षक बदलना

【改元】 gǎiyuán किसी सम्राट के राज्यकाल की पदसंज्ञा बदलना; किसी राज्य का पदनाम बदलना

【改造】 gǎizào रूपांतर करना; सुधार करना; संशोधन करना; पुनःसंस्कार करना; नये साँचे में ढालना; पुनर्निर्माण करना: ～世界观 अपने विश्वदृष्टिकोण को नये साँचे में ढालना; अपने विश्वदृष्टिकोण का रूपांतर करना / ～自然 प्रकृति का रूपांतर करना / 把罪犯～成新人 अपराधियों का पुनःसंस्कार कर के उन को नये आदमी बनाना

【改正】 gǎizhèng शुद्ध करना; दुरुस्त करना; संशोधित करना; ठीक करना; सुधार करना: ～错误 भूल का सुधार करना; भूल का निराकरण करना; गलती को दुरुस्त करना / ～缺点 दोष को दूर करना / ～错别字 गलत शब्दों को ठीक करना

【改制】 gǎizhì <लि०> समाज-व्यवस्था को बदलना; स्वामित्व की व्यवस्था में सुधार; मिल्कियत की प्रणाली में सुधार

【改装】 gǎizhuāng ❶अपनी वेश-भूषा या वस्त्र बदलना ❷फिर से बद्ध करना; रिपैक करना; रिपैकेज ❸साज़-सज्जा को बदलना; फिर से सजाना: ～一辆卡车 ट्रक फिर से जोड़ना

【改锥】 gǎizhuī पेंचकस

【改组】 gǎizǔ पुनःसंगठन करना; पुनर्गठन करना; संगठन में परिवर्तन करना; रद्दोबदल करना; पुनर्स्थापना करना: ～内阁 मंत्रिमंडल में परिवर्तन करना; मंत्रिमंडल का पुनर्गठन करना

【改嘴】 gǎizuǐ <बोल०> दे० 改口

gài

丐 gài ❶मांगना ❷भिखारी ❸दान देना; प्रदान करना

芥 gài नीचे दे०
jiè भी दे०

【芥菜】 gàicài <वन०> सरसों; राई के पत्ते
jiècài भी दे०

【芥蓝】 gàilán केबेज मस्टर्ड

钙（鈣） gài <रसा०> केल्सिआम

【钙化】 gàihuà <चिकि०> कैल्सिफ़ाई करना या होना

盖¹（蓋） gài ❶ढक्कन; ढकना; ढकनी: 锅～ देगची का ढक्कन / 盒子～ डिब्बे का ढकना / 碗～ कटोरी का ढक्कन ❷（～儿）(कछुए, केकड़े आदि का) कठोर बाह्य आवरण; खपड़ा ❸छत्र: 华～ चँदोवा ❹आच्छादित करना; ढंकना; ढांकना; छिपाना; मढ़ना; ओढ़ना; छाना: ～盖儿 (किसी चीज़ को) ढक्कन से ढंकना / ～被子 लिहाफ़ ओढ़ना / ～瓦 खपरैल छाना / 撒种后～上一层土 बीज बोने के बाद उस को मिट्टी की परत से ढांकना / 丑事想～也～不住。दूषित बात छिपाये न छिपेगी। ❺(मोहर) लगाना: ～图章 मोहर लगाना / ～印 छापा लगाना ❻आगे निकल जाना; (किसी को) पीछे छोड़ जाना; अपेक्षाकृत ऊँचा होना; अपेक्षाकृत श्रेष्ठ होना: 他的嗓门很大，把别人的声音都～下去了。उस की आवाज़ इतनी ऊँची थी कि उस से दूसरे लोगों का स्वर दब गया। / 他的学习成绩～过所有的同学。वह पढ़ाई में अपने सभी सहपाठियों को पीछे छोड़ जाता है। ❼निर्माण करना; बनाना: ～房子 मकान बनाना (या बनवाना) / 新教室～好了。कक्षा के नये कमरे बन कर तैयार हो गये। ❽（Gài）एक कुलनाम

盖²（蓋） gài <लि०> ❶लगभग; करीब: 与会者～一千人。लगभग एक हज़ार व्यक्ति इस सभा में शामिल हुए। ❷क्योंकि; कारण यह कि; इसलिये…कि: 有所不知，～未学也。अगर कुछ बातें ऐसी हैं जिन को हम नहीं जानते तो कारण यह कि उन को हम ने सीखा नहीं था।

【盖菜】 gàicài लीफ़ मस्टर्ड

【盖戳】 gàichuō मोहर लगाना; छाप लगाना

【盖饭】 gàifàn（盖浇饭 gàijiāofàn भी）चावल के ऊपर तरकारियाँ रखकर तैयार हुए भोजन की एक खुराक

【盖棺论定】 gàiguān-lùndìng किसी का अंतिम निष्कर्ष तभी निकाला जा सकता है जब कि उस का ताबूत बन्द किया जाता है; किसी के मर जाने के बाद ही उस का अंतिम मूल्यांकन किया जा सकता है

【盖帘】 gàilián डंठलों से बना एक गोलाकार ढक्कन जिस से कुंडे, बेसिन आदि को ढंका जाता है

【盖帽儿】 gàimàor <बो०> बहुत ही अच्छा होना; अतिश्रेष्ठ होना

【盖然性】 gàiránxìng <का०> सम्भाव्यता

【盖世】 gàishì <लि०> अद्वितीय; अतुल; बेजोड़; बेमिसाल; लाजवाब; अपने ढंग का: ～无双 बेजोड़ होना; अपने ढंग का होना

【盖世太保】 Gàishìtàibǎo गेस्टापो（Gestapo）

【盖世英雄】 gàishì-yīngxióng अद्वितीय वीर

【盖头】 gàitou नयी वधू का सिर ढंकने का लाल रेशमी रूमाल; सिर का रूमाल

【盖碗儿】 gàiwǎnr ढक्कन और तश्तरी सहित चाय का प्याला

【盖章】 gàizhāng मोहर लगाना; सील-मुहर लगाना: 双方都已在这份协议上盖过章了。दोनों पक्षों ने इस समझौते पर अपनी मोहर लगा दी है।

【盖子】 gàizi ❶ढक्कन; ढकना; ढकनी: 水壶～ केटली का ढक्कन / 暖瓶～ थर्मस का ढकना ❷(कछुए आदि का) खपड़ा

溉 gài दे० 灌溉 guàngài

概¹（槩） gài ❶साधारण दृश्य; रूपरेखा : 概况 / 概要 ❷<क्रि०वि०> साधारणतया; आम तौर पर;

तकरीबन: ～而论之 आम तौर पर कहा जाए ❸〈क्रि०वि०〉अपवाद के बिना; निर्पेक्षतः: 货物售出，～不退换。बिका हुआ माल लौटाया नहीं जा सकता।

概 2 gài चाल-ढाल; स्वभाव; ढंग; तौर-तरीका: 气～ श्रेष्ठ गुण; उत्साह; जोश; भाव; भावना

【概观】 gàiguān (प्रायः पुस्तक के नामों में प्रयुक्त) विहंगावलोकन

【概况】 gàikuàng सामान्य स्थिति; साधारण दृश्य; रूपरेखा; पर्यावलोकन: 介绍学校的～ विद्यालय की सामान्य स्थितियां बताना / 《印度～》 'भारत का पर्यावलोकन'; 'भारत की रूपरेखा'

【概括】 gàikuò ❶संक्षेप करना; सामान्यीकरण करना; सारांश निकालना; सामान्य रूप देना: 这个人的特点可以用'忠诚'两个字来～。इस आदमी की विशेषताओं को 'वफ़ादारी' शब्द में समेटा जा सकता है। / ～起来说 सारांश में कहा जाए ❷संक्षेप; सामान्य रूप: ～地说 संक्षेप में कहा जाए / 他把小说的内容～地介绍了一遍。उन्हों ने इस उपन्यास की कथा-वस्तु का संक्षिप्त परिचय कराया।

【概括性】 gàikuòxìng सामान्यता

【概率】 gàilǜ 〈गणित०〉 संभाव्यता

【概略】 gàilüè ❶सामान्य स्थिति; रूपरेखा: 故事的～ कहानी की रूपरेखा ❷संक्षेप; सामान्य रूप: ～说明 संक्षिप्त विवरण(करना)

【概论】 gàilùn (प्रायः पुस्तक के नामों में प्रयुक्त) विषय-प्रवेश; रूपरेखा: 《中国文学～》 'चीनी साहित्य का विषय-प्रवेश'

【概貌】 gàimào सामान्य स्थिति; साधारण दृश्य: 反映人民生活的～ जनता के जीवन का साधारण दृश्य प्रस्तुत करना

【概莫能外】 gàimònéngwài कोई भी अपवाद स्वी- कार न करना: 古今中外，～。वर्तमान या प्राचीन ज़माने में और चीन या विदेशों में इस का कोई भी अपवाद नहीं है।

【概念】 gàiniàn धारणा; संकल्पना; विचार: 基本～ आधारभूत धारणा; बुनियादी विचार / 我对梵语语法只有一点模糊的～。संस्कृत के व्याकरण के विषय में मेरा सिर्फ़ थोड़ा-सा अस्पष्ट ज्ञान है।

【概念车】 gàiniànchē कंसेप्ट कार

【概念股】 gàiniàngǔ कंसेप्ट स्टाक

【概念化】 gàiniànhuà सामान्यता (या व्यापकता) में संलग्न होना; सैद्धांतिक विषयों में लिखना (या बोलना): 要克服文艺创作中的～倾向。कला-साहित्य की रचनाओं में सामान्यता लाने की प्रवृत्ति को दूर करो।

【概述】 gàishù (किसी घटना, बात का) संक्षिप्त विवरण बताना

【概数】 gàishù सन्निकट अंक; लगभग ठीक नम्बर; राउँड नम्बर

【概算】 gàisuàn 〈अर्थ०〉 बजट-संबंधी अनुमानित परिमाण; बजटरी एस्टिमेट

【概要】 gàiyào (प्रायः पुस्तक के नामों में प्रयुक्त) रूपरेखा; संक्षेप; सार: 《汉语语法～》 'चीनी व्याकरण की रूपरेखा'

gān

干 1 gān 〈प्रा०〉 ढाल

干 2 gān ❶अनुचित या अवैध कार्य करना: 干犯 ❷किसी से संपर्क या संबंध रखना; किसी से संबंधित होना; उलझाया हुआ होना: 这件事与我无～。इस बात का मुझ से कोई संबंध नहीं है; मैं इस बात से कोई संबंध नहीं रखता। ❸〈लि०〉 (अधिकारी पद, लाभ आदि) पाने को उत्सुक होना: ～禄 अधिकारी लाभ पाने को उत्सुक होना

干 3 gān 〈लि०〉 झील,नदी आदि का किनारा; तट: 河～ नदी का किनारा

干 4 gān 天干 tiāngān का संक्षिप्त रूप —— 干支 भी दे०

干 5 (乾) gān ❶सूखना: 衣服晾～了。कपड़े सूख गये हैं। / 河水快～了。नदी का पानी सूखा जा रहा है। 口～ प्यास लगना; प्यासा होना / 油漆未～。गीला पेंट! ❷सुखाया हुआ; सूखा हुआ: 萝卜～儿 सूखी मूली / 牛肉～儿 सुखाया हुआ गोमाँस ❸खाली; खोखला; रिक्त; शून्य: 钱都花～了。सब पैसा खर्च हो गया। / ～号 ज़ोर से रोना-धोना परंतु जिस में आँसू न गिरे ❹केवल नाम मात्र का रिश्ता कायम किया हुआ: 干亲 ❺〈क्रि०वि०〉 व्यर्थ; नाहक: 他们可能不来了，咱们别～等了。वे लोग शायद नहीं आएंगे। हम उन के इंतज़ार में अधिक समय नाहक खर्च न करें। ❻〈बोल०〉 (बात) कठोर; सख़्त; कड़ा; रूखा; अत्यधिक स्पष्ट: 你说话别那么～，不然他会生气的。ऐसी रूखी बातें न कहो, नहीं तो वह नाराज़ हो जाएगा। ❼〈बोल०〉 किसी के सामने ही उस की शिकायत करते हुए उस को परेशान करना; मुश्किल में डालना: 今天我又～了他一顿。आज मैं ने एक बार फिर उस को परेशान किया। ❽〈बोल०〉 रूखा व्यवहार करना; उदासीनता दिखाना; रुखाई का बर्ताव करना; ठंडेपन से पेश आना: 主人走了，把咱们～起来了。मेज़बान हम को छोड़ कर चले गये; हम वहां व्यर्थ बैठे रहे और कोई हम को कुछ पूछता नहीं था।

gàn; 乾 qián भी दे०

【干巴巴】 gānbābā ❶सूखा; शुष्क; निर्जल: ～的土地 सूखी ज़मीन ❷निर्जीव; नीरस; अरुचिकर: 文章写得～的。यह लेख बड़ा नीरस है। / 这个人～的，让人不感兴趣。यह आदमी ज़रा भी रसिक नहीं, बड़ा अरुचिकर है।

【干巴】 gānba 〈बोल०〉 ❶सूख जाना; सूखकर कड़ा हो जाना: 枣儿都晒～了。ये खजूर धूप में सूखकर कड़े हो गये हैं। ❷चर्बी का अभाव होना; शुष्क या सूखा होना; मुरझाया

हुआ होना: 人老了，皮肤就变得～了。बुढ़ापे में आदमी का चमड़ा शुष्क बन जाता है; जब आदमी बूढ़ा होता है तो उस का चमड़ा मुरझा जाता है। ❸निर्जीव; नीरस: 话说得～乏味。ये बातें निर्जीव और गैर-दिलचस्प हैं।

【干白】 gānbái (अंगूर की) गैरमीठी सफ़ेद शराब

【干杯】 gānbēi किसी के स्वास्थ्य या सम्मान के नाम पर मदिरा-पान करना; जाम पेश करना; टोस्ट पान करना: 为我们的合作成功～! हमारे सहयोग की सफलता के लिये जाम पेश कीजिये। / 为朋友们的健康～! हमारे मित्रों के स्वास्थ्य के लिये (या आप लोगों के स्वास्थ्य के लिये) टोस्ट पान करो।

【干贝】 gānbèi सूखा स्कैलप

【干瘪】 gānbiě ❶सूखा; खुश्क; शुष्क; सूख कर सिकुड़ जाना: 墙上挂着的红辣椒，风吹日晒，都已经～了。दीवार पर लटकी हुई लाल मिर्चें धूप और हवा में सूख कर सिकुड़ गई हैं। ❷(व्यक्ति या उस के चेहरे के लिये) मुरझाया हुआ; सूखा: ～的老头儿 मुरझाया हुआ बूढ़ा ❸(लेख आदि) निर्जीव; नीरस; अरुचिकर

【干菜】 gāncài धूप या हवा में सुखायी हुई साग-सब्ज़ी

【干柴】 gānchái सूखी लकड़ी

【干柴烈火】 gānchái-lièhuǒ ज्वलंत आग के पास की सूखी लकड़ी —— ❶तीव्र कामवासना में मनोविकृत पुरुष और स्त्री ❷कोई नाज़ुक घड़ी; कोई विस्फोटक स्थिति

【干脆】 gāncuì ❶स्पष्ट; साफ़; सीधा; खरा: 他说话～利落。वह अक्सर स्पष्ट और सीधी बात कहता है। / 你要是不想去，～说好了。अगर तुम नहीं जाना चाहते तो सीधे से कह दो। / 我～告诉你，这事我不干。मैं तुम को साफ़-साफ़ बताता हूँ, यह काम मैं नहीं करूँगा। / ～拒绝 साफ़ इंकार करना; दो टूक जवाब देना / 办事～ कार्य करने में सरलता से काम लेना ❷स्पष्ट रूप से; साफ़-साफ़; ठीक-ठीक; बिल्कुल: 你～说"行"还是"不行"。तुम ठीक-ठीक बताओ कि हाँ या नहीं। / 他既然不表态，咱们～就这么干吧。जब वह अपनी राय पेश नहीं करता, तो हम ऐसा ही करेंगे। / 这个人不讲理，～别理他。यह आदमी सीधी तरह बात करना नहीं जानता, उस को दूर से सलाम करो।

【干打雷，不下雨】 gān dǎ léi bù xià yǔ सिर्फ़ बिजली गरजती है परंतु पानी नहीं बरसता; मेघगर्जन परंतु वर्षा नहीं —— ज़ोर का शोर परंतु कोई कर्म नहीं

【干瞪眼】 gān dèngyǎn <बोल०> बेचैनी के साथ पास खड़े होना; सहायता देने में असमर्थ होना; हताश होकर देखते रहना

【干电池】 gāndiànchí ड्राइसेल (drysell)

【干爹】 gāndiē धर्मपिता

【干儿子】 gān'érzi धर्मपुत्र; दत्तक पुत्र

【干犯】 gānfàn <लि०> अतिक्रमण करना; हस्तक्षेप करना: ～法纪 कानून तोड़ना और अनुशासन भंग करना

【干饭】 gānfàn खाने के लिये उबाले हुए चावल; भात

【干戈】 gāngē लड़ाई के हथियार —— लड़ाई; युद्ध: 动～ अस्त्रों से सुसज्जित होना; मुकाबले के लिये तैयार होना; लड़ाई करना

【干股】 gāngǔ कंपनी की वह अंश पूँजी (शेयर) जो किसी को मुफ़्त में मिलती हो और जिस से लाभ में बोनस मिले जबकि घाटे में कुछ भी नुकसान न पहुँचे

【干果】 gānguǒ ❶मेवा ❷सुखाया हुआ फल

【干旱】 gānhàn अनावर्षण; सूखा

【干嚎】 gānháo बिना आँसुओं के ज़ोर से रोना-धोना

【干涸】 gānhé (नदी, तालाब आदि) सूख जाना; शुष्क हो जाना: 河道～。नदी सूख गई।

【干红】 gānhóng (अंगूर की) गैरमीठी लाल शराब

【干花】 gānhuā सूखा फूल (वह फूल जो जल्दी सुखाने वाले पदार्थ से सुखाया हुआ हो और जिस में लम्बे अरसे तक ताज़े फूल का रंग और रूप बना रहे)

【干货】 gānhuò धूप या हवा में सुखाया हुआ कड़े छिलकेदार फल (जैसे बादाम आदि) (बिक्री के माल के रूप में)

【干急】 gānjí दे० 干着急

【干结】 gānjié सूखा और कड़ा: 大便～ गोष्ठबद्ध होना; कब्ज़ होना या आना

【干净】 gānjìng ❶साफ़; स्वच्छ; साफ़-सुथरा और सुव्यवस्थित: 这屋子很～。यह कमरा बड़ा साफ़ है। / 孩子们穿得干干净净的。लड़के साफ़-सुथरे कपड़े पहने हुए थे। ❷पूर्ण रूप से; बिल्कुल: 忘得干干净净 बिल्कुल भूल जाना / 这地没扫～。इस फ़र्श की पूरी तरह सफ़ाई नहीं की गई।

【干净利落】 gānjìng-lìluò साफ़-सुथरा; दक्ष; फुरतीला: 他办事～。वह बड़ी फुरती से काम करता है; वह बड़ा फुरतीला है।

【干咳】 gānké सूखी खाँसी आना (होना); खाँसना

【干渴】 gānkě बहुत प्यास लगना

【干枯】 gānkū ❶शुष्क; सूखा; मुरझाया हुआ: ～的池塘 सूखा तालाब / ～的树木 सूखे पेड़-पौधे / 老人～的皮肤 बूढ़े का मुरझाया हुआ चमड़ा ❷सूख जाना; मुरझाना: 小河～了。यह सरिता सूख गई है।

【干酪】 gānlào पनीर; चीज़ (cheese)

【干冷】 gānlěng शुष्क और ठंडा (मौसम)

【干粮】 gānliang ठोस भोजन-सामग्री(यात्रा के लिये तैयार होनेवाली); सफ़री राशन, पाथेय: ～袋 (सफ़री) राशन का झोला

【干裂】 gānliè सूखने के कारण दरार बनना; खुश्क हो जाना; झुलस जाना; पपड़ियाना; सूख कर फट जाना: 嘴唇～ पपड़ीदार होंठ; होंठों पर पपड़ी पड़ना / 土地～了。ज़मीन पपड़िया गई; ज़मीन झुलस गई। / 在北方，竹器容易～。उत्तर में बाँस के बर्तन सहज ही सूख कर फट जाते हैं।

【干妈】 gānmā धर्ममाता

【干女儿】 gānnǚ'ér धर्मपुत्री; दत्तक पुत्री

【干啤】 gānpí ड्राई बियर

【干亲】 gānqīn केवल नाम मात्र का रिश्तेदार (जैसे धर्मपिता, धर्ममाता आदि) : 认～ किसी को अपना रिश्तेदार ग्रहण करना

【干扰】 gānrǎo ❶अशांत करना; तंग करना; बेचैन करना; परेशान करना; बाधा डालना; अवरुद्ध करना: 他正在工作，我们不便去～。वे अभी काम कर रहे हैं। हम जाकर

उन को तंग न करें। ❷〈रेडियो〉 रेडियो कार्य-क्रमों में गड़बड़ डालना जिस से कि वे सुने न जा सकें; जैम करना: ～台 जैमिंग स्टेशन

【干涉】 gānshè ❶हस्तक्षेप करना; दखलंदाज़ी करना; दखल देना; पांव अड़ाना: 互不～内政 एक दूसरे के अन्दरूनी मामलों में हस्तक्षेप न करना ❷संबंध: 二者了无～。इन दोनों में कोई भी संबंध नहीं है।

【干瘦】 gānshòu बहुत सूखकर बिल्कुल दुबला और क्षीण हो जाना; पपड़ी छोड़ना: 身体～ सूखा शरीर

【干洗】 gānxǐ सूखी धुलाई; ड्राइक्लीन (dry-clean)

【干系】 gānxì उत्तरदायित्व; उलझाव: 逃脱不了～ अपने उत्तरदायित्व से बच नहीं सकना / 他同这件案子有～。वह इस मामले में उलझ गया है; वह इस मामले में फँसा हुआ है।

【干笑】 gānxiào रुखाई से हँसना; मुस्कराहट का स्वांग रचना; बनावटी हँसी छूटना

【干薪】 gānxīn बिना किसी कार्य-भार के मिलनेवाला वेतन

【干谒】 gānyè 〈लि०〉 (प्रतिष्ठित व्यक्तियों आदि के) दर्शन करना

【干与】 gānyù दे० 干预

【干预】 gānyù हस्तक्षेप करना; दखलंदाज़ी करना; दखल देना; पांव अड़ाना: 你不要～这件事。तुम इस मामले में दखल न दो।

【干哕】 gānyue जी मिचलाना; मिचली आना; मतली आना: 他一闻到汽油味就～。गैसोलीन की बू सूंघते ही उस को मिचली आने लगती है।

【干燥】 gānzào ❶सूखा; शुष्क: 气候～ सूखा मौसम / 大便～ कब्ज़ होना (आना) ❷नीरस; अरुचिकर: 发言～无味 नीरस और अरुचिकर भाषण

【干着急】 gānzháojí व्याकुल होना परंतु कुछ करने में असमर्थ होना: 这件事他～没办法。इस बात से वह बहुत व्याकुल था, परंतु कुछ नहीं कर सकता था।

【干支】 gānzhī दस आकाशीय स्तंभ (天干) और बारह पार्थिव शाखाएं (地支) (सांकेतिक चिह्नों के दो समूह, दो में हरेक से एक एक चिह्न लेकर जोड़ने से 60 जोड़े बन जाते हैं, जिन से वर्ष —— पहले मास और दिवस भी —— बताये जाते हैं)

甘

gān ❶मीठा; सुखकर: ～泉 स्रोत का मीठा जल / 同～共苦 साथ-साथ सुख की नींद सोना और एक साथ दुख भोगना; सुख और दुख बंटाना ❷स्वेच्छा से; अपनी इच्छानुसार: ～当群众的小学生 स्वेच्छा से जन-समुदाय का शिष्य बनना ❸甘肃 (Gānsù) का संक्षिप्तरूप ❹ (Gān) एक कुलनाम

【甘拜下风】 gānbài-xiàfēng सच्चे दिल से अपनी हीनता(ज्ञान, योग्यता आदि में) स्वीकार करना; किसी की श्रेष्ठता की स्वीकृति में सिर झुकाना

【甘草】 gāncǎo 〈ची०चि०〉 मुलेठी; लिकोराइस की जड़

【甘地】 Gāndì गांधी: ～主义 गांधीवाद

【甘居】 gānjū (प्रायः निम्नता में) रहने के लिये संतुष्ट होना; तृप्त होकर रहना: ～中游 मध्यम स्थिति में रहने के लिये संतुष्ट होना

【甘苦】 gānkǔ ❶मिठास और कड़ुवाहट; सुख और दुख: 同～ सुख और दुख बँटाना ❷काम में अनुभूत कठिनाइयां: 没有搞过这种工作，就不知道其中的～。जब तक तुम यह काम नहीं करोगे, तब तक तुम को मालूम न होगा कि यह काम कितना कठिन है।

【甘蓝】 gānlán 〈वन०〉 बंदगोभी

【甘霖】 gānlín लम्बे अरसे की अनावृष्टि के बाद होनेवाली अच्छी वर्षा; समयोचित वर्षा

【甘露】 gānlù ❶मीठी ओस ❷अमृत; सुधारस ❸〈औष०〉 मैना (manna)

【甘美】 gānměi मीठा और ताज़गी देनेवाला: ～的泉水 स्रोत का मीठा और ताज़गी देनेवाला जल

【甘薯】 gānshǔ शकरकंद

【甘肃】 Gānsù कानसू (प्रांत)

【甘甜】 gāntián मीठा: ～可口 मीठा और स्वादिष्ट

【甘托克】 Gāntuōkè गाण्टुक

【甘心】 gānxīn ❶स्वेच्छा से कोई काम करना; इच्छुक होना; तैयार होना ❷संतोष करना; शांतिपूर्वक स्वीकार करना: 敌人对于他们的失败是不会～的。हमारे शत्रु अपनी पराजय शांतिपूर्वक स्वीकार नहीं करेंगे।

【甘心情愿】 gānxīn-qíngyuàn तहेदिल से; स्वेच्छा-पूर्वक; खुशी-खुशी

【甘休】 gānxiū छोड़ देने को तैयार होना: 我们不达目的，决不～。हम बिना अपना उद्देश्य प्राप्त किये नहीं रहेंगे; हम अपना उद्देश्य प्राप्त करके ही रहेंगे।

【甘油】 gānyóu 〈रसा०〉 ग्लिसरीन (glycerine)

【甘于】 gānyú इच्छुक होना; तैयार होना; खुश होना: ～牺牲个人利益 अपने व्यक्तिगत हितों को त्याग देने के लिये तैयार होना

【甘愿】 gānyuàn स्वेच्छा से कोई काम करना; इच्छुक होना; तैयार होना: ～受罚 सज़ा भोगने को तैयार होना

【甘蔗】 gānzhe ऊख; ईख; गन्ना: ～汁 ऊख का रस

杆

gān डंडा; खंभा; बल्ली: 旗～ झंडे का खंभा
gǎn भी दे०

【杆子】 gānzi खंभा; खंभ: 电线～ तार का खंभा

肝

gān यकृत; जिगर; लिवर (liver)

【肝癌】 gān'ái जिगर का कैंसर

【肝肠寸断】 gāncháng-cùnduàn अत्यधिक शोकाकुल होना; कलेजा फटना

【肝胆】 gāndǎn ❶सचाई; सच्चाई; ईमानदारी; निश्छलता ❷वीरता; साहस; हिम्मत: ～过人 दूसरों से अधिक साहसी होना; हिम्मत में दूसरों से बढ़कर होना

【肝胆相照】 gāndǎn-xiāngzhào (मित्रों में) एक दूसरे के साथ ईमानदारी से बर्ताव करना; आपस में सच्चे दिल से व्यवहार करना

【肝功能】 gāngōngnéng लिवर की कार्यप्रणाली

【肝火】 gānhuǒ चिड़चिड़ाहट; बदमिज़ाजी: ～ गर्म-मिज़ाज; चिड़चिड़ा; शीघ्रकोपी

【肝脑涂地】 gānnǎo-túdì अपना जिगर और मस्ति-

ष्क ज़मीन पर छलकाना —— अपनी जान देना
【肝炎】 gānyán हेपिटाइटिस（hepatitis）
【肝脏】 gānzàng यकृत; जिगर; लिवर

坩 gān नीचे दे०
【坩埚】 gānguō 〈रसा०〉 घड़िया; कुठाली

矸 gān नीचे दे०
【矸石】 gānshí कोयले में रहनेवाला पत्थर
【矸子】 gānzi 矸石 का साधारण नाम

泔 gān गंदा पानी; धोवन (विशेषकर भोजनालय का, जो सुअरों को पिलाया जाता है)
【泔水】 gānshuǐ गंदा पानी; धोवन

柑 gān नारंगी
【柑橘】 gānjú नारंगी और संतरा आदि
【柑子】 gānzi नारंगी

竿 gān डंडा; बल्ली; वंशी: 钓～ मछली मारने की वंशी
【竿子】 gānzi बाँस का डंडा; बाँस

尴（尷、尲） gān नीचे दे०
【尴尬】 gāngà ❶दुविधापूर्ण होना; दुविधा में पड़ना; (मामला) निपटाने में मुश्किल होना: 处境～ दुविधा में पड़ना; असमंजस में पड़ना / 我觉得去也不好，不去也不好，实在～。मुझे ऐसा लगता था कि जाना भी बुरा होगा और न जाना भी बुरा होगा। मैं सचमुच दुविधा में पड़ गया। ❷परेशान; व्याकुल: 样子十分～ देखने में बहुत परेशान होना

gǎn

杆（桿） gǎn ❶दंड; डंडी: 枪～ बंदूक की नली / 秤～ तुला का दंड; डंडी / 钢笔～儿 पेनहोल्डर ❷〈परि०श०〉 (किसी) लम्बी और पतली नलाकार वस्तु के लिये प्रयुक्त): 一～秤 एक तुला (तराज़ू) / 一～枪 एक बंदूक
gān भी दे०
【杆秤】 gǎnchèng विषमभुजतुला; स्टीलयार्ड
【杆菌】 gǎnjūn दंडाकार सूक्ष्म कीटाणु; बैसिल्स（bacillus）

秆（稈） gǎn डंठल: 麦～儿 गेहूँ का डंठल / 麻～儿 सन का डंठल
【秆子】 gǎnzi डंठल: 高粱～ सोर्गम (बाजरा) का डंठल

赶（趕） gǎn ❶बराबर आ जाना; पकड़ना; आगे निकल जाना: ～先进 आगे बढ़े हुओं के बराबर पहुँचना / 你追我～ (प्रतियोगिता में) एक दूसरे को पकड़ना / 落在后面的人，～上来了。पिछड़े हुए व्यक्ति बराबर आ गए। ❷(गाड़ी) पकड़ना: ～头班车 पहली बस पकड़ना / ～火车 (स्टेशन पर पहुँचकर) रेलगाड़ी पकड़ना ❸जल्दी करना; तेज़ी से करना; जल्दी-जल्दी; हड़बड़ा कर: ～任务 अपना काम जल्दी-जल्दी समाप्त करना / 闻信～到 खबर सुनते ही हड़बड़ा कर आ पहुँचना / 昨天我遇见他的时候，他正～去开会。कल जब मुझे वह मिले, तब वह किसी सभा में जाने की जल्दी कर रहा था। ❹हांकना: ～大车 बैलगाड़ी(घुड़गाड़ी) हांकना / ～驴 गधा हांकना ❺भगाना; खदेड़ना; निकाल बाहर करना: ～苍蝇 मोरछल से मक्खियां हटा देना; मक्खी उड़ा देना / 把敌人～走 शत्रु को खदेड़ देना ❻संयोग से मिलना; अपने को (किसी स्थिति में) पाना; (किसी अवसर का) उपयोग करना; लाभ उठाना: 我回家的时候，正～上下雨。जब मैं घर वापस आ रहा था, तब अचानक पानी बरसने लगा। ❼〈सं०अ०〉 तक; तब तक: ～暑假再回家 गर्मी की छुट्टियों में अपनी जन्मभूमि वापस जाना / ～明儿咱们也去。किसी दिन हम भी चले जाएं।
【赶不及】 gǎnbují (कोई काम करने के लिये) काफ़ी समय न होना; (कोई काम करने में) देर होना: 火车七点开，再不动身就～了。रेलगाड़ी सात बजे छूटती है। अगर हम अभी से चल न दें, तो उस को पकड़ने में देर होगी।
【赶不上】 gǎnbushàng ❶के बराबर न पहुँच पाना; जा पकड़ने में असमर्थ होना: 他已经走远了，～了。वह अब तक बहुत दूर चला गया है। उस को जा पकड़ना असंभव है। / 我在学习方面～他。पढ़ाई में मैं उस से पिछड़ा हुआ हूँ। ❷(कोई काम करने के लिये) काफ़ी समय न होना; (कोई काम करने में) देर होना: 离开车还有十分钟，恐怕～了。रेलगाड़ी दस ही मिनट में छूट रही है। ऐसा लगता है कि हम को देर होगी। ❸अवसर मिलना या पाना; मिलना; सामना करना: 这几个星期日总～好天气。पिछले कुछ इतवारों में कभी अच्छा मौसम न मिला था।
【赶场】 gǎncháng 〈बो०〉 ग्रामीण बाज़ार या मेले में जाना
【赶场】 gǎnchǎng (अभिनेता का) किसी स्थान अभिनय कर चुकने के फ़ौरन बाद किसी दूसरे स्थान फिर अभिनय करने जाना
【赶车】 gǎnchē बैलगाड़ी (या घुड़गाड़ी) हांकना
【赶得及】 gǎndejí अभी समय होना; समय पर कोई काम कर सकना: 马上就动身还～。अगर हम तुरंत चल दें तो अब भी समय है।
【赶得上】 gǎndeshàng ❶बराबर आ सकना; जा पकड़ सकना: 你先走吧，我～你。तुम पहले चलो, मैं तुम को बाद में पकड़ सकता हूं। ❷अभी समय होना; समय पर कोई काम कर सकना: 车还没开，你现在去，还～跟他们告别。गाड़ी अब छूटी नहीं है, तुम अभी जाओ, तो उन को विदा देने का अब भी समय है।
【赶集】 gǎnjí मेले में जाना; बाज़ार जाना
【赶街】 gǎnjiē 〈बोल०〉 दे० 赶集
【赶紧】 gǎnjǐn 〈क्रि०वि०〉 जल्दी; जल्दी-जल्दी; शीघ्र से;

अविलंब; तुरंत; फ़ौरनः 他病得不轻，得～送医院。उस की बीमारी काफ़ी गंभीर है, फ़ौरन अस्पताल भेजना चाहिये। / 他～吃了点东西就出发了。वह जल्दी-जल्दी कुछ खा-पी कर चल दिया।

【赶尽杀绝】 gǎnjìn–shājué सब को मार डालना; सब कुछ नष्ट करना; किसी को न छोड़ना; निर्दय होना

【赶考】 gǎnkǎo राजसी परीक्षा देनाः 进京～ राजसी परीक्षा में बैठने के लिये राजधानी जाना

【赶快】 gǎnkuài 〈क्रि०वि०〉 जल्दी; तुरंतः 时间快到了，咱们～走吧。समय आ रहा है, हम जल्दी चलें। 你～通知大家，今天的会不开了。तुम फ़ौरन सब को सूचित कर दो कि आज सभा नहीं करेंगे।

【赶浪头】 gǎn làngtou प्रवृत्ति का पीछा करना; झुकाव के साथ-साथ चलना

【赶路】 gǎnlù अपने निर्दिष्ट स्थान तक जल्दी पहुँचने के लिये कदम तेज़ करना; अपने सफ़र की रफ़्तार तेज़ करनाः 快睡觉吧，明天一早还要～呢。जल्दी सो जाएँ, कल बड़ी सुबह उठकर अपना सफ़र तेज़ करना है।

【赶忙】 gǎnmáng 〈क्रि०वि०〉 जल्दी-जल्दी; तेज़ी से; शीघ्रतापूर्वक; झट; शीघ्र; हड़बड़ाते हुएः 有位老人滑倒了，那个小孩～过去把他扶起来。एक बूढ़ा आदमी फिसल कर गिर पड़ा, एक लड़के ने जल्दी बढ़कर उसे संभालकर उठा लिया। / 一见警察，小偷～逃跑了。पुलिस को देखते ही चोर हड़बड़ाते हुए भाग गया।

【赶庙会】 gǎn miàohuì किसी मंदिर-मेले में जाना

【赶明儿】 gǎnmíngr 〈बो०〉 इन दिनों में किसी दिन; किसी दूसरे दिन; किसी दिन

【赶巧】 gǎnqiǎo संयोगवश; संयोग सेः 昨天我在家里跟一个朋友聊天，～老王也来了。कल मैं घर पर एक मित्र के साथ गपशप कर रहा था; इतने में संयोग से लाओ वांग भी आ पहुँचे। / 上午我去找过你，～你不在家。आज सुबह मैं तुम से मिलने गया था; संयोग से तुम घर पर नहीं थे।

【赶时髦】 gǎn shímáo (वेश-भूषा आदि का) प्रचलित ढंग अपनाना; फ़ैशन के पीछे चलना; सभ्य समाज में प्रचलित आचार-व्यवहार करना

【赶鸭子上架】 gǎn yāzi shàng jià बत्तख को बाड़े (पक्षीशाला) में भगाना —— किसी से ऐसा काम करवाना जो उस की शक्ति के बाहर होः 我不会唱，你偏叫我唱，这不是～吗? मुझे गाना नहीं आता, और तुम मुझे गाने पर मजबूर कर रहे हो। यह तो वैसा ही है जैसे बत्तख को बाड़े में भगाया जा रहा हो।

【赶早】 gǎnzǎo यथासंभव जल्दी से कोई काम करनाः 看样子要下雨，咱们～走吧。देखने से मालूम होता है कि पानी बरसनेवाला है। अच्छा होगा कि हम फ़ौरन चल दें।

【赶锥】 gǎnzhuī दे० 改锥 gǎizhuī

敢 1

gǎn ❶साहसी; हिम्मती; दिलेर; निर्भीकः 勇～ साहसी; दिलेर; ❷साहस करना या होना; हिम्मत करना या होनाः ～想，～说，～干 साहस के साथ सोचना, साहस के साथ बोलना और साहस के साथ काम करना; साहसपूर्वक सोचना, बोलना और अमल करना ❸विश्वास होना; निश्चित होना; असंदिग्ध होना; संदेह न होनाः 我～说他一定会来的。मुझे पक्का विश्वास है कि वह अवश्य ही आएगा। / 我不～说明天能不能准时出发。मैं विश्वास के साथ नहीं कह सकता कि कल हम ठीक समय पर रवाना होंगे; मुझे संदेह है कि कल हम ठीक समय पर रवाना हो सकते हैं। ❹〈लि०〉 〈शिष्ट०〉 साहस करना; साहस के साथ (कोई काम करना)ः ～问 मैं साहस के साथ पूछना चाहता हूँ; क्या मैं पूछ सकता हूँ

敢 2

gǎn 〈बो०〉 बेशक; निस्संदेह

【敢情】 gǎnqing 〈बो०〉 ❶(पहली बार या अचानक किसी बात का पता चलने पर प्रयुक्त) अच्छा ! वाह ! अरे !ः ～你们早就来了。अरे ! तुम लोग तो बड़ी जल्दी आ गए हो। ❷बेशक; वास्तव में; सचमुचः 去上海参观? 那～好。हम शांगहाए की यात्रा करेंगे ? यह तो सचमुच बड़ी अच्छी बात है।

【敢是】 gǎnshì 〈बो०〉 शायद; मुझे शक हैः 这不像是去天坛的道儿，～走错了吧? ऐसा लगता है कि यह थ्येनथान जाने का रास्ता नहीं है। हम शायद गलत सड़क पर आ गए होंगे।

【敢死队】 gǎnsǐduì डेर-टू-डाइ कोर्प्स; आत्मघाती दस्ते

【敢于】 gǎnyú (कोई काम करने का) साहस करना या होना; साहसी होना; साहस के साथ (कोई काम करना)ः ～克服困难 कठिनाइयों को दूर करने का साहस होना / ～斗争，～胜利 साहस के साथ संघर्ष करना और साहस के साथ विजय प्राप्त करना

【敢作敢当】 gǎnzuò–gǎndāng अपने ऊपर अपनी करनी की ज़िम्मेदारियां लेने का साहस होना

感

gǎn ❶अनुभव होना या करना; महसूस होना या करना; मालूम होना; लगना; होनाः 近日我身体略～不适。आज कल मेरी तबीयत ज़रा ठीक नहीं लगती है; इधर कुछ दिनों से मैं ज़रा सुस्त रहता हूँ। / 我对这事不～兴趣。मुझे इस बात में रुचि नहीं है; मैं इस बात में रुचि नहीं रखता। ❷प्रभावित करना या होना; असर करना; प्रभाव पड़नाः 深有所～ गहराई तक प्रभावित होना ❸आभारी होना; एहसानमंद होनाः 深～厚谊。आप की सद्भावनाओं के लिये बहुत आभारी हूँ। ❹〈ची०चि०〉 सर्दी लगना ❺संवेदन; संवेदना; भाव; भावना; चेतनाः 自豪～ आत्मगौरव की भावना / 亲切～ आत्मीयता / 观～ किसी पुस्तक या निबंध को पढ़ कर उठनेवाला विचार (राय, ख्याल) ❻〈फ़ोटो०〉 सेंसिटाइज़ करनाः 感光

【感触】gǎnchù विचार और संवेदनाएं; संवेदनाः 深有～地说 गहरी संवेदना के साथ कहना / 回忆往事，～万端。बीती हुई बातों का स्मरण करते हुए मन में तरह-तरह के भाव उत्पन्न हुए।

【感戴】 gǎndài (अपने से उच्च पद पर आसीन व्यक्ति का) एहसान मानना और समर्थन करना

【感到】 gǎndào अनुभव होना या करना; महसूस होना याकरना; प्रतीत होना; लगना; मालूम होनाः 我～有点疲倦了。मुझे ज़रा थकान लगती है। / 此刻我～多么骄

傲呀！मैं इस समय कितने गर्व का अनुभव कर रही हूँ। / 我～肚子有点疼。मेरे पेट मं थोड़ा-सा दर्द हो रहा है; मुझे पेट में ज़रा दर्द महसूस हो रहा है। / 从他的话里我～情形有点不妙。उस की बातों से मुझे ऐसा प्रतीत हुआ कि स्थिति में कुछ गड़बड़ हो रही है।

【感动】gǎndòng प्रभावित होना या करना：人们都为他大无畏的精神所～。लोग उन की वीरतापूर्ण भावनाओं से प्रभावित हुए। / 听了他的报告，大家～得流下了眼泪。उन के भाषण से प्रभावित होकर लोग आँसू बहाने लगे। / 老师的话深深地～了在座的同学们。अध्यापक की बातों ने वहां उपस्थित विद्यार्थियों को गहराई तक प्रभावित किया।

【感恩】gǎn'ēn (किसी का) आभारी होना; (किसी का) एहसान मानना：～不尽 अत्यंत आभारी होना; बहुत ज़्यादा एहसान मानना

【感恩戴德】gǎn'ēn-dàidé अत्यंत आभारी होना; नितांत कृतज्ञ होना; बहुत ज़्यादा एहसान मानना

【感恩节】Gǎn'ēn Jié धन्यवाद-प्रकाशन का दिन; थैंकस-गिविंग डे（Thanksgiving Day）

【感恩图报】gǎn'ēn-túbào किसी का आभारी होना और उस की कृपा का बदला देने का उपाय सोचना

【感奋】gǎnfèn प्रभावित होना और उत्साहित होना; प्रोत्साहित होना：胜利的喜悦使人们～不已。विजय की खबर से लोग बहुत प्रोत्साहित हुए।

【感官】gǎnguān 感觉器官 का संक्षिप्त रूप

【感光】gǎnguāng <फ़ोटो०> सेंसिटाइज़：～度 (लाइट) सेंसिटिविटि / ～纸 सेंसिटिव पेपर

【感化】gǎnhuà (किसी पथभ्रष्ट आदि को) प्रबोधन या अच्छे उदाहरण दे कर ठीक मार्ग पर लाने में सहायता देना; हृदय-परिवर्तन करना; (किसी में) प्रगतिशील तब्दीली लाना

【感激】gǎnjī आभारी होना; कृतज्ञ होना; एहसान मानना：非常～您给我的帮助。आप की सहायता के लिये मैं बहुत आभारी हूँ। / 不胜～ (किसी का) बहुत एहसान मानना

【感激涕零】gǎnjī-tìlíng धन्यवादपूर्ण आँसू बहाना; बहुत आभारी होना

【感觉】gǎnjué ❶संवेदन; इंद्रियबोध; इंद्रिय-संवेदन; अनुभूति; चेतना; संज्ञा：～和思想只是外部世界的反映。संवेदन और विचार बाहरी संसार के प्रतिबिंत ही हैं। / 这只是我个人的～。यह केवल मेरी अपनी अनुभूति है। / 我的脚已冻得失去了～。सर्दी के मारे मेरे पैर संज्ञाहीन हो गये हैं; सर्दी के मारे मेरे पैर सुन्न हो गये हैं। ❷अनुभव करना या होना; महसूस करना या होना; मालूम होना; प्रतीत होना; लगना：我～有点冷。मुझे कुछ सर्दी लग रही है। / 他～到了问题的复杂性。उन को इस समस्या की जटिलता प्रतीत हुई; उन को प्रतीत हुआ कि यह समस्या बड़ी जटिल है। / 你～他这个人怎么样？तुम को यह आदमी कैसा लगता है？

【感觉器官】gǎnjué qìguān इंद्रिय; ज्ञानेंद्रिय

【感慨】gǎnkǎi किसी मनोभाव में आह भरना; दीर्घ निःश्वास छोड़ना：回忆往事，他无限～。अतीत का स्मरण करते हुए वह बड़े दुख से आहें भरने लगे।

【感慨万端】gǎnkǎi-wànduān अपने मन में तरह-तरह के भाव उत्पन्न होना

【感慨系之】gǎnkǎi-xìzhī गहरी भावना में आह भरना

【感喟】gǎnkuì <लि०> किसी मनोभाव में आह भरना; दीर्घ निःश्वास छोड़ना

【感冒】gǎnmào ज़ुकाम होना; सर्दी लगना：我～了。मुझे ज़ुकाम हुआ है; मुझे सर्दी लगी है।

【感念】gǎnniàn कृतज्ञता के भाव में किसी का स्मरण करना; गहरी भावना के साथ याद आना

【感情】gǎnqíng ❶भाव; भावना; मनोभाव; मनो-भावना; मनोवृत्ति：动～ अपनी मनोभावनाओं से आवेश में आना / 伤～ किसी की भावना को चोट पहुँचा-ना / ～流露 मन का भाव प्रकट होना / 这种欢欣愉快的～很难用言语表达。इस आनन्द के भाव का शब्दों में वर्णन नहीं किया जा सकता था। / ～冲动 आवेश में आना / ～洋溢 भावोद्वेलित होना ❷आसक्ति; अनुरक्ति; स्नेह; प्रेम; भाव：他对电脑产生了深厚的～。वह कंप्यूटर पर आसक्त हो गया। / 他们夫妻的～很好。इस दंपति में गहरा प्रेम है। / 用充满～的语言 भावपूर्ण शब्दों में / ～破裂 प्रेम का संबंध टूट जाना; प्रेम टूटना

【感情用事】gǎnqíng yòngshì आवेश में आ कर कोई काम करना; भावुकता से काम लेना; उग्रतापूर्वक कोई काम करना; अपने ही भाव से काम करना

【感染】gǎnrǎn ❶रोग आदि का संचार होना; रोग लगना; छूत लगना; संक्रमण होना：细菌～ कीटाणु का संचार होना; रोगाणु का संक्रमण होना / 身体不好，容易～流行性感冒。जो शारीरिक रूप से कमज़ोर हो, उसे इंफ़्लूएंज़ा की छूत सहज ही लग जाती है। ❷(किसी के मन में विचार आदि) बिठा देना; प्रभाव डालना; प्रभावित करना：欢乐的气氛～了每一个人。आनन्द के वातावरण ने हरेक को प्रभावित किया।

【感染力】gǎnrǎnlì प्रभाव उत्पन्न करने की शक्ति; प्रभाव-शीलता; प्रभावकता：艺术～ कलात्मक प्रभावकता

【感人】gǎnrén प्रभावकारी; मर्म-स्पर्शी; मार्मिक：～的故事 मर्म स्पर्शी कहानी / ～的事迹 प्रभावकारी कारनामे

【感人肺腑】gǎnrénfèifǔ हृदयस्पर्शी; मर्मस्पर्शी

【感伤】gǎnshāng दुखी; शोकाकुल; भावुक

【感受】gǎnshòu ❶(प्रभाव) पड़ना; (रोग आदि) लग-ना：～风寒 सर्दी लगना ❷अनुभव होना; महसूस होना; (मन पर) प्रभाव पड़ना：生活～ जीवन का अनुभव / 看到工人们的冲天干劲，～很深。मज़दूरों द्वारा बड़े जोश के साथ काम करने का मेरे मन पर गहरा प्रभाव पड़ा।

【感叹】gǎntàn किसी मनोभाव में आह भरना; दीर्घ निःश्वास छोड़ना

【感叹词】gǎntàncí विस्मयादि-बोधक (शब्द)

【感叹号】gǎntànhào विस्मयबोधक चिह्न

【感叹句】gǎntànjù विस्मयादि-बोधक वाक्य

【感同身受】gǎntóngshēnshòu <शिष्ट०> मैं भी आप की कृपा का अनुभव करता हूँ (प्रायः किसी दूसरे व्यक्ति की ओर से धन्यवाद देने में प्रयुक्त)

【感悟】gǎnwù स्पष्ट अनुभव करना; अच्छी तरह समझना
【感想】gǎnxiǎng धारणा; मन पर प्रभाव; भाव; विचार; ख्याल; राय: 看了这部影片，您有什么～? इस फ़िल्म के बारे में आप का क्या विचार है ?
【感谢】gǎnxiè धन्यवाद देना; शुक्रिया अदा करना; आभारी होना: 非常～您的帮助。मैं आप की सहायता के लिये बहुत आभारी हूँ। / 表示衷心的～ अपना हार्दिक धन्यवाद प्रकट करना
【感性】gǎnxìng ❶संवेदना; प्रत्यक्ष बोध; सहजानुभूति ❷संवेदनात्मक; इंद्रियग्राह्य: ～认识 इंद्रियग्राह्य ज्ञान; संवेदनात्मक ज्ञान / ～知识 प्रत्यक्ष जानकारी
【感应】gǎnyìng ❶प्रतिक्रिया; पारस्परिक प्रभाव ❷〈विद्यु०〉 इंडक्शन (induction)
【感召】gǎnzhào प्रभावित करना और अभिभूत करना; प्रोत्साहन देना: 在党的政策的～下 पार्टी की नीतियों के प्रभाव में आ कर

橄 gǎn नीचे दे०
【橄榄】gǎnlǎn 〈वन०〉 ज़ैतून (पेड़ या इस का फल)
【橄榄绿】gǎnlǎnlǜ ज़ैतून का सा हरा; ज़ैतूनी
【橄榄球】gǎnlǎnqiú 〈खेल०〉 रग्बी (rugby); अमेरिकन फ़ुटबाल
【橄榄油】gǎnlǎnyóu ज़ैतून का तेल
【橄榄枝】gǎnlǎnzhī ज़ैतून की डाल —— शांति की प्रतीक

擀（扞）gǎn ❶बेलना: ～饼 पूरी या रोटी बेलना / ～面条 नूडल बनाना ❷〈बो०〉 परिमार्जित करना; रगड़ने से चमकाना: 先用水把玻璃擦净，然后再～一过儿。पहले पानी से शीशे को धोकर साफ़ करो, फिर कपड़े से परिमार्जित कर लो।
【擀面板】gǎnmiànbǎn चकला; चौका
【擀面杖】gǎnmiànzhàng बेलन; बेलना
【擀面杖吹火 —— 一窍不通】gǎnmiànzhàng chuīhuǒ, yīqiào-bùtōng बेलन से आग फूँकना —— किसी बात के बारे में कुछ भी न जानना

gàn

干[1]（幹、榦）gàn ❶तना; धड़; स्कंध; (किसी ढाँचे का) मुख्य भाग: 树～ पेड़ का तना ❷干部 का संक्षिप्त रूप

干[2]（幹）gàn ❶(काम) करना: ～活儿 काम करना; मेहनत करना / ～革命 क्रांति करना; क्रांतिकारी कार्य करना / ～社会主义 समाजवाद का निर्माण करना; समाजवादी कार्य करना ❷पदग्रहण करना; भार उठाना; बनना: 他～过律师。वह वकील का काम करता था; वह वकील था। ❸गज़ब होना; बिगड़ना: 要～! बात बिगड़ती जा रही है। / ～了，钥匙忘在屋里了。गज़ब हुआ, चाभी कमरे में छोड़ आया। ❹योग्य; सुयोग्य: ～员 सुयोग्य अफ़सर

gān भी दे०
【干部】gànbù कार्यकर्ता; कार्यकर्त्री; कर्मचारी: 领导～ नेतृत्वकारी कार्यकर्ता / ～政策 कार्यकर्ता-संबंधी नीति; कार्यकर्ताओं के संबंध में अपनाई जानेवाली नीति
【干部学校】gànbù xuéxiào कार्यकर्ता-स्कूल
【干才】gàncái ❶योग्यता; सामर्थ्य: 这个人还有点～。इस आदमी में काफ़ी योग्यता है; यह आदमी सुयोग्य है। ❷योग्य; सुयोग्य: 他是个～。वह एक सुयोग्य आदमी है।
【干掉】gàndiào 〈बोल०〉 मार डालना; नष्ट करना; खत्म कर देना; (किसी का) काम तमाम करना
【干架】gànjià 〈बोल०〉 ❶झगड़ा करना ❷लड़ना; हाथापाई करना
【干将】gànjiàng सुयोग्य आदमी; साहसपूर्ण व्यक्ति
【干劲】gànjìn (काम करने का) उत्साह; जोश; कार्यशक्ति; प्रेरणा-शक्ति: 鼓～ (किसी में) उत्साह भर देना; उत्साहित करना / ～儿十足 अपार उत्साह; असीम शक्ति
【干练】gànliàn सुयोग्य और अनुभवी; कर्मनिपुण; व्यवहार-कुशल; व्यवहार-पटु: 他的确是一个精明～的人才。वह सचमुच एक कर्मनिपुण और व्यवहार-कुशल आदमी है।
【干流】gànliú (नहर की) प्रमुख धारा
【干吗】gànmá 〈बोल०〉 ❶क्यों; किस लिये: 你～老到他那儿去? तुम उस के यहां क्यों जाया करते हो ? ❷क्या (काम) करना: 你想～? तुम क्या करना चाहते हो ? / 你问这事～? तुम यह पूछकर क्या करोगे ?
【干渠】gànqú प्रमुख नहर
【干什么】gànshénme दे० 干吗
【干事】gànshi प्रबंधक; सचिव (क्लर्क के पद पर कार्यरत कर्मचारी), सेक्रेटरी; क्लर्क: 宣传～ प्रचार-कार्य का प्रबंधक
【干线】gànxiàn प्रमुख लाइन: 交通～ यातायात की प्रमुख लाइन
【干校】gànxiào 干部学校 का संक्षिप्त रूप
【干仗】gànzhàng 〈बो०〉 ❶लड़ना; हाथापाई करना ❷झगड़ा करना

旰 gàn 〈लि०〉 रात: ～食 रात को भोजन करना

绀（紺）gàn गहरा लाल; बैंगनी
【绀青】gànqīng बैंगनी रंग का; बैंगनी

赣（贛）Gàn कान (च्यांग शी का दूसरा नाम)

gāng

冈（岡）gāng छोटी सी पहाड़ी; टौरिया; टीला:

景阳～ चिंग यांग टौरिया; चिंग यांग पहाड़ी
【冈比亚】 Gāngbǐyà गाम्बिया
【冈比亚人】 Gāngbǐyàrén गाम्बियाई

扛 gāng ❶(कोई भारी वस्तु) दोनों हाथों से उठाना ❷〈बो०〉 (दो या दो से अधिक आदमियों का किसी भारी वस्तु को) एक साथ ले जाना
káng भी दे०

刚[1] (剛) gāng दृढ़; प्रबल; सख्त; कठोर; अदमनीय; अदम्य: 他的性情太～。उस का चरित्र बहुत दृढ़ है; उस के चरित्र में दृढ़ता है।

刚[2] (剛) gāng 〈क्रि०वि०〉 ❶ठीक-ठीक; बिल्कुल; बिल्कुल ठीक: 这鞋我穿～合适。यह जूता मेरे लिये बिल्कुल ठीक है; यह जूता मेरे लिये बिल्कुल फ़िट है। ❷केवल; सिर्फ़; ही: 当时天很黑，～能看出个人影儿。उस समय बहुत अंधेरा पड़ता था, केवल आदमी का धुंधला रूप दिखाई पड़ता था। / 出国那年，他～十八岁。जब वह विदेश चला गया था तब वह अठारह वर्ष का ही था। ❸थोड़ी देर पहले; अभी; अभी-अभी; हाल ही में: 他～走。वह अभी-अभी चल दिया। / 她～来过。वह अभी आई थी; वह अभी यहीं थी।
【刚愎】 gāngbì ज़िद्दी; हठी; हठधर्मी
【刚愎自用】 gāngbì-zìyòng उद्दंड; ज़िद्दी; हठधर्मी
【刚才】 gāngcái थोड़ी देर पहले; क्षण भर पहले; अभी; हाल ही में; अभी-अभी: 他～吃了药，这会儿睡着了。उस ने अभी दवा खाई थी, अब वह सो गया है। / 我～跟您说的事不要忘记了。मैं ने आप से जो बात अभी कही थी उसे मत भूलियेगा। / ～的消息可靠吗? हम को अभी-अभी जो खबर मिली थी वह विश्वसनीय है?
【刚刚】 gānggāng ❶केवल; सिर्फ़; ही: 我～回国一个星期。मुझे स्वदेश लौटे सिर्फ़ एक ही हफ़्ता हुआ है। / 当时天～亮。उस समय उजाला हो रहा था। ❷थोड़ी ही देर पहले; अब ही; अभी-अभी; हाल ही में: 报纸～到。अखबार अभी आया है। / 他～搬家，不知现在住在哪儿。उस का घर अभी हाल ही में यहां से हट गया था, पता नहीं अब वह कहां रहता है।
【刚果】 Gāngguǒ कांगो
【刚果人】 Gāngguǒrén कांगोलीज़
【刚好】 gānghǎo 〈क्रि०वि०〉 ❶ठीक-ठीक; बिल्कुल; बिल्कुल ठीक: 这件衣服你穿着不大也不小，～。यह कपड़ा तुम्हारे लिये बिल्कुल ठीक है; यह कपड़ा तुम्हारे लिये बिल्कुल फ़िट है। / 你们来得～。तुम लोग ठीक समय पर आये हो। ❷संयोग से; इत्तिफ़ाक से; भाग्य से: 他俩～住邻居。संयोग से वे दोनों पड़ोस में रहते हैं; इत्तिफ़ाक से वे दोनों पड़ोसी हैं। / 我正要去找他，～他来了。मैं उस से मिलने जा ही रहा था कि वह आ गया।
【刚健】 gāngjiàn शक्तिमान; तेजस्वी: ～的舞姿 किसी नृत्यकार की शक्तिमान क्रियाएं
【刚劲】 gāngjìng बलवान; शक्तिमान; गठीला: 笔力～ बलवान हाथ से लिखना / 枣树伸出～的树枝。खजूर की गठीली डालियाँ निकली हुई थीं।
【刚…就】 gāng…jiù ज्योंही; जैसे ही; तुरंत; फ़ौरन: 我刚出家门，就下起雨来了。मैं घर से निकला ही था कि पानी बरसने लगा। /他刚吃完饭，就开始工作了。ज्योंही उस ने अपना भोजन खत्म किया, त्योंही काम करना शुरू किया।
【刚强】 gāngqiáng दृढ़; हठी; अडिग: 性格～ दृढ़ चरित्र का होना
【刚巧】 gāngqiǎo 〈क्रि०वि०〉 संयोग से; इत्तिफ़ाक से; भाग्य से: 算你走运，明天～有车进城。तुम्हारा सौभाग्य है कि संयोग से कल एक बस शहर जानेवाली है।
【刚毅】 gāngyì दृढ़; पौरुष; बल-पौरुष: 表现得非常～ अपना असाधारण बल-पौरुष दिखाना
【刚正】 gāngzhèng सीधा; दृढ़; न्यायनिष्ट; ईमानदार
【刚直】 gāngzhí सीधा और स्पष्टवादी: ～的人 सीधा और स्पष्टवादी आदमी

肛 gāng गुदा; गुद; मलद्वार; पीछा मुख
【肛裂】 gānglìè 〈चिकि०〉 गुदा-दरार
【肛瘘】 gānglòu 〈चिकि०〉 गुदा-नासूर
【肛门】 gāngmén गुदा; गुद; मलद्वार; पीछा मुख

纲 (綱) gāng ❶मछली पकड़ने के जाल का मुख्य रस्सा ❷मुख्य कड़ी; प्रधान बात; बुनियादी सिद्धांत: 纲举目张 ❸कार्यक्रम; प्रोग्राम; रूपरेखा: 大～ रूपरेखा; सारांश ❹〈जीव०〉 वर्ग: 哺乳动物～ स्तनधारी प्राणियों का वर्ग
【纲纪】 gāngjì 〈लि०〉 कानून और नियम; अनुशासन; व्यवस्था
【纲举目张】 gāngjǔ-mùzhāng जब मछली पकड़ने के जाल का मुख्य रस्सा ऊपर उठाया जाता है तब सभी जालरंध्र खुल जाते हैं —— जब समस्या की मुख्य कड़ी पकड़ी जाती है तब सभी बातें ठीक-ठाक हो जाती हैं।
【纲领】 gānglǐng कार्यक्रम; प्रोग्राम; निर्देशक सिद्धांत: ～性文件 कार्यक्रमीय दस्तावेज़
【纲目】 gāngmù (प्रायः पुस्तक के नाम में प्रयुक्त) (किसी विषय की) विवरण-सहित रूपरेखा; रूपरेखा; सार-संग्रह: 《本草～》 'माटिरिया मेडिका का सार-संग्रह'
【纲要】 gāngyào ❶रूपरेखा; कार्यक्रम; स्केच: 他把意见写成～，准备在会上发言。उन्हों ने अपने विचारों की रूपरेखा बनाई है और सभा में उसे पेश करने के लिये तैयार हैं। ❷(प्रायः पुस्तक के नाम में प्रयुक्त) अनिवार्य तत्त्व; सार-संग्रह: 《印地语语法～》 'हिन्दी व्याकरण का सार-संग्रह'

钢 (鋼) gāng इस्पात; फ़ौलाद; स्टील
gàng भी दे०
【钢板】 gāngbǎn ❶फ़ौलादी चादर; इस्पाती चद्दर ❷(मोटरकार आदि का) प्रिंग ❸स्टेंसिल स्टील बोर्ड
【钢镚儿】 gāngbèngr 〈बोल०〉 छोटा सिक्का
【钢笔】 gāngbǐ कलम; पेन: ～杆 कलम का होल्डर /～尖 कलम की नोक; कलम की जीभ

【钢笔水】 gāngbǐshuǐ <बोल०> स्याही; इंक
【钢材】 gāngcái इस्पाती साज़-सामान
【钢锭】 gāngdìng इस्पात शिला-पट्ट; स्टील इंगॉट (ingot)
【钢管】 gāngguǎn इस्पाती नल; स्टील पाइप: 无缝～ सीवन रहित इस्पाती नल
【钢轨】 gāngguǐ पटरी
【钢花】 gānghuā गलाये हुए इस्पात की फुहार
【钢筋】 gāngjīn इस्पात-छड़ी; रीइंफ़ोर्सिंग बार (reinforcing bar)
【钢筋混凝土】 gāngjīn hùnníngtǔ इस्पात-छड़ी और कंकरीट; रीइंफ़ोर्सड कांक्रीट (reinforced concrete)
【钢精】 gāngjīng अलमुनियम: ～锅 अलमुनियम पैन
【钢锯】 gāngjù लोहा-आरी
【钢口儿】 gāngkǒur (किसी हथियार की) धार; (धार की) तीक्ष्णता
【钢盔】 gāngkuī फ़ौलाद का टोप; इस्पाती टोप; हेल्मेट (helmet)
【钢坯】 gāngpī <धा०वि०> इस्पाती छड़; बिलेट (billet): 大～ ब्लूम (bloom)
【钢琴】 gāngqín प्यानो; पियानो: ～家 पियानोवादक / ～协奏曲 पियानो कंसर्ट
【钢水】 gāngshuǐ <धा०वि०> गलाया हुआ इस्पात
【钢丝】 gāngsī इस्पात-तार; स्टील वायर
【钢丝床】 gāngsīchuáng स्प्रिंगदार पलंग
【钢丝绳】 gāngsīshéng इस्पात की रस्सी; स्टील केबल
【钢铁】 gāngtiě ❶लोहा और इस्पात; लोह-फ़ौलाद; फ़ौलाद: ～厂 लोह-फ़ौलाद कारखाना; इस्पात कारखाना / ～工业 लोहे और इस्पात का उद्योग; लोहा-इस्पात उद्योग / ～工人 फ़ौलादी मज़दूर / ～公司 लोहा-इस्पात कम्पनी ❷बलवान; दृढ़; फ़ौलादी: ～意志 फ़ौलाद की तरह दृढ़ संकल्प / ～战士 फ़ौलादी सिपाही / 解放军是保卫祖国的～长城。 जन-मुक्ति सेना हमारी मातृभूमि की रक्षा करने के लिये फ़ौलादी लम्बी दीवार है।
【钢印】 gāngyìn इस्पाती मुहर; स्टील सील
【钢种】 gāngzhǒng दे० 钢精
【钢珠】 gāngzhū स्टील बाल; बाल

缸（甌） gāng ❶कुंडा; हौज़; जार: 水～ पानी का हौज़ / 鱼～ मछली पालने का जार / 一～咸菜 कुंड भर नमकीन सब्ज़ी ❷मिट्टी के बर्तन बनाने के लिये तैयार मृत्तिका और बालू आदि का मिश्रण: 缸盆 ❸जार के आकार का कोई बर्तन: 汽～ सिलिंडर
【缸管】 gāngguǎn मिट्टी की पाइप
【缸盆】 gāngpén रोगनदार मिट्टी का प्याला
【缸瓦】 gāngwǎ मिट्टी के बर्तन बनाने के लिये तैयार मृत्तिका और बालू आदि का मिश्रण
【缸砖】 gāngzhuān ज़्यादा पकी हुई ईंट; क्लिंकर
【缸子】 gāngzi गिलास; कटोरा; मग: 茶～ (चाय का) गिलास

罡 gāng नीचे दे०

【罡风】 gāngfēng ❶<ताओ धर्म> नभमंडल की हवा ❷तेज़ हवा

gǎng

岗（崗） gǎng ❶छोटी-सी पहाड़ी; टेकरी; टीला: 黄土～儿 मिट्टी का टीला; टीला ❷(समतल पर का) उभरा हुआ भाग; उभरा हुआ निशान: 他眉毛脱了，只剩下两道肉～儿。 उन की भौंहें गिर गई हैं और वहां केवल दो उभरे हुए निशान रह गये हैं। ❸पद; चौकी: 站～ चौकी बैठना / 布～ चौकी बैठाना
【岗警】 gǎngjǐng चौकी में बैठनेवाला पुलिस का लिपाही
【岗楼】 gǎnglóu पहरे की मीनार; बुर्ज़ी
【岗卡】 gǎngqiǎ पहरा; चौकी; चेकपोस्ट; चुंगीघर
【岗哨】 gǎngshào ❶पहरा; चौकी: 设置～ चौकी बैठाना ❷पहरेदार; चौकीदार
【岗亭】 gǎngtíng पुलिस-बक्स
【岗位】 gǎngwèi चौकी; पद; पद-स्थान; नौकरी; मोर्चा; पोस्ट: 坚守工作～ अपने पद-स्थान पर डटे रहना / 走上新的～ नया पद ग्रहण करना; कोई नयी नौकरी करना
【岗位责任制】 gǎngwèi zérènzhì व्यक्तिगत ज़िम्मेदारी की व्यवस्था (उत्पादन-लाइन के हरेक सेक्शन आदि के लिये)
【岗子】 gǎngzi ❶छोटी-सी पहाड़ी; टेकरी; टीला: 土～ मिट्टी का टीला; टीला ❷(समतल पर का) उभरा हुआ भाग; उभरा हुआ निशान: 他胸口上肿起一道～。 उस की छाती पर एक उभरा हुआ निशान है।

港 gǎng ❶बंदरगाह; बंदर; पोर्ट: 天然～ प्राकृतिक बंदरगाह / 军～ सैनिक पोर्ट ❷किसी उड़ान-पथ पर स्थित हवाई अड्डा: 飞机已离～。 हवाई जहाज़ अड्डे से छूट गया ❸ (Gǎng) 香港 xiānggǎng का संक्षिप्त रूप
【港币】 gǎngbì हांगकांग डालर
【港埠】 gǎngbù बंदर; बंदरगाह; पोर्ट
【港汊】 gǎngchà नदी की शाखा
【港口】 gǎngkǒu बंदरगाह; बंदर; पोर्ट: ～规章 बं- दर-नियम
【港区】 Gǎngqū 香港特别行政区 Xiānggǎng Tèbié Xíngzhèngqū (हांगकांग विशिष्ट प्रशासनक्षेत्र) का संक्षिप्त रूप
【港湾】 gǎngwān बंदरगाह; पोर्ट
【港务局】 gǎngwùjú पोर्ट आफ़िस

gàng

杠（槓） gàng ❶मोटा डंडा; दंड ❷<खेल०> बार:

单～ सिंगल बार / 双～ समानांतर दंड; पैरलल बार ❸डंडे या छड़ के आकार का कोई कल-पुर्ज़ा ❹ताबूत को उठा ले जाने के लिये प्रयुक्त डंडे के आकार का औज़ार ❺(वर्ण, शब्द, वाक्य) हटाना; मिटाना; काट देना: 他把草稿中多余的词句都～掉了。उन्हों ने मसविदे में अनावश्यक शब्द या वाक्यांश काट दिये।

【杠房】gàngfáng 〈पुराना〉 अंत्येष्टि-निर्वाहक की दुकान

【杠夫】gàngfū 〈पुराना〉 पेशावर ताबूत उठानेवाला

【杠杆】gànggǎn लीवर (उत्तोलक): ～原理 लीवर सिद्धांत / 经济～ आर्थिक लीवर

【杠铃】gànglíng 〈खेल०〉 बारबेल (barbell)

【杠子】gàngzi ❶मोटा डंडा; दंड; भार उठाने का डंडा ❷दे० 杠❷ ❸(गलत शब्दों के पास या नीचे लगाया हुआ) निशान: 老师把写错了的字都打上了红～。अध्यापक ने गलत शब्दों के नीचे लाल निशान लगाये हैं।

钢(鋼) gàng ❶तेज़ करना; धार धरना; धार तेज़ करना: ～菜刀 रसोई-चाकू तेज़ करना / ～剃刀 उस्तरे की धार धरना (या रखना) ❷अतिरिक्त सामग्री द्वारा धार को तेज़ करना: 这把刀该～了。इस चाकू की धार को तेज़ करना है।

gāng भी दे०

戇 gàng 〈बो०〉 उद्धत; उद्दंड; बेधड़क

zhuàng भी दे०

gāo

皋(臯) gāo 〈लि०〉 नदी के किनारों पर की उच्च भूमि

高 gāo ❶ऊँचा; बुलंद; लम्बा: ～山大河 ऊँचे-ऊँचे पहाड़ और बड़ी-बड़ी नदियाँ / 这里地势很～。यहां का भूखंड बहुत ऊँचा है। / 他比你～一头。वह तुम से हाथ भर लम्बा है; उस का कद तुम से एक सिर ऊँचा है। ❷उच्च स्तर का; उच्च श्रेणी का; औसत से ऊपर का: ～速度 तेज़ रफ़्तार; तीव्र गति / ～年级 उच्चतर कक्षाएँ / 体温～ बुखार होना / ～质量 अच्छा गुण; ऊँची क्वालिटी; उत्तम; बढ़िया / ～价收买 ऊँचे दामों में खरीद लेना / ～工资 उच्च वेतन; मोटी तनख्वाह / ～风格 उत्तम शैली / ～难度动作 अत्यधिक कठिन क्रियाएं ❸ऊँचा; ज़ोर का; उच्चस्वर से: ～喊 उच्चस्वर से चिल्लाना / 嗓门～ आवाज़ ऊँची होना ❹ऊँचे दामों का; कीमती; महँगा: 要价太～ ऊँचे दाम माँगना ❺〈आदर०〉 आप का: 高见 ❻(Gāo) एक कुलनाम

【高矮】gāo'ǎi ऊँचाई; लम्बाई: 这两棵树～差不多。ये दो पेड़ ऊँचाई में लगभग बराबर हैं; इन दो पेड़ों की ऊँचाई लगभग एक-सी है।

【高昂】gāo'áng ❶(अपना सिर आदि) ऊँचा उठाये हुए: 骑兵队伍～着头通过了广场。घुड़सवार सैनिक अपने सिर ऊँचे उठाये हुए स्क्वेयर से गुज़र गये। ❷ऊँचा; बुलंद; उत्तेजित; उल्लसित; प्रफुल्लित: 情绪～ ऊँची भावनाओं में होना; बहुत उल्लसित होना / ～的歌声 गीत की बुलंद आवाज़ ❸महँगा; कीमती; बहुव्यय

【高傲】gāo'ào अहंकारयुक्त; घमंडी; अभिमानी; दंभी; उद्दंड; गर्ववंत

【高不成，低不就】gāo bù chéng, dī bù jiù ❶बड़े काम करने के अयोग्य होना, फिर भी छोटे कामों को हिकारत की नज़र से देखना ❷अपना मनचाहा प्राप्त करने में असमर्थ होना, फिर भी उस से बदतर स्वीकृत करने को तैयार न होना

【高才生】gāocáishēng (高材生 gāocáishēng भी) प्रतिभाशाली (बुद्धिमान) विद्यार्थी

【高层】gāocéng ❶कई या बहुत मंज़िलों का (मकान आदि): ～建筑 कई मंज़िलों की इमारत ❷उच्चस्तरीय; प्रतिष्ठित: ～领导 उच्चस्तरीय नेता

【高层住宅】gāocéng zhùzhái ऊँची उठी हुई इमारत (दस से अधिक मंज़िलों वाली)

【高产】gāochǎn ❶ऊँची पैदावारवाला: ～作物 ऊँची पैदावारवाली फ़सल; ज़्यादा उगनेवाली फ़सल ❷अधिक उत्पादन; ऊँची पैदावार: ～优质 अधिक उत्पादन और बढ़िया किस्म का उत्पादन

【高超】gāochāo उत्तम; श्रेष्ठ: 技术～ उत्तम तकनीक (टेकनीक) / 见解～ विशिष्ट विचार

【高潮】gāocháo ❶ज्वार; प्रचण्ड ज्वार ❷उभार; पूर्ण ज्वार: 迎接社会主义建设新～ समाजवादी निर्माण के नये उभार का स्वागत करना ❸(नाटक; सिनेमा आदि का) चरम उत्कर्ष: 这小说没有～，平淡无味。इस उपन्यास में कोई चरम उत्कर्ष नहीं, बड़ा नीरस है।

【高大】gāodà ❶ऊँचा और बड़ा; बहुत बड़ा: ～的建筑物 बहुत बड़ी इमारतें / ～的身材 ऊँचे और हट्टे-कट्टे कद का होना ❷भव्य; शानदार; उदात्त: 革命英雄的～形象 क्रांतिकारी वीर की शानदार आकृति

【高蛋白】gāodànbái हाई प्रोटीन

【高档】gāodàng उच्च श्रेणीय; ऊपरी दर्जे का; बढ़िया; कीमती: ～商品 ऊपरी दर्जे के माल / ～服装 बढ़िया (कीमती) पोशाक

【高等】gāoděng उच्चतर; उच्च श्रेणी का; उच्चस्तरीय: ～哺乳动物 उच्चतर स्तनपायी प्राणी / ～法院 उच्चस्तरीय न्यायालय; हाईकोर्ट / ～数学 उच्च गणित-शास्त्र

【高等教育】gāoděng jiàoyù उच्च शिक्षा; उच्च श्रेणी की शिक्षा: ～部 उच्च शिक्षा मंत्रालय

【高等学校】gāoděng xuéxiào उच्च शिक्षालय; उच्च शिक्षासंस्थाएं; उच्च शिक्षा-प्रतिष्ठान; कालेज और विश्वविद्यालय

【高低】gāodī ❶ऊँचाई: 山崖的～ खड़ी चट्टान की ऊँचाई / 声调的～ स्वर की उदात्तता ❷ऊँचा या नीचा; बढ़िया या घटिया: 两人的技术水平相近，难分～。दोनों का तकनीक स्तर लगभग बराबर है। यह बताना मुश्किल है कि कौन ज़्यादा अच्छा है। ❸औचित्य का ज्ञान; विवेक: 不知～ नहीं जानना कि क्या उचित है; औचित्य का ज्ञान न होना ❹〈बो०〉 चाहे जो हो; निश्चित रूप से;

कतई तौर पर: 不管我们怎么劝说，他～不答应。हम ने उन को चाहे कितना समझाया-बुझाया, पर वे मानते ही न थे। ❺〈बो०〉 अंत में; आख़िर: 这本书我找了好几天，～找到了。यह किताब मैं कई दिनों से ढूँढ़ रहा था, आख़िर वह मिल गई।

【高低杠】 gāodīgàng 〈खेल०〉 तिरछी समानांतर बार (छड़)

【高地】 gāodì उच्च भूमि; टीला; टेकरी

【高调】 gāodiào ❶उदात्त स्वर ❷सुन्दर पर खोखली बातें: 唱～ सुन्दर पर खोखली बातें कहना

【高度】 gāodù ❶ऊँचाई; बुलंदी: 飞行～ उड़ान की ऊँचाई / 山的～ पहाड़ की बुलंदी ❷ऊँचे दर्जे का; ऊँचे स्तर का: ～的技术水平 ऊँचे स्तर की तकनीक / ～重视 भारी महत्व देना; बहुत ध्यान देना / ～赞扬 अत्यंत गुण गाना; तारीफ़ के पुल बाँधना / ～的现代化 ऊँचे दर्जे का आधुनिकीकरण

【高端】 gāoduān उच्च श्रेणी का: ～计算机 उच्च श्रेणी का कंप्यूटर

【高尔夫球】 gāo'ěrfūqiú ❶गोल्फ़: ～场 गोल्फ़ के खेल का मैदान / 打～ गोल्फ़ खेलना ❷गोल्फ़ की गेंद

【高风亮节】 gāofēng-liàngjié उच्च चरित्र और शील-निष्ठ

【高峰】 gāofēng ऊँचा शिखर; चोटी; उच्चकोटि; ऊँचाई: 珠穆朗玛峰是世界第一～。पर्वत जोमूलांगमा (एवरेस्ट) संसार का उच्चतम शिखर है। / 攀登科学的～ विज्ञान की चोटी पर चढ़ना

【高峰时间】 gāofēng shíjiān बहुत व्यस्तता का समय; पीक अवर्स: 上下班的～ दफ़्तर जाने या दफ़्तर का काम खत्म होने का समय; दफ़्तर जाने का व्यस्ततम समय

【高高在上】 gāogāo-zàishàng (नेताओं का) स्वयं को जन-समुदाय से ऊपर रखना; जन-साधारण और वास्तविक कार्यों से दूर रहना

【高歌】 gāogē उदात्त स्वर में गाना: ～一曲 उदात्त स्वर में एक गीत गाना

【高歌猛进】 gāogē-měngjìn उदात्त स्वर में गाते हुए जीत का जुलूस निकालना; विजेता के रूप में आगे बढ़ना

【高个儿】 gāogèr （高个子 gāogèzi भी） लम्बे कद का आदमी; लम्बा आदमी; लम्बेवाला

【高跟鞋】 gāogēnxié ऊँची एड़ी का जूता

【高贵】 gāoguì ❶नैतिक दृष्टि से उत्तम; श्रेष्ठ: ～品质 श्रेष्ठ गुण ❷विशेषाधिकार प्राप्त; कुलीन; शरीफ़

【高级】 gāojí ❶ऊँचे दर्जे का; वरिष्ठ; ऊँचे दर्जे वाला: ～官员 ऊँचा अधिकारी; उच्चाधिकारी ❷उच्चस्तर का; बढ़िया; अव्वल दर्जे का: ～毛料 बढ़िया ऊनी कपड़ा / ～读本 उच्च रीडर (पुस्तक) / 这家餐馆真～。यह रेस्तरां सचमुच अव्वल दर्जे का है।

【高级干部】 gāojí gànbù वरिष्ठ कार्यकर्ता

【高级人民法院】 gāojí rénmín fǎyuàn उच्चतर जन न्यायालय

【高级神经活动】 gāojí shénjīng huódòng 〈श० वि०〉 उच्चतर स्नायविक क्रिया

【高级小学】 gāojí xiǎoxué उच्चतर प्राइमरी स्कूल

【高级研究员】 gāojí yánjiūyuán सीनियर रिसर्च फ़ैलो

【高级知识分子】 gāojí zhīshi fènzǐ ऊँचे दर्जे का बुद्धिजीवी

【高级指挥官】 gāojí zhǐhuīguān ऊँचे रेंकवाला क-माण्डर

【高级职员】 gāojí zhíyuán ऊँचे ओहदेवाला कर्मचारी

【高级中学】 gāojí zhōngxué सीनियर मिडिल स्कूल

【高技术】 gāojìshù हाई टेकनालोजी; हाई-टेक; उच्च प्रौद्योगिकी

【高加索】 Gāojiāsuǒ काकेशिया; काकेशस

【高加索山脉】 Gāojiāsuǒ shānmài काकेशस

【高价】 gāojià ऊँचा दाम; बहुमूल्य; महँगा: ～商品 बहुमूल्य व्यापार की वस्तु / ～收购 ऊँचे दामों में खरीद लेना

【高架桥】 gāojiàqiáo मेहराबदार पुल; ऊँचा उठा हुआ राज मार्ग; उच्च राजपथ; मार्ग सेतु; वाईअडक्ट（viaduct）

【高架铁路】 gāojià tiělù ऊपरी रेलवे

【高见】 gāojiàn 〈आदर०〉 शुभ राय; आप की शुभ राय; आप का ख्याल: 有何～? आप का क्या ख्याल है? / 不知～如何? पता नहीं आप इस के बारे में क्या सोचते हैं; पता नहीं इस पर आप का क्या विचार है?

【高洁】 gāojié नैतिक दृष्टि से उन्नत और विशुद्ध

【高精尖】 gāojīngjiān ऊँचे दर्जे का सूक्ष्म और उन्नत (औद्योगिक उत्पादक पदार्थ)

【高就】 gāojiù 〈शिष्ट०〉 कोई उच्चतर पद ग्रहण करना (प्रायः दूसरे स्थान पर): 另有～ कोई बेहतर नौकरी करना; किसी उच्चतर पद पर नियुक्त होना

【高举】 gāojǔ ऊँचा उठाना; बुलंद रखना: ～红旗向前进 लाल झंडे को बुलंद रखे हुए आगे बढ़ना / ～火把 मशाल ऊँची उठाना

【高亢】 gāokàng ❶ऊँची और ज़ोर की आवाज़वाला; उच्च शब्दकारी: ～的歌声 गीत की ऊँची और ज़ोर की आवाज़ ❷ऊँचा (भूखंड) ❸〈लि०〉 अभिमानी; अहंकारी

【高考】 gāokǎo कालेज प्रवेश परीक्षा

【高空】 gāokōng हाइ ऐल्टिट्यूड; उच्चतर आकाश: ～飞行 हाई ऐल्टिट्यूड फ़्लाइट

【高空病】 gāokōngbìng ऐल्टिट्यूड रोग

【高空作业】 gāokōng zuòyè भूमि से बहुत ऊपरी स्थान पर काम करना

【高栏】 gāolán 〈खेल०〉 हाई हर्डल्स（high hurdles）

【高丽】 Gāolí 朝鲜 cháoxiǎn का पुराना नाम

【高丽参】 gāolíshēn कोरियाई जिनसंग（ginseng）

【高利】 gāolì बहुत ऊँचा सूद (ऋण का)

【高利贷】 gāolìdài साहूकारी; सूदखोरी: 放～ साहूकारी करना / ～者 साहूकार; सूदखोर; महाजन

【高粱】 gāoliang काओल्यांग, सोर्गम

【高粱酒】 gāoliangjiǔ सोर्गम से बनी हुई शराब

【高粱米】 gāoliangmǐ छिलका हटाया हुआ सोर्गम

【高龄】 gāolíng 〈शिष्ट०〉 वृद्धावस्था: 八十～ 80 वर्ष की वृद्धावस्था

【高楼大厦】 gāolóu-dàshà गगनस्पर्शी अट्टालिकाएँ;

गगनचुंबी इमारतें
【高炉】gāolú <धा०वि०> वायु-भट्टी; ब्लास्ट फ़र्नेस (blast furnace)
【高迈】gāomài <लि०> अवस्था (उमर) में बड़ा; वृद्ध
【高帽子】gāomàozi ❶कागज़ की ऊँची टोपी (अपमान के निशान के रूप में पहनी हुई) ❷चापलूसी; खुशामदः 戴～ चापलूसी करना; खुशामद करना
【高门】gāomén <पुराना०> धनवान परिवार
【高妙】gāomiào दक्ष; निपुण; उत्तम; बढ़ियाः 手艺～ निपुण दस्तकारी; कारीगरी में दक्ष होना
【高明】gāomíng ❶उत्तम; बढ़िया; विवेकपूर्ण; बुद्धिमानः ～的指挥员 बुद्धिमान कमाण्डर / ～的见解 विवेकपूर्ण धारणा / 他的医术～。उन का चिकित्सा-स्तर बहुत ऊँचा है। ❷बुद्धिमान व्यक्ति; सुयोग्य व्यक्तिः 您另请～吧。और किसी सुयोग्य व्यक्ति से (कोई काम) करवाइये।
【高难】gāonán तकनीकी दृष्टि से उन्नत और बहुत कठिनः 他练的武术有许多～动作。उन की समरोचित कला-कौशल में अनेक क्रियाएँ बहुत कठिन हैं।
【高能】gāonéng हाई एनर्जीः ～粒子 हाई एनर्जी पार्टिकल
【高能物理学】gāonéng wùlǐxué हाई एनर्जी भौतिकशास्त्र
【高攀】gāopān अपने से ऊँचे सामाजिक स्थान पर रहनेवाले को मित्र या रिश्तेदार बनानाः 不敢～。मुझ में यह साहस नहीं कि ऐसे ऊँचे पद पर रहनेवाले के साथ दोस्ती करूँ।
【高朋满座】gāopéng-mǎnzuò प्रतिष्ठित अतिथियों का जमाव
【高票】gāopiào अत्यधिक बहुमत; भारी बहुमत; विशाल बहुमतः 以～当选 अत्यधिक बहुमत से चुना जाना; चुनाव में भारी बहुमत से जीत जाना
【高频】gāopín <रेडियो> हाई फ़्रीक्वेंसी
【高企】gāoqǐ (दाम, संख्या आदि) निरंतर बढ़ना; लगातार उन्नत होना
【高气压】gāoqìyā उच्च दबाव; हाई प्रेशरः ～区 हाई प्रेशर क्षेत्र
【高清晰度电视】gāoqīngxīdù diànshì उच्च स्पष्टता टेलीविज़न; अत्यधिक सुनिश्चितता टेलीविज़न; हाई-डेफ़ीनीशन टी०वी०
【高腔】gāoqiāng ऑपेरा की एक शैली
【高强】gāoqiáng सर्वोत्तम; श्रेष्ठ; विशिष्टः 武艺～ समरोचित कला-कौशल में श्रेष्ठतर होना
【高强度】gāoqiángdù हाई स्ट्रैंथः ～钢 हाई स्ट्रैंथ स्टील
【高跷】gāoqiāo पैरदार खंभेः 踩～ पैरदार खंभों पर चलना
【高热】gāorè दे० 高烧
【高人】gāorén ❶<लि०> चरित्रवान्; गुणवाला ❷सुयोग्य व्यक्ति; प्रतिष्ठित व्यक्ति; कुशल; माहिर
【高人一等】gāo rén yī děng दूसरों से एक श्रेणी (दर्जा) ऊँचाः 他老以为自己～。वह अक्सर अपने को दूसरों से एक श्रेणी ऊँचा समझता है; वह हमेशा अपने को दूसरों से बढ़कर समझता है; वह अक्सर अपना दर्जा दूसरों से ऊँचा समझता है।
【高山病】gāoshānbìng उच्चपर्वतीय रोग
【高山反应】gāoshān fǎnyìng उच्च पर्वतीय प्रतिक्रिया
【高山景行】gāoshān-jǐngxíng ऊँचा पहाड़ और लम्बा मार्ग —— चरित्र की सौजन्यता; गुणों की श्रेष्ठता
【高山流水】gāoshān-liúshuǐ ऊँचे पर्वत और बहती नदियाँ —— ❶सर्वोत्तम संगीत ❷एक दूसरे को समझनेवाले मित्र (दो महान मित्रों 伯牙 bóyá और 钟子期 zhōngzǐqī की कहानी के संदर्भ में)
【高山族】Gāoshānzú काओशान जाति (जो मुख्य रूप से थाएवान प्रांत में बसती है)
【高尚】gāoshàng ❶उदात्त; सुजान; सुशील; शरीफ़ः ～的人 उदात्त व्यक्ति; सुशील व्यक्ति; शरीफ़ आदमी / ～的理想 उदात्त आदर्श ❷लाभदायक; सुरुचिपूर्ण; दिलचस्पः ～的娱乐 सुरुचिपूर्ण मनोरंजन ❸(आवास-मकान) उत्तम और आधुनिक; भव्य और फ़ैशनेबुल
【高烧】gāoshāo तेज़ बुखारः 发～ (किसी को) तेज़ बुखार आना (चढ़ना, लगना)
【高射机关枪】gāoshè jīguānqiāng विमान-बेधी मशीनगन; एंटी-एयर क्राफ़्ट मशीनगन
【高射炮】gāoshèpào वायुयान-तोड़क तोप; विमान-मारिणी तोप; एंटी-एयर क्राफ़्ट गन
【高深】gāoshēn उच्चस्तरी; गंभीरः ～的学问 गंभीर ज्ञान; महान पांडित्य
【高升】gāoshēng पदोन्नति होना
【高士】gāoshì दे० 高人❶
【高视阔步】gāoshì-kuòbù अभिमान के साथ कदम बढ़ाना; ऐंठना-अकड़ना
【高手】gāoshǒu श्रेष्ठ; माहिर; कुशलः 象棋～ शतरंज का श्रेष्ठ खिलाड़ी
【高寿】gāoshòu ❶चिर-जीवन ❷<शिष्ट०> आप की पूज्य उमरः 老大爷～啦? दादा जी, आप की क्या उमर है?
【高耸】gāosǒng ऊँचा और सीधा (खड़ा होना); बहुत ऊँचाई पर पहुँचा हुआः ～的纪念碑 बहुत ऊँची यादगार / ～入云 आकाश तक पहुँचना; बादलों से बातें करना
【高速】gāosù द्रुत गति; तेज़ रफ़्तारः ～发展 द्रुतगामी विकास; द्रुतगति से विकसित होना / ～前进 तेज़ रफ़्तार से आगे बढ़ना
【高速公路】gāosù gōnglù एक्सप्रेसवे; फ़्रीवे
【高抬贵手】gāotái-guìshǒu उदारता से काम लेना; दरियादिली से व्यवहार करना; क्षमा करना
【高谈阔论】gāotán-kuòlùn लंबी-चौड़ी बातें करना (कहना; बढ़ाना)
【高汤】gāotāng ❶सूप स्टाक (soup stock) ❷पतला शोरबा
【高堂】gāotáng ❶बड़ा हाल; प्रमुख हाल ❷<लि०> माता-पिता
【高挑儿】gāotiǎor <बो०> (कद का) लंबा और दुबला-पतला
【高徒】gāotú ❶<आदर०> आप का (होनहार) विद्यार्थी

❷प्रतिभावान विद्यार्थी: 名师出～。श्रेष्ठ अध्यापक प्रतिभावान विद्यार्थी तैयार करता है।

【高位】 gāowèi ऊँचा पद: 身居～ उच्च पद पर रहना

【高温】 gāowēn उष्ण तापक्रम; उच्च तापमान: ～计 उत्तापमापी; पाइरोमीटर (pyrometer)

【高温作业】 gāowēn zuòyè उच्च तापमान उत्पादक कार्य

【高屋建瓴】 gāowū-jiànlíng मकान की छत पर से बोतल का पानी नीचे उंड़ेलना —— ऊँचे स्थान पर से अचानक नीचे की ओर झपटना; रण-कौशल के विचार से अनुकूल स्थिति में रहते हुए कोई काम करना

【高下】 gāoxià ऊँचा या नीचा; बढ़िया या घटिया: 两个人的技术难分～。दोनों का कौशल बराबर है; कौशल की दृष्टि से दोनों बराबर हैं।

【高小】 gāoxiǎo 高级小学 का संक्षिप्त रूप

【高校】 gāoxiào 高等学校 का संक्षिप्त रूप

【高新技术】 gāoxīn-jìshù उच्च और नई प्रौद्योगिकी; उच्च और नई टैकनॉलोजी

【高薪】 gāoxīn उच्च वेतन; मोटी तनख्वाह

【高兴】 gāoxìng ❶खुश; प्रसन्न; परितुष्ट; प्रफ्फुल: 老朋友久别重逢，分外～。बड़े दिनों के बाद जब दो पुराने मित्र मिले, तो उन को बेहद खुशी हुई। / 认识您，很～。आप से मिलकर बहुत प्रसन्नता हुई। / 孩子们高高兴兴地上学去了。लड़के खुशी-खुशी स्कूल जाने लगे। / 再没有这么～的事了。इतनी खुशी की और कोई बात है ही नहीं; इस से ज़्यादा खुशी की बात नहीं है। / 听到这个消息，大家～得手舞足蹈。यह खबर सुनकर लोग खुशी से नाच उठे। / 昨天两个人谈得可～了。कल दोनों बड़ी मौज से बातचीत करते थे। ❷पसंद होना; शौक होना; चाहना; तैयार होना; खुश होना: 我就是～干这个工作。मुझे यही काम करना पसंद है; मैं यही काम करने से खुश हूँ। / 我～帮你的忙。मैं तुम्हारी सहायता करने के लिये तैयार हूँ। / 你不～去就别去了。अगर तुम जाना नहीं चाहते तो न जाओ।

【高血压】 gāoxuèyā ऊँचा रक्तचाप; हाईब्लड प्रेशर

【高压】 gāoyā ❶<भौ०> <मौ०वि०> उच्च दबाव; हाई प्रेशर ❷<विद्यु०> उच्च तनाव; हाई टेंशन: ～电缆 बिजली के उच्च तनाव तारों की लाइन; हाई टेंशन केबल ❸<चिकि०> अधिकतम दबाव; मैक्सीमम प्रेशर ❹दमनकारी: 反动政府的～政策 प्रतिक्रियावादी सरकार की दमनकारी नीति

【高压泵】 gāoyābèng <यां०> उच्च दबाव जल-पम्प; हाई प्रेशर पम्प

【高压锅】 gāoyāguō प्रेशर कूकर

【高压水龙】 gāoyā shuǐlóng वाटर केनान (water cannon)

【高压线】 gāoyāxiàn हाई टेंशन लाइन (ऐसा तार जिसमें उच्च विद्युत प्रवाहित होती है)

【高雅】 gāoyǎ सुशील; सुशिष्ट; सुसंस्कृत

【高原】 gāoyuán पठार; उच्च प्रदेश; टेबुललैंड: 青藏～ छिंगहाए-शीत्सांग उच्चप्रदेश

【高瞻远瞩】 gāozhān-yuǎnzhǔ बहुत ऊँचाई पर खड़ा होना और बहुत दूर तक दृष्टि डालना; दूरदर्शिता रखना

【高涨】 gāozhǎng ऊँचा उठना; ऊपर चढ़ना; उभरना; ऊपर की ओर बढ़ना; द्रुतगामी विकास होना: 群众热情～ जनसमुदाय का उत्साह उभरना / 物价～ चीज़ों के दाम बहुत बढ़ जाना

【高招】 gāozhāo (高着儿 gāozhāor भी) ❶<बोल०> अच्छा उपाय; अच्छा सुझाव; उम्दा ख्याल: 出～ अच्छा सुझाव देना; अच्छा उपाय पेश करना / 你有什么～，快说说。तुम्हारा क्या उम्दा ख्याल है, जल्दी बताओ। ❷（高等学校招生 का संक्षिप्त रूप）कालेजों और विश्वविद्यालयों द्वारा विद्यार्थीयों को भरती करना

【高枕无忧】 gāozhěn-wúyōu लंबी तान कर सोना; निश्चिंत रहना

【高枝儿】 gāozhīr उच्चतर शाखाएं —— अपने से उच्चतर पद पर रहनेवाला: 攀～ सामाजिक स्थान में अपने से ऊपर रहनेवालों को मित्र या रिश्तेदार बनाना

【高职】 gāozhí 高等职业（技术）学校 gāoděng zhíyè（jìshù）xuéxiào (उच्चतर व्यावसायिक शिक्षा-संस्था) का संक्षिप्त रूप

【高中】 gāozhōng 高级中学 का संक्षिप्त रूप

【高专】 gāozhuān 高等专科学校 gāoděng zhuānkē xuéxiào (प्रौद्योगिक विद्यालय; टेक्निकल कालेज) का संक्षिप्त रूप

【高姿态】 gāozītài उदारतापूर्ण रवैया; रियायत का रुख (अपनाना)

【高足】 gāozú <आदर०> आप का होनहार विद्यार्थी

【高祖】 gāozǔ प्रपितामह का पिता; प्रप्रपितामह

【高祖母】 gāozǔmǔ प्रपितामह की माता; प्रप्रपितामही

羔

gāo मेमना; बकरी का बच्चा

【羔皮】 gāopí मेमने का चमड़ा

【羔羊】 gāoyáng मेमना —— कोई भोला-भाला और असहाय व्यक्ति या कोई निर्पराध व्यक्ति: 替罪的～ कुर्बानी का बकरा

【羔子】 gāozi मेमना; बकरी का बच्चा; किसी पशु का बच्चा: 小猪～ सूअर का बच्चा

睾

gāo नीचे दे०

【睾丸】 gāowán अंड; फ़ोता; वृषण

膏

gāo ❶चरबी; तेल: 春雨如～。वसंत की वर्षा तेल के समान मूल्यवान है। ❷लेप; क्रीम; मरहम: 雪花～ वेनिशिंग क्रीम

gào भी दे०

【膏肓】 gāohuāng दे० 病入膏肓 bìngrù-gāohuāng (लाइलाज होना)

【膏剂】 gāojì <औष०> मधु या शर्बत में मिलाया हुआ औषधि-चूर्ण

【膏粱】 gāoliáng चरबीदार माँस और बढ़िया अनाज —— स्वादिष्ट भोजन: ～子弟 धनवान परिवार के लड़के

【膏血】 gāoxuè (मनुष्य की) चरबी और लहू —— खून

पसीने की कमाई; कठिन परिश्रम का फल
【膏药】gāoyao <ची०चि०> लेप; मरहम; प्लास्टर: 贴～ मरहम (प्लास्टर) लगाना
【膏腴】gāoyú <लि०> उपजाऊ: ～之地 उपजाऊ भूमि

篙 gāo नाव खेने की बल्ली (बाँस की या लकड़ी की)

糕 (餻) gāo केक; पुडिंग
【糕点】gāodiǎn केक; पेस्ट्री (pastry)
【糕干】gāogan मीठा किया हुआ चावल का चूर्ण (कभी कभी दूध के पाउडर के रूप में शिशुओं को खिलाया जाता है)

gǎo

杲 gǎo <साहि०> देदीप्यमान: ～日 देदीप्यमान सूर्य
【杲杲】gǎogǎo <साहि०> (सूर्य का) चमकते हुए रोशनी फैलाना

搞 gǎo ❶करना; (किसी काम में) लग जाना; संभालना; चलाना: ～工作 काम करना / ～调查 जाँच-पड़ताल करना / ～生产 उत्पादन-कार्य में लग जाना / ～社会主义 समाजवाद को अमल में लाना / ～家务 गृहस्थी चलाना / 他是～音乐的。वह संगीत का कार्य करता है; वह संगीतकार है। ❷बनाना; तैयार करना: ～个计划 एक योजना बनाना / 我们正在～《汉语印地语词典》。हम 'चीनी-हिन्दी शब्दकोश' का संपादन कर रहे हैं। / 就咱们两个人吃饭，何必～这么多菜。भोजन करनेवाले हम दो ही हैं, इतने व्यंजन तैयार करने की क्या ज़रूरत है। ❸स्थापित करना; शुरू करना; संगठित करना: 这家工厂是由几个农民～起来的。यह कारखाना कुछ किसानों द्वारा स्थापित किया गया है। / 大家捐款～了所"希望小学"。लोगों ने चंदा दे देकर एक 'आशा-स्कूल' खोल दिया। ❹प्राप्त करने की कोशिश करना; हासिल करना: ～钱 पैसा हासिल करने की कोशिश करना; पैसा कमाना / 你去给我们～点吃的来。जाओ और हमारे लिये कुछ खाने की चीज़ें ले आओ। ❺(किसी पूरक के साथ प्रयुक्त): ～好关系 अच्छा सम्बंध स्थापित करना / 你把事情～糟了。तुम ने बात बिगाड़ दी है। / 别把书～乱了。ये किताबें उलट-पुलट न करो। / 把某人～臭 किसी को बदनाम करना / 把问题～清楚 समस्या (बात) को स्पष्ट रूप से समझ लेना
【搞定】gǎodìng ठीक-ठीक कर लेना; (सवाल) हल कर देना; खत्म हो जाना; हो जाना
【搞对象】gǎo duìxiàng (प्रेमी और प्रेमिका का) प्रेम का सम्बन्ध करना; परस्पर प्रेम करना
【搞鬼】gǎoguǐ षड़यंत्र रचना; साज़िश करना; तिकड़म करना: 我们不怕有人暗中～。हम को डर नहीं है कि कोई चुपचाप साज़िशों का जाल बुने। / 你又在搞什么鬼? तुम फिर क्या तिकड़म कर रहे हो?
【搞活】gǎohuó सजीव करना; जान डाल देना; स्फूर्ति ला देना / ～企业 औद्योगिक धंधों को शक्तिशाली बनाना
【搞笑】gǎoxiào ❶हँसना; हास-परिहास करना; जी बहलाना ❷हँसी करना; मज़ाक करना

缟 (縞) gǎo प्राचीन चीन में प्रयुक्त एक सफ़ेद रेशमी कपड़ा
【缟素】gǎosù सफ़ेद शोक-वस्त्र

槁 (槀) gǎo सूखा हुआ; सूखा: 枯～ सूखा
【槁木】gǎomù सूखा वृक्ष
【槁木死灰】gǎomù-sǐhuī मृत पेड़ और ठंडी राख——बिल्कुल उदासीन रहना

镐 (鎬) gǎo कुदाल; गैंती
Hào भी दे०
【镐头】gǎotou कुदाल; गैंती

稿[1] (稾) gǎo <लि०> अनाज का डंठल; भूसा: 稿荐

稿[2] (稾) gǎo ❶प्रारूप; रेखाचित्र; स्केच: 先打个～儿再画 चित्र बनाने से पहले एक स्केच बनाना ❷(दस्तावेज़ का) मसविदा; मसौदा; पांडुलेख: 拟～ मसविदा बनाना
【稿本】gǎoběn किसी पुस्तक आदि की हस्तलिखित प्रति; पांडुलिपि
【稿酬】gǎochóu दे० 稿费
【稿费】gǎofèi प्रकाशित पुस्तक या लेख आदि के लिये अदा की गई रकम; मेहनताना; पारिश्रमिक
【稿件】gǎojiàn पांडुलिपि, लेख आदि
【稿荐】gǎojiàn भूसे का गद्दा; पुआल भरा बिछौना; तृणशय्या
【稿约】gǎoyuē (किसी पत्रिका आदि का) लेखकों को दिया गया सूचना-पत्र (प्रायः पत्रिका में प्रकाशित)
【稿纸】gǎozhǐ लिखने का प्रामाणिक कागज़ (सीधी या चौकोर रेखाओं सहित)
【稿子】gǎozi ❶मसविदा; मसौदा; पांडुलेख; ड्राफ़्ट; स्केच: 起个～ पांडुलेख लिखना; मसविदा बनाना ❷पांडुलिपि; लेख: 这篇～是谁写的? यह लेख किस ने लिखा? ❸विचार; योजना: 我心里还没个准～。मेरे मन में अभी कोई निश्चित योजना नहीं है।

gào

告 gào ❶बताना; वर्णन करना; सूचित करना: ～知 बता देना / 通～ सूचना देना / 几时动身，盼～。अपनी रवानगी की तिथि मुझे सूचित करें। ❷अभियोग लगाना: 到法院去～他。न्यायालय जाओ और उस पर अभियोग लगाओ। ❸माँगना; प्रार्थना करना: 告假 ❹साफ़-साफ़ कह देना; बता देना; बयान देना: 不～而别

बिना बिदाई लिये चले जाना; बिना नमस्ते कहे अलग हो जाना ❺(अमुक स्थिति को) पहुँचना: ～一段落 (काम के) किसी निश्चित हिस्से को समाप्त करना

【告白】 gàobái सार्वजनिक सूचना या घोषणा

【告别】 gàobié ❶विदा होना; अलग होना; रुखसत होना: ～亲友 रिश्तेदारों और मित्रों से विदा होना / 他把信交给我，就匆匆～了。उस ने मुझे एक पत्र दिया और जल्दी-जल्दी रुखसत हो गया। ❷विदा माँगना; विदाई लेना: 我向你～来了。मैं तुम से विदाई लेने आया हूँ। / 向遗体～ दिवंगत के दर्शन करना; दिवंगत को श्रद्धांजलि अर्पित करना

【告别词】 gàobiécí विदाई-भाषण

【告别宴会】 gàobié yànhuì विदाई भोज

【告病】 gàobìng चिकित्सकीय छुट्टी लेना

【告成】 gàochéng (किसी महान कार्य या प्रोजेक्ट का) पूरा होना या समाप्त होना: 大功～ किसी महान कार्य की समाप्ति की घोषणा होना या करना; कोई महान कार्य पूरा होना

【告吹】 gàochuī 〈बोल०〉 असफल होना; टाँय-टाँय फिस होना; रह जाना: 由于资金不足，计划～。पूँजी के अभाव में योजना रह गई।

【告辞】 gàocí विदाई लेना; विदा माँगना: 他跟我谈了一会儿就～了。वह मेरे साथ थोड़ी देर बातचीत करके विदा हो गया।

【告贷】 gàodài ऋण लेना; कर्ज़ लेना: 四处～ हर किसी से कर्ज़ लेना / ～无门 किसी भी स्थान से पैसा उधार लेने में असमर्थ होना

【告发】 gàofā रिपोर्ट करना; अभियोग लगाना: 向政府～他的违法行为 उस की अवैध कार्यवाहियों के बारे में सरकार को रिपोर्ट देना

【告负】 gàofù (खिलाड़ियों की प्रतियोगिता आदि में) हार होना: 甲队以 0∶3 ～。टीम क की 0 और 3 से हार हो गई।

【告急】 gàojí ❶आपात स्थिति में होना; संकट की स्थिति में होना: 灾区～。अकाल-पीड़ित इलाका खतरे में है। ❷संकट की रिपोर्ट देना; अविलम्ब सहायता माँगना: 前线～。मोर्चे की सेना ने कुमक माँगी।

【告假】 gàojià छुट्टी लेना: 他想告两天假。वह दो दिन की छुट्टी लेना चाहता है।

【告捷】 gàojié ❶विजय पाना (युद्ध या खेलकूद में): 初战～ पहली ही लड़ाई (या खेल) में विजय पाना ❷विजय-संदेश देना

【告诫】 gàojiè चेतावनी देना; सावधान करना; उपदेश देना; शिक्षा देना: 老师经常～我们要努力学习。अध्यापक जी हम को अक्सर उपदेश देते हैं कि हम लगन से अध्ययन करें। / 他再三～自己，不要骄傲自满。वह बार-बार अपने को चेतावनी देता है कि अभिमान और आत्मसंतोष से बचने का प्रयास करो।

【告警】 gàojǐng किसी आकस्मिक घटना की रिपोर्ट देना; संकट की रिपोर्ट देकर सहायता माँगना

【告竣】 gàojùn (कोई महान कार्य) पूरा होना; समाप्त होना: 铁路修建工程已全部～。रेलवे का निर्माण-कार्य अब पूर्ण रूप से संपन्न हो गया।

【告老】 gàolǎo वृद्धावस्था में रिटायर होना: ～还乡 (सरकारी अधिकारी का) रिटायर होकर अपनी जन्मभूमि वापस जाना

【告密】 gàomì शिकायत करना; अपराध लगाना; भेद देना: 他做地下工作时，曾因叛徒～而被捕。जब वह भूमिगत कार्य करता था तो एक बार इसलिये गिरफ़्तार हुआ कि एक गद्दार ने उस का भेद अधिकारियों को दे दिया। / ～者 सूचक; खबरगीर; इनफ़ार्मर

【告罄】 gàoqìng (माल) बिल्कुल समाप्त हो जाना; सब इस्तेमाल कर लिया जाना; सब बिक जाना: 弹药～。गोला-बारूद समाप्त हो गई।

【告饶】 gàoráo माफ़ी माँगते हुए गिड़गिड़ाना; माफ़ी माँगना: 求情～ माफ़ी माँगना

【告示】 gàoshi ❶सूचना-पत्र; विज्ञप्ति; आज्ञापत्र ❷〈पुराना〉 पोस्टर

【告诉】 gàosù 〈का०〉 अभियोग लगाना; शिकायत करना

【告诉】 gàosu बताना; निवेदन करना; फ़र्माना: ～他赶快来。उस को बताओ कि जल्दी आये। / 有什么消息，请打电话～我。कोई खबर हो तो फ़ोन पर मुझे बता दीजिये। / 我可～你，下不为例。मैं बताये देता हूँ कि ऐसी बात फिर कभी न होने पाए।

【告退】 gàotuì ❶किसी सभा से अलग होना; वापस चला जाना: 我有点事，先～了。मुझे कुछ काम है, पहले चला जाता हूँ। ❷〈पुराना०〉 पद से अलग होना; अपने पद से इस्तीफ़ा पेश करना

【告慰】 gàowèi ❶सांत्वना देना; तसल्ली देना; धीरज बँधाना ❷चैन पाना; मन में शांति मिलना

【告枕头状】 gào zhěntouzhuàng अपने पति से किसी की शिकायत करना

【告知】 gàozhī बताना; अवगत करना: 我将此事～了有关人员。मैं ने यह बात संबंधित व्यक्तियों को बता दी है।

【告终】 gàozhōng समाप्त होना; अंत होना: 以失败～ पराजय में समाप्त होना; अंत में पराजित होना

【告状】 gào zhuàng ❶〈बोल०〉 अभियोग लगाना ❷शिकायत करना: 他在老师面前告了我一状。उस ने अध्यापक से मेरी शिकायत की।

【告罪】 gàozuì क्षमाप्रार्थना करना; क्षमा याचना करना; माफ़ी माँगना

郜 Gào एक कुलनाम

诰（誥） gào ❶〈प्रा०〉 (वरिष्ठों का) सूचित करना; आज्ञा देना ❷〈प्रा०〉 लिखित उपदेश ❸सम्राट का आज्ञा-पत्र: 诰封

【诰封】 gàofēng सम्राट के आज्ञा-पत्र द्वारा सम्मानित पदवी देना

【诰命】 gàomìng ❶सम्राट की आज्ञा ❷〈पुराना〉 पदवी-प्राप्त महिला; उपाधिधारी महिला

锆（鋯） gào 〈रसा०〉 ज़र्कोनियम (zirconium)

膏 gào ❶(तेल आदि से) चिकना करना; तेल देना: 在轴上～点油 गाड़ी की धुरी पर कुछ तेल देना ❷लिखने के ब्रश को स्याही में डुबोना और लिखने से पहले स्याही-पत्थर पर उसे चिकना करना: ～笔 स्याही में डुबोए हुए लिखने के ब्रश को स्याही-पत्थर पर चिकना करना
gāo भी दे०

gē

戈 gē ❶भाला; बर्छा (एक प्राचीन अस्त्र) ❷(Gē) एक कुलनाम
【戈壁】 gēbì ❶<भूगर्भ०> गोबी (gobi) ❷(Gēbì) गोबी मरुस्थल

仡 gē नीचे दे०
yì भी दे०
【仡佬族】 Gēlǎozú कलाओ जाति (क्वेइ चओ प्रांत में बसनेवाली अल्पसंख्यक जाति)

圪 gē नीचे दे०
【圪垯】 gēda ❶दे० 疙瘩 gēda ❷टीला; टेकरी
【圪塔】 gēda दे० 圪垯

纥（紇） gē नीचे दे०
hé भी दे०
【纥垯】 gēda दे० 疙瘩

疙 gē नीचे दे०
【疙瘩】 gēda ❶सूजन; शोथ; स्फीति ❷गाँठ; ग्रंथि: 线结成了～。रस्सी ग्रंथित हो गई। ❸(मन की) गाँठ: 心上的～早去掉了。मन की गाँठ पहले ही खुल गई थी।/ 我们帮助解开他们两人中间的～。उन दोनों में जो गाँठ पड़ गई है उसे खोलने में हम मदद करेंगे; हम उन दोनों की गलत फ़हमी को दूर करने में मदद करेंगे।
【疙疙瘩瘩】 gēgedādā (疙里疙瘩 gēligēdā भी) <बोल०> असमतल; ऊबड़-खाबड़; जटिल; पेचीदा; उलझा हुआ: 路上净是石头子儿，～的，不好走。सड़क पर बहुत कंकड़-पत्थर थे, बिल्कुल असमतल, उस पर चलना मुश्किल था।/ 这事情～的，不好办。यह बात बड़ी उलझी हुई थी, इसे निपटाने में खूब प्रयास करना था।

咯 gē नीचे दे०
kǎ; lo; luò भी दे०
【咯噔】 gēdēng <अनु०>: ～～的皮鞋声 जूते की क-टकट (या खटखट) की आवाज़ (सीढ़ियों पर चलने की)
【咯咯】 gēgē <अनु०> ❶मुर्गी के चिल्लाने की आवाज़; (अंडा देने के बाद मुर्गी का) कुड़कुड़ करना; कुड़कुड़ाना: 母鸡下完蛋后，～地叫个不停。अंडा देने के बाद मुर्गी खूब कुड़कुड़ाती रही। ❷हँसने की आवाज़; मुँह बन्द करके हँसना; दबी हुई हँसी हँसना: 她～地笑个不停。वह मुँह दबा कर खूब हँसती रही।
【咯吱】 gēzhī <अनु०>: 扁担压得～～直响。भारी बोझ से बहँगी चरचराती रही।

格 gē नीचे दे०
gé भी दे०
【格格】 gēgē हँसने की आवाज़; मुँह बन्द करके हँसना; दबी हुई हँसी हँसना
gége भी दे०

哥 gē ❶(बड़ा) भाई: 大～ सब से बड़ा भाई; ज्येष्ठ भाई ❷उमर में अपने से बड़े पुरुषों के लिये एक मित्रतापूर्ण संबोधन: 李二～ ली अर भाई
【哥哥】 gēge बड़ा भाई
【哥伦比亚】 Gēlúnbǐyà कोलंबिया
【哥儿】 gēr ❶भाई: 你们～几个? तुम कितने भाई हो?/ 他们～俩都是画家。वे दोनों भाई चित्रकार हैं। ❷(धनी परिवार के) लड़के: 公子哥儿 gōngzǐgēr
【哥儿们】 gērmen <बोल०> ❶भाई: 他们家～好几个呢。वे कई भाई हैं; उन के परिवार में कई भाई हैं। ❷साथी; मित्र; यार-दोस्त: 穷～ हम गरीब लोग
【哥斯达黎加】 Gēsīdálíjiā कोस्टा रीका
【哥特式】 gētèshì <वास्तु०> गॉथिक: ～教堂 गॉथिक गिरजा-घर

胳 gē नीचे दे०
gā; gé भी दे०
【胳臂】 gēbei बाहु; बाज़ू; बाँह
【胳膊】 gēbo बाहु; बाज़ू; बाँह
【胳膊扭不过大腿】 gēbo niǔ bù guò dàtuǐ बाँह तो जांघ का सामना नहीं कर सकती —— दुर्बल तो ब-लवान से प्रतिस्पर्द्धा नहीं कर सकता
【胳膊腕子】 gēbo wànzi कलाई
【胳膊肘朝外拐】 gēbozhǒu cháo wài guǎi कुहनी अन्दर की ओर नहीं, बल्कि बाहर की ओर मोड़ना —— अपने आदमी की नहीं, बल्कि पराये आदमी की तरफ़दारी करना
【胳膊肘儿】 gēbozhǒur कुहनी

鸽（鴿） gē कपोत; कबूतर: 家～ पालतू कबूतर
【鸽子】 gēzi कपोत; कबूतर: ～笼 कबूतरखाना; कबूतर का दरबा

袼 gē नीचे दे०
【袼褙】 gēbei लेई से चिपकाये हुए पुराने कपड़े के टुकड़े (प्रायः कपड़े का जूता बनाने के लिये प्रयुक्त)

搁（擱） gē ❶रखना; डालना; भरना: 把书～在书柜里吧。इन पुस्तकों को अलमारी में रख दो।/ 往咖啡里～点糖。काफ़ी में थोड़ी-सी शक्कर डाल दो।/ 你把东西～下。अपना सामान उतार दो।/ 箱子这么大，所有东西都～得下。संदूक इतना बड़ा है कि सभी चीज़ें इस में भरी जा सकती हैं। ❷अलग रखना; छोड़ना; ताक पर रखना: 这件事～一～再办吧。इस बात को

कुछ समय के लिये एक ओर अलग रखो। / 这是紧急任务，不能～下。यह बहुत ज़रूरी काम है, इस को ताक पर नहीं रखना चाहिये। / 他～下工作看电影去了。वह अपना काम छोड़कर सिनेमा देखने गया।

gé भी दे०

【搁笔】 gēbǐ कलम या ब्रश रख देना; लिखना या चित्र बनाना छोड़ देना

【搁浅】 gēqiǎn ❶(नौका का) उथले जल के तल पर लग जाना; ज़मीन में धँस जाना; भूमि पर चढ़ना: 船～了。नौका ज़मीन में धँस गई; नौका भूमि पर चढ़ गई। ❷वह अवस्था जब अत्यधिक जटिलता के कारण मामला आगे न चल सके; गतिरोध होना; गत्यवरोध होना: 谈判～了。वार्त्तालाप में गत्यवरोध आ गया।

【搁置】gēzhì (किसी योजना आदि का) विचार त्याग देना; स्थगित करना; अलग रखना; ताक पर रखना; चलाना रोक देना: 事情重要，不能～。मामला बहुत महत्वमूर्ण है, इस को स्थगित करना अनुचित है।

割

gē काटना: ～草 घास काटना; ～麦子 गेहूँ काटना

【割爱】 gē'ài बहुमूल्य समझकर संचित की हुई वस्तु को छोड़ देना; अपनी प्यारी चीज़ किसी दूसरे को दे देना: 这本书请你～让给我吧。कृपया यह पुस्तक मुझे भेंट कर दीजिये; कृपया इस पुस्तक को मुझे दे दीजिये।

【割草机】gēcǎojī घास काटने की मशीन; कटाई-मशीन; घास-कटर; मोवर (mower)

【割除】 gēchú काट देना; उड़ा देना; हटा देना: ～肿瘤 गुल्म (ट्यूमर) काट देना

【割地】 gēdì राज्य-क्षेत्र का परित्याग करना: ～赔款 राज्य-क्षेत्र का परित्याग करना और मुआवज़ा देना

【割断】 gēduàn काट देना; काट डालना; तोड़ देना: ～电话线 टेलीफ़ोन का तार काट देना / ～联系 आपसी संपर्क को तोड़ देना / 我们不要～历史看问题。हम को यह नहीं चाहिये कि किसी समस्या के ऐतिहासिक संदर्भ को छोड़कर उस पर विचार करें।

【割鸡焉用牛刀】 gē jī yān yòng niúdāo मुर्गी को मारने के लिये बैल-छुरे का प्रयोग क्यों किया जाए; छोटी-सी बात में बड़ी शक्ति क्यों लगाई जाए; अनुचित काम में शक्ति लगना; शक्ति का अपव्यय करना

【割胶】 gējiāo रबड़-वृक्ष में काट कर उस का दूध निकालना; रबड़ का दूध निकालना

【割据】 gējù पृथकतावादी शासन कायम करना; स्वाधीन शासन-व्यवस्था कायम करना: 封建～ सामंती पृथकतावादी शासन / 军阀～ युद्धसरदारों की पृथक शासन-व्यवस्था

【割礼】 gēlǐ <धर्म> सुन्नत; खतना: 行～ सुन्नत करना; खतना करना

【割裂】 gēliè बिलगाना; अलग कर देना; पृथक करना; छिन्न-भिन्न करना: 这两点是相互联系的，不能～。ये दो बातें एक दूसरे से संपर्क रखती हैं, इन को अलग-अलग नहीं किया जा सकता।

【割让】 gēràng परित्याग करना; प्रदान करना; दे देना: ～领土 राज्य-क्षेत्र का परित्याग करना

【割舍】 gēshě छोड़ना; त्याग देना: 旧情难以～ पुराने प्रेम से छुटकारा पाना मुश्किल होना

歌

gē ❶गीत; गाना: 唱支～儿 एक गीत गाना ❷गाना: 高～一曲 ऊँचे स्वर में एक गीत गाना

【歌本】 gēběn गीत-पुस्तिका

【歌唱】 gēchàng ❶गाना; गीत गाना; गाना गाना: 尽情～ जी भरकर गाना / ～家 गायक; गवैया ❷(गीत या कविता के द्वारा) प्रशंसा करना; गाना गाना: ～祖国的繁荣昌盛 मातृभूमि की समृद्धि का गाना गाना

【歌词】 gēcí किसी गीत के शब्द

【歌功颂德】gēgōng-sòngdé किसी की चापलूसी और अतिरंजित तारीफ़ करना; खुशामत में किसी का गुणगान करना

【歌喉】 gēhóu (गायक का) स्वर; गाने की आवाज़: ～婉转 (गायक की) सुरीली आवाज़; (गायक की) आवाज़ सुरीली होना

【歌剧】 gējù संगीत-नाटक; ओपेरा: ～团 ओपेरा दल (या कम्पनी) / ～院 ओपेरा हाउस

【歌诀】 gējué तुकांत कविता में लिखे हुए नुस्ख़े या सिद्धांत-वाक्य: 汤头～ तुकांत कविता में लिखे हुए औषध-निर्देश (नुस्ख़े)

【歌女】 gēnǚ <पुराना> गानेवाली स्त्री; गायिका

【歌谱】 gēpǔ संगीत-रचना की स्वर-लिपि; किसी गीत का संगीत

【歌曲】 gēqǔ गान; गाना; गीत

【歌声】 gēshēng गीत गाने का स्वर; गीत: 嘹亮的～ गीत गाने का ऊँचा और स्पष्ट स्वर / ～四起。 चारों ओर से गीत की आवाज़ सुनने में आने लगी।

【歌手】 gēshǒu गायक; गायन; गवैया

【歌颂】 gēsòng गुणगान करना; (किस के) गुण गाना; कीर्तिगान करना; तारीफ़ करना: ～工农兵 मज़दूरों, किसानों और सैनिकों का गुणगान करना / ～共产主义风格 कम्युनिस्ट कार्य-शैली का कीर्तिगान करना

【歌坛】 gētán गायकों का क्षेत्र: ～新秀 नया गायक-सितारा

【歌舞】 gēwǔ संगीत-नृत्य; नाच-गान

【歌舞伎】 gēwǔjì काबूकी (जापानी नाटक का एक रूप)

【歌舞剧】 gēwǔjù नाच-गान नाटक

【歌星】 gēxīng गायक-सितारा

【歌谣】 gēyáo गाथा-गीत; गानखण्ड; छोटा-सा साधारण गीत: 民间～ लोकगीत; लोकप्रिय गाथा-गीत

【歌吟】 gēyín ❶गाना ❷कविता गाकर सुनाना

【歌咏】 gēyǒng गाना; गीत गाना: ～比赛 गीत गाने की प्रतियोगिता / ～队 गीत गाने का दल; संगीत-मंडली

【歌子】 gēzi गीत

gé

革 1

gé ❶चमड़ा; चमड़ी: 皮～ चमड़ा ❷ (Gé) एक कुलनाम

革 2

gé बदलना; परिवर्तन करना: 变～ बदलना; परिवर्तन करना ❷(किसी को पद से) हटाना; (दफ़्तर से) निकाल देना: 革职

【革出】 géchú (पद से) हटाना; (दफ़्तर से) निकाल देना

【革除】 géchú ❶उन्मूलन करना; छोड़ देना; मिटा देना; दूर करना: ～陋习 रूढ़िगत रीति-रिवाजों का उन्मूलन करना ❷(किसी को पद से) हटाना; (दफ़्तर से) निकाल देना; (पद से) बर्ख़ास्त करना

【革履】 gélǚ चमड़े का जूता

【革命】 gémìng ❶क्रांति करना; विद्रोह करना; विप्लव करना: ～到底 अंत तक क्रांति करना; क्रांति को अंत तक ले जाना / 农民起来革地主的命。किसानों ने ज़मींदारों के विरुद्ध विद्रोह किया । ❷क्रांति: 技术革命 तकनीकी क्रांति / 产业～ औद्योगिक क्रांति ❸क्रांतिकारी; इनकलाबी: ～理论 क्रांतिकारी सिद्धांत / ～理想 क्रांतिकारी आदर्श / ～烈士 क्रांतिकारी शहीद / ～接班人 क्रांति के उत्तराधिकारी / ～圣地 क्रांति का पवित्र स्थान

【革命发展阶段论】 gémìng fāzhǎn jiēduànlùn क्रांति का मंज़िल-दर-मंज़िल विकास करने का सिद्धांत; क्रांति का कदम-ब-कदम विकसित होने का सिद्धांत

【革命化】 gémìnghuà किसी क्रांतिकारी तरीके से काम करना

【革命家】 gémìngjiā क्रांतिकारी

【革命浪漫主义】 gémìng làngmàn zhǔyì क्रांतिकारी रोमांसवाद; क्रांतिकारी रोमांटिसिज़्म

【革命人道主义】 gémìng réndào zhǔyì क्रांतिकारी मानवतावाद

【革命现实主义】 gémìng xiànshí zhǔyì क्रांतिकारी यथार्थवाद

【革命性】 gémìngxìng क्रांतिकारिता; क्रांतिकारी लक्षण या स्वभाव (गुण,भावना आदि): 无产阶级的～ सर्वहारा वर्ग का क्रांतिकारी स्वभाव

【革新】 géxīn सुधार (करना); नवीनीकरण (करना): 技术～ तकनीकी सुधार / ～运动 सुधार-आन्दोलन

【革职】 gézhí (किसी को) पद से हटाना; पदच्युत करना या होना; पद से बर्ख़ास्त करना: 他被革了职。उस को पदच्युत किया गया ।

【革制品】 gézhìpǐn चमड़े का माल

阁（閤）gé 〈लि०〉❶छोटा दरवाज़ा ❷阁 gé के समान ❸（Gé）एक कुलनाम

阖 hé भी दे०

阁（閣）gé ❶शिरोगृह; चंद्रशाला ❷〈पुराना〉स्त्रियों का रहने का कमरा: 出～ (लड़की का) विवाह करना ❸(सरकार का) मंत्रिमंडल: 内～ मंत्रिमंडल / 组～ मंत्रिमंडल बनाना; मंत्रिमंडल की स्थापना करना ❹〈लि०〉ताक: 束之高～ ताक पर रखना

【阁楼】 gélóu अटारी; कोठा

【阁下】 géxià 〈आदर०〉महाशय; महोदय; जनाब; युअर (हिज़ या हर) एक्सिलेंसी: 大使～ युअर एक्सिलेंसी राजदूत महाशय; हिज़ एक्सिलेंसी राजदूत

【阁员】 géyuán मंत्रिमंडल का सदस्य; मंत्री; मिनिस्टर

格 1

gé ❶（～儿）खाना; चारखाना: 方～纸 चारखानोंवाला कागज़ / 把字写在～儿里。चारखानों के अन्दर अक्षर लिखो । / 四～儿的书柜 चार खानोंवाली (पुस्तक की) अलमारी / 每次服一小～ हर बार एक मात्रा में दवा लेना ❷मानक; मानदंड; ढंग; शैली; अवरुद्ध करना: ～于成例 परिपाटियों से परिमित होना

格 2

gé 〈व्या०〉कारक: 主～ कर्त्ता कारक / 宾～ कर्म कारक

格 3

gé 〈लि०〉परीक्षण करना; अध्ययन करना: 格物

格 4

gé लड़ना: 格斗

gē भी दे०

【格调】 gédiào ❶(साहित्यिक या कलात्मक) शैली: ～高雅 सुशिष्ट शैली; शैली में सुशीलता होना ❷〈लि०〉किसी की कार्य-शैली और नैतिक गुण: 他这个人～不高。वह ज़रा अशिष्ट है ।

【格斗】 gédòu हाथा-पाई करना; मुक्कों से लड़ना

【格格】 gége राजकुमारी के लिए एक मंचूरियन शब्द; जवान महिला

gēgē भी दे०

【格格不入】 gégé-bùrù अनुपयुक्त; असंगत; मेल न खाना; गोल छेदों के लिये चौकोर खूंटी साबित होना: 他的想法跟我的愿望是～的。उस का विचार मेरी इच्छा से मेल नहीं खाता ।

【格局】 géjú ढाँचा और ढंग; रचना; बनावट; विन्यास: 这套住宅的～不错。इस रिहायशी मकान की बनावट अच्छी है । / 这座花园的～很特殊。इस उद्यान का विशिष्ट ढंग है । / 这篇文章写得很乱，简直不成个～。यह लेख खराब तरीके से लिखा हुआ है, इस का कोई विन्यास ही नहीं ।

【格林纳达】 Gélínnàdá ग्रेनाडा

【格林尼治时间】 Gélínnízhì shíjiān ग्रीनविच समय (जी०एम०टी०)

【格陵兰】 Gélínglán ग्रीनलैंड

【格鲁吉亚】 Gēlǔjíyà जोर्जिया

【格律】 gélǜ प्राचीन कविता का रूप और लिखने के नियम

【格杀勿论】 géshā-wùlùn （格杀不论 géshā-bùlùn भी）कानून के अधिकार से किसी को मौके पर मार डालना

【格式】 géshi रूप; ढंग; शैली; फ़ारम: 公文～ दफ़्तरी दस्तावेज़ का फ़ारम (या प्रामाणिक ढंग)

【格外】 géwài ❶〈क्रि०वि०〉विशेष रूप से; विशिष्ट रूप से; असाधारण रूप से: 今天是儿童节，孩子们～高兴。आज बाल-दिवस है । बच्चे विशिष्ट रूप से प्रसन्न हैं । / 今天～热。आज असाधारण गर्मी है । / 她对计算机～

感兴趣。वह कंप्यूटर में विशिष्ट रुचि रखती है। / 他对这件事的印象～深。इस घटना का उस के दिमाग पर बेहद गहरा असर पड़ा था। ❷अतिरिक्त： ～的负担 अतिरिक्त भार / ～有赏 अतिरिक्त पारितोषिक देना

【格物】 géwù मामलों का अनुसंधान करना

【格物致知】 géwù-zhìzhī मामलों का अनुसंधान करना ज्ञान प्राप्त करना है

【格尾】 géwěi 〈व्या०〉 कारकचिह्न; विभक्ति

【格言】 géyán संक्षिप्त सारगर्भित सूत्र; आदर्श वचन; नीति वचन; आदर्श वाक्य

【格致】 gézhì 格物致知 का संक्षिप्त रूप, छिंग राजवंश (1644-1911) के अंतिम वर्षों में प्राकृतिक विज्ञान के अर्थ में प्रयुक्त

【格子】 gézi लकीरों का बनाया हुआ खाना; चारखाना： ～布 चारखानेदार कपड़ा / 打～ चारखाने बनाना

【格子窗】 gézichuāng जालीदार खिड़की

胳 gé नीचे दे०

gā; gē भी दे०

【胳肢】 gézhi 〈बोल०〉 (किसी व्यक्ति के शरीर को) सहलाना; गुदगुदाना

葛 gé ❶〈वन०〉 कूज़ू की बेल (Kudzu vine) ❷एक प्रकार का रेशमी कपड़ा; पापलिन (poplin)

gě भी दे०

【葛藤】 géténg एक दूसरे को काटती हुई बेलें —— उलझा हुआ अस्पष्ट संबंध

搁 (擱) gé सहना; टिकना; स्थिर रहना： ～不住压 दबाव में स्थिर न रह सकना; भार वहन न कर सकना

gē भी दे०

蛤 gé सीपी; घोंघा

há भी दे०

【蛤蚧】 géjiè लाल धब्बेदार छिपकली

【蛤蜊】 géli सीपी; घोंघा

颌 (頜) gé 〈लि०〉 मुँह

hé भी दे०

隔 gé ❶काटना; काट डालना; विभाजित करना; अलग करना： 把一间屋～成两间 एक कमरे को दो में विभाजित करना / 这两座山～江相望。दो पहाड़ नदी के आर-पार एक दूसरे के सामने खड़े हैं। / ～一座山就是水库。जलाशय इस पहाड़ की दूसरी तरफ़ स्थित है। ❷दूर होना; फ़ासले पर होना： 两市相～千里。दो नगर एक दूसरे से हज़ार ली की दूरी पर हैं। / 你～两天再来吧。अब से दो दिन बाद फिर आ जाओ। / 老师～周来一次。अध्यापक जी हर दूसरे हफ़्ते यहाँ आते हैं। / 请～两行写。हर तीसरी लाइन पर लिखिये; दो लाइन छोड़कर लिखिये। / ～四小时服一次。हर चौथे घंटे पर एक बार दवा ले लो।

【隔岸观火】 gé'àn'guānhuǒ नदी के पार बैठे हुए आग का तमाशा देखना —— बेपरवाही से किसी की मुसीबत देखना

【隔壁】 gébì साथवाला मकान; पड़ोस： 他就住在～。 वह साथवाले मकान में ही रहता है; वह पड़ोस में ही रहता है।

【隔断】 géduàn काटना; काट डालना; विभाजित करना; रुकावट डालना; अवरुद्ध करना： 战争～了我们的联系。लड़ाई के कारण हमारा संपर्क टूट गया। / 高山大海隔不断我们两国人民的友好往来。पर्वत और सागर हम दोनों देशों की जनता के बीच मैत्रीपूर्ण आदान-प्रदान को अवरुद्ध नहीं कर सकते।

【隔断】 géduan 〈वास्तु०〉 अलग करनेवाली भित्ति या तख़्ता; विभाजक

【隔行】 géháng विभिन्न धंधों या पेशों का

【隔行如隔山】 géháng rú gé shān विभिन्न धंधे ऐसे हैं जैसे उन्हें बीच में पहाड़ों से अलग किया गया हो (अर्थात किसी व्यवसाय के बारे में न जानकार व्यक्ति का ज्ञान बिलकुल नहीं होता)

【隔阂】 géhé ❶मनमुटाव; मनोमालिन्य; दूरी; गलतफ़हमी： 两个人有了～。दोनों में मनमुटाव पैदा हुआ; दोनों के मन में दूरी उत्पन्न हुई। / 经过谈心，他们消除了～。एक दूसरे को अपने दिल की बातें बताने के बाद दोनों की गलतफ़हमी दूर हो गई। ❷बाधा： 语言的～ भाषा की बाधा

【隔绝】 géjué काट डालना; पृथक् करना; अलग करना; अवरुद्ध करना： 与世～ बाहरी दुनिया से पृथक् करना / 音信～ कुछ खबर न होना (मिलना)

【隔离】 gélí पृथक्करण;अलग रखना; अकेला कर देना; वियोग होना： 种族～ जातीय पृथक्करण / 病人已经～了一周。रोगी को एक हफ़्ते से अलग रखा हुआ है।

【隔离病房】 gélí bìngfáng अलग वार्ड

【隔膜】 gémó ❶मनमुटाव; पारस्परिक समझ का अभाव： 他们之间有些～。उन दोनों के मन में एक दूसरे के प्रति कुछ खिंचाव है। ❷अनभिज्ञ होना： 我对经济学实在～。अर्थशास्त्र के बारे में मैं अनभिज्ञ हूँ।

【隔墙】 géqiáng 〈वास्तु०〉 अलग करनेवाली भित्ति या तख़्ता; विभाजक

【隔墙有耳】 géqiáng-yǒuěr दीवारों के कान होना; छिपकर सुनगुन लेनेवाले से सचेत रहना

【隔日】 gérì हर दूसरे दिन： ～吃一片 हर दूसरे दिन एक टेबलेट लेना

【隔山】 géshān पहाड़ द्वारा अलगाव —— सौतेलापन： ～兄弟 सौतेला भाई / ～姐妹 सौतेली बहन

【隔扇】 géshan विभाजक तख़्ता

【隔世】 géshì एक युग गुज़र जाना： 恍如～ ऐसा लगना जैसे एक युग गुज़र गया हो

【隔靴搔痒】 géxuē-sāoyǎng अपने बूट के बाहर से पैर खुजलाना —— किसी बात की जड़ पकड़ने में असफल होना; कोई अनुपयुक्त उपाय करना

【隔夜】 géyè पिछली रात का： ～的茶最好别喝。 पिछली रात की चाय न पीना ही अच्छा है।

【隔音】 géyīn ध्वनि रोध
【隔音符号】 géyīn fúhào अक्षर-विभाजक चिह्न（’）
【隔音室】 géyīnshì साउंड-प्रूफ़ रूम

嗝 gé ❶हिचकी आना (लेना; भरना) ❷डकार लेना; डकारना

槅 gé ❶जालीदार दरवाज़ा; विभाजक तख़्ता ❷दर्जों-वाली अलमारी：多宝～ विचित्र कलावस्तुएँ रखने की दर्जोंवाली अलमारी
【槅门】 gémén जालीदार दरवाज़ा
【槅扇】 géshan दे० 隔扇

膈 gé मध्यपेट; डायफ़्राम（diaphragm）
【膈膜】 gémó मध्यपेट; डायफ़्राम

骼 gé दे० 骨骼 gǔgé

镉（鎘）gé 〈रसा०〉 केडमियम（cadmium）（Cd）

gě

合 gě क, अनाज मापने की इकाई (= 1 डेसिलिटर) hé भी दे०

舸 gě 〈साहि०〉 बड़ी नौका

葛 Gě एक कुलनाम gé भी दे०

gè

个[1]（個、箇）gè ❶〈परि०श०〉 (बिना अपने परिमाण शब्दों की संज्ञाओं के लिये प्रयुक्त)：三～苹果 तीन सेव / 两～星期 दो हफ़्ते / 一～故事 एक कहानी / 一～理想 एक आदर्श ❷〈परि०श०〉 (कुछ परिमाण शब्दों के स्थान पर प्रयुक्त)：一～(या 所)学校 एक स्कूल / 一～（या 家）工厂 एक कारखाना / 两～（या 只）耳朵 दो कान ❸〈परि०श०〉 (सन्निकट अंकों के लिये प्रयुक्त)：他每星期来～一两趟。वह हफ़्ते में दो एक बार यहाँ आता है। / 他哥哥比他不过大～两三岁。उस का बड़ा भाई उस से सिर्फ़ दो-तीन वर्ष बड़ा है। ❹〈परि०श०〉 (क्रिया और उस के कर्म के बीच)：见～面儿，说～话儿 मुलाकात करना और बातचीत करना ❺〈परि०श०〉 (क्रिया और उस के पूरक के बीच)：吃～饱 पेट भर खाना / 玩儿～痛快 खूब मज़े से खेलना / 雨下～不停。पानी बरसता रहा। ❻〈परि०श०〉 (कुछ वाक्यांशों में 一 के बाद आकस्मिकता प्रकट करने के लिये)：他一～箭步窜了上去。वह अचानक एक बड़ा डग भरकर कूद पड़ा। ❼व्यक्तिगत：个别/个人

个[2]（個、箇）gè ❶(些 के प्रत्यय के रूप में प्रयुक्त)：那些～花儿 वे फूल / 这些～人屋里哪坐得下? इस कमरे में इतने ज़्यादा लोग कैसे बैठ सकते हैं? ❷〈बो०〉 (昨儿，今儿，明儿 आदि के बाद प्रयुक्त)：明儿～ कल
【个儿】 gèr ❶आकार; लम्बाई-चौड़ाई; डील-डौल：他是个矮～。वह नाटे कद का आदमी है। / 瞧，这西瓜的～！ देखो, ये तरबूज़ कितने बड़े हैं! ❷एक-एक व्यक्ति या वस्तु：挨～握手 एक-एक से हाथ मिलाना / 论～卖 अंश या टुकड़े (के हिसाब) से बिकना
【个案】 gè'àn विशिष्ट मामला; विशिष्ट बात
【个别】 gèbié ❶व्यक्तिगत; विशिष्ट; अलग-अलग：～辅导 पढ़ाई में व्यक्तिगत मदद देना / ～照顾 विशिष्ट देख-रेख / ～谈话 अलग से बातचीत करना; व्यक्तिगत बातचीत करना ❷बहुत कम; एक या दो; इने-गिने：只有～人缺席。सिर्फ़ एक या दो आदमी गैरहाज़िर थे। / 这种情况是极其～的。यह स्थिति बहुत ही कम उत्पन्न होती है।
【个唱】 gèchàng 个人演唱会 gèrén yǎnchàng-huì (सोलो कंसर्ट) का संक्षिप्त रूप
【个人】 gèrén ❶वैयक्तिक; व्यक्तिगत; निजी; अपना：～利益 व्यक्तिगत हित; निजी हित; स्वहित / ～财产 व्यक्तिगत संपत्ति / ～目的 स्वार्थ / ～意见 (किसी की) अपनी राय / ～服从组织。व्यक्ति संगठन के मातहत होता है; व्यक्ति अपने को संगठनों के मातहत करे। / 集体领导和～负责相结合 सामूहिक नेतृत्व और व्यक्तिगत ज़िम्मेदारी को मिलाना / 用你～的名义 तुम्हारे अपने नाम से ❷मैं：～认为 मेरे खयाल में / 我～并不反对您的意见。मैं व्यक्तिगत रूप से आप की राय पर आपत्ति नहीं करूँगा।
【个人迷信】 gèrén míxìn व्यक्तिपूजा
【个人所得税】 gèrén suǒdéshuì व्यक्तिगत आय-कर
【个人野心家】 gèrén yěxīnjiā कैरियरवादी
【个人英雄主义】 gèrén yīngxióng zhǔyì व्यक्तिगत पराक्रमवाद; व्यक्तिगत वीरता
【个人住房贷款】 gèrén zhùfáng dàikuǎn वैयक्तिक आवास-मकान के खरीदारों को प्रदत्त ऋण
【个人主义】 gèrén zhǔyì व्यक्तिवाद
【个体】 gètǐ व्यक्तिगत; वैयक्तिक; निजी：～农业经营 व्यक्तिगत खेतीबारी
【个体户】 gètǐhù ❶व्यक्तिगत खेतीबारी करनेवाला (किसान) ❷निजी तौर पर औद्योगिक या व्यापारिक धंधा चलानेवाला
【个体经济】 gètǐ jīngjì व्यक्तिगत अर्थव्यवस्था
【个体劳动者】 gètǐ láodòngzhě वैयक्तिक श्रमिक
【个体生产者】 gètǐ shēngchǎnzhě व्यक्तिगत उत्-पादक
【个体所有制】 gètǐ suǒyǒuzhì व्यक्तिगत मिलकियत

【个头儿】gètóur आकार; लम्बाई-चौड़ाई; डील-डौलः 这种苹果～特别大。इस तरह का सेव बहुत बड़ा होता है। / 那小伙子～不小。वह जवान आदमी बहुत लम्बा है।
【个险】gèxiǎn वैयक्तिक बीमा
【个性】gèxìng वैयक्तिकता; व्यक्तित्व;व्यक्तिगत स्वरूपः 共性和～ किसी बात का सामान्य और विशिष्ट स्वरूप / 这孩子～强。यह लड़का स्वभाव से दृढ़ है।
【个展】gèzhǎn व्यक्तिगत प्रदर्शनी
【个中】gèzhōng 〈लि०〉 इस में; इस के अन्दरः ～滋味 इस का स्वाद
【个子】gèzi लम्बाई; कदः 高～ लम्बे कद का आदमी; लम्बा आदमी / 小～ नाटे कद का आदमी; नाटा आदमी

各 gè ❶प्रत्येक; हर; हरेक; विभिन्न; विविध; असमान; अलगः ～人有～人的优点。प्रत्येक में अपनी खूबी होती है। / 世界～国 संसार में हरेक देश; संसार में सभी देश / 全国～地 सारे देश में; देश में जगह-जगह पर / ～种水果 विभिन्न प्रकार के फल / ～人回～人的家。लोग अपने-अपने घर वापस चले। ❷विविध रूप से; क्रमशः: 两侧～有一门。दोनों ओर एक-एक दरवाज़ा है। / 三种办法～有优点，也～有缺点。तीन उपायों में से हरेक में अच्छाई भी है और दोष भी। / 双方～执一词。दोनों पक्ष अपना-अपना राग अलापते थे।
【各别】gèbié ❶विभिन्न; अलग-अलग; असमानः ～对待 विभिन्न तरीके से व्यवहार करना; किसी (व्यक्ति या बात) की विशेषता के अनुसार उस के साथ बर्ताव करना ❷〈बोल०〉 असाधारण; विचित्रः 这个台灯的样式很～。इस टेबुल-लैंप का रंग-रूप असाधारण है। ❸अजीब; विलक्षणः 这个人真～，为这点小事发那么大的脾气。यह बड़ा अजीब आदमी है, इतनी छोटी-सी बात पर इतना गुस्सा आया।
【各持己见】gèchí-jǐjiàn （各执己见 gèzhí-jǐjiànभी） हरेक अपने मत पर दृढ़ रहता है
【各得其所】gèdé-qísuǒ हरेक अपने उचित स्थान पर रहता है; हरेक के लिये उचित प्रबन्ध किया गया है; हरेक अपनी भूमिका अदा करता है
【各个儿】gègěr 〈बोल०〉 स्वयं; खुदः 你别管了，我～做吧。तुम इस काम को छोड़ दो, मैं खुद करूँगा।
【各个击破】gègè-jīpò एक-एक करके नष्ट करना; एक-एक करके तहस-नहस करना
【各个】gège ❶हरेक; प्रत्येक; विविध; सबः ～厂矿 प्रत्येक कारखाना और खान / ～方面 सभी पक्ष ❷एक-एक करकेः ～解决 समस्याओं को एक-एक करके हल करना
【各行各业】gèháng-gèyè विविध व्यवसाय और कारोबार
【各级】gèjí विभिन्न स्तरों के; सभी स्तरों केः ～领导机关 सभी स्तरों के नेतृत्वकारी संगठन / ～政府 विभिन्न स्तरों की सरकारें
【各界】gèjiè विविध व्यवसाय और तबकेः ～同胞 विविध व्यवसायों के देशवासी / ～人士 सभी व्यवसायों और सभी तबकों के व्यक्ति
【各尽所能，按劳分配】gè jìn suǒ néng，àn láo fēnpèi हर एक से उस की योग्यता के अनुसार, हर एक को उस के काम के अनुसार —— वितरण का समाजवादी सिद्धांत
【各尽所能，按需分配】gè jìn suǒ néng，àn xū fēnpèi हर एक से योग्यता के अनुसार काम, और हर एक को काम के अनुसार दाम; योग्यतानुसार काम, कार्यानुसार दाम —— वितरण का साम्यवादी सिद्धांत
【各就位】gè jiùwèi 〈खेल०〉 आन यूर मार्क्स (on your marks); अपने स्थान पर रहो
【各色】gèsè विविध; तरह-तरह के; सब तरह के; रंग-बिरंगेः 商店里～货物，一应俱全。इस दुकान में सभी तरह का माल मौजूद है।
【各位】gèwèi ❶प्रत्येक व्यक्ति; हर व्यक्ति (संबोधनवाचक शब्द)ः ～请注意！भाइयो (और बहनो), कृपया ध्यान दें। ❷हर एक; प्रत्येकः ～代表 प्रतिनिधियो
【各行其是】gèxíng-qíshì हर एक वह करता है जो वह ठीक समझता है; हरेक अपना रास्ता चलता है; सब लोग अपना-अपना रास्ता चलते हैं
【各有千秋】gèyǒu-qiānqiū हरेक में अपनी अच्छाई है; सब में अपनी-अपनी खूबी है
【各有一本难念的经】gè yǒu yīběn nán niàn de jīng हरेक के पास पढ़ने के लिये एक कठिन धर्मग्रंथ है —— हरेक की अपनी कठिनाइयां हैं
【各执一词】gèzhí-yīcí दोनों पक्ष अपने रुख पर अड़े रहते हैं
【各自】gèzì हरेक स्वयं; विभिन्न पक्षों में अपना पक्ष; अपना-अपनाः 我们根据～的情况，订出了工作计划。हम ने अपनी-अपनी हालत को देखते हुए अपनी कार्य-योजना बनाई। / 散会后，大家～回家了。मीटिंग खत्म होने के बाद लोग अपने-अपने घर जाने लगे। / 既要～努力，也要彼此帮助。व्यक्तिगत प्रयास और पारस्परिक सहायता दोनों की आवश्यकता है।
【各自为政】gèzì-wéizhèng हरेक अपने तरीके से काम करता है; सब लोग बिना तालमेल के अपनी-अपनी इच्छानुसार काम करते हैं

硌 gè 〈बोल०〉 (कोई कड़ी या उन्नतोदर चीज़ का) दबाना; रगड़ना; कष्ट पहुँचाना; तकलीफ़ देनाः 鞋里有砂子，～脚。जूते में कोई कंकड़ है, वह मेरे पैर को कष्ट पहुँचाता है। / 褥子没有铺平，躺在上面～得难受。शिकन पड़ा हुआ (असमतल) बिस्तर बहुत तकलीफ़ देता था।
luò भी दे०
【硌窝儿】gèwōr दरारदार (अंडा)ः ～蛋 दरारदार अंडा

铬（鉻）gè 〈रसा०〉 क्रोमियम（chromium）

gěi

给（給）gěi ❶देना; प्रदान करनाः 哥哥～我一

本书。बड़े भाई ने मुझे एक पुस्तक दी।/ 党～我勇气和力量。पार्टी ने मुझे साहस और शक्ति प्रदान की।/ 杭州～我的印象很好。हांगचओ मुझ पर एक अच्छी छाप छोड़ गया।/ 我们～敌人一个沉重的打击。हम ने दुश्मन पर करारा प्रहार किया। ❷(किसी काम को) होने या करने देना; अनुमति देना; बनाना: ～我看看。मुझे ज़रा देखने दीजिये।/ 开了一天的会，～我累得够呛。दिन भर सभा में बैठे रहने से तो मैं थककर चूर हो गया हूँ। ❸<सं०अ०> (क्रिया के पीछे किसी को कोई चीज़ देने या सौंपने का अर्थ प्रकट करने के लिये प्रयुक्त): 我已经把信交～他了。मैं ने उस को पत्र दे दिया है।/ 我把钥匙留～你。मैं यह चाबी तुम्हारे पास छोड़ दूँगा। ❹<सं०अ०> किसी के हित में; किसी के कारण; किसी के लिये: 她～我们当翻译。वह हमारे लिये दुभाषिणी का काम करेंगी।/ 大夫正在～病人看病。डाक्टर साहब किसी रोगी का इलाज कर रहे हैं। ❺(किसी कर्म के ग्रहण करनेवाले का परिचय देने के लिये प्रयुक्त): 学生们～老师行了礼。लड़कों ने अध्यापक का अभिवादन किया।/ 他～我道歉了。उस ने मुझ से क्षमा माँगी थी। ❻<सं०अ०> (कर्मवाचक वाक्य में या तो किसी कर्म के करनेवाले या किसी कर्म का —— यदि करनेवाला लुप्त हो —— परिचय देने के लिय प्रयुक्त): 我的衣服～汗水湿透了。मेरा कपड़ा पसीने से तर हो गया है।/ 反动统治～推翻了。प्रतिक्रियावादी शासन को उलट दिया गया। ❼<लघु०अ०> <बोल०> (क्रिया के आगे ज़ोर देने के लिये प्रयुक्त): 这事也许他～忘了。यह बात वह शायद भूल ही गया होगा।/ 他把信～撕了。उस ने वह पत्र फाड़ डाला।

jǐ भी दे०

【给面子】 gěi miànzi इज़्ज़त देना; (किसी पर) कृपादृष्टि रखना: 您能来参加会议，给了我们很大的面子。सभा में शरीक होकर आप ने हम को बड़ी इज़्ज़त दी।

【给以】 gěiyǐ (प्रत्यक्ष कर्म के रूप में होनेवाली भाववाचक संज्ञाओं के साथ प्रयुक्त) देना; प्रदान करना: ～充分的重视 (किसी बात पर) पूरा ध्यान देना / ～适当的奖励 उचित इनाम प्रदान करना / 希望各位读者～批评、指教。आशा है कि हमारे पाठक हमारी आलोचना करेंगे और हम को उपदेश देंगे।

gēn

根 gēn ❶(पेड़-पौधों की) जड़; मूल: 树～ पेड़ की जड़ ❷संतान; संतति; वंशज; औलाद: 这孩子是他们家的～。यह लड़का उन के घर की ली संतान है। ❸方根 fānggēn का संक्षिप्त रूप ❹<रसा०> रेडिकिल: 酸～ एसिड रेडिकिल ❺जड़; मूल; आधार: 舌～ जीभ की जड़ / 墙～ दीवार का आधार ❻मूल कारण; आरंभिक बात; स्रोत; मूल: 祸～ विपत्तियों का मूल / 我们是老街坊，彼此都知～知底的。हम पुराने पड़ोसी हैं, एक दूसरे की नस-नस जानते हैं। ❼जड़ से; मूल से; पूर्ण रूप से: 根除 ❽<परि०श०> (लम्बी और पतली चीज़ों के लिये): 一～火柴 एक दियासलाई / 一～小绳子 रस्सी का एक टुकड़ा

【根本】 gēnběn ❶मूल; आधार; बुनियाद; व्युत्पत्ति: 应当从～上解决问题。समस्या का मूल से समाधान करना चाहिये। ❷मूल; मौलिक; समूल; आधारभूत; बुनियादी: ～原因 मूल कारण / ～变化 समूल परिवर्तन / ～原则 मौलिक सिद्धांत / ～利益 बुनियादी हित / ～问题 मौलिक सवाल ❸<क्रि०वि०> (प्रायः नकारात्मक प्रसंगों में प्रयुक्त) बिल्कुल; कभी; किसी भी हालत में: 我～就不知道这回事。मैं यह बात बिल्कुल नहीं जानता था; मुझे यह बात मालूम ही नहीं थी।/ 我～没有干过这种事。मैं ने यह काम कभी नहीं किया था। ❹मूलतया; मौलिक रूप से; बुनियादी तौर पर; पूर्ण रूप से: 两种～对立的观点 दो मौलिक रूप से विपरीत दृष्टिकोण / 问题已经得到～解决。समस्या का अंतिम रूप से समाधान किया गया है।

【根本法】 gēnběnfǎ बुनियादी कानून: 宪法是国家的～。संविधान तो किसी राष्ट्र का बुनियादी कानून है।

【根除】 gēnchú उन्मूलन करना; अंत करना; ख़ात्मा करना; जड़ काटना; जड़ खोदना; उखाड़ फेंकना: ～一切陋习 सभी रूढ़िगत परिपाटियों का उन्मूलन करना / ～水患 बाढ़ों की विपत्ति की जड़ काट देना

【根底】 gēndǐ ❶आधार; नींव; बुनियाद; मूल; जड़: ～浅 छिछली जड़ें; अदृढ़ आधार / 他的印地文～很好。हिन्दी में उन की पुख़्ता बुनियाद है। ❷कारण; मौलिक बात; तह की बात: 探听～ तह की बात का पता लगाना; (किसी बात की) तह तक पहुँचना / 你了解他的～吗? क्या तुम उस आदमी की नस-नस जानते हो?

【根雕】 gēndiāo पेड़-जड़ नक्काशी (एक हस्तशिल्प)

【根基】 gēnjī ❶आधार; बुनियाद; नींव; मूल: 打好房子的～ मकान का आधार दृढ़ बनाना / ～牢固 पुख़्ता बुनियाद / ～动摇 आधार अस्थिर होना ❷(किसी परिवार या संस्था आदि का) संचित किया हुआ धन; संपत्ति; संपदा: 咱们家～差，一切都要节约。हम धनी नहीं हैं, हर बात में किफ़ायत से काम लेना चाहिये।

【根茎】 gēnjīng <वन०> प्रकंद; राइज़ोम (rhizome)

【根究】 gēnjiū (किसी बात की) अंत तक जाँच-पड़ताल करना; तह में जाना; सूक्ष्म परीक्षण करना; पूर्ण रूप से पता लगाना: ～缘由 बुनियादी वजह का पता लगाना

【根据】 gēnjù ❶<सं०अ०> के आधार पर; की बुनियाद पर; के अनुसार; के मुताबिक; के अनुरूप; ध्यान में रखते हुए: ～实际情况 यथार्थ स्थितियों के आधार पर / ～我的经验 मेरे अनुभवों के अनुसार / ～群众的意见 जन-साधारण के विचारों को ध्यान में रखते हुए / ～文件的精神 दस्तावेज़ की भावना के अनुरूप ❷आधार; युक्तिसंगत कारण: 我的话是有～的。मेरी बात का पक्का आधार है।/ 理论～ सिद्धांत का आधार / 毫无～ बिल्कुल आधारहीन / 做出有～的结论 आधारभूत निष्कर्ष निकालना

【根据地】 gēnjùdì आधार-क्षेत्र (इलाका)

【根绝】 gēnjué निर्मूल करना; पूरी तरह नष्ट करना; समाप्त करना: ～血吸虫病 स्नेल फ़ेवर समाप्त करना / ～

腐败现象 भ्रष्टाचार को पूरी तरह नष्ट करना

【根瘤】 gēnliú (पौधे की) छोटी गाँठदार गिल्टी

【根毛】 gēnmáo 〈वन०〉 जड़-बाल

【根苗】 gēnmiáo ❶जड़ और मूलांकुर ❷स्रोत; मूल ❸〈पुराना〉 (प्रायः नर) संतान

【根深蒂固】gēnshēn-dìgù（根深柢固 gēnshēn-dǐgù भी）बद्धमूल; जमकर बैठा हुआ; चिरस्थायी; गहरा; पुराना: ～的偏见 बद्धमूल (पुराना) पूर्वाग्रह

【根深叶茂】 gēnshēn-yèmào गहरी जड़ें और घनी पत्तियाँ होना —— अच्छी तरह स्थापित और जीवनशक्ति के साथ विकसित होना

【根由】 gēnyóu मूल कारण; स्रोत: 追问～ किसी बात के मूल कारण की तफ़सील से तहकीकात करना

【根源】 gēnyuán ❶स्रोत; मूल; व्युत्पत्ति; मूल कारण: 历史～ ऐतिहासिक कारण / 实践是一切科学知识的～。व्यवहार ही सभी वैज्ञानिक ज्ञानों का स्रोत है। ❷जन्म लेना; उद्भूत होना; उत्पन्न होना; व्युत्पन्न होना: 经济危机～于资本主义制度。आर्थिक संकट पूँजीवादी व्यवस्था में उद्भूत होता है।

【根治】 gēnzhì पूर्ण रूप से इलाज करना; अंतिम रूप से इलाज कर लेना; पूरी तरह वश में लाना: ～血吸虫病 स्नेल फ़ेवर का पूर्ण रूप से इलाज कर लेना / ～海河 हाएह नदी को पूरी तरह वश में लाना

【根子】 gēnzi 〈बोल०〉 ❶(पौधे की) जड़ ❷मूल कारण; व्युत्पत्ति; स्रोत; जड़

跟 gēn ❶एड़ी: 脚后～ एड़ी / 鞋～ जूते की एड़ी ❷अनुगमन करना; अनुसरण करना: ～我来。मेरे साथ चलो; मेरा अनुगमन करो। / 请～我念。मेरे साथ पढ़िये। / ～上形势 वर्तमान स्थिति का अनुसरण करना / 你走得太快，我～不上。तुम बहुत तेज़ चलते हो, मैं तुम्हारे साथ-साथ नहीं चल सकता। ❸(किसी स्त्री का) किसी के साथ विवाह करना: 他要是不好好工作，我就不～他。अगर वह ऐसे ही अपना काम अच्छी तरह नहीं करेगा, तो मैं उस के साथ शादी नहीं करूँगी। ❹〈सं०अ०〉 (संगत, सम्बन्ध आदि प्रकट करने के लिये प्रयुक्त) से; के साथ: ～父母住在一起 अपने माता-पिता के साथ रहना / 这件事～我没关系。इस बात से मेरा कोई सम्बन्ध नहीं; यह बात मुझ से कोई सम्बन्ध नहीं रखती। / ～党一条心 पार्टी से एकदिल होना / 有事～群众商量。कोई सवाल पैदा हुआ तो जन-साधारण के साथ सलाह-मशविरा करो। ❺〈सं०अ०〉 (किसी क्रिया के ग्रहण करनेवाले का परिचय देने के लिये प्रयुक्त): 我有件事要～你说。मुझे तुम से एक बात कहनी है। / 他昨天来～我告别了。वह कल मुझ से विदा लेने आया था। / ～错误思想作斗争 गलत विचारों के विरुद्ध संघर्ष करना ❻〈सं०अ०〉 (तुलना प्रकट करने के लिये प्रयुक्त): 现在的情况～过去截然不同。अब की स्थिति पहले से एकदम भिन्न है। / ～去年相比，产量增加了百分之八。पिछले वर्ष की तुलना में अब का उत्पादन आठ प्रतिशत बढ़ गया है; उत्पादन पिछले वर्ष से आठ प्रतिशत बढ़ गया है। ❼〈संयो०〉 और: 笔～纸都准备好了。कलम और कागज़ सब तैयार है। / 老人～病号优先。बूढ़े और मरीज़ पहले (चलें)

【跟班】[1] gēnbān मज़दूरों की एक नियमित टोली या क्लास में शामिल होना: ～干活儿 (किसी नेतृत्वकारी साथी का) किसी वर्कशाप में एक निश्चित समय के लिये काम करना

【跟班】[2] gēnbān （跟班儿的 gēnbānrde भी）〈पुराना〉 किसी (अधिकारी) के पीछे-पीछे चलनेवाला नौकर; फ़ुटमैन

【跟差】 gēnchāi 〈पुराना〉 दे० 跟班[2]

【跟斗】 gēndou 〈बोल०〉 दे० 跟头

【跟风】 gēnfēng प्रवृत्ति का अनुगमन करना; हवा के मुँह पर जाना; हवा के रुख जाना

【跟前】 gēnqián ❶（～儿）किसी के पास; किसी के सामने: 请你到我～来。मेरे पास आइये। 老师站在黑板～讲课。अध्यापक ब्लेकबोर्ड के पास खड़े होकर पाठ पढ़ा रहे थे। ❷किसी समय के निकट: 春节～ वसंत उत्सव के थोड़े पहले

【跟前】 gēnqian (अपने बेटे-बेटियों का) अपने साथ रहना: 他～有一儿一女。उन का एक बेटा और एक बेटी उन के साथ रहती है। / 他～只有一个女儿。उन की केवल एक लड़की है।

【跟进】 gēnjìn अनुकरण करना; पीछे चलना

【跟上】 gēnshàng जा पकड़ना; बराबर आ जाना; के साथ-साथ चलना: 快～! जल्दी बराबर आ जाओ! / ～时代的步伐 आधुनिक युग के साथ-साथ चलना

【跟随】 gēnsuí ❶अनुसरण करना; पीछे चलना: 他从小就～着爸爸在山里打猎。वह बचपन से ही अपने बाप के पीछे-पीछे लगे रहते हुए पहाड़ों में शिकार करता था। ❷अनुचर; पिछलग्गू

【跟头】 gēntou ❶औंधा हो जाना; मुँह के बल गिरना; झुककर उलट जाना; पछाड़ खाना: 摔～ मुँह के बल गिर जाना; पछाड़ खाना ❷कलाबाज़ी: 翻～ कलाबाज़ी खाना; पलटा खाना

【跟着】 gēnzhe के फ़ौरन बाद: 我们听完报告～就讨论。हम ने भाषण सुनकर फ़ौरन वाद-विवाद किया।

【跟踪】 gēnzōng (किसी का) पीछा करना; पीछे-पीछे चलना; खुफ़िया तौर पर गति-विधि का निरीक्षण करना: ～敌机 शत्रु के हवाई जहाज़ का निरीक्षण करना / ～追击 (किसी का) पीछा करते हुए प्रहार करना

gén

哏 gén 〈बोल०〉 ❶हास्यपूर्ण; हास्यप्रद; हासजनक: 这段相声真～儿。यह मज़ाकिया संवाद सचमुच बड़ा हास्यप्रद है। / 那个人走路的样子有点儿～儿。उस आदमी के चलने-फिरने का रंग-ढंग ज़रा हास्यप्रद है। ❷हँसी-विनोद की बातें; हँसानेवाले क्रियाकलाप: 这个人说话真～儿。उस की बातों में बड़ा मज़ाक है।

gěn

艮 1 gěn 〈बोल०〉 सीधा-सादा; रूखा; कठोर; स्पष्टवादी; खरा: 这人真～! यह बड़ा सीधा-सादा आदमी है। / 他说话太～。वह बड़ा स्पष्टवादी है; वह अक्सर खरी-खरी सुनाता है।

艮 2 gěn 〈बोल०〉 सख़्त; कड़ा; चीमड़: 发～ सख़्त बन जाना / ～萝卜不好吃。कड़ी मूली खाने में अच्छी नहीं लगती।

gèn

亘（亙）gèn बढ़ते रहना; फैलते रहना; विस्तार होते रहना; प्रसारित होते रहना: 绵～ (पहाड़ों आदि का) सिलसिले में प्रसारित होना

【亘古及今】gèngǔ–jíjīn प्राचीन काल से वर्तमान समय तक

【亘古未有】gèngǔ–wèiyǒu प्राचीन ज़माने से ही ऐसी बात कभी न होना —— अनसुना; अभूतपूर्व; अपूर्व

gēng

更 1 gēng ❶बदलना; परिवर्तन करना: 变～ बदलना ❷〈लि०〉 अनुभव: 少不～事 जवान और अनुभवहीन

更 2 gēng दो-दो घंटों की उन पाँच अवधियों में से एक, जिन में विगत युग में रात का विभाजन किया जाता था; घड़ी; घंटा: 打～ रात का घंटा बजाना

gèng भी दे०

【更迭】gēngdié परस्पर परिवर्तन करना; अदल-बदल करना; हेरा-फेरी करना; तब्दीली करना: 朝代～ राजवंशों का अदल-बदल / 内阁～ मंत्रिमंडल की तब्दीली

【更动】gēngdòng परिवर्तन; अदल-बदल; बदलना; तब्दीली होना: 人事～ कर्मचारियों की तब्दीली / 日程有所～。कार्यक्रम में कुछ परिवर्तन हुए हैं।

【更番】gēngfān बारी-बारी से: ～看护 (किसी की) बारी-बारी से शुश्रूषा करना

【更改】gēnggǎi बदलना; तब्दील करना; परिवर्तित करना: ～时间 समय बदलना / ～地点 जगह तब्दील करना / ～名称 नाम बदलना / 不可～的决定 अपरिवर्तनीय निर्णय

【更换】gēnghuàn बदलना; परिवर्तन करना; अदला-बदली करना: ～位置 स्थान की अदला-बदली करना / ～衣裳 कपड़े बदलना / 展览馆的展品常有～。नुमाइश-गाह में प्रदर्शित वस्तुएँ अक्सर बदलती हैं।

【更名】gēngmíng अपना नाम बदलना

【更年期】gēngniánqī जनन निवृत्ति-काल; रजोनिवृत्ति-काल; परिवर्तन-काल

【更年期综合症】gēngniánqī zōnghézhèng परिवर्तन-काल संलक्षण

【更仆难数】gēngpú–nánshǔ इतना ज़्यादा कि उस की गिनती न हो; जो गिना न जा सके; अगणित; असंख्य; अनगिनत; बेशुमार

【更深人静】gēngshēn–rénjìng गहरी रात में चारों ओर सन्नाटा छाया हुआ है: 在～的时候 गहरी रात के सन्नाटे में

【更生】gēngshēng ❶पुनर्जन्म होना; पुनर्जीवित होना: 自立～ अपने ही प्रयत्नों पर निर्भर रहकर पुनर्निर्माण करना ❷नवीनीकरण: 可～和不可～的海洋资源 नवीकरणीय और अनवीकरणीय समुद्रीय साधन

【更事】gèngshì 〈लि०〉 अनुभवी: ～不多 थोड़ा सा अनुभव होना; अनुभवहीन होना

【更替】gēngtì अदला-बदली; तब्दीली: 季节～ ऋतुओं की तब्दीली / 人员～ कर्मचारियों की अदला-बदली

【更新】gēngxīn ❶अदला-बदली करना; नया पुराना करना; नवीनीकरण करना: 万象～ सभी दृश्यों का नया रूप दिखाई देना / ～设备 साज़-सामानों का नवीनीकरण करना / 牲畜多就要不断～。पशु ज़्यादा हैं तो नया पुराना करते रहने से ठीक रहता है। ❷(जंगल, पौधों आदि का) पुनर्जीवित होना; पुनर्नवीकरण करना: ～草场 चरागाह का पुनर्नवीकरण करना

【更衣】gēngyī ❶अपने कपड़े बदलना ❷〈शिष्ट०〉 पेशाबघर (या पाखाना) जाना

【更衣室】gēngyīshì चेंजरूम（changeroom）; लोकररूम（locker room）

【更易】gèngyì बदलना; अदल-बदल करना

【更张】gēngzhāng किसी तारवाले बाजे का सुर मिलाना —— सुधार करना —— दे० 改弦更张 gǎi xián gēng zhāng

【更正】gēngzhèng सुधार करना; संशोधन करना (प्रकाशित भाषण या लेख में होनेवाली भूलों का): 那篇文章要～几个字。उस लेख में कुछ शब्दों का संशोधन करना है।

庚 gēng ❶दस आकाशीय स्तम्भों में से सातवाँ（दे० 干支 gānzhī）❷उम्र; अवस्था: 同～ हमउम्र

【庚帖】gēngtiě मँगनी के लिये विवाह-प्रस्ताव के रूप में भेजी हुई वह पत्री जिस में लड़के या लड़की की जन्मकुंडली लिखी हुई हो

耕 gēng जोतना; जुताई करना; हल चलाना: 春～ वसंत ऋतु में की जाने वाली जुताई

【耕畜】gēngchù जुताई के पशु; डाँगर

【耕地】gēngdì ❶जोतना; जुताई करना; हल चलाना:

耕了两亩地 दो मू ज़मीन (या खेत) जोतना ❷जुती हुई ज़मीन; खेती की ज़मीन; कृषि-भूमि; जोती-बोयी जानेवाली ज़मीन: ～面积 खेती का क्षेत्रफल; काबिलेकाश्त भूमि का क्षेत्रफल

【耕具】 gēngjù जुताई के औज़ार; खेतीबारी के साधन

【耕牛】 gēngniú जुताई-बैल; बैल

【耕田】 gēngtián जोतना; जुताई करना

【耕耘】 gēngyún ज़मीन जोतना और निराना; खेतीबारी करना: 一分～，一分收获。 जितना अधिक जोतना और निराना, उतना अधिक फ़सल काटना —— परिश्रम कभी व्यर्थ नहीं जाता

【耕者有其田】 gēngzhě yǒu qí tián जोतनेवाले को ज़मीन दो; जोतनेवालों को ज़मीन का मालिक बना दो

【耕种】 gēngzhòng जुताई-बुवाई

【耕作】 gēngzuò कृषिकर्म; खेतीबारी

【耕作技术】 gēngzuò jìshù खेतीबारी की तकनीक

【耕作制度】 gēngzuò zhìdù कृषिकर्म की व्यवस्था

赓（賡） gēng <लि०> जारी रखना

【赓续】 gēngxù <लि०> जारी रखना

羹 gēng गाढ़ा शोरबा; लपसी: 鸡蛋～ अंडे की लपसी

【羹匙】 gēngchí चमचा; चम्मच

gěng

埂 gěng ❶मेंड़; मेड़: 田～儿 मेंड़; मेड़ ❷लम्बा और पतला टीला ❸मिट्टी का तटबंध; मेंड़: 堤～ पानी रोकने की मेंड़

耿 gěng ❶<साहि०> दीप्तिमान; देदीप्यमान ❷ईमानदार; वफ़ादार; सीधा-सादा ❸ (Gěng) एक कुलनाम

【耿耿】 gěnggěng ❶<साहि०> दीप्तिमान; देदीप्यमान: ～星河 देदीप्यमान आकाश-गंगा ❷ईमानदार; वफ़ादार: 忠心～为革命 क्रांति के प्रति वफ़ादार रहना; क्रांति के साथ वफ़ादारी निभाना ❸अपने मन में कोई बात होना; चिंतित: ～不寐 किसी बात से अनिद्रित रहना

【耿耿于怀】 gěnggěng-yúhuái (अपने प्रति किसी अन्याय, दुर्व्यवहार या अवहेलना आदि पर) ध्यान करना; चिंतन करना; (कुपित होकर) मनन करना; कुविचार करना

【耿介】 gěngjiè <लि०> सीधा-सादा; ईमानदार और स्पष्टवादी

【耿直】 gěngzhí ईमानदार और स्पष्टवादी; सीधा-सादा: 秉性～ स्वभाव से सीधा-सादा होना / 他是个～的人，一向知无不言，言无不尽。 वह ईमानदार और स्पष्टवादी है, जो भी बात वह जानता हो, पूर्णरूप से कह देता है।

哽 gěng ❶निगला न जाना; गले में अटकना; गला रुंध जाना: 慢点吃，别～着。 धीरे से खाओ, कहीं गले में न अटके। ❷(आवेश आदि के कारण) बोल न सकना; ज़बान बन्द हो जाना; गला भर आना; कंठ रुंध जाना: 他心里一酸，喉咙～得说不出话来。 मन में आकस्मिक तीव्र वेदना महसूस कर उस का गला भर आया और कुछ न बोल सका।

【哽咽】 gěngyè सिसकियाँ लेना; हिचकी लेना; घिग्घी बँधना: 一听噩耗，她～不已。 शोक समाचार सुनकर वह सिसकियाँ लेने लगी।

绠（綆） gěng <लि०> कुएँ से पानी निकालने का रस्सा

【绠短汲深】 gěngduǎn-jíshēn गहरे कुएँ के लिये छोटा रस्सा —— कार्य के अनुपयुक्त योग्यता

梗 gěng ❶डंठल; स्तंभ; तना: 荷～ कमल का स्तंभ / 菠菜～儿 पालक का डंठल ❷लकड़ी या धातु का पतला टुकड़ा: 火柴～ माचिस की तीली; दियासलाई ❸सीधा करना: ～着脖子 अपनी गरदन सीधी करना ❹स्पष्टवादी; सीधा-सादा: 梗直 ❺<लि०> अविनयी; हठी; ज़िद्दी; दुराग्रही: 顽～ हठी; दुराग्रही ❻बाधा डालना; रोड़ा अटकाना; अवरोध पैदा करना: 梗塞

【梗概】 gěnggài रूपरेखा; भावार्थ; मुख्य विषय: 故事的～ कहानी का मुख्य विषय

【梗塞】 gěngsè ❶बाधा डालना; रोड़ा अटकाना; अवरोध खड़ा करना: 交通～ यातायात में अवरोध ❷<चिकि०> इंफ़ार्क्शन

【梗死】 gěngsǐ <चिकि०> इंफ़ार्क्शन: 心肌～ हृत्पेशी इंफ़ार्क्शन

【梗直】 gěngzhí दे० 耿直

【梗阻】 gěngzǔ ❶अवरोध खड़ा करना; बाधा डालना; रुकावट डालना: 道路～ मार्ग में अवरोध / 山川～ पहाड़ों और नदियों द्वारा विभाजित होना; एक दूसरे से बहुत दूर रहना / 横加～ जानबूझकर रुकावटें डालना; अकारण ही अवरोध खड़ा करना; बलात् ही रोक देना ❷<चिकि०> अवरोध: 肠～ अंतड़ियों में पड़नेवाला अवरोध

颈（頸） gěng दे० 脖颈儿 bógěngr (गरदन का पिछला भाग)
jǐng भी दे०

鲠（鯁、骾） gěng ❶मछली की हड्डी ❷(मछली की हड्डी का) किसी के गले में अटकना: 如～在喉 जैसे कोई मछली की हड्डी अपने गले में अटकी हुई हो (इस का अर्थ उस आदमी से है जिस के मन में शिकायत या आलोचना हो और वह बिना प्रकट किये नहीं रह सके)

【鲠直】 gěngzhí दे० 耿直

gèng

更 gèng ❶अधिक; ज़्यादा; और; और भी: 刮了一夜

北风，今天～冷了。रात भर उत्तरी हवा चलने से आज अधिक सर्दी पड़ रही है। / 团结起来，争取～大的胜利。साथियो, एक हो जाओ, अधिक बड़ी विजय प्राप्त करने का प्रयत्न करो। / 我爱北京，～爱今天的北京。मैं पेइचिंग से प्रेम करता हूँ, और आज के पेइचिंग से और ज़्यादा प्रेम करता हूँ। / 你要是能跟我们一起走，那就～好了。अगर तुम हमारे साथ जा सकते हो, तब तो और भी अच्छा है। ❷〈लि०〉 और आगे; और ज़्यादा; और भी; इस के अतिरिक्त; फिर; और फिर: ～进一步地阐明观点 एक कदम और आगे बढ़कर अपना दृष्टिकोण प्रकट करना / ～有理由相信… (किसी व्यक्ति या बात पर) विश्वास करने का और ज़्यादा सबब होना / ～不用说… की बात तो दूर रही; तो दर किनार

gēng भी दे०

【更加】 gèngjiā（更甚 gèngshèn भी）〈क्रि०वि०〉 ज़्यादा; अधिक; और; और भी: 问题～复杂了。समस्या अधिक जटिल बन गई। / ～深刻地 और गहन रूप से / ～幸福的生活 और भी सुखमय जीवन / 图书馆的书，应该～爱护。पुस्तकालय से उधार ली हुई पुस्तकों की और भी अच्छी तरह रखवाली करनी चाहिये।

【更上一层楼】 gèng shàng yī céng lóu एक उच्चतर मंज़िल पर चढ़ जाना —— एक उच्चतर उद्देश्य प्राप्त करना; और एक कदम आगे बढ़ना; और भी उन्नति करना: 今年力争生产～。इस वर्ष में हम उत्पादन में और भी अधिक बढ़ोतरी करने का भरसक प्रयास करेंगे।

【更为】 gèngwéi 〈क्रि०वि०〉 अधिक; ज़्यादा; और; और भी: ～重要的是不懈的努力。अशिथिल प्रयत्न कहीं अधिक महत्वपूर्ण है।

gōng

工¹ gōng ❶मज़दूर; मज़दूर वर्ग: 矿～ खनिक / 女～ मज़दूरिन ❷काम; श्रम; परिश्रम: 上～ काम पर जाना / 省料又省工 सामग्री और श्रम दोनों का मितव्यय करना ❸(निर्माण) परियोजना; प्रोजैक्ट: 动～ निर्माण शुरू करना ❹उद्योग; इंडस्ट्री: 化～ रसायन-उद्योग ❺श्रमिक दिन: 这件活儿要几个～? इस काम के लिये कितने श्रमिक दिन चाहिये? ❻कौशल; शिल्प; कारीगरी: 唱～ गाने का कौशल ❼दक्ष होना; कुशल होना; निपुण होना: ～诗善画 चित्रण करने और कविता रचने में दक्ष होना ❽उत्कृट; अत्युत्तम: 工巧

工² gōng 〈संगी०〉 कोंगछफू（工尺谱）में सरगम का एक स्वर (अंकोंवाली संगीत-लिपि में 3 के समान)

【工本】 gōngběn (उत्पादन की) लागत

【工笔】 gōngbǐ सूक्ष्म चित्रकला; सूक्ष्म चित्रकारी (परंपरागत चीनी चित्रकलाओं में से एक, जिस में सूक्ष्मता पर विशेष ध्यान दिया जाता है)

【工兵】 gōngbīng (सेना में) इंजीनियर; इंजीनियर कोर

【工厂】 gōngchǎng कारखाना; मिल; फ़ैक्टरी: 铁～ लोहे का कारखाना

【工场】 gōngchǎng कर्मशाला; वर्कशाप

【工尺谱】 gōngchěpǔ 〈संगी०〉 कोंगछफू, एक परंपरागत चीनी संगीत-लिपि

【工程】 gōngchéng ❶इंजीनियरिंग: 土木（机械，机电）～ सिविल (यांत्रिक, इलेक्ट्रीकल) इंजीनियरिंग ❷परियोजना; प्रोजैक्ट: 水利～ जल-नियंत्रण परियोजना

【工程兵】 gōngchéngbīng (सेना में) इंजीनियर; इंजीनियरिंग कोर: ～部队 इंजीनियर ट्रूप्स

【工程队】 gōngchéngduì निर्माण ब्रिगेड

【工程技术人员】 gōngchéng jìshù rényuán इंजीनियर और तकनीकी

【工程师】 gōngchéngshī यंत्रविशेषज्ञ; इंजीनियर

【工党】 gōngdǎng मज़दूर-दल; मज़दूर पार्टी; लेबर-पार्टी

【工地】 gōngdì निर्माण-स्थल; कर्मभूमि

【工读学校】 gōngdú xuéxiào सुधार स्कूल; रिफ़ोर्म स्कूल

【工段】 gōngduàn ❶निर्माण प्रोजैक्ट का सेक्शन ❷वर्कशाप सेक्शन

【工段长】 gōngduànzhǎng सेक्शन चीफ़

【工分】 gōngfēn 〈पुराना〉 श्रम-अंक; वर्क पाइंट (श्रम का परिमाण और गुणता प्रकट करनेवाली इकाई, जिस के अनुसार जन-कम्यूनों में मेहनताना दिया जाता था)

【工蜂】 gōngfēng श्रमिक (मधुमक्खी)

【工夫】 gōngfū 〈पुराना〉 अस्थाई मज़दूर

【工夫】 gōngfu ❶समय; फ़ुरसत: 他们不到一年～就学会了语法。उन्हों ने एक वर्ष के अन्दर ही व्याकरण सीख लिया। / 哪天有～再来吧。किसी दिन फ़ुरसत हो तो फिर आइयेगा। ❷〈बोल०〉 उस समय: 我们俩正在谈话的～，他突然就来了。जब हम बातचीत कर रहे थे तब वह आ धमका। ❸योग्यता; कुशलता; कला: 练～ (अभिनेता आदि का) अपनी कला का अभ्यास करना / 亮亮～ अपनी कुशलता दिखाना ❹प्रयत्न; परिश्रम: 花了好大～ बहुत प्रयत्न करना

【工会】 gōnghuì मज़दूर संघ; ट्रेड यूनियन

【工间操】 gōngjiāncāo मध्यावकाश कसरत

【工匠】 gōngjiàng कारीगर; मिस्तरी

【工具】 gōngjù ❶औज़ार; उपकरण; हथियार; साधन: 生产～ उत्पादन के उपकरण / 木工～ बढ़ई के औज़ार / 交通～ यातायात का साधन / ～改革 उपकरणों का सुधार ❷माध्यम; मारफ़त: 语言是人们交流思想的～。भाषा तो लोगों के बीच विचारों का आदान-प्रदान करने का माध्यम है।

【工具袋】 gōngjùdài औज़ार-थैली; किट बेग

【工具房】 gōngjùfáng उपकरण रखने का गोदाम; टूल-हाउस

【工具书】 gōngjùshū संदर्भ-ग्रंथ

【工具箱】 gōngjùxiāng टूल बक्स; टूल किट; वर्क बक्स

【工科】 gōngkē इंजीनियरिंत्र कोर्स: ～大学 इंजीनियरिंग कालेज

【工力】 gōnglì ❶कारीगरी; कौशल; दक्षता; उस्तादी: ～深厚 उत्कृष्ट कौशल / 颇见～ अपनी उस्तादी (दक्षता)

दिखाना ❷जनशक्ति; मनुष्य बल; श्रमिक संख्या (किसी प्रोजैक्ट के लिये आवश्यक)

【工联主义】 gōnglián zhǔyì （工会主义 gōnghuì zhǔyì भी）मज़दूरसभावाद; (ट्रेड) यूनियनिज़्म

【工料】 gōngliào श्रमिक संख्या और सामग्री (किसी निर्माण प्रोजैक्ट के लिये)

【工龄】 gōnglíng काम करने की अवधि; कार्य अवधि： 一个有三十年～的老工人 तीस वर्ष कार्य अवधिवाला बूढ़ा मज़दूर

【工农】gōngnóng मज़दूर और किसान：～干部 मज़दूर-किसानों के कार्यकर्ता / ～大众 मज़दूर-किसान समुदाय / ～子弟兵 मज़दूरों और किसानों की सेना

【工农兵】 gōng-nóng-bīng मज़दूर, किसान और सैनिक

【工农差别】 gōng-nóng chābié मज़दूरों और किसानों के बीच का अंतर; उद्योग और कृषि के बीच का अंतर

【工农联盟】 gōng-nóng liánméng मज़दूर-किसान संश्रय

【工农业总产值】 gōngnóngyè zǒngchǎnzhí उद्योग और कृषि का कुल उत्पादन-मूल्य

【工棚】 gōngpéng निर्माण-स्थल पर बनाया हुआ मज़दूरों का अस्थाई सायबान (छप्पर) या कर्मशाला

【工期】 gōngqī किसी प्रोजैक्ट की निश्चित अवधि：缩短～ किसी प्रोजैक्ट की निश्चित अवधि कम करना

【工钱】 gōngqian ❶(फुटकर कामों के लिये दी हुई) मज़दूरी; मेहनताना：修理这双鞋要多少～？इस जूते की मरम्मत के लिये मुझे कितना देना है？❷<बोल०> वेतन; तनख़्वाह

【工巧】 gōngqiǎo उत्कृष्ट; अत्युत्तम; सूक्ष्म

【工区】 gōngqū कार्य-क्षेत्र (किसी उद्योग धंधे की एक इकाई)

【工人】 gōngrén मज़दूर; श्रमिक; वर्कर：～党 मज़दूर-पार्टी

【工人阶级】 gōngrén jiējí मज़दूर वर्ग; श्रमिक-वर्ग

【工人纠察队】 gōngrén jiūcháduì मज़दूरों की आरक्षी टुकड़ी

【工人俱乐部】 gōngrén jùlèbù मज़दूर-क्लब

【工人运动】 gōngrén yùndòng मज़दूर आन्दोलन; श्रमिक आन्दोलन

【工伤】 gōngshāng काम करते समय लगी हुई चोट; श्रम-संबंधी चोट：～事故 श्रम-संबंधी दुर्घटना

【工商界】 gōngshāngjiè औद्योगिक और वाणिज्यिक क्षेत्र

【工商联】 gōngshānglián 工商业联合会 का संक्षिप्त रूप

【工商业】 gōngshāngyè उद्योग और वाणिज्य：私营～ निजी तौर पर चलाये हुए औद्योगिक और वाणिज्यिक धंधे / ～者 उद्योग-पति और वाणिज्यिक

【工商业联合会】 gōngshāngyè liánhéhuì उद्योग-वाणिज्य एसोशिएशन

【工时】 gōngshí व्यक्ति-घंटा; श्रम-घंटा

【工事】 gōngshì मोरचा; मोरचाबंदी; किलाबंदी：构筑～ मोरचा बनाना; मोरचाबंदी करना (बांधना)

【工头】 gōngtóu सरबराह; सरबराहकार; फ़ोरमैन

【工团主义】 gōngtuán zhǔyì श्रमिकसंघवाद; सिंडिकेलिज़्म (syndicalism)

【工稳】 gōngwěn उचित; उपयुक्त; सुविन्यस्त：造句～ सुविन्यस्त वाक्यांश

【工效】 gōngxiào कार्यक्षमता：提高～ कार्यक्षमता बढ़ाना

【工薪阶层】 gōngxīn jiēcéng वेतनभोगी व्यक्ति (या श्रेणी)

【工休日】 gōngxiūrì आराम का दिन; छुट्टी

【工序】 gōngxù काम करने की प्रक्रिया; तकनीकी प्रक्रिया

【工业】 gōngyè उद्योग; उद्योगधंधा：～部 उद्योग-विभाग

【工业革命】 gōngyè gémìng औद्योगिक क्रांति

【工业国】gōngyèguó उद्योग प्रधान देश; औद्योगिक देश; इंडस्ट्रियल देश

【工业化】 gōngyèhuà औद्योगिकरण (करना)

【工业基地】 gōngyè jīdì औद्योगिक अड्डा

【工业品】gōngyèpǐn औद्योगिक वस्तुएं; तैयारशुदा माल

【工业企业】 gōngyè qǐyè औद्योगिक कारोबार; औद्योगिक धंधा

【工业区】 gōngyèqū उद्योग का क्षेत्र; औद्योगिक क्षेत्र

【工业无产阶级】 gōngyè wúchǎn jiējí औद्योगिक सर्वहारा (वर्ग)

【工业萧条】 gōngyè xiāotiáo औद्योगिक मंदी

【工业总产值】 gōngyè zǒngchǎnzhí औद्योगिक पैदावार का कुल मूल्य; उद्योग-धंधों का कुल उत्पादन-मूल्य

【工蚁】 gōngyǐ श्रमिक (चींटी)

【工艺】 gōngyì कौशल; शिल्प; तकनॉलाजी：手～ हस्तकौशल; हस्तशिल्प

【工艺流程】 gōngyì liúchéng तकनॉलाजिकल प्रोसेस (प्रक्रिया)

【工艺美术】 gōngyì měishù औद्योगिक कलाकृति; शिल्पकला

【工艺品】 gōngyìpǐn हस्तशिल्प की चीज़; हस्तकृति

【工艺设计】 gōngyì shèjì तकनॉलाजिकल डिज़ाइन

【工友】 gōngyǒu (किसी स्कूल या सरकारी संस्था में सेवा करनेवाला) चपरासी; नौकर

【工于】 gōngyú कुशल होना; दक्ष होना; निपुण होना： 他～绘画。वह चित्र बनाने में कुशल है।

【工贼】 gōngzéi मज़दूरद्रोही; स्कैब; हड़ताल-तोड़क

【工长】gōngzhǎng (किसी वर्कशाप या निर्माण स्थल में) सेक्शन चीफ़; फ़ोरमैन

【工整】 gōngzhěng सावधान और सुनियमित：字迹～ सुनियमित लिखावट; सुडौल लिपि

【工种】 gōngzhǒng उत्पादन में काम का प्रकार

【工装裤】 gōngzhuāngkù ओवरआल्स (overalls)

【工资】 gōngzī वेतन; तनख़्वाह; मज़दूरी; मजूरी

【工资表】 gōngzībiǎo वेतन-सूची

【工资改革】 gōngzī gǎigé वेतन-व्यवस्था में सुधार करना

【工资级别】 gōngzī jíbié वेतन का दर्जा
【工资制】 gōngzīzhì वेतन-व्यवस्था
【工作】 gōngzuò ❶काम करना; काम चलना: 努力～ मेहनत से काम करना / 机器正在～。मशीन का काम चल रहा है; मशीन चल रही है। ❷काम; कार्य; रोज़गार; नौकरी: 找～ काम (या नौकरी) ढूँढ़ना / 科学研究～ वैज्ञानिक अनुसंधान का कार्य / 教学～ पढ़ाई का काम
【工作单位】 gōngzuò dānwèi वह संस्था जिस में कोई काम करता हो; काम की जगह
【工作餐】 gōngzuòcān कर्मचारियों के लिये भोजन
【工作队】 gōngzuòduì कार्यदल; कार्य सेना
【工作服】 gōngzuòfú काम का कपड़ा
【工作汇报】 gōngzuò huìbào कार्यविवरण
【工作量】 gōngzuòliàng कार्य का परिमाण; कार्यभार
【工作面】 gōngzuòmiàn 〈यां०〉 वर्किंग सर्फ़ेस
【工作母机】 gōngzuò mǔjī मशीन-औज़ार
【工作人员】 gōngzuò rényuán कार्यकर्ता; कर्मचारी
【工作日】 gōngzuòrì काम का दिन; जन-दिन; वर्कडे
【工作语言】 gōngzuò yǔyán काम की भाषा; कार्य-भाषा
【工作者】 gōngzuòzhě कार्यकर्ता; काम करनेवाला: 教育～ शिक्षा का कार्यकर्ता; शिक्षक / 文艺～ साहित्यिक और कलात्मक कार्यकर्ता; लेखक और कलाकार / 音乐～ संगीतकार / 新闻～ पत्रकार
【工作证】 gōngzuòzhèng कर्मचारी का कार्ड

弓 gōng ❶धनुष: 用～射箭 धनुष से तीर चलाना ❷कोई धनुषाकार वस्तु: 弹棉花用的绷～儿 रूई धुनने में प्रयुक्त धनुष ❸भूमि नापने का एक लकड़ी का बना औज़ार ❹भूमि नापने में प्रयुक्त लम्बाई की एक पुरानी इकाई (पांच छ के बराबर) ❺टेढ़ा करना; मोड़ना; मेहराब की तरह बनाना: ～着背 अपनी पीठ टेढ़ी करना; पीठ मोड़ना / ～着腰 कमर टेढ़ी करना
【弓箭】 gōngjiàn धनुष और तीर
【弓弦】 gōngxián धनुष की डोरी; ताँत: ～乐器 धनुष से बजाया हुआ बाजा
【弓形】 gōngxíng धनुषाकार; मेहराबदार
【弓子】 gōngzi ❶(तारवाले बाजे का) धनुष ❷कोई धनुषाकार वस्तु

公1 gōng ❶सार्वजनिक; राष्ट्रीय; सामूहिक: ～私要分清 सार्वजनिक और व्यक्तिगत हितों के बीच स्पष्ट भेद करना ❷सामान्य; आम; कॉमन: ～分母 कॉमन डिनोमीनेटर ❸संसार का; अंतर्राष्ट्रीय: 公海 ❹खोल देना: प्रकाशित करना: 公布 / 公买公卖 ❺न्यायपूर्ण; न्यायोचित: 秉～处理 न्यायोचित रूप से मामला निपटाना ❻सार्वजनिक कार्य; दफ़्तर का काम: 办～ दफ़्तर का काम करना ❼ (Gōng) एक कुलनाम

公2 gōng ❶ड्यूक (duke): 公爵 ❷किसी बूढ़े व्यक्ति के लिये आदरसूचक संबोधन: 张～ सम्माननीय चांग जी ❸पति का पिता; ससुर: ～婆 सास-ससुर ❹नर (पशु): ～象 नर हाथी / 这只小鸡是～的。यह मुर्ग का पट्ठा है। / 你的狗是～的还是母的? तुम्हारा यह कुत्ता नर है कि मादा; तुम्हारा यह कुत्ता है कि कुतिया ?
【公安】 gōng'ān सार्वजनिक सुरक्षा: ～人员 सार्वजनिक सुरक्षा अफ़सर / ～机关 सार्वजनिक सुरक्षा संस्था / ～部队 पुलिस की सेना
【公安部】 gōng'ānbù सार्वजनिक सुरक्षा विभाग
【公安局】 gōng'ānjú सार्वजनिक सुरक्षा ब्यूरो
【公案】 gōng'àn 〈पुराना〉 ❶कचहरी की मेज़ (जज के लिये प्रयुक्त) ❷एक जटिल मुकदमा ❸एक पेचीदा मामला; एक सनसनीख़ेज़ मामला; एक विलक्षण घटना: 一桩～ एक सनसनीख़ेज़ मामला
【公办】 gōngbàn ❶राष्ट्र द्वारा स्थापित; राष्ट्रीय: ～学校 राष्ट्रीय स्कूल / ～企业 राष्ट्रीय उद्योग धंधा ❷दफ़्तर का काम करना: 外出～ दफ़्तर के काम पर बाहर जाना; दफ़्तर के काम के लिये यात्रा करना
【公报】 gōngbào विज्ञप्ति; कम्यूनिक; बुलेटिन: 新闻～ प्रेस कम्यूनिक / 政府～ (सरकार) बुलेटिन
【公报私仇】 gōngbào-sīchóu सार्वजनिक हितों के नाम पर (किसी से) अपना व्यक्तिगत बदला लेना; सार्वजनिक बल के सहारे अपने व्यक्तिगत शत्रु से प्रतिकार करना
【公布】 gōngbù घोषित करना; प्रकाशित करना; जारी करना; ऐलान करना: ～法令 आज्ञापत्र प्रकाशित करना; फ़रमान जारी करना / ～罪状 किसी की अपराधपूर्ण गतिविधियों की घोषणा करना / ～纲领 कार्यक्रम जारी करना / ～名单 नाम-सूची प्रकाशित करना
【公厕】 gōngcè 公共厕所 का संक्षिप्त रूप
【公差】 gōngchāi ❶अस्थाई तौर पर किया जानेवाला दफ़्तर का काम; लघु-यात्रा: 出～ दफ़्तर के काम पर बाहर जाना; दफ़्तर के काम के लिये यात्रा करना ❷〈पुराना〉 सरकारी संस्थाओं में काम करनेवाला सेवक; चपरासी
【公产】 gōngchǎn सार्वजनिक सम्पत्ति
【公尺】 gōngchǐ मीटर
【公畜】 gōngchù नर पशु (नस्ल बढ़ाने के लिये पालित)
【公担】 gōngdàn क्विंटल (quintal)
【公道】 gōngdào न्याय; मुनसिफ़ी: 主持～ न्याय करना; न्याय का समर्थन करना; मुनसिफ़ी का सहारा देना
【公道】 gōngdao न्यायपूर्ण; इंसाफ़ पसन्द; निष्पक्ष; न्यायसंगत; न्यायोचित; युक्तियुक्त: 办事～ काम-काज चलाने में निष्पक्ष और न्यायोचित होना / 说句～话 न्यायोचित बात कहना; न्याय का पक्ष लेना / 价钱～。दाम युक्तिसंगत (या उचित) है।
【公德】 gōngdé सार्वजनिक नैतिकता: 讲～ सार्वजनिक नैतिकता का पालन करना / 社会～ सामाजिक नैतिकता
【公敌】 gōngdí समान शत्रु; मुश्तरका दुश्मन: 人民～ जनता का समान शत्रु
【公爹】 gōngdiē 〈बोल०〉 ससुर
【公断】 gōngduàn मध्यस्थता करना; पंचायत करना; पंचनिर्णय करना: 听候众人～ लोगों के निर्णय का इंतज़ार करना ❷न्यायोचित रूप से विचार करके निर्णय करना

【公吨】 gōngdūn मेट्रिक टन (= एक हज़ार किलोग्राम)

【公而忘私】 gong'érwàngsī सार्वजनिक कार्य में इतना निरत होना कि अपने निजी हितों को भुला देना; निःस्वार्थः ～的共产主义风格 निःस्वार्थ कम्युनिस्ट भावना; सार्वजनिक हितों के लिये निःस्वार्थ रूप से काम करने की कम्युनिस्ट शैली

【公法】 gōngfǎ 〈का०〉 सार्वजनिक विधान

【公房】 gōngfáng सार्वजनिक मकान

【公费】 gōngfèi सार्वजनिक (या सरकारी) खर्च (से)： ～留学 सरकारी छात्रवृत्ति से विदेश में पढ़ना

【公费医疗】 gōngfèi yīliáo मुफ़्त इलाज; मुफ़्त चिकित्सा

【公分】 gōngfēn ❶सेंटिमीटर ❷ग्राम

【公愤】 gōngfèn जनता में रोष; सर्वलौकिक गुस्साः 激起～ जनता में रोष भड़का देना; (किसी बात आदि से) जनता में रोष भड़क उठना

【公干】 gōnggàn दफ़्तर का कामः 有何～? तुम किस अहम बात से यहाँ आये हो ?

【公告】 gōnggào सार्वजनिक सूचना; आम सूचना; एलाननामा

【公共】 gōnggòng सार्वजनिक; पब्लिक; सामूहिकः ～场所 सार्वजनिक स्थान / ～建筑 सार्वजनिक भवन; सरकारी इमारत / ～食堂 सार्वजनिक भोजनालय; कैंटीन; मेस / ～秩序 सार्वजनिक (या लोक) व्यवस्था / 爱护～财产 सार्वजनिक संपत्तियों की रखवाली करना

【公共厕所】 gōnggòng cèsuǒ सार्वजनिक शौचालय; बंपुलिस

【公共关系】 gōnggòng guānxì सार्वजनिक सम्बन्ध

【公共积累】 gōnggòng jīlěi सार्वजनिक कोष; सार्वजनिक संचित निधि

【公共汽车】 gōnggòng qìchē बसः ～线路 बस लाइन / ～站 बस-स्टाप

【公共卫生】 gōnggòng wèishēng सार्वजनिक स्वास्थ्य; सार्वजनिक सफ़ाई

【公公】 gōnggong ❶पति का पिता; ससुर ❷〈बोल०〉 दादा ❸〈बोल०〉 नाना ❹(बड़े-बूढ़ों के लिये एक आदर-सूचक संबोधन) दादा; दादा जीः 王～ दादा वांग ❺〈पुराना〉 सम्राटों के अंतःपुर में नियुक्त नपुंसकों के लिये एक संबोधन

【公关】 gōngguān ❶公共关系 (सार्वजनिक सम्बन्ध) का संक्षिप्त रूप ❷सार्वजनिक सम्बन्ध के कार्मिक

【公馆】 gōngguǎn 〈पुराना〉 निवास-स्थान (किसी धनवान या पदाधिकारी का); हवेली; बंगला

【公国】 gōngguó डची (duchy); ड्यूकडम (dukedom)

【公海】 gōnghǎi खुला सागर; खुला समुद्र

【公害】 gōnghài वातावरण की दूषितता; दूषितता का सामाजिक प्रभाव

【公函】 gōnghán दफ़्तर का पत्र; सरकारी पत्र

【公会】 gōnghuì ट्रेड कांसिल; ट्रेड एसोशिएशन

【公鸡】 gōngjī मुर्ग़ा; मुरगा

【公积金】 gōngjījīn सार्वजनिक संचित पूँजी; सुरक्षित कोष; सामूहिक पूँजी

【公祭】 gōngjì ❶सार्वजनिक शोक-सभा करनाः ～死难烈士 शहीदों के लिये सार्वजनिक शोक-सभा करना ❷सार्वजनिक शोक-सभाः ～在哀乐声中开始。शोक-संगीत में सार्वजनिक शोक-सभा शुरू हुई।

【公家】 gōngjia 〈बोल०〉 देश; सरकार संस्था; संगठनः 我是给～办事。मैं देश की नौकरी करता हूँ; मैं अपनी संस्था के लिये काम करता हूँ। / 在我国，～的财产就是人民的财产。हमारे देश में सार्वजनिक संपत्ति जनता की ही संपत्ति है।

【公教人员】 gōngjiào rényuán 〈पुराना〉 सरकारी कर्मचारी और शिक्षक

【公斤】 gōngjīn किलोग्राम; किलो

【公举】 gōngjǔ सार्वजनिक नमोनयन से चुननाः 我们～他当代表。हम ने उस को अपना प्रतिनिधि चुन लिया; हम ने उसे अपना प्रतिनिधि बना लिया।

【公爵】 gōngjué ड्यूक

【公爵夫人】 gōngjué fūren डचेस

【公开】 gōngkāi ❶खुला; प्रत्यक्ष; स्पष्ट; सार्वजनिकः ～论战 खुला वाद-विवाद; खुला वाग्युद्ध / ～活动 खुली कार्यवाही / ～对抗 प्रत्यक्ष विरोध करना; खुलेआम मुकाबला करना / ～答复 खुल्लम-खुल्ला उत्तर देना / ～审判 मुकदमे की खुली सुनवाई करके फ़ैसला करना / ～的秘密 खुला रहस्य / ～的和暗藏的敌人 खुला और छिपा हुआ दुश्मन / ～声明 सार्वजनिक रूप से घोषणा करना ❷खोलकर रखना; सर्वविदित करना या बनानाः 这事情暂时不能～。इस बात का फ़िलहाल लोगों को पता न चले।

【公开化】 gōngkāihuà खुल जाना; खोल दिया जाना

【公开信】 gōngkāixìn खुली चिट्ठी; खुला पत्र

【公款】 gōngkuǎn सार्वजनिक धन (या निधि, फ़ंड)

【公厘】 gōnglí मिलीमीटर

【公里】 gōnglǐ किलोमीटर

【公理】 gōnglǐ ❶सर्वमान्य सच्चाई; सर्वव्यापी सत्य ❷〈गणित०〉 स्वयंसिद्ध; सूक्ति

【公历】 gōnglì सौर-कलैंडर

【公立】 gōnglì सरकार द्वारा स्थापित; सरकारी; सार्वजनिकः ～学校 सार्वजनिक (या सरकारी) स्कूल

【公例】 gōnglì सामान्य नियम; आम नियम

【公粮】 gōngliáng अनाज के रूप में दिया हुआ कृषि-कर; अनाज कर; सार्वजनिक अनाज

【公路】 gōnglù राजमार्ग; राजपथ; शाही रास्ता; आम सड़क

【公路桥】 gōnglùqiáo सड़क पुल

【公论】 gōnglùn सार्वजनिक सम्मति (राय)

【公买公卖】 gōngmǎi gōngmài खरीदने और बेचने में न्यायसंगत होना; युक्तिसंगत दाम पर खरीदना और बेचना

【公民】 gōngmín नागरिकः ～义务 नागरिक का कर्तव्य

【公民权】 gōngmínquán नागरिक अधिकार; नागरिक स्वत्व; नागरिकता का स्वत्व; नागरिकताः 剥夺～ नागरिकता से वंचित करना

【公民投票】 gōngmín tóupiào सार्वजनिक वोट;

सर्वजन मत; रिफ़रेंडम (referendum)
【公亩】gōngmǔ आर (are)
【公墓】gōngmù कब्रिस्तान
【公牛】gōngniú बैल
【公判】gōngpàn ❶सार्वजनिक सभा में मुकदमे का फ़ैसला सुनाना ❷सार्वजनिक फ़ैसला
【公平】gōngpíng न्यायोचित; इंसाफ़पसन्द; निष्पक्ष; उचित: ～合理 न्यायोचित और युक्तिसंगत / ～交易 न्यायसंगत क्रय-विक्रय / ～的协议 साम्ययुक्त समझौता / 社会～ सामाजिक न्याय / 这～吗? क्या यह इंसाफ़ है? / 这太不～了。यह बिल्कुल अन्याय है।
【公婆】gōngpó ❶सास-ससुर ❷〈बोल०〉पति और पत्नी: 两～ पति और उस की पत्नी; दम्पति; मियाँ-बीबी
【公仆】gōngpú सार्वजनिक नौकर: 人民的～ जनता का नौकर
【公顷】gōngqǐng हेक्टर
【公然】gōngrán 〈अना०〉 खुलेआम; अप्रच्छन्न रूप से: ～背叛 खुलेआम गद्दारी करना / ～出兵侵略他国 खुल्लम-खुल्ला सेना भेजकर दूसरे देश पर आक्रमण करना / 光天化日下～为非作歹 दिन-दहाड़े अप्रच्छन्न रूप से कुकर्म करना
【公认】gōngrèn सर्वमान्य; सर्वसम्मत; सर्वस्वीकृत: 大家～的事实 सर्वस्वीकृत तथ्य / ～的意见 सर्वसम्मत राय / 他的机智和勇敢是人所～的。उन का विवेक और साहस सर्वमान्य है।
【公山羊】gōngshānyáng बकरा
【公社】gōngshè ❶आदिम कम्यून ❷कम्यून: 巴黎～ पेरिस कम्यून ❸जन-कम्यून
【公社化】gōngshèhuà जन-कम्यूनों में संगठित होना; कम्यूनीकरण होना
【公审】gōngshěn 〈का०〉 मुकदमे की खुली सुनवाई करना
【公升】gōngshēng लीटर (litre)
【公使】gōngshǐ उप-राजदूत; मिनिस्टर: ～衔参赞 मिनिस्टर-कौंसिलर
【公使馆】gōngshǐguǎn उपदूतावास; दूतावास; लिगेशन
【公示】gōngshì सार्वजनिक सूचना; सरकारी घोषणा
【公式】gōngshì फ़ारमूला
【公式化】gōngshìhuà ❶फ़ारम्यूलिज़्म (कला और साहित्य में) ❷फ़ारम्यूलिस्टिक ❸सूत्र का रूप देना; सूत्रीकरण करना
【公事】gōngshì ❶सरकारी काम; सार्वजनिक काम; दफ़्तर का काम: 先办～, 后办私事。हम पहले दफ़्तर का काम करें, फिर निज़ी काम। ❷〈बोल०〉 दफ़्तर के दस्तावेज; दफ़्तर के कागज़ात: 我每天上午看～。मैं रोज़ सुबह दफ़्तर के कागज़ात पढ़ता हूँ।
【公事包】gōngshìbāo ब्रीफ़केस; पोर्टफ़ोलियो
【公事房】gōngshìfáng दफ़्तर; आफ़िस
【公事公办】gōngshì-gōngbàn दफ़्तर का काम दफ़्तर के सिद्धांतों के अनुसार करना; यह न होने दिया जाना कि निजी मामला दफ़्तर के काम में उलझ जाए; बिज़नेस इज़ बिज़नेस
【公署】gōngshǔ सरकारी आफ़िस
【公说公有理，婆说婆有理】gōng shuō gōng yǒulǐ, pó shuō pó yǒulǐ हर कोई कहता है कि मैं ठीक हूँ; दोनों पक्ष अपने को ठीक सिद्ध करते हैं
【公司】gōngsī कंपनी; निगम; कार्पोरेशन: 钢铁～ लोहा-इस्पात कंपनी / 进出口～ आयात-निर्यात कार्पोरेशन
【公私】gōngsī सार्वजनिक और निजी: ～兼顾 सार्वजनिक हित और निजी हित दोनों का खयाल रखना; राजकीय हितों और निजी हितों दोनों का ध्यान रखना / ～两利 सार्वजनिक और व्यक्तिगत दोनों प्रकार के हितों को फ़ायदा पहुँचना / ～分明 सार्वजनिक और निजी हितों के बीच एक स्पष्ट विभाजक रेखा खींचना
【公私合营】gōngsī héyíng संयुक्त सरकार-निजी मिल्कियत; राज्य और पूँजीपतियों की मिली-जुली मिल्कियत और प्रबन्ध: ～企业 राजकीय और निजी संयुक्त व्यवसाय
【公诉】gōngsù 〈का०〉 राज-अभियोग: 对罪犯提起～ अपराधी के विरुद्ध राज-अभियोग प्रस्तुत करना
【公诉人】gōngsùrén राज-अभियोक्ता; राज-अभियोग-पक्ष
【公孙】Gōngsūn दो अक्षरोंवाला एक कुलनाम
【公堂】gōngtáng ❶〈पुराना〉 न्यायालय; अदालत; कचहरी ❷पूर्वज मकान (या मंदिर); स्मारक मंदिर
【公文】gōngwén दफ़्तर के दस्तावेज़; सरकारी कागज़ात
【公文袋】gōngwéndài दस्तावेज़-लिफ़ाफ़ा
【公文夹】gōngwénjiá फ़ाइल
【公务】gōngwù सार्वजनिक काम; सरकारी कार्य; दफ़्तर का काम: 办理～ दफ़्तर का काम करना / 执行国家～ राजकीय कर्तव्य निभाना
【公务护照】gōngwù hùzhào सर्विस पासपोर्ट
【公务人员】gōngwù rényuán सरकारी कर्मचारी
【公务员】gōngwùyuán ❶सरकारी कर्मचारी; प्रशासन कर्मचारी ❷अरदली
【公物】gōngwù सार्वजनिक संपत्ति
【公心】gōngxīn ❶न्यायपरायणता ❷न्यायता
【公信力】gōngxìnlì सार्वजनिक विश्वास; सार्वजनिक भरोसा
【公休】gōngxiū सामान्य छुट्टी; दफ़्तर की छुट्टी; छुट्टी
【公选】gōngxuǎn खुला चुनाव
【公演】gōngyǎn खुला अभिनय करना; (नाटक आदि का) आयोजन करना: 这出新戏将于近日～。इस नये नाटक का कुछ ही दिनों में आयोजन किया जाएगा।
【公羊】gōngyáng मेढ़ा; भेड़ा
【公羊】Gōngyáng दो अक्षरोंवाला एक कुलनाम
【公议】gōngyì सार्वजनिक बहस; बहस-मुबाहिसा; विचार-विमर्श: 自报～ स्वयंमूल्यांकन और सार्वजनिक बहस / 交由群众～ विचार-विमर्श के लिये जनसमुदाय के सामने पेश करना
【公益】gōngyì सार्वजनिक कल्याण; लोक-कल्याण; सर्वहित: 热心～ सार्वजनिक कल्याण-कार्य में उत्सुक रहना

【公益广告】 gōngyì guǎnggào सर्वजन हितार्थी विज्ञापन
【公益金】 gōngyìjīn सार्वजनिक कल्याणकारी कोष
【公益事业】 gōngyì shìyè जन-कल्याण प्रतिष्ठान
【公意】 gōngyì सार्वननिक इच्छा; आम संकल्पः 人民的～ जनता की इच्छा; जनता का आम संकल्प
【公营】 gōngyíng सार्वजनिक मिल्कियत का; सार्वजनिक; सरकारी; पब्लिकः ～经济 सार्वजनिक क्षेत्र की अर्थ-व्यवस्था; अर्थव्यवस्था का सार्वजनिक क्षेत्र / ～企业 सार्वजनिक कारोबार
【公用】 gōngyòng सर्वजन के लिये प्रयुक्त; सार्वजनिक; पब्लिकः ～电话 सार्वजनिक टेलीफ़ोन / 两家～的厨房 दो घरों के लिये प्रयुक्त रसोईघर
【公用事业】 gōngyòng shìyè सार्वजनिक सेवाएं; सार्वजनिक उपयोगिताएं
【公有】 gōngyǒu सार्वजनिक मिल्कियत का; सार्वजनिक; सरकारी; पब्लिकः ～财产 सार्वजनिक संपत्ति
【公有化】 gōngyǒuhuà सार्वजनिक मिल्कियत में परिणत होना
【公有制】 gōngyǒuzhì सार्वजनिक मिल्कियत (उत्पादक साधनों की)
【公余】 gōngyú खाली समय (काम के बाद); छुट्टी; अवकाश; फ़ुरसत
【公寓】 gōngyù ❶एपाटमेंट हाउस ❷<पुराना> किराये का कमरा; किराया-भवन
【公元】 gōngyuán ईसा की शताब्दी; सन् ईसवी; ईसवी सन्ः ～2001 年 ईसवी सन् 2001 / ～前 221 年 ईसा पूर्व (या ईसवी पूर्व) 221
【公园】 gōngyuán सार्वजनिक उद्यान; खुला बाग; पार्क
【公约】 gōngyuē ❶संधि; समझौता; पैक्टः 日内瓦～ जैनेवा संधि ❷संयुक्त वचनः 卫生～ सार्वजनिक सफ़ाई का संयुक्त वचन
【公约数】 gōngyuēshù <गणित०> सामान्य भाजक; कॉमन डिवाइज़र
【公允】 gōngyǔn न्यायोचित; अपक्षपाती; पक्षपातरहितः 持论～ वाद-विवाद में न्यायोचित और अपक्षपाती होना
【公债】 gōngzhài सारकारी ऋण; सरकारी कर्ज़; (सरकारी) बांड; बौंडः 经济建设～ आर्थिक निर्माण बौंड
【公章】 gōngzhāng सरकारी (या सार्वजनिक) संस्थाओं की मुहर; दफ़्तर की मुहरः 盖～ दफ़्तर की मुहर लगाना
【公正】 gōngzhèng न्यायपूर्ण; न्यायोचित; निष्पक्ष; अपक्षपाती; इंसाफ़पसन्दः ～的舆论 इंसाफ़पसन्द जनमत / ～的裁决 निष्पक्ष निर्णय
【公证】 gōngzhèng लेख्य प्रमाण; नोटराइज़ेशन
【公证处】 gōngzhèngchù नोटरी आफ़िस
【公证人】 gōngzhèngrén नोटरी पब्लिक; नोटरी
【公职】 gōngzhí सरकारी (या सार्वजनिक) पद; सरकारी (या सर्वजनिक) नौकरीः 担任～ सरकारी पद ग्रहण करना; सरकारी नौकरी करना / 开除～ (किसी को) सरकारी पद से बरख़ास्त करना; (किसी की) सरकारी नौकरी छुड़ाना; (किसी को) सरकारी नौकरी से निकाल देना
【公职人员】 gōngzhí rényuán सरकारी (या सार्वजनिक) नौकरी करनेवाला; सिविल सर्वेंट
【公制】 gōngzhì मेट्रिक व्यवस्था
【公众】 gōngzhòng सर्वसाधारण; जनसामान्यः ～领袖 सर्वसाधारण का नेता / ～利益 जनसामान्य का हित; जन-कल्याण
【公众人物】 gōngzhòng rénwù सार्वजनिक व्यक्ति
【公诸同好】 gōngzhūtónghào समान अभिरुचि रखनेवालों के साथ किसी वस्तु का आनन्द लेना
【公猪】 gōngzhū सूअर
【公主】 gōngzhǔ राजकुमारी; शाहज़ादी
【公转】 gōngzhuàn <खगोल०> परिक्रमा; रेवोलूशन
【公子】 gōngzǐ छोटे राज्य के शासक या उच्चपदाधिकारी का पुत्र
【公子哥儿】 gōngzǐgēr किसी धनवान या प्रभावशाली परिवार का ज़्यादा लाड़-प्यार से बिगाड़ा हुआ पुत्र; नवाबज़ादा; अमीरज़ादा
【公子王孙】 gōngzǐ wángsūn छोटे शासकों और अभिजात व्यक्तियों के पुत्र; नवाबज़ादा और अमीरज़ादा

功 gōng ❶श्रेय; योगदान; श्रेष्ठ कारनामा; उपलब्धि; गुणः 这应归～于您。इस का श्रेय आप को जाना चाहिये। / ～大于过 अवगुण से गुण अधिक होना / 立大～ असाधारण योगदान करना / 有～则赏 उन के श्रेष्ठ कारनामों पर उन्हें पुरस्कृत करना / 有～人员 अच्छी सेवा का रिकार्ड कायम करनेवाले कर्मचारी ❷नतीजा; प्रभाव; सफलताः 教育之～ शिक्षा का फल / 大～告成 महान सफलता प्राप्त होना (या करना) ❸कौशल; दक्षताः 基本～ बुनियादी कौशल
【功败垂成】 gōngbàichuíchéng सफलता की सीमा पर असफल हो जाना; विजय के बिल्कुल निकट पहुँचते- पहुँचते हार जाना
【功臣】 gōngchén भारी योगदान करने वाला; श्रेष्ठ कारनामा करनेवालाः 一等～ प्रथम दर्जे का श्रेयस्कर कर्मचारी / 以～自居 अपने को वीर (या भारी योगदान करनेवाला) समझना
【功成名就】 gōngchéng-míngjiù सफल और मशहूर होना
【功德】 gōngdé ❶श्रेय और सद्गुणः 歌颂人民英雄的～ जन-वीरों के कारनामों का गुणगान करना ❷<बौद्धधर्म> पुण्य; पुण्य-कर्म; परोपकारिताः 做～ पुण्य-कर्म करना
【功德无量】 gōngdé-wúliàng असीम भलाई; भारी योगदानः 谁要是能够找到治疗癌症的方法，那真是～。जो कैंसर का सफल इलाज कर लेगा वह मानव जाति की असीम भलाई करेगा।
【功底】 gōngdǐ किसी कौशल के मूल-सिद्धांतों की पूर्ण शिक्षा; बुनियादी कौशल का आधारः ～扎实 बुनियादी कौशल का दृढ़ आधार होना
【功夫】 gōngfu दे० 工夫 gōngfu
【功夫片】 gōngfupiàn सशस्त्र हाथापाई-प्रधान फ़िल्म
【功过】 gōngguò गुण और अवगुण; योगदान और

भूलः ～相抵 गुण और अवगुण बराबर होना

【功绩】 gōngjì श्रेय और सफलता; सुकृति; उपलब्धि; कारनामा; योगदानः ～卓著 श्रेष्ठ कारनामे; भारी योगदान / 为革命事业建立不朽的～ क्रांतिकारी कार्य में अमिट योगदान करना

【功课】 gōngkè ❶(स्कूल का) विषय; पाठः 他在学校里每门～都很好。वह स्कूल के हर विषय में अच्छा करता है। ❷स्कूली बच्चे द्वारा घर पर याद किया जाने वाला पाठ; गृहकार्य; होमवर्कः 做～ पाठ याद करना; गृहकार्य करना ❸<बौद्धधर्म> धर्मग्रंथ पढ़ने की क्रिया; पाठः 做～ पाठ करना

【功亏一篑】 gōngkuī-yīkuì टीला बनाने में मिट्टी की अंतिम टोकरी के अभाव से असफल होना —— अंतिम प्रयत्न न करने से असफल होना

【功劳】 gōngláo श्रेय; योगदान; कारनामाः 这件事小王的～不小啊!इस में शाओ वाँग ने सचमुच कम योगदान नहीं किया है। / 这里面也有你的一份～。इस का श्रेय तुम को भी है।

【功劳簿】 gōngláobù गुणों का विवरण; कारनामा

【功力】 gōnglì ❶सार्थकता; प्रभावः 草药的～ जड़ी-बूटियों का प्रभाव ❷दे० 工力 gōnglì

【功利】 gōnglì उपयोगिता; भौतिक उपलब्धि

【功利主义】gōnglì zhǔyì उपयोगितावादः ～者 उपयोगितावादी

【功率】 gōnglǜ <भौ०> पावर

【功名】 gōngmíng (सामंती युग में) विद्वत्तापूर्ण उपाधि; अधिकारी का पदः 进京赶考，求取～ राजधानी में जाकर शाही परीक्षा देने से अधिकारी का पद ग्रहण करने की प्रयत्न करना

【功能】 gōngnéng क्षमता; उपयोगिता; क्रिया; कार्य; कर्मः ～性障碍 क्रियात्मक गड़बड़ / 这种工具有多种～。यह साधन अनेक प्रकार के कार्य पूरे कर सकता है। / 肝～正常。जिगर सामान्य रूप से काम कर रहा है।

【功效】 gōngxiào उपयोगिता; प्रभावः 这种药～非常显著。यह दवा बहुत कारगर (प्रभावी) है।

【功勋】 gōngxūn कारनामा; अद्‌भुत कार्य; उल्लेखनीय सफलता; भारी योगदानः ～卓著 उल्लेखनीय कारनामा / 为人民立下不朽～ जनता के लिये अमिट योगदान करना

【功业】 gōngyè कारनामे; सफलताएं; योगदान

【功用】 gōngyòng क्षमता; उपयोगिता; उपयोग

红 （紅） gōng दे० 女红 nǚgōng (सीने-पिरोने का काम)

hóng भी दे०

攻 gōng ❶हमला करना; आक्रमण करना; धावा बोलना; चढ़ाई करनाः ～城 नगर पर हमला करना; नगर पर धावा बोलना / ～下敌人的桥头堡 शत्रु के किले पर कब्ज़ा कर लेना / ～入敌阵 शत्रु के मोर्चे पर अधिकार कर लेना ❷दोष देना; दोषी ठहराना; आक्षेप करना; खंडन करनाः 群起而～之 सब लोग किसी का विरोध करने के लिये खड़े हो जाते हैं ❸अध्ययन करना; (किसी विषय का) अनुसंधान करनाः 专～文学 साहित्य का विशिष्ट अध्ययन करना

【攻城略地】 gōngchéng-lüèdì नगरों पर अधिकार करना और भूखंडों पर कब्ज़ा करना

【攻错】 gōngcuò दूसरों की अच्छाई से अपनी कमियां दूर करने में मदद मिल सकती है; दूसरों की सलाह मदद देने वाली होती है

【攻打】 gōngdǎ (पर) धावा बोलना; (पर) हमला करना; (पर) आक्रमण करनाः ～一座城市 किसी नगर पर हमला करना

【攻读】 gōngdú लगन से अध्ययन करना; मेहनत से पढ़ना; (किसी विषय का) अनुसंधान करनाः ～法律 कानून का अध्ययन करना / 他在～文学硕士学位。वह एम०ए० कर रहा है।

【攻关】 gōngguān ❶किसी सामरिक महत्व के दर्रे पर आक्रमण करना ❷प्रधान समस्या का सामना करनाः 攻下这一关，其他问题就办好了。जब यह कठिनाई दूर हो जाएगी तो दूसरी समस्याएं सहज ही हल हो जाएंगी।

【攻击】 gōngjī ❶(पर) हमला करना; (पर) आक्रमण करना; (पर) धावा बोलना; (पर) प्रहार करनाः ～方向 प्रहार-दिशा / ～点 हमला करने का बिन्दु / 发起总～ व्यापक (या सार्वत्रिक) आक्रमण करना ❷आक्षेप करना; आघात करनाः 恶意～ (किसी पर) दुर्भाव सहित आघात करना / 人身～ व्यक्तिगत आक्षेप

【攻坚】 gōngjiān ❶भारी मोर्चेबन्दी वाले स्थलों पर धावा बोलनाः ～部队 आक्रमणकारी सेना

【攻坚战】 gōngjiānzhàn भारी मोर्चेबन्दी वाले स्थलों पर आक्रमण करनेवाली लड़ाई

【攻讦】 gōngjié <लि०> किसी का रहस्योद्घाटन करके उस पर प्रहार करना; किसी की दुष्टता का पर्दाफ़ाश करना

【攻克】 gōngkè कब्ज़ा करना; अधिकार करनाः ～敌人阵地 दुश्मन के मोर्चे पर हमला करके कब्ज़ा कर लेना / ～技术难关 कोई तकनीकी कठिनाई हल करना

【攻破】 gōngpò तोड़ देना; हमला करके कब्ज़ा करनाः ～敌人防线 शत्रु की रक्षक रेखा तोड़ देना / ～堡垒 गढ़ को उखाड़ देना; दुर्ग को भेद देना

【攻其不备】 gōngqíbùbèi जब दुश्मन तैयार न हो तब हमला करना; किसी की असावधानी में उस पर प्रहार करना

【攻取】 gōngqǔ आक्रमण करना और कब्ज़ा करना; (पर) अधिकार करनाः ～据点 किसी किले पर कब्ज़ा करना

【攻势】 gōngshì आक्रमण; आक्रमणात्मक कार्रवाई; आक्रमणात्मक रुखः 采取～ आक्रमणात्मक कार्रवाई करना / 政治～ राजनैतिक आक्रमण / 客队的～非常猛烈。अतिथि टीम ज़ोरदार आक्रमण की स्थिति में है।

【攻守同盟】 gōng shǒu tóngméng रक्षात्मक और आक्रमणात्मक संधि —— अपराध करनेवालों के बीच एक दूसरे का रहस्योद्घाटन न करने का वचन

【攻无不克】 gōngwúbùkè जो जिस पर हमला करता है उसी पर कब्ज़ा कर लेता है; अजेय; सर्वजयी

【攻陷】 gōngxiàn कब्ज़ा कर लेना; अधिकार कर लेना

【攻心】 gōngxīn मन पर आक्रमण करना; मानसिक आक्रमण करना: 政策～ पार्टी की नीतियां समझाकर किसी व्यक्ति से पाप-स्वीकृति कराने का प्रयत्न करना

【攻占】 gōngzhàn हमला करना और कब्ज़ा करना; कब्ज़ा करना

供 gōng ❶देना; उपलब्ध करना; पूर्ति करना; सप्लाई करना: ～不起 मांग पूरी करने में असमर्थ होना; खर्च उठाने में असमर्थ होना ❷(किसी व्यक्ति को कोई वस्तु) देना; पहुँचाना (प्रयोग के लिये): 仅～参考 सिर्फ़ आप के सन्दर्भ के लिये / 这间阅览室可～二百人同时使用。इस वाचनालय में दो सौ व्यक्ति एक साथ अध्ययन कर सकते हैं।

gòng भी दे०

【供不应求】 gōngbùyìngqiú मांग से पूर्ति कम होना; पूर्ति से माँग अधिक होना; बाज़ार तेज़ होना

【供车】 gōngchē किश्तों पर कार खरीदना

【供电】 gōngdiàn बिजली पहुँचाना; पावर (या बिजली) सप्लाई करना: ～系统 बिजली की सप्लाई व्यवस्था

【供电局】 gōngdiànjú पावर सप्लाई ब्यूरो

【供过于求】 gōngguòyúqiú माँग से पूर्ति अधिक होना

【供给】 gōngjǐ पूर्ति करना; सप्लाई करना; देना; पहुँचाना: ～机关 सप्लाई संस्था / ～量 सप्लाई की मात्रा; देने की मात्रा / ～原料 कच्चे माल की सप्लाई करना

【供给制】 gōngjǐzhì मुफ़्त सप्लाई व्यवस्था —— वस्तु के रूप में (रुपयों से नहीं) अदायगी की व्यवस्था

【供楼】 gōnglóu किश्तों पर आवास मकान खरीदना

【供暖】 gōngnuǎn हीटिंग: 热水～ हाट वाटर हीटिंग / 蒸汽～ स्टीम हीटिंग / 安装～设备 हीटिंग की व्यवस्था करना

【供求】 gōngqiú पूर्ति और माँग; सप्लाई व माँग: ～关系 सप्लाई और माँग के बीच का सम्बन्ध / ～律 पूर्ति और माँग का नियम (सिद्धांत) / 使～平衡 सप्लाई और माँग को संतुलित करना

【供水】 gōngshuǐ पानी-सप्लाई

【供销】 gōngxiāo सप्लाई और बिक्री

【供销合作社】 gōngxiāo hézuòshè (供销社 gōngxiāoshè भी) सप्लाई और बिक्री सहकारी समिति

【供养】 gōngyǎng (अपने माता-पिता आदि का) भरण-पोषण करना; परवरिश करना: ～老人 बूढ़ों की परवरिश करना (विशेषकर अपने वृद्ध माता-पिता या दादा-दादी की)

gòngyǎng भी दे०

【供应】 gōngyìng संभरण; पूर्ति; सप्लाई: 大量～ बड़ी मात्रा में सप्लाई करना / 市场～ व्यापारिक वस्तुओं की सप्लाई; बाज़ार की पूर्ति / (市场)～紧张 बाज़ार तेज़ होना

【供应点】 gōngyìngdiǎn सप्लाई केन्द्र

【供应线】 gōngyìngxiàn सप्लाई-लाइन

肱 gōng 〈लि०〉 बाँह का ऊपरी भाग; बाँह: 曲～而枕 अपना सिर अपनी मुड़ी हुई बाँह पर रखकर सोना

【肱骨】 gōnggǔ 〈शा०वि०〉 मनुष्य की भुजा के ऊपरी भाग की हड्डी; ह्यूमेरस

宫[1] gōng ❶महल; प्रासाद; पेलेस ❷देवी-देवताओं का निवासस्थान: 天～ स्वर्गीय महल ❸मंदिर (किसी नाम में प्रयुक्त): 雍和～ शांति व मेलवाला लामा मंदिर (पेइचिंग में) ❹सांस्कृतिक गतिविधियाँ आदि करने का स्थान: 劳动人民文化～ मेहनतकश जनता का सांस्कृतिक महल ❺〈शा०वि०〉 गर्भाशय ❻ (Gōng) एक कुलनाम

宫[2] gōng 〈संगी०〉 प्राचीन चीनी पंच-स्वरों में से एक (अंकोंवाली संगीत-लिपि में 1 के बराबर)

【宫灯】 gōngdēng महल का दीप; पेलेस लालटेन

【宫殿】 gōngdiàn प्रासाद; राज महल: ～式建筑 प्रासाद तुल्य भवन; राज महल-जैसी शानदार इमारत

【宫调】 gōngdiào 〈संगी०〉 प्राचीन चीनी स्वर-ग्राम पद्धति

【宫娥】 gōng'é दे० 宫女

【宫禁】 gōngjìn ❶महाराजों का निवास-स्थान; महल; प्रासाद ❷दरबार की निषेधाज्ञा

【宫颈】 gōngjǐng सर्विक्स (cervix) (गर्भाशय का): ～癌 सर्विक्स कैंसर

【宫女】 gōngnǚ राजमहल में सेवा करनेवाली दासी; दासी

【宫阙】 gōngquè राजमहल; प्रासाद

【宫室】 gōngshì राजमहल; प्रासाद

【宫廷】 gōngtíng ❶राजमहल; पेलेस ❷दीवान; दरबार

【宫廷政变】 gōngtíng zhèngbiàn पेलेस राज्य-विप्लव

【宫闱】 gōngwéi 〈लि०〉 राजमहल; पेलेस: ～秘事 पेलेस रहस्य

【宫刑】 gōngxíng पुंसत्वहरण (प्राचीन चीन में एक क्रूर दंड)

恭 gōng सम्मानपूर्ण; श्रद्धापूर्ण; विनीत: ～而有礼 शिष्टाचारी और श्रद्धापूर्ण होना

【恭贺】 gōnghè 〈शिष्ट०〉 बधाई देना; मुबारकबाद देना; मुबारक करना: ～新禧 नया साल मुबारक

【恭候】 gōnghòu 〈शिष्ट०〉 सम्मानपूर्वक प्रतीक्षा करना: ～光临 आप सम्मिलित होकर (या पधार कर) अनुगृहीत करें।

【恭敬】 gōngjìng सम्मानपूर्ण; श्रद्धापूर्ण; विनीत: 学生们恭恭敬敬地向老师行了个礼。लड़कों ने अध्यापक जी को श्रद्धापूर्वक नमस्कार किया।

【恭敬不如从命】 gōngjìng bùrú cóng mìng सविनय इंकार करने से सम्मान के साथ ग्रहण कर लेना ही अच्छा है (अपने से बड़ों से उपहार लेने आदि में)

【恭请】 gōngqǐng 〈शिष्ट०〉 सम्मानपूर्वक निमंत्रित करना: ～光临 आप उपस्थित होकर अनुगृहीत करें

【恭顺】 gōngshùn आदरपूर्ण और नम्र

【恭桶】 gōngtǒng पाखाने की चौकी; मल-पात्र; क्लोस-स्टूल

【恭维】gōngwei（恭惟 gōngwei भी）किसी को प्रसन्न करने के लिये उस की प्रशंसा करना; चापलूसी करना; लल्लो-चप्पो की बातें करना：～话 लल्लो-चप्पो की बातें / 他～了我几句。उस ने मेरी चापलूसी करने की कुछ बातें कहीं। / 他那几句印地语，我实在不敢～。उस की हिन्दी पर मैं उस की प्रशंसा नहीं कर सकता।

【恭喜】gōngxǐ 〈शिष्ट०〉 बधाई देना; मुबारकबाद देना：～！～！～你们试验成功！मुबारक हो, मुबारक हो, आप लोगों के प्रयोग की सफलता के लिये आप को बधाई！/ ～发财 मुबारक हो और आप मालामाल हो जाएँ; शुभ कामना है कि आप खुश रहें और सम्पन्न होते जाएँ। (वसंत त्यौहार की एक मुबारकबाद)

蚣 gōng दे० 蜈蚣 wúgōng (शतपाद)

躬（躳）gōng ❶〈लि०〉 स्वयं; अपने आप：反～自问 अपने आप से पूछना ❷झुकाना; मोड़ना：～身 कमर झुकाना

【躬逢其盛】gōngféng-qíshèng उस महत्वपूर्ण अवसर पर स्वयं उपस्थित होना

【躬亲】gōngqīn स्वयं करना; व्यक्तिगत रूप से शामिल होना：事必～ हर बात की स्वयं देखरेख करना

龚（龔）Gōng एक कुलनाम

觥 gōng 〈पुरा०〉 प्राचीन काल में प्रयुक्त सींग का बना एक मद्य पात्र

【觥筹交错】gōngchóu-jiāocuò मद्य-पात्र आदि अव्यवस्थित रूप में मेज़ पर पड़े हुए होना —— आह्लादपूर्ण प्रीतिभोज

gǒng

巩（鞏）gǒng ❶सुदृढ़ करना：巩固 ❷（Gǒng）एक कुलनाम

【巩固】gǒnggù ❶दृढ़ करना; सुदृढ़ करना; मज़बूत बनाना; सख़्त करना; शक्तिशाली बनाना; स्थायी बनाना：～国防 राष्ट्रीय प्रतिरक्षा को मज़बूत बनाना / ～工农联盟 मज़दूर-किसान संश्रय को सुदृढ़ करना ❷सुदृढ़; पुख़्ता; मज़बूत; सख़्त; शक्तिशाली：～的基础 मज़बूत आधार; पुख़्ता बुनियाद / 政权～ सुदृढ़ राजनीतिक सत्ता / 两国人民的友谊是～的。दोनों देशों की जनता के बीच मित्रता का मज़बूत सूत्र है।

【巩膜】gǒngmó 〈श०वि०〉 दृढ़ पटल; स्क्लीरा（sclera）

【巩膜炎】gǒngmóyán दृढ़ पटल की सूजन; स्क्लीराइटिस（scleritis）

汞 gǒng 〈रसा०〉 पारा; पारद; मरक्यूरी（mercury）

拱[1] gǒng ❶अपने दो हाथों को छाती के सामने मिलाना (अभिवादन में)：拱手 ❷घेरना; परिवृत करना; चारों ओर से आना：四山环～的大湖 चारों ओर पहाड़ों से घिरा हुआ सरोवर ❸कुबड़ा बनाना; मेहराब की तरह बनाना：猫～了～腰。बिल्ली ने अपनी पीठ मेहराब की तरह बनाई। ❹〈वास्तु०〉 मेहराबदार; धनुषाकार：拱门

拱[2] gǒng ❶कंधों या सिर से ढकेलना; धक्का देना：用肩膀把门～开 अपने कंधे से दरवाज़ा ढकेलकर खोल देना / 一个小孩从人群里～出去了。एक लड़का भीड़ को चीरकर निकल गया। / 猪用嘴～地。सुअर अपने थूथनों से भूमि खोद रहे थे। / 蚯蚓从地下～出许多土来。केंचुओं ने भूमि के अन्दर से कुलबुलाकर बहुत-सी मिट्टी बाहर धकेल दी। / 两只羊～在一起了。दो बकरे सींगों से टक्कर मार रहे थे। ❷भूमि से ऊपर निकलना：苗儿～出土了。कल्ले भूमि से ऊपर निकल रहे हैं।

【拱坝】gǒngbà मेहराबदार बांध

【拱抱】gǒngbào घेरना; परिवृत करना; चारों ओर से आना：群峰～ खड़ी चट्टानों से घेरा हुआ होना

【拱门】gǒngmén 〈वास्तु०〉 मेहराब

【拱桥】gǒngqiáo 〈वास्तु०〉 मेहराबी पुल

【拱手】gǒngshǒu अपने दो हाथों को छाती के सामने मिलाकर अभिवादन करना：～道别 अपने दो हाथों को छाती के सामने मिलाकर बिदाई देना

【拱手让人】gǒngshǒu-ràngrén सिर झुकाकर सौंपना

【拱卫】gǒngwèi घेरना और रक्षा करना

【拱形】gǒngxíng मेहराबदार; धनुषाकार：～屋顶 मेहराबदार छत

gòng

共 gòng ❶समान; बराबर; सामान्य：共性 ❷दूसरों के साथ किसी वस्तु का प्रयोग करना या (कुछ) सहना：～患难 (किसी के साथ) कठिनाइयों और मुसीबतों से गुज़रना / ～命运 (किसी के) भाग्य के साथ अपने भाग्य को नत्थी करना ❸एक साथ; साथ-साथ; साथ मिल कर; मिल-जुल कर：～进午餐 दोपहर का भोजन एक साथ खाना / 和平～处 शांतिपूर्वक साथ-साथ रहना ❹कुल; कुल मिला कर：全书～八卷。इस ग्रंथावली में कुल आठ खंड हैं। / 我们班～有四十个学生。हमारी कक्षा में (कुल मिला कर) चालीस विद्यार्थी हैं। ❺共产党 का संक्षिप्त रूप

【共产党】gòngchǎndǎng कम्युनिस्ट पार्टी

【共产党宣言】Gòngchǎndǎng Xuānyán कम्युनिस्ट पार्टी का घोषणा-पत्र; साम्यवादी घोषणा-पत्र

【共产国际】Gòngchǎn Guójì कम्युनिस्ट इंटरनेशनल

(1919-1943); कामिंटर्न
【共产主义】gòngchǎn zhǔyì ❶कम्युनिज़्म; साम्यवाद ❷कम्युनिस्ट; साम्यवादी: ～道德 कम्युनिस्ट नैतिकता / ～风格 कम्युनिस्ट शैली (या भावना) / ～者 कम्युनिस्ट; साम्यवादी
【共产主义青年团】gòngchǎn zhǔyì qīngnián-tuán कम्युनिस्ट यूथ लीग; साम्यवादी नौजवान संघ
【共处】gòngchǔ साथ-साथ रहना; सह-अस्तित्व: 和平～ शांतिपूर्वक साथ-साथ रहना; शांतिपूर्ण सह-अस्तित्व
【共存】gòngcún साथ-साथ मौजूद रहना
【共度】gòngdù एक साथ (समय) व्यय करना: ～佳节 एक साथ कोई त्यौहार मनाना / ～难关 एक साथ कोई कठिनाई दूर करना
【共犯】gòngfàn <का०> सह-अपराधी
【共管】gòngguǎn ❶सम्मिलित प्रबन्ध करना; संयुक्त रूप से व्यवस्थित करना: 社会治安需要动员全社会的力量齐抓～。सामाजिक सुरक्षा के लिये यह आवश्यक है कि समाज के विभिन्न क्षेत्रों से उस का सम्मिलित प्रबन्ध किया जाए। ❷国际共管 guójìgòngguǎn का संक्षिप्त रूप
【共和】gònghé प्रजातंत्रवाद; रिपब्लिक
【共和党】Gònghédǎng रिपब्लिकन पार्टी (अमेरिका में)
【共和国】gònghéguó प्रजातंत्र; गणतंत्र; लोकतंत्र; जनतंत्र; गणराज्य: ～政府 गणतंत्रीय सरकार
【共和制】gònghézhì प्रजातंत्रवाद
【共计】gòngjì कुल; कुल मिलाकर: 参加展览会的～三十万人。कुल तीन लाख आदमी यह प्रदर्शनी देखने आये थे।
【共聚一堂】gòngjù-yītáng एक ही भवन में जमा होना; एक साथ इकट्ठे होना: 各族人民的代表～，商讨国家大事。विभिन्न जातियों के प्रतिनिधि एक ही भवन में इकट्ठे होकर राज्य के मामलों पर बहस-मुबाहिसा करते हैं।
【共勉】gòngmiǎn एक साथ प्रयत्न करना; एक दूसरे को प्रोत्साहित करना: 提出这一希望，愿与你～。कामना है कि हम यह आशा पूरी करने के लिये साथ-साथ प्रयत्न करें।
【共鸣】gòngmíng ❶<भौ०> अनुनाद: ～器 अनुनादक (यंत्र) ❶सहानुभूतिपूर्ण उत्तर: 引起～ सहानुभूति उत्पन्न करना
【共青团】gòngqīngtuán 共产主义青年团 का संक्षिप्त रूप
【共青团员】gòngqīngtuányuán कम्युनिस्ट यूथ लीग का सदस्य; लीग मेम्बर
【共生】gòngshēng ❶<भूगर्भ०> अंतर्विकास ❷<जीव०> सहजीव: ～细菌 सहजीवी कीटाणु
【共识】gòngshí समान समझ; विचारों की एकता; मतैक्य: 达成～ मतैक्य पर पहुँचना / 取得～ विचारों की एकता प्राप्त करना
【共事】gòngshì साथ-साथ काम करना (एक ही संगठन में); सहकर्मी होना; सहकारी होना: 我们～多年了。हम कई वर्षों से साथ-साथ काम कर रहे हैं; हम कई वर्षों के सहकारी हैं।
【共通】gòngtōng दोनों या सब पर लागू होना; दोनों या सब के लिये उपयुक्त होना: 这两者之间有～的道理。इन दो मामलों में समान युक्ति रहती है।
【共同】gòngtóng ❶समान; सामान्य; मुश्तरका: ～语言 समान भाषा / ～事业 मुश्तरका कार्य / ～利益 समान हित; मुश्तरका हित / ～敌人 समान दुश्मन; सामान्य शत्रु / ～行动 सम्मिलित कार्यवाही / ～心愿 समान अभिलाषा / ～纲领 सामान्य कार्यक्रम; सर्व-स्वीकृत कार्यक्रम / ～关心的问题 समान दिलचस्पी वाली समस्याएं; समान रुचि की समस्याएं / 两者有～之处。दोनों में कुछ समानता है। ❷साथ-साथ; सम्मिलित रूप से: ～努力 साथ-साथ प्रयत्न करना; सम्मिलित प्रयत्न करना / ～战斗 सम्मिलित रूप से लड़ाई करना
【共同点】gòngtóngdiǎn समान-सहमति की बातें; सामान्य क्षेत्र
【共同市场】gòngtóng shìchǎng साझा बाज़ार
【共同体】gòngtóngtǐ कम्युनिटि; समुदाय: 欧洲经济～ यूरोपीय आर्थिक कम्युनिटि
【共享】gòngxiǎng दूसरों के साथ-साथ आनन्द लेना; दूसरों के साथ (किसी वस्तु का) प्रयोग करना: ～胜利的喜悦 साथ-साथ विजय का सुख लेना
【共性】gòngxìng सामान्य स्वरूप; सामान्यता
【共振】gòngzhèn <भौ०> अनुनाद: ～器 अनुनादक (यंत्र)
【共总】gòngzǒng कुल; कुल मिलाकर; मिल-जुलकर: 这几笔账～多少? इन हिसाबों को जोड़कर कुल कितना होता है?

贡(貢) gòng ❶मातहत से राज्य को दी हुई वस्तु: 进～ मातहत से राज्य को कोई वस्तु देना ❷(Gòng) एक कुलनाम
【贡品】gòngpǐn मातहत से राज्य को दी हुई वस्तु
【贡税】gòngshuì मातहत से राज्य को दिया हुआ धन या वस्तु और कर; नज़राना और कर
【贡献】gòngxiàn ❶योगदान देना; योग देना; अर्पित करना; निछावर करना: 他把自己全部的藏书都～给了图书馆。उन्होंने अपनी सभी सुरक्षित पुस्तकें पुस्तकालय को अर्पित कीं। / 他为教育事业～了一切。उन्हों ने शिक्षा-कार्य के लिये अपना सर्वस्व निछावर कर दिया। ❷योगदान; योग; निछावर: 他们为国家做出了新的～。उन्हों ने अपने देश के लिये अभिनव योगदान दिया है।

供1 gòng ❶प्रस्तुत करना; अर्पित करना: 遗像前～着鲜花。ताज़े फूल मृत व्यक्ति के चित्र के सामने अर्पित थे। ❷चढ़ावा; पुजापा: 上～ चढ़ावा (या पुजापा) चढ़ाना

供2 gòng ❶अपने पापों को प्रकट रूप में स्वीकार करना; स्वीकारोक्ति करना; अपना दोष मान लेना: 他～出了作案同伙的名字。उस ने सह-अपराधियों का नाम बताया। ❷स्वीकारोक्ति; बयान
gōng भी दे०

【供案】 gòng'àn पूजा की मेज़; वेदी
【供词】 gòngcí स्वीकारोक्ति; बयान
【供奉】 gòngfèng ❶किसी पवित्र स्थान या मंदिर में स्थापित करना; प्रतिष्ठित करना: ~神佛 देवता की मूर्त्ति स्थापित करना और उस की पूजा करना ❷परवरिश करना: ~父母 माता पिता की परवरिश करना ❸महाराजों की सेवा में उपस्थित रहनेवाले अभिनेता (छिंग राजवंश में)
【供具】 gòngjù यज्ञ-पात्र
【供品】 gòngpǐn पुजापा; चढ़ावा
【供认】 gòngrèn अपना अपराध स्वीकार करना; स्वीकारोक्ति करना; अपना दोष मान लेना
【供认不讳】 gòngrèn-bùhuì खुले तौर पर स्वीकारोक्ति करना; अपने सभी अपराधों को स्वीकार करना
【供养】 gòngyǎng पुजापा चढ़ाकर यज्ञ-कर्म करना
gōngyǎng भी दे०
【供职】 gòngzhí कोई पद ग्रहण करना; दफ़्तर की नौकरी करना; (किसी संस्था में) काम करना
【供状】 gòngzhuàng लिखित स्वीकारोक्ति; कबूलनामा
【供桌】 gòngzhuō पूजा की मेज़

gōu

勾[1] (句) gōu ❶काटना; छांटना; मिटाना; रद्द करना; कलम फेरना; अंकित करना; निशान लगाना: 把他的名字~掉 उस का नाम काट देना; नाम-सूची से उस का नाम रद्द करना / ~了这笔账 इस ऋण का खाता छांट देना / 把这篇文章里的重要段落~出来。इस लेख में जो पैरे महत्व के हों उन पर निशान लगा लो। ❷खाका उतारना; खींचना: ~一个轮廓 एक रूपरेखा खींचना ❸ईंटों की दीवार या फ़र्श आदि में गारा या सीमेंट की जोड़ भरना; टीप करना: ~墙缝 ईंटों की दीवार की टीप करना ❹गाढ़ा करना: ~芡 सूप गाढ़ा करना ❺प्रेरित करना; बुलाना; बहकाना; स्मृतियों को जगाना: 这件事~起了我对童年的回忆。इस बात से मेरे बचपन की स्मृतियां जाग गईं। ❻मिलाना; साँठ-गाँठ करना: 勾结

勾[2] (句) gōu सीधे त्रिभुज का लघु पार्श्व (पुराना नाम)
gòu; 句 jù भी दे०
【勾除】 gōuchú काट देना; छाँट देना; रद्द करना; मिटा देना
【勾搭】 gōuda ❶किसी के साथ जा मिलना; साथ मिलकर बुरा काम करना; सट्टा-बट्टा भिड़ाना; साँठ-गाँठ करना: 这几个坏蛋~上了。ये बदमाश एक दूसरे के साथ जा मिले हैं। / 他暗地里和几个小偷勾勾搭搭。वह कुछ चोरों के साथ गुप्त रूप से साँठ-गाँठ कर रहा है। ❷(किसी से) आँखें लड़ाना; इश्क लड़ाना; प्रेम करना: 王经理和他的女秘书勾勾搭搭的。मैनेजर वांग अपनी सचिव से आँखें लड़ाता है।
【勾兑】 gōuduì ❶(मूल अर्थ में) विभिन्न प्रकार की शराबों या फल के रसों को मिलाना ❷(नये अर्थ में) अनियमित उपायों या तरीकों से परस्पर सम्बन्ध अनुकूल बनाना
【勾画】 gōuhuà ❶खाका उतारना; रूपरेखा खींचना; चित्र बनाना: ~脸谱 (परंपरागत आपेरा के कुछ अभिनेताओं के) मुख पर चित्र बनाना ❷थोड़े शब्दों में वर्णन करना: 这篇游记~了祖国山川的秀丽。इस यात्रा-विवरण में हमारी मातृभूमि के सुन्दर प्राकृतिक दृश्यों का वर्णन किया गया है।
【勾魂】 gōuhún किसी की आत्मा आकर्षित करना —— मोहित करना; मंत्रमुग्ध करना; लुभाना; रिझाना
【勾结】 gōujié किसी के साथ गठजोड़ कायम करना; गठबन्धन करना; सट्टा-बट्टा भिड़ाना: 与敌人~ शत्रुओं के साथ साँठ-गाँठ करना; शत्रुओं के साथ सट्टा-बट्टा भिड़ाना
【勾栏】 gōulán <प्रा०> ❶नाटकशाला ❷वेश्यागृह
【勾阑】 gōulán दे० 勾栏
【勾勒】 gōulè ❶खाका उतारना; रूपरेखा बनाना: ~出老虎的轮廓 बाघ की रूपरेखा बनाना ❷थोड़े शब्दों में वर्णन करना: 这部小说善于~场面，渲染气氛。इस उपन्यास में वातावरण का अच्छा वर्णन है।
【勾留】 gōuliú ठहरना: 我们回国途中，在曼谷稍作~。स्वदेश वापसी में हम बैंकाक में ज़रा ठहरे थे।
【勾通】 gōutōng (किसी के साथ) साँठ-गाँठ करना; गुप्त रूप से गठबन्धन करना
【勾销】 gōuxiāo रद्द करना; मिटा देना; काट देना: ~债务 ऋण मिटा देना
【勾心斗角】 gōuxīn-dòujiǎo दे० 钩心斗角 gōuxīn-dòujiǎo
【勾引】 gōuyǐn बहकाना; प्रलोभन देना; डोरे डालना: 拒绝犯罪分子的~ अपराधी के प्रलोभन से इनकार करना / ~少女 जवान लड़की पर डोरे डालना

佝 gōu नीचे दे०
【佝偻病】 gōulóubìng रिकेट्स (rickets)

沟 (溝) gōu ❶कृत्रिम नाली; मोरी; खाई: 挖~ खाई खोदना / 排水~ पानी निकालने की नाली; मोरी ❷छिलका लम्बा गड्ढा; नाली; लीक: 地面上轧了一道~ धरती पर एक लीक बन जाना (या बनाई जाना) ❸जल-मार्ग; जल-वाहिनी; तंग घाटी: 小河~儿 तंग जल-वाहिनी
【沟灌】 gōuguàn <कृ०> नाली-सिंचाई
【沟壑】 gōuhè तंग घाटी
【沟坎】 gōukǎn खाई; नाली
【沟堑】 gōuqiàn खाई; नाली
【沟渠】 gōuqú सिंचाई की नाली; पनाला; नहर
【沟通】 gōutōng संयुक्त करना; सम्बद्ध करना; जोड़ना; मिलाना: ~南北的长江大桥 दक्षिण और उत्तर को जोड़ने वाला यांगत्सी नदी का बड़ा पुल / ~两国文化 दोनों देशों की संस्कृति का आदान-प्रदान करना / ~思想 विचारों का आदान-प्रदान करना; आपसी समझ बढ़ाना
【沟沿儿】 gōuyánr नाली (या नहर) के किनारे

枸 gōu नीचे दे०
gǒu; jǔ भी दे०

【枸橘】 gōujú 枳 (ट्राफ़ोलिएट आरेंज) का दूसरा नाम

钩（鈎、鉤） gōu ❶कांटा; अंकुसा; खूंटी; बंसी; हुक: 钓鱼～ मछली पकड़ने का कांटा; कांटा; बंसी / 挂衣～ कपड़ा टाँगने की खूंटी; खूंटी / 上～ बंसी में आ फंसना ❷हुक स्ट्रोक (चीनी अक्षरों में) ❸कांटे के आकार का चिह्न (√) (सही या प्रामाणिक प्रकट करने के लिये और पुराने समय में रद्द करने का भाव बताने के लिये भी प्रयुक्त) ❹कांटे से पकड़ना, लेना या उठाना: ～住高枝儿采桑叶 कांटे से शहतूत की ऊँची शाखाएँ पकड़कर पत्तियाँ तोड़ना / 他把掉在井里的水桶～上来了。उस ने कुँए में गिरी हुई बाल्टी को कांटे से बाहर निकाल लिया। /他的袖子给钉子～住了。उस की आस्तीन कील में फँस गई। ❺क्रोशिये से बुनना: ～一个毛披肩 क्रोशिये से एक शाल बुनना ❻टांका लगाना: ～贴边 झालर सीना ❼बोलचाल में नम्बर 九 का एक रूप

【钩虫】 gōuchóng हुकवर्म

【钩虫病】 gōuchóngbìng हुकवर्म रोग

【钩心斗角】 gōuxīn-dòujiǎo एक दूसरे के खिलाफ़ चाल चलना; आपस में कपट प्रबन्ध करना; एक दूसरे के विरुद्ध षड़यंत्र रचना

【钩针】 gōuzhēn क्रोशिया हुक

【钩子】 gōuzi ❶कांटा; अंकुसा; हुक; खूँटी: 挂衣服的～ कपड़ा टाँगने की खूँटी ❷काँटे के आकार की कोई चीज़; हुकनुमा चीज़: 蝎子的～有毒。बिच्छू का डंक ज़हरीला है।

篝 gōu 〈लि०〉 पिंजरा

【篝火】 gōuhuǒ अलाव; कैंपफ़ायर: 生～ अलाव लगाना / 举行～晚会 अलाव मीटिंग करना

gǒu

苟¹ gǒu असावधान; लापरवाह; निष्पक्ष: 不～ सावधान; लापरवाह नहीं

苟² gǒu 〈संयो०〉〈लि०〉 अगर: ～能坚持，必将胜利。अगर तुम डटे रह सकते हो, तो विजय तुम्हारी ही होगी।

【苟安】 gǒu'ān किसी न किसी प्रकार से कायम की गई शांति की स्थिति में रहना; अल्पस्थायी सुख-चैन से संतुष्ट रहना

【苟合】 gǒuhé अनुचित लैंगिक सम्बन्ध

【苟活】 gǒuhuó हीन अवस्था में भी जीवित रहने का प्रयत्न करना; अप्रतिष्ठा की स्थिति में जीवित रहना

【苟简】 gǒujiǎn 〈लि०〉 लापरवाही और जल्दबाज़ी से काम लेना

【苟且】 gǒuqiě ❶किसी न किसी प्रकार से जीवित रहना; किसी भी परिस्थिति से संतुष्ट रहना ❷बेमन का; असावधान: 他做翻译，一字一句都不敢～。अनुवाद का काम करने में वह बड़ी सावधानी से एक-एक शब्द चुन लेते हैं।

【苟且偷安】 gǒuqiě-tōu'ān किसी न किसी प्रकार से कायम की गई क्षणिक शांति की स्थिति में रहना; अल्पस्थायी सुख-चैन से संतुष्ट रहना

【苟且偷生】 gǒuqiě-tōushēng अप्रतिष्ठा की स्थिति में जीवित रहना; घास-फूस की तरह जीवित रहना

【苟全】 gǒuquán निरुद्देश्य (अपना प्राण) सुरक्षित रखना

【苟全性命】 gǒuquán-xìngmìng मुश्किल से जीवित रह जाना

【苟同】 gǒutóng 〈लि०〉 (प्रायः नकारात्मक प्रसंगों में) अच्छी तरह सोच-विचार किये बिना ही सहमति प्रकट करना; निःसंकोच समर्थन करना: 不敢～ असहमत होना; समर्थन न कर सकना

【苟延残喘】 gǒuyán-cánchuǎn मौत या अंत के समीप होना; अपनी उखड़ती हुई सांसों में जान डालना

狗 gǒu ❶कुत्ता; कुतिया ❷〈घृणा०〉 घृणित; अवांछनीय: ～东西 कुत्ते का बच्चा

【狗吃屎】 gǒu chī shǐ 〈अना०〉 मुंह के बल गिर पड़ना; औंधे मुंह पड़ना (या गिरना)

【狗胆包天】 gǒudǎn-bāotiān विकराल रूप में उद्धत

【狗苟蝇营】 gǒugǒu-yíngyíng बेशरमी से अपना व्यक्तिगत हित हासिल करने की कोशिश करना

【狗獾】 gǒuhuān बेजर（badger）; बिज्जू

【狗急跳墙】 gǒu jí-tiàoqiáng कुत्ता हताश होकर दीवार भी फांदने लगता है —— मरता क्या न करता

【狗拿耗子，多管闲事】 gǒu ná hàozi, duō guǎn xiánshì कुत्ते का चूहा पकड़ने की कोशिश करना —— दूसरे के मामले में ख़ामख़्वाह दखल देना

【狗皮膏药】 gǒupí gāoyao ❶〈ची०चि०〉 कुत्ताचर्म लेप (प्लास्टर) ❷मिथ्या औषध

【狗屁】 gǒupì 〈घृणा०〉 निरर्थक बात; बकवास; बेकार की चीज़

【狗屁不通】 gǒupì-bùtōng निरर्थक बातें; फ़िज़ूल बातें: 这篇文章写得～。इस लेख में केवल फ़िज़ूल बातें हैं; यह लेख बिल्कुल व्यर्थ है।

【狗屎堆】 gǒushǐduī कुत्ते की लीद का ढेर; कुत्ते की टट्टी —— बेहद घृणित व्यक्ति: 不齿于人类的～ कुत्ते की लीद की तरह नीच और तिरस्कार योग्य

【狗头军师】 gǒutóu jūnshī बुरा सुझाव देनेवाला; बेतुका सलाहकार

【狗腿子】 gǒutuǐzi 〈बोल०〉 पिट्ठू; पिछलगू; पिछलगा

【狗尾草】 gǒuwěicǎo 〈वन०〉 ग्रीन ब्रिसलग्रास（green bristlegrass）

【狗尾续貂】 gǒuwěi-xùdiāo कुत्ते की पूँछ का सेबल के साथ जुड़ना —— किसी अच्छी साहित्यिक रचना का असंतोषप्रद पिछला भाग

【狗窝】 gǒuwō कुत्ताघर; श्वानालय: 房间里乱得

像～。इस कमरे में सब चीज़ें अस्त-व्यस्त पड़ी हैं, जैसे यह कोई कुत्ताघर हो।
【狗熊】 gǒuxióng ❶रीछ; भालू ❷डरपोक; कायर; अयोग्य
【狗血喷头】 gǒuxuè-pēntóu (प्रायः निम्नलिखित वाक्यांश में प्रयुक्त) 骂得～ गालियों का झाड़ बाँधना; गालियों की बौछार करना; गालियों का बाज़ार गर्म करना
【狗咬狗】 gǒu yǎo gǒu कुत्तों की नोच-खसोट; कुत्तों की लड़ाइयां —— बुरे व्यक्तियों की छीना-झपटी: 敌人内部～的斗争 शत्रुओं के अन्दर कुत्तों की नोच-खसोट
【狗仗人势】 gǒuzhàng-rénshì जैसे कोई कुत्ता अपने मालिक की शक्ति पर दूसरों को डराता-धमकाता हो —— किसी प्रभावशाली व्यक्ति पर निर्भर रहकर दूसरों पर अत्याचार करनेवाला होना
【狗嘴吐不出象牙】 gǒuzuǐ tǔ bù chū xiàngyá कुत्ते के मुँह से हाथी का दाँत नहीं निकल सकता; गंदे मुंह से भले शब्द नहीं निकल सकते; कुत्ते के मुँह से भों-भों के अलावा और क्या आशा कर सकते हो

枸 gǒu नीचे दे०
gōu; jǔ भी दे०
【枸杞子】 gǒuqǐzǐ 〈ची०चि०〉 चीनी वल्फ़बेरी（wolfberry）का फल

gòu

勾（句） gòu नीचे दे०
gōu; 句 jù भी दे०
【勾当】 gòudàng 〈अना०〉 मामला; काली करतूत; सौदा: 罪恶～ अपराधपूर्ण गतिविधियाँ / 肮脏～ गंदा सौदा; काली करतूत

构（構） gòu ❶बनाना; गठन करना; रचना करना: ～词 शब्द रचना करना ❷गढ़ना; गठित करना: 虚～ मनगढ़ंत ❸साहित्यिक रचना: 佳～ श्रेष्ठ कृति
【构成】 gòuchéng बनना या बनाना; गठित होना या करना; रचना; तैयार करना: 这些行为已～犯罪。इन गतिविधियों से अपराध ही बन जाता है। / ～威胁 धमकी पैदा करना; धमकी का रूप देना / ～部分 अंग; उपांश; अवयव
【构词法】 gòucífǎ 〈भा०वि०〉 शब्दरचना
【构架】 gòujià ❶ढाँचा; इमारत का ढाँचा; गठना; बनावट: 艺术～ किसी कलात्मक कृति की बनावट ❷स्थापना करना (प्रायः अभौतिक वस्तुओं के लिये प्रयुक्त)
【构件】 gòujiàn ❶〈वास्तु०〉 संरचनात्मक अंग; घटक ❷〈यां〉 अंग; अवयव
【构建】 gòujiàn रचना करना; निर्माण करना (प्रायः अभौतिक वस्तुओं के लिये प्रयुक्त)
【构思】 gòusī (लेखक या कलाकार का) उपन्यास आदि का कथानक या चित्र की बनावट तैयार करना: 他正在～一部小说。वह एक उपन्यास का कथानक तैयार कर रहा है। / 诗的～ कविता का प्लाट / ～被打断 विचारों का सूत्र टूट जाना
【构图】 gòutú (चित्र की) बनावट
【构陷】 gòuxiàn (किसी पर) मिथ्या (या झूठा) आरोप लगाना
【构想】 gòuxiǎng विचार; संकल्पना; धारणा: 提出经济体制改革的～ अर्थ-व्यवस्था का पुनर्निर्माण करने का विचार उपस्थित करना / 按照"一国两制"～，促进祖国和平统一！'एक देश, दो व्यवस्थाएँ' की संकल्पना के अनुसार मातृभूमि के शांतिपूर्ण एकीकरण को आगे बढ़ाओ।
【构造】 gòuzào रचना; गठन; बनावट; विन्यास: 人体～ मानव शरीर की बनावट / 句子的～ किसी वाक्य की बनावट / 机器的～ मशीन की रचना
【构筑】 gòuzhù (मोर्चेबंदी) तैयार करना; निर्माण करना: ～工事 मोर्चेबंदी करना; मोर्चेबंदी तैयार करना / ～堡垒 किलेबंदियों का निर्माण करना
【构筑物】 gòuzhùwù 〈वास्तु०〉 संरचना; वास्तु

购（購） gòu खरीदना; मोल लेना: ～货 माल खरीदना / 选～ चुन-चुन कर मोल लेना
【购办】 gòubàn (माल आदि) खरीदना
【购并】 gòubìng विलयन और अधिग्रहण
【购货单】 gòuhuòdān आर्डर फ़ार्म; आर्डर
【购买】 gòumǎi खरीदना; मोल लेना: ～日用品 रोज़-मर्रे के इस्तेमाल की चीज़ें खरीदना / ～成套设备 साज़-सामानों के पूरे-पूरे सेट मोल लेना
【购买力】 gòumǎilì खरीदने की शक्ति; क्रय-शक्ति: ～提高 क्रय-शक्ति बढ़ जाना / ～枯竭 क्रय-शक्ति में सख़्त कमी होना
【购销】 gòu xiāo खरीद और बिक्री: ～合同 खरीद और बिक्री का ठेका / ～两旺 खरीद और बिक्री दोनों सक्रिय होना; बाज़ार गर्म होना
【购置】 gòuzhì (टिकाऊ माल) खरीदना; मोल लेना: ～大批农具 बड़ी मात्रा में कृषि-उपकरण मोल लेना

诟（詬） gòu 〈लि०〉 ❶अपमान; बेइज़्ज़ती ❷दुर्वचन कहना; अपशब्द बोलना: 诟病
【诟病】 gòubìng 〈लि०〉 निन्दा करना; भर्त्सना करना; दोष लगाना; दोषी ठहराना: 为世～ सार्वजनिक भर्त्सना का निशाना बन जाना; जन-साधारण के द्वारा दोषी ठहराया जाना
【诟骂】 gòumà 〈लि०〉 दुर्वचन करना; गालियाँ देना; अपशब्दों से अपमान करना; बदगोई करना: 当众～ लोगों के सामने किसी की बदगोई करना

垢 gòu ❶〈लि०〉 मलिन; गंदा; मैला: 蓬头～面 बिखेरे हुए बाल और मैला चेहरा दिखाते हुए; बिना संवरे हुए ❷मल; गंदगी: 油～ तेल का मल / 牙～ दाँत की गंदगी ❸अपमान; बेइज़्ज़ती: 含～忍辱 अपमान सहना
【垢泥】 gòuní तेल की तलछट; चमड़े पर जमी हुई गंदगी

够（夠）gòu ❶काफ़ी; पर्याप्त: 你钱～不～? तुम्हारा पैसा काफ़ी है; तुम्हारे पास काफ़ी पैसा है? / 干这活儿两天的时间不～用。इस काम के लिये दो दिन का समय काफ़ी नहीं है। ❷〈क्रि०वि०〉 (किसी निश्चित हद तक पहुँचने के लिये) काफ़ी; यथेष्ट रूप से: ～好了。काफ़ी अच्छा है। / 今天～冷的。आज काफ़ी (या बहुत) सर्दी है। / 我吃～了，什么也不要了。बस, मुझे और कुछ नहीं चाहिये। / ～啦，～啦，别吵了! बस करो, बस करो, झगड़ा बन्द करो। ❸(किसी चीज़ तक यथासंभव तान कर) पहुँचना: 树太高，上面的果子我～不着。पेड़ इतना ऊँचा था कि मेरा हाथ उस के फलों तक नहीं पहुँच सका। ❹(किसी मान-दंड या स्तर तक) पहुंचना: ～标准 आदर्श तक पहुँचना / ～水平 किसी स्तर तक पहुँचना / ～资格 (किसी काम के) योग्य (या लायक) होना / ～条件 ज़रूरी शर्त पूरी करना

【够本】 gòuběn न हानि न लाभ (होना); हानि लाभ बराबर होना

【够格】 gòugé किसी काम के लायक होना; ज़रूरी शर्त पूरी कर: 当队长，他完全～。दल का नेता होने के वह बिल्कुल लायक है।

【够交情】 gòu jiāoqing दे० 够朋友

【够劲儿】 gòujìnr 〈बोल०〉 ❶(किसी भारी काम आदि का) अत्यधिक होना: 他一个人干这么多活儿，真～。उस के लिये अकेले इतना ज़्यादा काम करना सचमुच बहुत भारी है। ❶तेज़; कड़ुआ: 这酒真～。यह मदिरा सचमुच बहुत कड़वी है; यह शराब बहुत ही तेज़ है।

【够朋友】 gòu péngyou 〈बोल०〉 सच्चा दोस्त कहलाने लायक होना; सही अर्थ में दोस्त होना; दोस्त हो तो ऐसा हो

【够呛】 gòuqiàng दे० 够戗

【够戗】 gòuqiàng 〈बोल०〉 असहनीय; बहुत भारी; घोर: 热得～ असहनीय गर्मी होना / 累得～ बुरी तरह से थका-माँदा होना / 病人的情况怎样? —— ～! मरीज़ का हाल कैसा है? —— बहुत बुरा।

【够瞧的】 gòuqiáode घोर; तेज़; अत्यंत; बहुत अधिक: 去年冷得～。पिछले साल की सर्दी अपने ढंग की थी; पिछले साल कड़ाके की सर्दी पड़ी थी। / 他这场病可真～。उस की यह बीमारी सचमुच बहुत गंभीर (खतरनाक) थी।

【够受的】 gòushòude सहनशीलता के बाहर होना; असहनीय होना: 干了一天活儿，累得真～。दिन भर की मेहनत से मेरा शरीर थककर चूर हो गया है।

【够味儿】 gòuwèir 〈बोल०〉 सुरस होना; काफ़ी मज़ा आना; काफ़ी संतोषप्रद होना: 最后这一句他唱得真～。उस के गाने की अंतिम लाइन में खूब मज़ा आया था।

【够意思】 gòu yìsi ❶काफ़ी ऊँचे स्तर तक पहुँचा हुआ; बहुत बढ़िया; प्रशंसनीय: 他的字写得真～。उस की लिखावट सचमुच बहुत सुन्दर है। ❷सज्जन; उदार; दानशील: 他这样帮助你，很～了。उस ने तुम्हारी ऐसी मदद करके अपनी उदारता (या दोस्ती) प्रकट की है।

遘 gòu 〈लि०〉 भेंट; मुलाकात

彀[1]
gòu धनुष पूर्ण रूप से चढ़ाना

彀[2]
gòu 够 के समान

【彀中】 gòuzhōng 〈लि०〉 वह क्षेत्र जिस के अन्दर तीर फेंका जा सके —— पाश; जाल; फंदा: 入我～ मेरे जाल में फंस जाना

媾 gòu ❶〈लि०〉 विवाह करना: 婚～ विवाह ❷संधि करना: 媾和 ❸मैथुन; संभोग: 交～ मैथुन करना; संभोग करना

【媾和】 gòuhé शांतिसंधि करना; शांति-सुलह करना

觏（覯）gòu 〈लि०〉 मिलना; भेंट होना

gū

估 gū अनुमान करना; अंदाज़ करना: 你～一～这个礼堂能坐多少人。ज़रा अंदाज़ करो कि इस आडिटोरियम में कितने लोग बैठ सकते हैं।
gù भी दे०

【估产】 gūchǎn पैदावार का अनुमान करना; खेत की पैदावार कूतना: 这块地～六百斤。इस भूखंड की अनुमानित पैदावार छै सौ चिन है।

【估计】 gūjì अनुमान करना (लगाना); अंदाज़ा लगाना; तखमीना करना (लगाना); अटकल करना; आँकना: 我～他会来。मेरा अंदाज़ा है कि वह ज़रूर आएगा। / ～完成这项计划得三年时间。यह योजना पूरी करने में अनुमान से तीन वर्ष का समय लगेगा। / 这种结果本来是可以～到的。इस नतीजे का अनुमान लगाया जा सकता था। / ～今天不会下雨。मालूम होता है कि आज बरसात नहीं होगी। / 这只是一种～，实际情况也许并非如此。यह कोरा अनुमान है, वास्तविक स्थिति शायद ऐसी नहीं होगी। / 正确～形势 परिस्थितियों का ठीक अंदाज़ करना / ～错误 गलत अटकल लगाना / ～过高 (को) अधिक आँकना / ～不足 (को) बहुत कम करके आँकना / ～过分 (को) बहुत बढ़ा-चढ़ा कर आँकना

【估价】 gūjià ❶मूल्य आँकना; मूल्यांकन करना; दाम लगाना: 您给这所房子估个价吧。इस मकान का मूल्य ज़रा आँक लीजिये; इस मकान का दाम लगा लीजिये। / 对这部作品的～太高了。इस साहित्यिक रचना का अधिक मूल्यांकन किया गया है। / 对自己要有正确的～。किसी को अपने आप का ठीक अनुमान करना चाहिये। ❷〈अर्थ०〉 अनुमानित मूल्य (दाम)

【估量】 gūliang अनुमान करना; अंदाज़ा लगाना; अटकल करना; आँकना; कूतना: 凭两只眼睛～距离 अपनी आँखों से दूरी आँकना / 人民的力量是不可～的 जनता

की शक्ति अकूत है।

【估摸】 gūmo <बोल०> अंदाज़ा लगाना; अटकल करना: 我～着他会来。मेरा अंदाज़ा है कि वह आ ही जाएगा।

【估算】 gū suàn अनुमान करना; आँकना; कूतना: ～产量 खेत की पैदावार कूतना

咕 gū <अनु०> मुर्गी की कुड़क-कुड़क; कबूतर की गुटुर-गूँ: 鸽子一边儿吃，一边～～地叫。कबूतर दाना चुगते हुए गुटुरगूँ-गुटुरगूँ कर रहे थे।

【咕咚】 gūdōng <अनु०> कोई भारी चीज़ गिरने की आवाज़; भद से गिरने की ध्वनि; धड़ शब्द; धड़ाम शब्द: 他～一声跳进河里。वह धड़ाम से नदी में कूद पड़ा। / 他～一声倒在地上。वह धम्म से ज़मीन पर गिर पड़ा।

【咕嘟】 gūdū <अनु०> पानी आदि उबलने या उमड़ने की आवाज़; कल-कल की ध्वनि; गट-गट शब्द: 泉水～～地往外冒。स्रोत का पानी कल-कल करते हुए निकल रहा था। / 他把一整瓶水～～地喝了下去。वह गट-गट सारी बोतल पी गया।

【咕嘟】 gūdu ❶बड़ी देर तक उबलना या उबालना: 把海带～烂了再吃。समुद्री घास को अधिक देर तक उबालकर खाओ। ❷<बोल०> मुँह फूलना; मुँह फुलाना: 老实告诉我，你干吗～着嘴不说话。सही-सही बताओ, तुम क्यों मुँह फुलाकर चुपचाप बैठे हो?

【咕叽】 gūjī 咕唧 के समान

【咕叽】 gūji 咕唧 के समान

【咕唧】 gūjī <अनु०> फच्च-फच्च (जैसे कीचड़ में चलने पर जानवरों के खुरों से होनेवाली) आवाज़; फच्च-फच्च करना: 水牛拉着犁，在稻田里～～地走着。भैंसा हल खींचते हुए खेत के कीचड़ में फच्च-फच्च चल रहा था। / 他在雨地里走着，脚底下～～地直响。वह वर्षा में चल रहा था, उस के बूटों से पानी की फच्च-फच्च की आवाज़ निकल रही थी।

【咕唧】 gūji कानाफूसी करना; फुसफुसाना; बड़बड़ाना; कुड़कुड़ाना; भुनभुनाना: 他俩～了半天。वे दोनों काफ़ी देर तक फुसफुसाये। / 他一边想心事，一边儿～。वह कोई बात सोचते हुए बड़बड़ा रहा था।

【咕隆】 gūlōng <अनु०> गरजना; कड़कड़ाना; गड़गड़ाना (बादलों या गाड़ी का): 远处雷声～～地响。दूर पर बादल गरज रहे थे; दूर पर बादल कड़कड़ाकर गरज रहे थे। / 马车在大街上～～地跑着。घोड़ा-गाड़ियाँ सड़क पर गड़गड़ाते हुए दौड़ रही थीं।

【咕噜】 gūlū <अनु०> (पेट का) कुलकुलाना; (हुक्के का) गड़गड़ाना; (लकड़ी,पत्थर आदि का) लुढ़कने का शब्द: 他的肚子～～直响。उस का पेट कुलकुलाता रहा। / 他～～地抽着水烟袋。वह हुक्का गड़गड़ाकर पी रहा था।

【咕噜】 gūlu 咕哝 के समान

【咕哝】 gūnong बड़बड़ाना; कुड़कुड़ाना; बुड़बुड़ाना: 他低着头嘴里不住地～。वह सिर झुकाए बुड़बुड़ाता रहा।

呱 gū नीचे दे०
guā भी दे०

【呱呱】 gūgū <लि०> शिशु के रोने की आवाज़: ～而泣 शिशु का रोना
guāguā भी दे०

【呱呱坠地】 gūgū-zhuìdì (शिशु का) रोते हुए इस दुनिया में आना; जन्म होना

沽 1 gū <लि०> ❶खरीदना: ～酒 शराब खरीदना ❷बेचना: 待价而～ अच्छे दामों पर बेचने का मौका देखना

沽 2 Gū 天津 Tiānjīn का दूसरा नाम

【沽名钓誉】 gūmíng-diàoyù अपनी प्रतिष्ठा को बढ़ाने की कोशिश करना; नाम पर जान देना

姑 1 gū ❶पिता की बहन; बुआ; फूफी ❷पति की बहन; धर्म बहिन ❸<प्रा०> पति की माता; सास ❹भिक्षुणी

姑 2 gū <क्रि०वि०> <लि०> फ़िलहाल; इस समय; अ-भी: ～置勿论 किसी बात को फ़िलहाल एक ओर छोड़ देना

【姑表】 gūbiǎo फुफेरा: ～兄弟 फुफेरा भाई / ～姐妹 फुफेरी बहन

【姑爹】 gūdiē <बोल०> दे० 姑夫

【姑夫】 gūfu फूफा

【姑父】 gūfu दे० 姑夫

【姑姑】 gūgu <बोल०> बुआ; फूफी

【姑舅】 gūjiù 姑表 के समान

【姑老爷】 gūlǎoye ❶दामाद के लिये एक आदरसूचक संबोधन (ससुरालवालों में प्रयुक्त) ❷माता का फूफा

【姑姥姥】 gūlǎolao माता की फूफी

【姑妈】 gūmā <बोल०> पिता की (विवाहित) बहन; बुआ

【姑母】 gūmǔ पिता की (विवाहित) बहन; फूफी

【姑奶奶】 gūnǎinai <बोल०> ❶विवाहित पुत्री ❷पिता की फूफी

【姑娘】 gūniáng <बोल०> ❶पिता की (विवाहित) बहन; बुआ ❷पति की बहन; धर्मबहिन

【姑娘】 gūniang ❶अविवाहित स्त्री; लड़की; कन्या ❷<बोल०> बेटी

【姑娘儿】 gūniangr <बोल०> वेश्याओं के लिये एक संबोधन

【姑婆】 gūpó ❶पति की फूफी ❷पिता की फूफी

【姑且】 gūqiě <क्रि०वि०> फ़िलहाल; अभी: 我这里有支钢笔，你～用着。यहाँ मेरी एक कलम है, तुम फ़िलहाल इस से काम लो। / 你～试一试。जो भी हो, तुम कोशिश करके देखो। / 技术问题～不谈，要在半年内完成这项任务是不可能的。तकनीक की बात फ़िलहाल एक ओर छोड़ दो, आधे वर्ष में इस काम को पूरा करना असंभव है।

【姑嫂】 gūsǎo कोई स्त्री और उस के भाई की पत्नी; धर्मबहिनें

【姑妄听之】 gūwàngtīngzhī किसी को जो कुछ कहना

हो उस को सुन लेने में कोई हर्ज़ नहीं; फ़िलहाल सुन लो

【姑妄言之】 gūwàngyánzhī तुम समझ लो मैं इस की सचाई या औचित्य आदि का उत्तरदायी नहीं हूँ; मैं यों ही कहता हूँ

【姑息】 gūxī नाउसूल रिआयत करना; अत्यधिक कृपा करना; उदारता बरतना; तरह देना; सहन करना: 对自己子女的错误不应该～。हम को अपने बाल-बच्चों की गलतियों के साथ रिआयत नहीं करनी चाहिये। / ～迁就 (किसी के प्रति) कृपा करना और सहन करना

【姑息养奸】 gūxī-yǎngjiān दोष को सहन करने का अर्थ होता है उसे प्रेरित करना

【姑爷】 gūye <बोल०> दामाद

【姑爷爷】 gūyéye पिता का फूफा

【姑丈】 gūzhàng फूफा

【姑子】 gūzi <बोल०> भिक्षुणी

孤 gū ❶अनाथ: 孤儿 ❷अकेला; संगीहीन: ～雁 अके- ला हंस ❸मैं (सामंती शासकों के लिये प्रयुक्त)

【孤哀子】 gū'āizǐ माता-पिता-विहीन पुत्र (मृत्यु-सूचना में प्रयुक्त)

【孤傲】 gū'ào एकांतप्रिय और घमंडी: 去掉～习气 अपनी एकांतप्रियता और घमंड को छोड़ देना

【孤本】 gūběn (ग्रंथों आदि की) एक ही शेष प्रति; वर्तमान अकेली प्रति

【孤单】 gūdān ❶अकेला; एकाकी: ～一人 अकेला ही / 感到～ अकेलेपन का अनुभव होना; एकाकीपन महसूस होना ❷कमज़ोर: 力量～ कमज़ोर और असहाय

【孤胆】 gūdǎn (बहुत से शत्रुओं से) अकेले लड़नेवाला: ～英雄 अकेला लड़ाकू

【孤岛】 gūdǎo एकाकी द्वीप

【孤独】 gūdú अकेला; एकाकी; निराश्रय: ～的老人 अकेला बूढ़ा / 过着～的生活 अकेलेपन में जीवन बिताना / 儿女都不在身边，他感到很～。अपने बाल-बच्चे पास नहीं हैं, इसलिये वह अकेलेपन का अनुभव करता है।

【孤儿】 gū'ér ❶पितृ-विहीन बच्चा ❷अनाथ; यतीम

【孤儿寡母】 gū'ér－guǎmǔ कोई विधवा और उस का बच्चा

【孤儿院】 gū'éryuàn अनाथालय; यतीमख़ाना

【孤芳自赏】 gūfāng-zìshǎng किसी एकाकी फूल का अपनी खुशबू पसन्द करना; एकाकी व्यक्ति का अपनी शुद्धता की प्रशंसा करना; आत्मप्रशंसा का मज़ा लेना

【孤高】 gūgāo <लि०> एकांतप्रिय और अहंकारी: 性情～ स्वभाव से एकांतप्रिय और अहंकारी होना

【孤寡】 gūguǎ ❶孤儿寡母 के समान ❷अकेला; संगीहीन; निराश्रय: ～老人 संगीहीन बूढ़ा / 家里只剩下我一个～老婆子。घर में मैं ही एक अकेली बुढ़िया रह गई हूँ।

【孤拐】 gūguai <बोल०> ❶आँख के नीचे की हड्डी ❷तलवे के दोनों ओर उभरी हुई जगह

【孤寂】 gūjì एकांतता; अकेलापन; एकाकीपन: 感到～ अकेलेपन का अनुभव करना या होना

【孤家寡人】 gūjiā-guǎrén अकेला और असहाय व्यक्ति; लोगों से पृथक् रहनेवाला और निराश्रय व्यक्ति

【孤军】 gūjūn एकाकी और असहाय सेना: ～作战 अके- ले लड़ना

【孤苦伶仃】 gūkǔ-língdīng अकेला और निराश्रय; अनाथ और असहाय; मित्र-विहीन और निरवलंब

【孤老】 gūlǎo निरवलंब बूढ़ा व्यक्ति

【孤老院】 gūlǎoyuàn वृद्धगृह; वृद्धाश्रम

【孤立】 gūlì ❶अकेला; एकाकी; असंबद्ध; अलग; पृथ- क्: ～无援 अकेला और असहाय; अलगाव में पड़ा हुआ और समर्थनहीन / 处境～ अलगाव की स्थिति में होना / 这个事件不是～的。यह घटना किसी दूसरी से असबद्ध नहीं है; यह घटना अकेली नहीं है। ❷अकेला कर देना; अलगाव में डालना: ～敌人 शत्रु को अकेला कर देना; शत्रु को अलगाव में डालना

【孤零零】 gūlínglíng अकेला; एकाकी; निराश्रय; निरव- लंब: 家里只剩下他～一个人。घर में वही अकेला रह गया है।

【孤陋寡闻】 gūlòu-guǎwén अनभिज्ञ और अनुभव- हीन

【孤女】 gūnǚ अनाथिनी

【孤僻】 gūpì एकांतप्रिय और विलक्षण: 性情～ स्वभाव से एकांतप्रिय और विलक्षण होना

【孤身】 gūshēn अकेला: 母亲去世后，家里只剩下他～一人。माता की मृत्यु के बाद घर में वह अकेला ही रह गया है।

【孤孀】 gūshuāng ❶कोई विधवा और उस का बच्चा ❷विधवा

【孤行己见】 gūxíng-jǐjiàn हठधर्मी से अपनी मन- मानी बात करना; अपने खुद के ही रास्ते पर बड़ी हठधर्मी के साथ अड़े रहना

【孤掌难鸣】 gūzhǎng-nánmíng एक हाथ से ताली नहीं बजती; अकेला चना भाड़ नहीं फोड़ सकता —— बिना सहायता के सफलता प्राप्त करने में कठिनाइयाँ होती हैं

【孤注一掷】 gūzhù-yīzhì अपने सर्वस्व को दांव पर लगा देना; एक ही दांव पर सब कुछ लगा देना; पासे की एक ही चाल में सब कुछ दांव पर लगा देना; बड़े जोखिम का सामना करके किसी बात में अपनी सारी शक्ति लगा देना

【孤子】 gūzǐ ❶अनाथ; यतीम ❷दे० 孤哀子

轱（軲） gū नीचे दे०

【轱辘】 gūlu（轱轳 भी）❶<बोल०> पहिया ❷लुढ़कना: 一块石头从山上～下来了。एक बड़ा पत्थर पहाड़ी पर से लुढ़ककर नीचे आया।

【轱辘鞋】 gūluxié रोलर स्केट्स (roller skates); पहियेदार जूता

骨 gū नीचे दे०
gǔ भी दे०

【骨朵儿】 gūduor <बोल०> कली; कलिका

【骨碌】 gūlu लुढ़कना: 皮球在地上～。गेंद ज़मीन पर

लुढ़क रही है। / 他一～从床上爬起来。वह झट से चारपाई से उठ गया।

鸪（鴣）gū दे० 鹁鸪 bógū (वनकपोत); 鹧鸪 zhègū (तीतर)

菇 gū छत्र; कुकुरमुत्ता

菰 gū ❶जंगली चावल; वाइल्ड राइस ❷菇 gū के समान

蛄 gū दे० 蟪蛄 huìgū (एक तरह का सिकाडा); 蝼蛄 lóugū (मोल क्रिकेट)

gǔ भी दे०

辜 gū ❶अपराध; दोष: 无～ निरपराध; निर्दोष ❷（Gū）एक कुलनाम

【辜负】gūfù निराश होने देना; आशा पानी में फिरना; के अयोग्य होना; निराश करना; असंतुष्ट करना: 我们决不～党的期望。हम पार्टी को कभी निराश नहीं करेंगे। / 你～了大家对你的信任。तुम तो लोगों के विश्वास के अयोग्य हो।

觚 gū ❶〈पुरा०〉शराब रखने का बर्तन ❷〈प्रा०〉लकड़ी की बनी लिखने की पट्टी: 操～ निबंध लिखना ❸〈प्रा०〉किनारे और कोने

毂（轂）gū नीचे दे०

gǔ भी दे०

【毂辘】gūlu 轱辘 gūlu के समान

箍 gū ❶बाँधना; लपेटना: 用铁丝把桶～上 बाल्टी को तार से बाँध लेना / 他头上～着条毛巾。उस ने सिर पर एक तौलिया लपेटा था। ❷छल्ला; गोल घेरा: 铁～ लोहे का छल्ला / 他左胳膊上带着红～儿。उस की बाईं बाँह में कपड़े का लाल छल्ला बँधा हुआ था।

【箍子】gūzi 〈बोल०〉अँगूठी

gǔ

古 gǔ ❶प्राचीन; पुराना; पुरातन: ～时候 प्राचीन काल में; पुराने ज़माने में / ～城 प्राचीन नगर; पुराना शहर / ～画 प्राचीन काल का चित्र; पुराना चित्र / 这座庙～得很。यह मंदिर बहुत पुराना है। ❷古体诗 का संक्षिप्त रूप ❸（Gǔ）एक कुलनाम

【古奥】gǔ'ào (साहित्यिक रचनाओं के लिये प्रयुक्त) पुरातन और दुर्ज्ञेय

【古巴】Gǔbā क्यूबा

【古巴人】Gǔbārén क्यूबन

【古板】gǔbǎn कट्टरपंथी; दकियानूसी; रूढ़िवादी

【古刹】gǔchà पुराना मंदिर

【古代】gǔdài ❶चीनी इतिहास में 19वीं शताब्दी के मध्य से पहले का काल; प्राचीन काल; पुराकाल; पुरातन ❷दासवादी समाज का काल; दास-युग; प्राचीन युग: ～文化 प्राचीन संस्कृति / ～史 प्राचीन इतिहास

【古道热肠】gǔdào-rècháng सरलचित्त और उत्साहपूर्ण; हार्दिक और सहानुभूतिपूर्ण

【古典】gǔdiǎn ❶शास्त्रीय (परोक्ष) संदर्भ; परोक्ष उल्लेख ❷शास्त्रीय; क्लासिकी

【古典文学】gǔdiǎn wénxué शास्त्रीय साहित्य

【古典艺术】gǔdiǎn yìshù शास्त्रीय कला

【古典音乐】gǔdiǎn yīnyuè शास्त्रीय संगीत

【古典主义】gǔdiǎn zhǔyì शास्त्रीयतावाद; क्लासिकलिज़्म

【古董】gǔdǒng ❶पुरातन वस्तु; अद्‌भुत शिल्प-द्रव्य; क्युरिओ: ～鉴赏家 पुरातन वस्तुओं का गुणग्राहक

【古都】gǔdū प्राचीन राजधानी

【古尔邦节】Gǔ'ěrbāng Jié 〈इस्लाम〉कुरबान (त्योहार)

【古方】gǔfāng प्राचीन नुसख़ा

【古风】gǔfēng ❶प्राचीन रीति-रिवाज ❷古体诗 के समान

【古怪】gǔguài विचित्र; विलक्षण; सामान्य से भिन्न; अजीब: 脾气～ सामान्य से भिन्न स्वभाव; विचित्र प्रकृति / 样子～ अजीब-सा रंगरूप

【古汉语】gǔhànyǔ पुरातन चीनी (भाषा)

【古话】gǔhuà पुरानी कहावत: ～说，时不再来。पुरानी कहावत है कि गया वक्त फिर हाथ नहीं आता।

【古吉拉德】Gǔjílādé गुजरात प्रदेश

【古籍】gǔjí प्राचीन ग्रंथ

【古迹】gǔjì पुरातत्व-सामग्री; प्राचीन इमारत; ऐतिहासिक जगह; पुरावशेष; ऐतिहासिक अवशेष

【古今中外】gǔjīn-zhōngwài चीन में या विदेशों में, वर्तमान समय में या प्राचीन काल में; चाहे प्राचीन काल में हो अथवा आधुनिक युग में, चाहे चीन में अथवा अन्यत्र; सभी कालों में और सभी स्थानों पर

【古旧】gǔjiù प्राचीन; पुरातन; पुराना: ～建筑 पुरातन इमारतें

【古柯】gǔkē 〈वन०〉कोका (coca)

【古柯碱】gǔkējiǎn 可卡因 kěkǎyīn (कोकीन) का दूसरा नाम

【古来】gǔlái पुराने ज़माने से; प्राचीन काल से; बहुत पहले से

【古兰经】Gǔlánjīng 〈इस्लाम〉कुरान

【古老】gǔlǎo प्राचीन; पुराना; सनातन: ～的风俗 प्राचीन (या पुराने) रीति-रिवाज / ～的传说 दंतकथा; पौराणिक कथा / ～的文明 पुरातन सभ्यता

【古朴】gǔpǔ (कला, वास्तु आदि का) सरल और प्राचीन शैली का: 建筑风格～典雅 सरल और परिष्कृत वास्तु-शैली

【古琴】gǔqín कूछिन, सात तारोंवाला एक बाजा (सितार से मिलता-जुलता हुआ)

【古人】gǔrén पुराने ज़माने के लोग; प्राचीन मनुष्य

【古人类学】 gǔrénlèixué प्राचीन नृवंश शास्त्र: ～家 प्राचीन नृवंश शास्त्री

【古色古香】 gǔsè-gǔxiāng पुरानी चाल का; प्राचीन शैली का; परम्परागत; पुराने ढर्रे का

【古生物学】 gǔshēngwùxué पैलिओनटालाजी（paleontology）; पुराण जीव शास्त्र

【古诗】 gǔshī ❶प्राचीन काल की कविता; पुरानी कविता ❷古诗体 के समान

【古书】 gǔshū प्राचीन ग्रंथ

【古体诗】 gǔtǐshī थांग राजवंश से पहले की कविता; प्राचीन ढंग की कविता, जिस की हर पंक्ति में प्रायः पाँच या सात अक्षर हों और सुनिश्चित लय-संबंधी नमूना या तुक का प्रयोग न हो

【古铜色】 gǔtóngsè काँसे के रंग का; भूरा रंग

【古玩】 gǔwán पुरातन वस्तुः ～店 पुरातन वस्तुओं की दूकान; प्राचीन कलाकृतियों की दूकान

【古往今来】 gǔwǎng-jīnlái प्राचीन काल से आज तक: 他记得许多～的故事。उन को प्राचीन काल से आज तक की बहुत-सी कहानियाँ अच्छी तरह याद हैं।

【古为今用】 gǔwéi-jīnyòng प्राचीन चीज़ों का प्रयोग वर्तमान काल की सेवा में करना; गत से वर्तमान की सेवा करवाना: ～, 洋为中用。गत से वर्तमान की और विदेशी चीज़ों से चीन की सेवा करवाओ।

【古文】 gǔwén ❶शास्त्रीय साहित्यिक शैली में लिखा हुआ लेख; प्राचीन काल का लेख ❷छिन राजवंश से पहले की चीनी लिखावट

【古文字】 gǔwénzì प्राचीन लिपि

【古文字学】 gǔwénzìxué पुरालिपि शास्त्र

【古物】 gǔwù पुरातन वस्तु; पुरावशेष: ～陈列馆 पुरावशेष का म्यूज़ियम

【古稀】 gǔxī सत्तर वर्ष की उमर: 他已年过～。उन की उमर सत्तर से भी अधिक वर्ष की है; वह सत्तर से ज़्यादा साल का बूढ़ा आदमी है।

【古训】 gǔxùn प्राचीन तत्त्वोक्ति; पुराना सूत्र

【古雅】 gǔyǎ (भौतिक वस्तुओं या साहित्यिक रचनाओं आदि का) क्लासिकी सुन्दरता और परिष्कृत रुचि का; प्रांजल और सुसंस्कृत; क्लासिकी लालित्य का

【古谚】 gǔyàn प्राचीन काल की कहावत

【古语】 gǔyǔ ❶प्राचीन शब्द अथवा प्रयोग ❷पुरानी कहावत

【古筝】 gǔzhēng दे० 筝❶(चंग, 21या 25 तारोंवाला एक बाजा, जो सितार के तुल्य हो)

【古装】 gǔzhuāng प्राचीन काल की वेश-भूषा; प्राचीन वेश: ～戏 पुरावेश नाटक

【古拙】 gǔzhuō आदिम और अपरिष्कृत: 这个石刻虽然形式～, 但是很有艺术价值。हालांकि इस पत्थर-नक़्क़ाशी का रूप आदिम और अपरिष्कृत है, पर फिर भी यह अधिक कलात्मक मूल्य का है।

谷 1 gǔ ❶घाटी; महाखड्ड; गार्जः 深～ गहरी घाटी ❷（Gǔ）एक कुलनाम

谷 2 （穀） gǔ ❶अन्न; अनाज; खाद्यान्न; धान्य: 谷物 ❷बाजरा ❸〈बोल०〉 धान

yù भी दे०

【谷仓】 gǔcāng अनाज-भंडार; भंडार; धान्य की कोठी

【谷草】 gǔcǎo ❶बाजरे का डंठल ❷पुआल; तिनका

【谷底】 gǔdǐ तला; तली; तह; घाटी का तल —— सब से अधिक निचाई: 产品销售量不断下降，现已跌至～。माल की बिक्री लगातार घटती थी, अब तो घटाई की हद तक पहुँच गई है।

【谷贱伤农】 gǔjiàn-shāngnóng अनाज के सस्ते दामों से किसानों को हानि पहुँचती है; सस्ता अनाज किसानों को चोट पहुँचाता है

【谷壳】 gǔké धान के बीजों का छिलका

【谷类作物】 gǔlèi zuòwù धान, गेहूँ, बाजरा, सोर्गम आदि का सामान्य नाम; अनाज; अन्न

【谷物】 gǔwù ❶अन्न; अनाज; धान्य ❷谷类作物 का साधारण नाम

【谷雨】 gǔyǔ ❶धान्य वर्षा —— 14 सौर अवधियों की छवीं ❷छवीं सौर अवधि के आरम्भ का दिवस (अप्रैल की 19 वीं, 20 वीं या 21 वीं तारीख)

【谷子】 gǔzi ❶बाजरा ❷〈बोल०〉 धान

汩 gǔ 〈लि०〉 (बहते हुए पानी का) कलकल ध्वनि निकालना; कलकल करना

【汩汩】 gǔgǔ कल-कल शब्द करना: 河水～地流入稻田。नदी का पानी कल-कल करते हुए धान के खेतों में बह रहा था।

诂 （詁） gǔ प्रचलित भाषा से प्राचीन भाषा या स्थानीय बोली के शब्दों का अर्थ समझाना: 训～ भाष्य

股 1 gǔ ❶जाँघ ❷सेक्शन (कार्यालय, कारोबार आदि का): 人事～ कार्मिक सेक्शन ❸लड़; लड़ी; सूत्रावली; लच्छी: 三～儿的绳子 तीन लड़ का रस्सा / 双～的毛线 दो लच्छी का ऊन / 把线捻成～儿 रस्सी को बटकर लड़ों के रूप में बनाना ❹(किसी कम्पनी का) शेयर; सम्पत्ति के कुछ समान अंशों में से एक: 分～ समान अंशों में विभाजित करना / 每～一百元 हर शेयर के लिये एक सौ य्वान ❺〈परि०श०〉 ①(किसी लम्बी और पतली चीज़ के लिये): 一～线 रस्सी की एक लच्छी / 一～泉水 स्रोत की एक धारा / 上山有两～道。पहाड़ पर चढ़ने के दो रास्ते (या पथ) हैं। ②(शक्ति, गंध आदि के लिये): 一～热气 गर्म हवा का एक बहाव (या झोंका) / 一～香味 सुगंध का एक हलका-सा झोंका ③〈अना०〉 (व्यक्तियों के समूह के लिये): 两～土匪 डाकुओं के दो गुट / 一～敌军 शत्रु-सेना का एक टुकड़ा

股 2 gǔ त्रिभुज के अपेक्षाकृत लम्बे पार्श्व का पुराना नाम

【股本】 gǔběn शेयर पूंजी; पूंजी; केपिटल स्टाक

【股东】 gǔdōng हिस्सेदार; साझेदार; भागीदार; पट्टीदार; शेयर होल्डर

【股匪】 gǔfěi डाकुओं का गुट
【股分】 gǔfèn 股份 के समान
【股份】 gǔfèn हिस्सेदारी; साझेदारी; पट्टी; शेयर; स्टाक
【股份公司】 gǔfèn gōngsī मिश्रित पूंजीवाली कंपनी; ज्वायंट स्टोक कंपनी; स्टाक कंपनी
【股份有限公司】 gǔfèn yǒuxiàn gōngsī सीमित दायित्ववाली कंपनी; लिमिटेड कंपनी
【股份资本】 gǔfèn zīběn शेयरधारी पूंजी; शेयर केपिटल
【股肱】 gǔgōng 〈लि०〉 प्रमुख सहायक; विश्वासी सहयोगी
【股骨】 gǔgǔ 〈श०वि०〉 जाँघ की हड्डी; फ़ीमर
【股金】 gǔjīn शेयरों के लिये दिया हुआ धन
【股利】 gǔlì दे० 股息
【股民】 gǔmín शेयर होल्डर; अंशधारी
【股票】 gǔpiào शेयर; स्टाक; शेयर प्रमाण-पत्र
【股票行市】 gǔpiào hángshì स्टाकों के वर्तमान मूल्य; स्टाक एक्सचेंज पर निवेदित मूल्य
【股票交易】 gǔpiào jiāoyì स्टाकों का क्रय-विक्रय; स्टाकों की खरीद-फ़रोख़्त
【股票交易所】 gǔpiào jiāoyìsuǒ स्टाक एक्सचेंज
【股票经纪人】 gǔpiào jīngjìrén स्टाक ब्रोकर; स्टाक जोबर
【股票市场】 gǔpiào shìchǎng शेयर-बाज़ार; स्टाक मार्केट
【股评】 gǔpíng स्टाक रिव्यू; अंश पूँजी समीक्षा
【股权】 gǔquán शेयर होल्डर का अधिकार
【股市】 gǔshì स्टाक मार्केट; अंश पूँजी बाज़ार
【股事】 gǔshì स्टाक मार्केट के मामले
【股息】 gǔxī लाभांश; डिविडेंड
【股指】 gǔzhǐ（股票价格指数 gǔpiàojiàgé zhǐshù का संक्षिप्त रूप）स्टोक भाव सूचकांक
【股子】 gǔzi ❶किसी कंपनी का शेयर ❷〈परि०श०〉 दे० 股[1]❺②

骨 gǔ ❶हड्डी ❷पंजर; ढाँचा; फ़्रेम：伞～ छाते का पंजर ❸गुण; चरित्र; भावना; भाव：傲～ अहंकार का भाव
gū भी दे०

【骨刺】 gǔcì 〈चिकि०〉 स्पर (spur)
【骨董】 gǔdǒng 古董 के समान
【骨肥】 gǔféi हड्डियों की खाद; हड्डियों का चूर्ण
【骨粉】 gǔfěn दे० 骨肥
【骨干】 gǔgàn ❶〈श०वि०〉 मेरुदंड; डायफ़िसिस ❷रीढ़; मेरुदंड：起～作用 मेरुदंड की भूमिका अदा करना / 他们是我们工厂的～力量。वे हमारे कारखाने का मेरुदंड हैं। / 他是班里的～。वह स्क्वाड की रीढ़ है। / ～企业 प्रधान औद्योगिक या व्यापारिक संस्थाएं / ～工程 महत्वपूर्ण प्रोजेक्ट
【骨干分子】 gǔgàn fènzi प्रधान सदस्य; सदस्यों का केंद्रीय भाग
【骨骼】 gǔgé 〈श०वि०〉 हड्डियों का ढाँचा; कंकाल; पंजर; अस्थिपंजर
【骨鲠在喉】 gǔgěng-zàihóu (जैसे) मछली की हड्डी गले में फँस जाना：有如～，不吐不快。ऐसा लगता है जैसे मछली की हड्डी गले में फँस गई हो और तब तक आराम नहीं मिलेगा जब तक उसे बाहर थूक न दें; मन में कोई बात (या शिकायत आदि) है और उसे मुँह से निकाले बिना चैन नहीं मिलता।
【骨灰】 gǔhuī ❶शवभस्म; शरीर की मिट्टी ❷मृतक जानवरों की हड्डियों की राख (खाद के काम आनेवाली)
【骨灰盒】 gǔhuīhé शवभस्म की संदूकची
【骨架】 gǔjià अस्थिपंजर; हड्डियों का ढाँचा; ढाँचा：小说的～ उपन्यास का ढाँचा / 那房子只剩个～，其余全烧了。उस मकान का सिर्फ़ ढाँचा रह गया, बाकी सब जल गया।
【骨节】 gǔjié हड्डियों का जोड़
【骨科】 gǔkē हड्डी विभाग (अस्पताल का)
【骨牌】 gǔpái डोमिनो
【骨牌效应】 gǔpái xiàoyìng डोमिनो प्रभाव
【骨盆】 gǔpén 〈श०वि०〉 श्रोणि-प्रदेश; पेलविस
【骨气】 gǔqì चारित्रिक दृढ़ता; चरित्र-बल; सत्यनिष्ठा; रीढ़：有～的人 चरित्र-बल का व्यक्ति; सत्यनिष्ठ व्यक्ति / 我们中国人是有～的。हम चीनियों में चारित्रिक दृढ़ता है। / 没有～的人 रीढ़हीन व्यक्ति
【骨肉】 gǔròu रक्त-संबंधी; बंधु：亲生～ अपना सगा बंधु / ～情谊 बंधुओं का भाव / ～同胞 अपने सगे देशबंधु
【骨肉团聚】 gǔròu tuánjù परिवार का पुनःसंयोग
【骨肉兄弟】 gǔròu xiōngdì अपने सगे भाई
【骨肉之亲】 gǔròu zhī qīn रक्त-संबंध; खून का रिश्ता
【骨瘦如柴】 gǔshòu-rúchái घुल-घुलकर कांटा होना; ठठरी होना; कंडा हो जाना
【骨髓】 gǔsuǐ 〈श०वि०〉 मज्जा
【骨髓移植】 gǔsuǐ yízhí अस्थि-मज्जा प्रतिरोपण
【骨头】 gǔtou ❶हड्डी; अस्थि ❷चारित्रिक दृढ़ता; सत्यनिष्ठा：他～很硬。वह एक सत्यनिष्ठ व्यक्ति है। ❷〈बो०〉 तीखापन; कटुता：他话里有～。उस के वचन में कटुता थी।
【骨头架子】 gǔtou jiàzi 〈बोल०〉 ❶अस्थिपंजर; कंकाल：他瘦得只剩下个～了。वह इतना पतला था कि उस का केवल अस्थिपंजर शेष रह गया; वह घुल-घुलकर कांटा हो गया। ❷अत्यधिक पतला आदमी
【骨血】 gǔxuè हड्डी और रक्त —— अपनी संतान
【骨折】 gǔzhé 〈चिकि०〉 अस्थिभंग; हड्डी का टूटना：他摔了一跤，右臂～了。वह फिसलकर गिर पड़ा और उस की दाहिनी बाँह की हड्डी टूट गई।
【骨子】 gǔzi ढाँचा：扇～ पंखे का ढाँचा
【骨子里】 gǔzilǐ ❶〈अना०〉 हड्डियों में —— मन में; मन-ही-मन; अन्दर ही अन्दर; वास्तव में; दरअसल：这个人看上去挺老实，～却滑得很。वह देखने में बड़ा सीधा-सादा है, पर वास्तव में बहुत चालाक है। ❷（骨子里头 gǔzilǐtou भी）〈बोल०〉 निजी; गोपनीय：这是他们～的事，你不用管。यह उन की निजी बात है, उस में दखल न दो।

牯 gǔ बैल

【牯牛】 gǔniú बैल

贾（賈） gǔ ❶〈लि०〉 वणिज्; सौदागरः 书～ पुस्तक-विक्रेता ❷व्यापार करना; सौदागरी करनाः 多财善～ धनिक होकर व्यापार करने में दक्ष होना ❸〈लि०〉 खरीदनाः ～马 घोड़े खरीदना ❹〈लि०〉 अपने ऊपर लेना; बुलानाः 贾祸 ❺〈लि०〉 बेचनाः 余勇可～ किसी में लड़ने का हौसला अवशिष्ट होना; खर्च करने के लिये अब भी शक्ति होना

jiǎ भी दे०

【贾祸】 gǔhuò आफ़त बुलाना

【贾人】 gǔrén 〈लि०〉 वाणिज्य करनेवाला; व्यापारी

钴（鈷） gǔ 〈रसा०〉 कोबाल्ट (cobalt)

蛄 gǔ दे० 蝲蝲蛄 làlàgǔ(मोल क्रिकेट); 蝲蛄 làgǔ (क्रेफ़िश)

gū भी दे०

蛊（蠱） gǔ एक काल्पनिक विषैला कीड़ा

【蛊惑】 gǔhuò विषाक्त करना और लुभाना

【蛊惑人心】 gǔhuò-rénxīn लोगों को भ्रम में डालना और उन के विचारों को विषाक्त करना; जनता के दिमाग में ज़हर फैलाना

鹄（鵠） gǔ 〈लि०〉 निशाना (तीरंदाज़ी का)ः 中～ निशाना ठीक बैठना; निशाने पर बैठना

hú भी दे०

【鹄的】 gǔdì 〈लि०〉 ❶निशाना लगाने की परिधि का केंद्र; लक्ष्य-केंद्र; निशानाः 三发连中～。तीनों तीर निशाने पर बैठे। ❷उद्देश्य; लक्ष्य

鼓 gǔ ❶ढोल; दुंदुभि; डफलाः 打～ ढोल पीटना ❷ढोल जैसी कोई चीज़ः 耳～ कर्णपटह; कान का पर्दा ❸पीटना; बजानाः ～琴 सितार बजाना ❹धौंकनी आदि से हवा करनाः ～风 धौंकनी से हवा करना; धौंकना ❺आन्दोलित करना; प्रोत्साहित करनाः ～起勇气 साहस बटोरना; हिम्मत बाँधना ❻फूलना; उभरना; बढ़ना; स्फीत होनाः 钱包很～。पर्स फूला हुआ है। / 把袋子装得～～的。बोरे को ठूँस-ठूँसकर फुलाना / ～着嘴 मुँह फुलाना

【鼓包】 gǔbāo ❶सूज जाना; उभरना; फूलना ❷सूजन; शोथः 他脸上鼓起了一个包。उस के मुँह पर एक सूजन आ गई।

【鼓吹】 gǔchuī ❶ढिंढोरा पीटते फिरना; ज़ोरदार तरीके से प्रचार करनाः ～革命 ज़ोरदार तरीके से क्रांति का प्रचार करना ❷〈अना०〉 बात बढ़ा-चढ़ाकर कहना; मिथ्या प्रशंसा करना

【鼓捣】 gǔdao 〈बो०〉 ❶भद्दे ढंग से (किसी वस्तु की) मरम्मत करना; बुरी तरह से सुधारनाः 他一边同我谈话，一边～收音机。वह मुझ से बातचीत करते हुए रेडियो की मरम्मत कर रहा था। ❷उकसाना; भड़काना; शह देना; जोश दिलानाः 不要～别人去干坏事。किसी को बुरा काम करने के लिये जोश न दिलाओ।

【鼓动】 gǔdòng ❶बढ़ावा देना; आन्दोलन करना; जाग्रत करनाः 做宣传～工作 प्रचार और आन्दोलन करना / ～群众 जन-समुदाय को जाग्रत करना ❷उत्तेजित करना; उकसाना; भड़काना; शह देनाः 是谁～你去打他的? किस ने तुम को उस की मार-पीट करने के लिये उकसाया था?

【鼓风机】 gǔfēngjī धौंकनी-मशीन

【鼓风炉】 gǔfēnglú धौंकू भट्टा; धौंकनी

【鼓鼓囊囊】 gǔgunāngnāng फूला हुआ; उभरा हुआः 他背着一个～的挎包。उस के कंधे पर एक फूला हुआ थैला था।

【鼓惑】 gǔhuò दे० 蛊惑 gǔhuò

【鼓角】 gǔjiǎo बिगुल और रणभेरी (प्राचीन)

【鼓劲】 gǔjìn प्रोत्साहित करना; उत्तेजित करना

【鼓励】 gǔlì प्रोत्साहन देना; प्रेरणा देना; बढ़ावा देना; जोश दिलानाः ～孩子们好好学习 बच्चों को लगन से पढ़ने के लिये जोश दिलाना / 厂长～大家完成增产指标。कारखाने के संचालक ने लोगों को उत्पादन बढ़ाने का लक्ष्य प्राप्त करने के लिये प्रोत्साहन दिया।

【鼓楼】 gǔlóu ढोल-मीनार

【鼓膜】 gǔmó कान का पर्दा; कर्णपटह

【鼓弄】 gǔnong 〈बोल०〉 (किसी चीज़ से) खेलनाः 这孩子就爱～积木。यह बच्चा खिलौना-ईंटों से खेलने ही में मन लगाता है।

【鼓舌】 gǔshé जीभ हिलाना; चिकनी-चुपड़ी बातें करना; मीठी बातें करनाः 鼓其如簧之舌 सफ़ाई से बोलना; वाक्पटुता से बोलना

【鼓师】 gǔshī चीनी आपेरा की संगीत-मंडली का निर्देशक, जो एक छोटा ढोल बजाकर निर्देशन करता हो

【鼓手】 gǔshǒu ढोलवादक; ढोलकिया; तबलची

【鼓舞】 gǔwǔ प्रोत्साहित करना; उत्तेजित करना; उत्साहित करना; प्रेरित करना; बढ़ावा देना; दिल बढ़ाना; हिम्मत बंधवानाः ～士气 सैनिकों को उत्साहित करना / ～斗志 संघर्ष का भाव उत्तेजित करना / ～群众的积极性 जन-समुदाय को जोश दिलाना / 伟大的共产主义理想在～着我们。महान साम्यवादी आदर्श हम को प्रोत्साहित करता है; महान साम्यवादी आदर्श से हम को प्रेरणा मिलती है। / 在大好形势的～下 बड़ी अच्छी परिस्थितियों से उत्साहित होकर / 形势令人～。वर्तमान स्थिति उत्साहप्रद है। / 这消息给大家很大～。इस खबर से लोगों को बड़ी प्रेरणा मिली।

【鼓舞人心】 gǔwǔ-rénxīn प्रोत्साहित करनेवाला; प्रेरित करनेवाला; प्रेरक; प्रेरणाप्रद; प्रेरणामयः ～的消息 प्रेरणाप्रद समाचार / ～的榜样 प्रेरणामय आदर्श

【鼓乐】 gǔyuè ढोल की आवाज़ और संगीत की ध्वनिः ～齐鸣，万众欢腾。बाजों के स्वर के साथ उल्लसित जन-समुदाय की हर्ष-ध्वनि उठ रही थी।

【鼓噪】 gǔzào शोरगुल करना; कोलाहल मचाना; गुलगपाड़ा करना; चीखना-चिल्लानाः ～一时 एक समय के

लिये खूब कोलाहल मचाना —— एक समय के लिये किसी बात के बारे में खूब प्रचार करना

【鼓掌】gǔzhǎng तालियाँ बजाना; थपड़ी पीटना; करतल ध्वनि करना: 热烈~ जोशपूर्ण तालियाँ बजाना / ~通过 हर्ष-ध्वनि से पास होना या करना; करतलध्वनि में स्वीकृत होना या करना / ~欢迎 स्वागत में हर्षध्वनि करना

【鼓足干劲】gǔzú-gànjìn भरपूर शक्ति लगाना: ~，力争上游，多快好省地建设社会主义。भरपूर शक्ति से, दृढ़तापूर्वक आगे बढ़ते हुए, ज़्यादा से ज़्यादा, जल्दी से जल्दी, अच्छे से अच्छा और कम से कम खर्च में समाजवाद का निर्माण करना

毂

(轂) gǔ पहिये की नाभि
gū भी दे०

盬

gǔ नीचे दे०

【盬子】gǔzi एक तरह की गहरी देगची (प्रायः मिट्टी की बनी)

臌

gǔ नीचे दे०

【臌胀】gǔzhàng 〈ची०चि०〉 पेट का अन्दर से फूलना; पेट की स्फीति

瞽

gǔ 〈प्रा०〉 अंधा: ~者 अंधा आदमी / ~说 मूढ़ता की बातें

gù

估

gù नीचे दे०
gū भी दे०

【估衣】gùyi (बिक्री के) पुराने कपड़े या भद्दे ढंग से बनाये अथवा घटिया सामग्री के कपड़े

固 1

gù ❶सुदृढ़; मज़बूत; पुख़्ता: 基础已~。आधार सुदृढ़ है; बुनियाद पुख़्ता है। ❷सुदृढ़ बनाना; मज़बूत करना; पक्का करना: ~堤 बाँध को सुदृढ़ बनाना ❸दृढ़तापूर्वक; अटल रूप से: ~辞 दृढ़ता से इंकार कर देना / ~请 अपनी प्रार्थना पर डटे रहना

固 2

gù 〈लि०〉 ❶〈क्रि०वि०〉 प्रारंभतः; मौलिक रूप से; प्राथमिक रूप से: ~当如此。ऐसा ही है जैसा होना चाहिये; ऐसा ही होना चाहिये। ❷हालांकि; यद्यपि: 乘车~可，乘船亦无不可。हालांकि हम रेलगाड़ी से यात्रा कर सकते हैं, पर जहाज़ से यात्रा करने में भी कोई हर्ज़ नहीं।

【固步自封】gùbù-zìfēng दे० 故步自封 gùbù-zìfēng

【固定】gùdìng ❶स्थाई; स्थिर; निश्चित; नियमित; मुस्तकिल; अचल: ~职业 स्थाई रोज़गार / ~价格 निश्चित दाम; अपरिवर्तित दाम / 电视的~节目 नियमित टेलिविज़न प्रोग्राम / ~的地点 मुस्तकिल जगह / ~收入 स्थाई आमदनी ❷स्थिर करना; जमाना; नियमित करना; निश्चित करना: 把灯座~在墙上 लैंपस्टैंड को दीवार पर जमाना / 把业务学习时间~下来 व्यावसायिक अध्ययन का नियमित समय निश्चित करना

【固定工资制】gùdìng gōngzīzhì निश्चित वेतन-व्यवस्था

【固定汇率】gùdìng huìlǜ स्थाई (एक्सचैंज) रेट

【固定资本】gùdìng zīběn अचल पूँजी

【固定资产】gùdìng zīchǎn स्थाई परिसंपत्ति

【固陋】gùlòu 〈लि०〉 अनभिज्ञ; निर्बोध

【固然】gùrán निश्चय ही; निस्संदेह; बेशक; यह सच है कि; हालांकि: 这办法~好，但是太慢。यह उपाय अच्छा तो है, पर करने में बहुत समय लगेगा। / 资金~重要，技术也不可忽视。पूँजी का सवाल बेशक बड़े महत्व का है, पर तकनीक को भी नज़र-अंदाज़ नहीं किया जा सकता। / 他~不对，可是你也并不正确。यह सच है कि वह ठीक नहीं है, पर तुम भी तो सही नहीं।

【固若金汤】gùruò-jīntāng मज़बूती से मोर्चाबन्द; सुरक्षात्मक उपायों से सुसज्जित; सुदृढ़; अनाक्रम्य; जिसे जीता न जा सके

【固守】gùshǒu ❶दृढ़तापूर्वक रक्षा करना: ~阵地 अपने मोर्चे की दृढ़तापूर्वक रक्षा करना ❷हठपूर्वक अनुसरण करना: ~成法 पुरानी लीक पर चलना

【固态】gùtài 〈भौ०〉 ठोस स्थिति

【固体】gùtǐ ठोस पदार्थ; ठोस

【固体酱油】gùtǐ jiàngyóu ठोस बनाया हुआ सोय सास (soy sauce)

【固体燃料】gùtǐ ránliào ठोस ईंधन

【固有】gùyǒu अंतर्निहित; अंतर्जात; निष्ठ; प्राकृतिक: ~的性质 अंतर्निहित स्वरूप / 人的正确思想不是自己头脑里~的。सही विचार दिमाग में अंतर्जात नहीं है।

【固执己见】gùzhí-jǐjiàn अपनी रायों पर हठपूर्वक डटे रहना; अपने विचारों पर ज़िद करना

【固执】gùzhi ❶ज़िद्दी; हठी; हठीला; दुराग्रही: 他很~，不肯接受批评。वह बड़ा ज़िद्दी है, दूसरों की आलोचना स्वीकार करने के लिये कभी तैयार नहीं। ❷ज़िद करना; हठ करना

故 1

gù ❶घटना; वारदात: 事~ दुर्घटना ❷कारण; वजह: 不知何~ पता नहीं इस का कारण क्या है; न जाने क्यों / 无~缺席 अकारण अनुपस्थिति; अकारण ही अनुपस्थित होना ❸जान-बूझकर; इरादन: ~作镇静 शांत बनना / 明知~犯 जानबूझकर अनुशासन, नियम आदि तोड़ना ❹अतः; इसलिये; इस कारण से: 证据不足，~难作结论。प्रमाण पर्याप्त नहीं थे, इसलिये हम अंतिम फ़ैसला नहीं कर पाये।

故 2

gù ❶पहले का; पुराना: ~宅 पुराना रिहाइशी मकान / 黄河~道 पीली नदी का पुराना जलमार्ग

❷मित्र; परिचित व्यक्ति: 亲～ रिश्तेदार और पुराने मित्र ❸(मनुष्य का) मरना; मृत होना: 病～ बीमारी से देहांत होना

【故步自封】 gùbù-zìfēng रुककर आगे बढ़ने से इंकार करना; अपने दरबे में बन्द हो जाना

【故此】 gùcǐ इसलिये; अतः; इस कारण से; इस से

【故地】 gùdì पुराना निवास-स्थान: ～重游 पुराने निवास-स्थान की यात्रा करना

【故都】 gùdū पुरानी राजधानी

【故而】 gù'ér इसलिये; अतः; इस कारण से

【故宫】[1] gùgōng पुराना राजमहल

【故宫】[2] Gùgōng पुराना महल; प्राचीन महल (पेईचिंग में)

【故宫博物院】 Gùgōng Bówùyuàn पुराना महल अजायबघर; पेलेस म्यूज़ियम (पेईचिंग में)

【故国】 gùguó 〈साहि०〉 मातृभूमि; जन्मभूमि: 小楼昨夜又东风，～不堪回首月明中。(李煜) पूर्वा (वायु) ने रात्रि को मेरे नन्हे सदन का पुनः भ्रमण किया, मैं अपनी मातृभूमि का इस खिलती चाँदनी में सिंहावलोकन करने का भार वहन न कर सका। (Li yu)

【故伎】 gùjì (故技 gùjì भी) पुरानी चाल; पुरानी ठगविद्या: ～重演 पुरानी चाल चलना

【故交】 gùjiāo 〈लि०〉 पुराना मित्र

【故旧】 gùjiù पुराने मित्र और परिचित व्यक्ति

【故居】 gùjū पुराना रिहाइशी मकान; पुराना निवास-स्थान: 鲁迅～ लू श्वुन का पुराना निवास-स्थान

【故里】 gùlǐ जन्मभूमि; जन्मस्थान: 荣归～ गौरव के साथ अपने जन्मस्थान वापस आना

【故弄玄虚】 gùnòng-xuánxū छोटी-सी बात को गूढ़ रहस्य बना लेना; भ्रम में डाल देना

【故去】 gùqù (अपने से बड़ों का) मरना; गुज़र जाना; चल बसना: 他父亲～已经三年了。उस के पिता जी को गुज़रे तीन साल हो गये हैं।

【故人】 gùrén ❶पुराना मित्र: 造访～ पुराने मित्रों से भेंट करना ❷मृत व्यक्ति

【故杀】 gùshā 〈का०〉 पूर्व योजित हत्या

【故实】 gùshí ऐतिहासिक तथ्य; ऐतिहासिक बातें

【故世】 gùshì मरना; चल बसना; गुज़र जाना

【故事】 gùshì पुराना व्यवहार; पुरानी कार्य-प्रणाली; नियमित कार्य: 奉行～ यांत्रिक रूप से कोई बंधा-टिका काम करना; पुराने ढर्रे पर चलना

【故事】 gùshi ❶कहानी; कथा; किस्सा: 讲～ कहानी सुनाना / 民间～ लोककथा ❷कथानक; कथावस्तु: 这部小说～性很强。इस उपन्यास में दिलचस्प कथावस्तु है।

【故事片】 gùshipiàn कथा-फ़िल्म; फ़ीचर-फ़िल्म

【故土】 gùtǔ जन्मभूमि; जन्मस्थान: 怀念～ जन्मभूमि के लिये तरसना; जन्मस्थान को बहुत अधिक चाहना

【故乡】 gùxiāng पुराना घर; जन्मभूमि; जन्मस्थान: 举头望明月，低头思～。(李白) अपना सिर उठाकर, मैं चमकीले चाँद की ओर देखता हूँ; अपना सिर झुकाकर, मुझे अपनी जन्मभूमि का स्मरण आता है।

【故意】 gùyì जानबूझकर; विशिष्ट उद्देश्य से; इरादे के साथ: 他是～讥笑我。उस ने जानबूझकर मेरा मज़ाक उड़ाया था। / 对不起，我不是～的。माफ़ करें, मैं ने जानबूझकर ऐसा नहीं किया था; माफ़ करें, मेरा ऐसा इरादा नहीं था। / ～造谣 विशिष्ट उद्देश्य से अफ़वाह फैलाना / ～刁难 किसी के रास्ते में इरादे के साथ रुकावटें डालना

【故友】 gùyǒu ❶दिवंगत मित्र ❷पुराना मित्र: ～重逢 पुराने मित्रों का मिलन होना

【故园】 gùyuán 〈साहि०〉 जन्मभूमि; जन्मस्थान: ～风物依旧。जन्मभूमि के दृश्य ज्यों के त्यों हैं।

【故障】 gùzhàng बाधा; रुकावट; रोक; मामूली खराबी; छोटा-सा दोष; गड़बड़: 机器出了～。मशीन में बाधा पड़ गयी; मशीन में कुछ खराबी पैदा हो गई। / 排除～ बाधा हटाना; खराबी दूर करना

【故知】 gùzhī 〈लि०〉 पुराना मित्र

【故址】 gùzhǐ किसी पुराने स्मारक आदि का स्थान

【故纸堆】 gùzhǐduī 〈अना०〉 पुरानी पुस्तकों या समाचार-पत्रों आदि का ढेर: 你不要埋头于～中，不问世事。तुम को ऐसा नहीं होना चाहिये कि अपनी पुरानी पुस्तकों में विमग्न होकर बाहरी संसार से बेखबर रहो।

【故作不知】 gù zuò bù zhī जानकर अनजान बनना

【故作高深】 gùzuò-gāoshēn विद्वान और गंभीर बनना

顾[1] (顧) gù ❶मुड़कर देखना; देखना: 相～一笑 एक दूसरे की ओर देखकर मुस्कुराना ❷ध्यान देना; खयाल में रखना: 两者兼～ दोनों पर ध्यान देना / 你别只～自己，不管别人。तुम दूसरों की परवाह न करके अपने ही बारे में मत सोचो। / 这么多事你～得过来吗? इतनी-सी बातें हैं, इन सब का तुम स्वयं प्रबंध कर सकते हो ? ❸(किसी से) मिलने जाना; (किसी से) भेंट करना: 三～茅庐 (ल्यू पेई का) तीन बार (च्वूक ल्यांग की) झोंपड़ी में जाना ❹ग्राहक: 主～ ग्राहक ❺ (Gù) एक कुलनाम

顾[2] (顧) gù 〈लि०〉 ❶परंतु; लेकिन ❷उल्टे

【顾此失彼】 gùcǐ-shībǐ एक साथ सभी बातों की तरफ़ ध्यान दे सकने में असमर्थ होना; एक ही समय पर ध्यान देने लायक बहुत-सी बातें होना

【顾及】 gùjí ध्यान देना; खयाल में रखना; विचार करना: 无暇～ किसी बात पर ध्यान देने का समय न होना / 事先要～到可能产生的后果。कोई काम करने से पहले यह विचार करना चाहिये कि उस का क्या नतीजा हो सकता है। / 当时，谁也顾不及这些个人琐事。उस समय, किसी को भी इन छोटी-मोटी निजी बातों पर ध्यान देने की फ़ुरसत नहीं थी।

【顾忌】 gùjì शंका; अंदेशा; संकोच: 无所～ शंका के बिना; कोई अंदेशा न होना / 不能不有所～ (कोई काम करने से पहले) बार-बार सोच-विचार करना पड़ना / ～舆论 लोकमत का लिहाज़ करना

【顾家】 gùjiā अपने परिवार की देख-रेख करना; अपने

घर पर नज़र रखना：他虽然工作很忙，却也不少～。वह काम में बहुत व्यस्त तो था, फिर भी अपने परिवार की कम देख-रेख नहीं करता था।

【顾客】 gùkè ग्राहक; गाहक; खरीददार; क्रेता： ～至上 ग्राहक सर्वोच्च

【顾虑】 gùlǜ शंका; परवाह; आशंका; चिंता： 打消～ आशंका दूर करना / 您不必～。आप निश्चिंत रहें। / ～重重 चिंताओं का अंत न होना; बहुत अधिक आशंकित होना

【顾面子】 gù miànzi मुँह की लाज रखना; इज़्ज़त रखना： 为了顾他的面子，我没有当众批评他。मैं ने उस के मुँह की लाज रखने के ख़्याल से उस की लोगों के सामने आलोचना नहीं की।

【顾名思义】 gùmíng-sīyì किसी चीज़ का नाम देखकर कोई उस के काम के बारे में सोच लेता है; जैसा कि उस का नाम अर्थ सूचित करता है： 生物学，～，是研究一切生物的科学。जीव-विज्ञान, जैसा कि उस के नाम से स्पष्ट है, जीवों का अनुसंधान करने का विज्ञान है।

【顾念】 gùniàn ध्यान देना; खयाल में रखना： ～家乡 अपनी जन्मभूमि को अपने खयाल में रखना

【顾盼】 gùpàn <लि०> इधर-उधर नज़र दौड़ाना： 左右～ दायें-बायें सरसरी नज़र डालना

【顾盼自雄】 gùpàn-zìxióng आत्मतुष्टिपूर्वक चारों ओर देखना; अपने आप को सर्वश्रेष्ठ समझना

【顾全】 gùquán ध्यान में रखना： ～面子 किसी के मुँह की लाज रखना; किसी की इज़्ज़त (या लाज) रखना

【顾全大局】 gùquán-dàjú संपूर्ण के हितों को ध्यान में रखना; सारी परिस्थिति ध्यान में रखना; व्यापक हित को ध्यान में रखना

【顾问】 gùwèn सलाहकार; परामर्शदाता; एडवाइज़र： 法律～ विधि-संबंधी परामर्शदाता; कानून का सलाहकार

【顾问委员会】 gùwèn wěiyuánhuì सलाहकार समिति

【顾惜】 gùxī महत्व देना; ध्यान देना; खयाल में रखना： ～自己的身体 अपने स्वास्थ्य पर ध्यान देना

【顾影自怜】 gùyǐng-zìlián ❶अपनी छाया देखना और अपने भाग्य पर दुख प्रकट करना ❷अपना प्रतिबिंब देखना और आत्मप्रशंसा करना

【顾主】 gùzhǔ ग्राहक; क्रेता; खरीददार

梏 gù <लि०> लकड़ी की हथकड़ी： 桎～ हथकड़ी-बेड़ी

雇（僱） gù ❶किराये पर लेना; भाड़े पर लेना： ～车 किराये पर गाड़ी लेना ❷(नौकर आदि) रखना; मज़दूरी पर रखना： 我想～个保姆。मैं एक आया रखना चाहता हूँ।

【雇工】 gùgōng मज़दूर को काम में लगाना; मज़दूर रखना ❷भाड़े का मज़दूर ❸雇农 के समान

【雇农】 gùnóng खेतीहर मज़दूर; खेत-मज़दूर

【雇请】 gùqǐng (किसी व्यक्ति को) काम में लगाना; (नौकर आदि) रखना

【雇佣】 gùyōng मज़ूरी पर रखना; काम में लगाना

【雇佣兵】 gùyōngbīng भाड़े का टट्टू सैनिक; भाड़े के सैनिक; भाड़े की सेना; किराये की सेना

【雇佣观点】 gùyōng guāndiǎn मुलाज़िमों जैसी विचार-दृष्टि —— जितना पैसा मिलना उतना काम करने का रवैया अपनाना

【雇佣军】 gùyōngjūn पैसे के लिये लड़नेवाली सेना; भाड़े की सेना

【雇佣劳动】 gùyōng láodòng भाड़े पर मज़दूरी कराना

【雇佣劳动者】 gùyōng láodòngzhě भाड़े पर मज़दूरी करनेवाला; भाड़े का श्रमिक

【雇员】 gùyuán कर्मचारी; मुलाज़िम

【雇主】 gùzhǔ मालिक; स्वामी

锢（錮） gù <लि०> हिरासत में लेना; कैद करना; बन्द करना

痼 gù जीर्ण; चिरकालिक; बहुत दिनों का पुराना： 痼疾

【痼疾】 gùjí जीर्ण रोग： 医学的发达，使很多～都能治好。चिकित्सा-शास्त्र के विकास से अनेक जीर्ण रोगों का इलाज कर दिया गया है। / 经济危机是资本主义制度的～。आर्थिक संकट पूँजीवादी व्यवस्था का जीर्ण रोग है।

【痼癖】 gùpǐ व्यसन

【痼习】 gùxí पुरानी आदत

guā

瓜 guā तरबूज़, कद्दू आदि

【瓜分】 guāfēn तरबूज़ काट देना —— बंटवारा करना; बांटना; विभक्त करना (प्रायः राष्ट्रीय भूमि बांटने के लिये प्रयुक्त)

【瓜葛】 guāgé संपर्क; संबंध; उलझन： 他与此事没有～。इस बात से उस का कोई संबंध नहीं है; वह इस बात में उलझा हुआ नहीं था।

【瓜农】 guānóng तरबूज़ उगानेवाला किसान; तरबूज़ कृषक

【瓜皮帽】 guāpímào मखमल की एक तंग टोपी जो आधे तरबूज़ के छिलके के सदृश्य हो; स्कलकेप

【瓜熟蒂落】 guāshú-dìluò जब तरबूज़ पक जाता है तो वह अपने तने से गिर जाता है —— जब स्थितियाँ तैयार हो जाती हैं तब समस्या का सहज ही समाधान हो जाता है

【瓜田李下】 guātián-lǐxià तरबूज़ के भूखंड में या आलूचे के नीचे —— संदेहजनक परिस्थियों या वातावरण में： 瓜田不纳履，李下不正冠。तरबूज़ के भूखंड में जूता मत पहनो, आलूचे के नीचे टोपी ठीक मत करो —— ऐसी बात मत करो जिस से संदेह पैदा हो सके

【瓜子】 guāzǐ（瓜子儿 guāzǐr भी）तरबूज़ का बीज： 嗑～儿 तरबूज़ के बीज (दांतों से) फोड़कर खाना

【瓜子脸】 guāzǐliǎn अंडाकार मुख

呱 guā नीचे दे०
gū भी दे०
【呱哒】 guādā दे० 呱嗒
【呱哒】 guāda दे० 呱嗒
【呱嗒】 guādā ❶〈अनु०〉 खटखट का शब्द: 地很硬，走起来～～地响。ज़मीन सख़्त थी, उस पर चलकर एड़ियां खटखट करती थीं। ❷〈बोल०〉 व्यंग्यपूर्ण बात करना; ताने के तौर पर कहना: ～人 व्यंग्यात्मक बातें कहना
【呱嗒】 guāda 〈बोल०〉 ❶(निम्न प्रसंग में प्रयुक्त) ～着脸 मुँह लंबा करना ❷मूर्खता से बोलना: 乱～一阵 कोरी बकवाद करना
【呱嗒板儿】 guādabǎnr ❶〈बोल०〉 बाँस के दो फलक (एक बाजा) ❷〈बोल०〉 खड़ाऊँ
【呱呱】 guāguā 〈अनु०〉 (बत्तख का) कैं-कैं करना; (मेंढक का) टरटर करना; (कौए का) काँव-काँव करना: 鸭子～地叫。बत्तख कैं-कैं कर रहा है।
gūgū भी दे०
【呱呱叫】 guāguā jiào 〈बोल०〉 बहुत अच्छा; चोटी का
【呱唧】 guāji 〈अनु०〉 ❶तालियाँ बजाने की आवाज़ ❷तालियाँ बजाना

刮[1] guā ❶खुरचना; रगड़कर साफ़ करना; (दाढ़ी आदि) बनाना या मूँड़ना: ～锅 कड़ाही खुरचना / ～胡子 दाढ़ी बनाना / ～鱼鳞 मछली का छिलका उतारना ❷(लेई आदि से) पोतना; लेपना: ～糨子 (कपड़े को कड़ा करने के उद्देश्य से उस पर) लेई पोतना ❸लूटना-खाना; हड़पना; रिश्वत लेना: 这个贪官～了不少钱。इस रिश्वती अधिकारी ने काफ़ी पैसा हड़प लिया था। ❹〈बोल०〉 डाँटना-फटकारना

刮[2] (颳) guā (हवा) चलना; (हवा का) झोंका आना; लहकना: 又～起风来了。हवा फिर चलने लगी। / 大风～倒了许多树苗。तेज़ हवा के झोंके से बहुत-से पौधे गिर गये। / 什么风把你～来了? क्या तुम रास्ता भूल गये कि यहाँ आये?
【刮刀】 guādāo खुरचनी: 皮匠的～ चमारों की खुरचनी
【刮地皮】 guā dìpí भूमि खुरचना —— जनता से बलपूर्वक रुपया आदि लेना; जनता का रुपया ऐंठना; जनता का धन-दौलत लूटना
【刮刮叫】 guāguā jiào 呱呱叫… के समान
【刮脸】 guāliǎn (रेज़र या उस्तरे से) मुँह के बाल साफ़ करना; दाढ़ी बनाना
【刮脸刀】 guāliǎndāo रेज़र
【刮脸皮】 guā liǎnpí 〈बोल०〉 अपने गाल पर तर्जनी फेरना (किसी के प्रति उपेक्षापूर्ण उपहास प्रकट करने के लिये)
【刮目相看】 guāmù-xiāngkàn（刮目相待 guāmù-xiāngdài भी）(किसी को) नई दृष्टि से देखना; (किसी के साथ) अधिक सम्मानपूर्ण व्यवहार करना: 古人云，“士别三日便当～。” प्राचीन लोग कहते थे, जब किसी अच्छे शिक्षाप्राप्त व्यक्ति को विदा हुए तीन दिन हो जाएं तब उसे नई दृष्टि से देखा जाना चाहिये।
【刮痧】 guāshā 〈ची०चि०〉 छाती, पीठ या गला खुरचना (घर्माघात आदि के लिये एक साधारण चिकित्सा)
【刮削】 guāxiāo खुरचना: ～器 खुरचनी

胍 guā 〈रसा०〉 ग्वेनिडीन（guanidine）

鸹（鴰） guā दे० 老鸹 lǎoguā (कौवा)

guǎ

剐（剮） guǎ ❶हड्डी से माँस काटकर अलग करना; अंग-विच्छेद करना (प्राचीन काल में एक कठोर दंड): 千刀万～ अंग-अंग चीरना ❷कटना; काटना; नुकीली चीज़ से फाड़ा जाना: 手上～了一个口子 अपना हाथ काटना

寡 guǎ ❶कम; अल्प: 以～敌众 कम से ज़्यादा को भिड़ाना ❷फीका; स्वादरहित: 清汤～水 बहुत पानीवाला और स्वादरहित (व्यंजन)❸विधवा: 鳏～ विधुर और विधवा
【寡不敌众】 guǎbùdízhòng कम से अधिक का निराशापूर्वक विरोध करना; संख्या में अधिक विषमता के कारण हार जाना
【寡断】 guǎduàn अनिश्चित; असमंजस में पड़ा हुआ; दुविधा में पड़ा हुआ
【寡妇】 guǎfu विधवा
【寡欢】 guǎhuāng अप्रसन्न; नाखुश; उदास: 郁郁～ उदास बैठना
【寡居】 guǎjū वैधव्य का जीवन बिताना; विधवा रह जाना
【寡廉鲜耻】 guǎlián-xiǎnchǐ निर्लज्ज; बेशरम
【寡情】 guǎqíng संवेदनाशून्य; निर्दय; निष्ठुर
【寡人】 guǎrén मैं (सम्राट् का अपने आप के लिये एक संबोधन)
【寡头】 guǎtóu धनिकतंत्र का अधिकारी; अल्पतंत्र अधिकारी: 金融～ वित्तीय अल्पतंत्र अधिकारी
【寡头政治】 guǎtóu zhèngzhì स्वल्पतंत्र; गुट तंत्र; एकतंत्रवाद
【寡言】 guǎyán मितभाषी; अल्पभाषी: 沉默～ मितभाषी होना; मौन रहना

guà

卦 guà फलित ज्योतिष के चिह्न: 占～ शकुन-परीक्षण करना

诖（註） guà 〈लि०〉 ❶ठग-विद्या; धोखा ❷भूल; गलती

【诖误】 guàwù किसी दूसरे की गलती से सज़ा मिलना

挂（掛） guà टँगना; टाँगना; लटकना; लटकाना: 把钟～在墙上 दीवार पर घड़ी टाँगना / 把衣服～在衣钩上 खूँटी में कपड़े टाँगना / 他胸前～着一副望远镜。दूरबीन उस के गले से लटक रही थी। / 一轮圆月，～在空中。आकाश में गोलाकार चन्द्रमा लटक रहा था। / 这个案子在法院里～了很长时间了。यह मुकदमा अदालत में लम्बे अरसे से लटका हुआ है। ❷(रिसीवर) रख देना: 我正要告诉他这个消息，他就把电话～了。मैं उस को यह खबर बता रहा था कि उस ने रिसीवर रख दिया। / 电话先别～，等我查一下。रिसीवर लिये रहो, तब तक मैं पता लगाऊँगा। ❸〈बोल०〉 फ़ोन करना; (किसी को) टेलीफ़ोन पर मिलाना: 我昨天给他～了个电话。कल मैं ने उस को फ़ोन किया था। / 请给我～经理办公室。कृपा करके मुझे फ़ोन पर मैनेजर के दफ़्तर से मिला दीजिये। ❹अटकना; बंध जाना; लग जाना; लगाना; बाँधना: 风筝～在树上了。पतंग पेड़ पर अटकी है। ❺〈बोल०〉 चिंता करना; चिंतित होना या रहना; ख़्याल रखना: 他总是～着家里的事。वह अक्सर अपने घर के मामलों का ख़्याल रखता है। ❻〈बोल०〉 ढँकना; छा जाना; ऊपर पड़ जाना; लीपना-पोतना: 他脸上～了一层尘土。उस के मुँह पर धूल पड़ गई थी। ❼(अस्पताल आदि में) रजिस्टर करना: 我要～儿科。मैं शिशुरोग विभाग के लिये रजिस्टर करना चाहता हूँ; कृपया शिशुरोग विभाग। ❽〈परि०श०〉 समुच्चय; सेट; लड़ी; सिलसिला: 一～大车 एक घोड़ा और गाड़ी; एक घोड़ा-गाड़ी / 十多～鞭炮 पटाखों की दर्जन मालाएं / 一～珠子 मोतियों की एक लड़ी

【挂碍】 guà'ài चिंता; परेशानी: 心中没有～ कोई चिंता न होना; निश्चिंत होना

【挂表】 guàbiǎo जेबघड़ी; पाकेटवाच

【挂不住】 guàbuzhù 〈बोल०〉 (व्यग्रता में) अपने को संभाल न सकना; धैर्य खोना; धैर्य छूटना

【挂彩】 guàcǎi ❶रंग-बिरंगी रेशमी झालरों से सजाना; खुशियाँ मनाने के लिये सुशोभित करना ❷लड़ाई में घायल होना: 上次战斗中，他曾两次～。वह पिछली लड़ाई में दो बार घायल हुआ था।

【挂车】 guàchē पहियेदार गाड़ी जो दूसरी गाड़ी के पीछे घिसट रही हो; ट्रेलर（trailer）

【挂齿】 guàchǐ चर्चा करना; ज़िक्र करना; कहना: 这点小事，何足～。छोटी-सी बात है, इस का ज़िक्र क्यों करें; नन्ही-सी बात है, इस में क्या रखा है, छोड़ दो।

【挂锄】 guàchú कुदाल छोड़ना (जाड़े में); भूमि खोदने या खेत निराने का काम खत्म करना

【挂挡】 guàdǎng गियर लगाना: 挂高（低）速挡 तेज़ (धीमा) गियर लगाना

【挂斗】 guàdǒu ट्रेलर（trailer）

【挂钩】 guàgōu ❶〈परिवहन〉 रेल के डिब्बों को कपलिंग (अनुयोजक) द्वारा बाँधना; कड़ी लगाना; कुंडा डालना ❷जोड़ना; मिलाना; संबद्ध करना; संबंध स्थापित करना; संपर्क कायम करना: 高等学校要与科研单位～。विश्वविद्यालयों को अनुसंधान संस्थाओं के साथ संबंध स्थापित करना चाहिये। / 机械厂已和钢铁厂挂上了钩。इंजीनियरिंग कारखाने ने लोहा-इस्पात कारखाने के साथ संबंध स्थापित किया है।

【挂冠】 guàguān 〈पुराना〉 अधिकारी के पद से इस्तीफ़ा देना; त्याग-पत्र देना

【挂果】 guàguǒ फल लगना; फल आना: 这棵苹果树今年第一次挂了果。इस सेब के पेड़ में इस साल पहले पहल फल लगे हैं।

【挂号】 guàhào ❶रजिस्टर करना; रजिस्टरी करना (अस्पताल आदि में): 看病要先～。इलाज कराने के लिये रजिस्टर करना ज़रूरी है। / 你挂的是多少号? तुम्हारा क्या रजिस्ट्रेशन नम्बर है? ❷रजिस्टर्ड डाक से भेजा जाना: 你这封信要～吗? तुम अपनी यह चिट्ठी रजिस्टर करना चाहते हो?

【挂号处】 guàhàochù रजिस्ट्रेशन आफ़िस

【挂号费】 guàhàofèi रजिस्ट्रेशन फ़ी

【挂号信】 guàhàoxìn रजिस्टरी चिट्ठी; रजिस्टर्ड पत्र (या डाक)

【挂号证】 guàhàozhèng रजिस्ट्रेशन सर्टीफ़िकेट

【挂花】 guàhuā ❶फूल खिलना ❷दे० 挂彩❷

【挂怀】 guàhuái किसी की याद से बेचैन हो जाना; आशंका आदि से चित्त व्याकुल होना; चिंतित होना

【挂火】 guàhuǒ 〈बोल०〉 आग बबूला हो जाना; आग हो जाना; शरीर में आग लग जाना; गुस्से में आना: 有话好好说，别～。धीरे से बात कहो, गुस्से में मत आओ।

【挂记】 guàji चिंता करना; चिंतित होना; किसी की याद से बेचैन होना; आशंका आदि से चित्त व्याकुल होना

【挂历】 guàlì दीवार पर टँगा हुआ कैलेंडर; दीवार कैलेंडर (या कलेंडर)

【挂镰】 guàlián 〈कृ०〉 हँसिया छोड़ना; सालाना फ़सल काटने का काम खत्म करना

【挂零】 guàlíng (संख्या, राशि आदि के साथ प्रयुक्त) से कुछ ऊपर: 这个人看样子也不过就是四十～。यह आदमी देखने में अधिक से अधिक चालीस वर्ष से कुछ ऊपर का होगा। / 到会人数二百～。दो सौ से कुछ ज़्यादा व्यक्ति सभा में उपस्थित थे।

【挂漏】 guàlòu 挂一漏万 के समान

【挂虑】 guàlǜ चिंता करना; व्याकुल होना; बेचैन रहना: 家里的事有我照顾，你不用～。घर की मैं देखभाल करती हूँ, तुम निश्चिंत रहो।

【挂面】 guàmiàn सुखाया हुआ नूडल; सेवईं

【挂名】 guàmíng केवल नामधारी; नाम मात्र का; नाम भर को: ～的差事 नाम मात्र का अधिकारी पद / ～会员 केवल नामधारी सदस्य / 我只是～理事，实际上什么事也不干。मैं नाम भर को कौंसिल का सदस्य हूँ, पर वास्तव में कोई भी काम नहीं करता।

【挂念】 guàniàn चिंता करना; फ़िक्र करना; किसी की याद से बेचैन होना: 母亲十分～在外地读书的儿子。

माता जी अपने बेटे की बहुत चिंता करती हैं जो बाहर कालेज में पढ़ रहा है। / 我身体很好，请勿～。मैं बहुत स्वस्थ हूँ, आप बेफ़िक्र रहें।

【挂牌】 guàpái ❶(डाक्टर, वकील आदि का) अपना छोटा साइनबोर्ड टाँगना; अपना ब्रास प्लेट लगाना: 他行医多年，在南京和上海都挂过牌。उस ने कई साल डाक्टरी की थी और नानचिंग तथा शांगहाए दोनों में अपने निजी चिकित्सालय खोले थे। ❷(चिकित्सक, वकील आदि का) व्यवसाय शुरू करना ❸(किहीं संस्थाओं की) स्थापना करना ❹(कंपनी का) स्टाक मार्केट की सूची में अपना नाम चढ़ाना

【挂牵】 guàqiān चिंता करना; किसी की याद से बेचैन होना

【挂失】 guàshī (व्यक्तित्व प्रमाण-पत्र, चेक आदि) खो देने का विवरण देना; रिपोर्ट देना (या करना): 他存折丢了，赶紧去银行～。उस ने अपना बैंकबुक खो दिया और तुरंत बैंक जाकर रिपोर्ट की।

【挂帅】 guàshuài काबू में होना; नायक होना; नेतृत्व करना; अगुवाई करना: 校长亲自～抓这项工作。प्रिंसिपल ने स्वयं इस कार्य का नेतृत्व किया।

【挂锁】 guàsuǒ ताला; पैडलाक

【挂毯】 guàtǎn टेपेस्ट्री (tapestry)

【挂图】 guàtú ❶दीवार मानचित्र ❷टँगा हुआ चित्र, रेखाचित्र आदि

【挂孝】 guàxiào शोक वस्त्र पहनना

【挂心】 guàxīn चिंता करना; चिंतित होना

【挂靴】 guàxuē (फुटबाल ख़िलाड़ी का) रिटायर होना

【挂羊头，卖狗肉】 guà yángtóu mài gǒuròu बकरे का सिर लटकाकर कुत्ते का गोश्त बेचना —— बकरे के गोश्त के नाम पर घोड़े का गोश्त बेचना; परोपकार के नाम पर बुरा काम करना

【挂一漏万】 guàyī-lòuwàn उदाहरण के रूप में एक चीज़ प्रस्तुत करके शायद दस हज़ार चीज़ें छोड़ दी गई हैं —— यह सूची पूर्णता से दूर है

【挂衣钩】 guàyīgōu कपड़ा टाँगने की खूँटी; खूँटी

【挂钟】 guàzhōng दीवार घड़ी

【挂轴】 guàzhóu दीवार पर टाँगने का स्क्रू (चीनी चित्र या सुलिपि का)

褂 guà चीनी ढंग में बना बिना अस्तर का वस्त्र; चोग़ा; गाउन: 短～儿 छोटा गाउन

【褂子】 guàzi चीनी ढंग में बना बिना अस्तर का छोटा वस्त्र; छोटा गाउन

guāi

乖 1 guāi ❶(बच्चे का) अचंचल; शिष्ट; अच्छा: 这孩子真～。यह बच्चा बहुत प्यारा है। ❷चतुर; चालाक; होशियार: 上了一回当，他也学得～多了。एक बार धोखा खाकर अब वह ज़्यादा होशियार हो गया है।

乖 2 guāi 〈लि०〉 ❶विपरीत; अनौचित्यपूर्ण; तर्क के विपरीत: 有～常理 अयुक्तिसंगत होना ❷(चरित्र, आचरण आदि) असामान्य; अनियमित; अस्वाभाविक; विरुद्ध: 乖谬

【乖舛】 guāichuǎn 〈लि०〉 ❷भूल; गलती ❷प्रतिकूल: 命途～ दुर्भाग्यपूर्ण

【乖乖】 guāiguāi ❶ (～儿的) शिष्ट; आज्ञाकारी: 孩子们都～儿地坐着听老师讲故事。बच्चे सब चुपचाप बैठे हुए अध्यापक से कहानियां सुन रहे थे। / 敌人～地缴械投降了。शत्रु सेना ने हथियार छोड़कर चुपचाप आत्मसमर्पण किया। ❷(बच्चों के लिये प्यार का नाम) प्रिय; प्यारा; लाल ❸〈विस्मय०〉 वाह! अरे! अरे बापरे!

【乖觉】 guāijué होशियार; फुर्तीला: 小松鼠～得很，听到一点响声就溜跑了。गिलहरी बहुत होशियार है, ज़रा-सी आहट मिलते ही फुर्ती से भाग जाएगी।

【乖剌】 guāilà 〈लि०〉 अनौचित्यपूर्ण; तर्क के विपरीत

【乖戾】 guāilì (स्वभाव, भाषा, आचरण आदि) असामान्य; अयुक्तियुक्त; बेहूदा; नापसन्द; अप्रिय: 语多～ किसी के खिलाफ़ बेहूदा व आक्रामक भाषा का प्रयोग करना

【乖谬】 guāimiù अनर्थक; तर्कहीन; असामान्य; विधि-विरुद्ध

【乖僻】 guāipì विलक्षण; निराला; अयुक्तियुक्त

【乖巧】 guāiqiǎo ❶चतुर; चालाक ❷मनमोहक; आकर्षक

【乖张】 guāizhāng ❶विलक्षण; निराला; अयुक्तियुक्त: 脾气～ स्वभाव से विलक्षण होना / 行为～ अयुक्तियुक्त आचरण ❷〈लि०〉 प्रतिकूल: 命运～ दुर्भाग्यपूर्ण

掴（摑） guāi गाल पर हाथ के पंजे से ज़ोर का आघात करना: ～耳光 (गाल या मुँह पर) थप्पड़ मारना (या लगाना); तमाचा मारना (या लगाना)

guó भी दे०

guǎi

拐 1 guǎi ❶घूमना; मुड़ना; मोड़ना: 往南～就是一条大街。दक्षिण की ओर मुड़कर एक बड़ी सड़क मिलेगी। / 那人～进胡同里去了。वह आदमी मुड़कर एक गली में चला गया। / 前面路走不通了，咱们～回去吧。आगे का रास्ता बन्द है, हम वापस चलें। ❷〈बोल०〉 कोना; मोड़: 墙～ दो दीवारों से बना हुआ कोना ❸लँगड़ाना: 他一～一～地走了过来。वह लँगड़ाते हुए चला आया; वह लँगड़ी चाल से चला आया। ❹संख्या 七 के लिये बोलचाल का एक रूप

拐 2（柺） guǎi बैसाखी: 走路架着～ बैसाखी का सहारा लेकर चलना

拐 3 guǎi ❶ठगना; ठग लेना; धोखा देकर लूटना; फ़रेब से उड़ा लेना: ～款潜逃 धोखेबाज़ी से रुपया लूटकर भाग जाना ❷बहका ले जाना; फुसला ले जाना; धोखा देकर भगा ले जाना

【拐带】 guǎidài (स्त्री या बच्चा) उड़ा ले जाना; बहका ले जाना; धोखा देकर भगा ले जाना
【拐棍】 guǎigùn छड़ी; लाठी; स्टिक: 拄～ छड़ी टेकना
【拐角】 guǎijiǎo कोना; मोड़: 胡同的～有个小商店。 इस गली के मोड़ पर एक छोटी दुकान है।
【拐卖】 guǎimài बहका ले जाना और बेचना: ～妇女儿童 स्त्रियों और बच्चों को बहका ले जाना और बेचना
【拐骗】 guǎipiàn ठगना; ठग लेना; धोखा देकर लूटना; फ़रेब से उड़ा ले जाना: ～钱财 फ़रेब से रुपया उड़ा ले जाना
【拐弯】 guǎiwān ❶घूमना; मुड़ना; मोड़ना: 车辆～要慢行。 गाड़ी मोड़ते समय धीरे से चलाओ। / 到路口往东一～就到了。 चौराहे पर पूर्व की ओर मुड़कर ही पहुँच जाओगे। ❷अपनी राय बदलकर कोई दूसरा दृष्टिकोण स्वीकार करना; अपना विचार बदलना; कही हुई बातों को वापस लेना: 这个人死心眼，脑筋不易～。 यह आदमी बड़ा ज़िद्दी है, अपना विचार सहज ही नहीं बदल सकता। ❸कोना; मोड़
【拐弯抹角】 guǎiwān-mòjiǎo हेर-फेर की बातें कहना; हेर-फेर कर बातें करना; घुमा फिरा कर बातें करना: 说话不要～。 घुमा फिरा कर बातें मत करो। / 他～地提到这事。 उस ने हेर-फेर कर इस बात की चर्चा की।
【拐杖】 guǎizhàng छड़ी; डंडा; लाठी; स्टिक
【拐子】[1] guǎizi <बोल०> लँगड़ा
【拐子】[2] guǎizi ❶工 आकार की एक चर्खी ❷बैसाखी
【拐子】[3] guǎizi धोखेबाज़; जालसाज़; भगा ले जानेवाला; फ़रेबी व्यक्ति; अपहर्ता

guài

怪[1] (恠) guài ❶अजीब; अद्भुत; अनोखा; आश्चर्यजनक: ～事 अजीब बात; अनोखी चीज़ / 他这人真～。 वह बड़ा अजीब आदमी है। / ～脾气 टेढ़ा मिज़ाज / 你说话也真～。 तुम्हारी बातें भी निराली होती हैं। / 他不知道才～呢。 अगर वह यह बात नहीं जानता, तो मुझे आश्चर्य होगा। ❷अजीब लगना; आश्चर्यचकित होना: 这有什么可～的? यह भी कोई आश्चर्य की बात है; इस में क्या कोई ताज्जुब की बात है? ❸<क्रि०वि०> <बोल०> बहुत; अधिक; अत्यंत; काफ़ी: ～不好意思的 बड़े शर्म की बात होना / 这箱子～沉的。 यह संदूक बहुत भारी है। / 这孩子～聪明的。 यह बच्चा काफ़ी चतुर है। / 这孤儿～可怜的。 यह अनाथ बड़ा दयनीय है। ❹भूत; दानव: 鬼怪 guǐguài

怪[2] (恠) guài (किसी को) दोष देना (लगाना); दोषी होना; ज़िम्मेदार ठहराना; दोषी ठहराना: 不能～他们，只～我没说清楚。 उन पर दोष मत लगाओ, दोष मेरा है कि मैं ने उन को साफ़-साफ़ नहीं बताया। / 这难道能～别人吗? इस का दोषी किसी और को ठहराया जाए?
【怪不得】[1] guàibude कोई आश्चर्य की बात नहीं; इस का कारण है कि; इसलिये कि: 你说话这么没有礼貌，～他生气。 तुम ने ऐसी बेहूदा बातें कहीं, तो आश्चर्य की बात ही क्या कि वह नाराज़ हुआ। / ～我最近没有见到他，原来他出国了。 मैं ने इधर कई दिनों से इसीलिये उन को नहीं देखा कि वह विदेश चला गया।
【怪不得】[2] guàibude दोष न देना (लगाना); दोषी न होना; दोषी ठहराया न जाना; ज़िम्मेदार ठहराया न जाना: 昨天雨那么大，他没来也～他。 कल इतना मूसलधार पानी गिर रहा था, ऐसे में वह नहीं आ सका तो उस को दोषी ठहराया नहीं जाना चाहिये।
【怪诞】 guàidàn अद्भुत; विलक्षण; अलौकिक; अजीबोगरीब: ～的传说 अजीबोगरीब दंतकथाएँ
【怪诞不经】 guàidàn-bùjīng विचित्र और अलौकिक; बेतुका; बेसिर-पैर का
【怪道】 guàidào <बोल०> कोई आश्चर्य की बात नहीं; इस का कारण है कि; इसलिये कि: 她是我过去的学生，～觉得眼熟。 वह मेरी छात्रा थी, सो वह देखने में मेरी जान-पहचान की मालूम होती है, तो कोई आश्चर्य की बात नहीं।
【怪话】 guàihuà व्यंग्यपूर्ण शब्द; असंतोषी बातें; शिकायत: 说～ व्यंग्यपूर्ण शब्दों में कहना; असंतोष प्रकट करना; शिकायत करना
【怪里怪气】 guàiliguàiqì सनकी; झक्की; विचित्र; अद्भुत; निराला; अनोखा: ～的人 सनकी आदमी; झक्की आदमी / 她的声音～的。 उस की आवाज़ ज़रा विचित्र है।
【怪模怪样】 guàimú-guàiyàng देखने में अजीब; बेढंगा; भद्दा; विकृत: 小熊长得～的。 यह भालू का बच्चा देखने में अजीब-सा लगता है। / 她打扮得～的。 वह अपने को बेढंगे रूप से सजाये हुए है।
【怪癖】 guàipǐ अजीब-व्यसन
【怪僻】 guàipì अजीब; विलक्षण; निराला 性格～ स्वभाव से निराला; निराले स्वभाव का
【怪事】 guàishì अजीब बात; ताज्जुब की बात
【怪物】 guàiwu ❶अलौकिक जंतु; दानव ❷निराले स्वभाव का व्यक्ति; सनकी आदमी
【怪异】 guàiyì ❶अजीब; अद्भुत; विचित्र; निराला: 行为～ अद्भुत आचरण / ～的声音 अजीब-सी आवाज़ ❷अजीब घटना: ～丛生 अजीब-सी घटनाएँ घटित होना
【怪罪】 guàizuì (किसी पर) दोष देना (लगाना); (किसी को) दोष ठहराना: 这事不要～他。 इस बात के लिये उस को दोषी मत ठहराओ; वह इस का ज़िम्मेदार नहीं है। / 要是上面～下来怎么办? अगर ऊपर से हम को दोषी (या ज़िम्मेदार) ठहराया जाएगा तो क्या होगा?

guān

关 (關、関) guān ❶बन्द करना: 把门～

上。दरवाज़ा बंद करो। / ～上窗户。खिड़की बन्द करो। / 这个抽屉～不严。यह दराज़ कसकर बन्द नहीं की जा सकती। / ～上收音机。रेडियो बन्द करो। 把水龙头～上。पानी की कल (या नलका) बन्द कर दो। 快～灯睡觉。बिजली जल्दी बन्द करके सो जाओ। ❷(व्यक्ति या पशु) कमरे आदि में रखना और निकलने न देना; बन्द करना: 警察把小偷～在派出所了。पुलिस ने चोर को थाने में बन्द कर रखा है। ❸दिवाला निकलना; (दूकान आदि का) बढ़ना: 这家商店～了。यह दूकान बढ़ गई। ❹दर्रा; रक्षित मार्ग: 山海～ शानहाए दर्रा ❺चुंगीघर; सीमा शुल्क चौकी: 海～ चुंगीघर, कस्टम हाउस ❻अवरोध; रोध; बाधा; खतरनाक अवस्था; नाज़ुक घड़ी: 难～ दुर्गम अवरोध; कठिनाई / 只要闯过这一～，就好办了。अगर इस बाधा को दूर किया गया तो सब ठीक हो जाएगा। ❼निर्णायक तत्व; कुंजी: 关键 ❽संबंध; संपर्क: 此事与他无～。इस बात का उस से कोई संबंध नहीं है। / 这些见解至～重要。ये धारणाएं अत्यंत महत्वपूर्ण हैं। ❾<पुराना> वेतन देना या लेना ❿（Guān）एक कुलनाम

【关爱】guān'ài ❶प्रेम; अनुराग; स्नेह; वात्सल्य ❷प्रेमपूर्ण देख-रेख करना; चिंता और प्रेम करना: 老师的～使她很受感动。अध्यापक जी की प्रेमपूर्ण देख-रेख से वह बहुत प्रभावित हुई।

【关隘】guān'ài <लि०> (पहाड़ों के बीच का) दर्रा

【关碍】guān'ài अवरोध; बाधा; रुकावट

【关闭】guānbì ❶बन्द करना; बन्द होना: ～门窗 दरवाज़े और खिड़कियाँ बन्द करना ❷(दूकान, कारखाने आदि का) बन्द करना या होना; बढ़ना या बढ़ाना: 因经营不善，那家商店被迫～。बद-इंतज़ाम से वह दूकान मजबूरन बढ़ गई।

【关岛】Guāndǎo ग्वाम

【关东】Guāndōng दर्रे का पूर्व (अर्थात् 山海关 शानहाए दर्रा 'पहाड़ और समुद्र के बीच का दर्रा') —— उत्तर-पूर्व; उत्तर-पूर्वी चीन

【关防】guānfáng ❶सुरक्षा उपाय: ～严密 ठोस सुरक्षा उपाय ❷<पुराना> सरकार या सेना की मोहर (प्रायः आयताकार)

【关怀】guānhuái परवाह करना; प्रेमपूर्ण देख-रेख करना; निगाह रखना; ध्यान देना: 在医护人员的～下，他很快恢复了健康。डाक्टरों और नर्सों की प्रेमपूर्ण देख-रेख में वह जल्द ही स्वस्थ हो गया। / 党和国家非常～青年人的全面发展。पार्टी और राज्य जवानों के सर्वांगीण विकास पर बहुत ध्यान देते हैं।

【关键】guānjiàn ❶सिटकिनी; डोर बोल्ट ❷कुंजी; धुरी; सार प्रश्न; मर्म; निर्णायक कड़ी: 问题的～ समस्या की कुंजी; सार प्रश्न / 这是我们的事业成败的～。यह ऐसी धुरी है जिस पर हमारे कार्य की सफलता या असफलता निर्भर है। / ～的时刻 खतरनाक वक्त; नाज़ुक घड़ी / ～的一天 निर्णायक दिन; अत्यंत महत्व का दिन / 提前完成任务的～在于提高群众的积极性。समय से पहले ही यह कार्य पूरा करने की कुंजी लोगों में जोश बढ़ाना है।

【关键词】guānjiàncí कुंजी शब्द; मूल शब्द; प्रधान शब्द; कीवर्ड

【关节】guānjié ❶<श०वि०> जोड़: 骨～ हड्डियों का जोड़ / ～脱位 जोड़ उखड़ना ❷कुंजी; मुख्य कड़ी; निर्णायक कड़ी; महत्वपूर्ण तत्व; मर्म: 注意问题的～所在 समस्या की कुंजी पर ध्यान देना / 把力量用在～上 निर्णायक कड़ी पर ज़ोर लगाना ❸(पुराने ज़माने में) गुप्त रूप से रिश्वत देकर सरकारी अधिकारियों के साथ की जानेवाली साँठ-गाँठ: 暗通～ चुपचाप रिश्वत देकर सरकारी अधिकारियों के साथ साँठ-गाँठ करना

【关节炎】guānjiéyán आर्थ्राइटिस（arthritis）; जोड़ों की सूजन; संधिशोथ

【关口】guānkǒu ❶सामरिक महत्व का दर्रा ❷निर्णायक अवसर; नाज़ुक घड़ी

【关里】guānlǐ 关内 के समान

【关连】guānlián दे० 关联

【关联】guānlián संबंधित होना; संबद्ध होना; जुड़ा होना: 国民经济各部门是互相～互相依存的。राष्ट्रीय अर्थ-व्यवस्था की विभिन्न शाखाएँ आपस में संबद्ध और एक दूसरे पर अवलंबित होती हैं। / 这是～着声誉的问题。यह तो मान-मर्यादा से संबंधित बात है।

【关贸总协定】guān-mào zǒngxiédìng（关税及贸易总协定 का संक्षिप्त रूप）प्रशुल्क वाणिज्य पर आम समझौता

【关门】guānmén ❶(दूकान आदि का) बन्द होना: 这家商店几点～? यह दूकान कितने बजे बन्द होती है? ❷<बोल०> (दूकान या कारखाना आदि का) दिवाला निकलना; बन्द होना या करना; बढ़ना या बढ़ाना: 这家公司债台高筑，只好～。भारी ऋण के कारण इस कम्पनी को बन्द होना ही पड़ा। ❸बातचीत करने या विचार करने से इंकार करना; (किसी बात पर दरवाज़ा) ज़ोर से बन्द करना; सलाह-मशविरा करने की गुँजाइश न होना: 对方在谈判中还没有～。विपक्ष ने वार्त्तालाप का किवाड़ अभी भिड़ाया नहीं है। ❹अंतिम; आख़िरी: ～之作 अंतिम रचना (कृति) / ～弟子 आख़िरी चेला

【关门主义】guānmén zhǔyì बन्द-द्वारवाद; द्वार-बन्दवाद; संकीर्णतावाद

【关内】Guānnèi दर्रे के अन्दर —— शानहाए क्वान（山海关）के पश्चिम और च्यायूक्वान（嘉峪关）के पूर्व का क्षेत्र; लंबी दीवार का दक्षिण

【关卡】guānqiǎ चौकी; चुंगी घर

【关切】guānqiè ❶(दूसरों का) ध्यान रखनेवाला; सहानुभूतिशील; सहृदय: 他待人非常和蔼～。वह बहुत नम्र और सहृदय है। / ～的态度 सहानुभूतिपूर्ण रवैया / ～地照顾病人 सहृदयता से रोगियों की देख-रेख करना ❷बहुत चिंतित होना; बेचैन होना; अपनी चिंता व्यक्त करना; बेहद व्यग्र होना: 表示严重～ (किसी बात पर) गहरी चिंता व्यक्त करना / 获悉贵国遭受水灾，我们极为～。हम इस समाचार से बहुत बेचैन हैं कि आप के देश में गंभीर बाढ़ आई है। / 凡是人民～的问题，我们都要给以解决。हमें उन सभी प्रश्नों को हल करना चाहिये, जिन के बारे में जनता बेहद व्यग्र हो।

【关山】 guānshān दर्रे और पर्वत
【关涉】 guānshè संबंध; वास्ता; संबंधित होना: 他与此案毫无～。उस का इस मामले से ज़रा भी संबंध नहीं है।
【关税】 guānshuì चुंगी; आयात-निर्यात कर; शुल्क; महसूल; टैरिफ़: 这种东西～很重。ऐसी वस्तुओं पर भारी कर लगाया जाता है।
【关税壁垒】 guānshuì bìlěi टैरिफ़ बैरियर
【关税豁免】 guānshuì huòmiǎn कर-छूट; शुल्कमुफ़्त
【关税优惠】 guānshuì yōuhuì शुल्क में छूट मिलना
【关说】 guānshuō <लि०> किसी की ओर से कहना; किसी की भलाई में कहना
【关头】 guāntóu निर्णायक समय; मौका; घड़ी: 在紧要～ निर्णायक मौके पर; सख़्त ज़रूरत पड़ने पर / 危机～ खतरनाक वक्त; संकटकाल; नाज़ुक घड़ी
【关外】 Guānwài दर्रे के बाहर (关东 का दूसरा नाम)
【关系】 guānxì ❶संबंध; वास्ता; संग; नाता; रिश्ता; ताल्लुक: 夫妻～ पति और पत्नी का संबंध / 军民～ सेना और जनता के बीच का वास्ता / 外交～ कूटनैतिक संबंध / 友好～ दोस्ती का रिश्ता / 爱情～ मुहब्बत का नाता; प्रेम-संबंध / 建立～ (से) संबंध स्थापित करना; (से) रिश्ता कायम करना / ～破裂 संबंध विच्छेद होना / ～紧张 संबंध में तनाव आ जाना / 断绝～ संबंध (या रिश्ता; नाता) तोड़ना / 跟……搞好～ किसी के साथ अच्छा व्यक्तिगत संबंध स्थापित करना / 他们俩是什么～? इन दोनों में क्या रिश्ता है ? / 她们姐妹俩人的～非常好。इन दो बहनों में खूब बनती है; दोनों बहनों में बहुत मेल है। 发生～ (किसी के साथ) लैंगिक संबंध (अनुचित) कायम करना ❷संगति; प्रसंग; संबंध; लगाव; प्रभाव; महत्व: 这件事跟你没有～。इस बात का तुम से कोई ताल्लुक नहीं; इस बात से तुम्हारा कोई संबंध नहीं। / 这一点对你的将来～重大。यह तुम्हारे भविष्य के लिये बहुत महत्वपूर्ण है। / 你去不去，～不大。तुम चाहे जाओ या न जाओ, इस से कोई फ़र्क नहीं पड़ता। / 没有～，修理好了还能用。कोई बड़ी बात नहीं है, मरम्मत करके फिर काम में लाया जा सकता है। ❸(प्रायः 由于 या 因为 के साथ कारण बताने के लिये प्रयुक्त): 由于时间～，今天就谈到这里吧。समय की कमी की वजह से आज हमारी बातचीत यहीं खतम करनी पड़ रही है। ❹प्रमाण-पत्र (किसी संगठन का सदस्य आदि बताने के लिये प्रयुक्त): 组织～带来了吗? सदस्यता का प्रमाण-पत्र अपने साथ लाये हैं ? ❺संबंध रखना; संबंधित होना: 这是～我们事业成败的大问题。यह हमारे कार्य की सफलता या असफलता से संबंधित समस्या है। / 农业～国计民生极大。कृषि राष्ट्रीय अर्थव्यवस्था और जनता की जीविका से बड़े महत्व का संबंध रखती है।
【关系户】 guānxìhù ❶संबंधवाला; संबंधी ❷एक दूसरे के साथ सामान्य हितों पर आधारित संबंध रखनेवाले व्यक्ति या संस्थाएँ
【关系学】 guānxìxué <हास्य०> अच्छे व्यक्तिगत संबंध का विकास करने की कला
【关厢】 guānxiāng नगर-गेट के बाहर की बड़ी सड़क और उस के आसपास का क्षेत्र
【关心】 guānxīn परवाह करना; ध्यान रखना; ख़्याल रखना; दिलचस्पी रखना (या लेना); निगाह रखना: ～国家大事 राज्य के मामलों की परवाह करना / ～群众的痛痒 जनता के सुख-दुख का ध्यान रखना / ～他人比～自己为重 अपने आप से ज़्यादा दूसरों का ख़्याल रखना / ～新同学 नये सहपाठियों के प्रति अत्यंत स्नेहपूर्ण आत्मीयता का बरताव करना / 你病了以后，大家都很～你。जब से तुम बीमार हो, सब लोग तुम्हारी बहुत परवाह करते हैं। / 他对这场足球赛毫不～。वह इस फुटबाल मैच में ज़रा भी दिलचस्पी नहीं रखता। / 双方还讨论了共同～的其他问题。दोनों पक्षों ने समान दिलचस्पी के अन्य मामलों पर भी विचार-विमर्श किया।
【关押】 guānyā बन्द कर देना; कैद करना: ～犯人 अपराधी को हवालात में बंद करना
【关于】 guānyú के संबंध में; के बारे में; के विषय में; के सिलसिले में; से संबंधित; पर: 他读了几本～经济学的书。उस ने अर्थशास्त्र के विषय में कुछ पुस्तकें पढ़ीं। / ～技术问题，我们还要专门开会研究。तकनीक के बारे में हम विशिष्ट बैठक में बहस करेंगे। / ～这件事我没有意见。इस बात पर मुझे कोई आपत्ति नहीं है। / 这是一个～狗的故事。यह कुत्तों की कहानी है। / 《～保护森林的若干规定》 'जंगलों के रक्षण से संबंधित विनियम'
【关张】 guānzhāng <बोल०> ❶(दूकान का) बन्द होना या करना; ❷(दूकान का) दिवाला निकलना
【关照】 guānzhào ❶परवाह रखना; ख़्याल रखना और देखरेख करना; ध्यान देना: 我走后，这里的工作请您多多～。मेरी विदाई के बाद यहां के काम पर आप ज़्यादा ध्यान दीजियेगा। / 对妇女和儿童要特殊～。स्त्रियों और बच्चों की विशिष्ट परवाह रखनी चाहिये। / 感谢您的～。आप ने मेरे लिये जितना कष्ट उठाया है उस के लिये मैं बहुत आभारी हूँ। ❷मौखिक रूप से सूचित करना; कहना; बताना: ～食堂一声，给开会的人预备饭。भोजनालय को बता दो कि मीटिंग करनेवालों के लिये भोजन तैयार करे। / 你要是不能回家吃饭，来电话～一声。अगर तुम घर पर खाना नहीं खा सकते तो फ़ोन पर बता दो। / 医生再三～不许你抽烟。डाक्टर ने तुम से बार-बार कहा था कि सिगरेट मत पिओ।
【关中】 Guānzhōng हानकू दर्रे (函谷关) के भीतर —— केंद्रीय शेनशी मैदानी प्रदेश
【关注】 guānzhù दिलचस्पी के साथ निगाह रखना; गहरा ध्यान देना; ख़्याल रखना: 当地政府十分～灾民们的生活。स्थानीय सरकार अकाल-पीड़ित लोगों के जीवन-यापन पर बहुत ध्यान देती है। / 海外赤子异常～祖国的现代化建设。प्रवासी चीनी अपनी मातृभूमि के आधुनिकीकरण पर दिलचस्पी के साथ निगाह रखते हैं। / 这部书引起了学者们的～。इस पुस्तक ने विद्वानों का ध्यान अपनी ओर खींच लिया है।
【关子】 guānzi (कहानी, नाटक आदि में) चरम अवस्था; चरम: 卖～ कहानी सुनाते-सुनाते चरम अवस्था पर इसलिये रोक देना कि सुननेवाले स्वयं कल्पना करें

观（觀）guān ❶देखना; दृष्टि डालना：登泰山，～日出 थाएशान पर्वत पर चढ़कर सूर्योदय देखना ❷दृश्य; शक्ल; रूप; रंगढंग：奇～ अद्भुत दृश्य; ❸दृष्टिकोण; भावना; धारणा：世界～ विश्वदृष्टिकोण
guàn भी दे०

【观测】 guāncè ❶निरीक्षण और सर्वेक्षण करना：～日蚀 सूर्यग्रहण का निरीक्षण करना ❷निरीक्षण करना; अवस्था समझ लेना：～敌情 शत्रु की गतिविधियों का निरीक्षण करना; शत्रु की अवस्था समझ लेना

【观测站】 guāncèzhàn निरीक्षण केंद्र

【观察】 guānchá प्रेक्षण करना; निरीक्षण करना; समीक्षण करना; सर्वेक्षण करना; अवलोकन करना; परखना：～地形 भूभाग का सर्वेक्षण करना / ～动静 यह देखना कि क्या हो रहा है / ～形势 परिस्थिति का अवलोकन करना / 根据我的～ अपने ही अवलोकन के आधार पर / 这个病人需要住院～。इस रोगी को निरीक्षण के लिये अस्पताल में रहना चाहिये।

【观察家】 guānchájiā प्रेक्षक

【观察哨】 guāncháshào निरीक्षण चौकी; निरीक्षक चौकीदार

【观察所】 guānchásuǒ <सैन्य०> निरीक्षण केंद्र

【观察员】 guāncháyuán <कूटनीति> प्रेक्षक (जिस को भाषण देने का अधिकार है, पर वोट देने का नहीं)

【观点】guāndiǎn दृष्टि; दृष्टिकोण; विचार-दृष्टि; धारणा：狭隘的～ संकीर्ण दृष्टि / 从任何～看 हर दृष्टि से देखना / 单纯军事～ विशुद्ध सैनिक दृष्टिकोण / 从科学～来看 वैज्ञानिक दृष्टिकोण से / 马克思列宁主义的～ मार्क्सवादी-लेनिनवादी दृष्टिकोण / 阐明～ अपनी विचार-दृष्टि वर्णित करना

【观风】 guānfēng (गोपनीय गतिविधियाँ करनेवालों के लिये) पहरा देना

【观感】 guāngǎn मन पर प्रभाव; अनुभव; धारणा; असर; राय; मत; विचार：能谈谈您对上海的～吗？आप शानहाए की यात्रा पर अपना विचार प्रकट कर सकते हैं ? / 就我～所及，写了一篇通讯。मैं ने अपने अनुभवों के आधार पर एक समाचार रिपोर्ट लिखी।

【观光】 guānguāng दृश्यदर्शन करना; सैर करना; यात्रा करना; पर्यटन करना; देखना：～市容 शहर का पर्यटन करना / 有不少外宾前来杭州～。अनेक विदेशी अतिथि हांगचओ की यात्रा करने आये। / ～者 पर्यटक; यात्री

【观光团】 guānguāngtuán पर्यटक दल; यात्रियों का मंडल

【观看】 guānkàn देखना; दर्शन करना：～乒乓球比赛 पिंग पांग मैच देखना / ～景物 प्राकृतिक दृश्य का दर्शन करना / ～话剧 नाटक देखना

【观礼】 guānlǐ किसी समारोह, उत्सव या संस्कार में उपस्थित होना; परेड देखना：出席国庆～ राष्ट्रीय दिवस के समारोह में उपस्थित होना / ‘五一’游行～ पहली मई की परेड देखना

【观礼台】 guānlǐtái दर्शक-मंच

【观摩】 guānmó ध्यानपूर्वक देखना और एक दूसरे के काम से सीखना; देखकर नकल करना：～演出 नये कलाकारों के लिये इस उद्देश्य से नाटक आदि का आयोजन करना कि वे उसे देखकर बहस करें और नकल करें / ～教学 अपना अध्यापन सुधारने के उद्देश्य से दूसरे अध्यापकों की कक्षाओं को देखना और उन की पढ़ाई से सीखना

【观念】 guānniàn धारणा; विचार; विचारधारा; चेतना; भावना：组织～ संगठन की चेतना / 保守～ रूढ़ीवादी धारणा / 破除旧的传统～ पुरानी परम्परागत विचार-धाराओं को दूर करना

【观念形态】 guānniàn xíngtài दे० 意识形态 yìshí xíngtài (विचारधारात्मक रूप)

【观赏】 guānshǎng दर्शन करना और विस्मययुक्त प्रसन्नता प्रकट करना; देखना और मज़ा लेना：～春色 वसंत के दृश्यों को देखना और उन से आनन्द लेना / ～演出 किसी अभिनय का आनन्द के साथ दर्शन करना

【观赏艺术】 guānshǎng yìshù चाक्षुष कलाएं

【观赏鱼】 guānshǎngyú दिखावे की मछलियां; सजावट की मछलियां (जैसे गोल्ड फ़ीश)

【观赏植物】 guānshǎng zhíwù आलंकारिक पेड़-पौधे

【观世音】 Guānshìyīn दे० 观音

【观望】 guānwàng ❶ठहरना और देखना-परखना; हिचकिचाना; दूर खड़े तमाशा देखना：采取～态度 ठहरने व देखने-परखने का रुख अपनाना; ठहरकर इंतज़ार करने का रवैया अपनाना ❷चारों ओर देखना; इधर-उधर नज़र दौड़ाना：四下～ चारों ओर देखना

【观象台】 guānxiàngtái वेधशाला; आब्ज़र्वेटरी（observatory）

【观音】 Guānyīn <बौद्धधर्म> क्वानइन (की मूर्ति); करुणा की देवी; दया की देवी; अवलोकितेश्वर：～菩萨 अवलोकितेश्वर बोधिसत्त्व; करुणा की देवी / ～娘娘 करुणा की देवी; क्वानइन की मूर्त्ति

【观音土】 guānyīntǔ（观音粉 guānyīnfěn भी）एक प्रकार की सफ़ेद मिट्टी (पुराने समाज में अकाल-पीड़ितों के द्वारा अपनी भूख मिटाने के उद्देश्य से खायी जानेवाली)

【观瞻】guānzhān किसी स्थान का रूप और उस की छोड़ी हुई छाप; दर्शन：有碍～ अशोभन होना; आँख की किरकिरी होना

【观战】 guānzhàn ❶युद्ध देखना; दूसरों की लड़ाई देखना ❷मैच (या होड़) देखना

【观众】 guānzhòng दर्शक; दर्शकवृंद, दर्शक समुदाय

纶（綸）guān नीचे दे०
lún भी दे०

【纶巾】 guānjīn प्राचीन समय में पुरुषों द्वारा सिर ढकने वाला एक प्रकार का रेशमी रूमाल

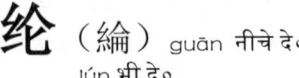

官1 guān ❶सरकारी अफ़सर; अफ़सर; अधिकारी; पदाधिकारी：大～ बड़ा अफ़सर; उच्चाधिकारी / 做～ अधिकारी पद ग्रहण करना; अधिकारी होना ❷सरकारी; राजकीय：官办/官费 ❸सार्वजनिक; पब्लिक：～厕所 सार्वजनिक शौचालय (टायलेट) ❹（Guān）एक कुलनाम

官 2 guān (शरीर का) अंग: 感～ इंद्रिय

【官办】 guānbàn सरकार द्वारा संचालित; सरकारी; राजकीय: ～企业 राजकीय कारोबार

【官报私仇】 guānbào-sīchóu 公报私仇 gōng-bào-sīchóu के समान

【官本位】 guān běn wèi अधिकारी पद मान-दंड

【官兵】 guānbīng ❶अफ़सर और सिपाही: ～一致 अफ़सरों और सिपाहियों के बीच एकता; अफ़सरों और फ़ौजियों की एकता ❷<पुराना> सरकारी सेना

【官舱】 guāncāng <पुराना> जहाज़ में उच्च श्रेणी का डिब्बा; जहाज़ में केबिन क्लास

【官差】 guānchāi सरकारी काम के लिये की जानेवाली लघु यात्रा: 出～ सरकारी काम के लिये लघु यात्रा करना; दफ़्तर के काम पर कहीं यात्रा करना

【官场】 guānchǎng <अना०> अधिकारी वर्ग; अधिकारी कार्य-क्षेत्र

【官倒】 guāndǎo अधिकारी सटोरिया; सरकारी सट्टेबाज़

【官邸】 guāndǐ किसी उच्चाधिकारी का निवास-स्थान; वासस्थान; राजभवन: 首相～ प्रधान मंत्री का निवास-स्थान

【官方】 guānfāng सरकार का; सरकारी; अधिकारी; अधिकृत: ～消息 अधिकृत सूत्रों से प्राप्त समाचार / ～人士 सरकारी अधिकारी; सरकारी व्यक्ति / ～报纸 सरकारी अखबार / 据～统计 सरकारी आंकड़ों के अनुसार / ～语言 अधिकृत भाषा / 据非～消息 गैर-सरकारी सूत्रों से पता चला है कि / 以～身份 अधिकारी हैसियत से

【官费】 guānfèi <पुराना> सरकारी वृत्ति; सरकारी वज़ीफ़ा: ～留学 सरकारी वृत्ति से विदेश में पढ़ना

【官府】 guānfǔ <पुराना> ❶(स्थानीय) सरकार; स्थानीय अधिकारी ❷सामंती अधिकारी

【官复原职】 guānfù-yuánzhí किसी को उस के पहले के पद पर बिठाना; अपने पहले के पद पर काम करना

【官官相护】 guānguān-xiānghù अधिकारी लोग एक दूसरे की रक्षा करते हैं; नौकरशाह एक दूसरे को आड़ देते हैं

【官话】 guānhuà ❶<पुराना> (普通话 pǔtōnghuà का पुराना नाम) अधिकृत बोली; मैंडरिन (Mandarin) ❷नौकरशाही भाषा

【官宦】 guānhuàn <पुराना> सरकारी अधिकारी: ～人家 पदाधिकारी घराना

【官家】 guānjiā <पुराना> ❶सरकार ❷स्थानीय अधिकारी ❸सम्राट्; बादशाह

【官价】 guānjià सरकार द्वारा घोषित चीज़ों का दाम; अधिकृत मूल्य

【官架子】 guānjiàzi अधिकारी का अहंकार; नौकरशाह की शान: 摆～ नौकरशाह की शान दिखाना

【官阶】 guānjiē अधिकारी की श्रेणी

【官爵】 guānjué अधिकारी पद और उपाधियाँ

【官吏】 guānlì <पुराना> सरकारी अफ़सर; अफ़सर; पदाधिकारी; सत्ताधारी

【官僚】 guānliáo नौकरशाह; पदाधिकारी: 封建～ सामंती नौकरशाह / ～作风 नौकरशाही; नौकरशाहाना कार्य-शैली

【官僚机构】 guānliáo jīgòu नौकरशाही संस्था; नौकरशाही मशीन

【官僚主义】 guānliáo zhǔyì नौकरशाही; दफ़्तरशाही: ～作风 नौकरशाहाना कार्य-शैली; काम करने का दफ़्तरशाही ढंग / ～者 नौकरशाह

【官僚资本】 guānliáo zīběn नौकरशाह-पूँजी; नौकरशाही पूँजी

【官僚资本主义】 guānliáo zīběn zhǔyì नौकरशाही पूँजीवाद; नौकरशाह-पूँजीवाद

【官僚资产阶级】 guānliáo zīchǎn jiējí नौकरशाह-पूँजीपति वर्ग

【官迷】 guānmí अधिकारी पद का लालायित; पद-लोलुप

【官名】 guānmíng <पुराना> औपचारिक नाम (घरेलू नाम से अलग)

【官能】 guānnéng इंद्रियबोध की शक्ति; बोधेंद्रिय: 视、听、嗅、味、触这五种～ देखना, सुनना, सूँघना, चखना और छूना ये पाँच बोधेंद्रियाँ

【官气】 guānqì अफ़सरपन; अफ़सरशाही: ～十足 अफ़सरशाही से परिपूर्ण

【官腔】 guānqiāng नौकरशाही धुन; अफ़सरी भाषा: 打～ नौकरशाही धुन में बोलना; अफ़सरी भाषा में बोलना

【官人】 guānrén <पुराना> पत्नी के लिये पति का संबोधन

【官商】 guānshāng ❶सरकारी व्यापार; राजकीय वाणिज्य ❷सरकारी व्यापारी; किसी व्यापारी धंधे का नौकरशाही संचालक: ～作风 सरकारी व्यापारियों की कार्यशैली; वाणिज्य का संचालन करने का नौकरशाही ढंग

【官书】 guānshū <पुराना> सरकारी एजेंसी द्वारा संपादित या प्रकाशित पुस्तक

【官署】 guānshǔ <पुराना> सरकारी दफ़्तर

【官司】 guānsi <बोल०> मुकद्दमा: 打～ मुकद्दमा लड़ाना (चलाना, खड़ा करना)

【官厅】 guāntīng <पुराना> सरकारी दफ़्तर

【官位】 guānwèi अधिकारी का पद; पद

【官衔】 guānxián अधिकारी की उपाधि; अफ़सरी पदवी

【官样文章】 guānyàng-wénzhāng नौकरशाही सरकारी कागज़ात; केवल औपचारिकता; नियमानुकूल व्यवहार

【官窑】 guānyáo (पुराने ज़माने में) चीनी मिट्टी की राजकीय भट्ठी

【官员】 guānyuán पदाधिकारी; अधिकारी; अफ़सर: 外交～ कूटनीतिक अधिकारी

【官运】 guānyùn अफ़सरी जीवन-यात्रा; अधिकारी का जीवन; पदाधिकारी बनने का भाग्य: ～亨通 पदाधिकारी का सफल जीवन बिताना

【官长】 guānzhǎng <पुराना> ❶सरकारी पदाधिकारी ❷सैनिक अफ़सर

【官职】 guānzhí अधिकारी का पद; सरकारी पद; पद

【官佐】 guānzuǒ <पुराना> सैनिक अफ़सर

冠 guān ❶टोपी: 衣～ टोपी और वस्त्र ❷मुकुट के आकार की कोई वस्तु; शिखर; चोटी: 树～ पेड़ का शिखर; पेड़ का सर्वोच्च भाग ❸कलंगी; कलगी: 鸡～ मुर्गे की कलंगी

guàn भी दे०

【冠盖】 guāngài पदाधिकारी की टोपी और छत्र —— सरकारी अफ़सर; पदाधिकारी

【冠盖如云】 guāngài-rúyún（冠盖云集 guāngài-yúnjí भी）उच्च पदाधिकारियों का जमाव होना

【冠盖相望】 guāngài xiāng wàng दो देशों के उच्च पदाधिकारियों का एक दूसरे देश की निरंतर यात्रा करना

【冠冕】 guānmiǎn ❶मुकुट; अधिकारी की टोपी ❷आडंबरपूर्ण; संस्कारयुक्त; भव्य; चिकना-चुपड़ा: 尽说些～话有什么用? केवल चिकनी-चुपड़ी बातें करने से क्या होगा ?

【冠冕堂皇】 guānmiǎn-tánghuáng शब्दाडंबरपूर्ण; भारी-भारी शब्दों का; अत्युक्त; चिकना-चुपड़ा: ～的理由 आडंबरपूर्ण तर्क (या युक्ति) / 他说得～，干的却是卑鄙的勾当。वह चिकनी-चुपड़ी बातें तो कहता है पर काम करता है बहुत नीच का ।

【冠心病】 guānxīnbìng कोरोनरी हृदय-रोग

【冠状动脉硬化】 guānzhuàng dòngmài yìnghuà धमनियों (या नाड़ियों) का कड़ा पड़ना

【冠子】 guānzi कलंगी; कलगी: 鸡～ मुर्गे की कलगी

倌 guān ❶मवेशियों का पालक: 猪～儿 सूअर पालक ❷〈पुराना〉 कुछ विशिष्ट व्यवसायों में मजूरी पर काम करनेवाला: 堂～儿 बैरा; वेटर

棺 guān ताबूत: 棺材

【棺材】 guāncái ताबूत

【棺椁】 guānguǒ 〈पुरा०〉 भीतरी और बाहरी ताबूत

【棺木】 guānmù ताबूत

鳏（鰥）guān पत्नी-हीन; विधुर: ～居 विधुर की स्थिति में रहना; विधुर का जीवन बिताना

【鳏夫】 guānfū 〈लि०〉 पत्नी-हीन वृद्ध; विधुर: ～生活 विधुर जीवन

【鳏寡孤独】 guān-guǎ-gū-dú विधुर, विधवाएं, अनाथ और बाल-बच्चे —— वे जिन का कोई निकट संबंधी न हो और जो अपने आप की सहायता न कर सकते हों

guǎn

馆（舘）guǎn ❶अतिथियों के लिये प्रयुक्त वासस्थान; निवास: 旅～ होटल ❷दूतावास; राजदूत आदि का सरकारी निवासस्थान: 使～ दूतावास ❸(सेवा करनेवाले व्यवसायों की) दूकान: 茶～ चायघर ❹सांस्कृतिक गतिविधियों के लिये प्रयुक्त स्थान: 博物～ म्यूज़ियम ❺〈पुराना〉 पुरानी पद्धति की निजी पाठशाला: 他教过三年～。उस ने निजी पाठशाला में तीन वर्ष पढ़ाया था ।

【馆藏】 guǎncáng (किसी पुस्तकालय या म्यूज़ियम का) ❶संग्रह होना: ～图书二十万册 दो लाख पुस्तकों का संग्रह होना ❷संगृहीत पुस्तकें, वस्तुएँ आदि: 这家博物馆～丰富。इस म्यूज़ियम में संगृहीत वस्तुएँ प्रचुर मात्रा में हैं; इस म्यूज़ियम में प्रचुर वस्तुएँ संगृहीत हैं ।

【馆子】 guǎnzi रेस्टोरेंट; भोजनालय: 下～ रेस्टोरेंट में खाना

管¹ guǎn ❶नल; नलिका; पाइप: 钢～ इस्पाती नल ❷वायु-वाद्य: 单簧～ क्लैरिनेट ❸〈वैद्य०〉 नलिका; ट्यूब; वाल्व: 电子～ इलैक्ट्रां ट्यूब; वाल्व ❹〈परि०श०〉 (लंबी, पतली और बेलनाकार वस्तुओं के लिये): 一～毛笔 एक लिखने का ब्रश / 一～牙膏 टुथ-पेस्ट की एक नलिका (ट्यूब) ❺（Guǎn）एक कुलनाम

管² guǎn ❶प्रबंध करना; संचालन करना; चलाना; काबू में रखना; नियंत्रण करना; देख-भाल करना: ～食堂 भोजनालय का प्रबंध करना / ～家务 गृहस्थी का प्रबंध करना; गृहस्थी चलाना; घर संभालना / ～孩子 बच्चों की देख-भाल करना / 他～的方面很多。वह कार्य के बहुत से पहलुओं का संचालन करता है । / 她能同时～十台机器。वह एक साथ दस मशीनें चला सकती है । / 这事我～不了。यह काम मेरे वश का नहीं है । / 这些学生不好～。इन विद्यार्थियों को काबू में रखना बड़ा मुश्किल है । ❷शासन करना; वश में रखना: 这个省～着几十个县。यह प्रांत दर्जनों काउंटियों पर शासन करता है; इस प्रांत में दर्जनों काउंटियां शासित हैं । / 这个工厂直接归工业部～。यह कारखाना उद्योग-मंत्रालय के सीधे नियंत्रण में है । ❸(बच्चों या छात्रों को) उपदेश देना; शिक्षा देना; नियंत्रण में रखना: 她很会～学生。वह छात्रों को उपदेश देना ख़ूब जानती है । / 对孩子～得太严了不好。बच्चों को अधिक कठोर नियंत्रण में रखना अच्छा नहीं होगा । ❹परवाह करना; ध्यान में रखना; कष्ट उठाना; तकलीफ़ करना; बीच में पड़ना; हाथ लगाना; दखल देना: 他只～自己，从不～别人。वह अपने आप की ही परवाह करता है, और दूसरों की कभी नहीं । / 别～我，快去救火。मेरी चिंता मत करो, जल्दी आग बुझाओ । / 那个你别～，我来做。उस के लिये तुम तकलीफ़ न करो, मैं कर लूँगा । / 他要走就走吧，我才不～哩。वह जाता है तो जाए, मेरी बला से । ❺उपस्थित करना; प्रबंध करना; पहुँचाना; गारंटी देना: ～吃～住 भोजन और निवास का प्रबंध करना / 不好～换。अगर इस में कोई दोष हो तो हम इसे बदलने की गारंटी देते हैं । ❻〈सं०अ०〉〈बोल०〉(管……叫 के प्रसंग में प्रयुक्त) …को …कहना: 我们～他叫李先生。हम उन को ली साहब कहते हैं । / 印地语～这个叫什么? हिन्दी में इस को क्या कहते हैं ? ❼〈संयो०〉〈बोल०〉 चाहे (कौन, क्या, कैसा आदि): ～你怎么说，我一定要去。चाहे तुम कुछ भी कहो, मैं ज़रूर जाऊँगा । / ～他听不听，我还是要好好劝劝他。वह माने चाहे न माने, फिर भी उस को अच्छी तरह समझाऊँगा ।

【管保】guǎnbǎo गारंटी देना (करना); भरोसा दिलाना: 我～他一定会来。मैं गारंटी देता हूँ कि वह ज़रूर आ जाएगा। / 他～不知道。मैं भरोसे के साथ कहता हूँ कि वह नहीं जानता।

【管道】guǎndào ❶नल; नली; नलिका; नाली; नाला; पाइपिंग: 石油～ पेट्रोल के नल / 安装～ नली-निर्माण करना; नली बनाना ❷मार्ग; रास्ता

【管儿灯】guǎnrdēng <बोल०> फ़्लूरेसेंट बल्ब

【管风琴】guǎnfēngqín <संगी०> पाइप आर्गन; आर्गन

【管家】guǎnjiā ❶गृहस्थी का प्रबंध करना; गृहस्थी चलाना; घर संभालना ❷<पुराना> किसी बड़े घराने की संपत्ति का प्रबंधक; प्रधान सेवक; स्टूवर्ड; बटलर ❸किसी दफ़्तर की संपत्ति का प्रबंधक; दफ़्तर का रखनेवाला; गृहप्रबंधक

【管见】guǎnjiàn <विनम्र०> मेरी अल्पमति; मेरी मूल्यहीन राय; मेरी सीमित समझ: 略陈～ अपनी मूल्यहीन राय पेश करना

【管教】[1] guǎnjiào <बोल०> निश्चित रूप से; निश्चय ही; निस्संदेह: 跟他走，～没错。उस के साथ-साथ चलो, ठीक ही रास्ता मिलेगा।

【管教】[2] guǎnjiào ❶(लड़कों या छात्रों को) अनुशासित करना; शिक्षा देना; नियंत्रित करना; शोधित करना: 这孩子太调皮，得严加～。यह लड़का बहुत ही चंचल है, उसे अच्छी तरह नियंत्रित करना चाहिये । ❷(किसी अपराधी को) निगरानी में रखना और शारीरिक श्रम द्वारा शिक्षण देना: ～所 निगरानी और शिक्षण केंद्र

【管井】guǎnjǐng नलकूप; ट्यूब वेल

【管窥】guǎnkuī बाँस की नली में से किसी चीज़ को देखना —— संकुचित दृष्टि से देखना: ～所及 मेरी अल्पमति में; मेरी सीमित समझ में

【管窥蠡测】guǎnkuī-lícè बाँस की नली में से आकाश देखना और तूंबी से समुद्र का पानी मापना —— दृष्टि संकुचित और समझ सीमित होना

【管理】guǎnlǐ ❶प्रबंध करना; परिचालन करना; शासन करना; निरीक्षण करना; प्रशासन करना; रखवाली करना: ～城市 नगर-प्रशासन करना / ～国家大事 राजकीय मामलों का प्रबंध करना; राज्य-शासन करना / ～财务 वित्तीय मामलों का प्रबंध करना / ～出入口贸易 आयात-निर्यात के व्यापार की देख-भाल करना / ～图书 पुस्तकों की रखवाली करना / ～家务 गृहस्थी का प्रबंध करना; गृहस्थी चलाना / 工商～ उद्योग और वाणिज्य का प्रशासन-कार्य / 加强企业～ कारोबारों का संचालन दृढ़ करना ❷(व्यक्तियों या पशुओं को) नियंत्रित करना; देख-रेख करना: ～犯人 कैदियों की देख-रेख करना / ～牲口 मवेशियों का पालन करना

【管理处】guǎnlǐchù प्रबंध-विभाग; प्रशासन-आफ़िस

【管理费】guǎnlǐfèi प्रबंध का खर्च; प्रशासन-खर्च

【管理委员会】guǎnlǐ wěiyuánhuì प्रबंध-समिति; प्रबंध का बोर्ड

【管理员】guǎnlǐyuán प्रबंधक; प्रबंध कर्त्ता; मैनेजर कर्मचारी; निरीक्षक

【管区】guǎnqū शासित क्षेत्र

【管事】guǎnshì ❶कार्यों का प्रबंध करना; ज़िम्मेदार होना: 这里谁～? यहां के काम के लिये कौन ज़िम्मेदार है ? ❷<बोल०> उपयोगी; कारगर: 这药很～儿。यह दवा बहुत कारगर होती है। / 我的右眼已经不～了。मेरी दाहिनी आँख अब काम नहीं करती है; मेरी दाहिनी आँख बेकार हो गई है। / 他说的话不～。वह जो कहता है उस का कोई असर नहीं पड़ेगा। ❸<पुराना> प्रबंधक; कारिंदा; स्टूवर्ड

【管束】guǎnshù नियंत्रण में रखना; वश में रखना; रोके रखना: 严加～ कठोर वश में रखना

【管辖】guǎnxiá शासन करना; वश में रखना: ～范围 शासित क्षेत्र; अधिकार-क्षेत्र / 直辖市由中央直接～。केंद्र द्वारा शासित नगरों पर केंद्रीय सरकार सीधे तौर पर शासन करती है।

【管闲事】guǎn xiánshì हाथ डालना; टाँग अड़ाना; दखल देना; हस्तक्षेप करना; बीच में कूदना: 他这个人就是爱～。वह सचमुच ही टाँग अड़ानेवाला व्यक्ति है। / 这是他们兄弟俩的问题，你别～。यह उन दो भाइयों का मामला है, तुम बीच में न कूदो।

【管弦乐】guǎnxiányuè आरकेस्ट्रा म्यूज़िक

【管弦乐队】guǎnxián yuèduì आरकेस्ट्रा

【管线】guǎnxiàn नल और तार; पाइप और बिजली की लाइनें

【管押】guǎnyā बंद करना; गिरफ़्तार करना; हिरासत में रखना

【管涌】guǎnyǒng सैंड बायल

【管用】guǎnyòng 管事❷ के समान

【管乐队】guǎnyuèduì विंडबैंड; बैंड

【管乐器】guǎnyuèqì विंड इंस्ट्रूमेंट; वायुवाद्य

【管制】guǎnzhì ❶नियंत्रण करना; कंट्रोल करना; नियत करना: ～物价 दामों पर नियंत्रण करना / ～对外贸易 बाहरी क्षेत्रों से व्यापार पर नियंत्रण रखना / ～灯火 अंधेरा कर देना (विमानों के आक्रमण से रक्षा के लिये) / 军事～ सैनिक कंट्रोल करना; (पर) सैनिक नियंत्रण लागू करना / 外汇～ विदेशी मुद्रा कंट्रोल ❷(किसी अपराधी आदि को) निगरानी में रखना: 交群众～ जन-समुदाय की निगरानी में रखना

【管中窥豹】guǎnzhōng-kuībào बाँस की नली में से चीता देखना —— संकुचित दृष्टि होना

【管中窥豹，可见一斑】guǎnzhōng-kuībào, kějiàn-yībān किसी चीते का एक धब्बा देखकर तुम उस का पूरा शरीर मन में चित्रित कर सकते हो; किसी चीज़ का एक भाग देखकर उस के पूरे रूप की कल्पना करना

【管子】guǎnzi नल; नली; नलिका; ट्यूब; पाइप: 自来水～ नल के पानी की नली

【管子工】guǎnzigōng नल साज़; प्लम्बर

guàn

观（觀）guàn ताओ-धर्म का मंदिर: 白云～

पाएयुन (सफ़ेद बादल) मंदिर (पेइचिंग में)
guān भी दे०

贯（貫）guàn ❶से गुज़रना; से होकर निकलना: 纵～ उत्तर से दक्षिण तक अथवा दक्षिण से उत्तर तक गुज़र जाना ❷एक साथ जुड़ा हुआ होना; पिरोया हुआ होना: 贯珠 ❸(पुराने युग में) 1000 सिक्कों की माला; टेल（tael）: 《十五～》'पंद्रह टेल' (एक नाटक) ❹（Guàn）एक कुलनाम

【贯彻】guànchè लागू करना; कार्यान्वित करना; अमल करना; व्यवहार में लाना; पूरा करना; परिपालन करना: ～党的路线 पार्टी की लाइन का परिपालन करना / ～大会的决议 कांग्रेस के निश्चय को कार्यान्वित करना; सभा के प्रस्ताव को अमल में लाना / 始终～增产节约的方针 उत्पादन बढ़ाने और मितव्यय करने की कार्यनीति को पूर्णतया लागू करना

【贯穿】guànchuān ❶से गुज़रना; से होकर निकलना: 这条公路～几十个县。यह राजपथ दर्जन काउंटियों से होकर निकलता है। ❷फैल जाना; परिव्याप्त होना; समा जाना: 团结互助的精神～在我们的班里。हमारी कक्षा एकता और पारस्परिक सहायता की भावनाओं से ओतप्रोत है; हमारी कक्षा में एकता और पारस्परिक सहायता की भावनाएं परिव्याप्त हैं।

【贯串】guànchuàn फैल जाना; समा जाना; परिव्याप्त होना: 事物发展的每一个过程都～着矛盾。किसी घटना के विकास की हरेक अवस्था में अंतरविरोध समाये हुए हैं। / 国际主义精神～全剧。इस नाटक में शुरू से अंत तक अंतर्राष्ट्रीयता भरी हुई है।

【贯通】guàntōng ❶पूर्ण रूप से समझना; पूरा ज्ञान होना; निपुण होना; अभिज्ञ होना: ～中西医学 पश्चिमी और चीनी परम्परागत चिकित्सा दोनों में अभिज्ञ होना ❷जुड़ना; जोड़ना: 这座大桥修成以后，这条铁路就全线～了。यह पुल जब बनकर तैयार हो जाएगा तब यह पूरी रेलवे लाइन जुड़ जाएगी।

【贯珠】guànzhū मोतियों की माला; पिरोये हुए मोती: 声如～ पिरोए हुए मोतियों का सा स्वर निकलना

【贯注】guànzhù ❶एकाग्र करना; केंद्रित करना; एकत्र करना: 把精力～在工作上 अपनी शक्ति और ध्यान अपने कार्य में एकत्र करना / 大家全神～地听着。लोग अपना पूरा ध्यान लगाकर सुन रहे थे। ❷अर्थ या भाव में संबद्ध होना: 这两句是一气～下来的。ये दो वाक्य घनिष्ठ रूप से संबद्ध हैं।

冠 guàn ❶〈लि०〉टोपी पहनना ❷··· के पहले जोड़ना; आगे लगाना: 县名前～上省名 काउंटी के नाम के पहले प्रांत का नाम लिखना ❸प्रथम स्थान; सर्वश्रेष्ठ: 居全国之～ सारे देश में सर्वश्रेष्ठ होना; सारे देश में प्राथमिकता प्राप्त होना ❹（Guàn）एक कुलनाम
guān भी दे०

【冠军】guànjūn चैंपियन

【冠军赛】guànjūnsài चैंपियनशिप प्रतियोगिता

【冠名权】guànmíngquán नाम रखने का अधिकार

掼（摜）guàn〈बोल०〉❶फेंकना; छोड़ना; डालना: ～手榴弹 हथगोला फेंकना / ～稻 धान के डंठलों को झाड़ना ❷गिरना; गिराना: 他～了一个跟头。वह ठोकर खाकर गिर पड़ा / 他把对手～倒在地。उस ने अपने विरोधी को ज़मीन पर गिरा दिया।

【掼跤】guànjiāo〈बोल०〉धड़ाम से गिरना; पछाड़ खाना; एकाएक गिर पड़ना

【掼纱帽】guàn shāmào〈बोल०〉ताव में अपनी अधिकारी टोपी उतारकर छोड़ देना; गुस्से में त्याग-पत्र देना

惯（慣）guàn ❶आदी होना; अभ्यस्त होना; आदत हो जाना; आदत पड़ना: 这孩子整天在院子里玩～了。यह लड़का दिन भर आँगन में खेलने का आदी था। / 她刚入学时，还过不～集体生活。जब वह विश्वविद्यालय में दाख़िल हुई थी, तब शुरू में सामूहिक जीवन की अभ्यस्त नहीं थी। / 这孩子～说假话。इस लड़के को झूठ बोलने की आदत हो गई है। / 老人劳动～了，一天不干活就不舒服。इस बूढ़े को परिश्रम की आदत पड़ गई है, बिना कुछ काम किये एक दिन भी आराम नहीं मिलता। ❷लाड़ या प्यार से बिगाड़ देना; सिर चढ़ाना; इच्छा पूरी करना; बात मानना; लत डाल लेना: 妈妈老～着他，他要什么就给什么。माँ उस की हर इच्छा पूरी करती है, वह जो भी चाहता है उसे दे देती है। / 爷爷把孩子～坏了。दादा जी ने इस लड़के को लाड़ से बिगाड़ दिया है। / 孩子不能～。छोटों को कभी भी सिर न चढ़ाओ।

【惯犯】guànfàn अभ्यस्त अपराधी; पक्का अपराधी

【惯匪】guànfěi अभ्यस्त डाकू; पक्का डाकू

【惯技】guànjì〈अना०〉अभ्यस्त चाल; पुरानी चाल

【惯例】guànlì हमेशा से प्रचलित रिवाज; कायदा; नियम; रूढ़ि; व्यवहार; परिपाटी: 按照国际～ अंतर्राष्ट्रीय व्यवहार के अनुसार / 打破～ रूढ़ियों को तोड़ना; प्रचलित रिवाजों की अवहेलना करना

【惯窃】guànqiè अभ्यस्त चोर; पक्का चोर

【惯偷】guàntōu अभ्यस्त चोर; पक्का चोर

【惯性】guànxìng〈भौ०〉इनर्शिया（inertia）

【惯用】guànyòng〈अना०〉❶आदतन प्रयोग करना; हमेशा अपनाना: ～两面派的手法 हमेशा दुरंगी चाल चलाना ❷अभ्यस्त; प्रचलित; परंपरागत: ～伎俩 अभ्यस्त चाल; परंपरागत चाल / ～手法 अभ्यस्त हथकंडा; पुराना हथकंडा

【惯贼】guànzéi अभ्यस्त चोर; पक्का चोर

【惯纵】guànzòng सिर चढ़ाना; ज़्यादा लाड़ प्यार से बिगाड़ देना: 不要～孩子。बच्चों को कभी भी सिर न चढ़ाओ।

盥 guàn〈लि०〉(हाथ या मुँह) धोना

【盥漱】guànshù अपना मुँह धोना और आचमन करना

【盥洗】guànxǐ मुँह-हाथ धोना: ～用具 मुँह-हाथ धोने की चीज़ें; टायलेट आरटिकल

【盥洗室】guànxǐshì मुँह-हाथ धोने का कमरा

【盥洗台】guànxǐtái वाशस्टैंड

灌 guàn ❶सींचना; सिंचाई करना: 引水～田 पानी खींचकर खेतों की सिंचाई करना ❷उँड़ेलना; भरना; ढालना: 把开水～到暖瓶里 उबला पानी थर्मस में उँड़ेलना (या भरना) / 给孩子～药 तरल औषधि को बच्चे के गले में डालना; बच्चे को दवा पिलाना / 他～了我三杯。उस ने मुझे तीन कप शराब पिलाई / ～醉 (किसी को) बदमस्त रखना / 冷风直往屋里～。ठंडी हवा ज़ोरों के साथ कमरे में बहती रही। / 那响亮的声音直往他耳朵里～。वह ज़ोरदार आवाज़ उस के कानों में भरती रही। ❸(टेप या डिस्क आदि पर) रिकार्ड करना: ～唱片 ग्रामोफ़ोन रिकार्ड करना

【灌肠】 guàncháng 〈चिकि०〉 गुदा द्वारा तरल औषधि पेट में चढ़ाना; एनिमा देना (enema)

【灌肠】 guànchang गोश्त भरी मसालेदार जानवर की आँत; सासेज (sausage)

【灌溉】 guàngài सींचना; सिंचाई करना: ～农田 खेतों की सिंचाई करना / ～用水 सिंचाई के लिये प्रयुक्त पानी; सिंचाई का पानी

【灌溉面积】 guàngài miànjī सिंची ज़मीन का क्षेत्रफल

【灌溉渠】 guàngàiqú सिंचाई की नहर

【灌溉网】 guàngàiwǎng सिंचाई का जाल

【灌溉系统】 guàngài xìtǒng सिंचाई की व्यवस्था

【灌浆】 guànjiāng ❶〈वास्तु०〉 (दरार आदि में) सीमेंट का घोल भरकर बन्द करना; गच करना; ग्राउट करना ❷〈कृ०〉 (अनाज के दानों का) दूध के रूप में रहना ❸〈चिकि०〉 मवाद पड़ना

【灌迷魂汤】 guàn míhúntāng मीठे शब्दों से किसी को जाल में फंसाने का प्रयास करना

【灌米汤】 guàn mǐtāng चिकनी-चुपड़ी बातें करके किसी को फंदे में फंसाना; किसी की खुशामद करना

【灌木】 guànmù झाड़ी; गुल्म: ～丛 झाड़ियों से भरी जगह; गुल्म-वाटिका

【灌区】 guànqū सिंचित क्षेत्र

【灌渠】 guànqú सिंचाई की नहर

【灌输】 guànshū ❶बहते हुए पानी को उस जगह की ओर मोड़ना जहां पानी की ज़रूरत हो ❷(भाव, धारणाओं आदि को व्यक्ति, मन में) धीरे धीरे उतारना; सिखाना; भर देना; (भावों आदि से) अनुप्राणित करना; उत्तेजित करना: 向农民～科学知识 किसानों को वैज्ञानिक ज्ञान सिखाना / 给学生～爱国主义思想 विद्यार्थियों को देशभक्ति से अनुप्राणित करना; छात्रों को देशप्रेम की शिक्षा देना

【灌音】 guànyīn अपनी आवाज़ रिकार्ड करना

【灌注】 guànzhù उँड़ेलना; भरना; डालना: 把铁水～到砂型里 गला हुआ लोहा रेत-साँचे में ढालना

鹳 (鸛) guàn स्टोर्क (stork)

罐 (鑵) guàn ❶घड़ा; लोटा; मर्तबान; जार; डिब्बा: 茶叶～儿 चाय का डिब्बा / 水～儿 लोटा ❷〈खनि०〉 कोयले को उठाने की नाँद या संदूक; कोयला-टब

【罐车】 guànchē टैंकर

【罐笼】 guànlóng 〈खनि०〉 केज

【罐头】 guàntou ❶〈बोल०〉 डिब्बा; टिन का डिब्बा ❷टिन में बन्द खाद्य; डिब्बाबन्द पदार्थ: 吃～ डिब्बाबन्द पदार्थ खाना / ～水果 डिब्बाबन्द फल

【罐头厂】 guàntouchǎng डिब्बाबन्द करने का कारखाना

【罐头食品】 guàntou shípǐn डिब्बे में बन्द खाद्य; डिब्बाबन्द पदार्थ

【罐子】 guànzi घड़ा; लोटा; गागर; कलसा: 空～ खोखला घड़ा / 一～水 एक लोटा पानी

guāng

光 guāng ❶प्रकाश; रोशनी: 太阳～ सूर्य का प्रकाश / 火～ अग्नि का प्रकाश / 电灯～ बिजली की रोशनी / 借着油灯～看书 दीपक के प्रकाश में किताब पढ़ना / 发～ रोशनी देना ❷प्राकृतिक दृश्य; दृश्यावली: 春～ वसंत के प्राकृतिक दृश्य ❸शोभा; गौरव: 为国增～ अपने देश की शोभा बढ़ाना ❹भलाई; फ़ायदा: 沾～ फ़ायदा उठाना ❺〈विनम्र०〉 (शिष्टाचार प्रकट करने के लिये) 光临 ❻〈लि०〉 अधिक शानदार या तेजस्वी बनाना: 光前裕后 ❼चिकना; चमकदार: 磨～ चिकना बनाना / 这种纸很～。ऐसा कागज़ बहुत चिकना है। ❽समाप्त होना; खत्म होना; कर चुकना; कुछ भी बाकी न रहना: 我的钱都用～了。मेरा पैसा सब खर्च हो गया। / 把饭吃～了吧。यह भोजन समाप्त कर दो। / 把敌人消灭～ दुश्मन का सफ़ाया कर देना ❾नंगा; नग्न: ～头 नंगा सिर (टोपी न पहने हुए) / ～着脚 नंगे पैर (पांव) / ～着身子 नंग-धड़ंग ❿〈क्रि०वि०〉 केवल; सिर्फ़; अकेले: 她～哭不说话。वह सिर्फ़ रोती रहती थी और कुछ बोलती न थी। / 不～我，大家都知道这件事。केवल मैं ही नहीं, बल्कि सब लोग यह बात जानते हैं। / ～你一个人去，恐怕办不成。अगर तुम अकेले ही जाओगे, तो शायद काम नहीं चलेगा।

【光斑】 guāngbān 〈खगोल०〉 सूर्य पर चमकने वाला धब्बा; फ़ेक्यूला (facula)

【光板儿】 guāngbǎnr ❶बिना बालवाली खाल का पुराना कपड़ा ❷(पुराने युग में) बिना विशिष्ट निशान का तांबे का सिक्का

【光波】 guāngbō प्रकाश-तरंग; लाइट-वेव

【光彩】 guāngcǎi ❶रंग और प्रकाश; चमक; शोभा; शान-शौकत: ～夺目的各色丝绸 चमकदार और चुंधियानेवाले रंगबिरंगे रेशमी कपड़े ❷गौरव; सम्मान: 这对我们来说也很～。यह हमारे लिये भी बड़े गौरव की बात है। / 他在这件事情当中扮演了一个不～的角色。उस ने इस में एक लज्जाजनक पार्ट अदा किया।

【光彩照人】 guāngcǎi-zhàorén चमकदार और आकर्षक; शानदार और सम्मानजनक

【光灿灿】 guāngcàncàn चमकता हुआ; जगमगाता

हुआ：～的秋阳 शरद् ऋतु का चमकता हुआ सूर्य

【光赤】 guāngchì नंगा; नग्न：他～着身子在地里干活。वह नंगी पीठ खेत में काम कर रहा है।

【光宠】 guāngchǒng <लि०> (प्रदत्त) सम्मान या वरदान

【光大】 guāngdà <लि०> ❶अधिक शानदार बनाना; अधिक तेजस्वी बनाना; विकसित करना：发扬光大 fāyang–guāngdà ❷लम्बा-चौड़ा; विशाल

【光导管】 guāngdǎoguǎn 光敏电阻 guāngmǐn diànzǔ का दूसरा नाम

【光导纤维】 guāngdǎo xiānwéi 光学纤维 guāngxué xiānwéi का दूसरा नाम

【光电】 guāngdiàn <भौ०> फ़ोटोइलैक्ट्रीसिटी (photo-electricity)：～发射 फ़ोटोएमिशन（photoemission）

【光电导体】 guāngdiàn dǎotǐ फ़ोटोकंडक्टर（photoconductor）

【光碟】 guāngdié आप्टिकल डिस्क

【光度】 guāngdù <भौ०> ज्योति; लूमिनोसिटी (luminosity)

【光风霁月】 guāngfēng–jìyuè धीमी हवा और स्वच्छ चंद्रमा के समान —— विशालहृदय और निष्कपट

【光复】 guāngfù (अपने खोए हुए प्रदेश आदि को अपने ही प्रयत्नों से) वापस लेना; (सम्मान आदि) बहाल करना

【光复旧物】 guāngfù–jiùwù (हमलावर के पास से) अपने खोए हुए प्रदेश आदि को फिर से प्राप्त करना

【光杆儿】 guānggǎnr ❶नंगा डंठल：～牡丹 नंगे डंठल पर की पेओनी ❷वह व्यक्ति जिस ने अपने परिवार को गंवा दिया हो; अकेला ❸वह व्यक्ति जिस का कोई अनुचर न हो

【光杆司令】 guānggǎn sīlìng बिना सैनिकों का कमांडर; बिना अनुचरों का नेता

【光顾】 guānggù <शिष्ट०> (दुकानदारों द्वारा प्रयुक्त) खरीदारों का पदार्पण：如蒙～，无任欢迎。आप के पदार्पण का हार्दिक स्वागत है; आप का समर्थन बहुत अभिलषित है।

【光怪陆离】 guāngguài–lùlí रूप में अद्भुत और रंग में विविध; ऊटपटांग और रंगबिरंगा

【光棍】 guānggùn ❶गुंडा; बदमाश ❷<बोल०> चतुर व्यक्ति; चालाक：～不吃眼前亏。कोई चालाक व्यक्ति ऐसी लड़ाई नहीं लड़ता जिस में जीत की संभावना न हो।

【光棍儿】 guānggùnr अविवाहित; क्वारा：打～ अविवाहित रहना

【光合作用】 guānghé zuòyòng <वन०> प्रकाश-संश्लेषण; फ़ोटोसिंथेसिस（photosynthesis）

【光华】 guānghuá चमक; दीप्ति：日月～ सूर्य और चंद्रमा की चमक

【光滑】 guānghuá चिकना; स्निग्ध：她的皮肤～细腻。उस की त्वचा मुलायम और स्निग्ध है। / 大理石桌面很～。इस मेज़ का संगमरमरवाला ऊपरी तल बहुत ही चिकना है।

【光环】 guānghuán ❶किसी नक्षत्र या सूर्य के चारों ओर का प्रकाश मण्डल ❷देवताओं के सिर के चारों ओर अंकित प्रभामंडल; प्रकाशवृत्त

【光辉】 guānghuī ❶चमक; दीप्ति; प्रभा; आभा; शोभा; शान; गौरव：太阳的～ सूर्य की चमक / 那些珠宝在阳光下发出耀眼的～。वे गहने धूप में चमक रहे थे। / 敌人的诽谤无损于我党的～。शत्रु के निंदात्मक प्रहारों से हमारी पार्टी के गौरव पर कोई चोट नहीं लगेगी। ❷चमकदार; शोभायमान; शानदार; उज्ज्वल; चमकीला：～榜样 शानदार मिसाल; दिव्य उदाहरण / ～形象 शानदार पात्र; उज्ज्वल उदाहरण / ～典范 शानदार मिसाल / ～事迹 शोभायमान कारनामे; गौरवपूर्ण कार्य / ～的一生 गौरवपूर्ण जीवन / ～的前景 उज्ज्वल भविष्य

【光辉灿烂】 guānghuī–cànlàn शानदार और उज्ज्वल; गौरवपूर्ण और चमकीला

【光火】 guānghuǒ <बोल०> आग-बबूला हो जाना; गुस्से में आना

【光洁】 guāngjié चमकीला और साफ़-सुथरा：在灯光照耀下，大理石的墙壁显得格外～。बत्तियों की रोशनी में संगमरमरवाली दीवारें विशिष्ट रूप से चमकदार और साफ़-सुथरी दिखाई पड़ती थीं।

【光洁度】 guāngjiédù <यां> स्मूथ फ़िनिश（smooth finish）; चिकनापन

【光景】 guāngjǐng ❶प्राकृतिक दृश्य; दृश्य：好一派草原～。घास के मैदान का बहुत ही सुन्दर दृश्य नज़र में आया। ❷स्थिति; हालत：明年的～会比今年还要好些。अगले वर्ष की स्थिति इस वर्ष से कुछ अच्छी होगी। / 他家的～相当不错。उन के घर की हालत काफ़ी अच्छी है। / 没想到他会落到这副～。मैं ने कभी कल्पना भी नहीं की थी कि उस पर ऐसी नौबत आएगी। ❸शायद; हो सकता है कि：今天太闷热，～是要下雨。आज बड़ी उमस लगती है, शायद पानी बरसनेवाला है। ❹लगभग; करीब：一个四、五岁～的孩子 करीब चार या पाँच साल का एक बच्चा / 他家离这儿有十里～。उस का घर यहाँ से लगभग दस ली की दूरी पर है।

【光缆】 guānglǎn आप्टिकल केबल

【光亮】 guāngliàng प्रकाशमान; रोशनीदार; चमकदार：～的窗子 रोशनीदार खिड़कियां / 这些家具油漆得挺～。ये रोगनदार साज़ो-सामान बड़े चमकदार हैं।

【光疗】 guāngliáo <चिकि०> फ़ोटोथेरेपी（phototherapy）

【光临】 guānglín <शिष्ट०> (अतिथि या यात्री का) शुभागमन होना; पदार्पण होना या करना; पधारना：欢迎～。आप के पदार्पण का स्वागत है। / 恭候～。हम आप के शुभागमन की प्रतीक्षा में हैं।

【光溜溜】 guāngliūliū ❶चिकना; फिसलाऊ：她走在～的冰上有点害怕。फिसलाऊ बर्फ़ पर चलते हुए उसे ज़रा डर लग रहा था। ❷नंगा; नग्न：孩子们脱得～的在河里游泳。लड़के अपने कपड़े उतारकर नंग-धड़ंग नदी में तैर रहे थे।

【光溜】 guāngliu <बोल०> चिकना; चमकदार; फिसलाऊ：～的纸 चमकदार कागज़

【光芒】 guāngmáng ज्वलंत प्रकाश की रेखा; किरण; ज्योति：～万丈 ज्योतिर्मय होना / ～四射 जगमगाती किरणें फैलाना / 延安精神永放～。यान आन की

भावना हमेशा चमकती रहेगी।

【光明】 guāngmíng ❶प्रकाश; रोशनी; उज्ज्वलता: 黑暗中的一线～ अंधेरे में रोशनी की एक किरण ❷प्रकाशमय; रोशनीदार; उज्ज्वल; उजला: 前途是～的，道路是曲折的。भविष्य उज्ज्वल है, पर रास्ता टेढ़ा-मेढ़ा है। / 社会主义的～大道 समाजवादी प्रकाशमय मार्ग ❸शुद्धहृदय; साफ़दिल: 心地～ शुद्धहृदय

【光明磊落】 guāngmíng-lěiluò स्पष्टवादी और निष्कपट

【光明正大】 guāngmíng-zhèngdà न्यायोचित और सम्मानपूर्ण; स्पष्टवादी और निष्कपट: 这是件～的事情，没必要对谁隐瞒。यह तो न्यायोचित और सम्मानपूर्ण बात है, इसे किसी से छिपाने की ज़रूरत नहीं।

【光年】 guāngnián 〈खगोल०〉 प्रकाश-वर्ष

【光盘】 guāngpán दे० 光碟

【光谱】 guāngpǔ 〈भौ०〉 वर्णपट; स्पेक्ट्रम (spectrum)

【光谱学】 guāngpǔxué स्पेक्ट्रोस्कोपी (spectroscopy): ～家 स्पेक्ट्रोस्कोपिस्ट (spectroscopist)

【光前裕后】 guāngqián-yùhòu अपने पूर्वजों को अधिक शोभा देना और अपनी आनेवाली पीढ़ियों का कल्याण करना (प्रायः किसी के कारनामे की प्रशंसा करने में प्रयुक्त)

【光圈】 guāngquān（光孔 guāngkǒng，光阑 guānglán भी）〈फ़ोटो०〉 एपरचर（aperture）

【光荣】 guāngróng ❶गौरवपूर्ण; गौरवशाली; सम्मानपूर्ण; सम्मानजनक; सम्मानित: ～传统 गौरवमय परम्परा / ～称号 सम्मानजनक पदवी / ～岗位 सम्मान-पद / ～的职责 सम्मानीय कर्तव्य / ～的任务 सम्मानप्रद कार्य / ～军属 जन-मुक्ति सैनिक के सम्मानित परिवारजन; सैनिक का परिवार / ～入伍 गौरव के साथ सेना में भरती होना / 我们为你感到～。हमें तुम पर गर्व है। ❷गौरव; सम्मान: ～归于祖国。गौरव देश का है।

【光荣榜】 guāngróngbǎng सम्मान-फलक

【光荣花】 guāngrónghuā सम्मान-फूल (जो गौरव के निशान के रूप में युद्ध-वीरों, आदर्श कर्मचारियों आदि को चढ़ाये जाते हों)

【光润】 guāngrùn चिकना और स्निग्ध (चमड़ा)

【光闪闪】 guāngshǎnshǎn चमकदार; चमकीला; जगमगाता हुआ: ～的珍珠 चमकदार मोती

【光束】 guāngshù 〈भौ०〉 किरणावलि; रश्मिमाला; प्रकाश-दंड

【光速】 guāngsù 〈भौ०〉 प्रकाश का वेग

【光天化日】 guāngtiān-huàrì दिन का प्रकाश; दिन दहाड़े; दिन दोपहर: 他们竟敢在～之下进行抢劫。उन्हों ने दिन-दहाड़े ही लूट मचाई। / 我们要将其阴谋暴露在～之下。हम उस के षड्यंत्र को प्रकाश में लाएंगे।

【光头】 guāngtóu ❶नंगे सिर: 他不习惯戴帽子，一年四季总光着头。वह टोपी पहनने का आदी नहीं है, साल भर नंगे सिर रहता है। ❷मुँड़ा हुआ सिर: 剃个～ अपना सिर मुँड़ाना

【光秃秃】 guāngtūtū नंगा; नग्न; गंजा; (भूमि) वृक्ष-रहित; उजाड़; (वृक्षादि) पत्रहीन: 地上～的，什么也不长。उजाड़ भूमि थी, उस पर कुछ भी नहीं उपजता था। / 叶子全掉了，只剩下～的树枝。पेड़ की पत्तियां झड़ चुकी थीं, बस, नंगी डालियां ही रह गईं।

【光纤】 guāngxiān 光学纤维 का संक्षिप्त रूप

【光鲜】 guāngxiān भड़कीला और नया; सुन्दर और साफ़-सुथरा: 她穿着一身～的衣服。वह भड़कीले और नये कपड़े पहने हुए थी।

【光线】 guāngxiàn रोशनी; प्रकाश की रेखा; किरण: 这间屋子～充足。इस कमरे में काफ़ी रोशनी है; यह कमरा बड़ा रोशनीदार है। / 不要在～不好的地方看书。मंद-प्रकाश में पढ़ा मत करो।

【光学】 guāngxué आप्टिक्स（optics）

【光学玻璃】 guāngxué bōli आप्टिकल ग्लास

【光学纤维】 guāngxué xiānwéi आप्टिकल फ़ाइबर

【光学仪器】 guāngxué yíqì आप्टिकल यंत्र (इंस्ट्रूमेंट)

【光艳】 guāngyàn भड़कीला और सुन्दर

【光焰】 guāngyàn ज्वलंत प्रकाश; तेज़ रोशनी; शानदार किरण; ज्योति: ～耀目 चकाचौंध करनेवाला ज्वलंत प्रकाश

【光洋】 guāngyáng 〈बोल०〉 चाँदी का सिक्का

【光耀】 guāngyào ❶ज्वलंत प्रकाश; चमक दमक: ～夺目 चकाचौंध करनेवाला ❷सम्मान; गौरव; शोभा ❸गौरवमय बनाना; शोभा देना; आगे बढ़ाना; विकसित करना: ～门庭 अपने घराने को शोभा देना / ～祖国 अपने देश को सम्मानपूर्ण बनाना

【光阴】 guāngyīn समय; वक्त: ～似箭。समय तो तीर के समान तेज़ी से गुज़रता जाता है। / 青年时代的～是很宝贵的。जवानी का समय बहुत कीमती है। / 一寸～一寸金，寸金难买寸～。समय का एक पल सोने के एक माशे के बराबर होता है, पर एक माशा सोने से एक पल समय खरीदा नहीं जा सकता।

【光源】 guāngyuán 〈भौ०〉 प्रकाश का उद्गम; प्रकाश देनेवाली वस्तु

【光泽】 guāngzé चमक; दमक; प्रकाश; शोभा; काँति; रौनक: 磨出～来 (किसी चीज़ को) रगड़कर चमकदार बनाना / 这些珍珠的～差一些。इन मोतियों की कांति में ज़रा कमी है। / 听到这个喜讯，她脸上露出了～。यह खुशखबर सुनते ही उस के चेहरे पर रौनक आ गई।

【光照】 guāngzhào 〈वन०〉 प्रदीप्ति; इल्यूमिनेशन（illumination）

【光柱】 guāngzhù किरणावलि; प्रकाश-दंड; रश्मिमाला: 探照灯的～ सर्चलाइट का प्रकाश-दंड

【光子】 guāngzǐ（光量子 guāngliàngzǐ भी）〈भौ०〉 फ़ोटन（photon）: ～火箭 फ़ोटन राकेट

【光宗耀祖】 guāngzōng-yàozǔ अपने पूर्वजों को सम्मान देना

咣 guāng 〈अनु०〉 धमाका; धम: ～的一声，关上了大门。दरवाज़ा धमाके के साथ बन्द कर दिया गया।

胱 guāng दे० 膀胱 pángguāng

guǎng

广¹（廣）guǎng ❶चौड़ा; बड़ा; विस्तृत; व्यापक; विशाल; बृहत्; दूर तक फैला हुआ: 地～人稀 विशाल भूमि और कम आबादी होना / 知识面～ ज्ञान का क्षेत्र व्यापक होना / 他见识很～。वह बड़ा अनुभवी है। / 他交友甚～。उस की मित्र-मंडली बहुत बड़ी है। / 这支小调流行很～。यह छोटा-सा गीत बहुत लोकप्रिय है। ❷बहुत; प्रचुर: 大庭～众 बड़े जनसमूह के सामने ❸व्यापक रूप देना; फैलाना: 以～流传 ताकि इसे व्यापक रूप से और दूर तक फैलाया जाए

广²（廣）Guǎng ❶广东 क्वांग तोंग या 广州 क्वांगचओ का संक्षिप्त रूप: ～货 क्वांगतोंग में उत्पादित माल ān भी दे०

【广播】guǎngbō ❶रेडियो से प्रसारित करना; ब्राडकास्ट करना: 这家电台每天～二十小时。यह रेडियो स्टेशन रोज़ बीस घंटे ब्राडकास्ट करता है। ❷प्रसारण; आकाशवाणी; रेडियो ब्राडकास्ट: 我们每天晚上听新闻～。हम रोज़ शाम को समाचार ब्राडकास्ट सुनते हैं।

【广播电台】guǎngbō diàntái ब्राडकास्टिंग-स्टेशन; रेडियो-स्टेशन

【广播稿】guǎngbōgǎo ब्राडकास्ट स्क्रिप्ट

【广播讲话】guǎngbō jiǎnghuà प्रसारण भाषण; ब्राडकास्ट स्पीच; रेडियो वार्त्ता

【广播节目】guǎngbō jiémù ब्राडकास्ट (या रेडियो) प्रोग्राम

【广播剧】guǎngbōjù रेडियो प्ले

【广播喇叭】guǎngbō lǎba लाउडस्पीकर

【广播体操】guǎngbō tǐcāo रेडियो संगीत के साथ किया जानेवाला व्यायाम

【广播网】guǎngbōwǎng ब्राडकास्टिंग नेटवर्क

【广播卫星】guǎngbō wèixīng ब्राडकास्टिंग उपग्रह

【广播员】guǎngbōyuán प्रसारक; ब्राडकास्टर

【广播站】guǎngbōzhàn ब्राडकास्टिंग स्टेशन (किसी कारखाने या स्कूल आदि का)

【广博】guǎngbó (व्यक्ति का ज्ञान-क्षेत्र) व्यापक; विशाल: 知识～ विशाल ज्ञान-क्षेत्र होना; विद्वान होना; विद्वत्तापूर्ण होना

【广场】guǎngchǎng सार्वजनिक मैदान; चौक; स्क्वेर: 天安门～ थ्यानआनमन चौक (या स्क्वेर)

【广大】guǎngdà ❶(क्षेत्र या अवकाश) लम्बा-चौड़ा; विशाल; व्यापक; अतिविस्तृत; विपुल: ～地区 विशाल क्षेत्र / 幅员～ विस्तृत भूभाग / ～的田野 विशाल खेत ❷(क्षेत्र या पैमाना) बहुत बड़ा; दूर तक फैला हुआ: 掀起～的增产节约运动 उत्पादन बढ़ाने और मितव्यय करने का बड़े पैमाने का आन्दोलन चलाना ❸बहुत; अनेक; अगणित; व्यापक: ～人民群众 व्यापक आम जमता; व्यापक जनसमुदाय; विशाल जनसमूह / ～干部 कार्यकर्ताओं का विशाल समुदाय; व्यापक कार्यकर्ता / ～读者 विशाल पाठक समुदाय

【广岛】Guǎngdǎo हिरोशिमा

【广东】Guǎngdōng क्वांगतोंग (प्रांत)

【广东戏】guǎngdōngxì क्वांगतोंग आपेरा

【广东音乐】Guǎngdōng yīnyuè क्वांगतोंग लोक संगीत

【广度】guǎngdù विस्तार; फैलाव; पसार; व्यापकता: 人类利用自然资源的～将不断扩大。मनुष्य द्वारा प्राकृतिक साधनों का प्रयोग करने का क्षेत्र निरंतर बढ़ता जाएगा। / 向生产的～和深度进军 उत्पादन की व्यापकता और गुणवत्ता बढ़ाना

【广而言之】guǎng ér yán zhī आम तौर पर कहा जाए; व्यापक अर्थ में

【广泛】guǎngfàn व्यापक; विस्तृत; सर्वतोमुखी; सर्वव्यापी; सर्वव्यापक: ～的兴趣 सर्वतोमुखी अभिरुचियां / ～的市场 विस्तृत बाज़ार / ～而深入的影响 सर्वव्यापी और गहरा प्रभाव / ～的运动 व्यापक आन्दोलन / 在～的理论基础上 सिद्धांत के व्यापक आधार पर / ～的交谈 व्यापक पहलुओं पर बातचीत / ～宣传计划生育的好处 परिवार-नियोजन की भलाइयों का व्यापक रूप से प्रचार करना

【广告】guǎnggào विज्ञापन; विज्ञप्ति; इश्तहार: 登～ अखबार, पत्रिका आदि में (… के लिये) विज्ञापन देना / 做～ (का) विज्ञापन करना; विज्ञप्ति करना

【广告画】guǎnggàohuà विज्ञापन-चित्र; पोस्टर

【广告栏】guǎnggàolán (अखबार आदि में) विज्ञापन-स्तंभ; विज्ञापन-कालम

【广告牌】guǎnggàopái विज्ञापन-पट

【广告色】guǎnggàosè पोस्टर कालर

【广告学】guǎnggàoxué विज्ञापन-शास्त्र

【广告业】guǎnggàoyè विज्ञापन व्यवसाय

【广寒宫】Guǎnghán Gōng चन्द्र महल (चन्द्र में स्थित कल्पित महल)

【广角镜头】guǎngjiǎo jìngtóu वाइड एंगल लेंस (wide-angle lens)

【广开言路】guǎngkāi-yánlù विचार प्रकट करने के व्यापक अवसर देना; खुलकर विचार प्रकट करने का बढ़ावा देना

【广阔】guǎngkuò विस्तृत; विशाल; विस्तीर्ण; कुशादा: ～的国土 विस्तृत देशीय भूमि / ～的视野 विशाल दृष्टि / ～的平原 कुशादा मैदान / ～的天地 विशाल धरती (या भूमि) / 交游～ परिचितों का बड़ा मंडल होना; मित्रों का विशाल परिसर होना

【广袤】guǎngmào <लि०> भूमि की लम्बाई और चौड़ाई; फैलाव; विस्तार: ～千里的黄土高原 पीली मिट्टी का हज़ार ली विस्तृत पठार

【广漠】guǎngmò विस्तृत और रिक्त: 在～的沙滩上 विस्तृत और रिक्त रेतीले किनारे पर

【广厦】guǎngshà विशाल भवन: ～高楼 गगनचुम्बी

प्रासाद

【广土众民】 guǎngtǔ-zhòngmín विशाल प्रदेश और प्रचुर आबादी

【广西】 Guǎngxī 广西壮族自治区 का संक्षिप्त रूप

【广西壮族自治区】 Guǎngxī Zhuàngzú Zìzhìqū क्वांगशी च्वांग जाति स्वायत्त प्रदेश

【广义】 guǎngyì व्यापक अर्थ; विस्तृत अर्थ: ～地说 व्यापक अर्थ में; व्यापक तौर पर कहा जाए

【广域网】 guǎngyùwǎng विस्तृत क्षेत्र नेटवर्क

【广种薄收】 guǎngzhòng-bóshōu बहुत अधिक बोआई (बुआई)

【广州】 Guǎngzhōu क्वांगचओ (पहले कैंटन, क्वांगतोंग प्रदेश का मुख्य नगर)

犷（獷） guǎng 〈लि०〉 गँवार; उज्जड; असभ्य: 粗～ उज्जड

【犷悍】 guǎnghàn असभ्य और निर्भीक

guàng

桄 guàng ❶रील या बेलन पर (सूत, बंसी की डोर इत्यादि) लपेटना: 把线～上 धागा लपेटना ❷सूत का रील; धागे का बेलन: 线～儿 धागे के बेलन ❸〈परि०श०〉 (सूत के लिये) रील, बेलन: 一～线 सूत की एक रील; एक रील सूत

【桄子】 guàngzi रील; बेलन

逛 guàng व्यर्थ इधर-उधर घूमना; टहलना; भ्रमण करना; चहलकदमी करना; सैर करना; निरुद्देश्य यात्रा करना: ～公园 पार्क में घूमना; बाग घूमना / ～大街 सड़कों पर चहलकदमी करना; सड़क घूमना / 今天是星期天，咱们去城里～～怎么样? आज इतवार है, हम शहर में ज़रा घूम आएँ? / 咱们哪天到天津～～去吧。 किसी दिन हम ज़रा थ्येनचिन की सैर कर आएँ।

【逛荡】 guàngdang 〈अना०〉 घूमते-घामते चलना; घूमना-फिरना; मटरगश्ती करते फिरना

【逛窑子】 guàng yáozi 〈पुराना〉 〈बोल०〉 वेश्यालय जाना

guī

归（歸） guī ❶वापस आना (या जाना); लौट आना (या जाना): 无家可～ किसी का अपना घर न होना जहाँ वापस जा सके; बेघर होना ❷वापस देना; लौटाना: 物～原主 कोई चीज़ उस के मालिक को लौटा देना ❸एक जगह मिलना; एक बिंदु पर आकर मिलना; एक जगह की ओर झुकना; एकस्थ होना: 殊途同～ विभिन्न रास्तों से एक ही जगह पर आकर मिलना / 千条河流～大海。 हज़ार नदियाँ समुद्र की ओर बहकर मिलती हैं। / 把性质相同的问题～为一类 समान प्रकार की समस्याओं को एक वर्ग में रखना ❹(किसी व्यक्ति को किसी वस्तु का) प्रबंध सौंपना; उत्तरदायी ठहराना; ज़िम्मेदार होना: 宣传工作～我们管。 प्रचार-कार्य के लिये हम ज़िम्मेदार हैं। ❺अधिकार होना; स्वामित्व रखना; अधिकारी होना: 这些东西～你。 ये चीज़ें तुम्हारी हो गईं; इन चीज़ों के तुम अधिकारी हो। / 功劳～大家。 इस का श्रेय सब लोगों को है। ❻(दो अभिन्न क्रियाओं के बीच प्रयुक्त) बावजूद; होने पर भी: 批评～批评，他就是不改。 बारंबार आलोचनाएँ होने पर भी उस ने अपना सुधार किया ही नहीं। ❼（Guī）एक कुलनाम

【归案】 guī'àn न्यायालय में भेजना: 捉拿～ पकड़कर न्यायालय में भेजना

【归并】 guībìng ❶शामिल करना या होना; सम्मिलित करना या होना; समाविष्ट करना या होना; संयोजित करना या होना; मिलाना या मिलना: 这个学校后来～到另一个学校里去了。 यह स्कूल आगे चलकर किसी दूसरे स्कूल में शामिल किया गया। / 把两个工厂～成一个工厂 दो कारखानों को एक में मिला देना ❷जोड़ना; मिलाना: 这三笔账～起来是两万三千元。 इन तीन हिसाबों को जोड़कर तेईस हज़ार य्वान हो गये।

【归程】 guīchéng लौटने की यात्रा; वापसी यात्रा

【归档】 guīdàng फ़ाइल में रखना; फ़ाइल करना: 把文件～ दस्तावेज़ को फ़ाइल में रखना; दस्तावेज़ की फ़ाइल करना

【归队】 guīduì ❶(सैन्य-दल आदि में) फिर से मिल जाना; पुनः सम्मिलित होना: 那位战士已提前出院～了。 वह सैनिक समय से पहले ही अस्पताल से निकलकर अपने दल में वापस गया। ❷अपने व्यवसाय या पेशे में वापस जाना (या आना): 他原是教师，后来做了几年行政工作，现在又～了。 वह अध्यापक था, पिछले कुछ वर्षों में प्रशासन-कार्य करता था, पर अब अपने अध्यापन के पद पर वापस आ गया।

【归根结底】 guīgēn-jiédǐ（归根结蒂 guīgēn-jiédì भी）अंतिम विश्लेषण में; मूलतः; अंततः; अंत में; अंततोगत्वा: ～，这是个世界观的问题。 मूलतः यह विश्व दृष्टिकोण की समस्या है।

【归公】 guīgōng राज्य, संगठन आदि को सौंपना: 一切缴获要～。 दुश्मन से ज़ब्त की हुई हर चीज़ को जमा करा देना चाहिये।

【归功】 guīgōng श्रेय देना; श्रेय होना: 他们把一切成就都～于党和人民。 वे अपनी सभी सफलताओं का श्रेय पार्टी और जनता को देते हैं। / 这件事要～于您。 इस का श्रेय आप को है।

【归国】 guīguó अपने देश वापस आना; अपने देश लौटना: ～观光 दृश्यदर्शन के लिये अपनी मातृभूमि वापस आना

【归国华侨】 guīguó huáqiáo स्वदेश लौटा (या लौटे हुए) प्रवासी चीनी

【归还】 guīhuán वापस करना; वापस देना; लौटा देना;

प्रतिदान करना: 向图书馆借书，要按时～。पुस्तकालय से ली हुई पुस्तकों को समय पर वापस देना चाहिये।

【归结】 guījié ❶संक्षेप में कहना; निष्कर्ष निकालना: 原因很多～起来不外三点。कारण कई थे, संक्षेप में तीन ही बातें मानी जा सकती हैं। ❷परिणाम; नतीजा; अंत: 这件事总算有了一个～。इस मामले का आख़िर अंत हुआ। / 小说是以主人公壮烈牺牲作为～的。इस उपन्यास का इस तरह अंत हुआ कि मुख्य पात्र लड़ते हुए वीरगति को प्राप्त हुआ।

【归咎】 guījiù (किसी पर) दोष लगाना; (किसी को) दोषी ठहराना; (किसी के सिर पर) दोष मढ़ना; आरोपित करना: 不要把错误都～于客观原因。अपने सभी दोष वस्तुगत कारणों पर मत लगाओ; अपने सभी दोषों का कारण वस्तुगत मत बतलाओ; यह न कहो कि तुम्हारे सभी दोष वस्तुगत कारणों से हुए हैं।

【归来】 guīlái लौट आना; वापस आना: 海外～ विदेश से लौट आना

【归类】 guīlèi वर्गीकरण करना; श्रेणीविभाग करना; श्रेणीबद्ध करना: 请你把这些文件～存档。इन दस्तावेज़ों को श्रेणीबद्ध करके फ़ाइल में रखिये।

【归里包堆】 guīlibāoduī 〈बोल०〉 कुल मिलाकर; सब मिलाकर: 我这里～就剩这二百块钱了。मेरे पास कुल मिलाकर ये दो सौ य्वान रह गए हैं। / 家里～就她母女俩。घर में सब मिलाकर यही माँ-बेटी हैं।

【归拢】 guīlǒng जमा करना; इकट्ठा करना: 请把资料～一下。इस सामग्री को ज़रा जमाकर लीजिये।

【归谬法】 guīmiùfǎ दे० 反证法 fǎnzhèngfǎ

【归纳】 guīnà नतीजा निकालना; निष्कर्ष निकालना; परिणाम पर पहुँचना; सारांश देना: 请你把这篇课文的大意～一下。इस पाठ का सारांश बताइये। / 这是他参考大量资料后～出来的结论。यह निष्कर्ष उस ने प्रचुर सामग्री को देखकर निकाला है।

【归纳法】 guīnàfǎ इंडक्शन（induction）

【归宁】 guīníng 〈लि०〉 (विवाहित स्त्री का) मायके आकर माता-पिता के दर्शन करना

【归期】 guīqī वापसी की तारीख; लौटने का समय: ～未定。वापसी की तारीख अभी निश्चित नहीं है।

【归齐】 guīqí 〈बोल०〉 अंत में; आख़िर में: 他张罗了好几天，～还是没去成。वह कई दिन तक तैयारी में व्यस्त रहा, पर अंत में जाने में असफल हुआ।

【归侨】 guīqiáo 归国华侨 का संक्षिप्त रूप

【归属】 guīshǔ किसी का होना; किसी का अधिकार रहना; स्वामित्व होना; किसी के अधीन होना: ～无所 किसी का न होना; किसी के अधीन न होना / 该岛的～早已确定无疑。इस द्वीप का स्वामित्व बहुत पहले से ही निश्चित रूप से निर्धारित किया गया है।

【归顺】 guīshùn (दूसरी ओर) आ मिलना और अधीनता स्वीकार करना

【归宿】 guīsù लौटने का घर; स्थाई घर; अंतिम परिणाम: 这位老华侨回到社会主义祖国以后才算找到了～。इस बूढ़े प्रवासी चीनी को अपनी मातृभूमि वापस आने पर ही अपना स्थाई घर मिल गया।

【归天】 guītiān 〈शिष्ट०〉 स्वर्ग जाना; (किसी का) स्वर्गवास होना

【归田】 guītián 〈लि०〉 रिटायर होकर अपनी जन्मभूमि वापस आना (या जाना): 解甲～ (किसी सैनिक का) सेना से अलग होना और अपनी मातृभूमि वापस आकर खेती संभालना

【归途】 guītú घर लौटने का रास्ता; अपने घर जाने की यात्रा

【归西】 guīxī 〈शिष्ट०〉 स्वर्ग जाना; (किसी का) स्वर्गवास होना

【归降】 guīxiáng आत्मसमर्पण करना

【归向】 guīxiàng (नेक या न्यायनिष्ट पक्ष की ओर) मुड़ना; झुकना; प्रवृत्त होना: 人心～ जनता के दिल का झुकाव

【归心】 guīxīn ❶घर वापस जाने का विचार; घर (या स्वदेश) का वियोग ❷〈लि०〉 स्वेच्छा से अधीनता स्वीकार करना

【归心似箭】 guīxīn-sìjiàn घर वापस जाने के लिये अधीर होना; घर (या स्वदेश) लौटने के लिये आतुर होना

【归依】 guīyī 皈依 guīyī के समान

【归于】 guīyú ❶किसी का होना; किसी का अधिकार रहना: 光荣～祖国。गौरव मातृभूमि का है। ❷(में) परिणाम होना; (में) अंत होना; (पर)पहुँचना: 经过辩论，大家的意见～一致了。वाद-विवाद का सहमति में अंत हुआ; वाद-विवाद आख़िर सहमति पर पहुँच गया।

【归着】 guīzhe दे० 归置

【归真】 guīzhēn ❶〈बौद्ध धर्म〉 〈इस्लाम〉 (किसी का) स्वर्गवास होना ❷दे० 归真返璞

【归真返璞】 guīzhēn-fǎnpú（归真返朴 guīzhēn-fǎnpǔ भी）(आडंबर छोड़कर) प्रारम्भिक शुद्धता और सादगी की ओर लौटना

【归置】 guīzhi 〈बोल०〉 सुव्यवस्थित करना; कायदे में रखना; कायदे का बनाना; ठीक-ठाक करना: 把屋子～一下，今天有客人来。यह कमरा साफ़-सुथरा करके व्यवस्थित कर लो, आज मेहमान आएंगे। / 行李～好了吗? माल-असबाब ठीक-ठाक कर लिया?

【归终】 guīzhōng 〈बोल०〉 अंत में; आख़िर में; अंततः: 它虽然很顽固，不过～还是听从了我的意见。हालांकि वह अपनी बात पर ज़िद करता था, पर अंत में मेरी राय स्वीकार की।

【归总】 guīzǒng ❶बिखरी हुई चीज़ों को जमा करना; सम्मिलित करना; मिलाना: ～一句话 संक्षेप में कहा जाए; एक शब्द में कहा जाए / 把大家的捐款～一下。लोगों के चन्दे एक साथ जमा कर लो। ❷कुल; कुल मिलाकर: 今天参加会议的～不过十几个人。आज कुल मिलाकर दस बारह आदमी ही मीटिंग में शामिल थे।

【归罪】 guīzuì (किसी पर) दोष देना; दोषी ठहराना; (किसी के सिर पर) दोष मढ़ना: ～于人 दूसरों पर दोष देना

圭 1

guī जेड पत्थर का पतला और नुकीला छोटा टुकड़ा, जिसे प्राचीन शासक औपचारिक अवसरों पर हाथ में पहनते थे

圭 2 guī प्राचीन चीन में सूखे पदार्थों के माप की एक इकाई

【圭表】 guībiǎo प्राचीन चीन में एक सूर्यघड़ी जिस में एक लम्बा डायल (क्वेइ) और एक या दो दंड (प्याओ) थे और जो वर्ष की लम्बाई आदि नापने के लिये प्रयुक्त होती थी

【圭臬】 guīniè 〈लि०〉 मानदंड; कसौटी; आदर्श: 奉为～ मानदंड के रूप में देखना; आदर्श मानना

【圭亚那】 Guīyànà गियाना

龟 (龜) guī कच्छ; कछुआ
jūn; qiū भी दे०

【龟板】 guībǎn 〈ची०चि०〉 कछुवे की पीठ की हड्डी; कच्छ-कवच; कचकड़ा

【龟趺】 guīfū कछुवे के रूप में तराश कर बनाया हुआ वह आधार जिस पर कुछ अंकित करने के लिये छोटी खड़ी शिला स्थित हो

【龟甲】 guījiǎ कछुवे की पीठ की हड्डी; कच्छ-कवच; कचकड़ा (शकुन-परीक्षण में प्रयुक्त)

【龟鉴】 guījiàn अतीत का सबक़ जो आइने के रूप में वर्तमान और भविष्य के लिये लिया जा सके

【龟镜】 guījìng दे० 龟鉴

【龟缩】 guīsuō किसी का ऐसी स्थिति में रहना जैसे कछुआ अपना सिर अपने कचकड़े में छिपाये रहे; निष्क्रिय रक्षा की स्थिति में रहना; छिपा रहना: 敌人～在碉堡里。 दुश्मन किलेबंदी में छिपे रहते थे।

【龟头】 guītóu 〈श०वि०〉 शिश्न का सिरा; ग्लैंस पिनिस (glans penis)

规 (規、槼) guī ❶परकार; कंपास: 圆～ परकार; कंपास ❷नियम; कायदा: 校～ स्कूल के कायदे ❸समझाना-बुझाना; सलाह देना; परामर्श देना: 规劝 ❹योजना बनाना: 规划

【规避】 guībì बचना; टाल जाना; किनाराकशी करना: ～责任 अपने कर्तव्य से बचना / ～问题的实质 समस्या के सारतत्व की किनाराकशी करना

【规程】 guīchéng नियम; कायदा: 操作～ कार्य-संपादन के नियम

【规定】 guīdìng ❶निर्धारित करना; नियमित करना; नियत करना; निश्चित करना: ～任务 कार्य निर्धारित करना / ～日期 तारीख नियत करना / ～条件 शर्त रखना / ～产品的质量标准 उत्पादक वस्तुओं की गुणवत्ता (क्वालिटी) के मानदंड निर्धारित करना / 在～的时间内 निश्चित समय के भीतर / 在～的地点 निर्धारित स्थान पर / 朝着～的目标前进 निश्चित लक्ष्य की ओर बढ़ना ❷नियम; कायदा; निर्धारण: 关于这个问题，最近中央做出了一些新的～。 इस समस्या के सम्बन्ध में केंद्रीय सरकार ने हाल में कुछ नये कायदे-कानून बनाये हैं।

【规定动作】 guīdìng dòngzuò 〈खेल०〉 अनिवार्य क्रियाएं

【规定数额】 guīdìng shù'é 〈अर्थ०〉 नियत मात्रा; नियतांश; कोटा

【规范】 guīfàn आदर्श; मानक; नमूना; स्टैंडर्ड; मानदंड: 语音～ उच्चारण का मानक / 道德～ नैतिक मानदंड / 合乎～ आदर्श के अनुकूल बनाना / 这个词的用法不～。 इस शब्द का प्रयोग असामान्य है।

【规范化】 guīfànhuà आदर्शीकरण करना; मानकीकरण करना; स्टैंडर्डाइज़ेशन करना; आदर्श के अनुकूल बनाना

【规格】 guīgé मानदंड; मानक; स्टैंडर्ड; स्तर: 统一的～ एक ही मानदंड / 不合～ स्टैंडर्ड के अनुकूल न होना; स्तर तक न पहुँचना

【规划】 guīhuà ❶परियोजना; योजना; कार्यक्रम; प्रोग्राम: 城市～ नगर परियोजना / 长远～ दीर्घकालीन कार्यक्रम; दीर्घकालीन योजना ❷योजना बनाना; कार्यक्रम बनाना: 基础设施建设，要全面～。 बुनियादी निर्माण के लिये सर्वतोमुखी कार्यक्रम बनाना चाहिये।

【规谏】 guījiàn 〈लि०〉 सलाह देना; परामर्श देना

【规矩】 guīju ❶परिपाटी; नियम; बंधा हुआ ढंग; रीति-रिवाज; मानदंड: 不拿群众一针一线是解放军的老～。 जनता का एक सूई-धागा तक मुफ़्त में न लेना जन-मुक्ति सेना का एक पुराना नियम है। / 守～ परिपाटियों का पालन करना / 按～办事 नियमानुसार काम चलाना; रीति-रिवाज के अनुकूल काम करना ❷(आचरण, व्यवहार) उचित; शिष्ट; अनुशासन-प्रिय: ～人 शिष्ट व्यक्ति; सदाचारी व्यक्ति; सीधा-सादा व्यक्ति / 你放～点儿。 तमीज़ से पेश आओ; उचित व्यवहार करो। / 他的字写得很～。 उस की लिखावट बड़ी अभ्यस्त दिखाई देती है। / 规规矩矩 शिष्ट; सदाचारी; नियम-प्रिय; अनुशासन-प्रिय

【规律】 guīlǜ नियम; कायदा; ज़ाब्ता: 自然～ प्रकृति का नियम; प्राकृतिक विधान / 客观～ वस्तुगत नियम / 生活要有～。 कायदे से ज़िंदगी बसर करो।

【规律性】 guīlǜxìng नियमितता; विधिशीलता

【规模】 guīmó ❶पैमाना; माप; विस्तार; परिमाण; आयाम: 大～的社会主义建设 बड़े पैमाने का समाजवादी निर्माणकार्य / 那个工厂的～很大。 उस कारखाने का कार्यक्षेत्र बहुत बड़ा है। / 战斗的～不断扩大。 मुहिम का विस्तार बढ़ता जाता था। / ～空前的盛会 बड़े भारी परिमाण में लोगों का जमाव / 初具～ प्रारम्भिक रूप धारण करना; भारी रूप का आभास देना ❷बड़े पैमाने का: ～经济 बड़े पैमाने का उत्पादन

【规劝】 guīquàn सलाह देना; परामर्श देना: 善意～ नेकदिली से सलाह देना

【规行矩步】 guīxíng-jǔbù ❶सही ढंग से और सावधानी से व्यवहार करना ❷रूढ़िगत परिपाटियों पर चलना; दकियानूसी होना

【规约】 guīyuē किसी करार के अनुबंध; किसी समझौते की धाराएं

【规则】 guīzé नियम; कायदा; परिपाटी; विधि; मर्यादा: 交通～ यातायात के नियम / 比赛～ होड़ के नियम / 管理～ प्रबंध के कायदे ❷नियम-संगत; नियमित: 这条河流的水道原来很不～。 इस नदी का जलमार्ग अनियमित था।

【规章】guīzhāng नियम; कायदा-कानून; विधान: ～制度 नियम और व्यवस्था; कायदा-कानून; दस्तूर

【规整】guīzhěng ❶नियमित; कायदे से रखा या बनाया हुआ ❷नियमित करना; कायदे में रखना

皈 guī नीचे दे०

【皈依】guīyī ❶किसी को अधिकृत रूप से बौद्ध घोषित करने का धार्मिक संस्कार ❷बौद्धधर्म या किसी दूसरे धर्म की ओर प्रवृत्त होना; बौद्धधर्म या किसी दूसरे धर्म का भक्त बन जाना: ～佛教 बौद्धधर्म का भक्त बन जाना

闺（閨）guī ❶छोटा दरवाज़ा ❷स्त्रियों का शयनागार; स्त्रियों का निजी कमरा; अंतःपुर; ज़नानखाना: 深～ स्त्रियों का शयनागार; ज़नानखाना

【闺房】guīfáng 〈पुराना〉 स्त्रियों का शयनागार; ज़नान-खाना

【闺阁】guīgé 〈पुराना〉 स्त्रियों का शयनागार; स्त्रियों का निजी कमरा; अंतःपुर; ज़नानखाना

【闺女】guīnü ❶अविवाहित स्त्री; कुमारी; लड़की ❷〈बोल०〉 बेटी

【闺秀】guīxiù 〈पुराना〉 जवान स्त्री: 大家～ ऊँचे घ-राने की लड़की; शरीफ़ज़ादी

硅 guī 〈रसा०〉 सीलीकोन; सिलिकन（silicon）

【硅肺】guīfèi 〈चिकि०〉 सिलिकोसिस（silicosis）

【硅钢】guīgāng 〈धा०वि०〉 सिलिकन स्टील

【硅谷】guīgǔ सिलिकन घाटी (या वेली)

瑰 guī 〈लि०〉 विरल; दुर्लभ; अनोखा; अद्‌भुत; विस्मय-जनक

【瑰宝】guībǎo विरल वस्तु; दुष्प्राप्य वस्तु; अमूल्य वस्तु; मणि; रत्न: 敦煌壁画是我国古代艺术中的～。तुनह्वांग भित्तिचित्र चीन की प्राचीन कला का रत्न है।

【瑰丽】guīlì शानदार; भव्य; सुन्दर; उत्तम; श्रेष्ठ; अनुपम; अद्वितीय: 天安门广场的夜景是雄伟而～的。रात को थ्येनआनमन चौक का दृश्य बड़ा ही शानदार होता है। / 这些作品为我国的文学艺术增添了新的～的花朵。इन रचनाओं ने हमारे देश के कला-साहित्य की शोभा बहुत अधिक बढ़ायी है।

【瑰奇】guīqí शानदार और अनोखा

【瑰伟】guīwěi 瑰玮 के समान

【瑰玮】guīwěi 〈लि०〉 ❶(गुण, चरित्र) विशिष्ट ❷(भाषा या साहित्यिक शैली) सुअलंकृत

鲑（鮭）guī सामन（salmon）(एक मछली विशेष)

guǐ

轨（軌）guǐ ❶रेल की पटरी; रेल; पटरी: 铁～ रेल (आदि) की पटरी; रेल / 铺～ पटरी बिछाना ❷रास्ता; पथ: 正～ सही रास्ता / 常～ सामान्य रास्ता

【轨道】guǐdào ❶पटरी; ट्रैक: 地铁～ अंडरग्राउंड रेलवे ट्रैक ❷(नक्षत्र, उपग्रह आदि का) वक्र-पथ; प्रक्षेप-पथ; ऑरबिट: 人造卫星已进入～。मानव-निर्मित उपग्रह अब वक्र-पथ पर है। ❸काम करने का उचित उपाय; उचित पथ; सही रास्ता: 生产已走上～。उत्पादन ठीक पथ पर अग्रसर हो रहा है। / 我们的工作已走上健全发展的～。हमारा कार्य स्वस्थ विकास की राह पर चलने लगा है।

【轨道衡】guǐdàohéng 〈रेलवे〉 ट्रैक स्केल（trach scale）

【轨范】guǐfàn आदर्श; मानदंड; कसौटी

【轨迹】guǐjì ❶〈गणित०〉 बिंदुपथ; रेखा पथ; लोकस（locous）❷(जीवन या कार्य का) पथ; रास्ता: 这些诗篇记录了诗人一生的～。इन कविताओं में कवि के जीवन का रास्ता अंकित है।

【轨距】guǐjù 〈रेलवे〉 रेल की पटरियों के बीच का फ़ासला; गेज: 标准～ स्टैंडर्ड गेज

【轨枕】guǐzhěn 〈रेलवे〉 रेल की पटरी के नीचे बिछाये जानेवाले शहतीर; स्लीपर（sleeper）

庋（庪）guǐ 〈लि०〉 ❶अलमारी का कोई एक तख़्ता; शेल्फ़ ❷रखना; सुरक्षित रखना: ～藏 सुरक्षित रखना

诡（詭）guǐ ❶धोखेबाज़; कपटपूर्ण; धूर्त; चालाक: 诡诈 ❷〈लि०〉 अद्‌भुत; विलक्षण: 诡异

【诡辩】guǐbiàn ❶वाक्छल करना; मिथ्या तर्क करना ❷वाक्छल; मिथ्या तर्क; कुतर्क: ～改变不了事实。मिथ्या तर्कों से तथ्यों को बदला नहीं जाता। / ～家 मिथ्या तर्क करनेवाला; मिथ्यावादी

【诡称】guǐchēng बड़ी चालाकी से कहना; (अपने को) मक्कारी-भरा नाम दे रखना: 他～自己是警察。वह अपने को बड़ी चालाकी से पुलिस कहता था।

【诡诞】guǐdàn मिथ्या और अयुक्तियुक्त

【诡怪】guǐguài अद्‌भुत; विलक्षण

【诡计】guǐjì षड़यंत्र; साज़िश; कुचक्र; मक्कारी-भरी स्कीम; तिकड़म; ठग-विद्या: ～多端 तिकड़मबाज़ होना; बड़ा साज़िशी होना

【诡谲】guǐjué 〈लि०〉 ❶विचित्र और बदलते रहनेवाला ❷अद्‌भुत; विलक्षण; सनकी; अजीब: 言语～ अज़ीब-सी बातें कहना ❸धूर्त; नटखट; धोखेबाज़: 为人～ बड़ा धूर्त होना

【诡秘】guǐmì प्रच्छन्न; गुप्त; गोपनीय; रहस्यपूर्ण: 行踪～ गुप्त गतिविधियां करना / ～地说 रहस्यपूर्ण स्वर में बोलना

【诡奇】guǐqí दे० 诡异

【诡异】guǐyì विचित्र; निराला; विलक्षण; अस्वाभाविक; असामान्य: 故事～有趣。यह कहानी बड़ी निराली और दिलचस्प है।

【诡诈】guǐzhà धूर्त; चालाक; नटखट; धोखेबाज़

鬼 guǐ ❶भूत; प्रेत; निशाचर ❷〈घृणा०〉 (किसी व्यसनी या कुचाली के लिये प्रयुक्त): 吝啬～ बड़ा कंजूस / 懒～

सुस्त आदमी / 讨厌～ उबानेवाला (व्यक्ति); उकता देनेवाला (व्यक्ति); परेशान करनेवाला (व्यक्ति); दिमाग चाटनेवाला (व्यक्ति) ❸गुप्त; चुपचाप; प्रच्छन्न; चोरी-छुपे का: 鬼鬼祟祟 ❹बुरा इरादा; गंदी चाल; शरारत: 捣～ गंदी चाल चलना; शरारत करना / 心里有～ मन में अपराध की भावना होना; नीयत बुरी होना ❺भयानक; निन्दनीय; दुष्ट; घृणास्पद: ～天气 भयानक मौसम / ～地方 घृणास्पद स्थान ❻〈बोल०〉 चतुर; चालाक; तेज़: 这孩子真～! यह लड़का बड़ा ही तेज़ है। ❼अट्ठाईस तारामंडलों में तेईसवां

【鬼把戏】guǐbǎxì दुष्ट इरादा; गंदी चाल; शरारत: 耍～ गंदी चाल चलना; शरारत करना

【鬼才】 guǐcái ❶कोई विशिष्ट योग्यता ❷किसी विशिष्ट योग्यता में अपने ढंग का निराला: 文坛～ साहित्यिक योग्यता में अपने ढंग का निराला

【鬼点子】 guǐdiǎnzi 〈बोल०〉 बुरी राय; दुष्ट विचार; दुश्चेष्टा: 出～ बुरी सलाह पेश करना; दुष्ट सुझाव देना

【鬼斧神工】 guǐfǔ-shéngōng अलौकिक कारीगरी; अत्युत्तम शिल्पकारी

【鬼怪】 guǐguài भूत-प्रेत और पिशाच; राक्षस: 妖魔～ भूत-प्रेत और दानव

【鬼鬼祟祟】 guǐguǐsuìsuì चोरी-चोरी से; गुप्त रूप से; चोरी-छिपे: 那个人～的，想干什么? वह आदमी चोरी-छिपे क्या करना चाहता है?

【鬼话】 guǐhuà झूठी बात; धोखेभरी बकवास: 说～ झूठ बोलना / ～连篇 शुरू से अंत तक की झूठी बातें; झूठी बातों का थैला

【鬼画符】 guǐhuàfú ❶जल्दी में गिचपिच लिखना; कागज़ पर घसीटकर लिखना ❷पाखंडी बातें

【鬼魂】 guǐhún भूतप्रेत; आत्मा

【鬼混】 guǐhùn कोई लक्ष्यहीन या अनियमित जीवन बिताना; निरर्थक या अनुचित जीवन बिताना: 两人整天在一起～。दोनों साथ रहकर यों ही दिन बिताते हैं।

【鬼火】 guǐhuǒ स्फुरदीप्ति; विल-ओ-दि-विस्प (will-o'-the-wisp)

【鬼哭狼嚎】 guǐkū-lángháo भूतप्रेत की तरह रोना-पीटना और भेड़ियों की तरह चीखना —— दर्द-भरी ऊँची आवाज़ में रोना; बिलख-बिलखकर रोना

【鬼脸】 guǐliǎn ❶हास्यप्रद मुद्रा; मुखविकृति; बनावटी चेहरा: 做～ हास्यप्रद मुद्रा बनाना; मुँह बनाना ❷मुखपट; मास्क (खिलौने के रूप में प्रयुक्त)

【鬼魅】 guǐmèi 〈लि०〉 भूत-प्रेत और पिशाच; राक्षस

【鬼门关】 guǐménguān नरक का द्वार —— खतरनाक स्थान; कठिन अवसर: 进了～ नरक के द्वार के भीतर प्रवेश करना

【鬼迷心窍】 guǐmí-xīnqiào भूत-प्रेत का किसी व्यक्ति पर हावी होना; भ्रम में पड़ना; मुग्ध हो जाना

【鬼神】 guǐshén भूत-प्रेत और देवता; आत्माएं: 不信～ भूत-प्रेतों और देवताओं पर विश्वास न रखना

【鬼使神差】 guǐshǐ-shénchāi भूत-प्रेतों और देवताओं द्वारा होनेवाली बात; अप्रत्याशित घटना; विचित्र संयोग

【鬼胎】 guǐtāi बुरा विचार; बुरी नीयत; कुचेष्टा: 心怀～ मन में बुरी नीयत होना; दिल ही दिल में कुचेष्टा करना

【鬼剃头】 guǐtìtóu 〈चिकि०〉 केशहीनत्व; आंशिक गंजा-पन

【鬼头鬼脑】guǐtóu-guǐnǎo चोरी-चोरी से; चोरी-छिपे; चुपचाप: ～地东张西望 चोरी-चोरी से इधर-उधर नज़र दौड़ाना

【鬼物】 guǐwù भूत; प्रेत; पिशाच; राक्षस

【鬼雄】 guǐxióng 〈लि०〉 भूत-प्रेतों में होनेवाला वीर (शहीदों की प्रशंसा के लिये प्रयुक्त)

【鬼蜮】 guǐyù ❶भूत; प्रेत ❷घोर हानि पहुँचानेवाला; घातक: ～伎俩 शैतानी चाल; दुष्ट उपाय; घातक योजना

【鬼子】 guǐzi शैतान (विदेशी हमलावरों के लिये एक घृणासूचक नाम); विदेशी दरिंदा

癸 guǐ दस आकाशीय स्तंभों (天干) में से अंतिम —— दे० 干支 gānzhī

晷 guǐ ❶〈लि०〉 सूर्य की छोड़ी हुई छाया —— समय: 余～ अतिरिक्त समय ❷सूर्यघड़ी; डायल: 日～ सूर्यघड़ी

guì

柜(櫃) guì ❶अलमारी; दराज़दार अलमारी: 衣～ कपड़ों की अलमारी / 碗～儿 बर्तन रखने की अलमारी / 书～ किताबों की अलमारी ❷किसी दूकान में रोकड़िये का दफ़्तर; दूकान का खज़ांची: 现款都交了～了。सब की सब रोकड़ रोकड़िये को दे दी गई है।

【柜橱】 guìchú बर्तन रखने की अलमारी

【柜房】 guìfáng किसी दूकान में रोकड़िये का दफ़्तर; दूकान का खज़ांची

【柜上】 guìshang किसी दूकान में रोकड़िये का दफ़्तर; दूकान का खज़ांची

【柜台】 guìtái (बैंक या दूकानदार की) मेज़ या तख़्ता; विक्रय-फलक; काउंटर

【柜员】guìyuán बैंक आदि में रुपया-पैसा लेने या देने वाला व्यक्ति; टेलर

【柜子】 guìzi अलमारी; दराज़दार अलमारी

刿(劌) guì 〈प्रा०〉 चोट पहुँचाना; आघात पहुँचाना

刽(劊) guì 〈प्रा०〉 काट देना; तोड़ देना

【刽子手】 guìzishǒu ❶बधिक; जल्लाद ❷जन-साधारण का वध करनेवाला; हत्यारा; कसाई

贵(貴) guì ❶महँगा; बहुमूल्य; कीमती: 这本书不～。यह किताब महँगी नहीं है। / 丝绸比棉布～。रेशमी कपड़ा सूती कपड़े से कीमती है। / 春雨～如油。वसंत ऋतु की वर्षा तेल के समान मूल्यवान होती है। ❷ऊँचा मूल्यांकन किया जाना; अधिक महत्व दिया जाना: 兵～精，不～多。सैनिक अपनी संख्या से नहीं बल्कि अपने सामर्थ्य

या गुणवत्ता से पहचाने जाते हैं । ❸ऊँची श्रेणी का; आदरणीय; माननीय; अभिजात; कुलीनः ～妇人 कुलीन महिला ❹〈आदर०〉 आप काः 您～姓？आप का शुभनाम?/ ～国 आप का देश ❺（Guì）贵州 का संक्षिप्त रूप

【贵宾】 guìbīn सम्मानित अतिथि; माननीय अतिथि

【贵妃】 guìfēi सम्राट् की सर्वोच्च श्रेणी की उपपत्नीः 杨～ लेडी यांग

【贵干】 guìgàn 〈शिष्ट०〉 सम्मानयुक्त कार्य; (यात्रा का) महान उद्देश्यः 有何～？आप किस महत्वपूर्ण कार्य के लिये यहाँ आये हैं; आप किस महान उद्देश्य से यहां पधारे हैं?

【贵庚】 guìgēng 〈आदर०〉 आप की उम्रः ～多少？ आप की उम्र पूछ सकता हूँ?

【贵贱】 guìjiàn ❶(दाम) महँगा या सस्ता; दामः 管它～，相中了就买吧。दाम को छोड़ दो, पसन्द आये तो ले लो। ❷(सामाजिक स्थिति या श्रेणी) ऊँची या नीचीः 无论～，都以礼相待。चाहे किसी की सामाजिक स्थिति ऊँची हो या नीची, उस के साथ शिष्ट बर्ताव करना चाहिये । ❸〈बोल०〉 किसी न किसी प्रकार; जो भी होः 他嫌那工作太危险，～不肯去。वह उस खतरनाक कार्य को पसन्द नहीं करता था, जो भी हो, वह जाने को तैयार न हुआ ।

【贵金属】 guìjīnshǔ मूल्यवान धातु

【贵客】 guìkè माननीय अतिथि

【贵人】 guìrén ❶उच्चपदाधिकारी ❷सम्राट् की उच्च श्रेणी की उपपत्नी

【贵阳】 Guìyáng क्वेइयांग (क्वेईचओ प्रांत का मुख्य नगर)

【贵重】 guìzhòng मूल्यवान; बहुमूल्य; अमूल्य; कीमती; अत्युत्कृष्ट; बढ़िया; दुर्लभः ～物品 मूल्यवान वस्तुएँ; कीमती चीज़ें / ～的礼物 बहुमूल्य उपहार

【贵州】 Guìzhōu क्वेईचओ (प्रांत)

【贵胄】 guìzhòu सामंती शासकों या रईसों के वंशज

【贵族】 guìzú अभिजात वर्ग का व्यक्ति; रईस; कुलीनः 封建～ सामंती अभिजात / ～老爷式的态度 रईसाना रुख / ～子弟 नवाबज़ादा / ～小姐 नवाबज़ादी / ～学校 रईसज़ादों का स्कूल

桂1 guì ❶दारचीनी; कैसिआ（cassia）❷तेजपात; बे-वृक्ष; लारल（laurel）❸सुगंधित ओज़्मैंथस（osmanthus）

桂2 Guì ❶（桂江 guìjiāng भी）क्वांगशी प्रांत में एक नदी ❷क्वांगशी (प्रांत) का दूसरा नाम ❸एक कुलनाम

【桂冠】 guìguān बे-वृक्ष की पत्तियों का मुकुट जो विजय या काव्य-वैशिष्ट्य के रूप में जीतनेवालों या कवियों के सिर पर रखा जाता है; लारल; जय-पत्रः 摘取～ चैंपियनशिप जीतना; विजय पाना

【桂冠诗人】 guìguān shīrén कविराज; राजकवि

【桂花】 guìhuā 〈वन०〉 सुगंधित ओज़्मैंथस（osmanthus）

【桂花酒】 guìhuājiǔ ओज़्मैंथस के फूलों से बनाई हुई शराब

【桂皮】 guìpí ❶दारचीनी का पेड़; कैसिआ बार्क का पेड़ ❷दारचीनी; कैसिआ बार्क; कैसिआ

【桂圆】 guìyuán लांगन（longan）：～肉 सूखे लांगन का गूदा

桧（檜）guì 〈वन०〉 एक प्रकार की नुकीली पत्तियों वाली सदाबहार झाड़ी; चीनी जुनिपर（juniper） huì भी दे०

跪 guì घुटनों के बल बैठना (या झुकना); घुटने टेकनाः～下 घुटने टेकना; अपने घुटनों के बल बैठना / ～着祈祷 घुटनों के बल बैठकर उपासना करना

【跪拜】 guìbài माथा टेकना

【跪倒】 guìdǎo घुटने टेकना; दंडवत् प्रणाम करना

【跪射】 guìshè 〈सैन्य०〉 एक घुटना टेककर गोली चलाना

鲑（鱖）guì मिनो (minnow)(एक प्रकार की मछली)

鳜（鱖）guì मंदारिन मछली

gǔn

衮（袞）gǔn प्राचीन काल में सम्राट् का रस्मी वस्त्रः 衮服

【衮服】 gǔnfú सम्राट् का वस्त्र

【衮衮】 gǔngǔn 〈लि०〉 ❶अविच्छिन्न ❷प्रचुर

【衮衮诸公】 gǔngǔn zhūgōng ❶उच्चपदाधिकारी; सरकार के उच्चपदस्थ ❷〈हास्य०〉 महामहिम

绲（緄）gǔn ❶फ़ीता; पतली पट्टी; टेप ❷डोरा; डोरी ❸झालर टाँकनाः 用红涤子在领口上～一道边儿 कालर पर लाल रेशमी पट्टी से झालर टाँकना

【绲边】 gǔnbiān（绲条 gǔntiáo भी）（～儿）झालर

辊（輥）gǔn 〈यां०〉 बेलन; रोलर（roller）

【辊子】 gǔnzi बेलन; रोलर

滚（滾）gǔn ❶लुढ़कना; लुढ़काना; लोटना; लोट-पोट करना; ढलना; ढलकनाः 一个球在地上～来～去。एक गेंद ज़मीन पर इधर-उधर लुढ़कता जाता है। / 一块石头从山上～下来。एक पत्थर पहाड़ी पर से नीचे लुढ़कता आया। / 他从马背上～了下来。वह घोड़े से एकाएक गिर पड़ा। / 泪水不停地从她的眼睛里～了出来。उस की आँखों से आँसू निरंतर ढलकते रहे। / 那驴子就地打了个～儿又站起来。उस गधे ने पीठ के बल लेटकर लातें चलाईं और फिर उठ खड़ा हुआ। / ～铁环 हूप लुढ़काना ❷हटना; निकलना; दूर होनाः ～出去!

यहां से निकल जाओ! / ～开！ हट जा! / ～，笨蛋！ दूर हो, मूर्ख! ❸उबलना; खौलना: 水～了。 पानी उबल रहा है; पानी खौल रहा है। ❹绲 gǔn के समान

【滚边】 gǔnbiān 绲边 gǔnbiān के समान

【滚齿机】 gǔnchǐjī 〈यां०〉 होबिंग मशीन (hobbing machine)

【滚蛋】 gǔndàn 〈घृणा०〉 हटना; निकलना: 你～吧。 हट जा; दूर हो!

【滚刀】 gǔndāo 〈यां०〉 हौब (hob)

【滚刀肉】 gǔndāoròu 〈बोल०〉 अयुक्तियुक्त कष्ट देने-वाला व्यक्ति; अहितकर व्यक्ति

【滚动】 gǔndòng (पहिये आदि का) लुढ़कना; लुढ़कते रहना; लुढ़कते हुए निरंतर बढ़ते रहना; (गाड़ी या किसी पहियेदार सवारी का) चलना; दौड़ना: 车轮～ गाड़ी का पहिया लुढ़कना

【滚动轴承】 gǔndòng zhóuchéng 〈यां०〉 रोलिंग बियरिंग (rolling bearing)

【滚翻】 gǔnfān 〈खेल०〉 रोल (roll): 侧～ साइडवर्ड रोल

【滚沸】 gǔnfèi खौलना; उबलना

【滚瓜烂熟】 gǔnguā-lànshú सप्रवाह (पढ़ना, विशेषकर रटकर सुनाना आदि); पूरी तरह (समझ लेना): 背得～ सप्रवाह रटकर सुनाना; पूरी तरह याद होना

【滚瓜溜圆】 gǔnguā-liūyuán (मवेशियों का) स्थूल और गोल; मोटा-ताज़ा; गोलमटोल

【滚滚】 gǔngǔn ❶तीव्र गति से लुढ़कना; लहराना; तरंगित होना: ～的浓烟 लहराता हुआ धुआँ / 历史的车轮～向前。 इतिहास का पहिया आगे लुढ़कता जाता है। ❷अनवरत: 雷声～。 बादल अनवरत गरजता रहता था।

【滚雷】 gǔnléi 〈सैन्य०〉 रोलिंग माइन

【滚轮】 gǔnlún 〈खेल०〉 जैरो ह्वील (gyro wheel)

【滚热】 gǔnrè खौलता हुआ; अधिक गरम; गरमागरम: ～的茶水 गरमागरम चाय / 他头上～，可能是发烧了。 उस का माथा बहुत गरम है, शायद ज्वर आ रहा है।

【滚水】 gǔnshuǐ उबलता हुआ पानी; अभी-अभी उबला हुआ पानी

【滚烫】 gǔntàng दे० 滚热

【滚梯】 gǔntī चलती-फिरती सीढ़ी जिस में यात्री ऊपर-नीचे आ-जा सकें; चल सोपान; एस्केलेटर

【滚筒印刷机】 gǔntǒng yìnshuājī सिलिंडर प्रेस

【滚雪球】 gǔn xuěqiú (लुढ़कने से अधिकाधिक बढ़ने-वाली) बर्फ़ की गेंद लुढ़काना; (व्यापार, व्यवसाय आदि का) अधिकाधिक विकास होते रहना: 他的生意近来像～似的，越做越大。 आजकल उस का व्यापार बर्फ़ की गेंद की तरह अधिकाधिक बढ़ रहा है।

【滚圆】 gǔnyuán गेंद की तरह गोल; अत्यंत गोल; गोल-मटोल: 腰身～的母牛 गोलमटोल कमरवाली गाय / 她的两只眼睛睁得～～的。 उस ने अपनी गोल-गोल आँखें खोल दीं।

【滚珠】 gǔnzhū 〈यां०〉 धुरे की गोली; बॉल (ball)

【滚珠轴承】 gǔnzhū zhóuchéng गोलीदार धुरी; बाल-बियरिंग: ～厂 गोलीदार धुरी कारखाना

磙（磙） gǔn ❶बेलन; रोलर: 石～ पत्थर का बेलन (या रोलर) ❷बेलन से दबाकर एकसा करना; बेलन फेरना: ～地 ज़मीन पर बेलन फेरना

【磙子】 gǔnzi ❶पत्थर का बेलन; पत्थर का रोलर ❷बेलन; रोलर

gùn

棍[1] gùn लाठी; दंड; डंडा; सोंटा: 木～ लकड़ी का डंडा; लकड़ी की छड़ी / 竹～ लाठी; सोंटा / 铁～ लौह डंडा / 小～儿 छोटी छड़ी

棍[2] gùn बदमाश; दुष्ट; गुंडा: 恶～ दुष्ट; गुंडा

【棍棒】 gùnbàng ❶दंड; डंडा; छड़ी; लाठी; सोंटा ❷व्यायाम में प्रयुक्त डंडा

【棍子】 gùnzi छड़ी; डंडा; लाठी: 打～ छड़ियाँ लगाना; डंडा चलाना / 挨～ डंडा खाना

guō

过（過） Guō एक कुलनाम

guò भी दे०

埚（堝） guō दे० 坩埚 gānguō

郭 guō ❶नगर की बाहरी दीवार ❷ (Guō) एक कुलनाम

聒 guō कोलाहल करनेवाला; शोरगुल से भरा हुआ: 聒耳

【聒耳】 guō'ěr कर्कश; कर्णकटु: 蝉声～。 सिकेडों की कर्णकटु आवाज़ से मेरे कान फट जाते थे।

【聒噪】 guōzào 〈बो०〉 कोलाहल करना; शोरगुल मचाना

锅（鍋） guō ❶कड़ाहा; कड़ाही; देग; देगचा; देगची; बायलर: 一口～ एक कड़ाहा / 铁～ लोहे का देगचा ❷(तंबाकू के पाइप आदि का) (कटोरी जैसा) आगे का भाग; कटोरी; बाल: 烟～ तंबाकू के पाइप का बाल; पाइप

【锅巴】 guōbā भात की कड़ी तह; तहदेगी; राइस क्रस्ट

【锅铲】 guōchǎn चपटी छुरी (रसोईघर में प्रयुक्त); स्लाइस

【锅盖】 guōgài कड़ाही आदि का ढक्कन

【锅炉】 guōlú बायलर: ～厂 बायलर कारखाना / ～房 बायलर रूम

【锅台】 guōtái चूल्हे का ऊपरी भाग： 整天围着～转 दिनोंदिन घरेलू कार्यों में व्यस्त रहना
【锅贴儿】 guōtiēr हल्केपन से तला हुआ डम्पलिंग; समोसे के आकार का एक चीनी पकवान
【锅驼机】 guōtuójī भाप-इंजन; लोकोमोबाईल（locomobile）
【锅烟子】 guōyānzi कड़ाही की तह पर की कालिख
【锅子】 guōzi ❶(तंबाकू के पाइप का) बाल ❷आतिशदान; चैफ़िंग डिश（chafing dish）： 涮～ आतिशदान में उबलते हुए माँस और सब्ज़ियों के टुकड़े

蝈（蟈） guō नीचे दे०
【蝈蝈儿】 guōguōr झींगुर के समान हरे रंग का एक बड़ा कीड़ा; केटीडिड（katydid）

guó

国（國、囯） guó ❶देश; राष्ट्र; राज्य： 大～ बड़ा देश / 外～ विदेश; परराष्ट्र / 保家卫～ अपने घरों को सुरक्षित रखना और अपने देश की रक्षा करना ❷देश का; राष्ट्रीय： 国歌 ❸हमारे देश का; चीनी： 国画 ❹（Guó）एक कुलनाम
【国宝】 guóbǎo राष्ट्रीय रत्न： 这些文物都是中国的～。ये सांस्कृतिक अवशेष चीन के राष्ट्रीय रत्न हैं।
【国本】 guóběn देश का आधार; राज्य की बुनियाद： 民为～。जनता ही देश का आधार है।
【国标】 guóbiāo ❶国家标准 guójiā biāozhǔn (राज्य का मानदंड; राष्ट्रीय स्तर) का संक्षिप्त रूप ❷国际标准交谊舞 guójì biāozhǔn jiāoyìwǔ (अंतर्राष्ट्रीय आदर्श सामाजिक नृत्य) का संक्षिप्त रूप
【国宾】 guóbīn राजकीय अतिथि; स्टेट गेस्ट： ～馆 राजकीय अतिथिशाला; स्टेट गेस्टहाउस
【国柄】 guóbǐng राजकीय अधिकार; राज-सत्ता
【国策】 guócè राज्य की बुनियादी नीति; राष्ट्रीय नीति; स्टेट पोलिसी
【国产】 guóchǎn हमारे देश में बनाया हुआ; चीन में बनाया हुआ： ～品 देशी वस्तु / ～影片 स्वदेशी सिनेमा
【国耻】 guóchǐ राष्ट्रीय अपमान： 洗雪～ राष्ट्रीय अपमान का बदला लेना
【国粹】 guócuì चीनी संस्कृति का सार
【国大党】 Guódàdǎng कांग्रेस-दल; कांग्रेस： ～党员 कांग्रेस-जन; कांग्रेसी
【国道】 guódào राष्ट्रीय पथ; राजकीय मार्ग
【国都】 guódū राजधानी
【国度】 guódù देश; राष्ट्र; राज्य
【国法】 guófǎ देश के कानून-कायदे; राष्ट्रीय कानून; कानून： ～难容 कानून से दंडनीय; कानून से सज़ा पाने लायक
【国防】 guófáng राष्ट्रीय प्रतिरक्षा： 巩固～ राष्ट्रीय प्रतिरक्षा को दृढ़ बनाना / ～建设 राष्ट्रीय प्रतिरक्षा का निर्माण-कार्य / ～力量 राष्ट्रीय प्रतिरक्षा शक्ति / ～科学 राष्ट्रीय प्रतिरक्षा से संबंधित विज्ञान / ～体育 राष्ट्रीय प्रतिरक्षा से संबंधित खेलकूद
【国防部】 guófángbù राष्ट्रीय प्रतिरक्षा मंत्रालय; रक्षा-विभाग： ～长 राष्ट्रीय प्रतिरक्षा मंत्री; रक्षा-मंत्री
【国防军】 guófángjūn राष्ट्रीय प्रतिरक्षा सेना
【国防委员会】 guófáng wěiyuánhuì राष्ट्रीय प्रतिरक्षा परिषद; राज्य की रक्षा-समिति
【国防预算】 guófáng yùsuàn राष्ट्रीय प्रतिरक्षा का बजट
【国父】 guófù राष्ट्र-पिता (पहले डॉ०सन यातसेन के लिये एक विशेष-नाम)
【国歌】 guógē राष्ट्रीय गीत; राष्ट्रगीत; राष्ट्रगान
【国格】 guógé राष्ट्रीय प्रतिष्ठा; देश की इज़्ज़त： 不做有损～的事 कभी ऐसा काम न करना जिस से राष्ट्रीय प्रतिष्ठा को ठेस लगे
【国故】 guógù राष्ट्रीय सांस्कृतिक विरासत： 整理～ राष्ट्रीय सांस्कृतिक विरासत को सुव्यवस्थित करना
【国号】 guóhào किसी राज्यवंश का नाम (जैसे 元 य्वान, 明 मिंग, 清 छिंग इत्यादि)
【国后岛】 Guóhòudǎo कुनाशिरी（Kunashiri）
【国花】 guóhuā राष्ट्रीय फूल (राष्ट्र के चिह्न के रूप में)
【国画】 guóhuà चीनी परंपरागत शैली का चित्र (पाश्चात्य शैली के चित्रों से भिन्न)： ～家 चीनी परंपरागत शैली का चित्रकार
【国徽】 guóhuī राष्ट्रीय चिह्न; राष्ट्र-चिह्न; राज्य-प्रतीक
【国会】 guóhuì राष्ट्र-परिषद्; संसद; पार्लियामेंट; कांग्रेस (अमरीका में); डाइट（Diet）(जापान, डेन्मार्क आदि में)： ～议员 संसदसदस्य
【国魂】 guóhún किसी देश की जनता की विशिष्ट भावना; राष्ट्रीय आत्मा
【国货】 guóhuò चीन में बनाया हुआ माल; चीनी माल
【国籍】 guójí राष्ट्रीयता; नागरिकता： 你是哪国～? तुम्हारी क्या राष्ट्रीयता है? / 他是中国～。उस की चीनी राष्ट्रीयता है; वह चीनी राष्ट्रीयता का है। / 保留中国～ अपनी चीनी नागरिकता को जमाये रखना / 一架～不明的飞机 एक अपरिचित विमान
【国计民生】 guójì-mínshēng राष्ट्रीय अर्थव्यवस्था और जनता का जीवन
【国际】 guójì अंतर्राष्ट्रीय; इंटरनेशनल： ～问题 अंतर्राष्ट्रीय समस्या; विश्व-समस्या / ～形势 अंतर्राष्ट्रीय परिस्थिति / ～地位 अंतर्राष्ट्रीय स्थिति (या पद) / ～威望 अंतर्राष्ट्रीय प्रतिष्ठा / ～合作 अंतर्राष्ट्रीय सहयोग / ～竞争 अंतर्राष्ट्रीय प्रतिस्पर्द्धा
【国际奥林匹克委员会】 Guójì Àolínpǐkè Wěiyuánhuì अंतर्राष्ट्रीय ऑलंपिक कमेटी; विश्व ऑलंपिक खेल-कूद संघ
【国际博览会】 guójì bólǎnhuì अंतर्राष्ट्रीय मेला
【国际裁判】 guójì cáipàn अंतर्राष्ट्रीय रेफ़री; अंतर्राष्ट्रीय मध्यस्थ
【国际单位制】 guójì dānwèizhì इकाइयों की अंतर्राष्ट्रीय प्रणाली
【国际儿童节】 Guójì Értóng Jié अंतर्राष्ट्रीय बाल-

दिवस (पहली जून)
【国际法】 guójìfǎ 国际公法 का संक्षिप्त रूप
【国际法院】 Guójì Fǎyuàn अंतर्राष्ट्रीय न्यायालय; विश्व-न्यायालय
【国际妇女节】Guójì Fùnǚ Jié अंतर्राष्ट्रीय महिला दिवस (8 मार्च)
【国际歌】Guójì Gē अंतर्राष्ट्रीय गान (गीत); इंटरनेशनल (गीत)
【国际公法】 guójì gōngfǎ (पब्लिक) इंटरनेशनल लॉ; अंतर्राष्ट्रीय कानून
【国际公制】 guójì gōngzhì मीटर प्रणाली
【国际共产主义运动】guójì gòngchǎnzhǔyì yùndòng अंतर्राष्ट्रीय कम्युनिस्ट आन्दोलन
【国际共管】 guójì gòngguǎn अंतर्राष्ट्रीय सहराज्य; काण्डोमिनियम（condominium）
【国际关系】 guójì guānxì अंतर्राष्ट्रीय संबंध; वैदेशिक संबंध
【国际惯例】 guójì guànlì अंतर्राष्ट्रीय व्यवहार
【国际航道】 guójì hángdào अंतर्राष्ट्रीय जलमार्ग
【国际红十字会】 Guójì Hóngshízìhuì अंतर्राष्ट्रीय रेड क्रास संघ
【国际化】 guójìhuà अंतर्राष्ट्रीकरण (करना); अंतर्राष्ट्रीयकरण (करना)
【国际货币】 guójì huòbì अंतर्राष्ट्रीय मुद्रा; इंटरनेशनल करेंसी
【国际机场】 guójì jīchǎng अंतर्राष्ट्रीय हवाई अड्डा; इंटरनेशनल एयरपोर्ट
【国际劳动节】 Guójì Láodòng Jié अंतर्राष्ट्रीय श्रमिक (मज़दूर) दिवस; मई दिवस (पहली मई)
【国际联盟】 Guójì Liánméng अंतर्राष्ट्रीय संघ; लीग आफ़ नेशंस (1920-1946)
【国际列车】 guójì lièchē अंतर्राष्ट्रीय रेल (ट्रेन)
【国际贸易】 guójì màoyì अंतर्राष्ट्रीय व्यापार; विश्व व्यापार
【国际市场】 guójì shìchǎng विश्व-बाज़ार: 打入～ विश्व-बाज़ार में प्रवेश करना
【国际事务】 guójì shìwù अंतर्राष्ट्रीय मामला
【国际收支】 guójì shōuzhī (अंतर्राष्ट्रीय) भुगतान-तुला; बैलेंस आफ़ (इंटरनेशनल) पेमेंट: ～不平衡 भुगतान-तुला में असंतुलन / ～逆差 भुगतान-तुला में घाटा; प्रतिकूल बैलेंस आफ़ पेमेंट / ～顺差 भुगतान-तुला में लाभ (बचत); अनुकूल बैलेंस आफ़ पेमेंट
【国际水域】 guójì shuǐyù अंतर्राष्ट्रीय जल-क्षेत्र; इंटरनेशनल वाटर्स
【国际私法】 guójì sīfǎ व्यक्तिगत अंतर्राष्ट्रीय कानून; प्राइवेट इंटरनेशनल लॉ
【国际象棋】 guójì xiàngqí शतरंज; चेस
【国际音标】 guójì yīnbiāo अंतर्राष्ट्रीय ध्वन्यात्मक लिपिचिह्न; इंटरनेशनल फ़ोनेटिक सिंबल्स (या अल्फ़ाबेट)
【国际友人】 guójì yǒurén विदेशी मित्र
【国际游资】 guójì yóuzī हॉट मनी
【国际舆论】 guójì yúlùn विश्व जनमत
【国际展览会】 guójì zhǎnlǎnhuì विश्व-प्रदर्शनी
【国际制】 guójìzhì 国际单位制 का संक्षिप्त रूप
【国际主义】 guójì zhǔyì अंतर्राष्ट्रवाद; अंतर्राष्ट्रीयता: ～精神 अंतर्राष्ट्रवादी भावना / ～义务 अंतर्राष्ट्रवादी कर्त- व्य / ～者 अंतर्राष्ट्रवादी
【国际纵队】 Guójì Zòngduì अंतर्राष्ट्रीय ब्रिगेड (दस्ता) (1936-1939 के स्पेनिश गृह-युद्ध में)
【国家】 guójiā देश; राष्ट्र; राज्य; कौम; मुल्क; स्टेट: 社会主义～ समाजवादी देश / ～不分大小，应该一律平等。सभी राष्ट्रों को, जिन में चाहे कोई बड़ा हो या छोटा, बराबर होना चाहिये । / ～财产 राज्य की (राजकीय) संपत्ति
【国家裁判】 guójiā cáipàn राष्ट्रीय मध्यस्थ; स्टेट रेफ़री
【国家队】 guójiāduì 〈खेल०〉 राष्ट्रीय टीम
【国家公务员】 guójiā gōngwùyuán प्रशासन-कर्मचारी; सिविल सर्वेंट
【国家机关】 guójiā jīguān राजकीय संगठन; राज्य की शासन-संस्था; राजकीय संस्था; सरकारी कार्यालय: ～工作人员 राजकीय संस्थाओं का कर्मचारी वर्ग; राज्य कार्मिक
【国家机器】 guójiā jīqì राजकीय यंत्र; राज्य मशीनरी; सरकारी मशीन
【国家决算】 guójiā juésuàn राज्य आय-व्यय का अंतिम लेखा
【国家利益】 guójiā lìyì देशहित
【国家垄断资本主义】 guójiā lǒngduàn zīběn zhǔyì राजकीय इजारेदार पूँजीवाद
【国家赔偿】 guójiā péicháng राज्य क्षतिपूर्ति; राष्ट्र मुआविज़ा
【国家权力】 guójiā quánlì राज्याधिकार; राजसत्ता; स्टेट पावर: ～机关 राजसत्ता की संस्थाएं
【国家所有制】 guójiā suǒyǒuzhì राजकीय स्वामित्व; राजकीय मिल्कियत
【国家银行】guójiā yínháng राजकीय बैंक; राज्य बैंक; स्टेट बैंक
【国家预算】 guójiā yùsuàn राज्य का बजट; राजकीय बजट; सरकारी बजट
【国家元首】 guójiā yuánshǒu राजनेता; राज्याध्यक्ष
【国家政权】 guójiā zhèngquán राजसत्ता; स्टेट पावर
【国家资本主义】 guójiā zīběn zhǔyì राजकीय पूँजीवाद
【国交】 guójiāo कूटनैतिक संबंध
【国教】 guójiào देशधर्म; राजधर्म
【国界】guójiè राजकीय सीमा; सीमांत; सरहद: 划定～ अंतर्राज्यिक सीमाओं को निर्धारित करना
【国境】 guójìng राज्य-सीमा; सीमांत; सरहद: 偷越～ अवैध रूप से राज्य-सीमा का उल्लंघन करना
【国境线】 guójìngxiàn राज्य-सीमा-रेखा; सरहदी खत
【国君】 guójūn बादशाह; सम्राट्; साम्राज्ञी; सर्वोच्च शासक
【国库】 guókù राजकोष; राष्ट्रीय खज़ाना; राजकीय ट्रेज़री: 充实～ राष्ट्रीय खज़ाना अधिक बड़ा बनाना; राजकोष बढ़ाना
【国库券】 guókùquàn राजकोष बांड; ट्रेज़री बिल

【国力】 guólì देश की शक्ति; राजकीय सामर्थ्य; नेशनल पावर: 增强～ देश की शक्ति बढ़ाना
【国立】 guólì राज्य द्वारा स्थापित; राष्ट्रीय; राजकीय; कौमी; नेशनल: ～大学 राष्ट्रीय विश्वविद्यालय
【国联】 Guólián 国际联盟 का संक्षिप्त रूप
【国门】 guómén <लि०> किसी देश का मुख्य द्वार (लाक्षणिक): 拒敌于～之外 शत्रु को सीमांत पर हटा देना
【国民】 guómín किसी देश का सदस्य; नागरिक; किसी देश की जनता
【国民待遇】 guómín dàiyù राष्ट्रीय बर्ताव; नागरिक बर्ताव
【国民党】 Guómíndǎng क्वोमिंतांग
【国民经济】 guómín jīngjì राष्ट्रीय अर्थव्यवस्था; राष्ट्रीय अर्थतंत्र
【国民生产总值】 guómín shēngchǎn zǒngzhí कुल राष्ट्रीय उपज; ग्रोस नेशनल प्रोडक्ट
【国民收入】 guómín shōurù राष्ट्रीय आमदनी; राष्ट्रीय आय
【国难】 guónàn राष्ट्रीय संकट (विशेष कर विदेशी आक्रमण से पैदा हुआ): 共赴～ राष्ट्रीय संकट का मिलकर सामना करना
【国内】 guónèi अंतर्देशीय; अंदरूनी; घरेलू; स्वदेशी; आंतरिक: ～贸易 अंदरूनी व्यापार; घरेलू व्यापार / ～市场 स्वदेशी बाज़ार; घरेलू मंडी / ～消费 स्वदेश की खपत / ～形势 अंदरूनी स्थिति; आंतरिक परिस्थितियाँ / ～革命战争 क्रांतिकारी गृहयुद्ध
【国旗】 guóqí राष्ट्रध्वज; राज्यध्वज; राष्ट्रीय झंडा; राष्ट्रीय पताका
【国企】 guóqǐ 国有企业 का संक्षिप्त रूप
【国情】 guóqíng राज्य की स्थिति; राष्ट्रीय परिस्थितियाँ: 适合～ राज्य की स्थिति के अनुकूल होना
【国情咨文】 guóqíng zīwén (अमरीका में) राज्य की स्थिति का संदेश
【国庆】 guóqìng (国庆节 guóqìngjié भी) राष्ट्रीय दिवस; राष्ट्र दिवस (चीन में पहली अक्टूबर)
【国人】 guórén <लि०> देशवासी; स्वदेशीय; एकदेशीय
【国色】 guósè <साहि०> सर्वसुन्दरी; अपने समय की अनुपम सुन्दरी
【国色天香】 guósè-tiānxiāng अलौकिक रंग और स्वर्गीय सुगंध (पेओनी या किसी सुन्दर महिला के लिये एक अलंकार)
【国殇】 guóshāng <लि०> जो अपने देश के लिये मरता हो; वह व्यक्ति जो राष्ट्रीय कार्य के लिये जान दे दे; शहीद
【国史】 guóshǐ ❶किसी देश या राजवंश का इतिहास ❷(पुराने ज़माने में) आधिकारिक इतिहासकार
【国事】 guóshì राजकीय मामला; राज्य मामला
【国事访问】 guóshì fǎngwèn राजकीय यात्रा; सरकारी यात्रा
【国是】 guóshì <लि०> राज्य का मामला; राष्ट्रीय महत्व का मामला: 共商～ राज्य के मामलों पर बहस-मुबाहिसा करना
【国手】 guóshǒu राष्ट्रीय चैंपियन (शतरंज आदि में); सर्वश्रेष्ठ
【国书】 guóshū परिचय-पत्र; प्रमाण पत्र: 向……递交～ … के समक्ष परिचय-पत्र पेश करना
【国术】 guóshù परंपरागत चीनी समरोचित कलाएं
【国税】 guóshuì (国家税 guójiāshuì का संक्षिप्त रूप) केन्द्रीय कर
【国泰民安】 guótài-mín'ān देश वैभवसंपन्न है और जनता शांति का जीवन बिताती है
【国体】 guótǐ ❶राज्य व्यवस्था; शासन-व्यवस्था; राज्य-तंत्र ❷देश की इज़्ज़त; राष्ट्रीय प्रतिष्ठा: 有辱～ देश की प्रतिष्ठा में बट्टा लगना
【国土】 guótǔ राज्य का भूभाग; भूमि: 神圣～ पवित्र भूमि / 收复～ अपने राज्य का भूभाग अपने हाथ में वापस लेना
【国外】 guówài विदेश; विदेशी; बाहरी; देश के बाहर: ～来信 विदेश से आया पत्र / ～市场 विदेशी बाज़ार / ～事务 विदेशी मामला / ～贸易 वैदेशिक व्यापार; बाहर का व्यापार / ～投资 विदेशों में विनियोग
【国王】 guówáng राजपति; सम्राट; महाराजा; शाह; बादशाह
【国威】 guówēi राष्ट्रीय प्रतिष्ठा
【国文】 guówén <पुराना> राष्ट्रीय भाषा (जैसे चीनी, विशेष कर लिखित चीनी)
【国务】 guówù राजकीय मामला
【国务会议】 guówù huìyì राज्य कांफ्रेंस
【国务卿】 guówùqīng (अमरीका में) राज्य-सचिव; राष्ट्र-सचिव; परराष्ट्र (विदेश) मंत्री
【国务委员】 guówù wěiyuán राज्य परिषद का सदस्य; स्टेट कौंसिल का मम्बर; स्टेट कौंसिलर
【国务院】 guówùyuàn ❶राज्य-परिषद; स्टेट कौंसिल ❷(अमरीका में) राज्य-विभाग; स्टेट डिपार्टमेंट
【国玺】 guóxǐ राजमुद्रा
【国学】 guóxué चीनी राष्ट्रीय संस्कृति
【国宴】 guóyàn राजकीय प्रीतिभोज (दावत): 设～招待各国贵宾 विभिन्न देशों से आये आदरणीय अतिथियों को राजकीय प्रीतिभोज देना
【国药】 guóyào परंपरागत चीनी दवा; चीनी जड़ी-बूटी
【国营】 guóyíng राज्य (या सरकार) द्वारा संचालित; राजकीय; सरकारी: ～工商业 राजकीय औद्योगिक और व्यापारिक कारोबार / ～经济 राजकीय अर्थव्यवस्था; राजकीय मिल्कियतवाली अर्थव्यवस्था
【国营农场】 guóyíng nóngchǎng राजकीय फ़ार्म; स्टेट फ़ार्म
【国营企业】 guóyíng qǐyè राजकीय कारोबार; सरकारी कारोबार
【国有】 guóyǒu राज्य (या देश) का; राष्ट्रीय; सरकारी: ～企业 राष्ट्रीय कारोबार / ～土地 सरकारी ज़मीन / 土地～ ज़मीन राष्ट्रीयकरण
【国有股】 guóyǒugǔ राज्य-अधिकृत शेयर (या पूँजी अंश)
【国有化】 guóyǒuhuà राष्ट्रीयकरण; देशीयकरण
【国有企业】 guóyǒu qǐyè राज्य-अधिकृत व्यवसाय
【国有资产】 guóyǒu zīchǎn राज्य-अधिकृत संपत्ति

【国语】 guóyǔ ❶राष्ट्रभाषा; राजकीय भाषा ❷普通话 pǔtōnghuà का पुराना नाम ❸<पुराना> स्कूल में पढ़ाई जानेवाली चीनी भाषा
【国乐】 guóyuè परंपरागत चीनी संगीत; चीनी राष्ट्रीय संगीत
【国运】 guóyùn किसी देश का भाग्य (या किस्मत): ～昌盛 किसी देश का फलते-फूलते बढ़ना
【国葬】 guózàng राज्य-क्रियाकर्म: 举行～ (किसी के लिये) राज्य-क्रियाकर्म का आयोजन करना
【国贼】 guózéi देशद्रोही
【国债】 guózhài राष्ट्रीय ऋण
【国丈】 guózhàng सम्राट् का ससुर
【国子监】 guózǐjiàn साम्राजिक महाविद्यालय (सामंती चीन में सर्वोच्च शिक्षा-संचालनालय)

掴（摑） guó 掴 guāi का परिवर्तित उच्चारण

帼（幗） guó दे० 巾帼 jīnguó

腘（膕） guó <श०वि०> घुटने का पृष्ठभाग
【腘窝】 guówō घुटने का गड्ढा

guǒ

果[1] guǒ ❶फल: 水～ फल ❷नतीजा; परिणाम; फल: 结～ नतीजा

果[2] guǒ अटल; अडिग; दृढ़संकल्प: 果敢

果[3] guǒ ❶<क्रि०वि०> सचमुच; जैसे प्रत्याशित: ～不出所料 जैसा कि प्रत्याशित था ❷<संयो०> यदि वास्तव में; अगर सचमुच: ～能如此 अगर बात सचमुच ऐसी हो; अगर ऐसा ही हुआ
【果阿】 Guǒ'ā गोआ प्रदेश
【果报】 guǒbào <बौद्धधर्म> बुराई (विरल, भलाई) का बदला; पाप का फल
【果不其然】 guǒbùqírán जैसे ही प्रत्याशित; निश्चित रूप से: 我说过他肯定会来，～，来了吧。मैं ने कहा था कि वह ज़रूर आयेगा, अब देखो, वह आ ही गया है न।
【果冻儿】 guǒdòngr फलों का अवलेह; जेली
【果断】guǒduàn निर्णायक; निश्चयात्मक; पक्का; दृढ़; अटल: 办事～ मामले निपटाने में दृढ़ता से काम लेना / 采取～措施 निर्णायक उपाय करना; निश्चयात्मक कदम उठाना / ～地作出决定 पक्के तौर पर कोई निश्चय कर लेना / ～地拒绝 अटल रूप से इंकार कर देना; दो टूक जवाब देना
【果脯】 guǒfǔ आड़ू, सेब, नाशपाती आदि में चीनी या शहद मिलाकर बनायी हुई एक मिठाई; कैंडिड फ़्रूट
【果腹】 guǒfù <लि०> पेट भरना; भूख बुझाना: 食不～ पेट भरने के लिये काफ़ी भोजन न होना; भूखा रहना
【果敢】 guǒgǎn निर्भीक और दृढ़; पक्का और साहसिक: 采取～的行动 साहसिक और दृढ़ कार्यवाही करना / 他的指挥不够～。वह संचालन करने में अधिक निर्भीक और दृढ़ नहीं है।
【果核】 guǒhé गुठली
【果酱】 guǒjiàng मुरब्बा; जैम
【果决】 guǒjué निर्णायक; निश्चयात्मक; पक्का
【果料儿】 guǒliàor केक आदि बनाने में प्रयुक्त किशमिश, गुदा, तरबूज़ के बीज आदि: ～面包 किशमिश पावरोटी
【果绿】 guǒlǜ हल्का हरा
【果木】 guǒmù फल का पेड़
【果木园】 guǒmùyuán फलों का बाग
【果农】 guǒnóng फलों का बाग लगानेवाला
【果盘】 guǒpán फल रखने का कटोरा; फ़्रूट ट्रे
【果皮】 guǒpí फल का छिलका; छिलका
【果皮箱】 guǒpíxiāng कूड़ा-कोठ; कूड़ेदान
【果品】 guǒpǐn फल: 干鲜～ ताज़ा और सुखाया हुआ फल; फल और मेवा / ～店 फल की दूकान / ～公司 फल कम्पनी
【果然】 guǒrán ❶<क्रि०वि०> सचमुच; जैसे प्रत्याशित; निश्चित रूप से: 他说要下雪，～下雪了。उस ने कहा था कि बर्फ़ गिरनेवाली है, और अब सचमुच बर्फ़ गिरने लगी है। / ～他说对了。जैसा कि प्रत्याशित था, उस की बात सही सिद्ध हुई। / ～名不虚传 सचमुच ही अपने नाम के लायक होना ❷<संयो०> यदि वास्तव में; अगर सचमुच: 事情～是那样，那就没问题了。अगर बात सचमुच वैसी हो, तब तो कोई सवाल ही नहीं।
【果仁儿】 guǒrénr ❶फल का बीज ❷मूँगफली का बीज
【果肉】 guǒròu फल का गूदा; गूदा
【果实】 guǒshí ❶फल: ～累累 (पेड़ों का) फलों से लदे होना ❷उपलब्धि; सफलता; फल: 劳动～ परिश्रम का फल / 胜利～ विजय का फल
【果树】guǒshù फल का पेड़; फलदार वृक्ष: ～栽培 फल-उत्पादन; फलों की कृषि
【果糖】 guǒtáng <रसा०> फल-शर्करा; फ़्रक्टोस（fructose）
【果园】 guǒyuán फलों का बाग; फलदार वृक्षों का बाग; बाग
【果真】 guǒzhēn ❶<क्रि०वि०> सचमुच; जैसे प्रत्याशित; निश्चित रूप से: 这次比赛我们～取得了冠军。इस होड़ में हम को सचमुच चैंपियनशिप हासिल हुई, जैसा कि प्रत्याशित था। ❷<संयो०> यदि वास्तव में, अगर सचमुच: ～这样，我就没话好说了。अगर बात सचमुच ही ऐसी हो, तब तो मुझे कुछ नहीं कहना है।
【果汁】 guǒzhī फल का रस; फल का जूस; शरबत
【果子】 guǒzi ❶फल ❷馃子 guǒzi के समान
【果子酱】 guǒzijiàng 果酱 के समान
【果子酒】 guǒzijiǔ फल शराब; फ़्रूट वाइन
【果子露】 guǒzilù शरबत

馃（餜） guǒ नीचे दे०

【馃子】 guǒzi ❶तेल में तला हुआ एक भोज्य पदार्थ ❷〈बोल०〉 पेस्ट्री (pastry)

椁(槨)guǒ ताबूत को ढंकनेवाला बड़ा ताबूत; बाहरी ताबूत: 棺椁 guānguǒ

裹 guǒ ❶बाँधना; जकड़ना; लपेटना: 用绷带把伤口～好。घाव पर पट्टी बाँधना / 他头上～着一条毛巾。उस के सिर पर तौलिया लपेटा हुआ था। / 她身上～着一条毛毯坐在床上。वह अपने ऊपर एक कम्बल लपेटकर चारपाई पर बैठी थी। ❷जबरन साथ ले जाना: 村里有几个人被土匪～走。कुछ ग्रामवासी डाकुओं द्वारा जबरन साथ ले जाये गये। ❸〈बोल०〉 मुँह में रखकर चूसना; (दूध) पीना: 小孩儿一生下来就会～奶。शिशु पैदा होते ही थन से दूध पी सकते हैं।

【裹脚】 guǒjiǎo पाँव-बंधन; पाँव बांधना (एक घृणित सामंती व्यवहार जो स्त्रियों को शारीरिक और मानसिक दोनों रूप से बिगाड़ता था)

【裹脚】 guǒjiao (裹脚布 guǒjiǎobù भी) (सामंती चीन में) स्त्रियों के पाँव बाँधने की कपड़े की पट्टियाँ

【裹尸布】 guǒshībù कफ़न

【裹腿】 guǒtuǐ लेगिंग्स (leggings)

【裹挟】 guǒxié ❶(परिस्थितियों, प्रवृत्तियों आदि का) तीव्र गति से साथ ले जाना; बहा ले जाना; उड़ा ले जाना ❷裹胁 के समान

【裹胁】 guǒxié (बुरे कामों में) भाग लेने के लिये मजबूर करना

【裹足不前】 guǒzú-bùqián आगे बढ़ने में हिचकिचाना

guò

过(過) guò ❶(से) गुज़रना; पार करना: ～河 नदी पार करना / ～桥 पुल पार करना / 这趟车～了天津就快到北京了。यह रेलगाड़ी थ्यनचिन से गुज़रने पर जल्द ही पेइचिंग पहुँच जाती है। ❷(समय) खर्च करना; बिताना; (त्योहार आदि) मनाना: 你打算在哪儿～暑假? तुम गर्मी की छुट्टियाँ कहाँ पर बिताना चाहते हो? / 日子越来越好～了。जीवन अधिकाधिक बेहतर होता जा रहा है। / ～春节 वसंत का त्योहार मनाना / ～生日 जन्मदिवस मनाना ❸(समय का) गुज़रना: 就这样，又～了几年。इसी तरह और कुछ वर्ष गुज़र गये। / ～了寒假，他很快就要毕业了。जाड़े की छुट्टियों के बाद उस के स्नातक होने में अधिक देर नहीं लगेगी। / 我～几天再来。मैं कुछ दिनों में फिर आ जाऊँगा। ❹(किसी वस्तु का) विशेष प्रक्रिया द्वारा निरूपण करना; गौर से देखना; सूक्ष्म परीक्षण करना; दुहराना: ～罗 छलनी से छानना / 把今天的功课再～一遍。आज का पाठ एक बार फिर दुहराओ। ❺सीमा किसी निश्चित संख्या से अधिक होना; किसी से बढ़ जाना; ज़्यादा होना; पार कर जाना; आगे निकल जाना: 亩产～千斤。फ़ी मू उत्पादन एक हज़ार चिन से ज़्यादा है। / 树长得～了房。यह पेड़ मकान से भी अधिक ऊँचा बढ़ गया है। / 小心别坐～了站。होशियार रहो, अपने स्टेशन से आगे न निकल जाओ। ❻〈क्रि०वि०〉 बहुत अधिक; आवश्यकता से अधिक; हद से अधिक; अत्यधिक; अत्यंत: ～多 आवश्यकता से अधिक; अत्यधिक / ～长 बहुत अधिक लम्बा; अत्यंत लम्बा / ～早 समय से बहुत पहले; उपयुक्त समय से पूर्व ❼गलती; कसूर; भूल; दोष: 记～ दोष दर्ज करना / 改～ गलती का सुधार करना ❽(得 dé या 不 bù के साथ किसी क्रिया के पीछे जीत जाने या योग्य होने का अर्थ प्रकट करने के लिये प्रयुक्त): 这种人我们信得～。ऐसे आदमियों पर हम विश्वास करते हैं; हमारे लिये ऐसे आदमी विश्वसनीय हैं। / 要说聪明，咱们谁也比不～他。हम में कोई भी ऐसा नहीं जो उस के तुल्य बुद्धिमान हो।

过(過) guo 〈लघु०अ०〉 ❶(किसी क्रिया के पीछे किसी कार्य की समाप्ति प्रकट करने के लिये प्रयुक्त): 我吃～饭马上就去。मैं खाना खाने के बाद तुरंत ही जाऊँगा। / 座谈会已经开～了，你来晚了。बैठक खत्म हो गई है, तुम को देर हुई। ❷(किसी क्रिया या विशेषण के पीछे कोई पिछली क्रिया या पिछली स्थिति प्रकट करने के लिये प्रयुक्त): 你去～印度吗? तुम कभी भारत गये थे? / 我以前没见～这个人。मैं ने इस आदमी को कभी नहीं देखा था। / 他当～教师。वह अध्यापक था; वह अध्यापन-कार्य करता था; उस ने अध्यापन-कार्य किया था। / 他十年前胖～。दस वर्ष पहले वह काफ़ी मोटा था।

guō भी दे०

【过半】 guòbàn आधे से अधिक: 敌兵伤亡～。आधे से अधिक शत्रु-सैनिक हताहत हो गये।

【过磅】 guòbàng (तराज़ू पर) तौलना; तुलवाना: 你的行李在机场得～。हवाई-अड्डे पर तुम को अपना सामान-असबाब तुलवाना पड़ेगा।

【过不去】 guòbuqù ❶(से) गुज़र न सकना; पास न हो सकना: 前面在修路，～。आगे की सड़क की मरम्मत हो रही है, इसलिये उस पर नहीं जा सकते। ❷कष्ट पहुँचाना; तकलीफ़ देना; मुश्किल में डालना; परेशान करना: 请放心，他不会跟你～的。निश्चिंत रहो, वह तुम को तकलीफ़ नहीं देगा; बेफ़िक्र रहो, वह तुम को मुश्किल में नहीं डालेगा। ❸अफ़सोस होना: 给你添了这么多麻烦，我心里真～。मुझे बड़ा अफ़सोस है कि तुम को इतना कष्ट दिया।

【过场】 guòchǎng ❶〈नाट०〉 बीच में प्रदर्शित की जानेवाली घटना या मनोरंजक कथा आदि ❷〈नाट०〉 मंच पर से गुज़रना ❸औपचारिकतावश कोई कार्य करना

【过程】 guòchéng प्रक्रिया; दौरान; क्रम; सिलसिला: 食物在胃里的消化～ पेट में भोजन के पाचन की प्रक्रिया / 生产～ उत्पादन की प्रक्रिया; उत्पादन का क्रम / 在讨论～中 वाद-विवाद के दौरान

【过秤】 guò chèng (स्टीलयार्ड पर) तौलना: 这些水果还没～。ये फल तौले नहीं गये; ये फल अभी तौलने हैं।

【过从】 guòcóng 〈लि०〉 मैत्रीपूर्ण संपर्क रखना; मेल-

जोल होना; आना-जाना: 两人～甚密。दोनों में घनिष्ट संपर्क होता है; दोनों आपस में खूब आते-जाते हैं।

【过错】guòcuò दोष; गलती; कसूर: 这不是你的～，是我没交待清楚。यह तुम्हारा कसूर नहीं, मैं ने ही अच्छी तरह समझाया नहीं था।

【过道】guòdào गुज़रगाह; राहे-गुज़र

【过得去】guòdequ ❶गुज़र सकना; पास हो सकना: 这条胡同很宽，汽车～。यह गली काफ़ी चौड़ी है कि मोटरकार भी गुज़र सकती है। ❷कामचलाऊ; अच्छा-भला; जो सहा जा सके; मामूली; बहुत बुरा नहीं: 他家里不算富裕，但还～。उस का घर संपन्न तो नहीं, फिर भी अच्छा है। / 我身体还～。मेरी शरीरदशा बहुत बुरी तो नहीं है। ❸(किसी अलंकारपूर्ण प्रश्न में प्रयुक्त) चैन से रहना: 耽误您这么多时间，我心里怎么～呢？मुझे बड़ा अफ़सोस है कि आप का इतना ज़्यादा समय बरबाद कर दिया।

【过冬】guòdōng जाड़े की ऋतु बिताना; शीतकाल बिताना: 这种鸟在哪儿～？ये चिड़ियाँ कहां पर जाड़े की ऋतु बिताती हैं?

【过冬作物】guòdōng zuòwù शीत-फ़सल

【过度】guòdù हद से अधिक; अत्यधिक; अतिशय; बहुत अधिक: 饮酒～对身体有害。अत्यधिक शराब पीना स्वास्थ्य के लिये हानिकर है। / ～疲劳 बहुत ज़्यादा थका हुआ; थका-मांदा

【过渡】guòdù संक्रमण; संक्रांति; मध्यकाल: ～措施 अंतरिम (या अस्थाई) उपाय / 从社会主义～到共产主义 समाजवाद से साम्यवाद में संक्रमण करना

【过渡内阁】guòdù nèigé अभिरक्षक मंत्रिमंडल; अभिरक्षक सरकार

【过渡时期】guòdù shíqī संक्रमणकाल; संक्रांतिकाल

【过房】guòfáng 〈बोल०〉 ❶गोद लेना; दत्तक लेना ❷किसी रिश्तेदार द्वारा दत्तक लिया जाना

【过访】guòfǎng 〈लि०〉 देखने के लिये जाना; मिलने के लिये आना

【过分】guòfèn हद से ज़्यादा; अत्यधिक; अतिशय; बहुत अधिक: ～强调 ज़रूरत से ज़्यादा ज़ोर देना; अत्यधिक ज़ोर देना / ～的要求 हद से ज़्यादा माँग / 做得太～ अति करना; हद से गुज़रना / ～集中 अत्यधिक केंद्रित करना / ～谦虚，就显得虚伪了。अत्यधिक विनय पाखंड से कम नहीं जान पड़ता। / 说他目空一切，一点儿也不～。यह कहना अतिश्योक्ति नहीं कि वह मदांध हो गया है।

【过关】guòguān ❶दर्रा पार करना शुल्क-द्वार पास करना ❷परीक्षा में पास होना; किसी मानदंड तक पहुँचना: 过技术关 कौशल के मानदंडों तक पहुँचना / 新产品的质量还没～。नई उत्पादित वस्तुएँ अभी गुणात्मक दृष्टि से निश्चित स्तर पर नहीं पहुँची हैं। / 粮食问题已经～了。अनाज के पर्याप्त उत्पादन का सवाल अब हल हो गया है। / 这次考试他恐怕过不了关。मुझे डर है कि वह इस परीक्षा में शायद ही पास हो।

【过河拆桥】guòhé-chāiqiáo नदी पार करने के बाद पुल को तोड़ देना —— अपने सहायक को छोड़ देना जब कि उस की सहायता आवश्यक न हो; गाय दूध न दे, तो कसाई के हवाले कर दो

【过后】guòhòu बाद में; इस के बाद: 有什么问题～再说。अगर कोई सवाल हो, तो बाद में फिर देखा जाएगा। / 我先去通知了他，～才来通知你的。मैं पहले उस को सूचना देने गया, फिर तुम को सूचना देने आया।

【过户】guòhù 〈का०〉 (संपत्ति या अधिकार का) हस्तांतरण करना; रजिस्टर में स्वामी का नाम बदलना; दाख़िल-ख़ारिज करना

【过话】guòhuà 〈बो०〉 ❶बातचीत करना; बातें करना या होना: 我们不太熟，没有过过话儿。हम एक दूसरे को अच्छी तरह नहीं जानते, कभी बातें नहीं हुई थीं। ❷संदेश पहुँचाना; सूचना देना: 请您替我过个话，就说我明天不去找他了。आप उस को सूचित कर दीजिये कि कल मैं उस से मिलने नहीं जाऊँगा।

【过活】guòhuó जीवन बिताना; दिन काटना; गुज़र-बसर करना; गुज़ारा करना या होना: 他没有妻子，独自～。उस की पत्नी नहीं है, वह अकेले ही जीवन बिताता है। / 那时，全家人就靠我做工～。उन दिनों सारे परिवारजनों का मेरी मज़दूरी पर ही गुज़ारा होता था।

【过火】guòhuǒ उचित हद से ज़्यादा; बहुत ज़्यादा; उचित सीमा से बाहर जाना: ～行动 ज़्यादती; अत्याचार; अनुचित बल-प्रयोग / 这话说得太～了。यह कहना हद से गुज़र गया है।

【过激】guòjī अत्यधिक उग्र; अतिवादी: ～的言论 अतिवादी कथन / ～分子 अतिवादी; चरमपंथी

【过继】guòjì ❶गोद लेना; दत्तक लेना: 他把孩子～给我了。मैं ने उस के लड़के को गोद ले लिया है। ❷किसी रिश्तेदार द्वारा दत्तक लिया जाना

【过家家】guò jiājiā 〈बो०〉 घर-घर खेलना (बच्चों का एक खेल)

【过奖】guòjiǎng 〈शिष्ट०〉 अत्यधिक प्रशंसा करना; बहुत ज़्यादा तारीफ़ करना; बहुत सराहना: 您～了，我不过做了该做的事。आप ने मेरी अत्यधिक प्रशंसा की, मैं ने जो कुछ किया वह तो मेरा कर्तव्य ही था।

【过街老鼠】guòjiē-lǎoshǔ सड़क पार करनेवाला चूहा —— वह व्यक्ति जो लोगों का क्रोध जगाए; वह व्यक्ति जिस से लोग घृणा करें

【过街楼】guòjiēlóu गली के ऊपर आर-पार बनाया हुआ मकान

【过街天桥】guò jiē tiānqiáo सड़क के ऊपर आर-पार बनाया हुआ पुल (पथिकों के सड़क पार करने के लिये)

【过节】guòjié त्यौहार मनाना: ～后咱们就开始做新的工作。त्यौहार के बाद हम नया काम शुरू करेंगे।

【过劲儿】guòjìnr सीमा से बाहर जाना; अति करना: 饿～了往往吃不下。बेहद भूख के मारे लोग अक्सर खा नहीं सकते।

【过境】guòjìng किसी देश के भूभाग से गुज़रना; पार-गमन करना; ट्रांज़िट में होना: ～许可证 पार-गमन प्रमाण-पत्र; ट्रांज़िट सर्टिफ़िकेट

【过境贸易】guòjìng màoyì पार-गमन व्यापार; ट्रां-

ज़िट ट्रेड

【过境签证】 guòjìng qiānzhèng पार-गमन वीज़ा; ट्रांज़िट वीज़ा

【过境税】 guòjìngshuì पार-गमन शुल्क; ट्रांज़िट ड्यूटी

【过客】 guòkè गुज़रनेवाला यात्री; अस्थाई अतिथि; मुसाफ़िर; पथिक: 匆匆来去的～ हड़बड़ाते हुए आने और जानेवाले यात्री

【过来】[1] guòlái आना; आ जाना; पास आना: 车来了，快～吧。बस आ रही है, जल्दी मेरे पास आओ। / 你～一下，我有点事跟你说。ज़रा इधर आ जाओ, तुम से कुछ कहना है। / 他是从旧社会～的人，阅历广。वह पुराने समाज से आया हुआ है और बड़ा अनुभवी है।

【过来】[2] guòlái ❶(得 या 不 के साथ किसी क्रिया के पीछे समय, योग्यता या मात्रा के पर्याप्त होने या अपर्याप्त होने को सूचित करने के लिये प्रयुक्त): 活儿不多，我一个人干得～。ज़्यादा काम तो नहीं है, मैं अकेले कर सकता हूँ। / 参考书太多，简直看不～。संदर्भ की किताबें (संदर्भ ग्रंथ) बहुत ज़्यादा हैं, इन सब को मैं पढ़ ही नहीं सकता। ❷(किसी क्रिया के पीछे बोलनेवाले की ओर होनेवाली गति सूचित करने के लिये प्रयुक्त): 一辆汽车从对面开～。एक मोटरकार सामने से आ रही है। / 捷报从四面八方飞～。विजय की खबरें चारों ओर से मिलती रहीं। ❸(किसी क्रिया की पीछे बोलनेवाले की ओर मुड़ना प्रकट करने के लिये प्रयुक्त): 他转过脸来，我才认出是位老同学。जब उस ने मेरी ओर मुँह मोड़ा, तब मैं पहचान गया कि वह मेरा पहले का सहपाठी है। ❹(किसी क्रिया के पीछे पूर्व-स्थिति या सामान्य स्थिति में वापस आना प्रकट करने के लिये प्रयुक्त): 他醒～了。वह जाग गया; वह होश में आया। / 你这个坏习惯一定得改～。तुम को अपनी यह बुरी आदत छोड़नी ही पड़ेगी। / 他这个人真固执，怎么劝也劝不～。वह सचमुच बड़ा ज़िद्दी है, लाख समझाओ-बुझाओ, फिर भी वह मानता ही नहीं।

【过来人】 guòláirén वह व्यक्ति जिस ने अनुभव किया है: 您是～，可以给我们提供一些好的建议。आप बड़े अनुभवी हैं, हम को अच्छे अच्छे सुझाव पेश कर सकते हैं।

【过礼】 guòlǐ विवाह से पहले वधू के परिवार को मँगनी का उपहार देना

【过量】 guòliàng सीमित मात्रा से ज़्यादा; अत्यधिक: 饮酒～ बहुत ज़्यादा शराब पीना / 施肥～对作物生长不利。बेहद खाद देने से पौधों के बढ़ने में हानि होती है।

【过劳死】 guòláosǐ अत्यधिक काम के भार से मर जाना

【过路】 guòlù अपनी यात्रा में किसी स्थान से गुज़रना: ～人 गुज़रनेवाला; पास से जाता हुआ व्यक्ति; पथिक; राही

【过路财神】 guòlù cáishén धन की अल्पकालिक अधिष्ठात्री देवी —— धन की बड़ी राशि का अस्थाई रूप से देख-भाल करनेवाला व्यक्ति

【过虑】 guòlǜ अत्यधिक चिंता करना; बेहद फ़िक्र करना; अनावश्यकता से चिंतित होना: 事情没那么严重，你太～了。बात उतनी गंभीर नहीं है, तुम बहुत अधिक चिंता कर रहे हो। / 他一个人干得了，你不必～。वह अकेले यह काम कर सकता है, तुम ज़्यादा फ़िक्र मत करो।

【过滤】 guòlǜ छनना या छानना; चुआना या चूना; निथरना या निथारना

【过滤器】 guòlǜqì फ़िल्टर

【过滤纸】 guòlǜzhǐ फ़िल्टर पेपर

【过滤嘴】 guòlǜzuǐ (सिग्रेट का) फ़िल्टर टिप

【过门】 guòmén (किसी स्त्री का) किसी पुरुष के घर जाना —— विवाह करना

【过门儿】 guòménr <संगी०> (आपेरा या किसी गीत का) आरंभिक संगीत या मध्य-संगीत (जिस में केवल बाजे बजते हों)

【过敏】 guòmǐn ❶औषधि या भोजन से तत्काल उत्पन्न शारीरिक प्रतिक्रिया; प्रत्यूर्जता; ऐलर्जी: 皮肤～ चर्म-प्रत्यूर्जता; स्कीन ऐलर्जी; चर्म-प्रतिक्रिया / 他对青霉素～。उस में पेनिसिलिन से प्रतिक्रिया उत्पन्न होती है। ❷अतिसंवेदनशील

【过目】 guòmù (प्रायः निरीक्षण के लिये) एक बार देखना; नज़र डालना; डीठ मारना: 名单已经排好，请您～。नाम-सूची तैयार है, आप ज़रा देख लें।

【过目不忘】 guòmù-bùwàng एक बार पढ़कर फिर कभी न भूलना; पक्का याद रखना

【过目成诵】 guòmù-chéngsòng किसी पाठ आदि को एक बार पढ़कर फिर उसे रटकर सुनाने में समर्थ होना; पक्का याद रखना

【过年】 guònián नया साल मनाना; वसंत-त्यौहार मनाना: 今年～你回家吗? नये साल की छुट्टियों में तुम घर चलोगे? / 快～了。नया साल आ रहा है; वसंत-त्यौहार जल्दी आ रहा है।

【过年】 guònian <बोल०> अगले साल: 这孩子～该上学了。अगले साल यह लड़का स्कूल जाना शुरू करेगा।

【过期】 guòqī सीमित समय से अधिक होना; अवधि से बढ़ जाना: 你借的书已经～。तुम ने जो किताब उधार ली उस की अवधि गुज़र गयी। / ～作废 नियत समय (या दिनांक) के बाद अमान्य (या अवैध) बन जाना

【过期胶卷】 guòqī jiāojuǎn अनुपयुक्त फ़िल्म; व्यर्थ फ़िल्म

【过期杂志】 guòqī zázhì किसी पत्रिका का पुराना अंक

【过谦】 guòqiān अत्यधिक विनीत; बहुत विनम्र: 这件事由你办最合适，不要～了。इस काम के लिये तुम सब से योग्य हो, अधिक विनय से काम न लो।

【过去】[1] guòqù पहले; पुराने काल में; प्राचीन समय में; अतीत; पहले का: ～我来过这里。पहले मैं यहां आ चुका था। / 这个地方～是一片荒凉。पुराने ज़माने में यह स्थान बिल्कुल वीरान था। / 不应重犯～的错误。अतीत की गलतियों को दोहराना नहीं चाहिये। / 他比～瘦多了。वह पहले से बहुत पतला हो गया। / 回顾～展望未来。अतीत का पुनर्विचार करना और भविष्य की ओर देखना

【过去】[2] guòqù ❶जाना; गुज़रना; बीतना: 你在这里等着，我～看看。तुम यहाँ ठहरो, मैं जाकर देख आऊँ। / 一辆公共汽车刚～。एक बस अभी-अभी गुज़री है। / 暑假很快就要～了。गर्मी की छुट्टियाँ समाप्त हो रही हैं। / 两天～了，他一点消息也没有。

दो दिन बीत गये और उस की कुछ खबर ही नहीं मिली। ❷<शिष्ट०> (इस के पीछे 了 le के साथ प्रयुक्त) मर जाना; गुज़र जाना: 他祖父昨天夜里～了。उस के दादा जी कल रात को गुज़र गये।

【过去】[3] guòqù ❶(किसी क्रिया के पीछे बोलनेवाले से गुज़र जानेवाली गति को सूचित करने के लिये प्रयुक्त): 一架飞机飞～了。एक हवाई जहाज़ उड़कर गुज़र गया। / 把车开～。कार को उधर से पास करके चलाओ; कार को चलाकर उधर से पास करो। ❷(किसी क्रिया के पीछे बोलनेवाले से उलट देना सूचित करने के लिये प्रयुक्त): 把这一页翻～吧。इस पन्ने को उलट दो। ❸(किसी क्रिया के पीछे अपनी पहले की या सामान्य स्थिति से हट जाना सूचित करने के लिये प्रयुक्त): 病人晕～了。रोगी बेहोश हो गया। ❹(किसी क्रिया के पीछे मान्यता सूचित करने के लिये प्रयुक्त): 企图蒙混～ छल-कपट से बच निकलने की कोशिश करना ❺(किसी विशेषण के पीछे 得 या 不 के साथ श्रेष्ठता या दृढ़ता सूचित करने के लिये प्रयुक्त): 鸡蛋还能硬得过石头去? क्या अंडा पत्थर से भी कठोर हो सकता है?

【过去分词】guòqù fēncí <व्या०> भूतकाल कृदंत; भूत कृदंत

【过去时】guòqùshí <व्या०> भूत काल; पूर्वकाल; अतीत काल

【过去完成时】guòqù wánchéngshí <व्या०> पूर्ण भूतकाल; पूर्ण-भूत

【过去未完成时】guòqù wèiwánchéngshí <व्या०> अपूर्ण भूतकाल

【过热】guòrè अति ऊष्म: 经济～ अति ऊष्म आर्थिक बढ़ोत्तरी

【过人】guòrén अन्य लोगों से आगे बढ़ जाना; दूसरों को पीछे छोड़ जाना; श्रेष्ठतर होना; विशिष्ट होना: 聪明～ बुद्धिमत्ता में अन्य लोगों से आगे निकल जाना / 勇气～ हिम्मत में विशिष्ट होना / ～的记忆力 उत्कृष्ट स्मरण-शक्ति

【过日子】guò rìzi जीवन-निर्वाह करना; गुज़र-बसर करना; ज़िन्दगी गुज़ारना; जीवन बिताना: 勤俭～ किफ़ायत से गुज़र-बसर करना / 小两口儿和和气气地～。ये जवान पति-पत्नी मेल से जीवन-निर्वाह करते हैं; यह जवान दंपति मेल से रहता है।

【过筛子】guò shāizi छानना

【过晌】guòshǎng <बो०> दे० 过午

【过甚】guòshèn अतिशयोक्ति करना; बढ़ा-चढ़ाकर कहना: ～其词 अत्युक्ति करना; नमक-मिर्च लगाकर बयान करना; अतिरंजित करना

【过剩】guòshèng अतिरिक्त; बहुतायत; आधिक्य: 生产～ अतिउत्पादन; अत्युत्पादन

【过失】guòshī ❶दोष; कसूर; भूल; भूल-चूक ❷<का०> उपेक्षा; लापरवाही: ～犯罪 लापरवाही से अपराध करना

【过时】guò shí अप्रचलित; पुराना; अव्यवहार्य; बेकार; व्यर्थ: ～的款式 (वस्त्र का) अप्रचलित ढंग / 这种观点已经～了。ऐसा दृष्टिकोण अब पुराना पड़ गया है।

【过时不候】guòshí bù hòu नियत समय के बाद इंतज़ार न करना: 明早六点准时出发, ～。कल सुबह ठीक छे बजे रवानगी होगी और इंतज़ार का मौका नहीं होगा।

【过世】guòshì मृत्यु होना; देहांत होना; गुज़र जाना

【过手】guòshǒu (रुपया-पैसा आदि) हाथ में लेना और दे देना; प्रबन्ध करना; संभालना: 他～的钱, 从未出过差错。वह जो पैसा संभालता है उस में कभी भूल-चूक नहीं होती।

【过数】guòshù गिनना; गिनती करना: 这是你的工资, 你过一下数。यह तुम्हारा वेतन है, ज़रा गिन लो।

【过堂】guòtáng <पुराना> कचहरी में पूछ-ताछ करना; अदालती जाँच करना

【过堂风】guòtángfēng बरामदे या राहे-गुज़र आदि से आनेवाली हवा; कमरे में हवा की धारा; वात-प्रवाह

【过厅】guòtīng पुराने चीनी मकान का हालवे

【过头】guòtóu सीमा से बाहर जाना; हद से ज़्यादा होना; ज़्यादती करना; हद से गुज़रना; अति करना: 这件事你做得确实～了。इस बात में तुम ने सचमुच ज़्यादती की। / 说话不要过了头。बात कहने में हद से गुज़र न जाओ। / 任何事情过了头都不好。अति किसी काम में अच्छी नहीं होती।

【过屠门而大嚼】guò túmén ér dà jué मांस की दुकान से गुज़रते समय खूब चबाना —— कोरी कल्पनाओं में संतुष्ट होना

【过往】guòwǎng ❶आना और जाना; आना-जाना: ～的行人 आने-जानेवाले पथिक / ～的车辆 गाड़ियों का आना-जाना ❷(किसी से) मित्रतापूर्ण संपर्क होना; मेलजोल होना; आना-जाना: 他们俩是老朋友, ～甚密。ये दो आदमी पुराने मित्र हैं, आपस में बहुत आते-जाते हैं।

【过问】guòwèn (किसी काम में) सम्मिलित होना; हाथ डालना; दिलचस्पी लेना; कष्ट उठाना; तकलीफ़ करना; पूछना: ～政治 राजनीति में सम्मिलित होना; राजनीति में दिलचस्पी लेना / 亲自～ व्यक्तिगत रूप से कोई काम संभालना; (किसी काम में) सम्मिलित होना / 无人～ कोई पूछनेवाला न होना / 这事你不必～了。इस बात के लिये तुम को तकलीफ़ करने की ज़रूरत नहीं।

【过午】guòwǔ दोपहर के बाद; दोपहर-बाद; तीसरा पहर: 他不在家, 请你～再来吧。वह घर पर नहीं है, दोपहर-बाद फिर आ जाइये।

【过细】guòxì बारीकी से; बड़े ग़ौर से; बहुत सूक्ष्मता से; बहुत ध्यान लगाकर: 要～地做工作。बहुत ध्यान लगाकर काम करो। / 你再～检查一遍。एक बार फिर बारीकी से जांच करो।

【过眼烟云】guòyǎn-yānyún ऐसा क्षणिक या अस्थायी जैसा तेज़ी से गुज़रनेवाला धुएँ का बादल

【过夜】guòyè ❶रात बिताना; रात गुज़ारना; रात काटना; रात भर कहीं ठहरना: 在朋友家～ किसी मित्र के घर में रात काटना ❷पूर्ववर्ती रात का: 不要喝～茶。पूर्ववर्ती रात की चाय मत पिओ।

【过意不去】guò yì bù qù खेद होना; अफ़सोस होना: 给你添了这么多麻烦, 真～。मुझे बड़ा अफ़सोस है कि तुम को इतना कष्ट दिया।

【过瘾】guòyǐn उत्कट अभिलाषा पूरी करना; आनन्द लेना; खूब मज़ा करना; मन भरना: 今天我去香山玩了一天，真～。आज मैं दिन भर श्यांगशान पहाड़ी पर खेला, खूब मज़ा किया। / 她的歌声非常优美，听起来很～。उस के गाने की आवाज़ बड़ी सुरीली है, सुनने में मन भर जाता है।

【过硬】guòyìng किसी बात की पूर्ण दक्षता होना; इच्छित लक्ष्य तक पहुँचा हुआ होना; किसी बात का माहिर होना; कसौटी पर खरा उतर सकना: 他的技术很～。वह तकनीक का पूर्ण अधिकारी है; वह तकनीक का माहिर है। / 苦练～的本领 अपने कौशल में दक्षता प्राप्त करने के लिये कठोर अभ्यास करना; अपनी योग्यता पूर्ण करने का खूब अभ्यास करना

【过犹不及】guòyóubùjí उचित मात्रा से अधिक होना या अल्प होना दोनों बुरा है

【过于】guòyú 〈क्रि०वि०〉 बहुत अधिक; बहुत ज़्यादा; बहुतायत से; अत्यधिक: ～劳累 अत्यधिक थका हुआ; थका-माँदा / ～着急 बहुत अधिक व्याकुल होना / 你不必～为这事担心。तुम को इस बात की अधिक चिंता करने की ज़रूरत नहीं है।

【过誉】guòyù 〈शिष्ट०〉 अत्यधिक प्रशंसा करना; बेहद तारीफ़ करना: 您如此～，叫我感到不安。इतनी अधिक प्रशंसा से मैं बहुत परेशान हूँ।

【过逾】guòyu अनुकूल या आवश्यक से परे: 待人要公道，不要太～了。हर किसी से न्यायोचित व्यवहार करना चाहिये, ज़्यादती न किया करो।

【过载】guòzài ❶एक जहाज़ या सवारी से दूसरी में बदलना ❷बहुत बोझ लादना (सामर्थ्य से अधिक)

【过账】guòzhàng मदों की बदली करना (जैसे कच्ची बही से पक्की बही में); दैनिकी या रोज़नामचे से खाते में चढ़ाना; (बहीखाता) खतियाना

【过重】guòzhòng (यात्री के सामान या चिट्ठियों आदि का) अति भार; अधिक भार; अधिक वज़न: 这件行李～两公斤。इस असबाब का दो किलो से अधिक वज़न है। / ～加费 अधिक भार व्यय; अधिक वज़न खर्च

H

hā

哈 1 hā ❶सांस निकालना; सांस छोड़ना; 他～了一口气。उसने एक गहरी सांस छोड़ी । ❷〈अनु०〉 (बहुधा द्विरुक्ति में प्रयुक्त) हंसने का स्वर; ～～大笑 ठहाका मारकर हंसना; ठट्ठा उड़ाना, मारना या लगाना; ठट्ठा मारकर हंस पड़ना ❸〈विस्मय०〉 (बहुधा द्विरुक्ति में आत्माभिमान या संतोष का बोध प्रकट कराता है): ～～, 我猜着了。आहा, मैंने पहेली हल कर ली । / ～～, 看你往哪里跑。आहा, देखूं तुम कहां भागोगे । ❹पागल कर देना: 哈韩 / 哈日

哈 2 （躲） hā दे० 哈腰
hǎ; hà भी दे०

【哈尔滨】 Hā'ěrbīn हारपिन (हेइलोंगच्यांग प्रान्त की राजधानी)

【哈哈镜】 hāhājìng आकृति बिगाड़ने वाला दर्पण

【哈哈】hāha(打哈哈 dǎhāha भी)हंसी उड़ाना; मज़ाक करना; दिल्लगी करना: 这可不是～的事情。यह हंसी-मज़ाक की बात नहीं है ।

【哈哈儿】 hāhar 〈बो०〉 हास्यास्पद; हंसी-मज़ाक की बात; हंसी के योग्य: 瞧～ दूसरे व्यक्ति को उल्लू बनते देखना; हंसी की बात देखना

【哈韩】 hāHán दक्षिण कोरिया में प्रचलित आचार-व्यवहार को पागलों की तरह बिना सोचे समझे मानना (या उसकी पूजा करना): ～族 उक्त आचार-व्यवहार को मानने वाला

【哈吉】 hājí 〈धर्म०〉 हाज़ी

【哈喇子】 hālázi 〈बो०〉 लार: 流～ मुंह से लार टपकना

【哈喇】 1 hāla 〈बो०〉 (तेल) बासी; सड़ा हुआ: 大油～了。चरबी बासी और सड़ी हुई है ।

【哈喇】 2 hāla 〈पुराना〉 मार डालना; हत्या करना

【哈雷彗星】 Hāléi Huìxīng हेली पुच्छल-तारा; हेली धूमकेतु

【哈里发】 hālǐfā खलीफ़ा

【哈里亚纳】 Hālǐyànà हरियाणा प्रदेश

【哈密瓜】 hāmìguā हामी खरबूज़ा (खरबूज़े की एक किस्म)

【哈尼族】 Hānízú हानी जाति (यूननान प्रांत में)

【哈气】 hāqì ❶मुंह खोलकर सांस छोड़ना; 他在眼镜上～。उसने ऐनक पर सांस छोड़ी । ❷मुंह खोलकर छोड़ी हुई सांस ❸शीशे आदी पर जमा हुआ वाष्प

【哈欠】 hāqiàn जम्हाई, जँभाई: 打～ जंभाना; जम्हाई आना

【哈日】 hāRì जापान में प्रचलित आचार-व्यवहार को पागलों की तरह बिना सोचे-विचारे मानना (या उसकी पूजा करना): ～族 उक्त आचार-व्यवहार को मानने वाला

【哈萨克斯坦】 Hāsàkèsītǎn कज़ाखस्तान

【哈萨克族】 Hāsàkèzú कज़ाख जाति (शिनच्यांग वेवुर स्वायत्त प्रदेश और कानसू और छिंगहाई प्रान्त में)

【哈腰】 hāyāo ❶कमर झुकना: 他一～钢笔就掉在地上了。कमर झुकते ही उसकी कलम ज़मीन पर गिर पड़ी। ❷कमर झुकाना: 点头～ बनावटी खुशामद से कमर झुकाना

铪 （鉿） hā 〈रसा०〉 हैफ़नियम (Hf)

há

虾 （蝦） há नीचे दे०
xiā भी दे०

【虾蟆】 háma दे० 蛤蟆 háma

蛤 há नीचे दे०
gé भी दे०

【蛤蟆】 háma ❶मेंढक ❷भेक; टोड

【蛤蟆夯】 hámahāng एक प्रकार का दुरमुस जो मेंढक की तरह कूदता है; दुरमुस मशीन

hǎ

哈 hǎ ❶〈बो०〉 तिरस्कार करना; निंदा करना; डांटना; फटकारना: 他～了我一顿。उसने मेरी निंदा की । ❷ (Hǎ) एक कुलनाम
hā; hà भी दे०

【哈巴狗】 hǎbagǒu ❶कुत्ते की एक जाति, पीकिनीज़; पेक; छोटे पांव चिपटी नाक और चिकने लंबे बाल वाला कुत्ता ❷पिट्ठू; चाटुकार; खुशामदी

【哈达】 hǎdá हाता (बहुधा श्वेत रंग का), तिब्बती और मंगोलों में प्रचलित मैत्री और सम्मान सूचक दुपट्टा:

献～ हाता भेंट करना

畜 hǎ नीचे दे०

【畜旮屯】 Hǎbātún पेइचिंग नगर में एक स्थान

hà

哈 hà नीचे दे०

hā; hǎ भी दे०

【哈巴】hàba 〈बो०〉 चलते समय दोनों घुटने बाहर निकलना

【哈什蚂】 hàshimǎ （哈士蟆 hāshimá भी） एक प्रकार का चीनी जंगली मेंढक: ～油〈ची०चि०〉 उक्त मेंढक की सूखी अंडवाहिनी की चर्बी जो पौष्टिक औषधि के रूप में काम आती है

hāi

咍 hāi 〈लि०〉 ❶हंसी उड़ाना; खिल्ली उड़ाना; मज़ाक उड़ाना; नोक-झोंक करना: 为众人所～ लोगों से नोक-झोंक की जाना ❷चुहल करना: 欢～ चुहलबाज़ी करना ❸咳 hāi के समान

咳 hāi 〈विस्मय०〉 हाय (दु:ख, पश्चाताप या आश्चर्य का बोध कराता है): ～! 我错了! हाय ! मैंने गलती की ! / ～! 真是怪事! आह ! सचमुच यह अजीब बात है !

ké भी दे०

【咳声叹气】 hāishēng-tànqì आह भरना; गहरी आह भरना

嗨 hāi नीचे दे०

【嗨哟】 hāiyō 〈विस्मय०〉 हैया हो; ए हो

hái

还（還） hái 〈क्रि०वि०〉 ❶अब तक; अभी तक; अब भी; अभी भी: 他～在睡。वह अब भी सो रहा है। / 他到现在～没有来。वह अब तक नहीं आया । ❷और भी अधिक: 今天比昨天～热。आज कल से और भी अधिक गरमी है। ❸भी: 他病了，要看书，～要写。 वह बीमार है, पढ़ना चाहता है और लिखना भी । ❹कामचलाऊ: 他的字写得～可以。उसकी लिखावट बहुत बुरी तो नहीं है; उसकी लिखावट कामचलाऊ है। ❺तो भी: 你的力气大～拿不起来，我怎么拿得起来呢。तुम ताकतवर हो तो भी इसे नहीं उठा सकते, फिर मैं कैसे उठा सकता हूं। ❻(ज़ोर देने के लिये प्रयुक्त): 这～用说! यह कहने की क्या ज़रूरत ! / 现在～早。अभी देर नहीं हुई। / 他来的时候你～没起床呢! जब वह आया, तब तक तुम (पलंग से) नहीं उठे थे । ❼(आशातीत बात के साकार होने का बोध कराता है): 风这么大，没想到你～真准时到了。इतनी ज़ोर की हवा चल रही है, मुझे आशा नहीं थी कि तुम सचमुच ठीक समय पर आ पहुंचोगे। ❽काफ़ी समय पहले, कभी: ～在 1933 年他就来过北京了。1933 में वे कभी पेइचिंग आये थे।

huán भी दे०

【还是】 háishi ❶〈क्रि०वि०〉 फिर; फिर भी; अब तक; अभी तक: 他～会来的。वह फिर आएगा। / 这次～他当我们的班长。इस बार फिर वही हमारा मानीटर बना। ❷〈क्रि०वि०〉 (विकल्प की प्राथमिकता कराता है): 下雨了，你～带把伞吧。पानी बरसने लगा है, बेहतर हो तुम छतरी लेकर बाहर जाओ । ❸〈क्रि०वि०〉 (आशातीत बात के साकार होने के अर्थ में): 没想到这事儿～真难办。मुझे आशा नहीं थी कि यह काम निभाना सचमुच कठिन होगा। ❹बदस्तूर; जैसा था वैसा ही: 他～倾吐满腔的积愤。वह बदस्तूर अपनी आत्मा में भरे तीखेपन को उंडेलता रहा। ❺〈संयो०〉 या; कि: 你去～不去? तुम जाओगे कि नहीं ? / 你去～我去? तुम जाओगे या मैं जाऊं ? / 我不知道他明天去上海～南京。मैं नहीं जानता कि कल वह शांगहाए जाएगा या नानचिंग। ❻〈संयो०〉 चाहे … चाहे; चाहे … या: 无论刮风～下雨，他都准时来上班。हवा ज़ोर से चले या पानी बरसे, वह दफ़्तर ठीक समय पर पहुंचता है।

孩 hái बच्चा; बच्ची: 小～ बच्चा / 女～ बच्ची

【孩儿】 háiér 〈पुराना〉 ❶(माता-पिता का अपनी संतान के लिये संबोधन) बच्चा, बेटा; पुत्र ❷(अपने माता-पिता से बात करते समय पुत्र स्वयं को संबोधित करने के लिए इस शब्द का प्रयोग करता है) मैं, मुझे

【孩提】 háití 〈लि०〉 बाल; बालक; शिशु: ～时代 बाल्यावस्था; शैशव

【孩童】 háitóng बाल; बालक; बच्चा

【孩子】 háizi बाल; बालक ; बच्चा; बालिका; बच्ची: 他有一个～。उसके एक बच्चा (या बच्ची) है।

【孩子气】 háiziqì बच्चों-सा; बालोचित; बचकाना: 他一脸的～。देखने में वह अब भी बच्चों-सा है। / 你已经十八岁啦，别这么～。 तुम अब अठारह साल के हो गए हो, तुम्हें इस तरह बचकाना नहीं होना चाहिए।

【孩子头】 háizitóu ❶बच्चों के साथ खेलना पसन्द करने वाला वयस्क ❷बाल-दल का नेता

骸 hái ❶शरीर की अस्थियां; कंकाल; अस्थिपंजर ❷शरीर; बदन: 形～ मानवीय अस्थिपंजर; मानव शरीर

【骸骨】 háigǔ मृतक की हड्डियां; अस्थि-अवशेष

hǎi

胲 hǎi <रसा०> हाइड्रोक्सीलेमिन

浬 hǎilǐ （lǐ भी ） समुद्री मील; भौगोलिक मील

海 hǎi ❶समुद्र; सागर; बड़ी झील ❷विशाल संख्या में जन या वस्तुएं: 林～ वन-सागर / 人～ जन-समुद्र ❸बड़ा (बर्तन, माप आदि): 海碗 ❹विदेशी: 海棠 / 海枣 ❺<बो०> बहुत अधिक; बहुत ज़्यादा (बहुधा 了 या 啦 के साथ प्रयुक्त): 市场上人可～啦！ बाज़ार में बहुत भीड़ है। ❻<बो०> बिना किसी उद्देश्य के; अटकलपच्चू ढंग से: ～骂 बिना किसी उद्देश्य के गाली देना / ～吃～喝 खाने-पीने में संयम न होना ❼ （Hǎi） एक कुलनाम

【海岸】 hǎi'àn समुद्रतट: ～封锁 समुद्रतटावरोध

【海岸地质学】 hǎi'àn dìzhìxué समुद्र-तटवर्तीय भू-विज्ञान

【海岸炮】 hǎi'ànpào समुद्रतटीय तोप; कोस्ट गन

【海岸线】 hǎi'ànxiàn समुद्रतट; कोस्ट लाइन

【海拔】 hǎibá समुद्रतल से ऊंचाई; समुद्री तल से उन्नता: ～八千公尺 समुद्र की सतह से आठ हज़ार मीटर

【海百合】 hǎibǎihé समुद्री लिली

【海蚌】 hǎibàng समुद्री-सीप

【海报】 hǎibào पोस्टर; इश्तहार, विज्ञापन: 电影～ फ़िल्म पोस्टर / 城里到处张贴着～。शहर में इधर-उधर पोस्टर चिपके हुए हैं।

【海豹】 hǎibào समुद्री तेंदुआ; जल-व्याघ्र; सील

【海贝】 hǎibèi शैल

【海边】 hǎibiān समुद्रतट

【海滨】 hǎibīn समुद्रतट; समुद्रतटवर्ती क्षेत्र

【海槽】 hǎicáo समुद्र-गर्त

【海草】 hǎicǎo समुद्री घास

【海产】 hǎichǎn समुद्री उपज

【海潮】 hǎicháo समुद्री ज्वार

【海程】 hǎichéng समुद्री यात्रा

【海船】 hǎichuán समुद्रगामी पोत; समुद्रयान

【海带】 hǎidài समुद्री घास; समुद्री शैवाल की एक किस्म

【海胆】 hǎidǎn सी अरचिन

【海岛】 hǎidǎo (समुद्र में) द्वीप

【海盗】 hǎidào समुद्र-दस्यु; समुद्री डाकू: ～船 समुद्री लुटेरों का जहाज़ / ～行为 चांचियागीरी

【海道】 hǎidào समुद्री मार्ग; समुद्री रास्ता

【海堤】 hǎidī समुद्री बांध

【海底】 hǎidǐ समुद्र का पेंदा; समुद्र-तल: ～地震 समुद्रकम्प / ～电报 केबलग्राम; समुद्री तार / ～电缆 समुद्री केबल / ～勘察 सामुद्रिक अन्वेक्षण; समुद्र के भीतर की खोज / ～油田 समुद्रतटीय तेलक्षेत्र

【海底捞月】 hǎidǐ-lāoyuè समुद्र से चांद निकालने का प्रयत्न करना —— असंभव काम करना

【海底捞针】 hǎidǐ-lāozhēn समुद्र में सुई खोजने का प्रयत्न करना —— बड़ी कठिनाई से खोज पाना

【海地】 Hǎidì हाएती: ～人 हाएती का निवासी

【海防】 hǎifáng तट-रक्षा: ～哨兵 समुद्री चौकी का सन्तरी

【海风】 hǎifēng समुद्री वायु; जल-समीर

【海港】 hǎigǎng बंदरगाह: ～设备 बंदरगाह का संस्थापन

【海沟】 hǎigōu समुद्री खाई

【海狗】 hǎigǒu सील मछली: ～皮帽 सील मछली के चमड़े का हैट

【海关】 hǎiguān चुंगीघर; कस्टम: ～检查 चुंगी जांच; कस्टम इन्सपेक्शन / ～税则 कस्टम टैरिफ़

【海归】 hǎiguī विदेश से लौटने वाले विद्यार्थी: ～族 विदेश से लौटने वाले विद्यार्थी-गण

【海龟】 hǎiguī समुद्री कच्छप

【海涵】 hǎihán （उदारतापूर्वक ）क्षमा करना या सहन करना: 招待不周，务请～。अगर हमसे आपके आदर-सत्कार में कोई कमी हुई हो तो आशा है क्षमा करेंगे।

【海航权】 hǎihángquán जहाज़रानी का अधिकार

【海魂衫】 hǎihúnshān नाविक की धारीदार कमीज़

【海货】 hǎihuò समुद्री उत्पाद

【海脊】 hǎijǐ दे० 海岭

【海疆】 hǎijiāng तटवर्ती क्षेत्र और प्रादेशिक समुद्र

【海椒】 hǎijiāo <बो०> मिरची; मिरच, मिर्च

【海角】 hǎijiǎo अंतरीप; केप

【海禁】 hǎijìn विदेशियों के साथ समुद्री व्यापार करने और आने-जाने की मनाही (मिंग और छिंग राजवंश में इस तरह की मनाही लागू थी)

【海景】 hǎijǐng समुद्री दृश्य

【海警】 hǎijǐng समुद्री पुलिस

【海鸠】 hǎijiū गिलमॉट

【海军】 hǎijūn जलसेना; नौसेना: ～航空兵 नौसैनिक वायुसेना / ～基地 नौसैनिक अड्डा; समुद्री अड्डा; जलसेना का अड्डा / ～陆战队 नौसेना की थल सैनिक टुकड़ी; मैरीन / ～呢 नौसेना का ऊनी कपड़ा

【海口】[1] hǎikǒu समुद्री बंदरगाह

【海口】[2] hǎikǒu (प्रायः 夸～ में प्रयुक्त): 夸～ अंतहीन डींग मारना; लंबी चौड़ी बातें करना; बड़ी-बड़ी बातें करना

【海口】[3] Hǎikǒu हाएखओ (हाएनान प्रान्त की राजधानी)

【海枯石烂】 hǎikū-shílàn (प्रतिज्ञा आदि में प्रयुक्त) चाहे समुद्र सूख जाये और चट्टानें चूर-चूर हो जायें: ～，此心不移。चाहे समुद्र सूख जाये और चट्टानें चूर-चूर हो जायें, तो भी मेरा दिल नहीं बदलेगा।

【海葵】 hǎikuí <प्राणि०> समुद्री एनेमोन

【海阔天空】 hǎikuò-tiānkōng समुद्र और आकाश की भांति सीमाहीन होना; इधर-उधर की लंबी-चौड़ी बातें करना: 两人～地聊起来。दोनों जने इधर-उधर की बातें करने लगे।

【海蓝】hǎilán समुद्री नील; नील-हरित: ～宝石 नीलम

【海狼】hǎiláng फ़रसील

【海狸】hǎilí 〈प्राणि०〉 ऊदबिलाव

【海狸鼠】hǎilíshǔ 〈प्राणि०〉 समुद्री चूहा; कॉयपू; न्यूट्रिया

【海里】hǎilǐ समुद्री मील

【海力司粗呢】hǎilìsī cūní हैरिस ट्वीड (खुरदरा ऊनी कपड़ा)

【海蛎子】hǎilìzi （牡蛎 mǔlì भी）ऑयस्टर; घोंघा

【海量】hǎiliàng ❶〈शिष्ट०〉 विशालहृदयता; उदारता: 请～恕我冒失。आशा है कि आप उदारता से मेरी धृष्ठता क्षमा करेंगे। ❷बहुत अधिक मदिरा पीने की क्षमता

【海岭】hǎilǐng （海脊 hǎijǐ भी） समुद्री पर्वत-शृंखला

【海流】hǎiliú महासागरीय धारा

【海龙】hǎilóng ❶〈बोल०〉 सी ऑटर; फ़र युक्त एक कीमती प्राणी ❷〈प्राणि०〉 नल-मीन; पाइप-फ़िश

【海陆空军】hǎi-lù-kōngjūn जल-थल-वायु सेना

【海路】hǎilù समुद्रमार्ग; समुद्री रास्ता

【海绿石】hǎilǜshí ग्लॉकोनाइट

【海轮】hǎilún समुद्रगामी जहाज़; समुद्री जहाज़

【海螺】hǎiluó शंख

【海洛因】hǎiluòyīn हेरोइन

【海马】hǎimǎ 〈प्राणि०〉 समुद्री घोड़ा

【海鳗】hǎimán कांगर पाइक (समुद्री मछली)

【海米】hǎimǐ सूखे झींगे

【海绵】hǎimián ❶स्पंज; इस्पंज ❷फ़ोम रबड़ या प्लास्टिक; स्पंज: ～垫 फ़ोम रबड़ गद्दी / ～球拍 स्पंज टैबुल-टेनिस बैट

【海面】hǎimiàn समुद्र की सतह

【海南】Hǎinán हाएनान (प्रान्त)

【海难】hǎinàn समुद्र के खतरे; समुद्र की विपत्तियां

【海内】hǎinèi चारों समुद्रों के भीतर; सारे देश में: ～存知己，天涯若比邻。चारों समुद्रों में हमारे गहरे दोस्त मौजूद हैं, दूर होने पर भी हम घनिष्ठ पड़ोसियों की तरह हैं।

【海鲇】hǎinián समुद्री बिल्ली मछली; सी कैटफ़ीश

【海牛】hǎiniú समुद्री गाय; मानाती

【海鸥】hǎi'ōu समुद्री चिड़िया; सी-गल

【海派】hǎipài पेइचिंग ऑपेरा की शांगहाए शैली; शांगहाए शैली वाला: ～服装 शांगहाए शैली वाली पोशाक

【海盆】hǎipén समुद्री बेसिन; महासागर-बेसिन

【海螵蛸】hǎipiāoxiāo 〈ची०चि०〉 कटल-अस्थि; मसिक्षेपी-अस्थि

【海平面】hǎipíngmiàn समुद्रतल

【海区】hǎiqū 〈सैन्य०〉 समुद्र-क्षेत्र

【海撒】hǎisǎ शवभस्म को समुद्र में छिड़कने की अंत्येष्टि क्रिया

【海扇】hǎishàn स्कैलप; फ़ैन शेल

【海商法】hǎishāngfǎ समुद्री कानून; मैरिटाइम लॉ

【海上】hǎishàng समुद्र पर: ～霸权 समुद्री प्रभुत्व / ～保险 समुद्री बीमा / ～封锁 समुद्री घेरा; जलघेरा / ～掠夺 सामुद्रिक डकैती / ～贸易 समुद्री व्यापार / ～运输 समुद्री परिवहन

【海蛇】hǎishé समुद्री सांप; सी-स्नेक

【海参】hǎishēn समुद्री कर्कटी; समुद्री ककड़ी; समुद्री खीरा; सी-क्यूकम्बर

【海参崴】Hǎishēnwǎi व्लादीवोस्तोक; हाएशनवाए (चीनी नाम)

【海狮】hǎishī समुद्री सिंह

【海蚀】hǎishí समुद्रजल द्वारा धोया जाना और काटा जाना

【海市蜃楼】hǎishì-shènlóu मृगतृषा; मृगतृष्णा; सराब

【海事】hǎishì समुद्री मामले: ～法庭 समुद्री न्यायालय; मैरिटाइम कोर्ट

【海誓山盟】hǎishì-shānméng प्रेम का सत्यनिष्ठ वचन देना

【海兽】hǎishòu समुद्री पशु; समुद्री स्तनपायी जीव-जन्तु

【海水】hǎishuǐ समुद्रजल: ～不可斗量。पैमाने से समुद्रजल मापा नहीं जा सकता —— महानविचार की थाह नहीं ली जा सकती / ～浴 समुद्र स्नान

【海水入侵】hǎishuǐ rùqīn लवणयुक्त (या समुद्री) जल का बलपूर्वक प्रवेश

【海损】hǎisǔn जहाज़ या जहाज़ी माल की क्षति

【海獭】hǎitǎ सी ऑटर

【海滩】hǎitān समुद्र का रेतीला किनारा; समुद्री पुलिन; समुद्री-तट; सी-बीच

【海棠】hǎitáng चीनी पुष्पवत् कर्कसेव (क्रैब-एपल)

【海塘】hǎitáng समुद्र-बंध

【海涛】hǎitāo समुद्री तरंगराशि

【海图】hǎitú समुद्री मानचित्र; जहाज़ियों का नक्शा

【海涂】hǎitú ज्वारीय भूमि; टाइडल लैंड

【海豚】hǎitún समुद्री सुअर; डालफ़िन: ～泳〈खेल०〉 डालफ़िन बटरफ़्लाई; डालफ़िन फ़िशटेल; डालफ़िन

【海外】hǎiwài विदेश में; देश के बाहर: 畅销～ संसार में विक्रय होना / ～爱国侨胞 विदेश में देशभक्त प्रवासी चीनी / ～版 प्रवासी संस्करण / ～关系 विदेश में संबंधी / ～奇谈 विदेश में आश्चर्यजनक घटना; यात्री कथा / ～扬名 संसार में नाम फैलना

【海外兵团】hǎiwài bīngtuán प्रवासी कोर (या सैन्यदल)

【海湾】hǎiwān खाड़ी; खलीज़

【海湾战争】Hǎiwān Zhànzhēng खाड़ी-युद्ध

【海碗】hǎiwǎn बहुत बड़ा कटोरा

【海王星】hǎiwángxīng वरुण; नैपच्यून

【海味】hǎiwèi पसंदीदा समुद्री खाद्य पदार्थ: 山珍～ पसंदीदा भूमि और समुद्र की स्वादिष्ट वस्तुएं; हर प्रकार के स्वादिष्ट भोजन

【海峡】hǎixiá समुद्रसंधि; जल-डमरुमध्य; स्ट्रेट; चैनल

【海鲜】hǎixiān ताज़ी समुद्री खाद्य मछलियां

【海象】hǎixiàng समुद्री हाथी; वालरस

【海啸】hǎixiào भूकंपी समुद्री तरंग; त्सुनामी

【海蟹】hǎixiè समुद्री कर्क; समुद्री केकड़ा

【海星】hǎixīng तारा मछली; स्टारफ़िश

【海熊】hǎixióng फ़र सील; अरसाइन सील; रीछ की तरह

का सील
【海选】 hǎixuǎn जन-समूह निर्वाचन
【海寻】 hǎixún समुद्री फ़ैदम (1,000 समुद्री फ़ैदम बराबर एक समुद्री मील)
【海牙】 Hǎiyá हेग
【海盐】 hǎiyán समुद्री नमक
【海蜒】 hǎiyán सूखी एंकोवी (मछली)
【海晏河清】hǎiyàn-héqīng दे० 河清海晏 héqīng-hǎiyàn
【海燕】 hǎiyàn समुद्री अबाबील; पेट्रेल
【海洋】 hǎiyáng महासागर; सागर और महासागर
【海洋法】 hǎiyángfǎ समुद्री कानून
【海洋国土】 hǎiyáng guótǔ समुद्री प्रदेश; राज्य का समुद्रीय भूभाग
【海洋权】 hǎiyángquān समुद्र संबंधी अधिकार
【海洋生物】 hǎiyáng shēngwù समुद्री जीव-जन्तु
【海洋性气候】 hǎiyángxìng qìhòu समुद्री जलवायु
【海洋学】 hǎiyángxué समुद्र-विज्ञान
【海鹰】 hǎiyīng सी-हाक; समुद्री चील (बाज़)
【海鱼】 hǎiyú समुद्री मछली
【海域】 hǎiyù समुद्र-क्षेत्र
【海员】 hǎiyuán नाविक; जहाज़ी：～罢工 नाविक हड़ताल / ～俱乐部 समुद्री मज़दूरों और कर्मचारियों का क्लब / ～罢工 नाविक हड़ताल
【海猿】 hǎiyuán समुद्री बन्दर
【海运】 hǎiyùn समुद्री परिवहन
【海葬】 hǎizàng समुद्र-शवाधान; जल-समाधि
【海枣】 hǎizǎo 〈वन०〉 छुहारा; ताड़
【海藻】 hǎizǎo समुद्री काई, घास या सेवार
【海战】 hǎizhàn समुद्री युद्ध; जल युद्ध; जहाज़ी लड़ाई
【海蜇】 hǎizhé जेलीफ़िश
【海蜘蛛】 hǎizhīzhū समुद्री मकड़ी; सी-स्पाइडर
【海子】 hǎizi 〈बो०〉 झील

醢 hǎi 〈लि०〉 मांस या मछली की पिसी हुई चटनी; मांस को टुकड़े-टुकड़े करना

hài

亥 hài बारह पार्थिव शाखाओं（地支）में अंतिम
【亥时】 hàishí रात नौ बजे से ग्यारह बजे तक का दिन का भाग

骇 hài 〈लि०〉 पीड़ा; दुख; उदासी

骇（駭）hài चकित होना; विस्मित होना; हक्का-बक्का होना; स्तब्ध होना：骇异 / 惊～ भयभीत होना; घबराना / 骇人听闻
【骇怪】 hàiguài चकित होना; विस्मित होना; स्तब्ध होना; हक्का-बक्का होना; अचरज में आना：工人们毫不～。मज़दूरों को कोई विस्मय नहीं हुआ।
【骇惧】 hàijù आतंकित होना; भयभीत होना
【骇怕】 hàipà डरना; भय होना; जी धक होना
【骇然】 hàirán विस्मय से; आश्चर्य से; विचित्र ढंग से
【骇人听闻】 hàiréntīngwén सुनकर हृदय कांप जाना; सनसनीखेज़; सनसनीपूर्ण：～的暴行 सनसनीपूर्ण अत्याचार
【骇异】 hàiyì विस्मित होना; अचरज में आना; आश्चर्य-चकित रह जाना

氦 hài 〈रसा०〉 हीलियम（He）：～灯 हीलियम लैम्प

害 hài ❶बुराई; मुसीबत; हानि; नुकसान：～多利少 हित से अहित अधिक होना; अच्छाई से बुराई अधिक होना ❷हानिकर; हानिकारक; नुकसानदेह：害虫 / 害鸟 ❸हानि पहुंचाना; नुकसान पहुंचाना; बेचैन या परेशान करना：～人 दूसरों को नुकसान पहुंचाना / 你把地址写错了，～得我白跑了一趟。तुमने गलत पता लिखा, मैं एक बार व्यर्थ जाकर परेशान हुआ। ❹हत्या करना; वध करना; कत्ल करना：遇～ हत्या की जाना / 小偷想～我。चोर मेरा खून करना चाहता था। ❺बीमार पड़ना; बीमार हो जाना：害病/害眼 ❻बेचैनी पैदा होना：害羞
【害病】 hàibìng बीमार पड़ना; बीमार हो जाना
【害虫】 hàichóng हानिकारक कीड़ा-मकोड़ा; नाशकारी जंतु
【害处】 hàichù हानि; नुकसान; बुराई：～很大 बहुत बड़ा नुकसान होना
【害肚子】 hài dùzi दस्त आना
【害口】 hàikǒu 〈बो०〉（स्त्री का）गर्भ होने के कारण कै करना आदि
【害命】 hàimìng हत्या करना; वध करना; खून करना
【害鸟】 hàiniǎo हानिकारक पक्षी या चिड़िया
【害怕】 hàipà डरना; भय होना; भयभीत होना; जी धक होना：他～得要命。वह बहुत ज़्यादा डरता है।
【害群之马】 hàiqúnzhīmǎ घोड़ों के झुंड में दुष्ट; काली भेड़; कलंकी मनुष्य
【害人不浅】 hàirén-bùqiǎn दूसरों को नुकसान कम न होना; लोगों को भारी नुकसान पहुंचाना
【害人虫】 hàirénchóng पाजी; दुष्ट व्यक्ति
【害人害己】 hàirén-hàijǐ लोगों को नुकसान पहुंचाना और अपने को भी
【害臊】 hàisào शर्म आना; शरमाना; शर्मिंदा होना：你穿上这件衣服不～？यह अचकन पहनते तुम्हें शर्म नहीं आती？
【害兽】 hàishòu हानिकारक जानवर
【害喜】 hàixǐ गर्भ होने के कारण कै करना
【害羞】 hàixiū शर्म आना; शरमाना; शर्मीला होना：那孩子～。वह लड़का शर्मीला है।
【害眼】 hàiyǎn आंख की बीमारी होना
【害月子】 hài yuèzi गर्भ होने के कारण कै आना, कै करना

嗐 hài 〈विस्मय०〉 (पश्चाताप, दुख, उदासी आदि का बोध कराता है)：～，想不到他的病有这么重。 ओह, मुझे नहीं मालूम था कि उसका रोग इतना गम्भीर है।

hān

顸（頇） hān 〈बो०〉 मोटा：这线太～，拿根细的来。यह तागा बहुत मोटा है, पतला लाओ।

【顸实】 hānshí 〈बो०〉（वस्तु）मोटी और दृढ़：～的棍子 मोटी और दृढ़ लाठी

犴 hān 〈बो०〉 एक प्रकार का बड़ा हिरन

蚶 hān 〈प्राणि०〉 खाने योग्य घोंघा; ब्लड क्लैम

【蚶田】 hāntián समुद्रतटी ब्लड क्लैम पालन क्षेत्र

【蚶子】 hānzi ब्लड क्लैम

酣 hān ❶जी भरकर शराब पीना; खूब शराब पीना：酣饮 ❷जी भरकर：～歌 खूब गाना गाना; जी भरकर गाना

【酣畅】 hānchàng जी भरकर; खूब; आराम से：喝得～ जी भरकर शराब पीना / 睡得～ आराम से सोना / 笔墨～ सहज और ओजपूर्ण लेखन करना

【酣梦】 hānmèng सुंदर स्वप्न; प्रगाढ़ निद्रा; गहरी नींद

【酣眠】 hānmián गहरी नींद में सोना; घोड़े बेचकर सोना; निश्चिन्त होकर सोना

【酣然】 hānrán जी भरकर; निश्चिन्त होकर：～大醉 खूब शराब पीकर मस्त होना / ～入梦 गहरी नींद में सोना

【酣睡】 hānshuì गहरी नींद में सोना; घोड़े बेचकर सोना

【酣饮】 hānyǐn जी भरकर शराब पीना

【酣战】 hānzhàn भीषण लड़ाई; घमासान युद्ध

【酣醉】 hānzuì मस्त होना; खूब शराब पीकर मस्त होना

憨 hān ❶मूर्ख; बेवकूफ़; नासमझ; मन्दबुद्धि：憨笑 ❷सीधा; सादा; सरल; भोलाभाला; ईमानदार：憨厚/ 憨直 ❸（Hān）एक कुलनाम

【憨痴】 hānchī मूर्खतापूर्ण

【憨厚】 hānhòu ईमानदार और भोलाभाला; सीधा-सादा और सच्चा

【憨实】 hānshí सरल और सच्चा; ईमानदार और सीधा-सादा

【憨态可掬】 hāntài-kějū सौम्य सहज

【憨笑】 hānxiào मूढ़ता से मुस्कराना; खीसें काढ़ना

【憨直】 hānzhí ईमानदार और सच्चा：为人～ दूसरों के प्रति ईमानदार और सच्चा होना

【憨子】 hānzi 〈बोल०〉 मूढ़; मूर्ख; बेवकूफ़

鼾 hān घर्राटा; खरखर：打～ खर्राटे भरना; घुरघुर करना

【鼾声】 hānshēng खर्राटे की आवाज़; खरखर：～如雷 गरज के साथ खर्राटे भरना

【鼾睡】 hānshuì खर्राटे भरते हुए सोना; खर्राटा मारना

hán

邗 hán नीचे दे०

【邗江】 Hánjiāng हानच्यांग（च्यांगसू प्रान्त में एक स्थान）

汗 hán दे० 可汗 kèhán का संक्षिप्त नाम, खां; खान hàn भी दे०

邯 hán नीचे दे०

【邯郸】 Hándān हानतान,हपे प्रान्त में एक स्थान

【邯郸学步】 hándān-xuébù हानतानी चाल सीखना —— नयी निपुणता प्राप्त करने का प्रयत्न करने में अपनी पुरानी योग्यता खो बैठना (इस बारे में "च्वांग-त्स" 《庄子》में एक कहानी है। यान राज्य 燕国 का एक लड़का चाओ राज्य 赵国 की राजधानी हानतान नगर गया। उसे वहां के लोगों के चलने का तरीका अच्छा लगा और वह उसे सीखने लगा, पर असफल रहा। नतीजा यह हुआ कि वह अपना चलने का पुराना तरीका भी भूल गया और विवश होकर रेंगते हुए घर लौटा)

含 hán ❶मुंह में रखना：嘴里～着药片。मुंह में दवा की गोली रखी हुई है। ❷समाना; अंतर्भूत करना; निहित करना：内～多种矿物。इसमें अनेक प्रकार की धातुएं समाहित हैं। / ～金量 गोल्ड कंटेंट; स्वर्ण मात्रा / ～泪 आंसू भरी आंखों के साथ ❸（भावना आदि को）दिल में रखना; मन में स्थान देना：含恨 / 含怒

【含苞】 hánbāo जिसमें कली आ गयी हो：～待放 फटने वाली कली; बिना खिला फूल; मुंह बंधा फूल

【含垢忍辱】 hángòu-rěnrǔ मानहानि और अनादर भुगतना; लज्जा और अपमान सहना

【含恨】 hánhèn दिल में शिकायत या घृणा रखना

【含糊】hánhu（含胡 hánhu भी）❶अस्पष्ट; दोमानी：他说得很～。उसने अस्पष्ट स्वर में कहा। ❷असावधान; लापरवाह; बेमन का：这事绝不能～。हमें इस मामले को लापरवाही से हरगिज़ नहीं निबटाना चाहिए। ❸दे० 不含糊 bùhánhu

【含糊其词】 hánhu-qící अस्पष्ट बात करना; गोलमोल बात कहना：～的答复 अस्पष्ट उत्तर देना

【含混】 hánhùn अस्पष्ट; धुंधला：发音～不清 उच्चारण अस्पष्ट होना

【含金量】 hánjīnliàng स्वर्ण-वस्तु से प्राप्त शुद्ध स्वर्ण की मात्रा

【含量】 hánliàng मात्रा; अंश：甜菜中糖的～ चुकंदर में चीनी की मात्रा

【含怒】 hánnù क्रोध में आना

【含情脉脉】 hánqíng-mòmò (आंखों में या चेहरे पर) प्रेम की भावनाएं भरी होना
【含沙射影】 hánshā-shèyǐng वक्रोक्ति; व्यंग्ययोक्ति: ～, 恶语中伤 परोक्ष ढंग से लांछन लगाना; व्यंग्ययोक्ति से किसी की बदनामी करना
【含漱剂】 hánshùjì 〈औष०〉 गार्गल
【含水率】 hánshuǐlǜ नमी की मात्रा; पानी की मात्रा
【含笑】 hánxiào चेहरे पर मुस्कान होना: ～点头 मुस्कराते हुए सिर हिलाना
【含辛茹苦】 hánxīn-rúkǔ कष्ट सहना; पीड़ा भुगतना; दुःख सहना; कष्ट भोगना
【含羞】 hánxiū लज्जा सहित; शर्मीलेपन से
【含羞草】 hánxiūcǎo 〈वन०〉 छुईमुई
【含蓄】 hánxù ❶समाना; शामिल करना; अंतर्भूत करना ❷अंतर्निहित; सन्निहित; जिसकी ओर संकेत हो पर जो शब्दों से व्यक्त न हो; छिपा हुआ: 这诗很～。कविता जिसका संदेश प्रच्छन्न हो। ❸मितभाषी; वाक्संयमी; भावों को देर से प्रकट करने वाला: 他很～。वह वाक्संयमी है।
【含血喷人】 hánxuè-pēnrén बातें गढ़ना; झूठा आरोप लगाना
【含饴弄孙】 hányí-nòngsūn मुंह में मिठाई रख पोतों से खेलना —— आनंदपूर्वक वृद्धावस्था बिताना
【含义】 hányì निहितार्थ: ～深刻 गंभीर निहितार्थ होना
【含英咀华】 hányīng-jǔhuá साहित्यिक रचनाओं का मज़ा लेना
【含冤】 hányuān अन्याय सहना; झूठा आरोप झेलना: ～死去 अन्याय सहकर मर जाना; झूठा आरोप सहकर मर जाना

函（亟） hán ❶〈लि०〉 डिब्बा; गिलाफ़; बक्स: 镜～ दर्पण-बक्स / 石～ पत्थर का डिब्बा ❷पत्र; चिट्ठी; खत: 函购 / 来～ आप का पत्र
【函电】 hándiàn पत्र और तार
【函牍】 hándú पत्र; चिट्ठियां; चिट्ठी-पत्री
【函复】 hánfù पत्र से (द्वारा) उत्तर देना; जवाबी पत्र लिखना
【函告】 hángào पत्र द्वारा बताना
【函购】 hángòu डाक से खरीदना: ～部 मेल आर्डर डिपार्टमेंट
【函件】 hánjiàn पत्र; चिट्ठियां; चिट्ठी-पत्री
【函授】 hánshòu पत्र-व्यवहार से (द्वारा) अध्यापन करना: ～部 पत्र-व्यवस्था विभाग / ～学校 पत्राचार विद्यालय या स्कूल
【函售】 hánshòu डाक द्वारा बेचना
【函数】 hánshù 〈गणि०〉 फल; फलन; फ़ंक्शन
【函索】 hánsuǒ पत्र द्वारा मांगना: 备有简章, ～即寄。संक्षिप्त नियमावली मांगने पर आसानी से मिल जाती है।
【函诊】 hánzhěn पत्र-व्यवहार से रोग निर्णय करना

浛 hán नीचे दे०
【浛洸】 Hánguāng क्वांगतोंग प्रान्त में एक स्थान

琀 hán 〈लि०〉 मरने वाले के मुंह में रखा हुआ मोती या जेड

晗 hán 〈लि०〉 पौ फटने को होना

焓 hán 〈भौ०〉 एन्थैल्पी; संपूर्ण ताप

涵 hán ❶समाना; शामिल करना; सम्मिलित करना: 涵养/ 海～ उदारतापूर्वक क्षमा करना या सहन करना ❷सुरंग; मेहराबदार नाला; नाली
【涵洞】 hándòng सुरंग; महराबदार नाला; नाली
【涵盖】 hángài समाना; शामिल करना: 作品题材广泛，～了社会各个领域。कृतियों का विषय बहुत विस्तृत है, उसमें समाज का हर क्षेत्र सम्मिलित है।
【涵管】 hánguǎn नाली बनाने के लिये प्रयुक्त पाइप
【涵容】 hánróng 〈लि०〉 〈शिष्ट०〉 क्षमा करना; माफ़ करना: 不周之处，尚祈～。आशा है कि आप के आदर-सत्कार में यदि हमारी ओर से कोई कमी हुई तो क्षमा कर देंगे।
【涵蓄】 hánxù दे० 含蓄 hánxù
【涵养】 hányǎng ❶आत्मसंयम करने की योग्यता: 他很有～。उनमें आत्मसंयम की बड़ी योग्यता है। ❷सुरक्षित रखना; बचाव करना: 以造林～水源 वृक्षारोपण द्वारा जल संरक्षण करना
【涵义】 hányì 含义 hányì के समान
【涵闸】 hánzhá सुरंग और बाढ़द्वार

韩（韓） Hán ❶चओ राजवंश (周朝) का एक राज्य (वर्तमान हनान प्रांत का मध्य और शानशी प्रांत का दक्षिण-पूर्वी भाग) ❷एक कुलनाम ❸韩国 का संक्षिप्त नाम
【韩国】 Hánguó कोरिया गणराज्य
【韩流】 Hánliú दक्षिण कोरिया फ़ैशन; दूसरे देशों पर प्रभाव डालने वाले दक्षिण कोरिया में प्रचलित आचार-व्यवहार और सांस्कृतिक धाराएं
【韩人】 Hánrén कोरियाई
【韩语】 Hányǔ कोरियाई (भाषा)

寒 hán ❶ठंडा; सर्द; शीतल: 寒风 / 受～ सर्दी लगना ❷भय से कांपना: 胆～ भयभीत होना ❸दरिद्र; निर्धन; गरीब: 贫～ दरिद्र; निर्धन; गरीब ❹〈विन०〉 मेरा: ～舍 मेरा घर
【寒痹】 hánbì 〈ची०चि०〉 शीत से होने वाला संधिवात
【寒蝉】 hánchán सर्दी के मौसम में टिड्डा; चिश्चिर (जो फिर नहीं बोलता या बोलता है तो धीमी आवाज़ में): 噤若～ ठंडे मौसम में टिड्डों की तरह चुप रहना —— भय से चुप रहना
【寒潮】 háncháo 〈मौ०वि०〉 शीतलहर
【寒碜】 hánchen (寒伧 hánchen भी) 〈बोल०〉 ❶कुरूप; बदसूरत: 不～ कुरूप या बदसूरत न होना ❷तुच्छ; क्षुद्र; नीच; निरादरपूर्ण; अप्रतिष्ठा-युक्त: 穷并

不～。दरिद्र होना शर्म की बात नहीं है। ❸हंसी उड़ाना; मज़ाक उड़ाना: 叫人～了一顿 किसी व्यक्ति द्वारा हंसी उड़ायी जाना

【寒窗】hánchuāng ठंडी खिड़की —— गरीब विद्यार्थी की कठिनाइयां

【寒带】hándài शीत कटिबन्ध

【寒冬腊月】hándōng làyuè चिल्ले का जाड़ा; चिल्ले की सर्दी; जाड़े का अंतिम समय

【寒风】hánfēng ठंडी हवा: ～刺骨 बरफ़ीली हवा का हड्डियों को चुभोना

【寒光】hánguāng (तलवार का) चकाचौंध करने वाला प्रकाश

【寒假】hánjià सर्दियों की छुट्टी

【寒噤】hánjìn (ठंड या डर के कारण) कांपना या ठिठुरना: 我似乎打了一个～。मेरे शरीर में सिहरन-सी दौड़ गयी।

【寒荆】hánjīng <पुराना> <विन०> मेरी पत्नी

【寒苦】hánkǔ निर्धन; गरीब; दीन; गरीबी का मारा

【寒来暑往】hánlái-shǔwǎng गर्मी गयी फिर सर्दी आयी —— समय बीतता चलना

【寒冷】hánlěng ठंडा; सर्द; शीतल: 气候～ मौसम ठंडा होना / 他觉得～起来。उसे कुछ ठंड महसूस होने लगी।

【寒流】hánliú <मौ०वि०> शीतवायु धारा

【寒露】hánlù चौबीस सौरावधियों में से सत्रहवीं जो ८ या ९ अक्तूबर में होती है

【寒毛】hánmáo रोयां; रोआँ: 吓得我～直竖。भय से मेरे रोएं खड़े हो गये।

【寒门】hánmén ❶<लि०> दरिद्र और क्षुद्र परिवार ❷<विन०> मेरा परिवार

【寒气】hánqì शीत वायु; ठंडी हवा; शीत; ठंड: ～逼人 शीत से ठिठुर जाना

【寒峭】hánqiào <लि०> ठंडा; सर्द

【寒秋】hánqiū हेमन्ती शीत

【寒热】hánrè ❶<ची०चि०> जूड़ी; जूड़ी बुखार; जूड़ी ताप ❷<बो०> ताप; ज्वर; बुखार

【寒色】hánsè शीतलरंग; ठंडारंग

【寒舍】hánshè <विन०> मेरा क्षुद्र घर; मेरा क्षुद्र परिवार; गरीबखाना

【寒食】hánshí शीत भोज पर्व (शुद्ध उज्ज्वलत 清明 का पूर्व दिन, इस दिन लोग केवल ठंडा भोजन खाते हैं)

【寒士】hánshì <लि०> दरिद्र विद्वान

【寒暑】hánshǔ ❶ठंडा और गर्म ❷शीत ऋतु और ग्रीष्म ऋतु; जाड़ा और गरमी —— एक वर्ष या साल: 经历了十个～ दस वर्ष बाद

【寒暑表】hánshǔbiǎo तापमापी; तापमान-यंत्र; थर्मामीटर

【寒素】hánsù <लि०> ❶दरिद्र; निर्धन; गरीब: 家世～ निर्धन घर में पैदा होना ❷निर्धन व्यक्ति; गरीब आदमी ❸सादा: 衣装～ सादी पोशाक

【寒酸】hánsuān (प्रायः दरिद्र विद्वान के लिये) दुर्दशाग्रस्त और दुःखी: 一副～相 देखने में दुर्दशाग्रस्त और दुःखी मालूम होना

【寒腿】hántuǐ <बोल०> टांगों में वातरोग

【寒微】hánwēi निम्न स्थान का; क्षुद्र उत्पत्ति का: 出身～ क्षुद्र उत्पत्ति का होना

【寒武纪】Hánwǔjì <भूगर्भ०> कैम्ब्रियन पीरियड; कैम्ब्रियाई काल

【寒心】hánxīn ❶निराश और दुःखी होना: 令人～अप्रिय ढंग से निराश होना; जोश ठंडा पड़ जाना ❷डरना; भय होना

【寒星】hánxīng जाड़े की रात में तारे: ～闪烁 जाड़े की रात में तारे टिमटिमाना

【寒暄】hánxuān अदब-आदाब करना; राम-जुहार करना; शिष्टाचारपूर्वक अभिवादन करना: ～几句之后 राम-जुहार करके

【寒衣】hányī जाड़े के कपड़े; गरम कपड़े

【寒意】hányì हवा में सर्दी: 初春季节，风吹在身上，仍有～。वसन्त के आरम्भ तक हवा में सर्दी होती है।

【寒战】hánzhàn सर्दी से थर्राना या ठिठुरना; सिहरना: 打了个～ शरीर में सिहरन दौड़ जाना

【寒颤】hánzhàn दे० 寒战

【寒症】hánzhèng <ची०चि०> ठंड, शीत के कारण नाड़ी के धीरे-धीरे चलने आदि से उत्पन्न रोग-लक्षण

hǎn

罕 hǎn ❶दुर्लभ; कम: 罕见 / ～闻 बहुत कम सुना जाना / 罕有 ❷（Hǎn）एक कुलनाम

【罕觏】hǎngòu <लि०> विरल; दुर्लभ

【罕见】hǎnjiàn न्यारा; दुर्लभ: ～的洪水 असाधारण गंभीर बाढ़ / ～的机会 अप्राप्य अवसर; नायाब मौका

【罕事】hǎnshì असाधारण बात; विलक्षण बात

【罕物】hǎnwù असाधारण वस्तु; अद्‌भुत वस्तु; विलक्षण वस्तु

【罕有】hǎnyǒu विरल या दुर्लभ होना

喊 hǎn ❶चिल्लाना; चीखना; चीत्कार करना; ज़ोर-ज़ोर से कहना: ～口号 नारा बुलंद करना / 空～ व्यर्थ चीख-पुकार मचाना ❷पुकारना: 他～孩子。उसने लड़के को पुकारा। ❸<बो०> कहना; पुकारना; संबोधन करना: 他们～我嫂子。वे हमें भाभी पुकारते हैं।

【喊话】hǎnhuà मोर्चे पर सीधे दुश्मन को संबोधित प्रचार

【喊叫】hǎnjiào चिल्लाना; चीखना; ज़ोर-ज़ोर से कहना: 大声～ ज़ोर-ज़ोर से चिल्लाना; शोर मचाना

【喊门】hǎnmén दरवाज़े से पुकारना

【喊嗓子】hǎn sǎngzi ❶चिल्लाना; चीखना; चीत्कार करना ❷ऑपेरा अभिनेता का अपनी आवाज़ का अभ्यास करना (जो प्रायः सुबह खुले स्थान में किया जाता है)

【喊冤】hǎnyuān अपनी शिकायतें कह सुनाना; अन्याय के बारे में ज़ोर-ज़ोर से दुखड़ा रोना

锊（鋝）hǎn <रसा०> हाहनियम (Ha)

㘎（𡅏）hǎn <लि०> बाघ का गरजना

hàn

汉¹（漢）Hàn ❶हान राजवंश (206 ई०पू०-220 ई०) ❷हान जातिः 汉人 ❸चीनी (भाषा)：～印词典 चीनी-हिन्दी शब्दकोश ❹ （hàn）आदमीः 老～ बूढ़ा (आदमी) / 好～ वीर; बहादुर

汉²（漢）hàn आकाशगंगाः 银～ आकाशगंगा

【汉白玉】hànbáiyù सफ़ेद संगमरमर

【汉堡包】hànbǎobāo हैम्बरगर

【汉奸】hànjiān गद्दार; चीनी गद्दार; देशद्रोही; चीनी पिट्ठू

【汉剧】hànjù （汉调 hàndiào भी）हूपेइ ऑपेरा

【汉考】Hànkǎo （汉语水平考试 का संक्षिप्त रूप） एच० एस० के०

【汉民】Hànmín हान जाति

【汉人】Hànrén ❶हान जाति के नागरिक ❷हान राजवंश के व्यक्ति

【汉文】Hànwén ❶चीनी (भाषा)：从印地文译成～ हिंदी से चीनी में अनुवाद करना ❷चीनी अक्षर

【汉学】hànxué ❶क्लासिक शास्त्रीय दर्शन की हान (राजवंश) शाखा ❷चीनी भाषा, इतिहास, रीति-रिवाज़ों आदि का शास्त्र

【汉语】Hànyǔ चीनी (भाषा)

【汉语拼音方案】Hànyǔ Pīnyīn Fāng'àn चीनी भाषा की ध्वन्यात्मक वर्णमाला योजना

【汉语拼音字母】Hànyǔ pīnyīn zìmǔ चीनी भाषा की ध्वन्यात्मक वर्णमाला

【汉语水平考试】Hànyǔ Shuǐpíng Kǎoshì एच० एस०के०; चीनी भाषा प्रवीणता परीक्षण

【汉语注音字母】Hànyǔ zhùyīn zìmǔ चीनी भाषा की ध्वनिमूलक लिपि

【汉字】Hànzì चीनी अक्षरः ～改革 चीनी अक्षरों का सुधार / ～简化方案 चीनी अक्षरों के सरलीकरण की योजना / ～注音<ध्वनि> सटीक चीनी अक्षर

【汉子】hànzi ❶आदमी ❷<बो०> पति

【汉族】Hànzú हान जाति, चीन की मुख्य जाति, जो सारे देश में निवास करती है

扞¹ hàn 捍 hàn के समान

扞² hàn नीचे दे०

【扞格】hàngé <लि०> एक दूसरे का विरोध करनाः ～不入 असदृश; असंगत; भिन्न; अननुरूप

闬（閈）hàn <लि०> गली-कूचे का दरवाज़ा

汗 hàn स्वेद; पसीनाः 出～ पसीना निकलना / 汗流浃背

hán भी दे०

【汗斑】hànbān पसीने का धब्बा

【汗背心】hànbèixīn बिना आस्तीन की बनियाइन

【汗褂儿】hànguàr <बोल०> बनियाइन

【汗碱】hànjiǎn पसीने का धब्बा

【汗脚】hànjiǎo ऐसे पैर जिन में जल्दी पसीना आ जाता है; पसीने के पैर

【汗津津】hànjīnjīn पसीने में तर

【汗孔】hànkǒng（毛孔 máokǒng भी）रोमछिद्र

【汗淋淋】hànlínlín पसीने में डूबना; पसीने में तर होना; पसीने-पसीने हो जानाः 他干活干得浑身～的。परिश्रम करते करते वह पसीना-पसीना हो गया।

【汗流浃背】hànliú-jiābèi पसीने में डूबना; पसीने-पसीने हो जाना; अरक-अरक हो जाना

【汗马功劳】hànmǎ-gōngláo युद्ध में दिया हुआ बड़ा योगदान; बड़ा कारनामा

【汗漫】hànmàn <बोल०> व्यापक; विस्तृतः ～之言 असंबद्ध बात

【汗毛】hànmáo रोम; रोआँ; रोयाँः ～孔 रोमछिद्र

【汗牛充栋】hànniú-chōngdòng इतनी पुस्तकें कि ढोने से बैल पसीने-पसीने हो जाये और कमरा कड़ी तक भर जाये; विशाल पुस्तक संग्रह

【汗青】hànqīng ❶आग पर सुखाई गयी हरे बांस की पट्टियां —— ग्रन्थ की समाप्ति (प्राचीन काल में बांस पर लिखने के पहले उसे आग पर रखकर उसका पानी सुखाया जाता था। बाद में इसने ग्रन्थ की समाप्ति के मुहावरे का रूप ले लिया।) ❷ऐतिहासिक ग्रंथ

【汗衫】hànshān ❶बनियाइन; टी-शर्ट ❷<बो०> कमीज़

【汗水】hànshuǐ स्वेद; पसीनाः 浸透～ पसीने में तर हो जाना; पसीने में डूबना

【汗褟儿】hàntār <बो०> बनियाइन; बिना बांह की कुरती

【汗腺】hànxiàn स्वेद ग्रन्थि

【汗颜】hànyán लज्जा के कारण पसीना आना

【汗液】hànyè स्वेद; पसीना

【汗珠子】hànzhūzi स्वेदबिन्दु; पसीने की बूंदें

【汗渍】hànzì ❶पसीने का धब्बा ❷पसीने से तर-बतर हो जाना

旱 hàn ❶सूखा; वर्षा की कमी; अनावृष्टि; जलाभावः 旱灾 ❷जो पानी से संबंधित न होः 旱冰场 / 旱烟 ❸सूखी ज़मीनः 旱稻 ❹भूमि परः 旱路

【旱魃】hànbá अनावृष्टि का दानवः～为虐 बहुत गंभीर सूखा पड़ना

【旱冰场】hànbīngchǎng रोलर रिंक

【旱冰鞋】hànbīngxié रोलर स्केट

【旱船】 hànchuán ❶<बो०> बाग में नदी, झील आदि के किनारे पर नाव की आकृति वाला मकान ❷कुछ लोक-नृत्यों में मंच सामग्री के रूप में प्रयुक्त कृत्रिम नौका

【旱道】 hàndào <बो०> थलमार्ग

【旱稻】 hàndào अपलैण्ड राइस; ड्राई राइस

【旱地】 hàndì शुष्क भूमि; सूखी ज़मीनः ～作物 शुष्क भूमि की फ़सल

【旱季】 hànjì शुष्क ऋतु

【旱金莲】 hànjīnlián（旱莲花 hànliánhuā भी）<वन०> नस्टरशम; जलकुंभी की जातिवाली वनस्पति

【旱井】 hànjǐng ❶जल-धारण कूप ❷सूखा कुआँ (जाड़े में सब्ज़ियां जमा करने के लिये प्रयुक्त)

【旱涝保收】 hànlào-bǎoshōu सूखा पड़ने या बाढ़ आने पर भी अच्छी फ़सल की गारंटी करना

【旱路】 hànlù स्थलमार्ग

【旱年】 hànnián अनावृष्टि का वर्ष

【旱桥】 hànqiáo मेहराबदार पुल; मार्ग-सेतु; घाटी-सेतु

【旱情】 hànqíng अनावृष्टि की स्थितिः ～严重 अनावृष्टि की स्थिति गम्भीर होना

【旱伞】 hànsǎn छतरी; महिलाओं के इस्तेमाल का छोटा हल्का छाता

【旱生动物】 hànshēng dòngwù उष्ण और शुष्क जलवायु में पलने वाला जानवर; मरुदभिद जंतु

【旱生植物】 hànshēng zhíwù ज़ियरोफ़ाइट; मरु-दभिद (बनस्पति)

【旱獭】 hàntǎ मार्मोट; गिलहरी की जाति का एक जन्तु

【旱田】 hàntián सूखा खेत

【旱象】 hànxiàng अनावृष्टि का लक्षणः ～严重 अना-वृष्टि के गंभीर लक्षण

【旱鸭子】 hànyāzi <हास्य०> तैर न सकने वाला

【旱烟】 hànyān तंबाकूः 吸～ चिलम पीना; पाइप में तंबाकू की पत्तियां भरकर पीना

【旱灾】 hànzāi अनावृष्टि; अनावर्षण; सूखा

垾 hàn छोटा बांध (प्रायः स्थानों के नामों में प्रयुक्त): 中～ चोंगहान (आनह्वेइ प्रान्त में)

捍 hàn रक्षा करना; प्रतिरक्षा करनाः 捍卫

【捍卫】 hànwèi रक्षा करना; रखवाली करना; हिफ़ाज़त करनाः ～祖国 मातृभूमि की रक्षा करना

【捍御】 hànyù <लि०> रक्षा करना; रखवाली करना; हिफ़ाज़त करना

悍 hàn ❶साहसी; वीर; बहादुरः ～将 वीर योद्धा ❷तेज़; सख्त; तीव्र; निष्ठुर; उग्र; क्रूरः 凶～ क्रूर; निष्ठुर; खूंखार

【悍妇】 hànfù लड़ाकू स्त्री; झगड़ालू स्त्री

【悍然】 hànrán प्रबल रूप से; प्रचंड या उग्र रूप सेः ～不顾一切 ढिठाई के साथ किसी भी परिणाम की परवाह न करके

【悍勇】 hànyǒng क्रूर और साहसीः ～好斗 क्रूर और लड़ाकू

菡 hàn नीचे दे०

【菡萏】 hàndàn <लि०> कमल का फूल; पद्म

焊（銲、釬） hàn झालना; झलाई करना; वेल्ड करनाः 焊接

【焊工】 hàngōng ❶वेल्डिंग; सोल्डरिंग ❷वेल्डर; सोल्डरर

【焊接】 hànjiē झालना; झलाई करना; वेल्ड करना; सोल्डर करनाः ～工人 वेल्डर / ～机 वेल्डिंग मशीन

【焊料】 hànliào सोल्डर

【焊枪】 hànqiāng वेल्डिंग टार्च; वेल्डिंग ब्लो-पाइप

【焊条】 hàntiáo वेल्डिंग रॉड; वेल्डिंग छड़ी

【焊锡】 hànxī सोल्डरिंग टिन; टिन सोल्डर

【焊液】 hànyè वेल्डिंग फ़्लुइड; सोल्डरिंग फ़्लुइड

【焊油】 hànyóu सोल्डरिंग पेस्ट

睅 hàn <लि०> आंख फाड़कर पुतली निकालना

颔（頷） hàn <लि०> ❶चिबुक; हनु; ठोड़ी ❷(नमस्कार, सम्मति आदि में) सिर हिलाना

【颔首】 hànshǒu <लि०> (नमस्कार, सम्मति आदि में) सिर हिलानाः ～微笑 मुस्कराते हुए सिर हिलाना

蔊 hàn नीचे दे०

【蔊菜】 hàncài <ची०चि०> एक प्रकार का एकवर्षीय पौधा जो दवा के काम आता है

撖 Hàn एक कुलनाम

暵 hàn <लि०> ❶धूप में सुखाना ❷सूख जाना

熯 hàn <बो०> ❶आग में सुखाना ❷बहुत कम तेल में तलना ❸भाप में पकाना

翰 hàn <लि०> ❶लिखने में प्रयुक्त ब्रुश या तूलिका (चीनी कलम)ः 挥～ कलम चलाना ❷लेख्य; लिखाई; लेखः 华～ आप का आदरणीय पत्र

【翰林】 hànlín हान-लिन (छिंग राजवंश की सर्वोच्च साहित्यिक उपाधि, शाही विद्वान परिषद् का सदस्य)ः ～院 शाही विद्वान परिषद्

【翰墨】 hànmò कलम (कूंची) और स्याही —— लेख; लिखावट या चित्र

撼 hàn हिलाना; हिलनाः 摇～हिलाना

【撼动】 hàndòng हिलाना; झकझोरना; कंपाना

【撼天动地】 hàntiān-dòngdì आकाश और पृथ्वी हिलाना

憾 hàn पछतावा; खेद; अफ़सोसः 憾事

【憾然】 hànrán खेदपूर्वक; दुःख के साथः 不胜～ बहुत अफ़सोस होना

【憾事】 hànshì खेद की बातः 终身～ जीवनभर का

खेद

瀚 hàn 〈लि०〉 विशाल; व्यापक; विस्तृत: 浩～ विशाल; विस्तृत

【瀚海】 hànhǎi मरुभूमि; रेगिस्तान: ～无垠 असीम मरुभूमि

hāng

夯（硂） hāng ❶दुरमुस; दुरमुट ❷दुरमुस से मिट्टी पीटना; मिट्टी पीटकर समतल बनाना: 打～ दुरमुस चलाना ❸〈बो०〉 ज़ोर से मारना-पीटना: 举起拳头～ घूंसा तानकर मारना ❹〈बो०〉 कंधे पर भारी बोझ उठाना

bèn भी दे०

【夯歌】 hānggē दुरमुस चलाते समय गाया जाने वाला गान

【夯具】 hāngjù दुरमुस; दुरमुट

【夯土机】 hāngtǔjī दुरमुस; दुरमुट; मिट्टी पीटकर बराबर करने वाली मशीन; रैमर

háng

亢 háng 吭 háng के समान

kàng भी दे०

行 háng ❶श्रेणी; पंक्ति; कतार; लाइन: 第五～पांचवीं लाइन ❷भाइयों और बहिनों में ज्येष्ठता क्रम: "你～几?" "我～四。" 'तुम अपने भाइयों और बहिनों में किस नंबर पर आते हो?' 'मैं चौथा हूं।' ❸कारोबार; पेशा; व्यवसाय: 同～ हम-पेशा; सह-व्यवसाय / 各～各业 विविध कारोबार और व्यवसाय ❹व्यवसाय फ़र्म; व्यवसाय संघ: 银～ बैंक / 拍卖～ नीलाम कंपनी ❺〈परि०श०〉 一～字 अक्षरों की एक लाइन / 一～树 पेड़ों की एक पंक्ति / 一～诗 काव्य का एक चरण

hàng; xíng भी दे०

【行帮】 hángbāng व्यापार-संघ

【行辈】 hángbèi परिवार या कुल में ज्येष्ठता: 他～比我大。 रिश्ते में वह मुझसे बड़ा है।

【行车】 hángchē 〈बो०〉 ऊपरी पटरियों पर चलने वाला क्रेन

【行当】 hángdang ❶〈बोल०〉 कारोबार; पेशा; व्यवसाय: 我们这个～ हमारा यही कारोबार / 他是哪个～上的? वह क्या कारोबार करता है? ❷(चीनी परंपरागत ऑपेरा में) पात्र-भेद; पात्र का प्रकार

【行道】 hángdao 〈बो०〉 कारोबार; पेशा; व्यवसाय

【行东】 hángdōng ट्रेडिंग कंपनी या वर्कशाप का मालिक

【行贩】 hángfàn फेरी वाला; खोंचे वाला; बिसाती

【行风】 hángfēng विशेष सामाजिक कार्य-क्षेत्र में प्रचलित प्रवृत्तियां

【行规】 hángguī 〈पुराना〉 संघ-नियम

【行行出状元】 hángháng chū zhuàngyuan हर पेशा अपना-अपना अग्रणी अधिकारी पैदा करता है

【行话】 hánghuà किसी व्यवसाय की विशेष शब्दावली

【行会】 hánghuì 〈पुराना〉 गिल्ड; संघ: ～制度 गिल्ड सिस्टम / ～主义 संघवाद

【行货】 hánghuò अनगढ़ तरीके से बनायी गयी वस्तुएं

【行家】 hángjia ❶विशेषज्ञ; जानकार; मर्मज्ञ: 老～ अनुभवी व्यक्ति ❷〈बो०〉 (निश्चयात्मक वाक्य में प्रयुक्त) किसी काम में निपुण होना: 你对钓鱼挺～呀! तुम बंसी से मछली पकड़ने में काफ़ी अनुभवी हो!

【行间】 hángjiān ❶〈लि०〉 पंक्तियों में ❷लाइनों के बीच; कतारों के बीच: 字里～ लाइनों के बीच / ～距离 कतारों के बीच की दूरी

【行距】 hángjù 〈कृ०〉 कतारों के बीच की दूरी

【行款】 hángkuǎn सुलेख या छपाई में लाइनों का रूप और प्रबंध

【行列】 hángliè पंक्ति-क्रम: 他站在～的前面。 वह अपनी पांत के आगे खड़ा है।

【行列式】 hánglièshì 〈गणि०〉 डिटर्मिनेंट; सारणिक

【行情】 hángqíng बाज़ार-भाव; बाज़ार-दर; बाज़ार का रंग; बाज़ार की अवस्था: 熟悉～ बाज़ार-भाव अच्छी तरह जानना

【行情表】 hángqíngbiǎo बज़ार-भाव सूची

【行市】 hángshi बाज़ार-भाव ; बाज़ार-दर; बाज़ार की अवस्था: 一天一个～。 हर रोज़ का बाज़ार-भाव अलग होता है; बाज़ार-भाव रोज़-रोज़ बदलता है।

【行伍】 hángwǔ 〈पुराना〉 सैन्य पंक्ति: 投身～ सेना में भरती होना

【行业】 hángyè कारोबार; पेशा; व्यवसाय: ～语 व्यवसाय की निजी शब्दावली

【行院】 hángyuàn चिन और य्वान राजवंशों की वेश्याओं या अभिनेत्रियों के निवास-स्थान

【行栈】 hángzhàn आढ़ती की आढ़त

【行子】 hángzi नापसंद आदमी या चीज़: 我不喜欢这～。 मुझे यह आदमी (या चीज़) पसंद नहीं है।

吭 háng कंठ; गला: 引～高歌 ऊंची आवाज़ में गाना

kēng भी दे०

迒 háng 〈लि०〉 ❶जंगली पशुओं के पद-चिन्ह या गाड़ी के पहिये के निशान ❷रास्ता; सड़क; मार्ग; पथ

杭 Háng 〈लि०〉 ❶हांगचओ नगर का संक्षिप्त नाम ❷एक कुलनाम

【杭纺】 hángfǎng हांगचओ में उत्पादित रेशमी कपड़ा

【杭育】 hángyō 〈अनु०〉 〈विस्म०〉 हो-हो; हैया-हो (मज़दूरों, मल्लाहों आदि द्वारा उच्चारित शब्द)

【杭州】 Hángzhōu हांगचओ (चच्यांग प्रान्त की राजधानी)

绗（絎） háng टांका चलाना; निगंदना: ～棉衣或被子 रुई भरा कपड़ा या रुई की रज़ाई निगंदना

【绗线】 hángxiàn निगंदा; बखिया

衖 háng नीचे दे०

【衖衖】 hángyuàn दे० 行院 hángyuàn

航 háng ❶नाव; यान; जहाज़ ❷(जल या वायु) यान चलाना: 航海 / 航空 / 航线

【航班】 hángbān (आकाश या समुद्र में) जहाज़ की तय उड़ान; उड़ान संख्या; फ़्लाइट नंबर; (वायुयान) उड़ने या (रेल, जलयान आदि) चलने की बारी

【航标】 hángbiāo प्रकाश-स्तम्भ; नैविगेशन मार्क: ～灯 सिगनल लैम्प / ～队 आलोक स्तंभ यूनिट

【航测】 hángcè 航空测量 का संक्षिप्त रूप

【航程】 hángchéng उड्डयन-दूरी; नौपरिवहन-दूरी; रेंज; पैसिज

【航船】 hángchuán जहाज़; जलयान

【航次】 hángcì ❶उड्डयन या जहाज़रानी का क्रम ❷उड्डयन या जहाज़रानी की बारी

【航道】 hángdào चैनेल; लेन: 主～ मुख्य चैनेल / 内河～अंतर्देशीय जलमार्ग

【航海】 hánghǎi समुद्रयात्रा; नौपरिवहन: ～自由 सामुद्रिक स्वाधीनता / ～灯 नैविगेशन लाइट / ～图 नैविगेशन चार्ट / ～罗盘 नाविक का कुतुबनुमा / ～条约 जहाज़रानी संधि

【航海学】 hánghǎixué नौ-विज्ञान; नौ-विद्या; जहाज़ी विद्या

【航空】 hángkōng हवाई उड़ान: ～标签 एयर स्लीप / ～表演 हवाई करतब / ～地图 उड्डयन-चार्ट / ～基地 विमानवहन अड्डा / ～联络 विमान-संपर्क / ～仪表 वैमानिक मीटर / ～邮件 एयर मेल; हवाई पत्र

【航空测量】 hángkōng cèliáng फ़ोटोग्रामेट्री; हवाई सर्वेक्षण

【航空港】 hángkōnggǎng एयर हारबर; वायु पत्तन

【航空航天部队】 hángkōng hángtiān bùduì अंतरिक्ष सेना

【航空模型】 hángkōng móxíng मॉडल एयरप्लेन; विमान मॉडल

【航空母舰】 hángkōng mǔjiàn विमानवाहक पोत; एयर क्राफ़्ट कैरियर

【航空器】 hángkōngqì एयर क्राफ़्ट

【航空信】 hángkōngxìn एयर मेल; एयर लेटर; हवाई पत्र

【航空学】 hángkōngxué वायुयान विज्ञान

【航空学校】 hángkōng xuéxiào उड्डयन विद्यालय

【航空遥感】 hángkōng yáogǎn हवाई दूर-संवेदन; रिमोट सेन्सिंग

【航空照相】 hángkōng zhàoxiàng हवाई फ़ोटोग्राफ़ी

【航路】 hánglù जहाज़ों के मार्ग: ～图 रूट-चार्ट; मार्गांकन

【航模】 hángmó 航空模型 का संक्षिप्त रूप (जहाज़ का मॉडल

【航母】 hángmǔ 航空母舰 का संक्षिप्त रूप

【航速】 hángsù वायुयान या जलयान का वेग

【航天】 hángtiān अंतरिक्ष उड्डयन; स्पेस फ़्लाइट: ～技术 अंतरिक्ष टेकनालाजी / ～通信 अंतरिक्ष यातायात;अंतरिक्ष संचार (SPACECOM) / ～舱 स्पेस कैप्सूल / ～飞机 अंतरिक्ष विमान; स्पेस शटिल / ～站 स्पेसपोर्ट

【航天服】 hángtiānfú अंतरिक्ष-वस्त्र; स्पेस-सूट

【航天器】 hángtiānqì स्पेस क्राफ़्ट; अंतरिक्ष वाहन

【航图】 hángtú पाइलट का चार्ट; चार्ट

【航务】 hángwù यान-परिवहन मामले

【航线】 hángxiàn लाइन; वायुमार्ग; वायुयान मार्ग; समुद्र-मार्ग; जहाज़ों के मार्ग: 内河～ अंतर्देशीय जहाज़-रानी मार्ग

【航向】 hángxiàng यान चलने की दिशा: 改变～यान चलने की दिशा बदलना

【航行】 hángxíng ❶जहाज़रानी करना; नौचालन करना: ～标志 जहाज़रानी संकेत / 内河～अंतर्देशीय जहाज़रानी / ～权 जहाज़रानी का अधिकार

【航运】 hángyùn नौपरिवहन: ～保险 नौपरिवहन बीमा / ～公司 नौपरिवहन कंपनी

颃（頏）háng दे० 颉颃 xiéháng <लि०> ❶(पक्षी) ऊपर-नीचे उड़ना ❷बराबर होना; प्रतियोगिता में समानता दिखाना

hàng

行 hàng दे० 树行子 shùhàngzi पेड़ों की कतार; छोटा वन

háng; xíng भी दे०

沆 hàng <लि०> पानी का विपुल विस्तार; जल-विस्तार

【沆瀣】 hàngxiè शाम का कोहरा

【沆瀣一气】 hàngxiè-yīqì ❶एक दूसरे के साथ सांठ-गांठ करना; किसी के साथ दलदल में लोटना ❷एक ही प्रकार का होना

巷 hàng सुरंग; एक सिरे पर खुला खान का रास्ता

xiàng भी दे०

【巷道】 hàngdào <खनि०> सुरंग; एक सिरे पर खुला खान का रास्ता: ～掘进机 सुरंग खोदने की मशीन

hāo

蒿 hāo वर्मवुड; आर्टिमिजिया; नागदौन; सरमी

【蒿子】 hāozi वर्मवुड; आर्टिमिज़िया
【蒿子杆儿】 hāozigǎnr क्रॉउन डेज़ी क्रिसैंथिमम

薅 hāo ❶हाथ से (घास आदि) ऊपर खींचना ❷〈बो०〉 घसीटना; ज़ोर से खींचना
【薅草】 hāocǎo घास-फूस निकालकर साफ़ करना; खेत निराना
【薅锄】 hāochú घास-फूस जड़ से निकालने वाली कुदाली

嚆 hāo नीचे दे०
【嚆矢】 hāoshǐ 〈लि०〉 ❶तीर जिसपर सीटी बंधी हो; सीटी वाला तीर ❷अग्रगामी; पूर्वगामी; आगे-आगे चलने वाला

háo

号（號）háo ❶चीखना; चिल्लाना; चीत्कार करना: 号叫 ❷ज़ोर से रोना; गला फाड़कर रोना: 号哭
hào भी दे०
【号叫】 háojiào चीखना; चिल्लाना; चीत्कार करना: 她疼得～起来。वह दर्द के मारे चीख उठी।
【号哭】 háokū रोना-धोना; फूट-फूटकर रोना; ऊंची आवाज़ में रोना: 她～不止。वह ऊंची आवाज़ में रोती रही।
【号丧】 háosāng अंतिम संस्कार में चीखना-चिल्लाना जैसा
【号丧】 háosang 〈बो०〉〈घृणा०〉 रोना: 谁也没打你，你～什么！किसी ने तुम को नहीं मारा, रोते क्यों हो!
【号啕】 háotáo （号咷 háotáo भी） फूट-फूटकर रोना; गला फाड़कर रोना

蚝（蠔） háo आयस्टर; घोंघा
【蚝豉】 háochǐ आयस्टर का सुखाया गया मांस
【蚝油】 háoyóu आयस्टर सौस

毫 háo ❶लंबा पतला बाल: 羊～笔 बकरे के बालों से बना ब्रुश ❷लिखने का ब्रुश: 挥～ कलम(ब्रुश) उठाना; कलम चलाना ❸हाथ से उठाकर तौलने वाली विषय-भुजतुला पर दो-तीन डोरों में से एक; लूप: 头～ पहला लूप / 二～ दूसरा लूप ❹〈क्रि०वि०〉 (निषेध में प्रयुक्त) ज़रा भी न; कुछ भी न; तनिक भी न: ～不踌躇 एक क्षण के लिए भी न रुकना; बिना कुछ सोचे-विचारे; बिना किसी हिचकिचाहट के / ～不动摇 अविचल रूप से / ～不足奇 ज़रा भी आश्चर्य की बात न होना / ～无办法 कोई उपाय या चारा न होना / ～无保留 बिना किसी दुराव-छिपाव के ❺सहस्र-; सहस्रि-: 毫米 / 毫克 ❻हाओ, लंबाई की एक इकाई (1/3 डेसिमिलिमीटर के बराबर) ❼हाओ, भार की एक इकाई (0.005 ग्राम के बराबर) ❽〈बो०〉（角 jiǎo के समान）एक य्वान（元）का दसवां भाग
【毫安】 háo'ān 〈विद्यु०〉 मिलिएम्पियर
【毫巴】 háobā 〈विद्यु०〉 मिलिबार
【毫不利己，专门利人】 háo bù lì jǐ, zhuān-mén lì rén बिना किसी स्वार्थ के दिलोजान से दूसरों की सेवा करना
【毫法】 háofǎ 〈विद्यु०〉 मिलिफ़ैरेड
【毫发】 háofà 〈लि०〉 (प्रायः निषेध में प्रयुक्त) केश; बाल; रोयां: ～发不差 ज़रा सी भी गलती न होना; बिलकुल ठीक होना
【毫伏】 háofú 〈विद्यु०〉 मिलिवोल्ट: ～计 मिलिवोल्ट-मीटर
【毫克】 háokè मिलिग्राम （mg.）
【毫厘】 háolí अतिसूक्ष्म, रत्ती बाल बराबर; ज़रा-सा: ～发不差 ज़रा सी भी गलती न होना; बिलकुल ठीक होना
【毫毛】 háomáo रोम; रोयां; रोआं: 损害不了一根～ बाल बांका न करना या होना
【毫米】 háomǐ मिलिमीटर （mm.）
【毫秒】 háomiǎo मिलिसेकेण्ड
【毫末】 háomò 〈लि०〉 बाल या रोयें का सिरा —— अतिसूक्ष्म वस्तु: ～之差 अत्यल्प अंतर
【毫升】 háoshēng मिलिलीटर（ml.）
【毫无二致】 háowú-èrzhì अत्यल्प अंतर न होना; बिलकुल एक ही होना: 在这一点上他俩～。इस बात पर वे दोनों बिलकुल एक से हैं।
【毫洋】 háoyáng 〈पुराना〉 पूर्व में क्वांगतोंग और क्वांगशी प्रांतों में प्रचलित मूल मौद्रिक इकाई, हाओयांग
【毫针】 háozhēn अक्यूपंक्चर में सूत्राकार सूई; अक्यू-पंक्चर सूई
【毫子】 háozi ❶〈पुराना〉 पूर्व में क्वांगतोंग और क्वांगशी प्रांतों में प्रयुक्त एक च्याओ（角）, दो च्याओ और पांच च्याओ के चांदी के सिक्के ❷हाओ, एक मौद्रिक इकाई

嗥（嘷） háo (सियार, भेड़िये आदि का) ज़ोर से बोलना; गुर्राना: 狗～ कुत्ते का भौंकना / 狼～ भेड़िये का गुर्राना
【嗥叫】 háojiào (सियार, भेड़िये आदि का) ज़ोर से बोलना; गुर्राना

貉 háo (इसका अर्थ 貉 hé के समान है, केवल निम्नलिखित शब्दों में प्रयुक्त)
hé; mò भी दे०
【貉绒】 háoróng रैकून डॉग फ़र
【貉子】 háozi रैकून डॉग; रैकून कुत्ता

豪 háo ❶विशेष कार्यक्षमता (शक्ति) या गुण वाला व्यक्ति: 文～ महान लेखक ❷साहसी और निस्संकोच; निर्भीक: 豪迈 ❸धनवान और प्रभावशाली: 豪富/豪门 ❹निरंकुश; स्वेच्छाचारी; अत्याचारी: 土～劣绅 स्थानीय निरंकुश और बिगड़ा शरीफ़ज़ादा / 豪强
【豪赌】 háodǔ एकबारगी में बहुत ज़्यादा दांव लगाकर जुआ खेलना
【豪放】 háofàng ❶साहसी और निस्संकोच; असंयत:

性情～ विशाल हृदय और निस्संकोच स्वभाव का (व्यक्ति) ❷बलवान और स्वतंत्र: 文笔～सशक्त और स्वतंत्र लेखन-शैली

【豪富】 háofù ❶धनवान और प्रभावशाली ❷धनी और प्रभावशाली (व्यक्ति)

【豪横】 háoheng निरंकुश; स्वेच्छाचारी; अत्याचारी

【豪华】 háohuá वैभवपूर्ण; आडंबरपूर्ण; शानदार; ठाट-बाट का: ～的生活 विलासिता का जीवन; विलासी जीवन / ～的饭店 शानदार होटल / ～型汽车 कार का शानदार मॉडल

【豪杰】 háojié वीर; असाधारण योग्यता वाला व्यक्ति: 深山密林中的 ～ पर्वत पर घने जंगलों में छिपे वीर

【豪举】 háojǔ ❶वीरतापूर्ण आचरण ❷दानशील आचरण

【豪客】 háokè डाकू; दस्यु; डकैत; लुटेरा

【豪迈】 háomài साहसी और उदार; वीर; पराक्रमी; विशालहृदय: ～的誓言 वीरोचित वचन

【豪门】 háomén प्रभावशाली घराना: ～势力 प्रभावशाली घराने की शक्ति

【豪奴】 háonú शक्तिशाली परिवार का नौकर जो अपने मालिक की ताकत का लाभ उठाकर जनता को दुःख देता है

【豪气】 háoqì वीरतापूर्ण आचरण; वीरता; पराक्रम

【豪强】 háoqiáng ❶निरंकुश; स्वेच्छाचारी; अत्याचारी: ～势力 स्थानीय निरंकुश शासक ❷निरंकुश शासक; स्वेच्छाचारी शासक; अत्याचारी; ज़ालिम

【豪情】 háoqíng उच्च मनोभाव: ～满怀 उच्च मनोभाव से भरा होना / ～壮志 उच्च मनोभावनाएं और महत्वाकांक्षाएं

【豪商】 háoshāng धनी और शक्तिशाली व्यापारी

【豪绅】 háoshēn स्थानीय निरंकुश तत्व और बुरे शरीफ़ज़ादे

【豪爽】 háoshuǎng उदार; उल्लास; उदारात्मा

【豪侠】 háoxiá ❶वीर; साहसी; दिलेर; शूर; प्रतापी ❷वीर व्यक्ति; वीर; बहादुर

【豪兴】 háoxìng आनंद; उल्लास; खुशी; प्रबल रुचि; गहरी दिलचस्पी: ～不减 किसी की गहरी दिलचस्पी अब भी कम न होना

【豪言壮语】 háoyán-zhuàngyǔ साहसिक कथन या बातें; गर्वोक्ति

【豪饮】 háoyǐn जी भरकर शराब पीना

【豪雨】 háoyǔ मूसलाधार पानी (बरसना)

【豪语】 háoyǔ शेखी बघारना

【豪宅】 háozhái विलास-गृह

【豪猪】 háozhū साही; शल्यकंठ; शल्यकी

【豪壮】 háozhuàng महान और वीरतापूर्ण: ～的事业 महान और वीरतापूर्ण कार्य

【豪族】 háozú धनवान और प्रभावशाली कुल

壕 háo ❶परिखा; नगर के बाहर की नहर: 城～ नगर की परिखा; नगर के बाहर की नहर ❷खाई: 战～ खंदक / 多层外～ खंदकों की अनेक पंक्तियां

【壕沟】 háogōu 〈सैन्य०〉 खाई; खंदक

【壕堑】 háoqiàn 〈सैन्य०〉 खंदक

嚎 háo ❶चीखना; चिल्लाना; चीत्कार करना: 她一路只是～。रास्ते भर वह चीखती रही। ❷दे० 号 háo❷: 嚎啕

【嚎啕】 háotáo (嚎咷 háotáo भी) दे० 号啕 háotáo

濠 háo नगर के बाहर की नहर; खाई: 城～ नगर के बाहर की नहर; खाई

hǎo

好 hǎo ❶अच्छा; बढ़िया; भला: ～书 अच्छी किताब / ～办法 अच्छा उपाय; अच्छा तरीका / 很～बहुत अच्छा ❷〈क्रि०वि०〉 (क्रिया के पहले प्रयुक्त) (में) अच्छा लगना; आसानी से: ～吃 खाने में अच्छा लगना; स्वादिष्ट / ～卖 आसानी से बेच सकना ❸मैत्रीपूर्ण; ऐक्य-पूर्ण: ～朋友 अच्छा मित्र / 友～ मैत्री; मित्रता ❹(स्वास्थ्य) अच्छा होना; (बीमारी) ठीक होना: 他身体～。उसका स्वास्थ्य अच्छा है। / 我的病～了。मेरी बीमारी ठीक हो गयी। ❺(क्रिया के बाद आकर क्रिया की समाप्ति या संतोषजनक समाप्ति का बोध कराता है): 书买～了。किताब खरीद ली गयी है। / 信写～了。चिट्ठी लिख ली गयी है। ❻तैयार होना: 烙饼～了。रोटी तैयार है। ❼〈विस्मय०〉 (वाक्य के आरंभ में आकर सहमति, अस्वीकृति, समाप्ति आदि का बोध कराता है): ～, 就这么办。अच्छा, ऐसा ही करें। / ～了, 不要再说了。अच्छा, बहुत हो चुका, चुप रहो। ❽ताकि; इसलिये कि: 请您告诉我他住在什么地方, 我～去找他。मुझे बताइये कि वह कहां रहता है, ताकि मैं उससे मिलने जा सकूं। ❾〈बो०〉 चाहिए; सकना: 我～出去吗? क्या मैं बाहर जा सकता हूं? / 已经晚了, 你～来了。देर हो गयी है, तुम्हें आना चाहिए। ❿〈क्रि०वि०〉 (अनिश्चित संख्या के पहले प्रयुक्त) काफ़ी संख्या में: ～几个 काफ़ी संख्या में / ～几天 कुछ ही दिन ⓫〈क्रि०वि०〉 (विशेषण के पहले प्रयुक्त और विस्मय के स्वर में उच्चारित) बहुत; कितना; कैसा: ～热 बहुत गरमी / ～漂亮 कितना सुन्दर / ～香! क्या महक रहा है! / ～大的风! कैसी तेज़ हवा है! ⓬〈क्रि०वि०〉 (विशेषण के पहले आकर 多 के समान प्रयुक्त) कितना: 你家离这里～远? तुम्हारा घर यहां से कितनी दूर है?

hào भी दे०

【好办】 hǎobàn आसानी से कर सकना: 这事～办。यह काम आसानी से किया जा सकता है।

【好比】 hǎobǐ मानो; जैसा: 长江水涨, ～汪洋大海。यांत्सी नदी बढ़ी हुई है, जैसे समुद्र हो।

【好不】 hǎobù 〈क्रि०वि०〉 बहुत; बड़ा; कितना: ～高兴 बहुत खुश; बड़ी प्रसन्नता (से) / ～容易 (好容易 भी) बड़ी कठिनाई से

【好处】 hǎochù ❶लाभ; फ़ायदा; हित; सुविधा: 吸烟

对身体没有～。सिग्रेट पीने से स्वास्थ्य को कोई लाभ नहीं होता। ❷प्राप्ति; कमाई; लाभ; मुनाफ़ा: 他从这里没有得到任何～。इससे उसे कोई प्राप्ति नहीं हुई।

【好处费】 hǎochùfèi किसी व्यक्ति को कोई काम कराने के लिये दी गयी अतिरिक्त फ़ीस; पिकिंग्स, ऊपरी दाम

【好歹】 hǎodǎi ❶भलाई-बुराई: 这人不知～。यह आदमी भला-बुरा कुछ नहीं जानता। ❷दुर्घटना; अनर्थ; मुसीबत; आफ़त; संकट: 万一他有个～，这可怎么办? अगर उसे कोई संकट हो तो क्या करें? ❸<क्रि० वि०> जो भी हो; जैसे भी हो: 来不及了，～吃点儿就得了。देर हो गयी। जो भी हो, हम कुछ न कुछ खा लेंगे। ❹किसी भी हालत में; किसी तरह: 你～要给我个工作做。तुम किसी भी हालत में मुझे कोई काम करने को दो।

【好端端】 hǎoduānduān सामान्य स्थिति में; जब सारी स्थितियां ठीक हों: 他～的怎么生起气来了。वह अच्छी हालत में था, नाराज़ क्यों होने लगा?

【好多】 hǎoduō ❶बहुत अधिक; बहुत ज़्यादा: ～书 बहुत ज़्यादा किताबें /～人 बहुत से लोग ❷<बो०> कितना: 今天来开会的人有～? आज की सभा में कितने लोग आये?

【好感】 hǎogǎn मन पर अच्छा प्रभाव: 产生～ मन पर अच्छा प्रभाव पड़ना

【好钢用在刀刃上】 hǎo gāng yòng zài dāorèn shàng चाकू की धार बनाने में अच्छे इस्पात का प्रयोग करना —— किसी पदार्थ का उसकी आवश्यक जगह पर सही प्रयोग करना

【好过】 hǎoguò ❶जीवन में कम कठिनाई होना; आसानी से दिन बिताना: 近来他家的日子比以前～多了。अब उसके पारिवारिक जीवन की कठिनाइयां पहले से बहुत कम हो गयी हैं। ❷अच्छा लगना; अच्छा महसूस करना: 他吃了药以后觉得肚子～一点儿了。दवा खाने के बाद उसे पेट ज़रा अच्छा महसूस हुआ।

【好汉】 hǎohàn वीर; बहादुर; तीस मार खां

【好汉不吃眼前亏】 hǎohàn bù chī yǎnqián kuī बुद्धिमान लोग ऐसे समय नहीं लड़ते जब स्थिति उनके स्पष्टतः प्रतिकूल हो

【好汉不提当年勇】 hǎohàn bù tí dāngnián yǒng वीर लोग अपने अतीत की चर्चा नहीं करते

【好汉做事好汉当】 hǎohàn zuòshì hǎohàn dāng सच्चे आदमी को अपने किये का परिणाम स्वीकार करने का साहस होता है

【好好儿】 hǎohāor ❶बिलकुल सामान्य स्थिति में: ～的一本书，叫他给弄坏了。उसने वह अच्छी किताब बिलकुल खराब कर दी। ❷यथाशक्ति; जी भर कर; धीरज से: 我真的得～谢谢他们。मुझे उन लोगों को सचमुच धन्यवाद देना चाहिए। /你们～玩吧。तुम लोग अच्छी तरह खेलो। / 你～劝劝他。तुम उसको धीरज से समझाओ। /～干。खूब जी लगाकर काम करो।

【好好先生】 hǎohǎo xiānsheng वह जो किसी दूसरे का विरोध करने का प्रयत्न न करता हो; अच्छे स्वभाव वाला

【好好学习，天天向上】 hǎohǎo xuéxí, tiāntiān xiàng shàng अच्छी तरह सीखो-पढ़ो और हर रोज़ आगे बढ़ते रहो

【好话】 hǎohuà ❶हितकर बात; नेक बात: 当领导的～坏话都要听。नेताओं को नेक और बद दोनों प्रकार की बातें सुननी चाहिए। ❷प्रशंसा की बात; बात जो सुनने में प्रिय लगती हो: ～说尽，坏事做绝。कहता है प्रशंसा की हर बात, करता है हानिकर काम; कथनी मीठी, करनी कड़ुई बुरी।

【好几】 hǎojǐ ❶(पूर्ण संख्या के बाद आकर 'उसके अतिरिक्त कई और' का बोध कराता है): 他年已六十～了。उसकी उम्र साठ से कई साल ऊपर है। ❷(संख्या और परिमाणबोधक शब्द के पहले आकर अधिकता का बोध कराता है): ～本书 कई एक किताबें / 他来这里已经～年了。उसे यहां आए कई एक साल हो चुके हैं। / 那天来了～百人。उस दिन कई सौ आदमी आये थे।

【好家伙】 hǎojiāhuo <विस्मय०> हे, भगवान: ～，他们一天竟走了五十公里! ओहो, वे एक दिन में पचास किलोमीटर चले!

【好景不常】 hǎojǐng-bùcháng चार दिन की चांदनी फिर अंधेरी रात; खुशहाली सदा नहीं रहती

【好久】 hǎojiǔ लंबा समय; लंबा अरसा; अरसा: ～以前 कुछ अरसे पहले /～没见了。बहुत दिनों से नहीं मिले।

【好看】 hǎokàn ❶सुन्दर; आकर्षक: 这花布很～。यह छींट बहुत सुन्दर है। ❷दिलचस्प: 这小说很～。यह उपन्यास बहुत मनोरंजक है। ❸शोभा देना; शोभा बढ़ाना: 我儿子立大功，我脸上也～。मेरे पुत्र ने विशेष योग्यता पायी है, यह मुझे भी शोभा देता है। ❹किसी व्यक्ति को मुश्किल में डालना; घबरा देना; उल्लू बनाना: 我不会跳舞，可他让我跳舞，他是要我～啊。मुझे नाचना नहीं आता, लेकिन उसने मुझसे कहा कि नाचो, वह मुझे उल्लू बनाना चाहता था।

【好赖】 hǎolài दे० 好歹❶❸❹

【好了疮疤忘了疼】 hǎo le chuāngbā wàng le téng घाव ठीक होने पर पीड़ा भूल जाना —— पीड़ा से मुक्त होने पर कष्ट भरा अतीत भूल जाना

【好脸】 hǎoliǎn (बहुधा नकारात्मक अर्थ में प्रयुक्त) मुस्कराता चेहरा; चेहरे पर मुस्कान दिखाना: 我跟他说借我几个卢比，他一听马上就没有～给我看了。मैंने उससे कहा कि मुझे कुछ रुपये उधार दो। यह सुनते ही उसका मुस्कराता चेहरा लटक गया।

【好男不跟女斗】 hǎonán bù gēn nǚ dòu सज्जन स्त्रियों के साथ नहीं लड़ते-झगड़ते

【好评】 hǎopíng अच्छी समीक्षा; अच्छा मूल्यांकन: 博得读者～ पाठकों से अच्छी समीक्षा प्राप्त होना

【好气儿】 hǎoqìr <बोल०> (बहुधा निषेधात्मक अर्थ में प्रयुक्त) अच्छा स्वभाव; अच्छा रुख; अच्छा रवैया: 看见儿子赌钱，老头就没有～。बूढ़े ने जब अपने पुत्र को जुआ खेलते देखा तो उसे बहुत गुस्सा आया।

【好儿】 hǎor <बोल०> ❶कृपा; अनुग्रह: 我们不应该忘记他对我们的～。हमें उनकी कृपा नहीं भूलनी चाहिए। ❷हित; लाभ; फ़ायदा: 这对你没有什么～。

इससे तुम्हारा कोई फ़ायदा नहीं होगा। ❸सद्भावना; मंगल कामना: 见着你父亲母亲，给我带个～。जब अपने माता-पिता से मिले, तो मेरा नमस्कार कहिएगा।

【好人】 hǎorén ❶नेक आदमी; भला आदमी: ～好事 नेक आदमी और नेक काम; सत्पुरुष और सत्कर्म / 把坏人变成～ बद को नेक बनाना / 陷害～ बेगुनाह लोगों पर झूठा आरोप लगाना ❷स्वस्थ व्यक्ति; नीरोग व्यक्ति ❸भोला-भाला और सिद्धांतहीन व्यक्ति

【好人家】 hǎorénjiā ❶अच्छा परिवार; आदरणीय परिवार ❷आदरणीय परिवार की स्त्री; आदरणीय स्त्री ❸〈बो०〉 धनी परिवार; समृद्ध परिवार

【好日子】 hǎorìzi ❶अच्छा दिन; शुभ दिन; मंगल दिन ❷विवाह का दिन: 哪天是他们的～？ कौन-सा दिन उनके विवाह का दिन है? ❸सुखमय जीवन: 过～ सुखमय जीवन बिताना

【好容易】 hǎoróngyì बहुत (या बड़ी) कठिनाई से: 他～才点清了钱。उसने जैसे-तैसे रकम गिनी।

【好生】 hǎoshēng 〈बो०〉 ❶〈क्रि०वि०〉 बहुत; बिलकुल: ～不快 बहुत नाराज़ होना / ～奇怪 बहुत ताज्जुब होना ❷अच्छी तरह: ～工作 कुशलता से काम करना

【好声好气】 hǎoshēng-hǎoqì 〈बोल०〉 शिष्टाचार से; सद्व्यवहार से: 他说话总是～的。वह सदा शिष्टचार से बोलता है।

【好事】 hǎoshì ❶अच्छी बात; अच्छा काम; हितकर बात: 好人～सत्पुरुष और सत्कर्म ❷दया-धर्म का काम ❸〈लि०〉 खुशी की बात

hàoshì भी दे०

【好事多磨】 hǎoshì-duōmó प्रसन्नता की ओर जाने वाले रास्ते पर बाधाएं बिखरी होती हैं; सच्चे प्रेम का मार्ग कभी सुगम नहीं रहा

【好手】 hǎoshǒu अच्छा हाथ; माहिर; सिद्धहस्त; पारंगत: 烹调～भोजन बनाने में माहिर

【好受】 hǎoshòu पहले से अच्छा लगना; पहले से आराम लगना: 吃药以后他～多了。दवा खाने के बाद उसे पहले से कहीं अच्छा महसूस हुआ।

【好说】 hǎoshuō ❶〈शिष्ट०〉 (प्रशंसा या धन्यवाद के उत्तर में प्रयुक्त): ～，～，您太夸奖了。वाह, आपने खूब तारीफ़ की, पर मैं इसके लायक नहीं हूं। ❷कोई समस्या न होना; कोई सवाल न होना: 关于时间的问题，～。जहां तक समय की बात है, यह कोई सवाल नहीं है।

【好说歹说】 hǎoshuō-dǎishuō किसी व्यक्ति को विश्वास दिलाने के लिये हर संभव उपाय काम में लाना: 我～他才答应了。मैंने हर संभव उपाय से समझाया और अंत में वह सहमत हो ही गया।

【好说话儿】 hǎo shuōhuàr अच्छे स्वभाव वाला; अच्छे मिज़ाज वाला: 他～，你去求他吧。वह बहुत अच्छे स्वभाव का है, जाकर उससे प्रार्थना करो।

【好死不如赖活】 hǎosǐ bù rú làihuó अच्छी मौत से दुखमय जीवन भला

【好似】 hǎosì 〈क्रि०वि०〉 दिखाई देना; लगना; के समान होना; एक-सा होना

【好天儿】 hǎotiānr अच्छा मौसम: 今天是～。आज मौसम अच्छा है।

【好听】 hǎotīng सुनने में अच्छा या प्रिय लगना: 他唱得～。उसका गायन कर्णप्रिय था। / 他说得～，且看行动如何。उसकी कथनी तो अच्छी है, देखें, करनी कैसी होगी।

【好玩儿】 hǎowánr दिलचस्प; मज़ेदार; रोचक: 天坛很～。स्वर्ग-मंदिर एक बहुत आनंददायी स्थान है।

【好闻】 hǎowén सूंघने में अच्छा लगना; सुगंधित होना: 玫瑰花很～。गुलाब का फूल सूंघने में अच्छा लगता है।

【好戏】 hǎoxì ❶अच्छा नाटक; अच्छा ऑपेरा ❷तमाशा (व्यंग्य में प्रयुक्त): 等着瞧吧，后头还有～呢！ठहरो और देखो, आगे और तमाशा है!

【好像】 hǎoxiàng ❶〈क्रि०वि०〉 दिखाई देना; लगना; के समान होना: 天～要下雨。लगता है, पानी बरसेगा। / 这个人他～有点面熟。उसे यह आदमी कुछ पहचाना-सा लग रहा है। ❷〈संयो०〉 मानो; जैसे: 火车开得很快，～在飞似的。गाड़ी ऐसे दौड़ती जैसे हवा में उड़ रही हो। / 他雕塑的木像，～会说话似的。उसके द्वारा बनाई गई मूर्तियां ऐसी लग रही थीं, मानो अभी बोल देंगी।

【好笑】 hǎoxiào हास्यजनक; हास्यास्पद; हंसी के योग्य; हास्योत्पादक: 这不是什么～的事。यह कोई हंसी की बात नहीं है। / 他又好气又～。उसे बहुत गुस्सा आया और हंसी भी।

【好些个】 hǎoxiēge (好些 भी) बहुत; अनेक; कई: ～人 बहुत से लोग या आदमी / 他有～钱。उसके पास बहुत रुपये या पैसे हैं।

【好心】 hǎoxīn नेकदिल: ～人 नेकदिल व्यक्ति; अच्छी नीयत वाला आदमी

【好心肠】 hǎoxīncháng नेकदिली; दयालुता: 对某人怀有～ किसी व्यक्ति के प्रति दया बरतना

【好心当作驴肝肺】 hǎoxīn dāngzuò lǘgānfèi किसी व्यक्ति की अच्छी नीयत को बुरी समझना

【好心眼儿】 hǎoxīnyǎnr नेक नीयत; विशालहृदय महानुभाव: 有～的人 विशालहृदय व्यक्ति

【好性儿】 hǎoxìngr अच्छा स्वभाव; अच्छा मिज़ाज

【好样儿的】 hǎoyàngrde गज़ब का: 你们都是～！तुम सभी बड़े गज़ब के हो!

【好一个】 hǎoyīge (好个 भी) कितना अच्छा … है (प्रशंसा, निन्दा, व्यंग आदि में प्रयुक्त): ～守门员！कितना अच्छा गोलकीपर है यह! / ～正人君子！वाह, कैसा अच्छा इमानदार आदमी है! (व्यंग्य में)

【好意】 hǎoyì हितेच्छा; सदिच्छा; शुभेच्छा: 谢谢您的～。आपकी शुभेच्छा का धन्यवाद।

【好意思】 hǎoyìsi किसी व्यक्ति का निर्लज्जता से कोई काम कर सकना: 他请我吃饭，我～不去吗？उन्होंने मुझे दावत के लिये निमंत्रण दिया, मैं ढीठ हो कर उनसे इनकार कैसे कर सकता हूं? / 他做了这种事，还～说吗？उसने ऐसा बुरा काम किया, क्या वह निर्लज्जता से हमें यह बता सकता है?

【好预兆】 hǎo yùzhào शुभ लक्षण

【好在】 hǎozài <क्रि०वि०> सौभाग्य से; भाग्य से; सौभाग्यवश; सौभाग्य की बात है: ～他的伤势并不严重。सौभाग्य से उसका घाव गंभीर नहीं है।

【好转】 hǎozhuǎn अनुकूल मोड़ आना; बेहतर बनाना; सुधारना: 形势稍为～स्थिति में थोड़ा भी अनुकूल मोड़ आना / 力争时局～स्थिति को बेहतर बनाने का प्रयास करना

【好自为之】 hǎozìwéizhī अच्छी तरह काम करना; स्वयं समुचित रूप से काम निबटा लेना: 机会难得，望～。ऐसा सुअवसर दुर्लभ है। आशा है तुम स्वयं समुचित रूप से काम निबटा लोगे।

【好走】 hǎozǒu <बो०> नमस्कार (बिदा देते समय प्रयुक्त)

郝 Hǎo एक कुलनाम

hào

号[1] (號) hào ❶नाम: 国～ शासक राजवंश की उपाधि / 绰～ चलतू नाम; चिढ़ाने का नाम; उपनाम ❷दूसरा नाम; उपनाम; लेखकों द्वारा प्रयुक्त नाम: 他～叫月亭。उसका दूसरा नाम चंद्र-मंडप है। /他～称"冲天大将军"。वह 'सारी दुनिया में तहलका मचा देने वाला सेनापति' कहलाया। ❸दुकान: 分～ (दुकान की) शाखा / 商～<पुराना> दुकान ❹निशान; चिन्ह; लक्षण; सिगनल; संकेत: 句～पूर्ण-विराम चिन्ह / 问～ प्रश्न-चिन्ह / 暗～ गुप्त सिगनल; सामरिक संकेत या शब्द; सैनिक पहरे की पहचान के विशेष शब्द ❺क्रम; नंबर: 三～楼 इमारत नं० तीन ❻आकार: 大～ बड़ा आकार / 小～ छोटा आकार ❼ (खास व्यक्तियों के लिये प्रयुक्त): 病～रोगी; मरीज़ / 伤～घायल (सैनिक) ❽तिथि; तारीख: 今天几～? आज क्या तारीख़ है ? /今天五～。आज पांच तारीख़ है। ❾<परि०श०> ①(मज़दूरों के लिये): 今天有五十多～人在干活。आज पचास से अधिक मज़दूर काम कर रहे हैं। ②(सौदे के लिये): 今天做了好几～买卖。आज अनेक सौदे पटाये गये। ③प्रकार; किस्म: 这～人不要跟他说话。ऐसे आदमी से बात मत करो। ❿ (नंबर डालना; निशान लगाना: 你把这些书都～一～。इन किताबों पर नंबर डाल लें। ⓫(नाड़ी) टटोलना; (नब्ज़) देखना: 号脉

号[2] (號) hào ❶आज्ञा; हुक्म; आदेश: 发～施令 आदेश जारी करना; हुक्म चलाना ❷पीतल का कोई भी वात-वाद्य: 军～ बिगुल; तुरही ❸तुरही के काम आने वाली वस्तु: 螺～ (बजाया जाने वाला) शंख ❹बिगुल से किया जाने वाला आह्वान: 起床～ (नींद से) जगाने के लिये बजने वाला बिगुल
háo भी दे०

【号兵】 hàobīng बिगुलची; बिगुल बजाने वाला सैनिक

【号称】 hàochēng ❶कहलाना: ～"左"倾的人们 तथाकथित 'वामपंथी' लोग ❷कहना; दावा करना: ～八十万大军 आठ लाख सैनिकों वाली सेना कहलाती थी; आठ लाख की सेना होने का दावा

【号灯】 hàodēng सिगनल लैंप

【号房】 hàofáng ❶द्वारपाल का कमरा ❷द्वारपाल

【号鼓】 hàogǔ नगाड़ा

【号角】 hàojiǎo बिगुल; तुरही: 吹响～बिगुल बजाना

【号坎儿】 hàokǎnr <पुराना> कुलियों द्वारा पहनी जाने वाली नंबर लिखी बिना बांह की कमीज़

【号令】 hàolìng मौखिक आदेश; अलिखित आज्ञा; हुक्म: ～一出，谁敢不依? एक बार हुक्म हो गया, फिर किस की हिम्मत, जो न माने ?

【号码】 hàomǎ नंबर: 电话～ टेलीफ़ोन नंबर / 电话～盘 डायल / ～机 नंबरिंग मशीन

【号脉】 hàomài नब्ज़ देखना

【号牌】 hàopái नंबरप्लेट

【号炮】 hàopào सिगनल गन

【号手】 hàoshǒu बिगुलची; तूर्यवादक

【号头】 hàotóu ❶नंबर ❷<बो०> महीने का कोई विशेष दिन

【号外】 hàowài (समाचारपत्र का) अतिरिक्त अंक

【号衣】 hàoyī <पुराना> (सैनिक आदि की) वर्दी

【号召】 hàozhào आह्वान करना; आवाहन करना: / ～全国人民 पूरे देश की जनता का आह्वान (या आवाहन) करना / 发出～आवाहन जारी करना / 接受～आवाहन स्वीकार करना / ～书 अपील

【号志灯】 hàozhìdēng लाल सिगनल लालटेन

【号子】[1] hàozi ❶<बो०> निशान; लक्षण; संकेत ❷जेल; जेलख़ाना

【号子】[2] hàozi श्रमगीत जो काम के दौरान मज़दूरों द्वारा इस तरह गाया जाये कि उसकी लय और उनके काम की गति में तालबंदी हो, आम तौर पर एक मज़दूर की आवाज़ पर अन्यों द्वारा आवाज़ मिलाने से तैयार गीत। जैसे: 'ज़ोर लगा के हइय्या…'

好 hào ❶पसंद करना; चाहना: ～说话 बात करना पसंद होना; बोलना पसंद होना / 好学/好战 ❷अकसर आसानी से (घटित होना, पैदा होना आदि): ～伤风 आसानी से सर्दी लगना / ～晕车 कार या बस आदि में यात्रा करते समय मतली और कै आना
hǎo भी दे०

【好吃懒做】 hàochī-lǎnzuò खाने में आगे और काम में पीछे रहना

【好大喜功】 hàodà-xǐgōng महानता और सफलता के लिये उत्कट अभिलाषा होना

【好高务远】 hàogāo-wùyuǎn (好高骛远 hào-gāo-wùyuǎn भी) सामर्थ्य से बाहर बहुत ऊंचा लक्ष्य साधना

【好喝懒做】 hàohē-lǎnzuò नशे-पानी की आदत होना पर अव्वल दर्जे का काहिल होना

【好客】 hàokè आतिथ्य; सत्कारशील; मेहमानबाज़: 他热情～。वह अच्छे स्वभाव का और बड़ा मेहमान नवाज़ है।

【好奇】 hàoqí जानने की प्रबल इच्छा होना; कुतूहल से भरा होना: 这孩子很～。यह बच्चा बहुत जिज्ञासु है। / ～心 कौतूहल; जिज्ञासा
【好强】 hàoqiáng हर काम में अच्छा करने की इच्छा रखने वाला
【好色】 hàosè कामुकता; विषयवासना; आशिकी: ～之徒 कामी; कामुक; विषयी
【好尚】 hàoshàng पसंद करना और रुचि रखना
【好胜】 hàoshèng हर काम में दूसरों से आगे बढ़ना पसंद होना
【好事】 hàoshì दस्तंदाज़; टांग अड़ाने वाला: ～者 टांग अड़ाने वाला व्यक्ति
hǎoshì भी दे०
【好为人师】 hàowéirénshī जनता को व्याख्यान झाड़ना
【好恶】 hàowù पसंद और नापसंद; पसंद और घृणा: 人各有～。प्रत्येक व्यक्ति की अपनी-अपनी रुचि और अरुचि होती है।
【好学】 hàoxué अध्ययन पर आसक्त होना: ～不倦 अथक रूप से अध्ययन करना
【好逸恶劳】 hàoyì-wùláo आराम करना पसंद करना और काम करना नापसंद करना
【好战】 hàozhàn युद्धप्रिय; लड़ाकू; झगड़ालू: ～成性 युद्धप्रिय प्रकृति / 孤立～分子 जंगबाज़ तत्वों को अलगाव की स्थिति में डाल देना
【好整以暇】 hàozhěngyǐxiá व्यस्त होने पर भी शांत चित्त से अत्यावश्यक मामले निबटाना

昊 hào <लि०> ❶विशाल और सीमाहीन ❷आकाश; स्वर्ग

耗[1] hào ❶खपाना; खर्च करना; व्यय करना: 耗费 ❷समय बरबाद करना; वक्त गंवाना: 别～着了，走吧。देर मत करो, चलो।

耗[2] hào बुरा समाचार; बुरी ख़बर; बुरी सूचना: 噩～ प्रिय जन की मृत्यु का शोक समाचार
【耗电量】 hàodiànliàng बिजली की खपत
【耗费】 hàofèi खपाना; खर्च करना; व्यय करना: ～时间 समय बरबाद करना; वक्त गंवाना
【耗竭】 hàojié बिलकुल समाप्त कर देना; पूरी तरह इस्तेमाल कर डालना: ～人力 जन-शक्ति की खपत करना
【耗尽】 hàojìn बिलकुल समाप्त करना; सब कुछ इस्तेमाल कर लेना: ～体力 अपनी शक्तियों को पूरा का पूरा खर्च कर डालना
【耗能】 hàonéng शक्ति की खपत करना
【耗损】 hàosǔn खपाना; बेकार करना; गंवाना: 减少玻璃在运输中的～ परिवहन में शीशों की तोड़-फोड़ घटाना या कम करना
【耗资】 hàozī (बड़ी धनराशि) लागत आना: ～数十万 इस में लाखों य्वान की लागत आयी।
【耗子】 hàozi चूहा; चुहिया ; ～药 चूहे मारने की दवा

浩 hào ❶विशाल; महान; बहुत बड़ा; अति विस्तृत: 浩繁/浩劫 ❷बहुत अधिक; बहुत ज़्यादा: 浩博
【浩博】 hàobó बहुत अधिक; समृद्ध; सम्पन्न
【浩大】 hàodà विशाल; बहुत बड़ा: 声势～प्रभाव ज़बर्दस्त होना /工程～योजना बहुत बड़ी होना
【浩荡】 hàodàng विशाल और प्रबल: 东风～पुरवा बड़ी तेज़ी से चलती है।
【浩繁】 hàofán विशाल और बहुत अधिक: ～的开支 बड़ा भारी व्यय (या खर्च)
【浩瀚】 hàohàn <लि०> विशाल: ～的大海 असीम समुद्र /～的沙漠 विस्तृत मरुभूमि
【浩浩荡荡】 hàohào-dàngdàng विशाल; लंबी पांतों में लहरों की तरह आगे बढ़ते हुए: ～的革命大军 विशाल महान क्रांतिकारी सेना
【浩劫】 hàojié सर्वनाश; महाविध्वंस; घोर विपत्ति; तबाही: 空前～ अभूतपूर्व महाविध्वंस; अपूर्व तबाही
【浩茫】 hàománg <लि०> विशाल; विस्तृत; विपुल; असीम: ～的大地 विस्तृत भूमि
【浩淼】 hàomiǎo （浩渺 भी）(पानी) विशाल; असीम; विस्तृत: 烟波～ लहराता हुआ पानी; कोहरे से ढंका विस्तृत पानी
【浩渺】 hàomiǎo 浩淼 के समान
【浩气】 hàoqì अत्युत्तम मनोभाव: ～长存 उदात्त भावना अमर रहना
【浩然之气】 hàoránzhīqì अत्युत्तम मनोभाव; नैतिक शक्ति
【浩如烟海】 hàorúyānhǎi खुले समुद्र की भांति विशाल —— (साहित्य, सामग्री आदि) बहुत समृद्ध
【浩叹】 hàotàn ज़ोर-ज़ोर से आह भरना
【浩特】 hàotè मंगोलियाई भाषा में 'गांव' या 'शहर', जैसे 呼和～हूह-होथ (हरा भरा शहर, भीतरी मंगोलिया स्वायत्त प्रदेश की राजधानी)

淏 hào <लि०> (पानी) स्वच्छ

皓 （皜） hào ❶श्वेत; सफ़ेद: 皓齿 / 皓首 ❷चमकता हुआ; चमकदार; दीप्तिमान् ; प्रकाशमान्: 皓月
【皓白】 hàobái श्वेत; सफ़ेद; शुद्ध श्वेत
【皓齿】 hàochǐ मोती-से सफ़ेद दांत
【皓首】 hàoshǒu <लि०> श्वेत केश; पके हुए केश; पलित केश: ～穷经 वृद्धावस्था में भी शास्त्रों का अध्ययन करना
【皓月】 hàoyuè दीप्तिमान चन्द्र
【皓月当空】 hàoyuè-dāngkōng आकाश में दीप्तिमान् चन्द्रमा चमक रहा है

鄗 Hào एक प्राचीन काउन्टी (वर्तमान हपेइ प्रान्त के पाएश्यांग 柏乡 के उत्तर में)

滈 Hào एक प्राचीन नदी (वर्तमान शेनशी 陕西 प्रान्त के छांगआन 长安 में)

暠 hào 〈लि०〉 皓 hào के समान
gǎo भी दे०

镐（鎬） Hào चओ （周）राजवंश की आरंभिक राजधानी (वर्तमान शेनशी 陕西 प्रान्त के शीआन 西安 नगर के दक्षिण-पश्चिम में)
gǎo भी दे०

皞 hào 〈लि०〉 प्रकाशमान् ; दीप्तिमान् ; चमकदार

澔 hào 〈लि०〉 皓 hào के समान

颢（顥） hào 〈लि०〉 सफ़ेद और चमकदार

灏（灝） hào 〈लि०〉 ❶浩 hào के समान ❷皓 hào के समान

hē

诃[1]（訶） hē 呵 hē के समान

诃[2]（訶） hē नीचे दे०

【诃子】 hēzi 〈वन०〉（藏青果 zàngqīngguǒ भी) हरीतकी; हर्र; हरड़; त्रिफला; माइरोबैलेन

呵[1] hē (मुंह खोलकर) सांस छोड़ना: ～一口气 फूंक मारना

呵[2]（訶） hē डांटना; फटकारना: 呵责

呵[3] hē 嗬 hē के समान
ā; á; ǎ; à; a（啊）भी दे०

【呵斥】 hēchì （呵叱 hēchì भी) झिड़कना; धिक्कारना; डांट-फटकार करना; भर्त्सना करना; बुरा-भला कहना

【呵呵】 hēhē 〈अनु०〉 हंसने की आवाज़: ～大笑 ज़ोर से हंसना; कहकहा लगाना; ठहाका मारना

【呵喝】 hēhè 〈लि०〉 (भर्त्सना करने, डराने, निषेध करने आदि के लिये) चिल्लाना; चीत्कार करना

【呵护】 hēhù 〈लि०〉 ❶आशीर्वाद, असीस देना ❷रक्षा करना

【呵欠】 hēqian 〈बो०〉 जंभाई, जम्हाई: 打～ जंभाई लेना; उबासी लेना

【呵责】 hēzé झिड़कना; भर्त्सना करना; बुरा-भला कहना

喝[1]（欲） hē ❶पीना: ～咖啡 कॉफ़ी पीना / ～奶 दूध पीना ❷शराब पीना: 爱～ शराब पीना पसंद होना / 他又～干了一杯酒。उसने एक प्याली शराब और गटक ली ।

喝[2] hē 嗬 hē के समान
hè भी दे०

【喝闷酒】 hē mènjiǔ दुःख क्लेश में अकेले शराब पीना

【喝墨水】 hē mòshuǐ स्याही पीना —— पाठशाला जाना; पढ़ने जाना: 他没有喝过墨水。वह कभी स्कूल नहीं गया; उसने पढ़ाई नहीं की ।

【喝水不忘掘井人】 hēshuǐ bù wàng juéjǐngrén कुएं का पानी पीते समय कुआं खोदने वालों को याद करें

【喝西北风】 hē xīběifēng कोई खाने योग्य वस्तु उपलब्ध न होना; हवा खा पीकर रहना; भोजन बिना रहना

嗬 hē 〈विस्मय०〉 ओ; ऐ; आह; उफ़; ओह: ～，真贵啊！ ओह, बहुत महंगा है !

蠚 hē 〈बो०〉 डंसना; काटना; डंक मारना

hé

禾 hé ❶धान के पौधे ❷बाजरा; कोदों

【禾本科】 héběnkē 〈वन०〉 तृण-परिवार

【禾草类】 hécǎolèi 〈वन०〉 तृण; घास

【禾场】 hécháng 〈बो०〉 खलिहान

【禾苗】 hémiáo अनाज की फ़सलों के पौधे; धान की पौद

合[1] hé ❶बंद करना; (आंख) मूंदना: ～上眼 आंख मूंदना / 笑得～不拢嘴 खुशी से दांत निकालना ❷मिलाना; जोड़ना: 合办 ❸सारा; संपूर्ण: ～村 सारा गांव ❹मेल खाना; अनुकूल होना: 合意 ❺बराबर; कुल: 一公里～两市里。एक किलोमीटर बराबर दो ली । / 这些东西共～多少钱？इन चीज़ों का दाम कुल मिलाकर कितना है ? ❻〈लि०〉 उचित: 理～声明。यह उचित है कि इसके लिये एक वक्तव्य दिया जाये । ❼〈परि०श०〉 (लड़ने में) बारी; दौर; चक्र ❽〈खगोल०〉 योग; युक्ति; सूर्य, अन्य ग्रह और पृथ्वी एक ही रेखा पर हों और पृथ्वी सूर्य और उस ग्रह के बीच में न हो ❾（Hé）एक कुलनाम

合[2] hé 〈संगी०〉 कोंगछ्पू(工尺谱 gōngchěpǔ) में सरगम का एक नोट (स्वर) जो अंक आधारित स्वरांकन में 5 के सदृश होता है
gě भी दे०

【合办】 hébàn साझे में काम करना; एक साथ काम करना: ～企业 संयुक्त कारोबार; संयुक्त उपक्रम

【合抱】 hébào दोनों बांहों से घेरा न जा सकने वाला; बहुत मोटा (वृक्ष, स्तंभ आदि)

【合抱之木，生于毫末】 hé bào zhī mù, shēng yú háo mò विशाल वृक्ष नन्हीं जड़ से उगता है

【合璧】 hébì (दो भिन्न वस्तुओं को) संगतिपूर्वक जोड़ना; अच्छी तरह जोड़ना: 中西～ चीनी और पश्चिमी तत्वों का संयोजन

【合编】 hébiān ❶संकलित करना; संग्रहीत करना; संकलित सामग्री से पुस्तक का निर्माण करना: 他们俩～了这本书。इन दोनों ने इस पुस्तक का निर्माण संकलित सामग्री से किया है। ❷(सेना आदि का) मिलाकर पुनर्संगठन करना

【合并】 hébìng ❶मिलाना; विलय करना; संयोजित करना; विलीनीकरण करना: 三个小组～为一个大组。तीन छोटे दल एक बड़े दल में मिलाये गये। ❷(किसी बीमारी का) दूसरी बीमारी से जटिल बन जाना: ～症 सम्मिश्र रोग; कंप्लिकेशन

【合不来】 hébulái न बनना; मेलजोल से या मिल-जुलकर न रहना; बेमेल होना: 我和他～。मेरी उसके साथ नहीं बनती।

【合不着】 hébuzháo 〈बोल०〉 उचित न होना; उपयुक्त न होना; योग्य न होना: 花这么多钱去旅游，～。इतने रुपये खर्च करके पर्यटन करना उचित नहीं है।

【合唱】 héchàng कोरस; सामूहिक गान; समवेत गान; सहगान: ～队 गान-मंडली; कोरस / ～曲 (संगीत के लिये) कोरस

【合成】 héchéng ❶जोड़ना; संकलित करना: 由两部分～ दो भागों से एक भाग बनाना ❷〈रसा०〉 रासायनिक मिश्रण करना; संश्लेषण करना

【合成氨】 héchéng'ān 〈रसा०〉 संश्लिष्ट अमोनिया; कृत्रिम अमोनिया

【合成词】 héchéngcí 〈व्या०〉 सामासिक शब्द; समास

【合成结晶牛胰岛素】 héchéng jiéjīng niúyídǎo-sù संश्लिष्ट स्फटिकवत् बोवाइन इन्सुलिन

【合成酶】 héchéngméi 〈जीव०र०〉 सिनज़ाइम

【合成树脂】 héchéng shùzhī संश्लिष्ट रेज़िन

【合成洗涤剂】 héchéng xǐdíjì संश्लिष्ट डिटर्जेन्ट

【合成纤维】 héchéng xiānwéi संश्लिष्ट रेशा; बनावटी रेशा

【合成橡胶】 héchéng xiàngjiāo संश्लिष्ट रबर; बनावटी रबर; नकली रबर; कृत्रिम रबर

【合成颜料】 héchéng yánliào संश्लिष्ट रंग; नकली रंग

【合得来】 hédelái मेलजोल से या मिलजुल कर रहना; बनना; पटना: 他们两人很～。दोनों में खूब बनती है। / 你们俩准～。तुम दोनों में अवश्य खूब पटेगी।

【合得着】 hédezháo 〈बो०〉 उचित होना; उपयुक्त होना; योग्य होना

【合订本】 hédìngběn सजिल्द संस्करण; समग्र ग्रंथ; नत्थी: 《辞海》～ 'शब्द सागर' समग्र

【合度】 hédù ठीक; सही; शुद्ध; उचित: 长短～उचित लंबाई का

【合二而一】 hé'èr'éryī 〈दर्श०〉 दो को एक में मिलाना

【合法】 héfǎ कानूनी; वैध; नियमानुकूल: ～代表 कानूनी प्रतिनिधि / ～地位 कानूनी दर्जा; कानूनी हैसियत; कानूनी स्थिति; कानूनी स्थान; न्यायोचित स्थान / ～斗争 कानूनी संघर्ष / ～婚姻 कानूनी विवाह / ～化 कानूनी करना या बनाना; वैध सिद्ध करना / ～利润 उचित लाभ / ～权利 वैध अधिकार; कानूनी अधिकार; न्यायपूर्ण अधिकार; जायज़ हक / ～途径 कानूनी उपाय / ～外衣 कानूनी मैण्टल / ～性 वैधता / ～政府 कानूनी सरकार / ～主权 कानूनी प्रभुत्व

【合肥】 Héféi हफ़ेइ (आनह्वेइ प्रांत की राजधानी)

【合该】 hégāi चाहिये: ～如此。ऐसा ही होना चाहि-ये।

【合格】 hégé योग्य ठहराया हुआ; कसौटी पर कसा हुआ: ～产品 मानक उत्पाद / ～证 जांच प्रमाण-पत्र; गुणवत्ता का प्रमाण-पत्र या सर्टिफ़िकेट / 保证质量～ गुणवत्ता का प्रमाण देना

【合共】 hégòng 〈क्रि०वि०〉 कुल मिलाकर

【合股】 hégǔ ❶साझेदारी; हिस्सेदारी: ～买牛 बैल खरीदने के लिये शेयर खरीदना ❷〈बुना०〉 प्लाइंग: ～线 प्लाइयार्न, प्लाइड सूत

【合乎】 héhū के अनुकूल होना; मेल खाना; मेल बैठना: ～人民的需要 जनता की आवश्यकता के अनुकूल होना / ～事实 यथार्थ के अनुकूल होना; तथ्यों के अनुकूल होना / ～实际 वास्तविकता के अनुकूल होना / ～逻辑 तर्कपूर्ण; तर्कयुक्त / ～情理 युक्तियुक्त; युक्तिसंगत

【合欢】 héhuān ❶जुड़ी हुई खुशी —— मैथुन करना; संभोग करना ❷〈वन०〉 सिल्क ट्री

【合伙】 héhuǒ (के साथ) साझेदारी करना या कायम करना: ～人 अंशी; हिस्सेदार; साझेदार

【合伙企业】 héhuǒ qǐyè साझेदारी कारोबार

【合击】 héjī 〈सैन्य०〉 केन्द्राभिमुख आक्रमण करना

【合计】 héjì कुल जोड़; कुल योग; जमा: 这两项开支～二百元。इन दोनों मदों का कुल योग दो सौ य्वान है।

【合计】 héji तय करना; विचार करना: 我们～～该怎么办。हम लोग तय करेंगे कि क्या करना चाहिये। / 他心里老～这件事。वह अकसर मन में यह बात सोचता है।

【合剂】 héjì 〈औष०〉 योग; संमिश्र; मिश्रण; मिक्सचर

【合家】 héjiā सारा घर; पूरा परिवार: ～团聚 परिवार के सदस्यों का फिर से मिलना

【合家欢】 héjiāhuān 〈बो०〉 परिवार के समस्त सदस्यों का फ़ोटो

【合脚】 héjiǎo (जूता, मौज़ा) ठीक आना; फ़िट होना

【合金】 héjīn मिश्रित धातु; मिश्र धातु: ～钢 फ़ौलाद मिश्रित धातु; धातु मिश्रित इस्पात; मिश्रित इस्पात

【合卺】 héjǐn 〈लि०〉 (दुलहा और दुलहन का) शादी का प्याला पीना (विवाह की एक विधि)

【合刊】 hékān संयुक्त अंक; संयुक्तांक

【合口】[1] hékǒu (घाव) भरना; चंगा होना

【合口】[2] hékǒu (किसी भोज्य पदार्थ का) अपने स्वाद के अनुकूल होना: 味道～ स्वाद के अनुकूल होना

【合口呼】 hékǒuhū 〈ध्वनि०〉 अक्षर में अंत्याक्षर (韵母) 'u' या 'u' से आरंभ अंत्याक्षर, जैसे: hū (呼), huān (欢) —— दे० 四呼 sìhū

【合饹】 héle 饸饹 héle के समान

【合理】 hélǐ समुचित; यथोचित; न्यायोचित; युक्तिपूर्ण; युक्तिसंगत: ～的补充 समुचित मात्रा में क्षतिपूर्ति कर-ना / ～的内核 बुद्धिसंगत सार; बुद्धिवादी तत्व / ～

的负担 समुचित बोझ; वित्तीय बोझ का न्यायोचित बंटवारा होना; भार का न्यायसंगत बंटवारा करना / ～化 यौक्तिकीकरण, बुद्धिपरक व्याख्या / ～化建议 बुद्धिसंगत व्याख्या का प्रस्ताव; युक्तिसंगत (तर्कसंगत) सुझाव / ～密植 युक्तिपूर्ण घना रोपण / ～调整 यथोचित पुनःसमंजन करना

【合力】 hélì ❶साझे में प्रयत्न करना: 同心～एक होकर साझे में प्रयत्न करना ❷〈भौ०〉 शक्तियों का संयुक्त प्रतिफल

【合流】 héliú ❶(दो नदियों का) मिलकर बहना; संगम ❷मिलकर काम करना; सहयोग करना: 宁渝～ नानचिंग प्रशासन और छुंगछिंग प्रशासन का आपसी विलय ❸(अवधारणा, कला आदि की) शाखाओं को एक में मिलाना

【合流河】 héliúhé साथ-साथ बहनेवाली नदियां

【合龙】 hélóng ❶(बांध आदि का) बंध ❷पुल के दो भागों को जोड़ना

【合拢】 hélǒng मिलना; जुड़ना; बंद करना: ～书本 किताब बंद करना

【合霉素】 héméisù 〈औष०〉 सिन्टोमाइसीन

【合谋】 hémóu ❶मिलकर साजिश या षड़यंत्र करना ❷〈का०〉 षड़यंत्र; साजिश; जाल

【合拍】 hépāi ताल से मेल खाना: 与时代潮流～युग-प्रवाह से मेल खाना

【合情合理】 héqíng-hélǐ युक्तियुक्त; युक्तिसंगत और न्यायोचित: 该建议～。यह सुझाव युक्तिसंगत और न्यायोचित है।

【合群】 héqún ❶मिलनसार होना; मेलिमलापी होना ❷सामाजिक या समाजशील होना

【合扇】 héshàn 〈बो०〉 कब्ज़ा; चूल

【合身】 héshēn (कपड़ा) ठीक आना; फ़िट होना

【合十】 héshí हाथ जोड़ना

【合时】 héshí फ़ैशन के अनुकूल; समयोचित: 穿戴～ फ़ैशन के अनुकूल पहनना / 这话说得不太～。यह बात बहुत समयोचित नहीं है।

【合适】 héshì （合式 héshì भी）उचित; फ़िट; उपयुक्त; यथायोग्य; माकूल: 他是最～的人。 वही सब से माकूल आदमी है।

【合算】 hésuàn लाभदायक; फ़ायदेमंद

【合题】 hétí 〈दर्श०〉 संश्लेषण

【合同】 hétong पट्टा; व्यापारिक नियम-पत्र; ठेका; संविदा; इकरारनामा; कंट्रैक्ट: ～补充书 पूरक संविदा / ～工 कंट्रैक्ट वर्कर / ～期满 करारनामे की मियाद खत्म होना / ～医院 नियत अस्पताल; निर्धारित अस्पताल / ～制 अनुबन्ध व्यवस्था; ठेका प्रथा

【合围】 héwéi ❶(शत्रु, शिकार आदि को) चारों ओर से घेरना ❷दे० 合抱

【合眼】 héyǎn ❶आंख मूंदना; आंख मिचना(मीचना); आंख बंद करना: 昨晚一夜没～。कल रात-भर आंख नहीं लगी। ❷मृत्यु होना; मरना

【合演】 héyǎn सह-अभिनय करना

【合叶】 héyè （合页 héyè भी）कब्ज़ा; चूल

【合一】 héyī विलीनीकरण; समान कार्यवाही

【合宜】 héyí उचित; उपयुक्त; ठीक; मुनासिब: 他做这工作很～。यह काम उसके लिये उचित है।

【合议庭】 héyìtíng 〈का०〉 (जज और जनता के निर्धारकों से संगठित) कालेजिएट बेंच

【合意】 héyì मनभाया; मनचाहा; मन के अनुकूल: 他说的正合我意。उसने जो कहा, वह मेरे मन के अनुकूल है।

【合营】 héyíng साझा प्रबंध करना: 公私～商店 सरकारी-निजी साझे की दूकान

【合影】 héyǐng अनेक लोगों का एक साथ फ़ोटो लेना: ～留念 यादगार के लिये अनेक लोगों का सामूहिक फ़ोटो खिंचवाना

【合用】 héyòng ❶दूसरों के साथ किसी वस्तु का बराबरी के आधार पर प्रयोग करना: 两家～一个厨房。दो परिवार एक रसोईघर का प्रयोग करते हैं। ❷प्रयोग करने लायक: 绳子太细，不～。यह रस्सी बहुत पतली है, प्रयोग के लायक नहीं।

【合约】 héyuē संविदा; पट्टा; ठेका; इकरारनामा; कंट्रैक्ट

【合葬】 hézàng (पति-पत्नी का) सह-शवाधान; एक ही कब्र में दफ़न होना

【合掌】 hézhǎng हाथ जोड़ना

【合账】 hézhàng हिसाब जोड़ना; हिसाब लगाना

【合照】 hézhào ❶अनेक लोगों का एक साथ फ़ोटो खिंचवाना ❷अनेक लोगों का एक साथ लिया गया फ़ोटो

【合辙】 hézhé ❶अंत्यानुप्रास में ❷सहमति में: 两人一谈就～。दोनों ने बात करते ही स्वयं को पूर्ण सहमति में पाया।

【合著】 hézhù मिलकर (ग्रंथ की) रचना करना

【合资】 hézī साझेदारी में शामिल होना: ～经营 साझा प्रबंध करना

【合子】 hézǐ 〈जीव०〉 युग्म पिंड; युग्मक; युग्मकोष; ज़ाइगोट

【合子】 hézi मांस भरी पूरी; केक के आकार का मांस भरा पकवान; एक प्रकार की कचौड़ी

【合奏】 hézòu बाजा-गाजा; सह-वाद्य

【合作】 hézuò सहयोग; सहयोग करना: 甲和乙～ क और ख के बीच सहयोग कायम होना / 建立～关系 सहयोग-संबंध स्थापित करना / 南南～दक्षिण-दक्षिण सहयोग

【合作化】 hézuòhuà सहकारिता: ～运动 सहयोग-आंदोलन; सहकारिता-आंदोलन

【合作社】 hézuòshè सहकारी समिति; कोआपरेटिव 生产～ सहकारी उत्पादन-समिति / 消费～ सहकारी उपभोक्ता-समिति / 信用～ सहकारी ऋण-समिति

【合作医疗】 hézuò yīliáo सहकारी चिकित्सा

纥（紇） hé दे० 回纥 Huíhé
gē भी दे०

何 hé 〈लि०〉 ❶〈प्रश्नवाचक सर्वनाम〉 ①क्या: ～物 कौन सी वस्तु / ～人 कौन ②कहां: ～往 कहां जाना / 从～而来 कहां से आना / 何去何从 ③क्यों: ～今日奇事之多也? आजकल विचित्र घटनाएं

इतनी अधिक क्यों हो रही हैं ? ❷(आलंकारिक प्रश्न में प्रयुक्त)：～可一日无此君邪？यह इसके बिना प्रतिदिन कैसे हो सकता है ? ❸（Hé）एक कुलनाम

【何必】 hébì 〈क्रि०वि०〉 क्यों; आवश्यकता नहीं：～去呢？जाने की क्या आवश्यकता है ? /～不告诉我呢？मुझसे यह बात छिपाने की क्या आवश्यकता थी ?

【何不】 hébù 〈क्रि०वि०〉 क्यों न; क्यों … नहीं …：～早去？क्यों न पहले जाते ?

【何曾】 hécéng 〈क्रि०वि०〉 (आलंकारिक प्रश्न में प्रयुक्त) कब किया：我～去过？मैं कब गया था ?

【何尝】 hécháng 〈क्रि०वि०〉 (आलंकारिक प्रश्न में प्रयुक्त) किसी हद तक：我～不想来，只是没有时间罢了。ऐसा नहीं कि मैं आना नहीं चाहता, बात यह है कि मेरे पास समय नहीं है।

【何啻】 héchì 〈लि०〉 (आलंकारिक प्रश्न में प्रयुक्त) क्या यह … से कम हो सकता है：今昔对比，～霄壤之别！आज और कल के बीच ज़मीन और आसमान का अंतर है !

【何等】 héděng ❶किस प्रकार का：你知道他是～人吗？क्या तुम जानते हो, वह कैसा आदमी है ? ❷〈क्रि०वि०〉 (विस्मयादि में प्रयुक्त) कितना; कैसा：他们过着～幸福的生活！कितना सुखमय जीवन बिता रहे हैं वे !

【何妨】 héfáng 〈क्रि०वि०〉 क्यों न：～试试？क्यों न प्रयत्न करो ?

【何干】 hégān (आलंकारिक प्रश्न में प्रयुक्त) क्या संबंध; संबंध नहीं：此事与我～？इस बात का मुझसे क्या संबंध है ?

【何故】 hégù क्यों; क्या कारण：不知～。न जाने क्या कारण है।

【何苦】 hékǔ 〈क्रि०वि०〉 क्यों कष्ट उठाएं; क्यों तकलीफ़ करें：你～来？तुम क्यों कष्ट उठा रहे हो ?

【何况】 hékuàng 〈संयो०〉 ❶दरकिनार; दूर रहना：这本书他都看不大懂，～我呢？यह पुस्तक वह भी बड़ी किठनाई से पढ़ पा रहा है, मैं तो दरकिनार । ❷इसके अलावा; इसके अतिरिक्त：这衬衣太贵，～尺寸也小。यह कमीज़ बहुत महंगी है, इसके अलावा इसका साइज़ भी छोटा है।

【何乐而不为】 hé lè ér bù wéi यह काम क्यों न प्रसन्नता से किया जाये：此事利人利己，～？यह काम दूसरे लोगों के हित में था और अपने हित भी, क्यों न प्रसन्नता से किया जाये ?

【何其】 héqí 〈क्रि०वि०〉 (विस्मयादि में प्रयुक्त होकर अस्वीकृति का बोध कराता है) कितना; कैसा：～愚蠢！कितना बेवकूफ़ ! / ～相似！कैसी समानता !

【何去何从】 héqù-hécóng इनमें से किसे ठुकराएं और किसे स्वीकार करें ? कौन-सा रास्ता अपनायें

【何如】 hérú ❶कैसा रहे：你先试试，～？पहले तुम कोशिश करो, कैसा रहे ? ❷कैसा：我还不知道他是～人。मैं नहीं जानता कि वह कैसा आदमी है। ❸यह कहीं अच्छा होगा：与其强攻，～智取。प्रचंड आक्रमण से रण-कौशल का प्रयोग करना कहीं अच्छा होगा।

【何首乌】 héshǒuwū 〈ची०चि०〉 बहुपुष्पी नॉटवीड का कंद

【何谓】 héwèi … का क्या अर्थ है：～日蚀？सूर्य-ग्रहण का क्या अर्थ है ? /此～也？इसका क्या अर्थ है ?

【何须】 héxū क्या आवश्यकता; क्या ज़रूरत：～再来？फिर आने की क्या ज़रूरत है ? /从这里到学校，～半个小时？यहां से स्कूल तक आधे घंटे की क्या ज़रूरत ?

【何许】 héxǔ 〈लि०〉 कहां; कैसा：～人 कहां का आदमी; कैसा आदमी

【何以】 héyǐ ❶〈लि०〉 कैसे：～安慰我？मुझे सांत्वना कैसे दोगे ? ❷क्यों：大家不明白他～会这样不高兴。सब लोग नहीं जानते कि वह ऐसा अप्रसन्न क्यों है।

【何在】 hézài कहां：原因～？इसका कारण क्या है ?

【何止】 hézhǐ (से) बहुत अधिक होना; इतना ही नहीं：例子～这些。इसके उदाहरण इतने ही नहीं; इसके और भी उदाहरण हैं।

【何足挂齿】 hézú-guàchǐ चर्चा (या उल्लेख) करने योग्य न होना; ज़िक्र करने लायक न होना：区区小事，～。यह छोटी-मोटी बात ज़िक्र के लायक नहीं है।

诃（訶） hé 〈लि०〉 ताल-मेल (बहुधा व्यक्तियों के नामों में प्रयुक्त)

和 1 （龢） hé ❶मृदु; कोमल：温～मृदु; नरम ❷ताल-मेल; मेल-जोल; मेल-मिलाप; बनना：兄弟不～。भाई-भाई में नहीं बनती। ❸शांति; युद्ध खत्म होना：求～ शान्ति के लिये मिन्नतें करना / 议～शान्तिपूर्ण समझौता करना ❹〈खेल०〉 बाज़ी बराबरी पर छूट जाना：他两胜一～。वह दो बाज़ियां जीता और एक बराबरी पर छूट गयी। ❺（Hé）एक कुलनाम

和 2 hé ❶के साथ; सहित; साथ-साथ：～衣而睡 कपड़े उतारे बिना सो जाना ❷〈पूर्व०〉 (संबंध, तुलना आदि का बोध कराता है)：我～他没有关系。उससे मेरा कोई संबंध नहीं। ❸〈संयो०〉 और：工人～农民 मज़दूर और किसान ❹〈गणित०〉 योग; जोड़; योगफल; हासिल-जमा：2 加 2 的～是 4。दो और दो का योगफल चार होता है।

和 3 Hé जापान：～-汉词典 जापानी-चीनी शब्दकोश

hè; hú; huó; huò भी दे०

【和蔼】 hé'ǎi स्नेहपूर्ण; स्नेही; सुशील; विनम्र：态度～स्नेही / ～地说 बड़ी खुशदिली से कहना

【和畅】 héchàng (हवा) मधु; मृदु; मंद; धीमी और आनन्द-प्रद：春风～ वसन्त का मंद और आनन्द-प्रद पवन

【和风】 héfēng मधुपवन; मंदवायु：～拂面。मधुपवन दुलरा रहा है।

【和风细雨】 héfēng-xìyǔ 〈ला०〉 नम्रता से：批评和自我批评要～。आलोचना और आत्मालोचना नम्रता से करनी चाहिये।

【和服】 héfú किमोनो (जापानी पोशाक)

【和光同尘】 héguāng-tóngchén बहुमत के साथ होना

【和好】 héhǎo मेल करना; मिल जाना; झगड़े के बाद फिर

से मैत्री स्थापित कर लेना: ～如初 पहले की तरह मेल होना
【和缓】 héhuǎn ❶मंद; मृदु: 水流～पानी की धारा मंद गति से बहना ❷ढीला करना; शिथिल करना: ～紧张气氛 तनाव शिथिल करना
【和会】 héhuì शांति सभा
【和解】 héjiě मेल करना; सुलह करना: 双方～दोनों पक्षों में मेल होना
【和局】 héjú बराबरी का खेल; अनिर्णीत खेल
【和睦】 hémù मेल; मेल-जोल; मेलमिलाप 他俩～相处。दोनों में बनती है।
【和暖】 hénuǎn सुहावना गरम: 天气～ मौसम गरम और अनुकूल होना
【和盘托出】 hépán-tuōchū पूरी बात बताना
【和平】 hépíng ❶शान्ति; अमन; चैन: ～堡垒 शांति-दुर्ग / ～变革 शांतिपूर्ण रूपांतर / ～公约 शांति-संधि / ～使者 शान्ति-दूत / ～谈判 शान्तिवार्त्ता; संधिवार्त्ता; सुलह की बातचीत ❷मंद; जो तेज़ न हो: 药性～。दवा हल्की है; दवा तेज़ नहीं है।
【和平鸽】 hépínggē शान्तिकपोत
【和平共处】 hépíng gòngchǔ शान्तिपूर्ण सह-अस्तित्व: ～五项原则 शान्तिपूर्ण सह-अस्तित्व के पांच सिद्धान्त (एक दूसरे की प्रादेशिक भूमि और प्रभुसत्ता का आदर करना, एक दूसरे पर आक्रमण न करना, एक दूसरे के अंदरूनी मामलों में दखल न देना, समानता और पारस्परिक लाभ और शान्तिपूर्ण सह-अस्तित्व); पंचशील
【和平中立政策】 hépíng zhōnglì zhèngcè शान्ति और तटस्थता की नीति
【和平主义】 hépíng zhǔyì शान्तिवाद: ～者 शान्ति-वादी
【和棋】 héqí शतरंज आदि के खेल में बराबरी पर छूटना या खेल का अनिर्णीत रहना
【和气】 héqì ❶नम्र; नरम; शान्तप्रकृति: 说话要～。नम्रता (या विनय) से बोलो। / ～待人 किसी व्यक्ति के साथ नरमी का बरताव करना / 一个人总要～些。तुम्हें शान्ति से काम लेना चाहिये। ❷मित्रता; मैत्री; दोस्ती: 伤～मित्रता में हानि पहुंचाना
【和气生财】 héqì-shēngcái शान्ति सम्पत्ति की जननी है
【和洽】 héqià किसी व्यक्ति के साथ सामंजस्य से रहना
【和亲】 héqīn (कुछ सामन्ती राजवंशों में) सीमान्त क्षेत्रों की अल्पसंख्यक जातियों के शासकों के साथ संबंध मज़बूत करने के उदेश्य से उन के साथ हान जाति के राजपरिवार की कन्याओं का विवाह करना
【和善】 héshàn नम्र; खुशदिल
【和尚】 héshang बौद्ध भिक्षु
【和尚头】 héshang tóu <बोल०> मुंड़ा हुआ सिर
【和声】 héshēng <संगी०> स्वरैक्य; समस्वर; समताल; स्वर-सामंजस्य
【和事老】 héshìlǎo शांति-स्थापक; संधिकर्त्ता (विशेषत: बीच-बचाव करने वाला)
【和数】 héshù <गणि०> योग; जोड़; योगफल; हासिल-जमा
【和顺】 héshùn विनम्र और सुशील: 性情～मनोवृत्ति विनम्र और सुशील होना
【和谈】 hétán शान्तिपूर्ण वार्त्ता; संधिवार्त्ता; सुलह की बातचीत
【和文】 héwén जापानी भाषा
【和谐】 héxié एकताल; समध्वनि; सुर के साथ गाने-बजाने वाला; रंगों का मेल: 音调～पूर्ण समताल में / ～的气氛 मैत्रीपूर्ण वातावरण
【和煦】 héxù सुहावना गरम: 春风～वसंत की वायु मंद और प्रिय होना
【和颜悦色】 héyán-yuèsè मुख पर दयालु भाव होना
【和议】 héyì शान्तिवार्त्ता; संधिवार्त्ता; सुलह की बातचीत
【和易】 héyì विनम्र; मिलनसार: ～近人 विनम्र और मिलनसार
【和约】 héyuē संधिपत्र; सुलहनामा; शान्ति-संधि
【和悦】 héyuè नेक; विनम्र; मिलनसार
【和衷共济】 hézhōng-gòngjì (कठिनाई के समय) सहमति से साथ-साथ काम करना

郃

hé नीचे दे०
【郃阳】 Héyáng शानशी（陕西）प्रांत में एक स्थान（वर्तमान 合阳 Héyáng）

劾

hé (किसी व्यक्ति की दुष्टता या अपराध का) भंडाफोड़ करना; पर्दाफ़ाश करना; पोल खोलना: 弹 ～(सरकारी अधिकारी पर) दोष-आरोपण करना; दोष लगाना

河

hé ❶नदी ❷आकाश गंगा ❸（Hé）ह्वांग-ह नदी; पीली नदी
【河岸】 hé'àn नदी-तट; नदी-तीर; नदी किनारा
【河浜】 hébāng <बो०> छोटी नदी
【河北】 Héběi हपेइ (प्रांत): ～梆子 हपेइ प्रान्त का लोक-आपेरा
【河槽】 hécáo पेटा
【河汊子】 héchàzi नदी की शाखा
【河川】 héchuān छोटी-बड़ी नदियां
【河床】 héchuáng चैनल; पेटा（河槽、河身 भी）
【河道】 hédào जल-मार्ग; नदी का मार्ग
【河堤】 hédī नदी का बांध
【河底】 hédǐ नदी तल
【河东狮吼】 hédōng-shīhǒu नदी के पूर्वी तट से शेरनी का गुर्राना— पुरुष पर रौब जमा रखने वाली पत्नी का क्रोध में होना
【河防】 héfáng नदी-तट की प्रतिरक्षा-पंक्ति; नदी पर किया गया बाढ़-बचाव कार्य (विशेषकर पीली नदी पर)
【河港】 hégǎng नदी का घाट
【河工】 hégōng ❶नदी नियंत्रण कार्य ❷नदी की सफ़ाई व्यवस्था करने वाले मज़दूर
【河沟】 hégōu छोटी नदी; नाला; नाली; सोता
【河谷】 hégǔ नदी-घाटी: ～计划 नदी-घाटी योजना

【河汉】 héhàn 〈लि०〉 ❶आकाश गंगा ❷अविश्वसनीय बातें; बेसिरपैर की बातें; 〈ला०〉 किसी व्यक्ति की बात पर विश्वास न करना या ध्यान न देना: 幸毋～斯言。आशा है कि आप इस बात को बेसोची-समझी न समझेंगे।

【河口】 hékǒu नदीमुख; नदी का मुहाना

【河狸】 hélí बीवर; ऊदबिलाव: 大～भीम बीवर

【河流】 héliú नदियां; नदी-नाला: ～改道 नदी मार्ग का परिवर्तन

【河漏】 hélou दे० 饸饹 héle

【河马】 hémǎ दरियाई घोड़ा

【河鳗】 hémán (नदी में) बाम; सर्पमीन; ईल मछली

【河南】 Hénán हनान (प्रांत): ～梆子（豫剧 yùjù भी）हनान प्रान्त का ऑपेरा

【河泥】 héní नदी-तल में कीचड़

【河清海晏】 héqīng-hǎiyàn पीली नदी स्वच्छ है और समुद्र शान्त है—— संसार में शान्ति है

【河曲】 héqū नदी की बांक; नदी का मोड़

【河渠】 héqú नदियां और नहरें: 开～ नहरें खोदना

【河山】 héshān नदियां और पहाड़; भूमि; प्रादेशिक भूमि

【河身】 hédshēn दे० 河床

【河水】 héshuǐ नदी का पानी या जल; नदी की धारा: ～泛滥 नदी की बाढ़; नदी का उड़ आना

【河滩】 hétān नदी-तट पर वह स्थान जहां पानी गहरा होने पर डूबा रहता है और छिछला होने पर बाहर निकल जाता है

【河套】 hétào ❶नदी की बांक; नदी का मोड़ ❷（Hétào）पीली नदी का विशाल मोड़

【河豚】 hétún रैबिट फ़िश; ग्लोब फ़िश; गोलाकार मछली

【河外星系】 hé wài xīng xì（河外星云 hé wài xīng yún भी）आकाश-गंगा के बाहर की नीहारिका या नक्षत्र-पुंज

【河网】 héwǎng नदियों का जाल

【河西走廊】 Héxī-zǒuláng हशी (या कानसू) गलियारा (पश्चिमोत्तर कानसू में, पीली नदी के पश्चिम में स्थित होने के कारण इसका यह नाम पड़ा)

【河蟹】 héxiè नदी का केकड़ा

【河沿】 héyán नदी तट; नदी तीर; नदी किनारा

【河鱼】 héyú नदी में रहने वाली मछली

【河源】 héyuán नदी का स्रोत; नदी का मूल या उद्गम

【河运】 héyùn जल-यातायात; जल-परिवहन

曷 hé 〈लि०〉 ❶कैसे; क्यों ❷कब

饸（餄）hé नीचे दे०

【饸饹】 héle （合饹 héle，河漏 hélou भी ）बाजरे, कोदों आदि के आटे से बने एक प्रकार के नूडल्स

阂（閡）hé अलग करना; काटकर अलग कर देना: 隔～ मनमुटाव; कुनह

盍（盇）hé 〈लि०〉 क्यों न: ～往视之？क्यों न जाकर इसे देख लें

荷[1] hé कमल; पद्म

荷[2] Hé नीदरलैंड (हॉलैंड)
hè भी दे०

【荷包】 hébāo ❶थैली (पैसे, अवशिष्ट वस्तुएं आदि रखने के लिये) ❷जेब

【荷包蛋】 hébāodàn तेल में तला हुआ अंडा; छिलका तोड़कर खौलते पानी में पकाया गया अंडा

【荷尔蒙】 hé'ěrméng （激素 jīsù का पुराना नाम） हार्मोन

【荷花】 héhuā कमल का फूल; पद्म

【荷兰】 Hélán नीदरलैंड (हॉलैंड): ～人 नीदरलैंड (हॉलैंड) का निवासी / ～语 नीदरलैंड (हॉलैंड) की भाषा; डच

【荷兰水】 hélán shuǐ सोडा पानी

【荷叶】 héyè कमल का पत्ता

核[1] hé ❶गुठली: 芒果～आम की गुठली /无～葡萄干 बीजहीन किशमिश ❷नाभिक; न्यूक्लियस: 细胞～ कोशिका नाभिक ❸परमाणु नाभिक: 核爆炸

核[2]（覈）hé ❶जांच करना; परीक्षा करना; परखना; निरीक्षण करना; चेक करना: 核对 / 核准 ❷〈लि०〉 सच्चा: 其事～。बात सच्ची है; सच बात है।
hú भी दे०

【核霸权】 hébàquān नाभिकीय प्रभुत्व

【核霸王】 hébàwáng नाभिकीय तानाशाह

【核保护伞】 hé bǎohùsǎn नाभिकीय छत्र

【核爆炸】 hébàozhà नाभिकीय विस्फोट

【核裁军】 hécáijūn नाभिकीय निरस्त्रीकरण

【核查】 héchá जांच करना और सत्यापन करना; परखना; चेक करना

【核磁共振】 hécí gòngzhèn ❶〈भौ०〉 नाभिकीय चुंबकीय अनुनाद; नाभिकीय चुंबकीय गूंज; न्यूक्लियर मैगनेटिक रेज़ोनंस ❷〈चि०कि०〉 नाभिकीय-चुंबकीय गूंज से चित्र-निर्माण

【核打击】 hédǎjī नाभिकीय प्रहार

【核大国】 hédàguó बड़ी न्यूक्लियर ताकत; नाभिकीय शक्ति

【核弹头】 hédàntóu नाभिकीय शीर्ष

【核蛋白】 hédànbái 〈जीव०र०〉 न्यूक्लियोप्रोटीन

【核导弹】 hédǎodàn न्यूक्लियर मिसाइल; नाभिकीय प्रक्षेपास्त्र

【核电站】 hédiànzhàn नाभिकीय विद्युत केन्द्र

【核定】 hédìng निरीक्षण करना और प्रमाणित करना; मूल्य निश्चय और निर्णय करना

【核对】 héduì परखना; निरीक्षण करना: ～数字 अंकों का निरीक्षण करना

【核讹诈】 hé'ézhà नाभिकीय धौंस; न्यूक्लियर धमकी

【核发】 héfā (ड्राइविंग लाइसेंस आदि) प्रमाणित करना और जारी करना

【核反应】 héfǎnyìng नाभिकीय प्रतिक्रिया

【核反应堆】 héfǎnyìngduī नाभिकीय रियेक्टर;

न्यूक्लियर रियेक्टर
【核辐射】 héfúshè न्यूक्लियर रेडियेशन; नाभिकीय विकिरण
【核苷】 hégān 〈जीव०र०〉 न्यूक्लियोसाइड: ～酸 न्यूक्लियोटाइड
【核果】 héguǒ 〈वन०〉 गुठलीदार फल
【核航空母舰】 héhángkōngmǔjiàn नाभिकीय शक्तिवाला विमानवाहक जहाज़
【核黄素】 héhuángsù रिबोफ़्लेविन; लैक्टोफ़्लेविन
【核火箭】 héhuǒjiàn न्यूक्लियर रॉकेट; नाभिकीय रॉकेट
【核基地】 héjīdì नाभिकीय अड्डा; न्यूक्लियर अड्डा
【核计】 héjì आंकना; अनुमान लगाना; हिसाब करना: ～成本 लागत आंकना
【核减】 héjiǎn (बजट) जांच करके कटौती करना
【核禁试】 héjìnshì नाभिकीय-परीक्षण-निषेध
【核聚变】 héjùbiàn न्यूक्लियर फ़्यूज़न; नाभिकीय संलयन
【核扩散】 hékuòsàn नाभिकीय प्रसार; नाभिकीय फैलाव (विसरण); न्यूक्लियर हथियारों का फैलाव
【核裂变】 hélièbiàn नाभिकीय फ़िशन; नाभिकीय विखंडन
【核垄断】 hélǒngduàn नाभिकीय एकाधिकार; न्यूक्लियर इजारा
【核能】 hénéng （核子能 hézǐnéng भी）नाभिकीय शक्ति
【核潜艇】 héqiántǐng नाभिकीय पनडुब्बी
【核燃料】 héránliào नाभिकीय ईंधन
【核仁】 hérén ❶〈जीव०〉 न्यूक्लियोलस ❷गूदा; गिरी; अष्ठी
【核实】 héshí सत्य प्रमाणित करना; सत्यापन करना; सत्य-साधन करना; निरीक्षण करना: ～数字 अंकों की सत्यता की जांच करना
【核试验】 héshìyàn नाभिकीय या न्यूक्लियर परीक्षण
【核素】 hésù ❶〈रसा०〉 न्यूक्लिआइन ❷〈भौ०〉 न्यूक्लाइड
【核酸】 hésuān 〈जीव०र०〉 न्यूक्लियेक ऐसिड
【核算】 hésuàn लेखा करना; आकलन करना: ～单位 लेखा इकाई
【核糖】 hétáng 〈जीव०र०〉 राइबोस
【核糖核酸】 hétáng hésuān 〈जीव०र०〉 राइबो-न्यूक्लिइक ऐसिड
【核桃】 hétao अखरोट: ～仁 अखरोट का गूदा
【核威慑】 héwēishè नाभिकीय प्रभुत्व (या धमकी)
【核威慑力量】 héwēishè lìliàng नाभिकीय भय निवारण शक्ति
【核威胁】 héwēixié नाभिकीय या न्यूक्लियर धमकी या प्रभुत्व
【核武器】 héwǔqì नाभिकीय शस्त्र; नाभिकीय हथियार
【核销】 héxiāo जांचने के बाद रद्द करना
【核心】 héxīn सार; सारतत्व; केन्द्र; केन्द्रबिन्दु: ～力量 केन्द्रीय शक्ति
【核心家庭】 héxīn jiātíng माता-पिता तथा उन के अविवाहित पुत्र-पुत्रियों से बना हुआ परिवार; न्यूक्लीय फ़ैमिली
【核优势】 héyōushì नाभिकीय श्रेष्ठता; न्यूक्लियर बरतरी
【核战争】 hézhànzhēng नाभिकीय युद्ध: ～威胁 नाभिकीय युद्ध का खतरा
【核装置】 hézhuāngzhì न्यूक्लियर डिवाइस
【核准】 hézhǔn निरीक्षण करना और स्वीकार करना: 计划已被～。योजना निरीक्षण के बाद स्वीकार कर ली गयी।
【核子】 hézǐ न्यूक्लियोन: ～化学 नाभिकीय रसायन / ～能 —— दे० 核能 / ～物理学 नाभिकीय भौतिक-विज्ञान

盉 hé प्राचीन काल में शराब गरम करने का तांबे का त्रिपदीय बर्तन

菏 hé नीचे दे०
【菏泽】 Hézé शानतोंग प्रांत में एक स्थान

龁（齕） hé 〈लि०〉 दांत से काटना; डंसना

盒 hé डिब्बा; डिबिया; पेटी; बॉक्स: 饭～ टिफ़िन बॉक्स
【盒饭】 héfàn बॉक्स लंच
【盒式磁带】 hé shì cídài कैसेट टेप
【盒子】 hézi ❶डिब्बा; डिबिया; पेटी; बॉक्स ❷盒子枪 के समान
【盒子枪】 héziqiāng （盒子炮 hézipào भी）〈बो०〉 माउज़र पिस्तौल

涸 hé 〈लि०〉 सूखा होना; शुष्क होना: 干～ सूखा होना; शुष्क होना
【涸竭】 héjié सूखा हुआ; निःशेष; बिलकुल समाप्त
【涸辙之鲋】 hézhézhīfù गाड़ी की सूखी लीक में पड़ी मछली—— बहुत खतरनाक हालत में फंसा (व्यक्ति आदि)

颌（頜） hé जबड़ा; हनु: 上～ऊपरी जबड़ा / 下～ निचला जबड़ा
gé भी दे०

貉 hé रैकून कुत्ता（貉子 hézi, 狸 lí भी）
háo; mò（貊）भी दे०

阖（闔、閤） hé ❶सारा; कुल; कुल मिलाकर: ～家 सारा परिवार / ～村 सारा गांव ❷बंद करना: ～户 द्वार बंद करना
閤 gé भी दे०
【阖第】 hédì आप का समस्त परिवार
【阖府】 héfǔ आप का संपूर्ण परिवार
【阖眼】 héyǎn आंख मूंदना; आंख लगना

鹖（鶡）hé प्राचीन पुस्तकों में वर्णित एक प्रकार का लड़ाकू पक्षी

【鹖鸡】héjī （褐马鸡 hèmǎjī भी）चीन में पाया जाने वाला एक प्रकार का गहरे भूरे रंग का मूल्यवान पक्षी

翮 hé ❶(पक्षी के) पर की डंडी ❷पंख：振～高飞 पंख फड़फड़ाते हुए ऊंचा उड़ना

鞨 hé दे० 靺鞨 Mòhé

hè

吓（嚇）hè ❶डराना-धमकाना; धमकी देना ❷〈विस्मय०〉(असंतोष प्रकट करने के लिये प्रयुक्त)：～，你怎么能这样干呢？छिः, तुम इस तरह कैसे कर सकते हो？

xià भी दे०

和 hè ❶गाने में शामिल होना：一唱一～ एक दूसरे का समर्थन करना और एक ही स्वर अलापना ❷किसी को उत्तर में कविता लिखना：～某某先生 श्री … के पत्र के उत्तर में कविता रचना

hé; hú; huó; huò भी दे०

佫 Hè एक कुलनाम

贺（賀）hè ❶बधाई देना; मुबारकबाद देना; अभिनंदन करना：祝～ अभिनंदन करना; बधाई देना; मुबारकबाद देना ❷（Hè）एक कुलनाम

【贺词】hècí अभिनंदन के शब्द：致～ अभिनंदन का भाषण देना

【贺电】hèdiàn बधाई संदेश; बधाई का तार：发～ बधाई का तार भेजना

【贺函】hèhán अभिनंदन-पत्र; बधाई-पत्र

【贺卡】hèkǎ (जन्मदिवस, विवाह, उत्सव आदि के लिये) बधाई का कार्ड; अभिवादन-पत्र; ग्रीटिंग-कार्ड

【贺礼】hèlǐ किसी व्यक्ति को बधाई देते समय दी गयी भेंट

【贺年】hènián नये साल की मुबारकबाद कहना या देना：～片 नव-वर्ष कार्ड

【贺岁片】hèsuìpiàn नये साल की फ़िल्म; न्यू इयर्स फ़िल्म

【贺喜】hèxǐ प्रसन्नता के अवसर पर (जैसे, विवाह, बच्चे का पैदा होना आदि) बधाई देना

【贺信】hèxìn अभिनंदन-पत्र; बधाई-संदेश

【贺仪】hèyí अभिनंदन-भेंट (बहुधा पैसे के रूप में)

【贺幛】hèzhàng बधाई के लिये रेशम की पट्टी

荷 hè ❶पीठ या कंधे पर बोझ लादना：荷枪实弹 ❷〈लि०〉भार उठाना：～…之重任 … का भार उठाना ❸भार; बोझ：肩负重～ कंधे पर भार उठाना ❹〈लि०〉(बहुधा पत्र में प्रयुक्त) आभारी होना：请早日示复为～。कृपया जल्दी उत्तर दें; यथाशीघ्र पत्रोत्तर के लिये मैं आपका आभारी रहूंगा।

hé भी दे०

【荷枪实弹】hèqiāng-shídàn (सिपाहियों या पुलिस-कर्मियों का) भरी हुई राइफ़लें धारण करना—— आपात स्थिति के लिये तैयार रहना

【荷载】hèzǎi लादना; बोझ लादना

【荷重】hèzhòng किसी गृह, मकान आदि द्वारा सहा जा सकने वाला भार

喝 hè ज़ोर से गरजना; ज़ोर से झकझोर कर बताना：他大～一声 उसने ललकारा।

hē भी दे०

【喝彩】hècǎi वाहवाही करना; ताली बजाना; हर्षनाद करना; शोरगुल मचाना：～的人们 वाहवाही करने वाले लोग; शोरगुल मचाता जन-समूह ／在这～声中 इस शोरगुल के बीच

【喝倒彩】hè dàocǎi हल्ला करना; शोर मचाना; ना-पसंदगी या घृणासूचक आवाज़ें कसना; छी-छी करना：观众喝起倒彩来。दर्शक लोग नापसंदगी की आवाज़ें कसने लगे।

【喝道】hèdào गरजकर बोलना：他大声～。वह गर-जकर बोल पड़ा।

【喝令】hèlìng चिल्लाकर आदेश देना

【喝问】hèwèn गरजकर पूछना

猲 hè 〈लि०〉 ❶डरना; भय होना; भयभीत होना ❷डराना-धमकाना; धमकी देना

xiē भी दे०

愒 hè 〈लि०〉 ❶डराना-धमकाना; धमकी देना：恐～ डराना-धमकाना; धमकी देना

qì भी दे०

赫[1] hè ❶सुस्पष्ट; व्यक्त; महान：显～ सुप्रसिद्ध; सुविख्यात; नामी; मशहूर ❷（Hè）एक कुलनाम

赫[2] hè 赫兹 का संक्षिप्त रूप

【赫赫】hèhè सुप्रसिद्ध; सुविख्यात; नामी; मशहूर：～有名 सुप्रसिद्ध; सुविख्यात; नामी; मशहूर

【赫然】hèrán आश्चर्यजनक चित्ताकर्षक वस्तुओं का अचानक प्रकट होना：一只猛虎～出现于林中。अचानक वन में एक भयंकर बाघ खड़ा दिखाई दिया।

【赫哲族】Hèzhézú हच जाति जो हेइलोंगच्यांग प्रान्त में निवास करती है

【赫兹】hèzī 〈विद्यु०〉 हर्ट्ज़

褐 hè ❶〈लि०〉 मोटा कपड़ा या मोटे कपड़े से बनी पोशाक ❷भूरा रंग

【褐斑病】hèbānbìng 〈वन०〉 भूरा धब्बा

【褐马鸡】hèmǎjī दे० 鹖鸡 héjī

【褐煤】hèméi भूरा कोयला

【褐色土】 hèsètǔ भूरी मिट्टी
【褐铁矿】 hètiěkuàng भूरा लौह अयस्क; लिमोनाइट
【褐藻】 hèzǎo भूरी समुद्री काई

鹤（鶴） hè सारस: 丹顶～ लाल सिर वाला सारस
【鹤发童颜】 hèfà-tóngyán श्वेत केश और रक्ताभ मुख — वृद्धावस्था में स्वस्थ; नीरोग और उत्साहपूर्ण
【鹤立鸡群】 hèlìjīqún कुक्कुटशावकों के बीच सारस की तरह खड़ा होना — योग्यता या बाहरी रूप में दूसरे लोगों से बढ़कर होना
【鹤嘴镐】 hèzuǐgǎo कुदाल; गैंती

翯 hè नीचे दे०
【翯翯】 hèhè 〈लि०〉 (पक्षी का पर) श्वेत, स्वच्छ और चिकना

壑 hè तंग घाटी; बड़ा तालाब: 千山万～असंख्य पहाड़ और घाटियां / 以邻为～पड़ोसी के खेत को अपने फ़ालतू पानी की निकासी का साधन बनाना

hēi

黑 hēi ❶काला: 黑板 / ～发 काला या काले बाल ❷अंधेरा; धुंधला: ～夜 अंधेरी रात; काली रात ❸गुप्त; अवैध; गैरकानूनी: 黑会 ❹बुरा; अमंगल: 黑货 / 黑心 ❺प्रतिक्रियावादी: 黑帮 ❻ (Hēi) एक कुलनाम
【黑暗】 hēi'àn अंधेरा; धुंधला: ～的夜 घटाटोप अंधेरी रात / ～势力 अंधकार की तमाम शक्तियां
【黑白】 hēibái ❶काला और सफ़ेद: ～电视 काला-सफ़ेद टी०वी०; श्वेत-श्याम टी०वी० ❷सही और गलत: 颠倒～ काले को सफ़ेद बताना; सफ़ेद को स्याह बताना
【黑白分明】 hēibái-fēnmíng काले और सफ़ेद का स्पष्ट अंतर; दूध का दूध पानी का पानी होना
【黑白片儿】 hēibáipiānr （黑白片 भी） श्वेत-श्याम चलचित्र
【黑斑病】 hēibānbìng 〈वन०〉 काला धब्बा
【黑板】 hēibǎn ब्लैकबोर्ड; श्यामपट्ट; काली तख्ती
【黑板报】 hēibǎnbào ब्लैकबोर्ड बुलेटिन
【黑板擦】 hēibǎncā ब्लैकबोर्ड एरेज़र
【黑帮】 hēibāng गुप्त गुट; प्रतिक्रियावादी गिरोह
【黑报告】 hēibàogào विद्वेषपूर्ण रिपोर्ट
【黑不溜秋】 hēibuliūqiū काला; श्याम; कृष्ण: 这件衣服～的，我不要。यह कपड़ा काला-सा है, मुझे नहीं चाहिये।
【黑材料】 hēicáiliào काली सूची सूचना; ब्लैक लिस्ट इंफ़ोर्मेशन
【黑潮】 hēicháo 〈भू०〉 काली धार; श्याम प्रवाह
【黑沉沉】 hēichénchén (आकाश) अंधेरा; अंधकारपूर्ण
【黑道】 hēidào ❶अंधेरा रास्ता ❷(डाकुओं आदि का) अवैध काम ❸(डाकुओं आदि का) गुप्त गिरोह; काला समाज
【黑地】 hēidì रजिस्टर में न चढ़वायी गयी भूमि
【黑点】 hēidiǎn कालिमा; कालिख; धब्बा
【黑电影】 hēidiànyǐng सिनिस्टर फ़िल्म
【黑店】 hēidiàn 〈पुराना〉 डाकुओं द्वारा खोली गई सराय
【黑貂】 hēidiāo सेबल : ～皮 सेबल का फ़र
【黑鲷】 hēidiāo काली पोर्गी (मछली)
【黑洞】 hēidòng ❶〈खगोल०〉 काला बिल; अंधेरा बिल; ब्लैक होल; कलैप्सर ❷〈ला०〉 गुप्त रूप से अवैध आचार आदि करने का निरीक्षण व नियंत्रण न किया जा सकने की स्थिति
【黑洞洞】 hēidòngdòng बहुत अंधेरा
【黑豆】 hēidòu काला सोया बीन
【黑非洲】 Hēifēizhōu अश्वेत अफ़्रीका
【黑钙土】 hēigàitǔ 黑土 के समान
【黑更半夜】 hēigēng-bànyè 〈बोल०〉 गहरी रात
【黑咕隆咚】 hēigulōngdōng 〈बोल०〉 बहुत अधिक अंधेरा: 屋里～的。कमरे में बहुत अंधेरा है।
【黑管】 hēiguǎn（单簧管 dānhuángguǎn का लोक-प्रचलित नाम）क्लारनेट
【黑光】 hēiguāng काला प्रकाश; काली रोशनी
【黑海】 Hēihǎi काला सागर
【黑糊糊】 hēihūhū （黑忽忽，黑乎乎 hēihūhū भी）❶काला; काला किया गया: 墙熏得～的。 धुएं से दीवार काली हो गई। ❷अंधेरा-सा: 屋子里～的。कमरे में काफ़ी अंधेरा है। ❸दूर से अस्पष्ट: 远处是一片～的树林。दूर एक अस्पष्ट वन दिखाई देता है।
【黑户】 hēihù रजिस्टर में न चढ़वाया गया परिवार; बिना लाइसेंस की अवैध दूकान
【黑话】 hēihuà ❶गुप्त भाषा; खास बोली ❷द्वयर्थक बातें; द्विअर्थी बातें
【黑鲩】 hēihuàn（青鱼 qīngyú का दूसरा नाम）काला कार्प; काली शफ़री (मछली)
【黑会】 hēihuì गुप्त बैठक
【黑货】 hēihuò गैरकानूनी तौर पर आयातित माल; चोरी-छिपे लाया गया माल; तस्करी का माल
【黑金】 hēijīn घूस देने आदि अवैध कार्यवाहियों के लिये दिया गया धन; काला धन; ब्लैक मनी
【黑颈鹤】 hēijǐnghè श्याम-कंठ सारस
【黑客】 hēikè हैकर
【黑里康大号】 hēilǐkāng dàhào 〈संगी०〉 हेलिकन
【黑里俏】 hēilǐqiào सांवरी सुन्दरी
【黑领】 hēilǐng गंदा, थका-मांदा आदि काम करने वाला; काला कॉलर
【黑溜溜】 hēiliūliū काला और चमकदार: ～的眼睛 काली और दमकती हुई आंखें
【黑瘤】 hēiliú 〈चिकि०〉 मेलानोमा; काली रसौली
【黑龙江】 Hēilóngjiāng ❶हेइलोंगच्यांग नदी ❷हेइलोंगच्यांग (प्रान्त)
【黑马】 hēimǎ काला घोड़ा; छिपा रुस्तम; डार्क हॉर्स
【黑麦】 hēimài नीवारिका; राई (एक प्रकार का खाद्यान्न)
【黑茫茫】 hēimángmáng काला और विशाल: ～的夜空 रात का काला और विशाल आकाश

【黑霉】 hēiméi काली फफूंदी
【黑蒙蒙】 hēiméngméng धुंधला; साफ़ दिखाई न देना: ～的夜色 रात का धुंधला प्रकाश
【黑面包】 hēimiànbāo काली पावरोटी; राई पावरोटी; ब्राउन ब्रेड; बिना छाने आटे की पावरोटी
【黑名单】 hēimíngdān काली सूची; ब्लैक लिस्ट: 上了～ काली सूची में नाम लिखना
【黑木耳】 hēimù'ěr दे० 木耳 mù'ěr
【黑幕】 hēimù साजिश का अंदरूनी रहस्य: 揭穿～गंदी तिकड़मों का पर्दाफ़ाश करना
【黑啤酒】 hēipíjiǔ ब्लैक बियर, काली बियर
【黑钱】 hēiqián अनुचित साधनों से प्राप्त धन; पाप की कमाई
【黑枪】 hēiqiāng ❶अवैध रूप से पास रखे आग्नेय शस्त्र ❷छिपकर दूर से चलायी गयी गोली: 打～ दूर से छिपकर व्यक्तियों पर गोली चलाना
【黑黢黢】 hēiqūqū （黑漆漆 hēiqīqī भी）बहुत अंधेरा; घना अंधेरा: ～的夜 घनी अंधेरी रात
【黑热病】 hēirèbìng 〈चिकि०〉 कालाज्वर; कालाज़ार
【黑人】 Hēirén हब्शी; काले लोग; अश्वेत
【黑人】 hēirén ❶रजिस्टर में न दर्ज व्यक्ति; अपंजीकृत नागरिक ❷छिपकर रहने वाला आदमी
【黑色火药】 hēisè huǒyào ब्लैक पाउडर
【黑色金属】 hēisè jīnshǔ लौह धातु
【黑色人种】 hēisè rénzhǒng हब्शी जाति; ब्लैक रेस
【黑色食品】 hēisè shípǐn काला अन्न; काला भोजन; ब्लैक फ़ूड
【黑色收入】 hēisè shōurù भ्रष्टाचार, चोरी, घूस लेने आदि अवैध उपायों से प्राप्त आय; काली आय; ब्लैक इंकम
【黑色素】 hēisèsù 〈जीव०र०〉 मेलनिन
【黑纱】 hēishā करेप; काला बाहुबन्द
【黑哨】 hēishào 〈खेल०〉 काली सीटी; ब्लैक ह्विसल
【黑社会】 hēishèhuì काला समाज; समाज में छिपकर अपराध करने वाली तमाम शक्तियां
【黑社会性质组织】hēishèhuì xìngzhì zǔzhī अवैध आर्थिक, राजनीतिक लाभ उठाने के उद्देश्य से अपराधिक उपायों द्वारा कारोबार या गुट आदि तरीके से संगठित अपराधी संगठन; माफ़ीया
【黑市】 hēishì काला बाज़ार; चोरबाज़ार; ब्लैक मार्केट: ～价格 सट्टेबाज़ी का दाम / ～买卖 चोरबाज़ारी / ～商人 चोरबाज़ारी करने वाला व्यापारी
【黑手】 hēishǒu चोरी-छिपे साजिश करने वाले व्यक्ति या शक्तियां
【黑手党】 Hēishǒudǎng माफ़ीया
【黑死病】 hēisǐbìng महामारी
【黑穗病】 hēisuìbìng 〈कृ०〉 अनाज का काला रोग
【黑糖】 hēitáng गुड़
【黑桃】 hēitáo (ताश में) हुकुम; स्पेड
【黑陶】 hēitáo श्याम मृत्पात्र; मिट्टी के काले बर्तन (उत्तर पाषाण काल के)
【黑陶文化】 hēitáo wénhuà श्याम मृत्पात्र संस्कृति （龙山文化 का दूसरा नाम）
【黑体】 hēitǐ ❶〈भौ०〉 ब्लैकबॉडी ❷〈मुद्रण०〉 बोल्ड-फ़ेस: ～字 मोटा टाइप; काले मोटे अक्षर
【黑天】 Hēitiān कृष्ण
【黑天】 hēitiān रात; शाम; संध्या; दिनांत
【黑铁皮】 hēitiěpí लोहे की काली चादर
【黑头】 hēitóu श्याम-मुख पात्र —— परम्परागत ऑपेरा में रंजित मुख पात्र जिसका रंग मुख्यतः काला होता है। जैसे लार्ड पाओ（包公）—— चीनी ऑपेरा में एक महान न्यायप्रिय जज का पात्र
【黑土】 hēitǔ ❶काली मिट्टी ❷अफ़ीम
【黑窝】 hēiwō वह स्थान जहां बदमाश छिपकर बुरे काम करते हों
【黑戏】 hēixì सिनिस्टर प्ले
【黑瞎子】 hēixiāzi काला भालू; काला रीछ
【黑匣子】 hēixiázi काला डिब्बा; ब्लैक बॉक्स
【黑下】 hēixià 〈बो०〉 अंधेरी रात
【黑线】 hēixiàn ❶काला तागा ❷सिनिस्टर लाइन
【黑心】 hēixīn दुष्टभाव; दुष्ट आशय; बुरी नीयत
【黑信】 hēixìn गुम नाम चिट्ठी
【黑猩猩】 hēixīngxing वनमानुष; चिम्पांज़ी
【黑熊】 hēixióng काला भालू; काला रीछ
【黑魆魆】 hēixūxū अंधेरा
【黑压压】 hēiyāyā （黑鸦鸦 भी） घनी भीड़: 广场上～地挤满了人。मैदान घनी भीड़ से खचाखच भर गया।
【黑眼镜】 hēiyǎnjìng काली ऐनक; सनग्लासिस
【黑眼珠】 hēiyǎnzhū पुतली; आइरिस
【黑夜】 hēiyè रात; रात्रि; काली रात; अंधेरी रात
【黑衣法官】 hēi yī fǎguān 〈खेल०〉 फ़ुटबाल रेफ़री; काला कपड़ा रेफ़री
【黑影儿】 hēiyǐngr साया: 月亮中的～ चन्द्रमा पर दिखाई देने वाले धब्बे
【黑油油】 hēiyóuyóu गहरा काला चमकीला रंग; काजल काला: ～的头发 चमकीले काले रंग के बाल
【黑黝黝】 hēiyǒuyǒu ❶黑油油 के समान ❷अंधेरा; धुंधला: 船从～中荡来。 नौका अंधकार में किनारे आ लगी।
【黑鱼】 hēiyú काली मछली; स्नेक-हेड मछली
【黑云】 hēiyún मेघ
【黑云母】 hēiyúnmǔ श्याम अभ्रक; काला अबरक
【黑枣】 hēizǎo ❶〈वन०〉 डेटप्लम पर्सिमोन ❷〈बो०〉 吃～ गोली से मारा जाना
【黑种人】 Hēizhǒngrén काले लोग
【黑子】 hēizǐ ❶〈लि०〉 (चमड़े पर) तिल; काला तिल ❷〈खगोल०〉 सूरज का धब्बा

嘿 hēi 〈विस्मय०〉 हे; ए; अरे: ～，快走吧！हे, जल्दी चलो! / ～，下雨了！अरे, पानी बरसने लगा! / ～，你这衣服可真不错啊！ अरे, तुम्हारा यह कपड़ा सचमुच बहुत अच्छा है!
mò भी दे०
【嘿嘿】 hēihēi 〈अनु०〉 हंसने की आवाज़

hén

痕 hén निशान; चिह्न: 伤～चोट; चोट-चपेट; चट्टा; चकत्ता / 泪～आंसू से चेहरे पर छूटी लीक

【痕迹】 hénjì निशान; चिह्न: 轮子的～पहिये का निशान

hěn

很 hěn 〈क्रि०वि०〉 बहुत; बहुत अधिक: ～大 बहुत बड़ा / ～不错 बहुत अच्छा / ～高兴 बहुत प्रसन्न; बहुत खुश / ～想知道 जानने की बड़ी इच्छा होना; जानने के लिये बहुत चाहना / ～大程度 काफ़ी हद तक

狠 1 hěn ❶क्रूर; निर्दय; बेरहम; निष्ठुर: 狠毒 ❷(भावनाएं) संयम करना; वश में रखना; दबा कर रखना; कलेजा पत्थर करना; दृढ़ संकल्प करना: 狠心 ❸दृढ़ता के साथ: ～抓革命生产 दृढ़ता के साथ उत्पादन को बढ़ावा देना ❹कठोरता से; सख्ती से: ～～打击 कठोरता से आघात करना

狠 2 hěn 很 hěn के समान

【狠毒】 hěndú खूंखार; क्रूर; निष्ठुर; निर्दय; बेरहम: 心肠～विषैले दिल का होना

【狠命】 hěnmìng सारी ताकत लगाकर; जी-जान से: ～追赶 सारी ताकत लगाकर पीछा करना

【狠心】[1] hěnxīn कलेजा या दिल पत्थर करना; दिल कड़ा करना: 他～打了孩子。उसने दिल कड़ा करके बच्चे को मारा।

【狠心】[2] hěnxīn क्रूर; निर्दय; हृदयहीन: 他真～。वह सचमुच निर्दय है।

hèn

恨 hèn ❶घृणा करना; नफ़रत करना: 他～透了我。उन्हें मुझसे जी-जान से घृणा थी। / 我可～你哩。मेरा तो तुमसे जी जलता था।❷पछताना; पश्चाताप करना: 恨事

【恨不得】 hènbude किसी की इच्छा है कि; यह चाहना कि: 我～立刻就去看他。मेरी इच्छा है कि इसी समय उससे मिलने जाऊं।

【恨入骨髓】 hènrùgǔsuǐ किसी से अपनी हड्डियों की मज्जा की गहराई तक घृणा करना; प्रचंडता से घृणा करना

【恨事】 hènshì पछताने की बात: 引为～ किसी को इस बात का बड़ा ही मलाल रहना

【恨铁不成钢】 hèn tiě bù chéng gāng किसी व्यक्ति के सुधरने के लिये व्याकुल होना

【恨之入骨】 hènzhīrùgǔ किसी से अपनी हड्डियों की मज्जा तक घृणा करना; प्रचंड घृणा होना

hēng

亨 1 hēng ❶सुगमता से; बिना किसी रुकावट के: 亨通 ❷（Hēng）एक कुलनाम

亨 2 hēng 〈विद्यु०〉 亨利 का संक्षिप्त नाम

【亨利】 hēnglì 〈विद्यु०〉 हेनरी

【亨通】 hēngtōng सुगमता से चलना; बिना किसी रुकावट के चलना: 万事～。हर काम बिना किसी रुकावट के चल रहा है।

哼 hēng ❶(पीड़ा आदि से) कराहना; कहना: 他痛得直～～。वह दर्द से कराहने लगा। / 他有什么资格～一声呢? भला उसे क्या हक है कि वह हमारे खिलाफ़ एक भी शब्द कहे ? / 狗～而且追。कुत्ता गुर्राता हुआ उसके पीछे दौड़ा। ❷धीमी आवाज़ में गाना; होंठ बंद करके कहना, गाना या गुनगुनाना: 他～着电影歌曲。वह कोई फ़िल्मी गीत गुनगुना रहा था।
hng भी दे०

【哼哧】 hēngchī 〈अनु०〉 हांफ़ना; सांस फूलना: 他跑得～～地喘起来。दौड़ते-दौड़ते उसकी सांस फूलने लगी।

【哼唧】 hēngji धीमी आवाज़ में बात करना, गाना या गुनगुनाना: 她一边走，一边～着电影歌曲。वह चलते हुए फ़िल्मी गीत गुनगुना रही थी।

【哼儿哈儿】 hēngrhār हूं, हाँ करना: 他总是～的，问他也白问。वह हमेशा हूं, हाँ करता है, उस से पूछना व्यर्थ है।

【哼唷】 hēngyō 〈अनु०〉 हो-हो; हय्या-हो

啈 hēng 〈विस्मय०〉 (पाबंदी का बोध कराता है)
hèng भी दे०

脝 hēng दे० 膨脝 pénghēng ❶〈लि०〉 बड़ी तोंद वाला ❷〈बो०〉 बड़ा; विशाल; भारी-भरकम

héng

恒（恆） héng ❶स्थायी; चिरस्थायी; स्थिर; चिरकालिक: 永～ नित्य; शाश्वत; स्थायी ❷चिरसंकल्प: 有～ लगन से लगे रहना; प्रयत्न करते रहना ❸साधारण; सामान्य; मामूली: 恒言 ❹（Héng）एक कुलनाम

【恒产】 héngchǎn स्थिर संपत्ति; स्थावर संपत्ति; अचल संपत्ति
【恒齿】 héngchǐ （恒牙 héngyá भी）स्थायी दंत
【恒等】 héngděng 〈गणि०〉 सर्वसम: ～式 सर्वसम समीकरण
【恒定】 héngdìng स्थिर; स्थायी; अचल
【恒河】 Hénghé गंगा नदी: ～沙数 गंगा नदी की रेत की तरह अगणित; असंख्य; अनगिनत; बेहिसाब
【恒久】 héngjiǔ स्थिर; स्थायी; अचल
【恒量】 héngliàng 〈भौ०〉 स्थिरांक; नियतांक; कांस्टेंट
【恒山】 Héngshān हंग पर्वत (शानशी[陕西] प्रांत में) दे० 五岳 Wǔyuè
【恒生指数】 Héngshēng zhǐshù 〈अर्थ०〉 हंगशंग सूचकांक (या इंडेक्स)
【恒温】 héngwēn स्थिर तापमान; निश्चित तापमान: ～器 तापस्थापी; स्वयंचल उष्मास्थापक / ～动物 गरम रक्त वाला जन्तु
【恒心】 héngxīn चिर संकल्प: 学习不能没有～。अध्ययन के लिये चिर संकल्प होना ज़रूरी है।
【恒星】 héngxīng 〈खगोल०〉 स्थिर तारा: ～年 नाक्षत्र वर्ष / ～月 नाक्षत्र मास / ～日 नाक्षत्र दिवस / ～时 नाक्षत्र काल
【恒星系】 héngxīngxì नक्षत्रीय व्यवस्था; गैलेक्सी
【恒言】 héngyán कहावत; लोकोक्ति

姮 héng नीचे दे०

【姮娥】 Héng'é छांग-अ（嫦娥 Cháng'é）का दूसरा नाम

珩 héng प्राचीन काल में अभिजात व्यक्तियों और उच्चाधिकारियों द्वारा बांधे गये कमरबंद पर लटकते जेड का ऊपरी रत्न

桁 héng 〈वास्तु०〉 पर्लिन; शहतीर

【桁架】 héngjià 〈वास्तु०〉 (छत, पुल आदि का) आधारिक ढांचा; थूनी: ～桥 नीचे के ढांचे से सधा हुआ पुल; पीलपायेदार पुल
【桁条】 héngtiáo पर्लिन

鸻（鴴）héng 〈प्राणि०〉 प्लोवर (पक्षी)

横 héng ❶सम; आड़ा; अनुप्रस्थ: ～线 सम रेखा ❷पूर्व से पश्चिम तक या पश्चिम से पूर्व तक: ～贯 पूर्व से पश्चिम तक या पश्चिम से पूर्व तक आर-पार जाना ❸बायें से दायें तक या दायें से बायें तक: ～写 बायें से दायें या दायें से बायें लिखना ❹किसी वस्तु की लंबी ओर का समकोण वाला: 横断面 / 人行～道 चौराहे का पैदल पार करने वाला रास्ता; ज़ेबरा क्रॉसिंग ❺किसी वस्तु को सीधा या आड़ा करना: 把尺～过来。रूलर को सीधा रखो; रूलर को आड़ा करो। ❻अव्यवस्थित अवस्था में; बिना रोकटोक: 蔓草～生 रेंगने वाली घासें अव्यवस्थित अवस्था में फैल जाना / 老泪～流 वृद्ध आंखों से बेरोकटोक आंसू बहना ❼उद्दंड; क्रूर; निर्दय; निष्ठुर: 横行霸道 ❽(चीनी अक्षर में) सीधा या आड़ा आघात (–) ❾〈बो०〉 〈क्रि०वि०〉 किसी तरह; किसी न किसी प्रकार से; जो भी हो; किसी भी अवस्था (या हालत) में: 我～不那么办。जो भी हो, मैं यह काम नहीं करूंगा। ❿〈बो०〉 〈क्रि०वि०〉 संभवत:: 今天下雪，他～不来了。आज बर्फ़ गिर रही है, संभवत: वह नहीं आएगा।

hèng भी दे०

【横冲直撞】 héngchōng-zhízhuàng भीड़ में लोगों को बलपूर्वक धक्का देकर अपना रास्ता बनाना; अंधाधुंध संघर्ष करना
【横穿】 héngchuān पार करना: ～马路 सड़क पार करना
【横倒竖歪】 héngdǎo-shùwāi अस्तव्यस्तता में
【横笛】 héngdí बांसुरी
【横渡】 héngdù नदी को तैरकर पार करना: ～长江 यांगत्सी नदी को तैरकर पार करना
【横断面】 héngduànmiàn अनुप्रस्थच्छेदन; तिर्यक काट
【横队】 héngduì एक दूसरे के कंधे से कंधा सटाकर खड़े हुए सैनिकों की पंक्ति; पंक्ति; कतार
【横幅】 héngfú अनुप्रस्थ चित्र, सुलिपि, झंडा आदि
【横格纸】 hénggézhǐ लाइनदार पेपर
【横膈膜】 hénggémó 〈श०वि०〉 मध्यपट; डायाफ़ाम
【横亘】 hénggèn (पुल,मेहराब आदि का) एक किनारे से दूसरे किनारे तक बिछा या फैला होना: 一座大桥～在江面上。नदी पर एक बड़ा पुल बिछा है।
【横贯】 héngguàn पूर्व से पश्चिम तक या पश्चिम से पूर्व तक पार होना: 一条铁路～省内。प्रान्त के आर-पार एक रेल-मार्ग है।
【横加】 héngjiā अयुक्तियुक्त रूप से; जानबूझकर (रुकावटें डालना आदि); खुले तौर पर: ～梗阻 (के रास्ते में) जानबूझकर रुकावटें डालना / ～干涉 खुले तौर पर हस्तक्षेप करना
【横结肠】 héngjiécháng 〈श०वि०〉 बृहदांत्र; स्थूलांत्र
【横梁】 héngliáng धरन; तिरछी धरन
【横眉】 héngméi क्रोध से त्योरी तानना
【横眉冷对千夫指，俯首甘为孺子牛】 héngméi lěng duì qiānfū zhǐ, fǔshǒu gān wéi rúzǐ niú मैं तान त्योरियां तिरस्कार सौ बार किया करता हज़ार आरोप लगाने वालों का, पर शीश नवाता दीन-हीन जन के सम्मुख ज्यों बड़ा वृषभ शिशु के समक्ष है झुक जाता!; क्रुद्ध भृकुटियां तान, तनिक परवाह न करता मैं हज़ार उंगलियां उठाने वालों की; शीश झुकाकर किन्तु दूसरी ओर वृषभ-सा सेवारत रहता अबोध बच्चों की।
【横眉怒目】 héngméi-nùmù क्रोध से भृकुटियां तानकर
【横拍握法】 héngpāi wòfǎ हाथ मिलाने के ढंग से बल्ला पकड़ना: ～运动员 शेक हैण्ड ग्रिप प्लेयर
【横批】 héngpī अवलंब अनुप्रस्थ सुलिपि, उत्कीर्ण लेख आदि (जो प्राय: द्वार के ऊपर लटका या चिपका हो और जिसके दोनों ओर लंब रूप में दो उत्कीर्णित या लिखित पद्यांश झूलते हों)

【横披】héngpī लंबा और अनुप्रस्थ चित्र या सुलिपि
【横剖面】héngpōumiàn 横断面 के समान
【横七竖八】héngqī-shùbā अस्तव्यस्तता में
【横切面】héngqiēmiàn 横断面 के समान
【横肉】héngròu मांसपेशी जो चेहरे को बहुत भद्दा और भयानक बनाती हो：一脸～ देखने में बहुत कुरूप और भयानक
【横扫】héngsǎo तूफ़ानी वेग से चलना; सफ़ाया करना：向东～ पूर्व की ओर तूफ़ानी वेग से कूच करना
【横生】héngshēng ❶अस्तव्यस्त रूप में उगना：蔓草～ रेंगने वाली घासों का अस्तव्यस्त रूप में उगना ❷अप्रत्याशित रूप से उत्पन्न होना：～枝节 अप्रत्याशित कठिनाई पैदा करना
【横是】héngshì 〈बो०〉〈क्रि०वि०〉 संभवतः：下雨了，他～不回来了。पानी बरसने लगा, संभवतः वह नहीं आएगा।/他～快五十了吧？उसकी आयु संभवतः पचास साल होगी？
【横竖】héngshù 〈बोल०〉〈क्रि०वि०〉 किसी तरह; जो भी हो; जैसे भी हो：我～睡不着。मुझे किसी तरह नींद नहीं आ रही थी।
【横说竖说】héngshuō－shùshuō (विश्वस्त करने या समझाने के लिये) बार-बार कहना：我～，他就是不同意。मैंने बार-बार कहा, पर वह मानता ही नहीं।
【横挑鼻子竖挑眼】héng tiāo bízi shù tiāo yǎn मीन-मेख निकालना; बाल की खाल निकालना; छिद्रान्वेषण करना; नुक्ताचीनी करना
【横纹肌】héngwénjī रेखित मांसपेशी
【横向】héngxiàng अनुप्रस्थ; सम; दिगंतसम：～经济联合 अनुप्रस्थ आर्थिक सहयोग
【横心】héngxīn दृढ़ संकल्प：横下一条心 दृढ़ संकल्प करना या कर लेना
【横行】héngxíng उन्मत्त होकर मनमानी करना; अत्याचारी शासन कायम रखना：特务～。गुप्तचर उन्मत्त होकर मनमानी करते हैं।/决不让帝国主义～到底 साम्राज्यवादियों को अपने अत्याचारी शासन को अनिश्चित काल तक कायम न रखने देना/～无忌 बेलगाम होना
【横行霸道】héngxíng-bàdào मनमाना जुल्म करना：站在人民头上～जनता पर सवारी गांठकर मनमाने जुल्म करना
【横许】héngxǔ 〈बो०〉 संभवतः
【横溢】héngyì ❶(नदी में) बाढ़ आना; पानी बह निकलना：江河～ नदी में पानी बह निकलना; बाढ़ आना ❷(योग्यता, उत्साह आदि का) भरा होना; परिपूर्ण होना：热情～ उत्साह से परिपूर्ण होना
【横征暴敛】héngzhēng-bàoliǎn ज़बरदस्ती वसूली करना; जबरन वसूली और उगाही करना
【横直】héngzhí 〈बो०〉〈क्रि०वि०〉 किसी तरह; जो भी हो; जैसे भी हो; किसी भी अवस्था में
【横坐标】héngzuòbiāo भुज; भुजांक; सूच्याकार भुज

衡 héng ❶विषमभुजतुला का भुज ❷तौलना; तौल करना; वज़न करना ❸नापना; तौलना; आंकना; विचारना：衡量
【衡量】héngliáng तौलना; नापना; विचारना：用某种标准～ किसी कसौटी पर तौलना/请你～一下这事该怎么办。आप विचार कीजिये कि यह काम कैसे किया जाए।
【衡量得失】héngliáng déshī हानि-लाभ तौलना
【衡器】héngqì नाप-तौल यंत्र
【衡山】Héngshān हंग पर्वत (हूनान प्रांत में) दे० 五岳 Wǔyuè

蘅 héng दे० 杜蘅 dùhéng 〈वन०〉 जंगली अदरक

hèng

啈 hèng ज़ोर से हुक्म देना
hēng भी दे०

横 hèng ❶कठोर; क्रूर; निर्दय; निष्ठुर; बेरहम：～话 कठोर बात ❷अप्रत्याशितः 横事
héng भी दे०
【横暴】hèngbào विकृत और हिंस्र
【横财】hèngcái अनुचित साधनों से प्राप्त धन：发～ अनुचित साधनों से धन प्राप्त करना
【横祸】hènghuò अप्रत्याशित विपत्ति; आकस्मिक विपत्ति
【横蛮】hèngmán व्यवहार में उद्दण्ड：他是个～不讲理的人。वह अपने व्यवहार में उद्दण्ड और स्वेच्छाचारी है।
【横逆】hèngnì स्वेच्छाचार：待我以～ मेरे विरुद्ध हिंसा का प्रयोग (करना)
【横事】hèngshì अप्रत्याशित विपत्ति
【横死】hèngsǐ असमय मर जाना

hm

噷 hm 〈विस्मय०〉 (फटकार या असंतोष का बोध कराता है)：～，别提这事了。हूं, इस बात का ज़िक्र मत करो।/～，算了吧。हूं, इसे भूल जाओ।

hng

哼 hng 〈विस्मय०〉 (असंतोष या संदेह का परिचायक)：～，你自己还不明白？हूं, तुम खुद भी नहीं जानते？
hēng भी दे०

hōng

吽 hōng हूं (बौद्ध धर्म के षत्स्वर मंत्र 六字真言 में प्रयुक्त स्वरः 唵嘛呢叭咪吽 ओं मणि पद्मे हूं)

轰[1]（轟）hōng ❶〈अनु०〉 धड़ाका; धमाका: 敌人的碉堡～的一声给炸飞了。दुश्मन की किलेबंदी विस्फोट से धमाके के साथ उड़ गयी। ❷（बादल）गरजना; (तोप) गोला बरसाना; (गोला बारूद) विस्फोट होना: 轰炸 / 雷～电闪 बादल का गरजना और बिजली का कौंधना

轰[2]（轟、揈）hōng भगाना; खदेड़ना: ～麻雀 गौरैयों को भगा देना / ～出会场 सभा से बाहर खदेड़ देना

【轰动】hōngdòng बहुत ही चर्चा होना: ～全城。सारे शहर में बहुत ही चर्चा हुई ।

【轰赶】hōnggǎn आवाज़ देकर भगा देना; डराकर भगा देना: ～麻雀 गौरैयों को डराने के लिये आवाज़ करना

【轰轰烈烈】hōnghōnglièliè ज़ोरदार; शानदार: ～的革命战争 ज़ोरदार क्रान्तिकारी युद्ध

【轰击】hōngjī ❶गोलाबारी करना; गोले बरसाना; गोलों की बौछार करना: ～敌军阵地 शत्रु-सेना के मोर्चे पर गोलाबारी करना ❷〈भौ०〉 (परमाणुओं आदि पर) अति-तीव्र गति वाले कण बरसाना

【轰隆】hōnglōng〈अनु०〉 धड़धड़ाना: 一辆电车～～开过去。एक ट्राम धड़धड़ाती हुई गुज़र गई।

【轰鸣】hōngmíng (बादल का) गरजना; (बिजली का) कड़कना; (तोप से) धड़ाका होना: 雷声～。बादल गरज रहा है। / 大炮～。तोप से धड़ाका हो रहा है।

【轰然】hōngrán धड़ाके या धमाके (की आवाज़) के साथ: ～大笑 (सब लोगों का) ठहाका मारकर हंसना

【轰响】hōngxiǎng (बादल का) गरजना; (बिजली का) कड़कना; (तोप से) धड़ाका होना: 火车～着开过去了。रेलगाड़ी धड़धड़ाती हुई गुज़र गयी।

【轰炸】hōngzhà बमबारी करना; बमवर्षा करना; बम फेंकना,गिराना या बरसाना: 轮番～ बारी-बारी से बमबारी करना / ～敌军阵地 शत्रु-सेना के मोर्चे पर बम बरसाना

【轰炸机】hōngzhàjī बममार विमान; बमवर्षक (विमान)

哄 hōng ❶〈अनु०〉 (बहुत लोगों की) अट्टहास या ज़ोर की हंसी की आवाज़; शोर-गुल ❷कोलाहल; शोरगुल; हो-हल्ला

hǒng; hòng भी दे०

【哄传】hōngchuán (अफ़वाहों का) फैल जाना: 谣言很快就～开了。यह अफ़वाह जल्दी ही फैल गयी।

【哄动】hōngdòng 轰动 hōngdòng के समान

【哄闹】hōngnào (बहुत से लोगों का) शोर-गुल या कोलाहल मचाना

【哄抢】hōngqiǎng (बहुत से लोगों का) उन्मत्त होकर माल खरीदना या लूटना

【哄然】hōngrán (बहुत से लोगों का) एक ही समय में आवाज़ निकालना: ～大笑 (बहुत से लोगों का एक साथ) ठहाका मारकर हंसना

【哄抬】hōngtái सट्टेबाज़ व्यापारियों का एक के बाद एक (चीज़ों के दाम) बढ़ाना: ～物价 सट्टेबाज़ों का एक के बाद एक चीज़ों के दाम बढ़ाना

【哄堂大笑】hōngtáng-dàxiào सारा हाल अट्टहास की आवाज़ से गूंज उठा

【哄笑】hōngxiào (बहुत से लोगों का) अट्टहास मारकर हंसना: 众人都～起来。सब लोग हंसने लगे।

訇 hōng ❶〈लि०〉 ऊंची आवाज़; तेज़ शोर: ～然 ऊंची आवाज़ से; शोर से ❷दे० 阿訇 āhōng

烘 hōng ❶आग में सुखाना या गरम करना; आग तापना; सेंकना: 烘干 ❷सज्जित करना; अलंकृत करना; रूपवृद्धि करना: 烘托

【烘焙】hōngbèi (चाय या तंबाकू के पत्ते) सेंकना; सुखा कर प्रयोग के लिये सुरक्षित करना

【烘衬】hōngchèn 烘托 के समान

【烘干】hōnggān ❶सेंकना; सुखाना ❷〈रसा०〉 स्टोविंग

【烘烘】hōnghōng〈अनु०〉 भभकती आग की आवाज़

【烘烤】hōngkǎo सेंकना; आग से सख़्त करना; सुखाना: ～手脚 आग में हाथ-पैर तापना

【烘笼】hōnglóng बांस, टहनियों आदि से बना टोकरा जो अंगीठी आदि पर रखा जाता है और जिसपर गीले कपड़े रखकर सुखाए जाते हैं

【烘丝机】hōngsījī तंबाकू ड्रायर

【烘托】hōngtuō ❶(चीनी चित्रकला में) किसी वस्तु को उभारने के लिये उसके आसपास ब्रुश द्वारा स्याह या अन्य रंग की छाप लगाना ❷तुलना करने के लिये किसी वस्तु को सज्जित या अलंकृत करना

【烘箱】hōngxiāng भट्टी; तंदूर (लोहे की)

【烘云托月】hōngyún-tuōyuè चांद को सजाने के लिये बादल चित्रित करना

薨 hōng (सामन्ती अभिजातों या उच्चाधिकारियों की) मृत्यु होना; गुज़र जाना

hóng

弘 hóng ❶बड़ा; महा; महान: 弘图 / 弘愿 ❷बड़ा करना; विस्तार करना; व्यापक करना; बढ़ाना ❸（Hóng）एक कुलनाम

【弘论】hónglùn 宏论 hónglùn के समान

【弘图】hóngtú 宏图 hóngtú के समान

【弘扬】hóngyáng（宏扬 hóngyáng भी）〈लि०〉

बढ़ाना; वृद्धि करना; आगे ले जाना; विकसित करना: ~文化 संस्कृति को आगे बढ़ाना

【弘愿】 hóngyuàn 宏愿 hóngyuàn के समान

【弘旨】 hóngzhǐ 宏旨 hóngzhǐ के समान

【弘治】 Hóngzhì मिंग राजवंश के सम्राट श्याओ-त्सोंग (孝宗) अर्थात् च्वू यओ-थांग (朱祐樘) की शासनोपाधि (1488-1505 ई०)

红(紅) hóng ❶लाल; रक्त; लोहित; सुर्ख़: 红灯 / 红领巾 ❷लाल कपड़ा (त्योहार या आनन्दमय दिवस के अवसर पर प्रयुक्त): 披~ उक्त अवसर पर कंधे को लाल रेशमी कपड़े से ढंकना ❸सफलता का लक्षण: 她是个很~的舞星。 वह एक बहुत लोकप्रिय नर्तकी है। ❹क्रांतिकारी; लाल: 红军 / 又~又专 लाल और विशेष; क्रांतिकारी और निपुण ❺बोनस: 分~ बोनस देना

gōng भी दे०

【红案】 hóng'àn लाल (काटने के लिये प्रयुक्त) पट्टा (白案 bái'àn से भिन्न)—— रसोई के श्रम-विभाजन में व्यंजन तैयार करने का काम

【红白喜事】 hóng bái xǐshì विवाह और अंत्येष्टि

【红斑】 hóngbān 〈चिकि०〉 चकत्ता; त्वग्रक्तिमा

【红斑痧】 hóngbānshā खसरा: 他发~了。 उसको खसरा निकल आया।

【红榜】 hóngbǎng सम्मानपट्ट; सम्मान सूची-पत्र

【红包】 hóngbāo भेंट, इनाम, बोनस आदि स्वरूप दिया गया रुपये भरा लाल लिफ़ाफ़ा

【红宝石】 hóngbǎoshí लाल; लाल मणि; माणिक; पद्मराग; याकूत

【红不棱登】 hóngbulēngdēng 〈बोल०〉 (नापसंदगी से) लाल-सा रंग; लाली लिये हुए

【红菜头】 hóngcàitóu चुकंदर

【红茶】 hóngchá काली चाय

【红潮】 hóngcháo ❶मुख पर लाली आ जाना; लज्जा से गाल लाल हो जाना ❷मासिक धर्म; ऋतु; रज ❸(समुद्र में) लाल ज्वर

【红尘】 hóngchén मानवीय समाज

【红绸舞】 hóngchóuwǔ लाल रेशम नृत्य

【红筹股】 hóngchóugǔ रेड चिप्स

【红丹】 hóngdān 〈रसा०〉 सिंदूर; ईंगुर; मिनियम

【红蛋】 hóngdàn 〈पुराना〉 लाल अंडे (लाल स्याही से रंगे हुए पके अंडे जो बच्चे के जन्म के अवसर पर मित्रों या संबंधियों को भेंट के रूप में दिये जाते थे)

【红定】 hóngdìng (वर द्वारा वधू को दी गयी) सगाई भेंट

【红豆】 hóngdòu लाल बीज (भारतीय लिकोराइस मुलैठी वृक्ष के लाल बीज जो प्रेम संकेत के रूप में प्रयुक्त किये जाते हैं, इसलिये इनका नाम 相思子 'प्रेमातुर के बीज' भी पड़ा)

【红矾】 hóngfán 〈बो०〉 (सफ़ेद) आर्सेनिक; संखिया

【红汞】 hónggǒng 〈औष०〉 मेर्क्यूरोक्रोम

【红股】 hónggǔ लाभांश शेयर; बोनस इशू

【红光满面】 hóngguāng-mǎnmiàn लाल-लाल मुंह होना; अच्छा स्वास्थ्य होना

【红果】 hóngguǒ 〈बो०〉 हॉ; बेर के समान छोटा लाल फल

【红海】 Hónghǎi लाल समुद्र; लाल सागर

【红鹤】 hónghè आइबिस, लाल रंग का सारस जैसा पक्षी

【红狐】 hónghú लाल लोमड़ी

【红花】 hónghuā 〈चिकि०〉 कुसुम्ब; कुसुम

【红火】 hónghuo 〈बो०〉 समृद्धिपूर्ण; फलता-फूलता; सफल: 花开得很~。 लाल-लाल फूल समृद्धि में खिल रहे हैं। / 晚会开得很~。 रात्रि सभा बहुत सफल हुई।

【红活】 hónghuo सुर्ख होना; (मुख पर) लाली आना: 他的脸色也~了。 उसके गालों पर सुर्खी भी आ गयी।

【红教】 Hóngjiào लाल संप्रदाय (८वीं और ९वीं शताब्तियों में तिब्बत के लामावाद का एक संप्रदाय, जिसके अनुयायी लाल वस्त्र पहनते थे)

【红净】 hóngjìng रक्त मुख पात्र (चीनी परम्परागत ऑपेरा में रक्तरंजित मुख पात्र; जैसे, त्रिराज्य काल में वीरोत्तम नायक लार्ड क्वान 关公 का पात्र)

【红角】 hóngjué अति लोकप्रिय अभिनेता या अभिनेत्री

【红军】 hóngjūn ❶(中国工农红军 'चीनी मज़दूरों-किसानों की लाल सेना' का संक्षिप्त नाम) लाल सेना; लाल फ़ौज ❷लाल सेना का सिपाही ❸१९४६ के पहले की सोवियत संघ की सेना

【红客】 hóngkè रेड हैकर

【红利】 hónglì बोनस; लाभांश: 分~ बोनस देना

【红脸】 hóngliǎn ❶लज्जा से मुंह लाल हो जाना: 她在陌生男子面前爱~。 पराये पुरुष का सामना होते ही उसका मुंह लाल हो जाता है। ❷क्रोध से मुंह लाल हो जाना: 他从来没跟谁红过脸。 दूसरे लोगों के सामने उसका मुंह कभी गुस्से से लाल नहीं होता। ❸रक्तमुख (चीनी परम्परागत ऑपेरा में वीर और ईमानदार पात्र के मुंह पर लाल रंग का लेप किया जाता है)

【红磷】 hónglín लाल फ़ास्फ़ोरस

【红铃虫】 hónglíngchóng पिंक बोलवर्म

【红领巾】 hónglǐngjīn लाल स्कार्फ़ (बाल-पायोनियर का)

【红领章】 hónglǐngzhāng 〈सैन्य०〉 कालर में लगा लाल चिन्ह

【红绿告示】 hóng-lǜ gàoshì लाल और हरे कागज़ों के आज्ञापत्र (पोस्टर)

【红绿灯】 hóng-lǜdēng ट्रैफ़िक लाइट; ट्रैफ़िक सिगनल; लाल-हरी बत्तियां

【红绿帖】 hónglǜtiě विवाह का प्रमाणपत्र

【红帽子】 hóngmàozi ❶लाल टोपी (मुक्ति के पहले कम्युनिस्ट या कम्युनिस्टों के साथ सहानुभूति रखने वाले व्यक्ति को लाल टोपी पहनने वाला कहा जाता था) ❷〈रेलवे०〉 लाल टोपी; कुली; बोझ उठाने वाला

【红媒】 hóngméi ऐसा व्यक्ति जिसे दूसरों की शादियां कराने का शौक हो; मैचमेकर

【红煤】 hóngméi 〈बो०〉 एंथ्रेसाइट; झूठा कोयला

【红霉素】 hóngméisù 〈औष०〉 एरिथ्रोमाइसिन

【红焖】 hóngmèn (बंद बर्तन में) सोया बीन की चटनी में देर तक उबालकर पकाना: ~鸡 उक्त तरीके से पकाया

गया मुर्गा या मुर्गी
【红米】 hóngmǐ लाल चावल
【红棉】 hóngmián 木棉 mùmián के समान
【红模子】 hóngmúzi ऐसा कागज़ जिसपर बड़े-बड़े लाल-लाल चीनी अक्षर छपे हों, अभ्यास करते समय बच्चा काले ब्रुश से इन बड़े अक्षरों पर लिखता है
【红木】 hóngmù कृष्णकाष्ठ; महोगनी
【红男绿女】 hóngnán-lǜnǚ भांति-भांति सुन्दर वस्त्रों में युवक और युवतियां
【红娘】 hóngniáng ❶होंग-न्यांग, 'पश्चिमी भवन की कथा' नामक सुप्रसिद्ध नाटक में एक दासी जिसके प्रयास से स्वामिनी इंग-इंग (莺莺) और विद्यार्थी चांग (张生) का विवाह सफल हुआ ❷ऐसा व्यक्ति जिसे दूसरों की शादियां कराने का शौक हो; मैचमेकर
【红牌】 hóngpái ❶〈खेल०〉 लाल कार्ड; रेड कार्ड ❷कानूनभंग आचरण को दी गयी निषेधाज्ञा
【红喷喷】 hóngpēnpēn लाली लिये हुए; आरक्त; रक्ताभास: ～的苹果 लाल-लाल सेब
【红砒】 hóngpī (砒霜 pīshuāng का दूसरा नाम) आर्सेनिक; संखिया
【红皮书】 hóngpíshū रक्तपत्र; रेड पेपर; रेड बुक
【红扑扑】 hóngpūpū (चेहरे का) लाल हो जाना; सुर्ख़ हो जाना: 他喝了几杯酒，脸上～的。कुछ प्याले शराब पीने के बाद उसका चेहरा लाल हो गया।
【红旗】 hóngqí ❶लाल झंडा (अकसर सर्वहारा-क्रांति का प्रतीक): ～飘飘。लाल झंडे फहरा रहे हैं। ❷प्रतियोगिता में विजेता को दिया गया लाल झंडा ❸प्रगतिशील: ～单位 लाल झंडे वाली इकाई; प्रगतिशील इकाई / ～手 लाल पताकाधारी; प्रगतिशील श्रमिक
【红曲】 hóngqǔ एक प्रकार का लाल पदार्थ जो भोजन को लाल रंग देने या दवा के काम आता है
【红壤】 hóngrǎng (红土 भी) लाल मिट्टी
【红人】 hóngrén विश्वास पात्र व्यक्ति; प्रीतिभाजन; स्नेहभाजन; कृपापात्र व्यक्ति
【红润】 hóngrùn लाल; रक्ताभ; गुलाबी (मुख): 脸色～ लाल चेहरा; गुलाबी मुख
【红色】 hóngsè ❶लाल; रक्त; सुर्ख़ रंग ❷क्रांतिकारी; लाल: ～区域 लाल क्षेत्र; लाल इलाका / ～政权 लाल राजनीतिक सत्ता
【红色网站】 hóngsè wǎngzhàn रेडवेब
【红杉】 hóngshān 〈वन०〉 चीनी लार्च
【红烧】 hóngshāo बंद बर्तन में सोया बीन की चटनी में पकाना; दम देकर पकाना: ～肉 उक्त तरीके से पकाया गया मांस
【红苕】 hóngsháo 〈बो०〉 शकरकंद
【红十字会】 Hóngshízìhuì रेड-क्रॉस; रेड-क्रास सोसाइटी
【红薯】 hóngshǔ (甘薯 gānshǔ का सामान्य नाम) शकरकंद
【红树】 hóngshù 〈वन०〉 मैनग्रोव
【红松】 hóngsōng 〈वन०〉 लाल चीढ़ (चीड़); कोरियाई चीढ़
【红糖】 hóngtáng गुड़; लाल शक्कर; शक्कर
【红桃】 hóngtáo (ताश) पान के पत्ते
【红陶】 hóngtáo रक्तिम मृत्पात्र; मिट्टी के लाल बर्तन
【红彤彤】 hóngtōngtōng (红通通 hóngtōngtōng भी) बहुत लाल; तापोज्वल: ～的火苗 दमकती हुई लौ / ～的脸 लाल-लाल मुंह
【红头文件】 hóngtóu-wénjiàn लाल शीर्षक वाले दस्तावेज़ (केन्द्रीय सरकार द्वारा जारी किये गये दस्तावेज़)
【红外激射】 hóngwàijīshè 〈भौ०〉 इरेसर
【红外线】 hóngwàixiàn (红外光 hóngwàiguāng भी) इन्फ़्रारेड रे; अवरक्त किरण: ～辐射 इन्फ़्रारेड रेडिएशन; अवरक्त विकिरण / ～扫描装置 इन्फ़्रारेड स्कैनर / ～探测器 इन्फ़्रारेड डिटेक्टर / ～照相 इन्फ़्रारेड फ़ोटोग्राफ़ी
【红卫兵】 hóngwèibīng लाल रक्षक
【红细胞】 hóngxìbāo रक्त जीवकोष; रक्त कोषिका; एरिथ्रोसाइट
【红线】 hóngxiàn लाल लाइन; लाल डोर: 书中贯彻着一根～。पुस्तक में एक लाल कार्यदिशा मौजूद है।
【红小兵】 hóngxiǎobīng ❶बाल-लाल रक्षक (सांस्कृतिक क्रांति के दौरान स्कूली बच्चों का संगठन) ❷बाल-लाल रक्षक; छोटा बाल-लाल रक्षक
【红小豆】 hóngxiǎodòu एक प्रकार की लाल सेम
【红心】 hóngxīn लाल दिल —— वह दिल जो सर्वहारा क्रांति के प्रति वफ़ादार हो: 一颗～为人民 गर्मजोशी से हमेशा जनता के प्रति वफ़ादार रहना
【红锌矿】 hóngxīnkuàng ज़िनकाइट
【红星】 hóngxīng लाल सितारा
【红学】 hóngxué "लाल भवन का स्वप्न" (《红楼梦》) का अध्ययन; रक्तविज्ञान: ～家 "लाल भवन का स्वप्न" अनुसंधानकर्त्ता
【红血球】 hóngxuèqiú दे० 红细胞
【红颜】 hóngyán सुन्दर स्त्री: ～薄命 सुन्दर स्त्री का दुःखद जीवन बिताना
【红眼】 hóngyǎn ❶आंख लाल होना: 这事很不公平，听了这事，他眼就红了。यह अन्याय है, इसे सुनते ही उसकी आंखें लाल हो गईं। ❷〈बो०〉 डाह भरा होना; ईर्ष्यालु होना; दूसरे की बढ़ोतरी देखकर जलने वाला होना
【红眼病】 hóngyǎnbìng ❶〈चिकि०〉 (结膜炎 jiémóyán का लोकप्रचलित नाम) नेत्र-श्लेष्मलाशोथ ❷डाह; ईर्ष्या; दूसरे की बढ़ोतरी देखकर जलना
【红眼航班】 hóngyǎn hángbān रेड आई फ़्लाइट
【红艳艳】 hóngyànyàn चमकीला लाल: ～的杜鹃花 चमकीला लाल-लाल अज़ेलिया (फूल)
【红药水】 hóngyàoshuǐ 〈औष०〉 मरक्यूरोक्रोम
【红叶】 hóngyè शरदकालीन लाल-लाल पत्ते या पत्तियां
【红衣主教】 hóngyī zhǔjiào 〈कैथोलिक धर्म〉 कार्डिनल; प्रधान पादरी
【红缨枪】 hóngyīngqiāng लाल फुंदने वाली बरछी; लाल झालरदार बरछा
【红鱼】 hóngyú लाल मछली; (लाल) स्नैपर
【红运】 hóngyùn सौभाग्य; खुशकिस्मती: 走～ भाग्य खुलना; भाग्य चमकना; भाग्य जागना

【红枣】 hóngzǎo लाल खजूर
【红藻】 hóngzǎo रक्त शैवाल; लाल समुद्री काई
【红蜘蛛】 hóngzhīzhū 〈बो०〉 लाल मकड़ी
【红肿】 hóngzhǒng लाल और फूला हुआ; उभड़ा हुआ
【红柱石】 hóngzhùshí 〈भूगर्भ०〉 एंडैलूसाइट
【红妆】 hóngzhuāng 红装 के समान
【红装】 hóngzhuāng 〈लि०〉 ❶स्त्रियों की सुसज्जित लाल वेश-भूषा ❷युवती

呟 hóng दे० 噌吰 cēnghóng 〈लि०〉 घंटे और ढोल की आवाज़

闳（閎） hóng ❶〈लि०〉 गली का द्वार ❷〈लि०〉 बड़ा; विशाल; महान ❸ （Hóng） एक कुलनाम

宏 hóng ❶बड़ा; विशाल; महा; शानदार; भव्य: 宏大 / 宏图 / 宏愿 ❷ （Hóng） एक कुलनाम
【宏大】 hóngdà बड़ा; बृहद्; महा: ～的志愿 महत्वाकांक्षा
【宏富】 hóngfù समृद्ध; सम्पन्न: 学识～ प्रकांड विद्वान
【宏观】 hóngguān ❶〈भौ०〉 दूरवीक्ष्य; साक्षात दृश्य; आंखों से दिखाई पड़ने वाला ❷बृहद्-; महा-; विशाल-; दीर्घ-: ～经济 महा-अर्थव्यवस्था; बृहद-अर्थव्यवस्था; विशाल अर्थव्यवस्था
【宏观经济学】 hóngguān jīngjìxué महार्थशास्त्र
【宏观世界】 hóngguān shìjiè ब्रह्माण्ड; विशाल विश्व
【宏丽】 hónglì शानदार; भव्य: ～的建筑物 शानदार इमारत
【宏论】 hónglùn （弘论 hónglùn भी） बुद्धिमान मत, विचार या दृष्टि
【宏图】 hóngtú （弘图 hóngtú,鸿图 hóngtú भी） व्यापक योजना; शानदार योजना: 发展经济的～ अर्थव्यवस्था के विकास की व्यापक योजना
【宏伟】 hóngwěi बड़ा; शानदार; भव्य: ～的建筑 शानदार इमारत
【宏扬】 hóngyáng 弘扬 hóngyáng के समान
【宏愿】 hóngyuàn （弘愿 hóngyuàn भी） महत्वाकांक्षा: 改造自然的～ प्रकृति को नया रूप देने की महत्वाकांक्षा
【宏旨】 hóngzhǐ （弘旨 hóngzhǐ भी） मुख्य विषय; मुख्य विषय-वस्तु; किसी निबंध या लेख का केंद्रीय विचार

纮（紘） hóng (प्राचीन काल में) टोपी पर के फुंदने-फ़ीते

泓 hóng 〈लि०〉 ❶(पानी) गहरा और विशाल ❷〈परि० श०〉: 泉百余～सौ से अधिक स्रोत (चश्मे)

荭（葒） hóng नीचे दे०
【荭草】 hóngcǎo एक प्रकार का एकवर्षीय आलंकारिक पौधा जिसका डंठल लंबा होता है और फूल लाल या सफ़ेद रंग के होते हैं

虹 hóng इन्द्रधनुष: ～形 इन्द्रधनुषाकार
【虹膜】hóngmó（पुराना नाम 虹彩 hóngcǎi）〈श०वि०〉 परितारिका; आइरिस
【虹膜炎】 hóngmóyán आइरिटिस; परितारिकाशोथ; आंख की पुतली की सूजन
【虹吸管】 hóngxīguǎn साइफ़न
【虹吸现象】 hóngxī xiànxiàng साइफ़न से होने वाला बहाव
【虹鳟】 hóngzūn रेनबो ट्राउट (एक मछली)

铉（鋐） hóng झनझनाहट (बहुधा व्यक्तियों के नामों में प्रयुक्त)

竑 hóng 〈लि०〉 व्यापक; विशाल

洪 hóng ❶बड़ा; बृहत्; विशाल: 洪水 ❷बाढ़: 防～ बाढ़ की रोकथाम करना; बाढ़ नियंत्रण ❸ （Hóng） एक कुलनाम
【洪帮】hóngbāng 〈पुराना〉 होंग गिरोह; होंग गैंग (एक गुप्त समाज)
【洪大】hóngdà (आवाज़) ऊंची: ～的回声 बहुत बड़ी प्रतिध्वनि
【洪都拉斯】 Hóngdūlāsī होंडुरास, खोंदुरास
【洪都拉斯人】Hóngdūlāsīrén होंडुरासी; होंडुरास का निवासी
【洪泛区】hóngfànqū बाढ़ ग्रस्त क्षेत्र
【洪峰】hóngfēng बाढ़ का चरम: ～流量 शृंग की प्रवाहदर
【洪福】hóngfú（鸿福 hóngfú भी） महासुख: ～齐天 अंतहीन महासुख
【洪荒】 hónghuāng अस्त-व्यस्त स्थिति —— आदिमकाल: ～时代 आदिम-युग; सुदूर प्राचीन युग
【洪亮】 hóngliàng (आवाज़) ऊंची और साफ़; बुलंद: 嗓音～ (किसी व्यक्ति की) ऊंची और साफ़ आवाज़
【洪量】 hóngliàng ❶विशाल हृदयता; उदारता; दानशीलता ❷शराब पीने की बड़ी क्षमता
【洪流】hóngliú प्रचंड धारा; शक्तिशाली धारा; तूफ़ानी लहर: 革命的～ क्रांति की प्रचंड धारा
【洪炉】hónglú महा-अग्निकुंड: 在革命的～中锻炼成长 क्रांति के महान अग्निकुंड में तपकर फ़ौलादी बनना
【洪脉】hóngmài 〈ची०चि०〉 लहरों की तरह चलने वाली नब्ज़; पूरी नब्ज़
【洪水】 hóngshuǐ बाढ़; नदी की बाढ़: ～泛滥 बाढ़ आना
【洪水猛兽】hóngshuǐ-měngshòu भीषण बाढ़ और हिंस्र जंतु —— बहुत बड़ी आफ़त
【洪武】 Hóngwǔ मिंग राजवंश के थाएत्सू （太祖） च्वू य्वानचांग（朱元璋）की शासनोपाधि (1368-1398 ई०)
【洪熙】 Hóngxī मिंग राजवंश के रनत्सोंग （仁宗） च्वू काओछ्र（朱高炽） की शासनोपाधि (1425 ई०)
【洪灾】 hóngzāi बड़ी बाढ़; जल-प्रलय

【洪钟】hóngzhōng 〈लि०〉 बड़ा घंटा: 声如～ आवाज़ बहुत ऊंची और ज़ोरदार होना

翃 (翃) hóng 〈लि०〉 उड़ना

铁 (鉷) hóng कलदार धनुष से तीर फेंकने का उपकरण

魟 (魟) hóng 〈प्राणि०〉 स्टिंगरे (मछली)

鸿 (鴻) hóng ❶राजहंस; वनहंस ❷〈लि०〉 पत्र; चिट्ठी; ख़त: 来～ आपका पत्र; आपकी चिट्ठी ❸बड़ा; विशाल; बृहत्; महान: 鸿图 / 鸿儒

【鸿福】 hóngfú 洪福 hóngfú के समान

【鸿沟】 hónggōu गहरी खाई; चौड़ी खाई

【鸿鹄】 hónghú ❶राजहंस ❷महत्वाकांक्षी व्यक्ति

【鸿鹄之志】 hónghúzhīzhì महत्वाकांक्षा

【鸿基】 hóngjī महाभवन या महाध्येय का आधार

【鸿毛】 hóngmáo राजहंस का पंख: 轻于～ पंख से भी ज़्यादा हल्का होना

【鸿门宴】 hóngményàn होंगमन भोज —— सभा जिसमें अतिथि के विरुद्ध षड़यंत्र रचा जाए (श्यांगयू 项羽 के होंगमन नामक स्थान में ल्यूपांग 刘邦 को दी गयी दावत में ल्यूपांग की हत्या करने की कोशिश की कहानी से प्रेरित)

【鸿蒙】 hóngméng 〈लि०〉 (प्राचीन विचार में) सृष्टि के पहले प्रकृति में जीव संबंधी प्राथमिक तत्व; प्रकृति का आदिम वातावरण या वायुमंडल

【鸿篇巨制】 hóngpiān-jùzhì विशाल कृति; बृहद् ग्रन्थ

【鸿儒】 hóngrú 〈लि०〉 विद्वान; विद्वत्तापूर्ण व्यक्ति

【鸿图】 hóngtú 宏图 hóngtú के समान

【鸿雁】 hóngyàn ❶राजहंस ❷〈लि०〉 पत्र; चिट्ठी

【鸿运】 hóngyùn 红运 hóngyùn के समान

【鸿爪】 hóngzhǎo अतीत की घटनाओं के निशान

蕻 hóng 荭 hóng के समान

蕻 hóng 雪里蕻 या 雪里红 xuělǐhóng के समान
hòng भी दे०

黉 (黌) hóng (प्राचीन कालीन) विद्यालय

【黉门】 hóngmén 〈प्रा०〉 विद्यालय: ～学子 विद्यालय के विद्यार्थी

hǒng

哄 hǒng ❶ठगना; धोखा देकर अपने कब्ज़े में ले लेना: 他～了我很多东西。उसने मुझे धोखा देकर बहुत-सी चीज़ें कब्ज़े में ले लीं। ❷(बच्चे को) पुचकारना; चुमकारना; बहलाना: 她～孩子喝牛奶。वह बच्चे को बहलाकर दूध पिला रही है।
hōng; hòng भी दे०

【哄逗】 hǒngdòu पुचकारना; चुमकारना; बहलाना: ～孩子 बच्चे को पुचकारना, चुमकारना या बहलाना

【哄弄】 hǒngnòng 〈बो०〉 धोखा देना; कपट करना; ठगना; छलना

【哄骗】 hǒngpiàn धोखा देना; कपट करना; ठगना; छलना: 他被～出来。वह धोखा खाकर बाहर आया।

【哄劝】 hǒngquàn पुचकारना; बहलाना; फुसलाना: ～孩子吃药 बच्चे को फुसलाकर दवा खिलाना या पिलाना

嗊 (嗊) hǒng ल्वो होंग छवू (罗嗊曲), कविता के छंद की लय (词牌) का नाम

hòng

讧 (訌) hòng 〈लि०〉 झगड़ा; गड़बड़; मुठभेड़: 内～ आपसी मुठभेड़; अंदरूनी मुठभेड़

哄 (閧) hòng हंगामा; कोलाहल; शोरगुल; चीख-पुकार: 起～ अच्छा खासा हंगामा खड़ा कर देना; शोरगुल मचाना
hōng; hǒng भी दे०

【哄场】 hòngchǎng (हाल, नाटकघर आदि में) असंतोष प्रकट करने के लिये मुंह से सीटी बजाना; हल्ला करना; शोरगुल मचाना

【哄闹】 hòngnào बहुत-से लोगों का एक साथ शोरगुल मचाना

澒 (澒) hòng 〈लि०〉 आकाश में असीमता से फैलना

蕻 hòng ❶〈लि०〉 हरा-भरा; सम्पन्न; प्रचुर मात्रा में उगा हुआ ❷〈बो०〉 कुछ सब्ज़ियों का लंबा तना
hóng भी दे०

hōu

齁[1] hōu दे० 齁声

齁[2] hōu ❶घृणा उत्पन्न करने की हद तक मीठा या नमकीन: 这鱼咸得～人。यह मछली बहुत ही ज़्यादा नमकीन है। ❷〈बो०〉 बहुत ही; बहुत अधिक; अत्यन्त (बहुधा असंतोष प्रकट करने के लिये प्रयुक्त): ～咸 बहुत अधिक नमकीन / ～苦 बहुत अधिक कड़वा

【齁齁】 hōuhōu 〈अनु०〉 खर्राटा: ～熟睡 खर्राटे भरते हुए गहरी नींद सोना

【齁声】 hōushēng खर्राटा

hóu

侯 hóu ❶मार्क्विस：侯爵 ❷कुलीन; श्रेष्ठ; अभिजात; उच्चपदस्थ व्यक्ति; अमीर：侯门似海 ❸（Hóu）एक कुलनाम

hòu भी दे०

【侯爵】hóujué मार्क्विस：～夫人 मार्कीज़

【侯门似海】hóumén-sìhǎi कुलीन भवन का द्वार समुद्र जैसा है —— साधारण व्यक्ति के लिये अगम्य होना

喉 hóu कंठ; गला; स्वरयंत्र

【喉擦音】hóucāyīn कंठ्य संघर्षी

【喉结】hóujié 〈श०वि०〉 टेंटुआ; कंठ; कंठमणि

【喉镜】hóujìng 〈चिकि०〉 कंठदर्शी; लैरिंगोस्कोप

【喉咙】hóulóng कंठ; गला：他～全哑了。उसका गला बिलकुल बैठ गया; वह मुंह से बोल नहीं निकाल पा रहा है।

【喉塞音】hóusèyīn 〈ध्वनि०〉 काकल्य स्पर्श

【喉痧】hóushā 〈चिकि०〉 लोहित ज्वर; स्कार्लेट ज्वर

【喉舌】hóushé मुखिका; मुखनलिका; 〈ला०〉 प्रतिनिधि：人民的～ जनता का प्रतिनिधि; जनता का प्रवक्ता

【喉头】hóutóu कंठ; गला; स्वरयंत्र

【喉炎】hóuyán कंठशोथ; कंठ की सूजन

【喉音】hóuyīn कंठ्य

猴 hóu ❶बंदर; बंदरी; वानर; वानरी; कपि ❷〈बो०〉 (बालकों के संबंध में) चंचल; दुष्ट; नटखट; शरारती：这孩子很～。यह बच्चा बहुत चंचल है। ❸〈बो०〉 बंदर की तरह उकडूं बैठना：他～在马路上看。वह सड़क के किनारे पर उकडूं बैठा देख रहा है।

【猴面包树】hóumiànbāoshù मंकी-ब्रेड; बावबैब (वृक्ष)

【猴年马月】hóunián-mǎyuè दे० 驴年马月 lǘnián-mǎyuè

【猴皮筋儿】hóupíjīnr（猴儿筋 भी）〈बोल०〉 रबड़ की डोरी; रबरबैंड

【猴儿精】hóurjīng 〈बो०〉 चतुर; चालाक; तेज़; होशियार：这小子～～的。यह छोकरा बहुत चालाक है।

【猴市】hóushì मंकी मार्केट (मार्किट)

【猴手猴脚】hóushǒu-hóujiǎo (हाथ से पकड़ने में) लापरवाह होना; जल्दबाज़ी से काम करना

【猴头】hóutóu 〈वन०〉 हेजहॉग हाइडनम

【猴王】hóuwáng कपिराज; वानरराज

【猴戏】hóuxì बंदर का तमाशा; बंदर द्वारा दिखाया जाने वाला तमाशा

【猴子】hóuzi बंदर; बंदरी; वानर; वानरी; कपि

睺 hóu दे० 罗睺 luóhóu राहु

瘊 hóu नीचे दे०

【瘊子】hóuzi (疣 yóu का सामान्य नाम) अधिमांस; चर्मकील; मस्सा

骺 hóu दे० 骨骺 gǔhóu अस्थिशिर

篌 hóu दे० 箜篌 kōnghóu झटका देकर बजाया जाने वाला एक प्रकार का प्राचीन तार-वाद्य

糇（餱）hóu 〈लि०〉 (यात्रियों के लिये) राशन; रसद

hǒu

吼 hǒu ❶दहाड़ना; गुर्राना：狮子～ शेर का दहाड़ना या गुर्राना ❷(क्रोध आदि से) गरजना; चिल्लाना; चीखना：怒～ गुस्से से गरजना ❸(हवा, सीटी, तोप आदि का) गरजना：大炮～声 तोप से धड़ाका होना

【吼叫】hǒujiào गरजना; गाजना：人们愤怒地～起来。लोग गुस्से से गरजने लगे।

【吼声】hǒushēng गरजने की आवाज़; गरज; रोषपूर्ण गर्जन：～震天。गरज से आसमान गूंज उठा।

犼 hǒu प्राचीन पुस्तकों में वर्णित कुत्ते की तरह का एक हिंस्र पशु

hòu

后¹（後）hòu ❶पीछे; पीठ पीछे(विलोम 前)：～面 पीछे / 门～ दरवाज़े के पीछे ❷बाद; पीछे; पश्चात् （विलोम 前、先）：去～जाने के बाद / 饭～ खाना खाने के बाद ❸अंतिम：～三名 अंतिम तीन (व्यक्ति) / ～排 आखिरी कतार; अंतिम पंक्ति ❹संतान; वंशज：无～ संतान या वंशज न होना / 炎帝之～अग्नि-सम्राट का वंशज

后² hòu ❶सम्राट या राजा की पत्नी：皇～सम्राज्ञी / 王～रानी ❷〈प्रा०〉 सम्राट; प्रशासक; सम्राट के अधीन ड्यूक, राजकुमार：东～ पूर्व में प्रशासक ❸（Hòu）एक कुलनाम

【后半晌】hòubànshǎng अपराह्न; दोपहर के बाद; तीसरा पहर

【后半生】hòubànshēng（后半辈子 hòubànbèizi भी）जीवन का उत्तरार्द्ध; उत्तरावस्था

【后半天】hòubàntiān दोपहर बाद; तीसरा पहर

【后半叶】hòubànyè शताब्दी का उत्तरार्द्ध：二十世纪～बीसवीं शताब्दी का उत्तरार्द्ध

【后半夜】 hòubànyè मध्यरात्रि के बाद

【后备】hòubèi आगे के लिये रख छोड़ना：～部队 सुरक्षित सेना; रिज़र्व सेना; इमदादी फ़ौज / ～队 रिज़र्व दस्ता / ～力量 सुरक्षित शक्ति

【后备军】 hòubèijūn ❶आरक्षित सेना; आपत्तिकाल में बुलाई जाने वाली सेना ❷रिज़र्व कोर्स; रिज़र्व सैनिक; रिज़र्व सेना; सुरक्षित सेना

【后备粮】 hòubèiliáng सुरक्षित अनाज या अन्न

【后辈】 hòubèi ❶संतान; वंशज ❷हम-पेशा व्यक्तियों में छोटा

【后步】 hòubù व्यक्ति की चालाकी का दांव चलने की जगह：留～ दांव के लिये काफ़ी जगह बचा रख छोड़ना

【后尘】 hòuchén 〈लि०〉 किसी के चलने से पीछे उड़ने वाली धूल：步人～ किसी व्यक्ति के पदचिन्हों के पीछे चलना

【后代】 hòudài संतान; वंशज; औलाद：革命的～ क्रांतिकारियों की संतान

【后调旅】 hòudiàolǚ 〈सैन्य०〉 क्षतिपूर्ति ब्रिगेड

【后爹】 hòudiē 〈बोल०〉 सौतेला बाप; विपिता

【后盾】hòudùn पृष्ठपोषक दल：坚强的～ शक्तिशाली पृष्ठपोषक दल

【后发制人】 hòufā-zhìrén एक कदम पीछे हटकर विलम्बित कार्यवाही; दुश्मन द्वारा प्रहार किया जाने के बाद ही अपनी कार्यवाही शुरू करना

【后方】 hòufāng पृष्ठभाग; पृष्ठभागीय क्षेत्र; पिछवाड़ा：在～ पिछवाड़े में / ～交通线 पृष्ठभागीय यातायात-मार्ग / ～勤务 पृष्ठभागीय सेवा

【后妃】 hòufēi (सम्राट की) सम्राज्ञी और उपपत्नियां

【后夫】 hòufū दूसरा पति

【后福】 hòufú भविष्य का या वृद्धावस्था का सुख

【后父】 hòufù सौतेला पिता; विपिता

【后跟】 hòugēn (जूते या मौज़े की) एड़ी

【后宫】 hòugōng ❶महल का अंतःपुर; राजमहल का रनवास ❷सम्राट की उपपत्नियां

【后顾】 hòugù ❶किसी बात का ध्यान रखने के लिये पीछे मुड़ना：后顾之忧 ❷(किसी बीती बात पर) विचार करना：～与前瞻 किसी बीती बात पर विचार करना और उसका भविष्य आंकना

【后顾之忧】hòugù-zhīyōu पीछे या बाद में किसी गड़बड़ का डर होना; पीछे घर में कोई गड़बड़：无～ पीछे या बाद में कोई चिंता न रहना

【后果】 hòuguǒ परिणाम; फल; नतीजा：～严重 भयंकर परिणाम होना

【后汉】 Hòu Hàn ❶（东汉 Dōng Hàn का दूसरा नाम）उत्तरकालीन हान राजवंश ❷पांच राजवंशों में से एक, उत्तर हान राजवंश (947-950 ई०)

【后话】 hòuhuà कहानी का एक भाग जिसका वर्णन बाद में हो; बाद में वर्णित होने वाली बात：这是～，暂且不提。यह बाद में वर्णित की जाने वाली बात है, अभी इसका वर्णन नहीं किया जा रहा।

【后患】 hòuhuàn भावी विपत्ति：杜绝～ भावी विपत्ति की जड़ काट डालना

【后患无穷】 hòuhuàn-wúqióng भविष्य में असीम विपत्तियां (पैदा होना)

【后悔】 hòuhuǐ पछताना; पश्चाताप करना：～莫及 पछतावे में देर होना

【后会有期】 hòuhuì-yǒuqī एक न एक दिन फिर मिलना या मुलाकात होना (बिदाई के समय प्रयुक्त)

【后婚儿】 hòuhūnr पुनर्विवाहित स्त्री

【后记】 hòujì पश्चलेख; परिशिष्ट (पुस्तक के अंत में जोड़ा गया अंश)

【后继】 hòujì बाद में आना; उत्तराधिकारी होना：前赴～ लहरों की तरह एक के बाद एक आगे बढ़ते जाना / ～有人 उत्तराधिकारी की कमी न होना

【后脚】hòujiǎo ❶(चलते समय) पिछला पैर：他走时～一滑，摔了一跤。चलते समय उसका पिछला पैर फिसल गया और वह गिर पड़ा। ❷फ़ौरन बाद：我前脚到商店，他～就赶到了。मेरे दुकान पर पहुंचते ही वह फ़ौरन आ गया।

【后襟】 hòujīn चीनी चोगे या कोट आदि का पिछला भाग

【后进】 hòujìn ❶छोटे पद का व्यक्ति; कनिष्ठ, अवर जूनियर ❷पीछे रहने वाला：～班 पीछे रहने वाला दल ❸पीछे रहने वाला व्यक्ति या समूह：先进要帮～。आगे बढ़ने वाले व्यक्ति या दल को पीछे रहने वाले व्यक्ति या दल की सहायता करनी चाहिये।

【后劲】 hòujìn ❶बाद का असर; देर का असर; पश्च-प्रभाव：这酒～很大。इस शराब का बाद का असर बहुत तेज़ है। ❷(आगे के लिये) रखी हुई शक्ति; सुरक्षित शक्ति：他有～。आगे के लिये उसकी शक्ति सुरक्षित है; उसमें सुरक्षित शक्ति है।

【后晋】 Hòu Jìn पांच राजवंशों में से एक, उत्तर चिन राजवंश (936-947 ई०)

【后景】 hòujǐng (चित्र की) पृष्ठभूमि

【后空翻】hòukōngfān 〈खेल०〉 पीठ की ओर पलटना; उल्टी कलाबाज़ी：～转体 पीछे की ओर पलटा लगाना

【后来】 hòulái ❶बाद में; आगे：～怎么样了？बाद में क्या हुआ？❷बाद में आने वाला：～人 बाद में आने वाले व्यक्ति

【后来居上】 hòulái-jūshàng बाद में आने वाले लोगों द्वारा प्रथम स्थान प्राप्त करना

【后来人】 hòuláirén उत्तराधिकारी：革命自有～。क्रांति के उत्तराधिकारियों की कमी नहीं है।

【后浪推前浪】 hòu làng tuī qián làng पीछे वाली लहरें आगे वाली लहरों को ढकेल देती हैं —— निरंतर आगे बढ़ने के लिये पीछे वाली वस्तुएं आगे वाली वस्तुओं को ढकेल देती हैं

【后梁】 Hòu Liáng पांच राजवंशों में से एक, उत्तर ल्यांग राजवंश (907-923 ई०)

【后路】 hòulù ❶सेना के पीछे का यातायात-मार्ग; (सेना के) पीछे हटने का मार्ग：抄～ पीछे से प्रहार करना ❷दांव-पेंच चलने की गुंजाइश; भागने का रास्ता：留～ भाग निकलने का रास्ता रख छोड़ना

【后妈】 hòumā 〈बोल०〉 सौतेली मां

【后门】hòumén ❶पिछला दरवाज़ा; पश्च-द्वार ❷चोर-दरवाज़ा: 走～ चोर-दरवाज़े से दाख़िल होना; चोर-दरवाज़े से अंदर घुसना
【后面】hòumiàn ❶पीछे; के पीछे: 我坐在他～。मैं उसके पीछे बैठ गया। ❷बाद में: 关于这个问题，我～还要详细讲。इस सवाल के बारे में मैं बाद में और विस्तार से बताऊंगा।
【后母】hòumǔ सौतेली मां; विमाता
【后脑】hòunǎo पीछे का मस्तिष्क
【后脑勺儿】hòunǎosháor（后脑勺子 hòunǎo-sháozi भी）सिर का पिछला भाग
【后年】hòunián अगले साल का अगला साल
【后娘】hòuniáng सौतेली मां
【后怕】hòupà घटना के बाद डरना: 想起那天的事，我实在很～。उस दिन की घटना याद आते ही मैं सचमुच डर गया।
【后排】hòupái पीछे की कतार: ～座位 पिछली कतार की सीटें
【后妻】hòuqī दूसरी पत्नी
【后期】hòuqī उत्तर काल; बाद वाला काल: 二次大战～ दूसरे विश्वयुद्ध का उत्तर काल
【后起】hòuqǐ नवोदित; नया: ～的青年画家 नवोदित युवा चित्रकार / ～的帝国主义国家 नये साम्राज्यवादी देश
【后起之秀】hòuqǐzhīxiù नवोदित श्रेष्ठ युवक; होनहार युवक
【后勤】hòuqín पृष्ठभागीय सेवा; रियर सर्विस: ～部 लाजिस्टिक्स डिपार्टमेंट या कमांड; रियर सर्विस डिपार्टमेंट / ～部队 रियर सर्विस यूनिट्स; रियर सर्विसेज़ / ～工作 पृष्ठभागीय सेवाकार्य / ～机关 पृष्ठभागीय सेवा-संस्था; रियर सर्विस एसटेब्लिशमेंट्स / ～基地 लाजिस्टिक्स बेस; रियर सप्लाई बेस
【后儿】hòur（后个儿 hòuger भी）आगामी परसों
【后人】hòurén ❶बाद की पीढ़ियां ❷वंशज; संतान
【后任】hòurèn (किसी पद का) परवर्ती; पश्चाधिकारी
【后厦】hòushà मकान के पीछे का बरामदा
【后晌】hòushǎng 〈बो०〉 दोपहर-बाद; तीसरा पहर
【后晌】hòushang 〈बो०〉 रात, रात्रि: ～饭 रात का खाना
【后身】hòushēn ❶शरीर के पीछे का भाग; किसी व्यक्ति की पीठ: 这人的～像老李。यह आदमी पीठ से लाओ ली लगता है। ❷कोट, चोगे आदि का पिछला भाग: 这件衬衫的～不长。इस कमीज़ की पीठ लंबी नहीं है। ❸मकान आदि की पीठ: 房～有竹子。मकान की पीठ पर बांस हैं। ❹अवतार (अंधविश्वास) ❺(संस्था, अवस्था आदि का) पहले के एक रूप से बाद के दूसरे रूप में (या केवल नाम में) बदलना; पहले के रूप से उत्पन्न होना: 中国人民解放军是中国工农红军的～。चीनी जन-मुक्ति-सेना चीनी मज़दूरों-किसानों की लाल सेना से बनी है।
【后生】hòushēng 〈बो०〉 ❶युवक; नौजवान; युवा ❷जवान; देखने में जवान: ～家 युवक; नौजवान / 他长得～，看起来不像四十岁的人。वह देखने में बिलकुल जवान लगता है, चालीस साल की उम्र का नहीं लगता।
【后生可畏】hòushēng-kěwèi युवकों को आदर के साथ देखा जाना चाहिये; युवक नवजात शक्ति हैं, वे अपने पूर्वजों से आगे बढ़ सकते हैं
【后生女】hòushēngnǚ 〈बो०〉 युवती; जवान स्त्री
【后生子】hòushēngzǐ 〈बो०〉 युवक; जवान आदमी
【后世】hòushì ❶बाद के युग: 扬名～ बाद के युग-युगांतर में नाम फैलना ❷वंशज; संतान ❸(बौद्ध धर्म) अगला जन्म; पश्चजन्म
【后市】hòushì लेटर मार्केट (मार्किट)
【后事】hòushì ❶बाद की घटना (बहुधा परम्परागत उपन्यासों में प्रयुक्त): 欲知～如何，且听下回分解。यह जानने के लिये कि बाद में क्या हुआ तो अगला अध्याय पढ़ें। ❷मृतक का क्रियाकर्म; गति; अंत्येष्टि संबंधी काम
【后视镜】hòushìjìng (कार आदि में) पश्चदृष्टि दर्पण
【后手】hòushǒu ❶〈पुराना〉 उत्तराधिकारी ❷〈पुराना〉 बिल पाने वाला; बिल ग्राही ❸(शतरंज में) रक्षात्मक स्थिति: 他一着走错，变成～了。एक गलत चाल चलने से वह रक्षात्मक स्थिति में आ गया। ❹भागने का रास्ता
【后首】hòushǒu 〈बो०〉 बाद में; के बाद
【后嗣】hòusì वंशज; संतान
【后送】hòusòng 〈सैन्य०〉 परित्याग; निष्क्रमण
【后台】hòutái ❶पृष्ठमंच; पर्दे के पीछे; नेपथ्य ❷आका; पृष्ठपोषक; बैकर: 他的～很硬。उसका आका बड़ा ताकतवर है।
【后台老板】hòutái lǎobǎn आका; पृष्ठपोषक; बैकर
【后唐】Hòu Táng पांच राजवंशों में से एक, उत्तर थांग राजवंश (923-936 ई०)
【后天】[1] hòutiān अगले दिन का अगला दिन; परसों
【后天】[2] hòutiān जन्मोत्तर; प्राप्त किया जाने वाला: 知识是～获得的，不是先天的。जानकारी जन्मोत्तर प्राप्त की गयी है, जन्मसिद्ध नहीं है।
【后头】hòutou ❶पीछे; के पीछे: 楼～有一个池塘。इमारत के पीछे एक तालाब है। ❷बाद में
【后图】hòutú 〈लि०〉 भावी योजना
【后腿】hòutuǐ पिछली टांग
【后退】hòutuì पीछे हटना
【后卫】hòuwèi ❶〈सैन्य०〉 पृष्ठ रक्षक ❷〈फ़ुटबाल〉 फ़ुल बैक; डिफ़ेंडर ❸〈बास्केटबाल〉 गार्ड
【后项】hòuxiàng 〈गणि०〉 अनुक्रमी; अनुवर्ती
【后效】hòuxiào बाद का नतीजा: 以观～。देखें, बाद का नतीजा कैसा होता है।
【后行】hòuxíng फिर; बाद में
【后续】hòuxù ❶किसी कार्य का चालू रहना: ～部队 कुमक ❷〈बो०〉 पत्नी के मर जाने के बाद पुनर्विवाह करना
【后学】hòuxué युवा या कनिष्ठ विद्वान या विद्यार्थी (बहुधा विनम्रता सूचक के रूप में प्रयुक्त)
【后腰】hòuyāo 〈बोल०〉 कमर का पिछला भाग
【后遗症】hòuyízhèng बाद के प्रभाव; पश्चप्रभाव
【后尾儿】hòuyǐr पीछे का भाग; पिछला भाग: गाड़ी का पिछला भाग

【后裔】 hòuyì (मरे हुए की) संतान; वंशज
【后影】 hòuyǐng पीछे से द्रष्टव्य किसी व्यक्ति या वस्तु का आकार या रूप: 看～他是小张。पीछे से उसकी पीठ देखी, वह शाओ चांग था।
【后援】 hòuyuán कुमक; कुमक सेना; समर्थकों का दल
【后园】 hòuyuán पिछवाड़ा
【后院】 hòuyuàn ❶पिछवाड़ा ❷पृष्ठभाग; पृष्ठभागीय क्षेत्र: ～起火 पृष्ठभाग में गड़बड़ी पैदा होना; किसी दल के अंदर गड़बड़ पैदा करना
【后苑】 hòuyuàn राजमहल का पिछवाड़ा
【后账】 hòuzhàng ❶गुप्त हिसाब ❷बाद में साफ़ किया जाने वाला हिसाब; 〈ला०〉 किसी घटना के बाद उसके उत्तरदायित्व का पता लगाना
【后者】 hòuzhě पीछे वाला; वह
【后枕骨】 hòuzhěngǔ खोपड़ी में पीछे की हड्डी
【后肢】 hòuzhī पिछले पैर
【后置词】 hòuzhìcí 〈व्या०〉 संबंध-सूचक
【后周】 Hòu Zhōu पांच राजवंशों（五代）में से एक, उत्तर चओ राजवंश (951-960 ई०)
【后轴】 hòuzhóu पीछे की धुरी या धुरा
【后缀】 hòuzhuì 〈व्या०〉 प्रत्यय
【后坐】 hòuzuò (बन्दूक आदि का) छूटने के झटके से पीछे हटना: 后坐力
【后坐力】 hòuzuòlì पिच्छट; प्रतिक्षेप
【后座】 hòuzuò (हवाई जहाज़ में) पुच्छपद
【后座议员】 hòuzuò yìyuán लोकसभा में पीछे बैठने वाला सदस्य; पश्चासीन सदस्य; बैक बैंचर

郈 Hòu एक कुलनाम

厚 hòu ❶मोटा (विलोम 薄): ～纸 मोटा कागज़ ❷मोटाई: 两公分～的木板 लकड़ी का दो सेंटीमीटर मोटा तख़्ता ❸(भावना) गहरी: 交情很～ गहरी मित्रता ❹नेक; सदय; दयावान; मेहरबान: 宽～ मेहरबान / 忠～ भोला-भाला; ईमानदार ❺बड़ा; भारी; उदार: 厚利 / 厚礼 ❻(स्वाद) तेज़; गाढ़ा: ～酒肥肉 तेज़ शराब और चर्बीदार मांस ❼धनी; अमीर: 家底儿～ सुसम्पन्न परिवार ❽(के प्रति) पक्षपात करना: 为上所～ सम्राट के कृपापात्र होना / 厚此薄彼 / 厚今薄古 ❾（Hòu）एक कुलनाम
【厚爱】 hòu'ài आपका भद्र विचार; आपकी कृपा: 多谢您的～。आपकी कृपा के लिये मैं बहुत-बहुत धन्यवाद देता हूं।
【厚薄】 hòubó ❶मोटाई: 纸的～合适 कागज़ की मोटाई ठीक ही है। ❷पक्षपात करना और उपेक्षा करना
【厚此薄彼】 hòucǐ-bóbǐ कुछ का पक्षपात करना और कुछ अन्य से भेदभाव
【厚待】 hòudài किसी व्यक्ति के साथ अच्छा बरताव करना
【厚道】 hòudao ईमादार और नेक: 他为人～。वह ईमादार और नेक आदमी है।
【厚度】 hòudù मोटाई
【厚墩墩】 hòudūndūn बहुत मोटा: ～的棉衣 रूई का बहुत मोटा कोट
【厚恩】 hòu'ēn आपकी बड़ी कृपा
【厚古薄今】 hòugǔ-bójīn पुरातन का पक्षपात करना और आधुनिक की उपेक्षा
【厚今薄古】 hòujīn-bógǔ आधुनिक का पक्षपात करना और पुरातन की उपेक्षा
【厚礼】 hòulǐ उदार भेंट
【厚利】 hòulì भारी मुनाफ़ा
【厚脸皮】 hòuliǎnpí （厚脸 भी）निर्लज्ज; ढीठ; बेशर्म; बेहया: 厚着脸皮说 निर्लज्जता से बोलना; बेशर्मी से बोलना
【厚禄】 hòulù ऊंचा वेतन; मोटा वेतन
【厚朴】 hòupò 〈ची०चि०〉 औषध निर्माण-विधि के अनुसार तैयार की गयी मैगनोलिया की छाल
【厚实】 hòushi ❶मोटा: 这布挺～。यह कपड़ा बहुत मोटा है। ❷चौड़ा और दृढ़: ～的肩膀 चौड़ा और दृढ़ कंधा ❸गहरा और दृढ़: ～的基础 गहरा और दृढ़ आधार; गहरी और पुख़्ता बुनियाद या नींव ❹〈बो०〉 नेक और ईमानदार: 为人～ नेक और ईमानदार आदमी ❺धनी; अमीर; समृद्ध: 家底～ संपन्न परिवार; धनी परिवार
【厚望】 hòuwàng बड़ी आशा: 寄予～किसी व्यक्ति से बड़ी आशा बांधना
【厚谢】 hòuxiè किसी व्यक्ति को धन्यवाद स्वरूप मूल्यवान उपहार भेंट करना
【厚颜无耻】 hòuyán-wúchǐ बेशर्म; बेहया; निर्लज्ज
【厚谊】 hòuyì गहरी मित्रता; गहरी दोस्ती
【厚意】 hòuyì कृपालु विचार; कृपा: 多谢您的～。आपकी कृपा का बहुत-बहुत धन्यवाद।
【厚遇】 hòuyù ऊंचा वेतन और बेहतर सुविधाएं
【厚葬】 hòuzàng ❶पूरे मान-सम्मान के साथ अंत्येष्टि करना ❷शाह-खर्च अंत्येष्टि
【厚重】 hòuzhòng ❶मोटा और भारी ❷अत्यधिक और उदार: ～的礼物 उदार भेंट ❸〈लि०〉 कृपालु और स्वाभिमानी

侯 hòu 闽侯 Mǐnhòu (फ़ूच्येन प्रान्त में एक स्थान) hóu भी दे०

垕 hòu ❶厚 hòu ❶-❽ के समान ❷神垕 Shén-hòu हनान प्रांत के एक स्थान का नाम

逅 hòu दे० 邂逅 xièhòu देवयोग से (मित्र,संबंधी से) मिलना

候[1] hòu ❶प्रतीक्षा करना; इंतज़ार करना: 请稍～一会儿。आप ज़रा प्रतीक्षा कीजिये। ❷अभिवादन करना: 请向您夫人代为致～。अपनी पत्नी को मेरा अभिवादन कहिये।

候[2] hòu ❶समय; ऋतु : 时～समय; वक्त / 气～ मौसम; आबोहवा ❷हओ (प्राचीन कालीन समय की इकाई जो पांच दिनों के बराबर होती थी): 候温 ❸स्थिति;

हालत: 症～ रोग-लक्षण
【候补】 hòubǔ वैकल्पिक: ～中央委员 केन्द्रीय समिति का वैकल्पिक सदस्य
【候场】 hòuchǎng (अभिनेता या अभिनेत्री का) मंच पर अभिनय के लिये अपनी बारी की प्रतीक्षा करना
【候车】 hòuchē रेल, बस आदि की प्रतीक्षा करना
【候车室】 hòuchēshì प्रतीक्षालय; प्रतीक्षागृह; मुसाफ़िर-खाना; वेटिंग-रूम
【候虫】 hòuchóng मौसमी कीड़ा
【候光】 hòuguāng 〈लि०〉〈शिष्ट०〉 आपके (भोज, पार्टी आदि में) आगमन की प्रतीक्षा करना
【候机室】 hòujīshì हवाई-अड्डे का प्रतीक्षालय या प्रतीक्षागृह
【候教】 hòujiào 〈शिष्ट०〉 आपके निर्देशों की प्रतीक्षा करना: 本星期日在寒社～。आने वाले रविवार को मैं अपने गरीब-खाने में आपके निर्देशों की प्रतीक्षा करूंगा।
【候鸟】 hòuniǎo मौसमी पक्षी; मौसमी चिड़िया
【候审】 hòushěn 〈का०〉 (अदालत में) मुकदमे की सुनवाई की प्रतीक्षा करना
【候温】 hòuwēn हर पांच दिन का औसत तापमान
【候选人】 hòuxuǎnrén (चुनाव में) उम्मीदवार; प्रत्याशी: ～名单 उम्मीदवारों की सूची / ～提名 उम्मीदवारों की नामज़दगी; प्रत्याशी-नामांकन
【候诊】 hòuzhěn (रोगी का अस्पताल आदि में) चिकित्सा की प्रतीक्षा करना: ～室 (अस्पताल आदि में) प्रतीक्षालय; प्रतीक्षागृह

堠 hòu प्राचीन कालीन पहरे की मीनार

鲎 [1] (鱟) hòu 〈प्राणि०〉 राजकर्कट; नालनुमा केकड़ा; हॉर्सशू क्रैब

鲎 [2] (鱟) hòu 〈बो०〉 इन्द्रधनुष

鲘 (鮜) hòu नीचे दे०
【鲘门】 Hòumén क्वांगतोंग प्रांत में एक स्थान

hū

乎 [1] hū 〈लि०〉〈लघु अ०〉 ❶(प्रश्न का बोध कराता है) 吗 ma के समान: 彼俭～? क्या वह किफ़ायती है? / 汝亦知射～? क्या तुम भी धनुर्विद्या जानते हो? ❷(वैकल्पिक प्रश्न का बोध कराता है) 呢 ne के समान: 然～? 否～? है या नहीं? ❸(अनुमान का बोध कराता है) 吧 ba के समान: 成败兴亡之机，其在斯～? क्या यही हार-जीत और अभ्युदय-नाश का कारण होगा?

乎 [2] hū ❶(क्रिया प्रत्यय): 异～寻常 असाधारण; बड़े हैरतअंगेज़ ढंग से पेश आना / 出～意外 खयाल से बाहर ❷(विशेषण या क्रिया-विशेषण प्रत्यय): 巍巍～ऊंचा; गगनचुंबी / 确～重要 सचमुच बहुत महत्वपूर्ण

乎 [3] hū 〈लि०〉〈विस्मय०〉 啊 ā के समान: 天～! हे भगवान!

戏 (戲、戱) hū 於戏 wūhū हा; ओह; हाय xì भी दे०

怃 [1] (幠) hū 〈बो०〉 ढंकना; छा जाना: 小苗都给草～住了。मूलांकुर घास से ढंक गये।

怃 [2] (幠) hū 〈लि०〉 ❶बड़ा; चौड़ा ❷अभिमान; घमंड; गर्व

呼 [1] hū ❶सांस निकालना या छोड़ना: ～吸 सांस निकालना और लेना ❷चिल्लाना; चीखना; पुकारना: 呼叫 / ～口号 नारा लगाना ❸बुलाना; पुकारना: 直～其名 अनादर के साथ किसी व्यक्ति का नाम पुकारना ❹ब्लीप या पेज करना: 请～一下张先生! मिस्टर चांग को पेज कीजिये! ❺ (Hū) एक कुलनाम

呼 [2] hū 〈अनु०〉 सनसनाहट: 北风～～地吹。उत्तरी हवा सनसनाती हुई चल रही है। / 风在耳边～～直响。कानों में हवा सनसना रही है।
【呼哧】 hūchī (呼蚩 hūchī भी) 〈अनु०〉 हांफ़ने की आवाज़: ～～直喘 हांफ़ना और दीर्घोच्छ्वास लेना
【呼叱】 hūchì (呼斥 hūchì भी) डांटना; डपटना; डांट-फटकार करना
【呼风唤雨】 hūfēng-huànyǔ पवन और वर्षा को बुलाना —— जादूगरी का अभ्यास करना; प्रकृति को काबू में रखना; उकसाना; भड़काना
【呼格】 hūgé 〈व्या०〉 संबोधन कारक
【呼喊】 hūhǎn चिल्लाना; चीत्कार करना; पुकारना: 大声～ज़ोर-ज़ोर से चिल्लाना / ～口号 नारा लगाना
【呼号】 hūháo रोना-पीटना; ऊंची आवाज़ में रोना; संकट में सहायता के लिये ज़ोर-ज़ोर से चीखना
【呼号】 hūhào ❶कॉल साइन; कॉल सिगनल; बुलावा-चिह्न ❷(किसी संगठन का) कैच-वर्ड; नारा
【呼和浩特】 Hūhéhàotè हुहेहोथ (भीतरी मंगोलियाई स्वायत्त प्रदेश की राजधानी)
【呼唤】 hūhuàn ❶बुलाना; पुकारना: 祖国在～我们! मातृभूमि हमें बुला रही है! ❷चिल्लाना; चीत्कार करना
【呼机】 hūjī पेजर
【呼叫】 hūjiào ❶कॉल सिगनल भेजना ❷पुकारना; चिल्लाना; चीखना
【呼救】 hūjiù दुहाई देना; सहायता के लिए ज़ोर-ज़ोर से चीखना; जी०एम०डी०एस०एस० सिगनल भेजना
【呼拉圈】 hūlāquān हूला हूप
【呼啦】 hūlā (呼喇 hūlā भी) 〈अनु०〉 झंडा फहरने की आवाज़
【呼噜】 hūlū (呼噜噜 hūlūlū भी) 〈अनु०〉 खांसी आदि के कारण गले से निकलने वाली आवाज़: 他喉咙里发出～～的声音。उसके गले से खर-खर की आवाज़

निकलती है।

【呼噜】 hūlu 〈बोल०〉 खर्राटा: 打～खर्राटा भरना या मारना

【呼朋引类】 hūpéng-yǐnlèi साथ मिलकर बुरा काम करना

【呼扇】hūshan 〈बोल०〉 (唿扇 hūshan भी)❶कांपना; हिलना: 我过木桥时，木板直～。मेरे लकड़ी के पुल पर चलते हुए पुल का तख़्ता कांपता था। ❷पंखा झलना या करना: 他拿起一张报纸～起来。वह एक अख़बार उठाकर पंखा करने लगा।

【呼哨】 hūshào (唿哨 hūshào भी) उंगलियों को मुंह में डालकर सीटी जैसी आवाज़ निकालना: 打～ उक्त तरीके से ज़ोर से सीटी बजाना

【呼声】 hūshēng चीख; पुकार; चीख-पुकार; आवाज़; वाणी: 群众的～ जनता की आवाज़

【呼天抢地】 hūtiān-qiāngdì ज़ोर-ज़ोर से भगवान को पुकारते हुए माथे को ज़मीन पर पटकना —— अतिशोक से विकल होकर रोना-पीटना

【呼吸】 hūxī ❶सांस लेना और निकालना: ～新鲜空气 ताज़ी हवा में सांस लेना ❷एक सांस लेने और छोड़ने का समय: ～即至 क्षण-भर में आ पहुंचना

【呼吸道】 hūxīdào श्वसन मार्ग; श्वसन पथ

【呼吸器官】 hūxī qìguān श्वसन उपकरण

【呼吸系统】 hūxī xìtǒng श्वास-तंत्र

【呼吸相通】 hūxī xiāng tōng समान रुचि से एक साथ जुड़ा होना: 我们是和人民～的。हमारा और आम जनता का जीवन घनिष्ठ रूप से जुड़ा हुआ है।

【呼啸】 hūxiào ऊंची और लंबी आवाज़ पैदा करना; सनसनाहट की आवाज़ उत्पन्न करना: 北风～उत्तरी हवा सनसनाती हुई बह रही है।

【呼延】 Hūyán एक कुलनाम

【呼幺喝六】 hūyāo-hèliù ❶जुए में पासा फेंकते समय अंकों के लिये चिल्लाना —— जुआ खेलते समय शोरगुल मचाना ❷हर जगह शोरगुल मचाना —— अहंकारयुक्त; दंभी

【呼应】 hūyìng प्रतिध्वनित करना; साथ देना: 相互～ एक दूसरे को प्रतिध्वनित करना; एक दूसरे का साथ देना / 和他们～उनके साथ तालमेल कायम करना

【呼吁】 hūyù (से) अपील करना; संबोधन करना; निवेदन करना: ～团结 एकता की अपील करना / ～书 अपील

【呼之即来，挥之即去】 hū zhī jí lái, huī zhī jí qù अपने इशारे पर किसी व्यक्ति को बुलाना या हटाना; अपने आदेशानुसार चलाना

【呼之欲出】 hūzhī-yùchū (चित्रों आदि में जीते-जागते बिंबों या उपन्यासों में सजीव पात्रों का) किसी के बुलाने पर आने को तैयार होना —— सजीवता से चित्रित वर्णित या उत्कीर्ण होना

忽 1

hū किसी पर पूरा ध्यान न देना; उपेक्षा करना : 忽略 / 忽视

忽 2

hū साहस; अकस्मात्; एकाएक; अचानक: 大雨～至。सहसा बौछार पड़ने लगी।

忽 3

hū ❶हू, लंबाई की एक इकाई (एक लाख हू बराबर एक थ्सुन 寸) ❷वज़न की एक इकाई (एक लाख हू बराबर एक छ्येन 钱)

【忽地】 hūdì सहसा; एकाएक; अचानक: 灯～灭了。बत्ती अचानक बुझ गई।

【忽而】 hū'ér अचानक; सहसा; एकाएक; कभी … कभी …: 他～大叫起来。वह अचानक चिल्ला उठा। / ～哭，～笑 कभी रोना और कभी हंसना; बारी-बारी से रोना और हंसना

【忽忽】 hūhū ❶(समय के बीतने में प्रयुक्त): 他来北京～又是一年。उसे पेइचिंग आए एक साल हो चुका है। ❷〈लि०〉 तसल्ली न होना; चैन न मिलना: ～不乐 मन को तसल्ली न होना; चैन न मिलना

【忽…忽…】 hū… hū… कभी … कभी …: ～南～北 कभी उत्तर में तो कभी दक्षिण में (प्रकट होना) / ～明～暗 कभी स्पष्ट, कभी अस्पष्ट होना

【忽略】 hūlüè उपेक्षा करना; नज़रअन्दाज़ करना: ～思想工作 वैचारिक काम में गफ़लत करना

【忽然】 hūrán 〈क्रि०वि०〉 सहसा; अचानक; एकाएक: 他一到家，～想起一件事情。घर पहुंचते ही सहसा उसे एक काम याद आया।

【忽闪】 hūshǎn (प्रकाश) चमकना

【忽闪】 hūshan (आंखें आदि) चमकना; दमकना: 他～着两眼站着看我。वह चमकती हुई आखों से मेरी ओर टकटकी बांधे खड़ा था।

【忽视】 hūshì (पर) ध्यान न देना; (की) उपेक्षा करना; (को) नज़रअन्दाज़ करना; (की) अवहेलना करना: ～思想工作的重要性 वैचारिक कामों के महत्व पर ध्यान न देना

【忽悠】 hūyou टिमटिमाना: 渔船上的灯火～～的。मछुवा नावों में बत्तियों की रोशनी टिमटिमा रही है।

轷 (軤)

Hū एक कुलनाम

烀

hū बंद बर्तन में थोड़े पानी में देर तक उबाल कर पकाना: ～白薯 उक्त तरीके से शकरकंद पकाना

唿

hū नीचे दे०

【唿扇】 hūshan (呼扇 hūshan के समान) फड़कना: 鼻孔～～的。नथुने फड़क रहे थे।

【唿哨】 hūshào (呼哨 hūshào के समान)

𬠶

hū नीचे दे०

【𬠶狸】 hūlǜ (忽律 hūlǜ भी) मकर; मगर (मछली)

滹

hū नीचे दे०

【滹浴】 hūyù 〈बो०〉 नहाना; स्नान करना

惚

hū दे० 恍惚 huǎnghū

嘑 hū 〈लि०〉 呼 hū के समान

滹 hū नीचे दे०

【滹沱】 Hūtuó हपेइ प्रान्त में एक नदी

糊 hū (दीवार, छेद, दरार आदि पर) पलस्तर करना; लेप करना; अस्तरकारी करना; गच करना: 在墙上～一层泥 दीवार पर पलस्तर करना

hú; hù भी दे०

hú

囫 hú नीचे दे०

【囫囵】 húlún पूर्ण; पूरा; सारा: 囫囵觉 / 囫囵吞枣

【囫囵觉】 húlúnjiào निर्विघ्न निद्रा; निर्बाध निद्रा: 昨天夜里她睡了个～。कल रात भर वह निर्बाध सोयी।

【囫囵吞枣】 húlún-tūnzǎo पूरा खजूर निगल जाना —— बिना समझे पढ़ना; बिना मनन किए अध्ययन करना

和 hú महजोंग（麻将）के खेल का एक सेट पूरा करना दे० 麻将 májiàng

hé; hè; huó; huò भी दे०

狐 hú ❶लोमड़ी （狐狸 húli का सामान्य नाम） ❷（Hú）एक कुलनाम

【狐步舞】 húbùwǔ फ़ॉक्स ट्रॉट (एक बॉलरूम नृत्य)

【狐臭】 húchòu （胡臭 húchòu 狐臊 húsāo भी） बगल आदि से निकलने वाली बू

【狐假虎威】 hújiǎhǔwēi लोमड़ी बाघ के साथ चलने से बाघ की खूंख्वारी उधार लेती है —— दुष्ट लोग अपने शक्तिशाली संबंधों के बूते शान बघारते हैं; दूसरों की शक्ति पर निर्भर रहकर रोब-दाब जमाना

【狐狸】 húli लोमड़ी

【狐狸精】 hújijīng लोमड़ आत्मा —— विमोहक स्त्री

【狐狸尾巴】 húli wěiba लोमड़ी की दुम —— दुर्वृत्ति; कुव्यवहार; कुचेष्टा: ～总是要露出来的。लोमड़ी अपनी दुम नहीं छिपा सकती; शैतान अपनी दुर्वृत्ति नहीं छिपा सकता।

【狐媚】 húmèi चाटुकारिता से मोहना; फुसलाकर वि-मोहित करना

【狐群狗党】 húqún-gǒudǎng（狐朋狗党 hú-péng-gǒudǎng भी） दुष्टों का गिरोह या गुट

【狐死首丘】 húsǐ-shǒuqiū लोमड़ी अपनी मांद की ओर मुंह करके मरती है —— अपनी मातृभूमि या जन्म-स्थान की याद करना; अपने उद्गम स्थल की चिंता करना

【狐疑】 húyí संदेह करना; शंका करना: ～不决 आगा-पीछा करना; हिचकिचाना

弧 hú ❶〈गणि०〉 चाप; आर्क ❷〈प्रा०〉 धनुष; कमान

【弧度】 húdù 〈गणि०〉 रेडियन; त्रिज्या कोण

【弧光】 húguāng चापप्रकाश; आर्कलाइट: ～灯 चाप-दीप; आर्क-लैम्प

【弧菌】 hújūn लोलाणु

【弧圈球】 húquānqiú 〈टेबुल टेनिस〉 लूप ड्राइव

【弧线】 húxiàn गोल रेखा; वक्ररेखा

【弧形】 húxíng धनुषाकार; वक्राकृति; आर्क

胡[1] Hú ❶प्राचीनकाल में उत्तर और पश्चिम में रहने वाली ग़ैर हान（汉）जातियां ❷उत्तरी और पश्चिमी जातियों या विदेशों से आई हुई वस्तुएं: 胡椒 / 胡桃 ❸एक कुलनाम

胡[2] hú 〈क्रि०वि०〉 मनमाने ढंग से; बेपरवाही से; उतावलेपन से; मनमौजीपन से; बेहूदगी से: ～干 मनमाने ढंग से करना / 胡来 / 胡说

胡[3] hú 〈लि०〉 क्यों; क्या कारण: ～不下? क्यों नहीं उतरा ?

胡[4] （鬍） hú मूंछ; दाढ़ी: 胡须

【胡扯】 húchě गपशप करना; अकबक करना; प्रलाप करना; बक-बक करना: 两人～了半天。दोनों जन बड़ी देर तक गपशप करते रहे।

【胡臭】 húchòu 狐臭 húchòu के समान

【胡吹】 húchuī शेखी मारना; डींग मारना: ～瞎说 शेखी मारना और बकवास करना

【胡蝶】 húdié 蝴蝶 húdié के समान

【胡豆】 húdòu साधारण लोबिया; बाकला

【胡匪】 húfěi डाकू; दस्यु; डकैत; लुटेरा

【胡蜂】 húfēng (साधारण नाम 马蜂 mǎfēng) ततैया; भिड़; बर्रे

【胡搞】 húgǎo ❶वस्तुओं को अव्यवस्थित करना ❷कदाचार करना; दुर्व्यवहार करना; दुराचार करना

【胡瓜】 húguā 黄瓜 huánggua का दूसरा नाम

【胡话】 húhuà बकवास; बड़बड़; प्रलाप: 发烧说～ बुख़ार में प्रलाप करना; ज्वर में बड़बड़ाना

【胡笳】 hújiā प्राचीन काल में उत्तर की जातियों में प्रचलित नरकट की बांसुरी

【胡椒】 hújiāo काली मिर्च; मरीच; गोलमिर्च: ～面 काली मिर्च का चूरा

【胡椒鲷】 hújiāodiāo 〈प्राणि०〉 ग्रण्ट (मछली)

【胡搅】 hújiǎo ❶किसी व्यक्ति को दुःख या कष्ट देना; शरारती होना; शैतानी से भरा होना ❷क्लांतिकर और खीझ भरी बहस करना

【胡搅蛮缠】 hújiǎo-mánchán क्लांतिकर और खीझ कर बहस करना; किसी व्यक्ति को अविवेकी मांगों से परेशान करना

【胡来】 húlái ❶नियम के अनुसार काम न करना: 这活你不会做，别～。यह काम तुम नहीं कर सकते, मनमाने ढंग से न करो। ❷गलत कार्यवाही: 火车还没有停你就往下跳，真是～。गाड़ी अभी नहीं रुकी, तुम गाड़ी से

नीचे कूदे, सचमुच यह गलत काम होगा।
【胡乱】 húluàn लापरवाही से: ～吃点东西 जो भी खाने की चीज़ मिली, खा लेना
【胡萝卜】 húluóbo गाजर
【胡萝卜素】 húluóbosù कैरोटीन
【胡闹】 húnào गलत कार्यवाही करना; शरारती होना; शैतानी से भरा होना; तंग करना; दुःख देना; कष्ट देना: 继续～ अपनी गलत कार्यवाहियां जारी रखना
【胡琴】 húqin दो तार वाले और गज़ से बजाये जाने वाले बाजे; जैसे अड़हू (二胡), चिंगहू (京胡) आदि
【胡说】 húshuō ❶बकवास करना; व्यर्थ की बातें करना; बेहूदा बात कहना: 你不要～。 तुम ऐसी बेहूदा बात न कहो। ❷व्यर्थ की बात; निरर्थक बात; बेमानी बात; बेहूदा बात
【胡说八道】 húshuō-bādào बेबात की बात करना; व्यर्थ की बात करना; निरर्थक बात; बेहूदा बात: 这篇文章是～。 यह एक बेसिरपैर का ऊटपटांग लेख है।
【胡思乱想】 húsī-luànxiǎng अजीबोगरीब कल्पनाओं की दुनिया में उड़ान भरना
【胡荽】 húsuī (芫荽 yánsuī का दूसरा नाम) धनिया
【胡桃】 hútáo (核桃 hétao का दूसरा नाम) अखरोट: ～仁 अखरोट की गिरी
【胡同】 hútòng (衚衕 hútòng भी) गली; कूचा; लेन
【胡涂】 hútu 糊涂 hútu के समान
【胡须】 húxū मूंछ; दाढ़ी
【胡言乱语】 húyán-luànyǔ प्रलाप करना; बकना; बकवास करना; बक-झक करना: 各种～到处都有。 चारों ओर हर तरह की बकवास की जा रही है।
【胡杨】 húyáng 〈वन०〉 विविध पत्तों वाला चिनार या पोपलर
【胡诌】 húzhōu प्रलाप करना; बड़बड़ाना; गढ़ना: 他～了一大篇中国历史。 उसने चीन के इतिहास के बारे में बेसिरपैर की कहानियां गढ़ी हैं। / 他常唱着～的歌。 वह हरदम बेतुके-से गीत गाता रहता है।
【胡子】 húzi ❶मूंछ; दाढ़ी: 两撇细～ दो पतली मूंछें ❷〈बो०〉 胡匪 के समान
【胡子拉碴】 húzilāchā कटे हुए खेत में बची ठूंठी की तरह दाढ़ी
【胡作非为】 húzuò-fēiwéi कानून, लोकमत आदि पर ध्यान न देकर मनमानी कार्रवाई करना

壶 (壺) hú ❶केतली; केटली: ～底 केटली की तली / 大铜～ तांबे की बड़ी केतली / ～嘴 टोंटी ❷ (Hú) एक कुलनाम

核 hú नीचे दे०
【核儿】 húr 〈बोल०〉 बीज; गुठली: 桃～ आड़ू की गुठली / 芒果～ आम की गुठली / 葡萄～अंगूर का बीज
hé भी दे०

斛 hú 〈पुराना〉 हू, चावल आदि मापने का बड़ा पैमाना, जो पहले दस तओ (斗) के बराबर होता था और बाद में पांच तओ जितना माना जाने लगा

葫 hú नीचे दे०
【葫芦】 húlu तुंबी; तुंबा: ～瓢 तुंबी-पात्र; तुमड़ी

搰 hú 〈लि०〉 ❶खोदना ❷मथ या बिलो कर गंदा करना

鹄 (鵠) hú राजहंस; हंस
gǔ भी दे०
【鹄候】 húhòu 〈लि०〉 आदरपूर्वक प्रतीक्षा करना: ～回音。 मैं आपके उत्तर की प्रतीक्षा कर रहा हूं।
【鹄立】 húlì 〈लि०〉 सीधा खड़ा होना
【鹄望】 húwàng खड़े-खड़े उत्सुकता से राह देखना

猢 hú नीचे दे०
【猢狲】 húsūn बंदर की एक जाति

馃 (餬) hú दलिया
【馃口】 húkǒu (糊口 húkǒu भी) मुश्किल से निर्वाह करना: 养家～ घर चलाना और मुश्किल से ज़िंदगी बिताना

湖 hú ❶सरोवर; झील; लेक ❷ (Hú) हूनान और हूपेइ प्रान्त ❸ (Hú) चच्यांग प्रांत का हू चओ (湖州) नगर जो लिखने के ब्रुश और रेशमी कपड़े के लिये प्रसिद्ध है
【湖北】 Húběi हूपेइ (प्रान्त)
【湖笔】 húbǐ चच्यांग प्रांत के हू चओ (湖州) नगर में निर्मित लिखने का ब्रुश
【湖滨】 húbīn झील का किनारा
【湖光山色】 húguāng-shānsè झीलों और पहाड़ों का सुन्दर दृश्य
【湖广】 Hú-Guǎng ❶य्वान राजवंश का एक प्रांत जिसमें वर्तमान के हूनान, हूपेइ, क्वांगतोंग और क्वांगशी शामिल थे ❷मिंग राजवंश का एक प्रांत जिसमें वर्तमान के हूनान और हूपेइ शामिल थे
【湖南】 Húnán हूनान (प्रान्त)
【湖泊】 húpō झील; सरोवर
【湖色】 húsè हल्का हरा रंग
【湖田】 hútián झील का पानी सूखने पर बनाये गये खेत; छिछली भूमि
【湖心亭】 húxīntíng झील के केन्द्र में स्थित मंडप; मध्य-सरोवर मंडप; सरोवर हृदय मंडप
【湖鸭】 húyā बत्तख़
【湖泽】 húzé झीलें और दलदल
【湖沼学】 húzhǎoxué सरोवर विज्ञान
【湖绉】 húzhòu चच्यांग प्रांत के हूचओ नगर में निर्मित एक प्रकार का रेशम

瑚 hú दे० 珊瑚 shānhú मूंगा

煳 hú (खाद्य वस्तु) जल जाना; जलाया जाना: 烙

饼～了。रोटी जल गई।

鹕（鶘） hú दे० 鹈鹕 tíhú पेलिकन (पक्षी)

嘝 hú बुशल का पुराना नाम

鹘（鶻） hú श्येन; बाज़
gǔ भी दे०

槲 hú 〈वन०〉 मंगोलियाई शाहबलूत या ओक

【槲寄生】 hújìshēng 〈वन०〉 वृक्षाश्रया; तरुरोहिणी

【槲栎】 húlì 〈वन०〉 प्राच्य श्वेत शाहबलूत या ओक

蝴 hú नीचे दे०

【蝴蝶】 húdié （胡蝶 húdié भी）पुष्प-पतंग; तितली; चित्रपतंग

【蝴蝶花】 húdiéhuā झालर वाला आइरिस फूल; फ्रिंज़ेड आइरिस

【蝴蝶结】 húdiéjié बो-नॉट; बो; बो की तितली की तरह की गांठ

【蝴蝶鱼】 húdiéyú चित्रपतंग मछली

衚 hú नीचे दे०

【衚衕】 hútòng दे० 胡同 hútòng गली; कूचा

糊¹ hú लेई से चिपकाना：～窗户 खिड़की पर कागज़ चढ़ाना; कागज़ से खिड़की मढ़ना / ～墙 दीवार पर कागज़ चढ़ाना; कागज़ से दीवार मढ़ना

糊² hú 煳 hú के समान

糊³ hú 餬 hú के समान
hū; hù भी दे०

【糊糊】 húhu 〈बो०〉 मक्के, गेहूं आदि का आटा और पानी मिलाकर बनाई गई लपसी या दलिया：稀～ पतली लपसी या दलिया

【糊精】 újīng 〈रसा०〉 दक्षि; विलेय; डेक्सट्रिन

【糊口】 húkǒu 餬口 húkǒu के समान

【糊里糊涂】 húlihútú जड़बुद्धि; स्थूलबुद्धि; मूर्ख; मूड़; मूढ़; बेवकूफ़：这个人～的，干什么事都不行。यह आदमी जड़बुद्धि है, कोई भी काम अच्छी तरह कर नहीं सकता। / 有的人～地把时间浪费了。कुछ लोगों ने व्यर्थ ही समय गंवाया।

【糊涂】 hútu （胡涂 hútu भी）❶बेसमझ; मूढ़; मूर्ख; बेवकूफ़; भोला：～观念 ऊलजलूल विचार / ～人 उलझे दिमाग वाला; नासमझ आदमी / ～思想 उलझनभरा विचार ❷अस्तव्यस्त; अव्यवस्थित; गड़बड़：糊涂帐 / 一塌～ सरासर बुरे रूप में ❸〈बो०〉 अस्पष्ट; धुंधला

【糊涂虫】 hútuchóng भारी भूल करनेवाला; बुद्धू

【糊涂帐】 hútuzhàng गड़बड़ हिसाब

【糊嘴】 húzuǐ 餬口 húkǒu के समान

縠 hú 〈लि०〉 क्रेप; एक प्रकार का सिलवटदार पतला रेशमी कपड़ा

醐 hú दे० 醍醐 tíhú घी; 〈बौद्ध-धर्म〉 पूर्ण सत्य

觳 hú नीचे दे०

【觳觫】 húsù 〈लि०〉 डर के मारे कांपना; थरथराना

hǔ

虎¹ hǔ ❶बाघ; व्याघ्र：母～ बाघिन / 幼～ व्याघ्र-शावक ❷वीर; बहादुर：虎将 / 虎虎有生气 ❸〈बो०〉 रौद्र; क्रूर; भयानक; खूंखार：～起脸说 भयानक होकर कहना ❹（Hǔ）एक कुलनाम

虎² hǔ 唬 hǔ के समान
hù भी दे०

【虎背熊腰】 hǔbèi-xióngyāo बाघ की-सी पीठ और रीछ की-सी कमर —— हट्टा-कट्टा; हृष्ट-पुष्ट

【虎贲】 hǔbēn (प्राचीन कालीन) वीर; योद्धा

【虎彪彪】 hǔbiāobiāo हट्टा-कट्टा और शक्तिमान; हृष्ट-पुष्ट; ऊंचा-पूरा; लंबा-तगड़ा：～的小伙子 हृष्ट-पुष्ट युवक

【虎耳草】 hǔ'ěrcǎo सैक्सिफ्रेज

【虎符】 hǔfú प्राचीन काल में सेना के तबादले के लिये सम्राट की ओर से सेनापति को दिया जाने वाला तांबे का व्याघ्राकृति अधिकार-पट्ट

【虎骨酒】 hǔgǔjiǔ व्याघ्रास्थि मदिरा

【虎虎有生气】 hǔhǔ yǒu shēngqì शक्ति और ओज से भरा होना

【虎将】 hǔjiàng निर्भीक सेनापति; निर्भीक योद्धा：五～ पांच बड़े सिंह सेनापति

【虎劲】 hǔjìn निर्भीक उत्साह या बल; जोश：有一股子～ उत्साहपूर्ण; जोशीला; काम करने में बड़ा जोशीला

【虎睛石】 hǔjīngshí टाइगर आइ

【虎口】¹ hǔkǒu बाघ का मुंह —— मृत्यु का मुंह：救出～ (किसी व्यक्ति को) मृत्यु के मुंह से बचाना

【虎口】² hǔkǒu अंगूठे और तर्जनी के बीच का भाग

【虎口拔牙】 hǔkǒu-báyá बाघ या शेर के मुंह से दांत उखाड़ना —— बहुत खतरनाक काम करना

【虎口余生】 hǔkǒu-yúshēng बाघ के मुंह से बचाया जाना —— मृत्यु के मुंह से जान बचाना; मृत्यु से बाल-बाल बचना

【虎狼】 hǔláng बाघ और भेड़िया：～成性 भेड़िये जैसा मिज़ाज

【虎列拉】 hǔlièlā（霍乱 huòluàn भी）हैज़ा; महामारी

【虎魄】 hǔpò 琥珀 hǔpò के समान

【虎钳】 hǔqián बांक; शिकंजा; वाइस

【虎市】 hǔshì टाइगर मार्केट (मार्किट)

【虎势】 hǔshi 〈बो०〉 हट्टा-कट्टा; हृष्ट-पुष्ट：这小伙子长的真～。सचमुच यह युवक हट्टा-कट्टा है।

【虎视眈眈】hǔshì-dāndān भयंकर दृष्टि से देखना
【虎头虎脑】hǔtóu-hǔnǎo (बालक) देखने में बलवान और नेक होना
【虎头蛇尾】hǔtóu-shéwěi आरंभ में तड़क-भड़क दिखाकर समाप्त हो जाना; तड़क-भड़क से शुरू होकर चुपके से खत्म होना
【虎穴】hǔxué बाघ की मांद: 不入～，焉得虎子。बाघ की मांद में घुसे बिना बाघ के बच्चे कैसे मिल सकते है।
【虎牙】hǔyá बाहर को निकला हुआ दांत
【虎杖】hǔzhàng <ची०चि०> जायंट नॉटवीड

浒 hǔ पानी का किनारा; समुद्र, नदी, झील आदि का किनारा
xǔ भी दे०
【浒湾】Hǔwān हनान प्रांत में एक स्थान
Xǔwān भी दे०

唬（虎）hǔ <बोल०> धमकाना; घुड़की देना; गीदड़ भभकी देना: 他～我们，可我们不怕他。वह बहुत गीदड़ भभकी देता है, लेकिन हम उससे नहीं डरते।
xià भी दे०

琥 hǔ नीचे दे०
【琥珀】hǔpò（虎魄 hǔpò भी）कहरुबा; अंबर: ～油 अंबर का तेल

hù

互 hù <क्रि०वि०> परस्पर; आपस में; एक दूसरे को: ～不侵犯 एक दूसरे पर आक्रमण न करना / ～不通气 आपस में विचारों का आदान-प्रदान न करना
【互不侵犯条约】hù bù qīnfàn tiáoyuē अनाक्रमण-संधि; परस्पर अनाक्रमण संधि
【互动】hùdòng ❶आपस में एक-दूसरे को प्रभावित करना ❷दोनों पक्षों का साथ-साथ भाग लेना, तत्काल आदान-प्रदान करना और एक-दूसरे को प्रभावित करना
【互感应】hùgǎnyìng （互感 भी）<विद्यु०> परस्पर चुम्बकीय प्रेरण
【互…互…】hù…hù… परस्पर; आपस में; एक दूसरे को; एक दूसरे से: ～教～学 एक दूसरे को सिखाना और एक दूसरे से सीखना / ～谅～让 आपसी समझ और आपसी रियायत
【互换】hùhuàn परस्पर विनिमय या आदान-प्रदान करना: ～记者 संवाददाताओं का परस्पर आदान-प्रदान करना
【互惠】hùhuì परस्पर लाभकारी; सदृश: 在～的基础上 परस्पर लाभकारी आधार पर / ～待遇 परस्पर लाभकारी व्यवहार या बर्ताव; सदृश व्यवहार
【互惠条约】hùhuì tiáoyuē परस्पर लाभकारी संधि; रिसिप्रोकल ट्रीटी
【互见】hùjiàn ❶अन्तर्निर्देश; विषय पर अधिक प्रकाश डालने के लिये पुस्तक के एक संदर्भ से दूसरे का हवाला ❷(दो विपरीत वस्तुओं का) एक साथ रहना: 瑕瑜～गुण-दोष दोनों उपस्थित होना; गुणों के साथ रहने वाले दोष भी होना
【互利】hùlì आपसी लाभ: 平等～ समानता और पारस्परिक लाभ
【互联网】hùliánwǎng （因特网 yīntèwǎng भी）इंटरनेट
【互生】hùshēng बारी-बारी से; प्रत्येक या दूसरे के उपरान्त आने वाला: ～叶 डंठल के दोनों ओर की पत्तियां
【互通】hùtōng परस्पर आदान-प्रदान करना: ～情报 परस्पर सूचना का आदान-प्रदान करना / ～声气 परस्पर विचारों का आदान-प्रदान करना / ～有无 एक दूसरे की ज़रूरतों को पूरा करना; आपस में विनिमय करना
【互相】hùxiāng परस्पर; आपस में; एक दूसरे को: ～包庇，狼狈为奸 एक दूसरे को पनाह देते रहना और एक दूसरे के साथ सांठ-गांठ करके दुष्कर्म करना / ～残杀 पारस्परिक संहार करना / ～观摩 एक दूसरे से सीखना / ～排斥 एक दूसरे को बहिष्कृत करना / ～配合 एक दूसरे के साथ तालमेल कायम करना / ～迁就 एक दूसरे को रियायत देना / ～倾轧 एक दूसरे को परास्त करने की हरचन्द कोशिश करना / ～渗透 एक दूसरे के भीतर घुसना; परस्पर अन्तर्वेधन करना / ～依存 आपसी निर्भर होना / ～迎合 एक दूसरे का तुष्टीकरण करना / ～转化 एक दूसरे में बदल जाना / ～监督 पारस्परिक निरीक्षण
【互训】hùxùn परस्पर टीका-टिप्पणी करना
【互赢】hùyíng पारस्परिक लाभ होना; दोनों या दो से अधिक पक्षों का साथ-साथ जीत लेना या लाभ उठाना
【互助】hùzhù परस्पर सहायता; पारस्परिक सहायता: ～合作 परस्पर सहायता और सहयोग / ～条约 परस्पर सहायता की संधि / ～同盟 सहायता-मैत्री संघ
【互助组】hùzhùzǔ ❶परस्पर सहायता दल ❷परस्पर सहायता टीम; आपसी सहायता (या सहयोग) टीम: 临时～ अस्थायी परस्पर सहायता टीम / 常年～ स्थायी (या साल-भर के लिये) उभय सहायता दल

户 hù ❶द्वार; दरवाज़ा: 足不出～ कभी द्वार के बाहर न जाना ❷परिवार: 户籍 / 全村有五十～。गांव में कुल पचास परिवार हैं। ❸परिवार की सामाजिक स्थिति: 门当～对 (विवाह के लिये) सामाजिक या आर्थिक स्थिति में बराबरी होना ❹(बैंक) खाता: 开～ बैंक में खाता खुलवाना; खाता स्थापित कराना ❺（Hù）एक कुलनाम
【户部】hùbù आय विभाग दे० 六部 liùbù
【户籍】hùjí ❶आबादी का रिकार्ड; परिवार का रिकार्ड ❷पंजीकृत स्थायी आबादी
【户均】hùjūn प्रति परिवार: ～收入 प्रति परिवार आय
【户口】hùkǒu ❶परिवारों की संख्या और कुल आबादी; जनसंख्या ❷आबादी का रिकार्ड; पंजीकृत स्थायी आबादी: 他在这里没有～。वह यहां का पंजीकृत स्थायी निवासी नहीं है।

【户口簿】hùkǒubù（户口本 hùkǒuběn भी）आबादी का रजिस्टर; जनसंख्या पंजी

【户口清册】hùkǒu qīngcè जनगणना संबंधी रिकार्ड

【户枢不蠹】hùshū-bùdù किवाड़ के कब्ज़े को कभी दीमक नहीं लगती

【户头】hùtóu (बैंक) खाता： 开～ (बैंक में) खाता खुलवाना

【户外】hùwài घर के बाहर; खुले मैदान में; खुली हवा में： ～运动 खुले मैदान में व्यायाम; खुली हवा में खेलकूद

【户限为穿】hùxiàn-wéichuān अत्यधिक अतिथियों के आने-जाने से देहली का घिसकर नीचा हो जाना —— अतिथियों का तांता सदा लगा रहना

【户型】hùxíng कक्ष-प्रकार; कमरों की किस्म; टाइप आफ़ एपार्टमेंट

【户牖】hùyǒu दरवाज़ा और खिड़की

【户长】hùzhǎng 〈बो०〉 गृहस्वामी

【户主】hùzhǔ गृहस्वामी

冱（沍）hù 〈लि०〉 ❶जमकर बर्फ़ हो जाना ❷बंद होना; रुकना; अटकना; अवरुद्ध होना

护（護）hù ❶रक्षा करना; सुरक्षा करना; हिफ़ाज़त करना 护航 / 护路 ❷पक्षपात करना; तरफ़दारी करना; पनाह देना： 护短

【护岸】hù'àn (समुद्र, नदी आदि का) किनारे का पुश्ता

【护岸林】hù'ànlín उक्त किनारे पर लगायी गयी वृक्षों की सुरक्षित पट्टी

【护壁】hùbì 墙裙 qiángqún के समान

【护兵】hùbīng (अधिकारी का) अंगरक्षक

【护城河】hùchénghé नगर-परिखा; नगर की खाई

【护持】hùchí ❶रक्षा करना और बनाये रखना： ～交通要塞 महत्वपूर्ण संचार पंक्तियों की रक्षा करना और उन्हें बनाए रखना ❷प्यार करना और देखभाल करना

【护从】hùcóng ❶अनुसरण करना और रक्षा करना ❷अंगरक्षक

【护犊子】hù dúzi 〈बो०〉 〈अना०〉 अपने बच्चे का पक्षपात करना

【护短】hùduǎn अपनी (या अपने लोगों की) कमी या त्रुटि का पक्ष लेना： 不要对孩子～。अपने बच्चे की कमी या त्रुटि का पक्ष नहीं लेना चाहिये।

【护耳】hù'ěr फ़र आदि का बना कानों का आवरण; इयर-फ़्लैप; इयरमफ़

【护法】hùfǎ ❶बौद्ध-धर्म के सिद्धांतों की रक्षा करना ❷बौद्ध-धर्म के सिद्धांतों की रक्षा करनेवाला; दाता ❸देश के कानूनों की रक्षा करना

【护封】hùfēng कागज़ का प्रायः रंगीन और कलात्मक पुस्तक का आवरण या ऊपरी जिल्द

【护肤霜】hùfūshuāng फ़ेस-क्रीम

【护工】hùgōng (मज़दूरी पर अस्पताल में रोगियों की) देखभाल करनेवाला (व्यक्ति)

【护航】hùháng अनुरक्षण करना; नौ-यातायात की रक्षा करना： ～队 कानवाई / ～舰 अनुरक्षक पोत; प्रहरी युद्धपोत; कानवाई शिप

【护栏】hùlán ❶सड़क के किनारे पर या बीचोंबीच में लगा हुआ जंगला ❷रक्षा करने के काम आने वाला जंगला

【护理】hùlǐ (रोगी की) सेवा-शुश्रूषा या परिचर्या करना; उपचार करना; तीमारदारी करना： ～病人 रोगी की सेवा-शुश्रूषा करना / ～员 नर्स / ～林木 वन और वृक्षों की रखवाली करना

【护路】hùlù सड़क या रेल की रक्षा करना

【护绿】hùlǜ हरी भूमि की रक्षा करना

【护面】hùmiàn 〈खेल०〉 मास्क

【护坡】hùpō 〈जल-संरक्षण〉 〈परिव०〉 रक्षा के काम आने वाली ढाल या ढलान

【护身符】hùshēnfú（护符 भी）❶रक्षाभूषण; तावीज़ ❷व्यक्ति या वस्तु जो किसी की दंड या निन्दा से रक्षा करता हो

【护士】hùshi नर्स; रोगी-परिचारिका

【护士学校】hùshi xuéxiào नर्सों का स्कूल; नर्स-स्कूल

【护士长】hùshizhǎng हेड नर्स; प्रधान नर्स

【护送】hùsòng अनुरक्षण करना; सहगमन करना; रक्षार्थ साथ जाना： ～伤员 घायल व्यक्तियों का अनुरक्षण करना

【护腿】hùtuǐ 〈खेल०〉 फ़ुटबाल के खेल में घुटने से नीचे सामने की ओर बांधी जाने वाली गद्दी

【护卫】hùwèi ❶रक्षा करना ❷अंगरक्षक

【护卫舰】hùwèijiàn अनुरक्षक पोत; रक्षक जहाज़

【护卫艇】hùwèitǐng（炮艇 pàotǐng का दूसरा नाम）गनबोट

【护膝】hùxī 〈खेल०〉 घुटने के सामने की ओर बांधी जाने वाली गद्दी; नीकैप; नीपैड

【护胸】hùxiōng 〈खेल०〉 सदरी; सीना-बंद; चेस्ट प्रोटेक्टर

【护养】hùyǎng ❶रखवाली करना; पालना; बढ़ाना： ～秧苗 (धान आदि के) पौधों की रखवाली करना ❷बनाए रखना; (सड़क आदि की) मरम्मत करते रहना; ठीक करते रहना： ～公路 मोटर सड़कों की मरम्मत करते रहना

【护照】hùzhào पारपत्र; पासपोर्ट： 外交～ राजनयिक पासपोर्ट / 公务～ सर्विस पासपोर्ट; सेवा पारपत्र

沪（滬）Hù शांगहाए का दूसरा नाम： 京～铁路 पेइचिंग-शांगहाए रेल मार्ग

【沪剧】hùjù शांगहाए ऑपेरा

枑 hù 梐枑 bìhù प्राचीन काल में सरकार के सामने चलनेवालों को रोकने के लिए लकड़ी से बनी वस्तु

虎 hù नीचे दे०
hǔ भी दे०

【虎不拉】hùbulǎ 〈बो०〉 शिक्र (पक्षी)

岵 hù 〈लि०〉 अधिक घास-पेड़ों वाला पहाड़

怙 hù 〈लि०〉 (पर) निर्भर होना या करना; (पर) आश्रित रहना; (पर) भरोसा रखना： 失～ पिता से वंचित होना

(पिता की मृत्यु होना)
【怙恶不悛】 hù'è-bùquān अपनी गलतियों का पछतावा न करना; व्यक्ति जिसके सुधरने की कतई गुंजाइश न हो
【怙恃】 hùshì 〈लि०〉 ❶निर्भर होना; भरोसा रखना; आश्रित रहना ❷माता-पिता; मां-बाप

戽 hù ❶खेत में पानी खींचने के लिये प्रयुक्त बाल्टी; डोल ❷डोल या बाल्टी आदि के द्वारा खेत में पानी खींचना
【戽斗】 hùdǒu खेत में पानी खींचने का औज़ार; डोल

祜 hù 〈लि०〉 सुख; आनन्द; मंगल; आशीष

笏 hù प्राचीन काल में जेड, हाथी-दांत या बांस से बनी संकरी और लंबी पट्टी जिसे सम्राट के दरबार में उपस्थिति पर अधिकारी अपने सीने के सामने रखते थे

瓠 hù नीचे दे०
【瓠子】 hùzi एक प्रकार की लौकी या कद्दू

扈 hù ❶〈लि०〉 अनुचर; परिचर; परिचारक: 扈从 ❷ (Hù) एक कुलनाम
【扈从】 hùcóng 〈लि०〉 ❶सम्राट या अधिकारियों का अनुचर; परिचर ❷अनुसरण करना: 随驾～ सम्राट का अनुसरण करना

楛 hù 〈वन०〉 प्राचीन पुस्तकों में चेस्ट वृक्ष की जाति की वनस्पति, जिसके डंठल से तीर बनाया जाता था

鄠 Hù नीचे दे०
【鄠县】 Hùxiàn हूश्येन,शानशी (陕西) प्रांत की एक काउण्टी का नाम (वर्तमान 户县 हूश्येन)

糊 hù पेस्ट; लेई; लपसी; दलिया: 面～ आटे का दलिया / 芝麻～ तिल के चूरे का दलिया
hū; hú भी दे०
【糊弄】 hùnong 〈बो०〉 ❶बेवकूफ़ बनाना; धोखा देना: 他想～我。 वह मुझे उल्लू बनाना चाहता है। ❷लापरवाही से काम करना: 这细活不能瞎～。 यह सूक्ष्म काम लापरवाही से नहीं किया जाना चाहिये।

鹱 (鳠) hù 〈प्राणि०〉 समुद्रतट का एक प्रकार का बड़ा पक्षी

鳠 (鱯) hù 〈प्राणि०〉 एक प्रकार की शल्कहीन मूंछों वाली मछली

huā

化 huā 花²huā के समान: ～钱 पैसा खर्च करना / ～工夫 बहुत समय लगना
huà भी दे०
【化子】 huāzi 花子 huāzi के समान

花¹ huā ❶फूल; पुष्प ❷फूल की तरह की वस्तु: 火～ चिनगारी ❸दर्शनीय वनस्पित: 花木 / 花盆 ❹आतिशबाज़ी: 花炮 / 放～ आतिशबाज़ी छोड़ना ❺बेल-बूटे आदि का नमूना; डिज़ाइन: 白底红～ सफ़ेद पृष्ठभूमि पर लाल-लाल फूल / 她绣的～很好看。उसने जो फूल काढ़े, बहुत सुन्दर हैं। ❻रंगीन; रंग-बिरंगा; अनेक रंगों का: ～纸 रंगीन कागज़ / ～衣服 रंगीन कपड़ा ❼फूलों से अलंकृत; फूलों से सजाया गया: 花环 / 花篮 ❽(आंख) धुंधली होना: 眼～ आख का चीज़ों को देखने में धुंधला या अस्पष्ट होना ❾लोगों को भ्रम में डालने वाला: 花账 / 花招 ❿सार; मुख्य भाव; तत्व: 文艺之～ कला-साहित्य का सार-तत्व ⓫सुन्दर युवती; सुन्दरी: 校～ स्कूल, कालेज आदि में सर्वसुन्दरी; कैम्पस बेल ⓬वेश्या या वेश्या संबंधी: 花魁 ⓭कपास; रूई: 轧～ रूई ओटना; कपास से बिनौले अलग करना ⓮कुछ चीज़ों के दाने या छोटे-छोटे टुकड़े: 泪～ अपने आंखों में आंसू / 葱～ प्याज़ के छोटे-छोटे टुकड़े ⓯कुछ जीव-जंतुओं के छोटे बच्चे: 蚕～ रेशम-कीट के छोटे बच्चे / 鱼～ मछली के छोटे-छोटे बच्चे ⓰चेचक; माता; शीतला: 天～ चेचक; माता; शीतला ⓱लड़ाई में घायल होना: 挂了三次～ लड़ाई में तीन बार घायल होना ⓲ (Huā) एक कुलनाम

花² huā प्रयोग करना; खर्च करना: 花费 / ～钱 पैसा खर्च करना
【花把势】 huābǎshi अनुभवी माली; फूल उगाने वाला
【花白】 huābái (बाल, दाढ़ी आदि) सफ़ेद; पक्का; अधपका; (पिल्ला आदि) चितकबरा: 胡子～ दाढ़ी अधपकी-सी होना / 头发～起来了。 सिर धौला होने लगा। / ～的哈巴狗 चितकबरा पिल्ला
【花斑】 huābān चितकबरा; चितला: ～马 चितला घोड़ा
【花瓣】 huābàn पंखुड़ी; दल
【花苞】 huābāo कली; बिना खिला फूल
【花被】 huābèi 〈वन०〉 फूल का आवरण; फ़्लोरल एनवेलप
【花边】 huābiān ❶फूलदार किनारा: 瓶口的～ फूलदान के मुंह पर फूलदार किनारी ❷गोट; गोटा ❸〈मुद्रण०〉 छपाई का सजावटी किनारा
【花边新闻】 huābiān xīnwén मनोरंजक समाचार; चटपटी ख़बर
【花布】 huābù छींट; छापेदार सूती कपड़ा
【花菜】 huācài 〈बो०〉 (花椰菜 huāyēcài भी) फूल-गोभी
【花草】 huācǎo ❶दर्शनीय फूल और पौधा ❷〈बो०〉 चीनी मिल्क वेच
【花插】 huāchā कोई भी फूलदान; गुलदान
【花茶】 huāchá सुगंधित चाय: 茉莉～ चमेली चाय
【花车】 huāchē बंदनवारों से सजी गाड़ी (या वाहन)
【花池子】 huāchízi बाग में फूलों की क्यारी

【花虫】 huāchóng 〈बो०〉 पिंक बोलवर्म
【花丛】 huācóng फूलों का गुच्छा
【花大姐】 huādàjiě 〈प्राणि०〉 पोटेटो लेडी-बर्ड
【花旦】 huādàn चीनी ऑपेरा का हवातान पात्र (युवा स्त्री पात्र)
【花灯】 huādēng उत्सव की फूलदार कंदील; रंगीन कागज़ की लालटेन
【花灯戏】 huādēngxì युननान और स्छ्वान प्रान्तों में प्रचलित लोक-ऑपेरा
【花点子】 huādiǎnzi धोखा; कपट; छल; छलने की युक्ति; अयथार्थ युक्ति
【花钿】 huādiàn स्त्रियों की सिर पर सजाने की वस्तुएं (या आभूषण, गहने, अलंकार)
【花雕】 huādiāo उच्च-श्रेणी की शाओशिंग (绍兴) मदिरा
【花朵】 huāduǒ कुसुम; फूल; पुष्प: 盛开的～ पूरी तरह खिले हुए फूल
【花萼】 huā'è बाह्यदल-पुंज; कैलिक्स
【花儿】 huā'ér कानसू, छिंगहाए और निंगश्या में प्रचलित एक प्रकार का लोक-गीत
【花房】 huāfáng फूलों को उगाने के लिये प्रयुक्त कांच का घर
【花肥】 huāféi ❶कपास, सरसों आदि के लिए प्रयुक्त खाद ❷फूलों को दी जाने वाली खाद
【花费】 huāfèi खर्च करना; परिव्यय करना; व्यय करना; खपाना: ～气力 प्रयत्न करना / ～时间 वक्त गंवाना
【花费】 huāfei खर्च; व्यय; खपत: 这次请客要多少～? इस बार दावत देने में कितना खर्च आएगा?
【花粉】 huāfěn 〈वन०〉 पुष्परज; रज; पराग
【花岗岩】 huāgāngyán (花岗石 huāgāngshí भी) ❶ग्रेनाइट ❷अति कट्टर; बहुत हठी: ～脑袋 ग्रेनाइट की तरह खोपड़ी
【花格窗】 huāgéchuāng जालीदार खिड़की
【花梗】 huāgěng पुष्पवृंत; वृंत
【花骨朵】 huāgūduo 花蕾 का सामान्य नाम
【花鼓】 huāgǔ फूल-ढोल, यांत्सी नदी की घाटी में प्रचलित एक प्रकार का लोक-नृत्य
【花鼓戏】 huāgǔxì फूल-ढोल ऑपेरा, हूनान,हूपेइ और आनहवेइ प्रान्तों में प्रचलित एक प्रकार का लोक-ऑपेरा
【花冠】[1] huāguān दलपुंज; कोरोला: 合瓣～ युगल दलपुंज / 离瓣～ भिन्न दलपुंज
【花冠】[2] huāguān दुलहिन का मुकुट; क्राउन
【花好月圆】 huāhǎo-yuèyuán (प्रायः किसी व्यक्ति के विवाह के बधाई-संदेश के रूप में प्रयुक्त) खिले फूल और पूर्णचन्द्र —— पूर्ण दाम्पतिक सुख
【花红】[1] huāhóng 〈वन०〉 चीनी नाशपाती के पत्तों वाला कर्कसेब; क्रैबएपल
【花红】[2] huāhóng ❶विवाह आदि की भेंट ❷बोनस
【花红柳绿】 huāhóng-liǔlǜ लाल-लाल फूल और हरे-हरे बेद वृक्ष —— वसन्त का सुन्दर दृश्य
【花花肠子】 huāhua chángzi धोखा; छल; कपट; धूर्त; फ़रेब
【花花公子】 huāhuā-gōngzǐ छैला; बांका
【花花绿绿】 huāhuālǜlǜ रंगीन; रंग-बिरंगा; चमकीला; भड़कीला: 穿得～的 रंग-बिरंगे वस्त्रों में
【花花世界】 huāhuā-shìjiè रंग-बिरंगी दुनिया
【花环】 huāhuán पुष्प-माला; फूलों का सेहरा
【花卉】 huāhuì ❶फूल और पौधे; फूल-पत्ती ❷चीनी परम्परागत चित्रकला में फूल-पौधे विषयक चित्र
【花会】 huāhuì फूल-मेला
【花季】 huājì उठती जवानी: ～少年 उठती जवानी वाला लड़का (या किशोर) / ～少女 उठती जवानी वाली लड़की (या किशोरी)
【花甲】 huājiǎ साठ वर्ष की अवस्था: ～之年 साठ (वर्ष की अवस्था) / 年逾～ साठ वर्ष से अधिक की अवस्था
【花架子】 huājiàzi रण-कौशल के दिखावटी क्रिया-कलाप
【花剑】 huājiàn 〈खेल०〉 कुन्दधार वाली तलवार; फ़ायल: 女子～比赛 महिलाओं की फ़ायल प्रतियोगिता
【花匠】 huājiàng माली
【花椒】 huājiāo चीनी कांटेदार ऐश
【花轿】 huājiào दुलहिन की डोली या पालकी
【花街柳巷】 huājiē-liǔxiàng बदनाम सड़कें; वेश्याओं का मोहल्ला
【花镜】 huājìng दूर की नज़र की ऐनक या चश्मा
【花卷】 huājuǎn भाप से बना ऐंठनदार रोल या छोटी पाव रोटी
【花魁】 huākuí फूलों की रानी —— आलूचे का फूल; 〈ला०〉 प्रसिद्ध वेश्या
【花篮】 huālán ❶फूलों की टोकरी ❷सुसज्जित टोकरी
【花蕾】 huālěi कलिका; कली
【花里胡哨】 huālihúshào ❶अनावश्यक टीम-टाम वाली, भड़कीली (पोशाक, सजावट आदि); दिखावटी: 穿得～的 भड़कीली पोशाक में; टीम-टाम से सजा हुआ ❷बिना वास्तविक मूल्य का
【花鲢】 huālián चितकबरी शफ़री या कार्प (मछली)
【花脸】 huāliǎn पेइचिंग ऑपेरा में रंगीन चेहरे वाला पात्र
【花柳病】 huāliǔbìng मैथुनजनित रोग; गुप्त रोग; यौन रोग
【花露水】 huālùshuǐ टॉयलेट वॉटर; इत्र; गुलाबजल
【花蜜】 huāmì ❶पुष्प-रस; मकरंद ❷मधु; शहद
【花面狸】 huāmiànlí सिवेट या गंधबिलाव की एक किस्म
【花苗】 huāmiáo ❶फूल की कोमल पौद ❷कपास की पौद
【花名册】 huāmíngcè नाम-पंजी; सदस्यों, कार्यकर्ताओं की नामावली
【花木】 huāmù (बाग) में फूल और वृक्ष
【花呢】 huāní रंगीन ऊनी वस्त्र; सूट का रंगीन ऊनी कपड़ा
【花鸟】 huāniǎo परम्परागत चीनी चित्रकला में पुष्प-पक्षी विषयक चित्र
【花农】 huānóng फूल-पौधे उगानेवाला
【花盘】 huāpán ❶〈वन०〉 फूल-डिस्क ❷〈यां०〉 डिस्क चक; फ़ेसप्लेट
【花炮】 huāpào आतिशबाज़ी और पटाखे
【花盆】 huāpén गमला
【花瓶】 huāpíng ❶गुलदान; फूलदान ❷वह स्त्री जो

केवल स्वयं को सजाना-संवारना जानती है और कोई उपयोगी काम नहीं करती
【花圃】huāpǔ वाटिका; पुष्पोद्यान; गुलशन
【花期】huāqī फूल आने का समय; फूल आने की अवस्था
【花旗】huāqí 〈पुराना〉 रंगीन झंडा —— संयुक्तराज्य अमरीका
【花扦儿】huāqiānr डंठल के साथ तोड़े गये ताज़े या बनावटी फूल
【花枪】huāqiāng ❶छोटा भाला ❷धूर्तता; फ़रेब; ठगी: 耍～ पैंतरेबाज़ी करना ; तिकड़मबाज़ी करना
【花腔】huāqiāng ❶चीनी ऑपेरा के गायन में गमक; कोलोरातूरा ❷चिकनी-चुपड़ी बातें: 耍～ चिकनी-चुपड़ी बातें करना
【花腔女高音】huāqiāng nǚgāoyīn कोलोरातूरा सोप्रानो; कोलोरातूरा
【花墙】huāqiáng जालीदार दीवार
【花青】huāqīng 〈रसा०〉 सायानाइन: ～染料 सायानाइन डाई; सायानाइन रंजक
【花青素】huāqīngsù 〈रसा०〉 ऐनथ्रोसायानिडिन
【花圈】huāquān फूलमाला
【花拳绣腿】huāquán-xiùtuǐ दिखावटी पर अव्यावहारिक रण-कौशल; कोई भी दिखावटी पर अव्यावहारिक कौशल
【花容月貌】huāróng-yuèmào फूल-सा चेहरा और चांद-सा मुंह —— अति सुन्दर (स्त्री)
【花蕊】huāruǐ पुंकेसर या परागकेसर और गर्भकेसर या स्त्रीकेसर का सामान्य नाम; केसर
【花色】huāsè ❶बेल-बूटा और रंग: 这布的～不好看。 इस कपड़े के बेल-बूटे और रंग सुन्दर नहीं हैं । ❷विभिन्न बेल-बूटे और रंग: ～繁多 भिन्न प्रकार के बेल-बूटे और रंग /～品种 बेल-बूटों और रंगों की विविधता (या विभिन्नता)
【花纱布】huāshābù रूई, धागे और कपड़े का सामान्य नाम
【花哨】huāshao ❶रंगीन; रंग-बिरंगा; भड़कीला: 她穿得太～了。 वह बहुत भड़कीले कपड़े पहने हुए थी । ❷कई प्रकार के परिवर्तन: 鼓点子敲得又响亮又～。 ढोल को ऊची आवाज़ में और कई प्रकार के ताल-परिवर्तन के साथ पीटना
【花生】huāshēng मूंगफली; चीना बादाम
【花生饼】huāshēngbǐng 〈कृ०〉 पीनट केक
【花生豆儿】huāshēngdòur 〈बो०〉 मूंगफली के दाने
【花生酱】huāshēngjiàng पीनट बटर
【花生米】huāshēngmǐ मूंगफली के दाने: 两包～ दो पैकेट मूंगफली के दाने
【花生油】huāshēngyóu मूंगफली का तेल
【花市】huāshì फूल बाज़ार
【花饰】huāshì आलंकारिक डिज़ाइन; बेल-बूटा
【花束】huāshù फूलों का गुच्छा; पुष्पगुच्छा; गुलदस्ता
【花丝】huāsī ❶〈वन०〉 तंतु; रेशा; फ़िलामेंट ❷〈क० शि०〉 मीनाकारी की चीज़; फ़िलीग्री
【花坛】huātán (उठी हुई) फूलों की क्यारी; फूलों का चबूतरा
【花天酒地】huātiān-jiǔdì लंपटी में लिप्त होना; दुराचार या ऐयाशी का जीवन व्यतीत करना
【花厅】huātīng मेहमानों से मिलने की जगह; बैठकखाना (प्रायः घर के उद्यान या किनारे के आंगन में)
【花筒】huātǒng नलिकाकार आतिशबाज़ी
【花团锦簇】huātuán-jǐncù फूलों के गुच्छे और रेशम का ढेर —— अनेक रंगों की सजावटें: 打扮得～भड़कीली पोशाक में होना
【花托】huātuō फूल का आधार
【花纹】huāwén बेल-बूटा; फूल; फूल-पत्ती; सजावट की डिज़ाइन: 细簇簇的～ छोटी-छोटी डिज़ाइन /～玻璃 डिज़ाइनदार शीशा
【花坞】huāwù नीचे खोदी हुई फूलों की क्यारी
【花线】huāxiàn ❶रंगीन धागा ❷〈विद्यु०〉 बिजली का लचीला तार
【花消】huāxiao （花销 huāxiao भी）〈बोल०〉 ❶(पैसा) खर्च करना: 你一天～多少钱? तुम एक दिन में कितने पैसे खर्च करते हो ? ❷खर्च: 人多～也大。 अधिक लोगों के कारण खर्च भी अधिक होता है । ❸पुराने ज़माने के बेजा कर और तरह-तरह की उगाही
【花心】huāxīn लंपट; व्यभिचारी; कामुक; कामासक्त; ऐयाश; कामी
【花须】huāxū 〈बोल०〉 पुंकेसर या परागकेसर और गर्भकेसर या स्त्रीकेसर का सामान्य नाम; केसर
【花序】huāxù 〈वन०〉 पुष्पक्रम
【花絮】huāxù मनोरंजक समाचार; चटपटी खबरें: 大会～ सभा के मनोरंजक समाचार
【花押】huāyā 〈पुराना〉 दस्तावेज़ों, पट्टों आदि पर घसीट में किया गया हस्ताक्षर
【花芽】huāyá कली; कलिका
【花言巧语】huāyán-qiǎoyǔ चिकनी-चुपड़ी बातें; लच्छेदार बातें; शुभशब्दों का बहाना
【花眼】huāyǎn दूरदृष्टि दोष
【花样】huāyàng ❶अलंकारमय पैटर्न; डिज़ाइन; प्रकार-भेद; वस्तुभेद: ～繁多 बहुत अधिक प्रकारभेद ❷कढ़ाई का डिज़ाइन ❸धोखा; चाल; छल; मक्कारी: 玩～ धोखा देना; चाल चलना; मक्कारी करना
【花样翻新】huāyàng-fānxīn ❶डिज़ाइन का परिवर्तन ❷पुरानी चीज़ों का नये रूप में होना
【花样滑冰】huāyàng huábīng विविध-शैली स्के-टिंग; फ़िगर-स्केटिंग
【花样游泳】huāyàng yóuyǒng वॉटर बैले
【花药】huāyào ❶〈वन०〉 पराग-कोश; एंथर ❷फूलों की दवा
【花椰菜】huāyēcài फूलगोभी
【花园】huāyuán （花园子 huāyuánzi भी）उद्यान; उपवन; बाग; बगीचा; गार्डन
【花账】huāzhàng भराई किया हुआ हिसाब या बिल: 开～ हिसाब की भराई करना
【花招】huāzhāo （花着 huāzhāo भी）❶वूशू（武术 रण-कौशल）की दिखावटी गतियां ❷चाल: 这全

是他的～。ये सब उसकी चालें थीं।

【花朝】 huāzhāo पुष्प-जन्मदिवस (दूसरे चांद्र मास की पूर्णिमा)

【花朝月夕】 huāzhāo-yuèxī ❶शुभ दिन और सुन्दर दृश्य ❷चांद्र वर्ष के दूसरे और आठवें मास की पूर्णिमा

【花儿针】 huārzhēn काढ़ने की सूई

【花枝招展】 huāzhī-zhāozhǎn (स्त्रियों का) ठाट से पहनना; भड़कीली पोशाक में होना; नये रूप में सजी और फूल-सी सुन्दर

【花轴】 huāzhóu (花茎 huājīng भी) फूलों का डंठल

【花烛】 huāzhú <पुराना> विवाह की रात में वर-वधू के कमरे में जलाई जाने वाली ड्रैगन और फ़ीनिक्स के नमूनों वाली मोमबत्तियां: ～夫妻 पहले विवाह के पति और पत्नी; विधिवत् विवाहित पति-पत्नी / ～之夜 विवाह की रात

【花柱】 huāzhù <वन०> पुष्पस्तंभ; स्टाइल

【花砖】 huāzhuān फ़र्श आदि पर बैठाने के लिये रंगीन या बेलबूटेदार ईंट

【花子儿】 huāzǐr ❶दर्शनीय फूल-पौधों के बीज ❷<बो०> कपास के बीज

【花子】 huāzi (化子 huāzi भी) भिखारी; भिखमंगा

砉 huā <अनु०> कोई क्रिया जल्दी-जल्दी करने की आवाज़: 鸟～的一声飞走了。चिड़िया फुर्र से उड़ गई।

xū भी दे०

哗（嘩）huā <अनु०> खनखनाहट; झनझनाहट आदि: 铁门～的一声拉上了。लोहे का दरवाज़ा झनझनाहट के साथ खिंचकर बंद हो गया। / 水从水龙头里～～地流出来。नल की टोंटी से पानी कलकल ध्वनि करता निकल रहा है।

huá भी दे०

【哗啦】 huālā (哗啦啦 भी) <अनु०> : 风吹得旗子～～地响。हवा में झंडे फड़फड़ करते फहरा रहे थे। / 房子～一声倒了。मकान धड़-धड़ करता ढह गया।

huá

划[1] huá (नाव) खेना: ～船 नाव खेना या चलाना

划[2] huá काफ़ी लाभजनक होना; काफ़ी फ़ायदेमंद होना: 划得来 / 划不来

划[3]（劃）huá (किसी नोकदार वस्तु से) खरोंचना; खुरचना; नोचना; काटना: ～玻璃 शीशा काटना / ～火柴 माचिस की तीली रगड़कर जलाना / 手指～破了。उंगली कट गयी।

huà; huai भी दे०

【划不来】 huábulái (划不着 huábuzháo भी) लाभजनक सिद्ध न होना; फ़ायदेमंद साबित न होना; नुकसान पहुंचना: 花这么多钱买这本书～。इतने रुपये खर्च करके इस किताब को खरीदना फ़ायदेमंद नहीं।

【划得来】 huádelái (划得着 huádezháo भी) लाभजनक सिद्ध होना; फ़ायदेमंद साबित होना: 花这么点钱买了这么好的衣服，～.ज़रा-सा खर्च करके इतना अच्छा कपड़ा खरीद लेना फ़ायदेमंद ही है।

【划拉】 huála <बो०> ❶साफ़ करना: 把屋里～～。घर की सफ़ाई करो। ❷ढूंढ़ना; खोजना; तलाश करना ❸बुरे और भद्दे ढंग से लिखना; घसीट में लिखना: 他在纸上～了几个字。उसने कागज़ पर कुछ शब्द घसीटे।

【划拳】 huáquán (豁拳 huáquán, 搳拳 huáquán भी) अंगुली-अटकल; हाथ की उंगलियों की संख्याओं का अनुमान लगाने का खेल (दावत में दो व्यक्तियों द्वारा खेला जाने वाला खेल, जिसमें दोनों अपने-अपने दायें हाथ की अंगुली या अंगुलियां बाहर निकालकर या उन्हें मुट्ठी में बंद रखकर वह संख्या पुकारते जो वे अपने हाथ से प्रदर्शित करना चाहते हैं। दोनों व्यक्तियों में से कोई एक अंगुलियों से प्रदर्शित सही संख्या बताने पर जीतता है, और हारने वाले को शराब पीनी पड़ती है)

【划水】 huáshuǐ तैरने में दोनों हाथों से पानी हटाना

【划算】 huásuàn ❶हिसाब लगाना: 我得～一下明天要花多少钱。मुझे हिसाब लगाना चाहिये कि मैं कल कितना पैसा खर्च करूंगा। ❷लाभजनक सिद्ध होना; फ़ायदेमंद साबित होना

【划子】 huázi चप्पू वाली नाव; किश्ती; डोंगी

华[1]（華）huá ❶शानदार; भव्य; अति शोभन: 华丽 / 华美 ❷सूर्य या चंद्र का प्रभा-मंडल या तेज का घेरा; प्रकाश-चक्र ❸समृद्ध; सम्पन्न; फलता-फूलता: 繁～ शानदार; समृद्धशाली / 豪～ शानदार; भव्य ❹रस; सार; निचोड़: 精～ सार; निचोड़ ❺चटकीला; अमित-व्ययी: 浮～ दिखावटी / 奢～विलासी; विलासप्रिय ❻समय; वक्त: 韶～ सुन्दर वसन्तसमय / 年～ समय; वर्ष ❼(सिर के बाल) धूसर; काले और सफ़ेद के बीच के रंग के: 华发 ❽<लि०> <आदर०> आपका: 华翰

<प्राचीन> 花 huā के समान

华[2]（華）Huá ❶चीन: 华东 / 华中 ❷चीनी (व्यक्ति): 以～制～ चीनियों को गुलाम बनाने के लिये चीनियों का इस्तेमाल करना ❸चीनी (भाषा): 英～词典 अंग्रेज़ी-चीनी कोश ❹एक कुलनाम (आजकल कुछ लोग इसका इस तरह उच्चारण करते हैं)

Huà भी दे०

【华北】 Huáběi उत्तर चीन (हपेइ, शानशी 山西 प्रान्त, भीतरी मंगोलिया स्वायत्त प्रदेश तथा पेइचिंग और थ्येन-चिन नगरपालिकाएं)

【华表】 huábiǎo महल, समाधि आदि के सामने खड़े किये गये पत्थर के अलंकृत स्तम्भ

【华达呢】 huádání गबरडीन; गैबर्डीन

【华诞】 huádàn <लि०> <आदर०> आपका जन्मदिवस

【华灯】 huádēng शानदार ढंग से अलंकृत लालटेनें: ～初上。जब सांझ की बत्तियां जली हों।

【华东】 Huádōng पूर्वी चीन (शानतोंग, च्यांगसू, चच्यांग, आनह्वेइ, च्यांगशी, फ़ूच्येन, ताइवान प्रान्त और शांगहाए नगरपालिका)
【华而不实】 huá'ér-bùshí जो चमकीला होते हुए भी उपयोगी (या सारगर्भित) न हो
【华尔街】 Huá'ěr Jiē वाल स्ट्रीट; अमरीका का शेयर बाज़ार
【华尔兹】 huá'ěrzī वाल्ट्ज़, एक प्रकार का पश्चिमी नाच
【华发】 huáfà 〈लि०〉 भूरे बाल; खिचड़ी बाल
【华盖】 huágài ❶(सम्राट, राजा आदि के रथ पर) छत्र; छतरी ❷(प्राचीन काल में) दुर्भाग्य समझा जाने वाले एक तारे का नाम
【华工】 huágōng 〈पुराना〉 प्रवासी चीनी मज़दूर
【华贵】 huáguì ❶विलासी; बहुमूल्य; कीमती; महंगा: ~的地毯 विलासी और मूल्यवान कालीन ❷धनी; अमीर: ~之家 धनी परिवार
【华翰】 huáhàn 〈लि०〉〈आदर०〉 आपका सम्मानित पत्र
【华居】 huájū 〈लि०〉〈आदर०〉 आपका भव्य भवन
【华里】 huálǐ ली, लंबाई की एक इकाई जो आधे किलोमीटर के बराबर होती है
【华丽】 huálì शानदार; आलीशान; भड़कीला: ~的宫殿 आलीशान महल / ~的衣服 भड़कीले वस्त्र
【华美】 huáměi शानदार; आलीशान; भड़कीला
【华南】 Huánán दक्षिणी चीन (क्वांगशी स्वायत्त प्रदेश, क्वांगतोंग, हाएनान प्रान्त तथा हांगकांग और मकाओ विशेष प्रशासकीय क्षेत्र)
【华侨】 huáqiáo प्रवासी चीनी
【华人】 huárén चीनी: 美籍~ अमरीकी चीनी
【华沙条约】 Huáshā Tiáoyuē वारसा संधि (1955 ई०): ~组织 वारसा संधि संगठन
【华氏城】 Huáshìchéng पाटलिपुत्र
【华氏温度计】 huáshìwēndùjì फ़ारेनहाइट थर्मामीटर
【华文】 huáwén चीनी (भाषा): ~报纸 चीनी भाषा का समाचारपत्र
【华西】 Huáxī पश्चिमी चीन (स्छ्वान)
【华夏】 Huáxià चीन का प्राचीन नाम
【华严经】 Huáyánjīng 《大方广佛华严经》 (बुद्धावतंसकमहावैपुल्यसूत्र) का संक्षिप्त नाम
【华严宗】 Huáyánzōng ह्वायान संप्रदाय, चीनी बौद्धधर्म का एक संप्रदाय जिसका मुख्य सूत्र 'बुद्धावतंसकमहावैपुल्यसूत्र' है
【华裔】 huáyì ❶चीन और उसके पड़ोसी देश ❷विदेशी चीनी; चीनी मूल के विदेशी नागरिक
【华语】 Huáyǔ चीनी (भाषा)
【华章】 huázhāng 〈लि०〉〈आदर०〉 आपकी सुन्दर कविता या लेख
【华中】 Huázhōng मध्य चीन (हनान, हूपेइ और हूनान प्रान्त)
【华胄】[1] huázhòu 〈लि०〉 किसी अभिजात के वंशज
【华胄】[2] huázhòu 〈लि०〉 चीनी जनता

哗 (嘩、譁)

huá शोरगुल; कोलाहल; हल्ला-गुल्ला: 哗变 / 哗然
huā भी दे०
【哗变】 huábiàn विद्रोह; बगावत: 士兵~ आम सैनिकों की बगावत / 煽动~ विद्रोह के लिये उकसाना
【哗然】 huárán शोरगुल में; कोलाहल में; हलचल में: 舆论~。लोगों में हो-हल्ला मच उठा।
【哗笑】 huáxiào कोलाहलपूर्ण हंसी
【哗众取宠】 huázhòng-qǔchǒng वाक्-चातुरी के ज़रिये वाहवाही लूटना

骅 (驊)

huá नीचे दे०
【骅骝】 huáliú 〈लि०〉 लाल रंग के शानदार घोड़े

铧 (鏵)

huá (हल का) फल; फाल; कुसिया; कुसी

猾

huá धूर्त; कपटी; चालाक: 奸~ धूर्त; कपटी

滑

huá ❶फिसलना; फिसलाऊ; चिकना; समतल: 路~得很。रास्ता बहुत फिसलाऊ है। / 他~倒了。वह फिसलकर गिर पड़ा। ❷फिसलना; खिसकना; सरकना: 滑冰 / 滑雪 ❸धूर्त; कुटिल; कपटी; चालाक: 狡~ धूर्त; कपटी; चालाक ❹ (Huá) एक कुलनाम
【滑冰】 huábīng स्केटिंग: ~场 स्केटिंग रिंक
【滑不唧溜】 huábujīliū 〈बो०〉 फिसलाऊ: 刚下过雨，路~的。पानी अभी बरसा है, रास्ता फिसलाऊ है।
【滑车】 huáchē रस्सी-गाड़ी; गड़ारी; चकरी; घिरनी
【滑车神经】 huáchē shénjīng 〈श०वि०〉 चक्रक स्नायु
【滑动】 huádòng 〈भौ०〉 फिसलना; सरकना: ~磨擦 〈भौ०〉 सरकने वाला घर्षण
【滑竿】 huágān एक प्रकार की पालकी या डोली
【滑旱冰】 huáhànbīng रोलर-स्केट
【滑稽】 huájī ❶हास्यप्रद; हास्यास्पद; हास्योत्पादक; हास्यपूर्ण; मनोरंजक: 这丑角样子很~。यह विदूषक देखने में बहुत हास्यास्पद है। ❷मनोरंजक या हास्यपूर्ण बातचीत
【滑稽戏】 huájīxì (滑稽剧 huájījù भी) प्रहसन; हंसी-मज़ाक का नाटक
【滑精】 huájīng 〈चिकि०〉 वीर्यपात
【滑溜】 huáliū मांड़ से लिपटा तेल में भूना हुआ (मांस, मछली आदि): ~肉 उक्त तरीके से भुने हुए मांस के टुकड़े
【滑溜】 huáliu समतल; चिकना: 这块缎子挺~的。यह रेशमी कपड़ा बहुत चिकना है।
【滑轮】 huálún (滑车 भी) गड़ारी; घिरनी
【滑脉】 huámài 〈ची०चि०〉 शांत या सहज नाड़ी या नब्ज़
【滑膜】 huámó 〈श०वि०〉 श्लेषककला: ~炎 श्लेषककलाशोथ
【滑腻】 huánì (चर्म,त्वचा) मुलायम और कोमल
【滑坡】 huápō ❶चट्टान या पहाड़ का टूटकर गिरना ❷फिसलाऊ ढलान पर होना; उतरना; कम होना: 财政税收连年~。राजस्व कई सालों से गिर रहा है।
【滑润】 huárùn चिकना; स्निग्ध

【滑石】 huáshí सेलखड़ी; टैल्क; टैल्कम: ～粉 टैल्कम पाउडर
【滑水】 huáshuǐ <खेल०> वाटर स्कीइंग
【滑梯】 huátī (बच्चों का) स्लाइड; फसलन पट्टी
【滑天下之大稽】 huá tiānxià zhī dàjī दुनिया का सब से बड़ा मज़ाक होना; दुनिया की हंसी का पात्र होना
【滑头】 huátóu ❶बेईमान आदमी; पकड़ में न आने वाला आदमी: 老～ पक्का बेईमान ❷बेईमान; चालाक; पकड़ में न आने वाला: 这人真～。यह आदमी सचमुच बेईमान है।
【滑头滑脑】 huátóu-huánǎo बेईमान; कुटिल; कपटी; चालाक
【滑翔】 huáxiáng (हवाई जहाज़ का) बिना इंजिन के उड़ना: ～机 ग्लाइडर; बिना इंजिन का हवाई जहाज़; एयरोडोन
【滑行】 huáxíng ❶फिसलना; खिसकना; सरकना: 冰上～ बर्फ़ पर सरकना या फिसलना ❷बिना पैर चलाये ढलान पर पैरगाड़ी चलाना
【滑雪】 huáxuě <खेल०> स्कीइंग: ～板 स्कीस / ～杖 स्की स्टिक
【滑音】 huáyīn ❶<ध्वनि०> श्रुति ❷<संगी०> पोर्टेमेंटो

搳 huá नीचे दे०
【搳拳】 huáquán 划拳 huáquán के समान

螖（鰗）huá हवा मछली, मीठे पानी की एक मछली

豁 huá नीचे दे०
huō; huò भी दे०
【豁拳】 huáquán 划拳 huáquán के समान

huà

化[1] huà ❶बदलना; अदला-बदली करना; परिवर्तन करना: ～劣势为优势 कमतरी को बरतरी में बदल देना; बलहीन को बल में बदल देना / 化整为零 ❷(मत या विश्वास आदि को) बदलना; प्रभाव या असर डालना: 感～ (मत या विश्वास आदि को) बदलना; प्रभाव या असर डालना ❸गलना; गलाना; पिघलना; पिघलाना; घुलना; घुलाना: ～冰了。बर्फ़ गल गई। / 盐在水里～了。नमक पानी में घुल गया। ❹पचना; पचाना; हज़म करना; कम करना; मिटाना: 化痰 / 化食 ❺जलाना: 火～ जलाना; दाहकर्म कराना / ～纸钱 (अंधविश्वास) कागज़ के नोट जलाना ❻<धर्म०> मरना: 坐～ (बौद्ध साधु का) मर जाना; अपने आसन पर मरना ❼रसायन: 理～ भौतिक विज्ञान और रसायन विज्ञान ❽(क्रिया प्रत्यय) –करण; बनाना: 电气～ विद्युतीकरण; बिजलीकरण / 美～ सुन्दर बनाना

化[2] huà (बौद्ध साधुओं या ताओ पंथियों का) भिक्षा मांगना; भीख मांगना: 化缘 / 化斋
huā भी दे०
【化悲痛为力量】 huà bēitòng wéi lìliàng शोक को प्रेरकशक्ति में बदलना
【化除】 huàchú दूर करना; निकालना; निवारण करना (प्रायः भाववाचक संज्ञाओं के साथ प्रयुक्त): ～成见 पूर्वग्रह दूर करना / ～疑虑 संदेह को दूर करना
【化冻】 huàdòng पिघलना; गलना; द्रवित होना: 河里的冰已经～了。नदी की बर्फ़ गल गई।
【化肥】 huàféi 化学肥料 का संक्षिप्त रूप
【化分】 huàfēn विघटन
【化粪池】 huàfènchí सेप्टिक टैंक; वह टैंक जिसमें जीवाणुओं द्वारा मल को नष्ट किया जाता है
【化干戈为玉帛】 huà gāngē wéi yùbó शत्रुता को मित्रता में बदल देना; लड़ाई-झगड़े बंद करना
【化工】 huàgōng 化学工业 का संक्षिप्त रूप
【化工厂】 huàgōngchǎng रासायनिक कारखाना
【化工原料】 huàgōng yuánliào रासायनिक पदार्थ
【化合】 huàhé संघटन; <रसा०> रासायनिक संयोग; रासायनिक सम्मिलन: ～物 रासायनिक यौगिक; कैमिकल कम्पाउण्ड
【化解】 huàjiě दूर करना: ～矛盾 अंतर्विरोध को दूर करना / ～疑虑 संदेह दूर करना
【化疗】 huàliáo 化学疗法 का संक्षिप्त रूप
【化名】 huàmíng ❶कल्पित नाम का प्रयोग करना ❷कल्पित नाम; उपनाम; उर्फ़; दूसरा नाम
【化募】 huàmù (बौद्ध साधुओं या ताओ पंथियों का) भीख एकत्र करना
【化脓】 huànóng पीप पड़ना; सड़ना; गलना; मवाद निकलना: 伤口～了。घाव पक गया।
【化身】 huàshēn अवतार; साकार रूप: 神的～ देव का अवतार
【化石】 huàshí जीवाश्म; जीवावशेष; फ़ॉसिल
【化食】 huàshí पाचन में सहायक होना
【化痰】 huàtán बलगम कम करना: ～止咳 बलगम कम करना और खांसी को रोकना
【化铁炉】 huàtiělú <धा०वि०> धातु गलाने की भट्ठी
【化外】 huàwài संस्कृति के घेरे के बाहर
【化为灰烬】 huà wéi huījìn राख हो जाना; चांदी कर डालना
【化为乌有】 huà wéi wūyǒu नष्ट होना; शून्य होना; मिट जाना
【化纤】 huàxiān 化学纤维 का संक्षिप्त रूप
【化险为夷】 huàxiǎn-wéiyí खतरे को सुरक्षा में बदलना; संकट दूर हटना
【化学】 huàxué ❶रसायन-शास्त्र; रसायन-विद्या: ～家 रसायन-शास्त्री; रसायनज्ञ ❷<बोल०> सेलुलॉइड: 这玩具是～的。यह खिलौना सेलुलॉइड से बना है।
【化学变化】 huàxué biànhuà रासायनिक परिवर्तन
【化学成分】 huàxué chéngfèn रासायनिक संरचना
【化学电池】 huàxué diànchí रासायनिक बैटरी
【化学反应】 huàxué fǎnyìng रासायनिक प्रतिक्रिया

【化学方程式】 huàxué fāngchéngshì रासायनिक समीकरण
【化学肥料】 huàxué féiliào रासायनिक खाद
【化学分析】 huàxué fēnxī रासायनिक विश्लेषण
【化学符号】 huàxué fúhào रासायनिक चिन्ह
【化学工业】 huàxué gōngyè रासायनिक उद्योग
【化学疗法】 huàxué liáofǎ रासायनिक चिकित्सा
【化学武器】 huàxué wǔqì रासायनिक अस्त्र
【化学纤维】 huàxué xiānwéi रासायनिक रेशा
【化学元素】 huàxué yuánsù रासायनिक पदार्थ: ～周期表 रासायनिक पदार्थों की सामयिक तालिका
【化学战争】 huàxué zhànzhēng रासायनिक युद्ध
【化学作用】 huàxué zuòyòng रासायनिक क्रिया
【化验】 huàyàn रासायनिक परीक्षा; प्रयोग; जांच: ～单 रिपोर्ट /～结果 जांच की रिपोर्ट / ～室 प्रयोग-शाला /～员 रासायनिक विश्लेषक
【化油器】 huàyóuqì 〈यां०〉 कार्बुरेटर
【化缘】 huàyuán (बौद्ध साधुओं या ताओ पंथियों का) दान लेना
【化斋】 huàzhāi (बौद्ध साधुओं या ताओ पंथियों का) शाकाहार (या निरामिष) भोजन मांगना
【化整为零】 huàzhěng-wéilíng पूर्ण को अंशों में बांट देना; समूचे को हिस्सों में तोड़ देना
【化妆】 huàzhuāng सौंदर्यवर्द्धक अंगराग आदि लगा-ना: ～品 प्रमाधन; शृंगार-सामग्री; अंगराग; सौंदर्यवर्द्धक वस्तुएं / ～室 ड्रेसिंग रूम
【化装】 huàzhuāng ❶(अभिनेताओं का अभिनय के लिये) सज्जा-शृंगार करना; मेकअप करना ❷कपट वेश या छद्मवेश धारण करना; भेष बदलना; रूप बदलना; स्वांग भरना: 他～成兵士。उसने सैनिक का रूप धारण किया।
【化装师】 huàzhuāngshī मेकअप-मैन; बनाव-सिंगार करने वाला
【化装舞会】 huàzhuāng wǔhuì फ़ैन्सी-ड्रेस बाल; नकाब नृत्य

划[1] （劃） huà ❶विभाजित करना; निर्धारित करना: 划界 / 划分 / 重～军区 फ़ौजी क्षेत्रों को नये सिरे से निर्धारित करना ❷हस्तांतरित करना; दूसरे के हाथ में देना: ～款 रकम हस्तांतरित करना ❸योजना: 策～ रचना / 筹～ आयोजित करना

划[2] （劃） huà 画 huà के समान
huá; huai भी दे०

【划拨】 huàbō ❶हस्तांतरित करना; दूसरे के हाथ में दे देना: 款将由银行～。रकम बैंक द्वारा दी जायेगी। ❷भाग देना; हिस्सा देना; अंश के रूप में प्रदान करना: ～剩余木材给家具厂 शेष इमारती लकड़ियों को फ़र्नीचर कारखाने को दे देना
【划策】 huàcè योजना बनाना; युक्ति करना या निका-लना; उपाय खोज निकालना
【划定】 huàdìng निर्धारित करना; निश्चित करना: ～边界 सीमा निर्धारित (या निश्चित) करना / ～范围 मर्यादा निर्धारित करना
【划分】 huàfēn ❶विभाजन करना; बंटवारा करना; बांटना: ～势力范围 प्रभाव-क्षेत्रों का बंटवारा करना; प्रभाव-क्षेत्र निर्धारित करना / ～三个时期 तीन दौरों में विभाजित करना ❷निर्धारित करना; तय करना: ～阶级成分 वर्ग-हैसियत निर्धारित (या निश्चित, तय) करना
【划价】 huàjià (अस्पताल के दवाख़ाने में) दवा के नुसखे का दाम निर्धारित किया जाना
【划界】 huàjiè सीमा बांधना; सीमा निर्धारित करना
【划框框】 huàkuàngkuang सीमा में बांधना; बंधन में रखना
【划清】 huàqīng (के बीच) स्पष्ट रेखा खींचना: ～界线 स्पष्ट विभाजन-रेखा खींचना
【划时代】 huàshídài युग-प्रवर्तक; युग-विधायक; युगांतरकारी: ～的胜利 युग-प्रवर्तक विजय /～的研究工作 युग-विधायक अनुसंधान / ～变革 युगांतरकारी परिवर्तन
【划一】 huàyī ❶एकरूप; एकसमान; मानकीकृत: ～的模式 मानकीकृत मॉडल ❷एकीकृत करना; मानकीकृत करना: ～印刷体例 स्टाइल-शीट मानकीकृत करना
【划一不二】 huàyī-bù'èr निश्चित; स्थिर; अचल; अपरिवर्तनीय: 价格～ चीज़ों का दाम निश्चित (या स्थिर) है। / 写文章没有～的公式，可长可短。लेख लिखने के लिये कोई निश्चित नियम नहीं है। छोटा भी लिखा जा सकता है और लंबा भी।

华 （華） Huà ❶नीचे दे० ❷एक कुलनाम
huá भी दे०

【华山】 Huàshān हवा पर्वत (शेनशी 陕西 प्रांत में) दे० 五岳 Wǔyuè

画[1] （畫） huà ❶चित्र बनाना; चित्रित करना: 画图 ❷चित्र; तस्वीर: 壁～ भित्तिचित्र / 油～ तैल-चित्र ❸चित्रों से अलंकृत या सजाया हुआ: 画廊 / 画屏

画[2] （畫、劃） huà ❶रेखांकन करना; चिन्ह लगाना; निशान बनाना: 画押 ❷चीनी अक्षर का एक स्ट्रोक (या रेखा): 笔～चीनी अक्षर के स्ट्रोक या रेखाएं / "人"字两～。अक्षर "人" में दो स्ट्रोक या दो रेखाएं हैं। ❸〈बो०〉 चीनी अक्षर की सम-रेखा

【画板】 huàbǎn ड्राइंग-बोर्ड
【画报】 huàbào सचित्र
【画笔】 huàbǐ ब्रश; पेंटिंग ब्रश; लेखनी; कूची
【画饼充饥】 huàbǐng-chōngjī खयाली पुलाव पकाना
【画布】 huàbù (तेल-चित्र के लिये) कैन्वस
【画册】 huàcè चित्र संकलित करने की पुस्तक; एलबम; चित्र-संग्रह
【画策】 huàcè 划策 huàcè के समान
【画到】 huàdào सभा में या दफ़्तर में अपनी उपस्थिति दिखाने के लिये हस्ताक्षर करना

【画地为牢】huàdì-wéiláo ज़मीन पर एक घेरा खींचकर जेल बनाना —— किसी व्यक्ति की कार्यवाही को किसी निश्चित सीमा में बांध रखना
【画舫】 huàfǎng पर्यटन के लिये सजायी गई नाव
【画符】 huàfú <ताओ पंथ> ताओपंथियों का जादू का मंत्र या चिन्ह खींचना
【画幅】 huàfú ❶चित्र; तस्वीरः 墙上的～ दीवारों पर तस्वीरें ❷चित्र का आकार या लंबाई-चौड़ाई : 那画的～并不大，却很美。वह चित्र बड़ा नहीं है, लेकिन बहुत सुंदर है।
【画稿】[1] huàgǎo (ज़िम्मेदार व्यक्ति का) स्वीकरण के रूप में सरकारी दस्तावेज़ पर हस्ताक्षर करना
【画稿】[2] huàgǎo (किसी चित्र के लिए) परिरूप; शुरू का चित्र
【画舸】 huàgě <लि०> पर्यटकों के लिये सजी नाव
【画工】 huàgōng ❶कारीगर-चित्रकार ❷चित्रण की तकनीक
【画供】 huàgòng लिखित अपराध-स्वीकृति पर हस्ताक्षर करना
【画虎不成反类狗】 huà hǔ bù chéng fǎn lèi gǒu (画虎类狗 भी) बनाना चाहता था बाघ का चित्र, लेकिन बन गया कुत्ते का —— अयथार्थता से बहुत ऊंचा लक्ष्य साधना और अंत में असफल होना
【画家】 huàjiā चित्रकार
【画架】 huàjià चित्राधार; टेकन; टेक; लकड़ी का ऐसा ढांचा जिसपर चित्रण के लिये चित्र रखे जाते हैं; ईज़ल
【画匠】 huàjiàng ❶कारीगर-चित्रकार ❷निचले दर्जे का चित्रकार
【画境】 huàjìng चित्रवत् दृश्यः 如入～。ऐसा लगता है मानों कोई प्रकृति दृश्य-चित्र के भीतर हो।
【画具】 huàjù चित्रकार के निजी उपयोग के उपकरण
【画卷】 huàjuàn ❶लपेटा हुआ चित्र; स्क्रोल ❷सुन्दर प्राकृतिक दृश्य या ओजक समर-दृश्य
【画刊】 huàkān ❶समाचार-पत्र का सचित्र भाग ❷सचित्र पत्रिका; सचित्र पत्र
【画框】 huàkuàng चित्र का चौखटा
【画廊】 huàláng ❶चित्रित बरामदा ❷(चित्र) दीर्घा; चित्रशाला
【画龙点睛】 huàlóng-diǎnjīng नाग के चित्र में उसकी आंखों की पुतलियां जोड़ने से उसमें प्राण डाल देना—— उपयुक्त शब्द्र जोड़कर कलात्मक कार्य को प्रभावी बना देना
【画眉】[1] huàméi <प्राणि०> मैना
【画眉】[2] huàméi भौंहों को काला करना
【画面】 huàmiàn ❶चित्र का आकार; चित्र का रूप ❷<फ़िल्म> फ्रेम
【画皮】 huàpí कुकर्मी का छद्मवेष या कपट रूप
【画片】 huàpiàn चित्र; स्लाइडः 放映～ स्लाइड दिखाना
【画屏】 huàpíng चित्रित स्क्रीन; पेंटेड स्क्रीन; रंगा पट
【画谱】 huàpǔ ❶画帖 के समान ❷चित्रकला के बारे में पुस्तक
【画蛇添足】 huàshé-tiānzú सांप के चित्र में पैर जोड़ना —— फ़ालतू कोशिश करने से काम बिगड़ जाना
【画师】 huàshī ❶चित्रकार ❷कारीगर-चित्रकार
【画十字】 huà shízì ❶(निरक्षर लोगों द्वारा दस्तावेज़ पर हस्ताक्षर के स्थान पर) क्रॉस का चिन्ह लगाना ❷क्रॉस का चिन्ह बनाना
【画室】 huàshì पेंटिंग रूम
【画坛】 huàtán चित्रकला जगत्
【画帖】 huàtiè आदर्श चित्रों की पुस्तक
【画图】 huàtú बेल-बूटे, चित्र,मानचित्र आदि खींचना या बनाना
【画外音】 huàwàiyīn <फ़िल्म०> पर्दे के पीछे की आवाज़; नेपथ्य ध्विन
【画像】 huàxiàng ❶(किसी व्यक्ति का) चित्र बनाना या खींचनाः 替这种人～ इस किस्म के आदमी का चित्र खींचना ❷किसी व्यक्ति का चित्र; तस्वीरः 巨幅～ किसी व्यक्ति की बड़ी तस्वीर
【画行】 huàxíng स्वीकृति प्रकट करने के लिये दस्तावेज़ पर अक्षर "行" लिखना
【画押】 huàyā अनुबंध, ठेके आदि पर स्वीकृति प्रकट करने के लिये अक्षर "押" लिखना या निशान बनाना या अंगूठा लगा देना
【画页】 huàyè चित्रांकित पृष्ठ
【画院】 huàyuàn ❶सम्राट की कला-परिषद् ❷कुछ आधुनिक चित्रण संस्थाएं
【画展】 huàzhǎn चित्रकला प्रदर्शनी
【画知】 huàzhī निमंत्रण-सूची में किसी का अपने नाम के नीचे अक्षर "知" (ज्ञात) लिखना, यह दर्शाने के लिये कि उसे सूचना मिल चुकी है
【画轴】 huàzhóu चित्रित स्क्रॉल; स्क्रॉल चित्रः 花草～ फूल-पौधे वाले चित्र का स्क्रॉल
【画字】 huàzì <बो०> कागज़ पर अपना निशान बनाना; हस्ताक्षर करना

话

(話) huà ❶बात; बातचीत; उक्ति; कथनः 讲～ बात करना / 会～ बातचीत करना / 他的～易为人民所接受。उसकी बातें लोग ज़्यादा तत्परता से स्वीकार करते हैं। ❷(के बारे में) कहना; बात करनाः 话别
【话把儿】 huàbàr 话柄 के समान
【话别】 huàbié विदा के समय नमस्ते आदि कहनाः 他们在机场～。विदा के समय हवाई अड्डे पर उन्होंने कुछ बातें कीं और एक दूसरे को नमस्ते भी कहा।
【话柄】 huàbǐng हंसी-मज़ाक के विषय; हैंडलः 留下～ हंसी-मज़ाक के विषय छोड़ जाना
【话不投机半句多】 huà bù tóujī bàn jù duō अगर तर्क आदि की सामान्य भूमि न हो तो एक शब्द भी बेकार रहता है
【话锋】 huàfēng बातचीत का सिलसिला; बातचीत का विषयः ～一转 बातचीत का विषय बदल कर
【话旧】 huàjiù बीते समय की याद करते हुए बातचीत करना
【话剧】 huàjù नाटक; ड्रामा; आधुनिक नाटकः ～团

नाटक मंडली; रंगमंडल; नाट्यदल

【话里有话】huàlǐ-yǒuhuà किसी कही हुई बात में अन्य अर्थ निहित होना

【话说】huàshuō ❶बताया जाता है कि ❷के बारे में चर्चा होना:《～长江》"यांगत्सी नदी के बारे में"; "यांत्सी नदी की चर्चा"

【话题】huàtí कथा-प्रसंग

【话筒】huàtǒng ❶माइक्रोफ़ोन; माइक ❷टेलिफ़ोन ट्रांस्मीटर ❸मेगाफ़ोन

【话头】huàtóu चर्चा; बातचीत का प्रसंग: 打断～बीच में बात काटना

【话务员】huàwùyuán (टेलिफ़ोन) ऑपरेटर

【话匣子】huàxiázi 〈बो०〉 ❶ग्रामोफ़ोन ❷रेडियो रिसीविंग सेट ❸बातूनी; गप्पी; गपोड़

【话音】huàyīn ❶बोलने का शब्द या स्वर; बोलने की आवाज़: ～未落 बात अभी पूरी भी न हुई ❷〈बोल०〉 भाव; लहजा: 听他的～儿，准是不来了。उसके लहजे से मालूम हुआ कि वह नहीं ही आएगा।

【话语】huàyǔ बात; कथन; उक्ति; वचन: ～不多 अधिक बात न होना (बोलना)

【话语权】huàyǔquán बोलने का अधिकार; अपना मत प्रकट करने का अधिकार

桦（樺）huà 〈बो०〉 भोजवृक्ष; भूर्जवृक्ष

婳（嫿）huà दे० 姽婳 guǐhuà शांत और सुंदर स्त्री

huái

怀（懷）huái ❶छाती; सीना; वक्षस्थल; गोद: 怀抱 ❷मन; चित्त: 胸～हृदय; दिल ❸स्मरण; याद: 怀念 ❹गर्भधारण करना: 怀胎 / 怀孕 ❺मन में स्थान देना: 怀恨 ❻（Huái）एक कुलनाम

【怀抱】huáibào ❶गोद: 在母亲的～中 माता की गोद में ❷गोद में रखना: ～婴儿 बच्चे को गोद में रखना ❸मन में स्थान देना: ～远大的理想 मन में उच्च आदर्श रखना

【怀表】huáibiǎo जेब घड़ी; पाकेट वाच

【怀才不遇】huáicái-bùyù अमान्य प्रतिभा रखना

【怀春】huáichūn (युवती के मन में) प्रेम का विचार पैदा होना

【怀古】huáigǔ प्राचीन काल की बातों का स्मरण करना

【怀鬼胎】huái guǐtāi दिल में कुचेष्टा की भावना रखना

【怀恨】huáihèn विद्वेष रखना: ～在心 दिल में विद्वेष रखना

【怀旧】huáijiù पुराने लोगों या पुरानी बातों की याद करना

【怀恋】huáiliàn अनुराग से स्मरण करना; याद करना: ～童年的生活 अनुराग से बचपन का स्मरण करना

【怀念】huáiniàn स्मरण करना; याद करना: ～故乡 जन्मभूमि का स्मरण करना

【怀柔】huáiróu दूसरे राष्ट्रों या राज्यों को अपने नियंत्रण में रखने के लिये मैत्री दिखाना: ～政策 नरम नीति

【怀胎】huáitāi गर्भवती होना; गर्भ होना; पेट रहना

【怀想】huáixiǎng (दूर के व्यक्ति, स्थान आदि का) स्मरण करना; याद करना

【怀疑】huáiyí शंका करना; संदेह करना; विश्वास न करना: 消除～ शंका दूर करना / 引起～ शंका उत्पन्न होना / 我～他不来了。मुझे शक है, वह नहीं आएगा।

【怀疑论】huáiyílùn 〈दर्श०〉 संदेहवाद; संशयवाद

【怀疑式】huáiyíshì 〈व्या०〉 संदेहार्थ

【怀有】huáiyǒu रखना; होना: ～戒心 (से) चौकन्ना रहना / ～敬意 (के प्रति) आदरभाव रखना

【怀孕】huáiyùn गर्भ होना; गर्भवती होना; पेट रहना; पांव भारी होना: 她～了。उसका पांव भारी है।

徊 huái दे० 徘徊 páihuái भटकना; विचरना

淮 Huái ह्वाए-ह नदी

【淮北】Huáiběi ह्वाए-ह नदी के उत्तर का क्षेत्र, विशेषकर उत्तरी आनह्वेइ प्रान्त

【淮海战役】Huái-Hǎi zhànyì ह्वाए-हाए मुहिम (नवम्बर 6, 1948-जनवरी 10, 1949 ई०) चीनी जन-मुक्ति-युद्ध के तीन निर्णायक अभियानों में दूसरा अभियान

【淮剧】huáijù ह्वाए ऑपेरा, उत्तरी च्यांगसू प्रांत में प्रचलित ऑपेरा

【淮南】Huáinán ह्वाए-ह नदी के दक्षिण और यांत्सी नदी के उत्तर का क्षेत्र, विशेषकर मध्य आनह्वेइ प्रान्त

槐 huái ❶चीनी स्कोलर ट्री ❷（Huái）एक कुलनाम

【槐角】huáijiǎo 〈ची०चि०〉 चीनी स्कोलर ट्री की फली

【槐米】huáimǐ 〈ची०चि०〉 चीनी स्कोलर ट्री की कलियां

踝 huái टखना; गुल्फ: ～骨 टखना; गुल्फ

耲 huái नीचे दे०

【耲耙】huáibà उत्तरपूर्वी चीन में मिट्टी खोदने का एक औज़ार

huài

坏（壞）huài ❶बुरा; खराब (विलोम: 好): ～事 बुरा काम / ～影响 बुरा प्रभाव ❷खराब होना या करना: 苹果～了。सेब खराब हो गया। / 他身体～了。उसकी तबीयत खराब हो गई। ❸(कुछ निश्चित क्रियाओं या विशेषणों के बाद प्रयुक्त) अत्यन्त; बहुत अधिक: 吓～了。बहुत ज़्यादा डर गया। ❹दुष्कल्पना; कुचेष्टा: 使～चाल चलना

pī '坯' भी दे०

【坏处】huàichù बुराई; खराबी; हानि; नुकसान: 这样做有什么～? ऐसा करने से क्या नुकसान होगा?

【坏蛋】 huàidàn शैतान; शोहदा; बदमाश; मुस्टंडा
【坏东西】 huàidōngxi खराब आदमी; बदमाश
【坏分子】 huàifēnzǐ बुरा तत्व; कुकर्मी; बुरे लोग
【坏话】 huàihuà ❶बात जो ठीक न हो; अप्रिय बात: 好话～都要听。अच्छी और बुरी दोनों प्रकार की बातें सुननी चाहिये; दोनों तरह की बातें, चाहे ठीक हों या न हों, सुननी चाहिए । ❷(किसी व्यक्ति या कार्य के लिये) हानिकार बातें: 背后说人～ दूसरे की पीठ पीछे दुर्वचन कहना
【坏疽】 huàijū <चिकि०> गैंग्रीन
【坏人】 huàirén बुरे लोग; दुष्ट; कुकर्मी: 把～变为好人 बदी को नेकी में बदलना
【坏事】 huàishì ❶बुरा काम; कुकर्म: ～变好事 बुरी चीज़ों को अच्छी चीज़ों में बदलना ❷काम खराब करना: 他常因粗心～。उसकी लापरवाही से काम हमेशा बिगड़ जाता है।
【坏水】 huàishuǐ <बो०> दुराशय; कुचेष्टा: 一肚子～ दिमाग दुराशय से भरा होना
【坏死】 huàisǐ <चिकि०> परिगलन; नीक्रोसिस : 局部～ स्थानीय (लोकल) नीक्रोसिस
【坏血病】 huàixuèbìng <चिकि०> लवणरक्त; स्कर्वी
【坏账】 huàizhàng खराब हिसाब; खराब कर्ज़; बुरा ऋण

huai

划 (劃) huai दे०剖划 bāihuai प्रबंध करना; इन्तज़ाम करना; मरम्मत करना
huá; huà भी दे०

huān

欢 (歡、懽) huān ❶खुश; हर्षप्रद; हर्षपूर्ण; प्रफुल्ल: 欢呼 / 欢聚 ❷<बो०> उत्साह से; ज़ोरों पर; पूरे ज़ोर-शोर से: 这些小伙子干得可～呢! ये नौजवान पूरे ज़ोर-शोर से काम कर रहे हैं। / 雨下得很～。पानी ज़ोर से बरस रहा है।
【欢蹦乱跳】 huānbèng-luàntiào स्वस्थ और सजीव: 在幼儿园里孩子们个个都～。किंडरगार्डन में सबके सब बच्चे स्वस्थ और स्फूर्तिशील हैं।
【欢畅】 huānchàng पूर्ण रूप से प्रसन्न; प्रफुल्लित
【欢唱】 huānchàng सानंद गाना
【欢度】 huāndù सानंद (उत्सव) मनाना: ～佳节 सानंद उत्सव मनाना
【欢呼】 huānhū जयजयकार करना; जयध्वनि करना; हर्षध्वनि करना: ～胜利 विजय की हर्षध्वनि करना
【欢聚】 huānjù प्रीतिसमारोह; खुशी का मिलन: ～一堂 खुशी-खुशी एकत्र होना; खुशी का मिलन होना
【欢快】 huānkuài सानंद और स्फूर्तिशील: ～的曲调 सानंद और स्फूर्तिमय सुर
【欢乐】 huānlè प्रसन्न; खुश; हर्षप्रद; आनंदमय: 内心的～हृदय का आह्लाद / 这戏使人～。यह नाटक चित्त को उल्लास से भर देता है।
【欢洽】 huānqià मित्रतापूर्ण; आत्मीयतापूर्ण: 他们俩谈得十分～。वे दोनों बड़ी आत्मीयता के साथ बात कर रहे हैं।
【欢庆】 huānqìng आनंद मनाना; खुशी मनाना: ～节日 उत्सव मनाना / ～胜利 विजय की खुशी मनाना
【欢声雷动】 huānshēng-léidòng भारी हर्षनाद करना: 人民～。जनता भारी हर्षनाद कर रही है।
【欢送】 huānsòng स्नेहपूर्वक बिदा करना: ～会 बिदाई सभा; बिदाई समारोह
【欢腾】 huānténg खुशी से नाचना: 人们～起来。लोग खुशी से नाचने लगे।
【欢天喜地】 huāntiān-xǐdì खुशी से फूले न समाना; आनंद के ढोल बजाना
【欢喜】 huānxǐ ❶प्रसन्न; खुश: 欢欢喜喜过国庆 खुशी खुशी राष्ट्रदिवस मनाना ❷पसन्द करना; भाना; अच्छा लगना: 他～弹钢琴。वह पियानो बजाना पसन्द करता है; उसे पियानो बजाना अच्छा लगता है।
【欢笑】 huānxiào खुशी से हंसना
【欢心】 huānxīn स्नेह; कृपा; प्रेम; रुचि; पसंद: 博取～ किसी व्यक्ति का स्नेह या कृपा प्राप्त करना
【欢欣鼓舞】 huānxīn-gǔwǔ उल्लसित और प्रेरित होना; प्रफुल्लित होना
【欢宴】 huānyàn खुशी से दावत देना
【欢迎】 huānyíng ❶स्वागत करना; बधाई देना: ～外宾 विदेशी अतिथि का स्वागत करना / 致～辞 स्वागत में भाषण देना / ～会 स्वागत सभा; स्वागत समारोह / ～曲 स्वागत-गीत ❷खुशी से मानना: 群众～这样的小说。जन-समुदाय इस तरह के उपन्यासों को सहर्ष स्वीकार करता है।
【欢悦】 huānyuè प्रसन्न; खुश
【欢跃】 huānyuè खुशी से उछलना; खुशी से कूदना

獾 (貛) huān <प्राणि०> बिज्जू

驩 (驩) huān <लि०> 欢 huān के समान

讙 (讙、嚾) huān <लि०> ❶शोरगुल; कोलाहल ❷欢 huān के समान

huán

还 (還) huán ❶लौटना; वापस आना या जाना: ～家 घर लौटना / ～宫(सम्राट आदि का) महल में लौट आना या जाना ❷लौटा देना; वापस करना; (रुपया आदि) चुका देना: 借东西要～。उधार ली गई हर चीज़ वापस

लौटा दी जानी चाहिये। / ～政于民 राजसत्ता जनता को वापस लौटा देना ❸(किसी कार्यवाही का) जवाब देना: 还击 / 以牙～牙，以眼～眼。ईंट का जवाब पत्थर से देना ❹（Huán）एक कुलनाम

hái भी दे०

【还报】huánbào बदले में देना; प्रतिकार करना

【还本】huánběn (पूंजी या मूल की) अदायगी; चुकती: ～付息 सूद के साथ पूंजी लौटाना

【还魂】huánhún ❶(अंधविश्वास) मरने के बाद पुनर्जीवित होना ❷<बो०> रिप्रोसेस्ड: ～纸 रिप्रोसेस्ड पेपर

【还击】huánjī जवाबी प्रहार करना

【还价】huánjià काउण्टर-ओफ़र; काउण्टर-बिड: 讨价～मोल-तोल करना; सौदेबाज़ी करना

【还口】huánkǒu प्रत्युत्तर देना; जवाबी गाली देना: 骂不～ गाली खाने पर जवाब में गाली न देना

【还礼】huánlǐ ❶सलामी का उत्तर देना ❷<बो०> उत्तर देने के लिये भेंट करना; जवाबी भेंट देना

【还清】huánqīng चुकाना: ～债务 ऋणमुक्त होना / ～农业贷款 कृषि-ऋण चुकाना

【还手】huánshǒu जवाबी हमला करना: 打不～ हमला सहने पर जवाबी हमला न करना / 无～之力 जवाबी चोट करने में असमर्थ होना

【还俗】huánsú (बौद्ध साधुओं या भिक्षुणियों और ताओ-पंथियों का) फिर से अधार्मिक जीवन बिताना

【还我河山】huánwǒhéshān अपने खोए हुए प्रदेशों को वापस लेना

【还席】huánxí जवाबी दावत देना

【还乡团】huánxiāngtuán अपने गांव लौटनेवाला सामंती सैन्यदल

【还阳】huányáng मरने के बाद वापस लौटना; मृत्यु के बाद पुनर्जीवित होना

【还原】huányuán ❶असली हालत में वापस आना ❷<रसा०> रिडक्शन: ～剂 रिड्यूसिंग एजेंट; रिडक्टर

【还愿】huányuàn ❶मनौतियां पूरी करना: 她还了愿。उसने जो मनौतियां कर रखी थीं, पूरी हो गयीं। ❷वादा पूरा करना: 你许过愿的，要～啊！तुमने वादा तो किया था, इसे पूरा करना चाहिये！

【还债】huánzhài ऋण चुकाना; कर्ज़ लौटाना

【还账】huánzhàng ऋण चुकाना; हिसाब साफ़ करना

【还嘴】huánzuǐ प्रत्युत्तर देना; जवाबी गाली देना; ज़बान लड़ाना

环（環）huán ❶सामान्य गोलाकार वस्तु; चक्र; छल्ला; रिंग: 花～ पुष्पमाला / 指～ अंगूठी; मुंदरी; छल्ला ❷<खेल०> रिंग: 命中九～ नौ प्वाइंट रिंग मारना ❸कड़ी: 成为重要的一～ एक प्रधान कड़ी बन जाना / 中心的一～ केंद्रीय कड़ी ❹घेरना; चारों ओर से आना: 环城 / 环球 ❺（Huán）एक कुलनाम

【环靶】huánbǎ <खेल०> चांदमारी का गोल पैड; गोल निशान; राउण्ड टार्गेट

【环保】huánbǎo 环境保护 का संक्षिप्त रूप

【环保产业】huánbǎo chǎnyè पर्यावरण-संरक्षण उद्योग

【环抱】huánbào घेरना; चारों ओर से घेरना: 群山～的城市 नगर जिसके चारों ओर पहाड़ ही पहाड़ हों

【环城】huánchéng शहर के चारों ओर; शहर के इर्द-गिर्द: ～马路 रिंग रोड; बेल्टवे / ～赛跑 शहर-परिक्रमा दौड़

【环岛】huándǎo राउण्ड-अबाउट

【环发】huánfā（环境与发展 huánjìng yǔ fāzhǎn का संक्षिप्त रूप）पर्यावरण व विकास

【环顾】huángù <लि०> चारों ओर देखना; नज़र दौड़ाना

【环节】huánjié ❶<प्राणि०> खंडांश; वृत्तखंड; सेग्मेंट ❷कड़ी: 中心～ केंद्रीय कड़ी / 主要～ प्रधान कड़ी / 薄弱～ कमज़ोर कड़ी

【环节动物】huánjié dòngwù कुंडल कीड़ा; वृत्ताकारी कीड़ा; एनेलिड

【环颈雉】huánjǐngzhì <प्राणि०> रिंगनेक्ड फ़ीजैण्ट

【环境】huánjìng परिस्थिति; पर्यावरण: ～安定 परिस्थिति स्थिर होना / 恶劣～ प्रतिकूल परिस्थिति

【环境保护】huánjìng bǎohù पर्यावरण-संरक्षण

【环境壁垒】huánjìng bìlěi पर्यावरण अवरोध

【环境标志】huánjìng biāozhì पर्यावरण चिन्ह (या निशान); इंवायरंमेंटल लेबलिंग

【环境标准】huánjìng biāozhǔn पर्यावरण मान-दंड

【环境承载力】huánjìng chéngzàilì पर्यावरण धारण-शक्ति

【环境风险】huánjìng fēngxiǎn पर्यावरण खतरा

【环境权】huánjìngquán पर्यावरण अधिकार

【环境退化】huánjìng tuìhuà पर्यावरण अवनति

【环境卫生】huánjìng wèishēng सार्वजनिक सफ़ाई

【环境污染】huánjìng wūrǎn पर्यावरण प्रदूषण

【环境战】huánjìngzhàn पर्यावरण-युद्ध

【环流】huánliú <भौ०वि०> सरक्यूलेशन

【环球】huánqiú ❶पृथ्वी के चारों ओर ❷पृथ्वी; समस्त भूमण्डल; सारी दुनिया: ～旅行 विश्व की सैर

【环绕】huánrào चक्कर काटना; के इर्द-गिर्द चलना: 经济建设必须～着中心任务。आर्थिक निर्माण को केन्द्रीय कार्य के गिर्द चलना चाहिये।

【环蛇】huánshé क्राइट; कराइत (सांप)

【环食】huánshí <खगोल०> वलय-ग्रहण; कुंडल-ग्रहण

【环视】huánshì चारों ओर देखना: ～四周 चारों ओर देखना

【环卫】huánwèi ❶环境卫生 का संक्षिप्त रूप ❷<लि०> सम्राट के अंगरक्षक

【环行】huánxíng चक्कर काटना; चक्कर लगाना; परिक्रमा करना: ～公路 रिंग रोड; बेल्टवे

【环形】huánxíng कुंडलाकार; चक्राकार; अंगूठी जैसा

【环游】huányóu (किसी स्थान के) चारों ओर भ्रमण करना: ～世界 विश्व की सैर करना

【环宇】huányǔ 寰宇 huányǔ के समान

【环子】huánzi अंगूठी; मुंदरी; छल्ला; चक्र

郇 Huán एक कुलनाम

Xún भी दे०

荁 huán एक प्रकार का बहुवर्षीय पौधा जो दवा के काम आता है

洹 Huán (安阳河 Ānyánghé आनयांग नदी भी) ह्वान नदी (हनान प्रान्त में)

桓 Huán एक कुलनाम

萑 huán नीचे दे०

【萑苻泽】Huánfú Zé ह्वानफ़ू झील, वसन्त-शरद (春秋) कालीन चंग (郑) राज्य की एक झील। कहा जाता है कि वहां चोर-डकैतों का एक अड्डा था

貆 huán 〈लि०〉 ❶रैकून डॉग का बच्चा ❷साही; सेही; 〈प्रा०〉 貛 huān के समान

锾 (鍰) huán ह्वान, प्राचीन काल में वज़न की एक इकाई, जो छै ल्यांग (两) के बराबर थी

圜 huán दे० 转圜 zhuǎnhuán ❶स्थिति को बचाना ❷मध्यस्थ बनना

yuán भी दे०

阛 (闤) huán नीचे दे०

【阛阓】huánhuì 〈लि०〉 सड़क बाज़ार; सड़क

澴 Huán ह्वान श्वेइ नदी (हूपेइ प्रांत में)

寰 huán विशाल भूभाग; विशाल क्षेत्र: 寰宇

【寰球】huánqiú (环球 huánqiú भी) पूरा भूमण्डल

【寰宇】huányǔ (环宇 huányǔ भी) 〈लि०〉 पूरा भूमण्डल, सारी दुनिया

嬛 huán दे० 琅嬛 lánghuán

缳 (繯) huán 〈लि०〉 ❶फंदा; सरकने वाला फंदा; पाश: 投～ फंदे को अपने गले में डाले रखना ❷गले में फंदा डालकर मार डालना

𤩽 (瓛) huán एक प्रकार की जेड पट्टी (बहुधा व्यक्तियों के नामों में प्रयुक्त)

𬨎 (轘) huán नीचे दे०

【𬨎辕】Huányuán एक दर्रे का नाम (हनान प्रान्त के ह्वान-य्वान पर्वत में)

huàn भी दे०

鹮 (䴉) huán 〈प्राणि०〉 नदी आदि के किनारे पर पाया जाने वाला सारस के सदृश एक पक्षी

鬟 huán (बालों का) केक जैसा जूड़ा: 云鬟 yúnhuán

huǎn

缓 (緩) huǎn ❶मंद; धीमा; धीरा: 缓步 / 缓慢 ❷विलंब करना; देर करना; टालना; स्थगित करना: ～办 (किसी काम को) स्थगित करना ❸ढीला; शिथिल: 缓冲 ❹स्वास्थ्य या शक्ति प्राप्त करना; थकान या बीमारी से छुटकारा पाना: 他昏过去又～过来了。वह बेहोश होकर फिर होश में आया।

【缓兵之计】huǎnbīngzhījì टालमटोल करने की कार्य-नीति या चाल; संकट टालने का कौशल

【缓不济急】huǎnbùjìjí शिथिलता संकटमय स्थिति को नहीं बचा सकती

【缓步】huǎnbù धीरे-धीरे चलना

【缓冲】huǎnchōng टक्कररोक; बफ़र: ～地带 टक्कर रोधक क्षेत्र / ～国 मध्यवर्ती राज्य; अन्तःस्थ राज्य; बफ़र स्टेट / ～器 〈यां०〉 बफ़र; बम्पर; टक्कर-रोक

【缓和】huǎnhé शिथिल करना या बनाना; शिथिलता लाना; कम करना: ～国际紧张局势 अंतर्राष्ट्रीय तनावपूर्ण परिस्थिति में शिथिलता लाना / 对…采取～态度 के प्रति अपना रुख बदलकर उसमें नरमी लाना / 战斗～一些了。लड़ाई की तेज़ी कम हो गयी।

【缓急】huǎnjí ❶अत्यावश्यक और उससे भिन्न: 轻重～急 अपेक्षित महत्व या आवश्यकता; पूर्वता के अनुसार ❷अत्यावश्यक काम; कठिन काम; आकस्मिक घटना: ～相助 आवश्यकता के समय पर एक दूसरे की सहायता करना

【缓颊】huǎnjiá 〈लि०〉 किसी दूसरे के लिये अनुरोध करना

【缓建】huǎnjiàn निर्माण स्थगित करना

【缓解】huǎnjiě आराम करना; सुख करना; कम करना; दर्द मिटाना; दुख दूर करना: 疼痛～ दर्द कम होना / ～粮食紧张情况 अनाज की कमी को दूर करना

【缓慢】huǎnmàn धीमा; मंद; धीरा: 动作～कार्यवाही में धीमा होना

【缓坡】huǎnpō मामूली ढाल

【缓期】huǎnqī समय की निश्चित अवधि को स्थगित करना: ～执行 (दण्डित व्यक्ति का) प्रविलम्बन करना; दण्ड स्थगित करना; प्राणदंड रोकना

【缓气】huǎnqì सांस लेने का अवसर पाना; दम लेने का मौका मिलना: 我累了，让我缓缓气。मैं थक गया, मुझे दम लेने का मौका दो।

【缓释片】huǎnshìpiàn 〈औष०〉 विलंब से घुलने या जज़्ब होने वाली दवा की गोलियां

【缓限】huǎnxiàn समय की निश्चित अवधि को स्थगित करना; कुछ समय के लिये स्थगित रखना

【缓泻剂】huǎnxièjì मृदुरेचक; हल्का जुलाब

【缓刑】huǎnxíng दंड स्थगित करना; (दण्डित व्यक्ति की) फांसी स्थगित करना: ～三年 तीन साल का दण्ड स्थगित करना

【缓行】huǎnxíng ❶धीरे-धीरे चलना या चलाना ❷क्रियान्वयन स्थगित करना

【缓醒】 huǎnxǐng 〈बो०〉 बेहोश होकर होश में आना
【缓役】 huǎnyì (सेवा का) स्थगन
【缓征】 huǎnzhēng कर या लगान स्थगित करना

huàn

幻 huàn ❶अवास्तविक; काल्पनिक; मनगढन्त; भ्रान्तिपूर्ण; खयाली: 幻想 ❷अद्भुत; जादू-टोने का; परिवर्तनीय: 变～ अनियमित रूप से बदलना
【幻灯】 huàndēng ❶मैजिक लालटेन; स्लाइड शो: 放～ स्लाइड दिखाना ❷स्लाइड प्रोजेक्टर; एपीडायास्कोप
【幻灯机】 huàndēngjī स्लाइड प्रोजेक्टर; एपीडायास्कोप
【幻灯片】 huàndēngpiàn जादुई लालटेन का चित्र; (लालटेन) स्लाइड: 放映～ (लालटेन) स्लाइड दिखाना
【幻化】 huànhuà जादू से बदलना; विचित्र रूप से बदलना
【幻景】 huànjǐng मरीचिका; मृगतृषा; मृगतृष्णा; सराब
【幻境】 huànjìng स्वप्नलोक; स्वप्नराज्य; सपनों की दुनिया
【幻觉】 huànjué भ्रम; दृष्टिभ्रम; माया; मरीचिका
【幻梦】 huànmèng भ्रम; भ्रान्ति; स्वप्न
【幻灭】 huànmiè (आशा आदि का) सपने की तरह एकाएक गायब हो जाना
【幻术】 huànshù माया; इन्द्रजाल; जादू; टोना
【幻想】 huànxiǎng ❶कल्पना करना; मन में चित्र बनाना; सपना देखना: ～在空中飞行 आकाश में उड़ने का सपना देखना ❷भ्रम; भ्रमजाल; हवाई मनसूबा; खयाली पुलाव: 丢掉～ भ्रमजाल का त्याग करना / 对…抱(存，存在) ～ … के बारे में भ्रम रखना / 这是十足的～。यह सरासर खयाली पुलाव है।
【幻想曲】 huànxiǎngqǔ 〈संगी०〉 फ़ैंटेज़ीय
【幻象】 huànxiàng मरीचिका; मृगतृष्णा; सराब
【幻影】 huànyǐng साया; छाया; अवास्तविक छाया

奂 (奐) huàn 〈लि०〉 ❶बहुत; अधिक; ज़्यादा ❷भड़कीले रंग का

宦 huàn ❶अधिकारी: 宦海 ❷अधिकारी बनना: 宦游 ❸नपुंसक; हिंजड़ा ❹ (Huàn) एक कुलनाम
【宦官】 huànguān नपुंसक; हिंजड़ा; खोजा
【宦海】 huànhǎi अधिकारी वर्ग; अफ़सरशाही: ～风波 अधिकारी के जीवन में अशांति
【宦门】 huànmén अधिकारी परिवार: ～公子 अधिकारी परिवार का पुत्र
【宦途】 huàntú 〈लि०〉 अधिकारी का जीवन
【宦游】 huànyóu 〈लि०〉 अधिकारी बनने के लिये इधर-उधर दौड़-धूप करना: ～四方 अधिकारी बनने के लिये इधर-उधर दौड़-धूप करना

换 huàn ❶विनिमय करना; अदल-बदल करना; आदान-प्रदान करना: 交～ विनिमय करना; आदान-प्रदान करना ❷बदलना; परिवर्तन करना: 换班 / ～衣服 कपड़ा बदलना ❸विनिमय करना; मुद्रा बदलना: 把人民币～成卢比～ रनमिनबी को रुपये में बदलना
【换班】 huànbān काम की पाली बदलना; शिफ़्ट बदलना: 七点钟～。सात बजे शिफ़्ट बदलती है।
【换茬】 huànchá 〈कृ०〉 फ़सलें बदलना
【换车】 huànchē रेलगाड़ियां या बसें बदलना : 从家里到工厂要换三次车。घर से कारखाने जाने के लिये तीन बार बसें बदलनी होती हैं।
【换代】 huàndài किसी की जगह लेना; स्थानापन्न होना; नवजीवन प्रदान करना: 产品更新～ नए ढंग की उत्पादित वस्तुओं से पुराने ढंग की उत्पादित वस्तुओं का स्थान लेना
【换发球】 huànfāqiú 〈खेल०〉 चेंज आफ़ सर्विस
【换防】 huànfáng 〈सैन्य०〉 सैनिक टुकड़ियों को रक्षक सेना में रखना
【换房】 huànfáng मकान बदलना: ～站 मकान बदलने का केंद्र
【换俘协定】 huànfú xiédìng युद्धबंदियों की अदला-बदली का समझौता
【换岗】 huàngǎng बदली करना
【换工】 huàngōng कार्य विनिमय: ～班 कार्य विनिमय दल
【换货】 huànhuò माल की अदला-बदली करना: ～协定书 माल की अदला-बदली का प्रोटोकोल
【换季】 huànjì मौसम के अनुसार कपड़े बदलना
【换肩】 huànjiān कंधा बदलना
【换句话说】 huàn jù huà shuō दूसरे शब्दों में
【换零钱】 huàn língqián भुनाना; रुपया तोड़ना
【换马】 huànmǎ 〈अना०〉 घोड़े बदलना —— ज़िम्मेदार व्यक्ति बदलना
【换脑筋】 huàn nǎojīn (换脑 भी) अपना दृष्टिकोण बदलना; अपने विचारों को सुधारना
【换气】 huànqì सांस लेना
【换气扇】 huànqìshàn (कमरे में) वायु का संचार करने वाला पंखा; वायु-संचारण पंखा
【换钱】 huànqián ❶भुनाना; रुपया तोड़ना; मुद्रा बदलना ❷पैसे के लिये बेचना: 废纸也可以～。रद्दी कागज़ भी पैसे के लिए बेचा जा सकता है।
【换亲】 huànqīn (दो परिवारों का) एक दूसरे की लड़की को अपनी पुत्र-बहू बनाना
【换取】 huànqǔ आदान-प्रदान द्वारा प्राप्त करना: 以工业产品～农产品 औद्योगिक वस्तुओं से कृषि वस्तुओं का आदान-प्रदान करना / ～外汇 विदेशी मुद्रा प्राप्त करना
【换算】 huànsuàn परिवर्तन; रूपान्तर; कंवरज़न
【换汤不换药】 huàn tāng bù huàn yào नयी बोतल पुरानी शराब
【换帖】 huàntiě किसी से कार्ड बदलना —— घनिष्ठ मित्र बनना: ～弟兄 घनिष्ठ मित्र / 甲和乙～。क ख

के पास उठते-बैठते हैं।
【换位思考】 huànwèi sīkǎo विपक्ष के दृष्टिकोण से समस्या पर विचार करना
【换文】 huànwén दस्तावेज़ों (या नोटों) का आदान-प्रदान करना
【换洗】 huànxǐ धोने के लिए कपड़े बदलना: 衣服要勤～。कपड़ों को धोने के लिए अकसर बदलना चाहिए।
【换血】 huànxiě ❶〈चिकि०〉 खून बदलना ❷〈ला०〉 किसी संगठन आदि के सदस्यों को बदलना
【换牙】 huànyá (बच्चों का) दांत बदलना; स्थायी दांत उगना
【换言之】 huànyánzhī 〈लि०〉 दूसरे शब्दों में
【换样】 huànyàng बदलना; परिवर्तित होना

唤 huàn पुकारना: 唤醒 / 他连～几个"来" "来" "来"。वह बार-बार गुर्राकर कहता है, "आ जा, आ जा, आ जा"।
【唤起】 huànqǐ ❶जागृत करना; आवाहन करना: ～民众 व्यापक जन-समुदाय को जागृत करना ❷बुलाना; पुकारना: ～人们注意 लोगों का ध्यान आकर्षित करना
【唤醒】 huànxǐng जगाना; जागृत करना; निद्रा भंग करना

涣 huàn धीरे-धीरे समाप्त हो जाना; गायब हो जाना; लुप्त हो जाना; गुम हो जाना: 涣散
【涣涣】 huànhuàn (बाढ़ आदि का) उमड़ना
【涣然】 huànrán (शंका, संदेह आदि का) दूर होना: 疑虑～冰释 शंका पूरी तरह दूर हो जाना
【涣散】 huànsàn ढीला; शिथिल: 使团结～ एकता नष्ट करना; एकता को शिथिल बना देना

浣（澣）huàn ❶धोना: ～衣 कपड़ा धोना ❷महीने की तीन दहाइयों (दस दिन) में से कोई एक: 上～ महीने की पहली दहाई (दस दिन)

患 huàn ❶मुसीबत; विपत्ति; कष्ट: 患难 / 外～ विदेशी आक्रमण ❷चिंता: 患得患失 ❸(बीमार) होना, पड़ना: 患病
【患病】 huànbìng बीमार होना; बीमार पड़ना; रोग-ग्रस्त होना
【患处】 huànchù (रोगी के शरीर पर) रोग-ग्रस्त भाग
【患得患失】 huàndé-huànshī अपने हिताहित की चिंता करना
【患难】huànnàn कठिनाइयां और मुसीबतें; दुर्दिन; संकट: 同…共～… के साथ कठिनाइयों और मुसीबतों से गुज़रना
【患难夫妻】 huànnàn fūqī साथ-साथ कठिनाइयों और मुसीबतों से गुज़रने वाले पति और पत्नी
【患难与共】 huànnàn-yǔgòng दुख-सुख में साथ-साथ रहना
【患难之交】 huànnànzhījiāo संकट में एक दूसरे को सहायता देने वाले मित्र
【患者】 huànzhě रोगी; मरीज़

焕 huàn चमकीला; चमकदार: 焕发
【焕发】 huànfā उज्ज्वल होना; चमचमाना; प्रकाश फैलाना: 精神～ ओजस्वी; ओजपूर्ण / ～革命精神 क्रांतिकारी भावना का विकिरण करना
【焕然一新】 huànrán-yīxīn (का) रूप-रंग बिलकुल बदलना

逭 huàn 〈लि०〉 भाग जाना; बचना: 罪实难～ अपराध से मुश्किल से बच सकना

睆 huàn 〈लि०〉 ❶प्रकाशमय ❷सुन्दर; प्रसन्न

痪 huàn दे० 瘫痪 tānhuàn लकवा; फ़ालिज

豢 Huàn एक कुलनाम

豢 huàn पालना; पालना-पोसना
【豢养】 huànyǎng पालना; पालना-पोसना: 帝国主义～的走狗 साम्राज्यवादियों द्वारा पाला-पोसा गया पिछलगू

漶 huàn दे० 漫漶 mànhuàn

鲩（鯇）huàn （दूसरा नाम 草鱼 cǎoyú）ग्रास कार्प मछली

擐 huàn 〈लि०〉 पहनना: ～甲执兵 कवच पहनना और हथियार हाथ में लेना

轘（轘）huàn प्राचीन काल में गाड़ियों से व्यक्ति के शरीर को टुकड़े-टुकड़े करने का एक कठोर दंड
huán भी दे०

huāng

肓 huāng दे० 病入膏肓 bìngrùgāohuāng

荒 huāng ❶बंजर; उजाड़: 地～了。ज़मीन उजाड़ हो गयी। ❷निर्जन; जनशून्य; वीरान; निराला; उजाड़: 荒村 ❸अकाल; सूखा; कमी: 荒年/ 备～ प्राकृतिक संकट का मुकाबला करने की तैयारी ❹बंजर ज़मीन; परती ज़मीन: 开～ परती ज़मीन को खेती योग्य बनाना ❺उपेक्षा करना; अवहेलना करना; ध्यान न देना: 你不要把功课～了。तुम अपने पाठों की उपेक्षा न करो। ❻कमी: 粮～ अनाज की कमी / 房～ मकान की कमी / 夏～ गरमियों में अनाज की कमी होना ❼अविवेकी; अयुक्तियुक्त: 荒谬 ❽〈बो०〉 अनिश्चित: 荒信 ❾〈लि०〉 जी भर के मज़ा लेना: 荒淫
【荒草】 huāngcǎo घासफूस; जंगली घास

【荒村】 huāngcūn जनशून्य गांव
【荒诞】 huāngdàn विचित्र; अजीब; अविश्वसनीय; हास्यास्पद： ～的想法 विचित्र विचार
【荒诞不经】 huāngdàn-bùjīng विचित्र; हास्यास्पद
【荒诞无稽】 huāngdàn-wújī विचित्र; हास्यास्पद
【荒岛】 huāngdǎo जनशून्य द्वीप
【荒地】 huāngdì ऊसर ज़मीन; बंजर ज़मीन; परती ज़मीन： 开发～ परती ज़मीन को खेती योग्य बनाना
【荒废】 huāngfèi ❶बिना जोती हुई (भूमि); परती： ～的土地 परती ज़मीन; ऊसर भूमि; बंजर ज़मीन ❷उपेक्षा करना; अवहेलना करना; ध्यान न देना： ～学业 अपने अध्ययन पर ध्यान न देना ❸(समय) बरबाद करना; नष्ट करना： ～工夫 समय बरबाद करना
【荒古】 huānggǔ अति प्राचीन-काल
【荒货】 huānghuò पुराना बेकार सामान： ～店 कबाड़ी की दूकान
【荒寂】 huāngjì वीरान और शांत： ～的山谷 वीरान और शांत घाटी
【荒凉】 huāngliáng निर्जन; जनशून्य; वीरान; निराला; सुनसान： ～的穷山沟 सुनसान और बंजर घाटी
【荒乱】 huāngluàn बड़ी हलचल में; बड़ी अव्यवस्था में
【荒谬】 huāngmiù बेसिरपैर का; बेहूदा： ～地鼓吹 बेहूदा हांक लगाना / 造出～的说法 बेहूदा दलीलें गढ़ डालना
【荒谬绝伦】 huāngmiù-juélún हद दर्जे की बेहूदगी： 评论～。 टिप्पणी बिलकुल ही असंगत है।
【荒漠】 huāngmò निर्जन और असीम： ～的草原 घास का निर्जन और असीम मैदान
【荒漠化】 huāngmòhuà मरुस्थलीकरण
【荒年】 huāngnián अकाल; फ़सल खराब होने की स्थिति： 对付～ अकाल का सामना करना
【荒僻】 huāngpì निर्जन; जनशून्य; सुनसान; उजाड़： ～的山径 पहाड़ का निर्जन रास्ता
【荒歉】 huāngqiàn अकाल; फ़सल का अभाव
【荒山】 huāngshān ऊसर पहाड़; नंगा पहाड़： ～秃岭 ऊसर और नंगे पहाड़
【荒时暴月】 huāngshí-bàoyuè अकाल का समय और तंगी का मौसम
【荒疏】 huāngshū अप्रयुक्त होना; अव्यवहृत होना; अप्रयोग से कुशल न रहना; अभ्यास की कमी के कारण कुछ भूल जाना： 学业～ अध्ययन पर ध्यान न देना
【荒数】 huāngshù लगभग संख्या; अनिश्चित संख्या
【荒唐】 huāngtáng ❶अतर्कसंगत; बेसिरपैर; बेतुका： ～之言 बेतुकी बात; बेसिरपैर के आरोप ❷असंयमी; मर्यादाहीन; अनियंत्रित (चरित्र); दुराचारपूर्ण
【荒无人烟】 huāngwú-rényān निर्जन; जनशून्य; वीरान; सुनसान; निराला
【荒芜】 huāngwú उजड़ना; उजाड़ होना： ～的土地 परती पड़ी ज़मीन
【荒信】 huāngxìn 〈बो०〉 अपुष्ट या अप्रामाणिक समाचार
【荒野】 huāngyě उजाड़ मैदान; ऊजड़ प्रान्त; वीराना
【荒淫】 huāngyín कामी; कामुक; असंयमी; विषयी; लंपट： 过着～无耻的生活 लज्जाहीन लंपटता का जीवन बिताना
【荒原】 huāngyuán बंजर धरती; ऊजड़ प्रान्त; वीराना

塃 huāng 〈बो०〉 खान से निकाली गयी कच्ची धातु

慌 huāng घबराना： 别～！ घबराओ मत！

慌 huang 〈बोल०〉（得 के बाद पूर्ति के रूप में प्रयुक्त） बहुत ज़्यादा; असहनीयता से; असह्यता से： 他累得～。 वह बहुत ज़्यादा थक गया।
【慌乱】 huāngluàn घबराना; खलबली मचना： 敌军～。 दुश्मनों की सेना में खलबली मच गयी।
【慌忙】 huāngmáng बड़ी हड़बड़ी में; जल्दी-जल्दी; झट से; शीघ्र： 他～说。 वह झट से बोल पड़ा। / 敌军～南逃。 दुश्मन की फ़ौज बड़ी हड़बड़ी में दक्षिण की ओर भाग निकली।
【慌神儿】 huāngshénr घबराना： 危难时不要～。 खतरे में पड़ते हुए भी घबराना नहीं चाहिए।
【慌手慌脚】 huāngshǒu-huāngjiǎo हड़बड़ी में
【慌张】 huāngzhāng घबराना; हड़बड़ाना： 他～地跑了。 घबराकर वह भाग गया।

huáng

皇 huáng ❶〈लि०〉 बड़ा; महान; भव्य; शानदार ❷सम्राट： 皇帝 / 皇室 ❸（Huáng） एक कुलनाम
【皇朝】 huángcháo राजवंश
【皇储】 huángchǔ युवराज; राज्य का उत्तराधिकारी
【皇帝】 huángdì सम्राट
【皇甫】 Huángfǔ एक कुलनाम
【皇宫】 huánggōng सम्राट का महल; राजप्रासाद; राजमहल
【皇冠】 huángguān सम्राट का मुकुट या किरीट; राज-मुकुट
【皇后】 huánghòu सम्राज्ञी; 〈ताश०〉 बेगम
【皇皇】[1] huánghuáng 惶惶 huánghuáng के समान
【皇皇】[2] huánghuáng 遑遑 huánghuáng के समान
【皇皇】[3] huánghuáng महान; भव्य; शानदार： ～巨著 महान कृति; महान रचना; महान ग्रन्थ
【皇家】 huángjiā सम्राट का गृह या परिवार; राज-परिवार： ～图书馆 राजपरिवार का पुस्तकालय
【皇历】 huángli（黄历 huángli भी） पंचांग; तिथि-पत्र
【皇粮】 huángliáng ❶〈पुराना〉 सार्वजनिक अनाज ❷सरकार द्वारा दी गयी पूंजी या सामान
【皇陵】 huánglíng सम्राट की समाधि
【皇亲国戚】 huángqīn-guóqī सम्राट के संबंधी
【皇权】 huángquán राजतंत्रीय सर्वोच्च सत्ता
【皇上】 huángshang (संबोधन के रूप में) सम्राट;

महाराजाधिराज; महाराज
【皇室】 huángshì राजपरिवार; सम्राट परिवार; शाही परिवार
【皇太后】 huángtàihòu सम्राट की माता
【皇太子】 huángtàizǐ युवराज; राज्य का उत्तराधिकारी
【皇天】 huángtiān आकाश; आसमान; स्वर्ग; ईश्वर
【皇天不负苦心人】 huángtiān bù fù kǔ xīn rén ईश्वर ऐसे आदमी को नीचे गिरने नहीं देता जो यथाशक्ति अपना काम करता हो
【皇天后土】 huángtiān–hòutǔ आकाश और पृथ्वी (विशेषतः प्रतिज्ञा करते समय प्रयुक्त)
【皇子】 huángzǐ सम्राट का पुत्र; राजकुमार
【皇族】 huángzú सम्राट के सगोत्र; सम्राट का कुल

黄 1 huáng ❶पीला रंग ❷अंडे की ज़रदी: 双～蛋 दोहरी ज़रदी वाला अंडा ❸सोना: ～货 सोना ❹अश्लील; गंदा; कुत्सित : ～书 अश्लील किताब ❺（Huáng）（黄河 का संक्षिप्त नाम）हवांग-ह नदी; पीली नदी ❻（Huáng）पीत सम्राट: 炎～子孙 यान ती और हवांग ती (पीत सम्राट) के वंशज; चीनी जनता ❼（Huáng）एक कुलनाम

黄 2 huáng 〈बोल०〉 असफल होना या रहना; अमल में न ला सकना; ठप हो जाना; फ़िस हो जाना: 买卖～了。 सौदा फ़िस हो गया।
【黄包车】 huángbāochē 〈बो०〉 रिकशा
【黄骠马】 huángbiāomǎ सफ़ेद दाग वाला पीला घोड़ा
【黄病】 huángbìng 〈बोल०〉〈चिकि०〉 कामला; पांडु रोग
【黄檗】 huángbò（黄柏 huángbò भी ）〈ची०चि०〉 कॉर्क वृक्ष का वल्कल या छाल
【黄菜】 huángcài 〈बो०〉 अंडों को तोड़कर तेल में भूनकर बनाया गया व्यंजन
【黄灿灿】 huángcàncàn सोने की तरह चमकने वाला; सुनहरा: ～的稻子 सुनहरे धान
【黄巢起义】 Huáng Cháo Qǐyì हवागं छाओ विद्रोह (थांग राजवंश के अंत में हुआ बड़े पैमाने का एक किसान विद्रोह)
【黄刺玫】 huángcìméi पीला गुलाब
【黄疸】 huángdǎn 〈चिकि०〉 कामला; पांडु रोग
【黄道】 huángdào 〈खगोल०〉 रविमार्ग; क्रान्ति-वृत्त
【黄道带】 huángdàodài राशिचक्र; सूर्यचक्र
【黄道光】 huángdàoguāng 〈खगोल०〉 राशि-चक्र प्रकाश
【黄道吉日】 huángdào jírì（黄道日 huángdàorì भी）महूरत; मुहूर्त
【黄道十二宫】 huángdào shí'èrgōng बारह राशियां
【黄澄澄】 huángdēngdēng सुनहरा: ～的谷穗 धान के सुनहरे बाल
【黄帝】 Huángdì हवांग ती,एक पौराणिक शासक —— दे० 炎黄 Yán-Huáng
【黄鲷】 huángdiāo येलो पोर्गी (मछली)
【黄豆】 huángdòu सोया बीन: ～芽 सोयाबीन के अंकुर
【黄毒】 huángdú वेश्याओं के आचार-व्यवहार के विवरण से संबंधित मद (या चीज़); अश्लीलता संबंधी मद
【黄泛区】 Huángfànqū हवांग-ह (पीली नदी) जलमग्न-क्षेत्र
【黄蜂】 huángfēng भिड़; बर्र
【黄骨髓】 huánggǔsuǐ पीली मज्जा
【黄瓜】 huángguā ककड़ी; खीरा
【黄海】 Huánghǎi हवांग-हाए (समुद्र); पीला समुद्र; पीत सागर
【黄河】 Huánghé हवांग-ह (नदी); पीली नदी
【黄褐色】 huánghèsè पीला-भूरा; भूरापन लिए हुए पीला; बादामी
【黄花】 huánghuā ❶गुलदावदी; हेम-पुष्प; पीत सुमन ❷〈वन०〉 डे लिली ❸〈बोल०〉 कुमारी; अक्षतयोनि कन्या
【黄花菜】 huánghuācài 〈वन०〉 डे लिली
【黄花女儿】 huánghuānǚr कुमारी; अक्षतयोनि कन्या
【黄花鱼】 huánghuāyú येलो क्रोकर (मछली)
【黄昏】 huánghūn संध्या; संध्याकाल; सांझ; शाम
【黄昏恋】 huánghūnliàn वृद्ध पुरुष व स्त्री के बीच प्रेम होना
【黄酱】 huángjiàng नमक के साथ सुरक्षित और खमीर उठायी गयी सोया बीन की चटनी
【黄教】 Huángjiào पीत संप्रदाय (तिब्बती लामाओं का एक संप्रदाय जिसके संस्थापक पंद्रहवीं शताब्दी में हुए त्सों खापा 宗喀巴 थे। इसके अनुयायी पीले वस्त्र पहनते हैं)
【黄巾起义】 Huángjīn Qǐyì पीला साफ़ा विद्रोह (पूर्वी हान राजवंश के अंत में बड़े पैमाने पर हुआ एक किसान विद्रोह)
【黄金】 huángjīn ❶सोना; स्वर्ण ❷मूल्यवान: ～时代 स्वर्णयुग; स्वर्णकाल
【黄金周】 huángjīnzhōu स्वर्ण सप्ताह
【黄荆】 huángjīng 〈वन०〉 पांच पत्तियों वाला चेस्ट वृक्ष
【黄猄】 huángjīng चकारा; मिचैक
【黄精】 huángjīng 〈ची०चि०〉〈वन०〉 सीलवर्ट
【黄酒】 huángjiǔ पीली शराब; शाओशिंग（绍兴）शराब
【黄口小儿】 huángkǒu xiǎo'ér शिशु —— अज्ञानी युवक
【黄蜡】 huánglà （蜂蜡 fēnglà का सामान्य नाम）मधु-मोम
【黄鹂】 huánglí（鸧鹒 cānggēng，黄莺 भी）ओरि-ओल; पीला पिलक पक्षी
【黄历】 huángli 皇历 huángli के समान
【黄连】 huánglián 〈ची०चि०〉 चीनी स्वर्णसूत्र का प्रकंद
【黄连木】 huángliánmù 〈वन०〉 चीनी पिस्ते का वृक्ष
【黄粱美梦】 huángliáng–měimèng （黄粱梦 भी）स्वर्णिम कोदों स्वप्न (कहानी है कि एक निर्धन विद्वान ने एक बार सपना देखा कि वह एक अधिकारी बन गया है, पर जागने पर कोदों का अपना देग आग पर पकते पाया)
【黄磷】 huánglín पीला फ़ॉस्फ़ोरस
【黄栌】 huánglú 〈वन०〉 स्मोक ट्री

【黄麻】 huángmá 〈वन०〉 जूट; पटसन: ～工厂 जूट मिल / ～工业 जूट उद्योग

【黄毛丫头】 huángmáo yātou जड़बुद्धि बालिका; छोकरी

【黄梅季】 huángméijì（黄梅天 huángméitiān भी）बरसात (बहुधा अप्रैल और मई में यांत्सी नदी के मध्य और निचले भाग में)

【黄梅戏】 huángméixì ह्वांगमेइ ऑपेरा (आनह्वेइ प्रांत के मध्य भाग में प्रचलित ऑपेरा)

【黄梅雨】 huángméiyǔ बरसात में यांत्सी नदी के मध्य और निचले भाग में रुक-रुक कर होने वाली बूंदा-बांदी

【黄米】 huángmǐ लसदार कोदों

【黄明胶】 huángmíngjiāo आक्सहाइड जिलेटिन; बैल के चमड़े को उबालने से प्राप्त हल्के पीले रंग का चिपचिपा पारदर्शी पदार्थ

【黄牛】 huángniú ❶बैल; गाय ❷〈बो०〉 टिकट आदि खरीदकर फिर ज़्यादा दाम पर बेच देने वाला

【黄牌】 huángpái 〈खेल०〉 पीला कार्ड; येलो कार्ड

【黄袍加身】 huángpáo-jiāshēn समर्थकों द्वारा सम्राट को पीतांबर पहनाया जाना —— सम्राट घोषित किया जाना; आकस्मिक राज-परिवर्तन के बाद राजसत्ता अपने अधिकार में करना

【黄皮书】 huángpíshū पीत-पत्र; पीत-पुस्तक

【黄埔军官学校】 Huángpǔ Jūnguān Xuéxiào ह्वांगफू सैन्य अकादमी

【黄芪】 huángqí 〈ची०चि०〉 झिल्लीदार मिल्क वेच या दूधिया मोठ की जड़

【黄芩】 huángqín 〈ची०चि०〉 बृहत्पुष्पी स्कलकैप

【黄曲霉毒素】 huángqūméi dúsù एफ़्लैटॉक्सिन

【黄泉】 huángquán पीत स्रोत —— मरे हुओं का संसार; पाताललोक; नरक; जहन्नुम: 命赴～ मर जाना; गुज़र जाना; मृत्यु होना

【黄雀】 huángquè सिस्किन (पक्षी)

【黄雀伺蝉】 huángquè-sìchán झींगुर टिड्डे पर हमला करता है, लेकिन पीछे से सिस्किन घात लगाए रहता है

【黄壤】 huángrǎng पीली मिट्टी; पीली भूमि

【黄热病】 huángrèbìng 〈चिकि०〉 पीत ज्वर; पीला बुखार

【黄色】 huángsè ❶पीला; पीत ❷अश्लील; कामोत्तेजक: ～歌曲 अश्लील गीत / ～工会 स्कैब ट्रेड-यूनियन / ～书刊 अशिष्ट प्रकाशन; अश्लील पुस्तक व पत्र-पत्रिकाएं / ～文学 कामोत्तेजक साहित्य / ～小说 अश्लील कहानी या उपन्यास / ～音乐 अश्लील संगीत

【黄色人种】 huángsè rénzhǒng पीत जाति; मंगोल जाति

【黄色网站】 huángsè wǎngzhàn वेश्याओं के आचार-व्यवहार के विवरण से संबंधित वेबसाइट; अश्लील वेबसाइट

【黄色炸药】 huángsè zhàyào ट्राइनाइट्रोल्यूईन (टी०एन०टी०)（梯恩梯 tī'ēntī भी）

【黄鳝】 huángshàn राइसफ़ील्ड ईल; पक्षहीन ईल (मछली)

【黄熟】 huángshú 〈कृ०〉 पीत परिपक्वन

【黄鼠】 huángshǔ ग्राउंड स्किररैल; सस्लिक

【黄鼠狼】 huángshǔláng 黄鼬 का दूसरा नाम

【黄鼠狼给鸡拜年，没安好心】 huángshǔláng gěi jī bàinián, méi ān hǎoxīn नेवले द्वारा मुर्गी का आदर करना —— नीयत अच्छी न होना

【黄水疮】 huángshuǐchuāng 〈चिकि०〉（脓疱病 nóngpàobìng का सामान्य नाम）इम्पेटिगो

【黄糖】 huángtáng शक्कर; लाल शक्कर; देशी चीनी

【黄体酮】 huángtǐtóng 〈औष०〉 प्रोजेस्टरोन

【黄铁矿】 huángtiěkuàng पाइराइट

【黄铜】 huángtóng पीतल

【黄铜矿】 huángtóngkuàng तांबे की कच्ची धातु; कैल्कोपाइराइट

【黄土】 huángtǔ 〈भू०〉 पीली मिट्टी: ～高原 पीली मिट्टी का पठार

【黄癣】 huángxuǎn 〈चिकि०〉 आदारुण; फ़ेवस

【黄烟】 huángyān 〈बो०〉 (लंबी नली वाले चीनी पाइप में भरकर पिया जाने वाला) तंबाकू

【黄羊】 huángyáng मंगोलियाई गज़ाल

【黄杨】 huángyáng 〈वन०〉 चीनी लघुपर्ण बाक्स

【黄页】 huángyè पीला पृष्ठ; पीत पन्ना; फ़ोन-नंबर पुस्तक में पीले पृष्ठों का वह भाग, जिस में कारोबारी संस्थाओं आदि के फ़ोन-नंबर छपे हैं

【黄莺】 huángyīng 黄鹂 के समान

【黄油】 huángyóu ❶〈रसा०〉 ग्रीज़ ❷मक्खन

【黄鼬】 huángyòu पीला नेवला; पीत नकुल

【黄鱼】 huángyú ❶पीली मछली ❷〈पुराना〉 अतिरिक्त यात्री जिन्हें पोत, बस आदि के चालक अतिरिक्त कमाई के लिये अपने वाहन पर जगह देते हों ❸〈बो०〉 सोने का पाट; स्वर्ण-पाट

【黄玉】 huángyù पुखराज; टोपैज़ (एक प्रकार का पीला जेड)

【黄账】 huángzhàng खराब कर्ज़; खराब हिसाब

【黄纸板】 huángzhǐbǎn 马粪纸 mǎfènzhǐ का सामान्य नाम

【黄种】 huángzhǒng पीत जाति; मंगोल जाति

凰 huáng दे० 凤凰 fènghuáng फ़ीनिक्स

隍 huáng नगर की चहारदीवारी के बाहर की सूखी खाई

喤 huáng नीचे दे०

【喤喤】 huánghuáng 〈लि०〉 ❶(घंटों और ढोलों की आवाज़) ऊंची और सुरीली ❷(शिशु के रोने की आवाज़) ऊंची और साफ़

遑 huáng 〈लि०〉 अवकाश; फ़ुरसत; छुट्टी: 不～ फ़ुरसत न होना

【遑遑】 huánghuáng 〈लि०〉 जल्दी-जल्दी（皇皇 huánghuáng भी）

【遑论】 huánglùn 〈लि०〉 चर्चा करने की आवश्यकता

न होना; दूर रहना

徨 huáng दे० 彷徨 pánghuáng भटकना

馇（饋）huáng दे० 饾馇 zhānghuáng 〈लि०〉 ❶जौ की सूखी चीनी ❷आटे से बनी एक प्रकार की खाद्य वस्तु

湟 Huáng ह्वांग नदी (छिंगहाए और कानसू प्रान्त में)

惶 huáng डरना; भय होना: 惶恐

【惶骇】huánghài आशंका और विस्मय: 他极其～地问道。उसने बड़ी आशंका और विस्मय से पूछा।

【惶惶】huánghuáng（皇皇 huánghuáng भी）डरना और बेचैन होना: 处在～不可终日的局面之下 हालत नाज़ुक और डांवांडोल होना; दिन-रात बेचैनी की हालत में रहना

【惶惑】huánghuò परेशान और आशंकित; बेचैन: ～不安 चिंता और आशंका में पड़ना / 她们～地聚在堂前。वे बड़े कमरे के सामने घबराई खड़ी हैं।

【惶遽】huángjù 〈लि०〉 घबराना; भयभीत होना: ～不安 घबराना; भयभीत और बेचैन होना

【惶恐】huángkǒng आतंकित; भयभीत: ～不安 घबराने की हालत में होना; भयभीत हो जाना / 我～着，站起来说。मैं झेंपकर तुरन्त उठ खड़ा हुआ और बोला।

【惶然】huángrán घबराया हुआ; घबराने की हालत में

【惶悚】huángsǒng 〈लि०〉 आतंकित; भयभीत

煌 huáng चमकदार; दीप्तिमान: 辉～ शानदार; दीप्तिमान

【煌煌】huánghuáng चमकदार; दीप्तिमान: 明星～ चमकदार तारे

锽（鍠）huáng प्राचीन काल का एक हथियार

【锽锽】huánghuáng घंटों और ढोलों की आवाज़

潢 1 huáng 〈लि०〉 कुंड; तालाब; तलैया

潢 2 huáng सजाना; सजधज करना; सुशोभित करना

璜 huáng 〈लि०〉 अर्ध-चक्राकार जेड का लटकन

蝗 huáng टिड्डी: 灭～ टिड्डियों का नाश करना

【蝗虫】huángchóng टिड्डी

【蝗蝻】huángnǎn छोटी टिड्डी

【蝗灾】huángzāi टिड्डियों का प्लेग

篁 huáng 〈लि०〉 बांसों का उपवन; बांस: 修～ लंबा बांस

艎 huáng दे० 艅艎 yúhuáng (प्राचीन काल में) एक प्रकार की लकड़ी की नाव

磺 huáng गंधक; सल्फ़र: 硫～ गंधक; सल्फ़र

【磺胺】huáng'àn 〈औष०〉 सल्फ़ैनिलेमाइड: ～嘧啶 सल्फ़डाइयज़ीन / ～噻唑 सल्फ़थाइज़ोल

【磺化】huánghuà सल्फ़ोनेट: ～剂 सल्फ़ोनेटिंग एजेंट

【磺酸盐】huángsuānyán 〈रसा०〉 सल्फ़ोनेट

镄（鐄）huáng 簧 huáng के समान

癀 huáng नीचे दे०

【癀病】huángbìng 〈बो०〉 घरेलू पशुओं का एक रोग; ऐंथ्रक्रोस

蟥 huáng दे० 蚂蟥 mǎhuáng

簧 huáng ❶〈संगी०〉 रीड; फूंक से बजने वाले बाजों का विभिन्न आकृति और पदार्थों से बना स्पंदनशील भाग जिससे ध्वनि निकलती है ❷कमानी; स्प्रिंग: 弹～ कमानी; स्प्रिंग

鳇（鰉）huáng ह्वांग मछली; ह्यूसो स्टर्जन; सफ़ेद स्टर्जन

huǎng

怳 huǎng 惝怳 chǎnghuǎng, tǎnghuǎng भी 〈लि०〉 अप्रसन्न होना; निराश होना

恍 huǎng ❶अचानक; एकाएक; सहसा ❷（如，若 आदि के साथ प्रयुक्त）मानो; जैसे: ～如梦境 जैसे सपने में होना

【恍惚】huǎnghū（恍忽 huǎnghū भी）❶अचेतावस्था में; बेहोशी में; मन केंद्रित न होना: 精神～ अचेतावस्था में होना ❷अस्पष्टता से; धुंधलेपन से : 我～听见他出去了。मैंने अस्पष्ट ही सुना कि वह बाहर गया।

【恍然大悟】huǎngrán-dàwù सहसा समझ में आना कि क्या हुआ: 我听了他的话才～，是我自己错了。उसकी बात सुनकर सहसा मेरी समझ में आ गया कि गलती मुझसे हुई है।

【恍如隔世】huǎngrúgéshì यह एक पूर्ण पीढ़ी का अंतराल मालूम होता है (समय,वस्तुओं आदि में बहुत परिवर्तन आने के कारण आश्चर्य का भाव प्रकट करने के लिये प्रयुक्त)

晃 huǎng ❶चुंधियाना; चकाचौंध होना: 亮～～ चमकता हुआ ❷एकाएक दृष्टि में आ जाना: 有个人影儿一～就不见了。एक आदमी की छाया एकाएक दृष्टि में आकर फिर गायब हो गयी।

huàng भी दे०

谎（謊）huǎng ❶झूठ: 说～ झूठ बोलना ❷झूठ

बोलना：谎报

【谎报】 huǎngbào असत्य सूचना देना; किसी बात के बारे में झूठ बताना：～年龄 अपनी उम्र के बारे में झूठ बोलना / ～军情 धोखे से सैन्य स्थिति की रिपोर्ट करना

【谎称】 huǎngchēng झूठा दावा करना, नाटक करना：他～自己是教师。उसने खुद के अध्यापक होने का नाटक किया।

【谎话】 huǎnghuà झूठ：说～ झूठ बोलना

【谎价】 huǎngjià बढ़ाया हुआ दाम

【谎言】 huǎngyán झूठ：戳穿～ झूठ का पर्दाफ़ाश करना

幌 huǎng 〈लि०〉 भारी परदा

【幌子】 huǎngzi ❶दूकान का नाम पट्ट; साइन बार्ड ❷बहाना：帝国主义以援助作为侵略的～。साम्राज्यवादी सहायता के बहाने का इस्तेमाल कर उसकी ओट में आक्रमण करते हैं।

huàng

晃[1] （搅） huàng हिलना; हिलना-डुलना; लहराना：～～手 हाथ हिलाना

晃[2] Huàng हवांग-श्येन（晃县） काउण्टी (हूनान प्रान्त की एक पुरानी काउण्टी)

huǎng भी दे०

【晃荡】 huàngdàng ❶हिलना; हिलना-डुलना; लहराना：一只小船在河里～。एक छोटी नाव नदी में हिल-डुल रही है। ❷इधर-उधर व्यर्थ घूमना; चहलकदमी करना：他在外面～了一天。वह सारा दिन बाहर इधर-उधर व्यर्थ घूमता रहा।

【晃动】 huàngdòng हिलना; लहराना 船在～。नाव हिल रही है।

【晃悠】 huàngyou हिलना; लहराना; लड़खड़ाते हुए चलना; लटपट चाल से चलना：小船在水里～。छोटी नाव पानी में हिल-डुल रही है। / 老人晃晃悠悠地走来。बूढ़ा लटपट चाल से चला आ रहा है।

滉 huàng 〈लि०〉 जलराशि का गहरा और विशाल होना

榥 huàng 〈लि०〉 परदा

huī

灰 huī ❶राख; भस्म：灰烬 ❷धूल; गर्द：灰尘 ❸चूना：～泥 चूना; प्लास्टर ❹सलेटी; धूसर; भस्मवर्ण; राख के रंग का; काले और सफ़ेद के बीच के रंग का：～衣服 धूसर कपड़ा ❺निराश; निरुत्साहित：灰心

【灰暗】 huī'àn अंधेरा; अंधकारमय; धुंधला：～的天空 धुंधला आकाश

【灰白】 huībái पीला; फीके रंग का; धुंधला; भूरा-सा; धूसर-सा; हल्का भूरा：～的脸 पीला चेहरा / 头发～ बाल खिचड़ी होना

【灰不溜丢】 huībuliūdiū（灰不溜秋 huībuliūqiū，灰不喇唧 huībulājī भी）मलिन धूसर

【灰尘】 huīchén धूल; गर्द：书上满漫着～。पुस्तकों पर खूब गर्द चढ़ी हुई थी।

【灰沉沉】 huīchénchén अंधेरा; अंधकारमय; सीसे का-सा：～的天空 अंधकारमय आकाश

【灰姑娘】 Huīgūniang सिंडरेला

【灰黄霉素】 huīhuángméisù 〈औष०〉 ग्रिज़ियोफ़ुलविन

【灰浆】 huījiāng 〈वास्तु०〉 गारा; मसाला

【灰烬】 huījìn राख; भस्म：化为～ भस्म हो जाना

【灰溜溜】 huīliūliū ❶मलिन धूसर ❷उदास; झुका हुआ सिर वाला; हारा हुआ：他看样子有点～的。देखने में वह हारा हुआ-सा लगता है। / 你别～的。तुम हिम्मत न हारो।

【灰蒙蒙】 huīméngméng धुंधला; अंधकारमय; मेघावृत; मेघाच्छन्न：天色～的。आकाश मेघाच्छन्न था।

【灰锰氧】 huīměngyǎng 〈रसा०〉（高锰酸钾 gāoměngsuānjiǎ का सामान्य नाम）पोटैशियन परमैंगनेट

【灰泥】 huīní 〈वास्तु०〉 प्लास्टर; पलस्तर; चूना

【灰色】 huīsè ❶धूसर; भूरा; भस्म रंग का：～毛衣 धूसर स्वेटर ❷निराशा; निराशाजनक：～人生观 निराशावादी जीवन-दर्शन ❸(रुख) अस्पष्ट

【灰色收入】 huīsè shōurù वेतन के अलावा अन्य उपायों से प्राप्त आय; भस्मवर्ण आय

【灰鼠】 huīshǔ गिलहरी

【灰头土脸儿】 huītóu-tǔliǎnr ❶धूलधूसर सिर और चेहरा ❷उदास; खिन्न; निराश; हताश; दबा हुआ

【灰土】 huītǔ धूल

【灰心】 huīxīn निराश होना; हताश होना; पस्त होना：因挫折而～ असफलताओं से पस्त होना / 我们决不～。हम किंचितमात्र भी निरुत्साहित नहीं हैं।

【灰心丧气】 huīxīn-sàngqì उदास बैठना; निरुत्साहित होना; हतोत्साह होना：在困难的时候不要～。कठिनाइयों के समय निरुत्साहित नहीं होना चाहिए।

【灰指甲】 huīzhǐjia（甲癣 jiǎxuǎn का सामान्य नाम 〈चिकि०〉 नख-कवकवृद्धिरोग; नाखूनों में दाद

【灰质】 huīzhì ग्रे-मैटर, मस्तिष्क का क्रियाशील पदार्थ

【灰子】 huīzǐ 〈बो०〉 अफ़ीम

㧑（撝、撝） huī 〈लि०〉 संचालन करना

诙（詼） huī 〈लि०〉 ❶हंसी-मज़ाक करना; दिल्लगी करना ❷हंसी उड़ाना; मज़ाक उड़ाना

【诙谐】huīxié हास्यपूर्ण; परिहासमय: 谈吐～ बातचीत करने में हाज़िरजवाब होना

【诙谐曲】huīxiéqǔ <संगी०> ह्यूमारेस्क; परिहासमय ढंग की रचना

虺 huī नीचे दे०
huǐ भी दे०

【虺隤】huītuí（虺隤 huītuí भी）(घोड़े का) थक जाना और बीमार पड़ना

挥（揮）huī ❶घुमाना; हिलाना; धारण करना और प्रयोग करना: ～鞭 चाबुक फटकारना / ～剑 तलवार घुमाना / ～手 हाथ हिलाना / ～笔 निजी कलम (या ब्रुश) का प्रयोग करना / ～扇 पंखा करना या डुलाना ❷सैन्य संचालन करना: 指～ सैन्य संचालन करना ❸पोंछना: ～泪 आंसू पोंछना ❹तितर-बितर करना या होना; विकीर्ण करना या होना: 挥发 / 挥金如土

【挥斥】huīchì <लि०> ❶दोष लगाना; आरोप लगाना; निन्दा करना ❷(स्फूर्ति या भरपूर जोश से) ओत-प्रोत होना

【挥动】huīdòng घुमाना; लहराना; हिलाना: ～大旗 बड़े झंडे को लहराना या फहराना / ～宝剑 तलवार घुमाना

【挥发】huīfā भाप बन जाना; वाष्प रूप होना; काफ़ूर हो जाना: ～性 वाष्पशीलता / ～油 वाष्पशील तेल

【挥戈】huīgē अस्त्र घुमाना: ～前进 आगे की ओर कूच करना

【挥汗如雨】huīhàn-rúyǔ पसीने की बूंद-बूंद टपकना

【挥翰】huīhàn <लि०> निजी ब्रुश का प्रयोग करना; (ब्रुश से) लिखना

【挥毫】huīháo अपने ब्रुश का प्रयोग करना; (ब्रुश से) लिखना या चित्र बनाना

【挥霍】huīhuò खुला खर्च करना; फ़िज़ूलखर्ची करना: ～无度 शाहखर्ची करना; बिना किसी बाधा के व्यय करना

【挥金如土】huījīn-rútǔ पानी की तरह रुपया बहाना; रुपयों की बौछार लगाना

【挥泪】huīlèi आंसू पोंछना; आंसू बहाना

【挥洒】huīsǎ ❶(पानी) छिड़कना; (आंसू) बहाना ❷स्वतंत्रता और आसानी से लिखना या चित्र बनाना: ～自如 सहजता से लिखना और चित्र बनाना

【挥师】huīshī सेना को आदेश देना: ～北上 सेना को उत्तर की ओर कूच करने के लिये आदेश देना

【挥手】huīshǒu हाथ हिलाना; हाथ से पंखा करना: ～示意 किसी व्यक्ति को संकेत करने के लिये हाथ हिलाना

【挥舞】huīwǔ हिलाना; हिलाना-डुलाना: ～拳头 तना हुआ घूंसा दिखाना / ～指挥棒 बैटन घूमाना —— किसी व्यक्ति को आज्ञा देना

咴 huī नीचे दे०

【咴儿咴儿】huīrhuīr हिनहिनाहट

恢 huī विशाल; चौड़ा: 恢宏 / 恢弘

【恢复】huīfù ❶फिर से पहले की तरह होना: ～和谈 शांति समझौता-वार्त्ता फिर से शुरू होना / ～生产 उत्पादन बहाल होना / 政权已经～。 राजसत्ता फिर से कायम हो गयी है । ❷किसी को फिर से प्राप्त करना; पुनर्स्थापित करना: ～荒废了的土地 बेकार हुई ज़मीन का पुनरुद्धार करना / ～常态 सामान्य स्थिति फिर से कायम करना / ～党籍 किसी को फिर से पार्टी में ले लिया जाना / ～革命精神 क्रांतिकारी भावना को पुनर्जीवित करना या फिर से जगाना / ～交通 संचार-व्यवस्था फिर से चालू करना / ～劳动能力 काम करने की योग्यता फिर प्राप्त करना / ～名誉 गौरव की पुनर्स्थापना करना / ～失地 खोए हुए प्रदेश को पुन: प्राप्त करना / ～元气 फिर से शक्ति प्राप्त कर लेना / ～秩序 व्यवस्था पुनर्स्थापित करना

【恢复期】huīfùqī <चिकि०> स्वास्थ्य-लाभ की अवधि या काल

【恢弘】huīhóng（恢宏 huīhóng भी）<लि०> ❶विशाल; चौड़ा: 气度～ उदार; विस्तृत (दृष्टि कोण); विशाल हृदय ❷विकास करना; विकसित करना; जारी रखना: ～士气 सेनाओं का मनोबल विकसित करना

【恢恢】huīhuī अति विशाल

【恢廓】huīkuò <लि०> ❶उदार; विशालहृदय: ～的胸襟 विशालहृदयता ❷फैलाना; विकसित करना; बढ़ाना

袆（禕）huī प्राचीन काल में बलि चढ़ाते समय सम्राज्ञी द्वारा पहना जाने वाला वस्त्र

珲（琿）huī 瑷珲 Àihuī आएह्वेइ (हेइलोंगच्यांग प्रान्त में एक स्थान, वर्तमान 爱珲 Àihuī)
hún भी दे०

豗 huī दे० 喧豗 xuānhuī शोरगुल; कोलाहल; हल्ला-गुल्ला

晖（暉）huī धूप; सूर्य-प्रकाश: 朝～ सुबह की रोशनी

【晖映】huīyìng 辉映 huīyìng के समान

辉（輝、煇）huī ❶कांति; चमक; तेज; प्रभा: 光～ शोभा; चमक; प्रभा ❷प्रकाशित होना; रोशनी फैलाना: 辉映

【辉煌】huīhuáng चमकीला; उज्ज्वल; शानदार; दीप्त: ～胜利 शानदार विजय / ～的文化 शानदार संस्कृति

【辉绿岩】huīlǜyán <भूगर्भ०> डायाबेस

【辉钼矿】huīmùkuàng मोलिब्डीनाइट

【辉石】huīshí पाइरॉक्सीन

【辉锑矿】huītīkuàng स्टिबनाइट

【辉铜矿】huītóngkuàng कैल्कोसाइट

【辉银矿】huīyínkuàng अरजेंटाइट

【辉映】huīyìng प्रकाशित होना; रोशनी फैलाना: 交相～ एक दूसरे की सुन्दरता बढ़ाना

翚（翬）huī ❶<लि०> उड़ना ❷प्राचीन पुस्तकों में वर्जित एक प्रकार का रंगीन फ़ीज़ैण्ट (पक्षी)

麾 huī ❶प्राचीन काल में सेनाओं का संचालन करने

वाला ध्वज ❷〈लि०〉 सैन्य संचालन करना: ～军前进 सेनाओं को आगे बढ़ने के लिये आदेश देना

【麾下】 huīxià 〈लि०〉 ❶किसी सेनापति का मातहत ❷〈आदर०〉 सेनापति; कमांडर

徽 1 huī ❶बिल्ला; बैज; चिन्ह: 徽章 / 国～ राज्य-चिन्ह; राज्य-प्रतीक ❷सुन्दर; बढ़िया: 徽号

徽 2 Huī ह्वेइ-चओ का संक्षिप्त नाम (पहले यह एक प्रिफ़ेक्चर था जिसमें वर्तमान शेश्येन[歙县]काउण्टी शामिल थी)

【徽调】 huīdiào आनह्वेइ ऑपेरा की संगीत-शैली (जो १८वीं शताब्दी में आनह्वेइ से पेइचिंग तक फैली थी और जिसका बड़ा प्रभाव पेइचिंग ऑपेरा की संगीत-शैली पर भी पड़ा)

【徽号】 huīhào सुन्दर उपाधि; सुन्दर नाम

【徽记】 huījì चिह्न; चिन्ह; निशान; लक्षण

【徽剧】 huījù आनह्वेइ ऑपेरा (आनह्वेइ, च्यांगसू, चच्यांग और च्यांगशी प्रांतों में प्रचलित ऑपेरा)

【徽墨】 huīmò ह्वेइ-चओ में उत्पन्न इंकस्टिक

【徽章】 huīzhāng बिल्ला; बैज

隳 (堕) huī 〈लि०〉 नष्ट करना; बरबाद करना 堕 के लिये duò भी दे०

huí

回 1 (迴、廻) huí चक्कर; घुमाव: 巡～ गश्त लगाना; दौरा करना

回 2 (囘、囬) huí ❶लौटना; वापस आना; वापस जाना: ～家 घर लौटना; घर वापस आना या जाना / ～校 स्कूल, कालेज आदि लौटना ❷(सिर) मोड़ना या मुड़ना; घूमना: 回头 / ～过身来 पीछे मुड़कर ❸उत्तर देना; जवाब देना: ～信 चिट्ठी का उत्तर लिखना / 回敬 ❹ऊपर के अधिकारी को रिपोर्ट देना या करना: 回禀 ❺(निमंत्रण आदि) अस्वीकार करना; इनकार करना; रद्द करना; डिसमिस करना ❻〈परि०श०〉 अध्याय: 这部小说共一百二十～。 इस उपन्यास में कुल एक सौ बीस अध्याय हैं। ❼〈परि०श०〉 बार: 我去过两～了。 मैं दो बार गया था। / 那是另一～事。 वह तो दूसरी बात है।

回 3 (囘、囬) Huí ❶ह्वेइ जाति दे० 回族 ❷एक कुलनाम

【回拜】 huíbài जवाबी मुलाकात करना

【回报】 huíbào ❶(कर्तव्य,मिशन आदि के क्रियान्वयन की स्थिति के बारे में) रिपोर्ट करना ❷बदला लेना; बदले में देना: ～盛情 किसी के आतिथ्य या कृपा का प्रत्युत्तर देना ❸प्रतिशोध या बदला लेना

【回避】 huíbì ❶बचकर निकलना; कतराना; कन्नी काटना: ～问题 समस्याओं से कन्नी काटना ❷〈का०〉 हट जाना; विलग होना; अलग होना

【回禀】 huíbǐng (ऊपर के अधिकारी को) रिपोर्ट करना या देना

【回驳】 huíbó खंडन करना; गलत ठहराना; झूठा सिद्ध करना: 当面～ किसी के सामने उसका तुरंत खंडन करना

【回肠】[1] huícháng 〈श०वि०〉 इलियम

【回肠】[2] huícháng 〈लि०〉 चिन्तित; चिंतातुर; फ़िक्रमंद

【回肠荡气】 huícháng-dàngqì (संगीत, कविता आदि का) आत्मोत्तेजक होना; मर्मस्पर्शी होना; प्रेरणादायक होना

【回肠九转】 huícháng-jiǔzhuǎn हृदय में चिंता सवार रहना; बहुत दुख होना

【回潮】 huícháo ❶सूखी हुई चीज़ों का फिर से नम होना ❷पूर्व अवस्था की प्राप्ति; प्रत्यागमन: 迷信活动～ अंधविश्वास की कार्यवाहियों का फिर से चलन होना

【回嗔作喜】 huíchēn-zuòxǐ अप्रसन्नता छोड़कर मुस्कराने लगना

【回程】 huíchéng ❶वापसी की सैर ❷〈यां०〉 रिटर्न स्ट्रोक

【回春】 huíchūn ❶वसन्त का वापस आना ❷जीवन को वापस लाना: ～灵药 दिव्य औषधि

【回答】 huídá उत्तर देना; जवाब देना: ～试题 प्रश्नपत्र के उत्तर लिखना / 得到～ उत्तर मिलना / 要求～ उत्तर मांगना

【回单】 huídān रसीद; प्राप्ति-पत्रक; पावती

【回荡】 huídàng (आवाज़ आदि का) गूंज पैदा करना; प्रतिध्वनि उत्पन्न करना; गूंजते रहना: 口号声在空中～。 नारों की आवाज़ आकाश में गूंज रही है।

【回电】 huídiàn ❶जवाबी तार देना ❷जवाबी तार

【回跌】 huídiē (चीज़ों का दाम) बढ़ने के बाद फिर गिरना

【回读】 huídú अंतिम वर्ष का शिक्षण फिर से करना

【回访】 huífǎng जवाबी मुलाकात करना

【回放】 huífàng प्रसारित टी० वी० प्रोग्राम को दोबारा पेश करना

【回复】 huífù ❶(चिट्ठी का) उत्तर या जवाब लिखना ❷पहले की स्थिति पर लौट आना

【回顾】 huígù सिंहावलोकन करना: ～过去 अतीत का सिंहावलोकन करना

【回顾展】 huígùzhǎn सिंहावलोकन-प्रदर्शनी

【回光返照】 huíguāng-fǎnzhào ❶डूबते सूर्य का विकिरण ❷मरने के ठीक पहले चेतना की क्षणिक वापसी

【回归】 huíguī लौटना; वापस आना या जाना: ～祖国 मातृभूमि लौटना

【回归带】 huíguīdài (热带 rèdài के समान) उष्ण कटिबंध

【回归年】 huíguīnián 〈खगोल०〉 उष्ण कटिबंधवर्ष; सौर वर्ष

【回归热】 huíguīrè 〈चिकि०〉 लौट-लौटकर आने वाला बुख़ार; जूड़ी बुख़ार

【回归线】 huíguīxiàn 〈भू०〉 कर्क या मकर रेखा: 南～

मकर रेखा / 北～ कर्क रेखा
【回锅】 huíguō ❶(पके भोजन को) फिर से गरम करना ❷दुबारा पकाना
【回国】 huíguó स्वदेश लौटना; अपने देश लौटना
【回航】 huíháng हवाई अड्डे या बंदरगाह लौटना
【回合】 huíhé बार; बारी; दौर
【回纥】 Huíhé (回鹘 Huíhú भी) ह्वेइह जाति, प्राचीन चीन की एक अल्पसंख्यक जाति
【回护】 huíhù पक्षपात करना; अपराध-गोपन करना
【回话】 huíhuà उत्तर; जवाब: 请给我一个～。मुझे जवाब दीजिये।
【回还】 huíhuán लौटना; वापस आना या जाना
【回环】 huíhuán टेढ़े-मेढ़े घेरना; चक्करदार होकर जाना
【回回】 huíhui <पुराना> ह्वेइ जाति; ह्वेइ लोग
【回火】 huíhuǒ <यां०> टेंपरिंग
【回击】 huíjī प्रत्याक्रमण करना; जवाबी हमला करना
【回见】 huíjiàn <बोल०> फिर मिलेंगे
【回教】 Huíjiào इस्लाम
【回敬】 huíjìng उत्तर में किसी व्यक्ति को कोई वस्तु देना; जवाबी भेंट देना; उत्तर में कोई काम करना: ～一杯 जवाबी जाम पेश करना
【回绝】 huíjué अस्वीकृति ज़ाहिर करना; इनकार करना: 一口～ साफ़-साफ़ इनकार करना
【回空】 huíkōng (गाड़ी और जहाज़ का) यात्रियों या माल के अभाव में लौटना
【回口】 huíkǒu <बो०> अपमानजनक शब्दों में उत्तर देना; जवाबी गाली देना
【回扣】 huíkòu बट्टा; दस्तूरी; कमीशन
【回馈】 huíkuì ❶बदले में देना ❷सूचनाओं, मतों आदि का जवाबी-पत्र देना (या वापस देना)
【回来】[1] huílái लौट आना; वापस आना: 他今天～。वह आज वापस आएगा।
【回来】[2] huílái (क्रिया के बाद प्रयुक्त) वापस (आना): 跑～ दौड़कर वापस आना / 收～ वापस लेना / 把控诉书撤～ अभियोग वापस ले लेना
【回廊】 huíláng चक्करदार बरामदा
【回老家】 huí lǎojiā <बोल०> मर जाना; अंत होना; गुज़र जाना
【回礼】 huílǐ ❶सलामी का जवाब देना ❷भेंट के बदले में भेंट देना; जवाबी भेंट देना ❸उत्तर में दी जाने वाली भेंट
【回历】 Huílì मुस्लिम पंचांग
【回流】 huíliú बह जाकर फिर बह आना: 河水～ नदी का पानी बह जाकर फिर बह आना / 人才～ <ला०> बाहर गयी हुई प्रतिभाओं का फिर से वापस आना
【回笼】 huílóng ❶(मानथओ 馒头, पाओत्स 包子 आदि को) भाप से फिर गरम करना ❷(मुद्रा की) प्रचलन में वापसी
【回炉】 huílú (धातु) फिर पिघलाना; फिर गलाना; (केक आदि को) फिर आग से सख़्त करना: 废铁～ रद्दी लोहे को फिर पिघलाना
【回禄】 Huílù <लि०> (किंवदंती में) अग्निदेव; अग्नि-कांड: ～之灾 अग्निकांड
【回路】 huílù ❶लौटने का रास्ता ❷<विद्यु०> रिटर्न सरकिट; लूप
【回落】 huíluò (जलस्तर, दाम आदि का) बढ़ने के बाद फिर गिरना
【回马枪】 huímǎqiāng पीछे मुड़कर भाले से झोंकना या छेद डालना: 杀～ पीछा करने वालों पर पीछे मुड़कर आकस्मिक आक्रमण करना
【回门】 huímén विवाह के कुछ दिन बाद दुलहिन का अपने पति के साथ माइके लौटना
【回民】 Huímín ह्वेइ जाति; ह्वेइ लोग; मुसलिम; मुसलमान
【回眸】 huímóu <लि०> (स्त्री का) सिर मोड़कर देखना: ～一笑 (स्त्री का) मुड़कर देखना और मुस्कराना
【回目】 huímù उपन्यास के प्रत्येक अध्याय का शीर्षक; अध्याय की विषय-सूची; अध्याय अनुक्रमणिका
【回暖】 huínuǎn मौसम का ठंडे से फिर गरम होना
【回聘】 huípìn (返聘 fǎnpìn भी) पद से अलग होने वाले का फिर से नियुक्त होना या करना; पुनर्नियुक्त करना: ～退休人员 अवकाश प्राप्त (रिटायर्ड) व्यक्ति को फिर से नियुक्त करना
【回棋】 huíqí 悔棋 huǐqí के समान
【回迁】 huíqiān अपने पुराने निवास-स्थान पर नया मकान बनाने के कारण निवासियों द्वारा मकान बदलना और अपने पुराने मकान के स्थान पर नया मकान बनाने के बाद उसमें वापस आना; अपने पुराने निवास-स्थान की वापसी
【回青】 huíqīng <बो०> (जाड़े की फ़सलों आदि का) हरे में बदलना; हरा होना
【回请】 huíqǐng आतिथ्य का उत्तर देना; जवाबी भोज देना
【回去】[1] huíqù लौट जाना; वापस जाना: 他今天不～。वह आज वापस नहीं जाएगा।
【回去】[2] huíqù (क्रिया के बाद प्रयुक्त) वापस जाना: 拿～ वापस लेना; लेकर वापस जाना / 跑～ दौड़कर वापस जाना
【回绕】 huírào टेढ़े-मेढ़े घेरना; चक्करदार होकर जाना
【回身】 huíshēn मुड़कर: 他拿了书，～就走了。उस ने किताब ली और मुड़कर चला गया।
【回升】 huíshēng नीचे गिर जाने के बाद फिर ऊपर उठना: 物价～ चीज़ों का दाम गिरकर फिर बढ़ जाना
【回生】[1] huíshēng मरने के बाद फिर जीवित होना: 起死～ पुनर्जीवित करना; फिर से जीवित करना
【回生】[2] huíshēng अभ्यास के अभाव से भूल जाना: 他的外语有点～了。उसकी विदेशी भाषा कुछ कुंद हो गई।
【回声】 huíshēng अनुनाद; प्रतिध्वनि; गूंज
【回师】 huíshī (सेना का) लौटना
【回收】 huíshōu वापस लेना; फिर से उपयोग पा जाना: ～废品 रद्दी चीज़ों को फिर से उपयोगी बनाना / 发射和～卫星 उपग्रह प्रक्षेपित करना और वापस लाना
【回收率】 huíshōulǜ वापस लेने की दर
【回收塔】 huíshōutǎ <रसा०> वापसी टॉवर

【回手】 huíshǒu ❶हाथ पीछे की ओर बढ़ाना; पीछे मुड़कर हाथ बढ़ाना: 你出去～把门带上。बाहर जाते समय हाथ पीछे की ओर करके दरवाज़ा बंद कर देना ❷जवाबी प्रहार करना

【回首】 huíshǒu ❶सिर पीछे की ओर मोड़ना ❷〈लि०〉 याद करना; याद आ जाना; स्मृति में आना: ～往事 पुरानी बातों की याद आ जाना

【回书】 huíshū 〈लि०〉 जवाबी चिट्ठी; चिट्ठी का जवाब

【回溯】 huísù याद आ जाना; स्मृति में आना: ～过去 अतीत की याद आ जाना / ～一下历史 इतिहास पर नज़र डालना

【回天】 huítiān (विकट परिस्थिति में बचाने वाली) प्रचंड शक्ति: ～乏术 परिस्थिति से बचने में असमर्थ होना / ～之力 विकट परिस्थिति से बचाने में सक्षम शक्ति; प्रचंड शक्ति

【回填】 huítián 〈वास्तु०〉 खोदी हुई मिट्टी को फिर से भरना; बैकफ़िल: ～土 बैकफ़िल

【回条】 huítiáo रसीद; प्राप्ति-पत्रक

【回帖】 huítiě 〈पुराना〉 मनी-ऑर्डर की रसीद

【回头】[1] huítóu ❶सिर मोड़ना; पीछे मुड़ जाना: 回过头去看 घूमकर देखना / 他头也不回。उसने फिर घूमकर नहीं देखा। ❷लौटना; वापस आना: 一去不～。जाकर फिर न लौटना ❸पछतावा करना; पश्चाताप करना: 及时～ समय रहते पश्चाताप करना

【回头】[2] huítóu 〈बोल०〉 थोड़ी देर में; थोड़ी देर के बाद: ～再谈 थोड़ी देर बाद फिर बातचीत करना

【回头见】 huítóujiàn 〈बोल०〉 फिर मिलेंगे

【回头客】 huítóukè दूकान पर लौटने वाले ग्राहक

【回头路】 huítóulù पुराना रास्ता; पूर्व स्थिति में लौटना

【回头率】 huítóulǜ सिर मोड़कर दोबारा दृष्टि डालना; दोबारा आने की दर

【回头人】 huítóurén 〈बो०〉 विधवा: ～出嫁 विधवा का ब्याह होना

【回头是岸】 huítóu-shì'àn अपनी बुराइयों से मुंह मोड़ लेना; काले कारनामों पर पछतावा करना

【回味】 huíwèi ❶भोजन करने के बाद उसका शेष रह गया स्वाद ❷किसी वस्तु का स्मरण और अनुभव करना

【回席】 huíxí जवाबी दावत देना

【回戏】 huíxì (परम्परागत ऑपेरा का) आयोजन रद्द करना

【回翔】 huíxiáng चारों ओर चक्कर लगाना; चक्कर काटते हुए चलना

【回响】 huíxiǎng गूंजना; प्रतिध्वनि उत्पन्न करना: 那声音一直在他心里～。वे शब्द उसके हृदय में गूंजते रहते।

【回想】 huíxiǎng सिंहावलोकन करना; याद करना: 他～起那天的事情。उसे उस दिन की बात याद आई।

【回销】 huíxiāo（返销 fǎnxiāo भी）(सरकार द्वारा खरीदे हुए अनाज का) अनाज पैदा करने वाले क्षेत्र में वापस बेचा जाना (प्राकृतिक विपत्ति आदि के कारण)

【回心转意】 huíxīn-zhuǎnyì अपनी मति बदलना; अपना आचरण ठीक करना

【回信】 huíxìn ❶जवाबी चिट्ठी लिखना; पत्र का उत्तर लिखना ❷जवाबी चिट्ठी; पत्र का उत्तर ❸संदेश; जवाब; उत्तर: 事情办好后请给我个～。काम पूरा करने के बाद मुझे बताइयेगा।

【回形针】 huíxíngzhēn 曲别针 qūbiézhēn के समान

【回修】 huíxiū किसी चीज़ की फिर से मरम्मत करना

【回旋】 huíxuán ❶चारों ओर चक्कर लगाना; मंडराना: 飞机在山顶上～。हवाई जहाज़ पर्वत के ऊपर मंडरा रहा है। ❷दांवपेंच खेलना; पैंतरे बदलना: ～余地大。पैंतरों के लिये काफ़ी गुंजाइश है।

【回旋加速器】 huíxuán jiāsùqì द्वितणु-तीव्रक (यंत्र); साइक्लोट्रोन

【回旋曲】 huíxuánqǔ 〈संगी०〉 रोण्डो

【回忆】 huíyì याद करना; स्मरण करना: ～过去 अतीत की याद करना / ～对比 अतीत की याद करना और वर्तमान के साथ उसकी तुलना करना

【回忆录】 huíyìlù संस्मरण

【回音】 huíyīn ❶प्रतिध्वनि ❷उत्तर; जवाब: 立候～ फ़ौरी जवाब का इन्तज़ार करना ❸〈संगी०〉 टर्न

【回音壁】 Huíyīnbì प्रतिध्वनि-भित्ति; गूंज दीवार (पेइचिंग के स्वर्ग-मंदिर में)

【回应】 huíyìng उत्तर देना; जवाब देना: 我在门外叫他，没见～。मैंने दरवाज़े के बाहर उसे पुकारा, पर जवाब नहीं मिला।

【回佣】 huíyòng 〈बो०〉 बट्टा, दस्तूरी; कमीशन

【回游】 huíyóu 洄游 huíyóu के समान

【回赠】 huízèng (भेंट के) उत्तर में भेंट देना; जवाबी भेंट देना

【回涨】 huízhǎng (जलस्तर, वस्तुओं का दाम) गिरकर फिर बढ़ जाना

【回执】 huízhí रसीद; प्राप्ति-पत्रक

【回转】 huízhuǎn ❶पीछे मोड़ना: ～身去 पीछे मुड़ कर ❷लौटना; वापस आना या जाना: ～故里 जन्मभूमि लौटना

【回转式钻床】 huízhuǎnshì zuànchuáng रोटरी ड्रिल

【回转仪】 huízhuǎnyí 〈खगोल०〉 घूर्णदर्शी

【回族】 Huízú ह्वेइ जाति, जो मुख्यतः निंगश्या ह्वेइ स्वायत्त प्रदेश, कानसू, हनान, हपेइ, छिंगहाए, शानतोंग, यून्नान, आनह्वेइ, शिनच्यांग वेवूर स्वायत्त प्रदेश, पेइचिंग और थ्येनचिन में निवास करती है

【回嘴】 huízuǐ जवाबी गाली देना; करारा उत्तर देना

茴

huí नीचे दे०

【茴香】 huíxiāng 〈वन०〉 सौंफ़: ～豆 सौंफ़ में पकी लाबिया

洄

huí 〈लि०〉 (पानी का) घूमना; चक्कर खाना

【洄游】 huíyóu 〈प्राणि०〉 स्थानांतरण; पलायन

蛔（蚘、蛕）

huí नीचे दे०

【蛔虫】 huíchóng मलसर्प

鮰（鮰）huí प्राचीन पुस्तकों में वर्णित वेइ मछली（鮠鱼）

huǐ

虺 huǐ प्राचीन पुस्तकों में वर्णित एक प्रकार का विषैला सांप
huī भी दे०

悔 huǐ पछताना; पछतावा करना; पश्चाताप करना: 至今不～ आज तक इस पर ज़रा भी पश्चाताप न होना / 悔改

【悔不当初】huǐbùdāngchū अपने किये पर पछताना: 早知如此，～。अगर मुझे पहले से ऐसा मालूम हुआ होता तो मैं ऐसा कभी न करता।

【悔改】huǐgǎi पश्चाताप करना और गलती सुधारना: 死不～ हठपूर्वक अपने कुकर्मों पर पछतावा न करना

【悔过】huǐguò अपने किये पर पश्चाताप करना: ～自新 अपने किये पर पश्चाताप करना और नए सिरे से ज़िन्दगी शुरू करना; पश्चाताप करके एक नयी ज़िन्दगी शुरू करना

【悔恨】huǐhèn पछताना; खेद होना; अफ़सोस होना: ～终身 जीवनभर पछताना; सतत पश्चाताप करना

【悔婚】huǐhūn विवाह का वचन तोड़ देना; सगाई तोड़ देना

【悔棋】huǐqí शतरंज में गलत चाल चलने के बाद वापस लेना

【悔悟】huǐwù पश्चाताप प्रकट करना: 翻然～ अपने अतीत से पूरी तरह नाता तोड़ देना / 死不～ मौत आने तक पश्चाताप न करना

【悔之无及】huǐzhīwújí（悔之莫及 huǐzhīmòjí भी）पछताने से न बनना; व्यर्थ हाथ मलते रह जाना

【悔罪】huǐzuì अपने अपराध पर पछतावा करना: 他确有～表现。वह सचमुच अपने अपराध पर पश्चाताप करता है।

毁¹ huǐ ❶नष्ट करना; नाश करना; बरबाद करना: 毁坏 / 毁灭 ❷<बो०> (पुराने कपड़े को) दूसरे नये रूप में बदलना: 把大褂子～成裤子。चोगे को पैंट बनाना

毁²（燬）huǐ जला देना: 烧～ जलाकर नष्ट करना

毁³（譭）huǐ बदनामी करना; लांछन लगाना; दोष डालना: 毁谤

【毁谤】huǐbàng बदनामी करना; लांछन लगाना; दोष डालना

【毁害】huǐhài विनाश करना; ध्वंस करना; हानि पहुंचाना

【毁坏】huǐhuài बिगाड़ना; विनाश करना; ध्वंस करना; हानि पहुंचाना: ～名誉 किसी व्यक्ति का नाम बिगाड़ना

【毁家纾难】huǐjiā-shūnàn देश के संकट काल में राज्य को अपने परिवार की संपूर्ण संपत्ति दान करना

【毁灭】huǐmiè नष्ट करना; विनाश करना; ध्वंस करना: ～性的打击 विध्वंसक प्रहार / ～性武器 संहारक शस्त्र

【毁弃】huǐqì रद्दी के ढेर में डालना; बेकार समझकर फेंक देना; रद्द करना

【毁容】huǐróng चेहरे का रूप बिगाड़ना; चेहरे की सुन्दरता नष्ट करना; कुरूप करना

【毁伤】huǐshāng बरबाद करना और घायल करना

【毁损】huǐsǔn हानि पहुंचाना; खराब करना: ～建筑物 इमारतों को हानि पहुंचाना

【毁于一旦】huǐyú-yīdàn एक ही दिन या क्षण में नष्ट होना

【毁誉】huǐyù प्रशंसा करना और आरोप लगाना: ～参半 प्रशंसा और आरोप दोनों प्राप्त करना

【毁约】huǐyuē ❶वादा टालना ❷संविदा या संधि को रद्द कर देना

huì

卉 huì तरह-तरह की घासें: 花～ तरह-तरह के फूल और पौधे

汇¹（滙、匯）huì मिलना; एक जगह मिलना; एक बिन्दु पर आकर मिलना: 汇合

汇²（滙、匯、彙）huì ❶जमा करना; इकट्ठा करना; एकत्र करना: 汇集 ❷इकट्ठी की हुई चीज़ें; एकत्रित वस्तुएं: 词～ शब्दावली; शब्द भंडार

汇³（滙、匯）huì (रुपया आदि) भेजना: ～钱 रुपया भेजना

【汇报】huìbào रिपोर्ट करना; रिपोर्ट देना; रिपोर्ट लिखना: ～情况 स्थिति की रिपोर्ट करना

【汇编】huìbiān संग्रह; संकलन: 资料～ संदर्भ-सामग्रियों का संग्रह / 文件～ दस्तावेज़ों का संग्रह

【汇兑】huìduì डाक या बैंक द्वारा रुपया भेजना; प्रेषण

【汇费】huìfèi（汇水 huìshuǐ भी）डाक या बैंक द्वारा रुपया भेजने की फ़ीस

【汇合】huìhé मिलना; एक जगह मिलना; एक बिन्दु पर आकर मिलना: 河流～的地方 संगम / 和…～在一起 …के साथ मिल जाना

【汇集】huìjí इकट्ठा होना; एकत्रित होना: 我们都是从五湖四海～而来的。हम लोग देश के कोने-कोने से यहां एकत्रित हुए हैं।

【汇寄】huìjì डाक या बैंक द्वारा रुपया भेजना

【汇价】huìjià（汇率 huìlǜ）विनिमय-दर

【汇聚】huìjù 会聚 huìjù के समान

【汇款】huìkuǎn ❶डाक या बैंक द्वारा रुपया भेजना: ～单 मनी आर्डर ❷डाक या बैंक द्वारा भेजी गयी रकम; किसी को भेजा हुआ रुपया-पैसा; भेजा गया धन

【汇流】 huìliú नदियों आदि का एक जगह मिलना
【汇拢】 huìlǒng ❶जमा करना; इकट्ठा करना; एकत्र करना ❷संग्रह करना; संकलित करना
【汇率】 huìlǜ （汇价 huìjià भी）विनिमय-दर; मुद्रा विनिमय की सरकारी दर：固定～ स्थिर विनिमय-दर / 浮动～ चलायमान या अस्थायी विनिमय-दर
【汇票】 huìpiào धनादेश; हुंडी; ड्राफ़्ट; मनी आर्डर：银行～ बैंक ड्राफ़्ट / 邮局～ डाक मनी आर्डर
【汇水】 huìshuǐ 汇费 huìfèi के समान
【汇演】 huìyǎn 会演 huìyǎn के समान
【汇展】 huìzhǎn (माल आदि को) एकत्रित कर प्रदर्शित करना
【汇总】 huìzǒng (सामग्री, रकम आदि को) जमा करना; इकट्ठा करना; एकत्रित करना：把资料～上报 सामग्री एकत्रित करके ऊपर के स्तर पर रिपोर्ट करना

会[1]（會）huì ❶जमा करना या होना; इकट्ठा करना या होना; एकत्र करना या होना：会合 / 会齐 ❷मिलना：会客/ 会面 ❸मीटिंग; सभा; बैठक; सम्मेलन：开～ सभा का उद्घाटन होना; सभा करना / 散～ सभा समाप्त होना / ～不要开得太长。मीटिंग बहुत देर तक जारी नहीं रहनी चाहिए । ❹सभा; समिति; एसोशिएशन; यूनियन：工～ ट्रेड यूनियन / 青年～ युवक संघ / 三合～ त्रयी समाज ❺मेला：庙～ मेला ❻तीर्थयात्रियों का दल：香～ बौद्ध तीर्थयात्रियों का दल ❼छोटे पैमाने पर पारस्परिक आर्थिक सहायता के लक्ष्य से बना संगठन जिसमें शामिल होने वाले लोग समय-समय पर एक औसत रकम देते हैं और इस तरह जमा रकम का बारी-बारी से प्रयोग करते हैं ❽मुख्य नगर; राजधानी：省～ प्रांत की राजधानी ❾मौका; अवसर：机～ मौका; अवसर ❿<लि०> संयोग से; इत्तिफ़ाक से：～有客来 संयोग से अतिथि का आना

会[2]（會）huì ❶समझना：误～ गलतफ़हमी ❷जानना; आना：他～印地语。उसे हिन्दी आती है । ❸सकना; करने की योग्यता होना：～读书 पढ़ सकना ❹कुशल होना; निपुण होना; चतुर होना：他～写～画。वह लिखने और चित्र बनाने में निपुण है । ❺संभवतः; निश्चय ही; निस्संदेह：他～在学校里吗? क्या वह स्कूल या कालेज में हो सकता है ? / 他～去的。वह निश्चय ही जाएगा ।

会[3]（會）huì हिसाब चुकाना：我～过了。मैंने हिसाब चुका दिया ।

会[4]（會）huì <बोल०> दे० 会儿 kuài भी दे०

【会标】 huìbiāo सभा का चिन्ह या निशान
【会餐】 huìcān सहभोज; सहभोजन
【会操】 huìcāo शानदार परेड आयोजित करना; संयुक्त ड्रिल-अभ्यास आयोजित करना
【会场】 huìchǎng सभा-स्थल; सभा-भवन; सम्मेलन-भवन
【会钞】 huìchāo 会帐 huìzhàng के समान
【会党】 huìdǎng गुप्त संस्था; गुप्त समाज
【会道门】 huìdàomén अंधविश्वासी संप्रदाय और गुप्त सोसायटी
【会费】 huìfèi सदस्यता-शुल्क; चंदा; फ़ीस
【会攻】 huìgōng संयुक्त आक्रमण करना
【会馆】 huìguǎn <पुराना> गिल्ड हॉल; प्रान्त या काउण्टी का गिल्ड
【会合】 huìhé एक साथ मिलना; एक जगह मिलना; एक बिंदु पर आकर मिलना; एकत्र होना; इकट्ठा होना：学生们在校门口～。विद्यार्थी स्कूल (या कालेज) के फाटक पर इकट्ठे हैं ।
【会话】 huìhuà बातचीत; वार्त्तालाप; संभाषण
【会徽】 huìhuī सभा का चिन्ह या निशान
【会集】 huìjí 汇集 huìjí के समान
【会籍】 huìjí (सभा की) सदस्यता; मेम्बरशिप
【会见】 huìjiàn (से) भेंट करना; मुलाकात करना
【会剿】 huìjiǎo संयुक्त रूप से दमन करना
【会聚】 huìjù （汇聚 huìjù भी）जमा होना; इकट्ठा होना; एकत्र होना
【会刊】 huìkān ❶सम्मेलन आदि का कार्यविवरण ❷सभा, सोसायटी आदि की पत्रिका
【会考】 huìkǎo सामान्य परीक्षा (क्षेत्र के सभी स्कूलों के विद्यार्थियों की परीक्षा)
【会客】 huìkè आये हुए अतिथि से मिलना：～室 बैठक; बैठकखाना; दीवानखाना; ड्राइंग-रूम
【会礼】 huìlǐ <इस्लाम> नमाज़：开斋节～地 ईदगाह
【会面】 huìmiàn मिलना; भेंट होना：那天以后我和他没有会过面。उस दिन के बाद मेरी उससे भेंट नहीं हुई ।
【会期】 huìqī ❶सभा की तिथि ❷सभा की अवधि：～两天。सभा की अवधि दो दिन होगी ।
【会齐】 huìqí जमा करना या होना; इकट्ठा करना या होना; एकत्र करना या होना：他们明天八点钟在校门口～。वे कल सुबह आठ बजे स्कूल (या कालेज) के फाटक पर इकट्ठे होंगे ।
【会旗】 huìqí सभा का ध्वज; सभा का झंडा
【会签】 huìqiān (दो या दो से अधिक पक्षों का) औपचारिक दस्तावेज़ पर संयुक्त हस्ताक्षर करना
【会亲】 huìqīn मिलन-समारोह：新年～नववर्ष का मिलन-समारोह मनाना
【会儿】 huìr थोड़ी देर：一～ थोड़ी देर में / 这～ इस समय
【会商】 huìshāng सलाह-मशविरा करना; विचार-विमर्श करना：～大计 अत्यावश्यक महत्व के मामले पर विचार-विमर्श करना
【会审】 huìshěn ❶मिलकर सुनवाई करना ❷मिलकर जांच-पड़ताल करना：～施工计划 मिलकर निर्माण-योजना की जांच-पड़ताल करना
【会师】 huìshī (सेना का किसी दूसरी सेना के साथ) आ या जा मिलना

【会试】 huìshì राजधानी की परीक्षा (मिंग और छिंग राजवंश की प्रशासन-सेवा परीक्षा-पद्धति के अंतर्गत राजधानी पेइचिंग में चूरन 举人 में से चिनश् 进士 के निर्वाचन के लिये आयोजित परीक्षा)

【会水】 huìshuǐ तैरना जानना; तैर सकना

【会谈】 huìtán बातचीत करना; वार्त्तालाप करना: ～纪要 बातचीत का सारांश / ～公报 वार्त्तालाप संबंधी विज्ञप्ति

【会堂】 huìtáng सभा-भवन; असेम्बली हाउस: 人民大～ बृहद् जन-भवन

【会同】 huìtóng (किसी के साथ या किसी से मिलकर) तालमेल कायम करना: ～进攻 (सेना का दूसरी सेना के साथ) तालमेल कायम करके हमला करना

【会务】 huìwù सभा-संबंधी प्रबंध-कार्य

【会悟】 huìwù <लि०> समझना

【会晤】 huìwù मिलना; भेंट करना; मुलाकात करना: 两国总统～ दो देशों के राष्ट्रपतियों की भेंट या भेंट-वार्त्ता

【会心】 huìxīn समझदार: ～的微笑 समझ भरी मुस्कान

【会穴】 huìxué <ची०चि०> चौराहे वाला बिन्दु (जहां दो या दो से अधिक धाराएं आपस में एक दूसरे को काटती हों)

【会演】 huìyǎn (नाटक आदि का) संयुक्त आयोजन (बहुत सी नाटक-मंडलियों द्वारा)

【会厌】 huìyàn <श०वि०> स्वरयन्त्रावरण

【会议】 huìyì सभा; सम्मेलन: ～程序 बैठक की कार्यवाही; बैठक का कार्यक्रम / ～日程 बैठक की कार्य-सूची / ～室 बैठकखाना; चैंबर / ～厅 सम्मेलन-भवन; सभा-भवन / 全体～ पूर्णाधिवेशन

【会意】[1] huìyì <भा०वि०> सहयोगी समास (चीनी अक्षरों की छै श्रेणियों 六书 में से एक), जो ऐसे दो या दो से अधिक तत्वों से बना हो, जिनमें से हर तत्व का अपना अर्थ हो पर वे आपस में मिलकर एक नया अर्थ पैदा करते हों; जैसे, 人 (व्यक्ति) और 言(कथन) मिलकर 信 बनता है, जिसका अर्थ है संदेश या ऐसा कुछ जिसपर विश्वास किया जा सके

【会意】[2] huìyì 会心 के समान

【会阴】 huìyīn <श०वि०> मूलाधार; गुदा और अंडकोष या योनिमुख के बीच का भाग

【会员】 huìyuán सदस्य; मेम्बर: ～人数 सदस्यों की संख्या / ～国 सदस्य देश / ～证 सदस्यता कार्ड / ～资格 सदस्यता; मेम्बरशिप

【会战】 huìzhàn ❶<सैन्य०> युद्ध के दोनों पक्षों का मिलकर निर्णायक संग्राम करना ❷जन-आंदोलन चलाना; संग्राम में शामिल होना: 石油～ तेल के लिए महा संग्राम या महा सहयोग (जैसे ताछिंग तेल-क्षेत्र के निर्माण के आरंभ में)

【会章】 huìzhāng ❶सभा, संघ, समाज आदि का अध्यादेश या विधान ❷सभा, संघ, समाज आदि का चिन्ह

【会长】 huìzhǎng सभा या संघ का अध्यक्ष

【会账】 huìzhàng हिसाब चुकाना

【会诊】 huìzhěn डाक्टरों का विचार-विमर्श: 内科医生～ फ़िज़िशियनों (या डाक्टरों) का विचार-विमर्श

【会址】 huìzhǐ सभा-स्थल

【会众】 huìzhòng ❶सभा में भाग लेने वाले ❷गुप्त समाज के सदस्य

【会子】 huìzi कुछ देर: 喝～茶 कुछ देर चाय पीना

讳（諱）huì ❶अमुक शब्दों या वाक्यों का प्रयोग न करना: 直言不～ खरी-खरी बात कहना; यथार्थ कहना ❷वर्जित शब्द या वाक्य: 犯～ वर्जित शब्दों या वाक्यों का प्रयोग करना ❸<पुराना> सम्राट या कुलपति के नाम का प्रयोग न करना

【讳疾忌医】 huìjí-jìyī इलाज के डर से अपनी बीमारी छिपाना ; बीमारी के डर से डॉक्टर के यहां नहीं जाना

【讳忌】 huìjì अमुक शब्दों या वाक्यों का प्रयोग न करना: 毫不～ बिना ध्यान दिए वर्जित शब्दों या वाक्यों का प्रयोग करना

【讳莫如深】 huìmòrúshēn किसी बात के बारे में अपने विचार बोलकर प्रकट न करना

【讳饰】 huìshì बात छिपाना; गुप्त रखना: 他并不～。 उसने बात छिपाने की ज़रा भी कोशिश नहीं की।

【讳言】 huìyán बोलकर प्रकट करने का साहस या इच्छा न होना: 无可～ इससे इन्कार नहीं किया जा सकता कि

荟（薈）huì <लि०> (पौधों का) प्रचुर मात्रा में उगना

【荟萃】 huìcuì (असाधारण व्यक्तियों या अति सुंदर वस्तुओं का) एकत्र होना: ～一堂 एक हॉल में एकत्र होना

【荟集】 huìjí जमा करना या होना; इकट्ठा करना या होना; एकत्र करना या होना

哕（噦）huì <लि०> पक्षियों के बोलने का शब्द yuě भी दे०

【哕哕】 huìhuì <लि०> घंटे की आवाज़

浍（澮）Huì ह्वेइ नदी (जो हनान प्रांत से आनह्वेइ प्रांत में बहती है)

诲（誨）huì सिखाना; शिक्षा देना: 诲人不倦

【诲人不倦】 huìrén-bùjuàn सिखाने की अथक कोशिश करना; बिना थके सिखाना: ～的教师 कभी न थकने वाला शिक्षक

【诲淫诲盗】 huìyín-huìdào लोगों का चरित्र भ्रष्ट करना और उन्हें गुंडा बना देना

绘（繪）huì चित्र खींचना या बनाना: 绘画 / 绘图

【绘画】 huìhuà पेंटिंग; ड्राइंग; चित्र बनाना; तस्वीर बनाना: ～艺术 चित्रकला / ～展览 चित्रप्रदर्शनी

【绘声绘色】 huìshēng-huìsè （绘声绘影 huìshēng-huìyǐng，绘影绘声 भी）सजीव; जीवन्त: ～的描述 सजीव वर्णन

【绘图】 huìtú नक्शा उतारना या बनाना; मानचित्र खींचना; चित्र बनाना

【绘制】 huìzhì (डिज़ाइन आदि) खींचना: ～图表 तालिका बनाना या तैयार करना

恚 huì शिकायत और घृणा; क्रोध

【恚恨】 huìhèn 〈लि०〉 घृणा करना; नफ़रत करना

【恚怒】 huìnù 〈लि०〉 क्रुद्ध होना; नाराज़ होना

桧（檜） huì (व्यक्तियों के नामों में प्रयुक्त)：秦～ छिनह्वेइ (दक्षिण सोंग 南宋 राजवंश में हुआ एक देशद्रोही)
guì भी दे०

贿（賄） huì ❶〈लि०〉 धन; संपत्ति; दौलत ❷घूस; रिश्वत： 行～ घूस देना; रिश्वत देना / 受～ घूस खाना या लेना; रिश्वत लेना

【贿款】 huìkuǎn घूस दिया गया धन (या पैसे); घूस; रिश्वत; उत्कोच

【贿赂】 huìlù ❶घूस; रिश्वत ❷घूसखोरी; रिश्वतखोरी

【贿赂公行】 huìlù-gōngxíng खुलकर घूस लेना या देना

【贿买】 huìmǎi घूस देकर ग़ैरकानूनी काम कराना; घूस देना; रिश्वत देना

【贿通】 huìtōng घूस देना; रिश्वत देना

【贿选】 huìxuǎn चुनाव में घूस देना; घूस से निर्वाचित होना

烩（燴） huì ❶मांस आदि को भूनने के बाद उसमें पानी और मांड़ डालकर पकाना： ～肉片 उक्त उपाय से पकाये हुए मांस के टुकड़े ❷मांस, सब्ज़ियों और पानी के साथ चावल पकाना： ～饭 उक्त उपाय से पकाया हुआ चावल

彗（篲） huì (पुराना उच्चारण suì) 〈लि०〉 झाड़ू

【彗尾】 huìwěi पुच्छल तारे की पूंछ

【彗星】 huìxīng पुच्छल तारा; धूमकेतु

晦 huì ❶चांद्र मास का अंतिम दिन ❷अंधेरा; धुंधला ❸रात; रात्रि ❹छिपना; छिपाना： 晦迹

【晦暗】 huì'àn अंधेरा और अस्पष्ट

【晦迹】 huìjì एकान्त-स्थल में रहना; एकान्तवास करना; समाज से हटना और एकान्त में रहना

【晦明】 huìmíng 〈लि०〉 रात और दिन; अंधकारमय और दीप्तिमान्

【晦暝】 huìmíng 〈लि०〉 अंधेरा और अस्पष्ट

【晦气】 huìqì अमंगल; अशुभ; अभागा; हतभाग्य; बदकिस्मत： 今天真～路上碰到这个流氓。 आज बड़ा अमंगल है कि मुझे रास्ते में यह गुंडा मिला।

【晦涩】 huìsè (कविता, लेख, संगीत आदि का) मुश्किल से समझ पाना; समझने में मुश्किल होना： 文辞～ (कविता, नाटक आदि में) दुर्बोध भाषा

【晦朔】 huìshuò चांद्र मास के अंतिम दिन से अगले मास के पहले दिन तक

秽（穢） huì ❶गंदा; मैला; मलिन： 污～ गंदा; मैला ❷भद्दा; बुरा; घृणित： 秽行

【秽迹】 huìjì 〈लि०〉 गंदा कारनामा; बदनामी करने वाला मामला

【秽气】 huìqì दुर्गंध; बदबू

【秽土】 huìtǔ कूड़ा-करकट; कचरा

【秽闻】 huìwén 〈लि०〉 अपयश; अपकीर्ति; बदनामी (लैंगिक व्यवहार के संबंध में); अनैतिकता के लिये कुख्याति

【秽物】 huìwù रद्दी गंदी चीज़

【秽行】 huìxíng 〈लि०〉 दुराचार; दुश्चरित्र

【秽语】 huìyǔ गंदी बात; अश्लील शब्द

惠 huì ❶कृपा; हित; लाभ： 小恩小～ थोड़ा-सा उपहार ❷लाभ पहुंचाना; भलाई करना; उपकार करना： 互～ आपसी लाभ ❸〈शिष्ट०〉 कृपापूर्ण; मेहरबान： 惠赠 ❹（Huì） एक कुलनाम

【惠存】 huìcún 〈शिष्ट०〉 कृपया (इस फ़ोटो, पुस्तक आदि को) रखिये; अमुक व्यक्ति को

【惠而不费】 huì'érbùfèi लाभदायक पर महंगा न होना

【惠风】 huìfēng मंद हवा; मंद पवन

【惠顾】 huìgù 〈शिष्ट०〉 आपका कृपालु आगमन： 欢迎～ (दूकानदार द्वारा प्रयुक्त) स्वागत, आपका कृपालु आगमन

【惠鉴】 huìjiàn 〈शिष्ट०〉 कृपया (नीचे का पत्र) पढ़िये

【惠及】 huìjí 〈लि०〉 (किसी व्यक्ति या स्थान को) लाभ पहुंचाना： ～远方 दूर-दूर तक लाभ पहुंचाना

【惠临】 huìlín 〈शिष्ट०〉 आपका कृपालु आगमन; आप की कृपापूर्ण उपस्थिति

【惠书】 huìshū 〈शिष्ट०〉 आपका पत्र

【惠允】 huìyǔn 〈शिष्ट०〉 (किसी को कोई काम करने के लिये) कृपया अनुज्ञा दें

【惠赠】 huìzèng 〈शिष्ट०〉 आपकी सस्नेह भेंट

喙 huì 〈लि०〉 ❶चोंच या थूथन： 长～ लंबी चोंच ❷मुंह; मुख： 不容置～ बात काटने न देना

翙（翽） huì नीचे दे०

【翙翙】 huìhuì 〈लि०〉 पक्षी के उड़ने का शब्द

溃（潰、殨） huì (घाव या फोड़े से) मवाद निकलना; मवाद बहना： ～脓 पीप पड़ना; पीप आना
kuì भी दे०

阓（闠） huì दे० 阛阓 huánhuì

缋（繢） huì 〈लि०〉 绘 huì के समान

蕙 huì (पुराना उच्चारण suì) 王蕙 wánghuì 〈वन०〉 समर साइप्रस （地肤 dìfū का प्राचीन नाम）

嘒 huì 〈लि०〉 क्षुद्र; लघु; तुच्छ

僡 huì 〈लि०〉 惠 huì के समान

慧 huì बुद्धिमान; अक्लमंद： 智～ बुद्धि; अक्ल

【慧黠】 huìxiá 〈लि०〉 चतुर और चालाक

【慧心】 huìxīn बुद्धिमत्ता; बुद्धिमानी
【慧眼】huìyǎn ❶अतीत और भविष्य ज्ञात करने की शक्ति; दूरदृष्टि ❷तेज़ दृष्टि: 独具～ असाधारण तेज़ दृष्टि होना

蕙 huì <वन०> आर्किड
【蕙兰】 huìlán एक प्रकार का आर्किड

槥 huì <लि०> छोटा और घटिया ताबूत

濊 Huì ह्वेइ नदी, प्राचीन काल की एक नदी

憓 huì <लि०> 惠 huì के समान

靧（靧）huì <लि०> मुंह-हाथ धोना; मुंह धोना

蟪 huì नीचे दे०
【蟪蛄】 huìgū चिश्चिर की एक जाति

hūn

昏 hūn ❶संध्या; सांझ; शाम: 晨～ सुबह और शाम को ❷अंधेरा; धुंधला: 昏暗 ❸भ्रांतिपूर्ण; भ्रम में पड़ा हुआ: 昏头昏脑 ❹बेहोश होना; मूर्छित होना: 昏迷 ❺<प्रा०> 婚 hūn के समान
【昏暗】 hūn'àn अंधेरा; धुंधला; मद्धिम: ～的灯光 धुंधला दीप-प्रकाश; दीप का मद्धिम प्रकाश
【昏沉】 ❶अंधेरा; धुंधला: 暮色～ सूर्यास्त के बाद का धुंधलका; संध्यालोक; शाम का झुटपुटा ❷अचेत; बेहोश; बदहवास: 昨晚他酒喝多了，头脑～。कल रात को उसने बहुत अधिक शराब पी और मदोन्मत्त हो गया।
【昏黑】 hūnhēi अंधेरा; धुंधला
【昏花】hūnhuā धुंधली नज़र का: 老眼～ बुढ़ापे में नज़र धुंधली हो जाना
【昏黄】hūnhuáng धुंधला और पीला: ～的灯光 धुंधला दीप-प्रकाश
【昏昏欲睡】 hūnhūn-yùshuì उनींदा; निद्रालु; ऊंघना
【昏厥】 hūnjué अचेत होना; मूर्च्छा आना; बेहोश होना
【昏君】 hūnjūn निर्बुद्धि और सुखासक्त शासक
【昏聩】 hūnkuì शक्तिहीन और निर्बुद्धि: ～无能 मूर्ख और अयोग्य
【昏乱】 hūnluàn ❶घबड़ाया हुआ और अस्तव्यस्त ❷<लि०> रात्रिमय और अस्तव्यस्त
【昏迷】 hūnmí मूर्च्छा; अचैतन्य; बेहोशी: 处于～状态 अचेतावस्था में पड़ना / 他仍然～不醒。वह अब भी बेहोशी में है।
【昏睡】 hūnshuì अस्वाभाविक लंबी नींद; बेहोशी
【昏天黑地】 hūntiān-hēidì ❶अंधेरे में आकाश और पृथ्वी: 夜里～的，别出去了。रात में घोर अंधेरा छाया हुआ है, बाहर मत जाओ। ❷मूर्च्छा आना; अचेत होना; बेहोश होना: 他流血过多，觉得～的。अधिक खून बह निकलने के कारण उसे मूर्च्छा आ गयी। ❸भ्रष्ट; दुराचारी; व्यसनी: ～的生活 व्यसनी जीवन ❹बहुत ज़्यादा मार-पीट या झगड़ा होना: 他们吵得～。वे लोग बहुत ज़्यादा झगड़ा कर रहे हैं। ❺अंधेर शासन और अव्यवस्थित समाज
【昏头昏脑】 hūntóu-hūnnǎo（昏头胀脑 hūntóu-zhàngnǎo भी）सिर चकरा जाना; सिर घूमना
【昏头转向】 hūntóu-zhuànxiàng 晕头转向 yūntóu-zhuànxiàng के समान
【昏星】 hūnxīng सांध्यतारा; सांझ को निकलने वाले शुक्र और बुध ग्रह
【昏眩】 hūnxuàn सिर घूमना; जिसका सिर चक्कर खाता हो
【昏庸】 hūnyōng निर्बुद्धि; मूर्ख; बेवकूफ़: 老朽～वृद्ध, दुर्बल और मूर्ख

荤（葷）hūn ❶मांस या मछली: 荤菜 / 您吃～吗？क्या आप मांस खाते हैं ? ❷तेज़ बू वाली सब्ज़ियां जो बौद्ध शाकाहारियों के लिये प्रतिबंधित हैं; जैसे प्याज़, लहसुन ❸भद्दा और विलासी: 荤话
xūn भी दे०
【荤菜】 hūncài मांसाहार; कलेजी-कबाब; मांस का व्यंजन
【荤话】 hūnhuà भद्दी और गंदी बात
【荤腥】 hūnxīng मांसाहार; मांस या मछली
【荤油】 hūnyóu सूअर आदि की चर्बी जो खाना पकाने के लिये साफ़ की गयी हो

阍（閽）hūn <लि०> ❶द्वार की रक्षा करना: ～者 द्वारपाल ❷द्वार; दरवाज़ा (बहुधा महल का द्वार): 叩～ दरवाज़ा खटखटाना

惛 hūn <लि०> मूर्ख; बेवकूफ़

婚 hūn ❶विवाह करना; शादी करना: 未～ अविवाहित ❷विवाह; शादी: 婚书 / 结～ विवाह करना; शादी करना
【婚保】 hūnbǎo（婚前保健 hūnqián bǎojiàn का संक्षिप्त रूप）विवाहपूर्व की स्वास्थ्य-रक्षा
【婚变】 hūnbiàn वैवाहिक संबंध में परिवर्तन; विवाह-विच्छेद; तलाक
【婚典】 hūndiǎn विवाहोत्सव
【婚假】 hūnjià विवाह की छुट्टी
【婚嫁】 hūnjià विवाह
【婚检】 hūnjiǎn विवाह के पहले डाक्टरी परीक्षा या मेडिकल जांच
【婚介】 hūnjiè विवाह के लिये परिचित कराना; एक व्यक्ति की दूसरे से शादी कराना: ～所（婚姻介绍所 hūnyīn jièshàosuǒ का संक्षिप्त रूप）वैवाहिक एजेंसी / ～网站 विवाह के लिये परिचित कराने की वेबसाइट
【婚礼】 hūnlǐ विवाहोत्सव; विवाह की विधि
【婚龄】 hūnlíng ❶विवाह के वर्ष; विवाहित जीवन की अवधि: 我们俩已有 40 年的～。हम दोनों के विवाह

को हुए चालीस साल हो चुके हैं। ❷(कानूनी) विवाह योग्य आयु

【婚内强奸】hūn nèi qiáng jiān विवाहित दंपति में हुआ बलात्कार या हठसंभोग

【婚配】hūnpèi विवाहितः未～ अविवाहित

【婚期】hūnqī विवाहोत्सव का दिन; शादी की तारीख

【婚庆】hūnqìng विवाहोत्सव

【婚纱】hūnshā विवाह के समय दुलहिन का विशिष्ट वेश

【婚生子女】hūn shēng zǐnǚ 〈का०〉 विवाहित माता-पिता की संतान; वैध संतति; धर्म संतान

【婚事】hūnshì विवाह; शादी; विवाह संबंधी कार्यः办～ विवाह की तैयारी करना

【婚书】hūnshū 〈पुराना〉 विवाह का प्रमाण-पत्र

【婚俗】hūnsú विवाह संबंधी रीति-रिवाज

【婚外恋】hūnwàiliàn （婚外情 hūnwàiqíng भी） अपने पति या पत्नी के अलावा दूसरे व्यक्ति से प्रेम करना; विवाहबाह्य प्रेम

【婚姻】hūnyīn विवाह; ब्याह; शादीः～关系 वैवाहिक संबंध / ～自由 विवाह की स्वतंत्रता

【婚姻法】hūnyīnfǎ विवाह-कानून

【婚姻介绍所】hūnyīn jièshàosuǒ वैवाहिक एजेंसी

【婚约】hūnyuē विवाह की संविदा; विवाह का प्रतिज्ञा-पत्र

棔 hūn 〈वन०〉 प्राचीन पुस्तकों में उल्लिखित सिल्क ट्री

hún

浑（渾）hún ❶गंदला; मैला; अस्वच्छ; अशुद्धः浑浊 ❷मूर्ख; बेवकूफ़ः～人 मूर्ख; बेवकूफ़ ❸प्राकृतिक; सरल और स्वाभाविक; सरल-हृदय; निष्कपटः浑厚 ❹पूरा; संपूर्ण; साराः浑身 ❺（Hún）एक कुलनाम

【浑蛋】húndàn（混蛋 húndàn भी）〈घृणा०〉 पाजी; बदमाश; दुष्ट; नीच; हरामी

【浑厚】húnhòu ❶सादा और ईमानदार ❷(चित्र, लेख, लिखावट आदि) सरल और शक्तिमानः笔力～ (हस्तलिपि) सबल; सशक्त ❸(आवाज़) मद्धिम और मधुर

【浑话】húnhuà अशिष्ट कथन

【浑浑噩噩】húnhún'è'è मूर्ख और ज्ञानहीन

【浑家】húnjiā 〈पुराना〉 मेरी बीवी; मेरी पत्नी

【浑金璞玉】húnjīn-púyù अनुत्कीर्ण जेड और अशुद्धीकृत स्वर्ण —— असुशोभित सुन्दरता

【浑朴】húnpǔ सरल और स्वाभाविक; सरल-हृदय; निष्कपट

【浑球儿】húnqiúr 〈बो०〉（混球儿 húnqiúer भी） पाजी; बदमाश; दुष्ट; नीच; हरामी

【浑然一体】húnrán-yītǐ अखंड समूह; संपूर्ण सर्वांग

【浑如】húnrú （浑似 भी） बिलकुल एक-सा; पूर्णतया समान

【浑身】húnshēn सारा शरीरः～发抖 सारा शरीर थरथराना / ～是汗 पसीने में डूबना / ～疼痛 सारे शरीर में दर्द होना

【浑身是胆】húnshēn-shìdǎn पूर्णतया वीर होना; पराक्रम का साकार रूप होना

【浑水摸鱼】húnshuǐ-mōyú अस्वच्छ पानी में मछली पकड़ना —— संकट की स्थिति से लाभ उठाना

【浑似】húnsì （浑如 भी） बिलकुल एक-सा; पूर्णतया समान

【浑天仪】húntiānyí 〈खगोल०〉 ❶चूड़ीदार गोला; खगोल का ढांचा जिसमें भूमध्यरेखा, कर्करेखा आदि धातु की चूड़ियों के द्वारा प्रकट की जाती है ❷खगोल; आकाश-मंडल

【浑象】húnxiàng 〈खगोल०〉 खगोल; आकाश-मंडल

【浑仪】húnyí 〈खगोल०〉 चूड़ीदार गोला

【浑圆】húnyuán पूरी तरह गोलः～的月亮 पूर्ण-चन्द्र / ～的珍珠 पूर्णतया गोल मोती

【浑浊】húnzhuó गंदला; मैला; अस्वच्छः～的水流 गंदला प्रवाह

珲（琿）hún 〈लि०〉 एक प्रकार का जेड पत्थर
huī भी दे०

【珲春】Húnchūn हुनछुन, चीलिन प्रान्त में एक स्थान

馄（餛）hún नीचे दे०

【馄饨】húntun हुनथुन, समोसे की तरह का एक चीनी पकवान जिसे गोश्त भरकर शोरबे में पकाया जाता है

混 hún 浑❶❷ के समान
hùn भी दे०

【混蛋】húndàn 浑蛋 húndàn के समान

【混球儿】húnqiúr 浑球儿 húnqiúr के समान

【混水摸鱼】húnshuǐ-mōyú 浑水摸鱼 húnshuǐ-mōyú के समान

魂 hún ❶आत्मा ❷मनोभाव; मनोदशा; मानसिक अवस्था या दशाः神～ मनोदशा ❸मनोदशाः国～ देशवासियों की मनोदशा / 民族～ राष्ट्रीय मनोदशा

【魂不附体】húnbùfùtǐ मानो अपनी आत्मा अपने शरीर से छूट गयी होः吓得～ डर के मारे प्राण उड़ जाना

【魂不守舍】húnbùshǒushè प्राण उड़ जाना; हिम्मत टूट जाना

【魂飞魄散】húnfēi-pòsàn प्राण उड़ जाना; बहुत डर या घबरा जाना

【魂灵】húnlíng 〈बोल०〉 आत्माः～出窍 प्राण निकलना

【魂魄】húnpò आत्मा

hùn

诨（諢）hùn हंसी; मज़ाक; दिल्लगी; हास; परिहासः打～ मज़ाक करना; दिल्लगी करना; हास-परिहास करना

【诨名】hùnmíng（诨号 hùnhào भी）चिढ़ाने का नाम; चलतू नाम; उपनाम

圂 hùn <लि०> शौचालय; शौचगृह; पाखाना

混 hùn ❶मिलाना; मिश्रण करना; उलझाना: 两者不可～在一起。दोनों को एक दूसरे से उलझा नहीं देना चाहिए। ❷एक वस्तु को दूसरी वस्तु बताकर लोगों को धोखे में डालना या गुमराह करना: 混充 ❸अव्यवस्थित रूप में काम करना; निरुद्देश्य चलते रहना: 他们～不下去了。उनका ज़िंदा रहना कठिन हो जाएगा। ❹मेलजोल से या मिलजुल कर रहना: 同…～得很熟 … के साथ मिलजुल कर रहना ❺बिना सोचे-समझे; बेपरवाही से; गैरज़िम्मेदारी से: ～出主意 गैरज़िम्मेदार सुझाव पेश करना

hún भी दे०

【混充】hùnchōng (किसी व्यक्ति को) धोखा देकर वस्तु देना

【混沌】hùndùn ❶सृष्टि से पूर्व की विशृंखलता (लोक कथाओं में प्रस्तुत सृष्टि की आदिम स्थिति): ～初开 जब पृथ्वी आकाश से अलग हुई ❷अज्ञानी; सरल-चित्त; मूर्ख; बेवकूफ़

【混纺】hùnfǎng <बुना०> ब्लेंडिंग: ～织物 ब्लेंड फ़ैब्रिक

【混过】hùnguò चुपके से निकल जाना; चुपके से खिसक जाना: ～关去 चुपके से निकल जाना; चुपके से खिसक जाना

【混合】hùnhé मिलाना; मिश्रण करना: ～编组 मिश्रित ग्रुप बनाना / ～剂 मिश्रित औषधि / ～列车 मिश्रित गाड़ी / ～药水 मिक्सचर; मिश्रण

【混合双打】hùnhé shuāngdǎ <खेल०> मिश्रित युगल मिकस्ड डबल्स

【混合物】hùnhéwù मिश्रित पदार्थ; मिक्सचर

【混混儿】hùnhunr गुंडा; बदमाश; पाजी; दुष्ट; लफ़ंगा

【混迹】hùnjì <लि०> अपना असली रूप छिपाकर लोगों से मिल जाना

【混交林】hùnjiāolín मिश्रित वन

【混进】hùnjìn (में, के बीच, के भीतर) आ घुसना: ～党内 पार्टी में आ घुसना / ～政权机关 राजसत्ता के संगठनों में आ घुसना

【混乱】húnluàn अव्यवस्था; गड़बड़; उलझन: 消灭～现象 गड़बड़ी की स्थिति को समाप्त करना / ～状态 उथल-पुथल वाली परिस्थिति

【混名】hùnmíng（混号 hùnhào भी）चलतू नाम; उपनाम

【混凝土】hùnníngtǔ कंकरीट: ～搅拌机 कंकरीट मिक्सर

【混日子】hùn rìzi निरर्थक जीवन बिताना; निरुद्देश्य चलते जाना

【混入】hùnrù घुसना; घुसेड़ना: ～党内 पार्टी में घुसना या घुसेड़ना / 防止奸细～ दुश्मन के दलालों की घुसबैठ रोकना

【混世魔王】hùnshì-mówáng संसार को नष्ट करने वाला राक्षसराज —— विश्वशान्ति को गड़बड़ करने वाला दुष्ट; मनुष्य रूपधारी शैतान

【混熟】hùnshú परचना: 孩子跟他～了。बच्चा उससे परच गया।

【混同】hùntóng उलझाना; गड़बड़ी डालना; समरूप करना

【混为一谈】hùnwéiyītán गड़बड़ करना; एक दूसरे से उलझा देना; एक ही नज़र से देखना; समरूप करना: 不要把通商和参战～。व्यापार को युद्ध में शामिल कर गडमड्ड नहीं करना चाहिए।

【混淆】hùnxiáo उलझा देना; एक दूसरे से उलझा देना; गड़बड़ करना: ～问题的性质 समस्याओं के स्वरूप को उलझा देना / 二者不可～。दोनों को एक दूसरे से उलझा नहीं देना चाहिए।

【混淆敌我】hùnxiáo-díwǒ मित्र और शत्रु के बीच भ्रम पैदा कर देना

【混淆黑白】hùnxiáo-hēibái काले और सफ़ेद के बीच भ्रम पैदा कर देना; काले और सफ़ेद को गड़बड़ा देना

【混淆视听】hùnxiáo-shìtīng भ्रम में डालना; लोक-मत को गुमराह करना

【混淆是非】hùnxiáo-shìfēi सही व गलत में उलझन होना; सही और गलत को गड़बड़ाना

【混血儿】hùnxuè'ér मिश्रज; दोगला आदमी; वर्ण-संकर

【混一】hùnyī विलीनीकरण; मिश्रण: 合作不是～。सहयोग विलीनीकरण नहीं है।

【混杂】hùnzá मिलना; मिश्रित होना: 鱼龙～नेक और बद का एक साथ मिलना

【混战】hùnzhàn उलझन भरी लड़ाई या युद्ध: 军阀～ युद्ध-सरदारों की उलझन भरी लड़ाइयां

【混帐】hùnzhàng <घृणा०> बदमाश; दुष्ट; पाजी: ～东西！पाजी कहीं का ! / ～话 दुर्विनीत वचन; अशिष्ट बात / 我不愿意干这～工作。मैं यह गंदा काम करना नहीं चाहता।

【混浊】hùnzhuó गंदला; मैला; अस्वच्छ: ～的水 गंदला पानी

【混子】hùnzi ठग; छली; ढोंगी; कपटी

溷 hùn <लि०>❶अव्यवस्था; गड़बड़; उलझन: 溷浊 ❷शौचालय; शौचगृह; पाखाना

【溷浊】hùnzhuó <लि०>混浊 hùnzhuó के समान

慁（㥵）hùn <लि०> ❶कष्ट; दुख; विपदा; मुसीबत ❷हैरान-परेशान करना; उलझन पैदा करना

huō

耠 huō भूमि जोतना

【耠子】huōzi हवो-त्से, भूमि जोतने का उपकरण जो हल से हल्का और सुविधाजनक होता है

䭲（騞、割）huō 〈लि०〉 वस्तुओं के टूटने का शब्द

劐 huō 〈बोल०〉 ❶काटना या लंबाई में काटना; चीरना: ～开鱼肚子 मछली का पेट चीरना ❷耠 huō के समान

嚄 huō 〈विस्मय०〉 (आश्चर्य प्रकट करने के लिये प्रयुक्त): ～! 这么大的鱼! ओहो! इतनी बड़ी मछली! / ～，革命党来了! वाह, क्रांतिकारी आ गये!

huò; ǒ भी दे०

豁 1 huō फटना; टूटना; दरार पड़ना: ～了个口子。दरार पड़ गयी।

豁 2 huō दृढ़ संकल्प करके कोई भी मूल्य चुकाने को तैयार होना; त्याग करना: ～出两天时间，一定要把这件事做完。दो दिन का समय निकाल कर इस काम को ज़रूर पूरा करो।

huá; huò भी दे०

【豁出去】huōchuqu हर चीज़ का जोखिम उठाने के लिये तैयार रहना: ～了，我们这次一定要打赢他们。हमने निश्चय कर लिया है कि इस बार उनपर अवश्य विजय प्राप्त करेंगे।

【豁口】huōkǒu दरार; टूटी या फूटी हुई जगह: 城墙～ नगर की दीवार में दरार (या टूटी जगह) / 窑的～ भट्टी में दरार

【豁命】huōmìng जी-जान से

【豁子】huōzi 〈बोल०〉 ❶दरार ❷खंडोष्ठ वाला (व्यक्ति)

【豁嘴】huōzuǐ ❶〈बोल०〉 खंडोष्ठ ❷खंडोष्ठ वाला (व्यक्ति)

攉 huō कोयले आदि को बेलचे से उठाकर एक स्थान से दूसरे स्थान में डालना: ～煤 कोयले को बेलचे से दूसरे स्थान में डालना

huó

和 huó गूंथना; सानना; मिश्रित करना: ～面 आटा सानना

hé; hè; hú; huò भी दे०

活 1 huó ❶जीना; जीवित रहना; ज़िन्दा रहना; सजीव रहना: ～鱼 ज़िंदा मछली ❷जीता; जीवित: 活捉 / 活埋 ❸प्राण बचाना; जान बचाना: 救～数十万人 लाखों लोगों के प्राण बचाना ❹गतिशील; गतिमय: 活塞 / 活水 ❺सजीव; जीता-जागता; जीवन्त; जानदार: 活跃 / 搞～经济 अर्थतंत्र को पुनः शक्ति प्रदान करना; अर्थतंत्र को नयी शक्ति देना ❻〈क्रि०वि०〉 बिलकुल; बहुत ठीक: 活像

活 2 huó ❶काम; कार्य: 你在干什么～? तुम क्या काम कर रहे हो? ❷उत्पाद; उपज; निर्मित वस्तु: 这些～做得不好。ये उत्पाद अच्छे नहीं बने हैं।

【活版】huóbǎn 〈मुद्रण०〉 (活字版 huózìbǎn भी) टाइपोग्राफ़ी; लेटरप्रेस: ～印刷 टाइपोग्राफ़िक प्रिंटिंग; लेटरप्रेस प्रिंटिंग / ～机 लेटरप्रेस मशीन

【活瓣】huóbàn 〈श०वि०〉 रक्तनियंत्रिका; रक्तकपाटिका

【活宝】huóbǎo मसखरा; भांड़; विदूषक

【活报剧】huóbàojù परिहासात्मक छोटा नाटक; प्रहसन; सड़क पर अभिनीत होने वाला छोटा नाटक; स्वांग

【活蹦乱跳】huóbèng-luàntiào उछलना-कूदना; नाचना-कूदना: 孩子们高兴得～。बच्चे खुशी से उछलने-कूदने लगे।

【活便】huóbiàn 〈बोल०〉 ❶चपल; फुर्तीला: 手脚～ काम करने में फुर्तीला ❷सुविधाजनक: 要是这里有个门就～了。अगर यहां एक दरवाज़ा होता, तो सुविधा होती।

【活到老，学到老】huó dào lǎo, xué dào lǎo जब तक जीएं, तब तक सीखें

【活地狱】huódìyù पृथ्वी पर नरक

【活动】huódòng ❶हिलना; चलना; व्यायाम करना; कसरत करना: ～～筋骨 शरीर के जोड़ों को चुस्त बनाना; अपने को फुर्तीला बनाना ❷कार्यवाही; कार्रवाई; गतिविधि: ～范围 कार्यवाही की मर्यादा / 科学～ वैज्ञानिक कार्यवाहियां ❸हिलना; अस्थिर होना: 他的一个牙齿～了。उसका एक दांत ढीला हो गया। ❹चल; चर; चलता-फिरता: ～房屋 चल गृह / ～起重机 मोबाइल क्रेन ❺व्यक्तिगत प्रभाव या नियम विरुद्ध उपाय का प्रयोग करना: 你替他～～。तुम उसके लिये अपने प्रभाव का प्रयोग करो।

【活动分子】huódòng fènzǐ सक्रिय तत्व: 开～会 सक्रिय तत्वों की सभा बुलाना

【活动家】huódòngjiā कार्यकर्त्ता; कार्यकर्त्री; कर्मवीर

【活动资本】huódòng zīběn आसानी से नकदी में बदली जा सकने योग्य पूंजी; चल पूंजी

【活泛】huófan नम्य; नमनशील; लचीला; लचकदार: 心眼要～。अधिक लचकदार होना चाहिये।

【活佛】huófó ❶जीवित बुद्ध ❷(लामावाद का) बुद्धावतार

【活该】huógāi 〈बोल०〉 ठीक हुआ; जो बोया, सो पाया; अपराधी को उचित दंड मिला: ～如此! ऐसा ठीक ही हुआ!

【活化】huóhuà 〈रसा०〉 कर्मण्यन; प्रेरणा: ～剂 कर्मण्यक; कर्मण्यकारी; प्रेरक

【活化石】huóhuàshí जीवित जीवावशेष

【活话】huóhuà अनिश्चित शब्द; अस्पष्ट वचन: 他说了个～，说可能我明天再来。उसने अस्पष्ट शब्दों में बताया कि हो सकता है मैं कल फिर आऊंगा।

【活活】huóhuó जीवित स्थिति में: ～打死 जीवित मार डाला जाना / ～烧死 जीवित जलाया जाना

【活火】huóhuǒ लौ वाली आग

【活火山】 huóhuǒshān सक्रिय ज्वालामुखी; जागरूक ज्वालामुखी
【活计】 huóji ❶दस्तकारी; कारीगरी; शारीरिक परिश्रम: 针线～ सीने-पिरोने का काम; कढ़ाई-सिलाई / 现在地里有什么～吗? अब खेत में कोई काम है ? ❷हाथ से बनायी गयी चीज़: 她拿出她的～给我看。उसने अपनी कृति निकाली और मुझे दिखाई।
【活检】 huójiǎn 〈चिकि०〉 बायोप्सी
【活见鬼】 huójiànguǐ निपट निरर्थक बात; संपूर्णतः असंभव; बिलकुल नामुमकिन
【活教材】 huójiàocái व्यक्ति या वस्तुएं जो लोगों को शिक्षा दे सकते हों
【活结】 huójié झटके से खुल जाने वाली गांठ; फिसलनी गांठ
【活局子】 huójúzi छल-कपट; जालसाज़ी; धोखाधड़ी
【活口】 huókǒu ❶हत्या की चेष्टा से बच निकलने वाला व्यक्ति ❷कैदी या बंदी जिससे कोई खबर या पता पाया जा सके
【活扣】 huókòu 〈बोल०〉 फिसलनी गांठ
【活力】 huólì जीवन-शक्ति; प्राण-शक्ति: 充满～ जीवन शिक्त से भरा होना
【活灵活现】 huólíng-huóxiàn（活龙活现 huólóng-huóxiàn भी）जीवन्त; सजीव: 说得～ सजीव वर्णन
【活路】 huólù ❶जीविका का उपाय; जीने का रास्ता: 旧社会哪有穷人的～? पुराने समाज में गरीबों के पास जीविका का उपाय कहां था ? ❷व्यावहारिक उपाय; अमल में लाया जा सकने योग्य तरीका
【活路】 huólu शारीरिक परिश्रम
【活络】 huóluò ❶ढीला; शिथिल: 牙齿～दांत ढीला होना ❷अनिश्चित: 他说得很～。उसका कहा अनिश्चित था।
【活埋】 huómái ज़िंदा दफ़न करना; ज़िंदा गाड़ देना
【活门】 huómén उपद्वार; वाल्व
【活命】 huómìng ❶जैसे-तैसे निर्वाह करना; गुज़र-बसर करना: 挣钱～ पैसा कमाकर गुज़र-बसर करना ❷जान बचाना: ～之恩 किसी व्यक्ति द्वारा प्राण बचाने पर उसके प्रति कृतज्ञता प्रकट करना ❸प्राण; जान
【活命哲学】 huómìng zhéxué अस्तित्व कायम रखने का दर्शन; जैसे-तैसे अस्तित्व बनाए रखने का दर्शन
【活泼】 huópō ❶सजीव; चंचल; चपल; फुर्तीला; लचीला: 天真～的孩子 भोला और चंचल लड़का ❷〈रसा०〉 प्रतिक्रियाशील; प्रत्याघाती
【活菩萨】 huópúsà जीवित बोधिसत्त्व —— दरिद्रों और दुःखियों पर दया करने वाला व्यक्ति
【活期】 huóqī चलता; चालू: ～存款 चलता खाता; चालू खाता
【活棋】 huóqí वेइछी（围棋）के खेल में यदि घेरे गये मोहरों के बीच कुछ खाली जगह रह जाए, तो उन्हें "ज़िंदा" (मात न खाया हुआ) माना जाता है
【活气】 huóqì जीता-जागता वातावरण; स्फूर्ति: 坐客又显出～。ग्राहकों में एक बार फिर स्फूर्ति आ गयी।
【活钱儿】 huóqiánr ❶नकद रकम ❷अतिरिक्त आय
【活塞】 huósāi 〈यां०〉 पिस्टन: ～圈 पिस्टन रिंग
【活生生】 huóshēngshēng ❶वास्तविक; असली; सजीव; जीता-जागता: ～的事实 सजीव तथ्य; जीवंत तथ्य ❷जीवित स्थिति में; ज़िन्दा: ～地折磨死 कष्ट उठाकर मर जाना
【活食】 huóshí (जानवरों के लिये) जीवित खाना
【活受罪】 hhuóshòuzuì 〈बोल०〉 ज़िन्दा रहते कठोर शारीरिक या मानसिक पीड़ा सहना: 这么热的天穿这么厚的衣服，真是～。इतनी गरमी में इतना मोटा कपड़ा पहनना सचमुच कठोर पीड़ा सहना है।
【活水】 huóshuǐ बहता पानी
【活体检查】 huótǐ jiǎnchá 活组织检查 के समान
【活体解剖】 huótǐ jiěpōu चीड़फाड़
【活套】 huótào फिसलनी गांठ
【活脱儿】 huótuōr 〈बोल०〉 (चेहरा) … से बिलकुल मिलना: 孩子长得～是他爸爸。बच्चा अपनी पिता से बिलकुल मिलता है।
【活现】 huóxiàn (किसी की मूर्ति, सूरत आदि का) आंखों के सामने नाचना: 英雄的形象～在我眼前。वीर की छवि मेरी आंखों के सामने नाचने लगी।
【活像】 huóxiàng हू-ब-हू या बिलकुल मिलना: 这女孩子长得～他妈妈。यह बच्ची अपनी माता से बिलकुल मिलती है।
【活性染料】 huóxìng rǎnliào सक्रिय रंजक
【活性炭】 huóxìngtàn 〈रसा०〉 एक्टिव कार्बन
【活血】 huóxuè 〈ची०चि०〉 रक्त-संचार को पुष्ट करना
【活阎王】 huóyánwang यमराज का अवतार; क्रूर शासक
【活样板】 huóyàngbǎn सजीव आदर्श
【活页】 huóyè लूज़-लीफ़; अलग-अलग पन्नों या अलग किये जा सकने योग्य पन्नों वाली (बही आदि): ～笔记本 लूज़-लीफ़ नोटबुक / ～夹 लूज़-लीफ़ बाइण्डर
【活用】 huóyòng लचीले ढंग से लागू करना
【活跃】 huóyuè ❶सक्रिय; क्रियाशील: ～市场 बाज़ार गरम होना / ～分子 सक्रिय व्यक्ति / ～的阶段 क्रियाशील मंज़िल ❷जीवंत करना; प्रोत्साहित करना: ～经济 अर्थतंत्र को पुनःजीवित करना
【活捉】 huózhuō ज़िंदा पकड़ लेना; ज़िंदा गिरफ़्तार करना
【活字】 huózì 〈मुद्रण०〉 टाइप; चलित टाइप: ～版 छपाई / ～印刷 टाइप से छपाई
【活字典】 huózìdiǎn चलता-फिरता शब्दकोश
【活组织检查】 huózǔzhī jiǎnchá 〈चिकि०〉बायोप्सी
【活罪】 huózuì ❶कठोर पीड़ा; अवर्णित कष्ट ❷जीवित दंड

huǒ

火 huǒ ❶अग्नि; आग: 火光 / 火花 ❷आग्नेय अस्त्र; युद्ध-सामग्री: 火力 / 军～ शस्त्रास्त्र; युद्ध-सामग्री ❸〈ची०चि०〉 भीतरी ताप —— रोग के छै कारणों में से एक: 败～ भीतरी ताप हटा देना ❹लाल; आग की तरह

लाल：火红 / 火腿 ❺अविलंब; अत्यावश्यक：火速 ❻क्रोध; गुस्सा; नाराज़ी：他～冒三丈。वह आग बबूला हो गया। ❽फलता-फूलता; समृद्ध; बाज़ार गरम होना：买卖很～。व्यापार बहुत गरम है। ❾伙 huǒ के समान ❿ (Huǒ) एक कुलनाम

【火把】 huǒbǎ मशाल; टॉर्च

【火伴】 huǒbàn दे० 伙伴 huǒbàn

【火棒】 huǒbàng (कलाबाज़ी में प्रयुक्त) जलता मशाल

【火暴】 huǒbào 〈बोल०〉(火爆 huǒbào भी) ❶शीघ्र-क्रोधी; तुनुकमिज़ाज：～性子 चिड़चिड़ापन; तुनुकमिज़ाजी ❷समृद्ध; परिपूर्ण; हरा-भरा：花开得很～。फूल पूरी तरह खिले हैं।

【火并】 huǒbìng गुटों के बीच खुली लड़ाई; बन्धु-वध

【火柴】 huǒchái दियासलाई; माचिस：～盒 दियासलाई की डिबिया; माचिस-बॉक्स

【火场】 huǒchǎng आग लगने का स्थल

【火车】 huǒchē रेल; रेलगाड़ी; ट्रेन; रेलवे-ट्रेन：～车厢 रेल का डब्बा / ～时刻表 रेलवे-टाइम-टेबल; रेल समय तालिका / ～司机 रेलगाड़ी का ड्राइवर; इंजन-ड्राइवर / ～头 लोकोमोटिव; रेलवे-इंजन / ～运费 रेल-भाड़ा / ～站 रेलवे-स्टेशन; रेल स्टेशन

【火车轮渡】 huǒchē lúndù ट्रेन-फ़ेरी (रेलगाड़ी के लिये फ़ेरी-बोट)

【火成岩】 huǒchéngyán 〈भूगर्भ०〉 अग्निशिला

【火炽】 huǒchì समृद्ध; परिपूर्ण; 〈ला०〉 श्वेत-तप्त：花开得很～。फूल परिपूर्ण खिले हैं। / 球赛到了最～的阶段。मैच श्वेत-तप्त अवस्था में पहुंच गया है।

【火刀】 huǒdāo 〈बो०〉 火镰 के समान

【火夫】 huǒfū 〈पुराना〉 ❶फ़ायरमैन; स्टोकर ❷मेस रसोइया

【火罐儿】 huǒguànr 〈ची०चि०〉 कटोर-क्रिया में प्रयुक्त कटोरा या गिलास：～疗法 कटोर-क्रिया चिकित्सा

【火光】 huǒguāng आग की रोशनी; आग की लपटें：～冲天 आग की लपटें आसमान को रोशन करती हैं।

【火锅】 huǒguō चेफ़िंग डिश

【火海】 huǒhǎi अग्नि-सागर：～刀山 अग्नि-सागर और संगीनों का पहाड़ —— बहुत खतरनाक जगह

【火红】 huǒhóng आग की तरह लाल; चिलचिलाता हुआ：～的太阳 चिलचिलाता सूरज

【火候】 huǒhou ❶गरम करने की अवधि और मात्रा：做饭要看～。चावल पकाने में ताप को काबू में रखना चाहिए। ❷प्राप्त वस्तु (वैयक्तिक सिद्धि, गुण, योग्यता आदि) का स्तर：他的武艺～到了。उसकी युद्ध-कला पूर्ण रूप से विकसित है। ❸ऐन मौका, ऐन वक्त：这里干活人少，他来得正是～。यहां काम पर लोग कम थे, वह ऐन मौके पर आया।

【火狐】 huǒhú लाल लोमड़ी

【火花】[1] huǒhuā चिनगारी; पतंगा：生命的～ प्राण की चिनगारी

【火花】[2] huǒhuā दियासलाई की डिबिया का डिज़ाइन

【火花塞】 huǒhuāsāi स्पार्किंग प्लग; स्पार्क प्लग

【火化】 huǒhuà दाह देना; दाहकर्म करना; दाहसंस्कार करना

【火鸡】 huǒjī पीरू; फ़ीलमुर्ग

【火急】 huǒjí फ़ौरी; अविलंब：十万～ सबसे फ़ौरी / ～的性子 गरम मिज़ाज

【火剪】 huǒjiǎn ❶चिमटा; संडसी; दस्तपनाह ❷कर्लिंग टांग्ज़; बालों को घुंघराले बनाने के यंत्र-विशेष

【火碱】 huǒjiǎn कास्टिक सोडा

【火箭】 huǒjiàn राकेट：发射～ राकेट फेंकना / 水下～ पनडुब्बी राकेट / 远程～ दूरमार राकेट / 洲际～ अंतर्महाद्वीपीय राकेट / ～部队 राकेट-यूनिट

【火箭弹】 huǒjiàndàn राकेट बम

【火箭炮】 huǒjiànpào राकेट गन

【火箭筒】 huǒjiàntǒng राकेट प्रोजेक्टर; राकेट प्रक्षेपक

【火井】 huǒjǐng गैस-वैल; गैस-कुआं

【火警】 huǒjǐng अग्नि-चेतावनी; अग्निकाण्ड

【火酒】 huǒjiǔ 〈बो०〉 अलकोहल

【火炬】 huǒjù मशाल; टॉर्च

【火炕】 huǒkàng गरम किया हुआ ईंट का पलंग

【火坑】 huǒkēng आग का गढ़ा; जीवित नरक：跳出～ आग के गढ़े से निकल जाना; जीवित नरक से बचना

【火筷子】 huǒkuàizi चिमटा; संडसी; दस्तपनाह

【火辣辣】 huǒlàlà जलता हुआ：～的太阳 झुलसाने वाला सूरज / 疼得～的 झुलसाने वाला दर्द

【火老鸦】 huǒlǎoyā 〈बो०〉 (भभकती हुई आग की) उछलती लपटें

【火力】 huǒlì 〈सैन्य०〉 फ़ायर करने या गोलीबारी की शक्ति; गोलन्दाज़ी की शक्ति：发扬～ गोलाबारी की शक्ति का पूर्ण उपयोग करना / ～对着敌人 प्रहार का निशान दुश्मन को ही बनाना / ～打倒敌人 गोलन्दाज़ी की शक्ति का शत्रु को धराशायी कर देना / ～控制 फ़ायर कंट्रोल / ～密度 फ़ायर की घनता / ～圈 फ़ायर का दायरा / ～掩护 फ़ायर कवर / ～侦察 फ़ायर-टोह

【火力发电站】 huǒlì fādiànzhàn ताप बिजली घर

【火镰】 huǒlián (चकमक पत्थर के लिये) इस्पात

【火烈鸟】 huǒlièniǎo मराल पक्षी; फ़्लौमिंगो

【火龙】 huǒlóng ❶आग्नेय नाग —— लालटेनों या मशालों का जुलूस ❷〈बो०〉 चिमनी का धुआंकश; धुआंरा

【火炉】 huǒlú（火炉子 huǒlúzi भी）अंगीठी; चूल्हा

【火轮船】 huǒlúnchuán（火轮 huǒlún भी）〈पुराना〉 स्टीम-बोट

【火冒三丈】 huǒmàosānzhàng आग बबूला होना; एकाएक आग या क्रोध भड़क उठना

【火媒】 huǒméi（火媒 huǒméi भी）कागज़ या लकड़ी के छोटे टुकड़े जो आग जलाने के काम आते हों; चैला

【火棉】 huǒmián बारूदी रूई; गन-कॉटन; पाइरॉक्सिलिन

【火苗】 huǒmiáo（火苗子 huǒmiáozi भी）लपटें; लौ; शिखा：～跳了一下灭了。लपटें उठीं और बुझ गयीं।

【火捻】 huǒniǎn ❶लकड़ी के छोटे टुकड़े जिनसे आग जलायी जाती है ❷फ़्यूज़; पलीता

【火炮】 huǒpào तोप; बंदूक
【火盆】 huǒpén अंगीठी; भट्ठी
【火拼】 huǒpīn 火并 के समान
【火漆】 huǒqī सीलिंग वैक्स: ～印 लाखमोहर
【火气】 huǒqì ❶<ची०चि०> भीतरी ताप (रोग का एक कारण) ❷क्रोध; गुस्सा; नाराज़ी: ～很大 बहुत गुस्सा / 心头～ क्रोधाग्नि
【火器】 huǒqì <सैन्य०> आग्नेय अस्त्र; बारूदी हथियार
【火钳】 huǒqián 火剪 के समान
【火枪】 huǒqiāng फ़ायर-लॉक
【火墙】 huǒqiáng ताप रखने के लिए धुआंरे वाली दीवार
【火情】 huǒqíng आगजनी की हालत
【火热】 huǒrè ❶आग की तरह गरम: ～的太阳 झुलसाने वाला सूरज / 到～的斗争中去 संघर्ष की ज्वालाओं में कूद पड़ना ❷घनिष्ट: 谈得～ उत्साह से बात करना
【火绒】 huǒróng (चकमक डिबिया में प्रयुक्त) शीघ्र आग पकड़ने वाली वस्तु
【火肉】 huǒròu <बो०> हैम
【火色】 huǒsè <बो०> (भोजन बनाने के लिए) आग की स्थिति: 看～ आग की स्थिति देखना
【火山】 huǒshān ज्वालामुखी पर्वत: ～爆发 ज्वाला-मुखी का प्रस्फोटन / ～岛 ज्वालामुखी-द्वीप / ～地震 ज्वालामुखीय भूकंप / ～温泉 ज्वालामुखी गरम चश्मा
【火伤】 huǒshāng (आग से पड़नेवाला) फफोला; छाला; झलका
【火上加油】 huǒshàng-jiāyóu आग में घी डालना; घाव पर नमक छिड़कना
【火烧】 huǒshāo लिट्ट; लिट्टी; बाटी; अंगाकड़ी
【火烧火燎】 huǒshāo-huǒliǎo ❶शरीर के किसी भाग का आग की तरह जलना: 伤口疼得～的。घाव आग की तरह जल रहा है। ❷चिंता से व्याकुल: 急得～ चिंता से भरा होना
【火烧眉毛】 huǒshāo-méimao आग भौंहों को झुलसा रही है —— बहुत अधिक खतरनाक हालत
【火烧云】 huǒshāoyún (सूर्योदय या सूर्यास्त के समय) लाल बादल; अरुणाई
【火舌】 huǒshé लपटों की लौ; भभूका
【火绳】 huǒshéng मगवर्ट आदि पौधों से गूंथा हुआ रस्सा जिसके धुएं से मच्छरों को भगाया जाता है
【火石】 huǒshí चकमक; चकमक पत्थर
【火势】 huǒshì आग की तीव्रता: ～减弱 आग की तीव्रता कम होना
【火树银花】 huǒshù-yínhuā अग्नेय वृक्ष और रजत-पुष्प —— (उत्सव की रात में) चमचमाती हुई आतिशबाज़ी और कंडीलें
【火速】 huǒsù जल्दी से जल्दी; पूर्ण वेग से: ～赶赴现场 जल्दी से जल्दी घटनास्थल की ओर जाना
【火炭】 huǒtàn लकड़ी का जलता हुआ कोयला
【火烫】 huǒtàng ❶बहुत अधिक गरम; घोर गरम ❷चिमटे से बालों को घुंघराले बनाना
【火头】 huǒtóu ❶लपट; लौ; शिखा: 油灯的～儿太大。बत्ती की लपट बहुत ऊंची है। ❷आग गरम करने की अवधि और मात्रा: ～儿不到，饭就蒸不熟。अगर आग गरम करने की अवधि या मात्रा काफ़ी नहीं है तो चावल पक नहीं सकता। ❸火主 के समान ❹क्रोध; गुस्सा; नाराज़ी: 把～压一压 क्रोधाग्नि को दबाना
【火头军】 huǒtóujūn <हास्य०> सेना का रसोइया
【火头上】 huǒtóushang क्रोध की ऊंचाई: 他正在～，别跟他说话。उससे बात न करो, इस समय उसका क्रोध उबल रहा है।
【火腿】 huǒtuǐ हैम: 云南～ युननान हैम / ～蛋 हैम और अंडा
【火网】 huǒwǎng फ़ायरिंग जाल: 组织～ फ़ायरिंग का जाल बुनना
【火险】 huǒxiǎn ❶आग की बीमा ❷आग लगने का खतरा: ～隐患 आग लगने का प्रच्छन्न खतरा
【火线】 huǒxiàn ❶युद्ध-मोर्चा: ～入党 युद्ध-मोर्चे पर (कम्युनिस्ट) पार्टी में शामिल होना ❷<विद्यु०> विद्युन्मय तार; लाइव वायर
【火星】[1] huǒxīng मंगल (ग्रह)
【火星】[2] huǒxīng चिनगारी: 冒出～ चिनगारियां निकलना
【火性】 huǒxìng <बोल०> तेज़-मिज़ाजी; तुनक-मिज़ाजी
【火眼】 huǒyǎn <चिकि०> आंख आना
【火眼金睛】 huǒyǎn-jīnjīng आग जैसी आंखें और हीरे जैसी पुतलियां —— सूक्ष्मदर्शी या दूरदर्शी आंखें
【火焰】 huǒyàn लपट; लौ; शिखा; अग्नि-शिखा
【火焰光谱】 huǒyàn guāngpǔ फ़्लेम स्पेक्ट्रम
【火焰喷射器】 huǒyàn pēnshèqì फ़्लेम थ्रोअर
【火药】 huǒyào बारूद: ～导线 डेटोनेटिंग कॉर्ड / ～库 बारूद का गोदाम; बारूदखाना
【火药味】 huǒyàowèi बारूद की गंध: 充满～的声明 बारूद की तीव्र गंध से भरा हुआ वक्तव्य
【火印】 huǒyìn बांस या लकड़ी के बर्तनों पर दागा गया चिन्ह; ब्रैण्ड
【火油】 huǒyóu <बो०> मिट्टी का तेल; केरोसिन
【火源】 huǒyuán जलती हुई वस्तु जो अग्निकांड को जन्म दे सकती हो
【火灾】 huǒzāi अग्निकांड
【火葬】 huǒzàng दाह-क्रिया; दाह-कर्म; दाह-संस्कार: ～场 शव जलाने का स्थान; श्मशान; दाह-भूमि
【火躁】 huǒzào <बो०> शीघ्र कोपी; बदमिज़ाज; गर्म-मिज़ाज
【火纸】 huǒzhǐ（火硝纸 huǒxiāozhǐ भी）टच पेपर
【火中取栗】 huǒzhōng-qǔlì किसी व्यक्ति के लिये आग से शाहबलूत निकालना —— दूसरों के द्वारा साधन के रूप में प्रयुक्त होना
【火种】 huǒzhǒng अति शीघ्र आग पकड़ने वाली वस्तु: 革命的～ <ला०> क्रांति की चिनगारियां
【火主】 huǒzhǔ वह घर जहां से आग फैलती हो
【火柱】 huǒzhù लपट का स्तंभ; स्तंभाकार शिखा
【火箸】 huǒzhù <बो०> चिमटा; संडसी; दस्तपनाह
【火砖】 huǒzhuān तापसह ईंट; अग्निसह ईंट

伙[1] （火） huǒ भोजन; खाना: 伙食

伙[2] （火，夥） huǒ ❶साथी; संगी; हिस्सेदार: 伙伴 / 伙计 ❷साझा; साझेदारी; भागीदारी: 合～ साझेदारी करना या कायम करना ❸〈परि०श०〉 जनसमूह; भीड़; झुंड; झुंड के लोग; दल; गिरोह: 分成两～ दो दलों में बांटना / 一～强盗 डाकुओं का एक गिरोह ❹संयुक्त होना; मिलना: 伙同

【伙伴】 huǒbàn भागी; साथी; साझी; साझेदार: 小时候的～ बचपन का साथी

【伙犯】 huǒfàn सहापराधी; अपराध में साझेदार

【伙房】 huǒfáng (स्कूल, कारखाने आदि में) रसोईघर; बावरचीखाना

【伙夫】 huǒfū रसोइया

【伙耕】 huǒgēng किसी व्यक्ति के साथ साझे में जुताई करना

【伙计】 huǒji ❶साथी; भागी; साझी ❷〈बोल०〉 साथी (संबोधन में प्रयुक्त) ❸दुकान-कर्मचारी

【伙食】 huǒshí भोजन; खाना; मेस: 改善～ अच्छा खाना बनाना / 管理～ मेस का इन्तज़ाम करना; भोजन का प्रबंध करना / ～津贴 भोजन भत्ता / ～费 भोजन व्यय

【伙同】 huǒtóng सम्मिलित होकर (काम करना); (किसी व्यक्ति के साथ) सांठगांठ करके (बुरा काम करना)

【伙友】 huǒyǒu भागी; साथी और मित्र

钬 （鈥） huǒ 〈रसा०〉 होल्मियम (Ho)

夥[1] huǒ 〈लि०〉 अधिक; ज़्यादा: 收益甚～ बहुत अधिक लाभ प्राप्त करना

夥[2] huǒ 伙 huǒ के समान

huò

或 huò ❶संभवतः; शायद; हो सकता है: 他们明晚～可抵达此间。संभवतः वे कल रात यहां पहुंच आएंगे। ❷〈लि०〉 अथवा; या; या··· या···: ～多～少 थोड़ा-बहुत / ～早～晚 जल्दी या देर में ❸〈लि०〉 कोई व्यक्ति: ～告余曰。किसीने मुझे बताया। ❹〈लि०〉〈क्रि०वि०〉 (प्रायः निषेध में प्रयुक्त) थोड़ा-सा; थोड़े रूप में; अधिक नहीं: 不可～缺。एक की भी कमी नहीं होनी चाहिए।

【或然】 huòrán संभाव्य; मुमकिन; जो हो सकता हो: ～性 संभाव्यता

【或然率】 huòránlǜ （概率 gàilǜ का पुराना नाम） संभाव्यता

【或许】 huòxǔ 〈क्रि०वि०〉 संभवतः; शायद; हो सकता है: ～他会来。संभवतः वह आएगा।

【或则】 huòzé 〈संयो०〉 अथवा; या; या··· या··· (प्रायः द्विरुक्ति में प्रयुक्त): ～我来，～你去，都可以。या मैं आऊं या तुम जाओ, दोनों संभव हैं।

【或者】 huòzhě ❶〈लि०〉 संभवतः; शायद; हो सकता है: 这本书对你～有点用处。हो सकता है कि यह पुस्तक तुम्हारे लिये कुछ उपयोगी हो। ❷〈संयो०〉 अथवा; या; या ··· या ···: 我明天～后天去上海。कल या परसों मैं शांगहाए जाऊंगा।

和[1] huò मिलाना; मिश्रण करना: 面里～点儿糖。आटे में कुछ चीनी मिलाना।

和[2] huò 〈परि०श०〉 कोई चीज़ धोने में पानी बदलने की बार या दफ़ा; चीनी जड़ी-बूटी उबालने की बार या दफ़ा: 这件衬衣已经洗了三～。इस कमीज़ को धोने में तीन बार पानी बदला गया। / 二～药 जड़ी-बूटी का दूसरी बार (उबालना); दूसरी बार उबाली हुई जड़ी-बूटी

hé; hè; hú; huó भी दे०

【和弄】 huònong 〈बो०〉 ❶मथना; बिलोना; मिलाना ❷उकसाना; भड़काना; दुष्प्रेरणा करना

【和稀泥】 huò xīní सिद्धांत की बलि देकर भिन्न-भिन्न मतों का मध्यस्थ बनने का प्रयत्न करना

货 （貨） huò ❶मुद्रा; सिक्का; पैसा: 通～ करेंसी; प्रचलित मुद्रा ❷माल: 洋～ विदेशी माल; विदेशी वस्तु ❸〈घृणा०〉 आदमी: 蠢～ मूर्ख; बेवकूफ़ ❹〈लि०〉 बेचना; विक्रय करना: ～卖 माल बेचना

【货币】 huòbì मुद्रा; सिक्का; पैसा; करेंसी

【货币贬值】 huòbì biǎnzhí मुद्राह्रास; अवमूल्यन; मुद्रा-मूल्य घटाना

【货币单位】 huòbì dānwèi मुद्रा-संबंधी यूनिट

【货币兑换】 huòbì duìhuàn मुद्रा-विनिमय

【货币基金】 huòbì jījīn मुद्रा-निधि; मुद्रा-कोष

【货币集团】 huòbì jítuán मॉनेटरी ब्लोक; मौद्रिक समूह

【货币流通】 huòbì liútōng मुद्राचलन

【货币升值】 huòbì shēngzhí मुद्रा-वृद्धि; मुद्रा-मूल्य बढ़ाना

【货币学】 huòbìxué मुद्रा-विज्ञान

【货币政策】 huòbì zhèngcè मुद्रा-नीति

【货币支出】 huòbì zhīchū मुद्रा-व्यय

【货币资本】 huòbì zīběn रुपये की पूंजी; मुद्रा-पूंजी

【货仓】 huòcāng मालगोदाम

【货舱】 huòcāng (कार्गो) होल्ड; जहाज़ का पेटा; (प्लेन) कार्गो बे

【货场】 huòchǎng माल-यार्ड; माल-अहाता

【货车】 huòchē मालगाड़ी; फ़्रेट वैगन

【货船】 huòchuán लद्दू जहाज़; माल-जहाज़; कार्गो शिप: 定期～ कार्गो लाइन

【货单】 huòdān माल-सूची; वेबिल

【货柜】 huòguì ❶काउण्टर; बार ❷（集装箱 jízhuāngxiāng का दूसरा नाम） किसी विशेष वस्तु के

रखने का डिब्बा; कंटेनर

【货机】 huòjī कार्गो एयरक्राफ़्ट; माल-विमान; एयर फ़्रेटर

【货价】 huòjià माल का दाम

【货架子】 huòjiàzi माल का शेल्फ़: 把商品摆在～上 माल को शेल्फ़ में रखना

【货款】 huòkuǎn माल खरीदने या बेचने के लिये धन

【货郎】 huòláng (गांव में) फेरीवाला; गलियों आदि में घूम-घूम कर सौदा बेचने वाला: ～担 (कंधे पर बहंगी से ढोये हुए) फेरीवाले का भार

【货轮】 huòlún मालवाहक जहाज़; कार्गो शिप

【货品】 huòpǐn माल; माल की किस्म

【货色】 huòsè ❶माल: 上等～ प्रथम श्रेणी का माल ❷<अना०> रद्दी चीज़ें; कूड़ा-कर्कट: 主观主义的～ मनोगतवाद की व्यर्थता

【货摊】 huòtān मेज़ आदि जिसपर रखकर चीज़ें बेची जाती हैं; स्टाल; स्टैण्ड; दूकान

【货物】 huòwù माल; माल-असबाब; सामान; सौदा: ～周转 वस्तु-विनिमय / ～吞吐量 माल लदाई-उतराई की मात्रा

【货箱】 huòxiāng पैकिंग बाक्स; माल बाक्स

【货样】 huòyàng बानगी; नमूना; माल का वह अंश जो ग्राहक को दिखलाने या देने के लिये हो

【货源】 huòyuán माल की सप्लाई; माल का उत्पादन-स्थान: ～充足 माल की पर्याप्त आपूर्ति

【货运】 huòyùn माल-ढुलाई: ～单 वेबिल / ～费 माल-ढुलाई खर्च; शिपिंग कोस्ट / ～列车 माल-गाड़ी; फ़्रेट ट्रेन

【货栈】 huòzhàn बिक्रय-भंडार

【货站】 huòzhàn मालगोदाम; मालखाना

【货真价实】 huòzhēn-jiàshí ❶असली माल और मुनासिब दाम ❷सौ फ़ी सदी; सोलह आने; पूरी तरह से; बिलकुल: ～的骗子 सचमुच सोलह आने ठग

【货殖】 huòzhí <प्राण०> व्यापार में लगना

【货主】 huòzhǔ जहाज़ आदि पर लदे हुए माल का स्वामी

获[1] (獲) huò ❶पकड़ना; गिरफ़्तार करना: 捕～ पकड़ लेना; गिरफ़्तार कर लेना ❷पाना; मिलना; प्राप्त करना; उपलब्ध करना; हासिल करना: 获奖 / 获利

获[2] (穫) huò फ़सल काटना और इकट्ठा करना: 收～ उपलब्ध करना; फ़सल काट कर इकट्ठा करना

【获得】 huòdé पाना; प्राप्त करना; उपलब्ध करना; हासिल करना: ～丰收 भरपूर फ़सल प्राप्त होना या करना / ～解放 मुक्त हो जाना; मुक्ति प्राप्त होना या करना / ～允许 वचन लेना / ～政权 राजनीतिक सत्ता पर अधिकार करना

【获奖】 huòjiǎng पुरस्कार पाना; पुरस्कार मिलना: ～者 पुरस्कार विजेता

【获救】 huòjiù आक्रमण या खतरे से बचाया जाना; रक्षा की जाना

【获利】 huòlì लाभ कमाना; नफ़ा उठाना

【获取】 huòqǔ पाना; प्राप्त करना; उपलब्ध करना; हासिल करना: ～情报 सूचना प्राप्त करना

【获胜】 huòshèng विजय पाना या प्राप्त करना; जीत लेना: 我们必将～。 हम ज़रूर जीतेंगे।

【获释】 huòshì (जेल से) छुटकारा पाना; रिहाई पाना

【获悉】 huòxī (获知 huòzhī भी) <लि०> (किसी घटना की) खबर होना; मालूम होना; पता लगना

【获致】 huòzhì पाना; प्राप्त करना; उपलब्ध करना; हासिल करना

【获准】 huòzhǔn अनुमति प्राप्त करना; इजाज़त मिलना; मंज़ूरी मिलना

祸 (禍) huò ❶दुर्भाग्य; विपत्ति; भयंकर संकट: 民族危亡之巨～ राष्ट्रीय पराधीनता की घोर विपत्ति ❷नुकसान पहुंचाना; हानि पहुंचाना; नष्ट करना: ～党～国 पार्टी और देश पर तबाही बरपा करना

【祸不单行】 huòbùdānxíng दुर्भाग्य अकेले कभी नहीं आता; मुसीबत कभी अकेले नहीं आती

【祸不旋踵】 huòbùxuánzhǒng मुसीबत जल्दी आने वाली है

【祸从口出】 huòcóngkǒuchū मुसीबत मुंह से निकलती है (यानी बड़बोले से)

【祸从天降】 huòcóngtiānjiàng विपत्ति का आकाश से नीचे गिरना (किसी व्यक्ति पर अप्रत्याशित रूप से आ पड़ना)

【祸端】 huòduān <लि०> विपत्ति की जड़; विपत्ति का कारण

【祸根】 huògēn विपत्ति की जड़

【祸国殃民】 huòguó-yāngmín देश बरबाद हो जाएगा और जनता तबाह हो जाएगी

【祸害】 huòhai ❶विपत्ति; विपदा; आफ़त; मुसीबत: 引起～ विपत्ति उत्पन्न होना ❷व्यक्ति या वस्तु जिससे विपत्ति उत्पन्न हो ❸हानि पहुंचाना; नुकसान पहुंचाना; नष्ट करना: 要防止鸟兽～庄稼。 पशु-पक्षियों द्वारा फ़सलों को नष्ट होने से बचाना चाहिए।

【祸患】 huòhuàn विपत्ति; आफ़त; मुसीबत

【祸乱】 huòluàn विपत्तिपूर्ण उपद्रव; हंगामा; खलबली; सामाजिक परिवर्तन

【祸起萧墙】 huòqǐxiāoqiáng घर की दीवारों के पीछे मुसीबत पैदा होना —— अपने घर में ही मुसीबत पैदा होना; अंदरूनी झगड़ा पैदा होना

【祸事】 huòshì विपत्ति; विपदा; आफ़त; मुसीबत: ～临头 भारी विपदा आना

【祸首】 huòshǒu प्रमुख अपराधी; मुख्य गुनहगार: 内战～ गृहयुद्ध का मुख्य गुनहगार

【祸水】 huòshuǐ व्यक्ति (विशेषकर स्त्री) जो विपत्ति की जड़ हो: 把～引向… बला या संकट को … की तरफ़ मोड़ना

【祸胎】 huòtāi विपत्ति की जड़; विपत्ति का कारण

【祸兮福所倚，福兮祸所伏】 huò xī fú suǒ yǐ, fú xī huò suǒ fú सौभाग्य दुर्भाग्य में रहता है और दुर्भाग्य सौभाग्य में छिपा होता है

【祸心】 huòxīn कुचेष्टा： 包藏～心 मन में कुचेष्टा रखना
【祸殃】 huòyāng विपत्ति; विपदा; आफ़त; मुसीबत
【祸种】 huòzhǒng विपत्ति की जड़; विपत्ति का कारण

惑 huò ❶उलझन में पड़ना; विभ्रान्त होना： 智者不～。 बुद्धिमान व्यक्ति कभी उलझन में नहीं पड़ता । ❷बहकाना; चक्कर में डालना; पथभ्रष्ट करना; गुमराह करना; गलत राह बताना： 造谣～众 लोगों को पथभ्रष्ट करने के लिये अफ़वाहें फैलाना

【惑乱】 huòluàn बहकाना और उलझाना; भ्रम में डालना： ～人心 लोगों को भ्रम में डालना

臛 huò 臛 huò के समान

霍 huò ❶अचानक; एकाएक; सहसा; शीघ्रतापूर्वक ❷ (Huò) एक कुलनाम

【霍地】 huòdì <क्रि०वि०> अकस्मात्; सहसा： ～站起来 सहसा खड़ा हो जाना

【霍霍】 huòhuò ❶<अनु०> 磨刀～ आवाज़ के साथ सान देना ❷चमकना： 电光～。 बिजली चमक रही है।

【霍乱】 huòluàn ❶हैज़ा ❷<ची०चि०> तीव्र जठरान्त्र कोप; तीव्र जठर अन्त्रार्ति

【霍然】 huòrán ❶<क्रि०वि०> सहसा; अकस्मात्： 灯～一亮。 सहसा बत्ती एक बार चमकी । ❷<लि०> (रोग का) शीघ्र ही ठीक होना： ～而愈 रोग का शीघ्र ही ठीक होना

【霍闪】 huòshǎn <बो०> (बिजली का) चमकना

嚄 huò ❶<लि०> ज़ोर से चिल्लाना; ज़ोर से हंसना ❷<विस्मय०> (आश्चर्य प्रकट करने के लिये प्रयुक्त) वाह ! ओहो !

huō; ǒ भी दे०

鳠（鱯） huò एक प्रकार की समुद्री मछली

雘 huò <लि०> लाल या नीले रंग की धातु जो रंगने के काम आती है; सुंदर रंग

豁 huò ❶खुला; साफ़; उदार-चित्त; उदार： 豁达 ❷छूट देना; माफ़ करना; मुक्त करना： 豁免

huá; huō भी दे०

【豁达】 huōdá उदार और समझदार; उत्साही और आशावादी： ～大度 उदार-चित्त और विशाल हृदय

【豁朗】 huòlǎng ❶निर्भीक; उदार-चित्त ❷<अनु०>： 箭在壶里～～地响。 तरकश में रखे बाण खनखना उठे।

【豁亮】 huòliàng ❶विस्तृत और प्रकाशमान： 房子干净～。 कमरा साफ़, बड़ा और रोशनीदार है । ❷अनुनादपूर्ण; गुंजायमान; गूंजने वाली (आवाज़)： 嗓音～ ध्वनि अनुनादपूर्ण होना

【豁免】 huòmiǎn समस्त करों आदि से मुक्त होना; माफ़ करना; मुक्त करना： ～捐税 शुल्क मुक्त होना

【豁然贯通】 huòrán-guàntōng सहसा एकदम समझ जाना

镬（鑊） huò ❶<बो०> देगचा; देगची ❷प्राचीन कालीन देग; कड़ाहा

【镬子】 huòzi <बो०> देगचा; देगची

藿 huò <लि०> दाल वाले पौधों की पत्तियां

【藿香】 huòxiāng <ची०चि०> झुर्रीदार हिस्सप

嚯 huò ❶<विस्मय०> (आश्चर्य प्रकट करने के लिये प्रयुक्त) वाह ! ओहो： ～， 你也来了！ ओहो, तुम भी आये हो ! ❷<अनु०> (हंसने की आवाज़)： 他～～大笑。 वह हो-हो-हो-हो की आवाज़ के साथ (या करके) हंसने लगे ।

蠖 huò 尺蠖 chǐhuò <प्राणि०> लूपर; एक प्रकार का कीड़ा जो कुंडली बनाता चलता है; इंचवर्म

獾 huò नीचे दे०

【獾狮狓】 huòjiāpí <प्राणि०> ओकापी, एक मध्य अफ़्रीकी पशु जो जिराफ़, हिरन तथा ज़ेबरा से मिलता-जुलता होता है

臛 huò ❶<लि०> मांस का गाढ़ा शोरबा या सूप

J

jī

几 [1] jī छोटी मेज़; तिपाई: 茶几 chájī

几 [2] (幾) jī 〈क्रि०वि०〉〈लि०〉 लगभग; करीब; कोई; तकरीबन: 听课者～一百人。व्याख्यान सुनने आए छात्रों की संख्या कोई एक सौ थी।

jǐ भी दे०

【几案】 jī'àn लंबोतरी मेज़; मेज़

【几乎】 jīhū (几几乎 jījīhū भी) 〈क्रि०वि०〉 लगभग; करीब; कोई; तकरीबन; के आसपास; के लगभग: 你不说，我～忘了。यदि तुम याद न दिलाते, तो मैं इस बात को लगभग भूल गया होता। / ～有一万人参加了集会。दस हज़ार के लगभग लोग आज की सभा में शरीक हुए। / 北京变化巨大，我～认不出来了。पेइचिंग में इतना भारी परिवर्तन आया है कि मैं उसे मुश्किल से पहचान पाया हूँ। / 他～有两米高。उस का कद दो मीटर के आसपास है।

【几近】 jījìn के निकट होना; के समीप होना; के कगार पर होना: 这种野生动物～灭绝。इस जंगली पशु की नस्ल समाप्ति के कगार पर है।

【几率】 jīlǜ 概率 gàilǜ के समान

讥 (譏) jī व्यंग्य करना; ताना देना; हंसी उड़ाना; खिल्ली उड़ाना; चिढ़ाना; खिझाना: 讥笑 / 反唇相讥 fǎnchún-xiāngjī

【讥嘲】 jīcháo व्यंग्य करना; हंसी उड़ाना; खिल्ली उड़ाना

【讥刺】 jīcì 讥讽 jīfěng के समान

【讥讽】 jīfěng व्यंग्य; ताना; व्यंग्य करना; ताना देना

【讥诮】 jīqiào 〈लि०〉 उपहास करना; चुभती हुई बात कहना

【讥笑】 jīxiào उपहास करना; हंसी उड़ाना; दिल्लगी करना; मज़ाक उड़ाना; खिल्ली उड़ाना: 不要～别人。दूसरे की हंसी न उड़ाओ।

击 (擊) jī ❶आघात करना; पीटना; बजाना: ～鼓 ढोल पीटना / 击掌 ❷प्रहार करना; हमला करना: 袭击 xíjī / 攻击 gōngjī ❸छूना; टकराना; स्पर्श करना: 冲击 chōngjī

【击败】 jībài पराजित करना; परास्त करना; हराना; पीटना; जीत दर्ज करना: 他～对手进入决赛。उसने प्रतियोगी पर जीत दर्ज कर फ़ाइनल में खेलने का अधिकार प्राप्त कर लिया।

【击毙】 jībì गोलियां चलाकर मार डालना; मौत के घाट उतारना

【击沉】 jīchén मार डुबोना: ～一艘敌舰 एक शत्रु पोत मार डुबो देना

【击发】 jīfā (बन्दूक इत्यादि का) घोड़ा दबाना

【击毁】 jīhuǐ नष्ट करना; ध्वस्त करना; बरबाद करना

【击剑】 jījiàn 〈खेल०〉 तलवारबाज़ी

【击节】 jījié ताल देना; वाह-वाह करना; वाहवाही देना: ～叹赏 (कवितापाठ या गाने-बजाने के समय) ताल देकर प्रशंसा करना; वाह-वाह करना

【击溃】 jīkuì तितर-बितर करना; छिन्न-भिन्न करना

【击落】 jīluò मार गिराना: ～飞机 विमान मार गिराना

【击破】 jīpò तोड़ना; पराजित करना; हराना: 各个击破 gègè jīpò

【击球】 jīqiú 〈खेल०〉 (क्रिकेट या बेसबाल में) बल्ले से खेलना; बल्ला मारना: ～员 बल्लेबाज़

【击伤】 jīshāng घायल करना; (विमान, टैंक आदि को) क्षति पहुंचाना; नुकसान पहुंचाना

【击赏】 jīshǎng सराहना; वाहवाही करना

【击水】 jīshuǐ ❶पानी से टकराना ❷तैरना

【击退】 jītuì पीछे खदेड़ना; हटाना; भगाना: ～入侵之敌 अतिक्रमणकारियों को पीछे खदेड़ना

【击掌】 jīzhǎng तालियां बजाना; करतलध्वनियां करना

【击中】 jīzhòng निशाना ठीक बैठना; निशाना सीधा लगना

【击中要害】 jīzhòng yàohài मर्मस्थल पर आघात करना

叽 (嘰) jī 〈अनु०〉 चहचहाहट; चींचीं: 小鸟～～叫。पक्षी चहचहाते हैं; पक्षी चींचीं करते हैं।

【叽咕】 jīgu मुंह ही मुंह में बोलना; धीरे-धीरे बात करना; बुदबुदाना: 他俩叽叽咕咕地在说什么？ वे दोनों मुंह ही मुंह में क्या बोल रहे हैं?

【叽叽嘎嘎】 jījigāgā 〈अनु०〉 चरमराहट; खी-खी: 这床～响。पलंग चरमराया। / 她～地笑起来。वह खी-खी करते हुए हंस पड़ी।

【叽叽喳喳】 jījizhāzhā 唧唧喳喳 jījizhāzhā के समान

【叽里旮旯儿】 jīligālár 〈बो०〉 हर कोना

【叽里咕噜】 jīligūlū बड़बड़; सड़ासड़; धड़धड़; धड़ल्ला: 他们～地说个没完。वे बड़बड़ करते नहीं थकते। / 石头～滚下山去。पत्थर धड़ल्ले से पहाड़ के नीचे गिर गया।

【叽里呱啦】 jīliguālā 〈अनु०〉 (बोलने की ऊंची आवाज़): ～地说个不停 ऊंची आवाज़ में बकता रहना

饥 [1] （飢） jī भूख; भूखा; भूख लगना; भूखा होना; भूखों मरना

饥 [2] （饑） jī अकाल; दुर्भिक्ष; भुखमरी： 连年大～ पिछले सालों में लगातार अकाल पड़ना

【饥不择食】 jībùzéshí एक भूखा क्या नहीं खाएगा

【饥肠】 jīcháng खाली पेट： ～辘辘 खाली पेट होना; पेट में चूहे दौड़ना

【饥饿】 jī'è भूख; भूखा

【饥饿线】 jī'èxiàn भूखा होने की दशा

【饥寒】 jīhán भूख और वस्त्र का कष्ट： ～交迫 भूखा-नंगा होना; गरीबी की चक्की में पिसना

【饥荒】 jīhuang ❶अकाल; भुखमरी; दुर्भिक्ष： 闹～ अकाल पड़ना ❷<बोल०> तंगी होना; हाथ तंग होना： 家里闹～。मेरे घर में तंगी है। ❸<बोल०> कर्ण; कर्ज़; कर्ज़ा： 拉～ कर्ज़ लेना

【饥馑】 jījǐn <लि०> अकाल; दुर्भिक्ष; भुखमरी

【饥渴】 jīkě भूखा-प्यासा

【饥民】 jīmín अकालपीड़ित

玑 （璣） jī ❶<साहि०> ऐसा मोती, जो गोल न हो ❷एक प्राचीन खगोल यंत्र

圾 jī दे० 垃圾 lājī

芨 jī नीचे दे०

【芨芨草】 jījīcǎo स्प्लेंडिड एकनाथेरम (एक पौधा)

机 （機） jī ❶मशीन; यंत्र： 缝纫机 féngrènjī / 拖拉机 tuōlājī ❷विमान; हवाई जहाज़： 客机 kèjī ❸कुंजीभूत कड़ी; निर्णायक बिंदु： 转机 zhuǎnjī ❹अवसर; मौका： 时机 shíjī / 乘机 chéngjī ❺आर्गेनिक： 有机 yǒujī ❻महत्वपूर्ण काम-काज： 日理万机 rìlǐ-wànjī ❼मनोभाव; विचार： 动机 dòngjī / 心机 xīnjī ❽चतुर; हाज़िर-जवाब： 机智 / 机警

【机变】 jībiàn <लि०> चतुर; होशियार; चालाक

【机不可失，时不再来】 jī bù kě shī, shí bù zài lái अवसर नहीं चूकना चाहिए; गया वक्त फिर हाथ नहीं आता

【机舱】 jīcāng ❶(पोत का) इंजनरूम ❷(विमान का) यात्री-कक्ष; केबिन

【机场】 jīchǎng हवाई अड्डा; एयरपोर्ट

【机车】 jīchē रेल-इंजन; लोकोमोटिव： ～车辆厂 रेल-इंजन कारखाना / ～组 लोकोमोटिव कर्मीदल

【机床】 jīchuáng खराद; मशीन-टूल： 数控～ प्रोग्राम कंट्रोल्ड खराद

【机电】 jīdiàn मशीनी और विद्युत्： ～设备 मशीनी और विद्युत् उपकरण / ～产品 मशीनी और विद्युत् उत्पाद

【机动】 [1] jīdòng बिजली चालित; मोटर चालित： ～车 मोटर-गाड़ी

【机动】 [2] jīdòng ❶लचीला; समयोचित： ～灵活处置 लचीले ढंग से निबटाना ❷आरक्षित： ～资金 आरक्षित कोष / ～力量 आरक्षित शक्ति; रिज़र्व फ़ोर्स

【机动性】 jīdòngxìng लचीलापन

【机帆船】 jīfānchuán मोटर चालित पालदार नाव

【机房】 jīfáng ❶जनरेटर रूम; मोटर रूम ❷(पोत का) इंजन रूम

【机耕】 jīgēng ट्रेक्टर से जोतना： ～面积 ट्रेक्टरों से जोता गया कृषि-क्षेत्र

【机工】 jīgōng मेकैनिक; मिस्तरी; यांत्रिक

【机构】 jīgòu ❶<यां०> मेकनिज़्म; यंत्ररचना： 传动～ ट्रांसमिशन मेकनिज़्म ❷संगठन; संस्था; संस्थान; प्रतिष्ठान： 权力～ सत्ताधारी संगठन / 政府～ सरकारी संस्था / 非政府～ गैरसरकारी संगठन / 金融～ वित्तीय संस्था / 外交～ राजनयिक संस्था ❸किसी संगठन की आंतरिक संरचना： ～重叠 संस्थाओं का एक पर एक कायम होना / ～臃肿 आवश्यकता से अधिक कर्मचारियों वाला संगठन

【机关】 jīguān ❶<यां०> मेकनिज़्म; गियर： 起动～ स्टार्टिंग गियर ❷मशीन चालित： ～布景 मशीन चालित मंच-सज्जा ❸दफ़्तर; आफिस; संस्था; संस्थान; प्रतिष्ठान： 党政～ पार्टी व सरकारी संस्थाएं / 文化教育～ सांस्कृतिक व शैक्षणिक प्रतिष्ठान ❹साजिश; षड्यंत्र： 识破～ साजिश का भंडाफोड़ करना

【机关报】 jīguānbào मुखपत्र

【机关刊物】 jīguān kānwù किसी दल, सरकार इत्यादि का आधिकारिक प्रकाशन

【机关枪】 jīguānqiāng मशीनगन

【机关算尽】 jīguān suànjìn（机关用尽 jīguān yòngjìn भी）सभी तरह की चालें चलना

【机灌】 jīguàn पंपों से सिंचाई करना

【机会】 jīhuì अवसर; मौका： 错过～ अवसर हाथ से जाने देना; अवसर चूकना / 抓住～ मौके को गिरफ़्त में रखना / 等待～ मौका देखना / 利用～谋私利 मौके का बेजा फ़ायदा उठाकर अपना मतलब निकालना / 我想借此～向各位表示感谢。इस अवसर पर मैं आप लोगों को धन्यवाद देना चाहता हूं।

【机会主义】 jīhuì zhǔyì अवसरवाद; मौकापरस्ती： ～者 अवसरवादी; मौकापरस्त

【机件】 jījiàn <यां०> पुरज़ा

【机井】 jījǐng पंपवेल; पम्पकुआं

【机警】 jījǐng सतर्कता; चौकसी; सावधानी; सतर्क; चौकस; चौकन्ना; सावधान

【机具】 jījù मशीन और औज़ार： 农～ कृषि मशीनरी

【机库】 jīkù हैंगर; विमानशाला

【机理】 jīlǐ प्रक्रिया： 腐蚀～ संक्षारण प्रक्रिया / 分娩～ प्रसव प्रक्रिया

【机灵】 [1] jīling（机伶 jīling भी）चतुरता; होशियारी; बुद्धिमानी; अक्लमंदी; चतुर; होशियार; बुद्धिमान; अक्लमंद： 他办事很～。वह बड़ी चतुरता से मामले निबटा देते हैं। / 这孩子真～，什么东西都一学就会。यह बच्चा बहुत बुद्धिमान है, जो कुछ भी सिखाया जाए, बहुत जल्द समझ जाता है।

【机灵】[2] jīling 激灵 jīling के समान
【机灵鬼】 jīlingguǐ घाघ
【机米】 jīmǐ ❶मशीन द्वारा परिष्कृत चावल ❷籼米 xiānmǐ के समान
【机密】 jīmì ❶गोपनीय; गुप्त: ～文件 गोपनीय दस्तावेज़ ❷गोपनीयता; भेद: 保守～ गोपनीयता रखना
【机敏】 jīmǐn चतुर; हाज़िर-दिमाग; सूझबूझवाला
【机谋】 jīmóu 〈लि०〉 दांव; दांव-पेंच; युक्ति: 施展～ दांव-पेंच खेलना
【机能】 jīnéng 〈श०वि०〉 कार्य; क्रम: 感觉器官的～ इंद्रियों का कार्य / 他下肢瘫痪，两腿丧失～。लकवा पड़ने की वजह से उसकी दोनों जांघें बेकार हो गयीं।
【机器】 jīqì मशीन; यंत्र; मशीनरी: ～制造业 मशीन निर्माण उद्योग / 安装～ मशीन लगाना
【机器脚踏车】 jīqì jiǎotàchē 〈बो०〉 मोटरसाइकिल
【机器人】 jīqìrén रोबोट
【机器油】 jīqìyóu लूब्रिकेंट; चिकनाई; स्नेहक
【机枪】 jīqiāng मशीनगन
【机巧】 jīqiǎo होशियारी; चतुरता; चतुराई: 应对～ चतुराई से जवाब देना
【机群】 jīqún विमानों का समूह; एयर फ़्लीट
【机身】 jīshēn विमान का धड़
【机体】 jītǐ जीव
【机头】 jītóu विमान का अग्र भाग
【机尾】 jīwěi विमान का पिछला भाग
【机务人员】 jīwù rényuán ❶रख-रखाव कर्मचारी ❷ग्राउण्ड क्रू
【机械】 jīxiè ❶मशीन; यंत्र; मशीनरी: ～故障 यांत्रिक खराबी ❷यांत्रिक; हठधर्म; कट्टर: 不能～地照搬他国的经验。दूसरे देशों के अनुभवों का यांत्रिक अनुकरण नहीं करना चाहिए।
【机械工业】 jīxiè gōngyè मशीन निर्माण उद्योग
【机械化】 jīxièhuà मशीनीकरण; यंत्रीकरण; यांत्रीकरण: 农业～ कृषि यंत्रीकरण
【机械化部队】 jīxièhuà bùduì यंत्रसज्जित सैन्य टुकड़ी
【机械加工】 jīxiè jiāgōng मशीनिंग
【机械论】 jīxièlùn 机械唯物主义 jīxiè wéiwù zhǔyì के समान
【机械能】 jīxiènéng 〈भौ०〉 मेकनिकल एनर्जी
【机械师】 jīxièshī मशीनिस्ट; मशीनवाला
【机械手】 jīxièshǒu 〈यां०〉 मैनिप्युलेटर
【机械唯物主义】 jīxiè wéiwù zhǔyì यांत्रिक भौतिकवाद
【机械运动】 jīxiè yùndòng 〈भौ०〉 यांत्रिक गति
【机型】 jīxíng ❶(विमान का) टाइप; प्रकार ❷(मशीन का) माडल
【机修】 jīxiū मशीन का रख-रखाव (करना)
【机要】 jīyào गोपनीय: ～部门 गोपनीय काम की देखरेख करनेवाला विभाग / ～秘书 गोपनीय मामला संभालने वाला सचिव
【机宜】 jīyí कार्य-सिद्धांत; गाइडलाइंस: 面授机宜 miànshòu jīyí
【机翼】 jīyì (विमान का) पंख
【机油】 jīyóu इंजन तेल; मशीन तेल
【机遇】 jīyù अवसर; मौका; अनुकूल स्थिति: 难得的～ दुर्लभ अवसर / 既是挑战又是～ चुनौती के साथ-साथ अवसर भी होना
【机缘】 jīyuán सौभाग्य; अहोभाग्य; खुशकिस्मती; संयोग: 与他相识也是一种～。उससे जान-पहचान होना मेरा सौभाग्य ही है।
【机长】 jīzhǎng विमान कमांडर; विमान चालक दल का कमांडर
【机制】[1] jīzhì मशीनी; मशीननिर्मित: ～纸 मशीनी कागज़
【机制】[2] jīzhì मेकनिज़्म; प्रक्रिया: 竞争～ प्रतिस्पर्धा प्रक्रिया / 建立市场～ मंडी प्रक्रिया स्थापित करना
【机智】 jīzhì चतुराई; होशियारी; हाज़िर-जवाबी; चतुर; होशियार; हाज़िर-जवाब
【机杼】 jīzhù 〈साहि०〉 ❶लूम; करघा ❷(लेख या कविता की) कल्पना: 自出～ मौलिक कल्पना होना
【机子】 jīzi ❶(सिलाई मशीन, टेलीफ़ोन जैसे) मशीन ❷लूम करघा ❸(बन्दूक का) घोड़ा
【机组】 jīzǔ ❶〈यां०〉 यूनिट; सेट; संयंत्र: 发电～ जनरेटिंग यूनिट ❷विमान चालक दल

乩 jī दे० 扶乩 fújī

肌 jī मांसपेशी
【肌肤】 jīfū 〈लि०〉 (मानव) त्वचा और मांसपेशियां
【肌腱】 jījiàn कंडरा
【肌理】 jīlǐ 〈लि०〉 त्वचा की रचना
【肌瘤】 jīliú 肌肉肿瘤 का संक्षिप्त रूप
【肌肉】 jīròu मांसपेशी: ～发达 मांसल होना
【肌肉肿瘤】 jīròu zhǒngliú मांसपेशियों का ट्यूमर
【肌肉注射】 jīròu zhùshè मांसपेशियों के अंदर लगाया जाने वाला इंजेक्शन
【肌体】 jītǐ मानवशरीर; जीव

矶（磯） jī नदी या झील के किनारे उभरी हुई चट्टान

鸡（鷄、雞） jī कुक्कुट: 公～ कुक्कुट; मुर्गा / 母～ कुक्कुटी; मुर्गी / 雏～ चूजा
【鸡巴】 jība 〈अशि०〉 लौड़ा; लंड
【鸡蛋】 jīdàn अंडा
【鸡蛋里挑骨头】 jīdàn li tiāo gǔtou अंडे में हड्डी तलाशने की कोशिश करना —— मीन मेख निकालना
【鸡蛋碰石头】 jīdàn pèng shítou अंडे को चट्टान से टकराने की कोशिश करना —— अपने से कहीं अधिक बलवान व्यक्ति पर प्रहार करना; मूर्खता करना
【鸡飞蛋打】 jīfēi-dàndǎ मुर्गी उड़ गई और अंडे भी फूट गये —— सब कुछ खो बैठना
【鸡公】 jīgōng 〈बो०〉 मुर्गा; कुक्कुट
【鸡冠】 jīguān मुर्गे की कलगी
【鸡冠花】 jīguānhuā कुक्कुट शिखा का फूल
【鸡霍乱】 jīhuòluàn फ़ोल कालरा; कुक्कुट हैज़ा

【鸡奸】 jījiān लौंडेबाज़ी
【鸡肋】 jīlèi 〈साहि०〉 चिकन रिब; मुर्गे की पसलियां —— तुच्छ या अरुचिकर वस्तुः 味同～ मुर्गे की पसलियों की तरह अरुचिकर होना
【鸡零狗碎】 jīlíng-gǒusuì टुकड़े-टुकड़े किया हुआ; विखंडित
【鸡毛】 jīmáo मुर्गे का पर
【鸡毛掸子】 jīmáo dǎnzi फ़ेदर डस्टर; मुर्गे के परों से बनी झाड़न
【鸡毛店】 jīmáodiàn (पुराने ज़माने में) छोटी व घटिया सराय
【鸡毛蒜皮】 jīmáo-suànpí मुर्गे के पर और लहसुन के छिलके —— तुच्छ बात; क्षुद्र वस्तुः 这些～的小事，您不必和他计较。आपको इन तुच्छ बातों के लिये उससे बहस करने की ज़रूरत नहीं।
【鸡毛帚】 jīmáozhǒu 〈बो०〉 फ़ेदर डस्टर
【鸡鸣狗盗】 jīmíng-gǒudào मुर्गे की भांति चिल्लाना और कुत्ते की तरह झपट्टा मारना —— छोटी-मोटी चालें चलनाः ～之徒 घटिया चाल चलने वाला नीच व्यक्ति
【鸡内金】 jīnèijīn 〈ची०चि०〉 मुर्गे के पोटे की झिल्ली
【鸡皮疙瘩】 jīpí gēda चर्मांकुरणः 起～ रोंगटे खड़े होना; रोमांच होना
【鸡婆】 jīpó 〈बो०〉 मुर्गी; कुक्कुटी
【鸡犬不惊】 jīquǎn-bùjīng मुर्गे और कुत्तों तक का परेशान न होना (सेना के कड़े अनुशासन या अमन-चैन की स्थिति की उपमा)
【鸡犬不留】 jīquǎn-bùliú कुत्ते-कुत्तियों और मुर्गे-मुर्गियों तक को न बख्शना —— नरसंहार करना
【鸡犬不宁】 jīquǎn-bùníng कुत्ते-कुत्तियों और मुर्गे-मुर्गियों तक का अशांत होना —— व्यापक खलबली मचना
【鸡犬升天】 jīquǎn-shēngtiān दे० 一人得道，鸡犬升天 yīrén-dédào, jīquǎn-shēngtiān
【鸡尾酒】 jīwěijiǔ कोकटेलः ～会 कोकटेल पार्टी
【鸡瘟】 jīwēn चिकन पेस्ट; कुक्कुट महामारी
【鸡窝】 jīwō दरबा; दड़बा
【鸡心】 jīxīn ❶मुर्गे या मुर्गी का दिल ❷दिल के आकार काः ～领 'V' कालर ❸दिल के आकार की गले की लटकन
【鸡胸】 jīxiōng 〈चिकि०〉 कपोतवक्ष
【鸡眼】 jīyǎn 〈चिकि०〉 किणः ～膏 किणलेप
【鸡杂】 jīzá मुर्गे की ओझरी
【鸡子】 jīzi 〈बो०〉 मुर्गा; मुर्गी
【鸡子儿】 jīzǐr 〈बो०〉 अंडा

奇 jī ❶विषम (संख्या) ❷〈लि०〉 पूर्ण संख्या के बाद की भिन्नात्मक संख्याः 五十有～ पचास से ज़्यादा
qí भी दे०
【奇零】 jīlíng 〈लि०〉 पूर्ण संख्या के बाद की भिन्नात्मक संख्या
【奇数】 jīshù 〈गणित०〉 विषम संख्या

唧 jī छिटकना; छिटकाना; छिड़कना; (तरल पदार्थ को) पिचकारी से छोड़नाः ～了他一身水。वह पिचकारी से छोड़े गये पानी से तर हो गया।
【唧咕】 jīgu 叽咕 jīgu के समान
【唧唧】 jījī 〈अनु०〉 झींझीं; झनझन; झंकारः 蟋蟀～地叫。झींगुर झींझीं शब्द कर रहे हैं।
【唧唧喳喳】 jījizhāzhā 〈अनु०〉 चींचीं; चूं-चूं; चह चह; चहचहाहट; चहकना; चहचहानाः 小鸟～叫个不停。पक्षी चहक रहे हैं। / 这些女孩子一见面就～说个没完。ये लड़कियां मिलते ही चहकती नहीं थकतीं।
【唧哝】 jīnong कानाफूसी करना; फुसफुसाना; कान में कहना; चुपके से कहनाः 男孩子在妈妈耳边～了几句，就跑出去了。लड़का अपनी मां के कान में कुछ कहकर बाहर भाग गया।
【唧筒】 jītǒng पंप; पिचकारी; नल

积（積） jī ❶संचय करना; संचित करना; एकत्र करना; संग्रह करना; संगृहीत करना; भंडारण करनाः 积少成多 / ～粮 खाद्यान्न का भंडारण करना ❷ढेर लगाना; अम्बार लगाना; राशि जमाना; टीला लगानाः ～土成山 मिट्टी का टीला लगाना ❸पुरानाः ～案 पुराना मामला / 积习 ❹〈ची०चि०〉 (बच्चों का रोग) अपच; बदहज़मीः 这孩子有～了。इस बच्चे को बदहज़मी हो गई। ❺〈गणित०〉 गुणनफल
【积弊】 jībì वर्षों पुरानी बदचलनी; अरसे से चला आया दुर्व्यवहारः 清除～ वर्षों पुरानी बदचलनी से छुटकारा पाना
【积储】 jīchǔ संचय करना; संग्रह करना; जमा करना; गोदाम में रखना
【积存】 jīcún 积储 के समान
【积德】 jīdé पुण्यकर्म करना
【积非成是】 jīfēi-chéngshì लम्बे अरसे से प्रचलित गलत के सही माने जाने की संभावना है
【积肥】 jīféi खाद एकत्र करना
【积分】 jīfēn 〈गणित०〉 समाकल
【积分学】 jīfēnxué समाकलन गणित
【积愤】 jīfèn मन में संचित रोष
【积极】 jījí ❶सकारात्मकः ～因素 सकारात्मक तत्व / ～作用 सकारात्मक भूमिका / 做出～贡献 सकारात्मक योगदान करना ❷सक्रियता; जोश; सक्रिय; जोशिलाः 他一向～参加植树活动。वह वृक्षारोपण अभियान में अक्सर सक्रिय रहता है। / ～参与 सक्रिय भाग लेना
【积极性】 jījíxìng पहल; जोश; उत्साह; सक्रियताः 调动～ उत्साहित करना; उत्साह बढ़ाना / 挫伤～ हतोत्साह करना
【积聚】 jījù इकट्ठा करना (होना); संचय करना (होना); जमा करना (होना); संग्रह करना (होना)ः ～力量 शक्ति संग्रह करना / ～财富 धन संचित करना
【积劳】 jīláo 〈लि०〉 लम्बे अरसे से अत्यधिक काम करते रहनाः ～成疾 अत्यधिक काम के कारण बीमार पड़ना
【积累】 jīlěi ❶संचय करना (होना); अर्जन करना (होना); संचित करना (होना); अर्जित करना (होना)ः ～资金 पूंजी का संचय करना / ～经验 अनुभव अर्जित करना ❷〈अर्थ०〉 (पुनरुत्पादन के विस्तार के लिये) संचयः ～和消费 संचय और उपभोग / 公共～ सार्वजनिक संचय

【积木】 jīmù बिल्डिंग ब्लॉक; खिलौना ईंट
【积年】 jīnián <लि०> अनेक वर्ष: ～旧案 वर्षों पहले दायर किया हुआ मामला
【积年累月】 jīnián-lěiyuè वर्षों से; वर्षों तक; साल-ब-साल
【积欠】 jīqiàn बकाया; ऋणशेष: 还清～ बकाया चुकाना
【积善】 jīshàn 积德 के समान
【积食】 jīshí <बो०> (बच्चों को) अपच या बदहज़मी होना
【积习】 jīxí पुरानी आदत; दीर्घकाल से प्रचलित व्यवहार: ～难改。पुरानी आदतें भुलाना कठिन होता है।
【积蓄】 jīxù ❶संचय करना; अर्जन करना; संचित करना; अर्जित करना: ～力量 शक्ति संचित करना ❷बचत; जमा किया हुआ धन: 月月都有～。हर महीने बचत की जाती है।
【积压】 jīyā लम्बे अरसे से जमा करना (होना); गोदाम में खूब सामान भरना: 供过于求造成产品～。ज़रूरत से अधिक आपूर्ति की वजह से वस्तुएं लम्बे अरसे से गोदाम में जमा हैं। / ～在心中的怒火 मन में रोके रखी हुई क्रोधाग्नि
【积羽沉舟】 jīyǔ-chénzhōu पर्याप्त पर भी नाव डुबो सकते हैं —— क्षुद्र वस्तुएं एकत्र होकर ताकत में बदल सकती हैं; एक और एक ग्यारह होते हैं
【积雨云】 jīyǔyún मेघ
【积怨】 jīyuàn पुराना द्वेष (मनमुटाव, बैर): 他与邻里～甚多。उससे उसके पड़ोसियों का पुराना द्वेष है।
【积攒】 jīzǎn <बोल०> थोड़ा-थोड़ा करके जमा (एकत्र, संगृहीत) करना: ～邮票 डाक-टिकट संग्रह करना / 他省吃俭用，～了一笔钱。उसने खाने-पीने और कपड़े-लत्ते पर किफ़ायत करके यह धन-राशि जमा की है।
【积重难返】 jīzhòng-nánfǎn पुरानी बुरी आदतें भुलाना कठिन होता है
【积铢累寸】 jīzhū-lěicùn थोड़ा-थोड़ा करके एकत्र करना

笄 jī <प्रा०> हेयरपिन

屐 jī ❶लकड़ी के तल्ले के जूते: 木屐 mùjī ❷जूता: 草～ भूसे के जूते

姬 jī ❶प्राचीन युग में नारियों का एक प्रशंसात्मक संबोधन ❷उपपत्नी का प्राचीन संबोधन: ～妾 उपपत्नियां ❸<प्रा०> नर्तकी या गायिका: 歌～ गायिका / 舞～ नर्तकी ❹ (Jī) एक कुलनाम

基 jī ❶नींव; आधार; बुनियाद: 房～ मकान की बुनियाद / 地基 dìjī ❷मूल; बुनियादी; आधारभूत; प्राथमिक: 基层 / 基调 ❸<रसा०> बेस
【基本】 jīběn ❶आधार; नींव: 人民是国家的～。जनता राष्ट्र का आधार है। ❷आधारभूत; बुनियादी; मूलभूत: 双方之间存在着～分歧。दोनों पक्षों के बीच मूलभूत मतभेद हैं। / ～知识 आधारभूत ज्ञान / ～原则 बुनियादी सिद्धान्त ❸मुख्य; ज़रूरी; आवश्यक: ～条件 आवश्यक स्थितियां ❹आम तौर पर; मुख्यतः: 会谈结果～令人满意。वार्त्ता का परिणाम आम तौर पर संतोषजनक है।
【基本词汇】 jīběn cíhuì मूल शब्दावली; आधारभूत शब्द-भंडार
【基本法】 jīběnfǎ बुनियादी कानून
【基本工资】 jīběn gōngzī मूल वेतन
【基本功】 jīběngōng मूल प्रशिक्षण; बुनियादी कौशल; आवश्यक तकनीक
【基本建设】 jīběn jiànshè पूंजीगत निर्माण
【基本粒子】 jīběn lìzǐ <भौ०> मूलकण; इलेमेंटरी पार्टिकल
【基本路线】 jīběn lùxiàn बुनियादी कार्यदिशा
【基本矛盾】 jīběn máodùn बुनियादी अंतरविरोध
【基本上】 jīběnshang ❶मुख्यतः; मुख्य रूप से: 这项工作～由你负责。तुम मुख्यतः इस काम की देख-रेख करोगे। ❷आम तौर पर; प्रायः: 今年的出口任务到十一月底已基本完成。इस वर्ष का निर्यात लक्ष्य पिछले नवम्बर के अंत में आम तौर पर प्राप्त हो चुका।
【基层】 jīcéng बुनियादी स्तर; प्राथमिक स्तर: ～选举 बुनियादी स्तर पर चुनाव / ～政权组织 प्राथमिक स्तर का सत्ताधारी संगठन / ～单位 बुनियादी इकाई
【基础】 jīchǔ ❶(निर्माण का) आधार; नींव; बुनियाद ❷आरंभ; बुनियाद; नींव; आधार: 农业是国民经济的～。कृषि अर्थतंत्र का आधार है। / 在和平共处五项原则的～上，同各国建立和发展友好关系。शांतिपूर्ण सह-अस्तित्व के पांच सिद्धांतों के आधार पर अन्य देशों के साथ मैत्रिपूर्ण संबंध स्थापित और विकसित किये जायेंगे। / 理论～ सैद्धांतिक आधार ❸经济基础 jīngjì jīchǔ का संक्षिप्त रूप
【基础代谢】 jīchǔ dàixiè <जीव०> बुनियादी उपपाचन
【基础教育】 jīchǔ jiàoyù प्राथमिक शिक्षा
【基础科学】 jīchǔ kēxué आधारभूत विज्ञान
【基础课】 jīchǔkè बुनियादी कोर्स
【基础设施】 jīchǔ shèshī बुनियादी सुविधाएं: 加强～建设 बुनियादी सुविधाएं जुटाने में ज़ोर लगाना
【基础知识】 jīchǔ zhīshi आधारभूत ज्ञान; बुनियादी जानकारी
【基地】 jīdì अड्डा; केंद्र: 军事～ सैनिक अड्डा / 蔬菜生产～ साग उत्पादन केन्द्र
【基点】 jīdiǎn ❶केंद्र: 科研～ वैज्ञानिक अनुसंधान केंद्र ❷बुनियादी दृष्टिकोण; प्रस्थानबिन्दु
【基调】 jīdiào ❶<संगी०> प्रमुख लय ❷मूल स्वर; बुनियादी दृष्टिकोण: 他的发言为这次会议定下了～。उसने अपने भाषण में इस बैठक का मूल स्वर तय किया। / 这部剧本的～是健康的。इस नाटक का मूल प्रयोजन स्वस्थ है।
【基督】 Jīdū यीशु; ईसामसीह; ईसा
【基督教】 Jīdūjiào ईसाई धर्म
【基督徒】 jīdūtú ईसाई
【基肥】 jīféi आधार खाद
【基干】 jīgàn आधारस्तंभ; बुनियाद

【基价】 jījià आधार मूल्य
【基建】 jījiàn 基本建设 jīběn jiànshè का संक्षिप्त रूप
【基金】 jījīn फ़ंड; कोष: 积累～ संचय कोष / 福利～ कल्याण कोष / 救济～ राहत कोष
【基金会】 jījīnhuì कोष: 残疾人福利～ विकलांग कल्याण कोष
【基里巴斯】 Jīlibāsī किरिबाटी
【基诺族】 Jīnuòzú चीनो जाति, जो युननान प्रांत में बसी हुई है
【基期】 jīqī 〈सांख्यिकी〉 आधार-अवधि
【基色】 jīsè बुनियादी रंग
【基石】 jīshí आधार-शिला
【基数】 jīshù ❶〈गणित०〉 गणन संख्याएं; कार्डिनल नंबर ❷〈सांख्यिकी〉 आधार: 以 1990 年的产量为～ 1990 के उत्पादन को आधार मानते हुए…
【基态】 jītài 〈भौ०〉 ग्राउंड स्टेट: 原子的～ एटमिक ग्राउंड स्टेट
【基线】 jīxiàn 〈सर्वेक्षण〉 आधार-रेखा
【基业】 jīyè कार्य के विकास के लिये आधार: 创建～ कार्य के विकास के लिये आधार की रचना करना
【基因】 jīyīn 〈जीव०〉 जीन: ～突变 जीन की गुण-क्रांति / ～型 जीनो-टाइप / ～工程 आनुवंशिक इंजीनियरिंग
【基因工程学】 jīyīn gōngchéngxué 遗传工程学 yíchuán gōngchéngxué के समान
【基音】 jīyīn 〈संगी०〉 मूल स्वर
【基于】 jīyú 〈पूर्व०〉 के मद्देनज़र; ध्यान में रखते हुए; के आधार पर: ～这一事实，我们不得不严正指出… इस तथ्य को ध्यान में रखते हुए हमें गंभीर रूप से यह बताना पड़ा है कि… / ～情况的改变，我们建议修改原来的计划。स्थितियों में आए परिवर्तनों के मद्देनज़र हम मूल योजना में हेर-फेर करने का सुझाव देते हैं।
【基准】 jīzhǔn ❶〈सर्वेक्षण〉 आधार ❷मापदण्ड; स्टैंडर्ड

赍（賫、齎） jī 〈लि०〉 ❶मन में रखना; पालना; संजोना ❷देना
【赍恨】 jīhèn 〈लि०〉 抱恨 bàohèn के समान
【赍赏】 jīshǎng इनाम देना
【赍志而殁】 jīzhì'érmò अपनी महत्वाकांक्षा पूरी किये बिना मर जाना

犄 jī नीचे दे०
【犄角】 jījiǎo 〈बो०〉 कोना: 屋子的～里放着一张茶几。कमरे के एक कोने में एक तिपाई है।
【犄角】 jījiao सींग; शृंग: 牛～ बैल के सींग / 鹿～ हिरन के शृंग

嵇 Jī एक कुलनाम

缉（緝） jī गिरफ़्तार करना; गिरफ़्तारी करना; पकड़ना: 通缉 tōngjī
qī भी दे०
【缉捕】 jībǔ पकड़ना; गिरफ़्तार करना : ～逃犯 फ़रार अपराधी को पकड़ना
【缉查】 jīchá तलाशी लेना: 挨户～ घर-घर में तलाशी लेना
【缉毒】 jīdú ❶नशीली वस्तुओं की तस्करी पर रोक लगाना ❷नशीली वस्तुओं के तस्करों की गिरफ़्तारी करना
【缉获】 jīhuò बरामद करना: ～毒品 मादक पदार्थ बरामद करना
【缉拿】 jīná पकड़ना; गिरफ़्तार करना; गिरफ़्तारी करना: ～凶手 हत्यारे को पकड़ लेना
【缉私】 jīsī तस्करों को गिरफ़्तार करना या तस्करी का माल ज़ब्त करना
【缉私船】 jīsīchuán तस्करी रोधक गश्ती पोत

畸 jī ❶असंतुलित: 畸轻畸重 ❷अनियमित; असामान्य: 畸变 ❸〈लि०〉 पूर्ण संख्या के बाद की भिन्नात्मक संख्या: 畸零
【畸变】 jībiàn ❶अनियमित रूप से होने वाला परिवर्तन ❷〈रेडियो〉 प्रसारण में स्पष्टता व शुद्धता का अभाव; गड़बड़ी
【畸零】 jīlíng 奇零 jīlíng के समान
【畸轻畸重】 jīqīng-jīzhòng एक ओर भारी और दूसरी ओर हल्का; एक तरफ़ अधिक और दूसरी तरफ़ कम
【畸形】 jīxíng ❶〈चिकि०〉 अंग या शरीर की कुरूपता; विकलता: 先天～ जन्मसिद्ध विकलता ❷असंतुलित; असामान्य; एकांगी: 经济～发展 अर्थतंत्र का असंतुलित विकास

跻（躋） jī 〈लि०〉 ऊपर उठना
【跻身】 jīshēn ❶शामिल होना: ～文坛 साहित्यकारों की पांत में शामिल होना / ～前四名 पहले के चार स्थानों में शामिल होना

箕 jī ❶कूड़े का तसला: 簸箕 bòji ❷(अंगुली की छाप का एक आकार) कुंडली ❸पूर्वाषाढ़ा (28 नक्षत्रों में से एक)
【箕斗】 jīdǒu 〈लि०〉 ❶पूर्वाषाढ़ा एवं उत्तराषाढ़ा; नक्षत्र ❷नाम का ❸अंगुली की छाप; अंगुली का निशान
【箕踞】 jījù 〈प्रा०〉 फ़र्श पर दोनों टांगें फैलाए बैठना (बैठने का यह ढंग असभ्यतापूर्ण माना जाता था)

稽[1] jī ❶जांच करना; जांचना; निरीक्षण करना: 稽查 ❷बहस करना; प्रतिवाद करना ❸（Jī）एक कुलनाम

稽[2] jī 〈लि०〉 देर लगाना; विलम्ब करना; रोकना; रुकना : 稽留
qǐ भी दे०
【稽查】 jīchá ❶(तस्करी, कर-चोरी, निषिद्ध वस्तुओं इत्यादि की रोकथाम के लिये) जांच करना ❷निरीक्षक; कस्टम अधिकारी
【稽核】 jīhé जांच करना; परीक्षा करना: ～帐目 लेखा-परीक्षा करना
【稽考】 jīkǎo 〈लि०〉 निश्चित रूप से जानना; सिद्ध

करना; पुष्टि करना; पता पानाः 无可～ निश्चित नहीं किया जा सकना; सिद्ध न किया जा सकना

【稽留】 jīliú 〈लि०〉 रुकना; ठहरनाः 因事～，无法如期到沪。किसी कारणवश मुझे यहां रुकना पड़ा और नियत तिथि पर शांगहाए नहीं पहुंच पा रहा हूं।

【稽延】 jīyán 〈लि०〉 देर लगाना; विलंब करना

齑（齏） jī 〈लि०〉 ❶अदरक, लहसुन आदि का महीन चूर्ण; मसाला ❷बारीक; महीन; पिसा हुआः 齑粉

【齑粉】 jīfěn 〈लि०〉 चूर्ण; बुकनीः 碾为～ धूलधुसरित होना; मिट्टी में मिलना

畿 jī 〈लि०〉 नीचे दे०

【畿辅】 jīfǔ 〈लि०〉 राष्ट्रीय राजधानी के इर्द-गिर्द का क्षेत्र

墼 jī दे० 土墼 tǔjī

激 jī ❶पानी आदि के छींटे उड़ाना; उद्वेलित करना (होना); टकरानाः 海水冲击礁石，～起高高的浪花。चट्टानों से टकराकर समुद्र का पानी उद्वेलित हो जाता है और ऊंची-ऊंची लहरें उठ आती हैं। ❷भीग जाने पर बीमार पड़नाः 他叫雨～着了。वर्षा में भीग कर वह बीमार पड़ गया। ❸〈बो०〉 पानी में रखकर ठंडा करनाः 把西瓜放到冰水里～一～。तरबूज़े को बर्फ़ीले पानी में रखकर ठंडा करो। ❹उभारना; उकसाना; उत्तेजित करना; भड़काना; बढ़ाना; उभरना; उत्तेजित होना; भड़कना; बढ़नाः ～起农民生产积极性 उत्पादन में किसानों का उत्साह बढ़ाना / ～起愤慨 रोष भड़क उठना / 激将 ❺आवेश में आना; भावावेश में आना; जोश में आनाः 激动 ❻प्रचंड; तीव्र; भीषण; घोर; घमासानः ～战 घमासान लड़ाई / 激流

【激昂】 jī'áng उत्तेजित करना (होना); उत्साहित करना (होना)ः 群情～。सब लोग उत्तेजित हो उठे।

【激昂慷慨】 jī'áng-kāngkǎi 慷慨激昂 kāngkǎi-jī'áng के समान

【激变】 jībiàn तीव्र बदलाव आना; तेज़ी से बदलनाः 形势～。परिस्थिति तेज़ी से बदल गयी।

【激荡】 jīdàng आंदोलित करना (होना); क्षुब्ध करना (होना); उमड़ना; उफनना; उद्वेलित होना; तरंगित होना; आवेग में आना; तैश में आना; ताव में आनाः 海水～。समुद्र का पानी उद्वेलित हो उठा। / 情绪～ आवेग में आना / ～人心 हृदय को स्पर्श करना; दिल को छूना

【激动】 jīdòng भावविभोर होना; आवेश में आना; भावावेश में आना; जोश में आना; उत्तेजित होनाः 他～得不知说什么好。वह आवेश में आकर कुछ भी बोल न पाया। / 他的讲话～人心，引起阵阵掌声。उनका भाषण इतना उत्तेजक था कि हाल में बार-बार करतल-ध्वनियां गूंजती रहीं।

【激发】 jīfā ❶बढ़ावा देना; प्रोत्साहित करना; उत्साह देना; बढ़ाना; उत्तेजित करनाः ～群众积极性 जनता का उत्साह बढ़ाना / 这件事～了青年学生的爱国热情。इस घटना से छात्रों की देशभक्ति को बढ़ावा मिला है। ❸〈भौ०〉 एक्साइटेशन

【激奋】 jīfèn प्रेरित करना (होना); प्रोत्साहित करना (होना)ः 喜讯传来，人心～。यह खुशखबरी मिलते ही सभी प्रोत्साहित हुए।

【激愤】 jīfèn（激忿 jīfèn भी）क्रोध होना; क्रोधित होना; क्रुद्ध होना; रोष होना; रुष्ट होनाः 群情～。लोग क्रोधित हो उठे।

【激光】 jīguāng लेसरः ～束 लेसर बीम / ～唱片 काम्पैक्ट डिस्क (CD) / ～制导导弹 लेसर मिसाइल / ～炸弹 लेसर बम / ～器 लेसर (डिवाइस) / ～技术 लेसर तकनीक

【激化】 jīhuà तीव्र करना (होना); तीक्ष्ण करना (होना)ः 双方矛盾进一步～。दोनों पक्षों के बीच अंतर्विरोध तीक्ष्ण हो गये। / 这种做法将使斗争更加～。इस प्रकार की कार्रवाई से संघर्ष को और तीव्र किया जाएगा।

【激活】 jīhuó 〈भौ०〉 एक्टिवेशन; सक्रियणः ～剂 एक्टिवेटर; सक्रियकारक

【激将】 jījiàng उत्तेजित करना; उकसाना; भड़कानाः 请将不如～。यदि किसी से कुछ करवाना हो, तो उसे मनाने के बजाए उत्तेजित करना ही अधिक उपयुक्त होगा। / 使用～法 किसी को कोई काम करने के लिये उत्तेजित करना

【激进】 jījìn उग्रः ～派 उग्रवादी / 他的观点太～了。उसका दृष्टिकोण बड़ा उग्र मालूम होता है।

【激剧】 jījù भीषण; प्रचंड; तीव्र; तीक्ष्णः ～的思想斗争 भीषण मानसिक संघर्ष / ～发展 तीव्र विकास होना

【激浪】 jīlàng प्रचंड तरंगें; प्रचंड लहरें

【激励】 jīlì प्रोत्साहित करना; प्रेरित करना; हौसला बढ़ाना; प्रेरणा देना; प्रोत्साहन देनाः ～士气 हौसला बढ़ाना / ～机制 प्रोत्साहन देने की प्रणाली / 他们互相～，要为国争光。वे अपने देश का नाम रोशन करने के लिये एक दूसरे को प्रेरित करते हैं।

【激烈】 jīliè तीव्र; तीक्ष्ण; प्रचंड; भीषण; ज़बरदस्तः ～的战斗 भीषण लड़ाई / 他们进行了～的争论。उन्होंने गरमागरम बहस की। / 这场足球赛踢得很～。यह फ़ुटबाल मैच बहुत ज़बरदस्त रहा। / 言辞～ तीक्ष्ण शब्द

【激灵】 jīling 〈बो०〉 कंपकंपी छूटनाः 他吓得一～就醒了。भय के मारे उसे कंपकंपी छूटी और नींद खुल गयी।

【激流】 jīliú तेज़ जल-प्रवाह; प्रचंड प्रवाह; तेज़ धाराः 小船被～冲走。प्रचंड जल-प्रवाह नौका को बहा ले गया।

【激怒】 jīnù क्रोधित करना; क्रुद्ध करना; रुष्ट करना; गुस्सा दिलानाः 他的蛮横无理～了在场的所有人。उसकी गुस्ताख़ी ने मौके पर मौजूद सभी लोगों को गुस्सा दिलाया।

【激切】 jīqiè 〈लि०〉 भावोत्तेजित (भाषा)

【激情】 jīqíng आवेश; जोश; उत्साह; भावावेशः 她那充满～的歌声在空中回荡。उसके जोशपूर्ण गीत की स्वर लहरियां हवा में तैर रही हैं। / ～满怀 भावावेश में आना; जोश से भरा हुआ होना

【激赏】 jīshǎng 〈लि०〉 भूरि-भूरि प्रशंसा करना; खूब सराहना

【激素】 jīsù हार्मोन

【激扬】 jīyáng ❶激浊扬清 का संक्षिप्त रूप ❷उत्साह-

पूर्ण; उत्साहवर्द्धक: ～的欢呼声 उत्साहपूर्ण हर्षध्वनि

【激越】 jīyuè आवेशमय; जोशपूर्ण; ऊंची और वक्र (तान): 这首歌的旋律～昂扬。इस गीत में ऊंची और वक्र तान का प्रयोग किया गया है।

【激增】 jīzēng तेज़ी से बढ़ना; द्रुत और भारी वृद्धि होना; तेज़ी से बढ़ोतरी होना: 由于使用新的品种，粮食产量～。नयी नस्लों के बीजों की बोवाई की बदौलत अनाज की पैदावार में द्रुत और भारी वृद्धि हुई। / 金融危机加剧导致失业率～至百分之五。वित्तीय संकट में वृद्धि के कारण बेरोज़गारी दर तेज़ी से बढ़कर ५ प्रतिशत हो गई।

【激战】 jīzhàn भीषण लड़ाई; घमासान युद्ध

【激浊扬清】 jīzhuó-yángqīng गंदा पानी निकालकर स्वच्छ पानी लाना —— अवगुण त्याग कर सद्गुण विकसित करना; दुश्चरित्र समाप्त कर सच्चरित्र का विकास करना

羁（覊） jī ❶〈लि॰〉 लगाम; बाग: 无～之马 बेलगाम घोड़ा ❷नियंत्रित; संयमित: 放荡不羁 fàngdàng-bùjī ❸रोक रखना; रोकना: 事务～身 कर्तव्य द्वारा रोके रखा जाना

【羁绊】 jībàn 〈लि॰〉 बंधन; जकड़: 挣脱旧观念的～ पुरानी मान्यताओं के बंधन से मुक्त होना / 他为工作所～，无法前往。वह कामकाज के कारण वहां जा नहीं सका।

【羁勒】 jīlè 〈लि॰〉 बंधन; जकड़

【羁留】 jīliú ❶(किसी अनजान स्थान में) रुकना; ठहरना ❷हिरासत में रखना; हवालात में रखना

【羁旅】 jīlǚ 〈लि॰〉 किसी बेगाने स्थान में लम्बे समय के लिये रुके रहना या जीवन व्यतीत करना

【羁縻】 jīmí 〈लि॰〉 ❶(अधीन देशों को) नियंत्रण में रखना ❷羁留 के समान

【羁押】 jīyā 〈लि॰〉 हिरासत में रखना; हवालात में रखना; पहरे में डालना

jí

及¹ jí ❶पहुंचना: 水深～膝。पानी घुटनों तक पहुंच गया। / 力所能及 lì suǒ néng jí ❷समय पर: 及时 ❸के समकक्ष होना; के तुल्य होना: 论学习，我不～他。अध्ययन के क्षेत्र में मैं उस के समकक्ष नहीं हूं। ❹〈लि॰〉 ध्यान रखना: 攻其一点，不及其余 gōng qí yī diǎn, bù jí qí yú

及² jí 〈संयो॰〉 और; तथा; व; एवं: 图书、报纸～杂志 पुस्तकें, अखबार और पत्रिकाएं

【及第】 jídì शाही परीक्षा में उत्तीर्ण होना

【及格】 jígé परीक्षा में सफल होना; इम्तिहान में पास होना: 中国的学校一般采用百分制，六十分为～。चीन के अधिसंख्य स्कूलों में शत प्रतिशत अंक व्यवस्था लागू है और साठ प्रतिशत पास होने की सीमा माना जाता है। / 他考试不～。वह इम्तिहान मे फ़ेल हो गया।

【及冠】 jíguàn 〈प्रा॰〉 (बालक का) वयस्क होना; बालिग होना

【及笄】 jíjī 〈प्रा॰〉 (बालिका का) वयस्क होना; बालिग होना

【及龄】 jílíng अपेक्षित आयु का होना

【及门】 jímén 〈लि॰〉 गुरु से सीधे शिक्षा पाने वाला: ～弟子 गुरु से सीधे शिक्षा पाने वाला शिष्य

【及时】 jíshí ❶समय पर; ऐन वक्त पर; मौके पर: 你来得很～。तुम बड़े मौके पर आए। / 他～出现在人们眼前。वह समय पर लोगों के सामने आया। ❷अविलंब; बिना विलंब किये; तत्काल; तुरन्त; फ़ौरन: ～报告 तत्काल रिपोर्ट देना / ～纠正错误 गलती को फ़ौरन दुरुस्त करना / ～赶赴出事地点 घटनास्थल पर तुरन्त पहुंच जाना

【及时雨】 jíshíyǔ ❶सामयिक वर्षा ❷सामयिक सहायता; समय पर दी जाने वाली मदद

【及物动词】 jíwù dòngcí 〈व्या॰〉 सकर्मक क्रिया

【及早】 jízǎo जल्द से जल्द; शीघ्रातिशीघ्र; जितनी जल्दी हो सके: 日程一旦定下，请～通知他。कार्यक्रम तय होने पर उन्हें शीघ्रातिशीघ्र इस संदर्भ में सूचित करें। / 有病要～治。बीमारी का जल्द से जल्द इलाज कराना चाहिये।

【及至】 jízhì 〈संयो॰〉 जब तक; तक: ～他赶到会场，会议早就开始了。जब तक वह सभा-स्थल पहुंचा तब तक सभा शुरू हो चुकी थी।

吉 jí ❶शुभ; मंगल; कल्याण; सौभाग्य: 凶多吉少 xiōngduō-jíshǎo ❷吉林 Jílín का संक्षिप्त नाम ❸（Jí）एक कुलनाम

【吉卜赛人】 Jíbǔsàirén जिप्सी

【吉布提】 Jíbùtí जिबूती

【吉尔吉斯斯坦】 Jíěrjísīsītǎn किरगिज़स्तान

【吉光片羽】 jíguāng-piànyǔ बहुमूल्य सांस्कृतिक अवशेष का एक अंश

【吉利】 jílì शुभ; मंगल: ～话 शुभशब्द / ～的消息 शुभसमाचार

【吉林】 Jílín चीलिन प्रांत

【吉普车】 jípǔchē जीप

【吉期】 jíqī विवाह का मुहूर्त

【吉庆】 jíqìng शुभ; मंगल: ～话 शुभशब्द

【吉人天相】 jírén-tiānxiàng ईश्वर सत्पुरुष का साथ देता है

【吉日】 jírì शुभमुहूर्त; शुभ दिन

【吉他】 jítā गिटार

【吉祥】 jíxiáng मंगल; शुभ; मांगलिक; शुभप्रद; मंगलप्रद: 说～话 शुभकामना करना

【吉祥物】 jíxiángwù शुभचिन्ह; शुभंकर

【吉星】 jíxīng मंगल ग्रह: ～高照 मंगल ग्रह की कृपा होना

【吉凶】 jíxiōng शुभाशुभ

【吉凶未卜】 jíxiōng-wèibǔ किस्मत अधर में लटकना; भाग्य अनिश्चित होना: 他们在沙漠中迷了路，～。

अपार रेगिस्तान में रास्ता भटक जाने पर उनका भाग्य अनिश्चित था।

【吉言】 jíyán शुभशब्द

【吉兆】 jízhào शुभ शकुन; मंगल लक्षण: 印度人出门时遇见牛或水罐，认为是～，而中国人认为喜鹊叫是～。भारतीय लोग यात्रा के समय गौ या पानी का घड़ा दिखाई देने को शुभ शकुन मानते हैं, जबकि चीनी लोग नीलकंठ की चहचहाहट को।

岌 jí 〈लि०〉 (पर्वत का) उत्तुंग होना; बुलन्द होना; बहुत ऊंचा होना

【岌岌】 jíjí 〈लि०〉 ❶(पर्वत का) उत्तुंग होना; बुलन्द होना ❷अनिश्चित; अनिष्टकर; विपत्तिजनक: ～不可终日 विपत्तिजनक स्थिति में पड़ना

【岌岌可危】 jíjí–kěwēi आसन्न संकट में पड़ना

汲 jí (पानी) निकालना: 从井里～水 कुएं से पानी निकालना

【汲汲】 jíjí 〈बो०〉 (प्राय:于 के साथ प्रयुक्त) व्यग्र होना; बेताब होना; लालची होना; तरसना: ～于名利 नाम और धन का लालची होना

【汲取】 jíqǔ ग्रहण करना; आत्मसात् करना; प्राप्त करना: ～经验 दूसरों का अनुभव ग्रहण करना / 植物通过根部～养分。पौधे अपनी जड़ों द्वारा पोषक तत्व प्राप्त करते हैं।

【汲引】 jíyǐn 〈लि०〉 सिफ़ारिश करना

级（級） jí ❶स्तर; दर्जा: 高～ ऊंचा दर्जा / 各～政府 सभी स्तरों की सरकारें / 部长～会议 मंत्रीस्तरीय बैठक / 大使～会谈 राजदूतस्तरीय वार्त्ता / 七～地震 रिक्टर स्केल पर 7 माप का भूकंप / 八～风 ब्यूफ़ोर्ट स्केल पर आठ माप की हवा ❷(स्कूल में) दर्जा; कक्षा: 升～ दर्जा चढ़ना / 同～不同班 एक वर्ष की भिन्न कक्षाओं के होना ❸सोपान; सीढ़ी: 拾～而上 सीढ़ियों से ऊपर चढ़ना ❹〈परि०श०〉 (सीढ़ियों इत्यादि के लिये): 十几～台阶 दसेक सीढ़ियों की पंक्ति ❺〈व्या०〉 परिमाण: 比较～ आपेक्षिक परिमाण / 最高～ सर्वोच्च परिमाण

【级别】 jíbié स्तर; दर्जा; पद; वर्ग; श्रेणी: 工资～ वेतनमान / 他是什么～的官员? वह किस पद पर है? / 在摔跤赛中赢得三个～的金牌 कुश्ती में तीन वर्गों में स्वर्ण पदक जीतना / 高(低)～官员 ऊंचे (निचले) स्तर का पदाधिकारी

【级差地租】 jíchā dìzū विभेदक लगान

【级任】 jírèn कक्षाध्यापक

极（極） jí ❶सीमा; चरम सीमा; चरमबिंदु; हद: 这真是愚蠢之～。यह मूर्खता की हद हो गयी। / 登峰造极 dēng fēng zào jí ❷ध्रुव: 南极 nánjí / 北极 běijí / 阳极 yángjí / 阴极 yīnjí ❸भरपूर प्रयास करना: 极力 ❹चरम; परम; हद दर्जे का: 极度 / 极量 ❺〈क्रि०वि०〉 अत्यन्त; नितान्त; निहायत; बेहद: 天气～冷。मौसम अत्यंत ठंडा है। / ～小的颗粒 नितान्त छोटा कण / 这两天他忙～了。इन दो दिनों में वह अत्यन्त व्यस्त है। / 我真是烦～了。मैं बेहद परेशान हूं।

【极地】 jídì ध्रुवीय क्षेत्र; ध्रुव

【极点】 jídiǎn सीमा; हद; चरम सीमा; चरमबिंदु: 悲伤到了～。दुख चरमबिंदु पर पहुंच गया। / 粗鲁到了～ उजड्डपन की हद हो जाना

【极顶】 jídǐng ❶पहाड़ की चोटी; शिखर: 泰山～ थाएशान पर्वत की चोटी ❷चरम सीमा; चरमबिंदु ❸परम; चरम: ～聪明 परम बुद्धिमानी

【极度】 jídù ❶〈क्रि०वि०〉 अत्यंत; अत्यधिक; नितांत: ～疲劳 अत्यन्त थक जाना / ～兴奋 अत्यधिक उल्लसित होना ❷सीमा; हद: 他的忍耐已经到了～。उसकी सहनशीलता की हद हो गयी।

【极端】 jíduān ❶अति: 走～ अति करना / ～分子 अतिपंथी; चरमपंथी ❷〈क्रि०वि०〉 अत्यन्त; नितान्त; निहायत; अत्यधिक: ～需要 अत्यधिक आवश्यक होना / ～贫困 घोर गरीबी

【极光】 jíguāng ध्रुवप्रकाश; ध्रुवीय प्रकाश

【极口】 jíkǒu भूरि-भूरि; बहुत अधिक: ～称赞 भूरि-भूरि प्रशंसा करना

【极乐鸟】 jílèniǎo स्वर्गिक पक्षी (एक पक्षीविशेष)

【极乐世界】 jílè shìjiè 〈बौद्धधर्म〉 सुखवती

【极力】 jílì भरपूर प्रयास करना; हरसंभव कोशिश करना; हरचन्द कोशिश करना: ～劝阻 रोकने की हरचन्द कोशिश करना / ～避免类似事件重演 ऐसी घटना की पुनावृत्ति रोकने का भरपूर प्रयास करना / ～吹捧 किसी को आसमान पर चढ़ाना / ～诋毁 ज़हर उगलने की हरसंभव कोशिश करना

【极目】 jímù जहां तक नज़र जा सकती हो: ～远眺 आंख फैलाना (पसारना); दूर तक नज़र दौड़ाना

【极品】 jípǐn 〈लि०〉 ❶सर्वोत्तम; सर्वश्रेष्ठ: ～绿茶 सर्वोत्तम हरी चाय ❷सर्वोच्च पद: 官居～ सर्वोच्च पद पर होना

【极其】 jíqí 〈क्रि०वि०〉 अत्यन्त; निहायत; एकदम; बिल्कुल: ～荒谬的论点 निहायत बेहूदा दलील / 您的看法～正确。आपका विचार बिल्कुल सही है। / 他的评论～可笑。उसकी टिप्पणी अत्यंत हास्यास्पद थी।

【极圈】 jíquān ध्रुववृत्त

【极权】 jíquán सर्वसत्ता; सर्वाधिकार; सर्वसत्तात्मक; सर्वाधिकारी: ～国家 सर्वसत्तात्मक राज्य / ～统治 सर्वसत्ता / ～主义 सर्वसत्तावाद

【极盛】 jíshèng (विकास का) चरमबिंदु: ～时期 स्वर्ण-युग; स्वर्ण काल

【极为】 jíwéi 〈क्रि०वि०〉 अत्यधिक; बेहद; निहायत; अत्यंत: 他～大胆。वह अत्यंत निडर है। / ～满意 अत्यधिक संतुष्ट होना

【极限】 jíxiàn ❶सीमा; हद: 忍耐已经到了～。सहने की भी सीमा है। ❷〈गणित०〉 लिमिट; सीमा

【极刑】 jíxíng मृत्यु दंड; मौत की सज़ा: 处以～ मृत्यु दंड देना

【极夜】 jíyè ध्रुव-रात्रि

【极意】 jíyì सिर खपाना; माथापच्ची करना: ～奉承 सिर

खपाकर (किसी की) चापलूसी करना

【极右】 jíyòu अतिदक्षिणपंथी: ～势力 अतिदक्षिणपंथी शक्ति

【极左】 jízuǒ अतिवामपंथी: ～思潮 अतिवामपंथी विचारधारा

即 1 jí ❶निकट आना; समीप होना; पहुंचना: 可望而不可即 kě wàng ér bù kě jí ❷संभालना; निभाना; ग्रहण करना: 即位 ❸वर्तमान समय में; इन दिनों; अभी: 即日 ❹किसी अवसर पर उत्तेजित होना: 即兴

即 2 jí 〈लि०〉 ❶का मतलब होना; का अर्थ होना; यानी; अर्थात: 春节～中国农历新年。वसंतोत्सव चीन का नव चांद्र वर्ष दिवस है। / 唐代高僧玄奘从长安，～今之西安出发前往印度。थांग राजवंश के धर्माचार्य ह्वेन त्सांग छांगआन यानी वर्तमान शीआन से भारत के लिये रवाना हुए थे। / 对许多老年人来说，唱歌跳舞～锻炼身体。बहुत से बुज़ुर्गों के लिये गाना गाने और नाचने का मतलब है स्वास्थ्य-निर्माण। ❷〈क्रि०वि०〉 तुरंत; अभी; फ़ौरन; शीघ्र; जल्द ही; अविलंब; झटपट: 闻过～改 कोई गलती बताई जाने पर उसे फ़ौरन दुरुस्त करना / 罐头食品打开～可食用。डिब्बा खोलकर ही उसमें बन्द खाद्य-पदार्थ तुरन्त परोसा जा सकता है। ❸〈संयो०〉 अगर; यदि; पर भी: ～有财政困难，也不削减教育经费。वित्तीय कठिनाई का सामना करने पर भी शिक्षा खर्च में कटौती नहीं की जाएगी।

【即便】 jíbiàn 即使 के समान

【即或】 jíhuò 即使 के समान

【即将】 jíjiāng 〈क्रि०वि०〉 को होना; वाला होना; शीघ्र ही; जल्दी ही: 演出～开始。प्रस्तुती शुरू होने को है (या शुरू होने वाली है)। / 新航站～交付使用。नए हवाई अड्डे को शीघ्र ही काम में लाया जाएगा।

【即景】 jíjǐng 〈साहि०〉 (साहित्यिक कृति लिखने या चित्र खींचने के लिये) किसी दृश्य से प्रेरणा पाना: 农村～ग्रामीण क्षेत्र की झलकियां

【即景生情】 jíjǐng-shēngqíng किसी दृश्य को देखकर मन में कोई भावना उमड़ना: 他～，赋诗一首。वर्तमान दृश्य को देखकर उसने तुरंत एक कविता रची।

【即景诗】 jíjǐngshī आशुकविता

【即刻】 jíkè तुरन्त; फ़ौरन; तत्काल; अविलंब

【即令】 jílìng 即使 के समान

【即日】 jírì ❶इसी दिन; उसी दिन: 本条约～起生效。यह संधि आज से ही प्रभावी हो गयी है। ❷आने वाले कुछ दिनों में; जल्द ही: 本书～发行。यह पुस्तक जल्द ही वितरित होगी।

【即若】 jíruò 〈लि०〉 即使 के समान

【即时】 jíshí तुरन्त; फ़ौरन

【即使】 jíshǐ 〈संयो०〉 यदि … भी …; अगर … भी …; पर भी: ～你是对的，也不应该发脾气啊！यदि तुम सही भी हो, तो भी बौखलाने की क्या ज़रूरत ? / ～没病，您也要定期做体格检查。यदि आप नीरोग भी हों, तो भी एक निश्चित अवधि के बाद शारीरिक जांच करानी चाहिये। / ～谈判如期举行，也不会取得什么进展。नियत तिथि पर आयोजित होने पर भी वार्त्ता में कोई प्रगति न हो सकेगी।

【即事】 jíshì किसी बात से प्रेरित होकर कुछ रचना

【即位】 jíwèi 〈लि०〉 राज्याभिषक करना (होना); राज्यारोहण करना (होना); राजगद्दी पर बैठना; राजसिंहासन पर बैठना; सिंहासनासीन होना

【即席】 jíxí ❶तत्काल; तुरन्त; आशु: ～赋诗 आशुकविता रचना / ～讲话 बिना तैयारी के भाषण देना ❷(खाने की मेज़ पर) सीट लेना

【即兴】 jíxìng तत्काल; आशु: ～之作 आशु रचना / ～诗 आशुकविता / ～曲 आशु संगीत रचना

【即以其人之道，还治其人之身】 jí yǐ qí rén zhīdào, huán zhì qí rén zhī shēn मियां की जूती, मियां के सिर; जैसे को तैसा; जिसका जूता, उसीके सर

佶 jí 〈लि०〉 हृष्ट-पुष्ट; हट्टा-कट्टा

【佶屈聱牙】 jíqū-áoyá क्लिष्ट: 这篇文章太～了。यह लेख एकदम क्लिष्ट है।

诘 jí नीचे दे०

jié भी दे०

【诘屈聱牙】 jíqū-áoyá 佶屈聱牙 jíqū-áoyá के समान

亟 jí 〈लि०〉 तत्परता से; बेताबी से; अधीरता से: ～盼回复。आपके जवाबी पत्र का बेताबी से इंतज़ार करता (करती) हूं। / 此问题～待解决。इस समस्या का तत्काल समाधान करना है।

qì भी दे०

笈 jí 〈लि०〉 ❶बुकबॉक्स; बस्ता ❷पुस्तक; ग्रंथ

急 jí ❶जल्दबाज़; उतावला; अधीर; बेताब: ～着要走 चले जाने की जल्दी करना / 急于求成 ❷चिंतित; परेशान: 左等右等你不来，真～死人。तुम्हारी राह देख-देखकर हम बहुत परेशान हुए। ❸चिढ़ना; खीझना; कुढ़ना; गुस्सा आना; चिढ़ाना; खिझाना; कुढ़ाना; गुस्सा दिलाना: 没想到他真～了。सोचा तक न था कि वह चिढ़ जाएगा। / 别把他弄～了，否则事情就不好办了。उसे गुस्सा मत दिलाओ। वरना काम नहीं बन पाएगा। ❹प्रचंड; तेज़; तीव्र: ～转弯 तेज़ मोड़ / 水深流～。पानी गहरा है और धारा प्रचंड। ❺आपात्; अत्यावश्यक: 事情很～，需立即处理。यह मामला अत्यावश्यक है और इसे तुरन्त निपटाना है। ❻संकट; विपत्ति: 应急 yìngjí / 救急 jiùjí ❼मदद देने के लिये तत्पर रहना: ～人之所急 दूसरों को संकट के समय मदद देने के लिये तत्पर रहना

【急巴巴】 jíbābā उतावला; अधीर

【急变】 jíbiàn संकट; विपत्ति

【急病】 jíbìng आकस्मिक बीमारी

【急不可待】 jíbùkědài उतावला होना; अधीर होना;

बेसब्र होना: 他～地向小王打听她的消息。उसने बेसब्र होकर श्याओ वांग से उसके हाल के बारे में पूछा।
【急茬儿】 jíchár <बोल०> आपात कार्य
【急赤白脸】 jíchìbáiliǎn <बो०> मुंह लाल होना: 两人～地吵个没完。दोनों के चहरे लाल हो उठे और वे झगड़े में पड़ गये।
【急匆匆】 jícōngcōng जल्दबाज़; जल्दबाज़ी: 你～的干什么? तुम इतने जल्दबाज़ क्यों हो?
【急促】 jícù ❶शीघ्र; तेज़; तीव्र: ～的脚步 तेज़ कदम / 呼吸～ सांस फूलना; सांस की गति तीव्र होना / 脉搏～ नाड़ी की गति तीव्र होना ❷(समय) कम; अल्प: 时间～, 快作决定。समय कम है, जल्दी फ़ैसला लो।
【急风暴雨】 jífēng-bàoyǔ प्रचण्ड तूफ़ान; झंझावात; भीषण आंधी
【急公好义】 jígōng-hàoyì जनहित के लिये तत्पर होना; जनकल्याण के लिए उद्यत होना: 他为人～, 受到普遍尊敬。 वे जनकल्याण के लिए सदा उद्यत रहते हैं, इसलिये उनका बड़ा सम्मान किया जाता है।
【急功近利】 jígōng-jìnlì त्वरित सफलता और क्षणिक लाभ के लिये व्यग्र होना
【急火】[1] jíhuǒ (खाना पकाने के लिये) तेज़ आंच
【急火】[2] jíhuǒ मन:ताप
【急急巴巴】 jíjibābā उतावलेपन से; जल्दबाज़ी से
【急件】 jíjiàn अर्जेंट दस्तावेज़
【急进】 jíjìn 激进 jījìn के समान
【急救】 jíjiù प्राथमिक चिकित्सा; प्राथमिक उपचार: 医务人员赶到出事地点, 对伤员进行～。घटनास्थल पर जाकर चिकित्सकों ने घायलों का प्राथमिक उपचार किया।
【急救包】 jíjiùbāo फ़र्स्ट एड ड्रेसिंग
【急救站】 jíjiùzhàn प्राथमिक उपचार स्टेशन
【急救中心】 jíjiù zhōngxīn प्राथमिक उपचार केंद्र
【急就章】 jíjiùzhāng जल्दबाज़ी में लिखा गया लेख; आशुरचना
【急剧】 jíjù तेज़; प्रचंड; आकस्मिक: 发生～的转折 आकस्मिक मोड़ लेना / 寒流过后, 气温将～下降。शीत लहर आने पर तापमान तेज़ी से नीचे गिरेगा।/ 社会～动荡。देश में प्रचंड खलबली मच गयी।
【急遽】 jíjù तेज़; प्रचंड; तीव्र; आकस्मिक
【急口令】 jíkǒulìng <बो०> बोलने में कठिन शब्द
【急来抱佛脚】 jí lái bào fójiǎo संकट के समय बुद्ध के पांव पकड़ना —— आग लगने पर कुआं खोदना
【急流】 jíliú तेज़ धारा; तीव्र प्रवाह; तेज़ बहाव
【急流勇进】 jíliú-yǒngjìn तेज़ धारा का सामना करते हुए आगे बढ़ने का साहस रखना; कठिनाइयों से जूझते हुए आगे बढ़ना
【急流勇退】 jíliú-yǒngtuì अपने यश की बुलन्दी पर सन्यास लेना
【急忙】 jímáng जल्दी से; जल्दी-जल्दी; झटपट; झट: 她急急忙忙收拾好东西, 跑去火车站。वह झटपट चीज़ों को सूटकेस में समेटकर रेल-स्टेशन की ओर भागी। / 听说女儿发烧, 他～朝家里跑去。यह सुनकर कि उस की बिटिया को बुख़ार आया है, वह जल्दी-जल्दी दौड़ता हुआ घर गया।
【急难】 jínàn <लि०> ❶(संकट में पड़े लोगों की) सहायता के लिये तत्पर रहना: 扶危～ संकट में पड़े लोगों की सहायता के लिये तत्पर रहना ❷संकट; खतरा: ～之中见人心。संकट में आदमी की पहचान होती है।
【急迫】 jípò अत्यावश्यक; बहुत ज़रूरी; अनिवार्य: 任务～, 得抓紧时间完成。काम अत्यावश्यक है। इसे पूरा करने में समय न गंवाना चाहिये।
【急起直追】 jíqǐ-zhízhuī के बराबर पहुंचने का भरपूर प्रयास करना
【急切】 jíqiè ❶बेताबी; उत्सुकता; उत्कंठा; बेताब; उत्सुक; उत्कंठातुर: 我们～地盼望试验成功。हम परीक्षण में सफलता के लिये बेताब हैं। / 这孩子用～的目光望着我, 希望有一个满意的答复。यह बच्चा उत्सुकता भरी नज़रों से मुझे देखता रहा कि कोई संतोषजनक उत्तर मिल जाए। ❷जल्दबाज़ी में; हड़बड़ी में: 他～之间把书丢在那儿了。वह हड़बड़ी में पुस्तक वहां छोड़ आया।
【急如星火】 jírúxīnghuǒ अत्यावश्यक; बहुत ज़रूरी
【急刹车】 jíshāchē ❶अचानक ब्रेक लगाना ❷अकस्मात् रोकना; यकायक बन्द करना
【急事】 jíshì बहुत ज़रूरी काम
【急速】 jísù बहुत जल्दी; तीव्र गति से; बड़ी तेज़ी से: 她的病情～恶化。उस की हालत बड़ी तेज़ी से बिगड़ गयी। / 两辆～行驶的卡车相撞, 造成交通堵塞。दो तीव्र गति से चलते ट्रकों की टक्कर हुई, जिससे ट्रैफ़िक जाम हो गया।
【急湍】 jítuān ❶तेज़ धारा; तेज़ प्रवाह ❷तेज़; प्रचंड; उफनता हुआ: ～的河流 उफनती नदी
【急弯】 jíwān तेज़ मोड़: 拐了个～ तेज़ मोड़ लेना
【急务】 jíwù अत्यावश्यक कार्य
【急先锋】 jíxiānfēng ❶साहसिक हिरावल ❷दुस्साहसी भाड़े का टट्टू
【急行军】 jíxíngjūn रैपिड मार्च; फ़ोर्स्ड मार्च
【急性】 jíxìng उग्र: ～传染病 उग्र संक्रामक रोग
【急性病】 jíxìngbìng ❶<चिकि०> उग्र रोग ❷उतावली; जल्दबाज़ी: 他做事老犯～。वह काम में उतावली किया करता है।
【急性子】 jíxìngzi ❶उतावला; जल्दबाज़; बेसब्र ❷उतावला आदमी: 他是个～, 做什么事都快得很。 वह उतावला आदमी है और हर काम में जल्दी मचाता है।
【急需】 jíxū अत्यावश्यक; बहुत ज़रूरी; कड़ी आवश्यकता; सख़्त ज़रूरत: 以应～ सख्त ज़रूरत पूरी करना / ～帮助 सहायता की कड़ी आवश्यकता
【急眼】 jíyǎn <बो०> ❶गुस्सा आना; आग बबूला होना; नाराज़ होना: 你就为这么点小事～了? तुम्हें इतनी छोटी-सी बात पर गुस्सा क्यों आया? ❷चिंतित होना; व्यग्र होना; घबराना: 他一～, 连话都说不出来了。घबरा जाने पर उसके मुंह से एक भी शब्द निकल न पाया।
【急用】 jíyòng फ़ौरी ज़रूरत; सख्त ज़रूरत: 借点钱给我, 我有～。मुझे कुछ उधार दो। मुझे सख्त ज़रूरत पड़ी है।

【急于】 jíyú अधीर; आतुर; व्यग्रः ～求成 सफलता के लिये अधीर होना / ～表态 अपना रुख प्रकट करने को आतुर होना

【急躁】 jízào ❶चिड़चिड़ा होना; चिड़चिड़ाना; नाराज़ होना; बिगड़ बैठनाः 他性情～。वह चिड़चिड़े स्वभाव का है। / 一听说他已走了，她马上～起来。उसके चले जाने की खबर सुनते ही वह बिगड़ बैठी। ❷अधीर; बेसब्र; उतावला; अधीरता; बेसब्री; उतावलीः 大家别有～情绪。अधीरता नहीं होनी चाहिये। / 别～，做好准备再出发。बेसब्र न हो। सभी तैयारियां पूरी करने पर प्रस्थान करो।

【急诊】 jízhěn आपात उपचार; इमर्जेंसी कॉल

【急诊病人】 jízhěn bìngrén इमर्जेंसी केस; आपात मामला

【急诊室】 jízhěnshì इमर्जेंसी रूम; आपात उपचार कक्ष

【急症】 jízhèng आकस्मिक बीमारी; इमर्जेंसी केस

【急智】 jízhì हाज़िर-जवाबी; कुशाग्रबुद्धिता

【急中生智】 jízhōng-shēngzhì संकट के समय अपनी कुशाग्र बुद्धि का परिचय देना; हाज़िर-जवाब होना

【急骤】 jízhòu तेज़ी; शीघ्रता; तेज़; शीघ्रः 气温～下降。तापमान तेज़ी से गिर गया।

【急转直下】 jízhuǎn-zhíxià (स्थिति का) विपरीत दिशा में तीव्रता से विकसित होना

疾 1 jí ❶रोग; बीमारी; व्याधि; मर्ज़ः 积劳成疾 jī-láo-chéngjí ❷दुख-दर्द; व्यथा; पीड़ाः 疾苦 ❸घृणा; द्वेष; नफ़रतः 疾恶如仇

疾 2 jí ❶तेज़ी; शीघ्रता; तीव्रता; जल्दी; तेज़; शीघ्र; तीव्र; जल्दः 疾驶 / ～走 तेज़ी से चलना; तेज़ कदमों से चलना ❷प्रचंड; भीषणः 疾风

【疾病】 jíbìng रोग; बीमारी; व्याधि; मर्ज़ः 防治～ बीमारी की रोकथाम और उपचार / ～缠身 रोगग्रस्त होना

【疾步】 jíbù तेज़ कदमः ～前行 तेज़ कदमों से चलना; लपकना

【疾驰】 jíchí (गाड़ी, घोड़े आदि का) तेज़ी से दौड़ना

【疾恶如仇】 jí'è-rúchóu कुकर्म से शत्रु की तरह घृणा करना

【疾风】 jífēng प्रचंड हवा

【疾风劲草】 jífēng-jìngcǎo（疾风知劲草 jífēng zhī jìngcǎo भी）कठोर घास तेज़ हवा का मुकाबला कर सकती है —— सांच को आंच नहीं

【疾患】 jíhuàn 〈लि०〉 रोग; बीमारी; व्याधि; मर्ज़

【疾苦】 jíkǔ दुख-दर्दः 关心人民的～ जनता के दुख-दर्द को ध्यान में रखना / 了解人民的～ लोगों से मिलकर उनका दुख-दर्द जानना

【疾驶】 jíshǐ (वाहनों का) तेज़ी से चलना

【疾首蹙额】 jíshǒu-cù'é माथे पर बल पड़ना; नाक-भौंह चढ़ाना

【疾书】 jíshū शीघ्रता से लिखना

【疾言厉色】 jíyán-lìsè कड़े शब्द और कठोर भाव

棘 jí ❶खट्टे बेर का वृक्ष ❷कांटेदार पौधे; कांटेदार झाड़ी ❸चुभना; चुभोना

【棘刺】 jícì कांटा; कंटक

【棘皮动物】 jípí dòngwù इकाइनोडेर्म

【棘手】 jíshǒu जटिल; पेचीदा; कठिन; विषमः ～的问题 जटिल समस्या

殛 jí 〈लि०〉 मार डालनाः 雷～ बिजली गिरने से मारा जाना

戢 jí 〈लि०〉 ❶गुप्त रखना; छिपाना; छिपनाः ～翼 (पक्षी के) पर समेटना ❷दबाना; रोकनाः ～怒 गुस्सा पी जाना

集 jí ❶एकत्र करना (होना); इकट्ठा करना (होना); जमा करना (होना)ः 集合 / 齐集 qíjí ❷मेला; हाट-बाज़ारः 赶集 gǎnjí ❸संग्रहः 文集 wénjí / 诗集 shījí ❹भाग; खंडः 这部巨著分四～出版。यह बृहद् ग्रंथ चार खंडों में प्रकाशित होगा। / 这部影片有上下两～。यह फ़िल्म दो भागों में दिखाई जा रही है।

【集成电路】 jíchéng diànlù 〈वैद्यु०〉 संघटित परिपथ; इंटिग्रेटेड सर्किट

【集大成】 jí dàchéng सभी उत्तम चीज़ों को एकत्रित करना; (की) बुलन्दी को छूना; समाविष्ट करनाः 这是一部～的优秀著作。यह एक श्रेष्ठ ग्रंथ है जिसमें महत्वपूर्ण लेख समाविष्ट किये गये हैं।

【集股】 jígǔ पूंजी एकत्रित करना; स्टॉक कंपनी की स्थापना करना

【集合】 jíhé एकत्र करना (होना); एकत्रित करना (होना); इकट्ठा करना (होना); जमा करना (होना); जमघट लगनाः ～地点 जमाव का स्थान / 全体师生已在会场～。सभी अध्यापक और छात्र सभागार में एकत्र हो गये हैं।

【集合名词】 jíhé míngcí 〈व्या०〉 समूहवाचक संज्ञा

【集会】 jíhuì रैली; सभा; जलसाः 举行游行～ जलूस-जलसा करना / 在群众～上讲话 आम सभा में बोलना

【集结】 jíjié (विशेषकर सैनिक टुकड़ियां) जमा करना (होना); एकत्र करना (होना); जमाव होनाः ～军队 सैनिक टुकड़ियां जमा करना / ～力量 शक्तियां एकत्र करना

【集锦】 jíjǐn (पुस्तक के शीर्षक के रूप में प्रयुक्त) चयनित रचनाओं का संग्रहः 邮票～ चयनित डाक-टिकटों का संग्रह

【集句】 jíjù विभिन्न कविताओं की पंक्तियों से रची गई कविता

【集聚】 jíjù एकत्र करना; इकट्ठा करना; संचय करना; जमा करना (होना); संचित करनाः ～资金 पूंजी का संचय करना / 商店门口～了一群人。दूकान के आगे लोगों की भीड़ जमा है।

【集刊】 jíkān (किसी अकादमिक प्रतिष्ठान के) निबंधों का संग्रह

【集拢】 jílǒng एकत्र (इकट्ठा) करना (होना); जमनाः 学生～在老师周围。छात्र अध्यापक के इर्द-गिर्द इकट्ठे हुए

हैं।

【集录】 jílù संकलन करना; संकलित करना

【集权】 jíquán राजसत्ता का केंद्रीकरण：中央～的封建帝国 केंद्रीकृत सामंती साम्राज्य

【集日】 jírì बाज़ार का दिन：明天是～，我们一起去赶集吧！ कल बाज़ार का दिन होगा। हम एक साथ बाज़ार जाएँ！

【集散地】 jísàndì वितरण केन्द्र：该镇是个农产品～。वह कस्बा कृषि-उपजों का वितरण केंद्र है।

【集市】 jíshì बाज़ार; मेला; हाट-बाज़ार：进行～贸易 हाट करना

【集水】 jíshuǐ 〈जलसंरक्षण〉 जलागम

【集思广益】 jísī-guǎngyì सामूहिक बुद्धि के भरोसे उपयोगी युक्ति सुझाना

【集体】 jítǐ समूह; सामूहिक：～行动 सामूहिक कार्य-वाही / ～安全 सामूहिक सुरक्षा / ～婚礼 सामूहिक विवाह समारोह

【集体化】 jítǐhuà सामूहिकीकरण

【集体经济】 jítǐ jīngjì अर्थतंत्र का सामूहिक क्षेत्र

【集体宿舍】 jítǐ sùshè डोर्मिटरी

【集体所有制】 jítǐ suǒyǒuzhì सामूहिक स्वामित्व

【集体舞】 jítǐwǔ समूह नृत्य

【集体主义】 jítǐ zhǔyì सामूहिकवाद

【集团】 jítuán ग्रुप; गुट; गिरोह：统治～ शासक गुट / 军事～ सैन्य गुट / 15 国～ जी-15

【集团军】 jítuánjūn 〈सैन्य०〉 ग्रुप आर्मी; आर्मी

【集训】 jíxùn प्रशिक्षण लेने के लिये एकत्र होना

【集训营地】 jíxùn yíngdì प्रशिक्षण शिविर

【集腋成裘】 jíyè-chéngqiú लोमड़ी के लोम के एक-एक अंश को मिलाकर एक लबादा बनाना —— बूंद-बूंद से सागर बनता है

【集邮】 jíyóu डाक टिकट संग्रह

【集邮爱好者】 jíyóu àihàozhě डाक टिकट संग्राहक; टिकट संग्रही

【集邮册】 jíyóucè स्टैंप-एलबम

【集约】 jíyuē 〈कृ०〉 घना：～经营 घनी खेती

【集约化】 jíyuēhuà घनापन

【集运】 jíyùn कंटेनरों में माल का परिवहन करना

【集镇】 jízhèn कस्बा

【集中】 jízhōng केंद्रीयता; केंद्रीकृत; केंद्रित; केंद्रित करना; जमा करना; एकत्र करना：民主～制 जनवादी केंद्रीयता / ～精力 शक्ति केंद्रित करना / ～兵力 सैन्य शक्ति एकत्र करना / ～领导 केंद्रीकृत नेतृत्व / ～指挥 केंद्रित संचालन करना / 注意力～ ध्यान केंद्रित होना / 注意力不～ ध्यान बंटना; अन्यमनस्क होना; अनमना होना

【集中营】 jízhōngyíng बन्दी शिविर; राजनीतिक बन्दी शिविर; कंसेंट्रेशन कैंप

【集注】[1] jízhù केंद्रित होना：大家的目光都～在他身上。सब की नज़रें उसपर टिकी थीं; सब ने उसपर ही आंखें गड़ाईं।

【集注】[2] jízhù (पुस्तक के शीर्षक में प्रयुक्त) आलोचना संग्रह

【集装箱】 jízhuāngxiāng कंटेनर：～船 कंटेनर जहाज़ / ～码头 कंटेनर घाट / ～运输 कंटेनरों में परिवहन

【集资】 jí zī धन एकत्रित करना; संसाधन जुटाना; पूंजी संचित करना：～办学 धन एकत्रित करके स्कूल कायम करना / 非法～ अवैध रूप से संसाधन जुटाना

【集子】 jízi संग्रह; संकलित रचनाएं; संकलन

蒺 jí नीचे दे०

【蒺藜】 jílí 〈वन०〉 पंक्चर वाइन

楫 jí 〈लि०〉 पतवार; चप्पू; डांड

辑（輯） jí ❶संकलन; संपादन; संकलन (संपादन) करना; संकलित (संपादित) करना; संग्रह तैयार करना：编辑 biānjí / 辑录 ❷खंड; भाग：这套丛书分为五～出版。यह पुस्तकमाला पांच खंडों में प्रकाशित की जा रही है।

【辑录】 jílù संकलन करना; संकलित करना

【辑要】 jíyào सारांश; निचोड़; खुलासा

嫉 jí ❶ईर्ष्या; जलन; ईर्ष्या करना; जलना; ईर्ष्यालु होना ❷घृणा; नफ़रत; द्वेष; घृणा (नफ़रत, द्वेष) करना

【嫉妒】 jídù ईर्ष्या करना; ईर्ष्यालु होना

【嫉恶如仇】 jí'è-rúchóu 疾恶如仇 jí'è-rú-chóu के समान

【嫉恨】 jíhèn जलन होना; जलना; जल-भुनना

【嫉贤妒能】 jíxián-dùnéng गुणवान् और सुयोग्य व्यक्ति से द्वेष करना

瘠 jí 〈लि०〉 ❶दुबला-पतला; दुर्बल ❷ऊसर; बंजर; अनुपजाऊ：～土 ऊसर भूमि

【瘠薄】 jíbó ऊसर; बंजर; अनुपजाऊ; अनुर्वर

【瘠田】 jítián अनुर्वर खेत

鹡（鶺） jí नीचे दे०

【鹡鸰】 jílíng वैगटेल (पक्षी); खंजन

藉 jí ❶〈लि०〉 अपमान करना; अपमानित करना ❷（Jí） एक कुलनाम

jiè भी दे०

籍 jí ❶पुस्तक; किताब：古籍 gǔjí / 书籍 shūjí ❷जन्मस्थान：籍贯 ❸मेंबरशिप; सदस्यता：党籍 dǎng-jí / 国籍 guójí

【籍贯】 jíguàn जन्मस्थान

【籍籍】 jíjí 〈साहि०〉 ❶कोलाहल; हंगामा; हल्ला-गुल्ला：人言～ कोलाहल मचना ❷अव्यवस्थित रूप से; इधर-उधर：尸骨～。लाशें इधर-उधर बिखरी हुई थीं।

【籍没】 jímò 〈लि०〉 किसी की संपत्ति की सूची बनाकर उसे ज़ब्त करना

jǐ

几（幾）jǐ ❶कितना; कितने; कितनी：～点了？कितने बजे ? / 二加二等于～？दो और दो कितना होता है ? / 他在那里住了～个月？वहां वह कितने महीनों तक रहे ? ❷कुछ; अनेक; कुछेक; कई： 十～岁的孩子 दसेक साल का लड़का / ～十 दसियों / ～百 कई सौ / ～十万 कई लाख / 说～句 कुछ बोलना / 好～本书 अनेक किताबें / 他休息了～天。उसने कुछ दिनों की छुट्टी ली।

jī भी दे०

【几曾】 jǐcéng कब; किस दिन： 上个星期，我～休息过一天。पिछले हफ़्ते मैंने किस दिन विश्राम किया था ?

【几次三番】 jǐcì-sānfān कई बार; बार-बार; बारंबार

【几多】 jǐduō 〈बो०〉 कितना： ～人？कितने आदमी ?

【几分】 jǐfēn कुछ; किंचित; थोड़ा-सा： 有～倦意 कुछ थका हुआ सा दीखना / 我对此有～疑虑。मुझे इस पर कुछ संदेह है।

【几何】 jǐhé ❶〈लि०〉 कितना： 价值～？इसके कितने पैसे लगते हैं ? ❷ज्यामिति; रेखागणित

【几何级数】 jǐhé jíshù ज्यामितीय श्रेणी

【几何体】 jǐhétǐ घनाकृति

【几何图形】 jǐhé túxíng ज्यामितीय आकृति

【几何学】 jǐhéxué ज्यामिति; रेखागणित

【几经】 jǐjīng कई बार; कई दफ़ा： 谈判～周折才达成协议。वार्त्ता में कई बार पेच आने के बाद ही समझौता हो सका है। / ～劝说，他的怒气才消了下去。कई दफ़ा समझाने-बुझाने पर ही उसका गुस्सा उतरा।

【几内亚】 Jǐnèiyà गिनी

【几内亚比绍】 Jǐnèiyà Bǐshào गिनी बिसाऊ

【几起几落】 jǐqǐ-jǐluò अनेक उतार-चढ़ाव

【几儿】 jǐr 〈बो०〉 किस दिन： 他～来的？वह किस दिन आया ? / 今儿是～？आज कौन-सी तारीख है ?

【几时】 jǐshí ❶कब; किस समय： 你～有空？आप कब खाली होंगे ? / 他们～到的北京？वे किस समय पेइचिंग आये ? ❷किसी भी समय; कभी; जब भी： 你～有空就来我家。जब भी फ़ुरसत मिले, हमारे घर पधारिये। / 你～想来就来。तुम किसी भी समय चाहो, हमारे घर आ सकते हो।

【几许】 jǐxǔ 〈लि०〉 कितना ज़्यादा： 不知～。कोई भी नहीं जान सकता कि कितना ज़्यादा है।

己 jǐ ❶स्वयं; खुद; अपने-आप; अपना： 舍～为公 सार्वजनिक हित के लिये अपना स्वार्थ त्यागना ❷दस आकाशीय स्तंभों में षष्ठ（干支 gān－zhī भी दे०）

【己方】 jǐfāng (किसी का) अपना पक्ष

【己见】 jǐjiàn अपना मत; अपना विचार： 各抒～ अपना-अपना विचार प्रगट करना

【己任】 jǐrèn 〈लि०〉 अपना कर्तव्य： 以振兴中华为～ चीन की उन्नति को अपना कर्तव्य समझना

【己所不欲，勿施于人】 jǐ suǒ bù yù, wù shī yú rén जो कुछ स्वयं आप नहीं चाहते हों, दूसरे के सिर पर न थोपें

纪（紀）Jǐ एक कुलनाम

jì भी दे०

虮（蟣）jǐ नीचे दे०

【虮子】 jǐzi जूं के अंडे; लिक्षा; लीख

挤（擠）jǐ ❶भीड़; जमघट; जमाव; खचाखच भरना; ठसाठस भरना; भीड़-भाड़ होना： 会场～满了人。सभागार लोगों से खचाखच भर गया। / 好多事都～到一块儿了。अनेकानेक मामले एक साथ सामने आये। ❷धक्कम-धक्का; ठेल-पेल; धक्कम-धक्का करना; ; ठेल-पेल करना; धक्का देना; धक्का खाना; कुहनी मारना： ～进人群 धक्कम-धक्का करते हुए भीड़ में घुस जाना / 别～了。धक्के न दो। ❸निचोड़ना; दबाकर निकालना; दुहना： ～牛奶 दूध दुहना / ～牙膏 ट्यूब को दबाकर टूथपेस्ट निकालना / ～时间 समय निकालना ❹बहिष्कार करना; निकालना： 他其实是被人～走的。वास्तव में उसका बहिष्कार किया गया।

【挤兑】 jǐduì बैंक से पैसा वापस निकालने की बहुत से व्यक्तियों की मांग

【挤对】 jǐdui 〈बो०〉 ❶किसी को ज़बरदस्ती राज़ी करना ❷बहिष्कार करना; निकालना ❸हंसी उड़ाना; उल्लू बनाना

【挤咕】 jǐgu 〈बो०〉 जल्दी-जल्दी आंख झपकाना; आंख मारना： 他朝我～眼儿，要我别作声。उसने मेरा मुंह बंद करने के लिये आंख मारी।

【挤眉弄眼】 jǐméi-nòngyǎn आंख मारना

【挤牙膏】 jǐ yágāo ट्यूब को दबा-दबाकर टूथपेस्ट निकालना —— थोड़ा-थोड़ा करके सचाई बताने पर बाध्य होना

【挤轧】 jǐyà खींचातानी करना： 互相～ एक दूसरे को नीचा दिखाने की कोशिश करना; खींचातानी करना

【挤占】 jǐzhàn ज़बरन् कब्ज़ा करना： ～耕地 खेतीयोग्य भूमि पर ज़बरन् कब्ज़ा करना

济（濟）jǐ नीचे दे०

jì भी दे०

【济济】 jǐjǐ बहुत; असंख्य： 人才济济 réncái-jǐjǐ

【济济一堂】 jǐjǐ-yītáng एक ही स्थान पर एकत्र होना： 各方面的专家～，讨论科技发展规划。विभिन्न क्षेत्रों के विशेषज्ञों ने एकत्र होकर वैज्ञानिक व तकनॉलाजिकल विकास कार्यक्रम पर विचार-विमर्श किया।

【济南】 Jǐnán चीनान (शानतोंग प्रांत की राजधानी)

给（給）jǐ ❶सप्लाई; आपूर्ति; सप्लाई करना; आपूर्ति करना： 供给 gōngjǐ ❷खुशहाली： 家给人足 jiājǐ-rénzú

gěi भी दे०

【给水】 jǐshuǐ जल-आपूर्ति; जल-प्रदाय： ～工程 जल-

आपूर्ति परियोजना
【给养】 jǐyǎng रसद; रसद-पानी; संभारः ～充足 प्रचुर मात्रा में रसद-पानी उपलब्ध होना / 补充～ रसदखाना फिर से भरना
【给予】 jǐyǔ 〈लि०〉 देना; प्रदान करनाः ～支持 समर्थन देना / ～援助 सहायता देना / ～机会 मौका देना / ～方便 सुविधा देना / ～法律保护 कानूनी संरक्षण प्रदान करना / ～很高的评价 भारी महत्व देना; भूरि-भूरि प्रशंसा करना

脊 jǐ ❶मेरुदंड; रीढ़ ❷पहाड़ की लंबी संकरी चोटी
【脊背】 jǐbèi पीठ
【脊梁】 jǐliang पीठ
【脊梁骨】 jǐlianggǔ 〈बो०〉 रीढ़ की हड्डी; मेरुदंड
【脊檩】 jǐlǐn 〈वास्तु०〉 बंडेर; शहतीर
【脊鳍】 jǐqí 〈प्राणि०〉 पृष्ठ मीनपक्ष
【脊神经】 jǐshénjīng रीढ़ स्नायु
【脊髓】 jǐsuǐ रीढ़ रज्जु; मेरु रज्जु
【脊髓灰质炎】 jǐsuǐ huīzhìyán पोलियो
【脊索】 jǐsuǒ 〈प्राणि०〉 नोटोकोर्ड
【脊索动物】 jǐsuǒ dòngwù कोर्डेट पशु
【脊柱】 jǐzhù मेरुदंड; रीढ़ की हड्डी
【脊椎】 jǐzhuī मेरुदंड; रीढ़ की हड्डी
【脊椎动物】 jǐzhuī dòngwù पृष्ठवंशीय पशु; रीढ़दार जानवर
【脊椎骨】 jǐzhuīgǔ मेरुदंड; रीढ़ की हड्डी

戟 jǐ परशु; फ़रसा
【戟指】 jǐzhǐ 〈लि०〉 (किसी की ओर) उंगली उठाना

麂 jǐ मुंजक हिरण
【麂子】 jǐzi 〈बोल०〉 मुंजक हिरण

jì

计(計) jì ❶गिनती; गणना; हिसाब; गिनती करना; गणना करना; गिनना; हिसाब करनाः 计算 / 数以万～ हज़ारों; हज़ारों की संख्या में ❷मीटर; यंत्रः 体温计 tǐwēnjì / 血压计 xuèyājì ❸योजना; युक्ति; तरकीब; चालः 计策 / 御敌之～ दुश्मन का मुकाबला करने की योजना / 一～不成，又生一～。एक युक्ति विफल हुई कि दूसरी युक्ति सोची गई। ❹विचार करना; इरादा करनाः 为加强安全～，采取了严密措施。सुरक्षा के विचार से कड़ी व्यवस्था की गई। ❺ख्याल रखना; ध्यान रखनाः 不～个人得失 अपने निजी हितों का ज़रा भी ध्यान न रखना / 不～成败 हार-जीत का ख्याल न रखना ❻(Jì) एक कुलनाम
【计策】 jìcè युक्ति; तरकीब
【计程车】 jìchéngchē 〈बो०〉 टैक्सी
【计酬】 jìchóu मज़दूरी का हिसाब करनाः 按劳～ काम के अनुसार मज़दूरी देना
【计划】 jìhuà ❶योजना; कार्यक्रमः 宏伟的～ महत्वाकांक्षी योजना / 非～开支 गैरयोजना खर्च / 五年～ पंचवर्षीय योजना ❷योजना बनानाः ～在这条河上修一座桥。इस नदी पर एक पुल निर्मित करने की योजना है।
【计划经济】 jìhuà jīngjì योजनाबद्ध अर्थव्यवस्था
【计划生育】 jìhuà shēngyù परिवार नियोजन
【计价】 jìjià दाम आंकना; दाम तय करनाः ～过高 अतिमूल्यन / ～过低 अल्पमूल्यन
【计件工资】 jìjiàn gōngzī पीसरेट मज़दूरी
【计较】 jìjiào ❶मोल-तोल करना; लड़ाई-झगड़ा करनाः 这点小事就别～了。इतनी छोटी बात के लिये लड़ाई-झगड़ा करने की क्या ज़रूरत? / 不～个人得失 अपने हानि-लाभ का ख्याल न रखना ❷विवाद करना; बहस करनाः 不必为这件事情和他～。उससे इस बात पर बहस करने की आवश्यकता नहीं। ❸योजना बनाना; इरादा करना; विचार करनाः 先把这件事办了，别的另作～。हम पहलेपहल यह काम निबटा दें और दूसरी बातों पर बाद में विचार करेंगे।
【计量】 jìliàng नापना; मापना; पैमाइश करना; तोलना; गणना करना; आंकना; कूतनाः 影响之大，不可～。प्रभाव अकूत है।
【计量学】 jìliàngxué मापविद्या
【计谋】 jìmóu युक्ति; तरकीब; उपाय
【计日程功】 jìrì–chénggōng सफलता के लिये ज़रूरी दिनों का सही आकलन करना; अल्प समय में ही सफलता मिलना
【计时工资】 jìshí gōngzī टाइम वेज; घंटों के अनुसार भुगतान
【计数】 jìshù गणना करनाः 计数器 काउंटर; गणना करने की मशीन; गणक
【计算】 jìsuàn ❶गणना करना; गिनती करना; हिसाब करनाः ～上课学生人数 छात्रों की गिनती करना ❷योजनाः 做事要有长远～。किसी भी कार्य की दीर्घकालिक योजना बनानी चाहिए। ❸चाल चलना; षड़यंत्र रचना; साजिश करनाः 小心被别人～。दूसरों की चालों से सतर्क रहना चाहिए।
【计算尺】 jìsuànchǐ स्लाइड रूल
【计算机】 jìsuànjī कंप्यूटरः 电子～ इलेक्ट्रोनिक कंप्यूटर / 微型～ माइक्रो कंप्यूटर / 每秒进行十万亿次运算的超级～ हर सेकंड में सौ खरब गणनाएं करने वाला सुपर कंप्यूटर
【计算机病毒】 jìsuànjī bìngdú कंप्यूटर वाइरस
【计算机程序】 jìsuànjī chéngxù कंप्यूटर प्रोग्राम
【计算机软件】 jìsuànjī ruǎnjiàn कंप्यूटर सोफ़्टवेयर
【计算机网络】 jìsuànjī wǎngluò कंप्यूटर नेटवर्क
【计算机硬件】 jìsuànjī yìngjiàn कंप्यूटर हार्डवेयर
【计算器】 jìsuànqì कैलकुलेटर
【计算中心】 jìsuàn zhōngxīn गणना केंद्र
【计议】 jìyì बातचीत करना; सलाह-मशविरा करना; विचार-विमर्श करनाः 从长计议 cóngcháng–jìyì

记 jì ❶याद रखना; स्मरण रखना; गिरह बांधना; याद होना: ~住, 别忘了。याद रखो। भूलो मत। / ~不住 याद न रहना / 他这件事~得清清楚楚。यह बात उसे साफ़-साफ़ याद है। / 牢~在心 किसी बात की गिरह बांधना ❷लिखना; नोट करना; दर्ज करना; अंकित करना: 记事 / ~下电话号码 फ़ोन नंबर नोट कर लेना / 记帐 ❸वृतांत; विवरण: 游记 yóujì ❹चिन्ह; निशान; संकेत; मार्क: 暗~儿 गुप्त संकेत / 记号 ❺जन्मचिन्ह ❻<बो०><परि०श०>: 一~耳光 एक थप्पड़ मारना

【记仇】jìchóu वैर रखना; वैरभाव रखना; वैमनस्य रखना: 他好~。दूसरों से वैर रखना उसका स्वभाव है।

【记得】jìde याद होना; स्मरण होना: 我还~他的相貌。मुझे अब भी उसकी शक्ल-सूरत याद है। / 我记不得这件事。मुझे यह घटना याद न रही।

【记分】jìfēn ❶(खेलों में) स्कोर अंकित करना ❷छात्र के अंक दर्ज करना

【记分牌】jìfēnpái स्कोरबोर्ड

【记分员】jìfēnyuán स्कोरकीपर

【记工】jìgōng वर्कप्वाइंट दर्ज करना

【记功】jìgōng सराहनीय सेवा के लिये प्रशस्ति-पत्र देना: 记一等功 किसी को प्रथम श्रेणी के प्रमाण-पत्र से विभूषित करना

【记挂】jìguà <बो०> फ़िक्र होना; चिन्ता होना: 她总~在外地工作的女儿。उसे दूसरे शहर में नौकरी करने वाली बेटी की हमेशा चिंता रहती है।

【记过】jìguò अवगुण का रिकार्ड बनाना

【记号】jìhao चिन्ह; निशान; मार्क; संकेत: 做~ चिन्ह बनाना; निशान लगाना

【记恨】jìhèn वैर रखना; वैमनस्य रखना; मन में दुर्भाव लाना; मन मैला करना: ~在心 मन मैला करना

【记录】jìlù ❶नोट करना; कलमबंद करना; लिख लेना; दर्ज करना; अंकित करना: 把讲课的内容~下来 व्याख्यान की विषयवस्तु नोट करना / 本书~那些具有历史意义日子的场景。इस पुस्तक में ऐतिहासिक दिनों की झांकियां अंकित की गई हैं। ❷रिकार्ड; नोट; विवरण: 会议~ बैठक का विवरण ❸नोट करने वाला ❹रिकार्ड; कीर्तिमान: 世界~ विश्व रिकार्ड / 刷新~ नया कीर्तिमान स्थापित करना / 打破~ पुराना रिकार्ड तोड़ना / 小麦产量创~。गेहूं का रिकार्ड उत्पादन हुआ।

【记录片儿】jìlùpiānr 记录片 jìlùpiàn के समान

【记录片】jìlùpiàn डॉक्यूमेंटरी फ़िल्म; डॉक्यूमेंटरी; वृत्त-चित्र

【记名】jìmíng (ज़िम्मेदारी, दावे इत्यादि के लिये) नाम लिख देना; हस्ताक्षर करना: ~支票 आर्डर चेक / 无~投票 गुप्त मतदान

【记念】jìniàn 纪念 jìniàn के समान

【记取】jìqǔ याद रखना; स्मरण रखना: ~教训 सबक याद रखना

【记认】jìrèn ❶पहचान करना; पहचानना; फ़र्क करना: 他穿一件黑体恤衫, 好~。वह काले रंग की टी-शर्ट पहने हुए है। उसे जल्दी पहचाना जा सकता है। ❷<बो०> निशान; चिन्ह: 大家不要忘了在自家的桌子上做~。आप लोग अपनी-अपनी मेज़ों पर निशान लगाना न भूलें।

【记事】jìshì ❶घटनाओं का रिकार्ड बनाना; स्मरण-पत्र तैयार करना: 刻木结绳~ तख़्ता खोदकर या रस्सी में गांठ लगाकर घटनाओं का रिकार्ड रखना ❷विवरण

【记事儿】jìshìr (बच्चे का) किसी बात को याद रखने लगना: 那时我还小, 才刚~。उस समय मैं छोटा था और चीज़ों को अभी-अभी याद रखना शुरू ही किया था।

【记述】jìshù वर्णन करना; वर्णित करना; बताना; विवरण देना: 本书~了重大历史事件。इस पुस्तक में महत्वपूर्ण ऐतिहासिक कांडों का विवरण है।

【记诵】jìsòng कंठस्थ करना; ज़बानी याद करना

【记性】jìxing याददाश्त; स्मरणशक्ति: 好~ अच्छी याददाश्त / 没~ स्मरणशक्ति क्षीण होना

【记叙】jìxù वर्णन करना; विवरण देना

【记叙文】jìxùwén वृत्त-लेख; वृत्त-रचना

【记要】jìyào 纪要 jìyào के समान

【记忆】jìyì ❶याद करना; स्मरण करना; याद आना; स्मरण आना: 小时候的事情有些还能~起来。मैं बचपन की कुछ बातें अब भी याद कर सकता हूं। ❷याद; स्मृति: 这件事还~犹新。इस बात की याद अभी ताज़ा है।

【记忆力】jìyìlì स्मरणशक्ति; याददाश्त

【记载】jìzǎi ❶कलमबंद करना; लिपिबद्ध करना; लिखना: 有文字~的历史 लिखित इतिहास / ~了改革开放的伟大成就 आर्थिक सुधार और मुक्त द्वार की नीति लागू करने में प्राप्त महान उपलब्धियां लिपिबद्ध करना ❷विवरण; वर्णन: 我读到过当时有关此事的一篇~。मुझे इस घटना के संदर्भ में एक तात्कालिक विवरण पढ़ने को मिला था।

【记账】jìzhàng ❶बही पर लिखना; हिसाब रखना ❷हिसाब चुकाना: 这记在我的账上。इस का हिसाब मैं चुकाऊंगा।

【记者】jìzhě पत्रकार; संवाददाता: 特派~ विशेष संवाददाता / 外事~ विदेशी मामलों का संवाददाता

【记者招待会】jìzhě zhāodàihuì संवाददाता-सम्मेलन; पत्रकार-सम्मेलन; प्रेस-कांफ्रेन्स

【记者证】jìzhězhèng प्रेस कार्ड; पत्रकार का पहचान-पत्र

【记住】jìzhu याद रखना; स्मरण रखना; दिल में घर करना; गांठ बांधना: 他的地址您~了吗? आपने उसका पता याद रखा है कि नहीं? / 我们~了他的话。हमारे दिलों में उनकी बात घर कर गई है।

伎 jì ❶技 jì के समान ❷प्राचीन युग की नर्तकी या गायिका

【伎俩】jìliǎng हथकंडा; चाल; छल; साजिश; षड़यंत्र: "分而治之"是殖民主义者惯用的~。"फूट डालो और राज करो" उपनिवेशवादियों की प्रिय चाल थी।

纪[1]（紀）jì अनुशासनः 党纪 dǎngjì / 军纪 jūnjì

纪[2]（紀）jì ❶कलमबंद करना; लिपिबद्ध करना ❷युग; कालः 中～ मध्ययुग ❸〈भूगर्भ०〉 युग; कालः 白垩～ क्रिटेशियस युग
Jǐ भी दे०

【纪纲】jìgāng 〈लि०〉 ❶कानून; विधि ❷नीति-संहिता
【纪检】jìjiǎn （纪律检查 jìlǜ jiǎnchá का संक्षिप्त रूप）अनुशासन निरीक्षण
【纪录】jìlù 记录 jìlù के समान
【纪录片儿】jìlùpiānr 记录片儿 jìlùpiānr के समान
【纪录片】jìlùpiàn 记录片 jìlùpiàn के समान
【纪律】jìlǜ अनुशासनः 遵守～ अनुशासन का पालन करना / ～严明 अनुशासनबद्ध होना / 违反～ अनुशासन का उल्लंघन करना / 无～现象 अनुशासन-हीनता / 给予～处分 अनुशासिक दंड देना / ～松懈 अनुशासन शिथिल होना
【纪律检查委员会】jìlǜ jiǎnchá wěiyuánhuì अनुशासन निरीक्षण आयोग
【纪年】jìnián ❶काल गणना प्रणाली ❷वार्षिकी
【纪念】jìniàn ❶स्मरण; स्मृति; याद; मनाना; की स्मृति में; स्मरण करना; याद करनाः ～五四青年节 चार मई युवा दिवस मनाना / 举行～活动 स्मृति उत्सव मनाना / ～伟大的作家鲁迅 महान लेखक लू शुन का स्मरण करना ❷यादगार; स्मृतिचिन्हः 这东西送给你留个～吧。यह वस्तु यादगार के रूप में अपने पास रखो।
【纪念碑】jìniànbēi स्मारक; कीर्तिस्तंभः 人民英雄～ जन वीर स्मारक
【纪念币】jìniànbì स्मारक सिक्का
【纪念册】jìniàncè ओटोग्राफ़ बुक; स्वहस्ताक्षरी पुस्तिका
【纪念封】jìniànfēng (डाक-टिकट संग्रह) स्मारक लिफ़ाफ़ा
【纪念馆】jìniànguǎn स्मारक भवनः 柯棣华大夫～ डॉक्टर द्वारकानाथ कोटनीस स्मारक भवन
【纪念品】jìniànpǐn यादगार; स्मृतिचिन्ह; निशानी
【纪念日】jìniànrì स्मारक दिवस
【记念塔】jìniàntǎ स्मारक मीनार; स्मारक
【记念邮票】jìniàn yóupiào स्मारक डाक-टिकट
【纪念章】jìniànzhāng स्मृतिचिन्ह; बैज; बिल्ला
【纪实】jìshí घटनाओं का रिकार्ड; तात्कालिक रिपोर्ट
【纪委】jìwěi 纪律检查委员会 का संक्षिप्त रूप
【纪行】jìxíng (पुस्तक के नाम में प्रयुक्त) यात्रा-वृत्तांत
【纪要】jìyào सार; संक्षिप्त विवरणः 会谈～ वार्ता का सार
【纪元】jìyuán ❶युग का आरंभ ❷युग; कालः 开创历史新～ इतिहास में एक नये युग का आरंभ करना
【纪传体】jìzhuàntǐ जीवनियों की शृंखला के रूप में लिखित इतिहास

芰 jì सिंघाड़े का प्राचीन नाम

技 jì हुनर; कारीगरी; कुशलता; निपुणता; चालः 技能 / 绝技 juéjì
【技法】jìfǎ कला-कौशल
【技工】jìgōng❶कारीगर ❷मेकनिक; मिस्त्री; तकनीशियन
【技工学校】jìgōng xuéxiào तकनीकी स्कूल
【技击】jìjī वूशू（武术）में प्रहार और बचाव की कला
【技能】jìnéng दक्षता; कुशलता; शिल्पगत निपुणता
【技巧】jìqiǎo शिल्प; हस्तकलाः 写小说的～ कहानी लिखने का शिल्प / 玉雕～ जेड तराशने की हस्तकला; जेड तराशी
【技巧运动】jìqiǎo yùndòng 〈खेल०〉 एक्रोबेटिक जिमनास्टिक्स
【技穷】jìqióng सभी चालें चूकना; सभी तीर चूक जाना
【技师】jìshī तकनीशियन
【技术】jìshù तकनॉलाजी; तकनीक; प्रविधि; प्रौद्योगिकी; तकनीकी; प्राविधिक; प्रौद्योगिकः 科学～ विज्ञान और तकनॉलाजी / 高新～ हाई टेक; उच्च तकनीक / ～密集型产品 तकनीक आधारित वस्तु / ～创新 तकनीकी ईजाद
【技术兵种】jìshù bīngzhǒng सेना की तकनीकी सेवा
【技术改造】jìshù gǎizào तकनीकी रूपांतर
【技术革命】jìshù gémìng तकनीकी नवीनीकरण
【技术工人】jìshù gōngrén कारीगर; दक्ष मज़दूर
【技术鉴定】jìshù jiàndìng तकनीकी मूल्यांकन
【技术科学】jìshù kēxué 应用科学 yìngyòng kēxué के समान
【技术力量】jìshù lìliàng तकनीकी शक्ति
【技术名词】jìshù míngcí तकनीकी पद
【技术人员】jìshù rényuán तकनीकी कार्मिक
【技术性】jìshùxìng तकनीकीः 这是个～问题。यह एक तकनीकी मामला है।
【技术学校】jìshù xuéxiào तकनीकी स्कूल
【技术研究所】jìshù yánjiūsuǒ तकनॉलाजिकल अनुसंधान प्रतिष्ठान
【技术员】jìshùyuán तकनीशियनः 农业～ कृषि-तकनीशियन
【技术知识】jìshù zhīshì तकनीकी ज्ञान
【技术职称】jìshù zhíchēng तकनीकी कार्मिकों की उपाधियां
【技术指导】jìshù zhǐdǎo ❶तकनीकी निर्देशन ❷तकनीकी सलाहकार
【技术转让】jìshù zhuǎnràng तकनीकी हस्तांतरण
【技术装备】jìshù zhuāngbèi तकनीकी साज़-सामान; तकनीकी उपकरण
【技术资料】jìshù zīliào तकनीकी संदर्भ-सामग्री
【技术咨询】jìshù zīxún तकनीकी परामर्श
【技术作物】jìshù zuòwù 经济作物 jīngjì zuòwù के समान
【技校】jìxiào 技工学校 या 技术学校 का संक्षिप्त रूप
【技痒】jìyǎng किसी काम में हाथ दिखाने को उद्यम होनाः 他看到学生们玩篮球，不觉～。छात्रों को बास्केटबाल खेलते देख उसने भी हाथ दिखाना चाहा।

【技艺】 jìyì कला-कौशल; कला; शिल्प; कारीगरी: ～精湛 मंजा हुआ शिल्प

系（繫）jì बांधना; (बटन) बन्द करना; पहनना: ～鞋带 जूतों के फ़ीते बांधना / ～扣子 बटन बन्द करना / ～领带 टाई पहनना / ～围裙 ऐप्रन पहनना
xì भी दे०

忌 jì ❶ईर्ष्या; जलन; डाह; ईर्ष्या करना; जलना; ईर्ष्यालु होना: 忌妒 ❷डर; भय; झिझक; संकोच: 顾忌 gùjì / 横行无忌 héng xíng wú jì ❸परहेज़; परहेज़ करना; बचना; दूर रहना; मना करना: ～油腻食物。भारी खाना खाना मना है। ❹छोड़ देना: ～酒 मदिरा सेवन छोड़ देना

【忌辰】 jìchén माता या पिता के निधन की वार्षिकी; पुण्यतिथि; बरसी

【忌惮】 jìdàn 〈लि०〉 डर; भय; झिझक; संकोच: 他毫无～，破口大骂。वह बिना झिझक के पानी पी-पी कर कोसने लगा।

【忌妒】 jìdu ईर्ष्या; जलन; डाह; ईर्ष्या करना; जलना; ईर्ष्यालु होना: ～心 ईर्ष्यावृत्ति / 他～您所取得的成绩。वह आपकी सफलता से बहुत जलता है।

【忌恨】 jìhèn 嫉恨 jíhèn के समान

【忌讳】 jìhuì ❶बुरा मानना; नाराज़ होना: 老王～别人叫他外号。लाओ वांग अपने उपनाम से पुकारा जाने पर बुरा मानता है। ❷परहेज़ होना; मना होना; बचना; दूर रहना: 病人～吃生冷食物。रोगियों को कच्ची और ठंडी वस्तुओं के सेवन से बचना चाहिए।

【忌刻】 jìkè （忌克 jìkè भी）ईर्ष्या और अधमता; ईर्ष्यालु और अधम होना

【忌口】 jìkǒu कुछ खाद्यपदार्थों से परहेज़ होना; मिताहार करना

【忌日】 jìrì ❶पुण्यतिथि ❷अशुभ काल

【忌嘴】 jìzuǐ 忌口 के समान

际（際）jì ❶सीमा; हद; सिरा; छोर: 分际 fēnjì / 一望无际 yīwàng-wújì ❷के बीच; के दरमियान; के मध्य; अन्तर- : 洲～导弹 अन्तरमहाद्वीपीय मिसाइल / 夏秋之～ ग्रीष्म और पतझड़ के बीच ❸के अन्दर; में: 胸～ छाती में / 腰～ कमर में ❹अवसर; मौका; समय: 值此之～ इस अवसर पर / 在大会召开之～ सभा के आयोजन के मौके पर ❺दशा; नौबत; अवस्था: 际遇

【际会】 jìhuì मिलना; से सामना होना: ～风云 परिवर्तनशील परिस्थिति का सामना करना

【际涯】 jìyá 〈लि०〉 सीमा; हद; पार: 渺无～ अपार होना

【际遇】 jìyù 〈लि०〉 किस्मत; भाग्य; तकदीर: ～好 किस्मत खुलना; भाग्य चमकना / ～不好 किस्मत फूटना; भाग्य मंद होना; किस्मत का फेर होना

妓 jì रंडी; वेश्या

【妓女】 jìnǚ वेश्या; रंडी

【妓院】 jìyuàn वेश्यालय; रंडीखाना; चकला

季 jì ❶वर्ष के वसंत, ग्रीष्म, पतझड़, शिशिर —— ये चार विभाग; ऋतु; मौसम ❷किसी चीज़ के होने का नियत काल; ऋतु; मौसम: 雨季 yǔjì / 西瓜～儿 तरबूज़ों का मौसम ❸एक काल का अंत: 清～ छिंग राजवंश का अंतिम वर्ष ❹किसी ऋतु का अंतिम मास: ～春 वसंत का अंतिम मास / ～夏 ग्रीष्म का अंतिम मास ❺भाइयों में चौथा या सबसे छोटा: ～弟 चौथा या सबसे छोटा भाई ❻（Jì）एक कुलनाम

【季度】 jìdù तिमाही; त्रिमास; त्रैमासिक: ～报告 त्रैमासिक रिपोर्ट / 第二～的经济态势 दूसरी तिमाही की आर्थिक स्थिति

【季风】 jìfēng मानसून

【季风气候】 jìfēng qìhòu मानसून का मौसम

【季风雨】 jìfēngyǔ मानसून की वर्षा

【季候】 jìhòu 〈बो०〉 मौसम; ऋतु

【季节】 jìjié मौसम; ऋतु: 农忙（闲）～ खेती का व्यस्त (मंद) मौसम / 旅游～ भ्रमण का मौसम

【季节工】 jìjiégōng मौसमी मज़दूर

【季节洄游】 jìjié huíyóu (मछली आदि का) मौसमी स्थानांतरण

【季节性】 jìjiéxìng मौसमी: ～工作 मौसमी काम

【季军】 jìjūn खेलों में तीसरा स्थान पानेवाला

【季刊】 jìkān त्रैमासिक पत्रिका

【季世】 jìshì 〈लि०〉 (किसी काल का) अंतिम वर्ष

剂（劑）jì ❶औषधीय या रासायनिक द्रव्य: 麻醉剂 mázuìjì / 杀虫剂 shāchóngjì ❷〈परि० श०〉 (जड़ी-बूटियों के लिये) : 一～中药 जड़ी-बूटियों की एक खुराक

【剂量】 jìliàng 〈चिकि०〉 खुराक

【剂型】 jìxíng 〈चिकि०〉 दवा का रूप (जैसे टिकिया, पाउडर, गोली आदि)

荠（薺）jì नीचे दे०
qí भी दे०

【荠菜】 jìcài शेफ़र्ड्स पर्स

哜（嚌）jì 〈लि०〉 (मज़ा) चखना

【哜哜嘈嘈】 jìjìcáocáo 〈अनु०〉 हल्ला; कोलाहल: 屋里～，不知他们在说些什么。कमरे में हल्ला मच रहा है। न जाने वे लोग क्या बोल रहे हैं।

迹（跡、蹟）jì ❶चिन्ह; निशान; दाग; धब्बा: 足迹 zújì / 血迹 xuèjì ❷अवशेष: 遗迹 yíjì / 古迹 gǔjì ❸संकेत; लक्षण: ～近剽窃 दूसरे की कृति की नकल करने का लक्षण होना

【迹地】 jìdì वन में वृक्षों की कटाई के बाद खाली छोड़ी गयी भूमि

【迹象】 jìxiàng संकेत; आसार; लक्षण: 各种～表明

经济正在复苏。आर्थिक पुनरुत्थान के सभी आसार दिख रहे हैं। / 这是两国关系改善的～。इसे दोनों देशों के संबंधों में सुधार का लक्षण माना गया है।

济（濟）jì ❶नदी पार करना: 同舟共济 tóng-zhōu-gòngjì ❷सहायता; मदद; राहत; सहायता करना (देना); मदद करना (देना); राहत देना: 接济 jiējì / 济贫 ❸काम का; मददगार; सहायक: 无济于事 wújì-yúshì

jǐ भी दे०

【济贫】jìpín गरीबों की मदद करना

【济世】jìshì समाज का कल्याण करना; दूसरों की भलाई करना

【济事】jìshì (प्राय: नकारात्मक रूप में प्रयुक्त) काम का: 你真不～，这点儿工作都做不好。तुम वाकई काम के नहीं। इतना सा काम भी अच्छी तरह नहीं किया।

既 jì ❶क्रिया विशेषण, जो क्रिया की समाप्ति का सूचक होता है : 漱洗～毕 हाथ-मुंह धो चुकना / 既成事实 ❷〈संयो०〉जब; चूंकि: 他～如此之顽固，我也就不再多说了。चूंकि वह इतना ज़िद्दी निकला, इसलिये मैंने बोलना बन्द कर दिया। / 既来之，则安之。❸〈लि०〉समाप्त; पूरा किया हुआ ❹〈संयो०〉(प्राय: 且、又、也 के साथ प्रयुक्त) के साथ साथ; भी … भी …: 这房间～宽敞，又明亮。यह कमरा लम्बा-चौड़ा भी है और रोशनीदार भी। / 他～懂英语，也懂印地语。वह अंग्रेज़ी के साथ-साथ हिन्दी भी जानता है। / ～高且大 ऊंचा होने के साथ-साथ भारी-भरकम भी होना

【既成事实】jìchéng shìshí विद्यमान तथ्य; सिद्ध तथ्य: 承认～ सिद्ध तथ्य को स्वीकार करना / 造成～ विद्यमान तथ्य प्रस्तुत करना

【既得利益】jìdé lìyì निहित स्वार्थ

【既定】jìdìng निश्चित; तय: ～目标 निश्चित लक्ष्य

【既而】jì'ér〈लि०〉〈क्रि०वि०〉के बाद; के उपरान्त; के पश्चात

【既来之，则安之】jì lái zhī, zé ān zhī जो हुआ सो हुआ

【既然】jìrán〈संयो०〉चूंकि; जब: ～如此 जब हालत ऐसी है; ऐसी हालत में / ～你病了，就该好好休息。जब आप बीमार हैं तो आप को अच्छी तरह विश्राम करना चाहिए। / ～他不愿来，我们只得上他家去。चूंकि उसने यहां आना नहीं चाहा, इसलिये हमें उसके घर जाना पड़ा।

【既是】jìshì चूंकि; जब

【既往】jìwǎng ❶पहले की तरह: 一如既往 yìrú jì-wǎng ❷पिछला; अतीत का: ～不究 पिछली गलतियों को माफ़ करना; अतीत के दुष्कर्मों के लिये दोषी न ठहराना

觊（覬）jì〈लि०〉ललचना

【觊觎】jìyú〈लि०〉ललचना; गिद्ध दृष्टि रखना: ～他国领土 दूसरे देश की प्रादेशिक भूमि पर गिद्ध दृष्टि रखना

继（繼）jì ❶चलते रहना; निरन्तर; क्रमशः; बाद; पश्चात: 相～落成 निर्माण कार्य क्रमशः पूरे होना / 他是～老王之后第二个获此殊荣之人。वह लाओ वांग के बाद दूसरा व्यक्ति है, जिसे यह गौरव प्राप्त हुआ। ❷फिर; इस के बाद: 初感头晕，～又呕吐。शुरू में उसका सिर चकराया, फिर उसे उबकाई आई।

【继承】jìchéng ❶उत्तराधिकार; विरासत; उत्तराधिकार में प्राप्त करना; विरासत में हासिल करना: ～遗产 विरासत में संपत्ति हासिल करना; रिक्थ प्राप्त करना; बपौती हासिल करना ❷जारी रखना; आगे बढ़ाना: ～传统 परम्परा जारी रखना / ～革命事业 क्रांतिकारी कार्य जारी रखना

【继承权】jìchéngquán बपौती का अधिकार; मौरूसी हक; उत्तराधिकार: 享有～ उत्तराधिकार का उपभोग करना / 剥夺～ उत्तराधिकारी न मानना; पैतृक संपत्ति से वंचित करना

【继承人】jìchéngrén उत्तराधिकारी; वारिस; दायाद; रिक्थाधिकारी: 王位～ राज्य का उत्तराधिकारी / 法定～ कानूनी वारिस

【继而】jì'ér〈क्रि०वि०〉फिर; इसके बाद

【继父】jìfù सौतेला बाप

【继母】jìmǔ सौतेली मां

【继女】jìnǚ सौतेली बेटी

【继配】jìpèi (继室 jìshì भी) (पहली पत्नी की मृत्यु के बाद घर में लायी गयी) दूसरी पत्नी

【继任】jìrèn किसी की जगह पद ग्रहण करना

【继嗣】jìsì〈लि०〉❶लड़के को गोद लेना ❷उत्तराधि-कारी; दायाद; वारिस

【继往开来】jìwǎng-kāilái पूर्ववती के कार्य को आगे बढ़ाना और भविष्य की ओर रास्ता प्रशस्त करना

【继武】jìwǔ〈लि०〉के पदचिन्हों पर चलना; के अधूरे कार्य को पूरा करना

【继续】jìxù ❶जारी होना; जारी रखना; अविरत; नि-रंतर; लगातार; बराबर: ～会谈 वार्त्ता जारी रखना / 大雪～了两天两夜。दो दिन दो रात तक निरंतर भारी बर्फ़बारी होती रही। / 他～不停地工作。वह अविरत काम करता रहा। / ～有效 बराबर प्रभावी होना ❷जारी रूप: 战争是政治的～。युद्ध राजनीति का जारी रूप है।

【继子】jìzǐ सौतेला बेटा

偈 jì〈बौद्धधर्म〉गाथा

jié भी दे०

徛 jì〈बो०〉खड़ा होना

祭 jì ❶यज्ञ; यज्ञ करना; बलि चढ़ाना; कुरबान कर-ना: ～祖宗 पितृयज्ञ / 祭坛 ❷श्रद्धांजलि अर्पित करना: 祭奠 ❸प्रयोग करना; काम में लाना: ～起法宝 जादू की छड़ी उठाना

【祭奠】jìdiàn श्रद्धांजलि अर्पित करना: ～先烈 शहीदों को श्रद्धांजलि अर्पित करना

【祭礼】 jìlǐ ❶यज्ञ; होम ❷स्मारक समारोह ❸प्रसाद; कुरबान; बलि; हवन
【祭品】 jìpǐn प्रसाद; कुरबान; बलि; होम
【祭器】 jìqì यज्ञ का सामान
【祭祀】 jìsì बलि चढ़ाना; यज्ञ करना; कुरबानी देना; निछावर करना
【祭坛】 jìtán（祭台 jìtái भी）यज्ञभूमि; बलिवेदी; वेदी
【祭文】 jìwén ❶शोक भाषण ❷पूजापाठ
【祭灶】 jìzào बारहवें चांद्रमास के २३वें या १४वें दिन रसोई-देवता को बलि चढ़ाना

悸 jì 〈लि०〉 कलेजा धड़कना; दिल धकधक करना: 心有余悸 xīnyǒuyújì

寄 jì ❶भेजना; प्रेषित करना; डाक द्वारा भेजना; डाक में डालना: ～信 पत्र भेजना; चिट्ठी डालना / 包裹～出了。पार्सल भेज दिया गया है। / ～钱 धन प्रेषित करना ❷सौंपना; रखना; लगाना:寄存 / ～希望于人民 जनता से आशा लगाना ❸आश्रय लेना; पनाह लेना; आश्रित करना (होना); अवलंबित होना:寄人篱下 / 寄食 ❹गोद लिया हुआ: 寄女 / 寄子
【寄存】 jìcún सौंपना; रखना; छोड़ना: 把大衣～在衣帽间 ओवरकोट को अमानती सामान-घर में छोड़ना / 行李～处 यात्री सामान घर / 自行车～处 साइकिल स्टैंड
【寄存器】 jìcúnqì (कंप्यूटर का) रजिस्टर
【寄递】 jìdì डाकघर द्वारा डाक पहुंचाना
【寄放】 jìfàng रखना; रख छोड़ना: 我把行李～在一个朋友家。मैंने असबाब एक दोस्त के घर में रखा।
【寄费】 jìfèi डाकखर्च; डाकव्यय
【寄父】 jìfù धाता; पालक पिता
【寄件人】 jìjiànrén भेजनेवाला; प्रेषक
【寄居】 jìjū दूसरे स्थान या दूसरे के घर में रहना: ～天津 थ्येनचिन में रहना / ～在叔父家中 चाचा के घर में रहना
【寄卖】 jìmài（寄售 jìshòu भी）कमीशन पर बिकवाना; बिक्री के लिये पुरानी वस्तुओं की दूकान में रखना
【寄卖行】 jìmàiháng कमीशन-शॉप; पुरानी वस्तुओं की दूकान
【寄母】 jìmǔ धात्री; पालक माता
【寄女】 jìnǚ दत्तक पुत्री
【寄情】 jìqíng (लेखादि में) अपना मनोभाव व्यक्त करना
【寄人篱下】 jìrénlíxià दूसरों पर निर्भर रहना; टुकड़ा तोड़ना; अनुजीवी होना
【寄生】 jìshēng ❶〈जीव०〉 परजीविता; परजीवी ❷परजीवी; दूसरों पर आश्रित रहनेवाला: 过着～生活 दूसरों पर आश्रित रहकर बसर करना
【寄生虫】 jìshēngchóng परजीवी; परजीव
【寄生虫病】 jìshēngchóngbìng परजीवी रोग
【寄生虫学】 jìshēngchóngxué परजीवी विज्ञान
【寄生动物】 jìshēng dòngwù परजीवी जन्तु
【寄生植物】 jìshēng zhíwù परजीवी वनस्पति
【寄宿】 jìsù ❶निवास करना: ～在朋友家中 दोस्त के घर में निवास करना ❷छात्रावास में रहना
【寄宿生】 jìsùshēng बोर्डर
【寄宿学校】 jìsù xuéxiào बोर्डिंग स्कूल
【寄托】 jìtuō ❶देखभाल के लिये किसी के यहां छोड़ना: 将孩子～在亲戚家里 अपने बच्चे को देखभाल के लिये रिश्तेदार के यहां छोड़ना ❷(आशादि) लगाना; अवलंब करना; सहारा लेना: 他把希望～在孩子身上。उसने बच्चों पर ही अपनी आशा लगायी है। / 精神～ मानसिक अवलंब (सहारा) / ～哀思 शोक प्रकट करना
【寄养】 jìyǎng किसी दूसरे से अपने बच्चों की परवरिश करना: 他从小～在舅舅家。उस की परवरिश उस के मामा के घर में हुई थी।
【寄予】 jìyǔ （寄与 jìyǔ भी）❶लगाना: 对青年一代～希望 युवा पीढ़ी पर आशा लगाना ❷दर्शाना; प्रदर्शित करना; प्रकट करना; प्रगट करना: ～深切的同情 से गहरी सहानुभूति प्रगट करना
【寄语】 jìyǔ 〈लि०〉 संवाद भेजना; संदेश देना
【寄寓】 jìyù 〈लि०〉 दूसरे स्थान में रहना
【寄主】 jìzhǔ 〈जीव०〉 (परजीवी का) पोषक
【寄子】 jìzǐ दत्तक पुत्र

寂 jì ❶शांति; खामोशी; सन्नाटा; नीरवता; निस्तब्धता; शांत; खामोश; नीरव; निस्तब्ध: ～无一人 सन्नाटा और निर्जनता ❷अकेलापन; एकाकीपन; सूनापन; एकांतता; अकेला; एकाकी; सूना; एकांत: 寂寞
【寂静】 jìjìng शांति; खामोशी; सन्नाटा; नीरवता; शांत; खामोश; नीरव: 在～的深夜里 गहरी रात के सन्नाटे में / ～的山村里顿时欢呼声四起。शांत पहाड़ी गांव में तुरंत हर्षध्वनि गूंज उठी। / ～无声 नीरवता
【寂寥】 jìliáo 〈साहि०〉 निर्जनता; निरवता; निस्तब्धता
【寂寞】 jìmò ❶अकेलापन; एकाकीपन; सूनापन; एकांतता; अकेला; एकाकी; सूना; एकांत: 昨晚家里只剩下我一人，真是～。कल रात घर में मैं अकेला रह गया। पूरा घर सूना सा महसूस हुआ। ❷निर्जनता; नीरवता; निर्जन; नीरव: ～的原野 नीरव मैदान
【寂然】 jìrán 〈साहि०〉 निःशब्दता; अपार नीरवता; निस्तब्धता

绩（績）jì ❶पटसन के रेशों को बटकर रस्सी बनाना ❷सिद्धि; सफलता; उपलब्धि: 功绩 gōngjì

霁（霽）jì 〈लि०〉 ❶वर्षा या हिमपात का थम जाना; वर्षा या हिमपात के बाद आकाश का खुलना ❷गुस्सा उतरना; क्रोध शांत होना: ～颜 गुस्सा उतरने के बाद शांत होना

跽 jì 〈लि०〉 घुटने टेककर छाती तानना

鲚（鱭）jì एंकोवी (मछली)

暨 jì 〈लि०〉 ❶और; तथा; एवं; व ❷तक: ～今 अब तक

稷 jì ❶मोटा अनाज ❷प्राचीन काल में सम्राटों द्वारा पूजे जाने वाले अन्न देवता

鲫（鯽）jì क्रूसियन कार्प (मछली)

髻 jì जूड़ा

冀[1] jì 〈लि०〉 आशा करना; उम्मीद करना; आशा बांधना：～其成功 उस की सफलता की आशा करना

冀[2] Jì ❶हपेइ（河北）प्रांत का संक्षिप्त नाम ❷एक कुलनाम

【冀图】jìtú कोशिश करना; चाहना：～东山再起 अपनी पुरानी स्थिति में वापस लौटने की कोशिश करना

【冀望】jìwàng 〈लि०〉 आशा करना; उम्मीद करना

穄 jì 穄子 के समान

【穄子】jìzi मार्जनी बाजरा

骥（驥）jì 〈लि०〉 ❶शुद्ध नस्ल का घोड़ा ❷सुयोग्य व तेजस्वी व्यक्ति

jiā

加 jiā ❶धन; जोड़; योग; जोड़ना; योग करना：二～二等于四。दो और दो का योग चार होता है। ❷वृद्धि; इज़ाफ़ा; बढ़ोतरी; वृद्धि करना (होना); इज़ाफ़ा करना (होना); बढ़ोतरी करना (होना); बढ़ना; बढ़ाना：～大力量 शक्ति में वृद्धि करना / ～工资 वेतन में बढ़ोतरी करना / ～价 कीमत बढ़ाना ❸डालना; जोड़ना; मिलाना; लगाना：～标点符号 विरामचिन्ह लगाना / 咖啡里～点糖 काफ़ी में कुछ चीनी डाल देना ❹(加以 jiāyǐ की भांति प्रयुक्त, लेकिन प्राय: एक अक्षरी क्रिया विशेषण के बाद)：更～努力 पहले से अधिक प्रयास करना / 不～考虑 विचार नहीं करना / 大～赞扬 भूरि-भूरि प्रशंसा करना / 严～管束 कड़ा नियंत्रण रखना

【加班】jiābān ओवरटाइम; ओवरटाइम करना

【加班费】jiābānfèi ओवरटाइम की मज़दूरी

【加班加点】jiābān jiādiǎn ओवरटाइम करना

【加倍】jiābèi दुगुना करना (होना); दूना करना (होना); बढ़ाना：～高兴 दिल दूना होना / ～努力 दुगुनी कोशिश करना / 产量～增长 पैदावार दुगुनी होना / ～小心 सावधानी बढ़ाना

【加餐】jiācān ❶हल्का भोजन ❷हल्का भोजन लेना

【加尔各答】Jiā'ěrgèdá कोलकाता 〈पुराना〉 कलकत्ता

【加法】jiāfǎ 〈गणित०〉 योग; धन; जोड़; जमा

【加封】[1] jiāfēng सील लगाना; मुहर लगाना; मुहरबंद करना

【加封】[2] jiāfēng (अभिजातों को) अतिरिक्त पद और जागीरें देना

【加工】jiāgōng ❶प्रोसेसिंग करना (होना)：～食品 खाद्य पदार्थों की प्रोसेसिंग करना ❷〈यां०〉 मशीनिंग; वर्किंग：冷～ कोल्ड वर्किंग / 机～ मशीनिंग ❸परिमार्जन करना; परिमार्जित करना：这篇文章尚需～。इस लेख में परिमार्जन करने की आवश्यकता है।

【加固】jiāgù मज़बूत करना (होना); दृढ़ करना (होना); पक्का करना (होना); मज़बूती; सुदृढ़ीकरण：～堤坝 तटबंधों को मज़बूत करना

【加官晋爵】jiāguān-jìnjué पदोन्नति होना; तरक्की होना

【加害】jiāhài नुकसान पहुंचाना; क्षति पहुंचाना; अपकार करना：～于人 किसी का अपकार करना

【加号】jiāhào धन-चिन्ह（＋）

【加紧】jiājǐn तेज़ करना; तेज़ी लाना; तीव्र करना; बढ़ाना：～准备 तैयारियां तेज़ करना / ～训练 प्रशिक्षण में तेज़ी लाना

【加劲】jiājìn ज़ोर लगाना; ज़ोर बांधना; ज़ोर मारना

【加剧】jiājù तेज़ करना (होना); तीव्र करना (होना); बढ़ाना; बढ़ना; वृद्धि करना (होना); इज़ाफ़ा करना (होना)：～紧张局势 तनाव में वृद्धि करना / ～矛盾 अंतरविरोध तीव्र करना / 病情～ बीमारी गंभीर होना

【加快】jiākuài तेज़ करना (होना); तेज़ी लाना; बढ़ाना; बढ़ना：～工作进度 काम की रफ़्तार बढ़ाना / ～和谈进程 शांति-वार्त्ता की प्रक्रिया तेज़ करना / ～改革 सुधार में तेज़ी लाना / 他～了脚步。उसने कदम तेज़ किये।

【加宽】jiākuān चौड़ा करना

【加勒比共同体】Jiālèbǐ Gòngtóngtǐ कैरिबियन समुदाय

【加勒比海】Jiālèbǐhǎi कैरिबियन समुद्र

【加料】jiāliào ❶(बर्तन में) कच्चा माल डालना ❷सामान्य से अधिक कच्चे माल से तैयार और बढ़िया (वस्तु)

【加仑】jiālún गैलन

【加码】jiāmǎ ❶चीज़ों के दाम बढ़ाना ❷दांव की रकम बढ़ाना ❸कोटा बढ़ाना

【加盟】jiāméng किसी संगठन या दल में शामिल होना

【加冕】jiāmiǎn राज्याभिषेक; राजतिलक; सिंहासनारोहण

【加拿大】Jiānádà कनाडा

【加纳】Jiānà घाना

【加农榴弹炮】jiānóng liúdànpào（संक्षिप्त रूप 加榴炮）गन-होविट्ज़र

【加农炮】jiānóngpào कैनन; गन; तोप

【加蓬】Jiāpéng गैबोन

【加强】jiāqiáng सुदृढ़ करना; दृढ़ बनाना; मज़बूत करना (बनाना); शक्तिशाली बनाना; बढ़ाना; ज़ोर देना; तेज़ करना：～团结 एकता सुदृढ़ करना / ～纪律 अनुशासन दृढ़ बनाना / ～战备 युद्ध के विरुद्ध तैयारियां तेज़ करना / ～联系 संपर्क बढ़ाना / ～语气 ज़ोर देना / ～警戒 चौकसी बढ़ाना / ～信心 विश्वास बढ़ाना (बढ़ना) / ～地位 स्थिति मज़बूत बनाना

【加热】 jiārè तपाना; गर्म करना: ～器 हीटर
【加入】 jiārù ❶डालना; मिलाना: 牛奶中～糖 दूध में चीनी डालना ❷सम्मिलित होना; शामिल होना; भाग (हिस्सा) लेना; भागीदारी (हिस्सेदारी) होना; (का) सदस्य बनना: ～联合国 संयुक्त राष्ट्र संघ का सदस्य बनना / ～条约 संधि में सम्मिलित होना
【加塞儿】 jiāsāir लाइन तोड़ना
【加上】 jiāshang ❶लगाना; दिलाना; जोड़ना: ～种种罪名 तरह-तरह के दोष लगाना ❷〈संयो०〉 इसके अलावा… भी; इसके सिवाय… भी: 他为人老实，～不识字，所以上当受骗了。वह सीधा-सादा है। इसके अलावा अनपढ़ भी है। सो धोखे में आ गया।
【加深】 jiāshēn गहराना; गहरा करना (होना): ～理解 समझदारी गहराना / 分歧～了。मतभेद गहरा हो गया।
【加湿器】 jiāshīqì 空气加湿器 kōngqì jiāshīqì के समान
【加数】 jiāshù 〈गणित०〉 योज्य
【加速】 jiāsù तेज़ करना (होना); रफ़्तार बढ़ाना (बढ़ना); गति बढ़ाना (बढ़ना); तेज़ी से; तेज़ रफ़्तार से; द्रुत गति से: 火车～运行。रेलगाड़ी तेज़ रफ़्तार से दौड़ रही है। / ～灭亡 खात्मे की रफ़्तार तेज़ करना / ～经济发展 आर्थिक विकास की गति बढ़ाना
【加速度】 jiāsùdù 〈भौ०〉 गतिवृद्धि
【加速器】 jiāsùqì 〈भौ०〉 एक्सीलरेटर
【加以】 jiāyǐ ❶(द्विअक्षरी क्रियाओं के आगे यह सूचित करने के लिये प्रयुक्त होता है कि कार्य वाक्य के आरंभ में उल्लिखित व्यक्ति या बात को लक्षित है): 这个提案必须～修改。इस प्रस्ताव के प्रारूप में संशोधन करना आवश्यक है। / 此古建筑需～妥善保护。इस प्राचीन निर्माण की रक्षा के लिये समुचित उपाय करने चाहिये। ❷〈संयो०〉 के सिवाय … भी; के अलावा … भी; के अतिरिक्त … भी: 这一型号彩色电视机质量好，～价格便宜，深受顾客欢迎。इस किस्म के रंगीन टी० वी० सेट की गुणवत्ता बढ़िया है। इस के अलावा इस का दाम भी सस्ता है, इसलिये बहुत से ग्राहक इसे पसन्द करते हैं।
【加意】 jiāyì विशेष ध्यान देना; ज़ोर देना: ～保护 रक्षा पर विशेष ध्यान देना / ～提防 सतर्क रहने पर ज़ोर देना
【加油】 jiāyóu ❶तेल देना (लगाना, डालना); चिकनाई लगाना (पहुंचाना): 这机器该～了。इस मशीन में चिकनाई लगानी है। ❷ईंधन देना; ईंधन भरना: 飞机要在上海降落～。यह विमान ईंधन भरने के लिये शांगहाए उतरेगा। / 空中～एयर रिफ़्यूलिंग ❸ज़ोर लगाना; हौसला बढ़ाना; हिम्मत बंधवाना: ～! ज़ोर लगाओ! / 球迷为中国足球队～。फ़ुटबालप्रेमियों ने चीनी टीम का हौसला बढ़ाया।
【加油车】 jiāyóuchē रिफ़्यूलिंग ट्रक
【加油飞机】 jiāyóu fēijī टैंकर विमान
【加油添醋】 jiāyóu-tiāncù 添醋加油 tiāncù-jiāyóu के समान
【加油站】 jiāyóuzhàn गैस स्टेशन; पैट्रोल पंप
【加之】 jiāzhī 〈संयो०〉 इसके सिवाय …भी; इसके अलावा …भी
【加重】 jiāzhòng बढ़ाना; बढ़ना: ～工作量 कार्य बढ़ाना / ～语气 अपनी बात पर बल देना / ～危机 संकट बढ़ना / 病势～。रोगी की हालत बिगड़ गयी। / ～负担 बोझ बढ़ाना

夹[1] (夾) jiā ❶दोनों तरफ़ से दबाना; बीच में धरना: 用筷子～菜 चापस्टिकों से खाद्यपदार्थ उठाना / 用火钳～煤 चिमटे से कोयला उठाना ❷बीच में होना (पड़ना): 他～在我们两个中间。वह हम दोनों के बीच आ पड़ा। / 把相片～在书里 फ़ोटो को पुस्तक के पन्नों के बीच रखना ❸मिश्रित करना (होना); मिलाना; मिलना; के साथ-साथ; के साथ: 雨～雪 बर्फ़ के साथ वर्षा होना ❹क्लिप; क्लैंप: 纸～ पेपर क्लिप / 发～ हेयरपिन

夹[2] (夾、挟) jiā बगल में दबाना (लेना) gā; jiá भी दे०

【夹板】 jiābǎn ❶वस्तु को दबाने या वस्तुओं को जोड़ने में काम आने वाली लकड़ी की फलिका ❷〈चिकि०〉 कमठी; खपची: 上～ (टूटे हुए अंग पर) कमठी लगाना; खपची बांधना
【夹板气】 jiābǎnqì दोनों परस्पर विरोधी पक्षों द्वारा दी जाने वाली घुड़कियां: 受～ दोनों परस्पर विरोधी पक्षों से दी जाने वाली घुड़कियां खाना
【夹层】 jiācéng दोहरी परत: ～玻璃 दो परतों वाला शीशा / 箱子～ सूटकेस का चोरखाना
【夹带】 jiādài ❶चोरी-छिपे लाना या ले जाना: 严禁～危险品上飞机。विमान में आपत्तिजनक चीज़ें ले जाना सख़्त मना है। ❷परीक्षाकक्ष में चोरी-छिपे ले जाने वाली टीप
【夹道】 jiādào ❶तंग गली ❷सड़क के दोनों किनारों पर खड़े होना: ～欢迎 सड़क के दोनों किनारों पर खड़े होकर अतिथि का स्वागत करना
【夹缝】 jiāfèng दो आसन्न वस्तुओं के मध्य संकीर्ण अवकाश; दरार; दरज
【夹攻】 jiāgōng दोनों तरफ़ से हमला करना: 前后～ आगे और पीछे दोनों तरफ़ से हमला करना / 内外～ अन्दर और बाहर दोनों ओर से हमला करना
【夹击】 jiājī 夹攻 के समान
【夹克】 jiākè (茄克 jiākè भी) जाकिट
【夹七夹八】 jiāqī-jiābā अंडबंड; अनाप-शनाप; बेतुकी बकवास; ऊटपटांग बात: 他～说了一大堆，但谁也没听明白。वह देर तक अंडबंड करता रहा, पर बात किसी की भी समझ में नहीं आयी।
【夹生】 jiāshēng अधपका (चावल); कच्चा (काम); अधूरा (जानकारी)
【夹生饭】 jiāshēngfàn ❶अधपका चावल ❷कच्चा काम
【夹馅】 jiāxiàn वह खाद्य पदार्थ जिसके अंदर दूसरी खाने की चीज़ भरी हो
【夹心】 jiāxīn 夹馅 के समान: ～饼干 सेंडविच बिस्कुट
【夹叙夹议】 jiāxù-jiāyì वर्णन के साथ-साथ टिप्प-

णियां भी करना

【夹杂】 jiāzá के साथ-साथ होना; मिला हुआ होना; मिश्रित होना: 高兴～着惊奇 आश्चर्य मिश्रित प्रसन्नता / 乐曲声和欢笑声～在一起。संगीत की तानों के साथ-साथ कहकहे भी सुनाई देते हैं। / 这堆书里～着好几本杂志。किताबों के ढेर में कई पत्रिकाएं भी मिली हुई हैं।

【夹注】 jiāzhù पंक्तियों के बीच लिखी गयी टिप्पणियां

【夹子】 jiāzi ❶क्लिप: 衣服～ क्लोथपिन ❷फ़ोल्डर; बटुआ: 文件～ फ़ोल्डर / 皮～ बटुआ

伽 jiā नीचे दे०
gā; qié भी दे०

【伽倻琴】 jiāyēqín छाओश्येन जाति का एक तंतुवाद्य

茄 jiā नीचे दे०
qié भी दे०

【茄克】 jiākè 夹克 jiākè के समान

佳 jiā अच्छा; उत्तम; बढ़िया; सुन्दर; खूबसूरत; मनोरम; श्रेष्ठ: ～景 मनोरम दृश्य / ～作 श्रेष्ठ रचना या कलाकृति / 身体欠～ तबीयत अच्छी न होना

【佳宾】 jiābīn 嘉宾 jiābīn के समान

【佳话】 jiāhuà ज़बान पर रहने वाली बात; चर्चा का विषय; बहुप्रशंसित कृति

【佳节】 jiājié उल्लासपूर्ण उत्सव; दिवस; त्योहार: 国庆～ उल्लासपूर्ण राष्ट्रीय दिवस

【佳境】 jiājìng <लि०> सर्वाधिक सुखद या उत्तम अवस्था

【佳句】 jiājù कविता का सुन्दर चरण; सुन्दर वाक्य

【佳丽】 jiālì <लि०> ❶(शक्ल-सूरत, दृश्य इत्यादि) सुंदर; रमणीय; खूबसूरत; मनोहर; मनोरम; नयनाभिराम ❷रूपवती; सुन्दरी

【佳偶】 jiā'ǒu <लि०> सुखी दंपति

【佳期】 jiāqī विवाह का मुहूर्त

【佳人】 jiārén <लि०> रूपवती; सुन्दरी

【佳肴】 jiāyáo स्वादिष्ट व्यंजन; जायकेदार; सुस्वादु: 美味～ सुस्वादु खाना

【佳音】 jiāyīn <लि०> खुशखबरी; शुभ समाचार; शुभ संवाद: 静候～。मैं आपकी सफलता की खुशखबरी की प्रतीक्षा में हूं।

【佳作】 jiāzuò सुलेख; उत्तम कलाकृति; बढ़िया रचना

迦 jiā यह अक्षर विशिष्ट नामों या कुछ विदेशी नामों में प्रयुक्त होता है, जैसे 释迦牟尼(शाक्यमुनि) में

【迦太基】 Jiātàijī कार्थिज (उत्तरी अफ़्रीका में)

枷 jiā दंड देने का प्राचीन उपकरण, जो तख्तों से बना था और अपराधी के गले में बंधा जाता था

【枷锁】 jiāsuǒ ज़ंजीर; बेड़ी; जुआ; जूआ; बंधन: 精神～ मानसिक बंधन / 挣脱奴役的～ गुलामी का जुआ उतार फेंकना / 套上～ ज़ंजीरों में जकड़ना

浃（浹） jiā <लि०> तरी; गीलापन; तर-बतर: 汗流～背 पसीने से तर-बतर हो जाना

痂 jiā पपड़ी: 结～ घाव पर पपड़ी पड़ना; घाव भर आना

家 jiā（傢）❶परिवार; कुटुम्ब: 他～有五口人。उसके परिवार में पांच जने हैं। ❷घर; गृह: 我～就在附近。मेरा घर पास में ही है। ❸आफ़िस; दफ़्तर: 处长不在～。विभागाध्यक्ष आफ़िस में नहीं है। ❹किसी धंधे में लगा हुआ परिवार या व्यक्ति: 渔～ मछुआ / 船～ मल्लाह ❺किसी कला का ज्ञाता: 科学～ वैज्ञानिक / 艺术～ कलाकार ❻विचारधारा की शाखा; स्कूल; संप्रदाय: 儒家 rújiā ❼<विनम्र०> (अपने से बड़े संबंधियों के संदर्भ में प्रयुक्त): 家父 / 家兄 ❽पालतू; घरेलू: 家畜 / 家禽 ❾<परि०श०> (परिवार या व्यावसायिक संस्था के लिये): 两～人 दो परिवार / 一～布店 कपड़े की एक दूकान / 一～电影院 एक सिनेमाघर

家 jia <प्रत्यय> ❶गण; वर्ग; जाति: 学生～ छात्रगण / 女人～ स्त्री जाति ❷घरवाली; स्त्री: 老二～ मझले की घरवाली / 小王～ श्याओ वांग की स्त्री
jie भी दे०

【家蚕】 jiācán रेशम का कीड़ा

【家产】 jiāchǎn （家财 jiācái भी）घर की संपत्ति; संपत्ति; जायदाद

【家长里短】 jiācháng-lǐduǎn <बो०> घरेलू बातें

【家常】 jiācháng परिवार का दैनिक जीवन; घरेलू बातें; घर के मामले: 谈～ घरेलू बातें करना

【家常便饭】 jiācháng-biànfàn ❶साधारण खाना; मामूली भोजन; रोज़मर्रे का खाना ❷साधारण बात; मामूली बात; रोज़मर्रे का काम: 对他来说，搬家是～。उसके लिये घर बदलना मामूली बात है।

【家丑】 jiāchǒu कुल का कलंक; परिवार का गुप्त भेद; घर की बात

【家丑不可外扬】 jiāchǒu bùkě wàiyáng अपना कुल न बखानना; घर की बात घर में ही रखना; घर की बात सब से न कहना

【家畜】 jiāchù पालतू जानवर; गृह-पशु; पशुधन; मवेशी; ढोर; चौपाया

【家慈】 jiācí <विनम्र०><लि०> मेरी पूज्य माता जी

【家当】 jiādang <बो०> घर की संपत्ति; संपत्ति; जायदाद: 我的～就这些。मेरी सारी संपत्ति इतनी ही है।

【家道】 jiādào घर की हालत; घर की स्थिति: ～小康 खाता-पीता होना / ～衰败 घर उजड़ना

【家底】 jiādǐ लम्बे अरसे के प्रयासों से अर्जित संपत्ति; संसाधन: ～薄 संसाधनों की कमी

【家电】 jiādiàn 家用电器 jiāyòng diànqì का संक्षिप्त रूप

【家丁】 jiādīng बड़े कुटुम्ब का अनुचर; नौकर-चाकर; सेवक

【家法】 jiāfǎ ❶सामंती गृहनियम ❷सामंती परिवार में बच्चों या नौकरों को पीटने के काम आने वाला डंडा ❸〈पुराना〉 गुरु द्वारा शिष्य को प्रदत्त सिद्धान्त व अध्ययन की विधियां

【家访】 jiāfǎng छात्रों या युवा कर्मचारियों के अभिभावकों से मिलने जाना

【家父】 jiāfù 〈विनम्र०〉 मेरे पूज्य पिता जी

【家鸽】 jiāgē कबूतर; कबूतरी; कपोत; कपोती

【家规】 jiāguī गृहनियम

【家伙】 jiāhuo 〈बोल०〉 ❶औज़ार; हथियार: 这帮人打架斗殴，还动了～。इन लोगों ने एक दूसरे की मारपीट की और हथियार तक भी चलाये। ❷आदमी; शख्स; छोकरा: 那～干吗来了？वह छोकरा यहां क्यों आया? / 小～ बच्चा / 你这～，吓了我一大跳。तू भी खूब है, मुझे एकदम डरा दिया।

【家给人足】 jiājǐ-rénzú हर परिवार संपन्न है और प्रत्येक को पर्याप्त खाना व कपड़े हासिल हैं

【家计】 jiājì 〈लि०〉 गृहस्थी का निर्वाह

【家家】 jiājiā हर परिवार; हर घर

【家家户户】 jiājiāhùhù घर-घर; हर घर; हर परिवार: ～都装上电话 हर घर में टेलिफ़ोन लग जाना / ～喜气洋洋。घर-घर खुशी का वातावरण छाया हुआ है।

【家家有本难念的经】 jiājiā yǒu běn nánniànde jīng हर परिवार की अपनी परेशानी होती है

【家教】 jiājiào ❶(घर में बच्चों को दी जाने वाली) नीति व आचार की शिक्षा: 有～ शिष्ट होना; सुशिक्षित होना / 没～ अशिष्ट होना; अशिक्षित होना ❷家庭教师 का संक्षिप्त रूप

【家境】 jiājìng घर की हालत: 他～贫寒。उस के घर में तंगी है। / ～好 घर बनना

【家居】 jiājū घर सेना; बेरोज़गार होना

【家具】 jiājù फ़र्नीचर; गृह-सज्जा

【家眷】 jiājuàn ❶पत्नी व बाल-बच्चे ❷पत्नी

【家口】 jiākǒu परिजन; परिजनों की संख्या

【家累】 jiālěi घर का बोझ

【家里的】 jiālide （家里人 jiāliren भी） 〈बोल०〉 (मेरी) घरवाली

【家门】 jiāmén ❶घर का द्वार; घर: 逐出～ घर से बाहर निकाल देना / 那商场离～不远，我常去那儿。वह दूकान मेरे घर से ज़्यादा दूर नहीं है। मैं वहां जाया करता हूं। ❷〈लि०〉 किसी का अपना कुल या परिवार: 辱没～ अपने घर का नाम डुबो देना ❸〈बो०〉 किसी के अपने कुल या परिवार का सदस्य: 他是我的～堂兄。वह मेरा चचेरा भाई है।

【家母】 jiāmǔ 〈विनम्र०〉 मेरी पूज्य माता जी

【家奴】 jiānú गृहदास

【家贫如洗】 jiāpín-rúxǐ निर्धनता; गरीबी; विपन्नता

【家破人亡】 jiāpò-rénwáng घर उजड़ना; घर बर्बाद होना; घर बिगड़ना

【家谱】 jiāpǔ वंशवृक्ष; वंशावली; वंश-तालिका; कुरसीनामा; पुश्तनमा

【家雀儿】 jiāqiǎor 〈बो०〉 गौरेया

【家禽】 jiāqín पालतू मुर्गियां, बत्तख आदि; गृहपक्षी

【家人】 jiārén ❶परिजन; गृहजन ❷नौकर-चाकर

【家世】 jiāshì 〈लि०〉 वंशपरंपरा

【家事】 jiāshì घर का मामला; घर-गृहस्थी

【家室】 jiāshì ❶परिवार ❷पत्नी: 他已有～。उसका घर बस गया। ❸〈लि०〉 निवास; निवास-स्थान

【家什】 jiāshi बरतन-भांडा, फ़र्नीचर आदि: 做饭用的～，一应俱全。खाना पकाने के लिये जितने भी बरतन-भांड़े ज़रूरी हैं, वे सबके सब उपलब्ध हैं।

【家书】 jiāshū ❶घर से मिलने वाला पत्र ❷घर जाने वाला पत्र: ～抵万金。घर का पत्र सोने के दस हज़ार बिस्कुटों के बराबर मूल्यवान है।

【家属】 jiāshǔ परिजन; परिवार का सदस्य; आश्रित

【家私】 jiāsī 〈बोल०〉 संपत्ति; जायदाद

【家庭】 jiātíng परिवार; घर; खानदान; कुटुम्ब; पारिवारिक: 她的～生活很幸福。उसका पारिवारिक जीवन बहुत सुखी है।

【家庭背景】 jiātíng bèijǐng पारिवारिक पृष्ठभूमि

【家庭病床】 jiātíng bìngchuáng घर में लगाया गया अस्पताल का बिस्तर (ऐसे रोगी के लिये है, जो घर में ही नियमित इलाज कराता हो)

【家庭成员】 jiātíng chéngyuán परिवार का सदस्य

【家庭妇女】 jiātíng fùnǚ गृहिणी; गृहस्वामिनी

【家庭观念】 jiātíng guānniàn अपने परिवार से अनुराग: 中国人的～很重。चीनी लोग अपने परिवार से अनुराग को बहुत महत्व देते हैं।

【家庭教师】 jiātíng jiàoshī ट्यूटर; प्राइवेट टीचर

【家庭教育】 jiātíng jiàoyù घरेलू शिक्षा

【家庭纠纷】 jiātíng jiūfēn गृह कलह

【家庭联产承包责任制】 jiātíng liánchǎn chéngbāo zérènzhì पैदावार से जुड़ी हुई आमदनी के आधार पर ज़मीन लेने की पारिवारिक अनुबंध व्यवस्था

【家庭生活】 jiātíng shēnghuó पारिवारिक जीवन

【家庭作业】 jiātíng zuòyè होमवर्क; गृहकार्य

【家童】 jiātóng बाल सेवक

【家徒四壁】 jiātúsìbì घर में दीवारों के अलावा और कुछ न होना —— नंगा-बूचा होना; घोर गरीबी में होना

【家兔】 jiātù (पालतू) खरगोश

【家务】 jiāwù गृहस्थी; घर का काम-काज: 她独自一人承担～。वह अकेली गृहस्थी संभालती है। / ～劳动 घर का काम-काज

【家乡】 jiāxiāng जन्मस्थान; गृहगांव; गृहनगर; गृहप्रांत

【家小】 jiāxiǎo 〈बोल०〉 ❶पत्नी और बच्चे ❷पत्नी; जोरू; बीवी

【家信】 jiāxìn ❶घर भेजी जानेवाली चिट्ठी ❷घर से मिलने वाली चिट्ठी

【家兄】 jiāxiōng 〈विनम्र०〉 मेरे बड़े भाई

【家学】 jiāxué 〈लि०〉 ❶किसी घराने की अध्ययन की परंपरा ❷पारिवारिक गुरुकुल

【家训】 jiāxùn 〈लि०〉 गृह-उपदेश

【家严】 jieyán 〈लि०〉〈विनम्र०〉 मेरे पूज्य पिता जी

【家宴】 jiāyàn गृह-भोज

【家燕】 jiāyàn अबाबील

【家养】 jiāyǎng पालतू

【家业】 jiāyè घर की संपत्ति; जायदाद

【家蝇】 jiāyíng मक्खी

【家用】 jiāyòng ❶घर का खर्च ❷घरेलू उपयोग：～小商品 घरेलू उपयोग की छोटी-मोटी चीज़ें

【家用电器】 jiāyòng diànqì घरेलू उपयोग के विद्युत उपकरण

【家喻户晓】 jiāyù-hùxiǎo सर्वविदित होना; सब लोगों को मालूम होना; लोगों की ज़बान पर होना

【家园】 jiāyuán घर; निवास; स्वदेश：重返～ स्वदेश लौटना / 重建～ अपना नया घर बसाना

【家贼】 jiāzéi घर के भीतर का चोर：～难防。घर के भीतर के चोर से सतर्क रहना बड़ा मुश्किल होता है।

【家长】 jiāzhǎng ❶गृहस्वामी; गृहपति; घर का मालिक ❷किसी बच्चे का अभिभावक

【家长式】 jiāzhǎngshì पितृसत्तात्मक：～统治 पितृ-सत्तात्मक शासन

【家长制】 jiāzhǎngzhì पितृसत्तात्मक व्यवस्था; पैतृक व्यवस्था

【家长作风】 jiāzhǎng zuòfēng पितृसत्तात्मक आ-चरण; उद्दंडतापूर्ण व्यवहार

【家政】 jiāzhèng गृह-प्रबंध

【家政服务】 jiāzhèngfúwù होममेकिंग सर्विस

【家种】 jiāzhòng ❶खेती करना ❷अपने घर के आंगन में उगाया हुआ：～蔬菜 अपने घर के आंगन में उगाया हुआ साग

【家资】 jiāzī घर की संपत्ति; घर का धन：～耗尽 घर का सारा धन व्यय होना

【家子】 jiāzi 〈बोल०〉 घर; परिवार：这～有三口人。इस परिवार में तीन जने हैं।

【家族】 jiāzú वंश; कुटुम्ब; खानदान; कुल; घराना

笳 jiā तातार की मुरली

袈 jiā नीचे दे०

【袈裟】 jiāshā बौद्धभिक्षुओं का काषाय वस्त्र

葭 jiā 〈लि०〉 सरकंडे की कोपलें

【葭莩】 jiāfú 〈लि०〉 सरकंडे के डंठल के भीतर की झिल्ली —— दूर का संबंध：～之亲 दूर का रिश्तेदार

跏 jiā नीचे दे०

【跏趺】 jiāfū (बौद्धों का) पद्मासन

筴（筴、梜） jiā 〈प्रा०〉 चापस्टिक

嘉 jiā ❶उत्तम; भला：嘉宾 ❷प्रशंसा; प्रशस्ति; सराह; प्रशंसा (प्रशस्ति, सराह) करना; सराहना; प्रशंसित करना：嘉奖 / 精神可～ प्रशंसनीय भावना

【嘉宾】 jiābīn सम्माननीय अतिथि; माननीय अतिथि

【嘉奖】 jiājiǎng प्रशंसा करना; सराहना：～有功人员 योगदान करनेवालों की प्रशंसा करना

【嘉勉】 jiāmiǎn 〈लि०〉 प्रशंसा करके कोई कार्य करने के लिये उत्तेजित करना; पीठ ठोंकना

【嘉年华】 jiāniánhuá कार्निवल; आनंदोत्सव

【嘉许】 jiāxǔ 〈लि०〉 प्रशंसा करना; सराहना; प्रशस्ति करना

【嘉言懿行】 jiāyán-yìxíng 〈लि०〉 सुन्दर वचन और सदाचार

镓（鎵） jiā 〈रसा०〉 गैलियम (Ga)

jiá

夹（夾、裌、袷） jiá दोहरा (कपड़ा, रज़ाई आदि); अस्तरवाला：～衣 अस्तरवाला वस्त्र
gā; jiā भी दे०

荚（莢） jiá फली; छींबी; छीमी; शिंबल：结～ फली आना; छीमी लगना

【荚果】 jiáguǒ फली; छीमी

恝 jiá उदासीनता; विरक्ति; उदासीन; विरक्त

【恝然】 jiárán 〈लि०〉 उदासीन होना; विरक्त होना; तटस्थ होना

【恝置】 jiázhì 〈लि०〉 उदासीनता दिखाना; उपेक्षा करना; अवहेलना करना

戛（戞） jiá 〈लि०〉 थपकी देना; हल्की चोट करना

【戛戛】 jiájiá 〈लि०〉 ❶कठिन; मुश्किल; दुर्गम ❷मौलिक：～独造 मौलिक रचना

【戛然】 jiárán 〈लि०〉 ❶पक्षी का ऊंची आवाज़ में बोलना ❷शब्द का आकस्मात बन्द हो जाना

铗（鋏） jiá 〈लि०〉 ❶संडसी; चिमटा ❷तलवार ❸तलवार की मूठ

颊（頰） jiá गाल; कपोत：两～深陷。गाल पिचक गये।

jiǎ

甲[1] jiǎ ❶दस आकाशीय स्तंभों में प्रथम（干支 gān zhī भी दे०） ❷पहला; प्रथम：～等 प्रथम श्रेणी / 桂林山水～天下。क्वेइलिन का प्राकृतिक दृश्य धरती पर सर्वोत्तम है। ❸(किसी व्यक्तिविशेष या वस्तुविशेष के लिये प्रयुक्त)：某～某乙 साहब क और साहब ख / ～方乙方 पक्ष क और पक्ष ख

甲 2
jiǎ ❶कवच: 龟甲 guījiǎ ❷नाखून: 指甲 zhǐjia ❸कवच; बख्तर: 装甲车 zhuāngjiǎchē / 盔甲 kuījiǎ

甲 3
jiǎ पुराने ज़माने में दस घरों की एक प्रशासनिक इकाई —— 保甲制度 bǎojiǎ zhìdù भी दे०

【甲板】 jiǎbǎn डेक
【甲苯】 jiǎběn 〈रसा०〉 टोल्यूइन; मेथिलबेंजीन
【甲兵】 jiǎbīng 〈लि०〉 ❶कवच और शस्त्र; शस्त्रास्त्र ❷कवचधारी सिपाही
【甲虫】 jiǎchóng भृंग; बीटल
【甲醇】 jiǎchún 〈रसा०〉 मेथिल अलकोहल; वूड अलकोहल
【甲肝】 jiǎgān 甲型肝炎 jiǎxíng gānyán का संक्षिप्त रूप
【甲骨文】 jiǎgǔwén शांग राजवंश（商朝） (लगभग 1600-1046 ई०पू०) के दौरान हड्डियों या कच्छप खोल पर अंकित अभिलेख
【甲壳】 jiǎqiào खोल
【甲壳动物】 jiǎqiào dòngwù खोलवाला कीड़ा-मकोड़ा
【甲烷】 jiǎwán 〈रसा०〉 मिथेन
【甲午战争】 Jiǎwǔ Zhànzhēng 1894-1895 ई० चीन-जापान युद्ध (जापान द्वारा यह युद्ध कोरिया को हड़पने और चीन पर आक्रमण करने के लिये छेड़ा गया था)
【甲型肝炎】 jiǎxíng gānyán हेपेटाइटिस ए
【甲鱼】 jiǎyú कोमल कवच वाला कछुआ
【甲胄】 jiǎzhòu 〈लि०〉 कवच; बख्तर
【甲状腺】 jiǎzhuàngxiàn 〈श०वि०〉 गलग्रंथि; थाइराइड ग्लैंड
【甲状腺功能亢进】 jiǎzhuàngxiàn gōngnéng kàngjìn हाइपर्थिराइडिज़्म; अतिगलग्रंथिता
【甲状腺炎】 jiǎzhuàngxiànyán थाइराइडाइटिस
【甲子】 jiǎzǐ साठ वर्षों का चक्र —— 干支 gānzhī भी दे०

岬
jiǎ ❶(स्थान के नाम में प्रयुक्त) केप; अंतरीप: 成山～ छंगशानच्या (शानतोंग प्रांत में) ❷दर्रा

【岬角】 jiǎjiǎo अंतरीप

胛
jiǎ नीचे दे०

【胛骨】 jiǎgǔ 〈श०वि०〉 कंधे की हड्डी

贾（賈） Jiǎ एक कुलनाम
gǔ भी दे०

【贾坎德】 Jiǎkǎndé झार्खण्ड प्रदेश

钾（鉀） jiǎ 〈रसा०〉 पोटेशियम (K)

【钾肥】 jiǎféi पोटाश उर्वरक
【甲碱】 jiǎjiǎn पोटाश

假
jiǎ ❶झूठा; नकली; जाली; मिथ्या; असत्य; कृत्रिम; दिखावटी; बनावटी: ～币 जाली नोट / ～消息 मिथ्या समाचार / ～报告 झूठी रिपोर्ट / ～货 नकली चीज़ ❷अगर; यदि: 假若 ❸मानो; मान लो: 假定 ❹बिना अनुमति ले लेना: 假公济私
jià भी दे०

【假扮】 jiǎbàn भेष बदलना; का भेष धारण करना; के भेष में: ～成商人 व्यापारी के भेष में
【假充】 jiǎchōng दिखावा करना: ～内行 ज्ञानी होने का दिखावा करना
【假道】 jiǎdào से होकर; होकर: ～日本去美国 जापान से होकर अमरीका जाना
【假道学】 jiǎdàoxué पाखंडी; दम्भी; छली
【假定】 jiǎdìng ❶मान लो; मान लीजिये; मान लिया; माना: ～你说的都是真的，那我也不会改变对此事的看法。मान लो कि तुमने जो कुछ कहा है, वह सत्य है। तो भी इस मामले पर मेरा विचार नहीं बदलेगा। ❷परिकल्पना
【假发】 jiǎfà विग; कृत्रिम बालों का टोप
【假根】 jiǎgēn 〈वन०〉 मूलांग; जड़-जैसा
【假公济私】 jiǎgōng-jìsī सार्वजनिक कार्य का अनुचित लाभ उठाकर अपना प्रयोजन सिद्ध करना
【假花】 jiǎhuā कृत्रिम फूल
【假话】 jiǎhuà झूठ; असत्य; झूठी बात: 说～ झूठ बोलना
【假借】 jiǎjiè के भरोसे; के सहारे: ～外部力量 बाहरी शक्तियों के भरोसे / ～名义 किसी के नाम पर
【假冒】 jiǎmào नकल करना: ～伪劣商品 जाली, नकली और घटिया चीज़ें
【假寐】 jiǎmèi 〈लि०〉 झपकी लेना; ऊंघना; कुर्सी आदि पर सो जाना
【假面具】 jiǎmiànjù नकाब; मुखौटा: 揭穿伪君子的～ पाखंडी को बेनकाब करना
【假名】[1] jiǎmíng छद्मनाम
【假名】[2] jiǎmíng काना (जापानी लिपि)
【假模假式】 jiǎmo-jiǎshì दिखावा; बनावट; दिखावटी; बनावटी; दिखावा करना; बनावट करना: 他～表示同情，并非出于真心。उसकी सहानुभूति बनावटी है, वास्तविक नहीं।
【假撇清】 jiǎpiēqīng 〈बो०〉 निर्दोष होने का स्वांग रचना
【假仁假义】 jiǎrén-jiǎyì पाखंड; आडम्बर; मिथ्याचार
【假如】 jiǎrú यदि; अगर
【假若】 jiǎruò यदि; अगर
【假嗓子】 jiǎsǎngzi कृत्रिम स्वर; असहज स्वर
【假山】 jiǎshān कृत्रिम शिलामाला; पत्थरों का बनावटी ढेर
【假设】 jiǎshè ❶मान लो; मान लीजिए; माना ❷परिकल्पना: 科学～ वैज्ञानिक परिकल्पना
【假使】 jiǎshǐ यदि; अगर
【假释】 jiǎshì कारावास में रखे गये दंडित अपराधी को नियत अवधि के लिये मुक्त छोड़ना; शर्तों पर रिहा करना
【假手】 jiǎshǒu (किसी दूसरे) के द्वारा; के माध्यम से; के

ज़रिये: ～于人 किसी दूसरे के माध्यम से अपना काम निकालना

【假说】 jiǎshuō परिकल्पना

【假死】 jiǎsǐ ❶<चिकि०> प्रलंबित चैतन्य ❷<प्राणि०> मृत होने का स्वांग रचना

【假托】 jiǎtuō ❶के बहाने; बहाना बनाकर: 他～身体不适，不来上班。वह अस्वस्थता के बहाने ड्यूटी पर नहीं आया। ❷किसी दूसरे के नाम से: 这文章是他～别人名义写的。उसने यह लेख दूसरे के नाम से लिखा है। ❸के द्वारा; के माध्यम से; के ज़रिये: 寓言～故事来说明道理。नीतिकथा में कथा के माध्यम से नीति पर प्रकाश डाला जाता है।

【假想】 jiǎxiǎng ❶कल्पना; परिकल्पना ❷कल्पित; फ़र्ज़ी

【假想敌】 jiǎxiǎngdí कल्पित शत्रु; फ़र्ज़ी दुश्मन

【假相】 jiǎxiàng 假象 jiǎxiàng के समान

【假象】 jiǎxiàng दिखावा: 制造～ दिखावा करना / 不要被～所迷惑。दिखावे पर विश्वास नहीं करना चाहिए।

【假小子】 jiǎxiǎozi लड़के जैसी चंचल व शोख लड़की

【假惺惺】 jiǎxīngxīng दिखावा; दिखावटी; कृत्रिम: 他～地表示同情。उस ने कृत्रिम सहानुभूति प्रकट की। / ～地宣称 दिखावटी रूप से घोषित करना

【假牙】 jiǎyá कृत्रिम दांत

【假眼】 jiǎyǎn कृत्रिम आंख

【假意】 jiǎyì ❶मिथ्याचार; आडम्बर; पाखंड; दंभ ❷दिखावा; बनावट; दिखावटी; बनावटी: ～奉承 (की) बनावटी खुशामद करना

【假造】 jiǎzào ❶नकली बनाना; जाली बनाना; जालसाज़ी करना; कूट करना: ～证件 जाली प्रमाण-पत्र बनाना / 这张信用卡是～的。यह क्रेडिट कार्ड नकली है। ❷गढ़ना; मनगढ़ंत: ～罪名 (पर) मनगढ़ंत अभियोग लगाना / ～理由 बहाना बनाना

【假正经】 jiǎzhèngjing पाखंडी; दंभी; सदाचारी होने का दिखावा करना

【假肢】 jiǎzhī कृत्रिम अंग

【假装】 jiǎzhuāng स्वांग; ढोंग; स्वांग रचना; ढोंग रचना: ～有事 व्यस्त होने का स्वांग रचना / ～不识字 अनपढ़ होने का ढोंग रचना / ～没看见 न देखने का स्वांग रचना

【假座】 jiǎzuò (किसी स्थल का) प्रयोग करना: ～大会堂举行联欢会 सभा-भवन में मिलन-समारोह का आयोजन करना

jià

价（價）jià ❶दाम; मूल्य; भाव; कीमत: 今天苹果什么～? आज सेब के क्या दाम हैं? / 价格 ❷भाव; मूल्य: 等价交换 děngjià jiāohuàn ❸<रसा०> संयोजकता

jie भी दे०

【价格】 jiàgé दाम; मूल्य; भाव; कीमत

【价格补贴】 jiàgé bǔtiē मूल्य भत्ता

【价格体制】 jiàgé tǐzhì मूल्य व्यवस्था

【价格指数】 jiàgé zhǐshù मूल्य सूचकांक

【价款】 jiàkuǎn किसी वस्तु का क्रय करने के लिये चुकाया जाने वाला धन; कीमत; मूल्य

【价廉物美】 jiàlián-wùměi सस्ता लेकिन बढ़िया (माल)

【价码】 jiàmǎ <बोल०> अंकित दाम

【价目】 jiàmù अंकित भाव

【价目表】 jiàmùbiǎo मूल्य सूची

【价钱】 jiàqián भाव; दाम; कीमत; मोल: 讲～ मोल-तोल करना / 土豆什么～? आलू की क्या कीमत है?

【价位】 jiàwèi भाव का स्तर: 高～ भाव का ऊंचा स्तर

【价值】 jiàzhí मूल्य: 剩余价值 shèngyú jiàzhí / ～一百万元的机器 दस लाख य्वान मूल्य की मशीन / 这些文物很有～。ये सांस्कृतिक अवशेष बहुत मूल्यवान हैं। / 毫无～ निर्मूल्य; बेकार

【价值观念】 jiàzhí guānniàn नैतिक अवधारणा; मान्यताएं

【价值规律】 jiàzhí guīlǜ <अर्थ०> मूल्य का नियम

【价值连城】 jiàzhí-liánchéng बहुमूल्य; बेशकीमत; मूल्यवान; अमूल्य

驾（駕）jià ❶पशुओं को जोतना; जुतना: 那匹马没～过车。वह घोड़ा गाड़ी में कभी नहीं जोता गया (नहीं जुता)। / ～牛耕地 बैल को हल में जोतकर खेत जोतना ❷चलाना; दौड़ाना: ～车 कार चलाना / ～机 विमान चलाना / ～船 नाव चलाना ❸<आदर०> आप: 劳驾 láojià ❹सम्राट्; महाराजा: ～崩 सम्राट् का निधन होना

【驾到】 jiàdào <आदर०> (किसी अतिथि का) पधारना

【驾临】 jiàlín <आदर०> आप का पदार्पण; आप की उपस्थिति

【驾凌】 jiàlíng 凌驾 língjià के समान

【驾轻就熟】 jiàqīng-jiùshú परिचित राह पर गाड़ी चलाना —— अर्जित अनुभवों के सहारे आसानी से काम पूरा करना या मामला निपटाना

【驾驶】 jiàshǐ (वाहन) चलाना: ～汽车 कार चलाना

【驾驶舱】 jiàshǐcāng <विमान> कोकपिट

【驾驶盘】 jiàshǐpán स्टीयरिंग ह्वील

【驾驶台】 jiàshǐtái (जहाज़ का) ब्रीज

【驾驶学校】 jiàshǐ xuéxiào ड्राइविंग स्कूल

【驾驶员】 jiàshǐyuán ड्राइवर; विमान चालक

【驾驶执照】 jiàshǐ zhízhào ड्राइविंग लाइसेंस

【驾校】 jiàxiào 驾驶学校 का संक्षिप्त रूप

【驾驭】 jiàyù（驾御 jiàyù भी）❶(गाड़ी, घोड़ा आदि) दौड़ाना; चलाना ❷नियंत्रण रखना (होना); पकड़ होना: ～局势 स्थिति पर नियंत्रण रखना

【驾辕】 jiàyuán घोड़े आदि चौपायों से गाड़ी खिंचवाना

【驾照】 jiàzhào 驾驶执照 का प्रचलित रूप

架 jià ❶ढांचा; फ़्रेम; रैक; स्टैंड: 房～ मकान का ढां-

चा / 眼镜～ चश्मे का फ़्रेम / 工具～ टूल रैक ❷लगाना; खड़ा करना: ～梯子 सीढ़ियां लगाना / ～电线 बिजली का तार लगाना / ～桥 पुल बनाना (बांधना) ❸रोकना; बचाना; बचाव करना: 用枪～住刀 बर्छे से तलवार को रोक देना ❹अपहरण करना; बलात् ले जाना: 他被强盗～走了。उसका डाकुओं ने अपहरण कर लिया। ❺समर्थन; सहारा; साथ; समर्थन (सहारा, साथ) देना: ～着拐杖 बैसाखियों के सहारे / ～着病人走路 रोगी को चलने में सहारा देना ❻लड़ना-झगड़ना: 打架 dǎjià ❼〈परि०श०〉 (पायदार यंत्र आदि वस्तुओं के लिये): 一～飞机 एक विमान / 两～钢琴 दो पियानो / 三～照相机 तीन कैमरे / 四～机器 चार मशीनें

【架不住】 jiàbuzhù 〈बो०〉 ❶टिक न सकना; डिगना; विचलित होना: ～他们再三劝说，我也就同意了。उनके बारंबार समझाने-मनाने पर मैं टिक न सका और स्वीकृति दे दी। ❷टिक न सकना; के मुकाबले में न होना: 你们虽然力气大，也～姑娘们会找窍门。तुम लोग बलवान हो, फिर भी लड़कियों की चतुरता के सामने टिक न सके।

【架次】 jiàcì उड़ान

【架得住】 jiàdezhù 〈बो०〉 वहन करने में समर्थ होना: 您～这么重的负担吗？आप इतना भारी भार वहन करने में समर्थ हो सकते हैं？

【架豆】 jiàdòu 菜豆 càidòu का दूसरा नाम

【架构】 jiàgòu ढांचा; संरचना; बनावट

【架空】 jiàkōng ❶खंभों पर निर्मित: 河边的那些房子都是～的。नदी के किनारे जितने भी मकान खड़े हैं, सबके सब खंभों पर निर्मित हैं। ❷अव्यावहारिक; बेकार: 再不采取措施，计划就要～了。अगर आगे कोई कदम नहीं उठाया जाए, तो यह योजना बेकार ही रहेगी। ❸किसी को नाममात्र का नेता बनाना

【架设】 jiàshè (ज़मीन या पानी के ऊपर) निर्मित करना; लगाना; बनाना: 在河上要～一座桥梁。इस नदी पर एक पुल बनाया जाएगा। / ～电话线 टेलीफ़ोन का तार लगाना / ～过街天桥 ओवरपास निर्मित करना

【架势】 jiàshi（架式 jiàshi भी）❶रंग-ढंग; नक्शा: 摆出一副咄咄逼人的～ आक्रामक होने का नक्शा गांठना / 看～，他们是来故意挑衅的。उनके रंग-ढंग से मालूम पड़ता है कि वे हमसे लड़ने-झगड़ने पर उतारू हैं। ❷〈बो०〉हालत; स्थिति: 看他病的～是不行了。उसकी बीमारी की हालत से लगता है कि वह बच नहीं पाएगा। / 看今春这～，雨水少不了。वर्तमान स्थिति को देखकर यह अनुमान लगाया जा सकता है कि इस साल वसंत में वर्षा कम नहीं होगी।

【架秧子】 jiàyāngzi 〈बो०〉 हो-हल्ला; शोरगुल: 起哄～ हो-हल्ला मचाना

【架子】 jiàzi ❶फ़्रेम; स्टैंड; रैक: 脸盆～ वाश स्टैंड ❷रूपरेखा; ढांचा: 搭起新机构的～ नयी संस्था का ढांचा तैयार करना ❸अहंकार; स्वाभिमान; अकड़बाज़ी; ऐंठ: 拿～ ऐंठ दिखलाना; शान झाड़ना / 没有～ मिलनसार होना / 放下～ विनीत होना ❹रंग-ढंग: 干活的～ काम करने का रंग-ढंग

【架子车】 jiàzichē ठेला; रेड़ी

【架子工】 jiàzigōng पाड़ या पाइट बांधनेवाला

【架子猪】 jiàzizhū खाऊ सुअर

假 jià छुट्टी; अवकाश: 请～ छुट्टी लेना / 放一天～ एक दिन की छुट्टी देना

jiǎ भी दे०

【假期】 jiàqī छुट्टियां; अवकाश

【假日】 jiàrì छुट्टी का दिन

【假条】 jiàtiáo छुट्टी के लिये निवेदन-पत्र

嫁 jià ❶(लड़की का) शादी करना (होना); विवाह करना (होना); ब्याह करना (होना): 她～人了。उसकी शादी हुई है; वह शादीशुदा है। ❷हाथ पीले करना; लड़की का किसी के साथ विवाह कर देना: 他把女儿～给了一个教师。उसने अपनी बेटी का एक अध्यापक के साथ विवाह कर दिया। ❸स्थानांतरण करना; स्थानांतरित करना; बदल देना: 转嫁 zhuǎnjià

【嫁祸于人】 jiàhuòyúrén अपना दोष किसी दूसरे के मत्थे मढ़ देना

【嫁接】 jiàjiē 〈वन०〉 कलम लगाना

【嫁奁】 jiàlián दहेज; दायजा; नयी दुलहिन का साज़-सामान

【嫁娶】 jiàqǔ विवाह; शादी; ब्याह

【嫁妆】 jiàzhuang （嫁装 jiàzhuang भी）दहेज; दायज

稼 jià ❶(अनाज की) बोवाई; खेती; बोवाई करना; खेती करना ❷खाद्यान्न; अन्न; अनाज: 庄稼 zhuāngjia

【稼穑】 jiàsè 〈लि०〉 बुवाई और कटाई; खेती; कृषिकार्य

jiān

尖 jiān ❶नोक; अनी: 笔～ कलम की नोक / 塔～ स्तूप का कलश ❷नुकीला: ～下巴 नुकीली ठोड़ी ❸कर्कश; कर्णकटु; तेज़; तीक्ष्ण; तीखा: ～叫 चीख मारना / ～声～气 तीखी आवाज़ ❹प्रखर; तेज़; पैना; तीक्ष्ण: 眼～ पैनी आंखें; तेज़ आखें / 耳朵～ कान तेज़ होना / 鼻子～ सूंघने की शक्ति तेज़ होना ❺सर्वश्रेष्ठ; सर्वप्रथम; सर्वोत्तम: 他在全班同学中是个～儿。वह अपनी कक्षा में सर्वश्रेष्ठ माना जाता है। ❻कंजूसी; कृपणता; कंजूस; कृपण: ～抠 कंजूस होना ❼कटु: 尖刻

【尖兵】 jiānbīng ❶〈सैन्य०〉 अग्रदल; अग्रसर दल ❷अग्रगामी; मार्गदर्शक: 教育战线上的～ शैक्षणिक मोर्चे पर अग्रगामी होना

【尖刀】 jiāndāo तेज़ छुरी; कटार

【尖顶】 jiāndǐng शिखर; चोटी; शीर्ष

【尖端】 jiānduān ❶नोक; अनी; सिरा; शिखा ❷सब से उन्नत; अधुनातम; आधुनिक: ～武器 अधुनातम शस्त्र /

～技术 तकनॉलाजी की सब से आगे बढ़ी हुई शाखा /～科学 विज्ञान की सब से उन्नत शाखा

【尖刻】 jiānkè कटुता; तीक्ष्णता; कटु; तीक्ष्ण; अप्रिय：待人～ दूसरों के साथ कटु व्यवहार करना / 言语～ कटु वचन

【尖括号】 jiānkuòhào एंगल ब्रैकेट 〈 〉

【尖厉】 jiānlì कर्कश：寒风～地呼啸着。सर्द हवा कर्कश आवाज़ के साथ चल रही है।

【尖利】 jiānlì ❶तीक्ष्ण; तीखा; तेज़; पैना：眼光～तीखी नज़र; पैनी दृष्टि ❷कर्कश; तीखा; तेज़：～的叫声 चीखने की कर्कश ध्वनि

【尖溜溜】 jiānliūliū 〈बो०〉 तीखा; नोकदार：～的嗓子 तेज़ आवाज़

【尖锐】 jiānruì ❶नुकीला ❷तीक्ष्णता; तीव्रता; तीखापन; तेज़ी; पैनापन; प्रखरता; सख्ती; तीक्ष्ण; तीव्र; तीखा; तेज़; पैना; प्रखर; सख्त：～的批评 तीखी (तीव्र) आलोचना /～地指出 सख्ती से बताना / 他的写作风格～泼辣。उसकी लेखन-शैली में पैनापन है। ❸(शब्द) तीखा; कर्कश ❹उग्र; तीव्र; तीक्ष्ण：～的斗争 तीव्र संघर्ष / ～对立 दोनों में तीव्र विरोध होना

【尖酸】 jiānsuān कटु; तीखा; चुभनेवाला：他说话总是那么～刻薄。उसकी बातें हमेशा दूसरों के मन में चुभती हैं।

【尖子】 jiānzi सर्वश्रेष्ठ; सर्वोत्तम：她是班上的～。वह अपनी क्लास में सर्वश्रेष्ठ मानी जाती है।

【尖嘴薄舌】 jiānzuǐ-bóshé कटु बातें कहना

【尖嘴猴腮】 jiānzuǐ-hóusāi कुरूप; बदसूरत

奸 1

jiān ❶कुत्सित; अधम; नीच; कृतघ्न：奸计 ❷द्रोही; गद्दार; विश्वासघाती：内奸 nèijiān ❸स्वार्थी; खुदगरज़; मतलबी：他只顾自己，～着哪。वह मतलबी है। अपनी ही गरज़ देखता है।

奸 2

（姦） jiān अनुचित यौन संबंध：通奸 tōngjiān

【奸臣】 jiānchén कृतघ्न दरबारी

【奸夫】 jiānfū जार

【奸妇】 jiānfù जारिणी

【奸宄】 jiānguǐ 〈लि०〉 दुष्कर्मी; कुकर्मी

【奸滑】 jiānhuá 奸猾 jiānhuá के समान

【奸猾】 jiānhuá मक्कारी; कपट; धोखेबाज़ी; छल; मक्कार; कपटी; धोखेबाज़; छली

【奸计】 jiānjì कुत्सित षड़यंत्र

【奸佞】 jiānnìng 〈लि०〉 ❶धूर्त; चालाक ❷चालाक खुशामदी टट्टू

【奸商】 jiānshāng मुनाफ़ाख़ोर; नफ़ाख़ोर

【奸徒】 jiāntú धूर्त

【奸污】 jiānwū बलात्कार; के साथ बलात्कार करना; शील भंग करना; इज़्ज़त लूटना

【奸细】 jiānxì जासूस; खुफ़िया; गुप्तचर

【奸险】 jiānxiǎn धूर्त; धूर्तता

【奸笑】 jiānxiào कुटिल हंसी (हंसना)

【奸邪】 jiānxié 〈लि०〉 दुष्टाचार; दुष्टाचारी; दुष्टात्मा

【奸雄】 jiānxióng कुत्सित हथकंडों से ऊंचा ओहदा हासिल करने वाला व्यक्ति

【奸淫】 jiānyín ❶जारकर्म; जारी ❷बलात्कार करना; शील भंग करना; इज़्ज़त लूटना：～掳掠 बलात्कार और लूट-मार करना

【奸贼】 jiānzéi द्रोही; गद्दार; विश्वासघाती

【奸诈】 jiānzhà मक्कारी; चालबाज़ी; कपटता; मक्कार; चालबाज़; कपटी

歼

（殲） jiān नष्ट करना; संहार करना; विनाश करना; विध्वंस करना; ख़त्म करना; सफ़ाया करना; नेस्तनाबूद करना：～敌五千 पांच हज़ार शत्रु सैनिकों का सफ़ाया करना

【歼击】 jiānjī सफ़ाया करना

【歼击机】 jiānjījī लड़ाकू विमान

【歼灭】 jiānmiè विनाश करना; नष्ट करना; नेस्तनाबूद करना：～性打击 विनाशकारी प्रहार /～敌人的有生力量 दुश्मन की कारगर शक्ति को नष्ट करना /～来犯之敌 अतिक्रमणकारियों को नेस्तनाबूद करना

【歼灭战】 jiānmièzhàn विनाश की लड़ाई

坚

（堅） jiān ❶कठोर; कड़ा; दृढ़; मज़बूत; पक्का：～冰 कठोर बर्फ़ / 身残志～ विकलांग होने पर भी दृढ़-संकल्प होना ❷सुदृढ़ निर्माण; दुर्ग; किला; गढ़：攻坚 gōngjiān ❸दृढ़ता से; दृढ़तापूर्वक; डटकर：坚信 / ～拒 दृढ़ता से अस्वीकार कर देना; दो टूक इनकार करना / ～称 अपनी बात पर दृढ़ होना

【坚壁】 jiānbì रसद गुप्त स्थान में छिपा रखना; गाड़ देना

【坚壁清野】 jiānbì-qīngyě मोर्चेबंदी को मज़बूत बनाना और खेत-खलिहान में अनाज का एक भी दाना न छोड़ना

【坚不可摧】 jiānbùkěcuī अभेद्य：～的堡垒 अभेद्य किला

【坚持】 jiānchí दृढ़ रहना; कायम रहना; डटा रहना; अडिग रहना; अविचल होना; स्थिर रहना; टिकना; जमा होना; ज़िद्द पकड़ना; अड़ा रहना：～原则 सिद्धांत पर दृढ़ रहना / ～斗争 संघर्ष पर डटा रहना / ～真理 सच्चाई की रक्षा करना / ～己见 अपनी बातों पर अड़ा रहना / 她～要走。उसने जाने की ज़िद्द पकड़ी। / 再走五里，能～得了吗? और पांच ली दूर चलने के लिये तुम टिक सकते हो？

【坚持不懈】 jiānchí-bùxiè अविचल और अथक：～的努力 अथक कोशिश

【坚持不渝】 jiānchí-bùyú उद्यत; मुस्तैद; दृढ़प्रतिज्ञ

【坚定】 jiāndìng दृढ़; स्थिर; पक्का; अविचलित; अडिग; सतत्：～决心 संकल्प दृढ़ करना / ～的立场 अविचलित रुख / ～地相信 पक्का विश्वास होना

【坚定不移】 jiāndìng-bùyí निश्चल; अडिग; अटल; अचल; अटल-अचल; अविचल

【坚固】 jiāngù दृढ़; मज़बूत; टिकाऊ; पक्का; पुख्ता; पुष्ट：～耐用的商品 टिकाऊ वस्तु / ～的工事 मज़बूत मोर्चाबंदी / ～的基础 पुख्ता आधार

【坚果】 jiānguǒ काष्ठफल; गिरीदार फल
【坚甲利兵】 jiānjiǎ–lìbīng मज़बूत बख़्तर और तेज़ हथियार —— सशस्त्र शक्तियां
【坚决】 jiānjué दृढ़ता; दृढ़; कृतसंकल्प; दृढ़संकल्प; दृढ़निश्चय; डटकर: ～支持 दृढ़ता से समर्थन करना / ～反对 डटकर विरोध करना / ～完成任务。हम अपना कार्य पूरा करने को कृतसंकल्प हैं।
【坚苦】 jiānkǔ अडिग और कर्मठ
【坚苦卓绝】 jiānkǔ–zhuójué सर्वाधिक साहस का परिचय देना: 进行～的斗争 अपने सर्वाधिक साहस का परिचय देते हुए संघर्ष करना
【坚牢】 jiānláo दृढ़; मज़बूत; पुख्ता; पक्का
【坚强】 jiānqiáng ❶दृढ़; पक्का; सुदृढ़; अडिग; अटल; अचल: ～的意志 दृढ़ इच्छाशक्ति ❷शक्तिशाली करना; दृढ़ करना; मज़बूत करना: ～自己的信心 अपना संकल्प दृढ़ करना
【坚忍】 jiānrěn (कठिनाई के सामने) अडिग होना
【坚韧】 jiānrèn ❶मज़बूत लेकिन लचीला ❷अडिगता; दृढ़निश्चयता; अडिग; दृढ़निश्चय
【坚韧不拔】 jiānrèn–bùbá अदम्यता; निर्भीकता; दिलेरी; अदम्य; निर्भीक; दिलेर: ～的革命精神 अदम्य क्रांतिकारी भावना
【坚如磐石】 jiānrúpánshí चट्टान की भांति अटल-अचल होना
【坚实】 jiānshí ❶मज़बूत; दृढ़; पुख्ता; पक्का: 迈出～的步伐 दृढ़ कदम उठाना / ～的基础 पुख्ता आधार; मज़बूत नींव ❷हृष्ट-पुष्ट; गठीला
【坚守】 jiānshǒu डटा रहना; कायम रहना; जमा रहना; दृढ़ रहना: ～工作岗位 अपने पोस्ट पर डटा रहना
【坚挺】 jiāntǐng 〈वित्त〉 मज़बूत; मज़बूती; मज़बूती में होना; मज़बूती पकड़ना; मज़बूत होना: 人民币～。रनमिनबी ने मज़बूती पकड़ी। /人民币对美元比价～。अमरीकी डॉलर के मुकाबले रनमिनबी मज़बूत है।
【坚信】 jiānxìn पक्का विश्वास: 他们～一定能赢得这场比赛。उन्हें पक्का विश्वास है कि वे यह मैच ज़रूर जीतेंगे।
【坚信不疑】 jiānxìn–bùyí पूरा-पूरा विश्वास करना; ज़रा भी संदेह न करना
【坚毅】 jiānyì अध्यवसाय; अध्यवसायी
【坚硬】 jiānyìng कठोरता; कड़ाई; सख्ती; कठोर; कड़ा; सख्त
【坚贞】 jiānzhēn एकनिष्ठ; दृढ़प्रतिज्ञ; वफ़ादार: ～不屈 एकनिष्ठ और दृढ़ होना

间（間，閒） jiān ❶बीच; मध्य; दरमियान; के बीच; के मध्य; के दरमियान: 两国之～存在着传统的友谊。दोनों देशों के बीच परंपरागत मैत्री विद्यमान है। / 彼此～ एक दूसरे के मध्य ❷नियत समय या स्थान में: 世间 shìjiān / 人间 rénjiān ❸कक्ष; कमरा; रूम: 房间 fángjiān ❹〈परि०श०〉 (कक्ष के लिये): 两～卧室 दो शयनकक्ष / 三～门面 तीन कक्ष जितनी बड़ी दुकान
jiàn भी दे०
【间冰期】 jiānbīngqī 〈भूगर्भ०〉 दो हिमयुगों के बीच का समय
【间不容发】 jiānbùróngfà एक भी बाल के लिये स्थान न मिलता —— अत्यंत संकटपूर्ण घड़ी
【间架】 jiānjià ❶मकान का ढांचा ❷चीनी अक्षर की संरचना ❸लेख की संरचना
【间距】 jiānjù फ़ासला; दूरी
【间量】 jiānliang 〈बो०〉 मकान का विस्तार; फ़र्शी क्षेत्रफल: 这间屋子～儿太小。यह कमरा ज़्यादा छोटा हो गया।
【间奏曲】 jiānzòuqǔ 〈संगी०〉 दो अंकों के बीच अन्तराल में बजाई जाने वाली धुन

浅（淺、濺） jiān नीचे दे०
qiǎn भी दे०
【浅浅】 jiānjiān 〈अनु०〉 कलकल

肩 jiān ❶कंधा; स्कंध: ～并～ कंधे से कंधा मिलाकर / 耸～ कंधा उचकाना (हिलाना; झाड़ना) ❷निभाना; संभालना; कंधे पर डालना: 身～重任 महत्वपूर्ण कार्यभार संभालना
【肩膀】 jiānbǎng कंधा; स्कंध
【肩负】 jiānfù निभाना; संभालना; ग्रहण करना; कंधे पर डालना: ～历史使命 ऐतिहासिक कार्य अपने कंधे पर डालना / 我们～着人民的希望。हम से जनता आशा बांधे हुए है।
【肩胛】 jiānjiǎ कंधा; स्कंध
【肩胛骨】 jiānjiǎgǔ स्कंधास्थि
【肩摩毂击】 jiānmó–gūjī कंधे से कंधा छिलना; कंधे से कंधा टकराना
【肩头】 jiāntóu ❶कंधे पर ❷〈बो०〉 कंधा; स्कंध
【肩舆】 jiānyú पालकी; डोली
【肩章】 jiānzhāng ❶कंधे का फ़ीता ❷एपलेट; सैनिक वर्दी पर लगा बिल्ला

艰（艱） jiān कठिनाई; कठोरता; कड़ाई; कठिन; मुश्किल; कठोर; कड़ा
【艰巨】 jiānjù कठिन; श्रमसाध्य; मुश्किल; दुस्साध्य: ～任务 श्रमसाध्य काम
【艰苦】 jiānkǔ कठोरता; कठिनाई; कठोर; कठिन: ～的环境 कठोर वातावरण / ～的工作 कठिन काम / ～奋斗 कठोर संघर्ष (करना)
【艰苦卓绝】 jiānkǔ–zhuójué कठोरतम: ～的斗争 कठोरतम संघर्ष
【艰难】 jiānnán कठोर; कठिन; मुश्किल: 生活～ मुश्किल से जीवन व्यतीत करना; दूभर जीवन बिताना / ～的岁月 कठिन वर्ष
【艰难困苦】 jiānnán–kùnkǔ कठिनाइयां और कठोरताएं
【艰难曲折】 jiānnán–qūzhé कठिनाइयां और पेंच
【艰难险阻】 jiānnán–xiǎnzǔ कठिनाइयां और बाधाएं
【艰涩】 jiānsè दुर्बोध; क्लिष्ट; गूढ़; कड़ा

【艰深】 jiānshēn दुर्बोध

【艰危】 jiānwēi (किसी देश के आगे मौजूद) कठिनाइयां और खतरा

【艰险】 jiānxiǎn कठोरता और खतरा

【艰辛】 jiānxīn कठोरता: 历尽～ तरह-तरह की कठोरताएं झेलना

监（監） jiān ❶निरीक्षण; निगरानी; निरीक्षण (निगरानी) करना; नज़र रखना: 监视 / 监督 ❷जेल; कैदखाना; बंदीगृह; जेलखाना: 收监 shōujiān

jiàn भी दे०

【监测】 jiāncè मॉनीटर करना: ～环境 पर्यावरण को मॉनीटर करना

【监察】 jiānchá निरीक्षण; नियंत्रण; निरीक्षण करना; नियंत्रण रखना: ～委员会 निरीक्षण समिति / ～员 निरीक्षक; नियंत्रक

【监场】 jiānchǎng परीक्षाकक्ष का निरीक्षण करना

【监督】 jiāndū ❶निरीक्षण; निगरानी; नियंत्रण; निरीक्षण करना; निगरानी करना; नियंत्रण रखना: 质量～ गुणवत्ता-नियंत्रण / 国际～ अन्तरराष्ट्रीय निरीक्षण / 接受～ निरीक्षण स्वीकार करना ❷निरीक्षक

【监犯】 jiānfàn कैदी; बंदी

【监工】 jiāngōng ❶काम का निरीक्षण करना ❷ओवर-सीयर

【监管】 jiānguǎn निगरानी में रखना; नियंत्रण रखना: 海关～进出口商品。 कस्टम आयात-निर्यात के माल को अपनी निगरानी में रखता है। / ～犯人 अपराधियों पर नियंत्रण करना

【监护】 jiānhù 〈का०〉 गार्जियनशिप: ～人 गार्जियन; अभिभावक; संरक्षक

【监禁】 jiānjìn हिरासत; हवालात; पहरा; हिरासत में रखना; हवालात में डालना; पहरे में रखना

【监考】 jiānkǎo ❶(परीक्षार्थियों का) निरीक्षण करना ❷निरीक्षक

【监控】 jiānkòng नियंत्रण करना: ～物价 चीज़ों के दामों पर नियंत्रण करना

【监牢】 jiānláo 〈बोल०〉 जेल; जेलखाना; कारागार

【监理】 jiānlǐ निरीक्षण; नियंत्रण; निरीक्षण (नियंत्रण) करना: 交通～ यातायात नियंत्रण

【监票】 jiānpiào मतपत्र परीक्षण

【监票人】 jiānpiàorén मतपत्र निरीक्षक

【监视】 jiānshì (पर) नज़र रखना

【监视居住】 jiānshì jūzhù नज़रबंदी; घर में नज़रबन्द होना

【监视器】 jiānshìqì मॉनीटर

【监视哨】 jiānshìshào 〈सैन्य०〉 पहरेदार की चौकी

【监事】 jiānshì सुपरवाइज़र

【监守】 jiānshǒu पहरा देना; देखभाल करना

【监守自盗】 jiānshǒu-zìdào गबन करना; बेईमानी करना; हरण करना; हड़पना

【监听】 jiāntīng मॉनीटर करना

【监外执行】 jiān wài zhíxíng 〈का०〉 जेल के बाहर कैद काटना

【监押】 jiānyā हिरासत में रखना; पहरे में डालना

【监狱】 jiānyù जेल; जेलखाना; बंदीगृह; कारागार

【监狱长】 jiānyùzhǎng जेलर

【监制】 jiānzhì ❶(के) निर्माण की देख-रेख करना ❷〈फ़िल्म०〉 स्टुडियो मैनेजर

兼 jiān ❶दोगुना; द्विगुण: 兼程 / 兼旬 ❷साथ-साथ: 任总理～外交部长 प्रधानमंत्री और साथ-साथ विदेशमंत्री भी होना / ～管 साथ-साथ (किसी दूसरे काम की भी) देखभाल करना / 他身～数职。 वह कई पद एक साथ संभाले हुए है।

【兼备】 jiānbèi ··· और ··· दोनों से संपन्न होना: 德才兼备 décái-jiānbèi

【兼并】 jiānbìng हड़पना; अपने में मिला लेना: ～他国领土 दूसरे देश की भूमि अपने में मिला लेना

【兼差】 jiānchāi 兼职 jiānzhí के समान

【兼程】 jiānchéng दुगुनी रफ़्तार से रास्ता तय करना: ～前进 दुगुनी रफ़्तार से आगे बढ़ना / 日夜～ दिन-रात रास्ता तय करना

【兼而有之】 jiān'éryǒuzhī दोनों साथ-साथ होना

【兼顾】 jiāngù दो या दो से अधिक चीज़ों का साथ-साथ ध्यान रखना: सार्वजनिक और व्यक्तिगत हितों का साथ-साथ ध्यान रखना

【兼课】 jiānkè ❶अपनी नौकरी के अलावा पढ़ाने का काम भी करना ❷पढ़ाने के दो या दो से अधिक काम साथ-साथ करना

【兼任】 jiānrèn ❶साथ ही (किसी दूसरे काम की भी) देखभाल करना: 副总理～国防部长 उपप्रधान मंत्री के पद के साथ ही रक्षा मंत्रालय की भी देखभाल करना ❷अंश-कालीन: ～教员 अंशकालीन अध्यापक

【兼容】 jiānróng कम्पेटिबल: ～机 कम्पेटिबल कंप्यू-टर / ～制电视 कम्पेटिबल टेलीविज़न

【兼容并包】 jiānróng-bìngbāo सर्वग्राही

【兼收并蓄】 jiānshōu-bìngxù भिन्न प्रकृतियों की वस्तुएं ग्रहण करना; हर चीज़ आत्मसात् करना

【兼之】 jiānzhī 〈लि०〉 इसके अलावा ··· भी; इसके सिवाय ··· भी

【兼职】 jiānzhí ❶एक साथ दो या दो से भी अधिक पद संभालना ❷अंशकालीन काम ❸अंशकालीन: ～教师 अंशकालीन अध्यापक

笺[1]（箋） jiān 〈लि०〉 टिप्पणी; टीका; समीक्षा

笺[2]（箋、牋） jiān ❶लिखने का कागज़: 信笺 xìnjiān ❷पत्र; चिट्ठी; ख़त

【笺牍】 jiāndú 〈लि०〉 पत्र; चिट्ठी; ख़त

【笺札】 jiānzhá 〈लि०〉 पत्र; चिट्ठी; ख़त; चिट्ठी-पत्री

【笺注】 jiānzhù 〈लि०〉 प्राचीन ग्रंथों पर भाष्य और टीकाएं

渐（漸） jiān 〈लि०〉 ❶भिगोना; तरबतर करना;

सराबोर करना ❷जा गिरना：东～于海 पूर्व में समुद्र में जा गिरना

jiàn भी दे०

【渐染】 jiānrǎn 〈लि०〉 अप्रत्यक्ष रूप से प्रभावित होना

犍 jiān बैल

qián भी दे०

【犍牛】 jiānniú बैल

缄（緘） jiān (लिफ़ाफ़े पर भेजनेवाले के नाम के बाद प्रयुक्त) सील करना; मुहरबन्द करना：王～ वांग द्वारा प्रेषित

【缄口】 jiānkǒu 〈लि०〉 चुप्पी साधना; मुंह सीना; मुंह पर मुहर लगना (होना)

【缄默】 jiānmò खामोश रहना; चुप्पी लगाना; मौन धारण करना

搛 jiān चापस्टिकों से उठाना：～菜 चापस्टिकों से तरकारी उठाना

煎 jiān ❶तलना ❷काढ़ा बनाना; पानी में ओटना：～药 जड़ी-बूटियों का काढ़ा बनाना ❸〈परि०श०〉 (जड़ी-बूटियों से बनी दवा के लिये) काढ़ा; क्वाथ：头（二）～药 पहली (दूसरी) बार बनाया हुआ काढ़ा

【煎熬】 jiān'áo मुसीबत; कष्ट; आफ़त; विपत्ति：受～ मुसीबत झेलना; कष्ट भोगना; विपत्तियां भुगतना

【煎饼】 jiānbing बाजरे आदि के आटे से बनी पतली रोटी

鞯（韉） jiān दे० 鞍鞯 ānjiān

jiǎn

拣 [1]（揀） jiǎn चुनना; छांटना; पसन्द करना：～西红柿 अच्छे टमाटर चुनना / ～要紧的说。जिसे अत्यावश्यक समझते हो, वही कहो।

拣 [2]（揀） jiǎn 捡 jiǎn के समान

【拣便宜】 jiǎn piányi सस्ती चीज़ें लेना; छोटा-मोटा लाभ प्राप्त करना

【拣选】 jiǎnxuǎn चुनना; छांटना

【拣择】 jiǎnzé चुनना：～吉日 शुभ मुहूर्त चुनना

茧 [1]（繭） jiǎn कोष; कोया; कोश：这是蚕～。यह रेशम कोष है।

茧 [2]（繭） jiǎn 趼 jiǎn के समान

【茧绸】 jiǎnchóu टसर का कपड़ा

【茧子】[1] jiǎnzi 〈बो०〉 रेशम कोष; रेशम कोया

【茧子】[2] jiǎnzi 趼子 jiǎnzi के समान

柬 jiǎn पत्र; चिट्ठी; ख़त; पुरज़ा：请～ निमंत्रण पत्र

【柬埔寨】 Jiǎnpǔzhài कंबोडिया

【柬帖】 jiǎntiě पुरज़ा

俭（儉） jiǎn मितव्ययता; किफ़ायत：省吃～用 किफ़ायत से रहना

【俭朴】 jiǎnpǔ मितव्ययता और सादगी; मितव्ययी; सादा; सरल：生活～ सादा जीवन बिताना / 衣着～ सादे कपड़े पहनना

【俭省】 jiǎnshěng किफ़ायत; मितव्ययता; किफ़ायत करना; मितव्ययता करना

【俭约】 jiǎnyuē 〈लि०〉 मितव्ययता; किफ़ायत

捡（撿） jiǎn बीनना; चुनना; एकत्र करना; इकट्ठा करना：～柴 लकड़ियाँ चुनना / ～到一枝笔 एक कलम पाना / ～了一条命 जान बचाना

【捡了芝麻，丢了西瓜】 jiǎnle zhīma diūle xīguā तरबूज़े को नज़रंदाज़ करके तिल चुनना —— महत्वपूर्ण बातों के बदले छोटी-मोटी बातों पर ज़ोर देना

【捡漏】 jiǎnlòu छत में सुराखों को पाटना

【捡漏儿】 jiǎnlòur 〈बो०〉 (किसी की) भूल पकड़ना

【捡破烂儿】 jiǎn pòlànr कबाड़ चुनना

【捡拾】 jiǎnshí चुनना; एकत्र करना

【捡洋落儿】 jiǎn yánglàor अनपेक्षित संपत्ति या लाभ मिलना

检（檢） jiǎn ❶जांच; परीक्षा; परख; जांचना; जांच करना; परीक्षा करना; परखना; परख करना：检验 / 检查 ❷संयम; आत्मनिग्रह; संयमित; आत्मनिग्रही; विवेकी：失检 shījiǎn ❸捡 jiǎn के समान

【检波】 jiǎnbō 〈वैद्यु०〉 डिटेक्शन：～器 डिटेक्टर

【检测】 jiǎncè जांच; परीक्षा; परख; जांचना; परीक्षा करना; परखना

【检查】 jiǎnchá ❶जांच; परख; जांचना; जांच करना; परखना; परख करना：～身体 डाक्टरी जांच कराना / ～工作 काम की जांच करना / ～护照 पासपोर्ट जांचना ❷आत्मालोचना：作～ आत्मालोचना करना

【检查站】 jiǎncházhàn चेकपोस्ट; चौकी

【检察】 jiǎnchá प्रोक्यूरेटोरियल कार्य

【检察官】 jiǎncháguān सार्वजनिक प्रोक्यूरेटर

【检察机关】 jiǎnchá jīguān प्रोक्यूरेटोरियल संस्था

【检察院】 jiǎncháyuàn प्रोक्यूरेटोरेट

【检察长】 jiǎncházhǎng चीफ़ प्रोक्यूरेटर

【检点】 jiǎndiǎn ❶जांचना; जांच करना; पता लगाना：～人数 उपस्थितों की सही संख्या का पता लगाना ❷सतर्कता; सावधानी; विवेक; सचेत होना; सावधान होना; विवेकी होना：他说话有失～。उसने अनुचित बातें कहीं। / 病人要对饮食多加～。रोगी को खाने-पीने में सावधानी बरतनी चाहिये।

【检定】 jiǎndìng परीक्षण और निर्णय करना：药品～ दवाओं का परीक्षण करना

【检举】 jiǎnjǔ प्रशासन को किसी अपराध के बारे में रिपोर्ट देना; पर दोषारोपण करना; पर आरोप लगाना

【检举信】 jiǎnjǔxìn आरोप-पत्र

【检录】 jiǎnlù खेलों में खिलाड़ियों की हाज़िरी लेना

【检票】 jiǎnpiào बस आदि का टिकट या मतपत्र जांचना

【检视】 jiǎnshì निरीक्षण; मुआयना; निरीक्षण करना; मुआयना करना: ～现场 घटनास्थल का निरीक्षण करना

【检束】 jiǎnshù संयत होना; संयमित होना

【检索】 jiǎnsuǒ खोजना; पता लगाना: ～系统 रिट्रिवल सिस्टम

【检讨】 jiǎntǎo ❶आत्मालोचना: 作～ आत्मालोचना करना ❷〈लि०〉 जांचना; मुआयना करना; निरीक्षण करना: ～工作 कार्य का निरीक्षण करना

【检修】 jiǎnxiū मरम्मत; मरम्मत करना; ठीक करना: ～机器 मशीन की मरम्मत करना

【检验】 jiǎnyàn परीक्षण; परख; परीक्षण करना; परख करना; कसौटी पर कसना: ～产品质量 वस्तुओं की गुणवत्ता की परख करना / 实践是～真理的唯一标准。व्यवहार सच्चाई के परीक्षण का एकमात्र मापदंड होता है।

【检疫】 jiǎnyì क्वारंटीन; निरोधा: ～站 क्वारंटीन स्टेशन; निरोधा केंद्र / ～证明书 क्वारंटीन सर्टिफ़िकेट; येलो बुक; टीके का प्रमाणपत्र

【检阅】 jiǎnyuè सलामी लेना; मुआयना करना; निरीक्षण करना: ～仪仗队 गारद की सलामी लेना / 接受～ सलामी देना

【检阅台】 jiǎnyuètái सलामी मंच

【检字表】 jiǎnzìbiǎo (शब्दकोष में संलग्न) शब्दसूची

【检字法】 jiǎnzìfǎ चीनी अक्षरों की अनुक्रमणिका

趼（繭） jiǎn कैलस; कठोर त्वचा

【趼子】 jiǎnzi कैलस; कठोर त्वचा

减（減）jiǎn ❶घटाना; बाकी करना ❷कटौती करना; कम करना; घटाना; घटना: 信心有增无～。विश्वास घटने के बजाए बढ़ गया।

【减半】 jiǎnbàn आधा करना; पचास प्रतिशत की छूट देना

【减产】 jiǎnchǎn उत्पादन में कटौती (गिरावट) होना (करना); उत्पादन घटना (घटाना); उत्पादन गिरना (गिराना): 粮食～百分之五。अनाज के उत्पादन में पांच प्रतिशत की कटौती हुई।

【减低】 jiǎndī घटाना; घटना; कम करना (होना) ; गिराना; गिरना

【减法】 jiǎnfǎ बाकी; ऋण

【减肥】 jiǎnféi मोटापा घटाना; मोटापन कम करना; अपने को छरहरा बनाना

【减号】 jiǎnhào ऋण चिन्ह; बाकी का निशान（—）

【减缓】 jiǎnhuǎn धीमा करना (होना); मन्द करना (होना): ～速度 रफ़्तार धीमी करना; गति मन्द करना

【减免】 jiǎnmiǎn कम या माफ़ करना: ～税收 कर कम या माफ़ करना / ～刑罚 सज़ा कम या माफ़ करना / ～债务 कर्ज़ कम या माफ़ करना / ～学费 शिक्षा शुल्क कम या माफ़ करना

【减轻】 jiǎnqīng हल्का करना; कम करना: ～农民负担 किसानों का बोझ हल्का करना / ～痛苦 दर्द कम करना / 病势～。रोगी की हालत सुधर गई।

【减让】 jiǎnràng कटौती करना; कम करना; छूट देना: ～关税 चुंगी में कटौती करना

【减弱】 jiǎnruò कमज़ोर होना; दुबला होना; निर्बल होना: 一场大病之后，她体力～了许多。गंभीर बीमारी से बचने के बाद वह बहुत निर्बल हो गई। / 风势～。हवा धीमी हो गई।

【减色】 jiǎnsè रंग उखड़ना: 灯光效果太差，使演出大大～。मंच पर रोशनी की बुरी व्यवस्था के कारण प्रस्तुति का रंग उखड़ गया।

【减少】 jiǎnshǎo कम करना; कटौती करना; घटाना; काटना; कम होना; कटौती होना; घटना; कटना: ～人员和机构 कर्मचारियों और संस्थाओं की संख्या कम करना / 收入～。आय में कटौती हुई। / ～工作日 श्रमदिवस घटाना

【减数】 jiǎnshù 〈गणित०〉 बाकी

【减税】 jiǎnshuì कर कम करना

【减速】 jiǎnsù （गति）धीमी करना (होना); मन्द करना (होना): ～行驶 कार की गति मन्द करना

【减缩】 jiǎnsuō कम करना; कटौती करना; घटाना: ～开支 व्यय में कटौती करना

【减退】 jiǎntuì कम होना; क्षीण होना; गिरना: 听力～ श्रवणशक्ति क्षीण होना / 大雨过后，炎热～许多。भारी वर्षा के बाद गरमी कम हो गई।

【减刑】 jiǎnxíng सज़ा कम करना

【减员】 jiǎnyuán ❶सैनिकों की संख्या घटना ❷कर्मचारियों की संख्या घटाना

【减灾】 jiǎnzāi प्राकृतिक विपत्तियां कम करना

剪 jiǎn ❶कैंची; कतरनी ❷कैंची की शक्ल की कोई चीज़: 火～ चिमटा ❸कैंची करना; कैंची से काटना; कतरना: ～指甲 नाखून काटना (तराशना) / ～纸 कागज़ काटना / ～布做衣服 कपड़ा काटकर वस्त्र सीना ❹सफ़ाया करना; नष्ट करना; नाश करना; साफ़ करना: 剪除 / 剪草除根

【剪报】 jiǎnbào अख़बारी कतरन

【剪裁】 jiǎncái ❶वस्त्र बनाने के लिये कपड़ा काटना ❷काट-छांट; कतर-छांट; काट-छांट (कतर-छांट) करना: 这篇文章需～一下。इस लेख में काट-छांट करनी है।

【剪彩】 jiǎncǎi उद्घाटन समारोह में फ़ीता काटना

【剪草除根】 jiǎncǎo-chúgēn 斩草除根 zhǎncǎo-chúgēn के समान

【剪除】 jiǎnchú सफ़ाया करना; नाश करना; सर्वनाश करना

【剪床】 jiǎnchuáng 〈यां०〉 शीयरिंग मशीन

【剪刀】 jiǎndāo कैंची; कतरनी

【剪刀差】 jiǎndāochā कैंची जैसा फ़र्क

【剪辑】 jiǎnjí ❶फ़िल्म एडिटिंग; मोंटाज ❷संपादन और पुनर्संयोजन

【剪接】 jiǎnjiē फ़िल्म एडिटिंग; फ़िल्म संपादन; मोंटाज

【剪径】 jiǎnjìng 〈पुराना〉 घात में बैठकर लूटना; राहज़नी करना

【剪毛】 jiǎnmáo भेड़ के बाल काटना
【剪灭】 jiǎnmiè सफ़ाया करना; नष्ट करना
【剪票】 jiǎnpiào टिकट काटना
【剪贴】 jiǎntiē ❶(अख़बार आदि से) काटकर कतरन-रजिस्टर या कार्डों पर चिपकाना ❷कटिंग आउट (छात्रों का काम)
【剪贴簿】 jiǎntiēbù कतरन-रजसि्टर
【剪影】 jiǎnyǐng ❶पेपर-कट आकृति ❷रूपरेखा
【剪纸】 jiǎnzhǐ कागज़ कटाई
【剪子】 jiǎnzi कैंची; कतरनी

硷（礆、鹼） jiǎn 碱 jiǎn के समान

睑（瞼） jiǎn 〈लि०〉 पलक

锏（鐧） jiǎn गदा

简[1]（簡） jiǎn ❶सरल; सहज; सुकर: 简便 / 简单 ❷सरल बनाना; सरलीकरण करना; सहज करना: 简化

简[2]（簡） jiǎn ❶खपच्ची: 竹简 zhújiǎn ❷पत्र; चिट्ठी: 书简 shūjiǎn

简[3] jiǎn 〈लि०〉 चुनना; चयन करना; चुनाव करना: 简拔

【简拔】 jiǎnbá 〈लि०〉 चयन कर पदोन्नति करना
【简报】 jiǎnbào बुलेटिन; संक्षिप्त रिपोर्ट
【简本】 jiǎnběn संक्षिप्त संस्करण
【简编】 jiǎnbiān (पुस्तक के नाम में प्रयुक्त) संक्षिप्त संस्करण:《中国文学史～》'चीनी साहित्य का संक्षिप्त इतिहास'
【简便】 jiǎnbiàn सरलता; आसानी; सरल; आसान: 手续～ सरल औपचारिकता / 操作～ (मशीन आदि) चलाना आसान होना
【简称】 jiǎnchēng ❶संक्षिप्त नाम: 奥林匹克运动会～奥运会。ओलिंपिक खेलों का संक्षिप्त नाम ओलिंपियाड है। ❷संक्षेप में पुकारना: 中国共产党党员～"党员"。चीनी कम्युनिस्ट पार्टी का सदस्य संक्षेप में पार्टी-मेम्बर कहा जाता है।
【简单】 jiǎndān ❶सरलता; सादगी; संक्षेप; सरल; सादा; संक्षिप्त; साधारण: 生活得很～ सादा जीवन बिताना / ～明了 सरल और सुबोध ❷(प्राय: नकारात्मक रूप में प्रयुक्त) साधारण; सामान्य: 这孩子可不～，这么复杂的题也算出来了。यह बच्चा साधारण नहीं है। यह गणित का इतना कठिन सवाल भी हल करने में समर्थ है। ❸असावधानी; लापरवाही; जल्दबाज़ी; सरासरी: ～粗暴 असावधानी और रुखाई / 这本书我只是～地看了一下，没什么印象。मैंने इस पुस्तक पर सरासरी तौर पर नज़र दौड़ाई थी। अब कुछ भी याद नहीं।
【简单多数】 jiǎndān duōshù सरल बहुमत
【简单化】 jiǎndānhuà ज़रूरत से अधिक सरल बनाना
【简单劳动】 jiǎndān láodòng 〈अर्थ०〉 सरल काम
【简单再生产】 jiǎndān zàishēngchǎn सरल पुनरुत्पादन
【简短】 jiǎnduǎn संक्षिप्त: 他在会上发表了～的讲话。उसने बैठक में एक संक्षिप्त भाषण दिया।
【简而言之】 jiǎn'éryánzhī संक्षेप में; एक शब्द में; सारांश यह कि …
【简古】 jiǎngǔ 〈लि०〉 संक्षिप्त और पुरातन
【简化】 jiǎnhuà सरल बनाना: ～手续 औपचारिकता सरल बनाना
【简化汉字】 jiǎnhuà Hànzì ❶चीनी अक्षर सरल बनाना (रेखाओं और अक्षरों को कम करना) ❷सरलीकृत चीनी अक्षर
【简洁】 jiǎnjié संक्षिप्त; सारगर्भित: ～生动的语言 सारगर्भित और सजीव भाषा
【简捷】 jiǎnjié（简截 jiǎnjié भी）सरल और प्रत्यक्ष; सीधा
【简介】 jiǎnjiè संक्षिप्त परिचय; संक्षेप: 长城～ लम्बी दीवार का संक्षिप्त परिचय
【简括】 jiǎnkuò संक्षिप्त किन्तु व्यापक; सारगर्भित
【简历】 jiǎnlì बायो-डेटा; आत्मपरिचय
【简练】 jiǎnliàn संक्षिप्त; सारगर्भित
【简陋】 jiǎnlòu सरल: ～的设备 सरल उपकरण / ～的房屋 सरल मकान
【简略】 jiǎnlüè संक्षिप्त: ～地阐明自己的观点 संक्षेप में अपना दृष्टिकोण स्पष्ट करना
【简慢】 jiǎnmàn अवमानना; अवज्ञा; अवमानना करना; अवज्ञा करना
【简明】 jiǎnmíng संक्षिप्त: ～扼要 संक्षिप्त रूप से / ～新闻 संक्षिप्त समाचार
【简朴】 jiǎnpǔ सरल; सादा; अनलंकृत: ～的生活 सादा जीवन / ～的语言 अनलंकृत भाषा / 他衣着～。वह सादे कपड़े पहने हुए है।
【简谱】 jiǎnpǔ 〈संगी०〉 संख्यांकित स्वरलिपि
【简缩】 jiǎnsuō कम करना; संक्षिप्तीकरण करना
【简体字】 jiǎntǐzì सरलीकृत चीनी अक्षर
【简写】 jiǎnxiě चीनी अक्षर सरलीकृत रूप में लिखना
【简讯】 jiǎnxùn संक्षिप्त समाचार
【简要】 jiǎnyào खुलासा; संक्षिप्त: 他把事情的经过～地叙述了一遍。उस ने पूरी कहानी संक्षिप्त रूप से सुना दी।
【简易】 jiǎnyì ❶सरल और आसान ❷सरल रूप से निर्मित
【简易读物】 jiǎnyì dúwù सुलभ साहित्य
【简易公路】 jiǎnyì gōnglù कच्ची सड़क
【简易机场】 jiǎnyì jīchǎng हवाई पट्टी
【简约】 jiǎnyuē संक्षिप्त
【简则】 jiǎnzé आम नियम
【简章】 jiǎnzhāng आम नियम
【简直】 jiǎnzhí 〈क्रि०वि०〉 बिल्कुल; एकदम: 我～不能相信自己的耳朵。मैं तो अपने कानों पर बिल्कुल विश्वास न कर सका। / 她～像男孩子般淘气。वह तो एकदम लड़के जैसी नटखट है। / 这～是浪费时间。यह एकदम समय बरबाद करना है।/ 他～是疯了。वह

बिल्कुल पगला लग रहा है।
【简装】 jiǎnzhuāng सरल पैकिंग
谫（譾） jiǎn <लि०> उथला; छिछला
戬 jiǎn <लि०> ❶सफ़ाया करना; नाश करना ❷मंगल; शुभ
碱（鹻、堿） jiǎn ❶क्षार; खार; क्षारीय; क्षारयुक्त; खारा ❷सोडा ❸क्षार से क्षयित: 这房子的墙都～了。 इस मकान की दीवारें क्षार से क्षयित हो गयीं।
【碱地】 jiǎndì क्षारभूमि
【碱化】 jiǎnhuà क्षारीकरण
【碱荒】 jiǎnhuāng क्षारभूमि
【碱土】 jiǎntǔ क्षारीय मिट्टी
翦 Jiǎn एक कुलनाम
蹇 jiǎn <लि०> ❶लंगड़ा ❷भाग्यहीन ❸गधा; घटिया घोड़ा ❹(Jiǎn) एक कुलनाम
謇 jiǎn <लि०> ❶हकलाना ❷ईमानदार; सच्चरित्र

jiàn

见[1] （見） jiàn ❶देखना; दिखाई देना (पड़ना); दीखना; नज़र आना: 我从未～过此人。मैंने इस आदमी को कभी नहीं देखा था। / 只～到一所房子。केवल एक मकान नज़र आया। ❷पाना: 冰～热就化。 बर्फ़ ताप पाते ही पिघलने लगती है। / 胶卷怕～光。फ़िल्म प्रकाश में आने पर ही एक्सपोज़ होती है। ❸प्रतीत होना; जान पड़ना; मालूम पड़ना; लगना: 这药并不～效。यह दवा असरदार नहीं मालूम पड़ती। / 她身体～好。 उसकी तबीयत अच्छी लगती है। ❹देखें; देखिये: ～25 页。पृष्ठ 25 पर देखें। / ～右图。दायां चित्र देखिये। ❺भेंट; मुलाकात; भेंट करना (होना); मुलाकात करना (होना); मिलना: 他～了您了? उस की आप से भेंट हुई? / 一会儿～。फिर मिलेंगे। ❻दृष्टिकोण; विचार; मत; ख्याल; पक्ष: 依我之～ मेरे विचार में / 见解

见[2] （見） jiàn <लघु०अ०> <लि०> ❶(कर्मणि-वाच्य के लिये क्रिया के आगे प्रयुक्त): 见笑 / 见责 ❷(शिष्टाचार के लिये क्रिया के आगे प्रयुक्त): 见告 / 见教

xiàn भी दे०

【见报】 jiànbào समाचार-पत्र में छपना: 这篇文章明天～。यह लेख कल के समाचार-पत्र में छप जाएगा।
【见背】 jiànbèi <लि०> <शिष्टोक्ति> (किसी के मां-बाप का) स्वर्गवास होना
【见不得】 jiànbudé ❶टिक न सकना; जम न सकना: ～光 दिन के प्रकाश में टिक न सकना ❷आंखें चुराना; आंखें चुराकर कुछ करना; सामना बचाना: 做～人的事 आंखें चुराकर कुछ करना ❸<बो०> जो देखा न जा सके; तेवर बदलना: 他就～小王那副模样。श्याओ वांग की चाल-ढाल देखते ही उसका तेवर बदल जाता है।
【见财起意】 jiàncái-qǐyì धन पर नज़र डालते ही मन में दुर्भाव आना
【见长】 jiàncháng निपुणता; महारत; निपुण; माहिर; पारंगत: 他以写散文～。वह विशेषकर गद्य लिखने में पारंगत है।

jiànzhǎng भी दे०

【见称】 jiànchēng प्रसिद्ध; विख्यात; नामी; मशहूर: 中华民族以勤劳勇敢～于世。चीनी राष्ट्र अपने परिश्रम और साहस के लिये दुनिया में प्रसिद्ध है।
【见得】 jiàndé (केवल नकारात्मक रूप में या प्रश्नों में प्रयुक्त) मालूम होना; जान पड़ना; लगना: 今天不～比昨天冷。ऐसा नहीं लग रहा है कि आज कल से ज़्यादा ठंड है। / 怎么～她明天不会去? तुम्हें कैसे मालूम पड़ा कि वह कल नहीं जाएगी? / 何以～? ऐसा क्यों?

不见得 bùjiàndé भी दे०

【见地】 jiàndì विचार; मत: 很有～ सही विचार रखना
【见多识广】 jiànduō-shíguǎng अनुभवी होना; दुनिया देखना
【见方】 jiànfāng <बोल०> वर्ग: 这张桌子三尺～。यह चौकोर मेज़ तीन वर्गछि का है।
【见风是雨】 jiànfēng-shìyǔ हवा के झोंके को वर्षा होने का संकेत मानना —— निष्कर्ष पर पहुंचने में जल्दबाज़ी करना
【见风转舵】 jiànfēng-zhuǎnduò हवा का रुख देखना
【见缝插针】 jiànfèng-chāzhēn जहां जगह मिले, वहां सुई धरना —— हर समय या स्थान का पूरा लाभ उठाना
【见告】 jiàngào <शिष्ट०> मुझे सूचित कीजिये
【见怪】 jiànguài बुरा मानना; नाराज़ करना (होना): 这件事没办好，请别～。यह काम ठीक से नहीं हुआ। आप बुरा न मानें।
【见鬼】 jiànguǐ ❶अजीब; विलक्षण; अनोखा; असंगत: 真～了，他怎么一转眼就不见了? अजीब है कि वह देखते ही देखते नदारद हो गया। ❷भाड़ में जाए; नाश हो
【见好】 jiànhǎo (रोगी की हालत) सुधरना
【见机】 jiànjī मौका देखना: ～行事 मौका देखकर काम करना
【见教】 jiànjiào <शिष्ट०> सलाह देने का कष्ट उठाइये: 有何～? आप मुझे क्या सलाह देना चाहते हैं?
【见解】 jiànjiě विचार; मत; ख्याल; पक्ष; दृष्टिकोण: 我们的～不同。हमारे दृष्टिकोण भिन्न हैं। / 这仅是我个人的～。यह मेरा व्यक्तिगत विचार ही है।
【见景生情】 jiànjǐng-shēngqíng दृश्य देखकर मन में भावनाएं उमड़ना
【见老】 jiànlǎo बूढ़ा होना: 他这几年～了。वह इधर के वर्षों में बूढ़ा हो गया है।

【见礼】 jiànlǐ प्रणाम करना; सलाम करना
【见利思义】 jiànlì-sīyì लाभ में पड़ने पर धर्म-अधर्म याद करना
【见利忘义】 jiànlì-wàngyì धन के लाभ में धर्म-अधर्म भूल जाना
【见谅】 jiànliàng 〈शिष्ट०〉 क्षमा कीजिये; माफ़ कीजिये; क्षमा करें; माफ़ करें
【见猎心喜】 jiànliè-xīnxǐ अपनी पसंद का खेल देखकर उत्तेजित होना और खेलने को ललक उठना
【见面】 jiànmiàn मुलाकात; भेंट; सामना; मुलाकात करना (होना); भेंट करना (होना); सामना होना; मिलना: 我多年没和他~了。पिछले सालों में मेरी उस से मुलाकात नहीं हुई। / 产销直接~ उत्पादकों और विक्रेताओं के बीच सीधे संपर्क स्थापित करना / 这部电视剧将在春节和观众~。यह टी०वी० नाटक वसंतोत्सव के दौरान प्रसारित किया जाएगा।
【见面礼】 jiànmiànlǐ पहली मुलाकात में (प्रायः छोटे को) दिया जाने वाला उपहार
【见前】 jiànqián पिछले पृष्ठ पर देखिये
【见钱眼开】 jiànqián-yǎnkāi धन को देखकर आंखें फटना —— लोभी होना; लालची होना
【见轻】 jiànqīng (रोगी की हालत) सुधर जाना
【见仁见智】 jiànrén-jiànzhì भिन्न-भिन्न व्यक्तियों के अलग-अलग दृष्टिकोण होते हैं
【见上】 jiànshàng ऊपर देखिये
【见世面】 jiàn shìmiàn दुनिया की हवा लगना; अनुभव अर्जित करना
【见识】 jiànshi ❶ज्ञान में वृद्धि करना; अनुभव समृद्ध बनाना ❷ज्ञान; जानकारी: 长~ ज्ञान में वृद्धि करना / ~广 व्यापक जानकारी (प्राप्त होना) / 他说话难听，您别和他一般~。वह चुभती हुई बात कहता फिरता है। आप जैसे ज्ञानी उसे गंभीरता से न लें।
【见死不救】 jiànsǐ-bùjiù डूबते को सहारा देने से बचना; दूसरे को संकट से उबारने में हाथ खींचना
【见所未见】 jiànsuǒwèijiàn अभूतपूर्व; अनोखा; अद्भुत
【见天】 jiàntiān 〈बोल०〉 हर रोज़; रोज़ाना; प्रतिदिन: 他~呆在家里。वह हर रोज़ घर पर बैठा रहता है।
【见外】 jiànwài गैर (पराया) समझना: 请随意，不要~。जो चाहो करो। अपने को गैर न समझो।
【见危授命】 jiànwēi-shòumìng संकट के समय जान देने को तैयार होना
【见微知著】 jiànwēi-zhīzhù एक छोटे से लक्षण से पूरी बात जानने में समर्थ होना
【见闻】 jiànwén जानकारी; ज्ञान; वह कुछ जो देखा-सुना गया हो: ~广 सुविज्ञ; जानकार
【见习】 jiànxí काम करना सीखना; परीक्षणाधीन होना: ~生 परीक्षणाधीन कर्मचारी; नौसिखिया / ~期 परीक्षणकाल
【见下】 jiànxià नीचे देखिये
【见贤思齐】 jiànxián-sīqí अपने से श्रेष्ठ पुरुष को देख कर उसके बराबर पहुंचने का इरादा रखना
【见效】 jiànxiào असर करना; असरदार होना: 这药~快。यह दवा जल्दी असर करती है। / 这类企业投资少，~快。इस प्रकार के उपक्रमों को कम निवेष की आवश्यकता है लेकिन वे जल्द ही लाभ कमाने लगते हैं।
【见笑】 jiànxiào ❶हास्यास्पद; बेढंग; भोंडा: 画得不好，~，~。माफ़ करें, मेरा चित्र भोंडा है। ❷(पर) हंसना; हंसी आना: 我刚开始学画，请别~。मुझ पर न हंसो। मैंने अभी अभी चित्र बनाना शुरू किया है।
【见义勇为】 jiànyì-yǒngwéi न्याय के लिये कुछ न कुछ करने को तत्पर रहना
【见异思迁】 jiànyì-sīqiān अस्थिरचित्त होना
【见责】 jiànzé 〈लि०〉 दोषी ठहराया जाना
【见长】 jiànzhǎng तेज़ी से बढ़ना: 玉米~。मकई बहुत तेज़ी से बढ़ गयी है। / 这孩子个头~。इस बच्चे का कद ऊंचा होता गया है।
jiàncháng भी दे०
【见证】 jiànzhèng साक्ष्य; गवाही; साक्षी; गवाह: 历史是最好的~。इतिहास सर्वोत्तम साक्षी है। / 被告的~人 प्रतिवादी का गवाह
【见罪】 jiànzuì 〈लि०〉 बुरा मानना

件 jiàn ❶〈परि०श०〉 (मामलों और चीज़ों के लिये): 一~事 एक बात / 三~衣服 तीन कपड़े ❷एकल वस्तु: 工件 gōngjiàn / 零件 língjiàn ❸पत्र; दस्तावेज़: 文件 wénjiàn / 密件 mìjiàn

间（間、閒）jiàn ❶बीच का स्थान; अवकाश: 当间儿 dāngjiànr ❷मनमुटाव; मनोमालिन्य: 亲密无间 qīnmì-wújiàn ❸अलग; पृथक: 间隔 ❹फूट डालना; फूट के बीज बोना: 离间 líjiàn ❺(छोटे पौधे) उखाड़ना; छंटाई करना: 间苗
jiān भी दे०
【间壁】 jiànbì पड़ोस; पड़ोसी
【间道】 jiàndào 〈लि०〉 एकांत मार्ग; छोटा रास्ता
【间谍】 jiàndié गुप्तचर; खुफ़िया; जासूस; जासूसी: 从事~活动 जासूसी करना
【间谍飞机】 jiàndié fēijī जासूसी विमान
【间谍卫星】 jiàndié wèixīng जासूसी उपग्रह
【间断】 jiànduàn रुकना; ठहरना; क्रम टूटना; रोकना; ठहराना; क्रम तोड़ना: 试验不能~。परीक्षण बीच में नहीं रोकना चाहिये। / 他一直坚持训练，从未~过。वह बराबर प्रशिक्षण लेता रहा है, कभी रुका नहीं।
【间隔】 jiàngé अन्तराल; अन्तर; दूरी; फ़ासला: 两次会议~了半年。दो अधिवेशनों के बीच छ महीनों का अन्तराल है। / 两幢楼~二十米。दो इमारतों के बीच 20 मीटर की दूरी है।
【间隔号】 jiàngéhào पृथकता बिन्दु（·）, जो तिथि को महीने से पृथक करता है(जैसे 一·二九运动 नौ दिसंबर आन्दोलन）या किसी व्यक्ति के नाम के बीच पड़ता है（जैसे 潘迪特·莫蒂拉尔·尼赫鲁 पंडित मोतीलाल नेहरू）
【间或】 jiànhuò 〈क्रि०वि०〉 कभी-कभी; कभी-कभार; यदा-कदा; जब-तब: 四周静悄悄的，~听到一声

狗叫。चारों ओर सन्नाटा था और कभी-कभी सिर्फ़ कुत्ते की भों-भों सुनाई पड़ती थी।
【间接】 jiànjiē अप्रत्यक्ष; परोक्ष: ~地 अप्रत्यक्ष रूप से; परोक्ष रूप से
【间接宾语】 jiànjiē bīnyǔ 〈व्या०〉 अप्रत्यक्ष कर्म
【间接经验】 jiànjiē jīngyàn अप्रत्यक्ष अनुभव
【间接贸易】 jiànjiē màoyì अप्रत्यक्ष व्यापार
【间接税】 jiànjiēshuì अप्रत्यक्ष कर; परोक्ष कर
【间接选举】 jiànjiē xuǎnjǔ अप्रत्यक्ष चुनाव
【间接证据】 jiànjiē zhèngjù परिस्थितिक साक्ष्य
【间苗】 jiànmiáo छोटे पौधों को उखाड़ना; पौधों की छंटाई करना
【间日】 jiànrì 〈लि०〉 हर दूसरे दिन
【间隙】 jiànxì अन्तराल; मध्यावकाश; रिक्त स्थान; खाली जगह: 利用两节课的~做操 दो पीरियडों के बीच अन्तराल में कसरत करना / 利用玉米地的~种绿豆 मकई के खेतों के खाली स्थान में मूंग के बीज बोना
【间歇】 jiànxiē नियमित रूप से समान अन्तराल में रुकना
【间歇泉】 jiànxiēquán रुक-रुककर बहने वाला सोता
【间歇热】 jiànxiērè 〈चिकि०〉 रुक-रुककर आने वाला ज्वर; पारी का बुखार
【间杂】 jiànzá मिश्रित होना; से मिला हुआ होना
【间作】 jiànzuò 〈कृ०〉 दो फ़सलों के बीज या पौधे निश्चित दूरी पर साथ-साथ बोना या लगाना

饯[1] (餞) jiàn बिदाई भोज देना

饯[2] (餞) jiàn संरक्षित (फल): 蜜~ मुरब्बा
【饯别】 jiànbié बिदाई भोज देना
【饯行】 jiànxíng 饯别 के समान

建[1] jiàn ❶निर्माण; निर्मित; निर्माण करना (होना); निर्मित करना (होना); बनाना; बनना; लगाना; लगना: ~工厂 कारखाना लगाना / 新学校已经~成。नये स्कूल का निर्माण किया जा चुका है। ❷स्थापना; निर्माण; निर्मित; स्थापित; कायम; स्थापना करना (होना); निर्माण करना (होना); निर्मित करना (होना); स्थापित करना (होना) कायम करना (होना): 建国 / 建军 ❸पेश करना; प्रस्तुत करना: 建议

建[2] jiàn फ़ूच्येन प्रांत का: ~漆 फ़ूच्येन के लाख के बरतन
【建材】 jiàncái 建筑材料 jiànzhù cáiliào का संक्षिप्त रूप
【建都】 jiàndū राजधानी की स्थापना करना; राजधानी स्थापित (कायम) करना; (किसी स्थान को) राजधानी बनाना
【建国】 jiànguó ❶देश की स्थापना करना ❷देश का निर्माण करना: ~方略 देश के निर्माण की रणनीति
【建交】 jiànjiāo राजनयिक संबंध स्थापित (कायम) करना; राजनयिक संबंधों की स्थापना करना
【建立】 jiànlì स्थापित; कायम; स्थापना; स्थापित (कायम) करना; स्थापना करना: ~友好睦邻关系 अच्छे पड़ोसियों जैसे मैत्रिपूर्ण संबंध स्थापित करना / ~卫星发射中心 भूउपग्रह प्रक्षेपण केंद्र की स्थापना करना / ~正常的秩序 सामान्य कानूनी व्यवस्था कायम करना / ~信心 विश्वास बांधना
【建设】 jiànshè निर्माण; निर्मित; निर्माण करना; निर्मित करना; बनाना: 经济~ आर्थिक निर्माण / ~有中国特色的社会主义 चीनी विशेषता वाले समाजवाद का निर्माण करना / 把我国~成为现代化强国 अपने देश को एक शक्तिशाली आधुनिक देश बनाना
【建设性】 jiànshèxìng रचनात्मक; सृजनात्मक: ~的会谈 रचनात्मक वार्त्ता / ~建议 सृजनात्मक सुझाव / 发挥~作用 रचनात्मक भूमिका निभाना
【建树】 jiànshù योगदान; योगदान करना: 他对发展航天事业有重大~。उन्होंने अंतरिक्ष कार्य के विकास में महत्वपूर्ण योगदान किया है। / 毫无~ कुछ भी न करना
【建议】 jiànyì प्रस्ताव; सुझाव; प्रस्ताव प्रस्तुत करना; सुझाव रखना; सुझाव देना; सुझाव पेश करना: 提出~ प्रस्ताव प्रस्तुत करना; सुझाव रखना / ~修改宪法 संविधान में संशोधन के लिये प्रस्ताव प्रस्तुत करना / ~休会 बैठक के स्थगन का सुझाव देना
【建造】 jiànzào निर्माण करना; निर्मित करना; बनाना; बनना
【建制】 jiànzhì संगठनात्मक व्यवस्था
【建筑】 jiànzhù ❶निर्माण; भवन; इमारत: 违章~ गैरकानूनी निर्माण / ~业 भवन निर्माण उद्योग / 古老的~ प्राचीन निर्माण ❷वास्तुकला; वास्तु-विद्या: 他是搞~的。वह वास्तुकला-विशारद है। ❸निर्माण करना; निर्मित करना; बनाना; खड़ा करना: ~高楼大厦 ऊंची-ऊंची इमारतें खड़ी करना / ~电气化铁路 विद्युतीकृत रेल-मार्ग का निर्माण करना
【建筑材料】 jiànzhù cáiliào इमारती सामग्री
【建筑风格】 jiànzhù fēnggé वास्तु-शैली
【建筑工地】 jiànzhù gōngdì निर्माण स्थल
【建筑工人】 jiànzhù gōngrén निर्माता
【建筑红线】 jiànzhù hóngxiàn प्रोपर्टी लाइन
【建筑群】 jiànzhùqún भवनों का समूह
【建筑师】 jiànzhùshī वास्तुविद; आर्किटेक्ट
【建筑物】 jiànzhùwù निर्माण; भवन
【建筑学】 jiànzhùxué वास्तुकला; वास्तु-विद्या

荐[1] (薦) jiàn सिफ़ारिश: 推荐 tuījiàn

荐[2] (薦) jiàn 〈लि०〉 ❶घास; घास-फूस; पुआल; भूसा; तृण ❷पुआल की गद्दी
【荐举】 jiànjǔ किसी की सिफ़ारिश करना
【荐贤】 jiànxián सुयोग्य व्यक्ति की सिफ़ारिश करना
【荐引】 jiànyǐn 〈लि०〉 सिफ़ारिश करना; परिचय कराना

贱 (賤) jiàn ❶सस्ता; कम मूल्य का: ~卖 सस्ते में बेचना / 菜~了。सब्जियों के दाम सस्ते हो गये। ❷नीचा; तुच्छ; न्यून; हीन; ओछा; क्षुद्र; दीन: 贫贱 pín-

jiàn / 卑贱 bēijiàn ❸नीच; अधम; दुष्ट; खोटा: 贱骨头 ❹<विनम्र०> मेरा: ～内 मेरी घरवाली
【贱骨头】 jiàngǔtou <घृणा०> नीच; अधम; खोटा
【贱货】 jiànhuò ❶सस्ता माल ❷<घृणा०> नीच; अधम
【贱民】 jiànmín ❶नीचे तबके का आदमी ❷अछूत; हरिजन
【贱人】 jiànrén <घृणा०> बेहया (औरत)

剑（劍、劒） jiàn तलवार; तेग: ～柄 तलवार की मूठ / ～鞘 म्यान
【剑拔弩张】 jiànbá-nǔzhāng तलवार खींचे हुए होना; तनातनी होना; तनाव होना
【剑客】 jiànkè (पुराने उपन्यासों में) बहादुर तलवारबाज़
【剑术】 jiànshù तलवारबाज़ी
【剑侠】 jiànxiá तलवारबाज़

涧（澗） jiàn तंगघाटी

监（監） jiàn कोई शाही कार्यालय: 钦天～ ज्योतिष विभाग
jiān भी दे०
【监生】 jiànshēng मिंग और छिंग राजवंशों के काल में शाही विद्यालय का छात्र

健 jiàn ❶स्वस्थ; तंदुरुस्त; हृष्ट-पुष्ट ❷शक्ति प्रदान करना; बढ़ाना: 健身 / ～胃 पाचन शक्ति बढ़ाना ❸पटु होना: 健谈
【健步】 jiànbù लम्बे-लम्बे डग भरना
【健步如飞】 jiànbù-rúfēi हवा से बातें करना; हवा की तरह दौड़ना
【健存】 jiàncún 健在 jiànzài के समान
【健儿】 jiàn'ér ❶जवान: 军中～ सेना का जवान ❷श्रेष्ठ खिलाड़ी
【健将】 jiànjiàng चोटी का खिलाड़ी; तगड़ा खिलाड़ी
【健康】 jiànkāng स्वास्थ्य; आरोग्य; तंदुरुस्ती; स्वस्थ; नीरोग; तंदुरुस्त: ～状况 स्वास्थ्य की स्थिति / 他由于～原因推迟了访问。उन्होंने अस्वस्थ होने के कारण अपनी यात्रा स्थगित कर दी। / 国民经济稳定～地发展。राष्ट्रीय अर्थतंत्र का सतत व स्वस्थ विकास हो रहा है। / 祝你～。शुभकामना है कि आप स्वस्थ रहें।
【健美】 jiànměi सुडौल; गठीला: ～的体魄 गठीला बदन
【健美操】 jiànměicāo एक्रोबेटिक डांस
【健美运动】 jiànměi yùndòng बॉडीबिल्डिंग; शरीर-सौष्ठव
【健全】 jiànquán ❶परिपूर्ण; सुदृढ़: 头脑～ दिमाग-वाला / ～的规章制度 परिपूर्ण नियम-परिनियम ❷परिपूर्ण बनाना; सुदृढ़ करना; मज़बूत करना: ～民主和法制 लोकतंत्र और कानूनी व्यवस्था सुदृढ़ करना
【健身】 jiàn shēn स्वास्थ्य बनाना: 打太极拳是一种～活动。छाया मुक्केबाज़ी स्वास्थ्य बनाने की एक विधि है।
【健身房】 jiànshēnfáng जिमनाजियम; व्यायामशाला
【健谈】 jiàntán वाचाल होना; बोलने में पटु होना
【健忘】 jiànwàng भुलक्कड़; विस्मरणशील
【健忘症】 jiànwàngzhèng विस्मृति रोग; भुलक्कड़पन
【健旺】 jiànwàng ओजस्वी; जानदार
【健在】 jiànzài (बड़ी उम्रवाले का) जीवित बल्कि स्वस्थ रहना: 他双亲都还～。उसके (बूढ़े) मां-बाप अभी जीवित हैं और बहुत स्वस्थ हैं।
【健壮】 jiànzhuàng गठीला; हट्टा-कट्टा

舰（艦） jiàn युद्धपोत; जंगी जहाज़; युद्ध-जलयान
【舰队】 jiànduì बेड़ा; नौबेड़ा
【舰对舰导弹】 jiàn duì jiàn dǎodàn जहाज़ से जहाज़ पर मार करने वाली मिसाइल
【舰对空导弹】 jiàn duì kōng dǎodàn जहाज़ से हवा में मार करने वाली मिसाइल
【舰艇】 jiàntǐng नौजहाज़; युद्धपोत
【舰载】 jiànzǎi जहाज़-स्थित: ～飞机 जहाज़-स्थित विमान / ～导弹 जहाज़-स्थित मिसाइल
【舰长】 jiànzhǎng कप्तान
【舰只】 jiànzhī नौजहाज़; युद्धपोत

渐（漸） jiàn <क्रि०वि०> कदम-ब-कदम; धीरे-धीरे; क्रमशः; शनैःशनैः
jiān भी दे०
【渐变】 jiànbiàn धीरे-धीरे बदलना
【渐次】 jiàncì <लि०> क्रमशः; धीरे-धीरे
【渐渐】 jiànjiàn<क्रि०वि०> कदम-ब-कदम; क्रमशः; धीरे-धीरे: 火车～远去。रेल-गाड़ी धीरे-धीरे दूर चली गयी। / 天气～转冷。मौसम कदम-ब-कदम ठंडा होने लगा। / 人群～散去。भीड़ क्रमशः छंट गयी।
【渐进】 jiànjìn क्रमिक प्रगति; कदम-ब-कदम आगे बढ़ना
【渐入佳境】 jiànrù-jiājìng (स्थिति का) सुधरते जाना; बेहतर होना

谏（諫） jiàn <लि०> (शासक या मित्र को) समझाना-बुझाना; सविनय आपत्ति करना: ～进 समझाना
【谏诤】 jiànzhèng <लि०> किसी के दोष की निष्कपटता से आलोचना करना

践（踐） jiàn ❶कुचलना; रौंदना: 践踏 ❷अमल करना; पालन करना; पूरा करना: 践约
【践诺】 jiànnuò <लि०> अपना वचन निभाना; वचनबद्ध होना
【践踏】 jiàntà पैरों तले रौंदना: 肆意～他国主权 दूसरे देशों की प्रभुसत्ता को उद्दण्डता से पैरों तले रौंदना / ～人权 मानवाधिकार को पैरों तले रौंदना
【践约】 jiànyuē अपने वचन का पालन करना; किसी से मिलने नियत समय या स्थान पर पहुंचना

毽 jiàn शटल-काक
【毽子】 jiànzi शटल-काक: 踢～ शटल-काक उछालना (एक खेल)

腱 jiàn <श०वि०> कंडरा; नस
【腱鞘】 jiànqiào <श०वि०> कंडराकोष
【腱子】 jiànzi (मानव या बैल आदि की) पिंडली

溅（濺） jiàn छिड़कना; छींटा मारना; छींटे फेंकना; छिटकना: ～了一身泥 शरीर पर कीचड़ के छींटे पड़ना
【溅落】 jiànluò (अंतरीक्षयान का) समुद्र में उतरना

鉴（鑒、鑑） jiàn ❶(प्राचीन युग में कांसे या तांबे से बना) दर्पण ❷प्रतिबिंब होना; परछाईं पड़ना: 水清可～。पानी इतना निर्मल है कि आप उसमें अपनी परछाईं देख सकते हैं। ❸जांच; परख; परीक्षण: 鉴定 ❹सबक; चेतावनी ❺<शिष्ट०> (पत्र के आरंभ में पानेवाले से पत्र देखने की प्रार्थना के लिये प्रयुक्त): 钧鉴 jūnjiàn
【鉴别】 jiànbié परखना; परख करना; भेद करना; अंतर करना: ～文物 सांस्कृतिक अवशेष परखना / 有比较，才能～好坏。तुलना करने पर ही भले-बुरे का भेद किया जा सकता है। / ～真伪 सत्य-असत्य में अंतर करना
【鉴定】 jiàndìng ❶समीक्षा; (गुण-दोष का) विवेचन ❷परखना; निर्धारित करना; प्रमाणित करना: ～产品 वस्तुओं को परखना / ～出土文物年代 खुदाई में प्राप्त सांस्कृतिक अवशेषों का काल निर्धारित करना
【鉴定人】 jiàndìngrén पारखी
【鉴戒】 jiànjiè सबक; चेतावनी: 你要把这次失利引为～。तुम्हें अपनी वर्तमान पराजय से सबक सीखना चाहिये।
【鉴赏】 jiànshǎng परखना: ～艺术品 कला-कृतियां परखना
【鉴于】 jiànyú ध्यान में रखते हुए; (को) देखते हुए; के मद्देनज़र: ～以上情况，我们决定召开一个紧急会议。उपरोक्त स्थितियों को ध्यान में रखते हुए हमने आपात बैठक बुलाने का फ़ैसला किया है।

键（鍵） jiàn ❶<यां०> की; कुंजी ❷(टाइपराइटर, प्यानो इत्यादि की) की ❸<लि०> सिटकनी; चटखनी ❹<रसा०> बोंड
【键槽】 jiàncáo की वे; की सीट; की स्लाट
【键盘】 jiànpán कीबोर्ड
【键盘乐器】 jiànpán yuèqì कीबोर्ड वाला वाद्ययंत्र

槛（檻） jiàn ❶जंगला ❷पिंजरा: 兽～ पशु बन्द करने वाला पिंजरा / ～车(प्राचीन युग में) कैदी को ले जाने वाली गाड़ी
kǎn भी दे०

僭 jiàn <लि०> अपनी अधिकार-सीमा का उल्लंघन करना
【僭越】 jiànyuè <लि०> अपनी अधिकार-सीमा का उल्लंघन करना

箭 jiàn ❶तीर; बाण; शर ❷बाणपथ; बाणपात: 一～之遥 बाणपथ जितनी दूरी होना
【箭靶子】 jiànbǎzi लक्ष्य; निशाना
【箭步】 jiànbù आकस्मिक लम्बा डग: 他一个～冲上去，抓住了小偷。उसने झपटकर चोर को दबोच लिया।
【箭垛子】 jiànduǒzi ❶कंगूरा ❷लक्ष्य; निशाना
【箭杆】 jiàngǎn तीर; बाण
【箭楼】 jiànlóu बुर्ज; गरगज
【箭筒】 jiàntǒng तरकश; बाणतूण; निषंग; तूणीर
【箭头】 jiàntóu ❶फल; बाण ❷(चिन्ह के रूप में) तीर; बाण
【箭在弦上，不得不发】 jiàn zài xián shàng, bù dé bù fā धनुष पर चढ़ाया गया तीर चलाना ही पड़ेगा —— किसी के लिये आगे बढ़ने के अलावा कोई चारा नहीं; वापस लौटने की कोई गुंजाइश न होना
【箭猪】 jiànzhū साही
【箭镞】 jiànzú फल; बाण

jiāng

江 jiāng ❶नदी; नद; दरिया ❷यांगत्सी नदी ❸(Jiāng) एक कुलनाम
【江北】 Jiāngběi ❶यांगत्सी नदी के निचले भाग के उत्तर में स्थित क्षेत्र, जिसमें च्यांगसू और आनह्वेइ दो प्रांतों के कुछ भाग शामिल हैं ❷यांगत्सी नदी के उत्तर में स्थित क्षेत्र
【江河日下】 jiānghé-rìxià ह्रास; पतन; ह्रास होना; पतन होना; बदतर हो जाना
【江河行地】 jiānghé-xíngdì नदियां धरती पर अपनी प्रकृति से बहती हैं —— अपरिवर्तनीय होना
【江湖】[1] jiānghú नदियां और झीलें —— देश का हर कोना; देशभर: 一流落～ मारा-मारा फिरना; आवारा फिरना
【江湖】[2] jiānghú ऐसे लोग, जो इधर-उधर फिरते हुए भविष्यवक्ता, नीम हकीम, घुमंतू कलाकार इत्यादि के रूप में जीवन निर्वाह करते हों
【江湖骗子】 jiānghú piànzi ठग; धोखेबाज़; नीम हकीम
【江郎才尽】 Jiāngláng-cáijìn च्यांग लांग की अक्ल गुम हो गई —— अक्ल का चिराग गुम हो जाना (च्यांग लांग का मौलिक नाम च्यांग येन 江淹)था। दक्षिण राजवंश 南朝 काल का यह बुद्धिजीवी शुरू में अपनी कविताओं के लिये प्रसिद्ध रहा, लेकिन बाद में कोई उत्तम रचना न कर सका।
【江轮】 jiānglún स्टीमर
【江米】 jiāngmǐ चिपचिपा चावल
【江米酒】 jiāngmǐjiǔ खमीर उठाया हुआ चिपचिपा चावल
【江南】 Jiāngnán ❶यांगत्सी नदी के निचले भाग के दक्षिण में स्थित क्षेत्र, जिसमें च्यांगसू, आनह्वेइ दो प्रांतों के

दक्षिणी भाग और च्यांग प्रांत शामिल हैं ❷यांगत्सी नदी के दक्षिण में स्थित क्षेत्र

【江山】 jiāngshān ❶नदियां एवं पर्वत; धरती; प्राकृतिक छविः ～如画 सुरम्य प्राकृतिक छवि ❷देश; राजसत्ताः 打～ राजसत्ता के लिये सशस्त्र संघर्ष करना

【江山易改，本性难移】 jiāngshān yì gǎi, běnxìng nán yí नदियां और पर्वत बदलना आसान होता है, लेकिन किसी व्यक्ति की प्रकृति बदलना मुश्किल होता है

【江苏】 Jiāngsū च्यांगसू (प्रांत)

【江天】 jiāngtiān <साहि०> नदी के ऊपर का विस्तृत आकाश

【江豚】 jiāngtún （江猪 jiāngzhū भी） ब्लैक फ़िन-लेस पोर्पोइज़

【江西】 Jiāngxī च्यांगशी (प्रांत)

【江洋大盗】 jiāngyáng dàdào जलदस्यू; समुद्री डाकू

【江珧柱】 jiāngyáozhù पेनशेल का सूखा एडक्टर

将（將） jiāng ❶<लि०> साथ देना; सहारा देना; लेना; लानाः 相～而去 एक दूसरे को सहारा देते हुए चले जाना ❷स्वास्थ्य का ध्यान रखनाः 将养 ❸(काम) करना; (मामला) निबटानाः 慎重～事 मामले को सावधानी से निबटाना ❹(शतरंज में) किश्त; शहः ～军 किश्त देना; शह देना ❺तत्काल निरुत्तर कर देनाः 小王提出的问题把他～住了。श्याओ वांग ने एक सवाल पेश कर उसे निरुत्तर कर दिया। ❻उकसाना; भड़काना; ललकारना; उकसावा देना; उत्तेजित करनाः 他主意已定，你再～他也没用。उसने निर्णय किया है। उसे उकसाने से काम नहीं बनेगा। ❼<पूर्व०> सेः 将功折罪 ❽<पूर्व०> (把 की भांति प्रयुक्त)ः ～他叫进来。उसे अंदर बुलाओ। / ～门关上。दरवाज़ा बन्द कर दो। ❾<क्रि०वि०> होने वाला; होने को है; होगा; होगी; होंगे; होंगीः 我们～去颐和园。हम समर पैलेस जाने को हैं। / 天～破晓。पौ फटने वाला है। ❿और; के साथ-साथः 将信将疑 ⓫<बो०><लघु०अ०> (क्रिया और दिशासूचक कर्म के बीच प्रयुक्त)ः 请～出来 बाहर बुला लाना / 赶～上去 आगे लपकना / 打～起来 लड़ने लगना

jiàng; qiāng भी दे०

【将才】 jiāngcái <क्रि०वि०> अभी; अभी-अभीः 他～来过。वह अभी-अभी आया था।

jiàngcái भी दे०

【将次】 jiāngcì <लि०> करेगा या होगा

【将错就错】 jiāngcuò-jiùcuò गलती दुरुस्त न करना बल्कि उस का पूरा फ़ायदा उठाना

【将功补过】 jiānggōng-bǔguò अच्छा कर्म करके अपनी भूल दुरुस्त करना

【将功赎罪】 jiānggōng-shúzuì अच्छा कर्म करके अपने पाप का मार्जन करना; अच्छे कर्म से अपने अपराध का प्रायश्चित करना

【将功折罪】 jiānggōng-zhézuì 将功赎罪 jiānggōng-shúzuì के समान

【将计就计】 jiāngjì-jiùjì जिसकी जूती उसी के सर

【将将】 jiāngjiāng <क्रि०वि०> केवल; सिर्फ़; महज़; मुश्किल से; कठिनाई सेः 这地方～够放一张桌子。इस स्थान में एक मेज़ मुश्किल से रखी जा सकती है।

【将近】 jiāngjìn <क्रि०वि०> लगभग; करीब; कोई; के लगभग; तकरीबनः 出席今天会议的～有二百人。आज की सभा में कोई दो सौ व्यक्ति उपस्थित हुए। / 我～有四年的时间没见到他了。मैं पिछले लगभग चार सालों में उससे नहीं मिला।

【将就】 jiāngjiu जैसे-तैसे; किसी तरह; काम चलाना; ज्यों त्यों करकेः 这间屋子小了些，你就～住吧！यह कमरा कुछ छोटा है। तुम जैसे-तैसे वास करो। / ～吃一点儿。किसी तरह कुछ तो खा लो।

【将军】 jiāngjūn ❶जनरल; सेनापति; सेनानायक ❷(शतरंज में) किश्त देना; शह देना ❸शर्मिंदा करना; लज्जित करनाः 您这可是在将我的军。आप तो मुझे शर्मिंदा कर रहे हैं।

【将军肚】 jiāngjūndù <हास्य०> तोंद; तोंदल होना

【将来】 jiānglái भविष्य; भावी; आइंदाः 在不远的～ निकट भविष्य में

【将息】 jiāngxī विश्राम करना; स्वास्थ्य-लाभ करना

【将心比心】 jiāngxīn-bǐxīn दूसरों का ख्याल रखना; हमदर्द होना; सहानुभूति रखना

【将心换心】 jiāngxīn-huànxīn अपनी ईमानदारी से दूसरों के दिल मोहना

【将信将疑】 jiāngxìn-jiāngyí थोड़ा विश्वास भी और थोड़ा शक भी होनाः 我对他的话～。उसकी बातों पर मुझे थोड़ा विश्वास भी है और थोड़ा शक भी।

【将养】 jiāngyǎng विश्राम करना; स्वास्थ्य-लाभ करना

【将要】 jiāngyào <क्रि०वि०> होने वाला; होने को होना; होगा; होगी; होंगे; होंगीः 他～来北京看您。वह आप से मिलने पेइचिंग आएगा।

【将欲取之，必先与之】 jiāng yù qǔ zhī, bì xiān yǔ zhī लेने के लिये देना

姜[1]（薑） jiāng अदरक

姜[2] Jiāng एक कुलनाम

【姜还是老的辣】 jiāng háishi lǎode là पुराना अदरक नये से अधिक तेज़ होता है —— युवाओं के मुकाबले बूढ़े अधिक अनुभवी होते हैं

【姜黄】 jiānghuáng <वन०> हल्दी

豇 jiāng नीचे दे०

【豇豆】 jiāngdòu लोबिया

浆（漿） jiāng ❶गाढ़ा द्रवः 豆浆 dòujiāng / 纸浆 zhǐjiāng ❷कलफ़ः ～衣服 कपड़े पर कलफ़ लगाना

【浆果】 jiāngguǒ बेरी

【浆洗】 jiāngxǐ (कपड़े) धोकर कलफ़ लगाना

僵[1]（殭） jiāng ठिठुरना; ठंड के मारे सुन्न होना; जड़ीभूत होनाः 他手脚都冻～了。ठंड के मारे उसके हाथ-पैर सुन्न हो गये।

僵 2 jiāng ❶गतिरोध; गतिरुद्ध; गितरोध में डालना (पड़ना); गतिरुद्ध करना (होना): 这下事情搞～了。अब की मामला गतिरोध में पड़ गया। ❷〈बो०〉 मुंह फुलाना; मुंह थुथाना; मुंह लटकाना: ～着脸 मुंह फुलाना

【僵持】 jiāngchí (दोनों पक्षों का) अपने-अपने रुख पर डटा रहना; पीछे हटने से इनकार करना: 双方在这个问题上～不下。इस मामले पर दोनों पक्षों में से कोई भी अपने रुख से पीछे हटना नहीं चाहता।

【僵化】 jiānghuà रूढ़िबद्ध; घिसा-पिटा: ～的观念 रूढ़िबद्ध धारणा / ～的经济体制 घिसी-पिटी अर्थ-व्यवस्था

【僵局】 jiāngjú गतिरोध: 陷入～ गितरोध में पड़ना / 打破～ गतिरोध तोड़ना

【僵尸】 jiāngshī लाश; शव

【僵死】 jiāngsǐ ठंडा होना; मृत होना

【僵硬】 jiāngyìng ❶सुन्न; जडीभूत: 四肢～ हाथ-पांव सुन्न होना ❷रूढ़िबद्ध; घिसा-पिटा: ～的政策 घिसी-पिटी नीति

缰（繮、韁） jiāng लगाम; अगाड़ी; बागडोर

【缰绳】 jiāngshéng लगाम; अगाड़ी; बागडोर: 勒住～ लगाम कड़ी करना / 放松～ लगाम ढीली करना

疆 jiāng ❶सीमा; हद ❷新疆 Xīnjiāng का संक्षिप्त रूप

【疆场】 jiāngchǎng युद्धक्षेत्र; युद्ध-मैदान; रणभूमि; मैदान

【疆界】 jiāngjiè सीमा; हद

【疆土】 jiāngtǔ प्रादेशिक भूमि

【疆域】 jiāngyù प्रादेशिक भूमि

jiǎng

讲（講） jiǎng ❶कहना; बोलना: ～汉语 चीनी बोलना / 他～的是一套，做的是另一套。वह कहता कुछ है, करता कुछ और। / ～故事 कहानी सुनाना ❷स्पष्टीकरण; व्याख्या; स्पष्ट करना; व्याख्या करना; बताना: ～清楚原因 कारण स्पष्ट करना / 这本书～的是哲学的一般原理。इस पुस्तक में दर्शनशास्त्र के आम सिद्धांत बताये गये हैं। ❸बातचीत; विचार-विमर्श; सलाह-मशविरा: ～生意 सौदा पटाने की बातचीत करना ❹जहां तक … का सवाल है; जहां तक … का ताल्लुक है: ～速度，这种火车一小时可行驶三百公里。जहां तक रफ़्तार का ताल्लुक है, यह रेल-गाड़ी एक घंटे में तीन सौ किलोमीटर का फ़ासला तय कर सकती है। / ～能力，她比你强。जहां तक सामर्थ्य का सवाल है, वह तुम से बढ़कर है। ❺बल देना; ज़ोर देना; महत्व देना: ～团结 एकता पर बल देना / ～效率 कार्यक्षमता को महत्व देना

【讲法】 jiǎngfǎ ❶बात करने का तरीका; बोलने का ढंग: 换一种～ दूसरे तरीके से कहा जाय; दूसरे शब्दों में कहा जाय ❷राय; दृष्टिकोण; विचार; तर्क: 按你的～办吧。अपनी राय के अनुसार करो; अपने कहे अनुसार कीजिये।

【讲稿】 jiǎnggǎo भाषण का पाठ; लेक्चर नोट्स

【讲和】 jiǎnghé विवाद सुलझाना; सुलह करना; झगड़ा समाप्त करना; युद्ध समाप्त करना; शांति स्थापित करना: 双方打了多年的仗，现在终于～了。दोनों पक्षों ने पिछले कई सालों तक लड़ने के बाद अब युद्ध समाप्त कर दिया। / 他们俩～了。उन दोनों ने विवाद सुलझा लिया।

【讲话】 jiǎnghuà ❶कहना; बोलना; भाषण देना; बयान देना: 他也在会上讲了话。वह भी बैठक में कुछ बोला। ❷भाषण; बयान: 发表激动人心的～ उत्साहवर्द्धक भाषण देना ❸वार्त्ता (बुनियादी जानकारी देने वाली पुस्तक के नाम में प्रयुक्त): 《英语语法～》 'अंग्रेज़ी व्याकरण पर वार्त्ता'

【讲价】 jiǎngjià मोल-तोल; मोल-भाव; मोल-तोल (मोल-भाव) करना

【讲价钱】 jiǎng jiàqian ❶मोल-तोल करना; मोल-भाव करना ❷शर्तें तय करने के लिये बातचीत करना; अपनी शर्तें पूरी करने पर कायम रहना

【讲解】 jiǎngjiě व्याख्या; व्याख्या करना

【讲解员】 jiǎngjiěyuán गाइड; कमेंटेटर

【讲究】 jiǎngjiu ❶बल देना; ज़ोर देना; महत्व देना: ～卫生 सफ़ाई पर ज़ोर देना / ～产品质量 वस्तुओं की गुणवत्ता पर महत्व देना /我们历来～实事求是。हम तथ्य के आधार पर सत्य खोजने के सिद्धांत पर हमेशा से बल देते आये हैं। ❷विस्तृत अध्ययन: 作文的技巧大有～。लेख लिखने के शिल्प का विस्तृत अध्ययन करने की ज़रूरत है। ❸सुरुचिपूर्ण; उत्कृष्ट: 这客厅布置得十分～。यह बैठक बड़े सुरुचिपूर्ण ढंग से सजायी गयी है।

【讲课】 jiǎngkè सिखाना; पढ़ाना: 这位是给我们～的老师。यह हमें पढ़ाने वाली अध्यापिका हैं।

【讲理】 jiǎnglǐ ❶तर्क-वितर्क; वाद-विवाद; तर्क-वितर्क करना; वाद-विवाद करना: 走，跟他～去。चलें, उसके साथ तर्क-वितर्क करें। ❷समझदार; विवेकी: 他是个～的人。वह समझदार है। / 他蛮不～。वह एकदम नासमझ (अविवेकी) है।

【讲明】 jiǎngmíng स्पष्ट करना; प्रकाश डालना: ～立场（政策）रुख (नीति) स्पष्ट करना; रुख (नीति) पर प्रकाश डालना

【讲盘儿】 jiǎngpánr 〈बो०〉（讲盘子 jiǎngpánzi भी）讲价钱 jiǎng jiàqian के समान

【讲评】 jiǎngpíng टीका करना; समीक्षा करना: ～文章 लेख की समीक्षा करना

【讲情】 jiǎngqíng (किसी दूसरे की ओर से) क्षमा (माफ़ी) मांगना या याचना करना

【讲求】 jiǎngqiú महत्व देना; ज़ोर देना; बल देना

【讲师】 jiǎngshī लेक्चरर

【讲授】 jiǎngshòu सिखाना; पढ़ाना; शिक्षा देना: 她～历史课。वह इतिहास पढ़ाती है।

【讲述】 jiǎngshù बताना; वर्णन करना: 影片～了一对中年夫妇的喜怒哀乐。इस फ़िल्म में एक अधेड़ दंपति के सुख-दुख का वर्णन किया गया है।
【讲台】 jiǎngtái मंच; चबूतरा; प्लेट फ़ार्म
【讲坛】 jiǎngtán मंच
【讲习】 jiǎngxí व्याख्यान और अध्ययन: ～班 अध्ययन दल
【讲学】 jiǎngxué लेक्चर देना; व्याख्यान देना
【讲演】 jiǎngyǎn भाषण; बयान; भाषण देना; बयान देना
【讲义】 jiǎngyì पाठ्य-सामग्री
【讲座】 jiǎngzuò कोर्स; कक्षा: 汉语～ चीनी कक्षा

奖（奬） jiǎng ❶पुरस्कार देना; पुरस्कृत करना; इनाम देना; प्रशस्ति करना: 奖励 / 褒奖 bāojiǎng ❷पुरस्कार; इनाम; पारितोषिक: 获～ पारितोषिक प्राप्त करना / 特别～ विशिष्ट पुरस्कार / 颁～仪式 पुरस्कार वितरण समारोह
【奖杯】 jiǎngbēi कप
【奖惩】 jiǎngchéng पुरस्कार और दंड (देना)
【奖金】 jiǎngjīn इनाम; बोनस
【奖励】 jiǎnglì पुरस्कार देना; इनाम देना ; पारितोषिक देना: ～劳动模范 आदर्श श्रमिकों को पुरस्कार देना / ～发明创造 नयी ईजादों को प्रोत्साहित करने के लिये इनाम देना
【奖牌】 jiǎngpái पदक: ～得主 पदक विजेता
【奖品】 jiǎngpǐn इनाम; पुरस्कार; पारितोषिक
【奖旗】 jiǎngqí पताका (से पुरस्कृत करना)
【奖券】 jiǎngquàn लाटरी टिकट
【奖赏】 jiǎngshǎng इनाम; पुरस्कार; पारितोषिक: 获得～ पुरस्कार मिलना / 给予～ पुरस्कार देना
【奖学金】 jiǎngxuéjīn छात्रवृत्ति; वजीफ़ा
【奖掖】 jiǎngyè 〈लि०〉 पुरस्कार और पदोन्नति से प्रोत्साहित करना; इनाम और तरक्क़ी देना
【奖章】 jiǎngzhāng पदक
【奖状】 jiǎngzhuàng प्रशस्ति पत्र

桨（槳） jiǎng डांड़; चप्पू

蒋（蔣） Jiǎng एक कुलनाम

耩 jiǎng ड्रील से बीज बोना
【耩子】 jiǎngzi ड्रील; बीज बोने की मशीन

膙 jiǎng नीचे दे०
【膙子】 jiǎngzi 趼子 jiǎnzi के समान

jiàng

匠 jiàng ❶शिल्पकार; शिल्पी; कारीगर; दस्तकार: 木匠 mùjiang / 铁匠 tiějiang ❷〈लि०〉 शिल्पी: 文学巨～ साहित्य शिल्पी
【匠人】 jiàngrén शिल्पकार; कारीगर; दस्तकार
【匠心】 jiàngxīn 〈लि०〉 पटुता; प्रवीणता; निपुणता; कौशल
【匠心独运】 jiàngxīn–dúyùn (अपनी) अनुपम प्रवीणता (का परिचय देना)

降 jiàng ❶गिरावट; गिरावट होना; गिरना: ～雨 पानी गिरना / 气温下～。तापमान में गिरावट हुई। ❷गिरावट करना; गिराना; कम करना; घटाना: 降级 / 降价
xiáng भी दे०
【降半旗】 jiàng bànqí 下半旗 xià bànqí के समान
【降尘】 jiàngchén （落尘 luòchén भी） धूल
【降低】 jiàngdī गिरावट; कटौती; गिरावट आना; कटौती होना (करना); गिरना; गिराना; कम करना: ～价格 दामों में कटौती करना / 产量～ उत्पादन में गिरावट आना
【降幅】 jiàngfú गिरावट-दर
【降格】 jiànggé मानक या स्तर नम्र करना: 两国关系～ दोनों देशों के बीच राजनयिक संबंधों का स्तर निम्न करना / ～以求 अवर दर्जे की चीज़ प्राप्त करने पर संतोष करना
【降级】 jiàngjí ❶पदावनत करना: 他被～了。वह पदावनत किया गया। ❷(छात्र को) निचले ग्रेड में भेजना
【降价】 jiàngjià दामों में कटौती करना; मूल्य कम करना
【降临】 jiànglín 〈लि०〉 आ पड़ना; घटित होना; आना; होना: 灾难～。विपत्ति सिर पर आ पड़ी। / 夜色～。रात हो गयी।
【降落】 jiàngluò उतरना: 飞机～在航空母舰的甲板上。विमान विमान-वाहक जहाज़ के डेक पर उतर गया।
【降落伞】 jiàngluòsǎn पैराशूट; छतरी
【降旗】 jiàngqí झंडा नीचा करना; ध्वज का अवरोहण करना; ध्वजावरोहण करना
xiángqí भी दे०
【降生】 jiàngshēng 〈लि०〉 (किसी धर्म के प्रवर्तक या अन्य महापुरुष का) जन्म होना
【降水】 jiàngshuǐ वर्षा: ～量 वर्षा-मात्रा
【降温】 jiàngwēn ❶(वर्कशाप जैसे स्थानों में) तापमान कम करना ❷〈मौ०वि०〉 तापमान में गिरावट आना
【降雨】 jiàngyǔ वर्षा; वृष्टि: ～量 वर्षा की मात्रा
【降旨】 jiàngzhǐ फ़रमान जारी करना

将（將） jiàng ❶जनरल: 上将 shàngjiāng ❷शतरंज का बादशाह ❸〈लि०〉 नेतृत्व; कमान: ～兵 फ़ौज पर कमान करना
jiāng; qiāng भी दे०
【将才】 jiàngcái सैन्य प्रतिभा युक्त व्यक्ति; फ़ौज पर कमान करने की क्षमता
jiāngcái भी दे०
【将官】 jiàngguān जनरल; सेनापति
【将官】 jiàngguan 〈बोल०〉 उच्चस्तरीय सैन्य अधिकारी
【将领】 jiànglǐng उच्चस्तरीय सैन्य अधिकारी; जनरल; सेनापति

【将令】 jiànglìng <पुराना> सैन्य आज्ञा
【将门】 jiàngmén सेनापति का परिवार
【将士】 jiàngshì सैन्य अधिकारी और सिपाही
【将帅】 jiàngshuài कमांडर इन चीफ़
【将校】 jiàngxiào उच्चस्तरीय सैनिक अधिकारी
【将指】 jiàngzhǐ <लि०> ❶मध्यमा ❷पैर का अंगूठा

绛（絳、醬） jiàng गहरा लाल रंग
【绛紫】 jiàngzǐ（酱紫 jiàngzǐ भी）गहरा जामुनी रंग

弶 jiàng ❶चूहादान; फंदा; चूहेदानी ❷चूहेदानी या फंदे में फंसाना

强（強、彊） jiàng हठीला; अड़ियल; ज़िद्दी qiáng; qiǎng भी दे०
【强嘴】 jiàngzuǐ प्रत्युत्तर देना; अवज्ञा से जवाब देना

酱（醬） jiàng ❶सोयाबीन, आटे इत्यादि से बनी गाढ़ी चटनी ❷सोयासॉस में बना या परिरक्षित ❸चटनी; जाम; पेस्ट: 草莓～ स्ट्रोबेरी जाम
【酱菜】 jiàngcài अचार; सोयासॉस में परिरक्षित साग
【酱豆腐】 jiàngdòufu खमीर वाला बीनकर्ड
【酱色】 jiàngsè लाल रंग लिये गहरा भूरा रंग
【酱油】 jiàngyóu सोयासॉस
【酱园】 jiàngyuán （酱坊 jiàngfáng भी）सोयासॉस, अचार आदि बनाने और बेचने वाली दूकान
【酱紫】 jiàngzǐ 绛紫 jiàngzǐ के समान

犟（勥） jiàng अड़ियल; हठी; ज़िद्दी; स्वेच्छाचारी; दुराग्रही: 他脾气～。 वह एकदम ज़िद्दी है।
【犟劲】 jiàngjìn दुराग्रह; हठ; ज़िद्द; स्वेच्छाचारिता
【犟嘴】 jiàngzuǐ 强嘴 jiàngzuǐ के समान

糨（浆、粡） jiàng गाढ़ा: 粥太～了。 खीर गाढ़ी हो गयी।
【糨糊】 jiànghu लस्सी; लस; लासा
【糨子】 jiàngzi <बोल०> लस्सी; लस; लासा: 打～ लस्सी बनाना

jiāo

艽 jiāo दे० 秦艽 qínjiāo

交 1 jiāo ❶देना; सौंपना; के सुपुर्द करना: 把这本书～给他。 यह किताब उसे दे दो। / ～税 कर देना / 这个任务～给你们吧。यह काम आप लोगों के सुपुर्द कर दिया जाएगा। ❷(समय का) होना: 明天就～冬至了。 कल मकर-संक्रांति होगी। / ～午时 दोपहर होना ❸संगम; जोड़; संधि; संयोग: 世纪之～ सदियों का संगम / 此地位于两省之～。 यह स्थान दो प्रांतों की सीमाओं पर आबाद है। ❹काटना: 河流纵横～叉。नदियां एक दूसरे को काटती हुई नज़र आती हैं। ❺(के संबंध) स्थापित करना: 建～ आपस में राजनयिक संबंध स्थापित करना / ～朋友 दोस्त बनाना; दोस्ती करना ❻मैत्री; दोस्ती; यारी; जान-पहचान: 知～ अंतरंग मित्र / 邦交 bāngjiāo ❼यौन संबंध होना; मैथुन करना: 交媾 ❽(पशु-पक्षी का) जोड़ा खाना: 杂交 zájiāo ❾आपसी; पारस्परिक: 交换 / 交流 ❿के साथ; एक साथ; साथ-साथ: 惊喜～集 आश्चर्य के साथ-साथ प्रसन्नता होना

交 2 jiāo 跤 jiāo के समान
【交白卷】 jiāo báijuàn ❶कोरा प्रश्नपत्र वापस देना ❷कार्य पूरा करने में एकदम असमर्थ होना: 我们得把事情调查清楚, 不能～。 हमें इस बात की पूरी जांच करनी है, वरना हम असमर्थ सिद्ध होंगे।
【交班】 jiāobān दूसरी पाली के सुपुर्द करना
【交办】 jiāobàn सौंपना; के ज़िम्मे करना: 这是上司～的工作。 यह काम ऊपरवाले ने मुझे सौंपा है।
【交保】 jiāobǎo जमानत पर (छोड़ना): ～释放 जमानत पर छोड़ना
【交杯酒】 jiāobēijiǔ वैवाहिक मदिरा का सेवन करना (पुराने युग में विवाहोत्सव के अवसर पर वर और वधु पहले लाल डोरे से जुड़े अपने-अपने प्यालों से मदिरा पीते थे और फिर प्याले बदलकर)
【交兵】 jiāobīng <लि०> लड़ना; लड़ाई करना; युद्ध करना
【交叉】 jiāochā ❶काटना: 两条路在此～。दो सड़कें यहीं पर काटती हैं। ❷परस्परव्यापी: 两个决议草案中有部分内容是～的。 इन दो प्रस्तावों के मसौदों में कुछ बातें पर-स्परव्यापी पायी गयी हैं। ❸अन्तर देकर काम में लगाना; बारी-बारी से करना (होना): ～作业 बारी-बारी से काम करना
【交叉感染】 jiāochā gǎnrǎn क्रॉस इंफ़ेक्शन
【交差】 jiāochāi काम पूरा करने के बाद ऊपरवाले को इसके बारे में रिपोर्ट देना: 事情不好办, 怎么回去～? यदि हम यह काम पूरा नहीं कर सके, तो ऊपरवाले को क्या रिपोर्ट देंगे?
【交出】 jiāochū समर्पण करना; त्यागना: ～武器 हथियार डालना; शस्त्र त्यागना
【交错】 jiāocuò एक दूसरे को काटना: 沟渠纵横～。 नहरें और नाले एक दूसरे को काटते दिखते हैं।
【交代】 jiāodài （交待 jiāodài भी）❶के सुपुर्द करना; के हाथों सौंपना: ～工作 काम अपने उत्तरवर्ती के सुपुर्द कर देना ❷स्पष्ट करना; विवरण देना: ～政策 नीति स्पष्ट करना / 著者对此未作进一步～。 रचयिता ने इस संदर्भ में आगे विवरण नहीं दिया। ❸कारण बताना; सफ़ाई देना; उचित सिद्ध करना: 这件事您是～不过去的。 इस मामले पर आप अपनी सफ़ाई नहीं दे सकते। ❹कबूल करना: ～罪行 अपना अपराध कबूल करना
【交道】 jiāodào संपर्क में आना; लेन-देन होना: 打～ किसी के संपर्क में आना
【交底】 jiāodǐ अपना असली इरादा बताना; असली बात

बताना

【交点】 jiāodiǎn संधि

【交锋】 jiāofēng लड़ाई करना; टक्कर लेना; भिड़ना: 敌军不敢和我们～。शत्रु सेना ने हम से लड़ाई करने का साहस नहीं किया। / 两支劲旅将于明日～。ये दो तगड़ी टीमें कल टक्कर लेंगी।

【交付】 jiāofù ❶चुकाना; भुगतान करना; अदा करना; देना: ～房租 मकान का किराया देना ❷सौंपना; के सुपुर्द करना; के हवाले करना: 新建的候机楼已～使用。नवनिर्मित टर्मिनल काम में लाया गया है।

【交感神经】 jiāogǎn shénjīng 〈श०वि०〉 अनुकंपी तंत्री

【交割】 jiāogē ❶खरीद-बेची का मामला निबटाना: 这笔货款业已～。चीज़ों के दाम चुकाकर खरीद-बेची का यह मामला निबटा लिया गया। ❷सौंप देना; के सुपुर्द करना; के हवाले करना: 工作都～清了。सारा काम दूसरे को सौंपा जा चुका है।

【交工】 jiāogōng पूरी हुई परियोजना सौंप देना

【交媾】 jiāogòu मैथुन; संभोग; समागम; रतिक्रिया; मैथुन (संभोग, समागम, रतिक्रिया) करना

【交关】 jiāoguān ❶से वास्ता होना; से संबंध होना: 这事性命～。इस का जीवन-मरण से संबंध है। ❷〈बो०〉 अत्यंत; बहुत; नितान्त: 今年夏天～热。इस साल ग्रीष्म में बहुत गरमी है। ❸〈बो०〉 बहुत अधिक; काफ़ी ज़्यादा: 商店里顾客～。दुकान में ग्राहक बहुत अधिक थे।

【交好】 jiāohǎo (दो देशों के बीच) मैत्रीपूर्ण संबंध स्थापित होना; (दो व्यक्तियों का) आपस में दोस्ती करना: 两国～。दोनों देशों ने आपस में मैत्रीपूर्ण संबंध बना लिये।

【交互】 jiāohù ❶एक दूसरे का; एक दूसरे को; आपस में: ～校对稿子 एक दूसरे की पांडुलिपियों की जांच करना ❷बारी-बारी से: 他两手～地抓住野藤，爬上山顶。वह दोनों हाथों से बारी-बारी से बेंत पकड़कर पहाड़ की चोटी पर चढ़ गया।

【交还】 jiāohuán वापस देना; लौटाना; वापस करना: 书看完后，～给我。यह पुस्तक पढ़ लेने के बाद मुझे वापस करो।

【交换】 jiāohuàn आदान-प्रदान; अदला-बदली; बदली; विनिमय; आदान-प्रदान (अदला-बदली, बदली, विनिमय) करना: ～看法 विचारों का आदान-प्रदान करना / ～队旗 टीम पताकाओं की अदला-बदली करना / 用小麦～大米 गेहूं से चावल की बदली करना

【交换价值】 jiāohuàn jiàzhí 〈अर्थ०〉 विनिमय मूल्य

【交汇】 jiāohuì संगम

【交会】 jiāohuì संधि; संगम: ～点 संगम स्थल

【交火】 jiāohuǒ फ़ायरिंग; लड़ाई; फ़ायरिंग करना (होना); लड़ाई लड़ना

【交货】 jiāohuò डिलिवरी; निकासी; (माल की) रवानगी: 分批～ खेपों में माल की रवानगी करना / 即期～ तत्काल डिलिवरी / ～港 डिलिवरी का बन्दरगाह

【交集】 jiāojí (भावनाओं का) मिश्रित होना; के साथ-साथ भी होना: 悲喜～ गम के साथ-साथ खुशी भी होना; दुख-मिश्रित प्रसन्नता होना

【交际】 jiāojì संगत; संगति; संसर्ग; संबंध; संपर्क; के साथ उठना-बैठना: 他善于～。वह लोगों से संबंध बनाने में कुशल है। / 语言是人们～的工具。भाषा लोगों के बीच संपर्क का साधन है।

【交际花】 jiāojìhuā संबंधप्रिय नारी; तितली

【交际舞】 jiāojìwǔ （交谊舞 jiāoyìwǔ भी）बॉलरूम डांस

【交加】 jiāojiā 〈लि०〉 साथ-साथ होना; एक साथ होना: 贫病～ गरीबी व बीमारी दोनों से पीड़ित होना / 风雨～ आंधी-पानी होना / 惊喜～ आश्चर्य के साथ-साथ प्रसन्नता भी होना

【交接】 jiāojiē ❶जोड़ना; मिलाना; जुड़ना; मिलना: 春夏～वसन्त का ग्रीष्म में परिणत होना ❷हस्तांतरण; हस्तांतरित; हस्तांतरण करना; हस्तांतरित करना: ～仪式 हस्तांतरण समारोह / ～工作 काम हस्तांतरित करना / 政权～ सत्ता का हस्तांतरण करना ❸जान-पहचान होना: 这位是他新近～的朋友。यह उस की नयी जान-पहचान है।

【交结】 jiāojié ❶जान-पहचान होना; दोस्त बनाना: 他在文艺界～很广。कला-साहित्य के क्षेत्र में उसके बहुत से दोस्त हैं। ❷〈लि०〉 एक दूसरे से जुड़ना

【交界】 jiāojiè की सीमा से लगना: 中国北部与俄罗斯、蒙古国～。चीन उत्तर में रूस व मंगोलिया की सीमाओं से लगा है। / 这是三省～之处。यहीं पर तीनों प्रांतों की सीमाएं मिलती हैं।

【交卷】 jiāojuàn ❶प्रश्न पत्र के उत्तर लिखकर परीक्षक को देना ❷नियत कार्य पूरा करना

【交口】 jiāokǒu ❶एक स्वर में: ～称赞 एक स्वर में प्रशंसा करना ❷〈बो०〉 बात करना

【交困】 jiāokùn कठिनाइयों से घिरना: 内外～ देश के अन्दर और बाहर कठिनाइयों से घिर जाना

【交流】 jiāoliú आदान-प्रदान; अदल-बदल; आदान-प्रदान (अदल-बदल) करना: 文化～ सांस्कृतिक आदान-प्रदान / ～经验 अनुभवों का अदल-बदल करना

【交流电】 jiāoliúdiàn आल्टर्निटिंग करंट; प्रत्यावर्ती धारा (AC)

【交流发电机】 jiāoliú fādiànjī आल्टर्नेटर; आल्टर्निटिंग करंट जनलेटर

【交纳】 jiāonà (सरकार या किसी संगठन को) देना; अदा करना: ～所得税 आयकर देना / ～会费 सदस्यता शुल्क अदा करना / ～联合国会费 संयुक्त राष्ट्र संघ को देय अपने हिस्से की रकम अदा करना / ～罚金 जुर्माना देना

【交配】 jiāopèi संभोग; मैथुन; जोड़ा खाना; मैथुन करना

【交迫】 jiāopò दोनों मुसीबतों से पीड़ित होना: 饥寒交迫 jīhán jiāopò

【交情】 jiāoqing मैत्री; दोस्ती; यारी; मैत्रीपूर्ण संबंध: 老～ पक्की दोस्ती / 讲～ दोस्तनवाज़ होना / 他俩～很深 उन दोनों के बीच गहरी छनती है।

【交融】 jiāoróng घुलना; मिलना: 水乳交融 shuǐ rǔ jiāo róng

【交涉】 jiāoshè मामला उठाना; शिकायत करना; बातचीत करना: 就此事向对方提出严正～ विपक्ष के आगे

गंभीरतापूर्वक यह मामला उठाना / 办～ (से) बात- चीत करना

【交手】 jiāoshǒu हाथा-पाई; हाथा-बांही; द्वंद्व-युद्ध; हाथा-पाई (हाथा-बांही, द्वंद्व-युद्ध) करना： 一言不合，两人便交起手来。कहा-सुनी होने पर दोनों हाथा-पाई करने लगे।

【交谈】 jiāotán आपस में बातें करना; बातचीत करना; गुफ़्तगू करना： 进行亲切友好的～ सौहार्दपूर्ण और मैत्रीपूर्ण बातचीत करना / 她可以用汉语和人～。वह दूसरों से चीनी में बातें कर सकती है।

【交替】 jiāotì ❶स्थान लेना; जगह लेना; स्थान पर रखना： 新旧～。नवीन पुरातन का स्थान लेता है। ❷बारी-बारी से： 两班人～休息。दो दल बारी-बारी से आराम करते हैं।

【交通】 jiāotōng ❶जुड़ना; मिलना： 阡陌～。पगडंडियां एक दूसरी से जुड़ी हुई दूर तक जाती हैं। ❷संचार; यातायात： 公路～ सड़क यातायात / ～便利 यातायात की सुविधाएं ❸संपर्क： ～员 भूमिगत संदेशवाहक

【交通安全】 jiāotōng ānquán यातायात सुरक्षा

【交通标线】 jiāotōng biāoxiàn यातायात संकेत; ट्रैफ़िक मार्किंग

【交通标志】 jiāotōng biāozhì यातायात चिन्ह; ट्रैफ़िक साइन

【交通部】 jiāotōngbù संचार मंत्रालय

【交通车】 jiāotōngchē शटल बस

【交通干线】 jiāotōng gànxiàn प्रमुख यातायात लाइन

【交通高峰】 jiāotōng gāofēng व्यस्त समय; यातायात का व्यस्त समय

【交通工具】 jiāotōng gōngjù सवारी; वाहन; संचार-साधन

【交通管理】 jiāotōng guǎnlǐ यातायात नियंत्रण; ट्रैफ़िक कंट्रोल

【交通规则】 jiāotōng guīzé सड़क के नियम; ट्रैफ़िक नियम

【交通壕】 jiāotōngháo <सैन्य०> संचार खाई

【交通警】 jiāotōngjǐng ट्रैफ़िक पुलिस

【交通事故】 jiāotōng shìgù सड़क दुर्घटना

【交通网】 jiāotōngwǎng यातायात लाइनों का जाल

【交通线】 jiāotōngxiàn यातायात लाइन

【交通信号】 jiāotōng xìnhào यातायात संकेत; ट्रैफ़िक सिगनल

【交通运输】 jiāotōng yùnshū यातायात और परिवहन

【交通阻塞】 jiāotōng zǔsè ट्रैफ़िक जाम

【交头接耳】 jiāotóu-jiē'ěr कानाफूसी; कानाकानी; फुसफुसाहट; कानाफूसी (कानाकानी) करना; फुसफुसाना

【交往】 jiāowǎng संग; संबंध; संपर्क; लेन-देन; मेल-जोल; उठना-बैठना; के संपर्क में आना; मेल-जोल रखना： 我和他没～。मेरा उससे लेन-देन नहीं है। / 两人～甚密。दोनों का उठना-बैठना होता है। /她很少和人～。वह दूसरों से बहुत कम मेल-जोल रखती है।

【交尾】 jiāowěi जोड़ा खाना; मैथुन करना

【交恶】 jiāowù दुश्मनी पैदा होना; एक दूसरे से घृणा करना： 双方～ दोनों पक्षों के बीच दुश्मनी पैदा होना

【交相辉映】 jiāoxiānghuīyìng एक दूसरे की सुन्दरता (शोभा) में चार चांद लगाना

【交响乐】 jiāoxiǎngyuè सिम्फ़ोनी： ～队 सिम्फ़ोनी आर्केस्ट्रा

【交卸】 jiāoxiè अपने अनुवर्ती को कार्यभार सौंपना

【交心】 jiāoxīn दिल खोलना; दिली बात करना： 相互～ दिल खोलकर बातचीत करना

【交椅】 jiāoyǐ ❶प्राचीन मुड़वां कुर्सी： 坐第一把～ पहली कुर्सी पर बैठना; सबसे महत्वपूर्ण पद पर आसीन होना; सर्वोच्च पद पर आसीन होना ❷<बो०> आरामकुर्सी

【交易】 jiāoyì सौदा; सौदेबाज़ी; सौदागरी; तिजारत; व्यापार： 做成～ सौदा पटाना /政治～ राजनीतिक सौदेबाज़ी /决不拿原则做～。सिद्धान्त का सौदा कतई नहीं किया जाएगा।

【交易所】 jiāoyìsuǒ एक्सचेंज

【交谊】 jiāoyì <लि०> मैत्री; मित्रता; दोस्ती

【交游】 jiāoyóu <लि०> दोस्ती करना; मित्र बनाना： ～甚广 (के) बहुत से दोस्त होना

【交运】 jiāoyùn किस्मत चमकना; किस्मत जागना; भाग्य खुलना

【交战】 jiāozhàn युद्ध करना; लड़ाई करना; लड़ना; युद्ध छेड़ना： ～状态 युद्ध स्थिति; युद्धावस्था / ～双方 युद्ध के दोनों पक्ष

【交战国】 jiāozhànguó युद्धरत देश

【交账】 jiāozhàng ❶हिसाब-किसाब सौंप देना ❷कारण बताना： 如果你考试不及格，我如何向你父母～? अगर तुम परीक्षा में फ़ेल हो गए, तो तुम्हारे मां-बाप से क्या कहूं?

【交织】 jiāozhī गूंथना; गूंधना; गूथना; गुथना： 棉麻～ कपास को जूट से गूंथना / 各种问题～在一起。तरह तरह की समस्याएं एक दूसरी से गुथी हुई हैं।

郊

jiāo उपनगर; बहिर्भाग; उपनगरीय： 京～ पेइचिंग के उपनगर / 东～ पूर्वी उपनगर

【郊区】 jiāoqū उपनगर; बहिर्भाग; उपनगरीय डिस्ट्रिक्ट

【郊外】 jiāowài शहर के बहिर्भाग; शहर के आसपास का ग्रामीण क्षेत्र

【郊游】 jiāoyóu सैर; सैर-सपाटा; भ्रमण; सैर (सैर-सपाटा, भ्रमण) करना

茭

jiāo <लि०> सूखी घास (चारा)

【茭白】 jiāobái <वन०> वाइल्ड राइस स्टेम

浇 1

（澆） jiāo ❶(पानी) उड़ेलना; छिड़कना; छींट फेंकना; भिगोना; भीगना; तर करना (होना)： ～水 पानी डालना / 他被雨～得全身都湿透了。वह वर्षा में भीग गया। ❷सिंचाई; सिंचित; सिंचाई करना; सिंचित करना; सींचना; सिंचना; पानी देना： ～花 फूलों को पानी देना / ～地 खेतों की सिंचाई करना; खेत सींचना ❸ढलाई; ढालना： ～铅字 टाइप ढालना / 浇铸

浇[2]（澆） jiāo <लि०> रुखाई; निर्दयता

【浇版】 jiāobǎn <मुद्रण०> ढलाई; कास्टिंग

【浇薄】 jiāobó <लि०> रुखाई; निर्दयता; रुखा; निर्दय: 世情～。लोकाचार रुखा है।

【浇灌】 jiāoguàn ❶सिंचाई करना; सींचना; पानी देना ❷सांचे में भरना: ～混凝土 कंकरीट भरना

【浇冷水】 jiāo lěngshuǐ हतोत्साहित करना; पस्त-हिम्मत करना; निरुत्साह करना

【浇头】 jiāotou <बो०> चावल या नूडल्स पर डाला जाने वाला गोश्त या साग का शोरबा

【浇注】 jiāozhù पिघली हुई धातु, सीमेंट आदि को सांचे में भरना

【浇筑】 jiāozhù कंकरीट आदि को सांचे में भरना

【浇铸】 jiāozhù ढलाई; ढालना

娇（嬌） jiāo ❶सुकुमारता; कोमलता; मनोहरता; रमणीयता; सुन्दरता; नज़ाकत; सुकुमार; कोमल; मनोहर; रमणीय; सुंदर; नाज़ुक: 嫩红～绿 कोमल फूल और सुकुमार पत्ते / 江山如此多～。यह भूमि कितनी रमणीय है। / 娇娆 ❷नकचढ़ा; तुनकमिज़ाज; चिड़चिड़ा; नकचढ़ापन; तुनकमिज़ाजी; चिड़चिड़ाहट: 这孩子太～，稍不如意就发脾气。यह लड़का बहुत नकचढ़ा है। ज़रा-सी बात पर बिगड़ जाता है। ❸अधिक प्यार से बिगाड़ना; दुर्ललित करना (होना); बिगड़ना: ～坏了孩子 बच्चे को अधिक प्यार से बिगाड़ देना

【娇嗔】 jiāochēn नखरेबाज़ी; चोंचलेबाज़ी; नखरा; चोंचला; नखरेबाज़; चोंचलेबाज़; नखरा करना; चोंचला करना; नखरेबाज़ी करना; चोंचलेबाज़ी करना

【娇宠】 jiāochǒng लाड़-प्यार; दुलार; लाड़-प्यार करना; दुलारना

【娇滴滴】 jiāodīdī सुकुमारतापूर्ण; मृदु; मीठा; मधुर: ～地说 मीठी-मीठी आवाज़ में बोलना

【娇儿】 jiāo'ér लाड़ला बच्चा

【娇惯】 jiāoguàn अधिक लाड़-प्यार से आदत खराब करना; लाड़-प्यार से बिगाड़ देना; बिगड़ैल होना

【娇贵】 jiāogui ❶नाज़ुक; कोमल: 这点雨也怕，身子就太～了。इतनी सी वर्षा से भी डरते हो। तुम तो बहुत नाज़ुकबदन हो। ❷नाज़ुक; सूक्ष्म: 这东西～，要轻拿轻放。यह चीज़ बहुत नाज़ुक है। इसे सावधानी से उठाओ।

【娇客】 jiāokè ❶दामाद ❷सिरचढ़ा; नकचढ़ा

【娇媚】 jiāomèi नखरा; चोचला; नखरा करना; चोचला करना

【娇嫩】 jiāonèn सुकुमारता; कोमलता; सुकुमार; कोमल: ～的鲜花 कोमल फूल / 身子～ शरीर कोमल होना

【娇娘】 jiāoniáng लावण्यवती युवती

【娇女】 jiāonǚ दुलारी बेटी

【娇妻】 jiāoqī प्रिया; प्यारी युवा पत्नी

【娇气】 jiāoqì ❶चीज़, फूल आदि का नाज़ुक होना; कोमल होना ❷नाज़ुकदिमाग; नाज़ुकमिज़ाज; नाज़ुकदिमागी; नाज़ुकमिज़ाजी

【娇娆】 jiāoráo <लि०> लुभावना; लुभावनी

【娇柔】 jiāoróu कोमल और संकोची

【娇生惯养】 jiāoshēng-guànyǎng सिर चढ़ाना; दुलारना; दुर्ललित होना; सिरचढ़ा होना : 他从小～，脾气不好。वह दुर्ललित था। आदत बिगड़ गयी थी।

【娇娃】 jiāowá ❶प्यारी लड़की ❷<बो०> दुर्ललित लड़का-लड़की

【娇小】 jiāoxiǎo सुकुमार; नाज़ुकबदन; कोमलांग: ～的女孩子 सुकुमारी / ～的花朵 सुकुमार फूल

【娇小玲珑】 jiāoxiǎo-línglóng सुन्दर व कोमल; कोमलांग व प्यारा

【娇羞】 jiāoxiū लज्जालु; लज्जाशील; लजीला; संकोची; शर्मीला

【娇艳】 jiāoyàn सुकुमार और सुन्दर

【娇养】 jiāoyǎng बहुत लाड़-प्यार से आदत बिगाड़ना; लाड़-प्यार से खराब कर देना

【娇纵】 jiāozòng लाड़-प्यार से खराब कर देना; गुस्ताख बना देना

姣 jiāo <लि०> खूबसूरत; सुन्दर; रूपवान

【姣好】 jiāohǎo <लि०> खूबसूरत; रूपवती

骄（驕） jiāo ❶गर्व; घमंड; अहंकार; अभिमान: 骄傲 ❷<साहि०> भीषण; प्रचंड: 骄阳

【骄傲】 jiāo'ào ❶गर्व; घमंड; अहंकार; अभिमान; गर्वित; घमंडी; गर्वीला; दिमाग सातवें आसमान पर होना ❷गौरव; गौरवान्वित; गौरव होना; गौरवान्वित होना: 为您的成就感到～。आपकी उपलब्धियों पर हम गौरव महसूस करते हैं। ❸आत्मगौरव; आत्माभिमान: 民族的～ राष्ट्र का आत्मगौरव

【骄傲自大】 jiāo'ào zìdà अहंकार होना; अहंकारी होना; दिमाग आसमान पर होना; दिमाग सातवें आसमान पर होना

【骄傲自满】 jiāo'ào zìmǎn घमंड व आत्मसंतोष; घमंडी व आत्मसंतुष्ट

【骄兵必败】 jiāobīng-bìbài घमंडी सेना का हार जाना तय होता है

【骄横】 jiāohèng उद्धत; दबंग; अक्खड़

【骄横跋扈】 jiāohèng-báhù हेकड़ी और उद्धतता; हेकड़ और उद्धत

【骄矜】 jiāojīn <लि०> स्वाभिमान; अहंकार; स्वाभिमानी; अहंकारी

【骄慢】 jiāomàn अहंकार; अहंकारी

【骄气】 jiāoqì घमंड; अक्खड़पन; हेकड़ी

【骄人】 jiāorén गौरवपूर्ण; गौरवान्वित: ～的成绩 गौरवपूर्ण उपलब्धि

【骄奢淫逸】 jiāoshē-yínyì भोग-विलास; ऐशो-आराम; भोगी; विषयासक्त

【骄阳】 jiāoyáng <लि०> तपती धूप; चिलचिलाती धूप: ～似火 आग बरसना

【骄躁】 jiāozào घमंड और उतावली; घमंडी और उतावला

【骄子】 jiāozǐ सुपुत्र; सपूत

【骄纵】 jiāozòng घमंड एवं ज़िद्द; घमंडी एवं ज़िद्दी

胶（膠） jiāo ❶सरेश; सरेस; गोंद ❷सरेस से चिपकाना; गोंद से चिपकाना ❸चिपचिपा; लसदार ❹रबड़; रबर

【胶版】 jiāobǎn आफ़सेट प्लेट

【胶版印刷】 jiāobǎn yìnshuā आफ़सेट प्रिंटिंग०

【胶版纸】 jiāobǎnzhǐ आफ़सेट पेपर

【胶布】 jiāobù ❶रबराइज़्ड फ़ैब्रिक ❷〈बोल०〉 रबर बैंड

【胶带】 jiāodài टेप

【胶合】 jiāohé सरेस से चिपकाना

【胶合板】 jiāohébǎn प्लेवूड; विनियर बोर्ड

【胶接】 jiāojiē सरेस से चिपकाया हुआ

【胶卷】 jiāojuǎn फ़िल्म; रोल-फ़िल्म

【胶木】 jiāomù बेकेलाइट

【胶囊】 jiāonáng कैपसूल

【胶泥】 jiāoní चिकनी मिट्टी

【胶皮】 jiāopí ❶रबर ❷〈बो०〉 रिक्शा

【胶片】 jiāopiàn फ़िल्मः 缩微～ माइक्रोफ़िशे

【胶乳】 jiāorǔ 〈रसा०〉 वनस्पति-दूध; वल्कनित क्षीर

【胶水】 jiāoshuǐ गोंद; लासा; चेप

【胶鞋】 jiāoxié रबर का जूता

【胶靴】 jiāoxuē रबर का ऊंचा जूता

【胶印】 jiāoyìn 胶版印刷 jiāobǎn yìnshuā का संक्षिप्त रूप

【胶柱鼓瑟】 jiāozhù-gǔsè 'स'（瑟）नाम का वह तंतुवाद्य बजाना जिसकी सभी खूटियां सरेस से चिपकी हों —— लीक पीटना; लीक पर चलना

【胶着】 jiāozhuó गतिरोध; जिच; गतिरोध उत्पन्न करना (लाना); जिच में पड़ना; गतिरोध में पड़ना

教 jiāo सिखाना; पढ़ाना; शिक्षा देना; अध्यापन करना jiào भी दे०

【教书】 jiāoshū पढ़ाना; सिखानाः 她在中学里～。वह मिडिल स्कूल में पढ़ाती है।

【教书匠】 jiāoshūjiàng 〈अना०〉 पढ़ानेवाला; पढ़ानेवाली

【教书先生】 jiāoshū xiānsheng गुरु; अध्यापक

【教学】 jiāoxué पढ़ाना; सिखाना jiàoxué भी दे०

椒 jiāo मिर्च जैसे कटु, तीक्ष्ण स्वाद वाले पौधों में से कोई एकः 辣椒 làjiāo / 胡椒 hújiāo / 花椒 huājiāo

【椒盐】 jiāoyán मसालेदार नमक; भुनी हुई मिर्च का चूर्ण मिला नमक

蛟 jiāo 蛟龙 के समान

【蛟龙】 jiāolóng जलप्लावन ड्रैगन, एक कल्पित जीव, जो आंधी-पानी उठाकर बाढ़ उत्पन्न कर सकता है

焦 jiāo ❶जलना; झुलसनाः 饼烤～了。रोटी जल गई। / 树烧～了。पेड़ जल कर झुलस गया। ❷कोकः 焦炭 ❸चिन्ता; फ़िक्र; चिंतितः 焦急 ❹（Jiāo）एक कुलनाम

【焦愁】 jiāochóu चिन्ता; फ़िक्र; चिंतित; चिंताकुल; उद्विग्न

【焦点】 jiāodiǎn ❶〈भौ०〉 फ़ोकस; फ़ोकल प्वाइंट ❷केन्द्र; विषय; सारः ～的～ वाद-विवाद का विषय

【焦耳】 jiāo'ěr 〈भौ०〉 जूल

【焦黑】 jiāohēi झुलस जाने पर पड़ा हुआ स्याह रंग

【焦化】 jiāohuà 〈रसा०〉 कोकिंग

【焦黄】 jiāohuáng पीला; भूरा; बादामीः 面色～ चेहरा पीला पड़ना / ～的豆荚 भूरे रंग की फलियां

【焦急】 jiāojí चिन्ता; फ़िक्र; चिंतित; चिंतातुर; उद्विग्न; परेशान; चिंता करना (होना); फ़िक्र करना (होना); चिंतित (चिंतातुर, उद्विग्न, परेशान) होना; तड़पनाः 母亲得知儿子生病的消息，万分～。अपने बेटे के बीमार पड़ने की खबर सुनकर मां चिंतातुर हो उठीं। / 他～地等着与她会面。वह उससे मिलने के लिये तड़प रहा है।

【焦距】 jiāojù 〈भौ०〉 फ़ोकल डिस्टेंस; फ़ोकल लेंथ

【焦渴】 jiāokě प्यासा मर जाना; पानी के लिये तरसना

【焦枯】 jiāokū सूखना; कुम्हलाना; झुलसनाः 禾苗～。धान के पौधे झुलस गये।

【焦雷】 jiāoléi वज्रघोष; बिजली की कड़क

【焦虑】 jiāolǜ चिंतित होना; चिंता होना; फ़िक्र होना

【焦煤】 jiāoméi कोकिंग कोल

【焦炭】 jiāotàn कोक

【焦头烂额】 jiāotóu-làn'é सिर पर आरे चलनाः 最近事情太多，搞得我～。आजकल इतने सारे काम करने पड़े कि समझो, सिर पर आरे चले।

【焦土】 jiāotǔ झुलसी हुई भूमि —— (युद्ध से होने वाला) सर्वध्वंस

【焦土政策】 jiāotǔ zhèngcè घर फूंक नीति

【焦心】 jiāoxīn 〈बो〉 बुरी तरह चिंतित होना

【焦油】 jiāoyóu 〈रसा०〉 टार

【焦躁】 jiāozào अधैर्य; अधीरता; आतुरता; बेसब्री; अधीर; आतुर; बेसब्र

【焦炙】 jiāozhì बेचैनी होना; बेचैन होना; दिल फट जाना

【焦灼】 jiāozhuó 〈लि०〉 व्यग्रता; व्याकुलता; व्यग्र; व्याकुल

鲛（鮫） jiāo शार्क

蕉 jiāo चौड़े पत्तों वाले पौधों में से कोई एकः 香蕉 xiāngjiāo / 美人蕉 měirénjiāo

【蕉农】 jiāonóng केला उगानेवाला किसान

礁 jiāo जलशैल; समुद्री चट्टान

【礁石】 jiāoshí समुद्री चट्टान; चट्टान

jiáo

矫（矯） jiáo नीचे दे०
jiǎo भी दे०

【矫情】 jiáoqing 〈बो〉 झगड़ालू; कलहप्रिय; विवादी
jiǎoqíng भी दे०

嚼 jiáo चबाना
jiào; jué भी दे०

【嚼裹儿】 jiáoguor 〈बो०〉 缴裹儿 jiǎoguor के समान

【嚼舌】 jiáoshé（嚼舌头 jiáoshétou，嚼舌根 jiáoshégēn भी）❶ज़बान चलाना; भला-बुरा कहना; खरी-खोटी कहना ❷टंटा मचाना; झगड़ा करना; कलह करना; लड़ना-झगड़ना： 没时间跟你～。तुम से लड़ने-झगड़ने की फ़ुरसत नहीं।

【嚼烟】 jiáoyān खैनी; सुरती

【嚼用】 jiáoyong 〈बो०〉 जीवन-खर्च

【嚼子】 jiáozi लगाम की मुखरी; मोहरी

jiǎo

角[1] jiǎo ❶सींग; श्रंग： 鹿～ हिरन के सींग ❷बिगुल; हार्न ❸सींग के आकार की वस्तु： 菱～ सिंघाड़ा ❹केप; अंतरीप： 佛得～ केप वर्डे ❺कोना; नुक्कड़; मोड़： 墙～ कोना / 拐～ सड़क का नुक्कड़ ❻〈गणित०〉 कोण： 直～ पूरा कोण ❼〈परि०श०〉 एक चौथाई ： 一～饼 एक चौथाई रोटी ❽चित्रा (28 नक्षत्रों में से एक)

角[2] jiǎo च्याओ, चीनी मुद्रा की एक इकाई, जो दस फ़न या एक य्वान के दसवें भाग के बराबर होती है

角[3] jiǎo 饺 jiǎo के समान
jué भी दे०

【角暗里】 jiǎo'ànlǐ 〈बो०〉 कोने में; दूरस्थ स्थान में

【角尺】 jiǎochǐ ऐंगल स्क्वेयर

【角度】 jiǎodù ❶〈गणित०〉 कोण ❷दृष्टिकोण; कोण： 从不同的～看问题 विभिन्न दृष्टिकोणों से मसले पर विचार-विनिमय करना

【角钢】 jiǎogāng ऐंगल आयरन

【角楼】 jiǎolóu चारदीवारी के कोने में स्थित गरगज; बुर्ज; कंगूरा

【角落】 jiǎoluò कोना： 在院子的～里 प्रांगण के कोने में / 查遍每一个～ हर कोना छान मारना / 喜讯传遍祖国的各个～。यह खुशखबरी देश के कोने-कोने तक पहुंच गयी।

【角马】 jiǎomǎ नू, बैल जैसा मृगविशेष

【角门】 jiǎomén बग़ल का दरवाज़ा

【角膜】 jiǎomó 〈श०वि०〉 कनीनिका

【角膜混浊】 jiǎomó húnzhuó कनीनिका की अपारदर्शिता

【角膜炎】 jiǎomóyán पुतली की सूजन

【角膜移植术】 jiǎomó yízhíshù कनीनिका प्रतिरोपण

【角票】 jiǎopiào 〈बोल०〉 एक, दो या पांच च्याओ（角）के अंकित मूल्य वाला नोट

【角球】 jiǎoqiú 〈फ़ुटबाल〉 कोर्नर (किक)

【角速度】 jiǎosùdù 〈भौ०〉 कोणीय वेग

【角质】 jiǎozhì 〈जीव०〉 बाह्य त्वचा; 〈वन०〉 छाल

【角子】 jiǎozi 〈बो०〉 चांदी का सिक्का

侥（僥） jiǎo नीचे दे०
yáo भी दे०

【侥幸】 jiǎoxìng संयोग; इत्तफ़ाक; संयोगवश; इत्तफ़ाक से： ～获胜 संयोगवश जीत हासिल करना / ～心理 संयोग पर निर्भर करने का विचार

佼 jiǎo 〈लि०〉 सुन्दर; रूपवान; खूबसूरत

【佼佼】 jiǎojiǎo 〈लि०〉 श्रेष्ठ; असाधारण; बढ़िया： ～者 श्रेष्ठ व्यक्ति

狡 jiǎo धूर्तता; चालाकी; धूर्त; चालाक

【狡辩】 jiǎobiàn वाक्छल; कुतर्क; वितंडा： ～掩盖不了事实。वाक्छल से तथ्य पर पर्दा नहीं डाला जा सकता।

【狡猾】 jiǎohuá धूर्तता; चालाकी; प्रपंच; धूर्त; चालाक

【狡计】 jiǎojì चाल; छल

【狡狯】 jiǎokuài 〈लि०〉 धोखेबाज़ी; धूर्तता; धोखेबाज़; धूर्त

【狡赖】 jiǎolài (वाक्छल से) अस्वीकार करना： 百般～ (किसी बात को) अस्वीकार करने की हरचन्द कोशिश करना

【狡兔三窟】 jiǎotù-sānkū एक चालाक खरगोश के तीन बिल होते हैं —— धूर्त व्यक्ति के पास छिपने की एक से अधिक जगहें होती हैं

【狡黠】 jiǎoxiá 〈लि०〉 चालाकी; धूर्तता; चालाक; धूर्त

【狡诈】 jiǎozhà धोखेबाज़ी; कपट; धोखेबाज़; कपटी

饺（餃） jiǎo डम्पलिंग; च्याओत्स; चीनी समोसा： 水～ पानी में उबालकर पकाया गया समोसा

【饺子】 jiǎozi चीनी समोसा; च्याओत्स (जिस में मांस और साग भरा जाता है)

绞（絞） jiǎo ❶बटना; गूंथना; उलझाना; उलझना： 把线～成绳 धागों को बटकर रस्सी बनाना / 许多问题都～在一起了。अनेक समस्याएं एक दूसरे से उलझ गयी हैं। ❷ऐंठना; मरोड़ना; निचोड़ना： ～干衣服 कपड़ा निचोड़ना / ～尽脑汁 दिमाग खाली करना ❸गले में फांसी लगाना; फांसी चढ़ाना： 绞架 ❹घुमाना： ～辘轳 चर्खी घुमाना ❺〈यां०〉 छेद करना; बेधन करना： ～孔 छेद करना ❻〈परि०श०〉 लच्छा; अंटी： 一～毛线 एक लच्छा ऊन

【绞肠痧】 jiǎochángshā <ची०चि०> शुष्क हैज़ा
【绞车】 jiǎochē विंडलास
【绞刀】 jiǎodāo <यां०> रीमर
【绞架】 jiǎojià टिकटिकी; टिकठी; फांसी का तख़्ता
【绞脑汁】 jiǎo nǎozhī दिमाग खपाना; दिमाग खाली करना
【绞盘】 jiǎopán कैपस्टन; ढोलचर्खी
【绞肉机】 jiǎoròujī मीट मींसर; कीमा बनाने की मशीन
【绞杀】 jiǎoshā गला घोंटना; गला घोंटकर मारना
【绞索】 jiǎosuǒ फंदा; फांसी
【绞刑】 jiǎoxíng फांसी चढ़ाना; फांसी देना; फांसी की सज़ा देना

铰(鉸) jiǎo ❶कैंची से काटना; कैंची करना; कतरना: 用剪子～ कैंची से काटना ❷绞 jiǎo❹ के समान ❸कब्ज़ा: 铰接
【铰接】 jiǎojiē <यां०> कब्ज़े से जोड़ना
【铰链】 jiǎoliàn कब्ज़ा

矫[1] (矯) jiǎo ठीक करना; दुरुस्त करना; सही करना; सुधारना

矫[2] (矯) jiǎo बलवान्; ताकतवर; साहसी; बहादुर: 矫健

矫[3] (矯) jiǎo बहाना करना; स्वांग करना; ढोंग करना: ～命 झूठा आदेश देना
jiáo भी दे०
【矫健】 jiǎojiàn तेजस्विता; सशक्तता; प्रबलता; तेजस्वी; सशक्त; प्रबल; हट्टा-कट्टा: 身手～ हट्टा-कट्टा होना / ～的步伐 सशक्त कदम
【矫捷】 jiǎojié तेज़ी; चुस्ती; फुरती; तेज़; चुस्त; फुरतीला
【矫情】 jiǎoqíng <लि०> परंपरा से हटने का स्वांग करना
jiáoqing भी दे०
【矫揉造作】 jiǎoróu-zàozuò कृत्रिमता; बनावट; दिखावा; आडम्बर; अस्वाभाविकता
【矫饰】 jiǎoshì कोई बात छिपाने के लिये दिखावा करना; ढोंग करना
【矫枉过正】 jiǎowǎng-guòzhèng गलती को दुरुस्त करने के लिये उचित सीमा का उल्लंघन करना; गलती सुधारने के लिये अति करना
【矫形】 jiǎoxíng विकलांग चिकित्सा
【矫形外科】 jiǎoxíng wàikē विकलांग सर्जरी
【矫正】 jiǎozhèng ठीक करना; सही करना; दुरुस्त करना; सुधारना: ～口吃 हकलाहट दुरुस्त करना / ～发音 उच्चारण ठीक करना / ～偏差 भूल-चूक सुधारना

皎 jiǎo उजला: ～月 उजला चांद
【皎皎】 jiǎojiǎo उजला
【皎洁】 jiǎojié उजला (चांदनी)

脚(腳) jiǎo ❶पांव; पैर; पद; पाद; चरण; पग; कदम ❷पाद; तल: 墙～ दीवार का तल / 山～ पहाड़ी का तल
【脚板】 jiǎobǎn <बो०> तलवा
【脚背】 jiǎobèi पाद की कमान; टखने और अंगुलियों के बीच पैर का ऊपरी भाग
【脚本】 jiǎoběn पटकथा: 电影～ फ़िल्मी पटकथा
【脚脖子】 jiǎobózi <बो०> चरणपर्व; गुल्फ़; टखना
【脚步】 jiǎobù कदम; डग; पग: ～声 पांवों की आहट; पद-ध्वनि; चाप / 加快～ कदम तेज़ करना / ～大 लम्बा डग
【脚踩两只船】 jiǎo cǎi liǎng zhī chuán (脚踏两只船 jiǎo tà liǎng zhī chuán भी) दो नावों पर पैर रखना; दो नावों पर चढ़ना; दो घोड़ों पर सवार होना
【脚灯】 jiǎodēng <नाट०> फ़ुटलाइट; पाददीप
【脚蹬子】 jiǎodēngzi पैडल
【脚底】 jiǎodǐ तलवा
【脚夫】 jiǎofū ❶पोर्टर; भारिक; कुली ❷वह व्यक्ति, जो अपना गधा या घोड़ा सवारी के लिए भाड़े पर देता हो और स्वयं उस के साथ पैदल चलता हो
【脚杆】 jiǎogǎn <बो०> टांग
【脚跟】 jiǎogēn (脚根 jiǎogēn भी) एड़ी; एड़
【脚行】 jiǎoháng <पुराना> बोझ ढोने का धंधा
【脚后跟】 jiǎohòugen एड़ी; एड़
【脚迹】 jiǎojì पदचिन्ह; चरणचिन्ह; पैर का निशान
【脚尖】 jiǎojiān पंजा: 踮着～走路 पंजों के बल चलना
【脚劲】 jiǎojìn <बो०> टांगों में शक्ति (होना)
【脚扣】 jiǎokòu (स्तंभ पर चढ़ने के लिये) फ़ुट क्लास्प
【脚力】 jiǎolì ❶टांगों की शक्ति ❷<पुराना> भारिक ❸<पुराना> भारिक की मज़दूरी
【脚镣】 jiǎoliào बेड़ी; ज़ंजीर
【脚炉】 jiǎolú फ़ुट स्टोव; पैरों को गरम करने की वस्तु
【脚门】 jiǎomén 角门 jiǎomén के समान
【脚面】 jiǎomiàn पाद की कमान
【脚盆】 jiǎopén पैर धोने के काम आने वाली चिलमची
【脚蹼】 jiǎopǔ फ़्लिपर्स
【脚气】 jiǎoqì ❶<चिकि०> बेरीबेरी ❷<बोल०> पांव में दद्रु या दाद
【脚钱】 jiǎoqián <पुराना> भारिक की मज़दूरी
【脚手架】 jiǎoshǒujià पाइट; पाड़: 搭～ पाड़ बांधना
【脚踏车】 jiǎotàchē <बो०> बाइसिकल
【脚踏实地】 jiǎotàshídì अपने पैर ज़मीन पर रखना: 一个人做事要～。 किसी को भी अपने पैर ज़मीन पर रखकर काम करना चाहिये।
【脚腕子】 jiǎowànzi (脚腕儿 jiǎowànr भी) टखना
【脚下】 jiǎoxià ❶पैरों तले ❷<बो०> अभी; इस क्षण ❸<बो०> के निकट होना
【脚心】 jiǎoxīn तलवा
【脚癣】 jiǎoxuǎn पांव में दद्रु या दाद
【脚丫子】 jiǎoyāzi (脚鸭子 jiǎoyāzi भी) <बो०> पैर; पांव
【脚印】 jiǎoyìn पदचिन्ह; चरणचिन्ह; पैर का निशान

【脚掌】 jiǎozhǎng तलवा; पदतल
【脚爪】 jiǎozhǎo <बो०> पंजा; चंगुल
【脚指甲】 jiǎozhǐjia नख; नाखून
【脚指头】 jiǎozhǐtou उंगली; अंगुली
【脚趾】 jiǎozhǐ उंगली; अंगुली
【脚注】 jiǎozhù पादटीका; पादटिप्पणी; फ़ुटनोट
【脚镯】 jiǎozhuó पांव में पहना जाने वाला कड़ा

搅（攪）jiǎo ❶हिलाना; मथना; घंघोलना; मिलाना: 搅拌 / 搅动 ❷परेशान करना; तंग करना; हैरान करना: 搅扰

【搅拌】 jiǎobàn मिलाना: 把农药和种子～在一起 कीटनाशक दवा में बीज मिलाना
【搅拌机】 jiǎobànjī मिक्सर; मिश्रण यंत्र
【搅拌器】 jiǎobànqì ऐजिटेटर; फेंटनेवाली मशीन
【搅动】 jiǎodòng ❶हिलाना; मिलाना; मिश्रण तैयार करना ❷परेशान करना; हैरान करना; तंग करना
【搅浑】 jiǎohún हिलाकर गंदला करना: 把水～ पानी को हिल-हिलाकर गंदला करना —— जानबूझकर अव्यवस्था उत्पन्न करना
【搅混】 jiǎohun <बो०> मिलना; मिलाना: 歌声和笑声～成一片。गीतों और कहकहों की आवाज़ें एक साथ मिली हुई सुनाई दीं।
【搅和】 jiǎohuo <बो०>❶मिलाना; मिश्रित करना; मिलना; मिश्रित होना: 惊奇和喜悦的心情～在一起 आश्चर्य और प्रसन्नता मिश्रित भाव उभरना ❷गड़बड़ करना; अस्तव्यस्त करना: 他把事情～得一团糟。उसने सब कुछ अस्तव्यस्त कर डाला।
【搅局】 jiǎojú योजना अस्तव्यस्त कर देना
【搅乱】 jiǎoluàn गड़बड़ करना; अव्यवस्था (अव्यवस्थित) करना; अस्तव्यस्तता (अस्तव्यस्त) करना; उद्वेग (उद्विग्न) करना: ～人心 लोगों में उद्वेग उत्पन्न करना / ～会场 सभागार में अव्यवस्था करना
【搅扰】 jiǎorǎo परेशान करना (होना); तंग करना; दिक करना: 你爸爸在写文章，别～他。तुम्हारे पिता जी लेख लिखने में मशगूल हैं। उन्हें तंग न करो।

剿（勦）jiǎo दमन करने के लिये सेना भेजना; शांत करना; कुचलना
chāo भी दे०

【剿除】 jiǎochú सफ़ाया करना; नाश करना
【剿匪】 jiǎofěi डाकुओं का दमन करना
【剿灭】 jiǎomiè सफ़ाया करना; नाश करना

儌 jiǎo नीचे दे०

【儌倖】 jiǎoxìng 侥幸 jiǎoxìng के समान

徼 jiǎo <लि०> प्रार्थना करना; निवेदन करना
jiào भी दे०

【徼倖】 jiǎoxìng 侥幸 jiǎoxìng के समान

缴（繳）jiǎo ❶देना; चुकाना; अदा करना: ～税 कर देना (चुकाना) / ～费 शुल्क देना ❷कब्ज़ा करना; ज़ब्त करना: ～敌人的枪 दुश्मन की बंदूक ज़ब्त करना

【缴裹儿】 jiǎoguor <बो०> जीवन खर्च
【缴获】 jiǎohuò कब्ज़ा करना; ज़ब्त करना: ～大量武器 बड़ी संख्या में हथियारों पर कब्ज़ा करना
【缴纳】 jiǎonà 交纳 jiāonà के समान
【缴销】 jiǎoxiāo निरस्त करने के लिये दे देना: ～执照 निरस्त करने के लिये लाइसेंस दे देना
【缴械】 jiǎoxiè ❶निहत्था करना; निरस्त्र करना: 缴敌人的械 दुश्मन को निहत्था करना ❷हथियार डालना: ～投降 हथियार डालकर आत्मसमर्पण करना

jiào

叫¹（呌）jiào ❶चिल्लाहट; चीख; चीख-पुकार; चिल्लाना; चीखना; चीख मारना; चीख-पुकार करना; बोलना: 他大～一声。उसने चीख मारी। / 蝈蝈儿在～。झींगुर बोल रहे हैं। ❷बुलाना; पुकारना; आवाज़ देना: 楼下有人～您。कोई नीचे से आप को आवाज़ दे रहा है। / 您去～他们到这边来。आप उन्हें यहां बुला लाइये। ❸तय करना; भाड़े पर लेना; आर्डर देना: ～一条船 नाव तय करना / ～出租车 टैक्सी लेना (बुलाना) / ～两个菜 दो व्यंजनों का आर्डर देना ❹नाम होना; कहना; कहकर पुकारना: 大家都～他小王。सभी उसे श्याओ वांग कहकर पुकारते हैं। / 你～什么名字? तुम्हारा क्या नाम है? / 这～手机。इसे मोबाईल फ़ोन कहते हैं। / 这也～电影? क्या इसे भी फ़िल्म कहते हैं? ❺<बो०> नर (पशु-पक्षी): ～驴 गधा / ～鸡 मुर्गा

叫²（呌）jiào ❶कहना; आज्ञा देना; आदेश देना; हुक्म देना: ～他快点过去。उससे वहां जल्द जाने को कहो। / 医生～他按时服药。डॉक्टर ने उसे समय पर दवा लेने का आदेश दिया। ❷देना; इजाज़त देना; अनुमति देना: 他～去，我就去。यदि वह इजाज़त देगा, तो वहां जाऊंगा। / 她姐姐不～她看电视。उसकी बहन ने उसे टी०वी० देखने नहीं दिया। ❸<पूर्व०> (कर्मप्रधान वाक्य में कर्त्ता बताने के लिये प्रयुक्त): 他～人给骗了。वह धोखे में डाला गया। / 她～雨淋了。वह वर्षा में भीग गयी। / 小王～闹钟给闹醒了。श्याओ वांग अलार्म घड़ी की घंटी से जाग गया।

【叫板】¹ jiàobǎn परंपरागत ऑपेरा में (अभिनेता द्वारा) संवाद के अंतिम वाक्य को लयबद्ध किया जाना, ताकि उस का गायन शुरू हो सके
【叫板】² jiàobǎn ललकार; ललकारना; चुनौती देना: 敢于向强手～ अपने से अधिक शक्तिशाली प्रतिद्वंद्वी को ललकारने का साहस करना
【叫喊】 jiàohǎn चिल्लाहट; हल्ला; शोर; चीख; चीख-पुकार; चिल्लाना; हल्ला मचाना; शोर करना; चीखना; चीख मारना; चीख-पुकार करना: 高声～ चीखना
【叫好】 jiào hǎo वाहवाही करना; वाहवाही देना; वाह

करना

【叫号】 jiàohào (इंतज़ार करनेवाले मरीज़, ग्राहक आदि का) नम्बर पुकारना

【叫花子】 jiàohuāzi （叫化子 jiàohuāzi भी）भिखारी; भिखारिन

【叫唤】 jiàohuan ❶चीख; चीख मारना; चीखना： 疼得直～ ज़ोर के दर्द के मारे चीख मारना ❷पशु-पक्षियों का बोलना： 牛在～。गाय रंभा रही है। / 鸟儿在～。पक्षी चहक रहे हैं।

【叫绝】 jiàojué शाबाशी देना; वाह-वाह करना; प्रशंसा करना

【叫苦】 jiàokǔ शिकायत करना; दुखड़ा रोना; खिन्न होना： 他暗暗～。वह मन ही मन खिन्न है। / 工作虽然繁重，但她从不～。कार्य कठोर है, तो भी वह इसकी शिकायत कभी नहीं करती।

【叫苦不迭】 jiàokǔ–bùdié बराबर शिकायतें करना

【叫苦连天】 jiàokǔ–liántiān अपने दुखों की कहानी सुनाना

【叫骂】 jiàomà धिक्कारना; फटकारना

【叫卖】 jiàomài फेरी लगाना： 沿街串巷～ गली-कूचों में फेरी लगाना

【叫门】 jiàomén (अंदर जाने के लिये) दरवाज़े पर आवाज़ देना

【叫名】 jiàomíng ❶नाम ❷〈बो०〉 नाम को; नाम का： 这孩子～十岁，其实刚满九岁。यह बच्चा नाम को तो दस वर्ष का है, लेकिन वास्तव में उसकी उम्र अभी नौ वर्ष ही है।

【叫屈】 jiàoqū फ़रियाद करना; अन्याय की शिकायत करना; दुखड़ा रोना

【叫嚷】 jiàorǎng चिल्लाना; चीखना

【叫嚣】 jiàoxiāo शोर मचाना; होहल्ला करना： 疯狂～ पागलपन के साथ शोर मचाना / 发出战争～ युद्ध के लिये होहल्ला करना

【叫醒】 jiàoxǐng जगाना; सोते से उठाना

【叫阵】 jiàozhèn ललकारना; विपक्ष को लड़ने की चुनौती देना

【叫子】 jiàozi 〈बो०〉 सीटी： 吹～ सीटी बजाना

【叫座】 jiàozuò बॉक्स-आफ़िस पर सफल होना; दर्शकों में धूम मचाना; दर्शकों को अपनी ओर आकर्षित करना： 这部电影很～。यह फ़िल्म बॉक्स-आफ़िस पर बहुत सफल रही।

【叫做】 jiàozuò （叫作 jiàozuò भी）कहलाना; के नाम से जाना जाना： 这种仪器～激光测距仪。यह उपकरण लेसर रेंज फ़ाइंडर कहलाता है।

觉

（覺）jiào नींद; निद्रा： 他一～睡醒了。उसकी नींद टूट गयी।

jué भी दे०

校

jiào ❶जांच करना; प्रूफ़ पढ़ना; शुद्ध करना; सुधारना： 校对 ❷较[1] jiào के समान： 校场

xiào भी दे०

【校场】 jiàochǎng 〈पुराना〉 कवायद का मैदान

【校雠】 jiàochóu 〈लि०〉 校勘 jiàokān के समान

【校点】 jiàodiǎn मूल-पाठ मिलाते हुए जांच करना और विरामचिन्ह लगाना

【校对】 jiàoduì ❶प्रूफ़ पढ़ना ❷प्रूफ़रीडर ❸मापदंड के अनुसार परखना

【校改】 jiàogǎi प्रूफ़ शोधन करना

【校勘】 jiàokān मूल लेख से मिलाना

【校勘学】 jiàokānxué पाठालोचन

【校样】 jiàoyàng प्रूफ़शीट; प्रूफ़

【校阅】 jiàoyuè नज़रसानी करना

【校正】 jiàozhèng प्रूफ़ में अशुद्धियां ठीक करना; सुधारना： ～错字 छापे की गलती ठीक करना

【校准】 jiàozhǔn 〈यां०〉 कैलिब्रेशन

轿

（轎）jiào पालकी; डोली

【轿车】 jiàochē ❶〈पुराना〉 घोड़ा-गाड़ी ❷बस; कार： 小～ कार; मोटर-कार / 大～ बस; कोच

【轿夫】 jiàofū कहार

【轿子】 jiàozi पालकी; डोली

较[1]

（較）jiào ❶तुलना करना： 比较 bǐjiào ❷की तुलना में; के मुकाबले में; से： 他工作～前更为努力。वह पहले से और अधिक मेहनत से काम कर रहा है। ❸अपेक्षाकृत; अधिक; ज़्यादा： ～好 ज़्यादा अच्छा होना / 取得～快的进步 अपेक्षाकृत तेज़ तरक्की करना ❹〈लि०〉 झगड़ा： 计较 jìjiào

较[2]

（較）jiào 〈लि०〉 स्पष्ट; साफ़; उल्लेखनीय： 二者～然不同。दोनों में स्पष्ट फ़र्क है।

【较比】 jiàobǐ 〈क्रि०वि०〉〈बो०〉 अधिक; ज़्यादा： 这间屋子～宽敞。यह कमरा अधिक लम्बा-चौड़ा है।

【较场】 jiàochǎng 校场 jiàochǎng के समान

【较劲】 jiàojìn （叫劲 jiàojìn भी）❶ताकत आज़माना ❷के विरोध में खड़ा होना; अनबन होना： 他这是故意在和我们～。वह ऐसा करके हमारे विरोध में खड़ा होने पर उतारू है। ❸विशेष ज़ोर लगाना： 眼下是农忙季节，正是～的时候。अभी व्यस्त मौसम है। विशेष ज़ोर लगाने का समय है।

【较量】 jiàoliàng ❶ताकत आज़माइश; शक्ति-परीक्षण; प्रतियोगिता： 反复～ बारंबार शक्ति-परीक्षण करना / ～枪法 निशानेबाज़ी प्रतियोगिता करना ❷〈बो०〉 झगड़ा करना; झगड़ना-लड़ना

【较为】 jiàowéi 〈क्रि०वि०〉 अपेक्षाकृत; ज़्यादा; अधिक： 这个方法～稳妥。यह उपाय अधिक समुचित है।

【较真】 jiàozhēn 〈बो०〉（叫真 jiàozhēn भी）गंभीरता; संजीदगी; गंभीर; संजीदा： 他做事～。वह संजीदगी से काम करता है।

【较著】 jiàozhù 〈लि०〉 स्पष्ट; उल्लेखनीय： 彰明～ बहुत स्पष्ट होना

教[1]

jiào ❶शिक्षा; सबक; अध्यापन; शिक्षा देना; सबक सिखाना; अध्यापन करना; सिखाना; पढ़ाना： 教导 / 教

育 ❷धर्म; मत: 佛教 Fójiào / 信～ धर्मावलंबी होना

教[2] jiào 叫[2] jiào के समान
jiāo भी दे०

【教案】[1] jiào'àn अध्यापन की योजना
【教案】[2] jiào'àn 〈इति०〉 मिशनरी मामला (विदेशी मिशनरियों से संबद्ध)
【教本】 jiàoběn पाठ्यपुस्तक
【教鞭】 jiàobiān (अध्यापक का) दंड; रूल; डंडा
【教程】 jiàochéng पाठ्यक्रम
【教导】 jiàodǎo उपदेश; निर्देश; शिक्षा; सबक; उपदेश देना; निर्देश करना; शिक्षा देना; सबक सिखाना
【教导员】 jiàodǎoyuán (बटालियन का) राजनीतिक निर्देशक
【教范】 jiàofàn 〈सैन्य〉 नियम-पुस्तिका: 射击～ निशानेबाज़ी नियम-पुस्तिका
【教父】 jiàofù धर्मपिता; धर्मबाप
【教改】 jiàogǎi 教育改革 का संक्षिप्त रूप
【教工】 jiàogōng (स्कूल के) अध्यापक और प्रबंधक कर्मचारी
【教官】 jiàoguān 〈सैन्य〉 कवायद प्रशिक्षक
【教规】 jiàoguī धार्मिक अनुशासन संबंधी नियम; विनय
【教化】 jiàohuà 〈लि०〉 प्रबुद्ध करना
【教皇】 jiàohuáng पोप
【教会】 jiàohuì (ईसाई) चर्च
【教会学校】 jiàohuì xuéxiào मिशनरी स्कूल
【教诲】 jiàohuì 〈लि०〉 शिक्षा; उपदेश; शिक्षा देना; उपदेश देना: 谆谆～ गांभीर्यपूर्ण उपदेश (देना)
【教具】 jiàojù शिक्षा-साधन
【教科书】 jiàokēshū पाठ्यपुस्तक
【教练】 jiàoliàn ❶ट्रेनिंग; प्रशिक्षण; अभ्यास; ट्रेनिंग देना; प्रशिक्षण देना; प्रशिक्षित करना; अभ्यास कराना ❷कोच; प्रशिक्षक: 篮球～ बास्केटबाल कोच / 主～ हेड कोच
【教练机】 jiàoliànjī ट्रेनर एयरक्राफ़्ट
【教练员】 jiàoliànyuán कोच; प्रशिक्षक
【教龄】 jiàolíng अध्यापक के अध्यापन कार्य के वर्ष; अध्यापक की सेवावधि
【教门】 jiàomén ❶〈बोल〉 इस्लामी धर्म ❷संप्रदाय
【教母】 jiàomǔ धर्ममाता
【教派】 jiàopài संप्रदाय; पंथ
【教区】 jiàoqū पौरिश; पादरी का इलाका; बिशप क्षेत्र
【教师】 jiàoshī अध्यापक; अध्यापिका; शिक्षक
【教士】 jiàoshì पादरी; क्रिश्चियन मिशनरी; ईसाई धर्म-प्रचारक
【教室】 jiàoshì क्लासरूम; कक्षा
【教授】 jiàoshòu ❶प्रोफ़ेसर ❷पढ़ाना; सिखाना; शिक्षा देना: ～地理 भूगोलशास्त्र पढ़ाना
【教唆】 jiàosuō उकसावा; भड़काव; उकसाना; भड़काना; उभाड़ना; उकसावा देना; भड़काव देना: ～他人犯罪 दूसरे को अपराध करने के लिये उकसावा देना / ～犯 उकसानेवाला
【教堂】 jiàotáng चर्च; गिरजा; गिरजाघर
【教条】 jiàotiáo रूढ़ि; सिद्धान्त; मत
【教条主义】 jiàotiáo zhǔyì रूढ़िवाद; अंध-परंपरा: ～者 रूढ़िवादी
【教廷】 jiàotíng वेटिकन
【教头】 jiàotóu ❶〈पुराना〉 प्रमुख सैनिक प्रशिक्षक ❷〈बोल०〉 कोच; प्रशिक्षक
【教徒】 jiàotú किसी धर्म का अनुयायी
【教务】 jiàowù शैक्षणिक प्रशासन
【教务处】 jiàowùchù डीन्स आफ़िस
【教务长】 jiàowùzhǎng डीन आफ़ स्टडीज़
【教习】 jiàoxí 〈पुराना〉 शिक्षक; गुरु
【教学】 jiàoxué पढ़ाई; शिक्षा
jiāoxué भी दे०
【教学大纲】 jiàoxué dàgāng पाठ्यक्रम
【教学法】 jiàoxuéfǎ शिक्षा-विधि; शिक्षा-प्रणाली
【教训】 jiàoxùn ❶सबक; सीख: 记取～ सबक (सीख) लेना / 给以～ सबक सिखाना (देना) ❷डांटना; घुड़कियां सुनाना; सीख देना: 他狠狠地～了儿子一顿。उसने अपने बेटे को खूब डांटा।
【教研室】 jiàoyánshì पढ़ाई और अध्ययन विभाग
【教研组】 jiàoyánzǔ पढ़ाई और अध्ययन दल
【教养】 jiàoyǎng ❶पालन-पोषण करना; परवरिश करना; पढ़ाना-सिखाना: ～子女 संतानों की परवरिश करना ❷शिष्टाचार; शिष्टता; सदाचार; शिष्ट; सुशिक्षित; सदाचारी; सुसंस्कृत: 他是个有～的人。यह एक शिष्ट व्यक्ति है। / 他没～。वह एक धृष्ट आदमी है।
【教养员】 jiàoyǎngyuán किंडरगार्टन टीचर
【教义】 jiàoyì धर्मोपदेश
【教益】 jiàoyì 〈लि०〉 प्रबोध; ज्ञानोदय: 得到～ से प्रबुद्ध होना
【教友】 jiàoyǒu चर्च का सदस्य
【教育】 jiàoyù ❶शिक्षा: 技术～ तकनीकी शिक्षा / 职业～ व्यावसायिक शिक्षा / 初（中、高）等～ प्राथमिक (माध्यमिक, उच्च) शिक्षा / 普及～ शिक्षा का प्रचार (प्रसार) करना / 受～ शिक्षा पाना (लेना) / 远程～ दूर शिक्षा पद्धति / 成人～ प्रौढ़ शिक्षा ❷सिखाना; शिक्षा देना: ～孩子要保护环境 बच्चों को पर्यावरण संरक्षण की शिक्षा देना / 这部电影有～意义。यह फ़िल्म शिक्षाप्रद रही।
【教育程度】 jiàoyù chéngdù शिक्षा का स्तर
【教育方针】 jiàoyù fāngzhēn शिक्षा नीति
【教育改革】 jiàoyù gǎigé शिक्षा सुधार
【教育家】 jiàoyùjiā शिक्षाविद्; शिक्षक
【教育心理学】 jiàoyù xīnlǐxué शैक्षणिक मनोविज्ञान
【教育学】 jiàoyùxué शिक्षण-विज्ञान; शिक्षा-विज्ञान
【教育制度】 jiàoyù zhìdù शिक्षा व्यवस्था
【教员】 jiàoyuán अध्यापक; प्राध्यापक; शिक्षक
【教长】 jiàozhǎng 〈धर्म〉 इमाम (मुसलमान); डीन (ईसाई)
【教正】 jiàozhèng 〈लि०〉 विवेचन; विवेचन करना
【教职员】 jiàozhíyuán अध्यापक व कर्मचारी
【教主】 jiàozhǔ किसी धर्म का प्रवर्तक

窖 jiào ❶तहखाना; तलघर ❷वस्तुओं को तहखाने (तलघर) में सुरक्षित रखना
【窖藏】 jiàocáng वस्तुओं को तहखाने में सुरक्षित रखना
【窖肥】 jiàoféi <बो०> वानस्पतिक खाद तैयार करना

酵 jiào खमीर
【酵母】 jiàomǔ खमीर
【酵子】 jiàozi <बो०> खमीर उठी हुई लोई

噍 jiào <लि०> चबाना; खाना
【噍类】 jiàolèi <लि०> प्राणी; मानव

徼 jiào <लि०> ❶सीमा; हद ❷निरीक्षण करना
jiǎo भी दे०

藠 jiào नीचे दे०
【藠头】 jiàotou दे० 薤 xiè

醮 jiào ❶प्राचीन विवाह समारोह में देवताओं को मदिरा चढ़ाने की क्रिया ❷ताओपंथी आहुति रस्म: 打醮 dǎjiào

嚼 jiào दे० 倒嚼 dǎojiào
jiáo; jué भी दे०

jiē

节（節） jiē नीचे दे०
jié भी दे०
【节骨眼】 jiēguyǎn <बो०> संकट की घड़ी; नाज़ुक वक्त; कुंजीभूत कड़ी: 就在这～上，援军赶到了。संकट की इसी घड़ी में कुमक फ़ौज आ पहुंची। / 做工作要抓住～。हर काम में कुंजीभूत कड़ी पर गिरफ़्त रखनी चाहिये। / 您来得正是～上。आप बड़े मौके पर आये !
【节子】 jiēzi (लकड़ी की) गांठ

阶（階、堦） jiē ❶सोपान; सीढ़ी: 台阶 táijiē / 阶梯 ❷श्रेणी; कोटी; रैंक: 军阶 jūnjiē
【阶层】 jiēcéng तबका; वर्ग: 统治～ शासक वर्ग
【阶段】 jiēduàn चरण; दौर: 完成第一～的谈判 वार्त्ता का प्रथम चरण संपन्न करना / ～性成果 चरणगत उपलब्धि / 社会主义初级～ समाजवाद का प्राथमिक दौर
【阶级】 jiējí ❶<लि०> सोपान; सीढ़ी ❷<पुराना> श्रेणी; कोटी; वर्ग; रैंक ❸वर्ग
【阶级斗争】 jiējí dòuzhēng वर्ग-संघर्ष
【阶级矛盾】 jiējí máodùn वर्ग-विरोध
【阶级性】 jiējíxìng वर्ग-प्रकृति
【阶梯】 jiētī सोपान; सीढ़ी: 进身的～ पद रखने का पत्थर
【阶梯教室】 jiētī jiàoshì लेक्चर थिएटर; व्याख्यान-कक्ष
【阶下囚】 jiēxiàqiú कैदी; बंदी

疖（癤） jiē फोड़ा; व्रण
【疖子】 jiēzi फोड़ा; व्रण

皆 jiē <लि०> सब; सभी; हरेक; प्रत्येक: 人人～知。हरेक को मालूम है।
【皆大欢喜】 jiēdàhuānxǐ हरेक आदमी खुश है

结（結） jiē फलना; (फल) आना; (बीज) बनना
jié भी दे०
【结巴】 jiēba ❶हकलाहट; हकलापन; हकलाना ❷हकला (आदमी)
【结巴颏子】 jiēbakēzi <बो०> हकला
【结果】 jiēguǒ फल आना; फल लगना; फल देना; फलना: 这棵苹果树今年开始～了。सेब के इस पेड़ में इस वर्ष फल आने लगे हैं।
jiéguǒ भी दे०
【结实】 jiēshi ❶मज़बूत; पक्का; टिकाऊ: 这双鞋子～。ये जूते टिकाऊ हैं। ❷हट्टा-कट्टा; हृष्ट-पुष्ट; तगड़ा; गठीला: 他身体～。उस का बदन गठीला है।

接 jiē ❶निकट होना; निकटवर्ती होना; पास होना; समीप होना; आसन्न होना: 接近 / 邻接 línjiē ❷जुड़ना; मिलना; लगना; जोड़ना; मिलाना; लगाना: ～电线 तारों को जोड़ना / ～第三页。शेष पृष्ठ ३ पर। ❸पकड़ना; हाथ में लेना: ～球 गेंद पकड़ना ❹मिलना; प्राप्त करना (होना); स्वीकार करना (होना): 他～到一封信。उसे एक पत्र मिला। / 接见 ❺अगवानी करना; लेना: 他到机场～人去了。वह किसी को लेने के लिये हवाई अड्डे गया है। ❻के स्थान पर काम करना; भार उठाना: 接事 / ～过他的工作 उस का कार्यभार संभालना
【接班】 jiēbān ❶पारी होना: 他下午两点来～。दोपहर दो बजे उसकी पारी होगी। ❷उत्तराधिकारी होना; आगे बढ़ाना 接革命事业的班 क्रांतिकारी कार्य का उत्तराधिकारी होना / ～人 उत्तराधिकारी
【接茬儿】 jiēchár （接碴儿 jiēchár भी）❶बात का सिलसिला अपने हाथ में लेना; बातचीत में हस्तक्षेप करके शामिल होना: 他几次跟我说到老王的事，我都没～。उसने कई मौकों पर लाओ वांग के बारे में बात छेड़ी, मगर मैंने बात का सिलसिला अपने हाथ में नहीं लिया। ❷के तुरन्त बाद: 随后他们～商量明天开会的事。इसके तुरन्त बाद उन्होंने कल होने वाली बैठक पर बातचीत की।
【接长不短】 jiēcháng-bùduǎn अक्सर; समय-समय पर
【接触】 jiēchù ❶छूना; हाथ या शरीर के अन्य किसी अंग से स्पर्श करना: 那是硫酸，别～。वह गंधक का अम्ल है। छूओ मत। ❷भिड़ना; गुथना; मिलना; से संपर्क करना: 与敌军～ दुश्मन फ़ौज से भिड़ना / 脱离～ संघर्ष बंद

करके अलग होना / 访问期间，代表团广泛～了各界人士。यात्रा के दौरान प्रतिनिधि मंडल विभिन्न जगतों के लोगों से मिला।

【接待】 jiēdài स्वागत; अगवानी; स्वागत करना; अगवानी करना: ～室 स्वागत कक्ष / ～人员 स्वागत कर्मचारी / ～外宾 विदेशी अतिथियों का स्वागत करना

【接地】 jiēdì ❶〈विद्यु०〉 ग्राउंड कनेक्शन; ग्राउंडिंग: ～线 ग्राउंड तार ❷〈विमान०〉 टचडाउन; ग्राउंड कंटेक्ट

【接二连三】 jiē'èr–liánsān एक के बाद एक; एक के बाद दूसरा; निरन्तर; लगातार: 他～地出错。उसने एक के बाद दूसरी गलती कर डाली।

【接防】 jiēfáng के बदले में रक्षा का काम संभालना

【接风】 jiēfēng (दूर से आने वाले) अतिथि के सम्मान में भोज देना

【接羔】 jiēgāo 〈पशुपालन〉 बच्चे जन्मती भेड़-बकरियों या मादा हिरनों की देखभाल करना

【接管】 jiēguǎn भार लेना; नियंत्रण करने लगना: ～该部门的工作 इस विभाग का भार लेना

【接轨】 jiēguǐ ❶रेल की पटरियां जोड़ना ❷एकीकरण करना; एकीकृत करना: 降低关税，与国际～ चुंगी में कटौती कर अन्तरराष्ट्रीय प्रचलित व्यवहार के साथ एकी-करण करना

【接合】 jiēhé जोड़ना; मिलाना

【接火】 jiēhuǒ ❶〈बोल०〉 एक दूसरे पर गोलाबारी शुरू करना: 跟敌军～ दुश्मन फ़ौज के साथ गोलाबारी शुरू कर देना ❷〈विद्यु०〉 विद्युत की मुख्यलाइन से जोड़ना

【接济】 jiējì वस्तुएं या धन देकर मदद करना: 他经常～贫困学生。वह बराबर पैसे देकर गरीब छात्रों की मदद करता है।

【接见】 jiējiàn भेंट; मुलाकात; साक्षात्कार; इंटरव्यू; भेंट करना; मुलाकात करना; मिलना; साक्षात्कार करना; इंटरव्यू देना: ～外宾 विदेशी मेहमान से भेंट करना / ～记者 संवाददाता के साथ साक्षात्कार करना

【接界】 jiējiè 交界 jiāojiè के समान

【接近】 jiējìn के निकट होना; के नज़दीक होना; के समीप होना; के पास होना; समीपवर्ती होना; निकट होना; नज़दीकी होना: ～国际水平 विश्व उन्नत स्तर के निकट होना / 双方观点～。दोनों पक्षों के दृष्टिकोण निकट हैं। / 时间已～半夜。समय आधी रात के समीप है। / 此人不易～。यह काफ़ी रुखा है।

【接境】 jiējìng समान सीमा पर स्थित होना; की सीमा से लगना

【接客】 jiēkè ❶अतिथियों की अगवानी करना ❷(वेश्या का) ग्राहक के साथ संभोग करना

【接力】 jiēlì टोलियों में काम करना

【接力棒】 jiēlìbàng रिले बैटन

【接力赛跑】 jiēlì sàipǎo रिले दौड़

【接连】 jiēlián 〈क्रि०वि०〉 लगातार; निरंतर; एक के बाद एक: ～三天下雨。लगातार तीन दिनों तक वर्षा होती रही। / 记者们～不断地提问。पत्रकारों ने एक के बाद एक सवाल पूछे।

【接目镜】 jiēmùjìng नेत्रिका; आयपीस

【接纳】 jiēnà ❶(किसी संगठन की) सदस्यता दिलाना; सदस्य बनाना: ～某国加入世贸组织 किसी देश को विश्व व्यापार संगठन की सदस्यता दिलाना / ～为工会会员 किसी को ट्रेड यूनियन का सदस्य बनाना ❷स्वीकार करना; ग्रहण करना: ～众人意见 दूसरे लोगों के मत स्वीकार करना

【接气】 jiēqì (लेख के विषय की) संगति; संबद्धता; संगत; संबद्ध: 这两段文字不～。ये दो पैराग्राफ़ एक दूसरे से असंबद्ध लगते हैं।

【接洽】 jiēqià प्रबंध करना; परामर्श के लिये किसी से संपर्क करना; के सामने मामला उठाना: 这件事要同民政部门～。यह मामला नागरिक मामला विभाग के सामने उठाना चाहिये। / 我们正在～车辆。हम बसों का प्रबंध कर रहे हैं।

【接腔】 jiēqiāng बात का सिलसिला जोड़ना

【接亲】 jiēqīn वरपक्ष का कन्या के यहां जाना; बरात निकलना

【接壤】 jiērǎng 〈लि०〉 की सीमा … से लगी हुई होना; सीमा पर होना: 中国同十五个国家～。चीन की सीमा 15 देशों से लगी हुई है।

【接任】 jiērèn का भार लेना; के स्थान पर काम करना: 大学校长一职将由他～。वह विश्वविद्यालय का नया कुलपति होगा।

【接生】 jiēshēng प्रसवकाल में गर्भिणी की सहायता करना; प्रसवकाल में बच्चा जनाने का काम करना

【接生婆】 jiēshēngpó दाई

【接生员】 jiēshēngyuán दाई

【接事】 jiēshì काम अपने हाथ में लेना

【接收】 jiēshōu ❶स्वीकार; ग्रहण; स्वीकार करना; ग्रहण करना: ～礼物 उपहार स्वीकार करना / ～无线电信号 रेडियो सिगनल ग्रहण करना ❷(संपत्ति इत्यादि) अधिकार में लेना: ～敌产 शत्रु की संपत्ति अधिकार में लेना ❸सदस्य बनाना; सदस्यता दिलाना

【接手】 jiēshǒu कार्यभार संभालना: 他～这项工作已有时日。उसे यह कार्यभार संभाले काफ़ी समय हो चुका है।

【接受】 jiēshòu स्वीकार करना; स्वीकृत करना; स्वी-कारना; ग्रहण करना: ～邀请 आमंत्रण स्वीकार करना / ～教训 सबक सीखना / ～挑战 चुनौती स्वीकार कर-ना / ～贿赂 घूस लेना (खाना); रिश्वत लेना / ～采访 इंटरव्यू देना / ～新思想 नवीन विचार ग्रहण करना

【接穗】 jiēsuì 〈वन०〉 कलम

【接谈】 jiētán मिलकर बातचीत करना: 您去和他～吧。आप उससे मिलकर बातचीत करें।

【接替】 jiētì का स्थान लेना; के स्थान पर काम करना: 她～了我的工作。वह मेरे स्थान पर काम करने लगी।

【接头】 jiētóu ❶जोड़ना; मिलाना ❷मिलना; संपर्क करना: 跟谁～? किससे मिलूं? ❸जानकारी होना; ज्ञान होना; मालूम होना; ज्ञात होना: 这件事我不～。इस बारे में मुझे जानकारी नहीं है।

【接头儿】 jiētóur जोड़; संधिस्थान: 这块布有个～ इस कपड़े में एक जोड़ है।

【接吻】 jiēwěn चूमना; चुम्बन करना
【接物镜】 jiēwùjìng ऑबजेक्टिव लैंस
【接线】 jiēxiàn <विद्यु०> बिजली के तार से जोड़ना
【接线员】 jiēxiànyuán ऑपरेटर
【接续】 jiēxù जारी रखना; आगे बढ़ाना: 你～说。तुम आगे कहो।
【接应】 jiēyìng ❶सहायता करना; कुमक भेजना: 派部队去～ कुमक भेजना ❷सप्लाई; आपूर्ति: 粮草～不上。खाद्य-पदार्थों की सप्लाई बन्द हो गई।
【接援】 jiēyuán <सैन्य०> कुमक भेजना
【接站】 jiēzhàn (किसी को) लेने रेल स्टेशन जाना
【接着】 jiēzhe ❶पकड़ना; थामना; संभालना: 给你球，～。गेंद पकड़ो। ❷जारी रखना: 你～写吧。तुम लिखना जारी रखो। / 您～往下说。आप अपनी बातें जारी रखें। ❸के बाद; के उपरान्त; के पश्चात: 一个～一个走。एक के बाद एक आगे बढ़ो। / 这本书你看完了我～看。यह पुस्तक पढ़ लेने के बाद मुझे पढ़ने के लिये दो।
【接枝】 jiēzhī <वन०> कलम लगाना; पैबन्द लगाना
【接踵】 jiēzhǒng <लि०> एक के बाद एक: ～而至 एक के बाद एक आना
【接种】 jiēzhòng टीका लगाना: ～天花疫苗 चेचक का टीका लगाना

秸（稭） jiē पयाल; पुआल; भूसा: 麦～गेहूं का भूसा
【秸秆】 jiēgǎn पयाल; पुआल; भूसा

揭 jiē ❶हटाना; अलग कर देना: ～下信封上的邮票 लिफ़ाफ़े पर से टिकट अलग कर देना ❷अनावरण करना; (ढक्कन आदि) हटाना ❸भंडाफोड़ करना; परदाफ़ाश करना: 揭露 / 揭发 ❹<लि०> ऊंचा उठाना; बुलंद करना: 揭竿而起
【揭不开锅】 jiēbukāi guō <बोल०> चूल्हा न जलना
【揭穿】 jiēchuān भंडाफोड़; परदाफ़ाश; भंडाफोड़ करना; परदाफ़ाश करना: ～骗局 धोखाधड़ी का परदाफ़ाश करना / ～阴谋 साजिश का भंडाफोड़ करना / ～假面具 बेनकाब करना
【揭疮疤】 jiē chuāngbā मर्मच्छेदी बात कहना
【揭底】 jiēdǐ कलई खोलना
【揭短】 jiēduǎn किसी के दोष, भूल-चूक का परदाफ़ाश करना
【揭发】 jiēfā परदाफ़ाश; भंडाफोड़; परदाफ़ाश करना; भंडाफोड़ करना: ～罪行 अपराधों का परदाफ़ाश करना / 检举～贪污受贿 घूसखोरी का भंडाफोड़ कर उसकी निंदा करना
【揭盖子】 jiē gàizi भेद खोलना; फंडा फोड़ना
【揭竿而起】 jiēgān'érqǐ विद्रोह करना; विद्रोह का झंडा ऊंचा उठाना
【揭露】 jiēlù परदाफ़ाश करना; बेनकाब करना; बेपरदा करना; प्रकाश में लाना: ～矛盾 अन्तरविरोधों को प्रकाश में लाना / ～真面目 की कलई खोलना
【揭秘】 jiēmì रहस्योद्घाटन; रहस्योद्घाटन करना
【揭幕】 jiēmù ❶(मूर्ति, चित्र आदि का) अनावरण; अनावरण करना ❷उद्घाटन; उद्घाटन करना: 展览会于昨日～。कल प्रदर्शनी का उद्घाटन किया गया। / ～式 उद्घाटन समारोह
【揭破】 jiēpò परदाफ़ाश करना; भंडाफोड़ करना: ～诡计 षड़यंत्र का परदाफ़ाश करना
【揭示】 jiēshì ❶जारी करना; प्रकाशित करना ❷प्रकट करना; उद्घाटित करना; निरूपित करना: ～发展规律 विकास के नियम निरूपित करना / ～内心世界 अन्तःकरण को उद्घाटित करना
【揭贴】 jiētiē <पुराना> नोटिस; पोस्टर; पर्चा
【揭晓】 jiēxiǎo घोषित करना (होना); प्रकाशित करना (होना): 大选结果～。आम चुनाव का परिणाम घोषित किया गया।

嗟 jiē <लि०> आह; उसांस: 嗟叹
【嗟悔】 jiēhuǐ <लि०> पछतावा करना और कलपना: ～无及 पछतावा करने और कलपने के लिये देर हो जाना
【嗟来之食】 jiēláizhīshí तिस्कारपूर्ण ढंग से वितरित खाद्य-पदार्थ; भीख; भिक्षा
【嗟叹】 jiētàn <लि०> आह भरना; उसांस लेना; कलपना

街 jiē ❶सड़क; मार्ग; पथ ❷<बो०> हाट-बाज़ार; बाज़ार; मेला: 赶～ हाट-बाज़ार जाना
【街道】 jiēdào ❶सड़क; मार्ग; पथ ❷मुहल्ला
【街坊】 jiēfang <बोल०> पड़ोसी
【街景】 jiējǐng सुसज्जित सड़क
【街垒】 jiělěi सड़क पर डाली गई रुकावट; बाधा
【街门】 jiēmén दरवाज़ा, जो सड़क के सम्मुख हो
【街面儿上】 jiēmiànrshang <बो०> ❶सड़क पर: ～好热闹。सड़कों पर खूब चहल-पहल है। ❷पड़ोस: ～都知道他执教已有几十年了。पड़ास के सभी लोग जानते हैं कि उसे अध्यापक का काम करते कई दशक हो गये हैं।
【街区】 jiēqū ब्लाक
【街市】 jiēshì व्यापार क्षेत्र; व्यस्त क्षेत्र
【街谈巷议】 jiētán-xiàngyì बाज़ारी गप्पें
【街头】 jiētóu सड़क; मार्ग; पथ: 十字～ चौराहा / 流落～ दर-दर फिरना / 涌上～ सड़कों पर उमड़ना
【街头剧】 jiētóujù नुक्कड़ नाटक
【街头巷尾】 jiētóu-xiàngwěi गली-कूचा
【街心】 jiēxīn चौराहा: ～公园 चौराहे पर स्थित बाग

jié

孑 jié <लि०> एकाकीपन; अकेलापन; एकांतता; एकाकी; अकेला; एकांत
【孑孓】 jiéjué मच्छर की इल्ली
【孑然】 jiérán <लि०> एकाकीपन से; एकांत में; अकेले:

～一身 एकांत में रहना
【孑遗】 jiéyí 〈लि०〉 (विपत्ति, कत्लेआम के बाद) कुछेक जीवित रहनेवाले

节 [1] (節) jié ❶जोड़; गांठ; ग्रंथि: 关节 guānjié / 竹～ बांस की गांठ ❷मात्रा: 音节 yīnjié ❸〈परि०श०〉 अंश; खंड: 第一～火箭 राकेट का पहला खंड / 一～课 एक क्लास / 十～车厢 दस रेल-डिब्बे ❹उत्सव; दिवस; त्योहार: 儿童～ बाल दिवस / 过～ उत्सव मनाना ❺संक्षिप्त: 节译 ❻किफ़ायत; कमखर्ची; बचत; मितव्ययता: ～煤 कोयले की किफ़ायत करना ❼मद; एक-एक बात: 细节 xìjié ❽शील; चरित्र; चालचलन: 气节 qìjié

节 [2] jié 〈जहाज़रानी〉 समुद्री मील / घंटा: 这艘船的最高速度可达三十～。इस जहाज़ की सबसे तेज़ रफ़्तार तीस समुद्री मील प्रतिघंटे है।

jiē भी दे०

【节哀】 jié'āi 〈लि०〉 (शोक प्रगट करते समय प्रयुक्त) दुख की घड़ी में संयम रखना
【节本】 jiéběn संक्षिप्त संस्करण
【节操】 jiécāo 〈लि०〉 शील; चरित्र; चालचलन
【节假日】 jiéjiàrì उत्सव और छुट्टियां
【节俭】 jiéjiǎn कमखर्ची; मितव्यय; किफ़ायत; कमखर्च; मितव्ययी; किफ़ायती: 生活～ मितव्ययता से जीवन व्यतीत करना
【节减】 jiéjiǎn बचत और किफ़ायत करना: ～经费 खर्च में कटौती करना
【节节】 jiéjié लगातार; निरंतर; बराबर: ～胜利 विजय पर विजय प्राप्त करना / ～败退 लगातार हारकर पीछे हटते जाना
【节烈】 jiéliè सतीत्व; सतीव्रत
【节令】 jiélìng किसी एक ऋतु की जलवायु और प्राकृतिक दृश्य; मौसम: 眼下正是西瓜上市的～。अभी तरबूज़े का मौसम है। / ～不正。मौसम ठीक नहीं है।
【节流】 jiéliú खर्च कम करना: 开源～ नये-नये संसाधन जुटाने के साथ-साथ खर्च कम करना
【节录】 jiélù उद्धृत अंश; उद्धरण; अवतरण
【节律】 jiélǜ चलती वस्तुओं की गतिशीलता
【节略】 jiélüè ❶सार; सारांश ❷मेमोरेंडम; ज्ञापन
【节目】 jiémù प्रोग्राम; कार्यक्रम: 电视～ टी०वी० प्रोग्राम / 表演文艺～ सांस्कृतिक कार्यक्रम प्रस्तुत करना / ～单 प्रोग्राम / ～主持人 (रेडियो या टी०वी० पर) होस्ट; कार्यक्रम संचालक
【节能】 jiénéng ऊर्जा की बचत करना
【节拍】 jiépāi 〈संगी०〉 ताल: ～器 मेट्रोनोम
【节气】 jiéqì ❶सौरावधि (एक चांद्रवर्ष कुल 24 सौरावधियों में विभाजित है। हर सौरावधि अधिक से अधिक 15 दिनों की होती है। प्रत्येक सौरावधि जिस दिन आरंभ होती है, उसी दिन सूर्य बारह राशियों में से किसी एक की प्रथम या पंद्रहवीं डिग्री में प्रवेश करता है। प्रत्येक सौरावधि का अपना नाम होता है, जो उस अवधि में प्रकृति में होने वाले उल्लेखनीय परिवर्तन का द्योतक होता है) ❷किसी एक सौरावधि के प्रारंभ वाला दिन (उदाहरणार्थ 3, 4 या 5 फ़रवरी का दिन प्रथम सौरावधि 'वसंतारंभ' 立春 के आरंभ का दिन होता है) —— 二十四节气 èrshísì jiéqì भी दे०
【节庆】 jiéqìng उत्सव; समारोह
【节日】 jiérì उत्सव; दिवस; त्योहार: 庆祝～ उत्सव मनाना; उत्सव की खुशियां मनाना / 充满～的气氛 उत्सव का वातावरण छाना / ～的盛装 उत्सव के अवसर पर पहने जाने वाले वस्त्र; भड़कीले वस्त्र
【节省】 jiéshěng बचत; किफ़ायत; मिव्यय; कमखर्ची: ～时间 समय की बचत होना / ～开支 कमखर्ची करना
【节食】 jiéshí नियंत्रित आहार; मिताहार; नियंत्रित आहार लेना; मिताहार करना
【节外生枝】 jiéwài-shēngzhī अतिरिक्त मामले या नये सवाल अप्रत्याशित रूप से उठाना; मामले को जानबूझ कर जटिल बनाना
【节下】 jiéxia 〈बोल०〉 आसन्न त्योहार: ～需采购一些物品。आसन्न त्योहार के लिये कुछ चीज़ें खरीदनी हैं।
【节选】 jiéxuǎn उद्धृत अंश; उद्धरण; अवतरण
【节衣缩食】 jiéyī-suōshí खाने और कपड़े-लते पर कम खर्च करना; मिव्ययता से रहना: 村民们～，集资修建了这所小学。ग्रामवासियों ने मिव्ययता से रहते हुए संसाधन जुटाकर यह प्राइमरी स्कूल कायम किया है।
【节译】 jiéyì संक्षिप्त अनुवाद
【节余】 jiéyú ❶बचाना; बचत करना: 每月～一二百元钱。हर महीने एकाध सौ य्वान की बचत होती है। ❷बचत: 他把全部～捐给了灾区。उसने अपनी सारी बचत विपत्तिग्रस्त क्षेत्र के लिये दान के रूप में दे दी।
【节育】 jiéyù जन्मनियंत्रण
【节育环】 jiéyùhuán लूप
【节育手术】 jiéyù shǒushù जन्मनियंत्रण सर्जरी
【节约】 jiéyuē किफ़ायत करना; बचत करना: 增产～ उत्पादन बढ़ाना और किफ़ायत करना / ～人力 मानव शक्ति की बचत करना
【节肢动物】 jiézhī dòngwù संधिपाद प्राणी
【节制】 jiézhì ❶नियंत्रण; नियमन; पर नियंत्रण करना; का नियमन करना ❷संयम; संयमित; संयत; नियंत्रित: 采取～态度 संयम से काम लेना
【节奏】 jiézòu ❶ताल; तालक्रम; लय; लयबद्धता; लयबद्ध: 有～地鼓掌 ताल पर तालियां बजाना / ～明快 उल्लसित लय / ～感 लयबद्धता ❷गति; रफ़्तार: 工作要有～地进行。कार्य संतुलित गति से किया जाना चाहिये।

讦 (訐) jié 〈लि०〉 किसी के दोषों का पर्दाफ़ाश करना: 攻讦 gōngjié

劫 [1] (刦、刧、刼) jié ❶लूट; लूट-पाट; लूट-मार; लूट-खसोट; लूटना; लूट-पाट करना; लूट-मार मचाना; लूट-खसोट करना: 劫夺 / 打劫 dǎjié ❷बाध्य करना; मजबूर करना; विवश करना; ज़बरदस्ती

करना：劫持

劫 2

jié विपत्ति; प्रकोप; विभीषिका; विपदा; आफ़त：浩劫 hàojié / 劫后余生

【劫持】 jiéchí अपहरण; अपहृत; अपहरण करना; अपहृत करना：～人质 अपहृत कर बंधक बनाना / ～者 अपहरणकर्ता

【劫夺】 jiéduó लूटना; ज़बरदस्ती छीनना：～资源 संसाधन लूटना

【劫富济贫】 jiéfù-jìpín अमीर को लूटकर गरीब को दे देना

【劫后余烬】 jiéhòu-yújìn बरबादी का निशान

【劫后余生】 jiéhòu-yúshēng घोर विपत्ति के बाद जीवित रहना

【劫机】 jiéjī विमान का अपहरण करना：～事件 विमान अपहरण कांड

【劫掠】 jiélüè लूटना; लूट-मार मचाना

【劫难】 jiénàn विपत्ति; आफ़त; विपदा; 历经～ विपत्तियां झेलना

【劫数】 jiéshù भाग्य में लिखा होना; किस्मत में बदा होना

【劫营】 jiéyíng दुश्मन के शिविर पर छापा मारना

【劫狱】 jiéyù जेल में घुसकर कैदी को छुड़ाना

杰（傑）

jié ❶असाधारण; सर्वश्रेष्ठ; सर्वोत्तम：杰作 ❷पुरुषवर; श्रेष्ठ पुरुष; पुरुषोत्तम; वीर：豪杰 háo jié

【杰出】 jiéchū असाधारण; सर्वश्रेष्ठ; सर्वोत्तम：做出～的贡献 असाधारण योगदान करना / ～的政治家 सर्वश्रेष्ठ राजनीतिज्ञ

【杰作】 jiézuò सर्वोत्तम कृति

诘（詰）

jié 〈लि०〉 पूछ-ताछ; जवाब-तलब; पूछ-ताछ करना; जवाब-तलब करना：盘诘 pánjié

jí भी दे०

【诘难】 jiénàn 〈लि०〉 दोषारोपण; दोषारोपण करना; दोष देना

【诘问】 jiéwèn 〈लि०〉 जिरह करना; पूछ-ताछ करना

拮

jié नीचे दे०

【拮据】 jiéjū तंगी; तंगदस्ती; पैसे की कमी; अर्थसंकट：手头～ हाथ तंग होना

洁（潔）

jié साफ़; सुथरा; स्वच्छ; निर्मल

【洁白】 jiébái उजला; निर्मल; शुद्ध：～的衬衣 उजली कमीज़ / ～的心灵 शुद्ध अन्तरात्मा

【洁净】 jiéjìng सफ़ाई; स्वच्छता; साफ़; सुथरा; स्वच्छ

【洁癖】 jiépǐ मैल तथा मल आदि से अस्वाभाविक तथा अत्यधिक भय

【洁身自好】 jiéshēn-zìhào ❶शुद्धात्मा ❷मुसीबतों से बचने की गरज से अपने ही काम से मतलब रखना

结

jié ❶बुनाई; बुनना; गांठ लगाकर जोड़ना：～网 जाल बुनना ❷गांठ; गिरह; ग्रंथि; फंदा：解～ गांठ खोलना / 打～ गिरह बांधना ❸बनना; बंधना; बनाना; बांधना：～为夫妻 वैवाहिक बंधन में बंधना / 结晶 ❹समाप्ति; अन्त; समाप्त करना; अन्त करना：这不就～了吗。बस, हो गया। ❺वचनपत्र：具结 jùjié ❻〈श० वि०〉 ग्रंथि：淋巴结 línbājié

jiē भी दे०

【结案】 jié'àn मामला समाप्त करना

【结疤】 jiébā दाग या धब्बा पड़ना

【结拜】 jiébài मुंहबोले भाई या मुंहबोली बहनें बनना

【结伴】 jiébàn के साथ; के संग：～远行 के साथ यात्रा पर जाना

【结冰】 jiébīng पानी जमना

【结彩】 jiécǎi सजाना; झालरों से सजाना：张灯～ लालटेनों और झालरों से सजाना

【结草衔环】 jiécǎo-xiánhuán प्रत्युपकार करना

【结肠】 jiécháng 〈श० वि०〉 बृहदन्त्र; कोलन

【结成】 jiéchéng कायम करना; स्थापना करना; स्थापित करना; बनाना：～同盟 गठबंधन कायम करना / ～一伙 गुट बनाना / ～伙伴关系 साझेदारी कायम करना / ～统一战线 संयुक्त मोर्चा स्थापित करना

【结仇】 jiéchóu वैर रखना; दुश्मनी मोल लेना; मनमुटाव करना

【结存】 jiécún शेष; बाकी：现金～ रोकड़ बाकी / 货物～बाकी माल

【结党营私】 jiédǎng-yíngsī गुटबन्दी; दलबन्दी; गुटबन्दी (दलबन्दी) करना

【结发】 jiéfà ❶〈प्रा०〉 बालों को बांधना —— वयस्क होना ❷〈पुराना〉 पहली पत्नी

【结发夫妻】 jiéfà fūqī पहले विवाह से बना दंपति

【结构】 jiégòu ढांचा; रचना; संरचना; बनावट; गठन：经济～ आर्थिक ढांचा / 产业～ औद्योगिक संरचना / 原子～ अणु का गठन / 语言的～ भाषा की संरचना / 钢～ इस्पाती ढांचा

【结关】 jiéguān कस्टम क्लीयरेंस

【结果】[1] jiéguǒ परिणाम; नतीजा; अंत; फल：其～是… इसका यह परिणाम (नतीजा) निकला कि… / 会谈没有取得～。वार्त्ता का कोई नतीजा नहीं निकला। / 预期的～ अभीष्ट फल / 选举～ चुनाव का परिणाम / 双方发生激烈争论，～会议不欢而散。दोनों पक्षों ने तीव्र वाद-विवाद किया, जिसके परिणामस्वरूप (फलस्वरूप) बैठक बिना किसी नतीजे के भंग हो गई।

【结果】[2] jiéguǒ 〈पुराना〉 का काम तमाम करना

jiēguǒ भी दे०

【结合】 jiéhé ❶मिलाना; जोड़ना; एक करना; एक होना; एकीकृत होना：理论～实际 सिद्धांत को व्यवहार के साथ मिलाना ❷दांपत्य सूत्र में बंधना

【结核】 jiéhé ❶〈चिकि०〉 गुलिका ❷〈चिकि०〉 क्षयरोग; तपेदिक ❸〈खनि०〉 पिंड：锰～ मैंगनीज़ का पिंड

【结核病】 jiéhébìng क्षयरोग; तपेदिक：～患者 क्षयरोगी; तपेदिक का बीमार

【结喉】 jiéhóu 喉结 hóujié के समान
【结汇】 jiéhuì विदेशी मुद्रा का क्रय या विक्रय
【结婚】 jiéhūn विवाह; ब्याह; शादी; विवाह करना (होना); शादी करना (होना); ब्याह करना (होना); ब्याहना; विवाहित होना: 他～了。उसकी शादी हो गई। / 她和小王～了。उसने श्याओ वांग के साथ ब्याह किया; उसका श्याओ वांग से विवाह हुआ।
【结婚登记】 jiéhūn dēngjì विवाह पंजीकरण: 进行～ विवाह पंजीकरण कराना
【结婚证书】 jiēhūn zhèngshū विवाह प्रमाण पत्र
【结集】 jiéjí ❶एकत्र करना; एकत्रित करना; इकट्ठा करना: ～兵力 सैनिक टुकड़ियां एकत्र करना ❷लेख संग्रह करना
【结痂】 jiéjiā (घाव पर) पपड़ी पड़ना
【结交】 jiéjiāo दोस्त बनाना; के साथ … की दोस्ती होना: 他～了不少外国朋友。उसने अनेक विदेशियों को अपना दोस्त बना लिया है।
【结晶】 jiéjīng ❶क्रिस्टल बनाना (बनना) ❷क्रिस्टल: 盐～ नमक क्रिस्टल ❸फल: 智慧的～ बुद्धिमत्ता का फल
【结局】 jiéjú अन्त; समाप्ति; अंतिम परिणाम: 皆大欢喜的～ सुखद अंत होना / 悲惨的～ दुखद अंत होना
【结论】 jiélùn ❶〈दर्शन०〉 निश्चय ❷निष्कर्ष; निचोड़; नतीजा; निष्कर्ष निकालना (करना); निष्कर्ष पर पहुंचना; निचोड़ निकालना; नतीजे पर पहुंचना : 得出～ निष्कर्ष (निचाड़) निकालना; निष्कर्ष (नतीजे) पर पहुंचना / 不要忙于下～。जल्दबाज़ी में निष्कर्ष पर नहीं पहुंचना चाहिये।
【结盟】 jiéméng गठबंधन करना; गुट बनाना
【结膜】 jiémó 〈श०वि०〉 कंजंक्टिवा; नेत्रश्लेष्मला; आंख के भीतरी भाग की झिल्ली: ～炎 कंजंक्टिवाइटिस; नेत्र-श्लेष्मला शोथ
【结幕】 jiémù (नाटक का) अंतिम अंक
【结亲】 jiéqīn ❶〈बोल०〉 दांपत्य सूत्र में बंधना; वैवाहिक बंधन में बंधना ❷नाता जोड़ना
【结清】 jiéqīng चुकता करना; चुकाना; बेबाक करना: ～帐目 हिसाब बेबाक करना / ～债务 कर्ज़ चुकाना; अपना हिसाब चुकता करना
【结球甘蓝】 jiéqiú gānlán बन्दगोभी
【结舌】 jiéshé ज़बान बंद होना; ज़बान रुकना: 张口结舌 zhāng kǒu jié shé
【结社】 jiéshè संगठन बनाना: ～自由 संगठन बनाने की स्वतंत्रता
【结石】 jiéshí 〈चिकि०〉 पथरी; अश्मरी
【结识】 jiéshí जान-पहचान; परिचय; से जान-पहचान होना; से परिचय होना: 在这次研讨会上，～了许多人。इस संगोष्ठी के दौरान अनेकों से मेरी जान-पहचान हुई; इस संगोष्ठी के दौरान अनेकों से मेरा परिचय हुआ।
【结束】 jiéshù समाप्ति; समापन; खात्मा; अंत; समाप्त; खत्म: 会议～。बैठक की समाप्ति हुई; बैठक समाप्त (खत्म) हुई। / 战争～。युद्ध का अंत हुआ। / 事情到此并未～。बात यहीं पर समाप्त नहीं हुई। / ～访问 यात्रा समाप्त करना
【结束语】 jiēshùyǔ उपसंहार
【结算】 jiésuàn हिसाब साफ़ करना; हिसाब चुकता करना; बकाया निकालना: 以人民币～。रनमिनपी से हिसाब चुकता करना
【结尾】 jiéwěi अंत; अंतिम चरण: 小说的～ कहानी का अंत / ～工程 किसी परियोजना का अंतिम चरण
【结业】 jiéyè कोर्स पूरा करना; अध्ययन समाप्त करना
【结义】 jiéyì 结拜 के समान
【结余】 jiéyú बकाया; शेष; बाकी
【结语】 jiēyǔ 结束语 के समान
【结缘】 jiéyuán (मित्रता आदि के) सूत्र में बंधना; का शौकीन होना: 他从小就和足球结了缘。बचपन से ही वह फ़ुटबाल का शौकीन हो गया।
【结怨】 jiéyuàn बैर ठानना; मन मैला करना
【结扎】 jiézā 〈चिकि०〉 बंधन; बंदी: ～血管 रुधिर-वाहिनी नलिका का बंधन (करना) / ～输精（卵）管 नसबंदी करना (कराना)
【结账】 jiézhàng हिसाब करना; हिसाब चुकता करना
【结子】 jiézi गिरह; गांठ; फंदा

桔

jié नीचे दे०
jú भी दे०
【桔槔】 jiégāo ढेंकली
【桔梗】 jiégěng 〈ची०चि०〉 बैलूनफ़्लावर की जड़

桀

jié च्ये, श्या राजवंश（夏代）(लगभग 2070 -1600 ई०पू०) का अंतिम शासक, जो परंपरा में एक तानाशाह माना जाता रहा है
【桀骜不驯】 jié'àobùxùn स्वेच्छाचारी; उद्धत, दुराग्रही; उच्छृंखल

捷[1]

（㨗）jié फुरतीलापन; तेज़ी; चतुरता; तीव्रता; फुरतीला; तेज़; चतुर; तीव्र: 快～ तेज़ी

捷[2]

（㨗）jié विजय; जय; जीत; फ़तह: 连战连～ लड़ाइयों में एक के बाद एक विजय प्राप्त करना
【捷报】 jiébào विजय-संदेश: ～频传。विजय-संदेश लगातार आए।
【捷径】 jiéjìng शॉर्टकट; संक्षिप्त रास्ता
【捷克】 Jiékè चेक: ～人 चेक / ～语 चेक भाषा
【捷足先登】 jiézú-xiāndēng द्रुतगामी व्यक्ति पहले पहुँचता है; सुबह-सुबह पहुँचने वाला व्यक्ति सफल रहता है; उद्देश्य को प्रथम सिद्ध करना

偈

jié 〈प्रा०〉 बहादुर; वीर
jì भी दे०

睫

jié बरौनी
【睫毛】 jiémáo बरौनी

截

jié ❶काटना; टुकड़े करना: 把木头～成两段。काटकर लकड़ी के दो टुकड़े कर दो। ❷〈परि०शि०〉 भाग;

टुकड़ा; खंड： 一～木头 लकड़ी का एक खंड ❸रोकना; रोकथाम करना： 快～住他。 उसे रोक दो। ❹(नियत समय) तक： ～至昨天，已有三万多人参观了展览。 कल तक तीस हज़ार से अधिक लोग प्रदर्शनी देख चुके थे।

【截长补短】 jiécháng–bǔduǎn एक दूसरे की खूबियाँ सीख लेकर अपनी अपनी कमियाँ दूर करना

【截断】 jiéduàn ❶काटना： ～钢板 इस्पाती चादर काटना / ～退路 पीछे हटने का रास्ता काट देना ❷बीच में रोकना; रोकना： 她突然～了他的话。 उस ने अचानक उसे टोक दिया।

【截获】 jiéhuò ज़ब्त करना; रोककर कब्ज़ा करना： ～毒品 मादक पदार्थ ज़ब्त करना / 一辆走私卡车被海关～。 कस्टम अधिकारियों ने तस्करों की एक लॉरी रोककर उस पर कब्ज़ा किया।

【截击】 jiéjī बीच रास्ते में रोककर प्रहार करना

【截流】 jiéliú नदी बांधना

【截留】 jiéliú रोक रखना; रोक लेना： ～税款 कर का धन रोक रखना

【截煤机】 jiéméijī <खनि०> कोलकटर

【截门】 jiémén पाइप वाल्व

【截取】 jiéqǔ किसी चीज़ का एक भाग काटना

【截然】 jiérán पूरी तरह से; नितांत; बिल्कुल; एकदम： ～不同 एकदम भिन्न होना; ज़मीन आसमान का फ़र्क होना / 他俩的意见～相反。 उन दोनों के मत एक दूसरे के बिल्कुल विपरीत हैं।

【截瘫】 jiétān <चिकि०> पैर का लकवा

【截肢】 jiézhī <चिकि०> अंगविच्छेद

【截止】 jiézhǐ समाप्त करना (होना); बन्द करना (होना); अंतिम होना： ～日期 अंतिमतिथि / 申请已经～。 आवेदन-पत्र लेने का काम समाप्त हो गया है।

【截至】 jiézhì (नियत समय) तक： ～二月底 फ़रवरी के अंत तक / ～目前为止 अब तक

碣 jié शिलाफलक： 墓～ संगमज़ार

竭 jié ❶पूरी शक्ति लगाकर; शक्तिभर： 竭力 ❷<लि०> सूखना： 枯竭 kūjié

【竭诚】 jiéchéng जी जान से; पूरे दिल से; पूरी शक्ति से： ～帮助 जी जान से मदद देना / ～拥护 हार्दिक समर्थन करना / ～为病人服务 जी जान से रोगियों की सेवा करना

【竭尽】 jiéjìn कोई कसर उठा न रखना; कोई कसर न छोड़ना： ～造谣中伤之能事 अफ़वाहें फैलाने और कीचड़ उछालने में कसर न छोड़ना

【竭尽全力】 jiéjìn–quánlì पूरी शक्ति लगाना; भरपूर कोशिश करना

【竭蹶】 jiéjué <लि०> तंगी; गरीबी; विपन्नता; निर्धनता

【竭力】 jiélì हरचन्द कोशिश करना; हरसंभव प्रयास करना： ～完成任务 कार्य पूरा करने का हरसंभव प्रयास करना / ～支持 पूरा समर्थन करना / ～反对 जी तोड़ विरोध करना

【竭泽而渔】 jiézé'éryú मछलियाँ पकड़ने के लिए तालाब का सारा पानी बाहर निकाल फेंकना; भविष्य के लाभ को तत्कालिक कार्यवाही से बिगाड़ देना

羯 1 jié दे० 羯羊

羯 2 Jié च्ये, चीन की एक प्राचीन जाति का नाम

【羯鼓】 jiégǔ प्राचीन चीन में एक प्रकार का ढोल

【羯羊】 jiéyáng बधिया मेढ़ा

jiě

姐 jiě ❶दीदी; जीजी; बड़ी बहन ❷युवतियों के लिए प्रयुक्त संबोधन; बहन

【姐夫】 jiěfu जीजा

【姐姐】 jiějie बड़ी बहन; दीदी; जीजी

【姐妹】 jiěmèi ❶बहनें： 她没有～，只有一个弟弟。 उस के एक भाई है, बहनें नहीं। / 她们～俩都是教师。 दोनों बहनें अध्यापिकाएं हैं। ❷भाई और बहनें： 你们～几个？ तुम्हारे घर में कितने भाई और बहनें हैं？

【姐儿】 jiěr <बो०> ❶बहनें ❷भाई और बहनें

【姐儿们】 jiěrmen <बोल०> बहनें

【姐丈】 jiězhàng 姐夫 jiěfu के समान

解（觧） jiě ❶अलग करना; पृथक करना; छिन्न-भिन्न करना： 瓦解 wǎjiě / 解剖 ❷खेलना; बंधनरहित करना： ～鞋带 जूतों के फीते खोलना / ～扣儿 बटन खोलना ❸हटाना; दूर करना： 解乏 / 解职 / 解除 ❹व्याख्या करना; का अर्थ होना： 解释 / 此字作何～？ इस शब्द का क्या अर्थ है？ ❺समझना; समझ में आना： 令人不～ समझ में नहीं आना ❻शरीरशुद्धि： 大解 dàjiě / 小解 xiǎojiě ❼<गणित०> हल; उत्तर： 求解 qiújiě

jiè; xiè भी दे०

【解饱】 jiěbǎo <बो०> भूख बुझाना

【解馋】 jiěchán इष्ट खाना मिलने पर जी भरना

【解嘲】 jiěcháo उपहास का पात्र बनने पर अपनी सफ़ाई पेश करने की कोशिश करना： 自我解嘲 zìwǒ–jiěcháo भी दे०

【解愁】 jiěchóu चिंता या उदासी दूर करना

【解除】 jiěchú हटाना; रद्द करना; दूर करना： ～职务 पद से हटाना / ～合同 अनुबंध रद्द करना / ～制裁 प्रतिबंध उठाना / ～武装 निहत्था करना / ～婚约 सगाई तोड़ना / ～疑虑 आशंका दूर करना

【解除警报】 jiěchú jǐngbào ❶ 'खतरा दूर' की सूचना देना ❷ 'खतरा दूर' की सूचना

【解答】 jiědá जवाब देना; उत्तर देना： ～问题 सवाल का जवाब देना

【解冻】 jiědòng ❶बर्फ़ पिघलना; गरमाना; गरम होना： 春天到了，江河开始～。 बहार आ गई। नद-नदियों में

बर्फ़ पिघलने लगी। / 两国关系～。दोनों देशों के बीच के संबंध गरमाए। ❷(कोष, संपत्ति इत्यादि) पर से रोक उठाना

【解毒】jiědú ❶〈चिकि०〉ज़हर मारना; विष हरण करना ❷〈चीoचि०〉आन्तरिक दाह हरण करना

【解读】jiědú विश्लेषण करना; समझना：～人生 जीवन का अर्थ समझना / ～历史 इतिहास का विश्लेषण करना

【解饿】jiě'è भूख बुझाना

【解乏】jiěfá थकान मिटाना (दूर करना); थकावट दूर करना (मिटाना); ताज़ा होना; तबीयत में ताज़गी आना

【解放】jiěfàng ❶मुक्ति; आज़ादी; मुक्त; आज़ाद：～生产力 उत्पादक शक्ति मुक्त कराना / 民族～运动 राष्ट्रीय मुक्ति आन्दोलन / 妇女～ नारी मुक्ति / ～思想 विचारों को बंधनों से मुक्त कराना ❷मुक्ति (जिस का अर्थ 1949 ई० में चीन की मुख्य भूमि पर कोमिंगतांग शासन की समाप्ति से है)：～前 मुक्ति से पहले

【解放军】jiěfàngjūn ❶मुक्ति सेना; मुक्ति वाहिणी ❷中国人民解放军 Zhōngguó Rénmín Jiěfàngjūn का संक्षिप्त नाम ❸चीनी जन मुक्ति सेना का सिपाही

【解放战争】jiěfàng zhànzhēng ❶मुक्ति युद्ध ❷चीन का मुक्ति युद्ध (1945-1949 ई०)

【解构】jiěgòu विश्लेषण; विश्लेषण करना：对历史进行～ इतिहास का विश्लेषण करना

【解雇】jiěgù नौकरी से निकालना

【解恨】jiěhèn गुस्सा उतारना (निकालना)：这坏家伙，揍他一顿也不～。इस बदमाश को मारने पर भी हम अपना गुस्सा उतार नहीं सकते।

【解惑】jiěhuò 〈लि०〉संदेह दूर करना

【解甲归田】jiějiǎ-guītián कवच उतार कर घर वापस जाना —— सैन्य सेवा से निवृत्त होना

【解禁】jiějìn प्रतिबंध उठाना; पाबन्दी समाप्त कर देना

【解救】jiějiù उबारना; उद्धार करना; बचाना; उबरना; बचना：～人质 बंधकों को उबारना / ～经济危机 आर्थिक संकट से उबरना

【解决】jiějué ❶हल; समाधान; निपटारा; हल करना (होना); हल निकालना; समाधान करना; निपटारा करना; निबटाना; दूर करना; सुलझाना; समाप्त करना：～争端 विवादों का समाधान करना / ～问题 सवाल का हल निकालना / ～冲突 मुठभेड़ समाप्त करना / ～困难 कठिनाई दूर करना ❷नाश करना; नष्ट करना：这一仗～了敌人的大部分有生力量。इस लड़ाई में दुश्मन की अधिकतर साधक शक्तियों का नाश कर दिया गया।

【解开】jiěkāi खोलना; सुलझाना; खुलना; सुलझना：～上衣 जाकिट के बटन खोलना / ～绳结 गुत्थी सुलझाना / ～疑团 शक दूर करना

【解渴】jiěkě प्यास बुझाना; प्यास दूर करना

【解困】jiěkùn कठिनाई दूर करना; कठिनाई से छुटकारा दिलाना：为农业～ कृषि को कठिनाई से छुटकारा दिलाना / 国有企业～ सार्वजनिक उपक्रमों की कठिनाइयाँ दूर करना

【解铃还须系铃人】jiě líng hái xū xì líng rén（解铃系铃 jiě líng xì líng भी）घंटी उतारने का सब से अच्छा उपाय घंटी लटकानेवाला ही कर सकता है —— जो गड़बड़ी पैदा करता है, उसी को गड़बड़ी दूर करनी चाहिए।

【解码】jiěmǎ कोड की व्याख्या करना

【解闷】jiěmèn बहलाना; बहलना

【解民倒悬】jiěmín-dàoxuán जनता को विपत्तियों से उबारना

【解难】jiěnán कठिनाई दूर करना

【解难】jiěnàn संकट या विपत्ति से छुटकारा दिलाना：排忧解难 pái yōu jiě nàn

【解囊】jiěnáng खुली मुट्ठी का होना; खुले हाथों देना

【解囊相助】jiěnáng-xiāngzhù दूसरों की मदद करने में उदार होना

【解聘】jiěpìn बर्खास्त करना; नौकरी से हटाना

【解剖】jiěpōu ❶चीर-फाड़; विच्छेदन; चीर-फाड़ करना; विच्छेदन करना ❷विश्लेषण करना

【解剖刀】jiěpōudāo स्काल्पेल; चीर-फाड़ करने का चाकू; छुरी

【解剖麻雀】jiěpōu máquè गौरैया का विच्छेदन करना —— प्रतिनिधिक मामले का विश्लेषण करना

【解剖学】jiěpōuxué शरीर रचना विज्ञान

【解气】jiěqì क्रोध शांत करना; झुंझलाहट दूर करना

【解劝】jiěquàn समझाना; समझाना-बुझाना; समझाना-मनाना; मनाना; राज़ी करना; ढाढ़स बंधाना

【解散】jiěsàn ❶डिसमिस करना; विसर्जित करना ❷भंग करना; तोड़ना：～议会 संसद भंग करना

【解事】jiěshì अनुभवी और समझदार होना

【解释】jiěshì व्याख्या; स्पष्टीकरण; व्याख्या करना; स्पष्टीकरण देना; स्पष्ट करना：～立场 अपना रुख स्पष्ट करना / ～法律条文 कानून के अनुच्छेदों की व्याख्या करना / 对这个问题您作何～? इस मामले पर आप क्या स्पष्टीकरण दे सकते हैं?

【解释性】jiěshìxìng व्याख्यात्मक：～发言 व्याख्यात्मक भाषण (देना) / ～条款 व्याख्यात्मक अनुच्छेद

【解手】[1] jiěshǒu पाखाना जाना; पाखाना फिरना; टट्टी करना

【解手】[2] jiěshǒu 〈लि०〉जुदा होना; अलग होना

【解说】jiěshuō विवरण देना; बताना：您跟他们～一下这种机器的使用方法。आप उन्हें बता दें कि इस प्रकार की मशीन कैसे चलाई जाती है।

【解说词】jiěshuōcí विवरण

【解说员】jiěshuōyuán अनाउंसर; कमेंटेटर

【解题】jiětí (गणित आदि का) सवाल हल करना

【解体】jiětǐ विघटन; विघटित; विघटन होना; विघटित होना：联盟～ संघ का विघटन होना; संघ विघटित होना

【解脱】jiětuō ❶〈बौद्धधर्म〉मोक्ष ❷मुक्त करना (होना); पिंड छुड़ाना; छुटकारा पाना：从困境中～出来 संकट से पिंड छुड़ाना ❸माफ़ी; दोषमुक्ति; माफ़ी देना; दोषमुक्त करना

【解围】jiěwéi ❶घेराव (घेराबंदी) तोड़ना ❷झमेले से छुड़वाना; झंझट से छुटकारा दिलाना：你快去给他～吧! तुम जल्दी जाओ और उसे झमेले से छुड़ाओ।

【解悟】jiěwù समझ में आना; बोध होना

【解析几何】 jiěxī jǐhé विश्लेषणात्मक ज्यामिती
【解严】 jiěyán मार्शल लॉ उठाना; कर्फ़्यू उठाना
【解衣】 jiěyī वस्त्र उतारना
【解疑】 jiěyí ❶शक दूर करना (होना) ❷कठिन समस्या का समाधान करना
【解颐】 jiěyí 〈लि०〉 चेहरे पर मुस्कान खिलना
【解忧】 jiěyōu दुख, चिंता आदि दूर करना
【解约】 jiěyuē समझौता (अनुबंध) रद्द करना
【解职】 jiězhí पद से हटाना; पदच्युत करना; बर्खास्त करना

jiè

介1 jiè ❶के बीच (स्थित) होना; के मध्य होना; मध्यस्थ होना: ～于两者之间 दोनों के बीच होना ❷परिचय; परिचय कराना: 介绍 ❸(दिल में) जगह करना; संजोए रखना: 介怀 / 介意

介2 jiè ❶कवच; बख्तर; वर्म: 介胄 ❷खोल: 介壳

介3 jiè 〈लि०〉 सच्चा; सत्यनिष्ठ: 耿介 gěngjiè

介4 jiè प्राचीन नाटक में अंग-संचालन की परिभाषा: 饮酒～ मदिरा पीते हुए

【介词】 jiècí 〈व्या०〉 पूर्वसर्ग
【介怀】 jièhuái 介意 के समान
【介壳】 jièqiào (सीप, घोंघे, शंख आदि का) खोल
【介壳虫】 jièqiàochóng खपड़ीदार कीट
【介入】 jièrù हस्तक्षेप; दखल; दखलन्दाज़ी; हस्तक्षेप करना; दखल देना; दखलन्दाज़ी करना; टांग अड़ाना; हाथ डालना: 不～两国间争端 दो देशों के बीच विवाद में हस्तक्षेप न करना / 您为什么要～此事? आप ने इस मामले में हाथ क्यों डाला?
【介绍】 jièshào ❶परिचय कराना; मिलाना: 我来～一下，这位是王先生。आइये, मैं आप से मिस्टर वांग का परिचय कराता हूँ। ❷सिफ़ारिश करना; के पक्ष में बोलना: 他～我入会。उन्हों ने इस सोसाइटी का सदस्य बनाने के लिए मेरी सिफ़ारिश की। ❸परिचय देना; जानकारी देना; अवगत कराना: 他向我～了本国经济发展的情况。उन्हों ने मुझ से अपने देश के आर्थिक विकास से अवगत कराया।
【介绍人】 jièshàorén ❶सिफ़ारिश करने वाला ❷शादी तय कराने वाला
【介绍信】 jièshàoxìn परिचय पत्र; सिफ़ारिश पत्र
【介意】 jièyì (प्रायः नकारात्मक रूप में प्रयुक्त) बुरा लगना; बुरा मानना; ऐतराज़ होना (करना); आपत्ति होना (करना): 即使有人说了不中听的话，他也不会～。यदि किसी ने अप्रिय बात की भी, तो भी उसे आपत्ति नहीं होगी। / 刚才是句玩笑话，你不会～吧。यह बात मैं ने मज़ाक में कही। तुम्हें बुरा तो नहीं लगा!
【介音】 jièyīn 〈ध्वनि०〉 किसी अंतिम स्वर के आगे आने वाला अर्धस्वर
【介质】 jièzhì 〈भौ०〉 मीडियम; माध्यम
【介胄】 jièzhòu 〈लि०〉 कवच; बख्तर; वर्म
【介子】 jièzǐ 〈भौ०〉 मेसन; मेसोट्रोन

戒 jiè ❶सतर्क रहना; चौकस होना; सावधान रहना; सचेत होना; चौकन्ना होना: 戒备 ❷चेतावनी: 引以为戒 yǐn yǐ wéi jiè ❸छोड़ना; बन्द करना: ～烟 सिगरेट पीने की आदत छोड़ना ❹〈बौद्धधर्म〉 शील: 受戒 shòu-jiè ❺अंगूठी: 戒指

【戒备】 jièbèi सतर्कता; चौकसी; सतर्क; चौकस: 加强～ चौकसी बढ़ाना / 处于～状态 सतर्क हो जाना
【戒备森严】 jièbèi sēnyán सुरक्षा की कड़ी व्यवस्था करना
【戒尺】 jièchǐ (शिष्यों को सज़ा देने के लिए) गुरु का रुलर
【戒除】 jièchú छोड़ना; छुड़ाना: ～恶习 लत छुड़ाना
【戒刀】 jièdāo बौद्धभिक्षुओं का छुरा
【戒牒】 jièdié 度牒 dùdié के समान
【戒毒】 jièdú नशीली वस्तुओं से दूर रहना; मादक पदार्थों के सेवन से बाज़ आना
【戒忌】 jièjì ❶निषेध; वर्जन; वर्जित कर्म; निषिद्ध; वर्जित ❷निषेध तोड़ने से चौकन्ना रहना
【戒骄戒躁】 jièjiāo-jièzào घमंड और उतावलेपन से बचना
【戒惧】 jièjù चौकसी और भय
【戒律】 jièlǜ धार्मिक अनुशासन; धर्मोपदेश
【戒条】 jiètiáo 戒律 के समान
【戒心】 jièxīn सतर्कता; सावधानी: 存有～ से साव-धानी बरतना; से सतर्क रहना
【戒严】 jièyán मार्शल लॉ लागू करना; कर्फ़्यू लगाना: ～令 मार्शल लॉ की घोषणा / 实行～ मार्शल लॉ लागू करना; कर्फ़्यू लगाना
【戒指】 jièzhi अंगूठी: 戴～ अंगूठी पहनना

芥 jiè सरसों
gài भी दे०

【芥菜】 jiècài सरसों —— gàicài भी दे०
【芥蒂】 jièdì 〈लि०〉 दुर्भाव; मनमुटाव; वैमनस्य: 心存～ मन में मैल आना
【芥末】 jièmo मस्टर्ड; सरसों
【芥子】 jièzǐ राई
【芥子气】 jièzǐqì 〈रसा०〉 मस्टर्ड गैस

届 jiè ❶(नियत समय) पर: 届期 ❷〈परि०श०〉 (अधिवेशन, स्नातक की कक्षाओं आदि के लिए): 第四十五～联合国大会 संयुक्त राष्ट्र महासभा का 45वाँ अधिवेशन / 第一～全国人民代表大会 प्रथम राष्ट्रीय जन प्रतिनिधि सभा
【届满】 jièmǎn कार्यकाल समाप्त होना: ～离任 कार्य-काल समाप्त होने पर पद से हटना

【届期】 jièqī नियत तिथि को; समय पर

【届时】 jièshí उस समय; तब; अवसर पर; मौके पर: 中国文化节将于下周举行，～将举行盛大的开幕式。चीनी संस्कृति उत्सव अगले सप्ताह मनाया जाएगा । इस अवसर पर एक भव्य उद्घाटन समारोह आयोजित किया जाएगा ।

界 jiè ❶सीमा; हद: 这两个村子以这条小河为～。इन दो गांवों की सीमा यही सरिता है । ❷विस्तार; फैलाव; क्षेत्र: 眼界 yǎnjiè / 外界 wàijiè ❸जगत: 文艺界 wényìjiè ❹जगत: 矿物（动物，植物）～ खनिज (प्राणी, वनस्पति) जगत ❺〈भूगर्भ०〉 एराथेम

【界碑】 jièbēi सीमाचिन्ह; सीमास्तंभ

【界标】 jièbiāo सीमाचिन्ह

【界尺】 jièchǐ बिना निशान का रुलर

【界定】 jièdìng निर्धारित करना: 两个单位的分工要有明确的～。दो संस्थाओं के कार्य क्षेत्रों की निर्धारित मर्यादा होनी चाहिए ।

【界河】 jièhé सीमा-नदी

【界山】 jièshān सीमा-गिरी

【界石】 jièshí सीमापत्थर; सीमास्तंभ

【界说】 jièshuō 〈पुराना〉 परिभाषा

【界限】 jièxiàn ❶सीमा; विभाजन-रेखा; सीमा-रेखा: 划清～ एक स्पष्ट विभाजन-रेखा खींचना ❷हद; अंत

【界线】 jièxiàn ❶सीमा-रेखा ❷界限❶ के समान

【界桩】 jièzhuāng सीमाचिन्ह; सीमापत्थर

疥 jiè खुजली; खाज; खारिश

【疥疮】 jièchuāng खुजली; खाज; खारिश

【疥蛤蟆】 jièháma भेक

诫（誡） jiè चेतावनी: 告诫 gàojiè

蚧 jiè दे० 蛤蚧 géjiè

借[1] jiè ❶लेना; उधार लेना: 跟人～钱 किसी दूसरे से रुपया-पैसा उधार लेना ❷देना; उधार देना: ～钱给人 किसी दूसरे को रुपया-पैसा उधार देना

借[2]（藉） jiè ❶के बहाने; बहाना बनाकर: 借端 / 借故 ❷लाभ उठाना; फ़ायदा उठाना; प्रयोग करना; सहारा लेना: 我愿～此机会向大家表示感谢。मैं इस अवसर का प्रयोग आप लोगों का शुक्रिया अदा करने के लिए करना चाहता हूँ । / ～机谋私利 मौके का बेजा फ़ायदा उठाते हुए स्वार्थ सिद्धि करना / ～着灯光看书 बत्ती की रोशनी में पढ़ना

【借词】 jiècí 〈भा०वि०〉 गृहीत शब्द; आगत शब्द

【借贷】 jièdài ❶रुपया-पैसा उधार देना; कर्ज़ देना ❷विकलन एवं आकलन पक्ष

【借刀杀人】 jièdāo-shārén किसी को दूसरे के हाथों से मरवाना; किसी एक के द्वारा किसी दूसरे से अपना पिंड छुड़वाना

【借调】 jièdiào अस्थाई बदली: 他被～到电台工作。उस की रेडियो स्टेशन में अस्थाई बदली हुई ।

【借读】 jièdú किसी स्कूल में अस्थाई रूप से पढ़ना

【借端】 jièduān के बहाने; बहाना बनाकर: ～生事 किसी बहाने से गड़बड़ी पैदा करना

【借方】 jièfāng 〈हिसाब०〉 विकलन पक्ष

【借风使船】 jièfēng-shǐchuán हवा के सहारे नाव चलाना —— दूसरे के द्वारा अपना मतलब निकालना

【借古讽今】 jiègǔ-fěngjīn अतीत की कहानी सुनाकर वर्तमान की आलोचना करना

【借故】 jiègù बहाना बनाना: ～推托 बहाना बनाकर इनकार करना

【借光】 jièguāng 〈शिष्ट०〉 कृपया: ～，让我过去。कृपया, आप ज़रा रास्ते से हटिए । / ～，去火车站怎么走? कृपया, बताइये कि रेल-स्टेशन किस दिशा में है ?

【借花献佛】 jièhuā-xiànfó बुद्ध को दूसरे के दिए फूल चढ़ाना —— दूसरे की दी हुई वस्तु को उपहार बनाना

【借火】 jièhuǒ धूम्रपान के लिए आग मांगना

【借鉴】 jièjiàn（借镜 jièjìng भी）सबक लेना; अनुभव ग्रहण करना: ～他国的经验 दूसरे देशों के अनुभव ग्रहण करना

【借酒浇愁】 jièjiǔ-jiāochóu शराब पी पीकर दुख दूर करने की कोशिश करना

【借据】 jièjù ऋण स्वीकृति पत्र; ऋणपत्र; कर्ज़पत्र

【借口】 jièkǒu ❶के बहाने; बहाना बनाकर: 他～忙先走了。वह व्यस्तता के बहाने चला गया । ❷बहाना: 找～ बहाना ढूंढना

【借款】 jièkuǎn ❶रुपया-पैसा उधार लेना (या देना); कर्ज़ लेना (या देना) ❷कर्ज़; ऋण

【借尸还魂】 jièshī-huánhún (एक मृत की) आत्मा का दूसरे के शव में पुनर्जीवित होना —— (किसी अनिष्ट का) नए रूप में फिर उभर आना

【借水行舟】 jièshuǐ-xíngzhōu 借风使船 jièfēng-shǐchuán के समान

【借宿】 jièsù दूसरे के घर में रात बिताना

【借题发挥】 jiètí-fāhuī वाद-विवाद के विषय का लाभ उठाकर अपने विचारों पर प्रकाश डालना; किसी प्रसंग को लेकर अतिरंजना करना

【借条】 jiètiáo ऋणपत्र; कर्ज़पत्र; कर्ज़ की रसीद

【借位】 jièwèi (बाकी निकालने में) दहाई लेना

【借问】 jièwèn 〈शिष्ट०〉 क्या मैं पूछ सकता हूँ कि …

【借以】 jièyǐ ताकि; जिस से; के उद्देश्य से; के लिए: 他列举大量事实，～说明对方缺乏诚意。उस ने ढेर सारे तथ्य उपस्थित किये, ताकि यह सिद्ध हो सके कि विपक्ष में सदिच्छा का अभाव है ।

【借用】 jièyòng ❶मांगना: ～一下您的笔。क्या आप की कलम का प्रयोग कर सकता हूँ ? ❷किसी चीज़ का दूसरे उद्देश्य से प्रयोग करना: 他～一句歌词来表达自己的无奈。उस ने एक गीत के बोलों का उद्धरण देकर अपनी लाचारी व्यक्त की ।

【借债】 jièzhài कर्ज़ लेना; कर्ज़ उठाना

【借账】 jièzhàng कर्ज़ लेना; कर्ज़ उठाना

【借支】 jièzhī पेशगी या अग्रिम मांगना
【借重】 jièzhòng सहारा लेना; मदद लेना: 今后要～您的地方还很多。आइंदा हमें आप से खासी मदद लेनी होगी।
【借住】 jièzhù किसी दूसरे के घर में रहना
【借助】 jièzhù का सहारा लेना; के सहारे; की मदद से: ～望远镜观察天体 टेलीस्कोप के सहारे खगोलपिंडों का वेध करना

解（觧） jiè पहरेदारी में भेजना: 劫机犯已～到省里。विमान अपहर्ता को प्रांत की राजधानी में ले जाया गया।
jiě; xiè भी दे०
【解差】 jièchāi （解子 jièzi भी） 〈पुराना〉 अपराधी को ले जानेवाला सिपाही
【解送】 jièsòng पहरेदारी में भेजना; ले जाना
【解元】 jièyuán प्रांतीय शाही परीक्षा में प्रथम आया परीक्षार्थी

褯 jiè नीचे दे०
【褯子】 jièzi 〈बो०〉 पोतड़ा; गंड़तरा

藉 jiè ❶〈लि०〉 चटाई; छोटा गलीचा; गद्दी ❷नीचे रखना: 枕藉 zhěnjiè ❸借 [2]jiè के समान
jí भी दे०

jie

价（價） jie 〈लघु०अ०〉 〈बो०〉 ❶(ज़ोर देने के लिए नकारात्मक क्रिया विशेषणों के साथ प्रयुक्त): 不～。नहीं तो। ❷(प्रत्यय के रूप में कुछ क्रिया विशेषणों के साथ प्रयुक्त): 震天～响 भारी शोर-गुल मचाना
jià भी दे०

家 jie 价 jie❷ के समान
jiā भी दे०

jīn

巾 jīn पोंछने या ढांपने के काम आने वाला कपड़ा: 毛巾 máojīn / 浴巾 yùjīn / 头巾 tóujīn
【巾帼】 jīnguó ❶प्राचीन स्त्रियों का शीर्ष-आभूषण ❷नारी
【巾帼英雄】 jīnguó-yīngxióng वीरांगना

斤 [1]（觔） jīn चिन, एक परंपरागत तौल, जो 500 ग्राम के बराबर होती है —— 市斤 shìjīn भी दे०

斤 [2] jīn लकड़ी काटने का एक प्राचीन साधन
【斤斗】 jīndǒu 〈बो०〉 ❶गिर पड़ना ❷कलाबाज़ी (खाना); कलैया (मारना)
【斤斤】 jīnjīn (छोटे-मोटे मामलों पर) हद से ज़्यादा ज़ोर देना: ～于表面形式 किसी चीज़ के बाहरी रूप पर हद से ज़्यादा ज़ोर देना
【斤斤计较】 jīnjīn-jìjiào स्वार्थी; मतलबी: ～个人得失 अपनी ही गरज़ देखना
【斤两】 jīnliǎng वज़न; वज़नी: 他的话很有～。उस की बात वज़नी है।

今 jīn ❶वर्तमान; आधुनिक; अर्वाचीन: 当今 dāngjīn ❷वर्तमान दिन में; इस समय; इस घड़ी: 今天 / 从～以后 अब से ❸〈लि०〉 यह: 今番 / ～次 इस बार
【今草】 jīncǎo एक प्रकार की घसीट लिखावट
【今晨】 jīnchén आज की सुबह
【今番】 jīnfān इस वक्त; इस समय
【今非昔比】 jīnfēixībǐ काया पलटना; कायापलट होना
【今后】 jīnhòu अब से; आगे; भविष्य में; आइंदा; भावी; आनेवाला: 将于～一周内达成协议 आनेवाले सप्ताह में समझौता संपन्न करना / ～的工作 भावी कार्य
【今年】 jīnnián इस वर्ष; इस साल
【今儿】 jīnr （今儿个 jīnrge भी）〈बो०〉 आज
【今人】 jīnrén आज का व्यक्ति; समकालीन मनुष्य
【今日】 jīnrì आज; आज का दिन
【今生】 jīnshēng अपने जीवन में; अपनी ज़िन्दगी में
【今世】 jīnshì ❶समकालीन; हमारे युग का ❷अपने जीवन में; अपनी ज़िन्दगी में
【今天】 jīntiān ❶आज; आज का दिन; इस घड़ी; इस वक्त: ～上午 आज सुबह / ～他没去上班。आज वह ड्यूटी पर नहीं गया। ❷वर्तमान; आज का: ～的中国比过去任何时候都要强大。आज का चीन पहले के किसी भी समय से शक्तिशाली है।
【今晚】 jīnwǎn आज शाम; आज रात
【今夕】 jīnxī 〈लि०〉 आज रात; आज शाम
【今昔】 jīnxī आज और कल; अब और तब
【今昔对比】 jīnxī duìbǐ आज की अतीत से तुलना करना
【今宵】 jīnxiāo 〈लि०〉 आज रात
【今夜】 jīnyè आज शाम; आज रात
【今译】 jīnyì आधुनिक भाषा में अनुवाद: 古诗～ आधुनिक चीनी में अनूदित प्राचीन कविताएं
【今音】 jīnyīn चीनी अक्षरों का आधुनिक उच्चारण
【今朝】 jīnzhāo ❶〈बो०〉 आज; आज का दिन ❷वर्तमान; अब

金 [1] jīn ❶धातु: 合金 héjīn ❷रुपया-पैसा; धन: 现金 xiànjīn / 金钱 ❸प्राचीन काल में धातु से बने ताल-वाद्य, जैसे घड़ियाल: 鸣金收兵 míngjīn-shōubīng ❹〈रसा०〉 सोना; स्वर्ण ❺मूल्यवान; बहुमूल्य: 金口玉

言 ❻सुनहरा; स्वर्णिम：～色大字 बड़े स्वर्णिम अक्षर ❼（Jīn）एक कुलनाम

金 2 Jīn चिन राजवंश (1115 -1234 ई०)

【金榜】 jīnbǎng शाही परीक्षा में उत्तीर्ण परीक्षार्थियों की नामसूची：～题名 शाही परीक्षा में उत्तीर्ण होना
【金本位】 jīnběnwèi 〈अर्थ०〉 स्वर्णमान
【金笔】 jīnbǐ (बढ़िया) फ़ाउंटेन पेन
【金币】 jīnbì सोने का सिक्का
【金碧辉煌】 jīnbì–huīhuáng वैभवशाली; आलीशान; भव्य
【金箔】 jīnbó सोने की पन्नी; स्वर्ण पर्णिका
【金不换】 jīnbuhuàn बहुमूल्य; बेशकीमती; अमूल्य
【金灿灿】 jīncàncàn चमकदार; चमकीला; चमकता हुआ：～的阳光 सूर्य की स्वर्णिम किरणें
【金蝉脱壳】 jīnchán–tuōqiào चतुरता से बच निकलना
【金城汤池】 jīnchéng–tāngchí धातु से बना परकोटा और उबलते पानी से भरी खाइयाँ —— अभेद्य दुर्ग
【金疮】 jīnchuāng 〈चौ०चि०〉 तलवार आदि धातु से बने हथियारों से होने वाला घाव
【金额】 jīn'é 〈लि०〉 रकम; धन-राशि
【金风】 jīnfēng 〈लि०〉 पतझड़ की हवा
【金刚】 Jīngāng 〈बौद्धधर्म〉 वज्रधर
【金刚努目】 Jīngāng–nǔmù（金刚怒目 Jīngāng–nùmù भी）बौद्ध मंदिरों के द्वारपाल देवताओं की-सी कोप दृष्टि —— आंखों में खून उतरना
【金刚砂】 jīngāngshā कुरंड; मानिकरेत
【金刚石】 jīngāngshí हीरा; हीरक; डायमंड
【金刚钻】 jīngāngzuàn हीरा; हीरक; डायमंड
【金戈铁马】 jīngē–tiěmǎ स्वर्ण भाले और बख्तरबंद घोड़े —— युद्ध; योद्धा
【金工】 jīngōng मेटलवर्किंग; धातु-कर्म
【金龟】 jīnguī कछुआ; कच्छप
【金龟子】 jīnguīzǐ स्कैरब; गुबरैला
【金贵】 jīnguì मूल्यवान; कीमती：那里水比油～。वहाँ पानी तेल से अधिक मूल्यवान है।
【金衡】 jīnhéng हैम तौल प्रणाली
【金煌煌】 jīnhuánghuáng （金晃晃 jīnhuǎnghuǎng भी）स्वर्णिम; सुनहरा
【金黄】 jīnhuáng स्वर्णिम; सुनहरा
【金婚】 jīnhūn विवाह की स्वर्ण जयंती
【金鸡独立】 jīnjī–dúlì (मुर्गे की तरह) एक पैर के बल खड़ा होना
【金鸡纳霜】 jīnjīnàshuāng कुनैन
【金奖】 jīnjiǎng स्वर्ण पदक; प्रथम पुरस्कार
【金科玉律】 jīnkē–yùlǜ स्वर्ण नियम और बहुमूल्य आदेश —— अनुल्लंघनीय सिद्धांत：奉为～ अनुल्लंघनीय सिद्धांत मानना
【金口玉言】 jīnkǒu–yùyán वज़नी बात; बातों में वज़न होना
【金库】 jīnkù राजकोष
【金块】 jīnkuài सोने की ईंट
【金兰】 jīnlán ❶घनिष्ठ मैत्री; पक्की दोस्ती ❷मुंहबोले भाई-बहनें बनना：义结～ मुंहबोले भाई (बहनें) बनना
【金莲】 jīnlián कुमुदिनी चरण (पुराने ज़माने में नारियों के बंधे हुए पैरों की प्रशंसा में पुरुषों द्वारा प्रयुक्त पद)
【金銮殿】 jīnluándiàn सिंहासन भवन; दरबारे-खास
【金霉素】 jīnméisù ओरियोमाइसिन
【金迷纸醉】 jīnmí–zhǐzuì 纸醉金迷 zhǐzuì–jīnmí के समान
【金木水火土】 jīn–mù–shuǐ–huǒ–tǔ धातु, काष्ठ, जल, अग्नि और मृदा —— चीनी दर्शन के पांच द्रव्य
【金牛座】 jīnniúzuò वृष राशि
【金奈】 Jīnnài चन्नई
【金瓯】 jīn'ōu स्वर्ण प्याला —— प्रादेशिक भूमि：～无缺 प्रादेशिक अखंडता
【金牌】 jīnpái स्वर्ण पदक
【金钱】 jīnqián धन; रुपया-पैसा
【金钱豹】 jīnqiánbào तेंदुआ
【金枪鱼】 jīnqiāngyú टूना मछली
【金秋】 jīnqiū पतझड़：～季节 पतझड़ का मौसम
【金融】 jīnróng वित्त; मुद्रा; वित्तीय; मुद्रा-：～危机 वित्तीय संकट / ～机构 वित्तीय संस्था / ～市场 सराफ़ा बाज़ार / ～体制 वित्तीय व्यवस्था / ～中心 वित्तीय केन्द्र / ～资本 वित्तीय पूँजी / ～界 वित्तीय जगत्
【金嗓子】 jīnsǎngzi सुरीली आवाज़; मधुर स्वर
【金色】 jīnsè सुनहरा; सुनहला; स्वर्णिम
【金石】 jīnshí ❶〈लि०〉 धातु और प्रस्तर —— कठोरता और शक्ति का द्योतक ❷प्राचीनकालीन कांस्य एवं प्रस्तर बरतनों पर अंकित अभिलेख
【金属】 jīnshǔ धातु
【金属工艺品】 jīnshǔ gōngyìpǐn धातु शिल्प कृति
【金属加工】 jīnshǔ jiāgōng धातुकर्म
【金属探测器】 jīnshǔ tàncèqì मेटल डिटेक्टर
【金丝猴】 jīnsīhóu सुनहरा बन्दर
【金汤】 jīntāng 金城汤池 का संक्षिप्त रूप —— 固若金汤 gùruò jīntāng
【金条】 jīntiáo स्वर्ण की शलाका
【金文】 jīnwén प्राचीन कांस्य बरतनों पर अंकित अभिलेख
【金乌】 jīnwū 〈साहि०〉 स्वर्ण कौवा —— सूरज
【金星】[1] jīnxīng शुक्र ग्रह; वीनस
【金星】[2] jīnxīng ❶स्वर्णिम तारा ❷तारा：眼冒～ तारे दिखाई देना
【金银花】 jīnyínhuā मधुमालती लता
【金鱼】 jīnyú गोल्डफ़िश; स्वर्ण मछली：～缸 गोल्डफ़िश बेसिन
【金玉】 jīnyù 〈लि०〉 स्वर्ण और जेड —— मूल्यवान; कीमती
【金玉良言】 jīnyù–liángyán मूल्यवान सलाह
【金玉满堂】 jīnyù–mǎntáng सोने और जेड से भरा कक्ष —— संपन्नता; अमीरी
【金玉其外，败絮其中】 jīnyù–qíwài，bàixù–

qízhōng सोने और जेड से ढका कबाड़ा —— दिखावा मात्र

【金针】 jīnzhēn ❶एक्युपंक्चर में काम आनेवाली सुइयाँ ❷डे लिली के सूखे फूल

【金针菜】 jīnzhēncài डे लिली

【金枝玉叶】 jīnzhī-yùyè शाही परिवार या उच्च कुल की संतान

【金字塔】 jīnzìtǎ पिरामिड

【金字招牌】 jīnzì zhāopái स्वर्ण अक्षरों वाला साइन-बोर्ड —— वह वस्तु या खिताब, जिस के सहारे शेखीबाज़ी की जाती हो

【金子】 jīnzi सोना; स्वर्ण

津 1 jīn ❶लार; राल; लाला ❷पसीना: 遍体生～ पसीने से तरबतर होना ❸नमी; आर्द्रता

津 2 jīn ❶घाट: ～渡 नौघाट ❷天津 Tiānjīn का संक्षिप्त नाम

【津巴布韦】 Jīnbābùwéi जिम्बाब्वे

【津津】 jīnjīn ❶मज़े से; चाव से; रुचि से; दिलचस्पी से ❷बहना; बहाना: 汗～ पसीना बहाना (बहना) / 水～ पानी बहना

【津津乐道】 jīnjīn-lèdào किसी बात में रुचि लेना; की चर्चा में आनन्द उठाना

【津津有味】 jīnjīn-yǒuwèi मज़े से; रुचि से; चाव से: 他吃得～。 वह मज़े से खा रहा है। / 这童话故事小朋友听得～。 बच्चे यह परीकथा बड़े चाव से सुन रहे हैं। / 读得～ रुचि से पढ़ना

【津梁】 jīnliáng <लि०> घाट और पुल —— मदद; सहायता

【津贴】 jīntiē ❶आर्थिक सहायता; भत्ता: 出差～ यात्रा भत्ता / 伙食～ भोजन भत्ता / 住房～ आवास भत्ता ❷भत्ता देना; आर्थिक सहायता देना

【津要】 jīnyào <लि०> ❶महत्वपूर्ण स्थान ❷महत्वपूर्ण पद

【津液】 jīnyè ❶<ची०चि०> शरीर का द्रव ❷लार; राल; लाला

衿 jīn ❶襟 jīn के समान ❷<लि०> मेखला; करधनी

矜 jīn ❶तरस; दया; रहम; पर तरस खाना; पर दया करना; पर रहम करना ❷दंभ; स्वाभिमान; अहंकार; दंभी; स्वाभिमानी; अहंकारी: 矜夸 ❸संयम; संयमी; संयत: 矜重

qín भी दे०

【矜持】 jīnchí संयम; संयमी; संयत: 举止～ संयमी होना

【矜夸】 jīnkuā दंभी होना

【矜恤】 jīnxù पर तरस खाना; पर दया (रहम) करना

【矜重】 jīnzhòng संयम बरतना

筋（觔） jīn ❶मांसपेशी ❷<बोल०> नस; कंदरा; शिरा: 青～暴起 नसें तन जाना / 叶～ पत्ते की शिराएं

【筋斗】 jīndǒu <बो०> ❶कलाबाज़ी: 翻～ कलाबाज़ी खाना ❷गिर पड़ना; एकबारगी गिरना: 他摔了个～。 वह एकबारगी गिर गया।

【筋骨】 jīngǔ मांसपेशियाँ और हड्डियाँ —— बदन; डील-डौल: 锻炼～ बदन गठीला बनाना

【筋节】 jīnjié ❶मांसपेशियाँ और जोड़ ❷भाषण या लेख की महत्वपूर्ण कड़ियाँ

【筋疲力尽】 jīnpí-lìjìn（精疲力竭 jīngpí-lìjié भी）थका-मांदा होना; हारा हुआ होना; थककर चूर होना

【筋肉】 jīnròu मांसपेशी

禁 jīn ❶टिकना; टिके रहना; मज़बूत होना; टिकाऊ होना; पक्का होना: 这双鞋～穿。 ये जूते टिकाऊ हैं। ❷नियंत्रित होना; अपने आप को वश में रखना: 不禁 bùjīn

jìn भी दे०

【禁不起】 jīnbuqǐ (परीक्षा इत्यादि में) अनुत्तीर्ण होना; विफल होना: ～严峻考验 कठोर परीक्षा में अनुत्तीर्ण होना

【禁不住】 jīnbuzhù ❶विचलित होना; सह न सकना; झेल न सकना: 这精密仪器～碰撞。 यह सूक्ष्म उपकरण टक्कर नहीं सह सकता। / 她～批评，哭了。 वह दूसरों की आलोचना से विचलित होकर रो पड़ी। ❷अपने आप को रोक न सकना: ～哭了 अपने आप को रोक न सकना और रो पड़ना / ～大笑起来 अपने आप को रोक न सकना और ठहाका मारने लगना

【禁得起】 jīndeqǐ (परीक्षा इत्यादि में) उत्तीर्ण होना; सफल होना: 青年人要～各种考验。 युवाओं को विभिन्न परीक्षाओं में उत्तीर्ण होना चाहिए।

【禁得住】 jīndezhù सहन कर सकना; वहन कर सकना: 这座桥只～四吨重的卡车通过。 यह पुल केवल चार टन भारी ट्रक का भार सहन कर सकता है।

【禁受】 jīnshòu खरा उतरना; सफल होना; सहना; अविचलित होना: ～打击 चोट से अविचलित होना / ～考验 परीक्षा में खरा उतरना

襟 jīn ❶वस्त्र का आगे का हिस्सा ❷साढू; पत्नी की बहन का पति ❸हृदय; मन; अंतःकरण: 襟怀

【襟怀】 jīnhuái हृदय; मन; अंतःकरण

【襟怀坦白】 jīnhuái-tǎnbái शुद्धहृदय

jǐn

仅（僅） jǐn <क्रि०वि०> सिर्फ़; केवल; मात्र; ही: ～他一人未来。 केवल वह नहीं आया।

jìn भी दे०

【仅见】 jǐnjiàn कम देखने को मिलना; दुर्लभ होना

【仅仅】 jǐnjǐn <क्रि०वि०> केवल; सिर्फ़; मात्र; ही: 他～是个孩子。 वह बच्चा ही तो है। / 这～是个开端。 यह सिर्फ़ एक शुरूआत है। / 他发言～用了五分钟。 उस ने मात्र पांच मिनटों में अपना भाषण समाप्त किया।

【仅只】 jǐnzhǐ <क्रि०वि०> केवल; सिर्फ़; मात्र; ही: ～

养鸡一项就收益两万余元。केवल कुक्कुट-पालन से बीस हज़ार य्वान से अधिक आमदनी हुई।

尽[1] （儘）jǐn ❶<क्रि०वि०> अधिकतम हद तक：～快 जल्दी से जल्दी / ～着平生的力气 पूरी ताकत से ❷की सीमा के अन्दर：～着三天把事情办成。यह काम तीन दिनों के अन्दर पूरा करो। ❸प्राथमिकता देना：～着老年人走。बूढ़ों को पहले जाने दो। ❹<क्रि०वि०> दूरतम; छोर का; अधिकतम：～前头 सब से आगे / ～北边 उत्तरी छोर पर / 村子～东头 गांव के पूर्वी सिरे पर

尽[2] （儘）jǐn <बो०> होता रहना; करता रहना：这些天～刮风。इन दिनों हवा बराबर चलती रही है। / ～哭也没用。रोते रहने से कोई काम नहीं चलेगा।

jìn भी दे०

【尽管】 jǐnguǎn ❶<क्रि०वि०> बिना झिझक के; हिचक के बिना：大家对这个问题有什么看法，～提出来。आप लोग इस सवाल पर बिना झिझक के अपने विचार प्रस्तुत करें। / 您～拿吧。जितना चाहें, ले जाइये। ❷<क्रि०वि०> <बो०> हमेशा; सदा ❸<संयो०> हालांकि; यद्यपि; के बावजूद; तिस पर भी; होने पर भी：～遭受洪灾，今年粮食还是丰收了。हालांकि इस वर्ष बाढ़ आई, लेकिन अनाज की फ़सल फिर भी शानदार हुई; इस साल बाढ़ के बावजूद अनाज की शानदार फ़सल काटी गई; इस साल बाढ़ आने पर भी अनाज की शानदार फ़सल हुई।

【尽可能】 jǐnkěnéng <क्रि०वि०> यथासंभव; जो हो सके：我～做好。मैं यथासंभव कोशिश करूँगा। / 您～早点来。जितनी जल्दी हो सके, आ जाइये।

【尽快】 jǐnkuài जल्दी से जल्दी; शीघ्रातिशीघ्र; जितनी जल्दी हो सके：你～把这件事办妥。तुम शीघ्रातिशीघ्र यह काम निपटा दो। / ～投入使用 जल्दी से जल्दी काम में लाना

【尽量】 jǐnliàng <क्रि०वि०> यथाशक्ति; शक्ति के अनुसार：～帮助 यथाशक्ति सहायता देना / ～采用先进技术 नई तकनीकें यथाशक्ति अपनाना

jìnliàng भी दे०

【尽让】 jǐnràng <बो०> दूसरों को पहले काम करने देना

【尽先】 jǐnxiān प्राथमिकता देना：～解决粮食问题 खाद्यान्न की समस्या के समाधान को प्राथमिकता देना / ～满足老年人的需要 पहलेपहल बूढ़ों की ज़रूरतें पूरी करना

【尽早】 jǐnzǎo जितनी जल्दी हो सके

【尽自】 jǐnzi <बो०> हमेशा; सदा; लगातार：她不言语，～笑。वह बोली कुछ नहीं, बल्कि लगातार हंसती रही।

卺 jǐn <लि०> प्राचीन विवाहोत्सव में प्रयुक्त मदिरा-पात्र：合卺 héjǐn

紧 （緊）jǐn ❶तना हुआ; कसा हुआ; चुस्त：绳子拉得很～。रस्सी एकदम तनी हुई है। / 螺丝拧～了。पेंच कसा हुआ है। ❷मज़बूती; कड़ाई; मज़बूत; कड़ा：抓～मज़बूती से पकड़ना; कसकर पकड़ना / ～盯住他 उस पर कड़ी नज़र रखना ❸तानना; कसना：～一～螺丝钉 पेंच कस दो। / 您把弦～一下。आप तंतुओं को तान दो। ❹बहुत निकट का; घनिष्ठ; तंग：鞋～，穿着不舒服。ये जूते तंग हैं। पहनकर तकलीफ़ होती है। / 他住在我的～隔壁。वह मेरा निकट का पड़ोसी है। / 全国人民团结～。समूचे देश की जनता घनिष्ठ रूप से एकजुट है। ❺एक के बाद एक; लगातार：～催 लगातार हड़बड़ाना / 一个问题～接着一个问题。एक के बाद एक सवाल पूछे गए। ❻तीव्र; प्रचंड; अत्यावश्यक：风刮得～。तेज़ हवा चल रही है। / 任务～。यह कार्य अत्यावश्यक है। ❼पैसे की कमी; तंगी; तंगदस्ती; अर्थकष्ट; तंग：手头～ हाथ तंग होना; तंगदस्ती होना

【紧巴巴】 jǐnbābā ❶चुस्त; तंग; कसा हुआ：这衣服小了，穿上～的。यह कपड़ा छोटा है, बहुत चुस्त लगता है। ❷तंगी; तंगदस्ती; अर्थकष्ट：手头～的。तंगी है।

【紧绷绷】 jǐnbēngbēng ❶कसकर बांधा हुआ：皮带系得～的。पेटी कसकर बांधी हुई है। ❷(मुंह) फुलाना：他脸～的，像是很生气的样子。वह मुंह फुलाए हुए है। लगता है कि वह रुष्ट है।

【紧逼】 jǐnbī पर ज़ोर डालना; पर दबाव डालना; से आग्रह करना

【紧凑】 jǐncòu चुस्त; सघन; सुगठित; जुड़ा हुआ; सटा हुआ; कसाव：这篇小说情节～。इस कहानी में कसाव है। / 这座小区布局～。यह बस्ती सुगठित रूप से निर्मित है। / 参观日程很～。यात्रा का कार्यक्रम बहुत व्यस्त है।

【紧箍咒】 jǐngūzhòu स्वर्ण टोपी कसने का मंत्र (जिसे फूंककर 'पश्चिम की यात्रा'《西游记》में आचार्य थांगसंग 唐僧 वानर राजा पर नियंत्रित करते हैं) —— निषेध; रोक

【紧急】 jǐnjí आपात; संकटपूर्ण; नाज़ुक; बहुत ज़रूरी：～情况 नाज़ुक स्थिति / 这是个～任务。यह एक बहुत ज़रूरी काम है। / 召开～会议 आपात बैठक बुलाना / ～关头 नाज़ुक घड़ी / ～措施 आपात कदम

【紧急警报】 jǐnjí jǐngbào एमर्जेंसी अलार्म

【紧急状态】 jǐnjí zhuàngtài आपात स्थिति：宣布实行～ आपात स्थिति घोषित करना

【紧邻】 jǐnlín निकट पड़ोसी

【紧锣密鼓】 jǐnluó-mìgǔ ढोल-नगाड़े बेतहाशा बजाना —— तेज़ प्रचार अभियान (चलाना)

【紧密】 jǐnmì ❶घनिष्ठ; अविभाजित; अभिन्न：～团结 घनिष्ठ एकता; घनिष्ठ रूप से एकजुट होना / ～合作 घनिष्ठ सहयोग ❷लगातार; निरन्तर：～的雨点 मूसलाधार वर्षा

【紧迫】 jǐnpò आपात; नाज़ुक：情势～。स्थिति नाज़ुक है। / ～感 अपरिहार्यता; अविलंबितता / 时间～。समय कम है।

【紧俏】 jǐnqiào (माल की) मांग अधिक पर आपूर्ति कम

【紧身儿】 jǐnshēnr चुस्त गंजी

【紧缩】 jǐnsuō कम करना; घटाना; कटौती करना：～开支 खर्च कम करना / ～机构 संस्थाओं को कम करना

【紧要】 jǐnyào संकटपूर्ण; नाज़ुक; अत्यावश्यक：～关

头 संकट की घड़ी / 这一点无关～。यह बात अत्यावश्यक नहीं है।

【紧张】 jǐnzhāng ❶अधीरता; घबराहट; व्याकुलता; बेचैनी; अधीर; व्याकुल; बेचैन; घबराना: 神情～ चेहरे पर घबराहट झलकना / 别～，慢慢说。अधीर न हो। धीरज से बात करो। ❷तनाव; तनावपूर्ण: 缓和国际～局势 अंतरराष्ट्रीय तनाव कम करना / 两国关系～。दो देशों के बीच तनाव है। / 大家都在～地工作。सभी लोग काम में संलग्न हैं। / 日程安排得太～。कार्यक्रम बहुत व्यस्त है। ❸कमी; अभाव: 电力～ बिजली की कमी होना / 住房～ आवास का अभाव होना

【紧着】 jǐnzhe <बोल०> जल्दी करना; तेज़ करना; तेज़ी लाना: 你干得太慢了，得～点儿。तुम तो काम बहुत धीरे से कर रहे हो। ज़रा जल्दी करो।

【紧自】 jǐnzì <बोल०> बराबर; लगातार: 他的心～直跳。उस का दिल बराबर धकधक करता रहा।

锦（錦） jǐn ❶ब्रोकेड; कमखाब ❷चमकीला और सुन्दर: ～霞 गुलाबी रंग के बादल

【锦标】 jǐnbiāo पुरस्कार; पारितोषक; ट्राफ़ी; कप

【锦标赛】 jǐnbiāosài चैंपियनशिप प्रतियोगिता; चैंपियनशिप: 世界体操～ विश्व जिमनास्टिक्स चैंपियनशिप / 乒乓球～ टेबल-टेनिस चैंपियनशिप प्रतियोगिता

【锦缎】 jǐnduàn ब्रोकेड; कमखाब

【锦鸡】 jǐnjī गोल्डन फ़ीज़ंट

【锦纶】 jǐnlún पोलीएमाइड रेशा; नाइलोन

【锦囊妙计】 jǐnnáng-miàojì संकट से निबटने के लिए दिया जानेवाला निदेश; विवेकपूर्ण सलाह

【锦旗】 jǐnqí रेशमी पताका (जो पुरस्कार या उपहार के रूप में भेंट की जाती है)

【锦上添花】 jǐnshàng-tiānhuā ब्रोकेड पर फूल जोड़ना —— में चार चांद लगाना (लगना)

【锦心绣口】 jǐnxīn-xiùkǒu （锦花绣腹 jǐnhuā-xiùfù भी）सुलेख

【锦绣】 jǐnxiù सुन्दर; रमणीय; रम्य; मनोहर; मनोरम: ～河山 देश की सुन्दर भूमि / ～前程 सुन्दर भविष्य

【锦衣玉食】 jǐnyī-yùshí ऐशोआराम करना; ऐश उड़ाना

谨（謹） jǐn ❶सावधानी; सावधानता: 谨慎 / ～守规程 नियमों का सावधानी से पालन करना ❷गंभीरतापूर्वक; संजीदगी से; आदर से: ～向各位表示谢意。यहाँ मैं आप लोगों के प्रति आदर से आभार प्रकट करता हूँ।

【谨饬】 jǐnchì <लि०> सावधानी; सावधानता; सावधान; सावधानीपूर्ण

【谨防】 jǐnfáng से सतर्क रहना; से चौकस होना; से सावधान होना: ～小偷。चोरों से सतर्क रहो।

【谨上】 jǐnshàng （谨启 jǐnqǐ भी）(पत्र के अंत में) भवदीय; विनीत

【谨慎】 jǐnshèn सावधानी; सावधानता; सतर्कता: 处事～ सावधानी बरतना

【谨小慎微】 jǐnxiǎo-shènwēi फूंक-फूंक कर कदम रखना

【谨严】 jǐnyán सुव्यवस्थित; सुनियोजित: 治学～ सुव्यवस्थित रूप से अध्ययन करना

【谨言慎行】 jǐnyán-shènxíng विवेकी; विचारशील; विवेकशील

馑（饉） jǐn दे० 饥馑 jījǐn

槿 jǐn दे० 木槿 mùjǐn

jìn

仅（僅） jìn <लि०> कोई; लगभग; करीब; तकरीबन: 参加集会者～千人。कोई एक हज़ार लोगों ने रैली में भाग लिया।

jǐn भी दे०

尽（盡） jìn ❶अंत; समाप्ति: 取之不～ अनंत / 想～办法 हर उपाय करना ❷<लि०> मौत; मृत्यु: 自～ आत्म-हत्या करना ❸चरमोत्कर्ष; पराकाष्ठा: 尽善尽美 ❹पूरी तरह प्रयोग करना: 尽力 / 尽其所有 ❺ज़ोर लगाकर कोई काम पूरा करना: 尽责 / 尽职 ❻तमाम; पूरा; सारा; कुल; सब: ～人皆知 सबों को मालूम होना; सर्वविदित होना / ～收眼底 पूरा नज़ारा लेना

jǐn भी दे०

【尽力】 jìnlì <क्रि०वि०> भरपूर प्रयास करना; हरसंभव कोशिश करना: ～而为 भरपूर प्रयास करना / ～相帮 मदद देने की हरसंभव कोशिश करना

【尽量】 jìnliàng जितना हो सके, उतना ही (खाना-पीना)

jǐnliàng भी दे०

【尽其所有】 jìnqísuǒyǒu अपना सब कुछ दे देना

【尽情】 jìnqíng <क्रि०वि०> पूरे जोश से; जी भरकर: ～歌唱 जी भरकर गीत गाना / ～欢笑 जी भरकर हंसना

【尽然】 jìnrán (नकारात्मक रूप में प्रयुक्त) ऐसा ही: 也不～ ऐसा नहीं होना; बात ऐसी ही नहीं है

【尽人皆知】 jìnrén-jiēzhī सर्वविदित होना; हरेक को ज्ञात होना

【尽人事】 jìn rénshì किसी से जो कुछ हो सके, वही करना

【尽日】 jìnrì <लि०> दिन भर; पूरे दिन

【尽如人意】 jìnrú-rényì हर इच्छा पूरी होना; बिल्कुल संतुष्ट होना: 世上哪能事事～? इस दुनिया में आप की हर इच्छा थोड़े ही पूरी हो सकती है।

【尽善尽美】 jìnshàn-jìnměi पूर्णता; निर्दोषत्व; उत्कृष्टता; पूर्ण; निर्दोष; उत्कृष्ट

【尽是】 jìnshì सब के सब; पूरे का पूरा; भरा हुआ: 看电影的～青年人。इस फ़िल्म को देखने वाले सब के सब युवक और युवतियाँ थीं। / 这本集子里所收的～童话故事。इस संग्रह में जितनी कहानियाँ संगृहीत हैं, वे पूरी की पूरी बालकथाएं हैं।

【尽数】 jìnshù तमाम; समूचा; पूरा; सब: 所借贷款已～归还。तमाम कर्ज़ चुका दिया गया है।
【尽头】 jìntóu छोर; सिरा; अंत; सीमा: 在路～ सड़क के छोर पर / 学问是没有～的。ज्ञान-विज्ञान का कोई अंत नहीं।
【尽孝】 jìnxiào पितृभक्ति या मातृभक्ति; मां-बाप की यथोचित सेवा करना
【尽心】 jìnxīn जी-जान से; तनमन से; मन लगाना: 他们对工作很～。वे अपने काम में पूरा मन लगाते हैं। / ～服侍老人 बूढ़ों की जी-जान से सेवा करना / ～竭力 जी-जान से; तनमन से
【尽兴】 jìnxìng जी भरना; प्रसन्न होना: ～而归 प्रसन्न होकर वापस लौटना
【尽义务】 jìn yìwù ❶अपना कर्तव्य निभाना ❷मज़दूरी लिए बिना काम करना
【尽责】 jìnzé अपने कर्तव्य का पालन करना; अपना दायित्व निभाना
【尽职】 jìnzhí कर्तव्यपरायणता; कर्तव्यपरायण होना
【尽忠】 jìnzhōng ❶के प्रति निष्ठावान (वफ़ादार) होना ❷सत्यनिष्ठा के लिए प्राण देना

进（進） jìn ❶बढ़ना; आगे जाना: ～一步 एक कदम आगे बढ़ना ❷प्रवेश करना; प्रविष्ट होना; दाखिल होना; अन्दर जाना (आना): ～来! अन्दर आओ। / ～屋 कमरे में दाखिल होना / 他～了医院。वह अस्पताल में दाखिल कराया गया। ❸प्राप्ति; उपार्जन: 进款 / 进货 ❹प्रस्तुत करना; पेश करना; सामने रखना: ～言 सलाह देना ❺(क्रिया के पीछे प्रयुक्त) के अन्दर; के भीतर; में: 走～办公室 दफ़्तर के अन्दर जाना / 把书放～柜子里。किताबों को अल्मारी में रखो। ❻पुराने ढंग के मकानों की कई पंक्तियों में से कोई एक
【进逼】 jìnbī की ओर बढ़ना; पर दबाव बढ़ना
【进兵】 jìnbīng प्रहार के लिए सैन्य टुकड़ियाँ भेजना; (सेना का किसी स्थान) की ओर मार्च करना
【进步】 jìnbù ❶प्रगति; उन्नति; तरक्की; प्रगति करना (होना); उन्नति करना (होना); तरक्की करना (होना): 人类～事业 मानव प्रगति का कार्य / 不断取得～ निरंतर प्रगति करना / 工作中有很大的～。कार्यों में भारी उन्नति हुई। ❷प्रगतिशील; उन्नतिशील: ～势力 प्रगतिशील शक्ति / ～作家 प्रगतिशील लेखक
【进餐】 jìncān <लि०> भोजन करना; आहार करना: 共进晚餐 एक साथ रात का भोजन करना
【进馋】 jìnchán <लि०> (ऊपरवाले अथवा बड़े-बूढ़े के आगे) किसी की बुराई करना
【进程】 jìnchéng प्रक्रिया: 和平～ शांति की प्रक्रिया / 谈判～ वार्त्ता की प्रक्रिया / 历史～ इतिहास की प्रक्रिया
【进尺】 jìnchǐ <खनि०> फ़ुटिज; फ़ुटमान
【进出】 jìnchū ❶आना-जाना; आगमन और निर्गमन होना: 每天都有大量的人～这座大楼。हर रोज़ बड़ी संख्या में लोग इस इमारत में आते-जाते हैं। ❷व्यापार की मात्रा; बिक्रय: 这个商场每天有好几万元的～。इस दूकान में प्रतिदिन दर्जनों हज़ार य्वान की वस्तुओं का विक्रय होता है।
【进出口】[1] jìnchūkǒu प्रवेश और निकास; निकास द्वार
【进出口】[2] jìnchūkǒu आयात और निर्यात: ～贸易 आयात-निर्यात व्यापार; विदेशी व्यापार
【进抵】 jìndǐ (सेना का किसी स्थान तक) पहुँचना
【进度】 jìndù ❶गति; रफ़्तार: 加快建设～ निर्माण की गति तेज़ करना ❷तय रफ़्तार; योजना; समय-सारणी: 按～完成工作 योजनानुसार काम पूरा करना / ～表 समय-सारणी
【进而】 jìn'ér <संयो०> फिर; बाद में; के पश्चात; के उपरांत: 先在本地，～在全国打开市场。पहले अपने स्थान में फिर देश के अन्य स्थानों में बाज़ार में अपना स्थान बनाने की कोशिश की जाएगी।
【进发】 jìnfā रवाना होना; प्रस्थान करना: 大家分头～。सब लोग दलों में रवाना हुए।
【进犯】 jìnfàn अतिक्रमण; आक्रमण; अनधिकार प्रवेश; अतिक्रमणकारी; आक्रमणकारी; अतिक्रमण (आक्रमण, अनधिकार प्रवेश) करना: 击退～之敌 अतिक्रमणकारियों को पीछे खदेड़ना
【进攻】 jìngōng हमला; धावा; चढ़ाई; आक्रमण; हमला करना (बोलना); धावा बोलना (करना); चढ़ाई करना; आक्रमण करना: 发起～ पर हमला करना (बोलना)
【进攻性武器】 jìngōngxìng wǔqì आक्रामक हथियार
【进贡】 jìngòng ❶(अधिराज या सम्राट को) नज़ारा चढ़ाना ❷(किसी के) तलवे चाटना (सहलाना)
【进化】 jìnhuà विकास: ～论 विकासवाद
【进货】 jìnhuò वस्तुओं का संचय करना; माल जमा करना; माल का भंडारण करना
【进击】 jìnjī पर चढ़ाई करना
【进见】 jìnjiàn (उच्चस्तरीय अधिकारी के) दर्शन करना
【进军】 jìnjūn मार्च; अभियान; मार्च (अभियान) करना: ～东北 उत्तर-पूर्व की ओर मार्च करना
【进口】[1] jìnkǒu ❶बन्दरगाह में प्रवेश करना (दाखिल होना) ❷आयात; आयात करना
【进口】[2] jìnkǒu प्रवेशद्वार
【进口壁垒】 jìnkǒu bìlěi आयात भित्ति
【进口补贴】 jìnkǒu bǔtiē आयात भत्ता
【进口货】 jìnkǒuhuò आयातित माल; विलायती माल
【进口检疫】 jìnkǒu jiǎnyì आयात संगरोध; इंपोर्ट क्वारंटीन
【进口商】 jìnkǒushāng आयातक; आयातकर्त्ता
【进口税】 jìnkǒushuì आयातकर
【进口限额】 jìnkǒu xiàn'é आयात कोटा
【进口许可证】 jìnkǒu xǔkězhèng आयात लाइसेंस
【进款】 jìnkuǎn <बोल०> आय; आमदनी; प्राप्ति
【进来】[1] jìnlái आना; अन्दर आना: 让他～。उसे आने दो। / 门开着，你～吧。दरवाज़ा खुला है। अन्दर आओ।
【进来】[2] jìnlái (अन्दर आने का अर्थ निर्दिष्ट करने के लिए क्रिया के पीछे प्रयुक्त) अन्दर; में: 屋里飞～一个鸽子。एक कबूतर कमरे के अन्दर उड़ आया। / 她从外

面跑～。वह बाहर से दौड़ी-दौड़ी अन्दर आई। / 他冲了～。वह लपककर अन्दर आ धमका।
【进门】 jìnmén ❶दरवाज़े के अन्दर आना ❷प्राथमिक ज्ञान ❸घर में स्त्री का आनाः 她是刚～的儿媳妇。वह घर में नई आई बहू है।
【进取】 jìnqǔ अग्रसर रहना; मेहनती होना; उद्यमी होनाः ～心 उद्यमशीलता
【进去】[1] jìnqù अन्दर जाना; जाना; प्रवेश करना; दाखिल होनाः 你进屋去看看。तुम मकान के अन्दर जाके देखो। / 明天我进城去。कल मैं शहर जाऊँगा। / 我有票，进得去；他没票，进不去。मेरे पास टिकट है। प्रवेश कर सकता हूँ। और उस के पास टिकट नहीं। प्रवेश नहीं कर सकता।
【进去】[2] jìnqù (अन्दर जाने का अर्थ निर्दिष्ट करने के लिए क्रिया के पीछे प्रयुक्त) अन्दर; भीतरः 你们把柜子搬～。तुम लोग इस अलमारी को अन्दर ले जाओ। / 胡同太窄，汽车开不～。गली बहुत संकीर्ण है। कार भीतर नहीं जा पाती।
【进入】 jìnrù पहुँचना; प्रवेश करना; प्रविष्ट होना; दाखिल होनाः ～决赛 फ़ाइनल में प्रवेश करना / ～新时期 नए काल में पहुँचना / ～大学 विश्वविद्यालय में प्रवेश पाना / ～角色 पात्र की भावनाओं तक पहुँचना
【进深】 jìnshēn मकान या प्रांगण की लंबाई या चौड़ाई
【进食】 jìnshí भोजन करना; आहार करना
【进士】 jìnshì सर्वोच्च शाही परीक्षा में सफल परीक्षार्थी
【进退】 jìntuì ❶प्रगति और अधोगति; आगे बढ़ना और पीछे हटनाः ～自如 (लड़ाई में) मुक्त रूप से आगे बढ़ना या पीछे हटना ❷मान-मर्यादाः 不知～ अपनी मान-मर्यादा का ख्याल न रखना
【进退两难】 jìntuì-liǎngnán दुविधा; असमंजस; दुविधा (असमंजस) में पड़ना
【进退失据】 jìntuì-shījù निराशाजनक स्थिति में पड़ना
【进退维谷】 jìntuì-wéigǔ दुविधा में पड़ना; असमंजस में पड़ना
【进位】 jìnwèi 〈गणित०〉 (जोड़ में एक अंक) आगे ले जाना
【进香】 jìnxiāng तीर्थ यात्रा करना; तीर्थ जाना; मठ में पूजा करना
【进项】 jìnxiang आय; आमदनी
【进行】 jìnxíng ❶होना; चलना; किया जाना; चलाया जानाः 工作～得很顺利。कार्य बड़े सुभीते से चल रहा है। / 调查正在～之中。जांच अभी हो रही है। / 会谈～了两个小时。वार्त्ता दो घंटों तक चली। ❷करना; चलानाः ～斗争 संघर्ष चलाना / 双方～了亲切友好的交谈。दोनों पक्षों ने सद्भावपूर्ण और मैत्रीपूर्ण बातचीत की। / ～制裁 प्रतिबंध लगाना / ～干涉 हस्तक्षेप करना / ～投票表决 मतदान करना
【进行曲】 jìnxíngqǔ 〈संगी०〉 मार्च
【进修】 jìnxiū उच्च अध्ययन करना
【进一步】 jìnyībù और; आगेः ～发展友好合作关系 मैत्री और सहयोग को आगे बढ़ाना / ～改善关系 संबंधों में और सुधार करना / 有了～的了解 बेहतर समझ प्राप्त करना / ～开放 द्वार और अधिक खोलना
【进益】 jìnyì ❶〈लि०〉 पढ़ाई या अध्ययन में प्रगति ❷आय; आमदनी
【进展】 jìnzhǎn प्रगति; तरक्की; प्रगति करना (होना); तरक्की करना (होना)ः ～神速 तेज़ तरक्की करना / 和谈取得～。शांतिवार्त्ता में प्रगति हुई।
【进占】 jìnzhàn पर कब्ज़ा करना; पर अधिकार करना
【进帐】 jìnzhàng आय; आमदनी
【进驻】 jìnzhù तैनात करना (होना)

近 jìn ❶निकट; नज़दीक; समीप; पासः 靠～ के पास होना / 走～ के निकट जाना / 离春节很～了。वसन्तोत्सव निकट है। / ～年来 पिछले सालों में; इधर सालों में ❷के आसपास; के लगभगः 他年～五十。उस की उम्र पचास साल के आसपास है। / 听众～两千人。दो हज़ार के लगभग श्रोता आए। ❸घनिष्ठता; निकटता; घनिष्ठ; निकटः 他们两家是～亲。वे दो परिवार निकट संबंधी हैं। ❹सुबोधः 浅近 qiǎnjìn
【近便】 jìnbian निकट; नज़दीक; करीब; आसपास; पास में; कम दूरीः 走这条道要～一些。इस रास्ते से चलो। दूरी कम होगी।
【近处】 jìnchù पास में; आसपासः ～没有邮局。पास में कोई डाकघर नहीं है।
【近代】 jìndài आधुनिक युगः ～史 आधुनिक इतिहास
【近道】 jìndào शॉर्ट कट; छोटा रास्ता
【近地点】 jìndìdiǎn 〈खगोल०〉 उपभू; उपपृथविका
【近东】 jìndōng निकट पूर्व
【近海】 jìnhǎi समुद्रतट के निकट जलक्षेत्रः ～油田 समुद्रतट के निकट जलक्षेत्र में स्थित तेलक्षेत्र
【近乎】 jìnhū ❶प्रायः; के समान; जैसा; के तुल्यः ～天真的表情 सहजता के समान भाव / 这种野生动物已～灭绝。इस जंगली जानवर की नस्ल समाप्यप्राय है। ❷〈बो०〉 अंतरंग; घनिष्ठ; दिलीः 他们俩关系一直很～。वे दोनों दिली दोस्त हैं।
【近郊】 jìnjiāo उपनगर; नगर का बाहरी भाग
【近景】 jìnjǐng 〈फ़ोटो०〉 क्लोज़ अप
【近况】 jìnkuàng वर्तमान विकासक्रम; वर्तमान हाल; के साथ क्या होनाः 不知他～如何？ पता नहीं कि उस के साथ क्या हो रहा है ?
【近来】 jìnlái हाल में; हाल ही में; अभी हाल मेंः 他～很忙。वे हाल में बहुत व्यस्त रहे।
【近邻】 jìnlín निकट पड़ोसी
【近路】 jìnlù शॉर्ट कट; संक्षिप्त पथ
【近旁】 jìnpáng के पास; के निकट; के नज़दीक; के समीपः 村子～有条小河。गाँव के पास एक सरिता है।
【近期】 jìnqī निकट भविष्य में; जल्द ही; शीघ्र हीः 该剧将于～上演。इस नाटक का शीघ्र ही मंचन होगा।
【近亲】 jìnqīn निकट का रिश्ता
【近亲繁殖】 jìnqīn fánzhí अंतःप्रजनन
【近亲婚姻】 jìnqīn hūnyīn समरक्त विवाह; एक खून की शादी

【近情】 jìnqíng उचित; औचित्यपूर्ण: 这样做太不～了。ऐसा करना उचित नहीं है।

【近人】 jìnrén ❶आधुनिक या समकालीन व्यक्ति ❷〈लि०〉 किसी का अंतरंग

【近日】 jìnrì ❶हाल में; पिछले दिनों में; इधर के दिनों में ❷आगामी कुछ दिनों में; आनेवाले कुछ दिनों के अन्दर: 这项工程～即将峻工。यह परियोजना आगामी कुछ दिनों में पूरी हो जाएगी।

【近日点】 jìnrìdiǎn 〈खगोल०〉 उपसौरिका

【近世】 jìnshì आधुनिक युग

【近视】 jìnshi निकटदर्शिता; निकटदर्शी; निकटदृष्टि; अल्प-दृष्टि: 他有点～。उस की आँखें कुछ कमज़ोर हैं। / 政治上的～ राजनीतिक निकटदर्शिता

【近水楼台】 jìnshuǐ-lóutái तट पर स्थित मंडप —— अनुकूल स्थिति

【近水楼台先得月】 jìn shuǐ lóutái xiān dé yuè चांदनी सर्वप्रथम तट पर स्थित मंडप पर पड़ती है —— जो अनुकूल स्थिति में हो, वह विशेष लाभ प्राप्त कर सकता है

【近似】 jìnsì निकटता; निकट; मिलता-जुलता: 双方的观点～。दोनों पक्षों के विचार मिलते-जुलते हैं; दोनों पक्षों के विचारों में निकटता है।

【近似值】 jìnsìzhí सन्निकट मूल्य

【近义词】 jìnyìcí निकट पर्याय

【近因】 jìnyīn प्रत्यक्ष कारण

【近在咫尺】 jìnzài-zhǐchǐ समीपस्थ होना; नज़दीकी होना

【近战】 jìnzhàn कम दूरी पर लड़ाई (करना)

【近朱者赤，近墨者黑】 jìnzhūzhěchì, jìnmòzhě-hēi खरबूज़े को देखकर खरबूज़ा रंग पकड़ता है

【近作】 jìnzuò नई कृति; नई रचना

妗 jìn नीचे दे०

【妗母】 jìnmǔ 〈बो०〉 मामी

【妗子】 jìnzi 〈बोल०〉 ❶मामी ❷साले की पत्नी

劲（勁、劤） jìn ❶शक्ति; बल; ताकत; शक्तिशाली; बलवान; ताकतवर: 他有～儿。वह बलवान है। / 他高烧刚退，浑身没～儿。उस का बुखार अभी-अभी उतरा है। सो वह बहुत कमज़ोर है। ❷ओज; जोश: 他干活的～儿可足啦！ वह काम में बड़ा जोश दिखलाता है। ❸रंग-ढंग: 瞧瞧他那得意～儿。उस का रंग-ढंग देखो। कितना घमंडी है। / 他那高兴～儿甭提了。उस की खुशी का ठिकाना नहीं रहा। ❹रुचि; मज़ा; रुचिकर; मज़ेदार: 这本小说没～。यह उपन्यास रुचिकर नहीं। / 打台球不如踢足球有～。बिलियर्ड के बदले फ़ुटबाल खेलने में ज़्यादा मज़ा आएगा।

jìng भी दे०

【劲头】 jìntóu ❶शक्ति; बल; ताकत; बलिष्ठ; ताकतवर ❷ओज; जोश; उत्साह; ओजस्वी; जोशीला; उत्साही

晋 1 （晉） jìn ❶अन्दर जाना; प्रवेश करना; दाखिल होना; आगे बढ़ना: 晋见 ❷पदोन्नति: 晋升

晋 2 （晉） Jìn ❶चाओ राजवंश（周朝）के काल में एक राज्य, जो वर्तमान शानशी, शेनशी, हपेइ और हनान के कुछ भागों से बना था ❷चिन राजवंश（晋国）(265-420 ई०) ❸山西 Shānxī का दूसरा नाम

【晋级】 jìnjí पदोन्नति; पदवृद्धि; तरक्की; की पदोन्नति होना; तरक्की पाना

【晋见】 jìnjiàn के दर्शन करना

【晋升】 jìnshēng ❶तरक्की देना; की पदोन्नति करना; का दर्जा बढ़ाना ❷तरक्की पाना; पदोन्नति होना

【晋谒】 jìnyè 〈लि०〉 के दर्शन करना

烬（燼） jìn राख: 灰烬 huījìn / 余烬 yújìn

浸 1 jìn भिगोना; तर करना; डुबोना; भीगना; तर होना; तरबतर होना; डूबना; पानी या अन्य तरल पदार्थ में डालना: 把西瓜～在冷水里。तरबूज़े को ठंडे पानी में डाल दो। / 他的衣服叫汗～透了。उस के कपड़े पसीने से तर हो गए।

浸 2 （寖） jìn 〈लि०〉 क्रमशः; धीरे-धीरे; शनैःशनैः 友情～厚。मैत्री क्रमशः प्रगाढ़ होती गई।

【浸沉】 jìnchén में डूबना; में मग्न होना; में लीन होना

【浸膏】 jìngāo 〈औष०〉 एक्स्ट्रैक्ट; सत्त

【浸剂】 jìnjì 〈औष०〉 काढ़ा

【浸礼】 jìnlǐ 〈क्रिश्चियन〉 बपतिस्मा; नामकरण संस्करण; दीक्षा-स्नान

【浸礼会】 jìnlǐhuì बपतिस्त चर्च

【浸没】 jìnmò ❶जलमग्न होना; पानी में डूबा हुआ होना ❷में मग्न होना; में लीन होना

【浸泡】 jìnpào डुबोना; डुबाना; भिगोना

【浸染】 jìnrǎn ❶धीरे-धीरे प्रभावित होना ❷रंगना; रंग में डुबोना

【浸润】 jìnrùn ❶व्याप्त होना; फैल जाना: 墨水在纸上～开来。स्याही कागज़ पर फैल गई। ❷〈चिकि०〉 इंफ़िल्ट्रेशन

【浸透】 jìntòu भिगोना; भीगना; तरबतर करना (होना); सराबोर करना (होना); व्याप्त होना: 文中～着作家对祖国的热爱。लेख में लेखक का अपनी मातृभूमि से प्रेम-भाव व्याप्त है। / 皮鞋被脏水～了。चमड़े के जूते गंदले पानी से सराबोर हो गए।

【浸种】 jìn zhǒng बीज पानी में भिगोना

【浸渍】 jìnzì डुबोना; भिगोना; सड़ाना; भिगोकर नरम कर देना: ～亚麻 सन पानी में भिगोकर सड़ाना

靳 jìn ❶〈लि०〉 कंजूसी; कृपणता; कंजूस; कृपण ❷ (Jìn) एक कुलनाम

禁 jìn ❶निषेध; रोक; पाबन्दी; प्रतिबंध; निषेध करना; निषिद्ध करना; रोक (पाबन्दी, प्रतिबंध) लगाना: 禁止 / 禁毒 ❷कैद; कारावास: 禁闭 / 监禁 jiānjìn ❸निषेध; वर्जन: 犯禁 fànjìn ❹निषिद्ध क्षेत्र (राज-

महल)： 宫禁 gōngjìn

jīn भी दे०

【禁闭】 jìnbì कैद करना

【禁地】 jìndì निषिद्ध क्षेत्र; प्रतिबंधित स्थान

【禁毒】 jìndú मादक द्रव्य दुरुपयोग और अवैध व्यापार पर रोक लगाना

【禁锢】 jìngù ❶(सामंती युग में) किसी को पद पाने से मना करना ❷हिरासत में लेना; हवालात में करना; पहरे में डालना ❸बांधना; जकड़ना; बंधना： 这些陈规陋习成了～人们的精神枷锁。इन पुरानी रीति-रिवाजों ने लोगों को एक प्रकार के मानसिक जुए से बांध दिया।

【禁忌】 jìnjì ❶निषेध; वर्जन ❷परहेज़ होना; बचना： ～油腻。भारी चीज़ खाने से बचना।

【禁绝】 jìnjué पर पूरी पाबंदी लगाना; का पूर्ण निषेध करना

【禁军】 jìnjūn शाही गारद

【禁例】 jìnlì निषेधाज्ञा

【禁令】 jìnlìng निषेधाज्ञा; प्रतिबंध आदेश

【禁脔】 jìnluán निजी जायदाद

【禁区】 jìnqū ❶निषिद्ध क्षेत्र; प्रतिबंधित क्षेत्र ❷(जंगली पशुओं या वनस्पतियों का) परिरक्षित क्षेत्र; प्राकृतिक पार्क ❸फ़ुटबाल में पेनल्टी एरिया; वालीबाल में रिस्ट्रिक्टेड एरिया

【禁食】 jìnshí उपवास; उपवास करना

【禁书】 jìnshū प्रतिबंधित पुस्तक

【禁烟】 jìnyān अफ़ीम दुरुपयोग और अवैध व्यापार पर पाबंदी लगाना

【禁渔】 jìnyú मछुआगिरी पर रोक लगाना： ～期 मछुआगिरी रोक अवधि / ～区 मछुआगिरी वर्जित क्षेत्र

【禁欲】 jìnyù यति

【禁欲主义】 jìnyù zhǔyì यतिवाद

【禁苑】 jìnyuàn शाही बाग

【禁运】 jìnyùn नाकेबन्दी： 实行～ (के विरुद्ध, पर) नाकेबन्दी लगाना / 解除～ नाकेबन्दी हटाना (उठाना)

【禁运品】 jìnyùnpǐn वर्जित माल

【禁止】 jìnzhǐ रोक; प्रतिबंध; पाबन्दी; निषेध; मनाही; रोक (प्रतिबंध, पाबन्दी) लगाना; मना करना： 全面～和销毁核武器 नाभिकीय शस्त्रों पर पूरी पाबंदी लगाना और उन का विनाश करना / 他～我这样做。उस ने मुझे ऐसा करने से मना कर दिया। / ～吸烟 धुम्रपान निषेध

【禁制品】 jìnzhìpǐn प्रतिबंधित वस्तुएं

【禁子】 jìnzi 〈पुराना〉 (禁卒 jìnzú भी) जेलर

【禁阻】 jìnzǔ मना करना; रोकथाम करना; रोकना; पाबंदी लगाना

觐（覲） jìn ❶नरेश के समक्ष उपस्थित होना ❷तीर्थयात्रा करना： 朝觐 cháojìn

【觐见】 jìnjiàn नरेश के समक्ष उपस्थित होना; राजसभा में मौजूद होना

噤 jìn ❶〈लि०〉 चुप्पी; खामोशी; चुप्पी साधना ❷सिहरन; कंपन; कंपकंपी; सिहरना; कांपना; कंपकंपी छूटना

【噤若寒蝉】 jìnruòhánchán जाड़ों के चिश्चिर की तरह शांत रहना —— डर के मारे चुप रहना

jīng

茎（莖） jīng ❶डंठल; डंडी; नाल ❷डंठल के रूप की चीज़： 刀～ छुरे की मूठ ❸〈लि०〉 〈परि०श०〉 (लम्बी और संकीर्ण वस्तु के लिए)： 几～白发 कुछ सफ़ेद बाल

京[1] jīng ❶देश की राजधानी： 京城 / 进～ राजधानी जाना ❷北京 Běijīng का संक्षिप्त रूप

京[2] jīng करोड़ (एक प्राचीन संख्या)

【京白】 jīngbái पेइचिंग ओपेरा में पेइचिंग बोली के संवाद

【京城】 jīngchéng देश की राजधानी; राष्ट्रीय राजधानी

【京都】 jīngdū देश की राजधानी; राष्ट्रीय राजधानी

【京官】 jīngguān 〈पुराना〉 देश की राजधानी में पदासीन अधिकारी

【京胡】 jīnghú चिंगहू, पेइचिंग ओपेरा में बजाया जाने वाला दो तंतुओं वाला वाद्ययंत्र

【京华】 jīnghuá 〈लि०〉 देश की राजधानी

【京畿】 jīngjī 〈लि०〉 राष्ट्रीय राजधानी और उस के निकट के क्षेत्र

【京剧】 jīngjù पेइचिंग ओपेरा

【京派】 jīngpài पेइचिंग ओपेरा का पेइचिंग स्कूल (海派 शांगहाए स्कूल से भिन्न)

【京腔】 jīngqiāng पेइचिंग लहजा

【京师】 jīngshī 〈लि०〉 देश की राजधानी

【京味】 jīngwèi पेइचिंग की विशेषता： ～十足的电视剧 पेइचिंग की विशेषता से परिपूर्ण टी०वी० नाटक

【京戏】 jīngxì पेइचिंग ओपेरा

【京油子】 jīngyóuzi पेइचिंग का मनमौजी

【京族】 Jīngzú चिंग जाति, जो क्वांगशी च्वांग स्वायत्त प्रदेश में आबाद है

泾（涇） jīng ❶〈बो०〉 नाला; नदी ❷चिंगह नदी, जो निंगश्या से निकलकर मध्य शेनशी की ओर बहती है और वहाँ वेइह (渭河) नदी से मिल जाती है

【泾渭不分】 jīngwèi-bùfēn भले और बुरे में फ़र्क न करना

【泾渭分明】 jīngwèi-fēnmíng बिल्कुल भिन्न होना; स्पष्ट अन्तर होना

经[1]（經） jīng ❶〈वस्त्र०〉 ताना ❷〈ची०चि०〉 मार्ग ❸〈भू०〉 देशांतर： 东经 dōngjīng / 西经 xījīng ❹प्रबंध करना; में संलग्न होना; में जुटना： 经商 / 经营 ❺〈लि०〉 गले में फांसी लगा लेना： 自～ आत्महत्या करना ❻नियमित; निरंतर; अक्सर： 经常 ❼सूत्र;

धर्मग्रंथ; ग्रंथः 佛经 fójīng / 古兰经 Gǔlánjīng ❽मासिक धर्म; रजोधर्म ❾ (Jīng) एक कुलनाम

经² (經) jīng ❶गुज़रना; होनाः ～新德里回国 नई दिल्ली (से) होकर स्वदेश लौटना / 他这一生可～了不少事。उस पर ज़िन्दगी में बहुत कुछ गुज़रा है। ❷के बाद; के उपरांत; के पश्चात; परः ～检测，该产品为合格品。जांच के बाद यह पता चला कि यह उत्पाद मानदंड पर सही उतरा है।/ 这份提案～表决获得通过。यह प्रस्ताव मतदान के उपरान्त स्वीकृत किया गया। ❸के द्वारा; के माध्यम से; के ज़रिये: ～商定 सलाह-मशविरे के ज़रिये यह फ़ैसला किया गया कि … ❹डटा रहना; टिके रहनाः ～得起考验 परीक्षा में खरा उतरना; कसौटी पर खरा उतरना

jìng भी दे०

【经办】 jīngbàn निपटाना; निबटाना; निपटारा करना; निबटनाः 这事由他一手～的。यह मामला उस के द्वारा ही निबटाया गया है।

【经闭】 jīngbì मासिक स्रावरोध

【经常】 jīngcháng ❶सामान्य; साधारण; दैनिक; रोज़ानाः ～工作 सामान्य काम; दैनिक काम-काज / ～监督 सामान्य निरीक्षण ❷अक्सर; सदा; हमेशा; प्रायः: 他～骑自行车上班。वह ड्यूटी पर जाने के लिए अक्सर साइकिल चलाता है। / 这种情况是～发生的。यह स्थिति अक्सर उत्पन्न हुआ करती है।

【经典】 jīngdiǎn ❶प्रामाणिक ग्रंथ; शास्त्र ❷धर्मग्रंथ ❸शास्त्रीयः 马克思主义～著作 मार्क्सवाद के शास्त्रीय ग्रंथ

【经度】 jīngdù देशान्तर

【经费】 jīngfèi खर्च; व्यय

【经管】 jīngguǎn उत्तरदायी होना; देख-भाल करना; देख-रेख करनाः 他～人事工作。वह कार्मिक मामलों की देख-भाल करता है।

【经过】 jīngguò ❶होना; गुज़रनाः ～曼谷去新德里 बैंकाक (से) होकर नई दिल्ली जाना ❷के बाद; के उपरांत; के पश्चात; के द्वारा; के ज़रिए: 双方～谈判取得了共识。दोनो पक्षों ने वार्त्ता के द्वारा आम सहमति प्राप्त की। / ～众人劝说，他才放弃了辞职的念头。लोगों द्वारा समझाने-बुझाने के बाद ही उस ने त्याग पत्र देने का विचार छोड़ दिया। ❸प्रक्रियाः 他向大家报告了南极探险的～。उस ने हम को अपने दक्षिण ध्रुव अभियान की प्रक्रिया से अवगत कराया।

【经籍】 jīngjí 〈लि०〉 ❶कंफ़्यूशियसी ग्रंथ ❷(प्राचीन-कालीन) पुस्तक

【经纪】 jīngjì ❶प्रबंध; संचालन; प्रबंध करना; संचालन करना ❷दलाल; अढ़तिया; आढ़तिया; एजेंटः 房地产～ भू-संपत्ति दलाल

【经纪人】 jīngjìrén दलाल; अढ़तिया; आढ़तिया; एजेंट

【经济】 jīngjì ❶अर्थतंत्र; अर्थव्यवस्था; आर्थिकः 国民～ राष्ट्रीय अर्थव्यवस्था / 计划～ योजनाबद्ध अर्थतंत्र / 市场～ मार्केट अर्थतंत्र / ～形势 आर्थिक स्थिति / ～犯罪 आर्थिक अपराध / 国际政治～新秩序 नई अंतर-राष्ट्रीय राजनीतिक और आर्थिक व्यवस्था ❷औद्योगिक या आर्थिक मूल्य काः 经济作物 ❸आय; आमदनी; वित्तीय स्थितिः ～宽裕 धनी होना / ～拮据 तंगी होना ❹अल्पव्यय; कमखर्ची; मिव्ययिता; किफ़ायत; कमखर्च; मितव्यय; किफ़ायतीः ～实用 कमखर्च और उपयोगी ❺〈लि०〉 शासन करना

【经济舱】 jīngjìcāng इकॉनामी क्लास

【经济成分】 jīngjì chéngfen अर्थतंत्र का क्षेत्र; सेक्टरः 多种～ अर्थतंत्र के विविध क्षेत्र

【经济地理学】 jīngjì dìlǐxué आर्थिक भूगोलशास्त्र

【经济法规】 jīngjì fǎguī आर्थिक कानून-कायदे

【经济复苏】 jīngjì fùsū आर्थिक पुनरुत्थान; आर्थिक पुनरुद्धार

【经济改革】 jīngjì gǎigé आर्थिक व्यवस्था में सुधार (करना); आर्थिक सुधार (करना)ः 进行～ आर्थिक सुधार करना

【经济杠杆】 jīngjì gànggǎn आर्थिक लेवर

【经济合同】 jīngjì hétong आर्थिक अनुबंध; आर्थिक संविदा

【经济核算】 jīngjì hésuàn आर्थिक लेखा

【经济环境】 jīngjì huánjìng आर्थिक पर्यावरणः 改善～ आर्थिक पर्यावरण सुधारना

【经济基础】 jīngjì jīchǔ आर्थिक आधार; आर्थिक बुनियाद

【经济技术开发区】 jīngjì jìshù kāifāqū आर्थिक और तकनॉलाजिकल विकास क्षेत्र

【经济林】 jīngjìlín नगदी वन

【经济命脉】 jīngjì mìngmài आर्थिक धमनी; अर्थतंत्र की कुंजीभूत शाखाएं

【经济模式】 jīngjì móshì आर्थिक फ़ार्मूला

【经济全球化】 jīngjì quánqiúhuà आर्थिक भूमंडलीकरण

【经济实体】 jīngjì shítǐ आर्थिक सत्ता

【经济特区】 jīngjì tèqū विशेष आर्थिक क्षेत्र

【经济体制】 jīngjì tǐzhì आर्थिक व्यवस्था

【经济危机】 jīngjì wēijī आर्थिक संकट

【经济萧条】 jīngjì xiāotiáo मंदी

【经济效益】 jīngjì xiàoyì आर्थिक परिणाम; आर्थिक लाभ

【经济学】 jīngjìxué अर्थशास्त्रः ～家 अर्थशास्त्री

【经济援助】 jīngjì yuánzhù आर्थिक सहायता

【经济制裁】 jīngjì zhìcái आर्थिक प्रतिबंधः 对…实行～ … पर आर्थिक प्रतिबंध लगाना

【经济制度】 jīngjì zhìdù आर्थिक व्यवस्था

【经济秩序】 jīngjì zhìxù आर्थिक व्यवस्था

【经济主义】 jīngjì zhǔyì अर्थवाद

【经济作物】 jīngjì zuòwù औद्योगिक फ़सल; नकदी फ़सल

【经久】 jīngjiǔ ❶दीर्घकालीन; दीर्घकालिक ❷टिकाऊः ～耐用 टिकाऊ होना

【经理】 jīnglǐ ❶का प्रबंध करना; का संचालन करना ❷प्र-

बंधक; निदेशक; मैनेजर; डायरेक्टर
【经历】 jīnglì ❶गुज़रना: ～一个重要的阶段 एक महत्वपूर्ण दौर से गुज़रना / ～一场革命 क्रांति से गुज़रना ❷अनुभव; अनुभवी: 他～多，见识广。वह अनुभवी है और दुनिया देख चुका है। / 历史上我们两国曾有共同的～。अतीत में हमारे दोनों देशों को समान अनुभव हुए।
【经纶】 jīnglún <लि०> राजनीतिज्ञता; राजकौशल: 大展～ अपनी राजनीतिज्ञता का परिचय देना
【经络】 jīngluò <ची०चि०> शरीर में उन मार्गों की प्रमुख और सहायक शाखाएं, जिन के द्वारा ओज संवाहित होता है और जिन पर एक्यूपंक्चर के लिए सूचीभेदन होते हैं
【经脉】 jīngmài <ची०चि०> शरीर में वे मार्ग, जिन के द्वारा ओज संवाहित होता है
【经贸】 jīngmào आर्थिक और व्यापारिक
【经年累月】 jīngnián-lěiyuè साल ब साल; सालों से; सालों तक; वर्षों से; वर्षों तक
【经期】 jīngqī रजस्राव काल
【经纱】 jīngshā <वस्त्र०> ताना
【经商】 jīngshāng व्यापार करना; व्यापारी बनना
【经史子集】 jīng-shǐ-zǐ-jí शास्त्र, ऐतिहासिक ग्रंथ, दार्शनिक ग्रंथ एवं ललित साहित्य —— चीनी पुस्तकालय के चार परंपरागत विभाग
【经手】 jīngshǒu संभालना; निबटाना; निपटारा करना: 这事由他～。यह मामला उस के द्वारा निबटाया जा रहा है।
【经受】 jīngshòu का सामना करना; भोगना; भुगतना; सहना: ～挫折 विफलता का सामना करना पड़ना / ～住考验 परीक्षा में खरा उतरना
【经售】 jīngshòu कमीशन पर बेचना; बेचना; की फ़रोख्त करना: 此书由新华书店总～。यह पुस्तक केवल नव चीन बुकस्टोर में बेची जाएगी।
【经书】 jīngshū कंफ़्यूशियसी ग्रंथ
【经天纬地】 jīngtiān-wěidì आकाश एवं धरती को अपने नियंत्रण तले रखना —— बहुत कुशल होना
【经痛】 jīngtòng मासिक धर्म में कठिनाई
【经纬度】 jīngwěidù <भू०> देशांतर और अक्षांतर
【经纬仪】 jīngwěiyí थियोडोलाइट
【经线】 jīngxiàn ❶<वस्त्र०> ताना ❷<भू०> याम्योत्तर रेखा; ध्रुववृत्त
【经销】 jīngxiāo 经售 के समान
【经心】 jīngxīn एकाग्र; एकाग्रचित्त; सचेत; सजग; मन लगाना: 她做每一件事都十分～。वह हर काम मन लगाकर पूरा करती है।
【经学】 jīngxué कंफ़्यूशियसी ग्रंथों का अध्ययन
【经血】 jīngxuè <ची०चि०> मासिक धर्म; रजोधर्म
【经验】 jīngyàn ❶अनुभव; तजुरबा: 缺乏～ अनुभव की कमी / 生活～ संसार का तजुरबा / 积累～ अनुभव अर्जित करना / 吸收～ अनुभव को पचाना ❷अनुभव करना (होना); तजुरबा करना (होना): 这样的事，我从来没有～过。ऐसा अनुभव मुझे पहले कभी नहीं हुआ था।
【经验主义】 jīngyàn zhǔyì अनुभववाद
【经意】 jīngyì एकाग्रचित्त होना; एकाग्र चित्त से
【经营】 jīngyíng प्रबंध; संचालन; प्रबंध करना; संचालन करना; चलाना: 改进～管理 प्रबंध और संचालन में सुधार करना / 开展多种～ विविध धंधे चलाना / ～权 प्रबंध का अधिकार / 他～着一家工厂。वह एक कारखाना चला रहा है।
【经由】 jīngyóu से होकर; होकर: ～北京去天津 पेइचिंग होकर थ्येनचिन जाना
【经传】 jīngzhuàn ❶कंफ़्यूशियसी ग्रंथ और उन के भाष्य ❷प्राचीनकालीन ग्रंथ: 不见经传 bù jiàn jīng zhuàn

荆 jīng ❶चेस्ट वृक्ष ❷（Jīng）एक कुलनाम
【荆棘】 jīngjí झाड़-झंखाड़; झाड़ी; झाऊ
【荆棘载途】 jīngjí-zàitú झाड़ियों से ढकी पगडंडी —— कठिनाइयों से भरा रास्ता; राह में कांटे बिछाए हुए पाना
【荆条】 jīngtiáo (टोकरी आदि बनाने के लिए प्रयुक्त) चेस्ट वृक्ष की टहनियाँ

菁 jīng नीचे दे०
【菁华】 jīnghuá सार
【菁菁】 jīngjīng <लि०> हरियाली; हरा-भरा

旌 jīng ❶प्राचीन काल में रंगीन परों से सजे दंड पर फहरायी जाने वाली पताका ❷प्रशंसा; प्रशस्ति: 旌表
【旌表】 jīngbiǎo सामंती शासक द्वारा पितृभक्त या सती आदि नीति-दर्शन का अनुसरण करने वालों की प्रशस्ति में स्मारक आदि खड़ा कराया जाना
【旌旗】 jīngqí झंडे; पताकाएं; ध्वज

惊（驚）jīng ❶चौंकना; चकित होना; दंग रह जाना; भौचक (भौचक्का) रहना: ～呆 दंग रह जाना / 大惊失色 dàjīng-shīsè ❷चौंकाना; सतर्क करना: 惊动 ❸(घोड़े आदि का) बिदकना; चौंकना; भड़कना: 马～了。घोड़ा चौंक गया।
【惊诧】 jīngchà आश्चर्यचकित रह जाना; चकित रह जाना; चकराना; चौंकना
【惊动】 jīngdòng चौंकाना; चकित करना (होना); चौकन्ना करना (होना); हैरान करना (होना); चौंकना: 你走路轻一些，别～他。तुम धीरे-धीरे चलो। उसे न चौंकाओ। / 千万不要为这点小事～她。इतनी सी बात के लिए उसे हैरान न करो।
【惊愕】 jīng'è <लि०> हक्का-बक्का रह जाना; भौचक्का रह जाना
【惊风】 jīngfēng <ची०चि०> शिशु ऐंठन: 急～ आकस्मिक शिशु ऐंठन
【惊弓之鸟】 jīnggōngzhīniǎo धनुष की टंकार मात्र से सिहरने वाला परिन्दा —— बुरी तरह घबराया हुआ व्यक्ति
【惊骇】 jīnghài <लि०> स्तब्ध रहना; स्तंभित रहना; दंग रहना

【惊慌】 jīnghuāng （惊惶 jīnghuáng भी）घबराहट; डर; भय; विकलता; घबराना; डरना; भयभीत होना; विकल होना：别～，要镇静。घबराओ मत। धैर्य रखना चाहिए। / 神色～ चेहरे पर हवाइयाँ उड़ जाना

【惊慌失措】 jīnghuāng-shīcuò हाथ-पांव फूलना; होश-हवास खो बैठना; ठगा-सा रह जाना; नाक में दम होना

【惊魂】 jīnghún डरा हुआ होना; भयभीत होना; आतंकित होना：～稍定 भयभीत होने पर ज़रा संभलना / ～未定 फिर भी आतंकित रहना

【惊悸】 jīngjì 〈लि०〉 कलेजा कांपना; दिल दहलना; कलेजा धक रह जाना

【惊叫】 jīngjiào डर के मारे चीख उठना; चीख मारना

【惊厥】 jīngjué होश उड़ना; होश गुम होना

【惊恐】 jīngkǒng व्यग्रता; व्याकुलता; संत्रास; आतंक; व्यग्र; व्याकुल; संत्रस्त; आतंकित：～万状 संत्रस्त होना; हौल पैठना (बैठना); दहशत समाना

【惊雷】 jīngléi आकस्मिक वज्रघोष

【惊奇】 jīngqí आश्चर्य; अचरज; विस्मय; कुतूहल; हैरत; अजीब; अजीबोगरीब; विस्मित; आश्चर्यचकित; चकित; दंग：感到～ को आश्चर्य होना; आश्चर्यचकित रह जाना / 令人～的 आश्चर्यजनक

【惊扰】 jīngrǎo डराना; भयभीत करना

【惊人】 jīngrén आश्चर्यजनक; अद्‌भुत; विस्मयजनक; अनोखा：～的成就 आश्चर्यजनक उपलब्धियाँ / ～的新闻 विस्मयजनक खबर

【惊人之举】 jīngrénzhījǔ अद्‌भुत कौशल; उस्तादी चाल

【惊世骇俗】 jīngshì-hàisú दहलानेवाली कथनी या करनी

【惊叹】 jīngtàn विस्मय होना; दांतों तले उंगली दबाना; अचम्भे में पड़ना

【惊叹号】 jīngtànhào विस्मयादिबोधक चिन्ह

【惊涛骇浪】 jīngtāo-hàilàng ❶दाढ़ें मारती हुई लहरें; प्रचंड लहरें ❷खतरे से भरा हुआ होना

【惊天动地】 jīngtiān-dòngdì दुनिया को हिलाकर रख देना

【惊悉】 jīngxī (हमें या मुझे) यह जानकर सदमा पहुँचा है कि …; (हमें या मुझे) यह जानकर धक्का लगा है कि …

【惊喜】 jīngxǐ अचरज भी और खुशी भी; विस्मय भी और हर्ष भी：～地发现 यह पाकर अचरज हुआ और खुशी भी कि … / ～交集 आश्चर्य मिश्रित प्रसन्नता होना

【惊吓】 jīngxià डर जाना; भयभीत होना：这孩子受了～，哭个不停。यह बच्ची डर जाने पर रोती रही।

【惊险】 jīngxiǎn रोमांच; रोमहर्षण; रोमांचकारी; रोमहर्षक：～小说 रोमांचक उपन्यास / ～场面 रोमहर्षक दृश्य

【惊心动魄】 jīngxīn-dòngpò मर्मस्पर्शी; हृदयस्पर्शी; प्रभावशाली

【惊醒】 jīngxǐng ❶नींद से चौंकना; नींद खुलना (उचटना); सोते से यकायक जाग उठना ❷नींद से चौंकाना; सोते से जगाना

【惊醒】 jīngxing कच्ची नींद; कच्ची नींद सोना：他睡觉～得很，有点响动就醒。वह कच्ची नींद सोता है। ज़रा सी आवाज़ होने पर जाग उठता है।

【惊讶】 jīngyà विस्मित रहना; चकित रहना; दंग रह जाना

【惊疑】 jīngyí शंका; शंकित; शंका होना; शंकित होना

【惊异】 jīngyì विस्मय; विस्मित; विस्मय होना; विस्मित होना

【惊蛰】 jīngzhé ❶कीट-जागरण (24 सौरावधियों में तीसरी) ❷तीसरी सौरावधि के प्रारंभ वाला दिन, जो मार्च की 5, 6 या 7 तारीख को पड़ता है, जब जीव शीतनिद्रा के बाद सक्रिय होने लगते हैं —— 节气 jiéqì，二十四节气 èrshísì jiéqì भी दे०

晶 jīng ❶चमकीला; चमकदार：晶莹 ❷स्फटिक; बिल्लौर：水晶 shuǐjīng ❸कोई भी रवेदार चीज़：晶体

【晶体】 jīngtǐ क्रिस्टल

【晶体管】 jīngtǐguǎn ट्रांज़िस्टर：硅～ सिलिकन ट्रांज़िस्टर / ～收音机 ट्रांज़िस्टर रेडियो

【晶莹】 jīngyíng चमकदार; चमकीला; बिल्लौरी：～的露珠 ओस की चमकती हुई बूंदें

【晶状体】 jīngzhuàngtǐ (आंख का) तेजाजल

腈 jīng 〈रसा०〉 नाइट्राइल

【腈纶】 jīnglún एक्रिलिक रेशा

睛 jīng आँख का गोलक; नेत्रपिंड：目不转睛 mùbù-zhuǎnjīng

粳（稉、秔） jīng 粳稻 jīngdào के समान

【粳稻】 jīngdào गोल दाने वाला बिना लस का धान

【粳米】 jīngmǐ गोल दाने वाला बिना लस का चावल

兢 jīng नीचे दे०

【兢兢业业】 jīngjīngyèyè सावधानी और उद्यम; सावधान और उद्यमी：他工作一向～。वह काम करने में सदा सावधान और उद्यमी रहता है।

精 jīng ❶परिष्कृत; परिशोधित; विशुद्ध; चुनिन्दा; चुना हुआ：精盐 ❷सार; निचोड़：酒～ सुरासार ❸उत्कृष्ट; उत्तम; श्रेष्ठ; बढ़िया：精良 ❹सूक्ष्म; बारीक：精密 / 精巧 ❺होशियार; कुशाग्रबुद्धि; चतुर：他做买卖很～。वह लेन-देन में बहुत होशियार है। / 这孩子真～。यह एक चतुर बच्चा है। ❻कुशल; निपुण; पारंगत; प्रवीण：～于书法 लिपिकला में निपुण होना ❼तेज; ओज; स्फूर्ति：聚精会神 jùjīng-huìshén ❽वीर्य; शुक्र; रेत; बीज：精子 ❾निशाचर; बैताल; पिशाच：精怪 ❿〈बो०〉 (कुछ विशेषणों के आगे प्रयुक्त) पूरी तरह; बहुत; एकदम; बेहद：～瘦 एकदम दुबला-पतला होना

【精兵】 jīngbīng चुने हुए सिपाही; सुप्रशिक्षित सैनिक

【精兵简政】 jīngbīng-jiǎnzhèng बेहतर फ़ौज और सरल प्रशासन; कार्यकुशल कर्मचारी और चुस्त प्रशासन;

सरल और चुस्त प्रशासन
【精彩】 jīngcǎi शानदार; उत्तम; श्रेष्ठ; असाधारण: 艺术家们的～表演赢得阵阵喝彩声。कलाकारों ने अपने श्रेष्ठ प्रस्तुतीकरण से वाहवाही लूटी। / 今天的球踢得很～。आज का फ़ुटबाल मैच बहुत शानदार रहा।
【精巢】 jīngcháo अंड; अंडकोष; फ़ोता
【精诚】 jīngchéng 〈लि०〉 ईमानदारी; शुद्धहृदयता: ～合作 ईमानदारी से सहयोग करना
【精诚所至，金石为开】 jīng chéng suǒ zhì, jīn shí wèi kāi ईमानदारी से दिल पिघल जाता है
【精赤】 jīngchì नंगा होना; निर्वस्त्र होना; तन पर एक भी सूत न होना
【精虫】 jīngchóng 〈श०वि०〉 शुक्राणु
【精粹】 jīngcuì सारगर्भित
【精打细算】 jīngdǎ-xìsuàn बारीक गणना करके सही बजट करना; का यथोचित उपयोग करना; बारीकी से हिसाब करना
【精当】 jīngdàng सही और उचित: 用词～ सही और उचित शब्दों का प्रयोग करना; शब्दों के चयन में पारंगत होना
【精到】 jīngdào सूक्ष्म और विस्तृत
【精雕细镂】 jīngdiāo-xìlòu （精雕细刻 jīngdiāo-xìkè भी）सावधानी और एकाग्र मन से काम करना
【精豆子】 jīngdòuzi 〈बो०〉 होशियार बच्चा
【精读】 jīngdú गौर से बारंबार पढ़ना
【精度】 jīngdù （精密度 का संक्षिप्त रूप）सूक्ष्मता
【精干】 jīnggàn कुशाग्रबुद्धि और सुयोग्य: ～老练 अनुभवी और सुयोग्य
【精耕细作】 jīnggēng-xìzuò प्रकृष्ट खेती (करना)
【精怪】 jīngguài पिशाच; बैताल; निशाचर
【精光】 jīngguāng ❶कुछ भी बाकी न रहना (छोड़ना): 他把一大杯水喝个～。वह पानी गटगट करके पी गया और मग में एक भी बूंद बाकी न छोड़ी। / 他将田里的稻苗拔个～。उस ने खेत में धान के पौधे उखाड़ उखाड़ कर सत्यानाश कर दिया। ❷चमकदार; चमकीला; चमकमा: 新皮鞋～锃亮。नए चमड़े के जूते चमक रहे हैं।
【精悍】 jīnghàn ❶सुयोग्य और ओजस्वी ❷(लेखन आदि) सारगर्भित और पैना
【精华】 jīnghuá सार; सारतत्व: 民族文化的～ राष्ट्रीय संस्कृति का सार
【精简】 jīngjiǎn कटौती करना; कम करना; सरल बनाना: ～开支 खर्च कम करना / ～机构 प्रशासनिक ढांचे को सरल बनाना / ～会议 बैठकों को कम से कम करना
【精力】 jīnglì शक्ति; जोश; ओज; उत्साह: 集中～搞经济建设 आर्थिक निर्माण में पूरी शक्ति लगाना / ～旺盛 ओजस्वी होना / ～充沛 जोश से ओतप्रोत होना
【精练】 jīngliàn संक्षिप्त; सारगर्भित: 语言～ संक्षिप्त भाषा / 文章～ सारगर्भित लेख
【精炼】 jīngliàn ❶शोधन करना; शोधित करना; शुद्ध करना: ～石油 तेल का शोधन करना ❷精练 के समान
【精良】 jīngliáng बढ़िया; उत्तम; सुसज्जित: 装备～的部队 सुसज्जित सैन्य टुकड़ियाँ
【精灵】 jīnglíng ❶निशाचर; प्रेतात्मा ❷〈बो०〉 (बच्चे का) होशियार होना; चतुर होना; चंचल होना
【精馏】 jīngliú 〈रसा०〉 परिशोधन (करना)
【精美】 jīngměi उत्कृष्ट; श्रेष्ठ; उत्तम: ～的工艺品 शिल्पकला की उत्कृष्ट कृति
【精密】 jīngmì सूक्ष्म: ～仪器 सूक्ष्म यंत्र / ～的观察 सूक्ष्म दृष्टि / ～度 सूक्ष्मता
【精妙】 jīngmiào उत्कृष्ट; श्रेष्ठ; उत्तम
【精明】 jīngmíng चालाक; चतुर; बुद्धिमान; विवेकशील; विचक्षण; विवेकी; व्यवहार-पटु: ～的外交家 विवेकशील राजनयिक / ～的生意人 चतुर व्यापारी
【精明强干】 jīngmíng-qiánggàn सुयोग्यता; दक्षता; कार्यकुशलता; सुयोग्य; दक्ष; कार्यकुशल
【精囊】 jīngnáng 〈श०वि०〉 शुक्राशय; अंडकोष
【精疲力竭】 jīngpí-lìjié（筋疲力尽 jīnpí-lìjìn भी）थका-मांदा होना; थकान से चूर-चूर हो जाना
【精辟】 jīngpì तीक्ष्ण; चुभता हुआ: ～的分析 तीक्ष्ण विश्लेषण (करना)
【精品】 jīngpǐn ❶उत्तम कलाकृति ❷बढ़िया वस्तु
【精巧】 jīngqiǎo सूक्ष्म; बारीक; सूक्ष्मता; बारीकी: 制作～ बारीकी से बनाना
【精确】 jīngquè सही; ठीक; सटीक; सम्यक्; अचूक: 下～的定义 सटीक परिभाषा करना / 作～的分析 सटीक विश्लेषण करना
【精确打击】 jīngquè dǎjī परिशुद्धतापूर्वक प्रहार करना
【精确制导武器】 jīngquè zhìdǎo wǔqì परिशुद्धतापूर्वक नियंत्रित शस्त्र
【精肉】 jīngròu 〈बो०〉 सुअर का चर्बीरहित मांस
【精锐】 jīngruì सुसज्जित (सैन्य टुकड़ियाँ)
【精深】 jīngshēn गहन: ～的理论 गहन सिद्धांत
【精神】 jīngshén ❶भावना; मानस; मन; मानसिक: 高尚的～ उदात्त भावना / ～食粮 मानसिक भोजन / ～财富 मानसिक संपत्ति ❷सार; सारतत्व; भाव; अभिप्राय: 贯彻文件的～ दस्तावेज़ के अभिप्राय को मूर्त रूप देना
【精神】 jīngshen ओज; तेज; जोश; ओजस्वी; तेजस्वी; जोशीला: ～饱满 ओज से ओतप्रोत होना / ～萎靡 निस्तेज होना / ～焕发 जोशीला होना / 这小伙子多～！यह युवक कितना तेजस्वी है।
【精神病】 jīngshénbìng मानसिक रोग; मनोरोग: ～人 मनोरोगी / ～医生 मनोरोग चिकित्सक / ～医院 मनोरोग अस्पताल
【精神错乱】 jīngshén cuòluàn विक्षिप्तता; पागलपन; मानसिक रूप से विक्षिप्त; पागल
【精神抖擞】 jīngshén-dǒusǒu ओजपूर्ण; ओजस्वी; जोशीला
【精神分裂症】 jīngshén fēnlièzhèng खंडित मनस्कता
【精神分析】 jīngshén fēnxi मनोविश्लेषण
【精神鼓励】 jīngshén gǔlì नैतिक प्रोत्साहन
【精神枷锁】 jīngshén jiāsuǒ मानसिक जुआ

【精神疗法】 jīngshén liáofǎ मनोचिकित्सा
【精神面貌】 jīngshén miànmào मानसिक स्थिति
【精神生活】 jīngshén shēnghuó सांस्कृतिक जीवन
【精神世界】 jīngshén shìjiè अंतःकरण
【精神衰弱】 jīngshén shuāiruò मनोदौर्बल्य
【精神头儿】 jīngshentóur 〈बोल०〉 तेज; ओज; जोश; तेजस्वी; ओजपूर्ण; जोशीला: 一听要去看足球赛，他就来～了。यह सुनते ही कि फ़ुटबाल मैच देखा जाएगा, वह जोश में आ गया।
【精神文明】 jīngshén wénmíng मानसिक सभ्यता; आध्यात्मिक संपत्ति
【精神状态】 jīngshén zhuàngtài मनोभूमि; मनो-भाव
【精审】 jīngshěn 〈लि०〉 (लेख, योजना, मत आदि का) यथार्थ और विस्तृत होना
【精髓】 jīngsuǐ सार; निचोड़
【精通】 jīngtōng निपुण; पारंगत; प्रवीण; कुशल; पर अधिकार रखना (होना): ～本行 अपने विषय पर अधिकार रखना / ～语言 भाषा पर (किसी का) अधिकार होना / ～乐理 संगीत कला में प्रवीण होना
【精微】 jīngwēi गूढ़ता; गहनता; गूढ़; गहन: 宇宙的～ अंतरिक्ष का रहस्य
【精卫填海】 jīngwèi-tiánhǎi कल्पित पक्षी चिंग वेइ रोड़े चुन-चुन कर सागर को पाटने की कोशिश करता है —— अपनी उद्देश्य-सिद्धि के लिए कृतसंकल्प होना
【精细】 jīngxì सूक्ष्मता; बारीकी; सावधानी; सूक्ष्म; बारीक; सावधानीपूर्ण: 他考虑问题十分～。वह किसी भी सवाल को सावधानी से लेता है। / 手工～ हाथ की सफ़ाई का परिचय देना
【精心】 jīngxīn सावधानी से; सचेत रूप से; मेहनत से; परिश्रम से; विस्तार से; विस्तृत रूप से: ～护理病人 सावधानी से रोगी की सेवा-शुश्रूषा करना / ～设计 सावधानी से डिज़ाइन करना / ～策划阴谋 जी तोड़कर साजिश रचना / ～制作产品 परिश्रम से वस्तु बनाना
【精盐】 jīngyán परिष्कृत नमक; टेबल सॉल्ट
【精液】 jīngyè 〈श०वि०〉 वीर्य; शुक्र
【精益求精】 jīngyìqiújīng अच्छे से अच्छा बनाना; बराबर सुधारना
【精英】 jīngyīng ❶सार; निचोड़: 古代文化的～ प्राचीन संस्कृति का सार ❷पुरुषोत्तम; सर्वश्रेष्ठ; सर्वोत्तम: 当代青年的～ हमारे युग के सर्वोत्तम युवा
【精湛】 jīngzhàn उत्कृष्ट; सर्वश्रेष्ठ; सर्वोत्तम: ～的工艺 उत्कृष्ट कारीगरी
【精制】 jīngzhì बड़ी सावधानी से बनाना; परिष्कृत करना: ～品 अत्युत्तम वस्तु
【精致】 jīngzhì बढ़िया; श्रेष्ठ; उत्तम; उत्कृष्ट
【精忠】 jīngzhōng निष्ठा; वफ़ा; निष्ठावान्; वफ़ादार: ～报国 पूरी निष्ठा से अपने देश की सेवा करना
【精装】 jīngzhuāng ❶सजिल्द (पुस्तक) ❷(माल का) आकर्षक पैकिंग
【精装本】 jīngzhuāngběn राजभव्य संस्करण
【精壮】 jīngzhuàng गठीला; हट्टा-कट्टा
【精子】 jīngzǐ 〈श०वि०〉 शुक्राणुः ～库 शुक्राणु कोष

鲸（鯨） jīng व्हेल मछली
【鲸吞】 jīngtūn हड़पना; हज़म करना
【鲸鱼】 jīngyú व्हेल मछली

jǐng

井[1] jǐng ❶कुआं; कूप: 掘～ कुआं खोदना ❷कुएं जैसी वस्तु: 油井 yóujǐng ❸बस्ती; गृह-ग्राम; गृह-नगर: 市井 shìjǐng / 乡井 xiāngjǐng ❹पुनर्वसु (28 नक्षत्रों में से एक)

井[2] jǐng सुव्यवस्थित रूप से; करीने से: 井然
【井底之蛙】 jǐng dǐ zhī wā कूपमंडूक; कुएं का मेंढक
【井灌】 jǐngguàn कुएं के जल से खेत सींचना
【井架】 jǐngjià ❶〈तेल उद्योग〉 डेरिक ❷〈खनि०〉 हेड-फ़्रेम; हेडगियर; पिटहेडफ़्रेम
【井井有条】 jǐngjǐng-yǒutiáo सुव्यवस्थित रूप से; करीने से; क्रम से: ～地工作 सुव्यवस्थित रूप से काम करना / 书籍摆放得～。किताबें करीने से रखी हुई हैं।
【井口】 jǐngkǒu ❶कुएं का मुंह ❷〈खनि०〉 पिटहेड ❸〈तेल उद्योग〉 वेलहेड
【井喷】 jǐngpēn 〈तेल उद्योग〉 ब्लोआउट
【井然】 jǐngrán 〈लि०〉 व्यवस्थित रूप से; करीने से: ～有序 व्यवस्थित रूप से; करीने से
【井水不犯河水】 jǐngshuǐ bù fàn héshuǐ कुएं का पानी नदी के जल में बलप्रवेश नहीं करता —— मुझे अपने काम से मतलब और तुम्हें भी अपने काम से
【井台】 jǐngtái जगत; कुएं का चबूतरा
【井田制】 jǐngtiánzhì कूप-क्षेत्र व्यवस्था (जो दास युग में प्रचलित थी। इस व्यवस्था के अंतर्गत 900 मू खेतीयोग्य भूमि की एक इकाई मानी जाती थी। इतनी भूमि को नौ भागों में बांटा जाता था और हरेक भाग का क्षेत्रफल सौ मू होता था। नौ भागों में बंट जाने पर भूमि का यह खंड चीनी अक्षर '井' के समान होता था। बीच का भाग सार्वजनिक होता था और बाकी आठ भाग आठ परिवारों को दिए जाते थे। बीच की भूमि जोतने का ज़िम्मा आठों परिवार लेते थे)
【井筒】 jǐngtǒng ❶कुएं का गोल गढ़ा ❷〈खनि०〉 पिट-शाफ़्ट
【井蛙】 jǐngwā कूपमंडूक
【井盐】 jǐngyán वेल सॉल्ट

阱（穽） jǐng फंदा; फांस; पाश: 陷阱 xiànjǐng

刭（剄） jǐng 〈लि०〉 गला काटना; गरदन मारना: 自刭 zìjǐng

肼 jǐng 〈रसा०〉 हाइड्राज़िन

颈（頸）jǐng गरदन; गला; ग्रीवा
gěng भी दे०

【颈动脉】jǐngdòngmài ग्रीवा धमनी

【颈项】jǐngxiàng गरदन; गला; ग्रीवा

【颈椎】jǐngzhuī ग्रीवा मेरुदंड

景 1 jǐng ❶दृश्य; छवि; नज़ारा: 景致 / 风景 fēngjǐng ❷अवस्था; स्थिति; दशा; हालत: 背景 bèijǐng ❸(फ़िल्म या नाटक में) सैट्स: 置～ सैट्स बनाना; मंच-सज्जा करना ❹(नाटक का) दृश्य: 第一幕第二～ पहले अंक का दूसरा दृश्य ❺（Jǐng）एक कुलनाम

景 2 jǐng सम्मान; आदर; समादर; सम्मान (आदर, समादर) करना: 景慕

【景点】jǐngdiǎn रमणीय स्थल

【景观】jǐngguān दृश्य; छवि; नज़ारा: 自然～ नैसर्गिक दृश्य

【景教】Jǐngjiào नेस्टोरियनिज़्म; द्वि-व्यक्तिवाद

【景况】jǐngkuàng स्थिति; दशा; हालत: 农民的～大大改善。किसान की हालत बहुत सुधर गई।

【景慕】jǐngmù <लि०> सम्मान (आदर, समादर) करना; का प्रशंसक होना

【景片】jǐngpiàn (मंच पर) दृश्य पटल

【景颇族】Jǐngpōzú चिंगफो जाति, जो युननान प्रांत में आबाद है

【景气】jǐngqì समृद्धि; खुशहाली

【景色】jǐngsè दृश्य; छवि; नज़ारा: 迷人的日出～ सूर्योदय का मनमोहक दृश्य / 秀美的～ रमणीय नज़ारा

【景深】jǐngshēn <फ़ोटो०> डेप्थ आफ़ फ़ील्ड; दृश्य की गहराई (सूक्ष्मता)

【景泰蓝】jǐngtàilán एनेमल; मीनाकारी

【景物】jǐngwù नज़ारा; दृश्य: ～宜人 मनोहर दृश्य

【景象】jǐngxiàng नज़ारा; दृश्य: 丰收的～ शानदार फ़सल का दृश्य

【景仰】jǐngyǎng श्रद्धा; सम्मान; आदर; से श्रद्धा रखना; का सम्मान (आदर) करना: 怀着～的心情 श्रद्धा के साथ

【景遇】jǐngyù <लि०> हाल; दशा; अवस्था: 他～不佳。उस का बुरा हाल है।

【景致】jǐngzhì दृश्य; छवि; नज़ारा: 山顶上可以看到全城的～。पहाड़ की चोटी से शहर का पूरा नज़ारा लिया जा सकता है।

儆 jǐng चेतावनी; चेतावनी देना; चेताना; सावधान करना

【儆戒】jǐngjiè चेतावनी देना; चेताना; सावधान करना

憬 jǐng <लि०> सचेत होना; जागरूक होना; सावधान होना

【憬悟】jǐngwù <लि०> वस्तुस्थिति से अवगत होना; सचेत होना

警 jǐng ❶सतर्कता; सजगता; सावधानी; चौकसी; होशियारी; सतर्क; सजग; सावधान; चौकस; होशियार; चौकन्ना: 警惕 / 警觉 ❷चेतावनी; चेतावनी देना; चेताना; सावधान करना: 警告 ❸संकट की सूचना; अलार्म: 火警 huǒjǐng ❹警察 का संक्षिप्त रूप

【警报】jǐngbào अलार्म; चेतावनी; संकट की सूचना: 拉～ भोंपू बजाना / 热带风暴～ चक्रवात की चेतावनी

【警报器】jǐngbàoqì भोंपू; सायरन; अलार्म

【警备】jǐngbèi गैरिसन; रक्षा; सुरक्षा की व्यवस्था: ～司令部 गैरिसन हेडक्वार्टर / ～森严 सुरक्षा की कड़ी व्यवस्था (करना)

【警察】jǐngchá पुलिस; पुलिसकर्मी; पुलिस सिपाही; पुलिसवाला: 女～ पुलिसवाली

【警察局】jǐngchájú पुलिस स्टेशन; थाना

【警车】jǐngchē पुलिस कार; पुलिस वैन

【警笛】jǐngdí ❶पुलिस सीटी ❷सायरन; भोंपू

【警服】jǐngfú पुलिस की वर्दी

【警告】jǐnggào ❶चेतावनी देना; सतर्क करना; सावधान करना; खबरदार करना: 提出严正～ गंभीर चेतावनी देना / 我～你，别再胡来。खबरदार ! तुम फिर गड़बड़ी पैदा न करो। / 我～过您，要您小心些，可您不听。मैं ने आप को सतर्क किया था, मगर आप ने मेरी बात अनसुनी कर दी। ❷(अनुशासनिक कदम के तौर पर) चेतावनी देना: 给予～处分 अनुशासनिक कदम के तौर पर चेतावनी देना

【警棍】jǐnggùn पुलिस का डंडा

【警花】jǐnghuā जवान पुलिसवाली

【警戒】jǐngjiè ❶चेतावनी देना; चेताना; सजग करना ❷चौकसी; पहरा; सतर्कता; चौकस; चौकन्ना; सतर्कता: 加强～ चौकसी बढ़ाना / 放出～ पहरा बैठाना / ～部队 सुरक्षा टुकड़ियाँ

【警戒水位】jǐngjiè shuǐwèi (जल स्तर का) खतरे का निशान; चेतावनी का निशान: 河水暴涨超过～。नदी का जल स्तर खतरे के निशान को पार कर गया।

【警戒线】jǐngjièxiàn सुरक्षा पंक्ति; पुलिस की पंक्तियाँ

【警句】jǐngjù सूक्ति

【警觉】jǐngjué सतर्कता; सावधानी; सावधानता; सतर्क; सावधान: 加强～ सावधानी बढ़ाना / 引起～ सतर्क हो उठना

【警力】jǐnglì पुलिसकर्मियों की संख्या: ～不足 पुलिसकर्मी कम पड़ना

【警铃】jǐnglíng अलार्म की घंटी

【警区】jǐngqū पुलिस रीज़न

【警犬】jǐngquǎn खोजी कुत्ता

【警示】jǐngshì चेतावनी देना; सतर्क करना: ～世人 लोगों को सतर्क करना

【警世】jǐngshì दुनिय को चेताना: ～之作 दुनिया को चेताने वाली रचना

【警惕】jǐngtì सतर्कता; सावधानता; सावधानी; सतर्क; सावधान: 提高～ सतर्कता बढ़ाना / 放松～ सतर्कता में ढील देना

【警卫】jǐngwèi रक्षक; प्रहरी; पहरा; गारद; गार्ड:

～员 अंगरक्षक / ～连 गार्ड कंपनी
【警衔】 jǐngxián पुलिस रैंक
【警醒】 jǐngxǐng ❶惊醒 jīngxǐng के समान ❷（警省 jǐngxǐng भी）सतर्क होना; सजग होना
【警长】 jǐngzhǎng (पुलिस) सार्जेंट
【警钟】 jǐngzhōng अलार्मघंटा; संकटघंटी

jìng

劲（勁）jìng शक्तिशाली; बलवान; बलिष्ठ; प्रबल; ज़बरदस्त：强劲 qiángjìng
jìn भी दे०
【劲敌】 jìngdí प्रबल विरोधी; शक्तिशाली प्रतियोगी; कट्टर शत्रु
【劲旅】 jìnglǚ 〈लि०〉 तगड़ी टीम; चुनिंदा सैन्यदल

径 1（徑、逕）jìng ❶फुटपाथ; पगडंडी; पतला रास्ता：曲径 qūjìng ❷ज़रिया; माध्यम：门径 ménjìng / 途径 tújìng ❸सीधे; प्रत्यक्ष रूप से; तुरंत：～回北京 सीधे पेइचिंग वापस लौटना / ～行办理 तुरंत काम निपटाना

径 2（徑）jìng（直径 zhíjìng का संक्षिप्त रूप）व्यास：半径 bànjìng / 口径 kǒujìng
【径流】 jìngliú धारा：地表～ सतही धारा / 地下～ भूमिगत धारा
【径情直遂】 jìngqíng-zhísuì मनचाही सफलता प्राप्त करना
【径赛】 jìngsài 〈खेल०〉 दौड़; ट्रैक
【径庭】 jìngtíng 〈लि०〉 में बहुत बड़ा अंतर होना; बिल्कुल भिन्न होना：大相径庭 dà xiāng jìngtíng
【径行】 jìngxíng प्रत्यक्ष रूप से; सीधे
【径直】 jìngzhí 〈क्रि०वि०〉 सीधे：他～朝前走去。वह सीधे आगे बढ़ता गया। / 这架货机将～飞往南京。यह माल वाहक विमान सीधे नानचिंग जाएगा।
【径自】 jìngzì 〈क्रि०वि०〉 बिना किसी से कहे; बिना अनुमति लिए：他～取了书就走。वह बिना अनुमति लिए पुस्तक लेकर चला गया।

净 1（淨）jìng ❶निर्मल; स्वच्छ; साफ़; सुथरा; साफ़-सुथरा：～水 स्वच्छ पानी ❷साफ़ करना：～一～桌面儿。मेज़ को पोंछकर साफ़ करो। ❸(क्रिया के पीछे प्रयुक्त) खतम; समाप्त; कुछ भी छोड़े बिना：他把一大缸子水都喝～了。उस ने पूरा एक मग पानी खतम कर दिया। ❹शुद्ध：～利润 शुद्ध लाभ / ～收入 शुद्ध आय ❺〈क्रि०वि०〉 ही; सिर्फ़; केवल; मात्र：我说话的时候，你～打岔。तुम मेरी बातों को टोकना ही जानते हो। / 满屋子～是书。पूरे कमरे में पुस्तकें ही पुस्तकें रखी हुई हैं। / 这两天大风～扬尘。इन दिनों तेज़ हवा धूल उड़ाती ही रही।

净 2（淨）jìng चित्रित चेहरे वाला पात्र (परंपरागत ऑपेरा में एक मुख पात्र, जिस का मुख तेज़ रंगों से चित्रित है। यह पुरुषोचित या उजड्ड चरित्र सेनापति, योद्धा, मंत्री, दस्यु या पिशाच हो सकता है)
【净产值】 jìngchǎnzhí शुद्ध उत्पादन मूल्य
【净化】 jìnghuà शुद्ध करना; स्वच्छ करना; शोधित करना：～城市污水 शहर के गंदे पानी को स्वच्छ करना / ～心灵 आत्मा को शुद्ध करना
【净尽】 jìngjìn कुछ भी बाकी छोड़े बिना; पूरी तरह：消灭～ पूरी तरह नष्ट करना
【净角】 jìngjué 净 2jìng के समान
【净利】 jìnglì शुद्ध लाभ
【净身】 jìngshēn (किसी आदमी का) नपुंसक बनना
【净手】 jìngshǒu ❶〈बो०〉 हाथ धोना ❷〈शिष्टोक्ति〉 मलत्याग करना; पेशाब करना; शौच करना
【净桶】 jìngtǒng 〈शिष्टोक्ति〉 मलमूत्र पात्र; कमोड; गमला
【净土】 jìngtǔ ❶〈बौद्धधर्म〉 सुखावती ❷दूषणरहित स्थान
【净土宗】 jìngtǔzōng 〈बौद्धधर्म〉 सुखावती संप्रदाय
【净余】 jìngyú शेष; बाकी
【净增】 jìngzēng शुद्ध वृद्धि; शुद्ध बढ़ोतरी
【净值】 jìngzhí शुद्ध मूल्य
【净重】 jìngzhòng शुद्ध वज़न

经（經）jìng 〈बुना०〉 ताना
jīng भी दे०

胫（脛）jìng 〈श०वि०〉 टांग
【胫骨】 jìnggǔ पिंडली की हड्डी

痉（痙）jìng नीचे दे०
【痉挛】 jìngluán ऐंठन; मरोड़; बल; ऐंठना; मरोड़ना; बल पड़ना

竞（競）jìng ❶प्रतियोगिता; प्रतिस्पर्धा; प्रतिद्वंद्विता; होड़; स्पर्धा; प्रतियोगिता (प्रतिस्पर्धा, प्रतिद्वंद्विता, स्पर्धा) करना; होड़ लगाना：竞赛 / 竞争 ❷〈लि०〉 ज़बरदस्त; प्रबल; प्रचंड
【竞渡】 jìngdù ❶नौकायान; नौका दौड़ ❷तैराकी प्रतियोगिता
【竞技】 jìngjì खेल; खेलकूद：～场 अखाड़ा; पथ-मैदान
【竞技状态】 jìngjì zhuàngtài (खिलाड़ी का) फ़ार्म：～好 अच्छे फ़ार्म में होना / ～不好 बुरे फ़ार्म में होना
【竞赛】 jìngsài प्रतियोगिता; प्रतिस्पर्धा; प्रतिद्वंद्विता; होड़; स्पर्धा：体育～ खेलों की प्रतियोगिता / 核军备～ नाभिकीय शस्त्रीकरण होड़ / 进行～ प्रतियोगिता करना; होड़ लगाना
【竞相】 jìngxiāng स्पर्धा; होड़; स्पर्धा करना; होड़ लगाना：～投资 पूंजी निवेश में स्पर्धा करना / ～研制新产品 नई वस्तुओं के अनुसंधान और उत्पादन में होड़

लगाना / ～吹捧 की बड़ाई करने में होड़ लगाना / ～降价 दम घटाने में स्पर्धा करना

【竞选】 jìngxuǎn चुनाव लड़ना: ～总统 राष्ट्रपति चुनाव लड़ना / 发表～演说 चुनावी भाषण देना / ～活动 चुनाव अभियान

【竞争】 jìngzhēng प्रतियोगिता; प्रतिद्वंद्विता: 自由～ मुक्त प्रतियोगिता / 有～力 प्रतियोगिता में खरा उतरना; प्रतिद्वंद्विता में सक्षम होना / 参与～ प्रतियोगिता में भाग लेना / 不正当和无序～ अनैतिक और असंगठित प्रतियोगिता / 公开～ खुली प्रतियोगिता / ～对手 प्रतियोगी; प्रतिद्वंद्वी

【竞走】 jìngzǒu 〈खेल०〉 पद-चलन

竟 1 jìng ❶पूरा; पूर्ण; संपन्न; समाप्त: 未～之业 अधूरा कार्य ❷शुरू से अंत तक; पूरा; समूचा: ～日 दिन भर; पूरे दिन ❸〈लि०〉 अंत में; आखिर; अंततः; अंततोगत्वा: 有志者事竟成 yǒuzhìzhě shì jìng chéng

竟 2 jìng 〈क्रि०वि०〉 अप्रत्याशित रूप से: 他～在学校的长跑比赛中得了第一。उस ने स्कूल की लम्बी दौड़ में अप्रत्याशित रूप से पहला स्थान जीत लिया।

【竟然】 jìngrán ❶अप्रत्याशित रूप से; आश्चर्यजनक रूप से: 这么浩大的工程，～用短短的三年时间就建成了。इतनी बृहद परियोजना तीन सालों के अल्प समय में ही आश्चर्यजनक रूप से पूरी कर ली गई है। ❷तक; यहाँ तक कि …: ～不顾事实 तथ्यों तक की अवहेलना करना; यहाँ तक कि यथ्यों की भी अवहेलना करना

【竟至】 jìngzhì 〈क्रि०वि०〉 यहाँ तक कि …

【竟自】 jìngzì 〈क्रि०वि०〉 अप्रत्याशित रूप से; आश्चर्यजनक रूप से; खुद-ब-खुद; स्वतः: 谁也没教他，他～学会骑自行车了。किसी ने भी उसे सिखाया नहीं, पर उस ने साईकल चलाना स्वतः सीख लिया।

靓（靚） jìng 〈लि०〉 मेकअप; शृंगार; प्रसाधन liàng भी दे०

【靓妆】 jìngzhuāng 〈लि०〉 सज-धज; बनाव-शृंगार

敬 jìng ❶सम्मान; आदर; समादर; इज़्ज़त; श्रद्धा; सम्मान (आदर; समादर; इज़्ज़त) करना: 敬爱 ❷सादर: ～请光临。आप पधारने के लिए सादर आमंत्रित है। ❸शिष्टता या भद्रता से पेश करना: ～茶 चाय पेश करना

【敬爱】 jìng'ài श्रद्धा; श्रद्धेय; पूजनीय; पूज्य; श्रद्धा करना: ～父母 मां-बाप की श्रद्धा करना / ～的老师 पूजनीय गुरु

【敬辞】 jìngcí आदरसूचक शब्द

【敬而远之】 jìng'éryuǎnzhī दूर से सलाम करना

【敬奉】 jìngfèng ❶भक्तिपूर्वक पूजा करना ❷सादर प्रस्तुत करना; सविनय पेश करना

【敬服】 jìngfú का प्रशंसक होना; की प्रशंसा करना; की तारीफ़ करना; सराहना: 大家都～他的为人。सभी उस के व्यक्तित्व के प्रशंसक हैं।

【敬告】 jìnggào 〈शिष्ट०〉 सविनय सूचित करना

【敬贺】 jìnghè 〈शिष्ट०〉 सादर बधाई देना

【敬候】 jìnghòu 〈शिष्ट०〉 आदरपूर्वक स्वागत करना; आंखें बिछाना: ～光临。आप का आदरपूर्ण स्वागत है।

【敬酒】 jìngjiǔ जाम पेश करना

【敬酒不吃吃罚酒】 jìng jiǔ bù chī chī fá jiǔ पेश किए गए जाम से इनकार कर दंड के रूप में शराब पीना पसन्द करना —— लातों के भूत बातों से नहीं मानते

【敬老院】 jìnglǎoyuàn वयोवृद्धसदन; वृद्धाश्रम

【敬礼】 jìnglǐ ❶सलाम करना; प्रणाम करना ❷〈शिष्ट०〉 (पत्र के अंत में) शुभकामनाओं सहित

【敬慕】 jìngmù प्रशंसा; तारीफ़; प्रशस्ति

【敬佩】 jìngpèi प्रशंसा; तारीफ़; प्रशंसा (तारीफ़) करना; का प्रशंसक होना: 大家都以～的目光注视着他。सब लोग उसे प्रशंसा की दृष्टि से देखते हैं।

【敬启者】 jìngqǐzhě (पत्र के आरंभ में प्रयुक्त) मैं आप को बताना चाहता हूँ कि …

【敬请】 jìngqǐng 〈शिष्ट०〉 आप … के लिए सादर आमंत्रित है: ～光临。आप का आगमन सादर प्रार्थित है।

【敬上】 jìngshàng（敬启 jìngqǐ भी）(पत्र के अंत में) भवदीय

【敬畏】 jìngwèi भय और सम्मान: 令人～ भयदायक भी और सम्माननीय भी होना

【敬献】 jìngxiàn श्रद्धा के साथ अर्पित करना

【敬谢不敏】 jìngxiè-bùmǐn मैं माफ़ी मांगना चाहता हूँ; मुझे यह न कर पाने पर खेद है

【敬仰】 jìngyǎng आदर; सम्मान; आदरणीय; सम्माननीय: 深受～ आदरपात्र होना; आदरभाजन होना

【敬业】 jìngyè कार्यपरायण; कार्यप्रस्तुत: ～精神 कार्यपरायणता

【敬意】 jìngyì आदरभाव; श्रद्धा: 表示～ आदरभाव (श्रद्धा) प्रकट करना

【敬重】 jìngzhòng आदर करना; सम्मान करना; इज़्ज़त करना

【敬祝】 jìngzhù 〈शिष्ट०〉 (मेरी या हमारी) शुभकामना है कि …: ～身体健康。शुभकामना है कि आप स्वस्थ रहें।

靖 jìng ❶शांति; सुख-चैन; अमन-चैन; चैन: 安靖 ❶ānjìng ❷〈लि०〉 शांत करना; दमन करना; शमन करना: ～乱 उपद्रव को शांत करना

静 jìng ❶स्थिरता; निश्चलता; शांति; स्थिर; निश्चल; शांत: 静止 / 大海风平浪～。सागर शांत है। ❷निःशब्दता; सूनापन; खामोशी; नीरवता; शांति; निःशब्द; सूना; खामोश; नीरव; शांत: 寂静 jìjìng ❸शांत करना (होना): 静心 / 请～一～。खामोशी!

【静场】 jìngchǎng (प्रस्तुतीकरण या फ़िल्मशो के बाद) दर्शकों का थिएटर या सिनेमाघर से चला जाना

【静电】 jìngdiàn स्टेटिक इलेक्ट्रिसिटी; स्थिर बिजली: ～感应 इलेक्ट्रोस्टेटिक इंडक्शन

【静观】 jìngguān शांत चित्त से देखना: 让我们～事态发展。हम शांत चित्त से देखें कि आगे क्या होता है।

【静脉】 jìngmài 〈श०वि०〉 शिरा

【静脉曲张】 jìngmài qūzhāng शिरा-स्फीति
【静脉炎】 jìngmàiyán शिराशोथ
【静脉注射】 jìngmài zhùshè इंट्रावीनस इंजेक्शन
【静谧】 jìngmì 〈लि०〉 शांति; नीरवता; सन्नाटा; शांत; नीरव
【静默】 jìngmò ❶खामोशी; चुप्पी; निस्तब्धता; खामोश; चुप; निस्तब्ध: 屋内一阵～。कमरे में खामोशी छा गई। ❷मौन रखना: ～两分钟 दो मिनट का मौन रखना
【静穆】 jìngmù गंभीर और शांत: 气氛～。वातावरण गंभीर और शांत था।
【静悄悄】 jìngqiāoqiāo नीरवता; सुनसान; सन्नाटा; नीरव: 周围～的。चारों तरफ़ सन्नाटा था।
【静态】 jìngtài 〈भौ०〉 स्टेटिक स्टेट; स्थिरावस्था: ～平衡 स्थिर संतुलन
【静物】 jìngwù स्थिर वस्तु: ～画 स्थिर वस्तु चित्र; अचल चित्र
【静心】 jìngxīn स्थिरचेता; स्थिरमना; शांतचित्त; मन शांत होना; चित्त स्थिर होना: ～学习 शांतचित्त होकर पढ़ाई में तल्लीन होना / 你快出去，让我静静心。जल्दी बाहर निकलो, ताकि मेरा मन शांत भी हो जाए।
【静养】 jìngyǎng स्वास्थ्यलाभ; स्वास्थ्यलाभ करना
【静园】 jìngyuán पार्क बन्द करना
【静止】 jìngzhǐ स्थिरता; निश्चलता; स्थिर; निश्चल; अ-चल: ～是相对的。निश्चलता सापेक्ष होती है।
【静坐】 jìngzuò ❶धरना देना: ～示威 धरना देना ❷ध्यान लगाकर बैठना

境 jìng ❶सीमा; हद; सीमांत: 国～ देश की सीमा ❷स्थान; क्षेत्र; प्रदेश: 如入无人之境 rú rù wú rén zhī jìng ❸हालत; स्थिति; दशा; अवस्था: 家～ घर की हालत
【境地】 jìngdì हालत; दशा; स्थिति; अवस्था: 狼狈的～ सांप-छछूंदर की दशा / 处于孤立的～ अलगाव की स्थिति में पड़ना
【境界】 jìngjiè ❶सीमा; हद ❷क्षितिज; स्थिति: 理想～ आदर्श स्थिति / 精神～ मानसिक क्षितिज
【境况】 jìngkuàng (आर्थिक) स्थिति; हल; दशा; हा-लत: ～不好 हाल तंग होना
【境域】 jìngyù ❶हालत; स्थिति; अवस्था; दशा ❷क्षेत्र
【境遇】 jìngyù स्थिति; दशा; हाल; हालत: 悲惨的～ शोचनीय दशा; दुर्दशा

镜（鏡） jìng ❶शीशा; दर्पण; आईना; कांच ❷लेंस; ग्लास; चश्मा: 放大镜 fàngdàjìng / 太阳镜 tàiyángjìng
【镜花水月】 jìnghuā-shuǐyuè आईने में फूल और पानी में चांद —— भ्रम
【镜框】 jìngkuàng फ़्रेम
【镜片】 jìngpiàn लेंस
【镜台】 jìngtái प्रसाधन मेज़
【镜头】 jìngtóu ❶कैमरे का लेंस: 变焦距～ जूम लेंस / 长焦距～ टेलीलेंस ❷शॉट: 特写～ क्लोज़ अप
【镜匣】 jìngxiá प्रसाधन मंजूषा
【镜子】 jìngzi ❶शीशा; दर्पण; कांच; आईना ❷〈बोल०〉 चश्मा; ग्लास

jiǒng

迥 jiǒng 〈लि०〉 बहुत भिन्न
【迥然】 jiǒngrán बहुत भिन्न होना
【迥异】 jiǒngyì एकदम भिन्न होना

炯 jiǒng 〈लि०〉 चमकदार; चमकता हुआ
【炯炯】 jiǒngjiǒng चमकती हुई (आंख): 两眼～有神 दो चमकती हुई आंखें

窘 jiǒng ❶तंगी; अर्थकष्ट; तंगी होना; तंगदस्त होना; तंगहाल होना; अर्थकष्ट में पड़ना: 他家境一度很～。उस का घर एक समय तक बहुत तंगहाल था। ❷परेशानी; उद्वेग; हैरानी; परेशान; उद्वेगी; हैरान; हक्का-बक्का: 我这么一问，她感到很～。जैसे ही मैं ने यह सवाल किया, उसे बड़ी हैरानी हुई। ❸हैरान करना; परेशान करना
【窘促】 jiǒngcù 〈लि०〉 窘迫 के समान
【窘境】 jiǒngjìng दुर्दशा; बुरा हाल; दुर्गति: 陷入～ की दुर्दशा होना / 摆脱～ दुर्गति से मुक्त होना
【窘况】 jiǒngkuàng दुर्दशा; दुरवस्था; बुरी हालत
【窘迫】 jiǒngpò ❶घोर गरीबी होना; गरीबी की चक्की में पिसना ❷बहुत परेशान होना; बहुत हैरान होना
【窘态】 jiǒngtài परेशानी; हैरानी: 你看他那副～。देखो तो उस की परेशानी को।
【窘相】 jiǒngxiàng परेशानी; हैरानी

jiū

纠[1]（糾） jiū उलझना; फंसना; गुंथना: 纠纷 / 纠缠
纠[2]（糾） jiū एकत्र होना (करना); इकट्ठा होना (करना); एकत्रित होना (करना): 纠集
纠[3]（糾） jiū दुरुस्त करना (होना); दूर करना (होना); सुधारना; सुधरना: ～错 गलती दुरुस्त करना
【纠察】 jiūchá ❶सार्वजनिक आयोजनों में व्यवस्था बनाए रखना ❷पिकेट: ～线 पिकेट लाइन
【纠缠】 jiūchán ❶उलझना; फंसना; गुंथना: 各种问题～在一起。सभी तरह के सवाल एक दूसरे से उलझ गये। ❷परेशान करना; कष्ट देना; तंग करना: 他正忙着，不要～他了。वह अभी व्यस्त है। उसे परेशान न करो।
【纠纷】 jiūfēn झगड़ा; विवाद: 引起～ झगड़े की आग लगाना / 调解～ झगड़ा पाक करना / 产生～ विवाद

उत्पन्न होना
【纠葛】 jiūgé झगड़ा; तकरार: 他俩之间有过～。उन दोनों में कभी झगड़ा भी हुआ था।
【纠合】 jiūhé 〈अना०〉 एकत्र करना (होना); इकट्ठा करना (होना); एकत्रित करना (होना); जुटाना: ～一群无赖闹事 बदमाशों को इकट्ठा करके गड़बड़ी पैदा करना / ～党羽 अपने पिछलगुओं को एकत्र करना
【纠集】 jiūjí 〈अना०〉 एकत्र करना; इकट्ठा करना
【纠结】 jiūjié एक दूसरे से उलझना; आपस में गुंथना
【纠偏】 jiūpiān गलती दुरुस्त करना; चूक सुधारना
【纠正】 jiūzhèng दुरुस्त करना; ठीक करना; सुधारना: ～错误 गलती ठीक करना / ～不正之风 अस्वस्थ प्रवृत्ति को सुधारना

鸠（鳩） jiū फाख्ता; पंडुक

【鸠合】 jiūhé 纠合 jiūhé के समान
【鸠集】 jiūjí 纠集 jiūjí के समान
【鸠占鹊巢】 jiūzhànquècháo 鹊巢鸠占 quècháojiūzhàn के समान

究 jiū ❶विस्तृत अध्ययन करना; बारीकी से जांच करना: 研究 / 深究 shēnjiū ❷〈क्रि०वि०〉〈लि०〉 आखिर; अंततः; अंत में: 此事～应如何办理? इस मामले को आखिर कैसे निपटाना चाहिये?

【究办】 jiūbàn जांच और निपटारा करना: 依法～ कानून के मुताबिक जांच और निपटारा करना
【究根儿】 jiūgēnr तह तक पहुंचने की कोशिश करना
【究诘】 jiūjié 〈लि०〉 पूछ-ताछ; जवाब-तलब; पूछ-ताछ (जवाब-तलब) करना
【究竟】 jiūjìng ❶परिणाम; फल; नतीजा; आखिर क्या हुआ: 我们都想知道个～。हम सब यह जानना चाहते हैं कि आखिर क्या हुआ। ❷〈क्रि०वि०〉 (सही-सही जवाब पर ज़ोर देने के लिये प्रश्न में प्रयुक्त) आखिर में; अंत में: 这～是谁干的? यह आखिर किसने किया? / 他～去哪儿了? वह अंत में कहां गया?

赳 jiū नीचे दे०

【赳赳】 jiūjiū शूरवीर; पराक्रमी; बहादुर
【赳赳武夫】 jiūjiū-wǔfū हट्टा-कट्टा लड़ाका

阄（鬮） jiū लाटरी; चिट्ठी: 抓～ चिट्ठी डालना

揪 jiū ❶पकड़ना; कसकर पकड़ना: ～耳朵 कान पकड़ना / 他～着绳子从井底爬了上来。वह रस्सी को कसकर पकड़कर कुएं के तल से ऊपर चढ़ आया। ❷खींचना; घसीटना: ～了一朵花 एक फूल तोड़ना / ～他过来。उसे यहां खींच लाओ।

【揪辫子】 jiū biànzi चोटी पकड़ना —— किसी की भूल-चूक को माफ़ न करना
【揪揪】 jiūjiu 〈बो०〉 चुन्नट; शिकन; चुन्नट (शिकन) पड़ना: 衣服还～着呢，得熨一下。कपड़े पर चुन्नटें पड़ी हुई हैं। इस्तरी करनी है।
【揪痧】 jiūshā लू लगने या ज्वर होने पर रोगी के गले आदि पर चिकोटियां काट-काटकर राहत देने का एक परम्परागत उपचार
【揪心】 jiūxīn 〈बो०〉 फ़िक्र; चिन्ता; चिन्तित; फ़िक्र (चिन्ता) होना; चिंतित होना: 这孩子真让人～。इस बच्चे की मुझे बराबर चिन्ता रहती है।

啾 jiū नीचे दे०

【啾唧】 jiūjī 〈अनु०〉 चीं-चीं; (कीड़ों का) झंकार
【啾啾】 jiūjiū 〈अनु०〉 ❶चीं-चीं ❷दर्दनाक चीत्कार

鬏 jiū जूड़ा

jiǔ

九 jiǔ ❶नौ; नव ❷मकर-संक्रांति से आरंभ होने वाले नौदिवसीय सत्रों में से प्रत्येक ❸बहुत; अनेक; अनेकानेक: 三弯～转 अनेक चक्कर और मोड़

【九重霄】 jiǔchóngxiāo 重霄 chóngxiāo के समान
【九鼎】 jiǔdǐng ❶नौ त्रिपाद, जो श्रुति के अनुसार श्या राजवंश (夏朝) के प्रथम नरेश यू (禹) ने बनवाए थे और देश के नौ भागों के प्रतीक माने जाते थे ❷वजनी: 一言～ वजनी बात
【九宫】 jiǔgōng 宫调 gōngdiào के समान
【九宫格儿】 jiǔgōnggér चीनी लिखावट के अभ्यास में प्रयुक्त ऐसा कागज़, जिसपर चौकोर खाने बने होते हैं
【九九表】 jiǔjiǔbiǎo गुणा सारिणी; गुणन सारिणी
【九九归一】 jiǔjiǔguīyī एक शब्द में; अन्त में; आखिर में
【九流三教】 jiǔliú-sānjiào 三教九流 sānjiào-jiǔliú के समान
【九牛二虎之力】 jiǔ niú èr hǔ zhī lì नौ बैलों और दो बाघों की ताकत —— भगीरथ प्रयत्न: 费了～ भगीरथ प्रयत्न करना; आकाश-पाताल एक करना
【九牛一毛】 jiǔniú-yīmáo नौ बैलों की खाल पर का एक बाल —— सागर में एक बूंद पानी
【九泉】 jiǔquán अधोलोक; समाधि; कब्र: ～之下 अधोलोक में
【九死一生】 jiǔsǐ-yīshēng बाल-बाल बच जाना; अनेक संकटों के बाद भी जीवित रहना
【九天】 jiǔtiān ऊंचा आकाश; आसमान: ～九地 ज़मीन और आसमान का फ़र्क
【九头鸟】 jiǔtóuniǎo ❶नौ सिरों वाला पक्षी (एक कल्पित पक्षी, जो अपशकुन माना जाता था) ❷चालाक आदमी
【九五之尊】 jiǔwǔzhīzūn राजसिंहासन
【九霄】 jiǔxiāo सातवां आसमान —— परमोत्कर्ष; सात समुद्र पार का स्थान: 豪情冲～ हौसला बुलंद होना
【九霄云外】 jiǔxiāo-yúnwài सातवें आसमान से परे —— दूर; बहुत दूर: 把个人安危抛到～ जान को जान न समझना

【九一八事变】 Jiǔ-Yībā Shìbiàn 18 सितम्बर कांड (1931 ई० जापानी आक्रमणकारियों द्वारा शनयांग 沈阳 पर कब्ज़ा किया जाने की घटना, जिसका उद्देश्य पूरे उत्तर-पूर्वी चीन पर कब्ज़ा करना था)

【九月】 jiǔyuè ❶सितम्बर ❷नवां चांद्र मास

【九州】 jiǔzhōu ❶किंवदंती के अनुसार अतिप्राचीन चीन के नौ प्रशासनिक क्षेत्र ❷चीन का दूसरा नाम

久 jiǔ ❶बहुत समय; देर: 很～以前(后) बहुत समय पहले (बाद) / 两人～未见面。दोनों की बहुत समय तक मुलाकात नहीं हुई। ❷अवधि; समय: 三个月之～ तीन महीनों की अवधि में / 他去多～了? उसे वहां गये कितना समय हुआ?

【久别】 jiǔbié लम्बे समय तक बिछुड़ना (जुदा होना): ～重逢 लम्बे समय तक बिछुड़ने के बाद फिर मिलना; बहुत समय बाद पुनर्मिलन होना

【久病成医】 jiǔbìng-chéngyī लंबी बीमारी रोगी को चिकित्सक बना देती है

【久等】 jiǔděng देर से इंतज़ार करना; देर से प्रतीक्षा करना

【久而久之】 jiǔ'érjiǔzhī समय बीतने के साथ-साथ; लम्बी अवधि के बाद: 他～成了这方面的专家。लम्बी अवधि के बाद वह इस क्षेत्र में एक विशेषज्ञ बन गया।

【久旱逢甘雨】 jiǔ hàn féng gān yǔ लम्बे सूखे के बाद वर्षा होना —— दीर्घकालीन आवश्यकता पूरी होना

【久假不归】 jiǔjiǎ-bùguī उधार ली हुई चीज़ को वापस करने का नाम नहीं लेना

【久久】 jiǔjiǔ देर तक; लम्बे समय तक: 那动人的景象～在眼前浮现。वह मर्मस्पर्शी दृश्य आंखों के सामने देर तक घूमता रहा। / 他～不愿离去。उसका जाने का मन नहीं कर रहा था।

【久留】 jiǔliú ज़्यादा समय के लिये रुकना: 你不能在这里～。तुम्हें यहां ज़्यादा समय के लिये रुकना नहीं चाहिये।

【久违】 jiǔwéi 〈शिष्ट०〉 बहुत समय से आपके दर्शन नहीं हुए

【久闻大名】 jiǔwén-dàmíng आपका महान नाम मैं कबका सुन चुका हूं (पहली मुलाकात के समय प्रयुक्त)

【久仰】 jiǔyǎng 〈शिष्ट〉 आपके दर्शन करना मेरी चिरपोषित इच्छा है; आपसे मिलकर बड़ी खुशी हुई (पहली मुलाकात में प्रयुक्त)

【久已】 jiǔyǐ कब से; कब का: 这事我～听说了。यह मैं कब का सुन चुका हूं।

【久远】 jiǔyuǎn बहुत समय पहले का; अतिप्राचीन: 年代～ अतिप्राचीन होना; बहुत समय पहले का होना

玖[1] jiǔ नौ (गलती या हेरफेर से बचने के लिये चेक आदि पर 九 के स्थान पर लिखा जाता है)

玖[2] jiǔ 〈लि०〉 जेड जैसा काला पत्थर

灸 jiǔ 〈ची०चि०〉 मोक्सीबस्शन

韭(韮) jiǔ सुगंधित फूलों वाला लहसुन; चीनी गंदना

【韭菜】 jiǔcài सुगंधित फूलों वाला लहसुन; चीनी गंदना

【韭黄】 jiǔhuáng गरमघर में निकला चीनी गंदना

酒 jiǔ शराब; मदिरा; मद्य; मधु

【酒吧】 jiǔbā बार

【酒菜】 jiǔcài ❶मदिरा और व्यंजन ❷शराब पीते समय खाई जाने वाली तरकारी

【酒厂】 jiǔchǎng भट्ठी

【酒店】 jiǔdiàn ❶शराबखाना; मदिरालय; सुरागृह ❷होटल (होटल के नाम में प्रयुक्त)

【酒疯】 jiǔfēng मदकल; मदोन्मत्त; बावला: 发～ मदोन्मत्त होना

【酒逢知己千杯少，话不投机半句多】 jiǔ féng zhījǐ qiān bēi shǎo, huà bù tóujī bàn jù duō दिली दोस्त के साथ हज़ारों जाम भी कम होते हैं, जबकि नागवार बातचीत में एक भी शब्द हद से ज़्यादा होता है

【酒馆】 jiǔguǎn शराबखाना; मदिरालय; सुरागृह

【酒鬼】 jiǔguǐ 〈घृणा०〉 शराबी; नशाख़ोर; नशेबाज़; शराबख़ोर; पियक्कड़

【酒酣耳热】 jiǔhān-ěrrè मद; मस्ती; मस्त

【酒壶】 jiǔhú मदिरापात्र; सुरापात्र; मद्यपात्र

【酒花】 jiǔhuā 〈वन०〉 हाप

【酒会】 jiǔhuì कोकटेल पार्टी

【酒家】 jiǔjiā शराबखाना; मदिरालय; सुरागृह

【酒浆】 jiǔjiāng 〈लि०〉 मदिरा; शराब; मद्य

【酒精】 jiǔjīng अलकोहल; सुरासार; मद्यसार

【酒精灯】 jiǔjīngdēng स्पीरिट लैंप; अलकोहल बर्नर

【酒精炉】 jiǔjīnglú अलकोहल हीटर

【酒精中毒】 jiǔjīng zhòngdú शराब पीने के कारण बीमार पड़ना; अल्कोहलिज़्म

【酒力】 jiǔlì नशा: 不胜～ नशा चढ़ना

【酒帘】 jiǔlián (प्राचीन युग में) शराब की दूकान की पताका, जो साइनबोर्ड का काम देती थी

【酒量】 jiǔliàng मद्यपान की सामर्थ्य: 他～大 वह शराब बहुत पी सकता है।

【酒令】 jiǔlìng मद्यपान के समय लगाई जाने वाली बाज़ी

【酒母】 jiǔmǔ मद्यबीज

【酒囊饭袋】 jiǔnáng-fàndài शराब का मटका और चावल का झोला —— बेकार; निकम्मा

【酒酿】 jiǔniàng खमीर उठाया हुआ लसदार चावल

【酒钱】 jiǔqian टिप; बख्शिश

【酒曲】 jiǔqū मद्यबीज; खमीर

【酒肉朋友】 jiǔròu péngyǒu अच्छे दिनों का यार

【酒色】 jiǔsè शराब और औरत —— विषयासक्ति; विषयासक्त: 沉湎～ विषयासक्त होना; विषयभोग में लीन होना / ～之徒 विलासी

【酒食】 jiǔshí खाद्य और मद्य

【酒水】 jiǔshuǐ ❶शराब और पेय ❷〈बो०〉 दावत;

भोजन
【酒肆】 jiǔsì <लि०> शराब की दूकान; मदिरालय
【酒徒】 jiǔtú पियक्कड़; शराबी
【酒望】 jiǔwàng 酒帘 के समान
【酒窝】 jiǔwō （酒涡 jiǔwō भी） गालों में पड़ने वाला गड्ढा; गुल
【酒席】 jiǔxí भोज; दावत
【酒兴】 jiǔxìng मदिरापान से होने वाला उल्लास; सुरापान से होने वाली हर्षोन्मत्तता
【酒性】 jiǔxìng मादकता; नशीलापन: ～发作 शराब का असर होना
【酒筵】 jiǔyán भोज; दावत
【酒宴】 jiǔyàn भोज; दावत
【酒药】 jiǔyào चावल की मदिरा खींचने या लसदार चावल में खमीर उठाने में काम आने वाला किण्वक
【酒靥】 jiǔyè <बो०> गालों में पड़ने वाला गड्ढा; गुल
【酒意】 jiǔyì गुलाबी नशा: 有几分～ गुलाबी नशे में होना
【酒糟】 jiǔzāo शराब खींचने के बाद बचने वाला तलछट
【酒糟鼻】 jiǔzāobí ब्रांडी नाक
【酒盅】 jiǔzhōng प्याली; जाम
【酒足饭饱】 jiǔzú-fànbǎo खूब खाना-पीना
【酒醉】 jiǔzuì नशे में होना; नशा चढ़ना; मदकल होना

jiù

旧（舊） jiù ❶पुराना; पुरातन; अतीत; विगत; बीता हुआ: ～传统 पुरानी परंपरा / ～体制 पुरानी व्यवस्था ❷पुराना; जीर्ण: ～书 पुरानी किताब / ～衣服 जीर्ण कपड़ा ❸पूर्व; भूतपूर्व; भूत: ～都 देश की भूतपूर्व राजधानी ❹पुरानी मैत्री; पुराना मित्र; दिली दोस्त: 故旧 gùjiù
【旧案】 jiù'àn ❶न्यायालय में लम्बे अरसे से पड़ा बिना निपटा मामला ❷पुराना अधिनियम
【旧病】 jiùbìng पुरानी बीमारी
【旧病复发】 jiùbìng-fùfā ❶पुरानी बीमारी का नया दौर आना ❷पुन:पतित होना: 他～，重又吸毒。वह पुन:पतित होकर मादक पदार्थों का सेवन फिर से करने लगा।
【旧部】 jiùbù भूतपूर्व मातहत
【旧地】 jiùdì पहले कभी गया हुआ स्थल; पुराना परिचित स्थान: ～重游 पुराने परिचित स्थान का दुबारा भ्रमण करना
【旧调重弹】 jiùdiào-chóngtán पुराना राग अलापना
【旧观】 jiùguān पुरानी स्थिति; पहले का हाल
【旧国】 jiùguó देश की पूर्व राजधानी
【旧好】 jiùhǎo <लि०> ❶पुरानी मैत्री: 重修～ पुरानी मैत्री पुनर्स्थापित करना ❷पुराना मित्र (दोस्त)
【旧货】 jiùhuò पुरानी वस्तु; सैकंड हैंड चीज़: ～店 पुरानी वस्तुओं की दूकान / ～市场 पुरानी वस्तुओं का बाज़ार
【旧疾】 jiùjí पुरानी बीमारी
【旧交】 jiùjiāo पुराना दोस्त (मित्र); पुरानी जान-पहचान
【旧教】 jiùjiào कैथोलिक धर्म
【旧金山】 Jiùjīnshān सानफ्रैंसिस्को
【旧居】 jiùjū पुराना निवास; पुराना घर
【旧历】 jiùlì पुराना चीनी कैलेंडर; चांद्र पंचांग: ～新年 पुराने चीनी कैलेंडर के अनुसार नववर्ष
【旧例】 jiùlì ❶पुराना उदाहरण ❷पुराना अधिनियम
【旧梦重温】 jiùmèng-chóngwēn पुराना सपना फिर से देखना
【旧年】 jiùnián ❶<बो०> पिछला वर्ष ❷पुराने चीनी कैलेंडर के अनुसार नववर्ष
【旧瓶装新酒】 jiùpíng zhuāng xīnjiǔ पुरानी बोतल में नयी शराब —— पुराने रूप में नयी विषयवस्तु
【旧情】 jiùqíng पुरानी मैत्री; पुराना प्रेम
【旧日】 jiùrì अतीत; बीता हुआ समय
【旧诗】 jiùshī पुरानी शैली की कविता
【旧石器时代】 Jiùshíqì Shídài पुरापाषाण युग
【旧时】 jiùshí अतीत; पहले; पुराना दिन
【旧式】 jiùshì पुराना ढंग; पुरानी शैली: ～建筑 पुरानी शैली का निर्माण / ～婚礼 पुराने ढंग का विवाह-समारोह
【旧事】 jiùshì पुरानी बात; पुरानी घटना; पुराना कांड: ～重提 पुरानी बात की याद दिलाना
【旧俗】 jiùsú पुरानी प्रथा; पुरानी रीति
【旧闻】 jiùwén पुरानी जनश्रुति
【旧物】 jiùwù ❶विरासत ❷देश की खोई हुई भूमि: 光复～देश की खोई हुई भूमि वापस लेना
【旧习】 jiùxí पुरानी आदत; पुरानी रीति: ～难改。पुरानी आदत छुड़ाना मुश्किल होता है।
【旧学】 jiùxué पुराना चीनी ज्ञान-विज्ञान (नये या पश्चिम ज्ञान-विज्ञान से भिन्न)
【旧业】 jiùyè पुराना पेशा; पुराना धंधा: 重操～ पुराना धंधा फिर से करना
【旧雨】 jiùyǔ <साहि०> पुराना मित्र
【旧怨】 jiùyuàn पुराना द्वेष; पुराना बैर
【旧约】 jiùyuē ओल्ड टेस्टामेंट
【旧账】 jiùzhàng पुराना बकाया —— पुरानी भूली हुई अप्रिय बात: 算～ गड़े मुर्दे उखाड़ना
【旧址】 jiùzhǐ (किसी पूर्व संस्था या इमारत का) स्थल
【旧制】 jiùzhì ❶पुरानी व्यवस्था ❷पुरानी नाप-तौल व्यवस्था, जो मैट्रिक व्यवस्था से भिन्न थी

臼 jiù ❶ओखल; ओखली: 石～ पत्थर की ओखली ❷ओखली के आकार की वस्तु ❸(हड्डियों का) जोड़; संधि: 脱臼 tuōjiù
【臼齿】 jiùchǐ चर्षण-दंत; भोजन चबाने वाले दांत

咎 jiù ❶दोष; भूल-चूक: 归～ दोष लगाना ❷दोषी ठहराना; उत्तरदायी ठहराना; निन्दा करना: 既往不咎

jìwǎng-bùjiù ❸<लि०> अशुभ; अमंगल; दुर्भाग्यः 休～ शुभाशुभ

【咎由自取】 jiùyóuzìqǔ आफ़त मोल लेना; आफ़त सिर पर लेना

疚 jiù <लि०> पश्चाताप; पछतावाः 负疚 fùjiù

柩 jiù ताबूत, जिस में शव रखा गया होः 灵柩 líng-jiù

【柩车】 jiùchē शवयान; अर्थी

桕 jiù चाइनीज़ टेलो पेड़

厩（廐、廄） jiù अस्तबल; बाड़ा; पशुशाला

【厩肥】 jiùféi बाड़े की खाद

救（捄） jiù ❶बचाना; बचनाः ～出落水儿童 पानी में डूबते बच्चे को बचा लेना / 他的命得～了。उसकी जान बच गयी। ❷से बचाना; से बचाव करना; से उबारना; से उद्धारना; से रक्षा करनाः 救亡 / 救灾

【救兵】 jiùbīng कुमक; कुमकी फ़ौजः 派～ कुमकी फ़ौज भेजना

【救国】 jiùguó देश की रक्षा करना; देशोद्धार करना

【救护】 jiùhù का प्राथमिक उपचार करना; का बचाव करना; की रक्षा करनाः ～伤员 घायलों का प्राथमिक उपचार करना / 老师奋力～学生。अध्यापकों ने जी-जान से छात्रों का बचाव किया।

【救护车】 jiùhùchē एम्बुलेंस; अस्पताल गाड़ी

【救护船】 jiùhùchuán एम्बुलेंस जहाज़

【救护飞机】 jiùhù fēijī एम्बुलेंस विमान

【救护站】 jiùhùzhàn प्राथमिक उपचार केंद्र

【救荒】 jiùhuāng अकालग्रस्त क्षेत्र में राहत की सामग्री पहुंचाना; बुरी फ़सल के समय सहायता देना

【救火】 jiùhuǒ आग से जूझना; आग बुझाना

【救火车】 jiùhuǒchē दमकल; फ़ायर इंजन

【救急】 jiùjí विपत्ति से निबटने में सहायता देना; अत्यावश्यकता पूरी करने में मदद देना

【救济】 jiùjì राहत; सहायता; राहत देना; सहायता देनाः ～难民 शरणार्थियों को राहत देना / ～金 राहत कोष

【救苦救难】 jiùkǔ-jiùnàn ज़रूरतमंदों और विपत्ति-पीड़ितों को मदद देना

【救命】 jiùmìng प्राण बचाना; जान बचानाः ～! बचाओ!

【救命稻草】 jiùmìng dàocǎo तिनके का सहारा

【救命恩人】 jiùmìng ēnrén उद्धारक; निस्तारक

【救生】 jiùshēng प्राण की रक्षा करना

【救生带】 jiùshēngdài जीवन रक्षा पेटी

【救生圈】 jiùshēngquān लाइफ़ बाय

【救生艇】 jiùshēngtǐng जीवन रक्षा नौका

【救生衣】 jiùshēngyī जीवन रक्षा जाकेट

【救生员】 jiùshēngyuán जीवनरक्षक; लाइफ़ गार्ड

【救世军】 Jiùshìjūn सैल्वेशन आर्मी (एक क्रिश्चियन संगठन)

【救世主】 Jiùshìzhǔ मुक्तिदाता; ईसा मसीह

【救死扶伤】 jiùsǐ-fúshāng घायल का उपचार करना और मरते हुए आदमी की जान बचाना

【救亡】 jiùwáng देश की संकट से रक्षा करनाः ～运动 देशोद्धार आन्दोलन

【救险车】 jiùxiǎnchē रेकिंग गाड़ी

【救星】 jiùxīng मुक्तिदाता

【救应】 jiùying कुमक भेजना; सहायता करना

【救援】 jiùyuán बचाव करना; सहायता देना

【救灾】 jiùzāi राहत कार्य; विपत्तिग्रस्त क्षेत्र में राहत सामग्री भेजना; विपत्तिपीड़ितों को मदद देना

【救治】 jiùzhì इलाज; उपचार; इलाज (उपचार) करना; बचानाः ～重伤员 बुरी तरह घायल हुए लोगों का इलाज करना

【救助】 jiùzhù संकट के समय मदद देना; कठिन स्थिति से उबरने के लिये सहायता देना

就1 jiù ❶निकट आना; पास आना; आगे बढ़नाः ～着油灯读书 दीये के पास बैठकर किताब पढ़ना ❷ग्रहण करना; भार उठाना; आरंभ करना; शुरू करनाः 就业 / 就职 ❸संपन्न करना; पूरा करना; बनानाः 功成业就 gōng chéng yè jiù / 胸像是青铜铸～的。यह आवक्ष मूर्ति कांसे से बनी है। ❹लाभ उठाना; फ़ायदा उठानाः 我们何不～这个机会去探望他一下? हम क्यों न इस मौके का फ़ायदा उठाकर उससे कुशल पूछने जाएं? / 定什么时间，～您的便。आप अपनी सुविधा के अनुसार समय नियत कीजिये। ❺साथ-साथ खाना या पीनाः 花生米～酒 छीली हुई मूंगफली के साथ शराब पीना ❻<पूर्व०> के संबंध में; के संदर्भ में; के बारे में; परः 两国领导人～共同关心的问题进行了友好交谈。दोनों देशों के नेताओं ने समान रुचि वाले मामलों पर मैत्रीपूर्वक बातचीत की।

就2 jiù <क्रि०वि०> ही (इसका प्रयोग नीचे के अवसरों पर होता है) ❶तुरन्त; तत्काल; फ़ौरन; शीघ्र; जल्दः 别着急，他～来。धैर्य रखो, वह जल्द ही आएगा। / 我这～走。मैं अभी चला जाता हूं। ❷समय की सीमाः 天一亮，雨～停了。मुंह-अंधेरे ही वर्षा थम गयी। / 他五岁～上学了。वह पांच वर्ष की अवस्था में ही स्कूल जाने लगा था। ❸अनुक्रमः 会一结束，他～离开了会场。जैसे ही बैठक समाप्त हुई, वह सभा-हाल से निकल गया। / 她放了学～回家。वह स्कूल से छुट्टी होने पर ही घर लौट जाती है। ❹अपेक्षाः 你只要努力，～能成功。जब तुम भगीरथ प्रयास करोगे, तो सफल होगे ही। / 您要是同意，我～去。यदि आप अनुमति देंगे, तो मैं जाऊंगा ही। ❺अधिकताः 您三天才来一次，他一天～来三次。आप तीन दिनों में एक बार आते हैं, वह तो एक दिन में तीन बार आता है। / 你们两个队总共才十个人，我们一个队～十个人。तुम्हारे दो दलों में कुल मिलाकर दस आदमी हैं, जबकि हमारे एक ही दल में

दस आदमी हैं। ❻स्वीकृति प्रगट करने के लिये दो समान पदों के बीच: 他走了～走了吧，我们俩继续干。वह गया तो गया ही, हम दोनों यह काम जारी रखेंगे। ❼निष्पत्ति: 街道本来～窄，一到节日～更转不开身了。यह सड़क पहले से ही तंग है, त्योहार या छुट्टी के दिन यहां सूई रखने की भी जगह नहीं मिलती। / 我～知道他不会来的。मैं पहले से ही जानता था कि वह नहीं आएगा। ❽अनन्यता: 这其中的奥妙～他一个人知道。इसका रहस्य वही जानता है। / 我～要这本书。मैं यही पुस्तक चाहता हूं। ❾निश्चय: 我～不信你能办成这件事。मुझे विश्वास ही नहीं कि तुम यह काम पूरा कर सकोगे। / 我～去，看他对我怎么样！मैं जाऊंगा ही! देखूं कि वह मुझ से कैसे पेश आता है। ❿यथार्थता: 邮局～在这条街上。डाकघर इसी सड़क पर अवस्थित है। / 他～在那儿。वह वहीं पर है।

就[3] jiù 〈संयो०〉 यदि; अगर: 你～是不来，我俩也能完成任务。यदि तुम नहीं आओगे, तो भी हम दोनों यह कार्य संपन्न कर ही लेंगे।

【就伴】 jiùbàn एक साथ; के साथ; के संग: 她们俩～去郊游。वे दोनों सैर पर एक साथ चल निकलीं।

【就便】 jiùbiàn लगे हाथ; साथ ही; साथ ही साथ: 你～把我这本书也还了吧！तुम मेरी यह किताब भी लगे हाथ वापिस कर दो।

【就餐】 jiùcān 〈लि०〉 खाना खाना; भोजन करना; आहार करना: 她们在附近的一家餐馆～。वे पास के एक रेस्तरां में भोजन कर रही हैं।

【就此】 jiùcǐ इसी स्थान; इसी क्षण; इसी समय: ～出发 इसी स्थान से रवाना होना / 会议～结束。बैठक इसी समय समाप्त हुई।

【就道】 jiùdào 〈लि०〉 रवाना होना; प्रस्थान करना; रास्ता अपनाना: 束装～ रवाना होने के लिये तैयार होना

【就地】 jiùdì मौके पर: ～进行调查 मौके पर जांच शुरू करना

【就地取材】 jiùdì-qǔcái स्थानीय साधनों का प्रयोग करना

【就读】 jiùdú 〈लि०〉 शिक्षा लेना; पढ़ना; पढ़ाई करना: 他曾～于北京大学。वह कभी पेइचिंग विश्वविद्यालय में पढ़ता था; उन्होंने पेइचिंग विश्वविद्यालय में शिक्षा ली थी।

【就范】 jiùfàn झुकना; सिर झुकाना; वश में होना: 不肯～ झुकने (सिर झुकाने, वश में होने) से इनकार करना; दब्बू न होना / 迫使～ वश में करना

【就合】 jiùhe 〈बो०〉 जैसे-तैसे; किसी तरह

【就歼】 jiùjiān नष्ट किया जाना; सफ़ाया किया जाना: 残敌全部～。सभी बचे-खुचे शत्रु सैनिकों का सफ़ाया कर दिया गया।

【就教】 jiùjiào से सलाह लेना; से परामर्श करना

【就近】 jiùjìn पास ही; निकट ही: ～有家超市。पास ही एक सुपर मार्केट है।

【就里】 jiùlǐ छिपी हुई बात; गुप्त बात: 不知～ जानकारी न होना

【就擒】 jiùqín पकड़ा जाना; गिरफ़्तार किया जाना (होना)

【就寝】 jiùqǐn सोना; शयन करना

【就任】 jiùrèn कार्यभार संभालना; पद ग्रहण करना: ～总统 राष्ट्रपति का पद ग्रहण करना

【就势】 jiùshì मौका देखकर: 歹徒扑过来，他～一把夺过他手中的刀。बदमाश उसपर झपटा और उसने मौका देखकर उसके हाथ से छुरा छीन लिया।

【就是】[1] jiùshì ❶ही (निश्चय का भाव प्रकट करने के लिये वाक्य के अंत में 了 के साथ प्रयुक्त): 你明说～了。तुम साफ़-साफ़ कह ही दो। / 别担心，我照您说的做～了。बेफ़िक्र रहिये, मैं आप के निर्देश के अनुसार ही काम करूंगा। ❷जी हां; सही; ठीक: ～，～，您说的不错。जी हां, आपने ठीक ही कहा। ❸就[2]❽❾ के समान

【就是】[2] jiùshì 〈संयो०〉 यदि; अगर (प्रायः 也 के साथ प्रयुक्त): 您～不想来参加会议，也得事先通知我们一下。यदि आप बैठक में शामिल होना नहीं चाहते थे, तो भी पहले हमें सूचना देनी चाहिये थी।

【就是说】 jiùshìshuō दूसरे शब्दों में; कहने का मतलब यही है कि …

【就事】 jiùshì नौकरी लगना; कार्यभार संभालना

【就事论事】 jiùshì-lùnshì केवल मामले की अपनी विशिष्टता के मुताबिक दलील पेश करना

【就手】 jiùshǒu लगे हाथ: 你来的时候～把我的信件也带来吧。आते समय तुम लगे हाथ मेरे पत्र भी साथ ले आओ।

【就算】 jiùsuàn यदि; अगर; माना कि … : ～他犯了错，您也不应该这样对他。माना कि उससे गलती हुई, तो भी आपको उससे इस तरह पेश नहीं आना चाहिये।

【就位】 jiùwèi अपनी सीट लेना

【就席】 jiùxí (भोज आदि में) अपनी सीट लेना; अपनी सीट पर बैठना

【就绪】 jiùxù तैयारी पूरी करना (होना); व्यवस्था करना: 会议的准备工作已经～。सम्मेलन की तैयारियां पूरी हो चुकी हैं।

【就学】 jiùxué स्कूल जाना; पढ़ाई करना

【就要】 jiùyào 〈क्रि०वि०〉 होनेवाला है (था); होने को है (था); होने जा रहा है (था): 新学期～开始了。नया सत्र शुरू होने वाला है; नया सत्र शुरू होने को है; नया सत्र शुरू होने जा रहा है।

【就业】 jiùyè रोज़गार मिलना; नौकरी में लगना

【就医】 jiùyī डाक्टर के पास जाना; उपचार कराना; इलाज कराना

【就义】 jiùyì शहीद होना

【就诊】 jiùzhěn 就医 के समान

【就正】 jiùzhèng (किसी की रचना पर) टिप्पणी आमंत्रित है

【就职】 jiùzhí कार्यभार संभालना; पद ग्रहण करना: 宣誓～ पद ग्रहण की शपथ लेना / 主持宣誓～仪式 पद ग्रहण की शपथ दिलाना / ～仪式 पद ग्रहण समारोह / 发表～演说 पद ग्रहण के बाद भाषण देना

【就中】 jiùzhōng ❶के बीच; के मध्य: ～调解 के बीच

बीच-बचाव करना ❷में; में से: 这件事他们三个都知道，～老王知道得最清楚。वे तीनों इस बात को जानते हैं, लेकिन उनमें लाओ वांग को तो हर ब्योरा मालूम है।

【就座】 jiùzuò （就坐 jiùzuò भी）सीट लेना; अपनी जगह पर बैठना

舅 jiù ❶मामा ❷साला ❸<लि०> पति का पिता; ससुर; श्वशुर

【舅父】 jiùfù मामा

【舅姑】 jiùgū <लि०> पति के माता-पिता; सास-ससुर

【舅舅】 jiùjiu <बोल०> मामा

【舅妈】 jiùmā <बोल०> मामी

【舅母】 jiùmǔ मामी

【舅嫂】 jiùsǎo <बोल०> सलहज; साले की पत्नी

【舅子】 jiùzi <बोल०> साला

鹫（鷲） jiù गिद्ध

jū

车（車） jū रथ (चीनी शतरंज का एक मोहरा) chē भी दे०

拘 jū ❶गिरफ़्तारी; हिरासत; हवालात; गिरफ़्तार; गिरफ़्तारी करना; गिरफ़्तार करना; पकड़ना; हिरासत में लेना; हवालात में रखना: 闹事的人被～了起来。उपद्रवियों को हवालात में रखा गया। ❷नियंत्रित; संयत; संयमी: 拘谨 ❸ज़िद्दी; हठी: 拘泥 ❹सीमित; परि-सीमित: 不拘 bùjū

【拘板】 jūbǎn <बो०> रूखा; रुक्ष; शुष्क; औपचारिक: 他有些～。वह रूखा-सा लगता है। / 自己人随便谈话，不必这么～。आप हमारे दोस्त हैं, बात करने में इतनी औपचारिकताएं क्यों ?

【拘捕】 jūbǔ गिरफ़्तार करना; गिरफ़्तारी करना; हि-रासत में रखना; हवालात में लाना

【拘传】 jūchuán समन जारी करना

【拘管】 jūguǎn पर नियंत्रण करना

【拘谨】 jūjǐn संयमित; फूंक-फूंक कर चलने वाला: 他为人十分～，不爱说话。वह बहुत संयमित है और अल्पभाषी भी।

【拘禁】 jūjìn हिरासत में रखना; पहरे में डालना (रखना)

【拘礼】 jūlǐ रस्म निभाना; व्यवहार के औपचारिक नियमों का पालन करना: 你当就在自己家里，不必～。तुम मेरे घर में अपना ही समझो। रस्म निभाने की ज़रूरत नहीं।

【拘留】 jūliú हिरासत में रखना; हवालात में लाना; पहरे में डालना (रखना)

【拘留所】 jūliúsuǒ हवालात

【拘留证】 jūliúzhèng हवालातनामा

【拘挛】 jūluán ❶ऐंठन; मरोड़ ❷<लि०> ज़िद्द पकड़ना; पर अड़ना: ～章句 शाब्दिक अर्थों पर कायम रहना

【拘挛儿】 jūluanr <बो०> (हाथ-पैर का) ठिठुर जाना

【拘泥】 jūnì आग्रही होना; की ज़िद्द पकड़ना; पर हठपूर्वक डटा रहना: ～于形式 औपचारिकता पर हठपूर्वक डटा रहना / ～细节 छोटी-सी बातों पर बल देना

【拘票】 jūpiào वारंट; गिरफ़्तारी का वारंट

【拘牵】 jūqiān <लि०> से बंधना; का पाबंद होना; की पाबंदी होना

【拘束】 jūshù ❶रोकना; पर आवश्यक नियंत्रण करना: 不要～孩子们的正常活动。बच्चों को उचित गति-विधियां करने से न रोको। ❷संकोच; संकोचित; संकुचित; संकोची; संकोच में पड़ना; संकोची (संकुचित, संकोचित) होना: 她在生人面前显得有些～。वह अपरिचित व्यक्ति के सामने संकोच में पड़ जाती है।

【拘押】 jūyā हिरासत में रखना; हवालात में रखना; पहरे में डालना

【拘役】 jūyì दण्डात्मक नज़रबन्दी

【拘囿】 jūyòu पर अड़ना

【拘执】 jūzhí हठी; ज़िद्दी; दुराग्रही: 您在这个问题上过于～了 आप इस बात पर बड़े दुराग्रही हैं।

狙 jū ❶प्राचीन ग्रंथों में उल्लिखित बन्दर की एक जाति ❷<लि०> निगरानी करना; नज़र रखना

【狙击】 jūjī छिपकर गोली चलाना

【狙击手】 jūjīshǒu छिपकर गोली चलानेवाला; कमीनदार

居 jū ❶रहना; वास करना; निवास करना; बसना: 同居 tóngjū / 聚居 jùjū ❷(किसी स्थान या पद पर) होना: 粮食产量～世界第一。अनाज का उत्पादन दुनिया में पहले स्थान पर है। / 身～要职 महत्वपूर्ण पद पर होना ❸दावा करना; बताना; समझना: 以专家自～ अपने आप को विशेषज्ञ बताना ❹संचय करना; जमा करना: 囤积居奇 tún jī jū qí ❺बना रहना; ठहरना: 岁月不居 suìyuè bù jū ❻रेस्तरां (प्रायः रेस्तरां के नाम में प्रयुक्त): 同和～ थोंगह रेस्तरां ❼ (Jū) एक कुलनाम

【居安思危】 jū'ān-sīwēi शांतिकाल में भी चौकस रहना; सुरक्षा के समय संभावित संकट की ओर ध्यान दिलाना

【居多】 jūduō अधिकतर; ज़्यादातर: 出口商品中电子产品～。निर्यात में अधिकतर इलेक्ट्रोनिक वस्तुएं हैं।

【居高临下】 jūgāo-línxià प्रभावपूर्ण स्थिति में होना

【居功】 jūgōng अपने को श्रेयस्कर समझना

【居功自傲】 jūgōng-zì'ào अपने को श्रेयस्कर समझ-कर घमंड करना

【居官】 jūguān <लि०> पदाधिकारी होना

【居积】 jūjī <लि०> (संपत्ति का) संचय करना

【居家】 jūjiā घर में रहना; घर चलाना: ～过日子 घर-बार संभालना

【居间】 jūjiān मध्यस्थता; बीच-बचाव; मध्यस्थता (बीच-बचाव) करना: ～调停 मध्यस्थता (बीच-बचाव) करना

【居间人】 jūjiānrén मध्यस्थ
【居留】 jūliú रहना; वास करना; निवास करना: 他在北京～多年。वह पेइचिंग में अनेक सालों तक रहे थे।
【居留权】 jūliúquán निवास अधिकार
【居留证】 jūliúzhèng निवास परमिट
【居民】 jūmín निवासी
【居民点】 jūmíndiǎn बस्ती
【居民委员会】 jūmín wěiyuánhuì निवासी कमेटी
【居奇】 jūqí जमाख़ोरी करना; जखीरेबाज़ी करना: 囤积居奇 túnjī-jūqí
【居然】 jūrán ❶〈क्रि०वि०〉 अप्रत्याशित रूप से; कैसे: 您～相信了他的话! आपने उसकी बातों पर कैसे विश्वास किया? ❷〈लि०〉 स्पष्ट रूप से; ज़ाहिराना तौर पर
【居丧】 jūsāng 〈लि०〉 मातम मनाना
【居士】 jūshì उपासक; उपासिका
【居室】 jūshì कमरा; कक्ष: 三～ तीन कमरों वाला फ़्लैट
【居所】 jūsuǒ घर; मकान; निवास
【居停】 jūtíng ❶यात्रा के समय किसी स्थान पर रुकना ❷〈लि०〉 मेज़बान; ज़मीनदार
【居心】 jūxīn (बुरा) विचार रखना: ～何在? आखिर तुम क्या चाहते हो?
【居心不良】 jūxīn-bùliáng बुरा विचार रखना; दुराशय होना; बदनीयत होना
【居心叵测】 jūxīn-pǒcè बदनीयती से; दुराशय से; बुरे विचार से
【居于】 jūyú (किसी स्थिति पर) होना: ～领导地位 नेतृत्वकारी पद पर होना / 该省小麦产量～全国之首。इस प्रांत की गेहूं की पैदावार देश में पहले स्थान पर है।
【居中】 jūzhōng ❶दो पक्षों के बीच (मध्यस्थता करना): ～斡旋 दो पक्षों के बीच बीच-बचाव करना ❷के मध्य में स्थित होना; के बीच होना: 两旁是椅子，～是桌子。दोनों ओर कुर्सियां हैं और उनके बीच एक मेज़।
【居住】 jūzhù रहना; वास करना; निवास करना; आबाद होना; बसना: 他家～在北京。उसका घर पेइचिंग में बसा हुआ है। / 这一地区～着许多少数民族。इस क्षेत्र में अनेक अल्पसंख्यक जातियां आबाद हैं। / ～条件 आवास स्थिति
【居住面积】 jūzhù miànjī फ़र्शी क्षेत्रफल
【居住小区】 jūzhù xiǎoqū बस्ती; नगर; कालोनी

驹（駒）jū ❶सुडौल घोड़ा ❷घोड़े या गधे का बच्चा; टट्टू
【驹子】 jūzi घोड़े या गधे का बच्चा; टट्टू

疽 jū 〈ची०चि०〉 त्वचा के नीचे का फोड़ा

掬（匊）jū दोनों हथेलियों से उठाना: ～水 दोनों हथेलियों से पानी उलीचना

据 jū दे० 拮据 jiéjū
jù भी दे०

琚 jū ❶एक जेड आभूषण ❷（Jū）एक कुलनाम

趄 jū दे० 趑趄 zījū
qiè भी दे०

锔（鋦）jū कीलों से (फटा हुआ चीनी मिट्टी का बर्तन) जोड़ना: ～碗（缸）कीलों से कटोरे (घड़े) को जोड़ना
jú भी दे०
【锔子】 jūzi फटा हुआ चीनी मिट्टी का बरतन जोड़ने में प्रयुक्त कील

裾 jū 〈लि०〉❶चीनी चोगे का अगला भाग ❷चीनी चोगे का अगला और पिछला भाग

鞠 1 jū ❶〈लि०〉लालन-पालन; पालन-पोषण; लालन-पालन (पालन-पोषण) करना: ～养 लालन-पालन करना ❷〈लि०〉 झुकना; झुकाना: 鞠躬 ❸（Jū）एक कुलनाम

鞠 2 jū प्राचीन युग में खेली जाने वाली गेंद: 蹴～ गेंद खेलना
【鞠躬】[1] jūgōng सिर झुकाकर प्रणाम करना: ～道谢 सिर झुकाकर धन्यवाद देना / 行～礼 सिर झुकाकर प्रणाम करना
【鞠躬】[2] jūgōng 〈लि०〉 सावधानी से
【鞠躬尽瘁】 jūgōng-jìncuì अपने कार्य के लिये अर्पित होना; अपना कार्य पूरा करने में कोई कसर उठा न रखना
【鞠躬尽瘁，死而后已】 jūgōng-jìncuì, sǐ'ér-hòuyǐ मरते दम तक अपने कार्य में संलग्न रहना

jú

局 1 jú ❶शतरंज फलक; बिसात: 棋局 qíjú ❷खेल; गेम; सेट; इंनिंग; पारी: 第一～ (टेबल-टेनिस आदि में) पहला खेल; (बेसबाल, सोफ़्टबाल आदि में) पहली पारी ❸स्थिति: 局势 ❹सहिष्णुता की सीमा; विचार का उदार या छोटा होना: 器局 qìjú ❺जमाव: 赌局 dǔjú ❻छल; चाल; फंदा: 骗局 piànjú ❼सीमा; हद: 局限

局 2 jú ❶भाग; हिस्सा; अंश: 局部 ❷ब्यूरो; आफ़िस: 卫生～ सार्वजनिक स्वास्थ्य ब्यूरो / 邮～ पोस्ट आफ़िस; डाकघर ❸(दूकान के नाम मे प्रयुक्त): 书～ पुस्तकों की दूकान
【局部】 júbù भाग; हिस्सा; अंश; आंशिक: ～利益 आंशिक और स्थानीय हित / 在～地区 कुछ क्षेत्रों में; एक क्षेत्र के कुछ भागों में
【局部麻醉】 júbù mázuì लोकल एनिस्थीज़िया; शरीर के भाग विशेष की संज्ञाहीनता
【局部战争】 júbù zhànzhēng आंशिक युद्ध; स्थानीय युद्ध

【局促】 júcù ❶संकीर्ण; तंग; छोटा: 这房间太～，走动不方便。यह कमरा बहुत छोटा है। चलना-फिरना भी मुश्किल होता है। ❷〈बो०〉(समय) कम; अल्प: 三天太～，可能办不成。यह काम पूरा करने के लिये तीन दिन का समय कम है। ❸संकोच में पड़ना; संकोची होना: ～不安 संकोची होना

【局度】 júdù 〈लि०〉 सहनशीलता; सहिष्णुता

【局量】 júliàng 〈लि०〉 सहनशीलता; सहिष्णुता

【局面】 júmiàn ❶स्थिति; अवस्था; हालत: 开创新～ नयी स्थिति उत्पन्न करना / 打开～ गतिरोध तोड़ना ❷〈बो०〉 पैमाना; विस्तार: 这家商店～不算大，货色倒也齐全。यह दूकान ज़्यादा बड़ी तो नहीं, पर हर तरह की चीज़ उपलब्ध है।

【局内人】 júnèirén (局中人 júzhōngrén भी) जानकार व्यक्ति; अंतरंग आदमी

【局骗】 júpiàn जाल में फंसाना; फंदे में लाना

【局势】 júshì स्थिति: ～紧张。स्थिति तनावपूर्ण है। / 严重的～ गंभीर स्थिति

【局外】 júwài से सरोकार नहीं होना; से वास्ता नहीं होना: 置身～ सरोकार न रखना

【局外人】 júwàirén अनजान व्यक्ति; गैर आदमी

【局限】 júxiàn सीमा; हद; सीमित; परिसीमित; सीमाबद्ध: ～性 सीमाबद्धता / ～于城市生活的题材 शहरी जीवन संबंधी विषयवस्तु तक सीमित होना

【局子】 júzi 〈बोल०〉 पुलिस स्टेशन; थाना

偈 jú नीचे दे०

【偈促】 júcù 局促 júcù के समान

桔 jú 橘 jú का प्रचलित रूप
jié भी दे०

菊 jú क्रिसेंथेमम; गुलदाउदी

【菊花】 júhuā गुलदाउदी

焗 jú 〈बो०〉 ❶बन्द बरतन में खाना पकाना ❷दम घुटना

【焗油】 júyóu ❶क्रीम से बालों को नरम और चमकदार बनाना ❷हेयर ट्रीटमेंट क्रीम

锔 jú 〈रसा०〉 क्यूरियम (Cm)
jū भी दे०

橘 jú संतरा; नारंगी

【橘柑】 júgān 〈बो०〉 संतरा

【橘红】 júhóng ❶लाल लिए नारंगी रंग ❷〈ची०चि०〉 संतरे का सूखा छिलका (दवा बनाने के लिये प्रयुक्त)

【橘黄】 júhuáng नारंगी रंग

【橘汁】 júzhī संतरे का रस; ओरेंज जूस

【橘子】 júzi संतरा; नारंगी

jǔ

咀 jǔ चबाना; चर्वण करना
zuǐ भी दे०

【咀嚼】 jǔjué ❶चबाना; चर्वण करना ❷पर विचार करना; पर चिंतन करना: 诗句的意境耐人～。कविता की इन पंक्तियों की भावभूमि पर बहुत चिंतन किया जा सकता है।

沮 jǔ ❶〈लि०〉 रोकना: ～其成行 किसी को जाने से रोकना ❷उदासीनता; विरक्ति; उदासीन; विरक्त: 沮丧

【沮遏】 jǔ'è 〈लि०〉 रोकना; मना करना

【沮丧】 jǔsàng ❶उदासी; खिन्नता; उदास; खिन्न; निरुत्साह; हतोत्साह: 神情～ उदासी होना; उदास होना ❷निरुत्साह करना; हतात्साह करना; पस्तहिम्मत करना; उदास करना: ～敌人的精神 दुश्मन को पस्तहिम्मत करना

枸 jǔ नीचे दे०
gōu; gǒu भी दे०

【枸橼】 jǔyuán तुरंज; गलगल

矩(榘) jǔ ❶गोनिया ❷नियम; नियमावली; दस्तूर: 循规蹈矩 xún guī dǎo jǔ

【矩尺】 jǔchǐ बढ़ई का गोनिया

【矩形】 jǔxíng आयत; समकोण चतुर्भुज

【矩矱】 jǔyuē 〈लि०〉 नियम; नियमावली; दस्तूर

举(舉、擧) jǔ ❶उठाना; ऊंचा उठाना; बुलंद करना: ～手 हाथ उठाना / 高～胜利的旗帜 विजय का झंडा बुलंद करना / ～刀 तलवार उठाना ❷कार्य-वाही; कार्रवाई; काम: 此～不当。यह कार्यवाही अनुचित है। ❸शुरू करना (होना); बरपा करना (होना): 举义 ❹〈लि०〉 बच्चा पैदा करना; जन्म देना: ～一男 एक लड़का पैदा करना ❺निर्वाचन; चुनाव; निर्वाचित; का निर्वाचन (चुनाव) करना; निर्वाचित करना: 我们～他为人民代表。हमने उसे जनप्रतिनिधि निर्वाचित किया। ❻举人 का संक्षिप्त रूप: 中～ प्रांतीय स्तर की शाही परीक्षा में उत्तीर्ण होना ❼पेश करना; प्रस्तुत करना; उद्धरण देना: 列～事实 तथ्य प्रस्तुत करना / ～例 मिसाल पेश करना; उदाहरण देना ❽〈लि०〉 समूचा; तमाम; सारा: 举座 / 举国

【举哀】 jǔ'āi मातम मनाना; शोक मनाना: 宣布全国～三日 सारे देश में तीन दिन का शोक मनाने की घोषणा करना

【举案齐眉】 jǔ'àn-qíméi तश्तरी को भौहों के बराबर उठाना —— पति और पत्नी का एक दूसरे से आदर के साथ व्यवहार करना

【举办】 jǔbàn आयोजन; आयोजित; आयोजन करना; आयोजित करना; चलाना; लगाना: ～运动会 खेल

समारोह आयोजित करना / ～博览会 मेला लगाना / ～训练班 ट्रेनिंग कोर्स चलाना
【举报】 jǔbào (अपराध के बारे में) रिपोर्ट देना
【举杯】 jǔbēi जाम पेश करना; प्याली उठाना
【举不胜举】 jǔbùshèngjǔ उल्लेख के लिये बहुत अधिक होना: 这样的事例～。इस तरह की मिसालें उल्लेख के लिये बहुत अधिक हैं।
【举步】 jǔbù 〈लि०〉 कदम उठाना; कदम बढ़ाना; पग रखना: ～维艰。एक भी कदम उठाना मुश्किल है।
【举措】 jǔcuò कार्रवाई; कदम: 采取新～ नया कदम उठाना / ～失当 अविवेकपूर्ण कार्रवाई करना
【举动】 jǔdòng कार्यवाही; कार्रवाई; हरकत: 他有什么～? वह क्या कर रहा है?
【举发】 jǔfā (अपराध के बारे में) रिपोर्ट दर्ज कराना
【举凡】 jǔfán 〈लि०〉 जैसे…
【举国】 jǔguó समूचा देश: ～欢腾。समूचे देश में खुशियों की लहर दौड़ गयी।
【举国上下】 jǔguó-shàngxià देश के नेताओं से समूची जनता तक; पूरा देश: ～，团结一致。पूरा देश एकताबद्ध है।
【举火】 jǔhuǒ 〈लि०〉 ❶आग सुलगाना; अग्नि प्रज्वलित करना ❷चूल्हे की आग सुलगाना
【举家】 jǔjiā पूरा परिवार; समूचा परिवार
【举架】 jǔjià 〈बो०〉 मकान की ऊंचाई: 这房子～矮。यह मकान नीचा है।
【举荐】 jǔjiàn की सिफ़ारिश करना
【举例】 jǔlì उदाहरण देना (प्रस्तुत करना); मिसाल देना (पेश करना): ～说明 उदाहरण देकर स्पष्टीकरण करना
【举目】 jǔmù 〈लि०〉 आखें उठाना; देखना; निगाह दौड़ाना: ～四望 आखें दौड़ाना / ～远眺 दूर-दूर देखना
【举目无亲】 jǔmù-wúqīn अपने सभी सगे-संबंधियों से बिछुड़ जाना; बेगाने स्थान में गैर होना; बेसहारा होना
【举棋不定】 jǔqí-bùdìng आगा-पीछा करना; हिचकना; हिचक करना; हिचकिचाहट करना
【举人】 jǔrén मिंग और छिंग राजवंशों के काल में प्रांतीय स्तर की शाही परीक्षा में उत्तीर्ण परीक्षार्थी
【举世】 jǔshì दुनिया भर में; विश्व भर में; संसार भर में; सर्वत्र: ～公认 दुनिया भर में यह सर्वमान्य है कि…
【举世闻名】 jǔshì-wénmíng विश्वविख्यात होना
【举世无双】 jǔshì-wúshuāng अद्वितीय; बेजोड़
【举世瞩目】 jǔshì-zhǔmù विश्व का ध्यान आकर्षित करना
【举事】 jǔshì 〈लि०〉 बगावत करना; विद्रोह करना
【举手】 jǔshǒu हाथ उठाना
【举手之劳】 jǔshǒuzhīláo बायें हाथ का खेल
【举行】 jǔxíng आयोजन; आयोजित; आयोजन (आयोजित) करना; करना: ～宴会 भोज का आयोजन करना; भोज देना / ～开(闭)幕式 उद्घाटन (समापन) समारोह आयोजित करना / ～会议 बैठक करना (बुलाना) / ～会谈 वार्त्ता करना / ～罢工 हड़ताल करना
【举一反三】 jǔyī-fǎnsān एक उदाहरण से अन्य मामलों को भी समझ लेना
【举义】 jǔyì 〈लि०〉 विद्रोह करना; विप्लव करना
【举债】 jǔzhài 〈लि०〉 उधार लेना; कर्ज़ (ऋण) लेना
【举止】 jǔzhǐ आचरण; आचार; रंग-ढंग; चाल-चलन; चाल-ढाल: ～文雅 शिष्ट आचार
【举重】 jǔzhòng भारोत्तोलन; वज़न (भार) उठाना: ～运动员 भारोत्तोलक
【举足轻重】 jǔzú-qīngzhòng निर्णायक; मूलभूत: 起～的作用 निर्णायक भूमिका निभाना
【举坐】 jǔzuò (举座 jǔzuò भी) सभी उपस्थित: ～惊慌失色。सभी उपस्थितों के मुंह पर हवाइयां उड़ गयीं।

蒟 jǔ नीचे दे०

【蒟酱】 jǔjiàng बीटल पेपर

龃 (齟) jǔ नीचे दे०

【龃龉】 jǔyǔ 〈लि०〉 अनबन; झगड़ा: 两人发生～。दोनों में अनबन हुई।

踽 jǔ नीचे दे०

【踽踽】 jǔjǔ 〈लि०〉 अकेले चलना: ～独行 अकेले चलना

jù

巨 (鉅) jù भारी; विशाल; बृहत्; भीमकाय: ～款 भारी धन-राशि / ～幅照片 विशाल फ़ोटो

【巨变】 jùbiàn भारी परिवर्तन; कायापलट: 发生～ भारी परिवर्तन होना; कायापलट होना
【巨擘】 jùbò 〈लि०〉 ❶अंगूठा; अंगुष्ठ ❷किसी क्षेत्र में विशेषज्ञ; मर्मज्ञ: 文学～ साहित्य मर्मज्ञ
【巨大】 jùdà भारी; विशाल; बृहत्; भीमकाय: ～的胜利 भारी विजय / ～的工程 बृहत् परियोजना
【巨额】 jù'é भारी धन-राशि; भारी रकम: ～利润 भारी मुनाफ़ा / 出现～赤字 भारी घाटा होना / ～贷款 भारी ऋण
【巨匠】 jùjiàng 〈लि०〉 शिल्पी
【巨流】 jùliú प्रचंड प्रवाह
【巨轮】 jùlún ❶भीमकाय चक्का: 历史的～滚滚向前。इतिहास का चक्का निरंतर आगे बढ़ता जाता है। ❷बृहत् जहाज़
【巨人】 jùrén ❶भीमकाय व्यक्ति; विशालकाय व्यक्ति; दैत्य ❷महापुरुष
【巨头】 jùtóu धनी; प्रभावशाली व्यक्ति
【巨万】 jùwàn 〈लि०〉 लाखों (रुपये); भारी (रकम): 耗资～ लाखों रुपये खर्च करना
【巨细】 jùxì छोटा-बड़ा: 事无～ सभी छोटे-बड़े मामले
【巨蟹座】 jùxièzuò कर्क राशि
【巨星】 jùxīng 〈खगोल०〉 विशाल नक्षत्र
【巨著】 jùzhù महान कृति
【巨子】 jùzǐ प्रभावशाली व्यक्ति: 实业界～ प्रभावशाली

उद्योगपति

句 jù ❶वाक्य: 这～是什么意思? इस वाक्य का क्या अर्थ है? / 关于这个问题，我想说几～。मैं इस सवाल पर कुछ बोलना चाहता हूं। ❷〈परि०श०〉 वाक्य: 一～话 एक वाक्य / 两～诗 कविता की दो पंक्तियां

gōu भी दे०

【句点】 jùdiǎn 句号 के समान

【句读】 jùdòu वाक्य और पद

【句法】 jùfǎ ❶वाक्य-विन्यास ❷वाक्य-पद्धति

【句号】 jùhào पूर्ण विराम

【句型】 jùxíng वाक्य प्रतिमान

【句子】 jùzi वाक्य

【句子成分】 jùzi chéngfèn वाक्य अवयव

讵（詎）jù 〈लि०〉 (वाग्मितापूर्ण प्रश्न में प्रयुक्त): ～料天气骤变。कौन सोच सकता था कि मौसम खराब हो जाएगा?

苣 jù दे० 莴苣 wōjù

qǔ भी दे०

拒 jù ❶प्रतिरोध; विरोध; मुकाबला; प्रतिरोध (विरोध, मुकाबला) करना: ～敌 दुश्मन का मुकाबला करना ❷अस्वीकार; इनकार; अस्वीकृत; अस्वीकार (इनकार) करना; अस्वीकृत करना: ～不执行 कार्यान्वयन से इनकार करना

【拒捕】 jùbǔ गिरफ़्तारी का प्रतिरोध करना

【拒谏饰非】 jùjiàn-shìfēi आलोचना को अस्वीकार करके अपनी गलती की सफ़ाई देना

【拒绝】 jùjué अस्वीकार; इनकार; अस्वीकृत; अस्वीकार (इनकार) करना; अस्वीकृत करना; ठुकराना: ～发表评论 टिप्पणी करने से इनकार करना / ～无理要求 अनुचित मांग ठुकराना; अनुचित मांग अस्वीकार करना / ～接受邀请 आमंत्रण को अस्वीकार करना

【拒人于千里之外】 jù rén yú qiānlǐ zhī wài लोगों को एक हज़ार ली दूर रखना —— घमंडी और गैरमिलनसार होना

【拒聘】 jùpìn दिलाई जाने वाली नौकरी को अस्वीकार करना

具[1] jù ❶उपकरण; औज़ार; साधन; सामग्री: 农具 nóngjù / 文具 wénjù ❷〈लि०〉 योग्यता; क्षमता: 才具 cáijù ❸〈परि०श०〉 (ताबूत, शव, कुछ उपकरणों या मशीनों के लिये): 一～棺材 एक ताबूत / 一～座钟 एक घड़ी

具[2] jù ❶का स्वामी (मालिक) होना; रखना; धारण करना; के पास होना; से युक्त होना; से संपन्न होना: 初～规模 प्रारंभिक रूप धारण करना / 具有 ❷〈लि०〉 प्रदान करना; मुहैया करना; उपलब्ध करना: 谨～薄礼。मैं आपको कुछ उपहार भेंट करना चाहता हूं। ❸〈लि०〉 उल्लेख करना; लिखना: 具名 / 条～时弊 एक-एक करके सामाजिक बुराइयों का उल्लेख करना

【具保】 jùbǎo जमानत कराना: ～释放 जमानत पर छोड़ना

【具备】 jùbèi रखना; से संपन्न होना: ～建设祖国和保卫祖国的本领 देश का निर्माण करने और उसकी रक्षा करने की योग्यता से संपन्न होना / ～条件 शर्तें पूरी करना; स्थितियां तैयार होना

【具格】 jùgé 〈व्या०〉 करण कारक

【具结】 jùjié 〈पुराना〉 वचनपत्र (इकरारनामा, प्रतिज्ञापत्र) प्रस्तुत करना: ～释放 प्रतिज्ञापत्र प्रस्तुत करने पर रिहा होना / ～悔过 प्रायश्चित पत्र लिखना

【具名】 jùmíng किसी दस्तावेज़ पर हस्ताक्षर (दस्तख़त) करना

【具体】 jùtǐ ठोस; विशेष; विशिष्ट: ～措施 ठोस कदम (उठाना) / ～政策 विशिष्ट नीति / 提出～条件 विशेष शर्तें पेश करना

【具体而微】 jùtǐ'érwēi लघु लेकिन संपूर्ण

【具文】 jùwén खानापूरी; अप्रचलित नियम: 一纸～ कागज़ का मात्र एक टुकड़ा

【具有】 jùyǒu रखना; से युक्त होना: ～深远的历史意义 दूरगामी ऐतिहासिक महत्व रखना / 建设～中国特色的社会主义 चीनी विशेषता वाले समाजवाद का निर्माण करना

炬 jù मशाल: 火炬 huǒjù

钜[1]（鉅）jù 〈लि०〉 ❶कड़ा लोहा ❷हुक; कंटिया

钜[2]（鉅）jù 巨 jù के समान

俱 jù 〈लि०〉 सब; तमाम; सारा; समूचा; पूरा

【俱乐部】 jùlèbù क्लब

【俱全】 jùquán सब; सभी; हर तरह का; तरह-तरह का: 一应～。हर तरह की ज़रूरी चीज़ यहां उपलब्ध है।

倨 jù 〈लि०〉 घमंड; अक्खड़पन; घमंडी; अक्खड़: 前倨后恭 qiánjù-hòugōng

【倨傲】 jù'ào घमंड; अक्खड़पन; घमंडी; अक्खड़

剧[1]（劇）jù नाटक; नाट्य; ऑपेरा; नाट्य रचना: 独幕～ एकांकी नाटक; एकांकी

剧[2]（劇）jù तीव्र; तीक्ष्ण; तेज़; प्रचंड; भीषण: 剧烈 / 剧变 / ～增 में तेज़ वृद्धि होना

【剧本】 jùběn पटकथा; स्क्रिप्ट: 分镜头～ शूटिंग स्क्रिप्ट / ～创作 नाटक रचना

【剧变】 jùbiàn तीव्र परिवर्तन

【剧场】 jùchǎng नाटकघर; नाटकगृह; नाट्यशाला; थिएटर

【剧跌】 jùdiē तीव्र गिरावट

【剧烈】 jùliè तीव्रता; तीक्ष्णता; तेज़ी; प्रचंडता; भीषणता;

तीव्र; तीक्ष्ण; तेज़; प्रचंड; भीषण: ～的对立 भीषण मुकाबला / 政局发生～变化。राजनीतिक स्थिति में तीक्ष्ण परिवर्तन हुआ।
【剧目】 jùmù नाटकों की सूची
【剧评】 jùpíng नाटक की समीक्षा
【剧情】 jùqíng नाटक की कथा; नाटक का विषय; नाटक की कथावस्तु
【剧团】 jùtuán नाटकमंडली; नाट्यमंडली
【剧务】 jùwù ❶मंच प्रबंध ❷मंच प्रबंधक
【剧院】 jùyuàn नाटकघर; नाटकगृह; नाट्यशाला; थिएटर
【剧照】 jùzhào मंच का फ़ोटो; फ़ोटो
【剧种】 jùzhǒng नाटक की किस्म; नाटक का भेद
【剧作】 jùzuò नाटक रचना
【剧作家】 jùzuòjiā नाटककार; नाटक रचयिता; नाट्यकार

据(據) jù ❶पर कब्ज़ा करना; पर अधिकार करना: 盘据 pánjù ❷पर निर्भर करना; पर भरोसा करना; का सहारा लेना; के भरोसे; के सहारे: ～险固守 स्थान की दुर्गमता के सहारे रक्षाव्यवस्था कड़ी करना ❸के अनुसार; के मुताबिक; के आधार पर: ～报道 रिपोर्ट के अनुसार / ～分析 एक विश्लेषण के अनुसार / ～信 विश्वास किया जाता है कि … ❹सबूत; प्रमाण; साक्ष्य: 证据 zhèngjù
jū भी दे०
【据称】 jùchēng कहते हैं कि … ; कहा जाता है कि …
【据传】 jùchuán सुना जाता है कि…
【据点】 jùdiǎn किला; गढ़
【据理力争】 jùlǐ-lìzhēng न्याय के आधार पर तीव्र तर्क-वितर्क करना
【据实】 jùshí तथ्यों के आधार पर; वस्तुस्थिति के अनुसार: ～报道 तथ्यों के आधार पर रिपोर्ट करना / ～相告 सत्य बोलना
【据守】 jùshǒu रक्षा करना: ～交通要道 महत्वपूर्ण यातायात लाइनों की रक्षा करना
【据说】 jùshuō कहते हैं कि … ; कहा जाता है कि…
【据为己有】 jùwéijǐyǒu बलात् छीन लेना; पर हाथ मारना
【据悉】 jùxī खबर है कि … : ～，双方将于明天举行正式会谈。खबर है कि दोनों पक्ष कल औपचारिक वार्त्ता करेंगे।

距[1] jù दूरी; फ़ासला; अन्तर; दूर: 两地相～十公里。दोनों स्थानों के बीच दस किलोमीटर का फ़ासला है। / 株～ दो पौधों के बीच का अन्तर / ～地面八千米的高空 धरती से आठ हज़ार मीटर ऊंचे आकाश में / ～今二十年前 आज से बीस वर्ष पूर्व

距[2] jù मुर्गे आदि के पैर का कांटा; खांग; खार
【距离】 jùlí दूरी; फ़ासला; दूर; अन्तर: 保持～ उचित दूरी रखना / 你们二人的观点之间～太大。तुम दोनों के दृष्टिकोणों में भारी अन्तर है। / 现在我们～上海还有十五公里。इस समय हम शांगहाए से पंद्रह किलोमीटर दूर है।

惧(懼) jù डर; भय; खौफ़; त्रास; आतंक: 毫无所～ निर्भय; निडर
【惧内】 jùnèi <लि०> स्त्रैण; जोरू का गुलाम
【惧怕】 jùpà डरना; भय (खौफ़) खाना; डर लगना; भयभीत होना
【惧色】 jùsè डर का भाव: 面无～ चेहरे पर डर का भाव नहीं दीखना

飓(颶) jù नीचे दे०
【飓风】 jùfēng बवंडर; चक्रवात; बगूला

锯(鋸) jù ❶आरा; आरी ❷आरे से चीरना; आरी चलाना: ～木头 लकड़ी चीरना
【锯齿】 jùchǐ आरे के दांत
【锯床】 jùchuáng आरा मशीन
【锯末】 jùmò कुनाई; बुरादा
【锯条】 jùtiáo आरा
【锯屑】 jùxiè कुनाई; बुरादा
【锯子】 jùzi <बो०> आरा; आरी

聚 jù एकत्र होना; एकत्रित होना; इकट्ठा होना; मिलना; जमना: 他们～在那里做什么? वे वहां एकत्र होकर क्या कर रहे हैं? / 咱们明天～～。हम कल मिलें।
【聚宝盆】 jùbǎopén सोना-चांदी भरा कटोरा —— प्राकृतिक साधनों से संपन्न स्थान
【聚苯乙烯】 jùběnyǐxī पोलीस्टेयरिन
【聚变】 jùbiàn <भौ०> संघटन: 核～ नाभिकीय संघटन
【聚丙烯】 jùbǐngxī पोलीप्रोपिलीन
【聚餐】 jùcān (उत्सव के अवसर पर) साथ मिलकर भोजन करना; डिनर पार्टी करना
【聚赌】 jùdǔ जूआ खेलने के लिये इकट्ठा होना
【聚光灯】 jùguāngdēng स्पॉटलाइट
【聚光镜】 jùguāngjìng कंडेंसिंग लेंस
【聚合】 jùhé ❶एकत्र होना; एकत्रित होना; इकट्ठा होना ❷<रसा०> पोलीमेराइज़ेशन
【聚合物】 jùhéwù <रसा०> पोलीमर
【聚会】 jùhuì ❶एकत्र होना; इकट्ठा होना; मिलना ❷मिलन-समारोह
【聚积】 jùjī संचय; जमाव; संचित; संचय (जमाव) करना; संचित करना: ～兵力 सैन्य टुकड़ियों का जमाव करना
【聚集】 jùjí एकत्र होना; एकत्रित होना; इकट्ठा होना; जमना: 广场上～了很多人。चौक पर भीड़ जमी हुई है।
【聚歼】 jùjiān घेरकर नष्ट करना
【聚焦】 jùjiāo <भौ०> फ़ोकसिंग; फ़ोकस करना
【聚精会神】 jùjīng-huìshén एकाग्र; एकाग्रचित्त; एकाग्र (एकाग्रचित्त) होना; मन लगाना: 学生们～地听课。छात्र एकाग्रचित्त होकर व्याख्यान सुन रहे हैं। / 他～地工作。वह मन लगाकर काम करता है।
【聚居】 jùjū सघन रूप से आबाद होना; सघन आबादी

होना：少数民族～的地方实行民族区域自治。उन क्षेत्रों में, जहां अल्पसंख्यक जातियां सघन रूप से आबाद हैं, क्षेत्रीय जातीय स्वशासन लागू है।
【聚居点】 jùjūdiǎn बस्ती
【聚敛】 jùliǎn भारी कर वसूल कर धन उगाहना
【聚拢】 jùlǒng इकट्ठा करना (होना); एकत्र करना (होना); एकत्रित करना (होना)
【聚氯乙烯】 jùlǜyǐxī पोलीविनाइल क्लोराइड (पी०वी०सी०)
【聚落】 jùluò बस्ती; गांव; ग्राम
【聚齐】 jùqí (नियत स्थान पर) एकत्र होना; एकत्रित होना; इकट्ठा होना
【聚沙成塔】 jùshā-chéngtǎ बूंद-बूंद पानी से तालाब बनता है
【聚首】 jùshǒu 〈लि०〉 मिलना; मिलन होना; एकत्र होना; इकट्ठा होना
【聚乙烯】 jùyǐxī पोलीथिलिन
【聚酯】 jùzhǐ पोलीएस्टर：～塑料 पोलीएस्टर प्लास्टिक
【聚众】 jùzhòng भीड़ लगाना; लोगों को उकसाना：～闹事 उपद्रव के लिये लोगों को उकसाना / ～斗殴 लड़ने-झगड़ने के लिये भीड़ लगाना / ～赌博 जुआ खेलने के लिये लोगों को एकत्र करना

踞 jù ❶बैठना ❷उकड़ूं बैठना ❸पर कब्ज़ा करना; पर अधिकार करना：盘踞 pánjù

遽 jù ❶जल्दबाज़ी; हड़बड़ी; उतावली：～下结论 जल्दबाज़ी में निष्कर्ष निकालना ❷घबराना; घबराहट होना：惶遽 huángjù
【遽然】 jùrán 〈लि०〉 अचानक; अकस्मात्; यकायक：～离去 यकायक चला जाना

屦（屨） jù फूस की बनी चप्पल

juān

捐 juān ❶त्याग; परित्याग; त्याग करना; परित्याग करना; त्यागना：捐躯 / 捐弃 ❷दान; चन्दा; दान देना; चन्दा देना：捐献 ❸कर; टैक्स：征车～ कार पर कर लगाना
【捐款】 juānkuǎn ❶चन्दा देना; दान देना ❷चन्दा; दान
【捐弃】 juānqì 〈लि०〉 त्यागना; त्याग करना; परित्याग करना; छोड़ना：～前嫌 पुराना मनमुटाव मिटाना
【捐躯】 juānqū अपनी जान न्योछावर करना; प्राण त्यागना
【捐生】 juānshēng अपने जीवन का बलिदान करना
【捐输】 juānshū 〈लि०〉 चन्दा देना; दान देना; भेंट करना; प्रदान करना
【捐税】 juānshuì कर और लेवी
【捐献】 juānxiàn दान देना; अर्पण करना; अर्पित करना; प्रदान करना：～家产 अपनी संपत्ति अर्पित करना
【捐赠】 juānzèng भेंट करना; प्रदान करना; अर्पित करना：向农村小学～图书 ग्रामीण स्कूलों को पुस्तकें भेंट करना
【捐助】 juānzhù (वित्तीय या भौतिक सहायता) देना; भेंट करना; प्रदान करना
【捐资】 juānzī चन्दा देना：～兴学 स्कूल स्थापित करने के लिये चन्दा देना

涓 juān 〈लि०〉 पतली धारा：涓滴
【涓埃】 juān'āi 〈लि०〉 पतली धारा और धूल —— महत्वहीन; नगण्य：略尽～之力 भरसक कोशिश करना; अपना नगण्य योगदान देना
【涓滴】 juāndī 〈लि०〉 बूंद
【涓涓】 juānjuān 〈लि०〉 पतली धारा का मंथर गति से बहना：～流水 मंथर गति से बहती धारा

娟 juān 〈लि०〉 सुंदर; खूबसूरत; रूपवती：娟秀
【娟秀】 juānxiù 〈लि०〉 सुंदर; खूबसूरत; रूपवती：眉目～ सुन्दर नाक-नक्शा / 字迹～ सुन्दर लिखावट

圈 juān ❶बाड़े में बंद करना：把猪～起来。सुअरों को बाड़े में बंद कर दो। ❷किसी को बन्द करना：他总是～在自己屋里不出去。वह हमेशा अपने को कमरे में बंद रखता है और कभी बाहर नहीं निकलता।
juàn; quān भी दे०

鹃（鵑） juān दे० 杜鹃 dùjuān

镌（鐫） juān 〈लि०〉 खोदना; अंकित करना; नक्काशी करना; खुदना
【镌刻】 juānkè खोदना; अंकित करना; नक्काशी करना; खुदना

蠲 juān ❶〈लि०〉 से मुक्त करना; माफ़ करना：蠲免 ❷〈पुराना〉 संचय करना; भंडारण करना; जमा करना
【蠲除】 juānchú 〈लि०〉 हटाना; समाप्त करना
【蠲免】 juānmiǎn 〈लि०〉 माफ़ करना; से मुक्त करना

juǎn

卷 1（捲） juǎn ❶लपेटना; समेटना：把画～起来。चित्र को लपेट दो। / ～袖子 आस्तीन चढ़ाना / 卷铺盖 ❷उड़ा ले जाना; बहा ले जाना：大浪～走了小船。ऊंची तरंगें नाव को बहा ले गयीं। / 卡车飞驰而过，～起一阵尘土。ट्रक धूल उड़ाता हुआ तेज़ी से गुज़र गया। ❸बेलनकार चीज़：铺盖～儿 बोरी-बिस्तर ❹〈परि०श०〉 रोल; रील：一～胶片 एक रील फ़िल्म / 一～纸 एक रोल कागज़

卷 2 （餸） juǎn रोल (एक खाद्य पदार्थ)：花卷 huājuǎn
juàn भी दे०
【卷笔刀】 juǎnbǐdāo पेंसिल शार्पनर; पेंसिल छीलने का चाकू
【卷尺】 juǎnchǐ बैंड टेप：钢～ स्टील टेप / 布～ क्लोथ टेप
【卷发】 juǎnfà घुंघराले बाल; छल्लेदार केश
【卷发器】 juǎnfàqì कर्लर; बालों को घुंघराला बनाने वाला छल्ला
【卷铺盖】 juǎn pūgai ❶बोरी-बिस्तर समेटकर चला जाना ❷नौकरी से निकाला जाना; नौकरी छोड़ना
【卷刃】 juǎnrèn कुंद होना; भोथरा होना (करना)
【卷入】 juǎnrù लिपटना; की लपेट में आना; लिप्त होना; उलझ जाना：～入战争 युद्ध में उलझना; युद्ध की लपेट में आना / ～纠纷 झगड़े में उलझ जाना
【卷舌辅音】juǎnshé fǔyīn 〈ध्वनि०〉 मूर्द्धन्य (मूर्धन्य) व्यंजन
【卷舌元音】 juǎnshé yuányīn 〈ध्वनि०〉 मूर्द्धन्य (मूर्धन्य) स्वर
【卷逃】 juǎntáo बहुमूल्य वस्तुएं लेकर भाग जाना
【卷土重来】 juǎntǔ-chónglái शक्ति या महत्व की पूर्व स्थिति में वापस आना
【卷心菜】 juǎnxīncài 〈बो०〉 बन्दगोभी
【卷须】 juǎnxū 〈वन०〉 प्रतान; लतातंतु
【卷烟】 juǎnyān ❶सिग्रेट ❷सिगार
【卷扬机】 juǎnyángjī होइस्टर; उत्तोलक

juàn

卷 juàn ❶किताब; पुस्तक：手不释卷 shǒu bù shì juàn ❷अध्याय; (पुस्तक का) खंड; भाग：《辞海》共有三～。'शब्द सागर' तीन खंडों में है। ❸प्रश्न पत्र; इम्तिहान का पर्चा：交卷 jiāojuàn ❹फ़ाइल：查～ फ़ाइल में देखना
juǎn भी दे०
【卷帙】 juànzhì 〈लि०〉 पुस्तक; किताब; ग्रंथ：～浩繁 अनगिनत पुस्तकें
【卷轴】 juànzhóu स्क्रोल
【卷子】 juànzi ❶प्रश्न पत्र; परीक्षा पत्र：改～ परीक्षा पत्र जांचना ❷स्क्रोल के रूप में हाथ का लिखा हुआ ग्रंथ
【卷宗】 juànzōng ❶फाइल; मिसिल ❷फ़ोल्डर
隽（雋） juàn 〈लि०〉 अर्थपूर्ण; सार्थक
【隽永】 juànyǒng 〈लि०〉 अर्थपूर्ण; सार्थक：语颇～，耐人寻味。ये बातें अर्थपूर्ण हैं और विचारोत्पादक भी।
倦 juàn ❶थकावट; थकान; थका हुआ; क्लांत; थकामांदा; थकना：疲倦 píjuàn ❷उकताना; ऊबना：诲人不倦 huì rén bù juàn
【倦怠】 juàndài शिथिल; निस्तेज; सुस्त：神情～ सुस्त लगना
【倦容】 juànróng थकान; थकावट
【倦色】 juànsè थकान; थकावट
【倦意】 juànyì थकान का एहसास：毫无～ थकान का तनिक एहसास न होना; थकान महसूस नहीं करना; थकान न होना
【倦游】 juànyóu 〈लि०〉 जी भर कर यात्रा करने से थक जाना
狷（獧） juàn 〈लि०〉 ❶उतावला; जल्दबाज़ ❷ईमानदार; सच्चा
【狷急】 juànjí 〈लि०〉 उतावला; जल्दबाज़; अधीर
【狷介】 juànjiè 〈लि०〉 ईमानदार; सच्चा
绢（絹） juàn महीन लेकिन मज़बूत रेशमी कपड़ा
【绢本】 juànběn रेशमी कपड़े पर अंकित चित्र या शब्द
【绢花】 juànhuā रेशमी कपड़े का बना फूल
【绢子】 juànzi 〈बो०〉 रूमाल
圈 juàn बाड़ा; पशुशाला：猪～ सुअरशाला
juān; quān भी दे०
【圈肥】 juànféi बाड़े की खाद
【圈养】 juànyǎng बाड़े में पालना
眷 1 juàn परिजन：家眷 jiājuàn
眷 2 （睠） juàn 〈लि०〉 चिन्ता करना; फ़िक्र करना; याद करना：眷顾
【眷爱】 juàn'ài प्रेम; अनुराग; आसक्ति; से प्रेम करना; से अनुराग होना; पर आसक्त होना
【眷顾】 juàngù 〈लि०〉 के विषय में चिन्तित होना
【眷眷】 juànjuàn 〈लि०〉 उत्कंठा; बेचैनी：～之情 उत्कंठा
【眷恋】 juànliàn 〈लि०〉 लगाव; अनुराग：～故土 अपने गृह-स्थान से अनुराग होना
【眷念】 juànniàn 〈लि०〉 याद करना; स्मरण करना：～亲人 अपने परिजनों का स्मरण करना
【眷属】 juànshǔ ❶परिजन ❷दंपति; पति-पत्नी
【眷注】 juànzhù 〈लि०〉 का ध्यान रखना; की फ़िक्र करना

juē

撅 1 juē ❶खड़ा करना：～尾巴 पूंछ खड़ी करना / ～嘴 मुंह फुलाना ❷बेरुख करना; अशिष्टतापूर्वक उत्तर देना：～人 किसी को बेरुख करना

撅 2 （撧） juē 〈बोल〉 तोड़ना： ～一根树枝 पेड़ से एक टहनी तोड़ना

噘 juē 撅 [1]juē के समान, केवल 噘嘴(मुंह फुलाना) में प्रयुक्त

jué

孓 jué दे० 孑孓 jiéjué

决 1 （決） jué ❶निर्णय; फ़ैसला; निश्चय; तय; निर्णय (फ़ैसला, निश्चय, तय) करना： 决定 / 判～ फ़ैसला सुनाना ❷〈क्रि०वि०〉 (नहीं के साथ प्रयुक्त) किसी हालत में; बिल्कुल; हरगिज़; कभी： ～不退让 पीछे कभी नहीं हटना ❸मौत की सज़ा देना; मृत्यु दंड देना： 枪决 qiāngjué

决 2 （決） jué (बांध का) टूटना： ～堤 बांध टूट जाना

【决策】 juécè ❶नीति निर्धारित करना; रणनीतिक निर्णय करना ❷नीतिगत निर्णय; रणनीतिक निर्णय

【决策机构】 juécè jīgòu नीति निर्माण संस्था

【决策人】 juécèrén नीति निर्माता

【决雌雄】 jué cíxióng हार-जीत का फ़ैसला होना

【决定】 juédìng ❶निर्णय करना; निश्चय करना; फ़ैसला करना; तय करना： 他～上诉。उसने उच्चतर न्यायालय में अपील करने का निर्णय किया। ❷निर्णय; निश्चय; फ़ैसला： 做出～ निर्णय करना / 通过一项～ एक प्रस्ताव पारित करना ❸निर्णीत करना; तय करना; निश्चित करना： 此事～了他的命运。इस बात से उसकी किस्मत तय हुई। ❹निर्णायक; निश्चयात्मक： ～因素 निर्णायक तत्व

【决定性】 juédìngxìng निश्चयात्मकता; निश्चयात्मक： 起～作用 निश्चयात्मक भूमिका निभाना

【决斗】 juédòu ❶द्वंद्व युद्ध ❷निर्णयात्मक संघर्ष

【决断】 juéduàn ❶निर्णय करना; निश्चय करना; फ़ैसला करना; तय करना ❷संकल्प; दृढ़निश्चय： 他做事很有～。वह काम करने में हमेशा अपने दृढ़निश्चय का परिचय देता है।

【决计】 juéjì ❶संकल्प करना; दृढ़निश्चय करना; निर्णय करना： 我～现在就去。मैंने अभी वहां जाने का संकल्प किया। ❷निश्चय ही; निश्चित रूप से; अवश्य; ज़रूर： 听他的话～没错。उस की बात मानो। यह निश्चय ही ठीक रहेगा।

【决绝】 juéjué संबंध तोड़ना; संबंध-विच्छेद करना

【决口】 juékǒu बांध टूट जाना; बांध को तोड़ देना： 河～了。नदी के पानी ने बांध तोड़ दिया।

【决裂】 juéliè टूटना; संबंध तोड़ना; से नाता तोड़ना： 和旧传统～ पुरानी परंपराओं से नाता तोड़ना / 我和她～已有多年。मुझे उस के साथ संबंध तोड़े कई वर्ष हो चुके हैं।

【决然】 juérán 〈क्रि०वि०〉 〈लि०〉 ❶दृढ़ता से; दृढ़तापूर्वक： ～返回 दृढ़ता से वापस लौटना ❷बिल्कुल; हरगिज़; एकदम; तय है कि … ： 搞分裂的人～没有好下场。यह तय है कि देश में फूट डालने की कोशिश करने वाले का अन्त भला नहीं होगा; देश में फूट डालने की कोशिश करने वाले का अन्त हरगिज़ भला नहीं होगा।

【决赛】 juésài 〈खेल०〉 फ़ाइनल

【决胜】 juéshèng हार-जीत का फ़ैसला करना

【决死】 juésǐ जीवन-मरण： ～的斗争 जीवन-मरण का संघर्ष

【决算】 juésuàn आखिरी हिसाब; अंतिम लेखा-जोखा

【决心】 juéxīn संकल्प; निश्चय; कृतसंकल्प; संकल्पबद्ध： 下～संकल्प करना; कृतसंकल्प होना

【决一胜负】 jué yī shèng fù हार-जीत का फ़ैसला होना

【决一死战】 juéyīsǐzhàn अन्त तक लड़ना; प्राण रहते लड़ना

【决议】 juéyì प्रस्ताव： ～草案 प्रस्ताव का प्रारूप / 通过～ प्रस्ताव पारित (पास) करना

【决意】 juéyì कृतसंकल्प होना; संकल्पबद्ध होना; संकल्प करना; इरादा करना

【决战】 juézhàn निर्णायक युद्ध

诀 1 jué ❶तुकान्त सूत्र： 口诀 kǒujué ❷युक्ति; ढब： 秘诀 mìjué

诀 2 jué जुदाई; वियोग; जुदा होना; वियोग होना; बिछुड़ना

【诀别】 juébié जुदा होना; वियोग होना (प्रायः यह सूचित किया जाता है कि जीवन काल में फिर कभी मिलने की संभावना नहीं रहेगी)

【诀窍】 juéqiào सफलता का भेद; राज़; युक्ति; ढब; कुंजी： 成功的～是勤奋。सफलताओं की कुंजी मेहनत ही है।

【诀要】 juéyào 诀窍 के समान

抉 jué 〈लि०〉 छांटना; चुनना： 抉择

【抉择】 juézé 〈लि०〉 विकल्प; विकल्प करना

【抉摘】 juézhāi 〈लि०〉 ❶विकल्प करना ❷परदाफ़ाश करना： ～弊端 बुराइयों का परदाफ़ाश करना

角 1 jué ❶पात्र; भूमिका; चरित्र： 他在这部戏里演配～。वह इस नाटक में गौण पात्र खेलता है। ❷(परंपरागत चीनी नाटक में) पात्र का भेद： 丑角 chǒujué ❸अभिनेता; अभिनेत्री： 名～ प्रसिद्ध अभिनेता या अभिनेत्री

角 2 jué लड़ना; मल्लयुद्ध; कुश्ती： 角斗

角 3 jué एक प्राचीन त्रिपाद सुरापात्र

角 4 jué प्राचीन चीनी स्वर क्रम में एक, जो संख्यांकित

स्वरलिपि में 3 के बराबर होता है
jiǎo भी दे०
【角斗】 juédòu मल्लयुद्ध; कुश्ती
【角斗场】 juédòuchǎng अखाड़ा; दंगल
【角力】 juélì कुश्ती लड़ना; ताकत-आज़माइश करना
【角色】 juésè पात्र; भूमिका; पार्ट: 她在这部戏里演什么～? वह इस नाटक में कौन-सा पार्ट खेलती है ? / 扮演不光彩的～ घृणित भूमिका निभाना
【角逐】 juézhú प्रतिद्वंद्व; प्रतियोगिता; स्पर्धा; प्रतिद्वंद्व (प्रतियोगिता, स्पर्धा) करना

玦 jué वलयाकार जेड छल्ला (एक प्राचीन चीनी आभूषण)

珏（瑴） jué आपस में जुड़े हुए जेड के दो टुकड़े

觉（覺） jué ❶लगना; अनुभव होना (करना); महसूस होना (करना): 他～着热。उसे गर्मी लग रही है। ❷जागना; की नींद टूटना: 梦～ सपने से जागना ❸जागरूक होना; सचेत होना: 觉醒 / 觉悟
jiào भी दे०
【觉察】 juéchá लगना; भांपना; ताड़ना; का पता लगना; का ज्ञान होना: 他～到其中有诈。उसे लगा कि यह एक धोखाधड़ी है। / 交谈一阵后，她才～到他的意图。 कुछ देर तक बातचीत करने के बाद ही उसने उसका मंसूबा भांप लिया।
【觉得】 juéde ❶महसूस होना (करना); अनुभव होना (करना): 我一点儿也不～累。मुझे ज़रा भी थकावट महसूस नहीं हुई। / 他～有必要去一趟。उसने वहां एक बार जाने की आवश्यकता अनुभव की। ❷लगना; सोचना: 我～他的计划行不通。मुझे लगा कि उसकी योजना से काम नहीं चलेगा।
【觉悟】 juéwù ❶चेतना: 阶级～ वर्ग-चेतना ❷समझ में आना; सचेत होना; जागरूक होना: 群众～了。जनता जागरूक हो गयी। ❸〈बौद्धधर्म〉 बोध
【觉醒】 juéxǐng जागरण; जागरूकता; जागृति; जागरूक होना

绝（絕） jué ❶काटना; तोड़ना; कटना; टूटना: 绝交 / 隔绝 géjué ❷समाप्त करना (होना): 法子都想～了。सभी उपाय किये जा चुके हैं; सभी संभावनाएं समाप्त हो गयी हैं। ❸निराशाजनक; आशाहीन: 绝境 ❹दम तोड़ना; सांस न लेना: 气～身亡 दम तोड़ देना ❺अनुपम; बेजोड़; बेमिसाल; अद्वितीय: 绝技 ❻〈क्रि०वि०〉 नितान्त; अत्यंत; अधिकतम: ～大多数 अधिकतम; भारी बहुमत / 绝早 ❼〈क्रि०वि०〉 (निषेधात्मक शब्द के आगे प्रयुक्त) बिल्कुल; कतई; हरगिज़; किसी भी हालत में : 这～非偶然。यह कोई आकस्मिक बात कतई नहीं हो सकती। / ～不可能 बिलकुल असंभव होना ❽绝句 का संक्षिप्त रूप: 五绝 wǔjué / 七绝 qījué
【绝版】 juébǎn अप्राप्य संस्करण
【绝笔】 juébǐ ❶मृत्यु से पूर्व लिखा गया अंतिम लेख या बनाया गया अंतिम चित्र ❷〈लि०〉 सर्वोत्तम लेख, कविता या चित्र
【绝壁】 juébì खड़ी चट्टान
【绝唱】 juéchàng काव्य रचना का परमोत्कर्ष
【绝处逢生】 juéchù-féngshēng खतरे से अप्रत्याशित रूप से उबर जाना
【绝代】 juédài 〈लि०〉 बेजोड़; बेमिसाल; लाजवाब; अनुपम: 才华～ अनुपम प्रतिभा
【绝倒】 juédǎo 〈लि०〉 लोट-पोट होना; लोट-पोट कर देना
【绝地】 juédì ❶खतरनाक स्थान ❷निराशाजनक स्थिति; बन्द गली; अलंघ्य स्थल: 陷于～ बन्द गली में पहुंचना
【绝顶】 juédǐng ❶अत्यंत; नितांत: 他是个～聪明的孩子。वह एक अत्यंत होशियार बच्चा है। ❷〈लि०〉 चोटी; शिखर; शृंग
【绝对】 juéduì ❶निरपेक्ष: ～真理 निरपेक्ष सत्य / ～优势 निरपेक्ष बरतरी / ～多数 निरपेक्ष बहुमत; भारी बहुमत ❷〈क्रि०वि०〉 निश्चय ही; हरगिज़; बिल्कुल; सर्वथा: ～可靠 सर्वथा विश्वसनीय होना / 你～不能进去。तुम्हें अन्दर हरगिज़ नहीं जाना चाहिए।
【绝对高度】 juéduì gāodù निरपेक्ष ऊंचाई
【绝对零度】 juéduì língdù 〈भौ०〉 निरपेक्ष ज़ीरो
【绝对贫困化】 juéduì pínkùnhuà निरपेक्ष निर्धनता
【绝对平均主义】 juéduì píngjūn zhǔyì निरपेक्ष समतावाद
【绝对湿度】 juéduì shīdù 〈मौ०वि०〉 निरपेक्ष आर्द्रता
【绝对温度】 juéduì wēndù 〈भौ०〉 निरपेक्ष तापमान
【绝对值】 juéduìzhí 〈गणित०〉 निरपेक्ष परिमाण
【绝对主义】 juéduì zhǔyì निरपेक्षवाद
【绝后】 juéhòu ❶निस्संतान; संतानहीन; बेऔलाद; लावारिस ❷फिर देखने को नहीं मिलना: 空前绝后 kōng qián jué hòu
【绝户】 juéhù ❶निस्संतान ❷निस्संतान व्यक्ति
【绝活】 juéhuó अनुपम हस्त कौशल
【绝迹】 juéjì का नामोनिशान नहीं होना; का नामोनिशान मिटना: 恐龙早已在地球上～了。धरती पर से डायनोसोर का नामोनिशान मिट गया। / 天花已经～。चेचक का नामोनिशान मिट चुका है।
【绝技】 juéjì अनुपम हस्तकौशल
【绝交】 juéjiāo संबंध विच्छेद होना; संबंध तोड़ना (टूटना)
【绝经】 juéjīng रजोनिवृत्ति
【绝境】 juéjìng ❶〈लि०〉 एकांत स्थान ❷निराशाजनक स्थिति; बन्द गली
【绝句】 juéjù चतुष्पदी, जिस के प्रत्येक चरण में पांच या सात अक्षर होते हैं: 五言～ पंचाक्षर चतुष्पदी / 七言～ सप्ताक्षर चतुष्पदी
【绝口】 juékǒu ❶(केवल 不 के बाद प्रयुक्त) बोलना बन्द करना: 赞不～ तारीफ़ करते नहीं थकना ❷मुंह न खोलना; ज़बान पर ताला लगाना: ～不提 कुछ भी न बोलना; चुप्पी साधना
【绝粒】 juélì 〈लि०〉 भूखा रहना; खाने को कुछ भी नसीब

न होना
【绝路】 juélù ❶रास्ता अवरुद्ध होना; निकास न होना: 这个办法还是不行，那可就绝了路了。अगर इस उपाय से भी काम नहीं बनेगा, तो कोई निकास न होगा। ❷विनाश का पथ: 走上～ विनाश के पथ पर चल निकलना
【绝伦】 juélún 〈लि०〉 बेजोड़; बेमिसाल; अनुपम; अत्युत्तम; अद्वितीय: 荒谬～ बेतुकेपन की हद होना / 精美～ अत्युत्तम होना
【绝门】 juémén ❶निस्संतान व्यक्ति ❷समाप्यप्राय: धंधा ❸अनुपम हस्तकौशल ❹अकल्पनीय बात या काम
【绝密】 juémì परम गोपनीयता; परम गोपनीय: ～文件 परम गोपनीय दस्तावेज़
【绝妙】 juémiào विदग्ध; उत्कृष्ट: ～的音乐 उत्कृष्ट संगीत रचना / ～的讽刺 विदग्ध व्यंग्य
【绝命书】 juémìngshū आत्महत्या से पहले लिखा गया पत्र
【绝情】 juéqíng हृदयहीनता; निष्ठुरता; हृदयहीन; निष्ठुर: ～忘义 कृतघ्नता और निष्ठुरता
【绝然】 juérán 〈क्रि०वि०〉 एकदम; बिल्कुल; निहायत; नितान्त; पूरी तरह: ～不同 एकदम भिन्न होना
【绝热】 juérè 〈भौ०〉 हीट इंसुलेशन; उष्मारोधन: ～材料 उष्मारोधक सामग्री
【绝色】 juésè 〈लि०〉 (नारी का) अत्यंत सुन्दर होना
【绝食】 juéshí अनशन; भूखहड़ताल: 进行～ अनशन (भूखहड़ताल) करना
【绝世】 juéshì 绝代 के समान
【绝收】 juéshōu फ़सल तबाह होना
【绝嗣】 juésì 〈लि०〉 निस्संतान; संतानहीन; लावारिस
【绝望】 juéwàng निराशा; नैराश्य; नाउम्मीदी; निराश; नाउम्मीद; निराशापूर्ण; नैराश्यपूर्ण; आशाहीन
【绝无仅有】 juéwú-jǐnyǒu अद्वितीय; बेजोड़; लासानी
【绝响】 juéxiǎng 〈लि०〉 लुप्त कला
【绝续】 juéxù जीवन-मरण; ज़िन्दगी-मौत
【绝学】 juéxué ज्ञान की लुप्त शाखा
【绝艺】 juéyì अनुपम कला या कौशल
【绝育】 juéyù 〈चिकि०〉 नसबन्दी
【绝缘】 juéyuán ❶के साथ संबंध तोड़ना ❷〈विद्यु०〉 इंसुलेशन; बिजलीरोधन; बिजलीरोधक: ～材料 बिजली-रोधक सामग्री
【绝早】 juézǎo बहुत सवेरे; मुंह उजाले
【绝招】 juézhāo （绝着 juézhāo भी） ❶अनुपम कौशल ❷कल्पनातीत चाल
【绝症】 juézhèng घातक रोग; आसाध्य रोग; लाइलाज बीमारी
【绝种】 juézhǒng (की नस्ल) समाप्त होना; लुप्त होना

倔 jué 倔 juè के समान, केवल 倔强 में प्रयुक्त
juè भी दे०
【倔强】 juéjiàng हठ; ज़िद; हठीला; ज़िद्दी; अड़ियल

掘 jué खुदाई; उत्खनन; खुदाई करना; उत्खनन करना; खोदना: 发～ खुदाई (करना) / 临渴～井 प्यास लगने पर कुआं खोदना
【掘进】 juéjìn 〈खनि०〉 टनेलिंग; सुरंग बनाना
【掘墓人】 juémùrén कब्र खोदनेवाला
【掘土机】 juétǔjī एक्सकेवेटर; खनित्र

崛 jué 〈लि०〉 सहसा उठ खड़ा होना
【崛起】 juéqǐ 〈लि०〉 ❶(पर्वत इत्यादि का) सहसा उतुंग खड़ा दिखाई देना; अचानक नज़र में चढ़ना ❷उदय; उदित; का उदय होना; उदित होना: 一座座新兴工业城市正在～。नये नये औद्योगिक शहर उदय हो रहे हैं।

厥 jué 〈लि०〉 बेहोशी; मूर्छा; बेहोश; मूर्छित; मूर्च्छित: 昏～ बेहोश (मूर्छित) होना

厥 jué 〈लि०〉 उस या उन का: ～父 उसका पिता

谲（譎） jué 〈लि०〉 ❶धोखाधड़ी; धोखेबाज़ी; ठगी ❷अनोखा; अद्भुत; अजीब: 诡谲 guǐjué
【谲诈】 juézhà चालाकी; धूर्तता; चालाक; धूर्त: ～多端 बहुत चालाक होना

蕨 jué फ़र्न
【蕨类植物】 juélèi zhíwù प्टेरिडोफ़ाइट

獗 jué दे० 猖獗 chāngjué

橛 jué खूंटा; मेख
【橛子】 juézi खूंटा; मेख

噱 jué 〈लि०〉 ठहाका; अट्टहास; ठहाका लगाना; अट्टहास करना
xué भी दे०

爵1 jué अभिजात की उपाधि: 公～ ड्यूक

爵2 jué एक प्राचीन त्रिपाद सुरापात्र
【爵禄】 juélù 〈लि०〉 पदवी और वेतन; खिताब और वजीफ़ा
【爵士】 juéshì ❶नाइट ❷सर
【爵士乐】 juéshìyuè जाज़
【爵位】 juéwèi अभिजात की उपाधि

蹶（蹷） jué ❶गिर पड़ना ❷धक्का सहना; ठोकर खाना: 一蹶不振 yījué-bùzhèn
juě भी दे०

矍 jué 〈लि०〉 सतर्क होकर चारों ओर नज़र दौड़ाना
【矍铄】 juéshuò 〈लि०〉 पूर्ण स्वस्थ होना; चेहरे पर तेज थिरकना

嚼 jué 嚼 jiáo के समान, केवल 咀嚼 jǔjué आदि

कुछेक पदों में प्रयुक्त
jiáo; jiào भी दे०

攫 jué छीनना; हथियाना; झपट लेना: ～为己有 अपने अधिकार में करना
【攫取】 juéqǔ छीनना; हथियाना; झपट लेना

镢（鐝、钁） jué <बो०> कुदाली; गैंती
【镢头】 juétou <बो०> कुदाली; गैंती

juě

蹶 juě नीचे दे०
jué भी दे०
【蹶子】 juězi दे० 尥蹶子 liào juězi

juè

倔 juè अक्खड़; रूखा; चिड़चिड़ा: 他是个～脾气。वह चिड़चिड़े स्वभाव का है।
jué भी दे०
【倔巴】 juèba <बो०> अक्खड़; रूखा; चिड़चिड़ा
【倔头】 juètóu हठीला आदमी
【倔头倔脑】 juètóu-juènǎo रूखा होना

jūn

军（軍） jūn ❶सेना; फ़ौज; सशस्त्र शक्ति: 参～ सेना में भरती होना ❷आर्मी (दो या दो से अधिक डिविज़नों से गठित): 第一～ प्रथम आर्मी
【军备】 jūnbèi शस्त्रीकरण: ～竞赛 शस्त्रीकरण होड़ / ～控制 शस्त्रीकरण नियंत्रण / 裁减～ शस्त्रीकरण में कटौती करना
【军操】 jūncāo कवायद
【军车】 jūnchē फ़ौजी गाड़ी
【军刀】 jūndāo तलवार
【军地两用人才】 jūn dì liǎngyòng réncái सैन्य और नागरिक दोनों सेवाओं में सक्षम होने के लिये प्रशिक्षित सैनिक
【军队】 jūnduì सेना; फ़ौज; सशस्त्र शक्ति
【军阀】 jūnfá युद्धसरदार
【军法】 jūnfǎ सैनिक कानून; सैन्य अपराध संहिता
【军法审判】 jūnfǎ shěnpàn कोर्ट मार्शल; सैनिक न्यायालय में मुकद्दमे की सुनवाई
【军方】 jūnfāng सेना; फ़ौज; सैनिक; फ़ौजी: ～人士 सैनिक सूत्र
【军费】 jūnfèi सैन्य व्यय; फ़ौजी खर्च
【军分区】 jūnfēnqū फ़ौजी सबएरिया
【军风纪】 jūnfēngjì सैनिकों का आचरण और अनुशासन
【军服】 jūnfú सैनिक वर्दी
【军港】 jūngǎng नौसैनिक बन्दरगाह
【军工】 jūngōng ❶युद्ध उद्योग ❷सैनिक परियोजना
【军功】 jūngōng सैनिक कारनामा; वीरतापूर्ण कार्य
【军功章】 jūngōngzhāng वीरता पदक
【军官】 jūnguān अफ़सर; सैनिक अधिकारी
【军管】 jūnguǎn 军事管制 का संक्षिप्त रूप
【军国主义】 jūnguó zhǔyì सैन्यवाद; सैनिकवाद: ～分子 सैन्यवादी; सैनिकवादी
【军号】 jūnhào बिगुल
【军徽】 jūnhuī सेना का चिन्ह
【军婚】 jūnhūn सेवारत सैनिक के साथ विवाह
【军火】 jūnhuǒ युद्ध-सामग्री; हथियार और गोला-बारूद
【军火库】 jūnhuǒkù शस्त्रागार; शस्त्रगृह; आयुधागार
【军火商】 jūnhuǒshāng हथियारों का व्यापारी; मौत का सौदागर
【军机】 jūnjī ❶सैन्य योजना: 贻误～ सैन्य योजना के कार्यान्वयन में विलम्ब करना ❷सैन्य गोपनीयता; सैन्य भेद: 泄露～ सैन्य भेद खोलना
【军籍】 jūnjí सैनिकों की नामसूची में अंकित नाम: 开除～ सैनिकों की नामसूची में (किसी का) नाम काट देना
【军纪】 jūnjì सैनिक अनुशासन
【军舰】 jūnjiàn युद्ध पोत; जंगी जहाज़
【军阶】 jūnjiē (सैनिक) रैंक; पद
【军界】 jūnjiè सेना; फ़ौज; सैनिक; फ़ौजी
【军垦】 jūnkěn सैन्य टुकड़ियों द्वारा पड़ती ज़मीन उठाना: ～农场 सैनिक फ़ार्म
【军礼】 jūnlǐ सलाम: 行～ सलाम करना; सलाम ठोंकना
【军力】 jūnlì सैनिक शक्ति; फ़ौजी ताकत
【军粮】 jūnliáng रसद
【军龄】 jūnlíng सैनिक सेवा की अवधि
【军令】 jūnlìng सैनिक आदेश
【军令如山】 jūnlìng-rúshān सैनिक आदेश पर्वत की भांति होते हैं —— अपरिवर्तनीय और पालनीय होना
【军令状】 jūnlìngzhuàng सैन्य वचनपत्र (किसी सैन्य अधिकारी और उसके प्रवर अधिकारी के बीच समझौता, जिसके अनुसार वह सैनिक अधिकारी यदि अपना विशिष्ट कार्य पूरा करने में विफल हो, तो उसे कड़ा दंड दिया जाएगा)
【军旅】 jūnlǚ <लि०> सैन्यबल; सैनिक टुकड़ियां: ～生涯 सैनिकवृत्ति; सिपहगरी
【军马】 jūnmǎ ❶जंगी घोड़ा ❷<लि०> सैन्य टुकड़ियां
【军民】 jūnmín सेना और जनता; सैनिक और आम लोग
【军旗】 jūnqí सैनिक ध्वज
【军情】 jūnqíng युद्ध स्थिति; सैनिक सूचना: 刺探～ गुप्त सैनिक सूचनाएं एकत्र करना
【军区】 jūnqū सैन्य क्षेत्र; क्षेत्रीय कमान

【军权】 jūnquán सैन्य अधिकार
【军犬】 jūnquǎn सैन्य उद्देश्य की सिद्धि के लिये प्रयुक्त पुलिस कुत्ता
【军人】 jūnrén सैनिक; सिपाही; फ़ौजी
【军容】 jūnróng सैनिकों का अनुशासन; रंगरूप और आचरण: 整饬～ सैनिक अनुशासन कड़ा करना और रंगरूप व आचरण संबंधी मानदंडों को बनाए रखना
【军师】 jūnshī 〈पुराना〉 सैन्य परामर्शदाता
【军士】 jūnshì नोनकमीशंड अफ़सर
【军事】 jūnshì ❶सैनिक मामला; फ़ौजी मामला ❷सैन्य; सैनिक; फ़ौजी: ～演习 सैन्य अभ्यास / ～设施 सैनिक संस्थापन / ～分界线 सैनिक विभाजन रेखा / ～训练 सैन्य प्रशिक्षण / ～部署 सैनिक शक्तियों की तैनाती
【军事法庭】 jūnshì fǎtíng फ़ौजी अदालत; सैनिक न्यायालय
【军事工业】 jūnshì gōngyè युद्ध उद्योग
【军事管制】 jūnshì guǎnzhì सैनिक नियंत्रण
【军事化】 jūnshìhuà सैन्यीकरण; सैन्यीकृत
【军事基地】 jūnshì jīdì सैनिक अड्डा
【军事家】 jūnshìjiā रणनीतिज्ञ
【军事科学】 jūnshì kēxué युद्धविद्या
【军事体育】 jūnshì tǐyù सैन्य खेल
【军事条令】 jūnshì tiáolìng सैन्य नियम पुस्तिका
【军事学】 jūnshìxué युद्धशास्त्र
【军事学院】 jūnshì xuéyuàn सैनिक अकादमी
【军属】 jūnshǔ（军人家属 jūnrén jiāshǔ का संक्षिप्त रूप）सैनिक के परिजन
【军团】 jūntuán आर्मी ग्रुप
【军威】 jūnwēi सेना का शौर्य: 振～ सेना महसूस कराना
【军务】 jūnwù सैन्य मामला; सैनिक कार्य
【军衔】 jūnxián सैनिक रैंक; सैनिक पद-क्रम
【军饷】 jūnxiǎng 〈पुराना〉 सैनिकों का वेतन और रसद
【军校】 jūnxiào（军队院校 jūnduì yuànxiào या 军事院校 jūnshì yuànxiào का संक्षिप्त रूप）सैनिक स्कूल; सैन्य अकादमी
【军械】 jūnxiè शस्त्रीकरण; युद्ध-सामग्री; शस्त्रास्त्र
【军械库】 jūnxièkù शस्त्रागार
【军心】 jūnxīn सैनिकों का मनोबल; हौसला: 动摇～ सैनिकों का मनोबल तोड़ना / 振奋～ सैनिकों का हौसला बढ़ाना
【军需】 jūnxū ❶सैनिक आपूर्ति ❷〈पुराना〉 क्वार्टरमास्टर
【军需品】 jūnxūpǐn रसद
【军训】 jūnxùn（军事训练 jūnshì xùnliàn का संक्षिप्त रूप）सैन्य प्रशिक्षण
【军演】 jūnyǎn（军事演习 jūnshì yǎnxí का संक्षिप्त रूप）सैन्य अभ्यास; युद्धाभ्यास
【军医】 jūnyī मेडिकल अफ़सर; मिलिटरी सर्जन
【军营】 jūnyíng सैनिक शिविर; छावनी; बैरक
【军用】 jūnyòng युद्धोपयोगी; सैनिक; सैन्य: ～地图 युद्धोपयोगी मानचित्र / ～飞机 सैनिक विमान / ～机场 सैनिक हवाई अड्डा / ～物资 सैन्य सामग्री
【军邮】 jūnyóu सैनिक डाक सेवा
【军援】 jūnyuán（军事援助 jūnshì yuánzhù का संक्षिप्त रूप）सैनिक सहायता
【军乐】 jūnyuè सैन्य संगीत
【军乐队】 jūnyuèduì मिलिटरी बैंड; बैंड
【军长】 jūnzhǎng आर्मी कमांडर
【军政】 jūnzhèng ❶सैन्य मामला और राजनीति ❷सैनिक प्रबंध ❸सेना और प्रशासन
【军政府】 jūnzhèngfǔ सैनिक सरकार
【军中无戏言】 jūn zhōng wú xìyán सेना में छिछोरेपन करने की गुंजाइश नहीं
【军种】 jūnzhǒng सेना के अंग
【军装】 jūnzhuāng यूनिफ़ार्म; फ़ौजी वर्दी

均 jūn ❶समान; बराबर: 分配不～ वितरण समान न होना; वितरण असमान होना ❷〈क्रि०वि०〉 सब; बिना अपवाद के: 各项任务～已完成。सभी कार्य पूरे किये जा चुके हैं।
【均等】 jūnděng समान; बराबर: 机会～。अवसर समान है।
【均分】 jūnfēn समान रूप से विभाजित करना; बराबर हिस्सों में बांटना
【均衡】 jūnhéng संतुलन; संतुलित: ～发展 संतुलित विकास
【均势】 jūnshì शक्ति संतुलन
【均摊】 jūntān बराबर हिस्सा देना: ～费用 खर्च के बराबर हिस्से देना
【均匀】 jūnyún एक-सा; समान; एकरूप: ～分布 समान रूप से वितरित होना / 速度～ गति एक-सी होना
【均沾】 jūnzhān का समान हिस्सेदार होना: 利益～ लाभ के समान हिस्सेदार होना

龟（龜） jūn नीचे दे० guī; qiū भी दे०
【龟裂】 jūnliè ❶(सूखी ज़मीन में) दरारें पड़ जाना ❷चमड़ा फटना; बिवाई होना

君 jūn ❶राजा; शासक ❷〈लि०〉 श्री: 王～ श्री वांग / 诸～ सज्जनो ❸〈लि०〉 (प्रत्यक्ष संबोधन में प्रयुक्त) आप
【君临】 jūnlín 〈लि०〉 शासन करना: ～天下 देश पर शासन करना
【君权】 jūnquán राजाधिकार; राजत्व
【君王】 jūnwáng राजा; शाह
【君主】 jūnzhǔ राजा; शाह; शासक
【君主国】 jūnzhǔguó राजतंत्र
【君主立宪】 jūnzhǔ lìxiàn संवैधानिक राजतंत्र
【君主制】 jūnzhǔzhì राजतंत्र
【君主专制】 jūnzhǔ zhuānzhì निरंकुश राजतंत्र
【君子】 jūnzǐ सज्जन; भद्र पुरुष
【君子国】 jūnzǐguó सज्जनों का देश (एक कल्पित देश, जहां छल-कपट और लालच न हो)
【君子兰】 jūnzǐlán 〈वन०〉 स्कार्लिट काफ़िरलिली

【君子协定】 jūnzǐ xiédìng सज्जनों का समझौता

钧（鈞） jūn ❶चुन, एक प्राचीन मान, जो तीस चिन（斤） के बराबर होता था ❷〈लि०〉〈आदर०〉 आप; आपका

【钧鉴】 jūnjiàn 〈लि०〉 (पत्र में) मैं आप का इस ओर ध्यान दिलाना चाहता हूं कि …

【钧启】 jūnqǐ 〈लि०〉 यह पत्र … के द्वारा खोला जाएगा (लिफ़ाफ़े पर पाने वाले के नाम के बाद लिखा जाता है)

【钧座】 jūnzuò 〈लि०〉 महामहिम आप

菌 jūn ❶फफूंदी; भुकड़ी ❷जीवाणु
jùn भी दे०

皲（皸） jūn नीचे दे०

【皲裂】 jūnliè 〈लि०〉 चमड़ा फटना; बिवाई पड़ना

jùn

俊[1]（儁） jùn सुन्दर; रूपवान： 这孩子长得真～。 यह बच्चा बहुत सुन्दर है।

俊[2]（雋、儁） jùn प्रतिभाशाली; कुशाग्रबुद्धि： 俊杰

【俊杰】 jùnjié प्रतिभा; वीर

【俊美】 jùnměi सुन्दर; रूपवान

【俊俏】 jùnqiào सुन्दर और सौम्य

【俊秀】 jùnxiù सुन्दर; खूबसूरत

郡 jùn 〈इति०〉 प्रिफ़ैक्चर

峻 jùn ❶(पहाड़) ऊंचा; उत्तुंग： ～岭 ऊंची पर्वतमाला ❷कड़ा; कठोर; कड़ाई; कठोरता ： 严峻 yánjùn

【峻拔】 jùnbá ऊंचा और दुरारोह

【峻急】 jùnjí 〈लि०〉 ❶तेज़ (प्रवाह) ❷कठोर और असहनशील

【峻峭】 jùnqiào ऊंचा और दुरारोह

浚（濬） jùn तलमार्जन; तलमार्जन करना

【浚泥船】 jùnníchuán ड्रेजर; तलमार्जन मशीन

骏（駿） jùn शानदार घोड़ा

【骏马】 jùnmǎ शानदार घोड़ा

菌 jùn कुकुरमुत्ता
jūn भी दे०

【菌子】 jùnzi 〈बो०〉 कुकुरमुत्ता; कवक

竣 jùn पूरा करना (होना); समाप्त करना (होना)： 竣工

【竣工】 jùngōng (परियोजना पर) काम पूरा करना (होना); निर्माण पूरा करना (होना)： 这座大桥即将～。 इस पुल का निर्माण जल्द ही पूरा हो जाएगा।

【竣事】 jùnshì (कार्य) पूरा होना (करना)

K

kā

咔 kā 〈अनु०〉 खट：～的一声关上抽屉。खट से दराज़ बन्द कर दिया गया।
kǎ भी दे०

【咔嚓】 kāchā दे० 喀嚓 kāchā

咖 kā नीचे दे०
gā भी दे०

【咖啡】 kāfēi कहवा; कॉफ़ी
【咖啡豆】 kāfēidòu कहवे का बीज
【咖啡馆】 kāfēiguǎn कहवाखाना; कॉफ़ी हाउस
【咖啡色】 kāfēisè गहरा भूरा रंग
【咖啡厅】 kāfēitīng कहवाखाना; कॉफ़ी हाउस

喀 kā 〈अनु०〉 खांसने या उल्टी करने की आवाज़

【喀嚓】 kāchā 〈अनु०〉 कड़क; तड़क; तड़ाक： 树枝～一声断了。टहनी तड़ाक के साथ टूट के गिरी; टहनी तड़ाक से टूट गई।
【喀尔巴阡山】 Kā'ěrbāqiānshān कारपेथियंस
【喀拉拉】 Kālālā केरल प्रदेश
【喀麦隆】 Kāmàilóng कैमरून
【喀麦隆人】 Kāmàilóngrén कैमरूनी; कैमरूनवासी
【喀秋莎】 kāqiūshā कात्युशा राकेट लांचर
【喀斯特】 kāsītè 〈भू०〉 कार्स्ट

擖 kā 〈बोल०〉 छुरी से खुरचना; कुरेदना

【擖吃】 kāchi （擖哧 kāchi भी）〈बोल०〉 छुरी से खुरचना

kǎ

卡 kǎ ❶卡路里 का संक्षिप्त रूप ❷कार्ड： 借书～ लाइब्रेरी कार्ड ❸कैसेट ❹ट्रक
qiǎ भी दे०

【卡巴迪】 kǎbādí 〈खेल०〉 कबड्डी
【卡宾枪】 kǎbīnqiāng कार्बाइन
【卡车】 kǎchē लारी; ट्रक
【卡尺】 kǎchǐ 游标卡尺 yóubiāo kǎchǐ का संक्षिप्त रूप
【卡带】 kǎdài कैसेट
【卡介苗】 kǎjièmiáo 〈औष०〉 बी०सी०जी०टीका
【卡拉 OK】 kǎlā'ōuKēi काराओके
【卡路里】 kǎlùlǐ 〈भौ०〉 कैलोरी
【卡那塔克】 Kǎnàtǎkè कर्नाटक प्रदेश
【卡片】 kǎpiàn कार्ड：～目录 कार्ड सूची / ～柜 कार्ड कैबिनेट
【卡其】 kǎqí 〈बुना०〉 खाकी
【卡钳】 kǎqián 〈यां०〉 कैलिपर
【卡塔尔】 Kǎtǎ'ěr कातार
【卡塔尔人】 Kǎtǎ'ěrrén कातारी; कातारवासी
【卡特尔】 kǎtè'ěr 〈अर्थ०〉 कार्टेल
【卡通】 kǎtōng ❶कार्टून; व्यंग्यचित्र ❷动画片 dòng-huàpiàn का दूसरा नाम

咔 kǎ नीचे दे०
kā भी दे०

【咔叽】 kǎjī 卡其 kǎqí के समान

咯 kǎ गले से खांसकर निकालना： ～鱼刺 मछली की हड्डी गले से खांसकर निकालना
gē; lo; luò भी दे०

【咯血】 kǎxiě 〈चिकि०〉 लोहू थूकना

胩 kǎ 〈रसा०〉 कार्बिलेमाइन

kāi

开[1] （開）kāi ❶खोलना; खुलना： ～门 दरवाज़ा खोलना / 门～着。दरवाज़ा खुला हुआ है। / ～口说 मुंह खोलना ❷बनाना; बनना： 在山坡上～梯田 पहाड़ी ढलानों पर सीढ़ीनुमा खेत बनाना / 开路 ❸बंधी हुई चीज़ का बंधन न रहना; खुलना： 鞋带～了。जूते का फ़ीता खुल गया। ❹(नदी में जमी बर्फ़ का) पिघलना： 河～了。नदी में जमी बर्फ़ पिघल गई। ❺(प्रतिबंध, नाकेबंदी आदि) उठाना： 开禁 ❻चलाना： ～枪 बन्दूक चलाना / ～炮 गोले चलाना / ～火车（汽车、飞机）रेल-गाड़ी (कार, विमान) चलाना / ～机器 मशीन चलाना ❼खुलना; छूटना： 公共汽车（火车）～走了。बस (रेल-गाड़ी) छूट (खुल) गई। ❽(फ़ौज का) प्रस्थान; रवानगी; प्रस्थान करना; रवाना होना： 昨天～来两团人，今天又～走了。कल दो रेजीमेंटों के सैनिक आए थे और आज उन्होंने

प्रस्थान किया। ❾खोलना; लगाना; कायम करना; स्थापित करना: ～一家乡镇企业 एक उद्योगधंधा स्थापित करना / ～工厂 एक कारखाना खोलना / ～医院 अस्पताल खोलना / ～饭馆 रेस्तरां खोलना ❿शुरू; आरंभ; शुरू होना; आरंभ होना: 开工 / 开学 ⓫आयोजन करना; आयोजित करना; बुलाना: 开会 / ～展览会 प्रदर्शनी आयोजित करना या लगाना / ～运动会 खेल समारोह का आयोजन करना ⓬लिख देना; सूची बनाना: ～药方 नुस्खा लिख देना / ～救援物资单子 राहत सामग्री की सूची बनाना ⓭चुकाना; देना; अदा करना: ～工资 वेतन देना ⓮<बो०> नौकरी से अलग करना; बर्खास्त करना: ～员工 मज़दूरों और कर्मचारियों को बर्खास्त करना ⓯उबालना; उबलना: 水～了。पानी उबल गया। / ～点水喝。पीने के लिए पानी उबालो। ⓰परोसना: ～饭 भोज्य वस्तुएं परोसना ⓱<बोल०> खा डालना: 他把烙饼都～了。उस ने सभी रोटियाँ खा डालीं। ⓲किन्हीं दो वस्तुओं को कुल दस भाग मान कर उन के बीच का अनुपात करना: 四六～ 4:6 ⓳<मुद्रण०> स्टैंडर्ड साइज़ के प्रिंटिंग पेपर का भाग: 四开 sìkāi / 八开 bākāi

开[2] (開) kāi कैरट: 24 开纯金 24 कैरट का खालिस सोना

开[3] (開) kāi (क्रिया के पीछे प्रयुक्त) ❶(पृथक्ता का सूचक) दूर; अलग; एक ओर: 滚开～! दूर हट जाओ। / 推～ धक्का देकर एक ओर कर देना / ～～门! दरवाज़ा खोल दो। ❷(समाने की क्षमता का सूचक): 这屋子太小，连三张桌子都放不～。यह कमरा इतना छोटा है कि तीन मेज़ें रखने की जगह भी नहीं मिलती। / 这个广场站得～十万人。इस चौक में एक लाख व्यक्ति समा सकते हैं।

【开拔】 kāibá (सेना का) प्रस्थान करना; रवाना होना: 部队是今天上午～的。सेना ने आज सुबह ही प्रस्थान किया था।

【开办】 kāibàn (कारखाना, दूकान, स्कूल आदि) चलाना; स्थापित करना; कायम करना: ～工厂 कारखाना कायम करना

【开本】 kāiběn <मुद्रण०> फ़ार्मेट; बुकसाइज़: 十六～ सोलह मो / 三十二～ बत्तीस मो

【开笔】 kāibǐ ❶(विशेषतः कविता) पहली बार लिखना; अपना पहला लेख लिखना आरंभ करना ❷साल में पहली बार लिखना शुरू करना

【开标】 kāibiāo निविदा-पत्र खोलना

【开采】 kāicǎi खनन; दोहन; दोहन करना; निकालना: ～煤矿 कोयला निकालना / ～石油（天然气）तेल (प्राकृतिक गैस) का दोहन करना

【开场】 kāichǎng (मंचन आदि का) शुरू होना; आरंभ होना

【开场白】 kāichǎngbái ❶(नाटक की) प्रस्तावना ❷उद्घाटन भाषण

【开车】 kāichē ❶कार आदि चलाना ❷मशीन चालू करना

【开诚布公】 kāichéng-bùgōng निष्कपट और ईमानदार; निष्कपटता और ईमानदारी: ～地交谈 निष्कपटता और ईमानदारी से बातचीत करना

【开诚相见】 kāichéng-xiāngjiàn ईमानदारी से … के साथ बर्ताव करना

【开初】 kāichū <बो०> शुरू में; आरंभ में

【开除】 kāichú हटा देना; निकाल देना; पदमुक्त करना: ～党籍 पार्टी की सदस्यता से हटा देना / ～学籍 स्कूल से निकाल देना / ～公职 पदमुक्त कर देना

【开创】 kāichuàng आरंभ करना; शुरू करना; सूत्रपात करना: ～新局面 नई स्थिति उत्पन्न करना / ～新纪元 एक नए युग का सूत्रपात करना

【开春】 kāichūn वसंत का आरंभ (प्रायः चन्द्रवर्ष का प्रथम मास)

【开刀】 kāidāo आपरेशन करना; आपरेशन कराना: 给病人～ रोगी पर आपरेशन करना / 他得阑尾炎，需要～。उसे एपेंडिसाइटिस हुआ है आपरेशन कराना ज़रूरी है।

【开导】 kāidǎo समझाना-बुझाना

【开倒车】 kāi dàochē उलटी गंगा बहाना; उलटी दिशा में जाना: 要顺应历史潮流，不能～。ऐतिहासिक धारा के विरुद्ध उलटी गंगा नहीं बहानी चाहिए।

【开道】 kāidào ❶रास्ता साफ़ करना: 鸣锣开道 míng luó kāi dào ❷<बो०> रास्ते से हट जाना

【开吊】 kāidiào <पुराना> अंत्येष्टि संस्कार करना

【开动】 kāidòng ❶चलना; चालू होना; चलाना; चालू करना: ～机器 मशीन चालू करना / 火车～了。रेलगाड़ी छूट गई। / ～脑筋 दिमाग से काम लेना ❷मार्च; मार्च करना: 部队刚停下又～了。सैनिक अभी-अभी रुके थे कि फिर मार्च करने लगे।

【开冻】 kāidòng बर्फ़ पिघलना

【开端】 kāiduān आरंभ; शुरुआत: 新的～ नया आरंभ

【开恩】 kāi'ēn दया करना; कृपा करना

【开发】 kāifā विकास; विकसित; विकास करना; विकसित करना: ～高新技术 नई व उच्च तकनीक विकसित करना / ～边疆 सीमावर्ती क्षेत्रों का विकास करना / ～水稻新品种 धान की नई किस्म निकालना

【开方】[1] kāifāng （开方子 kāifāngzi भी）नुस्खा लिखना

【开方】[2] kāifāng <गणित०> मूल निकालना; इवल्यूशन करना

【开房间】 kāi fángjiān <बो०> होटल में कमरा लेना

【开放】 kāifàng ❶(फूलों का) खिलना; चटकना; चटखना ❷पाबंदी, प्रतिबंध आदि उठाना ❸खोलना; खुलना: 阅览室全天～。वाचनालय दिन भर खुलता है। ❹खुलेपन; बाहरी दुनिया के प्रति खुलापन रखना: 对外～ बाहरी दुनिया के लिए दरवाज़ा खोलना / ～政策 खुलेपन की नीति; बाहरी दुनिया के लिए खुलेपन की नीति

【开赴】 kāifù जाना: ～前线 लाम पर जाना / ～工地 निर्माण स्थल पर जाना

【开革】 kāigé <पुराना> बर्खास्त करना; नौकरी से अलग करना; पदमुक्त करना

【开工】 kāigōng ❶(कारखाने में) उत्पादन शुरू होना

❷(किसी परियोजना पर) काम शुरू होना
【开关】 kāiguān <विद्यु०> स्विच
【开光】 kāiguāng प्राणप्रतिष्ठा; प्राणप्रतिष्ठा करना
【开锅】 kāiguō <बोल०> (हाँडी में पानी आदि का) उबलना
【开国】 kāiguó देश की स्थापना करना: ～大典 (देश का) स्थापन-समारोह / ～元勋 देश का संस्थापक
【开航】 kāiháng ❶जहाज़रानी या हवाई परिवहन शुरू होना ❷लंगर उठाना; जहाज़ का रवाना होना: 去大连的船下午三点从天津～。यह जहाज़ ताल्येन के लिए तीसरे पहर तीन बजे थ्येनचिन बन्दरगाह में लंगर उठाएगा।
【开河】[1] kāihé (नदी में जमी बर्फ़ का) पिघल जाना
【开河】[2] kāihé नहर खोदना
【开后门】 kāi hòumén चोर दरवाज़ा खोलना —— अपने अधिकार का दुरुपयोग कर किसी को विशेष सुविधा या लाभ देना
【开户】 kāihù बैंक में खाता खोलना
【开花】 kāihuā ❶फूलना; फूल आना; कुसुमित होना: ～结果 फलना-फूलना ❷फट जाना; खिलना: 米粒～了。चावल खिल गया। / 一颗炮弹在阵地上～。एक गोला मोर्चे पर गिरकर फट गया। ❸प्रसन्न होना; प्रफुल्ल होना; खिलना; फूले न समाना: 心里乐开了花 मन की कली खिलना ❹(अनुभवों का) प्रचार-प्रसार होना; (किसी कार्य में) तरक्की होना
【开化】 kāihuà ❶सभ्य बनना ❷बर्फ़ का पिघल जाना
【开怀】 kāihuái जी भरकर: ～大笑 जी भरकर हंसना / ～畅饮 जी भरकर शराब पीना
【开怀儿】 kāihuáir पहला बच्चा जनना: 没～ कभी बच्चा पैदा नहीं करना
【开荒】 kāihuāng परती ज़मीन उठाना; परती ज़मीन को खेतीयोग्य बनाना
【开会】 kāihuì मीटिंग करना; बैठक बुलाना; सभा का आयोजन करना; बैठक में सम्मिलित होना; मीटिंग में भाग लेना
【开荤】 kāihūn ❶(धर्मावलंबी का) उपवास समाप्त कर मांस का आहार शुरू करना ❷अनोखा अनुभव होना
【开火】 kāihuǒ गोलियाँ और गोले चलाना; गोलीबारी करना
【开伙】 kāihuǒ ❶मेस चलाना ❷भोज्य वस्तुएं उपलब्ध कराना
【开豁】 kāihuò ❶खुला और स्वच्छ ❷दृष्टिबल बढ़ना: 听了他这番话，心里顿时～。उन की बातें सुनकर मेरा दृष्टिबल बढ़ गया।
【开价】 kāijià दाम बताना
【开架】 kāijià ❶(सुपरमार्केट में) ओपन शेल्फ़ ❷(पुस्तकालय में पाठकों की सुविधा के लिए) ओपन शेल्फ़
【开间】 kāijiān <बो०> कमरे की चौड़ाई: 这屋子～不是很大。यह कमरा ज़्यादा चौड़ा नहीं है।
【开讲】 kāijiǎng व्याख्यान या कथा-वाचन आरंभ करना
【开奖】 kāijiǎng भरी सभा में लाटरी निकालना और विजेता घोषित करना
【开交】 kāijiāo (प्रायः नकारात्मक रूप में प्रयुक्त) अंत; ठिकाना: 忙得不可～。व्यस्तता का कोई ठिकाना नहीं।
【开胶】 kāijiāo टूट जाना; फट जाना
【开戒】 kāijiè (सिग्रेट या शराब न पीने आदि का) व्रत तोड़ना
【开禁】 kāijìn पाबंदी उठाना
【开局】 kāijú (शतरंज खेल का) आरंभ
【开具】 kāijù <लि०> लिख देना; प्रस्तुत करना: ～证明 प्रमाण पत्र प्रस्तुत करना / ～清单 विस्तृत सूची प्रस्तुत करना
【开卷】 kāijuàn ❶<लि०> किताब खोलना; पढ़ना ❷(परीक्षा की एक विधि) ओपन-बुक: ～考试 ओपन-बुक परीक्षा
【开掘】 kāijué खोदना: ～渠道 सिंचाई का नाला खोदना
【开课】 kāikè ❶पढ़ाई शुरू होना: 中学 9 月 1 日～。मिडिल स्कूल में पढ़ाई पहली सितम्बर से शुरू होती है। ❷कोई विषय पढ़ाना: 王老师下学期开什么课? प्राध्यापक वांग अगले सत्र में कौन सा विषय पढ़ाएगा?
【开垦】 kāikěn परती ज़मीन को उठाना; परती भूमि को खेतीयोग्य बनाना
【开口】 kāikǒu ❶मुंह खोलना; कहना; बोलना: 这种事叫我怎么～? इस तरह के मामले पर मैं क्या बोल सकता हूँ? ❷चाकू, छुरी आदि को पहली बार सान देना
【开口子】 kāi kǒuzi ❶तटबंध का टूट जाना ❷प्रतिबंध में छूट देना: 这个问题上不能～，否则麻烦不断。इस मसले पर मैं छूट नहीं दे सकता, वरना झमेला ही झमेला होगा।
【开快车】 kāi kuàichē (काम आदि में) प्रगति तेज़ करना
【开矿】 kāikuàng खान से खनिज निकाल लेना
【开阔】 kāikuò ❶खुला; लम्बा चौड़ा; विस्तृत: ～的广场 खुला चौक / ～的天空 खुला आकाश ❷उदार; खुले दिल का: 心胸～ खुले दिल का होना ❸चौड़ा करना
【开阔地】 kāikuòdì <सैन्य०> खुला मैदान
【开阔眼界】 kāikuò yǎnjiè दृष्टिबल बढ़ाना
【开朗】 kāilǎng ❶खुला: 豁然～ एकाएक एक खुली जगह मिलना ❷आशावादिता; आशावादी: 她生性～。वह स्वभाव से आशावादी है।
【开犁】 kāilí ❶जोताई आरंभ करना ❷दे० 开墒
【开例】 kāilì उदाहरण उपस्थित करना; मिसाल पेश करना: 如果从您这里～，以后事情就不好办了。यदि हम ने आप को एक उदाहरण उपस्थित करने दिया, तो आगे हमें कठिनाई पर कठिनाई का सामना करना पड़ेगा।
【开镰】 kāilián (हंसिया से) फ़सल की कटाई शुरू करना
【开脸】 kāiliǎn ❶<पुराना> (विवाह की पूर्व संध्या पर कन्या का) चेहरे और गरदन पर के रोयें हटाना तथा कनपटियों पर बालों को संवारना ❷मूर्ति का मुख बनाना
【开列】 kāiliè सूची बनाना; सूची में लिखना: ～名单 नामसूची बनाना
【开裂】 kāiliè दरार पड़ना; फटना: 墙面～。दीवार पर दरारें पड़ गईं।
【开路】 kāilù ❶रास्ता हमवार करना; रास्ता प्रशस्त

करना; रास्ता बनाना ❷पथप्रदर्शन; मार्गदर्शन: ～先锋 मार्गदर्शक; पथप्रदर्शक ❸〈विद्यु०〉 ओपन सर्किट

【开绿灯】 kāi lǜdēng हरी झंडी दिखाना

【开锣】 kāiluó मंजीरा बजाना —— ओपेरा का प्रस्तुतिकरण आरंभ करना

【开曼群岛】 Kāimàn Qúndǎo कैमान द्वीपसमूह

【开门】 kāimén ❶दरवाज़ा खोलना ❷(दूकान, बैंक आदि में) दैनिक कारोबार शुरू होना

【开门见山】 kāimén-jiànshān मुख्य विषय वस्तु पर सीधे प्रकाश डालना: 他说话从来是～，不绕弯子。 वह जब भी बोलता है, तो स्पष्ट बोलता है और कभी घुमा-फिरा कर बात नहीं करता। / 这篇文章～，主题明确。 इस लेख के शुरू में ही मुख्य विषयवस्तु पर सीधे प्रकाश डाला गया है।

【开门揖盗】 kāimén-yīdào लुटेरों के लिए दरवाज़ा खोल देना —— आफ़त मोल लेना

【开蒙】 kāiméng ❶पढ़ाई शुरू करना ❷नौसिखुए को सबक देना

【开明】 kāimíng प्रबुद्ध: ～人士 प्रबुद्ध व्यक्ति

【开幕】 kāimù ❶मंच पर परदा उठना: 戏已经～了。 मंचन शुरू हो गया है। ❷उद्घाटन; उद्घाटित; उद्घाटन करना (होना); उद्घाटित करना (होना): ～词 उद्घाटन-भाषण / ～式 उद्घाटन समारोह / 会议～。 सभा का उद्घाटन हुआ; सभा उद्घाटित हुई।

【开拍】 kāipāi फ़िल्म की शूटिंग शुरू करना

【开盘】 kāipán 〈अर्थ०〉 (शेयर बाज़ार का) खुलना: ～价 शेयर बाज़ार खुलने के समय का भाव

【开炮】 kāipào ❶तोप दागना; गोले चलाना; गोलाबारी करना ❷कड़ी आलोचना करना

【开辟】 kāipì ❶खोलना; कायम करना; स्थापित करना; आरंभ करना: ～航线 हवाई या समुद्री मार्ग खोलना / ～新时代 एक नया युग आरंभ करना / 城北的一片荒地～成了公园。 शहर के उत्तर में बेकार पड़ी ज़मीन पर एक पार्क स्थापित किया गया। ❷आगे बढ़ाना; विकास करना; विकसित करना: ～边疆 सीमावर्ती क्षेत्रों का विकास करना / ～工作 कार्य को आगे बढ़ाना

【开瓢儿】 kāipiáor 〈बो०〉 सिर पर घाव होना; सिर फट जाना

【开票】 kāipiào ❶मतपेटी खोलकर मत-गणना करना ❷रसीद, वाउचर आदि काटना

【开屏】 kāipíng मोर पंख फैलना

【开启】 kāiqǐ खोलना; खुलना: ～闸门 जल-फाटक खोलना

【开枪】 kāiqiāng बन्दूक, पिस्तौल चलाना; गोली चलाना; गोलीबारी करना

【开腔】 kāiqiāng बोलना: 他沉吟良久才～。 वह देर तक सोचने-विचारने के बाद ही बोलने लगा। / 大家都不吭声，只有他一个人～。 सिर्फ़ वह बोलता गया, बाकी लोग तो चुप रहे।

【开窍】 kāiqiào ❶समझना; समझ लेना; समझ में आना: 我这么一说，他顿时～了。 मेरी बात सुनकर वह समझ गया। / 这孩子～了。 यह बच्चा अब बात को समझने लगा है। ❷〈बो०〉 आंख खोलना; होश में आना

【开缺】 kāiquē 〈पुराना〉 पद खाली होना

【开刃儿】 kāirènr काम में लाने से पहले चाकू, कैंची आदि को सान देना

【开山】 kāishān ❶पहाड़ काटना ❷बन्द पहाड़ों को पशु चराने या पेड़ काटने के लिए एक अरसे के लिए खोलना ❸〈बौद्ध धर्म〉 किसी प्रसिद्ध पर्वत पर प्रथम मठ स्थापित करना

【开山祖师】 kāishān zǔshī （开山祖 kāishānzǔ भी） किसी संप्रदाय या घराने का संस्थापक

【开墒】 kāishāng जुताई के समय पहली हल-रेखा बनाना

【开设】 kāishè ❶खोलना; चलाना; स्थापित करना; कायम करना; लगाना: ～工厂 कारखाना लगाना / ～商店 दूकान खोलना ❷(शिक्षालय में) कोर्स देना: 这所大学新～了中文课。 इस विश्वविद्यालय में एक नया कोर्स यानी चीनी कोर्स दिया जाने लगा है।

【开始】 kāishǐ ❶आरंभ करना (होना); शुरू करना (होना); श्रीगणेश करना (होना): 今天起～放假。 आज से छुट्टियाँ शुरू होंगी। / 一个新阶段～了。 एक नए युग का श्रीगणेश हुआ। ❷आरंभ; शुरुआत; शुरू; श्रीगणेश; आदि: ～，您对这里的气候会不习惯的。 शुरू में आप यहां की जल-वायु के अभ्यस्त नहीं होंगे।

【开市】 kāishì ❶(दुकान का) एक समय तक बन्द रहने के बाद फिर खुल जाना ❷दिन का पहला सौदा पटाना

【开释】 kāishì रिहाई; रिहा; रिहा करना (होना)

【开首】 kāishǒu 〈बो०〉 शुरू; शुरुआत; आरंभ; आदि

【开涮】 kāishuàn 〈बो०〉 के साथ मज़ाक करना; के साथ हंसी करना; की हंसी उड़ाना

【开水】 kāishuǐ ❶उबलता हुआ पानी ❷उबला हुआ पानी

【开司米】 kāisīmǐ （开士米 kāishìmǐ भी） काश्मीरी ऊन

【开台】 kāitái नाटक का प्रस्तुतीकरण आरंभ होना

【开膛】 kāitáng (सूअर, मुर्गे आदि की) छाती चीरना

【开天窗】 kāi tiānchuāng ❶उपदंश के रोगी की नाक मवाद से भर जाना ❷अखबार में किसी स्थान को रिक्त छोड़ देना यह संकेत देने के लिए कि कोई चीज़ सेंसर की कैंची से न बच सकी

【开天辟地】 kāitiān-pìdì आकाश और धरती की रचना —— इतिहास का श्रीगणेश

【开庭】 kāitíng 〈का०〉 अदालत में सुनवाई होना: ～审理案件 अदालत में मामले की सुनवाई होना / 下周三～。 मामले की सुनवाई अगले बुद्धवार को होगी।

【开通】 kāitōng बाधाएं दूर करना; साफ़ करना: ～河道 नदी का जल-मार्ग साफ़ करना ❷काम में आना; (सड़क पर) यातायात शुरू होना: 卫星通讯网已～。 उपग्रह दूरसंचार जाल काम में आया। / 这条新修的公路昨天～使用。 इस नवनिर्मित सड़क पर कल से यातायात शुरू हो गया।

【开通】 kāitong खुले दिल का; उदार: 这位老人很～，不反对儿子自由恋爱。 यह बूढ़ा खुले दिल का है और उस ने अपने बेटे के प्रेम-विवाह का विरोध नहीं किया।

【开头】 kāitóu ❶शुरू करना (होना); आरंभ करना (होना); लगना: 会议刚刚～。सभा अभी-अभी शुरू हुई (होने लगी है)। ❷शुरू; शुरुआत; आरंभ; आदि: 他～跑在众人前面，后来落后了。आरंभ में वह दूसरों से आगे दौड़ रहा था, पर बाद में पीछे रह गया। / 万事～难。हर काम शुरू में कठिन होता है।

【开脱】 kāituō दोषमुक्त या भारमुक्त साबित करना: 您别替他～。आप उसे दोषमुक्त साबित करने की कोशिश ना करें।

【开拓】 kāituò ❶खोलना; उठाना: ～荒地 परती ज़मीन को उठाना / ～道路 मार्ग खोलना (बनाना) / ～进取 नई-नई तरक्कियाँ करना ❷<खनि०> ओपनिंग: ～进尺 टनेलिंग फ़ुटिज

【开拓者】 kāituòzhě पायनियर; अग्रदूत

【开外】 kāiwài से ऊपर; से अधिक; से ज़्यादा: 他已七十～。उस की उम्र सत्तर साल से ऊपर है। / 离城十里～有一个湖泊。शहर से दस ली से ज़्यादा दूरी पर एक झील पाई जाती है।

【开玩笑】 kāi wánxiào हंसी करना; मज़ाक करना; परिहास करना: 我这是在跟你～。मैं तो तुम से मज़ाक कर रहा था। / 这事人命关天，可不是～的 यह काम लोगों की सुरक्षा से संबंधित है, कोई हंसी-खेल नहीं है।

【开胃】 kāiwèi ❶भूख बढ़ाना; क्षुधावर्द्धक होना ❷<बो०> मज़ाक उड़ाना; हंसी उड़ाना; बनाना

【开线】 kāixiàn सीवन खुलना (टूटना)

【开销】 kāixiāo ❶खर्च करना; खरचना ❷खर्च: 日常～ दैनिक खर्च

【开小差】 kāi xiǎochāi ❶(सैनिक का) फ़रार होना ❷अन्यमनस्कता; अन्यमनस्क; अनमना; अन्यमनस्क होना; अनमना होना; कम ध्यान देना: 上课时他经常思想～。क्लास में उस का कम ध्यान हुआ करता है।

【开心】 kāixīn ❶आनन्द; प्रसन्नता; खुशी; आनंदित; प्रसन्न; खुश; प्रसन्नचित्त; आनन्द आना; खुशी होना; आनंदित (प्रसन्न, खुश, प्रसन्नचित्त) होना: 这次老友聚在一起，十分～。फिर मिल जाने पर पुराने दोस्तों को बड़ी खुशी हुई। ❷मज़ाक उड़ाना; हंसी उड़ाना; बनाना: 你们就别拿他～了。आप लोग उसे न बनाएं; आप लोग उस की हंसी न उड़ाएं।

【开心果】 kāixīnguǒ पिस्ता

【开行】 kāixíng (रेल-गाड़ी का) छूटना; (जहाज़ और गाड़ी का) चला जाना

【开学】 kāixué स्कूल में नया सत्र शुरू होना: ～典礼 सत्रारंभ समारोह

【开言】 kāiyán <पुराना> बोलने लगना

【开颜】 kāiyán चेहरे पर मुस्कान (मुस्कराहट) खिल उठना; चेहरे पर प्रसन्नता का भाव प्रकट होना

【开眼】 kāiyǎn (开眼界 kāi yǎnjiè भी)आंखें खुलना; दिमाग तरो-ताज़ा होना; आँखें खोलना: 这展览会真叫人～。यह प्रदर्शनी वाकई आंखें खोलने वाली है।

【开演】 kāiyǎn (नाटक, फ़िल्मशो आदि का) शुरू होना; आरंभ होना: 电影晚上七点～。फ़िल्मशो शाम के सात बजे शुरू होगा।

【开洋】 kāiyáng <बो०> सुखाया हुआ बिना कवच का झींगा

【开洋荤】 kāi yánghūn <बो०> नया अनुभव होना; कोई नई चीज़ देखना या चखना

【开业】 kāiyè ❶दूकान में कारोबार शुरू होना ❷(वकील, डॉक्टर आदि का) प्रेक्टिस शुरू करना

【开夜车】 kāi yèchē देर रात तक काम या अध्ययन करते रहना

【开映】 kāiyìng (फ़िल्मशो का) शुरू होना

【开园】 kāiyuán बाग में पके फल तोड़ना शुरू करना

【开源节流】 kāiyuán-jiéliú आय में वृद्धि और व्यय में कटौती करना; नए संसाधन जुटाना और खर्च कम करना

【开凿】 kāizáo खोदना; खुदना: ～运河 नहर खोदना या काटना

【开斋】 kāizhāi ❶उपवास के बाद मांस का आहार आरंभ करना ❷<इस्लामी धर्म> रोज़ा तोड़ना

【开斋节】 kāizhāijié ईद-उल-फ़ितर; ईद: 欢度～ ईद मनाना

【开展】 kāizhǎn ❶करना; चलाना; लगाना; होना; चलना: ～植树运动 वृक्षारोपण अभियान चलाना / ～军备竞赛 शस्त्रीकरण की होड़ लगाना / ～文化交流 सांस्कृतिक आदान-प्रदान करना ❷प्रदर्शनी लगना (लगाई जाना) ❸राजनीतिक रूप से सचेत होना; सजग होना

【开战】 kāizhàn ❶लड़ाई लड़ना; युद्ध चलाना; युद्ध लड़ना; लड़ना ❷(बुराइयों) के विरुद्ध अभियान चलाना

【开绽】 kāizhàn सीवन टूट जाना; अलग होना

【开张】[1] kāizhāng ❶कारोबार शुरू करना (होना): 超市今天～。इस सुपरमार्केट में आज से कारोबार शुरू होगा। ❷दिन में पहला सौदा पटाना या पटना ❸(कुछ गतिविधियों का) शुरू होना; आरंभ होना

【开张】[2] kāizhāng <लि०> ❶(बाहरी दुनिया के लिए) खुलना ❷शानदार; भव्य: 气势～ भव्य होना

【开仗】 kāizhàng लड़ाई करना; युद्ध चलाना

【开账】 kāizhàng ❶बिल बनाना ❷(रेस्तरां, होटल आदि में) बिल अदा करना

【开征】 kāizhēng कर की वसूली आरंभ करना

【开支】 kāizhī ❶खर्च उठाना: 这笔钱厂里不能～。हमारे कारखाने के लिए यह खर्च उठाना असंभव है। ❷खर्च; व्यय: 节约～ खर्च में किफ़ायत करना ❸<बो०> वेतन देना

【开宗明义】 kāizōng-míngyì आरंभ में ही मुख्य विषयवस्तु बताना

【开罪】 kāizuì नाखुश करना; नाराज़ करना; अप्रसन्न करना

揩 kāi पोंछना: ～汗 पसीना पोंछना / ～眼泪 आंखें पोंछना / ～桌子 मेज़ पोंछना

【揩拭】 kāishì पोंछना; साफ़ करना

【揩油】 kāiyóu सरकार या दूसरों का पैसा डकारना

锎 (鐦) kāi <रसा०> कैलिफ़ार्नियम (Cf)

kǎi

剀（剴） kǎi नीचे दे०

【剀切】 kǎiqiè 〈लि०〉 ❶सच्चा और संगत ❷तत्परता; तल्लीनता：～教导 तत्परता से सबक सिखाना

凯（凱） kǎi विजयगीत

【凯歌】 kǎigē विजयगीत

【凯旋】 kǎixuán विजयी होकर वापस लौटना

【凯旋门】 kǎixuánmén ❶विजय का तोरण ❷(पेरिस में) विजयतोरण

铠（鎧） kǎi कवच; बख्तर：铁铠 tiěkǎi

【铠甲】 kǎijiǎ कवच; बख्तर

慨[1] kǎi ❶क्रोधित; क्रुद्ध; रोषपूर्ण：愤慨 fènkǎi ❷उदारता：慨允

慨[2]（嘅） kǎi उसास छोड़ना; आह भरना

【慨诺】 kǎinuò उदारता से वचन देना

【慨然】 kǎirán ❶खेद, दुख आदि के साथ：～长叹 खेद के साथ उसास छोड़ना ❷उदारता से：～相赠 उदारता से देना; हाथ खोलकर देना

【慨叹】 kǎitàn खेद के साथ उसास छोड़ना

【慨允】 kǎiyǔn उदारता से वचन देना

楷 kǎi ❶मॉडल; आदर्श：楷模 ❷(चीनी लिपिकला में) नियमित लिखावट：楷书

【楷模】 kǎimó मॉडल; आदर्श मिसाल; उदाहरण：以他为～ उसे एक उदाहरण मानते हुए

【楷书】 kǎishū (चीनी लिपिकला में) नियमित लिखावट

【楷体】 kǎitǐ ❶楷书 के समान ❷ब्लॉक लेटर

kài

忾（愾） kài 〈लि०〉 घृणा; नफ़रत; वैर：同仇敌忾 tóngchóu-díkài

欬 kài खांसी; खांसी आना; खांसना

kān

刊（栞） kān ❶छापना; छपना; प्रकाशित करना; प्रकाशित होना：刊行 / 刊登 ❷पत्रिका; प्रकाशन：报～ पत्र-पत्रिका / 周～ साप्ताहिक ❸सुधारना; शुद्ध करना：刊误

【刊布】 kānbù 〈लि०〉 प्रकाशित करना

【刊登】 kāndēng समाचार-पत्र या पत्रिका में छापना या प्रकाशित करना：～广告 विज्ञापन छापना; विज्ञापन देना / ～报道 रिपोर्ट छापना (छपना)

【刊刻】 kānkè उत्कीर्ण; उत्कीर्ण करना; खोदना

【刊落】 kānluò 〈लि०〉 काट देना; हटाना

【刊谬补缺】 kānmiù-bǔquē शुद्धिपत्र और परिशिष्ट

【刊头】 kāntóu समाचार-पत्र या पत्रिका का मास्टहेड

【刊物】 kānwù प्रकाशन：定期～ आवधिक प्रकाशन / 文艺～ साहित्यिक प्रकाशन

【刊误】 kānwù मुद्रण में अशुद्धियाँ सुधारना

【刊误表】 kānwùbiǎo शुद्धिपत्र

【刊行】 kānxíng प्रकाशित करना

【刊印】 kānyìn ❶ठप्पा-छपाई ❷अक्षर योजन कर छापना

【刊载】 kānzǎi (अखबार या पत्रिका में) प्रकाशित करना (होना); छापना; छपना：他的文章～在今天的报纸上。उस का लेख आज के अखबार में छपा है।

看 kān ❶देख-भाल; देख-रेख; देख-भाल करना; देख-रेख करना：～孩子 बच्चों की देख-भाल करना / ～病人 रोगी की देख-रेख करना ❷निगरानी; निरीक्षण; निगरानी करना; निरीक्षण करना; नज़र रखना; निगरानी में रखना
kàn भी दे०

【看财奴】 kāncáinú कंजूस; कृपण

【看场】 kāncháng खलिहान पर पहरा बैठाना; खलिहान पर पहरा देना

【看管】 kānguǎn ❶देख-भाल करना; देख-रेख करना：您帮我～一下孩子。कृपया, मेरे बच्चे की देख-भाल कीजिए। ❷निगरानी रखना; नज़र रखना：～犯人 बंदियों पर निगरानी रखना

【看护】 kānhù ❶सेवा; सेवा-शुश्रूषा; तीमारदारी; सेवा (सेवा-शुश्रूषा, तीमारदारी) करना：～病人 रोगी की सेवा (सेवा-शुश्रूषा, तीमारदारी) करना ❷〈पुराना〉 नर्स

【看家】 kānjiā ❶घर की देख-भाल करना ❷विशेष दक्षता प्राप्त：～本领 विशेष दक्षता

【看家狗】 kānjiāgǒu रखवाला कुत्ता —— वह व्यक्ति जो किसी ज़मींदार या उच्च अधिकारी के मामलों और संपत्तियों की देख-भाल करता हो

【看家戏】 kānjiāxì अभिनेता या अभिनेत्री का सर्वाधिक सफल प्रदर्शन

【看门】 kānmén ❶द्वारपाल का काम करना ❷घर की देख-भाल करना

【看青】 kānqīng पकी हुई फ़सलों की देख-रेख करना

【看守】 kānshǒu ❶पहरा देना; निगरानी रखना：～工厂 कारखाने के गेट पर पहरा देना ❷जेलर; वार्डर

【看守内阁】 kānshǒu nèigé कामचलाऊ मंत्रिमंडल; कार्यवाहक मंत्रिमंडल

【看守所】 kānshǒusuǒ हवालात

【看押】 kānyā पहरे में डालना (रखना)：～罪犯 अप-

राधी को पहरे में डालना

勘 kān ❶सुधारना; शुद्ध करना: 勘误 ❷सर्वेक्षण; जांच-पड़ताल: 勘探

【勘测】 kāncè सर्वेक्षण; सर्वेक्षण करना

【勘察】 kānchá (勘查 kānchá भी) सर्वेक्षण करना

【勘探】 kāntàn सर्वेक्षण; अन्वेषण; सर्वेक्षण करना; अन्वेषण करना

【勘误】 kānwù मुद्रण में विशुद्धियों को सुधारना

【勘误表】 kānwùbiǎo शुद्धि पत्र

【勘验】 kānyàn (न्यायिक अधिकारी का) मौके पर जांच करना

龛 (龕) kān आला; ताक; ताखा: 佛龛 fókān

堪 kān ❶सकना; संभव होना; मुमकिन होना; समर्थ होना: ～当重任 महत्वपूर्ण कार्यभार संभालने में समर्थ होना / ～称一绝 एक आश्चर्य कहा जा सकना

【堪布】 kānbù ❶विनय की देख-रेख करने वाला लामा ❷लामा मठ का महंत ❸पुरानी तिब्बती स्थानीय सरकार में लामा द्वारा संभाला हुआ पद

【堪舆】 kānyú 〈लि०〉 मकान या मकबरे का स्थल, जो किसी परिवार के भाग्य पर असर डालने वाला माना जाता है

戡 kān दमन; दमन करना; बलपूर्वक शांत करना: 戡乱

【戡乱】 kānluàn विद्रोह का दमन करना

kǎn

坎¹ kǎn मेंड़; डांढ़ा: 田～儿 मेंड़

坎² (埳) kǎn 〈लि०〉 गढ़ा; गर्त; गड्ढा

【坎肩】 kǎnjiān (坎肩儿 kǎnjiānr भी) बिना आस्तीनों की जाकिट

【坎坷】 kǎnkě ❶खुरदरा; ऊबड़-खाबड़: ～不平的道路 खुरदरा रास्ता ❷〈लि०〉 हताशाओं से भरा: ～人生 हताशाओं से भरा जीवन

【坎壈】 kǎnlǎn 〈लि०〉 हताशाओं से भरा

【坎儿】¹ kǎnr 〈बो०〉 पते की बात; नाज़ुक हालत: 这话说到～上了。आप ने पते की बात कही। / 事情正处在～上。अब मामला नाज़ुक हालत में है।

【坎儿】² kǎnr 侃儿 kǎnr के समान

【坎儿井】 kǎnrjǐng करेज, शिनच्यांग में भूमिगत नहरों से जुड़े हुए कुओं की सिंचाई-व्यवस्था

【坎土曼】 kǎntǔmàn फावड़ा

【坎子】 kǎnzi चढ़ाई; टीला

侃 kǎn ❶〈लि०〉 खरा और स्पष्टभाषी ❷〈लि०〉 स्नेह; मिलनसारी; स्नेही; मिलनसार ❸〈बोल०〉 गपशप; गपशप करना; गपशप मारना; गपशप हांकना

【侃大山】 kǎn dàshān 〈बो०〉 गपशप करना; गपशप मारना; गपशप हांकना

【侃侃】 kǎnkǎn 〈लि०〉 आत्मविश्वास लेकिन संयम के साथ: ～而谈 आत्मविश्वास लेकिन संयम के साथ बात करना

【侃儿】 kǎnr 〈बो०〉 सांकेतिक शब्द

砍 kǎn ❶कटाई; काटना; कटना: ～树 वृक्ष काटना; पेड़ों की कटाई करना / ～头 सिर काटना ❷निकाल लेना; काटना; कम कर देना: 文章里这一段得～掉。लेख में इस पैराग्राफ़ को काट देना है। ❸〈बो०〉 फेंकना; मारना: 拿石头～狗 पत्थर से कुत्ते को मारना

【砍大山】 kǎn dàshān 侃大山 kǎn dàshān के समान

【砍刀】 kǎndāo कुल्हाड़ी

【砍伐】 kǎnfá (पेड़) काटना

槛 (檻) kǎn देहली; देहरी: 门～ देहली; देहरी jiàn भी दे०

kàn

看 kàn ❶देखना: ～电影 फ़िल्म देखना / ～足球赛 फ़ुटबाल मैच देखना ❷पढ़ना: ～报 अखबार पढ़ना / ～书 पुस्तक पढ़ना ❸के विचार में; का विचार है: 您～这个计划是否可行? आप के विचार में यह योजना व्यावहारिक है कि नहीं? / 您对这件事怎么～? इस मामले के बारे में आप का क्या विचार है? / 我～这人可以信任。मेरा विचार है कि इस आदमी पर भरोसा रखा जा सकता है। ❹मिलना; देखना: ～病人 रोगी को देखना / 去～朋友 अपने दोस्त से मिलने जाना ❺निबटना; व्यवहार करना; बरताव करना; देखना: 看待 ❻इलाज कराना; उपचार कराना; (डॉक्टर) देखना; इलाज करना; उपचार करना: 有病就要去～医生 बीमार पड़ने पर डॉक्टर को दिखाना चाहिए; बीमार पड़ने पर उपचार कराना चाहिए। / 是王大夫给我～的病。डॉक्टर वांग ने ही मेरा इलाज किया है। ❼देख-रेख करना: ～好自己的财物。अपनी कीमती वस्तुओं की देख-रेख करो। ❽देखो; ध्यान दो: ～水都开了，快沏茶。देखो, पानी उबल गया है। जल्दी चाय बनाओ। ❾(दुहराई हुई क्रियाओं या क्रियापद के पीछे प्रयुक्त) कोशिश करके देखना: 试试～。कोशिश करके देखो। / 尝尝～。चखके देखो। / 等一等～。ज़रा इंतज़ार तो करके देखो।
kān भी दे०

【看扁】 kànbiǎn 〈बोल०〉 नीची नज़र या निगाह से देखना: 别把他～了。उसे नीची नज़र से न देखो।

【看病】 kànbìng ❶उपचार करना; इलाज करना: 王医生正忙着给人～，没工夫见您。डॉक्टर वांग

रोगियों का इलाज करने में व्यस्त हैं। आप से मिलने की फ़ुरसत ही नहीं। ❷उपचार कराना; इलाज कराना: 他去医院～了。वह उपचार कराने अस्पताल गया है।

【看不起】 kànbuqǐ <बोल०> नीची दृष्टि (निगाह) से देखना; घृणित (तुच्छ) समझना; छोटा समझना: 他骄傲得很，总是～别人。उस का दिमाग आसमान पर है और वह दूसरों को हमेशा नीची निगाह से देखता है।

【看茶】 kànchá <पुराना> (नौकर को हुक्म) चाय पेश करना

【看成】 kànchéng समझना: 您把我～什么了？आप ने मुझे क्या समझ रखा है?

【看承】 kànchéng <लि०> देख-भाल; देख-रेख; देख-भाल करना; देख-रेख करना

【看穿】 kànchuān पहचान लेना; भांपना: 他～了你的心计。उस ने भांप लिया कि तुम्हारी दाल में कुछ काला है।

【看待】 kàndài समझना; व्यवहार करना; बरताव करना: 把他当亲兄弟～ उसे अपना सगा भाई समझना; उस के साथ सगे भाई का सा व्यवहार करना

【看得起】 kàndeqǐ कद्र करना: 没人～他。कोई भी उस की कद्र नहीं करता। / 你若要人家～你，你首先要为人正派。यदि तुम चाहते हो कि दूसरे लोग तुम्हारी कद्र करें, तो सब से पहले तुम्हें स्वयं ईमानदार होना चाहिए।

【看跌】 kàndiē (शेयरों, वस्तुओं आदि के भाव) गिरने की आशंका होना: 最近粮价～。हाल में खाद्यान्न के भाव गिरने की आशंका बनी रही है।

【看法】 kànfǎ विचार; मत; पक्ष: 在核裁军问题上，双方的～一致。दोनों पक्ष न्यूक्लियर निरस्त्रीकरण के सवाल पर समान विचार रखते हैं।

【看风色】 kàn fēngsè （看风头 kàn fēngtóu; 看风向 kàn fēngxiàng भी）हवा का रुख जानना

【看风使舵】 kànfēng-shǐduò <अना०> हवा का रुख देखना

【看风水】 kàn fēngshuǐ मकबरे, गृह आदि का स्थल चुनने के लिए भू-प्राक्ख्यापन करना

【看顾】 kàngù देख-भाल; सेवा; देख-भाल करना; सेवा करना: ～病人 रोगी की सेवा करना

【看好】 kànhǎo परिदृश्य बेहतर नज़र आना; पर आशा बंधाना: 本年度经济前景～。इस साल आर्थिक परिदृश्य बेहतर नज़र आता है। / 这场足球赛，人们普遍～北京队。इस फ़ुटबाल मैच में लोगों ने पेइचिंग टीम पर अपनी आशा रखी है।

【看见】 kànjian देखना; नज़र आना; दिखाई देना: 看得见 देख सकना / 我这几天没～他。इन दिनों मैं ने उसे नहीं देखा। / 昨天我在街上～他。कल मुझे सड़क पर वह नज़र आया।

【看开】 kànkāi दिल छोटा न करना: 对这件事，你要～些，不要过分生气。तुम इस बात को लेकर दिल छोटा न करो। गुस्सा होने की ज़रूरत नहीं।

【看客】 kànkè <बो०> दर्शक

【看来】 kànlái लगता है कि …; मालूम पड़ता है कि …: ～他不会来了。लगता है कि वह नहीं आएगा। / 他～没有听懂我的话。मालूम पड़ता है कि मेरी बात उस की समझ में नहीं आई।

【看破】 kànpò देख लेना: ～红尘 दुनिया देख लेना; सांसारिक मोह भंग होना

【看齐】 kànqí के बराबर पहुंचना

【看轻】 kànqīng नज़रअंदाज करना; उपेक्षा करना

【看上】 kànshàng （看上眼 kànshàngyǎn भी）पसन्द करना; पसन्द आना; भाना: 她～了这件衣服。उसे यह कपड़ा पसन्द आया; उसे यह कपड़ा भाया।

【看台】 kàntái दर्शकदीर्घा

【看透】 kàntòu पहचान लेना: 那个人我～了，不值得信任。उस आदमी को मैं ने पहचान लिया। उस पर भरोसा नहीं किया जा सकता। / 他～对方的意图。उस ने विपक्ष की चाल पहचान ली।

【看望】 kànwàng देखने जाना; मिलना: ～老朋友 पुराने दोस्तों से मिलने जाना

【看相】 kànxiàng चेहरे, हाथ की रेखाएं देखकर शुभा-शुभ का फल बताना

【看笑话】 kàn xiàohua हंसी उड़ाना; जग-हंसाई होना: 别吵了，让人家～。झगड़ा बन्द करो, वरना तुम लोगों की जग-हंसाई होगी।

【看医生】 kàn yīshēng डॉक्टर को देखना; इलाज कराना

【看涨】 kànzhǎng (वस्तुओं के दामों में) वृद्धि होने की अपेक्षा होना

【看中】 kànzhòng पसन्द करना; पसन्द आना; भाना: ～这款衣服 इस डिज़ाइन का कपड़ा पसन्द कर लेना

【看重】 kànzhòng महत्व देना: ～友谊 मैत्री को महत्व देना / ～人才 प्रतिभाओं को महत्व देना

【看座】 kànzuò (सेवक, वेटर आदि से कहना कि) आसन देना

【看做】 kànzuò （看作 kànzuò भी）समझना; मानना: 我把他～自己的兄弟。मैं उसे अपना भाई समझता हूं। / 她把您～是自己的老师。वह आप को अपना गुरु मानती है।

瞰 1 kàn ऊंचाई से नीचे देखना: 鸟瞰 niǎokàn

瞰 2 （矙）kàn <लि०> झांकना

kāng

康 1 kāng ❶स्वास्थ्य; तंदुरुस्ती; स्वस्थ; तंदुरुस्त: 健康 jiànkāng ❷<लि०> समृद्धि; बाहुल्य: 小康 xiǎokāng ❸（Kāng）एक कुलनाम

康 2 kāng 糠 kāng के समान

【康拜因】 kāngbàiyīn कंबाइन (हार्वेस्टर)

【康采恩】 kāngcǎi'ēn कंसर्न

【康复】 kāngfù भला-चंगा होना; स्वस्थ होना; रोग से उठना: 病体～ रोग से उठना
【康健】 kāngjiàn स्वास्थ्य; तंदुरुस्ती
【康乐】 kānglè सुख-चैन; सुख-शांति
【康乐球】 kānglèqiú कैरम
【康乃馨】 kāngnǎixīn कार्नेशन का फूल
【康宁】 kāngníng 〈लि०〉 सुख-चैन; सुख-शांति
【康泰】 kāngtài स्वास्थ्य; तंदुरुस्ती; स्वस्थ; तंदुरुस्त
【康庄大道】 kāngzhuāng-dàdào प्रशस्त मार्ग; हमवार रास्ता

慷（忼） kāng नीचे दे०
【慷慨】 kāngkǎi ❶जोश; उत्साह; आवेश; जोशपूर्ण; उत्साहपूर्ण; आवेशमय: ～陈词 उत्साहपूर्ण भाषण देना ❷उदारता; उदार; उदारतापूर्ण: ～的援助 उदारतापूर्ण सहायता / 他为人～。 वह उदार स्वभाव का है।
【慷慨激昂】 kāngkǎi-jī'áng जोशपूर्ण; उत्साहपूर्ण; आवेशमय
【慷慨解囊】 kāngkǎi-jiěnáng हाथ खोलकर मदद देना
【慷他人之慨】 kāng tārén zhī kǎi दूसरों के पैसे से दान देना

糠 kāng ❶भूसी ❷(मूल का) नरम पड़ना: 这萝卜～了。 यह मूली नरम पड़ गई है।

káng

扛 káng कंधे पर लेना; उठाना: ～枪 बंदूक को कंधे पर लेना
gāng भी दे०
【扛长工】 káng chánggōng （扛长活 káng chánghuó भी） खेत मज़दूर का काम करना
【扛大个儿】 káng dàgèr 〈बो०〉 कुली के तौर पर काम करना
【扛活】 kánghuó खेत मज़दूर बनना

kàng

亢 kàng ❶ऊंचा; उत्तुंग: 高亢 gāokàng ❷अहंकार; अभिमान; अहंकारी; अभिमानी: 不亢不卑 búkàng-bùbēi ❸अत्यधिक; बेहद: 亢旱 / 亢奋 ❹स्वाति; स्वाती; 28 नक्षत्रों में से एक
háng भी दे०
【亢奋】 kàngfèn अत्यधिक प्रोत्साहित होना
【亢旱】 kànghàn भीषण सूखा; भयंकर सूखा
【亢进】 kàngjìn हाइपर्फ़ंक्शन: 甲状腺～ हाइपर्थाइराइडिज़्म

伉 kàng 〈लि०〉 ❶(पति-पत्नी का) आपस में उपयुक्त होना ❷ऊंचा; उत्तुंग
【伉俪】 kànglì 〈लि०〉 पति-पत्नी; दंपति

抗 kàng ❶सामना; मुकाबला; बचाव; सामना करना; मुकाबला करना; बचाव करना; रोकना: 这衣服～风。 यह कपड़ा हवा को रोकता है। / 抗灾 ❷अस्वीकार; इनकार; अस्वीकार करना; इनकार करना: 抗命 ❸बराबरी; प्रतिस्पर्धा; बराबरी करना; प्रतिस्पर्धा करना: 分庭抗礼 fēntíng-kànglǐ / 抗衡
【抗暴】 kàngbào हिंसक उत्पीड़न के विरुद्ध संघर्ष करना
【抗辩】 kàngbiàn ❶खंडन; खंडन करना ❷〈का०〉 प्रतिवाद; प्रतिवाद करना
【抗旱】 kànghàn सूखे का मुकाबला करना: ～品种 सूखे का मुकाबला कर सकने वाली नस्ल
【抗衡】 kànghéng की बराबरी करना; से प्रतिस्पर्धा करना
【抗洪】 kànghóng बाढ़ पर नियंत्रण करना
【抗婚】 kànghūn मां-बाप द्वारा तय विवाह का विरोध करना
【抗击】 kàngjī मुकाबला; विरोध; प्रतिरोध; मुकाबला करना; विरोध करना; प्रतिरोध करना: ～入侵者 अतिक्रमणकारियों का मुकाबला करना
【抗拒】 kàngjù विरोध करना; प्रतिरोध करना; इनकार करना: ～命令 आदेश का पालन करने से इनकार करना / 奋力～ जी जान से प्रतिरोध करना
【抗捐】 kàngjuān कर चुकाने से इनकार करना
【抗菌素】 kàngjūnsù 〈औष०〉 एंटीबायोटिक
【抗粮】 kàngliáng अनाज की वसूली से इनकार करना
【抗命】 kàngmìng अवज्ञा करना; आज्ञा को न मानना
【抗日战争】 Kàng Rì Zhànzhēng जापानी आक्रमण विरोधी युद्ध（1937-1945）
【抗生素】 kàngshēngsù 抗菌素 का पुराना नाम
【抗税】 kàngshuì कर चुकाने से इनकार करना
【抗诉】 kàngsù 〈का०〉 विरोध; विरोध करना: ～书 विरोध-पत्र
【抗体】 kàngtǐ 〈चिकि०〉 एंटीबाडी
【抗议】 kàngyì विरोध; विरोध पेश करना: 就此事提出强烈～ इस मामले को लेकर ज़बरदस्त विरोध पेश करना / ～集会 विरोध-सभा
【抗议照会】 kàngyì zhàohuì विरोध-पत्र: 递交～ विरोध-पत्र पेश करना
【抗御】 kàngyù मुकाबला करना: ～外侮 विदेशी आक्रमण का मुकाबला करना
【抗原】 kàngyuán 〈चिकि०〉 एंटीजीन
【抗灾】 kàngzāi प्राकृतिक विपत्तियों से बचाव करना
【抗战】[1] kàngzhàn विदेशी आक्रमण के विरुद्ध युद्ध करना
【抗战】[2] Kàngzhàn 抗日战争 का संक्षिप्त रूप
【抗震】 kàngzhèn ❶भूकंपरोधक क्षमता: ～结构 भूकंपरोधक संरचना ❷भूकंप से बचाव करना: ～救灾 भूकंप

से बचाव और राहत कार्य
【抗争】 kàngzhēng के विरुद्ध रवैया अपनाना; विरोध करना: 据理～ तर्क उपस्थित कर विरोध करना

炕 kàng ❶खांग, ईंटों से बनाया हुआ पलंग, जिसे जाड़े में नीचे कोयला जला कर गर्म किया जाता है ❷<बो०> ताप देकर सुखाना या सेंकना: 白薯还～着呢。शक्करकन्द अभी सेंका जा रहा है।
【炕洞】 kàngdòng खांग का धुआंकश
【炕头】 kàngtóu ❶खांग का गरम छोर ❷खांग का किनारा
【炕席】 kàngxí खांग पर बिछाई जाने वाली चटाई
【炕沿】 kàngyán खांग का किनारा
【炕桌儿】 kàngzhuōr खांग पर रखी जाने वाली छोटी मेज़

钪（鈧） kàng <रसा०> स्कैंडियम（Sc）

kāo

尻 kāo <प्रा०> नितंब; चूतड़

kǎo

考 1（攷） kǎo ❶प्रश्न करना; सवाल करना; प्रश्न पूछना; सवाल पूछना: 考问 / 我～～你。मैं तुम से एक सवाल पूछता हूँ। / 他被我～住了。मैं ने ऐसा प्रश्न पूछा जिस का वह उत्तर न दे सका। ❷परीक्षा; इम्तहान; परीक्षा (इम्तहान) लेना; परीक्षा (इम्तहान) देना; परीक्षा में बैठना: ～大学 विश्वविद्यालय में प्रवेश परीक्षा में बैठना / 期～ सत्रीय परीक्षा ❸जांच; निरीक्षण; मुआइना; जांच करना; निरीक्षण करना; मुआइना करना: 考察 ❹अध्ययन; अनुसंधान; अध्ययन (अनुसंधान) करना: 考古

考 2 kǎo <लि०> स्वर्गीय पिता: 先考 xiānkǎo
【考妣】 kǎobǐ <लि०> स्वर्गीय माता-पिता
【考查】 kǎochá (मानदंड के अनुसार) परखना; जांचना: ～学生成绩 छात्रों का कार्य जांचना
【考察】 kǎochá निरीक्षण; मुआइना; दौरा; निरीक्षण करना; मुआइना करना; दौरा करना: ～抗洪工程 बाढ़ नियंत्रण परियोजना का निरीक्षण करना ❷परख; अध्ययन; परखना; अध्ययन करना: ～干部 कार्यकर्ताओं की परख करना / ～团 अध्ययन दल
【考场】 kǎochǎng परीक्षा-कक्ष
【考订】 kǎodìng जांचना और सुधारना
【考分】 kǎofēn (परीक्षा में) अंक
【考古】 kǎogǔ ❶पुरातत्व संबंधी अनुसंधान करना ❷पुरातत्व
【考古学】 kǎogǔxué पुरातत्व: ～家 पुरातत्ववेत्ता
【考官】 kǎoguān परीक्षक; परीक्षा लेने वाला अधिकारी
【考核】 kǎohé जांच; परख; जांचना; परखना: ～干部 कार्यकर्ताओं को परखना / ～制度 जांच व्यवस्था
【考绩】 kǎojì कर्मचारियों के कामों का मूल्यांकन करना
【考究】 kǎojiu ❶जांच और अध्ययन करना: 应该～一下这个问题。इस मामले का अध्ययन करना चाहिए। ❷अत्यधिक ध्यान देना: 他穿衣服很～。वह अपने वस्त्र पर अत्यधिक ध्यान देता है। ❸बढ़िया; उत्तम: 这件衣服做工～。इस कपड़े की सिलाई का काम बढ़िया है। / 这家饭店装饰～。इस होटल में उत्तम सजावट की गई है।
【考据】 kǎojù पाठालोचन
【考卷】 kǎojuàn प्रश्नपत्र
【考量】 kǎoliáng सोच-विचार; विचार; सोच-विचार करना; विचार करना: 这件事容我～一下。मुझे इस मामले पर विचार करने दीजिए।
【考虑】 kǎolǜ सोच-विचार; विचार; गौर; सोच-विचार करना; विचार करना; गौर करना; सोचना-विचारना; विचारना; सोचना: 您先～～，再作决定。आप सोच-विचार करें और फिर निर्णय करें। / 您有没有～到我的难处? आप ने कभी मेरी कठिनाइयों पर गौर किया कि नहीं? / 我正～打官司的事情。मैं मुकदमा चलाने की सोच रहा हूँ।
【考期】 kǎoqī परीक्षा की तिथि
【考勤】 kǎoqín कर्मचारियों की उपस्थिति मालूम करना: ～薄 उपस्थिति-रिकार्ड
【考取】 kǎoqǔ प्रवेश परीक्षा में उत्तीर्ण होना; प्रवेश पाना; दाखिला लेना: 他～了北京大学。उस ने पेइचिंग विश्वविद्यालय में प्रवेश पाया है।
【考生】 kǎoshēng परीक्षार्थी; परीक्षार्थिन
【考试】 kǎoshì ❶परीक्षा देना; परीक्षा में बैठना; इम्तहान देना: 他明天要～。वह कल परीक्षा देने जाएगा। ❷परीक्षा; इम्तहान: 期末～ सत्रांत परीक्षा / 通过～ परीक्षा में पास होना / ～不及格 परीक्षा में असफल होना / 参加～ परीक्षा में बैठना
【考题】 kǎotí प्रश्न; प्रश्न-पत्र: 出～ प्रश्न प्रस्तुत करना; प्रश्न-पत्र तैयार करना
【考问】 kǎowèn मौखिक परीक्षा लेना; प्रश्न पूछना; सवाल पूछना
【考验】 kǎoyàn परीक्षा; कसौटी: 经受了时间的～ समय की परीक्षा में उत्तीर्ण होना; समय की कसौटी पर खरा उतरना
【考证】 kǎozhèng पाठालोचन; पाठालोचन करना
【考中】 kǎozhòng परीक्षा (इम्तहान) पास करना; परीक्षा (इम्तहान) में सफल होना

拷 kǎo पीटना; मारना; पिटाई; मार-पीट; पिटाई करना; मार-पीट करना: 拷打
【拷贝】 kǎobèi <फ़िल्म> कापी
【拷绸】 kǎochóu 黑胶绸 hēijiāochóu का दूसरा नाम

【拷打】 kǎodǎ सताना; यंत्रणा देना; यातना देना
【拷问】 kǎowèn पूछताछ के दौरान पिटाई करना

烤 kǎo ❶आग पर पकाना; सेंकना; तपाना; भूनना: ～肉 मांस भूनना / ～面包 टोस्ट बनाना / ～干湿衣服 गीले कपड़े को आग से सुखाना ❷आंच या ताप से शरीर गरमाना; तापना: 烤火
【烤电】 kǎodiàn 〈चिकि०〉 डायथर्मी
【烤火】 kǎohuǒ तापना; आंच से शरीर गरमाना
【烤蓝】 kǎolán धातु की वस्तु पर रक्षात्मक परत चढ़ाना
【烤箱】 kǎoxiāng ओवन
【烤鸭】 kǎoyā भूनी हुई बतख
【烤烟】 kǎoyān धुआंकश में सुखाया हुआ तंबाखू

栲 kǎo 〈वन०〉 सदाबहार चिंक्वापिन का वृक्ष
【栲栳】 kǎolǎo बेद वृक्ष की टहनियों से बना पात्र

kào

铐（銬）kào ❶हथकड़ी ❷हथकड़ी डालना (पहनाना; लगाना): 把罪犯～起来。इस अपराधी को हथकड़ी पहना दो।

犒 kào खाद्यपदार्थों और मदिरा से इनाम देना: 犒劳
【犒劳】 kàoláo खाद्यपदार्थों और मदिरा से इनाम देना
【犒赏】 kàoshǎng विजयी सेना को धन का इनाम देना

靠 1 kào ❶टेकना; सहारा लेना; टिकाना: 他头～椅背坐着。वह अपना सिर कुर्सी की पीठ पर टिकाए बैठा है। / 他～墙站着。वह दीवार का सहारा लेकर खड़ा है। / 把梯子～在墙上。सीढ़ियों को दीवार पर टिका दो। ❷के निकट होना; किनारे लगना: 靠拢 / 船已～岸。नाव किनारे लग गई है। / 这村子～海。यह गांव समुद्र के किनारे स्थित है। ❸आश्रित होना; निर्भर होना; के सहारे: 我们～自己的力量建设国家。हम अपनी शक्ति पर निर्भर रहकर अपने देश का निर्माण करते हैं। / 他全家～他养活 उस का परिवार उसी पर आश्रित है। ❹ भरोसा रखना; विश्वास करना: 他～得住。उस पर भरोसा रखा जा सकता है; उस पर विश्वास किया जा सकता है।

靠 2 kào (परंपरागत ऑपेरा में सेनापति का) कवच, जो रेशम से बना और कढ़ा हुआ होता है
【靠岸】 kào'àn किनारे लगना; किनारे लगाना
【靠把】 kàobǎ (परंपरागत ऑपेरा में) रेशम कवच पहने हुए होना
【靠背】[1] kàobèi (कुर्सी आदि की) पीठ
【靠背】[2] kàobèi 靠把 के समान
【靠边】 kàobiān ❶एक ओर हटना: 请～走。एक ओर हटकर चले जाइए। ❷〈बो०〉 तर्कसंगत; युक्तियुक्त: 您这话说得还～儿。आप ने जो कुछ कहा, वह तर्कसंगत लगता है।
【靠边儿站】 kàobiānrzhàn ❶एक ओर खड़ा होना; एक ओर हटना ❷विवश होकर पद त्याग करना
【靠不住】 kàobuzhù अविश्वसनीय: 他这人～。वह एक अविश्वसनीय आदमी है।
【靠得住】 kàodezhù विश्वसनीय; ईमानदार; विश्वास-योग्य: 这消息～吗? यह खबर विश्वासयोग्य है? / 他～吗? क्या उस पर विश्वास किया जा सकता है?
【靠垫】 kàodiàn तोशक; तकिया; गद्दी
【靠近】 kàojìn ❶के निकट; के समीप; के पास: ～我们学校有一所图书馆。हमारे स्कूल के पास एक पुस्तकालय स्थित है। ❷के निकट जाना (आना); के पास जाना (आना); के समीप जाना (आना): 别～他。उस के पास न जाओ।
【靠拢】 kàolǒng निकट आना (जाना); पास आना (जाना); समीप आना (जाना): 大家～些! निकट आइये!
【靠旗】 kàoqí (परंपरागत ऑपेरा में) सेनापति की पीठ पर लगाई जाने वाली चार तिकोनी पताकाएं
【靠山】 kàoshān पृष्ठपोषक; संरक्षक; सरपरस्त
【靠手】 kàoshǒu (कुर्सी का) हत्था; बांही
【靠枕】 kàozhěn तकिया
【靠准】 kàozhǔn 〈बो०〉 विश्वसनीय; ईमानदार; विश्वासयोग्य

kē

坷 kē नीचे दे०
kě भी दे०
【坷拉】 kēla (坷垃 kēla भी) 〈बो०〉 मिट्टी का ढेला

苛 kē ❶कड़ाई; सख्ती; कठोरता; कड़ा; सख्त; कठोर: 苛刻 / 这条件太～了。यह बेहद कठिन शर्त है। ❷अत्यधिक; बेहिसाब: 苛捐杂税
【苛察】 kēchá 〈लि०〉 छिद्रान्वेषण; छिद्रान्वेषण करना
【苛待】 kēdài कठोर व्यवहार करना; सख्ती से पेश आना
【苛捐杂税】 kējuān-záshuì बेहिसाब कर और लेवी
【苛刻】 kēkè कड़ाई; सख्ती; कठोरता; कड़ा; सख्त; कठोर: 他的条件～, 难以接受。उस की शर्तें कड़ी हैं, जिन्हें स्वीकार करना कठिन है।
【苛求】 kēqiú हद से ज़्यादा सख्त मांग करना
【苛细】 kēxì 〈लि०〉 कठोरता; कठोर
【苛性钾】 kēxìngjiǎ 〈रसा०〉 कास्टिक पोटाश
【苛性碱】 kēxìngjiǎn 〈रसा०〉 कास्टिक एल्काली
【苛性钠】 kēxìngnà 〈रसा०〉 कास्टिक सोडा
【苛杂】 kēzá बेहिसाब कर और लेवी
【苛责】 kēzé कड़ी आलोचना करना
【苛政】 kēzhèng निरंकुश शासन; क्रूर शासन: ～猛于虎。हिंस्र बाघ से क्रूर शासन अधिक खूंख्वार होता है।

珂 kē 〈लि०〉 ❶एक प्रकार का जेड जैसा पत्थर ❷लगाम में बंधी एक सजावट

【珂罗版】 kēluóbǎn （珂㑩版 kēluóbǎn भी） कोलोटाइप

柯 kē ❶〈लि०〉 डंठल; शाखा ❷〈लि०〉 कुल्हाड़े का हत्था; दस्ता ❸ （Kē） एक कुलनाम

【柯尔克孜族】 Kē'ěrkèzīzú किरगिज या खल्खस जाति, जो शिनच्यांग वेवुर स्वायत्त प्रदेश में आबाद है

科 1 kē ❶ज्ञान-विज्ञान या पेशेवर ज्ञान की शाखा： 文科 wénkē / 理科 lǐkē ❷प्रशासनिक संस्था में सेक्शन; विभाग ❸〈जीव०〉 जाति： 猫～动物 बिल्ली जाति के पशु / 松～植物 सरो जाति की वनस्पतियाँ

科 2 kē 〈लि०〉 सज़ा सुनाना; दंड देना： ～刑 दंड देना / ～以罚金 जुर्माना लगाना

科 3 kē शास्त्रीय चीनी ऑपेरा में अभिनय का निर्देशन： 笑～ (हंसते हुए)

【科白】 kēbái शास्त्रीय चीनी ऑपेरा में अंग-चेष्टाएं और संवाद

【科班】 kēbān ❶पुराने ढंग का ऑपेरा स्कूल ❷नियमित व्यावसायिक प्रशिक्षण： ～出身 नियमित व्यावसायिक प्रशिक्षण प्राप्त होना

【科场】 kēchǎng शाही परीक्षा कक्ष

【科处】 kēchǔ सज़ा सुनाना; दंड देना： ～徒刑 कारावास की सज़ा सुनाना

【科第】 kēdì शाही परीक्षाओं में अभ्यार्थियों का वर्गीकरण

【科幻】 kēhuàn （科学幻想 kēxué huànxiǎng का संक्षिप्त रूप） वैज्ञानिक कल्पना： ～小说 वैज्ञानिक कल्पना कथा / ～电影 वैज्ञानिक कल्पना फ़िल्म

【科技】 kējì （科学技术 kēxué-jìshù का संक्षिप्त रूप） विज्ञान और तकनॉलाजी; वैज्ञानिक और तकनॉलाजिकल： ～界 वैज्ञानिक और तकनॉलाजिकल जगत / ～资料 वैज्ञानिक और तकनॉलाजिकल संदर्भ-सामग्री / ～进步 वैज्ञानिक और तकनॉलाजिकल उन्नति

【科教片】 kējiàopiàn वैज्ञानिक और शैक्षणिक फ़िल्म; सुलभ वैज्ञानिक फ़िल्म

【科举】 kējǔ शाही परीक्षा

【科摩罗】 Kēmóluó कोमोरो

【科目】 kēmù ❶पढ़ाई का विषय ❷बही में शीर्षक

【科普】 kēpǔ （科学普及 kēxué pǔjí का संक्षिप्त रूप） सुलभ विज्ञान： ～读物 सुलभ विज्ञान-साहित्य

【科室】 kēshì प्रशासनिक या तकनीकी दफ़्तर： ～人员 कर्मचारी

【科特迪瓦】 Kētèdíwǎ कोटाडिवा

【科威特】 Kēwēitè कुवैत

【科希马】 Kēxīmǎ कोहिमा

【科学】 kēxué विज्ञान; वैज्ञानिक： 社会～ समाज विज्ञान / 伪～ झूठा विज्ञान / ～研究 वैज्ञानिक अनुसंधान / 普及～知识 विज्ञान को लोकप्रिय बनाना; विज्ञान का प्रचार-प्रसार करना / ～种田 वैज्ञानिक ढंग से खेतीबारी करना

【科学家】 kēxuéjiā वैज्ञानिक

【科学院】 kēxuéyuàn विज्ञान अकादमी

【科研】 kēyán （科学研究 kēxué yánjiū का संक्षिप्त रूप） वैज्ञानिक अनुसंधान

砢 kē नीचे दे०

【砢碜】 kēchen 寒碜 hánchen के समान

疴 kē 〈लि०〉 बीमारी; रोग

钶（鈳） kē 〈रसा०〉 कोलम्बियम columbium（Cb）

棵 kē 〈परि०श०〉 (पौधों के लिए)： 一～树 एक वृक्ष / 一～白菜 एक गोभी

【棵儿】 kēr (पौधों का) आकार： 大～的白菜 गोभी के बड़े-बड़े पौधे

【棵子】 kēzi 〈बो०〉 डंठल

颏（頦） kē ठुड्डी; ठोड़ी

稞 kē नीचे दे०

【稞麦】 kēmài 青稞 qīngkē के समान

窠 kē घोंसला; नीड़

【窠臼】 kējiù (लेखन या कलात्मक रचना की) निश्चित रीति： 不落～ पुरानी रीति से हटना

颗（顆） kē 〈परि०श०〉 (किसी भी छोटी, गोल वस्तु के लिए)： 一～黄豆 सोयाबीन का एक दाना / 一～牙齿 एक दांत / 一～汗珠 पसीने की एक बूंद

【颗粒】 kēlì ❶दाना ❷अन्न; दाना： ～无收。 अन्न की फ़सल तबाह हो गई।

【颗粒肥料】 kēlì féiliào दानेदार उर्वरक

磕（搕） kē ❶चोट लगना; चोट खाना： 他的头～了一下。 उस के सिर में चोट लगी। / 他～掉了两颗牙。 उस के दो दांत चोट खाकर टूट गए। ❷चोट लगाना; आघात करना： ～掉鞋底的泥 आघात करके जूते के तल्ले पर से मिट्टी हटाना

【磕巴】 kēba 〈बोल०〉 ❶हकलाहट; हकलापन; हकलाना： 他说话～。 वह हकलाते हुए बोलता है। ❷हकला; हकलाने वाला

【磕打】 kēda चोट लगाना; आघात करना： 把鞋上的泥～掉。 आघात करके जूतों पर से मिट्टी साफ़ कर दो।

【磕磕绊绊】 kēkebànbàn ❶(रास्ते का) ऊबड़खाबड़ होना ❷लंगड़ाना

【磕磕撞撞】 kēkezhuàngzhuàng लड़खड़ाना; गिरना-पड़ना

【磕碰】 kēpèng ❶टकराना; टक्कर खाना： 这玻璃杯一～就碎。 ये गिलास टकराते ही टूट पड़ते हैं। ❷〈बो०〉

ठोकर; टक्कर; ठोकर खाना; टक्कर खाना: 自行车放在这里，走路的时候总是～。यह साईकल ऐसी जगह पर खड़ी की गई है कि लोग गुज़रते समय उस से ठोकर ही खाते हैं। ❸टंटा; झगड़ा; टक्कर; टंटा मचाना; झगड़ा करना; टक्कर होना: 邻里之间难免有些～。पड़ोसी आपस में कभी न कभी टंटा मचाते ही हैं।

【磕头】 kētóu सिर नवाना; भूमि पर मस्तिष्क टेकना (पूजा, अभिवादन, चिरौरी आदि करने के लिए)

【磕头碰脑】 kētóu-pèngnǎo कंधे से कंधा टकराना; कंधे से कंधा छिलना; ठोकर खाना: 屋里家具放得乱七八糟，走起路来～的。कमरे में फ़र्नीचर इधर-उधर इस बेतरतीब ढंग से रखा हुआ है कि चलते समय ठोकर खानी पड़ती है। / 街上人真多，～地挤在一堆。सड़क पर भीड़ कंधे से कंधा छीलते हुए नज़र आती है।

【磕膝盖】 kēxīgài 〈बो०〉 घुटना

【磕牙】 kēyá 〈बो०〉 गप; गपशप; गप मारना; गपशप करना

瞌 kē नीचे दे०

【瞌睡】 kēshuì नींद; निद्रा; नींद आना: 打～ नींद आना

【瞌睡虫】 kēshuìchóng ❶(परंपरागत कहानियों में उल्लिखित) लोगों को सुलाने वाला कीड़ा ❷सोऊ आदमी (कुंभकर्ण की तरह)

蝌 kē नीचे दे०

【蝌蚪】 kēdǒu बैंगची

【蝌子】 kēzi 〈बोल०〉 बैंगची

髁 kē हड्डी का स्थूल सिरा

ké

壳（殼）ké खोल, खोली; छिलका: 鸡蛋～儿 अंडे का खोल / 花生～儿 मूंगफली का छिलका / 子弹～儿 गोली का खोल

qiào भी दे०

【壳郎猪】 kélangzhū 〈बो०〉 बड़ा सुअर पर मोटा नहीं

咳 ké खांसी; खांसना; खांसी आना (होना): 他～得很厉害。उसे ज़ोरों की खांसी आई। / 这几天她～个不停。पिछले दिनों से वह खांसती रही है।

hāi भी दे०

【咳嗽】 késou खांसी; खांसी आना (होना); खांसना

【咳嗽糖浆】 késou tángjiāng खांसी का शीरा

搭 ké 〈बो०〉 ❶अटकना; अड़ना: 抽屉～住了，拉不开。दराज़ अटक गया है। किसी भी तरह बाहर निकाला नहीं जा सकता। ❷कष्ट में डालना: ～人 किसी को कष्ट में डालना

kě

可 [1] kě ❶अनुमति देना; इजाज़त देना: 许可 xǔkě ❷सकना: 今年下半年出口～望比上半年增长 5%。इस साल के उत्तरार्द्ध में निर्यात में साल के पूर्वार्द्ध से 5 प्रतिशत वृद्धि होने की अपेक्षा की जा सकती है। / 今天的会，您～参加～不参加。आप आज की बैठक में भाग ले सकते हैं और नहीं भी। ❸ज़रूरत होना; ज़रूरी होना; आवश्यकता होना; आवश्यक होना; योग्य होना: 这有什么～庆幸的。इस से खैर मनाने की क्या ज़रूरत है? / 这本书～读。यह किताब पढ़ने योग्य है। ❹〈लि०〉 लगभग; कोई; तकरीबन: 年～二十 कोई बीस वर्ष का होना / 长～八尺 लगभग आठ छी लम्बा होना

可 [2] kě ❶〈संयो०〉 लेकिन; मगर; पर; फिर भी: 他嘴上没说什么，心里～老大不乐意。वह मुंह से कुछ बोला नहीं, लेकिन उस का चित्त तो खिन्न हो गया। ❷〈क्रि०वि०〉 〈बोल०〉 (ज़ोर देने के लिए प्रयुक्त): 我～不想去。मैं तो उधर नहीं जाना चाहता। / 他个儿～高啦! उस का कद तो काफ़ी लम्बा है। / 她～难受了。उसे तो बड़ा दुख हुआ। ❸〈क्रि०वि०〉 (वाग्मितापूर्ण वाक्य में ज़ोर देने के लिए प्रयुक्त): 这件事我～怎么知道? इस बारे में मुझे कैसे मालूम? ❹〈क्रि०वि०〉 (प्रश्न में ज़ोर देने के लिए प्रयुक्त): 这事～千真万确? क्या यह बात सोलह आने सत्य है? / 这件事他～同意? क्या वह इस बात पर सहमत है?

可 [3] kě के लिए उपयुक्त होना; के अनुकूल होना: 可口 / 可心

kè भी दे०

【可爱】 kě'ài प्यारा: 这孩子多～。यह बच्ची कितनी प्यारी है।

【可悲】 kěbēi दुखद; शोचनीय; दुखमय: ～的一生 दुखद जीवन / ～的结局 दुखमय अंत

【可比价格】 kěbǐ jiàgé 不变价格 bùbiàn jiàgé के समान

【可鄙】 kěbǐ तिरस्कृत; घृणित; निंदनीय: ～的手段 घृणित हथकंडा

【可变】 kěbiàn परिवर्तनीय

【可怖】 kěbù खौफ़नाक; भयानक

【可不】 kěbu（可不是 kěbushì; 可不是吗 kěbushìma भी）हाँ; जी हाँ; सही; ठीक: 他真够忙的。—— ～，连喘口气的功夫都没有。वह बहुत व्यस्त है। —— हाँ, सिर उठाने की फ़ुरसत भी नहीं।

【可操左券】 kěcāo-zuǒquàn सफलता निश्चित होना

【可耻】 kěchǐ शर्मनाक; लज्जाजनक: ～的行为 शर्मनाक व्यवहार

【可的松】 kědìsōng 〈औष०〉 कार्टिसन

【可读性】 kědúxìng पठनीयता

【可兑换货币】 kěduìhuàn huòbì परिवर्तनीय मुद्रा
【可歌可泣】 kěgē-kěqì वीरतापूर्ण：～的英雄事迹 वीर-गाथा
【可耕地】 kěgēngdì खेतीयोग्य भूमि
【可观】 kěguān उल्लेखनीय：取得～的成绩 उल्लेखनीय उपलब्धियाँ प्राप्त होना
【可贵】 kěguì मूल्यवान; प्रशंसनीय; सराहनीय：作出～的努力 प्रशंसनीय प्रयास करना / ～的品质 सराहनीय गुण
【可好】 kěhǎo बड़े मौके पर; संयोग की बात यह हुई कि …：我正想派人去请您，～您来了。मैं आप को बुलावा भिजवा ही रहा था कि आप स्वयं आ पधारे।
【可恨】 kěhèn घृणास्पद; घृणित; नफ़रतअंगेज़; घृणोत्पादक：他这种行为太～了。उस ने जो कुछ किया है, वह वाकई घृणित है।
【可见】 kějiàn इस से स्पष्ट है कि …; इस से ज़ाहिर है कि …; इस से सिद्ध है कि …：由此～，他不赞成这个提案。इस से स्पष्ट है कि वह इस प्रस्ताव का समर्थन नहीं करता।
【可见度】 kějiàndù दृश्यता
【可见光】 kějiànguāng दृश्य-प्रकाश
【可卡因】 kěkǎyīn 〈औष०〉 कोकीन
【可靠】 kěkào विश्वसनीय：据～人士消息 विश्वसनीय सूत्रों के अनुसार / 他这个人很～。वह विश्वसीय है; उस पर एतबार किया जा सकता है।
【可可】 kěkě कोको
【可可儿的】 kěkěrde 〈बो०〉 जैसे ही; ठीक इसी (उसी) समय：我刚出门，～就遇着下雨。जैसे ही मैं घर से बाहर निकला, वर्षा होने लगी।
【可控硅】 kěkòngguī（可控硅整流器 kěkòngguī zhěngliúqì भी）सिलिकन कंट्रोल्ड रेक्टिफ़ायर
【可口】 kěkǒu स्वादिष्ट; मज़ेदार; जायकेदार
【可口可乐】 kěkǒukělè कोका कोला
【可兰经】 Kělánjīng कुरान; कुरानशरीफ़
【可怜】 kělián ❶दयनीय; दया का पात्र; अभागा; बेचारा：这个～的家伙，刚丢了工作。यह बेचारा अभी-अभी नौकरी से अलग हुआ है। ❷दया करना; रहम करना：他自作自受，谁也不～他。वह अपने किए का फल भुगत रहा है। कोई भी उस पर दया नहीं करता। ❸(परिमाण) बहुत थोड़ा; नहीं के बराबर; (गुण) घटिया：他每天只能得到少得～的工资。उसे हर रोज़ बहुत थोड़ी मज़दूरी मिल सकती है। / 他对科学的了解简直～。विज्ञान के बारे में उस की जानकारी नहीं के बराबर है।
【可怜巴巴】 kěliánbābā बेचारा; अभागा
【可怜虫】 kěliánchóng दया का पात्र
【可怜见】 kěliánjiàn बेचारा; अभागा
【可裂变物质】 kělièbiàn wùzhì 〈भौ०〉 विखंडनीय सामग्री
【可能】 kěnéng ❶संभव; मुमकिन; संभावित：月底前完成这项工作是～的。इस मास के अंत से पहले यह काम पूरा करना संभव है। / 生态平衡遭到破坏，持续发展是不～的。पारिस्थितिक संतुलन बिगड़ जाने पर निरंतर विकास संभव नहीं हो सकेगा। ❷संभावना：双方不排除恢复会谈的～。दोनों पक्षों ने वार्ता फिर से शुरू करने की संभावना से इनकार नहीं किया। ❸संभवतः; संभवतया; हो सकता है; संभव है：她～不了解事情的真情。हो सकता है कि वह सच्चाई से वाकिफ़ नहीं थी। / 天～要下雨。संभव है कि पानी बरसेगा। / 他～已经走了。वह संभवतया जा चुका है।
【可能性】 kěnéngxìng संभावना
【可逆反应】 kěnì fǎnyìng 〈रसा०〉 रिवर्सिबल रिएक्शन
【可怕】 kěpà खौफ़नाक; भयानक; डरावना
【可巧】 kěqiǎo संयोग से; मौके पर：大家正念叨他，～他就来了。सब उसे याद कर रहे थे और इस मौके पर वह आ गया।
【可取】 kěqǔ वांछनीय; अभीष्ट：他的主张～。उस का मत अभीष्ट है। / 这种作法不～。ऐसी कार्यवाही वांछनीय नहीं है (या अवांछनीय है)।
【可人】 kěrén 〈लि०〉 ❶सुयोग्य व्यक्ति ❷प्रेमी; प्रेमिका ❸रुचिकर; संतोषजनक：楚楚～ रुचिकर होना
【可身】 kěshēn 〈बो०〉 (कपड़ों का) उपयुक्त साइज़ का होना; फ़िट होना
【可视电话】 kěshì diànhuà वीडियोफ़ोन; व्यूफ़ोन; पिक्चर टेलीफ़ोन
【可是】 kěshì ❶〈संयो०〉 लेकिन; मगर; पर; फिर भी：他跑步去学校，～还是迟到了。वह दौड़े-दौड़े स्कूल गया, फिर भी देर हुई। / 他脸上毫无表情，～心里很窝火。उस का चेहरा भावशून्य तो था, लेकिन मन ही मन जल रहा था। ❷सचमुच; वास्तव में; दरअसल：他～说话算数的。वह सचमुच अपनी बात का पक्का है।
【可塑性】 kěsùxìng प्लास्टिसिटी
【可塑性炸药】 kěsùxìng zhàyào विस्फोटक प्लास्टिक
【可体】 kětǐ 可身 के समान
【可望而不可即】 kě wàng ér bù kě jí नज़र आने पर भी पहुँच के बाहर होना —— दुष्प्राप्य
【可谓】 kěwèi 〈लि०〉 कहा जा सकता है कि …
【可恶】 kěwù घृणित; निंदनीय; कुत्सित
【可惜】 kěxī खेद की बात यह है कि …; दुख की बात है कि …：昨天的电影不错，～您没看成。कल की फ़िल्म अच्छी थी। खेद की बात यह है कि आप उसे देख न पाए।
【可喜】 kěxǐ उत्साहवर्द्धक; प्रसन्नतापूर्ण：取得～进步 उत्साहवर्द्धक प्रगति करना
【可笑】 kěxiào ❶बेहूदा; हास्यास्पद; बेतुका：你说的这番话，真太～了。तुम्हारी बात बिल्कुल बेहूदा है। / 幼稚～ बचकाना और हास्यास्पद होना ❷विनोदपूर्ण; मज़ेदार; हंसाने वाला：说到～的地方，连他自己也忍不住笑了起来。लोगों को हंसाने वाली बात सुनाते ही खुद वह भी अपनी हंसी को रोक न सका।
【可心】 kěxīn अच्छा लगने वाला; मनपसन्द：他买了件～的夹克。वह अपनी मनपसन्द का जाकिट खरीद लाया।

【可行】 kěxíng व्यवहार्य: 这个计划～。यह योजना व्यवहार्य है।

【可疑】 kěyí संदेहजनक; संदिग्ध; संदेहास्पद: 行迹～ आचरण संदेहास्पद होना / ～人物 संदिग्ध व्यक्ति

【可以】[1] kěyǐ सकना; समर्थ होना; योग्य होना; संभव होना; मुमकिन होना: 您～进来了。अब आप अन्दर आ सकते हैं। / 这个问题是～解决的。यह सवाल हल करना संभव है। / 我相信您～解决这个问题。मुझे विश्वास है कि आप इस मामले को निपटाने में समर्थ होंगे। / 这部小说～一读。यह उपन्यास पढ़ने योग्य है।

【可以】[2] kěyǐ <बोल०> ❶अच्छा; बुरा नहीं; खासा अच्छा: 他的印地语～。उस की हिन्दी खासी अच्छी है। ❷भयंकर; तीखा; प्रचंड: 今天这场雨下得～。आज प्रचंड वर्षा हुई। / 你说的这些话真～。तुम ने जो बातें की हैं, वे काफ़ी तीखी हैं।

【可意】 kěyì भाना; अच्छा लगना: 这件衣服您觉得～吗? यह कपड़ा आप को भाता है?

【可憎】 kězēng घृणित; कुत्सित; निंदनीय; भद्दा: 面目～ भद्दा चेहरा

【可着】 kězhe भरपूर: ～嗓子喊 भरपूर आवाज़ में चिल्लाना / ～这块布料，能做什么就做什么。कपड़े के इस टुकड़े का भरपूर उपयोग कर जो कुछ बना सको, बनाओ।

【可支配收入】 kězhīpèi shōurù <अर्थ०> प्रयोज्य आय

【可知论】 kězhīlùn ज्ञेयवाद

坷

kě दे० 坎坷 kǎnkě
kē भी दे०

渴

kě ❶प्यास; प्यासा; प्यास लगना; प्यास होना: ～得要命 प्यासों मर जाना / 我～了。मुझे प्यास लगी। / 解～ प्यास बुझाना ❷प्यास; प्रबल चाह; उत्कट इच्छा: 渴望

【渴慕】 kěmù आदर; आदर-भाव; समादर; सम्मान; आदर (समादर, सम्मान) करना; आदर-भाव से देखना: 众人对这位学者～已久。लोग इस विद्वान का लम्बे अरसे से समादर करते आ रहे हैं।

【渴念】 kěniàn बहुत याद करना

【渴盼】 kěpàn उत्कंठा से प्रतीक्षा करना; आंखें बिछाना

【渴求】 kěqiú प्रबल चाह; उत्कट इच्छा; प्यास; प्रबल चाह करना; प्यास होना; उत्कट इच्छा करना

【渴望】 kěwàng उत्कट इच्छा; प्रबल चाह; प्यास; उत्कट इच्छा करना; प्रबल चाह करना; प्यास होना: ～和平 शांति की उत्कट इच्छा करना

【渴想】 kěxiǎng बहुत याद करना; की याद सताना

kè

可

kè नीचे दे०
kě भी दे०

【可汗】 kèhán खान; खां; खाकान

克 1

kè ❶सकना; पाना; में समर्थ होना: 不～分身 सिर उठाने की फ़ुरसत न मिल पाना ❷संयम: 克己

克 2 （剋、尅）

kè ❶कब्ज़ा करना; अधिकार करना; विजय प्राप्त करना: 克敌制胜 / 连～数城 एक के बाद एक शहर पर कब्ज़ा कर लेना ❷पचाना; हज़म करना: 克食

克 3 （剋、尅）

kè समय-सीमा निर्धारित करना: 克期

克 4

kè ग्राम (एक तौल)

克 5

kè ❶तिब्बत में एक तौल, जो 25 चिन（斤）जौ के बराबर होता है ❷तिब्बत में रकबे का एक माप, जो एक मू（亩）के लगभग होता है
剋 kēi भी दे०

【克敌制胜】 kèdí-zhìshèng शत्रु पर विजय प्राप्त करना; विजय का झंडा गाड़ना

【克服】 kèfú ❶दूर करना; से पार पाना: ～困难 कठिनाइयों से पार पाना / ～急躁情绪 उतावलेपन को दूर करना ❷बर्दाश्त करना; सहना; सहन करना: 这儿住宿条件差一些，请大家～一下。यहां की आवास स्थिति अच्छी नहीं। कृपया, बर्दाश्त कीजिए।

【克复】 kèfù लड़कर वापस लेना: ～失地 खोए हुए प्रदेश वापस लेना

【克化】 kèhuà <बो०> पचाना; हज़म करना

【克己】 kèjǐ ❶आत्मसंयम; आत्मसंयम करना ❷<पुराना> (दूकानदार के दावे के अनुसार) सस्ते दामों पर बेचना ❸किफ़ायत; मितव्ययता; किफ़ायत बरतना; मितव्ययता से रहना

【克己奉公】 kèjǐ-fènggōng लोकहितों के लिए तन मन से काम करना

【克扣】 kèkòu (जो दूसरों को देना चाहिए था उस का एक हिस्सा) हड़पना; हज़म करना: ～军饷 सिपाहियों के वेतन का एक हिस्सा हड़पना

【克拉】 kèlā कैरट

【克朗球】 kèlǎngqiú 康乐球 kānglèqiú के समान

【克里姆林宫】 Kèlǐmǔlín Gōng क्रेमलिन

【克罗地亚】 Kèluódìyà क्रोएशिया

【克期】 kèqī तिथि नियत करना; समय-सीमा निर्धारित करना: ～完工 काम पूरा करने की तिथि नियत करना

【克勤克俭】 kèqín-kèjiǎn उद्यमी और मितव्ययी होना; मेहनत करना और किफ़ायत बरतना

【克日】 kèrì 克期 के समान

【克什米尔】 Kèshímǐ'ěr काश्मीर; कश्मीर

【克食】 kèshí हज़म करने के लिए सहायक होना

【克制】 kèzhì आत्मसंयम; आत्मनिग्रह; संयम; नियंत्रित; आत्मसंयम (आत्मनिग्रह) करना; संयम से काम लेना; नियंत्रित करना; काबू पाना: ～感情 चित्तवृत्ति नियंत्रित

करना / 采取～态度 संयम से काम लेना / 他暴跳如雷，难以～。वह मन पर काबू न पाकर आपे से बाहर हो गया।

刻 kè ❶उत्कीर्ण; अंकित; उत्कीर्ण करना; अंकित करना; खोदना; काटकर बनाना; नक्काशी करना: ～图章 मुहर बनाना; मुहर करना / 刻花 / 刻字 ❷पन्द्रह मिनट: 四点一～ सवा चार बजे / 四点三～ पौने पांच बजे ❸क्षण; पल: 此～ इस क्षण; इस पल / 刻不容缓 ❹सर्वाधिक; अधिकतम: 深刻 shēnkè ❺कड़ाई; सख्ती; कठोरता: 苛刻 kēkè ❻克[3] kè के समान

【刻板】 kèbǎn ❶ठप्पे बनाना ❷यांत्रिक; यंत्रवत्: 不能～地照搬别人的经验。दूसरों के अनुभव यांत्रित रूप से आत्मसात् नहीं करने चाहिए।

【刻版】 kèbǎn ठप्पे बनाना: ～印刷 ठप्पा-छपाई; ब्लॉक-मुद्रण

【刻本】 kèběn ठप्पों से छपा ग्रंथ

【刻薄】 kèbó रुखाई; बेमुरौवती; शुष्कता; कठोरता; रूखा; बेमुरौवत; शुष्क; कठोर: 他待人～。वह दूसरों के साथ कठोर व्यवहार करता है। / 她说话十分～。वह बड़ी रुखाई से बात करती है।

【刻不容缓】 kèbùrónghuǎn एक क्षण के लिए भी देर न करना; अत्यावश्यक होना

【刻毒】 kèdú द्वेष; विद्वेष; द्वेषपूर्ण; विद्वेषपूर्ण; विद्वेषी: 为人～ विद्वेषी होना

【刻度】 kèdù (बर्तन, यंत्र आदि पर) निशान; ग्रेजुएशन

【刻工】 kègōng ❶नक्काशी: ～精细 सूक्ष्म नक्काशी ❷नक्काश

【刻骨】 kègǔ गहरा; घोर: ～仇恨 घोर घृणा

【刻骨铭心】 kègǔ-míngxīn दिल में घर करना; दिल में जगह करना

【刻花】 kèhuā उत्कीर्ण बेल-बूटे

【刻画】 kèhuà चित्रण; चित्रण करना: 小说中生动地～了英雄的形象。उपन्यास में एक वीर चरित्र का जीवंत चित्रण करना

【刻苦】 kèkǔ ❶मेहनत; उद्यम; मेहनती; उद्यमी: 他学习～。वह पढ़ाई में मेहनत करता है। / ～耐劳 उद्यमी होना ❷सादगी; सादा: 生活～ सादा जीवन बिताना

【刻期】 kèqī 克期 kèqī के समान

【刻日】 kèrì 克日 kèrì के समान

【刻下】 kèxià 〈क्रि०वि०〉 अभी; इस वक्त; इस समय

【刻意】 kèyì अध्यवसायी; उद्यमशील; परिश्रमी: ～求工 अध्यवसायी शिल्पी होना

【刻舟求剑】 kèzhōu-qiújiàn पानी में गिरी हुई तलवार ढूंढ निकालने के लिए तैरती नाव पर निशान लगाना —— बदलती परिस्थिति पर ध्यान दिए बिना कोई कदम उठाना

【刻字】 kèzì मुहर पर अक्षर उत्कीर्ण करना

恪 kè 〈लि०〉 सावधानी और आदर: ～遵 आदर के साथ आज्ञा, नियमों का पालन करना

【恪守】 kèshǒu कड़ाई से पालन करना

客 kè ❶अतिथि; आगंतुक; मेहमान: 家里来～了。हमारे घर में मेहमान आया है। ❷यात्री; पर्यटक: 客舱 / 客车 ❸बेगाने प्रदेश में रहना या बसना: 客居 ❹ व्यापारी; व्यवसायी: 珠宝～ रत्न व्यवसायी; जौहरी ❺ग्राहक; गाहक; खरीददार: 顾客 gùkè ❻किसी विशेष धंधे में लगा व्यक्ति: 政客 zhèngkè / 刺客 cìkè ❼वस्तुगत: 客观 ❽〈परि०श०〉 〈बो०〉 (खाद्य-पदार्थ, पेय आदि के लिए): 一～炒饭 एक तला हुआ चावल / 两～冰激凌 दो आईस क्रीम

【客帮】 kèbāng 〈पुराना〉 बाहर से दलों में आने वाले फेरीवाले

【客舱】 kècāng यात्री कक्ष; पैसेंजर केबीन

【客车】 kèchē ❶यात्री रेल-गाड़ी; सवारी रेल-गाड़ी ❷बस

【客船】 kèchuán यात्री जहाज़; पैसेंजर शिप

【客串】 kèchuàn (शौकिया अभिनेता, गायक आदि का) पेशेवर प्रस्तुतीकरण में भूमिका निभाना; अतिथि अभिनेता होना

【客店】 kèdiàn यात्री निवास; सराय; मुसाफ़िरखाना

【客队】 kèduì 〈खेल०〉 अतिथि टीम; विज़िटिंग टीम

【客饭】 kèfàn ❶कैफ़ेटेरिया में बाहर से आनेवालों के लिए विशेषकर बनाया हुआ भोजन ❷सैट मील

【客贩】 kèfàn व्यापारी

【客房】 kèfáng ❶अतिथि कक्ष ❷होटल का कमरा

【客观】 kèguān वस्तुगत: ～规律 वस्तुगत नियम / ～形势 वस्तुगत परिस्थिति / ～条件 वस्तुगत आधार / ～地分析问题 मामले का वस्तुगत विश्लेषण करना / ～真理 वस्तुगत सत्य

【客观唯心主义】 kèguān wéixīn zhǔyì वस्तुगत आदर्शवाद

【客官】 kèguān 〈पुराना〉 ग्राहक का सम्मानजनक संबोधन

【客户】 kèhù ग्राहक; गाहक; खरीदार

【客机】 kèjī यात्री विमान

【客籍】 kèjí ❶दूसरे प्रदेश से आने वाले निवासी ❷वह प्रदेश जहाँ कोई निवासी जा बसा हो

【客家】 kèjiā हाक्का (लोग): ～话 हाक्का बोली

【客居】 kèjū बेगाने प्रदेश में रहना या बसना

【客流】 kèliú यात्रियों का तांता

【客轮】 kèlún यात्री जहाज़

【客满】 kèmǎn (थिएटर, सिनेमाघर में) हाऊस फ़ुल

【客票】 kèpiào यात्री टिकट

【客气】 kèqi ❶शिष्ट; सुशील; विनीत; विनम्र; भद्र; शिष्टता; सुशीलता; विनम्रता; भद्रता: 他～地请客人坐下。उस ने शिष्टता से अतिथियों को आसन दिए। / 她说话很～。वह बड़ी विनम्रता से बात करती है। / 待人～ दूसरों के साथ शिष्ट बरताव करना ❷शिष्टाचार; तकल्लुफ़: 请不要～。तकल्लुफ़ न कीजिए।

【客人】 kèrén ❶अतिथि; मेहमान ❷यात्री ❸व्यापारी

【客商】 kèshāng व्यापारी

【客死】 kèsǐ 〈लि०〉 बेगाने प्रदेश या विदेश में मर

kè kēi kěn 700

जाना：～他乡 अपने गृहस्थान से दूर दूसरे स्थान में मौत होना

【客岁】 kèsuì 〈लि०〉 पिछला साल; गत वर्ष

【客堂】 kètáng 〈बो०〉 बैठक; बैठकखाना; ड्राइंग रूम

【客套】 kètào ❶औपचारिकता; रस्म：我们是老朋友了，用不着讲～。हम पुराने दोस्त जो हैं, रस्म निभाने की क्या ज़रूरत ? ❷एक दूसरे का अभिवादन करना; रस्मी बातें करना：他们～了一番，就坐下了。वे एक दूसरे का अभिवादन करके बैठ गए।

【客套话】 kètàohuà शिष्टतासूचक बातें, जैसे 劳驾 láojià，借光 jièguāng，慢走 mànzǒu，留步 liúbù आदि

【客体】 kètǐ 〈दर्शन०〉 वस्तु

【客厅】 kètīng बैठक; बैठकखाना; ड्राइंग रूम

【客土】 kètǔ 〈लि०〉 परदेश; विदेश：侨居～ विदेशी मुल्क में निवास करना

【客星】 kèxīng 〈प्रा०〉 नवतारा और पुच्छतारा

【客姓】 kèxìng एक गांव में एक समान कुलनाम के परिवारों से भिन्न कुलनाम

【客运】 kèyùn यात्रियों की आवाजाही

【客运列车】 kèyùn lièchē यात्री रेल-गाड़ी

【客栈】 kèzhàn सराय; मुसाफ़िरखाना; यात्री-निवास

【客座教授】 kèzuò jiàoshòu अतिथि प्रोफ़ेसर

课¹ (課) kè ❶क्लास; कक्षा：今天上午没～。आज सुबह कोई क्लास नहीं। / 我正赶着去上～，等下了～再跟你谈。अभी मुझे क्लास में जाने की जल्दी है। क्लास के बाद तुम से बातें करूँगा। ❷पढ़ाई का विषय：这学期有六门～。इस सत्र में कुल छः विषय पढ़ाए जाएंगे। ❸पीरियड：下午有两节～。दोपहर बाद दो पीरियड होते है। ❹पाठ：这本教科书共有二十五～。इस पाठ्यपुस्तक में कुल पच्चीस पाठ सम्मिलित हैं। ❺कुछ प्रशासनिक संस्थाओं का विभाग：会计～ लेखा विभाग

课² (課) kè ❶〈पुराना〉 कर; टैक्स ❷(कर) वसूल करना; उगाहना：～税 कर वसूल करना; कर उगाहना

课³ (課) kè शकुन देखने की एक प्रणाली：占课 zhānkè

【课本】 kèběn पाठ्यपुस्तक

【课表】 kèbiǎo （课程表 kèchéngbiǎo भी）स्कूल टाइम-टेबल

【课程】 kèchéng पाठ्यक्रम

【课间】 kèjiān (दो क्लासों के बीच का) विराम-अवकाश

【课间操】 kèjiāncāo विराम-अवकाश की कसरत

【课卷】 kèjuàn छात्रों का लिखित कार्य

【课时】 kèshí घंटा; पीरियड

【课室】 kèshì क्लासरूम; कक्ष

【课堂】 kètáng क्लासरूम; कक्ष

【课题】 kètí ❶अध्ययन या वाद-विवाद का विषय：研究～ अध्ययन का विषय ❷सवाल; कार्य：预防禽流感是个新～。बर्ड फ़्लू की रोकथाम करना एक नया कार्य है।

【课外】 kèwài स्कूल के बाहर का; क्लास के बाद का：～活动 क्लास के बाद की गतिविधि / ～作业 होमवर्क

【课文】 kèwén पाठ

【课余】 kèyú क्लास के बाद; स्कूल के बाद：用～时间搞绿化 स्कूल के बाद हरीतीकरण के काम में भाग लेना

【课桌】 kèzhuō डेस्क

氪 kè 〈रसा०〉 क्रिप्टन（Kr）

骒 (騍) kè मादा (घोड़ा, खच्चर)

【骒马】 kèmǎ घोड़ी

嗑 kè दांतों से तोड़ना; फाड़ना：～葵花子 सूरजमुखी के बीज तोड़ना / 老鼠～破了箱子。चूहों ने कुतर-कुतर कर बाक्स में एक छेद कर डाला।

锞 (錁) kè सोने या चांदी की लघु सिल्ली：金～ सोने की सिल्ली

【锞子】 kèzi सोने या चांदी की लघु सिल्ली：银～ चांदी की सिल्ली

溘 kè 〈लि०〉 अचानक; यकायक：～逝 देहांत हो जाना

【溘然长逝】 kèrán-chángshì स्वर्गवास हो जाना; चल बसना

kēi

剋 (尅) kēi 〈बोल०〉 ❶मारना; पीटना; मार-पीट करना; हाथापाई करना ❷फटकारना; फटकार सुनाना：他挨了哥哥一顿～。उसे उस के बड़े भाई ने खूब फटकारा।

【剋架】 kēijià 〈बो०〉 हाथापाई; उठा-पटक; हाथापाई करना; उठा-पटक करना

克 kè भी दे०

kěn

肯 kěn ❶सहमति; स्वीकार; स्वीकृति; सहमत; स्वीकृत; सहमति प्रगट करना; स्वीकार करना; स्वीकृति देना; सहमत होना; स्वीकृत करना; मानना; हामी भरना：她～去吗? क्या वह जाने पर सहमत हुई ? ❷इच्छा होना; तैयार होना; चाहना：我再三相劝，他也无论如何不～来。मैं ने बहुत समझाया-बुझाया, वह फिर भी आने को तैयार नहीं हुआ। ❸〈बो०〉 अक्सर; प्रायः：这几天～下雨。इन दिनों वर्षा होती ही रहती है।

【肯定】 kěndìng ❶पुष्टि; समर्थन; अनुमोदन; पुष्टि (समर्थन, अनुमोदन) करना; सही ठहराना：他～了我们的观点。उस ने हमारे विचारों को सही ठहरा दिया। / 他的计划得到上级的～。उस के ऊपर वाले ने उस की योजना की पुष्टि कर दी। ❷सकारात्मक：他对这个问题

作了～的回复。उस ने इस सवाल का सकारात्मक जवाब दिया। ❸निश्चय ही; निश्चित रूप से; अवश्य; निस्संदेह; ज़रूर: 他～会来的。वह निश्चय ही आ जाएगा। / 情况～发生了变化。स्थिति में अवश्य बदलाव आया है। ❹आश्वस्त; निश्चित; स्पष्ट: 他～小李不会不守信用。वह आश्वस्त है कि श्याओ ली अपना वचन नहीं तोड़ेगा। / 他是否会来参加会议还不能～。अभी यह निश्चित नहीं है कि वह इस बैठक के लिए आएगा।

【肯尼亚】 Kěnníyà केनिया

【肯尼亚人】 Kěnníyàrén केनियाई; केनियावासी

【肯綮】 kěnqìng 〈लि०〉 हड्डियों का जोड़ —— कुंजीभूत कड़ी; सब से महत्वपूर्ण बात

垦（墾） kěn जोतना; परती उठाना: ～地 खेत जोतना / 垦荒

【垦荒】 kěnhuāng परती ज़मीन उठाना; परती भूमि को खेती-योग्य बनाना

【垦殖】 kěnzhí परती ज़मीन उठाकर खेती करना

【垦种】 kěnzhòng परती ज़मीन उठाकर खेती करना

恳（懇） kěn ❶ईमानदारी; हार्दिकता; ईमानदार; हार्दिक: 恳求 / 恳谈 ❷अनुरोध; प्रार्थना; विनय; अनुरोध (प्रार्थना, विनय) करना: 敬～ विनयपूर्वक अनुरोध करना

【恳切】 kěnqiè ईमानदारी; सच्चाई; हार्दिकता; ईमानदार; सच्चा; हार्दिक: 我～地希望大家能支持这项计划。मेरी हार्दिक इच्छा है कि आप लोग इस योजना का समर्थन करें। / 情意～ हार्दिक भाव; हार्दिकता / 他言辞～，打动了所有的人。उस की सच्ची बातों ने सबों के मन को छू लिया।

【恳请】 kěnqǐng अनुरोध करना; प्रार्थना करना

【恳求】 kěnqiú अनुनय-विनय करना; हाथ जोड़कर प्रार्थना करना; गिड़गिड़ाना: ～原谅 माफ़ करने का अनुनय-विनय करना / 我～他饶了小王这一回。मैं ने हाथ जोड़कर उस से श्याओ वांग को बख्शने की प्रार्थना की।

【恳谈】 kěntán दिल खोलकर बातचीत करना; खुलकर बातचीत करना

【恳托】 kěntuō विनय करना

【恳挚】 kěnzhì सच्चा; हार्दिक: 情意～ हार्दिकता / ～的期望 हार्दिक आशा करना

啃（齦） kěn कुतरना; दांतों से काटना: ～骨头 हड्डी कुतर-कुतर कर खाना / ～书 बराबर किताब पढ़ते रहना; किताबी कीड़ा बनना

齦 yín भी दे०

kèn

掯 kèn 〈बो०〉 दे० 勒掯 lēikèn

kēng

阬 kēng 〈लि०〉 坑 kēng के समान

坑 kēng ❶गर्त; खड्ड; खड्डा; गढ़ा: 挖～儿 खड्डा खोदना / 填～儿 गढ़ा पाटना ❷सुरंग; खान: 坑道 / 矿～ खान ❸〈प्रा०〉 ज़िन्दा दफ़नाना: ～杀 किसी को ज़िन्दा दफ़नाना ❹ठगना; चकमा देना; छलना: 她被人～了。वह ठगी गई।

【坑道】 kēngdào ❶〈खनि०〉 गैलरी ❷〈सैन्य०〉 सुरंग: 挖～ सुरंग खोदना / ～战 सुरंग युद्ध

【坑害】 kēnghài फंडे में लाना; फ़रेब में लाना

【坑井】 kēngjǐng खान का पिट

【坑坑洼洼】 kēngkēngwāwā ऊबड़-खाबड़; ऊंचा-नीचा: 这条路～的，汽车走在上面颠得厉害。इस ऊँचे-नीचे रास्ते पर चलते हुए हमारी कार हिचकोले खाती रही।

【坑蒙】 kēngmēng धोखेबाज़ी; दगाबाज़ी; धोखेबाज़ी करना; दगाबाज़ी करना: ～拐骗 धोखा देना; चकमा देना; ठगना

【坑木】 kēngmù खान की छत की थूनी

【坑骗】 kēngpiàn धोखे में डालना

【坑子】 kēngzi 〈बोल०〉 खड्ड; गढ़ा; गर्त

吭 kēng आवाज़ करना; आवाज़ निकालना: 他一声不～坐在那里。वह कोई आवाज़ किए बिना वहाँ बैठा रहा। / 现在您可以～一声了吧! अब आप आवाज़ तो निकाल सकते हैं ?

háng भी दे०

【吭哧】 kēngchi ❶हांफ़ना: 他一个人～～地埋头苦干。वह हांफ़ते हुए अकेले श्रम करता रहा। ❷परिश्रम करना; कड़ी मेहनत करना: 她～半天才写成这篇文章。वह कड़ी मेहनत करके काफ़ी समय के बाद ही यह लेख लिख सकी। ❸रुक-रुक कर बोलना: 他～了半天，我还是不明白。वह रुक-रुक कर देर तक बोलता रहा, फिर भी बात मेरी समझ में नहीं आई।

【吭气】 kēngqì 吭声 के समान

【吭声】 kēngshēng आवाज़ करना; आवाज़ निकालना; बोलना: 你别～。तुम चुप रहो। / 没人敢～。किसी ने भी आवाज़ निकालने का साहस नहीं किया।

铿（鏗） kēng 〈अनु०〉 धड़धड़

【铿锵】 kēngqiāng (स्वर) तालबद्ध और प्रभावशाली: 声音～悦耳。स्वर तालबद्ध और कर्णप्रिय होता है। / 这首诗读起来～有力。यह कविता तालबद्ध और प्रभावशाली है।

【铿然】 kēngrán 〈लि०〉 (स्वर) ऊंचा और स्पष्ट: 溪水奔流，～有声。झरना कलकल करते हुए बहता है।

kōng

空 kōng ❶खाली; शून्य: 他～着手回来了。वह खाली हाथ लौट आया। / 你今天把房子腾～了。आज ही तुम इस मकान को खाली कर दो। / 她～着肚子回家。वह खाली पेट घर गई। ❷आकाश; आसमान: 晴空 qíngkōng / 领空 lǐngkōng ❸व्यर्थ; बेकार; खाली: 他～忙一场。उस की सारी कोशिशें बेकार हुईं। / 希望落～ आशा व्यर्थ होना; आशा हवा हो जाना

kòng भी दे०

【空包弹】 kōngbāodàn 〈सैन्य०〉 आवाज़ी गोली

【空城计】 kōngchéngjì खाली नगर की युक्ति —— अपनी दुर्बल रक्षा व्यवस्था पर परदा डालने के लिए साहसिक होने का दिखावा करना

【空荡荡】 kōngdàngdàng खाली; जनशून्य; सुनसान; निर्जन: 街上～的，没有一个人。सड़क सुनसान थी। एक भी आदमी दिखाई नहीं दिया।

【空挡】 kōngdǎng 〈यां०〉 न्यूट्रल गियर

【空洞】[1] kōngdòng छेद; सूराख

【空洞】[2] kōngdòng खोखलापन; पोलापन; निरर्थकता; खोखला; पोला; निरर्थक: ～的言辞 खोखली बातें / 这篇文章空空洞洞，毫无内容。यह लेख निरर्थक है। इस से कोई प्रयोजन सिद्ध नहीं होता।

【空洞无物】 kōngdòng-wúwù निरर्थकता; निरर्थक

【空对地导弹】 kōng duì dì dǎodàn हवा से ज़मीन में मार करने वाली मिसाइल

【空对空导弹】 kōng duì kōng dǎodàn हवा से हवा में मार करने वाली मिसाइल

【空乏】 kōngfá ❶गरीबी; निर्धनता ❷निरर्थकता; नीरसता; निरर्थक; नीरस: ～的生活 नीरस जीवन

【空翻】 kōngfān 〈खेल०〉 कलाबाज़ी: 做～动作 कलाबाज़ी खाना

【空房】 kōngfáng ❶खाली मकान ❷पत्नी का अकेले घर में रहना

【空防】 kōngfáng हवाई रक्षा

【空腹】 kōngfù खाली पेट: ～抽血 खाली पेट खून की जांच करना

【空港】 kōnggǎng 航空港 hángkōnggǎng का संक्षिप्त नाम

【空谷足音】 kōnggǔ-zúyīn निर्जन घाटी में आहट —— अनपेक्षित खुशखबरी

【空喊】 kōnghǎn खोखली बातें करना; ज़बानी जमाखर्च करना: ～一通有什么用? ज़बानी जमाखर्च करने से क्या फ़ायदा?

【空耗】 kōnghào बरबाद करना: ～时间 समय बरबाद करना

【空话】 kōnghuà खोखली बातें; बेकार बातें: 说～ बेकार बातें करना

【空幻】 kōnghuàn भ्रम; भ्रांति; अवास्तविक; अव्यवहारिक; भ्रामक; मिथ्या

【空际】 kōngjì आकाश में; गगन में; हवा में: 激昂的歌声洋溢～。उत्साही गीतों की स्वर लहरियाँ हवा में तैर रही हैं।

【空寂】 kōngjì सुनसान; वीरानी; सुनसान; वीरान: ～的山谷 वीरान घाटी; घाटी में वीरानी छाना

【空架子】 kōngjiàzi (किसी संगठन, लेख आदि की) बनावट मात्र

【空间】 kōngjiān ❶अंतरिक्ष: ～技术 अंतरिक्ष तकनीक / ～科学 अंतरिक्ष विज्ञान / ～站 अंतरिक्ष केन्द्र; स्पेस स्टेशन ❷गुंजाइश: 粮食产量有增加的～。अनाज उत्पादन में वृद्धि होने की गुंजाइश है।

【空降】 kōngjiàng विमान से उतरना; पैराशूट से उतरना

【空降兵】 kōngjiàngbīng छतरीबाज़ सैनिक; छत्रधारी सिपाही

【空姐】 kōngjiě 空中小姐 का संक्षिप्त रूप

【空军】 kōngjūn वायुसेना: ～基地 वायुसैनिक अड्डा / ～部队 वायु सैनिक टुकड़ियाँ / ～司令 वायुसेना का कमांडर / ～参谋长 वायुसेनाध्यक्ष

【空空如也】 kōngkōngrúyě बिल्कुल खाली

【空口】 kōngkǒu भोजन के दौरान केवल तरकारियाँ खाना या केवल चावल खाना या फिर सिर्फ़ शराब पीना: 您别～喝酒，吃些菜呀! आप तो खाली शराब पी रहे हैं। कुछ तरकारियाँ भी तो ले लें।

【空口说白话】 kōngkǒu shuō báihuà ज़बानी जमाखर्च करना

【空口无凭】 kōngkǒu-wúpíng मौखिक वक्तव्य गारंटी का काम नहीं देता

【空旷】 kōngkuàng खुला; विस्तृत; अपार: ～的原野 विस्तृत मैदान

【空论】 kōnglùn खोखली बातें; ज़बानी जमा खर्च

【空落落】 kōngluòluò सूनापन; सुनसान: 家里只剩下她一人，她心里觉得～的。घर में केवल वह अकेली ही रह गई। उसे सूनापन का सा लगा।

【空门】 kōngmén बौद्ध धर्म: 遁入～ बौद्ध भिक्षु या बौद्ध भिक्षुणी बनना

【空濛】 kōngméng धुंध; धुंधलापन; धुंधला: 山色～。पहाड़ियाँ धुंधली नज़र आईं।

【空名】 kōngmíng नाम का; नाम को; नाममात्र के लिए: 他在学会里挂个～，什么研究工作也不做。वह नाम का तो सोसाइटी का सदस्य है, लेकिन कोई अनुसंधान का काम नहीं करता।

【空难】 kōngnàn विमानदुर्घटना

【空气】 kōngqì ❶हवा; वायु: ～清新 हवा ताज़ा होना ❷माहौल; वातावरण: 故意制造紧张～ जानबूझकर तनावपूर्ण वातावरण उत्पन्न करना

【空气锤】 kōngqìchuí एयर हैमर

【空气加湿器】 kōngqì jiāshīqì ह्यूमिडिफ़ायर

【空气调节】 kōngqì tiáojié एयर कंडिशनिंग; वातानुकूलन

【空气调节器】 kōngqì tiáojiéqì एयर कंडिशनर

【空气压缩机】 kōngqì yāsuōjī एयर कंप्रेसर

【空前】 kōngqián अभूतपूर्व; अपूर्व: 农民生产积

极性～高涨。उत्पादन में किसानों का उत्साह अभूतपूर्ण रूप से बढ़ गया। / 在全国展开了～规模的植树造林活动。सारे देश में वृक्षारोपण अभियान अभूतपूर्व पैमाने पर चलाया गया।

【空前绝后】 kōngqián-juéhòu बेजोड़; अद्वितीय

【空勤】 kōngqín एयर ड्यूटी: ～人员 एयर क्रू; हवाई कर्मी

【空身】 kōngshēn अपने साथ बिना कुछ लिए

【空手】 kōngshǒu खाली हाथ

【空手道】 kōngshǒudào 〈खेल०〉 कराटे

【空疏】 kōngshū (ज्ञान, लेखन आदि में) ठोसपन का अभाव; खोखलापन; थोथापन

【空谈】 kōngtán ❶ज़बानी जमाखर्च ❷फ़ालतू बात; कोरी बात

【空调】 kōngtiáo 空气调节 या 空气调节器 का संक्षिप्त रूप

【空头】 kōngtóu ❶(शेयर बाज़ार में) शार्ट सेलर ❷नाम का; नाममात्र का; दिखावटी: ～文学家 नाममात्र का साहित्यकार / ～人情 चिकनी-चुपड़ी बातें; दिखावटी प्रेम

【空头支票】 kōngtóu zhīpiào ❶रबर चेक ❷वादा-खिलाफ़ी: 这回他又开了张～。इस बार उस ने अपना वादा एक बार फिर टाल दिया।

【空投】 kōngtóu पैराशूट से गिराना: ～救灾物资 पैराशूट से राहत-सामग्री गिरा देना

【空文】 kōngwén अप्रभावी कानून, नियम आदि —— दे० 一纸空文 yī zhǐ kōngwén

【空袭】 kōngxí हवाई प्रहार; हवाई हमला: 敌机多次～了这座城市。शत्रु-विमानों ने इस नगर पर कई हवाई प्रहार किए। / ～警报 हवाई खतरे का भोंपू (बजाना)

【空想】 kōngxiǎng खयाली पुलाव पकाना; कल्पना के महल खड़े करना

【空想社会主义】 kōngxiǎng shèhuìzhǔyì यूटोपियन समाजवाद

【空心】 kōngxīn खोखला; भीतर से खाली: 这棵树～了。इस पेड़ का तना खोखला हो गया है।

kòngxīn भी दे०

【空心菜】 kōngxīncài 蕹菜 wèngcài का दूसरा नाम

【空心面】 kōngxīnmiàn मरकोनी

【空心砖】 kōngxīnzhuān खोखली ईंट

【空虚】 kōngxū शून्यता; रिक्तता; निरर्थकता; शून्य; रिक्त; निरर्थक: 生活～ निरर्थक जीवन व्यतीत करना / 精神～ मानसिक शून्यता

【空穴来风】 kōngxué-láifēng छेद होने से हवा आ ही जाती है —— कमी के कारण ही अफ़वाहें फैलना

【空邮】 kōngyóu हवाई डाक से भेजना

【空域】 kōngyù आकाशी क्षेत्र

【空运】 kōngyùn हवाई परिवहन; विमान-परिवहन

【空战】 kōngzhàn आकाश युद्ध; हवाई लड़ाई

【空中】 kōngzhōng आकाश में; हवा में: ～走廊 सीमित हवाई पथ / ～加油 उड़ते हुए विमान को ईंधन देना / ～摄影 हवाई फ़ोटोग्राफ़ी

【空中楼阁】 kōngzhōng-lóugé हवाई किला (बनाना)

【空中小姐】 kōngzhōng xiǎojiě विमान-परिचारिका; एयर-होस्टिस

【空钟】 kōngzhōng 〈बोल०〉 डायबोलो

【空竹】 kōngzhú डायबोलो: 抖～ डायबोलो खेलना

【空转】 kōngzhuàn ❶(मोटर आदि का) खाली चलना ❷(पहिये का) खाली घूमना

倥 kōng नीचे दे०

kǒng भी दे०

【倥侗】 kōngtóng 〈लि०〉 अज्ञान; मूर्खता

箜 kōng नीचे दे०

【箜篌】 kōnghóu एक प्राचीन तंतुवाद्य

kǒng

孔 kǒng ❶छेद; छिद्र; सुराख: 这块板上有许多小～。इस तख्ते में कई छिद्र हैं। / 这座石桥有三个～。इस प्रस्तर पुल की तीन मेहराबें होती हैं। ❷〈परि०श०〉 (गुफ़ा के लिए): 一～窑洞 एक गुहा ❸ (Kǒng) एक कुलनाम

【孔道】 kǒngdào संकीर्ण मार्ग

【孔洞】 kǒngdòng बर्तनों आदि में सूराख

【孔方兄】 kǒngfāngxiōng 〈हास्य०〉 〈अना०〉 भाई चौकोर छेद —— पैसा; धन (पुराने सिक्के के मध्य एक चौकोर छेद होता था, इसलिए यह नाम पड़ा)

【孔径】 kǒngjìng ❶व्यास ❷मेहराब आदि का फैलाव

【孔孟之道】 Kǒng-Mèng zhī dào कंफ़्यूशियस और मेंशियस के मत

【孔庙】 Kǒngmiào कंफ़्यूशियस मंदिर

【孔雀】 kǒngquè मोर; मयूर; मोरनी; मयूरी

【孔雀石】 kǒngquèshí मैलाकाइट; हरा खनिज पत्थर

【孔隙】 kǒngxì छेद; छिद्र

【孔穴】 kǒngxué छेद; छिद्र; सुराख; सूराख

恐 kǒng ❶भय; डर; त्रास; खौफ़; आतंक: 惊恐 jīng-kǒng / 恐慌 ❷डराना; भय दिखाना; आतंकित करना: 恐吓 ❸〈क्रि०वि०〉 शायद; संभवतः: 我～不能担当如此重任。मैं ऐसा महत्वपूर्ण कार्यभार संभालने में शायद ही समर्थ हो सकूंगा।

【恐怖】 kǒngbù आतंक; विभीषिका; दहशत; आतंकित; दहशतनाक: 制造～ आतंक फैलाना; दहशत मचाना / 战争～ युद्ध की विभीषिका / ～主义 आतंकवाद / ～分子 आतंकवादी / ～手段 भयोत्पादक उपाय

【恐高症】 kǒnggāozhèng एक्रोफोबिया; ऊँचाई से भय लगना

【恐吓】 kǒnghè धमकी; धौंस; धमकी देना; धौंस देना; धमकाना: ～信 धमकी भरा पत्र

【恐慌】 kǒnghuāng घबराहट; तहलका; खलबली: 要发生地震的消息在全城引起了～。संभावित भूकंप की खबर से पूरे नगर में तहलका मच गया।

【恐惧】 kǒngjù भय; त्रास; आतंक; भयभीत; संत्रस्त; आतंकित: ～不安 भयभीत होना

【恐龙】 kǒnglóng डायनोसोर

【恐怕】 kǒngpà ❶डर; चिंता: 他～病倒，赶紧打了一针预防针。इस डर से कि वह कहीं बीमार न पड़े, उस ने तुरंत एक टीका लगवाया। ❷〈क्रि०वि०〉 शायद; संभवतः; संभवतया: 他今天没来上课，～是病了。वह आज क्लास में नहीं आया। शायद वह बीमार पड़ गया होगा। / 这样干，～不行。ऐसा करने से संभवतः काम नहीं बनेगा।

倥 kǒng नीचे दे०
kōng भी दे०

【倥偬】 kǒngzǒng 〈लि०〉 ❶जल्दबाज़ी ❷गरीबी; निर्धनता; गरीब; निर्धन

kòng

空 kòng ❶खाली छोड़ना; खाली करना: 这两个字中间应～一格。इन दो अक्षरों के बीच एक खाली स्थान छोड़ना चाहिए। ❷खाली; रिक्त: 这是间～房。यह एक खाली कमरा है। / 空地 ❸जगह; स्थान: 这屋子连放张桌子的～儿都没有。इस कमरे में एक मेज़ रखने की जगह तक नहीं। ❹फ़ुरसत; खाली वक्त; खाली: 有～儿就去看您。जब मुझे फ़ुरसत मिलेगी (या जब मेरे पास खाली वक्त होगा), तभी मैं आप से मिलने आऊँगा। ❺控 kòng के समान
kōng भी दे०

【空白】 kòngbái ❶रिक्त; कोरा; खाली: ～支票 खाली चेक / ～纸张 कोरा कागज़ / 这页纸没写满，还有好多～。कागज़ के इस टुकड़े पर अभी काफ़ी जगह खाली है। ❷रिक्तता; शून्यता: 这项发明填补了我国航天技术的～。इस आविष्कार ने हमारे देश की अंतरिक्ष तकनीक के क्षेत्र में एक रिक्तता पूरी कर दी है।

【空当】 kòngdāng (空当儿 kòngdāngr, 空当子 kòngdāngzi भी) 〈बोल०〉 स्थान; जगह; अंतराल: 乘这～，我去买份报纸来。इस अंतराल में मैं अखबार लेके आऊंगा। / 柜子里塞满零零碎碎的东西，一点～也没有。अलमारी छोटी-मोटी चीज़ों से भरी हुई है। कोई भी जगह नहीं।

【空地】 kòngdì खाली ज़मीन

【空额】 kòng'é खाली नौकरी: 目前没有～，暂不招人。अभी कोई नौकरी खाली नहीं, इसलिए किसी को भी भरती नहीं किया जाएगा।

【空缺】 kòngquē खाली पद; खाली जगह

【空隙】 kòngxì जगह; अंतराल: 桌子别靠着墙，得留点～。मेज़ को दीवार से पूरी तरह नहीं सटाना चाहिए, बल्कि कुछ जगह छोड़ देनी चाहिए। / 工人们利用生产的～，相互交流经验。उत्पादन के अंतराल में मज़दूरों ने आपस में अनुभवों का आदान-प्रदान किया।

【空暇】 kòngxiá फ़ुरसत; खाली वक्त

【空闲】 kòngxián ❶बेकार; खाली: 应该充分利用～设备。बेकार पड़े उपकरणों को काम में लाना चाहिए। ❷फ़ुरसत; खाली वक्त: 等我一有～，就详细跟您谈。फ़ुरसत मिलने पर मैं आप को विस्तार से बताऊंगा।

【空心】 kòngxīn खाली पेट
kōngxīn भी दे०

【空余】 kòngyú खाली; रिक्त: ～时间 खाली समय / ～房间 खाली कमरा

【空子】 kòngzi ❶खाली जगह या वक्त: 他找了个～挤进了人群。वह भीड़ में खाली जगह से होता हुआ अन्दर गया। / 找个～帮我修电视机。मेरे टी०वी० सेट की मरम्मत के लिए वक्त निकालो। ❷(बुरा काम करने के लिए) अवसर; मौका: 钻空子 zuān kòngzi

控[1] kòng आरोप; दोषारोपण; अभियोग; आरोप लगाना; दोषारोपण करना; अभियोग लगाना: 控告 / 指控 zhǐkòng

控[2] kòng नियंत्रण; नियंत्रित; नियंत्रण करना; नियंत्रित करना: 控制 / 遥控 yáokòng

控[3] kòng ❶शरीर या अंग अधर में झूलना या बेसहारा होना: 我的腿都～肿了。मेरी एक टांग अधर में झूलते-झूलते फूल गई। ❷बरतन के मुंह को नीचा करके अन्दर के द्रव को टपकने देना: 把瓶里的水～干净。बोतल का मुंह नीचा करके उस के अन्दर का पानी साफ़ कर दो।

【控告】 kònggào आरोप; दोषारोपण; अभियोग; इलज़ाम; आरोप लगाना; दोषारोपण करना; अभियोग लगाना; इलज़ाम लगाना

【控股公司】 kònggǔ gōngsī 〈अर्थ०〉 होल्डिंग कंपनी

【控诉】 kòngsù दोष लगाना; दोषारोपण करना; निन्दा करना; भर्त्सना करना: ～霸权主义行径 प्रभुत्ववादी हरकतों की निन्दा करना / ～侵犯公民的基本权利 नागरिकों के बुनियादी अधिकारों का उल्लंघन करने का दोष लगाना

【控制】 kòngzhì नियंत्रण; कंट्रोल; काबू; वश; नियंत्रण करना; कंट्रोल करना; काबू पाना; वश में करना (रखना): ～人口增长 जनसंख्या वृद्धि पर नियंत्रण करना / 他～不住自己。वह अपने आप पर काबू न पा सका। / ～军备竞赛 शस्त्रीकरण होड़ को नियंत्रित करना / ～局面 स्थिति को वश में करना

【控制论】 kòngzhìlùn 〈गणित०〉 साइबरनेटिक्स

【控制数字】 kòngzhì shùzì 〈अर्थ०〉 कंट्रोल फ़िगर

kōu

芤 kōu <प्र०> प्याज़

【芤脉】 kōumài <ची०चि०> पोली नाड़ी

抠（摳）kōu ❶उंगली या नोकदार चीज़ से खोदना; कुरेदना; खुरचना: 把掉在缝里的豆～出来。दरार में पड़े मटर के दाने को कुरेदकर निकालो। ❷उत्कीर्ण करना; खोदना: 在镜框边～花。फ़्रेम के किनारे पर बेल-बूटे खोद दो। ❸अनावश्यक अध्ययन करना: 别死～字眼儿了。हर एक शब्द का अनावश्यक अध्ययन करना ज़रूरी नहीं है। ❹कंजूसी; कंजूस: 他这个人真～！वह तो एक बड़ा कंजूस है।

【抠门儿】 kōuménr <बो०> कंजूसी; कृपणता; कंजूस; कृपण; कंजूसी करना; कंजूस (कृपण) होना

【抠搜】 kōusou <बोल०> ❶खोदना; कुरेदना; खुरचना ❷कंजूसी करना; कंजूस होना ❸समय बरबाद करना: 你真抠抠搜搜，快走吧！तुम सारा समय बरबाद कर रहे हो। जल्दी चलो।

【抠唆】 kōusuo 抠搜 kōusou के समान

眍（瞘）kōu (आंखों का) धंसना: 瞧他眼睛都～进去了。देखो, उस की आंखें धंसी हुई हैं।

【眍䁖】 kōulou 眍 kōu के समान

kǒu

口 kǒu ❶मुंह; मुख ❷स्वाद: 口轻 / 口重 ❸आदमियों की संख्या: 家～ घर के सभी लोग ❹(बरतनों का) मुंह; मुख: 瓶～ बोतल का मुंह ❺प्रवेश द्वार या निकास द्वार: 进口 jìnkǒu / 出口 chūkǒu ❻लम्बी दीवार का कोई एक फाटक (प्रायः स्थान के नाम में प्रयुक्त): 张家口 Zhāngjiākǒu ❼कटना; फटना: 碗缺了个～儿。इस कटोरे का किनारा एक जगह कट गया। / 衣服撕了个～儿。कपड़ा एक जगह फटा है। ❽सरकारी संस्थाओं का समूह: 文教～ शैक्षणिक और सांस्कृतिक संस्थाएं ❾छुरे आदि की धार: 刀卷～了。इस छुरे की धार कुंद हो गई है। ❿घोड़े, खच्चर और गधे की उम्र: 这匹马六岁～。यह घोड़ा छै साल का है। ⓫<परि०श०>: 一家三～人 तीन जनों का परिवार / 一～猪 एक सुअर / 一～井 एक कुआं / 一～钢刀 एक छुरा

【口岸】 kǒu'àn पोर्ट; बन्दरगाह; पत्तन: 通商～ व्यापारिक पोर्ट

【口碑】 kǒubēi लोकप्रियता; लोकप्रिय

【口碑载道】 kǒubēi-zàidào बहुप्रशंसित होना

【口北】 kǒuběi 张家口 Zhāngjiākǒu के उत्तर में स्थित क्षेत्र, जिस में हपेइ प्रांत का उत्तरी भाग और भीतरी मंगोलिया स्वायत्त प्रदेश का मध्यम भाग शामिल है

【口才】 kǒucái वाक्पटुता; वाग्मिता; वाक्पटु; वाग्मी: 他～好。वह वाक्पटु है।

【口沉】 kǒuchén <बो०> नमकीन चीज़ खाने का शौकीन

【口称】 kǒuchēng मुंह में कहना

【口吃】 kǒuchī हकलाना; हकलाहट; हकला: 他说话～。वह हकला है; वह हकलाता है।

【口齿】 kǒuchǐ ❶उच्चारण: ～清楚 उच्चारण स्पष्ट होना ❷भाषणकुशल; वाक्पटु: ～伶俐 भाषणकुशल होना

【口臭】 kǒuchòu बदबूदार सांस

【口传】 kǒuchuán सुनाकर सिखाना: ～技艺 सुनाकर अपना शिल्प सिखाना / 许多民间文学是靠～的方式保存下来的。अनेक लोक साहित्य परंपरा से सुनकर सुरक्षित किया गया है।

【口疮】 kǒuchuāng एफ़्था

【口袋】 kǒudài ❶थैला; थैली; बैग ❷जेब; पाकेट

【口风】 kǒufēng इरादा; मनशा: 先探探他的～再说。पहले उस का इरादा मालूम करें और फिर फ़ैसला करें।

【口服】[1] kǒufú रज़ामंदी प्रगट करना

【口服】[2] kǒufú (दवा) खाना: 此药不可～。यह दवा खाना मना है।

【口服心不服】 kǒu fú xīn bù fú राज़ी होने का दिखावा करना

【口福】 kǒufú स्वादिष्ट चीज़ खाने को मिलने की खुश किस्मत

【口腹】 kǒufù खाना; भोजन: ～之欲 अच्छा खाना खाने की इच्छा

【口感】 kǒugǎn खाने में मज़ा: ～好 खाने में मज़ा आना / ～差 खाने में मज़ा न आना

【口供】 kǒugòng (अपराधी का) बयान: 问～ बयान लेना

【口号】 kǒuhào नारा: 喊～ नारा बुलंद करना; नारा लगाना / 提出～ नारा देना

【口红】 kǒuhóng लिपस्टिक

【口惠】 kǒuhuì मुंह छूना: ～而实不至 वचन देना लेकिन उसे नहीं निभाना

【口技】 kǒujì (मानव, पशु-पक्षियों आदि की) आवाज़ निकालने की कला

【口角】 kǒujiǎo मुंह का कोना

kǒujué भी दे०

【口角生风】 kǒujiǎo shēng fēng धाराप्रवाह बोलना

【口紧】 kǒujǐn चुप्पी; चुप्पा; घुन्ना; घुन्नी

【口径】 kǒujìng ❶व्यास: ～155 毫米大炮 155 मिलीमीटर व्यास वाली तोप ❷मापदंड; मानदंड: ～不合 मापदंड पर सही न उतरना ❸मत; सिद्धांत: 会上咱俩的～要一致。मीटिंग में हम दोनों को समान मत प्रगट करना चाहिए।

【口诀】 kǒujué छोटे-छोटे स्मृति-सहायक वाक्य

【口角】 kǒujué तू-तू मैं-मैं; कहा-सुनी; गाली-गलौज; तू-तू मैं-मैं (कहा-सुनी, गाली-गलौज) करना: 不要为了一点小事，就和人家～起来。छोटी सी बात को लेकर

दूसरों के साथ कहा-सुनी नहीं करनी चाहिए।
kǒujiǎo भी दे०

【口渴】 kǒukě प्यास लगना; प्यासा होना

【口口声声】 kǒukoushēngshēng बारंबार कहना: 他～称自己是无辜的。उस ने बारंबार अपने आप को निर्दोष बताया।

【口粮】 kǒuliáng राशन

【口令】 kǒulìng ❶आदेश ❷पासवर्ड; संकेतशब्द

【口蜜腹剑】 kǒumì-fùjiàn मुंह में राम-राम बगल में छुरी

【口气】 kǒuqì ❶लहजा: 他～真大。उस के लहजे में बड़प्पन का आभास होता है। ❷बात का निहित अर्थ: 听他的～，似乎不赞成我们的主张。उस की बातों से ऐसा लगता है कि वह हम से भिन्न मत रखता है। ❸स्वर; आवाज़: 庄重的～ गांभीर्यपूर्ण स्वर / 埋怨的～ शिकायत का स्वर

【口器】 kǒuqì (कीड़े का) माउथपार्ट्स

【口腔】 kǒuqiāng मुंह; मुख; मुख-विवर

【口腔医院】 kǒuqiāng yīyuàn मुख रोग अस्पताल

【口琴】 kǒuqín हार्मोनिका

【口轻】[1] kǒuqīng ❶कम नमकीन: 这汤～了，再放点盐。यह सूप कम नमकीन लगता है। इस में थोड़ा सा नमक और डाल दो। ❷कम नमकीन चीज़ खाने का शौक: 他～。उसे कम नमकीन चीज़ खाने का शौक है।

【口轻】[2] kǒuqīng （口小 kǒuxiǎo भी）घोड़े, खच्चर आदि का जवान होना

【口若悬河】 kǒuruòxuánhé अविराम गति से बोलना; ज़बानदराज़ी करना

【口哨儿】 kǒushàor सीटी: 吹～ सीटी बजाना

【口舌】 kǒushé ❶कहा-सुनी; तकरार: ～是非 कहा-सुनी होना ❷ज़्यादा बोलना: 你不必多费～了。तुम्हें ज़्यादा बोलने की ज़रूरत नहीं। / 我们费尽～，才说服他去。हम बोलते-बोलते थक भी गए और तब कहीं जाकर उसे जाने को राज़ी कर दिया।

【口实】 kǒushí 〈लि०〉 बहाना; हीला

【口试】 kǒushì मौखिक परीक्षा

【口是心非】 kǒushì-xīnfēi राम राम जपना पराया माल अपना

【口授】 kǒushòu ❶सुनाकर सिखाना; श्रुति परंपरा से सिखाना ❷सुनाते हुए लेखादि लिखवाना: 这篇是由他～写成的。यह लेख उसी ने सुनाते हुए लिखवाया है।

【口述】 kǒushù सुनाना; मौखिक रूप से विवरण देना

【口水】 kǒushuǐ लार; राल; लाला: 流～ लार टपकना / 他馋得直流～。उस के मुंह में पानी भर आया।

【口算】 kǒusuàn मौखिक रूप से गणना करना

【口蹄疫】kǒutíyì 〈पशु-पालन〉 पशुओं में होने वाली मुँह-पैरों की बीमारी; खुरपका

【口条】 kǒutiáo सुअर या बैल की जीभ (एक खाद्य-पदार्थ)

【口头】 kǒutóu मौखिक; शाब्दिक; ज़बानी: ～文学 मौखिक साहित्य / ～表决 ध्वनि-मतदान / ～声明 मौखिक वक्तव्य / ～答复 ज़बानी जवाब देना

【口头】 kǒutou 〈बो०〉 (फल का) स्वाद

【口头禅】 kǒutóuchán रूढ़ वाक्य

【口头语】 kǒutóuyǔ रूढ़ वाक्य: "试试看" 这三个字是他的～。'कोशिश करके देखो' उस का एक रूढ़ वाक्य होता है।

【口味】 kǒuwèi ❶स्वाद; मज़ा: 这个菜的～不错。इस तरकारी का स्वाद अच्छा है। ❷रुचि: 这个菜合我的～。यह साग मेरी रुचि का है। / 京剧不合她的～。पेइचिंग ऑपेरा उस की रुचि का नहीं है।

【口吻】 kǒuwěn ❶〈प्राणि०〉 थूथन ❷लहजा: 开玩笑的～ उपहास करने का लहजा

【口误】 kǒuwù ❶बोलने में भूल-चूक ❷कहा-सुनी

【口涎】 kǒuxián लार; राल; लाला

【口香糖】 kǒuxiāngtáng च्यूइंग गम

【口信】kǒuxìn संदेश: 请把我这个～捎给他。कृपया, मेरा यह संदेश उस तक पहुंचा दीजिए।

【口形】 kǒuxíng ओष्ठों की गोलाई

【口型】 kǒuxíng उच्चारण करते समय मुख की आकृति

【口译】 kǒuyì दुभाषिये का काम

【口音】 kǒuyīn ❶स्वर; आवाज़: 他一听门外说话人的～，知道是老王回来了。द्वार के बाहर बोलने वाले की आवाज़ सुनते ही उसे मालूम हुआ कि लाओ वांग वापस लौट आया है। ❷स्थानीय उच्चारण: 他说话带着很重的上海～。बोलने में उस का शांगहाए उच्चारण बहुत स्पष्ट है।

【口语】 kǒuyǔ ❶बोलचाल की भाषा ❷〈लि०〉 लांछन; कलंक

【口谕】 kǒuyù 〈पुराना〉 (ऊपर वाले का) निर्देश

【口占】 kǒuzhàn 〈लि०〉 ❶लेखादि सुनाकर लिखाना ❷आशुकविता बनाना

【口罩】 kǒuzhào जालीदार मुखावरण; सर्जिकल मास्क

【口重】 kǒuzhòng ❶नमकीन ❷नमकीन चीज़ खाने का शौक

【口诛笔伐】 kǒuzhū-bǐfá भाषण देकर और लेख लिखकर निन्दा करना

【口子】[1] kǒuzi ❶〈परि०श०〉 जन; व्यक्ति; आदमी: 我们家有三～。हमारे परिवार में तीन आदमी हैं। ❷मेरा पति; मेरी पत्नी: 我那～是个工人。मेरा पति (या पत्नी) मज़दूर है।

【口子】[2] kǒuzi छेद; चीर; दरार; शिगाफ़; घाव: 手上拉了个～。मेरे हाथ में घाव हुआ। / 衣服撕开个～。कपड़े में एक दरार पड़ी है।

kòu

叩[1] （敂）kòu खटकाना; खटखटाना: ～门 दरवाज़ा खटखटाना

叩[2] kòu ❶भूमि पर मस्तिष्क टेकना ❷〈लि०〉 पूछना; पूछताछ करना; पता लगाना: 叩问

【叩拜】 kòubài भूमि पर मस्तिष्क टेककर प्रणाम करना

【叩打】 kòudǎ खटकाना; खटखटाना
【叩阍】 kòuhūn <लि०> राजदरबार में फ़रियाद करना
【叩见】 kòujiàn <लि०> दर्शन करना; के सामने उपस्थित होना
【叩首】 kòushǒu भूमि पर मस्तिष्क टेकना
【叩头】 kòutóu भूमि पर मस्तिष्क टेकना
【叩问】 kòuwèn <लि०> पूछताछ करना
【叩谢】 kòuxiè सिर नवाकर आभार प्रकट करना; हार्दिक आभार प्रगट करना
【叩诊】 kòuzhěn <चिकि०> पर्कशन

扣[1] kòu ❶बटन लगाना; बकसुए से कसना: ～扣子 बटन लगाना / ～上皮带 पेटी को बकसुए से कसना / ～上门 सिटकिनी लगाना ❷कटोरा, कप, बरतन आदि उल्टे रखना; उल्टे किए हुए कटोरे, कप, बरतन आदि से ढकना: 用盘子把菜～上。तश्तरी उल्टी करके तरकारी को ढक दो। / 把碗～在桌子上。कटोरों को मेज़ पर उल्टे रखो। ❸दोष लगाना; लेबिल लगाना: 扣帽子 ❹ हिरासत में रखना; पहरे में रखना; रोक रखना: 交通警～了他的驾驶证。ट्रैफ़िक पुलिस ने उस का ड्राइविंग लाइसेंस रोक रखा है। / 扣押 ❺काटना; निकालना: 扣除 / ～工资 वेतन का एक हिस्सा काट देना ❻गांठ; गिरह: 绳子～儿 रस्सी की गांठ / 系个～儿 गांठ (गिरह) बांधना ❼ज़ोर से मारना: ～球 गेंद को ज़ोर से मारना ❽पेच की चूड़ी

扣[2] (釦) kòu बटन; बकसुआ: 我的衬衣掉了个～儿。मेरे कमीज़ से एक बटन टूट गया है। / 皮带～儿 पेटी का बकसुआ
【扣除】 kòuchú काटना; निकालना: 这笔钱从他的工资里～。यह रकम उस के वेतन में से निकाल दी जाएगी।
【扣发】 kòufā रोकना; रोक रखना: ～工资 मज़दूरी रोकना ❷जारी या प्रकाशित करने से रोकना: ～文章 लेख को प्रकाशित करने से रोकना
【扣留】 kòuliú हिरासत में रखना; पहरे में रखना; हवालात में रखना; रोक रखना: ～毒品走私犯 नशीली वस्तुओं के तस्करों को हिरासत में रखना / ～驾驶证 ड्राइविंग लाइसेंस रोक रखना
【扣帽子】 kòu màozi लेबिल लगाना: 给他扣上了官僚主义的帽子 उस पर नौकरशाह की लेबिल लगाना
【扣人心弦】 kòurénxīnxián दिल छूना; मर्मस्पर्शी होना; के मानस को उद्वेलित करना: 这部话剧真是～。यह नाटक सभी दर्शकों के मानस को उद्वेलित करता है।
【扣题】 kòutí प्रासंगिकता
【扣头】 kòutou छूट; डिस्काउंट
【扣压】 kòuyā रोक रखना; ताक पर रखना
【扣押】 kòuyā हवालात में रखना; हिरासत में रखना; पहरे में रखना
【扣眼】 kòuyǎn काज; बटन का छेद
【扣子】 kòuzi ❶गांठ; गिरह ❷बटन ❸कहानी में कुतूहल पैदा करने के लिए आकस्मिक विराम

寇 kòu ❶डाकू; दस्यु; लुटेरा; डकैत; अतिक्रमणकारी; शत्रु; दुश्मन: 海～ जलदस्यु / 敌～ अतिक्रमणकारी ❷अतिक्रमण; आक्रमण; अतिक्रमण (आक्रमण) करना: ～边 सीमा का अतिक्रमण करना ❸ (Kòu) एक कुलनाम
【寇仇】 kòuchóu दुश्मन; शत्रु

筘 (簆) kòu <बुना०> कंघी

蔻 kòu नीचे दे०
【蔻丹】 kòudān नेल पालिश; नाखून पालिश
【蔻蔻】 kòukòu 可可 kěkě के समान

kū

刳 kū <लि०> खोखला बनाना: ～木为舟 वृक्ष के तने को खोखला बनाकर नाव तैयार करना

矻 kū नीचे दे०
【矻矻】 kūkū उद्यमी; मेहनती; परिश्रमी

枯 kū ❶मुरझाना; कुम्हलाना: ～叶 मुरझाए हुए पत्ते ❷सूखना; जलहीन होना: 井～了。कुआं सूख गया। ❸दुबला होना; सूखना: 枯瘦 ❹सूखा; निस्तेज; उदास: ～坐 उदास होकर बैठे रहना ❺<बो०> खली: 菜～ सरसों की खली / 麻～ तिल की खली
【枯肠】 kūcháng <लि०> लेखन की क्षीण प्रेरणा; चिंतन का सूखता स्रोत
【枯干】 kūgān सूख जाना; जलहीन हो जाना
【枯槁】 kūgǎo मुरझाना; कुम्हलाना: ～的禾苗 कुम्हलाए पौधे / ～的脸 मुरझाया हुआ चेहरा
【枯骨】 kūgǔ (枯骸 kūhái भी) सूखी हुई लाश की हड्डियाँ
【枯黄】 kūhuáng मुरझाना; कुम्हलाना
【枯寂】 kūjì नीरसता और एकांतता; नीरस और एकांत: ～的生活 नीरस और एकांत जीवन
【枯焦】 kūjiāo झुलसना: 树苗～。पेड़ के पौधे झुलस गए।
【枯竭】 kūjié ❶जलहीन होना; सूखना: 水源～ जल-स्रोत सूख जाना ❷लुप्त होना; नष्ट होना: 资源～ प्राकृतिक साधन लुप्त होना / 精力～ शक्ति नष्ट हो जाना
【枯木逢春】 kūmù-féngchūn नया जीवन प्राप्त होना
【枯涩】 kūsè नीरस और क्लिष्ट: 文字～ नीरस और क्लिष्ट भाषा
【枯瘦】 kūshòu सूखना; सूखा; दुबला-पतला: 他～如柴。वह सूखकर केवल हड्डी रह गया है।
【枯水期】 kūshuǐqī सूखा मौसम
【枯萎】 kūwěi मुरझाना; कुम्हलाना; सूखना
【枯朽】 kūxiǔ सड़ना
【枯燥】 kūzào नीरसता; अरुचि; नीरस; अरुचिकर: ～

的生活 नीरस जीवन / ～无味 नीरसता

哭 kū रुदन; क्रंदन; रोना; रुदन करना; क्रंदन करना; चिलाप करना: 她～了。वह रो रही है।

【哭鼻子】 kūbízi <बोल०> रोना: 他动不动就～。वह बात बेबात रो उठता है।

【哭哭啼啼】 kūkūtítí आंसुओं से मुंह धोना

【哭灵】 kūlíng मातम मचाना

【哭泣】 kūqì सिसकना

【哭穷】 kūqióng अपना दुखड़ा रोना; अपना रोना रोना

【哭丧棒】 kūsāngbàng पुराने ज़माने में मृतक के अंतिम संस्कार में पुत्र द्वारा ली जाने वाली छड़ी, जिस पर सफ़ेद कागज़ मढ़ा हुआ होता था

【哭丧着脸】 kūsangzhe liǎn रोनी सूरत: 谁也不知道，他为什么总是～。कोई भी जान नहीं सकता कि वह क्यों रोनी सूरत लिए फिरता है।

【哭诉】 kūsù रोना: ～自己的时运不济 अपने भाग्य को रोना / ～不幸 अपने दिनों को रोना

【哭天抹泪】 kūtiān-mǒlèi <अना०> रोना-धोना

【哭笑不得】 kūxiào-bùdé न रोने की तबीयत होती है न हंसने की

窟 kū ❶गुफ़ा; कंदरा; खोह; गुहा: 石窟 shíkū ❷अड्डा: 匪～ डाकुओं का अड्डा / 赌～ जुआरियों का अड्डा

【窟窿】 kūlong ❶छेद; गढ़ा; बिल: 耗子～ चूहों का बिल / 墙上有个～。दीवार पर एक छेद है। ❷घाटा

【窟窿眼儿】 kūlongyǎnr छोटा छिद्र

【窟穴】 kūxué बिल; (बुरे आदमियों का) अड्डा

【窟宅】 kūzhái (डाकुओं आदि का) अड्डा

骷 kū नीचे दे०

【骷髅】 kūlóu ❶कंकाल; ठठरी ❷मृतक की खोपड़ी

kǔ

苦 kǔ ❶कड़वा; कटु: 这药很～。यह दवा बहुत कड़वा है। ❷दुख; दुखड़ा; कठोरता; कष्ट; दुखमय; कठोर; कष्टदायक: 过～日子 दुखड़ा पीटना / 艰～ कठोरता ❸दुखी करना; कष्ट पहुंचाना; कष्ट में डाल ना: 您这样做可～了他了。आप ने ऐसा करके उसे कष्ट में डाल दिया। ❹से पीड़ित होना; का शिकार होना; से ग्रस्त होना: ～旱 सूखे से पीड़ित होना ❺जीजान से; धैर्य से: ～干 जीजान से काम करना / ～劝 धैर्य से समझाना ❻<बो०> हद से अधिक (नाखून) काटना; टूटा-फूटा होना: 手指甲剪得太～了。नाखूनों को हद से अधिक काटा गया है। / 这双鞋穿得太～了，无法修理。ये जूते बिल्कुल टूट-फूट गए हैं। इन की मरम्मत नामुमकिन है।

【苦熬】 kǔ'áo दुखड़ा भरना; कष्ट झेलना

【苦差】 kǔchāi कठोर और अलाभकर कार्य

【苦楚】 kǔchǔ दुख; कष्ट; मुसीबत

【苦处】 kǔchu दुखड़ा; कष्ट; मुसीबत: 我有～向谁去说? मैं किस के सामने अपना दुखड़ा रोऊं?

【苦胆】 kǔdǎn 胆囊 dǎnnáng का प्रचलित नाम

【苦工】 kǔgōng ❶कठोर शारीरिक श्रम ❷कठोर शारीरिक श्रम करने वाला

【苦功】 kǔgōng कड़ी मेहनत: 要学会任何一种技艺，都需要下～。किसी भी कला पर अधिकार करने के लिए कड़ी मेहनत करनी होती है।

【苦瓜】 kǔguā <वन०> करेला

【苦果】 kǔguǒ कटु फल: 自食～ अपने किए का फल भुगतना

【苦海】 kǔhǎi दुख का सागर; मुसीबतों का गर्त

【苦害】 kǔhài <बो०> हानि पहुँचाना; क्षति पहुंचाना; नुकसान पहुंचाना

【苦寒】 kǔhán ❶कड़ाके की सर्दी ❷गरीबी का मारा

【苦活儿】 kǔhuór कठोर और अलाभकर काम

【苦尽甘来】 kǔjìn-gānlái दिन फिरना; सुख के दिन आना

【苦境】 kǔjìng दुर्दशा; दुर्गति

【苦口】 kǔkǒu ❶बारंबार और सच्चे दिल से: ～婆心 बारंबार और सच्चे दिल से समझाना ❷कड़वा स्वाद

【苦力】 kǔlì कुली

【苦闷】 kǔmèn दुख; उदास; उदासीनता; खिन्नता; दुखी; उदासी; उदासीन; खिन्न: 心情～ उदास होना; चित्त खिन्न होना

【苦命】 kǔmìng बदकिस्मती; दुर्भाग्य; बदकिस्मत; अभागा

【苦难】 kǔnàn कष्ट; मुसीबत; दुःख; आफ़त; विपदा: 侵略战争使人民遭受巨大的～。आक्रमणकारी युद्ध ने जनता को मुसीबतों के गर्त में ढकेल दिया। / 我们永远不会忘记～的年代。हम बुरा समय कभी नहीं भूलेंगे।

【苦恼】 kǔnǎo उद्विग्नता; परेशानी; व्याकुलता; उद्विग्न; परेशान; व्याकुल: 您不要为这件事～。आप को इस बात को लेकर उद्विग्न होना नहीं चाहिए।

【苦肉计】 kǔròujì (शत्रु से विश्वास जीतने के लिए) अपने हाथों अपने को घायल करने की चाल

【苦涩】 kǔsè ❶कड़वा और कसैला ❷मानसिक व्यथा; दुख: 他脸上显出一副～的表情。उस के चेहरे पर दुख भरा भाव प्रगट हुआ।

【苦水】 kǔshuǐ ❶क्षार पानी; खारा पानी ❷मुंह को आने वाला जठरीय स्राव ❸दुख; दुखड़ा: 倒～ दुखड़ा रोना

【苦思冥想】 kǔsī-míngxiǎng दिमाग खपाना

【苦痛】 kǔtòng दुख; कष्ट

【苦头】[1] kǔtóu खारा; क्षार: 这水带点～儿。यह पानी ज़रा खारा है।

【苦头】[2] kǔtóu मुसीबत; कष्ट; आफ़त: 他在森林里迷了路，吃了不少～。वह जंगलों में भटक गया और बहुत सी मुसीबतें झेलनी पड़ीं। / 自找～ आफ़त सिर पर लाना; आफ़त में पड़ना

【苦夏】 kǔxià गर्मियों में भूख मर जाना और वज़न घट जाना

【苦笑】 kǔxiào कटुता भरी हंसी हंसना
【苦心】 kǔxīn परिश्रम; मेहनत; अध्यवसाय; परिश्रमी; मेहनती; अध्यवसायी: 煞费～ अध्यवसाय करना / ～钻研技术 तकनीक पर महारत हासिल करने के लिए मेहनत करना
【苦心孤诣】 kǔxīn-gūyì भगीरथ प्रयास करना
【苦行】 kǔxíng 〈धर्म〉 तपस्या
【苦行僧】 kǔxíngsēng तपस्वी
【苦刑】 kǔxíng कठोर यंत्रणाएं
【苦役】 kǔyì बेगार
【苦于】 kǔyú ❶से पीड़ित होना; से दुखित होना: ～资金不足 पूँजी की कमी से पीड़ित होना / ～文化水平不高 अपनी शिक्षा का स्तर नीचा होने से दुखित होना ❷से बदतर होना: 他们状况～一般贫民。उन की हालत आम गरीबों से भी बदतर है।
【苦雨】 kǔyǔ अत्यधिक वर्षा
【苦战】 kǔzhàn ❶भीषण लड़ाई; घमासान युद्ध ❷कठोर संघर्ष: 全村农民决心～两年脱贫。पूरे गाँव के किसानों ने गरीबी के उन्मूलन के लिए दो साल तक कठोर संघर्ष करने के लिए कमर कस ली।
【苦衷】 kǔzhōng कष्ट: 他也有难言的～。उस का भी अपना अकथनीय कष्ट है। / 您应该体谅她的～。आप को उस के कष्ट का भी तो ध्यान रखना चाहिए।
【苦主】 kǔzhǔ हत्याकांड में मृतक का परिजन

kù

库（庫） kù गोदाम; भंडार: 粮～ अनाज गोदाम
【库藏】 kùcáng भंडार में सुरक्षित; संगृहीत; जमा: 市图书馆～图书一百万册。शहर के सार्वजनिक पुस्तकालय में दस लाख पुस्तकें सुरक्षित हैं।
kùzàng भी दे०
【库存】 kùcún भंडार: ～物资 भंडार में जमा माल
【库房】 kùfáng भंडार; गोदाम
【库克群岛】 Kùkè Qúndǎo कूक द्वीप समूह
【库仑】 kùlún 〈विद्युत०〉 कूलम्ब
【库伦】 kùlún भीतरी मंगोलिया में बाड़े से घिरी चरागाह
【库券】 kùquàn 国库券 guókùquàn का संक्षिप्त रूप
【库容】 kùróng (जलाशय, भंडार आदि की) क्षमता
【库藏】 kùzàng 〈लि०〉 गोदाम; भंडार
kùcáng भी दे०

绔（絝） kù दे० 纨绔 wánkù

袴 kù 裤 kù के समान

喾（嚳） Kù पौराणिक कथा में एक राजा का नाम

裤（褲） kù पायजामा; पैंट; पतलून
【裤衩】 kùchǎ जांघिया
【裤裆】 kùdāng पायँचों का जोड़
【裤兜】 kùdōu पतलून की जेब
【裤管】 kùguǎn 〈बो०〉（裤脚管 kùjiǎoguǎn भी） पाँयचा
【裤脚】 kùjiǎo ❶पायँचे का छोर ❷〈बो०〉 पायँचा
【裤头】 kùtóu 〈बो०〉 जांघिया
【裤腿】 kùtuǐ पायँचा
【裤线】 kùxiàn (पतलून की) चुन्नट; चुनट; सिलवट
【裤腰】 kùyāo कमर
【裤腰带】 kùyāodài कमरबन्द; पेटी
【裤子】 kùzi पायजामा; पैंट; पतलून

酷 kù ❶कठोरता; निष्ठुरता; बेरहमी; निर्दयता; कठोर; निष्ठुर; बेरहम; निर्दय; निर्दयी: 酷刑 / 酷吏 ❷बहुत; अत्यंत; अत्यधिक: 酷热 / 酷似
【酷爱】 kù'ài अत्यधिक प्यार करना
【酷寒】 kùhán सख्त सर्दी; कड़ाके की सर्दी
【酷好】 kùhào (कला, संगीत आदि का) बड़ा शौकीन होना
【酷吏】 kùlì 〈लि०〉 निर्दय अधिकारी
【酷烈】 kùliè 〈लि०〉 ❶कठोरता; भीषणता; सख्ती; प्रचंडता; कड़ाई; कठोर; भीषण; सख्त; प्रचंड; कड़ा: ～的阳光 प्रचंड धूप; चिलचिलाती धूप / 经受～的苦难 कड़ी मुसीबतें उठाना ❷(सुगंध) तेज़
【酷虐】 kùnüè निर्दयता; बेरहमी; निर्दय; बेरहम
【酷热】 kùrè अत्यधिक गरम; आग बरसना
【酷暑】 kùshǔ भीषण गरमी
【酷似】 kùsì से बहुत मिलना-जुलना
【酷肖】 kùxiào 酷似 के समान
【酷刑】 kùxíng कठोर यातनाएं; घोर यंत्रणा

kuā

夸（誇） kuā ❶अतिरंजना; अतिरंजित; अतिरंजित करना; बढ़ाना-चढ़ाना: 她把一点小事～得比天还大。वह राई से पहाड़ बनाती है। ❷प्रशंसा; सराहना; तारीफ़; प्रशंसा करना; सराहना करना; सराहना; तारीफ़ करना: 大家都～他聪明。सभी लोगों ने उस की होशियारी की प्रशंसा की।
【夸大】 kuādà अतिरंजित करना; बढ़ाना-चढ़ाना: ～困难 कठिनाइयों को बढ़ा-चढ़ा कर बताना
【夸大其词】 kuādà-qící अतिरंजना; बढ़ा-चढ़ा कर बोलना (बताना); अतिरंजित करना: 对成绩不要～。अपनी उपलब्धियों को अतिरंजित नहीं करना चाहिए। / 你这是在～。तुम तो बात को बढ़ा-चढ़ा कर बता रहे हो।
【夸诞】 kuādàn 〈लि०〉 शेखीबाज़ी; शेखीबाज़; शेखीबाज़ी करना; शेखीबाज़ होना
【夸海口】 kuā hǎikǒu डींग हांकना; शेखी बघारना
【夸奖】 kuājiǎng प्रशंसा; सराहना; तारीफ़; प्रशंसा करना; सराहना करना; सराहना; तारीफ़ करना
【夸克】 kuākè 〈भौ०〉 क्वार्क

【夸口】 kuākǒu डींग हांकना; शेखी बघारना
【夸夸其谈】 kuākuā-qítán लम्बी-चौड़ी बातें करना
【夸示】 kuāshì डींग मारना; शेखी बघारना
【夸饰】 kuāshì अतिरंजित वर्णन करना
【夸耀】 kuāyào प्रदर्शित करना; अपने मुंह अपनी तारीफ़ करना: ～自己的才干 दूसरों के आगे अपनी योग्यता प्रदर्शित करना / 他从不在人面前～自己。वह अपने मुंह मियां मिट्ठू कभी नहीं बनता।
【夸赞】 kuāzàn प्रशंसा करना; सराहना करना; तारीफ़ करना
【夸张】 kuāzhāng अतिरंजना; अतिशयोक्ति; अत्युक्ति; अतिरंजित; अत्युक्त; अतिशयोक्तिपूर्ण: 可以毫不～地说… बिना अत्युक्ति से कहा जा सकता है कि … / 艺术～ अत्युक्ति
【夸嘴】 kuāzuǐ 〈बो०〉 बड़ी-बड़ी बातें करना; डींग मारना; शेखी बघारना

kuǎ

侉(咵) kuǎ ❶(बोलने में) स्थानीय उच्चारण ❷स्थूल; भारी-भरकम: 这孩子长成个～大个儿。यह बच्चा अब स्थूलकाय हो गया है। / 这箱子太～了，不好拿。यह बॉक्स काफ़ी भारी-भरकम है। इसे उठाना कठिन है।
【侉子】 kuǎzi 〈बो०〉 स्थानीय उच्चारण में बोलने वाला व्यक्ति

垮 kuǎ ढहना; गिरना; टूटना; ध्वस्त होना; ढहाना; गिराना; तोड़ना; ध्वस्त करना: 洪水冲～了公路。बाढ़ के पानी ने मार्ग को ध्वस्त कर दिया। / 这堤坝不会～。यह तटबंध टूटेगा नहीं। / 累～了 थककर चूर हो जाना
【垮台】 kuǎtái पतन; पतन होना; सत्ताच्युत होना

kuà

挎 kuà ❶बांह में लेना: ～着个篮子 बांह में एक टोकरी लेना ❷कंधे पर या गर्दन में या फिर बगल में कोई चीज़ लेना: ～着个包 कंधे पर थैला लेना
【挎包】 kuàbāo बस्ता; थैली
【挎斗】 kuàdǒu साइडकार

胯 kuà नितंब; पुट्ठा
【胯裆】 kuàdāng ऊरु संधि
【胯骨】 kuàgǔ 髋骨 kuāngǔ का प्रचलित नाम

跨 kuà ❶लम्बे डग भरना; एक कदम में पार करना: ～进大门 लम्बे डग भरते हुए द्वार के अन्दर कदम रखना / ～过水沟 नाले को एक कदम में पार करना ❷टांगें फैलाकर खड़ा होना या बैठना: ～在马上 घोड़े पर सवार होना ❸सीमा के बाहर जाना; के बीच का: ～地区合作 दो या कई क्षेत्रों के बीच का सहयोग; अंतर्क्षेत्रीय सहयोग / 跨年度 ❹बगल का: ～院儿 बगल का आंगन
【跨度】 kuàdù फैलाव
【跨国公司】 kuàguó gōngsī बहुदेशीय निगम
【跨栏】 kuàlán 〈खेल०〉 बाधा-दौड़
【跨年度】 kuà niándù अगले वर्ष भी लागू होने वाला: ～计划 अगले वर्ष भी लागू होने वाली योजना / ～预算 अगले वर्ष भी लागू होने वाला बजट
【跨越】 kuàyuè पार करना; आर-पार फैला होना: ～障碍 बाधाएं पार करना / ～了好几个世纪 कई सदियों को पार करना / ～边界 सीमाएं पार करना

kuǎi

扌匚[1] (擓) kuǎi 〈बो०〉 नाखूनों से खरोचना; खुरचना: ～痒痒 खुजली मिटाने के लिए नाखूनों से खरोचना; खुजलाना

扌匚[2] (擓) kuǎi 〈बो०〉 ❶बांह में लेना ❷करछी से निकालना: ～勺水 करछी से पानी निकाल लेना

蒯 kuǎi ❶〈वन०〉 वूल ग्रास ❷ (Kuǎi) एक कुलनाम

kuài

会 (會) kuài नीचे दे०
huì भी दे०
【会计】 kuàijì ❶लेखा; हिसाब ❷एकाउंटेंट; लेखापाल
【会计师】 kuàijìshī ❶प्रमुख लेखापाल; चीफ़ एकाउंटेंट; प्रामाणिक लेखाधिकारी

块 (塊) kuài ❶टुकड़ा; टुकड़ी: 把土豆切成～儿 आलू को टुकड़ों में काटना / 煤～儿 कोयले का टुकड़ा ❷〈परि०श०〉 टुकड़ा: 一～肉 मांस का एक टुकड़ा / 一～手表 एक कलाई घड़ी / 两～布 कपड़े के दो टुकड़े / 一～试验田 एक प्रयोगात्मक भूखंड ❸〈परि०श०〉 (चांदी के सिक्के या कागज़ी नोट के लिए): 一～银洋 एक चांदी का सिक्का / 两～钱 दो य्वान / 三～港币 तीन हांगकांग डालर
【块儿八毛】 kuài'er-bāmáo एक य्वान या इस से कम
【块根】 kuàigēn 〈वन०〉 कंद
【块规】 kuàiguī 〈यां०〉 स्लिप गाज
【块茎】 kuàijīng 〈वन०〉 कंद
【块垒】 kuàilěi 〈लि०〉 ❶क्रोधाग्नि ❷खिन्नता; उदासीनता

【块儿】 kuàir ❶कद; डील ❷〈बो०〉 स्थान; जगह: 我在这～工作多年了。मुझे इस स्थान में काम करते हुए अनेक वर्ष हो गए हैं। / 哪～摔着了? कहाँ चोट लगी?

【块头】 kuàitóu 〈बो०〉 शरीर: 他是个大～。वह स्थूलकाय आदमी है।

快 kuài ❶जल्दी; तेज़ी; शीघ्रता; तीव्रता; जल्द; तेज़; शीघ्र; तीव्र; द्रुत; त्वरित: 他跑得～。वह तेज़ी से दौड़ता है। / 他进步～。उस ने तेज़ी से तरक्की की। ❷गति; रफ़्तार: 这火车能跑多～? इस रेल-गाड़ी की गति कितनी है? ❸जल्दी करना; जल्दी; चटपट; फ़ौरन: ～点儿，要迟到了。जल्दी करो। वरना देर होगी। / ～过来! चटपट इधर आओ! ❹जल्दी ही; शीघ्र ही; निकट भविष्य में: 会议～结束了。सभा समाप्त होने को है; सभा जल्दी ही समाप्त होगी। / 别急，他～回来了。धैर्य रखो, वह शीघ्र ही वापस आएगा। / 我在电台工作～十年了。मुझे रेडियो में काम करते हुए शीघ्र ही दस साल पूरे हो जाएंगे। / 电影～开演了。फ़िल्म शुरू होने जा रही है। ❺चतुरता; हाज़िर-जवाबी; चतुर; हाज़िर-जवाब: 他脑子～。वह हाज़िर-जवाब है। ❻(धार) तेज़; तीक्ष्ण; पैना: 这把刀真～。यह चाकू बहुत तेज़ है। ❼स्पष्टवादी; स्पष्टभाषी: 快人快语 ❽प्रसन्नता; आनंद; प्रफुल्लता; खुशी; प्रसन्न; आनंदित; प्रफुल्ल; खुश: 大快人心 dà kuài rénxīn ❾पुराने ज़माने में गिरफ़्तारी का काम संभालने वाला सरकारी कर्मचारी: 捕快 bǔkuài

【快板儿】 kuàibǎnr बांस के क्लेपरों की संगत में प्रस्तुत छंदोबद्ध वार्तालाप

【快报】 kuàibào बुलेटिन

【快步流星】 kuàibù-liúxīng तेज़ कदमों से चलना

【快餐】 kuàicān फ़ास्ट फ़ुड; स्नैक

【快车】 kuàichē एक्सप्रेस रेल-गाड़ी या बस

【快车道】 kuàichēdào (सड़क पर) फ़ास्ट ट्रैफ़िक लेन

【快当】 kuàidang जल्द; जल्दी; शीघ्र; तेज़ी से; चटपट: 她做事～。वह चटपट सारा काम निपटा देती है।

【快刀斩乱麻】 kuàidāo zhǎn luànmá तेज़ छुरे से सन के आपस में उलझे हुए तनों को काटना —— जटिल समस्या का शीघ्रता और दृढ़ता से समाधान करना

【快感】 kuàigǎn सुख

【快活】 kuàihuo सुख; खुशी; प्रसन्नता; सुखी; खुश; प्रसन्न: 旅行虽然有点累，但大家觉得很～。यात्रा थका देने वाली ज़रूर थी, फिर भी सबों को बड़ी खुशी हुई।

【快件】 kuàijiàn एक्सप्रेस डाक

【快乐】 kuàilè सुख; खुशी; प्रसन्नता; सुखी; खुश; प्रसन्न: ～的童年 सुखी बचपन / 节日里大家都很～。त्यौहार के दौरान सभी लोग प्रसन्न नज़र आए।

【快马加鞭】 kuàimǎ-jiābiān तेज़ी से दौड़ते घोड़े को चाबुक लगाना —— जल्द से जल्द

【快慢】 kuàimàn गति; रफ़्तार: 这电动自行车～怎么样? इस विद्युत चालित साइकिल की रफ़्तार कितनी है?

【快门】 kuàimén (कैमरे का) शटर

【快人快语】 kuàirén-kuàiyǔ स्पष्टवादी साफ़-साफ़ कहता है —— स्वभाव का साफ़दिल होना

【快事】 kuàishì खुशी की बात: 与老友相叙，实为一大～。पुराने मित्रों से पुनः मिलना बड़ी खुशी की बात होता है।

【快手】 kuàishǒu सधा हुआ हाथ; मंजा हुआ हाथ

【快书】 kuàishū बांस या तांबे के क्लिपरों की संगत में छंदोबद्ध भाषा में त्वरित गति से सुनाई जाने वाली कहानी

【快速】 kuàisù द्रुत गति; त्वरित गति; तेज़ रफ़्तार

【快艇】 kuàitǐng मोटर बोट; स्पीड बोट

【快慰】 kuàiwèi ढाढ़स; दिलासा; ढाढ़स बंधाना; दिलासा देना: 他的进步令人～。उस की प्रगति हमें ढाढ़स बंधाती है।

【快信】 kuàixìn एक्सप्रेस लेटर

【快婿】 kuàixù अच्छा दामाद —— दे० 乘龙快婿 chéng lóng kuài xù

【快讯】 kuàixùn तड़ित समाचार

【快要】 kuàiyào 〈क्रि०वि०〉 जल्द; शीघ्र: 五一节～到了。मई दिवस जल्द आने वाला है। / ～考试了。परीक्षा होने को है।

【快意】 kuàiyì सुख; ताज़गी: 微风吹来，感到十分～。मंद बयार के हल्के झोंकों से तबीयत में एकदम ताज़गी आती है।

【快鱼】 kuàiyú 鲙鱼 kuàiyú के समान

【快中子】 kuàizhōngzǐ 〈भौ०〉 फ़ास्ट न्यूट्रोन

【快嘴】 kuàizuǐ ❶साफ़गो ❷बक्की; बकवादी

侩（儈） kuài 〈लि०〉 दलाल

脍（膾） kuài 〈लि०〉 ❶मांस या मछली का पतला टुकड़ा ❷मांस या मछली को पतले टुकड़ों में काटना

【脍炙人口】 kuàizhì-rénkǒu बहुप्रशंसित होना; लोकप्रिय होना

筷 kuài चॉपस्टिक: 碗～ कटोरा और चॉपस्टिक

【筷子】 kuàizi चॉपस्टिक

鲙（鱠） kuài नीचे दे०

【鲙鱼】 kuàiyú चाइनीज़ हेरिंग मछली

kuān

宽（寬） kuān ❶चौड़ा: 这条路很～。यह सड़क बहुत चौड़ी है। / ～额 चौड़ा कपाट ❷चौड़ाई: 这条路有五十米～。इस मार्ग की चौड़ाई पचास मीटर है। ❸चैन; राहत; आराम; चैन पाना; राहत मिलना; आराम मिलना; निश्चिंत रहना: 听说他在车祸中脱险，大家的心就～了。यह सुनकर कि वह सड़क दुर्घटना में बाल-बाल बचा है, सब लोग निश्चिंत हो गए। ❹बढ़ाना: 宽限 ❺नरमी; उदारता; नरम; उदार; उदारतापूर्ण: 宽容 ❻धनी; संपन्न: 他的手头比过去～多了。वह पहले से

संपन्न हो गया है।
【宽敞】 kuānchang लम्बा-चौड़ा：这间房子～。यह कमरा लम्बा-चौड़ा है।
【宽畅】 kuānchàng निश्चिंत; बेफ़िक्र; निश्चिंतता; बे-फ़िक्री
【宽绰】 kuānchuo ❶लम्बा-चौड़ा ❷चैन पाना; राहत मिलना ❸धनी होना; संपन्न होना
【宽打窄用】 kuāndǎ-zhǎiyòng बड़ा बजट बनाना और खर्च करने में किफ़ायत करना
【宽大】 kuāndà ❶लम्बा-चौड़ा; विस्तृत; बड़ा：～的教室 लम्बा-चौड़ा क्लासरूम / ～的衣服 लम्बा-चौड़ा कपड़ा; ढीला कपड़ा ❷उदारता; नरमी; उदार; नरम：～对待 नरमी से पेश आना / ～为怀 उदार होना; के साथ उदार व्यवहार करना
【宽贷】 kuāndài माफ़; क्षमा; माफ़ करना; क्षमा करना
【宽待】 kuāndài उदार व्यवहार करना
【宽度】 kuāndù चौड़ाई
【宽泛】 kuānfàn व्यापक：这个词的涵义～。इस शब्द का अर्थ व्यापक है।
【宽广】 kuānguǎng चौड़ा; प्रशस्त; विस्तृत; विशाल; खुला：～的原野 खुला मैदान / ～的道路 प्रशस्त मार्ग / 心胸～ विशालहृदय
【宽轨铁路】 kuānguǐ tiělù बड़ी लाइन
【宽宏大量】 kuānhóng-dàliàng उदार; ऊंचे दिल वाला
【宽洪】 kuānhóng ❶गुंजायमान (स्वर) ❷उदार
【宽厚】 kuānhòu ❶मोटा और चौड़ा：～的胸膛 चौ-ड़ी छाती ❷उदार
【宽假】 kuānjiǎ <लि०> माफ़ करना; क्षमा करना
【宽解】 kuānjiě चिंता दूर करना; ढाढ़स बंधाना; दि-लासा देना
【宽旷】 kuānkuàng विस्तृत; विशाल; अपार
【宽阔】 kuānkuò चौड़ा; विस्तृत：～的道路 चौड़ा रास्ता / 胸怀～ विशालहृदयता
【宽让】 kuānràng सहिष्णुता; सहनशीलता; सहिष्णु; सहनशील
【宽饶】 kuānráo दया करना; माफ़ करना; क्षमा करना; रहम करना
【宽容】 kuānróng सहिष्णुता; सहनशीलता; सहिष्णु; सहनशील
【宽舒】 kuānshū ❶चिंतामुक्त; प्रसन्न; खुश：心境～ खुशी महसूस करना; खुश होना ❷विस्तृत; खुला
【宽恕】 kuānshù माफ़ी; क्षमा; माफ़ी देना; क्षमा करना：请求～ क्षमा मांगना
【宽松】 kuānsōng ❶(कपड़ा) ढीला; ढीला-ढाला ❷जिस में भीड़ न हो：这辆公共汽车～。इस बस में भीड़ नहीं है। ❸चिंतामुक्त होना; निश्चिंत होना ❹शिथिल करना; कम करना：～一下紧张的情绪 मानसिक तनाव को कम करना ❺उन्मुक्त; बंधनरहित：～的经济环境 उन्मुक्त आर्थिक वातावरण ❻धनी होना; संपन्न होना：随着收入的增加，人们的手头～了。आय में वृद्धि होने के साथ-साथ जनता संपन्न होने लगी।
【宽慰】 kuānwèi ढाढ़स बंधाना; दिलासा देना; आश्वासन देना：你去～妈妈几句吧！ तुम जाकर मां को दिलासा दो।
【宽限】 kuānxiàn समय-सीमा बढ़ाना：～一星期 समय-सीमा को एक हफ़्ता बढ़ा देना
【宽心】 kuānxīn चिंतामुक्त होना (करना); चिंता दूर होना (करना); आश्वस्त होना (करना)：听到儿子平安无恙的消息，她才～。अपने बेटे के सही-सलामत होने की खबर पाकर ही वह आश्वस्त हुई।
【宽心丸儿】 kuānxīnwánr आश्वासन देने की गोली —— आश्वासन देने की बात
【宽衣】 kuānyī <शिष्ट०> अपना कोट उतार दीजिए
【宽银幕电影】 kuānyínmù diànyǐng चौड़े परदे की फ़िल्म
【宽宥】 kuānyòu <लि०> माफ़ी; क्षमा; माफ़; माफ़ (माफ़ी) करना; क्षमा करना
【宽余】 kuānyú ❶विस्तृत और सुखदायक ❷धनी; संपन्न
【宽裕】 kuānyù ❶धनी; खुशहाल：生活～ खुशहाल होना ❷पर्याप्त; प्रचुर：时间～ समय पर्याप्त होना
【宽窄】 kuānzhǎi चौड़ाई; विस्तार; साइज़
【宽展】 kuānzhǎn <बो०> ❶प्रसन्न; चिंतामुक्त ❷चौड़ा; विस्तृत ❸धनी; खुशहाल
【宽纵】 kuānzòng छूट देना：别～孩子。बच्चे को छूट नहीं देनी चाहिए।

髋（髖） kuān नीचे दे०
【髋骨】 kuāngǔ <श०वि०> पुट्ठे की हड्डी

kuǎn

款[1]（欵） kuǎn ❶ईमानदारी; हार्दिकता：款留 / 款曲 ❷आतिथ्य-सत्कार; आवभगत; खातिरदारी：款待 / ～客 मेहमान की खातिरदारी करना
款[2]（欵） kuǎn ❶(कानून आदि का) अनुच्छेद; भाग ❷रकम; धन-राशि; पैसा：公～ सरकारी पैसा ❸चित्रकला या लिपिकला की कृति पर अंकित यह कृति देने वाले या पाने वाले का नाम：上款 shàngkuǎn
款[3]（欵） kuǎn <लि०> खटखटाना; दस्तक देना：～门 द्वार पर दस्तक देना
款[4]（欵） kuǎn <लि०> धीरे-धीरे; मंद गति से：款步
【款步】 kuǎnbù धीरे-धीरे चलना
【款待】 kuǎndài सत्कार; आतिथ्य; आतिथ्य-सत्कार; आवभगत; खातिरदारी; सत्कार (आतिथ्य, आतिथ्य-सत्कार, आवभगत, खातिरदारी) करना：受到热情～आतिथ्य-सत्कार किया जाना
【款额】 kuǎn'é रकम; धन-राशि

【款款】 kuǎnkuǎn 〈लि०〉 धीरे-धीरे; आहिस्ते-आहिस्ते; मंद गति से: ～而行 आहिस्ते-आहिस्ते चलना

【款洽】 kuǎnqià मेल-मिलाप; मेल-जोल

【款曲】 kuǎnqū 〈लि०〉 सौहार्य; सद्भावना; सौहार्दपूर्ण; सद्भावनापूर्ण: 互通～ एक दूसरे से सद्भावना प्रगट करना

【款式】 kuǎnshì स्टाइल; शैली; डिज़ाइन: 新～的衣服 नई डिज़ाइन का वस्त्र

【款项】 kuǎnxiàng ❶रकम; धन-राशि ❷कानून आदि में अनुच्छेद और मद

【款识】 kuǎnzhì (कांस्य बरतनों आदि पर अंकित) अभिलेख

【款子】 kuǎnzi 〈बोल०〉 धन-राशि; रकम: 这是一大笔～。यह एक बहुत बड़ी रकम है।

kuāng

匡 kuāng ❶〈लि०〉 ठीक करना; दुरुस्त करना; सुधारना; दूर करना: ～谬 गलती को दुरुस्त करना ❷〈लि०〉 मदद; सहायता; बचाव: ～助 मदद करना (देना) ❸〈बो०〉 मोटा हिसाब लगाना: 匡算 ❹ (Kuāng) एक कुलनाम

【匡扶】 kuāngfú 〈लि०〉 समर्थन करना; सहायता करना

【匡计】 kuāngjì मोटा हिसाब; मोटा हिसाब करना

【匡救】 kuāngjiù ठीक रास्ते पर लाना

【匡算】 kuāngsuàn मोटा हिसाब करना

【匡正】 kuāngzhèng ठीक करना; दुरुस्त करना; सुधारना; दूर करना: ～时弊 सामाजिक बुराइयों को दूर करना

诓（誆） kuāng धोखा; धोखेबाज़ी; ढकोसलेबाज़ी; झांसा; भुलावा; धोखा देना; धोखे में डालना; धोखेबाज़ी करना; ढकोसलेबाज़ी करना; झांसा देना; भुलावा देना; भुलावे में डालना: 你～人! तुम हमें झांसा दे रहे हो।

【诓骗】 kuāngpiàn （诓哄 kuānghǒng भी） धोखा (झांसा, भुलावा) देना; धोखे (झांसे, भुलावे) में डालना

哐 kuāng 〈अनु०〉 धड़ाम: ～的一声，脸盆掉在地上了。चिलमची धड़ाम से ज़मीन पर गिर पड़ी।

【哐当】 kuāngdāng 〈अनु०〉 धड़ाका; धमाका: ～一声，门被撞开。ज़ोर का झटका खाकर दरवाज़ा धड़ाके से खुल गया।

【哐啷】 kuānglāng 〈अनु०〉 धड़ाम

筐 kuāng टोकरी

【筐子】 kuāngzi छोटी टोकरी

kuáng

狂 kuáng ❶पागलपन; सनक; पागल; सनकी; विक्षिप्त; पगला; पगली: 发～ पागल होना ❷प्रचंड; भीषण: ～风 प्रचंड हवा; आंधी ❸अनियंत्रित; बिना सोचे-समझे: 狂奔 ❹ढिठाई; धृष्टता; बेअदबी; ढीठ; धृष्ट; बेअदब: 这个人很～。यह आदमी बहुत ढिठाई करता है।

【狂傲】 kuáng'ào धृष्टता; ढिठाई; धृष्ट; ढीठ

【狂暴】 kuángbào प्रचंड; भीषण; भयानक; उग्र: 性情～ उग्र स्वभाव

【狂奔】 kuángbēn बेतहाशा भागना; बदहवास होकर भागना: 他夺门～而去。वह चटपट दरवाज़े से बाहर निकल बेतहाशा भागा।

【狂飙】 kuángbiāo तूफ़ान; अंधड़

【狂草】 kuángcǎo तेज़ लिखाई; तेज़ लिखावट

【狂放】 kuángfàng अनियंत्रित; स्वच्छंद

【狂吠】 kuángfèi भौंकता रहना; गुर्राना

【狂风暴雨】 kuángfēng-bàoyǔ आंधी-पानी

【狂风恶浪】 kuángfēng-èlàng प्रचंड हवा और तरंगें —— भारी खलबली; भारी हलचल

【狂轰滥炸】 kuánghōng-lànzhà अंधाधुंध बमबारी करना

【狂欢】 kuánghuān रंगरलियां; रंगरलियां मनाना: ～节 आनन्दोत्सव / 纵情～ मस्त होकर रंगरलियां मनाना

【狂澜】 kuánglán ऊंची-ऊंची तरंगें

【狂怒】 kuángnù आपे से बाहर हो जाना; गुस्सा सातवें आसमान पर पहुंच जाना

【狂气】 kuángqi धृष्टता; ढिठाई

【狂犬病】 kuángquǎnbìng अलर्क रोग; जलत्रास; जलातंक रोग

【狂热】 kuángrè उन्माद; उन्मत्तता

【狂人】 kuángrén ❶पागल; पगला; पगली ❷धृष्ट या ढीठ व्यक्ति

【狂妄】 kuángwàng हेकड़ी; अक्खड़पन; हेकड़; अक्खड़: ～的野心 कुआकांक्षा / ～自大 अक्खड़ और घमंडी

【狂喜】 kuángxǐ अति प्रसन्न होना; खुशी से फूल उठना

【狂笑】 kuángxiào बेधड़क हंसना

【狂言】 kuángyán अशिष्ट भाषा: 口出～ ढिठाई से बोलना

【狂躁】 kuángzào अधीरता; उतावलेपन; बेसब्री; अधीर; उतावला; बेसब्र: 要镇静，别～。धैर्य रखना चाहिए न कि उतावला होना चाहिए।

诳（誑） kuáng नीचे दे०

【诳骗】 kuángpiàn धोखा देना; झांसा देना; छल-कपट करना

【诳语】 kuángyǔ （狂话 kuánghuà भी） झूठ; झूठी बात; असत्य

kuàng

邝（鄺）Kuàng एक कुलनाम

圹（壙）kuàng ❶कब्र：打～ कब्र खोदना ❷<लि०> विस्तृत मैदान; खुला मैदान

纩（纊）kuàng <लि०> रेशम की भरती

旷（曠）kuàng ❶विशाल; विस्तृत; खुला：地～人稀 क्षेत्र विशाल और जनसंख्या कम होना ❷निश्चिंत; चिंतारहित; बेफ़िक्र：心旷神怡 xīnkuàng-shényí ❸बरबाद करना; नष्ट करना：～日度时 समय बरबाद करना ❹ढीला：螺丝～了。पेच ढीला पड़ गया। / 衣服有点～。यह कपड़ा आप के लिए थोड़ा ढीला लगता है।

【旷达】 kuàngdá <लि०> विशालहृदय

【旷代】 kuàngdài <लि०> अपने युग में बेजोड़：～文豪 अपने युग में बेजोड़ साहित्यिक शिल्पी

【旷荡】 kuàngdàng ❶विशाल; विस्तृत; खुला ❷निश्चिंत; चिंतारहित; बेफ़िक्र

【旷废】 kuàngfèi उपेक्षा; अवहेलना; लापरवाही：～学业 पढ़ाई में लापरवाही करना

【旷费】 kuàngfèi बरबाद करना; नष्ट करना：～时间 समय नष्ट करना; दिन काटना

【旷工】 kuànggōng छुट्टी लिए बिना ड्यूटी पर न जाना

【旷古】 kuànggǔ आदिकाल से

【旷古未闻】 kuànggǔ-wèiwén अभूतपूर्व; अपूर्व

【旷课】 kuàngkè बिना छुट्टी लिए क्लास में अनुपस्थित होना

【旷日持久】 kuàngrì-chíjiǔ दीर्घकालिक; लम्बा：～的谈判 लम्बी वार्ता

【旷世】 kuàngshì बेजोड़; अद्वितीय：～奇才 अपने युग में बेजोड़ प्रतिभा

【旷野】 kuàngyě खुला मैदान

【旷远】 kuàngyuǎn ❶अपार; असीम ❷<लि०> बहुत समय पहले; सुदूर अतीत：年代～ सुदूर अतीत का

【旷职】 kuàngzhí बिना छुट्टी लिए ड्यूटी पर न होना

况[1]（況）kuàng ❶स्थिति; दशा; अवस्था; हालत; हाल：近～如何？आप का क्या हाल है？❷तुलना; उपमा; तुलना करना; उपमा देना：以古～今 अतीत से आज की तुलना करना ❸（Kuàng）एक कुलनाम

况[2]（況）kuàng <लि०> के अलावा; के अतिरिक्त; के सिवा; फिर

【况且】 kuàngqiě के अलावा; के अतिरिक्त; के सिवा; फिर：这房子太小，～光线也不好。यह मकान ज़्यादा छोटा है, फिर रोशनीदार भी नहीं है। / 这里离城里远，～您身体又不好，今晚就在我家过夜吧！यहां से शहर बहुत दूर है। इस के सिवा आप की तबीयत भी अच्छी नहीं। बेहतर यही है कि आज रात आप हमारे घर में ही ठहरें।

矿（礦、鑛）kuàng ❶खनिजपरत ❷खनिज पत्थर; अयस्क：铁～ खनिज लोहा ❸खान：铁～ लोहे की खान / 岩盐～ नमक की खान

【矿藏】 kuàngcáng खनिज भंडार：～丰富 खनिजों के प्रचुर भंडार

【矿层】 kuàngcéng खनिज परत

【矿产】 kuàngchǎn खनिज; अयस्क：～资源 खनिज साधन

【矿车】 kuàngchē माइन कार; ट्राम

【矿床】 kuàngchuáng खनिज परत

【矿灯】 kuàngdēng खनिकों का लैंप

【矿工】 kuànggōng खनिक; खान-मज़दूर

【矿浆】 kuàngjiāng अयस्क पंक

【矿井】 kuàngjǐng खान

【矿坑】 kuàngkēng खान

【矿脉】 kuàngmài धातु रेखा

【矿苗】 kuàngmiáo आऊटक्रॉप

【矿区】 kuàngqū खनिज क्षेत्र

【矿泉】 kuàngquán खनिज स्रोत：～水 खनिज जल; मिनरल वाटर

【矿砂】 kuàngshā रेत में पायी जाने वाली धातु

【矿山】 kuàngshān खान

【矿石】 kuàngshí खनिज पत्थर

【矿石收音机】 kuàngshí shōuyīnjī क्रिस्टल रेडियो रिसीवर

【矿物】 kuàngwù खनिज

【矿物学】 kuàngwùxué खनिज विज्ञान

【矿盐】 kuàngyán खनिज नमक

【矿业】 kuàngyè खनन उद्योग

【矿渣】 kuàngzhā धातु मल

【矿质肥料】 kuàngzhì féiliào खनिज उर्वरक

【矿柱】 kuàngzhù स्तंभ

框 kuàng ❶फ़्रेम; चौखटा：配个镜～ शीशे को चौखटे में जड़ देना ❷चौखट ❸चौखटा लगाना：把标题用红线～起来。शीर्षक के चारों ओर सुर्खियों से चौखटा लगाओ। ❹नियंत्रण; प्रतिबंध; रोक; नियंत्रण रखना; प्रतिबंध लगाना; रोक लगाना：不要～得太死。इस पर कड़ा नियंत्रण नहीं रखना चाहिए।

【框架】 kuàngjià ढांचा; चौखटा：市场经济的～ मंडी अर्थतंत्र का ढांचा / ～协议 ढांचागत समझौता

【框框】 kuàngkuang ❶फ़्रेम; चौखटा ❷प्रतिबंध; बंधन：突破～ बंधनों से मुक्त करना

【框子】 kuàngzi फ़्रेम; चौखटा; घेरा：眼镜～ ऐनक का घेरा

眶 kuàng आंख का घेरा：眼眶 yǎnkuàng

kuī

亏（虧）kuī ❶घाटा; घाटा उठाना; घाटा होना: 盈～ नफ़ा और घाटा / 这买卖～了。इस सौदे में घाटा हुआ। ❷अभाव; कमी: 亏短 ❸के साथ अन्याय करना (होना): 放心，～不了你。बेफ़िक्र रहो, तुम्हारे साथ अन्याय नहीं होगा। ❹अच्छा यह हुआ कि …; खैरियत की बात यह कि …: ～他早告诉我，我才没白跑一趟。अच्छा हुआ कि उस ने पहले से मुझे बता दिया वरन् मैं व्यर्थ ही वहां गया होता। ❺(ताना मारने के लिए प्रयुक्त) शर्म नहीं आती: 这种不近人情的话，～你说得出口。ऐसी निष्ठुर बातें कहने में क्या तुम्हें शर्म नहीं आती ? / ～你是个读书人，连这个字都不认识。तुम तो पढ़े-लिखे हो और चीनी अक्षर नहीं जानते हो ! क्या तुम्हें शर्म नहीं आती ?

【亏本】 kuīběn घाटा; घाटा होना; घाटा उठाना: 这家工厂～经营。यह कारखाना घाटे में चल रहा है। / 他做生意亏了本。उसे व्यापार में घाटा उठाना पड़ा है।

【亏产】 kuīchǎn उत्पादन का लक्ष्य प्राप्त करने में असफल होना

【亏秤】 kuīchèng तौल में कमी होना

【亏待】 kuīdài के साथ अन्याय करना; के साथ अनुचित बरताव करना

【亏得】 kuīde ❶की बदौलत; के कारण; की कृपा से: ～众人相助，我才得以渡过难关。लोगों की मदद की बदौलत ही मैं कठिन स्थिति से छुटकारा पा सका हूँ। ❷(ताना देने के लिए प्रयुक्त): 时间隔这么久才提醒我，～你这份记性。आप की याददाश्त भी खूब है कि इतने अंतराल के बाद ही मुझे याद दिला रहे हैं। / 这么热的天还穿毛衣，真～你。तुम भी खूब हो कि इतने गरम मौसम में भी अपने ऊपर ऊनी जाकिट डाले हुए हो।

【亏短】 kuīduǎn अपर्याप्त; कम

【亏负】 kuīfù ❶के अनुरूप अपने को ढालने में असफल होना; पर पानी फेरना: 他～了大家的期望。उस ने लोगों की आशा पर पानी फेर दिया है; वह लोगों की आशा के अनुरूप अपने को ढालने में असफल रहा। ❷नुकसान पहुंचाना; हानि पहुंचाना; अहित करना: 我们从没有～过你。हम ने तुम्हारा अहित कभी नहीं किया; हम ने तुम्हें नुकसान पहुंचाने की कोशिश कभी नहीं की।

【亏耗】 kuīhào नुकसान; हानि; नुकसान (हानि) उठाना: 蔬菜在运输过程中有所～。ताज़ी साग-सब्ज़ी को गाड़ी में लादने और ले जाने के दौरान कुछ नुकसान उठाना पड़ता है।

【亏空】 kuīkong ❶कर्ज़ लेना: 工厂今年～一百万。कारखाने ने इस वर्ष दस लाख य्वान का कर्ज़ लिया। ❷कर्ज़: 省着点用，就拉不了～。किफ़ायत बरतने पर कर्ज़ लेने की नौबत नहीं आती।

【亏累】 kuīlěi घाटे पर घाटा होना

【亏折】 kuīshé घाटा उठाना

【亏蚀】 kuīshí ❶सूर्यग्रहण या चंद्रग्रहण ❷घाटा उठाना ❸नुकसान उठाना; हानि उठाना

【亏损】 kuīsǔn ❶घाटा; घाटा उठाना ❷दुर्बलता; कमज़ोरी; दुर्बल; कमज़ोर: 久病而～ लम्बी बीमारी के बाद दुर्बल पड़ना

【亏心】 kuīxīn दिल में अशांति होना: ～事 दिल में अशांति उत्पन्न करने वाली बात / 你说这种话，不～吗? तुम ने ऐसी बात तक कह डाली। क्या तुम्हारा मन मानता है ?

岿（巋）kuī नीचे दे०

【岿然】 kuīrán <लि०> उत्तुंग; गगनचुम्बी: ～屹立 अटल-अचल खड़ा होना

【岿巍】 kuīwēi <लि०> उत्तुंग; गगनचुम्बी

盔 kuī शिरस्त्राण; लोहे का टोप

【盔甲】 kuījiǎ कवच; बख्तर

窥（窺、闚）kuī झांक; ताक-झांक; झांक-फूंक; झांकी; झांकना; छिपकर देखना; ताक-झांक करना: 窥视

【窥测】 kuīcè ताक-झांक करना: ～动向 हवा का रुख देखना

【窥察】 kuīchá ताक-झांक करना; छिपकर देखना; गुप्त खोजबीन करना

【窥见】 kuījiàn झलक; झलकना: 从言谈中可以～他很生气。उस की बातों से झलकता है कि वह बहुत नाराज़ है।

【窥视】 kuīshì छिपकर देखना; झांकना: 他从门缝里～。वह अधखुले द्वार से अन्दर झांका।

【窥伺】 kuīsì <अना०> ताक में रहना; ताक लगाना

【窥探】 kuītàn गुप्त खोजबीन करना; छिपकर देखना

【窥听】 kuītīng छिपकर बातें सुनना

kuí

奎 kuí ❶रेवती, 28 नक्षत्रों में एक ❷(Kuí)एक कुलनाम

【奎宁】 kuíníng <औष०> कुनैन

逵 kuí <लि०> मार्ग; रास्ता

馗 kuí 逵 kuí के समान

隗 Kuí एक कुलनाम

葵 kuí चौड़ी पत्तियों वाली कुछ शाकीय वनस्पतियाँ: 向日葵 xiàngrìkuí

【葵花】 kuíhuā सूरजमुखी; सूर्यमुखी

【葵花子】 kuíhuāzǐ सूरजमुखी के बीज

【葵扇】 kuíshàn ताड़ के पत्ते से बना पंखा

揆 kuí 〈लि०〉 ❶अनुमान; अन्दाज़; अनुमान लगाना; अन्दाज़ लगाना: ～其本意，或非如此。अनुमान है कि यह उस का असली इरादा नहीं है । ❷सिद्धांत; मानक ❸कार्यभार संभालना ❹प्रधान मंत्री: 阁～ प्रधान मंत्री

【揆度】 kuíduó 〈लि०〉 अन्दाज़ लगाना; अनुमान करना: ～得失 लाभ-हानि का अनुमान करना

【揆情度理】 kuíqíng-duólǐ स्थितियों को ध्यान में रखते हुए आम मान्यताओं के अनुरूप निर्णय करना

喹 kuí नीचे दे०

【喹啉】 kuílín 〈रसा०〉 क्विनोलाइन

暌 kuí अलग; अलग-थलग; अलग होना; अलग-थलग होना

【暌别】 kuíbié 〈लि०〉 जुदा होना; बिछुड़ना: ～多年 वर्षों से बिछुड़े रहना

【暌隔】 kuígé 〈लि०〉 暌离 के समान

【暌离】 kuílí 〈लि०〉 जुदा होना; बिछुड़ना

【暌违】 kuíwéi 〈लि०〉 (पत्रों में प्रयुक्त) जुदा होना; अलग होना

魁 kuí ❶मुखिया; प्रमुख; सरगना: 罪魁 zuìkuí ❷डील-डौल: 魁梧 ❸दे० 魁星

【魁岸】 kuí'àn 〈लि०〉 डील-डौल का होना; हट्टा-कट्टा होना; मोटा-ताज़ा होना

【魁首】 kuíshǒu ❶ (魁元 kuíyuán भी) सर्वश्रेष्ठ; दूसरों से बढ़कर: 文章～ अपने युग का सर्वश्रेष्ठ लेखक ❷मुखिया; नेता; अगुवा

【魁伟】 kuíwěi हृष्ट-पुष्ट; हट्टा-कट्टा; मोटा-ताज़ा; बलिष्ठ

【魁梧】 kuíwú हृष्ट-पुष्ट; हट्टा-कट्टा; मोटा-ताज़ा; बलिष्ठ

【魁星】 kuíxīng कलछी जैसे सप्त ऋषि की कटोरी में के चार तारे या कटोरी में सब से ऊंचा तारा

睽 kuí 〈लि०〉 ❶暌 kuí के समान ❷के विपरीत होना; के विरुद्ध होना

【睽睽】 kuíkuí टकटकी; एकटक; अनिमेष: 众目睽睽 zhòngmù-kuíkuí

【睽异】 kuíyì 〈लि०〉 विचारों का भिन्न होना; दोराय होना

蝰 kuí नीचे दे०

【蝰蛇】 kuíshé वाइपर

kuǐ

傀 kuǐ नीचे दे०

【傀儡】 kuǐlěi कठपुतली: ～政权 कठपुतली सत्ता

【傀儡戏】 kuǐlěixì 木偶戏 mù'ǒuxì के समान

跬 kuǐ 〈लि०〉 आधा कदम: ～步 आधा कदम बढ़ाना

kuì

匮 (匱) kuì 〈लि०〉 कमी; अभाव: 匮乏

【匮乏】 kuìfá 〈लि०〉 (匮缺 kuìquē भी) अभाव; कमी: 粮食～ खाद्यान्न की कमी / 极度～ सख्त अभाव

【匮竭】 kuìjié 〈लि०〉 नष्ट होना; बाकी न रह जाना

喟 kuì 〈लि०〉 आह; उसांस: 喟叹

【喟然长叹】 kuìrán-chángtàn 〈लि०〉 आह खींचना

【喟叹】 kuìtàn 〈लि०〉 आह भरना

馈 (饋) kuì उपहार में देना; भेंट में देना: ～以鲜果 भेंट में ताज़ा फल देना

【馈送】 kuìsòng 馈赠 के समान

【馈线】 kuìxiàn 〈विद्यु०〉 फ़ीड लाइन

【馈赠】 kuìzèng उपहार में देना; भेंट में देना; भेंट करना: 带些土产品～亲友 सगे-संबंधियों को स्थानीय उपज भेंट करना

溃 (潰) kuì ❶(तटबंध का) टूट जाना: ～堤 बांध टूट जाना ❷〈लि०〉 (घेरेबन्दी को) तोड़ना: 溃围 ❸पराजित; तितर-बितर: 溃退 ❹पीब या मवाद से भर जाना: 溃烂

huì भी दे०

【溃败】 kuìbài पराजित होना; तितर-बितर हो जाना

【溃不成军】 kuìbùchéngjūn सेना का तितर-बितर हो जाना; छिन्न-भिन्न हो जाना

【溃决】 kuìjué (बाढ़ के पानी का तटबंधों को) तोड़ देना: 大堤～。बाढ़ के पाने ने बांध को तोड़ दिया; बांध टूट गया ।

【溃烂】 kuìlàn पीब या मवाद से भर जाना

【溃灭】 kuìmiè पतन होना

【溃散】 kuìsàn सेना का तितर-बितर होना; छिन्न-भिन्न होना

【溃逃】 kuìtáo (सेना का) पीठ देना; भाग खड़ा होना; खेत छोड़ना

【溃退】 kuìtuì हार कर पीछे हटना

【溃围】 kuìwéi 〈लि०〉 घेरेबन्दी को तोड़ देना

【溃疡】 kuìyáng 〈चिकि०〉 फोड़ा पड़ना; नासूर पड़ना

愦 (憒) kuì 〈लि०〉 मूढ़ता; मूढ़; जड़बुद्धि; हक्का-बक्का

【愦乱】 kuìluàn 〈लि०〉 हक्का-बक्का रह जाना; घबराना

愧 kuì शर्म; हया; लज्जा; शर्मिंदगी; लाज; शर्मिंदा; लज्जित; लजालू: 羞愧 xiūkuì / ～不敢当 मैं ऐसे सम्मान के योग्य नहीं हूँ; मुझे यह सम्मान देकर लज्जित कर दिया गया ।

【愧汗】 kuìhàn 〈लि०〉 लाज से गड़ जाना

【愧恨】 kuìhèn पश्चाताप; पछतावा; पछताना; पश्चाताप करना (होना); पछतावा करना (होना)： ～不已 बहुत पछतावा करना
【愧悔】 kuìhuǐ शर्म आना और दुख लगना
【愧疚】 kuìjiù मन दुखित होना
【愧赧】 kuìnǎn लज्जा की लाली; लज्जा से लाल पड़ना
【愧恧】 kuìnǜ 〈लि०〉 शर्म आना; लज्जा आना; शर्मिंदा होना; लज्जित होना
【愧色】 kuìsè लज्जित होने का भाव： 面带～ चेहरे पर लज्जा का भाव प्रगट होना / 面无～ चेहरे पर लज्जा का कोई निशान नहीं होना
【愧痛】 kuìtòng लज्जा के कारण दुख होना
【愧怍】 kuìzuò 〈लि०〉 शर्म; हया; लज्जा; शर्मिंदगी; लाज; शर्म आना; लज्जा लगना; शर्मिंदगी होना

聩（聵） kuì 〈लि०〉 बहरापन; बहरा： 发聋振聩 fālóng-zhènkuì

篑（簣） kuì 〈लि०〉 मिट्टी रखने की टोकरी： 功亏一篑 gōngkuī-yīkuì

kūn

坤 kūn नारी; स्त्री; मादा： ～表 महिलाओं के लिए कलाई घड़ी / ～包 महिलाओं के लिए हैंडबैग
【坤角儿】 kūnjuér （坤伶 kūnlíng भी）〈पुराना〉 अभिनेत्री
【坤造】 kūnzào 〈पुराना〉 ❶वधुपक्ष ❷कन्या की जन्म-पत्री
【坤宅】 kūnzhái 〈पुराना〉 वधुपक्ष का घर

昆 kūn 〈लि०〉 ❶ज्येष्ठ भाई： 昆仲 ❷संतान; औलाद; संतति： 后～ संतान; औलाद
【昆布】 kūnbù 〈ची०चि०〉 केल्प (एक जलीय पौधा)
【昆虫】 kūnchóng कीड़ा; कीट; कीटक： ～学 कीट विज्ञान / ～学家 कीट विज्ञानी
【昆季】 kūnjì 〈लि०〉 बड़ा भाई और छोटा भाई; भाई
【昆仑】 Kūnlún खुनलुन पर्वत माला
【昆明】 Kūnmíng खुनमिंग (युन्नान प्रांत की राजधानी)
【昆腔】 kūnqiāng एक गायन-शैली, जो मिंग राजवंश काल में च्यांगसू प्रांत के खुनशान（昆山）में प्रवर्तित हुई थी
【昆曲】 kūnqǔ ❶खुनछवू ऑपेरा ❷खुनछवू ऑपेरा की गायन-शैली
【昆仲】 kūnzhòng ज्येष्ठ और कनिष्ठ भाई; भाई

崑 kūn नीचे दे०
【崑崙】 Kūnlún 昆仑 Kūnlún का पुराना नाम

髡 kūn (पुराने ज़माने में दंड के तौर पर) पुरुष के सिर के बाल मूंडना

醌 kūn 〈रसा०〉 क्वीनन

鲲（鯤） kūn श्रुति के अनुसार एक भीमकाय मछली
【鲲鹏】 kūnpéng श्रुति के अनुसार भीमकाय मछली से परिवर्तित एक भीमकाय पक्षी

kǔn

捆（綑） kǔn ❶बांधना; गांठ देना; गांठना： ～行李 असबाब बांधना / ～住手脚 हाथ-पैर बांधना ❷बंडल： 稻草～儿 भूसे का बंडल ❸〈परि०श०〉 (बंधी हुई वस्तु के लिए) बंडल： 一～柴 लकड़ियों का एक बंडल
【捆绑】 kǔnbǎng (किसी व्यक्ति को) रस्सी से बांधना
【捆扎】 kǔnzā बांधना; गांठ देना; गांठना： 把行李～好 असबाब कसकर बांधना

阃（閫） kǔn 〈लि०〉 ❶देहली ❷ज़नानाखाना ❸स्त्री; नारी

悃 kǔn 〈लि०〉 ईमानदारी; हार्दिकता
【悃愊】 kǔnbì 〈लि०〉 पूरी ईमानदारी

kùn

困[1] kùn ❶असहाय; निरुपाय; निराश्रय： ～在他乡 बेगाने प्रदेश में अपने आप को असहाय पाना / 为病所～ रोगग्रस्त होना ❷घेराव; घेराबन्दी; घेराव करना; घेराबन्दी लगाना; घेरना： ～住敌人不让逃脱 दुश्मन को घेर कर भाग निकलने न देना ❸कठिनाई; कठिनता; कठिन： 困苦 ❹थकावट; थकान; थकना： 困乏

困[2]（睏） kùn ❶नींद; उनींदा; नींद आना; उनींदा होना： 他～了。 उसे नींद आई; वह उनींदा हुआ। ❷〈बो०〉 सोना; शयन करना： 你明天要早起，快点～吧。 कल बहुत सबेरे ही तुम्हें उठना होगा। अभी जल्दी सोने जाओ।
【困惫】 kùnbèi 〈लि०〉 थका-मांदा होना; थक कर चूर होना
【困顿】 kùndùn ❶थक जाना ❷हाथ तंग होना; तंगी होना
【困厄】 kùn'è दुर्दशा; दुर्गति; दुरावस्था
【困乏】 kùnfá ❶थकान; थकावट; थकना ❷〈लि०〉 तंगी; गरीबी; तंग होना; गरीबी की चक्की में पिसना
【困惑】 kùnhuò उलझन; दुविधा; उलझन (दुविधा) में पड़ना; उलझन (दुविधा) में डालना： ～不解 उलझन में पड़ना / 这个问题一直～着他们。 यह समस्या उन्हें हमेशा दुविधा में डाले हुए रही है।
【困觉】 kùnjiào 〈बो०〉 सोना; शयन करना

【困境】 kùnjìng कठिन स्थिति; बुरी हालतः 陷于～ कठिन स्थिति में फंसना / 摆脱～ बुरी हालत से उबरना / 处在～之中 कठिन स्थिति में होना

【困窘】 kùnjiǒng ❶कठिन स्थिति; दुर्दशा; दुर्गति ❷गरीब; निर्धन; गरीबी पीड़ित

【困倦】 kùnjuàn नींद आना; उनींदा होनाः 他显得十分～。वह उनींदा लग रहा है; लगता है कि उसे नींद आ रही है।

【困苦】 kùnkǔ (जीवन का) कठोर; दूभरः 生活～ जीवन दूभर होना / 艰难～ कठोरता और कठिनता

【困难】 kùnnan ❶कठिनता; कठिनाई; मुश्किल; कठिन; मुश्किलः 战胜～ कठिनाइयों से पार पाना / 山高缺氧，呼吸～。ऊंचे पर्वत पर आक्सीजन का अभाव होने के कारण सांस लेना कठिन होता है। ❷कठिन होना; दूभर होना; तंगी होना; हाथ तंग होनाः 生活～ जीवन कठिन होना / 他现在有～，我们大家应该帮助他。इस समय उस का हाथ तंग है। हमें उसे मदद देनी चाहिए।

【困扰】 kùnrǎo परेशानी; हैरानी; उद्विग्नता; परेशान; हैरान; उद्विग्नः 他为资金缺乏所～。वह पूंजी की कमी से परेशान है; उसे पूंजी की कमी की समस्या परेशान कर रही है।

【困人】 kùnrén ऊबना; उबाना; ऊबाऊ होना

【困守】 kùnshǒu घिर जाने पर बचाव करना; घेराबन्दी का मुकाबला करनाः ～孤城 शत्रु सेना द्वारा चारों ओर से घेरे हुए शहर में मोर्चेबंदियाँ बनाना

【困兽犹斗】 kùnshòu-yóudòu संकट में फंस जाने पर जानवर भी छटपटाता है; पशु भी आक्रमण का सामना करने पर जीवन के लिए संघर्ष करता है

kuò

扩（擴）kuò विस्तार; फैलाव; विस्तृत; विस्तार करना; फैलाना; फैलना; बढ़ाना; बढ़नाः 扩大 / 扩军

【扩版】 kuòbǎn समाचार-पत्र के पृष्ठों की संख्या बढ़ाना

【扩编】 kuòbiān सैन्य टुकड़ियों का विस्तार करना

【扩充】 kuòchōng बढ़ाना; बढ़ना; विस्तार करना (होना); वृद्धि करना (होना)ः ～军备 सैन्य विस्तार करना / ～课本内容 पाठ्यपुस्तक की विषयवस्तु में वृद्धि करना / ～实力 शक्ति बढ़ाना; शक्ति में वृद्धि करना

【扩大】 kuòdà विस्तार; वृद्धि; इज़ाफ़ा; विस्तृत; विस्तार करना; वृद्धि करना; इज़ाफ़ा करना; विस्तृत करना; बढ़ाना; बढ़नाः ～内需 वस्तुओं की घरेलू आवश्यकता बढ़ाना / ～进（出）口 आयात (निर्यात) में वृद्धि करना / ～合作 सहयोग बढ़ाना / ～再生产 विस्तृत पुनरुत्पादन / ～会议 विस्तृत अधिवेशन / ～眼界 अपना दृष्टिक्षेप विस्तृत करना

【扩建】 kuòjiàn विस्तार; विस्तार करनाः ～机场 हवाई अड्डे का विस्तार करना

【扩军】 kuòjūn सैन्य विस्तार

【扩散】 kuòsàn प्रसार; फैलाव; प्रसार करना (होना); फैलाना; फैलनाः 防止核～ न्यूक्लियर प्रसार पर रोक लगाना / ～影响 प्रभाव फैलाना / ～谣言 अफ़वाहें फैलाना / 疾病～ रोग फैलना

【扩胸器】 kuòxiōngqì चेस्ट एक्सपेंडर

【扩音器】 kuòyīnqì ❶मेगाफ़ोन; ध्वनिविस्तारक ❷ओडियो एंप्लिफ़ाइर

【扩印】 kuòyìn 135 फ़िल्म का इंलार्जमेंट करना

【扩展】 kuòzhǎn बढ़ाना; बढ़ना; विस्तार करना (होना); फैलाना; फैलनाः 城区面积已～到10平方公里。शहरी क्षेत्र दस वर्गकिलोमीटर तक फैल चुका है।

【扩张】 kuòzhāng विस्तार; विस्तार करनाः 向外～ विदेशों में विस्तार करना / ～主义 विस्तारवाद / ～政策 विस्तार-नीति / ～野心 विस्तारवादी दुराकांक्षा

括 kuò ❶संकुचन; संकुचित; संकुचित करना; ताननाः 括约肌 ❷शामिल करना; सम्मिलित करना; समाविष्ट करनाः 包括 bāokuò

【括号】 kuòhào ब्रैकेट; कोष्ठक

【括弧】 kuòhú निक्षेप चिन्ह; लघु कोष्ठक

【括约肌】 kuòyuējī स्फ़िंक्टर

蛞 kuò नीचे दे०

【蛞蝼】 kuòlóu 〈प्राचीन〉 मोल क्रिकेट

【蛞蝓】 kuòyú 〈प्राणि०〉 घोंघा; शम्बुक

阔（濶）kuò ❶चौड़ाई; विस्तार; चौड़ा; विस्तृत; विशालः 广阔 guǎngkuò ❷अमीरी; संपन्नता; अमीर; संपन्न; धनी; पैसेवाला; धनवानः 他一下～起来了。वह यकायक धनवान बन गया।

【阔别】 kuòbié लम्बे अरसे से बिछुड़ना; काफ़ी समय से जुदा होना

【阔步】 kuòbù लम्बे-लम्बे डग भरनाः ～前进 लम्बे-लम्बे डग भरते हुए आगे बढ़ना

【阔绰】 kuòchuò तड़क-भड़क; ठाट-बाट

【阔老】 kuòlǎo（阔佬 kuòlǎo भी）अमीर; धनवान; धनी

【阔气】 kuòqi तड़क-भड़क; ठाट-बाटः 摆～ तड़क-भड़क दिखाना

【阔人】 kuòrén अमीर; पैसेवाला

【阔少】 kuòshào अमीरज़ादा

【阔叶树】 kuòyèshù चौड़े पत्तों वाला वृक्ष

廓 kuò ❶चौड़ा; विशाल; विस्तृतः 寥廓 liáokuò ❷रूपरेखाः 轮廓 lúnkuò

【廓尔喀】 Kuò'ěrkā गोरखा

【廓落】 kuòluò 〈लि०〉 विशाल और नीरव

【廓清】 kuòqīng साफ़ कर देना

【廓张】 kuòzhāng 〈लि०〉 फैलना; बढ़ना; विस्तृत होना

L

lā

旮 lā दे० 旯旮 kēlā 〈बो०〉 मिट्टी का टुकड़ा

垃 lā नीचे दे०

【垃圾】 lājī कूड़ा; कूड़ा-करकट; कचरा

【垃圾堆】 lājīduī कूड़े का ढेर; कचरे का ढेर; कूड़े-करकट का ढेर

【垃圾分类】 lājī fēnlèi कूड़े-करकट का वर्गीकरण

【垃圾股】 lājīgǔ 〈अर्थ०〉 जंक शेयर

【垃圾时间】 lājī shíjiān 〈खेल०〉 दो टीमों के खेल स्तर में बहुत अंतर होने से दर्शकों की खेल में रुचि पैदा न हो पाना और खेल देखने में बिताया हुआ समय; रबिश टाइम

【垃圾桶】 lājītǒng कूड़ेदानी

【垃圾箱】 lājīxiāng कूड़ा-कोठ; कचरा-पेटी; कबाड़खाना; कूड़ा-बक्स

【垃圾邮件】 lājī yóujiàn बेकार डाक; जंक मेल

【垃圾债券】 lājī zhàiquàn 〈अर्थ०〉 जंक बॉण्ड

拉¹ lā ❶खींचना; घसीटना: ～车 गाड़ी घसीटना / 把马～过去 घोड़े को अपनी ओर खींचना ❷(व्यक्ति, माल आदि) एक स्थान से दूसरे स्थान पर ले जाना; वहन करना: 用车～货或～人 गाड़ी से माल या व्यक्ति ले आना या ले जाना ❸(सेना, टुकड़ी आदि) भेजना; ले आना; ले जाना: 把队伍～到铁路南边去。टुकड़ी को रेलवे के दक्षिण में ले जाओ। ❹(कुछ बाजा) बजाना: ～小提琴 वायलिन बजाना / ～手风琴 अकार्डियन बजाना ❺लंबा करना: ～长声音说话 चबा-चबाकर बातें करना ❻〈बो०〉 पालन-पोषण करना: 他叔叔好不容易把他～大。उस के चाचा ने बड़ी कठिनाई से उस का पालन-पोषण किया। ❼सहायता देना; मदद देना: 他有困难，～他一把。वह कठिनाई में है, हमें सहायता देनी चाहिये। ❽लुभाना; पुचकारना: 一打一～的政策 एक तरफ़ मारने तथा दूसरी तरफ़ पुचकारने की नीति / 我们要以～对～。अगर आप पुचकारते हैं तो हम भी पुचकारेंगे। / ～一派打一派 एक पक्ष को पुचकारना और दूसरे पक्ष को मारना ❾उलझाना; फंसाना: 这是我自己做的事，不～上别人。यह मेरा अपना किया हुआ काम है, दूसरों को न फंसाऊंगा। ❿किसी के साथ संबंध रखना: 拉关系 / 拉交情 ⓫संगठन करना: ～队伍 दल, टोली आदि बनाना / 拉帮结伙 ⓬लोगों को कोई माल खरीदने के लिये कहना: ～生意 लोगों को कोई माल खरीदने के लिये कहना ⓭〈बो०〉 गपशप करना: 拉话 / 拉家常 ⓮〈टेबुल टेनिस〉 गेंद उठाना; उछालना: ～弧圈球 भंवरनुमा शैली से गेंद उठाना

拉² lā आंतों को खाली करना: 拉屎 / 拉肚子
lá; lǎ; là भी दे०

【拉拔】 lābá 〈यां०〉 ड्राइंग

【拉巴】 lāba 〈बो०〉 ❶(बच्चे का) बड़ी कठिनाई से पालन-पोषण करना ❷सहायता देना; मदद देना; समर्थन करना

【拉帮结伙】 lābāng-jiéhuǒ लोगों को जमा करके गुट बनाना; गिरोह बनाना

【拉鼻儿】 lābír (रेल, जहाज़ आदि की) सीटी बजाना

【拉场子】 lā chǎngzi तमाशावालों आदि का सड़क के खुले स्थान में तमाशा आदि करना

【拉扯】 lāche 〈बोल०〉 ❶खींचना; घसीटना: 你～住他，别让他走。तुम उसे खींचकर रोको, उसे जाने न दो। ❷बड़ी कठिनाई से पालन-पोषण करना: 你妈好不容易才把你～大。तुम्हारी मां ने बड़ी मुश्किल से तुम्हारा पालन-पोषण किया। ❸सहायता देना; मदद देना; पद-वृद्धि करना: 他师父见他有出息，愿意特别～他一把。उस के उस्ताद ने देखा कि वह होनहार है और उसे खास मदद देने में रज़ामंद है। ❹सांठ-गांठ करना; अपनी ओर करना ❺उलझाना; फंसाना: 不要把我～进去。मुझे इस मामले में मत फंसाओ। ❻गपशप करना: 他心里着急，无心跟我～。वह चिंता में है और मुझ से गपशप करना नहीं चाहता।

【拉出去】 lāchuqu बाहर खींचना: 把他～枪毙！ उसे बाहर ले जाकर गोली मार दो! / ～，打进来。हमारे कार्यकर्ता का दुश्मन के खेमे में घसीट लिये जाना अथवा दुश्मन का हमारी पांतों में घुस आना

【拉床】 lāchuáng 〈यां०〉 ब्रोचिंग मशीन

【拉大】 lādà 〈बो०〉 पालन-पोषण करना; पालना: 他妈好不容易把他～。उस की मां ने बड़ी मुश्किल से उस को पाला-पोसा।

【拉大片】 lā dàpiān दे० 拉洋片

【拉大旗作虎皮】 lā dàqí zuò hǔpí बड़े झंडे का बाघ की छाल के रूप में इस्तेमाल करना —— लोगों को डराने के लिये अपने को सुसज्जित करना

【拉刀】 lādāo 〈यां०〉 ब्रोच

【拉倒】 lādǎo 〈बोल०〉 इसे भूल जाना: 不想干～。अगर आप काम नहीं करना चाहते, तो मत करिये।

【拉德】 lādé 〈भौ०〉 रैड (rad) (रेडियेशन परिमाण की इकाई)

【拉丁】 lādīng ❶〈पुराना〉 नौजवानों को ज़बरदस्ती फ़ौज में भरती करना ❷जनता से बेगार करना

【拉丁化】 Lādīnghuà (चीनी आदि) अक्षरों का लैटिनीकरण

【拉丁美洲】 Lādīng Měizhōu लैटिन अमेरीका

【拉丁文】 Lādīngwén ❶लैटिन भाषा ❷लैटिन लिपि

【拉丁语】 Lādīngyǔ लैटिन भाषा

【拉丁字母】 Lādīng zìmǔ लैटिन वर्णमाला; रोम वर्णमाला: ～拼音方案 लैटिन अक्षरों की ध्वनिमूलक योजना

【拉肚子】 lā dùzi 〈बोल०〉 दस्त आना

【拉队伍】 lā duìwǔ दल बनाना; टुकड़ी बनाना

【拉夫】 lāfū (पुराना 拉伕 lāfū) जनता से बेगार कराना

【拉幅机】 lāfújī 〈बुना०〉 कपड़ा तानने की मशीन; टेंटर

【拉杆】 lāgān 〈यां०〉 खींचने वाली छड़

【拉杆天线】 lāgān tiānxiàn टेलिस्कापिक ऐन्टेना

【拉钩】 lāgōu दो आदमियों का एक दूसरे को संकेतक या कनिष्ठ अंगुलियों से कांटे की तरह खींच लेना, इस का अर्थ है वादे का पालन करना और न पछताना

【拉呱儿】 lāguǎr 〈बो०〉 गपशप करना

【拉关系】 lā guānxi 〈अना०〉 (किसी से या के साथ) संबंध या सम्पर्क स्थापित करना

【拉管】 lāguǎn（长号 chánghào का लोकप्रचलित नाम）रमतूला; ट्राम्बोन

【拉管机】 lāguǎnjī ड्राइंग मशीन

【拉后腿】 lā hòutuǐ (किसी व्यक्ति को) आगे बढ़ने न देना; पीछे की ओर खींच लेना（扯后腿 chě hòutuǐ भी）

【拉祜族】 Lāhùzú लाहू जाति (युन्नान प्रांत में)

【拉花】 lāhuā रंगीन कागज़ों का सेहरा या हार

【拉话】 lāhuà 〈बो०〉 बातचीत करना; गपशप करना

【拉簧】 lāhuáng 〈यां०〉 एक्स्टेंशन स्प्रिंग

【拉魂腔】 lāhúnqiāng（泗州戏 Sìzhōuxì का दूसरा नाम）स् चओ ऑपेरा

【拉火绳】 lāhuǒshéng 〈सैन्य०〉 लैंयार्ड

【拉饥荒】 lā jīhuang 〈बोल०〉 ऋणग्रस्त हो जाना

【拉家常】 lā jiācháng मामूली बातचीत करना

【拉家带口】 lājiā-dàikǒu（拖家带口 tuōjiā-dàikǒu भी）परिवार के बोझ से लादा जाना

【拉贾斯坦】 Lājiǎsītǎn राजस्तान प्रदेश

【拉架】 lājià झगड़ा करने वाले दोनों पक्षों को अलग करके बीचबचाव करना; झगड़े में मध्यस्थता करना

【拉交情】 lā jiāoqing 〈अना०〉 किसी के साथ मित्रता स्थापित करने का प्रयत्न करना

【拉脚】 lājiǎo गाड़ी से व्यक्तियों या माल को ढोना

【拉近乎】 lā jìnhu 〈अना०〉（套近乎 tào jìnhu के समान）किसी के साथ मित्रता स्थापित करने का प्रयत्न करना

【拉紧】 lājǐn कसकर तानना

【拉锯】 lājù ❶दो आदमियों द्वारा आरे को आगे-पीछे चलाना ❷दो पक्षों का आगे-पीछे आना-जाना: 拉锯战

【拉锯战】 lājùzhàn एक दूसरे को बराबर की टक्कर देना

【拉开】 lākāi ❶खींच लेना: ～抽屉 दराज़ को खींच लेना / ～窗帘 पर्दा खोलना ❷बीच की दूरी बढ़ाना; बीच में पहले से अधिक स्थान रखना: ～距离 बीच में पहले से अधिक फ़ासला बढ़ाना / ～档次 विभिन्न श्रेणियों के बीच की भिन्नता को बढ़ाना

【拉克沙德维普群岛】 Lākèshādéwéipǔ Qúndǎo लक्षद्वीप-समूह

【拉客】 lākè ❶(सराय, रेस्तोरां आदि में) ग्राहकों को आकर्षित करना या उन के पीछे पड़ जाना ❷(टैक्सी ड्राइवर आदि का) यात्रियों को अपनी टैक्सी में बिठाने की कोशिश करना ❸(वेश्या का) सार्वजनिक स्थान में किसी व्यक्ति को रिझाना; लुभाना

【拉亏空】 lā kuīkong ऋणग्रस्त हो जाना

【拉拉扯扯】 lālāchěchě ❶किसी काम में किसी व्यक्ति को खींचना ❷दलाली करना: 在同志中吹吹拍拍，～，是资产阶级政党的庸俗作风。अपने साथियों के बीच डींग हांकने, चापलूसी करने और दलाली करने के तरीके पूंजीपति वर्ग की राजनीतिक पार्टियों की निकम्मी कार्यशैली के नमूने हैं।

【拉拉队】 lālāduì तालियां बजा-बजाकर टीम को उत्साहित करने वाला

【拉力】 lālì खींचनेवाली शक्ति

【拉力器】 lālìqì चेस्ट डिवेल्पर; चेस्ट एक्स्पैंडर

【拉力赛】 lālìsài 〈खेल०〉 रैली (rally)

【拉练】 lāliàn कैम्प ऐंड फ़ील्ड ट्रेनिंग

【拉链】 lāliàn ज़िपर

【拉拢】 lālǒng किसी व्यक्ति को अपनी ओअर ज़्यादा नज़दीक लाना: ～到自己方面 अपने पक्ष में कर लेना; अपनी ओर मिला लेना / ～私党 अपने आसपास अपने निजी कृपापात्रों को जमा करना

【拉马克学说】 Lāmǎkè xuéshuō 〈जीव०〉 लामार्कवाद

【拉买卖】 lā mǎimai लोगों को कोई माल खरीदने के लिये कहना; किसी व्यक्ति से कोई माल खरीदने के लिये बार-बार कहना

【拉美】 Lāměi 拉丁美洲 का संक्षिप्त रूप

【拉毛】 lāmáo दे० 拉绒

【拉门】 lāmén कब्ज़ों पर सरकने (या खिसकने) वाला दरवाज़ा

【拉面】 lāmiàn 〈बो०〉（抻面 chēnmiàn के समान）❶हाथों से खींच-खींचकर बनाया गया नूडल्स ❷हाथों से नूडल्स खींचना

【拉模】 lāmú 〈यां०〉 ड्राइंग डी (ठप्पा) (drawing die)

【拉尼娜现象】 Lānínà xiànxiàng 〈मौ०वि०〉 लानिना घटना

【拉皮条】 lā pítiáo 〈बो०〉 दूत या कुटनी का काम करना

【拉平】 lāpíng बराबर बनाना: 比分渐渐～ स्कोर धीरे-धीरे बराबर हो जाना

【拉纤】 lāqiàn ❶(एक नौका का दूसरी नौका को या व्यक्तियों आदि को तट पर से) रस्से से खींचना; रस्सों से नाव खींचना

【拉绒】 lāróng बुने हुए कपड़े; कालीन; मखमल का कोमल सतटी रेशा

【拉萨】 Lāsà लासा; लाहसा (तिब्बत स्वायत्त-प्रदेश की

राजधानी)
【拉山头】 lā shāntóu दल, गुट, टुकड़ी आदि बनाना
【拉屎】 lāshǐ 〈बोल०〉 पाखाना करना; हगना; टट्टी फिरना
【拉手】 lāshǒu हाथ मिलाना
【拉手】 lāshou (दरवाज़े, खिड़की आदि का) हैंडल; पकड़; मूठ
【拉丝】 lāsī चाशनी में पकाना या लपेटना
【拉锁】 lāsuǒ ज़िपर
【拉套】 lātào ❶गाड़ी खींचने में सहायता करना ❷〈बोल०〉 दूसरों की मदद करना; दूसरों को मदद देना
【拉条】 lātiáo गाड़ी के ढांचे को कमानी से जोड़नेवाला पट्टा 〈यां०〉 ब्रेस; स्टे (stay): 斜～ बैटर ब्रेस / 链～ चेन स्टे
【拉脱维亚】 Lātuōwéiyà लैटविया
【拉脱维亚人】 Lātuōwéiyàrén लैटवियाई; लैटवियन (निवासी)
【拉网】 lāwǎng ❶(मछली मारने का)महाजाल; बड़ा जाल ❷महाजाल बलपूर्वक खींचना
【拉稀】 lāxī 〈बोल०〉 दस्त आना
【拉下脸】 lāxia liǎn ❶चेहरा गंभीर दिखाई पड़ना; खिन्न दिखाई पड़ना: 他听了这话以后立刻～来。यह बात सुनकर उस के चेहरे पर शिकन आ गयी। ❷किसी व्यक्ति की भावनाओं की परवाह न करना: 拉不下脸 किसी की भावनाओं पर ठेस लगने से डरना
【拉下马】 lāxia mǎ किसी व्यक्ति को घोड़े पर से नीचे खींच लेना: 舍得一身剐，敢把皇帝～。जो अपने को टुकड़े-टुकड़े में काटने से न डरता हो उसे सम्राट को घोड़े से उतारने का साहस होता है।
【拉下水】 lāxia shuǐ किसी व्यक्ति को पानी में खींचना —— किसी को अपने साथ बुरा काम करने के लिये लुभाना
【拉闲篇】 lā xiánpiān गपशप करना
【拉线】 lāxiàn मध्यस्थ बनना; मध्यस्थता करना
【拉线开关】 lāxiàn kāiguān खींचने वाली स्विच
【拉削】 lāxiāo 〈यां०〉 ब्रोचिंग
【拉延】 lāyán 〈यां०〉 (तार, नली आदि) खींचना
【拉秧】 lāyāng पौधों की फ़सल काटे जाने के बाद उन को जड़ से उखाड़ फेंकना
【拉洋片】 lā yángpiān (拉大片 भी) टीका-टिप्पणी गाते हुए बाइस्कोप (एक प्रकार का तमाशा जिस में तस्वीर दिखाई जाती है और जिसे उस के शीशे में आंखें लगाकर देखा जाता है) दिखाना
【拉杂】 lāzá अव्यवस्थित; विशृंखलित: 我今天拉拉杂杂就说这些，请原谅。आज मैं ने अव्यवस्थित रूप से इतना कहा, माफ़ कीजियेगा।
【拉账】 lāzhàng ऋणग्रस्त होना
【拉制】 lázhì दे० 拉延

啦 lā नीचे दे०
lɑ भी दे०
【啦呱儿】 lāguǎr दे० 拉呱儿 lāguǎr
【啦啦队】 lālāduì दे० 拉拉队 lālāduì

喇 lā दे० 呼喇 hūlā फहराने की आवाज़; 哇喇 wālā बात करना या शोरगुल की आवाज़
lá; lǎ भी दे०

邋 lā नीचे दे०
【邋遢】 lātā बेढंगा; मैला-कुचैला: 这人真～。सचमुच वह बेढंगा आदमी है।

lá

旯 lá दे० 旮旯儿 gālár कोना

拉(剌) lá काटना; लंबाई में काटना: 把皮子～开 चमड़े को (लंबाई में) काटना
lā; lǎ; là भी दे०; 剌 के लिये là भी दे०

砬(磖) lá (प्रायः स्थान के नाम में प्रयुक्त): 红石～ होंगश्ला, हपेइ प्रांत में एक स्थान
【砬子】 lázi 〈बो०〉 पर्वतों में खड़ी हुई बड़ी चट्टान (बहुधा स्थान के नाम में प्रयुक्त): 白石～ पाएश् लात्स्, हेइलोंगच्यांग प्रांत में एक स्थान

揦 lá नीचे दे०
【揦子】 lázi 〈बो०〉 शीशे की बोतल

喇 lá दे० 哈喇子 hālázi मुंह से टपकती हुई लार
lā; lǎ भी दे०

lǎ

拉 lǎ दे० 半拉 bànlǎ आधा; 虎不拉 hǔbùlǎ 〈प्राणि०〉 शिक्र, एक पक्षी विशेष
lā; lá; là भी दे०
【拉忽】 lǎhu 〈बो०〉 लापरवाह; गफलती: 这人真～。यह आदमी सचमुच बहुत लापरवाह है।

喇 lǎ नीचे दे०
lā; lá भी दे०
【喇叭】 lǎba ❶唢呐 suǒnà सुरना का लोकप्रचलित नाम ❷बिगुल, हार्न, तुरही, तूर्य आदि वायु-वाद्य ❸लाउडस्पीकर; (कार में) हार्न
【喇叭花】 lǎbahuā (श्वेत किनारे वाली) शुभ प्रमात (फूल)
【喇叭裤】 lǎbakù फैली हुई मोहरी वाली पेंट
【喇叭筒】 lǎbatǒng मेगाफ़ोन
【喇嘛】 lǎma लामा
【喇嘛教】 Lǎmajiào लामावाद

【喇嘛庙】lǎmamiào लामा मंदिर

là

拉 [1] là 落 là के समान

拉 [2] là नीचे दे०

lā; lá; lǎ भी दे०

【拉拉蛄】làlàgǔ 蝲蝲蛄 làlàgǔ के समान

剌 là 〈लि०〉 बदमिज़ाज; दुर्विनीत; विनयशून्य: 剌戾

【剌戾】 làlì 〈लि०〉 बदमिज़ाज; विवेक-रहित: 秉性～ स्वभाव बुरा होना; मिज़ाज अच्छा न होना; चिड़चिड़ा होना

落 là ❶छूट जाना; स्थान-च्युत होना: 这里～了一句。 यहां एक वाक्य छूट गया। ❷(कोई चीज़) लेना भूल जाना: 我把书～在商店里了。 मैं अपनी पुस्तक दुकान में भूल गया। ❸पीछे रह जाना; पिछड़ना: 他跑得慢，～在后面。 वह पीछे दौड़ता है, इसलिये पीछे रह गया।

lào; luō; luò भी दे०

腊（臘、臈）là ❶प्राचीन-काल में हर चांद्र वर्ष के बारहवें मास में दक्षिणायन के कुछ समय बाद ही किया जाने वाला बलिदान ❷चांद्र वर्ष का बारहवां मास ❸जाड़े में (प्रायः बारहवें चांद्र मास में) नमक लगाकर हवा में सुरक्षित किया हुआ मांस, मुर्गा आदि ❹（Là）एक कुलनाम

xī भी दे०

【腊八】 Làbā बारहवें चांद्र मास का आठवां दिन (उस दिन लोग चावल, दाल आदि चीज़ों से बना लापा दलिया खाते हैं)

【腊八粥】làbāzhōu लापा दलिया, बारहवें चांद्र मास के आठवें दिन में खायी जाने वाली चावल, दाल, मेवों आदि चीज़ों से बनी खिचड़ी

【腊肠】làcháng सौसेज; सॉसेज

【腊梅】làméi आलुचे का फूल

【腊日】 làrì प्राचीन-काल में वर्ष के अंत में देवताओं का बलिदान करने का दिन (प्रायः लापा का दिन)

【腊肉】làròu दे० 腊❸

【腊味】 làwèi नमक लगाकर सुरक्षित किया गया मांस, मछली आदि

【腊月】 làyuè चांद्र वर्ष का बारहवां मास

蜡（蠟）là ❶मोम; मोम से मिलता-जुलता पदार्थ ❷मोमबत्ती: 点一支～ एक मोमबत्ती जलाना

【蜡白】 làbái (मुंह, चेहरा) सफ़ेद होना

【蜡板】 làbǎn ❶मधुमक्खी के पेट पर लगे मोम के दो टुकड़े ❷सफ़ेद मोम बनाने का एक प्रकार का औज़ार

【蜡版】 làbǎn मिमियोग्राफ़ स्टेंसिल (टाइप किया हुआ)

【蜡版术】 làbǎnshù सेरोग्राफ़ी (cerography)

【蜡笔】 làbǐ मोम-चित्राकनी; वैक्स क्रेयन; मोम से चित्र बनाना

【蜡笔画】 làbǐhuà क्रेयन ड्राइंग

【蜡布】 làbù सिक्थवस्त्र; मोमजामा

【蜡虫】 làchóng मोम-कीड़ा

【蜡防印花法】 làfáng yìnhuāfǎ बैटिक

【蜡光纸】 làguāngzhǐ चमकदार कागज़; ग्लेज़्ड पेपर

【蜡果】 làguǒ मोम-फल; वैक्स फ्रुट

【蜡花】 làhuā दिये की बत्ती का जला हुआ भाग, स्नफ़

【蜡黄】 làhuáng मोम सदृश पीला: 面色～ चेहरा पीला होना (पड़ना)

【蜡炬】 làjù 〈साहि०〉 मोमबत्ती; कैंडिल

【蜡克】 làkè（清喷漆 qīngpēnqī भी）लैकर (lacquer का ध्वन्यनुवाद); लाख को अल्कोहल में घोलकर बनायी हुई सुनहरी वार्निश जो पीतल को पॉलिश करने में प्रयुक्त होती है

【蜡泪】 làlèi मोमबत्ती जलते समय नीचे टपकने वाला मोम

【蜡疗】 làliáo मोम चिकित्सा

【蜡皮】 làpí 〈ची०चि०〉 दवा के गोले के लिये मोम की कलई

【蜡扦】 làqiān कैंडिलस्टिक

【蜡染】 làrǎn वैक्स प्रिंटिंग; बैटिक; बैटिक छपाई

【蜡人】 làrén मोम की बनी मूर्ति

【蜡台】 làtái कैंडिलस्टिक

【蜡丸】 làwán मोम की कलई से सुरक्षित दवा का गोला

【蜡像】 làxiàng मोम की बनी मूर्ति, वस्तुएं आदि: ～陈列馆 मोम मूर्तियों का संग्रहालय

【蜡印】 làyìn मोम-मुद्रा: 打上～ मोम-मुद्रा लगाना

【蜡纸】 làzhǐ ❶मोमी कागज़; वैक्स पेपर ❷स्टेंसिल पेपर: 刻～ स्टेंसिल में शब्द, आकृति आदि काटना

【蜡烛】 làzhú मोमबती; (वैक्स) कैंडिल

【蜡嘴雀】 làzuǐquè हाफ़िंच (hawfinch); लंबी चोंच वाला एक छोटा पक्षी

瘌 là नीचे दे०

【瘌痢】 làlì 〈बो०〉〈चिकि०〉（鬎鬁 làlì भी）खोपड़ी आदारुण

【瘌痢头】 làlìtóu ❶आदारुण वाली खोपड़ी ❷आदारुण वाला (व्यक्ति)

辣 là ❶तेज़(मिर्च आदि): 我不爱吃～的。 मुझे तेज़ चीज़ पसन्द नहीं। ❷(गंध, स्वाद से) दुखना; दर्द होना: 切洋葱～眼睛。 प्याज़ काटने से मेरी आंखों में बहुत जलन होती है। ❸दुश्चरित्र; चरित्रभ्रष्ट; क्रूर; निर्दय: 心毒手～ दुश्चरित्र और क्रूर

【辣根】 làgēn हार्सरेडिश, एक प्रकार की तेज़ बू वाली जड़

【辣乎乎】 làhūhū तेज़(स्वाद): 四川菜～的。 स्छवान शैली के भोजन काफ़ी तेज़ हैं।

【辣酱】 làjiàng मिर्च की चटनी

【辣酱油】 làjiàngyóu तेज़ सॉस (वुस्टर सॉस से मिलता-जुलता सॉस)

【辣椒】 là jiāo मिर्च; मिरची; चिली
【辣椒粉】 là jiāofěn चिली पाउडर; मिर्च पाउडर
【辣椒油】 là jiāoyóu चिली तेल; मिर्च तेल
【辣妹子】 làmèizi 〈बो०〉 बहादुर लड़की; ज़बानमर्द लड़-की
【辣手】 làshǒu ❶क्रूर उपाय; दुश्चरित्र चाल ❷〈बो०〉 क्रूर; दुश्चरित्र; चरित्रहीन; निर्दय ❸〈बोल०〉 कंटकपूर्ण; कष्टदायक; तकलीफ़ देने वाला; मुश्किल; कठिन; कटु; पे-चीदा: 这件事真～。यह सचमुच एक कठिन समस्या है।
【辣丝丝】 làsīsī थोड़ा तेज़ (स्वाद)
【辣酥酥】 làsūsū थोड़ा तेज़ (स्वाद)
【辣子】 làzi ❶मिर्च; मिर्ची; चिली ❷(स्त्री) तेज़ और अयु-क्तियुक्त; लड़ाकू; झगड़ालू

蝲 là नीचे दे०
【蝲蛄】 làgǔ क्रेफ़िश (crayfish)
【蝲蝲蛄】 làlàgǔ मोल क्रिकेट (mole cricket) （蝼蛄 lóugū का साधारण नाम ）

鯻（鯻） là ग्रंट (grunt); टाइगर्फ़िश (tigerfish)

癞（癩） là 瘌 là के समान
lài भी दे०
【癞痢】 làlì 瘌痢 làlì के समान

鬎 là नीचे दे०
【鬎鬁】 làlì 瘌痢 làlì के समान

镴（鑞、鐴） là सोल्डर (solder)

la

啦 la 〈लघु अ०〉（了 le और 啊 a की मिली हुई ध्वनि): 他先来～! वह पहले आया है!/ 你看见～? तुम ने देखा ?
lā भी दे०

鞡 la दे० 靰鞡 wùla वूला घास को अस्तर के रूप में लगाये हुए चमड़े के बूटे

lái

来[1]（來） lái ❶आना (विलोम: 去): 来访 / 来客 ❷(समस्या, काम आदि) पैदा होना: 事情～了。कोई काम आया।/ 问题～了。समस्या पैदा हुई। ❷लाने का काम दूसरों से कराना; लाना; ले आना: ～杯茶。एक कप चाय लाओ।/ 请～两个人帮忙。सहायता करने के लिये दो आदमी भेज दीजिये। ❹(किसी दूसरी क्रिया की जगह प्रयुक्त): 你歇歇，让我～。तुम ज़रा आराम करो, मुझे करने दो।/ ～一场足球赛 एक बार फ़ुटबाल मैच खेलना ❺(得 या 不 के साथ प्रयुक्त करने से संभावना या असंभावना का बोध होता है): 广东话我说不～。क्वांगतोंग बोली मैं नहीं बोल सकता।/ 这歌我唱得～。यह गाना मैं गा सकता हूं। ❻(दूसरी क्रिया के पहले प्रयुक्त करने से कोई काम चाहने वाला या सुझाव किया हुआ काम करने का अर्थ प्रकट होता है): 你～唱。तुम गाओ।/ 我～问你。मुझे तुम से पूछने दो; मैं तुम से पूछना चाहता हूं। ❼(क्रिया या क्रियागत रचना के बाद प्रयुक्त करने से आने का कारण प्रकट होता है): 我们拜访您～了。हम लोग आप के दर्शन करने आये हैं।/ 你们干什么～了。तुम लोग क्या करने आये हो ? ❽(क्रियागत रचना या पूर्वसर्ग-रचना और क्रिया या क्रियागत रचना के बीच में आकर पहले वाला उपाय, दिशा या रुख और पीछे वाला उद्देश्य प्रकट होता है): 他拿了张报纸～当扇子。उस ने एक अखबार लेकर पंखे का काम लिया।/ 您能用什么理由～说服他呢? आप किस दलील से उसे समझा सकेंगे ?/ 我们必须想尽一切办法～完成这个计划。हमें हर उपाय से इस योजना को पूरा करना चाहिये। ❾来着 के समान ❿भविष्यत्; भावी; आगामी; अगला; आने वाला: 来年 / 来日方长 ⓫अतीत काल से अब तक: 几天～ पिछले कई दिनों से / 一年～ पिछले साल में / 三年～ पिछले तीन सालों में / 近～ आजकल ⓬(पूरे अंक या संख्या और परिमाण-शब्द के बाद प्रयुक्त) लगभग; करीब; निकट: 十～本书 लगभग दस किताबें / 六十～岁 लगभग साठ साल की उम्र / 二百～人 लगभग दो सौ आदमी ⓭(अंक 一、二 और 三 के बाद आकर दलील पेश किया जाता है): 我们这次来京，一～是汇报工作，二～是学习先进经验，三～是采购图书。इस बार पेइचिंग में आकर हमें तीन काम करने हैं: पहला, अपने काम के बारे में रिपोर्ट करना; दूसरा, नये अनुभवों से सीखना और तीसरा, पुस्तकें खरीदना। ⓮（Lái）एक कुलनाम

来[2]（來） lái (कविता, गीत आदि में पाद-पूरक शब्द के रूप में प्रयुक्त): 正月里～是新春。पहला चांद्र मास वसंत का आरंभ होता है।

来[3]（來） lái ❶(क्रिया के बाद आकर यह सूचित होता है कि क्रिया का व्यापार वक्ता की ओर होता है): 下～ नीचे आना; उतर आना / 拉～ खींच आना / 跑～ दौड़ आना ❷(क्रिया के बाद आकर परिणाम या अनुमान का बोध होता है): 一觉醒～ सोकर जाग उठना / 看～你是不想去了。ऐसा मालूम होता है कि तुम जाना नहीं चाहते।
【来宾】 láibīn अतिथि; मेहमान; अभ्यागत; आगंतुक
【来宾席】 láibīnxí अतिथियों की सीटें
【来不得】 láibude अस्वीकार्य होना; इजाज़त न दी जा सकना: 在这个问题上～半点虚伪和骄傲。इस मामले में ज़रा भी बेईमानी या घमण्ड की इजाज़त नहीं दी जा सकती।
【来不及】 láibují काफ़ी समय न होना (या मिल पाना)

现在我～写了。मुझे अब लिखने का समय नहीं है। / ～想 सोचने के लिये समय न होना / ～接管 किसी काम को अपने हाथ में लेने के लिये तैयार न होना
【来朝】 láicháo सम्राट के दरबार में आना; (सम्राट को) अधीनता मानने के कारण रुपया या अन्य वस्तु देना: 岁岁～ सम्राट को हर साल रुपया या अन्य वस्तु देना
【来潮】 láicháo ❶ज्वार आना ❷स्त्रियों का मासिकधर्म होना
【来得】[1] láide 〈बोल०〉 अच्छी तरह कर सकना: 她能干，学习，家务，样样～。वह बहुत योग्य है, अध्ययन, गृहस्थी सब काम अच्छी तरह कर सकती है।
【来得】[2] láide से अधिक होना: 钢琴比风琴大，声音也～响。आर्गन से पियानो का आकार बड़ा होता है, और आवाज़ भी अधिक होती है।
【来得及】 láidejí कुछ समय बाकी होना; कोई काम करने में समय होना: ～去 अभी जाने में समय होना / 赶快去，还～。जल्दी जाओ, अभी कुछ समय है।
【来得容易去得快】 láide róngyì qùde kuài आसानी से आया आसानी से गया; जैसा आया वैसा गया।
【来电】 láidiàn ❶आप का तार: ～敬悉。आपका तार मिला। ❷मुझे तार भेजना: 望～告知。आशा है कि आप मुझे तार में बताएंगे। ❸बिजली बन्द होने के बाद फिर आना: ～了。बिजली आयी।
【来而不往非礼也】 lái ér bù wǎng fēi lǐ yě उपहार लेकर प्रतिदान न देना अभद्र है —— दूसरे का उपहार लेकर बदले में उसे भेंट भी देनी चाहिये
【来犯】 láifàn हम पर आक्रमण करना: 坚决消灭～之敌 。जो शत्रु हम पर आक्रमण करता हो उसे हम दृढ़ता-पूर्वक नष्ट करेंगे।
【来访】 láifǎng दर्शन करने आना; भेंट करने आना: 接待～者 भेंट करने आने वालों का सत्कार करना
【来复枪】 láifùqiāng राइफ़ल; बन्दूक
【来复线】 láifùxiàn राइफ़लिंग
【来稿】 láigǎo (संपादक की ओर से) आप का हस्तलेख या हस्तलिखित ग्रन्थ
【来归】 láiguī ❶आ मिलना और निष्ठा करने का वचन देना ❷〈प्रा०〉 (पति के घरवाले की ओर से) स्त्री का विवाह होना
【来函】 láihán 〈लि०〉 आप का पत्र: ～敬悉。आप का पत्र मिला।
【来亨鸡】 láihēngjī लेग्हार्न (leghorn)
【来鸿】 láihóng 〈लि०〉 दूर के स्थान से आया पत्र: 海外～ विदेश से आया पत्र
【来回】 láihuí ❶जाना और वापस आना: ～要三天。जाने और वापस आने में तीन दिन लगते हैं। ❷यात्रा जिस के बाद लौट कर प्रारंभ-स्थान पर पहुच जाएं: 一天打一个～。एक दिन में एक बार जाकर आने की यात्रा की जा सकती है। ❸इधर-उधर; यहां-वहां: 在房间里～踱步 कमरे में इधर-उधर घूमना
【来回飞行】 láihuí fēixíng इधर-उधर उड़ान भरना
【来回来去】 láihuí-láiqù आगे-पीछे; बार-बार दोह-राना: ～地走 बार-बार आगे-पीछे चलना / ～地说 बार-बार दोहराना
【来回票】 láihuípiào रिटर्न टिकट; वापसी टिकट
【来火】 láihuǒ एकाएक आग या क्रोध भड़क उठना
【来件】 láijiàn प्राप्त दस्तावेज़ या वस्तुएं
【来劲】 láijìn 〈बो०〉 ❶हृदय में उत्साह की उमंगें भरना: 他越写越～。जैसे-जैसे वह लिखता जाता है उस के हृदय में उत्साह की उमंगें भी भरती जाती हैं। ❷प्रसन्न; आ-नन्दकर; पुलकित: 这大楼可真～。यह इमारत कितनी शानदार है। ❸हंसी-मज़ाक करना; खिल्ली उड़ाना: 别跟他～。उस से हंसी-मज़ाक मत करो।
【来客】 láikè अतिथि; मेहमान
【来历】 láilì स्रोत; उद्गम; उत्पति; मूल; आरंभ; इतिहास: 他知道这人一定有些～。वह समझ गया कि अवश्य ही यह कोई महत्वपूर्ण व्यक्ति है।
【来历不明】 láilì bùmíng (वस्तु) अपरिचित आरंभ की; (व्यक्ति) अज्ञात उत्पति का; अस्पष्ट पृष्ठभूमि का
【来料加工】 láiliào jiāgōng ग्राहकों के द्वारा दिये गये पदार्थों की प्रोसेसिंग करना या विशेष प्रक्रिया द्वारा निरूपण करना
【来临】 láilín आना; आगमन करना: 每当春天～，这里花开满园。जब-जब वसंत आता है तो यहां बाग में तरह-तरह के फूल खिलते हैं।
【来龙去脉】 láilóng-qùmài उद्गम और विकास; पूरी प्रक्रिया; पूरा क्रम: 事情的～ किसी मामले या घटना की पूरी प्रक्रिया
【来路】 láilù ❶आने का रास्ता: 挡住～ आने का रास्ता रोकना; आने के रास्ते में बाधा डालना ❷स्रोत; उद्गम; उत्पति; मूल; (व्यक्ति का) इतिहास
【来路】 láilu स्रोत; उद्गम; इतिहास: ～不明的人 अज्ञात इतिहास का व्यक्ति / ～不明的飞机 न पहचानने वाला विमान
【来路货】 láilùhuò 〈बो०〉 विदेश से आने वाला माल
【来年】 láinián अगले साल
【来去】 láiqù ❶आना-जाना; आना और जाना: ～需要多少时间？आने-जाने में कितना सयम लगता है ? ❷पहुंचना और छोड़ना: ～自由 पहुंचने और छोड़ने (या आने-जाने) की स्वतंत्रता होना ❸संपर्क करना; संबंध रखना: 我跟他没有～。मेरा उस के साथ संपर्क नहीं।
【…来…去】 …lái…qù (दो समान या निकट अर्थ वाली क्रियाओं के साथ प्रयुक्त) आगे-पीछे; व्यापार का बार-बार दोहराना: 看来看去 बार-बार देखना / 跑来跑去 आगे-पीछे दौड़ना / 想来想去 बार-बार सोचना / 翻来覆去睡不着 करवटें बदलते-बदलते नींद न आ सकना
【来人】 láirén आनेवाला; आगंतुक: 书请交～带回。कृपया पुस्तक आनेवाले को दीजिये।
【来人儿】 láirénr 〈पुराना〉 आढ़ती; बीच का व्यापारी; दलाल
【来日】 láirì आने वाले दिन; भविष्य
【来日方长】 láirì-fāngcháng बहुत अधिक समय रहेगा; इस काम के लिये बहुत पर्याप्त समय है
【来神】 láishén 〈बोल०〉 हृदय में उत्साह की उमंगें भरना; प्रसन्नता में होना: 他越说越～。बोलते-बोलते उस के

हृदय में उत्साह की उमंगें भर गयीं।
【来生】 láishēng अगला जन्म
【来使】 láishǐ दूसरे देश से आया हुआ दूत: 两国交兵，不斩～。जब दो देश लड़ाई में हों तो उन के दूतों की हत्या नहीं की जाती। (एक पुराना नियम)
【来示】 láishì 〈लि०〉 आप का पत्र
【来世】 láishì अगला जन्म
【来事】 láishì ❶〈बो०〉 लोगों का संग-साथ करना: 他挺会～的。वह जानता है कि अच्छे लोगों से दोस्ती कैसे गांठ ले। ❷〈बो०〉 (प्रायः निषेध में प्रयुक्त) (काम) चलना; हो सकना: 这样做不～。ऐसा करने से काम नहीं चलेगा। ❸भविष्य की बात: 能知～ भविष्य की बात जान सकना
【来势】 láishì शक्ति जिस से कोई चीज़ टूट जाय; सामने से आयी हुई शक्ति: 风暴～甚猛。तूफ़ान प्रचंड बल से आ रहा है।
【来书】 láishū 〈लि०〉 ❶आप का पत्र ❷यहां पत्र भेजना
【来苏尔】 láisū'ěr（来沙尔 láishā'ěr भी）लाइसोल (लिप्यंतरण)
【来头】 láitou ❶संबंध; पृष्ठभूमि: 他的～大。वह इतना अधिक शक्तिशाली नज़र आता है। ❷कारण; वजह; (किसी के कथन के पीछे) अभिप्राय: 他这些话是冲着我们说的，是有～的。उस की इन बातों का कोई कारण है, उस ने ये बातें सीधे हमारा विरोध करने के लिये कही थीं। ❸शक्ति जिस से कोई चीज़ टूट जाय; सामने से आयी हुई शक्ति ❹दिलचस्पी; रुचि; अभिरुचि: 打牌没有什么～，不如看电视。ताश खेलने में कोई दिलचस्पी नहीं है, इस से अच्छा यह होगा कि टी०वी० देखें।
【来往】 láiwǎng आना-जाना; गमनागमन करना: 这条马路上～的车辆很多。इस सड़क में आने-जाने वाली गाड़ियां बहुत अधिक हैं।
【来往】 láiwang ❶संपर्क; संबंध: 我跟他没有～。मेरा उस से कोई संपर्क नहीं है। ❷संपर्क करना; संबंध रखना: 我不想和他～。मैं उस के साथ संपर्क करना नहीं चाहता।
【来文】 láiwén आया हुआ लेख; पहुंचा हुआ लेख
【来项】 láixiang आय; आमदनी
【来信】 láixìn ❶यहां पत्र लिखना या भेजना: 请～。कृपया पत्र भेजिएगा। ❷आप का पत्र: ～已经收到了。आप का पत्र मिला।
【来意】 láiyì आने का उद्देश्य: ～不明。आने का उद्देश्य स्पष्ट नहीं।
【来由】 láiyóu कारण; वजह: 这话没有～。इस बात का कोई कारण नहीं है।
【来源】 láiyuán ❶स्रोत; जड़; मूल; आरंभ: 不正思想的～ गलत विचारों की जड़ ❷(于 के साथ प्रयुक्त) की जड़ से होना; से उत्पन्न होना: 指挥员的正确的部署～于正确的决心。एक सेनानायक का सही सैन्य-वितरण उस के सही निर्णयों से उत्पन्न होता है।
【来札】 láizhā 〈लि०〉 आप का पत्र
【来者】 láizhě ❶भविष्य में आने वाला (व्यक्ति या वस्तु): ～犹可追。जो आएगा अभी खोया नहीं है। ❷आया हुआ व्यक्ति या वस्तु: 来者不拒
【来者不拒】 láizhě bú jù किसी भी व्यक्ति को अस्वीकार न करना; किसी भी व्यक्ति की मांग या भेंट अस्वीकार न करना
【来者不善，善者不来】 láizhě bù shàn, shànzhě bù lái जो आया है उस की नीयत ठीक नहीं है और जिस की नीयत ठीक हो वह नहीं आएगा
【来着】 láizhe 〈लघु अ०〉 (निश्चयात्मक वाक्यों या विशेष प्रश्नवाचक वाक्यों के अंत में आकर अतीत के व्यापार या स्थिति का बोध होता है): 你刚才看什么～？ तुम अभी क्या देख रहे हो？/ 他以前还常回家～。वह पहले तो अक्सर घर वापस आ जाता था।
【来之不易】 láizhī–bùyì आसानी से न आना; मुश्किल से प्राप्त करना: 胜利～ सफलताओं का मुश्किल से प्राप्त होना
【来兹】 láizī 〈लि०〉 आने वाला वर्ष; भविष्य: 何能待～？ अगले वर्ष में प्रतीक्षा कैसे की जा सकती है？/ 以励～ ताकि भविष्य में प्रेरणा प्राप्त हो सके

莱（萊） lái ❶〈लि०〉 藜 के समान ❷उपनगर में बारी-बारी से भिन्न-भिन्न फ़सलें उगाने वाले खेत; ऊसर भूमि; बंजर ज़मीन
【莱菔】 láifú मूली
【莱菔子】 láifúzǐ 〈ची०चि०〉 मूली का बीज
【莱诺铸排机】 láinuò zhùpáijī लाइनो टाइप
【莱塞】 láisài लेसर (लिप्यंतरण)
【莱氏体】 láishìtǐ 〈यां०〉 लेडेबुराइट (ledeburite)
【莱索托】 Láisuǒtuō लेसोथो
【莱索托人】 Láisuǒtuōrén (एक वचन) मोसोथो; (बहु वचन) बासोथो

崃（崍） lái दे० 邛崃 Qiónglái स्छवान प्रांत में एक पहाड़

徕（徠、倈） lái दे० 招徕 zhāolái माल बेचने के लिये ग्राहकों से बार-बार कहना
lài भी दे०

涞（淶） lái नीचे दे०
【涞水】 Láishuǐ हपेइ प्रांत में एक स्थान

梾（棶） lái नीचे दे०
【梾木】 láimù 〈वन०〉 बड़े-बड़े पत्तों वाला डॉगवूड

鶆（鶆） lái नीचे दे०
【鶆鹩】 lái'ǎo दक्षिणी अमरीका का शुतुरमुर्ग; रीआ (लिप्यंतरण)

铼（錸） lái 〈रसा०〉 रेनियम (Re)

lài

徕（倈）lài〈लि०〉किसी व्यक्ति, संस्था आदि को उपहार लेकर देना या अपनी शुभ कामनाएं प्रकट करना： 劳～ आश्वासन देना और प्रोत्साहित करना
lái भी दे०

赉（賚）lài〈लि०〉पुरस्कार देना; इनाम देना： 赏～ पुरस्कार देना; इनाम देना

睐（睞）lài〈लि०〉❶जिस की आंख की पुतली टेढ़ी रहती हो; भेंगा ❷देखना; टेढ़ा देखना： 青～ किसी की कृपा-दृष्टि पाना या होना

赖[1]（賴）lài ❶निर्भर होना; भरोसा करना： ～以达到目的 उद्देश्य की सफलता के लिये निर्भर होना / 有～于 इस बात पर निर्भर है कि ❷दुष्ट; बदमाश; निर्लज्ज： 赖皮 ❸किसी स्थान में पड़े रहना： 他～在这里不肯走。 वह यहां पड़ा रहा और जाना नहीं चाहता। ❹अपना कसूर या ज़िम्मेदारी न मानना; अपनी बात तोड़ना; अपना वचन भंग करना： 赖婚 / 赖账 / 你不要～。 तुम्हें अपना कसूर मानना पड़ेगा। ❺दोष देना; मिथ्याभियोग लगाना： 这事你不应该～别人。 इस बात पर तुम्हें दूसरों को दोष नहीं देना चाहिये। ❻दोष डालना： 他想～我。 वह मुझ पर इस का दोष डालना चाहता है। ❼（Lài）एक कुलनाम

赖[2]（賴）lài अच्छा नहीं; बुरा： 不～ अच्छा / 这衣服不～。 यह कपड़ा अच्छा है / 他好的～的都要。 उसे अच्छे-बुरे सब चाहिये।

【赖布尔】Làibù'ěr रायपुर (印 छत्तीसगढ़ 邦首府)

【赖床】 làichuáng बहुत सुस्त होने के कारण पलंग पर पड़े-पड़े उठने की इच्छा न होना

【赖词儿】 làicír〈बो०〉न मानने या मिथ्याभियोग लगाने की बात

【赖婚】 làihūn सगाई होने के बाद वाग्दान अस्वीकार करना

【赖皮】 làipí ❶दुष्ट; धूर्त; बदमाश; निर्लज्ज： 耍～ निर्लज्जता से कार्यवाही करना ❷निर्लज्जता से कार्यवाही करना： 他在这儿～。 वह यहां निर्लज्जता से कार्यवाही कर रहा है।

【赖学】 làixué〈बो०〉बिना छुट्टी के स्कूल में अनुपस्थित रहना; बिना छुट्टी के स्कूल न जाना

【赖债】 làizhài ऋण को अस्वीकार करना

【赖账】 làizhàng ❶ऋण को अस्वीकार करना ❷अपना वचन तोड़ देना

【赖子】 làizi〈लि०〉धूर्त; दुष्ट; बदमाश

濑（瀨）lài〈लि०〉तेज़ धार वाला पानी

癞（癩）lài ❶कोढ़; कुष्ठ (रोग) ❷〈बो०〉खोपड़ी का आदारुण
là भी दे०

【癞疮疤】 làichuāngbā सिर पर दाद के निशान

【癞瓜】 làiguā〈बो०〉（苦瓜 kǔguā का दूसरा नाम） बालसम पेपर

【癞蛤蟆】 làiháma मेंढक के सदृश टोड

【癞蛤蟆想吃天鹅肉】 làiháma xiǎng chī tiān'é-ròu टोड का राजहंस का मांस खाने की तीव्र इच्छा रखना —— कुरूप पुरुष का सुन्दरी से विवाह करने की तीव्र इच्छा रखना

【癞皮狗】 làipígǒu ❶खुजली की बीमारी वाला कुत्ता; खजुहा कुत्ता; गंदा कुत्ता ❷तुच्छ और निर्लज्ज व्यक्ति

【癞子】 làizi ❶〈चिकि०〉खोपड़ी का आदारुण ❷खोपड़ी पर आदारुण पड़ने वाला व्यक्ति

籁（籟）lài ❶प्राचीन काल में एक प्रकार का संगीतमय पाइप ❷आवाज़; शोर： 万～俱寂 शांत और सन्नाटा

lai

唻（啸）lai〈बो०〉〈लघु अ०〉(प्रश्नवाचक वाक्य के अंत में आकर इस का अर्थ 呢 ne के समान होता है)： 你们在这吵吵嚷嚷的在干什么～？ तुम लोग यहां शोर मचाते क्या कर रहे हो？ / 他～？ 他到哪儿去了？ और वह？ वह कहां गया？ ❷(इस का प्रयोग 啦 la के लगभग होता है)： 解放前他可苦～。 मुक्ति के पहले वह दुखमय जीवन बिताता था। ❸(इस का प्रयोग 来着 láizhe के लगभग होता है)： 他怎么批评你～，你都忘了？ उस ने तुम्हारी क्या आलोचना की थी, तुम सब भूल गये？

lán

兰（蘭）lán ❶兰花 के समान ❷兰草 के समान ❸(प्राचीन पुस्तकों में प्रयुक्त) लिली मैगनोलिया： ～浆 मैगनोलिया का डाड़ ❹（Lán）एक कुलनाम

【兰草】 láncǎo ❶सुगंधित थरोवर्ट (fragrant thoroughwort) ❷兰花 का लोकप्रचलित नाम

【兰摧玉折】 láncuī-yùzhé आर्किड मुरझा गया और जेड पत्थर टूट गया —— योग्य व्यक्ति का जवानी में मर जाना

【兰闺】 lánguī स्त्रियों का निजी कमरा

【兰花】 lánhuā (लोकप्रचलित नाम 兰草) ❶आर्किड ❷तलवार रूपी पत्तों वाला सिम्बिडियम (cymbidium)

【兰花指】 lánhuāzhǐ（兰花手 lánhuāshǒu भी） ऑपेरा में स्त्रियों की एक हस्तमुद्रा जिस में अंगूठा और मध्यमा की नोक छू जाती है और बाकी तीन उंगलियां उठती हैं (सौंदर्य आदि प्रकट करने के लिये)

【兰盆】 lánpén ❶盂兰盆会 yúlánpénhuì का संक्षिप्त रूप, उल्लम्बन ❷〈पुराना〉नहाने का चौड़ा टब

【兰谱】lánpǔ वंशावली का रिकार्ड जो प्रण किये हुए मित्र द्वारा एक दूसरे का अदला-बदला करते हैं
【兰契】Lánqì रांची (印 झारखण्ड 邦首府)
【兰若】lánruò (आरण्यक का संक्षिप्त रूप) बौद्ध मंदिर
【兰室】lánshì स्त्रियों का निजी कमरा
【兰章】lánzhāng 〈लि०〉〈शिष्ट०〉 आप का सुन्दर लेख
【兰州】Lánzhōu लानचओ (कानसू प्रांत की राजधानी)

岚（嵐）lán 〈साहि०〉 पहाड़ों में हल्का कुहरा: 晓～ सुबह का हल्का कुहरा
【岚烟】lányān पहाड़ों में हल्का कुहरा

拦（攔）lán रोकना; अवरुद्ध करना: ～住他！ इसे रोको！/ 一条河～住了我们的去路。एक नदी ने हमारा मार्ग रोक दिया।
【拦挡】lándǎng रोकना; मार्ग में कठिनाइयां या रुकावटें खड़ी करना: ～住去路 मार्ग में रुकावटें खड़ी करना
【拦道木】lándàomù रोड-फ़ेंस; रोडब्लॉक
【拦柜】lánguì काउंटर; दूकानदार की मेज़
【拦河坝】lánhébà बांध
【拦洪坝】lánhóngbà बाढ़ से बचाने के लिये बांध
【拦击】lánjī ❶रास्ते के बीच में रोकना और हमला करना: ～敌人 दुश्मन को रास्ते के बीच में रोकना और उस पर हमला करना ❷〈टेबुल टेनिस〉 वॉली; खेल में टेबुल पर गिरने से पहले ही गेंद को लौटा देना
【拦劫】lánjié रास्ते में रोककर लूटना
【拦截】lánjié रोकना; रास्ते के बीच में रोक लेना; रास्ते में ही पकड़ लेना: ～敌人 दुश्मन को रास्ते के बीच में रोकना
【拦路】lánlù रास्ता रोकना: ～劫人 रास्ते से लोगों का अपहरण करना
【拦路虎】lánlùhǔ ❶〈पुराना〉 रास्ते पर लुटेरा ❷आगे बढ़ने वाले रास्ते में कठिनाई या रुकावट
【拦水闸】lánshuǐzhá जल अवरोधक स्लूस गेट
【拦网】lánwǎng 〈वाली बॉल〉 ब्लाक; (जाल पर गेंद को) रोकना
【拦污栅】lánwūzhà 〈जल-संरक्षण〉 ट्रैशरैक
【拦蓄】lánxù (पानी को) रोके रखना; बांध में बन्द करना: ～洪水 बाढ़ को बांध में बन्द करना या रोके रखना
【拦腰】lányāo कमर में (काटना आदि); बीच ही में (काटना आदि): 将小偷～抱住 चोर को बीच कमर से पकड़ लेना / 大坝把长江～截断。बांध ने यांत्सी नदी को बीच ही में काट डाला।
【拦鱼栅】lányúzhà फ़िश स्क्रीन
【拦阻】lánzǔ रोकना; बाधित करना; बाधा डालना

栏（欄）lán ❶जंगला; रेलिंग: 石～ पत्थर का जंगला ❷बाड़ा; शाला: 牛～ गायों के लिये बनाया हुआ घेरा ❸(समाचारपत्र, पृष्ठ, तालिका आदि का) कालम; स्तंभ: 右～ दायां कालम / 地方新闻～ स्थानीय समाचार कालम ❹(नोटिस, पोस्टर आदि) प्रदर्शित करने का स्थान: 布告～ नोटिस प्रदर्शित करने का स्थान
【栏杆】lángān（阑干 lángān भी）जंगला: 桥～ पुल का जंगला
【栏柜】lánguì काउंटर; दूकानदार की मेज़
【栏目】lánmù (समाचार-पत्र, पत्रिका आदि में) कालम का शीर्षक

婪 lán दे० 贪婪 tānlán लालची; लोभी; लोलुप

阑¹（闌）lán ❶栏 lán❶ के समान ❷拦 lán के समान

阑²（闌）lán 〈लि०〉 समाप्त होने वाला: 岁～ लगभग वर्ष का अंत ❷बिना आज्ञा लिये कोई काम करना: 阑入
【阑干】lángān ❶〈लि०〉 आड़ी-तिरछी रेखाओं की तरह; जालदार: 星斗～ आकाश में आर-पार तारे टिमटिमाना ❷栏杆 lángān के समान
【阑入】lánrù 〈लि०〉 ❶बिना आज्ञा लिये भीतर जाना ❷(किसी वस्तु, काम में) मिलाना
【阑珊】lánshān 〈लि०〉 समाप्त होने वाला; पतन होना; कम होना: 意兴～ दिलचस्पी कम होना
【阑尾】lánwěi 〈श०वि०〉 उपांत्र; अपेंडिक्स
【阑尾炎】lánwěiyán उपांत्रदाह; अपेंडिसाइटिस; अंधी आंत का रोग
【阑尾切除术】lánwěi qiēchúshù अपेंडेक्टामी

蓝（藍）lán ❶नीला; आसमानी रंग: ～条的 नीला धानीदार ❷जंबुकी (रंग) ❸（Lán） एक कुलनाम
【蓝宝石】lánbǎoshí नीलम; नीलमणि
【蓝本】lánběn नमूना; मूल; मॉडल
【蓝筹股】lánchóugǔ 〈अर्थ०〉 ब्लू चिप्स्
【蓝点鲅】lándiǎnbà स्पेनी मैकरेल
【蓝点颏】lándiǎnké नीलकंठ पक्षी; चाष पक्षी
【蓝靛】lándiàn जंबुकी रंग; इंडिगो
【蓝矾】lánfán 〈रसा०〉 तूतिया
【蓝晶晶】lánjīngjīng (पानी, रत्न आदि) चमकदार नीला
【蓝晶石】lánjīngshí 〈खनि०〉 श्यामिज; नील स्फटिक
【蓝鲸】lánjīng नील ह्वेल
【蓝领】lánlǐng ब्लू कॉलर; नीला कॉलर: ～工人 नीला कॉलर मज़दूर
【蓝缕】lánlǚ 褴褛 lánlǚ के समान
【蓝皮书】lánpíshū नील-पत्र; ब्लूबुक
【蓝青官话】lánqīng-guānhuà 〈पुराना〉 गैर औपचारिक बोली-क्षेत्र के रहने वाले द्वारा बोली हुई औपचारिक बोली
【蓝色国土】lánsè guótǔ नीला राज्य-क्षेत्र; नील प्रदेश
【蓝色农业】lánsè nóngyè 〈कृ०〉 नील की खेती
【蓝田人】Lántiánrén लानथ्येन मानव, लानथेन के भूगर्भ से प्राप्त लगभग छह लाख वर्ष पहले का आदिम मानव का शिलीभूत अवशेष
【蓝田猿人】Lántián yuánrén 蓝田人 के समान; लानथेन कपिमानव
【蓝铜矿】lántóngkuàng 〈खनि०〉 नीलताम्रिज; नीले

रंग का ताम्र प्रस्तर

【蓝图】 lántú ब्लू प्रिंट; नीला नक्शा; निर्माण की योजना

【蓝牙技术】 lányá jìshù 〈रेडियो०〉 ब्लू टुथ तकनॉलोजी

【蓝盈盈】 lányíngyíng चमकदार नीला: ～的天空 नीला आकाश

【蓝藻】 lánzǎo नीला-हरा सेवार या समुद्री घासपात

谰 (讕) lán 〈लि०〉 ❶झूठा आरोप लगाना; अपमानजनक वचन बोलना ❷अस्वीकार करना; इनकार करना; न मानना; स्वीकार न करना

【谰言】 lányán झूठा आरोप; अपमानजनक वचन; निराधार आक्षेप: 无耻～ शर्मनाक या निर्लज्ज बकवास

澜 (瀾) lán बड़ी लहर; महातरंग: 波～ बड़ी लहर; महातरंग

褴 (襤) lán नीचे दे०

【褴褛】 lánlǚ (蓝褛 lánlǚ भी) (कपड़े) फटे; फटेहाल; खस्ता; चिथड़ा; चिथड़े-चिथड़े

篮 (籃) lán ❶टोकरा; टोकरी; पिटारा; पिटारी: 朱漆圆～ लाल रंग की गोल टोकरी ❷〈बास्केटबाल〉 गोल: 投～ गोल की ओर गेंद फेंकना, मारना आदि ❸बास्केटबॉल: 男～ बास्केटबॉल (पुरुष); पुरुषों का बास्केटबॉल

【篮板】 lánbǎn 〈बास्केटबॉल〉 बैकबोर्ड; बैंक

【篮板球】 lánbǎnqiú 〈बास्केटबॉल〉 रिबाउंड: 控制～ रिबाउंड पर नियंत्रण करना

【篮球】 lánqiú बास्केटबॉल: 打～ बास्केटबॉल खेलना

【篮球场】 lánqiúchǎng बास्केटबॉल कोर्ट

【篮球队】 lánqiúduì बास्केटबॉल की टीम

【篮球架】 lánqiújià बास्केटबॉल स्टैंड्स

【篮球赛】 lánqiúsài बास्केटबॉल का मैच

【篮圈】 lánquān 〈बास्केटबॉल〉 रिंग; हूप

【篮子】 lánzi टोकरा; टोकरी

斓 (斕) lán दे० 斑斓 bānlán भड़कीले रंग वाला; रंग-बिरंगा

襕 (幱) lán प्राचीन काल में ऊपर और नीचे जोड़ने वाला कपड़ा

镧 (鑭) lán 〈रसा०〉 लैंथेनम (La)

籣 (籣、韊) lán प्राचीनकाल में कलदार धनुष के तीर रखने का सामान

lǎn

览 (覽) lǎn देखना: 展～ प्रदर्शन करना / 阅～ वाचन करना और पढ़ना

【览古】 lǎngǔ 〈लि०〉 ऐतिहासिक स्थानों का भ्रमण करना

【览胜】 lǎnshèng 〈लि०〉 सुंदर दृश्य वाले स्थानों का भ्रमण करना

揽 (攬) lǎn ❶बांहों से किसी को घेरकर अपनी ओर खींच लेना: 把孩子～在怀里 बांहों से बच्चे को घेरकर खींच लेना ❷रस्से से बांधना: 把东西～上 सामान को रस्से से बांध लेना ❸अपनी ओर खींच लेना; अपने ऊपर ले लेना: ～买卖 लोगों को कोई माल खरीदने के लिये कहना / 把一切责任～到自己身上 सभी ज़िम्मेदारियां अपने ऊपर ले लेना ❹ग्रहण करना; कसकर पकड़ना: 独～大权 अकेले सारी सत्ता ग्रहण करना

【揽笔】 lǎnbǐ 〈लि०〉 कलम उठाना; लिखना

【揽承】 lǎnchéng कोई काम करने के लिये स्वीकार करना

【揽储】 lǎnchǔ बैंकों द्वारा बैंक में सूद पर पैसा जमा करने वालों को व्यापक रूप से आकर्षित करना

【揽工】 lǎngōng 〈बो०〉 खेत मज़दूर बनना

【揽活】 lǎnhuó लोगों को कोई काम करने के लिये कहना

【揽总】 lǎnzǒng कार्यभार ग्रहण करना; सभी ज़िम्मेदारियां अपने ऊपर ले लेना

缆 (纜) lǎn ❶इस्पात का मोटा रस्सा; बहुत मोटा रस्सा; बरहा; गून: 解～ (开船) मोटा रस्सा या बरहा खोलना (नाव चलाने लगना) ❷मोटे रस्से की तरह चीज़: 钢～ इस्पात का मोटा रस्सा / 电～ विद्युत संदेशवाहक तंत्र; बिजली का मोटा तार ❸मोटे रस्से से (नाव को) बांधना: 把船～住 नाव को मोटे रस्से से बांधना

【缆车】 lǎnchē रस्से की गाड़ी; कैबिल कार

【缆车铁道】 lǎnchē tiědào कैबिल रेलवे

【缆道】 lǎndào कैबिल वे

【缆索】 lǎnsuǒ मोटा मज़बूत रस्सा; कैबिल

【缆索铁道】 lǎnsuǒ tiědào रज्जु-रेल; रस्से के सहारे चलने वाली रेल

榄 (欖) lǎn दे० 橄榄 gǎnlǎn जैतून

罱 lǎn ❶एक प्रकार का मछली पकड़ने, नदी की तह से कीचड़ निकालने आदि के लिये प्रयुक्त जाल ❷उक्त जाल से नदी की तह से कीचड़ निकालना: ～河泥 उक्त जाल से नदी की तह से कीचड़ निकालना

【罱泥船】 lǎnníchuán जाल से नदी की तह से खाद के लिये कीचड़ निकालने की नाव

漤 (灠) lǎn ❶नमक मिलाना (कच्ची मछली, मांस, सब्ज़ियों आदि में) ❷(परसिम्मोन को) गरम पानी या चूने के पानी में रखकर उस का कड़वापन हटाना

壈 (壈) lǎn दे० 坎壈 kǎnlǎn निराशा से भरा होना

懒（懶、孏）lǎn ❶आलस; सुस्त; कामचोर: 懒惰 / 懒汉 ❷थकना; शरीर में शक्ति न होना; काहिल होना: 身子发～ शरीर में थकावट / थकान बहुत होना

【懒虫】lǎnchóng 〈बोल०〉 सुस्त आदमी

【懒怠】lǎndai ❶आलस; सुस्त; कामचोर ❷दिलचस्पी न होना; (कोई काम करने की) इच्छा न होना: 近来他身体不好，话也～说。आजकल उस की तबीयत ठीक नहीं है और बोलने की इच्छा भी नहीं है।

【懒得】lǎnde जी न चाहना; जी ऊब जाना: 身体不大好，我～出去。मेरी तबीयत कुछ ठीक नहीं है, बाहर जाने की इच्छा नहीं है।

【懒惰】lǎnduò आलस; सुस्त; कामचोर; काहिल

【懒骨头】lǎngǔtou 〈बोल०〉 सुस्त आदमी

【懒汉】lǎnhàn कामचोर; सुस्त आदमी

【懒汉鞋】lǎnhànxié（懒鞋 lǎnxié भी）एक प्रकार का चीनी कपड़े का जूता जिस में आसानी से पहनने या उतारने के लिये फ़ीते के स्थान पर लचीली रबड़ लगी रहती है

【懒猴】lǎnhóu लोरिस, एक प्रकार का छोटा, दुबला, चार हाथों वाला स्तनपायी रात्रिचर जानवर; स्लो लोरिस

【懒婆娘的裹脚，又长又臭】lǎnpóniáng de guǒ-jiǎo, yòu cháng yòu chòu एक सुस्त स्त्री के पैर की पट्टियों की तरह लम्बे और दुर्गन्धयुक्त होना

【懒散】lǎnsǎn दम्भ भरा हुआ; काहिल: ～的习惯 काहिली की आदत

【懒洋洋】lǎnyángyáng सुस्त; थका हुआ; शिथिल; निःशक्त: 他～地出去了。वह थका हुआ सा बाहर निकला।

【懒腰】lǎnyāo अंगड़ाई: 伸～ अंगड़ाई लेना

làn

烂（爛）làn ❶मुलायम (भोजन): ～泥 कीचड़ / 土豆煮得很～。आलू बहुत मुलायम पकाया गया है। ❷सड़ना; गलना: 水果～了。फल सड़ गया। / 伤口～了。घाव से मवाद निकल गया। ❸फटना; घिस जाना; रद्दी: ～纸 रद्दी कागज़ / ～衣服 घिसा हुआ कपड़ा ❹गड़बड़ का; अव्यवस्थित: 烂账 ❺पूरी तरह: 烂熟 / 烂醉

【烂肠瘟】lànchángwēn 〈बो०〉 रिंडरपेस्ट; बैल या पशुओं की महामारी या प्लेग

【烂糊】lànhu (भोजन) खूब पक या पकाकर मुलायम: 他不爱吃～面。वह खूब पके हुए मुलायम नूडल्स खाना पसंद नहीं करता।

【烂漫】lànmàn ❶चमकदार रंग का; चमकीला: 山花～ पर्वत पर कुसुमावलि सम्पूर्ण प्रस्फुटित हो खिलना ❷स्वाभाविक; सीधा-सादा; अकृत्रिम या सहज; सच्चा: 天真～ सीधा-सादा और भोला-भाला

【烂泥】lànní कीचड़: ～坑 कीचड़ का गढ़ा

【烂舌头】làn shétou（烂舌根 làn shégēn भी）〈बोल०〉 कहानी सुनाना; गपशप करना पसंद करना ❷गप्पी; अफ़वाह फैलाने वाला

【烂熟】lànshú ❶मांस, सब्ज़ी आदि को खूब पकाकर मुलायम करना ❷पूरी तरह जानना; खूब मालूम होना: 背得～ धाराप्रवाह रूप से रटते रहना

【烂摊子】làntānzi गड़बड़; अव्यवस्था; संस्था, इकाई आदि जहां की स्थिति अव्यवस्थित हो: 那个科是个～。उस विभाग का काम बहुत गड़बड़ है।

【烂尾楼】lànwěilóu अपूर्ण निर्मित इमारतें; पूंजी की कमी आदि के कारण पूरी तरह निर्मित न हो सकने और प्रयुक्त न की जा सकने वाली इमारतें

【烂污】lànwū 〈बो०〉 ❶दस्त ❷दुराचारी; व्यभिचारी; व्यभिचारिणी (प्रायः स्त्री के लिये प्रयुक्त)

【烂账】lànzhàng ❶गड़बड़ का हिसाब ❷असंग्रहणीय हिसाब

【烂醉】lànzuì नशे में चूर होना; बदमस्त होना: ～如泥 नशे में चूर होना; बदमस्त होना

滥（濫）làn ❶उमड़ना; बह निकलना ❷बहुत अधिक; अत्यधिक; बेहद; अंधाधुंध; अव्यवस्थित: 滥用 / 滥炸

【滥调】làndiào पुराना राग; घिसे-पिटे राग; बेहूदा बातें: 大弹其…的～ अपना पुराना राग अलापना

【滥发】lànfā अंधाधुंध तरीके से फैलाना: ～钞票 बैंक-नोटों को अंधाधुंध तरीके से फैला रखना

【滥伐】lànfá उचित से बहुत अधिक वन काटना; अंधाधुंध वन काटना

【滥交】lànjiāo बिना उचित-अनुचित का विचार किये मित्र बनना

【滥觞】lànshāng 〈लि०〉 स्रोत; आरंभ; मूल

【滥诉】lànsù अंधाधुध मुकदमे

【滥套子】làntàozi साहित्य की घिसी-पिटी पद-समष्टि

【滥用】lànyòng दुरुपयोग करना; बेजा इस्तेमाल करना: ～外语 मनमाने ढंग से विदेशी भाषा का प्रयोग करना / ～自由 आज़ादी का बेजा इस्तेमाल करना / ～职权 पदाधिकार का दुरुपयोग करना; पद या अधिकार का दुरुपयोग करना

【滥竽充数】lànyú-chōngshù कुल तादाद बढ़ाने के लिये अयोग्य होते हुए भी किसी पद पर बैठाया जाना

lāng

啷 lāng नीचे दे०

【啷当】lāngdāng 〈बो०〉 ❶लगभग; करीब: 他很年轻，才二十～岁。उस की उम्र लगभग बीस साल की है, बहुत जवान ❷(अलग-अलग प्रस्तुत करने के अंत में प्रयुक्त): 他家空调、摄像机、组合音响～的什么都有。उस के घर में एयर-कंडिशन, वीडियो कैमरा, हि-फ़ि स्टीरियो कंपोनंट सिस्टम सभी हैं।

láng

郎 láng ❶सम्राट के काल में एक सरकारी पद ❷किसी निश्चित श्रेणियों के लोगों के लिये दिया गया नाम: 放牛～ चरवाहा; ग्वाला / 卖油～ तेली / 货～ गांव का फेरी वाला / 女～ कन्या; लड़की ❸(स्त्री की ओर से) अपने पति या प्रेमी का संबोधन: ～君 प्रिय; प्रियतम ❹<पुराना> (दूसरे लोगों का) पुत्र; लड़का: 令～ आप का पुत्र / 大～ सब से बड़ा पुत्र ❺ (Láng) एक कुलनाम
láng भी दे०

【郎才女貌】 lángcái-nǚmào प्रतिभाशाली युवक विद्वान और सुन्दर स्त्री —— बहुत अच्छा दम्पति; पुरुष-स्त्री का एक अच्छा जोड़ा

【郎当】[1] lángdāng दे० 锒铛 lángdāng

【郎当】[2] lángdāng ❶(कपड़े) अनुकूल न होना: 衣裤～ अनुकूल कपड़े न पहने हुए ❷निरुत्साह होना; उदास होना ❸जीवन-संग्राम में पराजित

【郎舅】 lángjiù पुरुष और उस की पत्नी का भाई

【郎猫】 lángmāo <बोल०> नर बिल्ली

【郎中】 lángzhōng ❶प्राचीन काल में एक सरकारी पद ❷<बो०> चीनी चिकित्सक

狼 láng भेड़िया; वृक

【狼把草】 lángbǎcǎo बर बेगर-टिक्स (bur beggerticks)

【狼狈】 lángbèi कठिन स्थिति में: ～逃窜 सिर पर पांव रखकर भागना; जी छोड़कर भागना / ～处境 कठिन परिस्थिति; कष्ट अवस्था; सांप छछूंदर की सी कठिन हालत

【狼狈不堪】 lángbèi-bùkān घबड़ाहट में; कठिन परिस्थिति में; कष्टावस्था में; संभ्रांति में

【狼狈为奸】 lángbèi-wéijiān आपस में या एक दूसरे के साथ सांठगांठ करके दुष्कर्म या सहअपराध करना; कमीनी हरकतें करने में एक दूसरे से सांठगांठ करना; किसी के साथ गिरोहबंदी करना

【狼狈周章】 lángbèi-zhōuzhāng अत्यधिक घबड़ाया हुआ

【狼奔豕突】 lángbēn-shǐtū भेड़ियों की तरह दौड़ना और सुअरों की तरह ज़ोर से और तेज़ी के साथ आगे बढ़ना —— जंगली जानवरों की तरह ज़ोर से और तेज़ी के साथ दौड़ते फिरना

【狼疮】 lángchuāng <चिकि०> ल्यूपस; व्रणयुक्त चर्म-रोग

【狼毒】 lángdú <ची०चि०> लांगनू की जड़

【狼狗】 lánggǒu वुल्फ़हाउंड; वृक-श्वान; रखवाला कुत्ता

【狼顾】 lánggù भेड़िये की तरह अकसर पीछे देखना —— बहुत घबराने वाला और संदेही

【狼毫】 lángháo नेवले के बालों से बना हुआ लिखने का ब्रुश

【狼嚎】 lángháo भेड़िये का बोलना या चीखना

【狼獾】 lánghuān <प्राणि०> ग्लटन, नेवला जाति का किंतु उस से बड़ा मांसाहारी जानवर

【狼藉】 lángjí (狼籍 lángjí भी) <लि०> अस्तव्यस्त; अव्यवस्थित: 杯盘～ (दावत के बाद) कपों और डिशों का अस्तव्यस्तता की स्थिति में होना

【狼贪】 lángtān भेड़िये की तरह लोभी; अति लोभी; लालची

【狼头】 lángtóu (榔头 lángtou, 鎯头 lángtóu भी) हथौड़ा

【狼吞虎咽】 lángtūn-hǔyàn भुक्खड़ की भांति निगल जाना; जल्दी-जल्दी बहुत अधिक खाना

【狼尾草】 lángwěicǎo <वन०> चीनी पेंनिसेटम (chinese pennisetum), एक पौधा जिस की बाली भेड़िये की पूंछ की तरह होती है

【狼窝】 lángwō भेड़िये की मांद

【狼心狗肺】 lángxīn-gǒufèi भेड़िये की तरह लोभी और काटने वाले कुत्ते की तरह क्रूर; क्रूर और अनैतिक; कठोर और निष्ठुर; निर्दय और कृतघ्न

【狼牙】 lángyá ❶भेड़िये का दांत ❷<वन०> एक प्रकार का विषैला पौधा

【狼牙棒】 lángyábàng मूसल

【狼烟】 lángyān प्राचीन काल में सीमा पर एलार्म सिगनल के लिये भेड़ियों के मलों को जलाने से उठा हुआ धूआं

【狼烟四起】 lángyān-sìqǐ चारों ओर युद्ध की आग जलने लगी

【狼主】 lángzhǔ (पुराने उपन्यासों या ऑपेरों में) उत्तर-चीन की जातियों के राजा

【狼子野心】 lángzi-yěxīn शिशु-वृक का क्रूर हृदय —— स्वभाव; भेड़ियापन; अतिलोभीपन; वृक स्वभाव

阆 (閬) láng दे० 闶阆 kāngláng वस्तुओं में खाली भाग: 井下面的～ कुएं में खाली भाग
làng भी दे०

琅 (瑯) láng <लि०> ❶एक प्रकार का जेड पत्थर ❷स्वच्छ और श्वेत

【琅玕】 lánggān <लि०> मोती जैसा सुन्दर पत्थर

【琅嬛】 lánghuán <लि०> (嫏嬛 lánghuán भी) पुराण में स्वर्ग-सम्राट के पुस्तक-संग्रह करने का स्थान

【琅琅】 lángláng <अनु०> टन-टन की ध्वनि; झुनझुनाहट; झंकार; टुन-टुनाहट; ज़ोर से पढ़ने की ध्वनि

桹 láng नीचे दे०

【桹桹】 lángláng <अनु०> लकड़ियों का आपस में आघात लगने पर निकलने वाली ध्वनि

廊 láng बरामदा: 走～ बरामदा / 长～ लंबा बरामदा

【廊庙】 lángmiào <लि०> सम्राट का दरबार

【廊檐】 lángyán बरामदे का छज्जा

【廊腰】 lángyāo बरामदे का कोना

【廊子】 lángzi बरामदा

螂 láng नीचे दे०

【螂嬛】 lánghuán दे० 琅嬛 lánghuán

榔 láng नीचे दे०

【榔槺】 lángkāng (सामान) लंबा, बड़ा, भारी और प्रयोग करने में असुविधाजनक: 这铁箱太～，带起来不方便。यह लोहे का संदूक बड़ा भारी-भरकम है और लेने में सुविधा नहीं है।

【榔头】 lángtou （狼头 lángtou，锒头 lángtou भी）हथौड़ा

硠 láng 〈लि०〉 चट्टान पर पानी का आघात लगने पर निकलने वाला शब्द

锒 （鋃） láng नीचे दे०

【锒铛】 lángdāng（郎当 lángdāng भी）❶〈लि०〉 लोहे की ज़ंजीर ❷〈अनु०〉 झंकार; झनझनाहट; ठनठनाहट; छनाके का शब्द: 铁索～。लोहे की ज़ंजीर झनझन कर रही है।

【锒铛入狱】 lángdāng-rùyù ज़ंजीर से बांधा जाना और जेल में डाला जाना; बन्दी बनना

稂 láng प्राचीन पुस्तकों में 狼尾草 lángwěicǎo

【稂莠】 lángyǒu ❶稂 और 莠 खेत में उत्पन्न दो खराब पौधे ❷〈ला०〉 दुष्ट; खराब आदमी

锄 （鋤） láng नीचे दे०

【锄头】 lángtou（榔头 lángtou के समान）हथौड़ा

螂 （蜋） láng दे० 蛇螂 gèláng गोबरैला; 蜣螂 qiāngláng गोबरैला; 螳螂 tángláng मैंटिस; 蟑螂 zhāngláng तिलचट्टा

lǎng

朗 lǎng ❶प्रकाशमान; उज्ज्वल; सुप्रकाश: 明～ प्रकाशमान और स्वच्छ / 晴～ मेघशून्य ❷(ध्वनि) ऊंची और साफ़: 朗诵

【朗读】 lǎngdú उच्च स्वर से पढ़ना; ज़ोर-ज़ोर से पढ़ना

【朗朗】 lǎnglǎng 〈अनु०〉 उच्च स्वर से पढ़ने की ध्वनि

【朗姆酒】 lǎngmǔjiǔ रम (Rum) शराब

【朗生】 lǎngshēng（囊生 nángshēng भी）तिब्बत में कृषिदासस्वामी के घर में दास

【朗声】 lǎngshēng उच्च स्वर से; ज़ोर से: ～大笑 ठहाका लगाना

【朗爽】 lǎngshuǎng जी भर के: ～的笑声 जी भर के हंसने की आवाज़

【朗诵】 lǎngsòng उच्च स्वर से पढ़ना: 诗～会 कविता पाठ

làng

郎 làng दे० 屎壳郎 shǐkelàng गोबरैला
láng भी दे०

埌 làng दे० 圹埌 kuànglàng असीम; सीमाहीन (खुला मैदान)

莨 làng नीचे दे०
liáng भी दे०

【莨菪】 làngdàng (काला) हेनबेन, एक विषैला पौधा

崀 làng नीचे दे०

【崀山】 Làngshān हूनान प्रांत में एक स्थान का नाम

阆 （閬） làng नीचे दे०
láng भी दे०

【阆中】 Làngzhōng स्छवान प्रांत में एक स्थान का नाम

【阆苑】 làngyuàn 〈लि०〉 ❶किंवदंती में देवताओं और ऋषियों के रहने का स्थान ❷राजमहल

浪 làng ❶लहर; तरंग: 浪潮 ❷लहर की तरह की चीज़: 麦～ गेहुंओं की लहर / 声～ स्वर-तरंग ❸बिना रोकटोक; नियंत्रणहीन: 浪费 ❹〈बो०〉 घूमना; सैर करना

【浪潮】 làngcháo ज्वार-तरंग; वेला-लहर; 〈ला०〉 लहर; ज्वार-भाटा: 革命的～ क्रांति का ज्वार-भाटा

【浪船】 làngchuán नाव के आकार की झूलागाड़ी

【浪荡】 làngdàng ❶घूमना-फिरना; भटकना; आवारा फिरना ❷आवारा; दुराचारी; ऐयाश; भ्रष्टशील

【浪费】 làngfèi अपव्यय करना; फ़ज़ूलखर्ची करना; बरबाद करना: ～时间 समय का दुरुपयोग करना; वक्त गंवाना / ～金钱 रुपये पानी में डालना; रुपये बरबाद करना / ～性的支出 फ़ालतू खर्च

【浪花】 lànghuā ❶लहरों का फेन: ～四溅的水流 फेनिल प्रवाह ❷अपने जीवन में घटनाएं: 生活的～ जीवन की छोटी-छोटी घटनाएं

【浪迹】 làngjì घूमना-फिरना; इधर-उधर फिरना; भटकते फिरना: ～江湖 इधर-उधर भटकते फिरना / ～天涯 दुनिया-भर मारे-मारे फिरना

【浪漫】 làngmàn ❶रोमांटिक; रोमानी ❷किसी रीति-रिवाज या प्रथा से मुक्त; कार्य या व्यवहार में स्वच्छंद; परंपरा या रूढ़ि को न माननेवाला: 她是十足～的。इस के इश्क की कोई इंतिहा नहीं।

【浪漫史】 làngmànshǐ रोमांस

【浪漫主义】 làngmàn zhǔyì रोमांसवाद: ～诗歌 रोमांटिक कविता / ～作家 रोमांटिक लेखक / ～运动 रोमांटिक आंदोलन (उन्नीसवीं शतब्दी के आरंभ में पश्चिमी यूरोप में)

【浪木】 làngmù (खेल-कूद में प्रयुक्त) स्विंग लॉग
【浪桥】 làngqiáo 浪木 के समान
【浪人】 làngrén ❶आवारागर्द; घुमक्कड़ ❷(जापान में) रोनिन (ronin)
【浪涛】 làngtāo बड़ी-बड़ी लहरें; महातरंग
【浪头】 làngtóu 〈बोल०〉 ❶लहर ❷(विचारों आदि की) प्रवृत्ति; झुकाव: 赶～ किसी प्रवृत्ति का अनुसरण करना
【浪涌】 làngyǒng 〈विद्यु०〉 सर्ज (surge): ～放电器 सर्ज अरेस्टर
【浪游】 làngyóu इधर-उधर निरुद्देश्य यात्रा करते फिरना
【浪语】 làngyǔ ❶गंदी बातें; अश्लील बातें ❷बकबक; व्यर्थ की बात; निरर्थक बात ❸गपशप करना
【浪子】 làngzǐ उड़ाऊ (व्यक्ति); आवारा; लोफ़र; अकर्मण्य व्यक्ति
【浪子回头金不换】 làngzǐ huítóu jīn bù huàn दुराचार व्यक्ति का अपनी गलती को सुधार कर एक नये जीवन का आरंभ करना स्वर्ण से भी मूल्यवान है

蝋 làng 〈बो०〉 दे० 晾 liàng❶❷

莨 làng 宁蒗 nínglàng युन्नान प्रांत में ई（彝）जाति स्वायत्त काउंटी

lāo

捞（撈）lāo ❶पानी के अंदर से किसी वस्तु को ऊपर उठाना: 捞摸 / ～鱼虾 मछलियां या झींगा मछलियां पकड़ना ❷अनुचित उपाय से प्राप्त करना: 捞一把 ❸〈बो०〉 लगे हाथ लेना या खींचना
【捞本】 lāoběn जुए में हारी हुई बाज़ी को फिर से जीतकर वापस मिलना
【捞稻草】 lāo dàocǎo डूबते को तिनके का सहारा; किसी वस्तु से लाभ उठाने (का प्रयत्न करना)
【捞饭】 lāofàn पानी में उबालकर फिर निथारकर फिर भाप से बना भात
【捞摸】 lāomō 〈बोल०〉 पानी में टटोलना; 〈ला०〉 अनुचित लाभ प्राप्त करने का प्रयत्न करना
【捞钱】 lāoqián अनुचित उपाय से जल्दी-जल्दी धनोपार्जन करना
【捞取】 lāoqǔ ❶पानी में से निकालना ❷प्राप्त करना: ～政治资本 राजनीतिक पूंजी कमाना
【捞一把】 lāo yībǎ लाभ उठाना; फ़ायदा उठाना; कुछ मुनाफ़ा बटोर लेना
【捞油水】 lāo yóushuǐ 〈अना०〉 बलपूर्वक धनापहरण करना; अनुचित कमीशन लेना; अनुचित लाभ उठाना
【捞着】 lāozháo (कोई काम करने का) अवसर प्राप्त करना: 那天的京剧我没～看。 मुझे उस दिन का पेइचिंग ऑपेरा देखने का मौका नहीं मिला।

láo

劳（勞）láo ❶श्रम; मेहनत: ～工 मज़दूर; श्रमिक ❷कृपया; मेहरबानी करके: ～您来一趟。कृपया आप ज़रा आइये। ❸मज़दूर; श्रमिक: ～资纠纷 मज़दूर और मालिक के बीच का झगड़ा; श्रम और पूंजी के बीच का झगड़ा ❹थकावट; थकान: 任～任怨 बिना शिकायत किये मेहनत से काम करना ❺योगदान: 有～不录 किसी की शानदार सेवाओं का उल्लेख तक न करना ❻सेवक को ढाढ़स और इनाम देना: 犒～ मज़दूरों को दावत देना ❼（Láo） एक कुलनाम
【劳保】 láobǎo ❶劳动保险 का संक्षिप्त रूप ❷劳动保护 का संक्षिप्त रूप
【劳步】 láobù 〈शिष्ट०〉 आप के आने के लिये धन्यवाद: 他很忙，请勿～。 वे बहुत व्यस्त हैं आप न आयें।
【劳瘁】 láocuì 〈लि०〉 कष्ट और थकान: 不辞～ मन में कष्ट और थकान का विचार न रखना
【劳动】 láodòng ❶मेहनत; श्रम: 劳动热情 ❷शारीरिक श्रम: 劳动锻炼 ❸शारीरिक श्रम करना: 他去～了。 वह शारीरिक श्रम करने गया।
【劳动保护】 láodòng bǎohù (उस का संक्षिप्त रूप 劳保) श्रम-संरक्षण
【劳动保险】 láodòng bǎoxiǎn (उस का संक्षिप्त रूप 劳保) श्रम-बीमा: ～条例 श्रम-बीमा के नियम
【劳动报酬】 láodòng bàochóu पारिश्रमिक; मज़दूरी; मेहनताना
【劳动布】 láodòngbù डेनिम, एक मोटा सूती कपड़ा
【劳动大军】 láodòng dàjūn श्रम की विशाल सेना
【劳动党】 láodòngdǎng श्रमिक पार्टी
【劳动定额】 láodòng dìng'é उत्पादन कोटा; उत्पादन-नियतांश
【劳动锻炼】 láodòng duànliàn श्रम की भट्ठी में फ़ौलादी बनाना
【劳动对象】 láodòng duìxiàng श्रम का विषय; श्रम का आब्जेक्ट
【劳动法】 láodòngfǎ श्रम-कानून: 实行～ श्रम-कानून को लागू करना
【劳动分工】 láodòng fēngōng श्रम-विभाजन
【劳动改造】 láodòng gǎizào (अपराधियों को) श्रम द्वारा संस्कारित करना
【劳动工具】 láodòng gōngjù श्रम के औज़ार
【劳动观点】 láodòng guāndiǎn श्रम-दृष्टिकोण
【劳动果实】 láodòng guǒshí श्रम की उपलब्धि, श्रम-फल
【劳动号子】 láodòng hàozi श्रम-गीत (एक व्यक्ति के नेतृत्व में श्रमिकों की गतियों के एक ही समय पर होने के लिये गाया जाता है)
【劳动过程】 láodòng guòchéng श्रमक्रिया

【劳动互助】 láodòng hùzhù श्रम में आपसी सहायता：～组 आपसी सहायता श्रम-दल
【劳动纪律】 láodòng jìlǜ श्रम-अनुशासन; श्रम-नियम：遵守～ श्रम-अनुशासन का पालन करना
【劳动技能】 láodòng jìnéng श्रम-कौशल
【劳动技术】 láodòng jìshù श्रम-कौशल
【劳动价值】 láodòng jiàzhí श्रम-मूल्य：～学说 श्रम-मूल्य सिद्धांत
【劳动教养】 láodòng jiàoyǎng (उस का संक्षिप्त रूप 劳教) (अल्पायु अपराधियों आदि की) श्रम द्वारा पुनर्शिक्षा
【劳动教育】 láodòng jiàoyù श्रम-शिक्षा
【劳动节】 láodòngjié श्रम-दिवस (1 मई)
【劳动结果】 láodòng jiéguǒ श्रम-फल; मेहनत का फल
【劳动竞赛】 láodòng jìngsài श्रम-प्रतियोगिता; श्रम में होड़：开展～ श्रम-प्रतियोगिता का आरंभ करना
【劳动力】 láodònglì ❶श्रम-शक्ति：～不足 श्रम-शक्ति की कमी / 全～ पूर्ण श्रम-शक्ति / 半～ अर्ध श्रम-शक्ति / 出卖部分～ अपनी श्रम-शक्ति का एक हिस्सा बेचना ❷शारीरिक श्रम करने की योग्यता (क्षमता)：丧失～ अपनी श्रम करने की क्षमता खो बैठना ❸श्रमिक; मेहनत करने वाला या वाली：～市场 श्रमिक बाज़ार
【劳动立法】 láodòng lìfǎ श्रमिक विधिनिर्माण
【劳动量】 láodòngliàng श्रम-मात्रा
【劳动密集型】 láodòng mìjíxíng लेबर-इंटेंसिव：～产品 लेबर-इंटेंसिव प्रोडक्ट्स
【劳动模范】 láodòng mófàn आदर्श श्रमिक; आदर्श मेहनतकश
【劳动强度】 láodòng qiángdù श्रम-प्रचंडता; श्रम-तीव्रता; श्रम-बहुलता
【劳动权】 láodòngquán काम पाने का अधिकार
【劳动热情】 láodòng rèqíng श्रम-उत्साह：～增长 श्रम-उत्साह बढ़ जाना
【劳动人民】 láodòng rénmín श्रमिक जनता; श्रमजीवी जनता; मेहनतकश जनता：～文化宫 श्रमिक जन संस्कृति-भवन
【劳动日】 láodòngrì श्रम-दिन; काम का दिन
【劳动生产率】 láodòng shēngchǎnlǜ श्रम-उत्पादकता：提高～ श्रम-उत्पादकता को बढ़ाना
【劳动时间】 láodòng shíjiān श्रम-समय; काम का घंटा：增加～ काम के घंटे बढ़ाना
【劳动收入】 láodòng shōurù श्रम की आय
【劳动手册】 láodòng shǒucè श्रम बही
【劳动手段】 láodòng shǒuduàn श्रम-साधन
【劳动条件】 láodòng tiáojiàn श्रम की शर्तें
【劳动条例】 láodòng tiáolì श्रम का विधि-नियम
【劳动效率】 láodòng xiàolǜ श्रम-क्षमता
【劳动英雄】 láodòng yīngxióng श्रम-वीर; श्रम-वीरांगना
【劳动者】 láodòngzhě श्रमिक; श्रमजीवी; मेहनतकश
【劳动制度】 láodòng zhìdù श्रम-व्यवस्था
【劳动资料】 láodòng zīliào श्रम-धन
【劳动组织】 láodòng zǔzhī श्रम-संगठन
【劳顿】 láodùn <लि०> थका हुआ; थका मांदा：旅途～ यात्रा से थका हुआ या थका मांदा
【劳而无功】 láo'érwúgōng निष्फल प्रयत्न करना; बहुत प्रयत्न करने पर भी सफलता न मिलना
【劳乏】 láofá थका हुआ; थका मांदा
【劳方】 láofāng श्रम; श्रमिक (पूंजी, मालिक का विपरीत)：～与资方 श्रमिक या मज़दूर पक्ष और पूंजीपति या मालिक पक्ष
【劳改】 láogǎi 劳动改造 का संक्षिप्त रूप
【劳改队】 láogǎiduì श्रम द्वारा संस्कार करने वालों का दल
【劳改犯】 láogǎifàn श्रम द्वारा संस्कार करने वाला अपराधी
【劳改农场】 láogǎi nóngchǎng श्रम द्वारा संस्कार देने का फ़ार्म
【劳工】 láogōng श्रमिक; मज़दूर：～运动 श्रमिक आंदोलन / ～法 श्रम कानून; श्रम संबंधी कानून
【劳绩】 láojì योगदान और सफलताएं
【劳驾】 láojià <शिष्ट०> कृपया; मेहरबानी करके：～，把那枝笔递给我。कृपया उस कलम को मुझे दीजिये। / 劳您架，请让让路。मेहरबानी करके ज़रा रास्ता दीजिये।
【劳教】 láojiào 劳动教养 का संक्षिप्त रूप
【劳教人员】 láojiào rényuán व्यक्ति जो (अल्पायु अपराधियों के) श्रम द्वारा पुनर्शिक्षा स्कूल में नियंत्रित हो
【劳金】 láojīn <पुराना> मजूरी; मेहनताना
【劳倦】 láojuàn थकान; थकावट
【劳军】 láojūn सेना को सांत्वना देना：～运动 फ़ौजी यूनिटों का अभिनन्दन करने और उन्हें तोहफ़े भेजने का ज़ोरदार आंदोलन
【劳苦】 láokǔ कठिन परिश्रम; कठिन काम：不辞～ कष्ट सहना
【劳苦功高】 láokǔ-gōnggāo कठिन परिश्रम करना और बड़ा योगदान करना
【劳累】 láolèi ❶थका हुआ; थका-मांदा ❷कृपया; मेहरबानी करके
【劳力】 láolì ❶शारीरिक श्रम करने की शक्ति ❷व्यक्ति जिस की श्रम करने की शक्ति हो ❸<लि०> शारीरिक श्रम करना
【劳碌】 láolù कठिन परिश्रम：～一生 जीवन भर कठिन परिश्रम करना
【劳民伤财】 láomín-shāngcái जनता की भौतिक और शारीरिक शक्ति को नष्ट करना
【劳模】 láomó 劳动模范 का संक्षिप्त रूप
【劳伤】 láoshāng <ची०चि०> अत्यधिक श्रम से उत्पन्न अंदरूनी क्षति
【劳神】 láoshén ❶(अपने मन पर)एक भार बनना; कष्ट करना：现在你身体不好，不要多～。अब आप की तबीयत ठीक नहीं है, अधिक कष्ट न करें। ❷कृपया; मेहरबानी करके
【劳师】 láoshī <लि०> ❶फ़ौजी यूनिटों का अभिनन्दन करना और उन्हें तोहफ़ा भेजना ❷सेना थकाना：～费时。

सेना थक जाती और समय व्यर्थ चला जाता।

【劳师动众】 láoshī-dòngzhòng बहुत ज़्यादा फ़ौजें इकट्ठी करना —— (कोई काम करने के लिये) बहुत से लोग खींच लाना

【劳师远征】 láoshī-yuǎnzhēng लंबे अभियान में सेना को थकाना

【劳什子】 láoshízi <बो०>（牢什子 láoshízi भी）कोई अप्रिय वस्तु; न्यूसेन्स

【劳损】 láosǔn <चिकि०> अत्यधिक प्रयत्न के तनाव से होने वाली क्षति या चोट: 肌腱～ अत्यधिक प्रयत्न के तनाव से होने वाली मांसपेशियों की क्षति

【劳卫制】 láowèizhì श्रम तथा सुरक्षा: ～奖章 "श्रम तथा सुरक्षा" पदक

【劳务】 láowù श्रम-सेवा: ～输出 श्रम-सेवा का निर्यात / ～费 श्रम-सेवा की फ़ीस / ～合作 लेबर कोऑपरेशन; श्रम-सहकारिता

【劳心】 láoxīn ❶अपने मन या मस्तिष्क से काम करना ❷(किसी काम के लिये) व्यग्र या चिंतित होना ❸<लि०> चिंता करना

【劳心者治人，劳力者治于人】láoxīnzhě zhì rén, láolìzhě zhìyú rén जो मानसिक श्रम करते हैं वे दूसरों पर शासन करते हैं और जो शारीरिक श्रम करते हैं वे शासित किये जाते हैं

【劳燕分飞】 láoyàn-fēnfēi शिक्र और अबाबील भिन्न दिशाओं में उड़ती हैं —— एक दूसरे से बिछुड़ना

【劳役】 láoyì ❶बेगार; बेगारी: 强迫～ बेगार कराना ❷(घरेलू पशुओं का) काम में लाया जाना

【劳役地租】 láoyì dìzū श्रम द्वारा दिया गया लगान

【劳逸】 láoyì काम और आराम

【劳逸不均】 láoyì-bùjūn काम और आराम के बीच उचित संतुलन न होना

【劳逸结合】 láoyì-jiéhé काम और आराम के बीच उचित संतुलन बनाये रखना

【劳资】 láozī श्रम और पूंजी: ～关系 श्रम और पूंजी के बीच का संबंध / ～纠纷 श्रम संबंधी झगड़ा; मज़दूर और मालिक के बीच का झगड़ा / ～两利 श्रम और पूंजी दोनों को फ़ायदा पहुंचना / ～争议 श्रम-विवाद

【劳作】 láozuò ❶<पुराना> पाठशाला में एक विषय (सब्जेक्ट) ❷शारीरिक श्रम करना: 在田间～ खेत में श्रम करना

牢 láo ❶<लि०> बाड़ा; घेरा: 豕～ सूअरों का बाड़ा ❷<प्रा०> बलि चढ़ाने का पशु: 太～ बलि चढ़ाने का बैल ❸जेल: 牢房 ❹दृढ़; मज़बूत: 牢不可破 / 牢记

【牢不可破】 láobùkěpò अटूट; अखंडित; अभेद्य: ～的友谊 अटूट मित्रता

【牢房】 láofáng जेलखाना

【牢固】 láogù दृढ़; मज़बूत; दृढ़ता से बंधा हुआ: 基础很～。आधार बहुत मज़बूत है।

【牢记】 láojì मज़बूती से गांठ बांधना; मज़बूती से गिरह में बांधना; पक्के तौर पर याद रखना: 你的话我～心头。मैं ने तुम्हारी बातें गांठ बांध लीं।

【牢监】 láojiān जेल; कैदखाना

【牢靠】 láokào ❶दृढ़; मज़बूत; पुख्ता: 这门装得很～。यह दरवाज़ा बड़ी मज़बूती से लगाया गया है। ❷भरोसे का; भरोसे योग्य; विश्वस्त; विश्वसनीय: 这人办事～。यह आदमी भरोसे योग्य है।

【牢牢】 láoláo दृढ़ता से; मज़बूती से: ～记住它。उसे गिरह बांधिये।

【牢笼】 láolóng ❶पिंजरा; बंधन; कटघरा: 旧思想的～。पुराने विचार का बंधन / 现在我总算脱出这～了。अब मुझे पिंजरे के बाहर आने का अवसर मिला है। ❷जाल; फंदा; पाश: 陷入～ जाल में फंसना ❸<लि०> फंदे या जाल में फंसाना; पाशबद्ध करना ❹सीमित करना; सीमित रखना; हद बांधना: 为旧思想所～ पुराने विचारों से सीमित रखना

【牢骚】 láosāo ❶शिकायत; फ़रियाद: 发～ शिकायत करना; असंतोष प्रकट करना ❷शिकायत करना; असंतोष प्रकट करना; दुखड़ा रोना: ～了半天 बड़ी देर तक शिकायत करते रहना

【牢什子】 láoshízi 劳什子 láoshízi के समान

【牢实】 láoshí सुदृढ़; मज़बूत; पुख्ता: 基础～ बुनियाद पुख्ता होना

【牢头】 láotóu <पुराना> जेलर

【牢稳】 láowěn सुरक्षित; दृढ़: 贵重物品放保险箱里比较～。मूल्यवान वस्तुओं को तिजोरी में रखना अधिक सुरक्षित है।

【牢稳】 láowěn टिकाऊ; मज़बूत; दृढ़: 冰箱放这里～。रेफ्रिजरेटर को यहां रखना ही सुरक्षित है।

【牢狱】 láoyù जेल; कैदखाना

崂（塄） láo दे० 圪崂 gēláo <बो०> कोना; (स्थान के नाम में भी प्रयुक्त; जैसे, 王家圪崂 Wángjiā Gēláo, शेनशी प्रांत में)

唠（嘮） láo नीचे दे०
lào भी दे०

【唠叨】 láodao बातूनी होना; बकबक करना; बड़बड़ाना: ～个不停 बकबक करते रहना

崂（嶗） Láo नीचे दे०

【崂山】 Láoshān（劳山 Láoshān भी）शानतोंग प्रांत में एक पर्वत का नाम

铹（鐒） láo <रसा०> लौरेंसियम (Lw)

痨（癆） láo क्षय रोग; तपेदिक: 肺～ तपेदिक

【痨病】 láobìng क्षय रोग; तपेदिक

【痨咳】 láokē क्षयकास

筹（簩） láo दे० 箟簩竹 sīláozhú बांस विशेष

醪 láo <लि०> ❶तलछट वाली शराब ❷सपरिपक्व मदिरा

【醪糟】láozāo खमीर उठाकर बनाया हुआ लसदार चावल

lǎo

老 lǎo ❶बूढ़ा; वृद्ध; बुज़ुर्ग: 老伴 / 老大娘 / 男女～少 पुरुष, स्त्री, बूढ़ा और जवान ❷वृद्ध व्यक्ति: 郭～同志 बुज़ुर्ग कामरेड क्वो / 养～院 वृद्धाश्रम; वयोवृद्ध भवन ❸<शिष्टोक्ति> (了 के साथ और बहुधा वृद्ध व्यक्ति के लिये प्रयुक्त) मर जाना; गुज़र जाना; मृत्यु होना: 那家～了人了。उस घर में वृद्ध मर गया (या वृद्धा मर गयी)। ❹अनुभवी: 老练 / 老手 ❺पुराना (विलोम: 新): 老干部 / 老对手 ❻अप्रचलित; चलन से बाहर; पुराने ढंग का: ～房子 पुराने ढंग का मकान; पुराना मकान / ～收音机 पुराने ढंग का रेडियो; पुराना रेडियो ❼पहले का: ～地方 पहले का स्थान / ～脾气 पहले का स्वभाव ❽सब्ज़ियों का सूख जाना या अधिक दिन के हो जाने पर सख्त हो जाना (विलोम: 嫩): 这芹菜～了。यह सेलरी सख्त मालूम पड़ रहा है। ❾(खाद्य वस्तुओं को) कम या अधिक समय तक पकाने से कड़ा होना (विलोम: 嫩): 肉太～。पूरी तरह न पकाने पर मांस सख्त है। / 蛋煮～了。अंडा अधिक समय पकाने से सख्त हो गया। ❿(किसी बहुलक रासायनिक संयुक्त पदार्थों का) बिगड़ना या खराब होना: ～化 काल-प्रभावित होना ⓫(किसी निश्चित रंगों के लिये) गहरा: ～绿 गहरा हरा / ～红 गहरा लाल ⓬बहुत दिन का; बहुत दिनों से: ～没见你了。बहुत दिनों से तुम से नहीं मिला। ⓭अक्सर: 他～来这里。वह यहां अक्सर आता है। ⓮बहुत; अत्यंत: 飞得～高 बहुत ऊंचा उड़ना / 他～早来了。वह बहुत जल्दी आ गया है। ⓯(भाइयों, बहिनों आदि में) सब से छोटा; अंत वाला: ～姨 सब से छोटी मौसी / ～舅 सब से छोटा मामा / ～儿子 सब से छोटा बेटा ⓰<उपसर्ग> (व्यक्ति, भाइयों, बहिनों आदि के क्रम, किसी निश्चित पशु या वनस्पति के लिये प्रयुक्त): ～张 लाओ चांग; यार चांग / ～Q यार Q / ～大 जेठा; जेठी / ～五 पांचवां; पांचवीं / 老幺 सब से छोटा या छोटी / ～虎 बाघ / ～鼠 चूहा / ～玉米 मक्का

【老媪】lǎo'ǎo <लि०> बुढ़िया; बूढ़ी स्त्री

【老八板儿】lǎobābǎnr <बो०> ❶रूढ़िवादी; दकियानूसी ❷हठी; कट्टरतावादी

【老八辈子】lǎobābèizi पुराना; पुराने ढंग का; पिछड़ा हुआ: ～的话 पुरानी बातें

【老把戏】lǎobǎxì पुरानी चाल

【老白干儿】lǎobáigānr <बो०> सफ़ेद शराब

【老百姓】lǎobǎixìng आम जनता; आम लोग; साधारण लोग; साधारण असैनिक व्यक्ति; प्रजा

【老板】lǎobǎn दूकानदार; कारखानेदार; दूकान का मालिक; बड़ा साहब; मालिक

【老板娘】lǎobǎnniáng दूकानदार की पत्नी; मालिकिन; स्वामिनी

【老半天】lǎobàntiān काफ़ी समय तक; लंबे समय तक; काफ़ी लंबे समय तक; बड़ी देर तक: 他们等他等了～。वे बड़ी देर तक उस का इंतज़ार करते रहे।

【老伴】lǎobàn <बोल०> (बूढ़े दंपति में) पति या पत्नी: 我～ मेरी बुढ़िया या मेरा बूढ़ा; मेरी साथिन या मेरा साथी

【老蚌生珠】lǎobàng-shēngzhū बूढ़ी सीपी से मोती निकलना —— बुढ़ापे में पुत्र प्राप्त होना

【老鸨】lǎobǎo（老鸨子 lǎobǎozi भी）चकले की मालिकिन

【老辈】lǎobèi ❶पूर्वज; बापदादा ❷बुज़ुर्ग; वृद्ध; वयोवृद्ध

【老本】lǎoběn ❶पुरानी पूंजी; आरंभिक पूंजी; मूल पूंजी ❷मिली हुई सफलताएं: 吃～ पुरानी ख्याति पर संतोष किये बैठे रहना; नयी सफलताओं के लिये प्रयत्न न करना

【老鼻子】lǎobízi <बो०> (इस के बाद 了 का प्रयोग होता है) बहुत अधिक; अत्यधिक: 今年市场上苹果可～了。इस साल बाज़ार में सेब बहुत ज़्यादा हैं।

【老表】lǎobiǎo ❶ममेरा भाई; फुफेरा भाई; मौसेरा भाई ❷<बो०> अपनी उम्र के बराबर वाले अपरिचित व्यक्ति के लिये शिष्टाचार का संबोधन

【老兵】lǎobīng पुराना सिपाही

【老病】lǎobìng ❶पुराना रोग ❷बूढ़ा और बीमार

【老伯】lǎobó (पिता के मित्र या मित्र के पिता के लिये संबोधन करने में प्रयुक्त) चाचा

【老伯伯】lǎobóbo <आदर०> दादा जी

【老布】lǎobù <बो०> खद्दर; खादी; हाथ-कता हाथ-बुना कपड़ा

【老部下】lǎo bùxià पहले का मातहत

【老财】lǎocái <बो०> धनपति; अमीर; रईस; ज़मीनदार

【老苍】lǎocāng (मुखाकृति) वृद्ध; बुज़ुर्ग: 他显得很～。देखने में वह बहुत बूढ़ा लगता है।

【老巢】lǎocháo (दुश्मनों का) बुनियादी अड्डा

【老成】lǎochéng अनुभवी; शांत और परिश्रमी; स्थिरचित्त: ～持重 अनुभवी; स्थिरचित्त; अनुभवी और स्थिर

【老成凋谢】lǎochéng-diāoxiè वृद्ध व्यक्ति का गुज़र जाना

【老诚】lǎochéng सीधा-सादा और ईमानदार

【老处女】lǎochǔnǚ वृद्धा कुमारी; जरठकुमारी; अविवाहित स्त्री

【老粗】lǎocū (बहुधा विनम्र०) अशिक्षित व्यक्ति; अल्पशिक्षित व्यक्ति; गंवार; दहकान

【老搭档】lǎodādàng पुराना साथी; पुराना सहकर्मी

【老大】lǎodà ❶<लि०> वृद्ध: 少小离家～回。मैं युवावस्था में घर छोड़कर बाहर गया और वृद्धावस्था में घर लौट आया।

【老大不小】lǎodà-bùxiǎo बड़ा होकर फिर कभी बालकपन न लौट आना: 你也～的了，得好好学习。तुम अब बालक नहीं हो, अच्छी तरह अध्ययन करना चाहिये।

【老大哥】lǎodàgē बड़ा भाई (अपने से बड़े व्यक्ति के लिये प्रयुक्त आदरपूर्ण संबोधन)

【老大姐】lǎodà jiě बड़ी बहिन (अपने से बड़ी स्त्री के लिये प्रयुक्त आदरपूर्ण संबोधन)

【老大难】lǎo-dà-nán बहुत पुरानी और कठिन (सम-

स्या)：～问题 बहुत पुरानी और कठिन समस्या

【老大娘】 lǎodàniáng 〈बोल०〉 दादी; नानी (बहुधा अपरिचित वृद्धा महिला के लिये प्रयुक्त आदरपूर्ण संबोधन); वृद्धा; बुढ़िया

【老大爷】 lǎodàye (बहुधा अपरिचित वृद्ध व्यक्ति के लिये प्रयुक्त आदरपूर्ण संबोधन) दादा; चाचा; बुज़ुर्ग; वृद्ध व्यक्ति

【老旦】 lǎodàn (परम्परागत ऑपेरा में) वृद्ध महिला का पात्र

【老当益壮】 lǎodāngyìzhuàng बूढ़े होने पर भी जीवन-शक्ति से भरपूर होना

【老道】 lǎodào 〈बोल०〉 ताओवादी पुजारी

【老到】 lǎodào 〈बो०〉 अनुभवी; विचारपूर्ण

【老等】 lǎoděng बड़ी देर तक इंतज़ार करना

【老底】 lǎodǐ ❶किसी व्यक्ति का अतीत; किसी व्यक्ति का अरुचिकर पूर्व इतिहास：揭～ किसी के अतीत के अरुचिकर तथ्यों का पर्दाफ़ाश करना; भंडा फोड़ना ❷पुरानी पूंजी; मूल धन

【老弟】 lǎodì (अपने से छोटे मित्र के लिये प्रयुक्त घनिष्ठ संबोधन) भाई; भई

【老吊】 lǎodiāo 〈बोल०〉 क्रेन (मशीन)

【老调】 lǎodiào पुराना राग; घिसी-पिटी बातें

【老调重弹】 lǎodiào–chóng tán पुराना राग फिर एक बार अलापना

【老掉牙】 lǎodiàoyá बहुत वृद्ध; बहुत पुराना; अप्रचलित; दकियानूसी

【老东西】 lǎodōngxi बूढ़ा बेवकूफ़

【老豆腐】 lǎodòufu विशेष प्रक्रिया द्वारा बना हुआ सोयाबीन पनीर

【老对手】 lǎoduìshǒu पुराना मुकाबिल

【老而弥笃】 lǎo'érmídǔ जैसे-जैसे कोई व्यक्ति वृद्ध होता जाता है वैसे-वैसे उस का प्यार भी गहरा होता जाता है

【老坟】 lǎofén पूर्वजों का कब्रिस्तान

【老佛爷】 lǎofóye ❶वृद्ध भगवान बुद्ध (भगवान बुद्ध का प्रचलित नाम) ❷छिन राजवंश में सम्राट के माता या पिता के लिये प्रयुक्त आदरपूर्ण संबोधन

【老夫】 lǎofū 〈पुराना〉 मैं (वृद्ध के लिये प्रयुक्त)

【老夫子】 lǎofūzǐ ❶पुराने ढंग के निजी स्कूल में मास्टर ❷किताबी (पढ़ाकू); वृद्ध व्यक्ति

【老赶】 lǎogǎn 〈बो०〉 ❶अनुभव शून्य; अकुशल; नया; अनाड़ी：他真～，连这也不知道。वह सचमुच अनाड़ी है; इस को भी नहीं जानता। ❷नासमझ; नौसिखिया; मूर्ख व्यक्ति：不要以为我是～。मुझे नासमझ मत समझो।

【老干部】 lǎogànbù पुराना कार्यकर्ता

【老疙瘩】 lǎogēda 〈बो०〉 अपना सब से छोटा लड़का या लड़की

【老哥】 lǎogē (मित्रों के बीच प्रयुक्त एक संबोधन) भाई; भई

【老革命】 lǎogémìng पुराना; क्रांतिकारी

【老公】 lǎogōng 〈बो०〉 पति

【老公】 lǎogong 〈बोल०〉 हिजड़ा; नपुंसक; खोजा

【老公公】 lǎogōnggong ❶〈बो०〉 दादा जी (बच्चों का वृद्ध व्यक्ति के लिये प्रयुक्त संबोधन) ❷〈बो०〉 पति का पिता ❸〈पुराना〉 हिजड़ा; नपुंसक; खोजा

【老姑娘】 lǎogūniang ❶अविवाहित स्त्री ❷सब से छोटी पुत्री

【老古董】 lǎogǔdǒng ❶बहुत पुरानी वस्तु ❷पुरानी चाल का आदमी

【老骨头】 lǎogǔtou 〈बोल०〉 बूढ़ी हड्डी —— वृद्ध व्यक्ति (अनादरपूर्ण या हास्यपूर्ण ढंग से प्रयुक्त)

【老鸹】 lǎoguā 〈बोल०〉 कौवा; काक

【老光】 lǎoguāng दूरदृष्टि संबंधी：～眼 दूरदृष्टि / ～眼镜 दूरदृष्टि के लिये चश्मा

【老规矩】 lǎoguīju परम्परागत नियम

【老憨】 lǎohān बूढ़ा मूर्ख; बूढ़ा बेवकूफ़

【老汉】 lǎohàn ❶वृद्ध व्यक्ति; बूढ़ा आदमी ❷मैं (वृद्ध व्यक्ति द्वारा प्रयुक्त)

【老行家】 lǎohángjia बहुत कुशल व्यक्ति

【老好人】 lǎohǎorén भोला-भाला और सिद्धांतहीन व्यक्ति

【老狐狸】 lǎohúli बहुत धूर्त आदमी; बहुत चालाक आदमी

【老虎】 lǎohǔ बाघ; व्याघ्र

【老虎凳】 lǎohǔdèng 〈पुराना〉 अपराधी को पीड़ित करने का एक यंत्र; एक प्रकार का बेंच जिस पर अपराधी को लिटाकर उस के घुटनों को कसकर बांधकर फिर उस की ऐड़ियों के नीचे ईंट रखी जाती थी। अधिक ईंट रखने से अधिक पीड़ा होती थी। बाघ-बेंच

【老虎屁股摸不得】 lǎohǔ pìgu mōbude बाघ की तरह जिस का चूतड़ किसी को भी छूने का साहस नहीं —— चिढ़ाया न जा सकना

【老虎钳】 lǎohǔqián ❶वाइस; जकड़कर पकड़ रखने का औज़ार ❷संड़सी; बांक

【老虎头上搔痒】 lǎohǔ tóushang sāo yǎng बाघ के सिर पर खुजलाना —— साहसी, किंतु असावधान

【老花】 lǎohuā दूरदृष्टि संबंधी：～眼 दूरदृष्टि / ～眼镜 दूरदृष्टि के लिये चश्मा

【老化】 lǎohuà ❶काल-प्रभावित होना ❷(कार्यकर्ताओं का) बूढ़ा होना ❷(जानकारी आदि का) पुराना होना; पिछड़ा हुआ होना

【老话】 lǎohuà ❶कहावत; लोकोक्ति; पुराने ज़माने से चली आई बात：～说：有志者，事竟成。कहावत है: जहां चाह वहां राह। ❷पुरानी बात：～重提 पुरानी बात फिर पेश करना

【老皇历】 lǎohuángli पिछले साल का कैलेंडर —— प्राचीन काल का इतिहास; अप्रचलित व्यवहार

【老黄牛】 lǎohuángniú इच्छुक बैल —— व्यक्ति जो उद्योगी हो और लोगों की सेवा करने में ईमानदार हो

【老鸡头】 lǎojītóu（鸡头 jītóu का दूसरा नाम）चूज़े के सिर के आकारवाला गॉर्गन यूरियल (Gorgon euryale)

【老几】 lǎojǐ ❶भाइयों या बहिनों के क्रम में कितना ❷(अलंकारपूर्ण प्रश्न में क्षुद्रता का अर्थ प्रकट होता है)：你算～？ तुम समझते हो कि तुम क्या हो？

【老记】 lǎojì संवाददाता; न्यूस हाउण्ड

【老骥伏枥，志在千里】 lǎojì fú lì, zhì zài qiānlǐ

अश्वशाला में वृद्ध युद्धाश्व फिर भी हज़ार ली सरपट दौड़ने की आकांक्षा करता है —— वृद्ध वीर अपने दिल में फिर भी महत्वाकांक्षा रखता है

【老家】lǎojiā पुराना घर; जन्मभूमि：你～是哪里？तुम्हारी जन्मभूमि कहां है ?

【老家贼】lǎojiāzéi 〈बो०〉 गौरैया

【老奸巨滑】lǎojiān-jùhuá चालाक आदमी; धूर्त आदमी; बैठकबाज़; चालबाज़

【老茧】lǎojiǎn（老趼 lǎojiǎn भी）चमड़ी का मोटा (हो गया हुआ) भाग; कैलस; हाथ या पैर की हथैली में निकली हुई मांसग्रंथि या मांस की गांठ

【老趼】lǎojiǎn दे० 老茧

【老江湖】lǎojiānghú 〈पुराना〉 बहुत अनुभवी और लोकचतुर आदमी

【老将】lǎojiàng ❶वयोवृद्ध और अनुभवी सेनापति; अनुभवी और कुशल व्यक्ति ❷अनुभवी खिलाड़ी

【老将出马，一个顶俩】lǎojiàng chūmǎ, yīgè dǐng liǎ जब अनुभवी और कुशल व्यक्ति काम में भाग लेता है तो वह दो आदमियों का काम कर सकता है

【老交情】lǎojiāoqing पुरानी मित्रता; पुराना मित्र

【老街坊】lǎojiēfāng 〈बोल०〉 पुराना पड़ोसी

【老街旧邻】lǎojiē-jiùlín पुराना पड़ोसी

【老解放区】lǎojiěfàngqū पुराना मुक्त क्षेत्र; पुराना लाल इलाका

【老景】lǎojǐng बुढ़ापे में जीवन की स्थिति：～欠佳 बुढ़ापे में जीवन की स्थिति अच्छी न होना

【老境】lǎojìng ❶बुढ़ापा; वृद्धावस्था ❷बुढ़ापे में जीवन की स्थिति：～相当不错 बुढ़ापे में जीवन की स्थिति काफ़ी अच्छी होना

【老酒】lǎojiǔ 〈बो०〉 शराब (विशेषकर 绍兴 शाओशिंग की चावल की शराब)

【老辣】lǎolà अनुभवी और सख्तदिल

【老来俏】lǎoláiqiào वयोवृद्धा स्त्री जो अपने को आकर्षक बनाने का प्रयत्न करती हो

【老来少】lǎoláishào ❶युवा के दिल वाला वृद्ध व्यक्ति ❷तिरंगा अम्लान पुष्प

【老老实实】lǎolǎoshíshí ईमानदारी से; दिल से; दिल लगाकर; सच्चे दिल से：～的态度 ईमानदार का रवैया / ～地办事 ईमानदारी से काम करना

【老老少少】lǎolǎoshàoshào वृद्ध और अल्पायु सब लोग

【老老】lǎolao 姥姥 lǎolao के समान

【老泪纵横】lǎolèi-zònghéng (वृद्ध व्यक्ति का) आंसू की धारा बहना

【老例】lǎolì पुराना रीति-रिवाज; पुराना नियम; पुरानी आदत

【老脸】lǎoliǎn ❶〈विनम्र०〉 बूढ़ा चेहरा (वृद्ध व्यक्ति द्वारा अपनी प्रतिष्ठा या आत्मसम्मान के लिये प्रयुक्त)：你就看在我的～上，让他去吧！मुझ बूढ़े की खातिर उसे जाने दीजिये। ❷बेशरमी; ढिठाई

【老脸皮】lǎoliǎnpí बेशरमी; ढिठाई

【老练】lǎoliàn अनुभवी; अभ्यस्त：他很～。वह अनुभवी है; वह काम करने में अभ्यस्त है।

【老两口】lǎoliǎngkǒu वृद्ध दम्पति：～比干劲 वृद्ध दम्पति में होड़

【老林】lǎolín पुराना जंगल

【老伶工】lǎolínggōng 〈पुराना〉 अनुभवी कुशल अभिनेता

【老龄】lǎolíng वृद्धावस्था：～大学 वृद्धों के लिये विद्यालय

【老龄化社会】lǎolínghuà shèhuì वयोवृद्ध होता समाज; एजिंग सोसाइटी

【老路】lǎolù पुराना रास्ता：走～ पुराने ढर्रे पर चलना

【老妈子】lǎomāzi（老妈儿 lǎomār भी）〈पुराना〉 बच्चे की आया; नौकरानी

【老马识途】lǎomǎ-shítú बूढ़ा घोड़ा रास्ता जानता है; अनुभवी व्यक्ति अच्छा पथ-प्रदर्शक होता है

【老迈】lǎomài वृद्ध तथा दुर्बल

【老毛病】lǎomáobìng 〈बोल०〉 पुराना रोग; पुरानी कमी; पुराना कष्ट：咳嗽是他的～。खांसी उस का पुराना रोग (या कष्ट) है। / 爱聊天是他的～。अधिक गपशप करना उस की पुरानी कमज़ोरी है।

【老帽儿】lǎomàor अकुशल और मूर्ख

【老耄】lǎomào 〈लि०〉 वृद्ध और दुर्बल; बूढ़ा और कमज़ोर

【老米】lǎomǐ पुराना, बासी चावल

【老面皮】lǎomiànpí 老脸皮 के समान

【老谋深算】lǎomóu-shēnsuàn अनुभवी और चतुर; सब पहलुओं पर नज़र रखने वाला और दूरदर्शी

【老衲】lǎonà 〈लि०〉 बौद्ध धर्म का वृद्ध साधु

【老奶奶】lǎonǎinai ❶परदादी; पड़दादी; प्रपितामही; दादा की माता ❷(बच्चे का बूढ़ी स्त्री को आदरपूर्ण संबोधन) दादी जी

【老脑筋】lǎonǎojīn पुराने तरीके से विचार करना

【老年】lǎonián वृद्धावस्था; बुढ़ापा

【老年斑】lǎoniánbān जराजन्य चकत्ता

【老年大学】lǎonián dàxué वयोवृद्धों के लिये विश्वविद्यालय; प्रौढ़-शिक्षण संस्थाएं

【老年公寓】lǎonián gōngyù（老人公寓 lǎorén gōngyù भी）वयोवृद्धों के लिये; वयोवृद्धों का फ़्लैट या रहने के कमरों का सेट

【老年间】lǎoniánjiān प्राचीनकाल में; पुराने ज़माने में; पहले

【老年人】lǎoniánrén वृद्ध; बूढ़ा; वृद्ध व्यक्ति

【老年学】lǎoniánxué जराविद्या; वृद्ध-चिकित्सा-विज्ञान

【老年医学】lǎoniányīxué वृद्धावस्था और उस के रोगों से संबद्ध चिकित्साशास्त्र की शाखा

【老娘】lǎoniáng ❶वृद्धा माता; बूढ़ी मां ❷मैं; तुम्हारी मां (प्रौढ़ या वृद्ध स्त्री का आत्मसंबोधन)

【老娘】lǎoniang ❶〈पुराना〉 〈बोल०〉 मिडवाइफ़ ❷〈बो०〉 नानी; मातामही

【老娘们儿】lǎoniángmenr 〈बो०〉 ❶विवाहित स्त्री ❷〈अना०〉 प्रौढ़ स्त्री ❸पत्नी：他～不在家。उस की पत्नी

घर पर नहीं है।

【老牛破车】 lǎoniú-pòchē बूढ़े बैल का नाज़ुक बैलगाड़ी खींचना —— काम करने में बहुत धीर होना; आगे न बढ़ने वाला होना

【老牛舐犊】 lǎoniú-shìdú माता-पिता का अपने बाल-बच्चे को बहुत चाहना

【老农】 lǎonóng ❶वृद्ध अनुभवी किसान ❷(विस्तृत अर्थ में) किसान

【老牌】 lǎopái ❶पुराना ट्रेड-मार्क ❷पुराना: ～帝国主义 पुराना साम्राज्यवादी देश

【老派】 lǎopài ❶पुराने ढंग का रुढ़ीवादी (रूढ़िवादी) ❷पुराने ढंग का आदमी

【老朋友】 lǎopéngyou पुराना मित्र; चिर मित्र; घनिष्ठ मित्र

【老婆婆】 lǎopópo 〈बो०〉 ❶दादी; नानी (बच्चे का बूढ़ी स्त्री के लिये संबोधन) ❷पति की माता

【老婆儿】 lǎopór बूढ़ी स्त्री (आत्मीयता के अर्थ में)

【老婆子】 lǎopózi ❶बूढ़ी स्त्री (घृणा के अर्थ में) ❷मेरी बूढ़ी स्त्री (पति द्वारा अपनी बूढ़ी पत्नी के लिये संबोधन)

【老婆】 lǎopo पत्नी; बीवी

【老圃】 lǎopǔ 〈लि०〉 अनुभवी शाक उगाने वाला; अनुभवी शाक कृषक

【老气】 lǎoqì ❶अल्पायु में परिपक्व और स्थिरचित्त ❷(पोशाक आदि का) पुराने ढंग का; गहरे रंग का

【老气横秋】 lǎoqì-héngqiū ❶अपने बड़प्पन के कारण घमंडी होना ❷स्फूर्तिशून्य होना; युवकों की स्फूर्ति की कमी होना; जीवनहीन होना

【老前辈】 lǎoqiánbèi अपने पूर्ववर्ती; अपने पूर्वगामी

【老枪】 lǎoqiāng पुराना पीनेवाला (विशेतः अफ़ीम पीने-वाला)

【老亲】 lǎoqīn ❶पुराना रिश्तेदार ❷वृद्ध माता-पिता

【老区】 lǎoqū 老解放区 का संक्षिप्त रूप

【老拳】 lǎoquán मुट्ठी; घूंसा (किसी को मारते समय प्रयुक्त) 饱以～ किसी को खूब घूंसा मारना

【老人】 lǎorén ❶वृद्ध व्यक्ति; बूढ़ा आदमी या बुढ़िया ❷वयोवृद्ध माता-पिता या दादा-दादी

【老人斑】 lǎorénbān दे० 老年斑

【老人星】 lǎorénxīng 〈खगोल०〉 अगस्त; कैनोपस

【老人政治】 lǎorén zhèngzhì वृद्ध-तंत्र; वृद्ध-शासन

【老人家】 lǎorenjia ❶वृद्ध व्यक्ति के लिये आदरपूर्ण संबोधन: 您～身体好吗? आप कैसे हैं, दादा (दादी)? ❷मेरे माता-पिता; आप के माता-पिता: ～身体都好, 谢谢。मेरे माता-पिता दोनों का स्वास्थ्य अच्छा है, धन्यवाद।

【老弱】 lǎoruò ❶वृद्ध और युवक ❷वृद्ध और कमज़ोर

【老弱病残】 lǎo-ruò-bìng-cán वृद्ध, दुर्बल, रोगी और विकलांग

【老弱残兵】 lǎoruòcánbīng वृद्ध, दुर्बल और घायल हुई सैनिक टुकड़ियां; वे वृद्ध, जिन की दुर्बलता आदि के कारण कार्यक्षमता कम हो गयी हो

【老三届】 lǎosānjiè 1966, 1967 और 1968 ई० तीन साल के जूनियर और सीनियर मिडिल स्कूल के ग्रेजुएट

【老少边穷地区】 lǎo-shǎo-biān-qióng dìqū पुराने क्रांतिकारी अड्डे, अल्प संख्यक जातियों के निवास-क्षेत्र, सीमान्त क्षेत्र तथा अभावग्रस्त क्षेत्र

【老少】 lǎoshào वृद्ध और युवक: ～咸宜 वृद्ध और युवक सब के लिये उचित होना

【老身】 lǎoshēn 〈पुराना〉 मैं (बूढ़ी स्त्री द्वारा प्रयुक्त)

【老生】 lǎoshēng（须生 xūshēng भी）लाओशंग पात्र या दाढ़ी वाला पात्र (चीन के परम्परागत ऑपेरा में मुख्य पात्रों में से एक, जो सम्राट, मंत्री, विद्वान आदि होता है)

【老生常谈】 lǎoshēng-chángtán घिसी-पिटी बात

【老师】 lǎoshī अध्यापक; अध्यापिका; मास्टर; टीचर

【老师傅】 lǎoshīfu अनुभवी और कुशल मज़दूर

【老实】 lǎoshi ❶ईमानदार: ～交代 ईमानदारी से अपना पाप स्वीकार करना / 做～人，说～话，办～事。 ईमानदार आदमी बनो, ईमानदारी से बोलो और काम करो। ❷भोला; भोला-भाला; सीधा-सादा: 孩子很～。 बच्चा बहुत भोला-भाला है। ❸〈शिष्टोक्ति〉 जो होशियार न हो; चतुर न होना

【老实巴交】 lǎoshibājiāo 〈बो०〉 भोला-भाला; सीधा-सादा

【老式】 lǎoshì पुरानी शैली का; पुराने ढंग का: ～房子 पुराने ढंग का मकान

【老是】 lǎoshì 〈क्रि०वि०〉 हमेशा; हर समय: 他～咳嗽。उसे हर समय (या अक्सर) खांसी आती है।

【老视眼】 lǎoshìyǎn（老花眼 lǎohuāyǎn भी） दूरदृष्टि

【老手】 lǎoshǒu अत्यंत अनुभवी; सिद्धहस्त; तजुर-बेकार; उस्ताद: 他是这一行的～。इस फ़न में वह उस्ताद है। / 干这一行我可是个～。इस मामले में मैं पुराना घाघ हूं। / 象棋～ शतरंज का मंजा खिलाड़ी

【老寿星】 lǎoshòuxing ❶वयोवृद्धों के लिये आदरपूर्ण संबोधन ❷वृद्ध व्यक्ति के जन्मदिवस पर उसे बधाई देते समय उस के लिये संबोधन

【老鼠】 lǎoshǔ चूहा; चूहिया

【老鼠过街，人人喊打】 lǎoshǔ guò jiē, rén rén hǎn dǎ जैसे चूहे को सड़क पार करते देख हर आदमी 'मारो!' 'मारो!' चिल्लाता है, वैसे घृणित व्यक्ति या वस्तु से हरेक घृणा करता है

【老死】 lǎosǐ वृद्ध होने के कारण मर जाना

【老死不相往来】 lǎo sǐ bù xiāng wǎng lái ज़िंदगी भर एक दूसरे के घर न जाना

【老宋体】 lǎosòngtǐ सुंग मुद्राक्षर; एक मानक मुद्राक्षर जिस का प्रयोग मिंग राजवंश (1368-1644 ई०) में शुरू हुआ पर गलतफ़हमी से इस का संबंध सुंग राजवंश (960-1279 ई०) से जोड़ा गया।

【老太婆】 lǎotàipó बूढ़ी स्त्री; बुढ़िया

【老太太】 lǎotàitai ❶वृद्ध स्त्री के लिये आदरपूर्ण संबोधन ❷(आदरपूर्ण संबोधन) आप की माता जी या सास; मेरी माता जी या सास

【老太爷】 lǎotàiyé ❶बूढ़े आदमी के लिये आदरपूर्ण संबोधन ❷(आदरपूर्ण संबोधन) मेरे, आप के या उस के पिता जी; मेरे, आप के ससुर; मेरे दादा जी

【老态龙钟】lǎotài-lóngzhōng वृद्ध और दुर्बल; वृद्धा-वस्था और निर्बलता के कारण कांपना या सिर हिलना
【老汤】lǎotāng ❶कई बार पकाया जाने पर मांस, बत्तख आदि का सूप ❷<बो०> अचार बनाने पर नमकीन पानी
【老饕】lǎotāo पेटू; खाऊ; बहुभोजी; भुक्खड़; अच्छे भो-जन का प्रेमी
【老套】lǎotào पुरानी बकवास; पुरानी चाल
【老套子】lǎotàozi कोई काम करने का अप्रचलित तरीका
【老天爷】lǎotiānyé भगवान; ईश्वर; खुदा
【老头儿】lǎotóur बूढ़ा आदमी
【老头儿鱼】lǎotóuryú <प्राणि०> गूसफ़िश; ऐंगलर (मछली)
【老头子】lǎotóuzi ❶बूढ़ा आदमी ❷मेरा बूढ़ा आदमी (पत्नी की ओर से अपने पति के लिये प्रयुक्त) ❸गुप्त समाज या गुप्त दल का मुखिया
【老外】lǎowài <बोल०> ❶अनिपुण ❷विदेशी (व्यक्ति) ❸विदेशी कारोबार
【老顽固】lǎowángù कट्टरतावादी; हठी
【老王卖瓜，自卖自夸】Lǎo Wáng mài guā，zì mài zì kuā लाओ वांग का तरबूज़ बेचते हुए अपने माल की तारीफ़ आप करना —— अपने काम या बिकाऊ माल की तारीफ़ अपने आप करना
【老翁】lǎowēng <लि०> बूढ़ा आदमी; वृद्ध
【老挝】Lǎowō लाओस (राज्य)
【老挝人】Lǎowōrén लाओसी; लाओस का निवासी
【老挝语】Lǎowōyǔ लाओसी (भाषा)
【老窝】lǎowō ❶पशु-पक्षी के रहने का स्थान; मांद; नीड; घोंसला ❷दुष्टों का अड्डा
【老倭瓜】lǎowōgua <बो०> लौकी; कद्दू
【老弦】lǎoxián अर-हू 二胡 आदि तार वाले वाद्य-यंत्र में प्रयुक्त मोटा तार
【老乡】lǎoxiāng ❶साथी नगरवासी ❷अपरिचित कि-सानों के लिये संबोधन
【老相】lǎoxiàng देखने में उम्र से किसी का बूढ़ा लगना
【老小】lǎoxiǎo बूढ़ा और बच्चा (या लड़का); अपना परिवार: 全村～ सारे गांव (के निवासी) / 全家～ सारा परिवार
【老兄】lǎoxiōng (पुरुष मित्रों के बीच एक दूसरे का घनिष्ठ संबोधन) भाई; भई; यार
【老羞成怒】lǎoxiūchéngnù अपने अपमान से क्रुद्ध होना; लज्जित होकर क्रुद्ध होना
【老朽】lǎoxiǔ ❶जीर्ण और पिछड़ा हुआ: ～无能 जीर्ण और असमर्थ ❷<विनम्र०> मैं (वृद्ध द्वारा प्रयुक्त)
【老学究】lǎoxuéjiū वृद्ध पंडित
【老鸦】lǎoyā <बो०> कौवा
【老腌瓜】lǎoyānguā <बो०> <वन०> स्नेक मेलन
【老腌儿】lǎoyānr <बो०> बहुत समय तक नमक लगाया गया: ～鸡蛋 बहुत समय तक नमक लगाया गया अंडा
【老眼光】lǎoyǎnguāng व्यक्तियों या वस्तुओं को देखने का पुराना ढंग; पुराना दृष्टिकोण
【老眼昏花】lǎoyǎn-hūnhuā वृद्धावस्था में आंखों की दृष्टि कम होना
【老爷儿】lǎoyér <बो०> सूर्य; सूरज
【老爷们儿】lǎoyémenr <बो०> ❶आदमी ❷पति
【老爷爷】lǎoyéye ❶परदादा; प्रपितामह ❷दादा (बच्चे द्वारा वृद्ध व्यक्ति के लिये आदरपूर्ण संबोधन)
【老爷子】lǎoyézi <बो०> ❶वृद्ध व्यक्ति के लिये आदर-पूर्ण संबोधन ❷मेरे (वृद्ध) पिता जी; आप के (वृद्ध) पिता जी
【老爷】lǎoye ❶<पुराना> सामंत; महामहिम; महानुभव: 逢蒙～ सामंत फ़ंग-मंग; महामहिम फ़ंग-मंग ❷<पुराना> हुज़ूर; सरकार; मालिक ❸नाना; मातामह（姥爷 lǎoye के समान） ❹घिसी-पिटी हुई; पुराने ढंग की(गाड़ी, नाव आदि): ～车 पुरानी गाड़ी
【老爷兵】lǎoyebīng सिर चढ़ाया हुआ सिपाही
【老一辈】lǎoyībèi पुरानी पीढ़ी; अत्यंत अनुभवी: ～无产阶级革命家 पुरानी पीढ़ी के सर्वहारा क्रांतिकारी; अत्यन्त अनुभवी सर्वहारा क्रांतिकारी
【老一代】lǎoyīdài पुरानी पीढ़ी
【老一套】lǎoyītào वही पुरानी कहानी; पुरानी लीक: 守着～ अपनी पुरानी लीक पर चलना
【老鹰】lǎoyīng बाज़; श्येन; चील: ～不吃巢下食。चील अपने खुद के घोंसले में शिकार नहीं करती —— दुष्ट आदमी अपने रहने के स्थान के आस-पास कुकर्म नहीं करता।
【老营】lǎoyíng <पुराना> ❶फ़ौज का लंबे समय पड़ने का पड़ाव ❷दुष्ट लोगों का लंबे समय तक रहने का अड्डा
【老油条】lǎoyóutiáo 老油子 के समान
【老油子】lǎoyóuzi चालाक अनुभवी व्यक्ति; पुराना सि-पाही
【老于世故】lǎoyúshìgù <बहुधा अना०> दुनिया-दार; लोक व्यवहार में कुशल
【老玉米】lǎoyùmi <बोल०> ❶मकई; मक्का ❷मक्के की बाल; भुट्टा
【老妪】lǎoyù <लि०> बूढ़ी स्त्री; बुढ़िया
【老妪能解】lǎoyùnéngjiě (लेख) बूढ़ी स्त्रियों के लिये सुगम —— समझने में सुगम या सुबोध
【老远】lǎoyuǎn दूर-ही-दूर; बहुत दूर
【老早】lǎozǎo बहुत पहले से ही: 他～走了。वह पहले से ही चला गया।
【老丈】lǎozhàng <लि०> (वृद्ध व्यक्ति के लिये आदरपूर्ण संबोधन) दादा; चाचा
【老丈人】lǎozhàngren ससुर (पति की ओर से)
【老账】lǎozhàng ❶पुराना ऋण: 陈年～ कई साल पहले का पुराना ऋण ❷बहुत समय पहले की पुरानी बात
【老者】lǎozhě बूढ़ा आदमी; वृद्ध व्यक्ति
【老着脸皮】lǎozhe liǎnpí निर्लज्जतापूर्वक
【老中青三结合】lǎo-zhōng-qīng sānjiéhé वृद्ध, प्रौढ़ और युवक लोगों का त्रिपक्षीय संश्रय; कमेटी में वृद्ध, प्रौढ़ और युवक कार्यकर्ताओं को एक साथ सम्मिलित करना
【老主顾】lǎozhǔgù पुराना ग्राहक
【老资格】lǎozīgé अनुभवी; तजुरबेकार: 他在我们面前摆～。वह हमारे सामने बड़ा दिग्गज बनता है।
【老子】lǎozi <बोल०> ❶पिता; बाप: 儿子打～。बेटा बाप की पिटाई कर रहा है। / 娘～ मां-बाप ❷(क्रुद्ध या

हंसी में) मैं：～不去，你怎么办？ मैं न जाऊंगा, तुम क्या करोगे？

【老子天下第一】 lǎozi tiānxià dìyī अपने को विश्व में अव्वल दर्जे का मानना

【老字号】 lǎozìhao व्यापार में पुराना नाम —— पुरानी दूकान

【老总】 lǎozǒng ❶〈पुराना〉 जन-मुक्ति-सेना में ऊंचे रैंक वाले नेता ❷प्रधान (या चीफ़) इंजीनियर, संपादक, जनरल मैनेजर आदि के लिये प्रयुक्त आदरसूचक संबोधन

【老祖宗】 lǎozǔzōng पूर्वज, पुरखे; बापदादा

佬 lǎo 〈अना०〉 आदमी： 乡巴～儿 गंवार

拷 lǎo 〈बो०〉 उठाना; उठा लेना： 他～起镐走了。 वह कुदाल लेकर गया।

姥 lǎo नीचे दे०
mǔ भी दे०

【姥姥】 lǎolao 〈बो०〉 ❶नानी; मातामही ❷दाई; धात्री; सूतिका

【姥爷】 lǎoye 〈बो०〉 नाना; मातामह

栳 lǎo （笺栳 kǎolǎo，笆斗 bādǒu भी） दे० 栲栳 kǎolǎo लचीली टहनियों से बनी गोल पेंदे वाली टोकरी

铑 （銠） lǎo 〈रसा०〉 रेडियम (Rh)

笺 lǎo दे० 笺笺 kǎolǎo लचीली टहनियों से बनी गोल पेंदे वाली टोकरी

潦 lǎo 〈लि०〉 ❶अत्यधिक वर्षा; अतिवृष्टि ❷रास्ते में बहता पानी
liáo भी दे०

lào

络 （絡） lào 络 luò के समान
luò भी दे०

【络子】 làozi ❶रखी जाने वाली वस्तु के आकार के अनुसार बना हुआ जालीदार थैला या थैली ❷तकुआ; टेकुवा

唠 （嘮） lào 〈बो०〉 बोलना; बात करना; गपशप करना： 他们大声～着。 वे लोग ज़ोर-ज़ोर से बातें कर रहे हैं।
láo भी दे०

【唠扯】 làochě 〈बो०〉 गपशप करना： 他俩坐在大树下～起来。 वे दोनों एक बड़े पेड़ के नीचे बैठकर गपशप करने लगे।

【唠嗑】 làokē 〈बो०〉 गपशप करना： 昨天我跟他～了一会儿（或唠了会儿嗑）。 कल मैं ने उस के साथ गपशप की थी।

烙 lào ❶जलते हुए लोहे से दागना; (कपड़े आदि पर) इस्तरी करना; लोहा करना： ～衣服 कपड़े पर इस्तरी करना / 烙印 ❷आग पर चढ़ाकर कड़ाहे में रोटी आदि पकाना： ～饼 रोटी पकाना
luò भी दे०

【烙饼】 làobǐng ❶रोटी; चपाती; फुलका ❷रोटी पकाना या सेंकना

【烙花】 làohuā （烫花 tànghuā भी） एक प्रकार की शिल्पकला; तपे हुए लोहे की डंडी से कंघे, दोतरफ़े दांतेदार कंघे, ताड़-पत्र वाले पंखे आदि पर चित्र या डिज़ाइन बनाना

【烙铁】 làotie ❶(कपड़े इस्त्री करने के लिये) लोहा; इस्त्री ❷टांका लगाने का औज़ार

【烙印】 làoyìn ❶(गरम लोहे का मवेशी पर; बहुधा ला०) छाप; दाग： 留有时代的～ युग की छाप रहना ❷(गरम लोहे से मवेशी पर; बहुधा ला०) दागना： ～在心头 दिल में गरम लोहे से दागना

涝 （澇） lào ❶अतिवृष्टि के कारण खेत में बहुत पानी जमा होना： 旱～保收 खेत में सूखा होने या बहुत पानी जमा होने से बचाकर अच्छी फ़सल काटने की गारंटी करना ❷अतिवृष्टि के कारण खेत में जमा हुआ पानी： 排～ अतिवृष्टि के कारण खेत में जमे हुए पानी को बाहर निकालना

【涝害】 làohài अतिवृष्टि के कारण खेत में फ़सल नष्ट होना

【涝洼地】 làowādì ऐसी ढलानदार भूमि जिस में पानी जमा हो गया हो

【涝灾】 làozāi खेत में अधिक पानी जमा होने से फ़सल का नष्ट या खराब होना

落 lào 落 luò ❶❷❻❾❿ के समान, निम्नलिखित मदों में प्रयुक्त
là; luō; luò भी दे०

【落包涵】 lào bāohan 〈बो०〉 शिकायतें की जाना; आरोप किया जाना; इल्ज़ाम दिया जाना; दोष लगाया जाना： 我帮他办事，不但不受到称赞，反而落一身包涵。 मैं ने काम करने में उस की मदद की, मेरी तारीफ़ न की गयी, उल्टा मुझे इल्ज़ाम दिया गया।

【落不是】 lào bùshi दोषी समझा जाने पर आरोप लगाया जाना： 我怕～，没有管这件事。 मुझे इल्ज़ाम दिये जाने का डर था, इसलिये इस मामले में दखल नहीं दिया।

【落汗】 làohàn पसीना आना बन्द होना： 我歇一会儿，等落了汗再干。 मैं ज़रा आराम करूं, पसीना सुखाकर फिर काम करूं।

【落好儿】 làohǎor प्रशंसा प्राप्त होना; दूसरों पर अच्छा प्रभाव डालना

【落价】 làojià दामों में कटौती होना; भाव कटना; दाम (या मूल्य) कम करना; दाम में कमी करना

【落架】 làojià 〈बो०〉 मकान का ढांचा ढह जाना; घर बिगड़ना; घर बरबाद होना

【落炕】 làokàng 〈बो०〉 खाट पकड़ना; खाट पर पड़ना

【落儿】 làor 〈बो०〉 （落子 làozi भी） (केवल 有 या 没

有 के साथ प्रयुक्त) समर्थन का उपायः 有～ खुशहाल होना; समृद्ध होना / 没～ गरीब होना

【落忍】 làorěn 〈बो०〉 (निषेध में प्रयुक्त) खेद होना; अफ़सोस होनाः 老麻烦你，心里真不～。बहुत खेद की बात है कि मैं अक्सर तुम्हें कष्ट देता हूं।

【落色】 làoshǎi (कपड़े का) रंग धीरे-धीरे उतर जाना; अरंग उड़ना; रंग फ़क होना; रंग धीमा पड़ना

【落枕】 làozhěn ❶(ठंड लगने या अनुचित ढंग से सोने के कारण) अकड़ी हुई गर्दन जिसे घुमाने में रोगी को कष्ट होता है ❷सिर तकिये पर पड़नाः 他晚上睡觉时～就着。वह रात को सोते समय सिर तकिये पर पड़ते ही सो जाता है।

【落子】[1] làozi ❶〈बो०〉"莲花落"(कमल पुष्प झड़ जाने) जैसे लोकप्रचलित गीत ❷评剧 (पिंग चू, उत्तर और उत्तरपूर्व चीन में प्रचलित लोक-ऑपेरा) का पुराना नाम

【落子】[2] làozi दे० 落儿

耢（耮） lào ❶एक प्रकार का खेती का औज़ार जो खेत को समतल बनाने के काम आता है ❷उक्त औज़ार से खेत समतल बनाना

酪 lào ❶जंकेटः 奶～ दही ❷फल का गाढ़ा रस; फल की गुठली का गाढ़ा रसः 核桃～ अखरोट क्रीम

嫪 lào व्यक्ति के नाम में प्रयुक्त अक्षर

【嫪毐】 Lào'ǎi युद्धरत देश काल में छिन राज्य का एक निवासी

lē

肋 lē नीचे दे०

lèi भी दे०

【肋脦】 lēde (या lēte) 〈बो०〉 (कपड़े) साफ़-सुथरा और कायदे का न होना

嘞 lē नीचे दे०

lei भी दे०

【嘞嘞】 lēle 〈बो०〉 बकवास करना; बड़बड़ करनाः 不要再～了。फिर बकवास न करो।

lè

仂 lè 〈लि०〉 बाकी; शेष; शेषफल

【仂语】 lèyǔ 〈व्या०〉 वाक्यांश

艻 lè दे० 萝艻 luólè, 罗勒 luólè के समान

叻 lè प्रवासी चीनी सिंगापुर को 叻 कहते हैंः ～埠 सिंगापुर नगर

乐（樂） lè ❶प्रसन्नता; खुशी; आनन्दः 欢～ आनन्द; खुशियां / 乐趣 ❷किसी पर प्रसन्न होनाः 乐此不疲 / 幸灾～祸 दूसरों के दुख पर प्रसन्न होना ❸हंसना; प्रसन्न होना; खुश होनाः 瞧，孩子～了。देखो, बच्चा हंस रहा है। ❹（Lè） एक कुलनाम （Yuè से भिन्न）

yuè भी दे०

【乐不可支】 lèbùkězhī फूले अंग न समाना; खुशी के मारे आपे से बाहर होना

【乐不思蜀】 lèbùsīShǔ इतना प्रसन्न कि अपना घर और कर्तव्य भी भूल जाना

【乐此不疲】 lècǐ-bùpí इस काम से हमेशा सुख लेना; किसी काम को करने की रुचि होने के कारण थकना न जानना

【乐得】 lèdé सानंद कोई काम करने का सुअवसर मिलनाः 这里购物方便，我们～在此多待几天。यहां चीज़ें खरीदने में बहुत सुभीता है, हम खुशी से यहां अधिक दिन रहेंगे।

【乐而不淫】 lè'érbùyín बिना बदकारी के आनन्द उठाना; अधिकता से आनन्द न भोगना

【乐观】 lèguān आशाजनक; आशावादीः ～的估计 आशापूर्ण अनुमान करना

【乐观主义】 lèguān zhǔyì आशावादः ～者 आशावादी

【乐果】 lèguǒ रोगोर (कीड़ा मारने की दवा का नाम)

【乐呵呵】 lèhēhē प्रफुल्ल; प्रसन्नचित्तः 他～地向这边走来。वह प्रफुल्लता से इधर आ रहा है।

【乐和】 lèhe 〈बो०〉 प्रसन्न; खुश; सुखमय (बहुधा सुखमय जीवन के बारे में)ः 他日子过得挺～。वह सुखमय जीवन बिताता है।

【乐极生悲】 lèjí-shēngbēi परम आनन्द से शोक उत्पन्न होता है

【乐趣】 lèqù रस; आनन्दः 生活的～ जीवन का आनन्द

【乐儿】 lèr 〈बो०〉 दे० 乐子

【乐融融】 lèróngróng आनन्द और सुसंगतः 人民安居乐业，家家户户～。जनता शांतिपूर्वक जीवन बिता रही है और काम-काज कर रही है, घर-घर आनन्द उठा रहे हैं।

【乐善好施】 lèshàn-hàoshī परोपकारः ～的人 परोपकारी व्यक्ति

【乐事】 lèshì खुशी की बात; सुख; हर्ष; आनन्द; प्रसन्नताः 人生～ जीवन का आनन्द

【乐陶陶】 lètáotáo 〈लि०〉 (प्रायः पद्य में प्रयुक्त) खुश; प्रसन्न; सानन्द; सहर्ष; प्रफुल्ल

【乐天】 lètiān निश्चिंत; बेफ़िक्र; कठमस्ता

【乐天派】 lètiānpài खुशमिज़ाज आदमी; प्रसन्न-स्वभाव वाला व्यक्ति

【乐天知命】 lètiān-zhīmìng भगवान की इच्छा के अधीन होना और अपने भाग्य से संतुष्ट रहना

【乐土】 lètǔ सुखावती भूमि; अदन; नन्दन वन; स्वर्गः 那里对我是～。मेरे लिये वहां स्वर्ग था।

【乐业】 lèyè शांतिपूर्वक और संतोषपूर्वक काम-काज करनाः 安居乐业ānjū lèyè

【乐意】 lèyì ❶खुशी से; प्रसन्नता सेः 他们～帮助人。उन्हें परोपकार करना पसन्द है। ❷संतुष्ट होना; प्रसन्न

होना：他听了你的话很不～。तुम्हारी बात सुनकर उसे बड़ी खुशी नहीं हुई।

【乐于】lèyú खुशी से; खुशी-खुशी; प्रसन्नता से： 他～助人。उसे परोपकार करना पसन्द है; वह प्रसन्नता से परोपकार करता है।

【乐园】lèyuán नन्दन वन; अदन; स्वर्ग-लोक; सुखावती भूमि：冒险家的～ जांबाज़ों का अदन; साहसिकों की सुखावती भूमि

【乐滋滋】lèzīzī प्रसन्न या संतुष्ट：我听了他的话心里～的。उस की बात सुनकर मुझे खुशी हुई।

【乐子】lèzi <बो०> ❶खुशी की बात：喝茶吃花生米真是个～。सचमुच, चाय पीने के साथ-साथ मूंगफली खाना खुशी की बात है। ❷हास्यजनक बात; हास्यास्पद बात：你丢了脸，别人瞧～。तुम्हारी नाक कट गयी और दूसरे लोग तुम पर हंस रहे हैं।

玏 lè दे० 瑊玏 jiānlè जेड जैसा सुन्दर पत्थर

泐 lè <लि०> ❶पत्थर का अपनी धारियों पर टूट जाना ❷लिखना： 手～ आप का पत्र ❸勒² lè के समान

勒 1 lè ❶<लि०> (रास) खींचना：～住缰绳 रास खींचना / 勒马 ❷बल-प्रयोग करना; ज़बरदस्ती करना; विवश करना：勒令 ❸<लि०> नेतृत्व करना：亲～六军 सभी सेना का नेतृत्व करना

勒 2 lè <लि०> खोदना; अंकित करना; उत्कीर्ण करना：～石 पत्थर पर अभिलेख उत्कीर्ण करना

勒 3 lè 勒克斯 का संक्षिप्त रूप

lēi भी दे०

【勒逼】lèbī बल-प्रयोग करना; विवश करना

【勒克斯】lèkèsī <भौ०> लक्स (lux), प्रकाश की इकाई

【勒令】lèlìng किसी को कोई काम करने का आदेश दे देना

【勒马】lèmǎ घोड़े की रास खींचना; घोड़े की लगाम खींचना; घोड़ा रोकना

【勒派】lèpài किसी को वसूल करने या बेगार करने के लिये विवश करना

【勒索】lèsuǒ ऐंठना; दबाव डालकर लेना; धमकी से धन ऐंठना

【勒抑】lèyì ❶बल-प्रयोग करके चीज़ों के दाम में कमी करने के लिये विवश करना ❷ऐंठना और दबाव डालना

【勒诈】lèzhà रुपया या पैसा ऐंठना

簕 lè नीचे दे०

【簕樘】lèdǎng एक सदाबहार कांटेदार झाड़ी या पेड़ जिस का फूल हल्के हरे, बीज-कोष गहरा लाल और बीज काले रंग के होते हैं, जिस के बीज से सुगंधित तेल निकाला जाता है और जिस की जड़ दवा के काम आती है

【簕竹】lèzhú एक प्रकार का बहुत लंबा बांस जिस की लंबाई लगभग पंद्रह मीटर होती है

鳓（鰳）lè चीनी हेरिंग मछली（鲙鱼 kuàiyú，白鳞鱼 báilínyú，曹白鱼 cáobáiyú भी）

le

了 le <लघु अ०> ❶(क्रिया या विशेषण के बाद प्रयुक्त करके क्रिया या विकार की समाप्ति का बोध होता है)：他已经去那里～。वह वहां गया। (भूतकाल में) / 他不去那里～。वह वहां नहीं जाएगा। (भविष्यत् काल में) / 我病已经好～。मेरी बीमारी ठीक हो गयी। (वर्तमान काल में) ❷(वाक्य के अंत में बहुधा 了 के बाद प्रयुक्त करके किसी क्रिया की समाप्ति के बाद दूसरी घटना घटित होने का बोध होता है)：我睡了起来～。मैं सोकर उठ गया। / 书我看了还给他～。मैं ने किताब पढ़कर उस को वापस दी है। ❸(वाक्य के अंत में प्रयुक्त करके स्थिति के परिवर्तन का बोध होता है)：他长高～。वह लंबा हो गया। / 他今天戏看不成～。आज वह ऑपेरा देख न पाएगा। (पहले तय हुआ था कि वह आज ऑपेरा देखेगा) ❹(विशेषण के बाद प्रयुक्त करके अधिक परिमाण का बोध होता है)：这活太累～。यह काम बहुत थका देने वाला है। / 衣服（太）长～。कपड़ा बहुत लंबा हो गया। / 这桌子（太）小～。यह मेज़ बहुत छोटी लगती है। ❺(आदेश या प्रार्थना में प्रयुक्त करके परिवर्तित स्थिति के प्रत्युत्तर का बोध होता है)：睡觉～！सो जाएं! / 别再来～。फिर न आएं! / 走～，走～，不能再谈～！चलें, चलें, फिर बातचीत न करें!

liǎo भी दे०

饹（餎）le दे० 饸饹 héle（合饹 héle，河漏 hélou भी）बकव्हीट (buckwheat), कोदों आदि मोटे अनाज के आटे से बना नुल्स

lēi

勒 lēi रस्सी से खूब कसकर बांधना：～紧裤带 बेल्ट को कसना

lè भी दे०

【勒脚】lēijiǎo <वास्तु०> खंभे की कुर्सी या चौकी

【勒掯】lēiken <बो०> किसी को कोई काम करने के लिये विवश करना; किसी व्यक्ति के लिये काम कठिन बनाना

【勒死】lēisǐ रस्सी से गला रेतना

léi

累（纍）léi नीचे दे०
lěi; lèi भी दे०

【累累】[1] léiléi 〈लि०〉（儽儽 léiléi भी）〈लि०〉 परेशान; बुरे हाल：～若丧家之犬。जिस घर में किसी व्यक्ति की मृत्यु हुई है उसी घर के कुत्ते की तरह परेशान; भटकते हुए बाज़ारू कुत्ते की तरह परेशान

【累累】[2] léiléi 〈लि०〉 गुच्छ के गुच्छ：果实～ पेड़ की शाखा पर लटके हुए गुच्छ के गुच्छ फल
lěilěi भी दे०

【累赘】 léizhui ❶(वस्तु) फ़जूल; फ़ालतू; (लेख) लंबा और अनावश्यक; शब्दबहुल：这一段显得有些～。यह पैरा बहुत लंबा है और अनावश्यक मालूम होता है। ❷कष्टदायक होना; कष्ट देना：我不想再～你们了，明天就回去。मैं तुम लोगों को और अधिक कष्ट नहीं देना चाहता, कल मैं वापस जाऊंगा। ❸कष्ट देने वाली चीज़：这箱子是个～。यह संदूक बड़ी कष्टदायक चीज़ है।

雷 léi ❶मेघध्वनि; मेघगर्जन; बादल की कड़क：打～ बादल कड़कना; बादल गरजना ❷〈सैन्य०〉 (बारूद की) सुरंग：布～ सुरंग बिछाना; माइन बिछाना; सुरंग लगाना / 地～ सुरंग; माइन / 水～ समुद्री सुरंग; टारपीडो / 鱼～ टारपीडो ❸（Léi）एक कुलनाम

【雷暴】 léibào 〈मौ०वि०〉 वज्र-झंझावात

【雷暴雨】 léibàoyǔ गर्जन-तर्जन के साथ आंधी; वज्र-झंझावात

【雷池】 Léichí प्राचीन-काल में एक नदी, वर्तमान आनह्वेइ प्रांत में वांगच्यांग नदी (अब यह केवल मुहावरे 不敢越雷池一步 bùgǎn yuè Léichí yī bù में प्रयुक्त होता है)

【雷达】 léidá रेडार：～兵 रेडार-मैन; रेडार-आपरेटर / ～测距 रेडार-रैंजिंग / ～干扰 रेडार जैमिंग / ～跟踪 रेडार टैकिंग / ～轰炸 रेडार बमबारी / ～导航 रेडार नेविगेशन / ～手 रेडार-मैन; रेडार-आपरेटर / ～荧光屏 रेडार-स्क्रीन / ～站 रेडार-स्टेशन

【雷打不动】 léidǎbùdòng बादल की ध्वनि से न हिलाया जाना —— (प्रबंध या योजना) किसी भी हालत में न बदला जाना

【雷电】 léidiàn मेघध्वनि और बिजली

【雷电计】 léidiànjì सेरॉनोग्राफ़

【雷动】 léidòng कड़कदार; गर्जनशील; गर्जनकारी; घोषमय：掌声～ गर्जनशील करतलध्वनि / ～的欢呼声 घोषमय हर्षध्वनि

【雷公】 Léigōng मेघदेव

【雷公打豆腐，拣软的欺】 léigōng dǎ dòufu, jiǎn ruǎnde qī मेघदेव का सोयाबीन पनीर पर मारना —— दुष्ट लोग कमज़ोर को सताते हैं

【雷汞】 léigǒng 〈रसा०〉 मेरक्यूरी फ़ल्मिनेट

【雷管】 léiguǎn डीटोनेटर; डीटोनेटिंग कैप; ब्लास्टिंग कैप; प्राइमर

【雷害】 léihài मेघध्वनि के कारण फ़सल की हानि

【雷击】 léijī बिजली से मारा जाना; वज्रप्रहार करना

【雷厉风行】 léilì-fēngxíng (आदेश, नीति आदि का) सख्ती से और शीघ्रता से पालन करना

【雷米封】 léimǐfēng 〈औष०〉 रिमिफ़ोन

【雷鸣】 léimíng ❶कड़कना; गरजना ❷गर्जनशील; घोषमय：～般的掌声 घोषमय करतलध्वनि

【雷鸟】 léiniǎo सफ़ेद तीतर

【雷诺素】 léinuòsù 〈भौ०〉 रेनोल्डस संख्या

【雷声】 léishēng मेघध्वनि：～隆隆 बादल का गरजन

【雷声大，雨点小】 léishēng dà, yǔdiǎn xiǎo जो गरजते हैं वो बरसते नहीं।

【雷酸汞】 léisuāngǒng 雷汞 के समान

【雷霆】 léitíng ❶बिजली के कड़कने की आवाज़ ❷प्रचंड शक्ति; क्रोध; गुस्सा; रोष; प्रकोप：大发～ कोपना; प्रकोप से भभकना; भूत चढ़ना

【雷霆万钧】 léitíng-wànjūn वज्र की तरह शक्तिशाली：～之力 प्रचंड भूकम्पकारी शक्ति

【雷同】 léitóng ❶सुर में सुर मिलाना; आवाज़ में आवाज़ मिलाना; बात मिलाना ❷समान; अभिन्न; एक-सा; बिलकुल वही

【雷丸】 léiwán 〈ची०चि०〉 स्टोन-लाइक ओमफ़ालिया

【雷雨】 léiyǔ बिजली और बारिश; गरज के साथ वर्षा

【雷雨云】 léiyǔyún 〈मौ०वि०〉 गर्जनकारी मेघ

【雷阵雨】 léizhènyǔ गरज-बौछार; गरज के साथ बौछार

蔂（虆）léi 〈लि०〉 मिट्टी रखने का टोकरा

嫘 léi व्यक्ति के नाम में प्रयुक्त अक्षर

【嫘祖】 Léizǔ किंवदंती में पीट सम्राट（黄帝）की पत्नी जिस ने रेशम-कीड़ा-पालन का आविष्कार किया

缧（縲）léi नीचे दे०

【缧绁】 léixiè 〈लि०〉 जेल; कैद; कारावास; कारागार

㹎 léi 〈लि०〉 बैल

擂 léi ❶पीसना; चूर-चूर करना; दलमलना：～钵 पीसने का पात्र ❷मारना; घूंसा मारना
lèi भी दे०

檑 léi प्राचीन-काल में लड़ाई करते समय दुश्मन को मार डालने के लिये ऊंचे स्थान से बड़ा भारी लक्कड़ धकेलना

【檑木】 léimù प्राचीन-काल में लड़ाई करते समय दुश्मन को मार डालने के लिये ऊंचे स्थान से धकेली हुई बड़ी भारी लक्कड़

礌（礧）léi ❶प्राचीन-काल में लड़ाई करते समय दुश्मन को मार डालने के लिये ऊंचे स्थान से बड़ा भारी पत्थर धकेलना ❷〈लि०〉 मारना; मार डालना

【礌石】 léishí प्राचीन-काल में लड़ाई करते समय दुश्मन को मार डालने के लिये ऊंचे स्थान से धकेला हुआ बड़ा भारी पत्थर

镭（鐳） léi 〈रसा०〉 रेडियम (Ra)

【镭疗】 léishèqì रेडियम चिकित्सा

【镭射气】 léishèqì 〈रसा०〉 रेडियम एमानेशन

羸 léi 〈लि०〉 ❶दुबला-पतला; दुर्बल： 羸弱 ❷थकान; थकावट： 羸惫

【羸惫】 léibèi 〈लि०〉 थका हुआ; थकाया हुआ

【羸顿】 léidùn 〈लि०〉 ❶दुबला-पतला और कमज़ोर ❷थका-मांदा

【羸弱】 léiruò 〈लि०〉 दुबला-पतला और निर्बल

罍 léi प्राचीन-काल में एक प्रकार का गोलाकृति मदिरा-पात्र

纍 léi 〈लि०〉 ❶रस्सा; रस्सी ❷बांधना; लपेटना

儽 léi नीचे दे०

【儽儽】 léiléi दे० 累累 [1]léiléi

欙 léi प्राचीन-काल में पहाड़ पर चढ़ने के लिये एक प्रकार की पालकी

lěi

耒 lěi ❶प्राचीन-काल में खेती का कई नोकवाला एक औज़ार ❷प्राचीन खेती-औज़ार 耒耜 का हत्था; खेती औज़ार का सामान्य नाम

【耒耜】 lěisì हल की तरह एक प्राचीन खेती-औज़ार; खेती-औज़ार का सामान्य नाम

诔（誄） lěi ❶मरे हुए व्यक्ति के बारे में प्रशंसा-लेख घोषित करना ❷इस तरह का प्रशंसा-लेख

垒 [1]（壘） lěi (ईंट, पत्थर आदि) जोड़ना： ～墙 ईंटों आदि से जोड़कर दीवार बनाना; दीवार खड़ी करना

垒 [2]（壘） lěi ❶परकोटा; प्राकार; किलाबंदी： 壁～ किलाबंदी; मोर्चाबंदी; चहारदीवारी： 深沟高～ गहरी खंदक और ऊंची किलाबंदी ❷〈बेसबाल, सॉफ़्टबाल〉 बेस

【垒球】 lěiqiú सॉफ़्टबाल： ～棒 सॉफ़्टबाल बैट / ～队 सॉफ़्टबाल टीम

累 [1]（纍） lěi ❶जोड़ना; जमा करना; इकट्ठा करना; संचय करना： 成千～万 लाखों-लाख; सहस्रों की संख्या में ❷बार-बार; बारंबार; निरंतर; अविरत： ～戒不改 बार-बार चेतावनी मिलने पर भी अपनी गलती न सुधारना ❸垒 [1] lěi के समान

累 [2] lěi बुरे काम या अपराध में फंसाना या लिप्त करना： 连～ किसी को बुरे काम या अपराध में फंसाना या उलझाना

léi; lèi भी दे०

【累次】 lěicì बार-बार; बारंबार; एकाधिक बार; अनेक बार

【累代】 lěidài पीढ़ी-दर-पीढ़ी

【累犯】 lěifàn ❶फिर से अपराध करने लगना ❷फिर से अपराध में फंसने वाला

【累积】 lěijí संचय करना; जमा करना; इकट्ठा करना; जोड़ना： ～经验 अनुभव संचित करना / ～资金 पूंजी का संचय करना

【累及】 lěijí फंसाना; उलझाना: किसी बुरे काम या अपराध में फंसाना： ～无辜 किसी निर्दोष को भी फंसाना

【累计】 lěijì जोड़ना; जोड़ निकालना; कुल मिलाना： 全年利润～为十万元。साल भर का मुनाफ़ा कुल मिलाकर एक लाख य्वान है।

【累见不鲜】 lěijiàn-bùxiǎn दे० 屡见不鲜 lǚjiàn-bùxiǎn

【累教不改】 lěijiào-bùgǎi दे० 屡教不改 lǚjiào-bùgǎi

【累进】 lěijìn प्रगति： 累进税

【累进税】 lěijìnshuì प्रगति कर; प्रोग्रेसिव टैक्स： 实行统一的～ समेकीकृत प्रगति कर-व्यवस्था को लागू करना; समेकीकृत प्रगति टैक्स लागू करना

【累累】 lěilěi ❶बार-बार; बारंबार ❷अनगिनत; असंख्या; बेहिसाब; बहुत अधिक; जिस की गणना न हो सके： ～罪行 अनगिनत अपराध

léiléi भी दे०

【累卵】 lěiluǎn अंडों का ढेर —— खतरे से युक्त; जोखिम से भरी हुई; संकटपूर्ण： 危如～ अत्यंत संकटपूर्ण स्थिति में होना

【累年】 lěinián बरसों से; साल-ब-साल; साल-दर-साल： ～丰收 बरसों से अच्छी फ़सल होना

【累日】 lěirì 〈लि०〉 लगातार कई दिनों से： ～奋战 कई दिनों से लड़ाई करते रहना

【累时】 lèishí 〈लि०〉 बड़ी देर तक; बहुत लंबे समय में

【累世】 lěishì पीढ़ी-दर-पीढ़ी

磊 lěi नीचे दे०

【磊磊】 lěilěi बहुत अधिक पत्थर： 怪石～ बहुत अधिक विचित्र पत्थर

【磊落】 lěiluò साफ़दिल; खुलादिल और ईमानदार： 光明～ शुद्धहृदय; साफ़दिल

蕾 lěi कली; कलिका： 蓓～ कली; कलिका

【蕾铃】 lěilíng कपास की कली और डोंडा

儡 lěi दे० 傀儡 kuǐlěi कठपुतली

藟 lěi ❶बेल ❷<लि०> लपेटना ❸<लि०> दे० 蕾 lěi

瘖 lěi <ची०चि०> चमड़े पर छोटी फोड़िया

瘰 lěi दे० 痞瘰 pēilěi <ची०चि०> पोड़ा

灅 lěi एक प्राचीन नदी, वर्तमान हपेइ प्रांत में योंगतिंग नदी 永定河

lèi

肋 lèi पसली; पार्श्व: 左～ बायीं पसली
lē भी दे०

【肋骨】lèigǔ पसली: ～切除术 कोस्टेक्टामी

【肋间肌】lèijiānjī पसलियों के बीच की मांसपेशी

【肋膜】lèimó प्लूरा; परिफुप्फुस; फुप्फुस: ～炎 प्लूरिसी

【肋木】lèimù <खेल०> स्टाल बार्स

【肋条】lèitiáo <बो०> ❶पसली ❷सुअर आदि की पसलियों के ऊपर का मांस (खाद्य)

【肋窝】lèiwō बगल; कांख

泪（淚）lèi आंसू; अश्रु; अश्रुवत् कोई वस्तु: 流～ आंसू आना; आंसू गिरना; आंसू टपकना / 烛～ मोमबत्ती पर पड़ी हुई नालियां

【泪痕】lèihén आंसू-लीक: 满脸～ आंसुओं से धोया मुंह

【泪花】lèihuā आंखों में आंसू: 她眼里含着喜悦的～。उस की आखों में हर्ष के आंसू दिखाई दे रहे हैं।

【泪涟涟】lèiliánlián आंसू का तार न टूटना; आंसू की झड़ी बांधना; आंसू की धारा बहना

【泪流满面】lèi liú mǎn miàn आंसुओं से मुंह धोना

【泪人儿】lèirénr व्यक्ति जो बहुत रोया हो: 她哭得成了个～了。उस ने आंसुओं से मुंह धोया।

【泪如泉涌】lèirúquányǒng आंसू का तार न टूटना; आंसू की धारा बहना

【泪如雨下】lèirúyǔxià आंसू बरसना

【泪水】lèishuǐ आंसू; अश्रु

【泪汪汪】lèiwāngwāng आंसू डबडबाना

【泪腺】lèixiàn अश्रु-ग्रंथि: ～炎 अश्रु-ग्रंथि सूजन

【泪眼】lèiyǎn अश्रुपूर्ण आंख; आंसू भरी आंख: ～模糊 आंखों में आंसू भरे होने के कारण अस्पष्ट देखना

【泪液】lèiyè आंसू; अश्रु (साधारण नाम: 眼泪 yǎnlèi)

【泪盈盈】lèiyíngyíng आंसू डबडबाना

【泪珠】lèizhū आंसू-बूंद; अश्रु-बिन्दु

类（類）lèi ❶प्रकार; किस्म; शैली; पंक्ति; श्रेणी; भेद: 这～工作做得很好。इस सिलसिले में बहुत अच्छा काम किया गया। / 所有这些都属于这一～。ये सभी इस श्रेणी में आते हैं। ❷सदृश होना; समरूप होना; मिलता-जुलता होना: 类人猿 / 类似

【类比】lèibǐ समरूपता: 历史的～ ऐतिहासिक समरूपता

【类别】lèibié प्रकार; भेद; अनुहार: 土壤的～ मिट्टी का भेद / 职业的～ पेशे का भेद

【类地行星】lèidì xíngxīng टर्रेस्ट्रियल प्लेनेट

【类毒素】lèidúsù <चिकि०> टॉक्सॉइड

【类风湿性关节炎】lèifēngshīxìng guānjiéyán र्-यूमैटॉइड आर्थराइटिस

【类固醇】lèigùchún <रसा०> स्टेरॉइड

【类乎】lèihū दिखाई देना; प्रतीत होना; मालूम होना; लगना; सदृश होना; एक-सा होना: 这故事～神话。यह कहानी पुराण-सी लगती है।

【类木行星】lèimù xíngxīng <खगोल०> बृहस्पति के समान ग्रह; जोवियन प्लेनेट

【类人猿】lèirényuán वन-मानुष

【类书】lèishū भिन्न प्रकार की पुस्तकों में से संबंधित सामग्री को उद्धृत करके (पाठकों के आसानी से संदर्भावलोकन के लिये) अलग-अलग श्रेणियों में विषयानुसार संपादित की गयी पुस्तकें; जैसे,《古今图书集成》(‘प्राचीन-वर्तमान पुस्तकों का संग्रह’)

【类似】lèisì समान; सदृश्य; समरूप; एक-सा; मिलता-जुलता: ～事件 समान घटना / ～错误 एक-सी गलती

【类同】lèitóng लगभग एक ही; समान; एक-सा: 样式～ शैली में एक-सा होना

【类推】lèituī साम्यानुमान करना: 余～ बाकी इस के अनुसार साम्यानुमान किया जा सकना

【类星体】lèixīngtǐ <खगोल०> क्वासी-स्टेलर ऑब्जेक्ट

【类型】lèixíng प्रकार; किस्म; श्रेणी; वर्ग: ～学 प्ररूप-विज्ञान; प्ररूप-विद्या / ～语言学 प्ररूप-विज्ञान-संबंधी भाषाविज्ञान

累 lèi ❶थकना: 我～了。मैं थक गया। ❷थकाना: 这活把我～死了。इस काम ने मुझे बहुत थका दिया। ❸कठिन परिश्रम करना: ～了一天，咱们该休息了。दिन-भर कठिन परिश्रम किया अब हमें आराम करना चाहिये।
léi; lěi भी दे०

【累活】lèihuó थका देने वाला काम; भारी काम

【累死累活】lèisǐ–lèihuó मरने तक जी तोड़कर काम करना

酹 lèi <लि०> देवों के निमित मद्यार्पण करना; देवता को चढ़ाने के लिये थोड़ी-सी मदिरा गिरा देना

擂 lèi वीरों की प्रतियोगिता के लिये रंगमंच: 打～ वीरों की प्रतियोगिता में शामिल होना
léi भी दे०

【擂台】lèitái वीरों की प्रतियोगिता के लिये रंगमंच; अखाड़ा; मल्लभूमि: 摆～ खुली चुनौती देना

颣（纇）lèi <लि०> कमी; त्रुटि: 疵～ दोष निकालना; नुक्ता-चीनी भरना

lei

嘞 lei 〈लघु अ०〉 इस का प्रयोग 喽 lou ❷जैसा है पर उस से थोड़ा अधिक फुर्तीला: 好～，我就来。अच्छा, मैं अभी आता हूं।
lē भी दे०

lēng

棱 lēng 〈अनु०〉 红不棱登 hóngbulēngdēng लाल रंग-सा (घृणा के अर्थ में); 花不棱登 huābulēngdēng रंग-बिरंगा (घृणा के अर्थ में); 扑棱 pūlēng पंख फड़कने के शब्द में प्रयुक्त
léng; líng भी दे०

嘚 lēng 〈अनु०〉 चरखे आदि का चलने का शब्द

léng

崚 léng नीचे दे०
【崚嶒】 léngcéng 〈लि०〉 पहाड़ ऊंचा होना

塄 léng 〈बो०〉 खेत के किनारे पर निचान या ढाल
【塄坎】 léngkǎn 〈बो०〉 खेत के किनारे पर निचान और खेतों के बीच की क्यारी

棱（稜） léng ❶तीखा कोना; तीक्ष्ण कोण; कोर; छोर: 棱角 ❷वस्तुओं पर रेखा के रूप में उभरा हुआ भाग; उभरी हुई लकीरों वाली चीज़: 搓板的～儿 धोबी के पटरे पर उभरी हुई लकीरें
lēng; líng भी दे०
【棱堡】 léngbǎo 〈सैन्य०〉 गढ़ का कंगूरा
【棱缝】 léngfèng दरार; छेद; सुअवसर; मौका
【棱角】 léngjiǎo ❶कोर और कोना; कारनर ❷कोर; छोर; मर्मभेदिता; पैनापन: 批评很有～ सख्त आलोचना करना
【棱镜】 léngjìng 〈भौ०〉 त्रिपार्श्व; प्रिज़्म: ～分光 प्रिज़्मी डीकंपोज़िशन
【棱台】 léngtái 棱锥台 का संक्षिप्त रूप
【棱线】 léngxiàn 〈सैन्य०〉 क्रेस्ट लाइन
【棱柱体】 léngzhùtǐ 〈गणित०〉 प्रिज़्म
【棱锥台】 léngzhuītái 〈गणित०〉 फ़्रस्टुम आफ़ ए पिरामिड
【棱锥体】 léngzhuītǐ 〈गणित०〉 पिरामिड के आकार की कोई वस्तु

楞 1 léng 棱 léng के समान

楞 2 léng ध्वन्यनुवाद में प्रयुक्त अक्षर
【楞伽】 Léngjiā（楞迦 léngjiā भी）लंका
【楞伽经】 Léngjiajīng 〈धर्म〉 लंकावतारसूत्र
【楞严经】 Léngyánjīng 〈धर्म〉 (《大佛顶首楞严经》 सूरंगम सूत्र का संक्षिप्त रूप)

薐 léng दे० 菠薐菜 bōléngcài पालक

lěng

冷 lěng ❶ठंडा; सर्द: 昨天真～。कल बहुत सर्दी थी। / ～水 ठंडा पानी ❷〈बो०〉 (भोजन) ठंडा होना: 汤太烫了，～了再喝。सूप बहुत गरम है, ठंडा होने के बाद फिर पिऊंगा। ❸अनुत्साहित भावना: 神情的～ सर्द बरताव / 他素性那么～。वह स्वभाव में मिलनसार नहीं है। ❹शांत: ～～清清 शीतल और प्रशांत ❺कम देखे जाने वाला: 冷僻 ❻स्वागत न किया हुआ; जिस पर किसी के द्वारा ध्यान न दिया गया हो: 冷货 / 冷门 ❼छिपकर छोड़ना: 冷箭 / 冷不防 ❽निराशा; निरुत्साह: 心灰意～ हतोत्साह ❾（Lěng）एक कुलनाम
【冷拔】 lěngbá 〈या०〉 कोल्ड ड्राइंग: ～机 कोल्ड ड्राइंग मशीन
【冷板凳】 lěngbǎndèng ठंडा बेंच —— महत्वहीन पद; मित्रताहीन बर्ताव; निरुत्साह स्वागत-सत्कार: 坐～ ठंडे बेंच पर बैठना —— उपेक्षित किये जाने के कारण महत्वहीन काम करना; स्वागत-सत्कार के लिये बड़ी देर प्रतीक्षा करना
【冷冰冰】 lěngbīngbīng ❶उदासीन; उत्साहहीन; निरुत्साह: ～的态度 उदासीनता का रुख ❷(वस्तुएं) बर्फ़ जैसा ठंडा: ～的手 बर्फ़ जैसा ठंडा हाथ
【冷不丁】 lěngbudīng 〈बो०〉 अचानक; अकस्मात; एकाएक; सहसा: 他～抬起头来，说… सहसा उस ने सिर उठाया और बोला …
【冷不防】 lěngbufáng सहसा; एकाएक; अकस्मात; अचानक: 黑夜里半路上～跳出一只狗来。रात में रास्ते पर अचानक एक कुत्ता निकल आया।
【冷布】 lěngbù सूत का पारदर्शी वस्त्र
【冷菜】 lěngcài ठंडी तश्तरी
【冷餐】 lěngcān बफ़े (buffet): ～招待会 बफ़े रिसेप्शन
【冷藏】 lěngcáng रेफ़्रीजरेशन; कोल्ड स्टोरेज; शीतसंग्रहागार
【冷藏车】 lěngcángchē (रेलवे पर) रेफ़्रीजरेटर कार
【冷藏船】 lěngcángchuán रेफ़्रीजरेटर वाला जहाज़
【冷藏库】 lěngcángkù कोल्ड स्टोरेज; फ़्रीज़र
【冷藏汽车】 lěngcáng qìchē कोल्ड स्टोरेज ट्रक

【冷藏室】 lěngcángshì (रेफ़रीजरेटर में) रेफ़रीजरेटिंग कंपार्टमेंट

【冷藏箱】 lěngcángxiāng रेफ़रीजरेटर; फ़्रिज

【冷场】 lěngchǎng ❶नाटकशाला में अभिनेता का देर में मंच पर आने या अपना वाक्य भूल जाने के कारण भयंकर सन्नाटा ❷सभा में भयंकर खामोशी

【冷嘲热讽】 lěngcháo-rèfěng व्यंग करना; ताना देना: ～的杂文 अत्यंत पैने व्यंग्यबाण तथा हृदय-भेदी व्यंग्योक्ति शैलीवाला निबंध

【冷处理】 lěngchǔlǐ 〈यां०〉 कोल्ड ट्रीटमेंट

【冷床】 lěngchuáng 〈कृ०〉 कोल्ड बेड; कोल्ड फ़्रेम

【冷脆】 lěngcuì 〈धा०वि०〉 कोल्ड शॉर्ट

【冷待】 lěngdài उदासीनता से व्यवहार करना; रुखाई से बरताव करना; अनादर करना

【冷淡】 lěngdàn ❶निरानन्द; उजाड़; वीरान ❷उदासीन; बेपरवाह: 对某人～ किसी व्यक्ति के प्रति उदासीन होना / 抛弃你对他的～ उस के प्रति अपनी उदासीनता छोड़ देना ❸उदासीनता से व्यवहार करना; रुखाई से बरताव करना: 他～了朋友。उस ने मित्र के साथ उदासीनता से व्यवहार किया।

【冷岛】 lěngdǎo नगर-क्षेत्र का वह तापमान जो आस-पास के क्षेत्रों के तापमान से नीचा हो; शीतल द्वीप

【冷点】 lěngdiǎn वह वस्तु जो लोगों का ध्यान आकर्षित न करती हो; ठंडा दाग; शीतल बिन्दु

【冷调】 lěngdiào (चित्रकला में) कूल टोन (cool tone)

【冷碟儿】 lěngdiér 〈बो०〉 ठंडी तश्तरी

【冷丁】 lěngdīng 冷不丁 के समान

【冷冻】 lěngdòng जमकर बर्फ़ हो जाना: ～精液 हिमीभूत वीर्य / ～加工厂 रेफ़रीजरेटिंग प्लांट / ～干燥 फ़्रीज़-ड्राई / ～机 रेफ़रीजरेटर; फ़्रीज़र / ～剂 रेफ़रीजरंट / ～室 (रेफ़रीजरेटर में) फ़्रीज़र कंपार्टमेंट; फ़्रीज़र

【冷锻】 lěngduàn 〈यां०〉 कोल्ड फ़ार्जिंग; कोल्ड हैम्मरिंग

【冷风】 lěngfēng ठंडी हवा —— अफ़वाह: 吹～ अफ़वाह फैलाना

【冷锋】 lěngfēng (冷锋面 lěngfēngmiàn भी) 〈मौ०वि०〉 कोल्ड फ़्रंट

【冷敷】 lěngfū 〈चिकि०〉 कोल्ड काम्प्रेस

【冷宫】 lěnggōng ❶कोपभवन ❷लिंबो: 打入～ रानी आदि को कोपभवन में डालना ——लिंबो में डालना

【冷孤丁】 lěnggūdīng 冷不丁 के समान

【冷光】 lěngguāng 〈भौ०〉 शीतल प्रकाश; कोल्ड लाइट

【冷柜】 lěngguì रेफ़रीजरेटर

【冷害】 lěnghài तापमान के अकस्मात गिर जाने से पौधों की हानि होना

【冷汗】 lěnghàn शीतल पसीना; भय, बेहोशी आदि के कारण निकला हुआ पसीना

【冷焊】 lěnghàn 〈यां०〉 कोल्ड वेल्डिंग

【冷荤】 lěnghūn ठंडा मांस; कोल्ड बफ़े

【冷货】 lěnghuò कम आवश्यक माल; सरलता से न बिक सकने वाला माल

【冷寂】 lěngjì ठंडा और शांत: ～的荒漠 ठंडी और शांत मरुभूमि

【冷加工】 lěngjiāgōng 〈यां०〉 कोल्ड वर्किंग

【冷箭】 lěngjiàn छिपकर चलाया गया तीर; छिपकर दूर से साजिश द्वारा किसी को मारना

【冷窖】 lěngjiào शीतभण्डार

【冷噤】 lěngjìn ठंड या डर से कांपना: 他吓得打了个～。वह भय से कांप उठा।

【冷静】 lěngjìng ❶निर्जन; कम लोग: 这地方很～。यहां बहुत एकांत है। ❷शांत: 头脑～ शांतचित्त / ～地想 ठंडे दिमाग से विचार करना

【冷觉】 lěngjué ठंड का संवेदन

【冷峻】 lěngjùn निर्मम और गंभीर: ～的目光 निर्मम और गंभीर दृष्टि (निगाह)

【冷库】 lěngkù दे० 冷藏库

【冷酷】 lěngkù निर्मम; दयाहीन; सर्दमिज़ाज: ～无情 निर्दयी

【冷拉】 lěnglā दे० 冷拔

【冷冷】 lěnglěng उदासीन; भावशून्य: 他神色～的。उस का चेहरा भावशून्य था। / 他～的笑了一笑。उस के चेहरे पर एक फीकी मुस्कान दौड़ गयी।

【冷冷清清】 lěnglěngqīngqīng शीतल और प्रशांत: 对人民～ जनता के प्रति रुखाई का रवैया अपनाना / ～地做工作 अलग-थलग रहकर कार्य करना

【冷厉】 lěnglì निर्मम और गंभीर: ～的目光 निर्मम और गंभीर दृष्टि

【冷脸子】 lěngliǎnzi 〈बो०〉 उदासीन चेहरा

【冷落】 lěngluò ❶बेरौनक; निर्जन; उजाड़: 市面～ बाज़ार में मंदी होना ❷अनुत्साहित बरताव; उदासीनता से बरताव करना: 别～了客人。अतिथि के साथ उदासीनता से बरताव न करो।

【冷铆】 lěngmǎo 〈यां०〉 कोल्ड रिविटिंग

【冷门】 lěngmén ❶कम ध्यान दिया जाने वाला पेशा, व्यापार, विद्या आदि ❷अप्रत्याशित विजेता; छिपे रुस्तम: 今天比赛出了个～。आज की प्रतियोगिता में एक अप्रत्याशित विजेता निकला।

【冷门货】 lěngménhuò दे० 冷货

【冷漠】 lěngmò उदासीन: ～地说 बेदिली के साथ कहना / ～对人 किसी व्यक्ति के साथ उदासीनता से बरताव करना

【冷凝】 lěngníng संघनन: ～点 संघनन-बिन्दु / ～设备 शीतल यंत्र; कूलिंग यूनिट

【冷暖】 lěngnuǎn तापमान में परिवर्तन; दैनिक जीवन

【冷盘】 lěngpán ठंडी तश्तरी

【冷僻】 lěngpì ❶एकांत ❷कम; अपरिचित (अक्षर, नाम, पुस्तक आदि)

【冷气】 lěngqì एयर-कंडिशनिंग: 他家有～设备。उस का घर एयर-कंडिशंड है। / ～机 एयर कंडिशनर / ～团 कोल्ड एयर मास

【冷枪】 lěngqiāng छिपकर दूर से शत्रु पर चलाई गयी गोली

【冷峭】 lěngqiào ❶चुभती हुई ठंड ❷तीक्ष्ण शब्दों में कहना

【冷清清】 lěngqīngqīng ठंडा और निरानंद; एकांत: ～的小胡同 एकांत गली
【冷清】 lěngqing ठंडा और निरानंद; एकांत: 那里显得有点～。वहां एकांत-सा दिखाई देता है।
【冷泉】 lěngquán शीतल स्रोत
【冷却】 lěngquè शीतल रखना (या बनाना); ठंडा हो जाना: ～油管 कूलिंग पाइप
【冷热病】 lěngrèbìng ❶<बो०> मलेरिया ❷मनोभाव का परिवर्तन; (मनोभाव) कभी भावावेश में होना और कभी जी छूटना
【冷若冰霜】 lěngruò-bīngshuāng (स्त्री के लिये प्रयुक्त) हिम और तुषार जैसी ठंडी; अति भावहीन
【冷色】 lěngsè शीतल रंग
【冷森森】 lěngsēnsēn शीतल; ठंडा: 洞里～的。गुहा में ठंड है।
【冷杉】 lěngshān फ़र; देवदारु, सरो जाति के वृक्षों का वर्ग
【冷食】 lěngshí ठंडा पेय और हल्का नाश्ता
【冷霜】 lěngshuāng कोल्ड क्रीम
【冷水】 lěngshuǐ ❶ठंडा पानी: ～浴 कोल्ड बाथ; ठंडे पानी में नहाना ❷न उबाला हुआ पानी: 不要喝～。न उबाला हुआ पानी मत पीओ।
【冷水鱼】 lěngshuǐyú हुचो थाएमन (hucho taimen)
【冷丝丝】 lěngsīsī थोड़ा-सा ठंडा
【冷飕飕】 lengsōusōu शीतल; ठंडा
【冷烫】 lěngtàng (सिर के बालों को लहरदार बनाने का तरीका) कोल्ड वेव
【冷线】 lěngxiàn कोल्ड लाइन
【冷销】 lěngxiāo अविक्रेय (वस्तुएं या माल)
【冷笑】 lěngxiào तिरस्कार से मुस्कराना; द्वेषभाव (या व्यंग्य से हंसना)
【冷心肠】 lěngxīncháng उदासीन; विरक्त
【冷血动物】 lěngxuè dòngwù ❶शीतलरक्तमय जंतु ❷निःस्नेह व्यक्ति; भावशून्य व्यक्ति
【冷言冷语】 lěngyán-lěngyǔ व्यंगपूर्ण शब्दों में कहना
【冷眼】 lěngyǎn ❶शांत और वस्तुगत रुख; निरपेक्ष दृष्टि-कोण ❷अनुत्साहित-भाव; अनुत्साहित बरताव
【冷眼旁观】 lěngyǎn-pángguān बड़ी उदासीनता के साथ एक कोने में अलग खड़े होकर देखना: 对人民的胜利～ जनता की विजय को उदासीनता के साथ एक कोने में अलग खड़े होकर देखना
【冷饮】 lěngyǐn शीतल पेय; कोल्ड-ड्रिंक
【冷语冰人】 lěngyǔ-bīngrén चुभती हुई बातों से दूसरे को दुख देना
【冷遇】 lěngyù उदासीन बरताव; अनुत्साहित बरताव: 受到～ उदासीन बरताव किया जाना
【冷轧】 lěngzhá <धा०वि०> कोल्ड रोलिंग: ～不锈钢板 ज़ंगरहित इस्पाती प्लेट / ～机 कोल्ड-रोलिंग मशीन / ～矽钢片 शीत लघुकृत लैकता इस्पात की चादर
【冷战】 lěngzhàn शीत-युद्ध; ठंडी लड़ाई
【冷战】 lěngzhan <बोल०> (冷颤 lěngzhan भी) ठंड से कांपना
【冷铸】 lěngzhù चिल कास्टिंग
【冷字】 lěngzì बहुत कम प्रयुक्त अक्षर; अप्रचलित अक्षर
【冷子】 lěngzi <बो०> ओला; बनौरी

lèng

堎 lèng (स्थान के नाम में प्रयुक्त अक्षर): 长头～ Chángtóulèng च्यांगशी प्रांत में एक स्थान

愣 lèng ❶सकते में आना; अवाक् हो जाना: 我～了一下。मैं सकते में आ गया। / 他～住了。वह स्तब्ध हो गया। ❷<बोल०> धृष्ट; अशिष्ट; गुस्ताख: 他说话很～。वह अशिष्टता से बात करता है। ❸<बो०> किसी बात पर अकारण ही ज़िद करना: 我不让他去，他～要去。मैं ने उसे जाने नहीं दिया था लेकिन उस ने जाने की ज़िद की।
【愣干】 lènggàn <बोल०> उतावली से काम करना
【愣神儿】 lèngshénr स्तब्ध हो जाना; सकते में आ जाना
【愣头愣脑】 lèngtóu lèngnǎo धृष्ट; गुस्ताख; अशिष्ट
【愣怔】 lèngzheng दे० 睖睁 lèngzheng

睖 lèng <बो०> आंख फाड़-फाड़कर देखना (असंतोष दिखाने के लिये
【睖睁】 lèngzheng (愣怔 lèngzheng भी) आंख फाड़-फाड़कर देखना

lī

哩 lī नीचे दे०
lǐ; li; yīnglǐ भी दे०
【哩哩啦啦】 līlilālā <बोल०> दूर-दूर तक विस्तृत; यत्र-तत्र घटित: 雨～下了一天。दिन-भर पानी रुक-रुककर बरसता रहा।
【哩哩啰啰】 līliluōluō <बोल०> बोलने में शब्दबहुल और अस्पष्ट

lí

杝 lí <लि०> 篱[2] lí के समान
yí 椸 भी दे०

丽 (麗) lí ❶丽水 Líshuǐ चच्यांग प्रांत में एक स्थान का नाम ❷高丽 Gāolí कोरिया के इतिहास में एक राजवंश का नाम; <पुराना> कोरिया
lì भी दे०

厘（釐）lí ❶शति-; शत-: 厘米 / 厘克 / 厘升 ❷नापने की इकाई: ①(लंबाई भार में): एक ली बराबर 0.9 分 fēn (फ़न) या दस 毫 háo (हाओ) ②(पुरानी मुद्रा में): एक ली बराबर 0.1 分 (फ़न) या 0.001 元 yuan (य्वान) ③(ब्याज-दर में): वार्षिक ब्याज-दर 1 ली बराबर एक प्रति-शत; मासिक ब्याज-दर 1 ली बराबर एक हज़ार-वां भाग ❸〈लि०〉 ठीक करना; सुधार करना; नियमित करना: 厘定

【厘定】 lídìng 〈लि०〉 (नियम, नियमन आदि) बंदोबस्त करना और नियमित करना

【厘克】 líkè सेंटीग्राम

【厘米】 límǐ सेंटीमीटर

【厘升】 líshēng सेंटीलीटर

【厘正】 lízhèng 〈लि०〉 ठीक करना; संशोधन करना

狸 lí रैकून डाग

【狸猫】 límāo चीते की तरह बिल्ली

离[1]（離）lí ❶छोड़कर चले जाना; विदा हो जाना; अलग-अलग होना; छूटना; बिछुड़ना: 众叛亲～ किसी के अनुगामी उसे छोड़कर भाग जाना / 他～家已经两个月了。उसे घर छोड़े दो महीने हो चुके। / 火车八点正～站。रेल गाड़ी ठीक आठ बजे स्टेशन से छूटती है। ❷(किसी निश्चित दूरी पर) से: 我们家～学校很近。हमारा घर विश्वविद्यालय से बहुत नज़दीक है। ❸के बिना; की कमी से: 发展经济～不了高科技。उच्च विज्ञान और टेकनोलाजी के बिना आर्थिक विकास नहीं हो सकता। ❹（Lí）एक कुलनाम

离[2]（離）lí ली (☲), अष्ट देवी रेखाचित्रों में से एक दे० 八卦 bāguà

【离岸价格】 lí'àn jiàgé फ़्री आन बोर्ड (FOB)

【离别】 líbié बिछुड़ना; विदा हो जाना: ～祖国 मातृ-भूमि से विदा हो जाना

【离愁】 líchóu बिछुड़ने का दुख

【离岛】 lídǎo बड़े द्वीप के आस-पास के छोटे-छोटे द्वीप

【离队】 líduì अपनी कतार से अलग होना; अपने पद से अलग होना

【离宫】 lígōng सम्राट का राजधानी के बाहर का प्रासाद; सम्राट का राजधानी के बाहर रहने का अस्थाई निवास-स्थान

【离合】 líhé योग-वियोग होना; बिछुड़ना और मिलना

【离合释】 líhéshì 〈व्या०〉 समास

【离婚】 líhūn तलाक; विवाह-विच्छेद; विवाह-संबंध से मुक्ति

【离婚赔偿】 líhūn péicháng तलाक मुआवज़ा

【离间】 líjiàn फूट डालना: 挑拨～ भड़काना और फूट डालना; फूट के बीज बोना

【离解】 líjiě 〈रसा०〉 विघटन; डिसोशिएट

【离经叛道】 líjīng-pàndào शास्त्रों से विदाई लेना और धर्मनिष्ठा के साथ विद्रोह करना

【离境】 líjìng किसी देश या स्थान से निकल जाना: ～签证 एक्सिट वीसा

【离开】 líkāi दुराना; छोड़कर चले जाना; विदा होना: 他已经～这里了。वह यहां से बाहर निकल गया। / ～当时当地实际情况 एक निश्चित समय और स्थान की वास्तविक स्थितियों को ध्यान में न रखना

【离乱】 líluàn वियोग और युद्ध: 八年～ आठ साल का वियोग और युद्ध

【离谱】 lípǔ अनुचित; असंगत; अयुक्तिसंगत: 他说的话太～了。उस की बात बहुत अनुचित है।

【离奇】 líqí असाधारण; विचित्र; अद्‌भुत; अनोखा; अजीबोगरीब: 情节～ कथानक विचित्र होना

【离弃】 líqì (काम, स्थान, व्यक्ति) छोड़ देना; छोड़कर चले जाना; त्यागना; त्याग करना

【离群索居】 líqún-suǒjū अपने साथियों से अलग होकर अकेला रहना

【离散】 lísàn (संबंधियों से) एक साथ न रहना; तितर-बितर होना; अलग-अलग हो जाना

【离世】 líshì 〈शिष्टोक्ति〉 इस संसार से विदा होना; मर जाना; मृत्यु होना

【离题】 lítí (लेख या वाद-विवाद का विषय) मुख्य विषय से अलग होना

【离弦之箭】 líxiánzhījiàn धनुष से छूटे बाण (की तरह)

【离乡背井】 líxiāng-bèijǐng अनिच्छा से अपना जन्म-स्थान छोड़कर चले जाना

【离心】 líxīn ❶अपने समूह या नेतृत्व के साथ एक मत न होना: ～离德 एक दिल न होना; फूट और कलह पैदा करना ❷केन्द्रापसारी: ～力 केन्द्रापसारी बल (या शक्ति) / ～作用 केन्द्रापसारी प्रभाव

【离休】 líxiū (अनुभवी कार्यकर्ताओं का) रिटायर: ～老干部 रिटायर्ड वृद्ध अनुभवी कार्यकर्ता

【离异】 líyì 〈लि०〉 तलाक; विवाह-विच्छेद

【离职】 lízhí ❶अस्थाई रूप से अपने कार्य से अलग होना: ～学习 अध्ययन के लिये अस्थाई रूप से अपने कार्य से अलग होना ❷पद-त्याग करना

【离子】 lízǐ 〈भौ०〉 आयन: ～交换树脂 आयन एक्स-चेंज रेज़िन / ～束 आयन बीम / ～键 〈रसा०〉 इलेक्ट्रो-वेलेंट बौंड

骊（驪）lí 〈लि०〉 शुद्ध काले रंग का घोड़ा

【骊歌】 lígē 〈लि०〉 विदाई गीत

缡（纚）lí दे० 綝缡 lìnlí बढ़िया वस्त्र पहने हुए xǐ भी दे०

梩 lí 〈लि०〉 कुदाल की तरह एक औज़ार

梨（棃）lí नाशपाती

【梨膏】 lígāo नाशपाती की चाश्नी (खांसी रोकने के लिये प्रयुक्त)

【梨俱吠陀】 Líjù Fèituó ऋग्वेद: ～本集 ऋग्वेद संहिता

【梨园】 líyuán 〈पुराना〉 नाशपाती बाग —— परम्परागत ऑपेरा घर; परम्परागत ऑपेरा जगत: ～子弟 〈पुराना〉 परम्परागत ऑपेरा के अभिनेता या अभिनेत्री
【梨园戏】 líyuánxì फूच्येन प्रांत के दक्षिणी भाग में प्रचलित एक स्थानीय ऑपेरा
【梨子】 lízi नाशपाती

犁（犂）lí ❶हल ❷जोतना; जुताई करना; हल चलाने का काम
【犁耙】 líbà हल चलाना और हेंगा चलाना
【犁柄】 líbǐng हल की मुठिया
【犁铧】 líhuá (हल का) फल; फाल; फाली
【犁牛】 líniú 〈बो०〉 हल चलाने का बैल
【犁头】 lítóu ❶(हल का) फल; फाल; फाली ❷हल
【犁杖】 lízhang 〈बो०〉 हल

鹂（鸝）lí दे० 黄鹂 huánglí 〈प्राणि०〉 ओरिओल पक्षी

喱 lí दे० 咖喱 gālí कढ़ी

剺 lí 〈लि०〉 चाकू से छीलना

蓠（蘺）lí दे० 江蓠 jiānglí ❶एक प्रकार की लाल रंग की समुद्री घास ❷प्राचीन पुस्तकों में वर्णित एक प्रकार की सुगंधित घास

蜊 lí दे० 蛤蜊 gélí क्लौम; सीपी

鸳（鵹）lí 鹂 lí के समान

漓¹ lí दे० 淋漓 línlí

漓²（灕）Lí नीचे दे०
【漓江】 Líjiāng लीच्यांग नदी (क्वांगशी में)

缡（縭，褵）lí 〈प्रा०〉 वैवाहिक अवगुण्ठन वस्त्र: 结～ लड़की का विवाह होना

璃（瓈）lí दे० 玻璃 bōli; 琉璃 liúli

嫠 lí 〈लि०〉 विधवा
【嫠妇】 lífù विधवा

犛 lí याक, बैल की जाति का एक तिब्बती पशु

蔾 lí दे० 蒺藜 jílí एक प्रकार का एकवर्षीय पौधा

黎 lí ❶〈लि०〉 समूह: 黎民 ❷〈लि०〉 काला: 黎黑 ❸（Lí）एक कुलनाम
【黎巴嫩】 Líbānèn लिबनान; लेबनान
【黎巴嫩人】 Líbānènrén लिबनानी; लेबनानी
【黎黑】 líhēi 〈लि०〉 (चेहरे का रंग) कृष्ण; श्याम; सांवला
【黎民】 límín आम जनता; प्रजा
【黎明】 límíng प्रातः; प्रातःकाल; प्रभात; भोर; पौ फटना: ～前的黑暗 पौ फटने से पहले का अंधकार / ～即起，洒扫庭除。 पौ फटते ही उठो और आंगन को बुहार दो।
【黎明女神】 Límíng Nǚshén उषा
【黎族】 Lízú ली जाति जो मुख्यतः हाएनान प्रांत में बसती है

鲡（鱺）lí दे० 鳗鲡 mánlí बाम मछली; ईल

罹 lí 〈लि०〉 (विपत्तियों आदि का) सामना करना; उठाना; सहना; भुगतना; पड़ना: ～病 बीमार पड़ना / ～难 〈लि०〉 विपत्ति में पड़ना; किसी संकट या घटना में मृत्यु होना; हत्या की जाना

篱¹ lí दे० 笊篱 zhàolí (बांस, लचीली टहनी या तार की) जाली; छलनी; स्ट्रेनर

篱²（籬）lí बाड़; घेरा; टट्टर
【篱笆】 líba बांस, टहनी आदि की बाड़; घेरा
【篱墙】 líqiáng बांसों या टहनियों की दीवार जैसी बाड़ या घेरा

醨 lí 〈लि०〉 पतली शराब

藜 lí 〈वन०〉（灰菜 huīcài भी）एक प्रकार का एकवर्षीय पौधा जो दवा के काम आता है और जिस की कोमल पत्तियां खायी जा सकती हैं
【藜藿】 líhuò 〈लि०〉 साधारण भोजन; घटिया खाना

黧 lí 〈लि०〉 (चेहरे का रंग) कृष्ण; श्याम; सांवला
【黧黑】 líhēi दे० 黎黑

蠡 lí 〈लि०〉 ❶लौकी का बड़ा चम्मच ❷शंख; सीप; कोड़ी
lǐ भी दे०
【蠡测】 lícè 〈लि०〉 दे० 以蠡测海 yǐlí-cèhǎi

劙 lí 〈लि०〉 चुभ जाना; कट जाना

lǐ

礼（禮）lǐ ❶विधि; रीति; प्रथा; रस्म: 婚～ विवाह; शादी; विवाहोत्सव ❷आदरपूर्ण कथन और क्रिया; शिष्ट आचरण और स्वभाव; शिष्टाचार: 礼节 ❸भेंट; उपहार; दान: 送～ भेंट देना; उपहार देना
【礼拜】 lǐbài ❶पूजा: 做～ चर्च में जाना ❷〈बोल०〉 सप्ताह; हफ़्ता: 下～ अगला सप्ताह; अगला हफ़्ता ❸〈बोल०〉 सप्ताह का दिन; वार: 今天～天。 आज रविवार है। / ～一 सोमवार / ～二 मंगलवार / ～三

बुधवार / ～四 गुरुवार; जुमेरात; बृहस्पतिवार / ～五 शुक्रवार; जुमा / ～六 शनिवार; सनीचर / ～天 रविवार; इतवार ❹〈बोल०〉 रविवार: 昨天～。कल रविवार था।

【礼拜寺】 lǐbàisì 〈बोल०〉 दे० 清真寺 qīngzhēnsì मसजिद

【礼拜堂】 lǐbàitáng गिरजा; गिरजाघर; चर्च

【礼宾司】 lǐbīnsī शिष्टाचार विभाग; आदरयुक्त विभाग; प्रोटोकोल डिपार्टमेंट

【礼部】 lǐbù विधि-विभाग; विधि-बोर्ड

【礼成】 lǐchéng विधि समाप्त

【礼单】 lǐdān उपहार-सूची; भेंट-पत्र

【礼多人不怪】 lǐ duō rén bù guài अधिक शिष्टाचार से लोग दोष न ठहराएंगे।

【礼法】 lǐfǎ विधि-नियम; शिष्टाचरण

【礼佛】 lǐfó भगवान बुद्ध की पूजा करना

【礼服】 lǐfú समारोह-वेश

【礼服呢】 lǐfúní 〈बुना०〉 वेनेशियन ऊनी वस्त्र

【礼花】 lǐhuā आतिशबाज़ी प्रदर्शन: 防～ आतिशबाज़ी छोड़ना; आतिशबाज़ी प्रदर्शन करना

【礼记】 lǐjì ‘विधि संहिता’ (五经 ‘पंचसूत्रों’ में से एक)

【礼教】 lǐjiào नैतिक-संहिता; शास्त्र; मर्यादा: 在～上 शास्त्रों के अनुसार / 旧～ पुरानी नैतिक-संहिता; पुरानी मर्यादा

【礼节】 lǐjié विधि; शिष्टाचार: 社交～ सामाजिक शिष्टाचार

【礼金】 lǐjīn पैसे की भेंट

【礼帽】 lǐmào टोप; हैट

【礼貌】 lǐmào शिष्टाचार; शिष्टता; विनम्रता: ～待人 शिष्टाचार से व्यवहार करना

【礼炮】 lǐpào तोपों की सलामी: 鸣～二十一响 सलामी में 21 तोपें दागना

【礼品】 lǐpǐn भेंट; उपहार: ～单 भेंट-पत्र

【礼聘】 lǐpìn (किसी व्यक्ति को) मित्रतापूर्वक निमंत्रण देना; बढ़िया या महंगी भेंट से किसी की सेवाओं को मान्यता देना (पहचानना)

【礼器】 lǐqì बलिदान के बर्तन या पात्र

【礼轻人意重】 lǐ qīng rényì zhòng भेंट तुच्छ है पर भावना गहरी है

【礼让】 lǐràng विनयशीलता दिखाना; तकल्लुफ़ करना

【礼尚往来】 lǐshàngwǎnglái शिष्टाचार पारस्परिक होना चाहिये; जो जैसा करे उस के साथ वैसा ही व्यवहार करना चाहिये

【礼数】 lǐshù 〈बोल०〉 विधि; शिष्टाचार: 不懂～ शिष्टाचार न जानना

【礼俗】 lǐsú शिष्टाचार और रीति-रिवाज

【礼堂】 lǐtáng सभा-भवन; ऑडिटोरियम

【礼物】 lǐwù भेंट; उपहार; तोहफ़ा: 拒收～ उपहारों को लेने से अस्वीकार करना / 这是我送给你的～。यह लो, तुम्हारे लिये यह एक भेंट है।

【礼仪】 lǐyí विधि और संस्कार; शिष्टाचार; एटिकेट: 外交～ कूटनीतिक शिष्टाचार

【礼仪先生】 lǐyí xiānshēng समारोह इत्यादि में ज़िम्मेदार युवक

【礼仪小姐】 lǐyí xiǎojiě समारोह इत्यादि में ज़िम्मेदार कुमारी या युवती

【礼义廉耻】 lǐ-yì-lián-chǐ शिष्टाचार, न्यायप्रियता, ईमानदारी और लज्जा जानना (पुराने ज़माने में समाज के चार बंधन)

【礼遇】 lǐyù शिष्ट बरताव

【礼赞】 lǐzàn आदरपूर्वक प्रशंसा करना

李 lǐ ❶बेर; आलूचा ❷ (Lǐ) एक कुलनाम

【李代桃僵】 lǐdàitáojiāng ❶किसी व्यक्ति या वस्तु के स्थान पर प्रतिस्थापन करना ❷दूसरे व्यक्ति के लिये अपने को अर्पित करना; दूसरे व्यक्ति की गलती के लिये निन्दा या आरोप सहना

【李子】 lǐzi बेर; आलूचा

里 1 (裏、裡) lǐ ❶(कपड़े, रज़ाई आदि का) भीतरी भाग; अस्तर ❷भीतरी: ～屋 भीतरी कमरा ❸में; के अंदर; के भीतर (विलोम: 外 wài) 屋～ घर में / 嘴～ मुंह में ❹(这, 那, 哪 आदि के साथ प्रयुक्त करके स्थान का बोध होता है): 这～ यहां / 那～ वहां / 哪～ कहां / 屋～有人吗? घर में कोई है?

里 2 lǐ ❶पड़ोसी; घर के पास के घर: 邻～ किसी के घर के आस-पास के घर / ～弄 गली-कूचा ❷जन्मभूमि: 故～ जन्मभूमि ❸〈प्रा०〉 पांच परिवार बराबर एक 邻 (लिन) और पांच लिन बराबर एक ली (里) ❹ (Lǐ) एक कुलनाम

里 3 lǐ लंबाई की इकाई; एक ली बराबर पांच सौ मीटर या डेढ़ सौ चांग (丈 zhàng)

【里边】 lǐbian में; के भीतर; के अंदर: 这～啥也没有。इस में कुछ नहीं है।

【里程】 lǐchéng ❶तय की हुई दूरी: ～碑 मील का पत्थर; मार्गस्तम्भ ❷गति; विकास की गति: 革命的～ क्रांति की गति; क्रांति का मार्ग

【里带】 lǐdài 〈बोल०〉 भीतरी टायर; टायर की भीतरी ट्यूब

【里封面】 lǐfēngmiàn टाइटिल पेज; मुख पृष्ठ

【里海】 Lǐhǎi कास्पियन सागर

【里急后重】 lǐjí-hòuzhòng 〈चिकि०〉 टनेज़मस; ऐंठन

【里脊】 lǐji (सूअर, बैल आदि का) पुट्ठे के नीचे का कोमल मांस

【里间】 lǐjiān भीतरी कमरा

【里拉】 lǐlā लीरा; इटली का सिक्का

【里面】 lǐmiàn में; के भीतर; के अंदर

【里圈】 lǐquān 〈खेल०〉 (दौड़ में) भीतरी लेन; इनर लेन

【里手】[1] lǐshǒu (साइकिल, मशीन आदि की) बायीं ओर

【里手】[2] lǐshǒu विशेषज्ञ; अनुभवी व्यक्ति

【里通外国】 lǐ tōng wàiguó गुप्त रूप से विदेशी दुश्मनों के साथ सांठ-गांठ करना: ～的人 विदेशी तनख्वाह

पाने वाला देशद्रोही
【里头】 lǐtou में; के भीतर; के अंदर
【里外】 lǐwài ❶भीतर और बाहर ❷(पूरे अंकों के बाद प्रयुक्त) लगभग; के करीब: 他的年纪在四十～。उस की उम्र चालीस साल के लगभग है।
【里弦】 lǐxián तार वाले वाद्य में भीतरी पतला तार
【里巷】 lǐxiàng गली-कूचा
【里应外合】 lǐyìng–wàihé एक बाहर से और दूसरा भीतर से एक दूसरे से सांठ-गांठ करते हुए काम करना; बाहर के … से सहयोग या मेल करके अंदर से … पर प्रहार करना; बाहर से आक्रमण करने वाली सेनाओं के साथ तालमेल कायम करके भीतर से कार्यवाही करना
【里子】 lǐzi (कपड़े आदि का) अस्तर; भितल्ला

俚 lǐ गंवार; ग्रामीण; अशिष्ट; अशुद्धीकृत
【俚歌】 lǐgē ग्रामीण-गीत
【俚曲】 lǐqǔ लोकप्रचलित संगीत; लोकप्रिय संगीत
【俚俗】 lǐsú ग्रामीण; गंवार; अशिष्ट; अशुद्धीकृत
【俚语】 lǐyǔ ग्राम्य भाषा; मानक भाषा में अप्रयुक्त शब्द

逦（邐） lǐ दे० 逶逦 yǐlǐ

哩 lǐ (yīnglǐ भी) 〈पुराना〉 मील
lī; li भी दे०

浬 lǐ (hǎilǐ भी) 〈पुराना〉 समुद्री मील

悝 lǐ 〈लि०〉 शोक; दुख

娌 lǐ दे० 妯娌 zhóuli भाइयों की पत्नियां

理 lǐ ❶(लकड़ी, चमड़े आदि में ग्रंथन; अणुओं की बनावट: 木～ लकड़ी के अणुओं की बनावट ❷कारण; तर्क; सबब; सच्चाई: 合～ न्यायोचित; समुचित ❸प्राकृतिक विज्ञान; भौतिकविज्ञान: 理科 / 数～化 गणितशास्त्र, भौतिकी और रसायनशास्त्र ❹प्रबंध करना संचालन करना; चलाना: ～家 घर का प्रबंध करना ❺व्यवस्थित करना: 头发～得整整齐齐。बाल साफ़-सुथरे कटे हुए हैं। / 把书～一～。पुस्तकों को सुव्यवस्थित कर लो। ❻(प्राय: निषेध में प्रयुक्त): परवाह न करना; ध्यान न देना: 不要～他。उस की परवाह न करो; उस की ओर ध्यान न दो। / 不要不～群众生活问题。जन-जीवन की समस्या को नज़रअन्दाज़ नहीं कर देना चाहिये। / 他似～不～地向我看了一眼。वह उपेक्षापूर्ण दृष्टि से मेरी ओर देखने लगा। ❼（Lǐ）एक कुलनाम
【理财】 lǐcái वित्त-प्रबंध करना: ～家 वित्तप्रबंधक
【理睬】 lǐcǎi (प्राय: निषेध में प्रयुक्त) ध्यान देना; परवाह करना: 谁也不～他。किसी ने उस की तरफ़ ध्यान न दिया।
【理当】 lǐdāng चाहिये: ～如此 ऐसा ही करना या होना चाहिये
【理短】 lǐduǎn गलती में होना; न्यायसंगत न होना
【理发】 lǐfà बाल कटाना या काटना: ～店 हज्जाम की दूकान; हज्जामखाना; केशसुधारशाला; हेयर-कटिंग सेलून / ～员（师）हज्जाम; नाई; बाल काटने और संवारने वाला
【理该】 lǐgāi दे० 理当
【理工】 lǐgōng विज्ञान और इंजीनियरी: ～科大学 विज्ञान और इंजीनियरी का कालेज या विश्वविद्यालय
【理合】 lǐhé (सरकारी दस्तावेज़ों में प्रयुक्त) चाहिये
【理化】 lǐhuà भौतिकी और रसायनशास्त्र
【理会】 lǐhuì ❶समझना: 不难～ समझने में कठिन न होना ❷(प्राय: निषेध में प्रयुक्त) ध्यान देना; ख्याल करना: 没人去～他。किसी ने उस की ओर विशेष ध्यान नहीं दिया।
【理货】 lǐhuò चुंगी दलाली: ～单 चुंगी की राशि दर्ज करने का खाता / ～员 पंजी में दर्ज़ करके चिह्न लगाने वाला व्यक्ति
【理解】 lǐjiě समझना; समझ में आना: 这是完全可以～的。यह एकदम समझ में आ सकता है। / ～力 समझने की शक्ति
【理科】 lǐkē ❶विज्ञान (अध्ययन का एक क्षेत्र) ❷कालेज में विज्ञान-विभाग
【理亏】 lǐkuī गलती में होना: 自知～ खुद यह जानना कि वह गलती में है
【理疗】 lǐliáo विद्युत चिकित्सा; प्राकृतिक चिकित्सा
【理论】 lǐlùn ❶सिद्धांत; उसूल: ～和实践相结合 सिद्धांत को व्यवहार के साथ मिलाना; सिद्धांत और व्यवहार का एकीकरण करना / ～家 सिद्धांतकार; सिद्धांतवेत्ता / ～体系 सैद्धांतिक व्यवस्था / ～脱离实践 सिद्धांत को व्यवहार से अलग करना / ～与实践统一 सिद्धांत और व्यवहार का सामंजस्य ❷〈पुराना〉 वाद-विवाद करना; बहस करना; तर्क करना
【理念】 lǐniàn विचार; कल्पना; धारणा
【理气】 lǐqì 〈ची०कि०〉 जीवन-शक्ति की गति को नियमित करना और उस की बाधाओं को दूर करना
【理屈】 lǐqū गलती में होना; तर्कहीन होना: ～词穷 वाद-विवाद में अपने को गलती में पाकर चुप रह जाना
【理事】 lǐshì परिषद सदस्य; कौंसिल मेम्बर: ～会 समिति; परिषद; कौंसिल / ～长 परिषद का अध्यक्ष / 安理会常任～国 सुरक्षा-परिषद का स्थाई सदस्य
【理顺】[1] lǐshùn श्रेणीबद्ध करना; ठीक करना: ～经济关系 आर्थिक संबंधों को ठीक करना
【理顺】[2] lǐshùn युक्तियुक्त बनाना: ～关系 संबंध युक्तियुक्त करना
【理所当然】 lǐsuǒdāngrán स्वभावत:; तर्क में ऐसा ही होना चाहिये: ～的权利 जन्म-सिद्ध अधिकार
【理想】 lǐxiǎng ❶आदर्श; आइडियल: 你的～是什么？तुम्हारा आइडियल क्या है？/ 实现～ अपने आदर्शों तक पहुंचना ❷आदर्श; काल्पनिक: ～人物 आदर्श व्यक्ति / ～国 काल्पनिक देश; यूटोपिया
【理性】 lǐxìng ❶बुद्धिसंगत: ～认识 बुद्धिसंगत ज्ञान ❷बुद्धितत्व; विवेक; मेधा: ～论 बुद्धिवाद
【理学】 lǐxué ❶तर्कवाद; तर्कनावाद; नव-कनफ़्यूशियस-

वाद: ～家 तर्कवादी; नव-कनफ़्यूशियसवाद के पंडित ❷प्राकृतिक विज्ञान: ～博士 विज्ञान का डॉक्टर; डी०एस०सी० / ～硕士 विज्ञान का मास्टर; एम०-एस०सी०

【理血】lǐxuè <ची०चि०> रक्तस्थिति को नियमित करना, इस में रक्त की उत्पत्ति, संचार आदि शामिल है

【理应】lǐyīng चाहिये: ～如此 ऐसा ही होना या करना चाहिये

【理由】lǐyóu तर्क; कारण; वजह; सबब; युक्ति: 指出～ तर्क पेश करना / 他们的～是什么? उन का तर्क क्या है?

【理喻】lǐyù तर्क से समझाना-बुझाना: 不可～ तर्क से समझाया-बुझाया न जा सकना

【理直气壮】lǐzhí-qìzhuàng भरोसे के साथ; पूर्ण विश्वास के साथ: ～地说 भरोसे के साथ कहना / ～的论据 ज़ोरदार तर्क

【理智】lǐzhì बुद्धि; संज्ञा; दिमाग: 丧失～ बुद्धि खो बैठना

【理中】lǐzhōng <ची०चि०> पेट और तिल्ली का कार्य नियमित करना

锂（鋰）lǐ <रसा०> लिथियम (Li)

鲤（鯉）lǐ <प्राणि०> शफ़री; कार्प मछली

澧 Lǐ लीश्वेइ नदी（澧水）(हूनान प्रांत में)

醴 lǐ <लि०> ❶मीठी शराब ❷स्रोत का मीठा पानी

鳢 lǐ <प्राणि०> मर्रेल; स्नेकहेड (मछली)

蠡 lǐ ❶व्यक्ति के नाम में प्रयुक्त अक्षर, जैसे, 范蠡 Fàn Lǐ फ़ान ली ❷（Lǐ）（蠡县 Lǐxiàn भी）हपेइ प्रांत में एक काउंटी का नाम

lí भी दे०

lì

力 lì ❶<भौ०> शक्ति; बल ❷शक्ति; क्षमता; बल; सामर्थ्य; योग्यता: 人～ जन-शक्ति / 财～ आर्थिक साधन-स्रोत / 武～ सैन्य-शक्ति / 物～ भौतिक साधन-स्रोत ❸शारीरिक शक्ति; बल; ताकत: ～士 बलवान व्यक्ति ❹पूरी शक्ति से; पूरे प्रयत्न से; हर तरह से: 力图 / 力争上游 ❺（Lì）एक कुलनाम

【力避】lìbì हर तरह से टालना या बचना: ～嫌疑 हर तरह से शंका रखना, टालना; पूरे प्रयत्न से शंका रखने से बच जाना

【力不从心】lìbùcóngxīn चाहते हुए भी अशक्ति के कारण न कर सकना

【力不能支】lìbùnéngzhī फिर बोझ लादने की शक्ति न होना; इतना निर्बल कि अपने पैरों पर खड़ा न हो सकना

【力不胜任】lìbùshèngrèn असमर्थ होना; अपनी शक्ति के बाहर होना

【力持】lìchí डटे रहना; अड़े रहना; हठ करना; ज़िद करना: ～异议 अपने अस्वीकृत मत पर डटे रहना; ज़बरदस्त मतभेद रखना / ～正义 न्याय का समर्थन करना

【力畜】lìchù गाड़ी या हल खींचने वाला घरेलू पशु

【力促】lìcù हर तरह से प्रोत्साहन देना: ～其成 भरसक प्रयत्न करके उसे सफल होने के लिये प्रोत्साहित करना

【力挫】lìcuò बहुत प्रयत्न करके पराजित करना: ～对手 विपक्ष को बहुत प्रयत्न करके पराजित करना

【力点】lìdiǎn <भौ०> (दंड पर) शक्ति

【力度】lìdù <संगी०> डाइनैमिक्स

【力荐】lìjiàn हर तरह से सिफ़ारिश करना

【力戒】lìjiè हर सूरत में बचना: ～浪费 फ़िजूलखर्ची से बचने के लिये कुछ भी उठा न रखना / ～消极防御 निष्क्रिय रक्षा करने से हर सूरत में बचना

【力量】lìliàng ❶शारीरिक शक्ति ❷शक्ति; बल; ताकत: 团结就是～。एकता में बल है। / ～对比发生变化 तुलनात्मक शक्ति में परिवर्तन होना ❸क्षमता; शक्ति; प्रभाव; असर: 这农药～大。यह कीट नाशी दवा बहुत तेज़ (प्रभावशाली) है।

【力谋】lìmóu हर तरह से; भरसक प्रयत्न करके

【力排众议】lìpái-zhòngyì अपने मत पर ज़ोर डालकर दूसरों के भिन्न-भिन्न मतों पर विजय पाना

【力气】lìqi शारीरिक शक्ति; बल; ताकत: 他～大。उस में बहुत ताकत है।

【力钱】lìqian <बो०> कुली के लिये अदा की गयी रकम

【力求】lìqiú यथाशक्ति; यथासंभव; बहुत प्रयत्न करके; हर तरह से: ～普及 यथाशक्ति व्यापक रूप से करना

【力士】lìshì पहलवान; बलवान व्यक्ति

【力所不及】lìsuǒbùjí ताकत के बाहर होना: ～的事 अपने बूते के बाहर का काम

【力所能及】lìsuǒnéngjí अपने ही बूते पर: ～的劳动 अपने ही बूते के अंदर की मेहनत

【力图】lìtú भरसक या हरचंद कोशिश करना: ～否认 हर तरह से इनकार करना

【力挽狂澜】lìwǎn-kuánglán भरसक प्रयत्न करके संकटपूर्ण स्थिति को बचाना

【力行】lìxíng भरसक प्रयत्न करके व्यवहार करना

【力学】[1] lìxué गतिविज्ञान; गतिशास्त्र; यंत्र-विज्ञान

【力学】[2] lìxué <लि०> बड़ी मेहनत से अध्ययन करना: ～不倦 अत्यधिक परिश्रमी के साथ अध्ययन करना

【力邀】lìyāo निमंत्रित करने के लिये प्रयत्न करना

【力战】lìzhàn अपनी पूरी शक्ति से लड़ना

【力争】lìzhēng बहुत प्रयत्न करके; यथासंभव; दृढ़ता के साथ; हर तरह से: ～上游 दृढ़तापूर्वक आगे बढ़ते हुए

【力证】lìzhèng प्रबल प्रमाण; ताकतवर सबूत

【力主】lìzhǔ अपने मत पर हठ करना

【力租】lìzū श्रम द्वारा दिया गया लगान

【力作】lìzuò बहुत बढ़िया कृति

历[1]（歷）lì ❶गुज़रना; भुगतना: 历程 ❷बीते हुए दिनों में हर बार: 历次 / 历年 ❸एक-एक करके: ～访各县 एक-एक करके हर काउंटी की यात्रा करना ❹（Lì）एक कुलनाम

历[2]（厤、曆）lì ❶कैलेण्डर सिस्टम: 阳～ सौर पंचांग / 阴～ चान्द्र पंचांग ❷कैलेण्डर: 日～ कैलेण्डर

【历本】lìběn <बो०> पंचांग

【历朝】lìcháo ❶इतिहास में हर राजवंश; विभिन्न राजवंश ❷किसी राजवंश में हर सम्राट का शासन काल

【历陈】lìchén एक-एक करके बयान करना

【历程】lìchéng प्रक्रिया: 战斗～ संघर्ष की प्रक्रिया

【历次】lìcì बीते हुए दिनों में हर बार: ～战争 इतिहास में हर युद्ध

【历代】lìdài ❶इतिहास में हर राजवंश; विभिन्न राजवंश ❷बीते हुए दिनों में हर पीढ़ी ❸बीते हुए दिनों में हर काल

【历法】lìfǎ कैलेंडर सिस्टम; कैलेंडर

【历届】lìjiè सभी पूर्ववर्ती (अधिवेशन, सरकार आदि): ～毕业生 पूर्ववर्ती वर्षों के सभी स्नातक

【历尽艰苦】lìjìn-jiānkǔ अकथनीय कठिनाइयों को झेलना

【历久】lìjiǔ लंबे समय से

【历来】lìlái सदैव ही; हमेशा: 我们的部队～是好的。हमारी सेना हमेशा बहुत अच्छी रही है। / 我们～反对靠少数人发号施令。महज़ चन्द आदमियों द्वारा आदेश जारी किये जाने का हम ने हमेशा विरोध किया है। / 它和我们是～休戚相关的。उस ने सदा ही हमारे सुख-दुख में हिस्सा बंटाया है।

【历来如此】lìlái rúcǐ हमेशा ऐसा ही हुआ करता है

【历历】lìlì (वस्तु या दृश्य) एक-एक करके स्पष्ट ही: ～在目 आंखों के सामने एक-एक करके साफ़-साफ़ दिखाई देना

【历年】lìnián बीते हुए दिनों में हर साल: ～的积蓄 पहले हर साल की बचतें

【历任】lìrèn क्रमशः पद संभालना: 他～班长、排长、连长等职。वह क्रमशः स्क्वाड-लीडर, प्लाटून कमांडर, कंपनी कमांडर आदि पद संभालता है।

【历时】lìshí (समय की अवधि) चलना: ～五年的战争 पांच वर्षीय युद्ध; पांच वर्षों तक चलता रहा युद्ध

【历史】lìshǐ ❶इतिहास: ～悠久 इतिहास लंबा होना / ～的车轮 इतिहास का पहिया / ～的渣滓 इतिहास का कूड़ा-कर्कट / ～古迹 ऐतिहासिक चिन्ह / ～记录 ऐतिहासिक रिकार्ड / ～教训 ऐतिहासिक सबक / ～事实 ऐतिहासिक तथ्य / ～意义 ऐतिहासिक महत्व / ～转折点 इतिहास में मोड़ / ～作用 ऐतिहासिक भूमिका ❷इतिहास; इतिहासशास्त्र: ～学 इतिहासशास्त्र / ～学家 इतिहासकार; इतिहास-वेत्ता ❸अतीत काल के तथ्य: 这已成为～。यह अतीत काल का तथ्य हो गया। ❹अतीत काल के तथ्यों का रिकार्ड

【历史比较语言学】lìshǐ bǐjiào yǔyánxué ऐतिहासिक तुलनात्मक भाषा-विज्ञान

【历史博物馆】lìshǐ bówùguǎn इतिहास-संग्रहालय; ऐतिहासिक अजायबघर

【历史地图】lìshǐ dìtú ऐतिहासिक नक्शा

【历史观】lìshǐguān इतिहास का दृष्टिकोण

【历史画】lìshǐhuà ऐतिहासिक चित्र

【历史剧】lìshǐjù ऐतिहासिक नाटक

【历史唯物主义】lìshǐ wéiwù zhǔyì ऐतिहासिक भौतिकवाद

【历史唯心主义】lìshǐ wéixīn zhǔyì ऐतिहासिक आदर्शवाद

【历史小说】lìshǐ xiǎoshuō ऐतिहासिक उपन्यास

【历史遗产】lìshǐ yíchǎn ऐतिहासिक विरासत

【历书】lìshū पंचांग; पत्र; तिथि-पत्र

【历数】lìshǔ एक-एक करके गिनना; ब्योरा देना; ब्योरेवार बताना: ～罪行 किसी के अपराधों को ब्योरेवार बताना

【历险】lìxiǎn संकटों का अनुभव करना

厉（厲）lì ❶दृढ़; कड़ा; सख्त; कठोर; उग्र: 厉禁 / 厉行 ❷गंभीर; प्रचंड: 严～ कड़ा; सख्त; कठोरता से; सख्ती से ❸（Lì）एक कुलनाम

【厉兵秣马】lìbīng-mòmǎ दे० 秣马厉兵 mòmǎ-lìbīng

【厉鬼】lìguǐ दुष्ट-भूत

【厉害】lìhài सख्त; दुर्दमनीय; दूसरों को सताने में लिप्त होना: ～的妖精 दुर्दमनीय दैत्य / 贵得～ बहुत महंगा होना / 进攻很～ हमला बहुत भीषण होना / 发展得很～ बहुत गंभीर सीमा तक बढ़ जाना

【厉禁】lìjìn सख्त प्रतिशोध करना या लेना

【厉色】lìsè गंभीर चेहरा

【厉声】lìshēng कठोर स्वर में

【厉行】lìxíng ज़ोरों से चलाना: ～节约 सख्त किफ़ायत करना / ～监查制度 निरीक्षण व्यवस्था पर सख्ती से अमल करना / ～国防教育 राष्ट्रीय प्रतिरक्षा से संबंधित शिक्षा-कार्य को ज़ोरों से चलाना / ～种菜 साग-भाजी उगाने की भरपूर कोशिश करना

立 lì ❶खड़ा होना: 立正! ❷खड़ा करना: 把棍子～起来。डंडे को खड़ा कर दो! / 立竿见影 ❸सीधा खड़ा: 立柜 ❹स्थापना करना; कायम करना: ～下伟大功劳 महान योगदान करना / 另～政府 एक अन्य सरकार कायम करना ❺निर्माण करना; संधि आदि तय करना; निर्णय करना: 立法 / 立约 / ～合同 कंट्रैक्ट करना; ठेका लेना ❻सम्राट का राजसिंहासन पर बैठना ❼उत्तराधिकारी को स्पष्ट रूप से उल्लिखित करना: ～皇太子 युवराज को स्पष्ट रूप से उल्लिखित करना ❽उपस्थित होना; मौजूद होना: 自～ स्वावलंबन / 独～ स्वतंत्रता; आज़ादी ❾तुरंत; शीघ्र; फ़ौरन; पलक मारते ही: 立等 ❿（Lì）एक कुलनाम

【立案】lì'àn ❶रजिस्टर करना; रिकार्ड में दर्ज़ करना ❷<का०> केस को जांच और अनुष्ठान के लिये फ़ाइल में रखना: ～侦查 केस को जांचने के लिये फ़ाइल में रखना

【立壁角】 lì bìjiǎo <पुराना> (छात्र, बच्चे आदि को) कोने में खड़ा कर देना: 老师天天罚他～。मास्टर जी उसे रोज़ ही कोने में खड़ा कर देते थे।

【立场】 lìchǎng ❶दृष्टिबिन्दु; रुख: 采取合作的～ किसी से सहयोग के दृष्टिबिन्दु पर कायम करना / 坚持团结的～ एकता के रुख पर डटे रहना ❷वर्ग-दृष्टिबिन्दु: ～坚定 दृढ़ दृष्टिबिन्दु

【立春】 lìchūn वसंतारंभ, चौबीस सौरावधियों में पहली सौरावधि (फ़रवरी 3, 4 या 5) दे० 二十四节气 èrshí sì jiéqì

【立此存照】 lìcǐ-cúnzhào भविष्य के संदर्भ के लिये इस इकरारनामा (या समझौते आदि) को फ़ाइल में रखा जाता है

【立党为公】 lìdǎng-wèigōng पार्टी का निर्माण भारी बहुसंख्या के हितों के लिये होना

【立等】 lìděng थोड़ी देर ठहरना; थोड़ी देर इंतज़ार करना; फ़ौरन: ～可取 थोड़ी देर इंतज़ार करके फ़ौरन ले जा सकना / ～回信 फ़ौरन जवाबी खत देना

【立地】 lìdì ज़मीन पर खड़ा होना

【立定】 lìdìng (आज्ञा में) हाल्ट!

【立定跳远】 lìdìng tiàoyuǎn <खेल०> स्टैंडिंग लांग जम्प

【立冬】 lìdōng शीतारंभ, चौबीस सौरावधियों में से उन्नीसवीं सौरावधि (नवम्बर 7 या 8) दे० 二十四节气 èrshí sì jiéqì

【立法】 lìfǎ कानून-निर्माण: ～程序 विधान-कार्य प्रणाली / ～机关 विधान-मंडल / ～会议 कानून-सभा / ～权 कानून बनाने का अधिकार; कानून बनाने वाली सत्ता / ～原则 वैधानिक उसूल

【立方】 lìfāng ❶<गणि०> घन; क्यूब: 三的～是九。तीन का घन नौ होता है। ❷立方体 का संक्षिप्त रूप ❸<परि०श०> क्यूबिक मीटर; घनमीटर

【立方根】 lìfānggēn <गणि०> घनमूल; क्यूब रूट

【立方厘米】 lìfāng límǐ घन (या क्यूबिक) सेंटीमीटर

【立方米】 lìfāngmǐ घनमीटर; क्यूबिक मीटर

【立方数】 lìfāngshù <गणि०> कअब

【立方体】 lìfāngtǐ क्यूब

【立竿见影】 lìgān-jiànyǐng तुरंत नतीजा निकाला जा सकना

【立功】 lìgōng योगदान करना; सराहनीय काम करना: ～受奖 सराहनीय काम करनेवालों को पुरस्कृत किया जाना / ～赎罪 अपने अपराधों का प्रायश्चित करने के लिये सराहनीय काम करना / 立新功 नया योगदान करना; नये-नये कारनामे अंजाम देना

【立柜】 lìguì कपड़े रखने की अलमारी

【立国】 lìguó राज्य की स्थापना करना; देश का निर्माण करना: 以农～ कृषि द्वारा देश का निर्माण किया जाना

【立候】 lìhòu <लि०> खड़े-खड़े इंतज़ार करना: ～回音 शीघ्र उत्तर देने की प्रतीक्षा करना

【立户】 lìhù ❶परिवार का संगठन करना; परिवार निवास कार्ड के लिये रजिस्टर कराना ❷बैंक में खाता खोलना

【立即】 lìjí अविलंब; बिना विलंब के; शीघ्र; फ़ौरन: 接信请～回来。चिट्ठी मिलते ही शीघ्र घर वापस आ-इये। / ～停战 युद्ध को शीघ्र बंद करना

【立交】 lìjiāo 立体交叉 lìtǐjiāochā का संक्षिप्त रूप

【立交桥】 lìjiāoqiáo ❶ओवरपास; सलीबनुमा ओवर-पास; फ़्लाईओवर पुल: 三层～ तिमंज़िला फ़्लाईओवर पुल ❷मोटरवे इंटर चैंज

【立脚点】 lìjiǎodiǎn (立足点 भी) ❶स्टैंड प्वाइण्ट; दृष्टिकोण: 把～移过来 दृष्टिकोण बदल लेना ❷पैर की टेक; पांव का जमाव; पांव रखने का धरातल

【立井】 lìjǐng दे० 竖井 shùjǐng (वर्टिक्ल) शाफ़्ट

【立决】 lìjué <लि०> सरसरी तौर पर मौत की सज़ा देना

【立刻】 lìkè <क्रि०वि०> अविलंब; तुरंत; शीघ्र; फ़ौरन: 请大家～到里面去唱歌。गाना गाने के लिये फ़ौरन अन्दर जाइये।

【立论】 lìlùn (किसी समस्या या प्रश्न के बारे में) अपना मत प्रकट करना; अपना विचार या दृष्टिकोण प्रकट करना; तर्क उपस्थित करना

【立马】 lìmǎ ❶<लि०> घोड़े को रोकना ❷<बो०> तुंत; शीघ्र; फ़ौरन: 他～就来。वह फ़ौरन आता है।

【立米】 lìmǐ 立方米 का संक्षिप्त रूप

【立面图】 lìmiàntú <वास्तु०> इमारत का चित्र जिस में उस के सभी ओर की ऊंचाई दिखाई जाए; एलेवेशन (ड्रॉइंग)

【立契】 lìqì कंट्रैक्ट करना; ठेका लेना

【立秋】 lìqiū शरदारंभ, चौबीस सौरवधियों में से तेरहवीं सौरावधि (अगस्त 7, 8 या 9) दे० 二十四节气 èrshí sì jiéqì

【立射】 lìshè <सैन्य०> खड़े होकर बंदूक को दागना

【立身处世】 lìshēn-chǔshì किसी का अपने समाज में व्यवहार करने का मार्ग

【立时】 lìshí दे० 立刻

【立时三刻】 lìshísānkè फ़ौरन; तुरंत; शीघ्र: 他一接到信～就回家了。चिट्ठी पाते ही वह घर वापस गया।

【立式】 lìshì खड़ा; वर्टिकल: ～车床 खड़ा खराद / ～铣刀 वर्टिकल मिलिंग कटर

【立誓】 lìshì प्रतिज्ञा करना; शपथ लेना

【立嗣】 lìsì <लि०> उत्तराधिकारी को स्पष्ट रूप से उल्लिखित करना; उत्तराधिकारी को स्वीकार करना

【立陶宛】 Lìtáowǎn लिथुआनिया

【立陶宛人】 Lìtáowǎnrén लिथुआनियाई

【立体】 lìtǐ ❶त्रिविमितीय; थ्री-डाइमेंशनल ❷<गणि०> घनाकृति; घन: ～感 त्रिविमितीय (थ्री-डाइमेंशनल) प्रभाव / ～交叉桥 दे० 立交桥

【立体电视】 lìtǐ diànshì स्टीरियोस्कोपिक टेलीविज़न

【立体电影】 lìtǐ diànyǐng त्रिविमितीय फ़िल्म (सिनेमा): ～院 त्रिविमितीय सिनेमाघर

【立体化学】 lìtǐ huàxué स्टेरेयोकेमिस्ट्री; विन्यास-रसायन

【立体几何】 lìtǐ jǐhé सॉलिड ज्योमेट्री

【立体角】 lìtǐjiǎo <गणि०> घन कोण

【立体派】 lìtǐpài घनवाद; क्यूबिज़्म

【立体声】 lìtǐshēng स्टेरेयोफ़ॉनी; स्टीरियो: ～唱机 स्टीरियो-रिकार्ड-प्लेयर; स्टेरेयो / ～唱片 स्टीरियो रिका-

ई / ～磁带 स्टीरियोटेप / ～收录机 स्टीरियो रेडियो-टेप रिकार्डर; स्टीरियो टेप-रिकार्डर; स्टीरियो

【立体摄影】 lìtǐ shèyǐng घन-फ़ोटो ग्राफ़ी; त्रिविमितीय फ़ोटोग्राफ़ी

【立体显微镜】 lìtǐ xiǎnwēijìng स्टीरियोमिक्रोस्कोप; स्टीरियोस्कोपिक मिक्रोस्कोप

【立体战争】 lìtǐ zhànzhēng त्रिविमितीय युद्ध

【立体照相机】 lìtǐ zhàoxiàngjī स्टीरियो-कैमरा

【立夏】 lìxià ग्रीष्मारंभ, चौबीस सौरवधियों में से सातवीं सौरावधि (मई 5, 6 या 7) दे० 二十四节气 èrshísì jiéqì

【立宪】 lìxiàn संविधानवाद：～会议 संविधान-परिषद; विधान-सभा; विधान-परिषद; विधान-सम्मेलन / ～派 विधानवादी; संविधानवादी / ～政府 वैधानिक सरकार / ～政体 दायित्वपूर्ण शासन

【立项】 lìxiàng किसी निर्माण-मद में उल्लिखित करना; इंजीनियरिंग, वैज्ञानिक अनुसंधान आदि परियोजनाओं को स्थापित करना

【立言】 lìyán 〈लि०〉 अपने विचारों के बारे में लेख, पुस्तक आदि लिखना

【立意】 lìyì ❶संकल्प करना; दृढ़ निश्चय करना; ठान लेना; पक्का इरादा कर लेना ❷विचार; धारणा：此画～新颖。इस चित्र में नया विचार दिखाई दे रहा है।

【立于不败之地】 lì yú bù bài zhī dì अपनी स्थिति अज्ञेय बनाना; हर परिस्थिति में अपराजेय बनना; हमेशा अपराजेय रहना; अजेय स्थिति में होना

【立约】 lìyuē कंट्रैक्ट करना; ठेका लेना

【立账】 lìzhàng खाता खोलना

【立正】 lìzhèng 〈सैन्य०〉 अटेंशन ! सावधान !

【立志】 lìzhì पक्का इरादा करना; दृढ़ निश्चय करना; ठान लेना：～改革 सुधारने की ठान लेना

【立传】 lìzhuàn जीवनी लिखना

【立锥之地】 lìzhuīzhīdì (प्रायः निषेध में प्रयुक्त) सूई की नोक के बराबर की भूमि：贫无～ इतना दरिद्र कि उस के पास सूई की नोक के बराबर की भूमि भी न होना

【立字据】 lì zìjù लिखा-पढ़ी करना

【立足点】 lìzúdiǎn स्टेण्ड प्वाइंट; पैर की टेक; पांव का जमाव; दृष्टिबिन्दु：把～移过来 अपना दृष्टिबिन्दु बदल लेना / 把～移到人民方面 अपने पांव जनता के पक्ष में जमा लेना

【立足之地】 lìzúzhīdì पांव रखने की जगह; खड़े होने का धरातल

吏 lì 〈पुराना〉 ❶सरकारी नौकर ❷अधिकारी; पदाधिकारी

【吏部】 lìbù 〈पुराना〉 नागरिक पदाधिकार विभाग

【吏治】 lìzhì 〈पुराना〉 स्थानीय अधिकारियों का प्रशासन

坜（壢） lì 中坜 Zhōnglì च्योंगली, थाइवान प्रांत में एक स्थान

苈（藶） lì दे० 葶苈 Tínglì एक प्रकार का एकवर्षीय पौधा जिस के बीज दवा के काम आते हैं

丽 1 （麗） lì सुन्दर; खूबसूरतः 美～ सुन्दर; खूबसूरत

丽 2 （麗） lì 〈लि०〉 निर्भर होना; भरोसा करना：附～ निर्भर होना; भरोसा करना

lí भी दे०

【丽人】 lìrén 〈लि०〉 सुंदर स्त्री; सुंदरी

【丽日】 lìrì 〈लि०〉 प्रकाशमान सूर्य

【丽质】 lìzhì (स्त्री की) सुन्दरता; खूबसूरतीः 天生～ प्राकृतिक सुंदरता

励（勵） lì ❶प्रोत्साहित करना; बढ़ावा देना; हिम्मत बढ़ाना; जोश दिलानाः ～军心 सैनिकों का जोश बुलन्द करना ❷（Lì）एक कुलनाम

【励精图治】 lìjīng-túzhì (प्रायः सम्राट या प्रधानमंत्री के लिये प्रयुक्त) अपने देश को समृद्धिशाली और शक्तिशाली बनाने के लिये भरसक प्रयत्न करना

【励志】 lìzhì 〈लि०〉 अपनी महत्वाकांक्षा पूरी करने के लिये दृढ़संकल्प करना; अपनी पूरी शक्ति किसी एक ओर केन्द्रित करना

呖（嚦） lì नीचे दे०

【呖呖】 lìlì 〈लि०〉〈अनु०〉 पक्षियों का चहचहानाः 莺声～。ओरिओल पक्षी चहचहा रहे हैं।

利 lì ❶तेज़; धारदारः ～剑 तेज़ तलवार ❷अनुकूलः 顺～ निर्विघ्न; बिना किसी कठिनाई के; बेरोकटोक ❸हित; लाभ; फ़ायदा ❹मुनाफ़ा; सूद; ब्याजः 利润 / 利息 / 高～借债 भारी ब्याज पर कर्ज़ लेना ❺लाभ पहुंचाना; भलाई करनाः 利己 / 利人 ❻（Lì）एक कुलनाम

【利比里亚】 Lìbǐlǐyà लाइबेरिया

【利比里亚人】 Lìbǐlǐyàrén लाइबेरियाई

【利比亚】 Lìbǐyà लीबिया

【利比亚人】 Lìbǐyàrén लीबियाई

【利弊】 lìbì लाभ-हानि; हित-अहितः 各有～ इन में लाभ-हानि दोनों शामिल हैं

【利钝】 lìdùn ❶तेज़ और कुंड ❷निर्विघ्न या विघ्न-बाधा सहितः 成败～ सफल या असफल, निर्विघ्न या विघ्न-बाधा सहित

【利福平】 lìfúpíng 〈औष०〉 रिफ़ाम्फिग

【利改税】 lì gǎi shuì (राजकीय कारोबार द्वारा) सरकार को मुनाफ़ा देने के स्थान पर टैक्स देना; मुनाफ़ा देने के स्थान पर शुल्क देना

【利滚利】 lì gǔn lì ब्याज पर ब्याज; सूद दर सूद

【利害】 lìhài लाभ और हानि; हित और अहितः 放弃小我的～ अपने निजी स्वार्थों का परित्याग करना / ～相关 हिताहित के साथ जुड़ा हुआ होना

【利害】 lìhai दे० 厉害 lìhai

【利己】 lìjǐ स्वार्थ; अपना स्वार्थः ～主义 स्वार्थ; स्वार्थपरता; स्वार्थपरायणता

【利口】 lìkǒu ❶बातूनी मुंह; मंजा हुआ मुंह; तेज़ मुंह (利嘴 lìzuǐ भी) ❷स्वादिष्ट और ताज़ा: 这凉菜吃起来很~。 यह ठंडी चीज़ बहुत स्वादिष्ट और ताज़ी है।

【利令智昏】 lìlìngzhìhūn प्राप्त करने की वासना से अंधा हो जाना

【利禄】 lìlù <लि०> (अधिकारियों का) पद और धन: 功名~ पदस्थिति और धन

【利率】 lìlǜ ब्याज की दर; दर

【利落】 lìluo ❶फुर्तीला; चपल: 说话~ फुर्ती से और स्पष्टतः बात करना ❷साफ़-सुथरा; सुव्यवस्थित: 办事干净~ कुशलता से काम करना ❸समाप्त होना; खतम होना: 事情已经办~了。 काम समाप्त किया गया।

【利尿】 lìniào मूत्रवृद्धि: ~剂 मूत्रवर्धक; मूत्रल

【利器】 lìqì ❶तेज़ हथियार ❷कार्यसाधक उपकरण

【利钱】 lìqián ब्याज; सूद

【利权】 lìquán आर्थिक अधिकार: ~外溢 आर्थिक अधिकार विदेशियों के हाथ में पड़ जाना

【利人】 lìrén दूसरों की सेवा करना

【利刃】 lìrèn ❶तेज़ धार ❷तेज़ तलवार

【利润】 lìrùn मुनाफ़ा; लाभ: ~法规 मुनाफ़े का नियम / ~分配 मुनाफ़े का वितरण / ~留成 रिटेंड मुनाफ़ा / ~率 मुनाफ़ा दर / ~税 मुनाफ़ा टैक्स

【利市】 lìshì ❶<लि०> मुनाफ़ा ❷<बो०> अच्छा बाज़ार: 发个~ अच्छा बाज़ार मिलना ❸<बो०> सौभाग्य ❹काम करने वाले को दिया गया इनाम (या बख्शिश)

【利税】 lìshuì मुनाफ़ा और टैक्स

【利索】 lìsuo दे० 利落

【利他】 lìtā परोपकार: ~主义 परोपकारवाद

【利息】 lìxī ब्याज; सूद: ~券 कूपन

【利血平】 lìxuèpíng <औष०> रिसरपिन

【利益】 lìyì लाभ; हित; फ़ायदा; मुनाफ़ा: 为人民谋~ जनता के हितों के लिये काम करना

【利用】 lìyòng ❶उपयोग करना; प्रयोग करना; इस्तेमाल करना: 废物~ रद्दी चीज़ों का इस्तेमाल करना ❷लाभ उठाना; काम लेना; काम में लाना: ~矛盾 अंतरविरोधों का लाभ उठाना / ~职权 अपने अधिकार का प्रयोग करना; अपने पदों व अपने हाथ में मौजूद सत्ता का इस्तेमाल करना / ~系数 उपयोग-गुणांक / 被人~ दूसरों द्वारा इस्तेमाल किया जाना / 互相~ एक दूसरे से लाभ उठाना / ~各种机会 हर मौके से फ़ायदा उठाना

【利诱】 lìyòu प्रलोभन देना

【利于】 lìyú किसी में सहूलियत मिलना; के हित में होना: ~斗争 संघर्ष के लिये अनुकूल होना

【利欲熏心】 lìyù-xūnxīn लालच में अंधा होना; लोलुपता से अभिभूत होना

沥 (瀝) lì ❶टपकना; बूंद-बूंद टपकना या गिरना: ~血 खून टपकना या टपकाना ❷बूंद-बूंद टपका तरल पदार्थ; बूंद: 竹~ आग से बांस को जलाते समय उस से निकली बूंद

【沥涝】 lìlào अतिवृष्टि से फ़सल के खेत में पानी का भर जाना

【沥沥】 lìlì <अनु०> हवा चलने या पानी बहने की आवाज़

【沥青】 lìqīng डामर; कोलटार; अलकतरा; एस्फ़ेल्ट: ~路 डामर की सड़क

【沥水】 lìshuǐ अतिवृष्टि के बाद भूमि पर पानी

枥 (櫪) lì <लि०> ❶घोड़े की नांद (या चरनी): 老骥伏枥 lǎojì-fúlì ❷栎 lì के समान

例 lì ❶उदाहरण; मिसाल: ~如 उदाहरण के लिये; मिसाल के तौर पर / 举~ उदाहरण देना ❷पूर्वघटन; उदाहरण: 先~ पूर्वोदाहरण / 史无前~ इतिहास में अभूतपूर्व ❸स्थिति; दशा; रोग-लक्षण: 病~ रोग के लक्षण ❹नियम; कायदा: 不在此~。 यह एक अपवाद है। ❺नियमित: ~会 नियमित सभा

【例假】 lìjià ❶सरकारी छुट्टी; नियमित छुट्टी; जैसे,国庆 राष्ट्र दिवस, 春节 सवंत-पर्व आदि ❷<शिष्टोक्ति> मासिक धर्म; ऋतु; रज; मासिक

【例禁】 lìjìn कानून में निषिद्ध बात

【例句】 lìjù उदाहरण के लिये वाक्य

【例如】 lìrú उदाहरण के लिये; मिसाल के लिये; जैसे; मसलन; उदाहरणार्थ

【例题】 lìtí अभ्यासार्थ प्रश्न; अनुशीलनार्थ उदाहरण; उदाहरण रूप समस्या

【例外】 lìwài अपवाद: 毫无~地 बिना किसी अपवाद के

【例行公事】 lìxíng-gōngshì कार्यचक्र; बंधा-बंधाया काम

【例行会议】 lìxíng huìyì नियमित सम्मेलन या सभा

【例言】 lìyán विषय-प्रवेश; भूमिका

【例证】 lìzhèng उदाहरण; दृष्टांत

【例子】 lìzi उदाहरण; मिसाल; दृष्टांत

疠 (癘) lì <लि०> ❶महामारी ❷अलसर; फोड़ा; व्रण

【疠疫】 lìyì <लि०> महामारी

沴 lì ❶विपत्ति ❷चोट करना; नुकसान पहुंचाना

戾 lì <लि०> ❶पाप; अपराध ❷अनुचित; बेतुका; अयुक्तियुक्त: 语多乖~ (किसी के खिलाफ़) बेहूदा व हमलावर भाषा का प्रयोग करना

隶 (隸、隷) lì ❶के अधीन होना; के मातहत होना: 隶属 ❷दासता में होने वाला व्यक्ति: 奴~ दास; गुलाम ❸<पुराना> सरकारी धावक: 皂~ सरकारी धावक ❹दे० 隶书

【隶书】 lìshū हान राजवंश (206 ई०पू०-220 ई०) में प्रचलित चीनी अक्षर की लिखने की एक प्राचीन शैली जो शाओच्वांग (小篆 xiǎozhuàn) से सरल थी

【隶属】 lìshǔ के अधीन होना; के मातहत होना: 局部性的东西~于全局性的东西。 अंश संपूर्ण के ही अधीन होता है।

【隶字】lìzi दे० 隶书
【隶卒】lìzú सरकारी धावक

砾（礫）lì दे० 玓砾 dìlì 〈लि०〉 मोती का प्रकाश

荔 lì लीची: 鲜～ ताज़ी लीची
【荔枝】lìzhī लीची

栎（櫟）lì ओक; बांज; बंजु
yuè भी दे०

郦（酈）Lì एक कुलनाम

轹（轢）lì 〈लि०〉 ❶गाड़ी के पहिये से कुचलना ❷जुल्म ढाना; जुल्म करना

俪（儷）lì ❶युगल; जोड़ों में रखा हुआ; समानांतर: 俪句 ❷पति और पत्नी; दंपति: 伉～ दंपति
【俪句】lìjù समानांतर वाक्य
【俪影】lìyǐng दंपति का फ़ोटो

俐 lì दे० 伶俐 línglì

疬（癧）lì दे० 瘰疬 luǒlì

莉 lì दे० 茉莉 mòlì

莅（蒞、涖）lì 〈लि०〉 पहुंचना: 莅会
【莅会】lìhuì सभा में आना; सभा में भाग लेना
【莅临】lìlín 〈लि०〉 पहुंचना; आना; उपस्थित होना
【莅任】lìrèn 〈लि०〉 (अधिकारी) अपने पद-स्थान पर पहुंचना

鬲（䰛、㽁）lì प्राचीन काल में एक प्रकार का खाना पकाने का बर्तन जो खोखले त्रिपदों पर आसीन होता था

栗[1] lì ❶चेस्टनट; पांगह; शाहबलूत ❷（Lì）एक कुल-नाम

栗[2]（慄）lì कांपना; थरथराना: 战～ थरथर कांपना
【栗然】lìrán 〈लि०〉 थरथर कांपते हुए
【栗色】lìsè चेस्टनट का रंग; भुरापन लिये लाल रंग
【栗子】lìzi चेस्टनट; पांगर; शाहबलूत

砺（礪）lì 〈लि०〉 ❶सान; सिली; पत्थर जिस पर औज़ार तेज़ किये जाते हैं ❷सान लगाना; तेज़ करना; धार रखना
【砺石】lìshí सान; पत्थर जिस पर औज़ार तेज़ किये जाते हैं

砾（礫）lì नीचे दे०
【砾石】lìshí कंकड़; बजरी: ～混凝土 कंकड़ कंकरीट

猁 lì दे० 猞猁 shēlì विडाल; बनबिलाव; लिंक्स

䓞 lì नीचे दे०
【䓞草】lìcǎo 〈वन०〉 चीनी पेनिसेटुम

𣗋（欐）lì 〈लि०〉 (काठ की) छत के बीचों-बीच की धरन

蛎（蠣）lì दे० 牡蛎 mǔlì आयस्टर; घोंघा: ～黄 घोंघे का मांस

唳 lì 〈लि०〉 (बक, जंगली हंस आदि का) बोलना

笠 lì बांस या घास से बना एक प्रकार का बड़ा टोप जो धूप, पानी आदि से बचने के काम आता है: 斗～ बांस की बड़ी टोपी

粝（糲、䊪）lì 〈लि०〉 छिलका न हटाया गया चावल

粒 lì ❶दाना: 米～儿 चावल का दाना ❷〈परि०श०〉 (दाने जैसी वस्तुओं के लिये प्रयुक्त): 一～米 चावल का एक दाना
【粒肥】lìféi छोटे-छोटे दाने वाली खाद
【粒子】lìzǐ 〈भौ०〉 पार्टिकल; कण: 不稳定～ अस्थिर कण / ～物理学 कण भौतिक-विज्ञान
【粒子束武器】lìzǐshù wǔqì पार्टिकल बीम वेपन
【粒子】lìzi दाना; कण

𫄗（綟）lì नीचे दे०
【𫄗木】lìmù एक प्रकार का वार्षिक पतझड़दार पौधा या छोटा वृक्ष

雳（靂）lì दे० 霹雳 pīlì वज्र; बिजली; कड़कने वाली बिजली

跞（躒）lì 〈लि०〉 चलना
luò भी दे०

詈 lì डांटना; फटकारना
【詈骂】lìmà डांटना; फटकारना

傈 lì नीचे दे०
【傈僳族】Lìsùzú लीसू जाति (युन्नान और स्छवान प्रांत में)

溧 lì 〈लि०〉 (मौसम) ठंडा: ～冽 बहुत ठंडा

痢 lì पेचिश
【痢疾】lìji पेचिश: ～流行 पेचिश की बीमारी फैल जाना
【痢特灵】lìtèlíng 〈औष०〉 फ़्यूराज़ोलिडोन

溧 lì स्थान के नाम में प्रयुक्त अक्षर, जैसे,溧水 lìshuǐ、溧阳 lìyáng (दोनों च्यांगसू प्रांत में)

篥 lì दे० 觱篥 bìlì

鬁 lì दे० 鬎鬁 làlì

li

哩 li〈बो०〉〈लघु अ०〉❶(呢 ne के समान, लेकिन 哩 केवल गैर प्रश्नवाचक वाक्यों में प्रयुक्त होता है): 外面下着雨～。बाहर पानी बरस रहा है। ❷(啦 la के समान, मदों की गणना करने में प्रयुक्त): 中学里语文～, 数学～, 历史～, 地理～什么都学。मिडिल स्कूल में चीनी भाषा, गणित, इतिहास, भूगोल सभी सिखाए जाते हैं।

lī; lǐ; yīnglǐ भी दे०

liǎ

俩（倆）liǎ ❶दोनों: 咱～ हम दोनों / 他～वे दोनों ❷कुछ: 就这么～人，其他人到哪儿去了? इतने कम लोग हैं, और लोग कहां गये ? (नोट: 俩 के बाद दूसरे परिमाण शब्दों का प्रयोग नहीं होता)

liǎng भी दे०

lián

奁（奩、匳、匲、籢）lián प्राचीन काल में स्त्रियों के शृंगार करने के लिये दर्पण का डिब्बा: 妆～ दहेज

连[1]（連）lián ❶जोड़ना; जुड़ना; मिलाना; संयुक्त करना: 连成一片 ❷निरंतर; लगातार; एक के बाद दूसरा: ～年不绝的内战 वर्षों तक अनवरत गृहयुद्ध / 连篇累牍 ❸अंतर्गत करना; शामिल करना: ～他共四个人。उस को भी शामिल कर कुल चार आदमी हैं। / 他～人带萝卜倒在地上。वह मूली समेत ज़मीन पर जा गिरा। ❹〈सैन्य०〉 कंपनी ❺（Lián）एक कुलनाम

连[2]（連）lián〈पूर्व०〉(उस के बाद 都、也 का प्रयोग होता है) भी; तक: 他～这也不知道。वह इस को भी नहीं जानता। / 那里我～去也不去。मैं वहां तक गया भी नहीं।

【连本带利】lián běn dài lì पूंजी और मुनाफ़ा दोनों

【连鬓胡子】liánbìn húzi〈बोल०〉गलमुच्छा

【连播】liánbō धारा-प्रवाह प्रसारण करना

【连部】liánbù कंपनी का हेडक्वाटर

【连成一片】lián chéng yī piàn बिखरे हुए ज़मीन के टुकड़ों को इकट्ठा करना: 这里许多房子已～。यहां अनेक मकान एक दूसरे से जुड़ गये हैं। / 把这里和那里～ यहां और वहां को एक दूसरे से मिलाकर दोनों को एक बना देना

【连词】liáncí〈व्या०〉संयोजक अव्यय; समुच्चयबोधक

【连带】liándài ❶पारस्परिक संबंध; एक दूसरे का संबंध: ～关系 पारस्परिक संबंध; एक दूसरे का संबंध ❷किसी व्यक्ति को अपराध, दोष आदि में फंसा लेना या देना ❸लगे हाथ; साथ-ही-साथ: 你去书店的时候，～替我买一本书。जब आप किताब-घर जाएंगे तो लगे हाथ मेरे लिये भी एक किताब खरीद दीजिये।

【连…带…】lián…dài… ❶(दोनों मदों के समावेश का बोध होता है) और: ～本～利 पूंजी और मुनाफ़ा दोनों / ～人～马 घोड़े के समेत आदमी ❷(दोनों क्रियाओं का लगभग एक ही समय में या एक के बाद फ़ौरन दूसरी क्रिया होना: ～跑～跳 दौड़ते और उछलते हुए

【连裆裤】liándāngkù ❶बच्चों की पेंट जो पीछे से फटी हुई न हो ❷穿～ एक दूसरे के साथ सांठ-गांठ करना या एक-दूसरे को पनाह देना

【连队】liánduì〈सैन्य०〉कंपनी

【连发枪】liánfāqiāng मैगज़ीन गन

【连根拔】liángēnbá जड़ से उखाड़ देना; निर्मूल कर देना

【连亘】liángèn (पहाड़ों का) फैलना; जारी रखना: 山岭～ पहाड़ों का फैलना

【连贯】liánguàn जोड़ना; मिलाना; संयुक्त करना; शृंखलाबद्ध करना: ～性 शृंखलता; परिपाटी

【连锅端】liánguōduān सारे कड़ाहों को उठाकर ले जाना —— तमाम को नष्ट करना; तमाम ले जाना: 那里的敌人，已经被我们～了。वहां के तमाम दुश्मन हम ने नष्ट कर दिये हैं।

【连环】liánhuán चक्रों की शृंखला; छल्लों की ज़ंजीर: ～画 चित्र-कथा; धारावाहिक चित्र / ～雷〈सैन्य०〉शृंखला माइन

【连击】liánjī डबल हिट; दोहरा प्रहार (टेबुल टेनिस में); दोहरा स्पर्श; डबल कंटैक्ट (वालीबाल में)

【连枷】liánjiā （梿枷 liánjiā भी）मूसल; कंडनी

【连接】liánjiē जोड़ना; मिलाना: ～词 संयोजक; समुच्चयबोधक / ～号 योजक-चिह्न; हाईफ़न (-) / ～线〈संगी०〉एक ही तार के सुरों के ऊपर खींची जाने वाली वक्र-रेखा

【连结】liánjié 连接 के समान

【连襟】liánjīn बहिनों के पति; हम-ज़ुल्फ़: 他俩是～。उन दोनों की पत्नियां बहिनें हैं।

【连裤袜】liánkùwà पैंटी होज़

【连累】liánlei लपेटना; उलझाना; अंतर्ग्रस्त करना; किसी को अपराध, दोष आदि में फंसा लेना; खतरे में डाल देना

【连理枝】liánlǐzhī जुड़ी हुई शाखाओं वाले दो वृक्ष ——

प्रेमपूर्ण दंपति

【连连】 liánlián लगातार; निरंतर: ～得分 लगातार प्वाइंट प्राप्त करना

【连忙】 liánmáng तुरंत; शीघ्र; जल्दी; फ़ौरन: 他听见有人敲门，～去开门。किसी को दरवाज़ा खटखटाते सुन वह फ़ौरन दरवाज़ा खोलने गया।

【连绵】 liánmián निरंतर; अविरत; बिना रुके हुए: ～不断 लगातार; निरंतर; बिना रुके हुए / ～细雨 झड़; झड़ी

【连年】 liánnián वर्षों से; साल-साल; साल-ब-साल: ～丰收 साल-ब-साल अच्छी फ़सल प्राप्त होना

【连篇】 liánpiān संपूर्ण लेख; एक पृष्ठ के बाद दूसरा पृष्ठ: 白字～ संपूर्ण लेख में बहुत से गलत अक्षर होना / ～累牍，呶呶不休 बेअंत बातें करना

【连翘】 liánqiáo 〈ची०चि०〉 वीपिंग फ़ोरसाइथिया का बीज-कोश

【连任】 liánrèn यथापूर्व पुनर्नियुक्त या पुनर्निर्वाचित होना

【连日】 liánrì कुछ दिनों से; लगातार कई दिन: ～下大雨 लगातार कई दिन पानी ज़ोरों से बरसता रहना

【连射】 liánshè 〈सैन्य०〉 लगातार गोलियां चलाना; लगातार तीर छोड़ना

【连声】 liánshēng बार-बार कहना; दुहराते हुए कहना: ～称谢 बार-बार धन्यवाद देना

【连史纸】 liánshǐzhǐ च्यांगशी प्रांत में उत्पन्न बांस से बना बढ़िया कागज़

【连锁】 liánsuǒ ज़ंजीर की तरह एक छल्ले में दूसरा छल्ला जुड़ा हुआ होना: ～反应 शृंखलात्मक प्रक्रिया; शृंखला-प्रक्रिया / ～商店 चैन शाप

【连体婴儿】 liántǐ yīng'ér 'स्यामी जुड़वां'

【连天】 liántiān ❶लगातार कई दिन ❷लगातार; निरंतर; बिना रुके हुए: 叫苦～ लगातार दुखड़ा रोना; लगातार शिकायतें करना ❸(पहाड़; क्षितिज आदि) आकाश से मिलना: 碧水～ नीला-नीला पानी आकाश से मिल जाना

【连同】 liántóng के साथ; और: 请把书～信一起送去。किताब और चिट्ठी एक साथ भेज दीजिये।

【连续】 liánxù 〈क्रि०वि०〉 एक के बाद एक; लगातार; निरंतर: ～爆破 सिलसिलेवार विध्वंस करना / ～性 निरंतरता / ～作战 लगातार लड़ते जाना; एक के बाद एक लगातार कार्यवाही करते जाना / ～剧 धारा-वाहिक नाटक

【连夜】 liányè ❶रातोंरात: 他们今天～就撤。वे आज रात ही को चल देंगे।

【连衣裙】 liányīqún ब्लाउज़

【连音】 liányīn 〈व्या०〉 संधि: ～规则 संधि-नियम

【连阴雨】 liányīnyǔ लगातार बदली और पानी बरसने के अनेक दिन

【连用】 liányòng एक साथ प्रयोग करना: "他们" 可以和 "俩" ～。'वे' और 'दोनों' साथ-साथ प्रयोग किये जा सकते हैं।

【连载】 liánzǎi धारा-वाहिक: ～小说 धारा-वाहिक उपन्यास

【连战皆捷】 lián zhàn jiē jié युद्ध में लगातार विजय प्राप्त करते रहना; सिलसिलेवार अनेक जीतें हासिल करना

【连长】 liánzhǎng कंपनी कमांडर

【连珠】 liánzhū जल्दी-जल्दी लगातार आवाज़ करना: ～炮 निरंतर भीषण गोलाबारी

【连缀】 liánzhuì 〈ध्वनि०〉 गुच्छ: 辅音～ व्यंजन-गुच्छ

【连字号】 liánzìhào हाईफ़न; योजक-चिह्न (-)

【连作】 liánzuò（连种 liánzhòng，连茬 liánchá，重茬 chóngchá भी）〈कृ०〉 अविरत बोना, पौधा लगाना या फ़सल काटना

【连坐】 liánzuò सामूहिक रूप से दंड भुगतना; पड़ोसियों में से यदि एक भी कसूरवार साबित होता था तो सब को सज़ा दी जाती थी: 联保～法 सामूहिक रूप से ज़िम्मेदारी उठाने और दंड भुगतने का कानून

怜（憐）lián दया करना; (के लिये) दया-भाव रखना; तरस खाना: 怜惜 ❷प्रेम करना: 怜爱

【怜爱】 lián'ài सदय प्रेम करना: 这小女孩真叫人～。सचमुच यह बच्ची बहुत प्यारी है।

【怜悯】 liánmǐn दया करना; (के लिये) दया-भाव रखना; तरस खाना

【怜惜】 liánxī (के प्रति) दया दिखाना; (के लिये) दया-भाव रखना: 不应～恶人。दुष्ट के प्रति दया नहीं दिखानी चाहिये।

【怜恤】 liánxù (पर) दया करना; (के लिये) दया-भाव रखना; (पर) तरस खाना

帘¹ lián दूकान-चिह्न के रूप में झंडी: 酒～ शराब की दूकान के चिह्न के रूप में झंडी

帘²（簾）lián (कपड़े, बांस आदि से बना) पर्दा: 窗～ (खिड़की का) पर्दा; पट्टी

【帘布】 liánbù (टायर में) डोरियोंवाला रेशा

【帘子】 liánzi पर्दा: 竹～ बांस का पर्दा; बांस की पट्टी

莲（蓮）lián ❶कमल ❷कमल का बीज

【莲步】 liánbù सुन्दर स्त्री का सुन्दर तरीके से चलना

【莲花】 liánhuā कमल का फूल; पद्म: 白～ पुंडरीक; श्वेतकमल / 红～ कुमुद; लालकमल

【莲花落】 liánhuālào कमल संबंधी लोकगीत

【莲茎】 liánjīng（莲梗 liángěng भी）कमल का नाल

【莲藕】 lián'ǒu कमल का पौधा; कमल की जड़

【莲蓬】 liánpéng कमल का छत्ता; कमल का बीज-कोश; कमल-गर्भ

【莲蓬头】 liánpéngtóu फुहार-सिरा; शॉवर नोज़ल

【莲肉】 liánròu कमल-अंडा; कमल-गट्ठा

【莲台】 liántái पद्मासन

【莲心】 liánxīn ❶कमल के बीज में हरा अंकुर ❷कमल का बीज

【莲子】 liánzǐ कमल का बीज

【莲座】 liánzuò पद्मासन

涟（漣）lián 〈लि०〉 ❶छोटी लहरें; उर्मिका ❷निरंतर

आंसू टपकना

【涟洏】 lián'ér बहुतायत से आंसू गिरना

【涟漪】 liányī 〈साहि०〉 लहराती हुई छोटी लहरें

梿（槤）lián（连枷 liánjiā के समान）मूसल; कंड-नी

联（聯）lián ❶संयुक्त करना; जोड़ना; मिलाना; एक में करना; एक में मिलाना：～在一块的几个县 एक दूसरे से जुड़ी हुई कई काउंटियां ❷पद्यांश：对～ पद्यांश

【联邦】 liánbāng संघ; परिसंघ; राज्यसंघ; राष्ट्रमंडल：～院 राज्यसभा / ～政府 संघीय सरकार / ～制 संघवाद

【联播】 liánbō रेडियो हुक-अप：新闻～ न्यूज़ हुक-अप

【联大】 Liándà 联合国大会 का संक्षिप्त रूप

【联单】 liándān प्रतिलिपि में रसीद या दूसरा दस्तावेज़

【联队】 liánduì 〈सैन्य०〉 रेज़ीमेंट; (वायु-सेना में) दो या अधिक टुकड़ियों का समूह; विंग

【联防】 liánfáng संयुक्त प्रतिरक्षा：～司令部 संयुक्त प्रतिरक्षा हेडक्वार्टर

【联合】 liánhé ❶संयुक्त करना; सम्मिलित करना; एक करना：全世界无产者，～起来！ दुनिया के मज़दूरो, एक हो！/（与某人、某国）～ (के साथ) संश्रय कायम करना; सम्बद्ध करना ❷मिल-जुल; संयुक्त：～斗争 मिलकर संघर्ष करना / ～进攻 सम्मिलित प्रहार / ～生产 संयुक्त उत्पादन / ～行动 सम्मिलित कार्यवाही; संयुक्त कार्यवाही / ～企业 सम्मिलित कारोबार / ～公报 संयुक्त विज्ञप्ति / ～声明 संयुक्त वक्तव्य; संयुक्त घोषणा ❸〈श०वि०〉 अस्थि-संधि：耻骨～ पुरोनितम्बास्थि-संधि

【联合采煤机】 liánhé cǎiméijī संयुक्त कोयला-खुदाई मशीन

【联合国】 Liánhéguó राष्ट्रसंघ; संयुक्त राष्ट्र：～安全理事会 संयुक्त राष्ट्र सुरक्षा-परिषद / ～大会 संयुक्त राष्ट्र महासभा / ～教育科学及文化组织 संयुक्त राष्ट्र शिक्षा, विज्ञान व संस्कृति संगठन; यूनेस्को / ～经济及社会理事会 संयुक्त राष्ट्र आर्थिक व सामाजिक परि-षद / ～粮食及农业组织 संयुक्त राष्ट्र खाद्य व कृषि संगठन / ～贸易和发展会议 संयुक्त राष्ट्र व्यापार व विकास सम्मेलन / ～秘书处 संयुक्त राष्ट्र सचिवा-लय / ～人类环境会议 संयुक्त राष्ट्र मानवीय पर्यावरण सम्मेलन / ～宪章 संयुक्त राष्ट्र संघ का चार्टर (अधिकार-पत्र)

【联合会】 liánhéhuì संघ; यूनियन

【联合收割机】 liánhé shōugējī संयुक्त फ़सल-कटाई मशीन

【联合政府】 liánhé zhèngfǔ मिली-जुली सरकार

【联欢】 liánhuān मिलन-समारोह：同…～ किसी के साथ मिलन-समारोह / ～会 स्नेह सम्मेलन; प्रीति-सभा; मनोरंजन सभा / ～节 उत्सव; समारोह / ～晚会 मनोरंजन रात्रि-सभा

【联接】 liánjiē 连接 liánjiē के समान

【联结】 liánjié जोड़ना; मिलाना; एक करना：互相～ अंतर सम्बन्ध / 把局部利益同全部利益相～ आंशिक हित को संपूर्ण हितों से जोड़ना

【联军】 liánjūn संयुक्त सेना; संश्रयबद्ध सेना

【联立方程】 liánlì fāngchéng समकालिक समीकरण

【联络】 liánluò संबंध स्थापित करना; सम्पर्क बनाये रख-ना：～的方法 सम्पर्क बनाए रखने का तरीका / ～部 संपर्क विभाग / ～参谋 संपर्क स्टाफ़-अफ़सर / ～处 संपर्क दफ़्तर / ～官 संपर्क अधिकारी / ～网 संपर्क जा-ल / ～员 संपर्क अफ़सर / ～站 संपर्क-केन्द्र / ～线 संचार-लाइन

【联袂】 liánmèi एक साथ आना-जाना आदि：～同往 एक साथ जाना; साथ-साथ जाना

【联盟】 liánméng गठबंधन; संघ; संश्रय：建立～ (कि-सी से) गठबंधन करना / 拆散～ गठजोड़ को छिन्न-भिन्न कर देना / ～的政府 संश्रय पर आधारित सरकार / 工农～ मज़दूर-किसान संश्रय

【联绵字】 liánmiánzì एकार्थक द्वि-अक्षरों वाला समास：双声～ अनुप्रास समास, जैसे, 伶俐 línglì/ 叠韵～ समतुकांत समास, जैसे, 阑干 lángān / 非双声叠韵～ गैर-अनुप्रास व तुकांत समास, जैसे, 玛瑙 mǎnǎo

【联名】 liánmíng संयुक्त हस्ताक्षर के रूप से：～写信 संयुक्त हस्ताक्षर के रूप से पत्र लिखना

【联翩】 liánpiān एक साथ; साथ-साथ：～而至 एक साथ आना; एक के बाद एक आ पहुंचना

【联赛】 liánsài लीग मैच：足球～ लीग फ़ुटबाल मैच

【联网】 liánwǎng एक दूसरे का संयुक्त नेटवर्क

【联席会议】 liánxí huìyì संयुक्त सम्मेलन; मिली-जुली बैठक

【联系】 liánxì (किसी के साथ) जोड़ना; मिलाना; संपर्क कायम करना; संबंध कायम रखना：和～密切（直接）～起来 किसी के साथ घनिष्ठ (प्रत्यक्ष) रूप से जोड़ना / 同他们保持～ उन के साथ निरंतर संपर्क कायम करना / 理论和实践相～ सिद्धांत को व्यवहार के साथ मिला-ना / ～群众 जनता के साथ संबंध स्थापित (या कायम) करना

【联系汇率制】 liánxì huìlǜzhì 〈अर्थ०〉 संयुक्त (linked) मुद्रा-विनिमय की सरकारी दर प्रणाली (system)

【联想】 liánxiǎng साहचर्य करना; (एक वस्तु को दूसरी वस्तु से) मिलाना; संयुक्त करना; जोड़ना：～规律 साहचर्य का नियम / 看到孩子，使我～起她的母亲。यह बच्चा देखकर मैं उस की मां के बारे में सोचने लगा।

【联谊】 liányì मित्रता को बनाये रखना：～会 स्नेह सम्मे-लन; मनोरंजन-सभा

【联姻】 liányīn (दो परिवारों का) विवाह से संबंधित होना

【联营】 liányíng संयुक्त व्यापार：～公司 संयुक्त व्यापार कंपनी

【联运】 liányùn संयुक्त परिवहन：国际～ अंतर्राष्ट्रीय संयुक्त रेलवे परिवहन / 水陆～ जल-थल संयुक्त परि-वहन / ～票 (रेलवे का) कूपन; थ्रो टिकट

【联展】 liánzhǎn संयुक्त प्रदर्शनी; संयुक्त प्रदर्शन

裢（褳）lián ❶एक प्रकार का लंबा और चौकोर थैला जो बीचों-बीच से खुला होता है (यह अक्सर कमर में बांधा जाता है या कंधे पर रखा जाता है) ❷कुश्ती लड़ने वालों

द्वारा पहना जाने का एक प्रकार का बहु-परतीय जाकेट

廉（廉）lián ❶ईमानदारी; स्वच्छ：廉耻 / 廉洁 ❷(दाम) कम; सस्ता：廉价 ❸（Lián）एक कुलनाम

【廉耻】liánchǐ ईमानदारी और लज्जा की भावना; स्वच्छता और शालीनता：～扫地 ईमानदारी और शालीनता त्याग देना

【廉价】liánjià कम मूल्य का; सस्ता：～出售 औने-पौने बेचना (या करना); सस्ते दाम पर बेचना / ～劳动力 सस्ती मज़दूरी

【廉洁】liánjié ईमानदार; भ्रष्टाचार-रहित; साफ़-सुथरा और भ्रष्टाचार-रहित：建立～政府 साफ़-सुथरी और भ्रष्टाचार-रहित सरकार की स्थापना करना / 实现～政治 स्वच्छ (या भ्रष्टाचार-रहित) शासन कायम करना / ～奉公 अपने दफ़्तर के कार्यों को क्रियान्वित करने में भ्रष्टाचार-रहित होना

【廉明】liánmíng (पदाधिकारियों का) भ्रष्टाचार-रहित और न्यायनिष्ठ होना

【廉内助】liánnèizhù ईमानदार अफ़सर की पत्नी

【廉正】liánzhèng न्यायनिष्ठ और भ्रष्टाचार-रहित

【廉政】liánzhèng स्वच्छ शासन; भ्रष्टाचार-रहित सरकार

磏 lián 〈लि०〉 एक प्रकार का सान
qiān भी दे०

鲢（鰱）lián रूपहली कार्य मछली; रूपहली शफ़री（xù भी）

濂 Lián ❶ल्येनच्यांग（濂江）नदी (च्यांगशी प्रांत में) ❷एक कुलनाम

臁 lián घुटने से टखने तक के पांव के दोनों ओर; पिंडली के दोनों ओर：～骨 पिंडली अस्थि

镰（鎌、鐮）lián हंसिया; दरांती; सिकिल

【镰刀】liándāo हंसिया; दरांती; सिकिल：～和锤子 हंसिया और हथौड़ा

蠊 lián दे० 蜚蠊 fěilián तिलचट्टा; तेलचोर

鬑 lián (बाल, दाढ़ी का) लंबा होना

liǎn

琏（璉）liǎn प्राचीनकाल में सम्राट द्वारा बलि चढ़ाते समय अन्न रखने का बर्तन

敛（斂）liǎn ❶〈लि०〉 रोकना; लेना; रखना; वापस लेना：敛足 / 她～了笑容。उस की मुस्कान मिट गयी; वह उदास हो गयी। ❷संग्रह करना; जमा करना; इकट्ठा करना：敛钱 / 困于重～ भारी करों और तरह-तरह की वसूली से पीड़ित होना / 横征暴～ जबरन वसूली और उगाही करना

【敛步】liǎnbù 〈लि०〉 पांव को रोके रखना; आगे न बढ़ना

【敛财】liǎncái अनुचित तरीके से धन-संग्रह करना

【敛迹】liǎnjì 〈लि०〉 (घर आदि में) छिपकर बाहर न जाना

【敛钱】liǎnqián 〈बोल०〉 धन संग्रह करना; पैसा जमा करना; धन वसूल करना

【敛容】liǎnróng 〈लि०〉 गंभीर अभिव्यक्ति धारण करना

【敛足】liǎnzú 〈लि०〉 पांव को रोके रखना; आगे न बढ़ना

脸（臉）liǎn ❶चेहरा; मुंह; सूरत; शक्ल：洗～ मुंह धोना / 他的～涨得通红。उस का चेहरा तमतमा उठा। / 他～带笑容。उस के चहरे पर मुस्कान झलक रही है। ❷किसी वस्तु का अगला भाग：鞋～儿 जूते का अगला या ऊपरी भाग ❸मान; इज़्ज़त：丢～ इज़्ज़त खोना या गंवाना ❹मुंह की अभिव्यक्ति：变～ रंग चढ़ना; नाराज़ होना

【脸蛋儿】liǎndànr (प्रायः बच्चों का) गाल; कपोल; चेहरा：小姑娘的～红得很好看。बच्ची के लाल-लाल गाल बहुत सुन्दर हैं।

【脸红】liǎnhóng ❶लज्जा आदि से गाल का लाल हो जाना; मुंह पर लाली आना ❷गुस्से से मुंह लाल होना

【脸红脖子粗】liǎn hóng bózi cū गुस्से, उत्तेजना आदि के कारण मुंह लाल होना：他气得～。उसे गुस्सा आया और उस का मुंह लाल हो गया।

【脸颊】liǎnjiá गाल; कपोल：羞得～通红。लज्जा से मुंह लाल हो गया।

【脸孔】liǎnkǒng（面孔 miànkǒng के समान）चेहरा; मुंह

【脸面】liǎnmiàn ❶चेहरा; मुंह ❷मान; इज़्ज़त：看我的～，把孩子放了吧！मेरे खातिर, बच्चे को छोड़ दो！

【脸盘儿】liǎnpánr（脸庞儿 liǎnpángr，脸盘子 liǎnpánzi भी）मुंह; चेहरा; मुखाकृति; मुखमंडल：圆～ गोल मुंह

【脸盆】liǎnpén बेसिन; वॉशबेसिन：～架 वॉशस्टैंड

【脸皮】liǎnpí मान; इज़्ज़त：～薄 शरमिन्दा; शरमीला / ～厚 बेशरम

【脸谱】liǎnpǔ ऑपेरा में पात्रों के मुंह के मेकअप के नमूने

【脸如土色】liǎn rú tǔ sè चेहरे का रंग फक या फीका पड़ जाना：吓得他～。भय के मारे उस को चेहरे का रंग फक हो गया।

【脸色】liǎnsè ❶चेहरे का रंग：他～变作灰白。उस का चेहरा एकदम फक पड़ गया। / 他～沉沉的。उस का चेहरा बड़ा गंभीर था। / 他吓得～铁青。उस का चेहरा डर से पीला या जर्द पड़ गया।

【脸膛儿】liǎntángr 〈बो०〉 मुंह; चेहरा; मुखाकृति：四方～ चौकोर मुंह

【脸形】liǎnxíng मुंह का आकार：长方～ आयताकार वाला मुंह

liàn

练（練） liàn ❶सफ़ेद रेशम：江平如～ नदी का सफ़ेद रेशम की भांति समतल / 采～ सातरंगी रिबन ❷<लि०> कच्चे रेशम को पक्का बनाना ❸अभ्यास करना; ट्रेन करना; ड्रिल करना：练兵 ❹अनुभवी; कुशल; निपुण：老～ अभ्यस्त; अनुभवी ❺（Liàn）एक कुलनाम

【练兵】 liànbīng सैनिक अभ्यास; फ़ौजी ट्रेनिंग：～场 फ़ौजी अड्डा; ड्रिल ग्राउंड / ～项目 ट्रेनिंग-कोर्स / ～运动 ट्रेनिंग आंदोलन

【练操】 liàncāo कवायद करना; ड्रिल करना

【练达】 liàndá <लि०> अनुभवी और दुनियादार

【练队】 liànduì परेड के लिये ड्रिल करना; व्यूह में ड्रिल करना

【练功】 liàngōng व्यायाम, वूशू 武术， कलाबाज़ी आदि का अभ्यास करना

【练球】 liànqiú भिन्न प्रकार के बाल खेलने का अभ्यास करना

【练手】 liànshǒu अपने हुनर का अभ्यास करना

【练武】 liànwǔ ❶युद्ध संबंधी कलाओं का अभ्यास करना ❷सैन्याभ्यास करना

【练习】 liànxí ❶अभ्यास करना：～写字 अक्षर लिखने का अभ्यास करना ❷पाठ्य-पुस्तक में प्रश्नमाला; अभ्यास：～本，～薄 अभ्यास-कापी; एक्सरसाइज़-बुक / ～题 एक्सरसाइज़; प्रश्नमाला; अभ्यास

炼（煉、鍊） liàn ❶गलाना; पिघलाना; कच्ची धातु को पिघलाकर धातु निकालना; खनिज गलाकर शुद्ध करना; शुद्ध करना; साफ़ करना：炼钢 / 炼油 ❷आग से जलाना：～山 पहाड़ी को जलाना ❸मन में तौलना; विचार करना; विवेचना करना; उचित शब्द या वाक्यांश ढूंढ़ना：炼字 / 炼句

【炼丹】 liàndān (ताओवादी का) हिंगुल से संजीवनी बनाने का प्रयत्न करना

【炼钢】 liàngāng इस्पात या फ़ौलाद तैयार करना; इस्पात या फ़ौलाद गलाना：～厂 इस्पात का कारखाना / ～炉 इस्पात गलाने की भट्टी

【炼焦】 liànjiāo कोक तैयार करना：～厂 कोकिंग प्लांट / ～炉 कोक ओवन; कोक कोयले की भट्टी

【炼金术】 liànjīnshù रसविद्या; कीमिया

【炼句】 liànjù अच्छे से अच्छे वाक्य को ढूंढ़ने का प्रयत्न करना; वाक्य को परिष्कार करके और परिष्कृत करना

【炼乳】 liànrǔ संघनित दूध; घनीकृत दूध; कांडेंस्ड मिल्क

【炼铁】 liàntiě लोहा गलाना：～厂 लोहाशोध कारखाना / ～炉 लोहा पिघलाने की भट्टी / 炼铁成钢 लोहा आग में तपाकर फ़ौलाद बनाना

【炼油】 liànyóu ❶तेल-शोधन; तेल साफ़ करना：～厂 तेल-शोधक कारखाना / ～塔 तेल साफ़ करने की मीनार ❷ताप से तेल निकालना：炼猪油 सूअर की चर्बी को तेल में तलकर सूअर का तेल निकालना ❸खाद्य तेल को गरम करना

【炼制】 liànzhì शोधन करना; साफ़ करना

【炼字】 liànzì बिलकुल ठीक शब्द ढूंढ़ने का प्रयत्न करना

恋（戀） liàn ❶प्रेम करना; अनुराग करना; आसक्ति करना：恋爱 ❷तरसना; बहुत याद करना：恋家

【恋爱】 liàn'ài ❶प्रेम; आसक्ति; रोमांटिक प्रेम：谈～ प्रेम में होना ❷प्रेम में होना：他们俩在～。वे दोनों प्रेम-जाल में फंस गये।

【恋歌】 liàngē प्रेम-गीत

【恋家】 liànjiā बेमन से घर से विदा करना

【恋恋不舍】 liànliàn-bùshě बेमन से विदा करना; संलग्न होना

【恋人】 liànrén प्रेमी या प्रेमिका

【恋栈】 liànzhàn जैसे घोड़ा अपनी अश्वशाला को नहीं छोड़ना चाहता, वैसे ही अधिकारी अपने पद को नहीं छोड़ना चाहता

殓（殮） liàn शव को ताबूत में रखना：入～ शव को ताबूत में रखना

链（鏈） liàn ❶शृंखला; ज़ंजीर; लड़ी; चेन：表～ घड़ी की ज़ंजीर ❷(लंबाई की इकाई) एक ल्येन 链 बराबर 1/10 समुद्री मील

【链霉素】 liànméisù <औष०> स्ट्रेप्टोमाइसिन

【链球】 liànqiú <खेल> हैमर：掷～ हैमर थ्रो, हैमर फेंक

【链球菌】 liànqiújūn स्ट्रेप्टोकॉक्स

【链套】 liàntào (साइकिल का) चेन-केस

【链条】 liàntiáo शृंखला; ज़ंजीर; चेन

【链子】 liànzi ❶शृंखला; ज़ंजीर; चेन：铁～ लोहे की ज़ंजीर ❷(साइकिल की) ज़ंजीर

楝 liàn <वन०> चीनबरी (वृक्ष); चाइनाबरी

【楝树】 liànshù <वन०> चीनबरी वृक्ष, चाइनाबरी

潋（瀲） liàn नीचे दे०

【潋滟】 liànyàn <लि०> ❶लबालब; छलकता हुआ; उमड़ता हुआ ❷लहरें उठना; हिलोर पैदा होना

鰊（鰊） liàn <प्राणि०> पौसिफ़िक हेरिंग मछली

liáng

良 liáng ❶अच्छा; उत्तम; बढ़िया; बेहतर：优～ उत्तम ❷अच्छी जनता; नेकी：除暴安～ अत्याचारियों का सफ़ाया करना और आम जनता को इतमीनान देना ❸<क्रि०वि०> <लि०> बहुत; बहुत अधिक：获益～多 बहुत अधिक लाभ प्राप्त होना

【良材】 liángcái ❶अच्छी इमारती लकड़ी ❷योग्य व्यक्ति

【良策】 liángcè अच्छी योजना; अच्छी युक्ति; अच्छी नीति

【良辰美景】 liángchén-měijǐng शुभमुहूर्त और सुंदर दृश्य

【良导体】 liángdǎotǐ अच्छा कंडक्टर

【良方】 liángfāng ❶कारगर नुस्खा; बेहतरीन नुस्खा ❷अच्छी युक्ति; अच्छा उपाय

【良港】 liánggǎng अच्छा बंदरगाह: 天然～ बेहतरीन प्राकृतिक बंदरगाह

【良好】 liánghǎo अच्छा; बेहतरीन: ～范例 बेहतरीन मिसाल

【良机】 liángjī सुअवसर; अच्छा मौका: 错失～ सुअवसर हाथ से जाने देना

【良家】 liángjiā 〈पुराना〉 अच्छा घर: ～妇女 अच्छे घर की महिला

【良将】 liángjiàng योग्य सेनापति; कुशल सेनापति

【良久】 liángjiǔ 〈लि०〉 लंबा समय; बड़ी देर

【良民】 liángmín 〈पुराना〉 अच्छा नागरिक या नगरवासी

【良人】 liángrén 〈प्रा०〉 मेरा पति

【良师益友】 liángshī-yìyǒu अच्छा गुरु और हितकर मित्र; हितैषी गुरु और मित्र

【良田】 liángtián अच्छा खेत; उपजाऊ खेत

【良宵】 liángxiāo 〈लि०〉 सुन्दर रात्रि

【良心】 liángxīn अंतःकरण; आत्मा; सहृदयता: 违反自己～的举动 अपनी आत्मा के विरुद्ध काम / 一切有～的人们 वे तमाम लोग जिन की ज़मीर अभी मरी नहीं है; सारे ईमानदार व्यक्ति

【良性】 liángxìng 〈चिकि०〉 मामूली; सामान्य: ～肿瘤 सामान्य अर्बुद; मामूली ट्यूमर

【良言】 liángyán हितकर वचन

【良药】 liángyào हितकर औषध या दवा (प्रायः ला०): 对症～ स्वास्थ्यकर औषधि / ～苦口。हितकर औषधि का स्वाद कड़वा होता है।

【良医】 liángyī कुशल चिकित्सक; श्रेष्ठ डाक्टर

【良友】 liángyǒu अच्छा मित्र; हितैषी मित्र

【良莠不齐】 liángyǒu-bùqí नेकी और बदी दोनों तरह के लोग एक दूसरे में संमिश्रित हैं।

【良缘】 liángyuán सुन्दर विवाह: 喜结～ (दूल्हा या दुल्हन) एक का दूसरे से सुखपूर्वक विवाह करना

【良知良能】 liángzhī liángnéng जन्मसिद्ध जानकारी और योग्यता

【良种】 liángzhǒng ❶उत्तम बीज; अच्छी जाति के बीज: ～繁育试验场 अच्छे बीज उगाने का प्रयोगात्मक फ़ार्म ❷अच्छी जाति; अच्छी नस्ल: ～马 अच्छी नस्ल का घोड़ा

俍 liáng 〈लि०〉 पूर्ण; अच्छा; उत्तम; बढ़िया

莨 liáng दे० 薯莨 shǔliáng 〈वन०〉 डाई यैम (dye yam)

liàng भी दे०

【莨绸】 liángchóu（黑胶绸 hēijiāochóu का दूसरा नाम）एक प्रकार का ज़ंग के रंग का ग्रीष्म रेशमी वस्त्र; गंबीर रंग का क्वांगतोंग रेशमी वस्त्र

凉（涼）liáng ❶ठंडा; शीतल; सर्द: 凉水 ❷निरुत्साह होना; निराश होना: 听了他的话，我心里就～了。उस की बात सुन मैं निराश हो गया।

liàng भी दे०

【凉白开】 liángbáikāi 〈बोल०〉 ठंडा उबला पानी

【凉拌】 liángbàn ठंडे खाने में मसाला डालकर मिलाया हुआ (भोजन): ～菜 उक्त उपाय से बनी हुई तरकारी

【凉菜】 liángcài खाने की ठंडी चीज़

【凉碟】 liángdié खाने की ठंडी चीज़

【凉粉】 liángfěn दाल के आटे से बन नूडल्स

【凉风】 liángfēng शीतल पवन: ～习习 मंद-मंद शीतल पवन; ठंडी-ठंडी हवा

【凉快】 liángkuai ❶खुशगवार और ठंडा; आनन्द-प्रद और शीतल: 树荫下～。पेड़ की छाया में आनन्दप्रदता और शीतलता होती है। ❷शीतल होना; ठंडा होना: 走，到树荫下去～一下。चलो, पेड़ की छाया में ज़रा बैठें, वहां ठंडी हवा चलती है।

【凉帽】 liángmào ग्रीष्म कालीन टोपी या टोपा; समर हैट

【凉棚】 liángpéng सायबान; शामियाना

【凉薯】 liángshǔ 〈बो०〉 यैम बीन (yam bean)

【凉爽】 liángshuǎng खुशगवार और ठंडा; आनन्द-प्रद और शीतल; हवा की अच्छी लगने वाली ठंढक

【凉水】 liángshuǐ ❶ठंडा पानी ❷न उबाला पानी

【凉丝丝】 liángsīsī कुछ शीतल; कुछ ठंडा

【凉台】 liángtái बरामदा; बाल्कनी

【凉亭】 liángtíng निकुंज; लता-मंडप; ग्रीष्म-कुंज

【凉席】 liángxí चटाई; घास, बांस आदि से बना बिछावन

【凉鞋】 liángxié सैंडल

【凉药】 liángyào 〈ची०चि०〉 (ज्वर, जलन को कम करने के लिये) शीतल प्रकृति की औषधि; ज्वरनाशक औषधि

【凉意】 liángyì हवा में थोड़ी-सी ठंड लगना

梁 1（樑）liáng ❶(मकान का) धरन; शहतीर ❷पुल: 桥～ पुल ❸वस्तुओं के बीच का उभरा हुआ भाग: 鼻～ नाक का पुल; बांसा

梁 2 Liáng ❶युद्धरत देश काल में एक राज्य ❷ल्यांग राजवंश (502-557 ई०), दक्षिणी राजवंशों में से एक ❸पश्च ल्यांग（后梁）का संक्षिप्त रूप ❹एक कुलनाम

【梁上君子】 liángshàng-jūnzǐ धरन पर सज्जन —— चोर

椋 liáng नीचे दे०

【椋鸟】 liángniǎo सारिका; मैना

辌（輬）liáng दे० 辒辌 प्राचीन काल में एक प्रकार की गाड़ी जिस में व्यक्ति सो सकता था; कभी-कभी यह मुर्दे का ताबूत भी खींचती थी

量 liáng ❶नापना; मापना: ～地 ज़मीन की माप कर-

ना / ～体温 टेंपेरेचर लेना ❷अनुमान करना; मूल्यांकन करना; अंदाज़ करना: 估～ अनुमाण करना; अंदाज़ करना
liàng भी दे०
【量杯】 liángbēi रासायनिक परिमाणसूचक चिह्नों से युक्त गिलास
【量度】 liángdù नाप; माप; परिमाण
【量角器】 liángjiǎoqì कोण मापने का उपकरण; कोण-मापक
【量具】 liángjù नाप-यंत्र; माप-यंत्र: ～刃具 नपाई-कटाई औज़ार
【量筒】 liángtǒng रासायनिक परिमाणसूचक चिह्नों से युक्त गिलास

粮（糧） liáng ❶अन्न; अनाज: ～油 अनाज और तेल ❷टैक्स के लिये दिया गया अनाज: 公～ अनाज कर; सार्वजनिक अनाज
【粮仓】 liángcāng अन्नभंडार; अनाज-गोदाम
【粮草】 liángcǎo अनाज-चारा
【粮店】 liángdiàn अनाज की दूकान
【粮荒】 liánghuāng खाद्यसंकट
【粮库】 liángkù अन्नभंडार; अनाज-गोदाम
【粮秣】 liángmò अनाज-चारा
【粮农】 liángnóng अन्न-कृषक; अनाज का किसान
【粮商】 liángshāng अनाज बेचने वाला; गल्लाफ़रोश
【粮食】 liángshi अनाज; अन्न; गल्ला: ～产量 अनाज-उत्पादन / ～储备 अनाज का बचत-भंडार / ～定量 राशन / ～分配 अन्नवितरण / ～供应 अनाज-सप्लाई / ～加工厂 अनाज प्रोसेसिंग कारखाना / ～恐慌 अन्न-संकट / ～配给 राशन; भोजन-नियंत्रण / ～库存 भंडार से जमा किया अनाज / ～投机商 गल्लाचोर / ～作物 अन्न की खेती
【粮税】 liángshuì खाद्य-कर; अन्न-कर; अनाज-टैक्स
【粮饷】 liángxiǎng रसद और पैसा: ～不足 रसद और पैसे की कमी होना
【粮援】 liángyuán अंतर्राष्ट्रीय अन्न सहायता
【粮栈】 liángzhàn अन्नभंडार; अनाज-गोदाम; अनाज की थोक दूकान
【粮站】 liángzhàn अनाज-सप्लाई केन्द्र

粱 liáng 〈लि०〉 ❶उत्तम किस्म का बाजरा या ज्वार ❷उत्तम अन्न; चुना हुआ भोजन

踉 liáng 跳踉 tiàoliáng उछलना-कूदना; छलांग मारना
liàng भी दे०

liǎng

两[1]（兩） liǎng ❶(परि०श० या 半, 千, 万, 亿 के पहले प्रयुक्त) दो: ～本书 दो पुस्तकें / ～千元 दो हज़ार य्वान ❷दोनों पक्ष: 两端 / 两侧 ❸कुछ: 说～句话 कुछ बातें करना; कुछ बोलना

两[2]（兩） liǎng ल्यांग, भार की इकाई, 10 छ्येन (钱) बराबर एक ल्यांग; (पुराना) 16 ल्यांग बराबर एक चिन (斤), (नया) 10 श्ल्यांग (市两) बराबर एक श्चिन (市斤): 25～白银 पच्चीस औंस नकद चांदी
【两岸】 liǎng'àn ❶नदी, जलडमरूमध्य के दोनों किनारे के स्थान ❷विशेषतः थाइवान जलडमरूमध्य के दोनों किनारों पर स्थित चीन का प्रधान-भूभाग और थाइवान प्रांत
【两败俱伤】 liǎngbài-jùshāng दोनों पक्षों द्वारा हानि उठाना; दोनों पक्षों की हानि होना
【两边】 liǎngbiān ❶दोनों ओर; दोनों किनारे; दोनों स्थान: 马路～都有树。 सड़क के दोनों ओर (या किनारे) पेड़ हैं। ❷दोनों पक्ष; दोनों ओर: ～都说他好。 दोनों पक्ष उस की प्रशंसा करते हैं।
【两便】 liǎngbiàn ❶दोनों के लिये सुविधाजनक होना: 你不必来了，咱们～。तुम्हारे आने की आवश्यकता नहीं है, हम दोनों के लिये यह सुविधाजनक है। ❷दोनों पक्षों या बातों के लिये फ़ायदा होना: 公私～ सार्वजनिक और व्यक्तिगत दोनों के लिये फ़ायदा होना
【两侧】 liǎngcè दोनों पार्श्व; दोनों बगलें
【两重性】 liǎngchóngxìng दुरंगापन; दुहरा स्वरूप; दुहरी प्रवृत्तियां: 带～的阶级 दुरंगे चरित्र वाला वर्ग
【两次三番】 liǎngcì sānfān बार-बार; बारंबार; कई बार
【两党制】 liǎngdǎngzhì द्विदल प्रणाली
【两端】 liǎngduān दोनों सिरे
【两耳不闻窗外事】 liǎng ěr bù wén chuāngwài shì दोनों कानों से खिड़की के बाहर की बातें न सुनना: ～，一心只读圣贤书。दोनों कानों से खिड़की के बाहर की बातें न सुनना और मन लगाकर महात्माओं और ऋषियों की पुस्तकें पढ़ना
【两公婆】 liǎnggōngpó पति और पत्नी; दंपति
【两广】 Liǎng Guǎng क्वांगतोंग और क्वांगशी
【两汉】 Liǎng Hàn पश्चिमी और पूर्वी हान राजवंश
【两湖】 Liǎng Hú हूपेइ और हूनान प्रांत
【两虎相斗，必有一伤】 liǎng hǔ xiāng dòu, bì yǒu yī shāng जब दो बाघ लड़ते हैं तो इन में से एक अवश्य ही घायल होता है
【两回事】 liǎnghuíshì दो अलग-अलग बातें होना; एक ही बात न होना
【两极】 liǎngjí ❶पृथ्वी के दोनों ध्रुव ❷〈भौ०〉 बैटरी आदि के दोनों सिरे ❸दोनों चरम विरोध की वस्तुएं: ～分化 किसी वस्तु को इस प्रकार परिवर्तित कर देना कि उस में विभिन्न बिन्दुओं पर विभिन्न गुण हों (दोनों सिरे के समान हों और बीच में अधिकतर अंतर हो); ध्रुवीयन करना
【两脚规】 liǎngjiǎoguī ❶कंपास ❷डिवाइडर
【两晋】 Liǎng Jìn पश्चिमी और पूर्वी दोनों चिन राजवंश
【两可】 liǎngkě दोनों हो सकना; दोनों कर सकना; दोनों तरीकों से कर सकना: 你来不来～。तुम आओ या न आओ, दोनों हो सकते हैं।

【两口子】 liǎngkǒuzi（两口儿 liǎngkǒur भी）<बोल०> पति और पत्नी; दंपति： ～都来了。पति और पत्नी दोनों आये।

【两利】 liǎnglì दोनों को फ़ायदा पहुंचना

【两码事】 liǎngmǎshì 两回事 liǎnghuíshì के समान

【两面】 liǎngmiàn दोनों ओर; दोनों तरफ़： 纸的～ कागज़ के दोनों ओर / 山的～ पहाड़ के दोनों ओर ❷दुरंगा; दुतरफ़ा; द्विपक्षीय： ～夹攻 दोतरफ़ा हमला; संडसीनुमा हमला / ～手法 दुरंगी चालें; दोगली चालें / ～政策 दोहरी नीति

【两面派】 liǎngmiànpài दुरंग चरित्र वाला ❷दुरंगी चालें

【两面性】 liǎngmiànxìng दुरंगी; दुरंगा चरित्र; दुहरा चरित्र; दुमुखी चरित्र

【两难】 liǎngnán दुविधा में पड़ना; सोच या संदेह में होना： 进退～ इधर कुआं उधर खाई की हालत; सांप-छछूंदर की गति

【两旁】 liǎngpáng दोनों ओर; दोनों तरफ़; दोनों पार्श्व： 马路～ सड़क के दोनों ओर या किनारे

【两栖】 liǎngqī जलस्थलचर; उभयचर： ～动物 उभयचर जीव-जंतु; जलस्थलचर जंतु / ～类 उभयचर / ～坦克 जलस्थलीय टैंक

【两讫】 liǎngqì (चीनी व्यापार) बेचने वाले द्वारा माल दिया गया और खरीदने वाले द्वारा पैसा दिया गया।

【两全】 liǎngquán दोनों पक्षों के लिये संतोषजनक होना; दोनों पक्षों का खयाल रखना

【两全其美】 liǎngquán-qíměi दोनों ओर को संतुष्ट करना; दोनों ओर की इच्छाएं पूरी करना

【两人世界】 liǎngrén shìjiè द्विजन का संसार; ऐसे प्रेमी और प्रेमिका या दम्पति जिन्हें विवाह के बाद संतान पैदा करने की इच्छा न हो

【两手】 liǎngshǒu ❶योग्यता; कौशल; हुनर ❷दोहरी कार्यनीतियां： ～策略 दोहरी कार्यनीतियां / 作～准备 दोनों संभावनाओं की तैयारी करना

【两条腿走路】 liǎng tiáo tuǐ zǒulù दो पैरों पर चलना： ～的方针 दो पैरों पर चलने की नीति

【两头】 liǎngtóu ❶दोनों सिरे： ～小，中间大。दोनों सिरे छोटे हैं और दरमियाना हिस्सा बड़ा है। ❷दोनों पक्ष ❸दोनों स्थान

【两头落空】 liǎng tóu luòkōng दुविधा में दोनों गये, माया मिली न राम।

【两下里】 liǎngxiàli（两下 liǎngxià भी）❶दोनों पक्ष; दोनों ओर： ～都有好处 दोनों पक्षों के लिये फ़ायदा होना ❷दो अलग-अलग स्थान

【两下子】 liǎngxiàzi ❶कई बार： 轻轻拍了～ हल्की थपथपाहट ❷योग्यता; कौशल; हुनर： 他干活有～。वह काम करने में कुशल है।

【两相情愿】 liǎngxiāng-qíngyuàn दोनों पक्षों का सहमत होना; दोनों पक्षों का स्वीकृत होना

【两小无猜】 liǎngxiǎo-wúcāi (बच्चा और बच्ची) बचपन के दो निरापद साथी

【两性】 liǎngxìng ❶पुंलिंग और स्त्रीलिंग ❷<रसा०> उभयगुण; उभय-प्रतिक्रिया： ～人 उभयलिंगी

【两袖清风】 liǎngxiù-qīngfēng (अधिकारी का) निर्दोष होना

【两样】 liǎngyàng भिन्न; फ़र्क; असमान; दो तरह का： 这两本书没有什么～。इन दोनों पुस्तकों में कोई फ़र्क नहीं है।

【两翼】 liǎngyì ❶दोनों पर; दोनों बाजू ❷<सैन्य०> दोनों पहलू; दोनों बाजू

【两用】 liǎngyòng दुहरे उद्देश्य का： ～炉子 दुहरे उद्देश्य की सिगड़ी

【两院】 liǎngyuàn दो भवन： ～制 दो भवन की प्रथा

【两造】 liǎngzào ❶<का०> दोनों अभियोक्ता और प्रतिपक्षी; दोनों परिवादी और प्रतिवादी; दोनों मुद्दई और मुद्दालेह ❷एक साल में दो फ़सलें

【两纵两横】 liǎng zòng liǎng héng चीन में पाई जाने वाली मुख्य सड़कें (जिन में दो उत्तर से दक्षिण तक और दो पूर्व से पश्चिम तक हैं)

俩（倆） liǎng दे० 伎俩 jìliǎng चाल; शरारत; साज़िश; षड़यंत्र
liǎ भी दे०

唡（啢） liǎng या yīngliǎng 英两 yīngliǎng का पुराना रूप

緉（緉） liǎng <लि०> <परि०श०> (जूते या मौज़े का) जोड़ा

裲（裲） liǎng नीचे दे०

【裲裆】 liǎngdāng प्राचीन काल में बिना आस्तीन का कपड़ा

蜽（蜽） liǎng दे० 蝄蜽 wǎngliǎng 魍魉 wǎngliǎng के समान

魉（魎） liǎng दे० 魍魉 wǎngliǎng असुर और राक्षस; क्रूर व्यक्ति; बहुत बुरा आदमी

liàng

亮 liàng ❶प्रकाशमान; प्रकाशयुक्त; रोशनीदार： 明～ प्रकाशमान / 这灯不～。यह बत्ती रोशनीदार नहीं है। ❷चमकना; दमकना; रोशनी फैलना： 屋里～起来了。कमरे में रोशनी होने लगी। ❸ऊंची; ज़ोर की (आवाज़); ऊंची और साफ़： 他嗓子～。उस की आवाज़ ऊंची और साफ़ है। ❹आवाज़ को ऊंचा करना： ～起嗓子 आवाज़ को ऊंचा करना ❺(दिल, मन आदि) प्रकाशित करना; अंधेरा दूर होना： 心明眼～ मन साफ़ होना और दृष्टि तीखी होना ❻दिखाई देना; दिखाना： ～身份证 आइडेंटिटी-कार्ड दिखाना / ～思想 अपना विचार प्रकट करना

【亮底】 liàngdǐ (भेद आदि) खोलना; उद्घाटित करना; ज़ाहिर करना
【亮点】 liàngdiǎn चमकता बिन्दु; लोगों का ध्यान आकर्षित करने वाला व्यक्ति या वस्तु: 在全球经济欠佳的背景下，中国的高增长仍是全球的～。संसार में आर्थिक वातावरण बहुत अच्छा न होने की पृष्ठभूमि में चीन की आर्थिक क्षेत्र में अधिकाधिक वृद्धि संसार में एक चमकदार बिन्दु है।
【亮度】 liàngdù 〈भौ०〉 द्युति; तेजस्विता
【亮光】 liàngguāng अंधेरे में प्रकाश
【亮光光】 liàngguāngguāng चमकदार; चमकीला: ～的宝剑 नंगी तलवार
【亮晃晃】 liànghuǎnghuǎng चमचमाता हुआ; चमकीला; चमकदार: ～的宝剑 नंगी तलवार / ～的金链 सोने की चमचमाती हुई ज़ंजीर (या लड़ी)
【亮晶晶】 liàngjīngjīng चमचमाता हुआ; चमकीला; दमकता हुआ; रह-रहकर चमकना: ～的星星 रह-रहकर चमकते हुए तारे / ～的露珠 चमकते ओस-बिन्दु
【亮丽】 liànglì सुन्दर; खूबसूरत: ～风景 सुन्दर दृश्य
【亮牌】 liàngpái मेज़ पर अपने कार्ड दिखाना; ताश के पत्तों को खोल देना; खोल देना
【亮闪闪】 liàngshǎnshǎn चमकता हुआ; दमकता हुआ: ～的眼睛 चमकती हुई आंखें
【亮堂堂】 liàngtāngtāng बहुत प्रकाशमान: 灯光照得屋里～的。बत्तियों के प्रकाश से कमरा बहुत रोशनीदार है।
【亮堂】 liàngtang ❶प्रकाशमान; रोशनीदार:这屋很～。यह कमरा बहुत रोशनीदार है। ❷(आवाज़) ऊंची और साफ़: 嗓门～ आवाज़ ऊंची और साफ़ होना ❸(दिल, मन) साफ़; अधिक साफ़ समझना: 经过学习，心里更～了。अध्ययन के ज़रिये मन और अधिक साफ़ हो गया।
【亮相】 liàngxiàng ❶(पेइचिंग ऑपेरा, नृत्य आदि में) अभिनेता का मंच पर किसी विशेष मुद्रा में रहना; हाव-भाव का प्रदर्शन करना ❷खुले-आम अभिनय करना या बॉल आदि खेलना: 女足今晚将公开～。फ़ुटबाल टीम (महिला) आज रात को खुलेआम खेलेगी। ❷खुलेआम अपना रुख अपनाना
【亮锃锃】 liàngzèngzèng चमकदार; चमकीला: ～的锅子 चमकदार बर्तन
【亮铮铮】 liàngzhēngzhēng चमकदार; चमकीला: ～的宝剑 चमकदार तलवार; नंगी तलवार

倞 liàng 〈लि०〉 मांग करना; मांग लेना

凉（凉） liàng किसी वस्तु को ठंडा होने देना: 等～了再吃。ठंडा होने के बाद खाओ।
liáng भी दे०

悢 liàng 〈लि०〉 शोकपूर्ण; शोकाकुल

谅[1]（諒） liàng क्षमा करना; क्षमा कर देना; माफ़ करना; समझना: 谅解

谅[2]（諒） liàng सोचना; समझना; अनुमान करना: ～不见怪 आशा है कि आप क्षमा करेंगे।
【谅察】 liàngchá (पत्र-व्यवहार में प्रयुक्त) आप से समझ और क्षमा मांगना
【谅解】 liàngjiě आप से समझ और क्षमा मांगना: 互相～ अपने संबंधों में आप सी समझ से काम लेना / ～他的错误 उस की गलती के प्रति क्षमा की भावना पैदा होना / 书记和委员之间的～ सचिव और कमेटी के सदस्यों के बीच आपसी समझ / 人民的宽恕和～ जनता का उन के साथ रियायत करना और उन्हें क्षमा करना

辆（輛） liàng 〈परि०श०〉 (गाड़ियों के लिये) 一～出租汽车 एक टैक्सी

靓（靚） liàng 〈बो०〉 सुन्दर; खूबसूरत: 靓女 / 靓仔
jìng भी दे०
【靓丽】 liànglì सुन्दर; खूबसूरत
【靓女】 liàngnǚ 〈बो०〉 सुन्दर लड़की; सुन्दरी
【靓仔】 liàngzǎi 〈बो०〉 सुन्दर युवक; खूबसूरत नौजवान

量 liàng ❶प्राचीन काल में वस्तुओं को नापने के माप उपकरण; जैसे, तओ 斗, शंग 升 आदि ❷सहिष्णुता; खाना खाने या पानी पीने की ग्रहण-शक्ति: 食～ खाना खाने की ग्रहण-शक्ति / 胆～ साहस; हिम्मत; बहादुरी ❸परिमाण; मात्रा: 流～ फ़्लक्स / 降雨～ वर्षा की मात्रा ❹अनुमान करना; अंदाज़ करना: 量力 / 量入为出
liáng भी दे०
【量变】 liàngbiàn परिमाणात्मक परिवर्तन
【量才录用】 liàngcái-lùyòng किसी को उस की योग्यता के अनुरूप रोज़गार देना
【量词】 liàngcí 〈व्या०〉 परिमाण-शब्द (जैसे,个，只，本，回，次 आदि)
【量贩店】 liàngfàndiàn थोक बिक्री दुकान
【量力】 liànglì अपने ही बूते पर: ～而行 अपने ही बूते पर काम करना
【量入为出】 liàngrù-wéichū अपनी औकात देखकर खर्च करना
【量体裁衣】 liàngtǐ-cáiyī शरीर को नापकर कपड़ा काटना —— वास्तविक स्थितियों के अनुसार कार्यवाही करना
【量刑】 liàngxíng दंड का मापन (करना)
【量子】 liàngzǐ 〈भौ०〉 ऊर्जाणु; क्वांटुम: ～化学 ऊर्जाणु रसायन; क्वांटुम केमिस्ट्री / ～力学 ऊर्जाणु यांत्रिकी

晾 liàng ❶हवा में सूख जाना; हवा में रखना; सुखाना: 晾干 ❷धूप में रखकर सुखाना: ～衣服 कपड़ा धूप में रखकर सुखाना ❸उपेक्षा करना; अवहेलना करना; ध्यान न देना: 他俩说话，把我～在一边。वे दोनों बातचीत करते रहे और उन्हों ने मेरी ओर ध्यान तक न दिया। ❹凉 liàng के समान

【晾干】 liànggān किसी चीज़ को हवादार जगह या धूप में रखकर सुखाना

【晾台】 liàngtái चबूतरा; छत

喨 liàng दे० 嘹喨 liáoliàng (आवाज़) गूंजने वाली; ऊंची और साफ़

踉 liàng नीचे दे०

liáng भी दे०

【踉跄】 liàngqiàng (踉蹡 liàngqiàng भी) लड़खड़ाते हुए चलना

liāo

撩 liāo ❶लटकती हुई चीज़ को ऊपर उठाना: ~裙子 लहंगे के अंचल को ऊंचा उठाना ❷(ज़मीन आदि पर) पानी छिड़कना; छिड़काव करना

liáo; liào 撂 भी दे०

蹽 liāo <बो०> ❶लंबे-लंबे डग मारकर चलना; दौड़ना ❷चुपके-से खिसकना

liáo

辽[1] (遼) liáo दूर: 辽阔 / 辽远

辽[2] (遼) Liáo ❶ल्याओ राजवंश (907-1125 ई०) ❷ल्याओ-निंग (辽宁 Liáoníng) प्रांत का संक्षिप्त रूप

【辽东】 Liáodōng ल्याओनिंग प्रांत में ल्याओ नदी 辽河 के पूर्व का भाग, याने ल्याओनिंग प्रांत के पूर्वी और दक्षिणी भाग: ~半岛 ल्याओतोंग प्रायद्वीप

【辽阔】 liáokuò विशाल; विस्तृत: ~的土地 विशाल भूभाग

【辽宁】 Liáoníng लायओनिंग प्रांत

【辽沈战役】 Liáo-Shěn Zhànyì ल्याओशी-शनयांग मुहिम (सितंबर 12-नवंबर 2, 1948 ई०), मुक्ति-युद्ध की तीन निर्णायक मुहिमों में से पहली मुहिम

【辽西】 Liáoxī ल्याओनिंग प्रांत में ल्याओ नदी के पश्चिम का भाग, याने पश्चिमी ल्याओनिंग प्रांत

【辽远】 liáoyuǎn दूर; दूर का; दूरस्थ; दूरवर्ती: ~的边疆 दूरवर्ती सीमा-प्रदेश

疗 (療) liáo चिकित्सा करना; इलाज करना: 治~ चिकित्सा करना; इलाज करना

【疗程】 liáochéng चिकित्सा-क्रम

【疗法】 liáofǎ चिकित्सा-पद्धति; चिकित्सा-उपाय

【疗效】 liáoxiào चिकित्सा-परिणाम

【疗养】 liáoyǎng विश्राम करना; स्वास्थ्य-लाभ करना: ~院 विश्रामगृह; स्वास्थ्य-गृह; सेनेटोरियम

膋 (膫) liáo (प्राचीन पुस्तकों में) आंतों पर की चरबी

聊[1] liáo ❶केवल; फ़िलहाल; मात्र; सिर्फ़: ~表谢意 केवल धन्यवाद की भावना प्रकट करना / 聊以自慰 ❷ज़रा; कुछ: 聊胜于无 ❸(Liáo) एक कुलनाम

聊[2] liáo <लि०> निर्भर करना; भरोसा करना: 民不~生 जनता का जीना दूभर होना

聊[3] liáo बातचीत करना; गपशप करना: 聊天儿

【聊备一格】 liáobèiyīgé नमूने के तौर पर काम करना, पेश आना; फ़िलहाल ज़रूरतें पूरी करने के लिये किसी वस्तु का प्रयोग करना

【聊胜于无】 liáoshèngyúwú नहीं से थोड़ा भला

【聊天儿】 liáotiānr बात करना; बातचीत करना; गपशप करना

【聊天室】 liáotiānshì वेब चैट रूम; इंटरनेट पर गपशप कक्ष

【聊以自慰】 liáoyǐzìwèi फ़िलहाल अपने को तसल्ली देना: 我所~的是目前我身体尚好。मुझे तसल्ली हुई कि आजकल मेरी तबीयत ठीक है।

僚 liáo ❶अधिकारी गण; कर्मचारी; अफ़सर ❷एक ही सरकार के अधिकारी: 同~ सहकारी; सहकर्मी; कार्यबन्धु

【僚机】 liáojī <सैन्य०> विंगमेन; विंग प्लेन

【僚属】 liáoshǔ <पुराना> मातहत के अधिकारी

【僚友】 liáoyǒu <पुराना> एक ही सरकारी संस्था के सहकारी

漻 liáo <लि०> (पानी) स्वच्छ और गहरा

寥 liáo ❶कम; कुछ; थोड़े; अल्प: 寥若晨星 ❷एकांत: 寂~ एकांत ❸<लि०> शून्य: 寥廓

【寥廓】 liáokuò व्यापक और शून्य: ~的天空 असीम व्योम

【寥寥】 liáoliáo बहुत कम: ~无几 बहुत कम; कुछ; इने-गिने

【寥若晨星】 liáoruòchénxīng सुबह के तारों की तरह बहुत कम

撩 liáo छेड़ना; छेड़खानी करना; चिढ़ाना; उत्तेजित करने के लिये कुछ करना

liāo; 撂 liào भी दे०

【撩拨】 liáobō छेड़ना; छेड़खानी करना; चिढ़ाना; उत्ते-जित करने के लिये कुछ करना

【撩动】 liáodòng चिढ़ाना; उत्तेजित करना

【撩逗】 liáodòu छेड़ना; छेड़खानी करना; चिढ़ाना; उत्ते-जित करने के लिये कुछ करना

【撩乱】 liáoluàn 缭乱 liáoluàn के समान

【撩惹】 liáorě चिढ़ाना; उत्तेजित करना

嘹 liáo नीचे दे०

【嘹亮】 liáoliàng（嘹喨 liáoliàng भी）(आवाज़) सुरीली; ऊंची और साफ़; सुस्वर

獠 liáo नीचे दे०

【獠牙】 liáoyá बाहर निकला हुआ लंबा और तेज़ दांत

潦 liáo नीचे दे०
　liǎo भी दे०

【潦草】 liáocǎo ❶(लिखावट) जल्दबाज़ और बेपरवाह: 字迹～ लिखावट अपाठ्य होना; पढ़ी न जा सकने वाली लिखावट

【潦倒】 liáodǎo निराश हो जाना; उदास हो जाना; निस्तेज हो जाना; पतन हो जाना: 他竟会如此～。आखिरकार उस का ऐसा पतन हो गया है।

寮 liáo 〈बो०〉 छोटा मकान; कुटिया; झोंपड़ी: 茅～ झोंपड़ी; कुटिया

【寮房】 liáofáng ❶बौद्ध मंदिर में साधुओं के रहने के कमरे ❷〈बो०〉 सरल और अपरिमार्जित मकान

【寮棚】 liáopéng छायाबान; झोंपड़ी; कुटिया

嫽 liáo सुन्दर और अच्छा; सुखमय

缭（繚）liáo ❶लपेटना; उलझाना: 缭乱 ❷सूई से तिरछा-तिरछा सीना: ～贴边 कपड़े का किनारा तिरछा (या मोड़कर) सीना

【缭乱】 liáoluàn गड़बड़; व्याकुल: 我的心很～。मेरे मन में बहुत व्याकुलता अनुभव हुई।

【缭绕】 liáorào लहराना; चक्करदार होकर जाना; छल्लेदार बनाकर जाना: 乐声～。संगीत-स्वर वायु में धीरे-धीरे लहरा रहा है।

燎 liáo आग जलना; आग लगना; जलाना: 星星之火，可以～原。एक चिनगारी सारे (या पूरे) जंगल में आग लगा सकती है।
　liǎo भी दे०

【燎原】 liáoyuán घास के विस्तृत मैदान में आग लगना: ～烈火 दावानल; भभकती हुई दावाग्नि

鹩（鷯）liáo दे० 鷦鷯 jiāoliáo रेन (wren) पक्षी

簝 liáo प्राचीन काल में बलि चढ़ाते समय मांस रखने की बांस की चीज़

髎 liáo 〈ची०चि०〉 दोनों जुड़ी हुई हड्डियों के बीच का स्थान (यह अक्षर बहुधा स्नायु-बिन्दु के नाम में प्रयुक्त होता है)

liǎo

了[1] liǎo ❶अंत; समाप्ति: 了结 / 了局 ❷क्रिया के बाद 得 या 不 के साथ प्रयुक्त करके संभावना या असंभावना का बोध होता है: 这事你办得～办不～? यह काम तुम कर सकते हो कि नहीं? ❸〈लि०〉 बिलकुल (नहीं); कुछ (नहीं): ～无惧色 बिलकुल डर न होना

了[2]（瞭）liǎo समझना; जानना; परिचित होना: 了解
　le; 瞭 के लिये liào भी दे०

【了不得】 liǎobudé ❶असाधारण; भयावह; विकट: 他以为自己～。उस का दिमाग चढ़ गया। / ～的大事 बहुत महत्वपूर्ण बात ❷विशेषण के बाद 得 के साथ प्रयुक्त करके अधिकता का बोध होता है: 贵得～ बहुत ज़्यादा महंगा। / 高得～ बहुत ज़्यादा ऊंचा ❸गंभीर स्थिति का बोध होता है: 可～，他死了。अरे, क्या करे, वह मर गया।

【了不起】 liǎobuqǐ ❶असाधारण; गैरमामूली; अनोखा; अपूर्व: 他觉得～。वह घमण्ड में चूर हो गया। / 他真～。वह सचमुच असाधारण है। ❷बहुत गंभीर; बड़ा भारी: 这不是什么～的大事。यह कोई बहुत गंभीर बात नहीं है।

【了当】 liǎodàng ❶〈पुराना〉 बरताव करना; निबटारा करना: 不知他～得否? न जाने वह यह काम कर सकता है कि नहीं? ❷समाप्त करना; चुकना: 安排～ प्रबन्ध करके; प्रबन्ध कर चुकना ❸सच्चाई से; खरेपन से; निर्भीकतापूर्वक; सीधा; साफ़; स्पष्ट: ～明白的答复 सीधा और साफ़ जवाब देना / 更～地说 खरेपन से कहना या बोलना

【了得】 liǎodé ❶(प्रायः 还 के बाद ऊंची आवाज़ में प्रयुक्त) भयंकर; भयावह: 要是摔下去了，那还～! ओह, अगर नीचे गिर गया होता तो कितना खतरनाक होता! ❷〈पुराना〉 असाधारण; गैरमामूली: 这个人画画得十分～。यह आदमी बहुत अच्छा चित्र बनाता है।

【了结】 liǎojié निबटाना; समाप्त करना; खतम करना: 年底可～此事。इस साल के अंत में इस काम को खतम किया जा सकता है।

【了解】 liǎojiě समझना; परिचित होना; अवगत हो-ना: ～下情 नीचे के स्तर की परिस्थितियों से अवगत होना; नीचे के स्तर की परिस्थितियों की जानकारी प्राप्त होना या करना

【了局】 liǎojú ❶अंत; समाप्ति: 故事的～ कहानी का अंत ❷समाधान; हल: 这样下去，终非～。इस तरह स्थगित करने से काम नहीं चलेगा।

【了了】 liǎoliǎo समझना: 不很～ बहुत ज़्यादा न समझना

【了却】 liǎoquè समाप्त करना; खतम करना; निबटाना: ～公事 दफ़्तरी काम को निबटाना

【了然】 liǎorán समझना; स्पष्ट होना: 可更容易～

अधिक आसानी से समझ सकना

【了如指掌】 liǎo rú zhǐ zhǎng किसी वस्तु की स्थिति को अपनी हथेली की उंगलियों की तरह बहुत साफ़ जानना

【了事】 liǎoshì किसी मामले का खतम हो जाना: 能～否? क्या इस तरह से मामला खतम हो सकता है ?

【了无】 liǎowú कुछ भी न होना: ～去意 जाने की इच्छा कुछ भी न होना

【了愿】 liǎoyuàn अपनी इच्छा, वादा या प्रतिज्ञा पूरी करना

【了账】 liǎozhàng अपना ऋण या हिसाब साफ़ करना

钌 (釕) liǎo 〈रसा०〉 रुथेनियम (Ru)
liào भी दे०

蓼 liǎo (水蓼 shuǐliǎo भी) नॉटवीड (knotweed)
lù भी दे०

【蓼蓝】 liǎolán इंडिगो प्लांट

憭 liǎo समझना; जानना

燎 liǎo (बाल) झुलसना; थोड़ा-थोड़ा चलना
liáo भी दे०

liào

尥 liào नीचे दे०

【尥蹶子】 liào juězi (घोड़े, गधे आदि का) पीछे की ओर लात मारना

钌 (釕) liào नीचे दे०
liǎo भी दे०

【钌铞儿】 liǎodiàor (किवाड़ पर लगी हुई) कुंडी

料 1 liào अनुमान करना; आशा होना; ख्याल होना: 不～ आशा न होना कि / ～他不敢来。मेरे ख्याल में उसे आने का साहस नहीं है। / 我～定他没有去。मेरा ख्याल है वह नहीं गया।

料 2 liào ❶सामग्री; मसाला: 没有～ सामग्री न होना ❷चारा: 草～ चारा; पशुओं के खाने का घासपात: 给马喂～ घोड़े को चारा खिलाना ❸आवश्यक गुण: 我不是当将军的～。मुझ में सेनापति बनने के आवश्यक गुण नहीं हैं।

【料不到】 liàobudào आशा न होना कि; उम्मीद न होना कि; सपने में भी खयाल न होना कि; कल्पना भी न कर सकना कि; सोच भी न सकना कि: 我万～你会来。मुझे यह आशा बिल्कुल नहीं थी कि तुम आओगे।

【料到】 liàodào आशा होना; ख्याल होना; मालूम होना: 我早就～他必败无疑。मैं ने इस बात को देख लिया था कि उस की हार लाजमी है।

【料及】 liàojí 〈लि०〉 आशा होना; ख्याल होना; मालूम होना: 原未～ पहले मालूम न होना

【料酒】 liàojiǔ भोजन बनाने के लिये शराब

【料理】 liàolǐ प्रबंध करना; संभालना: ～家务 गृहस्थी संभालना

【料器】 liàoqì कांचमाण्ड; कांच या शीशे का सामान

【料峭】 liàoqiào 〈लि०〉 सर्द; ठंडा: 春寒～ वसंत के आरंभ में हवा में ठंड

【料事如神】 liàoshì-rúshén भविष्यवक्ता की तरह भविष्यवाणी करना

【料想】 liàoxiǎng सोचना-समझना; अनुमान करना; अंदाज़ करना: ～不到 अनुमान न होना

【料子】 liàozi ❶कपड़ा बनाने की सामग्री ❷〈बो०〉 ऊनी कपड़ा ❸आवश्यक गुण: 他是个画画的～。उस में चित्र बनाने के आवश्यक गुण हैं।

撂 (撩) liào ❶रखना: 他把瓶子～在地下。उस ने बोतल को ज़मीन पर रख दिया। / ～下筷子 चापस्टिक को मेज़ पर रखना ❷गिराना; मार गिराना; गोली से मार गिराना: 肺病把他～倒了。फेफड़े की बीमारी ने उसे बिलकुल ही कमज़ोर कर दिया।
撩 liāo; 撩 liáo भी दे०

【撂荒】 liàohuāng खेत को बंजर कर देना

【撂跤】 liàojiāo 〈बो०〉 मल्लयुद्ध; कुश्ती; अखाड़ा

【撂手】 liàoshǒu काम अधूरा छोड़ना: ～不管 काम करने की ज़िम्मेदारी छोड़ देना

【撂挑子】 liào tiāozi पद से हटना; पदत्याग करना; अपनी ज़िम्मेदारियां छोड़ देना; अपने कर्तव्य से च्युत होना

廖 Liào एक कुलनाम

瞭 liào ऊंचे स्थान से या दूर से देखते रहना
了 liǎo भी दे०

【瞭望】 liàowàng ऊंचे स्थान पर चढ़कर दूर से देखना; अवलोकन करना; प्रेक्षण करना

【瞭望哨】 liàowàngshào अवलोकन (बुर्ज) चौकी; लुक-आउट पोस्ट

【瞭望塔】 liàowàngtǎ बुर्ज; अटारी

【瞭望台】 liàowàngtái मचान

镣 (鐐) liào बेड़ी: 脚～ पैरों की बेड़ी

【镣铐】 liàokào पैर की बेड़ी और हथकड़ी: 带上～ बेड़ियां डालना; बेड़ियां पहनाना

liē

咧 liē नीचे दे०
liě; lie भी दे०

【咧咧】 liēliē दे० 大大咧咧 dàdaliēliē लापरवाह; 骂骂咧咧 màmaliēliē बात करते-करते बीच में गाली देना

【咧咧】 liēlie <बोल> ❶बेमानी बात करना; बकवास करना; बेतुकी बातें करना: 你看，他又在瞎～什么了！देखो, वह फिर क्या बकवास कर रहा है! ❷(बच्चे का) रोना: 别～了，快来吧！रो मत, जल्दी आ।

liě

咧 liě नीचे दे०
liē; lie भी दे०

【咧嘴】 liězuǐ मुंह के कोने दोनों ओर फैलना: ～笑 मुंह के कोने दोनों ओर फैलाकर हंसना

裂 liě <बो०> (दो जुड़े हुए हिस्सों का) अलग होना: 衣服没扣好，～着怀 कमीज़ या कोट के बटन न लगाये जाने से छाती खुल जाना
liè भी दे०

liè

列 liè ❶व्यवस्थित करना; श्रेणीबद्ध करना; क्रमबद्ध करना: 列队 ❷किसी श्रेणी की वस्तुओं में रखना: ～入议程 एजेंडा में शामिल करना ❸कतार: 最前～ सब से आगे वाली कतार ❹<परि०श०> (सिलसिलेदार या कतार वाली वस्तुओं के लिये): 一～火车 रेल की एक कतार; एक रेल ❺श्रेणी; प्रकार: 不属此～ इस श्रेणी का न होना ❻हर; प्रत्येक: 列强 ❼(Liè) एक कुलनाम

【列兵】 lièbīng <सैन्य०> सिपाही; साधारण सैनिक

【列车】 lièchē गाड़ी; रेलगाड़ी: 直达～ बिना लाइन बदले चली जाने वाली रेलगाड़ी / 11 次～ ग्यारह नं० रेलगाड़ी / ～时刻表 रेलगाड़ी का टाइमटेबुल / ～员 ट्रेन-क्रू; ट्रेन-मैन / ～长 ट्रेन-क्रू का प्रधान

【列岛】 lièdǎo द्वीप-समूह: 澎湖～ फंगहू द्वीप-समूह

【列队】 lièduì श्रेणीबद्ध करना: ～前进 श्रेणीबद्ध करके आगे बढ़ना

【列国】 lièguó विभिन्न देश या राज्य: 周游～ विभिन्न राज्यों की यात्रा करना

【列举】 lièjǔ नामसूची में चढ़ाना; गणना करना; प्रस्तुत करना: ～书名 पुस्तकों की नामसूची प्रस्तुत करना

【列宁主义】 Lièníng zhǔyì लेनिनवाद

【列强】 lièqiáng ताकतें: 帝国主义～ साम्राज्यवादी ताकतें

【列位】 lièwèi आप लोग; आप सब लोग: ～请看 आप सब लोग देखें या देखिये।

【列席】 lièxí शामिल होना: ～会议 सभा में शामिल होना / ～代表 बिना वोट देने के अधिकार वाला प्रतिनिधि

【列支敦士登】 Lièzhīdūnshìdēng लिश्तेनश्ताइन (रियासत)

【列支敦士登人】 Lièzhīdūnshìdēngrén लिश्तेन-श्ताइनी

【列传】 lièzhuàn जीवनियां (राज्यों के इतिहासों में प्रसिद्ध व्यक्तियों की जीवनियां): 《史记·扁鹊仓公～》 'श ची (ऐतिहासिक रिकार्ड) में प्येन छवे और छांग कोंग की जीवनी'

劣 liè ❶बुरा; अच्छा नहीं; खराब (विलोम: 优 yōu): 劣绅 ❷अल्पतर: 劣弧

【劣等】 lièděng निम्नस्तर का: ～品 निम्नस्तर का माल

【劣根性】 liègēnxìng कुसंस्कार; खराबी; बुराई

【劣弧】 lièhú <गणि०> चाप; वृत्त का भाग

【劣货】 lièhuò निम्नस्तर का माल

【劣迹】 lièjì कुकर्म; दुष्कर्म; अपराध: ～昭彰 सर्वविदित कुकर्म होना / ～昭昭的分子 कुख्यात दुष्ट

【劣马】 lièmǎ ❶सड़ियल घोड़ा; निकम्मा घोड़ा ❷गुस्सैल घोड़ा

【劣绅】 lièshēn बुरा शरीफ़ज़ादा

【劣势】 lièshì बुरी स्थिति; बलहीन स्थिति; कमतरी की स्थिति; कमज़ोर: ～装备 घटिया फ़ौजी साज़-सामान / ～中的优势 कमज़ोर स्थिति में अच्छी स्थिति होना / 相对～ अपेक्षाकृत कमज़ोर / 绝对～ पूर्ण कमज़ोर

【劣质】 lièzhì निम्नस्तर का: ～品 निम्नस्तर का माल

【劣种】 lièzhǒng निकृष्ट नस्ल; घटिया बीज

冽 liè <लि०> ठंडा; सर्द: ～风 ठंडी हवा

洌 liè <लि०> (पानी, शराब) स्वच्छ; साफ़

埒 liè <लि०> ❶समान; बराबर: 富～天子 सम्राट के समान धनी

烈 liè ❶प्रचण्ड; प्रबल; प्रखर: 烈风 / 烈火 / 烈日 ❷सीधा और स्पष्टवक्ता; न्यायनिष्ठ और स्पष्टवक्ता; गंभीर: 刚～ न्यायनिष्ठ और दृढ़ ❸न्याय के लिये मर जाना: 烈士 ❹<लि०> योगदान: 功～ योगदान

【烈度】 lièdù (地震裂度 dìzhèn lièdù का संक्षिप्त रूप) भूकम्प की तीव्रता या प्रचण्डता

【烈风】 lièfēng प्रचण्ड वायु; तेज़ हवा

【烈火】 lièhuǒ प्रचण्ड आग; तेज़ आग: ～般的青春 जलती हुई जवानी

【烈火见真金】 lièhuǒ jiàn zhēnjīn प्रचण्ड आग में तपकर ही शुद्ध स्वर्ण परखा जा सकता है —— निर्णायक काल में ही लोगों का चरित्र परखा जा सकता है

【烈日】 lièrì कड़ी धूप; कड़ाके की धूप; जलती हुई धूप: ～中 कड़ाके की धूप में

【烈士】 lièshì ❶शहीद: ～纪念碑 जन-शहीद स्मारक / ～墓 शहीदकब्र ❷उच्च चरित्र वाला व्यक्ति; वीर: ～暮年，壮心不已 वीर लोग अपनी वृद्धावस्था में भी अपनी महत्वाकांक्षा रखे रहते हैं।

【烈属】 lièshǔ क्रांतिकारी शहीदों के आश्रित

【烈性】 lièxìng ❶जोशीला; उत्साही: ～汉子 जोशीला आदमी; उत्साही व्यक्ति ❷प्रचण्ड; तीव्र: ～酒 बहुत तेज़ शराब / ～毒药 प्रचण्ड विष; हलाहल / ～炸药 प्रचण्ड विस्फोटक
【烈焰】 lièyàn प्रचण्ड ज्वाला

鴷（鴷）
liè कठकोला; कठफोड़वा

捩
liè बटना; घुमाना; फिराना: 转～点 संक्रमणबिन्दु; मोड़

猎（獵）
liè शिकार करना; आखेट करना: 打～ शिकार करना; आखेट करना / 这豹是我以前～得的。इस चीते का मैं ने पहले शिकार किया था।
【猎场】 lièchǎng शिकार-गाह; आखेट-स्थल
【猎狗】 liègǒu शिकारी कुत्ता
【猎户】 lièhù आखेटक; शिकारी; व्याध
【猎户座】 lièhùzuò 〈खगोल०〉 मृगशीर्ष; किरात
【猎获物】 lièhuòwù शिकार
【猎奇】 lièqí किसी अनोखी चीज़ की तलाश करना
【猎潜艇】 lièqiántǐng पनडुब्बी-अनुधावक
【猎枪】 lièqiāng शिकारी बन्दूक
【猎取】 lièqǔ शिकार के द्वारा प्राप्त करना; हथियाना: ～职位 सरकारी पदों को हथियाना
【猎犬】 lièquǎn शिकारी कुत्ता
【猎人】 lièrén शिकारी; व्याध
【猎手】 lièshǒu शिकारी; व्याध
【猎头】 liètóu ❶मुख्य शिकारी (head hunter) ❷मुख्य शिकारी का काम करने वाला व्यक्ति या मध्यस्थ संगठन: ～公司 मुख्य शिकारी कंपनी
【猎鹰】 lièyīng शिकारी-बाज़

裂
liè फट जाना; फट कर अलग होना: 分～ फूटना; विभाजन होना / 破～ टूटना; फटना; टुकड़े-टुकड़े हो जाना / 裂缝 / 玻璃～了。शीशा फट गया।
liě भी दे०
【裂变】 lièbiàn 〈भौ०〉 प्रमाणु-विस्फोट; फ़िशन
【裂缝】 lièfèng दरार; शिगाफ़; फांक; फटा
【裂果】 lièguǒ 〈वन०〉 स्फोटक फल
【裂痕】 lièhén फटा; दरार; छेद: 他们俩之间发生了～。उन दोनों के बीच गहरी दरार पड़ गयी।
【裂解】 lièjiě स्प्लिटिंग; स्प्लिटिंग डिकंपोज़िशन
【裂开】 lièkāi फटना; फूटना: 盒子～了。डिब्बा फट गया।
【裂口】 lièkǒu दरार; फटा: ～扩大了。दरार अधिक चौड़ी हो गयी।
【裂纹】 lièwén दरार; फटा; फटन: 玻璃窗上有一道～。शीशे की खिड़की पर एक दरार पड़ गयी।
【裂隙】 lièxì दरार: 桌上有道～。मेज़ पर एक दरार पड़ी हुई है।

趔
liè नीचे दे०

【趔趄】 lièqie लड़खड़ाना; लड़खड़ाते हुए चलना: 他～着走了。वह लड़खड़ाता हुआ चला गया।

躐
liè 〈लि०〉 ❶सीमा का अतिक्रमण करना; आगे निकलना: 躐等 ❷रौंदना; पांवों के नीचे कुचल देना
【躐等】 lièděng (躐级 lièjí भी) बीच-बीच में छोड़ जाना; छोड़-छोड़ कर बढ़ना

鱲（鱲）
liè 〈प्राणि०〉 मिनो (minnow) मछली (桃花鱼 táohuāyú भी)

鬣
liè सटा; अयाल; केशर; घोड़े, सिंह आदि जानवरों की गर्दन पर के लम्बे बाल
【鬣狗】 liègǒu लकड़बग्घा
【鬣羚】 lièlíng राम-हिरण; चिम्पाजी

lie

咧
lie 〈बो०〉 〈लघु अ०〉 (इस का प्रयोग 了，啦 और 哩 के समान होता है)
liē; liě भी दे०

līn

拎
līn उठाना; लेना: 她～着一桶水走。वह एक बाल्टी पानी लेकर चल रही है।
【拎包】 līnbāo 〈बो०〉 थैला; झोला; हैंडबैग

lín

邻（鄰、隣）
lín ❶पड़ोसी: 邻人 ❷पड़ोस का; पास का: 邻邦 / 邻国 / ～座 पास की सीट ❸प्राचीन काल में पांच परिवार बराबर एक लिन 邻
【邻邦】 línbāng पड़ोसी देश
【邻村】 líncūn पड़ोसी गांव
【邻国】 línguó पड़ोसी देश
【邻角】 línjiǎo 〈गणि०〉 संलग्न कोण; समीपस्थ कोण
【邻接】 línjiē संलग्न होना; मिला हुआ होना; सटा हुआ होना: 山西省东边～山东省。शानशी प्रांत का पूर्वी भाग शानतोंग प्रांत से मिलता है।
【邻近】 línjìn ❶पास होना; पड़ोस-पड़ोस होना; समीप होना: 中国东部和日本～。चीन का पूर्वी भाग जापान के समीप है। ❷आसपास: 我家～没有医院。हमारे घर के आसपास अस्पताल नहीं है।
【邻居】 línjū पड़ोसी; पड़ोसिन

【邻里】 línlǐ ❶वह स्थान जो किसी के निवास-स्थान की बगल या समीप में है; पड़ोस ❷पड़ोसी; पड़ोसिन
【邻人】 línrén पड़ोसी; पड़ोसिन
【邻舍】 línshè <बो०> पड़ोसी; पड़ोसिन

林 lín ❶वन; जंगल: 树～ वन; जंगल ❷व्यक्तियों या वस्तुओं का समूह: 艺～ कला-जगत्; कला-क्षेत्र / 石～ पाषाण-वन ❸जंगलात: 农～ कृषि और जंगलात ❹ (Lín) एक कुलनाम
【林产】 línchǎn वन-उपज; जंगल की पैदावार
【林场】 línchǎng जंगलात-यार्ड; वृक्ष-फ़ार्म
【林带】 líndài वन-कटिबन्ध: 防风～ वायुरोधी वन-कटिबन्ध
【林地】 líndì वन-भूमि; वन-प्रदेश
【林海】 línhǎi सघन-वन: ～雪原 सघन-वन और बर-फ़ीला मैदान
【林垦】 línkěn जंगलात और भूमि सुधार
【林立】 línlì (खंभे, चिमनियां, ऊंची-ऊंची इमारतें आदि) जंगल की तरह घनिष्ठ रूप से खड़े होना: 厂区烟囱～。कारखाने-क्षेत्र में चिमनियां जंगल की तरह खड़ी हुई हैं।
【林林总总】 línlínzǒngzǒng असंख्य; अगणित; बहुत अधिक
【林莽】 línmǎng जंगल
【林木】 línmù ❶वन; जंगल ❷जंगल की लकड़ी
【林农】 línnóng वन-कृषक
【林檎】 línqín (花红 huāhóng का दूसरा नाम) क्रैब-एमल
【林区】 línqū जंगलात क्षेत्र; वन-क्षेत्र
【林泉】 línquán <लि०> वन-स्रोत; एकांतवासी के लिये स्थान
【林薮】 línsǒu <लि०> वन और सजल भूमि
【林业】 línyè वन-उद्योग: ～部 जंगलात विभाग; जंग-लात मंत्रालय
【林独】 línyì (猞猁 shēlì भी) विडाल; वनविलाव; लिंक्स
【林荫道】 línyīndào छायादार मार्ग
【林苑】 línyuàn (सम्राटों के लिये) शिकार-गाह
【林子】 línzi वन; जंगल

临 (臨) lín ❶के निकट होना; सामने होना; सम्मुख होना: ～危 खतरे में पड़ जाना / 如～大敌 जैसे शक्तिशाली शत्रु सामने आये हों ❷आना; पहुंचना: 光～ पधारना; आगमन होना; शुभागमन होना ❸के पहले ही: 临别 / ～分手的时候 विदा होते समय / 临终 ❹मूल की नकल करना: 临摹 ❺ (Lín) एक कुलनाम
【临别】 línbié बिछड़ते समय; विदा के समय; किसी से विदा होते समय: ～赠言 विदा के समय के वचन
【临产】 línchǎn प्रसवोन्मुखी: ～阵痛 प्रसव-पीड़ा
【临场】 línchǎng ❶परीक्षा-हाल में परीक्षा देते समय; प्रतियोगिता में भाग लेते समय: ～经验 परीक्षा-हाल में परीक्षा देने या प्रतियोगिता में भाग लेने का अनुभव ❷स्वयं कार्य-स्थल में आना: ～指导 स्वयं कार्य-स्थल में आकर कार्यनिर्देश देना
【临床】 línchuáng क्लीनिकल: ～观察 क्लीनिकल नि-रीक्षण / ～经验 क्लीनिकल अनुभव / ～实习 क्लीनिकल प्रैक्टिस / ～诊断 क्लीनिकल डाइग्नोसिस
【临到】 líndào ❶के पहले ही: ～开会他才来。सभा होने के ठीक पहले ही वह आया। ❷आ पड़ना; घटित होना; बीतना: 这件事～他头上，他也没有办法。अगर यह बात उस के सिर पर आ पड़ती तो वह भी कुछ न कर सकता।
【临机】 línjī संकट का सामना करना: ～应变 परि-स्थितियों के अनुसार कार्यवाही करना / 军队首长有～处置之权。सेना में कमान संभालने वाले अफ़सर को लड़ाई के दौरान और परिस्थिति की मांग पर आपात कालीन फ़ैसले करने का अधिकार है।
【临界点】 línjièdiǎn क्रिटिकल प्वाइंट
【临界温度】 línjiè wēndù क्रिटिकल टेम्परेचर
【临近】 línjìn (समय, स्थान) के पास आना; के नज़दीक होना: ～国庆 राष्ट्र दिवस के कुछ ही दिन पहले / ～大街 बड़ी सड़क के नज़दीक होना
【临渴掘井】 línkě-juéjǐng प्यास लगने पर कुआं खोदना —— बड़ी देर में काम शुरू करना
【临了】 línliǎo अंत में; अंततः 给他干了许多活，～却说活干得不好。हम ने उस के लिये बहुत काम किया, लेकिन अंत में उस ने कहा कि काम अच्छा नहीं किया गया।
【临门】 línmén ❶घर के दरवाज़े पर आना: 贵客～ विशिष्ट अतिथि का घर में आना ❷<फुटबाल> गोल के सामने आना: ～一脚 ठीक गोल के सामने आ पहुंचने पर गोल की ओर गेंद मारना
【临摹】 línmó मूल की प्रतिलिपि करना; नकल करना
【临难】 línnàn खतरे या कठिनाइयों के सामने: ～不惧 कठिन परीक्षा के समय विचलित न होना; कठिन परीक्षा के समय मुंह न मोड़ना; कठिनाइयों के सामने अटल होना
【临盆】 línpén प्रसव में होना; सौरी या सूतक में होना
【临蓐】 línrù प्रसव में होना; सौरी या सूतक में होना
【临深履薄】 línshēn-lǚbó जैसे अथाह गर्त की कगार पर होना, जैसे नदी की पतली बर्फ़ पर पैदल चलना —— बड़ी सावधानी और होशियारी से
【临时】 línshí ❶वह समय जब किसी वस्तु की आवश्यक-ता हो या कोई बात घटित हो; ज़रूरत पड़ने पर: ～帮忙 ज़रूरत पड़ने पर मदद करना ❷अस्थाई रूप से; आरज़ी तौर पर: ～凑合 कामचलाऊ तरीके से तैयार करना / ～仓卒应战 तुरत-फुरत और हड़बड़ी में लड़ाई लड़ना ❸अस्थाई: ～办法 अस्थाई उपाय / ～措施 अस्थाई कदम / ～费用 आनुषंगिक अथवा नैमित्तिक व्यय / ～根据地 अस्थाई आधार-क्षेत्र / ～政府 अस्थाई सरकार; अंतर्कालीन सरकार
【临时抱佛脚】 línshí bào fójiǎo ज़रूरत पड़ने पर भगवान बुद्ध के पैरों का आलिंगन करना —— अंतिम क्षण में सहायता ढूंढना
【临时代办】 línshí dàibàn कार्य-वाहक राजदूत; अं-तरिम कार्यदूत; अस्थाई कार्यदूत
【临死】 línsǐ मरते दम में; दम तोड़ते समय

【临头】 líntóu सामने आना; सामना करना; सर पर खतरा मंडराना: 祸事～ भारी विपदा पर सर पर आना / 危险临到他的头上。उसे खतरे का सामना करना पड़ता है।
【临危】 línwēi ❶मरते समय ❷खतरे में पड़ना; सर पर खतरा मंडराना: ～不惧 खतरे में पड़ते हुए भी न डरना / ～受命 संकटकाल में नियुक्ति स्वीकार करना / ～授命 देश के संकटकाल में अपने प्राण देने को तैयार होना
【临刑】 línxíng प्राणदण्ड करने के ठीक पहले
【临行】 línxíng जाते समय; प्रस्थान करते समय
【临渊羡鱼】 línyuān-xiànyú तालाब के किनारे पर खड़े होकर मछली के लिये लालायित होना: ～，不如退而结网。तालाब के किनारे पर खड़े होकर मछली के लिये लालायित होने से तो यही अच्छा है कि घर लौटकर जाल बना लो।
【临月】 línyuè बच्चा पैदा होते समय
【临战】 línzhàn मुठभेड़ के ठीक पहले: ～时 फ़ौजी कार्यवाही के दौरान
【临阵】 línzhèn ❶लड़ाई लड़ने के ठीक पहले: ～磨枪 लड़ाई लड़ने के लिये जाने के ठीक पहले ही भाले को तेज़ करना —— बड़ी देर में तैयारी करना / ～逃脱 लड़ाई में या लड़ाई लड़ने के ठीक पहले खेत छोड़ना या पलायन करना —— संकट बेला में चुपके से चल देना
【临终】 línzhōng मरने के ठीक पहले; मृत्यु-शय्या पर पड़े हुए: ～遗言 मृत्यु-शय्या पर की गयी वसीयत

啉 lín दे० 喹啉 kuílín 〈रसा०〉 क्विनोलिन

淋 lín ❶पानी या अन्य तरल पदार्थ का किसी वस्तु पर गिरना: 衣服给雨～湿了。पानी बरसने से कपड़ा भीग गया। ❷पानी या अन्य तरल पदार्थ को किसी वस्तु पर गिराना: 在菜上～上香油。तरकारी पर कुछ तिलतेल डालो।
　lìn भी दे०
【淋巴】 línbā लसीका; लसिका; लिम्फ़: ～管 लसीका-वाहिनी; लसीकिनी / ～管炎 लसीकिनी कोप / ～系统 लसीका-संहति / ～腺 लसीका-ग्रंथि; लिम्फ़ैटिक ग्लैण्ड / ～腺肿 लसीका-ग्रंथिकोप; लसीका-ग्रंथिशोथ / ～液 लसीका; लिम्फ़
【淋漓】 línlí ❶सराबोर; तर-बतर: 大汗～ पसीने से तर-बतर ❷(लेख, भाषण आदि) मनाही से मुक्त प्रतिबन्धमुक्त: 痛快～ जोशपूर्ण और प्रभावशाली
【淋漓尽致】 línlí-jìnzhì स्पष्ट रूप से और तीक्ष्णता से; पूर्ण रूप से; अति-विस्तार से: 揭露得～ पूर्ण रूप से पर्दाफ़ाश करना
【淋淋】 línlín सराबोर; तर-बतर: 汗～ पसीने से तर-बतर
【淋湿】 línshī भीग जाना; पानी से तर हो जाना
【淋雨】 línyǔ बरसाती पानी से तर होना
【淋浴】 línyù फुहार-स्नान; धारा-स्नान; बौछार से नहाना; शोवर-बाथ

綝 (綝) lín नीचे दे०
【綝缅】 línlí (綝漓 línlí भी) 〈लि०〉 अत्युत्तम वस्त्र धारण करते हुए

琳 lín 〈लि०〉 सुन्दर जेड
【琳琅】 línláng सुन्दर जेड: ～满目 सुन्दर वस्तुओं का शानदार संग्रह

粼 lín नीचे दे०
【粼粼】 línlín 〈लि०〉 (पानी; पत्थर आदि) स्वच्छ; स्फटिकवत्: ～碧波 स्वच्छ और नीली तरंगें

嶙 lín नीचे दे०
【嶙嶙】 línlín 嶙峋 के समान
【嶙峋】 línxún 〈लि०〉 ❶(पहाड़ी चट्टानें, खड़ी चट्टानें आदि) असम; ऊबड़-खाबड़; ऊंची-नीची: 怪石～ विचित्र रूपों वाली ऊबड़-खाबड़ चट्टानें ❷(व्यक्ति) दुबला-पतला

遴 lín सावधानी से चुनना, छांटना या निर्वाचन करना
　〈प्रा०〉 吝 lìn भी दे०
【遴选】 línxuǎn ❶योग्य व्यक्ति चुनना: ～接班人 उत्तराधिकारी चुनना ❷चुनना: ～为优质产品 उत्तम माल चुना जाना

潾 lín नीचे दे०
【潾潾】 línlín (पानी) स्वच्छ; साफ़: ～水波 स्फटिक के समान पारदर्शी तरंगें

璘 lín 〈लि०〉 जेड पत्थर की चमक

霖 lín लगातार कई दिन की वर्षा: 霖雨
【霖雨】 línyǔ लगातार कई दिन की वर्षा

辚 (轔) lín नीचे दे०
【辚辚】 línlín 〈लि०〉 〈अनु०〉 चलती हुई गाड़ी की आवाज़

磷 lín 〈रसा०〉 फ़ॉस्फ़ोरस (P)
【磷肥】 línféi फ़ास्फ़रिक-खाद: ～厂 फ़ास्फ़रिक-खाद कारखाना
【磷光】 línguāng स्फुरदीप्ति; फ़ॉस्फ़ोरेसन्स
【磷灰石】 línhuīshí फ़ास्फ़ोराइट; चूना मिला फ़ास्फ़ोरस
【磷火】 línhuǒ स्फुरदीप्त प्रकाश; फ़ोस्फोरेसंट लाइट
【磷燃烧弹】 línránshāodàn फ़ास्फ़ोरस-बम
【磷酸】 línsuān फ़ास्फ़ोरस अम्ल: ～铵 अमोनियम फ़ास्फ़ेट / ～钙 कैलसियम फ़ास्फ़ेट / ～盐 फ़ास्फ़ेट; फ़ास्फ़ोरिक अम्ल का लवण
【磷脂】 línzhī फ़ॉस्फ़ेटाइड: ～酸 फ़ॉस्फ़ेटाइडिक अम्ल

瞵 lín 〈लि०〉 आंख फाड़कर देखना: 鹗视鹰～ समुद्री बाज़ का देखना और चील का आंख फाड़कर देखना

鳞（鱗）lín ❶(मछली आदि का) छिलका; शल्क ❷मछली के छिलके से मिलती-जुलती चीज़: 鳞茎 / 鳞伤

【鳞波】línbō 〈साहि०〉ऊर्मियां; तरंगें; हिलोरें

【鳞翅目】línchìmù 〈प्राणि०〉लेपिडोप्टेरा; कीड़ों की वे जातियां जिन के चार झिल्लीदार पंख हों (जैसे तितली आदि)

【鳞次栉比】líncì-zhìbǐ (इमारतें) मछली के छिलकों और कंघी के दांतों की तरह; कतारों में

【鳞甲】línjiǎ (सरीसृप आदि जंतुओं के) शल्क और कठोर बाह्य आवरण

【鳞介】línjiè 〈लि०〉जल-जंतुओं का सामान्य नाम

【鳞茎】línjīng (प्याज़ आदि का) ज़मीन के अंदर रहने-वाला गोल तना

【鳞片】línpiàn ❶(मछली या कीड़ों के पंखों पर का) छिलका; शल्क ❷अंकुरों का छिलका

【鳞伤】línshāng (शरीर-भर) शल्कों की तरह घाव: 遍体～ शरीर-भर शल्कों की तरह घाव

【鳞屑】línxiè चमड़े के उतरे हुए छिलके

【鳞爪】línzhǎo 〈लि०〉छिलके और पंजे —— छोटे-छोटे टुकड़े, खण्ड या अंश

麟（麐）lín 〈लि०〉एक कल्पित पशु; (चीनी) यूनि-कॉर्न

lǐn

菻 lǐn 拂菻 Fúlǐn चीन की प्राचीन पुस्तकों में पूर्वी रोम साम्राज्य

凛（凜）lǐn ❶ठंडा; सर्द: 凛冽 ❷गंभीर: ～遵 गंभीरतापूर्वक पालन करना / 凛然 ❸〈लि०〉भयभीत; डरा हुआ: ～于夜行 रात में यात्रा करने से डरना

【凛冽】lǐnliè हड्डियों को चुभने वाली ठंड: 北风～ हड्डियों को चुभने वाली उत्तरी ठंडी हवा / ～的黄昏 शीतल सन्ध्या

【凛凛】lǐnlǐn ❶ठंडी हवा: 寒风～。ठंडी हवा चल रही है। ❷गंभीर: 威风～ रोबदार रंग-ढंग का होना

【凛然】lǐnrán गंभीर: 态度～ गंभीर रवैये में; सख्ती के साथ; गंभीरता से / 听的人都～了。जिन लोगों ने यह सुना वे डर के मारे कांप उठे।

廪（廩）lǐn 〈लि०〉अन्नभंडार; अनाज-गोदाम: 仓～ अन्नभंडार; अनाज-गोदाम

【廪生】lǐnshēng (मिंग और छिंग राजवंश में) सरकार से वेतन प्राप्त करने वाला श्यूत्साए（秀才 xiùcái）

懔（懍）lǐn दे० 凛 lǐn❷❸: ～于民族危亡的巨祸 राष्ट्रीय गुलामी की घोर विपत्ति से चिंतित होना

檩（檁）lǐn धरन; शहतीर

【檩条】lǐntiáo धरन; शहतीर

【檩子】lǐnzi 〈बो०〉धरन; शहतीर

lìn

吝 lìn ❶कंजूस; कदर्य; कृपण; मक्खीचूस: 吝惜 / 悭～ कंजूस; कृपण: 不～指教 (किसी बात, काम आदि) टीका-टिप्पणी करने में संकोच न करना ❷（Lìn）एक कुलनाम

【吝啬】lìnsè कंजूस; कृपण; कदर्य; मक्खीचूस: ～鬼 कंजूस; कृपण; सूम; मक्खीचूस

【吝惜】lìnxī अनिच्छा से देना; काम बन्द करना: 他干活不～自己的力量。वह प्रयत्नशील होकर काम करता है।

赁（賃）lìn किराये पर लेना: 租～ किराये पर लेना; किराया करना; भाड़े पर लेना

淋 lìn छानना; छनना: 过～ छानना; छनना
lín भी दे०

【淋病】lìnbìng सूज़ाक; गोनोरिया

蔺（藺）lìn ❶दे० 马蔺 〈वन०〉चीनी छोटा आइरिस ❷（Lìn）एक कुलनाम

膦 lìn 〈रसा०〉भास्वी; फ़ास्फ़ाइन

躏（躪）lìn दे० 蹂躏 रौंदना; पददलित करना; कुचलना

líng

〇 líng（零 líng के समान）शून्य; ज़ीरो: 二〇六号 नं० 206 / 二〇〇一年 2001 (बीस सौ एक)

令 líng नीचे दे०
lǐng; lìng भी दे०

【令狐】Línghú ❶प्राचीन काल में स्थान का नाम, वर्तमान शानशी प्रांत के लिनई（临猗）के आसपास ❷एक कुलनाम

伶 líng 〈पुराना〉अभिनेता: 名～ प्रसिद्ध अभिनेता / 坤～ अभिनेत्री

【伶仃】língdīng（零丁 língdīng भी）❶अवलंबहीन; अकेला; एकाकी: 孤苦～ अनाथ और असहाय; अकेला और उपेक्षित; मित्रहीन और अभागा ❷दुबला-पतला

【伶俐】línglì चतुर; चालाक; होशियार; हाज़िरजवाब;

तीक्ष्णबुद्धि: 那孩子很～。वह बच्चा बहुत चतुर है।
【伶人】 língrén 〈पुराना〉 अभिनेता
【伶牙俐齿】 língyá-lìchǐ वाचालता होना; वाक्चातुर्य होना; वाक्पटुता होना

灵（靈、霛）líng ❶फुरतीला, फुर्तीला; लचकीला; तेज़: 耳朵～ सुनने की शक्ति तेज़ होना / 脑子～ दिमाग तेज़ होना ❷आत्मा; बुद्धि: 心～ अंतरात्मा; मन ❸देवता या देवता संबंधी: 灵怪 ❹प्रभावकारी; प्रभावोत्पादक; कारगर: ～药 अचूक दवा ❺शव रखा हुआ ताबूत या मृतक संबंधी: 灵牌 / ～前摆着花环。ताबूत के सामने पुष्पमालाएं रखी हुई हैं।
【灵便】 língbiàn ❶चंचल; चपल; फुर्तीला: 他耳朵不～。वह ऊंचा सुनता है। ❷(औज़ार आदि) हाथ से आसानी से पकड़ना; सुविधापूर्वक प्रयोग करने योग्य: 这工具使着真～。यह औज़ार प्रयोग करने में सुविधापूर्ण है।
【灵车】 língchē मुर्दा ले जाने वाली गाड़ी
【灵榇】 língchèn 〈लि०〉 शव रखा हुआ ताबूत; शवपेटिका
【灵床】 língchuáng ❶पलंग जिस पर शव लेटा हो ❷किसी स्वर्गवासी के लिये रखा हुआ पलंग जैसे वह अभी जिंदा हो
【灵丹妙药】 língdān-miàoyào（灵丹圣药 língdān-shèngyào भी）सब रोगों की अचूक दवा; रामबाण औषधि; 〈ला०〉 सब समस्याओं का समाधान करने का उपाय
【灵幡】 língfān अंत्येष्टि-ध्वज
【灵感】 línggǎn (सृष्टि-कार्य के लिये) प्रेरणा
【灵怪】 língguài ❶देवता और भूत-प्रेत ❷रहस्यपूर्ण; अजीब; असाधारण
【灵光】 língguāng ❶दैवी प्रकाश ❷प्रभामंडल ❷〈बो०〉 अच्छा; बहुत अच्छा: 球打得～ गेंद अच्छा खेलना
【灵盒】 línghé अस्थि-पेटिका
【灵魂】 línghún आत्मा; अध्यात्मा; रूह: ～深处 आत्मा की गहराइयों में / 失去～ अपनी आत्मा खो देना; रूह फ़ना हो जाना / 这事震动了我的～。इस बात से मेरा अंतरतम सिहर उठा। / 他把～出卖给敌人了。उस ने अपनी आत्मा दुश्मनों को बेच डाली।
【灵活】 línghuó लचीला; लचकीला; फुरतीला: ～地实现这些方针 इन नीतियों को लागू करने में लचीलेपन से काम लेना / ～性 लचीलापन; लचकीलापन / 她手脚已没有先前那样～。उस में अब पुरानी चुस्ती-फुर्ती नहीं रही।
【灵机】 língjī अचानक प्रेरणा: ～一动 अचानक प्रेरणा से; किसी अनोखी सूझ से
【灵柩】 língjiù शव रखा हुआ ताबूत; शवपेटिका: ～车 जनाज़े की गाड़ी
【灵快】 língkuài लचीला; लचकीला; फुर्तीला
【灵猫】 língmāo मुश्कबिलाव; गंधमार्जार; सिविट बिल्ली: 大～ एशियाई अथवा भारतीय गंध-बिलाव; ज़िबेट
【灵敏】 língmǐn फुर्तीला; चतुर; तेजस्वी; तेज़: 听觉～ सुनने की शक्ति तेज़ होना / ～度 ग्रहण-सामर्थ्य; ग्रहण-शक्ति
【灵牌】 língpái लकड़ी की आत्मा पट्टी
【灵巧】 língqiǎo चतुर; कुशल; निपुण; दक्ष; होशियार: ～的手 चतुर हाथ
【灵寝】 língqǐn शवपेटिका रखने की जगह; वह स्थान जहां शव रखा हुआ ताबूत रखा हो
【灵台】 língtái वेदी जिस पर शवपेटिका या अस्थिपेटिका रखी हो
【灵堂】 língtáng शोक-कक्ष; मातम-खाना
【灵通】 língtōng ❶(समाचार) जल्दी-जल्दी प्राप्त करना: 他消息很～。वह बहुत जानकार (पढ़ा-लिखा) आदमी है। ❷〈बो०〉 काम का; उपयोगी: 这东西真～。यह चीज़ बड़े काम की है। ❸〈बो०〉 लचीला; लचकीला; फुर्तीला
【灵位】 língwèi 灵牌 के समान
【灵犀】 língxī जादू का सींग (गेंडे के सींग पर सफ़ेद रेखा, कहा जाता है कि यह बड़ी संवेदनशील होती है): 心有～一点通。दोनों दिलों के बीच जादू के सींग पर जड़ से नोक तक की यह रेखा है।
【灵性】 língxìng (किसी व्यक्ति या पशु की) समझदारी; शीघ्र बुद्धि
【灵验】 língyàn ❶कारगर; अचूक; प्रभावशाली (दवा, उपाय आदि) ❷(भविष्यवाणी) ठीक; सही; झूठा नहीं
【灵长目】 língzhǎngmù 〈प्राणि०〉 स्तनपायी प्राणियों में सर्वोच्च श्रेणी के जीव: ～动物 प्राइमेट
【灵芝】 língzhī गेनोडर्मा; जादू का कुकुरमुत्ता, जो दवा के काम आता है और पहले यह सौभाग्य का लक्षण माना जाता था: ～菌 गेनोडर्मा ल्यूसीडय

苓 líng दे० 茯苓 fúlíng एक प्रकार का भोज्य कुकुरमुत्ता जो दवा के काम आता है

囹 líng नीचे दे०
【囹圄】 língyǔ 〈लि०〉（囹圉 língyǔ भी）जेल; जेलखाना; बन्दीगृह: 身陷～ जेल में बन्द कर दिया जाना

泠 líng ❶〈लि०〉 ठंडा; सर्द: ～风 ठंडी हवा ❷（Líng）एक कुलनाम
【泠泠】 línglíng 〈लि०〉 ❶ठंडा; सर्द ❷(आवाज़) साफ़ और दूर तक पहुंचने वाली

玲 líng नीचे दे०
【玲玲】 línglíng जेड के टुकड़ों के टकराने से उत्पन्न शब्द
【玲珑】 línglóng ❶(वस्तु) कारीगरी से और सूक्ष्मता से गढ़ा हुआ ❷(व्यक्ति) लचकीला; लचीला; फुर्तीला; होशियार: ～剔透 अति सूक्ष्मता से और सुन्दरता से तराश कर बनाया हुआ; बहुत सुन्दर गढ़ा हुआ

柃 líng नीचे दे०
【柃木】 língmù एक प्रकार की सदाबहार झाड़ी या छोटा पेड़ जिस के डंठल, पत्ते और फल दवा के काम आते हैं

瓴 líng 〈लि०〉 पानी की बोतल

铃（鈴）líng ❶घंटा; घंटी ❷घंटी सदृश वस्तु: 哑～ डंबल / 棉～ रूई का गोल बीज-कोश; कॉटन बॉल ❸蕾铃 का संक्षिप्त रूप, कपास की कली और डोंड़

【铃铛】língdang घंटी

【铃鼓】línggǔ 〈संगी०〉 तंबूरी; तैम्बूरीन

昤 líng 〈लि०〉 श्वेत रंग

鸰（鴒）líng दे० 鹡鸰 jílíng 〈प्राणि०〉 वैगटेल

凌1（淩）líng ❶चढ़ाई करना; अत्याचार करना; अपमानित करना; बुरा बर्ताव करना: 欺～ अपमानित करना; बुरा बर्ताव करना / 盛气～人 दूसरों पर रोब जमाना ❷समीप आना; पास आना: 凌晨 ❸ऊंचे चढ़ना; आकाश में होना: 凌空 ❹（Líng）एक कुलनाम

凌2 líng 〈बो०〉 बर्फ़ (बहुधा बड़े-बड़े टुकड़ों या शुंडाकार में): 冰～ बर्फ़

【凌晨】língchén कुछ रात रहे; पौ फटने के पहले

【凌迟】língchí（陵迟 língchí भी）(सम्राटों के समय में घोर अपराधों के लिये) अंग-विच्छेद और तड़पा-तड़पाकर मारना: ～处死 उक्त तरीके से मौत की सज़ा देना

【凌驾】língjià किसी व्यक्ति या वस्तु को किसी दूसरे के ऊपर रखना; किसी पर सवारी गांठना: 把自己～于群众之上是不对的。अपने को जन-समुदाय के ऊपर रखना ठीक नहीं है।

【凌空】língkōng ऊंचे पढ़ना; ऊंचे उड़ना; हवा में खड़ा होना: 雪花～飞舞。तुषारखण्ड आकाश में उड़ रहे हैं।

【凌厉】línglì शीघ्र और तीव्र: 攻势～ शीघ्र और तीव्र प्रहार (करना)

【凌乱】língluàn अस्तव्यस्त; अव्यवस्थित: ～无秩序状态 गड़बड़ी और अव्यवस्था

【凌虐】língnüè 〈लि०〉 अत्याचार करना; अपमानित करना; बुरा बर्ताव करना

【凌辱】língrǔ दुतकारना; अपमान करना; अनादर करना

【凌霄花】língxiāohuā 〈वन०〉（鬼目 guǐmù, 紫葳 zǐwēi भी）चीनी तूर्य लता; चीनी ट्रम्पेट क्रीपर (Chinese trumpet creeper)

【凌汛】língxùn नदी के ऊपर के भाग में बर्फ़ पिघल जाने के कारण उत्पन्न बाढ़

【凌云】língyún उड़कर बादलों में पहुंचना

【凌杂】língzá गड़बड़ में; अव्यवस्था में; अस्तव्यस्तता में

【凌锥】língzhuī 〈बो०〉 हिमवर्तिका; बर्फ़ की कलम

陵 líng ❶पहाड़ी; टीला ❷समाधि; मकबरा: 谒～ किसी व्यक्ति की समाधि के दर्शन करना

【陵迟】língchí 凌迟 língchí के समान

【陵墓】língmù समाधि; मकबरा

【陵寝】língqǐn सम्राट का सदा के लिये सोने का स्थान; समाधि; मकबरा

【陵园】língyuán समाधि-पार्क

聆 líng 〈लि०〉 सुनना: 聆听 / ～判 फ़ैसला सुनना

【聆取】língqǔ 〈लि०〉 सुनना; सुन लेना: ～意见 राय सुनना

【聆听】língtīng 〈लि०〉 सुनना: ～教导 किसी व्यक्ति की शिक्षा सुनना

菱 líng 〈वन०〉 सिंघाड़ा; वाटरनट; वाटर कैल्ट्राप

【菱角】língjiǎo 〈वन०〉 सिंघाड़ा; वाटरनट; वाटर कैल्ट्राप

【菱镁矿】língměikuàng भ्राजंगित; मैग्नेसाइट

【菱铁矿】língtiěkuàng साइडराइट

【菱形】língxíng विषम-कोण समचतुर्भुज

棂（欞、櫺）líng जालीदार खिड़की: 窗～ खिड़की की जाली

蛉 líng दे० 白蛉 báilíng; 螟蛉 mínglíng सैंड फ़्लाई बड़मक्खी; सैंड फ़्लाई

笭 líng नीचे दे०

【笭箵】língxīng 〈लि०〉 (मछली मारते समय) मछली रखने का बांस का बर्तन

舲 líng 〈लि०〉 ❶खिड़की वाली नाव: ～船 खिड़की वाली नाव ❷छोटी नाव

翎 líng ❶चिड़िया के पंख या पूंछ पर के लंबे और कड़े पर: 鸡～ मुर्गे के उक्त प्रकार के पर ❷दे० 翎子❶

【翎毛】língmáo ❶पर ❷चीनी परम्परागत चित्रों में पक्षी-विषयक चित्र

【翎子】língzi ❶छिंग राजवंश में चीन के पदाधिकारियों के हैट के पीछे की कलंगी ❷चीनी ऑपेरा में सेनापतियों के टोप पर फ़ीज़ैण्ट की पूंछ के दो लंबे-लंबे पर

羚 líng ❶कुरंग; बारहसिंघा; कृष्णसार मृग ❷कृष्णसार मृग का सींग

【羚牛】língniú गवाज; नीलगाय; ताकिन; एक प्रकार का हिरन जैसा तिब्बती पशु

【羚羊】língyáng कुरंग; बारहसिंघा; कृष्णसार मृग: ～角 कृष्णसार मृग का सींग

绫（綾）líng एक प्रकार का साटन (चीनांशुक) से पतला रेशमी कपड़ा

【绫子】língzi एक प्रकार का साटन (चीनांशुक) से पतला रेशमी कपड़ा

棱（稜）líng 穆棱 Mùlíng हेइलोंगच्यांग प्रांत में एक स्थान का नाम

lēng; léng भी दे०

祾 líng 〈लि०〉 सौभाग्य; सुख; आनन्द

零1 líng ❶अपूर्ण; आंशिक: 化整为～ संपूर्ण को

हिस्सों में बांट देना ❷भाग; हिस्सा; टुकड़ा; खंड; अंश: 他年纪已经七十有～了。उस की आयु सत्तर से थोड़ा अधिक हो गयी। ❸(दो परिमाणों के बीच आकर बड़े परिमाण के साथ छोटे परिमाण का बोध होता है): 一年～五天 एक साल और पांच दिन / 三点～三分 तीन बजकर तीन मिनट (3:03) / 五元～二分 पांच य्वान और दो फ़न (¥ 5.02) ❹(नंबर में आकर शून्य का बोध होता है): 二～六号 नं०206 (नं० दो ज़ीरो छै या दो सौ छै) / 一九九～年 (1990) 1990 ई० (उन्नीस सौ नब्बे) / 一千～一夜 एक हज़ार और एक रातें ❺शून्य; ज़ीरो; नहीं: 二减二等于～。दो में दो घटाकर ज़ीरो होता है। / 他知识的贫乏几乎等于～。उस का ज्ञान इतना कम है कि वह नहीं के बराबर है। ❻थर्मामीटर में ज़ीरो: ～上十度 ज़ीरो के ऊपर दस डिग्रीज़ / 摄氏～下五度 ज़ीरो सेंटीग्रेड के नीचे पांच डिग्रीज़ ❼（Líng）एक कुलनाम

零 2 líng ❶मुरझाना; सूखना; कुम्हलाना: 凋～ (फूल, पत्ते आदि) मुरझाना ❷(पानी, आंसू आदि) गिरना, टपकना: 涕～ आंसू गिरना

【零吃】 língchī हल्की चटपटी खाने की चीज़ें

【零蛋】 língdàn ज़ीरो; शून्य; बत्तख का अंडा: 他考试得了个～。उसे परीक्षा में गोल अंडा मिला।

【零点】 língdiǎn रात को बारह बजे; मध्यरात्रि: ～五分（00:05） रात को बारह बजकर पांच मिनट

【零点方案】 língdiǎn fāngàn ज़ीरो ऑप्शन

【零丁】 língdīng 伶仃 língdīng के समान

【零度】 língdù ज़ीरो डिग्री; ज़ीरो: 昨天的气温是～。कल का तापमान ज़ीरो था।

【零工】 línggōng ❶फुटकर काम; दिन या घंटे के हिसाब से काम: 打～ फुटकर काम करना; दिन या घंटे के हिसाब से काम करना ❷फुटकर काम करने वाला मज़दूर; दिन या घंटे के हिसाब से काम करने वाला मज़दूर

【零花】 línghuā ❶फुटकर खर्च करना: 这钱留着～。फुटकर खर्च करने के लिये यह पैसा रखो। ❷जेब-खर्च; गांठ के पैसे: 给他十元钱做～。उसे जेबखर्च के लिये दस य्वान दो।

【零活儿】 línghuó'ér फुटकर काम: 给他点～做。उसे कुछ फुटकर काम दो।

【零件】 língjiàn पुरज़ा; पेच

【零距离】 língjùlí शून्य दूरी; ज़ीरो डिस्टेंस

【零口供】 língkǒugòng शून्य स्वीकारोक्ति; ज़ीरो कंफ़ेशन

【零库存】 língkùcún ज़ीरो स्टाक (zero stock)

【零利率】 línglìlǜ शून्य दर; ज़ीरो रेट

【零乱】 língluàn 凌乱 língluàn के समान

【零落】 língluò ❶(फूल, पत्ते) झड़ना; मुरझाना: 玫瑰早已～。गुलाब के फूल झड़ गये थे। ❷वीरान; उजाड़; सुनसान: 凄凉～的景色 सुनसान दृश्य ❸एक साथ न बसा हुआ; तितर-बितर; यत्र-तत्र होने वाला: 四周的话语声已逐渐～了。चारों ओर ज़ोर-ज़ोर से बात करने की आवाज़ धीरे-धीरे कम होने लगी।

【零买】 língmǎi खंडशः खरीदना; फुटकर खरीदना

【零卖】 língmài खंडशः विक्रय करना; फुटकर बेचना; परचून बिक्री करना

【零钱】 língqián रेज़गारी; टूटा हुआ रुपया

【零敲碎打】 língqiāo-suìdǎ（零打碎敲 língdǎ-suìqiāo भी）खंडशः और यदाकदा कोई काम करना; टुकड़े-टुकड़े करके कोई काम करने का उपाय अपनाना

【零散】 língsǎn तितर-बितर: ～地放着 तितर-बितर बिखेरना

【零声母】 língshēngmǔ <ध्वनि०> a, e, o, u और ü आदि से आरंभिक आद्याक्षर, जैसे: 爱 ài; 鹅 é

【零食】 língshí हल्की चटपटी खाने की चीज़ें

【零售】 língshòu खुदरा-बिक्री करना; फुटकर बेचना; खण्डशः विक्रय करना: ～点 फुटकर-बिक्री केन्द्र / ～价格 खुदरा दाम / ～商 फुटकर व्यापारी; खुदराफ़रोश; कटपीस का दुकानदार / ～商品 खुदरा; फुटकर-बिक्री का माल

【零数】 língshù पूरे अंकों के बाद बाकी संख्या

【零碎】 língsuì फुटकर; आंशिक; टुकड़ों में बना हुआ: ～不全 आंशिक और अपूर्ण होना / 系统的而不是～的知识。यह ज्ञान व्यवस्थित हो न कि उखड़ा-पुखड़ा।

【零头】 língtóu ❶पूरे अंकों से परे बाकी संख्या: 总共十元五角，给十元吧，～算了。कुल मिलाकर दस य्वान और पांच च्याओ हैं, दस य्वान दो, बाकी रहने दो। ❷(कपड़े का) बचा हुआ भाग; शेषांश: ～布 कपड़े का बचा हुआ भाग

【零星】 língxīng ❶अपूर्ण; आंशिक: ～的材料 आंशिक सामग्री ❷तितर-बितर; कहीं-कहीं होने वाला: ～的战斗 कहीं-कहीं होने वाली लड़ाइयां

【零讯】 língxùn छोटे-छोटे समाचार

【零用】 língyòng ❶फुटकर खर्च करना ❷जेबखर्च; गांठ के पैसे

【零增长】 língzēngzhǎng शून्य वृद्धि (या उत्पत्ति)

【零嘴】 língzuǐ <बो०> हल्की चटपटी खाने की चीज़ें

龄（齡）líng ❶आयु; उम्र: 年～ आयु; उम्र ❷अवधि; मियाद; निश्चित समय: 工～ काम करने की अवधि

鲮（鯪）líng नीचे दे०

【鲮鲤】 línglǐ（穿山甲 chuānshānjiǎ भी）पैंगोलिन

【鲮鱼】 língyú डेस (dace) मछली

酃 Líng लिंग काउंटी（酃县，हूनान प्रांत में वर्तमान 炎陵县 Yánlíng xiàn）

醽 líng नीचे दे०

【醽醁】 línglù <लि०> एक प्रकार का मधु (मदिरा)

lǐng

令 lǐng 〈परि०श०〉 (कागज़ का) रिम (पांच सौ ताव) líng; lìng भी दे०

岭（嶺）lǐng ❶पहाड़; पहाड़ी की लंबी तंग चोटीः 翻山越～ पहाड़ों और कंदराओं को पार करना ❷ऊंची और बड़ी पर्वतमालाः 秦～ छिन पर्वतमाला ❸五岭 wǔ lǐng का संक्षिप्त रूपः 岭南

【岭南】 Lǐngnán पांच पर्वतमालाओं 五岭 के दक्षिण में (क्वांगतोंग और क्वांगशी)

领（領）lǐng ❶गला; गरदन; कंठः 领带 ❷कॉलर; गरदनीः 扭住衣～ कॉलर या गिरेबान पकड़ना ❸नेक बैंडः 尖～ वी (v) आकार वाला कॉलर ❹रूपरेखा; मूलतत्वः 要～ महत्वपूर्ण पाइंट ❺〈परि०श०〉 ①(कोट, चोगा आदि के लिये): 一～上衣 एक कोट ②(चटाई के लिये): 一～席 एक चटाई ❻ले आना या जाना; लिवा लानाः 我～他来了。मैं इसे यहां लिवा लाया हूं। / 我把他～到房里。मैं उस को अपने कमरे में ले गया। / ～导 नेतृत्व करना ❼किसी पर अधिकार होना; किसी के आधिपत्य में होनाः 领土 ❽पाना; प्राप्त करनाः ～工资 वेतन लेना या पाना / ～奖 पारितोषिक लेना या मिलना ❾स्वीकार करनाः 领教 ❿समझना; जाननाः 领会 / 领略

【领班】 lǐngbān ❶कार्य-दल का नेतृत्व करना ❷मुखिया; फ़ोर मैन

【领唱】 lǐngchàng ❶गायक-दल का नेतृत्व करना ❷गायक-दल का मुख्य गायक

【领带】 lǐngdài नेकटाई; टाईः ～扣针 टाई-पिन

【领导】 lǐngdǎo ❶नेतृत्वः ～班子 नेतृत्वकारी ग्रुप / ～地位 नेतृत्वकारी पद / ～方法 नेतृत्वकारी तरीका / ～骨干 नेतृत्व की रीढ़ / ～核心 नेतृत्व-केन्द्र; संचालन-केन्द्र / ～机构 नेतृत्व-संस्था / ～机关 नेतृत्वकारी संस्था; नेतृत्व करने वाला संगठन / ～集团 अगुवागुट / ～力量 नेतृत्वकारी शक्ति / ～权 नेतृत्व; अगुवाई; नायकत्व / ～人 नेता; नेत्री; नायक; नायिका; अगुआ; लीडर / ～同志 नेतृत्वकारी कामरेड / ～艺术 नेतृत्व की कला / ～者 नेता; नेत्री; नायक; नायिका; नेतृत्व करने वाला; लीडर / ～中枢 नेतृत्व-केन्द्र / ～作风 नेतृत्व का ढंग / ～作用 नेतृत्व की भूमिका; अग्रभूमिका ❷नेता; नेत्री; नायक; नायिका; अगुआ; लीडर

【领道】 lǐngdào राह दिखाना; पथप्रदर्शन करना; मार्ग-दर्शन करना

【领地】 lǐngdì ❶जागीर; रियासत ❷भू-क्षेत्र; प्रादेशिक भूमि

【领队】 lǐngduì ❶दल का नेतृत्व करना ❷दल (या टीम) का नेता (या नेत्री)

【领港】 lǐnggǎng ❶बंदरगाह में आने-जाने वाले जहाज़ों का संचालन करनाः ～船 पायलट-बोट / ～员 पायलट ❷पायलट; मार्गदर्शी

【领钩】 lǐnggōu कोट आदि के कॉलर पर छल्ला, कुंडी या हुक

【领海】 lǐnghǎi प्रादेशिक समुद्र; उपांत-समुद्रः ～权 प्रादेशिक समुद्र का प्रभुत्वाधिकार; समुद्र-अधिकार / ～上空 प्रादेशिक समुद्र के ऊपर का आकाश

【领航】 lǐngháng ❶(वायुयान या पोत का) मार्गनिर्देशन करना; बंदरगाह में आने-जाने वाले जहाज़ों का संचालन करनाः ～地图 वैमानिक मानचित्र / ～员 नेविगेटर; पायलट

【领会】 lǐnghuì समझ लेना; मालूम करना; अनुभव करना; एहसास करनाः ～实质 सारतत्व को भली-भांति आत्मसात कर लेना / 虚心～过去的经验 अतीत के अनुभव से नम्रतापूर्वक शिक्षा लेना

【领江】 lǐngjiāng ❶नदी में आने-जाने वाले जहाज़ों का संचालन करना; नदी में पोत का मार्गनिर्देशन करना ❷नदी पायलट

【领教】 lǐngjiào ❶〈शिष्ट०〉 (शिक्षा लेना —— किसी व्यक्ति के उपदेश, परामर्श या अद्भुत कौशल के लिये धन्यवाद प्रकट करने में प्रयुक्त): 您的意见很对，～～! आप की राय बहुत अच्छी है, बहुत-बहुत धन्यवाद! / 请您唱支歌，让我们～一下。क्या आप कृपा करके हमारे लिये एक गाना गा सकते हैं? ❷(किसी व्यक्ति से) सीखना; राय लेनाः 常有一些青年到他家去～。अक्सर कुछ युवक उस के घर जाकर उस से सीखते थे।

【领结】 lǐngjié बो-टाई (bow-tie)

【领巾】 lǐngjīn स्कार्फ़; नेकरचीफ़

【领军】 lǐngjūn नायक; सरगना; किसी कामधन्धे या समूह में अग्रभूमिका निभानाः ～人物 अग्रभूमिका निभाने वाला व्यक्ति

【领空】 lǐngkōng प्रादेशिक आकाश; आकाश-क्षेत्र; वायु-क्षेत्रः ～权 प्रादेशिक आकाश का प्रभुत्वाधिकार

【领口】 lǐngkǒu ❶कालर बैंड; नेक बैंडः 这件毛衣的～太大。इस ऊनी स्वेटर का नेक बैड बहुत बड़ा है।

【领扣】 lǐngkòu कॉलर बटन

【领款】 lǐngkuǎn रकम लेना; पैसे प्राप्त करनाः ～人 रकम पाने वाला; धन प्राप्तकर्त्ता

【领路】 lǐnglù राह दिखाना; पथप्रदर्शन करना; मार्गदर्शन करनाः 领错路 किसी व्यक्ति को गलत राह पर ले जाना / ～人 पथप्रदर्शक; मार्गदर्शक

【领略】 lǐnglüè समझ लेना; मालूम करना; अनुभव करना; एहसास करनाः ～黄土高原风光 पीली मिट्टी के पठार का दृश्य देखना और उस का अनुभव करना

【领命】 lǐngmìng आज्ञा लेना

【领情】 lǐngqíng किसी व्यक्ति की कृतज्ञता की भावना समझ लेना; कृतज्ञता का अनुभव करनाः 解放军，爱人民，哪个百姓不～? मुक्ति सेना जनता को प्यार करती है, उस की कृतज्ञता की भावनाएं कौन नहीं समझता?

【领取】 lǐngqǔ लेना; ग्रहण करनाः ～津贴 आर्थिक सहायता प्राप्त करना / ～经费 सरकार से खर्च मिलना

【领事】 lǐngshì 〈कूटनीति〉 कांसल; प्रदूत; वाणिज्य-दूतः

副～ वाइस-कांसल / 代理～ प्रो-कांसल / ～裁判权 कांसुलर न्यायाधिकार / ～处 कांसुलर सेक्शन / ～馆 वाणिज्यदूतावास / ～条例 कांसुलर ऐक्ट

【领受】 lǐngshòu स्वीकार करना: ～任务 कार्य-भार उठाना या स्वीकार करना

【领水】 lǐngshuǐ ❶देश के अंदर के जलाशय (समुद्र, झील, नदी आदि) ❷प्रादेशिक जलाशय (समुद्र, झील, नदी आदि); प्रादेशिक अंतर्देशीय जल-स्रोत

【领头】 lǐngtóu <बोल०> अगुवाई करना; पहल करना: 他～，我们跟着唱。वह अगुवाई करता है और हम लोग उस के साथ गाते हैं।

【领土】 lǐngtǔ भूक्षेत्र; भूखंड; भूभाग; प्रादेशिक भूमि: ～权 प्रादेशिक भूमि का प्रभुत्वाधिकार / ～完整 प्रादेशिक अखण्डता / ～要求 प्रादेशिक भूमि का दावा

【领悟】 lǐngwù समझ लेना; मालूम करना; अनुभव करना; एहसास करना: 无所～ कुछ न समझ लेना; कुछ अनुभव न करना / 有所～ कुछ समझ लेना; कुछ अनुभव करना

【领先】 lǐngxiān आगे होना; आगे निकल जाना; आगे बढ़ जाना; किसी से बाज़ी ले जाना: 比赛北京队以 10:2 ～。खेल का नतीजा पेइचिंग टीम के हित में, यानी 10:2 रहा।

【领衔】 lǐngxián (दस्तावेज़ के) हस्ताक्षर करने वालों की सूची के सिरे पर पहुंचना; नामसूची में पहला होना: ～主演 किसी व्यक्ति की अगुवाई में अभिनय करना

【领袖】 lǐngxiù नेता; नेत्री; नायक; नायिका; अगुआ

【领养】 lǐngyǎng (बच्चा) गोद लेना; दत्तक लेना

【领有】 lǐngyǒu पास होना; अधिकार रखना; आधिपत्य में होना

【领域】 lǐngyù ❶भूक्षेत्र; भूखण्ड; भूभाग ❷क्षेत्र: 生活～ जीवन-क्षेत्र / 在自然科学～内 प्राकृतिक विज्ञान के क्षेत्र में

【领章】 lǐngzhāng कॉलर बैज

【领主】 lǐngzhǔ फ़्यूडल लार्ड; बड़ा जागीरदार; सामंत

【领子】 lǐngzi कालर; गरदनी

【领罪】 lǐngzuì अपना दोष या अपराध स्वीकार करना

lìng

另 lìng अन्य; दूसरा: ～想别法 अन्य उपाय करना; अन्य उपाय का प्रयोग करना / ～一条路 दूसरा रास्ता

【另案】 lìng'àn दूसरा मामला: 作～处理 किसी दूसरे मामले में बरताव करना

【另册】 lìngcè निंदनीय लोगों के लिये दूसरा रजिस्टर: 打入～ दूसरे रजिस्टर में नाम लिखवाना

【另工】 lìnggōng दिन के हिसाब से काम पर लगाया जाने वाला खेत-मज़दूर

【另类】 lìnglèi पक्षांतर; दूसरों से भिन्न व्यक्ति या वस्तु: 他在作家中算是最早出现的一个～。लेखकों में वह दूसरों से भिन्न लेखक गिना जाता है।

【另起炉灶】 lìngqǐ-lúzào नये सिरे से करना

【另请高明】 lìngqǐng-gāomíng किसी और कुशल का पता लगाना: 此事我不能胜任，～。यह काम मेरे बूते के बाहर है, आप किसी और योग्य व्यक्ति का पता लगाने का प्रयत्न करें।

【另外】 lìngwài इस के अतिरिक्त; इस के अलावा; साथ ही: ～一件事 दूसरा काम; दूसरी बात / 他买了一本小说，～还买了一本词典。उस ने एक उपन्यास खरीद लिया, साथ ही एक शब्दकोश भी खरीद लिया।

【另行】 lìngxíng कोई दूसरा काम अलग करना: ～安排 अन्य प्रबन्ध करना

【另眼相看】 lìngyǎn-xiāngkàn (किसी व्यक्ति की तरफ़) बिलकुल दूसरी नज़रों से देखना

令1 lìng ❶आज्ञा देना; आदेश देना; हुक्म देना: ～即返校 किसी व्यक्ति को शीघ्र ही विद्यालय वापस आने का आदेश देना ❷आज्ञा; आदेश; हुक्म: 下～ आज्ञा देना; आदेश देना; हुक्म देना; फ़र्मान जारी करना / 再颁明～ फिर अत्यंत स्पष्ट आदेश जारी करना / 违～ आदेश का उल्लंघन करना / 遵～ आदेश का पालन करना / 政～ सरकार का फ़र्मान / 军～ फ़ौजी आदेश ❸किसी को कोई काम करने में प्रवृत्त करना: ～人吃惊 आश्चर्यजनक; आश्चर्यप्रद / ～人深思 चिंतनजनक / ～人信服 विश्वासोत्पादक / ～人窒息的夜 दम घोंटने वाली रात ❹शराब पीते समय खेला जाने वाला एक खेल; ड्रिंकिंग गेम: 酒～ ड्रिंकिंग गेम ❺प्राचीन काल में एक सरकारी उपाधि: 县～ ज़िलाधीश

令2 lìng ऋतु; मौसम: 夏～ ग्रीष्म ऋतु / 冬～ शीत ऋतु

令3 lìng ❶<लि०> अच्छा; श्रेष्ठ; उत्तम; उच्च कोटि का: ～名 अच्छा नाम; सुनाम; नेकनाम; सुकीर्ति / ～德 नेकी; सद्गुण ❷<आदर०> आपका (विपक्ष के किसी निश्चित संबंधियों के पहले प्रयुक्त): 令尊 / ～弟 आप का छोटा भाई

令4 lìng 小令 का संक्षिप्त रूप (प्रायः छंद की लय के नाम में प्रयुक्त):《如梦～》'स्वप्न सादृश'; 'रु मंग लिंग' छन्द की लय

líng; lǐng भी दे०

【令爱】 lìng'ài（令媛 lìng'ài भी）आप की पुत्री

【令出如山】 lìngchū-rúshān आदेश पहाड़ की तरह होते हैं —— बलपूर्वक आज्ञापालन करा लेना

【令箭】 lìngjiàn <पुराना> सेना में किसी आदेश की पुष्टि या प्रमाण-स्वरूप दी जाने वाली तीर के आकार की वस्तु

【令箭荷花】 lìngjiàn héhuā <वन०> नोपालोचा

【令郎】 lìngláng <आदर०> आप का पुत्र

【令亲】 lìngqīn <आदर०> आप के संबंधी (या रिश्तेदार)

【令人发指】 lìngrén-fàzhǐ क्रोधाग्नि भड़काने वाला

【令人神往】 lìngrén-shénwǎng अधिक आकर्षक लगना

【令人作呕】 lìngrénzuò'ǒu घृणाजनक
【令堂】 lìngtáng <आदर०> आप की माता जी
【令行禁止】 lìngxíng-jìnzhǐ हर आदेश का अनिवार्य रूप से पालन करना
【令尊】 lìngzūn <आदर०> आप के पिता जी

呤 lìng दे० 嘌呤 piàolìng <रसा०> प्यूरिन (purine)

liū

溜 1 liū ❶फिसलना; सरकना: 溜冰 / 他～了下来。वह फिसलकर नीचे उतरा। ❷खिसकना; चुपके से चल देना: 一听说喝酒，他就～了。शराब पीने की बात सुनते ही वह चुपके से चल दिया। ❸समतल; चिकना: 溜光 ❹<बो०> देखना: 他～了一眼报纸。उस ने सरसरी नज़र से अखबार को देख लिया। ❺<बो०> बहुत: ～直 बहुत सीधा / ～薄 बहुत पतला

溜 2 liū 熘 liū के समान
liù भी दे०

【溜边】 liūbiān ❶(नदी, रास्ता आदि के) किनारे पर होना ❷खिसकना; किनारे पर खड़ा होना; भाग न लेना: 他一碰到麻烦事就～了。कष्टदायक काम देखते ही वह आगे न बढ़ा, उस काम में उस ने भाग न लिया और खिसक गया।
【溜冰】 liūbīng ❶स्केटिंग करना: ～场 स्केटिंग रिंक / ～鞋 स्केट ❷<बो०> रोलर-स्केटिंग करना
【溜达】 liūda घूमना; टहलना: 我每天傍晚出去～。रोज़ शाम को मैं बाहर घूमने जाता हूं।
【溜光】 liūguāng <बो०> ❶बहुत चिकना: 头发梳得～ बहुत चिकने बालों में कंघी करना ❷कुछ बाकी न रहना: 他把山上的树砍得～。उस ने पहाड़ी के सब पेड़ काट डाले, एक भी बाकी न रहा।
【溜号】 liūhào <बो०> खिसक जाना; छिपकर जाना
【溜肩膀】 liūjiānbǎng ❶ढलवें कंधे ❷<बो०> ज़िम्मेदारी को न समझने वाला; अपने कर्तव्य को न निभाने वाला
【溜溜转】 liūliūzhuàn (गोल वस्तु) चक्कर काटना
【溜门撬锁】 liūmén-qiàosuǒ (चोर का) किसी के घर पर ताला तोड़कर अंदर जाकर चोरी करना
【溜平】 liūpíng <बो०> बहुत समतल: ～的路面 बहुत समतल रास्ता
【溜须拍马】 liūxū-pāimǎ खुशामद करना; चापलूसी करना; किसी की धूल झाड़ना
【溜圆】 liūyuán बिलकुल गोल
【溜之大吉】 liūzhī-dàjí चुपके से चल देना; खिसक जाना
【溜之乎也】 liūzhīhūyě चुपके से चल देना; खिसक जाना (हास्य-विनोदयुक्त)

熘 (溜) liū चर्बी में जल्दी-जल्दी भुना हुआ: ～肉片 चर्बी में जल्दी-जल्दी भुने हुए मांस के टुकड़े

瞘 liū तिरछी आंखों से देखना: 你为什么斜着眼睛～他? तुम क्यों उस की ओर तिरछी आंखों से देख रहे हो?

蹓 liū चुपके से चला जाना; खिसक जाना: 他想～。वह चुपके से चला जाना चाहता है।
liù भी दे०

【蹓跶】 liūda 溜达 liūda के समान

liú

刘 (劉) Liú एक कुलनाम
【刘海儿】 Liú Hǎir किंवदंती में स्वर्ग का एक बालक जिस के माथे पर छंटे हुए बाल पड़े हुए हैं, जो एक मेंढक जैसे टोड पर सवार रहता है और जिस के हाथ में सोने के पांच सिक्के भी हैं
【刘海儿】 liúhǎir महिला और बालक के सामने के छंटे हुए माथे पर पड़े हुए बाल

浏 (瀏) liú <लि०> (पानी) स्वच्छ; साफ़; निर्मल
【浏览】 liúlǎn सरसरी नज़र से देखना; डीठ (या नज़र) मारना: 你先～一遍，以后有时间再仔细看。पहले नज़र मार लो, बाद में समय मिलेगा, फिर तफ़सील से देख लेना।
【浏览器】 liúlǎnqì बराउज़र (browser)

留 (畱) liú ❶रहना; ठहरना; टिकना: 留校 / 留职 ❷विदेश में अध्ययन करना: ～美 अमरीका में अध्ययन करना ❸रोक रखना; जाने न देना: 他也不很～我。उस ने मुझे रोक रखने के लिये बहुत अधिक आग्रह नहीं किया। ❹ध्यान देना; खयाल रखना: 留心 / 留意 ❺सुरक्षित रखना; महफ़ूज रखना; रख छोड़ना: ～座位 किसी व्यक्ति के लिये सीट सुरक्षित रखना / 自～地 अपनी आवश्यकताओं के लिये रखा हुआ भूमि का टुकड़ा; परिवार प्लॉट; निजी प्लॉट ❻मानना; स्वीकार करना; ग्रहण करना: 这些书我不能～。मैं इन पुस्तकों को स्वीकार नहीं कर सकता। ❼छोड़ना; वसीयत में छोड़ जाना या दे जाना: 留言簿 / 他父亲给他～下了三间房子。उस के पिता जी ने उस के लिये तीन कमरों का एक मकान वसीयत में छोड़ा। ❽(Liú) एक कुलनाम
【留班】 liúbān (विद्यार्थी आदि) अगले दर्जे पर जाने में फ़ेल हो जाना
【留别】 liúbié बिदा होते समय रिश्तेदार या मित्र को भेंट के रूप में स्मृति-चिह्न आदि देना या कविता लिखना
【留步】 liúbù <शिष्ट०> (विदाई लेते मेहमान को बाहर पहुंचाते हुए मेज़बान से कहा जाने वाला शब्द) मुझे बाहर तक पहुंचाने का कष्ट न उठाएं
【留传】 liúchuán (वंशजों को) देना; सौंपना; पहुंचाना
【留存】 liúcún ❶सुरक्षित रखना: 此文～ इस लेख को

फ़ाइल में सुरक्षित रखना ❷बने रहना; पूर्ववत रहना; मौजूद होना

【留待】 liúdài भविष्य के लिये प्रतीक्षा करना: 此事~明天我们再讨论。इस बात पर कल हम वादविवाद करेंगे।

【留党察看】 liúdǎng chákàn आज़माइशी तौर पर पार्टी में रखना

【留得青山在，不怕没柴烧】liú dé qīngshān zài, bù pà méi chái shāo जब तक पहाड़ों पर हरियाली रहेगी, तब तक ईंधन की लकड़ी की चिन्ता नहीं रहेगी।

【留底】 liúdǐ प्रतिरूप बनाना; प्रतिलिपि बनाना

【留地步】 liú dìbù 留余地 के समान

【留都】 liúdū राजधानी बदलने के बाद पहले की राजधानी

【留后路】 liú hòulù अपने लिये पीछे हटने का रास्ता रखना

【留后手】 liú hòushǒu अपने लिये भविष्य में कठिनाई के समय उठाया हुआ गुंजाइश रखने का कदम

【留级】 liújí (विद्यार्थी आदि) अगले दर्जे पर जाने में फ़ेल हो जाना

【留兰香】 liúlánxiāng साधारण पोदीना

【留恋】 liúliàn किसी पर आसक्त होना; अनुराग करना; मस्त होना: 你对这个家很~吗？क्या तुम अपने परिवार को बहुत चाहते हो?

【留门】 liúmén (रात में किसी व्यक्ति की प्रतीक्षा में) दरवाज़े को ताला न लगाया हुआ या उसे बन्द न किया हुआ छोड़ना

【留难】 liúnàn किसी व्यक्ति के लिये कोई काम कठिन बनाना; अकारण ही किसी काम में बाधा डालना: 不得故意~。जानबूझकर इस काम में अकारण ही बाधा नहीं डालनी चाहिये।

【留尼旺岛】 Liúníwàngdǎo रीयूनियन द्वीप

【留念】 liúniàn (प्रायः विदा होते समय) स्मृति में रखना: 离别时我送他一本书~。विदा होते समय स्मृति में रखने के लिये मैं ने उसे एक पुस्तक भेंट में दी।

【留鸟】 liúniǎo स्थायी (पक्षी)

【留情】 liúqíng करुणा या क्षमाशीलता दिखाना: 对敌人绝不要~。शत्रु को निर्मम होकर पूरी तरह कुचल डालना चाहिये।

【留任】 liúrèn पद पर रहना; दफ़्तर में काम जारी रखना

【留神】 liúshén सतर्क रहना: 对此我们是要十分~的。इस के प्रति हमें बहुत ही सतर्क रहना चाहिये।

【留声机】 liúshēngjī ग्रामोफ़ोन

【留守】 liúshǒu (मुख्य टुकड़ी के चली जाने के बाद) रक्षक सेना के लिये पीछे रहना: ~处 सेना का पृष्ठभागीय कार्यालय / ~人员 पृष्ठभागीय कार्यालय का कर्मचारी वर्ग

【留宿】 liúsù ❶बसेरा देना; अतिथि को रहने का स्थान देना ❷रात बिताने के लिये ठहरना; बसेरा करना

【留尾巴】 liú wěiba काम अधूरा छोड़ना; शिथिल समासि छोड़ना

【留校】 liúxiào स्नातक होने के बाद स्कूल या विश्वविद्यालय में अध्यापक बनना

【留校察看】 liúxiào chákàn आज़माइशी तौर पर स्कूल या विश्वविद्यालय में रखना

【留心】 liúxīn सावधान रहना; सचेत रहना; होशियार होना; ध्यान देना; ख्याल रखना: ~听 गौर से सुनना / ~看 किसी पर कड़ी नज़र रखना

【留学】 liúxué विदेश में अध्ययन करना; विदेश में शिक्षा प्राप्त करना: ~生 विदेशी विद्यार्थी; विदेश में अध्ययन करने वाला विद्यार्थी

【留言】 liúyán अपनी बात, राय, सूचना आदि लिखना: ~簿 गेस्ट-बुक

【留洋】 liú yáng विदेश में अध्ययन करना; विदेश में शिक्षा प्राप्त करना

【留一手】 liú yīshǒu उस्ताद का शागिर्द को अपना पूरा हुनर न सिखाना

【留意】 liúyì ख्याल रखना: 稍加~即可发现。ज़रा ख्याल रखने से पता लगेगा।

【留影】 liúyǐng स्मृति-चिह्न के लिये फ़ोटो खींचना

【留用】 liúyòng नियुक्ति जारी रखना

【留余地】 liú yúdì कुछ गुंजाइश रखना

【留针】 liúzhēn एक्यूपंक्चर करते समय सूई को स्नायु-बिन्दु में निश्चित समय तक रखना

【留职】 liúzhí अपने पद पर आसीन रहना: ~察看 आज़माइशी तौर पर पद पर आसीन रहना

【留置】 liúzhì बचा रखना: ~部分兵力 सैन्यशक्तियों के एक भाग को बचा रखना

【留种】 liúzhǒng बोने के लिये बीज रखना

流¹ liú ❶बहना; प्रवाहित होना: ~汗 पसीना आना; पसीना बहना / 流血 / 不塞不~。 बांध के बिना कोई बहाव नहीं होता। ❷एक स्थान से दूसरे स्थान तक चलना: 流沙 / 流星 ❸फैलना: 流言 ❹बदतर की तरफ़ बदलना; पतित होना: 流于形式 ❺निर्वासित करना; देश-निकाला देना: 流放 ❻धारा: 顺~ अनुकूल धारा / 逆~ प्रतिकूल धारा / 主~ मुख्य धारा / 源~ स्रोत और धारा ❼धारा जैसी वस्तु; धारा: 电~ विद्युत्-शक्ति का प्रवाह; विद्युत्-धारा / 气~ हवा का बहाव; वायुधारा ❽वर्ग; श्रेणी: 一~作品 सर्वोच्च श्रेणी की कृति; श्रेष्ठ कृति / 考茨基之~ कौत्सकी और उस के सरीखे लोग; कौत्सकी जैसे लोग

流² liú 流明 का संक्षिप्त रूप

【流鼻血】 liú bíxiě नकसीर फूटना

【流弊】 liúbì दोष; नुकसान

【流标】 liúbiāo असफल टेंडर

【流播】 liúbō फैलना: ~世间 दुनिया में फैलना

【流布】 liúbù फैलना: 广为~ विस्तृत रूप से फैलना

【流产】 liúchǎn ❶गर्भपात ❷असफल रहना: 那次革命~了。उस बार की क्रांति असफल रही। / 使革命不至于~ क्रांति को अधूरा रह जाने से बचाना

【流畅】 liúchàng (लेख आदि) प्रवाहमय; सरल और पढ़ने में कोई कठिनाई नहीं: 文字~ लेख प्रवाहमय होना

【流程】 liúchéng ❶धारा से तय की गयी दूरी ❷（工艺

流程 gōngyì liúchéng भी) तकनॉलाजिकल प्रोसेस
【流传】liúchuán फैलना; परम्परा से चले आना: 古代～下来的故事 प्राचीन काल से चली आने वाली कहानी / 他的英雄事迹很快就～开了。उस के वीर-कृत्य शीघ्र ही फैल गये ।
【流窜】liúcuàn भाग जाना; घूमना: 东流西窜 जगह-जगह घूमते रहना: ～犯 इधर-उधर भागने वाला अपराधी
【流弹】liúdàn उड़न-गोली; स्ट्रे बुलेट
【流荡】liúdàng ❶बहना; तैरना: 白云在天空中～。सफ़ेद-सफ़ेद बादल आकाश में तैर रहे हैं । ❷घूमते रहना: ～在外 घर छोड़कर बाहर घूमते रहना
【流动】liúdòng (पानी, हवा आदि) बहना; तैरना; चलना: ～不定 अक्सर स्थानांतरित होना / ～商贩 फेरीवाला / ～生活 परिवर्तनशील जीवन / ～售货 फेरी करना / ～图书馆 चलता-फिरता पुस्तकालय / ～医疗队 चलता-फिरता चिकित्सा-दल / ～游击 चलती-फिरती छापामार कार्यवाही (करना) / ～战争 गतिशील लड़ाई; घुमंतु युद्ध / ～资本 चल पूंजी; कार्यशील पूंजी / ～资金 चल पूंजी / ～作战 लड़ाई का चलायमान तरीका / ～性 परिवर्तनशीलता; गतिशीलता
【流毒】liúdú ❶जहरीला असर पड़ना: ～甚广 विस्तृत क्षेत्र में ज़हरीला असर पड़ना ❷ज़हरीला असर: 肃清～ ज़हरीले असर का सफ़ाया करना
【流芳】liúfāng <लि०> सुख्याति फैलना; सुयश फैलना: ～百世 सौ पीढ़ियों तक सुयश फैलता रहना; इतिहास में नाम छोड़ रखना
【流放】liúfàng निर्वासित करना; कालेपानी भेजना; जलावतन करना: ～犯 कालेपानी का कैदी
【流风】liúfēng <लि०> परम्परा से चला आया रीति-रिवाज
【流感】liúgǎn 流行性感冒 का संक्षिप्त रूप
【流光】liúguāng <लि०> समय; वक्त: ～如箭。समय बीतते देर नहीं लगती; समय तीर की तरह बीतता है ।
【流火】liúhuǒ ❶<बो०> सूत्रकृमि रोग ❷<ची०चि०> (पिंडली पर) सुर्खबादा; एरिसिपेलस
【流寇】liúkòu घुमंतू विद्रोही दल; घुमंतू डाकू: ～思想 घुमंतू विद्रोहियों की विचारधारा / ～主义 घुमंतू विद्रोही; घुमंतू विद्रोहियों के तौर-तरीके / ～者 घुमंतू बागी
【流口水】liú kǒushuǐ मुंह में पानी भर आना
【流览】liúlǎn（浏览 liúlǎn के समान）सरसरी निगाह से देखना
【流浪】liúlàng मारा-मारा फिरना; आवारागर्द जीवन बिताना: ～儿 आवारागर्द बच्चा / ～汉 आवारा; व्यर्थ इधर-उधर घूमने वाला व्यक्ति; आवारागर्द व्यक्ति
【流离失所】liúlí-shīsuǒ मारा-मारा फिरना; बेसहारा और बेघर होना; विस्थापित हो जाना
【流利】liúlì जल्दी-जल्दी और साफ़ बोलना: ～地交谈 फर्राटे से बातचीत करना / 他印地语说得很～。वह फर्राटे से हिन्दी बोलता है ।
【流连忘返】liúlián-wàngfǎn इतना आनंद लेना कि घर वापस जाना भी भूल जाना
【流量】liúliàng प्रवाहिक मात्रा; प्रवाह-दल; फ़्रो: 交通～ ट्रैफ़िक-फ़्रो / ～计 फ़्रोमीटर
【流露】liúlù (अपने विचार या भावनाएं) स्वभावतः प्रकट करना: ～感情 भावना स्वभावतः प्रकट होना
【流落】liúluò निराश्रय इधर-उधर भटकते फिरना: ～他乡 दूसरे प्रदेश में निराश्रय इधर-उधर भटकते फिरना
【流氓】liúmáng ❶गुंडा; बदमाश; शोहदा: ～集团 गुंडों का गिरोह / ～无产者 आवारा सर्वहारा / ～行为 गुंडापन; गुंडागिरी / ～意识 आवारागर्दी का दृष्टिकोण ❷गुंडापन; गुंडागिरी
【流民】liúmín शरणार्थी; आवारागर्द
【流明】liúmíng <भौ०> ल्यूमिन (lumen)
【流年】liúnián ❶समय: 似水～。समय पानी बहने की तरह बीतता है । ❷एक साल का भाग्य: 今年～不利。इस साल भाग्य अच्छा नहीं है ।
【流拍】liúpāi असफल नीलामी
【流派】liúpài शाखा: 学术～ विचारधारा-शाखा
【流气】liúqì ❶बदमाशी से; धूर्तता से: 那人很～。वह बिलकुल गुंडा है । ❷गुंडापन; गुंडागिरी
【流散】liúsàn छितराना; बिखेरना: ～国外 अनेक विदेशों में तितर-बितर होना
【流沙】liúshā (रेगिस्थान में) रेत का बहाव; रेत के चलते-फिरते टीले
【流失】liúshī ❶बह जाना; गायब होना; क्षति होना: 水土～ पानी-मिट्टी की क्षति; पानी-मिट्टी का बहाव ❷(व्यक्तियों का) चले जाना: 人才～ योग्य व्यक्तियों का चले जाना
【流食】liúshí तरल खाद्य
【流矢】liúshǐ अचानक ही आ निकलने वाला बाण; स्ट्रे ऐरो
【流势】liúshì धारा की गति और शक्ति
【流逝】liúshì बहते पानी की तरह शीघ्र ही अंतर्धान हो जाना: 岁月～。 वर्ष के वर्ष और महीने के महीने बीत गये ।
【流水】liúshuǐ ❶बहता पानी: 流水作业 ❷विक्रय राशि; बिक्री: 本月做了多少～? इस महीने में कुल कितनी विक्रय-राशि है ?
【流水不腐，户枢不蠹】liúshuǐ bù fǔ, hùshū bù dù चलता पानी कभी नहीं सड़ता और किवाड़ के कब्ज़े को कभी दीमक नहीं लगती
【流水簿子】liúshuǐ bùzi बही; बही-खाता: 陈年～ वर्षों पुरानी बही
【流水线】liúshuǐxiàn असेम्बली लाइन; उत्पादन की धारावाहिक लाइन
【流水账】liúshuǐzhàng स्याहा; चालू खाता; चालू लेखा; करेण्ट अकाउण्ट
【流水作业】liúshuǐ zuòyè धारावाहिक प्रवाह की एक कार्यशैली; असेम्बली लाइन मैथ्ड
【流苏】liúsū झब्बा; गुच्छा; फुंदना
【流俗】liúsú <अना०> प्रचलित रीति-रिवाज; चालू रीति
【流速】liúsù बहाव-गति
【流体】liútǐ तरल; तरल पदार्थ: ～力学 तरल गति-विज्ञान

【流通】 liútōng (वायु, पैसे, व्यापार की वस्तुएं आदि का) प्रचलन: 发行～券 कागज़ी नोट जारी करना / ～手段 प्रचलन का साधन

【流亡】 liúwáng विवश होकर अपनी मातृभूमि को छोड़कर किसी दूसरे स्थान या देश में रहना; देशांतराधिवास करना: ～海外 विवश होकर अपनी मातृभूमि को छोड़कर दूसरे देश में रहना / 抗日战争时期～到关内的东北人 जापानी-आक्रमण विरोधी युद्ध काल में उत्तर-पूर्व को छोड़कर लम्बी दीवार के दक्षिण में आये हुए लोग / ～政府 विदेश में कायम की गयी सरकार, भगोड़ी सरकार; निर्वासित सरकार / ～者 निर्वासित; शरणार्थी

【流涎】 liúxián लालास्रव होना; मुंह से लार बहना

【流线型】 liúxiànxíng सुवाही; सुप्रवाही; स्ट्रीमलाइंड: ～汽车 स्ट्रीमलाइंड कार

【流向】 liúxiàng ❶धारा की दिशा ❷समुदाय, माल आदि के बहाव की दिशा

【流泻】 liúxiè (तरल, प्रकाश आदि का) बहना; ढुलकना; प्रवाहित या स्रवित होना: 泉水～出来 स्रोत का वेग से बाहर निकलना / 阳光～进来 धूप का अंदर आना

【流星】 liúxīng टूटा तारा; उल्का; लूक: 箭如～般出去了。बाण टूटे तारे की तरह हवा को चीरता हुआ अपने लक्ष्य की ओर बढ़ गया। / 疾如～ उल्का की तरह तेज़ चलना

【流刑】 liúxíng (प्राचीन काल में) निर्वासन का दंड; कालेपानी भेजने का दंड

【流行】 liúxíng चलित; प्रचलित; बहुप्रिय; लोकप्रिय; लोकसिद्ध: ～病 महामारी; महामारी के रूप में फैलने वाले रोग / ～性感冒 इंफ़्लूएंज़ा; फ़्लू / ～性乙型脑炎 एपिडेमिक एंसेफ़ालाइटिस बी / 痢疾～ पेचिश की बीमारी फैल जाना

【流血】 liúxuè रक्त-पात होना; खून जारी होना; खून-खराबा करना; खून बहना: ～斗争 रक्तपातपूर्ण संघर्ष / ～事件 खूनी वारदात / ～牺牲 खून बहना और जान न्योछावर होना / ～政治 रक्तरंजित राजनीति / 为保卫祖国流最后一滴血！ अपने खून की आखिरी बूंद बाकी रहने तक मातृभूमि की रक्षा करो!

【流言】 liúyán सुनी-सुनाई बातें; अफ़वाह; उड़ती खबर: ～蜚语 (या ～飞语 fēiyǔ) अफ़वाहें और निराधार वचन

【流于形式】 liúyú xíngshì केवल औपचारिक बनकर रह जाना: 以免会议～ ताकि मीटिंग में किये जाने वाले निर्णय महज रस्मी बनकर न रह जाएं

【流域】 liúyù नदी-घाटी: 长江～ यांगत्सी नदी घाटी

【流质】 liúzhì तरल भोजन (रोगियों के लिये)

【流转】 liúzhuǎn ❶इधर-उधर फिरना; भटकते फिरना: ～四方 इधर-उधर भटकते फिरना ❷(माल या पूंजी की) आमदनी-रफ़्तनी

琉

(瑠) liú 〈लि०〉 (पानी) स्वच्छ; साफ़; निर्मल

【琉璃】 liúli रंगीन काबिस; चिकनी ईंट-खपरैल

【琉璃瓦】 liúliwǎ चिकनी खपरैल; ग्लेज़युक्त टाइल

【琉球群岛】 Liúqiú Qúndǎo रीयूक्यू द्वीपसमूह

硫

liú (साधारण नाम 硫磺 liúhuáng) 〈रसा०〉 गंधक; सल्फ़र (s)

【硫靛燃料】 liúdiàn ránliào कुण्ड रंग

【硫化】 liúhuà 〈रसा०〉 वल्कनित करना: ～氢 हाइड्रोजन सल्फ़ाइड / ～氢泉 हाइड्रोजन सल्फ़ाइड चश्मा / ～染料 सल्फ़ाइड डाइस्टफ़्स; सल्फ़ाइड रंग-सामग्री / ～物 सल्फ़ाइड

【硫磺】 liúhuáng 硫 का साधारण नाम: ～泉 गंधक चश्मा

【硫酸】 liúsuān गंधक-अम्ल; गंधक का तेजाब: ～铵 अमोनिया सल्फ़ेट / ～厂 गंधक-तेजाब प्लांट / ～铁 हीरा-कसीस / ～铜 जंगार; तूतिया

遛

liú दे० 逗留 dòuliú रहना; ठहरना; रोकना

liù भी दे०

馏

(餾) liú ताप द्वारा भाप में बदलकर फिर शीत द्वारा जमाकर द्रव इकट्ठा करना

liù भी दे०

旒

liú ❶〈लि०〉 झंडे पर का फ़ीता जिस का एक छोर बंधा हो और दूसरा हवा में लहराता हो ❷सम्राट के मुकुट पर लटकती हुई जेड लटकन

骝

(騮) liú प्राचीन पुस्तकों में काले अयाल और पूंछ वाला लाल घोड़ा

榴

liú अनार

【榴弹炮】 liúdànpào हाविट्ज़र तोप

【榴霰弹】 liúxiàndàn छींटागोला; गंजगोला; बौछारी गोला

飗

(飀) liú नीचे दे०

【飗飗】 liúliú 〈लि०〉 मंद-मंद हवा चलना

镏

(鎦) liú नीचे दे०

liù भी दे०

【镏金】 liújīn सोना चढ़ाना; सोने का पानी या पत्तर चढ़ाना: ～银器 सोना चढ़ायी चांदी की वस्तुएं

鹠

(鶹) liú दे० 鸺鹠 xiūliú उल्लू; उलूक

瘤

liú रसोली; गिल्टी

【瘤胃】 liúwèi जुगाली करने वाले पशुओं का पहला पेट; प्रथम अमाशय; रुमेन

【瘤子】 liúzi रसोली; गिल्टी

镠

(鏐) liú 〈लि०〉 शुद्ध स्वर्ण

鎏

liú 〈लि०〉 ❶शुद्ध स्वर्ण ❷镏 liú के समान

liǔ

柳 liǔ ❶बेद; विलो (वृक्ष) ❷अश्लेषा (नक्षत्र) ❸(Liǔ) एक कुलनाम

【柳暗花明】 liǔàn-huāmíng अंधेरे विलो और खिलते हुए फूल —— सुन्दर दृश्य

【柳编】 liǔbiān बेद (या विलो) की टहनियों या खपचियों से बनी हुई चीज़ें

【柳斗】 liǔtǒu गोल तह वाला विलो की टहनियों से बना बर्तन

【柳罐】 liǔguàn विलो की टहनियों से बना पानी खींचने का बर्तन

【柳眉】 liǔméi (柳叶眉 liǔyèméi भी) कमानीदार भौंहें: 她将～一扬。उस की कमानीदार भौंहें तन गयीं।

【柳丝】 liǔsī विलो वृक्ष की पतली-पतली और लचीली-लचीली टहनियां

【柳体】 Liǔtǐ ल्यू शैली (थांग राजवंश में ल्यू कोंगछुआन 柳公权 की लिखावट शैली)

【柳条】 liǔtiáo विलो वृक्ष की टहनियां: ～筐 विलो वृक्ष की टहनियों से बनी हुई टोकरी / ～帽 सरपत काटोप / ～箱 विलो वृक्ष की टहनियों से बना हुआ संदूक

【柳絮】 liǔxù विलो वृक्ष के उड़ते हुए फूल; विलो कैटकिन

【柳腰】 liǔyāo दुबली-पतली और लचीली कमर

【柳荫】 liǔyīn विलो वृक्ष की छाया

【柳莺】 liǔyīng विलो वॉबलर

绺（綹） liǔ 〈परि०श०〉 (तागा, बाल, दाढ़ी आदि के लिये) गुच्छा; लच्छा: 一～短发 एक लट

【绺子】[1] liǔzi गुच्छा: 一～头发 बाल का एक गुच्छा

【绺子】[2] liǔzi डाकुओं का गिरोह

liù

六[1] liù छै; छह; षट्: ～大纲领 छै सूत्री कार्यक्रम

六[2] liù 〈संगी०〉 कोंगछफू (工尺谱) में सरगम का एक स्वर (नोट) जो अंक में लिखे सरगम के स्वर 5 के बराबर होता है

lù भी दे०

【六边形】 liùbiānxíng षट्कोण; षट्भुज

【六部】 liùbù सम्राट के काल में केन्द्रीय सरकार के छै विभाग —— लीपू (吏部 सिविल आफ़िस विभाग), हूपू (户部 आय विभाग), लईपू (礼部 विधि विभाग), पिंगपू (兵部 युद्ध विभाग), शिंगपू (刑部 दंड विभाग) और कोंगपू (工部 कार्य विभाग)

【六朝】 Liù Cháo 〈इति०〉 ❶षट् राजवंश —— वू 吴, पूर्वी चिन 东晋, सोंग 宋, छी 齐, ल्यांग 梁 और छन 陈 छै राजवंश जिन की राजधानी वर्तमान नानचिंग में थी ❷विस्तृत अर्थ में दक्षिणी और उत्तरी राजवंश (南北朝)

【六畜】 liùchù छै घरेलू जीव —— सुअर, बैल, बकरा, घोड़ा, मुर्गा और कुत्ता: ～兴旺。छै घरेलू जीव सब के सब समृद्ध हैं।

【六分仪】 liùfēnyí षष्ठांशयंत्र; सेक्सटेंट

【六腑】 liùfǔ 〈ची०चि०〉 षट् रिक्तांग —— आमाशय, पित्ताशय, बृहदांत्र, क्षुद्रांत्र, मूत्राशय और सानच्याओ (三焦 त्रिआशयछिद्र)

【六根】 liùgēn (बौद्ध धर्म में) षट्-इंद्रिय (आंख, कान, नाक, जीभ, शरीर और मन)

【六合】 liùhé 〈लि०〉 षट्-दिशा (दक्षिण, उत्तर, पूर्व, पश्चिम, ऊपर और नीचे)

【六级风】 liù jífēng 〈मौ०वि०〉 वेग छः वायु; तेज़ हवा

【六甲】 liù jiǎ गर्भधारण: 身怀～ गर्भधारण करना

【六角形】 liù jiǎoxíng षट्कोण; षड्भुज

【"六六六"杀虫粉】 "liùliùliù" shāchóngfěn 'छः छः छः' कीटाणुनाशक दवा

【六面体】 liùmiàntǐ षट्फलक

【六亲】 liùqīn षट्संबंधी (पिता, माता, बड़ा भाई, छोटा भाई, पत्नी, पुत्र); स्वजन, संबंधी; रिश्तेदार: ～不认 अपने स्वजनों को मानने से इनकार करना

【六神无主】 liùshén-wúzhǔ बहुत घबराना, बहुत व्याकुल; बहुत परेशानी में न जाने कि क्या करना है।

【六书】 liùshū 〈भा०वि०〉 चीनी अक्षरों की छै श्रेणियां: 指事 स्ववाचक अक्षर, 象形 चित्रसंकेत अक्षर, 形声 चित्र-ध्वन्यात्मक अक्षर, 会意 सहयोगी समास अक्षर, 转注 एक दूसरे से वाचक अक्षर और 假借 एक जाति से दूसरी जाति द्वारा गृहीत ध्वन्यात्मक अक्षर

【六弦琴】 liùxiánqín गिटार; छह तारवाला एक तंतु वाद्य

【六一国际儿童节】 Liù Yī Guójì Értóng Jié अंतरराष्ट्रीय बाल-दिवस (1 जून)

【六艺】 liùyì ❶प्राचीन काल में विद्या की छै शाखाएं: 礼 विधि, 乐 संगीत, 射 धनुर्विद्या, 御 रथ-चालन, 书 लेखन और 数 अंकगणित ❷प्राचीन काल में छै सूत्र: 《诗》'गीत-संग्रह', 《书》'इतिहास-संहिता', 《礼》'विधि-संहिता', 《乐》'संगीत-संहिता', 《易》'परिवर्तन-संहिता' और 《春秋》'वसंत-शरद वार्षिकी'

【六淫】 liùyín 〈ची०चि०〉 रोग होने के छै बाहय तत्व: 风 वायु, 寒 शीतल, 暑 ग्रीष्म-ताप, 湿 आर्द्रता, 燥 शुष्कता और 火 अग्नि

【六月】 liùyuè ❶जून ❷चांद्रवर्ष का छठा मास

【六指儿】 liùzhǐr ❶हाथ जिस की छै अंगुलियां हों ❷व्यक्ति जिस के हाथ या हाथों की छै अंगुलियां हों

【六字真言】 liùzì zhēnyán 〈बौद्ध धर्म〉 ओं मणि पद्मे हूं (唵嘛呢叭咪吽)

陆（陸） liù गलती या रद्दोबदल से बचने के लिये चेक आदि में प्रयुक्त 六 का बड़ा अक्षर

lù भी दे०

碌 liù नीचे दे०

liù lo lōng lóng 786

liù भी दे०

【碌碡】 liùzhou एक प्रकार का कृषि औज़ार, पत्थर का बेलन; स्टोन-रोलर (अनाज को गाहने, खलिहान को समतल बनाने आदि के लिये प्रयुक्त)

遛 liù ❶धीरे-धीरे चलना; घूमना; आराम से टहलना: 走，出去～～。चलो, ज़रा बाहर घूमने जाओ। ❷पशु या पक्षी को साथ लेकर धीरे-धीरे चलना: 遛马 / 遛鸟

liú भी दे०

【遛马】 liùmǎ घोड़े को टहलाना

【遛鸟】 liùniǎo पिंजरे में बन्द चिड़िया को लेकर शांत स्थान में टहलना

【遛弯儿】 liùwānr 〈बो०〉 घूमना; टहलना

【遛早儿】 liùzǎor 〈बो०〉 सुबह घूमना

馏 liù ठंडे भोजन को भाप से गरम करना: ～馒头 ठंडे मानथओ 馒头 को भाप से गरम करना

liú भी दे०

溜[1] liù ❶तेज़ धारा: 大～ बहुत तेज़ धारा ❷〈बो०〉 जल्दी; शीघ्र; फुर्तीला: 他走得很～。वह बहुत जल्दी चलता है। ❸कतार; लाइन: 一～几棵树 एक कतार में कुछ पेड़ ❹आसपास के स्थान: 这～松树很多。यहां के आसपास बहुत से चीढ़ हैं। ❺〈बो०〉 अभ्यास करना: ～嗓子 गले का अभ्यास करना

溜[2] (霤) liù ❶छत से गिरा बरसाती पानी ❷छज्जे की नाली

溜[3] liù 〈बो०〉 (छिद्र, दरार आदि) भरना

liū भी दे०

【溜子】[1] liùzi 〈बो०〉 डाकुओं का गिरोह

【溜子】[2] liùzi 〈बो०〉 तेज़ धारा

镏 (鎦) liù नीचे दे०

liú भी दे०

【镏子】 liùzi 〈बो०〉 मुंदरी; अंगूठी; छल्ला

碌 liù नीचे दे०

【碌碡】 liùzhou 碌碡 liùzhou के समान

鹨 (鷚) liù 〈प्राणि०〉 पिपिट (पक्षी): 树～ ट्री पिपिट

蹓 liù धीरे-धीरे चलना; घूमना; टहलना

liū भी दे०

【蹓弯儿】 liù wānr 遛弯儿 liū wānr के समान

【蹓早儿】 liùzǎor 遛早儿 liūzǎor के समान

lo

咯 lo 〈लघु अ०〉 (वाक्य के अंत में आकर स्पष्टता का बोध होता है। यह 了 से थोड़ा बलवान होता है): 当然～ बेशक; निस्संदेह; बस और क्या

gē; kǎ; luò भी दे०

lōng

隆 lōng दे० 黑咕隆咚 hēigulōngdōng बहुत अंधेरा; गहरा अंधेरा; घुप अंधेरा

lóng भी दे०

lóng

龙 (龍) lóng ❶नाग; अजगर; ड्रेगन ❷सम्राट के काल में नाग सम्राट का चिह्न समझा जाता था; सम्राट का: ～床 सम्राट की शय्या / ～袍 सम्राट का चोगा ❸नाग के आकार का; नाग चित्रित: 龙船 / ～旗 नाग चिह्नित झंडा ❹अति प्राचीन काल में मरा हुआ विशाल रेंगने वाला जानवर: 恐～ डाइनोसौर ❺ (Lóng) एक कुलनाम

【龙船】 lóngchuán नाग-नौका; ड्रेगन-बोट

【龙胆】 lóngdǎn 〈वन०〉 रफ़ जंशेन (rough gentian): ～紫 जंशेन वायोलेट

【龙灯】 lóngdēng ड्रेगन लालटेन; नाग दीप

【龙宫】 lónggōng नागराज प्रासाद

【龙骨】 lónggǔ ❶पक्षी की उरोस्थि ❷〈ची०चि०〉 खुदाई आदि में भूगर्भ से प्राप्त शिलीभूत प्राचीन अवशेष-भाग; फ़ोसिल फ़्रैगमेंट ❸जहाज़, वायुयान आदि का पेंदा या पेटा या निचला हिस्सा

【龙骨车】 lónggǔchē ड्रेगन-बोन वाटर लिफ़्ट; लकड़ी के चौकोर तख्तों वाला ज़ंजीर-नुमा पंप

【龙井】 lóngjǐng लोंगजिंग (ड्रेगन-कोप) चाय (चच्यांग प्रांत के हांगचओ नगर में पैदा हुई प्रसिद्ध हरी चाय)

【龙卷风】 lóngjuǎnfēng बवंडर; टारनेडो

【龙葵】 lóngkuí 〈वन०〉 ब्लैक नाइटशेड, पौधे जिस के फूल सफ़ेद रंग के तथा फल काले और विषैले होते हैं

【龙马精神】 lóngmǎ jīngshén नागाश्व स्पिरिट (प्रायः ओजस्वी वृद्धावस्था की प्रशंसा में प्रयुक्त)

【龙门刨】 lóngménbào डबल हाउज़िंग प्लेनर; मशीनी रन्दा

【龙门吊】 lóngméndiào गैनट्री क्रेन

【龙门石窟】 Lóngmén shíkū लोंगमन की गुफ़ाएं (ह-

नान प्रांत के ल्वोयांग में)

【龙脑】 lóngnǎo <रसा०> बोर्नियो कैम्फ़ोल; बोर्नियोल

【龙山文化】 Lóngshān wénhuà लोंगशान संस्कृति (सब से पहले शानतोंग प्रांत के लोंगशान कस्बे में 1928 ई० की खुदाई से यह संस्कृति प्राप्त हुई थी, इसलिये इस का यही नाम पड़ा । इस संस्कृति की विशेषता मिट्टी के चमकदार काले बर्तन हैं)

【龙舌兰】 lóngshélán सेंच्यूरी प्लांट; मानवे

【龙生九子】 lóngshēngjiǔzǐ प्राचीन किंवदंती में एक नाग के नौ बच्चे थे और उन में हरेक दूसरों से भिन्न था —— सगे भाइयों में भी एक दूसरे से भिन्न होता है

【龙潭虎穴】 lóngtán–hǔxué नाग का पोखर और बाघ की मांद —— संकट-स्थान; खतरनाक जगह

【龙腾虎跃】 lóngténg–hǔyuè नाग का उठना और बाघ का झलांगना —— उत्साहपूर्ण क्रियाशीलता का दृश्य

【龙头】 lóngtóu ❶टेप; टोंटी; नल की टोंटी ❷<बो०> (साइकिल का) हैंडिल

【龙王】 Lóngwáng नागराज (चीनी पुराण-शास्त्र में वर्षा का देवता)

【龙虾】 lóngxiā लोबस्टर; महाचिंगट

【龙涎香】 lóngxiánxiāng अम्बर; अम्बरग्रीस

【龙须菜】 lóngxūcài <वन०> ऐस्पैरागस (सब्ज़ी)

【龙须面】 lóngxūmiàn एक प्रकार की बहुत पतली नूडल्स

【龙眼】 lóngyǎn <वन०> लोंगयेन (एक प्रकार का वृक्ष और फल)

【龙争虎斗】 lóngzhēng–hǔdòu बाघ और नाग के बीच की लड़ाई —— दो बराबर पक्षों के बीच की घमासान लड़ाई

【龙钟】 lóngzhōng <लि०> वृद्ध तथा दुर्बल: 老态～ वृद्ध और दुर्बल; जराजीर्ण

【龙舟】 lóngzhōu नाग-नौका; ड्रैगन-बोट: ～节 नाग-नौका उत्सव / ～竞赛 नाग-नौका दौड़

茏（蘢） lóng नीचे दे०

【茏葱】 lóngcōng हरा-भरा; तरोताज़ा

咙（嚨） lóng दे० 喉咙 गला; कंठ

泷（瀧） lóng <बो०> तेज़ धारा का पानी (प्रायः स्थान के नाम में प्रयुक्त): 七里～ Qīlǐlóng छीलीलोंग (चच्यांग प्रांत में)

珑（瓏） lóng नीचे दे०

【珑璁】 lóngcōng <लि०> ❶धातु, जेड, पत्थर आदि के टकराने का स्वर ❷茏葱 lóngcōng के समान

【珑玲】 lónglíng <लि०> ❶धातु, जेड, पत्थर आदि के टकराने का स्वर ❷उज्ज्वल; चमकीला

栊（櫳、㰍） lóng <लि०> ❶खिड़की: 帘～ पर्दे वाली खिड़की ❷जानवरों के लिये कटघरा

昽（曨） lóng दे० 曚昽 ménglóng (सूर्यप्रकाश) धुंधला

胧（朧） lóng दे० 朦胧 ménglóng (चांदनी) धुंधली

砻（礱） lóng ❶धान का छिलका उतारने वाला औज़ार ❷उक्त औज़ार से धान का छिलका उतारना

【砻糠】 lóngkāng धान से उतारा हुआ छिलका

眬（矓） lóng दे० 蒙眬 अर्ध-निद्रित; अधसोया; उनींदा; अर्धसुप्त

聋（聾） lóng बहरा; ऊंचा सुनने वाला या जिसे सुनाई न दे

【聋哑】 lóngyǎ गूंगा-बहरा व्यक्ति: ～学校 गूंगे-बहरों का स्कूल / ～症 गूंगे-बहरे का रोग / ～字母 गूंगे-बहरे के समझने के संकेत; संकेत-भाषा

【聋子】 lóngzi बहरा; जिसे सुनाई न दे

笼（籠） lóng ❶पिंजरा: 铁～ लोहे का पिंजरा / 出～的鸟 पिंजरे से मुक्त पक्षी ❷<पुराना> बंदी को बंद करने का पिंजरा ❸भाप से भोजन पकाने का बर्तन: 小～包子 छोटे बर्तन में भाप से बनाया पाओत्स् ❹<बो०> दोनों हाथों को एक दूसरे के आस्तीन में रखना: ～着手 दोनों हाथों को एक दूसरे के आस्तीन में रखना

lǒng भी दे०

【笼屉】 lóngtì भाप से भोजन पकाने के लिये बांस या लकड़ी का बर्तन; भाप से भोजन पकाने वाला बर्तन

【笼头】 lóngtou सरदवाल; (मोहरी के साथ घोड़े, खच्चर आदि जानवरों के लिये) फंडा या डोरी

【笼子】 lóngzi पिंजरा

舻（艫） lóng <लि०> आवरक वाली नाव

隆 lóng ❶शानदार; भव्य: 隆重 ❷समृद्धिशील; फलता-फूलता; हरा-भरा: 兴～ समृद्ध होना; (व्यापार) बहुत गर्म होना ❸गहरा; बहुत अधिक: 隆冬 ❹उभड़ना; फूल आना; सूजना: 隆起 ❺（Lóng） एक कुलनाम

lōng भी दे०

【隆鼻】 lóngbí प्लास्टिक की बनावटी नाक लगाना

【隆冬】 lóngdōng मध्य शीत; बीच जाड़े में; कड़ाके का जाड़ा

【隆隆】 lónglóng <अनु०> गड़गड़ाहट; गरज; गर्जन-तर्जन: 炮声～ तोपों की गड़गड़ाहट या गुरु गर्जन-तर्जन; तोपों की तूफ़ानी गरज

【隆起】 lóngqǐ उभड़ना; सूज आना; फूल आना

【隆情】 lóngqíng गहरी भावनाएं

【隆盛】 lóngshèng <लि०> ❶संपन्न; समृद्ध: 国势～。

देश संपन्न है। ❷शानदार; भव्य; धूमधाम के साथ

【隆胸】 lóngxiōng महिलाओं द्वारा सर्जिकल प्रक्रिया से वक्ष उन्नत करने का तरीका

【隆重】 lóngzhòng शानदार; भव्य; संस्कारयुक्त: ～集会 भव्य सभा आयोजित करना / ～纪念 बड़ी धूमधाम के साथ मनाना

【隆准】 lóngzhǔn उभरी हुई नाक

癃 lóng ❶〈लि०〉〈प्रा०〉 कमज़ोरी; दुर्बलता; निर्बलता ❷癃闭 के समान

【癃闭】 lóngbì 〈ची०चि०〉 मूत्र का अवरोध; रुकावट

窿 lóng 〈बो०〉 (खान में) गैलरी

lǒng

优（儱） lǒng नीचे दे०

【优侗】 lǒngtǒng 〈लि०〉 笼统 lǒngtǒng के समान

陇（隴） Lǒng ❶लोंग पर्वत (शेनशी（陕西）और कानसू（甘肃）प्रांतों के बीच में) ❷कानसू प्रांत का दूसरा नाम: ～东 पूर्वी कानसू

【陇剧】 lǒngjù कानसू ऑपेरा

垄（壟、壠） lǒng ❶क्यारी ❷मेंड़; मेड़; खेतों के बीच का उभड़ा हुआ रास्ता ❸क्यारी जैसी चीज़: 瓦～ छत पर खपरैलों की पंक्ति

【垄断】 lǒngduàn ❶एकाधिपत्य; एकाधिकार; इजारा; इजारेदारी: ～集团 इजारेदार गुट / ～者 एकाधिकारी; इजारेदार / ～资本 एकाधिकारी पूंजी; इजारेदार पूंजी / ～资本家 एकाधिकारी पूंजीपति; इजारेदार पूंजीपति / ～资本主义 एकाधिकारी पूंजीवाद; इजारेदार पूंजीवाद / ～资产阶级 एकाधिकारी पूंजीपति-वर्ग; इजारेदार पूंजीपति-वर्ग; ❷एकाधिकार करना; अपना इजारा (या अपनी इजारेदारी) कायम कर लेना: ～…权利… के अधिकार पर अपना इजारा कायम कर लेना / ～经济命脉 आर्थिक जीवन-स्रोतों पर अपना इजारा कायम कर लेना

【垄沟】 lǒnggōu दो क्यारियों के बीच की खाई

拢（攏） lǒng ❶बंद करना: 合～嘴 मुंह बंद करना / 闭～眼睛 आंख मूंदना ❷समीप आना; पास आना; पहुंचना: 拢岸 ❸कुल मिलाना: 拢共 / 拢总 ❹जमा करना; इकट्ठा करना; एकत्र करना; बटोरना: 把书～在一起 किताबों को एकत्र करना / 把孩子～在怀里 बच्चे को गोद में उठाना ❺संवारना; बाल बनाना; बालों में कंघी करना; सिर करना: 你把头发～一～。तुम बालों में ज़रा कंघी कर लो।

【拢岸】 lǒng'àn (नाव का) तट पर पहुंचना; किनारे आ लगना

【拢共】 lǒnggòng कुल मिलाकर: 村里～三十户人家。गांव में कुल मिलाकर तीस परिवार हैं।

【拢头】 lǒngtóu संवारना; बाल बनाना; बालों में कंघी करना

【拢子】 lǒngzi अच्छी तरह दंतुरित कंघी

【拢总】 lǒngzǒng कुल मिला कर: 系里～一百个人。विभाग में कुल मिलाकर सौ व्यक्ति हैं।

笼（籠） lǒng ❶छाना; आवरण करना: 整个村子～在烟雾之中。सारे गांव पर कोहरा छा गया है। ❷बड़ा संदूक

lóng भी दे०

【笼络】 lǒngluò किसी व्यक्ति को हर तरीके से फुसलाना या अपनी ओर कर लेना: ～人心 लोगों को प्रवृत्त करने के लिये प्रिय या विनीत वचन कहना, उपकार करना आदि

【笼统】 lǒngtǒng बिना भेदभाव किये; बिना किसी विश्लेषण के; भेद किये बगैर: ～地解释 बिना भेदभाव किए समझाना / 不能～地排外。अंधाधुंध विदेशियों का विरोध नहीं करना चाहिये।

【笼罩】 lǒngzhào छाना; आवरण करना: 夜色～全镇。पूरे कस्बे पर अंधेरा छा गया था।

箦（簣） lǒng 〈बो०〉 बड़ा संदूक 织箦 Zhīlǒng च्वांगतोंग में एक स्थान

lòng

弄 lòng 〈बो०〉 गली; कूचा (प्रायः स्थान के नाम में प्रयुक्त)

nòng भी दे०

【弄堂】 lòngtáng 〈बो०〉 गली; कूचा

哢 lòng 〈लि०〉 चिड़ियों का बोलना; चहचहाना

lōu

搂（摟） lōu ❶हाथ या औज़ार से किसी वस्तु को अपने सामने बटोरना: ～干草 पांचे से सूखे घास-फूस को समेटना ❷हाथ से लेकर उठाना: ～起袖子 आस्तीन को ऊपर की ओर उठाना ❸जबरन (पैसा आदि) वसूल करना: ～钱 जबरन पैसा वसूल करना ❹〈बो०〉 अपनी ओर खींचना: ～扳机 बंदूक का घोड़ा या ट्रिगर अपनी ओर खींचना ❺रेखांकन करना; शुमार करना: ～算 रेखांकन करना; शुमार करना

lǒu भी दे०

【搂草机】 lōucǎojī पांचे जैसे यंत्र; घास-फूल समेटने वाली मशीन; रेक

瞜（瞜）lōu 〈बो०〉 देखनाः 让我～～。मुझे देखने दो।

lóu

剅（剅）lóu 〈बो०〉 बांध के नीचे पानी निकालने या अंदर भरने का रास्ता

娄（婁）lóu ❶〈लि०〉 (शारीरिक) दुर्बलता; कमज़ोरीः 他身体可～啦。वह बहुत कमज़ोर है। ❷〈बो०〉 (तरबूज़, लौकी आदि) ज़्यादा पका हुआ और खाने के लिये अयोग्य ❸अस्विनी (नक्षत्र) ❹（Lóu） एक कुलनाम

【娄子】lóuzi कष्ट; भारी भूल; गड़बड़ः 出～ कष्ट में पड़ना; गड़बड़ पैदा होना

偻（僂）lóu ❶दे० 佝偻病 gōulóubìng रिकेट्स ❷दे० 偻俪
lǚ भी दे०

【偻俪】lóuluo 喽啰 lóuluo के समान

蒌（蔞）lóu नीचे दे०

【蒌蒿】lóuhāo 〈वन०〉 एक प्रकार की वर्षानुवर्षी बूटी

【蒌叶】lóuyè 〈वन०〉（蒟酱 jǔjiàng भी）ताम्बूल (पान)

喽（嘍）lóu नीचे दे०
lou भी दे०

【喽啰】lóuluo ❶〈पुराना〉 डाकुओं के मुखिया के मातहत ❷(प्रायः निंदात्मक प्रयोग) अधीनस्थ; पिच्छलग्गू

溇（漊）Lóu 溇水 लओ नदी (हूनान प्रांत में)

楼（樓）lóu ❶मंडप; इमारतः 黄鹤～ पीतसारस मंडप / 楼房❷इमारत की मंज़िलः 三～ तीसरी मंज़िल ❸अधिरचनाः 城～ नगर-द्वार के ऊपर का बुर्ज ❹(दुकान के नाम में प्रयुक्त)ः 酒～ रेस्तोरां ❺（Lóu） एक कुलनाम

【楼板】lóubǎn इमारतों में ऊपर की मंज़िल का तख्तों आदि का फ़र्श

【楼层】lóucéng मकान की मंज़िल

【楼道】lóudào (मकान के कमरों के मध्य) संचर-स्थान; बरामदा; कमरों के बीच का प्रशस्त पथ; दालान

【楼房】lóufáng दो या दो से अधिक मंज़िलों का मकान; इमारत; अट्टालिका

【楼市】lóushì मकान-सम्पत्ति विनिमय बाज़ार

【楼台】lóutái मंडप

【楼梯】lóutī सीढ़ी

【楼亭】lóutíng मंडप

【楼钟】lóuzhōng स्तूप-घड़ी

【楼座】lóuzuò बालकनी; गैलरी

耧（耬）lóu पशु द्वारा खींचने वाला बीज बोने का औज़ार

【耧播】lóubō कुंड से बीज बोना

【耧车】lóuchē 耧 का पुराना नाम

蝼（螻）lóu 〈प्राणि०〉 मोल क्रिकेट; भू-झिल्लीक

【蝼蛄】lóugū मोल क्रिकेट; भू-झिल्लीक

【蝼蚁】lóuyǐ मोल क्रिकेट और चींटी; नगण्य व्यक्ति; शक्तिहीन और तुच्छ व्यक्ति

髅（髏）lóu दे० 髑髅 dúlóu (मरे हुए व्यक्ति की) खोपड़ी; 骷髅 kūlóu पंजर; कंकाल

lǒu

搂（摟）lǒu ❶बांहों में लेना; बांहों में घेर लेनाः 孩子～着母亲。बच्चे ने मां को अपनी दोनों बांहों में घेर लिया। / ～着脖子 अपनी दोनों बांहें किसी की गर्दन में डाल देना ❷〈परि०श०〉 मोटी वस्तु जो दोनों बांहें घेर सकेंः 这棵树有一～多粗。यह पेड़ इतना मोटा है कि दोनों बांहें भी घेर नहीं सकतीं।
lōu भी दे०

【搂抱】lǒubào दोनों बांहों में घेर (या भर) लेना; आलिंगन करना; गले लगाना

嵝（嶁）lǒu 岣嵝（Gǒulǒu）याने हंग पर्वत（衡山 Héngshān）(हूनान प्रांत में)

篓（簍）lǒu टोकरी; टोकराः 字纸～ रद्दी की टोकरी

lòu

陋 lòu ❶बदसूरत; असुन्दर; कुरूपः 丑～ असुंदर; बदसूरत; कुरूप ❷घटिया; जो बढ़िया न होः 粗～ घटिया ❸(रहने का स्थान) छोटा; मामूलीः ～室 हम्बल रूम ❹असभ्यः 陋俗 / 陋习 ❺(जानकारी) कम; अधूरीः 浅～ अधूरी जानकारी होना

【陋规】lòuguī आपत्तिजनक कार्य-प्रणाली; अनुचित विधियां

【陋见】lòujiàn संकुचित दृष्टिकोण

【陋俗】lòusú अशिष्ट रिवाज

【陋习】lòuxí बुरी आदत; अशिष्ट आदत

镂（鏤）lòu खोदना; उत्कीर्ण करना; नक्काशी करनाः

镂刻
【镂花】 lòuhuā आभूषक उत्कीर्ण
【镂刻】 lòukè ❶खोदना; तराशना; नक्काशी करना: ~花纹 बेल-बूटा काढ़ना ❷स्मृति में जड़ना या बिठाना
【镂空】 lòukōng सजावट के लिये नक्काशी का काम; (लकड़ी, धातु आदि पर) खुली कसीदाकारी

瘘（瘻、瘺） lòu नीचे दे०
【瘘管】 lòuguǎn छोटे मुंहवाली लंबे नालीदार फोड़े में नाली; फ़िसट्यूला

漏 lòu ❶(छिद्र या दरार से) टपकना; रिसना: 杯子~了。गिलास टपक रहा है। ❷पदार्थ का छेद या दरार से नीचे गिरना: 口袋~了。थैली फट गयी। ❸बालू-घड़ी; वाटरक्लॉक: ~尽更残。रात बीतने वाली है। ❹(रहस्य, भेद आदि का) दर्शाना; खुल जाना; प्रकट होना: 把消息~出去 भेद को दर्शाना ❺छूटना; गलती से भूल जाना: 不~一人一马 एक भी आदमी या एक भी घोड़ा बचकर न जा सकना / 这一行~了几个字。इस लाइन में कुछ शब्द छूट गये।
【漏窗】 lòuchuāng पार्क, बाग आदि में बिना शीशा या कागज़ लगाये खिड़की
【漏电】 lòudiàn बिजली का लीक होना
【漏洞】 lòudòng छेद; दरार: 堵塞~ छेद को भर देना / 他话里有~。उस की बातों में अधूरापन है। / ~百出补不胜补。(किसी काम, बात आदि में) इतनी ज़्यादा दरारें हैं कि उन्हें भरना भी मुश्किल है।
【漏斗】 lòudǒu कीप
【漏风】 lòufēng ❶वायुरुद्ध न होना; हवाबन्द न होना: 这只风箱~。यह धौंकनी हवाबन्द नहीं है। ❷भेद खुलना; खबर फैलना ❸अग्रदंत के टूट जाने के कारण अस्पष्ट बोलना
【漏缝】 lòufèng दरार: 这墙有~。इस दीवार में दरार है।
【漏壶】 lòuhú जल-घड़ी
【漏气】 lòuqì छेद या दरार से हवा निकल आना
【漏勺】 lòusháo छलनी; जाली; स्ट्रेनर; चलनी
【漏税】 lòushuì कर देने से बचना या निकल आना; कर न चुकाना
【漏网】 lòuwǎng (अपराधी, दुश्मन आदि) बचकर निकलना: 不让一个敌人~ दुश्मनों में से एक को भी अपने व्यूह से न निकलने देना / 无一~ कोई अपराधी या दुश्मन निकल न सकना
【漏泄】 lòuxiè ❶(जल, प्रकाश आदि) दरार से बाहर निकलना: 光线从隙缝中~出来。प्रकाश दरार से निकल आया। ❷खुल जाना; रहस्य दर्शाना; भंडा फोड़ना: ~试题 परीक्षाप्रश्नों का खुल जाना
【漏夜】 lòuyè गहरी रात
【漏子】 lòuzi ❶कीप ❷छेद; दरार
【漏嘴】 lòuzuǐ बात का ज़ुबान से फिसल जाना

露 lòu 露 lù के समान (निम्नलिखित पदों में प्रयुक्त) lù भी दे०
【露丑】 lòuchǒu नाक कटना; नक्कू बनना; इज़्ज़त खोना
【露底】 lòudǐ (रहस्य, भेद आदि) निकल जाने देना; खुल जाना
【露风】 lòufēng भेद खुलना; बात फैलना; खबर फैलना
【露富】 lòufù अपना धन प्रकट होना
【露脸】 lòuliǎn ❶(कोई काम करने से) मशहूर होना; सफल होना: 他那天表演很~。उस दिन के अभिनय में वह बहुत सफल हुआ। ❷(व्यक्ति का) दिखाई देना: 他有好几个月没有~了。कई महीनों से उस की सूरत दिखाई नहीं दी।
【露马脚】 lòu mǎjiǎo तथ्य की असलियत प्रकट होना
【露面】 lòumiàn दर्शन देना; सूरत दिखाई देना: 公开~ लोगों के सामने सूरत दिखाई देना
【露头】 lòutóu दिखाई देना: 太阳刚一~，他们都起床了。पौ फटते ही वे सब पलंग से उठ बैठे।
lùtóu भी दे०
【露馅儿】 lòuxiànr तथ्य की असलियत प्रकट होना
【露相】 lòuxiàng अपनी असलियत प्रकट होना
【露一手】 lòu yīshǒu अपनी योग्यता दिखाना

lou

喽（嘍） lou <लघु अ०> 了 le के समान प्रयुक्त ❶(किसी क्रिया के बाद आकर किसी प्रत्याशित क्रिया की समाप्ति का बोध होता है): 我看~电视走。मैं टी०वी० देखकर जाऊंगा। ❷(वाक्य के अंत में आकर याद दिलाने के लिये प्रयुक्त): 吃饭~。खाने का समय हो गया है।
lóu भी दे०

lū

撸 lū <बो०> ❶ऊपर चढ़ाना: ~袖子 आस्तीन को ऊपर की ओर चढ़ाना ❷पद से हटाना; यदच्युत करना: 他的职务给~了。उसे पद से हटाया गया। ❸निंदा करना; तिरस्कार करना: 他挨了一顿~。उस का तिरस्कार किया गया।
【撸子】 lūzi <बो०> छोटा पिस्तौल

噜 lū नीचे दे०
【噜苏】 lūsu <बो०>（常用"啰唆" luōsuo）❶हद दर्जे का बातूनीपन; अनेक शब्दों में अभिव्यक्त ❷कष्टदायक; तकलीफ़ देने वाला; भेजा खाना; सिर खाना: 你出去吧，别在这儿~了。बाहर जाओ, यहां मेरा भेजा मत खाओ।

lú

卢¹（盧）lú ❶काला：～弓 काला धनुष / ～矢 काला बाण ❷काला धनुष ❸शिकारी कुत्ता ❹〈प्राणि०〉 पन कौवा; जलकाग ❺आंख की पुतली

卢²（盧）Lú एक कुलनाम

【卢比】lúbǐ रुपया (भारतीय सिक्का)
【卢布】lúbù रूबल (रूसी सिक्का)
【卢森堡】Lúsēnbǎo लक्सेमबर्ग
【卢森堡人】Lúsēnbǎorén लक्सेमबर्गी; लक्सेमबर्ग का निवासी
【卢旺达】Lúwàngdá रूआण्डा
【卢旺达人】Lúwàngdárén रूआण्डाई; रूआण्डा का निवासी

芦（蘆）lú ❶सरपत; नरकट： 芦根 / 芦花 ❷（Lú）एक कुलनाम
lǔ भी दे०

【芦荡】lúdàng नरकट की दलदल
【芦丁】lúdīng 〈औष०〉 रूटिन
【芦根】lúgēn 〈ची०चि०〉 नरकट की जड़
【芦花】lúhuā नरकट का गुच्छेदार फूल (कैटकिन)
【芦荟】lúhuì 〈वन०〉 घृतकुमारी; एलुवा (aloe)
【芦笙】lúshēng म्याओ, याओ और तोंग जाति का नरकटनली वायु-वाद्य
【芦苇】lúwěi 〈वन०〉 नरकट; सरपत
【芦席】lúxí नरकट की चटाई

庐¹（廬）lú झोंपड़ी; कुटिया： 茅～ झोंपड़ी; कुटिया

庐²（廬）Lú एक कुलनाम

【庐山真面目】Lúshān zhēn miànmù लू पर्वत का वास्तविक रूप —— किसी व्यक्ति या मामले का वास्तविक रूप
【庐舍】lúshè 〈लि०〉 मकान; गांव में मकान

垆¹（壚）lú काली मिट्टी： ～土 काली मिट्टी

垆²（壚、鑪）lú शराब-बर्तन रखने का मिट्टी का चबूतरा; शराब की दूकान

炉（爐、鑪）lú अंगीठी; सिगड़ी; भट्ठी; स्टोव： 电～ बिजली स्टोव / 开～ भट्ठी सुलगाना

【炉箅子】lúbìzi अंगीठी या भट्ठी की जाली; झंझरी
【炉衬】lúchèn (फ़र्नेस) लाइनिंग
【炉甘石】lúgānshí कैलामिन; कच्चा जस्ता
【炉灰】lúhuī अंगीठी में जले कोयले की राख
【炉火纯青】lúhuǒ-chúnqīng (अमरता की गोलियां बनाने के लिये) अंगीठी की आग का शुद्ध नीली होने लगना —— उच्च स्तर की पूर्णता प्राप्त करना; बिलकुल पक्का हो जाना
【炉料】lúliào 〈धा०वि०〉 भट्ठे में निश्चित मात्र में कच्ची धातु और अन्य सामग्री; फ़र्नेस चार्ज
【炉龄】lúlíng 〈धा०वि०〉 फ़र्नेस लाइफ़
【炉门】lúmén अंगीठी का दरवाज़ा
【炉前工】lúqiángōng फ़र्नेस मैन
【炉身】lúshēn फ़र्नेस शैफ़्ट; फ़र्नेस स्टैक
【炉台】lútái स्टोव टॉप
【炉膛】lútáng फ़र्नेस चेम्बर
【炉条】lútiáo अंगीठी की जाली; झंझरी
【炉温】lúwēn अंगीठी का तापमान
【炉灶】lúzào पाकशाला अंगीठी; पाकशाला चूल्हा
【炉渣】lúzhā धातुमल; स्लेग
【炉子】lúzi अंगीठी; सिगड़ी; भट्ठा; फ़र्नेस

泸（瀘）Lú ❶लू नदी, वर्तमान चिनशा नदी（金沙江）❷लू नदी, वतमान नू नदी（怒江）

【泸州大曲】Lúzhōu Dàqū स्छवान प्रांत के लूचओ में उत्पन्न सफ़ेद शराब

栌（櫨）lú दे० 黄栌 huánglú 〈वन०〉 स्मोक ट्री

轳（轤）lú दे० 辘轳 lùlu चक्रभुजा; अक्षभुजा

胪（臚）lú 〈लि०〉 प्रदर्शन करना： 胪陈 / 胪列

【胪陈】lúchén 〈लि०〉 (प्रायः पुरानी शैली के दस्तावेज़ों या पत्रों में प्रयुक्त) विस्तार से वर्णन करना, बयान करना
【胪列】lúliè 〈लि०〉 ❶गणना करना; पेश करना; प्रस्तुत करना ❷प्रदर्शन करना

眬（矑）lú आंख की पुतली

鸬（鸕）lú नीचे दे०

【鸬鹚】lúcí 〈प्राणि०〉 पनकौवा; जलकाग

颅（顱）lú कपाल; खोपड़ी

【颅骨】lúgǔ कापालिक अस्थि; शीर्षक
【颅腔】lúqiāng कापालिक विवर; क्रैनियल कैविटी

舻（艫）lú 〈लि०〉 नाव के आगे का हिस्सा; माथा नाव; जहाज़

鲈（鱸）lú 〈प्राणि०〉 पर्च मछली (perch)

lǔ

芦（蘆）lǔ दे० 油葫芦 yóuhulǔ 〈प्राणि०〉 एक

प्रकार का झींगुर से बड़ा कीड़ा
lú भी दे०

卤（鹵、滷）lǔ ❶बिटर्न ❷〈रसा०〉हैलोजेन ❸(पूरा मुर्गा, बत्तख, मांस का बड़ा टुकड़ा आदि) पानी में नमक और अन्य मसाला डालकर पकाना, या सोया बीन की चटनी में पकाना：～鸡 उक्त तरीके से बना मुर्गा ❹मांस, अंडा या अन्य पदार्थों को मिलाकर बनाया गाढ़ा शोरबा जो नूडल्स के लिये प्रयुक्त होता हैं：打～面 उक्त तरीके से बना गाढ़े शोरबे के साथ नूडल्स ❺चाय आदि का गाढ़ा रस：茶～ चाय का गाढ़ा रस (इस के थोड़े से अंश में पानी मिलाकर शक्ति कम करके पिया जाता है)

【卤菜】lǔcài पानी में नमक और अन्य मसाला डालकर पकाया मांस, मुर्गा, बत्तख आदि मांसाहार

【卤化】lǔhuà〈रसा०〉हैलोजनेट：～物 हैलोजेनाइड; हैलाइड

【卤莽】lǔmǎng 鲁莽 lǔmǎng के समान

【卤水】lǔshuǐ ❶बिटर्न ❷खारे कुएं से निकला खारा पानी

【卤素】lǔsù〈रसा०〉हैलोजेन

【卤味】lǔwèi पानी में नमक और अन्य मसाला डालकर पकाया गया ठंडा मांसाहार

【卤虾】lǔxiā झींगा मछली को पीसकर फिर उस में नमक डालकर बनायी खाद्य वस्तु：～油 झींगा मछली की चटनी

【卤质】lǔzhì मिट्टी में क्षार; खार

虏（虜）lǔ ❶युद्ध-बंदी बनाना ❷युद्ध-बंदी ❸〈प्रा०〉दास ❹〈प्रा०〉〈अना०〉शत्रु; दुश्मन：敌～ शत्रु; दुश्मन

【虏获】lǔhuò दुश्मन के सैनिकों को युद्धबंदी बनाना और उन के हथियार छीन लेना

掳（擄）lǔ किसी का अपहरण करना

【掳掠】lǔlüè ज़बरदस्ती व्यक्ति और धन-संपत्ति को छीन ले जाना：奸淫～ बलात्कार और लूट-पाट करना

鲁[1]（魯）lǔ ❶मंदबुद्धि; मूर्ख：鲁钝 ❷उद्धृत; अशिष्ट; असभ्य; धृष्ट; गुस्ताख：～莽 उतावला; दुस्साहसिक; बदमिज़ाज और जल्दबाज़

鲁[2]（魯）Lǔ ❶चओ राजवंश में एक राज्य (वर्तमान शानतोंग प्रांत के छ्वूफ़ू के आसपास के स्थान ❷एक कुलनाम

【鲁班】Lǔbān वसंत-शरद काल (770-476 ई०पू०) में एक सुख्यात शिल्पकार, इसलिये बढ़इयों के संरक्षक देवता माने गये：～尺 बढ़ई का L के आकार का समकोण नापने का औज़ार

【鲁钝】lǔdùn मंदबुद्धि; बुद्धिहीन; मूर्ख

【鲁莽】lǔmǎng उतावला; विवेकशून्य; विवेकहीन; दुस्साहसिक：～从事 अंधाधुंध कार्य करना / 用～的态度 बदमिज़ाजी और जल्दबाज़ी से / ～家 दुस्साहसिक; उतावलेपन से काम करने वाले लोग

【鲁莽灭裂】lǔmǎng-mièliè अविवेक और जोखिमबाज़：～的干法 अंध-उत्साह और जोखिमबाज़ी से कार्यवाही करना

【鲁米那】lǔmǐnà〈औष०〉लूमिनल

橹[1]（樐、艪、艣）lǔ बड़ा पतवार; बड़ा चप्पू (जिन को एक या एक से अधिक खेने वाले चलाते हैं)：摇～ चप्पू खेना / 架起两支～。दो चप्पू लगाये गये।

橹[2]（櫓）lǔ〈लि०〉बड़ी ढाल

镥（鑥）lǔ〈रसा०〉ल्यूटीशियम (Lu)

lù

六 lù ❶लूआन（六安 Lù'ān）स्थान और पर्वत का नाम (दोनों आनह्वेइ प्रांत में) ❷लूह（六合 Lùhé），च्यांगसू प्रांत में एक स्थान का नाम
liù भी दे०

甪 lù ❶लू-च्（甪直 Lùzhí）च्यांगसू प्रांत में एक स्थान ❷लूयान（甪堰 Lùyàn）चच्यांग प्रांत में एक स्थान

【甪里】Lùlǐ ❶एक प्राचीन स्थान (वर्तमान च्यांगसू प्रांत की वूकाउंटी के दक्षिण-पश्चिम में) ❷एक कुलनाम

陆（陸）lù ❶भूमि; धरती; थल; स्थल：大～ मुख्य भूमि; महाद्वीप ❷（Lù）एक कुलनाम
liù भी दे०

【陆半球】lùbànqiú महाद्वीपीय गोलार्ध; पूर्वी गोलार्ध

【陆稻】lùdào सूखा धान; सूखी भूमि का धान

【陆地】lùdì भूमि; धरती; स्थल; धरातल

【陆海空】lù-hǎi-kōng स्थल, जल और वायु：～三军 जल-थल और वायु सेना

【陆军】lùjūn स्थल सेना：～武官 सैनिक आसंगी; सैनिक सहचरी; मिलिटरी अटैची / ～医院 स्थल सेना अस्पताल

【陆路】lùlù स्थलमार्ग; भूमिमार्ग

【陆续】lùxù〈क्रि०वि०〉क्रमशः; एक के बाद एक：～指示 सिलसिलेवार निर्देश जारी करना

【陆运】lùyùn स्थल-परिवहन

【陆战队】lùzhànduì स्थल-सेना; स्थल-फ़ौज; मैरीन-सेना

录（錄）lù ❶लेखबद्ध करना; दर्ज करना; रिकार्ड करना; नकल करना：记～ रिकार्ड करना; नोट करना; कलमबन्द करना ❷टेप-रिकार्ड करना：录音 / 录像 ❸अपनाना; काम लेना; काम में लाना; नौकर रखना; नियुक्त करना：录用 ❹रिकार्ड; संकलन; रजिस्टर：语～ सूक्तियां; वचनावली

【录放】lùfàng रिकार्ड में भरना और रिकार्ड बजाना

【录供】lùgòng〈का०〉पूछताछ में मौखिक बयान को कलमबद्ध करना

【录取】lùqǔ सूची में नाम लिखना; सेना में भरती करना;

प्रवेश करने देना: ～通知书 स्वीकृति सूचना / ～新生一千名 एक हज़ार विद्यार्थियों को विश्वविद्यालय में भरती करना

【录像】lùxiàng वीडियोटेप में भरना; वीडियो करना: ～带 ❶वीडियोटेप ❷वीडियो कैसेट ❸वीडियोटेप रिकार्डिंग/～机 वीडियो रिकार्डर; वीडियोटेप रिकार्डर; वीडियो

【录音】lùyīn ❶टेप रिकार्ड; रिकार्ड टेप: ～机 टेप-मशीन; साउंड-रिकार्डर / ～带 रिकार्डिंग फ़ीता; टेप ❷साउंड रिकार्डिंग: 听～ साउंड रिकार्डिंग सुनना / 放～ रिकार्डिंग सुनाना

【录用】lùyòng नियुक्त करना;

【录制】lùzhì रिकार्ड में भरकर बनाना या तैयार करना

辂（輅）lù ❶प्राचीन काल में गाड़ी के बम पर वह लकड़ी जिस से गाड़ी खींची जाती थी ❷प्राचीन काल में एक प्रकार की बड़ी गाड़ी

赂（賂）lù ❶भेंट में देना: 贿～ घूस देना ❷भेंट में दिया गया धन

鹿 lù ❶हिरण; मृग: 母～ हिरनी, हिरणी ❷（Lù）एक कुलनाम

【鹿角】lùjiǎo ❶हिरन के सींग ❷झाड़बन्दी

【鹿圈】lùjuàn हिरन का बाड़ा

【鹿皮】lùpí मृगछाला; मृगचर्म

【鹿茸】lùróng 〈ची०चि०〉 नर हिरन के बालदार सींग

【鹿死谁手】lùsǐshuíshǒu हिरन किस के हाथ में मर जाएगा —— कौन विजेता होगा; ऊंट किस करवट बैठना: 不知～。न जाने कौन विजेता होगा।

【鹿苑】lùyuàn वह वन जिस में पर्याप्त मृग हों; मृगदाव

【鹿砦】lùzhài（鹿寨 lùzhài भी）झाड़बन्दी

渌 Lù लू नदी (इस का स्रोत च्यांगशी प्रांत में है और हूनान प्रांत में बहती है)

逯 Lù एक कुलनाम

绿（綠）lù 绿 lǜ के समान, निम्नलिखितों में प्रयुक्त lǜ भी दे०

【绿林】lùlín हरित वन; हरा बन —— दस्युवर्ग; डाकू लोग; विधि-बहिष्कृत लोग: ～好汉 हरित-वन वीर —— दस्यु; डाकू; बहिष्कृत / ～起义 लूलिन विद्रोह

【绿营】lùyíng (छिंग राजवंश में) हरी छावनियां (याने हरे झंडों से चिह्नित हान जाति की सैनिक टुकड़ियां जो सफ़ेद, पीले, लाल और नीले रंग के झंडों से चिह्नित मानचओ शासक जाति की सैनिक टुकड़ियों से भिन्न थीं)

𫘧（騄）lù नीचे दे०

【𫘧弭】lù'ěr（𫘧耳 lù'ěr भी）प्राचीन काल में एक शानदार घोड़ा

琭 lù नीचे दे०

【琭琭】lùlù 〈लि०〉 दुर्लभ; विरल: ～如玉 जेड पत्थर जैसा दुर्लभ

禄 lù ❶सामंती चीन में एक अधिकारी का वेतन ❷（Lù）एक कुलनाम

【禄位】lùwèi 〈लि०〉 अधिकारी का वेतन और पद

碌 lù ❶साधारण (व्यक्ति): 庸～ साधारण और अनुच्चाकांक्षी ❷व्यस्त: 忙～ व्यस्त
liù भी दे०

【碌碌】lùlù ❶साधारण; सामान्य; मामूली: ～无能 योग्यताहीन ❷तरह-तरह के कामों में व्यस्त: ～半生 आधे जीवनकाल में तरह-तरह के कामों में व्यस्त रहना

睩 lù 〈लि०〉 आंख की पुतली का चलना

路 lù ❶रास्ता; राह; मार्ग; पथ: 陆～ स्थलमार्ग / 水～ जलमार्ग / 此～不通。यह रास्ता अवरुद्ध है। ❷दूरी; निश्चित समय में तय किया जाने वाला फ़ासला: 路遥知马力 ❸उपाय; चारा: 无～可走 कोई उपाय या चारा न होना ❹शृंखला; सिलसिला; तांता; लाइन: 思～中断。विचार की शृंखला टूट गयी। ❺प्रदेश; क्षेत्र; इलाका: 外～人 परदेशी; बाहर के स्थान से आया हुआ व्यक्ति / 南～货 दक्षिणी परदेश से आया हुआ माल ❻मार्ग; राह; रूट; कालम: 数～围攻 कई कालमों में कई ओर से हमला करना / 十～公共汽车 नं० दस बस ❼प्रकार; श्रेणी; वर्ग: 这一～人 इस तरह के लोग / 我们俩不是一～的。हम दोनों अलग-अलग प्रकार के हैं; हम दोनों के मार्ग अलग-अलग हैं। / 布有好几～。कपड़े अनेक प्रकार के होते हैं।

【路标】lùbiāo ❶मार्ग-चिह्न ❷〈सैन्य०〉 रूट मार्किंग; रूट साइन

【路不拾遗】lùbùshíyí（道不拾遗 dàobùshíyí भी）रास्ते में गिरी हुई वस्तु को कोई अपनी जेब में नहीं डालता —— समाज की हवा अच्छी होना

【路程】lùchéng मंज़िल; यात्रा की गयी दूरी; निश्चित समय में तय किया जाने वाला फ़ासला: 五天～ पांच दिन की यात्रा

【路道】lùdào ❶रास्ता; मार्ग: 熟悉～ मार्ग का सुपरिचित होना ❷व्यवहार; हरकत (प्रायः अनादरसूचक अर्थ में प्रयुक्त): 这人～不正。इस आदमी की हरकत ठीक नहीं है।

【路灯】lùdēng सड़क में बत्ती; सड़क की बिजलियां

【路费】lùfèi राहखर्च: 筹～ राहखर्च जुटाना

【路风】lùfēng रेलवे कर्मचारियों की कार्य-शैली; उन की सेवा की क्वालिटी

【路轨】lùguǐ ❶रेल गाड़ी की पटरी; रेल ❷रेल की लाइन; पटरी

【路过】lùguò होकर; पास से गुज़र जाना: 他从北京去香港～广州。वह पेइचिंग से क्वांगचओ होकर हांगकांग जाता है।

【路基】lùjī रेल की पटरी की नींव; मेड़; रेल का बांध

【路检】 lùjiǎn सड़क चेक; सड़क-निरीक्षण; रोड चेक
【路见不平，拔刀相助】 lù jiàn bù píng, bádāo xiāng zhù रास्ते में अन्याय को देखते ही अपनी तलवार म्यान से खींच निकालकर नुकसान उठाने वाले की मदद करना
【路劫】 lùjié रास्ते में लूटना
【路警】 lùjǐng रेलवे पुलिस
【路径】 lùjìng ❶मार्ग; रास्ता; रूट: ～不熟 रास्ता परिचित न होना ❷उपाय; तरीका; रास्ता: 找到成功的～ सफल होने का रास्ता मिलना
【路局】 lùjú रेलवे या हाइवे की प्रशासन-संस्था
【路口】 lùkǒu सड़क का छोर; नुक्कड़; चौराहा
【路面】 lùmiàn रास्ते की सतह
【路牌】 lùpái सड़क की नामपट्टी
【路签】 lùqiān ट्रेन-स्टाफ़; स्टाफ़
【路人】 lùrén सड़क पर आने-जाने वाले लोग; पथिक
【路上】 lùshang ❶रास्ते पर ❷रास्ते में: 他在～见到一个老人。रास्ते में उस ने एक बूढ़ा देखा।
【路数】 lùshù ❶路子 के समान ❷दांव-पेंच: 击剑的～ तलवार चलाने का दांव-पेंच ❸तह की बात
【路条】 lùtiáo यात्रा अनुज्ञापत्र; पास; ट्रैवल परमिट
【路途】 lùtú ❶रास्ता; मार्ग: 这一带的～他熟悉。यहां के आसपास के रास्ते वह अच्छी तरह जानता है। ❷मंज़िल; यात्रा की गयी दूरी; निश्चित समय में तय किया जाने वाला फ़ासला: ～遥远 जाने में रास्ता बहुत लंबा होना; बहुत दूर
【路网】 lùwǎng सड़क नेटवर्क; रोड नेटवर्क
【路线】 lùxiàn ❶यात्रामार्ग; सफ़र की राह ❷लाइन; दिशा; कार्यदिशा: ～错误 कार्यदिशा की गलती / ～斗争 दो कार्यदिशाओं के बीच का संघर्ष; कार्यदिशा संबंधी संघर्ष / 走中间～ मध्यवादी कार्यदिशा अपनाना
【路向】 lùxiàng मार्ग-विस्तार की दिशा
【路遥知马力，日久见人心】 lù yáo zhī mǎlì, rìjiǔ jiàn rénxīn दूर की यात्रा से ही घोड़े की शक्ति की परख होती है और दीर्घकालीन कार्य के ज़रिये ही मनुष्य के हृदय की परख होती है
【路障】 lùzhàng मार्ग में रुकावट: 设立～ मार्ग में रुकावट डालना / 清除～ मार्ग की रुकावट हटाना
【路子】 lùzi ❶रास्ता; मार्ग; उपाय; तरीका: 解决问题的～ समस्या का समाधान करने का मार्ग या उपाय ❷सामाजिक संपर्क: ～宽 बहुत से सामाजिक संपर्क होना / 找～ संभव सहायकों से सहायता पाने का प्रयत्न करना

僇 lù 〈लि०〉 ❶अपमान करना ❷戮 lù के समान

勠 lù 〈लि०〉 मिलकर; एक होकर; साथ-साथ
【勠力同心】 lùlì-tóngxīn किसी सामूहिक कार्य में एक होकर शामिल होना; समान प्रयत्न करना

蓼 lù 〈लि०〉 (वनस्पति) बड़ी और ऊंची
liǎo भी दे०

箓（籙） lù दे० 符箓 भूत-प्रेतों या देवताओं को कोई काम करने और लोगों का अच्छा या बुरा भाग्य लाने के लिये ताओवादियों द्वारा बनाये गये चित्रों का सामान्य नाम

漉 lù तरल पदार्थ का नीचे रिसना या छनना

醁 lù दे० 醽醁 línglù एक प्रकार की मधु-मदिरा

辘（轆） lù नीचे दे०
【辘轳】 lùlu दोलाब; रहंट; अरहट; चरखा; चरखी
【辘辘】 lùlù 〈अनु०〉 चलती गाड़ी के पहियों से निकलने वाला शब्द

戮 lù हत्या करना; वध करना; मार डालना

蕗 lù प्राचीन काल में लिकोराइस; मुलैठी की जड़

罶 lù 〈लि०〉 मछली पकड़ने की जाली

鲸（鯨） lù एक प्रकार की समुद्री मछली

潞 lù ❶लू-श्वेइ नदी, वर्तमान शानशी प्रांत की च्वोचांग नदी（浊漳河 Zhuózhānghé）❷लू-च्यांग नदी, याने नूच्यांग नदी（怒江 Nùjiāng）

璐 lù 〈लि०〉 सुन्दर जेड

簏 lù ❶〈लि०〉 बांस का संदूक: 书～ बांस से बना पुस्तकों का संदूक ❷〈बो०〉 बांस, बेद वृक्ष की टहनियों आदि से बनी टोकरी: 字纸～ रद्दी की टोकरी

鹭（鷺） lù बगुला; सारस
【鹭鸶】 lùsī बगुला

麓 lù 〈लि०〉 पहाड़ की तलहटी: 山～ पहाड़ की तल-हटी

露1 lù ❶ओस; तुषार ❷पेय; शरबत: 果子～ शरबत

露2 lù ❶खुली हवा में; मकान, छावनी आदि के बाहर; आवरण के बिना: 露天 ❷प्रकट होना; भेद खोलना: 揭～ पर्दाफ़ाश करना
lòu भी दे०
【露出】 lùchū प्रकट होना; ज़ाहिर होना: 脸上～喜悦的神色 चेहरे पर प्रसन्नता का भाव झलक जाना
【露点】 lùdiǎn ओसांक; ड्यू-पाइंट: ～温度表 ड्यू-पाइंट हाइग्रॉमीटर
【露骨】 lùgǔ अनावृत; आवरणरहित; खुला हुआ; साफ़: ～地表现 नग्न रूप में प्रकट होना / 斗争十分～ खुले रूप में संघर्ष होना
【露酒】 lùjiǔ फल के रस से मिली हुई शराब
【露脐装】 lùqízhuāng क्रॉप टॉप (crop top), महिलाओं द्वारा पहना जाने वाला वह वस्त्र जो न वक्ष ढंकता है और न ही नाभि

【露水】lùshui ❶ओस ❷अल्पकालीन; थोड़े समय का; आसानी से अदृश्य होना: ～夫妻 बिना विवाह किये एक साथ रहने वाले आदमी और स्त्री
【露宿】lùsù मकान के बाहर या मैदान में सोना: ～街头 सड़क पर सोना
【露台】lùtái 〈बो०〉 (कपड़े सुखाने आदि के लिये) समतल छत
【露天】lùtiān मकान के बाहर; आवरण के बिना; खुली हवा में; मुक्त वायु में: ～甲板 खुला डेक / ～剧场 खुला थियेटर; बिना छत का नाटकघर / ～矿 खुली खान / ～市场 खुला बाज़ार / ～舞台 खुला स्टेज
【露头】lùtóu 〈खनि०〉 (矿苗 kuàngmiáo भी) पृथ्वी की सतह से धातु की परत का आविर्भाव
lòutóu भी दे०
【露头角】lù tóujiǎo पहली बार कौशल दिखाना
【露营】lùyíng पड़ाव-खेमा डालकर रहना; मैदान में रहना
【露珠】lùzhū ओस कण; ओस बिन्दु

lu

氇（氌）lu दे० 氆氇 pǔlu तिब्बत में बना हुआ कम्बल, कपड़े आदि बनाने के लिये एक प्रकार का ऊंनी वस्त्र

lǘ

驴（驢）lǘ गधा; खर
【驴唇不对马嘴】lǘchún bù duì mǎzuǐ गधे के होंठ और घोड़े के मुंह मेल की चीज़ें नहीं हैं —— बेमेल; अप्रासंगिक
【驴打滚】lǘdǎgǔn ब्याज पर ब्याज; सूद-दर-सूद
【驴驹】lǘjū गधे का बच्चा; छोटा गधा
【驴骡】lǘluó खच्चर; गधी और घोड़े के संयोग से उत्पन्न पशु
【驴鸣】lǘmíng गधे का रेंकना
【驴年马月】lǘnián-mǎyuè गधे का वर्ष और घोड़े का महीना —— कभी न आने वाला समय (क्योंकि चीनी पंचांग में ऐसा वर्ष और महीना नहीं होता)
【驴皮胶】lǘpíjiāo 〈ची०चि०〉 (阿胶 ējiāo भी) गर्दभ-चर्म सरेस
【驴皮影】lǘpíyǐng छाया-नाट्य
【驴子】lǘzi गधा

闾（閭）lǘ ❶〈लि०〉 गली का दरवाज़ा: 倚～而望 गली के दरवाज़े का सहारा लेकर राह देखना ❷गली-कूचे; पड़ोस ❸प्राचीन काल में पचीस परिवार बराबर एक ल्वी 闾 ❹ (Lǘ) एक कुलनाम
【闾里】lǘlǐ 〈लि०〉 जन्मग्राम; जन्मभूमि
【闾巷】lǘxiàng 〈लि०〉 गली; कूचा
【闾阎】lǘyán 〈लि०〉 आम जनता के रहने का स्थान; आम जनता
【闾左】lǘzuǒ दरिद्र जनता के रहने का स्थान (या क्षेत्र)

榈（櫚）lǘ दे० 棕榈 zōnglǘ ताड़ वृक्ष

lǚ

吕 lǚ ❶दे० 律吕 lǜlǚ ❷ (Lǚ) एक कुलनाम
【吕剧】lǚjù ल्वी ऑपेरा (शानतोंग प्रांत का)
【吕宋】Lǚsòng लुज़ोन (द्वीप): ～烟 लुज़ोन सिगार; सिगार

侣 lǚ साथी; मित्र; संगी: 伴～ साथी; सहचर
【侣伴】lǚbàn साथी; सहचर; सहयात्री

捋 lǚ हाथ फेरना; धीरे-धीरे सहलाना: ～胡子 अपनी दाढ़ी पर हाथ फेरना
luō भी दे०

旅¹ lǚ ❶यात्रा; पर्यटन: ～客 यात्री ❷〈लि०〉 稆 lǚ के समान

旅² lǚ ❶〈सैन्य०〉 ब्रिगेड ❷सेना; फ़ौज; टुकड़ी: 军～之事 फ़ौजी मामले ❸〈लि०〉 साथ-साथ: 旅进旅退
【旅伴】lǚbàn सहयात्री; सहचर; हमराह; हमसफ़र
【旅差费】lǚchāifèi सरकारी काम पर यात्रा करने का भत्ता
【旅程】lǚchéng यात्रामार्ग; सफ़र की राह; यात्रा: 登上～ यात्रा करने लगना
【旅次】lǚcì 〈लि०〉 यात्रा में ठहरने का स्थान
【旅店】lǚdiàn सराय; होटल
【旅费】lǚfèi यात्राशुल्क
【旅馆】lǚguǎn सराय; होटल
【旅进旅退】lǚjìn-lǚtuì हमेशा दूसरों के कदम पर आगे बढ़ना या पीछे हटना —— अपनी स्वयं की दृष्टि न होना
【旅居】lǚjū परदेश या विदेश में निवास करना: ～海外 विदेश में निवास करना
【旅客】lǚkè यात्री; पथिक; होटल अतिथि; पैसेंजर: ～登记簿 होटल रजिस्टर
【旅社】lǚshè अतिथिशाला; होटल (प्रायः होटल के नाम में प्रयुक्त)
【旅舍】lǚshè 〈लि०〉 सराय; होटल
【旅途】lǚtú यात्रा; सफ़र: ～平安 यात्रा सकुशल हो-ना
【旅行】lǚxíng यात्रा; सफ़र; पर्यटन; भ्रमण: ～包 अटैची; बैग; सफ़री थैला; ट्रैवलिंग बैग / ～社 यात्रीसेवक मंडल / ～证 यात्री का प्रमाणपत्र; ट्रैवल सर्टिफ़िकेट / ～指南 पथप्रदर्शक पुस्तक

【旅游】 lǚyóu पर्यटन
【旅长】 lǚzhǎng ब्रिगेडियर; ब्रिगेड कमांडर
【旅资】 lǚzī यात्राशुल्क

铝（鋁） lǚ 〈रसा०〉 ऐलुमिनियम (Ai)
【铝箔】 lǚbó ऐलुमिनियम की पतली चादर
【铝合金】 lǚhéjīn ऐलुमिनियम मिश्रधातु
【铝土矿】 lǚtǔkuàng स्फोटिज; ऐलुमिनियम वाली मिट्टी; बॉक्साइट
【铝制品】 lǚzhìpǐn ऐलुमिनियम से बनी वस्तुएं

稆（穭） lǚ बिना बोये उगा हुआ: ～生 बिना बोये उगा हुआ

偻 1 （僂） lǚ 〈लि०〉 कुबड़ा; कुब्ज; टेढ़ा; मुड़ा हुआ: 伛～ कुबड़ा; कुब्ज

偻 2 （僂） lǚ 〈लि०〉 शीघ्र; फ़ौरन; तुरंत; तत्काल: 不能～指 तत्काल न बता सकना
lóu भी दे०

屡（屢） lǚ बार-बार; बारंबार: 屡教不改 / ～战～胜 हर लड़ाई में विजय प्राप्त करना
【屡次】 lǚcì बार-बार; बारंबार: ～三番 बार-बार; बारंबार
【屡见不鲜】 lǚjiàn-bùxiān साधारण बात होना; कोई नयी चीज़ न होना
【屡教不改】 lǚjiào-bùgǎi बार-बार शिक्षा पाने पर भी अपनी भूल का सुधार न करना
【屡屡】 lǚlǚ बार-बार; बारंबार
【屡试不爽】 lǚshì-bùshuǎng बार-बार परखने पर सही साबित होना

缕（縷） lǚ ❶तागा; धागा; डोरा; सूत्र: 千丝万～ असंख्य सूत्र; संबंध स्थापित करने वाली असंख्य वस्तुएं ❷विस्तार से: 缕述 ❸〈परि०श०〉 (पतली चीज़ों के लिये प्रयुक्त): 一～头发 सिर का एक बाल
【缕陈】 lǚchén 〈लि०〉 तफ़सीस से बयान करना; विस्तार से विवरण देना (प्रायः निम्न स्तर वाले का उच्च स्तरीय अधिकारी को रिपोर्ट करने के लिये प्रयुक्त)
【缕缕】 lǚlǚ लगातार; एक के बाद दूसरा; एक-एक करके: ～炊烟 धुएं के छोटे-छोटे गुच्छ
【缕述】 lǚshù विस्तार से वर्णन करना: 恕不～ क्षमा कीजिये मैं यहां विस्तार से वर्णन नहीं करूंगा।
【缕析】 lǚxī विस्तार से विश्लेषण करना: 条分～ सतर्कता और विस्तार से विश्लेषण करना

膂 lǚ 〈लि०〉 रीढ़ हड्डी
【膂力】 lǚlì शारीरिक बल: ～过人 असाधारण शारीरिक बल प्राप्त होना

褛（褸） lǚ दे० 褴褛 lánlǚ फटा; फटेहाल; फटे पुराने कपड़े पहनने वाले

履 lǚ ❶जूता: 革～ चमड़े का जूता / 削足适～ जूते की नाप के हिसाब से पैर काटना ❷पांव रखना; पैदल चलना ❸कदम; चरण: 步～ चाल / ～声 कदम की आहट ❹पालन करना; निभाना; निबाह करना: 履约
【履带】 lǚdài (टैंक, ट्रैक्टर आदि की) पेटी
【履历】 lǚlì ❶अपना व्यक्तिगत (शिक्षा, काम, अनुभव, योग्यता आदि का) रिकार्ड; (व्यक्ति का) पूर्व इतिहास; पिछला हाल: ～表 रेज़्यूम (resume) ❷रेज़्यूम
【履险如夷】 lǚxiǎn-rúyí समतल भूमि पर चलने की भांति संकटपूर्ण दर्रे को पार करना
【履行】 lǚxíng निभाना; पालन करना; निबाह करना; अमल में लाना: ～诺言 वचन निभाना; वचन का पालन करना; वादे की पूर्ति करना / ～契约 ठेके का पालन करना / ～誓约 व्रत का पालन करना / ～应尽义务 अपरिहार्य कर्तव्य निभाना / ～职责 ज़िम्मेदारी निभाना; उत्तरदायित्व निभाना
【履约】 lǚyuē शर्तों, संधि आदि का पालन करना

lǜ

律 lǜ ❶कानून; नियम; कायदा: 定～ नियम / 纪～ अनुशासन ❷प्राचीन संगीत में प्रयुक्त पिच-पाइप ❸पुरानी कविता की एक शैली, ल्वी श् 律诗 छन्द: 五～ पंचाक्षरीय नियमित कविता; पंचाक्षरीय ल्वी श् छन्द ❹〈लि०〉 नियंत्रण में रखना: 律己 ❺ (Lǜ) एक कुलनाम
【律己】 lǜjǐ अपने को नियंत्रण में रखना; अपना आचरण निर्धारित करना
【律令】 lǜlìng कानून और हुक्म
【律吕】 lǜlǚ ❶प्राचीन संगीत में प्रयुक्त बांस की बारह पिचपाइपों का सिलसिला (विषम अंक वालों को 律 कहते थे और सम अंक वालों को 吕 कहते थे) ❷टैंपरामेंट; संस्कार; स्वर-संगति
【律师】 lǜshī वकील; अटर्नी; एडवोकेट; बैरिस्टर: ～事务所 वकील का दफ़्तर
【律师袍】 lǜshīpáo वकील का चोगा
【律诗】 lǜshī नियमित कविता (पांच या सात अक्षरों के आठ पदों वाली कविता —— प्रत्येक पद सुनिश्चित छंद व सुर संबंधी नमूने (टोनल पैटर्न) के अनुसार लिखा जाता है और कविता में तीसरा-चौथा व पांचवां-छठा पद पद्यांश होना चाहिये): 五言～ पंचाक्षरीय नियमित कविता; पंचाक्षरीय ल्वी-श् छंद / 七言～ सप्ताक्षरीय नियमित कविता; सप्ताक्षरीय ल्वी-श् छंद

葎 lǜ दे० 猢狲 hūlǜ 〈प्राणि०〉 मगर (जलजंतु)

虑（慮） lǜ ❶सोचना; विचार करना; चिंतन करना: 考～ सोचना; विचार करना; सोच-विचार करना ❷चिंता करना; चिंतित होना; फ़िक्र करना: 疑～ दुविधा में पड़-

ना / 忧～ चिंता करना

菉 lù नीचे दे०
lù भी दे०

【菉豆】lǜdòu（绿豆 lǜdòu के समान）दाल

率 lǜ दर; अनुपात: 人口增长～ जनसंख्या की वृद्धि की दर / 圆周～ वृत्त की परिधि और व्यास का अनुपात
shuài भी दे०

绿（緑）lǜ हरा: ～草 हरी घास / 绿茶
lù भी दे०

【绿宝石】lǜbǎoshí पन्ना; मरकत; जमुर्रद

【绿茶】lǜchá हरी चाय

【绿带】lǜdài हरा कटिबन्ध; ग्रीन बेल्ट; नगर में फूल, घास, पेड़ आदि से बना हुआ दीर्घाकार क्षेत्र

【绿灯】lǜdēng ❶हरी संकेत-बत्ती (ट्रैफ़िक लाइट) ❷किसी काम के प्रारंभ करने की अनुमति: 开～ किसी काम के प्रारंभ करने की अनुमति देना

【绿地】lǜdì (नगर आदि में) हरियाली पैच; हरियाली क्षेत्र

【绿豆】lǜdòu दाल: ～糕 दाल का मीठा केक / ～芽 दाल की कोंपल

【绿矾】lǜfán 〈रसा०〉 ग्रीन विट्रिऑल

【绿肥】lǜféi हरी खाद; ताज़ी खाद: ～作物 खाद के काम आने वाली हरी फ़सल

【绿肺】lǜfèi नगर के केन्द्र में बड़े क्षेत्रफल का हरा-भरा क्षेत्र; ग्रीन लंग; हरा फेफड़ा

【绿化】lǜhuà (किसी स्थान को) हरा-भरा करना या बनाना; वनरोपण करना; जंगल लगाना: ～荒山 नंगे पहाड़ों पर जंगल लगाना

【绿卡】lǜkǎ हरा कार्ड; ग्रीन कार्ड

【绿蓝色】lǜlánsè फ़ीरोज़ी रंग

【绿篱】lǜlí बाड़े या अहाते में झाड़ियों की पंक्ति

【绿帽子】lǜmàozi（绿头巾 lǜtóujīn भी）हरा टोप या साफ़ा —— कुल्टा के पति की स्थिति: 戴～ कुल्टा या भ्रष्ट स्त्री का पति बनना

【绿内障】lǜnèizhàng（青光眼 qīngguāngyǎn का दूसरा नाम）〈चिकि०〉 मोतियाबिन्द; ग्लोकोमा

【绿色】lǜsè हरा रंग: ～革命 हरित क्रांति / ～食品 हरित खाद्य; हरित भोजन / ～植物 हरित वनस्पति

【绿色奥运】lǜsè Àoyùn ग्रीन ओलंपिक्स

【绿色包装】lǜsè bāozhuāng हरा पुलिंदा; ग्रीन पैकेज

【绿色壁垒】lǜsè bìlěi ग्रीन ट्रेड बैरियर्स

【绿色标志】lǜsè biāozhì（环境标志 huánjìng biāozhì भी）पर्यावरण चिह्न

【绿色产品】lǜsè chǎnpǐn हरी उत्पादित वस्तुएं

【绿色建筑】lǜsè jiànzhù हरी इमारत; ग्रीन बिल्डिंग

【绿色食品】lǜsè shípǐn हरा भोजन; ग्रीन फ़ूड

【绿色通道】lǜsè tōngdào हरित मार्ग; ग्रीन चेनल

【绿色网站】lǜsè wǎngzhàn ग्रीन वेबसाइट

【绿色消费】lǜsè xiāofèi हरा उपभोग; ग्रीन कंसम्प्शन

【绿色营销】lǜsè yíngxiāo ग्रीन मार्केटिंग

【绿视率】lǜshìlǜ वन-दृष्टि दर; फ़ोरेस्ट साइट रेट

【绿松石】lǜsōngshí फ़ीरोज़ा

【绿头巾】lǜtóujīn दे० 绿帽子

【绿茵】lǜyīn घास का मैदान; हरा-भरा मैदान: ～场 फ़ुटबाल फ़ील्ड

【绿油油】lǜyōuyōu ताज़ा हरा; लहलहा: ～的麦苗 गेहूं के लहलहे छोटे कोमल पौधे

【绿洲】lǜzhōu हरित भूमि: 沙漠中的～ मरुद्वीप; नख़्लि-स्तान

葎 lǜ नीचे दे०

【葎草】lǜcǎo ऊपर जाने वाला हॉप

氯 lǜ 〈रसा०〉 क्लोरीन (Cl)

【氯仿】lǜfǎng 〈रसा०〉 क्लोरोफ़ार्म: 施行～麻醉 क्लोरोफ़ार्म देना

【氯化钾】lǜhuàjiǎ पोटैशियम क्लोराइड

【氯化钠】lǜhuànà सोडियम क्लोराइड

【氯化物】lǜhuàwù क्लोराइड

【氯纶】lǜlún 〈बुना०〉 पॉलिवाइनिल क्लोराइड फ़ाइबर

【氯霉素】lǜméisù 〈औष०〉 क्लॉरोमाइसीटिन; क्लोरैमफ़ेनिकोल

【氯气】lǜqì 〈रसा०〉 क्लोरीन

【氯酸】lǜsuān 〈रसा०〉 क्लॉरिक ऐसिड

【氯酸钾】lǜsuānjiǎ पोटैशियम क्लोरिट

滤（濾）lǜ छानना; छनना; शुद्ध करना: ～沙子 रेत छानना / 滤器 / 滤纸

【滤波器】lǜbōqì 〈विद्यु०〉 तरंग छन्नी; वेव फ़िल्टर

【滤过性病毒】lǜguòxìng bìngdú छननेयोग्य वायरस; फ़िल्टराबल वायरस; स्पर्शक्रामक विष

【滤器】lǜqì फ़िल्टर; साफ़ी: 粗～ जाली; छलनी; स्ट्रेनर

【滤色镜】lǜsèjìng 〈फ़ोटो०〉 (रंग) फ़िल्टर

【滤液】lǜyè फ़िल्ट्रेट; छाना हुआ तरल

【滤渣】lǜzhā छानने पर निकाला हुआ पदार्थ

【滤纸】lǜzhǐ साफ़ी; फ़िल्टर पेपर

铝（鑢）lǜ 〈लि०〉 ❶लोहे, कांसे, तांबे आदि को पीटने और रगड़ने का औज़ार ❷पीटना और रगड़ना

luán

峦（巒）luán 〈लि०〉 पहाड़ (प्रायः पहाड़ों की शृंखला)

娈（孌）luán 〈लि०〉 भोली (सूरत); सुन्दर; खूबसूरत

孪（孿）luán 〈लि०〉 जुड़वां; जुड़े हुए; यमल (शिशु)

【孪生】luánshēng जुड़वां; जुड़े हुए; यमल: ～兄弟 जुड़वां भाई / ～子 जुड़वां बच्चे / ～姊妹 जुड़वां बहिनें

栾（欒） luán ❶गोल्डन रेइन वृक्ष ❷（Luán）एक कुलनाम

挛（攣） luán सिकुड़न; संकुचनः 挛缩

【挛缩】 luánsuō सिकुड़न

鸾（鸞） luán फ़ीनिक्स की भांति एक पौराणिक पक्षी

【鸾凤】 luánfèng दम्पति

脔（臠） luán 〈लि०〉 (मांस का कटा हुआ) पतला चौड़ा टुकड़ाः 脔割

【脔割】 luángē 〈लि०〉 टुकड़े काटना; गोश्त काटना; बांटना; बंटवारा करना

圞（圝、欒） luán 〈बो०〉 ❶गोल; गेंद के आकार का ❷पूराः 清蒸～鸡。भाप में पका पूरा मुर्गा

滦（灤） Luán ल्वान नदी (हपेइ प्रांत में)

銮（鑾） luán ❶छोटी घंटीः 銮铃 ❷सम्राट का वाहन, यान या रथः 銮驾

【銮驾】 luánjià सम्राट का वाहन या रथ

【銮铃】 luánlíng गाड़ी, घोड़े आदि पर की घंटियां

【銮舆】 luányú सम्राट का वाहन या रथ

luǎn

卵 luǎn 〈लि०〉 ❶अंड; अंडा ❷〈बो०〉 लिंग और अंड (प्रायः मनुष्य का)

【卵白】 luǎnbái अंडे की सफ़ेदी

【卵巢】 luǎncháo डिम्बाशय; डिम्बग्रंथिः ～囊肿 अंडाशय में ट्यूमर होना

【卵黄】 luǎnhuáng अंडे की ज़र्दी; अंडे का पीला भाग

【卵磷脂】 luǎnlínzhī अंडपीति; लेसिथिन

【卵生】 luǎnshēng अंडज; अंडोत्पन्न; अंडों से बच्चे पैदा करने वालाः ～动物 अंडोत्पन्न जन्तु; अंडज

【卵石】 luǎnshí बट्टा; बट्टी; गोल-गोल पत्थर

【卵胎生】 luǎntāishēng उदरपोषित अंडे देने वाला; पेट में से अंडा देने वाला

【卵细胞】 luǎnxìbāo अंड; अंडा; कोशिका; सेल

【卵形】 luǎnxíng अंडाकार

【卵翼】 luǎnyì 〈अना०〉 अंडे सेते समय पक्षी द्वारा अपने परों से उसे ढकनाः 在某人的～之下 किसी व्यक्ति के आश्रय में

【卵用鸡】 luǎnyòngjī अंडे देने के लिये पालित मुर्गी; अंडे देने वाली मुर्गी

【卵子】 luǎnzǐ अंड; अंडा

【卵子】 luǎnzi 〈बो०〉 लिंग और अंड

luàn

乱（亂） luàn ❶गड़बड़ होना; अव्यवस्थित होना; अस्तव्यस्त होनाः 房里很～。सारा कमरा अस्तव्यस्त पड़ा है। / 天下大～ दुनिया में बड़ी गड़बड़ी होना ❷युद्ध; लड़ाई; सशस्त्र उपद्रवः 叛～ विद्रोह ❸अव्यवस्थित करना; अस्तव्यस्त करना; गड़बड़ी डालनाः 扰～ अस्तव्यस्त करना; उलझन पैदा करना ❹दिमाग में उलझन पैदा होनाः 他心里很～。उस के दिमाग में बहुत उलझन पैदा हुई। ❺मनमाने तौर पर; मनमाने ढंग से; बेरोकटोक; निस्संकोचः 不要～跑。इधर-उधर मनमाने ढंग से मत दौड़ो। / ～打～杀 अंधाधुंध मारपीट या वध कर-ना / ～喊～叫 पागलों की तरह हुड़दंग मचाना / ～说 बकवास करना / 不许～说～动 कथनी या करनी में मनमाने ढंग से पेश न आने देना ❻अनुचित लैंगिक संबंधः 淫～ व्यभिचार

【乱兵】 luànbīng विद्रोही सिपाही; भागा हुआ सिपाही; पूर्णतया अनुशासनहीन सिपाही

【乱臣】 luànchén विश्वासघाती मंत्री; विद्रोही मंत्रीः ～贼子 विद्रोह-कर्ता और बेवफ़ादार बेटा; देशद्रोही और अनुचित अधिकारकर्ता

【乱纷纷】 luànfēnfēn अव्यवस्थित; अस्तव्यस्त; गड़-बड़

【乱坟岗】 luànféngǎng बिना निशान पड़ी हुई मामूली कब्रें

【乱哄哄】 luànhōnghōng कोलाहल में; शोर-गुल सेः ～地议论 कोलाहल में बहस करना

【乱来】 luànlái बेअकली और बेपरवाही से कार्यवाही करना

【乱伦】 luànlún निकट संबंधियों में पारस्परिक लैंगिक संबंध; कौटुम्बिक व्यभिचार

【乱蓬蓬】 luànpēngpēng उलझा हुआः ～的胡子 उलझी हुई दाढ़ी

【乱七八糟】 luànqībāzāo उलट-पुलट; बेतरतीब; बे-सिलसिलाः 房间都被弄得～。सारा कमरा उलट-पुलट दिया गया था।

【乱毵毵】 luànsānsān हंगामा मचनाः 家里～的。पूरे घर में हंगामा मचा हुआ था।

【乱世】 luànshì अशांति के दिन; उथल-पुथल दुनियाः ～英雄 अशांति के दिनों में वीर लोग

【乱说乱动】 luànshuō-luàndòng कथनी या करनी में मनमाने ढंग से पेश आनाः 不许～ कथनी या करनी में मनमाने ढंग से पेश नहीं आने देना

【乱弹琴】 luàntánqín मूर्खतापूर्ण बात या व्यवहार करना या होना; अनाप-शनाप बकना

【乱套】 luàntào काम बिगाड़ना; गड़बड़ होना; अव्यव-स्थित होना

【乱腾腾】 luànténgténg अस्तव्यस्त; उलझा हुआः 心里～的 दिमाग में उलझन पैदा होना

【乱糟糟】 luànzāozāo अस्तव्यस्त

【乱真】 luànzhēn (नकली चीज़ का) असली चीज़ से बिलकुल एक-सी लगना: 他临摹的字足以～。उस के नकल किये गये अक्षर असली अक्षर से बिलकुल एक-से लगते हैं।
【乱撞乱碰】 luànzhuàng–luànpèng अंधाधुंध कार्यवाही करना: 盲目地～ आंखें मूंदकर उल्टे-सीधे किसी भी तरह काम कर डालना
【乱子】 luànzi गड़बड़; उपद्रव; झंझट: 出～ झंझट में डाल देना; गड़बड़ पैदा होना

lüě

掠 lüě 〈बो०〉 लगे हाथ: ～起一根棍子 लगे हाथ एक लाठी उठाना
 lüè भी दे०

lüè

掠 lüè ❶छीन लेना; लूटना: 掠夺 / 掠取 ❷तेज़ी से चलना या जाना; छूकर निकल जाना; रगड़कर चलना; निकलते हुए हलका-सा छू जाना: 凉风～面 ठंडी हवा मुंह छूकर निकल जाना / 探照灯光～夜空。सर्चलाइट तेज़ी से रात के आकाश में चल रही है। ❸(दंड, छड़ी, डंडा, चाबुक आदि से) मारना, पीटना: 拷～ (छड़ी, कोड़े आदि से) मारना; यातना देना; पीड़ा देना
 lüě भी दे०
【掠夺】 lüèduó लूटना; छीन लेना: ～性的战争 अपहारक युद्ध / 残酷（或野蛮）地～ निर्मम (या अमानुषिक) लूट-खसोट करना
【掠过】 lüèguò छूकर निकल जाना
【掠取】 lüèqǔ छीनना; लूट लेना: ～资源 साधन-स्रोत लूट लेना

略[1] （畧） lüè ❶संक्षिप्त; मोटा; तनिक (विलोम: 详): 其余问题～带数笔。बाकी सवालों पर सरसरी निगाह डाली जाए। / ～加点缀 ज़रा भूषित करना ❷संक्षिप्त विवरण: 史～ इतिहास का संक्षिप्त विवरण ❸छोड़ देना; छोड़ जाना: 省～ अध्याहार; लोप

略[2] （畧） lüè योजना; युक्ति: 策～ कार्यनीति / 战～ रणनीति

略[3] （畧） lüè छीनना (प्रायः भूमि के लिये प्रयुक्त): ～地 ज़मीन छीनना
【略称】 lüèchēng संक्षिप्त रूप
【略记】 lüèjì संक्षेप में नोट करना
【略略】 lüèlüè तनिक; ज़रा: 我～看了一下。मैं ने सरसरी नज़र से पढ़ा (या देखा)।
【略胜一筹】 lüèshèng–yīchóu एक श्रेणी ऊंचा; थोड़ा-सा अच्छा
【略识之无】 lüèshí–zhīwú केवल कुछ सरल अक्षर जानना
【略述】 lüèshù संक्षेप में कहना या वर्णन करना
【略图】 lüètú खाका
【略微】 lüèwēi 〈क्रि०वि०〉 तनिक; ज़रा; कुछ-कुछ
【略为】 lüèwéi 〈क्रि०वि०〉 तनिक; ज़रा; कुछ-कुछ: ～增加 कुछ-कुछ बढ़ जाना
【略语】 lüèyǔ शब्द-संक्षेप; अब्रीविएशन
【略知一二】 lüèzhī–yī'èr कुछ-कुछ जानना
【略传】 lüèzhuàn संक्षिप्त जीवनी
【略字】 lüèzì शब्दचिह्न; लोगोग्रैम

锊 （鋝） lüè प्राचीन काल में वज़न की इकाई जो वर्तमान के छ ल्यांग （两） या 300 ग्राम के लगभग होती है

lūn

抡 （掄） lūn ❶घुमाना; हिलाना: ～拳 मुक्का घुमाना; तना हुआ घूंसा दिखाना / ～锤 हथौड़ा घुमाना / ～垒球棒 बैट घुमाना ❷बांह घुमाकर फेंकना: ～菜 सब्ज़ी को बांह घुमाकर फेंकना
 lún भी दे०

lún

仑 （侖） lún 〈लि०〉 तर्क-क्रम; व्यवस्था; सुसंगत

伦 （倫） lún ❶मानुषिक संबंध (विशेषतः सामंती नीतिशास्त्र से व्यक्त किया गया संबंध): 天～ परिवार के सदस्यों के बीच प्राकृतिक मेल और नैतिक संबंध ❷तर्क-क्रम; क्रम: 伦次 ❸एक ही श्रेणी का; बराबर: 不伦不类 bùlún–bùlèi ❹（Lún） एक कुलनाम
【伦巴】 lúnbā रंबा (नृत्य)
【伦比】 lúnbǐ 〈लि०〉 बराबर; प्रतिद्वन्द्वी: 史无～ इतिहास में इस के बराबर न होना; इतिहास में बेजोड़ होना
【伦常】 lúncháng मानुषिक संबंधों में सामंतिक क्रम का महत्व या ज्येष्ठता
【伦次】 lúncì सुसंगति; तर्क-क्रम: 语无～ असंगति से बोलना
【伦敦】 Lúndūn लंडन; लंदन
【伦理】 lúnlǐ नीति; नीतिशास्त्र; नैतिक सिद्धांत: ～学 नीतिशास्त्र / ～学家 नीतिशास्त्रवेता
【伦琴】 lúnqín रांट्जन; रुंटेन: ～射线 〈भौ०〉 रुंटेन (या रांट्जन) किरणें; रुंटेन रेस

论（論）Lún 论语 का संक्षिप्त रूप：上（下）～ 'कनफ़्यूशियस का सूक्ति-संग्रह' पहला (दूसरा) भाग
lùn भी दे०

【论语】Lúnyǔ 'कनफ़्यूशियस का सूक्ति-संग्रह'

抡（掄）lún <लि०> चुनना; छांटना; पसंद करना：～才 योग्य व्यक्ति चुनना
lūn भी दे०

仑（崙）lún दे० 崑仑 Kūnlún (वर्तमान 昆仑) खुनलुन पर्वत (शिनच्यांग, तिब्बत और छिंगहाइ में)

囵（圇）lún दे० 囫囵 húlún पूरा：～觉 रात भर की बीच में न जगने वाली निद्रा

沦（淪）lún ❶डूब जाना：～于海底 समुद्र की तह में डूब जाना ❷पतन की ओर जाना; प्रतिकूल स्थिति में पड़ना：沦落 / 沦陷 / ～为殖民地 उपनिवेश में परिणत हो जाना / 大好河山，～于敌手。सुन्दर देश का विशाल क्षेत्र दुश्मन के कब्ज़े में चला गया है।

【沦落】lúnluò ❶आवारा फिरना：～街头 सड़क पर आवारा फिरना ❷<लि०> पतन की ओर जाना; पतनोन्मुख होना：家境～ घर की स्थिति पतन की ओर जाना

【沦没】lúnmò（沦殁 lúnmò भी）<लि०> ❶डूब जाना ❷(व्यक्ति) मर जाना

【沦丧】lúnsàng ❶नाश होना; नष्ट होना; गंवाना; खो बैठना：道德～ नैतिक अवनति होना

【沦亡】lúnwáng ❶(देश) नष्ट होना; हाथ से निकल जाना：国土～ देश हाथ से निकल जाना ❷तहस-नहस होना：国粹～ राष्ट्रीय संस्कृति बिलकुल तहस-नहस होना

【沦陷】lúnxiàn ❶(भूक्षेत्र) शत्रुओं से अधिकृत किया जाना：～区 शत्रु-अधिकृत क्षेत्र / 大部国土～。विशाल प्रदेश गंवा दिया गया है। ❷<लि०> डुबाना; डुबोना

纶（綸）lún ❶<लि०> काला रेशमी फ़ीता ❷<लि०> बंसी की डोरी ❸संश्लेषणात्मक रेशे; कृत्रिम रेशे：涤～ पॉलियेस्टर फ़ाइबर / 锦～ पॉलिऐमाइड फ़ाइबर / 丙～ पॉलिप्रोपिलीन फ़ाइबर / 腈～ अक्रिलिक फ़ाइबर
guān भी दे०

轮（輪）lún ❶पहिया; चक्र：车～ गाड़ी का पहिया / 齿～ दांतेदार पहिया ❷पहिया जैसी वस्तुएं：日～ सूर्य का अग्निचक्र / 月～ चंद्र का अग्निचक्र ❸पानी का जहाज़; स्टीमर：海～ समुद्री जहाज़ / ～船 स्टीमर ❹क्रम के अनुसार एक के बाद एक (काम करना)：～流 बारी-बारी से ❺<परि०श०> ①(सूर्य-चंद्र आदि के लिये)：一～红日 लाल सूरज / 一～明月 उज्ज्वल चंद्र; निर्मल चंद्र ②प्रतियोगिता की एक अवस्था; दौर：第二～比赛 प्रतियोगिता की दूसरी अवस्था / 新一～会谈 वार्तालाप का नया दौर

【轮班】lúnbān बारी-बारी से ड्यूटी पर होना

【轮埠】lúnbù जहाज़-घाट

【轮唱】lúnchàng <संगी०> एक ही गीत या वाक्य का बारी-बारी से गाना

【轮齿】lúnchǐ दांतेदार पहिये का दांत; दांता

【轮船】lúnchuán पानी का जहाज़; स्टीमर; वाष्पनौका

【轮次】lúncì ❶बारियों का क्रम ❷बारियों की संख्या

【轮带】lúndài 轮胎 का साधारण नाम

【轮渡】lúndù स्टीमर से नदी, नहर आदि को पार उतारना; फ़ेरी

【轮番】lúnfān बारी-बारी से

【轮辐】lúnfú पहिये की तीली या आरा

【轮箍】lúngū पहिये की हाल

【轮毂】lúngǔ पहिये का नाह या केन्द्र भाग; चक्रनाभि

【轮换】lúnhuàn बारी-बारी से：～发球 बारी-बारी से सर्विस करना

【轮回】lúnhuí (बौद्धधर्म में) संसार

【轮机】lúnjī ❶(涡轮机 wōlúnjī का संक्षिप्त नाम) टर्बाइन ❷मोटरशिप इंजन; इंजन

【轮机长】lúnjīzhǎng स्टीमर का चीफ़ इंजीनियर

【轮奸】lúnjiān (दो या दो से अधिक आदमियों का) बारी-बारी से एक ही स्त्री पर बलात्कार करना; गिरोह बलात्कार करना

【轮空】lúnkōng <खेल०> अतिरिक्त खिलाड़ी होना：他第一轮～。पहले राउंड में वह अतिरिक्त खिलाड़ी है।

【轮廓】lúnkuò रूपरेखा; नक्शा; मोटा खाका：给战争趋势描绘一个～ युद्ध के रुझानों का मोटा खाका खींचना या तैयार करना

【轮流】lúnliú बारी-बारी से：～去参加土改工作 बारी-बारी से भूमि-सुधार के कार्य में हिस्सा लेना / ～担任 बारी-बारी से पदग्रहण करना / ～休假 बारी-बारी से छुट्टी पाना

【轮牧】lúnmù चराई की बारी

【轮圈】lúnquān हाल (पहिये की)

【轮胎】lúntāi टायर

【轮替】lúntì बारी-बारी से：～着休息 बारी-बारी से आराम करना; बारी-बारी से फ़ुरसत पाना

【轮辋】lúnwǎng (पहिये का) घेरा

【轮形】lúnxíng चक्राकार

【轮休】lúnxiū ❶किसी निश्चित जुताई-बुआई के समय में खेत को खाली रहने देना ❷(कर्मचारी का) बारी-बारी से छुट्टी पाना

【轮训】lúnxùn बारी-बारी से ट्रेनिंग करना

【轮椅】lúnyǐ पहियेदार कुर्सी

【轮值】lúnzhí बारी-बारी से ड्यूटी पर होना

【轮种】lúnzhòng 轮作 के समान

【轮轴】lúnzhóu ❶<भौ०> पहिया और धुरी ❷पहिये की धुरी

【轮转】lúnzhuàn (धुरी के चारों ओर) घूमना; चक्कर लगाना; फिरना

【轮子】lúnzi पहिया; चक्र

【轮作】lúnzuò फ़सलों का क्रमीकरण

锃（錀）lún <रसा०> रोंटजेनियम (Rg)

lǔn

抡（掄）lǔn (खेत में) क्यारी; मेंड़

lùn

论（論）lùn ❶वाद-विवाद करना; तर्क-वितर्क करना; बातचीत करना; भाषण देना: 论辩 ❷दृष्टिकोण; मत; राय; विवरण; बयान: 社～ संपादकीय / 舆～ लोक-मत ❸व्याख्या; विस्तृत विवेचन; निबंध:《矛盾论》'अंतरविरोध के बारे में' ❹सिद्धांत; वाद: 唯物～ भौतिकवाद ❺कहना; उल्लेख करना; सोचना; विचार करना; बरताव करना: 相提并～ बराबरी का दर्जा देना; एक ही श्रेणी में रखना; किसी को दूसरे की बराबरी में रखना / 一概而～ एक ही मानदंड से सब कुछ के साथ बरताव करना ❻निर्णय देना; निर्णय पर पहुंचना: 论功行赏 / 按质～价 क्वालिटी के अनुसार दाम तय करना ❼<पूर्व०> के अनुसार; के अनुरूप: 苹果～斤卖。सेव चिन के अनुसार बिकता है। ❽（Lùn）एक कुलनाम

lún भी दे०

【论辩】lùnbiàn वाद-विवाद करना; तर्क-वितर्क करना

【论处】lùnchǔ दंड देना; सज़ा देना: 依法～ कानून के अनुसार दंड देना

【论敌】lùndí वाग्युद्ध का प्रतिद्वन्द्वी

【论点】lùndiǎn तर्क; दलील; धारणा; स्थापना: 反对某人的～ किसी व्यक्ति की धारणाओं पर आपत्ति करना / 证明上述～正确 उपरोक्त स्थापनाओं को सही साबित कर देना

【论调】lùndiào <अना०> दृष्टिकोण; तर्क; राय: 这种～是不对的。ऐसी राय गलत है।

【论断】lùnduàn तर्क; दलील; प्रस्थापना; निष्कर्ष: 正确～ सही प्रस्थापना

【论功行赏】lùn gōng xíng shǎng श्रेय के अनुसार पुरस्कार देना

【论据】lùnjù तर्क; दलील; साबूत: 充足的～ पर्याप्त तर्क / ～有力 तर्क प्रबल होना / 寻找理直气壮的～ ज़ोरदार तर्क की खोज करना

【论理】[1] lùn lǐ तर्क करना: 跟某人～ किसी व्यक्ति के साथ तर्क करना

【论理】[2] lùnlǐ ❶तर्क के अनुसार: ～他应该来。तर्क के अनुसार उसे आना चाहिये था। ❷तर्क; लॉजिक: 合乎～ तर्कसंगत होना / ～学 तर्कशास्त्र

【论述】lùnshù व्याख्या करना; प्रकाश डालना; ब्योरेवार बयान करना; विस्तृत रूप से प्रस्तुत करना: 就战争问题加以～ युद्ध के प्रश्न पर प्रकाश डालना

【论说】[1] lùnshuō वर्णन और वाद-विवाद

【论说】[2] lùnshuō तर्क के अनुसार: ～他应该来开会。तर्क के अनुसार उसे सभा में आना चाहिये था।

【论坛】lùntán वाद-विवाद का स्थान; गोष्ठी; पत्र-पत्रिका; फ़ोरम; ट्रिब्यून: 政治～ राजनीतिक फ़ोरम

【论题】lùntí <तर्क०> प्रस्थापना; संवाक्य; तर्कवाक्य; वादविषय

【论文】lùnwén निबंध; लेख; पेपर; थीसिस: ～答辩 अन्वेषण-निबंध प्रत्युत्तर; थीसिस डिफ़ेंस

【论战】lùnzhàn वाद-विवाद; वाग्युद्ध

【论争】lùnzhēng वाद-विवाद; बहस; वाग्युद्ध: ～的焦点 वाद-विवाद का सार (या विषय)

【论证】lùnzhèng ❶प्रमाण; सबूत; तर्क; युक्ति; दलील: अखंडनीय तर्क ❷प्रकाश डालना और प्रमाणित करना: ～建设的必要性 निर्माण की आवश्यकता प्रमाणित करना ❸वाद-विवाद का आधार

【论著】lùnzhù कृति; रचना; पुस्तक

【论资排辈】lùnzī-páibèi ज्येष्ठता के अनुसार श्रेणीबद्ध करना

【论罪】lùnzuì दंड देना; सज़ा देना: 依法～ कानून के अनुसार दंड देना

luō

捋 luō किसी लंबी चीज़ के एक सिरे को पकड़कर दूसरे सिरे तक रगड़कर खींचना: ～起衣袖 हाथ से आस्तीन को ऊपर को करना

lǚ भी दे०

【捋虎须】luō húxū बाघ की मूछों पर हाथ फेरना —— बहुत खतरनाक बात; जोखिम उठाना

啰（囉）luō नीचे दे०

luó; luo भी दे०

【啰唆】luōsuo（啰嗦 luōsuo भी）❶हद दर्जे का बातूनी; वाचाल; वार्तालापप्रिय; शब्दबहुल: 老太太说话太～。बुढ़िया हद दर्जे की बातूनी है। ❷कष्टदायक; तकलीफ़ देने वाला; दिक् करने वाला: 这是件～事儿。यह एक दिक् देने वाली बात है; यह एक सिर खाने वाली बात है।

落 luō दे० 大大落落 dàdaluōluō स्वाभाविक और उदार

là; lào; luò भी दे०

luó

罗[1]（羅）luó ❶चिड़ियों को पकड़ने का जाल: 罗网 ❷जाल से (चिड़ियां) पकड़ना: 门可罗雀 ménkěluóquè ❸(सचिव, अध्यापक आदि) के लिये विज्ञा-

पन देना; संग्रह करना; एकत्रित करना: 罗致 ❹प्रदर्शित करना; विस्तृत प्रगट करना: 罗列 / 星～棋布 सितारों और शतरंज के मोहरों की तरह बिखरना ❺छाननी; चालनी; झन्नी: 把面过一次～。आटे को छाननी से एक बार छानो। ❻छाननी से छानना: ～面 आटे को छाननी से छानना ❼रेशम का पारदर्शी वस्त्र ❽ (Luó) एक कुलनाम

罗² (羅) luó 〈परि०श०〉 बारह दर्जन; एक गुरुस

【罗比】 luóbǐ रुपया

【罗布】 luóbù विस्तृत प्रगट करना; बिखरना: 营地上帐篷～。पड़ाव में छावनियां बिखरती हैं।

【罗布林卡】 Luóbùlínkǎ नोरबूलिंका (तिब्बत में)

【罗布麻】 luóbùmá लोप नोर हेम्प

【罗刹】 luóchà राक्षस: ～女 राक्षसी

【罗得西亚】 Luódéxīyà रोडेशिया

【罗浮宫】 Luófú Gōng (पेरिस में) लूव्र (भूतपूर्व राज-महल)

【罗锅】 luóguō ❶पीठ बाहर की ओर उठा हुआ ❷कुबड़ा; कुबड़ी ❸मेहराबदार: ～桥 मेहराबदार पुल

【罗锅】 luóguo (कमर) झुकना, मुड़ना; मोड़ना: ～着腰坐着 कमर झुकाकर बैठना

【罗汉】 luóhàn (阿罗汉 āluóhàn का संक्षिप्त रूप) अर्हत

【罗汉豆】 luóhàndòu 〈बो०〉 साधारण लोबिया; बाक-ला

【罗汉果】 luóhànguǒ मैंगोस्टीन

【罗汉塔】 luóhàntǎ बौद्ध स्तूप; बौद्ध पैगोड़ा

【罗睺】 Luóhóu राहु

【罗睺罗】 Luóhóuluó राहुल

【罗经】 luójīng कुतुबनुमा; दिक्सूचक; कम्पास

【罗口】 luókǒu रिब कफ़ या रिब कालर, (मौज़े का) रिब टाप

【罗口灯泡】 luókǒu dēngpào 螺口灯泡 luókǒu dēngpào के समान

【罗口灯头】 luókǒu dēngtóu 螺口灯头 luókǒu dēngtóu के समान

【罗拉】 luólā ❶रोलर ❷करघे पर का रोलर

【罗勒】 luólè 〈वन०〉 तुलसी जाति का एक पौधा; स्वीट बैज़िल

【罗列】 luóliè ❶बिखरना; प्रदर्शन करना: 校舍～山上。विद्यालय के मकान पहाड़ पर इधर-उधर बिखरे हुए हैं। ❷सूची पेश करना: ～现象 क्रम में घटनाओं की सूचीमात्र पेश कर देना

【罗马】 Luómǎ रोम: ～法 रोम कानून / ～公教 रोमन कैथोलिक मत (天主教 Tiānzhǔjiào भी) / ～教皇 पोप / ～教廷 पोप-प्रासाद; पोप-सदन / ～数字 रोमन अंक / ～语族 रोमानी भाषाएं

【罗马尼亚】 Luómǎníyà रूमानिया

【罗马尼亚人】 Luómǎníyàrén रूमानियाई; रूमानिया का निवासी

【罗马尼亚语】 Luómǎníyàyǔ रूमानियाई (भाषा)

【罗曼蒂克】 luómàndìkè सरस; रसमय; रोमांटिक

【罗曼司】 luómànsī रोमांस

【罗摩】 Luómó रामचन्द्र; राम: ～衍那 रामायण / ～功行录 रामचरित मानस

【罗盘】 luópán कुतुबनुमा; दिक्सूचक; कम्पास

【罗圈】 luóquān छाननी का गोल फ़्रेम

【罗圈腿】 luóquāntuǐ ❶टेढ़ी टांग; मुड़ी टांग ❷टेढ़ी टांगों वाला; मुड़ी टांगों वाला

【罗圈儿揖】 luóquānryī (दोनों हाथों को मुट्ठी में बांध कर) चारों ओर के लोगों को नमस्कार करना

【罗阇】 luóshé राजा

【罗宋汤】 luósòngtāng रूसी गोमांस सूप

【罗网】 luówǎng जाल; कंपा; फांस: 布下～ जाल बिछाना

【罗望子】 luówàngzi 〈वन०〉 इमली

【罗纹】 luówén दे० 螺纹 luówén

【罗旋】 luóxuán ❶चक्करदार; घुमावदार; कुंडलित; पेच-दार ❷〈भौ०〉 स्क्रू: ～桨 (हवाई जहाज़ या पानी के जहाज़ की पंखी चलाने का) घुमावदार या सर्पिल पेंच / ～式 घुमावदार; सर्पिल

【罗致】 luózhì (सचिव, अध्यापक आदि) के लिये विज्ञापन देना; (योग्य व्यक्तियों को) एकत्रित करना

觋 (覼) luó नीचे दे०

【觋缕】 luólǚ 〈लि०〉 विस्तार से वर्णन करना

啰 (儸) luó दे० 偻啰 lóuluó डाकुओं के मुखिया के मातहत

萝 (蘿) luó रेंगने वाले पौधे: 籐～ 〈वन०〉 चीनी विस्टारिया

【萝卜】 luóbo मूली: ～干儿 सूखी मूली के टुकड़े

【萝芙木】 luófúmù 〈वन०〉 डेविलपेपर

【萝艻】 luólè 罗勒 luólè के समान

啰 (囉) luó नीचे दे०
luō; luo भी दे०

【啰唣】 luózào 〈पुराना〉 झगड़ालू; फसादी; लड़ाका

逻 (邏) luó गश्त लगाना: 巡～ गश्त लगाना

【逻辑】 luójí तर्क; युक्ति; लाजिक: ～性 तर्कशीलता / ～学 तर्क-विज्ञान; तर्क-शास्त्र / ～学家 तर्कशास्त्री

脶 (腡) luó अंगुली-चिह्न; अंगूठा-निशान

猡 (玀) luó दे० 猪猡 zhūluó सूअर

椤 (饠) luó दे० 饽椤 bìluó एक प्रकार का खाद्य

琍 (瓓) luó 〈लि०〉 दे० 珂琍版 kēluóbǎn कॉलोटाइप

椤 (欏) luó दे० 桫椤 suōluó एक प्रकार का पौधा

锣（鑼）luó घड़ियाल
【锣鼓】luógǔ ढोल और घड़ियाल：～喧天 ढोल-नगाड़ों और घण्टे-घड़ियालों की गगनभेदी आवाज़ गूंज उठना
箩（籮）luó बांस से बना चौकोर तह और गोल मुंह वाला टोकरा
【箩筐】luókuāng बांस का बड़ा टोकरा; बड़ा पिटक
骡（騾、鸁）luó खच्चर：～马般地干活 खच्चरों और घोड़ों की तरह काम करना
【骡马市】luómǎshì नखास
【骡子】luózi खच्चर; अश्वतर
螺 luó ❶शंख; घोंघा ❷घुमावदार अंगुली-चिह्न
【螺钉】luódīng पेंच; स्क्रू
【螺号】luóhào शंख
【螺口灯泡】luókǒu dēngpào स्क्रू बल्ब
【螺口灯头】luókǒu dēngtóu स्क्रू सॉकिट
【螺母】luómǔ（螺帽 luómào भी）〈यां०〉(स्क्रू) नट：～垫圈 नट कालर
【螺栓】luóshuān 〈यां०〉(स्क्रू) बोल्ट
【螺丝】luósī 〈बोल०〉स्क्रू; पेंच：～刀 पेंचकस / ～钉 स्क्रू; पेंच / ～帽 स्क्रू नट / ～母 स्क्रू नट / ～起子 पेंचकस / ～锥（拔瓶塞用）कार्क-स्क्रू
【螺蛳】luósī घोंघा; नदी आदि मीठे पानी में घोंघा; छोटा शंख
【螺纹】luówén ❶अंगुली-चिह्न; अंगूठा निशान ❷〈यां०〉स्क्रू के पेच
【螺旋】luóxuán ❶घुमावदार; कुंडलित; पेचदार; चक्करदार ❷〈भौ०〉स्क्रू：～槽 चक्करदार नली / ～桨（螺旋推进器 luóxuántuījìnqì भी）प्रोपेलर; स्क्रू; पंखा / ～伞齿轮 पेंचदार बेवल गेयर / ～梯 चक्करदार सीढ़ी / ～形 पेंचदार / ～状 पेंचदार / ～体 〈की०〉स्पाइरोकीता

luǒ

倮 luǒ 〈लि०〉裸 luǒ के समान
【倮黑】Luǒhēi लोहो
【倮倮】Luǒluǒ लोलो (ई जाति का पुराना नाम)
蓏 luǒ प्राचीन पुस्तकों में तरबूज़, खरबूज़ा, लौकी, ककड़ी, खीरा आदि फल
裸（躶、臝）luǒ नग्न; नंगा; खुला हुआ; वस्त्रहीन; अनावृत：裸露 / 裸体
【裸露】luǒlù अनावृत; खुला रखा हुआ：岩石～ चट्टानें खुली पड़ना
【裸机】luǒjī 〈कंप्यू०〉बेयर बोंस
【裸麦】luǒmài जौ
【裸体】luǒtǐ नंगा शरीर; वस्त्रहीन शरीर; अनावृत शरीर：～画 नग्न-चित्र; नंगी तस्वीर
【裸线】luǒxiàn धातु का अनावृत तार
【裸子植物】luǒzǐ zhíwù नग्नबीज-वृक्षक; नंगे बीज वाला पौधा; विवृतबीज-वृक्षक
瘰 luǒ नीचे दे०
【瘰疬】luǒlì 〈चिकि०〉कंठमाला; गण्डमाला; गलसुआ रोग
蠃 luǒ दे० 蜾蠃 guǒluǒ एक प्रकार की परजीवी भिड़

luò

泺（濼）Luò ल्वो नदी (शानतोंग प्रांत में)
荦（犖）luò 〈लि०〉सुस्पष्ट; मुख्य; प्रमुख：卓～ बेजोड़; अद्वितीय; अपूर्व; असाधारण
【荦荦】luòluò 〈लि०〉सुस्पष्ट; साफ़; व्यक्त; प्रत्यक्ष：～大端（荦荦大者 luòluò-dàzhě भी）प्रमुख बात; मुख्य मद
咯 luò दे० 吡咯 bǐluò 〈रसा०〉पिरो (pyrrole)
gē; kǎ; lo भी दे०
洛 Luò ❶ल्वोह नदी (शेनशी प्रांत में) ❷ल्वोह नदी (हनान प्रांत में) ❸एक कुलनाम
【洛阳纸贵】luòyáng-zhǐguì ल्वोयांग नगर में कागज़ का दाम महंगा है —— किसी व्यक्ति की कृति का लोकप्रिय होना और व्यापक रूप से प्रचलित होना (इस पर एक कहानी है, चिन राजवंश में लेखक त्स्वो-स्（左思）की कृति 'त्रिराजधानी महाकाव्य'《三都赋》के पूरे होने के बाद बहुत से लोग एक दूसरे से इस की नकल करते थे फलतः ल्वोयांग नगर में कागज़ कम होने के कारण उस का दाम बढ़ गया)
骆（駱）luò ❶प्राचीन पुस्तकों में उल्लिखित काले अयाल वाला सफ़ेद घोड़ा ❷（Luò）एक कुलनाम
【骆驼】luòtuo उष्ट्र; ऊंट; ऊंटनी：～毛 ऊंट के बाल
【骆驼鞍】luòtuó'ān महमिल
【骆驼鼻绳】luòtuo bíshéng महार
络（絡）luò ❶जाल जैसी चीज़：丝瓜～ लूफ़ा ❷〈ची० चि०〉मनुष्य के शरीर में वायु और रक्त का संचार करने के मार्ग की छोटी-बड़ी शाखाएं：经～ उक्त मार्ग और उस की छोटी-बड़ी शाखाएं ❸जाली लपेटना：头上～着麻线的孩子 मुंड़ाए हुए सिर पर सनई लपेटे लड़के ❹लपेटना：络纱

lào भी दे०

【络腮胡子】 luòsāi-húzi（落腮胡子 luòsāi-húzi भी）गुलमुच्छा; खूब फैली हुई कानों तक पहुंचती हुई दाढ़ी; दोनों गालों पर मूंछ के बालों का ज़्यादा गुच्छा

【络纱】 luòshā 〈बुना०〉 डोफ़ः ～工 डोफ़र / ～机 डोफ़र

【络绎不绝】 luòyì-bùjué तांता लगना; तांता बांधनाः 参观的人～。दर्शकों का तांता लगा हुआ है।

珞 luò नीचे दे०

【珞巴族】 Luòbāzú ल्वोपा जाति (तिब्बत में)

烙 luò दे० 炮烙 páoluò बहुत गरम स्तंभ (प्राचीनकाल में कठोर शारीरिक पीड़ा देने वाला औज़ार)

lào भी दे०

硌 luò 〈लि०〉 पहाड़ पर बड़ी चट्टान

gè भी दे०

落 luò ❶गिरना; टपकना; पड़नाः 树叶全～了。तमाम पत्तियां झड़ गयी थीं। ❷नीचे उतरनाः 太阳～山了。सूरज डूब गया। ❸उतारना; गिरानाः 落幕 ❹पतनोन्मुख होना; पतन की ओर जानाः 没～ पतित होना ❺पीछे रह जाना; पिछड़ जानाः 落后 / 落伍 ❻रुकना; ठहरनाः 落户 / 落脚 ❼ठहरने का स्थानः 下～ कहां; अता-पता ❽इकट्ठा होकर रहने की जगहः 村～ ग्राम; गांव; देहात ❾हाथ में होना; अधिकार में होनाः 现在政权已经～入人民手中。अब राजनीतिक सत्ता जनता के हाथ में पड़ गयी है। ❿प्राप्त करना या होना; मिलनाः 落不是 ⓫कलम से लिखनाः 落款

là; lào; luō भी दे०

【落榜】 luòbǎng प्रवेश परीक्षा में फ़ेल होना; परीक्षा के उम्मीदवारों की सूची में नाम न होना

【落笔】 luòbǐ लिखने या चित्र बनाने लगना

【落标】 luòbiāo टेंडर हारना; प्रतियोगिता में हार होना

【落膘】 luòbiāo (घरेलू पशु का) पतला होना

【落泊】 luòbó（落魄 luòpò भी）〈लि०〉 ❶जीवन-संग्राम में पराजित होना; ज़माने का मारा हुआ होना ❷किसी रीतिरिवाज या प्रथा से मुक्त; निस्संकोच; कार्य या व्यवहार में स्वच्छंद

【落不是】 luò bùshi आरोप लगाया जाना; इल्जाम लगाया जाना; आक्षेप किया जाना

【落草】 luòcǎo 〈पुराना〉 पहाड़ या बन में डाकू बनना

【落差】 luòchā (एक ही सरित के दो स्थानों के बीच) जल-निपात

【落潮】 luòcháo भाटा

【落成】 luòchéng (मकान आदि बनाने का काम) समाप्त होनाः ～典礼 इनाग्यूरेशन

【落得】 luòde अंत में (बहुत बुरी स्थिति में) पड़नाः ～一场空 अंत में किसी काम में असफल होना; किसी काम का न होना

【落地】 luòdì ❶ज़मीन पर गिरनाः 人头～ सर काटा जाना ❷(शिशु का) पैदा होनाः 呱呱～ (शिशु का) पैदा होना

【落地窗】 luòdìchuāng नीचे का सिरा फ़र्श तक की खिड़की

【落地灯】 luòdìdēng फ़र्श पर खड़े खंभे आदि पर टंगी हुई बत्ती

【落地签】 luòdìqiān लैण्डिंग वीज़ा

【落地式电扇】 luòdìshì diànshàn स्टैंडर्ड फ़ैन

【落地式收音机】 luòdìshì shōuyīnjī कंसोल (रेडियो) सेट

【落第】 luòdì परीक्षा में असफल होनाः ～书生 परीक्षा में असफल बुद्धिजीवी या विद्वान

【落发】 luòfà सिर-मुंडन —— बौद्ध भिक्षु या भिक्षुणी बनना

【落后】 luòhòu ❶पीछे रहना; पिछड़नाः 骄傲使人～。घमंड लोगों को पीछे ढकेलता है। ❷पिछड़ा हुआः ～地区 अर्ध-विकसित क्षेत्र / 争取～分子 पिछड़े हुए तत्व को अपने पक्ष में मिलाना / ～状态 पिछड़ेपन; पिछड़े होने की स्थिति

【落户】 luòhù बसनाः 到农村～ गांव में निवास करना

【落花流水】 luòhuā-liúshuǐ जैसे बहते पानी में झड़ते फूल —— शोचनीय स्थिति में पड़ना; चकनाचूर होना

【落花生】 luòhuāshēng मूंगफली

【落荒】 luòhuāng 〈पुराना〉 बड़े रास्ते को छोड़कर वीराने की ओर भाग जानाः ～而逃 वीराने की ओर भाग जाना

【落价】 luòjià मूल्य गिरना; भाव उतरना; सस्ता पड़ना

【落脚】 luòjiǎo ठहरनाः ～地 ठहरने का स्थान

【落井下石】 luòjǐng-xiàshí जब कोई व्यक्ति गिरता है उस पर लात मारना

【落空】 luòkōng निष्फल हो जाना; व्यर्थ साबित होना; कोरा रह जाना; हवा हो जानाः 希望～ आशा व्यर्थ साबित होना / 号召归于～ आह्वान का कोई नतीजा ही न निकलना

【落款】 luòkuǎn ❶किसी चित्र, पत्र, सुलिपि, भेंट आदि पर भेंट देने वाले और लेने वाले के नाम लिखना ❷उक्त भेंट पर लिखे हुए नाम

【落泪】 luòlèi आंसू गिरना, चलना या आना

【落落大方】 luòluò-dàfāng निस्संकोच और उदार

【落马】 luòmǎ घोड़े पर से गिरना; हार हो जाना

【落幕】 luòmù पर्दा गिरना

【落难】 luònàn (पर) मुसीबत पड़ना

【落聘】 luòpìn नियुक्ति के चुनाव आदि में असफल होना

【落魄】 luòpò दे० 落泊

【落日】 luòrì डूबता हुआ सूर्य

【落腮胡子】 luòsāihúzi दे० 络腮胡子 luòsāihúzi

【落纱】 luòshā डोफ़ः ～工 डोफ़र / ～机 डोफ़र

【落生】 luòshēng (शिशु का) पैदा होना

【落实】 luòshí ❶व्यवहार्य; साध्यः 计划要订得～。योजना को व्यवहार्य होना चाहिये। ❷निश्चित होना; निर्णय होनाः 开会时间还没有最后～。सभा का समय अभी निश्चित नहीं हुआ है। ❸कार्यान्वित करनाः ～政策 नीति

को कार्यान्वित करना ❹(मन में) विश्वास पैदा होना: 心里～ मन ऊंचा रहना; मन में विश्वास पैदा होना

【落水狗】luòshuǐgǒu पानी में गिरा हुआ कुत्ता: 打～ पानी में गिरे हुए कुत्ते को मारना —— हारे हुए दुश्मन को पूरी तरह जीत लेना

【落汤鸡】luòtāngjī पानी में पूरा डूबा हुआ; (पानी में डूबे मुर्गे की तरह) सिर से पैर तक भीगना

【落套】luòtào (साहित्य-कृतियां) पुरानी लीक पर होना

【落托】luòtuō दे० 落拓

【落拓】luòtuò 〈लि०〉(落魄 भी) ❶जीवन-संग्राम में पराजित; ज़माने का मारा हुआ ❷विशालहृदय; निस्संकोच: ～不羁 रीतिरिवाज से मुक्त और असंयमी

【落网】luòwǎng (अपराधी को) पकड़ लिया जाना; गिरफ़्तार किया जाना: 主犯已～。मुख्य अपराधी को पकड़ लिया गया है।

【落伍】luòwǔ ❶पिछड़ जाना; पीछे रह जाना: 在前进的道路上总有人～。आगे बढ़ने के रास्ते पर कोई-न-कोई पीछे रह जाता है। ❷अप्रचलित होना: 他的穿着已经～了。उस का पहनावा अब अप्रचलित हो गया।

【落乡】luòxiāng (स्थान) नगर से दूर

【落选】luòxuǎn चुनाव में फ़ेल होना; उम्मीदवार की असफलता होना: ～者 हारा हुआ उम्मीदवार

【落叶】luòyè ❶गिरी हुई पत्तियां ❷〈वन०〉 पतझड़; पर्णपात

【落叶归根】luòyè-guīgēn(叶落归根 yèluò-guīgēn भी) गिरती पत्तियां जड़ों पर बसती हैं —— परदेश या विदेश में गये व्यक्ति आखिर अपने पितरों के घर में वापस आते हैं

【落叶期】luòyèqī पर्णपात का मौसम; पतझड़ का मौसम

【落叶树】luòyèshù सालाना पतझड़ वाला वृक्ष; वार्षिक पतझड़दार वृक्ष

【落叶松】luòyèsōng पर्णपात चीढ़; लार्च

【落音】luòyīn (बोलने या गाने की आवाज़) रुकना; बन्द करना: 我的话刚～他就来了。मेरी बात पूरी हुई ही थी कि वह आया।

【落英】luòyīng ❶गिरे हुए या गिरते हुए फूल ❷नये खिले फूल

【落英缤纷】luòyīng-bīnfēn पंखड़ियों का प्रचुरता से गिरना

【落账】luòzhàng बही में चढ़ाना: 这笔钱还没有～。ये रुपये बही में अभी चढ़ाये नहीं गये हैं।

【落葬】luòzàng ताबूत को मकबरे में दफ़ना देना

【落照】luòzhào डूबते हुए सूर्य की लाली

【落职】luòzhí पद से हटाना; पदच्युत करना; अपदस्थ करना; पद से बरखास्त करना

【落座】luòzuò अपनी सीट पर बैठ जाना: 同志们，请～！ साथियो, बैठ जाओ !

跞(躒) luò दे० 卓跞 बेजोड़; अद्वितीय; बहुत शानदार

lì भी दे०

雒 Luò 〈लि०〉 ❶दे० 洛❷ ❷एक कुलनाम

摞 luò ❶ढेर लगाना: 把书～起来。पुस्तकों को एक पर एक रख लो। ❷〈परि०श०〉 ढेर: 一～书 पुस्तकों का एक ढेर

漯 luò नीचे दे०

【漯河】Luòhé हनान प्रांत में एक स्थान का नाम

luo

啰(囉) luo 〈लघु अ०〉 (वाक्य के अंत में आकर दृढ़ कथन का बोध होता है): 这当然很好～。निश्चय ही यह बहुत ही अच्छा है।

luō; luó भी दे०

M

m̄

姆 m̄ नीचे दे०
mǔ भी दे०

【姆妈】mmā 〈बो०〉 ❶माँ; माता जी; अम्मा; मम्मी ❷पिता के बड़े भाई की पत्नी; ताई ❸(वृद्ध विवाहित स्त्री के लिये आदरसूचक संबोधन) चाची; काकी: 张家～ चाची चांग

ḿ

呒(嘸) ḿ 〈बो०〉 नहीं; न होना: ～办法 कोई उपाय न होना; कोई चारा न होना

【呒啥】ḿshá 〈बो०〉 कुछ नहीं; कोई वस्तु नहीं: ～关系 कोई बात नहीं; कोई संबंध नहीं। / 这篇文章里～新内容。इस लेख में कोई नयी बात नहीं है।

呣 ḿ 〈विस्मय०〉 प्रश्नसूचक: ～，什么? क्या, क्या बात है?
m̀ भी दे०

m̀

呣 m̀ 〈विस्मय०〉 (उत्तर देने में प्रयुक्त): ～，我知道了。अच्छा, मुझे मालूम हो गया; अच्छा, मैं समझ गया।
m̄ भी दे०

mā

妈(媽) mā ❶मां; माता जी; अम्मा; मम्मी; ❷किसी की एक पीढ़ी ऊपर वाली विवाहित स्त्री का संबोधन करने का एक रूप: 姑～ बुआ; फूफी / 姨～ मौसी / 大～ ताई ❸(चीखकर कहे हुए शब्द): 我的～呀，老虎。अरे बाप-रे-बाप, बाघ! ❹〈पुराना〉 प्रौढ़ या बूढ़ी नौकरानी (संबोधन में उस के कुलनाम के साथ प्रयुक्त): 张～ दाई चांग; धाय चांग; आमा ऊ

【妈的】māde (घृणासूचक शब्द): 你的妈妈的。तेरा सत्यानाश हो! / 他太妈妈的了。वह नंबर एक 'हरामज़ादा' था। / ～，我的笔哪儿去了? मेरी कलम कहां गयी?

【妈妈】māma ❶〈बोल०〉 माँ; माता जी; अम्मा; मम्मी ❷〈बो०〉 बूढ़ी स्त्री के लिये आदरसूचक संबोधन

【妈祖】Māzǔ चीन के दक्षिणपूर्वी क्षेत्रों की किंवदंती में एक समुद्री देवी

孖 mā 〈बो०〉 जोड़ा; युगल: ～髻山 क्वांग-तोंग प्रांत में एक पहाड़ का नाम / 孖仔

【孖仔】māzǎi 〈बो०〉जुड़वाँ बच्चा

抹[1] mā पोंछना: ～桌子 मेज़ पोंछना; मेज़ साफ़ करना

抹[2] (攠) mā नीचे सरकाना; नीचे फिसलना: 把帽子～下来。टोपी को ज़रा नीचे सरकाओ।
mǒ; mò भी दे०

【抹布】mābù (चीज़ों को पोंछने, साफ़ करने का) कपड़े का टुकड़ा आदि; डस्टर; झाड़न; धूलिमार्ज

【抹搭】māda 〈बो०〉 (पलक का) अधखुला होना: ～着眼皮 किसी के पलक का अधखुला होना

【抹脸】māliǎn 〈बोल०〉 सहसा किसी के साथ कड़ाई से बर्ताव करना: 抹不下脸来 (किसी की भावनाओं पर चोट पहुंचाने के डर के कारण) मुश्किल से उस के साथ कठोरता-पूर्वक बर्ताव करना

【抹澡】māzǎo 〈बो०〉 गीले तौलिये से शरीर पोंछना; स्पंज से (शरीर) पोंछना

蚂(螞) mā नीचे दे०
mǎ; mà भी दे०

【蚂螂】mālang 〈बो०〉 व्याध पतंग; ड्रैगनफ़्लाई (एक प्रकार का कीड़ा 蜻蜓 qīngtíng की बोली)

麻 mā नीचे दे०
má भी दे०

【麻麻黑】māmahēi 〈बो०〉 अंधेरा जल्दी होने वाला या हो गया है: 天～了，屋里逐渐模糊起来。अंधेरा जल्दी होने वाला है, कमरा धीरे-धीरे धुंधला होने लगा।

【麻麻亮】māmaliàng 〈बो०〉 पौ फटने वाली होना; सुबह होने वाली होना: 天刚～他就出去了。पौ फटते ही वह बाहर गया।

摩 mā नीचे दे०
mó भी दे०

【摩挲】 māsa धीरे-धीरे सहलाना; हाथ फेरना: ～衣裳 कपड़े पर धीरे-धीरे सहलाना / ～头发 बालों पर हाथ फेरना; बालों को चिकना करना / ～肚子 पेट पर हाथ फेरना; पेट की मालिश करना
mósuō भी दे०

má

吗（嗎）má 〈बो०〉 क्या: 干～ क्या करते हो？/ ～事 क्या बात है？/ 你说～？तुम क्या कहते हो？/ 要～有～ तुम जो भी चीज़ चाहते हो उसे मिल जाती है।
mǎ; ma भी दे०

麻[1]（蔴）má ❶सन, जूट, रैमी आदि का सामान्य नाम ❷सन, जूट, रैमी आदि का रेशा ❸तिल: 麻酱 / ～糖 तिल से बनी मिठाई

麻[2] má ❶असमतल; ऊंचा-नीचा; खुरदरा: 这纸一面光，一面～。यह कागज़ एक ओर चिकना और दूसरी ओर खुरदरा है। ❷चेचक के दाग: ～脸 चेचक-मुंह; चेचक-रू ❸धब्बेदार: ～雀 गौरैया ❹（Má）एक कुलनाम

麻[3] má ❶सनसनाहट; झुनझुनी: 腿～了。पैर में सनसनाहट पैदा हो गयी। ❷麻醉 का संक्षिप्त रूप
mā भी दे०

【麻包】 mábāo बोरा; बोरी; टाट का थैला

【麻痹】 mábì（痲痹 mábì भी）❶〈चिकि०〉 संन्यास-रोग; लकवा; फ़ालिज: 面部神经～ मुंह या चेहरे का लकवा / 他头部右侧～。उस के सिर के पूरे दाहिने हिस्से को लकवा मार गया है। ❷संज्ञाहीन करना; बेसुध करना: ～敌人 शत्रुओं को बेसुध कर देना / ～群众 जन-समुदाय को निष्प्राण बनाना / ～群众的斗志 जनता के संघर्ष के इरादे को ठंडा करना ❸अपनी सतर्कता कम करना; अपनी सतर्कता में ढील आने देना: ～大意 असावधान होना; अपनी सतर्कता कम होना

【麻布】 mábù टाट (कपड़ा)

【麻袋】 mádài बोरा; बोरी; टाट-बोरा

【麻捣】 mádǎo 〈लि०〉 दे० 麻刀

【麻刀】 mádao 〈वास्तु०〉 सन: ～灰泥 सन के रेशे मिश्रित लेप

【麻烦】 máfan ❶कष्ट; कठिनाई; तकलीफ़: 怕～ कठिनाइयों से डरना ❷कष्ट देना; तकलीफ़ करना: 不会给他添～。उन्हें कोई परेशानी नहीं होगी।

【麻纺】 máfǎng जूट, सन, रैमी आदि का कातना: ～厂 जूट मिल

【麻风】 máfēng（痲风 máfeng भी）कोढ़; कुष्ठरोग: ～病人 कोढ़ी; कुष्ठी; कुष्ठ रोगी

【麻花】[1] máhuā भुनी हुई गुंधे हुए आटे की लंबी ऐंठनदार रोटी

【麻花】[2] máhuā 〈बो०〉 (कपड़ा) लंबे समय पहनने से घिस जाना: 两只袖子都快～了。दोनों आस्तीन घिस जाएंगी।

【麻花钻】 máhuāzuàn 〈यां०〉 (झिरी बनाया हुआ) ऐंठनदार बर्मा

【麻黄】 máhuáng 〈वन०〉 चीनी एफ़ेड्रा（ephedra）

【麻黄硷】 máhuángjiǎn 〈औष०〉 एफ़ेड्रिन（ephedrin）

【麻将】 májiàng माच्यांग या माजोंग का खेल (चार आदमियों द्वारा 136 या 144 गुटों से खेला जाने वाला एक चीनदेशीय खेल): 打～ माच्यांग या माजोंग खेलना; माच्यांग या माजोंग का खेल खेलना

【麻酱】 májiàng तिल की चटनी

【麻秸】 májie छिलका छीला हुआ सन का डंठल

【麻经儿】 májīngr (छोटी-सी चीज़ों बांधने के लिये) रेशेदार कच्चा सन

【麻利】 máli ❶फुर्तीला और साफ़: 干活～ चतुराई से काम करना / 他手脚～。वह कार्योप्रयुक्त है। ❷〈बो०〉 शीघ्र; जल्दी: 系里开会，叫你～回去。विभाग में मीटिंग हो रही है, तुम को जल्दी लौटने के लिये बुलाया जा रहा है।

【麻脸】 máliǎn चेचक-रू; चेचक-मुंह: ～的人 चेचक-मुंह आदमी

【麻乱】 máluàn (मन की स्थिति) अस्त-व्यस्त; अव्यवस्थित: ～的情绪 मन की व्याकुल स्थिति / 他心里～极了。उस का मन परेशानी में है।

【麻密】 mámì बहुत अधिक; सघन; घना: 他的脸上皱纹～。उस का चेहरा झुर्रियों से भरा हुआ है। / ～的枪声 बंदूक की ज़ोर-ज़ोर और घनी आवाज़ें

【麻木】 mámù ❶सुन्न; निस्तब्ध: 手脚～ हाथ-पैर सुन्न होना ❷(विचार, मन आदि) शिथिल बन जाना: 思想～ संवेदनशीलता का शिथिल हो जाना

【麻木不仁】 mámù-bùrén किसी की संवेदनशीलता शिथिल हो जाना; अन्यमनस्कता का रवैया अपनाना: 对人民不应该～。जनता के प्रति अन्यमनस्कता का रवैया नहीं अपनाना चाहिये।

【麻婆豆腐】 mápó dòufu चेचक-मुंह वाली दादी द्वारा तैयार किया गया सोयाबीन-पनीर (चीन में यह एक प्रसिद्ध खाद्य-पदार्थ है। तेल में भुने हुए सोयाबीन पनीर में मिर्च आदि मसाले डालकर इसे तैयार किया जाता है। किसी चेचक-मुंह वाली दादी ने सब से पहले यह खाद्य-पदार्थ तैयार किया था, इस लिये यह नाम पड़ा)

【麻雀】 máquè ❶गौरैया; कुंजिश्क ❷माच्यांग या माजोंग का खेल —— दे० 麻将 májiàng

【麻雀虽小，五脏俱全】 máquè suī xiǎo, wǔzàng jù quán हालांकि गौरैया छोटी होती है पर उस के शरीर के सभी अत्यावश्यक अंग होते हैं —— छोटा पर संपूर्ण

【麻雀战】 máquèzhàn गौरैया-युद्ध (प्रहार करके फ़ौरन तितर-बितर हो जाने का युद्ध)

【麻纱】 máshā ❶रैमी, सन आदि के रेशे से बना सूत ❷उक्त सूत से बुना हुआ कपड़ा
【麻绳】 máshéng सन, जूट, रैमी आदि के रेशे से बना रस्सा या रस्सी
【麻石】 máshí मकान बनाने या रास्ते के सतह पर बिछाने के लिये प्रयुक्त पत्थर
【麻酥酥】 másūsū थोड़ा-सा सुन्न: 脚放在水里冻得～的。ठंडे पानी में पैर रहने के कारण थोड़ा सुन्न हो गये।
【麻线】 máxiàn सन, जूट आदि से बना धागा या रस्सी
【麻药】 máyào 〈औष०〉 चेतनानाशक दवा; बेहोश करने वाली दवा: 上～ चेतनानाशक औषध लगाना
【麻衣】 máyī सन, जूट, रैमी आदि के रेशों से बुने कपड़े से बना वस्त्र, पुराने रीति-रिवाज के अनुसार माता या पिता के मरने पर उस के बेटे और बेटी को इस तरह के कपड़े पहनाये जाते थे
【麻油】 máyóu तिल का तेल; तेल
【麻渣】 mázhā तिल, पटसन आदि के बीजों से तेल निकालने के बाद बचा हुआ अवशिष्ट भाग
【麻疹】 mázhěn（痳疹 mázhěn भी）मीज़ल्ज़; खसरा; छोटी चेचक; लघु शीतला: 出～ मीज़ल्ज़ होना
【麻织品】 mázhīpǐn सन, जूट, रैमी, पटसन आदि के रेशों से बनी वस्तुएं
【麻子】 mázi ❶चेचक के दाग: 他脸上有几点～。उस के चेहरे पर चेचक के दाग हैं। ❷चेचक-रू; चेचक के दागों वाला आदमी
【麻醉】 mázuì सुन्न करना; एनस्थीसिया（anaesthesia）; नार्कोसिस（narcosis）; संवेदनाहरण: 全身～ जनरल एनस्थीसिया / 局部～ लोकल एनस्थीसिया / 脊髓～ स्पिनल एनस्थीसिया ❷गुमराह करना; किसी व्यक्ति या उस के विचारों को विषाक्त करना; बुरी राह पर लाना
【麻醉剂】 mázuìjì चेतनानाशक औषध; नशीली दवा; संज्ञाहीन करने की दवा; सुन्न करने की दवा
【麻醉品】 mázuìpǐn नार्कोटिक औषध; मादक द्रव्य; स्वापक औषधि; नशीली चीज़
【麻醉师】 mázuìshī एनस्थीटिस्ट

痳 má नीचे दे०

【痳痹】 mábì दे० 麻痹 mábì
【痳风】 máfēng दे० 麻风 máfēng
【痳疹】 mázhěn दे० 麻疹 mázhěn

蟆（蟇） má दे० 蛤蟆 háma टोड（toad）

mǎ

马（馬） mǎ ❶घोड़ा; अश्व: 三趾～ तीन पादांगुलियों वाला घोड़ा ❷〈शतरंज〉 चीनी शतरंज में घोड़ा ❸बड़ा: 马蜂 ❹（Mǎ）एक कुलनाम

【马鞍】 mǎ'ān（马鞍子 भी）ज़ीन; काठी; पलान
【马鞍形】 mǎ'ānxíng ज़ीन नुमा; यू（U）की आकृति
【马鞍子】 mǎ'ānzi दे० 马鞍
【马帮】 mǎbāng माल ले आने-जाने वाला घोड़ों का तांता; व्यापारियों का काफ़िला
【马宝】 mǎbǎo 〈ची०चि०〉 घोड़े के आमाशय और आंतड़ियों में पाया जाने वाला कड़ा पदार्थ
【马鼻疽】 mǎbíjū 〈पशु पालन〉 ग्लैंडर्स(glanders)(घोड़े का एक छूत का रोग जिस में जबड़ों के नीचे का भाग सूज जाता है और नाक से पानी गिरता है)
【马鞭】 mǎbiān कोड़ा; चाबुक
【马弁】 mǎbiàn 〈पुराना〉 (सैन्य अफ़सर का) अंगरक्षक; अर्दली
【马表】 mǎbiǎo（停表 tíngbiǎo，跑表 pǎobiǎo भी）विराम घड़ी
【马鳖】 mǎbiē（水蛭 shuǐzhì का साधारण नाम）जोंक; जलूका; जलौका
【马不停蹄】 mǎbùtíngtí घोड़े का सरपट दौड़ना —— अविराम; बिना बीच में रुके: 他一路上～赶到这里。वह रास्ते में बिना रुके सीधे यहां आया।
【马步】 mǎbù ❶अश्वदेव का नाम ❷घुड़सवार और पैदल सिपाही ❸घोड़े के चलने की चाल ❹वू-शू (रण-विषयक कला) और जिमनास्टिक (व्यायाम) में एक क्रिया: 摆开～ खड़े-खड़े दोनों टांगे फैलाना
【马车】 mǎchē ❶घोड़ा-गाड़ी; तांगा; इक्का; टमटम: ～夫 गाड़ीवान; कोचवान ❷माल लादने के लिये दो पहियों की गाड़ी जिस में घोड़ा या खच्चर जुतता है
【马齿徒增】 mǎchǐ-túzēng घोड़े की तरह वर्ष बीतने पर दांतों की संख्या भी बढ़ जाती है —— आयु बीतती गई पर कोई सफलता न मिली (अपने लिये प्रयुक्त विनम्र सूचक वाक्य)
【马齿苋】 mǎchǐxiàn 〈वन०〉 कुल्फ़ा; लोनिया; नोनी; लोणी
【马刺】 mǎcì एड़; घुड़सवार की एड़ी में लगा हुआ नोकदार कांटा; खार; जूतों में लगी हुई कील
【马褡子】 mǎdāzi घोड़े के बदन पर दोनों ओर लटका बड़ा थैला
【马达】 mǎdá（电动机 diàndòngjī का साधारण नाम）मोटर
【马达加斯加】 Mǎdájiāsījiā मेडागास्कर
【马达加斯加人】 Mǎdájiāsījiārén मेडागास्करी
【马达加斯加语】 Mǎdájiāsījiāyǔ मेडागास्करी (भाषा)
【马大哈】 mǎdàhā ❶लापरवाह; बेफ़िक्र; असावधान: 这人真够～的。यह आदमी काफ़ी लापरवाह है। ❷लापरवाह आदमी; वह जिसे किसी प्रकार की परवाह या चिंता न हो: 他是个～。वह लापरवाह आदमी है।
【马刀】 mǎdāo（战刀 zhàndāo भी）खंग; टेढ़े फल की तलवार
【马到成功】 mǎdào-chénggōng तुरंत सफल होना; तुरंत सफलता प्राप्त करना

【马道】 mǎdào <पुराना> ड्रिल ग्राउंड और नगर की चहारदीवारी पर घोड़े के दौड़ने का रास्ता
【马灯】 mǎdēng लालटेन
【马镫】 mǎdèng रकाब
【马店】 mǎdiàn अश्वशाला वाली सराय
【马丁炉】 mǎdīnglú <धा०वि०> मार्टिन भट्ठी; खुली परावर्तकीय भट्ठी
【马兜铃】 mǎdōulíng <वन०> बर्थवर्ट (birthwort)
【马肚带】 mǎdùdài ज़ेर-बन्द
【马队】 mǎduì ❶घोड़ों का तांता (प्रायः माल ले आने-जाने के लिये प्रयुक्त) ❷अश्वारोही सेना; घुड़सवार सेना
【马尔代夫】 Mǎ'ěrdàifū माल्डीव
【马尔代夫人】 Mǎ'ěrdàifūrén माल्डीवी
【马尔加什语】 Mǎ'ěrjiāshíyǔ मैलागैसि; मैडागास्कर की भाषा
【马尔萨斯人口论】 Mǎ'ěrsàsī rénkǒulùn माल्थस का जनसंख्या संबंधी सिद्धांत
【马尔萨斯主义】 Mǎ'ěrsàsī zhǔyì माल्थसवाद
【马尔维纳斯群岛】 Mǎ'ěrwéinàsī Qúndǎo माल्विनास द्वीपसमूह, फ़ाल्कलैंड द्वीपसमूह (阿根廷称福克兰群岛)
【马耳他】 Mǎ'ěrtā माल्टा
【马耳他人】 Mǎ'ěrtārén माल्टीज़; माल्टा का निवासी
【马耳他语】 Mǎ'ěrtāyǔ माल्टीज़; माल्टा की भाषा
【马翻人仰】 mǎfān-rényǎng (马仰人翻 mǎyǎng-rénfān, 人仰马翻 rényǎng-mǎfān भी) घोड़ा उलट गया और आदमी चित गिर पड़ा —— बहुत गड़बड़ होना; बहुत अस्तव्यस्त होना
【马贩子】 mǎfànzi घोड़ों का व्यापारी, घोड़ों का सौदागर
【马房】 mǎfáng अश्वशाला; घुड़साल
【马粪纸】 mǎfènzhǐ (黄纸板 huángzhǐbǎn का लोकप्रचलित नाम) मोटा पट्ठा या दफ़्ती
【马蜂】 mǎfēng (胡蜂 húfēng का साधारण नाम, 蚂蜂 mǎfēng भी) भिड़; बर्र
【马蜂窝】 mǎfēngwō भिड़ों का छत्ता
【马夫】 mǎfū <पुराना> साईस; अश्वपाल; घोड़े की देख-भाल करने वाला नौकर
【马竿】 mǎgān अंधे की लाठी या छड़ी
【马革裹尸】 mǎgé-guǒshī मरने के बाद चारों ओर घोड़े के चर्म से लपेटना —— युद्ध-भूमि पर मरना
【马褂】 mǎguà <पुराना> (लबादे के बाहर पहना जाने वाला) मंदारिन जाकेट (जाकिट)
【马关条约】 Mǎguān Tiáoyuē शिमोनोसे की संधि (1895 ई०)
【马倌】 mǎguān साईस; अश्वपाल; घोड़े की देखभाल करने वाला; मीर-आखोर
【马锅头】 mǎguōtóu <बो०> व्यापारियों के काफ़िले का सरदार
【马哈拉施特拉】 Mǎhālāshītèlā महाराष्ट्र प्रदेश
【马哈拉施特拉人】 Mǎhālāshītèlārén महाराष्ट्री, महाराष्ट्र का निवासी
【马海毛】 mǎhǎimáo मोहेयर; अंगोरा जातीय बकरी के बाल
【马号】[1] mǎhào सार्वजनिक अश्वशाला
【马号】[2] mǎhào (घुड़सवार का) लंबी नली वाला बिगुल
【马赫】 mǎhè (马赫数 mǎhèshù भी) माह(Mach); माह नंबर
【马赫主义】 Mǎhè zhǔyì माहवाद: ～者 माहवादी
【马后炮】 mǎhòupào (शतरंज में प्रयुक्त शब्द) <ला०> बिलेटिड एफ़ोर्ट; विलंबित प्रयत्न; विलंबित क्रिया या परामर्श: 事情都做完了你才说要帮忙，这不是～吗？काम पूरा हो जाने पर तुम सहायता करने के लिये कह रहे हो, क्या यह विलंबित प्रयत्न (बिलेटिड एफ़ोर्ट) नहीं है?
【马虎】 mǎhu (马糊 भी) लापरवाह; गफ़लत; लापरवाही; गफ़लती; गाफ़िल: 这事必须做，因为他以后不会再～了。यह काम करना ही होगा क्योंकि वह फिर गफ़लत में नहीं पड़ सकेगा। / 他～过一次，已经吸取了教训。वह एक बार गफ़लत में रहकर सबक सीख चुका था। / 现在他不会再～了。अब वह गाफ़िल नहीं रह सकता।
【马糊】 mǎhu 马虎 के समान
【马甲】 mǎjiǎ <बो०> बिना आस्तीन का कपड़ा
【马鲛鱼】 mǎjiāoyú (鲅鱼 bàyú के समान) स्पेनिश मैकरेल
【马嚼子】 mǎjiáozi लगाम; दहाना
【马脚】 mǎjiǎo भेद; रहस्य: 露～ भेद खोलना; रहस्योद्घाटन करना
【马厩】 mǎjiù अश्वशाला; घुड़साल
【马驹子】 mǎjūzi घोड़े का बच्चा; बछेड़ा
【马克】 mǎkè (जर्मनी की मुद्रा की इकाई) मार्क
【马克思列宁主义】 Mǎkèsī-Lièníng zhǔyì मार्क्स-वाद-लेनिनवाद: ～者 मार्क्सवादी-लेनिनवादी
【马克思主义】 Mǎkèsī zhǔyì मार्क्सवाद: ～者 मार्क्स- वादी
【马口铁】 mǎkǒutiě टीनप्लेट; जस्ता चढ़ाया हुआ लोहा
【马裤】 mǎkù बिरजिस; घुटनों के नीचे बांधी जाने वाली पतलून, जो आजकल केवल घुड़सवारी या दरबारी पोशाक के रूप में काम में आती है: 黄呢子～ घुड़सवारी के काम आने वाली पीले रंग की ऊनी बिरजिस
【马裤呢】 mǎkùní <बुना०> ह्विकोर्ड; बिरजिस बनाने लायक ऊनी
【马快】 mǎkuài <पुराना> सरकारी दफ़्तर में अपराधी का पता लगाने या गिरफ़्तारी करने का सिपाही
【马拉犁】 mǎlālí अश्वचालित हल
【马拉收割机】 mǎlā shōugējī अश्वचालित फ़सल-कटाई मशीन
【马拉提语】 Mǎlātíyǔ मराठी (भाषा)
【马拉松】 mǎlāsōng ❶मैराथन: ～赛跑 मैराथन रेस ❷लंबे समय तक जारी रखना; मैराथन: ～式的谈判 मैराथन बातचीत; मैराथन वार्तालाप / ～演讲 मैराथन भाषण
【马拉维】 Mǎlāwéi मलावी
【马拉维人】 Mǎlāwéirén मलावियन

【马来半岛】 Mǎlái Bàndǎo मलया प्रायद्वीप
【马来西亚】 Mǎláixīyà मलयेशिया
【马来西亚人】 Mǎláixīyàrén मलयेशियाई
【马来语】 Mǎláiyǔ मलय; मलाया की भाषा
【马兰】 mǎlán ❶〈वन०〉गेंदा: ～花 गेंदे का फूल ❷दे० 马蔺
【马蓝】 mǎlán 〈वन०〉 शिताग्री (कण्टकी) नील; अकैंथसेयस इंडिगो (acanthaceous indigo)
【马里】 Mǎlǐ माली
【马里人】 Mǎlǐrén मालियन
【马力】 mǎlì 〈भौ०〉 अश्वशक्ति; अश्वबल; हार्सपावर; घोड़े की शक्ति
【马立克派】 Mǎlìkèpài 〈धर्म〉 इस्लाम धर्म में मालिक संप्रदाय
【马利亚】 Mǎlìyà 〈धर्म〉 (玛利亚 Mǎlìyà भी) "बाइबिल" में ईसा की माता
【马利亚纳群岛】 Mǎlìyànà Qúndǎo मारियाना द्वीपसमूह
【马莲】 mǎlián 〈वन०〉 दे० 马蔺
【马列主义】 Mǎ-Liè zhǔyì 马克思列宁主义 का संक्षिप्त रूप
【马蔺】 mǎlìn 〈वन०〉 (马莲, 马兰 भी) चीनी छोटी आइरिस; आइरिस फूल के पौधों की जाति
【马铃薯】 mǎlíngshǔ आलू
【马六甲海峡】 Mǎliùjiǎ Hǎixiá मलक्का जलडमरूमध्य
【马鹿】 mǎlù 〈प्राणि०〉 लाल हिरन
【马路】 mǎlù ❶रास्ता; सड़क; राह; मार्ग ❷(विस्तृत अर्थ में) राजमार्ग; राजपथ; शाहराह; हाइवे
【马路消息】 mǎlù xiāoxi दे० 马路新闻
【马路新闻】 mǎlù xīnwén (马路消息 भी) सुनी-सुनाई बात
【马骡】 mǎluó (गधे का घोड़ी से उत्पन्न) टट्टू
【马马虎虎】 mǎmǎhūhū ❶लापरवाह: 他的文章我只是～地看了一下。उस का लेख मैं ने केवल लापरवाही से पढ़ा। / 他干活～。वह लापरवाही से काम करता है। ❷न बहुत अच्छा; न बहुत बुरा; अच्छा-भला: 近来我的身体还～。आजकल मेरा स्वास्थ्य अच्छा-भला है।
【马面鲀】 mǎmiàntún 〈प्राणि०〉 ब्लैक स्क्रैपर (black scraper)
【马奶】 mǎnǎi घोड़ी का दूध
【马尼拉麻】 mǎnílāmá (蕉麻 jiāomá का दूसरा नाम) मनीला सन
【马趴】 mǎpā औंधे मुंह गिरना: 他摔了个大～。वह औंधे मुंह गिरा।
【马炮】 mǎpào होर्स आर्टिलरी
【马匹】 mǎpǐ घोड़े (सामान्य नाम)
【马屁】 mǎpì खुशामद; चाटु; चापलूसी: 拍～ खुशामद करना; चापलूसी करना
【马屁精】 mǎpìjīng चाटुकार; चापलूस; खुशामदी टट्टू
【马其顿共和国】 Mǎqídùn Gònghéguó मैसिडोनिया गणराज्य
【马前卒】 mǎqiánzú मोहरा; अग्रिम प्यादा; पैदल; 〈ला०〉 दुर्बल और केवल दूसरों का हित-साधक व्यक्ति; व्यक्ति, जो दूसरों के द्वारा साधन के रूप में प्रयुक्त हो
【马钱子】 mǎqiánzǐ 〈वन०〉 कै करने वाला कड़े छिलकेदार फल; कुचला; नक्सवॉमिका (nux vomica)
【马枪】 mǎqiāng (骑枪 qíqiāng भी) कार्बाइन; घुड़सवारों के प्रयोग की छोटी बंदूक
【马球】 mǎqiú 〈खेल०〉 पोलो; चौगान; घोड़े पर बैठकर खेला जाने वाला हॉकी की तरह का एक खेल
【马赛克】 mǎsàikè 〈वास्तु०〉 मोज़ैक: ～铺面 मोज़ैक फ़र्शबंदी
【马上】 mǎshàng तुरंत; झटपट; शीघ्र ही; फ़ौरन; खड़े-खड़े; बात की बात में; निकट भविष्य में: 我～就来。मैं अभी आता हूँ। / 他～会把你撵出去的。वह खड़े-खड़े तुम को निकाल बाहर करेगा।
【马勺】 mǎsháo काठ का बड़ा चम्मच; लेडिल
【马绍尔群岛】 Mǎshào'ěr Qúndǎo मार्शल द्वीपसमूह
【马失前蹄】 mǎshīqiántí 〈ला०〉 संयोग से गलती हुई और इस से असफलता हुई
【马首是瞻】 mǎshǒu-shìzhān (प्रायः नीचे लिखे वाक्य में प्रयुक्त): 唯某某之～。केवल किसी व्यक्ति के घोड़े के सर को अपना मार्ग-दर्शक मानना —— केवल किसी व्यक्ति के नेतृत्व में काम करना
【马术】 mǎshù घुड़सवारी का कौशल; अश्वविद्या
【马嘶】 mǎsī हिनहिनाना; हींसना
【马提尼克】 Mǎtíníkè मार्तिनीक
【马蹄】 mǎtí ❶घोड़े के खुर; घोड़े की टाप: ～声 घोड़े की टापों की आवाज़ ❷〈बो०〉 वाटर चेसनट
【马蹄表】 mǎtíbiǎo गोल या नाल के आकार वाली घड़ी (बहुधा एलार्म-घड़ी)
【马蹄螺】 mǎtíluó टॉप शेल (top shell)
【马蹄铁】 mǎtítiě ❶नाल ❷नाल के आकार का चुंबक
【马蹄形】 mǎtíxíng नाल का आकार
【马桶】 mǎtǒng (马子 भी) ❶रात की चौकी या पाखाने की बंद चौकी; कमोड; स्टूल में लगा हुआ मलमूत्र-विसर्जन का पात्र; पेशाबदान; मूत्र-पात्र ❷पाखाना; टॉइलेट
【马头琴】 mǎtóuqín धनुष से बजाया जाने वाला घोड़े के सिर के आकार का मंगोलियाई दोतारा बाजा
【马尾松】 mǎwěisōng 〈वन०〉 मासोन पाइन (masson pine); मासोन चीढ़
【马戏】 mǎxì सरकस (सर्कस): ～团 सरकस ट्रोप; सरकस मंडली; सरकस
【马衔】 mǎxián दे० 马嚼子
【马熊】 mǎxióng (棕熊 zōngxióng के समान) भूरा भालू
【马靴】 mǎxuē घुड़सवारों के लिये बूट; टोप-बूट
【马仰人翻】 mǎyǎng-rénfān दे० 马翻人仰
【马缨丹】 mǎyīngdān 〈वन०〉 लैनटाना (lantana)
【马缨花】 mǎyīnghuā 〈वन०〉 (合欢 héhuān❷ का दूसरा नाम) सिल्क ट्री (silk tree)
【马蝇】 mǎyíng हार्स बोट फ़्लाई (horse botfly)
【马约特岛】 Mǎyuētèdǎo मायोट (द्वीप)
【马贼】 mǎzéi 〈पुराना〉 घुड़सवारी डाकुओं का दल

【马扎】 mǎzhá（马劄 भी）परत करने योग्य या मुड़ने वाली सफ़री तिपाई या स्टूल
【马掌】 mǎzhǎng ❶घोड़े के खुर का क्यूटिन स्किन ❷नाल का साधारण नाम
【马栉】 mǎzhì（铁篦 tiěbì भी）खरहरा
【马子】 mǎzi <बो०> ❶दे० 马桶 ❷डाकू; डकैत; लुटेरा
【马鬃】 mǎzōng सटा; अयाल; केसर; घोड़े की गर्दन पर लम्बे बाल
【马祖岛】 Mǎzǔdǎo मा-त्सू द्वीप
【马醉木】 mǎzuìmù（梫木 qǐnmù भी）एक प्रकार की सदाबहार झाड़ी, जिस का फूल सफ़ेद रंग का होता है, जिस के पत्ते विषैले होते हैं और जिसे घोड़ा, गाय आदि खाकर नशे में पड़ जाते हैं

吗（嗎） mǎ नीचे दे०
má; ma भी दे०
【吗啡】 mǎfēi मार्फ़िया; अफ़ीम का सत जो दर्द को दूर करने के लिये प्रयुक्त होता है

犸（獁） mǎ दे० 猛犸 měngmǎ

玛（瑪） mǎ नीचे दे०
【玛瑙】 mǎnǎo यशव; सुलैमानी पत्थर; ऐगेट
【玛雅人】 Mǎyǎrén माया
【玛雅文化】 Mǎyǎ wénhuà माया जाति की प्राचीन संस्कृति
【玛祖卡】 mǎzǔkǎ <संगी०> मज़र्का

码[1]（碼） mǎ ❶अंकों के लिये चिह्नः 数～ अंक / 页～ पेज नंबर; पृष्ठ नंबर ❷अंकों को सूचित करने के लिये औज़ारः 砝～ बटखरा ❸<परि०श०> बात को सूचित करने के लिये परिमाण शब्दः 你说的跟他说的是一～事。तुम ने जो बात कही थी और उस ने जो बात कही थी, वे दोनों एक ही बात हैं।

码[2]（碼） mǎ <बोल०> ढेर लगानाः ～砖 ईंटों का ढेर लगाना (करना)

码[3]（碼） mǎ गज; यार्ड（yd）
【码垛】 mǎduò ढेर लगाना
【码放】 mǎfàng चीज़ों को सुव्यवस्थित रूप से इकट्ठा करना
【码头】 mǎtou ❶घाट; जेटी; थलबेड़ाः 深水～ गहरे पानी का घाट / 货运～ माल लादने का घाट / ～工人 गोदी मज़दूर; लांगशोर मैन; बन्दरगाह मज़दूर / ～搬运夫 दे० 码头工人 / ～费 बन्दरगाह की चुंगी
【码子】 mǎzi ❶अंकों के चिह्न ❷गणक; धातु आदि का आंकड़ा ❸<पुराना> (वित्तीय क्षेत्र में) किसी के नियंत्रण में नकद

蚂（螞） mǎ नीचे दे०
mā; mà भी दे०
【蚂蜂】 mǎfēng 马蜂 mǎfēng के समान
【蚂蟥】 mǎhuáng जोंक; जलूका; जलौका
【蚂蚁】 mǎyǐ चींटी
【蚂蚁搬泰山】 mǎyǐ bān Tài Shān चींटियां पर्वत थाए-शान को हटा सकती हैं —— जनसमुदाय एक होकर बड़ी योजना को पूरा कर सकता है।
【蚂蚁啃骨头】 mǎyǐ kěn gǔtou चींटियों का हड्डी कुतरना

mà

杩（榪） mà नीचे दे०
【杩头】 màtou पलंग या किवाड़ के दोनों सिरों पर समकाठ

祃（禡） mà <प्राचीन> सेना का डेरा डालने के स्थान पर बलि चढ़ाना

蚂（螞） mà नीचे दे०
mā; mǎ भी दे०
【蚂蚱】 màzha <बो०> टिड्डी

骂（罵） mà ❶डांटना; फटकारना; गाली देना; जली-कटी सुनाना; भला बुरा कहनाः 他不是～我。उस का क्रोध मुझ पर नहीं था। / 你～谁? तू गाली किसे बक रहा है? / 保守派大～新党。अनुदारपंथी क्रांतिकारियों पर अपना क्रोध प्रकट करते थे। / 他们～洋人叫洋鬼子。वे विदेशियों को 'विदेशी शैतान' कहते थे। ❷निन्दा करना; भर्त्सना करना; आरोप लगानाः 痛～某人 किसी की तीव्र निन्दा करना / 乱～割据 'पृथकतावाद' की भर्त्सना करना / 他们～我们割据。उन्हों ने हम पर 'पृथकतावादी' का आरोप लगाया है। / 老百姓～他们汉奸。आम जनता उन्हें गद्दार करार देती थी।
【骂大街】 mà dàjiē दे० 骂街
【骂架】 màjià झगड़ना; झगड़ा करना; तू-तू मैं-मैं करना; लड़ना-झगड़ना; गाली-गलौज करना
【骂街】 màjiē सड़क पर चिल्लाकर गाली देनाः 泼妇～ झगड़ने वाली औरत का सड़क पर चिल्लाकर गाली देना
【骂骂咧咧】 màmaliēliē बात करते-करते बीच-बीच में गाली देना; शिकायत करते हुए बोलना
【骂名】 màmíng बदनामी; अपयश; कुख्याति; अपकीर्तिः 蒙受～ बदनाम होना; बदनामी पड़ना
【骂娘】 màniáng गाली देते समय विपक्ष की मां को दुष्टतापूर्वक अपशब्द कहना (विस्तृत अर्थ में गाली-गलौज करना)
【骂山门】 mà shānmén <बो०> गाली देना; डांटना; फटकारना; गाली-गलौज करना; अपशब्द कहना
【骂阵】 màzhèn (बहुधा पुराने ज़माने की कहानियों में प्रयुक्त) युद्ध में मोरचे के सामने गाली-गलौज करना ताकि शत्रु सेना क्रुद्ध होकर ललकार स्वीकार करे

ma

吗（嗎）ma〈लघु०अ०〉❶(वाक्य के अंत में) (प्रश्न-सूचक)：他明天来～？वह कल आएगा？/ 你去～？क्या तुम जाओगे ？❷(वाक्य के बीच में विश्राम का रूप देकर यह सूचित होता है कि इस शब्द के पहले जो कहा या सुना है वह वाक्य का विषय है)：写文章～，其实也不难。लेख लिखना तो असल में मुश्किल नहीं है । / 特殊事情～，就应该特殊对待。खास बात का खास बर्ताव किया जाना चाहिये ।

mā；mǎ भी दे०

嘛 ma〈लघु०अ०〉❶(यह प्रकट होता है कि कोई बात स्पष्ट है)：这事他是知道的～。यह बात तो उसे मालूम है । / 有意见就提～。राय हो तो पेश करो । ❷(आशा करने या समझाकर रोकने का अर्थ प्रकट होता है)：你走慢点～！धीरे-धीरे चलो तो ! / 你不想去，就别去～。जाने की इच्छा न हो तो न जाओ । ❸(वाक्य के बीच में विश्राम का रूप देकर सुननेवाले को ध्यान दिलाने का अर्थ प्रकट होता है)：这个问题～，很简单。यह सवाल तो बहुत सरल है । / 科学～，就是实事求是。विज्ञान तो तथ्यों के आधार पर सत्य को खोजना ही है ।

mái

埋 mái ❶गाड़ना; दफ़नाना; दफ़न करना; आवृत्त करना：掩～ गाड़ना; दफ़नाना; दफ़न करना / ～地雷 सुरंग बिछाना; सुरंग को भूमि के नीचे दबा देना / 大雪～住了道路。रास्ता हिम से आवृत्त किया गया । ❷छिपाना：隐姓～名 अज्ञातवास; ऐसे स्थान में रहना जहां पता न चले

mán भी दे०

【埋藏】 máicáng ❶भूमि के नीचे गाड़ना：～在地下的财物 भूमि में गाड़ दी गई सम्पत्ति / ～死人 मरने वाले को दफ़नाना / 这里地下～着丰富的矿藏。यहां भूमि के नीचे समृद्ध खनिज-भंडार जमा है । ❷छिपना; छिपाना：～在心底里的感情 दिल की तह में छिपी हुई भावनाएं ❸चमड़े के नीचे चिकित्सा या जल्दी मोटा होने के लिये दवा रखना

【埋伏】 máifú ❶घात लगाना：～于某地 किसी स्थान में घात लगाए रहना ❷छिपना; छिपाना; लुकना：～在敌占区的别动队 दुश्मन के अधिकृत प्रदेश में छिपा हुआ विशेष दस्ता

【埋伏战】 máifúzhàn घात लगाकर किया जाने वाला हमला

【埋名】 máimíng अपनी हैसियत छिपा लेना; अज्ञात रूप से जीवन बिताना

【埋没】 máimò ❶भूमि के नीचे गाड़ना; दफ़नाना; आवृत्त करना：田地为流沙所～ खेत को रेत के ढेर से पाट देना ❷उपेक्षा करना; दृष्टि में न पड़ना：～人才 सुयोग्य व्यक्ति की उपेक्षा करना; सुयोग्य व्यक्ति को उपेक्षा की दृष्टि से देखना

【埋设】 máishè भूमि के नीचे किसी चीज़ को लगाना：～地雷 सुरंग या माइन लगाना (या बिछाना) / ～管道 भूमि के नीचे नल लगाना

【埋汰】 máitai〈बो०〉❶गंदा; मैला; जो साफ़ न हो：这件衣服太～了。यह कपड़ा बहुत गंदा है । ❷लगती बात कहना：～人 किसी व्यक्ति को लगती बात कहना

【埋头】 máitóu किसी विषय में लीन होना; मन लगाना; एकाग्रचित्त होना; प्रवृत्त होना：～工作 जी तोड़कर काम करना; ～业务工作 व्यावसायिक काम में मन लगाना; अपने व्यवसाय में लगाना

【埋头苦干】 máitóu-kǔgàn चुपचाप कठोर परिश्रम करते रहना; सख्त मेहनत में लगना

【埋线疗法】 máixiàn liáofǎ〈ची०चि०〉तंतु को अंतः स्थापित करने की चिकित्सा (चुनिन्दा स्नायु-बिन्दु में विलंबित उत्तेजना उत्पन्न करने के लिये तंतु के एक अंश को अंतः स्थापित करना)

【埋葬】 máizàng गाड़ना; दफ़नाना; दफ़न करना; समाधि देना：～尸体 लाश को कब्र में दफ़ना देना / ～在历史的长河里 ऐसिहासिक नदियों में हमेशा के लिये डुबो देना

霾 mái〈मौ०वि०〉(साधारण नाम 阴霾 yīnmái) धुंध; हल्का कुहरा

mǎi

买（買）mǎi खरीदना; क्रय करना; मोल लेना：买衣服 कपड़ा खरीदना / ～东西 खरीद-फ़रोख्त करना

【买办】 mǎibàn दलाल-पूँजीपति; कम्प्रेडोर：～阶级 दलाल-पूँजीपति वर्ग / ～性 दलाल; दलालपन; दलाल-स्वरूप

【买办资产阶级】 mǎibàn zīchǎnjiējí दलाल-पूँजीपति वर्ग

【买单】 mǎidān रेस्तरां में बिल चुकाना

【买椟还珠】 mǎidú-huánzhū मोती रखने का सुन्दर डब्बा खरीदकर मोती को वापस देना —— निर्णय के अभाव के कारण लेन-देन में अनुचित व्यवहार

【买断】 mǎidān … का स्वामित्व खरीदना

【买方】 mǎifāng खरीददार; क्रेता; खरीदने वाला：～市场 ग्राहकों का बाज़ार; ऐसा बाज़ार जहां माल भरा पड़ा है और दाम कम है

【买关节】mǎi guānjié घूस देना; रिश्वत देना; घूस देकर अपना उद्देश्य प्राप्त करना
【买好】mǎihǎo खुशामद करना; चापलूसी करना: 献媚～ खुशामद करना; चापलूसी करना
【买价】mǎijià खरीदने का दाम; दाम
【买空卖空】mǎikōng–màikōng (स्टॉक आदि में) सट्टा करना; सट्टेबाज़ी करना; फ़िकटिशस ट्रैंसैक्शंस
【买路钱】mǎilùqián ❶〈पुराना〉रास्ते में डाकू के रोकते समय रुपये-पैसे या सामान छोड़ना ❷सड़क (राजमार्ग) पर चुंगी की चौकी को दिया गया महसूल (हंसी में प्रयुक्त)
【买麻藤】mǎimáténg〈वन०〉स्वीटबर्री जौइंटफ़िर (sweetberry jointfir)
【买卖公平】mǎimài gōngpíng ठीक-ठीक कीमत पर चीज़ खरीदना या बेचना
【买卖婚姻】mǎimài hūnyīn〈बोल०〉भाड़े की शादी; विवाह-व्यापार
【买卖】mǎimai ❶क्रय-विक्रय; सौदा; व्यापार; सौदागरी; दुकानदारी: 口头～ जबान का सौदा / ～谈妥 सौदे करना; सौदा पटाना; सौदा ठीक करना / ～被破坏 सौदा को तौड़ दिया जाना ❷(निजी) दुकान: 他在村里有家小～。गांव में उस की एक छोटी-सी दुकान है।
【买卖人】mǎimairén〈बोल०〉व्यापारी; सौदागर
【买面子】mǎi miànzi किसी व्यक्ति की इज़्ज़त से उस का मत या कार्य मानना: 不是我不买您的面子，实在这事不好办。यह नहीं कि मैं आप की इज़्ज़त से यह बात नहीं मानता। यह बात सचमुच बड़ी मुश्किल है।
【买通】mǎitōng घूस देकर तोड़ लेना; रिश्वत देकर अपनी ओर कर लेना: ～官府〈पुराना〉स्थानीय अधिकारी को घूस देकर अपनी ओर कर लेना
【买账】mǎizhàng (बहुधा निषेधवाचक वाक्य में प्रयुक्त) किसी व्यक्ति की उत्तमता या वरिष्ठता को स्वीकार करना; किसी व्यक्ति का आदर करना: 我们不买他的账。हम उस की उत्तमता या वरिष्ठता स्वीकार नहीं करते।
【买主】mǎizhǔ गाहक; ग्राहक; क्रेता
【买醉】mǎizuì शराब खरीदकर खूब पीना

荬（蕒）mǎi दे० 苣荬菜 qǔmǎicài (कासनी)

mài

劢（勱）mài〈लि०〉प्रयत्न करना

迈¹（邁）mài पैर उठाते हुए आगे चलना: ～步 पांव उठाते हुए कदम बढ़ाना / ～过门坎 देहली को लांघना

迈²（邁）mài बूढ़ा; वृद्ध: 年～ बूढ़ा; वृद्ध

迈³（邁）mài ❶मील: 一个钟头走三十～ एक घंटे में तीस मील चलना ❷किलोमीटर का गलत प्रयोग
【迈步】màibù पांव उठाते हुए आगे चलना: ～向前 पांव उठाते हुए आगे बढ़ना / 不敢～ कदम उठाने का साहस न होना
【迈方步】mài fāngbù (迈四方步 mài sìfāngbù भी) धीरे-धीरे आगे चलना; मंद गति से इतमीनान से डग भरना
【迈进】màijìn लंबे-लंबे डग भरते हुए आगे बढ़ना: 朝着四个现代化的宏伟目标～ चार आधुनिकीकरण के महान लक्ष्य की ओर लंबे-लंबे डग भरते हुए आगे बढ़ना / ～了一大步。एक लंबा कदम उठाया।

麦¹（麥）mài ❶गेहूँ, जौ आदि का सामान्य नाम ❷गेहूँ ❸(Mài) एक कुलनाम

麦²（麥）mài मैक्सवेल का संक्षिप्त रूप
【麦草】màicǎo〈बो०〉दे० 麦秸
【麦茬】màichá ❶कटे हुए गेहूँ की ठूंठी ❷गेहूँ के कटने के बाद का खेत या फ़सल: ～地 कटे हुए गेहूँ की ठूंठी का खेत / ～白薯 गेहूँ की फ़सल कटने के बाद उपजा हुआ शकरकंद
【麦地那】Màidìnà मेडिना
【麦冬】màidōng〈ची०चि०〉ठिगनी कुमुदनी पौधे का कंद
【麦垛】màiduò गेहूँ का ढेर
【麦蛾】mài'é एक प्रकार का पतंगा
【麦尔登呢】mài'ěrdēngní मेल्टन (कपड़ा)
【麦麸】màifū गेहूँ की भूसी
【麦秆】màigǎn गेहूँ का डंठल
【麦秆虫】màigǎnchóng स्केलेटन श्रिम्प (skeleton shrimp)
【麦季】màijì गेहूँ की फ़सल काटने का मौसम
【麦加】Màijiā मक्का
【麦角】màijiǎo〈औष०〉औषधि के रूप में ठोंठी युक्त अनाज के दाने; अर्गट (ergot)
【麦秸】màijiē (गेहूँ का) भूस; भूसा
【麦秸画】màijiēhuà गेहूँ के भूस से बना चित्र
【麦精】màijīng जौ का सार या सत्त; यव-सार: ～鱼肝油 यव-सार के साथ कॉड मछली का तेल
【麦酒】màijiǔ बियर; जौ की शराब; यव-मदिरा
【麦糠】màikāng गेहूँ का चोकर; गेहूँ की भूसी
【麦克风】màikèfēng माइक्रोफ़ोन; माइक; ध्वनिविस्तारक
【麦克马洪线】Màikèmǎhóngxiàn मेकमोहन लाइन
【麦克斯韦】Màikèsīwéi〈भौ०〉मैक्सवेल (maxwell); चुस्यन्द; बिजली की चकमक की निर्धारित इकाई
【麦客】màikè〈बो०〉गेहूँ की फ़सल काटने के मौसम में वेतन आदि पर किसी का गेहूँ काटने या दूसरे काम करने वाला आदमी
【麦口】màikǒu〈बो०〉(麦口期 màikǒuqī, 麦口上 màikǒushàng भी) गेहूँ के पकने के पहले या बाद का समय

【麦浪】 màilàng लहरें पैदा करता हुआ गेहूँ; लहराता हुआ गेहूँ का खेत: ～翻滚。हवा में गेहूँ लहरा रहा है।
【麦粒】 màilì गेहूँ के दाने
【麦粒肿】 màilìzhǒng <चिकि०> (साधारण नाम 针眼 zhēnyǎn) गुहेरी; गुहांजनी
【麦芒】 màimáng टूँड़; जौ आदि की बाली के तार जैसे नुकीले भाग
【麦门冬】 màiméndōng दे० 麦冬
【麦苗】 màimiáo गेहूँ का पौधा
【麦片】 màipiàn जई का आटा
【麦淇淋】 màiqílín (人造黄油 rénzào huángyóu भी) मारजरीन; मार्गरीन (margarine); नकली मक्खन
【麦秋】 màiqiū गेहूँ की फ़सल काटने का मौसम
【麦乳精】 màirǔjīng जौ और दूध का सार
【麦收】 màishōu गेहूँ की फ़सल काटना
【麦穗】 màisuì गेहूँ, जौ आदि की बाली; गेहूँ का खोशा
【麦莛】 màitíng गेहूँ के डंठर और बाली के बीच का भाग
【麦芽】 màiyá माल्ट
【麦芽糖】 màiyátáng माल्टोस; माल्ट शर्करा (शक्कर); जौ की चीनी
【麦蚜】 màiyá (麦蚜虫 màiyáchóng भी) गेहूँ के पौधे का कीटाणु (जुँआ)
【麦子】 màizi गेहूँ

卖（賣）mài ❶(买 mǎi के विपरीत) बेचना: 把余粮～给国家 देश को अतिरिक्त अनाज बेचना ❷विश्वासघात करना; द्रोही होना: 卖国 ❸किफ़ायत न करना: 卖劲儿 ❹दिखाना: 卖弄/卖俏 ❺<परि०श०> <पुराना> एक डिश (खाद्य पदार्थ): 一～炒肉片 हिलाते हुए भूनकर तैयार मांस के टुकड़ों की एक डिश / 一～炒黄瓜 भूने हुए खीरे से बना एक खाद्य पदार्थ
【卖卜】 màibǔ भला-बुरा भाग्य बताने वाला बनना
【卖不动】 màibudòng जल्दी न बेच सकना; बिक्री के लायक न होना: 这种次货～。इस तरह की घटिया चीज़ नहीं बिक सकती।
【卖场】 màichǎng उत्पादित वस्तु बेचने का स्थान
【卖唱】 màichàng जीविका के लिये गाना गाना
【卖春】 màichūn अपने को वेश्या बनाना; वेश्यावृत्ति करना
【卖大号】 mài dàhào (卖大户 भी) (फुटकर दुकान का) बड़ी आवश्यक पर सप्लाई में कम उपयोग्य वस्तुओं को किसी व्यक्ति या संस्था को बड़ी मात्रा में बेचना
【卖大户】 mài dàhù दे० 卖大号
【卖呆】 màidāi <बो०> ❶(बहुधा महिला के लिये प्रयुक्त) फाटक पर मूर्खतापूर्वक देखना ❷स्तब्ध कर देना; स्तब्धता में पड़ना; शून्य दृष्टि से घूरना ❸तमाशा देखना; चहल-पहल और उत्तेजना का दृश्य देखना: 许多人围着～。बहुत से लोग घेरकर चहल-पहल का दृश्य देख रहे हैं।
【卖刀买犊】 màidāo-mǎidú अपनी तलवारें बेचकर बछड़ा या बैल खरीद लेना —— अपना पेशा छोड़कर कृषि करना
【卖底】 màidǐ <बो०> जानबूझकर विस्तार से सही बात खोलना
【卖恩】 mài'ēn तह में छिपा हुआ किसी अभिप्राय के लिये कोई अनुग्रह करना
【卖儿鬻女】 mài'ér-yùnǚ अपने बेटे-बेटी को बेचना
【卖方】 màifāng विक्रेता; बेचने वाला: ～市场 विक्रेताओं (बेचने वालों) का बाज़ार
【卖功】 màigōng किसी व्यक्ति के सामने अपने योगदान की प्रशंसा करना
【卖狗皮膏药】 mài gǒupí gāoyao लोगों को धोखा देकर वस्तु देना; मिथ्याभिमान के साथ बातें करना
【卖乖】 màiguāi अपनी चातुर्य का प्रदर्शन करना: 得了便宜还～。लाभ प्राप्त होने पर भी ऐंठकर डींग हांकना
【卖关节】 mài guānjié चोरी-छिपे घूस लेकर दूसरों को लाभ पहुंचाना
【卖关子】 mài guānzi (चरम-सीमा पर कहानी सुनाना बन्द करना ताकि) लोग आशा की अवस्था में रहें या अनुमान करें: 后来怎么样呢？快说吧，别～了。बाद में क्या हुआ ? जल्दी बताओ, हमें जिज्ञासा की अवस्था में न छोड़ो।
【卖官鬻爵】 màiguān-yùjué <पुराना> सरकारी पद या उपाधि बेचना
【卖国】 màiguó देश से द्रोह करना; देश के साथ विश्वासघात करना: 订立～条约 (किसी के साथ) वतनफ़रोश संधि करना / ～外交 देशद्रोहपूर्ण विदेशी-नीति / ～行为 देशद्रोहपूर्ण कार्यवाही
【卖国贼】 màiguózéi गद्दार; देशद्रोही; वतनफ़रोश: 组成～营垒 गद्दारों का खेमा बनाना / 揭穿～的真面目 गद्दाराना स्वरूप को बेनकाब करना
【卖好】 màihǎo खुशामद करना; चाटुकारी करना: 谁有钱有势，他就向谁～。जिस के पास पैसे और सत्ता हो वह उस की खुशामद करता है।
【卖劲】 màijìn ज़ोरों से काम करना; ऐड़ी चोटी का ज़ोर लगाना
【卖老】 màilǎo बहुत तजुरबेकार होने की शेखी बघारना
【卖力】 màilì जी तोड़कर काम करना; जान देना: 他干活很～。वह जी तोड़कर काम करता है। / ～地宣扬 ज़ोरों के साथ प्रचार-प्रसार करना
【卖力气】 màilìqi ❶दे० 卖力 ❷जीविका के लिये अपनी शारीरिक श्रम-शक्ति बेचना
【卖名】 màimíng अपना नाम (या अपनी प्रतिष्ठा) पूंजी के रूप में बदलना
【卖命】 màimìng मरना; किसी व्यक्ति के लिये अपने प्राण देना: 为某人～ किसी व्यक्ति के पीछे मरना
【卖弄】 màinong अपने चातुर्य का प्रदर्शन करना: ～风情 नाज़ करना; मटकना / ～风情地说 नखरे के साथ कहना / ～词句 शब्दों के साथ खेलना / ～小聪明 अपने चातुर्य का प्रदर्शन करना
【卖破绽】 mài pòzhàn <पुराना> (युद्ध में) वैरी को धोखा देने के लिये गलत कार्यवाही का ढोंग रचना
【卖钱】 màiqián रुपये-पैसे के लिये बेचना: 这衣服卖不了几个钱。यह कपड़ा अधिक पैसे में नहीं बिक सकता।
【卖俏】 màiqiào नखरा करना (या बघारना); सुंदर बन-

कर दिखाना：倚门～ अपने फाटक पर नखरा करना

【卖人情】 mài rénqíng किसी व्यक्ति पर जान बूझकर अनुग्रह करना ताकि वह एहसान माने

【卖身】 màishēn ❶(बहुधा दरिद्रता के कारण) खुद अपने को या अपनी पत्नी या अपने बेटे को बेचना：～契 खुद अपने को किसी व्यक्ति के हाथ बेच देने का कबाला (या इकरार) ❷(स्वयं को) वेश्या बनाना; सतीत्व बेचना

【卖身投靠】 màishēn–tóukào ❶खुद अपने को बेचकर किसी व्यक्ति पर आश्रित रहना ❷अपने को बेचकर किसी पैसे और सत्ता वाले की गोद में जाना：～帝国主义 अपनी इज़्ज़त को बेचकर साम्राज्यवाद की गोद से लिपटना

【卖相】 màixiàng 〈बो०〉 बाहर की ओर की शक्ल (रूप); बाहरी रूप

【卖笑】 màixiào (गाने वाली लड़की या वेश्या का) हंसता हुआ मुख या नखरेबाज़ दिखाना

【卖解】 màixiè 〈पुराना〉 जीविका के लिये कलाबाज़ी (या सरकस) दिखाना

【卖艺】 màiyì जीविका के लिये सड़क आदि पर जनता को कलाबाज़ी, सरकस आदि दिखाना：街头～ सड़क पर अभिनेता बनना

【卖淫】 màiyín वेश्या बनना

【卖友】 màiyǒu अपने मित्र के साथ विश्वासघात करना

【卖主】 màizhǔ विक्रेता; बेचने वाला

【卖嘴】 màizuǐ अपनी शाब्दिक पटुता दिखाना; बात करने में दक्षता दिखाना

【卖座】 màizuò (नाटकघर आदि का) दर्शकों को बड़ी तादाद में आकर्षित करना; (रेस्तरां, चाय की दुकान आदि का) अधिक ग्राहक खींचना：这戏不～。यह ऑपेरा दर्शकों को नहीं खींचता।

脉（脈、衇） mài ❶धमनी और नस ❷नाड़ी; नब्ज़; स्पंज; शिरा：摸～ नब्ज़ देखना ❸(पत्ते की) नस：叶～ पत्ते की नस ❹नसों जैसे फैलाव की चीज़ें：矿～ खनिज शिरा; कच्ची धातु की नाली या पर्त / 山～ पर्वतमाला; पर्वतशृंखला

mò भी दे०

【脉案】 mài'àn परम्परागत चीनी चिकित्सा का डॉक्टर या कर्मी द्वारा नुस्खे पर लिखा गया रोग-संबंधी विचार

【脉搏】 màibó（脉息 भी）नब्ज़; नाड़ी; रक्तसंचार：～跳动 नब्ज़ चलना; नाड़ी चलना / ～停止 नब्ज़ छूटना; नब्ज़ न रहना; नाड़ी छूट जाना / 他的～正常。उस की नाड़ी ठीक है।

【脉搏计】 màibójì नाड़ी चलने की स्थिति को जानने वाला यंत्र

【脉冲】 màichōng पल्स; नाली आवेग：～发生器 पल्सर（pulser）/ ～分析器 नाली आवेग विश्लेषक / ～计数器 पल्स-काउंटर / ～雷达 पल्स रेडार / ～氙灯 जीनान पल्स लैम्प

【脉冲星】 màichōngxīng 〈खगोल०〉 पल्सार（pulsar）

【脉动】 màidòng धड़कन; स्पंदन：～式喷气发动机 पल्स-जेट-इंजन / ～电流（脉冲电流 màichōng diànliú भी）पल्सेटिंग करेंट

【脉动星】 màidòngxīng 〈खगोल०〉 पल्सेटिंग स्टार（pulsating star）

【脉管炎】 màiguǎnyán रक्तसंवाहिनी-नलिकाशूल

【脉金】[1] màijīn परम्परागत चीनी चिकित्सा करने की फ़ीज़

【脉金】[2] màijīn（山金 shānjīn भी）स्फटिक खनिज शिरा में स्वर्ण के छोटे-छोटे टुकड़े

【脉理】 màilǐ परम्परागत चीनी चिकित्सा के सिद्धांत：精通～ उक्त सिद्धांतों में निपुण होना

【脉络】 màiluò ❶〈ची०चि०〉 धमनी और नस ❷पत्ते की नस ❸(वस्तुओं का) तांता या शृंखला：这篇文章～清楚。इस लेख का विचार साफ़ और तर्कपूर्ण है।

【脉石】 màishí कच्ची धातु मिला हुआ खनिज द्रव्य या मिट्टी आदि; आधात्री

【脉息】 màixī नब्ज़; नाड़ी：～微弱 नाड़ी धीमी पड़ना

【脉象】 màixiàng 〈ची०चि०〉 नाड़ी की स्थिति; नाड़ी का वर्ग (टाइप)

【脉诊】 màizhěn 〈ची०चि०〉 नब्ज़ देखने से रोग का निदान करना

【脉枕】 màizhěn 〈ची०चि०〉 परम्परागत चीनी डॉक्टर के नब्ज़ देखते समय रोगी की कलाई के नीचे रखा छोटा तकिया

唛 mài ट्रेड मार्क; व्यापार चिन्ह

【唛头】 màitóu 〈बो०〉 ट्रेड मार्क; व्यापार चिन्ह

霡（霢） mài नीचे दे०

【霡霂】 màimù 〈लि०〉 छींटा; हलकी वृष्टि

mān

嫚 mān 〈बो०〉（嫚子 mānzi भी）लड़की

màn भी दे०

颟（顢） mān नीचे दे०

【颟顸】 mānhān मूर्ख और लापरवाह：那人太～，不要让他干这活。वह आदमी बहुत मूर्ख और लापरवाह है, उसे यह काम मत करने दो।

mán

埋 mán नीचे दे०

mái भी दे०

【埋怨】 mányuàn झींकना; शिकायत करना; शिकवे-शिकायत करना; (किसी के खिलाफ़) शिकवे करना：互

相～ आपसी शिकायत करना; आपस में इल्ज़ाम लगाना

蛮（蠻）mán ❶असभ्य; उद्दंड：蛮横/野～ बर्बर; नृशंस; पाशविक / 蛮不讲理 ❷गुस्ताख; धृष्ट; अशिष्ट; बेअदब：蛮干 ❸(Mán)〈प्राचीन〉दक्षिण में अल्पसंख्यक जाति ❹〈बो०〉 बहुत; खूब; काफ़ी; बिल्कुल; सर्वथा; पूर्णतया; सरासर：～好 बहुत अच्छा / ～大 काफ़ी बड़ा

【蛮不讲理】mánbùjiǎnglǐ (किसी व्यक्ति के प्रति) अपने व्यवहार में उद्दंड और स्वेच्छाचारी; अविनयी; हठी; ज़िद्दी; स्वेच्छाकृत; दुराग्रही：他脾气不好，又～。वह बदमिज़ाज है और स्वेच्छाकृत भी।

【蛮缠】mánchán（胡搅蛮缠 hújiǎo-mánchán भी）क्लांतिकर रूप से और उद्विग्न होकर बहस करना; किसी व्यक्ति को अनुक्तियुक्त मांग के साथ तंग करना

【蛮干】mángàn उतावलेपन से काम करना

【蛮横】mánhèng उद्दंड और स्वेच्छाचारी; दुराग्रहपूर्ण：～地 तानाशाही के ढंग से / ～无理 दुराग्रहपूर्ण और युक्ति-हीन होना; उद्दंड और स्वेच्छाचारी होना; बेहूदा और बेबुनियाद होना

【蛮荒】mánhuāng बर्बर और निर्जन：～时代 बर्बरता और निर्जनता का युग ❷〈लि०〉 असभ्य और निर्जन स्थान

【蛮劲】mánjìn पाशविक बल; शारीरिक बल

【蛮子】mánzi〈पुराना〉उत्तर चीन के लोग दक्षिण चीन के अपनी बोली से भिन्न बोली बोलने वाले लोगों को यह कहते थे

谩（謾）mán धोखा देना; आंखों में धूल झोंकना
màn भी दे०

蔓 mán नीचे दे०
màn; wàn भी दे०

【蔓菁】mánjing（芜菁 wújīng के समान）शलजम

馒（饅）mán नीचे दे०

【馒首】mánshǒu〈बो०〉दे० 馒头

【馒头】mántou ❶भाप से पकायी हुई ब्रेड; भाप में पकी हुई रोटी ❷भाप से पकायी और ठूंसी हुई ब्रेड; पाओत्स्（包子 bāozi भी）

瞒（瞞）mán असली बात को छिपाना：不～你说 तुम को असली बात बताना; तुम से नहीं छिपाना / ～骗 धोखा देना / 他～了两岁。उस ने उम्र में दो साल कम बताए। / 他～着我干的。उस ने मेरी पीठ पीछे यह काम किया था। / 事实～不了人们。तथ्य लोगों से छिपाए नहीं जा सकते।

【瞒哄】mánhǒng धोखा देना; दगा देना

【瞒上欺下】mánshàng-qīxià ऊपर के लोगों को धोखा देना और नीचे के लोगों पर धौंस जताना

【瞒天过海】mántiān-guòhǎi धूर्तता से समुद्र पार करना —— छल-कपट करना

鞔 mán ❶ढोल आदि बनाने के लिये चमड़ा मढ़ना：蛇皮可以～鼓。सांप का चमड़ा ढोल आदि बनाया जा सकता है। ❷कपड़े को जूते के ऊपरी भाग पर मढ़ना

鳗（鰻）mán ईल मछली; बाम

【鳗鲡】mánlí ईल मछली; बाम

鬘 mán〈लि०〉सुन्दर (केश, बाल)

mǎn

满[1]（滿）mǎn ❶पूरा; भरा हुआ：礼堂里人都～了。हाल लोगों से भर गया ; हाल ठसाठस भर गया। / 装～一车。गाड़ी भर गई। ❷भराना; पूरा करना या होना：～上一杯 एक कप को भरना ❸अवधि पूरी होना：假期已～。छुट्टी पूरी हुई। / 不～一个月 एक महीने से कम / 期限～ मियाद खत्म होना / 合同～了。करारनामे की मियाद खत्म हुई। ❹सारा：～身油泥。सारे बदन पर तेल लग गया। / ～幅布丁的被子 टल्लीदार लिहाफ़ / ～头剃得精光的老头子 बूढ़ा आदमी जिस की चांद घुटी हुई हो ❺संतुष्ट होना：满意 / 心～意足 मन भरना; जी ठंडा होना ❻घमंड; गर्व; अभिमान：自～ आत्मसंतुष्टि; आत्मसंतोष / 满招损，谦受益 ❼बहुत; खूब; काफ़ी; पूर्णतया：你说的～对。तुम ने ठीक ही कहा।

满[2]（滿）mǎn ❶（Mǎn）मान जाति ❷〈पुराना〉मंचूरिया का संक्षिप्त रूप：南～ दक्षिणी मंचूरिया ❸（Mǎn）एक कुलनाम

【满不在乎】mǎnbùzàihu बिलकुल चिंता न होना; बिलकुल परवाह न करना：别人都在替他着急，他自己却～。दूसरे लोग उस के लिये चिंतित हो रहे हैं, पर उसे खुद तो बिलकुल चिंता नहीं है।

【满潮】mǎncháo पूर्ण ज्वार

【满城风雨】mǎnchéng-fēngyǔ शहर भर में किसी बात की चर्चा होना (बहुधा बुरी बात के लिये प्रयुक्त)

【满打满算】mǎndǎ-mǎnsuàn (आय या व्यय के) हर मद को गिनकर संख्या निश्चित करना：这房子～只要十吨水泥就够了。इस मकान के लिये अधिक से अधिक दस टन सीमेंट काफ़ी है।

【满当当】mǎndāngdāng भरा हुआ：屋里人坐得～的。कमरा भीड़ से भरा हुआ है।

【满登登】mǎndēngdēng भरा हुआ：仓库里货物装得～的。गोदाम माल से भरा हुआ है।

【满点】mǎndiǎn निश्चित समय तक：商店～营业 दुकान का निश्चित समय तक खुलना

【满额】mǎn'é (भर्ती आदि की) नियत मात्रा पूरी होना：招生已～。नये विद्यार्थियों की भर्ती करने की नियत संख्या पूरी हो गई।

【满分】mǎnfēn फ़ुल मार्क：他在期考中得了～。उसे टर्म परीक्षा में फ़ुल मार्क मिले।

【满服】 mǎnfú दे० 满孝

【满腹】 mǎnfù पेट भर; मन भरा होना: ～疑云 मन में शंकाएं पैदा होना / ～牢骚 खूब शिकायत करना

【满腹经纶】 mǎnfù-jīnglún 〈ला०〉 विद्या और योग्यता से सम्पन्न होना

【满共】 mǎngòng कुल मिलाकर: ～三元钱。कुल मिलाकर तीन य्वान हैं।

【满贯】 mǎnguàn ❶सीमा पर पहुंचना; पराकाष्ठा पर पहुंचना ❷(माजोंग, ताश आदि खेल में) पूरा स्कोर; जीत की पूरी गिनती; (ब्रिज में) हर चाल जीतना

【满怀】[1] mǎnhuái ❶मन में भरा होना: ～豪情 भरपूर जोश के साथ / ～热情 भावपूर्ण / ～信心 विश्वास पूर्वक; पूर्ण विश्वास के साथ; आत्मविश्वास के साथ ❷(बहुधा नीचे के वाक्य में प्रयुक्त): 撞个～ धमाके से किसी की छाती से टकराना

【满怀】[2] mǎnhuái (गाय, बकरी आदि) सभी पालतू पशुओं का गर्भ होना

【满坑满谷】 mǎnkēng-mǎngǔ हर घाटी और उपघाटी में —— बड़ी तादाद में; प्रचुरता से; बहुतायत से

【满口】 mǎnkǒu ❶मुंह भर: ～假牙 मुंह भर नकली दांत ❷भरा हुआ; खूब; भरपूर: ～胡言 खूब बकझक करना; बिलकुल बकवाद करना / ～谎言 बिलकुल झूठ बताना / ～应承 भरपूर वचन देना

【满脸】 mǎnliǎn चेहरे भर: ～横肉 गाल गटके हुए / ～溅朱 किसी का चेहरा गुस्से से तमतमा उठना / ～雀斑 चेहरे पर भूरे-भूरे दाग होना

【满满当当】 mǎnmǎndāngdāng 〈बोल०〉 कंठ,मुह, किनारे आदि तक भरा हुआ: 车子～的载着货物。गाड़ी माल से भरी हुई है। / ～的一碗水 कटोरे भर पानी

【满满登登】 mǎnmǎndēngdēng 〈बोल०〉 भरा हुआ: 日程排得～的。प्रोग्राम पूरा हो गया है।

【满门】 mǎnmén सारा घर: ～抄斩 किसी के पूरे कुनबे का सर काटना; खानदान भर की गर्दन काट दी जाना और घर-ज़मीन सब ज़ब्त हो जाना

【满面】 mǎnmiàn चेहरे भर: ～春风 किसी का मुख प्रसन्न दीखना / ～通红 किसी का चेहरा लज्जा से लाल हो उठना / 他～笑容。उस के चेहरे पर मुस्कराहट खेल रही थी।

【满目】 mǎnmù दृष्टि में चारों ओर: ～荒凉。 दृष्टि में चारों ओर उजाड़ का दृश्य दिखाई दे रहा है।

【满拧】 mǎnnǐng 〈बो०〉 बिलकुल उलटा

【满期】 mǎnqī काल समाप्त होना; मियाद पूरी होना; पट्टे की अवधि समाप्त होना; पट्टे की मियाद पूरी होना

【满腔】 mǎnqiāng छाती में भरपूर होना: ～热情地 उत्साह से भरपूर होकर; भारी (बड़े) उत्साह के साथ; किसी के प्रति गरमजोशी का रवैया अपनाना; सच्चे दिल से / 对人民寄予～的同情 जनता के प्रति हार्दिक सहानुभूति प्रकट करना

【满勤】 mǎnqín (दफ़्तर; विद्यालय आदि) पूरी उपस्थिति

【满山遍野】 mǎnshān-biànyě (漫山遍野 mànshān-biànyě के समान) मैदान में और पर्वत पर चारों ओर; मैदान में और पर्वत पर सब स्थान फैल जाना

【满身】 mǎnshēn सारे शरीर पर: ～大汗 पसीने से तर-बतर होना

【满师】 mǎnshī (नौसिखिया, शागिर्द, अप्रैंटिस आदि का) अध्ययन-काल समाप्त होना: 学徒三年～。चेले के अध्ययन और सेवा का काल तीन साल होता है।

【满世界】 mǎn shìjie स्थान-स्थान; जगह-जगह; हर जगह: 你这孩子，干么～乱跑。बच्चा, तू हर जगर व्यर्थ क्यों दौड़ता-फिरता है।

【满堂】 mǎntáng ❶सारा हाल; सारे हाल के आदमी: ～掌声雷动。सारा हाल करतलध्वनि से गूंज उठा।

【满堂彩】 mǎntángcǎi (बहुधा नीचे के वाक्य में प्रयुक्त): 得了个～ (रंगमंच)अत्यधिक प्रशंसा पाना; तालियां बजवा देना

【满堂灌】 mǎntángguàn (अध्यापक का) विद्यार्थियों को ठूंस-ठूंसकर भरना; अध्ययन पाठ छील कर पिलाना

【满堂红】[1] mǎntánghóng हर क्षेत्र में सफलताएं मिलना; सब-ओर विजय होना

【满堂红】[2] mǎntánghóng 〈वन०〉 क्रेप मेंहदी（crape myrtle）

【满天飞】 mǎntiānfēi जगह-जगह घूमते फिरना: 钦差大臣～。शाही दूत जहां-तहां दौड़ते-फिरते हैं; शाही दूत का दखल हर जगह होता है / 他这人～，我找不到他。वह आदमी हर जगह दौड़ता-फिरता है, मैं इस से मिल नहीं सकता।

【满天星斗】 mǎntiān xīngdǒu आकाश में बिखरे हुए तारे

【满-通古斯语族】 Mǎn-Tōnggǔsī yǔzú 〈भा० वि०〉 मंचू-तुंगसिक ग्रुप

【满孝】 mǎn xiào दुख प्रकट करने के लिये सफ़ेद कपड़ा पहनने की अवधि समाप्त होना

【满心】 mǎnxīn मन में किसी भावना का भरा होना: ～欢喜 दिल खुशी से भर उठना; दिल बाग-बाग होना / ～希望… मन में इस उम्मीद में कि …

【满眼】 mǎnyǎn ❶आंख भर: 他两夜没睡，～都是红丝。दो रातों तक वह नहीं सोया, आंखें लाल हो गयीं। ❷दृष्टि में चारों ओर: ～的山花 जगह-जगह पहाड़ी फूल नज़र में आना

【满意】 mǎnyì संतुष्ट; प्रसन्न: 他很～。उन्हें बड़ा संतोष हुआ। / 他不～我。मुझे देखकर उसे तसल्ली नहीं हुई।

【满员】 mǎnyuán (सेना ट्रेन आदि की) भरपूर संख्या: 保证部队～ सेना की भरपूर संख्या की गारंटी करना

【满园春色】 mǎnyuán-chūnsè（春色满园 chūnsè-mǎnyuán के समान）उद्यान में वसंत-रंग भरा होना

【满月】[1] mǎnyuè (शिशु का) जन्मतिथि से एक महीना पूरा होना

【满月】[2] mǎnyuè（望月 wàngyuè के समान）पूर्णिमा; पूर्णमासी: 弓如～ धनुष का पूर्ण चन्द्रमा की तरह खिंचना

【满载】 mǎnzài परिपूर्णता से लादना; प्रचुरता से लादना; पूरा वज़न लादना: ～煤炭的卡车 कोयले से पूरी तरह लदा हुआ ट्रक / ～着人民的友谊回来 प्रचुरता से जनता की मित्रता लादकर लौट आना

【满载而归】 mǎnzài'érguī भरपूर माल लादकर लौट

आना; बहुत अधिक सफलताएं प्राप्त होना

【满招损，谦受益】 mǎn zhāo sǔn，qiān shòu yì घमंड विपत्ति को अपनी ओर खींचता है जबकि विनय लाभ पहुंचाता है

【满洲】 Mǎnzhōu ❶मंचूरिया (उत्तर-पूर्व चीन का पुराना नाम) ❷मंचू जाति का पुराना नाम

【满足】 mǎnzú संतुष्ट होना (रहना); दिल को तसल्ली होना; जी भरना; मन भरना; तृप्त होना： 他～了。उस के दिल को तसल्ली हुई। / ～要求 मांग पूरी करना या होना / ～于已经得到的胜利 अपनी जीत से संतुष्ट होना / ～于一知半解 सतही ज्ञान से संतुष्ट हो जाना

【满族】 Mǎnzú मंचू जाति (मंचू जाति के लोग), जो उत्तर-पूर्व प्रांत, हपेइ और पेइचिंग नगर में रहते हैं

【满嘴】 mǎnzuǐ मुंह भर： ～起疱 मुंह भर में छाले पड़ना / ～喷粪 खूब बकझक करना; मुंह से अपशब्द कहना

【满座】 mǎnzuò (नाटकघर आदि में) कोई सीट खाली न होना; फ़ुल हाउस： 休息的时候图书室常常～。 अवकाश के समय वाचनालय हमेशा खचाखच भरा रहता है।

螨（蟎） mǎn 〈प्राणि०〉 एक सामान्य विषैले कीड़े का नाम; माइट（mite）

màn

曼 màn ❶सुन्दर; मनोहर; आकर्षक： ～舞 सुन्दर नृत्य ❷दूर： 蔓延/曼声

【曼德琳】 màndélín 〈संगी०〉（曼陀铃 भी）मेंडोलिन; सारंगी या वीणा के प्रकार का एक बाजा

【曼丁哥语】 Màndīnggēyǔ मेंड या मेंडिनगो (भाषा)

【曼妙】 mànmiào 〈लि०〉 (संगीत, नृत्य आदि) सुन्दर; मनोहर; आकर्षक： ～的琴声 वीणा की मधुर आवाज़

【曼尼普尔】 Mànnípǔ'ěr मणिपुर

【曼声】 mànshēng उच्चारण को खींचना या लंबा करना： ～歌唱 धीमेपन के साथ गाना गाना

【曼陀铃】 màntuólíng दे० 曼德琳

【曼延】 mànyán खींचना; लंबा करना; फैली हुई अवस्था में होना： ～曲折的羊肠小道 लंबी और घूमने वाली पगडंडी

谩（謾） màn अनादरपूर्ण; अभद्र; असभ्य; अशिष्ट; धृष्ट; बेअदब; गुस्ताख： 谩骂 / 侮～ अपमानित करना तथा लांछन लगाना

mán भी दे०

【谩骂】 mànmà गाली देना; बुरा-भला कहना; गाली-गलौज करना; अपशब्द कहना

墁 màn ❶ईंट, पत्थर आदि से फ़र्श तैयार करना： 花砖～地 रंगीन ईंटों से फ़र्श बनाना ❷〈बो०〉 छोप चढ़ाना： 墙壁～得溜平。दीवार पर छोप बहुत समतल चढ़ाया गया।

蔓 màn (प्रवृत्त हुई) बेल; लता (बहुधा सामासिक शब्दों में प्रयुक्त)

mán; wàn भी दे०

【蔓草】 màncǎo बेल वाली घास

【蔓生植物】 mànshēng zhíwù फैलने वाला पौधा; चढ़ने वाला पौधा; फैलने या चढ़ने वाली वनस्पति

【蔓延】 mànyán फैलने वाले पौधे की तरह निरंतर चारों ओर फैलना： 火势迅速～。आग शीघ्र ही फैल गई।

幔 màn पर्दा; पट： 布～ सूती कपड़े का पर्दा / 窗～ खिड़की में लटका पर्दा

【幔帷】 mànwéi भारी पर्दा

【幔帐】 mànzhàng पर्दा

【幔子】 mànzi 〈बो०〉 पर्दा

漫 màn ❶उमड़ना; पानी का अधिक होने से ऊपर उठना： 水～出来 पानी का अधिक होने से बाहर बहना ❷जगह-जगह होना; हर जगह होना： 漫山遍野 / 书上满～着灰尘。पुस्तकों पर खूब गर्द चढ़ी हुई थी। ❸विशाल; लंबा： 漫长 / 漫无边际 ❹अनुशासनहीन; निस्संकोच： 散～ ढील; अनुशासनहीन; शिथिल; बो-दा / 漫谈 ❺मत; न; नहीं： ～说是你，他来也不行。तुम ही क्या, वह आए, तो भी काम नहीं चलेगा।

【漫笔】 mànbǐ बेलगाम लेखन; वार्तालाप की शैली में लिखना (बहुधा लेख आदि के शीर्ष में प्रयुक्त)： 灯下～ दीप के नीचे बेलगाम लेखन

【漫不经心】 mànbùjīngxīn（漫不经意 mànbù-jīngyì भी）बहिर्मुख; अन्यमनस्क

【漫步】 mànbù व्यर्थ इधर-उधर घूमना; चहलकदमी करना; टहलना： ～街头 सड़क पर चहलकदमी करना / ～江岸 नदी के किनारे टहलना

【漫长】 màncháng बहुत लंबा; असीम (रास्ता, समय आदि)：～的岁月中 लंबे अरसे के दौरान / 十五年的～岁月中 पंद्रह वर्षों की लंबी अवधि में

【漫道】 màndào（慢道 màndào के समान）मत कहना; बातचीत मत करना： 雄关～真如铁，而今迈步从头越。व्यर्थ है अब यह कथन： आज यह दुर्भेद्य दर्रा लौह की दीवार सम; दृढ़ डगों से पार करते, शिखर इस का इसी क्षण।

【漫反射】 mànfǎnshè 〈भौ०〉 व्याप्त प्रतिबिंब

【漫灌】 mànguàn ❶एक प्रकार की सिंचाई; खेत को पानी से पूरा भरकर सिंचाई करना; फ़्लड सिंचाई ❷(बाढ़ का किसी क्षेत्र में) उमड़ना

【漫画】 mànhuà व्यंग्यचित्र; व्यंग-चित्र; कारटून： ～家 कारटूननिगार; कारटूनिस्ट, कारटून बनाने वाला

【漫话】 mànhuà हल्के ढंग से बातचीत करना

【漫漶】 mànhuàn (चित्र, लेख आदि का) स्याही आदि से अस्पष्ट होना： 字迹～。स्याही आदि के कारण अक्षर

अपाठ्य (या अस्पष्ट) बन गये।

【漫卷】 mànjuǎn (झंडे का) फड़फड़ाना; फहरना: 六盘山上高峰，红旗～西风。ल्यूफान के उत्तुंग शिखर पर ध्वाजा-पताका उड़ती लाल, फहरातीं पश्चिम पवन में नभ में करके उन्नत भाल।

【漫流】 mànliú ❶पानी बरसने के बाद पानी की धारा ❷पानी अधिक होने के कारण उमड़ना: 沿河筑堤，以防河水～ बाढ़ से रक्षा करने के लिये झील के चारों ओर बांध बनाना

【漫骂】 mànmà किसी व्यक्ति का विरोध करने के लिये अपशब्द कहना; गाली देना

【漫漫】 mànmàn (समय, स्थान) बहुत लंबा; असीम; अंतहीन: ～～长夜 अंतहीन रात्रि / 路途～ बहुत लंबा रास्ता

【漫坡】 mànpō（慢坡 mànpō भी）मामूली ढाल

【漫儿】 mànr धातु की मुद्रा में अक्षरहीन (या शब्दहीन) पहलू

【漫然】 mànrán जैसे-जैसे: 我～吃了几口。मैं ने जैसे-तैसे दो-चार कौर सटक लिये।

【漫山遍野】 mànshān-biànyě पर्वत और घाटी भर में; बहुत अधिक: 羊群～，到处都是。जहां-तहां रेवड़ दिखाई देते हैं।

【漫射】 mànshè 〈भौ०〉 विसरण: ～光 विसरित प्रकाश

【漫说】 mànshuō दे० 慢说 mànshuō

【漫谈】 màntán हल्के ढंग से किसी विषय या समस्या पर अपनी राय या अनुभव पेश करना: ～形势 वर्तमान परिस्थिति पर हल्के ढंग से अपना विचार प्रकट करना

【漫天】 màntiān ❶आकाश में भरना, बिखरना, फैलना आदि: ～大雾 आकाश भर में घना कोहरा प्रच्छन्नहोना / ～大雪 आकाश भर में घूमती हुई बर्फ़ ❷असीम; अनंत; अंतहीन: ～大慌 सफ़ेद झूठ; सरासर झूठ

【漫天要价】 màntiān-yàojià हद से ज़्यादा दाम मांगना: ～，就地还钱。बेचने वाला बहुत ही ज़्यादा दाम मांग सकता है और खरीदने वाला बहुत ही कम दाम काउंटर-ओफ़र कर सकता है।

【漫无边际】 mànwúbiānjì ❶असीम; अनंत; अंतहीन: ～的海洋 सीमाहीन समुद्र ❷(लेख आदि) मुख्य विषय से बहुत दूर; अप्रासंगिक; प्रसंगच्युत; असंबद्ध: ～的长篇大论 लंबी अप्रासंगिक बात (बोलना)

【漫延】 mànyán दे० 曼延 mànyán

【漫溢】 mànyì पानी का बहुतायत होने के कारण ऊपर उठना: 洪流～ बाढ़ बह निकलना

【漫游】 mànyóu भ्रमण करना; रमना; सैर करना

【漫语】 mànyǔ ❶आम तौर से बात कहना; विषय से दूर की बात; अप्रासंगिक बात: ～空言 निस्सार और निरर्थक बात ❷दे० 漫话 (बहुधा लेख आदि के शीर्ष में प्रयुक्त)

慢 1 màn ❶（快 का विपर्यय）धीरे; आहिस्ता: ～走 धीरे-धीरे चलना / ～速度 विलंबित गति / 待～ किसी के साथ बदतमीज़ी का बरताव करना / 我的表～两分钟。मेरी घड़ी में दो मिनट पीछे। ❷(आज्ञार्थक वाक्य में अकेला या क्रिया के पहले प्रयुक्त): 我这就来。—— ～，过五分钟来。मैं अभी आता हूँ —— ठहरो, पांच मिनट के बाद आओ। / ～～说，别着急。धीरे-धीरे बोलो, जल्दी नहीं। / 且～! ठहरो! ❸मत: ～道 मत कहना / ～说 बात मत करना

慢 2 màn घमंडी; अभिमानी; असभ्य: 傲～ अभिमान; घमंड 怠～ अनादर; आदरहीन; बेरुख

【慢车】 mànchē स्लो ट्रेन

【慢车道】 mànchēdào (सड़क पर) स्लो (ट्रैफ़िक) लेन; भीतरी लेन

【慢道】 màndào（漫道 màndào भी）मत कहना; बात मत करना: 他连来也不想来，～帮助我们了。वह हमारे यहां आना भी नहीं चाहता, हमारी मदद करना तो दरकिनार (दूर रहा)।

【慢工出细活】 màngōng chū xìhuó धीरे-धीरे काम करने से बढ़िया माल पैदा किया जाता है

【慢火】 mànhuǒ मंद गति से जलती आग

【慢件】 mànjiàn साधारण डाक (मेल), पैकेज, आदि

【慢慢】 mànman धीरे-धीरे; आहिस्ता-आहिस्ता: 慢慢走 धीरे-धीरे चलना / ～解释 धीरज के साथ समझा देना

【慢慢腾腾】 mànmantēngtēng（慢慢吞吞 भी）धीमे; धीरे-धीरे

【慢慢吞吞】 mànmantūntūn दे० 慢慢腾腾

【慢坡】 mànpō मामूली ढाल

【慢说】 mànshuō दरकिनार; दूर रहना: 这种鸟，～国内少有，国外也不多。इस तरह की चिड़िया हमारे देश में तो क्या, दुनिया भर में भी बहुत कम है।

【慢腾腾】 màntēngtēng（慢吞吞 भी）धीमे-धीमे; धीरे-धीरे: 他说话～的。वह धीमे-धीमे (धीरे-धीरे) बोलता है। / ～地朝门口走去。वह मंदगति से द्वार की ओर चला।

【慢条斯理】 màntiáosīlǐ धीमे-धीमे; धीरे-धीरे: 他～地说。वह धीमे (धीरे-धीरे) बोलता है।

【慢吞吞】 màntūntūn दे० 慢腾腾: ～地干 धीरे-धीरे काम करना

【慢行】 mànxíng धीरे-धीरे चलना

【慢性】 mànxìng ❶पुराना; दीर्घकालिक (रोग): 慢性病 / ～气管炎 श्वासनलियों की दीर्घकालीन शोथ / ～肾炎 पुराना नेफ़्रिटिस (गुर्दे का एक रोग) / ～肝炎 दीर्घकालीन हपिटाइटिस

【慢性病】 mǎnxìngbìng दीर्घकालीन रोग; दीर्घकालिक रोग; पुराना रोग; सुस्ती की बीमारी

【慢性子】 mànxìngzi ❶मंद स्वभाव का ❷मंद स्वभाव वाला

【慢悠悠】 mànyōuyōu धीरे-धीरे; आहिस्ता-आहिस्ता: ～地走 धीरे-धीरे चलना

【慢中子】 mànzhōngzǐ 〈भौ०〉 स्लो न्यूट्रॉन（slow neutron）

【慢走】 mànzǒu ❶ठहरो; ज़रा ठहरिये; अभी ने चलो ❷〈शिष्ट०〉 अतिथि (मेहमान) का विदा होते समय मेज़बान या मेज़बान स्त्री का कहना; नमस्ते; फिर मिलेंगे; बॉय-बॉय;

अलविदा; खुदा-हाफ़िज

嫚 màn उपेक्षा करना; नाचीज़ समझना; कम करके देखना; अपमान करना; अनादर करना
mān भी दे०

【嫚骂】 mànmà 〈लि०〉 गाली देना; अपशब्द कहना; गाली गलौज करना

缦（縵） màn 〈लि०〉 रेशम से बुनी सादी वस्तुएं

熳 màn（दे० 烂熳 lànmàn）रंगीला; (फूल) सम्पूर्ण प्रस्फुटित

镘（鏝、槾） màn 〈लि०〉〈प्राचीन〉(राज की) कन्नी; करनी

māng

牤（𤛮） māng नीचे दे०

【牤牛】 māngniú 〈बो०〉 बैल

【牤子】 māngzi 〈बो०〉 बैल

máng

邙 máng（दे० 北邙 Běimáng）(हनान प्रांत के 洛阳 Luòyáng नगर में एक पहाड़ का नाम)

芒 máng टूंड

【芒刺在背】 mángcì-zàibèi पीठ पर जैसे टूँड चुभ रहे हों; बेचैन होना; व्याकुल होना

【芒果】 mángguǒ दे० 杧果 mángguǒ

【芒硝】 mángxiāo दे० 硭硝 mángxiāo

【芒种】 mángzhòng चौबीस सौरावधियों में नवीं, अन्न के दाने पर टूंड (5, 6 या 7 जून से आरंभ) —— दे० 二十四节气 èrshí sì jiéqì

忙 máng ❶व्यस्त; मशगूल; मसरूफ़: 他近来很忙。आजकल वह बहुत व्यस्त है। / 运输～ आम-दरफ़्त बहुत ही ज़्यादा व्यस्त होना / 不知他～什么。न जाने वह क्या करने में मशगूल हो गया है। / 他因为事情～来不了。वह फ़ुरसत न होने के कारण आ न सका। / 大家为学习～个不了。अध्ययन के कारण सभी लोग व्यस्त रहते हैं। / 家中却一律～。सभी परिवारों में व्यग्रता दिखाई दी। / 这几天他～得不可开交。इन दिनों उसे आराम नहीं था; इन दिनों वह भूत की तरह काम करता था। ❷जल्दी होना; अनुचित शीघ्रता से काम करना: 您～什么，再坐一会儿吧。जल्दी क्या है? बैठ जाइये! / 他一个人～不过来。वह अकेला बहुत व्यस्त है। / 她正～着做饭。वह खाना पकाने में तल्लीन थी।

【忙不迭】 mángbùdié जल्दबाज़ी से; शीघ्रतापूर्वक: 他～地赔不是。वह फ़ौरन माफ़ी मांगने लगा। / 他～地跑了过来。वह फ़ौरन दौड़ आया।

【忙叨】 mángdao（忙叨叨 mángdāodāo भी）व्यस्त होना; मशगूल होना; मसरूफ़ होना

【忙乎】 mánghu व्यस्त होना; अधिक परिश्रम करना: 他～了一天。वह दिन-भर व्यस्त रहा।

【忙活】[1] mánghuó फुर्ती से काम करना: 我这几天正～。आजकल मैं काम में बहुत व्यस्त रहा। / 近来你忙什么活? आजकल तुम किन कामों में व्यस्त रहते हो?

【忙活】[2] mánghuó जल्दी पूरा करने वाले आवश्यक काम: 这是一件～，需要先做。यह बहुत ज़रूरी काम है, इसे पहले पूरा करो।

【忙活】 mánghuo 〈बो०〉 व्यस्त होना: 他们俩已经～了一天了。वे दोनों दिन-भर व्यस्त रहे।

【忙里偷闲】 mánglǐ-tōuxián व्यस्त जीवन से थोड़ा-सा अवकाश निकालना

【忙碌】 mánglù काम में व्यस्त रहना; मशगूल होना; मसरूफ़ होना: 他老是忙忙碌碌。वह सदा ही व्यस्त रहता है। / 她为家务事忙忙碌碌。वह सदा ही गृहस्थी के काम में उलझी रहती है।

【忙乱】 mángluàn अव्यवस्थित रूप से काम करना: 要克服～现象 अव्यवस्थित रूप से काम करने की स्थिति को दूर करना

【忙人】 mángrén व्यस्त व्यक्ति: 他是个大～，我们见不到他。वे बहुत व्यस्त व्यक्ति हैं, इन से हम मिल नहीं सकते।

【忙于】 mángyú (किसी काम में) प्रवृत्त होना; व्यस्त होना: 她整天～家务。वह दिन-भर गृहस्थी के काम में व्यस्त रहती है।

【忙月】 mángyuè ❶खेती में व्यस्त रहने का महीना ❷(खेती के व्यस्त महीने में) पार्ट-टाइम नौकर

杧 máng नीचे दे०

【杧果】 mángguǒ（芒果 mángguǒ भी）❶आम का वृक्ष ❷आम वृक्ष का फल; आम

尨 máng 〈लि०〉 ❶लंबे बालों वाला कुत्ता ❷चित्र-विचित्र; रंग-बिरंगा; नानाविध वर्ण; विभिन्न रंगों का: ～服 विभिन्न रंगों का वस्त्र
méng भी दे०

盲 máng ❶कोई वस्तु दिखाई न देना; अंधा: ～人 अंधा; नेत्रहीन ❷नासमझ; विवेकहीन; बेखबर: 文～ निरक्षर; निपढ़ / 色～ रंगान्ध; रंग पहचानने में असमर्थ ❸अंधाधुंध; अंधे होकर; बेसोचे-समझे: 盲从/盲动

【盲肠】 mángcháng 〈श०वि०〉 सीकम; अंधनाल; अंधीआंत

【盲肠炎】 mángchángyán（阑尾炎 lánwěiyán का लोकप्रचलित नाम）अन्धी आंत की सूजन; एपेण्डिसाइटिस

【盲从】 mángcóng अंधानुकरण करना：～者 अंधानुयायी; अंधभक्त
【盲点】 mángdiǎn 〈श०वि०〉 तमोबिन्दु
【盲动】 mángdòng अंधाधुंध कार्यवाही
【盲动主义】 mángdòng zhǔyì दुस्साहसवाद; मुहिम-जोई
【盲干】 mánggàn अंधे की तरह काम करना; आंख मूंदकर काम करना
【盲井】 mángjǐng अंधकोप; खान की सुरंग
【盲流】 mángliú ❶(गांव से शहर में) काबू में न रखा जाने वाला जनप्रवाह ❷उक्त जनप्रवाह में आने वाले लोग
【盲鳗】 mángmán हैग मछली (hag fish)
【盲目】 mángmù अंध; अंधा; अंधाधुंध：～的爱 अंध-प्रेम / ～的破坏性 अंधी ध्वंस-वृत्ति / ～地工作 अंधे होकर काम करना / ～崇拜 अंधभक्त होना; बिना परखे पूजना / ～搬运 बिना सोचे-समझे अन्धानुकरण करना / ～的民族主义 अंधजातिवाद / ～发展 अंधाधुंध विकास करना / ～飞行 अंधे होकर उड़ना / ～航行 अंधे होकर जहाज़ चलाना / ～轰炸 अंधाधुंध बमबारी करना / ～乐观 अंध-आशावाद / ～射击 अंधाधुंध गोली चलाना
【盲目性】 mángmùxìng अन्धापन; नेत्रहीनता
【盲棋】 mángqí (बहुधा चीनी शतरंज में) खिलाड़ी का बिना बिसात देखे शतरंज खेलना (विपक्ष में बड़ी तादाद के प्रतियोगी होते हैं और खेलते समय वह खिलाड़ी केवल लोगों को यह बताता है कि किस तरह की चाल चली जाय)
【盲区】 mángqū 〈रेडियो〉 अंधक्षेत्र; ब्लाइंड एरिया
【盲人】 mángrén अंधा आदमी; नेत्रहीन व्यक्ति：～怀表 अंधों के लिये जेब-घड़ी
【盲人摸象】 mángrén-mōxiàng अंधों द्वारा हाथों से टटोलते हुए हाथी की पहचान करना —— हर एक ने हाथी के जिस अंग को छूआ उस अंग को ही पूरा हाथी समझा —— आधे सच को पूरा सच समझना
【盲人瞎马】 mángrén-xiāmǎ अंधे का अंधे घोड़े पर सवार होना —— बहुत खतरनाक बात होना
【盲鼠】 mángshǔ 〈प्राणि०〉 ज़ोकोर (zokor)
【盲文】 mángwén ❶अंधों की लिपि ❷अंधों के पढ़ने और लिखने के लिये उभरे अक्षरों की छपाई; ब्रेल लिपि
【盲信】 mángxìn (死信 sǐxìn，瞎信 xiāxìn भी) (डाक विभाग की ओर से) पता साफ़ न होने आदि के कारण न भेजा जा सकने वाला पत्र (चिट्ठी)
【盲哑教育】 máng yǎ jiàoyù अंधों और गूंगे-बहरे लोगों के लिये शिक्षा
【盲字】 mángzì अंधों की लिपि; ब्रेल प्रणाली

氓 máng (दे० 流氓 liúmáng) गुंडा; बदमाश; आवारागर्द
méng भी दे०

茫 máng ❶(पानी) असीम और अस्पष्ट：茫茫 / 白～～ सफ़ेदी ही सफ़ेदी दिखाई देना ❷अज्ञानी; अनभिज्ञ; बेखबर; अंधेरे में：～然 चक्कर में पड़ जाना
【茫茫】 mángmáng अनंत; अपार; असीम; विस्तृत और अस्पष्ट (पानी)：～大海 अनंत सागर / ～九派流中国，沉沉一线穿南北。विस्तृत, हां, विस्तृत नौ नदियां मध्य चीन में कलकल बहतीं, बिछी रेल उत्तर से दक्षिण गहरी रेखा जैसी महती।
【茫昧】 mángmèi 〈लि०〉 अस्पष्ट; धुंधला：往事多已～。पुरानी बातों में अधिकतर तो याद में अस्पष्ट हो गईं।
【茫然】 mángrán ❶असीम (अनंत, अपार) और अस्पष्टः 博雅如此公竟也～。उस के जैसा विद्वान आदमी भी चक्कर में पड़ गया था। ❷निराश होना; हताश होना：～若失地 हताश होकर
【茫无头绪】 mángwútóuxù न जाने क्या करें और क्या करना चाहिये; न जाने जटिल मामलों में मुख्य कड़ी क्या है

硭 máng नीचे दे०
【硭硝】 mángxiāo 〈रसा०〉 (芒硝 mángxiāo भी) मिराबिलाइट; शोरा; ग्लैबर लवण

铓(鋩)máng दे० 锋铓 fēngmáng धार; हरावल; योग्यता

牻 máng 〈लि०〉 सफ़ेद और काले रंग का बैल या गाय

mǎng

莽[1] mǎng ❶घनी घास：草～ सघन उगी हुई घास; घास का झुंड ❷〈लि०〉 बड़ा; महान ❸ (Mǎng) एक कुल-नाम

莽[2] mǎng उद्दंड; उद्धत; अक्खड़：～汉
【莽苍】 mǎngcāng (मैदान) धुंधभरा दृश्य; मैदानः 烟雨莽苍苍，龟蛇锁大江。धुंधभरी वर्षा के गहन कुहासे में है लिपटा अंचल, सर्प पहाड़ी और कच्छप पहाड़ी ने बांधा महानदी जल।
【莽夫】 mǎngfū दे० 莽汉
【莽汉】 mǎnghàn (莽夫 भी) उद्दंड आदमी; उतावलेपन से काम करने वाला आदमी
【莽莽】 mǎngmǎng ❶सघन घास; प्रचुर घास：杂草～ जंगली घास का प्रचुरता से उगना ❷(मैदान) विशाल; असीम; अनंत; अंतहीनः ～群山 अंतहीन पहाड़ियां
【莽原】 mǎngyuán प्रचुरता से उगी हुई घास का मैदानः 无垠的～ घास का विशाल मैदान
【莽撞】 mǎngzhuàng उद्दंड; गुस्ताख; उद्धत; उतावलाः 恕我～。मेरी गुस्ताखी माफ़ कर दीजिये। / 他说话太～。वह बड़े उतावलेपन से बात करता है।

漭 mǎng नीचे दे०
【漭漭】 mǎngmǎng 〈लि०〉 विशाल; विस्तृत; असीम; अंतहीन

蟒 mǎng ❶दे० 蟒蛇 ❷蟒袍 का संक्षिप्त रूप

【蟒袍】 mǎngpáo मिंग और छिंग राजवंश में मंत्रियों का औपचारिक लंबा चोगा जिस पर सुनहरे रंग का अजगर कढ़ा हुआ है।

【蟒蛇】 mǎngshé अजगर; अजदहा

māo

猫（貓）māo ❶बिल्ली：小～ बिल्ली का ब-च्चा / 雄～ बिल्ला; बिल्ली का नर / ～叫 (बिल्ली का) म्याऊ-म्याऊ करना; म्याँवँ-म्याँवँ करना ❷〈बो०〉छिपना：～在家里不敢出来 घर में छिपकर बाहर जाने का साहस न होना

máo भी दे०

【猫睛石】 māojīngshí लहसुनिया (एक प्रकार का मूल्य-वान पत्थर)

【猫哭老鼠】 māo kū lǎoshǔ（猫哭耗子 māo kū hàozi भी）बिल्ली का मरे हुए चूहे पर रोना (या आंसू बहाना) —— कृत्रिम आंसू बहाना; झूठ-मूठ का रोना; टसुए बहा-ना

【猫儿腻】 māornì〈बो०〉छिपी हुई या किसी के साथ अनुचित संबंध रखने वाली बात; बाज़ी; चाल：他们俩之间的～，我早就看出来了。मैं ने उन दोनों के बीच की छिपी हुई बात या अनुचित संबंध रखने वाली बात बहुत पहले ही भाँप ली थी।

【猫儿食】 māorshí भोजन करने की बहुत कम मात्रा

【猫儿眼】 māoryǎn 猫睛石 का साधारण नाम

【猫头鹰】 māotóuyīng（लि० 鸱鸺 chīxiū, कहीं-कहीं 夜猫子 yèmāozi भी）उल्लू; कुचकुचवा; खूसट：小～ डुंडुल

【猫熊】 māoxióng（熊猫 xióngmāo，大熊猫 dà-xióngmāo，大猫熊 dàmāoxióngभी）पांडा; रीछबि-लाव; बृहत्कार्य पांडा

【猫眼】 māoyǎn（门镜 ménjìng का लोकप्रचलित नाम）(किवाड़ के झरोखे में लगा हुआ) शीशा

【猫眼道钉】 māoyǎn dàodīng〈रेल०〉（道钉 का लोकप्रचलित नाम）पटरियों में काम आने वाली बड़ी मज़बूत कील

【猫眼石】 māoyǎnshí लहसुनिया

【猫鱼】 māoyú बिल्ली को खिलाने की छोटी-सी मछली

máo

毛[1] máo ❶बाल; पर：羽～ पर / 羊～ ऊन / 汗毛 रोम / 细～ रोम ❷फफूँद; फफूँदी; भुकड़ी：蛋糕上长～了。केक पर फफूँदी लग गई। ❸रूखा; मोटा; आधा पूरा हुआ; आधा समाप्त किया हुआ：毛坯 ❹स्थूल; मोटा：毛利 ❺छोटा：毛孩子 / ～贼 चोर; छोटी-मोटी चीज़ों का चोर ❻मुद्रा-मूल्य घटना：钱～了。पैसे का मूल्य घट गया। ❼（Máo）एक कुलनाम

毛[2] máo ❶लापरवाही से काम करना：毛手毛脚 ❷घबराना; हैरान होना：心里发～ दिल में घबराहट पैदा होना / 吓～ डर के मारे बहुत घबराना ❸〈बो०〉गुस्सा आना; नाराज़ होना; क्रोध में आना：不要把他惹～了。उसे क्रोधित मत करो।

毛[3] máo एक य्वान（圆，元）का दसवाँ भाग, एक माओ बराबर दस फ़न（分 fēn）

【毛白杨】 máobáiyáng〈वन०〉चीनी श्वेत चिनार (पोपलर)

【毛背心】 máobèixīn ऊनी बंडी

【毛笔】 máobǐ लिखने वाला ब्रुश; कूंची：握住～ कूंची थामना

【毛哔叽】 máobìjī ऊनी सर्ज

【毛边】 máobiān ❶कटे हुए कागज़, कपड़े आदि का उभ-रा हुआ किनारा ❷毛边纸 का संक्षिप्त रूप

【毛边纸】 máobiānzhǐ बांस से बना लिखने का कागज़

【毛病】 máobìng ❶विघटन; बिगाड़; भंग：这收音机有点～。इस रेडियो में कोई खराबी आ गई है। ❷कमी; गलती; बुराई：找～ कमी, गलती, बुराई निकालना / 改正～ गलतियां कबूल करना; अपनी कमज़ोरियों से पीछा छुड़ा लेना / 清除～ कमियों को दूर करना ❸〈बो०〉रोग; बीमारी：诊治～ बीमारी का इलाज करना

【毛玻璃】 máobōli（磨砂玻璃 móshā bōli भी）द-बाकर या रगड़कर अपारदर्शी बनाया हुआ शीशा; घर्षित कांच; घिसा हुआ कांच; ग्राउण्ड ग्लास

【毛布】 máobù मोटी सूती कपड़ा

【毛糙】 máocao मोटा, स्थूल; घटिया：你这活干得太～。तुम ने यह बड़ा घटिया काम किया।

【毛茶】 máochá（毛条 máotiáoभी）हरी या काली चाय बनाने के लिये तैयार कच्चे माल की चाय

【毛虫】 máochóng（毛毛虫 भी）कमला; सूंड़ी; केटर-पिलर; झबरीला कीड़ा

【毛刺】 máocì〈यां०〉कटे हुए धातु का उभरा हुआ कि-नारा

【毛地黄】 máodìhuáng〈औष०〉डिजिटालिस（digi-talis）

【毛豆】 máodòu ताज़ा सोया बीन

【毛发】 máofà रोम और बाल：～直竖 रोमांच होना; रोएँ खड़े होना

【毛纺】 máofǎng ऊन कातना：粗梳～ ऊन कातना / 精梳～ बंटी हुई ऊन कातना / ～厂 ऊन मिल; ऊनी मिल

【毛感】 máogǎn ऊन का स्पर्श-संवेदन：这料子～很强。इस कपड़े का स्पर्श-संवेदन बिलकुल ऊन जैसा है।

【毛葛】 máogé 〈बुना०〉 पॉपलिन
【毛茛】 máogèn 〈वन०〉 कौआ ढोंढी जाति के पौधे जिस के फूल पीले होते हैं
【毛估】 máogū मोटे तौर पर आंकना, अंदाज़ लगाना या अनुमान करना
【毛咕】 máogu डर के मारे घबराना: 走进荒山，心里直～。उजाड़ पहाड़ में पहुंचकर डर के मारे मन बहुत घबराया।
【毛骨悚然】 máogǔ-sǒngrán कनकनाना; रोयें या रोंगटे खड़े होना: 听了他讲的话，我吓得～。उस की बात सुनकर मेरे रोएं खड़े हो गये; मैं सिहर उठा। / 看了这可怕的景象，令人～。भयानक दृश्य को देखकर सब के रोंगटे खड़े हो गये।
【毛孩】 máohái (मुंह और बदन पर) लंबे बालों वाला शिशु
【毛孩子】 máoháizi बच्चा; बेसमझ जवान
【毛蚶】 máohān 〈बो०〉 एक प्रकार का घोंघा जो खाने के काम आता है; ब्लड क्लैम (blood clam)
【毛烘烘】 máohōnghōng बालदार; रोएँदार; झबरा
【毛乎乎】 máohūhū बालदार; रोएँदार; झबरीला
【毛活】 máohuó 〈लि०〉 बुनाई का काम
【毛尖】 máojiān चुनिंदा कोंपलों से बनी चाय, जैसे, 信阳～ Xìnyáng máojiān (हनान प्रांत में)
【毛姜】 máojiāng 〈बो०〉 सूरजमुखी जाति का एक पौधा, जेरुसलम आर्टीचोक (jarusalem artichoke)
【毛焦火辣】 máojiāo-huǒlà बेचैनी से जलते हुए; शीघ्र ही उत्तेजित या भयभीत हो उठने वाली स्थिति में
【毛巾】 máojīn अंगोछा; तौलिया: ～布 तौलिये का कपड़ा / ～架 तौलिये का रैक
【毛巾被】 máojīnbèi तौलिये की चादर जो ओढ़ने का काम आती है; तौलिये की रज़ाई
【毛举细故】 máojǔ-xìgù (毛举细务 máojǔ-xìwù भी) व्यर्थ छोटी-मोटी तुच्छ बातें पेश करना
【毛孔】 máokǒng 〈श०वि०〉 रोमकूप; रोमछिद्र
【毛口】 máokǒu 〈यां०〉 कटे हुए धातु का उभरा हुआ किनारा: 去～ उक्त किनारे को समतल बनाना
【毛裤】 máokù लंबी ऊनी अंडरवीयर; ऊनी पेंट; ऊनी पतलून
【毛拉】 máolā 〈धर्म〉 मुल्ला; मौलाना; मौलवी
【毛梾】 máolái 〈वन०〉 दीर्घवृंतदार डॉगवूड (long-petioled dogwood)
【毛蓝】 máolán धूमिल नीला रंग: ～土布 धूमिल नीला नानकीन; एक प्रकार का धूमिल नीला सूती कपड़ा
【毛里求斯】 Máolǐqiúsī मोरीशस; मौरीशस
【毛里求斯人】 Máolǐqiúsīrén मोरीशसी; मौरीशसी
【毛里塔尼亚】 Máolǐtǎníyà मारितानिया
【毛里塔尼亚人】 Máolǐtǎníyàrén मारितानियाई
【毛利】 máolì मोटा मुनाफ़ा
【毛料】 máoliào ऊनी कपड़ा
【毛驴】 máolǘ गधा
【毛毛】 máomao 〈बो०〉 शिशु; बहुत छोटा बच्चा
【毛毛虫】 máomaochóng दे० 毛虫
【毛毛腾腾】 máomaoténgténg 〈बो०〉 घबराया हुआ और उत्तेजित; खलबली में पड़ा हुआ
【毛毛雨】 máomaoyǔ फुहार; झींसी; बूंदा-बाँदी
【毛南族】 Máonánzú माओनान जाति (चीन के क्वांगशी च्वांग जाति स्वायत्त प्रदेश में बसने वाली एक अल्पसंख्यक जाति)
【毛囊】 máonáng केशपुटिका; हेयर फ़ॉलिकिल
【毛内衣】 máonèiyī ऊनी अंडरवीयर
【毛呢】 máoní ऊनी कपड़ा (भारी); ऊनी कोट का कपड़ा
【毛坯】 máopī (坯料 pīliào भी) ❶अधबना माल ❷〈यां०〉 ब्लैंक (blank)
【毛皮】 máopí फ़र; जानवरों की रोएंदार खाल: ～大衣 फ़र कोट
【毛片】 máopiān ❶खींची हुई किंतु प्रोसेसिंग न की हुई फ़िल्म ❷अश्लील फ़िल्म या टी०वी० फ़िल्म
【毛票】 máopiào 〈बोल०〉 (角票 jiǎopiào भी) दस, बीस या पचास सेंट (分 fēn) का नोट
【毛钱儿】 máoqiánr 〈पुराना〉 एक, दो या पांच च्याओ (角) का सिक्का
【毛渠】 máoqú छोटी पार्श्विक नहर
【毛茸茸】 máoróngróng बालदार; रोएंदार; रोममय; झबरा: ～的胸脯 रोएंदार छाती / ～的小白兔 छोटा झबरीला खरगोश
【毛瑟枪】 máosèqiāng माउज़र (एक प्रकार की राइफ़ल या पिस्तौल)
【毛纱】 máoshā 〈बुना०〉 ऊन सूत: 粗纺～ ऊनी सूत / 精纺～ बंटी हुई ऊन
【毛石】 máoshí 〈वास्तु०〉 कंकड़ सीमेंट
【毛手毛脚】 máoshǒu-máojiǎo लापरवाही से; जल्दबाज़ी से (काम करना): 他干活～的。वह लापरवाही से काम करता है।
【毛丝】 máosī 〈बुना०〉 टूटा हुआ रेशा या सूत्र
【毛遂自荐】 máosuì-zìjiàn माओ स्वइ की तरह अपने आप की सिफ़ारिश करना —— किसी सेवा में स्वेच्छापूर्वक सहायता देना; अपना आप प्रदान करना
【毛笋】 máosǔn माओ बांस (毛竹 máozhú) का मूलांकुर
【毛太纸】 máotàizhǐ फ़ूच्येन प्रांत में उत्पादित एक प्रकार का लिखने का कागज़ जो 毛边纸 से थोड़ा पतला और हल्का काले रंग का होता है
【毛毯】 máotǎn कालीन; गलीचा; कंबल
【毛桃】 máotáo जंगली आड़ू
【毛条】 máotiáo दे० 毛茶
【毛头纸】 máotóuzhǐ (东昌纸 dōngchāngzhǐ भी) एक प्रकार का स्थूल रेशों से बना हुआ सफ़ेद कागज़ जो खिड़की पर लगाने, चिपकाने आदि के काम में आता है
【毛窝】 máowō 〈बो०〉 रुईदार जूता; रुई का जूता
【毛细管】 máoxìguǎn नली; सूक्ष्म नली; केपिलरी
【毛细现象】 máoxì xiànxiàng कैशिकत्व; कैशिकता
【毛细血管】 máoxì xuèguǎn 〈श०वि०〉 खून की सूक्ष्म नली
【毛虾】 máoxiā झींगा मछली

【毛线】 máoxiàn ऊनी तागा: ～针 बुनने की सलाई / 打～ बुनाई का काम करना
【毛象】 máoxiàng (猛犸 měngmǎ का दूसरा नाम) मैमथ (mammoth), प्राचीन काल में पाया जाने वाला एक बृहदाकार हाथी
【毛旋】 máoxuán भौंरी
【毛丫头】 máoyātou छोकरी
【毛样】 máoyàng <मुद्रण०> स्लिप (पर्चा) के रूप में उठाए हुए प्रूफ़ जो पृष्ठ या ताव (तख्ता) के रूप में न हो
【毛腰】 máoyāo (猫腰 máoyāo भी) कमर झुकाना; कमर को मेहराबदार बनाना: 他毛着腰溜走了。वह कमर झुकाकर खिसक गया।
【毛衣】 máoyī ऊनी वस्त्र; ऊनी स्वेटर
【毛蚴】 máoyòu झबरीले कीड़ों का सामान्य नाम
【毛躁】 máozao ❶तेज़मिज़ाज; तुनकमिज़ाज; चिड़चिड़ा; शीघ्र क्रोधी: 他脾气～。वह तेज़मिज़ाज है। ❷जल्दबाज़; लापरवाह: 他做事～。वह लापरवाही (या जल्दबाज़ी) से काम करता है।
【毛泽东思想】 Máo Zédōng sīxiǎng माओ त्सेतुंग की विचारधारा
【毛毡】 máozhān कंबल; नमदा; जमाया हुआ ऊनी कपड़ा; फ़ेल्ट
【毛织厂】 máozhīchǎng ऊनी कपड़े की मिल
【毛织品】 máozhīpǐn ❶ऊनी वस्त्र; ऊनी कपड़ा ❷बुना हुआ ऊनी वस्त्र (कपड़ा)
【毛痣】 máozhì बालदार तिल
【毛重】 máozhòng मोटा वज़न
【毛猪】 máozhū <वाणि०> जीवित सूअर
【毛竹】 máozhú माओ बांस (एक प्रकार का बांस)
【毛装】 máozhuāng कटे हुए कागज़ों की उभरे हुए किनारे वाली किताब
【毛子】 máozi ❶<पुराना> <अना०> पश्चिमी; पश्चिमी निवासी ❷<पुराना> <बो०> डाकू, डकैत; दस्यु ❸<बो०> बालों, ऊन या तागों का गुच्छ या लच्छा

矛

máo भाला; बरछा; सांग; बल्लम
【矛盾】 máodùn ❶भाला और ढाल ❷<दर्श०> <तर्क०> अंतरविरोध; असंगति: ～的主要(次要)方面 अंतरविरोध का प्रधान (गौण) पक्ष / ～的普遍性和特殊性 अंतरविरोध की सार्वभौमिकता और विशिष्टता / 主要～和非主要～ प्रधान अंतरविरोध और अप्रधान अंतरविरोध / ～的焦点 अंतरविरोधों का केन्द्र-बिन्दु / ～的绝对性和相对性 अंतरविरोध की निरपेक्षता और सापेक्षता / ～的统一和斗争 विरोधी तत्वों की एकता और संघर्ष / ～尖锐化 अंतरविरोध का तीव्र होना / ～转化 अंतरविरोध का परिवर्तित होना / ～的上升或下降 अंतरविरोध बढ़ना या कम होना / 正确处理～ अंतरविरोध को सही ढंग से हल करना ❸समस्या; लड़ाई; झगड़ा; अंतरविरोध; मनमुटाव: 他们内部～重重。वे अपने अन्दरूनी अंतरविरोधों में फंसे हुए हैं। / 他们俩在闹～。उन दोनों में पारस्परिक मनमुटाव है। / ～百出 अंतरविरोध भरा होना ❹विरोधी; परस्परविरोधी: 他说的话前后～。उन्होंने जो बातें कही थीं वे परस्पर विरोधी हैं। / ～惶遽状态 दुविधा और परेशानी
【矛盾律】 máodùnlǜ अंतरविरोध का नियम
【矛头】 máotóu भाले की नोक; कुंताग्र: ～所向 हमले का लक्ष्य / ～转向 निशाने को … के खिलाफ़ मोड़ देना / ～指向 हमलावर बर्छे का प्रहार … पर करना / 漫画家把讽刺的～指向坏人坏事。व्यंग्य-चित्रकार ने अपने व्यंग्य-चित्रों में प्रचलित बुरे आदमियों और बुराइयों को मुख्य विषय बनाया है।

茆

máo ❶दे० 白茅 báimáo❶ ❷(Máo) एक कुल-नाम

茅

máo ❶<वन०> कोगोन-ग्रास ❷ (Máo) एक कुल-नाम
【茅草】 máocǎo कोगोनग्रास (cogongrass)
【茅草棚】 máocǎopéng (茅棚 भी) झोंपड़ा; झोंपड़ी; कुटिया
【茅房】 máofáng <बोल०> पाखाना; टट्टी
【毛膏菜】 máogāocài <वन०> सनड्यू (sundew); एक प्रकार का छोटा-सा दलदल में उगने वाला पौधा जिस के रोओं पर ओस की बूँदें पड़ी रहती हैं
【茅坑】 máokēng ❶<बोल०> संडास; शौचकूप ❷<बो०> पाखाना; टट्टी
【茅庐】 máolú झोंपड़ा; झोंपड़ी; कुटिया
【茅棚】 máopéng दे० 茅草棚
【茅塞顿开】 máosè-dùnkāi (顿开茅塞 dùnkāi-máosè भी) अचानक समझ में आ जाना
【茅舍】 máoshè <लि०> झोंपड़ा; झोंपड़ी; कुटिया
【茅厕】 máoce <बोल०> पाखाना; टट्टी
【茅台酒】 máotáijiǔ (茅台 भी) माओ-थाए मदिरा (एक प्रसिद्ध चीनी मदिरा)
【茅亭】 máotíng मंडप
【茅屋】 máowū झोंपड़ी; कुटिया; कुटी

牦 (氂)

máo नीचे दे०
【牦牛】 máoniú याक; सुरागाय; बैल की जाति का एक तिब्बती पशु

旄

máo <प्राचीन> (耄 mào के समान) झंडा जिस के डंडे के सिरे पर याक पूंछ से अलकरण होता था

酕

máo नीचे दे०
【酕醄】 máotáo <लि०> नशे में: ～大醉 मदोन्मत्त अवस्था में पड़ना

猫 (貓)

máo नीचे दे०
māo भी दे०
【猫腰】 máoyāo दे० 毛腰 máoyāo

锚 (錨)

máo लंगर: 起～ लंगर उठाना / 抛～ लंगर छोड़ना; लंगर डालना; लंगर फेंकना

【锚泊】 máobó लंगर डालकर जहाज़ को ठहराना; लंगर डालकर जहाज़ रोकना
【锚地】 máodì लंगर-स्थान
【锚雷】 máoléi 〈सैन्य०〉 मोरिंग माइन (mooring mine)
【锚链】 máoliàn लंगर की ज़ंजीर; केबल
【锚索】 máosuǒ लंगर का रस्सा
【锚爪】 máozhǎo लंगर का पंजा
【锚位】 máowèi लंगर डालने के बाद जहाज़ का स्थान

髦 máo 〈प्रा०〉 शिशु के माथे पर लटकते बाल

髳 máo 〈प्रा०〉 चओ राजवंश में एक राज्य (वर्तमान शानशी प्रांत के दक्षिण में)

蝥 máo दे० 斑蝥 bānmáo

蟊 máo बीजू को काटने वाला एक जहरीला कीड़ा
【蟊贼】 máozéi दुखदायक या नाशक व्यक्ति; कृमि-कीट

mǎo

冇 mǎo 〈बो०〉 न होना

卯 1 mǎo बारह पार्थिव शाखाओं में चौथा (दे० 干支 gānzhī)

卯 2 mǎo दे० 卯眼
【卯时】 mǎoshí <पुराना> एक दिन के समय के विभाजन के अनुसार सुबह पांच से सात बजे के बीच का समय
【卯榫】 mǎosǔn साल और चूल
【卯眼】 mǎoyǎn साल, छेद, खाना

峁 mǎo (उत्तर-पश्चिमी चीन में) पीली मिट्टी का गोल शिखर और दुरारोह ढाल वाली पहाड़ियाँ

泖 mǎo 〈लि०〉 शांत झील

昴 mǎo 〈खगोल०〉 चीन के ज्यौतिष शास्त्र के अनुसार अट्ठाईस नक्षत्रों में अठारहवाँ, कृत्तिका

铆（鉚） mǎo ❶रिपित करना; रिपिटों से जोड़ना या मज़बूत बनाना ❷<यां०> रिपिट करने का काम
【铆钉】 mǎodīng रिविट; रिपिट; कील
【铆钉机】 mǎodīngjī रिविट तैयार करने वाली मशीन; रिविटिंग मशीन
【铆钉枪】 mǎodīngqiāng रिविटिंग गन
【铆工】 mǎogōng ❶रिविट कसने का काम ❷रिविट कसने वाला; कील जड़ने वाला
【铆机】 mǎojī रिविटर: 风动～ वायुचालित रिविटर / 水力～ द्रवचालित रिविटर
【铆接】 mǎojiē रिपिटों से जोड़ना या मज़बूत करना; लवंग कीलित करना
【铆劲儿】 mǎojìnr <बोल०> (बहुत लोगों का) अचानक एक साथ ज़ोर लगाना: 他们一～，就把大石头抬走了。वे लोग अचानक एक साथ ज़ोर लगाकर बड़ी चट्टान को उठा ले गये।

mào

芼 mào 〈लि०〉 (सब्ज़ी, घास आदि को) उखाड़ना

皃 mào 〈लि०〉 貌 mào के समान

茂 1 mào ❶समृद्ध; सम्पन्न; प्रचुर मात्रा में उगा हुआ; हरा-भरा: 茂密 ❷अधिक और बढ़िया: 图文并～ चित्र और भाषा दोनों श्रेष्ठ होना

茂 2 mào 〈रसा०〉 साइक्लोपेंटाडीन (cyclopentadiene)
【茂才】 màocái <पुराना> काउंटी की सरकारी परीक्षा पास करने वाला
【茂林修竹】 màolín-xiūzhú घना जंगल और लंबे-लंबे बांस
【茂密】 màomì (घास या पेड़) घना; हरा-भरा: ～的森林 घना जंगल
【茂年】 màonián 〈लि०〉 प्रौढ़ावस्था
【茂盛】 màoshèng समृद्ध; सम्पन्न; हरा-भरा; प्रचुर; परिपूर्ण; परिस्फुट; लहलहा: 庄稼长得很～。फ़सल प्रचुर मात्रा में उगी हुई है।

眊 mào 〈लि०〉 आंख स्पष्ट न देख सकना; अस्पष्ट दृष्टि करना

冒 mào ❶उत्सर्जन करना; निकलना या निकालना; छोड़ना; (धुआं आदि) बाहर करना; उठना: 冒汗 / ～烟 धुंधाना; धुआं देना; धुआं छोड़ना / 他的衣服～着气。उस के कपड़ों से भाप उठती है। / 新～出来的错误思想 नया पैदा हुआ गलत विचार / 太阳已经～出地平线。सूरज क्षितिज के ऊपर उठ चुका है। ❷न देखना; परवाह न करना; ध्यान न देना: 冒险 / 冒天下之大不韪 / ～零下 30 度的严寒 शून्य से 30 डिग्री नीचे तक की कड़ाके की ठण्ड को झेलकर ❸जल्दबाज़ी से; लापरवाही से: 冒失 / 冒昧 / 冒进 ❹झूठ-मूठ; झूठी तरह से; कपटपूर्वक; छलपूर्वक; धूर्तता के साथ; चालबाज़ी से: 冒领 / 谨防假～ नकली चीज़ों से सावधान रहना ❺ (Mào) एक कुलनाम

mò भी दे०
【冒场】 màochǎng नाटक में अभिनेता का समय से पहले

मंच पर जाना

【冒充】 màochōng जाली रूप धारण करना; दिखावा करना：～内行 माहिर का जाली रूप धारण करना; निपुण होने का दिखावा करना / 用假货～真货 नकली वस्तु को सही वस्तु कहना

【冒顶】 màodǐng <खनि०> (खान की) छत गिरना

【冒渎】 màodú <लि०> (वरिष्ठ को) सताना; तंग करना; परेशान करना：～神灵 देवता को सताना

【冒犯】 màofàn अपमान करना; निरादर करना：～尊严 आत्मसम्मान को धक्का पहुंचाना

【冒功】 màogōng कपटपूर्वक दूसरे के योगदान को अपना कहना

【冒汗】 màohàn पसीना निकल आना

【冒号】 màohào कोलन (:)

【冒火】 màohuǒ गुस्सा आना; नाराज़ होना; गर्म होना; लाल होना; आग बबूला होना：他听了这话气得直～。 यह बात सुनते ही वह आग बबूला हो गया।

【冒尖儿】 màojiānr ❶भरा हुआ और टोकरे, बर्तन आदि से ऊँचा होना：筐里的苹果已经～了。टोकरे में सेब भरकर ऊपर आये। ❷थोड़ा सा अधिक होना：他十岁刚～。 उस की उम्र अभी दस साल से थोड़ा सा अधिक की है। ❸अंकुरित होना; सतह पर आ जाना; निकलना; उत्पन्न होना; पैदा होना; ऊपर आ जाना：问题一～，就要及时解决。 समस्या उत्पन्न होते ही इसे हल करना चाहिये।

【冒进】 màojìn दुस्साहसपूर्वक आगे बढ़ना; अंधाधुध विकास करना

【冒昧】 màomèi <विन०> दुर्विनय से; धृष्टता से; अविनयशीलता से：～陈辞 दुर्विनय से अपना प्रस्ताव प्रस्तुत करना / 恕我～。 मेरी धृष्टता माफ़ कीजिये।

【冒名】 màomíng अपने हित के लिये दूसरे का नाम लेना：冒名顶替

【冒名顶替】 màomíng dǐngtì कपटपूर्वक दूसरे का नाम लेकर दूसरे का स्थान लेना

【冒牌】 màopái प्रसिद्ध ट्रेड-मार्क का कपटपूर्ण प्रयोग करना：～货 (प्रसिद्ध ट्रेड-मार्क का) जाली माल / ～医生 छद्म वैद्य; नीमहकीम; अताई डाक्टर

【冒失】 màoshi जल्दबाज़; उतावला：冒冒失失地去进行决战 जल्दबाज़ी से निर्णायक लड़ाइयाँ करना / 他说话常常冒冒失失。 वह हमेशा उतावली से बात करता है। / 他干活有点～。वह ज़रा उतावलेपन से काम करता है।

【冒失鬼】 màoshiguǐ जल्दबाज़; लापरवाह; उतावला आदमी

【冒天下之大不韪】 mào tiānxià zhī dà bùwěi व्यापक निन्दा का खतरा उठाना; समस्त मानव-जाति की इच्छा का खुलेआम विरोध करना; जनता के व्यापक इरादे की अवहेलना करने की धृष्टता करना; विश्वव्यापी लानत-मलामत का सामना करना

【冒头】 màotóu ❶उदय होना; धीरे-धीरे उभरना, सतह पर आ जाना; ऊपर आ जाना：骄傲情绪已经～了。 घमंड की भावना प्रकट हो गई है। ❷थोड़ा सा अधिक होना：他的年纪看上去有五十～了。 उस की उम्र देखने में पचास से थोड़ा अधिक की हो गई है।

【冒险】 màoxiǎn खतरा मोल ले लेना; खतरे में डालना; जोखिम का सामना करना; जोखिम उठाना：想～ जोखिम उठाने की ख्वाहिश जागना / ～盲动 खतरे की परवाह किये बिना अंधाधुध कार्यवाही करना / 冒生命的危险 जान खतरे में डालना; जान पर खेलना / ～行为 दुस्साहसिक कार्य / ～政策 दुस्साहसिक नीति / ～战争 दुस्साहसिक युद्ध / 甘冒…的危险 खतरे को स्वीकार करना

【冒险家】 màoxiǎnjiā साहसी; दुस्साहसी आदमी; जोखिमी; जान पर खेलने वाला

【冒险主义】 màoxiǎn zhǔyì दुस्साहसवाद：～者 दुस्साहसवादी

【冒烟】 màoyān धुंधाना; धुआं देना; धुआं छोड़ना：烟囱正在～。 चिमनी से धुआं निकल रहा है।

【冒雨】 màoyǔ वर्षा का सामना करना; वर्षा होते हुए भी

贸

（貿） mào व्यापार：外～ विदेश व्यापार

【贸然】 màorán जल्दबाज़ी से; लापरवाही से：～进攻 जल्दबाज़ी से (किसी स्थान पर) धावा बोल देना / ～下结论 जल्दबाज़ी से निष्कर्ष निकालना / ～同意 बिना अच्छी तरह विचार किये स्वीकार करना

【贸易】 màoyì व्यापार：对外～ विदेश व्यापार; फ़ारेन ट्रेड / ～公司 व्यापारिक कंपनी / ～中心 व्यापारिक केन्द्र

【贸易壁垒】 màoyì bìlěi व्यापार अवरोधक; ट्रेड बैरियर

【贸易差额】 màoyì chā'é व्यापारिक आयात-निर्यात-संतुलन

【贸易赤字】 màoyì chìzì व्यापारिक घाटी

【贸易风】 màoyìfēng（信风 xìnfēng का दूसरा नाम） व्यापारिक वायु

【贸易管理】 màoyì guǎnlǐ व्यापारिक प्रबंध

【贸易伙伴】 màoyì huǒbàn व्यापारिक साथी (सहभागी; सहयोगी)

【贸易逆差】 màoyì nìchā प्रतिकूल आयात-निर्यात-संतुलन

【贸易平衡】 màoyì pínghéng आयात-निर्यात का संतुलन

【贸易市场】 màoyì shìchǎng तिजारती मण्डी

【贸易顺差】 màoyì shùnchā अनुकूल आयात-निर्यात-संतुलन

【贸易往来】 màoyì wǎnglái व्यापारिक संपर्क; व्यापार संपर्क

【贸易协定】 màoyì xiédìng व्यापारिक समझौता; व्यापारिक करार; व्यापार करार：贸易和支付协定 व्यापार और भुगतान करार：订立～ किसी के साथ व्यापारिक समझौता करना

【贸易议定书】 màoyì yìdìngshū ट्रेड प्रोटोकोल

【贸易自由】 màoyì zìyóu व्यापार स्वतंत्रता

耄

mào ❶अस्सी से नब्बे वर्ष की आयु ❷वृद्धावस्था：老～ <लि०> वृद्ध तथा दुर्बल

【耄耋】màodié वृद्धावस्था：～之年 अस्सी से नब्बे वर्ष की आयु

鄮（鄮）Mào 〈प्रा०〉 एक काउन्टी का नाम (वर्तमान चच्यांग प्रांत के निंगपो शहर के आसपास)

袤 mào 〈लि०〉 लंबाई; दक्षिण से उत्तर की लंबाई：广～ भूमि की चौड़ाई और लंबाई

鄚 mào (पुराना उच्चारण mò) नीचे दे०

【鄚州】Màozhōu हपेइ प्रांत में एक स्थान का नाम

莪 mào व्यापार

【莪蔆】màosǎo एक प्रकार का पौधा

帽 mào ❶टोप; टोपा; टोपी; हैट ❷ढक्कन; आवरण：笔～ पेन-कैप; कलम का ढक्कन / 螺丝～ नट; ढिबरी

【帽翅】màochì 〈पुराना〉 टोपी के पीछे दोनों ओर लगी हुई पंख जैसी अलंकृत पूँछ

【帽耳】mào'ěr (टोपी का) इयर-फ़्लैप

【帽花】màohuā दे० 帽徽

【帽徽】màohuī（帽章 भी）टोपी पर चिह्न (या बिल्ला, बेज)

【帽架】màojià हैट (या टोपी) टांगने की खूंटी

【帽盔儿】màokuīr बिना छज्जे और चोटी की टोपी; स्कलकैप

【帽舌】màoshé टोपी का निकला हुआ या बढ़ा हुआ अगला हिस्सा; टोपी का छज्जा; टोपी का माथे पर छज्जे की तरह झुका रहने वाला भाग

【帽沿】màoyán दे० 帽檐

【帽檐】màoyán（帽沿 भी）टोपी (या हैट) का बाहर निकला हुआ भाग

【帽章】màozhāng दे० 帽徽

【帽子】màozi ❶टोप; टोपी; हैट：戴上～ टोपी पहनाना; टोपी देना; टोपी लगाना / 摘下～ टोपी उतारना ❷लेबल; निशान; परची：摘掉文盲的～ किसी व्यक्ति को निरक्षरता के लेबल से मुक्त करना / 扣～ किसी व्यक्ति पर (राजनीतिक) लेबल लगाना / 戴～ किसी व्यक्ति पर लेबल लगाना

娼 mào 〈लि०〉 जलना; ईर्ष्या करना; डाह करना (रखना)

瑁 mào दे० 玳瑁 dàimào (कछुआ विशेष)

毷 mào नीचे दे०

【毷氉】màosào 〈लि०〉 परेशानी; बेचैनी; दुख

貌 mào ❶मुंह; शक्ल; सूरत：面～ आकृति; रूप; चेहरा; सूरत / 容～ मुखमुद्रा; मुखाकृति; आकृति; रूप ❷बाह्य रूप; बाहरी रूप：貌合神离

【貌不惊人】màobùjīngrén जिस की शक्ल अनाकृष्ट हो; साधारण सूरत वाला

【貌合神离】màohé-shénlí (दो व्यक्तियों या पार्टियों का) देखने में घनिष्ट संबंध रखना पर वास्तव में मतैक्य न रहना

【貌似】màosì देखने में; ऊपर से देखने में; बाहरी रूप से … मालूम होना：貌似公正 / 貌似强大

【貌似公正】màosì gōngzhèng ऊपर से देखने में न्यायसंगत मालूम होना

【貌似强大】màosì qiángdà बाहर से ताकतवर मालूम होना; बाहरी रूप से शक्तिशाली मालूम होना

【貌似有理】màosì yǒulǐ ऊपर से देखने में तर्कसंगत मालूम होना

【貌相】màoxiàng ❶मुंह; शक्ल; सूरत ❷मुंह को देखना：人不可～。आदमी को परखने के लिये उस की सूरत को नहीं देखना चाहिये।

瞀 mào 〈लि०〉 ❶आंख चौंधियाना; चकाचौंध होना ❷उलझना; परेशान होना ❸अनभिज्ञ; अबोध; मूर्ख; मूढ़; नासमझ

懋 mào ❶〈लि०〉 समझाकर बढ़ावा देना; बढ़ावा देना：～赏 पुरस्कार देना और बढ़ावा देना ❷भव्य; शानदार：～典 भव्य समारोह ❸茂 mào के समान

me

么（麽，末）me ❶〈प्रत्यय〉：什～ क्या / 怎～ कैसे / 多～ कितना ❷पाद-पूरक शब्द (वह अक्षर जो गीत के किसी चरण की पूर्ति के निमित्त रखा जाय)：五月里的花儿呀红呀～红似火。मई महीने में खिले हुए फूल आग की तरह लाल होते हैं।

麽 mó भी दे०

嚜 me दे० 嘛 ma

méi

没[1] méi 没有[1]

没[2] méi 没有[2]

mò भी दे०

【没边儿】méi biānr ❶निराधार; बेबुनियाद：别说这样～的话了。ऐसी निराधार बातें न कहो। ❷असीम; अनंत; अंतहीन; बेहद：吹牛吹得～ बेहद डींग मारना / 淘气得～ बेहद शरारती

【没出息】méi chūxi होनहार न होना

【没词儿】méicír ❶कोई कहने लायक बात न होना

❷किंकर्तव्यविमूढ़ हो जाना; जिसे यह न सूझ पड़े कि क्या करना चाहिये

【没错儿】 méicuòr ❶बिलकुल ठीकः ～，他不会来了。ठीक है, वह नहीं आएगा। / "这事肯定是他干的。" "～，是他干的。" "यह काम उस ने ही किया होगा।" "बिलकुल ठीक, उस ने ही किया है।" ❷गलत न होनाः 照我说的去做，～。मेरे कहे अनुसार काम करो, गलती न होगी।

【没大没小】 méidà-méixiǎo अपने से बड़ों के लिये आदरभाव प्रकट न करनाः 这孩子真是～的，叫他爷爷叫名字。बच्चा समझदार नहीं है, अपने दादा को नाम से पुकारता है।

【没法儿】 méifǎr ❶बिलकुल असंभवः ～是他干的。यह बिलकुल असंभव है कि उस ने यह काम किया है। / 你～不去。यह बिलकुल असंभव है कि तुम न जाओ। ❷सब सेः 这电影～那么好的了。यह फ़िल्म सब से अच्छी है इतनी अच्छी कोई और फ़िल्म नहीं। ❸没法子 के समान

【没法子】 méifǎzi कोई चारा न होना; कोई उपाय न होनाः 我那时手头很紧，～，只好把书卖了。उस समय मेरा हाथ तंग था, कोई उपाय नहीं, किताबें बेच डालीं।

【没根据】 méi gēnjù निराधार होना; निर्मूल होना

【没关系】 méi guānxi कोई हर्ज नहीं; कोई बात नहीं: 你去不去都～。तुम जाओ या न जाओ कोई हर्ज नहीं। / "给你添麻烦了。" "～。" "मैं ने व्यर्थ तुम को कष्ट दिया है।" "कोई बात नहीं।"

【没好气儿】 méi hǎoqìr गुस्सा आना; नाराज़ होना; क्रोध आनाः 我一听这话就～。यह बात सुनते ही मुझे गुस्सा आया।

【没劲】 méijìn ❶कमज़ोर होना; शक्तिहीन होनाः 浑身～ शरीर शक्तिहीन लगना ❷दिलचस्प होनाः 这影片～。यह फ़िल्म दिलचल्प नहीं है।

【没精打采】 méijīng-dǎcǎi (无精打采 wú jīng dǎ cǎi भी) उदासीन; अनिच्छुकः 他～地坐了下来。वह उदासीनतापूर्वक बैठ गया।

【没救】 méijiù लाइलाज; (व्यक्ति) जिसे सुधारा न जा सके; जिस का सुधार न हो सके; न सुधारने योग्यः 医生认为这个病人～了。डाक्टर की राय है कि यह मरीज़ लाइलाज है। / 这种病是～的。इस तरह की बीमारी लाइलाज है। / 这个人老说谎，～了。यह आदमी हमेशा झूठ बोलता है, इस का सुधार नहीं हो सकता।

【没来由】 méi láiyóu बिना किसी कारण के; बिना किसी तुक के या तर्क के

【没落子】 méilàozi (没落儿 méilàor भी) <बो०> गरीब; दरिद्र

【没理】 méilǐ तर्कहीन होना; तर्कसंगत न होना

【没脸】 méiliǎn लज्जित होनाः ～见人 इतनी लज्जा कि दूसरों के सामने न आ सकना

【没…没…】 méi…méi… ❶दो पर्यायवाची क्रियाओं या विशेषणों के पहले आकर 'के अभाव में' के अर्थ पर जोर दिया जाता हैः 没皮没脸 / 没羞没臊 ❷दो विपरीत अर्थ वाले विशेषणों के पहले आकर 'बिना फ़र्क किये' का अर्थ प्रकट होता हैः 没大没小

【没门儿】 méiménr <बो०> कोई चारा न होना; कोई उपाय न होनाः 您能给我弄几张电影票吗？—— 我可～。क्या आप मेरे लिये फ़िल्म के कुछ टिकट ला सकते हैं? —— मैं कुछ नहीं कर सकता। ❷न हो सकना; असंभव होनाः 他想向我行贿。～。वह मुझे रिश्वत देना चाहता था, ऐसा हरगिज़ नहीं हो सकता।

【没命】 méimìng ❶मर जानाः 要不是警察及时赶到，他早～了。अगर पुलिस का सिपाही समय पर वहां न पहुँचा होता तो वह मर गया होता। ❷बेधड़क होकर; बेपरवाही से; उतावलेपन से; प्राण की परवाह न करकेः 敌人～地奔逃。दुश्मन सिर पर पांव रखकर भागा। / 他白天黑夜～地干。वह दिन-रात पागल की तरह काम करता है ❸भाग्यहीन

【没跑儿】 méipǎor निस्संदेह; बेशक; निश्चित रूप से; अवश्यः 这次你输完了，～！इस बार तुम्हें अवश्य हार खानी पड़ेगी।

【没皮没脸】 méipí-méiliǎn बेशर्म होना; निर्लज्ज होना; अपनी इज़्ज़त का ख्याल न रखना

【没谱儿】 méipǔr <बो०> कोई निश्चित योजना नहींः 这事怎么办，我还～。यह काम कैसे किया जाए, इस बारे में अभी मेरी कोई निश्चित योजना नहीं है।

【没轻没重】 méiqīng-méizhòng (बात करना) बिना सोचे-समझे; नासमझी से

【没趣】 méiqù असह्य लगना; दुर्वह लगनाः 谁也不理睬他，他觉得～，只好走了。कोई उस से बात नहीं करता, असह्य होकर वह चल पड़ा।

【没商量】 méi shāngliang जिस का सुधार न किया जा सके; अपरिवर्तनीयः 这是最后的决定，～。यह अंतिम निर्णय है और अपरिवर्तनीय है।

【没什么】 méishénme कोई हर्ज नहीं; कोई बात नहीं: 你怎么了？—— ～，肚子有点儿疼。क्या हुआ? —— कुछ नहीं, पेट में ज़रा दर्द हो रहा है। / ～，请进来吧！कोई बात नहीं, आइये, अन्दर आइये!

【没事】 méishì ❶कोई काम नहीं; फ़ुरसत होनाः 今天～想在家看书。आज मेरा कोई काम नहीं, घर पर किताब पढ़ना चाहता हूँ। ❷कोई कारोबार नहीं; बेकार होनाः 他近来～，在家里呆着。आजकल वह बेकार हो गया, घर पर रहता है। ❸कोई दुर्घटना या अप्रत्याशित बात नहींः 经过医生抢救他～了。डाक्टर द्वारा फ़ौरी इलाज करने से अब वह बच गया। ❹कोई बात नहीं; कोई हर्ज नहींः 我把您的书撞倒了，真对不起。—— ～。मेरे टकराने से आप की किताब गिर गयी, बहुत अफ़सोस की बात है। —— कोई बात नहीं।

【没事人】 méishìrén किसी समस्या से संबंध न रखने वाला व्यक्ति; किसी की भी परवाह न करने वाला; ध्यान न देने (मन न लगाने) वालाः 他把人家的书弄倒了，像个～似的。उस ने दूसरे की किताब गिरायी पर उस ने जैसे कुछ किया ही नहीं।

【没说的】 méishuōde (没有说的 méiyǒu shuōde，没的说 méideshuō भी) ❶जिस पर दोषारोपण न किया जा सकेः 这小伙子很积极，～。यह युवक बहुत

सक्रिय है इस लिये उस का कोई दोष नहीं निकाला जा सकता। ❷विचार-विमर्श करने की गुंजाइश न होनाः 这书你看了三天了，今天该我看了，～。तुम ने यह किताब तीन दिन पढ़ी आज मुझे पढ़नी चाहिये। क्या कहना है? ❸सफ़ाई देने की ज़रूरत न होनाः 咱们哥儿俩，这点小事还不好办，～。हम दोनों भाई-भाई हैं। इस छोटे-छोटे काम के लिये क्या मुश्किल है, कहने की क्या ज़रूरत!

【没挑儿】 méitiāor निरपराध; निर्दोष; निष्कलंकः 他的汉语真～。वह शुद्ध चीनी बोलता है। / 她的服务态度真是～的。सेवा करने का उस का रुख बहुत-बहुत अच्छा है, कोई कमी नहीं।

【没头没脑】 méitóu—méinǎo बिना किसी तुक के या तर्क केः 他一去就把他们～地批评了一通。वहां पहुँचते ही उस ने बिना किसी तर्क के उन लोगों की आलोचना की।

【没完】 méiwán (बात) पूरी न होना; खत्म न होना; समाप्त न होनाः 没完没了/ 你等着吧，这事儿～。देखो, बात अभी पूरी नहीं हुई है।

【没完没了】 méiwán—méiliǎo अनंत; अंतहीनः ～地检讨 निरंतर आत्म-आलोचना करना

【没戏】 méixì 〈बो०〉 निराश; हताशः 他俩谈得怎么样了? —— ～。इन दोनों की बातचीत कैसी रही? —— कोई आशा नहीं है।

【没想儿】 méixiǎngr 〈बोल०〉 आशाहीन; निराशः 他病了，演出恐怕～了。वह बीमार हुआ, शायद उस के अभिनय की कोई आशा नहीं है।

【没羞】 méixiū (没羞没臊 भी) बेशर्म; निर्लज्ज; बेहया

【没羞没臊】 méixiū—méi sào दे० 没羞

【没样儿】 méiyàngr अशिष्ट; असभ्य

【没意思】 méi yìsi ❶ऊब जाना; परेशान होनाः 我一个人待在家里实在～。मैं अकेला घर पर बैठे-बैठे ऊब गया। ❷अरसिक; बेमज़ा; जो दिलचस्प न होः 这部电影～。यह फ़िल्म दिलचस्प नहीं है।

【没影儿】 méiyǐngr ❶गायब होना; अंतर्धान होनाः 一转眼，他就～了。पलक झपकते ही वह गायब हो गया। / 忘得～了。भूलकर कुछ याद न रहा। ❷निराधार; बेबुनियादः 这些都是～的事。ये सब बातें निराधार हैं।

【没有】[1] méiyǒu ❶(किसी के पास) न होना; बिना; के बिनाः 我～票。मेरे पास टिकट नहीं है। / ～票怎么能去看电影? टिकट के बिना फ़िल्म कैसे देखी जा सकती है? / 屋里～人。कमरे में कोई नहीं है। / ～好下场 अंत अच्छा न होना / ～先例 बेमिसाल होना / ～中间道路 कोई बीच का रास्ता न होना / ～精神 सुस्ती महसूस होना / ～子女的老人 निस्संतान वृद्ध / ～神采的眼睛 उदासीन आंखें; बुझी-बुझी आंखें ❷谁，哪个 आदि शब्दों के पहले आकर पूर्णता का अर्थ प्रकट होता हैः ～谁会去的。कोई भी नहीं जाएगा। / ～哪个说过这样的话。किसी ने इस तरह की बातें नहीं की थीं। ❸(किसी की तुलना में) कमतर होनाः 你的画～他的画好。तुम्हारी तस्वीर उस की तस्वीर से कम अच्छी है। ❹कम होनाः 他走了～三天又回来了。उसे गये तीन दिन भी न हुए थे कि वह फिर लौट आया।

【没有】[2] méiyǒu 〈क्रि०वि०〉 नहीं हुआ या कियाः ～命中 निशाना चूक जाना / 你吃了～? —— 还～吃呢? तुम ने खाया है कि नहीं? —— अभी नहीं खाया है। / 那东西太贵，我～买。वह चीज़ बहुत महंगी है, मैं ने नहीं खरीदी। / 商店还～开门。दुकान अभी खुली नहीं है।

【没有的话】 méiyǒudehuà यह सच नहीं; ऐसा नहीं है

【没有的事儿】 méiyǒudeshìr यह असंभव है; ऐसा नहीं है

【没有调查，没有发言权】 méiyǒu diào chá, méiyǒu fāyánquán बिना जांच-पड़ताल किये किसी को बोलने का हक नहीं है

【没有说的】 méiyǒu shuōde दे० 没说的

【没有种】 méiyǒuzhǒng (没种 भी) 〈बोल०〉 साहस-हीन; कायरता से

【没缘】 méiyuán अवसर न होना; भाग्य न होना

【没辙】 méizhé कोई चारा न होना; उपाय न होनाः 他不吃，我也～。वह खाना नहीं चाहता, मेरे पास कोई चारा नहीं है। / 以后怎么办，我也～了。बाद में क्या किया जाए, मेरे पास कोई उपाय नहीं है।

【没治】 méizhì 〈बो०〉 ❶इतनी बुरी स्थिति कि सुधारी न जा सकेः 这个人坏了，～了。यह आदमी खराब आदमी बन गया, इसे सुधारा न जा सकेगा। ❷बहुत प्रयत्न करके भी हार जानाः 我真拿他～。मैं ने उस के लिये बहुत प्रयत्न किया पर हार गया। ❸(व्यक्ति या वस्तु) श्रेष्ठ; बहुत अच्छा; बहुत उम्दाः 她的歌唱得真～了。उस का गाना सर्वोच्च श्रेणी का है।

【没准儿】 méizhǔnr निश्चित न होनाः 他来不来还没有准儿呢。अभी निश्चित नहीं है कि वह आएगा या नहीं। / 这件事～能成功。यह निश्चित नहीं है कि यह बात सफल हो जाएगी।

【没资格】 méi zīgé के योग्य न होनाः 他～去开会。वह सभा में जाने के योग्य नहीं है।

玫

méi 〈लि०〉 एक प्रकार का जेड पत्थर

【玫瑰】 méigui गुलाब

【玫瑰红】 méiguihóng दे० 玫瑰紫

【玫瑰紫】 méiguizǐ (玫瑰红 भी) गुलाबी रंग

枚

méi ❶〈परि०श०〉 (बहुधा छोटी-छोटी चीज़ों के लिये प्रयुक्त) इस का अर्थ 个 से बहुत नज़दीक हैः 三～铜元 तीन पैसे; तीन कौड़ियां ❷ (Méi) एक कुलनाम

眉

méi ❶भौंह; भौं; भ्रूः ～飞色舞 ❷पुस्तक-पृष्ठ के ऊपर का खाली स्थानः 书～ पुस्तक-पृष्ठ के ऊपर का खाली स्थान / ～批 पुस्तक-पृष्ठ के ऊपर खाली स्थान में लिखी गयी टिप्पणियां

【眉笔】 méibǐ भौंह पेंसिल

【眉端】 méiduān ❶दोनों भौंहों के बीच का स्थानः

愁上～ त्यौरियों से अप्रसन्नता प्रकट करना ❷पुस्तक-पृष्ठ का ऊपरी किनारा

【眉飞色舞】 méifēi-sèwǔ नाचती हुई भौंहें और जगमग चेहरा —— परम प्रसन्न होना; प्रमुदित होना: 他听得～。सुनते-सुनते उस की मुखाकृति पर प्रसन्नता की भावना प्रकट होने लगी; सुनते-सुनते वह परम-प्रसन्न हो गया।

【眉峰】 méifēng भौंहें: ～紧皱 भौंहें सिकोड़ना

【眉高眼低】 méigāo-yǎndī मुखाकृति: 看人～行事 किसी व्यक्ति के इशारे पर काम करना

【眉尖】 méijiān भौंहें: ～微微一皱 ज़रा भौंहें सिकोड़ना

【眉睫】 méijié भौंहे और बरौनियां —— आंखों के सामने जैसा नज़दीक; बिलकुल पास ही: 祸在～ सन्निकट खतरे में

【眉开眼笑】 méikāi-yǎnxiào प्रमुदित होना; आनंदित होना: 听到这好消息，她顿时～起来。यह खुशखबरी सुनते ही वह आनंदित हो उठी।

【眉来眼去】 méilái-yǎnqù आंख मारना; प्रेमभरी दृष्टि से देखना; गुप्त रूप से सांठ-गांठ करना: 他俩～，以目传情。वे दोनों एक दूसरे को प्रेमभरी दृष्टि से देख रहे हैं और अपनी-अपनी आंखों से अपनी-अपनी प्रेमभरी भावनाएं प्रकट कर रहे हैं।

【眉棱】 méiléng भौंहें उत्पन्न होने का स्थान: ～骨 भौंहों की हड्डियां

【眉毛】 méimao भौंह; भ्रू; भौं

【眉毛胡子一把抓】 méimao húzi yībǎ zhuā भौंहों और दाढ़ी को एक ही साथ पकड़ने का प्रयत्न करना —— छोटे और बड़े मामलों पर एक ही साथ ध्यान देने का प्रयत्न करना

【眉目】 méimù ❶भौंहें और आंखें; चेहरा-मोहरा; सूरत-शक्ल: ～清秀 सुन्दर चेहरा-मोहरा; खूबसूरत चेहरा ❷(लेख आदि का) तर्कपूर्ण क्रम; रूपरेखा: 这篇论文～清楚。यह थीसिस साफ़ और सुसंगठित है।

【眉目】 méimu (समस्या, प्रश्न आदि का) समाधान या हल करने की आशा; अच्छा नतीजा प्राप्त करने का लक्षण: 你托我帮助解决的问题已经有了点～。तुम ने जिस समस्या के लिये मुझ से मदद करने को कहा था, उसे हल करने की कुछ आशा दिखाई देती है।

【眉目不清】 méimù-bùqīng (लेख) सुसंगठित रूप से न लिखा हुआ

【眉目传情】 méimù-chuánqíng आंख मारना; अपनी आंखों से अपनी प्रेमभरी भावना प्रकट करना; प्रेमभरी दृष्टि से देखना

【眉批】 méipī पुस्तक-पृष्ठ या पांडुलिपि के ऊपर खाली स्थान में लिखी हुई टिप्पणियां

【眉清目秀】 méiqīng-mùxiù सुन्दर चेहरा-मोहरा; सुन्दर मुखमुद्रा: 孩子长得～。बच्चे के माथे पर महीन-महीन भौंहें और स्वच्छ आंखें थीं।

【眉梢】 méishāo भौंहों का सिरा; भौंहों का अंतिम भाग

【眉头】 méitóu भौंहें: ～紧锁 भौंहें सिकोड़ना

【眉头一皱，计上心来】 méitóu yī zhòu, jì shàng xīn lái अपने दिमाग पर ज़ोर डालो, तो तुम्हें ज़रूर कोई-न-कोई तरकीब सूझ जाएगी

【眉心】 méixīn दोनों भौंहों के बीच का स्थान

【眉眼】 méiyǎn भौंहें और आंखें; मुखमुद्रा; चेहरा; मुखाकृति: 她～长得很俊。वह (लड़की) बहुत रमणीय है।

【眉眼高低】 méiyǎn-gāodī दे० 眉高眼低

【眉宇】 méiyǔ 〈लि०〉 माथा; मस्तक; मुखमुद्रा; मुखाकृति

【眉月】 méiyuè भौंह के आकार का चांद; दूज का चांद; नया बालचन्द्र; नवचन्द्र

莓（苺）méi बदरीफल जाति के फल: 草～ स्ट्राबेरी

嵋 méi व्यक्ति के नाम में प्रयुक्त अक्षर

梅（楳、槑） méi ❶बेर; आलूचा ❷（Méi）एक कुलनाम

【梅毒】 méidú 〈चिकि०〉 गरमी; आतशक; उपदंश; सिफ़िलिस

【梅红色】 méihóngsè आलूचे का रंग

【梅花】 méihuā ❶आलूचे का फूल ❷〈बो०〉 विनटर-स्वीट（wintersweet）

【梅花鹿】 méihuālù साइका हिरन（sika); चीतल

【梅花针】 méihuāzhēn 〈ची०चि०〉 (चर्म संबंधी एक्यूपंक्चर में प्रयुक्त) पांच सुइयों से बनी एक प्रकार की सूई

【梅加拉亚】 Méijiālāyà मेघालय प्रदेश

【梅天】 méitiān（黄梅天 huángméitiān，黄梅季 huángméijì，霉天 méitiān भी)(यांगत्सी नदी के मध्यम और निचले भाग में अप्रैल और मई महीने में) वर्षाकाल

【梅童鱼】 méitóngyú मछली विशेष; बेबी क्रोकर（baby croaker）

【梅雨】 méiyǔ（霉雨 méiyǔ，黄梅雨 huángméiyǔ भी）वर्षाकाल में यांगत्सी नदी के मध्यम और निचले भाग में रुक-रुककर होने वाली बूंदा-बांदी

【梅子】 méizi बेर, आलूचा

脢（脄）méi गाय, बैल, सुअर आदि की रीढ़-हड्डी के भीतरी पक्ष का कोमल मांस

【脢子肉】 méiziròu ऊपर दे०

郿 Méi नीचे दे०

【郿县】 Méixiàn वर्तमान 眉县（Méixiàn）(शेनशी प्रांत में)

嵋 méi 峨嵋（Éméi）(峨眉 Éméi भी), सि-छवान प्रांत में एक प्रसिद्ध पर्वत

猸 méi नीचे दे०

【猸子】 méizi（蟹獴 xièméng का साधारण नाम）केकड़ा खाने वाला नेवला

湄 méi 〈लि०〉 नदी आदि के किनारे पर

【湄公河】 Méigōnghé मेकोंग नदी

媒 méi ❶घटक; बरेखिया: 做～ घटक बनना / 媒妁之言 ❷मध्यस्थित पदार्थ: 媒质

【媒介】méijiè माध्यम; मध्यस्थ व्यक्ति या पदार्थ: 空气是传播声音的～。वायु ध्वनि को फैलाने का मध्यस्थ पदार्थ है। / 传播疾病的～ रोग या छूत को फैलाने वाला; रोगवाहक / 新闻～ न्यूज़ मीडिया; समाचार माध्यम

【媒婆】méipó महिला-घटक

【媒染】méirǎn रंग को पक्का या चटक करने वाली रंगाई: ～染料 रंग को पक्का या चटक करने वाला रंजक

【媒染剂】méirǎnjì 〈रसा०〉 रंगस्थापक; रंगबंधक

【媒人】méiren घटक; बरेखिया; माध्यम

【媒妁】méishuò 〈लि०〉 घटक; बरेखिया

【媒妁之言】méishuòzhīyán घटक की बातें

【媒体】méitǐ समाचार प्रसारित करने के साधन, जैसे: पत्र-पत्रिकाएं, प्रसारण (ब्राडकास्टिंग), विज्ञप्ति आदि: 新闻～ समाचार-माध्यम

【媒质】méizhì 〈भौ०〉 मीडियम: 吸收～ अवशोषक मीडियम (माध्यम)

楣 méi दरवाज़े की चौखट की ऊपर वाली लकड़ी

煤 méi (煤炭 भी) कोयला: 火里加点～。आग में कुछ कोयला डालो।

【煤仓】méicāng जहाज़ की कोयले की कोठरी

【煤层】méicéng कोयले की तह

【煤铲】méichǎn कोयले का बेलचा

【煤场】méichǎng कोयले का अहाता

【煤尘】méichén कोयले की धूल

【煤斗】méidǒu कोयला रखने का तसला आदि

【煤毒】méidú गैस विषाक्तता

【煤矸石】méigānshí आधात्री; गैंग

【煤耗】méihào कोयला खपत; कोयला खर्च

【煤核儿】méihúr आंशिक रूप से जले हुए कोयले की राख का ढेला या ईंट; कोयला सिनडर

【煤化】méihuà पत्थर के कोयले में रूपांतरित करना

【煤灰】méihuī कोयले की राख

【煤焦油】méijiāoyóu (煤溚 méitǎ, 煤黑油 méihēiyóu भी) कोलटार (coaltar)

【煤斤】méijīn 煤 (कोयले) का सामान्य नाम

【煤精】méijīng ब्लैक अंबर (black amber); जेट (jet)

【煤矿】méikuàng कोयला खान: ～工人 कोयलाखनक / ～区 कोयला-क्षेत्र

【煤末子】méimòzi कोयले का चूर्ण; कोयले का चूरा

【煤气】méiqì गैस

【煤气表】méiqìbiǎo गैसमापी; गैस-मीटर

【煤气厂】méiqìchǎng गैस-कारखाना

【煤气灯】méiqìdēng गैस-लैम्प; गैस-लाइट

【煤气管】méiqìguǎn गैस-पाइप

【煤气机】méiqìjī गैस-इंजन

【煤气炉】méiqìlú गैस-स्टोव

【煤气灶】méiqìzào गैस-रेंज; गैस कोकर

【煤气中毒】méiqì zhòngdú गैस-विषाक्तता

【煤气总管】méiqì zǒngguǎn गैस-मेन (gas-main)

【煤球】méiqiú कोयला-पिंड

【煤炱】méitái सुट; कोलसुट (coal-soot)

【煤炭】méitàn कोयला: ～工业 कोयला-उद्योग

【煤田】méitián कोयला-क्षेत्र

【煤系】méixì 〈भूगर्भ०〉 कोयले की पर्तों से निर्मित चट्टान

【煤巷】méixiàng कोयला खान-मार्ग

【煤烟】méiyān ❶कोयले का धुआं ❷दे० 煤烟子

【煤烟子】méiyānzi सुट; कोलसुट

【煤烟污染】méiyān wūrǎn कोयले के धुएं से प्रदूषण होना

【煤窑】méiyáo कोयले की खान; कोलपिट

【煤油】méiyóu किरासिन; केरोसीन तेल; पैराफ़ीन: 添～ पैराफ़ीन डालना

【煤油灯】méiyóudēng केरोसीन लैम्प

【煤油炉】méiyóulú केरोसीन स्टोव

【煤油气】méiyóuqì पैराफ़ीन की गन्ध

【煤油桶】méiyóutǒng पेट्रोल का पीपा

【煤渣】méizhā कोलसिनडर

【煤砟子】méizhǎzi कोयले की टुकड़ियां

【煤砖】méizhuān पिसे हुए कोयले की ईंट

禖 méi 〈प्रा०〉 संतान प्राप्त करने के लिये यज्ञ करना (या बलि चढ़ाना)

酶 méi 〈जीव०र०〉 किण्वज; खमीर: 消化～ पाचक खमीर; पाचन-शक्ति-वर्द्धक खमीर

【酶原】méiyuán 〈जीव०र०〉 ज़ाइमोगन (zymogen); फ़रमेंटोगन (fermentogen)

镅 (鎇) méi 〈रसा०〉 अमेरिकियम (Am)

鹛 (鶥) méi 〈प्राणि०〉 टुइयाँ (चिड़िया विशेष)

霉1 (黴) méi फफूंद; फफूंदी; भुकड़ी

霉2 méi फफूंदी वाला: 发～ फफूंदी लगाना / ～豆腐 फफूंदी वाला सोया-बीन पनीर

【霉变】méibiàn फफूंदी वाला बनना; फफूंदी युक्त होना

【霉病】méibìng 〈कृ०〉 फफूंदी; फफूंद; भुकड़ी

【霉蠹】méidù (पुस्तक) फफूंदी लगना और कीड़ों से खाया जाना

【霉菌】méijūn 〈की०〉 फफूंदी; भुकड़ी

【霉菌病】méijūnbìng माइकॉसिस; कवकार्ति

【霉烂】méilàn फफूंदी लगना और सड़ना: ～食品 फफूंदी वाला और सड़ा हुआ भोजन

【霉气】méiqì ❶फफूंदी लगने वाली दुर्गन्ध; सड़ांध ❷〈बो०〉 अशकुन; दुर्भाग्य: 刚出门就下起雨来，真～。दुर्भाग्यवश! घर से निकलते ही पानी बरसने लगा।

【霉天】méitiān दे० 梅天 méitiān

【霉头】méitóu 〈बो०〉 दुर्भाग्य (दे० 触霉头 chù méitóu)

【霉味】 méiwèi सड़ांध

【霉雨】 méiyǔ दे० 梅雨 méiyǔ

糜（糜，穈）méi नीचे दे०
mí भी दे०

【糜子】 méizi 〈वन०〉（穄子 jìzi भी）एक प्रकार का मिलेट (बाजरा, ज्वार)

měi

每 měi ❶हर; हर एक; प्रत्येक; फ़ी: ～两天来一次 हर दूसरे दिन में आना / 每时每刻 ❷हर समय; हर बार; हर अवसर पर: 我～次来这里，总要去看他。हर बार जब मैं यहां आता तो उस से मिलने जाता। / ～当我在路上见到他，总要向他问好。जब कभी मैं रास्ते में उस से मिलता तब उस से नमस्ते कहता। ❸अक्सर: 假日～作郊游。छुट्टियों में मैं अक्सर नगर के बाहर सैर किया करता।

【每常】 měicháng ❶पहले की तरह; पहले की आदत के अनुसार ❷अक्सर

【每逢佳节倍思亲】 měi féng jiā jié bèi sī qīn उत्सव के दिन अपने प्रियतम लोगों की याद पहले से अधिक आती है।

【每况愈下】 měikuàng-yùxià（每下愈况 भी）स्थिति बदतर होती जाना: 他的健康～。उस की ज़िन्दगी ढलान पर है; उस के स्वास्थ्य की स्थिति बदतर होती गयी।

【每每】 měiměi अक्सर: 我们常在一起，～一谈就是两个小时。हम लोग अक्सर एक साथ मिलते हैं और बातचीत करते-करते दो घंटे बीत जाते हैं।

【每年】 měinián ❶हर साल; प्रति-वर्ष ❷〈बो०〉पिछले कई सालों में: 我们～从没见过这么大的地震。पिछले कई सालों में इतना बड़ा भूकम्प हम ने नहीं देखा था।

【每时每刻】 měishí-měikè हर घड़ी; हर घंटे; हर दम; हर मिनट; हर समय; क्षण-क्षण

【每下愈况】 měixià-yùkuàng दे० 每况愈下

美[1] měi ❶सुन्दर; खूबसूरत; मनोहर; रमणीय: 这风景多～呀！कितना सुन्दर है यह दृश्य! ❷सुन्दर बनाना; मनोहर या रमणीय बनाना: 美发 / 美容 ❸अच्छा; बढ़िया; संतोषप्रद; संतोषजनक: 美酒 / 物～价廉 बढ़िया माल सस्ता दाम / 日子过得挺～ सुखमय जीवन बिताना ❹सुन्दर-सुन्दर वस्तुएँ; नेक काम: 美不胜收 / 成人之～ दूसरों के नेक काम को सफल बनाने में सहायता देना ❺〈बो०〉फूलना; खुशी के मारे आपे से बाहर होना; मस्त होना; फूला न समाना: 这女孩子夸了她几句就～得了不得。लड़की प्रशंसा पाकर फूली न समाई।

美[2] Měi ❶美洲 का संक्षिप्त रूप: 南～ दक्षिणी अमरीका / 北～ उत्तरी अमरीका ❷美国 का संक्षिप्त रूप: 美圆 / ～籍华人 अमरीकी चीनी

【美不胜收】 měibùshèngshōu इतनी सुन्दर-सुन्दर वस्तुएँ कि कोई भी व्यक्ति इन सब को एक-एक करके नहीं देख सकता

【美餐】 měicān ❶स्वादिष्ट भोजन ❷पेट भर खाना खाना

【美差】 měichāi खुशी का काम; आनन्ददायक कार्य; किसी के सुपुर्द किया गया अच्छा कार्य: 出差杭州可是件～。सरकारी काम के लिये हांगचओ जाना एक खुशी का काम है।

【美钞】 měichāo अमरीकी बैंक-नोट; यू०एस० बैंक-नोट; संयुक्त राज्य अमरीका का नोट

【美称】 měichēng सुन्दर नाम; प्रशंसात्मक संबोधन: 四川向有天府之国的～。स्वर्ग-राज्य स्छवान प्रांत का सुन्दर नाम रहा है।

【美德】 měidé गुण; सद्गुण; पुण्य; सुकृति: 艰苦朴素是我们的传统～。परिश्रमशीलता और सरलता हमारे परम्परागत सद्गुण हैं।

【美吨】 měidūn छोटा-टन; शॉट-टन

【美感】 měigǎn सौंदर्यात्मक संवेदन; सौंदर्यात्मक सहजानुभूति: 他的艺术歌曲给人以～。उस के कलात्मक गीत लोगों को सौंदर्यात्मक सहजानुभूति देते हैं।

【美工】 měigōng 〈फ़िल्म〉 ❶कला डिज़ाइनिंग ❷कला डिज़ाइनर

【美观】 měiguān आंख को अच्छा लगने वाला; सुन्दर; सुहावना: 房间布置得很～。कमरा कलात्मक ढंग से सजा हुआ है।

【美好】 měihǎo (जीवन, रहन-सहन, भविष्य, इच्छा आदि भाववाचक संज्ञाओं के लिये) अच्छा; सुन्दर; सुखमय: ～的生活 सुखमय जीवन / ～的前途 सुन्दर भविष्य / ～的回忆 खुशी की याद

【美化】 měihuà सुन्दर बनाना; रमणीक बनाना; मनमोहक बनाना; सजाना-संवारना: ～市容 नगर को सुन्दर बनाना / ～生活 रहन-सहन को सम्पन्न बनाना

【美金】 měijīn डालर दे० 美元

【美景】 měijǐng अनुपम प्राकृतिक सौंदर्य

【美酒】 měijiǔ मधु-मदिरा; स्वादिष्ट मदिरा: ～佳肴 मधु-मदिरा और स्वादिष्ट तश्तरियां

【美拉尼西亚】 Měilānníxīyà मेलानेसिया (द्वीपसमूह)

【美利坚合众国】 Měilìjiān Hézhòngguó संयुक्त राज्य अमरीका

【美利奴羊】 měilìnúyáng मेरीनो भेड़

【美丽】 měilì सुन्दर; खूबसूरत: ～的花朵 सुन्दर फूल / ～的景色 सुन्दर दृश्य

【美联储】 Měiliánchǔ एफ़०ई०डी०; फ़ेडरल रिज़र्व सिस्टय

【美轮美奂】 měilún-měihuàn (बहुधा नये मकान के लिये प्रयुक्त) शानदार भवन; भव्य भवन

【美满】 měimǎn प्रसन्न; पूर्ण रूप से संतोषजनक: ～的生活 सुखमय जीवन / ～的婚姻 अत्यंत संतोषजनक विवाह

【美貌】 měimào ❶सुन्दर मुखाकृति; खूबसूरती ❷सुन्दर;

खूबसूरत: 他的女儿长得十分～。उस की बेटी बहुत सुन्दर है।

【美美】 měiměi जी भरकर; दिल खोलकर: 他～地吃了一顿。उस ने पेटभर खाना खाया। / ～地睡 आराम से सोना

【美梦】 měimèng सुनहरा सपना; स्वर्ग स्वप्न

【美妙】 měimiào सुन्दर; मनोरम; आश्चर्यजनक; बहुत बढ़िया; बहुत अच्छा: 永葆～的青春 जवानी के सुन्दर दिनों को जीता जागता बनाये रखना / 情况并不～ किसी की स्थिति बड़ी अच्छी न होना

【美名】 měimíng सुन्दर नाम; सुयश; सुकीर्ति: ～扬天下 किसी का सुन्दर नाम संसार भर में फैल जाना

【美男子】 měinánzi सुन्दर आदमी; सुन्दर पुरुष

【美尼尔氏症】 měiní'ěrshìzhèng 〈चिकि०〉 मेनिएर का रोग (Ménière's syndrome)

【美女】 měinǚ गोरी; सुन्दरी; सुन्दर युवती

【美气】 měiqì 〈बो०〉 आराम का; सुखकर; सुखी: 日子过得挺～。खूब आराम से दिन बिताना

【美人】 měiren गोरी; सुन्दरी

【美人计】 měirénjì सेक्स ट्रैप; खूबसूरत फंदा: 设～ सेक्स ट्रैप या खूबसूरत फंदा डालना

【美人蕉】 měirénjiāo 〈वन०〉 कैना (canna); इंडियन शॉट (Indian shot)

【美容】 měiróng (विशेषतः महिलाओं की) मुखाकृति को सुधारना; अधिक सुन्दर बनाना; सौंदर्यवर्धक; कॉस्मेटॉलोजी: ～院 ब्यूटी शॉप / ～业 ब्यूटी सैलून / ～手术 सौंदर्यवर्धक शल्य-चिकित्सा / ～术 ब्यूटी ट्रीटमेंट

【美食】 měishí अच्छा खाना; स्वादिष्ट भोजन

【美食家】 měishíjiā खाने-पीने की वस्तुओं का पारखी

【美事】 měishì सुन्दर काम: 多美的事啊！कितना सुन्दर काम है यह!

【美术】 měishù ललित कलाएं; चित्रकला: ～学院 ललित कला प्रतिष्ठान / ～作品 कलाकृति; कलाकृतियों का संग्रह / ～展览 चित्रकला प्रदर्शनी

【美术革】 měishùgé फ़ैंसी लेदर (fancy leather)

【美术馆】 měishùguǎn कला प्रदर्शनी-भवन

【美术家】 měishùjiā कलाकार

【美术明信片】 měishù míngxìnpiàn पिक्चर पोस्ट-कार्ड; चित्र-पत्रक

【美术片】 měishùpiàn 〈फ़िल्म〉 कार्टून, हास्य-चित्र, कठपुतली फ़िल्म आदि

【美术设计】 měishù shèjì कलात्मक डिज़ाइन

【美术字】 měishùzì कलात्मक लिखावट

【美谈】 měitán प्रशंसनीय कथा: 千古～ हज़ारों साल प्रचलित प्रशंसनीय कथा

【美体】 měitǐ शरीर को सुन्दर बनाना

【美学】 měixué सौंदर्य-विज्ञान; सौंदर्य-शास्त्र

【美言】 měiyán ❶दूसरे व्यक्ति के लिये अच्छी अच्छी बात कहना: 请帮我～几句。आप मेरे लिये उन से अच्छी बात कहिएगा।

【美艳】 měiyàn सुन्दर और विलासी; आकर्षक; भड़कीला; चमक-दमक का

【美意】 měiyì शुभेच्छा; सदिच्छा; नेक-नीयत; नेकदिली; मेहरबानी: 谢谢您的～。शुभेच्छा के लिये आप को बहुत-बहुत धन्यवाद देता हूँ।

【美育】 měiyù कला-शिक्षा; कलात्मक शिक्षा

【美誉】 měiyù सुन्दर नाम; सुयश; सुकीर्ति

【美元】 měiyuán (美圆 भी) अमरीकी डालर; यू०एस० डालर

【美圆】 měiyuán दे० 美元

【美展】 měizhǎn (美术作品展览 měishù zuòpǐn zhǎnlǎn का संक्षिप्त रूप) चित्रकला प्रदर्शनी

【美中不足】 měizhōng-bùzú बहुत अच्छा होने पर कुछ दोष होना; आनंद में बाधक एक नगण्य वस्तु: 电影很好，～的是收尾似乎稍长一点。फ़िल्म बहुत अच्छी है, कमी सिर्फ़ यह कि इस का अंत ज़रा लंबा-सा लगता है।

【美洲】 Měizhōu अमरीका महाद्वीप

【美洲虎】 měizhōuhǔ जागुआर

【美洲狮】 měizhōushī कूगर

【美滋滋】 měizīzī बहुत खुश; बहुत प्रसन्न: 他当选为代表，心里～的。वह प्रतिनिधि चुना गया, बड़ी प्रसन्नता हुई।

浼 měi 〈लि०〉 ❶दूषित करना; कलुषित करना ❷सौंपना; सुपुर्द करना

渼 měi 〈लि०〉 लहरें; तरंग

镁（鎂） měi 〈रसा०〉 मेगनीशियम (Mg)

【镁砂】 měishā 〈धा०वि०〉 मेगनीशियम पाउडर; मेगनेशिया; मैगनेसाइट

【镁砖】 měizhuān 〈धा०वि०〉 मेगनेशिया ईंट

mèi

沬 Mèi (朝歌 Zhāogē भी) शांग राजवंश (लगभग 1600-1046 ई०पू०) की राजधानी (वर्तमान हनान प्रांत की थांग-इन काउन्टी के दक्षिण में)

妹 mèi ❶छोटी बहिन: 姐～ बड़ी बहिन और छोटी बहिन / 兄～ भाई और बहिन ❷एक ही पीढ़ी और आयु में अपने से छोटी स्त्री: 舅表～ ममेरी छोटी बहिन / 姨表～ मौसेरी छोटी बहिन / 堂～ चचेरी छोटी बहिन ❸〈बो०〉 लड़की; युवती: 外来～ अन्य स्थान से आई लड़की

【妹夫】 mèifu बहनोई

【妹妹】 mèimei छोटी बहिन; बहिन

【妹婿】 mèixù 〈लि०〉 बहनोई

【妹子】 mèizi 〈बो०〉 ❶छोटी बहिन; बहिन ❷लड़की; युवती

昧 mèi ❶मूढ़; नासमझः 愚～ मूढ़; मूर्ख; नासमझ / 蒙～ नादान; असभ्य; अशिक्षित ❷छिपानाः 拾金不～ रास्ते में उठाये रुपये-पैसे न छिपाना ❸<लि०> धुंधला ❹<लि०> धृष्ट; अविनयशील; दुर्विनयः 昧死

【昧良心】 mèi liángxīn अपने अंतःकरण के विरुद्ध (बुराई करना): 不能～赚钱。अपने अंतःकरण के विरुद्ध पैसा नहीं कमाना चाहिये।

【昧爽】 mèishuǎng पौ फटना; दिन निकलना

【昧死】 mèisǐ <लि०> अपने प्राण मृत्युदंड के खतरे में डालनाः ～上言 अपने प्राण मृत्युदंड के खतरे में डालकर (महाराज के सामने) पत्र प्रस्तुत करना

【昧心】 mèixīn दे० 昧良心: 不说～话 अपने अंतःकरण के विरुद्ध बात न करना

【昧于】 mèiyú समझ में न आ सकनाः ～事实 तथ्यों की अनभिज्ञता से

袂 mèi <लि०> आस्तीनः 分～ बिदाई लेना; साथ छोड़ना; जुदा होना; बिछुड़ना

谜 (謎) mèi नीचे दे०

mí भी दे०

【谜儿】 mèir <बो०> पहेलीः 破～ पहेलियों को हल करना / 猜～ पहेली का उत्तर बूझना

痗 mèi <लि०> अधिक चिंता से बीमार पड़ना

寐 mèi सोनाः 夜不能～ रातभर नींद न आ सकना

媚 mèi ❶चापलूसी करना; खुशामद करनाः 献～ चापलूसी करना; खुशामद करना ❷मनोरम; मोहक; आकर्षक; चित्ताकर्षकः ～人的景色 चित्ताकर्षक दृश्य

【媚敌】 mèidí दुश्मनों की चापलूसी से खुशामद करना; शत्रुओं की अत्यधिक चाटुकारिता करना

【媚骨】 mèigǔ चाटुकारिताः 他没有丝毫的奴颜和～。वे किसी भी किस्म की जीहुजूरी अथवा चाटुकारिता से कोसों दूर थे।

【媚气】 mèiqì स्त्री-जैसी मनोरमता का प्रयत्न करना

【媚世】 mèishì लोगों को प्रसन्न करने का प्रयत्न करनाः ～之作 लोगों को प्रसन्न करने का प्रयत्न करने की कृति

【媚俗】 mèisú 媚世 के समानः 趋时～ फ़ैशन के अनुसार लोगों को प्रसन्न करने का प्रयत्न करना

【媚态】 mèitài ❶चापलूसी; चाटुकारिताः 种种～ तरह-तरह की चापलूसियां ❷दे० 媚气

【媚外】 mèiwài विदेशी शक्तियों की चापलूसी करनाः 崇洋～ विदेशी वस्तुओं की पूजा करना और विदेशी शक्तियों की चाटुकारिता करना / ～残民 विदेशियों के तलवे चाटना और जनता का उत्पीड़न करना

【媚笑】 mèixiào मन-मोहक मुस्कान; लुभावनी मुस्कान

【媚眼】 mèiyǎn चित्ताकर्षक आखें: 抛～ (विशेषतः स्त्रियों की) आंख मारना

【媚悦】 mèiyuè जानबूझकर दूसरे की चाटुकारिता करना

魅 mèi किंवदंती में एक प्रकार का भूत; शैतान; पिशाच

【魅惑】 mèihuò लुभाना; ललचाना; फुसलानाः ～力 लुभाने की शक्ति; ललचाने की शक्ति; फुसलाने की शक्ति

【魅力】 mèilì मोहकता; रोचकता; आकर्षण; जादू-टोनाः 艺术的～ कलात्मक आकर्षण / 音乐的～ संगीत का आकर्षण; संगीत का जादू-टोना / 永久的～ चिरंतन रोचकता

【魅人】 mèirén लोगों को आकर्षित करनाः ～的景色 चित्ताकर्षक दृश्य

mēn

闷 (悶) mēn ❶रुद्धवायु; श्वासरोधी; दमघोंटः ～热 उमस / 天很～。बहुत उमस। ❷हवा बन्द करना; ढांकनाः 茶刚泡上，～一会儿。चाय में अभी उबाला पानी डाला है, इसे ढंक लो। ❸न बोलना; उत्तर न देनाः ～声不响 कुछ न बोलना ❹<बो०> आवाज़ बुलन्द न होनाः 他今天不舒服，说话～声～气的。आज उस का जी अच्छा नहीं है, गला बैठा हुआ है। ❺दिन-भर घर में पड़ा रहना, बाहर न जानाः 他整天～在家里看书。वह दिन-भर किताब पढ़ते-पढ़ते घर में पड़ा रहता है।

mèn भी दे०

【闷沉沉】 mēnchénchén ❶दमघोंट; रुद्धवायु; श्वासरोधीः ～的房间 अंधेरा कमरा; अंधकारमय कमरा; दमघोंट कमरा ❷(आवाज़) नीची और मद्धिमः 雷声在远处～地响。बादल दूर से नीची और मद्धिम आवाज़ में गूंज रहा है।

mènchénchén भी दे०

【闷锄】 mēnchú बीज में अंकुर निकलने के पहले सतह पर की मिट्टी को कुदाली से खोदना और घास आदि को निकालना ताकि बीज से अंकुर आसानी से निकल सके।

【闷气】 mēnqì दमघोंट; रुद्धवायु; श्वासरोधीः 这个房间又～又潮湿。यह कमरा दमघोंटू भी है और सीलनदार भी।

mènqì भी दे०

【闷热】 mēnrè उमसः 天很～，快下雨了。बहुत उमस है, पानी बरसेगा।

【闷声闷气】 mēnshēng-mēnqì आवाज़ नीची और अस्पष्ट होनाः 他感冒了，说话～的。उसे ज़ुकाम हुआ, गला बैठ गया।

【闷头儿】 mēntóur चुपके से (सख्ती से काम करना): ～干 चुपके से सख्ती से काम करना / ～写作 चुपके से लिखना

mén

门（門）mén ❶दरवाज़ा; द्वार; फाटक: 大～ फाटक / 房～ कमरे का दरवाज़ा ❷किवाड़; पट; कपाट: 敲～ किवाड़ खटखटाना / 关～ दरवाज़ा (किवाड़) बंद करना; कपाट देना ❸वस्तुओं का दरवाज़ा: 柜～ अलमारी का दरवाज़ा / 炉～ स्टोव का दरवाज़ा ❹दरवाज़े के काम आने वाली वस्तु; वाल्व: 电～ (बिजली का) स्विच; बटन / 气～ टायर का वाल्व / 球～ <खेल०> गोल / 守～员 <खेल०> गोलकीपर ❺कोई काम करने का उपाय; निपुणता; कौशल: 入～ देहरी तक पहुंचना; देहरी पार कर लेना / 摸着炼钢活儿的～儿 फ़ौलाद बनाने के कौशल में दक्षता प्राप्त कर लेना ❻परिवार: 王～李氏 मिसेज़ वांग, पितृ-कुल ली / 双喜临～ परिवार में युगल मंगल आना ❼(धर्म) पंथ; मत; संप्रदाय; विचार-संप्रदाय: 佛～ बौद्ध धर्म; बौद्ध मत ❽गुरु-सबंधी: ～徒 शिष्य / 同～ सहपाठी; एक ही गुरु के नीचे सीखने वाले ❾श्रेणी; वर्ग: 分～别类 वर्गीकरण करना ❿<जीव०> नस्ल; जाति; फ़ाइलम: 亚～ सबफ़ाइलम / 脊椎动物～ रीढ़दार प्राणी ⓫<कंप्यू०> गेट; द्वार: "与" ～ AND गेट / "非" ～ NOT गेट ⓬जुआ खेलने में बाज़ी लगाने का स्थान; जुआ खेलने वाले का स्थान: 天～ जुआ खेलने में जुए के महाजन के सामने वाला ⓭<परि०श०> ①(विषय के लिये): 三～功课 तीन विषय; तीन कोर्स / 一～学问 अध्ययन का एक विषय ②(तोप के लिये): 小炮八千余～ 8,000 से ज़्यादा तोपें ③(विवाह के लिये): 一～亲事 एक शादी-ब्याह ④(संबंधी के लिये): 一～亲戚 रिश्तेदार परिवार ⓮ (Mēn) एक कुलनाम

【门巴】 ménbā <तिब्बती भाषा> वैद्य; चिकित्सक

【门巴族】 Ménbāzú मन-बा जाति, मोनबा (या मोइनबा) अल्पसंख्यक जाति (शी-त्सांग जाति स्वायत्त क्षेत्र में निवास करने वाली अल्पसंख्यक जाति)

【门板】 ménbǎn ❶किवाड़; पट; कपाट: 上～ लकड़ी का किवाड़ बढ़ाना; किवाड़ को सही जगह पर लगाना / 卸下～ किवाड़ उखाड़ना; किवाड़ उतारना / 躺在～上 उखाड़े हुए किवाड़ पर लेटना ❷शटर; दुकान के शटर: 上～ शटर लगाना; उस दिन का व्यवसाय बंद करना

【门鼻儿】 ménbír दरवाज़े पर लगी हुई तांबे या लोहे की अर्धगोलाकार वस्तु जो दरवाज़े को बन्द करने के काम आती है

【门匾】 ménbiǎn फाटक पर लगा हुआ लकड़ी का अभिलिखित फट्टा; दरवाज़े पर टैबलैट

【门钹】 ménbó पुराने ढंग के फाटक पर लगी हुई चीज़ जिस पर कुंडा (या कुंडी) लगाया जाता है

【门插关儿】 ménchāguānr (दरवाज़े का) बोल्ट; सिटकिनी; बिलाई; चटकनी

【门齿】 ménchǐ（门牙，板牙 bǎnyá भी）छेदन दंत; काटने वाला दांत; छेदक; चौक; राजदंत

【门刺】 méncì परिचय कार्ड; संदेश पत्र; मुलाकाती कार्ड; विज़िटिंग कार्ड; कॉलिंग कार्ड

【门当户对】 méndāng-hùduì (विवाह के लिये) दोनों पक्षों की आर्थिक और सामाजिक स्थिति बराबर होना

【门道】 méndào द्वार-मार्ग; मुख्य द्वार

【门道】 méndao किसी काम को करने का मार्ग (उपाय); लटका: 技术革新的～。तकनीकी सुधार की संभावनाएं / 赚钱的～ धन कमाने की कला / 你们真懂得～。आप लोग लटके खूब समझते हैं।

【门第】 méndì परिवार की स्थिति, परिवार की सामाजिक स्थिति, उस के सदस्य की सभ्यता का स्तर आदि: 书香～ बुद्धिजीवियों का परिवार / ～相当 दोनों परिवारों की स्थिति बराबर होना

【门吊】 méndiào <यां०> गैंट्री क्रेन

【门吊儿】 méndiàor कुंडा; कुंडी

【门丁】 méndīng <पुराना> दरबान; द्वारपाल

【门钉】 méndīng राजमहल आदि के फाटक के कपाट पर सुव्यवस्थित रूप से लगे हुए गोल-गोल कील

【门洞儿】 méndòngr द्वार-मार्ग; मुख्य द्वार

【门斗】 méndǒu फाटक आदि के बाहर बना छोटा-सा कमरा जो हवा को रोकने, सर्दी से रक्षा करने आदि के काम में आता है

【门对】 ménduì दरवाज़े पर पद्यांश

【门墩】 méndūn घूआ

【门额】 mén'é दरवाज़े की चौखट की ऊपर वाली लकड़ी का ऊपरी भाग

【门阀】 ménfá (सामंती चीन में) शक्तिशाली और प्रभावशाली कुल (या परिवार): ～观念 पद-प्रतिष्ठा और खानदारी रोब-दाब

【门房】 ménfáng दरबान; द्वारपाल; चौकीदार

【门扉】 ménfēi पट; किवाड़; कपाट: 阖上～ दरवाज़ा बन्द करना; दोनों पट भेड़ लेना / 打开心灵的～ हृदय के पट खोल देना

【门风】 ménfēng परिवार या कुल की परम्परागत नीति-शिक्षा और नैतिक मान-दंड

【门缝】 ménfèng दरवाज़े की दरार या संधि

【门岗】 méngǎng गेट-संतरी; दरवाज़े पर पहरेदार

【门馆】 ménguǎn ❶पुराने ढंग का निजी स्कूल; परिवार-स्कूल ❷गृह-शिक्षक; पुराने ढंग के निजी स्कूल का शिक्षक ❸नौकरशाह, रईस के यहां आश्रितों के रहने के लिये मकान

【门户】 ménhù ❶दरवाज़ा; द्वार (सामान्य नाम): ～紧闭 दरवाज़ा कसकर बन्द होना / 小心～ दरवाज़े के लिये सावधान रहना / ～封闭 अवरुद्ध-द्वार; बन्द-दरवाज़ा ❷गमना-गमन स्थान; राहे-गुज़र: 塘沽新港是北京通往海上的～。थ्येनचिन का थांगकू नया बंदरगाह पेइचिंग से समुद्र जाने का गमना-गमन स्थान है। ❸परिवार: 兄弟各自立～。भाइयों ने अपना-अपना घर बसाया है। ❹दल; गुट्ट; पक्ष; पंथ; मत; संप्रदाय: 门户之见 ❺परिवार की स्थिति: ～相当 दोनों परिवारों की स्थिति बराबर होना

【门户开放】 ménhù kāifàng मुक्त-द्वार; खुला दरवाज़ा; किवाड़ खुला रहना: ～政策 मुक्त-द्वार नीति; खुले दरवाज़े की नीति

【门户之见】 ménhùzhījiàn पंथवाद; संप्रदायवाद
【门环】 ménhuán कुंडा; कुंडी
【门禁】 ménjìn प्रवेश सुरक्षा; प्रवेश द्वार की पहरेदारी: ~森严 प्रवेश-द्वारों की सख्त पहरेदारी करना
【门警】 ménjǐng प्रवेश-द्वार पर पुलिस पहरेदार
【门径】 ménjìng रास्ता; मार्ग; प्रवेश-द्वार; लटका
【门静脉】 ménjìngmài (श०वि०) यकृत शिरा; यकृत धमनी
【门镜】 ménjìng (猫眼 māoyǎn का लोकप्रचलित नाम) किवाड़ के झरोखे में लगा हुआ शीशा
【门坎】 ménkǎn दे० 门槛
【门槛】 ménkǎn (门坎 भी) ❶देहरी; दहलीज: 踏进~ दहलीज पार करना; देहली लांघना ❷〈बो०〉 कोई काम करने का उपाय; कौशल: 不懂~ चालबाजियाँ न जानना
【门可罗雀】 ménkěluóquè दरवाज़े के सामने जाल बिछाकर गौरैया पकड़ी जा सकना —— मेहमान बहुत कम होना
【门客】 ménkè आश्रय पर जीने वाला; अनुजीवी; आश्रित; नमकख्वार
【门口】 ménkǒu प्रवेशद्वार; द्वार-मार्ग; दरवाज़ा: 学校~ स्कूल का प्रवेशद्वार / 在~等候 दरवाज़े पर प्रतीक्षा करना
【门框】 ménkuàng दरवाज़े की चौखट
【门廊】 ménláng 〈वास्तु०〉 दालान; औसारा; बरामदा
【门类】 ménlèi वर्ग; श्रेणी; विभाग: ~繁多 बहुत प्रकार की श्रेणियां
【门里出身】 ménli chūshēn 〈बो०〉 किसी परम्परागत हुनर वाले परिवार में पैदा होना
【门帘】 ménlián (门帘子 ménliánzi भी) परदा; द्वार-पट
【门联】 ménlián द्वार पर पद्यांश
【门脸儿】 ménliǎnr 〈बो०〉 नगर-द्वार के आसपास का स्थान ❷(दुकान का) अगवाड़ा; मुख
【门铃】 ménlíng दरवाज़ा-घंटी
【门楼】 ménlóu फाटक पर मेहराब
【门路】 ménlu ❶कोई काम करने का उपाय; रास्ता; मार्ग; चालबाज़ी: 摸到~ कोई काम करने का उपाय जानना ❷अपना उद्देश्य प्राप्त करने का मार्ग: 找~ अपना उद्देश्य प्राप्त करने का रास्ता ढूँढ़ना
【门罗主义】 Ménluó zhǔyì मनरोवा; मनरो का सिद्धांत
【门脉】 ménmài 门静脉 का संक्षिप्त रूप
【门楣】 ménméi ❶दरवाज़े की चौखट की ऊपर वाली लकड़ी; लिंटल ❷परिवार की स्थिति: 光耀~ अपने परिवार को शोभा देना
【门面】 ménmian ❶दुकान का अग्रभाग; शॉपफ्रंट: 三间~的商店 वह दुकान जिस के आगे की तरफ़ तीन दर बने हुए हैं। ❷आकृति; बाहरी आकृति: 支撑~ दिखावा करना; अपनी बाहरी हालत बनाए रखना
【门面话】 ménmianhuà रस्मी शिष्टाचार के अनुकूल कही हुई बात जिस से कोई समस्या न हल की जा सके
【门幕】 ménmù दरवाज़े का पर्दा
【门钮】 ménniǔ किवाड़ की मुठिया
【门牌】 ménpái ❶मकान की नंबर प्लेट ❷स्ट्रीट नंबर; हाउस नंबर: 他们家~是长安街十号。उन के घर का नंबर (या स्ट्रीट नंबर) नं० दस छांग-आन स्ट्रीट है।
【门票】 ménpiào प्रवेश-टिकट
【门儿清】 ménrqīng 〈बो०〉 खूब अच्छी तरह जानना; दक्ष होना; निपुण होना
【门桥】 ménqiáo 〈सैन्य०〉 बोट राफ़्ट (boat raft)
【门球】 ménqiú 〈खेल०〉 क्रोके (croquet)
【门人】 ménrén ❶शिष्य; चेला; अनुयायी ❷अनुजीवी; आश्रित; नमकख्वार
【门扇】 ménshàn किवाड़; पट; कपाट
【门神】 ménshén 〈पुराना〉 किवाड़ पर चिपका हुआ देवता का चित्र जो भूत-प्रेतों को भगा देने के काम आता है (अंधविश्वास)
【门生】 ménshēng शिष्य; चेला; अनुयायी
【门市】 ménshì फुटकर बिक्री: ~部 फुटकर बिक्री डिपार्टमेंट / 星期天~很好。रविवार को फुटकर बिक्री अच्छी रहती है।
【门式锯】 ménshìjù वृत्ताकार आरा
【门首】 ménshǒu फाटक के सामने; फाटक के बाहर
【门闩】 ménshuān सिटकिनी; चटकनी; बिलाई; कुलाबा; बिल्ली
【门厅】 méntīng 〈वास्तु०〉 प्रवेश-हाल; फाटक के अंदर बड़ा कमरा
【门庭】 méntíng ❶घर का दरवाज़ा और आंगन ❷परिवार की स्थिति
【门庭若市】 méntíng-ruòshì घर के फाटक पर और आंगन में भीड़ लगी रहती है जैसे बाज़ार हो —— घर (या दुकान) में आने वाले लोग बहुत होना
【门徒】 méntú शिष्य; चेला; अनुयायी
【门外汉】 ménwàihàn अनभिज्ञ: 对于音乐问题我是~。मैं संगीत के मामलों में अनभिज्ञ हूँ।
【门卫】 ménwèi चौकीदार; फाटक पर पहरेदार
【门下】 ménxià ❶अनुजीवी; आश्रित ❷शिष्य; चेला; अनुयायी ❸गुरु के आगे; गुरु के समीप; विद्या या कला सिखलाने वाले का घर: 许多作家都出自他的~。बहुत से लेखक उस गुरु के घर से निकले हैं।
【门限】 ménxiàn 〈लि०〉 देहली; दहलीज
【门牙】 ményá 门齿 का साधारण नाम
【门诊】 ménzhěn आउट-पेशेंट सर्विस; डाक्टर आदि का अस्पताल, क्लिनिक आदि में रोगी की चिकित्सा करना
【门诊病人】 ménzhěn bìngrén आउट-पेशेंट; बाहर का रोगी जो अस्पताल में भर्ती न हो
【门诊部】 ménzhěnbù रोग-निदान विभाग; चिकित्सालय
【门子】 ménzi ❶सरकारी दफ़्तर या रईस आदि के घर में दरबान; द्वारपाल ❷दे० 门路❷ ❸〈परि०श०〉 '件' के बराबर: 他们对这~亲事很高兴。वे इस विवाह से बहुत खुश हैं।
【门柱】 ménzhù 〈वास्तु०〉 फाटक के बाहर मकान के खंभे

扪（捫）mén 〈लि०〉 छूना; हाथ फेरना; धीरे-धीरे सहलाना: ～心

【扪心】ménxīn दिल टटोलना: 清夜～ रात की खामोशी में अपना दिल टटोलना / ～自问 आत्मपरीक्षण करना; आत्मनिरीक्षण करना; अपनी आत्मा को टटोलकर पूछना

钔（鍆）mén 〈रसा०〉 मेण्डलिवियम（Md）

璊（璊）mén 〈लि०〉 लाल रंग का जेड

亹 mén नीचे दे०

【亹源】Ményuán वर्तमान 门源 Ményuán (छिंग-हाए प्रांत में एक स्थान का नाम)

mèn

闷（悶）mèn ❶उदास; अहर्षित; खिन्न: 愁～ उदास होना; अहर्षित होना; खिन्न होना / 闷闷不乐 ❷दम घुटना: ～死 दम घुटकर मरना / 我～得慌。मेरा दम घुटा जा रहा है। / 我们～～的吃完了一餐饭。हम लोग चुपचाप खाना खाते रहे।

mēn भी दे०

【闷沉沉】mènchénchén दुखी या खिन्न चित्त

mēnchénchén भी दे०

【闷罐车】mènguànchē 〈बो०〉 दे० 闷子车

【闷棍】mèngùn ❶(डाकू आदि का) अचानक किसी व्यक्ति पर डंडे से चोटकर उसे मूर्छित करना ❷〈ला०〉 किसी व्यक्ति पर अचानक भारी हमला: 打～ किसी व्यक्ति पर अचानक भारी हमला करना

【闷葫芦】mènhúlu ❶पहेली; ऐसी जटिल बात जो जल्दी किसी की समझ में न आये: 这是什么～，没头没脑的? यह क्या पहेली बुझा रहे हो ? / 把他打入～里。वह भ्रमित हो उठा।

【闷葫芦罐儿】mènhúluguànr 〈बोल०〉 मिट्टी से बना पैसा जमा करने का डिब्बा

【闷酒】mènjiǔ दुख को अकेले मद्यपान के द्वारा भुलाना

【闷倦】mènjuàn उदास और सुस्त; उदास और थका हुआ

【闷雷】mènléi ❶दबा हुआ मेघनाद ❷मन पर अचानक धक्का पहुंचना

【闷闷不乐】mènmèn-bùlè अप्रसन्न होना; उदास होना

【闷气】mènqì मान; रुठना; कोप: 生～ रुठ जाना; मान करना; कुपित होना / 出出～ अपने दिल का बोझ हल्का करना

mēnqì भी दे०

【闷香】mènxiāng औषधि से बना हुआ धूप जिस के जलने से लोगों पर बेहोशी छा जाती है

【闷子车】mènzichē（闷罐车 भी）〈रेल〉 बाक्सकार

焖（燜）mèn बन्द बर्तन में रखकर धीमी आग से पकाना: ～饭 धीमी आग से बन्द बर्तन में चावल पकाना / ～牛肉 ब्रेज़ड गोमांस

懑（懣）mèn 〈लि०〉 ❶खिन्न; क्लेषित ❷क्रोध में आना; गुस्सा आना; नाराज़ होना: 愤～ क्रोध में आना; गुस्सा आना; नाराज़ होना

men

们（們）men (एकवचन पुरुषवाचक सर्वनाम या संज्ञा के साथ प्रयुक्त करके बहुवचन बनता है): 我～ हम / 你～ तुम लोग / 他（她）～ वे लोग / 同志～! कामरेडो ! साथियो ! (अगर संज्ञा के पहले संख्या और परिमाण शब्द हो तो 们 का प्रयोग नहीं किया जाता जैसे, 三个孩子 तीन लड़के, न कि 三个孩子们)

mēng

蒙¹（矇）mēng ❶धोखा देना; ठगना; छलना: 欺上～下 अपने ऊपर के लोगों को धोखा देना और अपने से छोटे लोगों को बुद्धू बनाना / 你在什么地方学会了这一套～人的把戏? यह चालबाज़ी तुम ने कहां सीखी ? ❷अनुमान करना; अटकल लगाना: ～对了 संयोग से ठीक अटकल लगाना

蒙² mēng बेहोश; संज्ञारहित; बेसुध; अचेत: 头发～ सिर में चक्कर आना; सिर चकराना

méng; Měng भी दे०

【蒙蒙黑】mēngmēnghēi अंधेरा; अंधकार; सूर्योदय से पहले और सूर्यास्त के बाद का धुंधला प्रकाश; सुबह का धुंधलका; शाम का झुटपुटा

【蒙蒙亮】mēngmēngliàng पौ फटते समय हल्की रोशनी; क्षीण प्रकाश

【蒙骗】mēngpiàn धोखा देना; ठगना; छलना: ～顾客 गाहकों को धोखा देना

【蒙事】mēngshì 〈बो०〉 झूठा बनाकर धोखा देना

【蒙松雨】mēngsongyǔ फुहार; झींसी

【蒙头转向】mēngtóu-zhuànxiàng चक्कर खाना और दिशा को ठीक-ठीक न पहचानना; उलझन में पड़ना

méng

龙 méng नीचे दे०
máng भी दे०

【龙茸】 méngróng 〈लि०〉 बिखरा हुआ: ～的头发 बिखरे हुए बाल

氓 （甿） méng 〈प्राचीन〉 (बहुधा बाहर से आयी हुई) प्रजा; आम जनता; आम लोग
máng भी दे०

虻 （蝱） méng गैड-फ़्लाई; हॉर्सफ़्लाई

萌[1] méng अंकुरित करना या होना; अंकुर निकलना; कोंपल फूटना; कली फूटना

萌[2] méng 〈प्राचीन〉 氓 méng के समान

【萌动】 méngdòng ❶(वनस्पति का) अंकुरित करना या होना; अंकुर निकलना; कोंपल फूटना; कली फूटना ❷(वस्तुओं का) आरंभ होना; शुरू होना: 春意～。 वसंत की मंद वायु चलने लगी।

【萌发】 méngfā ❶〈वन०〉 अंकुरित होना; अंकुर निकलना: 茶树经过修剪后又～出新枝来。 चाय के पौधों की टहनियों को काट-छांटकर फिर नयी-नयी अंकुरियां निकलने लगीं। ❷(वस्तुएँ) पैदा होना; उत्पन्न होना: 他脑中～出一种强烈的求知欲。 उस के दिमाग में एक प्रचंड जिज्ञासा उत्पन्न होने लगी।

【萌生】 méngshēng 〈लि०〉 (बहुधा अमूर्त वस्तुएँ) उत्पन्न होने लगना; उठना: ～希望 आशा करना या होना

【萌芽】 méngyá ❶अंकुरित करना या होना; अंकुर निकलना; कली फूटना ❷〈ला०〉 अंकुर; बीज; आरंभ; शुरुआत: 在～状态中 बीजरूप में

【萌兆】 méngzhào 〈लि०〉 पूर्वलक्षण; पूर्वचिह्न

【萌茁】 méngzhuó अंकुरित करना या होना; अंकुर निकलना; कली फूटना

蒙 méng ❶छाना; आवृत्त करना: ～头睡 मुंह ढांपकर लेटना; मुंह लपेटकर सोना / 用布～脸 कपड़े से चेहरा छिपाना / 用手帕～住眼 आंख पर रूमाल बांधना; रूमाल से आंख बंद करना ❷लेना; पाना; स्वीकार करना; ग्रहण करना; (कठिनाइयों आदि का) सामना करना: 倘～采纳 यदि आप हमारे इन सुझावों को स्वीकार करने की कृपा करें / 他曾～明师指授。 उस का मार्गदर्शन किसी अच्छे शिक्षक ने किया। ❸नादान; नासमझ; अनभिज्ञ; ज्ञानहीन: 启～ अज्ञानमुक्ति ❹（Méng）एक कुलनाम
mēng; Měng भी दे०

【蒙蔽】 méngbì धोखा देना; आंखों में धूल झोंकना: 受～ आंखों में धूल झोंकी जाना / ～事实真相 वास्तविक तथ्यों पर पर्दा डालना / ～舆论 लोकमत को गुमराह करना / 从主观主义～中解放出来 मनोगतवाद के कुहासे से मुक्त करना या होना / 被……所～的人 … के भ्रम में पड़े बहुत से लोग

【蒙尘】 méngchén (सम्राट का) युद्ध के कारण राजधानी छोड़कर बाहर जाना: 天子～ युद्ध के कारण सम्राट का राजधानी छोड़कर बाहर जाना

【蒙馆】 méngguǎn 〈पुराना〉 निजी स्कूल

【蒙汗药】 ménghànyào नींद की गोली: 用～蒙住 नींद की गोली के ज़रिये मदहोश करना

【蒙哄】 ménghǒng धोखा देना; धोखे में डालना; आंखों में धूल झोंकना: ～顾客 गाहकों को धोखा देना

【蒙混】 ménghùn लोगों को धोखे में डालना या गुमराह करना

【蒙混过关】 ménghùn-guòguān चुपके से निकल या खिसक जाना; झूठे बहाने बनाकर निकल जाना

【蒙眬】 ménglóng（矇眬 ménglóng भी）अधसोया; अधजगा; उनींदा; अर्धनिद्रित: ～睡去 ऊंघते-ऊंघते सो जाना / ～中 अर्धनिद्रित स्थिति में

【蒙昧】 méngmèi नादानी; अज्ञानता: 幼稚者的～ बाल-सुलभ अज्ञानता / ～无知 अज्ञानता / ～无知的人 अनभिज्ञ लोग

【蒙昧主义】 méngmèi zhǔyì ज्ञान-विरोधी मत; ज्ञानोन्नतिविरोध

【蒙蒙】 méngméng ❶（濛濛 méngméng भी）फुहार-युक्त: 天下着～细雨。 हल्की-सी बूंदाबांदी हो रही थी। ❷धुंधला: ～烟雾 कुहरे से ढंका हुआ; धुंध भरा

【蒙难】 méngnàn (प्रसिद्ध और प्रतिष्ठित व्यक्ति का) खतरे का सामना करना; दुश्मन के शिकंजे में पड़ना

【蒙师】 méngshī 〈पुराना〉 बालकों को अज्ञान से मुक्त करने वाला शिक्षक

【蒙受】 méngshòu पड़ना; पहुंचना; उठाना; सहन करना: ～极大的灾难 (किसी के ऊपर) बेइंतहा मुसीबतें ढाना; भारी विपत्ति पहुंचना / ～……的毒害 … के ज़हर का शिकार हो जाना

【蒙太奇】 méngtàiqí 〈फ़िल्म〉 मोंताज (montage), एक क्रमिक पूर्ण चित्र बनाने के लिये फ़िल्म-निर्माण में अलग-अलग लिये गये चित्रों का चयन, काट-छांट और क्रमपूर्वक रखने की क्रिया

【蒙特塞拉特岛】 Méngtèsàilātèdǎo मोंटसेराट द्वीप

【蒙童】 méngtóng 〈पुराना〉 बालक जो अभी पढ़ना-लिखना सीखता है

【蒙脱石】 méngtuōshí 〈खनि०〉 मॉन्टमोरिलोनाइट (montmorillonite)

【蒙学】 méngxué दे० 蒙馆

【蒙药】 méngyào चेतनानाशक औषध का साधारण नाम

【蒙冤】 méngyuān भूल से अनुचित दोषारोपण किया जाना, गलत इल्ज़ाम लगाया जाना; अन्याय किया जाना

【蒙在鼓里】 méng zài gǔlǐ ढोल के अंदर रखा जाना —— अंधेरे में रखा जाना: 这事别人都知道了，只有他还～。 यह बात दूसरे लोग सब जानते हैं, केवल वह अभी तक जानता नहीं।

【蒙子】 méngzi（表蒙子 biǎoméngzi भी）घड़ी का शीशा

盟 1 méng ❶गठबंधन; गठजोड़: 与……结～ के साथ गठजोड़ कायम कर लेना ❷शपथ-युक्त; सशपथ: ～兄弟 ❸मंग, भीतरी मंगोलिया स्वायत्त क्षेत्र में प्रिफ़ेक्चर के बराबर शासन-क्षेत्र

盟 2 méng (पुराना उच्चारण míng) (सौगंध,कसम) खाना, (शपथ) लेना

【盟邦】 méngbāng मित्र-देश; मित्रराज्य

【盟国】 méngguó मित्र-देश; मित्रराज्य

【盟军】 méngjūn मित्रसेना; मित्रराष्ट्रीय सेना

【盟誓】 méngshì ❶〈लि०〉 प्रतिज्ञा; संधि, सुलह की प्रतिज्ञा ❷〈बोल०〉 शपथ लेना; सौगंध, कसम खाना: 盟个誓 शपथ लेना; सौगंध, कसम खाना

【盟兄弟】 méngxiōngdì घनिष्ठ मित्र; गहरे दोस्त; जिगरी दोस्त

【盟友】 méngyǒu ❶मित्र; संश्रयकारी ❷मित्र-देश; मित्र-राज्य

【盟员】 méngyuán लीग या गठबंधन का सदस्य

【盟约】 méngyuē (गठबंधन का) शपथ; सौगंध; संधि

【盟主】 méngzhǔ गठबंधन का नेता

甍 méng 〈लि०〉 छत की रिज (ridge)

瞢 méng 〈लि०〉 आंख साफ़ न होना: 目光～然 दृष्टि स्पष्ट न होना

幪 méng दे० 帡幪 píngméng 〈प्राचीन〉 तंबू, कंपू, पाल आदि आवरण करने की वस्तु, जिस का ऊपर वाला भाग 幪 कहते थे

濛 méng 〈लि०〉 फुहार; हल्की वर्षा; झींसी; महीन बूंदों की झड़ी

【濛濛】 méngméng दे० 蒙蒙❶ méngméng

檬 méng दे० 柠檬 níngméng नींबू; निम्बू

曚 méng नीचे दे०

【曚昽】 ménglóng 〈लि०〉 (सूर्यप्रकाश) धुंधला; अस्पष्ट; धूमिल

朦 méng नीचे दे०

【朦胧】 ménglóng ❶(चन्द्रप्रकाश) धुंधला; कुहरीला ❷अस्पष्ट; धुंध-सा; धूमिल: ～的景色 धुंध-सा दृश्य / 烟雾～ कुहरीला / 暮色～ शाम का अंधेरा या धूमिल प्रकाश

鹲 (鸏) méng उष्ण कटिबंध में एक प्रकार का बड़े आकार का सफ़ेद या राख के रंग का मछली खाने वाला पक्षी जिस की चोंच लंबी और सीधी होती है

礞 méng नीचे दे०

【礞石】 méngshí 〈खनि०〉〈ची०चि०〉 एक प्रकार का पत्थर जिसका रंग भूरे में हरा या काला और हल्का पीला होता है और जो दवा के काम आता है

矇 méng 〈लि०〉 दृष्टि में न आना; अंधा होना 蒙 mēng भी दे०

【矇眬】 ménglóng दे० 蒙眬 ménglóng

艨 méng नीचे दे०

【艨艟】 méngchōng (蒙冲 méngchōng भी) 〈प्राचीन〉 युद्धपोत

měng

勐 1 měng 〈लि०〉 साहसी; वीर; बहादुर

勐 2 měng 〈पुराना〉 युन्नान प्रांत के शीश्वांग पानना 西双版纳 ताए 傣 जाति के क्षेत्र में शासानिक इकाई

猛 měng ❶घोर; सख्त; तेज़; तीव्र; तीक्ष्ण; प्रचंड: 勇～ प्रवीर; बहादुर / ～攻 विकट आक्रमण करना / 火力～ धुआंधार फ़ायर (करना) / ～力并进 प्रचण्ड वेग से एक साथ दौड़ना ❷अचानक; सहसा; एकाएक: 物价～涨(跌) चीज़ों का दाम अचानक बढ़ (गिर) जाना ❸〈क्रि०वि०〉 शक्तिपूर्वक; तेजस्वितापूर्वक: 他～一推我。उस ने मुझे ज़ोर का धक्का दिया। / ～冲 किसी पर टूट पड़ना / 敌军～攻不克。दुश्मन की सेनाओं की भीषण चढ़ाइयों का विफल हो जाना।

【猛不丁】 měngbudīng 〈बो०〉 सहसा; अचानक; एकाएक: 他～地推了我一把。सहसा उस ने मुझे ज़ोर से धक्का दिया।

【猛不防】 měngbufáng बेखबरी में या अचानक आ जाना; अचानक; अप्रत्याशित रूप से: ～背后有人推了我一把。अचानक किसी ने पीठ पीछे मुझे धक्का दिया।

【猛地】 měngde 〈क्रि०वि०〉 सहसा; अचानक; एकाएक: 他～把门关上。उस ने दरवाज़ा झटके से बन्द कर दिया।

【猛虎】 měnghǔ खूंख्वार शेर; हिंसक बाघ

【猛孤丁】 měnggudīng 〈बो०〉 सहसा; अचानक; एकाएक: 汽车～地停住了。सहसा कार रुक गयी।

【猛将】 měngjiàng साहसी सेनापति; साहसपूर्वक आगे बढ़ने वाला

【猛进】 měngjìn साहसपूर्वक आगे बढ़ना; अतिशीघ्र आगे बढ़ना: 突飞～ छलांग मारकर अतिशीघ्र आगे बढ़ना

【猛劲儿】 měngjìnr ❶शक्तियों को केन्द्रित करना; ज़ोर लगाना: 他一～就超过了前面所有的人。वह ज़ोर लगाकर सब आगे वालों से आगे निकल गया। / 搬重东西时要用～。भारी चीज़ को हटाने में ज़ोर लगाना चाहिये। ❷बड़ी भारी शक्ति: 这些小伙子干活都有股子～。ये जवान शक्तिपूर्वक काम करते हैं।

【猛可】 měngkě 〈पुराना〉 सहसा; अचानक; एकाएक

【猛力】měnglì अचानक ज़ोर लगाकर; पूरी शक्ति से: ~扣杀 बड़े ज़ोर से (गेंद को) नीचे की ओर जाल के ऊपर मारना / ~一拉 झटके के साथ खींच लेना

【猛厉】měnglì तीव्र; तीक्ष्ण; प्रचण्ड; सख्त; तेज़: 朔风~。उत्तरी हवा बड़ी तेज़ी से चल रही है।

【猛料】měngliào उत्तेजनावर्धक समाचार

【猛烈】měngliè ❶प्रचण्ड; घोर; तीव्र; तीक्ष्ण; सख्त; तेज़: 抵御~的东北风 उत्तरपूर्व से आने वाली सन्नाटेदार हवा को रोकना / ~轰炸 धुआंधार बमवर्षा / ~的火力 धुआंधार फ़ायर / ~扣杀 〈खेल०〉 भीषण प्रहार करना ❷ज़ोर से: 我的心在~地跳动着。मेरा दिल ज़ोर से धड़क रहा है।

【猛犸】měngmǎ 〈पुरा-प्राणि०〉（毛象 máoxiàng भी）मैमथ（mammoth）

【猛扑】měngpū (किसी पर) टूट पड़ना; झपट पड़ना

【猛禽】měngqín शिकारी पक्षी; हिंसक पक्षी; गोश्तखोर चिड़िया

【猛犬债券】měngquǎn zhàiquàn बुलडॉग बॉण्ड

【猛然】měngrán सहसा; अचानक; एकाएक: ~回头 सहसा मुंह फेर लेना / ~想起 एकाएक याद आना

【猛士】měngshì साहसिक योद्धा; बहादुर सिपाही

【猛兽】měngshòu हिंसक जंतु; हिंसक पशु; गोश्तखोर जानवर

【猛省】měngxǐng दे० 猛醒

【猛醒】měngxǐng（猛省 भी）अचानक जागना; अचानक समझ में आ जाना

【猛鸷】měngzhì बाज़; गरुड़; चील

【猛子】měngzi दे० 扎猛子 zhā měngzi 〈बो०〉 गोता मारना; डुबकी लगाना; डुबकी लेना

蒙 Měng मंगोल जाति

měng; méng भी दे०

【蒙古】Měnggǔ मंगोलिया

【蒙古包】měnggǔbāo मंगोल तम्बुआ; मंगोलिया यूर्ट

【蒙古人】Měnggǔrén मंगोलियाई; मंगोल

【蒙古人种】Měnggǔ rénzhǒng पीत जाति（黄种 Huángzhǒng के समान）

【蒙古语】Měnggǔyǔ मंगोलियाई (भाषा); मंगोल (भाषा)

【蒙古语族】Měnggǔ yǔzú मंगोलियाई भाषा दल

【蒙古族】Měnggǔzú ❶मंगोलियाई जाति; मंगोलियाई (या मंगोल) जो भीतरी मंगोलिया, चीलिन, हेइलोंगच्यांग, ल्याओनिंग, निंगश्या, शिनच्यांग, कानसू, छिंगहाए, हपेइ और हनान प्रांतों में निवास करते हैं ❷मंगोलिया देश में बहुसंख्यक जाति

【蒙栎】měnglì 〈वन०〉 मंगोलियाई शाहबलूत (ओक)

【蒙族】Měngzú 蒙古族 का संक्षिप्त रूप

锰（錳）měng 〈रसा०〉 मैंगनीज़（Mn）

【锰钢】měnggāng मैंगनीज़ इस्पात

【锰结核】měngjiéhé 〈भूगर्भ०〉 मैंगनीज़ पिंड; मैंगनीज़ नॉड्यूल（manganese nodule）

【锰铁】měngtiě 〈धा०वि०〉 लोह चुम्बक

蜢 měng दे० 蚱蜢 zhàměng टिड्डा; टिड्डी

艋 měng दे० 舴艋 zéměng 〈लि०〉 छोटी नाव

獴 měng 〈प्राणि०〉 नेवला; नकुल; मौंगूस

懵（懜）měng अज्ञानी; अनभिज्ञ; ज्ञानहीन: ~然无知 बिलकुल बेखबर; पूर्णतया अनभिज्ञ

【懵懂】měngdǒng अज्ञानी; अनभिज्ञ; बेखबर

蠓 měng 〈प्राणि०〉 मिज; मशक जाति का एक कीड़ा

【蠓虫儿】měngchóngr मिज जाति के कीड़े

mèng

孟 mèng ❶एक ऋतु का पहला मास: 孟春 ❷भाइयों में सब से बड़ा भाई; जेठा; ज्येष्ठ ❸（Mèng）एक कुलनाम

【孟春】mèngchūn वसंत ऋतु का पहला मास

【孟德尔主义】Mèngdé'ěr zhǔyì मेंडल-सिद्धांत; मेंडलवाद

【孟冬】mèngdōng शीत ऋतु का पहला मास

【孟加拉】Mèngjiālā बंगाल

【孟加拉邦】Mèngjiālābāng बंग; बंगाल प्रदेश

【孟加拉国】Mèngjiālāguó बंगलादेश

【孟加拉人】Mèngjiālārén बंगाली

【孟加拉湾】Mèngjiālāwān बंगाल की खाड़ी

【孟加拉语】Mèngjiālāyǔ बंगाली (भाषा)

【孟浪】mènglàng जल्दबाज़; उतावला; बिना विचारे किया हुआ: ~从事 जल्दबाज़ी से काम करना; बिना विचारे काम करना / 话语~ बिना विचारे बात करना

【孟买】Mèngmǎi बम्बई; मुम्बई

【孟秋】mèngqiū शरद ऋतु का पहला मास

【孟什维克】Mèngshénwéikè मेंशेविक

【孟什维主义】Mèngshénwéi zhǔyì मेंशेविज़्म

【孟夏】mèngxià ग्रीष्म ऋतु का पहला मास

【孟子】Mèngzǐ ❶मेनशियस (372-289 ई०पू०) ❷"मेंनशियस" (मेनशियस का सूक्ति-संग्रह)

梦（夢）mèng ❶सपना; स्वप्न: 做……的好~ …का दिवा स्वप्न देखना / 做~也没想到过要…… स्वप्न में भी … की कल्पना न करना ❷सपना देखना; स्वप्न देखना ❸भ्रांति; भ्रम: ~想 सपना देखना; भ्रम; खाम-खयाली

【梦笔生花】mèngbǐshēnghuā स्पप्न में देखा कि उस के ब्रुश की नोक पर फूल खिला हुआ है —— अपनी साहित्यिक प्रतिभा दिखाने लगना

【梦话】mènghuà ❶(梦呓, 呓语 yìyǔ भी)बर्राहट: 说~ बर्राना ❷दिवास्वप्न; खयाली पुलाव; हवाई महल;

निरर्थक बात; व्यर्थ की बात

【梦幻】 mènghuàn स्वप्न; स्वप्नमयी दुनिया: 从～中醒来 स्वप्न से जागना

【梦幻泡影】 mènghuàn–pàoyǐng खाम खयाली; खयाली; पुलाव; भ्रांति; भ्रम: 希望成了～。आशा खाम खयाली बन गयी।

【梦见】 mèngjiàn स्वप्न में देखना; ख्वाब में आना: 他～一只老虎。उस ने सपने में एक बाघ देखा।

【梦境】 mèngjìng सपना; स्वप्नमयी दुनिया; स्वप्नराज्य: 如入～ जैसे स्वप्नराज्य में आना

【梦寐】 mèngmèi सपना; स्वप्न; निद्रा: ～难忘 किसी चीज़ को सपने में भी भूल न सकना / 梦寐以求

【梦寐以求】 mèngmèiyǐqiú किसी चीज़ को हासिल करने के लिये उसे सपने में भी देखना; बहुत अधिक चाहना; लालायित होना

【梦乡】 mèngxiāng सपना; स्वप्न; स्वप्नराज्य; स्वप्नमयी दुनिया: 他一躺下便进入了～。लेटते ही वह सपना देखने लगा।

【梦想】 mèngxiǎng ❶खाम खयाली; खयाली पुलाव; भ्रांति; भ्रम: 这是他的～。यह उस की खाम-खयालीथी। / 这只不过是～而已。यह महज़ एक भ्रम हीहै। / 人民世世代代～着… जनता पीढ़ी-पीढ़ी से सपना देख रही है कि … ❷बहुत अधिक चाहना; लालायित होना: 他曾～当飞机驾驶员。वह विमान चालक बनने के लिये लालायित था।

【梦想家】 mèngxiǎngjiā स्वप्नदर्शी; स्वप्नद्रष्टा

【梦魇】 mèngyǎn दुःस्वप्न; डरावना या भयानक स्वप्न

【梦遗】 mèngyí 〈चिकि०〉 स्वप्न में वीर्य-उत्सर्जन; वेट ड्रीम (wet dream)

【梦呓】 mèngyì ❶बर्राहट; स्वप्न-प्रलाप; निद्रालाप ❷बेकार की गप्प; बकवास

【梦游】 mèngyóu स्वप्न में चलना

【梦游症】 mèngyóuzhèng (梦行症 mèngxíngzhèng भी) स्वप्न में चलने का रोग; निद्राचार; निद्राचलन; निद्राभ्रमण

mī

咪 mī नीचे दे०

【咪咪】 mīmī 〈अनु०〉 (बिल्ली की आवाज़) म्याऊँ-म्याऊँ: 猫～地叫着。बिल्ली म्याऊँ-म्याऊँ कर रही है।

眯 (瞇) mī ❶आंख सिकुड़ना या सिकोड़ना: 他～起了眼睛。उस ने अपनी आखें सिकोड़ीं / 强烈的阳光照得他～起了眼睛。सूरज की चमक के कारण उस की आंखें चौंधिया रही थीं। ❷〈बो०〉 झपकी लेना; क्षणिक नींद में होना: ～一会儿 भोजन के बाद की हल्की-सी झपकी लेना

mí भी दे०

【眯瞪】 mīdeng क्षणिक नींद में होना

【眯盹儿】 mīdǔnr झपकी लेना; ऊँघना

【眯缝】 mīfeng आंखो को सिकोड़ना: 他～着眼睛笑。वह आखों को सिकोड़कर मुस्करा रहा है।

【眯瞜】 mīxī 〈बो०〉 आंखें सिकुड़ना या सिकोड़ना: 他～着眼，有些发困。उस की आंखें सिकुड़ी हुई हैं, वह कुछ थका सा मालूम होता है।

mí

弥 (彌) mí ❶फैलना; भरना: ～漫 फैलना / 弥天大谎 ❷भरना; आवरण करना: 弥补 / 弥缝 ❸〈क्रि०वि०〉 अधिक; ज़्यादा; और: 欲盖～彰。जैसे-जैसे वह अपने कुकर्म को छिपाने की कोशिश करता है वैसे-वैसे उस का कुकर्म अधिक जल्दी से खुलता है।

【弥补】 míbǔ भरना; कमी पूरी करना: ～赤字 घाटा भरना / ～损失 नुकसान भरना / ～缺陷 कमी को दूर करना

【弥封】 mífeng परीक्षा-पत्र पर परीक्षार्थी का नाम बन्द करना ताकि धोखेबाज़ी से बच सके

【弥缝】 míféng छेद में डाट लगाना; डाट लगाकर बन्द करना —— गलती या बुराई को ढकना

【弥合】 míhé बन्द करना; पाटना: ～裂痕 दरार को पाटना

【弥勒】 Mílè 〈धर्म〉 मैत्रेय (अर्थानुवाद 慈氏 císhì)

【弥勒下生经】 Mílè Xiàshēngjīng मैत्रेयव्याकरण

【弥留】 míliú 〈लि०〉 मरणासन्न: ～之际 मरने के पहले

【弥漫】 mímàn (瀰漫 mímàn भी) फैलना; पसरना; भरना: 烟雾～ धुआँ पसरना / 乌云～ मेघ (बादल) छाना

【弥蒙】 míméng (धुआँ, कुहरा आदि) भरा होना; कुहरीला होना; कुहरे के कारण अस्पष्ट होना: 云雾～ बादल और कुहरा भरा होना

【弥撒】 mísa 〈धर्म〉 मास ,ईसा के अंतिम भोज की स्मृति में मनाया जाने वाला उत्सव

【弥撒曲】 mísaqǔ 〈संगी०〉 मास; मास उत्सव पर बाइबिल आदि के पाठ के कुछ भागों का संगीत सहित उच्चारण

【弥散】 mísàn (प्रकाश, आवाज़ आदि) चारों ओर फैलना; पसरना

【弥天】 mítiān आकाश भर; आकाश में; विशाल; बहुत बड़ा: ～大罪 बहुत बड़ा अपराध

【弥天大谎】 mítiān–dàhuǎng सफ़ेद झूठ; सरासर झूठ

【弥陀】 Mítuó (弥陀佛 Mítuófó भी) अभिताभ का संक्षिप्त रूप

【弥望】 míwàng दृष्टि-भर में: 春色～ दृष्टि-भर में वसंत का दृश्य

【弥月】 míyuè 〈लि०〉 ❶(शिशु का) जन्मदिवस से एक महीना पूरा होना ❷एक महीना पूरा होना: 新婚～

विवाह के दिन से एक महीना पूरा होना

迷 mí ❶भ्रम में डाला जाना; खोया जाना：～路 गुमराह होना; रास्ता भूलना / ～了方向 दिशा खो बैठना; दिशा-भ्रम होना ❷विमोहित होना; आकर्षित होना; मुग्ध होना： 迷恋 / ～上电影 फ़िल्म देखने का शौक होना ❸शौकिन; किसी मनोरंजन विशेष का अनुरागी या प्रेमी： 球～ फुटबाल आदि मैच देखने का शौकीन / 戏～ ऑपेरा देखने का शौकीन; ऑपेरा-प्रेमी / 财～ लोभी; लालची ❹भ्रम में डालना; मुग्ध करना; बहकाना： ～了心窍 मोह में फंसना / 景色～人 दृश्य का लोगों को आकर्षित करना / 她把小伙子都～住了。उस ने युवकों का मन मोह लिया है; उस ने युवकों के ऊपर अपना जादू कर दिया है।

【迷彩】 mícǎi शत्रु को धोखा देने के लिये विभिन्न रंगों के धब्बे, छींटे व दाग आदि डालकर बनाई हुई डिज़ाइन या रंग： ～服 उक्त रंग के कपड़े

【迷瞪】 mídeng <बो०> भ्रमित; मूर्ख; मूढ़

【迷宫】 mígōng भूल-भुलैया

【迷航】 míháng (जहाज़, हवाई जहाज़ आदि का) अपने ठीक रास्ते से भटकना

【迷糊】 míhu (मन, आंख) धुंधला

【迷魂汤】 míhúntāng（迷魂药 míhúnyào भी）❶जादू की तरल दवा ❷चापलूसी; खुशामद; चाटुकारिता： 灌～ मीठी-मीठी बातें करते हुए किसी व्यक्ति को जाल में फंसाने का प्रयत्न करना

【迷魂阵】 míhúnzhèn किसी व्यक्ति को लुभाने वाला जाल; चाल： 摆～ किसी व्यक्ति को लुभाने के लिये जाल बिछाना

【迷惑】 míhuò भ्रम में डालना; उलझाना; गुमराह करना; आंखों में धूल झोंकना： ～敌人 दुश्मन को भ्रम में डालना / ～了许多人 बहुत से लोगों को गुमराह करना / 给人以～ लोगों को उलझन (या भ्रम) में डालना / 为…所～ (…से) धोखा खाना; (…को देखकर) धोखे में आ जाना / 大家都感到十分～。लोगों में गलत धारणा पैदा हो जाती है। / ～于 किसी चीज़ में बहक जाना / 错误思想～了人们。इस गलत विचार ने लोगों में उलझन पैदा कर दी।

【迷津】 míjīn सही रास्ते से भटकना： 指破～ जहां कोई व्यक्ति अपने सही रास्ते से भटकता है वहां उसे यह बताया जाना कि यह रास्ता गलत है

【迷离】 mílí धुंधला; अस्पष्ट; कुहरा छाया हुआ： ～恍惚 धुंधला; अस्पष्ट

【迷恋】 míliàn (किसी पर) आसक्त होना; मोहित होना; (किसी से) अनुराग होना： ～旧的生活 पुराने जीवन पर आसक्त होना

【迷路】[1] mí lù ❶रास्ता भूलना; गुमराह होना; पथभ्रष्ट होना; भटकना ❷<ला०> दिशा-भ्रम होना

【迷路】[2] mílù（内耳 nèi'ěr के समान）भीतरी कर्ण; भीतरी कान

【迷乱】 míluàn घबराया हुआ; अस्त-व्यस्त; भ्रान्तिपूर्ण

【迷漫】 mímàn असीम और अस्पष्ट; विशाल और धुंधला： 烟雾～ धुआँ या कुहरा पसरना

【迷茫】 mímáng ❶विशाल और धुंधला： 大雪纷飞，原野一片～。विशाल मैदान निरंतर गिरती हुई बर्फ़ से ढंक गया। ❷भ्रान्तिपूर्ण： 小姑娘用～的眼光打量着这位陌生的来客。लड़की भ्रान्तिपूर्ण नेत्रों से इस अपरिचित आगंतुक को देखती है।

【迷蒙】 míméng ❶धुंधला, अस्पष्ट (दिखाई देना)： 夜雾～ रात के कुहरे से धुंधला दिखाई देना ❷मूर्च्छित होना; बेहोश होना

【迷梦】 mímèng पुरउम्मीद सपना; सुनहरा सपना： 打破了他的～ उस के पुरउम्मीद सपनों को धूल में मिला देना

【迷你】 mínǐ अंग्रेज़ी उपसर्ग mini का ध्वन्यनुवाद, मिनि; न्यून; अल्प： ～裙 मिनिस्कर्ट; मिनिपैटीकोट / ～计算机（微型计算机 भी）मिनिकंप्यूटर

【迷人】 mírén ❶मनोहर; मनोरम; मोहक; हृदयहारी： ～的景色 मनोहर दृश्य ❷भ्रम में डालना

【迷失】 míshī (दिशा) खो बैठना; (अपने ठीक रास्ते से) भटकना; (रास्ता) भूलना

【迷途】 mítú ❶रास्ता भूलना： ～的羔羊(रास्ता) भूला हुआ मेमना; गुमराह मेमना ❷गलत रास्ता： 走入～ गुमराह होना; भटकना; पथभ्रष्ट होना

【迷途知返】 mítú-zhīfǎn अपनी खोई हुई दिशा फिर से प्राप्त करना और बाड़े में लौट आना; अपनी गलतियां स्पष्ट अनुभव करना और अपने उपायों का सुधार करना

【迷惘】 míwǎng उलझन में पड़ा हुआ; व्याकुल होना; किंकर्त्तव्यविमूढ़ होना： ～的神色 व्याकुलतापूर्ण भावनाएं

【迷误】 míwù भ्रम; भ्रान्ति

【迷雾】 míwù ❶घना कुहरा ❷लोगों को भटकाने वाली वस्तुएं

【迷信】 míxìn ❶अंधविश्वास： 他们还处于～幻想中。वे अब भी अंधविश्वास और भ्रमजाल के चक्कर में पड़े हुए हैं। ❷अंधभक्ति रखना; अंधे होकर विश्वास करना： ～外国货 विदेशी चीज़ों की अंधभक्ति： ～武力 सशस्त्र शक्ति के प्रति बेहद ज़्यादा अंधभक्ति रखना

【迷走神经】 mízǒu shénjīng <श०वि०> वेगस（vagus）; वेगस नर्व

【迷醉】 mízuì आसक्त होना; उन्मत्त होना; रीझना; मग्न होना; तल्लीन होना： ～于过去就不能很好地前进。अतीत पर रीझते रहने से हम अच्छी तरह आगे नहीं बढ़ सकते।

祢（禰）Mí एक कुलनाम

眯（瞇）mí धूल आदि का आंख में जाना： 沙子～了眼 आंख में रेत पड़ गयी।

mī भी दे०

猕（獼）mí नीचे दे०

【猕猴】 míhóu कपि; बन्दर; लंगूर; लघुपुच्छ बंदर

【猕猴桃】 míhóutáo यांगथाओ（yangtao）（actinidia chinensis）(कहीं-कहीं इसे 羊桃 yángtáo या 杨桃

yángtáo भी कहते हैं)

谜（謎）mí ❶पहेली; प्रहेलिका: 猜～ पहेली बुझाना ❷कूट प्रश्न; चकराने वाली बात; रहस्यपूर्ण बात; पेचीदा बात: 他是怎么死的，至今还是一个～。वह कैसे मर गया, यह अब तक एक रहस्यपूर्ण बात रही है।

mèi भी दे०

【谜底】mídǐ ❶पहेली का उत्तर ❷किसी रहस्यपूर्ण बात की हकीकत (सत्य): 揭开～ किसी बात का तथ्य पता लगाया जाना

【谜面】mímiàn पहेली में कही हुई बात (या कहा हुआ विवरण); पहेली

【谜团】mítuán शक; संशय; शंकाएं: 揭开～ शंकाओं को दूर करना

【谜语】míyǔ पहेली; प्रहेलिका

【谜子】mízi 〈बो०〉 पहेली: 猜～ पहेली बुझाना

签（籋）mí（签子 mízi भी）बांस की पट्टी: 席～儿 चटाई बनाने के लिये बांस की पट्टी

醚 mí 〈रसा०〉 ईथर（ether）

糜 mí ❶दलिया; लपसी: 肉～ मांस का दलिया / 乳～ खीर ❷सड़ना: 糜烂 ❸फ़िज़ूल खर्ची करना; अपव्यय करना; बेकार व्यय करना: 糜费 ❹（Mí）एक कुलनाम

méi भी दे०

【糜费】mífèi（靡费 mífèi भी）बेकार व्यय करना; अपव्यय करना; फ़िज़ूलखर्ची करना: ～钱财 रुपये-पैसे बेकार में व्यय करना / 防止～ अपव्यय से रक्षा करना

【糜烂】mílàn भीतरी भाग तक सड़ा हुआ: 伤口～ घाव अंदर तक सड़ा हुआ / 〈ला०〉 生活～ ऐय्याश जीवन व्यतीत करना

【糜烂性毒气】mílànxìng dúqì राई की विषैली वायु

縻 mí 〈लि०〉 ❶बांधना: 羁～ पराधीन देश को अपने अधीन रखना ❷परदेश में ठहरना

麋 mí एल्क

【麋羚】mílíng हार्टबीस्ट（hartebeest）

【麋鹿】mílù（四不像 sìbùxiàng भी）एक प्रकार का मृग जिस का सींग हिरण के सींग से मिलता है, खुर बैल के खुर से मिलता है, जिस की पूंछ गधे की पूंछ से मिलती है और गर्दन ऊंट की गर्दन से मिलती है पर उन चारों चीज़ों में विषमता होती है, इसलिये उस का नाम 四不像 पड़ा। यह पहले चीन में पैदा होता था

靡 mí ❶अपव्यय करना; बेकार व्यय करना; फ़िज़ूल-खर्ची करना: 靡费

mǐ भी दे०

【靡费】mífèi दे० 糜费 mífèi

蘼 mí（दे० 荼蘼 túmí）गुलाब के पत्ते वाली रसभरी

溮 mí नीचे दे०

【溮漫】mímàn दे० 弥漫 mímàn

【溮濛】míméng दे० 弥蒙 míméng

蘼 mí नीचे दे०

【蘼芜】míwú 〈वन०〉 छवान-श्योंग 川芎 का पौधा

醾（醿、醿）mí दे० 酴醾 túmí गुलाब के पत्ते वाली रसभरी

mǐ

米[1] mǐ ❶चावल ❷छिलका हटाया गया बीज: 花生～ छिलका हटायी गयी मूंगफली ❸（Mǐ）एक कुलनाम

米[2] mǐ मीटर: 厘～ सेन्टीमीटर / 毫～ मिलीमीटर

【米波】mǐbō 〈रेडियो〉 मीटरी तरंग

【米虫】mǐchóng चावल का घुन

【米醋】mǐcù चावल आदि से बना सिरका

【米豆腐】mǐdòufu 〈बो०〉 चावल से बनी हुई सोया बीन पनीर जैसी खाद्यवस्तु

【米饭】mǐfàn चावल; भात

【米粉】mǐfěn ❶चावल का आटा; चावल का चूर्ण ❷चावल के आटे से बना नुडल्स; चावल के आटे से बनी सेंवई

【米粉肉】mǐfěnròu भाप से बना चावल-आटे का मांस

【米泔水】mǐgānshuǐ वह पानी जिस में चावल धोया गया हो।

【米格飞机】Mǐgé fēijī मिग विमान

【米黄】mǐhuáng दूधिया रंग; पीलापन लिये सफ़ेदी

【米酒】mǐjiǔ चावल की शराब; चावल से बनी शराब

【米糠】mǐkāng चावल की भूसी

【米老鼠和唐老鸭】Mǐlǎoshǔ hé Tánglǎoyā मिकी माउस और डोनाल्ड डक

【米粒】mǐlì चावल के दाने

【米粮川】mǐliángchuān समृद्ध धान उत्पन्न क्षेत्र: 昔日穷山沟，今日～。पहले की ऊसर तंग घाटी आज अन्नभंडार बन गयी।

【米面】mǐmiàn ❶चावल और गेहूँ का आटा ❷चावल का आटा ❷〈बो०〉 चावल-आटे के नुडल्स

【米色】mǐsè दूधिया रंग; पीलापन लिये सफ़ेदी

【米汤】mǐtāng ❶वह पानी जिस में चावल पकाया गया हो ❷थोड़े से चावल आदि से पकाया गया पतला दलिया

【米突】mǐtū 米 (मीटर) का पुराना नाम

【米线】mǐxiàn 〈बो०〉 दे० 米粉❷

【米象】mǐxiàng 〈प्राणि०〉 चावल में पड़ने वाला कीड़ा; घुन

【米制】mǐzhì (माप-तोल की) दशमिक प्रणाली; मीटरी

प्रणाली; मीटर प्रणाली
【米珠薪桂】 mǐzhū-xīnguì चावल मोती जैसा मूल्यवान और ईंधन की लकड़ी दालचीनी जैसी कीमती चीज़ें बन गयीं ——चीज़ों का दाम बहुत महँगा और बड़ी मुश्किल से जीवन बिताना
【米猪】 mǐzhū वह सूअर जिस के शरीर में सिस्तिसर्कस नामक परजीवी प्राणी हो
【米烛光】 mǐzhúguāng 〈भौ०〉 मीटर-कैंडिल, ज्योति; प्रकाश की इकाई
【米蛀虫】 mǐzhùchóng ❶चावल का कीड़ा ❷अनुचित या अत्यधिक लाभ उठाने वाला अन्न का व्यापारी
【米佐拉姆】 Mǐzuǒlāmǔ मिजुराम प्रदेश

芈 mǐ ❶बकरे की आवाज़ ❷(Mǐ) एक कुलनाम

沵(瀰) mǐ पानी भर जाना
【沵迤】 mǐyǐ 〈लि०〉 समतल: ～平原 समतल मैदान; समतल प्रदेश

洣 Mǐ मी नदी, हूनान प्रांत में एक नदी

弭 mǐ ❶〈लि०〉 शांत करना; कुचलना; नष्ट करना: 消～战祸 युद्ध की विभीषिका को समाप्त कर देना
【弭谤】 mǐbàng 〈लि०〉 झूठी निंदा करने से रोकना
【弭兵】 mǐbīng 〈लि०〉 लड़ाई को शांत करना
【弭除】 mǐchú 〈लि०〉 मिटाना; हटाना; दूर करना: ～成见 पूर्वग्रह को दूर करना
【弭患】 mǐhuàn 〈लि०〉 कष्ट, विपत्ति का कारण दूर करना
【弭乱】 mǐluàn 〈लि०〉 गृहयुद्ध को दबा देना (या कुचलना)

脒 mǐ 〈रसा०〉 एमिडीन (amidine)

敉 mǐ 〈लि०〉 शांत करना: ～平
【敉平】 mǐpíng 〈लि०〉 शांत करना: ～叛乱 विद्रोह को कुचलना; विद्रोह को शांत करना

靡 1 mǐ ❶हवा के ज़ोर से उड़ जाना: 风～ फ़ैशन के अनुकूल होना / 其旗～。 उस की पताकाएँ झुकी हुई हैं। ❷सुन्दर; अच्छा: 靡丽

靡 2 mǐ न होना: ～日不思 ऐसा दिन न होना कि याद न आती हो
mí भी दे०
【靡丽】 mǐlì 〈लि०〉 ❶शोभायमान; सजीला; शानदार ❷विलासप्रिय; सुखपरायण; आडंबरपूर्ण
【靡靡之音】 mǐmǐzhīyīn ऐयाशी का संगीत
【靡然】 mǐrán एक तरफ़ झुकने की तरह: 天下～从之。 दुनिया के सब लोग एक तरफ़ झुककर उस का अनुसरण करते हैं।

mì

汨 mì नीचे दे०
【汨罗】 Mìluó मील्वो नदी, जिस का स्रोत च्यांगशी प्रांत में है और हूनान प्रांत में बहती है

觅(覓) mì ढूंढ़ना; खोजना; खोज करना: 寻～ ढूंढ़ना; खोज करना / ～路 रास्ता खोजना या ढूंढ़ना / ～食 खाने की चीज़ ढूंढ़ना; आहार खोजना
【觅句】 mìjù (कविता के लिये) पद ढूंढ़ना
【觅求】 mìqiú ढूंढ़ना; खोजना; खोज करना: 四处～ चारों ओर ढूंढ़ना / ～乐趣 आनन्द ढूंढ़ना
【觅取】 mìqǔ ढूंढ़कर प्राप्त करना; खोजना; तलाश करना

泌 mì सि:सृत करना; निकालना: 分泌 निःसृत करना; निकालना / 泌尿器
bì भी दे०
【泌尿器】 mìniàoqì(泌尿器官 mìniào qìguān भी) 〈श०वि०〉मूत्र-अंग
【泌尿系结石】 mìniàoxì jiéshí मूत्रग्रन्थियों की पथरी

宓 mì ❶〈लि०〉 शांत ❷(Mì) एक कुलनाम

秘(祕) mì ❶रहस्य; भेद: 诡～ गोपनशील; गुप्त / ～室 गुप्तकक्ष; केबिनेट ❷किसी बात को गुप्त रखना; किसी बात को अपने तक रखना: ～而不宣 ❸बहुत कम दिखाई देना; बहुत कम होना: 秘籍
bì भी दे०
【秘奥】 mì'ào गहन रहस्य; गूढ़ रहस्य
【秘宝】 mìbǎo दुष्प्राप्य रत्न
【秘本】 mìběn दुष्प्राप्य पुस्तक का बहुमूल्य निजी संस्करण
【秘而不宣】 mì'érbùxuān किसी बात को गुप्त रखकर दूसरों को न बताना
【秘方】 mìfāng गोपनीय नुस्खा; गुप्त नुस्खा
【秘府】 mìfǔ राजमहल में मूल्यवान पुस्तकों आदि को रखने का स्थान
【秘籍】 mìjí मूल्यवान दुष्प्राप्य पुस्तकें
【秘诀】 mìjué गुर; मंत्र
【秘密】 mìmì ❶गुप्त; भेदपूर्ण; रहस्यमय: ～报告 गुप्त रिपोर्ट; गोपनीय रिपोर्ट / ～换文 गुप्त रूप से दस्तावेज़ों का आदान-प्रदान करना / ～会议 गुप्त बैठक; अप्रकाश्य बैठक; गुप्त सभा / ～监禁 गुप्त रूप से हवालात में डालना / ～结社 गुप्त संस्थाओं का निर्माण करना / ～警察 खुफ़िया पुलिस; गुप्त पुलिस / ～谋和 चोरी-छिपे सुलह करना / ～投票 अप्रत्यक्ष निर्वाचन; गुप्त मतदान (करना) / ～组织 गुप्त संस्था ❷गुप्त बात; भेद; रहस्य: 保持～ अपना भेद छिपाना / 军事～ सैन्य महत्व की गुप्त बातें / 泄露～ भेद प्रकट करना

【秘密真言】 mìmì zhēnyán मन्त्र
【秘史】 mìshǐ (शासानिक वर्ग आदि में) गुप्त इतिहास; निजी जीवन के बारे में रिकार्ड
【秘事】 mìshì निजी मामला; गुप्त बात; भेद; रहस्य
【秘书】 mìshū सचिव; सेक्रेटरी: ～处 सचिवालय; सेक्रेटरियट / ～长 महासचिव; सेक्रेटरी-जनरल
【秘闻】 mìwén किसी व्यक्ति के निजी जीवन के बारे में बहुत कम लोगों से जानने वाली बातें: 批露～ उक्त बातों को खोलना

密 mì ❶घना; सघन: ～植 सघन रोपण; सघन बोवाई; घनी बोवाई; घनी रोपाई / 这里的树苗种得太～了。यहां के पेड़-पौधे बहुत घने लगाये गये हैं। ❷घनिष्ठ (संबंध): ～友 अंतरंग मित्र; घनिष्ठ मित्र; दिली दोस्त ❸बढ़िया; सूक्ष्म: 精～仪器 सूक्ष्म यंत्र / 周～思考 दिमाग लगाकर सावधानी के साथ विचार करना ❹गुप्त: 密电 / 密谈 /密约 / 机～ भंडा; राज़ / 保～ गुप्त रखना; भेद छिपाना ❺ (Mì) एक कुलनाम

【密报】 mìbào ❶गुप्त रूप से रिपोर्ट करना ❷गुप्त रिपोर्ट
【密闭】 mìbì ❶कसकर बन्द करना: 门窗～ दरवाज़ों और खिड़कियों को कसकर बन्द करना ❷हवाबन्द; वायुरुद्ध: ～容器 हवाबन्द बर्तन या डिब्बा
【密布】 mìbù घनेपन से छाया हुआ: 阴云～。घना बादल छाया हुआ है।
【密电】 mìdiàn ❶गुप्त तार; कोड की भाषा में दिया गया तार ❷कोड की भाषा में तार भेजना
【密度】 mìdù ❶सघनता; घनता: 人口～ जनसंख्या की सघनता ❷〈भौ०〉 घनत्व
【密度计】 mìdùjì डेसीमीटर
【密封】 mìfēng ❶मोहर लगाना; (बिलकुल) बन्द करना: ～的文件 मोहर लगाया गया दस्तावेज़ ❷हवाबन्द; वायुरुद्ध: ～的容器 हवाबन्द बर्तन या डिब्बा
【密封舱】 mìfēngcāng एयर-टाइट केबिन; सील्ड केबिन; वायुरुद्ध डिब्बा; हवाबंद डिब्बा
【密封垫圈】 mìfēng diànquān 〈यां०〉 सीलिंग वाशर (sealing washer)
【密封机身】 mìfēng jīshēn वायुयान का बन्द ढांचा
【密封压盖】 mìfēng yāgài 〈यां०〉 सीलिंग ग्लैंड (sealing gland)
【密告】 mìgào दे० 密报
【密会】 mìhuì ❶गुप्त रूप से भेंट करना ❷गुप्त सभा
【密集】 mìjí केन्द्रीभूत करना; इकट्ठा करना; जमाव करना: ～部队 केन्द्रीभूत सेना; सेना को केन्द्रीभूत करना / 人口～ घनेपन से बसा हुआ
【密件】 mìjiàn गोपनीय दस्तावेज़ या पत्र
【密交】[1] mìjiāo गुप्त रूप से सौंप देना
【密交】[2] mìjiāo घनिष्ठतापूर्ण मित्रता
【密克罗尼西亚】 Mìkèluóníxīyà माइक्रोनेसिया (द्वीप-समूह)
【密林】 mìlín बीहड़ जंगल; घना जंगल: 深山～中的豪杰 पर्वत पर बीहड़ जंगलों में छिपे वीर
【密令】 mìlìng ❶गुप्त रूप से आदेश देना ❷गोपनीय आदेश
【密码】 mìmǎ कोड की भाषा; सांकेतिक भाषा
【密码电报】 mìmǎ diànbào कोड की भाषा में दिया गया तार; साइफ़र टेलिग्राम
【密码通信】 mìmǎ tōngxùn सांकेतिक भाषा में संवाद भेजना
【密码机】 mìmǎjī साइफ़र मशीन; क्रिप्टोग्राफ़
【密码术】 mìmǎshù गुप्त लेखन विद्या; सांकेतिक लेखन विद्या
【密码员】 mìmǎyuán बीज-लेखक; संकेत-लेखक; गुप्त-लिपि लेखक
【密码子】 mìmǎzǐ 〈जीव०〉 कोडन (codon)
【密密层层】 mìmicéngcéng सघन; घना; कई परतों से बांधना: ～的树木 सघन पेड़ / ～的人群 सघन भीड़
【密密丛丛】 mìmicóngcóng (पेड़ और घास) घना; सघन: ～的树林 घना जंगल
【密密麻麻】 mìmimámá बहुत अधिक और घना (बहुधा छोटी-छोटी चीज़ें): 练习本上写满了～的小字。नोट बुक पर बहुत से पास-पास और छोटे-छोटे अक्षर लिखे गये हैं।
【密密匝匝】 mìmizāzā (密匝匝 भी) बहुत अधिक घना; सघन; पास-पास; भरा हुआ: 公共汽车上人挤得～的。बस में भीड़ ठसाठस भरी हुई है।
【密谋】 mìmóu षड़यंत्र; साज़िश: ～叛变 गुप्त रूप से विद्रोह का षड़यंत्र रचना
【密切】 mìqiè ❶घनिष्ठ (संबंध): 关系～ संबंध घनिष्ठ होना ❷घनिष्ठ संबंध रखना; घनिष्ठ संबंध कायम रखना: ～干群关系 कार्यकर्ताओं और जन-समुदाय के बीच घनिष्ठ संबंध कायम रखना ❸घनिष्ठता से: ～合作 घनिष्ठ सहयोग करना / ～结合 (किसी से या के साथ) घनिष्ठ संपर्क रखना / ～联系群众 जन-समुदाय के साथ घनिष्ठ संपर्क कायम रखना / ～配合 घनिष्ठ सहयोग करना ❹ध्यान से; गौर से: ～注视着 (किसी पर) ध्यान से निगाहें लगाना
【密商】 mìshāng गुप्त रूप से बातचीत करना; गुप्त रूप से सलाह-मशविरा करना
【密使】 mìshǐ गुप्त दूत
【密室】 mìshì गुप्त उद्देश्य के लिये प्रयुक्त कमरा; केबिनेट: 策划于～ केबिनेट (गुप्त कमरे) में बुरे काम की योजना बनाना
【密实】 mìshí घना; सघन; पास-पास: 针脚做得～ सघन रूप से सीना
【密司脱】 mìsītuō मिस्टर: ～王 मिस्टर वांग
【密斯】 mìsī मिस: ～王 मिस वांग
【密谈】 mìtán गुप्त बातचीत करना
【密探】 mìtàn गुप्तचर; चोरपहरा; भेदिया; जासूस
【密陀僧】 mìtuósēng 〈रसा०〉 मुरदासंग; रजतफेन; लिथार्ज
【密位】 mìwèi 〈सैन्य०〉 मिल (mil)
【密纹唱片】 mìwén chàngpiàn लांग-प्लेइंग डिस्क; माइक्रोग्रूव डिस्क
【密西西比河】 Mìxīxībǐhé मिसीसीपी नदी
【密写情报】 mìxiě qíngbào अदृश्य स्याही से लिखी हुई गुप्त सूचना

【密信】 mìxìn गुप्त पत्र; गोपनीय पत्र
【密语】 mìyǔ ❶（暗语 ànyǔ भी）गुप्त भाषा; सांकेतिक भाषा ❷गुप्त रूप से बातचीत करना
【密语通信】 mìyǔ tōngxìn गुप्त भाषा में पत्र-व्यवहार करना
【密约】 mìyuē ❶गुप्त सम्मति ❷गुप्त संधि：签订～ गुप्त संधि करना
【密云不雨】 mìyún-bùyǔ घने बादल होना पर पानी न बरसना —— कष्ट अभी नहीं हुआ पर होने वाला है
【密匝匝】 mìzāzā दे० 密密匝匝
【密召】 mìzhào गुप्त रूप से बुलाना：～回京 गुप्त रूप से किसी व्यक्ति को राजधानी में बुला लेना
【密诏】 mìzhào गुप्त राजाज्ञा
【密植】 mìzhí सघन रोपण; सघन बोवाई; घनी रोपाई; घनी बोवाई; पास-पास पौधा लगाना
【密宗】 mìzōng 〈धर्म〉 गुह्य संप्रदाय

幂（冪）mì ❶〈लि०〉 आवरण-वस्त्र ❷आवरण करना या होना ❸〈गणित०〉 घात

谧（謐）mì 〈लि०〉 शांति; सन्नाटा; खामोशी：谧静
【谧静】 mìjìng शांति; सन्नाटा; खामोशी

蓂 mì दे० 菥蓂 xīmì

幎 mì 〈लि०〉 दे० 幂 mì

嘧 mì नीचे दे०
【嘧啶】 mìdìng 〈रसा०〉 पाइरिमिडीन（pyrimidine）

蜜 mì ❶मधु; शहद：蜂～ मधु; शहद ❷मधु जैसी वास्तुएँ：糖～ राब; जूसी; मोलेसेस ❸मीठा; रसीला：甜～ मीठा; सानन्द; सुखी / 甜言～语 मीठी-मीठी बातें
【蜜虫】 mìchóng एक कीटाणु जिस से चींटियां मधु प्राप्त करती हैं
【蜜蜂】 mìfēng मधु-मक्खी; शहद की मक्खी：～群 मधु-मक्खियों का झुंड
【蜜柑】 mìgān मीठा संतरा; मीठी नारंगी
【蜜饯】 mìjiàn खांड चढ़ाये हुए फल; मुरब्बा; चाश्नी; शहद में डुबोकर रखा हुआ फल
【蜜橘】 mìjú मीठी नारंगी
【蜜蜡】 mìlà मोम
【蜜里调油】 mìlǐ-tiáoyóu जैसे शहद में तेल मिलाना —— शीर-व-शकर होना
【蜜色】 mìsè हल्का पीला रंग
【蜜甜】 mìtián मधु जैसा मीठा; बहुत मीठा
【蜜丸子】 mìwánzi 〈ची०चि०〉 दवा के चूर्ण में मधु मिलाकर बनाई गयी दवा की गोलियाँ
【蜜腺】 mìxiàn 〈वन०〉 फूल का वह अंश जिस में मकरंद रहता है; मकरंद कोष
【蜜源】 mìyuán मकरंद; रस; मधु का स्रोत
【蜜源区】 mìyuánqū (मधु-मक्खी) चरागाह
【蜜源植物】 mìyuán zhíwù सुधा-धारी-वनस्पति; मधु-मक्खी वनस्पति
【蜜月】 mìyuè विवाहानन्द मास; मधु-मास; सुहाग-मास
【蜜枣】 mìzǎo शहद में डुबोकर रखी हुई खजूर या बेर; मुरब्बा
【蜜渍】 mìzì शहद में रखकर बनाया हुआ; मधु से सुरक्षित

mián

眠 mián ❶सोना：失～ अनिद्रा; नींद न आना / 长～ मृत्यु होना ❷〈प्राणि०〉 निद्रावस्था：冬～ जानवर का शीत ऋतु भर एक ही स्थान पर निश्चल पड़े रहना; शीत निद्रा

绵（緜）mián ❶रेशम：丝～ घटिया रेशम ❷निरंतर; अविरत：绵长 / 绵亘 ❸कमज़ोर; मुलायम; कोमल：绵薄 / 绵软 ❹〈बो०〉 (स्वभाव) नम्र; सुशील：性子～ स्वभाव नम्र होना
【绵白糖】 miánbáitáng बढ़िया सफ़ेद चीनी
【绵薄】 miánbó 〈विन०〉 (मेरी) क्षीण शक्ति; छोटा-सा प्रयत्न：愿尽～。मैं अपनी क्षीण शक्ति से (कोई काम) कर सकूंगा।
【绵长】 miáncháng (समय) बहुत लंबा：愿福寿～。मैं कामना करता हूँ कि आप का जीवन सुखी और दीर्घ हो।
【绵绸】 miánchóu घटिया रेशम से बना घटिया कपड़ा
【绵亘】 miángèn (पर्वत आदि) फैलना; फैला होना：大别山～在豫、皖、鄂三省的边界上。ताप्ये पर्वत हनान, आनह्वेइ और हूपेइ तीन प्रांतों की सीमा पर फैला हुआ है।
【绵和】 miánhé 〈बो०〉 (स्वभाव) नम्र; विनीत：脾气～ नम्र स्वभाव; विनीत भाव
【绵里藏针】 miánlǐ-cángzhēn रेशम में सूई छिपाना：देखने में नम्र पर स्वभाव में निर्दय होना
【绵力】 miánlì 〈लि०〉 दे० 绵薄
【绵联】 miánlián（绵连 miánlián，连绵 liánmián भी）निरंतर; अविरत; अनवरत
【绵密】 miánmì छोटी-छोटी बातों का भी बहुत ध्यान रखने वाला; सविस्तार; सब पक्षों पर विचार करने वाला
【绵绵】 miánmián निरंतर; अविरत; लगातार; अनवरत：秋雨～。शरत ऋतु की वर्षा निरंतर बरसती रहती है।
【绵邈】 miánmiǎo 〈लि०〉 दूर; सुदूर; दूरवर्ती：年代～ दूरवर्ती अतीत का; लंबे समय का / 道路～ लंबी यात्रा; सफ़र के लिये बहुत लंबा रास्ता
【绵软】 miánruǎn ❶मुलायम; नरम; कोमल：～的羊毛 मुलायम ऊन ❷शक्तिहीन; कमज़ोर：觉得浑身～ शरीर में कमज़ोरी महसूस होना
【绵糖】 miántáng दे० 绵白糖
【绵延】 miányán फैलना; फैला रहना：～千里的山脉 हज़ार ली तक फैलने वाली पर्वतशृंखला
【绵羊】 miányáng भेड़; मेष

【绵纸】 miánzhǐ टिशू पेपर
【绵子】 miánzi <बो०> घटिया रेशम; सिल्क वाडिंग (silk wadding)

棉 mián ❶कपास और केपॉक का सामान्य नाम ❷रूई: ～纱 रूई का सूत / ～织品 सूती वस्त्र ❸रूई जैसी वस्तुएँ: 石～ ऐस्बेस्टस / 腈纶～ अक्रिलिक रेशे
【棉袄】 mián'ǎo रूई का कोट; रूईदार कोट; रूई का कपड़ा
【棉被】 miánbèi रज़ाई; लिहाफ़; दुलाई
【棉饼】 miánbǐng कपास के बीजों से तेल निकालकर बचे हुए अंशों को दबाकर बनाई गयी गोल चपटी चीज़ जो खाद और चारे के काम आती है; काटनसीद केक
【棉布】 miánbù सूती कपड़ा
【棉的确良】 miándíquèliáng सूती डेक्रोन
【棉涤纶】 miándílún सूती पोलिएस्टर फ़ैब्रिक
【棉纺】 miánfǎng सूत कातना
【棉纺厂】 miánfǎngchǎng सूती कपड़ा मिल; सूती मिल
【棉纺机】 miánfǎngjī सूत कातने वाली मशीन
【棉凫】 miánfú <प्राणि०> काटन टील (cotton teal)
【棉红铃虫】 miánhónglíngchóng हलके गुलाबी रंग का कीड़ा; बॉलवर्म (ballworm)
【棉红蜘蛛】 miánhóngzhīzhū दो धब्बे वाली मकड़ी
【棉猴儿】 miánhóur रूई का हुडदार ओवरकोट
【棉花】 miánhua ❶कपास ❷रूई
【棉花签】 miánhuaqiān (棉签 भी) रूई (काटन) का फाहा
【棉花蛆】 miánhuaqū हल्के गुलाबी रंग का कीड़ा; बॉ-लवर्म
【棉花胎】 miánhuatāi <बो०> (रज़ाई, लिहाफ़ के लिये) रूई का भरन; रूई जो लिहाफ में भरते हैं
【棉花套子】 miánhua tàozi <बो०> (रज़ाई, लिहाफ़ के लिये) रूई का भरन; रूई जो लिहाफ़ में भरते हैं
【棉花作物】 miánhua zuòwù कार्पासी
【棉胶鞋】 miánjiāoxié रबड़ का रूईदार जूता
【棉卷】 miánjuǎn <बुना०> लैप (lap)
【棉裤】 miánkù रूई की पतलून; रूईदार पतलून
【棉铃】 miánlíng कपास का गोल बीज-कोष; कपास की डोंडी
【棉铃虫】 miánlíngchóng (रूई का) बॉलवर्म (boll-worm); कीड़ा
【棉毛裤】 miánmáokù (अंदर पहनने के लिये) सूती पतलून
【棉毛衫】 miánmáoshān (अंदर पहनने के लिये) सूती जर्सी
【棉农】 miánnóng कपास उगानेवाला; कपास किसान
【棉袍子】 miánpáozi (棉袍儿 miánpáor भी) रूई का चोगा
【棉签】 miánqiān दे० 棉花签
【棉绒】 miánróng रूई का मखमल; रूई का वेलवट
【棉纱】 miánshā रूई का सूत
【棉纱头】 miánshātóu (सूत या रूई का) गूदड़
【棉蒴】 miánshuò कचरा
【棉毯】 miántǎn सूती कम्बल
【棉桃】 miántáo कपास का गोल बीज-कोष; कपास की डोंडी
【棉套】 miántào गरम रखने के लिये चायदानी आदि को ढांकने की रूईदार चीज़
【棉田】 miántián कपास का खेत
【棉条】 miántiáo <बुना०> पूनी
【棉线】 miánxiàn रूई का सूत; रूई का धागा
【棉鞋】 miánxié रूईदार जूता
【棉絮】 miánxù ❶रूई का रेशा ❷रूई जो लिहाफ़ में भरते हैं: ～网套 रूई पर बिछी जाली
【棉蚜虫】 miányáchóng कपास का अफ़िड (aphid); कपास का कीड़ा
【棉衣】 miányī रूईदार कपड़ा
【棉织品】 miánzhīpǐn रूई का माल; सूती माल; सूती वस्त्र
【棉子】 miánzǐ कपास का बीज; बिनौला
【棉籽】 miánzǐ दे० 棉子
【棉籽饼】 miánzǐbing दे० 棉饼
【棉籽绒】 miánzǐróng बिनौलों पर के छोटे रेशे
【棉籽油】 miánzǐyóu बिनौले का तेल

miǎn

丏 miǎn <लि०> छाना; दिखाई न देना

免 miǎn ❶निकालना; छोड़ देना; छूट देना: 免费 / 免税 ❷बचना; बचाना; मुक्त होना: 免疫性 / 得～于难 अपने को विनाश से बचाना ❸मना होना; मत करना या होना: 闲人～进。जो यहाँ काम पर नहीं हैं उन्हें भीतर जाना मना है।
【免不得】 miǎnbude अनिवार्य रूप से; अनिवार्य होना: 他们对这一事件看法有分歧，～有一场争论。इस मामले पर उन में मतभेद है, वादविवाद अनिवार्य है।
【免不了】 miǎnbuliǎo अनिवार्य रूप से; अनिवार्य होना: 在前进的道路上～有困难。आगे बढ़ने के रास्ते में हमारे सामने अनिवार्य रूप से कठिनाइयां पैदा होती हैं।
【免除】 miǎnchú निकालना; छोड़ देना; खत्म करना; बचना; बचाना: ～痛苦 कठिनाइयों को खत्म करना; दर्द को दूर करना / ～感染 रोगाणुओं के आक्रमण से बच-ना / ～处罚 दंड से मुक्त होना या करना / ～债务 ऋण में माफ़ करना
【免得】 miǎnde ताकि न हो; ऐसा न हो; ताकि बच सके: 多问几句，～弄错。तफ़सील से पूछो, ताकि गलती न हो। / 请再详细说明一下，～引起误会。आप फिर विस्तार से स्पष्ट करें ताकि गलतफ़हमी पैदा न हो।
【免费】 miǎnfèi मुफ़्त में; सेंत में; सेंत-मेंत; फोकट में;

बिना दाम दियेः ～治疗 मुफ़्त इलाज करना; मुफ़्त में इलाज करना / ～教育 निःशुल्क शिक्षा / ～旅游 मुफ़्त में पर्यटन करना

【免冠】 miǎnguān ❶टोपी या टोपा उतारना (प्रणाम करने में) ❷बिना टोपी पहनेः 半身～正面相片 बिना टोपी पहने आधी लंबाई और पूरे चेहरे का फोटो

【免检】 miǎnjiǎn बिना जांच-पड़ताल कियेः ～物品 बिना जांच-पड़ताल का माल / ～放行 बिना जांच-पड़ताल किये चलने देना

【免开尊口】 miǎn kāi zūnkǒu आप अपना मुंह न खोलियेगा —— आप चुप रहें: 这事让他去办，你就～。 इस काम को उसे करने दें, आप कुछ भी न कहें।

【免考】 miǎnkǎo दे० 免试❶

【免票】 miǎnpiào ❶मुफ़्त टिकटः 每人发一张～火车票 हर एक को एक मुफ़्त रेल टिकट देना ❷मुफ़्त में; संतमेंत में: 儿童～。 बालकों के लिये टिकट की ज़रूरत नहीं।

【免试】 miǎnshì ❶（免考 भी）बिना परीक्षा दिये (उच्चतर स्तरीय विद्यालय में भरती होना) ❷बिना जांच किये

【免税】 miǎnshuì करों की छूट दे देना; निःशुल्क; शुल्क-मुक्तः ～放行 निःशुल्क जाने देना / ～商品 माल जिस पर चुंगी न लगती हो

【免税商店】miǎnshuì shāngdiàn दुकान जिस के माल पर चुंगी न लगती हो; ड्यूटी-फ़्री शॉप

【免俗】 miǎnsú आचार-व्यवहार में दुनियादारी से मुक्त करनाः 未能～ आचार-व्यवहार में दुनियादारी से मुक्त न कर सकना

【免刑】 miǎnxíng <का०> दंड से मुक्त करना

【免修】 miǎnxiū कालेज के किसी कोर्स से मुक्त करनाः ～外语 विदेशी भाषा से मुक्त

【免验】 miǎnyàn जांच-पड़ताल से मुक्तः ～产品 जांच-पड़ताल से मुक्त माल

【免役】 miǎnyì सैन्य-सेवा से मुक्त

【免疫】 miǎnyì <चिकि०> रोग-प्रभाव से मुक्त

【免疫性】 miǎnyìxìng (छूत के रोग आदि से) उन्मुक्ति

【免疫学】 miǎnyìxué इम्यूनोलाजी

【免于】 miǎnyú (किसी से) बचना; मुक्त होनाः 使某人～败局 किसी को किसी के हाथों पराजित होने से बचा देना / ～处分 सज़ा से छूटना; दंड से मुक्त होना

【免予】 miǎnyǔ न देनाः ～处分 किसी को सज़ा से छुटकारा देना / ～起诉 <का०> किसी व्यक्ति के मुकद्दमे से मुक्त कर देना; मुकद्दमा न चलाना

【免战牌】 miǎnzhànpái प्राचीन-काल में लड़ने से मना करने के लिये प्रयुक्त चिन्ह पट्टिका (बहुधा पुराने उपन्यासों में देखा जा सकता है)

【免征】 miǎnzhēng कर लगाने से मुक्त करना

【免职】 miǎnzhí निकालना; पदच्युत करना; ड्यूटी से हटाना; डिसमिस करना; बरखास्त करना

【免罪】 miǎnzuì दोष-मुक्त करना; दंड-मुक्त करना

沔 Miǎn स्येन-श्वेइ नदी, हान-च्यांग नदी का ऊपरी भाग (प्राचीन काल में हान-च्यांग नदी को स्येन-श्वेइ नदी भी कहते थे)

黾（黽）miǎn <लि०> 渑 miǎn के समान mǐn भी दे०

眄 miǎn 眄 miàn का दूसरा उच्चारण

俛 miǎn दे० 僶俛 mǐnmiǎn

勉 miǎn ❶प्रयत्न करनाः 奋～ दृढ़संकल्प प्रयत्न करना ❷बढ़ावा देना; प्रोत्साहित करनाः 自～ अपने को बढ़ावा देना / 互～ एक दूसरे को प्रोत्साहित करना ❸अनिच्छा सेः 勉强

【勉力】 miǎnlì अनिच्छा से प्रयत्न करनाः ～谈笑 अनिच्छा से भी हंसने-बोलने का यत्न करना / ～为之 पूरी शक्ति लगाना

【勉励】 miǎnlì बढ़ावा देना; प्रोत्साहित करनाः 互相～ एक दूसरे को प्रोत्साहित करना / ～学生努力学习 विद्यार्थियों को प्रयत्नपूर्वक अध्ययन करने के लिये बढ़ावा देना / ～华侨严格遵守侨居国法令 प्रवासी चीनियों को इस बात के लिये प्रोत्साहित करना कि वे जिस देश में रहते हैं उसी देश के नियमों और विनियमों का कड़ाई के साथ पालन करें

【勉强】 miǎnqiǎng ❶मुश्किल से कोई काम करनाः ～维持 मुश्किल से निर्वाह करना / 病人～喝了半碗粥。 रोगी ने मुश्किल से आधा कटोरा दलिया खाया। ❷अनिच्छा सेः ～参加 अनिच्छापूर्वक शामिल होना / ～答应 अनिच्छा से प्रतिज्ञा करना; अनिच्छित रूप से वचन देना / 表示～中立 अनिच्छापूर्वक तटस्थता का रुख अपनाना ❸ज़बरदस्ती दूसरे से अनिच्छापूर्वक कोई काम करानाः 不要～他去做。 उस से जबरदस्ती यह काम न कराओ। ❹अपर्याप्त; अस्वाभाविकः 他的理由很～。 उस का तर्क अपर्याप्त है। / ～做实在做不到的事 असंभव को संभव बनाने की कोशिश करना / ～凑集 लोगों को अस्वाभाविक रूप से शामिल करना ❺मुश्किल से काफ़ीः 这点草料～够牲口吃一天。 इतना चारा पशुओं के एक दिन के लिये मुश्किल से काफ़ी होगा।

【勉为其难】 miǎnwéiqínán मुश्किल से किसी मुश्किल काम को करने का बीड़ा उठाना

娩（挽）miǎn प्रसव; संततिजनन

【娩出】 miǎnchū शिशु का माता के शरीर से जन्म लेना; जन्मना; जनना

勔 miǎn <लि०> उद्योगी; मेहनती; उद्यमी; परिश्रमी

冕 miǎn ताज; मुकुट; किरीटः 加～ राज्याभिषेक; राजा या उस की पत्नी को गद्दी पर बैठाने का समारोह

【冕旒】 miǎnliú सम्राट के मुकुट तथा मुकुट के आगे-पीछे के जेडों के गुच्छे

偭 miǎn 〈लि०〉❶की ओर; की तरफ़ ❷उल्लंघन करना: ～规越矩 रीति-रिवाज़ों का उल्लंघन करना

渑 （澠） miǎn 〈लि०〉 नीचे दे०

【渑池】 Miǎnchí म्येनछ्रु, हनान प्रांत में एक स्थान का नाम

湎 miǎn दे० 沉湎 chénmiǎn (किसी काम में) मग्न होना; तल्लीन होना; लिप्त होना; लगा होना

缅1 （緬） miǎn दूर; सुदूर: 缅怀 / 缅想

缅2 （緬） miǎn 〈बो०〉ऊपर चढ़ाना : ～上袖子 आस्तीन को ऊपर चढ़ाना

【缅甸】 Miǎndiàn बर्मा (देश)

【缅甸人】 Miǎndiànrén बर्मी (निवासी)

【缅甸语】 Miǎndiànyǔ बर्मी (भाषा)

【缅怀】 miǎnhuái दूर से याद करना; स्मरण करना

【缅邈】 miǎnmiǎo 〈लि०〉 दूर; सुदूर; दूरस्थ; दुरवर्ती

【缅想】 miǎnxiǎng याद करना; स्मरण करना

䩄 （靦） miǎn नीचे दे०

【䩄覥】 miǎntiǎn दे० 腼腆 miǎntiǎn

腼 miǎn नीचे दे०

【腼腆】 miǎntiǎn （䩄覥 miǎntiǎn भी）संकोचशील; शर्मीला; शर्मसार; मुंहचोर: ～地说 शर्माते हुए बोलना / 她见了陌生人有些～。अजनबी को देखकर वह कुछ झेंपी।

鮸 （鮸） miǎn (साधारण नाम 鳘鱼 mǐnyú) भूरी और कर्कश करने वाली कॉड मछली

miàn

面1 （靣） miàn ❶मुंह; चेहरा: 面孔 / ～红耳赤 (मुंह) कानों तक लाल हो जाना ❷की ओर; की तरफ़: 背山～水 पीछे पहाड़ और सामने नदी / 这座大楼～南座北。यह इमारत दक्षिण की ओर है। ❸सतह; ऊपरी भाग: 水～ पानी की सतह / 地～ भूमि की सतह / 路～ रास्ते की सतह / 桌～ मेज़ का ऊपरी भाग ❹व्यक्तिगत रूप से; खुद: 面交 / 面授 / 面谢 ❺वस्तुओं का ऊपरी या बाहरी भाग: 鞋～儿 जूते का ऊपरी भाग / 棉衣的～儿 रूई के कपड़े का बाहरी भाग ❻〈गणित०〉 तल; सतह (जिस में लंबाई-चौड़ाई हो, मोटाई न हो): 立方体有六～。घनाकार पदार्थों की छह सतहें होती हैं। ❼समतल सतह; पहलू: 全～ सर्वतोमुखी; चौतरफ़ा / 片～ एकांग; एकपक्षीय; एकतरफ़ा / 正～ सीधा पहलू; पोज़िटिव / 反～ उल्टा पहलू; निगेटिव / 多～手 सर्वकार्य-कुशल लोग ❽〈प्रत्यय〉 दिशा-वाचक शब्दों का प्रत्यय: 上～ ऊपर / 前～ सामने / 外～ बाहर / 左～ बायीं ओर / 东～ पूर्व दिशा ❾〈परि०श०〉 ①(चपटी समतल वस्तुओं के लिये प्रयुक्त) 一～镜子 एक शीशा / 三～红旗 तीन लाल-लाल झंडे ②(मिलने के समय के लिये प्रयुक्त) 我们见过一～。हम एक बार मिले थे।

面2 （麵，麪） miàn ❶अन्न का चूर्ण; आटा; विशेषकर गेहूँ का आटा: 白～ मैदा / 豆～ सोया बीन का आटा (चूर्ण) ❷चूर्ण; पाउडर: 药～儿 दवा का चूर्ण / 胡椒～儿 मिर्च का चूर्ण ❸नूडल्स; सेंवई: 一大碗～ एक बड़ा कटोरा नूडल्स ❹कम रेशे वाला मुलायम भोजन: 这苹果～。यह सेव कम रेशे वाला और नर्म है।

【面案】 miàn'àn（白案 bái'ànभी）भोजन बनाने के काम के बंटवारे में चावल, रोटी आदि पकाने का काम

【面包】 miànbāo रोटी; पावरोटी; नान; ब्रेड

【面包车】 miànbāochē（旅行车 lǚxíngchē का लोकप्रचलित नाम）स्टेशन-वैगन

【面包房】 miànbāofáng नानबाई की दुकान, बेकरी

【面包干】 miànbāogān रस्क, कड़ा सिंका हुआ पावरोटी का टुकड़ा

【面包果】 miànbāoguǒ 〈वन०〉 ब्रेडफ्रुट (एक प्रकार का पेड़ जिस के फल से रोटी बनती है)

【面包圈】 miànbāoquān तला हुआ या भुना हुआ चक्राकार ब्रेड

【面包渣儿】 miànbāozhār पावरोटी का गूदा; पावरोटी के छोटे-छोटे टुकड़े; चूरा

【面壁】 miànbì ❶मुँह दीवार की ओर होना —— लापरवाह होना ❷बौद्ध धर्म में दीवार की ओर मुँह करके ध्यान करना; ध्यानपूर्वक अध्ययन करना ❸〈पुराना〉 एक प्रकार का शारीरिक दंड, दीवार की ओर मुँह करके खड़ा रहना

【面禀】 miànbǐng व्यक्तिगत रूप से (अपने उच्चतर अधिकारी को) रिपोर्ट देना

【面不改色】 miànbùgǎisè चेहरे का रंग न बदलना —— शांत होना; स्थिर भाव प्रदर्शित करना; विचलित न होना: 他～。वह विचलित न हुआ। / ～心不跳 पूर्ण रूप से शांत रहना

【面部表情】 miànbù biǎoqíng मुखमुद्रा; मुखाकृति; भावभंगिमा: 从他的～可知他不愿意去。उस की भावभंगिमा से ऐसा मालूम हुआ कि वह जाना नहीं चाहता।

【面茶】 miànchá बाजरे आदि के आटे में पानी डालकर पकाया हुआ दलिया

【面陈】 miànchén व्यक्तिगत रूप से बताना या ब्यौरे के साथ समझाना

【面呈】 miànchéng व्यक्तिगत रूप से विचारार्थ प्रस्तुत करना

【面斥】 miànchì किसी व्यक्ति को डांटना; बुरा-भला कहना

【面辞】 miàncí जाकर किसी से नमस्कार कहना; किसी से विदा लेना

【面从后言】 miàncóng-hòuyán किसी के मुँह के सामने हां कहना और उस के पीठ पीछे फ़ौरन नुक्ता-चीनी करना

【面点】 miàndiǎn आटे आदि वस्तुओं से बनी पेस्ट्री

【面的】 miàndī मिनिबस टैक्सी

【面对】 miànduì किसी का सामना करना: ～现实 वास्तविकता का सामना करना / ～这种形势 ऐसी स्थिति में

【面对面】 miànduìmiàn आमने-सामने; सामने; संमुख: ～坐着 आमने-सामने बैठना / 作～的斗争 आमने-सामने संघर्ष करना / ～的会谈 आमने-सामने बातचीत करना

【面额】 miàn'é ❶मुद्रा का भेद: 纸币的～ मुद्रा का भेद / 小～的纸币 छोटी संख्या वाली मुद्रा ❷माथा; मस्तक; ललाट

【面坊】 miànfáng आटे की मिल

【面肥】 miànféi（老面 lǎomiàn，面头 miàntóu भी）खमीर; किण्व

【面粉】 miànfěn आटा; मैदा

【面粉厂】 miànfěnchǎng आटे की मिल

【面革】 miàngé ऊपरी चमड़ा; चमड़े का ऊपरी भाग

【面馆】 miànguǎn नूडल्स; सेंवई आदि बेचने की दुकान

【面和心不和】 miàn hé xīn bùhé ऊपर से मित्रता रहना पर दिल में अनबन पैदा होना

【面红耳赤】 miànhóng-ěrchì चेहरा लाल हो जाना; कानों तक लाल हो जाना; तमतमा जाना; सुर्ख हो जाना: 两人争得～。दोनों में तीखा वाद-विवाद हुआ और दोनों के चेहरे कानों तक लाल हो गये। / 羞得～ झेंपने या लज्जित होने से चेहरा कानों तक लाल हो जाना

【面糊】 miànhú ❶आटे में पानी डालकर पकाया गया दलिया ❷〈बो०〉 लेई; लेप; पेस्ट

【面糊】 miànhu 〈बो०〉 कम रेशे वाला और मुलायम: 蒸白薯很～。भाप से बना शकरकंद मुलायम और कम रेशेवाला होता है।

【面黄肌瘦】 miànhuáng-jīshòu दुबला-पतला; निस्तेज और निर्बल; मुरझाया हुआ: 他们的士兵饿得～。उन के सैनिक दुबले-पतले रह जाते हैं।

【面积】 miànjī क्षेत्रफल; भूक्षेत्र: 土地～ भूक्षेत्र

【面颊】 miànjiá गाल; कपोल

【面交】 miànjiāo व्यक्तिगत रूप से देना या सौंप देना

【面巾】 miànjīn 〈बो०〉 तौलिया

【面巾纸】 miànjīnzhǐ फ़ेस टिशू; मुंह पोंछने वाला टिशू

【面筋】 miànjīn आटे का लसदार भाग; ग्लूटेन

【面具】 miànjù मुखपट; आवरण; चेहरा; नकाब: 防毒～ गैस से बचने वाला नकाब; गैस-नकाब / 剩下伪装的～ अपना बनावटी नकाब उतार फेंकना

【面孔】 miànkǒng मुख; चेहरा; शकल: 冷漠无情的～ खुश्क मुंह

【面料】 miànliào ❶बाहरी या ऊपरी भाग को बनाने की सामग्री: 布鞋的～ कपड़े के जूते के ऊपरी भाग को बनाने का कपड़ा ❷वस्तुओं की सतह पर चिपकने वाली सामग्री: 家具～ फ़र्नीचर की सतह पर चिपकने वाली सामग्री

【面临】 miànlín द्वार पर खड़ा होना; सामना होना: 他们正～着一场新的革命。वे अब एक नयी क्रांति के द्वार पर खड़े हैं। / 殖民体系已～全面崩溃。उपनिवेशवादी व्यवस्था पूरी तरह खात्मे के कगार पर खड़ी है। / 我们～着发展经济、提高人民生活水平的巨大任务。हमारे सामने अर्थ-व्यवस्था को विकसित करने और जनता के रहन-सहन के स्तर को ऊँचा उठाने का बहुत बड़ा काम है।

【面聆】 miànlíng व्यक्तिगत रूप से किसी की शिक्षा सुनना

【面码儿】 miànmǎr नूडल्स के साथ खाने के लिये सब्ज़ी

【面貌】 miànmào ❶मुंह; चेहरा; मुखाकृति: 这俩人的～很相似。ये दोनों देखने में एक दूसरे से बहुत मिलते हैं। ❷रूप; शकल; सूरत: ～改观 शकल बदल जाना / 改变旧中国的～ पुराने चीन के रूप को बदलना / 国家的社会经济～ देश का सामाजिक और आर्थिक रूप / 精神～ मानसिक स्थिति

【面面观】 miàn miàn guān किसी समस्या की हर पक्ष से समीक्षा (बहुधा लेख आदि के शीर्षक में प्रयुक्त): 婚姻问题～ विवाह-समस्या की हर पक्ष से समीक्षा

【面面俱到】 miànmiàn-jùdào किसी बात पर हर पहलू से सोच-विचार करना: 这篇文章对这个问题讲得～。इस लेख में इस बात पर हर पहलू से सोच-विचार किया गया है।

【面面相觑】 miànmiàn-xiāngqù एक दूसरे की ओर देखना; मुंह ताकना: 三人～。तीनों मुंह ताकते रह गये।

【面膜】 miànmó चेहरा; नकाब

【面目】 miànmù ❶चेहरा; मुंह; मुख: ～清秀(चेहरा) सुन्दर; खूबसूरत ❷रूप: 政治～起了变化。राजनीतिक रूप बदल गया। / 工贼的～ गद्दार का स्वरूप / 历史的～ ऐतिहासिक सत्य / 以革命的～出现 क्रांतिकारी जामा पहन लेना / 使……的～一新 किसी की सूरत को पूरे तौर से बदल डालना; किसी की सूरत पूरी बदल डालना ❸इज़्ज़त; मान; मर्यादा; प्रतिष्ठा: 叫我有何～去见人? मैं किस मुंह से लोगों के सामने आ सकता हूँ?

【面目可憎】 miànmù-kězēng भद्दा रूप वाला; घृणास्पद चेहरे वाला

【面目全非】 miànmù-quánfēi पहचान से परे होना; रूप बहुत बदल जाना; पहचान में भी न आना (बहुधा अनादरसूचक अर्थ में प्रयुक्त): 他把你原来的一篇好文章改得～。उस ने तुम्हारे पहले के एक अच्छे लेख को इतना ज़्यादा बदल दिया कि वह पहचान में ही नहीं आता।

【面目一新】 miànmù-yīxīn किसी की शकल बिलकुल ही बदल जाना; रंग-रूप बदल जाना: 军队的～。सेना का रंग-रूप ही बदल गया है। / ～的气象 नया वातावरण

【面嫩】 miànnèn ❶चेहरा देखने में अल्पायु का-सा लगना ❷लज्जाशील; झेंपू

【面庞】 miànpáng मुखाकृति; चेहरा; मुंह: 圆圆的～ गोल मुंह

【面盆】[1] miànpén 〈बो०〉 वाशबेसिन; मुंह-हाथ धोने का बर्तन
【面盆】[2] miànpén आटा गूंथने का बरतन
【面坯儿】 miànpīr बिना मसाला आदि डाले पका नूडल्स
【面皮】[1] miànpí 〈बो०〉 मुंह; चेहरा; गाल: ～厚 नककटा; निर्लज्ज; बेशर्म / ～薄 शर्मिन्दा; लज्जाशील
【面皮】[2] miànpí पाओत्स्, च्याओत्स् आदि का लपेटन
【面洽】 miànqià व्यक्तिगत रूप से किसी से परामर्श करना: ～公事 सरकारी कार्य के लिये किसी से व्यक्तिगत रूप से परामर्श करना / 和来人～ आगंतुक से खुद परामर्श करना
【面前】 miànqián के सामने; के आगे: 在事实～ तथ्य के सामने / 我们～有着发展经济的巨大任务。 हमारे सामने अर्थ-व्यवस्था को विकसित करने का बहुत बड़ा कार्य है।
【面罄】 miànqìng व्यक्तिगत रूप से विस्तारपूर्वक बातचीत करना
【面人儿】 miànrénr गुंधे आटे से बनी छोटी मूर्ति
【面容】 miànróng मुंह; चेहरा; मुखाकृति: ～消瘦 दुर्बल दिखाई देना
【面如死灰】 miànrúsǐhuī चेहरे का रंग भस्म के समान होना —— घबड़ाहट, गरीबी आदि के कारण चेहरे का रंग भस्म के समान होना
【面如土色】 miànrútǔsè चेहरा उतरना; मुंह पर हवाई उड़ना; चेहरे का रंग उड़ जाना: 看见了狮子他吓得～。 शेर को देखते ही भय से उस के मुंह पर हवाइयां उड़ने लगीं।
【面软】 miànruǎn संवेदनशील
【面色】 miànsè चेहरे का रंग: ～苍白 मुंह निकल आना; चेहरा उतरना
【面纱】 miànshā ❶घुंघट; पर्दा; बुर्का ❷नकाब
【面善】 miànshàn ❶परिचित-सा लगना: 他很～。 वह परिचित-सा मालूम होता है। ❷विनम्र; विनीत: ～心慈 विनम्र और सहृदय
【面商】 miànshāng व्यक्तिगत रूप से किसी से परामर्श करना; आमने-सामने सलाह लेना
【面神经】 miànshénjīng 〈श०वि०〉 चेहरे की नसें
【面生】 miànshēng अपरिचित-सा होना: 这个人很～。 यह आदमी अपरिचित-सा मालूम होता है।
【面食】 miànshí आटे से बनी खाद्य वस्तुओं का सामान्य नाम; आटे या मैदे का भोजन
【面世】 miànshì दुनिया के लोगों से भेंट करना: 他的小说不久将～。 उस का उपन्यास निकट भविष्य में प्रकाशित होगा।
【面市】 miànshì बाज़ार में माल आदि की सप्लाई करने लगना
【面试】 miànshì व्यक्तिगत रूप से परीक्षा लेना
【面首】 miànshǒu 〈लि०〉 〈पुराना〉 किसी कुलीन महिला के यहां विलास करने के लिये पालित किया गया सुन्दर पुरुष; ऐसा सुन्दर पुरुष जिस का पेशा कुलीन स्त्रियों के साथ नाचने का हो, जिजोलो
【面授】 miànshòu ❶व्यक्तिगत रूप से बताना: ～机宜 किसी को काम करने का उपाय बतलाना ❷अध्यापकों द्वारा खुद पाठ पढ़ाने की शिक्षा-व्यवस्था (पत्र-व्यवहार से सिखाने की व्यवस्था से भिन्न)
【面熟】 miànshú कुछ-कुछ परिचित-सा मालूम होना: 这人似很～。 यह आदमी परिचित-सा मालूम होता है।
【面塑】 miànsù 〈शिल्प०〉 गुंधे आटे से आकृति या मूर्ति बनाना
【面谈】 miàntán व्यक्तिगत रूप से बातचीत करना: 改日～ किसी दूसरे दिन व्यक्तिगत रूप से बातचीत करना
【面汤】[1] miàntāng 〈बो०〉 मुंह-हाथ धोने का गरम पानी
【面汤】[2] miàntāng पानी जिस में सेंवई या नूडल्स पकाई गयी हो
【面汤】 miàntang 〈बो०〉 सूप में नूडल्स या सेंवई
【面条】 miàntiáo सेंवई; नूडल्स
【面团】 miàntuán गुंधे हुए आटे का पिंड
【面团团】 miàntuántuán मोटा-सा (चेहरा): ～若富家翁。 मोटा-सा चेहरा, जैसे अमीर हो।
【面无人色】 miànwúrénsè (भय से) चेहरा उतरना; मुंह पर हवाई उड़ना; चेहरे का रंग उड़ जाना
【面向】 miànxiàng मुंह किसी की ओर मोड़ना; मुख करना; सम्मुख होना: ～农村 गांव की ज़रूरतों के अनुकूल होना / ～群众 जन-समुदाय की ओर मुख करना; जन-समुदाय के साथ एकरूप हो जाना / ～四个现代化 चार आधुनिकीकरणों की आवश्यकताओं के अनुकूल होना
【面相】 miànxiàng 〈बो०〉 मुंह का रूप; मुखाकृति; शकल; सूरत
【面谢】 miànxiè व्यक्तिगत रूप से धन्यवाद देना; जाकर खुद धन्यवाद देना
【面叙】 miànxù व्यक्तिगत रूप से बातचीत या विवरण करना
【面议】 miànyì व्यक्तिगत रूप से विचार-विनिमय करना या बातचीत करना
【面有菜色】 miànyǒucàisè गरीबी के कारण चेहरा बिगड़ना; चेहरा सफ़ेद होना
【面有难色】 miànyǒunánsè मुंह पर अनिच्छा या मुश्किल की भावना प्रकट करना
【面谕】 miànyù (उच्चतर स्तरीय अधिकारियों या बड़ों का) व्यक्तिगत रूप से बताना
【面誉背毁】 miànyù-bèihuǐ किसी के मुंह सामने उस की प्रशंसा करना और उस के पीठ पीछे बदनामी करना
【面罩】 miànzhào नकाब; मास्क: 蒙上～ चेहरे पर मास्क या नकाब लगाना
【面值】 miànzhí फ़ेस वेल्यू
【面砖】 miànzhuān दीवार की सतह पर प्रयुक्त रंग वाली ईंट
【面子】[1] miànzi ❶वस्तुओं की सतह; बाहरी भाग: 被～ रज़ाई या लिहाफ़ का बाहरी भाग ❷मान; मर्यादा; इज़्ज़त; प्रतिष्ठा: 爱～ अपनी इज़्ज़त खोने का डर रहना / 保全～ अपनी इज़्ज़त सुरक्षित रखना ❸संवेदनशीलता: 给……留～ किसी की संवेदनशीलता को घायल करने से बचाना / 不顾～ किसी की संवेदनशीलता पर ध्यान न रखना / 它对我的～多不好。 इस का मेरी प्रतिष्ठा पर

कितना बुरा असर पड़ रहा है।

【面子】[2] miànzi चूर्ण; चूर; चूरा: 药～ दवा का चूर्ण; दवा का पाउडर

眄 miàn 〈लि०〉 कनखियों से देखना

【眄视】 miànshì 〈लि०〉 कनखियों से देखना

miāo

喵 miāo 〈अनु०〉 बिल्ली की आवाज़; म्याऊँ

miáo

苗 miáo ❶छोटा कोमल पौधा; बीज से उगाया गया पौधा: 麦～儿 गेहूँ का छोटा कोमल पौधा / 豆～儿 सोया बीन का छोटा कोमल पौधा / 蒜～ लहसुन के बीज से उगाया गया पौधा / 出～ अंकुर निकलना ❷वंशज; संतान; औलाद: 他们家只有这一根～儿。उन के घर में केवल यही एक संतान है। ❸कुछ पशुओं का छोटा बच्चा: 猪～ सूअर के (हाल ही में पैदा हुए) छोटे बच्चे / 鱼～ मछली के (अंडे से हाल ही में निकले हुए) छोटे बच्चे ❹वैक्सीन: 牛痘～ गाय के थन की चेचक का विष जो टीका लगाने में प्रयुक्त होता है / 卡介～ 〈औष०〉 बी०सी०जी० वैक्सीन (बेसिल काल्मेट गेरिन) (BCG vaaccine) ❺छोटे कोमल पौधे की तरह चीज़: 火～ ज्वाला; शिखा; लौ; लपट ❻(Miáo) एक कुलनाम

【苗儿】 miáor प्रवृत्ति का लक्षण; किसी बुरे विचार का नया विकास

【苗床】 miáochuáng छोटे कोमल पौधों की क्यारी; बेड

【苗而不秀】 miáo'érbùxiù अंकुर निकलने पर फूल न खिलना —— संभावनाएँ दिखाई देना पर इसे अमल में लाने में असफल रहना: ～者有矣夫! 秀而不实者有矣夫! क्या ऐसे छोटे कोमल पौधे नहीं हैं जिन पर या तो फूल नहीं खिलते, और फूल खिलते हैं तो फल नहीं लगते?

【苗剧】 miáojù म्याओ जाति का ऑपेरा जो हूनान प्रांत के पश्चिमी भाग के म्याओ जाति के निवास-स्थान में प्रचलित होता है

【苗木】 miáomù 〈अरण्य०〉 क्यारी में लगाये गये छोटे-छोटे कोमल पौधे; नर्सरी स्टाक

【苗圃】 miáopǔ छोटे-छोटे कोमल पौधों को लगाने का खेत; पौधों की नर्सरी; बाग

【苗条】 miáotiáo (महिला का रूप) पतला और सुन्दर; बेंत-जैसा (शरीर)

【苗头】 miáotou निशान; चिन्ह; प्रवृत्ति का लक्षण; किसी बुरे विचार का नया विकास: 注意不良倾向的～ बुरी प्रवृत्तियों के विकास पर ध्यान रखना

【苗绣】 miáoxiù म्याओ जाति के महिलाओं का कसीदा

【苗裔】 miáoyì 〈लि०〉 संतान; वंशज; औलाद

【苗猪】 miáozhū हाल ही में पैदा हुए सूअर के बच्चे

【苗子】 miáozi ❶〈बो०〉 दे० 苗 ❷〈ला०〉 युवा उत्तराधिकारी ❸〈बो०〉 दे० 苗头

【苗族】 Miáozú म्याओ जाति जो क्वेइ-चओ, हूनान, युननान, क्वांग-तोंग, स्-छ्वान आदि प्रांतों और क्वांग-शी च्वांग जाति के स्वायत्त क्षेत्र में निवास करता है

描 miáo ❶नकल उतारना; नकल करना; ट्रेस करना; अनुकरण करना: ～图 चित्र की नकल करना; चित्र की नकल उतारना ❷चित्र आदि को ठीक करना; फिर संवारना-सुधारना: 描红 / 练毛笔字, 一笔是一笔, 不要～。ब्रुश से बड़े-बड़े चीनी अक्षर को लिखने का अभ्यास करते समय एक-एक स्ट्रोक से खुद लिखना चाहिये, दूसरों के नमूने पर लिखना नहीं चाहिये।

【描红】 miáohóng बच्चों के ब्रुश से बड़े-बड़े चीनी अक्षर लिखने का अभ्यास करने की एक रीति (लिखते समय बच्चे छपे हुए लाल-लाल नमूने के ऊपर काली स्याही से नकल करते हैं)

【描画】 miáohuà चित्र बनाना; चित्र खींचना; वर्णन करना: ～社会主义社会的轮廓 समाजवादी समाज का मोटा खाका खींचना या तैयार करना

【描绘】 miáohuì वर्णन करना; चित्र खींचना: 这些画～了我国城市的新面貌。ये कृतियां हमारे देश के नगरों की नयी सूरतों को चित्रित करती हैं।

【描金】 miáojīn 〈कला और शिल्प कला〉 किसी वस्तु पर सोने के चूर्ण से डिज़ाइन करना: 穿着～的红衣服 ज़रीदार लाल कपड़े पहनना

【描摹】 miáomó खाका खींचना; नक्शा बनाना; चित्रित करना; वर्णन करना: ～个性 व्यक्तित्व का वर्णन (या चित्रण) करना

【描述】 miáoshù वर्णन करना; विवरण करना: ～农民生活 किसानों के रहन-सहन का वर्णन करना / 难以～ मुश्किल से वर्णन कर सकना; अवर्ण्य / ～人民的贫困 जनता के दुख और उत्पीड़न का वर्णन करना

【描图】 miáotú ट्रेसिंग; नकल उतारना: ～员 ट्रेसर; खाका खींचने वाला / ～纸 नकल उतारने का पारदर्शक कागज़

【描写】 miáoxiě वर्णन करना; चित्रण करना; चित्रित करना; बखान करना: ～风景 दृश्य का चित्रण करना / 这段～很生动。यह वर्णन बहुत सजीव है।

【描写语言学】 miáoxiě yǔyánxué वर्णनात्मक भाषा-विज्ञान

鹋（鶓） miáo 〈प्राणि०〉 एक प्रकार का बड़ा पक्षी, एमू (emu)

瞄 miáo किसी वस्तु पर ध्यान केन्द्रित करना: ～得准 ठीक निशाना बांधना

【瞄准】 miáozhǔn निशाना बांधना या साधना; सीधे देखते हुए निशाना लगाना; सीध बांधना; लक्ष्य साधना: 他

没有～开了一枪。उस ने बगैर निशाना साधे गोली दाग दी। / 敌人正在用箭～他的咽喉。दुश्मन उस की गरदन पर धनुष से निशाना साध रहा है। / 他把枪口～敌人。उस ने बन्दूक उठाकर दुश्मन पर निशाना बांधा।

【瞄准环】 miáozhǔnhuán रिंग साइट

【瞄准镜】 miáozhǔnjìng टेलीस्कोप साइट

【瞄准具】 miáozhǔnjù बन्दूक का ठीक निशाना; गन साइट

【瞄准器】 miáozhǔnqì लक्ष्यदर्शक; मक्खी; साधने का यंत्र

【瞄准手】 miáozhǔnshǒu प्वाइंटर; लेयर

miǎo

杪 miǎo ❶वृक्ष का सिरा ❷(वर्ष, मास, ऋतु का) अंत: 岁～ वर्ष का अंत / 月～ महीने का अंत / 秋～ शरद ऋतु का अंत

胁 miǎo चीनी चिकित्सा में पेट के दोनों ओर बारहवीं पसलियों के नीचे कूल्हे की हड्डियों के ऊपर का कोमल भाग

眇 miǎo ❶अंधा: ～一目 काना ❷बहुत छोटा; तुच्छ: ～小 बहुत छोटा; तुच्छ

秒 miǎo सेकेंड (मिनट का 1/60)

【秒表】 miǎobiǎo विराम-घड़ी; स्टापवाच; क्रोनोग्राफ़

【秒差距】miǎochājù 〈खगोल०〉 भेदांश; पारसेक; तारों के अंतर की इकाई

【秒立方米】 miǎolìfāngmǐ 〈जल-संरक्षण〉 क्यूबिक मीटर पर सेकेंड

【秒针】 miǎozhēn सेकेंड की सूई (घड़ी की)

淼 miǎo 〈लि०〉 (पानी) बहुत बड़ा; अति विस्तृत; विशाल

【淼茫】 miǎománg पानी ही पानी दिखाई देना; जहां तक निगाह जाती, पानी ही पानी नज़र आता

渺 miǎo ❶धुंधला और दूर: ～若烟云 कुहरे की तरह धुंधला होना / ～无人烟 दूर और निर्जन ❷तुच्छ; बहुत छोटा: ～小 तुच्छ ❸(पानी) बहुत बड़ा; अति विस्तृत: 浩～ पानी ही पानी दिखाई देना

【渺不足道】 miǎobùzúdào तुच्छ

【渺茫】 miǎománg ❶धुंधला और दूर: 愈远看愈～ जितनी दूर देखना उतना ही धुंधला लगना ❷अनिश्चित: 前途～ संभावना धुंधली और दूर होना

【渺然】 miǎorán अस्पष्ट; अनिश्चित: 音信～ कोई खबर न होना

【渺视】 miǎoshì (藐视 miǎoshì भी) नाचीज समझना; तुच्छ समझना

【渺小】 miǎoxiǎo (藐小 miǎoxiǎo भी) तुच्छ; बहुत छोटा: 显得～ तुच्छ मालूम होना

【渺远】 miǎoyuǎn (邈远 miǎoyuǎn भी) बहुत दूर; सुदूर

缈（緲）miǎo दे० 缥缈 piāomiǎo धुंधला; अस्पष्ट; धुंध भरा

藐 miǎo ❶छोटा: ～小 छोटा; तुच्छ ❷नाचीज़ समझना; तुच्छ समझना; हलका समझना: 言者谆谆，听者～。बोलने वाला संजीदगी से बोलता है, पर सुनने वाला इसे नाचीज़ समझता है।

【藐视】 miǎoshì नाचीज़ समझना; तुच्छ समझना; हल्का समझना: 战略上～敌人 रणनीति की दृष्टि से दुश्मन को नाचीज़ समझना / ～困难 कठिनाइयों को तुच्छ या नाचीज़ समझना

【藐小】 miǎoxiǎo छोटा; तुच्छ: 集体的力量是伟大的，而个人的力量则是～的。समूह की शक्ति असीम होती है जबकि व्यक्ति की शक्ति सीमित होती है।

邈 miǎo 〈लि०〉 दूर; सुदूर

【邈远】 miǎoyuǎn (渺远 miǎoyuǎn भी) दूर; सुदूर; दूरस्थ: ～的古代 दूरस्थ प्राचीन-काल / ～的蓝天 दूरवर्ती नीला आकाश

miào

妙 miào ❶अच्छा; सुन्दर: ～极了！वाह! वाह! बहुत अच्छा! अद्भुत! / 这办法真～。यह उपाय बहुत अच्छा है। / 妙不可言 ❷रहस्यमय; सफल; अनोखा: 妙计 / 妙策 / 莫名其～ मामले की तह से अनभिज्ञ होना

【妙笔】 miàobǐ लेखन की अनोखी तकनीक

【妙不可言】 miàobùkěyán बहुत अनोखा

【妙策】 miàocè सफल युक्ति

【妙法】 miàofǎ सुन्दर उपाय; बढ़िया तरकीब; कारगर उपाय

【妙计】 miàojì सफल युक्ति: 他想出一条～。उसे एक सफल युक्ति सूझी।

【妙境】 miàojìng परिस्तान; परियों का प्रदेश; परी-देश; विस्मयलोक

【妙句】 miàojù सुन्दर वाक्य; खूब कहा हुआ शब्द

【妙诀】 miàojué चतुर उपाय; होशियारी की तरकीब; होशियारी का तरीका

【妙龄】 miàolíng (लड़की की) यौवनावस्था: ～女郎 युवती

【妙论】 miàolùn अनोखा कथन; 〈अना०〉 अजीबोगरीब बयान

【妙品】 miàopǐn ❶बढ़िया किस्म का माल; अच्छी क्वालिटी का माल: 调味～ भोजन को स्वादिष्ट बनाने का सब से

अच्छा पदार्थ ❷कला की सुन्दर कृति

【妙棋】 miàoqí (शतरंज की) सुन्दर चाल; होशियारी की चाल

【妙趣横生】 miàoqù-héngshēng हाज़िरजवाबी और मज़ाक से भरा होना; बहुत हाज़िरजवाब

【妙手回春】 miàoshǒu-huíchūn (着手成春 zhuó-shǒu-chéngchūn भी) (डाक्टर, वैद्य आदि की) चिकित्सा-कला इतनी अच्छी होना कि मरणासन्न रोगी को ठीक किया जा सके

【妙手空空】 miàoshǒu-kōngkōng ❶छोटी-मोटी चीज़ों का चोर; उठाईगीर ❷जिस के पास पैसा वगैरा कुछ भी न हो

【妙算】 miàosuàn सफल भविष्यवाणी; सही अनुमान

【妙药】 miàoyào कारगर दवा

【妙用】 miàoyòng अद्भुत प्रभाव: 小小银针，大有~。एक्यूपंक्चर की छोटी-सी सूई आश्चर्यजनक कार्य कर सकती है।

【妙语】 miàoyǔ विनोदपूर्ण उक्ति; अनूठी बात: 妙人~ चतुर व्यक्ति और उस की अनूठी बात

【妙语解颐】 miàoyǔ-jiěyí लोगों को हंसाने वाली विनोदपूर्ण उक्ति

【妙语双关】 miàoyǔ-shuāngguān होशियारी के अनेकार्थक शब्द

【妙招】 miàozhāo (妙着 miàozhāo भी) सफल या कौशलयुक्त प्रयत्न

【妙着】 miàozhāo दे० 妙招

庙（廟） miào ❶मठ; मंदिर; देवगृह ❷राज्य पैतृक मंदिर ❸मेला: 赶~ मेले में जाना

【庙号】 miàohào <पुराना> मंदिर की उपाधि; सम्राट के मरणोपरांत 太庙 tàimiào (राज्य पैतृक मंदिर) में उस की आत्मा की लकड़ी की पट्टी खड़ी करने के लिये उस को दी गयी उपाधि, इस का प्रयोग बहुधा 祖 zǔ (संस्थापक) या 宗 zōng (पूर्वज) के लिये किया जाता था, जैसे, 汉高祖 (हान काओ-त्सू, हान राजवंश के संस्थापक), 唐太宗 (थांग थाए-त्सोंग, थांग राजवंश के पूर्वज)

【庙会】 miàohuì मेला: 举行~ मेला लगना

【庙堂】 miàotáng ❶मठ; मंदिर; देवगृह ❷राज्य पैतृक मंदिर: ~祭祀乐 मठ-मंदिर का धार्मिक संगीत ❸<लि०> दरबार; राज्य सभा

【庙宇】 miàoyǔ मठ-मंदिर; देवगृह

【庙主】 miàozhǔ ❶मंदिर का कार्यसंचालक ❷<लि०> राज्य पैतृक मंदिर में सम्राटों की आत्मा की लकड़ी की पट्टियां

【庙祝】 miàozhù मंदिर के पुजारी

玅 miào <लि०> 妙 miào के समान

缪（繆） Miào म्याओ, एक कुलनाम
miù; móu भी दे०

miē

乜 miē <लि०> नीचे दे०
Niè भी दे०

【乜斜】 miēxie ❶आंखें कुछ सिकोड़कर टेढ़ा देखना; टेढ़ा देखना (बहुधा तुच्छ समझने या असंतोष का भाव प्रकट करने में प्रयुक्त): 他~着眼睛看。उस ने अधमुंदी आंखों से टेढ़ा देखा। ❷(आंखें) अधमुंदी रखना: ~的睡眼 अधमुंदी आंखें (गहरी नींद से जागने की मुद्रा)

咩（哶） miē <अनु०> भेड़ की आवाज़; में-में: 羊~~地叫着。भेंड़ में-में करती है; भेड़ मिमियाती है।

miè

灭（滅） miè ❶बुझना: 火~了。आग बुझ गयी। / 灯~了。बत्ती बुझ गयी। ❷बुझाना: ~灯 बत्ती को बुझाना ❸डूब जाना; डूबकर मरना: 灭顶 ❹सर्वनाश होना; धूल में मिलना; गुलाम बनना; पराधीन बनना; नाश होना: 自生自~ खुद पैदा होना और खुद नष्ट होना / 物质不~ द्रव्य की अविनाशिता ❺नाश करना; गुलाम बनाना; पराधीन बनाना: ~菌 कीटनाशक; रोगाणुनाशक / ~敌人威风 दुश्मनों के मनोबल को गिराना; दुश्मन की उद्दंडता को मिटाना

【灭茬】 mièchá कटे हुए खेत की ठूंठी को साफ़ करना: ~机 स्टबल क्लीनर; कटे हुए खेत की ठूंठी को साफ़ करने वाली मशीन

【灭虫宁】 mièchóngníng <औष०> बेफ़ेनियम (bephenium)

【灭此朝食】 miècǐ-zhāoshí सबेरे नाश्ता करने से पहले ही शत्रु का सफ़ाया करना

【灭滴灵】 mièdīlíng <औष०> मेट्रोनिडाज़ोल (metronidazole); फ़्लेजिल (flagyl)

【灭敌人威风，长自己志气】 miè dírén wēifēng, zhǎng zìjǐ zhìqì दुश्मन की उद्दंडता को मिटाना और अपने हौसले को बढ़ाना

【灭顶】 mièdǐng डूब जाना; डूब मरना

【灭顶之灾】 mièdǐngzhīzāi डूब मरने का संकट; विध्वंसात्मक संकट: 陷敌于~的汪洋大海 ऐसा विशाल सागर जिस में हमारा दुश्मन डूब मरने की स्थिति में पड़ जाए / 种族主义有~。नसलवाद डूब जाएगा।

【灭蝗】 mièhuáng टिड्डी का नाश करना

【灭火】 mièhuǒ आग को बुझाना

【灭火剂】 mièhuǒjì आग को बुझाने वाला रासायनिक

पदार्थ
【灭火器】 mièhuǒqì आग बुझाने वाला यंत्र; अग्नि-शमक
【灭迹】 mièjì बुरे काम के चिह्न या प्रमाण को मिटाना; खोज मारना या मिटाना
【灭绝】 mièjué ❶विनष्ट होना; विलुप्त होना: 现已～的动物 विनष्ट पशु ❷आमूल विनाश होना
【灭绝人性】 mièjué-rénxìng अमानुषिकता: ～的暴行 अमानुषिक अत्याचार
【灭菌剂】 mièjūnjì कीटनाशक; रोगाणुनाशक
【灭口】 mièkǒu प्रमाण या दुष्कर्म के साथी को दूर करना या नष्ट करना: 杀人～ दुष्कर्म के साथी को जान से मारकर प्रमाण दूर करना
【灭门】 mièmén सारे घर के लोगों को जान से मारकर नष्ट कर देना
【灭失】 mièshī वस्तु, प्रमाण आदि जो खो या बिगड़ गया हो
【灭绦灵】 mièlāolíng 〈औष०〉 निक्लोसेमीड (niclosamide)
【灭亡】 mièwáng नाश होना या करना; सर्वनाश होना या करना; नष्ट होना या करना; ध्वस्त होना या करना: 自取～ अपने आप को गुलाम बनाना या पराधीन बनाना
【灭种】 mièzhǒng ❶जाति को नष्ट करना; जातिनाश करना ❷(जाति) विनष्ट होना; विलुप्त होना: 这种兽类已经～。 इस जाति के पशु विनष्ट हो गये हैं।
【灭族】 mièzú 〈प्राचीन〉 (दंड) सारे परिवार को जान से मार कर नष्ट कर देना

蔑[1] miè 〈लि०〉 ❶छोटा; हल्का: ～视 हल्का समझना; छोटा समझना; तुच्छ समझना ❷न होना: ～以复加 अत्यंत; बहुत ज़्यादा

蔑[2] (衊) miè (किसी की) बदनामी करना; (किसी पर) लांछन लगाना; झूठे आरोप लगाना; कलंकित करना दे० 诬蔑 wūmiè, 污蔑 wūmiè
【蔑称】 mièchēng ❶तिरस्कारपूर्वक संबोधन करना ❷तिरस्कार-सूचक संबोधन
【蔑视】 mièshì तुच्छ समझना; हल्का समझना; अनादर करना; उपेक्षा करना; तिरस्कार करना: ～困难 कठिनाइयों को नाचीज़ समझना / 脸上表露出～的神情 चेहरे पर तिरस्कार की भावना प्रकट करना
【蔑视法庭】 mièshì fǎtíng अदालत की अवमानना या अवज्ञा

篾 miè बांस की लंबी पतली फट्टी; फट्टा; खपची; सरपत या सोर्गम के छाल से बनी लंबी पतली पट्टी
【蔑白】 mièbái 〈बो०〉 दे० 篾黄
【篾黄】 mièhuáng बांस के तने का भीतरी भाग
【篾匠】 mièjiàng बांस की खपची से वस्तुएं बनाने वाला शिल्पकार
【篾片】 mièpiàn ❶बांस की लंबी पतली फट्टी; खपची; फट्टा ❷〈पुराना〉 सहारे पर रहने वाला; पिछलग्गू; पिट्ठू; चाटुकार
【篾青】 mièqīng बांस के तने का बाहरी भाग जो हरे रंग का होता है
【篾条】 mièliáo फट्टा; खपची; कमठी; बांस की लंबी पतली फट्टी
【篾席】 mièxí बांस की चटाई; बांस की खपची से बनी चटाई
【篾子】 mièzi बांस की लंबी पतली फट्टी; फट्टा; खपची

蠛 miè नीचे दे०
【蠛蠓】 mièměng प्राचीन पुस्तक में 蠓 měng के समान

mín

民 mín ❶जन; जनता; प्रजा; लोक: 人～ जनता ❷किसी जाति या राष्ट्र का सदस्य; जनता: 藏～ तिब्बती जनता; तिब्बत जाति का निवासी / 回～ मुसलमान; मुसलिम; ह्वेइ जाति का निवासी ❸किसी पेशे का व्यक्ति: 农～ किसान / 渔～ मछुवा; मछुआ ❹जनता का: ～歌 लोकगीत / ～谣 बैलेड ❺असैनिक: ～航 सिविल एविएशन / 军～ सैनिक और असैनिक; सिपाही और जनता
【民办】 mínbàn जन-समुदाय द्वारा संचालित: ～小学 जन-समुदाय द्वारा संचालित निजी पाठशाला
【民变】 mínbiàn जन-विद्रोह; किसान-विद्रोह: ～蠭起 व्यापक विद्रोह
【民兵】 mínbīng मिलिशिया; जन-मिलिशिया; नागरिकों की सेना: ～训练 मिलिशिया-प्रशिक्षण / ～组织 मिलिशिया-संगठन / 女～ मिलिशिया की महिलाएं
【民不聊生】 mínbùliáoshēng जनता की ज़िंदगी दूभर होना; जनता बड़ी दीन-हीन स्थिति में होना; जनता दुख तकलीफ़ों में फंसी हुई होना
【民不畏死，奈何以死惧之】 mín bù wèi sǐ, nài hé yǐ sǐ jù zhī जनता मौत से नहीं डरती, उसे मौत की धमकी देकर क्या होगा
【民船】 mínchuán असैनिक नाव
【民粹派】 míncuìpài नारोदनिक
【民粹主义】 míncuì zhǔyì नारोदिज़्म
【民法】 mínfǎ सिविल लॉ, दीवानी कानून
【民法典】 mínfǎdiǎn सिविल कोड
【民防】 mínfáng सिविल डिफ़ेंस
【民房】 mínfáng नागरिकों के मकान; निजी मकान
【民愤】 mínfèn जनता का क्रोध: 激起～ जनता का क्रोध उत्पन्न करना
【民风】 mínfēng समाज की साधारण दशा; समाज के रीति-रिवाज़; समाज का वातावरण
【民夫】 mínfū 〈पुराना〉 (民伕 mínfū भी) बेगार करने वाले लोग: 强拉～ लोगों को बेगार करने के लिये मजबूर करना
【民负】 mínfù जनता के ऊपर (कर का) भार

【民富国强】 mínfù-guóqiáng जनता का रहन-सहन अच्छा होना और देश शक्तिशाली होना
【民歌】 míngē लोक-गीत
【民工】 míngōng गैर-फ़ौजी मज़दूर; असैनिक श्रमिक
【民国】 Mínguó चीनी गणराज्य (1912-1949 ई०): ～25 年 गणराज्य की स्थापना के 25वें वर्ष में
【民航】 mínháng（民用航空 mínyòng hángkōng का संक्षिप्त रूप）सिविल एविएशन
【民航机】 mínhángjī व्यापारिक हवाई जहाज़; नागरिक विमान
【民间】 mínjiān ❶लोक-; जन-; लोक संबंधी: ～故事 जनकथा; लोककथा / ～舞蹈 लोकनृत्य ❷गैरसरकारी: ～贸易 गैरसरकारी वाणिज्य / ～往来 गैरसरकारी आना-जाना; गैरसरकारी आदान-प्रदान
【民间传说】 mínjiān chuánshuō लोककथा; जनकथा
【民间歌谣】 mínjiān gēyáo लोकगीत
【民间疾苦】 mínjiān jíkǔ जनता का कष्ट; जनता की परेशानी
【民间诗人】 mínjiān shīrén जनकवि
【民间文学】 mínjiān wénxué लोक-साहित्य
【民间戏剧】 mínjiān xìjù लोक-नाटक; लोक-ऑपेरा
【民间小调】 mínjiān xiǎodiào लोकधुन
【民间验方】 mínjiān yànfāng जनता में प्रचलित नुस्खा
【民间艺人】 mínjiān yìrén लोक-कलाकार
【民间艺术】 mínjiān yìshù जनकला; लोककला
【民间音乐】 mínjiān yīnyuè लोक-संगीत
【民间语言】 mínjiān yǔyán लोकभाषा; जनता की भाषा
【民间运输工具】 mínjiān yùnshū gōngjù जनता द्वारा इस्तेमाल किये जाने वाले परिवहन के साधन
【民警】 mínjǐng जन-पुलिस; जन-पुलिसमैन; सिविलगार्ड
【民居】 mínjū स्थानीय शैली वाला निवास गृह
【民康物阜】 mínkāng-wùfù माल भरपूर होना और जनता द्वारा शांतिमय जीवन बिताना
【民力】 mínlì जनता का वित्तीय साधन; जनता की आर्थिक शक्ति: ～得到休养 जनता की शक्ति का निर्माण कर सकना
【民氓】 mínméng दे० 民萌
【民萌】 mínméng（民氓 भी）आम जनता
【民命】 mínmìng जनता के प्राण; जनता का जीवन
【民瘼】 mínmò जनता का कष्ट; जनता की परेशानी
【民女】 mínnǚ आम जनता के परिवार की स्त्री
【民品】 mínpǐn नागरिक वस्तुएं
【民企】 mínqǐ निजी कारोबार
【民气】 mínqì जनता का उत्साह: 发扬～ जनता के उत्साह का विकास करना
【民情】 mínqíng ❶जनता की दशा; जनता की परिस्थितियां: 熟悉～ जनता की परिस्थितियों से परिचित होना ❷जनता का मनोभाव: 了解～ जनता के मनोभाव को जानना
【民穷财尽】 mínqióng-cáijìn दिवाला निकलना: 弄得～ जनता को मुफ़लिस बना देना और अपने वित्तीय साधनों को लगभग समाप्त कर देना
【民权】 mínquán नागरिक अधिकार
【民权主义】 mínquán zhǔyì जन-अधिकार सिद्धांत
【民生】 mínshēng जन-जीविका
【民生凋敝】 mínshēng diāobì व्यापक गरीबी होना; जनता के जीवन का कोई सहारा न होना
【民生史观】 mínshēng shǐguān जन-जीविका की भाषा में इतिहास की व्याख्या करना
【民生主义】 mínshēng zhǔyì जन-जीविका का सिद्धांत; जन-कल्याण का सिद्धांत
【民食】 mínshí जनता के लिये भोजन-सामग्री या खाद्य-सामग्री
【民事】 mínshì <का०> दीवानी
【民事案件】 mínshì ànjiàn <का०> दीवानी मामला; दीवानी मुकद्दमा
【民事法庭】 mínshì fǎtíng <का०> दीवानी अदालत; दीवानी कचहरी; सिविल कोर्ट
【民事审判庭】 mínshì shěnpàntíng <का०> सिविल कोर्ट; जनता की अदालत में सिविल-डिविज़न
【民事诉讼】 mínshì sùsòng <का०> दीवानी मुकद्दमा
【民俗】 mínsú लोक-रीति
【民俗学】 mínsúxué लोक-विद्या; जन-कथा विज्ञान
【民庭】 míntíng 民事法庭 का संक्षिप्त रूप
【民团】 míntuán <पुराना> (ज़मींदारों का) स्थानीय सैन्य दल; सिविल कोर
【民为邦本，本固邦宁】 mín wéi bāng běn, běn gù bāng níng जनता राज्य की जड़ होती है और जब जड़ स्थिर होती है तब राज्य भी शांत होता है
【民校】 mínxiào ❶प्रौढ़ों के लिये अवकाश-कालीन स्कूल ❷लोक-विद्यालय; जनता द्वारा संचालित स्कूल
【民心】 mínxīn जनता की संवेदनशीलता: 深得～ जनता का प्रबल समर्थन प्राप्त करना
【民心工程】 mínxīn gōngchéng वे सरकारी परियोजनाएं जो आम लोगों की इच्छाओं से मेल खाती हों
【民心所向】 mínxīnsuǒxiàng जिस की ओर जनता का संकल्प झुकता हो
【民选】 mínxuǎn जनता द्वारा निर्वाचित
【民谚】 mínyàn लोकोक्ति; कहावत
【民谣】 mínyáo बैलेड (बहुधा सामयिक या स्थानिक घटनाओं और राजनीति से संबंधित)
【民以食为天】 mín yǐ shí wéi tiān जन-समुदाय भोजन को अपना ईश्वर मानता है
【民意】 mínyì लोकमत; जनमत: 代表～ जनता की अभिलाषा का प्रतिनिधित्व करना / 发扬～ जनता की इच्छा को पूर्ण रूप से अभिव्यक्त करना / ～机关 सार्वजनिक संस्थाएं / ～测验 लोकमत-संग्रह; जनमत-संग्रह
【民营】 mínyíng निजी (कारोबार): ～经济 गैरसरकारी अर्थव्यवस्था / ～企业 निजी कारोबार
【民用】 mínyòng नागरिक; सिविल: ～航空 सिविल एविएशन / ～船舶 नागरिक जहाज़

【民用飞机】 mínyòng fēijī नागरिक विमान
【民用机场】 mínyòng jīchǎng नागरिक हवाई अड्डा
【民用建筑】 mínyòng jiànzhù नागरिक निर्माण
【民怨沸腾】 mínyuàn–fèiténg जनता में बढ़ता असंतोष; जनता क्रोध से खौल रही है
【民乐】 mínyuè जन-वाद्ययंत्र; परम्परागत-वाद्ययंत्र के लिये लोक-संगीत: ～合奏 जन-वाद्ययंत्रों को मिलकर बजाना / ～队 परम्परागत वाद्ययंत्र ऑरकेस्ट्रा
【民运】 mínyùn ❶नागरिक परिवहन ❷<पुराना> निजी परिवहन का कारोबार ❸जन-आन्दोलन: ～工作 जन-आन्दोलन का कार्य
【民贼】 mínzéi जनद्रोही
【民宅】 mínzhái आम लोगों का घर; निजी निवास-स्थान
【民政】 mínzhèng नागरिक-प्रशासन: ～机关 नागरिक प्रशासन संस्थाएं
【民脂民膏】 mínzhī–míngāo जनता का खून-पसीना
【民智】 mínzhì जन-बुद्धि: 开发～ जन-बुद्धि को विकसित करना
【民众】 mínzhòng जनता; आम जनता: 不接近～ आम जनता के सम्पर्क से दूर होना / 唤起～ आम जनता को जागृत करना / ～组织 जन-संगठन / ～运动 जन-आन्दोलन
【民众团体】 mínzhòng tuántǐ जन-संगठन
【民众武装】 mínzhòng wǔzhuāng जन-समुदाय की स्थानीय सशस्त्र शक्ति
【民主】 mínzhǔ ❶जनवाद; जनतंत्र; लोकतंत्र ❷जनवादी: 民主作风
【民主党】 Mínzhǔdǎng (अमरीका में) जनवादी पार्टी; डेमोक्रेटिक पार्टी
【民主党派】 mínzhǔ dǎngpài जनवादी पार्टियां
【民主改革】 mínzhǔ gǎigé जनवादी सुधार; जनवादी परिवर्तन
【民主革命】 mínzhǔ gémìng जनवादी क्रांति
【民主共和国】 mínzhǔ gònghéguó जनवादी गण-राज्य
【民主管理】 mínzhǔ guǎnlǐ जनवादी प्रबंध
【民主化】 mínzhǔhuà जनवादीकरण
【民主集中制】 mínzhǔ jízhōngzhì जनवादी केन्द्रीयता: 在民主的基础上集中，在集中的指导下民主。जनवाद के आधार पर केन्द्रीयता होती है और केन्द्रीयता के मार्गदर्शन में जनवाद।
【民主联合政府】 mínzhǔ liánhé zhèngfǔ जनवादी मिली-जुली सरकार
【民主评定】 mínzhǔ píngdìng जनवादी मूल्यांकन और निर्णय
【民主人士】 mínzhǔ rénshì जनवादी तत्व
【民主生活】 mínzhǔ shēnghuó जनवादी जीवन: 扩大党内～ पार्टी के अन्दर जनवादी जीवन को व्यापक रूप देना
【民主协商】 mínzhǔ xiéshāng जनवादी सलाह-मशविरा
【民主秩序】 mínzhǔ zhìxù जनवादी निज़ाम
【民主主义】 mínzhǔ zhǔyì जनवादी कार्यशैली
【民族】 mínzú जाति; राष्ट्र: ～败类 राष्ट्रीय कूड़ा / ～悲观主义 राष्ट्रीय निराशावाद / ～对立 जाति और जातियों के बीच विरोध / ～生存 जाति का अस्तित्व / ～独立运动 राष्ट्रीय स्वाधीनता का आन्दोलन / ～风格 राष्ट्रीय शैली; जातीय शैली / ～服装 राष्ट्रीय वेषभूषा; जातीय पोशाक / ～感情 राष्ट्रीय भावना / ～革命运动 राष्ट्रीय क्रांतिकारी आंदोलन / ～隔阂 जातीय मन-मुटाव; जातीय अलगाव / ～工商业 राष्ट्रीय उद्योग और वाणिज्य / ～国家 राष्ट्रीय राज्य / ～解放运动 राष्ट्रीय मुक्तिआन्दोलन / ～经济 राष्ट्रीय अर्थव्यवस्था / ～精神 राष्ट्रीय भावना / ～纠纷 जातीय झगड़ा / ～救星 राष्ट्र का उद्धारकर्ता या मुक्तिदाता / ～聚居区 जातीय-क्षेत्र / ～离间政策 जाति-भेद की नीति / ～利己主义 राष्ट्रीय अहंवाद / ～利益 राष्ट्र के हित / ～平等 जातीय समानता / ～色彩 राष्ट्रीय रंग; जातीय रंग / ～沙文主义 राष्ट्रीय शोविनिज़्म / ～特性 राष्ट्रीय (जाति) विशेषता / ～统一战线 राष्ट्रीय संयुक्त-मोर्चा / ～投降主义 राष्ट्रीय आत्मसमर्पणवाद / ～团结 राष्ट्रीय (जातीय) एकता / ～危机 राष्ट्रीय संकट / ～性 राष्ट्रीयता; राष्ट्रीय नकारवाद / ～虚无主义 राष्ट्रीय निहिलिज़्म; राष्ट्रीय शून्यवाद; राष्ट्रीय नकारवाद / ～压迫 राष्ट्रीय (जातीय) उत्पीड़न / ～遗产 राष्ट्रीय विरासत / ～意识 राष्ट्रीय चेतना / ～资源 राष्ट्रीय साधन-स्रोत / ～自豪感 राष्ट्रीय गर्व; स्वजात्यभिमान / ～自治 राष्ट्रीय (जातीय) स्वराज्य / ～自尊心 राष्ट्रीय स्वाभिमान की भावना; राष्ट्रीय आत्म-सम्मान; स्वदेशाभिमान; राष्ट्रीय अभिमान
【民族共同语】 mínzú gòngtóngyǔ राष्ट्र की सामान्य भाषा
【民族区域自治】 mínzú qūyù zìzhì जातीय क्षेत्रीय स्वायत्तशासन
【民族形式】 mínzú xíngshì राष्ट्रीय रूप
【民族学】 mínzúxué मानव-जाति विज्ञान
【民族英雄】 mínzú yīngxióng राष्ट्रीय वीर
【民族运动】 mínzú yùndòng राष्ट्रीय आन्दोलन
【民族主义】 mínzú zhǔyì राष्ट्रीयतावाद; राष्ट्रवाद: ～者 राष्ट्रवादी / ～分子 राष्ट्रवादी तत्व; राष्ट्रवादी
【民族资产阶级】 mínzú zīchǎn jiējí राष्ट्रीय पूंजीपति वर्ग
【民族自决】 mínzú zìjué जातियों का आत्म-निर्णय: ～权 जातियों के आत्मनिर्णय का अधिकार

苠 mín फ़सल जिस का उगने का समय अधिक लंबा हो और जिस का पकने का समय अधिक देर में हो: ～高粱 अधिक लंबे समय उगने वाला और अधिक देर में पकने वाला काओ-ल्यांग (एक प्रकार का मोटा अन्न)

忞 mín <लि०> प्रयत्न करना

旻 mín <लि०> ❶शरद ऋतु; ❷आकाश; आसमान: 苍～ नीला आकाश
【旻天】 míntiān <लि०> ❶शरद ऋतु ❷आकाश; आस-

मान

岷 Mín ❶मिन पर्वत जो स्-छ्वान और कान-सू प्रांतों की सीमा पर फैला है ❷मिन-च्यांग नदी (स्-छ्वान प्रांत में)

珉（瑉、碈）mín <लि०> जेड जैसा पत्थर

缗（緡）mín <लि०> <पुराना> ❶छोटे छेददार सिक्कों को बांधने की रस्सी ❷<परि०श०> मिन (बांधे हुए छोटे छेददार सिक्कों के लिये प्रयुक्त)

mǐn

皿 mǐn दे० 器皿 qìmǐn (घरेलू कार्य में प्रयुक्त) उपकरण; बर्तन

闵 mǐn ❶悯 mǐn के समान ❷（Mǐn）एक कुलनाम

抿[1] mǐn बालों में गीले ब्रुश को हल्का सा घुमाना：～了～头发 गीले ब्रुश को बालों में दो एक बार हल्के से घुमाना

抿[2] mǐn ❶(मुंह, कान, पर आदि) कुछ-कुछ बन्द करना; दबाना; सिकोड़ना：～着嘴笑 ओंठ दबाए मुस्कराना / 水鸟儿一～翅膀，钻入水中。जलचर चिड़िया अपने दोनों परों को ज़रा सिकोड़कर पानी में बैठ गयी। ❷थोड़ा-थोड़ा करके पीना; चुसकी लगाना (या लेना)：～一口酒 शराब की चुसकी लेना

【抿子】mǐnzi（笢子 mǐnzi भी）(महिला द्वारा प्रयुक्त) बाल संवारने का ब्रुश

黾（黽）mǐn नीचे दे०
miǎn भी दे०

【黾勉】mǐnmiǎn（僶俛 mǐnmiǎn भी）<लि०> प्रयत्न करना：～从事 बड़े प्रयत्न से काम करना

泯 mǐn अचानक गुम हो जाना; एकाएक गायब हो जाना; अंतर्धान हो जाना; लुप्त हो जाना：泯灭 / 泯没 / 良心未～ फिर भी कुछ सहृदयता रहना

【泯灭】mǐnmiè मिटना; मिटाना; अदृश्य हो जाना; अंतर्धान हो जाना; गायब हो जाना：难以～的印象 अमिट प्रभाव

【泯没】mǐnmò मिटना; गायब होना; अंतर्धान होना：革命烈士的功绩是不会～的。क्रांतिकारी शहीदों का योगदान मिटाये नहीं मिट सकता।

闽（閩）Mǐn ❶मिन-च्यांग नदी (फ़ू-च्येन प्रांत में) ❷फ़ू-च्येन प्रांत का दूसरा नाम

【闽菜】mǐncài फ़ू-च्येन की शैली वाली तश्तरी

【闽剧】mǐncài फ़ू-च्येन के उत्तर-पूर्व में प्रचलित स्थानीय ऑपेरा

僶（僶）mǐn नीचे दे०

【僶俛】mǐnmiǎn दे० 黾勉 mǐnmiǎn

悯（憫）mǐn ❶दया आना：其情可～。उस की दशा दयनीय है। ❷<लि०> चिंता; दुख; शोक：～然泪下 शोक से आंसू गिरना

【悯恻】mǐncè <लि०> दया-भाव रखना; तरस खाना

【悯惜】mǐnxī (किसी पर) तरस खाना; दया करना

【悯恤】mǐnxù दया आना; तरस खाना：～孤儿 अनाथ पर तरस खाना

笢 mǐn फट्टा; बांस की खपची

【笢子】mǐnzi दे० 抿子 mǐnzi

敏 mǐn ❶शीघ्र; जल्दी; फुरतीला：敏感 / 灵～ फुरतीला; चतुर ❷बुद्धिमान; तेज़; होशियार：聪～ बुद्धिमान; चतुर; तेज़; होशियार / 机～ चतुर ❸（Mǐn）एक कुलनाम

【敏感】mǐngǎn सूक्ष्मग्राही; संवेदनशील; ग्रहणशील：政治～性 राजनीतिक सूक्ष्मग्राहिता / 对天气的变化非常～ मौसम के प्रभावों से शीघ्र ही प्रभावित होना / 对新鲜事物有～ नयी चीज़ों के प्रति अत्यंत संवेदनशील होना

【敏感度】mǐngǎndù सुग्राह्यता; ग्रहणशीलता

【敏感元件】mǐngǎn yuánjiàn <रेडियो> सेंसिटिव एलेमेंट; सेंसर

【敏化】mǐnhuà <भौ०> सुग्राहीकरण; सूक्ष्मग्राहीकरण：～剂 प्रकाश-प्रभावग्राही कर्त्ता / ～纸 प्रकाश-ग्रहणशील बनाया हुआ फ़ोटो-पेपर

【敏慧】mǐnhuì बुद्धिमान; समझदार; अक्लमंद：～的姑娘 अक्लमंद लड़की

【敏捷】mǐnjié चंचल; चपल; फुरतीला：动作～ काम करने में फुरतीला होना / ～精悍的青年 चुस्त और फुर्तीला नौजवान

【敏锐】mǐnruì तेज़; तीक्ष्ण; प्रखर：目光～ सूक्ष्मदर्शी; अंतःकरणभेदी; पैनी (दृष्टि) / ～的政治眼光 पैनी राजनीतिक दृष्टि / ～的洞察力 पैनी दृष्टि

湣 mǐn प्राचीन काल में सम्राट, कुलीन, उच्चपदस्थ व्यक्ति आदि को मरणोपरांत दी जाने वाली उपाधि में प्रयुक्त शब्द; जैसे लू मिनकोंग（鲁湣公）

暋（敃）mǐn <लि०> असभ्य और अविवेकी; स्वेच्छाचारी

愍（惽）mǐn <लि०> 悯 mǐn के समान

慜 mǐn <लि०> चतुर और फुरतीला

鳘（鰵）mǐn 鮸 miǎn का साधारण नाम

míng

名 míng ❶नाम: 人～ व्यक्ति का नाम / 书～ पुस्तक का नाम / 他～叫李明。उस का नाम ली मिंग है। ❷दिया गया नाम; व्यक्तिगत नाम: 他姓张～良。उस का कुलनाम चांग है और व्यक्तिगत या दिया गया नाम ल्यांग है। ❸नाम को; नाम के लिये: 他～为农民，实则工人。वह नाम को तो किसान है, पर वास्तव में मज़दूर है। ❹नाम; यश; कीर्ति: 不为～，不为利。नाम और हित के लिये प्रयत्न न करना; नाम और हित के पीछे न जाना ❺प्रसिद्ध; नामी; विख्यात: ～医 मशहूर डॉक्टर / ～家 प्रसिद्ध व्यक्ति / ～著 प्रसिद्ध ग्रंथ ❻<लि०> वर्णन: 不可～状 अवर्णनीय; वर्णनातीत ❼<लि०> किसी के पास होना: 一文不～ किसी के पास एक कौड़ी भी न होना ❽<परि०श०> (व्यक्ति के लिये प्रयुक्त): 三～工作人员 तीन कर्मचारी ❾(Míng) एक कुलनाम

【名不副实】míngbùfùshí हकीकत से कहीं अधिक नाम; नाम बड़े दर्शन थोड़े

【名不虚传】míngbùxūchuán वास्तव में अच्छा होना; यथायोग्य नाम होना

【名不正则言不顺】míng bù zhèng zé yán bù shùn अगर नाम सही नहीं, तो शब्द भी नहीं जान पड़ेंगे।

【名册】míngcè नामसूची; सूचीपत्र: 学生～ विद्यार्थियों की नामसूची

【名产】míngchǎn मशहूर माल; किसी प्रदेश का विशेष माल; स्टेपल

【名称】míngchēng (वस्तु या संगठन का) नाम; संज्ञा: 学校～ स्कूल का नाम / ～改换了。नाम बदल चुका था।

【名城】míngchéng प्रसिद्ध नगर: 历史～ ऐतिहासिक प्रसिद्ध नगर

【名垂千古】míngchuí-qiāngǔ (名垂千秋 míngchuí-qiānqiū भी) किसी का सुयश हज़ारों साल चलता रहना

【名垂青史】míngchuí-qīngshǐ किसी का सुयश ऐतिहासिक ग्रंथों में लिखा जाना

【名词】míngcí ❶<व्या०> संज्ञा; नाम ❷शब्द; पद; पारिभाषिक शब्द: 物理～ भौतिक विज्ञान का पारिभाषिक शब्द ❸<तर्क०> नाम

【名次】míngcì नामसूची या सूचीपत्र में स्थिति; प्रतियोगिता में स्थान: 排～ सूचीपत्र में नाम को क्रमबद्ध करना

【名刺】míngcì <लि०> कार्ड; परिचय कार्ड; मुलाकाती कार्ड

【名存实亡】míngcún-shíwáng सिर्फ़ नाम के लिये मौजूद होना

【名单】míngdān नामसूची; सूचीपत्र; नामावली: 入伍～ रंगरूट की नामसूची

【名额】míng'é संख्या: 增加委员～ सदस्यों की संख्या बढ़ा देना / 参观者的～有限 दर्शकों की संख्या सीमित होना / 招生～ नये विद्यार्थियों को भरती करने की संख्या

【名分】míngfèn किसी व्यक्ति का सतत अवस्था या स्टेटस: 正～ व्यक्ति का स्टेटस सही होना

【名副其实】míngfùqíshí जैसी चीज़ हो वैसा ही नाम रखना; नाम को तथ्यों के अनुकूल बनाना; अपने नाम के प्रति सच्चा साबित होना: ～的母亲 सच्चे अर्थों में माता / ～的知识分子 सच्चे मायने में बुद्धिजीवी / ～的民主共和国 नाम और यथार्थ दोनों में जनवादी गणराज्य

【名贵】míngguì प्रसिद्ध और मूल्यवान; मशहूर और कीमती; दुर्लभ: ～药材 दुष्प्राप्य औषध / ～字画 अमूल्य सजावटी सुलिपि और चित्र

【名过其实】míngguòqíshí हकीकत से कहीं अधिक नाम; नाम बड़े दर्शन थोड़े

【名号】mínghào किसी व्यक्ति का व्यक्तिगत नाम और उस का दूसरा नाम

【名讳】mínghuì <पुराना> बड़े और आदरणीय व्यक्तियों का नाम

【名迹】míngjì ❶प्रसिद्ध ऐतिहासिक स्थल ❷प्रसिद्ध व्यक्तियों की पांडुलिपि ❸<लि०> यश और योगदान

【名家】Míngjiā वसंत-शरद काल और युद्धरत राज्य काल (770-221 ई०पू०) में एक विचार-संप्रदाय, तर्कशास्त्रियों का वर्ग

【名家】míngjiā प्रसिद्ध व्यक्ति

【名缰利锁】míngjiāng-lìsuǒ यश और धन का बंधन

【名将】míngjiàng ❶प्रसिद्ध सेनानायक या जनरल ❷प्रसिद्ध खिलाड़ी: 足球～ फ़ुटबाल का स्टार या प्रसिद्ध खिलाड़ी

【名教】míngjiào कनफ़्यूशियस की नैतिक शिक्षा

【名节】míngjié यश और नैतिकपूर्णता: 保全～ यश और नैतिकपूर्णता को सुरक्षित रखना

【名句】míngjù प्रसिद्ध वाक्य या वाक्यांश; सूक्ति

【名款】míngkuǎn सुलिपि या चित्र पर लिखा हुआ लिखने वाले या बनाने वाले का नाम

【名利】mínglì व्यक्तिगत यश और लाभ: ～双收 यश और लाभ दोनों प्राप्त होना / ～思想 व्यक्तिगत यश और लाभ कमाने का विचार / ～心 लोकैषणा; उच्चाभिलाषा

【名利场】mínglìchǎng असार-संसार; मिथ्या जगत; क्षणभंगुर संसार

【名列前茅】mínglìè-qiánmáo नामसूची में आगे होना

【名伶】mínglíng <पुराना> प्रसिद्ध ऑपेरा अभिनेता या अभिनेत्री

【名流】míngliú प्रसिद्ध व्यक्ति: ～学者 प्रसिद्ध व्यक्ति और विद्वान

【名录】mínglù नामसूची; सूचीपत्र

【名落孙山】míngluò-sūnshān सुन-शान नामक व्यक्ति के पीछे परीक्षा में फ़ेल होना —— प्रतियोगिता संबंधी परीक्षा में फ़ेल होना

【名门】míngmén पुराना और प्रसिद्ध परिवार: ～闺秀 सुप्रसिद्ध परिवार की पुत्री

【名模】 míngmó नामवरी मॉडल
【名目】 míngmù वस्तुओं का नाम：杂志的～ पत्रिका का नाम
【名目繁多】 míngmù fánduō नामों का समूह：传记的名目很繁多。जीवनकथाएं कई प्रकार की होती हैं।
【名牌】 míngpái ❶नामी ब्रेंड：～商品 नामी ब्रेंड का माल / ～大学 प्रसिद्ध विश्वविद्यालय ❷नाम की तख्ती; नाम प्लेट; नाम टैग
【名片】 míngpiàn परिचय-कार्ड; कार्ड; मुलाकाती कार्ड; संदेशन पत्र
【名气】 míngqi 〈बोल०〉 ख्याति; यश; नाम：有点～ काफ़ी प्रसिद्ध होना / 他是一位很有～的演员。वह एक बहुत प्रसिद्ध अभिनेता है।
【名人】 míngrén प्रसिद्ध व्यक्ति; महत्वपूर्ण व्यक्ति
【名山】 míngshān प्रसिद्ध पर्वत
【名山大川】 míngshān-dàchuān प्रसिद्ध पर्वत और बड़ी-बड़ी नदियां
【名山事业】 míngshān-shìyè पुस्तक लिखना और अपने सिद्धांत की स्थापना करना
【名声】 míngshēng ख्याति; यश; कीर्ति; प्रसिद्धि：好～ सुयश / 坏～ बदनामी; अपकीर्ति / ～败坏 बदनाम होना / ～扫地 बदनाम होना
【名胜】 míngshèng दर्शनीय स्थल; सैरगाह
【名胜古迹】 míngshèng-gǔjì ऐतिहासिक और दर्श-नीय स्थल; रमणीक और ऐतिहासिक स्थल
【名师】 míngshī प्रख्यात गुरु; महान गुरु：～出高徒。महान गुरु प्रख्यात शिष्य शिक्षित करता है।
【名士】 míngshì ❶कविता, लेख आदि के कारण प्रसिद्ध व्यक्ति ❶〈पुराना〉 बिना अधिकारी पद के विख्यात व्यक्ति
【名士派】 míngshìpài 〈पुराना〉 रीति-रिवाज से मुक्त, व्यवहार में स्वच्छंद और सुखासक्त व्यक्ति; उक्त व्यक्तियों की कार्यशैली
【名士气】 míngshìqì विद्वान की सनक, झक या खब्त
【名氏】 míngshì कुलनाम और व्यक्तिगत नाम
【名世】 míngshì 〈लि०〉 अपना नाम दुनिया में फैलना
【名手】 míngshǒu सुप्रसिद्ध कलाकार, खिलाड़ी आदि
【名数】 míngshù परिमाण-शब्द सहित संख्या, जैसे, 两公斤 दो किलोग्राम, 一公里 एक किलोमीटर
【名宿】 míngsù सुप्रसिद्ध वरिष्ठ या ज्येष्ठ
【名堂】 míngtang ❶विविध वस्तुओं का समूह; अनेकता; विभिन्नता：晚会上～可多啦，有唱歌，跳舞，演奏，短剧等等。रात्रि-सभा में प्रोग्राम बहुत हैं, गाना, बजाना, नाच, छोटा नाटक आदि-आदि । ❷सफलता; परिणाम：依靠群众一定会搞出～来的。जन-समुदाय पर निर्भर करने से अवश्य सफलताएं मिलेंगी। / 跟他谈了很久，没谈出什么～来。उस से बड़ी देर तक बातचीत हुई, पर कोई नतीजा नहीं। ❸कारण; तर्क; विषय：这本书里有很多～哩。इस पुस्तक में बहुत से विषय हैं।
【名帖】 míngtiě परिचय कार्ड; कार्ड; मुलाकाती कार्ड：客人递上～。मेहमान ने अपना मुलाकाती कार्ड दिया।
【名头】 míngtou 〈बो०〉 सुयश; कीर्ति; नाम
【名望】 míngwàng सुख्याति; सुयश; कीर्ति; नाम：有～的教授 सुप्रसिद्ध प्रोफ़ेसर
【名位】 míngwèi यश और पद; ख्याति और पद
【名物】 míngwù वस्तु और उस का नाम
【名下】 míngxià किसी के नाम पर：这房子是他～的。यह मकान उस के नाम पर है।
【名衔】 míngxián उपाधि
【名学】 míngxué 逻辑学 luójíxué का पुराना नाम; तर्क-विज्ञान
【名言】 míngyán प्रसिद्ध कथन; विख्यात उक्ति; आदर्श वाक्य
【名医】 míngyī विख्यात चिकित्सक; मशहूर डाक्टर; नामी हकीम
【名义】 míngyì नाम：～上 नाम को; नाम के लिये; नाम-मात्र को / ～上的 नाम का; नाम-मात्र; नाम-मात्र का / 改变～ नाम बदलना / 不许以任何～和任何方式进行干涉。इस बात की इजाज़त नहीं दी जा सकती कि किसी नाम से और किसी तरीके से हस्तक्षेप करें। / 用我的～给他挂个电话。मेरा नाम लेकर उस को फ़ोन करो।
【名义工资】 míngyì gōngzī 〈अर्थ०〉 नाम-मात्र का वेतन
【名义汇价】 míngyì huìjià 〈अर्थ०〉 नाम-मात्र का (मुद्रा-विनिमय का) मूल्य
【名优】[1] míngyōu विख्यात अभिनेता या अभिनेत्री
【名优】[2] míngyōu प्रसिद्ध; विख्यात; मशहूर; नामी (मा-ल)：～产品 मशहूर माल
【名誉】 míngyù ❶यश; कीर्ति; नाम; शोहरत：～扫地 बदनाम होना ❷मान्यक; मानसेवी; अवैतनिक; सम्मा-नित：～主席 अवैतनिक (मानसेवी, सम्मानित) सभा-पति / ～院士 मानसेवी (आनरेरी) अकादमीशियन
【名媛】 míngyuán 〈लि०〉 प्रसिद्ध महिला
【名噪一时】 míngzàoyīshí कुछ दिन का यश आनं- दित होना; अस्थायी यश का आनंद लेना
【名章】 míngzhāng किसी का नाम अंकित की हुई मोहर
【名正言顺】 míngzhèng-yánshùn अगर नाम सही हो तो शब्द भी सही जान पड़ेगा
【名著】 míngzhù प्रसिद्ध ग्रंथ; महाग्रंथ：文学～ सा-हित्यिक महाग्रंथ
【名状】 míngzhuàng (बहुधा निषेध में प्रयुक्त) वर्णन करना; बयान करना：不可～ अनिर्वचनीय; अवर्णनीय; वर्णनातीत / 难以～ मुश्किल से वर्णन कर सकना
【名字】 míngzi ❶(व्यक्ति का) नाम या व्यक्तिगत नाम：您叫什么名字？आप का क्या नाम है？❷(वस्तुओं का) नाम：书的～ पुस्तक का नाम
【名嘴】 míngzuǐ बहुप्रसिद्ध एंकर व्यक्ति
【名作】 míngzuò (लेखक की) उत्कृष्ट कृति; श्रेष्ठतम कृति; उदात्त रचना; प्रसिद्ध कृति

明 [1]

míng ❶(अंधेरे का उल्टा) उज्ज्वल; चमकीला; च-मकदार; प्रकाशमान：天～ पौ फटना / ～月 स्वच्छ चांद ❷साफ़; स्पष्ट：黑白分～。काला और सफ़ेद बहुत साफ़

दिखाई देता है। / 去向不～。पता नहीं कि वह कहां गायब हुआ। / 问～ पूछकर साफ़ (मालूम) होना ❸खुला हुआ; साफ़: ～令 अत्यंत स्पष्ट आदेश / 有话～说。कोई राय हो तो स्पष्ट कहो। ❹तीक्ष्ण दृष्टि-संपन्न; चतुर; समझदार: 聪～ बुद्धिमान; चतुर / 耳聪目～ बड़े-बड़े कानों (जल्दी सुनने) वाला और तीक्ष्ण दृष्टि वाला / 英～ विवेकपूर्ण ❺उज्ज्वल; ईमानदार: ～人不做暗事。ईमानदार आदमी धोखेबाज़ी के साथ काम नहीं करता। ❻दृष्टि; निगाह; नज़र: 失～ दृष्टि खो जाना; अंधा होना; नेत्रहीन होना ❼समझना; जानना: 不～是非 सही और गलत के बीच फ़र्क न कर सकना ❽〈लि०〉 दिखाना; प्रकट करना; ज़ाहिर करना: 赋诗～志 कविता की रचना करने से अपना संकल्प प्रकट करना / 开宗～义 शुरू से ही मतलब साफ़-साफ़ बताना ❾〈क्रि०वि०〉 निस्संदेह; स्पष्ट रूप से: 明知故问

明 2

míng आगामी; आने वाला (दिन, वर्ष आदि): ～年 आने वाला वर्ष; आगामी वर्ष; अगला वर्ष / ～春 अगला वसंत / ～晨 (आने वाला) कल सुबह

明 3

Míng ❶मिंग राजवंश (1368-1644 ई०) ❷एक कुलनाम

【明暗】 míng'àn प्रकाश और अंधेरा; प्रकाश और छाया

【明暗对照法】 míng'àn duìzhàofǎ 〈कला〉 चित्रांकण में प्रकाश और छाया का प्रयोग

【明摆着】 míngbǎizhe स्पष्ट; साफ़; साफ़-साफ़ पेश करना: 这不是～的事儿吗? क्या यह स्पष्ट नहीं है?

【明白】 míngbai ❶स्पष्ट; साफ़: 他讲得很～。उस ने बहुत साफ़ कहा था। ❷स्पष्ट; साफ़-साफ़; सुनिश्चित; खुला हुआ; असंदिग्ध: 有意见就～提出来。अगर कोई राय हो तो साफ़-साफ़ बताओ। ❸बुद्धिमान; चतुर; होशियार; समझदार: ～人不说都知道。समझदार व्यक्ति बिना समझाए ही सब कुछ जानता है। / 你爹多少～! तुम्हारे पिता कितने समझदार हैं! ❹जानना; समझना; समझ में आना: ～其中的奥妙 इस का रहस्य जानना / 我心里全部～。मैं सब जानता हूँ।

【明辨是非】 míngbiàn-shìfēi सही और गलत के बीच साफ़ फ़र्क करना; सही और गलत को पहचानना

【明察】 míngchá साफ़ देखना: 明察暗访 / 明察秋毫

【明察暗访】 míngchá-ànfǎng खुलकर निरीक्षण करना और छिपकर जांच करना —— पूरी जांच-पड़ताल का प्रबंध करना

【明察秋毫】 míngchá-qiūháo तीक्षण दृष्टि से पशु-पक्षियों के शरद ऋतु के बाल भी देख सकना —— किसी भी छोटी-सी बात को बहुत साफ़ देख सकना; सूक्ष्मदर्शी होना

【明畅】 míngchàng स्पष्ट और सरल: 译文～。अनुवाद स्पष्ट और सरल है।

【明澈】 míngchè स्वच्छ; निर्मल; प्रकाशमान और निर्मल: 池水～。झील का पानी स्वच्छ है।

【明处】 míngchù ❶जहां प्रकाश हो: 把地图拿到～来看。मानचित्र को प्रकाश में लाकर देखो। ❷खुले-आम; खुले स्थान में: 敌军在～，游击队在暗处。दुश्मन की सेना खुले स्थान में है जबकि छापेमार छिपे स्थान में।

【明达】 míngdá विचारवान; समझदार; विवेकी: ～公正 समझदार और पक्षपातरहित

【明打明】 míngdǎmíng स्पष्ट; साफ़

【明德】 míngdé उच्चतम सद्गुण

【明灯】 míngdēng उद्दीप्त दीप; संकेत-दीप; आकाश-दीप

【明兜】 míngdōu थिगलीदार जेब (पोशाक पर चिपकाई गयी जेब)

【明断】 míngduàn 〈लि०〉 न्यायसंगत निर्णय (फ़ैसला); निर्दोष निर्णय

【明矾】 míngfán (明石 míngshí भी; साधारण नाम 白矾 báifán) फिटकरी

【明告】 mínggào स्पष्ट बात करना: 我要～他。मैं उस से स्पष्ट बात करूँगा।

【明沟】 mínggōu खुली मोरी; खुली नली

【明河】 mínghé 〈लि०〉 आकाश गंगा

【明后天】 mínghòutiān आने वाला कल या परसों: 我～去。मैं कल या परसों जाऊंगा।

【明晃晃】 mínghuǎnghuǎng चमकदार; चमकीला: ～的宝剑 नंगी तलवार

【明黄】 mínghuáng शुद्ध और ताज़ा पीला

【明慧】 mínghuì 〈लि०〉 बुद्धिमान; चतुर; होशियार

【明火】 mínghuǒ ❶प्राचीन काल में सूर्य की ओर तांबे का दर्पण रखकर प्राप्त आग ❷ज्वाला; लौ; लपट; शिखा; शोला ❸मशाल लेकर (डाका डालना या लूटमार करना): ～抢劫 मशाल लेकर लूटमार करना

【明火执仗】 mínghuo-zhízhàng मशाल और हथियार लेकर खुले-आम लूटमार करना; खुले-आम लूटना

【明间儿】 míngjiānr सीधे बाहर आ-जाने वाला कमरा

【明鉴】 míngjiàn ❶स्वच्छ दर्पण ❷इस्तेमाल करने के लिये पहले के स्पष्ट उदाहरण ❸〈शिष्ट०〉 आप की सूक्ष्म-मति; आप की तीक्ष्ण बुद्धि

【明胶】 míngjiāo जिलेटिन

【明教】 míngjiào 〈शिष्ट०〉 (पत्र-व्यवहार में प्रयुक्त) आप की तीक्ष्ण बुद्धि; आप की सूक्ष्ममति; आप का परामर्श

【明旌】 míngjīng दे० 铭旌 míngjīng

【明净】 míngjìng चमकदार और स्वच्छ: ～的湖水 झील का चमकदार और स्वच्छ पानी

【明镜】 míngjìng स्वच्छ दर्पण: 池水清澈如～。झील का जल दर्पण की भांति स्वच्छ है।

【明镜高悬】 míngjìng-gāoxuán स्वच्छ दर्पण ऊँचा लटकता है —— निष्पक्ष और सूक्ष्मदर्शी जज

【明决】 míngjué स्पष्ट और निर्धारित; स्पष्ट और निर्णीत; निश्चित

【明快】 míngkuài ❶स्पष्ट और सजीव; फुरतीला: 笔调～ स्पष्ट और सजीव लेखन-शैली ❷निर्भीक; अडिग; अटल: ～的性格 निर्भीक और फुरतीला स्वभाव

【明来暗往】 mínglái-ànwǎng किसी व्यक्ति के साथ खुलकर और छिपकर संपर्क रखना

【明朗】 mínglǎng ❶प्रकाशमान और स्वच्छ: ～的月

色 दीप्तिमान और स्वच्छ चांदनी / ～的天空 स्वच्छ आकाश ❷स्पष्ट; साफ़; खुला हुआ: 局势～了。 परिस्थितियां स्पष्ट हो गयीं। / 听了报告，他心里～了。रिपोर्ट सुनने के बाद उस का विचार साफ़ हो गया। ❸निर्भीक; स्पष्ट और सहर्ष: ～的性格 स्पष्ट और निर्भीक स्वभाव / ～的风格 स्पष्ट और निर्भीक शैली

【明朗化】 mínglǎnghuà स्पष्टीकरण; प्रकटीकरण

【明理】 mínglǐ ❶समझदार; युक्तिसंगत: ～的女人 समझदार स्त्री ❷स्पष्ट तथ्य; स्पष्ट सच्चाई

【明丽】 mínglì (दृश्य आदि) स्वच्छ और सुन्दर: 山川～ स्वच्छ और सुन्दर पर्वत तथा नदी

【明亮】 míngliàng ❶प्रकाशमान; विशद: 宽敞而～的房间 बड़ा और प्रकाशमान कमरा ❷चमकदार; चमकीला: ～的眼睛 स्वच्छ आंखें ❸स्पष्ट; साफ़: 听了我的这番解释，他心里～了。मेरी ये बातें सुनकर उस का मन साफ़ हो गया। ❹साफ़ और बुलन्द: 歌声～ गाने की आवाज़ साफ़ और बुलन्द सुनाई देना

【明了】 míngliǎo ❶जानना; समझना: 你的意思我～。तुम्हारे कहने का अर्थ मैं समझ गया। / 不～实际情况 वास्तविक परिस्थितियों को न जानना ❷स्पष्ट; साफ़: 简单～ सरल और स्पष्ट

【明令】 mínglìng स्पष्ट आदेश; औपचारिक आज्ञा: 再颁～ फिर अत्यंत स्पष्ट आदेश जारी करना

【明码】 míngmǎ ❶प्लेन कोड: ～电报 प्लेन कोड टेलीग्राम ❷<वाणि०> वस्तुओं पर मूल्य लिखना: ～售货 वस्तुओं पर मूल्य लिखकर माल बेचना

【明媒正娶】 míngméi-zhèngqǔ <पुराना> विधिपूर्वक और औपचारिक रूप से किया गया विवाह

【明媚】 míngmèi ❶चमकदार और सुन्दर; चमकीली और मोहिनी: ～的阳光 उज्ज्वल और सुन्दर धूप ❷चमकीली और मोहिनी (आखें)

【明面】 míngmiàn सतह; खुला हुआ स्थान: 把问题摆到～上谈 समस्या पर खुलकर वादविवाद करना / 他～上是说儿子，其实是说给别人听的。देखने में वह अपने पुत्र को बता रहा है, पर वास्तव में वह दूसरों को बता रहा है।

【明灭】 míngmiè कभी छिपना और कभी दिखाई देना; कभी चमकना और कभी लुप्त होता: 星光～ तारे कभी छिपते हैं और कभी दिखाई देते हैं।

【明明】 míngmíng <क्रि०वि०> स्पष्ट रूप से; साफ़ तौर से; निस्संदेह: 这话～是他说的。यह बात निस्संदेह उस ने ही कही थी। / 这书～是我的，怎么可能是他的呢? यह किताब स्पष्ट रूप से मेरी है। कैसे हो सकता है कि यह उस की है?

【明眸】 míngmóu स्वच्छ सजीव आंखें: ～皓齿 स्वच्छ सजीव आंखें और सफ़ेद दांत (सुन्दर महिला के लिये प्रयुक्त)

【明目张胆】 míngmù-zhāngdǎn खुल्लमखुल्ला; खुले तौर पर; निर्ल्लजतापूर्वक; बेशर्मी से (कुकर्म करना)

【明盘】 míngpán <पुराना> <वाणि०> दोनों पक्षों द्वारा तै किया गया मूल्य

【明器】 míngqì <प्राचीन> (冥器 míngqì भी) शव को दफ़नाते समय कब्र में रखी हुई वस्तुएं

【明前】 míngqián एक प्रकार की हरी चाय जो शुद्ध-उज्ज्वलता（清明）के पहले तोड़कर बनायी जाती है

【明枪暗箭】 míngqiāng-ànjiàn भाला खुलकर मारा जाता है और तीर छिपकर मारा जाता है —— खुलकर और छिपकर दोनों तरह का हमला करना

【明枪易躲，暗箭难防】 míngqiāng yì duǒ, ànjiàn nán fáng खुलेआम मारे जाने वाले भाले से बचना आसान है, पर चोरी-चोरी मारे जाने वाले तीर से रक्षा करना मुश्किल है

【明抢】 míngqiǎng खुले-आम डाका मारना या डालना: ～暗夺 खुले-आम डाका डालना और चोरी-चोरी छीन लेना

【明情理儿】 míngqínglǐr <बो०> निर्विवाद और स्पष्ट तर्क

【明渠】 míngqú खुली नहर

【明确】 míngquè ❶स्पष्ट और निश्चित: 目的～ स्पष्ट उद्देश्य / ～表示 स्पष्ट रूप से प्रदर्शित करना / ～分工 स्पष्ट श्रम-विभाजन करना ❷स्पष्ट करना: ～任务 कर्तव्य को स्पष्ट करना / ～几个基本概念 कुछ बुनियादी धारणाओं को स्पष्ट करना

【明儿】 míngr <बोल०> ❶आने वाला दिन; अगला दिन: ～见。कल मिलेंगे। / 他～一早就来。वह कल सुबह आएगा। ❷निकट भविष्य: ～你长大了,你也开汽车。बाद में तुम बड़े होओ तब तुम भी कार चलाओगे।

【明人不做暗事】 míngrén bù zuò ànshì ईमानदार आदमी धोखेबाज़ी के साथ काम नहीं करता

【明日】 míngrì आने वाला दिन; (आने वाला) कल

【明日黄花】 míngrì-huánghuā चंद्र वर्ष में युग्म नवें दिवस के बाद गुलदाउदी फूल —— जो वस्तु युग के लिये पुरानी और उपयोगिता-शून्य पड़ गयी हो वह फिर दिलचस्पी की न होगी

【明锐】 míngruì ❶चमकदार और तेज़: 目光～ तीक्ष्ण-दर्शी; सूक्ष्मदर्शी ❷<लि०> चतुर और फुरतीला: 性～ स्वभाव से चतुर और फुरतीला होना

【明睿】 míngruì <लि०> चतुर और दूरदर्शी

【明闪闪】 míngshǎnshǎn चमचमाता हुआ; चमकीला; चमकदार: ～的灯光 चमचमाती हुई बत्ती की रोशनी

【明升暗降】 míngshēng-ànjiàng देखने में पद-वृद्धि पर वास्तव में पदावनति

【明师】 míngshī अच्छा शिक्षक: ～指授 अच्छे शिक्षक का मार्गदर्शन करना / 遇～ अच्छे शिक्षक के दर्शन होना

【明示】 míngshì स्पष्ट निर्देश करना

【明誓】 míngshì दे० 盟誓 méngshì

【明说】 míngshuō स्पष्ट रूप से कहना; साफ़-साफ़ कहना: 这事我难于～。मैं यह बात मुश्किल से साफ़-साफ़ बता सकता हूँ। / 我对你～了吧。मैं तुम को साफ़-साफ़ बताता हूँ।

【明太鱼】 míngtàiyú एक समुद्री मछली, वॉलाई पोलक（wall-eye pollack）

【明堂】 míngtáng <बो०>（明唐 míngtáng भी）❶खलिहान ❷आंगन

【明唐】 míngtáng दे० 明堂

【明天】 míngtiān ❶आने वाला दिन, आने वाला कल ❷निकट भविष्य: 光辉灿烂的～ उज्ज्वल भविष्य

【明文】míngwén स्पष्ट रूप से लिखा हुआ: ～规定 अत्यंत स्पष्ट नियमावली बना लेना

【明晰】 míngxī स्पष्ट; साफ़: 他对它有了一个～的印象。उस पर उस का सुस्पष्ट प्रभाव पड़ गया। / 雷达显示屏上出现了～的图象。रेडार के पर्दे पर सुस्पष्ट ब्लिप (blip) दिखाई दिया। / 得到～的结论 स्पष्ट नतीजे पर पहुंचना

【明细】 míngxì स्पष्ट और विस्तृत: 分工～ स्पष्ट और विस्तृत श्रम-विभाजन

【明细账】 míngxìzhàng सहायक या पूरक बहीखाता

【明虾】 míngxiā (对虾 duìxiā के समान) झींगा (मछ-ली)

【明显】 míngxiǎn स्पष्ट रूप से दिखाई देना: 字迹～ लिखावट स्पष्ट होना / 目标～ लक्ष्य स्पष्ट होना

【明线】 míngxiàn <वैद्यु०> खुली तार रेखा (openwire line); खुला-तार

【明晓】 míngxiǎo समझना; जानना: ～音律 टैंपरामेंट जानना

【明效】 míngxiào स्पष्ट परिणाम

【明效大验】 míngxiào-dàyàn प्रभावशाली परिणाम; स्पष्ट परिणाम

【明信片】 míngxìnpiàn पोस्टकार्ड

【明星】míngxīng ❶<प्राचीन> शुक्र (ग्रह) ❷प्रसिद्ध फ़िल्म अभिनेता या अभिनेत्री; प्रसिद्ध खिलाड़ी; स्टार: 电影～ फ़िल्म स्टार / 足球～ फ़ुटबाल स्टार / 全～队 ऑलस्टार टीम

【明修栈道，暗度陈仓】 míng xiū zhàndào, àn dù chéncāng एक रास्ते से जाने का झूठमूठ दावा करना पर चोरी-चोरी दूसरे रास्ते से जाना —— एक काम करने का झूठमूठ दावा करके दूसरा काम करना

【明秀】 míngxiù मनमोहक और सुन्दर: ～的风景 मनमोहक और सुन्दर दृश्य

【明眼人】 míngyǎnrén समझदार व्यक्ति; विवेकशील व्यक्ति; विचारशील व्यक्ति; सूक्ष्मदर्शी व्यक्ति

【明艳】míngyàn स्वच्छ और सुन्दर: ～的石榴花 स्वच्छ और सुन्दर अनार-फूल

【明一套，暗一套】 míng yī tào, àn yī tào खुले-आम एक तरह का काम करना और चोरी-चोरी दूसरा काम करना

【明莹】 míngyíng दमकता हुआ और स्फटिक सा स्व-च्छ: ～的钻石 दमकता हुआ हीरा

【明油】 míngyóu पक्की तश्तरी पर डाला हुआ उबाला तेल

【明于知人，昧于知己】 míng yú zhī rén, mèi yú zhī jǐ दूसरे को जानने में निपुण होना, पर अपने को जानने में निपुण न होना; दूसरे को अच्छी तरह जानना पर अपने को अच्छी तरह न जानना

【明喻】 míngyù उपमा अलंकार

【明早】 míngzǎo ❶आगामी कल की सुबह ❷<बो०> (आगामी) कल

【明杖】 míngzhàng अंधे की लाठी

【明朝】 míngzhāo <बो०> (आने वाला) कल

【明哲保身】 míngzhé-bǎoshēn समझदार बनो और हानि पहुंचाने से बचो; दुनियादारी की दृष्टि से अपने को अक्लमन्द समझकर अपनी चमड़ी बचाने के लिये सचेत रहना

【明争暗斗】 míngzhēng-àndòu (किसी के विरुद्ध) प्रच्छन्न या खुला संघर्ष चलाना; खुला और गुप्त संघर्ष

【明正典刑】 míngzhèng-diǎnxíng (किसी को) का-नून के अनुसार मृत्यु-दंड देना

【明证】 míngzhèng स्पष्ट प्रमाण

【明知】 míngzhī अच्छी तरह जानना; साफ़-साफ़ जान-ना: 你～他不愿意来，为什么还要去叫他来? तुम यह अच्छी तरह जानते हुए भी कि वह आना नहीं चाहता, उसे क्यों बुलाते हो? / ～不对，少说为佳 यह अच्छी तरह जानते हुए भी कि कोई बात गलत है, उस के बारे में कम से कम बोलना

【明知故犯】míngzhī-gùfàn जानबूझकर अनुशासन का उल्लंघन करना; जानबूझकर गलती करना; जीती मक्खी उगलना; पाप मोल लेना

【明知故问】 míngzhī-gùwèn जानबूझकर पूछना

【明知山有虎，偏向虎山行】 míng zhī shān yǒu hǔ, piān xiàng hǔ shān xíng यह जानते हुए भी कि पहाड़ पर बाघ रहते हैं, फिर भी आदमी उस पर चढ़ने का साहस करते हैं

【明志】míngzhì अपना उच्च संकल्प व्यक्त करना: 作诗～ कविता करने से अपना उच्च संकल्प व्यक्त करना

【明智】 míngzhì बुद्धिमान; समझदार; विवेकशील; वि-वेकी: ～的将军 बुद्धिमान सेनापति / ～的决定 बुद्धि-मत्तापूर्ण निश्चय

【明珠】 míngzhū ❶चमकीला मोती ❷चमकीले मोती जैसे प्रिय व्यक्ति या सुन्दर वस्तु: 掌上～ हथेली पर चमकीला मोती —— प्रियतम पुत्री

【明珠暗投】 míngzhū-àntóu चमकीला मोती अंधेरे में फेंकना —— ❶योग्य व्यक्ति या मूल्यवान वस्तु को न पह-चानना ❷भले आदमी का बुरे साथियों में पतन होना

【明珠弹雀】 míngzhū-tánquè चमकीले मोती से गौरैया मारना —— फ़ायदे के मुकाबले नुकसान ज़्यादा होना; अनुचित प्रयोग होना

【明子】 míngzi देवदार की मशाल

鸣（鳴）míng ❶(पशु-पक्षियों या कीड़ों का) बोलना: 鸟～ पक्षियों का चहचहाना / 虫～ कीड़ों का बोलना ❷आवाज़ होना या करना: 耳～ कानों में गूँजना / 鸣笛 / 鸣礼炮 ❸प्रकट करना: 鸣冤叫屈

【鸣鞭】 míngbiān ज़ोर से चाबुक हिलाना कि उस से शब्द निकले

【鸣不平】 míngbùpíng अन्याय के विरुद्ध आवाज़ उ-ठाना; पक्षपात के कारण असंतोष प्रकट करना

【鸣笛】 míngdí सीटी देना; सीटी बजाना

【鸣镝】 míngdí (प्राचीन काल में प्रयुक्त) आवाज़ करने वाला तीर

【鸣放】 míngfàng अपनी राय पेश करना; अपने विचारों

को प्रकट करना

【鸣鼓而攻之】 míng gǔ ér gōng zhī ढोल पीटते हुए आक्रमण करना — हानि पहुंचाने वाला दोषारोपण लगाना

【鸣叫】 míngjiào (पक्षी, कीड़े आदि का) बोलना; शब्द करना: 蟋蟀～ झींगुर का झींझीं करना / 汽笛～ सीटी देना; सीटी बजाना

【鸣金收兵】 míngjīn-shōubīng घंटा (घड़ियाल) बजाते हुए सेना को वापस बुलाना —— सेना को वापस बुला लेना

【鸣礼炮】 mínglǐpào सलामी में तोपें दागना; सलामी दागना; तोपों की सलामी देना

【鸣锣开道】 míngluó-kāidào 〈पुराना〉 (सामंतवादी समाज में) अधिकारियों के बाहर निकलते समय रास्ते में घंटा बजा-बजाकर रास्ता खोलना या साफ़ करना —— किसी वस्तु के लिये रास्ता बनाना या मार्ग तैयार करना; किसी आने वाली घटना के लिये लोकमत तैयार करना

【鸣炮】 míngpào तोपें दागना

【鸣枪】 míngqiāng बन्दूक दागना: ～示警 चेतावनी देने के लिये बन्दूक दागना / ～致敬 बन्दूक दागकर सलामी देना

【鸣禽】 míngqín गाने वाला पक्षी

【鸣哨】 míngshào मैच का आरम्भ करने के लिये सीटी बजाना; मैच शुरू होना

【鸣沙】 míngshā शोर मचाने वाली रेत

【鸣谢】 míngxiè औपचारिक रूप से किसी का धन्यवाद प्रकट करना: ～启事 किसी को औपचारिक रूप से धन्यवाद देना

【鸣冤叫屈】 míngyuān-jiàoqū शिकायत करना

【鸣钟】 míngzhōng घंटा बजाना

【鸣啭】 míngzhuàn 〈लि०〉 (चिड़ियों का) चहचहाना; चहकना; चीं-चीं करना

茗 míng पीने की चाय: 香～ महकदार चाय

洺 Míng मिंग नदी (हपेइ प्रांत में)

冥 míng ❶अंधेरा; अंधकारमय: 晦～ अंधेरा; अंधकारमय ❷गहरा: ～思 दिमाग लड़ाना; (किसी बात पर) माथापच्ची करना / ～想 गहरी सोच में पड़ना ❸मूर्ख; बेवकूफ़: ～顽 कट्टर ❹〈अंधविश्वास〉 नारकीय प्रदेश; पाताल लोक: 冥府

【冥暗】 míng'àn अंधेरा: 日落西山，天渐～。 सूरज डूब गया और अंधेरा होने लगा।

【冥钞】 míngchāo मरे हुओं के लिये जलाया जाने वाला झूठा बैंक-नोट

【冥府】 míngfǔ नारकीय प्रदेश; पाताल लोक

【冥茫】 míngmáng 〈लि०〉 (溟茫 míngmáng भी) धुंधला; अंधेरा: 夜色～ रात में अंधेरा होना

【冥蒙】 míngméng दे० 溟濛 míngméng

【冥器】 míngqì दे० 明器 míngqì

【冥寿】 míngshòu मरे हुए व्यक्ति की जन्म-दिवस वर्षगांठ

【冥思苦索】 míngsī-kǔsuǒ (冥思苦想 míngsī-kǔxiǎng भी) मस्तिष्क पर बल देकर सोचना; दिमाग लड़ाना; (किसी बात पर) माथापच्ची करना

【冥顽】 míngwán 〈लि०〉 कट्टर; बुद्धू; मूर्ख; बेवकूफ़

【冥顽不灵】 míngwán-bùlíng मूर्ख; बुद्धू; बेवकूफ़

【冥王星】 Míngwángxīng यम; प्लूटो

【冥衣】 míngyī 〈अंधविश्वास〉 मरे हुए के लिये जलाए जाने वाले कागज़ के कपड़े

铭（銘）míng ❶अभिलेख; शिलालेख; उत्कीर्ण-लेख: 墓志～ समाधि-लेख / 座右～ नीति-वचन ❷खोदना; अंकित करना; उत्कीर्णन करना: ～刻 अंकित करना; हृदय-मंदिर में रखना

【铭感】 mínggǎn 〈लि०〉 हृदय-मंदिर में रखना और कृतज्ञता की भावना प्रदर्शित करना: 终身～ जीवन भर अपने हृदय-मंदिर में रखना और कृतज्ञता की भावना प्रदर्शित करना

【铭记】 míngjì ❶हृदय-मंदिर में रखना; हृदय-मंदिर में स्थान मिल जाना: ～不忘 हृदय-मंदिर में रखना / ～在心 हृदय-मंदिर में स्थान मिल जाना / 他们将永远～在我们的心头。वे हमारे दिलों में हमेशा ज़िंदा रहेंगे।

【铭旌】 míngjīng (明旌 míngjīng भी) 〈पुराना〉 मृतक के कफ़न के आगे लगाई गयी पताका जिस पर मरने वाले की उपाधि और नाम लिखा हो

【铭刻】 míngkè ❶अंकित करना; उत्कीर्णन करना: 古代～ प्राचीन काल का उत्कीर्णन ❷हृदय-मंदिर में रखना

【铭刻学】 míngkèxué उत्कीर्ण-लेख विज्ञान; शिला-लेख विज्ञान; पुरालेख विज्ञान

【铭牌】 míngpái 〈यां०〉 नेमप्लेट; डेट प्लेट

【铭文】 míngwén अभिलेख; शिलालेख; उत्कीर्ण लेख; पुरालेख

【铭心】 míngxīn हृदय-मंदिर में रखना; कृतज्ञता के साथ स्मरण करना: 刻骨～ किसी की हड्डी और हृदय पर उत्कीर्ण होना या करना

【铭诸肺腑】 míng zhū fèifǔ मन में उत्कीर्ण करना; दृढ़ता से स्मरण करना

蓂 míng नीचे दे०

【蓂荚】 míngjiá प्राचीन काल की किंवदंती में कथित एक प्रकार की मंगलप्रद घास

溟 míng 〈लि०〉 समुद्र; सागर: 东～ पूर्वी समुद्र / 北～ उत्तरी समुद्र

【溟茫】 míngmáng दे० 冥茫 míngmáng

【溟濛】 míngméng 〈लि०〉 (दृश्य आदि) धुंधला; अस्पष्ट

榠 míng नीचे दे०

【榠楂】 míngzhā (榅桲 wēnpo भी) बीही; नाश्पाती की आकृति का एक खट्टा फल और उस का वृक्ष

暝 míng 〈लि०〉 ❶सूर्य डूबना; अंधेरा होना: 日将～ सूर्य डूबने वाला है। / 天已～ सूरज डूब गया और अंधेरा हो गया। ❷शाम; संध्या; सायंकाल; सांझ

瞑 míng ❶आंखें मूंदना: 瞑目 ❷सिर में चक्कर आना; सिर चकराना: 耳聋目～ (वृद्धावस्था में) (कान) ऊंचा सुनना और सिर चकराना

【瞑目】míngmù संतोषपूर्वक मर जाना: 死不～ मरते समय आंखें न मूंदना —— असंतोषपूर्वक मर जाना

【瞑眩】míngxuàn 〈ची०चि०〉 किसी दवा को खाने के बाद उत्पन्न सिर में चक्कर

螟 míng नीचे दे० 螟虫

【螟虫】míngchóng एक प्रकार का अनाज-कीड़ा

【螟娥】míng'é उक्त कीड़े का पतंगा

【螟蛉】mínglíng ❶कॉर्न इयरवार्म (corn earworm) ❷धर्म-पुत्र; धर्म के अनुसार ग्रहण किया हुआ या बनाया हुआ पुत्र

mǐng

酩 mǐng नीचे दे०

【酩酊】mǐngdǐng बदमस्त होना

【酩酊大醉】mǐngdǐng-dàzuì बदमस्त होना

mìng

命¹ mìng ❶जीवन; ज़िंदगी; प्राण; जान: 救～ प्राण (या जान) बचाना ❷जन्म से मृत्यु की अवधि; जीवन-अवधि; आयु: 短～ अल्पायु; अल्पजीवी / 长～ दीर्घायु; दीर्घजीवी; चिरंजीवी ❸भाग्य; तकदीर; किस्मत: ～中注定 भाग्य में लिखना

命² mìng ❶आज्ञा देना; आदेश देना: ～其速归 उसे शीघ्र वापस आने की आज्ञा देना / ～作诗 किसी के अनुरोध पर कविता की रचना करना ❷आज्ञा; आदेश: 奉～ आज्ञा लेना / 待～ आज्ञा की प्रतीक्षा करना ❸नाम देना: 命名 / 命题

【命案】mìng'àn नरघाती मुकद्दमा; नरघातक मुकद्दमा; होमिसाइड केस: 一桩～ एक नरघाती मुकद्दमा

【命笔】mìngbǐ 〈लि०〉 ब्रुश लेकर कविता की रचना करना, चित्र बनाना आदि: 欣然～ प्रसन्नता से उक्त काम करना

【命不该绝】mìngbùgāijué भाग्य में लिखा है कि मरना नहीं चाहिये

【命大】mìngdà भाग्य अच्छा होना; सौभाग्य होना: 他从很高的地方摔下来没摔死，真是～。वह बहुत ऊंचे स्थान से गिरा, पर मरा नहीं, सचमुच उस का भाग्य बड़ा अच्छा है।

【命定】mìngdìng भाग्य में लिखा होना

【命妇】mìngfù सामंतवादी समाज में उपाधि प्राप्त महिला (बहुधा अधिकारियों की माता या पत्नी)

【命根】mìnggēn (命根子 mìnggēnzi भी) प्राणधन; जीवनसार; जीवन का आधार; अत्यंत आवश्यक वस्तु या महत्व दिया जाने वाला व्यक्ति: 女儿是他的～。उस की पुत्री उस की आँख की पुतली ही है।

【命官】mìngguān सामंतवादी समाज में दरबार द्वारा नियुक्त किया गया अधिकारी

【命驾】mìngjià 〈लि०〉 घोड़ा-गाड़ी हांकने की आज्ञा देना; सवारी पर बैठकर रवाना होना: ～来京 सवारी पर बैठकर राजधानी आने के लिये रवाना होना

【命蹇】mìngjiǎn 〈लि०〉 किसी के जीवन में उस के सामने बहुत से विघ्न आना

【命令】mìnglìng ❶आज्ञा करना या देना; आदेश करना या देना; निर्देश करना: ～攻击 आक्रमण करने का आदेश करना ❷आज्ञा; आदेश; निर्देश; आर्डर: 用～的口气说 आदेश के स्वर में कहना / 下～ आदेश जारी करना

【命令句】mìnglìngjù 〈व्या०〉 आज्ञार्थक वाक्य

【命令式】mìnglìngshì 〈व्या०〉 आज्ञार्थ

【命令主义】mìnglìng zhǔyì आज्ञावाद; फ़रमानशाही: ～的工作方法 काम करने का फ़रमानशाही ढंग

【命脉】mìngmài मर्म-स्थल; प्राण; जीवन-स्रोत: 垄断经济～ आर्थिक जीवन-स्रोतों पर अपना इजारा कायम कर लेना / 控制经济～ आर्थिक मर्म-स्थल किसी के आधिकार में होना / 水利是农业的～。सिंचाई खेती का प्राण है।

【命门】mìngmén 〈ची०चि०〉 प्राणशक्ति का द्वार, यह स्थान दोनों गुर्दों के बीच में है, प्राण का स्रोत माना जाता है और इस का कार्य श्वसन, पाचन, संतान उत्पन्न करने आदि की शक्तियों को बढ़ाना है

【命名】mìngmíng नामकरण करना: 以白求恩医生的名字给医院～ डाक्टर नोर्मान बैथ्यून के नाम पर अस्पताल का नामकरण करना

【命名法】mìngmíngfǎ नाम-पद्धति

【命名式】mìngmíngshì नामकरण संस्कार

【命数】mìngshù भाग्य; किस्मत

【命数法】mìngshùfǎ 〈गणि०〉 संख्यांकन; गिनने या गणना करने की पद्धति

【命题】[1] mìngtí (निबंध के) विषय का नाम देना; सवाल तैयार करना: ～作文 निबंध के लिये नाम देना

【命题】[2] mìngtí ❶〈गणि०〉 प्रमेय; प्रतिज्ञा; उपक्षेप ❷〈तर्क०〉 प्रस्थापना; संवाक्य; तर्कवाक्य

【命途多舛】mìngtú-duōchuǎn जीवन में बहुत सी रुकावट सहना

【命意】mìngyì ❶(लेख, निबंध, चित्र आदि की) विषय-वस्तु ❷मतलब; अर्थ: 他不知道这句话的～是什么。वह नहीं जानता कि इस वाक्य (या बात) का मतलब क्या है।

【命运】mìngyùn भाग्य; किस्मत; तकदीर: 国家的前途和～ देश का भविष्य और भाग्य / ～的捉弄 तकदीर का खेल / 我们俩共～。हम दोनों एक भाग्य से जुड़े हुए

हैं। / 我们的～相同。हमारा भाग्य एक जैसा है।
【命中】 mìngzhòng (निशाना) ठीक बैठाना: ～目标 निशाना ठीक बैठाना

miù

谬（謬）miù गलत; अशुद्ध; असत्य; झूठ; मिथ्या: 谬论 / 谬误
【谬传】 miùchuán गलत रिपोर्ट; असत्य रिपोर्ट
【谬错】 miùcuò भूल; भूल-चूक
【谬见】 miùjiàn ❶गलत दृष्टिकोण ❷〈विन०〉 मेरा क्षुद्र मत
【谬奖】 miùjiǎng 〈शिष्ट०〉 (मेरी) अति प्रशंसा करना
【谬论】 miùlùn बेहूदा दलील; बेहूदा बात; भ्रामक तर्क; वाहियात बात: 驳斥～ बेहूदा दलील का खंडन करना; बेहूदा बातों को गलत ठहराना / 散布～ बेतुका सिद्धांतों को फैलाना
【谬说】 miùshuō बेहूदा दलील; बेहूदा बात; बेतुका सिद्धांत; भ्रामक तर्क; वाहियात बात: 无知～ बेसमझ और बेहूदा बात
【谬误】 miùwù गलती, भूल; भूल-चूक; असत्यता: 真理总是在同～的斗争中发展的。असत्यता के साथ संघर्ष करने में सत्य का विकास होता है।
【谬种】 miùzhǒng ❶गलती; तर्क-दोष; तर्काभास ❷〈घृणा०〉 बदमाश; दुष्ट; पाजी
【谬种流传】 miùzhǒng–liúchuán गलतियां फैलती रहना

缪（繆）miù दे० 纰缪 pīmiù गलती
Miào; móu भी दे०

mō

摸 mō ❶सहलाना; हाथ फेरना; छूना; स्पर्श करना: ～～头发 बालों पर हाथ फेरना / 用手～左颊 अपना बायां गाल सहलाना / ～～胡子 दाढ़ी के बाल नोचना /～到脖子上 अपनी गर्दन की त्वचा को उँगली से रगड़ना ❷टटोलना: ～～口袋 जेब में हाथ टटोलना / ～出 टटोलकर निकालना / ～鱼 हाथ से मछली पकड़ना ❸जानने का प्रयत्न करना; करने का प्रयत्न करना: 您对他的脾气还～不清楚。आप उस के मिज़ाज से वाकिफ़ नहीं हैं। ❹अंधेरे में कार्यवाही करना; अंधेरे में टटोलना: 他～进自己的屋子里。वह टटोलता हुआ अपने कमरे में जा पहुंचा।
【摸底】 mōdǐ वास्तविक स्थिति का पता लगाना; मन की थाह लेना: 如果你愿意我立刻就去摸摸他的底。तुम्हारा मन हो तो मैं बातों-बातों में उस के मन की थाह लूँ।
【摸黑儿】 mōhēir 〈बोल०〉 अंधेरे में टटोलना: ～赶路 अंधेरे में रास्ते पर चलना
【摸脉】 mōmài नब्ज़ देखना
【摸门儿】 mōménr 〈बोल०〉 समझ में आ जाना; तह तक पहुंच जाना; कुंजी पा जाना; किसी कार्य-क्षेत्र की अवस्थाओं को जानना या समझना: 摸着点儿门儿 किसी कार्य-क्षेत्र की अवस्थाओं को कुछ-कुछ जानना या समझना / 不～ किसी कार्य-क्षेत्र की अवस्थाओं को कुछ न जानना या समझना
【摸哨】 mōshào अंधेरे में दुश्मन के पहरेदार पर टूट पड़ना
【摸熟】 mōshú (किसी बात से) सुपरिचित होना: ～了他的脾气 उस के तौर-तरीकों से भली भांति परिचित हो जाना / ～了自己部队的脾气 अपने सैन्य-दल की हालत सुपरिचित हो जाना
【摸索】 mōsuǒ ❶टटोलते हुए (आगे बढ़ना): ～前进 टटोलते हुए आगे बढ़ना ❷तलाश करना: ～真理 सत्य की तलाश करना
【摸头】 mōtóu समझने लगना; जानने लगना
【摸透】 mōtòu भली-भांति परिचित होना; सुपरिचित होना
【摸瞎】 mōxiā दे० 摸黑儿
【摸营】 mōyíng अंधेरे में दुश्मन की छावनी पर हमला करना

mó

无（無）mó दे० 南无 nāmó (संस्कृत शब्द 'नामः' का ध्वन्यानुवाद)
wú भी दे०

谟（謨）mó 〈लि०〉 योजना; प्लान: 宏～ महान योजना; महायोजना

馍（饃、饝、麿）mó 〈बो०〉（馍馍 mómo भी）दे० 馒头 mántou भाप से पकायी गयी ब्रेड

嫫 mó (व्यक्ति के नाम में प्रयुक्त) 嫫母 Mómǔ किंवदंती में एक कुरूप स्त्री

摹 mó नकल करना; नकल उतारना: 临～ मूल की नकल करना; मूल की प्रतिलिपि लिखना
【摹本】 móběn प्रतिलिपि; अनुलिपि; अनुचित्र
【摹仿】 mófǎng दे० 模仿 mófǎng
【摹绘】 móhuì 〈लि०〉 नक्शा उतारना; नक्शा खींचना
【摹刻】 mókè ❶मूल की नकल करके खोदना ❷मूल की

नकल करके खोदी हुई वस्तु

【摹拟】 mónǐ दे० 模拟 mónǐ

【摹效】 móxiào（模效 móxiào भी）अनुकरण करना; नकल करना; नकल उतारना

【摹写】 móxiě（模写 móxiě भी）❶मूल की प्रतिलिपि लिखना ❷वर्णन करना：～人物情状 विभिन्न स्थितियों में व्यक्ति की भावनाओं का वर्णन करना

【摹印】 móyìn ❶अनुलिपि करना; अनुचित्र बनाना; मूल की नकल करना ❷प्राचीन काल की मोहर में प्रयुक्त एक प्रकार की लिपि

【摹状】 mózhuàng नकल करना; खाका खींचना; वर्णन करना; चित्रित करना

模 mó ❶मान-दंड; मॉडल; आदर्श：模型 / 楷～ मॉडल; आदर्श; नमूना ❷नकल करना; अनुकरण करना：模仿 / 模拟 ❸模范 का संक्षिप्त रूप：劳～ आदर्श मज़दूर
mú भी दे०

【模本】 móběn प्रतिलिपि लिखने का मूल; नकल करने का मूल

【模范】 mófàn ❶सीखने योग्य; जो आदर्श बनाया जा सके：～乡 आदर्श श्यांग / ～作用 आदर्श भूमिका ❷आदर्श; जिस से सीखने योग्य हो：选～ आदर्श चुनना / 劳动～ आदर्श मज़दूर

【模仿】 mófǎng अनुकरण करना; नकल करना：～鸟叫声 चिड़ियों के चहकने की नकल करना / ～某人的动作 किसी व्यक्ति के अंग-चालन का अनुकरण करना

【模胡】 móhu दे० 模糊

【模糊】 móhu（模胡 móhu भी）❶अस्पष्ट; बेहोश：字迹～ लिखावट स्पष्ट न होना：神志～ बेहोश होना / ～的景物 धुंधला दृश्य / ～的印象 अस्पष्ट प्रभाव / 记忆～ याद धुंधली होना ❷गड़बड़ घोटाला पैदा करना; भ्रम पैदा करना; उलझन पैदा करना：不要～了是非界限。सही और गलत के बीच उलझन पैदा न करो। / ～两党原则差别 दोनों पार्टियों के बीच उसूली फ़र्क को धुंधला बना देना / ～…的面目 किसी की सुस्पष्ट विशेषताएं धुंधली हो जाना

【模棱】 móléng (रुख, राय आदि) अस्पष्ट; दोमानी：模棱两可

【模棱两可】 móléng-liǎngkě अस्पष्ट; दोमानी (बात आदि)：采取～的态度 अस्पष्ट रुख अपनाना; दुहरे मतलब वाला रुख अपनाना / ～地回答 अस्पष्ट-सा उत्तर देना

【模拟】 mónǐ（摹拟 mónǐ भी）अनुकरण करना; नकल करना; अनुकृति करना ：～考试 नकली परीक्षा या टेस्ट

【模拟飞行】 mónǐ fēixíng 〈सैन्य०〉 नकली उड़ान

【模拟计算机】 mónǐ jìsuànjī समधर्मी कंप्यूटर

【模拟人像】 mónǐ rénxiàng प्रतिमा; मूर्ति; प्रतिमूर्ति

【模拟试验】 mónǐ shìyàn नकली टेस्ट; नकली जांच

【模拟通信】 mónǐ tōngxùn अनुरूप पत्र-व्यवहार; एनालोग कम्युनिकेशन

【模拟移动电话】 mónǐ yídòng diànhuà सदृश (या मिलता-जुलता) मोबाइल टेलीफ़ोन

【模数】 móshù（模量 móliàng भी）〈भौ०〉 मापांक; मॉड्यूलस（modulus）

【模特儿】 mótèr मॉडल; मोडल

【模效】 móxiào दे० 摹效 móxiào

【模写】 móxiě दे० 摹写 móxiě

【模型】 móxíng ❶मॉडल：宇宙飞船～ स्पेसशिप मॉडल / 原尺寸～ मॉकअप（mock-up）❷सांचा; ढांचा ❸मिसाल; उदाहरण：把～推广到全国 मिसाल को देशभर में लागू कर देना

【模型地图】 móxíng dìtú उभरी हुई आकृति का नक्शा

【模型展品】 móxíng zhǎnpǐn नकल; रेप्लिका（replica）

【模压】 móyā ढांचे को गरमकर रबड़ आदि वस्तुओं को इस में दबाकर माल बनाने का उपाय

膜 mó ❶〈श०वि०〉 झिल्ली; झिल्लिका：耳～ कर्ण-झिल्लिका; कान की झिल्ली / 细胞～ कोशिका झिल्लिका ❷झिल्ली जैसी वस्तु：塑料薄～ प्लास्टिक की पतली झिल्ली

【膜拜】 móbài पूजा करना; पूजना; आराधना करना：顶礼～ पूजा में साष्टांग प्रणत होना; श्रद्धांजलि अर्पित करना

【膜翅目】 móchìmù 〈प्राणि०〉 बड़े कीड़े जिन के झिल्ली के सदृश चार पंख होते हैं

【膜法】 mófǎ 〈वाता०र०〉 झिल्ली पद्धति

【膜片】 mópiàn शरीर-मध्यदेश; मध्यपट; डायाफ़्राम（diaphragm）

麽 mó दे० 幺麽 yāomó तुच्छ; क्षुद्र
么 me भी दे०

摩[1] mó ❶रगड़ना; घर्षण करना：摩拳擦掌 / 摩肩接踵 ❷मलना; सहलाना; हाथ फेरना; मालिश करना：按～मालिश करना / 用手～着他的头 उस के सिर पर हाथ फेरना ❸अध्ययन करना; सोचना; चिंतन करना：揣～ अच्छी तरह समझ लेना; तह तक पहुंचना; थाह लेना

摩[2] mó 〈भौ०〉 摩尔 mó'ěr (मोल, mole) का संक्षिप्त रूप
mā भी दे०

【摩擦】 mócā（磨擦 mócā भी）❶रगड़ना; घिसना; घर्षण करना ❷〈भौ०〉 संघर्ष; घर्षण：～生热。घर्षण से ताप उत्पन्न होता है। ❸टकराव：在两党之间加紧～ दोनों पार्टियों के बीच टकराव बढ़ाना / 挑拨两党～ दोनों पार्टियों के बीच टकराव पैदा करना / ～专家 टकराव पैदा करने वाले लोग

【摩擦焊接法】 mócā hànjiēfǎ घर्षण द्वारा नया संधान तरीका; घर्षण-संधान विधि

【摩擦力】 mócālì 〈भौ०〉 संघर्षी शक्ति; घर्षण-शक्ति

【摩擦抛光】 mócā pāoguāng 〈यां०〉 रगड़कर चमकाना

【摩擦音】 mócāyīn 〈ध्वनि०〉 उष्म-वर्ण

【摩登】 módēng मोर्डन; फ़ैशनेबुल：～女郎 रमणी

【摩电灯】 módiàndēng (साइकिल पर) डायनेमोविद्युत् लैंप

【摩尔】 mó'ěr (संक्षिप्त रूप 摩) 〈भौ०〉 मोल (mole)
【摩尔定律】 Mó'ěr dìnglǜ मोल का नियम
【摩尔多瓦】 Mó'ěrduōwǎ मोल्डोवा
【摩尔根主义】 Mó'ěrgēn zhǔyì मोर्गनिज़्म
【摩诃剌侘】 Móhēláchà महाराष्ट्र
【摩诃婆罗多】 Móhēpóluóduō महाभारत
【摩加迪沙】 Mójiādíshā मागादीशू
【摩肩接踵】 mójiān-jiēzhǒng कंधे से कंधा छिलना; भारी भीड़ होना: 集市上人很多，～，十分拥挤。 मेले में इतनी भीड़ थी कि कंधे से कंधा छिल रहा था।
【摩肩击毂】 mójiān-jīgǔ कंधे से कंधा छिलना और गाड़ियों के पहिये से पहिया टकराना; भारी भीड़ होना
【摩揭陀国】 Mójiētuóguó मगध
【摩羯星座】 mójié xīngzuò मकर (राशि)
【摩厉以须】 mólìyǐxū तलवार पैनी करके तैयार करना —— कार्यवाही करने के लिये तैयार करना
【摩洛哥】 Móluògē मोरक्को
【摩洛哥人】 Móluògērén मोरक्को का निवासी; मोरक्केन
【摩纳哥】 Mónàgē मोनाको
【摩纳哥人】 Mónàgērén मोनाको का निवासी; मोना-केन
【摩尼教】 Móníjiào मैनिकी मत; मोनिज़्म; एकत्ववाद; अद्वैतवाद
【摩奴】 Mónú मनु
【摩奴法典】 Mónú fǎdiǎn दे० 摩奴法论
【摩奴法论】 Mónú fǎlùn मनुस्मृति
【摩拳擦掌】 móquán-cāzhǎng अपनी मुट्ठी रगड़ना और हथेली मलना —— लड़ने या कोई काम करने के लिये उत्सुक होना: 战士们个个～，士气很高。 लड़ाई के लिये हर एक सिपाही ने अपनी कमर कस ली, सब के हौसले बुलन्द हो उठे।
【摩丝】 mósi माउस (mousse)
【摩挲】 mósuō सहलाना; हाथ फेरना
māsa भी दे०
【摩天】 mótiān गगनचुंबी; गगनस्पर्शी: ～大楼 गगनचुंबी इमारत; गगनस्पर्शी अट्टालिका
【摩托】 mótuō मोटर
【摩托车】 mótuōchē मोटर-साइकिल; मोटर-बाइसिकिल; मोटर-बाइक
【摩托船】 mótuōchuán (摩托艇 mótuōtǐng भी) मोटर-बोट
【摩托化步兵】 mótuōhuà bùbīng मोटर-सवार पैदल सेना; मोटर-सवार सेना
【摩托化部队】 mótuōhuà bùduì मोटर-यूनिट
【摩托化师】 mótuōhuàshī मोटरों वाला डिविज़न
【摩托艇】 mótuōtǐng दे० 摩托船
【摩崖】 móyá खड़ी चट्टान पर उत्कीर्ण की लिपि, मूर्ति, चित्र आदि

磨 mó ❶रगड़ना; घिसना; घर्षण करना: ～破的证件 घिसा हुआ कार्ड ❷सान देना; पैना करना: ～刀 तलवार पैनी करना; चाकू पैना करना / ～剪刀 कैंची पैनी करना; कैंची को सान देना ❸कष्ट देना; जिगर का खून पीना: 你为什么要～人? तुम दूसरे लोगों के जिगर का खून क्यों पीते हो? ❹सताना; दुख देना; कष्ट पहुंचाना; विपत्ति में डालना: 这孩子可真～人。 यह बच्चा दूसरों को बहुत सताता है। / 他不答应就跟他～。 अगर वह स्वीकार नहीं करेगा, तो फिर उस से कहो। ❺नष्ट करना: 百世不～ सदियों के लिये न मिट सकना ❻समय बिताना; वक्त गंवाना; समय नष्ट करना: ～洋工 बेगार टालना
mò भी दे०
【磨版机】 móbǎnjī 〈मुद्रण०〉 ग्रेलिंग मशीन
【磨擦】 mócā दे० 摩擦 mócā
【磨蹭】 móceng ❶(धीरे से) रगड़ना; घिसना: 他用右脚轻轻地在地上～着。 वह अपने दायें पैर से ज़मीन पर धीरे से रगड़ रहा है। ❷धीरे-धीरे आगे बढ़ना; धीरे-धीरे चलना; (किसी काम में) मंद दिखाई देना: 他的腿已经好了些，可以拄着手杖往前～了。 उस की टांग कुछ-कुछ ठीक हो गयी, अब वह लाठी टेककर धीरे-धीरे आगे बढ़ सकता है। / 你们磨磨蹭蹭的什么时候能把事情做完? तुम लोग धीमे-धीमे काम कब तक पूरा करोगे? ❸तंग करना; परेशान करना; कष्ट देना: 孩子跟我～要去看电影，你说我怎么办呢? बच्चा सिनेमा देखने के लिये मुझसे चिचड़ी सा चिमट गया है, कहो, मैं क्या करूँ?
【磨杵成针】 móchǔ-chéngzhēn अगर तुम मेहनत से काम करोगे तो लोहे के दंड को भी रगड़कर सूई बना सकते हो —— सतत प्रयत्न करने से सफलताएं प्राप्त हो सकती हैं
【磨穿铁砚】 mó chuān tiě yàn अंत तक मसिपात्र का प्रयोग करना —— लगन से अध्ययन करना
【磨床】 móchuáng 〈यां०〉 ग्राइंडिंग मशीन: 高精度大型平面～ अतिसूक्ष्म विशाल सरफ़ेस ग्राइंडिंग मशीन
【磨刀不误砍柴工】 mó dāo bù wù kǎnchái-gōng कुल्हाड़ी पैनी करने से लकड़ी के ईंधन को काटने में देर नहीं होगी
【磨刀霍霍】 módāo-huòhuò तलवार पैनी करना
【磨刀石】 módāoshí सान; पथरी
【磨电灯】 módiàndēng दे० 摩电灯 módiàndēng
【磨革】 mógé चमड़े को बर्फ़ की तरह मुलायम बनाना: ～机 बफ़िंग मशीन; चमड़े को बर्फ़ की तरह मुलायम बनाने की मशीन
【磨工】 mógōng 〈यां०〉 ❶पीसने का काम: ～车间 पीसने वाला वर्कशाप ❷पिसनहारी; पीसने वाला (मज़दूर)
【磨工夫】 mó gōngfu समय बरबाद करना: 这活最～。 यह समय बरबाद करने वाला एक काम है।
【磨光】 móguāng रेतना; मांजना; जिला करना: ～机 पॉलिशिंग मशीन / ～玻璃 पॉलिश्ड शीशा (ग्लास)
【磨耗】 móhào घिसना
【磨快】 mókuài चढ़ाना; धार रखना
【磨砺】 mólì अपने मन को दृढ़ कर लेना; अपने को दृढ़ कर लेना; अपने को तपा लेना
【磨练】 móliàn दे० 磨炼
【磨炼】 móliàn (磨练 भी) अपने मन को दृढ़ कर लेना; अपने को तपा लेना; तप कर फ़ौलाद बनाना: 在战争中～

युद्ध में (अपने को) तपा लेना
【磨料】 móliào रगड़ने या खरोंचने वाली वस्तु
【磨轮】 mólún दे० 砂轮 shālún एमरी पहिया; ग्लाइंडिंग पहिया
【磨灭】 mómiè मिटना; रगड़कर मिटा देना; मिटा डालना: 难以～的印象 (मन पर) अमिट प्रभाव / 难以～的功绩 अलोप्य योगदान
【磨木机】 mómùjī <कागज़ बनाना> (लकड़ी) ग्राइंडर: 袋式～ पॉकेट ग्राइंडर / 链式～ कैटरपिलार ग्राइंडर
【磨难】 mónàn（魔难 mónàn भी）संकट; मुसीबत; विपत्ति; कठिनाई: 历经～ सभी तरह की मुसीबतों को सहन करना
【磨漆画】 móqīhuà लाख-चित्र
【磨砂玻璃】 móshā bōli（毛玻璃 máobōli भी）फ़्रोस्टिड ग्लास; ग्राउड ग्लास
【磨砂灯泡】 móshā dēngpào फ़्रोस्टिड बल्ब
【磨舌头】 mó shétou <बो०> व्यर्थ बातचीत में फंस जाना
【磨蚀】 móshí ❶<भूगर्भ०> अपघर्षण; रगड़ ❷मिटना; मिटाना
【磨损】 mósǔn घिसना; संघर्षण से क्षय हो जाना: 机器现在还没有～。मशीन अभी नहीं घिसी है।
【磨头】 mótóu ग्राइंडिंग हेड
【磨洗】 móxǐ मिटाना; संघर्षण से क्षय हो जाना
【磨削】 móxiāo <यां०> ग्राइंडिंग; घिसना; रगड़ना; पीसना
【磨牙】 móyá ❶<बो०> व्यर्थ वादविवाद करना ❷दाढ़; डाढ़; चौघड़; चौभड़ ❸(सोने में) दाँत पीसना; किचकिचाना; किटकिटाना
【磨洋工】 mó yánggōng बेगार टालना; सुस्ती में समय गंवाना
【磨折】 mózhé दे० 折磨 zhémó कष्ट देना; जिगर का खून पीना
【磨嘴】 mózuǐ（磨嘴皮子 mó zuǐpízi भी）<बो०> व्यर्थ बातचीत करना; व्यर्थ वादविवाद करना; बकवाद करना; व्यर्थ की बात करना

嬷

mó (पुराना उच्चारण mā) नीचे दे०
【嬷嬷】 mómo <बो०> ❶वृद्ध महिला को संबोधित करने का शब्द ❷दाई; धाय; धात्री

蘑

mó दे० 萝蘑 luómó <ची०चि०> एक प्रकार का पौधा जो दवा के काम आता है

蘑

mó कुकुरमुत्ता; छत्रक; सांप की छतरी: 鲜～ ताज़ा कुकुरमुत्ता
【蘑菇】[1] mógu कुकुरमुत्ता; छत्रक; सांप की छतरी
【蘑菇】[2] mógu ❶कष्ट देना: 不要跟我～了，我还有事呢。मुझे कष्ट न दो, मेरा कोई और काम है। ❷(किसी काम में) मंद दिखाई देना; धीमे-धीमे: 快点，别～了，火车要开走了。जल्दी करो, समय बरबाद न करो; रेल छूट जायगी।
【蘑菇云】 móguyún कुकुरमुत्ता रूपी बादल
【蘑菇战术】 mógu zhànshù थका देने और खत्म कर देने की कार्यनीति

魔

mó ❶राक्षस; राक्षसी; दानव; असुर, पिशाच: 恶～ राक्षस; राक्षसी; असुर; पिशाच; दानव ❷जादू: 中了～似的 मानो जादू के प्रभाव में हो / ～力 मंत्रबल; सिद्धि मोहन / 魔术
【魔法】 mófǎ जादू; जादूगरी; जादू-टोना
【魔方】 mófāng मैजिक क्यूब
【魔怪】 móguài राक्षस; राक्षसी; दानव; पिशाच
【魔鬼】 móguǐ राक्षस; राक्षसी; भूत-प्रेत; पिशाच
【魔君】 mójūn कठोर आदमी; अति निर्दय व्यक्ति; नृशंस व्यक्ति; खूंखार आदमी
【魔窟】 mókū राक्षसों की मांद
【魔力】 mólì मंत्रबल; जादू; सिद्धि: 她的手一搁到我的头上，为什么疼痛便止住了呢？想必是她的手具有一种～。उस के हाथ मेरे सिर पर रखते ही दर्द क्यों शांत हो गया। अवश्य ही उस में कोई सिद्धि है।
【魔难】 mónàn दे० 磨难 mónàn
【魔术】 móshù（幻术 huànshù，戏法 xìfǎ भी）जादू; जादूगरी; जादू-टोना; मैजिक
【魔术师】 móshùshī जादूगर; जादूगरनी; टोनहा; टोनहाई ऐंद्रजालिक
【魔王】 mówáng ❶राक्षसराज; प्रेतपति; शैतान ❷निरंकुश शासक; स्वेच्छाचारी राजा
【魔影】 móyǐng प्रेत; भूत; पिशाच; आतंक: 笼罩着内战的～ गृह-युद्ध का पिशाच पीछे पड़ना
【魔芋】 móyù एमोफ़ोफ़ालस रिवीरी（Amorphophallus rivieri）
【魔掌】 mózhǎng दानव का शिकंजा (चंगुल या हाथ): 逃出敌人的～ दुश्मन के हाथ से भागना (छूटना)
【魔杖】 mózhàng जादू की छड़ी; मैजिक छड़ी
【魔障】 mózhàng दानव द्वारा डाली जाने वाली बाधा
【魔爪】 mózhǎo पंजा; चंगुल; शिकंजा: 摆脱财富的～ दौलत के पंजे से छूट जाना

劘

mó <लि०> काटना; छीलना

mǒ

抹

mǒ ❶लीपना; पोतना; लेप करना: ～粉 पाउडर लगाना / ～上点药膏 मरहम चढ़ाना (लगाना) ❷पोंछना: ～眼泪 आंसू पोंछना / 用手～嘴 हाथ से मुंह पोंछना ❸काट देना; कलम फेर देना; मिटाना: 抹杀 / ～掉 मिटाना / 把这一行～了。इस लाइन के अक्षरों को काट दो। ❹(परि०श०) (बादल, लालिमा आदि के लिये प्रयुक्त): 一～彩霞 एक छोटी सी लालिमा
mā; mò भी दे०

【抹鼻子】 mǒ bízi 〈बो०〉 रोना
【抹脖子】 mǒ bózi अपनी गरदन काटना; आत्महत्या करना
【抹彩】 mǒcǎi चीनी ऑपेरा में अभिनेता के मुंह पर रंग चढ़ाना
【抹刀】 mǒdāo (राज की) कन्नी; करनी
【抹粉】 mǒfěn पाउडर लगाना
【抹黑】 mǒhēi कालिख लगाना: 给某人脸上～ किसी के मुंह पर कालिख लगाना या पोतना; मुंह काला करना
【抹灰泥】 mǒhuīní पुतना या पोतना; छाप चढ़ाना
【抹零】 mǒlíng छोटे खुदरे का हिसाब न करना (भुगतान आदि में)
【抹杀】 mǒshā (抹煞 mǒshā भी) मिटाना; पोंछना; निषेध करना; मानने से इनकार कर देना: ～历史事实 ऐतिहासिक तथ्यों को मानने से इनकार करना / ～某人或某个组织的地位 किसी की भूमिका से इनकार करना / 不能～这种相对的独立性。इस सापेक्ष स्वतंत्रता से इनकार नहीं करना चाहिये। / ～这些矛盾 इन अंतरविरोधों के अस्तित्व को न मानना / ～成绩 सफलताओं का निषेध करना
【抹稀泥】 mǒ xīní (和稀泥 huò xīní भी) 〈बो०〉 मूल सिद्धांत का बलिदान करके मतभेदों का बीच-बचाव करने की कोशिश करना
【抹香鲸】 mǒxiāngjīng वह व्हेल मछली जिस में से एक सफ़ेद चर्बी जैसा पदार्थ निकलता है
【抹一鼻子灰】 mǒ yī bízi huī (碰一鼻子灰 pèng yì bízi huī भी) डांट दिया जाना; फटकार दिया जाना
【抹油】 mǒyóu तेल पोंछना; तेल लगाना
【抹子】 mǒzi (राज की) कन्नी; करनी

mò

万 mò नीचे दे०
wàn भी दे०
【万俟】 Mòqí एक कुलनाम
末¹ mò ❶सिरा; अंत: ～梢 छोर; सिरा; अंत ❷अप्रधान तत्व: 本～倒置 चीज़ों को उलट-पलट कर पेश करना ❸अंत में: 秋～ शरद के अंत में / 清～ छिंग राजवंश के अंत में ❹पाउडर; चूर्ण: 茶叶～ चाय की टूटी हुई पत्तियां / 药～儿 दवा का चूर्ण
末² mò चीनी क्लासिकल ऑपेरा में प्रौढ़ व्यक्ति का पात्र
me भी दे०
【末班车】 mòbānchē ❶ (末车 भी) अंतिम बार की बस; ❷〈बोल०〉 अंतिम अवसर; आखिरी मौका
【末次】 mòcì अंतिम बार; आखिरी दफ़ा
【末代】 mòdài अंतिम वंशज; अंतिम पीढ़ी: ～皇帝 किसी राजवंश का अंतिम सम्राट
【末端】 mòduān छोर; सिरा; नोक
【末伏】 mòfú (终伏 zhōngfú, 三伏 sānfú भी) ❶तीसरा या अंतिम 'फ़ू' (एक साल में तीसरा सब से गरम दशदिवस) ❷तीसरे या अंतिम 'फ़ू' में पहला दिन
【末后】 mòhòu अंत में
【末技】 mòjì मामूली हुनर; क्षुद्र कौशल
【末减】 mòjiǎn 〈लि०〉 किसी व्यक्ति को कृपालुतापूर्वक दंड देना; दंड को हल्का करना
【末节】 mòjié अप्रधान तत्व: 细枝～ छोटी-छोटी अनावश्यक विस्तार की बातें
【末了】 mòliǎo (末末了儿 mòmòliǎor भी) अंत में: 这一行～的字我不认识。मैं इस लाइन के अंतिम अक्षर को नहीं पहचानता।
【末流】 mòliú ❶किसी विचारधारा-शाखा आदि की उत्तरकालीन या ह्रासोन्मुख अवस्था ❷गौण; अप्रधान: ～演员 गौण अभिनेता या अभिनेत्री
【末路】 mòlù रास्ते का अंत; पतनोन्मुख स्थिति: 英雄～ बुरी मुसीबतों में वीर / 从中兴到～ उत्थान से पतन की ओर
【末年】 mònián किसी राजवंश या शासन का अंतिम-काल: 清朝～ छिंग राजवंश के अंतिम दिनों में / 同治～ थोंग-च् सम्राट के शासन (1862-1875 ई०) के अंतिम-काल में
【末期】 mòqī अंतिमकाल; अंत्यावस्था; अंतिम दौर: 十九世纪～ उन्नीसवीं शताब्दी के अंतिम-काल में
【末日】 mòrì ❶अंतकाल; आखिरी वक्त; खात्मे का दिन: ～来临 खात्मे का दिन आ जाना ❷ईश्वरीय न्याय का दिन; कयामत का दिन; प्रलय-दिवस: ～审判 प्रलय के दिन ईश्वर का न्याय
【末梢】 mòshāo सिरा; छोर; अंत: 三月～ मार्च के अंत में / 辫子～ चोटी का सिरा
【末梢神经】 mòshāo shénjīng 〈श०वि०〉 नर्व एण्डिंग (nerve ending); नसों का अंत-भाग
【末世】 mòshì (युग की) अंतिम अवस्था: 封建～ सामंतवाद के अंतिम वर्षों में
【末尾】 mòwěi ❶अंत; अंत-भाग; अंत का भाग: 文章～ लेख (या निबंध) का अंतिम-भाग ❷〈संगी०〉 अंत
【末席】 mòxí दावत में तुच्छ सीट
【末屑】 mòxiè छोटे-छोटे टुकड़े; बची-खुची वस्तुएं: 面包～ डबल रोटी के छोटे-छोटे टुकड़े
【末药】 mòyào दे० 没药 mòyào
【末业】 mòyè (पुराने ज़माने में) उद्योग और व्यापार
【末叶】 mòyè (शताब्दी या राजवंश का) अंतिम-काल: 十八世纪～ अठारहवीं शताब्दी का अंतिम-काल / 清代～ छिंग राजवंश का अंतिम-काल
【末议】 mòyì 〈लि०〉〈विन०〉 मेरा मत; मेरी राय; मेरा दृष्टिकोण
【末制导】 mòzhìdǎo (末段制导 mòduàn zhìdǎo भी) अंत्य मार्ग-प्रदर्शन; टर्मिनल गाइडेंस
【末制导炮弹】 mòzhìdǎo pàodàn अंत्य मार्ग-प्रदर्शन गोला; टर्मिनल गाइडेंस शेल
【末子】 mòzi चूर्ण; चूर; पाउडर: 煤～ कोयले के छोटे-छोटे टुकड़े

【末座】 mòzuò (भोज आदि में) क्षुद्र आसन; तुच्छ सीट

没 1 mò ❶डूबना; पानी में डूबना: 沉～水中 पानी में डूब जाना / 太阳将～未～ सूरज डूबने के पहले ❷उमड़ना; (पानी आदि) किसी वस्तु से ऊंचा होना: 雪深～膝 बर्फ़ का घुटनों से ऊंचा होना; घुटने-घुटने तक बर्फ़ / 河水～了马背。नदी का पानी घोड़े की पीठ से ऊंचा है। ❸छिपना; अदृश्य हो जाना: 出～ बाहर निकलना और छिपना ❹ज़ब्त करना; कुर्क करना; छीन लेना: 没收 ❺अंत तक: 没齿不忘 ❻दे० 殁 mò

没 2 mò दे० 没奈何

méi भी दे०

【没齿不忘】 mòchǐ-bùwàng (没世不忘 mòshì-bùwàng भी) ज़िंदगी भर याद रखना; जीवन में कभी न भूलना

【没落】 mòluò ध्वंस होना; पतनोन्मुख होना; ह्रासोन्मुख होना: ～状态 पतनोन्मुख स्थिति / ～的封建家庭 पतनोन्मुख सामंती परिवार

【没奈何】 mònàihé विवश होकर; लाचारी से; मजबूरन: 我等了他好久他不来，～我只好一个人去了。मैं बड़ी देर तक उस का इंतज़ार करता रहा, वह नहीं आया, मजबूर होकर मैं अकेला ही चला गया।

【没世】 mòshì जीवन भर; ज़िंदगी भर: ～不忘 दे० 没齿不忘

【没收】 mòshōu ज़ब्त करना; कुर्क करना: 以暴力～ जबरन ज़ब्त करना / ～财产 जायदाद को ज़ब्त करना / ～违禁物品 वर्जित व्यापार-वस्तुओं को ज़ब्त करना

【没药】 mòyào 〈ची०चि०〉 एक प्रकार का सुगंधित पौधा

茉 mò नीचे दे०

【茉莉】 mòlì चमेली का पौधा और फूल

【茉莉花茶】 mòlì huāchá चमेली की चाय

抹 mò ❶लेपना; लीपना; (दीवार आदि पर) विलेपन या पलस्तर करना: ～墙 दीवार पर पलस्तर करना ❷किनारे-किनारे जाना; दीवार आदि के पास-पास चलना: ～过林子 वन के किनारे-किनारे जाना

mā; mǒ भी दे०

【抹不开】 mòbukāi दे० 磨不开 mòbukāi

【抹得开】 mòdekāi दे० 磨得开 mòdekāi

【抹灰】 mòhuī 〈वास्तु०〉 दीवार आदि पर पलस्तर करना; लेप करना: ～工 पलस्तरकार; गचकार

【抹面】 mòmiàn 〈वास्तु०〉 दीवार आदि पर पलस्तर करना; लेप करना

【抹胸】 mòxiōng अंडरगार्मेंट जो छाती और पेट को ढकता है

殁 mò 〈लि०〉 मृत्यु होना; मरना: 病～ बीमारी से मरना

沫 mò ❶फेन; झाग; बुलबुले: 啤酒～ बीयर पर फेन / 唾～ थूक; लार / 肥皂～ साबुन का झाग; फेन ❷थूक; लार

【沫子】 mòzi फेन; झाग; बुलबुले

陌 mò ❶खेतों के बीच में बनी पगडंडी (पूर्व से पश्चिम की ओर) ❷रास्ता; मार्ग: 陌头

【陌路】 mòlù 〈लि०〉 (陌路人 mòlùrén भी) रास्ते में आने-जाने वाला अजनबी: 视同～ किसी परिचित व्यक्ति के साथ अजनबी की तरह बरताव करना

【陌生】 mòshēng अपरिचित: ～人 अजनबी; अपरिचित व्यक्ति / 对某种新鲜事物不感到～ किसी नयी वस्तु का अपरिचित न लगना

【陌头】 mòtóu रास्ते के किनारे पर: ～杨柳 रास्ते के किनारे पर बेद (विलो) वृक्ष

妺 mò व्यक्ति के नाम में प्रयुक्त अक्षर; जैसे, मोशी (妺喜 mòxǐ), किंवदंती में श्या राजवंश (लगभग 2070-1600 ई०पू०) के अंतिम सम्राट च्ये (桀 Jié) की रखेली

冒 mò नीचे दे०

【冒顿】 Mòdú मोतू, हान राजवंश (206-220 ई०पू०) के आरंभ में हूण जाति का एक सरदार

mào भी दे०

脉 (脈) mò नीचे दे०

mài भी दे०

【脉脉】 mòmò स्नेहपूर्ण; प्रेमपूर्ण; स्नेही; प्रेममय: ～地注视着 स्नेहपूर्ण नेत्रों से देखना

莫 mò ❶〈लि०〉 कोई नहीं; कुछ नहीं: ～不如此 इस हद के परे कोई न होना; इस का कोई अपवाद न होना / ～过于 किसी से बढ़कर न होना / 莫名其妙 ❷नहीं, न: 莫如 / 莫若 / 莫测高深 ❸मत; न: ～哭。मत रोओ / ～笑。मत हंसो ❹अनुमान या अलंकारपूर्ण प्रश्न के अर्थ सूचित करना: 莫非 / 莫不是 ❺ (Mò) एक कुलनाम

〈प्राचीन〉 暮 mù के समान

【莫不】 mòbù कोई नहीं; कुछ नहीं: ～欣喜 कोई ऐसा न हो जो पसन्द न हो

【莫不是】 mòbùshì दे० 莫非

【莫测高深】 mòcè-gāoshēn किसी की गहराई का अंदाज़ लगाना मुश्किल होना; किसी की गहनता का अनुमान करना कठिन होना

【莫此为甚】 mòcǐwéishén इस से अधिक कोई न होना

【莫大】 mòdà इस से बड़ा और कोई न होना; बड़ा भारी; परम; बेहद: ～的光荣 परम गौरव / ～的幸福 परमानंद

【莫非】 mòfēi कहीं … नहीं: ～他晚上吃多了病了？ रात में कुछ अधिक खा जाने के कारण कहीं वह बीमार तो नहीं हो गया है? / ～他就是张同志？ कहीं वह कामरेड चांग तो नहीं है?

【莫过于】 mòguòyú से बढ़कर न होना: 最大的光

荣～此。इस से बढ़कर और कोई गौरव न होगा।
【莫霍界面】 mòhuò jièmiàn <भूगर्भ०> मोहो; मोहो अनिरंतरता
【莫可名状】 mòkě-míngzhuàng（不可名状 bù-kě-míngzhuàng भी）अवर्णनीय; अनिर्वचनीय
【莫可指数】 mòkě-zhǐshǔ अंगुलियों पर गिना न जा सकना; बहुत ज़्यादा
【莫名】 mòmíng अवर्णनीय; अनिर्वचनीय; अनामक; नामहीन; अप्रकट: 一种～的紧张 एक अनिर्वचनीय घबड़ाहट / 感谢～ बहुत-बहुत धन्यवाद
【莫名其妙】 mòmíngqímiào（莫明其妙 mòmíng-qímiào भी）मामले की तह से अनभिज्ञ होना: 发生～的变化 ऊलजलूल ढंग से परिवर्तन होना / 对此我有些～了。इस के लिये मुझे आश्चर्य हुआ।
【莫逆】 mònì घनिष्ठ (मित्र): 他们俩最称～。वे दोनों अति घनिष्ठ मित्र बन गये।
【莫逆之交】 mònìzhījiāo ❶अंतरंग मित्र; दिली दो- स्त; गहरा दोस्त ❷अभिन्न मैत्री; दिली दोस्ती
【莫如】 mòrú（莫若，不如 bùrú भी）इस से कहीं बेहतर है कि: 与其你去，～他来。तुम्हारे जाने से कहीं बेहतर है कि वह ही आए।
【莫若】 mòruò दे० 莫如
【莫桑比克】 Mòsāngbǐkè मोजाम्बीक
【莫桑比克人】 Mòsāngbǐkèrén मोजाम्बीकी
【莫信直中直，须防仁不仁】 mò xìn zhí zhōng zhí，xū fáng rén bù rén सब से सत्यवादी की सत्यता पर विश्वास न करो और नैतिकता में अनैतिकता से सतर्क रहो
【莫须有】 mòxūyǒu मिथ्या; निराधार: ～的罪名 मिथ्या आरोप
【莫邪】 mòyé दे० 镆铘 mòyé
【莫予毒也】 mòyǔdúyě（人莫予毒 rénmòyǔdú भी）कोई उस का बाल तक बांका नहीं कर सकता: 他们以为天下～。(भले ही) वे सब यह सोचने लगें कि कोई उस का बाल तक बांका नहीं कर सकता।
【莫衷一是】 mòzhōng-yíshì एक मत से निष्कर्ष पर न पहुंच सकना

眜 mò <लि०> ❶अंधा; तिरछी आँख ❷(खतरे का) सामना करना: ～险 जोखिम का सामना करना; खतरा मोल लेना

秣 mò ❶अनाज; चारा: 粮～ अनाज और चारा ❷पशुओं को चारा देना: 秣马厉兵
【秣槽】 mòcáo नांद
【秣马厉兵】 mòmǎ-lìbīng（秣马利兵 mòmǎ-lìbīng，厉兵秣马 lìbīng-mòmǎ भी）घोड़ों को पेट भर चारा देना और हथियारों को पैना करना —— युद्ध की तैयारियां करना（厉 के समान 砺 lì भी लिखा जाता है）

脈 mò नीचे दे०
【脈脈】 mòmò दे० 脉脉 mòmò

蓦 mò <क्रि०वि०> अचानक; एकाएक; सहसा: 蓦地 / 蓦然
【蓦地】 mòdì अचानक; एकाएक; सहसा: ～大叫一声 सहसा चिल्ला उठना
【蓦然】 mòrán <क्रि०वि०> अचानक; एकाएक; सहसा; अकस्मात्: ～醒悟 अचानक समझ में आ जाना

貊（貉）Mò <प्राचीन> ❶चीन के उत्तर में एक राज्य का नाम ❷चीन के उत्तर में एक जाति का नाम
貉 के लिये háo; hé भी दे०

漠 mò ❶रेगिस्तान: 大～ रेगिस्तान; मरुभूमि; मरु / ～北 मरुभूमि के उत्तर में ❷उदासीन; अन्यमनस्क: 漠不关心 / 漠视
【漠不关心】 mòbùguānxīn (किसी के प्रति) उदासीन रहना; उदासीनता का रवैया अपनाना: 不要对人民～。जनता के प्रति उदासीनता का रवैया नहीं अपनाना चाहिये।
【漠漠】 mòmò ❶कुहावृत; धूमिल; कुहरे से ढका हुआ; धुंध भरा: 湖面升起一层～的烟雾。झील के ऊपर घना कुहरा उठा।
【漠然】 mòrán उदासीनता से, अन्यमनस्कता से: 这个作家对批评处之～。यह लेखक आलोचना के प्रति उदासीन रहता है।
【漠视】 mòshì उदासीनता दिखाना; ध्यान न करना: 不要～群众的要求。जन-समुदाय की मांग को नज़र-अन्दाज़ नहीं करना चाहिये।

寞 mò शांत; एकाकी; सुनसान: 寂～ अकेलापन; एकाकीपन; निरालापन

靺 mò नीचे दे०
【靺鞨】 Mòhé <प्राचीन> चीन के उत्तर-पूर्व में एक जाति

嘿 mò दे० 默 mò
hēi भी दे०

墨1 mò ❶मसिटिकिया; चीनी स्याही; स्याही का लंबा पतला टुकड़ा: ～太稠了。स्याही बहुत गाढ़ी है। ❷रंगने की स्याही: ～水 स्याही / 油～ छापे की स्याही ❸लिखा हुआ अक्षर; खींचा हुआ चित्र: 遗～ किसी स्वर्गवासी व्यक्ति द्वारा छोड़ी गयी चिट्ठियां, पाण्डुलिपियां, सुलिपियां या चित्र आदि ❹ज्ञान: 胸无点～ अज्ञान; निरक्षर ❺बढ़ई के स्याही-रेखक में रस्सी; <ला०> नियम; मापदंड ❻काला; स्याह: 墨镜 ❼<लि०> घूसखोरी; भ्रष्टाचार: 墨吏 ❽<प्राचीन> एक प्रकार का दंड; अपराधी के मुंह पर सुई से चुभो-चुभो कर आकृति या ऐसे स्थाई लक्षण बना देनाजो कभी मिट न सकें ❾（Mò）मोहिस्ट विचार-शाखा（Mohist school）का संक्षिप्त रूप ❿（Mò）एक कुलनाम

墨2 Mò 墨西哥（Mòxīgē मेक्सिको）का संक्षिप्त रूप

【墨宝】 mòbǎo ❶मूल्यवान सुलिपि या चित्र ❷〈शिष्ट०〉 आप की सुलिपि या चित्र

【墨笔】 mòbǐ दे० 毛笔 máobǐ

【墨斗】 mòdǒu बढ़ई का स्याही-रेखक

【墨斗鱼】 mòdǒuyú（乌贼 wūzéi का लोकप्रचलित नाम）मसिक्षेपी मछली; कटिलफ़िश

【墨海】 mòhǎi बड़े बेसिन के आकार का स्याही-पत्थर

【墨盒】mòhé(墨盒子 mòhézi भी)ब्रुश से चीनी अक्षर लिखने के लिये स्याही की डिबिया; इंक बॉक्स

【墨黑】 mòhēi बहुत काला; बहुत अँधेरा：一个～的夜里 एक बहुत अंधेरी रात में

【墨迹】 mòjì ❶स्याही का चिह्न; स्याही का निशान ❷किसी व्यक्ति की सुलिपि या चित्र

【墨迹未干】mòjì–wèigān（墨汁未干 mòzhī–wèigān भी）अभी स्याही सूखने भी न पाई थी कि; स्याही का निशान भी नहीं सूख पाना：停战协定的～，敌人就来侵犯我们。युद्ध विराम समझौते के हस्ताक्षरों की स्याही सूखने के पहले शत्रु ने हम पर आक्रमन कर दिया ।

【墨家】 Mòjiā मोहिस्ट विचार-शाखा (770-221 ई०पू० वसंत-शरद काल और युद्धरत राज्य काल में एक विचारधारा की शाखा)：～学说 मोहिज़्म

【墨晶】 mòjīng धूमिल स्फटिक

【墨镜】 mòjìng धूप का चश्मा

【墨客】 mòkè 〈लि०〉 साहित्यकार; लेखक

【墨吏】 mòlì 〈लि०〉 भ्रष्ट अधिकारी; भ्रष्टाचारी अधिकारी; घूसखोर अफ़सर; रिश्वतखोर अफ़सर

【墨绿】 mòlǜ गहरा हरा रंग

【墨囊】 mònáng (मसिक्षेपी मछली की) स्याही की थैली

【墨守成规】 mòshǒu–chéngguī पुरानी घिसी-पिटी लीक पर चलना; रूढ़ि से चिपके रहना

【墨水】 mòshuǐ ❶बनी-बनाई चीनी स्याही ❷स्याही：蓝～ नीली स्याही / 红～ लाल स्याही ❸〈ला०〉 विद्या; ज्ञान：他肚子里还有点～。उस में काफ़ी ज्ञान है; वह ज्ञानी है ।

【墨水池】 mòshuǐchí मसिकूप; डेस्क में लगी स्याही की दवात

【墨水瓶】 mòshuǐpíng दवात; मसिपात्र

【墨水台】 mòshuǐtái स्याहीदान

【墨西哥】 Mòxīgē मेक्सिको

【墨西哥人】 Mòxīgērén मेक्सिकन

【墨西哥湾】 Mòxīgēwān मैक्सिको की खाड़ी

【墨西哥湾流】 Mòxīgēwānliú गल्फ़ स्ट्रीम

【墨线】 mòxiàn ❶बढ़ई के स्याही-रेखक में रस्सी ❷बढ़ई के स्याही-रेखक से बनी रेखा

【墨刑】 mòxíng प्राचीन काल में एक प्रकार का दंड, अपराधी के मुंह पर लक्षण या अक्षर (काली स्याही से) बनाना

【墨鸦】 mòyā ❶〈लि०〉 बुरी तरह लिखना; खराब लिखना ❷〈बो०〉 〈प्राणि०〉 पनकौवा; जलकाग（鸬鹚 lúcí भी）

【墨鱼】 mòyú दे० 墨斗鱼

【墨汁】 mòzhī बनी-बनाई चीनी स्याही

【墨渍】 mòzì स्याही का धब्बा; स्याही का दाग

镆（鏌）mò नीचे दे०

【镆铘】 mòyé（莫邪 mòyé भी）〈प्राचीन〉 एक प्रसिद्ध दुधारी तलवार

瘼 mò रोग; बीमारी：民～ जनता का दुख-दर्द

默 mò ❶चुप; मौन; खामोश：默读 / 默认 ❷अपनी याद के अनुसार लिखना：～生词 अपनी याद के अनुसार नये-नये अक्षर लिखना ❸（Mò）एक कुलनाम

【默哀】 mò'āi मौन रखकर शोक प्रकट करना：为某人逝世～三分钟 किसी व्यक्ति के निधन पर 3 मिनट का मौन रखकर शोक प्रकट किया जाना / 全体起立～。सब लोग उठ खड़े होकर श्रद्धांजलि अर्पित करें ।

【默察】 mòchá चुपचाप निरीक्षण में रखना

【默祷】 mòdǎo मौन प्रार्थना करना

【默悼】 mòdào (किसी व्यक्ति के निधन पर) मौन रखकर श्रद्धांजलि अर्पित करना

【默读】 mòdú मन ही मन पढ़ना

【默记】 mòjì मन ही मन याद करना

【默剧】 mòjù मूक नाटक

【默默】 mòmò चुप; मौन; खामोश：～无言 चुपचाप; खामोशी से

【默默无闻】mòmò–wúwén अप्रसिद्ध; गुमनाम：～地工作 चुपचाप काम करते रहना और कभी अपने फ़ायदे के लिये अपने को प्रदर्शित न करना

【默念】 mòniàn ❶चुपचाप पढ़ना：～一首古诗 एक प्राचीन-काल की कविता चुपचाप पढ़ना ❷मन ही मन सोचना：～当时情景 उस समय की स्थिति के बारे में विचार करना

【默片】 mòpiàn मूक चलचित्र; अनबोलती फ़िल्म

【默契】 mòqì ❶मौन समझौता：北京的球员们配合得最为～。पेइचिंग के खिलाड़ियों ने सब से अधिक आपसी समझदारी और ताल-मेल का परिचय दिया । ❷गुप्त समझौता：订立～ गुप्त समझौता करना

【默然】mòrán चुप; मौन; खामोश：两人～相对。दोनों आमने-सामने बैठे और मौन रहे ।

【默认】 mòrèn मन ही मन स्वीकार करना पर प्रकट न करना：～现状 वर्तमान स्थिति को मन ही मन मान लेना

【默书】 mòshū अपनी याद के अनुसार पाठ लिख देना

【默诵】 mòsòng ❶मन ही मन पढ़ना ❷अपने स्मरण के अनुसार कंठस्थ करना

【默算】 mòsuàn ❶मन ही मन सोच-विचार करना ❷मन ही मन हिसाब लगाना; गणना करना

【默想】 mòxiǎng मन ही मन सोचना; चिंतन करना; मनन करना; चिंतन-मनन में मग्न होना

【默写】 mòxiě अपने स्मरण के अनुसार लिखना：～生词 अपने स्मरण के अनुसार नये-नये शब्द लिखना

【默许】 mòxǔ मन ही मन अनुमति देना पर प्रकट न करना：他不说话，就是～了。उस ने कुछ नहीं कहा, इस का मतलब यह है कि वह सहमत हो गया ।

【默志】 mòzhì（默识 mòshí भी）मन ही मन याद करना

【默坐】 mòzuò चुपचाप बैठना; शांतिपूर्वक बैठना

磨 mò ❶चक्की; अनाज आदि पीसने की चक्की：电～ बिजली चक्की ❷(अनाज आदि) पीसना：磨面 / ～麦子 गेहूं पीसना ❸पीछे मोड़ना; परिवर्तन होना：把汽车～过来。कार को पीछे मोड़ो। / 我几次三番劝她，她就是～不过来。मैं ने बार-बार उसे समझाया पर वह अपना विचार नहीं बदल सकी।

mó भी दे०

【磨不开】 mòbukāi（抹不开 mòbukāi भी）❶चिढ़ना; खीजना; मुश्किल में पड़ना：我怕批评了她，她脸上～。मैं झिझक गया कि उस की आलोचना से कहीं वह चिढ़ न जाए। ❷संकोच होना; लज्जित होना：她有错误，就该批评她，有什么～的？उस से गलती हुई, तो उस की आलोचना करनी चाहिये, इस में संकोच करने की क्या बात है？❸〈बो०〉जी न मानना; अमल में न ला सकना：我有了～的事，就去找他商量。यदि मेरे मन में किसी बात के लिये उलझन बनी रही तो मैं उस के पास विचार-विमर्श करने जाऊंगा।

【磨车】 mòche गाड़ी पीछे हटाना; गाड़ी पीछे की ओर मोड़ना

【磨叨】 mòdao ❶बार-बार कहते रहना：好了，～有什么用？बस, बार-बार कहते रहने से क्या फ़ायदा？❷〈बो०〉चर्चा करना：刚才你们俩在～啥？अभी तुम दोनों किस बात की चर्चा कर रहे थे？

【磨得开】 mòdekāi（抹得开 mòdekāi भी）❶न चिढ़ना; न खीजना; मुश्किल में न पड़ना：你当面数落他，他～吗？तुम्हारे उस के सामने गिन-गिनकर कहने से कहीं वह चिढ़ न जाए？❷उचित होना：你拒绝了她的请求，你～吗？तुम ने उस की प्रार्थना को अस्वीकार किया है, क्या यह उचित है？❸〈बो०〉समझ सकना：这个理我～，你放心吧。यह तर्क मैं समझ सकता हूँ, तुम चिंता न करो।

【磨豆腐】 mò dòufu ❶सोया बीन पीसकर सोया बीन पनीर बनाना ❷〈बो०〉किसी बात को बार-बार कहना

【磨烦】 mòfan ❶तंग करना; परेशान करना; कष्ट देना：这孩子常常～我给他讲故事。यह बच्चा मुझ से कहानी सुनाने के लिये चिचड़ी सा चिमटता है। ❷मंद मति से काम करना; काम में विलंब करना：不要～了，立刻就办吧。काम में विलंब न करो, फ़ौरन करो।

【磨坊】 mòfáng（磨房 mòfáng भी）मिल

【磨面机】 mòmiànjī आटा पीसने की मशीन; आटे की कल

【磨盘】 mòpán ❶चक्की का निचला पाट ❷〈बो०〉चक्की

【磨棚】 mòpéng चक्की पीसने का सायबान

【磨扇】 mòshàn चक्की के दोनों पाट

【磨碎】 mòsuì पीसना; दलना; बाटना

【磨子】 mòzi चक्की

貘（獏）mò 〈प्राणि०〉टापिर; सूअर की तरह का एक खुरदार पशु जिस की एक छोटी सूंड़ होती है

纆（纆）mò रस्सा

礳 mò नीचे दे०

【礳石渠】 Mòshíqú शानशी प्रांत में एक स्थान का नाम

耱 mò ज़मीन समतल बनाने का एक प्रकार का कृषि-औज़ार

mōu

哞 mōu 〈अनु०〉गाय-बैल की बोली; रंभाना; बंबांना

móu

牟 móu ❶कमाना; प्राप्त करने के लिये चेष्टा करना：牟利 ❷（Móu）एक कुलनाम

mù भी दे०

【牟利】 móulì पैसा कमाना; मुनाफ़ा कमाना; निजी हित प्राप्त करने के लिये चेष्टा करना

【牟取】 móuqǔ प्राप्त करने के लिये चेष्टा करना：～暴利 भारी मुनाफ़ा कमाना

侔 móu 〈लि०〉बराबर होना; समान होना：彼此相～ दोनों का बराबर होना

眸 móu आंखें; (आंखों की) पुतली; (आंखों का) तारा：明～皓齿 स्वच्छ आंखें और श्वेत दांत

谋（謀）móu ❶योजना; युक्ति; चाल; तरकीब：阴～ चाल; साज़िश / 计～ युक्ति / 远～ आगे के लिये योजना बनाना ❷(के लिये) काम करना; ढूंढ़ना; खोज करना：为人民～福利 जनता के क्ल्याण के लिये प्रयत्न करना; जनता के कल्याण के लिये काम करना / 谋生 / 谋害 ❸विचार-विमर्श करना：不～而合 बिना विचार-विमर्श किये एक मत हो जाना ❹के उद्देश्य से：以～军令之统一 फ़ौजी कमान का एकीकरण करने के उद्देश्य से

【谋财害命】 móucái-hàimìng किसी के पैसे या संपत्ति प्राप्त करने के लिये उस की हत्या करना

【谋臣】 móuchén सम्राट का परामर्शदाता

【谋刺】 móucì छलपूर्वक वध करने का प्रबंध करना

【谋反】 móufǎn राज्य-विप्लव का षड़यंत्र रचना; राज-द्रोह का षड़यंत्र रचना

【谋福利】 móu fúlì कल्याण लाने के लिये प्रयत्न करना

【谋国】 móuguó अपने देश के हितों के लिये काम करना

【谋害】 móuhài साज़िश से हत्या करना; हत्या का प्रयत्न करना; (किसी की) हत्या करने का प्रबन्ध करना：～忠良

वफ़ादार और ईमानदार व्यक्ति की हत्या करने का प्रबन्ध करना
【谋和】 móuhé शांति के लिये प्रयत्न करना
【谋划】 móuhuà टिप्पस जमाना; समाधान ढूंढ़ने का प्रयत्न करना
【谋虑】 móulǜ टिप्पस जमाना; विचार करना: ～深远 गहरे तौर पर विचार करना
【谋略】 móulüè युक्ति; तरकीब; चाल: 运用～ युक्ति का प्रयोग करना / ～深远 गहरे तौर पर विचारी हुई युक्ति
【谋面】 móumiàn 〈लि०〉 एक दूसरे से मिलना; परिचित होना: 素未～ कभी एक दूसरे से न मिलना
【谋求】 móuqiú ढूंढ़ना; खोजना; (के लिये) प्रयत्न करना: ～解决办法 समाधान करने का उपाय ढूंढ़ना / ～职业 काम-धंधा ढूंढ़ना; काम ढूंढ़ना
【谋取】 móuqǔ प्राप्त करने के लिये चेष्टा करना: ～利益 लाभ प्राप्त करने के लिये चेष्टा करना
【谋杀】 móushā जानबूझकर किसी की हत्या का प्रयत्न करना: 一桩～案 एक हत्याकांड / ～者 कातिल; घातक
【谋生】 móushēng जीविका कमाना; रोज़ी कमाना; खाना कमाना; रोटी कमाना
【谋士】 móushì परामर्शदाता; बुद्धिमान सलाहकार
【谋事】 móushì ❶किसी काम की योजना बनाना ❷काम ढूंढ़ना
【谋事在人，成事在天】 móu shì zài rén, chéng shì zài tiān मनुष्य योजना बनाता है, ईश्वर योजना को पूरा करने का निर्णय करता है
【谋私】 móusī निजी हितों के लिये प्रयत्न करना: 以权～ अपने अधिकार के द्वारा अपने निजी हितों के लिये प्रयत्न करना
【谋算】 móusuan ❶योजना बनाना; किसी समस्या का समाधान ढूंढ़ने के लिये प्रयत्न करना ❷किसी व्यक्ति के विरुद्ध या किसी वस्तु के लिये योजना बनाना ❷हिसाब करना; गणना करना: 很有～ बहुत हिसाब करने वाला होना
【谋陷】 móuxiàn छलपूर्वक किसी की हत्या करना: ～忠良 वफ़ादार और ईमानदार व्यक्ति की छलपूर्वक हत्या करना
【谋幸福】 móu xìngfú सुख लाने के लिये प्रयत्न करना; सुख-सौभाग्य उपस्थित करने के लिये चेष्टा करना
【谋议】 móuyì 〈लि०〉 योजना बनाना; युक्ति करना
【谋职】 móuzhí जीविका या पद प्राप्त करने के लिये चेष्टा करना
【谋主】 móuzhǔ विद्रोह, दंगे आदि का नेता या अगुआ

蛑 móu दे० 蝤蛑 yóumóu तैरने वाला केकड़ा; स्विमिंग क्रेब

麰（麰） móu 〈प्राचीन〉 जौ

缪（繆） móu दे० 绸缪 chóumóu मकान की मरम्मत करना; तैयारी करना

Miào; miù भी दे०

鍪 móu दे० 兜鍪 dōumóu 〈प्राचीन〉 युद्ध करते समय पहनने वाला शिरस्त्राण

mǒu

某 mǒu 〈निश्चयवाचक सर्वनाम〉 ❶कोई; कोई निश्चित व्यक्ति या वस्तु: 张～ अमुक चांग; अमुक व्यक्ति जिस का कुलनाम चांग हो / 解放军～部 मुक्ति सेना की अमुक यूनिट / ～人，字～，～地人也。अमुक नाम का व्यक्ति जिस का दूसरा नाम अमुक था और जो अमुक स्थान में रहता था । ❷अनिश्चित व्यक्ति या वस्तु: ～人 अमुक व्यक्ति / ～地 अमुक स्थान ❸अपने नाम का स्थान लेना; जैसे, कोई व्यक्ति जिस का कुलनाम चांग हो, वह अपने आप के लिये 张～ या 张～～ कहा जाता है। ❹दूसरे व्यक्ति के नाम का स्थान लेना (अशिष्ट प्रयोग): 请转告李～～做事不要太过份。अमुक ली को बताओ कि ज़्यादती न करे।

mú

毪 mú नीचे दे०
【毪子】 múzi तिब्बत में बनाया जाने वाला एक प्रकार का ऊनी कपड़ा जिस से चादर या कपड़े बनाये जा सकते हैं

模 mú ढांचा; सांचा: 铅～ सीसे का ढांचा
mó भी दे०
【模板】 múbǎn 〈वास्तु०〉 ढांचे के काम आने वाली लकड़ी या लोहे की पट्टियां
【模具】 mújù ढांचा; सांचा
【模压】 múyā मोल्ड प्रेसिंग
【模压机】 múyājī मोल्डिंग प्रेस
【模样】 múyàng ❶रूप-रंग; मुख-मुद्रा; मुखाकृति: 像小乌龟～的盒子 डिबिया जिस का रूप कछुए की तरह है / 他的～改换了。उस का रूप-रंग बदल चुका था। ❷(समय, आयु के संबंध में) लगभग: 他等了有半个小时～。उस ने लगभग आधा घंटा प्रतीक्षा की। / 那女的有五十岁～。वह स्त्री आयु में लगभग पचीस साल की थी। ❸स्थिति; परिस्थिति; झुकाव: 看～，他是不会来了。ऐसा लगता है कि वह नहीं आएगा।
【模子】 múzi ढांचा; सांचा: 钢～ इस्पाती ढांचा / 糕饼～ केक का ढांचा

mǔ

母 mǔ ❶माता; मां: 老～ बूढ़ी मां ❷कुल या रिश्तेदारों में ऊपर की पीढ़ी की स्त्री: 祖～ दादी; मातामह / 外祖～ नानी / 伯～ ताई / 姑～ फूफी; बूआ / 姨～ मौसी / 舅～ मामी ❸मादा (पशु-पक्षी): ～鸡 मुर्गी / ～牛 गाय / ～象 मादा हाथी; हथिनी ❹(एक उन्नतोदर वस्तु और एक नतोदर वस्तु से बने जोड़े की वस्तुओं में) नतोदर वाली वस्तु: 螺～ (स्क्रू) नट ❺मूल; उत्पत्ति; मां-बाप; जनक: ～公司 पेअरेंट कम्पनी / ～语 मातृभाषा; पेअरेंट लैंग्वेज ❻ (Mǔ) एक कुलनाम

【母爱】 mǔ'ài मातृप्रेम; ममता; ममत्व

【母本】 mǔběn (母株 भी) फलदायक पौधा; फ़ीमेल पेअरेंट

【母畜】 mǔchù (जानवरों की) मां; मादा पशु

【母党】 mǔdǎng माता के सगे संबंधी

【母法】 mǔfǎ ❶संविधान ❷मदर लॉ, मातृक कानून

【母蜂】 mǔfēng (蜂王 fēngwáng भी) रानीमक्खी; मधुमक्खियों की रानी

【母狗】 mǔgǒu कुतिया

【母机】 mǔjī ❶मशीन टूल ❷मातृ-विमान; मातृ-वायुयान

【母家】 mǔjiā मायका

【母舰】 mǔjiàn मातृ-पोत

【母金】 mǔjīn पूंजी; मूल

【母老虎】 mǔlǎohǔ व्याघ्री; शेरनी; बाघिनी

【母马】 mǔmǎ घोड़ी

【母亲】 mǔqīn माता; मां; अम्मा

【母亲河】 mǔqīnhé मातृ नदी

【母权制】 mǔquánzhì मातृसत्ता; मातृतंत्र

【母乳】 mǔrǔ माता का दूध

【母树】 mǔshù वन में सुरक्षित वृक्ष (बीज तोड़कर या डालियां काटकर पौधे तैयार करने के लिये)

【母山羊】 mǔshānyáng बकरी

【母狮】 mǔshī शेरनी

【母体】 mǔtǐ 〈प्राणि०〉 माता का शरीर; (फ़ीमेल) पेअरेंट

【母系】 mǔxì ❶मातृक; मां का: ～亲属 मां के रिश्तेदार; मातृक संबंधी ❷मातृसत्तात्मक: ～社会 मातृसत्तात्मक समाज / ～氏族公社 मातृसत्तात्मक कम्यून

【母线】 mǔxiàn ❶〈विद्यु०〉 बस; बस बार (bus bar) ❷〈गणित०〉 जनरेट्रिक्स (generatrix); जनरेटर (generator)

【母校】 mǔxiào अपना विद्यालय; अपना विश्वविद्यालय; अलमा मटेर (Alma Mater)

【母性】 mǔxìng मातृत्व; मातृभाव; मातापन

【母羊】 mǔyáng भेड़

【母夜叉】 mǔyècha यक्षिणी; कुरूप और क्रूर स्त्री

【母液】 mǔyè 〈रसा०〉 मदर सुलेशन (mother solation); मदर लिकर (mother liguor)

【母音】 mǔyīn 〈ध्वनि०〉 स्वर

【母语】 mǔyǔ ❶मातृभाषा; मादरी ज़बान ❷पेअरेंट लैंग्वेज; लिंग्विस्टिक पेअरेंट

【母株】 mǔzhū 〈वन०〉 मातृक पौधा

【母猪】 mǔzhū सुअरी; सुअरनी; शूकरी; वराही

【母子】 mǔzǐ माता और पुत्र: ～候车室 (रेलवे आदि स्टेशन में) माता और पुत्र के लिये वेटिंग-रूम

牡 mǔ नर (पशु-पक्षी): ～牛 बैल

【牡丹】 mǔdan पेओनी पौधा और उस के फूल; चन्द्रपुष्प

【牡蛎】 mǔlì (蚝 háo, 海蛎子 hǎilìzi भी) शुक्ति; खाद्य-शुक्ति

亩 (畝) mǔ मू (एक मू बराबर 666.7 वर्ग मीटर): 他有几～田。उस के पास कई मू ज़मीन है। / ～产量 फ़ी मू की पैदावार

坶 mǔ दे० 垆坶 lúmǔ (loam) गोबर आदि मिलाकर तैयार की हुई मिट्टी

拇 mǔ अंगूठा; अंगुष्ठ

【拇战】 mǔzhàn उंगलियों का अनुमान करने का खेल

【拇指】 mǔzhǐ अंगूठा; अंगुष्ठ

峔 mǔ नीचे दे०

【峔矶角】 Mǔjī Jiǎo मूची च्याओ (शानतोंग प्रांत में एक अंतरीप का नाम)

姆 mǔ दे० 保姆 bǎomǔ नर्स; दाई; आया
m̄ भी दे०

【姆夫蒂】 mǔfūdì 〈धर्म〉 मुफ़्ती; फ़तवा देने वाला; टर्की में धर्माध्यक्ष

【姆欧】 mǔ'ōu 〈विद्यु०〉 म्हो (mho); द्युसंवाह; विद्युद्राही तारों की मात्रा विशेष

姥 mǔ 〈लि०〉 वृद्धा; वृद्धा स्त्री
lǎo भी दे०

鉧 (鉧) mǔ दे० 钴鉧 gǔmǔ 〈लि०〉 इस्तरी; लोहा

嘞 mǔ (英亩 yīngmǔ भी) (英亩 का पुराना नाम) एकड़; 2.47 एकड़ बराबर 1 हेक्टेर

mù

木1 mù ❶पेड़; वृक्ष: 树～ पेड़; वृक्ष ❷लकड़ी; काष्ठ: 松～ चीढ़ की लकड़ी / 檀香～ चंदन की लकड़ी / 红～ महोगनी ❸लकड़ी से बना हुआ; लकड़ी का: 木箱 / ～桌子 लकड़ी की मेज़ ❹ताबूत; शवपेटिका ❺ (Mù) एक कुलनाम

木 2 mù ❶सादा; सरल: 木讷 ❷सुन्न; संज्ञाहीन; निस्तब्ध; चेतना-शून्य: 冻～ सर्दी के कारण सुन्न होना / 舌头～了。जीभ सुन्न हो गयी।
【木板】 mùbǎn पटरी; तख्ता; लकड़ी का पटरा
【木板床】 mùbǎnchuáng तख्ते का पलंग; बिना गद्दे का तख्ता
【木版】 mùbǎn 〈मुद्रण०〉 काष्ठ ब्लाक; लकड़ी का ब्लाक: ～的书 लकड़ी के ब्लाकों से छपी हुई पुस्तक
【木版画】 mùbǎnhuà काष्ठ-चित्र
【木版印花】 mùbǎn yìnhuā 〈बुना०〉 ब्लाक प्रिन्टिंग
【木版印刷】 mùbǎn yìnshuā ब्लाक प्रिन्टिंग
【木棒】 mùbàng लाठी; डंडा; गदा; सोंटा
【木本】 mùběn काष्ठमय (वनस्पति)
【木本水源】 mùběn-shuǐyuán वृक्ष की जड़ और जल का स्रोत —— वस्तुओं का मूल
【木本植物】 mùběn zhíwù काष्ठमय वनस्पति; वूड प्लाण्ट
【木笔】 mùbǐ 木兰 का दूसरा नाम
【木菠萝】 mùbōluó 〈वन०〉 कटहल
【木材】 mùcái लकड़ी; काष्ठ; निर्माण काष्ठ; टिम्बर: ～采伐工业 काठ उद्योग; काठ की कटाई-चिराई उद्योग / ～防腐 काष्ठ-संरक्षण / ～工业 इमारती लकड़ी उद्योग
【木材厂】 mùcáichǎng लकड़ी कारखाना; टिम्बर मिल
【木柴】 mùchái लकड़ी: ～工业 काष्ठ उद्योग
【木船】 mùchuán लकड़ी की नाव
【木槌】 mùchuí मुंगरा; मोंगरा; काठ का बड़ा हथौड़ा
【木醇】 mùchún 〈रसा०〉 (甲醇 का दूसरा नाम) मेथिल ऐल्कोहॉल (methyl alcohol)
【木醋酸】 mùcùsuān 〈रसा०〉 पाइलोलिग्नियस एसिड या अम्ल
【木呆呆】 mùdāidāi ठिठकना; निस्तब्ध होना: 他～地站在门口。वह दरवाज़े पर ठिठकता हुआ खड़ा है।
【木雕】 mùdiāo कठ-खुदाई; काष्ठ-उत्कीर्णन
【木雕泥塑】 mùdiāo-nísù (泥塑木根 nísù-mùgēn भी) मानों काठ मार गया हो; प्रस्तर मूर्ति की भांति खड़ा होना
【木牍】 mùdú 〈प्राचीन〉खोदकर लिखने के लिये लकड़ी की पट्टी
【木蠹蛾】 mùdù'é लकड़ी की पतंग
【木墩】 mùdūn ठीहा
【木耳】 mù'ěr एक प्रकार का खाने योग्य कुकुरमुत्ता: 黑～ खाने योग्य काला कुकुरमुत्ता / 白～ खाने योग्य सफ़ेद कुकुरमुत्ता
【木筏】 mùfá बेड़ा; नाव-बेड़ा; लकड़ी का बेड़ा
【木芙蓉】 mùfúróng (芙蓉 fúróng, 水莲 shuǐlián भी) 〈वन०〉 काटन-रूज़ (cotton rose) (पौधा या फूल)
【木工】 mùgōng ❶बढ़ई का काम; बढ़ईगिरी ❷बढ़ई
【木瓜】 mùguā ❶〈वन०〉 चीनी फूलदार बीही ❷〈बो०〉〈वन०〉 पपीता
【木管乐器】 mùguǎn yuèqì काष्ठवायु-वाद्य
【木棍】 mùgùn डंडा; चोब
【木化石】 mùhuàshí काष्ठशिला; वूडस्टोन
【木屐】 mùjī खड़ाऊं; काष्ठपादुका
【木枷】 mùjiā कठबंधन
【木简】 mùjiǎn 〈प्राचीन〉 खोदकर लिखने के लिये लकड़ी की पट्टी
【木浆】 mùjiāng 〈कागज़-निर्माण〉काष्ठ-सार; काष्ठ-लुंगदी; लकड़ी का गूदा: 化学～ रासायनिक काष्ठ-सार
【木僵】 mùjiāng सुस्त; सुन्न; स्तब्ध
【木桨】 mùjiǎng डांड़ा; डांड़
【木强】 mùjiàng 〈लि०〉 नेक; ईमानदार; न्यायनिष्ठ; दृढ़; हठी: ～敦厚 न्यायनिष्ठ और ईमानदार
【木匠】 mùjiang बढ़ई; सुतार; सूत्रकार; सूत्रधार
【木焦油】 mùjiāoyóu 〈रसा०〉 वूड टार (wood tar)
【木结构】 mùjiégòu 〈वास्तु०〉 काष्ठ-संरचना
【木槿】 mùjǐn 〈वन०〉 शारोन का गुलाब (rose of sharon) (एक प्रकार का पौधा जिस का छिलका कागज़-निर्माण के काम आता है)
【木精】 mùjīng दे० 木醇
【木刻】 mùkè काठ-खुदाई; काष्ठ-चित्र
【木刻术】 mùkèshù काष्ठकला; लकड़ी पर खोदने की विद्या
【木刻水印】 mùkè shuǐyìn (饾版 dòubǎn भी) 〈मुद्रण०〉 काठ-खुदाई और कागज़ का अंतर्चिह्न
【木兰】 mùlán 〈वन०〉 लिली मैगनोलिया (lily magnaolia)
【木犁】 mùlí काठ का बना हुआ हल
【木立】 mùlì निश्चल खड़ा रहना; स्थिर खड़ा रहना
【木料】 mùliào लकड़ा; लक्कड़
【木笼】 mùlóng लकड़ी का कटघरा
【木马】 mùmǎ ❶लकड़ी का घोड़ा; कठघोड़ा ❷〈खेल०〉 घोड़ा-कुदान (वाल्टिंग हार्स)
【木马计】 mùmǎjì ट्रोजन हॉर्स की युक्ति (चाल)
【木棉】 mùmián सिल्क कोटन; वेजिटेबल सिल्क; केपोक
【木乃伊】 mùnǎiyī ममी; मम्मी; पुरातन शव
【木讷】 mùnè 〈लि०〉 सादा और धीमा करने वाला; कम बोलने वाला: ～寡言 सादा और कम बोलने वाला
【木牛流马】 mùniú-liúmǎ काष्ठ-वृषभ और समगति से चलने वाला घोड़ा (ऐसा सुना जाता है कि इस का सृष्टिकार चूक ल्यांग था)
【木偶】 mù'ǒu कठपुतली; पुत्रलिका
【木偶剧】 mù'ǒujù (木偶戏 भी) कठपुतलियों का तमाशा
【木偶皮影片】 mù'ǒu píyǐngpiàn कठपुतली छाया नाट्य
【木偶片】 mù'ǒupiàn कठपुतली-फ़िल्म
【木偶戏】 mù'ǒuxì दे० 木偶剧
【木排】 mùpái बेड़ा; इमारती लकड़ी का बेड़ा
【木牌】 mùpái फलक
【木盆】 mùpén टब; लकड़ी का बेसिन
【木片】 mùpiàn लकड़ी की चैली या छिपटी

【木器】 mùqì लकड़ी का सामान; लकड़ी की सामग्री
【木琴】 mùqín 〈संगी०〉 ज़ाइलोफ़ोन (xylophone)
【木然】 mùrán निश्चल; निष्क्रिय: 神情～ निष्क्रिय सा लगना: ～地望着远方 दूर की ओर निश्चलता और निष्क्रियता से देखना
【木人石心】 mùrén-shíxīn काठ सा शरीर और पत्थर सा हृदय —— असंवेदनशील; निर्दय; संवेदनाशून्य
【木塞】 mùsāi ठेपी
【木石】 mùshí निर्जीव वस्तु; निष्प्राण वस्तु: ～心肠 कठोर हृदय; निर्दय
【木梳】 mùshū लकड़ी की कंघी; काठ की कंघी
【木薯】 mùshǔ 〈वन०〉 कैस्सावा; एक प्रकार का गांठदार जड़ का पौधा
【木栓】 mùshuān 〈वन०〉 फ़ेलम (phellem); कॉर्क (cork)
【木丝】 mùsī काठ का ऊन; सनोवर का बुरादा जो पट्टी बांधने या पारसल में प्रयुक्त होता है
【木丝板】 mùsībǎn 〈वास्तु०〉 वूड-वूल-बोर्ड (wood-wool board)
【木炭】 mùtàn लकड़ी का कोयला
【木炭画】 mùtànhuà चारकोल ड्रॉइंग
【木通】 mùtōng 〈वन०〉 अकेबी (akebi)
【木桶】 mùtǒng लकड़ी की बाल्टी
【木头木脑】 mùtóu-mùnǎo मूर्खतापूर्ण
【木头】 mùtou 〈बोल०〉 लकड़ी; काठ; लट्ठा
【木头人儿】 mùtourénr काठ का उल्लू
【木屋】 mùwū लकड़ी का मकान
【木犀】 mùxi (木樨 mùxi भी) ❶〈वन०〉 (साधारण नाम 桂花 guìhuā) सुगंधित ऑज़्मैंथस् (sweet osmanthus) ❷अंडे को तोड़कर फिर भूनकर या उबाल कर टुकड़े-टुकड़े के रूप में फिर दूसरी खाद्य वस्तुओं के साथ मिलाकर बनाया गया एक व्यंजन (बहुधा व्यंजन, सूप के नाम में प्रयुक्त): ～肉 उक्त तरीके के अनुसार अंडे और मांस के टुकड़े / ～汤 अंडे को तोड़कर उबाले हुए पानी में डालकर टुकड़े-टुकड़े के रूप में फिर मसाला डालकर बना हुआ सूप
【木樨】 mùxi दे० 木犀
【木箱】 mùxiāng लकड़ी का संदूक; कठरा
【木锨】 mùxiān भूसी उड़ाने आदि के काम आने वाला लकड़ी का फावड़ा (स्पेद)
【木屑】 mùxiè लकड़ी का भूसा
【木星】 mùxīng 〈खगोल०〉 बृहस्पति; गुरु
【木楦】 mùxuàn कुंदा
【木已成舟】 mùyǐchéngzhōu लकड़ी से नाव बनायी जा चुकी है —— पांसा पड़ चुका है; तीर हाथ से छूट चुका है; फ़ैसला हो चुका है; बदला नहीं जा सकता
【木俑】 mùyǒng 〈पुरा०〉 लकड़ी की छोटी मूर्ति (मृतक के साथ ज़मीन में दफ़नाने के लिये प्रयुक्त)
【木鱼】 mùyú लकड़ी की खोखली मछली; काष्ठ-मत्स्य (थाप या ताल देकर बजाने का वाद्य-यंत्र, पहले बौद्ध भिक्षु या भिक्षुनी भीख मांगते समय इस को बजाते थे, बाद में वाद्य-यंत्र बन गया)
【木贼】 mùzéi 〈वन०〉 रगड़कर साफ़ करने वाला नागरमोथा या सनीठा
【木质部】 mùzhìbù 〈वन०〉 ज़ाइलम; दारु
【木质茎】 mùzhìjīng 〈वन०〉 पेड़ का तना या धड़
【木制】 mùzhì लकड़ी से बना: ～工艺品 काष्ठकृति / ～器皿 कठारी; कठैला
【木桩】 mùzhuāng खूंटा

目 mù ❶आंख: ～睹 आंखों देखा ❷जाल में छेद; छिद्र: 一方寸的网上竟有百～之多。 एक वर्ग थ्सुन (寸 cùn) के जाल में बहुत ज़्यादा छेद हैं —— एक सौ । ❸〈लि०〉 देखना; समझना: ～为奇迹 इसे कमाल समझना ❹मद: 细～ विस्तृत सूची / 项～ मद; धारा; विषय ❺〈जीव०〉 ऑर्डर: 亚～ सबऑर्डर ❻सूची: ～录 सूची; विषय सूची / 书～ पुस्तकों की सूची / 剧～ नाटकों की सूची ❼नाम: 题～ शीर्षक; विषय; सब्जेक्ट ❽वेइ-छी (围棋 wéiqí) के खेल में हार-जीत का हिसाब करने की इकाई, एक खाली जगह एक मू कहा जाता है
【目标】 mùbiāo ❶निशाना; लक्ष्य: 看清～ लक्ष्य को साफ़-साफ़ देखना / ～区 वैध क्षेत्र; लक्ष्य क्षेत्र ❷उद्देश्य; लक्ष्य: 伟大～ महान उद्देश्य / 生活的～ जीवन का लक्ष्य / 引导群众向此～前进 जनसमुदाय को इस लक्ष्य की ओर ले जाना
【目标管理】 mùbiāo guǎnlǐ लक्ष्य द्वारा प्रबंध; मैनेजमेंट बाई ऑब्जेक्टिवस्
【目不见睫】 mùbùjiànjié आंख अपनी बरौनी को नहीं देख पाती —— आत्मज्ञान का अभाव
【目不交睫】 mùbùjiāojié रात में न सोना; रात में नींद न आना
【目不窥园】 mùbùkuīyuán अपने बाग में कभी आंख लगाकर भी न देखना —— अपने अध्ययन-कार्य में निमग्न हो जाना
【目不忍睹】 mùbùrěndǔ (目不忍视 mùbùrěnshì भी) सख्त दिल से देख न सकना
【目不识丁】 mùbùshídīng एक सरल अक्षर तक भी न जानना —— बिलकुल निरक्षर
【目不暇接】 mùbùxiájiē (目不暇给 mùbùxiájǐ भी) इतनी ज़्यादा चीज़ें कि आंख हर एक को नहीं देख पाती
【目不邪视】 mùbùxiéshì ❶तिरछी नज़र से न देखना —— किसी को रत्तीभर परवाह न होना; ईमानदार और सही ❷उदासीन; रूखा
【目不斜视】 mùbùxiéshì बगल की ओर भी न देखना; ध्यान न बंटाना; दूसरी ओर आकर्षित न किया जाना
【目不转睛】 mùbùzhuǎnjīng एकटक देखना; अ-पलक देखना: ～地盯着说 एकटक देखते हुए कहना
【目测】 mùcè आंखों से अनुमान करना
【目次】 mùcì तालिका; विषय-सूची
【目瞪口呆】 mùdèng-kǒudāi अवाक हो जाना; ठक रह जाना: 吓得～ भय के मारे अवाक हो जाना
【目的】 mùdì उद्देश्य; लक्ष्य: 达到～ लक्ष्य पूरा होना; लक्ष्य को प्राप्त करना; मकसद पूरा होना

【目的地】 mùdìdì गंतव्य स्थान; निर्दिष्ट स्थान
【目的港】 mùdìgǎng निर्दिष्ट बंदरगाह
【目的论】 mùdìlùn <दर्श०> प्रयोजनवाद
【目睹】 mùdǔ आंखों देखा
【目光】 mùguāng ❶दृष्टि; नज़र; निगाह: 仇恨的～ घृणा की दृष्टि / 忧虑的～ चिंतित दृष्टि / 怀疑的～ संदेह की दृष्टि ❷आंख का भाव: ～炯炯 चमकती हुई और भेदती हुई आंख ❸दृष्टिशक्ति: 目光短浅 / 目光远大
【目光短浅】 mùguāng-duǎnqiǎn अदूरदर्शी: 认为这样做软弱，那是～。ऐसा करने को कमज़ोर समझना अदूरदर्शिता है।
【目光如豆】 mùguāng-rúdòu सोया बीन जैसी दृष्टि —— अदूरदर्शिता
【目光如炬】 mùguāng-rújù मशाल जैसी प्रकाशमान आंख —— दूरदर्शिता; दूरदर्शन
【目光远大】 mùguāng-yuǎndà दूरदर्शी: ～的人 अग्रशोची; अग्रसोची; दूरदर्शी
【目击】 mùjī आंखों देखा: ～者 दृष्टिसाक्षी; प्रत्यक्षदर्शी; किसी घटना को देखने वाला; घटना-स्थल पर उपस्थित व्यक्ति / ～其事 घटना-स्थल पर उपस्थित होना; घटना को प्रत्यक्ष में देखना
【目见】 mùjiàn आंखों देखा: 耳闻不如～ कानों सुनने से आखों देखना भला
【目今】 mùjīn आजकल; वर्तमान समय में
【目镜】 mùjìng <भौ०> दृष्टि-यंत्र का नेत्र-वीक्ष
【目空一切】 mùkōng-yīqiè मदांध हो जाना; बाकी सब (लोगों) को हिकारत की नज़र से देखना
【目力】 mùlì दृष्टि-शक्ति; दर्शन-शक्ति
【目连】 Mùlián मौद्गल्यायन: ～救母 मौद्गल्यायन द्वारा अपनी मां का उद्धार करना
【目录】 mùlù ❶सूची; सूची-पत्र; अनुक्रमणिका; केटालाग; तालिका: 图书～ पुस्तकों की सूची; पुस्तकों का सूची-पत्र ❷सूची; विषय-सूची
【目录学】 mùlùxué पुस्तक-विद्या; पुस्तक-सूची विज्ञान
【目论】 mùlùn आत्मज्ञानहीन मत; छिछली राय
【目迷五色】 mùmí-wǔsè तरह-तरह के रंग होने से साफ़-साफ़ देख न सकना —— जटिल परिस्थिति के कारण मामले को साफ़-साफ़ न पहचान सकना
【目前】 mùqián अब; इस समय; हाल ही में: ～利益 फ़ौरी हित / ～形势 वर्तमान परिस्थिति या स्थिति; मौजूदा हालत / 他们～业已羽毛丰满。अब वे पूर्ण रूप से परिपक्व हो गये हैं। / ～已无和谈可言。इस समय शांति-वार्ता करने का सवाल ही नहीं उठता।
【目视飞行】 mùshì fēixíng दृष्टिगत उड़ान; विज़्यूअल फ़्लाइट
【目送】 mùsòng किसी व्यक्ति को जाते देखते रहना: ～亲人远去。किसी प्रियजन को दूर जाते देखते रहना
【目无法纪】 mùwúfǎjì कानून और अनुशासन की अनदेखी करना
【目无全牛】 mùwúquánniú (अनुभवी कसाई का) एक बैल को पूरा बैल न देखना (बल्कि केवल काटा जाने वाला भाग देखना) —— सर्वोपरि रूप से कुशल होना
【目无余子】 mùwúyúzǐ मानों अन्य व्यक्ति उपस्थित न हो; घमंडी; अभिमानी
【目无组织】 mù wú zǔzhī संगठन के लिये दिल में कोई स्थान न होना; संगठन की परवाह न करना
【目无尊长】 mù wú zūnzhǎng अपने बड़ों के लिये दिल में कोई स्थान न होना; बड़ों का अनादर करना
【目下】 mùxià हाल में; फ़िलहाल; अब: ～较忙，不能来看您。आजकल मैं ज़रा व्यस्त हूँ, आप से मिलने नहीं आ सकता।
【目眩】 mùxuàn चकाचौंध करने वाला; चक्कर लाने वाला: 汽车的令人～的灯光 मोटरकार का चकाचौंध करने वाला प्रकाश
【目语】 mùyǔ <लि०> आंखों से सूचित करना; आंखों से बात करना
【目指气使】 mùzhǐ-qìshǐ दृष्टि से लोगों को आदेश देना; आंखों के इशारे से लोगों को आदेश देना
【目中无人】 mùzhōng-wúrén मदांध होना; घमंडी होना; अभिमानी होना

仫

mù नीचे दे०
【仫佬族】 Mùlǎozú मूलाओ (मूलम) जाति, क्वांगशी च्वांग जाति के स्वायत्त प्रदेश में निवास करने वाला एक अल्पसंख्यक जाति

牟

mù स्थान के नाम में प्रयुक्त अक्षर: 中～ Zhōngmù चोंग-मू, (हनान प्रांत में) / ～平 Mùpíng मूफिंग, (शांगतोंग प्रांत में)
móu भी दे०

沐

mù ❶सिर के बाल धोना; धोना: ～浴 नहाना; (मुसलिम) वजू करना ❷<लि०> उठाना; सहना; भुगतना: 沐恩 ❸(Mù) एक कुलनाम
【沐恩】 mù'ēn <लि०> एहसान पाना; उपकार प्राप्त करना
【沐猴而冠】 mùhóu'érguàn बंदर का टोपी पहनना —— मनुष्य का स्वांग रचना
【沐浴】 mùyù ❶नहाना; स्नान करना; (मुसलिम) वजू करना ❷निमग्न करना; निमज्जित करना; डुबोना: (树木，花草等) ～在阳光里。(पेड़-पौधे, घास, फूल आदि का) धूप में निमज्जित होना / ～在青春的欢乐里 यौवन के उल्लास में डूब जाना

苜

mù नीचे दे०
【苜蓿】 mùxu (紫花苜蓿 zǐhuā mùxu भी) एक पौधा जो चारे, खाद आदि के काम आता है; रिजका; लूसर्न (lucerne)

牧

mù (ढोर की) रखवाली करना; देखभाल करना: 牧区 / 牧羊
【牧草】 mùcǎo तृण; घासपात; चारा
【牧场】 mùchǎng ❶ (牧地 भी) चरागाह; चारण-भूमि; गोचर ❷पशु-पालन करने वाली कारोबार-इकाई; पशु-फ़ार्म
【牧放】 mùfàng (放牧 fàngmù भी) चराना

【牧歌】 mùgē चरवाहों के गीत
【牧工】 mùgōng पशु-पालक; भाड़े का चरवाहा; पशुओं की देखभाल करने वाला व्यक्ति
【牧马】 mùmǎ घोड़ा चराना: ～人 अश्व-पालक; घोड़े की देखभाल करने वाला
【牧民】 mùmín चरवाहा; गड़रिया; चरवाहिन: ～定居点 चरवाहों की बस्ती
【牧牛】 mùniú गाय-बैल चराना: ～人 ग्वाला; गोपाल
【牧区】 mùqū ❶चरागाह; गोचर-भूमि; चारण-भूमि ❷पशु-पालन क्षेत्र
【牧犬】 mùquǎn भेड़ों की रखवाली करने वाला गड़रिये का कुत्ता
【牧人】 mùrén चरवाहा; पशुओं की देखभाल करने वाला व्यक्ति
【牧师】 mùshī 〈धर्म〉 पादरी; फ़ादर
【牧竖】 mùshù 〈लि०〉 चरवाहा; पशुओं को चराने वाला; ग्वाला; गोपाल; मेषपाल; गड़रिया
【牧童】 mùtóng चरवाहा; ग्वाला; गड़रिया
【牧畜】 mùxù（畜牧 xùmù भी）पशु-पालन
【牧羊】 mùyáng भेड़ों को चराना: ～人 गड़ेरिया; गरड़िया
【牧业】 mùyè पशु-पालन (कारोबार)
【牧主】 mùzhǔ पशु-मालिक; पशु-स्वामी

钼（鉬）mù 〈रसा०〉 मोलिब्डेनम（Mo）
【钼钢】 mùgāng मोलिब्डेनम स्टील; मोलिब्डेनम इस्पात
【钼酸】 mùsuān मोलिब्डिक अम्ल; मोलिब्डिक एसिड
【钼酸铵】 mùsuān'ǎn एमोनियम मोलिब्डेट

募 mù (चन्दा) जमा करना; इकट्ठा करना; (सैनिक) भरती कराना: 募捐 / 募兵
【募兵】 mùbīng रंगरूट भरती कराना: ～区域 फ़ौजी भरती का क्षेत्र
【募兵制】 mùbīngzhì भाड़े की सेना की व्यवस्था
【募股】 mùgǔ शेयर-पूंजी जमा करना
【募化】 mùhuà (बौद्ध भिक्षुओं या ताओ धर्म के पुजारियों का) भिक्षा जमा करना
【募集】 mùjí जमा करना; इकट्ठा करना: ～某地水灾捐款 अमुक स्थान के बाढ़ पीड़ितों की सहायता के लिये चंदा आयोजित करना / ～外债 विदेशी ऋण लेना / ～资金 फ़ंड जमा करना / ～者 चंदा जमा करने वाला
【募捐】 mùjuān चंदा जमा करना; रकम जुटाना

墓 mù कब्र; मकबरा; समाधि: 公～ कब्रिस्तान; शव-स्थान
【墓碑】 mùbēi（墓表 भी）समाधि-पाषाण
【墓表】 mùbiǎo दे० 墓碑
【墓道】 mùdào ❶समाधि के सामने वाला रास्ता या पगडंडी; समाधि की ओर जाने वाली पगडंडी या रास्ता ❷समाधि में शवपेटिका रखने वाले कमरे की ओर जाने वाली पगडंडी
【墓地】 mùdì कब्रिस्तान; समाधि-स्थल
【墓祭】 mùjì समाधि के सामने बलि चढ़ाना
【墓木已拱】 mùmù-yǐgǒng समाधि-स्थान के पेड़ इतने बड़े हो गये हैं कि इन पेड़ों के हरेक तने को दो बाहों से घेर सकते हैं —— यह व्यक्ति मर गया है और अब अस्तित्व में नहीं रह गया है
【墓室】 mùshì समाधि में शव-पेटिका रखने का कक्ष
【墓穴】 mùxué ताबूत दफ़नाने का खात (गढ़ा)
【墓茔】 mùyíng（坟茔 fényíng के समान）कब्र; समाधि; मकबरा; कब्रिस्तान; समाधि-स्थल
【墓园】 mùyuán（陵园 língyuán के समान）कब्रिस्तान; शव-स्थान; शव-भूमि
【墓葬】 mùzàng 〈पुरा०〉 कब्र; समाधि; मकबरा: ～群 कब्रें; समाधियां
【墓志铭】 mùzhìmíng मृत्यु-लेख; समाधि-लेख; समाधि-स्थल या मकबरे आदि पर उत्कीर्ण शब्द

幕 mù ❶तम्बू; शिविर; खेमा; डेरा; टैंट: 帐～ तम्बू; शिविर; खेमा; डेरा ❷पर्दा: 幕后 / ～启 पर्दा उठना / ～落 पर्दा गिरना; ड्राप ❸अंक (नाटक का): 第一～第一场 (नाटक का) पहला अंक पहला दृश्य ❹〈प्राचीन〉 कमांडिंग जनरल का दफ़्तर: 幕府
【幕宾】 mùbīn（幕客 mùkè भी）❶दे० 幕僚 ❷दे० 幕友
【幕布】 mùbù पर्दा; स्क्रीन
【幕府】 mùfǔ 〈प्राचीन〉 ❶कमांडिंग जनरल का दफ़्तर ❷(जापान में) सत्तारूढ़ युद्धपति
【幕后】 mùhòu पर्दे के पीछे; पर्दे की ओट में; नेपथ्य में: ～操纵 पर्दे के पीछे कंट्रोल करना; नेपथ्य में नियंत्रण करना / ～人物 सूत्र-संचालक; पर्दे के पीछे नियंत्रण करने वाला / ～总司令 कठपुतली नचाने वाले कमाण्डर-इन-चीफ़
【幕间休息】 mùjiān xiūxi (नाटक में) मध्यावकाश
【幕僚】 mùliáo 〈प्राचीन〉 ❶सेनापति का सहायक या सेना के अधिकारी गण ❷ओहदे वाले अधिकारी या जनरल के दफ़्तर में सहायक गण
【幕友】 mùyǒu (लोकप्रचलित नाम 师爷 shīyé) स्थानीय अधिकारियों के दफ़्तर में निजी सहायक गण जो कानून, वित्त, सचिव आदि संबंधी कार्य करते थे

睦 mù ❶मेल; मेलमिलाप; सामंजस्य: 婆媳不～。सास और बहू मेलजोल से नहीं रहतीं।
【睦邻】 mùlín अच्छा पड़ोसी: ～关系 अच्छे पड़ोसियों के से संबंध / ～政策 अच्छे पड़ोसी की नीति

慕 mù ❶प्रशंसा करना; उत्कंठा से भरना; शौक से चाहना: 爱～ चाव करना; अनुराग करना ❷डाह; ईर्ष्या; जलन; द्वेष: 羡～ डाह; ईर्ष्या; जलन / 景～ आदर करना; सम्मान करना ❸（Mù）एक कुलनाम
【慕光性】 mùguāngxìng दे० 趋光性 qūguāngxìng फ़ोटोटैक्सिस（phototaxis）
【慕名】 mùmíng प्रसिद्ध व्यक्ति के यश की सराहना करना: ～而来 किसी व्यक्ति के यश की सराहना करने के लिये

आना

【慕尼黑】Mùníhēi म्यूनिख

【慕尼黑协定】Mùníhēi Xiédìng म्यूनिख समझौता (1938 ई०)

【慕尼黑阴谋】Mùníhēi yīnmóu म्यूनिख साज़िश

【慕容】Mùróng मूरोंग, एक कुलनाम

暮

mù ❶ शाम; संध्या; सांझ: 暮色 ❷ (समय) खत्म होने वाला; देर: 暮春 / 暮年

【暮霭】mù'ǎi सांझ का झीना कुहरा: ~笼罩了大宅。हवेली सांझ के झीने कुहरे में लिपटी हुई थी।

【暮齿】mùchǐ वृद्धावस्था; किसी व्यक्ति के अंतिम वर्ष

【暮春】mùchūn वसंत का अंत; वसंत का अवसान-समय; वसंत के आखिरी दिनों में

【暮鼓晨钟】mùgǔ-chénzhōng (晨钟暮鼓 chénzhōng-mùgǔ भी) (बौद्ध संघालय में) सांझ में ढोर पीटना और सुबह घंटा बजाना —— सद्गुण और पवित्रता के बारे में उपदेश-वचन (या धार्मिक-प्रवचन)

【暮景】mùjǐng ❶ संध्या-दृश्य; सूर्यास्त के बाद का धुंधला प्रकाश ❷ वृद्धावस्था का जीवन

【暮年】mùnián वयोवृद्ध अवस्था; जीवन-संध्या

【暮气】mùqì उदासीनता; स्फूर्तिशून्यता

【暮气沉沉】mùqì-chénchén स्फूर्तिशून्य; उदासीन; निरुत्साह

【暮秋】mùqiū शरत् का अंत; शरत् का अवसान-समय; शरत् के अंत में

【暮色】mùsè संध्याकाल का धुंधलापन: ~苍茫中 संध्या की बढ़ती छाया में

【暮生儿】mùshengr〈बो०〉पिता के मरने के बाद पैदा हुआ पुत्र

【暮世】mùshì आधुनिक समय; वर्तमान समय; आजकल

【暮岁】mùsuì ❶ वर्ष के अंतिम दिन ❷ वयोवृद्ध; जीवन के अंतिम वर्ष

【暮天】mùtiān संध्या का आकाश: 他正在看窗外的~。वह खिड़की से सूर्यास्त देख रहा है।

【暮云春树】mùyún-chūnshù सूर्यास्त के समय के बादल और वसंत-वृक्ष —— दूर गये हुए मित्र से मिलने के लिये लालायित होना

穆

mù ❶ आदर; गंभीरता: 静~ शांत / 肃~ आदरपूर्ण और सहानुभूतिपूर्ण ❷ (Mù) एक कुलनाम

【穆罕默德】Mùhǎnmòdé 〈धर्म〉मुहम्मद (लगभग 570-632 ई०) (इस्लाम धर्म का संस्थापक)

【穆民】mùmín मसलमान

【穆斯林】mùsīlín मुसलिम; मुसलमान

霂

mù दे० 霡霂 màimù छींटा; हल्की वृष्टि

N

ń

嗯（唔）ń 嗯 ńg का भिन्न उच्चारण
唔 के लिये wú भी दे०

ň

嗯（呒）ň 嗯 ňg का भिन्न उच्चारण

ǹ

嗯（叽）ǹ 嗯 ǹg का भिन्न उच्चारण

nā

那 Nā एक कुलनाम
nà भी दे०

南 nā नीचे दे०
nán भी दे०

【南无】nāmó नमो：～阿弥陀佛 नमो अमिताभ; 'ओं नमो अमिताभ' का मंत्रजाप

ná

拿（拏）ná ❶लेना; पकड़ना; ले जाना; उठाना：～枪的敌人 बंदूकधारी दुश्मन / 不～群众一针一线。जन-समुदाय से एक सूई या एक टुकड़ा धागा तक न लो। ❷पकड़ना; गिरफ़्तार करना; बलात् ग्रहण करना：～下敌人的三个碉堡 दुश्मन के तीन किलों को अपने कब्ज़े में कर लेना / ～住两个匪徒 दो डाकुओं को पकड़ना या गिरफ़्तार करना ❸(पर) अधिकार करना; आत्मसात करना; (में) दक्षता प्राप्त करना; (पर) महारत हासिल करना：这事你～得稳吗？क्या तुम इस बात को पक्के तौर पर आत्मसात कर सकते हो？❹किसी व्यक्ति को कठिन स्थिति में डालना：他说他不干，想～我一把。उस ने कहा कि वह यह काम नहीं करेगा और यह कहकर उस ने मुझे कठिन स्थिति में डालना चाहा। ❺(का) दिखावा करना; स्वांग करना：拿架子 / 拿腔作势 ❻मिलना; प्राप्त करना; ग्रहण करना：～工资 वेतन पाना ❼(रासायनिक परिवर्तन के कारण किसी वस्तु का) खराब हो जाना：碱放多了，馒头～黄了。अधिक क्षार डालने से मानथओ मवाइ पीला हो गया। ❽〈पूर्व०〉〈बोल०〉 से; के द्वारा：～耳朵听 कान से सुनना / ～规则证明 नियम से प्रमाणित करना ❾〈पूर्व०〉 को; के लिये：～正经事当玩笑 गंभीर बात को मज़ाक समझना; गंभीर बात का मज़ाक उड़ाना / 我真～他没有办法。उस के साथ मेरा कोई चारा नहीं है। ❿〈पूर्व०〉（来讲，来说，来看 आदि के साथ प्रयुक्त）में; के बारे में; के विषय में：～一句通俗的话来讲 आम बोलचाल की भाषा में कहा जाय / ～他的数学来看，那是相当不错的。उस की गणित देखें तो वह काफ़ी अच्छा है।

【拿办】nábàn अपराधी को पकड़कर दंड देना; कानून के अनुसार गिरफ़्तार करना और सज़ा देना

【拿大】nádà 〈बो०〉 स्वयं को दूसरों से बेहतर समझना; रोब दिखाना; शान दिखाना; गर्व से ऐंठना

【拿顶】nádǐng अपने दोनों हाथों पर खड़ा होना

【拿获】náhuò (अपराधी को) पकड़ना; गिरफ़्तार करना：将窃贼当场～ चोर को चोरी करते समय (या रंगे हाथों) पकड़ लेना

【拿架子】ná jiàzi रोब दिखाना; शान बघारना; गर्व से ऐंठना; अकड़ना; घमंड होना

【拿摩温】námówēn दे० 那摩温 nàmówēn

【拿腔作势】náqiāng-zuòshì स्वांग रचना; नखरा करना

【拿权】náquán सत्ता को नियंत्रण में रखना

【拿手】náshǒu (किसी काम में) विशेषतः कुशल होना：弹钢琴他很～。पियानो बजाने में वह विशेषतः कुशल है। / ～好戏（拿手戏 náshǒuxì भी）अपना विशेष कौशल; अपनी खूबी वाला करतब

【拿问】náwèn पूछताछ करने के लिये बन्द करना; पकड़-कर पूछताछ करना

【拿印把子】ná yìnbàzi सत्तारूढ़ होना; अधिकार ग्रहण करना; अधिकारी बनना

【拿主意】ná zhǔyì निश्चय करना; संकल्प करना：去

不去你自己～。तुम जाओगे या नहीं स्वयं निश्चित करो।

拏 ná <लि०> ❶अव्यवस्थित होना ❷पकड़ना

镎（鎿）ná <रसा०> नेप्च्यूनियम（Np）

nǎ

乸 nǎ <लि०> मादा: 鸡～ मुर्गी

哪¹ nǎ ❶(प्रश्न में प्रयुक्त) कौन; कौन-सा: ～本书里 किस पुस्तक में / 您找～一位? आप किस से मिलना चाहते हैं? ❷(विधानार्थक वाक्य में किसी अनिश्चित वस्तु का बोध कराने के लिये प्रयुक्त) कोई; किसी: ～天有空我去看您。किसी दिन फ़ुरसत हुई तो मैं आप से मिलने जाऊंगा। / ～个好就买～个。जो अच्छा हो वही खरीदें।

哪² nǎ <क्रि०वि०> (आलंकारिक प्रश्न में प्रयुक्त होकर निषेध का बोध कराता है): ～有猫儿不吃油? क्या कभी ऐसी बिल्ली भी हुई है जिसे मांस प्रिय न रहा हो? / ～有这样的事? क्या ऐसी बात भी हो सकती है?

na; né; ne; nǎi भी दे०

【哪个】nǎge कौन; कौन-सा: 你们是～县的? तुम लोग किस काउंटी के हो? / ～在说话? कौन बोल रहा है?

【哪会儿】nǎhuìr（哪会子 nǎhuìzi भी）❶कब: 这是～的事? यह कब की बात है? / 你～去上海? तुम शांगहाए कब जाओगे? ❷जब कभी; जब भी; हर समय: 你要～去就～去。तुम जब भी जाना चाहो जा सकते हो।

【哪里】nǎli ❶कहां: 你住～? तुम कहां रहते हो? 你去～? तुम कहां जा रहे हो? ❷जहां कहीं; कहीं भी: 无论你去～，不要忘记我。तुम कहीं भी जाओ, मुझे न भूलना। ❸(आलंकारिक प्रश्न में निषेध का बोध कराता है): 我～知道他会来的呢? मुझे क्या मालूम कि वह आ सकता है? ❹<विन०> (प्रशंसा के शिष्ट उत्तर में प्रयुक्त): "你帮了我们很大的忙。" "～～。" 'आप ने हमारी बड़ी सहायता की।' 'कहां।'

【哪门子】nǎménzi क्या (आलंकालिक प्रश्न पर ज़ोर देने के लिये प्रयुक्त): 你说的是～事啊? आखिर तुम किस बात के बारे में कह रहे हो?

【哪能】nǎnéng (आलंकारिक प्रश्न या उत्तर में आकर निषेध का बोध कराता है) कैसे हो; कैसे संभव हो: 我～干这种坏事呢? मैं ऐसा बुरा काम कैसे कर सकता हूँ? / "这坏事是你干的吗?" "～呢?" 'यह बुरा काम तुम ने किया है?' 'यह कैसे हो सकता है।'

【哪怕】nǎpà भी; चाहे … क्यों न हो; यदि ऐसा है भी: ～天不好我也要去。मौसम खराब भी हो, मैं ज़रूर जाऊंगा।

【哪些】nǎxiē कौन कौन; कौन से: ～书是你的? कौन-सी किताबें तुम्हारी हैं? / 这次会议都有～人参加了? इस सभा में कौन-कौन लोग शामिल थे?

【哪样】nǎyàng ❶किस प्रकार का; कौन-सा: 你要～的衣服? तुम किस प्रकार का वस्त्र चाहते हो? ❷चाहे जिस प्रकार का भी; जो भी: 那店里布多，～的布都有。उस दुकान में बहुत कपड़े हैं, चाहे जिस प्रकार का हो वहां मिलता है।

【哪知】nǎzhī कैसे जानना; कैसे मालूम होना: 我～他会做出这种事来。मुझे कैसे मालूम होता कि वह ऐसा काम करेगा।

nà

那¹ nà <निश्चयवाचक सर्वनाम> वह: ～本书 वह पुस्तक / ～地方 वहां; उस जगह (में) / ～是谁? वह कौन है?

那² nà <संयो०> तो; उस हालत में: ～我就不去了。तो मैं नहीं जाऊंगा। / 你要来，～你就来吧。तुम आना चाहते हो तो आओ।

nā; nèi भी दे०

【那儿】nàr <बोल०> ❶那里 के समान ❷(打，从，由 के बाद प्रयुक्त) उस समय; तब: 打～起，他就不来了。तब से वह नहीं आया।

【那程子】nàchéngzi <बो०> उन दिनों: ～我很忙，没有时间去看他。उन दिनों मैं बहुत व्यस्त था, उस से मिलने जाने का समय नहीं था।

【那达慕】nàdámù नादाम मेला, मंगोल जाति का परम्परागत मेला

【那当儿】nàdāngr उस समय; उन दिनों

【那个】nàge ❶वह: ～女孩子 वह बच्ची; वह लड़की / ～比这个好。वह इस से अच्छा है। ❷वह चीज़; वह बात: 把～拿来。उस (चीज़) को ले आओ। / 不要为～着急。उस (बात) के लिये मत घबराओ। ❸इस के क्रिया और विशेषण के पहले आने पर अत्युक्ति का बोध होता है): 瞧他干得～欢哪。देखो, वह कैसी खुशी से कर रहा है। ❹(सीधे न कही जा सकने वाली बात के स्थान में प्रयुक्त): 他的脾气够～了（不好）。उस का मिज़ाज भी खूब है।

【那会儿】nàhuìr（那会子 nàhuìzi भी）<बोल०> उस समय; तब: ～电力工业将大大发展。उस समय विद्युत उद्योग का विस्तृत विकास हो चुका होगा। / ～我还年轻。तब मैं जवान था।

【那加兰】Nàjiālán नागलैण्ड

【那里】nàli वहां; उस जगह: ～的天气怎么样? वहां का मौसम कैसा है? /你正到～去吗? क्या तुम वहां जा रहे हो?

【那么】nàme ❶<क्रि०वि०> वैसा; उस तरह: 你不该～

说的。तुम्हें ऐसा नहीं कहना चाहिये था। / 说起来容易，做起来可并不～容易。वैसे कहने में आसान है, पर करने में इतना आसान नहीं। ❷(अंकों के पहले आकर समीपता का बोध कराता है) लगभग; करीब: 估计我们得走～两、三个钟头才能到那里。मेरे ख्याल से लगभग दो-तीन घंटे चलकर हम वहां पहुंच सकते हैं। ❸〈संयो०〉(परिस्थितिसूचक उपवाक्य में तर्कपूर्ण परिणाम सूचित करने वाले उपवाक्य को जोड़ने के लिये प्रयुक्त) तो; तब; उस हालत में: 如果他一定要去，～就让他去吧。अगर वह जाना ही चाहता है तो उसे जाने दो।

【那么点儿】 nàmediǎnr इतना कम: ～活儿，半天就可以干完了，哪儿要一天？इतना कम काम तो आधे ही दिन में किया जा सकता है, एक दिन की क्या ज़रूरत ?

【那么些】 nàmexiē इतना ज़्यादा: ～活，两天哪干得完? इतना ज़्यादा काम दो दिन में कैसे पूरा किया जा सकता है ?

【那么着】 nàmezhe ऐसा करना: 你再～，我可要生气了。अगर तुम फिर ऐसा करोगे तो मुझे गुस्सा आ जाएगा; तुम फिर ऐसा करके मुझे गुस्सा ही दिखाओगे।

【那末】 nàme दे० 那么

【那摩温】 nàmówēn (拿摩温 námówēn भी) नम्बर वन; फ़ोरमैन

【那儿】 nàr ❶वहां: ～天气很好。वहां का मौसम बहुत अच्छा है। ❷उस समय (打，从，由 के बाद प्रयुक्त): 打～起，他常来我家。उस दिन से वह अकसर मेरे घर आता है।

【那时】 nàshí उस समय; उन दिनों; तब: ～正是春天。तब वसंत का मौसम था।

【那些】 nàxiē वे: ～书 वे पुस्तकें / 他把～糖给了孩子。उस ने वे मिठाइयां बच्चे को दीं।

【那样】 nàyàng उस प्रकार का: 他不像你～勤。वह तुम्हारी तरह मेहनती नहीं है। / ～儿也好，那我就不去那儿了。ऐसा ही ठीक है, तो मैं वहां नहीं जाऊंगा।

【那阵儿】 nàzhènr (那阵子 nàzhènzi भी) उन दिनों; तब: ～，天天刮风。उन दिनों रोज़ तेज़ हवा चलती थी। / 吃饭～，你去哪儿了? खाने के समय तुम कहां गये थे ?

郍 (鄃) Nà चओ राजवंश के समय का एक राज्य (वर्तमान हूपेइ प्रांत में चिंगमन (荆门 jīngmén) के दक्षिणपूर्व का स्थान)

呐 nà नीचे दे०

【呐喊】 nàhǎn ललकारना; ज़ोर-ज़ोर से चिल्लाना; ज़ोर-ज़ोर से चिल्लाते हुए प्रोत्साहन देना

na 哪; ne; ne 呢 भी दे०

纳[1] (納) nà ❶प्रवेश देना: 闭门不～ दरवाज़ा बन्द कर किसी व्यक्ति को प्रवेश करने न देना ❶स्वीकार करना; मान लेना: 纳降 / 采～ स्वीकार करना; ग्रहण करना ❸भोगना; सुख लेना; आनन्द उठाना ❹किसी चीज़ में रखना: 纳入正轨 ❺देना; चुकाना: 纳税 / 纳粮 ❻ (Nà) एक कुलनाम

纳[2] (納) nà घना बखिया करना (थिगली आदि पर): ～鞋底子 कपड़े के जूते के तलों पर बखिया करना

【纳彩】 nàcǎi सगाई के समय लड़के के घर द्वारा लड़की के घर को उपहार देना

【纳粹】 Nàcuì नात्सी; नाज़ी: ～分子 नाज़ी / ～主义 नाज़ीवाद

【纳福】 nàfú सुख लेना; ऐशो आराम करना; चैन की बंसी बजाना

【纳罕】 nàhǎn आश्चर्य करना: 暗地～ मन-ही-मन आश्चर्य करना

【纳贿】 nàhuì ❶घूस लेना; घूस खाना ❷घूस देना; रिश्वत देना

【纳谏】 nàjiàn 〈लि०〉 (प्रभु, सम्राट आदि का) आलोचना को मानना

【纳凉】 nàliáng (खुली हवा में) ठंडक खाना; ठंडी हवा का मज़ा लेना

【纳粮】 nàliáng अनाज देना; गल्ला-टैक्स देना

【纳闷】 nàmèn उलझन में पड़ना; दुविधा में पड़ना; किंकर्त्तव्यविमूढ़ होना: 家里一个人也没有，他暗自～。घर में किसी को न पाकर वह उलझन में पड़ गया।

【纳米比亚】 Nàmǐbǐyà नामीबिया

【纳米技术】 nàmǐ jìshù नानो-तकनॉलोजी

【纳米科学】 nàmǐ kēxué नानो विज्ञान

【纳聘】 nàpìn दे० 纳彩

【纳妾】 nàqiè (纳小 nàxiǎo भी) रखैल रखना

【纳入】 nàrù (किसी के) अंदर बिठाना; अंदर लाना; अंतरगत स्थित करना: ～正轨 पथ पर स्थित करना; रास्ते पर लाना

【纳税】 nàshuì कर लगाना; कर चुकाना; शुल्क देना: 按收入～ आमदनी के अनुसार कर लगाना / ～人 करदाता

【纳西族】 Nàxīzú नाशी जाति (युन्नान और स्छ्वान प्रांत में)

【纳降】 nàxiáng शत्रु का आत्मसमर्पण स्वीकार कर लेना

【纳新】 nàxīn नये-ताज़े को ग्रहण करना: 吐故～ सड़ियल (या फ़ालतू-बेकार, बासी-पुराने) को त्याग कर नये-ताज़े को ग्रहण करना

肭 nà दे० 腽肭 wànà 〈लि०〉 मोटा; स्थूल

衲 nà ❶थिगलियां लगाना; पैबंद लगाना ❷बौद्ध साधु का परिधान; (बौद्ध साधु) मैं: 老～ मैं बूढ़ा साधु

钠 (鈉) nà 〈रसा०〉 सोडियम (Na)

【钠灯】 nàdēng सोडियम लैम्प

【钠钙玻璃】 nàgài bōli (钠玻璃 nàbōli भी) सोडा-लाइम ग्लास (कांच)

娜 nà स्त्री नामों में प्रयुक्त अक्षर

nuó भी दे०

捺 nà ❶दबाना：～住心头怒火 क्रोधाग्नि को दबाना / ～上花冠 दुलहिन का मुकुट सिर पर बांधना ❷(चीनी अक्षरों में) दायीं तरफ़ नीचे जाने वाला आघात (स्ट्रोक) '？'：जैसे, 人 में दूसरा आघात (स्ट्रोक) '？'

na

哪（呐） na 〈लघु अ०〉 (केवल-नकारांत अक्षरों के बाद प्रयुक्त। इस का प्रयोग 啊 a के समान है)：谢谢您～！ आप को बहुत धन्यवाद ! / 加油干～！ तेज़ करो !; तेज़ी लाओ !

nǎ; nǎi; né; něi भी दे०

nǎi

乃（迺、廼） nǎi 〈लि०〉 ❶होना：失败～成功之母。असफलता ही सफलता की जननी है। ❷इसलिये; अतः：未几而庙门启，～燃香烛入拜。थोड़ी देर में मंदिर का दरवाज़ा खुल गया, तो (मैं) अंदर जाकर धूप-बत्ती जलाकर पूजा करने लगा। ❸केवल तभी：惟虚心～能进步。केवल नम्रता ही आगे बढ़ने में हमारी मदद कर सकती है। ❹तुम; तुम्हारा：～父 तुम्हारा पिता

【乃尔】 nǎi'ěr 〈लि०〉 ऐसा; इस तरह：何其相似～！ उन में इस तरह की समानता है !

【乃是】 nǎishì 〈लि०〉 होना：人民群众～真正的英雄。आम जनता ही सच्ची वीर होती है।

【乃至】 nǎizhì 〈लि०〉（乃至于 nǎizhìyú भी）यहां तक कि：中国加入世贸组织对中国～全世界都是有利的。चीन का विश्वव्यापार संगठन में शामिल होना चीन यहां के लिये ही नहीं तक कि संसार के लिये भी हितकर है।

艿 nǎi दे० 芋艿 yùnǎi कचालू; अखी

奶（嬭） nǎi ❶स्तन; कुच; छाती; (पशुओं का) थन ❷दूध：牛～ गाय का दूध / 喂～ दूध पिलाना ❸दूध पिलाना：～孩子 शिशु को दूध पिलाना

【奶茶】 nǎichá चाय; दूध मिली चाय

【奶疮】 nǎichuāng（乳腺炎 rǔxiànyán का साधारण नाम）स्तनों की सूजन; स्तनशोथ

【奶粉】 nǎifěn मिल्क पाउडर; पाउडर दूध

【奶糕】 nǎigāo शिशु के लिये दूध, आटे, चीनी आदि से बना भोजन

【奶积】 nǎijī 〈ची०चि०〉 दूध पीने वाले शिशु का अपाचन रोग जो उसे अनुचित दूध पिलाने से होता है

【奶酪】 nǎilào ❶पनीर; चीज़ ❷〈ला०〉 वह लक्ष्य जिसे प्राप्त करने की इच्छा हो या वह वस्तु जिसे प्राप्त करने की तीव्र इच्छा हो

【奶妈】 nǎimā（奶母 nǎimǔ भी）धात्री; धाय; दाई

【奶毛】 nǎimáo नवजात शिशु के सिर के बाल

【奶名】 nǎimíng शिशु का प्यार का नाम; शैशव का नाम

【奶奶】 nǎinai ❶दादी; पितामही ❷बूढ़ी स्त्री के लिये आदरसूचक संबोधन ❸〈बो०〉 घर की जवान मालिकिन

【奶娘】 nǎiniáng 〈बो०〉 धाय; दाई

【奶牛】 nǎiniú दुधारू गाय

【奶皮】 nǎipí मलाई

【奶品】 nǎipǐn दूध से बनी खाद्य वस्तुएं：～厂 दूध-प्रोसेसिंग कारखाना

【奶瓶】 nǎipíng दूध की बोतल; बच्चों को दूध पिलाने की बोतल

【奶水】 nǎishuǐ 〈बोल०〉 दूध：～不足 दूध कम होना; दूध काफ़ी न होना

【奶糖】 nǎitáng टॉफ़ी

【奶头】 nǎitóu 〈बोल०〉 ❶चूचुक; कुच (या स्तन) का अग्रभाग ❷बच्चों को दूध पिलाने की बोतल की चुसनी

【奶牙】 nǎiyá（乳齿 rǔchǐ का साधारण नाम）दूध के दांत

【奶羊】 nǎiyáng दुधारू बकरी

【奶油】 nǎiyóu क्रीम; मलाई; बालाई; साढ़ी：～分离器 क्रीम सेपरेटर

【奶罩】 nǎizhào कंचुक; चोली; अंगिया

【奶汁】 nǎizhī दूध

【奶子】 nǎizi ❶दूध ❷〈बो०〉 स्तन; कुच; थन ❸〈बो०〉 धाय; दाई

【奶嘴】 nǎizuǐ दूध पिलाने वाली बोतल की चुसनी; निपल

氖 nǎi 〈रसा०〉 निऑन（Ne）

【氖灯】 nǎidēng（氖光灯 nǎiguāngdēng भी）निऑन दीप

【氖管】 nǎiguǎn निऑन ट्यूब

【氖气】 nǎiqì 氖 का साधारण नाम

【氖气光灯】 nǎiqìguāngdēng निऑन फ़्लैश लाइट

迺 nǎi ❶दे० 乃 nǎi ❷（Nǎi）एक कुलनाम

哪 nǎi 哪 nǎ का बोलचाल की भाषा में एक भिन्न उच्चारण

倷 nǎi 〈बो०〉 तुम

nài

奈 nài ❶क्या; कैसे; लेकिन：～援军不至。लेकिन कुमक नहीं आयी। / 待要回去，～事未毕。वापस जाना चाहा, पर काम अभी पूरा नहीं हो पाया था ।

❷सहना; बर्दाश्त करना：～不住 सह न सकना

【奈何】 nàihé ❶क्या किया जाय; क्या करूं：徒唤～ व्यर्थ ही 'क्या किया जाय, क्या किया जाय' चिल्लाना ❷कैसे; क्यों：民不畏死，～以死惧之！जनता मरने से नहीं डरती, तो (आप) क्यों उस को इस से डराते हैं। ❸(किसी व्यक्ति के लिये) कोई काम करना; निपटाना; निभाना：敌人无奈他何。दुश्मन उन का कुछ भी बिगाड़ नहीं पाता।

佴 Nài एक कुलनाम
èr भी दे०

柰 nài एक प्रकार का सेब

【柰子】 nàizi एक प्रकार का सेब

耐 nài सह सकना; बरदाश्त कर सकना：～穿 टूट-फूट सहन करना

【耐烦】 nàifán सहिष्णु होना; सहनशील होना; धैर्यवान होना：谁～你那没完没了的絮叨？तुम्हारी अंतहीन बकवास कौन सह सकता है？

【耐腐蚀】 nài fǔshí क्षय सहन करना

【耐高温】 nài gāowēn तापरोधी：～合金钢管 उच्च तापरोधी मिश्रधातु वाली इस्पाती नली

【耐寒】 nàihán ठण्ड या सर्दी बरदाश्त करना

【耐旱】 nàihàn सूखा बरदाश्त करने वाला：～植物 सूखा बरदाश्त करने वाला पौधा

【耐火】 nàihuǒ तापजित; तापरोधी：～玻璃 आतशी शीशा / ～材料 तापरोधी सामान / ～水泥 तापजित सीमेंट / ～砖 आतशी ईंट; तापसह ईंट

【耐久】 nàijiǔ टिकाऊ; चिरस्थायी：～力 टिकाऊपन; स्थिरता

【耐劳】 nàiláo श्रमशील; कठोर काम करने योग्य

【耐力】 nàilì सहनशक्ति; सहनशीलता

【耐磨】 nàimó घिसाई बरदाश्त करना

【耐热】 nàirè तापरोधी：～合金 तापरोधी मिश्रधातु

【耐人寻味】 nàirénxúnwèi सूक्ष्म विचार करने और अनुभव करने योग्य：他的话～。उस की बात सूक्ष्म विचार और अनुभव के योग्य है।

【耐心】 nàixīn धैर्य; धीरज：～教育 धैर्यपूर्वक शिक्षा देना / ～说服 धीरज के साथ समझाना-बुझाना / ～思考 धीरज से विचार करना / 对此表示不～ इस में बेसब्री दिखाना

【耐性】 nàixìng सहनशक्ति; सहनशीलता

【耐用】 nàiyòng बहुत दिन चलने वाला; टिकाऊ; स्थायी

萘 nài 〈रसा०〉 नैफ़्थेलीन

【萘粉】 nàifěn नैफ़्थॉल

鼐 nài 〈लि०〉 बड़ा त्रिपादी; तीन पाये का बड़ा बर्तन

褦 nài नीचे दे०

【褦襶】 nàidài 〈लि०〉 समझदार न होना：～子 बेसमझ आदमी

nān

囡 (囝) nān 〈बो०〉 ❶बच्चा：小～ बच्चा / 男小～ बच्चा / 女小～ बच्ची ❷लड़की; बेटी; पुत्री
囝 के लिये jiǎn भी दे०

【囡囡】 nānnān 〈बो०〉 बच्चे के लिये प्यार भरा संबोधन

nán

男¹ nán ❶पुरुष; नर (विलोम：女)：～演员 अभिनेता ❷पुत्र：长～ बड़ा बेटा; ज्येष्ठ पुत्र

男² nán ❶बैरोन; रईस; नवाब：～爵 बैरोन

【男扮女装】 nánbànnǚzhuāng पुरुष द्वारा स्त्री का वेश धारण करना

【男傧相】 nánbīnxiàng दूल्हे का साथी, बेस्टमैन

【男厕所】 náncèsuǒ पुरुष-शौचालय

【男盗女娼】 nándào–nǚchāng चोरों और रंडियों की भांति आचरण करना

【男低音】 nándīyīn 〈संगी०〉 बेस, मंद्र

【男儿】 nán'ér पुरुष; आदमी：好～ श्रेष्ठ पुरुष

【男方】 nánfāng दूल्हे का पक्ष; पति का पक्ष, वरपक्ष

【男高音】 nángāoyīn 〈संगी०〉 टेनोर, पुरुष स्वर

【男孩儿】 nánháir (男孩子 nánháizi भी) ❶बालक; लड़का ❷पुत्र; लड़का：他有一个～。उस के एक लड़का है।

【男家】 nánjiā दूल्हे (या पति) का घर (या परिवार)

【男角】 nánjué नायक, पुरुष पात्र (नाटक, फ़िल्म आदि में)

【男爵】 nánjué बैरोन; रईस; नवाब：～夫人 बैरोनेस; बैरोन की पत्नी; नवाबिन

【男科】 nánkē 〈चिकि०〉 पुरुष रोग विज्ञान (या विभाग)

【男男女女】 nánnánnǚnǚ पुरुष लोग और स्त्रियां

【男女】 nánnǚ ❶पुरुष और स्त्री; नर-नारी：～老少 पुरुष, स्त्री, वृद्ध और युवा; मर्द, औरत, बूढ़े और जवान / ～平等 पुरुष और स्त्री (या नर-नारी) की समानता / ～同工同酬 पुरुषों और स्त्रियों को समान कार्य के लिये समान वेतन देना / 不分～ पुरुष और स्त्री का भेद किये बिना; लिंग का लिहाज किये बिना

【男朋友】 nánpéngyǒu पुरुष मित्र

【男人】 nánrén पुरुष; नर; मर्द：～的声音 मर्दानी आवाज़

【男人】 nánren 〈बोल०〉 पति; शौहर

【男生】 nánshēng (स्कूली) लड़का; विद्यार्थी

【男声】 nánshēng 〈संगी०〉 पुरुष-स्वर

【男士】 nánshì <आदर०> पुरुष; सज्जन
【男性】 nánxìng ❶पुरुष; नर; मर्द; पुंलिंग ❷पुरुष; आदमी
【男招待员】 nánzhāodàiyuán प्रेक्षागृह या हाल में सीट दिखाने वाला
【男中音】 nánzhōngyīn <संगी०> बेरीटोन, टेनोर और बेस का मध्यवर्ती स्वर
【男子】 nánzǐ पुरुष; आदमी; मर्द: ～单打 पुरुषों के सिंगल्स, पुरुष एकल / ～双打 पुरुषों के डबल्स पुरुष युगल / ～团体赛 पुरुषों की टीम ईवंट, पुरुष टीम ?
【男子汉】 nánzǐhàn पुरुषोचित पुरुष; वीरोचित पुरुष

南 nán ❶दक्षिण दिशा: 南半球 ❷यांग्त्सी नदी के दक्षिण का क्षेत्र: 南货 ❸ (Nán) एक कुलनाम
nā भी दे०

【南半球】 nánbànqiú दक्षिणी गोलार्द्ध
【南梆子】 nánbāngzi पेइचिंग ऑपेरा की शीफी (西皮 xīpí) लय का एक उपभेद
【南北】 nánběi ❶दक्षिण और उत्तर ❷दक्षिण से उत्तर तक: ～距离 दक्षिण से उत्तर तक की दूरी
【南北朝】 Nán-Běi Cháo उत्तरी और दक्षिणी राजवंश (420-589 ई०)
【南北对话】 Nán-Běi duìhuà उत्तर-दक्षिण संवाद (उत्तरी गोलार्द्ध के विकसित देशों और दक्षिणी गोलार्द्ध के विकासोन्मुख देशों के बीच का संवाद)
【南边】 nánbian ❶दक्षिण; दक्षिणी ओर ❷<बोल०> देश का दक्षिणी भाग, विशेषकर यांग्त्सी नदी के दक्षिण का भाग
【南部】 nánbù दक्षिणी भाग
【南昌】 Nánchāng नानछांग
【南昌起义】 Nánchāng Qǐyì नानछांग विद्रोह दे० 八一南昌起义 Bāyī Nánchāng Qǐyì
【南朝】 Nán Cháo दक्षिणी राजवंश (420-589 ई०), अर्थात् सोंग राजवंश (宋 Sòng, 420-479 ई०), छी राजवंश (齐 Qí, 479-502 ई०), ल्यांग राजवंश (梁 Liáng, 502-557 ई०) और छन राजवंश (陈 Chén, 557-589 ई०)
【南斗】 nándǒu (斗 dǒu का सामान्य नाम) उत्तराषाढ़ा
【南方】 nánfāng ❶दक्षिण ❷देश का दक्षिणी भाग: ～话 दक्षिणी बोली / ～人 दक्षिण वाला; दक्षिणी
【南非】 Nánfēi दक्षिण अफ़्रीका
【南宫】 Nángōng एक कुलनाम
【南瓜】 nánguā लौकी; कद्दू
【南国】 nánguó <लि०> देश का दक्षिणी भाग
【南海】 Nánhǎi दक्षिणी चीन सागर
【南寒带】 nánhándài दक्षिणी शीत कटिबंध
【南胡】 nánhú (二胡 èrhú का दूसरा नाम) एक प्रकार का दो तार वाला वाद्ययंत्र जो इन तारों पर गज फेर कर बजाया जाता है
【南回归线】 nánhuíguīxiàn मकर-रेखा
【南货】 nánhuò दक्षिण चीन की स्वादिष्ट वस्तुएं
【南极】 nánjí दक्षिणी ध्रुव: ～光 दक्षिणी मेरु-प्रकाश; दक्षिण ध्रुवीय ज्योति / ～圈 दक्षिण ध्रुव वृत्त / ～洲 दक्षिणी ध्रुव महाद्वीप; अंटार्कटिका
【南京】 Nánjīng नानचिंग: ～条约 नानचिंग संधि (1842 ई०)
【南柯一梦】 nánkē-yīmèng नान्ख स्वप्न —— एक सुन्दर स्वप्न (इस बारे में एक कहानी है कि एक बार एक निराश विद्वान ने स्वप्न में देखा कि वह नान्ख का शासक बन गया है। उसे बड़ी-बड़ी सफलताएं मिलीं और उस का यश चारों तरफ़ फैल गया है। जागने पर उसे मालूम हुआ कि यह सब एक स्वप्न मात्र था)
【南粮北调】 nánliáng běidiào अनाज दक्षिण से उत्तर को भेजना
【南美洲】 Nán Měizhōu दक्षिण अमरीका
【南南合作】 Nán-Nán hézuò दक्षिण-दक्षिण सहयोग; दक्षिणी गोलार्द्ध के विकासोन्मुख देशों के बीच सहयोग
【南宁】 Nánníng नाननिंग (क्वांगशी च्वांग जाति स्वायत्त प्रदेश की राजधानी)
【南欧】 Nán Ōu दक्षिणी यूरोप
【南齐】 Nán Qí दक्षिणी छी राजवंश (479-502 ई०), दक्षिणी राजवशों में से एक
【南腔北调】 nánqiāng-běidiào स्थानीय और राष्ट्रीय मिश्रित ढंग से बोलना; उच्चारण की विशिष्ट शैली
【南曲】 nánqǔ ❶दक्षिणी संगीत रचना (सोंग, य्वान और मिंग राजवंशों में दक्षिण चीन में प्रचलित संगीत रचना) ❷दक्षिणी लयों में गाये जाने वाले गीत
【南沙群岛】 Nánshā Qúndǎo नानशा द्वीपसमूह
【南赡部洲】 Nánshànbùzhōu जम्बूद्वीप
【南式】 nánshì दक्षिणी शैली (का): ～点心 दक्षिणी शैली की पेस्ट्री
【南斯拉夫】 Nánsīlāfū युगोस्लाविया
【南斯拉夫人】 Nánsīlāfūrén युगोस्लावियाई; युगोस्लाविया का निवासी
【南宋】 Nán Sòng दक्षिणी सोंग राजवंश (1127-1279 ई०)
【南天竹】 nántiānzhú <वन०> नानडिना
【南纬】 nánwěi दक्षिणी अक्षांश
【南味】 nánwèi दक्षिणी शैली का भोजन
【南温带】 nánwēndài दक्षिणी समशीतोष्ण कटिबंध
【南屋】 nánwū कमरा जिस का दरवाज़ा उत्तर की ओर है
【南戏】 nánxì दक्षिणी ऑपेरा (दक्षिणी चीन के वनचओ क्षेत्र में दक्षिणी सोंग राजवंश के पूर्वकाल से आरम्भ हुआ स्थानीय ऑपेरा)
【南下】 nánxià दक्षिण की ओर जाना: 大军～ बड़ी सेना का दक्षिण की ओर कूच करना
【南亚】 Nán Yà दक्षिण एशिया: ～次大陆 दक्षिण एशियाई उपमहाद्वीप
【南洋】 Nányáng ❶छिंग राजवंश के अंत में च्यांगसू, चच्यांग, फ़ूच्येन और क्वांगतोंग समुद्रतटीय प्रांतों के लिये प्रयुक्त नाम ❷मलाया द्वीपसमूह, मलाय प्रायद्वीप और इंडोनेशिया या दक्षिण-पूर्वी एशिया का पुराना नाम
【南辕北辙】 nányuán-běizhé रथ को उत्तर की ओर हांकते हुए दक्षिण की ओर जाने का प्रयत्न करना
【南岳】 Nán Yuè दक्षिणी पर्वत (हूनान प्रांत के हंग पर्वत

衡山 héngshān का दूसरा नाम)

【南诏】 Nánzhào नानचाओ (प्राचीन चीन का एक स्थानीय राज्य)

【南针】 nánzhēn कुतुबनुमा; पथ-प्रदर्शक; मार्गदर्शक

【南征北战】 nánzhēng-běizhàn कभी उत्तर में तो कभी दक्षिण में लड़ना; उत्तर-दक्षिण की विशाल भूमि पर लड़ना

【南竹】 nánzhú（毛竹 máozhú के समान）माओ बांस

难（難）nán ❶कठिन; मुश्किल (विलोम： 易 yì)： 说起来容易，做起来～。कहना आसान, करना मुश्किल। / ～题 कठिन समस्या (प्रश्न) ❷किसी व्यक्ति को कठिन स्थिति में डालना： 这事可把我～住了。इस बात ने मुझे कठिन स्थिति में डाल दिया। ❸बहुत कम संभव होना： 难免 / 难说 ❹बुरा; अप्रसन्न： 难看 / 难听
nàn भी दे०

【难熬】 nán'áo कठिनता से सहन करना; मुश्किल से बर्दाश्त करना： 饥饿～ कठिनता से भूख सह पाना

【难保】 nánbǎo ❶गारंटी न कर सकना; ठीक-ठीक कहना कठिन होना： ～今天不刮风。कहना कठिन है कि आज तेज़ हवा नहीं चलेगी। ❷रक्षा करना कठिन होना： 自身～ अपने प्राणों की रक्षा कठिनता से कर पाना; प्राण संकट में पड़ना

【难产】 nánchǎn ❶<चिकि०> प्रसव में कठिनाई होना; बड़ी तकलीफ़ के साथ बच्चे का जन्म होना ❷(साहित्यिक कृति, योजना आदि का) कठिनता से पूरी होना

【难吃】 nánchī अस्वादिष्ट; खाने में बुरा

【难处】 nánchǔ कठिनता से साथ रहना： 他只是耳背，并不～。वह केवल ऊंचा सुनता है, उस के साथ रहना कठिन नहीं है।

【难处】 nánchu कठिनाई： 我有我的～。मेरी अपनी कठिनाइयां हैं।

【难当】 nándāng ❶कठिनाई से ज़िम्मेदारी लेना या दायित्व ग्रहण करना： ～重任 कठिनाई से भारी ज़िम्मेदारी लेना ❷कठिनाई से सहन या बरदाश्त करना： 羞愧～ अत्यधिक लज्जा आना; बहुत लज्जित होना

【难倒】 nándǎo हतोत्साहित करना; हिम्मत तोड़ना; घबरा देना; व्याकुल करना; हैरान करना： 这个问题可把他～了。इस सवाल ने उसे हैरान कर दिया। / 什么困难都难不倒他。कोई भी कठिनाई उसे हतोत्साह नहीं बना सकती।

【难道】 nándào <क्रि०वि०> (आलंकारिक प्रश्न पर ज़ोर देने के लिये प्रयुक्त)： क्या： ～我们连这点困难都不能克服吗? क्या हम इतनी कठिनाई भी दूर नहीं कर सकते?

【难得】 nándé ❶दुर्लभ; दुष्प्राप्य： 人才～。योग्य व्यक्ति दुर्लभ होता है। ❷अक्सर न होना： 像这次这样的大雨是近来很～遇到的。इस बार जैसी मूसलधार बारिश अब बहुत कम देखने को मिलती है।

【难点】 nándiǎn कठिनाई; कठिन समस्या; मुश्किल सवाल

【难度】 nándù कठिनाई： ～很大 बहुत कठिन होना

【难分难解】 nánfēn-nánjiě（难解难分 nánjiě-nánfēn भी）❶(वाद-विवाद में) पेचीदा तौर पर उलझा होना; (संघर्ष, झगड़े आदि में) फंस जाना; उलझना： 两人打得～。दोनों आदमी एक दूसरे से उलझ गये। ❷अत्यंत घनिष्ठ संबंध होना; वियोग को सह न सकना

【难怪】 nánguài ❶कोई आश्चर्य की बात नहीं： 他病了，～他今天没有来上班。वह बीमार हो गया, इसी से आज काम पर नहीं आया। ❷क्षम्य; क्षमायोग्य; माफ़ करने लायक： 他现在年轻，工作中有缺点也～。वह अभी युवा है, काम में कमी क्षम्य ही है।

【难关】 nánguān संकटावस्था; कठिनाई： 战胜～ कठिनाइयां दूर करना / 渡过～ बेड़ा पार करना

【难过】 nánguò दुखी होना; खेद होना： 他扔下了那个花园心里委实～。अपना बागीचा छोड़ने का उन्हें खेद ज़रूर हुआ। / 我多么～。मैं कितना दुखी हूं। / 你觉得很～吧。तुम्हें बड़ा रंज हुआ होगा।

【难近母】 Nánjìnmǔ दुर्गा

【难堪】 nánkān ❶असह्य; असहनीय; बरदाश्त के बाहर： ～的话 असहनीय बात / 天气闷热～。बहुत असह्य उमस है। ❷व्यग्र; व्याकुल; परेशान： 感到～ व्याकुल होना; परेशानी में पड़ना

【难看】 nánkàn ❶कुरूप; असुन्दर; बदसूरत： 这衣服～。यह कपड़ा सुन्दर नहीं है। ❷लज्जास्पद; शर्मनाक; उलझन में पड़ा हुआ： 如果演出失败，那就太～了。अगर प्रस्तुति असफल रही तो यह बड़े शर्म की बात होगी।

【难免】 nánmiǎn न बच सकना; बड़ी कठिनाई से बच पाना; अनिवार्य होना： 斗争中发生过火现象是～的。संघर्ष में ज़्यादतियों से बिलकुल बचना तो मुश्किल है। / ～有这种情形。ऐसी स्थिति से सामना होना अनिवार्य है। / 我们也～出岔子。हम भी गलतियां करने से नहीं बच सकते।

【难能可贵】 nánnéng-kěguì प्राप्ति में कठिन, अतः आदर के योग्य; अपने अद्भुत कौशल या श्रेष्ठ व्यवहार के लिये प्रशंसा करने योग्य; प्रशंसनीय; सराहनीय

【难人】 nánrén ❶कठिन; पेचीदा; जटिल： 这是件～的事，我办不了。यह एक कठिन कार्य है, मैं नहीं कर सकता। ❷कठिन काम को हाथ में लेने वाला व्यक्ति： 我们不会让你做～的。हम तुम से ऐसा आदमी बनने को नहीं कहेंगे जो कठिनाई में हाथ डाले।

【难忍】 nánrěn बरदाश्त न कर सकना

【难色】 nánsè झिझकने का भाव： 他为什么面有～? वे झिझके क्यों?

【难上难】 nánshàngnán（难上加难 nánshàng-jiānán भी）अत्यंत कठिन; बहुत मुश्किल

【难舍难分】 nánshě-nánfēn（难分难舍 nánfēn-nánshě भी）एक दूसरे से विदा कहने की अनिच्छा होना： 我们～地分了手。हम लोगों ने अनिच्छापूर्वक विदा ली।

【难事】 nánshì कठिनाई; कठिन काम; मुश्किल बात

【难受】 nánshòu कष्ट होना; पीड़ा होना; विकल या बेचैन होना： 他渴得～。वह प्यास से बेचैन है।

【难说】 nánshuō कहना कठिन (या मुश्किल) होना： 他

什么时候去还很～。यह कहना कठिन है कि वह कब जाएगा।
【难题】 nántí कठिन समस्या; मुश्किल सवाल: 出～ मुश्किल सवाल पेश करना
【难听】 nántīng ❶सुनने में भद्दा लगना; कर्णप्रिय न होना: 这音乐真～。यह संगीत सुनने में सचमुच भद्दा है। ❷(भाषा के लिये) बुरी; अप्रिय; अश्लील; गंवारू: 这骂人的话多～。यह गाली कितनी अश्लील है। ❸(बात के लिये) अश्लील; बुरी; द्वेषपूर्ण; लज्जाजनक: 这事说出去多～! यह बात अगर खुल जाय तो कितनी लज्जाजनक होगी!
【难忘】 nánwàng अविस्मरणीय; सदा याद रहने योग्य: ～的岁月 सदा याद रहने वाले साल
【难为情】 nánwéiqíng ❶शरमनाक; शर्मिंदा; लज्जित: 一次试验失败了，下次再来，别～。एक बार परीक्षण में असफल हुए तो अगली बार फिर प्रयत्न करो, शर्मिंदा होने की ज़रूरत नहीं। ❷लज्जित होना; शर्म होना; खेद होना; अफ़सोस होना: 如果我答应他的要求，我做不到；不答应吧，又有点～。अगर उस की प्रार्थना से राज़ी होऊं तो यह काम नहीं कर सकता, अगर राज़ी न हूं तो अफ़सोस होता है।
【难为】 nánwei ❶(किसी के साथ) सख्ती करना: 您可千万别～那个小伙子。उस लड़के के साथ कोई सख्ती न कीजिएगा। ❷(किसी के लिये) कठिनाई भरा काम होना: 家里事无巨细都她一人做，真～了她。घर के छोटे-बड़े सभी काम वही करती है, सचमुच उस के लिये यह सब कठिनाई भरा काम है। ❸<शिष्ट०> (किसी को कोई काम करने के लिये धन्यवाद देने में प्रयुक्त): ～您把这堆书拿来。कृपया किताबों का यह गट्ठर ले आएं।
【难闻】 nánwén सूंघने में अप्रिय या बुरा होना; दुर्गन्धपूर्ण
【难兄难弟】 nánxiōng-nándì चोर-चोर मौसेरे भाई
nànxiōng-nàndì भी दे०
【难言之隐】 nányánzhīyǐn कोई ऐसी बात जो दूसरों को मुश्किल से बतायी जा सके; दिल की तह में छिपी बात
【难以】 nányí कोई काम करने में कठिन होना; कठिनाई से कोई काम करना: ～逃避 उस से बचना मुश्किल होना / ～想象 अकल्पनीय / ～形容的痛苦 वर्णनातीत पीड़ा / ～言喻的喜悦 वर्णनातीत आनन्द
【难以为继】 nányíwéijì (难乎为继 nánhūwéijì भी) मुश्किल से जारी रखना
【难于】 nányú कठिनता से कोई काम करना
【难字】 nánzì कठिन अक्षर; कठिन शब्द; असाधारण शब्द

喃 nán नीचे दे०
【喃喃】 nánnán <अनु०> बुदबुदाना; बड़बड़ाना: ～自语 अपने आप बड़बड़ाना

楠（枏）nán नीचे दे०
【楠木】 nánmù <वन०> नानमू (एक प्रकार का वृक्ष या उस की लकड़ी)
【楠竹】 nánzhú (毛竹 máozhú का दूसरा नाम) माओ बांस

nǎn

赧（赦）nǎn लज्जा से मुंह लाल होना: ～颜 शर्म से मुंह लाल पड़ना
【赧然】 nǎnrán <लि०> लज्जा से मुंह लाल होना: 听的人都很～了。जिन लोगों ने (कहानी का यह हिस्सा) सुना उन के चेहरे शर्म से लाल हो गये।

腩 nǎn दे० 牛腩 niúnǎn

蝻 nǎn टिड्डी का निम्फ़ (nymph): ～子 टिड्डी शिशु कीट

nàn

难（難）nàn ❶विपत्ति; आफ़त; मुसीबत; दुर्भाग्य; बदनसीबी: 共赴国～ राष्ट्रीय संकट का एक साथ मुकाबला करना / 他们正在受～。वे मुसीबतें झेल रहे हैं। ❷प्रश्न करना; पूछताछ करना: 非～ धिक्कारना; दोष बताना / 责～ इल्ज़ाम थोपना; आरोप लगाना; दोष देना
nán भी दे०
【难胞】 nànbāo अपने देश के शरणार्थी, विपत्ति में फंसे स्वदेशवासी
【难民】 nànmín युद्ध-शरणार्थी; पनाहगीर: ～营 शरणार्थी शिविर
【难侨】 nànqiáo प्रवासी शरणार्थी, विदेशों में विपदाग्रस्त स्वदेशवासी
【难兄难弟】 nànxiōng-nàndì संकट में एक दूसरे को मदद देने वाले दोस्त; एक साथ मुसीबतों से गुज़रने वाले दोस्त
nánxiōng-nàndì भी दे०
【难友】 nànyǒu एक साथ कठिनाइयों से गुज़रने वाले दोस्त; एक साथ मुसीबत उठाने वाले मित्र

nāng

囊 nāng नीचे दे०
náng भी दे०
【囊揣】 nāngchuài ❶कमज़ोर; दुर्बल; निर्बल ❷囊膪 के समान
【囊膪】 nāngchuài सूअर के पेट का ढीला मांस

囔 nāng नीचे दे०
【囔囔】 nāngnang धीमी आवाज़ में बोलना; दबी ज़ुबान में बात करना

náng

囊 náng ❶थैला; थैली; जेब: 囊中物 ❷थैली जैसी वस्तु: 胆～ पित्ताशय; पित्तकोष ❸थैले में भरना: 囊括
nāng भी दे०

【囊空如洗】 nángkōngrúxǐ जेब खाली होना —— जेब में कौड़ी तक न होना; दरिद्र; निर्धन; कंगाल

【囊括】 nángkuò ❶शामिल करना; सम्मिलित करना; अंतर्गत करना: ～四海 सारे देश को सम्राट के शासन के अंतर्गत करना ❷सारे स्वर्ण पदकों को जीत लेना: 这个队～了全部金牌。 इस टीम ने सारे स्वर्ण पदक जीत लिये।

【囊中物】 nángzhōngwù किसी चीज़ का थैली या जेब में होना —— वह चीज़ जो आसानी से प्राप्त की जा सके

【囊肿】 nángzhǒng <चिकि०> ट्यूमर; पुटी या गांठ

馕（饢）náng नान, एक प्रकार की पपड़ी-जैसी रोटी (वेवुर, कज़ाख आदि जातियों का मुख्य भोजन)
nǎng भी दे०

nǎng

曩 nǎng <लि०> पहले; पुराने ज़माने में; पिछले ज़माने में: ～者 पहले; बीते ज़माने में

攮 nǎng (छुरा, चाकू आदि) भोंकना

【攮子】 nǎngzi कटार; छुरा; छुरी

馕（饢）nǎng मुंह में भोजन ठूंसना
náng भी दे०

nàng

齉 nàng नाक से बोलना; मिनमिनाना; नकियाना: 他受了凉，鼻子发～。 उसे सर्दी लग गयी, इसलिये नाक से बोलता है।

【齉鼻儿】 nàngbír ❶नाक से बोलना: 他感冒了，说话有点～。 उसे ज़ुकाम है कुछ-कुछ नाक से बोलता है। ❷व्यक्ति जो नकयाता हो

nāo

孬 nāo <बो०> ❶बुरा ❷कायर; डरपोक: ～种

【孬种】 nāozhǒng <बो०> कायर; डरपोक; कापुरुष; दुष्ट और कमीना व्यक्ति

náo

呶 náo <लि०> चिल्लाकर बात करना; चीख-चीखकर बोलना; ऊंचे स्वर में बात करना

【呶呶不休】 náonáo-bùxiū उबाऊ बातें करते चलना

说（譊）náo <लि०> वाद-विवाद; बहस-मुबाहिसा करना; शोर मचाना

【说说】 náonáo <लि०> वाद-विवाद; बहस-मुबाहिसा

挠（撓）náo ❶(नाखून, पंजों आदि से) हल्के से खुजलाना; खरोंचना; खुरचना: ～痒 खुजलाना ❷रोकना; अड़चन डालना; रोड़े अटकाना: 阻～ बाधा डालना; रोड़े अटकाना ❸सिर झुकाना; हार मान लेना: 百折不～ बार-बार ठोकर खाने के बावजूद हिम्मत न हारना

【挠钩】 náogōu लंबे हत्थे वाला कांटा

【挠头】 náotóu ❶सिर खुजलाना ❷(समस्या आदि से) मुश्किल से निबटना: 这是件～的事。 यह एक जटिल समस्या है।

【挠秧】 náoyāng धान के खेत का खरपतवार साफ़ करना और धान की पौद के आसपास की मिट्टी ढीली करना

侬（憹）náo दे० 懊侬 àonáo

峱（巙）Náo प्राचीन पर्वत (वर्तमान शानतोंग प्रांत के लिन-त्स् 临淄 línzi के पास)

硇（硵、砜）náo नीचे दे०

【硇砂】 náoshā <रसा०> अमोनियम क्लोराइड; नौसादर; नक्सार

【硇洲】 Náozhōu क्वांगतोंग प्रांत का एक द्वीप

铙（鐃）náo ❶झांझ; मजीरा; करताल ❷प्राचीन सैन्य वाद्य जो बिना लटकन के घंटे की तरह होता था और हथौड़े से बजाया जाता था ❸（Náo）एक कुलनाम

【铙钹】 náobó बड़ा झांझ

蛲（蟯）náo नीचे दे०

【蛲虫】 náochóng पिनवर्म

【蛲虫病】 náochóngbìng एंट्रोबायसिस

猱 náo प्राचीन साहित्य में वर्णित एक प्रकार का बंदर

夒 náo <लि०> 猱 náo के समान

巙 Náo 峱 Náo के समान

nǎo

垴（堖） nǎo 〈बो०〉 छोटी पहाड़ी; टीला (बहुधा स्थान के नाम में प्रयुक्त): 削～填沟 टीले की नोक को काटकर खाई को भरना / 南～ नाननाओ, शानशी प्रांत का एक स्थान / 沙洲～ शाचओ नाओ, हूनान प्रांत का एक स्थान

恼（惱） nǎo ❶क्रुद्ध होना; गुस्सा आना: 恼怒 ❷अप्रसन्न;दुखी; उदास; चिंतित: 烦～ अप्रसन्न; दुखी

【恼恨】 nǎohèn नाराज़ होना; नाराज़गी ज़ाहिर करना; असंतुष्ट होना: 你要原谅她对你的～。 तुम्हारे प्रति उस का असंतोष क्षमा करना चाहिये।

【恼火】 nǎohuǒ चिढ़ना; क्रुद्ध होना; गुस्सा आना: 他感到～。 उसे चिढ़ मालूम होती थी। / 他～地想。 उस ने खीझ के साथ सोचा।

【恼怒】 nǎonù ❶क्रोध में आना; क्रुद्ध होना; गुस्सा आना: 他十分～。 उसे बड़ा गुस्सा आया। ❷क्रोधित करना; रुष्ट करना: 我的那句话～了他。 मेरी उस बात ने उसे रुष्ट कर दिया।

【恼人】 nǎorén दुखदायी; दुखद; संतापकारी: ～的话 दुखदायी बात; संतापकारी बात

【恼羞成怒】 nǎoxiū-chéngnù लज्जा से क्रोध में आना; अपमान से क्रुद्ध होना

脑（腦） nǎo ❶मस्तिष्क; गोर्द; दिमाग ❷सिर; सर: 脑袋 ❸दिमाग; बुद्धि; विचार: 动～ बुद्धि या दिमाग का इस्तेमाल करना ❸सार; तत्व; मूल वस्तु: 樟～ कपूर; काफूर

【脑充血】 nǎochōngxuè 〈चिकि०〉 एन्सेफ़ेलेमिया

【脑出血】 nǎochūxuè प्रमस्तिष्कीय रक्त स्राव; मस्तिष्क रक्ताघात

【脑袋】 nǎodai 〈बोल०〉 ❶सिर; सर ❷दिमाग; बुद्धि

【脑袋瓜子】 nǎodaiguāzi(脑袋瓜 nǎodàiguā भी) ❶सिर; सर ❷दिमाग; बुद्धि: ～好使 दिमाग तेज़ होना

【脑电波】 nǎodiànbō 〈श०वि०〉 मस्तिष्क-तरंग: ～机 विद्युत मस्तिष्क तरंग-दर्शक; इलैक्ट्रो-एनसिफ़लोग्राफ़

【脑电图】 nǎodiàntú 〈चिकि०〉 इलैक्ट्रोएनसिफ़लोग्राम（EEG）

【脑动脉】 nǎodòngmài मस्तिष्क धमनी

【脑海】 nǎohǎi दिमाग; विचार

【脑积水】 nǎojīshuǐ 〈चिकि०〉 हाइड्रोसेफ़लस

【脑脊髓炎】 nǎojǐsuǐyán 〈चिकि०〉 एनसेफ़ालोमायलिटिस

【脑际】 nǎojì दिमाग; विचार; स्मृति; याद

【脑浆】 nǎojiāng भेजा: ～迸裂 खोपड़ी फटकर भेजा बाहर आना

【脑筋】 nǎojīn ❶दिमाग; बुद्धि; विचार: 动～ दिमाग या बुद्धि का इस्तेमाल करना; दिमाग पर ज़ोर डालना / 不用～ दिमाग से काम न लेना / 换～ अपने विचारों को सुधारना / 不要把你们的～闹昏了。 तुम लोग भ्रम में न पड़ो।

【脑壳】 nǎoké 〈बो०〉 ❶खोपड़ी ❷〈बो०〉 सिर; सर

【脑库】 nǎokù विशेषज्ञ-मण्डल; सरकार को परामर्श देने वाले या निर्देशन करने वाले विशेषज्ञ; विशेषज्ञ-दल; थिंक टैंक

【脑力】 nǎolì मानसिक शक्ति; बुद्धि: ～劳动 मानसिक श्रम; मस्तिष्क का काम / ～劳动者 बुद्धिजीवी; मानसिक श्रम करने वाला / ～衰退 मानसिक दौर्बल्य या बौद्धिक अपविकास

【脑满肠肥】 nǎomǎn-chángféi बड़े जबड़े और बड़ी तोंद वाला (आलसी रईस के लिये प्रयुक्त)

【脑门子】 nǎoménzi（脑门儿 nǎoménr भी） 〈बोल०〉 माथा; ललाट; कपाल

【脑膜】 nǎomó 〈श०वि०〉 मस्तिष्क झिल्ली: ～炎 मेनिंजाइटिस; मस्तिष्क झिल्ली की सूजन

【脑贫血】 nǎopínxuè 〈चिकि०〉 सेरिब्रल ऐनीमिया

【脑桥】 nǎoqiáo 〈श०वि०〉 बिसेतु

【脑上体】 nǎoshàngtǐ पिनियल बॉडी, मस्तिष्क का एक अवहोयांग

【脑勺子】 nǎosháozi（脑勺 nǎosháo भी） 〈बो०〉 सिर का पिछला भाग

【脑神经】 nǎoshénjīng 〈श०वि०〉 मस्तिष्क नाड़ी

【脑室】 nǎoshì मस्तिष्क गुहा: ～造影 〈चिकि०〉 मस्तिष्क-गुहाचित्रण; वेनट्रिक्यूलोग्राफ़ी

【脑水肿】 nǎoshuǐzhǒng 〈चिकि०〉 मस्तिष्क शोथ; सेरीब्रल एडीमा

【脑死亡】 nǎosǐwáng मस्तिष्क मृत्यु

【脑髓】 nǎosuǐ मस्तिष्क

【脑下垂体】 nǎoxiàchuítǐ 〈श०वि०〉 पीयूषिका; पीयूष-ग्रंथि

【脑血管造影】 nǎoxuèguǎn zàoyǐng 〈चिकि०〉 सेरीब्रल ऐंजिओग्राफ़ी

【脑血肿】 nǎoxuèzhǒng मस्तिष्क में रक्त-जमना

【脑炎】 nǎoyán 〈चिकि०〉 एनसिफ़लाइटिस; मस्तिष्क-शोथ

【脑溢血】 nǎoyìxuè 〈चिकि०〉 मस्तिष्क-रक्त-स्राव; सेरीब्रल हैगरेज

【脑震荡】 nǎozhèndàng 〈चिकि०〉 सिर का आघात; मस्तिष्क की चोट जो प्रहार से हो

【脑汁】 nǎozhī मस्तिष्क: 绞～ सिर खपाना

【脑子】 nǎozi ❶〈बोल०〉 मस्तिष्क; दिमाग ❷दिमाग; बुद्धि; विचार: ～糊涂 बुद्धि भ्रष्ट होना

瑙 nǎo दे० 玛瑙 mǎnǎo यशब; सुलेमानी पत्थर

【瑙鲁】 Nǎolǔ नौरु

【瑙鲁人】 Nǎolǔrén नौरु का निवासी

nào

闹（鬧） nào ❶कोलाहलपूर्ण; शोरगुल से भरा हुआ

这里太～了。यहां बहुत कोलाहल है। ❷शोर मचाना; कोलाहल करना: 孩子又哭又～。बच्चा रोता और शोर मचाता है। ❸गुस्सा आदि उतारना: 闹脾气 / 闹情绪 ❹(बीमारी) होना; पैदा होना; (कष्ट, पीड़ा, हानि आदि) उठाना; सहना: 闹病 / 闹肚子 / ～饥荒 अकाल पड़ना ❺करना; बनाना: 闹革命 / 这个问题～了几十年还没有～清楚。अनेक दशाब्दियों के वाद-विवाद के बाद भी यह प्रश्न अब तक नहीं सुलझ पाया है। ❻मज़ाक करना: 闹着玩 / 闹洞房

【闹别扭】 nào bièniu मेल न खाना; पटरी न बैठना: 他们两个人在～。किसी कारण उन दोनों में पटरी नहीं बैठती।

【闹病】 nàobìng बीमार होना; बीमार पड़ना: 这孩子爱～。यह बच्चा अक्सर बीमार पड़ता है।

【闹不清】 nàobùqīng साफ़-साफ़ मालूम न होना: 我也～这个人是谁。मुझे भी साफ़-साफ़ मालूम नहीं कि यह आदमी है कौन।

【闹场】 nàochǎng 〈पुराना〉 (ऑपेरा आदि के शुरू या अंत में) केवल ढोल-घड़ियाल पर बजाया जाने वाला संगीत

【闹出风头】 nào chūfēngtou वाहवाही लूटना चाहना; नाम कमाना चाहना

【闹地位】 nào dìwèi ओहदे का भूखा होना

【闹洞房】 nào dòngfáng（闹房 nàofáng, 闹新房 nào xīnfáng भी）(मित्रों और संबंधियों का) विवाह की रात वरवधू से हंसी-मज़ाक करना या उन को उपहास भरी उक्तियों आदि से तंग करना

【闹独立性】 nào dúlìxìng स्वतंत्रता का आग्रह (दावा) करना; स्वतंत्रता पर अत्यधिक ज़ोर देना: 向中央～ स्वयं को केन्द्रीय कमेटी से स्वतंत्र रखने का दावा करना

【闹肚子】 nào dùzi 〈बोल०〉 दस्त होना

【闹翻】 nàofān संबंध टूट जाना: 你跟他～了？तुम में और उस में ठन गयी？

【闹翻身】 nào fānshēn उद्धार के लिये लड़ना

【闹翻天】 nàofāntiān गड़बड़ करना; उपद्रव मचाना

【闹风潮】 nào fēngcháo हड़ताल करना, जलूस निकालना आदि

【闹革命】 nào gémìng क्रांति करना

【闹鬼】 nàoguǐ ❶भूत-प्रेत का लगना; भूत आना ❷किसी व्यक्ति के पीठ पीछे चालें चलना

【闹哄哄】 nàohōnghōng कोलाहलपूर्ण; शोरगुल से भरा हुआ: 这里～的，到个安静的地方去吧。यहां बहुत कोलाहल है, चलिये किसी शांत स्थान में चलें।

【闹哄】 nàohong ❶शोरगुल मचाना; कोलाहल करना ❷बहुत से लोगों का काम में व्यस्त होना

【闹荒】 nàohuāng 〈पुराना〉 किसानों का अकाल में उपद्रव करना; अकाल-दंगे करना

【闹饥荒】 nào jīhuang ❶अकाल पड़ना; काल पड़ना ❷〈बो०〉 रुपये-पैसे की तंगी होना; आर्थिक कठिनाई होना

【闹架】 nàojià 〈बो०〉 लड़ना-झगड़ना

【闹纠纷】 nào jiūfēn झगड़ा करना; कलह मचाना

【闹剧】 nàojù प्रहसन; हास-विनोदपूर्ण नाटक

【闹开】 nàokāi झगड़ा होना: 他和他叔叔早已～了。अपने चाचा से उस का कब का झगड़ा हो चुका है।

【闹乱子】 nào luànzi गड़बड़ी पैदा करना

【闹矛盾】 nào máodùn झगड़े में पड़ना; कलह करना

【闹猛】 nàoměng धूमधाम; धूमधड़क्का; चहल-पहल

【闹名誉】 nào míngyù शोहरत का भूखा होना

【闹脾气】 nào píqi क्रुद्ध होना; गुस्सा आना; गुस्सा दिखाना: 他近来很容易～。इधर कुछ समय से उस का पारा बहुत जल्दी चढ़ जाता है।

【闹气】 nàoqì 〈बो०〉 दूसरों से गुस्सा और झगड़ा करना

【闹情绪】 nào qíngxù असंतोष का भाव उत्पन्न करना

【闹嚷嚷】 nàorāngrāng कोलाहल मचाना; शोरगुल करना

【闹热】 nàorè 〈बो०〉 चहल-पहल; रौनक

【闹市】 nàoshì जगमगाता नगर

【闹事】 nàoshì उपद्रव करना; दंगा करना; गड़बड़ करना

【闹腾】 nàoteng ❶शोरगुल मचाना ❷शोरगुल के साथ बोलना और हंसना

【闹天儿】 nàotiānr 〈बो०〉 मौसम अच्छा न होना: 近来一连好几天都～。आजकल मौसम अच्छा नहीं है।

【闹戏】 nàoxì पुरानी शैली का हास्य ऑपेरा

【闹笑话】 nào xiàohua हास्यास्पद व्यवहार करना; उपहास का पात्र बनना: 他去上海，因为不懂上海话，常常～。वह शांगहाए गया, शांगहाए की बोली नहीं आती, इसलिये कई बार हास्यास्पद व्यवहार किया।

【闹玄虚】 nào xuánxū जानबूझकर रहस्यपूर्ण बना देना

【闹意见】 nào yìjiàn मतभेद पैदा करना या होना

【闹意气】 nào yìqì झगड़ा मोल लेना

【闹灾】 nàozāi अकाल पड़ना

【闹着玩儿】 nàozhe wánr हंसी-खेल करना: 这可不是～的事。यह कोई हंसी-खेल की बात नहीं।

【闹钟】 nàozhōng अलार्म घड़ी; घड़ी का अलार्म या अलारम

淖 nào 〈लि०〉 कीचड़; पंक; दलदल

【淖尔】 nào'ěr झील (प्रायः स्थान के नाम में प्रयुक्त): 罗布～ (लोप) नूर（罗布泊 luóbùpō भी）

臑 nào ❶चीनी चिकित्सा में बांहों का उभरा हुआ मांस ❷(प्राचीन पुस्तकों में) घरेलू पशुओं के अगले पैर

né

哪 né नीचे दे०
nǎ; nǎi; na; něi भी दे०

【哪吒】 Nézhā चीनी किंवदंती में वर्णित एक देव, नचा: ～闹海 ‘नचा ने समुद्र में किया हंगामा’ (एक चीनी ऑपेरा)

nè

讷（訥） nè 〈लि०〉 (बोलने में) मंद या धीमा： 口～ बोलने में मंद

【讷讷】 nènè 〈लि०〉 बोलने में मंद होना; हकलाना; अटक-अटककर बोलना

那 nè 那 nà का बोलचाल की भाषा में अन्य उच्चारण

呐 nè 讷 nè के समान

nà 哪 na， 呢 ne भी दे०

ne

呢（呐） ne 〈लघु अ०〉 ❶(विशेष, वैकल्पिक या आलंकारिक प्रश्नवाचक वाक्य के अंत में प्रयुक्त)： 你想拿什么～？ तुम क्या लेना चाहते हो ? / 你去不去～？ तुम जाओगे कि नहीं ? /我怎么能忘记～？ मैं कैसे भूल सकता हूं ? ❷(विधानार्थक वाक्य के अंत में तथ्य पर ज़ोर देने के लिये प्रयुक्त)： 这药好得很～，吃两片就好了。 यह दवा बहुत अच्छी है, दो गोलियों से रोग ठीक हो जाता है। ❸(विधानार्थक वाक्य के अंत में क्रिया या स्थिति की निरंतरता का बोध कराने के लिये प्रयुक्त)： 他还在写～。 वह अब भी लिख रहा है। ❹(वाक्य के बीच में आकर यति का बोध कराता है)： 好～，就买；不好～，就不买。 अच्छा हो, तो खरीद लो; अच्छा न हो, तो न खरीदो।

ní; 呐 के लिये nà; 哪 na, nè भी दे०

nĕi

哪 nĕi 哪 nǎ का आम बोली में प्रचलित अन्य उच्चारण

馁（餒） nĕi ❶〈लि०〉 भूखा： 冻～ ठंडा और भूखा / 若敖之鬼～而。 संतानहीन की आत्मा भूखी ही रहती है। ❷हिम्मत हारना： 气～ हिम्मत हारना ❸〈लि०〉 (मछली) सड़ी हुई; गली हुई, सड़ी-गली

nèi

内 nèi ❶अन्दर; भीतर (विलोम： 外)： 内河 / 内衣 / 校～ स्कूल, विद्यालय के अंदर ❷पत्नी या उस के संबंधी： 内人 / 内弟 / 内兄 ❸मन; विचार; शरीर के आंतरिक अंग-प्रत्यंग： 内疚 / 内省 / 五～如焚 हृदय फटना (दारुण दुःख) ❹〈लि०〉 राजप्रासाद： 大～ राजप्रासाद; राजमहल ❺〈प्रा०〉 纳 nà के समान

【内部】 nèibù अंदर का; भीतरी; अंदरूनी, आंतरिक： ～报告 आंतरिक रिपोर्ट / ～会议 बन्द मीटिंग (सभा) /～规章 आंतरिक नियम-उपनियम; अंदरूनी नियम और कायदा / ～事务 घरेलू मामला; अंदरूनी मामला / ～联系 आंतरिक संबंध / ～矛盾 आंतरिक अंतरविरोध / ～骚乱 आंतरिक अशांति; घरेलू झगड़ा

【内查外调】 nèichá-wàidiào अंदर और बाहर दोनों तरफ़ से जांच-पड़ताल करना

【内场】 nèichǎng ❶चीनी ऑपेरा में मंच पर मेज़ के पीछे का क्षेत्र： ～椅 उक्त मेज़ के पीछे की कुर्सी ❷〈खेल०〉 (बेसबाल, सॉफ़्टबाल) इनफ़ील्ड： ～手 इनफ़ील्डर

【内臣】 nèichén ❶अंतःपुरवर्ती; राजभवन का प्रबन्धकर्ता ❷हिंजड़ा; नपुंसक; कंचुकी

【内城】 nèichéng अंतरीय नगर

【内出血】 nèichūxuè 〈चिकि०〉 भीतरी रक्तस्राव

【内存】 nèicún 〈कंप्यू०〉 मेमोरी

【内地】 nèidì देश का भीतरी भाग; देशाभ्यंतर

【内弟】 nèidì साला; पत्नी का छोटा भाई

【内定】 nèidìng (सरकारी नियुक्ति आदि का) अधिकृत रूप से घोषित उच्च-स्तरीय निर्णय： 队员已经～。 टीम के सदस्यों का उच्चस्तर पर निर्णय हो चुका है (पर अभी इस की घोषणा नहीं हुई है)।

【内耳】 nèi'ĕr आंतरिक कर्ण; भीतरी कान： ～炎 कान के भीतर की सूजन; आंतरिक कर्ण शोथ

【内房】 nèifáng भीतर का कमरा

【内分泌】 nèifēnmì एण्डोक्राइन： ～系统 एण्डोक्राइन सिस्टम; अंतःस्रावी प्रणाली / ～失调 एण्डोक्राइनोपेथी / ～腺 अंतःस्रावी-ग्रंथि; एण्डोक्राइन ग्लैंड्स

【内封】 nèifēng पुस्तक का मुख-पृष्ठ या आवरण

【内锋】 nèifēng 〈खेल०〉 इनसाइड फ़ोर्वर्ड

【内服】 nèifú पीने या खाने योग्य (दवा)： ～药 मुख के रास्ते दवा-सेवन

【内阁】 nèigé मंत्रिमंडल; कैबिनेट, काबीना： ～总理 प्रधान मंत्रि

【内功】 nèigōng ❶अंदरूनी इंद्रियों को लाभ पहुंचाने वाली कसरत या व्यायाम ❷अपनी गुणता व क्षमता; क्वॉलिटी ऐंड केपबिलिटी

【内骨骼】 nèigǔgé अंतःपंजर; अंतःकंकाल

【内顾之忧】 nèigùzhīyōu घरेलू चिंताएं; घर की दिक़्क़त

【内海】 nèihǎi ❶अंतःस्थलीय सागर ❷महाद्वीपीय सागर

【内涵】 nèihán 〈तर्क०〉 गुणार्थ; गुणार्थक

【内行】 nèiháng ❶(में) कुशल होना; निपुण होना; दक्ष होना： 对养鱼很～ मत्स्य पालन में कुशल होना ❷विशेषज्ञ; माहिर; उस्ताद; अपने काम में माहिर लोग： 打篮球他是～。 बास्केटबाल का वह उस्ताद है।

【内河】 nèihé अंतःदेशीय नदी： ～港口 आंतरिक बन्दरगाह; नदी बन्दरगाह / ～航行权 अंतःस्थलीय जहाज़-

रानी का अधिकार / ～航运 अंतर्देशीय नौवहन / ～航道 अंतर्देशीय जलपथ (जलमार्ग)

【内核】 nèihé वस्तु का सार-तत्व

【内讧】 nèihòng (内哄 nèihòng भी) गृहविच्छेद; अंदरूनी लड़ाई

【内画】 nèihuà अंतःचित्र: ～壶 अंदर की ओर से चित्रित बोतल

【内踝】 nèihuái टखने का भीतरी भाग

【内急】 nèijí पाखाना जाने की जल्दी

【内甲板】 nèijiǎbǎn ढंका हुआ डेक

【内奸】 nèijiān दुश्मन का एजेंट; छिपा हुआ देशद्रोही

【内间】 nèijiān 〈बो०〉 भीतरी कमरा

【内艰】 nèijiān 〈लि०〉 माता की अंत्येष्टि

【内监】 nèijiān हिंजड़ा; नपुंसक

【内角】 nèijiǎo 〈गणि०〉 भीतरी कोण; अंतरस्थ कोण

【内经】 Nèijīng 'अंतःसूत्र', मनुष्य की शरीर-रचना तथा रोगों की चिकित्सा से संबंधित विद्या की पुस्तक

【内景】 nèijǐng (मंच पर) अंदरूनी दृश्य बंध

【内疚】 nèijiù आत्मवेदना; खेद; पश्चाताप: ～于心 मन में खेद होना

【内聚力】 nèijùlì 〈भौ०〉 संसक्त बल; संसक्ति

【内科】 nèikē मेडिकल विभाग: ～病房 मेडिकल वार्ड / ～医生 डाक्टर; हकीम; वैद्य

【内窥镜】 nèikuījìng 〈चिकि०〉 अंतःवीक्षण यंत्र; अंतःदर्शक यंत्र; एण्डोस्कोप

【内溃】 nèikuì आंतरिक विच्छिन्नता: 敌人的～ दुश्मन का अंदरूनी तौर पर टूटना

【内裤】 nèikù पतलून के अंदर पहना जाने वाला वस्त्र; कच्छा; जांघिया

【内涝】 nèilào अतिवृष्टि से खेत आदि में पानी भर जाना

【内里】 nèilǐ 〈बो०〉 अंदर का भाग; अंतर्भाग: 这件事儿～很复杂。यह मामला बहुत जटिल है।

【内力】 nèilì 〈भौ०〉 भीतरी शक्ति

【内流河】 nèiliúhé महादेशीय नदी; अंतर्देशीय नदी

【内陆】 nèilù अंतर्देश; समुद्र-तट से दूर का देश: ～国 भूमि से घिरा हुआ देश / ～海 अंतर्देशीय सागर / ～河 महादेशीय नदी / ～湖 अंतर्देशीय झील / ～盆地 अंतर्देशीय बेसिन / ～沉积 भीतरी स्थलों की तलछट

【内乱】 nèiluàn अंदरूनी कलह; गृहसंघर्ष: 制造～ अंदरूनी कलह उकसाना

【内蒙古】 Nèiměnggǔ भीतरी मंगोलिया: ～自治区 भीतरी मंगोलिया स्वायत्त प्रदेश

【内幕】 nèimù अंदरूनी बात; पर्दे के पीछे की बात

【内难】 nèinàn देश के अंदर की विपत्ति या मुसीबत; घरेलू मुसीबतें

【内切圆】 nèiqiēyuán 〈गणि०〉 वलयित वृत्त

【内亲】 nèiqīn पत्नी के संबंधी

【内勤】 nèiqín ❶घरेलू सेवा; इण्डोर सर्विस ❷ऑफ़िस स्टाफ़

【内情】 nèiqíng अंदरूनी स्थिति; भीतरी हालत

【内燃机】 nèiránjī अंतरदहन इंजन; इंटर्नल कंबस्शन इंजन: ～车 अंतरदहल रेल-इंजन; अंतरदहन लोकोमोटिव

【内人】 nèirén 〈पुराना〉 मेरी पत्नी

【内容】 nèiróng विषय; विषय-वस्तु; अंतर्वस्तु; सार: ～和形式的统一 विषय-वस्तु और रूप की एकता; अनुभूति और अभिव्यक्ति की एकता / 战争的～ युद्ध की अंतर्वस्तु / 八股文不讲～。घिसा-पिटा लेखन सारहीन होता है। / ～提要 सारसंग्रह; संक्षिप्त विवरण

【内伤】 nèishāng ❶〈चिकि०〉 भीतरी चोट ❷अनुचित भोजन, थकावट, भावनात्मक तनाव, यौन आधिक्य आदि से उत्पन्न आंतरिक अंगों की गड़बड़ी

【内室】 nèishì भीतरी कमरा; सोने का कमरा; शयनकक्ष; अंतःपुर

【内水】 nèishuǐ अंतर्देशीय नदी, झील तथा सागर आदि का सामान्य नाम

【内胎】 nèitāi (टायर का) भीतरी ट्यूब; हवादार टायर

【内廷】 nèitíng राजप्रासाद का भीतरी कोष्ठ; राजप्रासाद में सम्राट का निवास स्थान

【内退】 nèituì पहले से रिटायर हो जाना

【内外】 nèiwài ❶अंदरूनी और बाहरी ❷लगभग; करीब: 一年～ एक साल के अंदर या कुछ ऊपर; लगभग एक साल में

【内外夹攻】 nèiwài–jiāgōng घरेलू और बाहरी विपत्तियों के दो पाटों में पिसना

【内外交困】 nèiwài–jiāokùn घरेलू और बाहरी मुसीबतों के दो पाटों के बीच पिसना; अंदरूनी और बाहरी कठिनाइयों का सामना करना

【内务】 nèiwù ❶अंदरूनी या घरेलू मामला: ～部 गृह मंत्रालय / ～部长 गृह-मंत्रि; आंतरिक मंत्रि ❷बैरक आदि में सफ़ाई जैसा रोज़मर्रे का काम

【内线】 nèixiàn ❶आरोपित एजेंट ❷〈सैन्य०〉 भीतरी पंक्ति; भीतरी सैन्य पंक्ति: ～战场 भीतरी पंक्ति का रण-क्षेत्र; भीतरी सैन्य-पंक्तियों की रण-भूमि / ～作战 भीतरी सैन्य-पंक्तियों पर कार्यवाही करना ❸इंसाइड टेलिफ़ोन कंनेक्शन

【内详】 nèixiáng पत्र भेजने वाले का नाम और पता संलग्न है।

【内向】 nèixiàng 〈मनो०〉 अंतर्मुखता; आत्मलीनता; आत्मरतता: 性格～ अंतर्मुख होना

【内销】 nèixiāo अंतर्देशीय विक्रय; घरेलू बाज़ार के लिये: 出口转～ निर्यात-योग्य माल को घरेलू बाज़ार में बेचना

【内心】 nèixīn ❶हृदय; अंतरात्मा: ～里 मन-ही-मन / ～深处 तहेदिल / ～世界 अंतर्जगत ❷〈गणि०〉 (त्रिकोण का) इनसेंटर

【内省】 nèixǐng आत्म-निरीक्षण; अंतर्निरीक्षण

【内兄】 nèixiōng पत्नी का बड़ा भाई; साला

【内秀】 nèixiù बाहर से देखने में धृष्ट और मूर्ख पर अंदर सचेत और चतुर

【内需】 nèixū घरेलू बाज़ार की आवश्यकता

【内衣】 nèiyī अंडरवियर; अंतर्वस्त्र

【内因】 nèiyīn आंतरिक कारण: ～是事物发展的根本原因。आंतरिक कारण ही वस्तुओं के विकास का मूल कारण है।

【内应】 nèiyìng बाहरी शक्तियों के सहयोग से भीतर ही

भीतर छिपकर काम करने वाला एजेंट; शत्रु द्वारा विपक्ष में प्रविष्ट भेदिया

【内忧】 nèiyōu आंतरिक दुःख; आंतरिक विपत्ति: ～外患 आंतरिक विपत्ति और विदेशी आक्रमण

【内院】 nèiyuàn भीतरी आँगन

【内在】 nèizài आंतरिक; अंतर्गत; भीतरी; अंदरूनी: ～联系 अंतरसंबंध; आंतरिक संबंध / ～矛盾 अंदरूनी अंतरविरोध

【内脏】 nèizàng आंतरावयव; शरीर के आंतर यंत्र

【内宅】 nèizhái अंतःपुर; ज़नान खाना; हरम

【内债】 nèizhài देशी कर्ज़

【内战】 nèizhàn गृहयुद्ध; अंतर्युद्ध; अंदरूनी लड़ाई

【内掌柜的】 nèizhǎngguìde (内掌柜 nèizhǎngguì भी) दुकानदार की पत्नी; दूकानदारिन; दुकान-मालिकिन

【内障】 nèizhàng मोतियाबिंद और ग्लोकोमा

【内争】 nèizhēng अंदरूनी संघर्ष

【内政】 nèizhèng आंतरिक (अंदरूनी, घरेलू) मामला: 不干涉～ दूसरे देश के अंदरूनी मामलों में दखल न देना

【内侄】 nèizhí पत्नी के भाई का पुत्र: ～女 पत्नी के भाई की पुत्री

【内痔】 nèizhì <चिकि०> आंतरिक बवासीर

【内中】 nèizhōng अंदर; भीतर; में: ～情况 अंदर की स्थिति / ～奥秘 अंदर का रहस्य

【内助】 nèizhù <लि०> पत्नी: 贤～ भद्रा पत्नी

【内传】 nèizhuàn ❶दंतकथा ❷सूत्रों की टिप्पणी करने वाली पुस्तकें

【内子】 nèizǐ <लि०> मेरी पत्नी

那 nèi बोलचाल में 那 nà का एक अन्य उच्चारण

nèn

恁 nèn <बो०> ❶इतना; ऐसा: ～大胆! कितना साहसपूर्ण! / 要不了～些。मुझे इतना ज़्यादा नहीं चाहिये। ❷वह; उस: ～时 उस समय

nín भी दे०

【恁地】 nèndì <बो०> ❶ऐसा; इस तरह: 不要～说。ऐसा मत कहो। ❷क्यों; कैसे: 这字我在哪本书里见过，～想不起来。यह अक्षर मैं ने किस पुस्तक में पढ़ा था, क्या कारण है याद नहीं आता।

嫩 nèn ❶कोमल (老 lǎo का विलोम): ～叶 कोमल पत्तियां / ～芽 कोमल कोंपल / 肉炒得很～。यह भुना हुआ मांस बहुत कोमल है। / 脸皮～ लज्जाशील; शर्मीला; झेंपू ❷(रंग) हल्का: 嫩绿 / 嫩黄 ❸अनुभवहीन; नातजुर्बेकार; अनाड़ी; कच्चा: ～手 कच्चा हाथ; नौसिखिया

【嫩红】 nènhóng हल्का गुलाबी रंग; हल्का लाल रंग

【嫩黄】 nènhuáng हल्का पीला रंग

【嫩绿】 nènlǜ हल्का हरा रंग

【嫩肉】 nènròu कोमल मांस

【嫩弱】 nènruò दुर्बल; कमज़ोर

【嫩色】 nènsè हल्का रंग

【嫩生】 nènsheng ❶कोमल ❷अपरिपक्व; कच्चा; नौसिखिया; अनुभवहीन: 他还～。वह अभी नौसिखिया है, परिपक्व नहीं।

néng

能 néng ❶योग्यता; कुशलता; निपुणता: 技～ निपुणता ❷<भौ०> शक्ति ❸योग्य; सामर्थ्यवान: 能人 / 能手 ❹सकना; करने योग्य; कोई काम करने में समर्थ होना: ～应用 लागू करने में समर्थ होना / 不～理解 किसी बात को समझने में असमर्थ होना / 我～去吗? क्या मैं जा सकता हूं? ❺(संभावना का बोध कराने के लिये प्रयुक्त) संभवतः सकना: 天下雨，他～来吗? पानी बरस रहा है, क्या उस के आने की संभावना है? ❻दो '不' के बीच आकर विवशता, निश्चय या अधिक संभावना का बोध कराता है: 他不～不来。उसे आना पड़ेगा; उसे आना होगा। ❼(बहुधा निषेधात्मक या प्रश्न रूप में प्रयुक्त) सकना; हो सकना: 我～从这儿进去吗? —— 这儿不～。क्या मैं यहां से अंदर जा सकता हूं? —— नहीं, यहां से अंदर जाना मना है।

【能动】 néngdòng गत्यात्मक: ～的飞跃 गत्यात्मक छलांग / ～地改造世界 गत्यात्मक रूप से विश्व का रूपांतर करना / ～作用 गत्यात्मक भूमिका; सक्रिय धर्म / ～性 गत्यात्मकता; गत्यात्मक भूमिका

【能干】 nénggàn सुयोग्य; होशियार: ～的指挥员 सुयोग्य कमाण्डर / 她很～。वह बहुत होशियार है।

【能工巧匠】 nénggōng-qiǎojiàng कुशल शिल्पकार; होशियार कारीगर

【能攻能守】 nénggōng-néngshǒu आक्रमण करने या रक्षा करने के लायक होना

【能够】 nénggòu सकना; हो सकना; के योग्य होना: ～识别 (के बीच) फ़र्क करने योग्य होना / 他～说几种外语。वह कई विदेशी भाषाएं बोल सकता है।

【能官能民】 néngguān-néngmín अफ़सर या आम मेहनतकश की तरह सेवा करने के लिये तैयार रहना; अफ़सर होते हुए आम मेहनतकश बने रहना

【能耗】 nénghào ऊर्जा उपभोग; एनर्जी कंजम्पशन

【能见度】 néngjiàndù दृश्यता

【能力】 nénglì क्षमता; सामर्थ्य; योग्यता: 工作～ योग्यता / 有～接管某事 किसी काम को अपने हाथ में लेने में समर्थ होना / ～差的人 अयोग्य व्यक्ति

【能量】 néngliàng ❶<भौ०> शक्ति: ～交换 शक्ति-विनिमय ❷क्षमता; योग्यता; सामर्थ्य: ～很大(小) बहुत अधिक (कम) क्षमता होना

【能量守恒律】 néngliàng shǒuhénglǜ सिद्धांत जिस के अनुसार किसी भी वस्तु में निहित ऊर्जा का परिमाण नित्य है; ऊर्जा संरक्षन सिद्धांत

【能媒】 néngméi (以太 yǐtài भी) <भौ०> ईथर

【能耐】 néngnai क्षमता; योग्यता; सामर्थ्य; कुशलता： 我没有这么大的～。मुझ में इतनी बड़ी योग्यता नहीं है।
【能屈能伸】 néngqū–néngshēn सिर नवाने या खड़ा होने योग्य होना; स्थिति की आवश्यकतानुसार स्वयं को किसी के अधीन करना या अपने अधिकारों के लिये आग्रह करना; परिस्थितियों के अनुसार बदलने योग्य होना
【能人】 néngrén समर्थ व्यक्ति; अभिज्ञ व्यक्ति; विशेष योग्यता-प्राप्त व्यक्ति; योग्य व्यक्ति： ～背后有～。योग्य व्यक्ति के पीछे और अधिक योग्य व्यक्ति होते हैं।
【能上能下】 néngshàng–néngxià बड़ा या छोटा पद स्वीकार करने के लिये तैयार रहना
【能事】 néngshì (प्रायः 尽 jìn के साथ प्रयुक्त) कोई काम जिसे करने में किसी व्यक्ति को विशेष कुशलता हो： 竭尽吹捧之～ पूरी ताकत से तारीफ़ों का पुल बांधने में कुशलता दिखाना
【能手】 néngshǒu जानकार; सिद्धहस्त; अभिज्ञ व्यक्ति; उस्ताद; विशेषज्ञ： 拳击～ मुक्केबाज़ी का उस्ताद
【能说会道】 néngshuō–huìdào वाक्-चातुर; वाक्पुट
【能文能武】 néngwén–néngwǔ कलम और तलवार दोनों के प्रयोग में समर्थ होना
【能源】 néngyuán ऊर्जा： ～危机 ऊर्जा संकट
【能者多劳】 néngzhě–duōláo योग्य व्यक्ति को अधिक काम करना चाहिये (किसी व्यक्ति से अतिरिक्त काम करने की प्रार्थना करने के लिये कहा जाता है)

ńg

嗯 (唔) ńg (ń भी) 〈विस्मय०〉 प्रश्न का सूचक： ～，这是什么？ अरे, यह क्या है？
唔 के लिये wú भी दे०
ňg; ǹg भी दे०

ňg

嗯 (呒) ňg (ň भी) 〈विस्मय०〉 आश्चर्य या असहमति का सूचक： ～，他怎么到现在还没有来？ ऐं, वह अभी तक क्यों नहीं आया？
ńg; ǹg भी दे०

ǹg

嗯 (叽) ǹg (ǹ भी) 〈विस्मय०〉 स्वीकृति का सूचक： 你有空吧？ —— ～。 तुम्हें फ़ुरसत है？ —— हूं।
ńg; ňg भी दे०

nī

妮 nī नीचे दे०
【妮子】 nīzi (妮儿 nīr भी) 〈बोल०〉 लड़की; छोकरी

ní

尼 ní भिक्षुणी： 僧～ भिक्षु और भिक्षुणी
【尼安德特人】 Ní'āndétèrén निऐनडरथाल मैन
【尼庵】 ní'ān बौद्ध भिक्षुणियों की कुटी
【尼泊尔】 Níbó'ěr नेपाल： ～人 नेपाली / ～语 नेपाली (भाषा)
【尼姑】 nígū भिक्षुणी
【尼古丁】 nígǔdīng निकोटिन
【尼加拉瓜】 Níjiālāguā निकाराग्वा： ～人 निकाराग्वाई
【尼科巴群岛】 Níkēbā Qúndǎo निकोबर द्वीपसमूह
【尼龙】 nílóng नाइलोन： ～绳 नाइलोन की रस्सी या रस्सा
【尼罗河】 Níluóhé नील नदी
【尼日尔】 Nírì'ěr नाइजर： ～人 नाइजरी
【尼日利亚】 Nírìlìyà नाइजीरिया： ～人 नाइजीरियाई
【尼亚加拉瀑布】 Níyàjiālā Pùbù नियाग्रा जल-प्रपात

坭 ní ❶红毛坭 hóngmáoní (सीमेंट) में 泥 ní के समान ❷स्थान के नाम में प्रयुक्त： 白～ पाएनी (क्वांग-तोंग प्रांत)

呢 ní ऊन; ऊनी कपड़ा： 毛～ ऊनी कपड़ा / ～制服 ऊनी वर्दी
ne भी दे०
【呢喃】 nínán ❶अबाबील का बोलना ❷〈लि०〉 धीमे से बोलना; धीमी आवाज़ में बोलना
【呢绒】 níróng ऊनी कपड़ा
【呢子】 nízi ऊनी कपड़ा; बनात; मोटा ऊनी कपड़ा

兒 1 (郳) Ní चओ राजवंश में एक राज्य का नाम (वर्तमान शानतोंग प्रांत के थंगचओ 滕州 téngzhōu के दक्षिणपूर्व में)

兒 2 (郳) Ní (倪 Ní के समान) एक कुलनाम
ér भी दे०

泥 ní ❶पंक; कीचड़; कीच ❷लेप या लुगदी की तरह

कोई चीज़: 土豆～ आलू का भुरता
nì भी दे०
【泥巴】 níbā 〈बो०〉 मिट्टी; पंक; कीचड़
【泥肥】 níféi खाद के लिये कीचड़; कीचड़ की खाद
【泥工】 nígōng 〈बो०〉 राज; राजगीर; मेमार; थवई
【泥垢】 nígòu मैल; धूल; मिट्टी और धूल: 满脸～ धूल से भरा चेहरा; धूलधूसर चेहरा
【泥浆】 níjiāng पंक; कीचड़
【泥坑】 níkēng दलदल: 陷入～ दलदल में फंसना
【泥疗】 níliáo मिट्टी के स्नान से उपचार की पद्धति
【泥淖】 nínào दलदल
【泥泞】 nínìng ❶पंकिल; कीचड़ से सना हुआ; कीचड़ भरा हुआ: ～的道路 कीचड़ भरा रास्ता
【泥牛入海】 níniú-rùhǎi जैसे मिट्टी के साड़ों का समुद्र में कूदना —— गलकर अदृश्य हो जाना; फिर कभी न लौट पाना; हमेशा के लिये जाना
【泥菩萨过河，自身难保】 ní púsà guò hé, zìshēn nán bǎo मिट्टी की मूर्ति का नदी पार करना —— अपने आप को बहुत कठिनता से बचा पाना (दूसरों को बचाने की बात तो दूर)
【泥鳅】 níqiu लोच मछली
【泥人】 nírén मिट्टी का पुतला; मिट्टी की रंगीन मूर्ति
【泥沙】 níshā मिट्टी और बालू (रेत): ～俱下 मिट्टी और बालू पानी के साथ बहना —— अच्छे और बुरे का एक साथ मौजूद होना
【泥石流】 níshíliú मिट्टी और पत्थर वाली बाढ़
【泥水匠】 níshuǐjiàng राज; राजगीर; मेमार; थवई
【泥塑】 nísù मिट्टी से मूर्ति बनाना
【泥胎】 nítāi मिट्टी से गढ़ी पर न रंगी गयी मूर्ति
【泥胎儿】 nítāir मिट्टी का बर्तन जो आग में न पकाया गया हो
【泥潭】 nítán दलदल; अनूप: 陷在～里 दलदल में फंसना
【泥炭】 nítàn लकड़ी का कोयला; पीट
【泥塘】 nítáng दलदल
【泥土】 nítǔ ❶मिट्टी ❷चिकनी मिट्टी
【泥腿子】 nítuǐzi (泥腿 nítuǐ भी) गंवार; गंवई; देहाती
【泥瓦匠】 níwǎjiàng राज; राजगीर; मेमार; थवई
【泥岩】 níyán 〈भूगर्भ०〉 पंकाश्म; गर्दमपाषाण; मडस्टोन
【泥俑】 níyǒng शव के साथ दफ़नाई जाने वाली मिट्टी की मूर्ति
【泥雨】 níyǔ धूल या मिट्टी भरी बारिश
【泥沼】 nízhǎo दलदल
【泥足巨人】 nízú-jùrén मिट्टी के पैरों वाली भीम काया
【泥醉】 nízuì नशे में चूर होना; गहरे नशे में पड़ना

怩 ní दे० 忸怩 niǔní झेंपना; शरमाना; सकुचना; लजाना

铌（鈮）ní 〈रसा०〉 नायोबियम (Nb)
【铌铁矿】 nítiěkuàng कोलंबाइट

倪 ní ❶दे० 端倪 duānní आरम्भ; शुरू ❷(Ní) एक कुलनाम

猊 ní दे० 狻猊 suānní एक पौराणिक मांसाहारी पशु

婗 ní दे० 嫛婗 yīní शिशु

輗（輗）ní प्राचीनकाल में प्रयुक्त रथ के बम और सम-काष्ठ को जोड़ने की कुंजी

蜺 ní 〈लि०〉 ❶शरत ऋतु में न बोलने वाला सिकेडा जो ग्रीष्म ऋतु के सिकेडे से भिन्न होता है ❷霓 ní के समान

霓（蜺）ní 〈भौ०वि०〉 गौण इन्द्र-धनुष; द्वितीय इन्द्र-धनुष
【霓虹灯】 níhóngdēng नियोन; नियोन लैंप; नियोन लाइट

齯（齯）ní वृद्ध व्यक्ति के सारे दाँत गिर जाने के बाद फिर से निकले पतले-पतले दाँत, प्राचीनकाल में यह दीर्घजीवन का लक्षण माना जाता था

鲵（鯢）ní सैलामैण्डर (एक उभयचर)

麑 ní प्राचीन पुस्तकों में वर्णित छोटा हिरन

nǐ

拟（擬）nǐ ❶योजना बनाना; मसौदा बनाना; तैयार करना: 拟稿 / ～一则广告 अखबार के लिये एक विज्ञापन लिखना / 文题我已经～下了。मैं ने निबन्ध का शीर्षक चुन लिया है। ❷चाहना; इच्छा करना; योजना बनाना: ～于明日前往上海 कल शांगहाए जाना चाहना ❸अनुकरण करना; नकल करना: 模～ अनुकरण करना; नकल करना ❹उपमा देना: 比～ उपमा देना ❺अंदाज़ करना; अनुमान करना; फ़र्ज़ करना: 虚～ संभावना करना; कल्पना करना
【拟订】 nǐdìng योजना बनाना: ～方案 योजना तैयार करना / ～计划 योजना बनाना
【拟定】 nǐdìng ❶(योजना) बनाना; तैयार करना; निर्दिष्ट करना: ～规划 योजना बनाना; परियोजना बनाना / ～协定 समझौते का मसौदा तैयार करना ❷अनुमान करके निष्कर्ष निकालना
【拟稿】 nǐgǎo दस्तावेज़, लेख आदि का मसौदा तैयार करना
【拟古】 nǐgǔ प्राचीन शैली आदि का अनुकरण करना: ～之作 प्राचीन शैली का अनुकरण करने वाली कृति
【拟人】 nǐrén मानवीकरण; चेतनारोपण
【拟态】 nǐtài अनुकृति; वस्तुसादृश्य
【拟议】 nǐyì ❶प्रस्ताव; सुझाव: ～正确 सुझाव सही होना ❷(योजना) बनाना; तैयार करना: 他～的计划 उस

के द्वारा बनायी गयी (या तैयार की गयी) योजना

【拟作】 nǐzuò किसी व्यक्ति की कृति की शैली आदि का अनुकरण करना

你 nǐ ❶तू; तुम: ～来。तू आ; तुम आओ। ❷तेरा; तुम्हारा; आप का: ～妈妈 तेरी मां; तुम्हारी मां (या माता) / ～校 आप का स्कूल (या विद्यालय आदि) ❸किसी भी पुरुष के लिये प्रयुक्त) तुम; कोई भी: 对这种人～怎么办? 毫无办法。ऐसे आदमी के साथ तुम क्या बर्ताव करोगे? कोई चारा नहीं।

【你们】 nǐmen तुम लोग; आप लोग

【你死我活】 nǐsǐ-wǒhuó जीवन-मरण का (संघर्ष): ～的斗争 जीवन-मरण का संघर्ष; ज़िन्दगी और मौत की लड़ाई

旎 nǐ दे० 旖旎 yǐnǐ मन-मोहक; लुभावना (दृश्य)

儗 nǐ 〈लि०〉 拟 nǐ के समान

薿 nǐ नीचे दे०

【薿薿】 nǐnǐ समृद्ध; सम्पन्न

nì

伲 nì 〈बो०〉 मैं; हम; हम लोग

泥 nì ❶मिट्टी, चूने आदि से लीपना; दीवार आदि पर पलस्तर करना: ～墙 दीवार पर पलस्तर करना ❷हठीला; ज़िद्दी; दुराग्रही: 拘～कठोरता से डटे रहना / 泥古 ní भी दे०

【泥古】 nìgǔ प्राचीन परिपाटी का हठपूर्वक अनुसरण करना: ～不化 पुरानी विधियों पर ज्यों का त्यों अड़े रहना

【泥子】 nìzi (腻子 nìzi भी) पुटीन

昵 (暱) nì घनिष्ठ; दिली; गहरा; आत्मीय: 亲～ बहुत घनिष्ठ; स्नेहपूर्ण; प्रेमपूर्ण

【昵称】 nìchēng लाड़-प्यार का संबोधन; प्यार का नाम; घरेलू नाम

逆 nì ❶प्रतिकूल; विपरीत; उलटा (顺 shùn का विलोम): 逆风 / 逆流 ❷टकराना; आज्ञा न मानना; अवज्ञा करना: 逆耳 / 忤～ माता-पिता की आज्ञा न मानना ❸कठिन; संकटपूर्ण: 逆境 ❹विद्रोही; देशद्रोही: 逆产 / 汪～ देशद्रोही वांग चिंग-वेइ ❺〈लि०〉 स्वागत करना: 逆旅 ❻पहले से; पहले ही से; पूर्व ही: 逆料 / ～知 पहले से मालूम होना

【逆差】 nìchā व्यापार का प्रतिकूल संतुलन; घाटा (顺差 shùnchā का विलोम)

【逆产】[1] nìchǎn देशद्रोही की संपत्ति: 没收～ देशद्रोही की संपत्ति ज़ब्त करना

【逆产】[2] nìchǎn प्रतिकूल प्रसव

【逆定理】 nìdìnglǐ 〈गणि०〉 प्रतिकूल प्रमेय

【逆耳】 nì'ěr सुनने में अप्रिय चुभनेवाली (बातें): ～之言 सुनने में बुरी लगने वाली बातें

【逆风】 nìfēng ❶हवा के प्रतिकूल चलना: ～行舟 प्रतिकूल हवा में नाव चलाना ❷प्रतिकूल वायु; मुखालिफ़ हवा; उलटी हवा

【逆光】 nìguāng 〈फ़ोटो०〉 बैकलाइटिंग

【逆价】 nìjià पुराने बेकार सामान का दाम; जंक प्राइस; वह विक्रय-भाव जो क्रय-भाव से कम हो

【逆境】 nìjìng संकट की स्थिति: 身处～ संकट में होना या पड़ना

【逆来顺受】 nìlái-shùnshòu अत्याचार, दुर्व्यवहार आदि चुपचाप स्वीकार कर लेना

【逆料】 nìliào पहले से समझ लेना; पहले से देख, जान या भांप लेना: 不难～ पहले से समझ लेने में कठिन न होना

【逆流】 nìliú ❶प्रतिकूल धारा; प्रतिधारा; उलटी धारा: 这是一股～。यह एक प्रतिकूल धारा है। ❷धारा के प्रतिकूल चलना

【逆旅】 nìlǚ 〈लि०〉 सराय; होटल

【逆市】 nìshì विपरीत बाज़ार प्रवृत्ति

【逆水行舟】 nì shuǐ xíng zhōu उलटी धारा में नाव चलाना: 为学如～, 不进则退。अध्ययन करना उलटी धारा में नाव चलाना है, या आप आगे बढ़ते हैं या पीछे हटते हैं।

【逆行】 nìxíng (गाड़ियों का) उलटी दिशा में चलना; उलटी तरफ़ चलना

【逆序】 nìxù प्रतिकूल क्रम: ～词典 प्रतिकूल क्रम कोश

【逆运】 nìyùn विपत्ति; मुसीबत; दुर्भाग्य

【逆贼】 nìzéi राजहंता

【逆转】 nìzhuǎn उल्टी या बुरी दिशा में परिवर्तन करना: 挽救时局～ मौजूदा परिस्थियों को बिगड़ने से रोकना

【逆子】 nìzǐ कुपुत्र; कपूत; दुष्ट पुत्र

匿 nì छिपना; छिपाना; गुप्त रखना: 隐～ बुरे विचारों को छिपाना; दुराचरण छिपाना / 匿名

【匿报】 nìbào सूचना देने से इंकार करना; सही स्थिति की सूचना रोक रखना

【匿藏】 nìcáng छिपाना; छिपना: ～枪支 बंदूकें, पिस्तौलें आदि छिपा रखना

【匿迹】 nìjì छिपना; ओझल होना: ～海外 विदेश में छिपना

【匿名】 nìmíng अज्ञात; गुमनाम; बेनाम: ～信 गुमनाम पत्र; बेनाम पत्र

【匿影藏形】 nìyǐng-cángxíng (匿影潜形 nìyǐng-qiánxíng भी) अपना असली रूप छिपाना

埿 nì दे० 埤埿 pínì नगर के प्राचीर की मुंडेर

惄 nì 〈लि०〉 चिंतित होना

腻 (膩) nì ❶चिकना; चर्बीदार; तेलभरा; तैलपूर्ण:

油～ chikना; चर्बीदार; तेलभरा; तैलपूर्ण / 这肉太～了。यह मांस बहुत चर्बीदार है। ❷ऊबना; ऊब जाना: 你的这些话我都听～了。तुम्हारी ये बातें सुनते-सुनते मेरा जी ऊब गया है। ❸सूक्ष्म: 细～ सूक्ष्म ❹चिपचिपा; लसदार; चिपकने वाला ❺घनिष्ठ; दिली; गहरा: ～友 घनिष्ठ मित्र ❻धूल; मैल; कचरा: 尘～ धूल; मैल

【腻烦】 nìfan ❶ऊबना; उकताना; जी ऊब जाना: 这本书看了几遍都～了。यह किताब इतनी बार पढ़ी कि जी ऊब गया। ❷घृणा करना; नफ़रत करना; नापसन्द करना; बहुत बुरा समझना: 我～她那身打扮。मुझे उस की पोशाक नापसन्द है।

【腻味】 nìwei 〈बो०〉 दे० 腻烦

【腻子】 nìzi पुटीन

睨 nì 〈लि०〉 कनखियों से देखना: ～视 कनखियों से देखना

溺 nì ❶पानी में डूब जाना: ～死 डूब मरना ❷मग्न होना; तन्मय होना; तल्लीन होना; आसक्त होना: ～于酒色 शराब और स्त्रियों में डूबा होना

niào भी दे०

【溺爱】 nì'ài (बच्चे को) दुलारना; मग्न होना; (बच्चे पर) आसक्त होना; (बच्चे को) अत्यधिक प्यार करना

【溺水】 nìshuǐ पानी में डूबना: ～身亡 डूब मरना; डूब उतरना

【溺婴】 nìyīng (शिशु की) डुबाकर हत्या करना

槶 nì नीचे दे०

【槶木】 nìmù एलैनजियम वृक्ष

䘌 (䘌) nì 〈ची०चि०〉 कीड़ों के काटने से उत्पन्न रोग

niān

拈 niān अंगूठे और एक या दो अंगुलियों से कोई चीज़ ऊपर उठाना: ～弓 धनुष उठाना / 拈阄儿

【拈阄儿】 niānjiūr लाटरी निकालना; लॉट निकालना

【拈轻怕重】 niānqīng-pàzhòng भारी के बजाय हल्के काम पसन्द करना: 有的人～。कुछ लोगों को भारी के मुकाबले हल्का वज़न उठाना भाता है।

【拈香】 niānxiāng पूजा के लिये मंदिर में धूप जलाना

蔫 niān ❶मुरझाना; म्लान होना: 花～了。फूल मुरझा गया। ❷निरुत्साहित; उदास: 孩子有点～，怕是病了。बच्चा उदास-सा लगता है, डर है कि कहीं बीमार न हो। ❸(आदत) धीमा; आहिस्ता: ～性子 धीरे-धीरे काम करने की आदत वाला (व्यक्ति)

【蔫不唧儿】 niānbujīr ❶〈बो०〉 निरुत्साहित; उदास; काहिल: 看起来他～的，干活可快呢。देखने में वह निरुत्साहित लगता है पर काम जल्दी-जल्दी करता है। ❷बिना कुछ बोले; चुपचाप: 我还想他会帮我忙的，哪里知道他～地走了。मैं ने सोचा कि वह मेरी मदद करेगा, नहीं मालूम था कि वह बिना कुछ कहे चला जाएगा।

【蔫呼呼】 niānhūhū मंद-गति से काम करने वाला

【蔫儿坏】 niānrhuài भीतर से बुरा: 这人看起来挺老实的，其实～。यह आदमी दिखता ईमानदार है, पर वास्तव में है खोटा।

nián

年 (秊) nián ❶वर्ष; साल: 两～ दो साल / ～复一～ वर्ष-प्रति-वर्ष; साल-दर-साल ❷वार्षिक; सालाना: 年报 / 年产量 / ～降雨量 वर्षा की वार्षिक मात्रा ❸आयु; उम्र: 年纪 / 年龄 / ～满十八岁 अठारह वर्ष की उम्र का हो जाने पर ❹जीवन-काल का खंड या हिस्सा: 童～ बचपन / 老～ वृद्धावस्था ❺काल; युग: 近～来 हाल के कुछ सालों में; चंद वर्षों में ❻फ़सल: 丰～ अच्छी फ़सल / 年成 ❼नया साल: 拜～ नये साल की मुबारकबाद देना ❽नये साल का: 年糕 / 年画 ❾(Nián) एक कुलनाम

【年报】 niánbào वार्षिक रिपोर्ट

【年表】 niánbiǎo समयानुक्रम; तैथिक तालिका

【年菜】 niáncài चांद्र नव वर्ष के लिये तैयार की गयी तश्तरियां

【年产量】 niánchǎnliàng वार्षिक उत्पादन

【年成】 niáncheng साल की फ़सल: 在～丰收时 जब फ़सल अच्छी हो

【年齿】 niánchǐ 〈लि०〉 आयु; उम्र: ～渐长 उम्र का धीरे-धीरे बढ़ना

【年初】 niánchū वर्षारंभ

【年代】 niándài ❶काल; युग; समय: 战争～ युद्ध काल में ❷दशाब्दी: 九十～ नौवां दशक

【年底】 niándǐ वर्षांत; नव वर्ष के पूर्व दिन

【年度】 niándù ❶वर्ष; साल (किसी निश्चित उद्देश्य के लिये तय किया हुआ वर्ष-काल): 财政～ वित्तीय वर्ष ❷वार्षिक; सालाना: ～报告 वार्षिक रिपोर्ट / ～计划 वार्षिक योजना / ～预算 वार्षिक बजट

【年饭】 niánfàn (年夜饭 niányèfàn भी) चांद्र नव वर्ष की पूर्वसंध्या का परिवार प्रीति-भोज

【年份】 niánfèn ❶एक विशेष वर्ष: 这两本书是在同一～出版的。ये दोनों पुस्तकें एक ही वर्ष प्रकाशित की गयीं। ❷उम्र; समय: 这件古物的～较久。इस प्राचीन वस्तु का समय कहीं अधिक पुराना है।

【年俸】 niánfèng वार्षिक वेतन; सालाना तनख्वाह या तनखाह

【年富力强】 niánfù-lìqiáng जीवन की सर्वोत्तम अवस्था में; अपनी सर्वोत्तम अवस्था में

【年高德劭】 niángāo-déshào वृद्धावस्था के कारण श्रद्धेय और नैतिक गुण वाला; पूजनीय; आदरणीय; श्रद्धेय

【年糕】 niángāo चांद्र नववर्ष केक: ～汤 चांद्र नववर्ष

केक वाला सूप
【年关】 niánguān वर्ष का अंत (पुराने ज़माने में हिसाब किताब करने का समय)： 到了～ वर्ष के अंत में
【年光】 niánguāng ❶समय; वर्ष; साल ❷साल की फ़सल
【年号】 niánhào सम्राटों की शासनोपाधि, जैसे, थांग राजवंश के थांग थाए-त्सोंग ली श्-मिन（唐太宗李世民 Tángtàizōng Lǐshìmín）की चनक्कान（贞观 Zhēn-guān）थी
【年华】 niánhuá समय; वर्ष; साल： 虚度～ समय का-हिली में गंवाना; बेकार जीवन बिताना
【年画】 niánhuà नववर्ष चित्र
【年会】 niánhuì वार्षिक सभा; वार्षिकी; वार्षिकोत्सव
【年货】 niánhuò चांद्र नववर्ष की विशेष खरीद： 办～ चांद्र नववर्ष के लिये वस्तुएं खरीदना
【年级】 niánjí दर्जा; जमात; कक्षा： 三～ तीसरी जमा-त; तीसरी कक्षा
【年纪】 niánjì उम्र; आयु： ～轻 छोटी उम्र का; युवक; जवान / 你多大～了？ तुम्हारी उम्र कितनी है ?
【年假】 niánjià ❶जाड़ों की छुट्टी ❷नववर्ष की छुट्टी
【年间】 niánjiān (किसी राजवंश या सम्राट के शासन की) निश्चित अवधि： 唐朝贞观～ थांग राजवंश में सम्राट थांग थाए-त्सोंग के चनक्कान काल में
【年鉴】 niánjiàn वार्षिक पुस्तक
【年节】 niánjié चांद्र नववर्ष; वसंतोत्सव; वसंत त्योहार
【年金】 niánjīn वार्षिक वेतन या वृत्ति
【年馑】 niánjǐn 〈बो०〉 अकाल-वर्ष; सूखे का साल
【年景】 niánjǐng ❶साल की फ़सल： 好～ अच्छी फ़सल ❷चांद्र नववर्ष का उत्सवपूर्ण वातावरण
【年刊】 niánkān वर्षांक
【年来】 niánlái पिछले कई सालों में; हाल के कुछ सालों में
【年历】 niánlì एक ही पृष्ठ वाला वार्षिक कलैंडर
【年利】 niánlì वार्षिक ब्याज
【年龄】 niánlíng उम्र; आयु： ～较轻 कम उम्र / ～限制 उम्र की सीमा
【年轮】 niánlún 〈वन०〉 वार्षिक मंडल; ऐन्यूएल रिंग
【年迈】 niánmài वृद्ध; बूढ़ा; ज्येष्ठ
【年末】 niánmò वर्षांत
【年年】 niánnián हर साल; प्रत्येक वर्ष; साल-ब-साल
【年谱】 niánpǔ काल-क्रम संबंधी जीवन
【年青】 niánqīng युवक; जवान： ～小伙子 किशोर; किशोरावस्था में होने वाला; पाठा
【年轻】 niánqīng युवक; युवा; जवान： ～力壮 जवान और बलवान / ～人 नवयुवक; नवयुवती; नौजवान
【年少】 niánshào ❶युवक; जवान ❷बालक; किशोर; नवयुवक; नौजवान： 翩翩～ सुरूप नवयुवक
【年深日久】 niánshēn-rìjiǔ（年深月久 nián-shēn-yuèjiǔ； 年深岁久 niánshēn-suìjiǔ भी） पुराना; दीर्घकालीन： ～的事情 बहुत पुरानी बात
【年事】 niánshì 〈लि०〉 आयु; उम्र： ～已高 वृद्धावस्था में होना
【年岁】 niánsuì ❶आयु; उम्र： 上了～ वृद्ध होना ❷वर्ष; साल： ～久远 बहुत वर्ष (साल); दीर्घकाल ❸〈बो०〉 फ़सल
【年头】 niántóu ❶वर्ष; साल： 我来这里已经三个～了。 मुझे यहां आये तीन साल हो चुके हैं। ❷कई साल, बहुत साल： 他干这行有～了。 उसे यह काम करते कई साल हो गये हैं। ❸काल; युग： 这～ इस युग में ❹फ़सल： ～好 फ़सल अच्छी होना
【年尾】 niánwěi वर्षांत; साल का अंत
【年息】 niánxī वार्षिक सूद
【年下】 niánxia चांद्र नववर्ष (पहले महीने का पूर्वार्ध)
【年限】 niánxiàn अवधि; वर्षों की संख्या： 学习～ प-ढ़ाई की अवधि; अध्ययनावधि
【年薪】 niánxīn वार्षिक वेतन; सालाना तनखाह
【年夜】 niányè चांद्र नववर्ष की पूर्वसंध्या या पूर्व रात्रि; चांद्र वर्ष की अंतिम रात्रि
【年月】 niányue ❶ज़माना; काल; दिन： 战争～ युद्ध-काल ❷समय; दिन： 太平～ शांतिपूर्ण दिन / ～次序 समय-क्रम
【年长】 niánzhǎng अधिक आयु का; ज़्यादा उम्र वाला; ज्येष्ठ; जेठा： 你比我～。 तुम्हारी उम्र मुझ से ज़्यादा है।
【年终】 niánzhōng वर्ष के अंत में： ～结账 साल के अंत में हिसाब-किताब करना
【年资】 niánzī सेवा के वर्ष

粘 nián ❶黏 nián के समान ❷（Nián） एक कुलनाम zhān भी दे०

鲇（鮎、鯰） nián बिल्ली मछली; कैटफ़िश

黏 nián चिपकने वाला; चिपचिपा; लसदार： 黏米 / 黏液
【黏虫】 niánchóng कपास-कीड़ा; कपास का कीड़ा
【黏度】 niándù 〈रसा०〉 चिपचिपाहट; लसलसाहट; श्या-नता： ～计 लसलसाहट नापने का यंत्र; श्यानतामापी; विस्कासिमीटर
【黏附】 niánfù संसक्त रहना; संलग्न रहना： ～力 संस-क्ति; संलग्नत्व
【黏合】 niánhé 〈रसा०〉 जोड़ना; चिपकना： ～剂 बाइंडर; बांडिंग एजेंट; आसंजक अभिकर्भक
【黏糊】 niánhu（黏糊糊 niánhuhu， 黏糊糊儿的 niánhuhurde भी） ❶चिपचिपा; लसदार; चिपकने वाला： 粥熬得～糊的。 पतला भात अच्छी तरह पकाया गया। ❷शिथिल; मंद; काम करने में मंद
【黏胶】 niánjiāo 〈रसा०〉 विस्कोस： ～丝 विस्कोस / ～纤维 विस्कोस फ़ाइबर; विस्कोस रेशा / ～强力丝 हाई-टेनसिल स्ट्रेंग्थ विस्कोस फ़ाइबर
【黏结】 niánjié चिपकाना; सटना; संलग्न होना： ～力 संसक्ति; संलग्नता; लगाव / ～刀具 अभिलागी कटाई-औज़ार
【黏米】 niánmǐ 〈बो०〉 ❶लसदार चावल ❷〈बो०〉 ल-सदार बाजरा या ज्वार
【黏膜】 niánmó 〈श०वि०〉 श्लेष्मल झिल्ली： ～炎 म्यूकोसिटिस; श्लैष्मल झिल्ली की सूजन
【黏土】 niántǔ पंक; चिकनी मिट्टी

【黏涎子】 niánxiánzi 〈बो०〉 (मुंह से टपकती) लार; खुशामदी; चापलूस
【黏涎】 niánxian नीरस; लंबा और उबा देने वाला
【黏性】 niánxìng चिपचिपापन; लसलसाहट
【黏液】 niányè 〈श०वि०〉 लस; लसदार पदार्थ
【黏着】 niánzhuó चिपकना; संलग्न रहना
【黏着语】 niánzhuóyǔ 〈भा०वि०〉 अमिश्लेषी भाषा

niǎn

涩 niǎn 〈लि०〉 पसीना आना
捻（撚） niǎn ❶अंगुलियों से बटना: 用手指头～胡子 अंगुलियों को मूंछों पर फेरना; दाढ़ी को अंगुलियों से नोचना / ～线绳 रस्सी बटना ❷बटने से बनी चीज़: 灯～儿 (दीपक आदि की) बत्ती
【捻军】 Niǎnjūn न्येन सेना (मशालची, किसान फ़ौज जो छिंग राजवंश का विरोध करती थी) (1852-1868 ई०)
【捻捻转儿】 niǎnniǎnzhuànr हाथ से घुमाया जाने वाला एक लट्टू
【捻针】 niǎnzhēn 〈ची०चि०〉 अक्यूपंक्चर की सूई का जल्दी-जल्दी घूमना
【捻子】 niǎnzi (मोमबत्ती आदि जलाने के लिये) कागज़ की बत्ती
辇 niǎn ❶प्राचीन काल में आदमी द्वारा खींची जाने वाली गाड़ी ❷सम्राट, सम्राज्ञी का रथ, शाही सवारी
碾（辗） niǎn ❶बेलन; रोलर: 石～ पत्थर का बेलन ❷बेलन से अनाज के दाने का छिलका हटाना: ～米 बेलन से चावल पीसना / ～碎 पीसना ❸〈लि०〉 रगड़ना; जेड, पत्थर आदि काटना

辗 के लिये zhǎn भी दे०
【碾场】 niǎncháng 〈बो०〉 खलिहान में अनाज की भूसी निकालना
【碾坊】 niǎnfáng（碾房 niǎnfáng भी）अनाज पीसने की चक्की
【碾磙子】 niǎngǔnzi पत्थर का बेलन या रोलर (चक्की के पाट पर अनाज पीसने के लिये प्रयुक्त)
【碾米】 niǎnmǐ धान कूटना: ～厂 अनाज की चक्की / ～机 चावल कूटने की मशीन
【碾盘】 niǎnpán चक्की का पाट जिस पर पत्थर का बेलन चलता हो
【碾碎】 niǎnsuì पीसना; पीस डालना; चूरा कर देना
【碾砣】 niǎntuó दे० 碾磙子 niǎnsuìzi
【碾压】 niǎnyā रोल करना: ～机 रोलिंग मशीन / ～车间 रोलिंग वर्कशाप; रोलिंग विभाग
【碾子】 niǎnzi बेलन; रोलर

撵 niǎn ❶निकाल बाहर करना; निकाल देना; भगाना: ～出去 बाहर निकाल देना; बाहर खदेड़ना; बहिष्कार करना / ～走 गरदन नापना ❷〈बो०〉 पीछा करना: 你～不上他。तुम उस का पीछा नहीं कर सकते।
蹍 niǎn 〈बो०〉 रौंदना; कुचलना; लताड़ना

niàn

廿 niàn बीस
念[1] niàn ❶याद करना; स्मरण करना: 惦～ चिंता करना / 怀～ याद करना ❷विचार; चिंतन-पठन: 私心杂～ स्वार्थी और व्यक्तिगत विचार ❸（Niàn）एक कुलनाम
念[2]（唸） niàn पढ़ना; पढ़ाना: ～书 पुस्तक पढ़ना / ～信 पत्र पढ़ना या पढ़ाना / 他～过小学。वह पाठशाला में पढ़ चुका है।
念[3] niàn बीस（廿 niàn की जगह प्रयुक्त）
【念白】 niànbái चीनी ऑपेरा के वाचिक भाग
【念叨】 niàndao（念道 niàndao भी）❶(किसी चीज़ की) याद कर बात-बात में ज़िक्र करना: 这位就是我常常～的大夫。ये वही डॉक्टर हैं जिन का ज़िक्र मैं किया करता था। ❷बात करना; बोलना: 我有个事儿跟你～～。मैं तुम से एक बात कहना चाहता हूं।
【念佛】 niànfó भगवान बुद्ध को याद करना; भगवान बुद्ध का नाम जपना: 诵经～ बौद्ध सूत्र का उच्चारण करना और भगवान बुद्ध का नाम जपना / ～的老太太 ईश्वरभक्त बुढ़िया / ～声 बौद्ध मंत्रों के जाप की आवाज़
【念经】 niànjīng बौद्ध सूत्र का पाठ करना
【念旧】 niànjiù पुराने मित्रों की याद करना
【念念不忘】 niànniàn-búwàng सदा याद रहना
【念念有词】 niànniàn-yǒucí ❶मंत्र पढ़ना ❷बुदबुदाना; मुंह ही मुंह में बोलना
【念书】 niànshū ❶पुस्तक पढ़ना ❷स्कूल आदि में पढ़ना
【念头】 niàntóu विचार; चेष्टा: 邪恶的～ कुचेष्टा; बुरा विचार / 卑劣的～ घृणास्पद विचार
【念物】 niànwù स्मृति-चिन्ह; स्मारक-चिह्न; स्मारक; यादगार; निशानी
【念心儿】 niànxīnr स्मृति-चिह्न; यादगार; निशानी
【念咒】 niànzhòu जपना; मंत्र फूंकना
【念珠】 niànzhū माला; जपमाला
埝 niàn खेतों में छिछले पानी को रोकने के लिये मेंड़ बांधना

niáng

娘（孃） niáng ❶माता; मां: 爹～ माता-पिता; मां-बाप ❷अधिक आयु की विवाहित महिला के लिये प्रयुक्त संबोधन: 大～ ताई / 婶～ चाची; काकी ❸युवती: 新～ दुलहन

【娘家】 niángjia मैका; माइका; मायका; नैहर

【娘舅】 niángjiù 〈बो०〉 मामा; मां का भाई

【娘娘】 niángniang ❶सम्राज्ञी; रानी; सम्राट की प्रमुख उप पत्नी ❷देवी के लिये पुजारी का संबोधन

【娘儿】 niángr माता और पुत्र या पुत्री: ～俩 माता और पुत्र या पुत्री

【娘儿们】 niángrmen ❶〈बो०〉 माता और पुत्र या पुत्री ❷〈बो०〉 स्त्रियां; औरतें ❸〈बो०〉 पत्नी

【娘亲】 niángqīn माता; मां

【娘胎】 niángtāi माता का गर्भ (या गर्भकोष, गर्भाशय): 在～里 माता के गर्भ में / 出了～ माता के गर्भ से निकलना

【娘姨】 niángyí 〈बो०〉 नौकरानी; सेविका; आया

【娘子】 niángzǐ ❶〈बो०〉 पत्नी ❷〈पुराना〉 नवयुवती के लिये प्रयुक्त शिष्ट संबोधन

【娘子军】 niángzǐjūn महिला सैनिक

niàng

酿（釀） niàng ❶(शराब) खींचना; (शराब) बनाना ❷(मधुमक्खी का मधु) बनाना: मधु बनाना ❸ढाना; उत्पन्न करना; पैदा करना: ～成大祸 आफ़त ढाना / ～成无原则的纠纷 सिद्धांतहीन विवाद उठ खड़ा होना ❹भोजन पकाने का एक उपाय, मांस, मछली आदि को टुकड़े-टुकड़े कर सोया-बीन पनीर, बैंगन आदि से भरकर तेल या भाप में पकाना: ～柿子椒 इस तरीके से तैयार की गयी मीठी-मिर्च ❺मदिरा; शराब: 佳～ अच्छी मदिरा या शराब

【酿酒】 niàngjiǔ शराब बनाना; शराब खींचना: ～厂 भट्ठी; शराब की भट्ठी; शराब कारखाना

【酿酶】 niàngméi 〈रसा०〉 ज़ाइमेस (zymase)

【酿母菌】 niàngmǔjūn (酵母 jiàomǔ का दूसरा नाम) खमीर

【酿热物】 niàngrèwù खमीर आदि पदार्थ

【酿造】 niàngzào शराब बनाना; शराब खींचना

niǎo

鸟（鳥） niǎo पक्षी; चिड़िया; पंछी diǎo भी दे०

【鸟巢】 niǎocháo घोंसला; नीड़; बसेरा; झोंझ

【鸟粪】 niǎofèn ❶बीट ❷ग्वानो; खाद की तरह प्रयुक्त पक्षी बीट: ～层 ग्वानो

【鸟害】 niǎohài चिड़ियों द्वारा उठायी जाने वाली मुसीबतें; पक्षी आपदा

【鸟喙】 niǎohuì चोंच

【鸟尽弓藏】 niǎojìn-gōngcáng चिड़ियों के मार दिये जाने पर कमान फेंक देना —— किसी व्यक्ति को स्वार्थ सधने के बाद छोड़ देना

【鸟瞰】 niǎokàn ❶ऊंचे स्थान से नीचे देखना: ～全城 ऊंचे स्थान से नगर पर नज़र दौड़ाना ❷विहंगमदृश्य

【鸟类】 niǎolèi पक्षिकुल; पक्षिसंघ: ～学 पक्षिविज्ञान; खगविद्या; विहगशास्त्र

【鸟笼】 niǎolóng पिंजरा

【鸟枪】 niǎoqiāng ❶चिड़ियों का शिकार करने की छोटी बंदूक ❷हवाई बंदूक; एअरगन

【鸟枪换炮】 niǎoqiāng-huànpào स्थिति का पहले से बहुत अच्छी होना

【鸟兽散】 niǎoshòusàn पशु-पक्षियों का तितर-बितर होना; आतंकित लोगों की भगदड़ मचना

【鸟窝】 niǎowō घोंसला; नीड़; बसेरा; झोंझ

【鸟语花香】 niǎoyǔ-huāxiāng (वसंत के अच्छे मौसम में) चिड़ियां चहचहाती हैं और फूल महकते हैं

【鸟葬】 niǎozàng खगोलीय समाधि; आकाशीय शवाधान

茑（蔦） niǎo एक प्रकार का रेंगने वाला पौधा

【茑萝】 niǎoluó 〈वन०〉 सरू; साइप्रस वाइन

袅（嫋） niǎo 〈लि०〉 袅 niǎo के समान

袅（裊、嬝、嬲） niǎo पतला, लंबा और कोमल: 袅娜

【袅袅】 niǎoniǎo ❶चक्कर खाकर ऊपर की ओर उठना: 炊烟～。 रसोई-घर की चिमनी से धुआं चक्कर खाकर ऊपर उठता है। ❷पतली, लंबी और कोमल वस्तुओं का हवा में हिलना-डोलना: 垂杨～。 विलो वृक्षों की टहनियां हवा में घूम रही हैं। ❸(आवाज़ आदि) किसी स्थान पर देर तक ठहरना: 余音～ प्रस्तुति खत्म होने के बाद भी संगीत हवा में देर तक तिरता रहा।

【袅袅婷婷】 niǎoniǎotíngtíng 〈लि०〉 (बालिका; युवती) लचकदार, दुबली-पतली और कोमल; लचकदार और मनोहर

【袅娜】 niǎonuó (पुराना उच्चारण niǎonuǒ) 〈लि०〉 ❶(पौधा, वृक्ष) पतला, लंबा और कोमल: ～的柳丝 विलो वृक्ष की कोमल, पतली और लंबी डालें ❷(महिला) कोमल और मनोहर

嬲 niǎo 〈लि०〉 ❶छेड़ना; छेड़छाड़ करना ❷उलझाना; चिचड़ी सा सिमटना

niào

尿 niào ❶पेशाब; मूत्र ❷पेशाब करना; मूतना; मूत्र त्याग करना
suī भी दे०
【尿闭】 niàobì 〈चिकि०〉 एन्यूरिया
【尿布】 niàobù डायपर; पोतड़ा; शिशु को मल मूत्र से बचाने के लिये पहनाई जाने वाली लंगोटी
【尿床】 niàochuáng बिस्तर पर मूतना; बिस्तर गीला करना
【尿道】 niàodào 〈श०वि०〉 मूत्र-मार्ग; मूत्र-पथ; मूत्र-वाहिका: ～炎 〈चिकि०〉 मूत्र-वाहिका में शोथ या प्रदाह
【尿毒症】 niàodúzhèng 〈चिकि०〉 मूत्र रक्तदोष; यूरेमिया; रक्त मूत्र विषाक्तता
【尿肥】 niàoféi पेशाब की खाद
【尿罐】 niàoguàn कमोड; हाजती
【尿壶】 niàohú हाजती
【尿检】 niàojiǎn मूत्र-परीक्षण
【尿炕】 niàokàng खांग गीला करना; बिस्तर पर मूतना
【尿盆】 niàopén मूत्रपात्र; पेशाबदान; हाजती
【尿频】 niàopín 〈चिकि०〉 पेशाब का बार-बार आना
【尿少症】 niàoshǎozhèng 〈चिकि०〉 पेशाब की कमी; अल्पमूत्रता
【尿失禁】 niàoshījìn 〈चिकि०〉 असंयतमूत्रता
【尿素】 niàosù 〈रसा०〉 यूरिया: ～脱醋 यूरिया डि-वैक्सिंग
【尿酸】 niàosuān 〈रसा०〉 यूरिक ऐसिड
【尿血】 niàoxiě 〈चिकि०〉 खूनी पेशाब; पेशाब में खून आना; मूत्रनाली से रुधिर निकलना
【尿潴留】 niàozhūliú 〈चिकि०〉 मूत्र-अवरोध; पेशाब की रुकावट

脲 niào यूरिया (尿素 niàosù के समान)
【脲醛塑料】 niàoquán sùliào 〈रसा०〉 यूरिया-फ़ोर्मेल्डिहाइड प्लास्टिक

溺 niào 尿 niào के समान
nì भी दे०

niē

捏 (揑) niē ❶अंगूठे और अंगुली से पकड़ना: ～起筷子 चापस्टिक उठाना / ～着剑把 तलवार की मूठ पकड़ना ❷अंगुलियों से किसी नरम चीज़ को विशेष आकृति देना: ～泥人 नरम मिट्टी की मूर्ति बनाना; मूर्ति थापना ❸साथ रखना; मिलाना; साथ लाना: 捏合 / 那两人性格不一样，～不到一起。उन दोनों का मिज़ाज भिन्न है, वे एक साथ नहीं रह सकते। ❹गढ़ना; जाल बनाना: 捏造
【捏合】 niēhé ❶साथ रखना ❷〈पुराना〉 बातें गढ़ना
【捏积】 niējī 〈ची०चि०〉 रीढ़ की हड्डी के दोनों ओर की मांस-पेशियों को अंगुलियों से उठाकर बच्चों की पाचनशक्ति बढ़ाने की विधि
【捏弄】 niēnong ❶उंगलियों से किसी चीज़ से निरुद्देश्य खेलना: 她一边说话，一边～着衣服上的纽扣。वह बात करते वक्त अपने कपड़े के बटनों से खिलवाड़ करती रही। ❷उंगलियों पर नचाना: 我们不能由着别人～。हमें स्वयं को दूसरों की उंगलियों पर नहीं नाचने देना चाहिये। ❸एकांत में विचार-विनिमय करना: 这事他俩一～就决定这么办了。उन दोनों ने एकांत में विचार-विनिमय कर यह निर्णय किया। ❹मनगढ़ंत बात कहना; बात बनाना
【捏一把汗】 niē yī bǎ hàn बहुत चिंता करना
【捏造】 niēzào गढ़ना: ～事实 मनगढ़ंत बात कहना; मनगढ़ंत बातों का सहारा लेना

nié

苶 nié थका हुआ; उदास; सुस्त: 疲～ थका हुआ

niè

乜 Niè एक कुलनाम
miē भी दे०

隉 (陧) niè दे० 杌陧 wùniè (स्थिति आदि का) अस्थिर होना

聂 (聶) Niè एक कुलनाम

臬 niè 〈लि०〉 ❶(तीर का) निशाना ❷धूपघड़ी का दंड, कील या शंकु (जो प्राचीन काल में चिह्नित धरातल पर अपनी छाया से वक्त बतलाता था) ❸मान-दंड; कसौटी
【臬兀】 nièwù दे० 臲卼 nièwù

涅 niè 〈लि०〉 ❶ऐल्यूनाइट ❷काला करना; काला रंग चढ़ाना
【涅槃】 nièpán 〈बौद्ध धर्म〉 निर्वाण; महापरिनिर्वाण

苶 niè दे० 地苶 dìniè एक प्रकार का बहुवर्षीय पौधा जो दवा के काम आता है

啮 (囓、齧、嚙) niè 〈लि०〉 (चूहे, खरगोश आदि का) दाँत से काटना; कुतरना
【啮齿动物】 nièchǐ dòngwù कृंतक प्राणी; रोडेंट

niè nín níng 904

【啮合】 nièhé ❶(दाँत) भींचना; कसकर बन्द कर लेना ❷दांतेदार पहियों का एक दूसरे में फंसना: 这两个齿轮～在一起。ये दो दांतेदार पहिये एक दूसरे में फंसते हैं।

茶（籋） niè 〈लि०〉 镊 niè के समान

嗫（囁） niè नीचे दे०

【嗫嚅】 nièrú 〈लि०〉 हिचकिचाहट के साथ या रुक-रुककर बोलना

嵲 niè दे० 嵽嵲 diéniè (पहाड़) ऊँचा

槷 niè 〈लि०〉 ❶(तीर) निशाने का केन्द्र ❷प्राचीन कालीन धूपघड़ी का दंड, कील या शंकु

镊（鑷） niè ❶छोटी चिमटी; मोचनी ❷चिमटी से बाल खींचना, वस्तुओं को उठाना या निकालना आदि

【镊子】 nièzi छोटी चिमटी; मोचनी; चिकोटी (छोटी वस्तुओं को उठाने, बाल खींचने आदि के लिये प्रयुक्त)

镍（鎳） niè 〈रसा०〉 निकल (Ni)

【镍币】 nièbì निकल; निकल निर्मित सिक्का

【镍钢】 niègāng निकल इस्पात

颞（顳） niè नीचे दे०

【颞骨】 niègǔ 〈श०वि०〉 गंडस्थलीय अस्थि; कनपटी की हड्डी; कपोलास्थि

【颞颥】 nièrú कनपटी; गंडस्थल

臲 niè नीचे दे०

【臲卼】 nièwù 〈लि०〉 (臬兀 nièwù भी) अस्थिर; अशांत

蹑（躡） niè ❶धीरे-धीरे चलना; दबे पाँव चलना: 他～着脚走出房间。वह दबे पाँव कमरे से बाहर निकला। ❷अनुसरण करना; अनुगमन करना; पीछे-पीछे चलना: 蹑踪 ❸〈लि०〉 कुचलना; रौंदना

【蹑手蹑脚】 nièshǒu-nièjiǎo दबे पाँव; पंजे के बल: 他～地站起来走出去。वह पंजे के बल उठा और बाहर चला गया।

【蹑踪】 nièzōng 〈लि०〉 (पशु या व्यक्ति की) पद-चिह्नों से खोज करना; पैर के निशानों का पीछा करना

【蹑足】 nièzú ❶दबे पाँव चलना: 他～走出病房。वह दबे पाँव वार्ड से बाहर निकला। ❷〈लि०〉 शामिल होना; भाग लेना: ～其间 इस में शामिल होना

【蹑足潜踪】 nièzú-qiánzōng दबे पाँव चलना; चुप-चाप चलना

孽（孼） niè ❶कुकर्म; दुष्कर्म; पाप: 作～ कुकर्म करना ❷〈लि०〉 अधर्मी; बेवफ़ा; बेईमान; अयोग्य; नालायक: ～子 अयोग्य पुत्र; कपूत

【孽报】 nièbào 〈बौद्ध धर्म〉 (业报 yèbào के समान) कर्म; पाप का फल

【孽海】 nièhǎi 〈बौद्ध धर्म〉 (业海 yèhǎi के समान) पाप का सागर

【孽障】 nièzhàng तपस्या में बाधा डालने वाले पाप

【孽种】 nièzhǒng ❶〈पुराना〉 नाश का कारण ❷〈घृणा०〉 〈पुराना〉 पापी

蘖 niè 〈वन०〉 तने के निम्नतम भाग से निकलने वाला कल्ला, अंकुर: 分～ तने की जड़ से अंकुर फटना; कल्ला निकलना

【蘖枝】 nièzhī तने की जड़ से फूटने वाला अंकुर

糵（糱） niè 〈लि०〉 शराब बनाने का खमीर

nín

恁 nín 〈पुराना〉 您 nín के समान

nèn भी दे०

您 nín 〈आदर०〉 आप: ～好! नमस्ते! / ～贵姓? आप का शुभ नाम क्या है?

níng

宁（寧、甯） níng ❶शांत: ～静 शांति; चैन ❷〈लि०〉 शांत करना: ～边 सीमांत प्रदेश में शांति कायम करना ❸देखने जाना; मिलने के लिये आना: ～亲 माता-पिता से मिलने आना या जाना ❹（Níng）宁夏回族自治区 NíngxiàHuízúZìzhìqū का संक्षिप्त रूप ❺（Níng）南京(नानचिंग) का दूसरा नाम

nìng भी दे०

【宁靖】 níngjìng 〈लि०〉 (व्यवस्था) स्थिर, शांत होना

【宁静】 níngjìng शांत; शांतिमय; प्रशांत; नीरव

【宁日】 níngrì शांति: 国无～。देश में शांति स्थापित नहीं की जा सकती।

【宁帖】 níngtiē (मन की स्थिति) शांत: 我的心～了。मेरा उद्वेग शांत हो गया।

【宁夏】 Níngxià निंगश्या: ～回族自治区 निंगश्या ह्वेइ जाति स्वायत्त प्रदेश

【宁馨儿】 níngxīn'ér 〈लि०〉 ❶ऐसा लड़का; ऐसा बच्चा ❷अच्छा लड़का; अच्छा बच्चा; प्यारा बच्चा

苧（薴） níng 〈रसा०〉 लाइमोनीन (limonene)

zhù 苎 भी दे०

拧（擰） níng ❶बटना; ऐंठना; मरोड़ना; निचोड़ना: ～衣服 कपड़ों को निचोड़ना / ～手巾 तौलिया

निचोड़ना ❷चुटकी काटना： ～大腿 टाँग पर चुटकी काटना / ～脸颊 गाल मसलना

nǐng; nìng भी दे०

咛（嚀）níng दे० 叮咛 dīngníng बार-बार कहना; सावधान करना; उपदेश देना

狞（獰） níng (चेहरे का भाव) भयानक; भयंकर: 狞笑

【狞笑】níngxiào कुटिल मुस्कान; बलात मुस्कराते हुए दाँत दिखाना

柠（檸） níng नीचे दे०

【柠檬】 níngméng नीबू; लैमन： ～水 लैमनेड; लैमन जूस; नीबू पानी / ～汁 लैमन जूस / ～黄 लैमन के रंग का / ～素 सिट्रिन / ～酸 सिट्रिक ऐसिड

聍（聹） níng दे० 耵聍 dīngníng कान का मैल; कर्णगूथ; कर्णमल

髩（鬡） níng दे० 髩髩zhēngníng <लि०> बाल बिखरे होना

凝 níng ❶जमना： 用鲜血～成的战斗友谊 रक्त से जमी लड़ाई मित्रता ❷ध्यान केन्द्रित होना： 凝望 / 凝视

【凝点】 níngdiǎn <भौ०> संघनन-बिंदु

【凝冻】níngdòng जमकर बर्फ़ हो जाना： 河水～。 नदी का पानी जमकर बर्फ हो गया ।

【凝固】 nínggù ❶ठोस बनाना： 蛋白质遇热会～。 प्रोटीन गरम किये जाने पर ठोस हो जाता है। ❷स्थिर और अपरिवर्तित： ～的目光 अपलक दृष्टि

【凝固点】 nínggùdiǎn <भौ०> वह बिंदु जिस पर कोई पदार्थ ठोस रूप ले

【凝固汽油弹】 nínggù qìyóudàn नापाम बम

【凝灰岩】 nínghuīyán <भूगर्भ०> टफ़

【凝集】 níngjí संश्लेषण करना; संलग्न करना： 心中疑云～。 मन में शंकाएं जमी हैं।

【凝结】níngjié जमना： 江面上～了一层薄冰。नदी पर बर्फ़ की पतली परत जम गयी। / 用鲜血～成的战斗友谊 रक्त से पकी लड़ाकुओं की मैत्री

【凝结剂】níngjiéjì <रसा०> आतंचक; जमाने वाली वस्तु

【凝结力】 níngjiélì आतंच्यता; जमाने का गुण

【凝结物】 níngjiéwù आतंचित पिण्ड; आतंच

【凝聚】 níngjù ❶जमना; गाढ़ा होना; आतंचित होना; घनीभूत होना： 荷叶上～着晶莹的露珠。कमल के पत्तों पर झलकते ओसकण जमे हैं। ❷<रसा०> कोऐसर्वेशन

【凝聚力】 níngjùlì ❶<भौ०> अंतराकर्षण ❷संसक्ति; संलग्नता; संबद्धता： 加强民族的～ राष्ट्र की संबद्धता को सुदृढ़ करना

【凝练】 nínglìàn (लेख) संक्षिप्त

【凝眸】 níngmóu <साहि०> गाड़ देना; आँख गाड़कर देखना; टकटकी लगाकर देखना; एकटक देखना： ～远望 कहीं दूर टकटकी लगाना

【凝神】níngshén केन्द्रित ध्यान से： ～思索 ध्यान केन्द्रित कर विचार करना

【凝视】 níngshì एकटक देखना; आँख गाड़कर देखना; टकटकी लगाकर देखना： ～的目光 अपलक दृष्टि

【凝思】 níngsī ध्यान लगाना; सोचना; चिंतन-मनन करना; ध्यान केन्द्रित कर विचार करना

【凝望】 níngwàng टकटकी लगाकर देखना; एकटक देखना： ～天空 आकाश की ओर टकटकी लगाना

【凝想】 níngxiǎng किसी विषय पर ध्यान केन्द्रित करना

【凝血酶】 níngxuèméi थ्रोम्बिन; थ्रोम्बेस

【凝血药】 níngxuèyào <चिकि०> स्कन्दक; स्कंदनकारी औषधि

【凝脂】 níngzhī <लि०> जमी हुई चर्बी： 肤如～ चिकनी, कोमल और चमकदार त्वचा

【凝滞】 níngzhì स्थिर; अचल; गतिहीन： ～的目光 स्थिर दृष्टि

【凝重】 níngzhòng ❶गंभीर; भव्य： 神情～ देखने में गंभीर होना ❷(आवाज़) गंभीर और दृढ़： 声音～有力 आवाज़ गंभीर और दृढ़ होना ❸गहरा; घना; मोटा： ～的乌云 घना बादल

nǐng

拧（擰） nǐng ❶बटना; गूंथना; पेंच से कसना; मरोड़ना：～螺丝 पेंच घुमाना / ～水龙头 बम्बा खोलना; बम्बा बन्द करना ❷गलत होना; बदलना： 他把“小题大做”说～了，说成“大题小做”。उस ने ‘तिल का ताड़ करना’ को बदलकर गलती से ‘ताड़ का तिल करना’ कहा। ❸मेल न खाना; अनुकूल न होना; फ़र्क होना： 他俩越说越～。उन दोनों में बातें जितनी हुईं उतने ही फर्क भी होते गये।

níng; nìng भी दे०

nìng

宁[1]（寧、甯） nìng ❶के बदले; के बजाय： ～死不屈 (संभावना के अर्थ में) झुकाने के बजाय मरना कबूल करना ❷<लि०> क्या： 山之险峻，～有逾此？ क्या कहीं इस से भी अधिक सीधा पहाड़ हो सकता है ?

宁[2]（甯） Nìng एक कुलनाम

níng भी दे०

【宁可】 nìngkě के बदले; के बजाय： ～倒下去，不愿屈服 सर झुकाने के बदले मरना कबूल करना / ～饿死，不领救济金 भीख का अन्न स्वीकार करने के बजाय भूख

से जान दे देना

【宁肯】 nìngkěn के बदले; के बजाय

【宁缺毋滥】 nìngquē-wúlàn घटिया वस्तुएं रखने के बजाय अभाव सहना —— गुणवत्ता के परिमाण से अधिक ज़ोर देना

【宁愿】 nìngyuàn के बदले; के बजाय

佞 nìng ❶चाटुकार; खुशामदी; चापलूस：～臣 चाटुकार अधिकारी ❷बुद्धिमान; हाज़िरजवाब：不～ 〈लि०〉〈विन०〉 मैं

拧（擰）nìng 〈बो०〉 ज़िद्दी; हठी; अड़ियल; दुराग्रही níng; nǐng भी दे०

泞（濘）nìng 〈लि०〉 कीचड़ से भरा; पंकिल

【泞滑】 nìnghuá कीचड़ और फिसलन भरा

niū

妞 niū 〈बोल०〉 लड़की：他家有几个～儿？उस के कितनी लड़कियां हैं？

【妞妞】 niūniū 〈बो०〉 छोटी बच्ची; छोटी लड़की

【妞子】 niūzi 〈बो०〉 छोटी बच्ची; छोटी लड़की

niú

牛 niú ❶गाय; बैल; वृषभ; ढोर; मवेशी ❷हठी; ज़िद्दी; दुराग्रही; अहंकारयुक्त：牛脾气 / 牛气 ❸अभिजित (नक्षत्र) ❹（Niú）एक कुलनाम

【牛蒡】 niúbàng 〈बन०〉 गोखरू की तरह का एक बड़ा पौधा：～子 〈ची०चि०〉 उक्त पौधे का फल

【牛鼻子】 niúbízi बैल आदि की नाक; कुंजी：牵牛要牵～。हमें बैल को पगही से बांधकर ले चलना चाहिये।

【牛脖子】 niúbózi 〈बो०〉 हठ; ज़िद; अड़ियलपन

【牛车】 niúchē बैलगाड़ी; छकड़ा

【牛刀小试】 niúdāo-xiǎoshì उस्ताद के हाथ का पहला छोटा प्रदर्शन; प्रवीण का पहले अपनी छोटी योग्यता दिखाना

【牛痘】 niúdòu ❶गो-चेचक; गाय के थन की माता ❷वैक्सीन पस्त्यूल：种～ चेचक का टीका लगाना

【牛痘苗】 niúdòumiáo (बैल का) वैक्सीन

【牛犊】 niúdú गोवत्स; बछड़ा; बछिया

【牛顿】 niúdùn 〈भौ०〉 न्यूटन (बल की मानक मीटर-किलोग्राम-सेकण्ड इकाई (भौतिक विज्ञानी न्यूटन के नाम पर)

【牛轭】 niú'è हल का जुआ

【牛耳】 niú'ěr दे० 执牛耳 zhí niú'ěr स्वीकृत नेता बनना

【牛粪】 niúfèn गोबर：～饼 कंडा; गोबरी; उपला

【牛倌】 niúguān गोपाल; गोपालक; ग्वाला

【牛鬼蛇神】 niúguǐ-shéshén दैत्य और दानव; भयंकर दैत्य और राक्षस; किस्म-किस्म के आदमखोर

【牛黄】 niúhuáng 〈ची०चि०〉 बैल आदि के आमाशय और अंतड़ियों में पाया जाने वाला पीला कड़ा पदार्थ; बाजहर; बीज़ोर（bezoar）

【牛角尖】 niú jiǎojiān बैल आदि के सींग की नोक; अंधी गली：钻～ अंधी गली में फंसना

【牛叫】 niú jiào रंभाना

【牛劲】 niú jìn ❶बड़ी शक्ति; बड़ी ताकत; बड़ा प्रयत्न; बड़ी चेष्टा：他费了～才把窗打开。उस ने बड़ी ताकत से खिड़की खोली। ❷हठ; ज़िद; अड़ियलपन：这小伙子干活有股子～。यह युवक हठीलेपन से काम करता है।

【牛圈】 niú juàn बगार; गोशाला

【牛栏】 niúlán बगार; गोशाला

【牛郎】 niúláng ❶〈पुराना〉 ग्वाला; चरवाहा; गोप ❷（Niúláng）ग्वाला（दे० 牛郎织女）

【牛郎星】 Niúlángxīng गोप नक्षत्र; प्रथम श्रवण नक्षत्र

【牛郎织女】 niúláng-zhīnǚ ❶जवान ग्वाला और जुलाही (पुराण में प्रेमी और प्रेमिका के रूप में वर्णित प्रथम श्रवण और अभिजित नक्षत्र जो स्वर्गगंगा के दो किनारों पर एक दूसरे से अलग हैं और जिन्हें केवल चांद्र वर्ष के सातवें महीने के सातवें दिन तभी एक दूसरे से मिलने की आज्ञा है जब कालकूट उन के लिये इस बाधा को पार करने के लिये पुल बांधती हों) ❷किसी कारण देश के भिन्न स्थानों में अलग-अलग रहने को मजबूर पति-पत्नी

【牛马】 niúmǎ पशु; लद्दू जानवर; बैल और घोड़ा：～生活 पशु का-सा जीवन / 做～ लद्दू जानवरों की तरह बोझ उठाना

【牛毛】 niúmáo बैल आदि के बाल; बहुत अधिक; बहुत घना; बहुत पतला：～细雨 झड़; झड़ी / 多如～ बहुत अधिक; बैल के बाल जितना अधिक

【牛虻】 niúméng गोभक्षी; डांस

【牛奶】 niúnǎi गाय का दूध; दूध：～场 दुग्धशाला / ～店 डेयरी / ～罐头 डिब्बा बन्द दूध / ～瓶 दूध की बोतल / ～糖 टॉफ़ी

【牛腩】 niúnǎn 〈बो०〉 गाय या बैल के पुट्ठे के नीचे का मांस

【牛排】 niúpái बीफ़स्टेक; बीफ़ टिक्का

【牛棚】 niúpéng बगार; गोशाला

【牛皮】 niúpí ❶गाय की खाल; गो-चर्म ❷लचीला; लचकदार; जो खींचा या ताना जा सके：～糖 लसदार मिठाई / ～纸 एक मज़बूत कागज़ ❸डींग मारना; शेखी बघारना

【牛皮癣】 niúpíxuǎn 〈चिकि०〉 प्सॉराइयसिस

【牛脾气】 niúpíqì हठ; ज़िद; अड़ियलपन

【牛气】 niúqì 〈बो०〉 उद्धत; उद्दंड; अहंकारयुक्त

【牛肉】 niúròu गोमांस; गाय का मांस

【牛舌鱼】 niúshéyú जीभ मछली; टंगफ़िश; टंग सोल

【牛虱】 niúshī गाय की जूँ

【牛溲马勃】niúsōu–mǎbó सस्ती परंतु उपयोगी चीज़ें
【牛头刨】niútóubào（牛头刨床 niútóubào–chuáng भी）आकार देने वाली मशीन; शेपर; शेपिंग मशीन
【牛头不对马嘴】niú tóu bù duì mǎ zuǐ बेमेल होना; अप्रासंगिक होना; बेतुका होना
【牛头马面】niútóu–mǎmiàn वृषभानन और अश्वमुख (यम-राज के दो पिशाच अनुगामी)
【牛蛙】niúwā बैल-मेढक; बुलफ़्राग; गोमंडूक
【牛尾】niúwěi गाय की पूंछ：～汤 ऑक्सटेल सूप
【牛瘟】niúwēn बैल रोग; कैटिल प्लेग
【牛膝】niúxī 〈ची०चि०〉 बाइडेंटेट ऐकिरेंथिस（bidentata achyranthes）
【牛性】niúxìng हठ; ज़िद; अड़ियलपन
【牛鞅子】niúyàngzi（牛鞅 niúyàng भी）बैल का पेशबन्द
【牛饮】niúyǐn गाय की तरह बहुत अधिक पीना
【牛蝇】niúyíng 牛虻 का सामान्य नाम
【牛油】niúyóu मक्खन
【牛仔裤】niúzǎikù（牛崽裤 niúzǎikù भी）जीन्स

niǔ

扭 niǔ ❶मोड़ना; मरोड़ना; मसूसना：他～过头来看。उस ने सिर मोड़कर देखा। ❷बटना; मरोड़कर अलग कर देना：他把树枝～断了。उस ने पेड़ की एक डाल को मरोड़कर अलग कर दिया। ❸ऐंठना; मोच आना：他～了脚。उस के पैर में मोच आ गयी। ❹मटकाना：～动臀部跳舞 कूल्हे मटकाकर नाचना ❺पकड़ना：～住衣领 गरेबान (कालर) पकड़ना / ～面颊 किसी व्यक्ति का गाल मसलना ❻कुटिल; तिरछा：他歪歪～～的写了几个字。उस ने कुटिलता से कुछ अक्षर लिखे।
【扭摆】niǔbǎi (शरीर) हिलना; हिलाना; मटकाना：～腰肢 कूल्हे मटकाना
【扭秤】niǔchèng 〈भौ०〉 मरोड़-कांटा
【扭打】niǔdǎ दंगल लड़का; कुश्ती लड़ना; हाथापाई करना; एक दूसरे को पकड़कर लड़ना
【扭动】niǔdòng (कूल्हे) मटकाना：～腰肢走 कूल्हे मटकाकर चलना
【扭结】niǔjié बटना; गून्थना; उलझना
【扭筋】niǔjīn मरोड़ना; ऐंठना
【扭紧】niǔjǐn मरोड़कर कस देना
【扭亏为盈】niǔkuī–wéiyíng घाटे को मुनाफ़े में बदलना
【扭力】niǔlì 〈भौ०〉 बटने मरोड़ने की शक्ति
【扭力天平】niǔlì tiānpíng मरोड़-कांटा
【扭捏】niǔnie ❶(औरतों को प्रभावित करने के लिये) कृत्रिम रूप से मटकते हुए चलना ❷कृत्रिम लज्जाशील होना; कृत्रिम संकोच दिखाना：她～地说。वह लज्जाशीलता से बोली।
【扭曲】niǔqū ❶तोड़ना; मरोड़ना; टेढ़ा-मेढ़ा करना：地震后铁轨～。भूकम्प के बाद रेलगाड़ी की पटरियां टेढ़ी-मेढ़ी हो गयीं। ❷तोड़ना-मरोड़ना：被～的事实 तोड़ा-मरोड़ा गया तथ्य
【扭送】niǔsòng अपराधी को पकड़कर पुलिस को सौंपना
【扭头】niǔtóu ❶सिर मोड़ना：他扭过头来跟我说话。वह सिर मोड़कर मुझ से बात करने लगा। ❷शरीर मोड़ना：他～就走。वह मुड़कर तुरंत चला गया।
【扭伤】niǔshāng मोच आना：他～了。उसे मोच आ गयी।
【扭秧歌】niǔ yāngge यांगक नाच नाचना (करना)
【扭转】niǔzhuǎn घुमाना; मोड़ना; पलटना：他～身来。उस ने अपनी काया मोड़ी। / ～局势 बहाव को उलटना; रुझान बदलना / ～乾坤 सारे विश्व को बदल देना; ज़मीन-आसमान एक कर देना

狃 niǔ अंधानुकरण करना：～于习俗 रीति-रिवाज़ों का अंधानुकरण करना / ～于成见 अपने मत के ठीक सिद्ध न होने पर भी अड़े रहना

忸 niǔ नीचे दे०
【忸怩】niǔní झेंपता हुआ; शरमाता हुआ; लज्जापूर्ण

纽（紐）niǔ ❶मूठ; हत्था घुंडी：秤～ विषमभुजतुला (स्टीलयार्ड) की वज़न उठाने वाली रस्सी (या रस्सा) ❷बटन：～扣 बटन ❸बंधन; ग्रंथि; गांठ：纽带
【纽带】niǔdài कड़ी; बंधन; ग्रंथि; गांठ; जोड़：团结中印两国人民的～ चीन और भारत दोनों देशों की जनता के बीच एकता बनाए रखने वाला सूत्र
【纽扣】niǔkòu बटन：他散着～。उस के सीने के बटन खुले थे।
【纽襻】niǔpàn बटन का फंदा
【纽眼】niǔyǎn 〈बो०〉 काज
【纽约】Niǔyuē न्यू यार्क：～市 न्यू यार्क नगर / ～州 न्यू यार्क राज्य
【纽子】niǔzi बटन

杻 niǔ प्राचीन पुस्तकों में वर्णित एक प्रकार का वृक्ष

钮（鈕）niǔ ❶纽 niǔ के समान ❷बिजली का बटन; बटन दे० 电钮 diànniǔ ❸（Niǔ）एक कुलनाम

niù

拗（抝）niù हठी; ज़िद्दी; अड़ियल：你莫～哟。तुम्हें ज़िद नहीं करनी चाहिये।
ǎo; ào भी दे०

nóng

农（農、辳）nóng ❶कृषि：农具 / 农产品 ❷किसान; कृषक：棉～ कपास उगाने वाला किसान / 中～ मध्यम किसान ❸（Nóng）एक कुलनाम

【农产品】nóngchǎnpǐn कृषिउत्पाद; कृषिउपज：～市场 कृषि-बाज़ार

【农场】nóngchǎng फ़ार्म; कृषिफ़ार्म

【农村】nóngcūn गांव; ग्राम; देहात：～包围城市 देहातों (या देहाती इलाकों) से शहरों को घेरना / ～电气化 ग्राम्य विद्युतीकरण / ～根据地 ग्रामीण आधार क्षेत्र

【农贷】nóngdài कृषि-ऋण; कृषि कर्ज़

【农夫】nóngfū 〈पुराना〉 कृषक; किसान

【农妇】nóngfù 〈पुराना〉 महिला कृषक; महिला किसान

【农户】nónghù किसान-परिवार; कृषक-कुटुंब

【农会】nónghuì किसान-सभा; किसान-संगठन

【农活】nónghuó किसानी; कृषि कर्म; खेती-बारी; खेती

【农机】nóngjī कृषि-यंत्र; फ़ार्म-औज़ार

【农具】nóngjù कृषि-औज़ार; खेती के औज़ार：～修配厂 कृषि-औज़ार मरम्मत कारखाना

【农垦】nóngkěn भूमि-उद्धार：～部 भूमि-सुधार मंत्रालय

【农历】nónglì चीनी चांद्र पंचांग; परम्परागत चीनी कलेंडर

【农林牧副渔】nóng-lín-mù-fù-yú कृषि, वानिकी, पशु-पालन, सहयोगी उत्पादन और मत्स्य पालन

【农忙】nóngmáng ऐसा समय जबकि खेतीसंबंधी कार्य अधिक हो; खेती का व्यस्त मौसम

【农贸市场】nóngmào shìchǎng (शहर में) कृषि-उत्पाद बाज़ार

【农民】nóngmín कृषक; किसान：～起义 किसान विद्रोह / ～协会 किसान-सभा; किसान-संघ / ～战争 किसान-युद्ध

【农民运动讲习所】Nóngmín Yùndòng Jiǎngxísuǒ किसान-आन्दोलन संस्थान; किसान-आन्दोलन कार्यकर्ता प्रशिक्षण-प्रतिष्ठान

【农奴】nóngnú भूदास; कृषिदास：～制 भूदास-प्रथा; कृषिदास व्यवस्था / ～主 भूदासस्वामी; कृषिदासस्वामी

【农人】nóngrén किसान; कृषक

【农舍】nóngshè किसान-घर; झोंपड़ी; कुटिया

【农时】nóngshí कृषि का मौसम：不违～ सही समय पर खेतीबारी करना; खेती का मौसम हाथ से न निकलने देना

【农事】nóngshì खेती; खेतीबारी：～季节 खेती का मौसम

【农事试验场】nóngshì shìyànchǎng प्रायोगिक कृषि फ़ार्म

【农田】nóngtián कृषिभूमि：～水利 सिंचाई और जल संरक्षण

【农闲】nóngxián वह समय जबकि खेतीबारी कम होती हो

【农械】nóngxiè फ़ार्म पर प्रयुक्त रासायनिक यंत्र-सामग्री

【农学】nóngxué कृषि-विज्ञान：～家 कृषिविज्ञानी

【农谚】nóngyàn कृषक कहावत

【农药】nóngyào कृषि के काम आनेवाली दवा; कीटनाशक औषधि

【农业】nóngyè कृषि; खेती：～改革 कृषिसुधार / ～工人 खेत मज़दूर; देहाती मज़दूर / ～技术改造 कृषि का तकनीकी रूपांतर / ～生产 कृषि-उत्पादन / ～收入 कृषि-आय; खेती की आमदनी / ～展览会 कृषिप्रदर्शनी

【农业八字宪法】nóngyè bā zì xiànfǎ आठ सूत्री कृषि चार्टर

【农业发展纲要】nóngyè fāzhǎn gāngyào कृषि-विकास का राष्ट्रीय कार्यक्रम

【农业国】nóngyèguó कृषिप्रधान देश

【农业合作化】nóngyè hézuòhuà कृषि-सहकारिता

【农业化学】nóngyè huàxué कृषि-रसायनशास्त्र

【农业集体化】nóngyè jítǐhuà कृषि का सामूहीकरण

【农业生产合作社】nóngyè shēngchǎn hézuòshè कृषि उत्पादन सहकारी समिति

【农业税】nóngyèshuì कृषिकर

【农业投资】nóngyè tóuzī कृषि-निवेश; कृषि-विनियोजन; कृषि में लगी पूंजी

【农业中学】nóngyè zhōngxué कृषि माध्यमिक विद्यालय (सेकंडरी स्कूल)

【农艺】nóngyì कृषिविज्ञान：～师 कृषिविशेषज्ञ / ～学 कृषिविज्ञान

【农药残留】nóngyào cánliú कीटनाशक अवशेष; पेस्टीसाइड रेज़िड्यू

【农用】nóngyòng कृषि या कृषक के लिये (या द्वारा) प्रयुक्त

【农作物】nóngzuòwù फ़सल

侬（儂）nóng ❶〈बो०〉 तुम; आप ❷(पुरानी कविताओं में प्रयुक्त) मैं ❸（Nóng）एक कुलनाम

【侬人】Nóngrén क्वांगशी और युननान के एक-दूसरे से मिलने वाले क्षेत्र में रहने वाली च्वांग जाति 壮族

哝（噥）nóng नीचे दे०

【哝哝】nóngnóng धीमे स्वर में बात करना; फुसफुसाना

浓（濃）nóng ❶घना; गाढ़ा：～云 घना बादल / 浓茶 / ～烟 घना धुआं / ～墨 गाढ़ी स्याही ❷(तीव्रता, श्रेणी आदि) तेज़; बड़ा; गहरा：她睡得正～。वह गहरी नींद में सो रही थी। / 又～又黑的眉毛 घनी काली भौंहें

【浓茶】nóngchá तेज़ चाय; गाढ़ी चाय

【浓淡】nóngdàn (रंग) गाढ़ा या हल्का; रंग का ठीक या उचित होना, न अधिक गाढ़ा, न अधिक हल्का

【浓度】nóngdù घनापन; गाढ़ापन; घनता; सांद्रता

【浓厚】nónghòu ❶घना (धुआं, कोहरा, बादल आदि)：～的云层 घना बादल ❷बड़ी (दिलचस्पी आदि);

गहरी (मनोवृत्ति आदि)：～的买办阶级思想 दलाल वर्ग की गहरी मनोवृत्ति / ～地存在 गम्भीर सीमा तक मौजूद होना

【浓烈】nóngliè तेज़; गाढ़ा; गहरा：香气～ भारी महक वाला; बेढब गंध वाला; बेतरह महका हुआ

【浓眉】nóngméi घनी काली भवें; घनी मोटी भौहें

【浓密】nóngmì घना; गाढ़ा; गहरा：～的枝叶 घनी पत्तियां; घने पत्ते

【浓缩】nóngsuō 〈रसा०〉संकेन्द्रित करना; समृद्ध करना：～物 संकेन्द्रित पदार्थ / ～铀 समृद्ध यूरेनियम

【浓艳】nóngyàn गहरे और तड़क-भड़क वाले (रंग)：色彩～ गहरे और तड़क-भड़क वाले रंगों में

【浓郁】[1] nóngyù तेज़; प्रचुर; अच्छा：～的香味 अच्छी गंध

【浓郁】[2] nóngyù ❶समृद्ध और घना; गाढ़ा：～的松林 सनोवर का घना जंगल ❷तेज़; बड़ा; अच्छा：色彩～ गहरे रंगों में / ～的兴趣 बड़ी दिलचस्पी

【浓重】nóngzhòng (धुआं, कोहरा; गंध; रंग आदि) गहरा; गाढ़ा; घना：～的云雾 घना बादल और कोहरा / ～的色彩 भड़कीले रंग

【浓妆艳抹】nóngzhuāng-yànmǒ ठाठ-बाट से सजना-संवरना; कीमती पोशाक और भारी शृंगार धारण करना

脓（膿）nóng पीप; मवाद

【脓包】nóngbao ❶〈चिकि०〉पूयस्फोटिका; फुंसी ❷नालायक; गधा

【脓疱病】nóngpàobìng〈चिकि०〉इम्पेटिगो; पका हुआ फोड़ा

【脓肿】nóngzhǒng〈चिकि०〉व्रण; स्फोट; फोड़ा：肝～ यकृत-व्रण

秾（穠）nóng 〈लि०〉(पौधे, वृक्ष) समृद्ध; शान से खिले हुए：～艳 भड़कीले रंग वाला और सुंदर; रंग-बिरंगा

醲（醲）nóng 〈लि०〉तेज़ शराब

nòng

弄 nòng ❶से खेलना：他又～沙去了。वह फिर रेत से खेलने चल दिया। ❷करना; काम करना：他把钟～坏了。उस ने घंटी खराब कर दी। / 孩子把衣服～脏了。बच्चे ने कपड़े गंदे कर दिये। ❸पाना; प्राप्त करना; ले आना; लाना：～点水果来。कुछ फल ले आओ। ❹खेलना：～手段 दांव-पेंच खेलना

lòng भी दे०

【弄臣】nòngchén दरबारी विदूषक

【弄潮】nòngcháo तैराक; नाविक：～的好手 मशहूर तैराक

【弄潮儿】nòngcháo'ér ❶तैराक; नाव चलाने वाला ❷संकट में साहस के साथ संघर्ष करने वाला

【弄错】nòngcuò गलती करना; गलत समझना：你不要～了。तुम्हें गलती नहीं करनी चाहिये।

【弄鬼】nòngguǐ 〈बो०〉षड़यंत्र रचना; चाल चलना

【弄好】nònghǎo ❶अच्छा करना：要把事情～。काम अच्छा किया जाए। ❷किसी काम को खत्म करना：饭～了没有？क्या खाना तैयार है？

【弄坏】nònghuài खराब कर देना; गड़बड़ करना：书是他～的。किताब उस ने खराब की है।

【弄假成真】nòngjiǎ-chéngzhēn जो हंसी-मज़ाक में कहा (या किया) था वह सच निकला

【弄僵】nòngjiāng गतिरोध अवस्था जब अत्यधिक जटिलता के कारण कोई मामला आगे न बढ़ सके

【弄巧成拙】nòngqiǎo-chéngzhuó चालाकी करनी चाही थी पर उलटे काम बिगड़ा गया।

【弄清】nòngqīng (विषय, मन, दृष्टि आदि को) स्पष्ट करना; साफ़ करना：～是非 सही और गलत पहलुओं को स्पष्ट करना; सही-गलत को अलग करना / ～情况 परिस्थिति के बारे में एक सुस्पष्ट धारणा बनाना

【弄权】nòngquán स्वार्थ के लिये सत्ता का दुरुपयोग करना

【弄通】nòngtōng (पर) महारत हासिल करना：～马克思主义 मार्क्सवाद पर महारत हासिल करना; मार्क्सवाद को अच्छी तरह आत्मसात करना

【弄瓦】nòngwǎ 〈लि०〉बच्ची या बेटी पैदा होना या करना

【弄虚作假】nòngxū-zuòjiǎ पाखंड करने में निपुण होना; धोखाधड़ी में अभ्यस्त होना

【弄糟】nòngzāo गड़बड़ी मचाना; काम खराब कर देना; चौपट कर देना：把事情～ काम खराब कर देना

【弄璋】nòngzhāng 〈लि०〉बच्चा या बेटा पैदा होना या करना

nòu

耨（鎒）nòu 〈लि०〉❶घास-फूस खोदने की कुदाल ❷घास-फूस निकालकर साफ़ करना：深耕细～ गहरा जोतना और घास-फूस को ज़मीन से अच्छी तरह उखाड़कर साफ़ करना

nú

伮 nú व्यक्ति के नाम में प्रयुक्त अक्षर

奴 nú ❶दास; दासी：女～ दासी ❷〈पुराना〉मैं; मुझे; मुझ को (लड़की या युवती द्वारा प्रयुक्त) ❸दास या दासी बनाना; गुलाम बनाना：奴役

【奴婢】núbì दास-दासी या नौकर-नौकरानी का सम्राट-

सम्राज्ञी को हिजड़े का आत्मसंबोधन
【奴才】 núcai गुलाम; दास; नौकर; चाकर; चपरासी: ~思想 दास-विचारधारा; दास-धारणा / ~哲学 दास-दर्शन
【奴化】 núhuà दासोचित; गुलाम बनाना: ~教育 दासोचित शिक्षा; गुलाम बनाने वाली शिक्षा / ~思想 गुलाम बनाने वाली विचारधारा
【奴家】 nújiā 〈पुराना〉 मैं; मुझे; मुझ को (लड़की का आत्मसंबोधन)
【奴隶】 núlì दास; दासी: ~起义 दास-विद्रोह / ~社会 दासों का समाज; दास-समाज; दास-प्रथा केन्द्रित समाज
【奴隶制】 núlìzhì दास-प्रथा; दासत्व; दास-व्यवस्था
【奴隶主】 núlìzhǔ दासस्वामी; दास-मालिक
【奴隶主义】 núlì zhǔyì दासवृत्ति; दास-स्वभाव
【奴仆】 núpú नौकर; चाकर; चपरासी: 忠实的~ वफ़ादार नौकर; वफ़ादार पिछलग्गू
【奴性】 núxìng दासता; गुलामी; दासवृत्ति
【奴颜婢膝】 núyán-bìxī दास-सदृश; चाटुकारी से पूर्ण
【奴颜媚骨】 núyán-mèigǔ जीहुजूरी और चाटुकारिता: 没有丝毫的~ हर किस्म की जीहुजूरी या चापलूसी से कोसों दूर रहना
【奴役】 núyì गुलाम बनाना; दास बनाना: 反抗~和压迫 दासता और अत्याचार का विरोध करना / 签订~性的商约 दासतापूर्ण वाणिज्य संधि करना

孥 nú 〈लि०〉 ❶पुत्र-पुत्री; बेटा-बेटी: 妻~ पत्नी और पुत्र-पुत्री ❷पत्नी और संतान

驽（駑） nú 〈लि०〉 ❶घटिया घोड़ा; तेज़ न दौड़ पाने वाला घोड़ा ❷(व्यक्ति) मंद; मंदबुद्धि; अयोग्य; नासमझ: 驽钝
【驽钝】 núdùn 〈लि०〉 मंद; जड़; मंदबुद्धि; मूर्ख
【驽马】 númǎ 〈लि०〉 घटिया घोड़ा; तेज़ न दौड़ने वाला घोड़ा

nǔ

努[1]（呶、㖿） nǔ ❶प्रयत्न करना; प्रयास करना; चेष्टा करना; कोशिश करना: 努力 ❷〈बो०〉 अत्यधिक श्रम के कारण स्वयं को चोट पहुंचाना
呶 के लिये náo भी दे०

努[2]（拗） nǔ बाहर को उभारना; उभरना: 努嘴
【努力】 nǔlì प्रयत्न करना; प्रयास करना; चेष्टा करना; कोशिश करना: ~克服困难 मुश्किल दूर करने के लिये कोशिश करना
【努嘴】 nǔzuǐ मुंह फुलाना; मुंह फेरना: 我努着嘴。 मैं ने मुंह फेर लिया। / 他向隔壁努一努嘴。 उस ने सिर घुमाकर बगल के मकान की ओर मुंह से इशारा किया।

弩 nǔ कलदार धनुष; क्रॉस बाउ: 弩弓 / 弩机
【弩弓】 nǔgōng कलदार धनुष; क्रॉस बाउ
【弩机】 nǔjī कलदार धनुष; क्रॉस बाउ
【弩箭】 nǔjiàn कलदार धनुष से फेंके जाने वाले तीर

砮 nǔ 〈लि०〉 तीर के फल के काम आने वाला पत्थर

胬 nǔ नीचे दे०
【胬肉】 nǔròu 〈ची०चि०〉 आंख के भीतरी कोण से निकला श्लेष्मल छिल्ली का त्रिकोण पिंड
【胬肉攀睛】 nǔròu-pānjīng 〈ची०चि०〉 प्टेरीगियम

nù

怒 nù ❶क्रोध; कोप; रोष; गुस्सा: 怒火 / 怒容 / ~骂 बिगड़कर गाली देना ❷प्रबल; सशक्त; शक्तिमान; गतिशील: 怒放
【怒不可遏】 nùbùkě'è आपे से बाहर होना; गुस्से से बेकाबू होना
【怒潮】 nùcháo आक्रोशपूर्ण ज्वार; प्रचंड ज्वार: 革命的~ क्रांति का आक्रोशपूर्ण ज्वार
【怒斥】 nùchì बिगड़कर गाली देना: ~叛徒 विश्वास-घाती को क्रोध से डांटना
【怒冲冲】 nùchōngchōng क्रोध में; रोष में; गुस्से में: 他~地走了。 वह गुस्से में चला गया।
【怒发冲冠】 nùfà-chōngguān अत्यंत क्रोधित होना
【怒放】 nùfàng (फूल) पूरी तरह खिला होना: 百花~。 तरह-तरह के फूल खिल गये।
【怒号】 nùháo (हवा का) चीखते हुए चलना: 狂风~。 तेज़ हवा ज़ोर-ज़ोर से चीखती चल रही है।
【怒吼】 nùhǒu चीखना; चिल्लाना; गुस्से से गरजना: 《~吧，中国》 'जागो, चीन' (एक गाने का नाम)
【怒火】 nùhuǒ रोष की ज्वाला: 激起~ रोष की ज्वाला भड़का देना / 满腔~ क्रोध से भरा होना
【怒火中烧】 nùhuǒ-zhōngshāo रोष से जल जाना
【怒目而视】 nùmù'érshì आंख दिखाना; किसी व्य- क्ति को खूंखार ढंग से घूरना; क्रोधित आंखों से देखना; गुस्से से लाल आंखों से घूरना
【怒气】 nùqì क्रोश; रोष: ~冲冲 अत्यंत क्रोध में होना; तैश में आना / 她~冲冲地走来。 वह क्रोध से भरी आयी।
【怒容】 nùróng रोषपूर्ण आकृति; क्रोधित आकृति; क्रुद्ध चेहरा: ~满面 चेहरा बहुत अधिक क्रुद्ध दिखाई देना; रोष-भरा चेहरा
【怒色】 nùsè क्रोध का भाव: 面带~ चेहरे पर क्रोध का भाव दिखाई देना
【怒视】 nùshì क्रोधित आंखों से देखना; अत्यंत गंभीर मुद्रा में घूरना
【怒涛】 nùtāo क्षुब्ध समुद्र की तरंगें; प्रचंड लहरें

【怒形于色】 nùxíngyúsè चेहरे पर क्रोध का भाव दिखाई देना; बहुत नाराज़ दिखना
【怒族】 Nùzú नू जाति (युननान प्रांत में)

傉 nù (व्यक्ति के नाम में प्रयुक्त) 秃发傉檀 Tūfā-nùtán (थू फ़ा नू थान), पूर्वी चिन राजवंश में नानल्यांग (南凉) राज्य का राजा (365-415 ई०)

nǚ

女 nǚ ❶स्त्री; नारी: 女人 / 女皇 / ～仆 नौकरानी; सेविका / ～奴 दासी; बांदी ❷पुत्री; बेटी: 长～ जेठी बेटी; ज्येष्ठ पुत्री ❸श्रवण नक्षत्र
〈प्रा०〉 汝 rǔ के समान
【女伴】 nǚbàn सखी; सहेली
【女扮男装】 nǚbànnánzhuāng स्त्री का पुरुष वेश धारण करना
【女傧相】 nǚbīnxiàng सहबाली; वधू-सखी (जो विवाह के समय वधू के साथ रहे)
【女厕所】 nǚcèsuǒ ❶स्त्रियों का हाथ-मुंह धोने का कमरा; स्त्रियों का शौचालय ❷(सार्वजनिक शौचालय का चिन्ह) स्त्री; नारी
【女车】 nǚchē स्त्रियों की साइकिल
【女衬衫】 nǚchènshān ब्लाउज़
【女低音】 nǚdīyīn 〈संगी०〉 नीचा नारी-स्वर; ऐल्टो
【女弟】 nǚdì छोटी बहिन
【女儿】 nǚ'ér पुत्री; बेटी
【女方】 nǚfāng दुलहिन का पक्ष; वधू-पक्ष; पत्नी-पक्ष
【女服务员】 nǚfúwùyuán महिला प्रबंधक; (जहाज़ की) परिचारिका; स्त्री-बैरा; वेटरेस; सेविका
【女高音】 nǚgāoyīn 〈संगी०〉 उच्च नारी-स्वर; सोप्रानो: ～歌唱家 उच्च-स्वर गायिका
【女工】[1] nǚgōng ❶मज़दूरिन; महिलामज़दूर ❷〈पुराना〉 नौकरानी
【女工】[2] nǚgōng (女红 भी) सीने-पिरोने का काम, कढ़ाई-सिलाई, कसीदा आदि
【女公子】 nǚgōngzǐ 〈आदर०〉 (किसी अन्य व्यक्ति की) पुत्री; किसी ख्यात व्यक्ति की पुत्री
【女红】 nǚgōng 〈लि०〉 दे० 女工[2]
【女皇】 nǚhuáng सम्राज्ञी
【女家】 nǚjiā दुलहिन का पक्ष; वधू-पक्ष; पत्नी का परिवार
【女监】 nǚjiān (女牢 भी) स्त्री अपराधियों का बन्दीगृह
【女将】 nǚjiàng ❶महिला-सेनापति ❷महिला विशेषज्ञ, उस्तानी आदि
【女界】 nǚjiè नारी जगत्
【女眷】 nǚjuàn परिवार की स्त्रियां
【女角】 nǚjué नारी चरित्र
【女郎】 nǚláng लड़की; युवती
【女伶】 nǚlíng 〈पुराना〉 अभिनेत्री; नटी
【女牢】 nǚláo दे० 女监
【女流】 nǚliú 〈अना०〉 स्त्री; औरत
【女强人】 nǚqiángrén सुयोग्य महिला
【女墙】 nǚqiáng मुंडेर; मुंडेरा
【女权】 nǚquán स्त्रियों के अधिकार; महिला-अधिकार
【女人】 nǚrén स्त्री; औरत; नारी; महिला
【女人】 nǚren 〈बोल०〉 पत्नी
【女色】 nǚsè स्त्री की सुन्दरता: 好～ जिसे बहुत काम-वासना हो
【女神】 nǚshén देवी
【女生】 nǚshēng छात्रा; विद्यार्थिनी
【女声】 nǚshēng 〈संगी०〉 नारी-स्वर; नारी ध्वनि: ～合唱 नारी सहगान
【女史】 nǚshǐ 〈आदर०〉 महिला बुद्धिजीवी
【女士】 nǚshì स्त्री; देवी; श्रीमती; मैडम; साहिबा: ～们，先生们！ देवियो, सज्जनो !
【女王】 nǚwáng रानी
【女巫】 nǚwū डाइन; जादूगरनी
【女星】 nǚxīng तारिका
【女性】 nǚxìng ❶नारी; स्त्री जाति: ～尊重者 नारी समाज के प्रति आदर-भाव से ओत-प्रोत व्यक्ति ❷स्त्री; औरत
【女兄】 nǚxiōng 〈लि०〉 बड़ी बहिन
【女修道院】 nǚxiūdàoyuàn कोनवेंट
【女婿】 nǚxu ❶दामाद; जामाता; जमाई ❷〈बोल०〉 पति
【女优】 nǚyōu 〈पुराना〉 अभिनेत्री
【女招待】 nǚzhāodài 〈पुराना〉 बैरा; वेटरेस
【女贞】 nǚzhēn 〈वन०〉 चमकदार प्रिवेट: ～子 〈ची० चि०〉 उक्त पौधे का फल
【女真】 Nǚzhēn न्वीचन, एक प्राचीन जाति जो मान जाति की पूर्वज थी। इस ने चिन राजवंश (1115-1234 ई०) की स्थापना की थी
【女中音】 nǚzhōngyīn 〈संगी०〉 मेज़्गो-सोप्रानो
【女主角】 nǚzhǔjué नायिका; प्रमुख महिला पात्र
【女主人】 nǚzhǔrén मालिकिन
【女子】 nǚzǐ स्त्री; नारी; महिला: ～单打 महिलाओं की सिंगल्स या एकल स्पर्धा / ～双打 महिलाओं की डबल्स या युगल स्पर्धा / ～团体赛 महिलाओं की टीम इवेंट

钕 (釹) nǚ 〈रसा०〉 नियोडिमियम (Nd)

籹 nǚ दे० 粔籹 jùnǚ प्राचीन समय में एक प्रकार का तला हुआ आटे से बना खाद्य

nǜ

恧 nǜ 〈लि०〉 लाज; हया; शर्मिंदगी: 惭～ शर्मिंदा होना

衄 (衂、鼾) nǜ ❶〈लि०〉 नाक से खून निकलना

या बहना; खून निकलना: 鼻～ नाक से खून निकलना या बहना / 齿～ दांत से खून निकलना ❷लड़ाई या युद्ध में हार जाना: 败～ हार जाना

朒 nǜ 〈लि०〉 ❶पूर्व में नवचंद्र का दिखाई देना; उक्त समय का चंद्रमा ❷कमी होना

nuǎn

暖（煖、煗、暝） nuǎn ❶गरम: 天～了。मौसम गरमा गया। ❷गरम करना: ～酒 शराब गरम करना

煖 के लिये xuān भी दे०

【暖房】 nuǎnfáng संबंधी या मित्र के विवाह के पूर्व दिन वर को उस के कमरे में जाकर बधाई देना ❷कांचगृह; हरित गृह; गर्म गृह

【暖锅】 nuǎnguō 〈बो०〉 आतिशदान

【暖烘烘】 nuǎnhōnghōng गरम और संतोषप्रद

【暖呼呼】 nuǎnhūhū गरम; गरम और संतोषप्रद: ～的南风 गरम और संतोषप्रद दक्षिणी वायु

【暖壶】 nuǎnhú ❶थरमस; थरमस बोतल ❷गद्देदार टोप वाली चायदानी आदि ❸धातु या मिट्टी की गरम पानी की बोतल

【暖和】 nuǎnhuo ❶(मौसम, वातावरण आदि) गरम; गरम और संतोषप्रद: 天气～了。मौसम गरम हो गया। ❷गरमाना; आग तापना: 屋里有炉子，你也来～～吧！कमरे में अंगीठी जल रही है। आओ, तुम भी ज़रा आग ताप लो।

【暖帘】 nuǎnlián गद्दे की तरह सिया हुआ दरवाज़े का पर्दा

【暖流】 nuǎnliú ❶〈भू०〉 〈मौ०वि०〉 गरम धारा ❷गरम भावना: 听了他的话，一股～涌上了我的心头。उस की बात सुनकर मेरे दिल में गरमाहट और संतोष की लहर दौड़ गयी।

【暖瓶】 nuǎnpíng थरमस बोतल

【暖气】 nuǎnqì ❶भाप; स्टीम; केन्द्रीय स्रोत नल द्वारा प्राप्त वाष्प या उष्ण जल से किसी भवन को गरम रखने की व्यवस्था ❷उक्त व्यवस्था जुड़ा साज़-सामान; हीटर ❸गरम हवा; गरमी: 蛇受了～甦醒了。गरमी से सांप की चेतना लौट आयी।

【暖气片】 nuǎnqìpiàn रेडिएटर; हीटिंग रेडिएटर

【暖气团】 nuǎnqìtuán 〈मौ०वि०〉 उष्ण वायु समूह

【暖融融】 nuǎnróngróng गरम और संतोषप्रद

【暖色】 nuǎnsè गरम रंग; उष्ण रंग

【暖寿】 nuǎnshòu जन्मदिवस की पूर्व संध्या पर होने वाला बधाई उत्सव

【暖水瓶】 nuǎnshuǐpíng थरमस बोतल

【暖袖】 nuǎnxiù जाड़े में हाथों को गरम रखने के लिये मिरजई की आस्तीन का ज़रूरत से ज़्यादा लंबा भाग

【暖洋洋】 nuǎnyángyáng गरम: ～的春风 उष्ण मंद धीमी वसंत-पवन

nüè

疟（瘧） nüè मलेरिया

yào भी दे०

【疟疾】 nüèji मलेरिया: 恶性～ सांघातिक मलेरिया

【疟蚊】 nüèwén（按蚊ànwén भी）मलेरिया का मच्छर; एनाफ़ेलीज़

【疟原虫】 nüèyuánchóng प्लाज़्मोडियम

虐 nüè ❶क्रूर; कठोर; बेदर्द; हृदयहीन; पत्थर दिल: 虐待 / 虐政 ❷अकाल; दुष्काल

【虐待】 nüèdài (के साथ) बुरा व्यवहार या बरताव करना; बदसलूकी करना: ～俘虏 बंदियों के साथ बुरा बरताव करना / ～狂 परपीड़क-वृत्ति

【虐杀】 nüèshā निर्मम हत्या करना

【虐政】 nüèzhèng निरंकुश शासन; अत्याचारी सरकार

nún

黁 nún 〈लि०〉 सुगंध; महक; खूशबू: 温～ गरम और महकदार (खूशबूदार)

nuó

挪 nuó खिसकना; सरकाना: 挪用 / 他用脚～开椅子。उस ने पैर से कुर्सी सरकाई / 他把身子～到她跟前。वह उस के और पास खिसक गया।

【挪动】 nuódòng खिसकाना; सरकाना; जगह बदलना; हटाना; खिसकना; सरकना; हटना; चलना: 他往前～了几步。उस ने आगे की ओर कुछ डग भरे।

【挪借】 nuójiè कुछ समय के लिये पैसा उधार लेना

【挪威】 Nuówēi नार्वे

【挪威人】 Nuówēirén नार्वेवासी; नार्वेजियाई

【挪威语】 Nuówēiyǔ नार्वे देश की भाषा; नार्वेजियन भाषा; नार्वेजियाई

【挪窝儿】 nuówōr 〈बो०〉 मकान बदलना; निवासस्थान बदलना; गृह-परिवर्तन करना; जगह बदलना: 给桌子挪个窝儿 मेज़ की जगह बदल देना / 他们明天～。कल वे मकान बदलेंगे।

【挪用】 nuóyòng ❶दूसरी मद में प्रयोग करना: 不得

～农业基金。कृषि कोष का दूसरी मद में प्रयोग नहीं करना चाहिये। ❷गबन करना: ～公款 सार्वजनिक निधि का गबन करना

娜 nuó (पुराना उच्चारण nuǒ) दे० 婀娜 ēnuó, 袅娜 niǎonuó

nà भी दे०

傩（儺）nuó 〈पुराना〉 रथ-यात्रा करना और महामारी के भूत को भगाना

【傩神】 nuóshén महामारी का भूत भगाना

【傩戏】 nuóxì ❶आनह्वेई प्रांत में प्रचलित एक प्रांतीय ऑपेरा जिस की विशेषता नकाब पहनकर नाचना है ❷पश्चीमी हूबेई प्रांत के पहाड़ी क्षेत्र में प्रचलित एक प्रांतीय ऑपेरा

nuò

诺 nuò ❶स्वीकार करना; अनुमति देना; इजाज़त देना: 诺言 ❷हां: ～～连声 हां हां करना; हामी भरना

【诺贝尔奖金】 Nuòbèi'ěr jiǎngjīn नोबेल पुरस्कार

【诺尔】 nuò'ěr 淖尔 nào'ěr के समान

【诺福克群岛】 Nuòfúkè Qúndǎo नोरफ़ोक द्वीपसमूह

【诺奖】 Nuòjiǎng 诺贝尔奖金 का संक्षिप्त रूप

【诺亚方舟】 Nuòyà fāngzhōu नूह की नौका

【诺言】 nuòyán वचन; वायदा; वादा: 实践～ अपना वादा पूरा करना / 抛弃～或把～抛到九霄云外 वायदा तोड़ना

喏1 nuò 〈बो०〉 〈विस्मय०〉 (किसी वस्तु पर ध्यान दिलाने के लिये प्रयुक्त): ～, 这不就是你的那本书吗? लो, क्या यह तुम्हारी वह किताब नहीं है? / ～, ～, 要这样做才能做得好。देख, ऐसे करने से ही काम अच्छा हो सकता है।

喏2 nuò 〈लि०〉 诺 nuò के समान

搦 nuò 〈लि०〉 ❶लेना; पकड़ना; धारण करना: 搦管 ❷चिढ़ाना; उत्तेजित करना: 搦战

【搦管】 nuòguǎn 〈लि०〉 कलम लेना; लिखने का ब्रुश लेना या थामना; लेख, कविता आदि लिखना

【搦战】 nuòzhàn 〈पुराना〉 लड़ने के लिये ललकारना

锘（鍩）nuò 〈रसा०〉 नोबेलियम (No)

懦 nuò साहसहीन; दुर्बल; निर्बल; भीरु; कायर; डरपोक; बुजदिल: 怯～ साहसहीन; भीरु; कायर; डरपोक; बुजदिल

【懦夫】 nuòfū भीरु; कायर; डरपोक; बुजदिल

【懦弱】 nuòruò भीरु; कायर; बुजदिल

糯（穤、稬）nuò लसदार (अनाज)

【糯稻】 nuòdào लसदार धान; लसदार चावल

【糯米】 nuòmǐ लसदार चावल

【糯米酒】 nuòmǐjiǔ लसदार चावल की मदिरा (या शराब)

【糯米面】 nuòmǐmiàn लसदार चावल का आटा

O

ō

噢 ō 喔 ō के समान

ó

哦 ó 〈विस्म०〉 (संदेहबोधक)： ～，是他干的吗？ ऐं, यह उस की करतूत है ?
é; ò भी दे०

ǒ

嚄 ǒ 〈विस्म०〉 (आश्चर्यबोधक)：～，您也来了呀！ ओहो, आप भी आये हैं ।
huō; huò भी दे०

ò

哦 ò 〈विस्म०〉 (किसी बात की समझ या कोई अनुभव आदि व्यक्त करने के लिये प्रयुक्त)： ～，我明白了！ अच्छा, मैं समझ गया !
é; ó भी दे०

ōu

区 （區） ōu एक कुलनाम
qū भी दे०

讴（謳）ōu ❶गाना; गायन करना ❷लोकगीत; लोक-गान

【讴歌】 ōugē 〈लि०〉 गुणगान करना; गुण गाना; स्तुति करना

【讴吟】 ōuyín 〈लि०〉 गाना; गायन करना

沤 （漚） ōu बुलबुला; बुदबुद
òu भी दे०

瓯[1] （甌） ōu 〈बो०〉 कटोरा; प्याला; गिलास： 茶～ चाय का प्याला / 酒～ शराब का प्याला

瓯[2] （甌） Ōu चच्यांग प्रांत के वनचओ नगर का दू-सरा नाम

【瓯剧】 ōujù वनचओ ऑपेरा (चच्यांग प्रांत के वनचओ नगर और फ़ूच्येन प्रांत के उत्तरपूर्व में प्रचलित एक प्रकार का लोक-ऑपेरा)

【瓯绣】 ōuxiù वनचओ नगर का कसीदा या कढ़ाई

【瓯子】 ōuzi 〈बो०〉 बिना हैंडल का प्याला

欧[1] （歐） Ōu एक कुलनाम

欧[2] （歐） Ōu 欧洲 Ōuzhōu का संक्षिप्त रूप

欧[3] （歐） ōu 欧姆 ōumǔ का संक्षिप्त रूप

【欧化】 ōuhua यूरोपीकरण; पश्चिमीकरण

【欧椋鸟】 ōuliángniǎo 〈प्राणि०〉 सारिका; मैना

【欧罗巴人种】 Ōuluóbā rénzhǒng（白种 bái–zhǒng भी） गोरी जाति; कॉकेशस; काकेशिया जाति

【欧姆】 ōumǔ 〈भौ०〉 ओह्म (विद्युत् प्रतिरोध की इकाई)

【欧姆表】 ōumǔbiǎo ओह्म-मीटर; विद्युत् प्रतिरोधमापी

【欧姆定律】 Ōumǔ dìnglǜ ओह्म का नियम

【欧佩克】 Ōupèikè ओपेक（OPEC）का ध्वन्यनुवाद; तेल निर्यातक देशों का संगठन; तेल और पेट्रोलियम निर्यातक देश

【欧鸲】 ōuqú 〈प्राणि०〉 रोबिन; लाल सीने वाली चि-ड़िया

【欧氏管】 ōushìguǎn यूस्टेकियन नली; श्रवण नली जो कंठवलिका के ऊर्ध्व भाग से कान के मध्य भाग तक जाती है (इटली के शल्य चिकित्सक यूस्टेकियो के नाम पर)

【欧体】 Ōutǐ अओयांग शैली (थांग राजवंश कालीन वि-द्वान अओयांग शुन द्वारा विकसित सुलेखन-शैली)

【欧西】 Ōuxī 〈पुराना〉 यूरोप

【欧亚大陆】 Ōu–Yà dàlù यूरेशिया

【欧阳】 Ōuyáng एक द्वि-अक्षर कुलनाम

【欧元】 Ōuyuán यूरो

【欧洲】 Ōuzhōu यूरोप

【欧洲经济共同体】 Ōuzhōu Jīngjì Gòngtóngtǐ यूरोपीय आर्थिक समुदाय（E.E.C.）

【欧洲美元】 Ōuzhōu měiyuán यूरोडालर
【欧洲债券】 Ōuzhōu zhàiquàn यूरो बाण्ड
【欧洲中央银行】 Ōuzhōu Zhōngyāng Yínháng यूरोपीय केन्द्रीय बैंक

殴（毆）ōu मारना; पीटना: 殴打 / 凶～ बर्बरता से पिटाई करना
【殴打】 ōudǎ मारना; पीटना; मारपीट करना; पिटाई करना; घूंसा मारना: ～学生 विद्यार्थी की पिटाई करना
【殴斗】 ōudòu मुक्कों से लड़ना
【殴辱】 ōurǔ अपमान करना और पीटना
【殴杀】 ōushā मारकर हत्या करना

鸥（鷗）ōu एक प्रकार की मुर्गाबी; गल: 海～ समुद्री-चिल्ली; समुद्री-काक; सीगल

噢（噢）ōu ❶〈विस्म०〉 (आश्चर्यसूचक) अरे; अहा; ओहो; (समझ में आ जाने का भाव व्यक्त करना) अच्छा; यह बात है: ～，我想起来了。ओ, मुझे याद आ गया। / ～，你们俩倒挺合得来。ओहो, तुम दोनों की तो खूब पटती है। ❷〈अनु०〉 她急得～～地哭。वह घबड़ाकर रो पड़ी।

ǒu

呕（嘔）ǒu कै करना या होना; वमन करना या होना
【呕吐】 ǒutù कै करना या होना; वमन करना या होना
【呕气】 ǒuqì दे० 怄气 òuqì
【呕心】 ǒuxīn (बहुधा कला-साहित्य की कृतियों में प्रयुक्त): भरसक प्रयत्न करना; यथाशक्ति प्रयास करना: ～之作 भरसक प्रयत्न करके तैयार की गयी कृति
【呕心沥血】 ǒuxīn–lìxuè भरसक प्रयत्न करना; यथाशक्ति प्रयास करना: 为经济改革～ आर्थिक सुधार के लिये भरसक प्रयत्न करना
【呕血】 ǒuxuè 〈चिकि०〉 शोणवमन; रुधिरवमन; मुंह से खून उगलना

怄（熰）ǒu ❶जलाते समय ईंधन के पूरी तरह न जलने के कारण बहुत अधिक धुआं निकलना: ～了一屋子烟 सारे कमरे में धुआं भर जाना ❷लपट के बजाय धुएं के साथ जलना; धीमी आग में जलाना: 把这堆稻草～了。इस भूसे के ढेर को धीमी आग में जलाओ। ❸चिरायता आदि वस्तुओं के जलने से पैदा धुएं से मच्छर, मक्खी भगाना: ～蚊子 उक्त उपाय से मच्छर भगाना

偶[1] ǒu मूर्ति: 木～ कठ-पुतली / ～像 मूर्ति, प्रतिमा

偶[2] ǒu ❶सम (संख्या); युग्म（奇 jī का विपर्याय): 偶数 / 无独有～。यह अकेला नहीं है, बल्कि इस का प्रतिरूप भी है। ❷योग्य वर या वधू; विवाहित स्त्री या पुरुष; जीवनसंगी या जीवनसंगिनी; पति या पत्नी: 择～ पति या पत्नी चुनना / 佳～ श्रेष्ठ दम्पति

偶[3] ǒu संयोग से; दैवयोग से; कभी-कभार; कभी-कभी: 途中～遇故友 रास्ते में संयोग से पुराने मित्र से मिलना
【偶氮基】 ǒudànjī ऐज़ो ग्रुप (azo group); ऐज़ो रैडिकल (azo radical)
【偶氮染料】 ǒudàn rǎnliào ऐज़ो डाइज़ (azo dyes)
【偶尔】 ǒu'ěr ❶कभी-कभी; कभी-कभार: ～得到的信 चिट्ठियां जो कभी-कभार मिल जाती थीं ❷अप्रत्याशित या आकस्मिक रूप से उत्पन्न: ～的事 अप्रत्याशित या आकस्मिक घटना
【偶发】 ǒufā आकस्मिक; अप्रत्याशित; सांयोगिक; अचानक होने वाला: ～的事 अप्रत्याशित या आकस्मिक घटना
【偶感】 ǒugǎn ❶निरुद्देश्य चिंतन (बहुधा लेख आदि के शीर्षक में प्रयुक्त) ❷अचानक लगना या महसूस होना: 我～不适。अचानक लगता है कि बीमार हूं।
【偶合】 ǒuhé संयोग; मेल; एक्य: 他们俩意见一致完全是～。उन दोनों में मतैक्य बिलकुल संयोग से हुआ है।
【偶或】 ǒuhuò 〈क्रि०वि०〉 कभी-कभी; यदा-कदा: ～迟到一次，便表示抱歉。कभी आने में देर हुई, तो खेद प्रकट करता है।
【偶然】 ǒurán ❶आकस्मिक; अप्रत्याशित: ～事故 आकस्मिक या अप्रत्याशित घटना / ～现象 आकस्मिक घटना ❷कभी-कभी; कभी-कभार: ～接到来信。कभी-कभार चिट्ठी मिल जाती थी। ❸संयोग से: ～在路上遇见一位同学。रास्ते में संयोग से एक सहपाठी मिल गया।
【偶然性】 ǒuránxìng 〈दर्श०〉 आकस्मिकता
【偶人】 ǒurén मिट्टी, लकड़ी आदि की मूर्ति
【偶数】 ǒushù 〈गणित०〉 समसंख्या; जूस; युग्म; दो से विभाज्य संख्या
【偶数页】 ǒushùyè 〈मुद्रण०〉 समसंख्या पृष्ठ; समअंक पृष्ठ
【偶蹄动物】 ǒutí dòngwù सम-खुरवाला स्तनपायी प्राणि
【偶蹄目】 ǒutímù 〈प्राणि०〉 सम-खुरधारी
【偶像】 ǒuxiàng मूर्ति; प्रतिमा: ～崇拜 मूर्तिपूजा
【偶一】 ǒuyī बहुत कम; कभी-कभी; यदा-कदा: ～不慎 एक बार असावधान / ～为之 कभी-कभी कोई काम करना

耦 ǒu ❶〈लि०〉 (दो व्यक्ति) कन्धे से कन्धा मिलाकर जोतना ❷偶 ǒu के समान
【耦合】 ǒuhé 〈भौ०〉 युग्मन: 机械～ मशीनी कप्लिंग / ～电路 युग्मित परिपथ / ～系数 युगमन गुणांक

藕（蕅）ǒu कमलककड़ी; कमलकंद; मुरार
【藕断丝连】 ǒuduàn–sīlián कमलकंद टूट जाता है पर उस के रेशे जुड़े रहते हैं —— (प्रेमी और प्रेमिका के लिये)

संबंध टूट गया पर एक दूसरे की याद आती रहती है

【藕粉】 ǒufěn कमलकंद का चूर्ण; मुरार की मांड़

【藕荷】 ǒuhé（藕合 ǒuhé भी）हल्का गुलाबी-सा बैंगनी रंग

【藕灰】 ǒuhuī हल्का गुलाबी-सा धूसर रंग; कमलकंद का रंग

【藕节儿】 ǒujiér कमलकंद की गांठ; कमलकंद की ग्रन्थि

【藕煤】 ǒuméi 〈बो०〉（蜂窝煤 fēngwōméi के समान）शहद के छत्ते वाली पिसे हुए कोयले की ईंट

【藕色】 ǒusè हल्का गुलाबी-सा सलेटी रंग; कमलकंद का रंग

òu

沤（漚）òu लंबे समय तक पानी में रखना; तर करना; भिगोना

ōu भी दे०

【沤肥】 òuféi ❶कम्पोस्ट (मिली-जुली खाद) तैयार करना ❷उक्त उपाय से तैयार खाद (कम्पोस्ट) (कहीं-कहीं इसे 窖肥 jiàoféi भी कहते हैं)

【沤麻】 òumá सन को भिगोकर नरम करना

【沤田】 òutián पानी भरा खेत

怄（慪）òu 〈बो०〉 ❶क्रुद्ध होना; कुढ़ना; चिढ़ना ❷क्रुद्ध करना; कुढ़ाना; चिढ़ाना： 你别～我。मुझे मत चिढ़ाओ।

【怄气】òuqì（呕气 òuqì भी）नाराज़ होना; झगड़ा होना： 他和她～了。उस का उस से झगड़ा हो गया था। / 怄了一肚子气。मन में बहुत नाराज़ होना / 不要～。नाराज़ न होओ।

P

pā

趴 pā ❶औंधे मुंह पड़े होना; पेट के बल लेटना: 他～在地一动也不动。वह ज़मीन पर औंधे मुंह पड़ा रहा, न हिला न डुला। ❷आगे की ओर झुकना: 她～在桌上翻报纸。वह मेज़ पर आगे की ओर झुके हुए अख़बार उलट-पुलट रही थी।

【趴伏】pāfú औंधे मुंह पड़े होना; छाती के बल लेटना

【趴架】pājià गिर पड़ना

【趴窝】pāwō 〈बो०〉 ❶(मुर्गी का) अंडों पर बैठना ❷(मादा पशु का) बच्चा जनने के लिये ज़मीन पर लेटना ❸थककर चूर होना ❹(मशीन, वाहन आदि का) खराब होना; जवाब देना

派 pā नीचे दे०
pài भी दे०

【派司】pāsi 〈बो०〉 पास (अनुमति-पत्र)

啪 pā 〈अनु०〉 धड़ाका; धमाका; पटपट की ध्वनि

葩 pā 〈लि०〉 फूल; गुल; पुष्प: 奇～异草 अनोखे पुष्प और अद्भुत घास

pá

扒 pá ❶हाथों या पांचे आदि ओज़ार से इकट्ठा करना; बटोरना: ～枯叶 झड़े हुए पत्तों को इकट्ठा करना ❷〈बो०〉 खुजलाना; खुजाना ❸जेब काटना; जेब कतरना ❹बन्द बरतन में थोड़े पानी में देर तक उबालकर पकाना; दम देकर पकाना
bā भी दे०

【扒灰】páhuī 爬灰 páhuī के समान

【扒拉】pála 〈बो०〉 चापस्टिक से चावल को मुंह में डालना: 他～了两口饭就出去玩了。वह झटपट मुंह में कुछ चावल ठूंसकर बाहर खेलने गया।

【扒犁】páli 〈बो०〉 स्लेज; बर्फ़गाड़ी

【扒搂】pálou 〈बो०〉 एकत्र करना; बटोरना

【扒窃】páqiè जेब कतरना; जेब काटना

【扒手】páshǒu जेबकतरा; पाकेटमार

杷 pá दे० 枇杷 pípa

爬 pá ❶रेंगना; पेट के बल चलना: 这孩子学会～了。यह बच्ची अब पेट के बल चल सकती है। / 蛇～进灌木丛里不见了。सांप रेंगते हुए झाड़ी में जाकर अदृश्य हो गया। ❷चढ़ना; हाथ-पैर के सहारे चढ़ना: ～山 पहाड़ पर चढ़ना / 藤蔓～满了墙。लताओं से पूरी दीवार ढक गयी। ❸उठना; उठ बैठना

【爬虫】páchóng 爬行动物 का पुराना नाम

【爬竿】págān 〈खेल०〉 ❶बल्ली पर चढ़ना ❷बल्ली

【爬格子】pá gézi 〈बोल०〉 वर्गकोष्ठित कागज़ में रेंगना —— (विशेषकर जीवन-निर्वाह के लिये) लेखन कार्य करना

【爬灰】páhuī 〈बोल०〉 राख में पंजा मारना —— बहू के साथ अनुचित यौन संबंध होना

【爬犁】páli 〈बो०〉 स्लेज; बर्फ़गाड़ी

【爬山虎】páshānhǔ ❶〈वन०〉 बोस्टन आइवी नामक लता ❷〈बो०〉 किसी को पहाड़ पर ले जानेवाली पालकी

【爬升】páshēng (विमान, राकेट आदि का) ऊपर उठना; ऊपर जाना

【爬行】páxíng रेंगना; पेट के बल चलना

【爬行动物】páxíng dòngwù 〈प्राणि०〉 सरीसृप; ज़मीन पर रेंगते हुए चलनेवाले जंतु

【爬泳】páyǒng 〈खेल०〉 क्रॉल

耙 pá ❶पांचा; जेली ❶पांचे से ज़मीन को चौरस बनाना; पांचे से इकट्ठा करना या बिखेरना: 把地～平。ज़मीन को पांचे से चौरस बना दो। / 把麦垛～开晾晒。गेहूं के ढेर पांचे से बिखेरकर धूप में सुखाओ।
bà भी दे०

【耙子】pázi पांचा; जेली

琶 pá दे० 琵琶 pípá

搿 pá नीचे दे०

【搿手】páshǒu जेबकतरा; पाकेटमार

筢 pá नीचे दे०

【筢子】pázi बांस से बना पांचा

pà

帕 pà रूमाल; दस्ती

【帕米尔高原】Pàmǐ'ěr Gāoyuán पामीर पठार

怕 pà ❶डर; भय; खौफ़; डरना; डर होना; डर लगना;

खौफ़ खाना; भय होना; भयभीत होना; शंका होना: 小孩子～黑。छोटे बच्चे अंधेरे से डरते हैं। / 他脾气暴躁，大家都～他。वह तेज़मिज़ाज आदमी है। उस से सभी लोग डरते हैं। ❷चिंता; डर: 我～他会着凉。मुझे डर है कि कहीं उसे सर्दी न लगे। ❸शायद; अनुमान है कि … ; अन्दाज़ा है कि … : 问题～不是这么简单。मामला शायद इतना आसान नहीं है। / 这间屋子～有二十平方米大。अनुमान है कि इस कमरे का ज़मीनी क्षेत्रफल बीस वर्गमीटर होगा।

【怕老婆】 pà lǎopo जोरू का गुलाम; अपनी पत्नी से खौफ़ खानेवाला

【怕人】 pàrén ❶लोगों से मिलने में संकोच होना; लजीला होना; लज्जाशील होना ❷खौफ़नाक; भयानक; डरावना: 洞里黑得～。गुफ़ा के भीतर भयानक अंधेरा है।

【怕生】 pàshēng (बच्चे का) अजनबी या अपरिचित के सम्मुख शरमाना

【怕事】 pàshì किसी झमेले में पड़ने का डर होना: 胆小～ कायर होना

【怕死鬼】 pàsǐguǐ डरा-दुबका

【怕羞】 pàxiū शर्मिंदा; लज्जाशील; लज्जालु: 这女孩特～。यह लड़की बहुत लज्जाशील है।

pāi

拍 pāi ❶पीटना; थपथपाना; थपकी देना; मारना; ठोकना: ～～他的背 उस की पीठ पर थपकी देना / ～桌子 मेज़ पीटना / ～球 गेंद उछालना ❷बैट; रैकेट: 网球～ टेनिस रैकेट / 蝇～儿 मक्खियां मारने के लिये तख्ती ❸〈संगी०〉 मात्रा; स्वर का स्थितिकाल ❹फ़ोटो लेना (खींचना, उतारना); फ़िल्म बनाना; शूटिंग करना: ～照 फ़ोटो लेना / ～电影 शूटिंग करना; फ़िल्म बनाना; फ़िल्माना ❺(तार) भेजना: ～电报 तार भेजना ❻खुशामद करना; चापलूसी करना; फुसलाना; मक्खन लगाना; तलवे चाटना: 吹吹～～ खुशामद करना

【拍案】 pāi'àn मेज़ पीटना (रोष या आश्चर्य प्रकट करने या प्रशंसा करने के लिये)

【拍案而起】 pāi'àn'érqǐ रोष में आकर मेज़ ठोकते हुए उठ खड़ा होना

【拍案叫绝】 pāi'àn-jiàojué मेज़ पर थपथपी देकर वाह-वाह करना

【拍巴掌】 pāi bāzhang तालियां बजाना; करतलध्वनि करना

【拍板】 pāibǎn ❶ताल देना: 你唱，我～。तुम गाओ और मैं ताल दूंगा। ❷नीलामी की बोली बोलनेवाले का हथौड़ी मारना ❸अंतिम निर्णय करना: 这事该由头头～。इस मामले पर अंतिम निर्णय ऊपरवाले को करना चाहिये।

【拍板成交】 pāibǎn-chéngjiāo सौदा तय करना

【拍打】 pāida झटकारना; झटका देना; झाड़ना; थपेड़ा देना: ～衣服 कपड़ा झाड़ना / 海浪～着礁石。सागर में लहरें चट्टानों को थपेड़े दे रही हैं।

【拍档】 pāidàng 〈बो०〉 ❶सहयोग करना ❷सहयोगी; पार्टनर; साझेदार

【拍发】 pāifā (तार) भेजना; देना

【拍马】 pāimǎ 拍马屁 के समान

【拍马屁】 pāi mǎpì चापलूसी करना; खुशामद करना; मक्खन लगाना; चाटुकारी करना; तलवे चाटना

【拍卖】 pāimài ❶नीलाम; नीलाम करना; बोली पर बेचना; नीलामी से बेचना: 这辆汽车被～了。यह कार नीलाम पर चढ़ गयी। ❷घटे दामों पर चीज़ें बेचना, सेल लगाना

【拍摄】 pāishè फ़ोटो खींचना; फ़िल्म बनाना; शूटिंग करना: ～照片 फ़ोटो खींचना / 把小说～成电影 कहानी को फ़िल्माना / ～现场 शूटिंग स्थल

【拍手】 pāishǒu तालियां बजाना; करतलध्वनि करना

【拍手称快】 pāishǒu-chēngkuài हर्षध्वनी करना

【拍拖】 pāituō 〈बो०〉 प्रेम के सूत्र में बंधना

【拍胸脯】 pāi xiōngpu छाती ठोंककर कहना; विश्वास दिलाना: 他～保证，一定如期完成任务。उस ने छाती ठोंककर कहा कि उस का काम समय पर पूरा होकर ही रहेगा।

【拍照】 pāizhào फ़ोटो लेना; फ़ोटो खींचना

【拍纸簿】 pāizhǐbù राइटिंग पैड

【拍子】 pāizi ❶बैट; रैकेट: 羽毛球～ बैडमिंटन रैकेट / 乒乓球～ टेबलटेनिस बैट ❷〈संगी०〉 मात्रा: 打～ ताल देना

pái

排[1] pái ❶क्रम से लगाना; करीने से रखना; व्यवस्थित करना: 把桌子～成一行 मेज़ों को एक पंक्ति में करीने से रखना / 排字 ❷पंक्ति; कतार; लाइन ❸〈सैन्य०〉 प्लाटून ❹〈परि०श०〉 कतार; पंक्ति; लाइन: 一～房子 मकानों की एक पंक्ति ❺रिहर्सल; पूर्वाभ्यास: 排戏 / 排演

排[2] pái बेड़ा; लट्ठों से बनी हुई समतल नाव

排[3] pái ❶निकालना: 排除 / ～水 पानी बाहर निकालना ❷धकेलना; धक्का देना: ～门而去 दरवाज़े को धकेलकर बाहर चला जाना

排[4] pái पाई (एक व्यंजन): 苹果～ एपल-पाई

pǎi भी दे०

【排奡】 pái'ào 〈लि०〉 (लेखन) प्रभावशाली और ओजस्वितापूर्ण

【排版】 páibǎn 〈मुद्रण०〉 टाइप व्यवस्थित करना; कम्पोज़िंग: 照相～ फ़ोटोकम्पोज़िशन

【排比】 páibǐ समानांतरवाद

【排笔】 páibǐ (रंगरोगन, चित्रांकन आदि के लिये) चौड़ा ब्रश
【排叉儿】 páichàr（排杈儿 páichàr भी）एक पतला और कुरकुरा तला हुआ पकवान
【排场】 páichǎng ❶ठाट-बाट; तड़क-भड़क; दिखावटः 摆～ तड़क-भड़क दिखाना ❷धूम-धाम; चमक-दमकः 他们的婚礼办得十分～。उन का विवाह बड़ी धूम-धाम के साथ संपन्न हुआ।
【排斥】 páichì प्रतिकर्षित; बहिष्कृत; निरस्तः 同种电荷相互～。विद्युत के सजातीय आवेश एक दूसरे को प्रतिकर्षित करते हैं।
【排斥异己】 páichì-yìjǐ अपने से भिन्न मत रखने वालों के साथ भेदभाव करना; बाहरी आदमियों को निकाल देना
【排除】 páichú दूर करना; हटाना; मिटाना; मुक्त होनाः 在～外来干涉的情况下 बाहरी हस्तक्षेप से मुक्त होने की स्थिति में / ～万难 कठिनाइयों को दूर करना / 不～这种可能性。इस संभावना से इनकार नहीं किया जा सकता।
【排档】 páidàng (मोटर-गाड़ी, ट्रेक्टर आदि की) गियर
【排队】 páiduì लाइन में खड़ा होना; पंक्तिबद्ध होनाः 排长队 क्यू में खड़ा होना
【排筏】 páifá बेड़ा
【排放】 páifàng निकालनः ～废液 फ़ालतू द्रव्य निकालना / ～污水 गंदा पानी निकालना
【排风扇】 páifēngshàn वेंटिलेटिंग फ़ैन
【排骨】 páigǔ स्पेयररिब
【排灌】 páiguàn सिंचाई और जल-निकासीः ～系统 सिंचाई और जल-निकासी व्यवस्था
【排行】 páiháng (भाइयों और बहनों में) ज्येष्ठताः 他～第二。वह घर का दूसरा लड़का है।
【排洪】 páihóng बाढ़ का पानी निकालना
【排挤】 páijǐ बाहर धकेल देनाः ～与自己不同意见的人 अपने से अलग विचार रखने वालों को बाहर धकेल देना
【排解】 páijiě ❶बीच-बचाव; मध्यस्थताः ～纠纷 झगड़े में बीच-बचाव करना; झगड़े को शांत करना ❷排遣 के समान
【排涝】 páilào जलमग्न खेतों में से पानी बाहर निकालना
【排练】 páiliàn पूर्वाभ्यास; रिहर्सलः ～话剧 नाटक का पूर्वाभ्यास करना
【排列】 páiliè पंक्तिबद्ध करना; श्रेणीबद्ध करना; करीने से रखनाः 按姓氏笔画～ कुलनामों की रेखाओं की संख्या के अनुसार पंक्तिबद्ध करना
【排律】 páilǜ छंदोबद्ध काव्य
【排卵】 páiluǎn 〈श०वि०〉 डिंबोत्सर्जनः ～期 डिंबोत्सर्जन का काल
【排名】 páimíng (प्रतियोगिता में) स्थान प्राप्त करना (होना); स्थान पर होनाः 中国队在金牌榜上～第二。चीनी टीम स्वर्ण-पदक तालिका में दूसरे स्थान पर है।
【排难解纷】 páinàn-jiěfēn झगड़े को शांत करना
【排尿】 páiniào मूत्रत्याग करना; पेशाब करना
【排炮】 páipào ❶तोपों को एक साथ दागना; गोलों की वर्षा करना ❷(खनन और सुरंग खोदने में) क्रमबद्ध विस्फोट
【排遣】 páiqiǎn बहलाव; मन बहलाना
【排枪】 páiqiāng बन्दूकों का एक साथ दागना; गोलियों की बौछार करना
【排球】 páiqiú ❶वालीबाल ❷वालीबाल खेल की गेंद
【排山倒海】 páishān-dǎohǎi पहाड़ों को गिराना और समुद्र को उलटनाः ～之势 पहाड़ों को गिराने और समुद्र को उलटने वाला तूफ़ानी वेग
【排水】 páishuǐ जल-निकासी करना; पानी निकालना
【排水量】 páishuǐliàng ❶जहाज़ का भार ❷बहाव
【排水渠】 páishuǐqú नाली; नाला
【排他性】 páitāxìng बहिष्कारवाद; एकांतिकता; बहिष्कारवादीः ～集团 बहिष्कारवादी गुट
【排头】 páitóu पंक्ति में सब से आगे खड़ा होनेवाला व्यक्ति
【排头兵】 páitóubīng ❶पंक्ति में सब से आगे खड़ा होने वाला सैनिक ❷गतिनियामक
【排外】 páiwài बहिष्कारवाद; विदेशियों से द्वेष
【排外心理】 páiwài xīnlǐ विदेशी द्वेष
【排尾】 páiwěi पंक्ति के अंत में खड़ा होनेवाला आदमी
【排戏】 páixì नाटक का पूर्वाभ्यास करना
【排险】 páixiǎn खतरे को दूर करना; संकट टालना
【排泄】 páixiè ❶जल-निकासी ❷मल-विसर्जन
【排泄器官】 páixiè qìguān उत्सर्गी अंग
【排泄物】 páixièwù मलमूत्र; उत्सर्ग
【排演】 páiyǎn रिहर्सल; पूर्वाभ्यास; रिहर्सल करना; पूर्वाभ्यास करना
【排椅】 páiyǐ कतार में लगी सीटें
【排印】 páiyìn टाइपसेटिंग व प्रिंटिंग; मुद्रास्थापन व मुद्रण
【排忧解难】 páiyōu-jiěnàn चिंता और कठिनाई दूर करनाः 为群众～ जनता की चिंता और कठिनाई दूर करना
【排字】 páizì कम्पोज़िंग; मुद्रास्थापनः ～工人 कम्पोज़िटर / ～机 कम्पोज़िंग मशीन

徘 pái नीचे दे०

【徘徊】 páihuái ❶विचरण करना; घूमना-फिरना ❷झिझकना; हिचकिचाना; ठिठकनाः ～歧路 चौराहे पर आकर ठिठक जाना ❸घटना-बढ़नाः 经济增长～在2%-2.5%之间。आर्थिक वृद्धि दर दो से ढाई प्रतिशत बनी रही।

牌 pái ❶प्लेट; टेबलेटः 车～儿 (वाहन की) नम्बर प्लेट ❷ब्रांडः 什么～的冰箱? किस ब्रांड का फ़्रिज? ❸ताशः 打～ ताश खेलना

【牌匾】 páibiǎn दीवार पर या चौखटे के ऊपर लगा बोर्ड, जिस पर शब्द अंकित हों
【牌坊】 páifāng स्मारक तोरण
【牌号】 páihào ❶दूकान का नाम ❷ट्रेडमार्ड
【牌价】 páijià ❶घोषित मूल्यः 批发～ थोक का घोषित मूल्य ❷मार्केट कोटेशन; भावः 外汇～ विदेशी मुद्रा का भाव
【牌九】 páijiǔ पाइच्यू, एक चीनी डोमिनो

【牌楼】 páilou तोरण; तोरणद्वार
【牌示】 páishì 〈पुराना〉 बुलेटिन; विज्ञप्ति
【牌位】 páiwèi (पितृ पूजा के लिये) स्मारक तख्ती
【牌照】 páizhào लाइसेंस; लाइसेंस प्लेट
【牌子】 páizi ब्रांड; ट्रेडमार्क

pǎi

迫（廹） pǎi नीचे दे०
pò भी दे०
【迫击炮】 pǎijīpào 〈सैन्य०〉 मोर्टार
排 pǎi नीचे दे०
pái भी दे०
【排子车】 pǎizichē एक प्रकार का बड़ा ठेला

pài

哌 pài नीचे दे०
【哌嗪】 pàiqín 〈रसा०〉 पाइपरेज़ीन
派 pài ❶राजनीतिक गुट; विचारधारा या कला आदि का स्कूल: 派别 / 大家在这个问题上分成了两～。लोग इस सवाल को लेकर दो दलों में बंट गये। / 流派 liú-pài ❷कार्यशैली; हाव-भाव: 气派 qìpài ❸〈परि०श०〉 ①(राजनीतिक दलों, विचारधारा या कला के स्कूलों के लिये) 一～学者认为 एक स्कूल के विद्वानों का विचार है कि … / 这是两～政治力量之间的较量。यह दो राजनीतिक दलों के बीच ताकत-आज़माइश है। ②(दृश्य, वातावरण, कथन आदि के लिये) 一 के साथ प्रयुक्त: 一～胡言。यह कोरी बकवास है। / 一～新景象 एक नयी स्थिति / 一～初春景色。बहार के आरम्भ का दृश्य ❹〈लि०〉 सहायक नदी; नदी की शाखा ❺भेजना; रवाना करना; नियुक्त करना: ～人去上海 किसी को शांगहाए भेजना / ～他当大学校长 उसे विश्वविद्यालय का कुलपति नियुक्त करना / ～船 जहाज़ रवाना करना
pā भी दे०
【派别】 pàibié दल; गुट; ग्रुप; संप्रदाय; पंथ
【派不是】 pài bùshi दोष लगाना; दोषी ठहराना: 你别总是派别人的不是，自己也得反省反省。तुम्हें हर वक्त दूसरों पर दोष लगाना नहीं चाहिये, बल्कि आत्म-निरीक्षण भी करना चाहिये।
【派出所】 pàichūsuǒ पुलिस-स्टेशन; पुलिस-चौकी
【派活】 pàihuó काम (मुख्यतः हाथ का काम) देना
【派款】 pàikuǎn जबरन् उगाही करना
【派遣】 pàiqiǎn भेजना: ～代表团 प्रतिनिधि मंडल भेजना
【派生】 pàishēng से उत्पन्न होना; से पैदा होना; से व्युत्पन्न होना
【派生词】 pàishēngcí 〈व्या०〉 व्युत्पन्न शब्द
【派头】 pàitóu ठाट-बाट; तड़क-भड़क: ～十足 पूरे ठाट-बाट के साथ
【派系】 pàixì (राजनीतिक दल में) गुट
【派性】 pàixìng गुटबन्दी; दलबन्दी
【派驻】 pàizhù ❶तैनात करना; भेजना: ～国外 विदेश में भेजना / 我报～北京的记者 पेइचिंग में तैनात हमारा संवाददाता ❷〈राजनय〉 स्थित: ～联合国的代表 संयुक्त राष्ट्र संघ स्थित प्रतिनिधि
蒎 pài 〈रसा०〉 पाइनन
湃 pài दे० 滂湃 pāngpài; 澎湃 péngpài

pān

潘 Pān एक कुलनाम
攀 pān ❶चढ़ना; आरोहण करना; चढ़ाई करना: 攀登 / ～树 वृक्ष पर चढ़ना ❷ऊंचे वर्ग के लोगों के साथ संबंध कायम करने की कोशिश करना: 攀龙附凤 ❸फंसाना; उलझाना: 攀供
【攀比】 pānbǐ अपने दावे के समर्थन में दूसरे की मिसाल पेश करना
【攀扯】 pānchě उलझाना; फंसाना: 您别把他～到这件事中来。आप को उसे इस मामले में नहीं उलझाना चाहिये।
【攀登】 pāndēng चढ़ना; आरोहण करना: ～山峰 शिखर पर चढ़ना / ～新高峰 नयी बुलंदी छूना
【攀附】 pānfù ❶(पौधों का) फैलना: 藤蔓～在墙上。लताएं दीवारों पर फैली हुई हैं। ❷बड़े आदमियों से संपर्क करने का प्रयास करना: ～权贵 सत्ताधिकारियों से संपर्क करने का प्रयास करना
【攀高枝儿】 pān gāozhīr ऊंचे वर्ग के साथ रिश्तेदारी जोड़ना
【攀供】 pāngòng अपना अपराध कबूल करने के समय निर्दोषों को भी उलझाना
【攀交】 pānjiāo ऊंचे वर्ग के लोगों से दोस्ती गांठना
【攀龙附凤】 pānlóng–fùfèng बड़े आदमी की चापलूसी करना; बड़े आदमी की छत्रछाया में रहना
【攀亲】 pānqīn ❶रिश्तेदारी जोड़ना ❷विवाह-संबंध तय करना
【攀亲道故】 pānqīn–dàogù से रिश्तेदारी जोड़ना या दोस्ती का दावा करना
【攀禽】 pānqín 〈प्राणि०〉 वृक्षारोही पक्षी

【攀谈】 pāntán गपशप मारना; बातचीत करना
【攀援】 pānyuán（攀缘 pānyuán भी）❶किसी के सहारे से ऊपर चढ़ना; किसी वस्तु को पकड़कर ऊपर चढ़ना ❷बड़े आदमी की छत्रछाया में विकास करना
【攀缘植物】 pānyuán zhíwù 〈वन०〉 वृक्षलता
【攀折】 pānzhé (टहनी आदि) खींचकर तोड़ना: ～花木 फूल तोड़ना
【攀枝花】 pānzhīhuā 木棉 mùmián के समान

pán

爿 pán 〈बो०〉 ❶बांस की फट्टी; खपची; तख्ती ❷〈परि०श०〉 खेत का टुकड़ा ❸〈परि०श०〉 (दूकान, कारखाने आदि के लिये): 一～糖果店 एक मिठाई की दूकान / 两～纺织厂 दो कपड़ा मिलें

胖 pán 〈लि०〉 निश्चिंत एवं सुखी: 心广体胖 xīn-guǎng-tǐpán
pàng भी दे०

盘（盤）pán ❶एक प्राचीन चिलमची ❷तश्तरी; थाली; रकाबी ❸तश्तरी जैसा समतल बरतन: 磨盘 mòpán / 棋盘 qípán ❹मार्केट क्वोटेशन; वर्तमान भाव: 开盘 kāipán ❺चक्कर लगाना; चक्कर काटना; फेरा करना: 盘旋 ❻(पत्थरों, ईंटों से) बनाना: ～灶 ईंटों से चूल्हा बनाना ❼जांचना; जांच-पड़ताल करना; पूछ-ताछ करना: 盘问 / 盘账 ❽(सम्पति का स्वामित्व) हस्तांतरित करना; दूसरे के नाम लिखना: 把商店～给他人 दूकान को दूसरे के नाम लिख देना ❾ले जाना; ढोना: 盘运 ❿〈परि०श०〉 ① (रकाबी, चक्की आदि के लिये): 一～磨 एक चक्की / 两～菜 दो (रकाबियों की) तरकारियां / 一～蚊香 एक मच्छरों को भगाने वाली अगरबत्ती ②खेल; सेट: 他赢了第一～，输了第二～。उस ने पहला खेल जीता और दूसरा हारा। ⓫（Pán）एक कुलनाम
【盘剥】 pánbō सूददरसूद लेना; चक्रवृद्धि ब्याज वसूल करना
【盘查】 pánchá पूछताछ करना; जांच करना: ～过往车辆 सवारियों की जांच करना / ～行人 राहचलतों से पूछताछ करना
【盘缠】 pánchan राहखर्च
【盘秤】 pánchèng एक पलड़ेवाली तराजू
【盘川】 pánchuān 〈बो०〉 राहखर्च
【盘存】 páncún माल की विवरण-सूची बनाना
【盘错】 páncuò आपस में उलझा हुआ; जटिल; पेचीदा
【盘道】 pándào बल-खाती हुई पहाड़ी पगडंडी; टेढ़ा-मेढ़ा रास्ता
【盘点】 pándiǎn जांच करना; माल की विवरण-सूची बनाना
【盘费】 pánfei राहखर्च
【盘杠子】 pán gàngzi एकल दंड पर करतब करना
【盘根错节】 pángēn-cuòjié आपस में उलझी हुई जड़ों और शाखाओं जैसा होना —— जटिल होना; पेचीदा होना; उलझा हुआ होना
【盘根问底】 pángēn-wèndǐ थाह लेना; थाह लगाना; किसी चीज़ की गहराई जानने का प्रयत्न करना
【盘古】 Pángǔ फानकू, जो चीनी पौराणिक कथा के अनुसार संसार का सर्जनकर्ता था।
【盘桓】 pánhuán ❶〈लि०〉 ठहरना; रुकना: 回家路上，我们在北京～了几天。घर लौटते समय हम पेइचिंग में कुछ दिनों तक ठहरे। ❷बड़े-बड़े बालों को लपेटकर गोलाकार बांधना; जूड़ा बनाना ❸चक्कर लगाना; फेरा लगाना; घूमना
【盘货】 pánhuò शेष माल की सूची बनाना; स्टॉक की सूची बनाना
【盘诘】 pánjié पूछताछ करना; जवाब-तलब करना
【盘踞】 pánjù（盘据 pánjù भी）अवैध रूप से या जबरन् कब्ज़ा करना; अड्डा बनाना: ～山上的土匪 पहाड़ पर अपना अड्डा बनाए हुए डाकू
【盘库】 pánkù गोदाम में जमा माल की सूची बनाना
【盘马弯弓】 pánmǎ-wāngōng घोड़े पर सवार धनुष ताने चारों ओर चक्कर काटना —— दिखावा करना
【盘尼西林】 pánníxīlín पेनिसिलीन (चीनी में 青霉素 qīngméisù भी कहलाता है)
【盘弄】 pánnòng हाथ फेरना
【盘曲】 pánqū 〈लि०〉 पेचदार; मरोड़दार; घुमावदार; टेढ़ा-मेढ़ा
【盘绕】 pánrào लपेटना; लिपटना: 长长的藤葛～在树身上。लता की लम्बी-लम्बी शाखाएं पेड़ से लिपटी हुई हैं।
【盘山】 pánshān चक्कर काटते हुए पहाड़ पर चढ़ना: ～公路 पहाड़ पर चक्कर काटता राजमार्ग
【盘跚】 pánshān 蹒跚 pánshān के समान
【盘石】 pánshí 磐石 pánshí के समान
【盘算】 pánsuan (दिल में) सोच-विचार कर मनसूबा बनाना; (मन में) सोच विचार करना; मन ही मन सोचना
【盘梯】 pántī घुमावदार सीढ़ी
【盘腿】 pántuǐ पालथी मारना; पैर पर पैर रखना
【盘陁】 pántuó 盘陀 के समान
【盘陀】 pántuó ❶पथरीला; ऊँचा-नीचा; असमतल ❷चक्करदार: ～路 चक्करदार सड़क
【盘问】 pánwèn पूछताछ करना
【盘膝】 pánxī पाथली मारना; पैर पर पैर रखना: ～而坐 पालथी मारना
【盘香】 pánxiāng कुंडलाकार अगरबत्ती
【盘旋】 pánxuán ❶चक्कर काटना; चक्कर खाना; मंडराना: 飞机在山头～。पर्वत के ऊपर विमान मंडरा रहा है। ❷ठहरना; रुकना: 他在我处～许久才回家。मेरे यहां काफ़ी देर तक रुकने के बाद ही उस ने घर का रास्ता पकड़ा।
【盘运】 pányùn ले जाना; ढोना; पहुंचाना
【盘账】 pánzhàng हिसाब जांचना

【盘子】 pánzi ❶रकाबी; प्लेट; थाल ❷<पुराना> मार्केट रेट

槃 pán ❶दे० 涅槃 nièpán ❷盘 pán ❶❷❸ के समान

磐 pán चट्टान; बड़ा पत्थर

【磐石】 pánshí चट्टान: 坚如～ चट्टान की तरह अटल होना

蹒（蹣） pán नीचे दे०

【蹒跚】 pánshān मंद-मंद चलना; रुक-रुककर चलना

蟠 pán कुंडली बनाना; फेंटी मारना; लपेटना

【蟠曲】 pánqū 盘曲 pánqū के समान

【蟠桃】 pántáo ❶चपटा आडू ❷चीनी पौराणिक कथा के अनुसार अमरत्व का आडू

pàn

判 pàn ❶फ़र्क करना; भेद करना; अंतर करना: 判别 ❷स्पष्टत: ❸निर्णय करना; फ़ैसला करना: ～卷子 प्रश्नपत्र जांचकर अंक देना ❹फ़ैसला सुनाना: 判案

【判案】 pàn'àn मुकदमे का फ़ैसला सुनाना

【判别】 pànbié फ़र्क करना; भेद करना; अंतर करना: ～是非 सही और गलत के बीच फ़र्क करना / ～真假 असली और नकली में भेद करना

【判处】 pànchǔ सज़ा सुनाना; दंड देना: 判处徒（死）刑 कारावास (मौत) की सज़ा सुनाना

【判词】 pàncí <का०> अदालत का फ़ैसला

【判定】 pàndìng निर्णय करना; फ़ैसला करना; निश्चय करना

【判断】 pànduàn ❶अनुमान लगाना; अन्दाज़ा लगाना: ～形势 स्थिति का अनुमान लगाना ❷निर्णय; निश्चय; फ़ैसला: 这个～是错的。यह निर्णय गलत है। ❸<का०> फ़ैसला

【判断力】 pànduànlì सही फ़ैसला करने की सामर्थ्य; विवेक; विचारणशक्ति

【判官】 pànguān यमलोक का न्यायधीश

【判决】 pànjué फ़ैसला; निर्णय; फ़ैसला सुनाना;निर्णय सुनाना: ～有罪（无罪）किसी को अपराधी (विर्दोष) होने का फ़ैसला सुनाना

【判决书】 pànjuéshū <का०> फ़ैसलापत्र; दंडाज्ञा

【判例】 pànlì न्यायिक पूर्वनिर्णय

【判明】 pànmíng फ़र्क करना; अंतर करना; पता लगाना: ～真相 सत्य का पता लगाना

【判若两人】 pàn ruò liǎng rén बिल्कुल दूसरा आदमी बन जाना; पूरी तरह बदल जाना

【判若云泥】 pànruò-yúnní（判若天渊 pànruò-tiānyuān भी）ज़मीन-आसमान का फ़र्क होना

【判刑】 pànxíng सज़ा सुनाना; दंड देना

【判罪】 pànzuì (किसी को) अपराधी घोषित करना; दोषी सिद्ध करना

拚 pàn छोड़ देना
拚 pīn भी दे०

【拚命】 pànmìng <बो०> जान एक कर देना; जान खपाना; जान को जान न समझना

泮 pàn ❶<लि०> घोलना; पिघलाना ❷प्राचीन उच्च-शिक्षालय

盼 pàn ❶आशा करना; उत्कट इच्छा रखना: 我们～他早日康复。हम आशा करते हैं कि वह जल्द से जल्द भला-चंगा हो जाएगा। ❷देखना: 左顾右盼 zuǒgù-yòupàn

【盼头】 pàntou चाह पूरी होने का आसार; आशा दिखाई देना: 这事总算有了～。यह मामला निबटाने की आशा दिखाई दे रही है।

【盼望】 pànwàng आशा करना; राह देखना; प्रतीक्षा करना: ～改善居住条件 आवास स्थिति में सुधार की आशा करना / ～他回家 उस की राह देखना

叛 pàn विश्वासघात; गद्दारी; विद्रोह; बगावत; विश्वासघात करना; गद्दारी करना; विद्रोह करना; बगावत करना: ～匪 बागी / 叛徒

【叛变】 pànbiàn विश्वासघात करना; गद्दारी करना: ～投敌 से गद्दारी करके दुश्मन के पक्ष में जा मिलना

【叛国】 pànguó देशद्रोह; राजद्रोह: ～分子 देशद्रोही; वतनफ़रोश

【叛军】 pànjūn विप्लवी सेना; उपद्रवी सैन्य टुकड़ियां

【叛离】 pànlí विश्वासघात करना; गद्दारी करना

【叛乱】 pànluàn विप्लव; विद्रोह; दंगा-फ़साद; उपद्रव; विप्लव करना; विद्रोह करना; दंगा-फ़साद मचाना; उपद्रव मचाना: ～分子 विप्लवी; विद्रोही; उपद्रवी / 发动武装～ सशस्त्र विद्रोह करना / 平定～ विप्लव को शांत करना; विद्रोह को कुचल देना

【叛卖】 pànmài गद्दारी करना और दुश्मन के हाथ बेचना

【叛逆】 pànnì ❶गद्दारी; विश्वासघात; द्रोह ❷गद्दार; विश्वासघाती; द्रोही

【叛逃】 pàntáo देशद्रोह करके देश से बाहर भाग जाना

【叛徒】 pàntú गद्दार; विश्वासघाती

畔 pàn ❶तट; किनारा: 河～ नदी का तट / 路～ सड़क के किनारे ❷खेत की हद

袢 pàn ❶襻 pàn के समान ❷दे० 袷袢 qiāpàn

鋬 pàn मूठ; दस्ता; हत्था

襻 pàn ❶बटन फंसाने के लिये फंदा ❷बटन के फंदे जैसी चीज़ या उस प्रकार का काम देनेवाली चीज़: 鞋～儿 जूते

का फ़ीता / 篮子～儿 टोकरी का दस्ता ❸डोरी, तार आदि से जोड़ना: ～上几针 टांके लगाना / 用绳～住 रस्सी से जोड़ना

pāng

乓 pāng (बन्दूक चलाने, द्वार बन्द करने, चीज़ों को तोड़ने की आवाज़) धड़ाम; धम्म; धड़; धायं-धायं: ～的一声关上了门 दरवाज़े को धड़ से बन्द कर देना / ～～两枪 धायं-धायं दो गोलियां दागना

滂 pāng 〈लि०〉 भीषण; प्रचंड; मूसलाधार; ताबड़तोड़

【滂湃】 pāngpài (पानी का) उमड़ना और तेज़ी से बहना

【滂沱】 pāngtuó भीषण; ताबड़तोड़; प्रचंड: ～大雨 प्रचंड वर्षा; ताबड़तोड़ वर्षा / 涕泗～ आंसुओं से मुंह धोना

膀（胮）pāng शोथ; सूजन: ～肿 शोथ होना; सूजन होना; सूजना

bǎng; bàng; páng भी दे०

páng

彷（徬）páng नीचे दे०

【彷徨】 pánghuáng फिरना; घूमना; दुविधा में पड़ना; आगा-पीछा करना

【彷徨歧途】 pánghuáng-qítú चौराहे पर आकर झिझकना

庞¹（龐、厖）páng ❶विशालकाय; बृहद् ❷असंख्य एवं अव्यवस्थित

庞²（龐）Páng एक कुल नाम

庞³（龐）páng मुखमंडल; मुखड़ा; चेहरा: 面庞 miànpáng

【庞大】 pángdà बृहद्; विशाल; विराट; महाकाय; भारी: ～的计划 एक बृहद् योजना / ～的开支 भारी खर्च / ～的机构 विशाल संस्था

【庞然大物】 pángrán-dàwù विराटाकार दानव; विशालकाय दैत्य

【庞杂】 pángzá असंख्य और अव्यवस्थित; गड्ड-मड्ड; खल्त-मल्त: 文字～ शब्दों का गड्ड-मड्ड होना

旁 páng ❶के पास; के किनारे; के समीप; के नज़दीक: 大街两～ सड़क के दोनों किनारे; सड़क के दोनों ओर / 旁边 ❷दूसरा; अन्य; और: 屋里没～的人了。कमरे में और कोई नहीं। / 您～的还需要什么？आप को और किस चीज़ की ज़रूरत है? / 还有～的问题吗？आप कोई दूसरा सवाल पूछना चाहते है? ❸चीनी अक्षर की पार्श्व धातु (जैसे 亻; 氵 आदि)

【旁白】 pángbái (नाटक में) एकांत कथन

【旁边】 pángbiān बगल; ओर; तरफ़; पास: 他不声不响地坐在了我的～。वह चुपचाप मेरी बगल में बैठ गया। / 图书馆～是办公楼。पुस्तकालय के पास दफ़्तर है।

【旁顾】 pánggù दूसरी चीज़ों को भी ध्यान में रखना: 无暇～ दूसरी चीज़ों को भी ध्यान में रखने की ज़रा फ़ुरसत नहीं होना

【旁观】 pángguān दर्शक (तमाशबीन) बनकर देखना; खड़े-खड़े तमाशा देखना: 袖手旁观 xiùshǒu-pángguān / ～者 दर्शक; तमाशबीन

【旁观者清】 pángguānzhěqīng दर्शक अधिक स्पष्ट रूप से देख लेता है; तमाशबीन खेल को अधिक समझता है

【旁皇】 pánghuáng 彷徨 pánghuáng के समान

【旁及】 pángjí में भी रुचि रखना: 他研究物理，～数学。भौतिकी उस के अध्ययन का मुख्य विषय है, पर वह गणित शास्त्र में भी रुचि लेता है।

【旁落】 pángluò (सत्ता, अधिकार का) दूसरे के हाथ पड़ना

【旁门】 pángmén बगल का दरवाज़ा; पार्श्व द्वार

【旁门左道】 pángmén-zuǒdào 左道旁门 zuǒdào-pángmén के समान

【旁敲侧击】 pángqiāo-cèjī वक्रोक्ति से आक्षेप करना; परोक्ष उल्लेख करना

【旁人】 pángrén पराया; और; दूसरा आदमी: 他俩争论激烈，～插不进嘴。वे दोनों बड़े उत्तेजित होकर बहसमुबाहिसा कर रहे थे और दूसरे आदमी रोक भी नहीं सकते थे।

【旁若无人】 pángruòwúrén ऐसा व्यवहार करना जैसा कि पास में और कोई न हो —— अपने आप में लीन होना; आत्माभिमानी होना

【旁听】 pángtīng अनौपचारिक रूप से किसी सभा में या क्लास में शामिल होना: 他曾～过张教授的课。वह प्रोफ़ेसर चांग की क्लास में अनौपचारिक रूप से शामिल हुआ था।

【旁听席】 pángtīngxí पब्लिक गैलरी; दर्शकदीर्घा

【旁骛】 pángwù 〈लि०〉 अन्यमनस्कता; अन्यमनस्क होना

【旁系亲属】 pángxì qīnshǔ भिन्नशाखीय संबंधी

【旁征博引】 pángzhēng-bóyǐn अपने तर्क के समर्थन में ढेर-सारी पुस्तकों के उद्धरण देना

【旁证】 pángzhèng गौण प्रमाण; परोक्ष प्रमाण

【旁支】 pángzhī परिवार की भिन्न शाखा

膀 páng नीचे दे०

bǎng; bàng; pāng भी दे०

【膀胱】 pángguāng मूत्राशय; वस्ति; मसाना

【膀胱炎】 pángguāngyán 〈चिकि॰〉 वस्तिकोप, मूत्राशय की थैली में सूजन

磅 páng नीचे दे॰
bàng भी दे॰

【磅礴】 pángbó अंतहीन; अपार; असीम

螃 páng नीचे दे॰

【螃蟹】 pángxiè केकड़ा; क्रैब

鳑（鰟） páng नीचे दे॰

【鳑鲏】 pángpí बिटर्लिंग मछली

pǎng

嗙 pǎng 〈बो॰〉 अपने मुंह मियां मिट्ठू बनना; डींग मारना; शेखी बघारना

耪 pǎng गोड़ना： ～地 खेत गोड़ना

pàng

胖（胖） pàng मोटा; मोटा-ताज़ा; दोहरी देहका： 胖子
pán भी दे॰

【胖墩儿】 pàngdūnr (विशेषकर बच्चों का) मोटा होना

【胖乎乎】 pànghūhū मोटा

【胖头鱼】 pàngtóuyú 鳙鱼 yōngyú के समान

【胖子】 pàngzi मोटा आदमी; मोटा-ताज़ा आदमी

pāo

抛（抛） pāo ❶फेंकना; उछालना： ～球 गेंद फेंकना (उछालना) ❷पछाड़ना; पीछे छोड़ना： 他跑得飞快，不一会儿就把其他人远远地～在后面。 वह तेज़ी से दौड़ा जा रहा था और कुछ ही क्षणों में उस ने दूसरों को बहुत दूर पीछे छोड़ दिया। ❸प्रगट होना： 抛头露面 ❹抛售 के समान

【抛费】 pāofèi 〈बो॰〉 बरबाद करना; तबाह करना

【抛光】 pāoguāng पालिश करना; चमकाना

【抛荒】 pāohuāng ❶(खेत को) उजाड़ना; ऊसर भूमि में बदलना ❷(पढ़ाई की) नज़रंदाज़ी करना; (व्यावसायिक ज्ञान या सामर्थ्य का) प्रयोग में न लाने के कारण क्षीण होना

【抛脸】 pāoliǎn 〈बो॰〉 इज़्ज़त खोना (गंवाना)

【抛锚】 pāomáo ❶लंगर डालना; लंगर गिराना ❷(वाहनों का) खराब हो जाना; जवाब दे जाना： 他的汽车在途中～了。 उस की कार रास्ते में ही खराब हो गयी (जवाब दे गयी)।

【抛弃】 pāoqì परित्याग; त्याग; परित्याग करना; त्यागना; छोड़ना; फेंकना; ठुकराना： ～家园 घरबार छोड़ना / ～旧观念 पुरानी मान्यताओं को त्यागना

【抛却】 pāoquè परित्याग करना; त्याग करना; त्यागना

【抛射】 pāoshè प्रक्षेपण करना; छोड़ना; फेंकना

【抛售】 pāoshòu (दामों में गिरावट आने की आशंका से या दामों में कमी लाने के उद्देश्य से) भारी मात्रा में (चीज़ें, शेयर आदि) बेचना

【抛头露面】 pāotóu-lùmiàn मुंह दिखाना (पुरानी मान्यता के अनुसार नारी का भरी सभा में प्रकट होना अशोभनीय था। यह मुहावरा उस समय सिर्फ़ नारी पर लागू होता था। अब यह उस व्यक्ति पर लागू होता है जो नाम कमाने की जीतोड़ कोशिश करता है)

【抛物线】 pāowùxiàn 〈गणित॰〉 पैराबोला

【抛掷】 pāozhì फेंकना; उछालना

【抛砖引玉】 pāozhuān-yǐnyù जेड को आकर्षित करने के लिये ईंट फेंकना —— भूमिका के तौर पर मौलिकताहीन बातें करना जिस से प्रेरणा पाकर दूसरे लोग मौलिक विचार प्रस्तुत कर सकें

泡[1] pāo ❶फूला हुआ और नरम： 豆～儿 बीडकर्ड पफ़ ❷पोला; नरम： 这木料发～。 यह लकड़ी पोली है।

泡[2] pāo 〈बो॰〉 (स्थान के नाम में प्रयुक्त) छोटी झील; तालाब

泡[3] pāo 〈परि॰श॰〉 (मलमूत्र के लिये)： 撒～尿 पेशाब करना / 拉～屎 मल त्यागना
pào भी दे॰

【泡货】 pāohuò 〈बो॰〉 हल्की लेकिन आकार-प्रकार में बड़ी चीज़

【泡桐】 pāotóng 〈वन॰〉 पोलोनिया वृक्ष

【泡子】 pāozi 〈बो॰〉 कुंड; तालाब
pàozi भी दे॰

脬 pāo ❶दे॰ 尿脬 niàopāo ❷〈परि॰श॰〉 泡[3] pāo के समान

páo

刨 páo ❶खोदना; गोड़ना： ～坑 गढ़ा खोदना / ～花生 मूंगफली खोदना / ～土 मिट्टी गोड़ना ❷〈बोल॰〉 (अक्सर 去, 掉 या 了 के साथ प्रयुक्त) निकालना; काटना; का हिसाब न रखना： 二十元～去八元，剩下十二元。

बीस में से आठ ख्वान निकालकर बाकी बारह ख्वान रह गये हैं।
bào भी दे०
【刨除】 páochú निकालना; काटना; का हिसाब न रखना
【刨根儿】 páogēnr किसी बात की तह तक पहुंचना
【刨根问底儿】 páogēn—wèndǐr किसी बात की तह तक पहुंचना
【刨煤机】 páoméijī कोयला काटने की मशीन

咆 páo 〈लि०〉 (खूंख्वार जानवरों का) दहाड़ना; गरजना
【咆哮】 páoxiào ❶(मांसाहारी पशुओं का) दहाड़ना; गरजना ❷(मानव का) गरजना; गुर्राना; कड़कना: ～如雷 कड़ककर बोलना ❸(वेगवती धारा का) गरजना; गूंजना: 黄河在～。पीली नदी गरज रही है।

狍（麅） páo 〈प्राणि०〉 चिकार; छिकरी
【狍子】 páozi चिकार; छिकरी

庖 páo 〈लि०〉 ❶रसोई; बावर्चीखाना; किचन: 庖厨 ❷रसोइया; बावर्ची
【庖厨】 páochú 〈लि०〉 ❶रसोई ❷रसोइया
【庖代】 páodài 〈लि०〉 代庖 dàipáo के समान

炮 páo 〈ची०चि०〉 दवा बनाने के लिये जड़ी-बूटियों को सेंकना या भूनना
bāo; pào भी दे०
【炮格】 páogé 炮烙 páoluò के समान
【炮炼】 páoliàn 〈ची०चि०〉 जड़ी-बूटियों को भूनकर विशुद्ध करना
【炮烙】 páoluò तप्त स्तंभ (यातना देने का एक प्राचीन यंत्र)
【炮制】 páozhì ❶〈ची०चि०〉 जड़ी-बूटियों को सेंककर, भूनकर, सुखाकर, भाप से पकाकर, भिगोकर और मद्धिम आंच पर पकाकर दवा बनाने की प्रक्रिया ❷जोड़-तोड़कर तैयार करना; गठना: ～所谓人权提案 एक कथित मानवाधिकार संबंधी प्रस्ताव का मसौदा जोड़-तोड़कर तैयार कर डालना

袍 páo चोगा; गाउन; लबादा; अंगरखा
【袍哥】 páogē 〈पुराना〉 दक्षिण-पश्चिम चीन में एक माफ़िया संगठन या उस का सदस्य
【袍笏登场】 páohù—dēngchǎng सज-धजकर मंच पर जाना (सत्ता में आनेवाले अधिकारियों के संबंध में एक व्यंग्योक्ति)
【袍泽】 páozé सहकर्मी
【袍罩儿】 páozhàor 罩袍 zhàopáo के समान
【袍子】 páozi चोगा; गाउन; लबादा; अंगरखा

跑 páo (पशुओं का) पंजा मारना
pǎo भी दे०

pǎo

跑 pǎo ❶दौड़; दौड़ना: 长～ लम्बी दौड़ / 他每天早晨慢～锻炼身体。वह अपना स्वास्थ्य बनाने के लिये हर रोज़ सुबह मंद गति से दौड़ता है। / 飞～的火车 तेज़ी से दौड़ती हुई रेल-गाड़ी ❷भागना; रफ़ूचक्कर होना; चंपत होना: 别让扒手～了。जेबकतरे को भागने न दो। / 鹿～掉了。हिरन चंपत हो गया। ❸〈बो०〉 चलना: ～路 चल देना ❹दौड़-धूप करना; भाग-दौड़ करना: 他～了多次才买到这本词典。अनेक बार दौड़-धूप करके ही वह यह कोष खरीद पाया है। ❺(तरल पदार्थों, गैस आदि का) रिसना; टपकना; बाहर निकलना; हवा होना: 车胎～气。टायर से हवा निकल गयी। / 瓶子没盖严，汽油都～了。बोतल का मुंह ठीक से बन्द नहीं किया गया और गैसोलिन हवा हो गया। / ～气 गैस का रिसाव
páo भी दे०
【跑表】 pǎobiǎo स्टॉपवांच
【跑步】 pǎobù दौड़ना
【跑车】[1] pǎochē ❶(खान में खनिज ले जानेवाली ट्रॉली का) अचानक फिसल जाना ❷(ट्रेन कंडक्टर का) ड्यूटी पर होना
【跑车】[2] pǎochē ❶रेसिंग कार ❷वन में लट्ठे लाने-ले जानेवाली ट्रॉली
【跑单帮】 pǎo dānbāng व्यापार के लिये अकेले ही यात्रा करना
【跑刀】 pǎodāo रेस स्केट
【跑道】 pǎodào ❶हवाई पट्टी ❷〈खेल०〉 ट्रैक; पथ: 塑胶～ प्लास्टिक ट्रैक
【跑电】 pǎodiàn बिजली का लीकेज
【跑肚】 pǎodù दस्त लगना
【跑反】 pǎofǎn युद्ध या डकैती से बचने के लिये भागना
【跑光】 pǎoguāng 〈फ़ोटो०〉 गलती से फ़िल्म को रोशनी लग जाना
【跑旱船】 pǎo hànchuán ज़मीन पर नाव चलाना (एक लोकनृत्य, जिस में एक लड़की कपड़ों से बनी नाव थामे थिरकती है, जबकि एक पुरुष ग्राम्य गीत गाते हुए नाव खेने का अभिनय करता है)
【跑江湖】 pǎo jiānghú (कलाबाज़, ज्योतिषी, मुख के लक्षण देखकर शुभाशुभ का फल बताने वाले आदि का-सा) घुमंतू जीवन बिताना
【跑街】 pǎojiē 〈बो०〉 ❶सफ़री दलाल या सेल्समैन ❷उन्हीं का-सा काम करना
【跑龙套】 pǎo lóngtào नगण्य भूमिका निभाना
【跑马】 pǎomǎ ❶घोड़े पर सवार होना ❷घुड़दौड़
【跑马场】 pǎomǎchǎng रेस कोर्स; घुड़दौड़ का मैदान
【跑码头】 pǎo mǎtou व्यापार के लिये एक बन्दरगाह से दूसरे बन्दरगाह भागना
【跑买卖】 pǎo mǎimai सफ़री व्यापारी होना

pǎo pào 926

【跑跑颠颠】 pǎopǎodiāndiān दौड़-धूप करना：她整天～，为群众排忧解难。वह दिन भर दौड़-धूप करते हुए जनता की चिंता और कठिनाई दूर करने में मदद देती है।

【跑跑跳跳】 pǎopǎotiàotiào उछलना-कूदना：小女孩～走出家门。बच्ची उछलती-कूदती घर से बाहर निकली।

【跑坡】 pǎopō भूस्खलन

【跑墒】 pǎoshāng मिट्टी की आर्द्रता का क्षय होना

【跑生意】 pǎo shēngyi 跑买卖 के समान

【跑堂儿】 pǎotángr 〈पुराना〉 वेटर

【跑题】 pǎotí विषयांतर करना; असम्बद्ध या अप्रासंगिक बातें करना

【跑腿儿】 pǎotuǐr किसी दूसरे के लिये भाग-दौड़ करते हुए छोटे-मोटे काम करना

【跑外】 pǎowài सफ़री सेल्समैन

【跑鞋】 pǎoxié ट्रैक शू

【跑圆场】 pǎo yuánchǎng (परम्परागत ऑपेरा में अभिनेता या अभिनेत्री का) मंच पर पहले एड़ी फिर पंजे के बल तेज़ी से चलते हुए चक्कर लगाना (लम्बी यात्रा का भान देना)

【跑辙】 pǎozhé 〈बो०〉 लीक से हटना —— अप्रासंगिक बातें करना

pào

泡 pào ❶बुदबुद; बुदबुदा, बुलबुला; बुल्ला：肥皂～ साबून के बुलबुले / 冒～ बुदबुदाना; में बुलबुले आना ❷बुलबुले जैसी वस्तु：手上起了个～ हथेली में फफोला पड़ना ❸डुबोना; भिगोना; सराबोर करना：把衣服～在水里 कपड़े को पानी में भिगोना ❹समय गंवाना; बेकार फिरना; आवारा घूमना：泡蘑菇

pāo भी दे०

【泡病号】 pào bìnghào बीमारी के बहाने काम से जी चुराना

【泡菜】 pàocài अचार

【泡茶】 pàochá चाय बनाना

【泡饭】 pàofàn ❶भात को सूप या उबले पानी में मिलाना ❷भात का मांड बनाना

【泡蘑菇】 pào mógu ❶समय गंवाना; समय बरबाद करना, विलम्ब करना; देर लगाना：别～了，快走吧。समय बरबाद न करो। जल्दी-जल्दी चलो। ❷दुराग्रह करना; हठ करना; परेशान करना

【泡沫】 pàomò फ़ोम; झाग; फेन

【泡沫塑料】 pàomò sùliào झागदार प्लास्टिक

【泡沫橡胶】 pàomò xiàngjiāo फ़ोम रबर

【泡泡纱】 pàopaoshā 〈बुना०〉 सिरी-साफ़

【泡泡糖】 pàopaotáng बबल गम; च्यूइंग गम

【泡汤】 pàotāng पर पानी फिरना; पानी फेर देना; चौपट होना (करना)：这笔交易～了。इस सौदे पर पानी फिर गया।

【泡漩】 pàoxuán भंवर

【泡影】 pàoyǐng पानी का बुलबुला：希望化为～。आशा पानी का बुलबुला बनकर रह गयी।

【泡子】 pàozi 〈बो०〉 बल्ब

pāozi भी दे०

炮（砲、礮） pào ❶तोप ❷बमबार्ड (पत्थर के गोले फेंकने वाली पुरानी तोप) ❸पटाखा：鞭炮 biānpào ❹वि स्फोटक पदार्थ से भरा सुराख ❺तोप, चीनी शतरंज का एक मोहरा

bāo; páo भी दे०

【炮兵】 pàobīng तोपची; गोलंदाज़：～部队 तोपखाना फ़ौज

【炮车】 pàochē तोप-गाड़ी

【炮铳】 pàochong 〈बो०〉 पटाखा

【炮弹】 pàodàn गोला

【炮轰】 pàohōng तोप से उड़ाना; गोलाबारी करना; गोलों की वर्षा (बौछार) करना：～敌方阵地 दुश्मन की मोर्चाबंदियों पर गोलाबारी करना

【炮灰】 pàohuī तोप का चारा; तोप का शिकार

【炮火】 pàohuǒ गोलाबारी; गोलों की वर्षा; गोलों की बौछार：在～的掩护下 गोलाबारी की ओट में / 我军战士冒着猛烈的～冲向敌人阵地。हमारे सैनिक गोलों की वर्षा का सामना करते हुए शत्रु के मोर्चे की ओर बढ़ते गये।

【炮击】 pàojī तोप दागना; गोलाबारी करना

【炮架】 pàojià गन-कैरिज

【炮舰】 pàojiàn गनबोट

【炮舰外交】 pàojiàn wàijiāo गनबोट कूटनीति

【炮舰政策】 pàojiàn zhèngcè गनबोट नीति

【炮楼】 pàolóu बुर्ज; गरगज

【炮钎】 pàoqiān रॉक ड्रिल

【炮声】 pàoshēng तोप की गूंज

【炮手】 pàoshǒu तोपची; गोलंदाज़

【炮塔】 pàotǎ टरेट

【炮台】 pàotái तोपखाना

【炮膛】 pàotáng बार

【炮艇】 pàotǐng गनबोट

【炮筒】 pàotǒng बैरल; तोप की नाल

【炮筒子】 pàotǒngzi बेधड़क बोलनेवाला

【炮位】 pàowèi तोप-मंच

【炮眼】 pàoyǎn ❶दीवार में तोप का झरोखा ❷(बारूद डालने के लिये चट्टानों में खोदकर बनाया गया) छेद

【炮衣】 pàoyī गनकवर

【炮战】 pàozhàn गोलाबारी

【炮仗】 pàozhang पटाखा

【炮座】 pàozuò गन प्लेटफ़ार्म

疱（皰） pào फफोला; छाला

【疱疹】 pàozhěn ❶फफोला ❷हर्पीज़：带状～ हर्पीज़

ज़ोस्टर

pēi

呸 pēi (घृणा, अरुचि, असहमति, तिरस्कार प्रगट करने के लिये) छि:!; उँह!; हि:; धत्: ～，我才不信呢！उँह! मुझे तो बिल्कुल विश्वास नहीं। ～，一派胡言。छि:! यह कोरी बकवास है।

胚（肧） pēi <जीव०> भ्रूण; गर्भ

【胚层】 pēicéng भ्रूणीय परत; जनस्तर: 内～ अंतर्जनस्तर / 外～ बहिर्जनस्तर / 中～ मध्यजनस्तर

【胚盘】 pēipán कली-मंडलक; भ्रूणीय मंडलक

【胚胎】 pēitāi भ्रूण; गर्भ

【胚胎学】 pēitāixué भ्रूणविज्ञान

【胚芽】 pēiyá ❶प्रथम अंकुर; कोंपल ❷अविकसित वस्तु; कली: 矛盾的～ अंतरविरोध का आरम्भ

péi

陪 péi के साथ; साथ देना: 我～你去医院。मैं तुम्हारे साथ अस्पताल जाऊंगा। / 她～代表团到上海。वह प्रतिनिधि मंडल के साथ शांगहाए पहुंची। / 别担忧，我～着你。चिंता न करो। मैं तुम्हारा साथ दूंगा।

【陪伴】 péibàn के साथ; साथ देना

【陪绑】 péibǎng ❶खौफ़ में डालने के लिये मृत्यदंड प्राप्त अपराधी के साथ कत्लगाह ले जाया जाना ❷(निर्दोष को) भी दोषी के साथ दंड दिया जाना

【陪衬】 péichèn ❶सजाना; भेद दिखाना: 彩旗在蓝天的～下，显得格外鲜艳。रंग-बिरंगे झंडे नीलाम्बर में लहराते हुए और चमकदार दीखते हैं। ❷सजाने की चीज़

【陪床】 péichuáng रोगी की बीमारदारी के लिये दिन रात वार्ड में रहना

【陪吊】 péidiào अंत्येष्टि में शोक प्रगट करने आने वालों की अगवानी के लिये विशेष रूप से लगाया गया व्यक्ति

【陪都】 péidū वैकल्पिक या द्वितीय राष्ट्रीय राजधानी; अस्थाई राष्ट्रीय राजधानी

【陪房】 péifang <पुराना> दुल्हन की नौकरानी

【陪祭】 péijì पूजाविधि आदि में पुजारी का हाथ बटाने वाला व्यक्ति

【陪嫁】 péijià दहेज

【陪客】 péikè भोज में मुख्य अतिथि को खुश रखने के लिये बुलाया गया दूसरा मेहमान

【陪奁】 péilián <बो०> दहेज

【陪审】 péishěn <का०> ❶अदालती मामले में जज को राय देना ❷जूरी

【陪审团】 péishěntuán जूरी

【陪审员】 péishěnyuán जूरी का सदस्य

【陪审制】 péishěnzhì जूरी सिस्टम

【陪侍】 péishì <पुराना> किसी की बगल में सेवा में खड़ा होना

【陪送】 péisong ❶दहेज ❷दहेज देना

【陪同】 péitóng ❶के साथ: ～外宾参观工地 विदेशी मेहमानों के साथ निर्माणस्थल का दौरा करना ❷किसी महत्वपूर्ण अतिथि या प्रतिनिधि मंडल के साथ घूमने वाला अधिकारी

【陪同人员】 péitóng rényuán सहचरी; अनुचर

【陪同团】 péitóngtuán आतिथ्य दल; सत्कार समिति

【陪葬】 péizàng ❶मृतक के साथ (उस की पत्नी, उपपत्नी या दास को) ज़िन्दा दफ़नाना ❷मृतक के साथ (पात्रों, मूर्तियों आदि को) दफ़नाना ❸(पत्नी या उपपत्नी को मृत्यु के बाद उस के पति की) कब्र की बगल में दफ़नाना

【陪葬品】 péizàngpǐn（陪葬物 péizàngwù भी）(मृतक के साथ दफ़नाई जाने वाली) मूर्तियां, पात्र आदि

培 péi ❶मिट्टी से ढक देना; तटबन्ध को मज़बूत बनाने के लिये मिट्टी चढ़ाना ❷प्रशिक्षण देना; प्रशिक्षित करना: 培训

【培土】 péitǔ <कृ०> मिट्टी से ढक देना; पौधों के चारों ओर मिट्टी का ढूह उठाकर थाली बनाना; पहाड़ी बनाना

【培训】 péixùn प्रशिक्षण देना; प्रशिक्षित करना; ट्रेनिंग देना: ～在职人员 सेवारत् कर्मचारियों को प्रशिक्षित करना / ～班 प्रशिक्षण कक्षा; ट्रेनिंग कोर्स

【培养】 péiyǎng ❶(पौधों की) खेती करना; (जीवाणुओं को) संवर्धित करना ❷लालन-पालन करना; पालन-पोषण करना; प्रशिक्षण देना; तैयार करना: ～人才 प्रतिभाएं तैयार करना / 将孩子～成人 बच्चे का लालन-पालन करना / ～习惯 आदत डालना / ～对科学技术的兴趣 विज्ञान में रुचि उत्पन्न करना

【培育】 péiyù ❶उपजाना; उगाना; निकालना: ～树苗 पेड़ के पौधे उगाना / ～水稻新品种 धान की नयी नस्ल निकालना ❷लालन-पोषण करना; परवरिश करना: ～一代新人 नयी पीढ़ी की परवरिश करना

【培植】 péizhí ❶उगाना; उपजाना; निकालना: 人工～草药 जड़ी-बूटियां उपजाना / ～玉米优良品种 मकई की बढ़िया जाति निकालना ❷पालन-पोषण करना; तैयार करना; प्रशिक्षित करना; पालना: ～新生力量 नवजात शक्तियों का पालन-पोषण करना / ～亲信 अपने समर्थकों को तैयार करना

赔（賠） péi ❶क्षतिपूर्ति, मुआवज़ा; हरजाना; क्षतिपूर्ति करना; मुआवज़ा देना; हरजाना देना: 花瓶是我砸碎的，我来～。मैं ने ही यह फूलदान गिराकर टुकड़े-टुकड़े कर दिया है। इस की क्षतिपूर्ति मैं करूंगा। ❷घाटा; नुकसान; घाटा उठाना; नुकसान उठाना: 这笔买卖我们～了不少。इस लेन-देन में हम ने काफ़ी नुकसान उठाया है।

【赔本】 péiběn व्यापार में घाटा उठाना; घाटे में कारोबार

करना: 做～生意 घाटे में कारोबार करना

【赔不是】 péi bùshi क्षमा मांगना; माफ़ी मांगना: 是我错了，我向您～。गलती मुझ से ही हुई। आप से क्षमा मांगता हूँ।

【赔偿】 péicháng क्षतिपूर्ति करना; हरजाना देना; मुआवज़ा देना: ～损失 क्षति की पूर्ति करना / 给予一定的～ निश्चित हरजाना देना

【赔偿费】 péichángfèi（赔偿金 péichángjīn भी）हरजाना

【赔错】 péicuò अपनी गलती स्वीकार करना; अपनी भूल के लिये माफ़ी मांगना

【赔垫】 péidiàn किसी के लिये पैसा भरना: 这么一大笔钱，我～不了。इतने ज़्यादा पैसे भरना मेरे बस की बात नहीं है।

【赔话】 péihuà क्षमा मांगना; माफ़ी मांगना

【赔款】 péikuǎn ❶हरजाना देना; मुआवज़ा देना ❷हरजाना; मुआवज़ा

【赔了夫人又折兵】 péile fūren yòu zhé bīng अपने शत्रु को अपनी पत्नी देना और साथ ही अपनी सेना भी खो देना —— (अनुचित लाभ पाने की कोशिश में) दोहरा दंड मिलना; एक लेने के लिये दो देना पड़ना

【赔礼】 péilǐ क्षमा मांगना; माफ़ी मांगना: ～道歉 क्षमा मांगना

【赔钱】 péiqián ❶आर्थिक हानि उठाना; व्यापार में पैसा डूबना: 他做生意赔了不少钱。व्यापार में उस का काफ़ी पैसा डूब गया। ❷हरजाना देना; मुआवज़ा देना

【赔情】 péiqíng 〈बो०〉 क्षमा याचना करना; माफ़ी मांगना

【赔小心】 péi xiǎoxīn सावधानी बरतना; होशियारी से काम लेना; होशियार रहना: 今天头儿心情不好，您在他面前可得～。आज हमारा ऊपर वाला नाखुश दीख रहा है। उस के सामने आप को होशियारी से काम लेना चाहिये।

【赔笑】 péixiào क्षमा-याचनापूर्ण हंसी हंसना; हीनता भरी हंसी हंसना

【赔账】 péizhàng ❶अपने आप को सौंपी हुई नकद या वस्तुओं की क्षति के लिये मुआवज़ा देना ❷〈बो०〉 व्यापार में पैसा डूबना; घाटा पड़ना

【赔罪】 péizuì अपनी भूल के लिये क्षमायाचना करना

锫（錇） péi 〈रसा०〉 बर्केलियम（Bk）

裴 Péi एक कुलनाम

pèi

沛 pèi 〈लि०〉 प्रचुरता; विपुलता; बहुतायत; प्रचुर; विपुल; बहुत; भरपूर: 充沛 chōngpèi

帔 pèi बेल-बूटे काढ़ी हुई छोटी शाल

佩¹（珮） pèi प्राचीन काल में लोगों की कमर में लटकने वाला आभूषण: 玉～ जेड लटकन

佩² pèi ❶(कमर में) लटकाना: ～枪 कमर में एक पिस्तौल लटकाना / 佩带 ❷प्रशंसा करना; श्लाघा करना: 佩服 / 他的这种精神十分可～。उस की यह भावना प्रशंसनीय है।

【佩带】 pèidài ❶कमर में (पिस्तौल, तलवार आदि) लटकाना; लटकना: 他～着一把剑。वह अपनी कमर में एक तलवार लटकाए हुए है; उस की कमर में एक तलवार लटकी हुई है। ❷佩戴 के समान

【佩戴】 pèidài (छाती, बांह, कंधे आदि पर बैज आदि) पहनना: 他胸前～了两枚奖章。उस ने अपनी छाती पर दो पदक पहने हैं। / ～臂章 बांह पर बैज पहनाना

【佩服】 pèifú प्रंशसा करना; श्लाघा करना; प्रशंसक होना: 他的勇气令人～。उस का साहस प्रशंसनीय है। / 我很～他。मैं उस का प्रशंसक हूँ।

【佩剑】 pèijiàn 〈खेल०〉 सेब्र

配 pèi ❶विवाह-संबंध में बंधना: 婚配 hūnpèi ❷पति या पत्नी, विशेषकर पत्नी: 元配 yuánpèi ❸(पशुओं से) मैथुन कराना: 配种 ❹निश्चित अनुपात के अनुसार मिश्रण करना; मिलाना; मिश्रित करना: ～颜色 रंग मिलाना ❺योजनानुसार वितरण करना; बांटना: 分配 fēnpèi ❻ऐसी वस्तु बनाना जो दूसरी वस्तु के लिये उपयुक्त हो या उस के स्थान पर लगायी जा सके: ～钥匙 ताली बनाना / ～零件 कल-पुर्ज़े बदलना ❼फबना; मेल खाना; ठीक बैठना; में समन्वय होना: 这两种颜色很～。ये दो रंग मेल खाते हैं। / 这件上衣～裙子很好看。यह ब्लाउज़ स्कर्ट के साथ बहुत फबता है। ❽सहायक; पूरक: 配角 ❾सक्षम होना; योग्य होना; उपयुक्त होना; ठीक होना: 他不～当我们的代表。वह हमारा प्रतिनिधि बनने के लिये उपयुक्त नहीं है। ❿निर्वासन; निर्वासित; निर्वासन करना; निर्वासित करना: 发配 fāpèi

【配备】 pèibèi ❶(मानवशक्ति या उपकरण) जुटाना; सुसज्जित करना; लैस करना: 给部队～现代化武器 सैन्य टुकड़ियों को आधुनिक हथियारों से लैस करना / 这个项目～了足够的科技力量。इस परियोजना के लिये पर्याप्त संख्या में वैज्ञानिक जुटाए गये हैं। ❷विन्यस्त करना: ～兵力 सैन्य शक्तियां विन्यस्त करना ❸संयंत्र; उपकरण: 现代化的～ आधुनिक संयंत्र

【配菜】 pèicài ❶व्यंजन को सजाना ❷व्यंजन में सजावट की चीज़

【配餐】 pèicān एक जून के खाने के लिये विविध खाद्य-सामग्री

【配搭】 pèidā पूरक बनना; साथ देना; मेल मिलाना

【配搭儿】 pèidar सहायक; पूरक

【配电】 pèidiàn 〈विद्यु०〉 विद्युतवितरण; डिस्ट्रिब्यूशन

【配电盘】 pèidiànpán 〈विद्यु०〉 डिस्ट्रिब्यूटर

【配电网】 pèidiànwǎng 〈विद्यु०〉 विद्युतवितरण जाल

【配殿】 pèidiàn राजमहल या मंदिर में मुख्य भवन की दोनों बगलों में स्थित भवन
【配对】[1] pèiduì जोड़ा (जोड़ी) लगाना; जोड़ा मिलाना: 他们俩～参加混合双打比赛。वे दोनों जोड़े में मिश्रित डबल्स खेलेंगे। / 这两只花瓶正好配成一对。इन दो फूलदानों का ठीक एक जोड़ा मिलाया जा सकता है।
【配对】[2] pèiduì (पशु-पक्षी का) जोड़ा खाना
【配额】 pèi'é कोटा: 汽车进口～ कारों के आयात का कोटा
【配方】[1] pèifāng नुस्खा बांधना
【配方】[2] pèifāng ❶रसायन या धातु बनाने का फ़ार्मूला ❷नुस्खा
【配房】 pèifáng बगल का कमरा
【配合】 pèihé तालमेल बिठाना; समन्वय बिठाना; सामंजस्य स्थापित करना; सहयोग करना: 双方～行动打击恐怖主义。दोनों पक्षों ने आतंकवाद पर अंकुश लगाने में तालमेल बिठाया। / 他～警方破案。उस ने केस सुलझाने में पुलिस के साथ सहयोग किया।
【配合饲料】 pèihé sìliào मिश्रित चारा
【配合】 pèihe समन्वय होना; मेल खाना: 这两种颜色很～。इन दो रंगों में पूरा समन्वय है।
【配给】 pèijǐ राशन: ～证 राशन कार्ड / ～制 राशन व्यवस्था
【配件】 pèijiàn ❶पुर्ज़ा; कल-पुर्ज़ा; फ़िटिंग: 汽车～ कार के कल-पुर्ज़े ❷पुनः लगाए हुए कल-पुर्ज़े
【配角】[1] pèijué सहअभिनेता के रूप में नाटक या चलचित्र में प्रकट होना
【配角】[2] pèijué ❶उपनायक; उपनायिका; सहायक पात्र ❷सहायक; सहयोगी
【配军】 pèijūn <पुराना> निष्कासित; निर्वासित
【配料】 pèiliào ❶(किसी चीज़ के उत्पादन में) सही अनुपात के अनुसार सामग्री उपलब्ध कराना ❷<धा०वि०> बर्डन (burden): 高炉～ हवा भट्टी का बर्डन
【配偶】 pèi'ǒu पति या पत्नी
【配器】 pèiqì <संगी०> संगीत-रचना
【配曲】 pèiqǔ स्वर देना; धुन लिखना
【配色】 pèisè अनुपात के अनुसार रंगों को मिलाना
【配色】 pèishài <बो०> रंगों में सामंजस्य करना; रंगों में मेल बिठाना: 室内装饰的～ गृह-सज्जा में रंगों में सामंजस्य करने का काम
【配售】 pèishòu राशन: 实行粮食～ अनाज का राशन करना
【配套】 pèitào का पूरा सेट बनाना; की पूर्ण व्यवस्था कायम करना: 灌溉工程要～。सिंचाई की एक पूर्ण व्यवस्था कायम करनी चाहिये। / 机电设备～生产。मेकनिकल और इलेक्ट्रिक उपकरणों के पूरे सेट बनाए जाते हैं।
【配套成龙】 pèitào-chénglóng 成龙配套 chénglong-pèitào के समान
【配套工程】 pèitào gōngchéng सहायक परियोजना
【配伍】 pèiwǔ <चिकि०> दवाओं की संयोज्यता: ～禁忌 असंयोज्यता
【配戏】 pèixì नाटक में गौण भूमिका निभाना
【配药】 pèiyào ❶नुस्खा बांधना ❷नुस्खा बंधवाना: 到药店按这张方子配两付药。दवा की दूकान में जाकर इस नुस्खे की दो खुराक बंधवा लो।
【配音】 pèiyīn डब करना: 这部外国影片有中文～。यह विदेशी फ़िल्म चीनी में डब की हुई है।
【配乐】 pèiyuè ❶(फ़िल्म, नाटक या रेडियो प्रोग्राम में) पार्श्वसंगीत के तौर पर संगीत के अंश चुनना ❷पार्श्वसंगीत के साथ प्रस्तुत करना: ～诗歌朗诵 पार्श्वसंगीत के साथ कविता सुनाना
【配乐广播】 pèiyuè guǎngbō संगीतमय रेडियो कार्यक्रम
【配制】 pèizhì सम्मिश्रण करना; मिलाना; बनाना: ～药剂 दवाओं का सम्मिश्रण करना
【配置】 pèizhì वितरण करना; विन्यास करना; तैनात करना: ～兵力 सैनिक तैनात करना / 合理～生产力 उत्पादक शक्ति का युक्तिसंगत वितरण करना
【配种】 pèizhǒng <पशुपालन> प्रजनन: ～站 प्रजनन केंद्र
【配子】 pèizǐ <जीव०> गैमीट; युग्मक
【配子体】 pèizǐtǐ <वन०> जननशील पौधा; युग्मक-सू; गैमीटोफ़ाइट

旆（旆） pèi ❶प्राचीन काल में अबाबील की दोशाखी पूंछ जैसी पताका ❷झंडा; ध्वज

辔（轡） pèi लगाम: 鞍～ काठी और लगाम
【辔头】 pèitóu लगाम

霈 pèi ❶मूसलाधार वर्षा: 甘～ सामयिक वर्षा ❷मूसलाधार वर्षा होना

pēn

喷（噴） pēn ❶फूट पड़ना; फूट निकलना; वेग के साथ निकलना (निकालना); फुहारे की तरह छूटना (छोड़ना): 火山～发。ज्वालामुखी फूट पड़ा। / 油井～油。कुएं से तेल फूट निकला। / 喷泉向空中～水。फौवारे हवा में जलकण छोड़ते हैं। ❷छिड़कना; छिड़काव करना; फुहारना: ～农药 कीटनाशक दवा छिड़कना / 给花～点水。फूलों पर थोड़ा सा पानी छिड़क दो।
pèn भी दे०
【喷薄】 pēnbó (जल का) उमड़ना; (सूर्य का) उदित होना
【喷灯】 pēndēng ब्लॉटॉर्च; ब्लॉलैंप
【喷饭】 pēnfàn इतना हंसना कि खाना भी गले से बाहर उगला जाए; हंसते-हंसते पेट में बल पड़ना
【喷粪】 pēnfèn <घृणा०> अपशब्द बोलना; गंदी गालियां देना
【喷灌】 pēnguàn छिड़काव सिंचाई
【喷灌器】 pēnguànqì छिड़काव यंत्र
【喷壶】 pēnhú हजारा

【喷火器】 pēnhuǒqì 〈सैन्य०〉 शोलाफेंक हथियार; फ़्लेमथ्रोवर
【喷溅】 pēnjiàn (तरल पदार्थ का) फूट निकलना; छिटकना; बिखरना
【喷浆】 pēnjiāng 〈वास्तु०〉 पोताई करना; सफ़ेदी करना
【喷漆】 pēnqī पेंट फुहारना
【喷气发动机】 pēnqì fādòngjī जेट इंजन
【喷气式飞机】 pēnqìshì fēijī जेट विमान; जेट
【喷气织机】 pēnqì zhījī एयर जेट लूम
【喷枪】 pēnqiāng स्प्रेगन; एयरब्रश
【喷泉】 pēnquán फौवारा; फव्वारा; फुहार
【喷洒】 pēnsǎ छिड़कना; बिखेरना
【喷射】 pēnshè छिटकना; फेंकना: ～火焰 आग फेंकना
【喷水池】 pēnshuǐchí फौवारा
【喷嚏】 pēntì छींक; छिक्का: 打～ छींक मारना; छींकना; छिक्का लेना
【喷桶】 pēntǒng 〈बो०〉 हजारा
【喷头】 pēntóu ❶शावर नॉज़ल ❷स्प्रिंक्लर हेड
【喷吐】 pēntǔ (आग, रोशनी, हवा आदि का) निकलना
【喷雾器】 pēnwùqì छिड़काव यंत्र; फुहारा
【喷涌】 pēnyǒng (तरल पदार्थ का) फूट निकलना: 山泉～。सोता पहाड़ से फूट निकलता है।
【喷子】 pēnzi पिचकारी
【喷嘴】 pēnzuǐ स्प्रे हेड

pén

盆 pén ❶बेसिन; टब; पोट; पात्र; बरतन; चिलमची ❷बेसिन जैसी आकृति वाली वस्तु: 骨盆 gǔpén
【盆地】 péndì 〈भू०〉 बेसिन: 柴达木～ छाइदाम बेसिन
【盆花】 pénhuā गमले में लगाए हुए फूल
【盆景】 pénjǐng गमले में लघु प्राकृतिक दृश्य; लघु वृक्ष व शिलाएं
【盆盆罐罐】 pénpénguànguàn बरतन और हंडिया —— घरेलू उपयोग की वस्तुएं
【盆腔】 pénqiāng 〈श०वि०〉 पेड़ू की गुहा; पेल्विक कैविटी
【盆腔炎】 pénqiāngyán 〈चिकि०〉 पेड़ू में सूजन; पेल्विक इंफ़ेक्शन
【盆汤】 péntāng (盆塘 péntáng भी) सार्वजनिक स्नानघर में टब सहित कक्ष
【盆浴】 pényù टबबाथ; टब में नहाना
【盆栽】 pénzāi ❶गमले में लगाना (उगाना): ～花卉 गमले में लगाये हुए फूल ❷गमले में लगाए हुए फूल या लघु वृक्ष

pèn

喷 (噴) pèn 〈बो०〉 ❶का मौसम होना: 眼下正是西瓜～儿。इस समय तरबूज़ों का मौसम है। ❷〈परि०श०〉 फ़सल: 头～棉花 कपास की पहली फ़सल
pēn भी दे०
【喷香】 pènxiāng सुगंधित; खुशबूदार: 这花～扑鼻。ये फूल बहुत सुगंधित हैं।

pēng

抨 pēng 〈लि०〉 दोषारोपण करना; अभियोग लगाना
【抨击】 pēngjī भर्त्सना; निन्दा; भर्त्सना करना; निन्दा करना; आड़े हाथों लेना
【抨弹】 pēngtán 〈लि०〉 ❶抨击 के समान ❷अभियोग लगाना

怦 pēng (दिल की) धड़कन; धड़का; धक-धक: 心～～直跳 जी धक-धक करना

砰 pēng 〈अनु०〉 (आघात का शब्द) धम्म; धड़ाम; धमाका: 门～的一声关上了。द्वार धम्म से बन्द कर दिया गया। / ～的一声，椅子倒了。कुर्सी धड़ाम से ज़मीन पर गिर पड़ी।

烹 pēng ❶पकाना; बनाना; उबालना ❷पहले तेज़ आंच पर तलना फिर चटनी डालकर हांडी चलाना
【烹茶】 pēngchá चाय बनाना
【烹饪】 pēngrèn खाना पकाना; व्यंजन बनाना
【烹饪法】 pēngrènfǎ पाक कला; व्यंजन कला
【烹调】 pēngtiáo खाना पकाना; व्यंजन बनाना: ～能手 व्यंजन बनाने में उस्ताद होना; बढ़िया रसोइया होना

péng

朋 péng ❶मित्र; दोस्त; यार: 良～ अच्छा दोस्त ❷〈लि०〉 गुटबन्दी; दलबन्दी: 朋比为奸 ❸〈लि०〉 के तुल्य होना; के सदृश होना: 硕大无朋 shuòdà-wúpéng
【朋辈】 péngbèi 〈लि०〉 मित्र; दोस्त
【朋比为奸】 péngbǐ-wéijiān दलबन्दी करके कुकर्म करना; साठ-गांठ करना

【朋党】 péngdǎng दल; गिरोह; गुट

【朋友】 péngyou ❶मित्र; दोस्त; यार ❷बायफ्रैंड या गर्लफ्रैंड：你家姑娘有～了吗？आप की लड़की का कोई बायफ्रैंड है कि नहीं ?

彭 Péng एक कुलनाम

棚 péng ❶मंडप; शामियाना ❷शेड; झोंपड़ा; शाला：牲口～ पशुशाला / 自行车～ साइकिल शेड ❸सीलिंग; छत：顶棚 dǐngpéng

【棚车】 péngchē ❶〈रेल०〉 बक्स वेगन; बक्स कार ❷ढकी हुई ट्रक

【棚户】 pénghù 〈बोल०〉 झोंपड़ी में रहनेवाला; गंदी बस्ती का निवासी

【棚圈】 péngjuàn छप्परवाला बाड़ा

【棚寮】 péngliáo 〈बो०〉 झोंपड़ी; कुटीर

【棚子】 péngzi शेड; झोंपड़ी; शाला

蓬 péng ❶〈वन०〉 फ़्लीबैन; पिस्सूमार घास ❷बिखरा हुआ होना：～着头 बाल बिखरे हुए होना ❸〈परि०श०〉 पुंज; गुच्छा：一～草 घास का एक पुंज

【蓬荜增辉】 péngbì-zēnghuī तुच्छ झोपड़ी को रोशन करना

【蓬勃】péngbó ज़ोर-शोर; जोश-खरोश; ओजस्विता：～发展 ज़ोर-शोर के साथ विकास होना / 祖国到处是一片蓬蓬勃勃的景象。देश में हर तरफ़ ओजस्वितापूर्ण नज़ारे नज़र आते हैं।

【蓬蒿】 pénghāo 〈बो०〉 क्राउनडेसी क्रिसंथमम

【蓬户瓮牖】 pénghù-wèngyǒu झुग्गी-झोपड़ी

【蓬莱】 Pénglái दंतकथा में देवलोक

【蓬乱】 péngluàn (घास, बालों आदि का) बिखरना：他头发～。उस के बाल बिखरे हुए हैं।

【蓬门荜户】 péngmén-bìhù झुग्गी-झोपड़ी

【蓬松】 péngsōng बिखरा हुआ होना

【蓬头垢面】 péngtóu-gòumiàn उलझे हुए बाल और मैला चेहरा

硼 péng 〈रसा०〉 बोरोन（B）

【硼砂】 péngshā सुहागा; सोहागा; बोरेक्स

【硼酸】 péngsuān बोरिक एसिड; अम्ल-सोहागा

【硼酸盐】 péngsuānyán बोरेट

鹏（鵬） péng गरुड़

【鹏程万里】péngchéng-wànlǐ उज्ज्वल भविष्य होना

澎 péng नीचे दे०

【澎湖列岛】 Pénghú Lièdǎo फंगहू द्वीपसमूह; (यूरोपियन नाम) पेस्काडोर्स

【澎湃】 péngpài उमड़ता हुआ：大海波涛～。समुद्र में लहरें उमड़ती हुई दिखाई देती है।

篷 péng ❶कार या जहाज़ का आच्छादन; वितान; चंदवा ❷पाल：扯～ पाल तानना

【篷布】 péngbù चादर; तिरपाल：用～盖上货物 तिरपाल से माल ढंकना

【篷车】 péngchē 棚车 péngchē के समान

【篷帐】 péngzhàng तंबू

【篷子】 péngzi शामियाना

膨 péng नीचे दे०

【膨大】 péngdà फूलना; फुलाना; हवा भरना

【膨脝】 pénghēng ❶〈लि०〉 तोंदू ❷〈बो०〉 भारी-भरकम; स्थूल

【膨化】 pénghuà (चावल, मकई आदि का) लावा：～玉米 पॉपकोर्न

【膨体纱】 péngtǐshā 〈बुना०〉 बुल्क यार्न

【膨胀】 péngzhàng विस्तार; फैलाव; फूलना; बढ़ना; फैलना：金属受热～。ताप लगने पर धातु फैल जाती है। / 私欲～ स्वार्थलोलुपता बढ़ना / 通货膨胀 tōnghuò-péngzhàng

【膨胀系数】 péngzhàng xìshù 〈भौ०〉 विस्तार का गुणांक

鬅 péng बालों का बिखरना

【鬅松】 péngsōng बालों का बिखरना

【鬅头散发】 péngtóu-sànfā बाल बिना कटे बिखरे हुए होना

蟛 péng नीचे दे०

【蟛蜞】 péngqí जल-थलचर केकड़ा; खारे पानी में पलने वाला केकड़ा

pěng

捧 pěng ❶दोनों हाथों से लेना या उठाना; चुल्लू में लेना：他～起水来就喝。वह चुल्लू में ही पानी लेकर पी गया। / 双手～着一个大西瓜 दोनों हाथों से एक बड़ा तरबूज़ उठाना ❷〈परि०श०〉 चुल्लू：一～水 चुल्लू भर पानी / 两～米 दो चुल्लुओं का चावल ❸खुशामद करना; चाटुकारिता करना：把人～上了天 किसी को आकाश पर चढ़ा देना

【捧杯】 pěngbēi कप जीतना; चैंपियनशिप जीतना

【捧场】 pěngchǎng ❶श्लाघा करनेवालों के जत्थे में शामिल होना ❷गुणगान करना; चाटुकारिता करना; चापलूसी करना

【捧臭脚】 pěng chòujiǎo 〈बोल०〉 (किसी के) तलवे चाटना; (किसी के) तलवे सहलाना; (किसी के) तलवे से आंखें मलना

【捧腹】 pěngfù पेट पकड़कर हंसते-हंसते लोट जाना

【捧腹大笑】 pěngfù-dàxiào हंसते-हंसते लोट-पोट होना

【捧哏】 pěnggén (हास्योत्पादक संवाद 相声 में सहायक

कलाकार का) लोगों को हंसाने के लिये बुद्धू की भूमिका निभाना

【捧角】 pěngjué किसी अभिनेता या अभिनेत्री की ख्याति फैलाने की कोशिश करना

pèng

碰(掽、踫) pèng ❶हाथ लगाना; छूना; टकराना; टक्कर मारना; आघात करना; धक्का देना: 碰杯 / 别～这花瓶。इस फूलदान को हाथ न लगाओ। / 他不小心～倒了一位老人。उस ने असावधानी से एक बुज़ुर्ग को धक्का देकर गिरा दिया। ❷मिलना; मुलाकात होना; भेंट होना; सामना होना: 碰见 / 碰面 / 昨天我在一个商场里～到了他。कल मुझे एक दूकान में उस से सामना हुआ। ❸आज़माना; देखना: ～～运气 तकदीर आज़माना / ～～机会 मौका देखना

【碰杯】 pèngbēi जाम टकराना

【碰壁】 pèngbì मोटी दीवार पर अपना सिर दे मारना; ठोकरें खाना: 他近来运气不好，处处～。फ़िल हाल उस की किस्मत फूटी है और उसे दर-दर ठोकरें खानी पड़ती हैं।

【碰钉子】 pèng dīngzi रोक का सामना करना; ठुकरा दिया जाना; झिड़की मिलना: 他本想替她求情，但碰了个钉子。उस ने उसे माफ़ करने का अनुरोध करना चाहा, पर वह ठुकरा दिया गया। / 碰软钉子 मृदु झिड़की मिलना

【碰见】 pèngjiàn मिलना; भेंट होना; मुलाकात होना; सामना होना: 昨天我在路上～了小王。कल मेरा राह चलते श्याओ वांग से सामना हुआ।

【碰劲儿】 pèngjìnr ⟨बो०⟩ संयोग से: ～踢进一球 संयोग से गोल करना

【碰面】 pèngmiàn मिलना; भेंट होना; मुलाकात होना: 我同他说好今天在这家电影院前～。मैं ने उस से कहा था कि आज इस सिनेमाघर के आगे मुलाकात होगी।

【碰碰车】 pèngpengchē बम्पर कार

【碰碰船】 pèngpengchuán बम्पर बोट

【碰巧】 pèngqiǎo संयोग से; संयोगवश; इत्तफ़ाक से: 昨天我去小李家，～他也在那里。कल मैं श्याओ ली के घर गया। और संयोग से वह भी वहां था।

【碰锁】 pèngsuǒ स्प्रिंग लॉक

【碰头】 pèngtóu मिलना; भेंट होना; मुलाकात होना

【碰头会】 pèngtóuhuì (सूचनाओं के आदान-प्रदान के लिये) संक्षिप्त बैठक

【碰一鼻子灰】 pèng yī bízi huī झिड़की सुनना; दुतकार मिलना; मुंहतोड़ जवाब मिलना

【碰硬】 pèngyìng प्रबल प्रतिद्वंद्वी को ललकारना; भारी रुकावट को दूर करने का प्रयास करना

【碰撞】 pèngzhuàng ❶टक्कर मारना; टकराना ❷अपमान करना; रुष्ट करना; (भावनाओं को) ठेस पहुंचाना

pī

丕 pī ⟨लि०⟩ बड़ा; भारी; महान: ～业 महान कार्य

批1 pī ❶चपत मारना; चांटा लगाना; थप्पड़ मारना; तमाचा मारना; चपत रसीद करना; धौल लगाना: 批颊 ❷(अधीनस्थ की रिपोर्ट पर) निर्देश या टिप्पणी लिखना: ～公文 दस्तावेज़ पर निर्देश लिखना ❸आलोचना करना; खंडन करना: 狠狠～了他一顿 उस की कड़ी आलोचना करना

批2 pī ❶थोक: ～发 थोकबिक्री / ～购 थोकखरीद ❷खेप; दल; जत्था: 货物分两～发出。माल दो खेपों में भेजा जा रहा है। / 第一～新兵已经开始受训。रंगरूटों का पहला दल ट्रेनिंग लेने लगा है।

批3 pī कातने और बटने के लिये कपास, पटसन आदि के रेशे

【批驳】 pībó ❶दूसरे के विचार या मांग को ठुकरा देना ❷खंडन करना: 逐字逐句进行～ का शब्दशः खंडन करना

【批点】 pīdiǎn ध्यान आकृष्ट करने के लिये बिंदुओं या छोटे-छोटे गोलों से शब्दों या वाक्यों को चिंहित करना और टीका लिखना; चिंहित करते हुए टीकाएं लिखना

【批复】 pīfù अधीनस्थ संस्था को औपचारिक एवं लिखित जवाब देना

【批改】 pīgǎi ठीक करना; सुधारना: ～学生作业 छात्रों के पेपरों को ठीक करना

【批号】 pīhào लोट नम्बर; बैच नम्बर

【批颊】 pījiá ⟨लि०⟩ थप्पड़ मारना; चपत लगाना; चेहरे पर घूंसा मारना

【批件】 pījiàn अधीनस्थ संस्था को दिया जानेवाला औपचारिक एवं लिखित जवाब

【批量】 pīliàng खेप: ～生产 खेपों में उत्पादन करना

【批零】 pīlíng थोक और फुटकर बिक्री

【批判】 pīpàn आलोचना करना; खंडन करना: ～地继承 समालोचनात्मक ढंग से विरासत के रूप में ग्रहण करना / ～地吸收 समालोचनात्मक ढंग से आत्मसात् करना

【批判现实主义】 pīpàn xiànshí zhǔyì आलोचनात्मक यथार्थवाद

【批评】 pīpíng ❶आलोचना करना; गुण-दोष विवेचन करना: ～他的粗鲁行为 उस के उजड्डपन की आलोचना करना ❷आलोचना; गुण-दोष विवेचना: ～与自我～ आलोचना और आत्मालोचना / 文艺～ कला-साहित्य समीक्षा

【批示】 pīshì ❶अधीनस्थ द्वारा प्रस्तुत रिपोर्ट, ज्ञापन आदि पर निर्देश या टिप्पणी लिखना ❷अधीनस्थ द्वारा प्रस्तुत रिपोर्ट, ज्ञापन आदि पर लिखा हुआ निर्देश या टि-

प्पणी
【批条】 pītiáo वह नोट, जिस पर उच्च अधिकारी ने निदेश या टिप्पणी लिखी हो
【批语】 pīyǔ ❶(किसी लेखन पर) टीका ❷批示 के समान
【批阅】 pīyuè (सरकारी दस्तावेज़) पढ़ना; लेख आदि पढ़ने पर टिप्पणी करना
【批注】 pīzhù ❶टिप्पणी और भाष्य करना ❷टिप्पणी और भाष्य; पार्श्व-टीका
【批准】 pīzhǔn अनुमोदन; पुष्टि; मंजूरी; स्वीकृति; का अनुमोदन करना; की पुष्टि करना; को मंजूरी देना; को स्वीकृति देना: ～一项国际公约 एक अंतर्राष्ट्रीय समझौते का अनुमोदन करना / ～他休假两周 उसे दो सप्ताह की छुट्टी देने की मंजूरी देना / 提交～ स्वीकृति के लिये पेश करना
【批准书】 pīzhǔnshū अनुमोदन-पत्र; पुष्टि-पत्र: 交换～ पुष्टि-पत्रों का आदान-प्रदान करना

纰（紕） pī (कपड़े, धागे आदि का) टूटना या फटना: 线～了。 तागे टूट गये।
【纰漏】 pīlòu भूल; चूक; भूल-चूक: 出了～ भूल-चूक होना
【纰缪】 pīmiù 〈लि०〉 त्रुटि; दोष; भूल

坯（坏） pī ❶कच्ची चीज़: 砖～ कच्ची ईंट / ～革 कच्चा चमड़ा ❷कच्ची ईंट ❸अर्धतैयार वस्तु: 面～ कोरे पके हुए नूडल
【坯布】 pībù 〈बुना०〉 बिना मांड दिया हुआ और बिना रंग किया हुआ कपड़ा
【坯子】 pīzi ❶坯 pī❶ के समान ❷坯 pī❸ के समान

披 pī ❶ऊपर से डालना; ओढ़ना: ～着一条披肩 शाल ओढ़ना / ～着羊皮的狼 भेड़ का छद्मवेश धारण किया हुआ भेड़िया ❷खोलना; बिखराना: ～卷 पुस्तक खोलना ❸फटना; चिटकना; कड़कना: 竹竿～了。 बांस का डंडा फट गया।
【披发左衽】 pīfà-zuǒrèn बालों को बिखेरना और वस्त्रों को बायीं ओर दोहरा करना (प्राचीन काल में गैर-हान जाति के परिधान की शैली)
【披风】 pīfēng ढीला अंगरखा
【披拂】 pīfú 〈लि०〉 ❶हिलना; झूलना; फहराना: 柳树新枝在微风中～。 वीलो के वृक्षों की नन्हीं-नन्हीं टहनियां मंद हवा में हिल रही हैं। ❷(मंद समीर का) झोंका: 春风～。 वसंत के मंद समीर के झोंके आ रहे हैं।
【披肝沥胆】 pīgān-lìdǎn दिल खोलकर कहना; सत्य-निष्ठ होना
【披挂】 pīguà ❶कवच धारण करना: ～上阵 कवच धारण करके मैदान में उतरना ❷कवच
【披红】 pīhóng (त्योहार के मौके पर या सम्मान प्रगट करने के लिये) किसी के कंधों पर लाल रेशमी फ़ीता पहनाना
【披怀】 pīhuái 〈लि०〉 दिल खोलकर कहना
【披甲】 pījiǎ कवच धारण करना
【披坚执锐】 pījiān-zhíruì कवच पहनना और हथियार उठाना —— लाम पर जाना
【披肩】 pījiān ❶शाल; दुशाला ❷बिनआस्तीन कोट; केप
【披荆斩棘】 pījīng-zhǎnjí झाड़-झंखाड़ काटना —— बाधाओं में से रास्ता बनाना
【披览】 pīlǎn 〈लि०〉 (पुस्तक खोलकर) पढ़ना: ～群书 हर तरह के ग्रंथ पढ़ना
【披沥】 pīlì 〈लि०〉 披肝沥胆 का संक्षिप्त रूप
【披露】 pīlù ❶प्रकाशित करना; जारी करना: ～公报全文 विज्ञप्ति का पूरा पाठ प्रकाशित करना / 要求不～姓名 नाम न बताने की शर्त पर ❷प्रकट करना; उद्घाटित करना; अभिव्यक्त करना: ～肝胆 कलेजा निकालकर रख देना
【披麻带孝】 pīmá-dàixiào मातमी पोशाक पहनना
【披靡】 pīmǐ ❶(घास-पात का) हवा के कारण झुक जाना ❷हारकर इधर-उधर भागना; पीठ दिखाना: 所向披靡 suǒxiàng-pīmǐ
【披散】 pīsan (बालों, टहनियों आदि का) अस्तव्यस्त होकर लटकना
【披沙拣金】 pīshā-jiǎnjīn रेत में से सोना चुनना —— ढेर सारी चीज़ों का निचोड़ निकालना
【披剃】 pītì काषाय धारण करना और मुंडन कराना —— बौद्धभिक्षु या बौद्धभिक्षुणी बनना
【披头散发】 pītóu-sànfà बाल बिखरे हुए होना; बाल उलझे हुए होना
【披屋】 pīwū घर का भंडार
【披星戴月】 pīxīng-dàiyuè चन्द्रमा और तारों के प्रकाश में —— रात में भी दौड़ लगाना; दिन-रात काम करना
【披阅】 pīyuè 披览 के समान

狉 pī नीचे दे०
【狉狉】 pīpī 〈लि०〉 (जंगली पशुओं का झुंडों में) आवारा फिरना

砒 pī संखिया
【砒霜】 pīshuāng संखिया

劈 pī ❶फोड़ना; तोड़ना; टुकड़े करना; काटना: ～柴 लकड़ी के टुकड़े कर देना / ～成两半 किसी चीज़ को फोड़कर दो टुकड़ों में बांट देना ❷फटना; फूटना; टूटना: 木板～了。 तख्ती फूट पड़ी। ❸〈बो०〉 गला बैठ जाना: 他喊了半天，声都～了。 देर तक ज़ोर से चिल्लाते रहने से उस का गला बैठ गया। ❹ठीक मुंह, सिर या छाती पर: 劈脸 / 劈头 ❺(बिजली गिरने से) टूट जाना या जलकर नष्ट हो जाना: 这株老树让雷～了。 यह पुराना वृक्ष बिजली गिरने की वजह से टूट गया। ❻〈यां०〉 फन्नी
pǐ भी दे०
【劈波斩浪】 pībō-zhǎnlàng लहरों को चीरना; रास्ते में पड़ी बाधाओं को दूर करना
【劈刺】 pīcì 〈सैन्य०〉 संगीन से मारना; संगीन से लड़ना
【劈刀】 pīdāo ❶चोपर ❷〈सैन्य०〉 तलवारबाज़ी
【劈里啪啦】 pīlipālā 〈अनु०〉 पट-पट; पटाक; पड़-पड़;

पटापट: 鞭炮的～声 पटाखे की पट-पट की आवाज़

【劈脸】 pīliǎn मुंह पर ही: ～就是一拳 मुंह पर ही घूंसा मारना

【劈啪】 pīpā 〈अनु०〉 पट-पट; पटाक; पटापट: 鞭子抽得～响 चाबुक पटापट मारना

【劈杀】 pīshā (घुड़सवार द्वारा) किसी पर तलवार से वार करना

【劈山】 pīshān पहाड़ काटना: ～修路 पहाड़ काटकर सड़क बनाना / ～造田 पहाड़ काटकर सीढ़ीनुमा खेत बनाना

【劈手】 pīshǒu झट से हाथ उठाना: ～夺过鞭子 झट से हाथ उठाकर चाबुक छीन लेना / ～一记耳光 झट से तमाचा लगा देना

【劈头】 pītóu ❶ठीक सिर पर; सामने से ही: 他刚出门，～看见小王过来。वह अभी घर से निकला ही था कि सामने से ही श्याओ वांग आते हुए नज़र आया। ❷शुरू में ही: 他见了老张～就问信发出了没有。उस ने लाओ चांग को देखते ही पूछ डाला कि पत्र भेज दिया गया है कि नहीं।

【劈头盖脸】 pītóu-gàiliǎn मुंह पर ही: 他～提了一连串的问题。उस ने धड़ाधड़ सवाल पर सवाल कर डाले। / 瓢泼大雨～地浇了下来。ऐसी ताबड़तोड़ वर्षा हुई, जैसे आसमान में छेद हो गया हो।

【劈胸】 pīxiōng छाती पर ही: ～一拳 छाती पर ही घूंसा मारना

噼

pī नीचे दे०

【噼里啪啦】 pīlipālā 劈里啪啦 pīlipālā के समान

【噼啪】 pīpā 劈啪 pīpā के समान

霹

pī नीचे दे०

【霹雷】 pīléi 霹雳 के समान

【霹雳】 pīlì वज्रपात

【霹雳舞】 pīlìwǔ ब्रीकडांस

pí

皮

pí ❶चमड़ा; त्वचा; चर्म; चमड़ी; खाल; छिलका; झिल्ली; छाल: 桔子～ संतरे का छिलका / 虎～ बाघ की खाल / 树～ पेड़ की छाल / 擦破一点～ एक जगह त्वचा छिल जाना ❷चमड़ा; लोम; रोयेंदार खाल: ～鞋 चमड़े के जूते / ～衣 लोमवस्त्र ❸आवरण; चादर: 包袱～儿 किसी चीज़ को लपेटने में काम आने वाली चादर ❹सतह: 地～ धरती की सतह ❺पतली और समतल वस्तु; चादर: 白铁～ टीन की चादर ❻लसलसा; चिपचिपा: ～糖 लसलसी कैंडी ❼नरम पड़ना: 花生～了，吃起来不脆。मूंगफली नरम पड़ गयी और कुरकुरी नहीं रह गयी। ❽नटखट; चंचल: 这男孩～得很。यह छोकरा बहुत नटखट है। ❾बेहया होना; बेशर्म होना; निर्लज्ज होना: 他老挨剋，都～了。वह खरी-खोटी सुनते-सुनते बेहया हो गया। ❿रबर: 皮筋儿 ⓫ (Pí) एक कुलनाम

【皮袄】 pí'ǎo लोम जाकेट

【皮包】 píbāo लेदर हैंडबैग; चमड़े का बैग; ब्रीफ़केस; पोर्टफ़ोलियो

【皮包公司】 píbāo gōngsī ब्रीफ़केस कम्पनी —— अ-पर्याप्त पूंजीवाली कम्पनी, जिस की साख न हो; अल्पायु कम्पनी

【皮包骨】 pí bāo gǔ (皮包骨头 pí bāo gǔtou भी) कंकाल होना; अस्थिपंजर होना: 他瘦得～。वह एक कंकाल रह गया है।

【皮鞭】 píbiān चाबुक; कोड़ा

【皮层】 pícéng 〈जीव०〉 ❶कोर्टेक्स; वल्क ❷大脑皮层 dànǎo pícéng का संक्षिप्त रूप

【皮尺】 píchǐ टेप; नापने का फ़ीता; पैमाइशी टेप

【皮带】 pídài ❶चमड़े की कमरपट्टी; पेटी; कमरबन्द ❷〈यां०〉 मशीन चलाने के पट्टे, बेल्ट: ～运输机 बेल्ट कंवेयर

【皮带轮】 pídàilún (बेल्ट) पुली; गड़ारी; घिरनी

【皮蛋】 pídàn 松花 sōnghuā के समान

【皮肤】 pífū चर्म; त्वचा

【皮肤病】 pífūbìng चर्म रोग; त्वचा रोग

【皮肤科】 pífūkē 〈चिकि०〉 चर्मरोग विभाग: ～医生 चर्मचिकित्सक

【皮肤针】 pífūzhēn 〈ची०चि०〉 ❶त्वचा सूचीभेदन (ऐसी डंडी, जिस के सिरे पर पांच या सात सूइयां लगाई हुई होती हैं, से रोगग्रस्त अंग की त्वचा की सतह पर शनैः शनैः आघात करना) ❷त्वचा सूचीभेदन में प्रयोज्य सूइयां

【皮傅】 pífù 〈लि०〉 थोथी व्याख्या या टिप्पणी

【皮革】 pígé चमड़ा

【皮辊花】 pígǔnhuā 〈बुना०〉 लैप वेस्ट

【皮猴儿】 píhóur फ़र पार्क

【皮花】 píhuā 皮棉 के समान

【皮划艇】 píhuátǐng 〈खेल०〉 कनूइंग

【皮黄】 píhuáng (皮簧 píhuáng भी) ❶परंपरागत ऑपेरा के दो प्रमुख राग 西皮 xīpí और 二黄 èrhuáng का संक्षिप्त नाम ❷पेइचिंग ऑपेरा

【皮货】 píhuò लोमयुक्त चमड़ा

【皮夹子】 píjiāzi चमड़े का बटुआ; पाकेटबुक; वालेट

【皮匠】 píjiang ❶चमार; चर्मकार ❷मोची

【皮筋儿】 píjīnr रबर बैंड

【皮开肉绽】 píkāi-ròuzhàn लहूलुहान होना; लहू में नहाना: 他被打得～。उस की इतनी पिटाई हुई कि वह लहूलुहान हो गया।

【皮里阳秋】 pílǐ-yángqiū दिमाग में छिपाए रखे हुए आलोचनात्मक विचार

【皮脸】 píliǎn 〈बो०〉 ❶नटखट; बदमाश; शरारती ❷बेहया; बेशर्म; निर्लज्ज

【皮毛】 pímáo ❶लोमयुक्त चमड़ा ❷छिछलापन; सतहीपन; ऊपरीपन; छिछला; ऊपरी; सतही: 略知～ किसी चीज़ का सतही ज्ञान होना

【皮棉】 pímián धुनी हुई कपास

【皮囊】 pínáng ❶चरसा ❷〈अना०〉 मानव की देह; बदन
【皮球】 píqiú गेंद; रबर बॉल; बॉल
【皮实】 píshi ❶निरोग: 这孩子～，从不得病。यह बच्चा काफ़ी निरोग है और कभी बीमार नहीं हुआ है। ❷मज़बूत; टिकाऊ
【皮条】 pítiáo ❶चमड़े की पतली पट्टी ❷दे० 拉皮条 lā pítiáo
【皮艇】 pítǐng ❶〈खेल०〉 काइएकिंग ❷काइएक
【皮桶子】 pítǒngzi（皮桶儿 pítǒngr भी）(जाकिट या ओवरकोट के लिये) लोमयुक्त चमड़े का अस्तर
【皮下注射】 píxià zhùshè 〈चिकि०〉 चर्म के नीचे के भाग में इंजेक्शन देना
【皮下组织】 píxià zǔzhī 〈श०वि०〉 चर्म के नीचे के टिशू
【皮线】 píxiàn रबर-तार
【皮箱】 píxiāng चमड़े का संदूक; चमड़े का ट्रंक
【皮硝】 píxiāo 朴硝 pòxiāo का प्रचलित नाम
【皮笑肉不笑】 pí xiào ròu bù xiào कुटील हंसी हंसना; बनावटी हंसी हंसना
【皮鞋】 píxié चमड़े के जूते; लेदर शू
【皮鞋油】 píxiéyóu शू-पालिश
【皮靴】 píxuē बूट
【皮炎】 píyán 〈चिकि०〉 त्वचाशोथ; चर्मशोथ
【皮衣】 píyī ❶चमड़े का वस्त्र ❷लोमयुक्त चमड़े का वस्त्र
【皮影戏】 píyǐngxì छायानाट्य
【皮张】 pízhāng खाल; कच्चा चमड़ा
【皮掌儿】 pízhǎngr (जूते का) बाहरी तल्ला
【皮疹】 pízhěn चकता; ददोरा
【皮之不存，毛将焉附】 pí zhī bù cún, máo jiāng yān fù न रहे बांस न रहे बांसुरी
【皮脂腺】 pízhīxiàn सिबेशस ग्लैंड; चर्बी की ग्रंथि
【皮纸】 pízhǐ शहतूत या पेपर मल्बेरी के पेड़ों की छाल से बना एक प्रकार का मोटा कागज़
【皮质】 pízhì ❶कार्टेक्स; बाह्य त्वचा ❷大脑皮层 dànǎo pícéng का संक्षिप्त नाम
【皮重】 pízhòng बारदाने का भार
【皮子】 pízi ❶चमड़ा ❷लोमयुक्त चमड़ा

枇 pí नीचे दे०
【枇杷】 pípa लोकाट; लुकाठ

毗（毘） pí 〈लि०〉 ❶जुड़ा हुआ होना; लगा हुआ होना; पास में होना ❷सहायता देना; समर्थन देना
【毗连】 pílián（毗邻 pílín भी）जुड़ा हुआ होना; लगा हुआ होना: 河南与河北南部～。हनान हपेइ के दक्षिणी भाग से लगा हुआ है।

蚍 pí नीचे दे०
【蚍蜉】 pífú 〈लि०〉 चींटा; चिंउंटा
【蚍蜉撼大树】 pífú hàn dà shù अकेला चींटा बटवृक्ष को उखाड़ने की कोशिश करता है —— अपने आप का अधिक मूल्यांकन करना

铍（鈹） pí 〈रसा०〉 बेरिलियम（Be）

疲 pí थकना; सुस्त होना; श्रांत होना
【疲惫】 píbèi ❶थका-मांदा होना; निढाल होना; शिथिल होना; थककर चूर होना ❷थकाना; श्रांत करना: ～敌人 दुश्मन को थकाना
【疲敝】 píbì (मानवशक्ति या संसाधनों का) अभाव होना; कमी होना
【疲顿】 pídùn 〈लि०〉 थककर चूर होना; अंजर-पंजर ढीला होना
【疲乏】 pífá दे० 疲劳❶❷
【疲倦】 píjuàn थकान; थकावट; श्रांति; थकना; श्रांत होना; सुस्त होना: 感到～ थकान महसूस होना
【疲劳】 píláo ❶थक जाना; क्लांत होना; शिथिल होना ❷थकावट; क्लांति: 肌肉～ मांसपेशियों की थकावट / 精神～ मानसिक थकान ❸〈यां०〉 भार पड़ने से किसी चीज़ का शिथिल होना; शिथिलता: 金属～ धातु की शिथिलता
【疲软】 píruǎn ❶कमज़ोरी; निर्बलता; कमज़ोर; निर्बल: 双腿～ दोनों टांगें कमज़ोर पड़ना ❷〈अर्थ०〉 मंदी; मंद: 市场～。बाज़ार में मंदी है। / 货币～。मुद्रा का भाव मंद पड़ा है।
【疲弱】 píruò थककर चूर हो जाना; दुर्बल होना; क्षीण होना: 他拖着～的双腿继续前进。वह अपनी दोनों दुर्बल टांगें घसीटते हुए आगे बढ़ता गया।
【疲塌】 píta（疲沓 píta भी）सुस्ती; आलस्य; शिथिलता; सुस्त; आलसी; शिथिल: 他工作疲疲塌塌。वह काम करने में बड़ा सुस्त है।
【疲于奔命】 píyúbēnmìng भाग-दौड़ से थक जाना; काम के बोझ से दब जाना: 使其～ किसी को दौड़ाकर थका देना

啤 pí नीचे दे०
【啤酒】 píjiǔ बियर
【啤酒厂】 píjiǔchǎng ब्रूयरी
【啤酒花】 píjiǔhuā 〈वन०〉 होप

琵 pí नीचे दे०
【琵琶】 pípá फीफा, एक तंतुवाद्य, जो उंगलियों से छेड़कर बजाया जाता है

脾 pí तिल्ली; प्लीहा
【脾寒】 píhán 〈बो०〉 मलेरिया; शीतज्वर
【脾气】 píqi ❶मिज़ाज; स्वभाव: 他～急躁。उस का स्वभाव चिड़चिड़ा है। ❷चिड़चिड़ापन; बदतमीज़ी; तेज़-मिज़ाजी; चिड़चिड़ा; बदतमीज़; तेज़मिज़ाज: 发～ चिड़-चिड़ा होना
【脾切除】 píqiēchú 〈चिकि०〉 प्लीहाच्छेदन
【脾胃】 píwèi रुचि; पसन्द: 这不合他的～。ऐसा करना उस की रुचि के विरुद्ध है। / ～相投 समान रुचि होना
【脾性】 píxìng 〈बो०〉 मिज़ाज; स्वभाव; प्रकृति: 人各有各的～。लोग स्वभाव से भिन्न होते हैं।

【脾脏】 pízàng प्लीहा; तिल्ली

裨 pí 〈लि०〉 अमुख्य; अप्रधान; गौण; निम्न श्रेणी का
bì भी दे०

【裨将】 píjiàng प्राचीन चीन में अधीनस्थ या निम्न श्रेणी का सेनापति

蜱 pí 〈प्राणि०〉 चिचड़ी; किलनी

罴 (羆) pí भालू

貔 pí 〈लि०〉 एक कल्पित भालू जैसा पशु

【貔虎】 píhǔ साहसी सैनिक

【貔貅】 píxiū 〈लि०〉 ❶एक कल्पित वन्य पशु ❷बहादुर सिपाही

【貔子】 pízi 〈बो०〉 पीला लकड़बग्घा

鼙 pí प्राचीन काल में सेना में प्रयुक्त एक प्रकार की ढोलकी

【鼙鼓】 pígǔ प्राचीनकालीन सेना में प्रयुक्त ढोल एवं ढोलकी —— सैन्य मामला; युद्ध

pǐ

匹¹ pǐ ❶के समान; के तुल्य; के समकक्ष: 难与为～ के समान नहीं होना ❷एक; एक ही; एकमात्र: 单枪匹马 dān qiāng pǐ mǎ

匹² pǐ 〈परि०श०〉 (घोड़े आदि के लिये) रास: 四～马 चार रास घोड़े

匹 (疋)³ pǐ थान: 一～布 एक थान कपड़ा
疋 yǎ भी दे०

【匹敌】 pǐdí के समान; के तुल्य; के समकक्ष; के बराबर: 双方力量～。 दोनों पक्षों की शक्तियां बराबर हैं।

【匹夫】 pǐfū ❶एक साधारण जन ❷नादान आदमी

【匹夫之勇】 pǐfūzhīyǒng उद्दण्ड व्यक्ति का साहस

【匹马单枪】 pǐmǎ-dānqiāng 单枪匹马 dānqiāng-pǐmǎ के समान

【匹配】 pǐpèi ❶〈लि०〉 शादी करना; ब्याह करना ❷〈विद्यु०〉 मैचिंग

【匹染】 pǐrǎn 〈बुना०〉 पीस डाइंग

【匹头】 pǐtóu 〈बो०〉 थान

圮 pǐ 〈लि०〉 धराशायी होना; ढहना; गिरना; ध्वस्त होना: 倾圮 qīngpǐ

仳 pǐ नीचे दे०

【仳离】 pǐlí 〈लि०〉 ❶पति-पत्नी का अलग होना ❷तलाक देना, विशेषकर स्त्री को त्यागना

否 pǐ ❶बुराई; अनिष्ट: 否极泰来 ❷निन्दा; दोषारोपण: 臧否 zāngpǐ
fǒu भी दे०

【否极泰来】 pǐjí-tàilái अत्यधिक दुख झेलने के बाद परम सुख मिलता है; आपदा की चरम सीमा सुख-समृद्धि का ही आरंभ होती है

痞 pǐ ❶पेट में पड़नेवाला पिंड ❷नीच; गंवार; गुंडा; बदमाश

【痞块】 pǐkuài (痞结 pǐjī भी) 〈ची०चि०〉 पेट में पड़नेवाला पिंड

【痞子】 pǐzi नीच; गुंडा; बदमाश

劈 pǐ ❶बांटना; विभाजित करना; खंडित करना: 把竹子～成两段。 बांस को दो टुकड़ों में बांट दो। ❷उतारना; अलग करना: ～白菜叶 गोभी की बाहरी पत्तियों को उतारना ❸उंगलियां या टांगें दो विरोधी दिशाओं में फैलाना
pī भी दे०

【劈叉】 pǐchà स्प्लिट्स करना; दो विरोधी दिशाओं में टांगें फैलाकर धरती पर बैठना

【劈柴】 pǐchái फट्ठा; ईंधन की लकड़ी

【劈账】 pǐzhàng आय को निश्चित अनुपात के अनुसार बांटना

擗 pǐ ❶तोड़ना; उतारना: ～玉米 भुट्टे तोड़ना ❷〈लि०〉 छाती पीटना

【擗踊】 pǐyǒng 〈लि०〉 (शोक में) छाती पीटना और पैर पटकना; छाती पीटना

癖 pǐ व्यसन; लत: 嗜酒成～ शराब पीने की लत पड़ना

【癖好】 pǐhào अभिरुचि; शौक; चाव: 他有收藏古钱币的～。 उसे प्राचीनकालीन सिक्कों का संग्रह करने का शौक है।

【癖习】 pǐxí पुरानी आदत

【癖性】 pǐxìng प्रवृत्ति; चस्का; धुन

pì

屁 pì ❶अधोवायु; अपान वायु; गोज़; पाद ❷〈बोल०〉 गोज़शुतुर बात; बकवास; खाक; क्या: 这部电影好极了。—— 好个～! यह फ़िल्म बहुत अच्छी है। —— क्या अच्छी है! / 你懂个～。 तुम खाक समझते हो।

【屁股】 pìgu ❶चूतड़; नितम्ब ❷(चौपाये का) चूतड़; (पशु-पक्षी का) मेरुदंड का अंतभाग ❸बचा हुआ टुकड़ा; अवशेष: 香烟～ सिगरेट का बचा हुआ टुकड़ा; बट

【屁股蛋儿】 pìgudànr (屁股蛋子 pìgudànzi भी

〈बो०〉 चूतड़; नितंब

【屁股蹲儿】 pìgudūnr 〈बो०〉 धड़ाम से ज़मीन पर बैठ जाना

【屁滚尿流】 pìgǔn-niàoliú पेशाब बन्द होना; होश उड़ना; होश-हवास ठिकाने न होना

【屁话】 pìhuà गोज़शुतुर बात; बकवास

【屁事】 pìshì नगण्य चीज़; तुच्छ चीज़: 关你～! तुझे क्या लेना-देना है!

睥 pì नीचे दे०

【睥睨】 pìnì 〈लि०〉 तिरछी नज़र से देखना

辟 1 (闢) pì ❶स्थापित करना; कायम करना; बनाना: 这一带将～为工业园区。इस क्षेत्र में एक औद्योगिक पार्क स्थापित किया जाएगा। / 这里～成了花园。यहां फूलों की क्यारियां बनाई गयी हैं। ❷पैना; तीखा; बारीक: 精辟 jīngpì ❸खंडन करना; ठुकराना; झुठलाना: 辟谣

辟 2 pì 〈लि०〉 कानून; विधि: 大辟 dàpì

bì भी दे०

【辟谣】 pìyáo अफ़वाह का खंडन करना; उड़ती खबर को झुठलाना

媲 pì के तुल्य होना; के समान होना; की बराबरी में होना

【媲美】 pìměi तुलना करना; मुकाबला करना; बराबरी करना

僻 pì ❶एकांत; निर्जन; सूना: ～巷 सूनी गली / ～处一隅 एकांत वास करना ❷सनक; झक; सनकी; झक्की: 怪癖 guàipì ❸विरल: ～字 विरल शब्द

【僻径】 pìjìng जनशून्य मार्ग

【僻静】 pìjìng सुनसान; सूनापन; एकांतता; सुनसान; सूना; एकांत: ～的去处 एकांत स्थान

【僻陋】 pìlòu दूरस्थ और निर्जन (क्षेत्र)

【僻壤】 pìrǎng दूर-दराज़ इलाका: 穷乡～ दूर-दराज़ और गरीब इलाका

譬 pì उदाहरण; मिसाल; उपमा

【譬方】 pìfāng मिसाल के तौर पर; मिसाल के लिये; उदाहरणार्थ

【譬如】 pìrú मसलन्; उदाहरण रूप में

【譬喻】 pìyù उपमा; उपमा-अलंकार

piān

片 piān नीचे दे०

piàn भी दे०

【片儿】 piānr 片 piàn❶ के समान, केवल 相片儿 xiàngpiānr, 画片儿 huàpiānr, 唱片儿 chàngpiānr आदि में प्रयुक्त

【片子】 piānzi ❶फ़िल्म रोल ❷फ़िल्म; चलचित्र ❸रोंटजनोग्राम की निगेटिव ❹ग्रामोफ़ोन रेकार्ड; डिस्क

piànzi भी दे०

扁 piān नीचे दे०

biǎn भी दे०

【扁舟】 piānzhōu 〈लि०〉 छोटी नाव; छोटी किश्ती

偏 1 piān ❶से हटकर; झुका हुआ: 这根柱子不正，有点～。यह स्तंभ ठीक से खड़ा नहीं किया गया। वह एक ओर कुछ झुका हुआ है। / 正东～北 पूर्व से हटकर उत्तर में ❷पक्षपात; पूर्वाग्रह; तरफ़दारी: 偏爱 ❸सहायक; गौण: 偏师 ❹सामान्य से कुछ अधिक या कम: 近日温度～高。इन दिनों तापमान सामान्य से कुछ ऊंचा है। ❺〈शिष्ट०〉 (इस का प्रयोग यह बताने के लिये होता है कि कोई पहले से ही चाय पी चुका हो या भोजन कर चुका हो): 我～过了，您请吃吧。मैं तो खा चुका हूं। आप खाइये।

偏 2 piān ज़िद के साथ; हठधर्मी से; ही: 他～不听。वह सुनता ही नहीं। / 我～要跟他去。मैं उस के साथ जाऊंगा ही। / 他本不该这样做，可～做了。उसे ऐसा करना नहीं चाहिये था। पर उस ने ऐसा करने की ज़िद पकड़ी थी।

【偏爱】 piān'ài पक्षपातपूर्ण रुख अपनाना; विशेष लगाव होना

【偏安】 piān'ān (सामंती शासक का) देश के एक ही भाग पर अपना शासन बनाए रखने में संतुष्ट होना

【偏差】 piānchā गलती; त्रुटि; भूल; चूक; खता: 执行政策过程中应避免发生～。नीति लागू करने में गलती से बचना चाहिये। / 第一发炮弹未击中目标，出现了～。पहला गोला लक्ष्य पर न लगा। निशाना चूक गया।

【偏殿】 piāndiàn राजमहल या मंदिर में पार्श्व भवन

【偏方】 piānfāng 〈ची०कि०〉 लोक प्रचलित नुस्खा

【偏房】 piānfáng ❶बगल का कमरा ❷उपपत्नी

【偏废】 piānfèi एक बात पर ज़ोर देते हुए दूसरी बात की उपेक्षा करना; एक काम करते हुए दूसरे काम की परवाह न करना

【偏锋】 piānfēng ❶लिपि में तिरछी रेखाएं ❷बात का परोक्ष विवरण

【偏巧】 piānqiǎo 〈बो०〉 संयोग से; संयोगवश: 我正要去找他，～他来了。मैं उस से मिलने जाने ही को था कि वह संयोग से आ धमका।

【偏好】 piānhào विशेष रुचि लेना; विशेष लगाव होना: 在书法中他～草书。उसे लिपिकला की त्वरित लिखाई से विशेष लगाव है।

【偏护】 piānhù पक्षपात करना; तरफ़दारी करना: 不～任何一方 किसी भी पक्ष की तरफ़दारी नहीं करना; निष्पक्ष होना; तटस्थ होना

【偏激】 piānjī अतिवादी; उग्र: 在这个问题上他

态度～。वह इस सवाल को लेकर उग्र रवैया अपनाए हुए है। / 他这个人往往～。वह कभी-कभी अतिवादी हो जाता है।

【偏见】 piānjiàn पूर्वाग्रह; दुराग्रह

【偏枯】 piānkū ❶〈ची०चि०〉 पक्षपात; लकवा ❷एक-तरफ़ा (विकास)

【偏劳】 piānláo 〈शिष्ट०〉 (किसी से मदद लेने या फिर किसी को उस की मदद के लिये धन्यवाद देने में प्रयुक्त)： 谢谢你，多～了。बहुत-बहुत धन्यवाद। आप को कष्ट उठाने पड़े हैं। / 请你～吧。क्या आप को कष्ट दे सकता हूं ?

【偏离】 piānlí पथभ्रष्ट होना; भटकना; मार्ग से च्युत होना; मार्ग से हटना： 飞机～了航线。विमान मार्ग से हट गया। / ～目标 लक्ष्य चूकना / ～方向 पथभ्रष्ट होना

【偏盲】 piānmáng काना

【偏门】 piānmén ❶बगल का दरवाज़ा ❷कुटील हथकंडा

【偏旁】 piānpáng चीनी अक्षरों की बुनियादी रेखाओं में एक, जैसे 住 का 亻， 拎 का 扌

【偏僻】 piānpì दूरस्थ; दूरवर्ती; सुनसान; निर्जन： ～的山村 दूरस्थ पहाड़ी गांव / 这地方太～。यह स्थान बहुत दूर है।

【偏偏】 piānpiān ❶ज़िद करना; ज़िद पकड़ना; अड़ना; हठ करना; हठ ठानना： 我们反复向他解释，可他～坚持自己的看法。हम ने उसे लाख समझाया-बुझाया, लेकिन वह अपनी बात पर अड़ा रहा। ❷अप्रत्याशित; अनपेक्षित： 我有事求他，～他出外度假了。मुझे उस से काम लेना था। लेकिन अप्रत्याशित बात यह हुई कि वह छुट्टी मनाने कहीं चला गया था। ❸सिर्फ़; केवल; मात्र; अकेले： 大家都到了，～他没来。बाकी लोग सब यहां उपस्थित हैं। अकेला वह नहीं आया।

【偏颇】 piānpō 〈लि०〉 पक्षपातपूर्ण; अन्यायपूर्ण

【偏巧】 piānqiǎo संयोग से; संयोग यह हुआ कि …： 我正要打电话找他，～他来了。मैं उसे फ़ोन करने को ही था कि वह संयोग से आ गया।

【偏衫】 piānshān बौद्ध भिक्षुओं का बायें कंधे को ढकने वाला वस्त्र

【偏生】 piānshēng 〈बो०〉 ❶ज़िद पकड़ना; हठ ठानना; अड़ना ❷अप्रत्याशित; अनपेक्षित

【偏师】 piānshī 〈लि०〉 ❶सेना का पार्श्व अंग ❷अतिरिक्त सैन्य टुकड़ियां

【偏食】[1] piānshí 〈खगोल०〉 आंशिक सूर्य या चन्द्रग्रहण

【偏食】[2] piānshí कुछ ही प्रकार के खाद्य पदार्थ खाने की आदत; एकतरफ़ा भोजन

【偏私】 piānsī पक्षपात; तरफ़दारी

【偏瘫】 piāntān 〈चिकि०〉 लकवा; पक्षपात： 他患了～。उसे लकवा मार गया।

【偏袒】 piāntǎn पक्षपात करना; तरफ़दारी करना

【偏疼】 piānténg 〈बोल०〉 किसी बच्चे आदि को दूसरों से अधिक लाड़-प्यार करना

【偏题】 piāntí (परीक्षा में) भुलावा देनेवाला प्रश्न

【偏听偏信】 painting-piānxìn एक ही पक्ष की बात सुनना और उस पर विश्वास करना

【偏头疼】 piāntóutòng 〈चिकि०〉 माइग्रेन; आधे सिर का दर्द; माधासीसी

【偏西】 piānxī (सूर्य का) अस्त होना; डूबना

【偏狭】 piānxiá पक्षपाती और तंगदिल

【偏向】 piānxiàng ❶गलत प्रवृत्ति; भूल： 纠正～ भूल को ठीक करना ❷पक्षपात करना; सिद्धांतहीन समर्थन देना; अन्याय करना

【偏心】 piānxīn पक्षपात करना; अन्याय करना; पक्षपात-पूर्ण होना： 你这话有点～。तुम्हारी बात पक्षपातपूर्ण है। / 她对谁都不～。वह किसी का भी पक्षपात नहीं करती।

【偏心轮】 piānxīnlún 〈यां०〉 एसेंट्रिक व्हील; उत्केंद्र पहिया

【偏远】 piānyuǎn दूरस्थ; सुदूर： ～地区 सुदूर क्षेत्र

【偏振】 piānzhèn 〈भौ०〉 पोलाराइज़ेशन; अभिस्पंदन： 光的～प्रकाश का अभिस्पंदन

【偏执】 piānzhí कट्टर पक्षपाती

【偏重】 piānzhòng किसी बात के एक पहलू पर ज़ोर देते हुए उस के दूसरे पहलू को नज़रंदाज़ करना

【偏转】 piānzhuǎn (विद्युत या चुम्बक की वजह से) सूई का केन्द्र से हटना

犏 piān नीचे दे०

【犏牛】 piānniú एक चौपाया, जो सांड और मादा याक के संयोग से उत्पन्न होता है

篇 piān ❶एक लेख： 篇章 ❷पत्र： 歌～儿 गीत-पत्र (जिस पर गीत छपा हो) ❸〈परि०श०〉 कागज़ का ताव या टुकड़ा; पुस्तक का पन्ना： 一～文章 एक लेख / 拿两～纸来。दो ताव कागज़ ले आओ। / 书中缺了一～儿。इस पुस्तक में एक पन्ने की कमी है।

【篇幅】 piānfu ❶लेख का विस्तार：这篇文章～不长。यह लेख ज़्यादा लम्बा नहीं है। ❷अखबार और पुस्तक के पृष्ठों की संख्या： 各报用整版～报道了此事。विभिन्न अखबारों ने इस कांड के बारे में पूरे पृष्ठ की रिपोर्ट छापी।

【篇目】 piānmù विषयसूची

【篇页】 piānyè पन्ने और पृष्ठ —— लेख

【篇章】 piānzhāng अध्याय; लेख： 在历史上写下光辉的新～ इतिहास में एक नया व शानदार अध्याय जोड़ना

翩 piān 〈लि०〉 तेज़ी से उड़ना

【翩翩】 piānpiān ❶फुर्ती से; चंचलता से (नाचना, उड़ना आदि)： ～起舞 थिरकते हुए नाचना / ～飞鸟 फुर्ती से उड़ता पक्षी ❷〈लि०〉 शालीनता; शालीन： ～少年 शालीन युवक

【翩然】 piānrán 〈लि०〉 फुर्ती से; चंचलता से： ～飞舞 फुर्ती से उड़ना

【翩若惊鸿】 piānruò jīnghóng (सुन्दरी का) सहमे हंस की भांति फुर्ती से चलना

【翩跹】 piānxiān 〈लि०〉 फुर्ती से नाचना; थिरकते हुए नाचना

pián

便 pián नीचे दे०
biàn भी दे०

【便便】 piánpián बेडोल; फूलकर कुप्पा होना： 大腹便便 dà fù piánpián

【便宜】 piányi ❶सस्ता： ～货 सस्ती चीज़ ❷अनुचित लाभ; बेकमाई आमदनी： 占便宜 zhàn piányi ❸छोड़ना; जाने देना： 这次～你了。 अब की हम तुम्हें छोड़ देंगे।
biànyí भी दे०

骈（駢） pián समानांतर： 骈肩

【骈肩】 piánjiān 〈लि०〉 कंधे से कंधा छिलना

【骈俪】 piánlì समानांतरवादी अलंकार

【骈体】 piántǐ समानांतर लेखन-शैली (छ राजवंशों 六朝 के दौरान विकसित हुई एक पद्य-शैली, जो समानांतर युगल वाक्यों और छंद पर ज़ोर देती थी)

【骈阗】 piántián（骈填 piántián，骈田 piántián भी）〈लि०〉 जमाव; भीड़; तांता

【骈文】 piánwén समानांतर लेखन शैली में रचित पद्य

【骈枝】 piánzhī 〈लि०〉 ❶दोहरी उंगलियां ❷अनावश्यक; बेज़रूरत

胼 pián नीचे दे०

【胼胝】 piánzhī 趼子 jiǎnzi के समान

蹁 pián 〈लि०〉 लंगड़ापन; पंगुता

【蹁跹】 piánxiān 〈लि०〉 नाच में चक्कर काटना

piǎn

谝（諞） piǎn 〈बो०〉 प्रदर्शन करना; प्रदर्शित करना： ～能 अपना कौशल, चातुर्य आदि का प्रदर्शन करना

piàn

片 piàn ❶किसी चीज़ का चिपटा; पतला टुकड़ा： 肉～ मांस का टुकड़ा / 布～儿 कपड़े की कतरन / 木～儿 लकड़ी की तख्ती ❷फ़िल्म; टी०वी० नाटक： 片酬 / 片约 ❸एक स्थान का कोई एक भाग： 本市东部一～将建成商业区。 इस शहर के पूर्वी भाग में एक वाणिज्य क्षेत्र स्थापित होगा। ❹टुकड़ा करना; काटना： ～肉片儿 मांस को टुकड़ों में काटना ❺अपूर्ण; अधूरा; छुटपुट; संक्षिप्त： 片言 ❻〈परि०श०〉 ①(कतले या टिकिया के लिये) 一～面包 ब्रैड का एक कतला / 两～安眠药 दो नींद की टिकियाएं ②(भूमि, जल-राशि के विस्तार के लिये)： 一～土地 एक भूखंड / 一～汪洋 विशाल जल-राशि ③(दृश्य, वातावरण, ध्वनि, भावना के लिये, 一 के साथ)： 一～繁荣景象 फलते-फूलते नज़ारे / 一～胡言 कोरी बकवास / 一～喊叫声 चीख-पुकार / 一～真情 ईमानदारी
piān भी दे०

【片酬】 piànchóu फ़िल्म या टी०वी० नाटक के लिये कलाकारों का वेतन

【片段】 piànduàn टुकड़ा; अंश; खंड; भाग; हिस्सा： 小说的若干～ उपन्यास के कुछ अंश / 生活的～ जीवन का एक अंश

【片断】 piànduàn ❶片段 के समान ❷अपूर्ण; आंशिक： ～经验 आंशिक अनुभव

【片剂】 piànjì 〈औष०〉 टिकिया; टेबलिट

【片甲不存】 piànjiǎ-bùcún（片甲不留 piànjiǎ-bùliú भी）एक भी कवचधर सैनिक न रह जाना —— पूरी सेना का खात्मा करना (होना)

【片刻】 piànkè क्षण; पल; थोड़ी देर： 稍候～。 थोड़ी देर के लिये इंतज़ार कीजिये।

【片面】 piànmiàn एकतरफ़ा; एकपक्षीय; एकरुखा： ～的观点 एकपक्षीय दृष्टिकोण / ～地追求产量 उत्पादन-मात्रा पर एकतरफ़ा तौर पर ज़ोर देना / ～之词 एकरुखा बयान

【片面性】 piànmiànxìng तरफ़दारी： 观察事物要忌～。 किसी चीज़ को जांचने में तरफ़दारी से बचना चाहिये।

【片时】 piànshí क्षण भर में; पल भर में; थोड़ी देर में

【片头】 piàntóu (फ़िल्म या टी०वी० प्रोग्राम का) टाइटल

【片瓦无存】 piànwǎ-wúcún एक भी खपरैल न बची —— ढह जाना; गिर जाना

【片言】 piànyán कुछ ही शब्द

【片言只字】 piànyán-zhīzì दे० 片纸只字

【片约】 piànyuē फ़िल्म या टी०वी० नाटक के लिये अभिनेता या अभिनेत्री के साथ संपन्न अनुबंध

【片纸只字】 piànzhǐ-zhīzì वाक्यांश

【片子】 piànzi ❶片 piàn❶ के समान ❷विज़िटिंग कार्ड
piānzi भी दे०

骗[1]（騙） piàn ❶धोखा देना; झांसा देना; छल करना; कपट करना; चकमा देना; आंखों में धूल झोंकना; उल्लू बनाना; बेवकूफ़ बनाना： 被～ चकमा खाना; धोखे में आना ❷ठगना; छल से लेना： ～钱 पैसा ठगना; धोखा देकर पैसा लेना

骗[2]（騗、骟） piàn (घोड़े या साइकिल पर सवार होने के लिये) थोड़ा झुककर टांग उठाना： 骗马 / 骗腿儿

【骗局】 piànjú धोखा; छल; प्रपंच; फंदा; फ़रेब： 设～ प्रपंच रचना / 政治～ राजनीतिक प्रपंच / 揭穿～ धोखे का भंडाफोड़ करना

【骗马】 piànmǎ घोड़े पर सवार होना
【骗取】 piànqǔ चकमा देकर लेना; छल से लेना; ठगना: ～钱财 पैसा ठगना / ～信任 चकमा देकर किसी का विश्वास प्राप्त करना
【骗人】 piànrén धोखा देना; आंखों में धूल झोंकना; फंदे में लाना; फ़रेब में लाना: ～的花招 छल की चाल / ～的幌子 धुएं का परदा; छद्मावरण / ～的言辞 धोखा देने वाली बातें
【骗术】 piànshù चालबाज़ी; धोखेबाज़ी
【骗腿儿】 piàntuǐr थोड़ा झुककर टांग उठाना: 他一～跳上自行车就走了。वह टांग उठाकर साइकिल पर सवार हो गया और झट से चल दिया।
【骗子】 piànzi धोखेबाज़; दगाबाज़; ढकोस्लेबाज़; मक्कार; छली; ठग

piāo

剽 piāo ❶लूटना; लूट-पाट मचाना; डाका डालना ❷स्फूर्ति; फुर्तीलापन; चुस्ती
【剽悍】 piāohàn चुस्त और साहसिक; स्फूर्त और निर्दय
【剽掠】 piāolüè लूटना; लूट-पाट मचाना
【剽窃】 piāoqiè शब्दचोरी; साहित्यचोरी; लेख की चोरी; लेख चुराना: 整段整段～他人著作 दूसरे के ग्रंथ से पूरे-पूरे अंश चुराना / ～行为 शब्दचोरी; साहित्यचोरी; लेख की चोरी / ～者 शब्दचोर; साहित्यचोर
【剽取】 piāoqǔ 剽窃 के समान
【剽袭】 piāoxí 剽窃 के समान

漂 piāo ❶तैरना; पानी के ऊपर-ऊपर फिरना: 一段树干～在河面上。पेड़ का तना नदी में तैरता नज़र आया। ❷बहना: 小船顺流～下。एक नाव बहाव के साथ बहते हुए नदी के निचले भाग की ओर चली गयी।
piǎo; piào भी दे०
【漂泊】 piāobó ❶तैरना: 一艘小船～在不远的海面上。एक नौका समुद्रतट के नज़दीक जलक्षेत्र में तैर रही है। ❷घुमंतू जीवन बिताना; मारा-मारा फिरना; जहां-तहां भटकना: ～他乡 बेगाने प्रदेश में जहां-तहां भटकना
【漂浮】 piāofú ❶तैरना ❷आंखों के सामने तस्वीर उभरना ❸(कार्यशैली) दिखावटी; आडंबरपूर्ण; बनावटी
【漂流】 piāoliú ❶बहाव के साथ प्रवाहित होना; बहना ❷漂泊❷ के समान
【漂儿】 piāor 〈बो०〉 (मछली के शिकार में) तैरता हुआ काग या पर
【漂洋过海】 piāoyáng-guòhǎi समुद्र पार करना
【漂移】 piāoyí ❶बहना; प्रवाहित होना ❷〈वैद्यु०〉 ड्रिफ़्ट
【漂游】 piāoyóu ❶तैरना: ～的云 तैरते हुए बादल ❷漂泊❷ के समान

慓 piāo 〈लि०〉 剽 piāo❷ के समान
【慓悍】 piāohàn 剽悍 piāohàn के समान

缥 (縹) piāo नीचे दे०
piǎo भी दे०
【缥缈】 piāomiǎo अस्पष्ट; धुंधला: 虚无缥缈 xūwú-piāomiǎo

飘 (飃、飇) piāo हवा में हिलना; फहराना; लहराना: 飘扬 / 空中～着雪花 हवा में हिमकण उड़ना / 百花～香 फूलों की भीनी-भीनी सुगंध आना
【飘泊】 piāobó 漂泊 piāobó के समान
【飘尘】 piāochén धूलि; गर्द
【飘带】 piāodài फीता; पट्टी
【飘荡】 piāodàng ❶तैरना; बहना; प्रवाहित होना; फहराना: 村里～着欢乐的歌声。गांव के ऊपर आकाश में उल्लसित गीत की स्वर-लहरियां तैर रही हैं। / 彩旗迎风～。रंग-बिरंगे झंडे हवा में फहरा रहे हैं। / 河面上～着游船。नदी में डोंगियां तैरती दिखाई दे रही हैं। ❷मारा-मारा फिरना; धूल उड़ाते फिरना: 背井离乡，到处～घरबार छोड़कर धूल उड़ाते फिरना
【飘动】 piāodòng तैरना; फहराना; लहराना; हिलना
【飘浮】 piāofú 漂浮 piāofú के समान
【飘忽】 piāohū ❶(बादलों आदि का) तेज़ी से तैरना ❷अस्थिर; अनिश्चित: ～不定 इधर-उधर भटकना
【飘零】 piāolíng ❶झड़ना; बरसना; गिरना: 黄叶～。मुरझाई पत्तियां बरस रही हैं। ❷असहाय; अनाश्रित; बेघर; बेघरबार: 四处～ मारा-मारा फिरना; जीविका की तलाश में घूमना
【飘流】 piāoliú 漂流 piāoliú के समान
【飘落】 piāoluò (飘降 piāojiàng भी) तैरते हुए धीरे-धीरे उतरना; गिरना; नीचे आ जाना: 伞兵徐徐～。छत्रधारी सैनिक धीरे-धीरे उतरते हुए नीचे धरती पर आ गये।
【飘渺】 piāomiǎo 漂渺 piāomiǎo के समान
【飘飘然】 piāopiāorán बहकना; दंभी होना: 人家恭维他几句，他就～起来。दूसरों ने उस की ज़रा सी तारीफ़ की और वह बहक गया।
【飘然】 piāorán ❶हवा में तैरना: 浮云～而过。बारीक बादल तैरते हुए विलीन हो गये। ❷तेज़ी से; स्फूर्ति से ❸प्रसन्नचित्त: ～自在 प्रसन्नचित्त और तृप्त होना
【飘洒】[1] piāosǎ हवा में उड़ते हुए पड़ना: 雪花～。हिमकण हवा में उड़ते हुए पड़ रहे हैं।
【飘洒】[2] piāosǎ उन्मुक्त और सहज: 仪态～ उन्मुक्त और सहज दीखना
【飘散】 piāosàn (धुएं, कोहरे आदि का) छंटना
【飘舞】 piāowǔ लहराना; हवा में हिलना: 柳条在风中～。वीलो के पेड़ की लचीली टहनियां हवा में हिल रही हैं। / 城里到处彩旗～。शहर में जहां-तहां रंगीन झंडियां लहरा रही हैं।
【飘扬】 piāoyáng फहराना; लहराना: 国旗迎风～。राष्ट्रीय झंडा हवा में शान से फहरा रहा है।

【飘洋过海】 piāoyáng-guōhǎi 漂洋过海 piāo-yáng-guōhǎi के समान
【飘摇】 piāoyáo（飘飖 piāoyáo भी）हवा में हिलना
【飘曳】 piāoyè हिलना; डोलना
【飘移】 piāoyí बहना
【飘逸】 piāoyì 〈लि०〉 प्राकृतिक शोभायुक्त; तेजस्वी: 神采～ चेहरे पर तेज झलकना
【飘溢】 piāoyì तैरना; व्याप्त होना: 花园里～着花香。 उद्यान का वातावरण फूलों की सुगंध से व्याप्त है।
【飘悠】 piāoyou मंथर गति से बहना; तैरना: 船在水里～。 नौका पानी में मंथर गति से तैर रही है।

螵 piāo नीचे दे०
【螵蛸】 piāoxiāo मैंटिस (बद्धहस्त कीट) का अंडा

piáo

朴 Piáo एक कुलनाम
pō; pò; pǔ भी दे०

嫖（闞） piáo रंडीबाज़ी करना; वेश्यालय जाना; वेश्यागमन करना: ～娼 रंडीबाज़ी करना
【嫖客】 piáokè रंडीबाज़; वेश्यगामी

瓢 piáo तुंबी की कलछी; डोई
【瓢虫】 piáochóng सोनपाखरा; सोनपंखी
【瓢泼大雨】 piáopō-dàyǔ ताबड़तोड़ वर्षा; भारी वर्षा; मूसलाधार वर्षा
【瓢子】 piáozǐ 〈बो०〉 ❶तुंबी की कलछी ❷कलछी; चमचा

薸 piáo 〈बो०〉 डकवीड (एक जलीय पौधा)

piǎo

殍 piǎo ❶भूखों मरना ❷भूखों मरनेवाले की लाश

漂 piǎo ❶रंग उड़ाना; विरंजन करना: 布～过后显得特白。 रंग उड़ाए जाने पर कपड़ा उजला हो जाता है। ❷पानी से धोना
piāo; piào भी दे०
【漂白】 piǎobái रंग उड़ाना; विरंजन करना
【漂白粉】 piǎobáifěn ब्लीचिंग पाउडर; विरंजनचूर्ण
【漂染】 piǎorǎn विरंजन और रंगाई
【漂洗】 piǎoxǐ धोना; जल से स्वच्छ करना

缥（縹） piǎo 〈लि०〉 ❶हल्का हरा रंग ❷हल्के हरे रंग का रेशम
piāo भी दे०

瞟 piǎo तिरछी निगाह से देखना; कटाक्ष से देखना: ～了他一眼 उसे तिरछी निगाह से देखना

piào

票 piào ❶टिकट: 公共汽车～ बस का टिकट / 电影～ सिनेमा टिकट ❷नोट; कागज़ी नकद: 钞票 chāo-piào / 零～儿 रेजगारी; रेज़गी ❸मत; वोट: 投票 tóupiào ❹बंधक; अपहृत: 绑票 bǎngpiào ❺(पेइचिंग ऑपेरा आदि के) शौकीनों का प्रस्तुतीकरण: 票友 ❻〈परि०श०〉 〈बो०〉 一～货 माल की एक खेप / 一～生意 एक सौदा
【票车】 piàochē 〈बो०〉 यात्री रेल-गाड़ी
【票额】 piào'é (चेक, नोट, डाक-टिकट आदि पर) अंकित मूल्य
【票房】[1] piàofáng 〈बोल०〉 टिकट-घर
【票房】[2] piàofáng पेइचिंग ऑपेरा के शौकिया कलाकारों का क्लब
【票房价值】 piàofáng jiàzhí बॉक्स-ऑफ़िस; कमाई: 此片～达一亿。 इस फ़िल्म की कमाई दस करोड़ य्वान हुई।
【票根】 piàogēn (चेक, रसीद आदि का) अद्धा; मुसन्ना
【票号】 piàohào ड्राफ़्ट बैंक (19वीं सदी में शानशी के व्यापारियों की वित्तीय संस्था, जो ड्राफ़्टों का कारोबार करती थी)
【票汇】 piàohuì हुंडी या मनीआर्डर से पैसा भेजना
【票价】 piàojià टिकट का मूल्य; प्रवेशशुल्क
【票据】 piàojù ❶बिल; हुंडी; नोट ❷रसीद; पुर्ज़ा
【票面】 piàomiàn अंकित मूल्य
【票箱】 piàoxiāng मतपेटी
【票选】 piàoxuǎn मतदान के द्वारा चुनाव करना
【票友】 piàoyǒu पेइचिंग ऑपेरा आदि परंपरागत ऑपेरा का शौकिया कलाकार
【票证】 piàozhèng कूपन
【票庄】 piàozhuāng 票号 के समान
【票子】 piàozi कागज़ी नोट; नोट

嘌 piào 〈लि०〉 द्रुत; तेज़
【嘌呤】 piàolìng 〈रसा०〉 प्यूरिन

漂 piào 〈बो०〉 मामला तमाम होना
piāo; piǎo भी दे०
【漂亮】 piàoliang ❶सुन्दरता; खूबसूरती; सुघड़ाई; सुन्दर; खूबसूरत; सुघड़; सुचारु; रमणीय; मनोहर: ～的脸 सुघड़ चेहरा / 穿得漂漂亮亮 सुन्दर वेश-भूषा धारण करना

❷उल्लेखनीय; शानदार; प्रशंसनीयः 他这事办得～。उस ने यह काम बड़ी सफ़ाई से निबटा दिया। / 她汉语说得很～。वह सुन्दर चीनी भाषा बोलती है।

【漂亮话】 piàolianghuà ज़बानी जमाखर्च करना; मुंह चलानाः 你光会说～，具体的事却不做。तुम्हें मुंह चलाना तो खूब आता है, लेकिन करते कुछ नहीं।

骠 (驃) piào <लि०> ❶(घोड़े का) हवा से बात करना ❷साहसी; बहादुर; पराक्रमी; वीर

biāo भी दे०

piē

氕 piē <रसा०> प्रोटियम (^{1}H)

撇 1 piē छोड़ना; त्यागनाः 这件事先～在一边。इस मामले को एक तरफ़ छोड़ दें। / 把老一套都～了吧。पुरानी बातों को त्याग दो।

撇 2 piē ऊपर से उतारना; अलग कर लेनाः ～沫儿 झाग उतारना / ～油 तेल ऊपर से उतार लेना

piě भी दे०

【撇开】 piēkāi दरकिनार रखना; छोड़ देना; दूर जाने देनाः 这个问题我们先～不谈。हम इस मामले की चर्चा पहले छोड़ देंगे। / 他什么事都撇得开。वह हर बात को दरकिनार रख देता है।

【撇弃】 piēqì छोड़ देना; त्यागना

【撇清】 piēqīng सफ़ाई देना; सफ़ाई पेश करना

【撇脱】 piētuō <बो०> ❶सरल; आसान ❷निष्कपट; स्पष्ट-वादी

瞥 piē ❶सरसरी नज़र डालना; नज़र फेंकनाः 她抬头～了他一眼。उस ने सिर उठाकर उस पर एक नज़र फेंकी। ❷झलकः 一～ झलक

【瞥见】 piējiàn नज़र पड़ना; दृष्टि में आनाः 我一推门就～了小王坐在那里。दरवाज़ा ढकेलते ही मेरी नज़र वहां बैठे हुए श्याओ वांग पर पड़ी।

【瞥视】 piēshì सरसरी दृष्टि डालनाः 她～了一下在场的听众。उस ने श्रोताओं पर सरसरी दृष्टि डाली।

piě

苤 piě नीचे दे०

【苤蓝】 piělan <वन०> कालरबी; गांठगोभी

撇 piě ❶फेंकनाः ～球 गेंद फेंकना / ～手榴弹 हथगोला फेंकना ❷मुंह टेढ़ा करनाः 她嘴一～，什么也没说，走开了。उस ने मुंह टेढ़ा किया और बिना कुछ बोले ही चल दी। ❸चीनी लिपि में बायीं तरफ़ नीचे जाने वाली रेखा ❹<परि०श०> (बायीं तरफ़ नीचे जानेवाली रेखा से बनी किसी भी वस्तु के लिये)ः 两～小胡子 मूंछ की दो पतली सी शाखाएं

piē भी दे०

【撇嘴】 piězuǐ मुंह टेढ़ा करनाः 女孩儿撇了撇嘴，哭了起来。उस बच्ची ने मुंह टेढ़ा किया और फिर वह रो पड़ी।

pīn

拼 1 (拚) pīn जोड़ना; मिलानाः 把两块木板～在一起 दो तख्तों को आपस में मिलाना

拼 2 (拚) pīn जान की बाज़ी लगाना; जान पर खेल- ना; भरपूर प्रयास करनाः 拼命

拚 के लिये pàn भी दे०

【拼版】 pīnbǎn <मुद्रण०> मेकअप

【拼搏】 pīnbó कठोर संघर्ष करना; जीतोड़ कोशिश करना; भरपूर प्रयास करनाः 顽强～的精神 कठोर संघर्ष करने की भावना

【拼刺】 pīncì ❶संगीन से लड़ने का प्रशिक्षण लेना ❷संगीन से लड़ना

【拼刺刀】 pīn cìdāo संगीन से लड़ना

【拼凑】 pīncòu तोड़-जोड़ करना; मिलाना; जोड़नाः ～提案 तोड़-जोड़कर एक प्रस्ताव पेश करना / 她将零碎的花布～起来缝了个枕套。उस ने छींटदार कपड़े के टुकड़ों को आपस में मिलाकर तकिये का खोल बनाया।

【拼攒】 pīncuán (कल-पुर्ज़े आदि) जोड़नाः ～电脑 इलेक्ट्रोनिक डिवाइस जोड़कर एक कंप्यूटर बनाना

【拼接】 pīnjiē आपस में मिलाना; जोड़ना

【拼命】 pīnmìng ❶जान की बाज़ी लगाना; जान-जोखों का काम करना; जान पर खेलना; जान को जान न समझनाः 与强盗～ जान पर खेलते हुए डाकू से लड़ना ❷जी-जान से; पूरी शक्ति लगाकर; हर कीमत पर; हरसंभव कोशिश करनाः ～工作 जी-जान से काम करना / ～赚钱 पैसा अर्जित करने की हरसंभव कोशिश करना

【拼盘】 pīnpán मिश्रित शीतल भोजन-सामग्री

【拼死】 pīnsǐ जान पर खेलना; जान को जान न समझना

【拼死拼活】 pīnsǐ-pīnhuó ❶जीवन-मरण का संघर्ष करना ❷जी-जान से; पूरी शक्ति लगाकर

【拼写】 pīnxiě हिज्जे करना

【拼音】 pīnyīn वर्ण विन्यास करना

【拼音文字】 pīnyīn wénzì वर्णानुक्रमिक लिपि

【拼音字母】 pīnyīn zìmǔ ध्वन्यात्मक वर्णमाला

【拼装】 pīnzhuāng जोड़ना; फ़िट करना

姘 pīn अवैध यौन-संबंध रखना

【姘夫】 pīnfū उपपति; यार
【姘妇】 pīnfù उपपत्नी; रखनी; रखैल
【姘居】 pīnjū अवैध रूप से पति-पत्नी के तौर पर रहना
【姘头】 pīntou उपपति या उपपत्नी

pín

贫¹ (貧) pín ❶गरीबी; निर्धनता; दरिद्रता; गरीब; निर्धन; दरिद्रः ～富差距 गरीब और अमीर के बीच खाई ❷न्यून; अल्प; अपर्याप्तः 贫血 ❸(बौद्धभिक्षु या ताओपंथी द्वारा अपनी हीनता प्रगट करने के लिये प्रयुक्त) खाक; तुच्छः 贫道 / 贫僧
贫² (貧) pín 〈बो०〉 बातूनी; बक्की; बकवादीः 你的嘴可真够～的。तुम तो वाकई एक बक्की हो।
【贫病交迫】 pínbìng-jiāopò गरीबी व बीमारी का मारा होना
【贫道】 píndào यह तुच्छ ताओपंथी, मैं …
【贫乏】 pínfá ❶गरीबी; तंगी; निर्धनता; दरिद्रता ❷कमी; अभावः 资源～ प्राकृतिक साधनों का अभाव / 知识～ ज्ञान की कमी
【贫骨头】 píngǔtou 〈बो०〉 ❶छोटा-मोटा लाभ प्राप्त करने का लालची ❷कंजूस ❸बातूनी; बक्की
【贫寒】 pínhán दरिद्र; हीन; गरीबी का माराः 家境～ गरीब परिवार
【贫瘠】 pínjí ऊसर, अनुपजाऊ; बंजरः 土地～ भूमि ऊसर होना
【贫贱】 pínjiàn हीनता; दीनता; हीन; दीन
【贫窭】 pínjù 〈लि०〉 तंगहाल; अभावग्रस्त
【贫苦】 pínkǔ गरीब; निर्धन; दरिद्र
【贫矿】 pínkuàng पतला खनिज
【贫困】 pínkùn घोर गरीबी से ग्रस्त; दीन-हीन; दरिद्रः 贫～化 दरिद्रीकरण
【贫民】 pínmín गरीब; दरिद्र
【贫民窟】 pínmínkū गंदी बस्ती; झुग्गी बस्ती
【贫气】¹ pínqi कंजूस; मक्खीचूस
【贫气】² pínqi बकवादी; बक्की
【贫穷】 pínqióng गरीबी; निर्धनता; दरिद्रता
【贫弱】 pínruò गरीब और कमज़ोर (देश)
【贫僧】 pínsēng यह हीन भिक्षु, मैं …
【贫血】 pínxuè 〈चिकि०〉 अल्परक्तता
【贫油】 pínyóu तेल का अभाव; तेल के अभाव से ग्रस्त
【贫嘴】 pínzuǐ ❶बातूनी ❷हंसोड़
【贫嘴薄舌】 pínzuǐ-bóshé बातूनी और फिर कटु-भाषी
频 (頻) pín ❶बार-बार; अनेक बार; कई बारः ～～接触 कई बार आपस में संपर्क करना ❷〈भौ०〉 फ़्रेक्वेंसीः 超高～ वी०एच०एफ़०
【频传】 pínchuán (खुशखबरी आदि का) एक के बाद एक सुनाई देनाः 喜讯～。खुशखबरियां एक के बाद एक सुनाई दीं।
【频次】 píncì पुनरावृत्ति की दर
【频带】 píndài 〈भौ०〉 फ़्रेक्वेंसी बैंड
【频道】 píndào चैनलः 这家电视台用四个～播放节目。यह दूरदर्शन केन्द्र चार चैनलों पर कार्यक्रम देता है।
【频繁】 pínfán बारंबार; नित्य; अनेक बारः 两国之间文化交流～。दोनों देशों के बीच सांस्कृतिक आदान-प्रदान नित्य होता है। / 交通事故～。सड़क-दुर्घटनाएं बारंबार होती हैं।
【频率】 pínlǜ ❶〈भौ०〉 फ़्रेक्वेंसी ❷पुनरावृत्ति की दर
【频频】 pínpín लगातार; निरंतर; बराबरः ～举杯 बराबर जाम पेश करना / ～挥手示意 लगातार हाथ हिला-हिलाकर अभिवादन करना / ～出错 निरंतर गलतियां करना
【频仍】 pínréng 〈लि०〉 लगातार; निरंतरः 天灾～。दैवी कोप लगातार होता रहा।
【频数】 pínshuò 〈लि०〉 लगातार; निरंतर
嫔 (嬪) pín ❶सम्राट की उपपत्नी ❷राजमहल में परिचारिका
蘋 (蘋) pín 〈वन०〉 क्लोवर फ़र्न
苹 píng भी दे०
颦 (顰) pín 〈लि०〉 भौंह सिकोड़ना
【颦蹙】 píncù 〈लि०〉 भौंह सिकोड़ना (परेशानी की अभिव्यक्ति)

pǐn

品 pǐn ❶वस्तु; चीज़; जींसः 商品 shāngpǐn / 水产品 shuǐchǎnpǐn ❷वर्ण; कोटि; श्रेणी; दर्जाः 下～ निम्न कोटि का ❸गुण; चरित्रः 人品 rénpǐn / 品德 ❹स्वाद लेना; रसास्वादन करना; चखना; गुण-दोष का विवेचन करनाः ～茶 चाय का स्वाद लेना / 这个人是好是坏，您自己去～吧。आप इस आदमी के गुण-दोष का विवेचन स्वयं करें।
【品尝】 pǐncháng स्वाद लेना; चखनाः ～鲜果 ताज़ा फल चखना
【品德】 pǐndé गुणः ～高尚的人 गुणवान्; गुणी
【品第】 pǐndì 〈लि०〉 ❶वर्गीकरण करना; वर्गीकृत करना; श्रेणीबद्ध करना ❷श्रेणी; दरजा; कोटि
【品格】 pǐngé ❶चरित्र; आचरण ❷(साहित्य या कलाकृति का) गुण और शैली
【品红】 pǐnhóng चटकीला लेकिन थाड़ा हल्का लाल रंग
【品级】 pǐnjí ❶सामंतवादी युग में पदाधिकारियों की श्रेणी; पदवी ❷(वस्तुओं की) श्रेणी; कोटि

【品节】 pǐnjié चरित्र
【品蓝】 pǐnlán हल्का लाल रंग लिये नीला रंग
【品类】 pǐnlèi श्रेणी; कोटि; किस्म
【品绿】 pǐnlǜ बांस का सा हरा रंग
【品貌】 pǐnmào ❶रूप; आकृति; रंगरूप: ～俊俏 रूप-वान् होना ❷सच्चरित्र और रंगरूप; व्यक्तित्व एवं छवि: ～兼优 सच्चरित्र और रूपवान् होना
【品名】 pǐnmíng वस्तु का नाम
【品茗】 pǐnmíng चाय की चुस्की लेना
【品目】 pǐnmù वस्तुओं के नाम और किस्में: ～繁多 विभिन्न किस्मों की चीज़ें
【品评】 pǐnpíng गुण-दोष का विवेचन करना; मूल्यांकन करना
【品题】 pǐntí 〈लि०〉 समीक्षा करना
【品头论足】 pǐntóu-lùnzú ❶नारी के रंगरूप पर निरर्थक टिप्पणियां करना ❷दोष निकालना; मीन मेख निकालना
【品脱】 pǐntuō पिंट
【品位】 pǐnwèi 〈खनि०〉 ग्रेड: 铁矿石的～在百分之二十左右。लोहे-पत्थर का ग्रेड 20 प्रतिशत के लगभग है।
【品味】 pǐnwèi चखना; स्वाद लेना
【品系】 pǐnxì 〈जीव०〉 एक ही जाति के, परंतु कुछ भि-न्नता रखनेवाले वर्ग
【品行】 pǐnxíng चरित्र; आचरण; चाल-चलन: ～端正 सच्चरित्रता; सदाचार; सच्चरित्र; सदाचारी / ～不端 चरित्रदोष; आचरण की बुराई; चाल-चलन की खराबी; दुष्टचरित्र; दुराचारी
【品性】 pǐnxìng स्वभाव और आचरण: ～敦厚 स्वभाव का सीधा-सादा होना
【品学兼优】 pǐnxué-jiānyōu छात्र का सदाचारी और अध्ययनशील होना
【品议】 pǐnyì 品评 के समान
【品藻】 pǐnzǎo 〈लि०〉 (किसी के) गुण-दोष का विवेचन करना
【品质】 pǐnzhì ❶चरित्र; आचरण; शील; गुण: 优秀～ सद्गुण / 道德～ चरित्र ❷माल का गुण: ～优良 बढ़िया होना / ～低劣 घटिया होना
【品种】 pǐnzhǒng ❶〈जीव०〉 नस्ल; किस्म; उपजाति: 水稻的优良～ धान की बढ़िया नस्ल ❷प्रकार; तरह; किस्म: 货物～齐全。हर तरह की चीज़ें उपलब्ध हैं।

pìn

牝 pìn (牡 mú का विपर्यय) मादा (पशु-पक्षी): ～马 घोड़ी / ～鸡 मुर्गी / ～牛 गाय

聘 pìn ❶नियुक्त करना; काम पर लगाना; सेवा लेना: 被～为总经理 महाप्रबंधक के पद पर नियुक्त किया जाना / 受～于某公司 किसी कम्पनी में काम पर लगाया जाना ❷सगाई; मंगनी ❸〈बोल०〉 हाथ पीले करना; विवाह कराना: ～闺女 अपनी लड़की के हाथ पीले करना
【聘金】 pìnjīn सगाई में कन्यापक्ष को दिया जानेवाला धन
【聘礼】 pìnlǐ सगाई में कन्यापक्ष को दिए जानेवाले कपड़े आदि वस्तुएं
【聘请】 pìnqǐng नियुक्ति करना; नियुक्त करना; आमंत्रित करना: 这家公司～他任财务顾问。इस कम्पनी ने उसे वित्तीय सलाहकार के रूप में काम करने के लिये आमंत्रित किया।
【聘任】 pìnrèn नियुक्त करना; मनोनीत करना: ～为大学校长 किसी को विश्वविद्यालय के कुलपति के पद पर नियुक्त करना
【聘书】 pìnshū नियुक्तिपत्र; अनुबंध
【聘问】 pìnwèn 〈लि०〉 दूत के रूप में किसी दूसरे देश की यात्रा करना: ～友邦 दूत के रूप में मित्र देश की यात्रा करना
【聘用】 pìnyòng काम पर लगाना (नियत करना); नौकरी में लगाना; रखना; मनोनीत करना: ～技术人员 तक-नीशियनों को काम पर लगाना

pīng

乒 pīng ❶〈अनु०〉 他听见～的一声枪响。उसे धांय से गोली दगने की आवाज़ सुनाई पड़ी ❷乒乓球 का संक्षिप्त रूप
【乒乓】 pīngpāng ❶〈अनु०〉 खड़-खड़ की आवाज़: 雹子打在房顶上～乱响。खड़-खड़ करते हुए ओले मकान की छत पर गिर रहे थे। ❷टेबिल-टेनिस; पिंगपोंग
【乒乓球】 pīngpāngqiú ❶टेबिल-टेनिस ❷टेबिल-टेनि-स की गेंद: ～拍 टेबिल-टेनिस बैट / 打～ टेबिल-टेनिस खेलना / ～赛 टेबिल-टेनिस प्रतियोगिता

俜 pīng दे० 伶俜 língpīng

娉 pīng नीचे दे०
【娉娉袅袅】 pīngpīngniǎoniǎo 〈साहि०〉 (नारी का) छरहरी एवं नमनीय होना
【娉婷】 pīngtíng 〈साहि०〉 नज़ाकत; सुकुमारता

píng

平 píng ❶समतल; चौरस; बराबर; चिकना; सपाट; समान: 这条路不～。यह सड़क समतल नहीं है। / 平坦 ❷चौरस करना; बराबर करना; समतल करना: 平地

❸बराबरी; समता; समानता; बराबर; समान; समकक्षः 平辈 / 这场足球赛踢～了。इस बार का फ़ुटबाल मैच बराबर रहा। ❹समान; न्यायसंगतः 平分 ❺शांति; धैर्य; शांत; धीरः 心平气和 xīn píng qì hé ❻दमन करना; कुचल देना; शांत करनाः ～叛 विद्रोह का दमन करना ❼(क्रोध) शांत करनाः 在他道歉之后，老张的气才～了下来。जब उस ने माफ़ी मांगी, तभी लाओ चांग का क्रोध शांत हुआ। ❽सामान्य; औसतः 平时 ❾平声 का संक्षिप्त रूप ❿（Píng）एक कुलनाम

【平安】 píng'ān सही-सलामत; सकुशल; सुरक्षितः ～抵家 सही-सलामत घर पहुंच जाना

【平安无事】 píng'ān-wúshì सब ठीक-ठीक

【平白】 píngbái अकारण; खामखाहः ～无故 अकारण ही

【平板】 píngbǎn नीरस; निर्जीव; उकता देनेवाला; सपाटः 他一字一句～地说下去。वह नीरस रूप से एक-एक शब्द करके बोलता गया।

【平板玻璃】 píngbǎn bōli प्लेट ग्लास

【平板车】 píngbǎnchē फ़्लेटबेड ट्राइसाइकिल; फ़्लेटबेड

【平版】 píngbǎn 〈मुद्रण०〉 प्लेनोग्राफ़िक प्लेटः ～印刷 प्लेनोग्राफ़िक प्रिंटिंग

【平辈】 píngbèi एक ही पीढ़ी का; समान पीढ़ी का

【平步青云】 píngbù-qīngyún बड़ी तेज़ी से तरक्की करना; नाटकीय पदोन्नति होना

【平槽】 píngcáo नदी में जल-स्तर तटबंध के बराबर ऊंचा हो जाना

【平产】 píngchǎn उत्पादन-मात्रा पहले जैसे स्तर पर बनी रहना

【平常】 píngcháng ❶मामूली; सामान्य; साधारणः 这是件很～的事。यह एक बहुत मामूली बात है। ❷आम दिनों में; और दिनों में; आम तौर परः 我们除了星期六星期天，～不看电影。हम शनिवार और रविवार के अलावा और दिनों में सिनेमा नहीं जाते। / 她～在家里总帮母亲干家务活。वह घर के काम-काज में साधारणतया अपनी मां का हाथ बटाती है।

【平车】 píngchē ❶〈रेल०〉 फ़्लेटकार; प्लेटफ़ार्म वेगन; प्लेटफ़ार्म कार ❷फ़्लेटबेड गाड़ी

【平畴】 píngchóu 〈लि०〉 चौरस खेत; समतल भूमि

【平川】 píngchuān खुला मैदान; विस्तृत व चौरस मैदान

【平旦】 píngdàn 〈लि०〉 भोर; प्रातःकाल; तड़का

【平淡】 píngdàn सपाट; फीका; बेमज़ा; नीरस; निःसारः ～的议论 नीरस टिप्पणी

【平淡无奇】 píngdàn-wúqí फीका; नीरसः 这篇文章～。यह लेख नीरस है।

【平等】 píngděng समानता; समता; बराबरी; समान; समकक्ष; बराबरः ～互利 समानता और आपसी लाभ / ～协商 समानतापूर्ण सलाह-मशविरा करना / ～待人 दूसरों के साथ बराबर व्यवहार करना / 男女～ पुरुष और नारी के बीच समानता / 享有～的权利 समान अधिकार का उपभोग करना

【平籴】 píngdí (पुराने चीन में स्थानीय सरकारी अधिकारियों द्वारा) अच्छी फ़सल के वर्ष में खाद्यान्न खरीदना ताकि अकाल के समय सस्ते दामों पर यह खाद्यान्न बेचा जा सके

【平底船】 píngdǐchuán चौड़े पेंदे की उथली नाव; चपटे पेंदे का जहाज़

【平地】 píngdì ❶ज़मीन को चौरस करना; खेत बराबर करना ❷चौरस ज़मीन; समतल खेत

【平地风波】 píngdì-fēngbō शांत समुद्र में आकस्मिक तूफ़ान आना —— अनपेक्षित संकट उत्पन्न होना

【平地楼台】 píngdì-lóutái धरती पर ऊंची-ऊंची इमारतें खड़ी होना —— शून्य से काम शुरू करना

【平地一声雷】 píngdì yī shēng léi आकस्मिक वज्र-घोष —— प्रसिद्धि में आकस्मिक वृद्धि; अप्रत्याशित खुशगवार बात होना

【平定】 píngdìng ❶शांति; शांतिपूर्ण; शांतः 国内局势～。देश में शांति है। / 他的情绪慢慢～下来。वह धीरे-धीरे शांत हुआ। ❷दमन करना; दबा लेना; शांत करनाः ～叛乱 विद्रोह को शांत कर देना

【平凡】 píngfán साधारण; सामान्य; मामूलीः ～的人 मामूली आदमी

【平反】 píngfǎn पुनःप्रतिष्ठित करना; किसी मामले पर गलत निर्णय ठुकरा देना

【平方】 píngfāng ❶〈गणित०〉 वर्ग; घातः 二的～是四。दो का वर्ग चार है। ❷वर्गमीटरः 这间房子有二十～。इस कक्ष का फ़र्शी क्षेत्रफल बीस वर्गमीटर है।

【平方根】 píngfānggēn 〈गणित०〉 वर्गमूल

【平方公里】 píngfāng gōnglǐ वर्गकिलोमीटर

【平方米】 píngfāngmǐ वर्गमीटर

【平房】 píngfáng ❶एकतल्ला मकान ❷〈बो०〉 सपाट छतवाला मकान

【平分】 píngfēn बराबर बांटना; समान हिस्सा देना या लेना; बराबर विभाजित करना; समान वितरण करना

【平分秋色】 píngfēn-qiūsè आधे-आधे में बांट लेना; का समान हिस्सेदार होना

【平服】 píngfú आश्वस्त होना; शांत होना

【平复】 píngfù ❶शांत होना; थमनाः 风浪终于～。तूफ़ान आखिर थम गया। / 经过众人反复劝解，他的情绪才～。बारंबार समझाए-मनाए जाने पर ही वह शांत हो सका। ❷चंगा होना; घाव भर जानाः 伤口～。घाव भर गया। / 他病体已～。वह चंगा हो गया है।

【平和】 pínghé शांत; संयमित; विनम्र; मृदुः ～的语气 मृदु स्वर / 性情～ शांत स्वभाव का होना

【平衡】 pínghéng ❶संतुलनः 收支～ आय-व्यय में संतुलन / 保持～ संतुलन बनाए रखना / 失去～ संतुलन खोना; असंतुलित होना ❷संतुलन स्थापित करना; संतुलित करनाः ～收支 आय-व्यय संतुलित करना / ～价格 दाम संतुलित करना

【平衡觉】 pínghéngjué 〈श०वि०〉 संतुलन का बोध

【平衡木】 pínghéngmù 〈खेल०〉 बैलेंस बीम; संतुलन धरण

【平滑】 pínghuá चिकना; बराबर; स्निग्ध

【平滑肌】 pínghuájī 〈श०वि०〉 चिकनी मांसपेशी

【平话】 pínghuà ❶सुंग राजवंश काल (960-1279ई०) में प्रचलित कथा-वाचन की एक शैली ❷लोकप्रिय कहानी

【平缓】 pínghuǎn धीमा; मंदः 水势～。जल-प्रवाह मंद होता है। / 这山坡地势～。यह ढलान धीमी है। / ～的声音 धीमी आवाज़

【平毁】 pínghuǐ बरबाद करना; नष्ट करना; धूल में मिलाना; मटियामेट करना; ढहाना; गिरानाः ～违章建筑 अवैध निर्माण को गिराना

【平价】 píngjià ❶दामों को स्थिर करना ❷स्थिर दाम ❸सामान्य दाम; उचित दाम ❹सममूल्य; मुद्रा की सममूल्य दरः 汇兑～ विनिमय की सममूल्य दर

【平角】 píngjiǎo ऋजु कोण; 180° का कोना

【平金】 píngjīn साटन पर सोने या चांदी के तागों से बेलबूटे काढ़ना

【平靖】 píngjìng ❶शांत करना; दमन करना ❷शांति; शांतः 时局～。स्थिति शांत है।

【平静】 píngjìng शांत; सौम्य; स्थिर; स्तब्ध; निःशब्द; मौनः ～的夜晚 सौम्य रात्रि / ～的海面 शांत समुद्र / 听到这个消息，我的心情难以～。यह संवाद सुनकर मेरा चित्त शांत (स्थिर) न हो पाया।

【平局】 píngjú खेल बराबर रहना; बराबरी पर खेलनाः 比赛踢成～。फ़ुटबाल मैच बराबरी पर समाप्त हुआ / 场上多次出现～。खेल के दौरान अंक अनेक बार बराबर रहे। / 扳成～ अंकों को बराबरी पर ले आना

【平均】 píngjūn ❶औसतः ～亩产 प्रति मू औसत पैदावार / ～寿命 औसत आयु / ～年增长率 औसत वार्षिक वृद्धि दर ❸बराबर; समान रूप सेः ～分配 बराबर बांटना

【平均主义】 píngjūn zhǔyì समतावाद; समानतावाद

【平空】 píngkōng 凭空 píngkōng के समान

【平列】 píngliè साथ-साथ रखना; एक ही तुला पर रखनाः 这两件事不能～，应区分主次。इन दो बातों को एक ही तुला पर नहीं रखना चाहिये, बल्कि उन में फ़र्क करना चाहिये कि कौन सी मुख्य है और कौन सी गौण।

【平流层】 píngliúcéng समतापमंडल

【平炉】 pínglú 〈धा०वि०〉 खुली भट्ठी

【平米】 píngmǐ 平方米 का संक्षिप्त रूप

【平面】 píngmiàn 〈गणित०〉 समतल

【平面几何】 píngmiàn jǐhé समतल ज्यामिति

【平面交叉】 píngmiàn jiāochā 〈परिव०〉 ग्रेड क्रोसिंग; लेवल क्रोसिंग

【平面镜】 píngmiànjìng 〈भौ०〉 समतल शीशा

【平面图】 píngmiàntú ❶मानचित्र ❷समतल आकृति

【平民】 píngmín साधारण जन; सामान्य जन; प्रजा

【平明】 píngmíng प्रातःकाल; सबेरा; पौ फटते ही

【平年】 píngnián ❶अधिवर्ष से भिन्न सामान्य वर्ष; सामान्य वर्ष ❷(फ़सलों के संबंध में) औसत वर्ष

【平平】 píngpíng औसत; साधारण; मामूलीः 他业绩～。उस के कार्य में औसत उपलब्धियां प्राप्त हुईं।

【平平当当】 píngpíngdāngdāng बेरोकटोक; सुभीते से; सुचारु रूप से

【平铺直叙】 píngpū-zhíxù ❶सीधे बताना ❷सपाट व नीरस शैली में भाषण देना या लेख लिखना

【平起平坐】 píngqǐ-píngzuò बराबर होना; समान होना

【平权】 píngquán समान अधिकारः 男女～ पुरुषों व स्त्रियों का समान अधिकार होना

【平日】 píngrì आम दिनों में; और दिनों में; साधारणतया

【平绒】 píngróng 〈बुना०〉 वेल्वटीन; सूती मखमल

【平射炮】 píngshèpào फ़्लैट फ़ायर गन

【平身】 píngshēn ❶मस्तक से भूमि स्पर्श करके प्रणाम करने के बाद उठ खड़ा होना ❷उठो! (सम्राट् द्वारा मस्तक से भूमि स्पर्श करनेवाले से कहा जाता था)

【平生】 píngshēng ❶आजीवन; ज़िंदगीभर; जीवनपर्यंत; आमरणः ～的愿望 चिरपोषित अभिलाषा ❷प्रायः; बहुधा; अक्सरः 她～爱读书。वह किताब पढ़ने में प्रायः लीन रहती है।

【平声】 píngshēng सम टोन (प्राचीन चीनी उच्चारण में चार टोनों में पहली थी, जो आधुनिक प्रमाणिक चीनी उच्चारण में क्रमशः ऊंची समटोन 阴平 और ऊपर उठनेवाली टोन 阳平 में विभाजित है)

【平时】 píngshí ❶और दिनों मेंः 他～住在学校里，只有星期六才回家。वह और दिनों में स्कूल के छात्रावास में रहता है और मात्र सनीचर को घर लौट जाता है। ❷शांतिकाल

【平时不烧香，急来抱佛脚】 píngshí bù shāoxiāng, jí lái bào fójiǎo आम दिनों में भगवान बुद्ध के सामने धूप नहीं जलाना बल्कि संकट के समय उस के पद पकड़ने को हड़बड़ाना —— प्यास लगने पर कुआं खोदना

【平实】 píngshí सीधा-सादा; भोला-भाला

【平视】 píngshì सीधे सामने देखना

【平手】 píngshǒu खेल में बराबर रहनाः 两队打了个～。खेल में दो टीमें बराबर रहीं।

【平水期】 píngshuǐqī नदी का जल-स्तर सामान्य होने की अवधि

【平顺】 píngshùn बेरोकटोक; सुचारु रूप से

【平素】 píngsù साधारणतः; प्रायः; बहुधाः 他～生活俭朴。वह साधारणतः सादा जीवन बिताता है।

【平台】 píngtái ❶खुली छत ❷समतल छत वाला मकान ❸प्लेटफ़ार्म

【平坦】 píngtǎn समतल; बराबर; हमवार; चौरसः ～的大道 हमवार रास्ता

【平添】 píngtiān अतिरिक्त परिणाम उत्पन्न करनाः 您给他～了许多麻烦。आप ने उसे अतिरिक्त मुसीबतों में डाल दिया।

【平粜】 píngtiào (पुराने चीन में स्थानीय सरकारों द्वारा) दुर्भिक्ष के दिन सरकारी भंडारों से खाद्यान्न निकालकर सामान्य दामों पर बेचना

【平头】 píngtóu ❶क्रू-कट ❷〈बो०〉 (पूर्ण संख्या बताने के लिये प्रयुक्त) कुल; पूराः ～二十年 पूरे बीस वर्ष ❸साधारणः ～百姓 साधारण जन

【平头数】 píngtóushù 〈बो०〉 पूर्ण संख्या (10, 100, 1000 आदि संख्याएं)

【平妥】 píngtuǒ सुबोध; सरल एवं उचितः 文章措辞～。इस लेख में सरल एवं उचित शब्दावलियों का प्रयोग किया गया है।

【平纹】 píngwén 〈बुना०〉 सादी बुनावट: ～布 सादा कपड़ा

【平稳】 píngwěn स्थिरता; स्थायीत्व; स्थिर; स्थायी: 国内局势保持～。देश में स्थिरता बनी रही है। / 市场物价～。बाज़ार में चीज़ों के दाम स्थिर हैं। / 他病情～。उस रोगी की हालत स्थिर है।

【平西】 píngxī दिन ढलना; सूर्य का अस्ताचलगामी होना

【平息】 píngxī ❶शांत होना; बन्द होना: 风波～。हंगामा शांत हुआ। / 枪声～。गोली दगने की आवाज़ बन्द हो गयी। / 一场风暴～下来。तूफ़ान थम गया। ❷शांत करना; शमन करना; कुचलना: ～骚乱 उपद्रव शांत करना

【平心而论】 píngxīn'érlùn औचित्य के आधार पर कहा जाए: ～，他还是尽心尽责的。औचित्य के आधार पर कहा जाए, तो वह कर्तव्यपरायण है।

【平心静气】 píngxīn-jìngqì शांतचित्त से; शांतिपूर्वक: 双方～地进行了讨论。दोनों पक्षों ने शांतचित्त से विचार-विमर्श किया

【平信】 píngxìn ❶साधारण डाक ❷सर्फ़ेस मेल

【平行】 píngxíng ❶समकक्ष; समान स्तर का: ～机构 समान स्तर की संस्थाएं; समकक्ष संस्थाएं ❷समानांतर: ～线 समानांतर रेखाएं ❸समकालीन; समकालिक: ～作业 समकालिक कार्रवाई

【平行四边形】 píngxíng sìbiānxíng समानांतर चतुर्भुज

【平衍】 píngyǎn 〈लि०〉 सपाट और विस्तृत

【平野】 píngyě खुला मैदान

【平一】 píngyī 〈लि०〉 विद्रोहों का शमन करके देश का एकीकरण करना

【平移】 píngyí 〈भौ०〉 स्थानांतरण; स्थानांतर गति

【平议】 píngyì ❶न्यायपूर्ण निर्णय लेना ❷〈लि०〉 टिप्पणी करना

【平抑】 píngyì स्थिर करना: ～物价 चीज़ों के दामों को स्थिर करना; महंगाई पर रोक लगाना

【平易】 píngyì ❶स्नेही; मिलनसार; विनीत; विनम्र ❷सरल; सुगम (लेख)

【平易近人】 píngyì-jìnrén ❶स्नेही; मिलनसार ❷(लेखन) सरल; सुगम

【平庸】 píngyōng साधारण; मामूली; औसत दर्जे का: ～之辈 औसत दर्जे का आदमी / 相貌～ मामूली रंगरूप

【平鱼】 píngyú 鲳鱼 chāngyú का दूसरा नाम

【平原】 píngyuán मैदान; चौड़ी-चकरी समतल ज़मीन

【平月】 píngyuè साधारण वर्ष का फ़रवरी का महीना

【平允】 píngyǔn 〈लि०〉 उचित; न्यायसंगत; न्यायोचित

【平仄】 píngzè ❶सम और वक्र दोनों प्रकार के सुर ❷प्राचीन चीनी कविताओं में सुरों का समायोजन

【平展】 píngzhǎn ❶विस्तृत और चौरस (ज़मीन) ❷बिना शिकन का

【平整】 píngzhěng ❶समतल करना; चौरस करना: ～土地 ज़मीन को समतल करना ❷समतल; चौरस; हमवार: ～的道路 हमवार रास्ता

【平正】 píngzheng ❶बिना शिकन का: 这张纸很～。इस कागज़ में एक भी शिकन नहीं है। ❷सीधा: 砖砌得很～。ये ईंटें बिल्कुल सीधी चुनी गयी हैं।

【平装】 píngzhuāng कागज़ जिल्द; पेपरबैक; पेपरकवर: ～书 कागज़ चढ़ी किताब

【平足】 píngzú सपाट पांव

冯 (馮) píng ❶पैदल नदी पार करना ❷प्राचीन चीनी भाषा में 凴 (凭) के समान

Féng भी दे०

评 (評) píng ❶टिप्पणी; समीक्षा; विवेचन; समालोचना: 评论 / 短～ संक्षिप्त समीक्षा ❷निर्णय करना; तय करना; फ़ैसला करना: 您来～～是非。आप ही सही-गलत का फ़ैसला कीजिये।

【评比】 píngbǐ तुलना करके मूल्यांकन करना: ～产品质量 वस्तुओं की गुणवत्ता की तुलना करके उन का मूल्यांकन करना

【评点】 píngdiǎn साहित्यिक कृति की समीक्षा करते हुए उसे चिन्हित करना

【评定】 píngdìng विचार करने के बाद निर्धारित करना: ～考试成绩 परीक्षा का परिणाम निर्धारित करना

【评断】 píngduàn तय करना; पंचनिर्णय करना: ～谁是谁非 यह तय करना कि कौन सही है और कौन गलत

【评分】 píngfēn अंक देना; नम्बर देना

【评分】 píngfēn अंक: 他以最高的～，夺得本届比赛冠军。उन्हों ने सर्वाधिक अंकों से वर्तमान प्रतियोगिता में चौंपियनशिप जीत ली।

【评功】 pínggōng किसी के कारमामों का मूल्यांकन करना: ～授奖 कारनामों का मूल्यांकन करके पुरस्कार देना

【评估】 pínggū मूल्यांकन करना: ～资产 संपत्ति का मूल्यांकन करना

【评话】 pínghuà ❶平话 pínghuà के समान ❷स्थानीय बोली में कथावाचन

【评级】 píngjí ❶काम के अनुसार (कार्यकर्ताओं, कर्मचारियों आदि का) श्रेणीकरण करना ❷गुणवत्ता के मुताबिक (वस्तुओं को) वर्गीकृत करना

【评价】 píngjià मूल्यांकन; मूल्यांकन करना: ～艺术作品 कला-कृति का मूल्यांकन करना / 高度～ भूरि-भूरि प्रशंसा करना

【评奖】 píngjiǎng विचार-विमर्श करके इनाम देने का फ़ैसला करना

【评介】 píngjiè समीक्षा: 新书～ नयी पुस्तक की समीक्षा करना

【评剧】 píngjù उत्तर और उत्तर-पूर्व चीन में प्रचलित एक स्थानीय ऑपेरा

【评理】 pínglǐ ❶सही-गलत का फ़ैसला करना ❷इंसाफ़ मांगना: 这不行，我们得找他～去。यह अनुचित है। हमें उस से इंसाफ़ मांगना चाहिये।

【评论】 pínglùn ❶टिप्पणी करना; समीक्षा करना; समालोचना करना ❷टिप्पणी; समीक्षा; समालोचना: 今天报上刊登了一篇～。आज के समाचार-पत्र में एक स-

मीक्षा छपी है।
【评论家】 pínglùnjiā समालोचक; समीक्षक; टीकाकार; टिप्पणीकार
【评论员】 pínglùnyuán टिप्पणीकार; समीक्षक
【评判】 píngpàn फ़ैसला करना; निर्णय करना: ～胜负 हार-जीत का फ़ैसला करना
【评判员】 píngpànyuán (खेल आदि प्रतियोगिता में) जज; (संगीत प्रतियोगिता आदि में) एज्यूडिकैटर
【评审】 píngshěn परखना और मूल्यांकन करना
【评书】 píngshū (पेशेवर किस्सागो द्वारा प्रस्तुत) कथा-वाचन
【评述】 píngshù विवरण; विवरण देना
【评说】 píngshuō टीका-टिप्पणी करना; गुण-दोष का विवेचन करना
【评弹】 píngtán सूचओ बोली में कहानी और बैलेड सुनाना
【评头论足】 píngtóu–lùnzú 品头论足 pǐn tóu lùn zú के समान
【评析】 píngxī विश्लेषण; विश्लेषण करना
【评选】 píngxuǎn मूल्यांकन के आधार पर चुनना: 他被～为劳动模范。वह आदर्श श्रमिक चुना गया।
【评议】 píngyì विचार; विचार-विमर्श; विचार करना; विचार-विमर्श करना
【评语】 píngyǔ टिप्पणी; सम्मति
【评阅】 píngyuè (लेख आदि) जांचकर नम्बर देना: ～考卷 प्रश्नपत्र जांचकर नम्बर देना
【评注】 píngzhù टीका और भाष्य लिखना
【评传】 píngzhuàn आलोचनात्मक जीवनी

坪 píng समतल ज़मीन: 草坪 cǎopíng / 停机坪 tíngjīpíng
【坪坝】 píngbà 〈बो०〉 खुला समतल मैदान

苹（蘋） píng नीचे दे०
pín भी दे०
【苹果】 píngguǒ सेब: ～树 सेब का पेड़
【苹果绿】 píngguǒlǜ सेब का सा हरा रंग

凭1（憑、凴） píng ❶सहारा लेना; टेक लेना: 凭栏 ❷निर्भर करना (होना); भरोसा करना; के भरोसे; के सहारे: 他～工作努力赢得同事们的信任。उस ने अपनी मेहनत के भरोसे ही अपने सहकर्मियों का विश्वास जीत लिया। ❸प्रमाण; गवाही; साक्ष्य; सुबूत: 凭据 ❹पर आधारित होना; के आधार पर: 您是～什么做出这个决定的？आप ने किस आधार पर यह निर्णय किया है？/ ～票付款 धारक को देय / ～分数决定名次 अंकों के आधार पर स्थान निर्धारित करना

凭2（憑、凴） píng 〈संयो०〉 चाहे; भले ही: ～你跑得快，我也能赶得上。चाहे तुम कितनी भी तेज़ी से क्यों न दौड़ो, मैं तुम्हें पकड़ सकता हूं।
【凭单】 píngdān वाउचर
【凭吊】 píngdiào (ऐतिहासिक स्थल आदि की) यात्रा करना और पिछले इतिहास पर विचार करना: ～烈士墓 शहीद की समाधि पर जाकर शहीद के प्रति श्रद्धांजलियां अर्पित करना
【凭借】 píngjiè निर्भर करना; भरोसा करना; के सहारे; के भरोसे: ～实力 अपनी शक्ति के सहारे / 该企业～信誉占领了市场。इस उपक्रम ने अपनी साख पर निर्भर रहकर बाज़ार में अपना स्थान बना लिया।
【凭据】 píngjù गवाही; सबूत; प्रमाण
【凭靠】 píngkào निर्भर करना; भरोसा करना
【凭空】 píngkōng निराधार; बेबुनियाद; निर्मूल; हवाई: 他这想法绝非～产生的。उस का यह विचार कतई निराधार नहीं है।
【凭空捏造】 píngkōng–niēzào गढ़ना; मनगढ़ंत होना: 这完全是～。यह बिल्कुल मनगढ़ंत है।
【凭栏】 pínglán जंगलों का सहारा लेना
【凭陵】 pínglíng 〈लि०〉 ❶अत्याचार करना; ज़्यादती करना; ज़ुल्म ढाना ❷निर्भर करना; भरोसा करना
【凭恃】 píngshì का सहारा लेना; निर्भर करना; भरोसा करना
【凭眺】 píngtiào ऊंचाई से किसी दूर स्थान का पूरा नज़ारा लेना; दूर दृष्टि दौड़ाना
【凭险】 píngxiǎn प्राकृतिक बाधाओं पर निर्भर करना
【凭信】 píngxìn विश्वास करना; भरोसा रखना: 不足～ भरोसा रखा नहीं जा सकना; विश्वास नहीं किया जा सकना
【凭依】 píngyī निर्भर करना; भरोसा करना
【凭倚】 píngyǐ सहारा लेना; टेक लेना
【凭仗】 píngzhàng के सहारे; के भरोसे; निर्भर करके; भरोसा करके: ～科技进步取得辉煌成绩 वैज्ञानिक और तकनॉलाजिकल प्रगति के सहारे ही शानदार उपलब्धियां प्राप्त करना
【凭照】 píngzhào प्रमाण-पत्र; परमिट; अनुमति-पत्र; लाइसेंस
【凭证】 píngzhèng सबूत; प्रमाण; गवाही; प्रमाण पत्र; वाउचर: 没有确实的～证实双方之间有过购货协议。ऐसा कोई अकाट्य प्रमाण नहीं मिला जो दोनों पक्षों के बीच सौदा होने की बात की पुष्टि कर सके।

枰 píng 〈लि०〉 शतरंज की बिसात

屏 píng ❶परदा; पट; स्क्रीन: 画屏 huàpíng ❷सीधे लटकनेवाली स्क्रोल: 四扇～儿 चार स्क्रोलों का एक सेट ❸परदा डालना; ओट करना; छुपा लेना
bīng; bǐng भी दे०
【屏蔽】 píngbì ❶आड़ करना; ओट करना; बचाव करना: 防护林带～农田和村庄。रक्षा वन पंक्तियां खेतों और गांवों का बचाव करती हैं। ❷रक्षा-आवरण: 东海岛是广州湾的～。तोंगहाई द्वीप क्वांगचओ खाड़ी के लिये रक्षा-आवरण का काम देता है।
【屏藩】 píngfān 〈लि०〉 ❶आस-पास की प्रादेशिक भूमि (जो ओटों और बाड़ों से घिरी हुई थी) ❷रक्षा करना; बचाव करना; आड़ करना
【屏风】 píngfēng परदा
【屏门】 píngmén (पुरानी चीनी वास्तुशैली में निर्मित

मकान में अन्दरूनी और बाहरी आंगनों के) बीच का द्वार

【屏幕】 píngmù 〈वैद्यु०〉 परदा; स्क्रीन: 电视～ टेलीविज़न का छोटा परदा

【屏条】 píngtiáo दीवाल पर सीधे लटकने वाले (आम तौर पर चार) चित्रों या लिपिकला-कृतियों का सेट

【屏障】 píngzhàng ❶रक्षा आवरण ❷रक्षा आवरण का काम देना: ～中原 मध्य चीन के लिये एक रक्षा आवरण का काम देना

瓶（缾） píng ❶बोतल; जार; मर्तबान; पात्र: 厨房里摆满了～～罐罐。 रसोईघर में जहां-तहां बोतल और घड़े आदि रखे हुए हैं। ❷〈परि०श०〉 बोतल, जार, पात्र आदि में रखे हुए पदार्थों के लिये: 一～牛奶 एक बोतल दूध / 两～酒 शराब की दो बोतलें

【瓶胆】 píngdǎn (थरमस का) ग्लास लाइनर

【瓶颈】 píngjǐng ❶बर्तन की गरदन ❷गतिरोध: 扭转～现象 गतिरोध मिटाना

【瓶装】 píngzhuāng बोतलबन्द: ～食品 बोतलबन्द खाद्यपदार्थ

【瓶子】 píngzi बोतल; जार; मर्तबान; पात्र

萍（蓱） píng 〈वन०〉 डकवीड

【萍水相逢】 píngshuǐ-xiāngféng पानी में तैरते डकवीड के दलों की तरह अकस्मात् मिल जाना —— आकस्मिक मुलाकात; पहली मुलाकात

【萍踪】 píngzōng 〈लि०〉 खानाबदोश का अता-पता

鲆（鮃） píng 〈प्राणि०〉 लेफ़्ट आयड फ़्लाउंडर (एक मछली)

pō

朴 pō नीचे दे०
Piáo; pò; pǔ भी दे०

【朴刀】 pōdāo एक लम्बे फल और मूठ वाली तलवार, जिसे दोनों हाथों से पकड़कर चलाया जाता है

钋（釙） pō 〈रसा०〉 पोलोनियम (Po)

坡 pō ❶ढाल; ढलान: 缓～ मामूली ढाल / 陡～ सीधी ढाल ❷तिरछा; तिरछे: 板子要～着放。 तख्तियों को तिरछे रखना चाहिये। / 沟壁太陡，要～一点。 नाले की दीवार ज़्यादा सीधी हो गयी। उसे तिरछा करना चाहिये।

【坡地】 pōdì ढाल पर बने खेत; ढालू भूमि

【坡度】 pōdù ढाल की मात्रा

【坡田】 pōtián 坡地 के समान

泊（泺） pō झील: 罗布～ लुपनोर
bó भी दे०

泼[1]（潑） pō तरल पदार्थ फेंकना; गिराना; छिटकाना: 把脏水～在水沟里。 गंदे पानी को नाले में फेंक देना / 他用水把火～灭了。 उस ने पानी गिराकर आग बुझा दी।

泼[2]（潑） pō ❶झगड़ालू; बदमीज़; उद्दण्ड; धृष्ट: 泼妇 ❷〈बो०〉 तेज़; साहस; ज़ोर-शोर; जवांमर्दी: 大家干得有～。 लोग ज़ोर-शोर से काम कर रहे हैं।

【泼妇】 pōfù झगड़ालू औरत; चुड़ैल

【泼剌】 pōlà 〈अनु०〉 (मछली के उछलने का शब्द) छपछप; छपाका

【泼辣】 pōlà ❶बदतमीज़; उद्दण्ड; बेसलीका; फूहड़ ❷तेज़-तर्रार; तेजस्वी; साहसिक; जवांमर्द: 这篇评论尖锐～。 यह समीक्षा तेज़-तर्रार शब्दों में लिखी गयी है। / 办事～ तेजस्विता से काम करना

【泼冷水】 pō lěngshuǐ पर पानी फेरना; निरुत्साहित करना; पस्तहिम्मत करना; सिर पर एक लोटा ठंडा पानी उंडेलना

【泼墨】 pōmò (परंपरागत चीनी चित्रकला की एक विधि) स्याही छिटकाना: ～作画 कागज़ पर स्याही छिटकाकर चित्र बनाना

【泼水节】 Pōshuǐ Jié जल-छिड़काव उत्सव; पानी की होली

颇[1]（頗） pō 〈लि०〉 एक ओर झुका हुआ; विषम; तिरछा: 偏颇 piānpō

颇[2]（頗） pō 〈लि०〉 बहुत; काफ़ी: 口碑～佳 बहुत प्रशंसित होना / 他的话～为费解。 उस की बात समझने में बहुत कठिन है। / ～为费神 काफ़ी माथा-पच्ची करना

pó

婆 pó ❶बूढ़ी औरत; बुढ़िया; बूढ़ी अम्मां ❷किसी धंधे में लगी औरत: 媒婆 méipó / 接生婆 jiēshēngpó ❸पति की मां; सास

【婆家】 pójia（婆婆家 pópojiā भी）ससुराल

【婆罗门】 Póluómén ब्राह्मण

【婆罗门教】 Póluóménjiào ब्राह्मणधर्म

【婆娘】 póniáng 〈बो०〉 ❶विवाहिता युवती ❷पत्नी; जोरू; घरवाली

【婆婆】 pópo ❶सास; पति की मां ❷〈बो०〉 दादी; नानी

【婆婆妈妈】 pópomāmā नाज़ुकमिज़ाज; भावुक; बातूनी; मटरगश्ती करने वाला: 你做事真够～的。 तुम जो भी काम करते हो, मंद गति से करते हो। / 他这个人有点～的，说起话来没完没了。 वह बातूनी है। जब भी बात करने लगता है तो रुकने का नाम नहीं लेता।

【婆婆嘴】 pópozuǐ ❶दिक करनेवाला; तंग करनेवाला

❷बातूनी; बकवादी
【婆娑】 pósuō (नाच में) चक्कर काटना: ～起舞 चक्कर काटते हुए नाचने लगना / 杨柳～。वीलो की कोमल टहनियां हवा में हिल डुल रही हैं।
【婆姨】 póyí 〈बो०〉 ❶विवाहिता युवती ❷पत्नी
【婆子】 pózi ❶〈अना०〉 स्त्री ❷〈बोल०〉 पत्नी; बीबी ❸अधेड़ उम्र की या बूढ़ी नौकरानी

鄱 pó ❶स्थान के नाम में प्रयुक्त: ～阳湖 फोयांग झील (च्यांगशी प्रांत में)

皤 pó 〈लि०〉 ❶सफ़ेद; श्वेत ❷तोंदल; तोंदवाला

pǒ

叵 pǒ 〈लि०〉 असंभव; नामुमकिन
【叵测】 pǒcè 〈अना०〉 अथाह; अज्ञात: 心怀～ xīnhuái–pǒcè
【叵耐】 pǒnài (叵奈 pǒnài भी) 〈पुराना〉 असहनीय होना; बर्दाश्त से बाहर होना

钷 (鉕) pǒ 〈रसा०〉 प्रोमेथियम (Pm)

笸 pǒ नीचे दे०
【笸箩】 pǒluo लचीली डालियों या महीन खपच्चियों से बनी छिछली टोकरी

pò

朴 pò 〈वन०〉 चाइचीज़ हैकबरी
Piáo; pō; pǔ भी दे०
【朴硝】 pòxiāo ग्लोवर नमक; सोडियम का सल्फ़ेट

迫 (廹) pò ❶विवश करना (होना); मजबूर करना (होना); बाध्य करना (होना); लाचार करना (होना): 被～拿起武器进行反抗 हथियार उठाकर विरोध करने के लिये विवश होना पड़ना / ～于形势 स्थिति से बाध्य होकर ❷उतावलेपन; व्यग्रता; बेताबी; उतावला; व्यग्र; बेताब: 迫不及待 / 从容不迫 cóng róng bù pò ❸सन्निकट होना; समीप होना; पास होना: 迫近
pǎi भी दे०
【迫不得已】 pòbùdéyǐ लाचारी; मजबूरी; विवशता; लाचार होना; मजबूर होना; विवश होना; बाध्य होना: 这实在是～啊。यह तो मजबूरी है।
【迫不及待】 pòbùjídài अधीर होना; उतावला होना; व्यग्र होना; बेताब होना: 大家～地等待电影开映。सभी फ़िल्म शो शुरू होने का बेताबी से इंतज़ार कर रहे हैं।
【迫害】 pòhài अत्याचार करना; ज़्यादती करना; सताना: 遭受政治～ राजनीतिक अत्याचार का शिकार होना
【迫降】 pòjiàng ❶(विमान का) जबरन् उतरना ❶(विमान को) उतरने के लिये विवश करना
pòxiáng भी दे०
【迫近】 pòjìn सन्निकट होना; समीप होना; पास आना: 洪水～城市。बाढ़ का पानी शहर के पास उमड़ आया। / 交货期限～。माल रवाना करने की अंतिम तिथि समीप है।
【迫临】 pòlín नज़दीक होना; निकट होना; आसन्न होना: 危机～。संकट आसन्न है।
【迫切】 pòqiè फ़ौरी; अत्यावश्यक; बहुत ज़रूरी: ～要求 फ़ौरी मांग करना / ～等待 उत्कंठा से प्रतिक्षा करना / ～希望改善居住条件 अपनी आवास स्थिति सुधारने की उत्कट आशा करना
【迫使】 pòshǐ विवश करना; मजबूर करना; बाध्य करना: 严峻的经济形势～他们采取新的对策。गंभीर आर्थिक स्थिति से बाध्य होकर उन्हें नयी नीति अपनानी पड़ी है। / 事态的发展～他们作出抉择。घटनाक्रम से वे विकल्प चुनने को विवश हुए हैं। / ～敌人重新实行停火 दुश्मन को नये सिरे से फ़ायरबन्दी करने के लिये मजबूर करना
【迫视】 pòshì आंखों से आंखें लड़ाना; आंखों में आंखें गड़ाना
【迫降】 pòxiáng किसी को हथियार डालने के लिये विवश करना
pòjiàng भी दे०
【迫在眉睫】 pòzàiméijié ❶अविलम्बनीय होना ❷आसन्न होना; सन्निकट होना

珀 pò दे० 琥珀 hǔpò

破 pò ❶टूटा हुआ; फटा हुआ; टूटा-फूटा; जर्जर: ～衣服 जर्जर वस्त्र; टूटे-फूटे कपड़े / ～旧房子 फटा-पुराना मकान / 手～了。हाथ कट गया। ❷तोड़ना; नष्ट करना; बरबाद करना: 破釜沉舟 ❸तोड़ना; काटना; चीरना; फोड़ना; टुकड़े-टुकड़े करना (होना); टूटना; कटना; फूटना: 衣服～了。कपड़ा फट गया। / ～开西瓜 तरबूज़ को तोड़ना ❹भुनाना; तुड़ाना: 把二十元的票子去～开。बीस य्वान का नोट तुड़ा दो। ❺तोड़ना; टूटना; भंग करना (होना): ～记录 रिकार्ड तोड़ना / 破格 ❻पराजित करना; हराना; कब्ज़ा करना: ～城 शहर पर कब्ज़ा करना / 大～敌军 शत्रुसेना को हरा देना ❼खर्चना; खर्च करना: 破费 ❽भेद खोलना; प्रगट करना; उद्घाटित करना: 说破 shuōpò ❾बेकार; व्यर्थ: 这～收音机真烦人。यह बेकार रेडियो बहुत तंग करता है। / 为这件～事我花了两个小时。इस व्यर्थ काम को निपटाने के लिये मुझे दो ही घंटे बरबाद करने पड़े।
【破案】 pò'àn मामला सुलझाना: 破盗窃案 चोरी का मामला सुलझाना / 限期～ मामला सुलझाने की समय-सीमा निर्धारित करना

【破败】 pòbài टूटा-फूटा; जीर्ण-शीर्ण; भग्न; नष्ट-भ्रष्ट: ～的殿堂 जीर्ण-शीर्ण भवन

【破冰船】 pòbīngchuán बर्फ़ को तोड़नेवाली नाव

【破财】 pòcái पैसा डूबना

【破产】 pòchǎn ❶दिवाला; दिवालियापन: 宣告～ दिवाला निकालना ❷दिवाला निकलना (पीटना); दिवालिया होना: 他～了。उस का दिवाला निकल गया; वह दिवालिया हो गया। ❸विफल होना; व्यर्थ होना: 他的图谋～了。उस की कोशिश व्यर्थ हुई।

【破钞】 pòchāo 破费 के समान

【破除】 pòchú तोड़ना; उन्मूलन करना: ～迷信 अंधविश्वासों को तोड़ना / ～情面 किसी की भावनाओं पर ठेस पहुंचाने की परवाह न करना

【破读】 pòdú विभक्त वाचन; खंडित वाचन (इस का मतलब यह है कि किसी अक्षर के सामान्य उच्चारण के बदले उस का दूसरा उच्चारण किया जाए। मिसाल के लिये 长 अक्षर ही लें। उस का सामान्य उच्चारण cháng होता है और अर्थ होता है 'लम्बा', लेकिन जब उस का उच्चारण zhǎng किया जाता है, तब उस का अर्थ बदलकर 'बढ़ना' हो जाता है। ऐसे में 长 इस अक्षर के लिये zhǎng का उच्चारण 'विभक्त वाचन' ही होता है)

【破读字】 pòdúzì वह अक्षर, जिस का उच्चारण 'विभक्त वाचन' के कारण सामान्य से भिन्न होता हो

【破费】 pòfèi खर्चना; खर्च करना: 这次请客，他～不少。उस ने इस दावत के लिये काफ़ी पैसा खर्च किया। / 让您～了。इस बार आप को नाहक पैसा खर्चना पड़ा है। (यह उपहार वगैरह स्वीकार करते समय शिष्टतापूर्वक कहा जाता है)

【破釜沉舟】 pòfǔ-chénzhōu कड़ाहों को फोड़ना और नावों को डुबोना —— पीछे हटने के सभी रास्ते अपने आप बन्द कर देना; काम पर डटे रहना; काम को पूरा करने का संकल्प करना

【破格】 pògé नियम तोड़ना: ～提拔 नियम तोड़कर किसी की पदोन्नति करना

【破罐破摔】 pòguàn-pòshuāi फटे हुए घड़े को टुकड़े-टुकड़े कर देना —— निराश होकर अविवेक से काम लेना

【破坏】 pòhuài ❶(निर्माण को) नष्ट करना; नष्ट-भ्रष्ट करना; तहस-नहस करना; नेस्तनाबूद करना; बरबाद करना ❷(किसी कार्य को) क्षति पहुंचाना; नुकसान पहुंचाना; भंग करना: ～团结 एकता भंग करना / ～和平 शांति भंग करना / ～社会秩序 कानून व्यवस्था को भंग करना / ～友谊 मैत्री भंग करना ❸(सामाजिक व्यवस्था, रीति-रिवाज आदि को) पूरी तरह बदलना; नाश करना: ～旧秩序 पुरानी व्यवस्था का नाश करना ❹उल्लंघन करना: ～纪律 अनुशासन का उल्लंघन करना / ～协议 समझौते का उल्लंघन करना; समझौते को रद्दी की टोकरी में फेंकना ❺(किसी पदार्थ की संरचना) नष्ट करना: 维生素 C 因受热而～。विटामिन सी ताप पाकर नष्ट हो जाता है।

【破获】 pòhuò पता लगाना; (मामला) सुलझाना: ～谋杀案 हत्या का मामला सुलझाना / ～一个盗窃团伙 चोरों के एक गिरोह का पता लगाना

【破解】 pòjiě विश्लेषण और व्याख्या करना

【破戒】 pòjiè ❶धार्मिक नियम तोड़ना ❷व्रत तोड़ना

【破镜重圆】 pòjìng-chóngyuán एक टूटा शीशा फिर जुड़ गया —— संबंधविच्छेद या विछोह के बाद पति-पत्नी का पुनर्मिलन

【破旧】 pòjiù फटा-पुराना; जीर्ण-शीर्ण

【破旧立新】 pòjiù-lìxīn पुराने को उखाड़ फेंकना और नये को पनपने देना

【破句】 pòjù वाचन में गलत स्थान पर विराम करना

【破口大骂】 pòkǒu-dàmà पानी पी-पीकर कोसना

【破烂】 pòlàn ❶जीर्ण-शीर्ण; घिसा-पिटा; सड़ा-गला ❷〈बो०〉 कचरा; कबाड़ा: 捡～ कबाड़ा चुनना

【破浪】 pòlàng लहरों को चीरना: 乘风～ लहरों को चीरते हुए आगे बढ़ना

【破例】 pòlì नियम तोड़ना; छूट देना

【破脸】 pòliǎn मुंह फुलाना; मुंह फेर लेना

【破裂】 pòliè फटना; टूटना; विछिन्न होना; विच्छेद होना: 谈判～ वार्त्ता टूटना / 关系～ संबंधों का विच्छेद होना / 感情～ दोनों के बीच मन-मुटाव होना

【破裂摩擦音】 pòliè mócāyīn 塞擦音 sècāyīn का पुराना नाम

【破裂音】 pòlièyīn 塞音 sèyīn का पुराना नाम

【破陋】 pòlòu फटा-पुराना; टूटा-फूटा: ～的小屋 टूटी-फूटी झोंपड़ी

【破落】 pòluò पतन होना; च्युत होना; पतित होना

【破落户】 pòluòhù समाजच्युत परिवार

【破谜儿】 pòmèir ❶〈बो०〉 पहेली बुझाना ❷〈बोल०〉 पहेली बूझने को कहना

【破门】 pòmén ❶दरवाज़ा ढकेलकर झट से खोलना ❷(फ़ुटबाल, हाकी आदि खेलों में) गोल करना: ～得分 गोल करके एक अंक अर्जित करना ❸(ईसाइयों में) धर्म-बहिष्कृत करना

【破灭】 pòmiè टूटना; मिटना: 希望～ आशा टूटना; आशा पर पानी फिर जाना / 幻想～ भ्रम मिटना

【破伤风】 pòshāngfēng 〈चिकि०〉 टिटेनस

【破身】 pòshēn कौमार्य नष्ट हो जाना; पहली बार मैथून करना

【破碎】 pòsuì ❶टूटना; फटना; भग्न होना; खंडित होना; टुकड़े-टुकड़े होना; टूटा-फूटा होना: 一面～的镜子 एक टूटा हुआ शीशा ❷तोड़ना; टुकड़े-टुकड़े करना; चूर करना; दलना; पीसना: ～石料 पत्थर को तोड़ना

【破碎机】 pòsuìjī ब्रेकर; क्रशर; दलन मशीन

【破损】 pòsǔn टूट-फूट जाना

【破题】 pòtí ❶(पुराने रूढ़ित निबंध 八股 में) विषय-वस्तु स्पष्ट करने वाले पहले दो वाक्य ❷दो-एक वाक्यों में विषय-वस्तु स्पष्ट करना

【破题儿第一遭】 pò tí'er dì-yī zāo पहली ही बार; पहला ही मौका है जबकि

【破体字】 pòtǐzì चीनी अक्षर का अप्रमाणिक या विकृत रूप

【破涕】 pòtì आंसू थमना: 她～为笑。उस के आंसू थम गये और चेहरे पर मुस्कान खिल गयी।

【破天荒】 pòtiānhuāng अभूतपूर्व होना; पहली बार देखने को मिलना
【破土】 pòtǔ ❶(भवन-निर्माण के लिये) ज़मीन खोदना ❷वसंतऋतु में जोताई शुरू करना ❸अंकुरित होना
【破网】 pòwǎng गोल करना
【破五】 pòwǔ प्रथम चन्द्र मास का पांचवां दिन (इस दिन के बाद दूकानें खुलकर कारोबार करने लगती थीं)
【破相】 pòxiàng हुलिया बिगड़ना (बिगाड़ना)
【破晓】 pòxiǎo भोर; पौ फटना
【破鞋】 pòxié जारिणी; व्यभिचारी स्त्री
【破颜】 pòyán मुस्कराने लगना
【破译】 pòyì गूढ़, सांकेतिक या अस्पष्ट लिपि आदि का अर्थ निकालना या पढ़ना; कूट खोलना
【破约】 pòyuē वचन तोड़ना; वायदे से मुकर जाना
【破绽】 pòzhàn ❶खोंच; खोंप; कपड़े की चीर या छेद ❷दोष; कमी: ～百出 जगह-जगह कमियां पाई जाना
【破折号】 pòzhéhào डैश (——); रेखा-चिन्ह
【破竹之势】 pòzhúzhīshì दे० 势如破竹 shìrú-pòzhú

粕 pò 〈लि०〉 (चावल, सोयाबीन आदि का) मैल

魄 pò ❶आत्मा ❷तेज; ओज; जीवन-शक्ति: 气魄 qìpò
bó; tuò भी दे०

【魄力】 pòlì साहस और दृढ़ता; निडरता; निर्भीकता: 她做任何事都很有～。वह हर कार्य में अपने साहस और दृढ़ता का परिचय देती है।

po

桲 po दे० 榅桲 wēnpo

pōu

剖 pōu ❶चीरना; फाड़ना: ～鱼 मछली चीरना ❷विश्लेषण करना; जांचना; जांच करना: 剖析
【剖白】 pōubái अपने आप को निर्दोष सिद्ध करना; अपनी सफ़ाई देना: 有机会我会向他～几句。मैं मौका पाकर उस के आगे अपने आप को निर्दोष सिद्ध करना चाहता हूं। / ～心迹 अपनी गहन भावनाओं को ज़ाहिर करना
【剖腹】 pōufù पेट चीरना: ～自尽 पेट चीरकर आत्म-हत्या करना
【剖腹藏珠】 pōufù-cángzhū पेट चीरकर उस के अन्दर मोती छिपाना —— धन-संपत्ति की रक्षा के लिये जान को जान न समझना
【剖腹产】 pōufùchǎn 〈चिकि०〉 शल्य जन्म; गर्भ निकालने के लिये चीर-फाड़
【剖解】 pōujiě विश्लेषण करना: ～细密 विस्तृत विश्लेषण करना
【剖面】 pōumiàn सेक्शन; किसी आकृति का विशिष्ट कोण से कटाव
【剖明】 pōumíng स्पष्ट करना; प्रगट करना: ～心迹 अपना मनोभाव प्रगट करना / ～事理 कारण स्पष्ट करना
【剖尸】 pōushī पोस्ट-मार्टम; शव-परीक्षा
【剖析】 pōuxī विश्लेषण करना

póu

抔 póu 〈लि०〉 चुल्लू में लेना: 一～黄土 चुल्लू भर मिट्टी

掊 póu 〈लि०〉 ❶चूसना; धन का हरण करना ❷खोदना
pǒu भी दे०

裒 póu 〈लि०〉 ❶संचय करना; संग्रह करना; संगृहीत करना: ～辑 ❷निकालना
【裒辑】 póují 〈लि०〉 संकलित करना; संकलन करना; संग्रह तैयार करना

pǒu

掊 pǒu 〈लि०〉 ❶चोट करना; प्रहार करना: ～击 चोट करना ❷चीरना; फाड़ना
póu भी दे०

pū

仆 pū औंधे मुंह गिरना: 前仆后继 qiánpū-hòujì
pú भी दे०

扑 (撲) pū ❶झपटना; टूटना; लपकना; दबोचना; धर दबाना: 猫～老鼠。बिल्ली ने चूहे को दबोच लिया। / 他～向劫匪。वह डकैत पर टूट पड़ा। / 孩子一下～到妈妈怀里。बच्ची लपककर मां से लिपट गयी। ❷में मन लगाना; में चित्त जमाना: 一心～在事业上 अपने काम में मन लगाना ❸(पक्षियों का) पर मारना; पंख फड़फड़ाना ❹(पाउडर आदि) लगाना: ～粉 पाउडर लगाना ❺〈बो०〉 झुकना: ～在桌上看地图 मेज़ पर झुककर नक्शा देखना

【扑鼻】pūbí तीव्र बास आना: 百合花香气～。लिली के फूलों की सुवास आ रही है; लिली के फूल महक रहे हैं।
【扑哧】pūchī 〈अनु०〉 (हंसी का शब्द; बन्द बरतन से हवा या पानी निकलने का शब्द) सीत्कार; सी-सी: ～一笑 सी-सी करते हुए हंस पड़ना
【扑打】pūdǎ थापी आदि से मारना: ～苍蝇 थापी से मक्खियां मारना
【扑打】pūda थपकना; थपकी देना: ～衣服的尘土 कपड़े पर थपकियां देकर गर्द झाड़ना
【扑跌】pūdiē ❶कुश्ती ❷औंधे मुंह गिर पड़ना
【扑冬】pūdōng 〈अनु०〉 धम; धड़ाम: 他～一声，坐倒在地。वह धम से ज़मीन पर बैठ गया।
【扑粉】pūfěn ❶फ़ेस पाउडर ❷टेलकम पाउडर; ❸चेहरे पर पाउडर लगाना
【扑击】pūjī ❶दबोचना; धर दबाना; झपटना ❷थपेड़ा देना; थपेड़ा लगाना: 海浪～礁石。समुद्र में उठती लहरें चट्टानों को थपेड़े देती हैं।
【扑救】pūjiù ❶जान-माल बचाने के लिये अग्नि का शमन करना ❷(वालीबाल, फ़ुटबाल आदि खेलों में) डाइविंग सेव
【扑克】pūkè ताश
【扑空】pūkōng खाली पाना; बेकार जाना: 昨天我到他家去找他，扑了一个空。कल मैं उस के घर गया। लेकिन उस का घर खाली पाया।
【扑棱】pūlēng 〈अनु०〉 फड़; फड़-फड़: 小鸟～一声飞走了。एक पखेरू फड़ से उड़ गया।
【扑棱】pūleng फड़फड़ाना: ～着翅膀 पंख फड़फड़ाना
【扑脸】pūliǎn मुंह को आकर लगना: 热气～。गरम हवा के झोंके मुंह को आकर लगे।
【扑满】pūmǎn गोलक; गुल्लक
【扑面】pūmiàn 扑脸 के समान
【扑灭】pūmiè ❶बुझाना; शमन करना: ～森林大火 दावानल का शमन करना ❷उन्मूलन करना; सफ़ाया करना; नाश करना: ～传染病 छूत की बीमारियों का उन्मूलन करना
【扑闪】pūshan आंखें झपकाना; पलक मारना
【扑扇】pūshan 〈बो०〉 पंख फड़फड़ाना; पर मारना
【扑朔迷离】pūshuò-mílí असमंजसकारी; भ्रांतिकारक; भ्रमजनक
【扑簌】pūsù (आंसुओं का) टपटप टपकना
【扑腾】pūtēng 〈अनु०〉 धड़ाम; धप; धम (किसी भारी वस्तु के ज़मीन पर गिरने का शब्द): 他～一声从房顶跳了下来。वह छत से धम के साथ कूदकर धरती पर आ गया।
【扑腾】pūteng ❶पानी में हाथ-पैर मारना; हाथ-पैर पटकना; छटपटाना: 他不会游泳，在水里瞎～。उसे तैरना नहीं आता। और वह पानी में यों ही हाथ-पैर मार रहा है। / 鱼在地上直～。मछली ज़मीन पर छटपटाती रही। ❷धड़कना; धकधक करना: 她吓得心里直～。भय से उस का जी धकधक करता रहा। ❸〈बो०〉 दौड़ लगाना: 他能～。वह दौड़ लगाने में उस्ताद है। ❹उड़ा डालना; बरबाद करना: 他这下把钱全～完了。इस बार उस ने अपना सारा पैसा उड़ा डाला।
【扑通】pūtōng 〈अनु०〉 (किसी चीज़ के पानी में या धरती पर गिरने की आवाज़): छप; छप-छप; छपाका; धड़ाम; धड़का; धड़; धड़-धड़: 她～一声，跳进水里。वह छपाके के साथ पानी में कूद पड़ी। / 花瓶～一声掉在地上，摔成碎片。फूलदान ज़मीन पर धड़ाम से गिर पड़ा और टुकड़े-टुकड़े हो गया।

铺（鋪）pū ❶बिछाना; फैलाना: 铺床 / 铺轨 / ～红地毯 लाल कालीन बिछाना ❷हमवार करना; प्रशस्त करना: 为和谈～平道路 शांतिवार्त्ता के लिये मार्ग हमवार करना ❸〈बो०〉 〈परि०श०〉 (坑 kang के लिये): 一～坑 एक ईंटों का बिछौना

pù भी दे०

【铺陈】[1] pūchén ❶व्यवस्थित करना; करीने से रखना; सजाना: ～餐具 मेज़ पर भोजन के बर्तन सजाना ❷विस्तृत विवरण देना; विस्तृत वर्णन करना
【铺陈】[2] pūchén 〈बो०〉 (रज़ाई, चादर, तकिया आदि समेत) शय्योपकरण
【铺衬】pūchen पैबन्द; थिगली
【铺床】pūchuáng बिस्तर बिछाना
【铺垫】pūdiàn ❶शय्योपकरण ❷(कहानी की) ज़मीन तैयार करना
【铺盖】pūgài बराबर बिखेरना
【铺盖】pūgai बिस्तर
【铺盖卷儿】pūgaijuǎnr बोरी-बिस्तर: 打～ बोरी-बिस्तर समेटना
【铺轨】pūguǐ रेल की पटरियां बिछाना
【铺路】pūlù ❶रास्ता बनाना ❷किसी के लिये रास्ता-प्रशस्त करना; मार्ग हमवार करना
【铺排】pūpái ❶व्यवस्थित करना; करीने से रखना ❷〈बो०〉 उड़ाऊ होना
【铺砌】pūqì (कंकड़-पत्थर) बिछाना: 地面由砖～而成。फ़र्श ईंटों का बना हुआ है।
【铺设】pūshè बिछाना; (सड़क, रेल आदि) बनाना: ～石油管道 तेल की पाइपलाइन बिछाना / ～铁路 रेल-लाइन बनाना
【铺天盖地】pūtiān-gàidì आकाश से ढांपना और धरती को छिपाना —— प्रचंडता; तीव्रता; व्यापकता
【铺叙】pūxù विस्तृत वर्णन करना; विस्तार से बताना
【铺展】pūzhǎn फैलना; फैलाना: 蓝天～着一片片白云。नीले आसमान में दूर तक सफ़ेद बादल फैले हुए हैं।
【铺张】pūzhāng ❶शाहखर्ची; फ़िज़ूलखर्ची ❷अतिरंजना; अतिश्योक्ति
【铺张浪费】pūzhāng-làngfèi शाहखर्ची; फ़िज़ूलखर्ची; शान-शौकत दिखाना और फ़िज़ूलखर्ची करना
【铺张扬厉】pūzhāng-yánglì ❶अंधाधुंध सराहना ❷फ़िज़ूलखर्ची और आडंबर

噗 pū 〈अनु०〉 फूंक; फू-फू: ～地吹灭蜡烛。फूंक से मोमबत्ती को बुझाया गया।
【噗嗤】pūchī 扑哧 pūchī के समान
【噗噜噜】pūlūlū 〈अनु०〉 टप-टप; टपाटप

【噗通】 pūtōng 扑通 pūtōng के समान

潽 pū 〈बोल०〉 तरल पदार्थ का उबलने पर बरतन से छलकना

pú

仆（僕）pú नौकर; चाकर; सेवक: 女～ नौकरानी
pū भी दे०

【仆从】 púcóng अनुयायी; अनुचर; पिछलग्गू
【仆从国】 púcóngguó अधीन देश
【仆仆】 púpú यात्रा की थकावट: दे० 风尘仆仆 fēngchén-púpú
【仆人】 púrén नौकर; नौकरानी; सेवक; चाकर
【仆役】 púyì 仆人 के समान

匍 pú नीचे दे०

【匍匐】 púfú（匍伏 púfú भी）❶रेंगना; पेट के बल चलना; भूमि पर रगड़ खाते हुए चलना: ～前进 पेट के बल आगे बढ़ना ❷पौधे या बेल का ज़मीन पर फैलना
【匍匐植物】 púfú zhíwù 〈वन०〉 बेल; लता

菩 pú नीचे दे०

【菩萨】 púsà ❶बोधिसत्व: 观音～ करुणा का बोधिसत्व ❷भगवान बुद्ध; देव ❸करुणापर; दयालु
【菩萨心肠】 púsà xīncháng बोधिसत्व की कृपा —— सहृदयता; करुणा, सहानुभूति; दयालुता
【菩提】 pútí 〈बौद्धधर्म〉 बोधि
【菩提树】 pútíshù 〈वन०〉 बोधि वृक्ष; बोधि; पीपल

脯 pú छाती; वक्ष; सीना
fǔ भी दे०

【脯子】 púzi (मुर्गी, बत्तख आदि की) छाती का मांस

葡 pú नीचे दे०

【葡萄】 pútáo अंगूर: 一串～ एक गुच्छा अंगूर / ～架 अंगूर की टट्टी / ～藤 अंगूर की बेलें / ～园 अंगूर बागान
【葡萄弹】 pútaodàn 〈सैन्य०〉 छर्रा
【葡萄干】 pútaogān किशमिश
【葡萄酒】 pútaojiǔ अंगूरी शराब
【葡萄胎】 pútaotāi 〈चिकि०〉 विसिक्यूलर पिंडल
【葡萄糖】 pútaotáng ग्लूकोज़; अंगूर की चीनी
【葡萄牙】 Pútáoyá पुर्तगाल
【葡萄牙人】 Pútáoyárén पुर्तगाली
【葡萄牙语】 Pútáoyáyǔ पुर्तगाली (भाषा)

蒲 1 pú 〈वन०〉 ❶कैटेल; क्लब ग्रास; नागरमोथा ❷菖蒲 chāngpú का संक्षिप्त रूप

蒲 2 Pú एक कुलनाम

【蒲棒】 púbàng कैटेल के डंडे नुमा फूलों का गुच्छा
【蒲包】 púbāo ❶नागरमोथे का बना थैला ❷〈पुराना〉 पहली भेंट के लिये नागरमोथे के थैले में रखे फल या पेस्ट्री
【蒲草】 púcǎo नागरमोथे का डंठल या पत्तियां
【蒲墩】 púdūn（蒲垫 púdiàn भी）नागरमोथे की गद्दी
【蒲公英】 púgōngyīng 〈वन०〉 कुकरौंधा; कुकरौंदा
【蒲剑】 pújiàn नरकुल（菖蒲 chāngpú）का तलवार रूपी पत्ता (जो पुराने ज़माने में पांचवें चन्द्र मास के पांचवें दिन दानवों को भगाने के लिये द्वार पर लटकाया जाता था)
【蒲节】 Pújié नरकुल पर्व, यानी ड्रैगन नौका दिवस (पांचवें चन्द्र मास के पांचवें दिन पड़ता है)
【蒲葵】 púkuí 〈वन०〉 चीनी फ़ैन पाल्म
【蒲绒】 púróng（蒲茸 púróng भी）तकिये में भरने के लिये कैटेल वूल
【蒲扇】 púshàn चीनी फ़ैन पाल्म के संपूर्ण पत्ते का बना पंखा
【蒲式耳】 púshì'ěr बुशल (एक आयतन मान)
【蒲团】 pútuán नागरमोथे की गद्दी
【蒲席】 púxí नागरमोथे की चटाई

璞 pú अपरिष्कृत जेड

【璞玉浑金】 púyù-húnjīn अपरिष्कृत जेड एवं अशुद्ध स्वर्ण —— स्वाभाविक सौंदर्य

镤（鏷）pú 〈रसा०〉 प्रोटेक्टिनियम（Pa）

pǔ

朴（樸）pǔ सरल; सादा: 朴素
Piáo; pō; pò भी दे०

【朴厚】 pǔhòu सरल: 心地～ सरलहृदय
【朴陋】 pǔlòu सादगी
【朴茂】 pǔmào 〈लि०〉 सरलचित्त
【朴实】 pǔshí ❶सादगी; सादा: 穿着～ सादे कपड़े पहने हुए होना / 文风～ सादी लेख शैली ❷सादादिल; सरलचित्त; सादा मिज़ाज: 他性格～。वह सादे मिज़ाजवाला इंसान है।
【朴素】 pǔsù ❶सादगी; सादा; सरल: 衣着～ सादा वस्त्र पहनना / 生活～ सादा जीवन बिताना / 他的诗～而感情真挚。उस की कविताएं शैली में सरल हैं और सच्ची भावनाओं से परिपूर्ण हैं। ❷अविकसित; सरल; मौलिक: ～唯物主义 सरल भौतिकवाद
【朴直】 pǔzhí सीधापन; सीधा
【朴质】 pǔzhì सीधापन; भोलापन; सीधा-सादा; भोला-भाला: 为人～ भोला-भाला होना

圃 pǔ बाग; बगीचा; उद्यान: 菜圃 càipǔ / 花圃 huāpǔ / 苗圃 miáopǔ

浦 pǔ ❶(प्राय: स्थान के नाम में प्रयुक्त) मुहाना; नदी मुख: ～口 Pǔkǒu (च्यांगसू प्रांत में) ❷(Pǔ) एक कुलनाम

普 pǔ ❶व्यापक; सर्वव्यापक;विश्वव्यापी;आम:普选 / 普查 / ～天之下 सारी दुनिया में; दुनिया के हर कोने में ❷(Pǔ) एक कुलनाम

【普遍】 pǔbiàn व्यापक; सर्वव्यापक; सर्वव्यापी; आम; सामान्य; विश्वव्यापी: 具有～意义 व्यापक महत्व का होना / ～规律 आम नियम / ～真理 सर्वव्यापी सच्चाई / 农村地区用电已很～。ग्रामीण क्षेत्रों में बिजली लगाना एक सामान्य बात हो गया है।

【普遍性】 pǔbiànxìng व्यापकता

【普遍优惠制】 pǔbiàn yōuhuìzhì आम तरजीह व्यवस्था

【普查】 pǔchá आम जांच-पड़ताल; आम सर्वेक्षण: 人口～ जन गणना / 地质～ भू-सर्वेक्षण / 妇科病～ स्त्री-रोग की आम जांच पड़ताल

【普度众生】 pǔdù-zhòngshēng 〈बौद्धधर्म〉 सभी प्राणियों का मोक्ष से उद्धार करना

【普惠制】 pǔhuìzhì 普遍优惠制 का संक्षिप्त रूप

【普法】 pǔfǎ विधि संबंधी ज्ञान का प्रचार-प्रसार करना

【普及】 pǔjí ❶व्यापक रूप से फैलना; व्यापक होना; लोकप्रिय होना ❷लोकप्रिय बनाना; सर्वव्यापी बनाना; प्रचार करना: ～九年制义务教育 नौ वर्षों की अनिवार्य शिक्षा को सर्वव्यापी बनाना

【普及本】 pǔjíběn सुलभ संस्करण

【普米族】 Pǔmǐzú फूमी जाति, जो युन्नान प्रांत में आबाद है

【普什图语】 Pǔshítúyǔ पश्तो

【普天同庆】 pǔtiān-tóngqìng दुनिया भर में या देश भर में खुशियां मनाना

【普通】 pǔtōng साधारण; सामान्य; आम: ～人 साधारण जन / 你连这点～常识都不知道? क्या तुम्हें इस संबंध में साधारण ज्ञान भी नहीं है?

【普通法】 pǔtōngfǎ 〈का०〉 आम कानून

【普通股】 pǔtōnggǔ 〈अर्थ०〉 कॉमन स्टॉक; आम स्टॉक

【普通话】 pǔtōnghuà फूथोंगह्वा; (चीनी भाषा की) आम बोली; प्रामाणिक चीनी उच्चारण

【普通税则】 pǔtōng shuìzé आम टैरिफ़

【普贤】 Pǔxián सामंतभद्र (बोधिसत्व)

【普选】 pǔxuǎn आम चुनाव

【普选制】 pǔxuǎnzhì सर्वव्यापी मताधिकार

【普照】 pǔzhào हर वस्तु पर किरणें फैलना: 阳光～大地。सूर्य की किरणें सारी धरती पर फैलती हैं।

溥 pǔ ❶〈लि०〉 विस्तृत; विशाल ❷〈लि०〉 साधारण; सामान्य ❸(Pǔ) एक कुलनाम

谱(譜) pǔ ❶सुलभ संदर्भ जानकारी उपलब्ध कराने के लिये (तालिका, सूची आदि के रूप में) अभिलेख: 年谱 niánpǔ / 食谱 shípǔ ❷नियम-पुस्तिका; गाइडबुक: 画谱 huàpǔ / 棋谱 qípǔ ❸गीत को स्वर देना; स्वर लिखना ❹बनीबनाई धुन पर गीत लिखना ❺ठिकाना: 他的话没～儿，一会儿这样说，一会儿那样说。उस की बात का क्या ठिकाना? कभी कुछ कहता है कभी और कुछ। ❻आडंबर; दिखावा: 摆～儿 आडंबर करना

【谱表】 pǔbiǎo 〈संगी०〉 स्टाफ़; पांच समानांतर रेखाओं का समूह

【谱牒】 pǔdié 〈लि०〉 वंशवृक्ष; वंशतालिका

【谱架】 pǔjià म्यूज़िक स्टैंड

【谱曲】 pǔqǔ गीत को स्वर देना

【谱系】 pǔxì वंशावली; वंशविवरण

【谱写】 pǔxiě गीतबद्ध करना; स्वरलिपि तैयार करना; शब्दों को संगीत में सजाना: 他～了这支曲子。उस ने यह गीत लिखा है। / 革命先烈抛头颅，洒热血，～下可歌可泣的壮丽诗篇。क्रांतिकारी शहीदों ने प्राण न्योछावर करके एक वीर-गाथा रची।

【谱子】 pǔzi 〈बोल०〉 स्वरलिपि

氆 pǔ नीचे दे०

【氆氇】 pǔlu तिब्बत में एक प्रकार का ऊनी कपड़ा जो कम्बल और वस्त्र आदि बनाने में काम आता है

镨(鐠) pǔ 〈रसा०〉 प्रासियोडिमियम (Pr)

蹼 pǔ (चमगादड़ एवं जल-पक्षियों इत्यादि की अंगुलियों की) झिल्ली

【蹼趾】 pǔzhǐ झिल्लीदार अंगुलियां

【蹼足】 pǔzú झिल्लीदार पंजा

pù

铺1 (鋪、舖) pù दूकान; स्टोर

铺2 (鋪、舖) pù फलक शय्या

铺3 (鋪、舖) pù प्राचीन युग में डाक-चौकी। अब यह शब्द स्थान के नाम में प्रयुक्त होता है, जैसे 五里铺 Wǔlǐpù，十里铺 Shílǐpù

pū भी दे०

【铺板】 pùbǎn पलंग का तख्ता; शय्या का फलक

【铺保】 pùbǎo दूकानदार द्वारा किसी के लिये की जानेवाली जमानत

【铺底】 pùdǐ दूकान का तमाम फ़र्नीचर और अन्य छुटपुट चीज़ें

【铺户】 pùhù दूकान

【铺家】 pùjiā 〈बो०〉 दूकान
【铺面】 pùmiàn दूकान का अग्र भाग
【铺面房】 pùmiànfáng दूकान के लिये मकान
【铺位】 pùwèi बर्थ; बंक
【铺子】 pùzi दूकान

堡 pù 铺[3]pù के समान
bǎo; bǔ भी दे०

瀑 pù जल-प्रपात; झरना; निर्झर; प्रपात
bào भी दे०
【瀑布】 pùbù जल-प्रपात; प्रपात

曝（暴） pù 〈लि०〉 धूप में डालना
【曝露】 pùlù 〈लि०〉 खुली हवा में डालना
【曝晒】 pùshài धूप में डालना
bào भी दे०

Q

qī

七 qī ❶सात; सप्त: ～本书 सात पुस्तकें / ～中 सातवां माध्यमिक स्कूल / ～路公共汽车 सात नंबर बस ❷<पुराना> किसी व्यक्ति के मरने के बाद उनचासवें दिन तक हर सात दिन में मनाया गया स्मरणीय शोक संस्कार

【七…八…】 qī…bā… (अधिकता या अव्यवस्थता प्रकट करने के लिये क्रियाओं या संज्ञाओं के साथ प्रयुक्त): 七零八落 / 七嘴八舌 / ～斗～斗 पुनरावृत्त संघर्ष

【七边形】 qībiānxíng सप्तभुज; सप्तकोण आकृति

【七步之才】 qībùzhīcái सात डग वाली क्षमता —— शीघ्र साहित्यिक क्षमता (कहा जाता है कि त्रिराज्य काल में वेइ 魏 राजवंश के सम्राट थ्साओ फी（曹丕）ने एक दिन राजसभा में अपने छोटे भाई थ्साओ च्（曹植）को आज्ञा दी कि तुम सात डगों में एक कविता बनाओ, नहीं तो मार दिये जाओगे। दंड के डर से थ्साओ च् ने तत्काल सात डगों में एक प्रसिद्ध कविता बनायी)

【七颠八倒】 qīdiān-bādǎo अस्तव्यस्तता में; औंधी और उल्टी हालत में; गड़बड़ में

【七姑八姨儿】 qīgū-bāyír <बोल०> बहुत दूर के संबंधी या रिश्तेदार

【七绝】 qījué（七言绝句 qīyán juéjù का संक्षिप्त नाम）सप्ताक्षरीय चतुष्पदी; वह चतुष्पदी जिस में पहली, दूसरी और चौथी पंक्ति में तुक समान हो

【七老八十】 qīlǎobāshí बहुत वृद्ध व्यक्ति जिस की आयु अस्सी वर्ष के करीब हो

【七零八落】 qīlíng-bāluò तितर-बितर होना; बिखेरना: 一所～的村庄 एक गांव जिस में सभी मकान या घर साथ-साथ न बसे हुए हों / 打得敌人～，四散奔逃。 दुश्मन तितर-बितर हो गये और उन के पैर उखड़ गये।

【七律】 qīlǜ（七言律诗 qīyán lǜshī का संक्षिप्त नाम）（律诗 lǜshī भी दे०）सप्ताक्षरीय अष्टपदी कविता जिस में सुनिश्चित सुर-रचना और तुक हो

【七拼八凑】 qīpīn-bācòu टुकड़ों को एक साथ जोड़ना: 用碎布～做成一块桌布 कपड़ों के टुकड़ों से जोड़कर मेज़पोश बनाना

【七七事变】 Qī-Qī Shìbiàn 7 जुलाई की घटना (1937 ई०); लूकओछ्याओ पुल की घटना (7 जुलाई, 1937 को यह घटना पेइचिंग नगर के निकट लूकओछ्याओ पुल पर जापानी आक्रमणकारी सेना द्वारा सारे चीन को अपने अधिकार में लेने के लिये घटित हुई थी और उसी दिन से चीनी जनता का जापान आक्रमण विरोधी युद्ध भी शुरू हुआ)

【七巧板】 qīqiǎobǎn सप्तांश पटिया (एक प्रकार का खिलौना, वर्गाकार पतले पट या मोटे कागज़ से काटकर भिन्न आकार के सात टुकड़े जिन से तरह-तरह की आकृतियां बनायी जा सकती हैं)

【七窍】 qīqiào मनुष्य के सिर पर सात छेद; सप्तछिद्र (अर्थात् आंखें, कान, नथुने और मुंह)

【七窍生烟】 qīqiào-shēngyān क्रोधाग्नि के कारण सिर के सातों छेदों से धुआं निकलना —— अत्यधिक क्रुद्ध होना

【七情】 qīqíng ❶मनुष्य की सात भावनाएं; सात मनोभाव, अर्थात् प्रसन्नता, क्रोध, शोक, भय, प्रेम, घृणा और इच्छा ❷<ची०चि०> भावनाओं के सात तत्व (प्रसन्नता, क्रोध, उदासी, चिंतन, शोक, भय और अभिघात ये सात भीतरी तत्व रोग के कारण माने जाते हैं)

【七色板】 qīsèbǎn स्पेक्ट्रम बोर्ड

【七十二行】 qīshí'èr háng सभी प्रकार के पेशे

【七手八脚】 qīshǒu-bājiǎo हरेक व्यक्ति का किसी काम में हाथ लगना: 大家～把他抬了出去。 हरेक ने उसे उठाकर बाहर ले जाने में हाथ लगाया।

【七夕】 qīxī सातवें चंद्र मास की सातवीं संध्या (किंवदंती में उस दिन संध्या को युवक ग्वाला 牛郎 और युवती जुलाही 织女 दोनों मिलते हैं)

【七弦琴】 qīxiánqín（古琴 gǔqín का दूसरा नाम）एक प्रकार का साततारा वाद्य जो मेज़ पर रखकर उंगलियों से झटका मारकर बजाया जाता है

【七言诗】 qīyánshī（七绝，七律 भी दे०）सप्ताक्षरीय कविता

【七一】 Qī Yī 1 जुलाई, चीनी कम्युनिस्ट पार्टी की स्थापना का वार्षिक दिवस (1921 ई०)

【七月】 qīyuè ❶जुलाई ❷चंद्र वर्ष का सातवां मास

【七嘴八舌】 qīzuǐ-bāshé अधिक लोगों के अधिक मत; विभिन्न व्यक्तियों के अलग-अलग विचार: 大家～地向他提出问题。 सब लोग उस पर सवालों के गोले दागने लगे।

沏 qī (उबला हुआ पानी) डालना; भर देना: ～茶 चाय बनाना; उबाले हुए पानी में चाय की सूखी पत्तियां डालना

妻 qī पत्नी: 夫～ पति-पत्नी
qì भी दे०

【妻弟】 qīdì पत्नी का छोटा भाई; साला

【妻儿老小】 qī'ér-lǎoxiǎo माता-पिता, पत्नी और बच्चे —— वैवाहिक व्यक्ति का संपूर्ण परिवार

【妻舅】 qījiù पत्नी के भाई

【妻离子散】 qīlí-zǐsàn परिवार बिछुड़ जाना; बीबी

बच्चे बिछुड़ना

【妻孥】 qīnú 〈लि०〉 पत्नी और बच्चे

【妻室】 qīshì 〈लि०〉 पत्नी

【妻小】 qīxiǎo पत्नी और बच्चे

【妻子】 qīzǐ पत्नी और बच्चे

【妻子】 qīzi पत्नी

柒 qī ❶七 का बड़ा अक्षर (भूल या परिवर्तन से बचने के लिये चेक आदि में प्रयुक्त) ❷(Qī) एक कुलनाम

栖(棲)qī ❶(पक्षियों का) शाखा या डाल पर बैठना: 栖息 ❷रहना; बसना; निवास करना: 栖身

xī भी दे०

【栖架】 qījià चक्कस

【栖木】 qīmù चक्कस

【栖身】 qīshēn रहना; ठहरना; टिकना: ～之所 रहने का स्थान; निवास-स्थान

【栖息】 qīxī (पक्षियों का) शाखा या डाल पर बैठना; आराम करना: ～地 जानवर की असली जगह या प्राकृतिक स्थान

【栖止】 qīzhǐ 〈लि०〉 रहना; ठहरना; टिकना

桤(榿) qī आल्डर; पितृपादप (वृक्ष)

【桤木】 qīmù आल्डर; पितृपादप (वृक्ष)

郪 Qī स्छ्वान प्रांत में एक नदी, छी नदी

凄1 (淒) qī ❶ठंडा; सर्द: 风雨～～ शीत हैं शीत पवन और वर्षा ❷उजाड़; वीरान; सूना; सुनसान: 凄凉

凄2 (悽) qī शोकाकुल; दुखी: 凄楚

【凄惨】 qīcǎn दुखी; दुखद; हृदयविदारक: 晚境～ वृद्धावस्था की दुखी स्थिति

【凄恻】 qīcè 〈लि०〉 शोकाकुल; शोकपूर्ण

【凄楚】 qīchǔ 〈लि०〉 उदास और दुखी; दीन

【凄怆】 qīchuàng 〈लि०〉 शोकाकुल; दुखी; दीन

【凄风苦雨】 qīfēng-kǔyǔ ❶दर्दनाक आवाज़ से बहती हुई हवा और बूंद-बूंद गिरता हुआ पानी ❷शोकाकुल स्थिति; दुख; कष्ट

【凄寒】 qīhán वीरान और ठंडा

【凄厉】 qīlì शोकपूर्ण और तीक्ष्ण: ～的叫声 शोकपूर्ण और तीक्ष्ण चीख

【凄凉】 qīliáng निर्जन; वीरान; सूना; दुखी; एकाकी और खिन्न: 日子越过越～。 ज़िन्दगी दिन-ब-दिन दूभर होती जाती है।

【凄迷】 qīmí 〈लि०〉 (दृश्य) निर्जन और धुंधला: 夜色～。 निर्जन और धुंधली रात थी। ❷दुखी; शोकपूर्ण

【凄切】 qīqiè शोकपूर्ण; शोकाकुल; दुखभरा

【凄清】 qīqīng ❶ठंडा; थोड़ा-सा ठंडा: ～的月光 ठंडी चांदनी ❷निर्जन; नीरस; उदास; शोकपूर्ण: ～的琴声 छिन (चीनी सितार) की शोकपूर्ण आवाज़

【凄然】 qīrán 〈लि०〉 दुखी; दुखभरा: ～泪下 दुख से आंसू टपकना / 她的脸很是～。 उस का चेहरा बहुत कातर जान पड़ा।

【凄伤】 qīshāng उदास; शोकपूर्ण; दुखभरा

【凄婉】 qīwǎn (आवाज़) शोकपूर्ण पर मनोहर: ～的笛声 बांसुरी की शोकपूर्ण और सुरीली आवाज़

【凄惘】 qīwǎng शोकपूर्ण और निराश: ～之情 शोकपूर्ण और निराश भावना

萋 qī नीचे दे०

【萋萋】 qīqī 〈लि०〉 हरा-भरा; संपन्न; घना; प्रचुर मात्रा में उगा हुआ: 芳草～。 सुगंधित घास प्रचुर मात्रा में उग रही है।

桼 qī 漆 qī के समान

戚1 qī ❶संबंधी; रिश्तेदार: ～谊 रिश्तेदारी / ～友 संबंधी और मित्र ❷(Qī) एक कुलनाम

戚2 (慼) qī शोक; दुख: 哀～ दुखी या शोकपूर्ण जान पड़ना

戚3 (鏚) qī प्राचीन काल में परशु की भांति एक हथियार

期 qī ❶समय-सारणी में उल्लिखित समय; तिथि: 到～ अवधि समाप्त होना ❷अवधि; काल: 学～ टर्म; सेशन; सत्र / 假～ अवकाश काल ❸〈परि०श०〉 (पत्रिका का) अंक; नंबर: 今年第一～《中国画报》इस साल के 'चीन सचित्र' का पहला अंक / 短训班第一～ अल्पकालीन ट्रेनिंग क्लास का पहला सेशन ❹मिलने आदि के लिये स्थान या समय का निश्चय करना: 不～而遇 आकस्मिक भेंट होना ❺आशा: 期待 / 期望 / 以～全国政权之统一 इस आशा से कि राजसत्ता का समूचे देश में एकीकरण किया जाएगा

【期待】 qīdài आशा और प्रतीक्षा; प्रतीक्षा; इंतज़ार: ～他到来 उस के आने की प्रतीक्षा में होना / 我还～着新的东西到来。 मेरी एक दबी हुई आशा अब भी बची हुई थी कि जीवन में कोई नया प्रकाश या मार्ग दिखाई दे जाएगा।

【期房】 qīfáng 〈वाणि०〉 वह बिकाऊ मकान जो अभी बनकर पूरी तरह तैयार न हो

【期股】 qīgǔ 〈वाणि०〉 (期权股份 qīquán gǔfèn का संक्षिप्त रूप) विकल्प शेयर; ऑप्शन शेयर

【期货】 qīhuò 〈अर्थ०〉 माल जो भविष्य में भेजने के वायदे पर बेचा जाए; वायदे का सौदा; सट्टा

【期间】 qījiān समय; काल; अवधि; दौरान में: 春节～ वसंतोत्सव के दिनों में

【期刊】 qīkān पत्रिका: ～阅览室 पत्रिका वाचनालय

【期考】 qīkǎo सत्र के अंत में परीक्षा; सत्रांत-परीक्षा; (टर्म में) अंतिम परीक्षा

【期满】 qīmǎn समय समाप्त होना; अवधि या मियाद पूरी होना: 合同～ पट्टे की मियाद पूरी होना

【期盼】 qīpàn आशा लगाना; प्रतीक्षा करना; इंतज़ार करना

【期票】 qīpiào प्रामिसरी नोट; प्रोनोट; वचन-पत्र; हुंडी
【期期艾艾】 qīqī–ài'ài हकलाना; तुतलाना; रुक-रुककर बोलना; अटक-अटककर बोलना
【期求】 qīqiú पाने या प्राप्त करने की आशा रखना
【期权】 qīquán <वाणि०> ऑप्शन
【期望】 qīwàng आशा रखना: 她还有些~我。 वह अब भी मुझ से आशा रखती है। / 不辜负…的~ … को निराश न होने देना
【期望值】 qīwàngzhí ❶प्रत्याशा ❷अपेक्षाएं
【期限】 qīxiàn अवधि; मियाद; काल; समय: 三个月~ तीन महीनों की समय-सीमा / 延长~ मियाद बढ़ाना
【期许】 qīxǔ <लि०> आशा रखना (बहुधा अपने से छोटे व्यक्तियों के लिये प्रयुक्त)
【期颐】 qīyí <लि०> सौ साल का व्यक्ति; शतायु; शत-वर्षीय

欺 qī ❶छलना; धोखा देना; दगा देना: 欺骗 ❷सताना; दुख देना; पीड़ा पहुंचाना: 欺人太甚 / 软弱可~ कमज़ोरों को सताया जा सकना ❸(किसी व्यक्ति की कमज़ोरी आदि का) फ़ायदा उठाना: ~他是乡下人 इस बात का फ़ायदा उठाना कि वह गंवार है / ~他兵力不足 उस के पास फ़ौज की कमी होने का फ़ायदा उठाना
【欺负】 qīfu ❶सताना; दुख देना; पीड़ा पहुंचाना; परेशान करना: ~穷人 गरीबों को सताना; गरीबों पर सवारी गांठना ❷फ़ायदा उठाना: ~他年幼无知 उस की अल्पायु और अनुभवहीनता का लाभ उठाना
【欺哄】 qīhǒng ठगना; छलना; धोखा देना; झांसा देना
【欺凌】 qīlíng सताना और अपमानित करना: ~百姓 आम जनता को सताना और अपमानित करना
【欺瞒】 qīmán धोखा देना; छल करना; आंखों में धूल झोंकना
【欺蒙】 qīméng ठगना; छलना; धोखा देना; कपट करना
【欺弄】 qīnòng धोखा देना; आंखों में धूल झोंकना: ~老太太 बुढ़िया को दगा देना
【欺骗】 qīpiàn ठगना; छलना; धोखा देना; कपट करना: 使用~办法 धोखे की टट्टी खड़ी करना / 为其~宣传所迷惑 उस के धोखे भरे प्रचार से भ्रमित होना / 揭露~ धोखाधड़ी का पर्दाफ़ाश करना; तिकड़मबाज़ी की पोल खोलना / 那个人~了这位老太太。 उस आदमी ने इस बुढ़िया के साथ कपट-व्यवहार किया था।
【欺人太甚】 qīrén–tàishèn कैसी गंदी धोखाधड़ी है यह
【欺人之谈】 qīrénzhītán धोखे की बात
【欺辱】 qīrǔ धोखा देना और अपमानित करना
【欺软怕硬】 qīruǎn–pàyìng कमज़ोर पर सवारी गांठना और ताकतवर से डर जाना
【欺上瞒下】 qīshàng–mánxià अपने उच्चपदस्थवालों को धोखा देना और अपने निम्नपदस्थवालों को भुलावा देना
【欺神灭道】 qīshén–mièdào देवताओं को अपमानित करना और धर्म का नाश करना
【欺生】 qīshēng ❶नवागंतुकों को सताना या धोखा देना ❷(घोड़े, खच्चर आदि का) अजनबियों से डर जाना या दुर्दमनीय होना
【欺世盗名】 qīshì–dàomíng लोगों को धोखा देकर नाम कमाना
【欺罔】 qīwǎng <लि०> धोखा देना; कपट करना
【欺侮】 qīwǔ सताना; डराना-धमकाना; धौंस जमाना: 我们不是好~的。 हम पर आसानी से धौंस नहीं जमायी जा सकती।
【欺压】 qīyā सताना और कुचल देना; (किसी पर) ज़ुल्म ढाना; सवारी गांठना; (के साथ) उद्दण्डतापूर्ण व्यवहार करना: ~农民 गरीब किसानों पर ज़ुल्म ढाना
【欺诈】 qīzhà धोखा देना; झांसा देना; फ़रेब करना: ~顾客 ग्राहकों को धोखा देना

攲 qī <लि०> तिरछा होना; एक ओर तिरछा खड़ा होना
【攲侧】 qīcè <लि०> तिरछा होना; एक ओर तिरछा खड़ा होना

欹 qī 攲 qī के समान
yī भी दे०

蛣 qī नीचे दे०
【蛣蜣】 qīqiāng प्राचीन पुस्तकों में 蜣螂 qiāngláng, गोबरैला

缉 (緝) qī घने और मिले-जुले टांकों में सिलाई करना
jī भी दे०

魌 (䫏) qī ❶प्राचीन काल में महामारी को दूर करते समय देवता का रूप धारण करने वाले द्वारा पहना गया कुरूप नकाब ❷<लि०> कुरूप

嘁 qī नीचे दे०
【嘁哩喀喳】 qīlikāchā (काम करने में) जल्दी और काबिल; (बोलने में) जल्दी और साफ़
【嘁嘁喳喳】 qīqīzhāzhā <अनु०> बक-बक करने की आवाज़

漆 qī ❶वार्निश; रोगन ❷रोगन चढ़ाना या लगाना: 把窗户~一~。 खिड़की पर रोगन चढ़ाओ। ❸(Qī) एक कुलनाम
【漆包线】 qībāoxiàn इनेमल-इंस्यूलेटिड वायर
【漆布】 qībù रोगनदार कपड़ा
【漆雕】 qīdiāo ❶तराश की हुई और रोगन लगाई हुई वस्तुएं ❷(Qīdiāo) एक कुलनाम
【漆工】 qīgōng ❶प्रलेपन; रोगन चढ़ाने का काम ❷रंगसाज़; रंगलेपक; रोगन करने वाला
【漆黑】 qīhēi घुप अंधेरा; निविड़ अंधेरा; काला-कलूटा: ~的头发 गहरे काले चमकीले बाल / ~的夜 काजल की तरह काली रात
【漆黑一团】 qīhēi–yītuán ❶घुप अंधेरा; निविड़ अंधेरा ❷बिलकुल अज्ञानी होना; बेखबरी या अनजानेपन में होना: 对历史~ इतिहास के बारे में अंधकार में होना
【漆画】 qīhuà वार्निश-चित्र

【漆匠】 qījiàng ❶वार्निश की हुई चीज़ों को बनाने वाला ❷रंगसाज़; रंगलेपक; रोगन करने वाला

【漆皮】 qīpí ❶वार्निश की हुई चीज़ों की कलई ❷शलक लाख

【漆片】 qīpiàn एक प्रकार की सूखी वार्निश जिस का प्रयोग अलकोहाल में घोलकर किया जाता है

【漆器】 qīqì लाख की वार्निश वाले बर्तन

【漆树】 qīshù वार्निश वृक्ष

槭 qī मेप्ल वृक्ष
qì भी दे०

【槭树】 qīshù मेप्ल वृक्ष

蹊 qī नीचे दे०

【蹊跷】 qīqiāo विचित्र; अजीब; संदेहपूर्ण; संदिग्ध: 这事情有点～。यह अजीब बात है। / 总有～在里面。दाल में ज़रूर कुछ काला है।
xī भी दे०

螁 qī कोमल देह और कड़े खोल वाले जीव

曝 qī ❶अधसूखा; जो पूरी तरह सूखा न हो: 太阳一晒，衣服就渐渐～了。धूप में कपड़ा धीरे-धीरे सूखने लगा। ❷रेत से पानी सोखना: 地上有水，用沙子～一～。ज़मीन पर पानी है, इसे रेत से सोखो।

qí

齐[1] (齊) qí ❶करीने का; सुव्यवस्थित; सम; एक रूप: 把椅子摆～ कुर्सियों को करीने से रखना / 筷子不～。चापस्टिक लंबाई में बराबर नहीं है। ❷एक ही ऊंचाई पर पहुंचना: 河里的水～腰深。नदी में पानी कमर तक गहरा है। ❸एक ही बिन्दु पर बराबर करना; किसी रेखा के बराबर रेखा खींचना: ～着边儿画一道线(कागज़ आदि के) किनारे के बराबर एक रेखा खींचना ❹〈क्रि०वि०〉 एक साथ; साथ ही साथ; एक ही समय में: 百花～放 शत-शत फूल एक साथ खिलने देना / 两人～鞠了三个躬。दोनों ने एक साथ तीन बार कमर झुकायी। ❺सब तैयार होना; सब उपस्थित होना: 人都来～了。सब लोग आ गये हैं। / 东西都预备～了吗? सब चीज़ें तैयार हो चुकी हैं ? ❻एक-सा; एक प्रकार का: 齐心

齐[2] (齊) Qí ❶चओ राजवंश (1100-256 ई०पू०) में छी राज्य (वर्तमान शानतोंग प्रांत का उत्तरी भाग और हपेइ प्रांत का दक्षिणी-पूर्वी भाग) ❷दक्षिणी छी राजवंश (479-502 ई०), दक्षिणी राजवंशों में से एक ❸उत्तरी छी राजवंश (550-573 ई०), उत्तरी राजवंशों में से एक ❹एक कुलनाम

【齐备】 qíbèi सब तैयार होना; पूर्ण होना: 万事～。सब चीज़ें तैयार हैं।

【齐步走】 qíbù zǒu 〈सैन्य०〉 कदम-ब-कदम चलना; क्विक मार्च; (हुक्म) क्विक टाइम, मार्च !

【齐唱】 qíchàng समस्वर गान; सहगान

【齐齿呼】 qíchǐhū 〈ध्वनि०〉 वे अक्षर जिन का अंत्याक्षर（韵母）i या i से आरम्भ हों (जैसे 七 qī, 坚 jiān)

【齐楚】 qíchǔ सुव्यवस्थित और सजा हुआ: 衣冠～ ठाट से पहना हुआ होना

【齐东野语】 Qídōng Yěyǔ अविश्वसनीय बात; लोगों में फैलती हुई बात

【齐墩果】 qídūnguǒ（油橄榄 yóugǎnlǎn का दूसरा नाम）जैतून; तेल बदर

【齐集】 qíjí जमा होना; एकत्र होना; इकट्ठा होना: 代表们～北京。प्रतिनिधि पेइचिंग में इकट्ठे हुए हैं।

【齐家文化】 Qíjiā wénhuà छीच्या संस्कृति; कांस्य-पाषाण युग की एक संस्कृति, जिस के अवशेष 1923 में कानसू प्रांत के छीच्याफिंग में खोदकर निकाले गये थे

【齐眉穗儿】 qíméisuìr माथे पर भौंहों तक लटकते बराबर कटे हुए बाल

【齐民】 qímín 〈लि०〉 आम जनता; सामान्य जन

【齐名】 qímíng समलोकप्रियता का उपभोग करना; समान रूप से प्रसिद्ध होना: 唐代众多诗人中，李白与杜甫～。थांग राजवंश के बहुत से कवियों में ली पाए और तू फू ने समलोकप्रियता का उपभोग किया है।

【齐巧】 qíqiǎo 〈बो०〉 संयोग से; हठात्; इत्तिफ़ाक से: 我在路～碰到他了。रास्ते में इत्तिफ़ाक से मेरी उस से भेंट हुई।

【齐全】 qíquán पूरा होना; परिपूर्ण होना; सब चीज़ों का तैयार होने की स्थिति में होना: 商店虽小，货物～。दुकान छोटी है पर सब ज़रूरी चीज़ें मिलती हैं।

【齐射】 qíshè 〈सैन्य०〉 एक साथ गोले छोड़ना या गोलियों की बौछार करना

【齐声】 qíshēng एक स्वर में: ～回答 एक स्वर में उत्तर देना

【齐头并进】 qítóu-bìngjìn साथ-साथ आगे बढ़ना

【齐心】 qíxīn एक दिल होकर; एक होकर; एकमत से; सम्मिलित शक्ति से: ～协力 एक दिल होकर काम करना / 群众知道了真理，就会～来做。जहां एक बार जन-समुदाय ने सच्चाई को जान लिया तो वह एक दिल होकर एक साथ काम करने लगेगा।

【齐整】 qízhěng एक-सा; एक रूप; सुव्यवस्थित: 街道两旁的树木长得很～。सड़क के दोनों किनारों पर वृक्ष सुव्यवस्थित रूप से उगते हैं।

【齐奏】 qízòu 〈संगी०〉 स्वरैक्य या स्वरमेल में (बाजे) बजाना

祁 Qí ❶छीमन काउंटी (आनह्वेइ प्रांत में): 祁红 ❷छीयांग काउंटी (हूनान प्रांत में): 祁剧 ❸एक कुलनाम

【祁红】 qíhóng छीमन काउंटी में उत्पन्न काली चाय

【祁剧】 qíjù छीयांग आदि काउंटी में प्रचलित लोक ऑपेरा

圻 qí 〈लि०〉 सीमा; सरहद

yín भी दे०

芪 qí दे० 黄芪 huángqí

岐 qí ❶चीशान（岐山，शेनशी प्रांत में）❷歧 qí के समान ❸（Qí）एक कुलनाम

【岐黄】qíhuáng ❶ह्वांग ती और छी पो（黄帝和岐伯），प्राचीन काल में चीनी चिकित्सा पुस्तक 'ह्वांग ती नेइ चिंग'（《黄帝内经》'ह्वांग ती का भीतरी सूत्र'）में ह्वांग ती और छी पो के प्रश्नोत्तर के रूप में लिखी गयी है ❷चीनी चिकित्सा विज्ञान：～术 चीनी चिकित्सा विज्ञान

其 1 qí ❶उस का; उन का：～母 उस की माता ❷उसे; उस को; उन्हें; उन को：命～速归 उसे शीघ्र लौट आने के लिये आदेश देना ❸वह; ऐसा：正当～时 ठीक उसी समय; ऐन मौके पर / 查无～事。जांच-पड़ताल करने पर पता चला है कि ऐसी बात नहीं है। ❹(कोई अनिश्चित व्यक्ति या वस्तु उल्लिखित करना) वह; वे：大请～客 बहुत से मेहमानों को दावत देना

其 2 qí 〈लि०〉〈लघु श०〉❶(अनुमान करने या प्रत्युत्तर में पूछने के लिये प्रयुक्त)：～奈我何？वे मुझ से क्या कर सकते हैं？❷(आज्ञा देने के लिये प्रयुक्त)：汝～勿畏可也。तुम्हें उस से डरने की आवश्यकता नहीं है।

其 3 qí 〈प्रत्यय〉极～ अति-; बहुत; एकदम / 尤～ विशेषकर; विशेषतः; खासकर; खास तौर से

【其次】qícì ❶अगला; आगे वाला; पास वाला; दूसरे; इस के बाद：他先唱，～轮到我唱。उस ने सब से पहले गाना गाया, फिर मेरी बारी आयी। ❷अप्रधान; गौण：主要的是它的内容，～是它的形式。मुख्य बात उस का विषय ही है और इस के बाद उस का रूप।

【其后】qíhòu उस के बाद; बाद में; तदुपरांत; पश्चात्

【其间】qíjiān ❶उसी बीच; के मध्य में; में ❷इतने में; इस अवधि में; पर्यंत; इस मियाद के दौरान

【其乐无穷】qílè-wúqióng असीम सुख होना; अतिशय आनंददायी होना

【其貌不扬】qímào-bùyáng शक्ल का आकर्षक न होना; सूरत का विशिष्ट न होना

【其实】qíshí 〈क्रि०वि०〉वस्तुतः; वास्तव में; असल में; सच तो यह है कि：～不然。वास्तव में बात ऐसी नहीं है / 这个问题看起来很难，～不难。यह सवाल देखने में मुश्किल मालूम होता है लेकिन असल में मुश्किल नहीं है।

【其它】qítā दूसरी; अन्य (वस्तुएं)

【其他】qítā दूसरे; अन्य：就你一人在这儿，～人呢？केवल तुम यहीं हो, दूसरे लोग कहां हैं？/ 你们还有～意见吗？तुम लोगों की कोई और राय है？

【其余】qíyú शेष; बाकी; दूसरे：你在家干活，～的人都在外面干活。तुम घर में काम करो, बाकी लोग बाहर काम करें।

【其中】qízhōng उन में; उस के अंदर：乐在～ इस में सुख प्राप्त करना / 我们班有二十个同学，～十个人是北京人。हमारी कक्षा में कुल बीस विद्यार्थी हैं, इन में दस पेइचिंग के रहनेवाले हैं।

奇 qí ❶विचित्र; अनोखा; अजीब; निराला; असाधारण; अद्वितीय：奇事 / 奇才 / 希～ विचित्र; निराला; अद्वितीय ❷अप्रत्याशित; आकस्मिक：奇兵 / 奇袭 ❸आश्चर्य; अचंभा; ताज्जुब：惊～ आश्चर्य होना; विस्मित होना; अचंभे या आचरण में आ जाना ❹〈क्रि०वि०〉बहुत; बहुत अधिक; अत्यंत：～寒 बहुत ज़्यादा सर्दी; बहुत ठंडा / ～痒 बहुत अधिक खुजली; बहुत खुजली उठना ❺（Qí）एक कुलनाम

jī भी दे०

【奇兵】qíbīng आकस्मिक धावा बोलनेवाली सेना

【奇才】qícái ❶असाधारण योग्यता ❷असाधारण योग्यता वाला व्यक्ति

【奇耻大辱】qíchǐ-dàrǔ भारी कलंक; अत्यधिक अपमान

【奇功】qígōng असाधारण योगदान; अनोखा करिश्मा：屡建～ बार-बार असाधारण योगदान करना

【奇怪】qíguài ❶विचित्र; अनोखा; अजीब：～的事情 अजीब बात / 动物园里有许多～的动物。चिड़िया घर में बहुत-से अजीव जानवर हैं। ❷अप्रत्याशित; आशातीत; समझ में न आनेवाला：真～，他为什么不来呢？आश्चर्य की बात है कि वह क्यों नहीं आया？

【奇观】qíguān विस्मयकारी वस्तु; अद्भुत दृश्य; कौतुक：世界七大～ संसार के सात अद्भुत दृश्य या कौतुक / 战争史上的～ युद्ध के इतिहास का एक शानदार करिश्मा

【奇花异草】qíhuā-yìcǎo विचित्र-विचित्र फूल और पौधे

【奇幻】qíhuàn अवास्तविक; कल्पित：～的遐想 अवास्तविक विचार-मग्नता / ～的景色 कल्पित दृश्य

【奇货可居】qíhuò-kějū दुष्प्राप्य माल को संचय करके ऊंचे दाम पर बेचने की प्रतीक्षा करना

【奇祸】qíhuò अप्रत्याशित विपत्ति

【奇迹】qíjì अनोखी बात; बेजोड़ बात; करिश्मा; कमाल：创造～ कमाल करना

【奇景】qíjǐng विचित्र दृश्य; असाधारण दृश्य

【奇崛】qíjué असाधारण; असामान्य：文笔～ लेख की असाधारण शैली

【奇妙】qímiào अद्भुत; अनोखा; विस्मय-जनक

【奇男子】qínánzǐ अपूर्व पुरुष; विशिष्ट पुरुष; असाधारण पुरुष

【奇南香】qínánxiāng（沉香 chénxiāng का दूसरा नाम）एगैलॉक ईगलवुड

【奇女子】qínǚzǐ अपूर्व स्त्री; विशिष्ट स्त्री; असाधारण स्त्री

【奇葩】qípā अद्भुत और सुन्दर फूल

【奇癖】qípǐ अजीब सनक; अजीब शौक

【奇巧】qíqiǎo अति सुन्दर; अत्युत्तम (कला, हस्तशिल्प)

【奇趣】qíqù असाधारण चित्ताकर्षकता

【奇缺】qíquē बहुत ज़्यादा तादाद में कम होना

【奇人】qírén ❶झक्की व्यक्ति ❷असाधारण योग्यता वाला व्यक्ति

【奇事】qíshì अजीब बात; अजीबो-गरीब बात

【奇书】 qíshū असाधारण पुस्तक
【奇谈】 qítán अजीब कहानी: 海外～ विदेश की अजीब कहानी
【奇谈怪论】 qítán-guàilùn बेतुके कथन; अनोखा तर्क; अजीब बात; अजीबो-गरीब और बेहूदी बात
【奇特】 qítè विचित्र; अद्भुत; अनोखा; निराला: ～的景象 विचित्र दृश्य
【奇文】 qíwén ❶असाधारण कृति ❷अनर्थक कृति
【奇文共欣赏】 qí wén gòng xīnshǎng（奇文共赏 qíwén-gòngshǎng भी）दूसरों के साथ असाधारण कृति पढ़ने का सुख भोगना
【奇闻】 qíwén अजीबोगरीब बात; अजीब खबर
【奇袭】 qíxí आकस्मिक प्रहार; अचानक हमला
【奇效】 qíxiào (दवा का) विशेष प्रभाव; खास असर
【奇形怪状】 qíxíng-guàizhuàng अजीबोगरीब ढंग वाला: 洞里到处是～的钟乳石。गुफ़ा में हर जगह अजीबोगरीब ढंग के स्टैलेक्टाइट हैं।
【奇勋】 qíxūn असाधारण योगदान; अनोखा करिश्मा
【奇异】 qíyì ❶विचित्र; अजीब; अद्भुत; अनोखा: ～的动物 विचित्र जानवर / ～的感觉 विचित्र संवेदन ❷विस्मित; चकित; आश्चर्यचकित करनेवाला: 用～的目光看 विस्मित आंखों से देखना
【奇遇】 qíyù अकस्मात् मिलना; आकस्मिक भेंट होना: 海外～ विदेश में अकस्मात् मिलना
【奇缘】 qíyuán अप्रत्याशित रूप से स्थापित किया हुआ संबंध; रोमांस
【奇珍异宝】 qízhēn-yìbǎo दुर्लभ हीरा-मोती
【奇志】 qízhì महत्वाकांक्षा; ऊंचा आदर्श
【奇装异服】 qízhuāng-yìfú विदेशी वेषभूषा; विचित्र वस्त्र; विचित्र पोशाक

歧 qí ❶शाखा; डाल: 歧路 ❷भिन्न; अलग; पृथक; जुदा; मुख्तलिफ़: 歧视 / 歧义
【歧出】 qíchū (शब्दों का, विशेषतः किसी पुस्तक में पारिभाषिक शब्दों का प्रयोग) प्रतिकूल; विरोधी; अस्तव्यस्त
【歧路】 qílù रास्ते की शाखा
【歧路亡羊】 qílù-wángyáng रास्ते की शाखा पर भूला-भटका मेमना —— जटिल स्थिति में पथभ्रष्ट होना
【歧视】 qíshì भेदभाव बरतना: ～少数民族 अल्पसंख्यक जातियों के प्रति भेदभाव बरतना
【歧途】 qítú गलत रास्ता; अपथ; कुपथ; कुमार्ग: 使走入～ पथभ्रष्ट करना
【歧义】 qíyì द्व्यर्थकता; अनेकार्थकता; अर्थभेद
【歧异】 qíyì भिन्नता; असमानता; विभेद; अंतर; फ़र्क

祈 qí ❶प्रार्थना करना; दुआ करना: 祈祷 ❷विनती करना; अनुरोध करना; प्रार्थना करना: 祈求 ❸（Qí）एक कुलनाम
【祈祷】 qídǎo प्रार्थना करना; दुआ करना; स्तुति करना
【祈年】 qínián भरपूर फ़सल वर्ष के लिये प्रार्थना करना
【祈年殿】 Qíniándiàn (पेइचिंग में) भरपूर फ़सल के लिये प्रार्थना-भवन
【祈求】 qíshǐ गंभीरता से आशा करना; प्रार्थना करना; आरज़ू-मिन्नत करना; मनुहार करना: ～上帝 ईश्वर से प्रार्थना करना
【祈使句】 qíshǐjù 〈व्या०〉 आज्ञार्थक वाक्य
【祈使式】 qíshǐshì 〈व्या०〉 आज्ञार्थ; विधि (काल); लोट्
【祈望】 qíwàng आशा रखना; उम्मीद करना; इच्छा करना

祇 qí 〈लि०〉 भूदेव: 神～ देवता गण
只 zhǐ भी दे०

荠（薺）qí दे० 荸荠 bíqí वाटर चेस्टनट (पौधा या कंद)
jì भी दे०

俟 qí दे० 万俟 Mòqí एक कुलनाम
sì भी दे०

疷 qí 〈लि०〉 रोग; बीमारी

耆 qí ❶साठ साल से अधिक की आयु वाला (व्यक्ति): 耆老 ❷〈प्रा०〉 嗜 shì के समान
【耆老】 qílǎo 〈लि०〉 वृद्ध व्यक्ति
【耆那教】 Qínàjiào जैन (धर्म)
【耆绅】 qíshēn 〈लि०〉 वृद्ध भद्रजन; बुरा शरीफ़ज़ादा
【耆宿】 qísù 〈लि०〉 समाज में पूज्य या श्रद्धेय वृद्ध व्यक्ति

颀（頎）qí 〈लि०〉 (कद) लम्बा: 颀长
【颀长】 qícháng (कद) लम्बा: 身材～ लम्बा कद
【颀伟】 qíwěi बृहत्काय; हट्टा-कट्टा; हृष्ट-पुष्ट

脐（臍）qí ❶नाभि; ढोंढ़ी ❷केकड़े का पेट
【脐带】 qídài नाल (नाभि का)
【脐风】 qífēng 〈ची०चि०〉 नाल संबंधी टेटनस; धनुः-रोग; धनुस्तंभ

旂 qí ❶प्राचीन काल में एक प्रकार का झंडा ❷झंडा

萁 qí 〈बो०〉 (लोबिया का) डंठल: 豆～ लोबिया का डंठल

畦 qí खेत में भूमि के आयताकार टुकड़े जो मिट्टी के उभरे हुए भागों से विभाजित होते हैं और जिन पर प्रायः सब्ज़ियां उगायी जाती हैं: 种两～土豆 आलू की दो क्यारियां उगाना
【畦灌】 qíguàn 〈कृ०〉 किनारे वाली या हाशिएवाली सिंचाई का तरीका
【畦田】 qítián पुश्त बांधा हुआ खेत

跂 qí 〈लि०〉 ❶पैर की अतिरिक्त अंगुली ❷कीड़े का रेंगना
qì भी दे०

崎 qí 〈लि०〉 नीचे दे०
【崎岖】 qíqū ऊबड़-खाबड़: 山路～。पहाड़ी रास्ते बड़े

ऊबड़-खाबड़ हैं।

淇 qí（淇河 Qíhé भी）छी नदी (हनान प्रांत में)

骐（騏） qí <लि०> काला घोड़ा

【骐骥】 qíjì <लि०> उत्तम अश्व; शानदार घोड़ा

骑（騎）qí ❶(घोड़े आदि पर) चढ़ना; सवार होना：～到背上 पीठ पर सवार होना ❷घोड़ा या अन्य जानवर जिस पर सवार हो：坐～ सवारी के लिये काठीदार घोड़ा ❸अश्वारोही सेना; घुड़सवार सेना; रिसाला; घुड़सवार：铁～ शक्तिशाली अश्वारोही सेना

【骑兵】 qíbīng घुड़सवार सेना; घुड़सवार सैनिक：～部队 घुड़सवारों का दस्ता; अश्वारोही दल

【骑缝】 qífèng दो कागज़ों के सिरों के मिलने का स्थान：在单据的～上盖章 रसीद के जुड़े हुए दो भागों के बीच के छिद्रों पर मुहर लगाना

【骑虎难下】 qíhǔ-nánxià वह जो बाघ पर सवार हुआ है, नीचे उतरने से डरता है —— सांप छछूंदर की गति होना

【骑楼】 qílóu <बो०> सड़क की पटरी के ऊपर निकली हुई किसी मकान की ऊपर की मंज़िल; टेरेस：～底 ऊपर की मंज़िल से आच्छादित पटरी

【骑马找马】 qímǎ-zhǎomǎ ❶जिस घोड़े पर बैठा है उसी घोड़े को ढूंढ़ना —— जो चीज़ ढूंढ़ी जा रही है वह ठीक पास में ही है ❷घोड़े पर बैठकर दूसरे घोड़े ढूंढ़ना —— किसी नौकरी में रहते हुए उस से अच्छी नौकरी ढूंढ़ना

【骑墙】 qíqiáng मेंड़ पर खड़े रहना; विवाद में तटस्थ रहना; किसी तरफ़ न होना：～派 विवाद में तटस्थ रहने वाला; दुरंगे वाला / ～态度 दुरंगेपन / ～政策 दुरंगी नीति / ～是不行的。किसी तरफ़ झुके बिना महज़ मेंड़ पर खड़े रहने से काम नहीं चलेगा।

【骑射】 qíshè घुड़सवारी और धनुर्विद्या：善～ घुड़सवारी और धनुर्विद्या में कुशल होना

【骑士】 qíshì अश्वारोही; घुड़सवार

【骑手】 qíshǒu निपुण अश्वारोही; चतुर घुड़सवार

【骑术】 qíshù घुड़सवारी

琪 qí <लि०> सुन्दर जेड पत्थर

琦 qí <लि०> ❶सुन्दर जेड पत्थर ❷असाधारण; विलक्षण; प्रशंसनीय：～行 प्रशंसनीय गुण

棋（棊、碁） qí ❶शतरंज; चेस; पट्ट पर खेलने वाला कोई खेल：下～ शतरंज खेलना ❷मोहरा：走～ मोहरा चलाना

【棋布】 qíbù शतरंज के मोहरों की तरह जगह-जगह बिखेरना

【棋逢对手】 qíféngduìshǒu（棋逢敌手 qíféng-díshǒu भी）प्रतियोगिता में एक दूसरे का मुकाबला करने योग्य होना

【棋高一着】 qígāoyīzhāo शतरंज आदि के खेल में अपने विपक्षी से बढ़कर (या वरिष्ठ) होना

【棋局】 qíjú ❶शतरंज खेलने के दौरान दोनों पक्षों की स्थिति ❷<पुराना> शतरंज की बिसात

【棋迷】 qímí शतरंज का शौकीन; शतरंज का प्रेमी

【棋盘】 qípán शतरंज की बिसात

【棋谱】 qípǔ शतरंज की पुस्तक; चेस मैन्यूयल

【棋圣】 qíshèng शतरंज का सर्वश्रेष्ठ खिलाड़ी; शतरंज की उच्चतम पदवी प्राप्त व्यक्ति

【棋手】 qíshǒu शतरंजबाज़; शतरंजी

【棋坛】 qítán शतरंज जगत्

【棋艺】 qíyì शतरंजबाज़ी

【棋友】 qíyǒu शतरंज खेलने वाले दोस्त

【棋苑】 qíyuàn शतरंज जगत्

【棋子】 qízǐ (शतरंज की) मुहर; गोट; मोहरा

蛴（蠐） qí नीचे दे०

【蛴螬】 qícáo लारवा; सूंड़ी; ग्लब

祺 qí <लि०> मंगल; शुभ

锜（錡） qí ❶प्राचीन काल में भोजन पकाने का तीन पैर वाला बर्तन ❷प्राचीन काल में एक प्रकार की छेनी

綦 qí ❶<लि०> अति; बहुत：言之～详 बहुत तफ़सील से बताना; अति विस्तार से बताना ❷（Qí） एक कुलनाम

蜞 qí 蟛蜞 péngqí जलथलचर केकड़ा

旗¹（旂） qí झंडा; ध्वज; पताका; केतु：红～ लाल झंडा

旗² qí ❶ 'अष्ट-ध्वज'（दे० 八旗 bāqí） ❷ 'अष्ट-ध्वज' 八旗 का：在～ 'अष्ट-ध्वज' वाला बनना; मनचू जाति （满族 mǎnzú）का मनुष्य बनना ❸अष्ट-ध्वज के सैनिकों का डेरा डालने का स्थान ❹भीतरी मंगोलिया स्वायत्त प्रदेश में काउंटी के बराबर प्रशासकीय इकाई

【旗杆】 qígān झंडे का डंडा; पताकादंड

【旗鼓相当】 qí gǔ xiāngdāng एक दूसरे के मुकाबले रहने योग्य होना：两队～。ये दोनों दल एक दूसरे के मुकाबले रहने योग्य हैं।

【旗号】 qíhào <अना०> ध्वज; झंडा; लेबिल：打着…的～ … का लेबिल लगाना

【旗舰】 qíjiàn ❶फ़्लैगशिप ❷<ला०> किसी काम-धन्धे या क्षेत्र में मुख्य शक्ति：～店 चैन-शाप की आदर्श दुकान

【旗开得胜】 qíkāi-déshèng झंडा फहराते ही विजय प्राप्त करना; काम शुरू होते ही बड़ी सफलताएं मिलना

【旗袍】 qípáo चीनी स्त्रियों का ऊंचा गरेबान वाला चोगा जो पहले मनचू जाति की स्त्री पहना करती थी, इसलिये यह नाम पड़ा।

【旗人】 Qírén ❶छिंग राजवंश में 'अष्ट-ध्वज' में कोई सदस्य ❷मंचू जाति का मनुष्य

【旗绳】 qíshéng पाल रस्सी; झंडे का रस्सा

【旗手】 qíshǒu ध्वजवाहक; अलमबरदार; झंडा उठाने

वाला

【旗鱼】 qíyú सेलफ़िश; पीठ पर बड़े पंखों वाली मछली

【旗语】 qíyǔ दो झंडियों द्वारा प्रेषित संकेत; फ़्लैग सिगनल: 打～ झंडियों द्वारा प्रेषित संकेत देना; सिगनल देना

【旗帜】 qízhì ❶ध्वज; झंडा; पताका; केतु: 五彩缤纷的～ रंग-बिरंगे झंडे ❷नमूना; आदर्श

【旗帜鲜明】 qízhì-xiānmíng सुस्पष्ट दृष्टिबिन्दु: 真理必须～。सच्चाई को आवश्यकता होती है एक सुस्पष्ट दृष्टिबिन्दु की।

【旗子】 qízi झंडा; ध्वज; पताका; 	केतु

蕲[1] （蘄） qí 〈लि०〉 मांगना

蕲[2] （蘄） Qí ❶〈पुराना〉 छीचओ (वर्तमान हूपेइ प्रांत की छीछुन 蕲春 के दक्षिण में) ❷एक कुलनाम

【蕲求】 qíqiú 〈लि०〉 मांगना; प्रार्थना करना; गंभीरता से आशा करना: ～和平之早日实现 यथाशीघ्र शांति स्थापित करने की आकांक्षा करना

鲯 （鯕） qí नीचे दे०

【鲯鳅】 qíqiū एक प्रकार की लम्बी समुद्री मछली, डोराडो

鳍 （鰭） qí मछली के पंख या पक्ष

【鳍脚】 qíjiǎo कुछ नर मछलियों के पैर; क्लास्पर

【鳍足目】 qízúmù आलपीनयुक्त जंतु

麒 qí ❶दे० 麒麟 ❷（Qí） एक कुलनाम

【麒麟】 qílín छीलिन, (चीनी) यूनिकॉर्न

【麒麟座】 qílínzuò 〈खगोल०〉 मुरली; गैंडा; एकशृंगी जंतु

鬐 qí 〈लि०〉 घोड़े का सटा; अयाल; केसर

qǐ

乞 qǐ ❶मांगना; प्रार्थना करना: ～食 भीख मांगना ❷（Qí） एक कुलनाम

【乞哀告怜】 qǐ'āi-gàolián दया या मदद के लिये याचना करना: 向亲友～ नाते-रिश्तेदारों और दोस्तों की चिरौरी करना

【乞丐】 qǐgài भिखारी; भिखमंगा; चायक; फ़क़ीर

【乞怜】 qǐlián दया के लिये याचना करना

【乞灵】 qǐlíng 〈लि०〉 (से) मदद लेना; सहारा लेना; (किसी से) अविश्वस्त मदद के लिये मांगना

【乞免】 qǐmiǎn क्षमा या माफ़ी मांगना: ～一死 अपने प्राणों के लिये याचना करना

【乞巧】 qǐqiǎo 〈पुराना〉 चंद्र वर्ष के सातवें मास की सातवीं संध्या को महिलाएं युवती जुलाही 织女 की पूजा करती थीं और उन से यह भी प्रार्थना करती थीं कि कढ़ाई-सिलाई की उन की दक्षता को उन्नत करने में वह मदद करें

【乞求】 qǐqiú याचना करना; प्रार्थना करना; विनती करना; चिरौरी करना: ～和平 शांति की भीख मांगना / ～军事援助 फ़ौजी सहायदा की भीख मांगना

【乞食】 qǐshí भीख मांगना

【乞讨】 qǐtǎo भीख मांगना: 沿街～ घर-घर भीख मांगना

【乞降】 qǐxiáng आत्मसमर्पण मांगना

【乞援】 qǐyuán सहायता के लिये मांगना या प्रार्थना करना

芑 qǐ प्राचीन पुस्तकों में एक प्रकार की वनस्पति

屺 qǐ 〈लि०〉 बिना पेड़-घास का पहाड़

岂 （豈） qǐ 〈लि०〉 〈क्रि०वि०〉 (अलंकारपूर्ण प्रश्न में प्रयुक्त): 岂有此理

【岂但】 qǐdàn 〈संयो०〉 न केवल; न सिर्फ़: 那天～他迟到了，连老师也迟到了。उस दिन न केवल वह देर से आया था, अध्यापक भी देर से आये थे।

【岂非】 qǐfēi (अलंकारपूर्ण प्रश्न में प्रयुक्त): ～咄咄怪事? क्या यह बेहूदा बात नहीं है?

【岂敢】 qǐgǎn 〈शिष्ट०〉 आप मेरी प्रशंसा कर रहे हैं; मैं ऐसी प्रशंसा के योग्य नहीं हूं

【岂可】 qǐkě（岂能 qǐnéng भी） (अलंकारपूर्ण प्रश्न में प्रयुक्त): ～轻视劳动? तुम श्रम से घृणा कैसे कर सकते हो?

【岂有此理】 qǐyǒucǐlǐ तर्कहीन; सामान्य ज्ञान के प्रतिकूल; असंगत; अनर्थक: 这真是～! यह बिलकुल तर्कहीन बात है!

【岂止】 qǐzhǐ 岂但 के समान

企 qǐ पंजे के बल खड़ा होना; बाट जोहना; राह देखना: 企盼

【企鹅】 qǐ'é पेंग्विन

【企及】 qǐjí पहुंचने की आशा होना; प्राप्त होना: 不可～ प्राप्त न हो सकना

【企慕】 qǐmù विशिष्ट भावना से किसी को देखना या मानना

【企盼】 qǐpàn उत्सुक होना; बहुत अधिक चाहना

【企管】 qǐguǎn（企业管理 qǐyè guǎnlǐ का संक्षिप्त रूप） कारोबारी-प्रबंध

【企求】 qǐqiú पाने को उत्सुक होना; प्राप्त करने की आशा होना: ～名利 व्यक्तिगत यश और लाभ कमाने की आशा होना

【企划】 qǐhuà पूर्व-निश्चित करना; योजना-चित्र बनाना

【企图】 qǐtú (की) कोशिश में जुट जाना; लक्ष्य बनाना; नीयत बांधना: ～蒙混过关 चुपके से खिसक जाने की कोशिश में जुट जाना / 敌之～是攻占… दुश्मन का इरादा … पर अधिकार करने का है

【企望】 qǐwàng आशा रखना; राह देखना: 人民多年～… जनता बरसों से उम्मीद कर रही है कि …

【企业】qǐyè कारोबार; उद्योगधंधा; व्यवसाय; व्यापार: ～化 व्यवसायीकरण / ～主 कारोबार का मालिक / ～组合 सिंडिकेट

【企足而待】qǐzú'érdài पंजे के बल खड़े होकर राह देखना या बाट जोहना

玘 qǐ 〈लि०〉 एक प्रकार का जेड पत्थर

杞 Qǐ ❶चओ राजवंश में एक राज्य (वर्तमान हनान प्रांत की छी काउंटी) ❷एक कुलनाम

【杞柳】qǐliǔ बैंगनी रंग का वेद वृक्ष; कड़ुवा वेद वृक्ष

【杞人忧天】qǐrén-yōutiān जैसे छी राज्य में एक व्यक्ति का आकाश गिरने की चिंता किया करना —— मन में काल्पनिक या निराधार चिंता रखना; अनावश्यक चिंता रखना

启（啟、啓）qǐ ❶खोलना: 启齿 / 启封 ❷समझाना; प्रकाश डालना; जागृत करना: 启发 / 启蒙 ❸चलाना; शुरू करना; आरंभ करना: 启行 / 启用 ❹〈लि०〉 बयान करना; सूचित करना: 某某～ (पत्र के अंत में) अमुक व्यक्ति द्वारा ❺〈लि०〉 पत्र; चिट्ठी; नोट: 谢～ धन्यवाद देने का पत्र ❻（Qǐ）एक कुलनाम

【启禀】qǐbǐng रिपोर्ट करना; रिपोर्ट देना (अपने उच्चपदस्थ वालों को)

【启程】qǐchéng यात्रा आरंभ करना: 主席将于明日～赴美。अध्यक्ष कल अमरीका की यात्रा आरम्भ करेंगे।

【启齿】qǐchǐ（启唇 qǐchún，启口 qǐkǒu भी）मुंह खोलना; किसी बात को बताना शुरू करना: 难以～ मुंह खोलना संकोच करना

【启迪】qǐdí 〈लि०〉 प्रकाश डालना; जानदार बनाना; जागृत करना: ～后人 आगामी पीढ़ियों को जानदार बनाना

【启碇】qǐdìng पाल तानना; समुद्री यात्रा आरंभ करना

【启动】qǐdòng ❶(मशीन आदि) चलाना; शुरू करना; आरंभ करना: ～电流 विद्युत् धारा आरंभ करना ❷〈ला०〉 कानून, आदेश, कार्यवाही आदि को अमल में लाने लगना ❸किसी कार्य की स्थापना करना, उसे आगे बढ़ाना तथा क्रियाशील बनाना: ～农村市场 गांव में बाज़ारों को आगे बढ़ाना व क्रियाशील बनाना

【启发】qǐfā जागृत करना; सम्यक बोध कराना; प्रबोध करना: ～人们的革命精神 लोगों की क्रांतिकारी भावना जागृत करना / 他的话给了我很多～。उस की बात मुझे बहुत अधिक प्रेरित करती है; उस की बात से मुझे बहुत अधिक प्रेरणा मिली।

【启发式】qǐfāshì (शिक्षा की) खोज-प्रणाली

【启封】qǐfēng ❶मुहर तोड़ना या खोलना ❷लिफ़ाफ़ा खोलना ❸बन्द की गयी दुकानों पर से प्रतिबन्ध हटा देना

【启蒙】qǐméng ❶आरंभ करना; शुरू करना; नौसिखियों को बुनियादी जानकारी सिखाना: ～老师 अध्यापक जो किसी को किसी निश्चित अध्ययन-क्षेत्र में प्रवेश कराता है ❷जागृत करना; प्रबुद्ध करना: ～时代 नवजागरण युग

【启蒙运动】qǐméng yùndòng जागरण आंदोलन

【启明星】qǐmíngxīng（启明 qǐmíng भी）सूर्योदय के पहले पूर्व के आकाश में शुक्र (ग्रह)

【启示】qǐshì जागरण; प्रबोधन; शिक्षण: 从这本书中得到很多～。इस पुस्तक से बहुत अधिक शिक्षा मिली।

【启事】qǐshì सूचना; नोटिस; व्यक्तिगत बयान: 租房～ किराये पर मकान देने की सूचना

【启衅】qǐxìn झगड़ा शुरू करना; लड़ाई, युद्ध, विवाद आदि भड़काना; छेड़ना: 两次大战都是德国军国主义者～的。दोनों विश्व-युद्ध जर्मन सैन्यवादियों द्वारा भड़काये गये थे।

【启行】qǐxíng यात्रा आरंभ करना

【启用】qǐyòng (दफ़्तरी मुहर आदि का) प्रयोग आरंभ करना

【启运】qǐyùn (माल का) जहाज़ से भेजना आरंभ करना

【启奏】qǐzòu सम्राट के सामने प्रार्थना-पत्र आदि प्रस्तुत करना

起¹ qǐ ❶उठना; उठ खड़ा होना: 起立 / 起床 ❷उखाड़ना; खींचना; सरकाना; एक स्थान से दूसरे स्थान पर ले जाना: ～钉子 कील को बाहर निकालना / ～瓶塞 बोतल से कार्क खींचना ❸दिखाई देना; निकलना; (फफोला आदि) पड़ना: ～痱子 अम्हरियां निकलना / 手上～泡 हाथ पर फफोला पड़ना ❹पैदा होना; हो उठना: ～火 आग दहक उठना; आग लगना / ～风 हवा बहने लगना / ～贪心 मन ललचा जाना ❺उदय होना; आंदोलित करना: 起兵 / 起事 ❻(मसविदा आदि) तैयार करना: 起草 / ～稿子 रूपरेखा या ड्राफ़्ट तैयार करना ❼शुरू करना; आरंभ करना: 从这里～ यहां से शुरू होना ❽निर्माण करना; स्थापित करना: ～一堵墙 ईंटों आदि से जोड़कर दीवार बनाना ❾(प्रमाणपत्र आदि) लेना; ग्रहण करना: ～护照 पासपोर्ट लेना ❿(किसी क्रिया के बाद प्रयुक्त, जिस के पहले 从 या 由 हो) शुरू करना; आरंभ करना: 从这里念～ यहां से पढ़ना शुरू करना / 从头看～ शुरू से देखना ⓫〈बो०〉〈पूर्व०〉से: ～这儿往南去 यहां से दक्षिण की ओर जाना ⓬〈बो०〉〈पूर्व०〉होकर; गुज़रना: 我见他～门外走过。मैं ने उसे दरवाज़े से गुज़रते देखा।

起² qǐ 〈परि०श०〉 ❶(मुकदमा, घटना, उदाहरण आदि के लिये प्रयुक्त): 两～案子 दो मुकदमे; दो घटनाएं / 两～事故 दो घटनाएं ❷दल; समूह; जत्था; टोली: 分两～去 दो दल में जाना

起³ qǐ (क्रिया के बाद प्रयुक्त) ❶ऊपर की ओर: 拿～水桶 बाल्टी को उठाना ❷(इस के पहले 得 या 不 होता है) किसी मानदंड तक पहुंचना: 买得～ खीदने की सामर्थ्य होना / 买不～ खरीदने की सामर्थ्य न होना

【起岸】qǐ'àn (जहाज़ आदि से माल) किनारे पर लाना

【起爆】qǐbào विस्फोट होना: 定时～ निश्चित समय पर विस्फोट होना

【起笔】qǐbǐ ❶चीनी अक्षर लिखने में एक स्ट्रोक का आरंभ ❷चीनी अक्षर का पहला स्ट्रोक

【起兵】 qǐbīng सशस्त्र विद्रोह करना

【起搏器】 qǐbóqì पेस-मेकर (pace-maker)

【起步】qǐbù चलने लगना; चल पड़ना; रवाना होना; शुरू करना: 车子～了。गाड़ी चलने लगी। / ～晚 देर से आरंभ करना

【起草】 qǐcǎo मसविदा बनाना; मसविदा तैयार करना: ～文件 दस्तावेज़ का मसविदा तैयार करना

【起草委员会】 qǐcǎo wěiyuánhuì मसविदा कमेटी

【起承转合】 qǐ-chéng-zhuǎn-hé लेख लिखने के चार क्रम, अर्थात् आरंभ, विषय-वस्तु का स्पष्टीकरण, दूसरे दृष्टि- बिन्दु में परिवर्तन और सारांश या समाप्ति

【起程】 qǐchéng चल देना; चल पड़ना; रवाना होना: 将于明日～赴沪 कल शांगहाए के लिये रवाना होना

【起初】 qǐchū पहले; आरंभ में; प्रारंभ में; शुरू में: ～他不肯来，后来在我劝说下他来了。पहले वह नहीं आना चाहता था, बाद में मेरे समझाने पर वह आया।

【起床】 qǐchuáng पलंग से उठना; बिस्तर छोड़ना: 天一亮他就～。सुबह होते ही वह उठ बैठता है।

【起床号】 qǐchuánghào जगाने के लिये बजने वाला बिगुल, घंटी आदि रिवेली; तूर्यनाद: ～响了。रिवेली बजने लगी।

【起点】 qǐdiǎn ❶आरंभ; शुरुआत; आरंभिक बिन्दु: 把成绩作为新的～ सफलता को नया आरंभिक बिन्दु मानना ❷(दौड़-प्रतियोगिता के लिये) आरंभिक बिन्दु

【起电】 qǐdiàn विद्युतन; वैद्युतीकरण: ～盘 विद्युत्-यंत्र

【起吊】 qǐdiào क्रेन से उठाना

【起钉钳】 qǐdìngqián कील खींचने या निकालने वाले यंत्र

【起碇】 qǐdìng लंगर उठाना; जहाज़ का रवाना होना

【起动】qǐdòng (रेल, मशीन आदि का) आरंभ करना; चलने लगना: 火车～ रेल गाड़ी का चलने लगना

【起端】 qǐduān (घटना आदि का) आरंभ; शुरू; उत्थान

【起飞】qǐfēi ❶(विमान, राकेट आदि का) उड़ान शुरू करना ❷〈अर्थ०〉 विकास आरंभ करना: 经济～ आर्थिक विकास आरंभ करना

【起伏】 qǐfú उत्थान और पतन होना: 几起几伏 कई बार उत्थान और पतन होना

【起稿】 qǐgǎo मसौदा बनाना या तैयार करना: 初稿是他起的。पत्र का मसौदा उस ने तैयार किया है।

【起根】 qǐgēn 〈बो०〉 आरंभ ही से; हमेशा; हमेशा से; सभी समय; सदा; सदैव: 我们～儿就不同意他卖房子。हम आरंभ ही से मकान बेचने में उस से सहमत नहीं थे।

【起旱】 qǐhàn 〈पुराना〉 पैदल यात्रा करना; पुरानी गाड़ी (बैलगाड़ी आदि) से यात्रा करना

【起航】 qǐháng (जहाज़, हवाई जहाज़ आदि का) रवाना होना

【起哄】 qǐhòng ❶(बहुत से लोगों का एक साथ) शोरगुल; कोलाहल या हंगामा मचाना: 请安静，别～! शांत रहो, शोरगुल मत मचाओ ! ❷(बहुत से लोगों का एक साथ) खिल्ली, मज़ाक या हंसी उड़ाना

【起火】 qǐhuǒ ❶आग लगना या भड़कना; आग जल उठना: 房子～啦! मकान जल गया! ❷भोजन बनाना; चूल्हा जलाना: 他家假日里不～。छुट्टियों के दिन उस के घर में चूल्हा नहीं जलता। ❸〈बो०〉 एकाएक आग या क्रोध भड़क उठना: 你别～，听我说。तुम नाराज़ मत होओ, मेरी बात सुनो।

【起火】 qǐhuo एक प्रकार का पटाखा

【起货】qǐhuò (मालखाने से) माल लेना; (जहाज़ आदि से) माल उतारना

【起获】 qǐhuò चोरी की गयी चीज़ों को खोजकर फिर से प्राप्त करना

【起急】qǐjí 〈बो०〉 बरदाश्त या सहन न होना; चिढ़ जाना; क्रुद्ध होना: 你别～，耐心地听我说。तुम चिढ़ो मत; धीरज से मेरी बात सुनो।

【起家】 qǐjiā निर्माण करना; बनाकर खड़ा करना; उन्नति करना; समृद्धिशाली होना; कार्य स्थापित करना: 白手～ खाली हाथ से अपना कार्य स्थापित करना

【起见】 qǐjiàn 〈लघु अ०〉（为 wèi … ～ में प्रयुक्त）के लिये; के उद्देश्य से: 为安全～，请勿吸烟。सुरक्षा के उद्देश्य से सिग्रेट पीना मना है।

【起降】 qǐjiàng (हवाई जहाज़ का) उड़ान भरना और उतरना

【起解】 qǐjiè 〈पुराना〉 निगरानी में किसी स्थान तक भेजा जाना

【起劲】 qǐjìn ज़ोरों के साथ; जोश में आकर; ज़ोर लगाकर; बड़े आवेश के साथ: 他们干得很～。वे ज़ोरों के साथ काम कर रहे हैं। / 他讲得很～。वह बड़े आवेश में बोल रहा है। / ～地反对 बड़े जोश के साथ विरोध करना

【起敬】 qǐjìng खड़े होकर आदरभाव प्रकट करना

【起居】 qǐjū रोज़मर्रा का जीवन; रोज़-ब-रोज़ की ज़िंदगी: 详告某人～ किसी व्यक्ति के रोज़मर्रा के जीवन के बारे में विस्तार से बताना

【起居室】 qǐjūshì उठने-बैठने का कमरा; बैठक

【起句】 qǐjù कविता का पहला पद या चरण

【起圈】 qǐquān सुअरों, भेड़ों आदि के बाड़े से खाद हटाना

【起开】qǐkāi 〈बो०〉 एक ओर खड़ा होना; एक ओर चलना: 请～一点，让我过去。रास्ता दीजिये, मुझे जाने दीजिये।

【起课】 qǐkè सिक्के आदि को उछालकर शकुन-परीक्षण आरंभ करना

【起来】[1] qǐlái ❶उठना; उठ खड़े हो जाना ❷पलंग से उठना; उठ बैठना; बिस्तर छोड़ना: 他～后就洗脸。वह पलंग से उठ बैठने के बाद फ़ौरन हाथ-मुंह धोता है। ❸उठना; उदय होना; उठ खड़ा होना: ～捍卫真理 सत्य की रक्षा करने के लिये उठ खड़े होना

【起来】[2] qǐlái (क्रिया या विशेषण के बाद प्रयुक्त) ❶ऊपर की ओर: 提～ उठाना / 举～ सिर के ऊपर उठाना / 从椅子上站～ कुर्सी पर से उठ खड़ा होना ❷आरंभ करना; उठना; होना; हो जाना: 笑～ हंस उठना / 哭～ रो उठना / 胖～ मोटा हो जाना ❸(क्रिया की समाप्ति, उद्देश्य की पूर्णता का बोध होता है): 他想～了。उसे याद आया। / 群众组织～了。जन-समुदाय संगठित हो गया है। ❹(अनुमान का बोध होता है): 看～，天要下雨了。

ऐसा मालूम होता है कि पानी बरसेगा। / 听～，她不会去了。उस की बात से ऐसा मालूम होता है कि वह नहीं जाएगा।

【起浪】 qǐlàng लहराना: 无风不～。हवा के बिना लहर नहीं उठती।

【起雷】 qǐléi सुरंग या माइन को साफ़ करना

【起立】 qǐlì उठ खड़ा होना: 全体～! हर एक उठ खड़े होइये! / ～表决 बैठने और खड़े होने से वोट देना

【起落】 qǐluò उदयास्त; उतार-चढ़ाव: 飞机～ हवाई जहाज़ का उड़ान भरना और उतरना

【起落架】 qǐluòjià (हवाई जहाज़ का) लैंडिंग गियर

【起码】 qǐmǎ ❶न्यूनतम; प्रारंभिक: ～的改革 न्यूनतम सुधार / ～的要求 न्यूनतम मांग / ～的知识 अत्यंत प्रारंभिक किस्म का ज्ञान ❷<क्रि०वि०> कम से कम: ～具备的态度 कम से कम अपनाया गया रवैया

【起锚】 qǐmáo लंगर उठाना; जहाज़ का रवाना होना

【起名儿】 qǐmíngr नाम देना; नाम रखना; नामकरण करना: 给孩子起个名儿 बच्चे को नाम देना

【起念头】 qǐ niàntóu जी में आना; मन में विचार पैदा होना

【起拍】 qǐpāi (नीलामी में) किसी दाम पर नीलाम करने लगना

【起跑】 qǐpǎo <खेल०> दौड़ प्रतियोगिता का आरंभ: ～线 (दौड़ प्रतियोगिता के लिये) आरंभ-रेखा

【起讫】 qǐqì आरंभ और अंत: ～日期 आरंभ और अंत की तिथि

【起色】 qǐsè (बुरी हालत में) सुधार; उन्नति; बढ़ोतरी: 工作没有～ काम में कोई सुधार न होना / 病有～ स्वास्थ्य में सुधार होना

【起身】 qǐshēn ❶रवाना होना; प्रस्थान करना: 他什么时候～去上海? वह शांगहाए के लिये कब रवाना होगा? ❷पलंग से उठना; बिस्तर छोड़ना: 他每天天一亮就～。वह हर दिन सुबह होते ही पलंग से उठ बैठता है। ❸कुर्सी, पलंग आदि से उठकर खड़ा होना: ～说话 खड़े होकर बोलना

【起始】 qǐshǐ <बोल०> ❶आरंभ करना; शुरू करना: 他爱看书～于童年时代。बचपन ही से उसे किताब पढ़ना पसंद है। ❷<क्रि०वि०> पहले; शुरू में: ～我不愿意去，后来我同意去了。पहले मैं जाना नहीं चाहता था पर बाद में मैं राज़ी हो गया।

【起事】 qǐshì सशस्त्र संघर्ष आरंभ करना; सशस्त्र विद्रोह करना

【起誓】 qǐshì शपथ या कसम खाना; शपथ लेकर सहना; हलफ़ से कहना: 他～决不背叛组织。उस ने शपथ खायी कि वह अपने संगठन के साथ कभी विश्वासघात नहीं करेगा।

【起首】 qǐshǒu पहले; आरंभ में; शुरू में: ～他不会游泳。शुरू में उसे तैरना नहीं आता था।

【起死回生】 qǐsǐ-huíshēng (डाक्टर की दक्षता का) मृतक को पुनर्जीवित करना; मृत्यु के जबड़ों से रोगी को छीन लेना

【起诉】 qǐsù मुकदमा या नालिश दायर करना; मुकदमा चलाना; (किसी व्यक्ति को) अभियोजित करना: ～人 प्रार्थी; अभियोक्ता; अभियोजक / ～书 अभियोगपत्र / 向法院～ अदालत में किसी पर मुकदमा चलना

【起算】 qǐsuàn (किसी निश्चित बिन्दु से) गिनकर या हिसाब करके मात्रा या संख्या निश्चित करना: 从今天～ आज से हिसाब करना

【起跳】 qǐtiào <खेल०> कूदना आरंभ करना; टेक-ऑफ़: ～板 टेक-ऑफ़ बोर्ड / ～线 टेक-ऑफ़ लाइन

【起头】[1] qǐtóu आरंभ करना; शुरू करना: 先从他那儿～。पहले उस से शुरू करो; पहले वह शुरू करेगा।

【起头】[2] qǐtóu ❶पहले; शुरू में; आरंभ में: ～他想去的，后来不知为了什么没有去。पहले वह जाना चाहता था, बाद में न जाने वह क्यों नहीं गया। ❷आरंभ; शुरू: 你让他从～说起。तुम उसे शुरू से बताने दो।

【起外号】 qǐ wàihào उपनाम देना

【起先】 qǐxiān पहले; शुरू में; आरंभ में: ～他不同意，可是后来他也同意了。शुरू में वह राज़ी नहीं था, पर बाद में वह भी राज़ी हो गया।

【起小儿】 qǐxiǎor <बो०> बचपन से: 她～就爱唱歌。उसे बचपन से गाना पसंद है।

【起衅】 qǐxìn 启衅 qǐxìn के समान

【起行】 qǐxíng रवाना होना; यात्रा आरंभ करना: 他明天就要～。वह कल यात्रा आरंभ करेगा।

【起眼】 qǐyǎn (प्रायः निषेध में प्रयुक्त) ध्यान आकर्षित करना: 不～ ध्यान आकर्षित न करना

【起夜】 qǐyè रात में उठकर पेशाब करना: 他不～。वह रात में उठकर पेशाब नहीं करता।

【起疑】 qǐyí शंका पैदा होना: 他的举动令人～。उस की हरकतों से लोगों में शंका पैदा होती है।

【起义】 qǐyì ❶विद्रोह करना; बगावत करना: ～军 विद्रोही सेना / ～者 विद्रोही / 农民～ किसान-विद्रोह ❷विद्रोह करके हमारी ओर आ मिलना: 敌军纷纷～并向我方投诚。शत्रुसेना ने एक के बाद एक विद्रोह किया और हमारे सामने आत्म-समर्पण किया।

【起意】 qǐyì <अना०> जी में बुरा विचार आना: 见财～ दूसरों के रुपये-पैसे पर नज़र पड़ते ही जी में फ़ौरन बुरा विचार आना या पैदा होना

【起因】 qǐyīn (घटना का) कारण; वजह: 事变的～ घटना का कारण

【起用】 qǐyòng ❶(रिटायरड या पदच्युत अधिकारी को) पुनर्नियुक्ति देना ❷किसी व्यक्ति को किसी महत्वपूर्ण पद पर नियुक्त करना: ～年轻干部 युवक कार्यकर्ताओं को महत्वपूर्ण स्थान पर नियुक्त करना

【起源】 qǐyuán ❶आरंभ करना; शुरू करना; जन्म देना; उत्पन्न होना: 知识～于劳动。श्रम से ज्ञान उत्पन्न होता है। ❷आरंभ; मूल; उद्गम; उत्पत्ति: 语言的～ भाषा का उद्गम

【起运】 qǐyùn (माल का) परिवहन आरंभ करना: 货物尚未～。माल का परिवहन अभी आरंभ नहीं हुआ है।

【起赃】 qǐzāng चोरी की हुई चीज़ों को खोजकर प्राप्त कर लेना

【起早贪黑】 qǐzǎo-tānhēi (起早搭黑 qǐzǎo-dāhēi भी）सुबह बहुत जल्दी उठकर काम शुरू करना और शाम को बड़ी देर तक काम करना; सुबह से शाम तक काम करना

【起早散晚】 qǐzǎo-sànwǎn सुबह जल्दी उठकर बड़ी देर तक काम करना

【起重车】 qǐzhòngchē बड़ा भार उठाने वाली कार; डेरिक कार

【起重船】 qǐzhòngchuán क्रेन शिप; भार उठाने वाला जहाज़

【起重机】 qǐzhòngjī क्रेन; सामान को ऊपर उठाने का यंत्र

【起皱】 qǐzhòu झुर्रियां पड़ना; सिलवटें पड़ना: 这布不～。इस कपड़े पर सिलवटें नहीं पड़तीं।

【起子】[1] qǐzi ❶बोतल खोलने वाला औज़ार ❷पेंचकस ❸〈बो०〉 खमीर उठाने का पाउडर; पाकचूर्ण

【起子】[2] qǐzi 〈परि०श०〉 दल; समूह; जत्था; टोली: 一～学生 विद्यार्थियों का एक दल

【起作用】 qǐ zuòyòng कार्यसंपादन करना; भूमिका अदा करना: 起关键作用 निर्णायक भूमिका अदा करना / 我的话对他起了作用。मेरी बात का उस पर असर हुआ।

【起坐间】 qǐzuòjiān उठने-बैठने का कमरा; बैठक; बैठकखाना

绮（綺）qǐ ❶बेल-बूटेदार रेशमी वस्त्र ❷सुन्दर; खूबसूरत: 绮丽

【绮丽】 qǐlì सुन्दर (दृश्य): ～的景色 सुन्दर दृश्य

【绮年】 qǐnián 〈लि०〉 अल्पायु; युवक; जवान: ～玉貌 युवक और सुन्दर; जवान और खूबसूरत (लड़की); सुन्दर (युवती)

棨 qǐ प्राचीन काल में अधिकारियों के पास लकड़ी से बनी चीज़ जो बाहर जाते समय अपनी हैसियत साबित करती थी

脊 qǐ प्राचीन पुस्तकों में वर्णित पिंडली

綮 qǐ 棨 qǐ के समान
qìng भी दे०

稽 qǐ नीचे दे०
jī भी दे०

【稽首】 qǐshǒu 〈प्रा०〉 भूमि पर मस्तक टेकने की विधि

qì

气（氣）qì ❶गैस: 毒～ गैस; ज़हरीली गैस / 煤～ गैस ❷वायु; हवा: 空～ वायु; हवा ❸सांस: 吸～ सांस लेना; 呼～ सांस छोड़ना / 吁～ लंबी गहरी सांस छोड़ना ❹मौसम: 天～ मौसम ❺गंध; बू: 臭～ बदबू; दुर्गंध / 香～ सुगंध; खुशबू ❻(व्यक्ति की) आत्म-शक्ति; नैतिक बल; चरित्र बल: 勇～ साहस; हौसला; हिम्मत / 朝～ जीवन-शक्ति ❼ढंग; कार्यशैली; व्यवहार; आचार: 官～ अफ़सरपन; अफ़सरशाही / 娇～ कोमलता / 骄～ घमंड; उद्दंडता ❽क्रुद्ध होना; क्रोध में आना; नाराज़ होना: ～往上冒 गुस्सा फूट पड़ना / ～得浑身发抖 गुस्से से कांप उठना / 他这下可～坏了。गुस्से के मारे उस का बुरा हाल था। ❾चिढ़ाना; छेड़ना; क्रुद्ध होना; गुस्सा दिलाना: 他故意～～我。वह जानबूझकर मुझे चिढ़ाता है। ❿सताना; दुख देना; पीड़ा पहुंचाना; अत्याचार करना; धमकी देना: 受某人的～ किसी … की धमकियों के आगे झुक जाना ⓫〈ची०चि०〉 बल; शक्ति; जीवनशक्ति: 元～ जीवनशक्ति; प्राणशक्ति ⓬〈ची० चि०〉 शरीर में रोग के लक्षण; रोग-लक्षण

【气昂昂】 qì'áng'áng उत्साहपूर्ण; जोशीला: 雄赳赳，～ साहसपूर्ण और उत्साहपूर्ण

【气包子】 qìbāozi तेज़मिज़ाज या तुनकमिज़ाज वाला व्यक्ति

【气泵】 qìbèng हवा पंप; एयर पंप

【气不打一处来】 qì bù dǎ yī chù lái गुस्से से भरा होना; गुस्सा उबलना: 听了他的脏话，她就～。उस आदमी की गंदी बात सुनते ही उस (स्त्री) का गुस्सा उबल पड़ा।

【气不忿儿】 qì bù fènr 〈बो०〉 ❶ईर्ष्यालु होना; पर-सुख द्वेषी होना ❷(अपमान को) न सहना; अन्याय देखकर सह न सकना

【气不过】 qìbuguò क्रोध को न रोक सकना; क्रोध के कारण आपे से बाहर होना

【气冲冲】 qìchōngchōng क्रोधोन्मत्त होना; आपे से बाहर होना

【气冲牛斗】 qìchōngniúdǒu क्रोधोन्मत्त होना; बहुत अधिक क्रुद्ध होना

【气冲霄汉】 qìchōngxiāohàn निडर; निर्भय; निर्भीक

【气喘】 qìchuǎn 〈चिकि०〉 दमा; श्वास

【气喘吁吁】 qìchuǎnxūxū हांफना; दम फूलना

【气窗】 qìchuāng मकान के ऊपर की खिड़की; हवादान

【气锤】 qìchuí एयर हैमर; वायु चालित हथौड़ा

【气粗】 qìcū ❶तेज़मिज़ाज; तुनकमिज़ाज ❷कर्कश स्वर में बोलना: 财大～。जिस के पास धन-संपत्ति है वह ऊंचे स्वर से बोलता है। ❸असभ्य; अशिक्षित

【气促】 qìcù सांस फूल जाना; हांफ़ना; दम उखड़ना

【气垫】 qìdiàn हवा भरी गद्दी

【气垫船】 qìdiànchuán होवरक्राफ़्ट

【气动】 qìdòng वायु चालित: ～工具 वायु चालित उपकरण

【气度】 qìdù ❶व्यवहार; आचरण: ～不凡 असाधारण आचरण ❷विशालहृदयता; उदारता

【气短】 qìduǎn ❶हांफ़ना; सांस फूल जाना; दम उखड़ना: 他爬到山顶，感到有点～。पहाड़ी की चोटी पर पहुंचते ही वह हांफ़ने लगा।

【气氛】 qìfēn वातावरण; परिस्थिति; जलवायु: 团结友好的～ एकता और मित्रता का वातावरण / 敌对的～ द्वेषपोषक वातावरण

【气忿】qìfèn चिढ़ना; क्रुद्ध होना; नाराज़ होना: 他因我的话～了。वह मेरी बात से चिढ़ गया।
【气愤】qìfèn क्रुद्ध होना; गुस्सा आना; झुंझलाना: 他～地说。उस ने रोषपूर्ण स्वर में कहा। / 他～是完全正当的。उस का गुस्सा करना बिलकुल वाजिब है। / 她看到这种情况，越发～了。यह हालत देखकर उसे और भी झुंझलाहट होती थी।
【气概】qìgài भावना; उत्साह; जोश: 英雄～ शौर्य-भावना / 革命～和实际精神结合 क्रांतिकारी उत्साह और व्यावहारिकता का समन्वय करना / 有同敌人血战到底的～ दुश्मन के साथ लड़ते रहने की भावना मौजूद होना
【气缸】qìgāng सिलिंडर; एयर सिलिंडर
【气割】qìgē 〈यां०〉 गैस कटिंग
【气根】qìgēn 〈वन०〉 एरियल रुट
【气功】qìgōng छीकोंग, गहरी सांस लेने वाले अभ्यासों या कसरतों की प्रणाली: ～师 छीकोंग मास्टर
【气鼓鼓】qìgǔgǔ क्रोधपूर्ण; क्रोध से भरा हुआ
【气管】qìguǎn श्वास-नली; सांस की नली
【气管炎】qìguǎnyán श्वासप्रणालशोथ; सांस की नली में सूजन का रोग / 支～ ब्रांकिटिस
【气贯长虹】qìguànchánghóng आकाश में फैले इंद्र-धनुष की तरह अति उत्साह से भरे होना; उच्च आकांक्षा और साहस से भरा होना
【气焊】qìhàn गैस वेल्डिंग
【气候】qìhòu ❶जलवायु; आबोहवा; मौसम: ～温和 जलवायु सम-शीतोष्ण होना / ～条件 जलवायु की परिस्थिति / ～变坏 जलवायु बिगड़ना ❷परिस्थिति; वा-तावरण: 政治～ राजनीतिक वातावरण
【气候带】qìhòudài जलवायु कटिबंध
【气候学】qìhòuxué जलवायु-विज्ञान
【气呼呼】qìhūhū तैश में; ताव में; क्रोध से सांस फूलती हुई : ～地走了 क्रोध से फुंफकारते हुए चले जाना
【气化】qìhuà गैसीकरण
【气话】qìhuà क्रोध उतारने के लिये कही हुई बात
【气急】qìjí सांस फूलना; दम उखड़ना; हांफ़ना
【气急败坏】qìjí-bàihuài हड़बड़ाकर और गर्म होकर; बिगड़कर; चिढ़कर: 他～地说。वह गर्म होकर बोला।
【气节】qìjié सत्यनिष्ठता; सच्चरित्रता: 革命～ क्रांति-कारी सच्चरित्रता
【气井】qìjǐng 〈पेट्रोलियम〉 गैस वेल (कूप)
【气绝】qìjué सांस छूटना; सांस तोड़ना; मर जाना: ～身亡 मर जाना; मृत्यु होना; सांस तोड़कर मर जाना
【气厥】qìjué बेहोश या मूर्छित होना; गश आ जाना
【气可鼓而不可泄】qì kě gǔ ér bùkě xiè उत्साह को बढ़ाना ही चाहिये न कि घटाना
【气孔】qìkǒng ❶〈वन०〉 पर्णमुख; श्वास-रंध्र ❷〈प्रा-णि०〉 प्रश्वास-रंध्र; सांस लेने के छेद ❸〈धा०वि०〉 गैस छेद; गैस होल ❹〈वास्तु०〉 वायुछिद्र
【气口】qìkǒu ऑपेरा के गीत में वह जगह जहां गाते समय सांस बदलता है
【气浪】qìlàng (विस्फोट का) वायुवेग; हवा का तेज़ झोंका
【气累脖儿】qìlěibór（甲状腺肿 jiǎzhuàngxiàn-zhǒng का लोकप्रचलित नाम）घेघा; गलगंड; गंडमाला; गिल्हड़; ग्वाइटर
【气冷】qìlěng 〈यां०〉 एयर कोलिंग: ～式发动机 एयर कोल्ड इंजन
【气力】qìlì शक्ति; ताकत; प्रयत्न: 付出很大的～ भारी प्रयत्न करना / 不费什么～ बड़ी आसानी से; अधिक प्रयत्न की ज़रूरत न पड़ना
【气量】qìliàng सहनशीलता; सहिष्णुता: ～大 उदार-चेता; उदारचरित्र; विशालहृदय / ～小 संकीर्णचित्त; ओछा; क्षुद्रमना
【气流】qìliú ❶हवा का बहाव; वायुधारा; वायुप्रवाह ❷〈ध्वनि०〉 सांस
【气楼】qìlóu छत के शिखर पर छोटा हवादार टॉवर
【气轮机】qìlúnjī（燃气轮机 ránqìlúnjī का संक्षिप्त रूप）गैस टर्बाइन
【气煤】qìméi गैस कोल; बिटुमिनी कोयला जिस से गैस बनाई जा सकती है
【气门】qìmén ❶टॉयर का एयर वाल्व; वायु-द्वार ❷〈प्राणि०〉 प्रश्वास रंध्र; सांस लेने के छेद
【气门芯】qìménxīn 〈बोल०〉 ❶भीतरी वाल्व ❷वाल्व पर रबड़ नली
【气闷】qìmèn ❶प्रसन्नताहीन; दुखी; उदासीन ❷दम घुटता सा प्रतीत होना
【气密】qìmì वायुरुद्ध; हवाबंद; वायुरोधी; एयर-टाइट; गैस-टाइट; गैस-प्रुफ़
【气囊】qìnáng ❶(पक्षी का) एयर सैक; हवा की थैली ❷(वायु से हल्के विमान का) गैस का थैला; गैसबैग
【气恼】qìnǎo चिढ़ना; नाराज़ होना; क्रोधित होना: 他很～。वह बहुत नाराज़ हुआ।
【气馁】qìněi हिम्मत हारना; साहस छोड़ना; पस्त हो जाना: 他虽多次失败，但仍不～。बार-बार असफल होने पर भी उस ने हिम्मत नहीं हारी।
【气逆】qìnì 〈ची०चि०〉जीवन-शक्ति का गलत दिशा में संचार करना
【气派】qìpài ढंग; तौर-तरीका; भावना: 中国作风和中国～ चीनी ढंग और चीनी भावना
【气泡】qìpào बुलबुला; बुदबुद; बुदबुदा
【气喷】qìpēn 〈पेट्रोलियम〉 गैस-विस्फोट; गैस ब्लो-आउट
【气魄】qìpò ❶साहसिकता; हौसला; दिलेरी; साहस: 革命家的～ क्रांतिकारी की साहसिकता / 办事有～ काम करने में दिलेर और निश्चयात्मक होना ❷चित्त की आकृष्ट शैली या ढंग; आकार-प्रकार से प्रभावित शैली या ढंग: 黄河的伟大～ पीली नदी की महान प्रभुता
【气枪】qìqiāng हवाई बंदूक; एयर गन
【气球】qìqiú गुब्बारा; बैलून
【气圈】qìquān ❶〈बुना०〉 बैलून ❷〈मौ०वि०〉 एयरो-स्फ़ेर
【气嗓】qìsǎng श्वास-नलिका; सांस की नली
【气色】qìsè (चेहरे का) रंग; लाली; सुर्खी: ～好 चेहरा हरा होना; मुख पर लाली होना; चेहरा तमतमाना / ～不好 चेहरा पीला या फीका पड़ना; चेहरे पर सफ़ेदी छाना

【气势】 qìshì वेग; संवेग; आवेग; ढंग; भावना: ～雄伟的 चित्त को आकृष्ट करने वाला / 助长…的～… की हेकड़ी को शह मिलना

【气势汹汹】 qìshì-xiōngxiōng उद्दंडता; प्रचंडता; ज़ोर-शोर: 他～地喊着。वह उद्दंडता से चीखा। / 敌人看起来～，但实际上十分虚弱。देखने में दुश्मन बहुत खूंखार है पर वास्तव में बहुत कमज़ोर।

【气数】 qìshu भाग्य; किस्मत; तकदीर: ～将尽 (राज्य या शासन का) विनाश निकट होना

【气死】 qìsǐ क्रोध से मरना; बहुत क्रोधित होना

【气态】 qìtài ❶〈भौ०〉 गैसीय अवस्था ❷〈लि०〉 ढंग; व्यवहार; आचरण; वायु

【气体】 qìtǐ गैस; एयर: ～发生器 गैस जनक या जेनरेटर / ～分离器 गैस प्रथक्कारक या सेपरेटर / ～压力 गैस का दबाव / ～状态 मारुतावस्था

【气体动力学】 qìtǐ dònglìxué वायुगतिविज्ञान

【气体燃料】 qìtǐ ránliào गैस इंधन

【气田】 qìtián गैस खेत; गैस भूमि; गैस फ़ील्ड

【气筒】 qìtǒng साइकिल पंप

【气头上】 qìtóushang क्रोध में; गुस्से में: 他正在～上，不要和他说话。वह इस समय गुस्से में है, उस से बात न करो।

【气团】 qìtuán 〈मौ०वि०〉 एयर-मैस; वायु-समूह: 冷～ ठंडा एयर-मैस; शीत वायु-समूह

【气吞山河】 qìtūnshānhé पर्वतों और नदियों पर विजय प्राप्त करने वाले को प्रोत्साहित करना; साहस से भरा होना

【气味】 qìwèi ❶गंध; बू; बास; महक: ～芬芳 गंध बहुत अच्छी होना ❷〈अना०〉 स्वाद; रुचि: 市侩～ बाज़ारूपन; टुटपुंजियापन

【气味相投】 qìwèi-xiāngtóu समान रुचि रखना; एक ही स्वभाव का होना

【气温】 qìwēn तापमान: ～上升 तापमान बढ़ना / ～下降 तापमान नीचे गिरना

【气息】 qìxī ❶श्वास; सांस ❷गंध; बू: 生活～ जीवन की गंध

【气息奄奄】 qìxī-yǎnyǎn अपनी आखिरी सांस गिनना

【气象】 qìxiàng ❶मौसम-विज्ञान संबंधी घटनाएं ❷मौसम विज्ञान; ऋतु-विज्ञान ❸वातावरण: 新～ नया वातावरण

【气象台】 qìxiàngtái मौसम-विज्ञान केन्द्र; मौसम स्टेशन; मौसम-विज्ञान की ऑब्ज़र्वेटरी

【气象万千】 qìxiàng-wànqiān विविधता में शानदार दृश्य

【气象学】 qìxiàngxué मौसम-विज्ञान; ऋतु-विज्ञान; अंतरिक्ष-विज्ञान: ～家 मौसम-विज्ञान वेत्ता; अंतरिक्ष-शास्त्री

【气象预报】 qìxiàng yùbào मौसम भविष्यवाणी

【气性】 qìxing ❶मिज़ाज; प्रकृति; स्वभाव ❷बदमिज़ाज: ～大 तेज़मिज़ाज; तुनकमिज़ाज

【气汹汹】 qìxiōngxiōng क्रोधित होना; क्रुद्ध होना; गुस्सा होना; क्रोधोन्मत्त होना

【气胸】 qìxiōng 〈चिकि०〉 ❶न्यूमोथोरेक्स ❷人工气胸 réngōng qìxiōng का संक्षिप्त रूप, (कृत्रिम) न्यूमोथोरेक्स

【气吁吁】 qìxūxū (气咻咻 qìxiūxiū भी) हांफ़ना; सांस फूलना; दम चढ़ना

【气虚】 qìxū 〈ची०चि०〉 जीवन-शक्ति का अभाव

【气旋】 qìxuán 〈मौ०वि०〉 चक्रवात; झंझावात; बवंडर

【气压】 qìyā वायु-मार; वायुमंडलीय दबाव; ऐटमोस्फ़ेरिक प्रेशर; बैरोमीट्रिक प्रेशर: ～表 वायुमार-मापक; बैरोमीटर

【气眼】 qìyǎn ❶〈वास्तु०〉 वायुछिद्र; एयर होल ❷〈धा०वि०〉 गैस छेद; गैस होल

【气焰】 qìyàn अहंकार; हैकड़ी: 破坏敌军的～ दुश्मन की फ़ौज के भारी अहंकार को चूर करना / 不为反动～所吓倒 प्रतिक्रियावादी हेकड़ी से न डरना / 助长…的～… की हेकड़ी को शह मिलना

【气焰嚣张】 qìyàn xiāozhāng घमंड से दिमाग चढ़ जाना

【气宇】 qìyǔ व्यवहार; आचरण: ～轩昂 प्रभावशाली आचरण होना

【气郁】 qìyù 〈ची०चि०〉 जीवन-शक्ति के संचार की रुकावट

【气运】 qìyùn भाग्य; किस्मत; तकदीर

【气韵】 qìyùn कला, साहित्य आदि की कृति की आंतरिक शक्ति, विशेषता, भाव या शैली: ～无穷 कला आदि कृति की आंतरिक शक्ति असीम होना

【气闸】 qìzhá एयर ब्रेक

【气质】 qìzhì ❶स्वभाव; प्रवृत्ति; मनोवृत्ति ❷आवश्यक गुण; गुण: 革命者的～ क्रांतिकारी के आवश्यक गुण

【气滞】 qìzhì 〈ची०चि०〉 जीवन-शक्ति के संचार की गतिहीनता

【气壮如牛】 qì zhuàng rú niú सांड़ की तरह उग्र: 表面上～，实际上胆小如鼠 बाहर से सांड़ की तरह उग्र, पर अंदर से चूहे की तरह कायर

【气壮山河】 qìzhuàngshānhé बल और महत्ता से भरा होना; शानदार होना; भव्य होना

讫（訖） qì ❶(काम) समाप्त होना; खतम होना; पूरा होना: 付～ (बिल आदि) दे चुकना; दिया गया / 收～ प्राप्त किया हुआ; पा चुकना ❷अंत: 起～ आरंभ और अंत

迄 qì ❶तक: 迄今 ❷(未 या 无 के पहले प्रयुक्त) सदा; हमेशा: ～未见复。अब तक उत्तर नहीं मिला।

【迄今】 qìjīn आज तक: 自古～ प्राचीन काल से अब तक

汔 qì 〈लि०〉 ताकि; इसलिये कि; जिस से

弃（棄） qì छोड़ना; फेंकना; त्यागना; त्याग देना: 弃暗投明 / 弃权 / 抛～ छोड़ना; फेंकना; त्यागना

【弃暗投明】 qì'àn-tóumíng अंधकार को छोड़कर प्रकाश में आना

【弃儿】 qì'ér राह-बाट का लड़का (या बच्चा)

【弃恶从善】 qì'è-cóngshàn कुमार्ग छोड़कर सुमार्ग में आना

【弃妇】 qìfù <लि०> <पुराना> परित्यक्त पत्नी
【弃官】 qìguān अपना पद त्याग देना; दफ़तरी जीवन त्याग देना
【弃甲曳兵】 qìjiǎ–yèbīng हथियार छोड़ना
【弃旧图新】 qìjiù–túxīn नये सिरे से कार्य आरंभ करना
【弃绝】 qìjué छोड़ना; त्यागना; त्याग देना
【弃取】 qìqǔ ठुकराना और अपनाना
【弃权】 qìquán अधिकार छोड़ना
【弃世】 qìshì मर जाना; गुज़र जाना; मृत्यु होना
【弃学】 qìxué स्कूल या कालेज जाना छोड़ना
【弃养】 qìyǎng <लि०> <शिष्ट०> अपने माता-पिता का खोना या मर जाना
【弃婴】 qìyīng ❶शिशु को त्याग देना ❷परित्यक्त बालक; पड़ा पाया हुआ बच्चा
【弃之可惜】 qì zhī kěxī किसी वस्तु को छोड़ने में झिझकना या अनिच्छुक होना
【弃之如敝屣】 qì zhī rú bìxǐ फटे-पुराने जूते की तरह फेंक देना
【弃置】 qìzhì त्यागना; छोड़ देना: ～不用 एक ओर फेंकना; ताक पर रखना

汽 qì भाप; वाष्प: 蒸～ भाप; वाष्प; स्टीम
【汽车】 qìchē मोटर: ～灯 आंखढक्का / ～房(库) गैरेज; गराज; मोटरखाना / ～吊 ट्रक क्रेन / ～路 मोटर की सड़क / ～司机 मोटर चालक या ड्राइवर / ～工业 मोटर उद्योग / ～修配厂 मोटर की मरम्मत का कारखाना / ～运输队 मोटर परिवहन दल / ～制造厂 मोटर कारखाना
【汽车拉力赛】 qìchē lālìsài ऑटोमोबाइल रैली
【汽船】 qìchuán ❶स्टीमर; स्टीमरशिप; वाष्पपोत ❷मोटर-बोट
【汽锤】 qìchuí स्टीम हैमर; भाप या वाष्प चालित हथौड़ा
【汽灯】 qìdēng गैस लैम्प
【汽笛】 qìdí सीटी; भोंपू; अज़ीरी; साइरन; स्टीम ह्विसल
【汽缸】 qìgāng <यां०> सिलिंडर; सिलेंडर
【汽锅】 qìguō युनानान स्टीमिंग पॉट: ～鸡 युनानान शैली वाली स्टीम्ड चूज़ा
【汽化】 qìhuà बाष्पीकरण: ～热 वाष्पीकरण-ताप
【汽化器】 qìhuàqì ❶<यां०> कारबुरेटर ❷<रसा०> वाष्पीकरण यंत्र
【汽机】 qìjī ❶(蒸汽机 zhēngqìjī का दूसरा नाम) स्टीम इंजन ❷汽轮机 qìlúnjī का संक्षिप्त नाम
【汽酒】 qìjiǔ हल्की चमकती हुई शराब
【汽轮发电机】 qìlún fādiànjī टरबोजनरेटर: ～转子 टरबोजनरेटर का वाटर-कूल्ड रोटर / 双水内冷～ भीतरी वाटर-कूल्ड स्टेटर और रोटर के साथ टरबोजनरेटर
【汽轮机】 qìlúnjī स्टीम टरबाइन; वाष्प टरबाइन
【汽门】 qìmén वाष्प-द्वार
【汽碾】 qìniǎn (汽碾子 qìniǎnzi भी) स्टीम-रोलर
【汽水】 qìshuǐ सोडा वाटर
【汽艇】 qìtǐng मोटरबोट
【汽油】 qìyóu गैसोलीन; पेट्रोल: ～弹 गैसोलीन-बम / ～机 गैसोलीन-मशीन / ～库 गैसोलीन भण्डार

妻 qì <लि०> लड़की का पुरुष के साथ विवाह कराना
qī भी दे०

炁 qì 气 qì के समान 坎炁 kǎnqì (नाभि की) नाल

泣 qì ❶सिसकना; रोना: 悲～ दुख से सिसकियां भरना ❷आंसू: ～下如雨 पानी की तरह आंसू गिरना
【泣不成声】 qìbùchéngshēng सिसकियों के कारण सांस अटक-अटककर आना
【泣诉】 qìsù सिसकियां भरते हुए बताना या अभियोग लगाना

亟 qì <लि०> बार-बार: ～来问讯 बार-बार आकर सूचना के लिये पूछना
jí भी दे०

契(**栔**) qì ❶<लि०> खोदना; उत्कीर्ण करना; नक्काशी करना ❷<लि०> खोदी हुई हस्तलिपि: 书～ हस्तलिपि ❸ठेका; पट्टा; इकरारनामा: 契据 / 契约 ❹सम्मत होना; अनुमत होना; परस्पर मेल रहना: ～友 मौन रूप से पारस्परिक मेलजोल; मौन समझ
Xiè भी दे०
【契丹】 Qìdān छीतान (खितान), प्राचीन काल में चीन का एक राष्ट्र
【契合】 qìhé सहमत होना; अनुमत होना; सदृश होना; एक सा होना; (में) मेल बैठना: 与进化论相～ विकास सिद्धान्त में मेल बैठना; विकास सिद्धान्त से ठीक बैठना
【契机】 qìjī ❶<दर्शन०> क्षण ❷मोड़; वर्तन-बिन्दु; परिवर्तन-स्थल: 思想变化的～ विचार का वर्तन-बिन्दु
【契据】 qìjù ठेका; पट्टा; संविदा; अनुबन्ध; कंट्रैक्ट; मुआहदा
【契友】 qìyǒu अच्छा दोस्त; घनिष्ठ मित्र
【契约】 qìyuē ठेका; पट्टा; संविदा; अनुबन्ध; कंट्रैक्ट: 订立～ अनुबन्ध होना या करना
【契纸】 qìzhǐ ठेका; पट्टा; कंट्रैक्ट

砌 qì ❶ईंट या पत्थर जोड़ना: ～砖 ईंट जोड़ना ❷सीढ़ी; ज़ीना: 雕栏玉～ तराश कर बनायी गयी वेदिकाएं और संगमरमर की सीढ़ियां

跂 qì <लि०> पंजे के बल खड़े होकर देखना
qí भी दे०
【跂望】 qìwàng <लि०> पंजे के बल खड़े होकर आगे की ओर राह देखना

葺 qì <लि०> ❶तृण से घर छाना ❷मकान की मरम्मत करना: 修～ (मकान की) मरम्मत करना

愒 qì <लि०> 憩 qì के समान
hè भी दे०

qì qiā qiá qiǎ 972

碛(磧) qì ❶रेतीली भूमि; रेतीला मैदान ❷मरू-भूमि; रेगिस्तान

碶 qì <बो०> पत्थरों से जोड़कर बनाया जल-द्वार: ～闸 पत्थरों से जोड़ा हुआ जल-द्वार

槭 qì <वन०> मेप्ल वृक्ष, एक प्रकार का पर्णपाती वृक्ष जिस के पत्ते हथेली की भांति और पतझड़ में लाल या पीले रंग में बदलते हैं

qī भी दे०

【槭树】 qīshù मेप्ल वृक्ष

磜 qì 小磜 Xiǎoqì च्यांगशी प्रांत में एक स्थान

【磜头】 Qìtóu फ़ूच्येन प्रांत में एक स्थान

器(噐) qì ❶उपकरण; सामान; औज़ार; बर्तन; पात्र: 器皿 / 瓷～ चीनी मिट्टी की वस्तुएं ❷इंद्रिय; अवयव; अंग: 生殖～ लिंग ❸सहनशीलता; सहिष्णुता: 器量 ❹क्षमता; योग्यता; सामर्थ्य: 器识 ❺<बो०> (अपने से छोटे पद के व्यक्ति को) ऊंचा समझना; बहुत अच्छा समझना

【器材】 qìcái साज़-सामान; सामग्री: 照相～ फ़ोटो-ग्राफ़िक साज़-सामान / 通讯～ संचार का साज़-सामान

【器官】 qìguān इंद्रिय; शारीरिक अंग-प्रत्यंग: 呼吸～ श्वसन-इंद्रिय

【器件】 qìjiàn उपकरण या औज़ार के भाग या पुर्ज़े

【器具】 qìjù उपकरण; औज़ार; सामग्री; बर्तन

【器量】 qìliàng सहनशीलता; सहिष्णुता: ～小 ओछा; क्षुद्रमना; संकीर्णचित्त / ～大 उदारचित्त; विशालहृदय

【器皿】 qìmǐn बर्तन; पात्र

【器识】 qìshí योग्यता और निर्धारण

【器物】 qìwù सामग्रियां; बर्तन; पात्र

【器械】 qìxiè ❶साज़-सामान; उपकरण; यंत्र; औज़ार: 医疗～ चिकित्सा-उपकरण ❷हथियार

【器械体育】 qìxiè tǐyù व्यायाम करने के उपकरणों की मदद से व्यायाम करना

【器宇】 qìyǔ <लि०> व्यवहार; आचरण: ～轩昂 प्रभाव-शाली आचरण होना

【器乐】 qìyuè <संगी०> वाद्य-संगीत

【器质性】 qìzhìxìng ऑर्गेनिक: ～耳聋 ऑर्गेनिक बह-रापन

【器重】 qìzhòng (अपने छोटे पद के व्यक्ति का) आदर करना

憩(憇) qì <लि०> विश्राम करना; आराम करना: 小～ थोड़ी देर आराम करना

【憩息】 qìxī (憩歇 qìxiē भी) <लि०> विश्राम करना; आराम करना

螇 qì नीचे दे०

【螇螽】 qìzhōng प्राचीन पुस्तकों में लिखित टिड्डा

qiā

掐 qiā ❶चुटकी या चिकोटी काटना; नाखून से दबाना या अलग करना; काटना; तोड़ना: ～电线 बिजली का तार काटना / 她用手指使劲～，把皮都～红了。उस ने ऐसे ज़ोर से चुटकी काटी कि चमड़ी लाल हो गयी। / 不要～公园里的花。पार्क में फूलों को मत तोड़ो। ❷पकड़ना; जकड़ना; कसकर मुट्ठी में बांधना: ～脖子 गला घोंटना; गला दबोचना / ～死 (किसी व्यक्ति का) गला घोंट देना ❸<बो०> <परि०श०> गुच्छा; मुट्ठी भर; थोड़ा सा: 一～葱 प्याज़ की पत्तियों का एक गुच्छा

【掐断】 qiāduàn काट डालना; काटकर अलग कर दे-ना: ～电线 बिजली का तार काटकर अलग कर देना

【掐诀】 qiājué (मंत्र फूंकते समय) अंगुलियों पर गिनना

【掐算】 qiāsuàn अंगुलियों पर गिनना या हिसाब लगाना

【掐头去尾】 qiātóu-qùwěi तोड़-मरोड़ कर पेश करना; दोनों सिरों को तोड़ देना; आरंभ और अंत को छोड़ देना; बेकार हिस्सों को छोड़ देना

【掐子】 qiāzi मुट्ठी भर; गुच्छा; थोड़ा सा: 一～糖 थोड़ी सी चीनी

袷 qiā नीचे दे०

夹 jiá भी दे०

【袷袢】 qiāpàn वेवूर और ताजिक चोगा

葜 qiā दे० 菝葜 báqiā

齣(齣) qiā दांत से काटना

qiá

拤 qiá दोनों हाथों से कसकर पकड़ना; जकड़ना

qiǎ

卡 qiǎ ❶(दो चीज़ों के बीच) रुकना; अड़ना; फंसना; अटकना: 鱼刺～在喉咙里了。मछली का कांटा गले में अटक गया। ❷रोकना; थामना; बंधन लगाना: ～住敌人退路 दुश्मन के पीछे हटने का रास्ता बंद करना ❸बांधने वाला; बंधक; क्लिप: 发～ हेयर-पिन ❹चेकपोस्ट: 关～

चेकप्वाइंट
kǎ भी दे०

【卡脖子】 qiǎ bózi ❶कसकर गला घोंटना या पकड़ना: 他猛扑过去，卡住了敌人的脖子。उस ने लपककर दुश्मन का गला पकड़ लिया। ❷शिकंजे में पड़ना; हराना; परास्त करना: ～旱 बहुत गंभीर सूखा

【卡具】 qiǎjù 〈यां०〉 फ़िक्सचर

【卡壳】 qiǎké ❶(कारतूस का) जाम या रुकावट ❷रोका जाना; किसी कठिनाई से अस्थायी गतिरोध होना: 会谈～了。वार्तालाप में अस्थायी विराम हो गया।

【卡口灯泡】 qiǎkǒu dēngpào बेयोनेट-सॉकेट बल्ब

【卡口灯头】 qiǎkǒu dēngtóu बेयोनेट सॉकेट

【卡子】 qiǎzi ❶क्लिप; फ़ेसनर: 头发～ हेयर-पिन ❷चेकपोस्ट

qià

洽 qià ❶मेल में होना; मेल-मिलाप में होना; एक मत होना: 意见不～ मतभेद होना ❷विचार-विमर्श करना; परामर्श करना; सम्मति लेना; राय लेना; आपस में समझौता कर लेना: 接～ परामर्श करना ❸विशाल; विस्तीर्ण; विस्तृत; व्यापक; बड़ा: 博识洽闻 bóshí qiàwén

【洽商】 qiàshāng मुलाकात करके विचार-विनिमय करना; आपस में समझौता कर लेना; सुलह कर लेना: 他们在和外商～投资事宜。वे पूंजी लगाने के बारे में विदेशी व्यापारी के साथ समझौता कर रहे हैं।

【洽谈】 qiàtán मुलाकात करके बातचीत करना: ～建厂事宜 कारखाना का निर्माण करने के बारे में मुलाकात करके बातचीत करना

恰 qià ❶〈क्रि०वि०〉 ठीक; बिलकुल; बिलकुल ठीक: 恰到好处 / 恰如其分 ❷ठीक; उचित; यथोचित; वाजिब; मुनासिब: 恰当

【恰当】 qiàdàng ठीक; उचित; समुचित; यथोचित; वाजिब; मुनासिब: 提出～的口号 उपयुक्त नारे पेश करना / 用词不～ अनुचित रूप से शब्दों का प्रयोग करना

【恰到好处】 qiàdào-hǎochù (उद्देश्य या अवसर के लिये) बिलकुल ठीक होना

【恰尔肯特】 Qià'ěrkěntè झारखण्ड (प्रदेश)

【恰好】 qiàhǎo 〈क्रि०वि०〉 बिलकुल ठीक; संयोग से; इतफ़ाक से: 你要的那张报纸，～我也有。तुम्हें जो अखबार चाहिये, वह संयोग से मेरे पास भी है। / 他～在我从家里走时赶来。जब मैं घर से जा रहा था, ठीक उसी समय वह आया।

【恰恰】 qiàqià 〈क्रि०वि०〉 बिलकुल; ठीक: ～相反 बिलकुल उलटा होना / 他们～忘了要团结这一点。वे लोग ठीक यही बात भूल गये थे कि एकता होनी चाहिये।

【恰巧】 qiàqiǎo 〈क्रि०वि०〉 संयोग से; इतफ़ाक से: 那天～他也在我家里。उस दिन संयोग से वह भी मेरे घर पर था।

【恰如】 qiàrú बिलकुल … की तरह: 晚霞～一幅图画。संध्या की अरुणाई बिलकुल चित्र जैसी लगती है।

【恰如其分】 qiàrú-qífèn बिलकुल ठीक; उचित; माकूल: ～的批评 उचित आलोचना करना

【恰似】 qiàsì बिलकुल … के सदृश; बिलकुल एक जैसा

髂 qià नीचे दे०

【髂骨】 qiàgǔ श्रोणिफलक; कूल्हे की हड्डी; इलियम

qiān

千 qiān ❶हज़ार; सहस्र ❷बहुत से; असंख्य; अगणित: ～百万群众 कोटि-कोटि जनता / 千方百计 / 千军万马 ❸(Qiān) एक कुलनाम

【千变万化】 qiānbiàn-wànhuà अनंतर रूपांतरशील; निरंतर परिवर्तनशील: 战争中，情况是～的。युद्ध में स्थितियों के अनंत रूपांतर होते हैं; युद्ध में स्थितियां निरंतर परिवर्तित होती हैं।

【千层饼】 qiāncéngbǐng भाप से बनी अनेक परत वाली रोटी

【千差万别】 qiānchā-wànbié बहुत से प्रकारों में भिन्न होना: 世界上的事物～。संसार में वस्तुएं भिन्न- भिन्न प्रकार की होती हैं।

【千疮百孔】 qiānchuāng-bǎikǒng (百孔千疮 bǎikǒng-qiānchuāng भी) हज़ारों बड़े-बड़े घावों से ग्रस्त होना

【千锤百炼】 qiānchuí-bǎiliàn ❶पूरी तरह तपा-तपाया ❷(साहित्यिक कृतियों का) बार-बार परिष्कृत या परिमार्जित किया जाना

【千刀万剐】 qiāndāo-wànguǎ (प्रायः शाप में प्रयुक्त) टुकड़े-टुकड़े किये जाना; टुकड़े-टुकड़े में काटा जाना

【千电子伏】 qiāndiànzǐfú किलोइलेक्ट्रोन-वोल्ट

【千恩万谢】 qiān'ēn-wànxiè सौ बार आभार प्रकट करना; बार-बार धन्यवाद देना; सदा कृतज्ञ होना

【千儿八百】 qiānr-bābǎi हज़ार या हज़ार से थोड़ा कम: ～人 लगभग हज़ार आदमी

【千乏】 qiānfá 〈विद्यु०〉 किलोवाट

【千方百计】 qiānfāng-bǎijì हर सम्भव उपाय से; हज़ारों तरह से; सर्वथा

【千分表】 qiānfēnbiǎo डायल गेज; डायल इंडिकेटर

【千分尺】 qiānfēnchǐ माइक्रोमीटर

【千分点】 qiānfēndiǎn प्रतिसहस्र बिन्दु; पर्मिलेज प्वाइंट

【千夫】 qiānfū 〈लि०〉 असंख्य जनता

【千夫所指，无病而死】 qiānfū suǒ zhǐ, wú bìng ér sǐ अगर किसी पर हज़ार उंगलियां उठ जाएं, तो वह बिना किसी रोग के ही चल बसेगा —— आम जनता

को नाराज़ करना बहुत खतरनाक है

【千伏】qiānfú <विद्यु०> किलोवोल्टः ～安 किलोवोल्ट-ऐंपियर

【千古】qiāngǔ ❶अनंत काल या समय; सदा से; हज़ारों वर्ष में लंबे अरसे तकः ～遗恨 सतत पश्चाताप / ～奇闻 विचित्र कथा ❷(शोकपूर्ण पद्यांश में या मृतक को समर्पित फूलमाला पर प्रयुक्त)ः 某某同志～! कामरेड …, सतत विश्राम करें! कामरेड …, अमर रहे!

【千赫】qiānhè किलोहर्ट्ज़

【千呼万唤】qiānhū-wànhuàn हज़ार पुकारें; हज़ार प्रार्थनाएं

【千回百转】qiānhuí-bǎizhuǎn मोड़ों और घुमावों से भरा होना

【千家万户】qiānjiā-wànhù असंख्य परिवारः 住房问题牵扯到～。रहने के लिये मकान का सवाल हर परिवार के सामने रहता है।

【千斤】qiānjīn एक हज़ार चिन 斤 —— बहुत भारीः ～重担 असाधारण भारी बोझ या ज़िम्मेदारी; पीड़क बोझ

【千斤】qiānjin ❶千斤顶 का संक्षिप्त नाम ❷<यां०> चर्खरोक; पॉल; पहिये को उलटा फिरने से रोकने के लिये लगाई गयी रोक

【千斤顶】qiānjīndǐng जैक; भारी बोझ उठाने वाली मशीन

【千金】qiānjīn ❶सोने के हज़ार टुकड़े; बहुत से रुपयेः 家累～ घर में बहुत सा धन संचित होना ❷<आदर०> (आप की या उन की) पुत्री

【千金一掷】qiānjīn-yīzhì दे० 一掷千金 yīzhì-qiānjīn

【千军万马】qiānjūn-wànmǎ हज़ारों लोग और घोड़े —— शक्तिशाली सेना

【千军易得，一将难求】qiān jūn yì dé, yī jiàng nán qiú हज़ारों सैनिकों को हासिल करना आसान है, पर उन का नेतृत्व करने वाले योग्य सेनापति की प्राप्ति कठिन है

【千钧棒】qiānjūnbàng महामार डंडा; महागदा

【千钧一发】qiānjūn-yīfà एक ही बाल से तीस हज़ार चिन 斤 की तौल टंगता हुआ —— बड़ी नाज़ुक घड़ी में (पर)ः ～之时 नाज़ुक घड़ी पर; जीवन और मृत्यु के बीच लटकने के समय

【千钧重负】qiānjūn-zhòngfù बहुत महत्वपूर्ण और गंभीर ज़िम्मेदारी; पीड़क बोझ

【千卡】qiānkǎ <भौ०> किलोकैलोरी

【千克】qiānkè किलोग्राम

【千里】qiānlǐ एक हज़ार ली —— बहुत लंबी दूरी

【千里马】qiānlǐmǎ एक दिन में हज़ार ली रास्ता तय करने वाला घोड़ा

【千里送鹅毛】qiānlǐ sòng émáo हज़ार ली की दूरी से हंस का पर भेजना —— भेंट तुच्छ है पर भावना बहुत गहरी

【千里迢迢】qiānlǐ-tiáotiáo हज़ार ली की दूरी से, बहुत दूर से

【千里眼】qiānlǐyǎn ❶दूरदर्शी व्यक्ति ❷<पुराना> टेलिस्कोप; दूरबीन

【千里之堤，溃于蚁穴】qiānlǐzhīdī, kuìyú-yǐxué एक चींटी-का घर एक हज़ार ली लंबे बांध को तोड़ सकता है —— छोटी सी असावधानी बड़ी विपत्ति की ओर ले जा सकती है

【千里之行，始于足下】qiānlǐzhīxíng, shǐyú-zúxià हज़ार ली की यात्रा एक कदम से शुरू होती है

【千虑一得】qiānlǜ-yīdé ❶दे० 愚者千虑，必有一得 yúzhě qiān lǜ, bì yǒu yī dé ❷<विन०> मेरे निरीक्षणों में सत्य का कण निहित हो सकता है।

【千虑一失】qiānlǜ-yīshī (智者千虑，必有一失 zhìzhě qiān lǜ, bì yǒu yī shī भी) अति बुद्धिमान व्यक्ति के द्वारा बताये गये हज़ार उपायों में से एक-न-एक उपाय गलत हो सकता है

【千米】qiānmǐ किलोमीटर

【千难万险】qiānnán-wànxiǎn हज़ारों संकट और कष्ट

【千篇一律】qiānpiān-yīlǜ एकाकार होना; सभी एक जैसे होना; एक ही प्रकार के तरीके लागू करनाः ～地使用公式硬套 बिना सोचे-समझे हर जगह हमेशा एक नुस्खे को अपनाना

【千奇百怪】qiānqí-bǎiguài सभी प्रकार की विचित्र वस्तुएं; अजीबोगरीब चीज़ें

【千千万万】qiānqiān-wànwàn लाखों-करोड़ों; हज़ारों कोटि-कोटि

【千秋】qiānqiū ❶एक हज़ार साल; शताब्दियां ❷<आदर०> जन्मदिवस (अपने को छोड़कर)

【千秋万代】qiānqiū-wàndài युग-युग तक; सदा के लिये

【千山万壑】qiānshān-wànhè सैकड़ों-हज़ाड़ों पहाड़ और घाटियां

【千山万水】qiānshān-wànshuǐ सैकड़ों-हज़ारों पहाड़ और नदियां

【千丝万缕】qiānsī-wànlǚ हज़ारों बंधन; असंख्य सूत्रः ～的联系 घनिष्ठ संबंध

【千岁】qiānsuì (प्रायः परम्परागत ऑपेरा में प्रयुक्त) अभिजात व्यक्ति के प्रति प्रयुक्त संबोधन; आप

【千瓦】qiānwǎ किलोवाटः ～时 किलोवाट-घंटा

【千万】qiānwàn ❶करोड़ ❷<क्रि०वि०> अवश्य; ज़रूरः ～不要丝毫大意。इस में तनिक भी ढील न आने दी जाए।

【千辛万苦】qiānxīn-wànkǔ अनगिनत मुसीबतें; अकथनीय कठिनाइयांः 经历～ अकथनीय कठिनाइयों को पार करना

【千言万语】qiānyán-wànyǔ हज़ारों कथन या बातें; हज़ारों शब्दः ～也说不尽我心中的感激之情。हज़ारों शब्दों में भी मैं आप के प्रति आभार प्रकट नहीं कर सकता।

【千载难逢】qiānzǎi-nánféng हज़ार साल में भी एक बार न मिलने वाला; बहुत विरल; दुर्लभः ～的机会 सुअवसर; हज़ार साल में भी एक बार न मिलने वाला सुअवसर; ऐसा मौका जो हज़ारों सालों में मुश्किल से मिलता है

【千载一时】 qiānzǎi-yīshí हज़ार साल में केवल एक बार मिलने वाला अवसर; बहुत विरल सुअवसर

【千真万确】 qiānzhēn-wànquè सौ फ़ी सदी सही; सोलहों आने सही; बिलकुल सही; निहायत वाजिब

【千周】 qiānzhōu किलोसाइकिल

仟 qiān हज़ार; सहस्र (भूल और रद्दोबदल से बचने के लिये चेक आदि में प्रयुक्त)

阡 qiān 〈लि०〉 ❶खेतों के बीच उत्तर से दक्षिण की ओर जाने वाली पगडंडी ❷कब्र की ओर जाने वाली पगडंडी

【阡陌】 qiānmò 〈लि०〉 खेतों के बीच जालीदार पगडंडियां: ～纵横。खेतों में जालीदार पगडंडियां पड़ती हैं।

芊 qiān नीचे दे०

【芊绵】 qiānmián (芊眠 qiānmián भी) (घास या वृक्षों का) सघन होना; घना होना

【芊芊】 qiānqiān 〈लि०〉 (घास या वृक्ष) सघन; घना; समृद्ध; संपन्न

扦 qiān ❶धातु, बांस आदि का छोटा पतला नुकीला टुकड़ा: 蜡～ शमादान; मोमबत्ती रखने की दीवट ❷बोरे से अनाज की बानगी निकालने के लिये प्रयुक्त धातु की लंबी नुकीली नली ❸〈बो०〉 किसी चीज़ को दूसरे के बीच में जोड़ना, लगाना या रखना: ～门 चिटकनी लगाना; दरवाज़ा बन्द करना / 把花～在花瓶里 फूलों को फूलदान में रखना

【扦插】 qiānchā पौधे की जड़, डंठल, पत्ते आदि का टुकड़ा काटकर मिट्टी में लगाना ताकि नया पौधा निकल आए

【扦脚】 qiānjiǎo 〈बो०〉 पाद-चिकित्सा करना

【扦子】 qiānzi ❶धातु, बांस आदि का छोटा पतला नुकीला टुकड़ा ❷बोरे से अनाज की बानगी निकालने वाली धातु की नुकीली नली

迁（遷）qiān ❶एक स्थान से दूसरे स्थान को जाना: 迁居 / 迁都 ❷बदलना; परिवर्तन होना: 变迁 biànqiān

【迁都】 qiāndū राजधानी बदलना

【迁户口】 qiān hùkǒu निवासस्थान बदलने के लिये पंजीकरण करना

【迁就】 qiānjiù तुष्टीकरण करना; रियायतें देना; सुलह-समझौता करना; बर्दाश्त करना: 采取～态度 समझौतावादी रुख अपनाना / 我们要坚持原则，绝不～。हमें सिद्धांत पर डटे रहना चाहिये और रियायतें कतई नहीं देनी चाहिये।

【迁居】 qiānjū निवासस्थान बदलना; वासत्याग करना: 他已～。उस का निवासस्थान बदल गया।

【迁离】 qiānlí वासत्याग करके दूसरे स्थान में जाना

【迁流】 qiānliú 〈लि०〉 (समय आदि) बीतता जाना; गुज़रता जाना: 岁月～。समय बीतता जाता है। / 跟着时间～ घटनाओं के साथ बहते जाना

【迁怒】 qiānnù (किसी व्यक्ति पर) गुस्सा उतारना: ～于人 किसी व्यक्ति पर सारा गुस्सा उतारना

【迁徙】 qiānxǐ एक स्थान से दूसरे स्थान को जाना; अपना निवासस्थान बदलना: 人口～ जनसंख्या (या आबादी) का स्थानांतरण / ～自由 स्थानांतरण की आज़ादी (या स्वतंत्रता)

【迁校】 qiānxiào विद्यालय का स्थान-परिवर्तन होना

【迁延】 qiānyán विलम्ब करना; देर करना; स्थगित करना; टालना: ～时日 लंबे अरसे के लिये विलम्ब करना

【迁移】 qiānyí स्थानांतरित करना; एक स्थान से दूसरे स्थान को जाना: 工厂将从城里～至郊区。कारखाना नगर से उपनगर में स्थानांतरित होगा।

【迁葬】 qiānzàng कब्र की जगह बदलना

瓩 qiānwǎ 〈पुराना〉 किलोवाट

岍 Qiān नीचे दे०

【岍山】 Qiānshān छ्येन पर्वत (शैनशी 陕西 प्रांत में)

佥[1]（僉）qiān 〈लि०〉 सब-के-सब; सर्वसम्मत: ～同 सर्व-सम्मति से स्वीकार करना

佥[2]（簽）qiān 签 qiān के समान

汧 qiān नीचे दे०

【汧阳】 Qiānyáng 〈पुराना〉 शैनशी 陕西 प्रांत में एक स्थान（वर्तमान 千阳 Qiānyáng）

钎（釬）qiān छेद करने के लिये फ़ौलाद का नोकीला औज़ार; बर्मा

【钎子】 qiānzi (चट्टान में छेद करने के लिये) बर्मा; हैमर ड्रिल

牵（牽）qiān ❶(हाथ पकड़कर; रस्सा आदि पकड़कर) लेना; खींचना; निकालना: 手～手 हाथ में हाथ / ～牛上山 बैल को लेकर पहाड़ पर जाना ❷फंसना; उलझना: 牵连 / 牵涉

【牵缠】 qiānchán फंसना; फंसाना; उलझना; उलझाना: 家事～ घर के काम में फंस जाना

【牵肠挂肚】 qiāncháng-guàdù बहुत चिंता लगना; बहुत चिंता करना: 很久没有收到他的信，叫人～的。बहुत दिन से उस का पत्र नहीं मिला, मुझे दिन-रात उस की चिंता लगी रही है।

【牵扯】 qiānchě फंसाना; उलझाना; लपेट में लेना: 不要～很多人。ज़रूरत से ज़्यादा लोगों को लपेट में मत लो।

【牵掣】 qiānchè ❶रोकना; प्रगति या उन्नति में बाधा डालना: 互相～ एक दूसरे के काम में बाधा डालना ❷牵制 qiānzhì के समान

【牵动】 qiāndòng प्रभाव डालना; असर डालना: ～全局 संपूर्ण स्थिति पर प्रभाव डालना

【牵挂】 qiānguà याद आना; याद करना; चिंता करना: 家里人都好，不用～。घर में सब लोग अच्छी तरह हैं, चिंता न करो।

【牵记】 qiānjì याद करना; चिंता करना

【牵就】 qiānjiù 迁就 qiānjiù के समान
【牵累】 qiānlěi ❶(किसी व्यक्ति को किसी काम से) जकड़ देना; बांध देना: 受家务～ घर के काम में जकड़ दिया जाना ❷(कष्टों में) फंसना; उलझना; लपेटना: ～家人 घर के लोगों को लपेट में लेना
【牵连】 qiānlián ❶(कष्ट में) फंसना; उलझना; लपेटना: 不要～太广 ज़रूरत से ज़्यादा लोगों को लपेट में न लेना ❷(से) संबंधित होना: 互相～ एक दूसरे से संबंधित होना
【牵念】 qiānniàn अकसर याद करना; चिंता करना
【牵牛花】 qiānniúhuā (सफ़ेद किनारे वाला) प्रातःश्री (फूल)
【牵牛星】 qiānniúxīng ग्वाला तारा —— ऐल्टेयर
【牵强】 qiānqiǎng अस्वाभाविक; क्लिष्ट (तर्क, दलील आदि): 这条理由很～。यह तर्क बहुत अस्वाभाविक है।
【牵强附会】 qiānqiǎng-fùhuì ज़बर्दस्ती की व्याख्या करना; खींचाखींची या खींचातानी करना: 这样解释这句句子，有点～。इस तरह इस वाक्य की व्याख्या करना अस्वाभाविक सा लगता है।
【牵涉】 qiānshè प्रभाव पड़ना; फंसना; उलझना; लपेटना: 这个决定可以～到许多重大的问题。इस फ़ैसले का प्रभाव बहुत सी महत्वपूर्ण समस्याओं पर पड़ सकता है।
【牵手】 qiānshǒu एक पक्ष द्वारा दूसरे पक्ष को सहायता देना और उसे आगे बढ़ाना; हाथ लेना; एक दूसरे की मदद के लिये हाथ बढ़ाना
【牵头】[1] qiāntóu प्रारंभ करना; कोई काम करने में पहला बनना: 这事你来～吧！ यह काम तुम प्रारंभ करो！
【牵头】[2] qiān tóu ❶मध्यस्थ; बिचौलिया; कुटनी ❷मध्यस्थ का काम करना
【牵线】 qiānxiàn ❶(कठपुतली को) चलाना या नियंत्रण रखना ❷मध्यस्थ का काम करना; अगुवे का काम करना; संपर्क स्थापित करना: 有人～吗？ 那又是谁呢？ कोई मध्यस्थ है？ वह कौन है？
【牵线搭桥】 qiānxiàn-dāqiáo मध्यस्थ का काम करना; संपर्क स्थापित करना
【牵线人】 qiānxiànrén ❶पर्दे के पीछे नियंत्रण करने वाला; वायर-पुलर; वह राजनीतिक जो गुप्त रूप से प्रभाव डालकर किसी राजनीतिक दल का संगठन करता है ❷मध्यस्थ; दलाल; अगुआ
【牵一发而动全身】 qiān yī fà ér dòng quán shēn किसी भी भाग में हुई हलकी सी हरकत का प्रभाव सम्पूर्ण स्थिति पर पड़ता है
【牵引】 qiānyǐn ❶खींचना; विकर्षण करना: 火车有火车头～。रेल लोकोमोटिव-इंजन से खींची जाती है। ❷〈चिकि०〉 विकर्षण; ट्रैक्शन: ～器 ट्रैक्टर
【牵引车】 qiānyǐnchē ट्रैक्टर; ट्रैक्टर ट्रक
【牵引力】 qiānyǐnlì खींचने की शक्ति; विकर्षण-शक्ति
【牵制】 qiānzhì उलझाए रखना; रोकना; अंकुश लगाना: ～敌人 दुश्मन को उलझाए रखना / 这对敌人是一种～。यह दुश्मन पर एक किस्म की रोक है।

铅（鉛）qiān ❶〈रसा०〉 सीसा; लेड (Pb) ❷(पेंसिल में) लेड

yán भी दे०

【铅白】 qiānbái 〈रसा०〉 सफ़ेदा; सफ़ेद सीसा
【铅板】 qiānbǎn सीसे की चादर
【铅版】 qiānbǎn 〈मुद्रण०〉 कागज़ से टाइप द्वारा काटकर या सीसा ढालकर बनाई हुई छापने की प्लेट; स्टीरियोटाइप
【铅笔】 qiānbǐ पेंसिल: ～刀 पेंसिल चाकू; पेंसिल को पैना करने वाला चाकू / ～盒 पेंसिलदान / ～画 पेंसिल-चित्र / ～心(पेंसिल में) लेड; ब्लैक लेड
【铅玻璃】 qiānbōli लेड ग्लास
【铅垂线】 qiānchuíxiàn 〈वास्तु०〉 साहुल की डोरी
【铅锤】 qiānchuí 〈वास्तु०〉 साहुल
【铅丹】 qiāndān 〈रसा०〉 सिंदूर; मिनियम
【铅粉】 qiānfěn 铅白 के समान
【铅封】 qiānfēng लेड सीलिंग
【铅球】 qiānqiú 〈खेल०〉 गोला: 推～ शॉट फ़ुट / ～运动员 शॉट फ़ुटर
【铅丝】 qiānsī ❶तार; गैल्वनाइज़्ड वायर ❷〈विद्यु०〉 लेड वायर
【铅条】 qiāntiáo ❶〈मुद्रण०〉 लेड; स्लग ❷(आगे ठेलने वाली पेंसिल के लिये) लेड
【铅印】 qiānyìn स्टीरियोटाइप से छापना
【铅直】 qiānzhí सीधा खड़ा; ऊर्ध्वाधर
【铅中毒】 qiānzhòngdú सीसे से विषाक्त होना
【铅坠】 qiānzhuì साहुल
【铅子】 qiānzi बन्दूक आदि में प्रयोग की जाने वाली नोकीली गोली
【铅字】 qiānzì टाइप; लेटर: 大号～ बड़ा टाइप / ～盘 टाइपदान; टाइप-केस; लेटर बोर्ड
【铅字合金】 qiānzì héjīn टाइप मेटल

悭（慳）qiān ❶कृपण; कंजूस ❷कमी होना; अभाव होना: 缘～一面 yuán qiān yí miàn
【悭吝】 qiānlìn कृपण; कंजूस; मक्खीचूस: ～人 कृपण; कंजूस; मक्खीचूस; लोभी

谦（謙）qiān विनीत; विनम्र: 谦虚 / 谦恭
【谦卑】 qiānbēi विनयशील; विनम्र
【谦诚】 qiānchéng विनम्र और हार्दिक
【谦辞】 qiāncí विनम्रसूचक शब्द
【谦恭】 qiāngōng विनम्र और शिष्ट
【谦和】 qiānhé विनम्र और सुशील
【谦谦君子】 qiānqiān-jūnzǐ विनम्र सज्जन
【谦让】 qiānràng विनम्रतापूर्वक प्राथमिकता आदि से अस्वीकार करना: 他～不肯当主席。उस ने विनम्रतापूर्वक अध्यक्ष बनने से अस्वीकार किया।
【谦慎】 qiānshèn विनम्र और विवेकशील
【谦顺】 qiānshùn विनम्र और सम्मानपूर्ण
【谦虚】 qiānxū ❶विनम्र; विनीत; विनयपूर्ण; निरभिमान: 谦虚谨慎 ❷विनम्रतापूर्ण बातें कहना: 他～了一番，终于同意当主席。उस ने पहले विनम्रतापूर्ण बातें कहीं, बाद में अध्यक्ष बनना स्वीकार किया।

【谦虚谨慎】 qiānxū-jǐnshèn विनम्र और विवेकशील：～的作风 विनम्रता और विवेकशीलता की कार्य-शैली

【谦逊】 qiānxùn विनम्र; निरभिमान

签 1 （簽） qiān ❶हस्ताक्षर करना; दस्तखत करना：～支票 चेक पर हस्ताक्षर करना ❷दस्तावेज़ पर संक्षिप्त मत प्रकट करना：～注意见 (दस्तावेज़ पर) संक्षिप्त मत लिखना

签 2 （簽、籤） qiān ❶शकुन-परीक्षण या लाटरी निकालने के लिये प्रयुक्त बांस की लंबी-पतली पट्टियां：求～ मंदिर जाकर दुआ मांगना / 抽～ लाटरी डालकर तै करना ❷लेबिल：标～ लेबिल ❷लकड़ी आदि से बनी छोटी-पतली नोकीली टुकड़ी：牙～ दंतखोदनी ❹कपड़ों आदि को कच्ची सिलाई से जोड़ना：把领子～上 कालर को कच्ची सिलाई से जोड़ना

【签呈】 qiānchéng अपने उच्च पद पर आसीन व्यक्ति को विचारार्थ प्रस्तुत किया गया संक्षिप्त दस्तावेज़

【签到】 qiāndào सभा आदि में उपस्थिति के लिये रजिस्टर करना; हस्ताक्षर करना：我们早上到办公室得～。 सुबह हमें दफ़्तर पहुंचने पर हस्ताक्षर करना पड़ता है।

【签订】 qiāndìng संधि करना; (संधि पर) हस्ताक्षर करना：～条约 संधि करना; संधि पर हस्ताक्षर करना / ～协定 समझौते पर हस्ताक्षर करना

【签发】 qiānfā हस्ताक्षर करके भेजना：～护照 पासपोर्ट पर हस्ताक्षर करना और भेजना

【签名】 qiānmíng हस्ताक्षर करना; दस्तखत करना

【签收】 qiānshōu प्राप्ति-हस्ताक्षर करना：～挂号信 रजिस्टर्ड पत्र की प्राप्ति पर हस्ताक्षर करना

【签售】 qiānshòu नयी पुस्तक आदि को बेचते समय पुस्तक के लेखक का विक्रय-स्थान पर आकर अपनी लिखी पुस्तक पर हस्ताक्षर करके उसे बेचना; लेखक के हस्ताक्षर के साथ पुस्तक आदि बेचना; ऑटोग्राफ़्ड कापी सेल

【签署】 qiānshǔ अनुमोदन-हस्ताक्षर करना; हस्ताक्षर करना：～联合公报 संयुक्त विज्ञप्ति पर हस्ताक्षर करना

【签筒】 qiāntǒng ❶लाटरी की पट्टियां रखने का पोंगा ❷बोरे से अनाज की बानगी निकालने के लिये प्रयुक्त धातु की लंबी नोकीली नली

【签押】 qiānyā सरकारी दस्तावेज़ पर हस्ताक्षर करना या मुहर लगाना

【签证】 qiānzhèng ❶वीज़ा：出境～ देश के बाहर जाने का वीज़ा; एक्सिट वीज़ा / 入境～ प्रवेश वीज़ा; एण्ट्री वीज़ा

【签注】 qiānzhù ❶(उच्च पद पर आसीन व्यक्तियों द्वारा विचार करने के लिये) दस्तावेज़ पर टिप्पणी, राय आदि लिखना ❷प्रमाण-पत्र; तालिका-पुस्तक आदि पर टिप्पणी या राय लिखना

【签字】 qiānzì हस्ताक्षर करना; दस्तखत करना：小说上有作者的～。 उपन्यास में लेखक का हस्ताक्षर है। / ～国 संधि पर हस्ताक्षर करने वाले देश / ～仪式 हस्ताक्षर समारोह / ～者 हस्ताक्षरकार; हस्ताक्षर-कर्त्ता

【签子】 qiānzi ❶दे० 签 2❶ ❷दे० 签 2❷

愆 qiān 〈लि०〉 ❶पाप; दोष; त्रुटि; नियम-भंग：前～ अतीत की त्रुटि ❷विलंब करना; देर करना

【愆期】 qiānqī 〈लि०〉 विलंब करना; देर करना

【愆尤】 qiānyóu 〈लि०〉 पाप; दोष; त्रुटि

鸽 （鴿） qiān ठोंग मारना; चोंच मारना

骞 （騫） qiān 〈लि०〉 ❶ऊंचा उठाना; बुलंद करना ❷搴 qiān के समान

搴 qiān 〈लि०〉 ❶खींच निकालना：～草 घास को खींच निकालना ❷褰 qiān के समान

磏 qiān 大磏 dàqiān क्वेइचओ प्रांत में एक स्थान
lián भी दे०

諐 qiān 〈लि०〉 愆 qiān के समान

褰 qiān 〈लि०〉 (आंचल, पलंग का आवरण-पट आदि) उठाना; ऊंचा करना

韆 qiān दे० 鞦韆 qiūqiān

qián

荨 （蕁、藜） qián नीचे दे०
xún भी दे०

【荨麻】 qiánmá 〈वन०〉 बिच्छू बूटी; दंशरोम; कांच

钤 （鈐） qián ❶मुहर ❷मुहर लगाना：～印 मुहर लगाना ❸〈लि०〉 ताला

【钤记】 qiánjì 〈पुराना〉 सरकारी संस्थाओं की मुहर

【钤键】 qiánjiàn 〈लि०〉 ❶चाबी; कुंजी ❷उपाय; युक्ति; योजना; साज़िश

【钤印】 qiányìn मुहर लगाना

前 qián ❶सामने का; सामने वाला：～门 फाटक; पूर्वद्वार; सामने का दरवाज़ा ❷आगे की ओर：向～看 आगे की ओर देखना / 往～走 आगे की ओर चलना ❸(क्रम में) आगे का：～三排 आगे की तीन कतारें / 考试～三名 परीक्षा में प्रथम तीन नम्बर ❹बीता हुआ; अतीत का：～天 बीते हुए कल से पहले वाला दिन / ～所未见 जो अतीत में कभी न देखा हो ❺भूतपूर्व：～总理 भूतपूर्व प्रधान-मंत्री ❻पूर्व; पूर्वगत; पूर्ववर्ती：～资本主义 पूर्वपूंजीवाद ❼भविष्यत्; भावी：前程 ❽मोर्चा：支～ मोर्चे का समर्थन करना

【前半晌】 qiánbànshǎng 〈बो०〉 दोपहर के पहले; सुबह

【前半生】 qiánbànshēng （前半辈子qiánbànbèizi

भी）जीवन का पूर्वार्द्ध
【前半天】 qiánbàntiān दोपहर के पहले; सुबह; दिन का पूर्वार्द्ध
【前半夜】 qiánbànyè रात का पूर्वार्द्ध
【前辈】 qiánbèi पूर्ववर्ती (व्यक्ति); बूढ़ा; ज्येष्ठ： 革命～ क्रांति के पूर्ववर्ती (व्यक्ति)
【前臂】 qiánbì अग्रबाहु; प्रबाहु; अग्रभुज
【前边】 qiánbian 前面 के समान
【前不巴村，后不巴店】 qián bù bā cūn, hòu bù bā diàn न ग्राम आगे, न पथिकाश्रम पीछे —— जनशून्य क्षेत्र में पहुंचना
【前朝】 qiáncháo पूर्व-राजवंश; पहले का (या के) राजवंश
【前车之鉴】 qiánchēzhījiàn आगे वाले रथ के पतन से पीछे वाला रथ सचेत हो जाता है —— दूसरों की गलतियों से सबक सीखना
【前尘】 qiánchén <लि०> अतीत की घटनाएं： 回首～ अतीत की घटनाओं की याद करना
【前程】 qiánchéng ❶भविष्य： 锦绣～ उज्ज्वल भविष्य ❷<पुराना> (पढ़े-लिखे व्यक्तियों या अधिकारियों द्वारा उत्सुकता से प्राप्त करने के लिये) प्रतिष्ठा या उच्च पद
【前仇】 qiánchóu पुरानी दुश्मनी
【前此】 qiáncǐ पूर्वतः; पहले; इस के पहले
【前导】 qiándǎo ❶मार्गदर्शन करना ❷मार्गदर्शक
【前敌】 qiándí मोर्चा： 身临～ स्वयं मोर्चे पर आना
【前敌委员会】 qiándí wěiyuánhuì मोर्चा-कमेटी
【前额】 qián'é माथा; मस्तक; ललाट
【前方】 qiánfāng ❶सामने; आगे： 注视着～ आगे की ओर टक-टक देखना ❷(लड़ाई का) मोर्चा： 支援～ मोर्चे का समर्थन करना
【前房】 qiánfáng मरी हुई पत्नी (अबकी पत्नी से भिन्न)
【前锋】 qiánfēng ❶नासीर; सेनामुख; अग्रदल： 部队～已先期到达此地。सेना का अग्रदल पहले यहां आ पहुंचा है। ❷<खेल०> फ़ोरवर्ड खिलाड़ी
【前夫】 qiánfū (मरा हुआ या विवाह-विच्छेद का) भूत-पूर्व पति
【前赴后继】 qiánfù-hòujì लहरों के समान एक दूसरे का आगे बढ़ते जाना
【前功尽弃】 qiángōng-jìnqì प्राप्त कारनामा मिट्टी में मिल जाना
【前滚翻】 qiángǔnfān <खेल०> फ़ार्वर्ड रोल; आगे की ओर लुढ़कना
【前汉】 Qián Hàn पूर्व हान राजवंश; पश्चिमी हान राजवंश
【前后】 qiánhòu ❶<लघु अ०> (समय) लगभग; पहले या बाद： 五一～ मई दिवस के लगभग / 1950 年～ 1950 के पहले या बाद ❷(समय) आरंभ से अंत तक： 盖这幢楼～只用了十个月。आरंभ से अंत तक केवल दस महीने में ही इस इमारत का निर्माण पूरा हो गया । ❸आगे-पीछे： ～左右 आगे-पीछे दायें बायें / 学校的～都是马路。विद्यालय के आगे-पीछे सड़कें हैं।
【前…后…】 qián…hòu… ❶(एक वस्तु के पीछे दूसरी वस्तु या एक क्रिया के बाद दूसरी क्रिया होने का बोध होता है)： ～街～巷 समाने सड़क और पीछे गली / 前赴后继 / 前思后想 ❷(आगे और पीछे की ओर की क्रिया का बोध होता है)： 前仰后合
【前后夹击】 qiánhòu-jiājī आगे और पीछे से एक साथ आक्रमण करना
【前后脚儿】 qiánhòujiǎor <बोल०> एक के फ़ौरन बाद दूसरा; लगभग एक साथ： 我们俩～到的。हम दोनों लगभग एक साथ पहुंचे हैं।
【前呼后拥】 qiánhū-hòuyōng चारों ओर अनुचरों से भीड़ लगाता हुआ
【前记】 qiánjì 前言 के समान
【前脚】 qiánjiǎo ❶(कदम बढ़ते समय) अगला पैर： 他～一滑就摔了。अगला पैर फिसलने से वह गिर पड़ा। ❷(后脚 hòujiǎo के साथ प्रयुक्त) फ़ौरन बाद： 我～走，他后脚就来了。मेरे जाने के फ़ौरन बाद वह आया।
【前襟】 qiánjīn पल्ला; दामन; चीनी चोगा या जैकिट का अगला भाग
【前进】 qiánjìn बढ़ना; आगे बढ़ना; प्रगति करना; अग्रसर होना： ～路线 आगे बढ़ने का रास्ता या मार्ग / ～方向 आगे बढ़ने की दिशा
【前景】[1] qiánjǐng (दृश्य, चित्र, फ़ोटो आदि का)： अग्र-भूमि; अग्रभाग; सामने का भाग
【前景】[2] qiánjǐng मनोदृष्टि; भावदृश्य; भविष्य： 经济大发展的～令人欣喜。अर्थतंत्र के भारी विकास का भावदृश्य लोगों को प्रसन्न करता है।
【前臼齿】 qiánjiùchǐ अग्रदाढ़; दाढ़ों में आगे का दांत
【前倨后恭】 qiánjù-hòugōng पहले घमंडी और बाद में सम्मानपूर्ण; घमंड से नम्रता में बदलना
【前科】 qiánkē पहले के अपराध का रिकार्ड
【前空翻】 qiánkōngfān <खेल०> वायु में आगे की ओर कलाबाज़ी
【前例】 qiánlì पूर्वघटना; उदाहरण： 史无～ इतिहास में अभूतपूर्व; बेमिसाल
【前列】 qiánliè आगे की लाइन; अग्रश्रेणी; अगली श्रेणी： 站在斗争的最～ संघर्ष में सब से आगे खड़ा होना
【前列腺】 qiánlièxiàn पुरःस्थ ग्रंथि; मुखशायी ग्रंथि; प्रॉस्टेट： ～素 प्रॉस्टग्लेंडिन / ～肥大 पुरःस्थ ग्रंथि की अतिवृद्धि / ～炎 पुरःस्थ ग्रंथि शोथ
【前门】 qiánmén फाटक; अग्रद्वार; पूर्वद्वार; आगे का दरवाज़ा
【前门拒虎，后门进狼】 qiánmén jù hǔ, hòumén jìn láng सामने की दरवाज़े से बाघ को बाहर ढकेल देना और पीछे के दरवाज़े से भेड़िये का आ घुसना —— एक खतरे से बचकर फिर दूसरे खतरे में फंस जाना
【前面】 qiánmiàn ❶के आगे; अगले भाग में; के सामने： 村子～有一条河。गांव के सामने एक नदी है। / ～有空位。आगे (की कतार में) खाली सीट है। ❷पहले： ～一段里 पहले (ऊपर के) पैराग्राफ़ में
【前脑】 qiánnǎo अग्रमस्तिष्क
【前年】 qiánnián पिछले साल से पिछला साल; दो वर्ष पूर्व
【前怕狼后怕虎】 qián pà láng hòu pà hǔ अपने

सामने भेड़िये से और पीछे बाघ से भय खाना

【前排】 qiánpái अगली श्रेणी: ～有座位。आगे की पंक्तियों में खाली सीट है।

【前仆后继】 qiánpū-hòujì शहीद हुए लोगों की जगह लेने नये-नये लोग आगे बढ़ते रहे।

【前妻】 qiánqī (मरा हुआ या विवाह-विच्छेद की) भूतपूर्व पत्नी; पूर्व पत्नी

【前期】 qiánqī प्रथम काल; (किसी युग, काल का) प्रारंभिक भाग

【前愆】 qiánqiān अतीत की त्रुटि

【前前后后】 qiánqiánhòuhòu ❶(किसी घटना आदि का) सारा इतिहास: 这次事件的～ इस घटना का सारा इतिहास ❷(समय) आरंभ से अंत तक

【前清】 Qián Qīng छिंग राजवंश

【前驱】 qiánqū अग्रगामी; पूर्वगामी; आगे-आगे चलने वाला

【前驱期】 qiánqūqī 〈चिकि०〉 (रोग का) पूर्वलक्षण-काल

【前儿】 qiánr 〈बो०〉 बीता हुआ परसों

【前人】 qiánrén पूर्वज; पुरखे; पूर्वपुरुष; पिछली पीढ़ियां

【前人栽树，后人乘凉】 qiánrén zāi shù, hòurén chéng liáng एक पीढ़ी के लोग पेड़ लगाते हैं और दूसरी पीढ़ी के लोग उन पेड़ों की छाया में आराम करते हैं —— भावी पीढ़ी के लोगों को लाभ पहुंचाना

【前任】 qiánrèn पूर्वाधिकारी; भूतपूर्व अधिकारी: ～总统 भूतपूर्व राष्ट्रपति / 他的～ उस का भूतपूर्व अधिकारी

【前日】 qiánrì बीता हुआ परसों

【前晌】 qiánshǎng 〈बो०〉 दोपहर के पहले; सुबह

【前哨】 qiánshào अग्रिम सैन्य-दल; अग्रिम चौकी: 与敌人的～接触 दुश्मन के अग्रिम और सैन्य-दल से टकराना / ～据点 अग्रिम फ़ौजी चौकियां / ～工事 अग्रिम चौकी की मोर्चेबंदी / ～阵地 अग्रिम चौकी का मोर्चा

【前哨战】 qiánshàozhàn 〈सैन्य०〉 मामूली भिड़ंत; छुट-पुट मुकाबला

【前身】 qiánshēn ❶पूर्वरूप; पुराना रूप: 人民解放军的～是工农红军。जन-मुक्ति सेना का पुराना रूप मज़दूर-किसानों की लाल सेना था। ❷前襟 के समान

【前生】 qiánshēng (前世 qiánshì भी) पूर्वजन्म

【前市】 qiánshì पूर्व बाज़ार; पूर्व समय में स्टॉक बाज़ार या किसी स्टॉक का बाज़ारी भाव

【前室】 qiánshì 前妻 के समान

【前事不忘，后事之师】 qián shì bù wàng, hòu shì zhī shī अतीत का अनुभव, अगर नहीं भूला गया, तो वह भविष्य के लिये नियामक सिद्धांत है —— अतीत में सीखे हुए सबक भविष्य में किसी व्यक्ति का मार्ग-प्रदर्शन कर सकते हैं

【前思后想】 qiánsī-hòuxiǎng अच्छी तरह सोच-विचार करना; बार-बार सोचना-विचारना

【前所未闻】 qiánsuǒwèiwén जो पहले कभी न सुना हो: ～的奇迹 पहले कभी न सुना हुआ कमाल

【前所未有】 qiánsuǒwèiyǒu अभूतपूर्व; जो पहले कभी हुआ ही न हो: 克服～的困难 अभूतपूर्व कठिनाइयों को दूर करना

【前台】 qiántái ❶अग्रमंच; पूर्वमंच; आगे का मंच ❷〈ला०〉 मंच पर: ～有人表演，幕后有人指挥。कुछ मंच पर अभिनय कर रहे हैं और कुछ परदे के पीछे से सूत्र संभाल रहे हैं।

【前提】 qiántí ❶〈तर्क०〉 पक्ष; पूर्वकथन जिस से आगे अनुमान किया जाय: 大～ साध्य (या गुरु) आधार वाक्य / 小～ लघु (या पक्ष) आधार वाक्य ❷पूर्वशर्त; पूर्व-आवश्यकता: 为…准备（或造成、建立）～ (के लिये) पूर्वशर्त तैयार करना

【前天】 qiántiān बीता हुआ परसों

【前头】 qiántou 前面 के समान

【前途】 qiántú भविष्य: 光明的～ उज्ज्वल भविष्य / 他们的～不可限量。उन के भावी विकास की असीमित संभावनाएं मौजूद है।

【前腿】 qiántuǐ पशु आदि की अगली टांगें

【前晚】 qiánwǎn बीते हुए परसों की रात को

【前往】 qiánwǎng जाना; आगे जाना; आगे बढ़ना: 由北京～上海 पेइचिंग से शांगहाए जाना / 启程～ (के लिये) रवाना होना

【前委】 qiánwěi 前敌委员会 का संक्षिप्त रूप

【前卫】 qiánwèi ❶〈सैन्य०〉 अग्रिम (अगला) दस्ता; हरावल दस्ता ❷〈खेल०〉 हाफ़-बैक: 左～ लेफ़्ट; लेफ़्ट हाफ़-बैक

【前无古人】 qiánwúgǔrén मानव-इतिहास में बेमिसाल

【前夕】 qiánxī पूर्ववेला: 国庆节～ राष्ट्र-दिवस की पूर्ववेला / 解放～ मुक्ति की पूर्ववेला; मुक्ति के कुछ समय पहले / 全会的～ पूर्ण अधिवेशन के ऐन पहले

【前贤】 qiánxián 〈लि०〉 भूतपूर्व श्रेष्ठ (या योग्य) व्यक्ति

【前嫌】 qiánxián पुराना बैर; पुराना विद्वेष: 捐弃～ पुराने विद्वेष को त्याग देना

【前线】 qiánxiàn मोर्चा; अग्रिम मोर्चा: 站在斗争的最～ संघर्ष के अग्रिम मोर्चे पर डटे रहना / ～总指挥 फ़ील्ड कमाण्डर

【前项】 qiánxiàng 〈गणित०〉 अनुपात की प्रथम राशि; पहला अंक

【前言】 qiányán भूमिका; प्रस्तावना; प्राक्कथन: 词典的～ कोश का प्राक्कथन; कोश की भूमिका या प्रस्तावना

【前言不搭后语】 qiányán bù dā hòuyǔ आगे-पीछे की बातों में असंगति होना

【前沿】 qiányán 〈सैन्य०〉 अग्रिम मोर्चा: ～阵地 अग्रिम मोर्चा

【前仰后合】 qiányǎng-hòuhé हंसते-हंसते लोट-पोट हो जाना

【前夜】 qiányè पूर्ववेला: 处在大变动的～ महान परिवर्तन की पूर्ववेला में होना

【前因后果】 qiányīn-hòuguǒ कारण और परिणाम; सारी प्रक्रिया

【前缘】 qiányuán भाग्य में लिखा संबंध; पूर्वनिर्देश किया हुआ संबंध

【前瞻】 qiánzhān आलोकन; अग्रदर्शनः 回顾与～ सिंहावलोकन और अग्रदर्शन

【前站】 qiánzhàn दे० 打前站 dǎ qiánzhàn प्रबंध करने के लिये पहले से यात्रा आरंभ करना; अग्रिम-दल के रूप में काम करना

【前兆】 qiánzhào शकुन या उपशकुन; शुभाशुभ चिह्न; पूर्वचिह्नः 地震的～ भूकंभ का पूर्वचिह्न

【前哲】 qiánzhé 〈लि०〉 भूतपूर्व श्रेष्ठ (या योग्य) व्यक्ति

【前者】 qiánzhě पहला; उल्लेखित दो में से प्रथम

【前肢】 qiánzhī (पशु आदि की) अगली टांगें

【前置词】qiánzhìcí(介词 jiècí का दूसरा नाम)〈व्या०〉 पूर्वसर्ग; विभक्ति या संबंध सूचक अव्यय

【前缀】 qiánzhuì 〈व्या०〉 उपसर्ग

【前奏】 qiánzòu प्रस्तावना; भूमिका; आरंभः 战争的～ युद्ध का आरंभ

【前奏曲】 qiánzòuqǔ 〈संगी०〉 स्वरमिलाप; पूर्वालाप

虔 qián भक्त; सच्चा; ईमानदार; निष्कपटः 虔诚

【虔诚】 qiánchéng भक्त; श्रद्धावान; श्रद्धालु; पुण्यशीलः ～的信徒 भक्त अनुयायी; भक्तजन

【虔敬】 qiánjìng श्रद्धापूर्ण; भक्तिपूर्ण

【虔婆】 qiánpó वेश्यालय में आया; दूती; कुटनी

【虔心】 qiánxīn ❶श्रद्धापूर्ण या भक्तिपूर्ण दिल ❷श्रद्धापूर्वक; भक्तिपूर्वकः ～忏悔 श्रद्धापूर्वक प्रायश्चित करना

钱 1 (錢) qián ❶ताम्रमुद्रा; कांसे का सिक्काः 一个～ कांसे का एक सिक्का ❷पैसा; रुपयाः 多少～? कितना पैसा ? / 血汗～ पसीने का पैसा / 零用～ गांठ के पैसे / 他有～有势。 उस के पास धन है, अख्तियार है। ❸रकमः 劳动所得的～ श्रम से मिलनेवाली रकम ❹कांसे के सिक्के की तरह की चीज़ः 纸～ कागज़ का सिक्का ❺(Qián) एक कुलनाम

钱 2 (錢) qián छ्येन, भार की एक इकाई, एक छ्येन बराबर दस फ़न 分, और दस छ्येन बराबर एक ल्यांग 两

【钱包】 qiánbāo बटुआ; थैली; पर्स; मनीबैग

【钱币】 qiánbì मुद्रा; सिक्का

【钱币学】 qiánbìxué मुद्राशास्त्र; सिक्कों की विद्या

【钱财】 qiáncái धन; दौलत; पैसा; रुपया

【钱钞】 qiánchāo 〈पुराना〉 पैसा; रुपया

【钱串子】 qiánchuànzi ❶सिक्कों की डोरी —— पैसे का पीर; पैसे को बाकी चीज़ों से ऊपर समझना; मनी मांइडिड ❷〈प्राणि०〉 सहस्रपाद

【钱谷】 qiángǔ ❶धन-धान्य ❷छिंग राजवंश में मालगुज़ारीः ～师爷 मालगुज़ारी मुंशी; मालगुज़ारी क्लर्क

【钱柜】 qiánguì तिजोरी; कैशबाक्सः 开～ तिजोरी खोलना

【钱夹子】 qiánjiāzi बटुआ

【钱粮】 qiánliáng 〈पुराना〉 ❶भूमि करः 完～ भूमि कर चुकाना ❷मालगुज़ारीः 管～的(人) मालगुज़ारी वसूल करने के काम का इनचार्ज क्लर्क / 按期交清～ तारीख पर मालगुज़ारी चुका देना

【钱龙】 qiánlóng 〈प्राणि०〉 सहस्रपाद

【钱迷心窍】 qiánmíxīnqiào पैसा कमाने की खब्त

【钱能通神】 qián néng tōng shén धन सर्वशक्तिमान है

【钱票】 qiánpiào 〈बोल०〉 ❶पेपर मनी; नोट ❷भोजनालय में रुपये-पैसे के रूप में प्रयुक्त टिकट

【钱儿癣】 qiánrxuǎn 〈बोल०〉 (शरीर पर) दाद

【钱箱】 qiánxiāng कैशबाक्स

【钱庄】 qiánzhuāng सर्राफ़े की दुकान

钳 1 (鉗、箝) qián चिमटी; चिमटा; संड़सीः 老虎～ बांक

钳 2 (拑) qián ❶चिमटे से पकड़ना ❷रोके रखना; उलझाए रखनाः 钳制

【钳工】 qiángōng ❶मशीनें आदि फ़िट करने का काम ❷फ़िटर

【钳口】 qiánkǒu ❶बलपूर्वक किसी व्यक्ति को चुप करा देना ❷चुप रहना; खामोश रहनाः ～结舌 खामोश रहना; कुछ न बोलना

【钳形】 qiánxíng चिमटे के आकार काः ～攻势 〈सैन्य०〉 संड़सी

【钳制】 qiánzhì रोके रखना; उलझाए रखनाः ～敌人的部队 शत्रु-सेना को रोके रखना / ～兵力 शत्रु को रोके रखने वाला सैन्य-दल / ～队 रोके रखने का दस्ता

【钳爪】 qiánzhǎo (केकड़े, बिच्छू आदि के) आगे निकले पंजे

【钳子】 qiánzi ❶चिमटा; चिमटी; संड़सीः 长把～ लंबे हैंडिल की संड़सी ❷〈बो०〉 कुंडल; कर्णफूल; कान की बाली

乾 qián ❶छ्येन, अष्ट दिव्य रेखा चित्रों में से एक (☰) दे० 八卦 bāguà ❷पुरुष काः 乾宅
干 5 gān भी दे०

【乾坤】 qiánkūn आकाश और पृथ्वी; ब्रह्मांड; विश्वः 扭转～ ज़मीन आसमान एक कर देना; सारे विश्व को बदल देना

【乾隆】 Qiánlóng छिंग राजवंश में सम्राट काओ-त्सोंग 高宗 (1736-1795 ई०) की शासनोपाधि

【乾造】 qiánzào 〈पुराना〉 (विवाह में) वर पक्ष ❷पुरुष की उत्पत्ति का समय

【乾宅】 qiánzhái 〈पुराना〉 (विवाह में) वर पक्ष; वर का परिवार

掮 qián 〈बो०〉 कंधे पर बोझ लेना

【掮客】 qiánkè बिचोला; दलाल; आढ़तिया; एजेंट; ब्रोकर

犍 qián नीचे दे०
jiān भी दे०

【犍为】 Qiánwéi स्छवान प्रांत में एक स्थान

潜 (濳) qián ❶छिपा हुआ; गुप्त; निहितः 潜能

❷गुप्त रूप से: 潜入 ❸ (Qián) एक कुलनाम
【潜藏】 qiáncáng छिपना
【潜伏】 qiánfú छिपना; निहित होना: ～着危险 संकट निहित होना / ～特务 दुश्मन का छिपा हुआ एजेंट
【潜伏期】 qiánfúqī 〈चिकि०〉 निहित काल
【潜航】 qiánháng (पनडुब्बी का) पानी के नीचे जाना
【潜亏】 qiánkuī निहित घाटा
【潜力】 qiánlì निहित शक्ति; छिपी हुई शक्ति
【潜流】 qiánliú 〈भूगर्भ०〉 अंतर्प्रवाह; अंतर्धारा; अंतःस्रोत
【潜能】 qiánnéng 〈भौ०〉 गुप्त ऊर्जा; निहित क्षमता; निहित-शक्ति-क्षम
【潜热】 qiánrè 〈भौ०〉 गुप्त उष्मा; अंतर्निहित उष्मा
【潜入】 qiánrù ❶चुपचाप जाना; गुप्त रूप से जाना; पांव दबाकर जाना: ～室内 दबे पांव कमरे में घुस जाना ❷पानी के नीचे जाना
【潜水】 qiánshuǐ पानी के नीचे जाना; गोता खाना: ～器 स्क्यूब / ～运动 गोताखोरी का खेल
【潜水艇】 qiánshuǐtǐng (潜艇 qiántǐng भी) पनडुब्बी; सबमेरीन
【潜水衣】 qiánshuǐyī कंचुक; डाइविंग सूट
【潜水员】 qiánshuǐyuán डुबकीमार; गोताखोर; पनडुब्बी
【潜台词】 qiántáicí ❶नाटक में अप्रकट वाक्य जिस का भाव दर्शक या पाठक की समझ में आ सकता है ❷निहितार्थ
【潜逃】 qiántáo पलायन करना; भाग जाना: 只身～ अपनी जान बचाकर अकेले पलायन करना
【潜望镜】 qiánwàngjìng पार दर्शी; पेरिस्कोप
【潜心】 qiánxīn अत्यंत एकाग्रता से: ～研究 अत्यंत एकाग्रता से अनुसंधान या अध्ययन करना
【潜行】 qiánxíng ❶पानी के नीचे जाना या चलना ❷गुप्त रूप से जाना; छिपकर जाना
【潜血】 qiánxuè 〈चिकि०〉 अप्रत्यक्ष रक्त
【潜移默化】 qiányí-mòhuà किसी व्यक्ति के स्वभाव, विचार आदि पर सूक्ष्म प्रभाव डालना या पड़ना
【潜意识】 qiányìshí उपचेतन; अवचेतन; उपचेतनता; अवचेतनता
【潜泳】 qiányǒng पानी के नीचे तैरना
【潜在】 qiánzài छिपा हुआ; गुप्त; अप्रकट; निहित: ～力量 अंतर्निहित शक्ति
【潜质】 qiánzhì निहित-शक्ति-क्षम; निहित गुण

黔 1
qián 〈लि०〉 काला रंग

黔 2
Qián क्वेइचओ प्रांत का दूसरा नाम
【黔剧】 qiánjù क्वेइचओ प्रांत का स्थानीय ऑपेरा
【黔驴技穷】 qiánlǘ-jìqióng हतबुद्धि होना; बची-खुची चालें भी खतम हो गयी
【黔驴之技】 qiánlǘzhījì विफल चाल; व्यर्थ चाल
【黔首】 qiánshǒu (प्राचीन काल में प्रयुक्त) आम जनता

qiǎn

浅 (淺) qiǎn ❶उथला; छिछला; कम गहरा: ～水 छिछला पानी ❷सरल; आसान: 浅易 / 这本书～。 यह पुस्तक आसान है। ❸सतही; ऊपर का; ऊपरी: 对问题的认识～。 समस्या की बोधशक्ति कम है। ❹जो गहरा, दिली या घनिष्ठ न हो: 交情～ मित्रता का घनिष्ठ न होना ❺(रंग) हल्का: ～红 हल्का लाल / ～黄 हल्का पीला ❻(समय) कम होना; अधिक दिन न होना: 相处的日子还～ एक साथ रहने के दिन अधिक न होना
jiān भी दे०
【浅薄】 qiǎnbó ❶उथला; छिछला; सतही; ऊपरी; अधूरा; कम: 知识～ जानकारी अधूरी होना / 内容～ विषय गहरा न होना
【浅尝辄止】 qiǎncháng-zhézhǐ थोड़ी-सी जानकारी प्राप्त होने पर संतुष्ट रहना
【浅海】 qiǎnhǎi छिछला समुद्र: ～海洋生态学 छिछले समुद्र का परिस्थिति-विज्ञान
【浅见】 qiǎnjiàn उथला विचार; ओछा विचार: 依我～ मेरे उथले विचार में
【浅近】 qiǎnjìn सरल; सुलभ: ～易懂 सरल और आसानी से समझ सकना
【浅陋】 qiǎnlòu अज्ञान; कम; अधूरा; थोड़ा: 学识～ कम जानकारी होना
【浅露】 qiǎnlù (अभिव्यक्ति, कहने का ढंग आदि) कड़ा; जो सारगर्भित न हो: 词意～ शब्दों का सारगर्भित न होना
【浅明】 qiǎnmíng सरल; सुलभ; साफ़; स्पष्ट: ～的道理 सरल सचाई
【浅色】 qiǎnsè हल्का रंग; फीका रंग
【浅释】 qiǎnshì (प्रायः पुस्तकों के नाम में प्रयुक्त) सरल व्याख्या: 《唐诗～》 "सरल व्याख्या के साथ थांग राजवंश की कविताएं"
【浅水港】 qiǎnshuǐgǎng छिछले पानी की बंदरगाह
【浅说】 qiǎnshuō (प्रायः पुस्तकों के नाम या निबंधों के शीर्षक में प्रयुक्त) प्रारंभिक विषय-प्रवेश: 《无线电～》 "रेडियो प्रवेशिका"
【浅滩】 qiǎntān उतार; उथली या छिछली जगह; जलमग्न बालुका श्रेणी जो समुद्र का पानी उतरने पर दिखाई पड़ती है
【浅显】 qiǎnxiǎn सरल; सुलभ; आसानी से समझने वाला: ～的道理 सरल सच्चाई
【浅学】 qiǎnxué विद्वत्ताहीन: ～的人 विद्वत्ताहीन व्यक्ति
【浅易】 qiǎnyì सरल; सुलभ: ～读物 सरल पुस्तकें
【浅子】 qiǎnzi (浅儿 qiǎnr भी) गोल छिछला बर्तन

遣 qiǎn ❶भेजना; रवाना करना: 派～ भेजना / 听候编～ पुनर्गठन और विघटन की प्रतीक्षा करना ❷दूर

करना: 消～ हास्य-विनोद करना; मन बहलाना
【遣词造句】 qiǎncí-zàojù शब्द चुनना और वाक्य बनाना
【遣返】 qiǎnfǎn स्वदेश लौटाना; देश प्रत्यावर्तन करना: ～战俘 बंदियों को स्वदेश लौटाना
【遣闷】 qiǎnmèn ऊब या निरसता को दूर करना; ऊब या निरसता से दिल बहलाना
【遣派】 qiǎnpài (派遣 pàiqiǎn के समान) भेजना
【遣散】 qiǎnsàn भंग करना; सैन्य भंग करना; सैन्य-वियोजन करना: ～费 सेवरंस पे
【遣送】 qiǎnsòng घर भेजना; स्वदेश लौटाना: ～回国 अपने देश लौटाना / ～出境 देश से बाहर निकालना

嗛 qiǎn ❶बंदर के गाल की थैली ❷<प्रा०> 谦 qiān के समान भी; 歉 qiàn के समान भी

谴(譴) qiǎn ❶निन्दा करना; भर्त्सना करना; इलज़ाम लगाना: 谴责 ❷<लि०> अपराध के कारण अधिकारी का पद नीचा गिरना
【谴责】 qiǎnzé धिक्कारना; निन्दा करना: 舆论～ लोकमत द्वारा निन्दा करना / 用～的目光看 तिरस्कार की दृष्टि से देखना
【谴谪】 qiǎnzhé <लि०> अपराध के कारण अधिकारी का निर्वासित किया जाना

缱(繾) qiǎn नीचे दे०
【缱绻】 qiǎnquǎn <लि०> दोनों जन का स्वभाव एक-सा होना और मुश्किल से एक दूसरे को अलग कर सकना

qiàn

欠[1] qiàn ❶जंभाई: 欠伸 ❷(शरीर के एक भाग को) थोड़ा उठाना: 欠身

欠[2] qiàn ❶बाकी रहना; ऋणबद्ध या ऋणी होना: 你还～十九个钱呢! तुम्हारी तरफ़ उन्नीस तांबे के सिक्के बकाया हैं! ❷काफ़ी न होना; कम होना; अभाव होना: 欠佳 / 欠妥
【欠安】 qiàn'ān <शिष्ट०> बीमार होना (दूसरों के लिये): 家父身体～。मेरे पिता जी का स्वास्थ्य अच्छा नहीं है।
【欠产】 qiànchǎn उत्पादन में कमी होना
【欠户】 qiànhù ऋणी; कर्ज़दार
【欠火】 qiànhuǒ काफ़ी लंबे समय तक न पकाया हुआ या गरमाया हुआ: 这些馒头～。ये मानथओ (भाप से पकी रोटी) काफ़ी लंबे समय तक पकाई हुई नहीं हैं।
【欠佳】 qiànjiā काफ़ी अच्छा न होना: 身体～ स्वास्थ्य ज़रा ठीक न होना
【欠款】 qiànkuǎn ❶कर्ज़ उठाना; ऋण लेना: 他欠了不少款。उस के ऊपर बहुत ऋण चढ़ गया है। ❷ऋण; कर्ज़; याफ़्तनी: 还清～ ऋण चुकाना
【欠情】 qiànqíng किसी व्यक्ति की कृतज्ञता का ऋणी होना: 咱俩谁也不欠谁的情。हम दोनों में कोई किसी के एहसान का कर्ज़दार नहीं है।
【欠缺】 qiànquē ❶कमी होना; अभाव होना: 经验～ अनुभव का अभाव होना ❷अभाव; कमी: 工作中的～ काम में कमी / 你们活干得很好，没有什么～。तुम लोगों ने बहुत अच्छा काम किया, कोई कमी नहीं है।
【欠伸】 qiànshēn अंगड़ाई लेना और जंभाई लेना
【欠身】 qiànshēn अपनी सीट से आधा उठ खड़ा होना: 他～向来客致礼。उस ने अपनी सीट से आधा उठकर आगंतुक को नमस्कार किया।
【欠条】 qiàntiáo (欠据 qiànjù भी) ऋण के लिये प्राप्तिपत्रक या रसीद
【欠妥】 qiàntuǒ ज़रा अनुचित होना: 措词～ शब्दों का प्रयोग ज़रा अनुचित होना
【欠债】 qiànzhài ऋणग्रस्त हो जाना; कर्ज़ खाना; ऋण चढ़ना: 我没有欠他债。हम ने उस का कर्ज़ नहीं खाया है।
【欠账】 qiànzhàng ऋणग्रस्त हो जाना; ऋण चढ़ना; कर्ज़ खाना
【欠资】 qiànzī डाक व्यय की कमी

纤(縴) qiàn गून; नाव को खींचने का रस्सा या रस्सी: 纤绳
xiān भी दे०
【纤夫】 qiànfū नाव खींचने वाला
【纤路】 qiànlù नाव खींचने की पटरी
【纤绳】 qiànshéng नाव खींचने का रस्सा या रस्सी; गून
【纤手】 qiànshǒu <पुराना> अचल संपत्ति एजेंट या ब्रोकर

芡 qiàn <वन०> गार्गन यूरियल
【芡粉】 qiànfěn ❶उक्त पौधे के बीज का चूर्ण ❷भोजन बनाने में प्रयुक्त कोई कलफ़ या मांड़ी
【芡实】 qiànshí गॉर्गन यूरियल का फल

茜(蒨) qiàn ❶<वन०> मजीठ; मंजिष्ठ ❷मजीठ का रंग
xī भी दे०
【茜草】 qiàncǎo <वन०> मजीठ; मंजिष्ठ; ऐलिज़ारिन
【茜素染料】 qiànsù rǎnliào ऐलिज़ारिक रंजक

倩[1] qiàn <लि०> सुन्दर; खूबसूरत: 倩影

倩[2] qiàn <लि०> किसी व्यक्ति से कोई काम करने के लिये मांगना: ～人执笔 किसी व्यक्ति से अपनी ओर से लिखने के लिये मांगना
【倩男倩女】 qiànnán-qiànnǚ सुन्दर पोशाक में पुरुष और स्त्रियां
【倩影】 qiànyǐng (स्त्री का) सुन्दर प्रतिबिंब; (सुन्दर स्त्री का) फ़ोटो
【倩装】 qiànzhuāng (स्त्री की) सुन्दर पोशाक

堑 qiàn खाई; खंदक: 吃一～，长一智 गढे में गिरे तो

अक्ल आएगी; ठोकर खावे बुद्धि पावे
【堑壕】 qiànháo खाई; खंदक; ट्रेंच: ～战 खाई की लड़ाई

椠 qiàn <लि०> ❶प्राचीन काल में लेख आदि लिखने के लिये लकड़ी का पट्टा ❷काष्ठ-मुद्रण संस्करण: 宋～ सोंग राजवंश का काष्ठ-मुद्रण संस्करण

嵌 qiàn <लि०> जड़ देना; जमा देना; बैठा देना: ～花的地面 मोज़ैक फ़र्श

慊 qiàn <लि०> खेद होना; घृणा करना; नफ़रत करना
qiè भी दे०

歉 qiàn ❶फ़सल अच्छी न होना: 歉年 ❷खेद; दुख; अफ़सोस: 道～ माफ़ी मांगना; क्षमा-प्रार्थना करना
【歉忱】 qiànchén <लि०> खेद; दुख; अफ़सोस
【歉疚】 qiànjiù खेद-भाव; अपराध की चेतना: 深感～ मन में गहरे रूप से खेद-भाव पैदा होना; अंतःकरण में गहरे रूप से अपराध की चेतना होना
【歉年】 qiànnián कमफ़सल वाला वर्ष
【歉然】 qiànrán खेदपूर्वक: ～一笑 खेदपूर्वक मुसकराना
【歉收】 qiànshōu कम खेती; बुरी फ़सल: 因遭水灾而～ बाढ़ के कारण बुरी फ़सल होना / 稻子～ धान की फ़सल चौपट होना
【歉岁】 qiànsuì कम फ़सल वाला वर्ष
【歉意】 qiànyì खेद-भाव: 表示～ खेद प्रकट करना

qiāng

抢 (搶) qiāng ❶<लि०> छूना; टकराना: 呼天抢地 hūtiān-qiāngdì ❷戗 qiāng❶ के समान
qiǎng भी दे०

呛 (嗆) qiāng गला बन्द हो जाना (खाना, पानी आदि से) गला या सांस बन्द करना: 我吃饭吃～了。 चावल का दाना गले में फंसने से मुझे उच्छू आयी।
qiàng भी दे०

羌 Qiāng दे० 羌族
【羌族】 Qiāngzú ❶छ्यांग जाति (स्छवान प्रांत में) ❷प्राचीन काल में एक जाति

玱 (瑲) qiāng <अनु०> जेड वस्तुओं के टकराने का शब्द

枪[1] (槍、鎗) qiāng ❶शूल; बरछा; भाला: 标～ भाला; बरछा / 红缨～ लाल झालरदार बरछा ❷बंदूक; गन; राइफ़ल: 步～ राइफ़ल / 手～ पिस्तौल ❸बंदूक के आकार की या बंदूक की तरह काम आने वाली वस्तु: 电子～ इलेक्ट्रान गान / 焊～ वेल्डिंग टार्च

枪[2] (槍) qiāng दे० 枪替
【枪靶】 qiāngbǎ (बंदूक दागने का) निशान; लक्ष्य
【枪把】 qiāngbà बंदूक का कुंदा; पिस्तौल ग्रिप
【枪版】 qiāngbǎn अनधिकृत रूप से प्रकाशित या नकली वीडियो डिस्क
【枪毙】 qiāngbì गोली से उड़ाना या भून देना; गोली मार देना: ～逃兵 भगोड़ों को गोली मार देना
【枪柄】 qiāngbǐng बंदूक का कुंदा या हत्था
【枪刺】 qiāngcì संगीन
【枪打出头鸟】 qiāng dǎ chūtóuniǎo पहल करने वाले पर सब से पहले प्रहार करना या उसे सब से पहले दंड देना
【枪带】 qiāngdài (राइफ़ल की) गलपट्टी; स्लिंग
【枪弹】 qiāngdàn ❶कारतूस ❷गोली
【枪法】 qiāngfǎ ❶निशानेबाज़ी: 我看看你的～。 अब मैं तुम्हारी निशानेबाज़ी देखूं। / 他的～很准 उस का निशाना बेखता है। ❷बरछे (पुराने शस्त्र) का प्रयोग करने का कौशल
【枪杆子】 qiānggǎnzi (枪杆 qiānggǎn भी) राइफ़ल; बंदूक; गन: ～里面出政权。 राजनीतिक सत्ता का जन्म बंदूक की नली से होता है।
【枪管】 qiāngguǎn बंदूक की नली
【枪机】 qiāngjī बंदूक का घोड़ा; कल; राइफ़ल बोल्ट
【枪架】 qiāngjià राइफ़ल रैक
【枪决】 qiāngjué गोली मारना: 批准～ गोली मारने का अनुमोदन करना
【枪口】 qiāngkǒu बंदूक की नली का मुंह; नालमुख; मोहरी: ～对准敌人 बंदूक की नली का मुंह दुश्मन पर करके निशाना साधना
【枪林弹雨】 qiānglín-dànyǔ राइफ़लों का जंगल और गोलियों की वर्षा: 在～中 गोलियों की बौछार में
【枪榴弹】 qiāngliúdàn राइफ़ल ग्रेनेड
【枪炮】 qiāngpào बंदूक और तोप; आग्नेय अस्त्र; हथियार
【枪杀】 qiāngshā गोली से मार डालना
【枪伤】 qiāngshāng गोली-घाव
【枪手】[1] qiāngshǒu ❶<पुराना> बर्छा लेने वाला ❷निशानेबाज़
【枪手】[2] qiāngshǒu दूसरे व्यक्ति के स्थान पर परीक्षा में बैठने वाला
【枪栓】 qiāngshuān बंदूक का घोड़ा; कल; राइफ़ल बोल्ट
【枪膛】 qiāngtáng बंदूक की नली का छेद
【枪替】 qiāngtì दूसरे व्यक्ति के स्थान पर परीक्षा में बैठना
【枪筒】 qiāngtǒng बंदूक की नली; नाल
【枪托】 qiāngtuō बंदूक का कुंदा; बटस्टाक
【枪乌贼】 qiāngwūzéi स्क्विड
【枪械】 qiāngxiè आग्नेय अस्त्र
【枪眼】 qiāngyǎn ❶तोप या बंदूक के लिये दीवार में

झरोखा; लंबे छेद; सूराख ❷गोली का छेद

【枪鱼】 qiāngyú मार्लिन

【枪支】 qiāngzhī आग्नेय अस्त्र: ～弹药 आग्नेय अस्त्र और गोली-बारूद

【枪子儿】 qiāngzǐr ❶कारतूस ❷गोली

戗（戧） qiāng ❶प्रतिकूल दिशा में जाना: 戗风 / ～辄儿走 यातायात की निर्धारित दिशा के प्रतिकूल जाना ❷(बात) टकराना; विरोध होना: 俩人说～了，吵起来了。बात करते-करते दोनों में असहमति पैदा हुई और झगड़ा होने लगा।

qiàng भी दे०

【戗风】 qiāngfēng प्रतिकूल वायु; वायु के प्रतिकूल: ～行车 गाड़ी का हवा के प्रतिकूल चलना

戕 qiāng 〈लि०〉 हत्या करना: 自～ आत्महत्या करना

【戕害】 qiānghài क्षति या नुकसान पहुंचाना: ～健康 स्वास्थ्य में हानि पहुंचाना

【戕贼】 qiāngzéi क्षति; हानि या नुकसान पहुंचाना: ～身体 स्वास्थ्य में हानि पहुंचाना

斨 qiāng प्राचीन काल में प्रयुक्त एक प्रकार का परशु

将（將） qiāng 〈लि०〉 आशा है कि; कृपया: ～子无怒 आप अप्रसन्न न होइए। / ～进酒 आप मदिरा पीजिये।

jiāng; jiàng भी दे०

跄（蹌） qiāng नीचे दे०

【跄跄】 qiāngqiāng 〈लि०〉(蹡蹡 qiāngqiāng भी) विधिपूर्वक चलना

qiàng भी दे०

腔 qiāng ❶(मनुष्य या जानवर के शरीर में) खोखला भाग; विवर: 口～ मुख-विवर / 鼻～ नासिका-विवर ❷तान; सुर: 唱走了～儿 गलत तान में गाना ❸स्वराघात: 京～ पेइचिंग स्वराघात ❹बात: 开～ बोलना आरंभ करना; मुंह खोलना; ज़बान खोलना

【腔肠动物】 qiāngcháng dòngwù आन्तरगुही जीव; बिना उदर वाले समुद्री जीव

【腔调】 qiāngdiào ❶तान; धुन; सुर: 京剧的～ पेइचिंग ऑपेरा की तान ❷〈अना०〉 आवाज़ की टोन: 他说起话来一副十足的流氓～。उस के बोलने की आवाज़ की टोन बिलकुल बदमाशों जैसी है। ❸स्वराघात: 听他说话的～是上海人。उस के बोलने के स्वराघात से ऐसा मालूम होता है कि वह शांगहाए का रहनेवाला है।

【腔骨】 qiānggǔ सूअर, बकरे आदि की रीढ़-हड्डी के जोड़ (भोजन के लिये)

蜣 qiāng नीचे दे०

【蜣螂】 qiāngláng गोबरैला

锵（鏘） qiāng 〈अनु०〉 खनखनाहट; झंकार; झनझना-हट; धातुओं या जेडों के टकराने का शब्द: 锣声～ घड़ियाल झंकृत हो रहे हैं।

蹡（蹌、鏹） qiāng नीचे दे०

qiàng भी दे०

【蹡蹡】 qiāngqiāng 跄跄 qiāngqiāng के समान

镪（鏹） qiāng नीचे दे०

qiǎng भी दे०

【镪水】 qiāngshuǐ 强酸 qiángsuān का लोकप्रचलित नाम

qiáng

强（強、彊） qiáng ❶बलवान; शक्तिशाली; सबल; मज़बूत; ताकतवर: 强国 / 能力～ सामर्थ्यवान / 责任心～ ज़िम्मेदारी की प्रबल भावना होना ❷बलात्; बलपूर्वक; ज़बरदस्ती: 强渡 / ～取 ज़बरदस्ती ले लेना ❸सबल बनाना; ताकतवर बनाना: 富国～兵 देश को धनी और सेना को शक्तिशाली बनाना ❹अधिक अच्छा या भला; बेहतर: 今年的情况比去年～。इस साल की हालत पिछले साल से बेहतर है। ❺से थोड़ा अधिक: 五分之一～ एक पांचवां से थोड़ा अधिक ❻शक्ति; शक्तिशाली राष्ट्र: 五～ पांच शक्तियां; पांच शक्तिशाली राष्ट्र ❼（Qiáng） एक कुलनाम

jiàng; qiǎng भी दे०

【强半】 qiángbàn 〈लि०〉 अधिकतर; आधे से अधिक

【强暴】 qiángbào ❶हिंसापूर्ण; हिंसात्मक; अति निर्दय; क्रूर: ～行为 हिंसापूर्ण आचरण ❷क्रूर शत्रु: 不畏～ क्रूर शत्रु से न डरना ❸〈ला०〉 हठसंभोग करना; बलात्कार करना

【强大】 qiángdà बड़ा और शक्तिशाली; प्रबल; बलवान; ताकतवर: ～的国家 बड़ा और शक्तिशाली देश / ～的生命力 बड़ी प्राणशक्ति

【强档】 qiángdàng सिनेमा या टी०वी० देखने, प्रसारण सुनने आदि का सब से अच्छा या मुख्य समय; वह समय जिस में सिनेमा, टी०वी० देखने या प्रसारण सुनने की दर बहुत ऊंची हो

【强盗】 qiángdào डाकू; डकैत; लुटेरा: ～逻辑 लुटेरों का तर्क / ～行径 डाकाजनी; लुटेरों की हरकतें / ～收心做好人。हृदय-परिवर्तन के कारण डाकू धर्मात्मा बन सकता है।

【强的松】 qiángdísōng 〈औष०〉 प्रेडनिसोन

【强敌】 qiángdí शक्तिशाली शत्रु

【强调】 qiángdiào ज़ोर देना; रेखा खींचकर कहना: ～自力更生 स्वावलम्बन पर ज़ोर देना

【强度】 qiángdù उग्रता; तीव्रता; प्रचण्डता; शक्ति; सा-

मर्थ्यः 钢的～ इस्पात की शक्ति / 抗震～ भूकम्प प्रतिरोध की शक्ति
【强渡】 qiángdù बलपूर्वक या ज़बरदस्ती नदी पार करना: ～长江 बलपूर्वक यांत्सी नदी पार करना
【强夺】 qiángduó छीना-झपटी करना
【强风】 qiángfēng <मौ०वि०> प्रबल पवन
【强干】 qiánggàn योग्य और अनुभवी
【强攻】 qiánggōng प्रचण्ड आक्रमण करना
【强固】 qiánggù सुदृढ़; मज़बूतः ～的基础 सुदृढ़ आधार; पुख्ता बुनियाद या नींव
【强国】 qiángguó ❶शक्तिशाली राष्ट्र; शक्ति; महाशक्ति ❷देश को शक्तिशाली बनानाः ～之本 देश को शक्तिशाली बनाने का आधार
【强悍】 qiánghàn क्रूर; खूंख्वारः ～好战的民族 क्रूर और युद्धप्रिय जाति
【强横】 qiánghèng अशिष्ट और अयुक्तियुक्त; अत्याचारी; क्रूर; ज़ालिमः ～无理 अशिष्ट और अयुक्तियुक्त
【强化】 qiánghuà दृढ़ बनाना; मज़बूत बनानाः ～国家政权 राजसत्ता को दृढ़ बनाना
【强化食品】 qiánghuà shípǐn विटामिन, प्रोटीन आदि मिलाकर अधिक पौष्टिक बनायी हुई खाद्य वस्तुएं
【强击机】 qiángjījī आक्रमक विमान
【强加】 qiángjiā थोपना; सिर पर डाल देनाः ～在头上 सिर पर थोपना / ～于人 दूसरों के गले मढ़ देना; दूसरों पर थोपना
【强奸】 qiángjiān बलात्कार करनाः ～妇女 महिलाओं के साथ बलात्कार करना / <ला०> ～民意 लोकमत के नाम को कलंकित करना / ～犯 बलात्कार करनेवाला अपराधी
【强碱】 qiángjiǎn <रसा०> क्षार; खार; अल्काली
【强健】 qiángjiàn स्वस्थ; तंदुरुस्तः ～的体魄 शारीरिक रूप से स्वस्थ होना; शारीरिक गठन अच्छी होना
【强将手下无弱兵】 qiángjiàng shǒuxià wú ruòbīng शक्तिशाली सेनापति के मातहत दुर्बल सैनिक नहीं होते
【强劲】 qiángjìng शक्तिशाली; बलवानः ～的对手 शक्तिशाली प्रतिपक्षी या प्रतिद्वंद्वी
【强劳动力】 qiángláodònglì हृष्ट-पुष्ट श्रमिक
【强力霉素】 qiánglìméisù <औष०> डाक्सिसाइक्लीन
【强梁】 qiángliáng अति निर्दय; क्रूर; खूंख्वार; अत्याचारी; ज़ालिमः 不畏～ अत्याचारी से न डरना
【强烈】 qiángliè ❶सबल; प्रबल; तेज़ः ～的阳光 तेज़ धूप ❷स्पष्ट; आकर्षक; प्रभावकारीः ～的对比 स्पष्ट रूप से अनुपात होना ❸सख्त; तीव्रः ～抗议 तीव्र या सख्त विरोध करना
【强邻】 qiánglín शक्तिशाली पड़ोसी देश
【强令】 qiánglìng मनमाने ढंग से आज्ञा देनाः ～执行 कार्यान्वित करने के लिये मनमाने ढंग से आज्ञा देना
【强龙不压地头蛇】 qiánglóng bù yā dìtóushé बलवान नाग बिल में रहने वाले सांप को परास्त नहीं कर सकता —— बलवान व्यक्ति स्थानीय दुष्ट को परास्त नहीं कर सकता
【强弩之末】 qiángnǔzhīmò अपनी उड़ान के अंत में तीर —— खत्म हो जाने वाली शक्ति
【强权】 qiángquán बल; ज़ोर-ज़बरदस्तीः ～外交 बल कूटनीति; ज़ोर-ज़बरदस्ती की कूटनीति / ～政治 बल राजनीति; ज़ोर-ज़बरदस्ती की राजनीति; बलराज / ～即公理 —— 这是帝国主义的逻辑。जिस की लाठी उस की भैंस —— यह साम्राज्यवादियों का तर्क है।
【强人】 qiángrén ❶शक्तिशाली पुरुष या महिला ❷<पुराना> (强徒 qiángtú भी) डाकू; डकैत; लुटेरा
【强溶剂】 qiángróngjì प्रबल विलायक द्रव्य या पदार्थ
【强弱】 qiángruò बलवान और बलहीन; मज़बूत और कमज़ोरः ～对比 मज़बूती और कमज़ोरी का अंतर / ～优劣 मज़बूती और कमज़ोरी, बरतरी और कमतरी की हालत
【强弱悬殊】 qiángruò xuánshū मज़बूती और कमज़ोरी का बड़ा फ़र्कः 两军军力～ दोनों सेनाओं की शक्ति में भारी असमानता होना
【强身】 qiángshēn स्वस्थ बनाना; स्वास्थ्य सुधार करना
【强盛】 qiángshèng शक्तिशाली और समृद्ध (देश)
【强势】 qiángshì ❶विकसित या उन्नत होने की प्रवृत्ति ❷अधिक शक्तिशाली शक्ति
【强势群体】 qiángshì qúntǐ आर्थिक, सामाजिक आदि स्थितियों में अपेक्षाकृत अच्छी स्थिति प्राप्त जन-समूह
【强手】 qiángshǒu ❶अति योग्य व्यक्ति ❷सर्वश्रेष्ठ खिलाड़ी ; वलिष्ठ खिलाड़ी
【强似】 qiángsì (强如 qiángrú भी) (से) अधिक अच्छा होना; (से) आगे बढ़नाः 今年的生产～去年。इस वर्ष का उत्पादन पिछले वर्ष से अधिक अच्छा है।
【强酸】 qiángsuān <रसा०> तेज़ तेजाब
【强袭】 qiángxí बलपूर्वक आक्रमण करना
【强项】[1] qiángxiàng <खेल०> ❶प्रतियोगिता में अपेक्षाकृत शक्तिशाली मद; किसी का निपुण और अपेक्षाकृत अच्छा पहलू ❷प्रबल विषय या मद; स्ट्रांग प्वाइंट
【强项】[2] qiángxiàng <लि०> कृतसंकल्प और न झुकने वाला; न्यायनिष्ठ और अटल
【强心剂】 qiángxīnjì हृदय को बल देने वाली उत्तेजक औषधि; कार्डियक स्टिम्यूलेंट; कार्डियोटोनिक
【强行】 qiángxíng बलपूर्वक; ज़ोर-ज़बरदस्तीः ～通过提案 ज़ोर-ज़बरदस्ती प्रस्ताव स्वीकार करना
【强行军】 qiángxíngjūn बलकृत मार्च; फ़ोर्स्ड मार्च
【强压】 qiángyā दबाना; दमन करनाः ～怒火 क्रोध थूकना; क्रोधाग्नि को दबाना
【强硬】 qiángyìng कड़ा; कठोर; सख्तः ～态度 कड़ा रुख; कठोर रुख / ～手段 कठोर उपाय; बलप्रयोग का उपाय / 采取～政策 कठोर नीति अपनाना
【强有力】 qiángyǒulì शक्तिशाली; शक्तिमान; ताकतवरः 采取～的行动 शक्तिमान कार्यवाही अपनाना
【强占】 qiángzhàn ❶बलपूर्वक हरण करना; हथियाना ❷सैन्यबल से किसी स्थान पर अधिकार या कब्ज़ा करना
【强震】 qiángzhèn <भूगर्भ०> प्रबल भूकम्प
【强制】 qiángzhì बलपूर्वक; ज़बरदस्ती; बलात्ः ～的形式 ज़ोर-ज़बरदस्ती का रूप / ～执行 ज़बरदस्ती लागू करना

【强中自有强中手】 qiáng zhōng zì yǒu qiáng zhōng shǒu तुम कितने ही शक्तिशाली क्यों न हो, कोई न कोई तुम से भी अधिक शक्तिशाली अवश्य मौजूद है

【强壮】 qiángzhuàng बलवान; हृष्ट-पुष्ट; मांसल; तगड़ा: 身体～ मांसल और स्वस्थ

【强壮剂】 qiángzhuàngjì बलवर्द्धक; शक्तिवर्द्धक औषधि

【强子】 qiángzǐ 〈भौ०〉 हाड्रोन

墙（墻、牆） qiáng दीवार

【墙报】 qiángbào दीवार पत्र; दीवार अखबार

【墙壁】 qiángbì दीवार

【墙倒众人推】 qiáng dǎo zhòngrén tuī जब दीवार गिरने वाली हो हर व्यक्ति उसे धक्का देता है —— हर व्यक्ति पद या स्थान से पतित होने वाले पर प्रहार करता है

【墙根】 qiánggēn दीवार का निचला भाग

【墙基】 qiángjī दीवार का आधार या नींव

【墙角】 qiángjiǎo दो दीवारों से बना कोना

【墙脚】 qiángjiǎo ❶दीवार का निचला भाग ❷आधार; नींव: 挖～ 〈ला०〉 नींव खोखली कर देना

【墙皮】 qiángpí दीवार का पलस्तर: ～剥落 दीवार का पलस्तर झड़ना

【墙裙】 qiángqún 〈वास्तु०〉（护壁 hùbì भी）कमरे की दीवार का लकड़ी आदि से जड़ा हुआ या रंग से पुता हुआ निचला भाग; डेडो

【墙头】 qiángtóu ❶दीवार का ऊपरी भाग; दीवार का सिरा या शिखर ❷छोटी और नीची चहारदीवारी ❸〈बो०〉 दीवार

【墙头草，随风倒】 qiángtóucǎo, suífēngdǎo दीवार के शिखर पर घास हवा के अनुकूल झुकती है —— वह व्यक्ति जो जनसमूह के पीछे-पीछे चलता है

【墙垣】 qiángyuán दीवार

【墙纸】 qiángzhǐ ❶दीवारी कागज़（壁纸 bìzhǐ भी） ❷〈कंप्यू०〉 वॉलपेपर

蔷（薔） qiáng नीचे दे०

【蔷薇】 qiángwēi गुलाब

嫱（嬙） qiáng प्राचीन काल में राजमहल में महिला-अधिकारी

樯（檣、艢） qiáng 〈लि०〉 मस्तूल: 帆～ मस्तूल

qiǎng

抢[1]（搶） qiǎng ❶छीनना लूटना; लूटमार करना; डाका डालना; हथियाना; हरण करना: 抢劫 / ～钱 रुपया-पैसा छीनना / ～光 सब कुछ लूट लेना ❷कोई वस्तु प्राप्त करने के लिये प्रयास करना: ～球 गेंद, बॉल आदि प्राप्त करने के लिये प्रतिद्वन्द्वियों के साथ संघर्ष करना / 抢先 / ～着发言 सभा आदि में पहले बोलने के लिये प्रयास करना ❸शीघ्रता से; बड़े वेग से: 抢救 / 抢收 / 抢修

抢[2]（搶） qiǎng रगड़ कर या खुरच कर साफ़ करना; खुरचना; खरोंचना; हल्का घाव बना देना: 把锅底～一～。देगची के तल को खुरचकर साफ़ करो। / 磨剪子～菜刀 कैंची और रसोई चाकू को तेज़ करना / 膝盖上～破了一块皮。घुटने पर हल्का घाव हो गया।
qiāng भी दे०

【抢案】 qiǎng'àn लूटकांड

【抢白】 qiǎngbái डांटना; दुतकारना; फटकारना; व्यंग करना: 他～了我一句。उस ने मुझे डांटा था।

【抢答】 qiǎngdá सवाल का जबाव पहले देने का प्रयास करना

【抢渡】 qiǎngdù बड़े वेग से (या बड़ी तेज़ी से) नदी पार करना

【抢夺】 qiǎngduó छीनना; छीन-झपट करना; अपने अधिकार में कर लेना: ～胜利果实 विजय का फल अपने अधिकार में कर लेना

【抢饭碗】 qiǎng fànwǎn पेशे के लिये झगड़ा करना; दूसरे व्यक्ति का पेशा छीन लेना

【抢购】 qiǎnggòu ज़ोर से और तेज़ी के साथ आगे बढ़कर कोई चीज़ खरीदना: ～粮食 उक्त ढंग से अनाज खरीदना

【抢劫】 qiǎngjié सामान को लूट लेना; लूटपाट करना; डाका डालना: ～银行 बैंक की लूटपाट करना / ～案 लूटमार की वारदात

【抢镜头】 qiǎng jìngtóu (फ़ोटो खींचने वाले का) अच्छा फ़ोटो खींचने की अच्छी जगह के लिये संघर्ष करना; (फ़ोटो खींचवाने वाले का) अच्छी जगह पर अच्छा फ़ोटो खींचे जाने के लिये

【抢救】 qiǎngjiù शीघ्रता से आक्रमण या खतरे से बचाना; रक्षा करना: ～病人 शीघ्रता से रोगी की चिकित्सा करना; फ़ौरी इलाज करना / ～国家财产 (आग आदि से) शीघ्रता से राज्य की सम्पत्ति की रक्षा करना / ～组 संकटकालीन रक्षा दल; फ़ौरी इलाज दल

【抢掠】 qiǎnglüè लूट-खसोट करना; लूटपाट करना; लूटना: 入侵者～屠杀，无恶不作。आक्रमणकारियों ने लूट-खसोट, हत्याएं और सभी प्रकार के कुकर्म किये।

【抢亲】 qiǎngqīn（抢婚 qiǎnghūn भी）❶विवाह की एक रीति जिस में वर वधू को बलपूर्वक उठा ले जाने का दावा करता है ❷स्त्री का अपहरण करके बलपूर्वक उसे अपनी पत्नी बनाना

【抢青】 qiǎngqīng (बुरे मौसम के पहले) पकने वाली फ़सल बड़ी तेज़ी से काटना

【抢墒】 qiǎngshāng बड़े वेग से बीज बोना जब मिट्टी अभी गीली हो

【抢时间】 qiǎng shíjiān दौड़ में समय को पछाड़ना; बड़े वेग से नियमित समय से पहले कोई काम करना: ～播种 बड़े वेग से बीज बोना

【抢收】 qiǎngshōu बड़े वेग से फ़सल काटना

【抢手】 qiǎngshǒu (माल की) बाज़ार में बहुत बड़ी मांग

होना: ～货 बाज़ार में बहुत बड़ी मांग की चीज़ें या माल

【抢滩】 qiǎngtān <ला०> बाज़ार झपट लेना; किसी क्षेत्र में जाकर प्रतियोगिता में भाग लेना

【抢先】 qiǎngxiān नियमित समय से पहले ही काम हाथ में ले लेना: 会上～发言 सभा में नियमित समय से पहले ही बोलना

【抢险】 qiǎngxiǎn संकटकाल में शीघ्रता से हानि से बचने के लिये काम करना: 抗洪～ बाढ़ का विरोध करने के लिये शीघ्रता से कार्यवाही करना

【抢修】 qiǎngxiū बड़ी तेज़ी से मरम्मत करना: ～房屋 बड़ी तेज़ी से मकानों की मरम्मत करना

【抢眼】 qiǎngyǎn लोगों की दृष्टि आकर्षित करना

【抢运】 qiǎngyùn परिवहन की ओर तेज़ी से जाना

【抢占】 qiǎngzhàn ❶बड़े वेग से किसी स्थान पर अधिकार करना: ～高地 टीले पर कब्ज़ा करना ❷अविधिपूर्वक अधिकार करना: ～财产 दूसरे की सम्पत्ति पर अविधिपूर्वक अधिकार करना

【抢种】 qiǎngzhòng बड़ी तेज़ी से उगाना या रोपना

【抢嘴】 qiǎngzuǐ ❶<बो०> (सभा आदि में) पहले बोलने का प्रयास करना: 按次序发言，不要～。 क्रम से बोलो, और कई व्यक्ति एक साथ न बोलें। ❷खाना खाने के लिये तेज़ी से जाना

羟（羥） qiǎng नीचे दे०

【羟基】 qiǎngjī <रसा०> हाइड्राक्सिल (ग्रुप)

强（強、彊） qiǎng कोई काम करने के लिये मजबूर करना; अनिच्छा से कोई काम करना: 强辩 / 强笑 / ～不知以为知 जो हम नहीं जानते उस के बारे में हमें यह दिखावा हरगिज़ नहीं करना चाहिये कि हम उसे जानते हों

jiàng; qiáng भी दे०

【强逼】 qiǎngbī विवश करना; मजबूर करना; बाध्य करना; लाचार करना; दबाव डालना: 我本来不想去的，是被～着去的。 पहले मैं जाना नहीं चाहता था, विवश होकर गया था।

【强辩】 qiǎngbiàn कुतर्क से अपनी रक्षा करना; हठपूर्वक वाद-विवाद करना

【强词夺理】 qiǎngcí-duólǐ व्यर्थ की दलील का प्रयोग करना; कुतर्कवाद का सहारा लेना

【强记】 qiǎngjì रट्टा लगाकर स्मरण रखना

【强拉】 qiǎnglā किसी को कोई काम करने के लिये मजबूर करना: ～民伕 लोगों को बेगार करने के लिये मजबूर करना

【强留】 qiǎngliú किसी को रोक रखने के लिये मजबूर करना: ～客人 मेहमान को रोक रखने के लिये बहुत अधिक आग्रह करना

【强迫】 qiǎngpò विवश करना; मजबूर करना; बाध्य करना; लाचार करना; दबाव डालना: ～命令 ज़ोर-ज़बरदस्ती और फ़रमानशाही का सहारा लेना / ～劳动 बेगार लेना; किसी को श्रम करने के लिये विवश करना

【强迫交易罪】 qiǎngpò jiāoyì zuì बलपूर्वक विनिमय करने का अपराध; ज़बर्दस्ती सौदागरी करने का जुर्म

【强求】 qiǎngqiú आग्रह करना; दावा करना: 写文章可以有各种不同的风格，不必～一致。 लेख लिखने में भिन्न प्रकार की शैलियां हो सकती हैं, एक ही शैली में लिखने के लिये आग्रह करने की आवश्यकता नहीं है।

【强人所难】 qiǎngrénsuǒnán किसी को ऐसा काम करने के लिये विवश करना जो वह नहीं कर सकता या करना नहीं चाहता

【强使】 qiǎngshǐ विवश करना; मजबूर करना; बाध्य करना; लाचार करना; दबाव डालना

【强笑】 qiǎngxiào ❶अस्वाभाविक रूप से हंसना या मुस्कुराना ❷अस्वाभाविक हंसी या मुस्कान; कठहंसी

镪（鏹） qiǎng गूंथे हुए सिक्के

qiāng भी दे०

襁（繦） qiǎng नीचे दे०

【襁褓】 qiǎngbǎo नन्हें बच्चों को लपेटने की पट्टियां या कपड़े: 把某人从～中抚育成人 किसी को छुटपन से पालना-पोसना

qiàng

呛（嗆） qiàng (श्वसन अवयव को) जलन या प्रदाह उत्पन्न करना: 烟～人 धूएं के कारण किसी की सांस घुटना

qiāng भी दे०

戗（戧） qiàng ❶<वास्तु०> टेक; सहारा ❷<बो०> टिका देना; सहारा देना: 用木头～住墙 लट्ठे को दीवार से टिका देना

qiāng भी दे०

【戗面】 qiàngmiàn ❶आटा गूंथते समय सूखा आटा मिलाना ❷उक्त तरीके से गूंथे हुए आटे का खमीर उठाया हुआ आटा

炝（熗） qiàng ❶मांस या सब्ज़ियों को पानी में थोड़ी देर उबालकर बाहर निकालना, फिर (सोयाबीन से बनी) चटनी, सिरका आदि मिलाकर भोजन बनाना ❷भोजन पकाने का एक तरीका, गरम तेल में कोई चीज़ भूनकर (सोयाबीन से बनी) चटनी, मसाला, पानी आदि डालकर पकाना

跄（蹌） qiàng नीचे दे०

qiāng भी दे०

【跄踉】 qiàngliàng 踉跄 liàngqiàng के समान

跻（蹡） qiàng नीचे दे०

qiāng भी दे०

【跄踉】 qiàngliàng 跄踉 qiàngliàng के समान

qiāo

悄 qiāo नीचे दे०
qiǎo भी दे०

【悄悄】 qiāoqiāo चुपके से; चुपके-चुपके; चुपचाप; धीमी आवाज़ में: 他～地走进病房。वह दबे पांव (अस्पताल में) वार्ड में आया। / 他～地跟我全说了。उस ने धीमी आवाज़ में मुझे सारी बात बतायी।

【悄悄话】 qiāoqiāohuà कानाफूसी (विशेषकर पति-पत्नी, प्रेमी-प्रेमिका आदि के बीच)

硗（磽、墝） qiāo नीचे दे०

【硗薄】 qiāobó（硗确 qiāoquè भी）(भूमि) कड़ी और बंजर; ऊसर; अनुर्वर

雀 qiāo नीचे दे०
qiǎo; què भी दे०

【雀子】 qiāozi सेहुआं; मुंह पर हल्के भूरे रंग का धब्बा

跷（蹺） qiāo ❶(टांग) उठाना; (उंगली) दिखाना; उठाना: 他～着腿坐着。वह एक टांग दूसरी टांग पर रखकर बैठा है। / ～起大拇指 विजयी मुद्रा में अंगूठा सीधा खड़ा करना ❷पंजे के बल खड़े होना या चलना ～起脚看 पंजे के बल खड़े होकर देखना ❸पैरदार खंभा; टेक लगा हुआ खंभा ❹〈बो०〉 लंगड़ा

【跷蹊】 qiāoqi 蹊跷 qīqiāo के समान

【跷跷板】 qiāoqiāobǎn झूमाझूमी: 玩～ झूमाझूमी खेलना

跻（蹻） qiāo 跷 qiāo के समान

锹（鍬、鍫） qiāo फावड़ा: 一把～ एक फावड़ा

劁 qiāo बधिया करना; खस्सी करना; अंडकोष निकाल देना: ～猪 सूअर को बधिया करना

敲 qiāo ❶ज़ोर से मारना; पीटना; ठोंकना: ～门 दरवाज़ा खटखटाना / ～钟 घंटा बजाना; घंटी बजना / ～锣打鼓 ढोल-घड़ियाल बजाना / ～碎 टुकड़े-टुकड़े करना ❷〈बोल०〉 सही दाम से अधिक पैसा लेना; (निश्चित परिमाण से) अधिक लेना; (किसी को) ठगना; लूटना; मूंडना: ～顾客 ग्राहक से सही दाम से अधिक पैसा लेना

【敲边鼓】 qiāo biāngǔ किसी के पक्ष में किसी की मदद करने के लिये कुछ कहना या काम करना: 这建议你提出来，我给你～。यह सुझाव तुम पेश करो और मैं पीछे से बाद में तुम्हारी मदद करने के लिये कुछ कहूंगा।

【敲打】 qiāodǎ ❶खटखटाना; ठकठकाना; हल्का आघात करना; बजाना: ～锣鼓 ढोल-घड़ियाल बजाना / ～门板 दरवाज़ा खटखटाना; किवाड़ पर दस्तक देना ❷〈बो०〉 किसी को सताने के लिये कुछ कहना: 冷言冷语～人 किसी को सताने के लिये व्यंग्यपूर्ण बात कहना ❸आलोचना करना: 我的缺点很多，请您时常～着点。मेरी कमियां बहुत हैं, आप आलोचना कीजिये।

【敲定】 qiāodìng निश्चित करना; तय करना: 方案还没有最后～。योजना अभी अंतिम रूप से निश्चित नहीं की गयी है।

【敲骨吸髓】 qiāogǔ-xīsuǐ खून चूसना; क्रूर और खून चूसने वाला शोषक बनना

【敲击】 qiāojī पीटना; खटखटाना; ठकठकाना; बजाना

【敲警钟】 qiāo jǐngzhōng अलार्म घड़ी बजाना —— सचेत करना; चेतावनी देना

【敲门砖】 qiāoménzhuān नाम और लाभ कमाने का प्रारंभिक उपाय

【敲丧钟】 qiāo sāngzhōng मौत की घंटी बजाना: 民族独立运动敲响了殖民主义的丧钟。राष्ट्रीय-स्वतंत्र-आदोलन ने उपनिवेशवाद की मौत की घंटी बजायी।

【敲诈】 qiāozhà निचोड़ना; धमकी से धन, रुपया या पैसा ऐंठना: ～勒索 धमकी से धन, रुपया या पैसा ऐंठना

【敲竹杠】 qiāo zhúgàng ❶ठगना; लूटना; दिनदहाड़े लूटना ❷धमकी से धन, रुपया या पैसा ऐंठना

橇 qiāo स्ले; स्लेड; स्लेज; बर्फ़गाड़ी; हिमगाड़ी: 雪～ स्लेज

缲（繰、幧） qiāo अत्यंत सूक्ष्म टांकों से कपड़े का किनारा मोड़कर तुरपना: ～上衣边 कोट का किनारा मोड़कर तुरपाई करना
sāo भी दे०

qiáo

乔[1]（喬） qiáo ❶ऊंचा: 乔木 ❷（Qiáo）एक कुलनाम

乔[2]（喬） qiáo कपट वेश धारण करना; भेष बदलना: 乔装

【乔木】 qiáomù वृक्ष

【乔其纱】 qiáoqíshā 〈बुना०〉 जारजट, एक प्रकार का महीन रेशमी कपड़ा

【乔迁】 qiáoqiān अधिक अच्छा स्थान-परिवर्तन करना: ～之喜 किसी के नये वास-स्थान के लिये बधाई (या बधाई सूचक वाक्य)

【乔装】 qiáozhuāng कपट वेश धारण करना; भेष ब-

दलना: ～打扮 कपट वेश धारण करना; भेष बदलना; स्वांग भरना

侨（僑）qiáo ❶विदेश में निवास करना; प्रवास करना: 侨胞 / 侨民 ❷प्रवासी: 华～ प्रवासी चीनी

【侨胞】qiáobāo प्रवासी देशबन्धु; प्रवासी चीनी

【侨汇】qiáohuì प्रवासी एक्सचेंज; प्रवासी द्वारा भेजी हुई रकम: ～券 प्रवासी एक्सचेंज कूपन

【侨居】qiáojū प्रवास करना; विदेश में निवास करना: ～国外 विदेश में निवास करना; देशांतराधिवास करना; प्रवास करना: ～期 प्रवासकाल

【侨眷】qiáojuàn प्रवासी चीनी के अपनी मातृभूमि में रहने वाले संबंधी

【侨民】qiáomín प्रवासी; विदेश में निवास करने वाला: 外国～ विदेशी प्रवासी

【侨生】qiáoshēng ❶प्रवासी चीनी के विदेश में पैदा हुए बाल-बच्चे ❷चीन में अध्ययन करने वाले प्रवासी चीनी

【侨属】qiáoshǔ 侨眷 के समान

【侨务】qiáowù प्रवासी चीनियों से संबंधित मामले; प्रवासी चीनी मामले

【侨乡】qiáoxiāng प्रवासी चीनियों के संबंधियों या विदेश से वापस आये प्रवासी चीनियों का गांव या नगरी

【侨资】qiáozī प्रवासी चीनी द्वारा लगाई गयी पूंजी: ～企业 प्रवासी चीनी कारोबार

荞（蕎）qiáo नीचे दे०

【荞麦】qiáomài कोदो; मोथी; बकह्वीट

峤（嶠）qiáo 〈लि०〉 नोकदार और ऊंचा पहाड़ jiào भी दे०

桥（橋）qiáo ❶सेतु; पुल: 一座～ एक पुल ❷（Qiáo）एक कुलनाम

【桥洞】qiáodòng 〈बोल०〉 पुल की मेहराब

【桥墩】qiáodūn पुल की मेहराब के खंभे

【桥拱】qiáogǒng पुल को संभालने आदि के लिये वक्र-संरचना

【桥涵】qiáohán पुल और पुलिया

【桥孔】qiáokǒng पुल के नीचे का छेद (खुला हुआ भाग)

【桥梁】qiáoliáng सेतु; पुल: ～作用 सेतु की भूमिका

【桥牌】qiáopái ब्रिज (ताश का खेल): 打～ ब्रिज खेलना

【桥式起重机】qiáoshì qǐzhòngjī ब्रिज क्रेन

【桥塔】qiáotǎ 〈वास्तु०〉 पुल की मीनार; ब्रिज टावर

【桥头】qiáotóu पुल के दोनों ओर के सिरे

【桥头堡】qiáotóubǎo ❶〈सैन्य०〉 सेतुदुर्ग; ब्रिजहेड ❷〈वास्तु०〉 पुल की मीनार; ब्रिज टावर

【桥堍】qiáotù पुल के दोनों ओर के सिरे

硚（礄）Qiáo स्थानों के नाम में प्रयुक्त शब्द: 硚头 Qiáotóu (स्छवान प्रांत में) / 硚口 Qiáokǒu (हानखओ 汉口 नगर में)

翘（翹）qiáo ❶(सिर) उठाना: ～首 सिर उठाना ❷(लकड़ी, कागज़ आदि) ऊपर की ओर उठाना; ऐंठ जाना; टेढ़ा हो जाना; बिगड़ जाना: 木板～了。 तख्ता टेढ़ा हो गया; तख्ता बिगड़ गया।
qiào भी दे०

【翘楚】qiáochǔ उत्तमपुरुष; पुरुषोत्तम: 医中～ सर्वोत्तम चिकित्सक

【翘棱】qiáoleng 〈बो०〉 ऐंठ जाना; टेढ़ा हो जाना; बिगड़ जाना: 地板～了。 लकड़ी का फ़र्श बिगड़ गया।

【翘盼】qiáopàn उत्सुकता से आशा करना या बांधना

【翘企】qiáoqǐ 〈लि०〉 सिर उठाकर और पंजे के बल खड़ा होना —— उत्सुकता से आशा करना या बांधना

【翘首】qiáoshǒu 〈लि०〉 सिर उठाकर देखना: ～星空 सिर उठाकर तारों भरे आकाश को देखना

【翘望】qiáowàng ❶सिर उठाकर देखना ❷उत्सुकता से आशा करना या बांधना

【翘足而待】qiáozú'érdài पंजे के बल खड़े होकर प्रतीक्षा करना —— कोई वस्तु फ़ौरन मिलने की आशा लगाना

谯（譙）qiáo ❶दे० 谯楼 ❷（Qiáo）एक कुलनाम
诮 qiào भी दे०

【谯楼】qiáolóu 〈लि०〉 ❶नगरद्वार पर पहरे की मीनार ❷ढोलगृह

鞒（鞽）qiáo काठी पर उभड़ा हुआ भाग

憔 qiáo नीचे दे०

【憔悴】qiáocuì (रूप-रंग आदि) रक्त-विहीन; पीला और पतला; दुबला-पतला

樵 qiáo ❶ईंधन की लकड़ी ❷〈लि०〉 ईंधन की लकड़ी इकट्ठा करना

【樵夫】qiáofū 〈पुराना〉 लकड़हारा

瞧 qiáo 〈बोल०〉 देखना: ～书 किताब पढ़ना / 瞧见

【瞧不起】qiáobuqǐ 〈बोल०〉 तुच्छ समझना

【瞧得起】qiáodeqǐ 〈बोल०〉 किसी को अच्छा समझना; सादर देखना; आदर करना

【瞧见】qiáojiàn देखना; देख पाना: ～了吗? —— 瞧不见。 देख लिया? —— नहीं, देख नहीं पाया।

【瞧热闹】qiáo rènao तमाशा देखना

【瞧一眼】qiáo yīyǎn दृष्टिनिक्षेप करना

qiǎo

巧 qiǎo ❶कुशल; निपुण; प्रवीण; चतुर; होशियार: 巧辩 / 巧干 ❷संयोग से; इत्तफ़ाक से; ऐन मौके पर: 来得真～ ऐन मौके पर आना / 巧遇 ❸कपटी; छली;

चालाकः 花言巧语 huāyán qiǎoyǔ
【巧辩】 qiǎobiàn कुशलता से वाद-विवाद करना
【巧夺天工】 qiǎoduó-tiāngōng उत्कृष्ट कार्यकुशलता का प्रकृति से आगे निकल जाना
【巧妇难为无米之炊】 qiǎo fù nán wéi wú mǐ zhī chuī अति कुशल गृहिणी चावल के बिना भोजन नहीं पका सकती —— आवश्यक वस्तुओं के बिना अति योग्य व्यक्ति भी काम पूरा नहीं कर सकता; बिना तिलों के तेल नहीं निकाला जा सकता
【巧干】 qiǎogàn कुशलता से काम करना
【巧合】 qiǎohé संयोग से मेल खानाः 他俩同年同月同日生，真是～。ये दोनों एक ही साल, एक ही महीने और एक ही दिन में पैदा हुए हैं, सचमुच यह एक संयोग की बात है।
【巧计】 qiǎojì चतुर युक्ति; चतुर उपाय
【巧匠】 qiǎojiàng कुशल शिल्पकारः 能工～ कुशल शिल्पकार; होशियार कारीगर
【巧劲儿】 qiǎojìnr 〈बो०〉 कौशल; निपुणता; हुनर; तरकीबः 常常练习就会有～。बार-बार अभ्यास करने से निपुणता आती है।
【巧克力】 qiǎokèlì चाकलेटः 奶油夹心～ चाकलेट क्रीम
【巧立名目】 qiǎolì-míngmù सभी प्रकार के बहाने बनाना; बहुत से बहाने बताना
【巧妙】 qiǎomiào चतुर; कुशल; निपुण; होशियारः ～地运用某种方法 किसी उपाय का चतुराई से प्रयोग करना
【巧取豪夺】 qiǎoqǔ-háoduó ज़बरदस्ती और धोखेबाज़ी से (संपत्ति, अधिकार आदि) लूटना
【巧事】 qiǎoshìg इतफ़ाक की बात
【巧手】 qiǎoshǒu निपुण; प्रवीण; माहिर; उस्तादः 刺绣～ कसीदा काढ़ने में निपुण
【巧言令色】 qiǎoyán-lìngsè चतुर बातचीत और कृपापात्र बनने का ढंग
【巧遇】 qiǎoyù संयोग से मिलना

悄 qiǎo ❶चुप; खामोश; मौन; धीमी (आवाज़)ः ～声 धीमी आवाज़ ❷〈लि०〉 शोकपूर्ण; चिंतित; दुखी
qiāo भी दे०
【悄寂】 qiǎojì शांत; खामोश
【悄静】 qiǎojìng शांत; खामोश
【悄然】 qiǎorán 〈लि०〉 ❶शोकपूर्ण; दुखी; चिंतितः ～泪下 दुख से आंसू गिरना ❷शांत; खामोश
【悄声】 qiǎoshēng धीमी आवाज़ में; धीमे सेः ～说 धीमे से बोलना; फुसफुसाना / ～走进房间 दबे पांव कमरे में आना

雀 qiǎo गौरैया (家雀儿 jiāqiǎor, 雀盲眼 में प्रयुक्त)
qiāo; què भी दे०
【雀盲眼】 qiǎomangyǎn 〈बो०〉 रतौंधी

愀 qiǎo नीचे दे०
【愀然】 qiǎorán 〈लि०〉 गंभीर; दुखी; अप्रसन्नः ～不悦 दुख से अप्रसन्न होना / ～作色 (चेहरा) गंभीर होकर

qiào

壳（殼） qiào छिलका; खोल; सीप; कठोर बाह्य आवरणः 贝～ खरमोहरा; कौड़ी / 地～ धरती की ऊपरी तह या परत
ké भी दे०
【壳菜】 qiàocài मसेल; सीपदार कीड़ों के विभिन्न प्रकार
【壳斗】 qiàodǒu 〈वन०〉 चषिका
【壳质】 qiàozhì 〈जीव०र०〉 काइटिन

俏 qiào ❶सुन्दर; खूबसूरत; सुरूप; रूपवान; मनमोहकः 打扮得真～ ठाट से कपड़े पहनना / 模样～ सुरूप; सुन्दर रूप ❷(किसी माल का) विक्रय अच्छा होना; बाज़ार में बड़ी मांग की (चीज़ों) होनाः 俏货 ❸〈बो०〉 भोजन पकाने में नमक-मसाला मिलाकर मज़ेदार भोजन बनानाः ～点儿葱 सब्ज़ी में प्याज़ मिलाना
【俏货】 qiàohuò बाज़ार में बड़ी मांग की चीज़ या माल
【俏丽】 qiàolì सुन्दर; खूबसूरत; सुरूप; रूपवान
【俏皮】 qiàopi ❶(चेहरा, सजावट) सुन्दर ❷रसिक; परिहासक; चतुर; हाज़िरजवाबः 说话～ हाज़िरजावाबी के साथ बात करना
【俏皮话】 qiàopihuà ❶रसिक उक्ति; सरस उक्ति; व्यंग्योक्ति; चुभता मज़ाक ❷歇后语 xiēhòuyǔ के समान
【俏式】 qiàoshì 〈बो०〉 मनमोहक और सुन्दर
【俏头】 qiàotou ❶〈बो०〉 भोजन बनाने में स्वाद, रस या महक पैदा करने के लिये मिलाने वाली वस्तु, जैसे, अदरक; प्याज़, मिर्च आदि ❸ऑपेरा आदि में प्रशंसा प्राप्त करने वाले आचरण, शरारत, मज़ाक आदि
【俏销】 qiàoxiāo (माल) जल्दी-जल्दी बेचा जाना

诮（誚） qiào 〈लि०〉 निन्दा करना; आरोप लगाना
谯 के लिये qiáo भी दे०
【诮呵】 qiàohē 〈लि०〉 निन्दा करना; बुरा-भला कहना
【诮让】 qiàoràng 〈लि०〉 निन्दा करना; बुरा बताना; बुरा-भला कहना; दोषारोपण करना

峭（陗） qiào ❶ऊंचा और सीधा या ढलवां (पहाड़)ः 峭壁 / 峭立 ❷कठोर; कड़ा; सख्तः 峭直
【峭拔】 qiàobá ❶(पहाड़) ऊंचा और सीधा या ढलवां ❷(लेख की शैली) शक्तिमान; तेजस्वीः 文笔～ लेख की शैली शक्तिमान होना
【峭壁】 qiàobì कगार; सीधी कगार
【峭寒】 qiàohán (विशेषकर वसंत के आरंभ में) सर्द; ठंडा
【峭立】 qiàolì (चट्टान आदि) सीधा होना; ढलवे रूप से उठना

【峭厉】 qiàolì 〈लि०〉 ❶(हवा, सर्दी आदि) तेज़; कड़ाके का ❷कठोर; कड़ा; सख्त

【峭直】 qiàozhí 〈लि०〉 न्यायनिष्ठ और अनुशासनप्रिय

窍（竅） qiào ❶छिद्र; छेद; शरीर रंध्र: 七窍 qīqiào ❷(किसी वस्तु की) कुंजी: 窍门 / 一窍不通 yīqiào-bùtōng

【窍门】 qiàomén उपाय; तरीका; तरकीब; कुंजी: 找～ समस्या का समाधान करने के लिये उपाय या कुंजी ढूंढ़ना

愀 qiào 〈बो०〉 मूर्ख; बेवकूफ़

翘（翹、蹺） qiào एक सिरे का ऊपर की ओर उठना; सीधा खड़ा करना; ऊपर की ओर मुड़ना: ～起拇指 अंगूठा सीधा खड़ा करना

qiáo भी दे०

【翘板】 qiàobǎn 跷跷板 qiāoqiāobǎn के समान

【翘鼻子】 qiào bízi उठी हुई नाक

【翘辫子】 qiào biànzi मर जाना; दम तोड़ना (व्यंग और मज़ाक में प्रयुक्त): 我要是好生气，早就～了。अगर मुझे अक्सर गुस्सा आता तो मैं बहुत दिन पहले ही दम तोड़ गया होता।

【翘尾巴】 qiào wěiba अहंकारी होना; घमंडी होना; अहंकार करना; घमंड करना

撬 qiào किसी चीज़ को खोलने के लिये लाठी, लौह-दंड, चाकू आदि के एक सिरे को दरार या छेद में रखकर उस के दूसरे सिरे को दबाना: ～箱子盖 लौह-दंड, चाकू आदि चीज़ से संदूक का ढक्कन खोलना

【撬杠】 qiàogàng（撬棍 qiàogùn भी）सब्बल; लौह-दंड; रंभा

鞘 qiào म्यान; तलवार आदि का कोष: 剑～ तलवार का म्यान या कोष

shāo भी दे०

【鞘翅】 qiàochì（翅鞘 chìqiào भी）पक्षवर्म; पंखकोष्ठ; गुण्ठ

躈 qiào 〈लि०〉 जानवरों का गुदा-द्वार

qiē

切 qiē ❶चाकू से काटना: ～肉 मांस काटना; मांस के टुकड़े करना / ～鱼 मछली काटना ❷〈गणित०〉 स्पर्शज्यात्व

qiè भी दे०

【切除】 qiēchú 〈चिकि०〉 काट देना; उड़ा देना; तराशना

【切磋】 qiēcuō विचार-विनिमय द्वारा एक दूसरे से सीखना: ～学问 विचार-विनिमय द्वारा एक दूसरे से विद्या सीखना

【切磋琢磨】 qiēcuō-zhuómó खोदना और चमकाना —— विचार-विनियम द्वारा एक दूसरे से सीखना

【切蒂斯格尔】 Qiēdìsīgé'ěr छत्तीसगढ़ (प्रदेश)

【切点】 qiēdiǎn 〈गणित०〉 स्पर्शज्यात्व-बिन्दु; स्पर्श-बिन्दु

【切断】 qiēduàn काट डालना: ～彼此间的联系 एक दूसरे के संपर्क को तोड़ देना / ～交通 यातायात को काट देना / ～后路 पीछे हटने की राह बन्द करना

【切分音】 qiēfēnyīn 〈संगी०〉 स्वराघात-परिवर्तन

【切腹自杀】 qiēfù zìshā हाराकारी करना; जापान के उच्चवर्ग के लोगों द्वारा अपमानित होने पर या मृत्युदंड मिलने पर अंतड़ियों को काटकर और उन्हें बाहर निकालकर की गयी आत्महत्या

【切糕】 qiēgāo चिपचिपे चावल से बना और टुकड़ों में बिकने वाला एक प्रकार का केक

【切割】 qiēgē (खराद आदि से) धातु काटना: ～机 कटाई-यंत्र

【切花】 qiēhuā फूलदान में रखने आदि के लिये फूल के पौधे से तोड़ा हुआ फूल: 一束～ फूलों का एक गुच्छा

【切开】 qiēkāi 〈चिकि०〉 चीरना; काटना; चीर-फाड़ करना

【切口】 qiēkǒu किताब के पृष्ठ के किनारे का हाशिया

qièkǒu भी दे०

【切面】[1] qiēmiàn ❶नूडल्स के रूप में काटना ❷मशीन से काटे हुए नूडल्स

【切面】[2] qiēmiàn ❶〈गणित०〉 स्पर्शी तल; टैजेंट प्लेन ❷किसी ठोस चीज़ का आर-पार काटा हुआ हिस्सा; सेक्शन

【切片】[1] qiēpiàn पतले चौड़े टुकड़ों में काटना

【切片】[2] qiēpiàn 〈चिकि०〉 (किसी) शरीर-अवयव के सार भाग का टुकड़ा; सेक्शन

【切片机】 qiēpiànjī ❶टुकड़े काटने की मशीन; स्लाइसर ❷〈बुना०〉 चिपर ❸〈चिकि०〉 माइक्रोटोम

【切入】 qiērù किसी बिन्दु से किसी में प्रवेश करना (penetrate into)

【切线】 qiēxiàn 〈गणित०〉 स्पर्शज्या; स्पर्श रेखा

【切削】 qiēxiāo 〈यां०〉 कटाई; काटना

qié

伽 qié नीचे दे०

gā; jiā भी दे०

【伽蓝】 qiélán संघाराम

【伽南香】 qiénánxiāng 沉香 chénxiāng का दूसरा नाम 〈वन०〉 एगलाक ईग्लवुड

茄 qié बैंगन

jiā भी दे०

【茄泥】 qiéní कुचला हुआ बैंगन (भोजन); भरता

【茄子】 qiézi बैंगन

qiě

且 1 qiě ❶फ़िलहाल; पल भर: 且慢 / 他～看～走。वह देखता हुआ चल पड़ा ❷〈बो०〉लंबे समय के लिये: 他～来不了呢。उस के आने में बड़ी देर होगी; वह जल्दी नहीं आ सकता। ❸ (Qiě) एक कुलनाम

且 2 qiě 〈संयो०〉〈लि०〉❶भी; तक: 死～不怕, 况困难乎? हम मरने से भी नहीं डरते, कठिनाइयों से डरने की तो बात ही क्या? ❷और; तथा: 既高～大 ऊंचा और बड़ा

【且慢】 qiěmàn ठहरो! ज़रा रुक जाओ! पल भर ठहरो!

【且…且…】 qiě…qiě… 〈संयो०〉 (एकाक्षर शब्दों के साथ प्रयुक्त) जिस समय में; जिस बीच में: ～谈～走 बातचीत करते हुए चलना / ～战～退 लड़ते हुए पीछे हट जाना

【且说】 qiěshuō (पुराने उपन्यासों या कहानियों में नयी घटना को पेश करने के लिये प्रयुक्त शब्द या कहने का एक ढंग) इसी बीच में; इसी समय में

qiè

切 qiè ❶मेल खाना; अनुकूल होना; अनुरूप होना: 切合 / 不切实际 bú qiè shíjì ❷निकट होना; स्नेहपूर्ण: 切身 / 亲～ स्नेहपूर्ण; सौहार्दपूर्ण ❸उत्सुक; उत्कंठित; आतुर: 迫～ फ़ौरी; बिना विलंब के / 心～ उत्सुक; उत्कंठित; आतुर ❹अवश्य; ज़रूर; संजीदगी से: 切记 / 切忌 ❺反切 fǎnqiè में प्रयुक्त अक्षर, दे० 反切

qiē भी दे०

【切齿】 qièchǐ दांत पीसना (विद्वेष में): ～咒骂 दांत पीस-पीसकर कोसना

【切当】 qièdàng उचित: 用词～ शब्दों का उचित प्रयोग

【切肤之痛】 qièfūzhītòng प्रत्यक्ष लगने या महसूस होनेवाला दर्द; शारीरिक असुविधा

【切骨】 qiègǔ बहुत गहरा (विद्वेष, घृणा): ～之仇 बहुत गहरा विद्वेष

【切合】 qièhé अनुकूल होना: ～实际 वास्तविकता के अनुकूल होना; वास्तविकता से मेल खाना

【切记】 qièjì गिरह बांधना; याद रखना: ～斯言! ये बातें गिरह बांध लो!

【切忌】 qièjì (से) सावधानी के साथ बचना; कठोर रूप से सतर्क रहना: ～包办一切。हर बात पर अपना एकाधिकार कदापि नहीं कायम करना चाहिये।

【切谏】 qièjiàn सविनय आपत्ति करना; गंभीरता से परामर्श देना

【切近】 qièjìn ❶(से) निकट होना: ～作者愿意 लेखक के मूल अर्थ के निकट होना ❷निकट; नज़दीक: ～处 निकट स्थान

【切口】 qièkǒu गुप्त समाज या किसी विशेष पेशे की गुप्त भाषा

qiēkǒu भी दे०

【切脉】 qièmài 〈ची०चि०〉 नब्ज़ देखना

【切盼】 qièpàn (切望 qiēwàng भी) उत्सुकता से बाट जोहना

【切末】 qièmò रंगमंच पर प्रयुक्त सरल दृश्यपट और सामान

【切切】 qièqiè ❶अवश्य; ज़रूर: ～不要忘记。इसे कदापि नहीं भूलना चाहिये। ❷(सरकारी विज्ञप्ति आदि में प्रयुक्त वाक्यांश): ～此布 यह घोषणा पूरी संजीदगी और ईमानदारी के साथ जारी की जा रही है / ～此令 इस आदेश का कड़ाई के साथ पालन होना चाहिये। ❸उत्सुक; उत्कंठित; अत्यावश्यक: ～请求 अत्यावश्यकता से प्रार्थना करना ❹(窃窃 qièqiè के समान) फुसफुसाना: ～的说 फुसफुसाकर बोलना

【切身】 qièshēn ❶अपने या किसी व्यक्ति से प्रत्यक्ष रूप से संबंधित: ～利益 प्रत्यक्ष हित; अत्यावश्यक हित ❷व्यक्तिगत: ～体会 व्यक्तिगत अनुभव; प्रत्यक्ष अनुभव

【切实】 qièshí ❶कारगर; वास्तविक: ～有效的发展 वास्तविक हालत के मुताबिक और कारगर विकास / 用～的办法 कारगर उपाय करना / 做些～的工作 कुछ वास्तविक कार्य करना ❷कारगर रूप से; अमली ढंग से: ～改进 कारगर ढंग से सुधार करना / ～兑现条件 शर्तें कड़ाई के साथ पूरी करना / ～地执行任务 संजीदगी से काम को पूरा करना

【切题】 qiètí विषय से मेल खाना; विषयांतर न करना: 这篇文章不～。यह लेख विषय से मेल नहीं खाता।

【切要】 qièyào अत्यावश्यक; अति महत्वपूर्ण

【切音】 qièyīn दो अन्य अक्षरों से किसी चीनी अक्षर का उच्चारण प्रकट करना दे० 反切 fǎnqiè

【切诊】 qièzhěn 〈ची०चि०〉 नब्ज़ देखना और स्पर्श-परीक्षा, रोग-निदान के चार उपायों में से एक

【切中】 qièzhòng इच्छित लक्ष्य पर प्रहार करना; निशाना ठीक बैठाना: 批评～要害 आलोचना की घातक चोट लगाना

【切嘱】 qièzhǔ बार-बार कहना; बार-बार ज़ोर देना; बार-बार उपदेश देना

郄 Qiè एक कुलनाम
〈प्रा०〉 郤 xì के समान भी

妾 qiè ❶रखैल; रखैली ❷〈विन०〉 प्राचीन काल में महिलाओं द्वारा प्रयुक्त आत्मसंबोधन

怯 qiè ❶कायर; भीरु; शीघ्र घबराने वाला; कमज़ोर

दिल: 胆～ कायर; भीरु / 他～～地进去。वह डरता-डरता अंदर जा पहुंचा। ❷(पेइचिंग के मूल निवासी द्वारा उत्तर चीन के अन्य भागों से आये हुए लोगों के लिये प्रयुक्त) ग्रामीण स्वराघात: 这个人说话有点～。यह आदमी कुछ ग्रामीण स्वराघात से बोलता है। ❸<बो०> अशिष्ट; गंवार; फूहड़; भद्दा: 这两种颜色配在一起显得～。इन दोनों रंगों को एक साथ रखकर देखने में भद्दा-सा लगता है।

【怯场】 qièchǎng बहुत से लोगों के सामने बोलने, अभिनय करने आदि में संकोच या घबराहट होना

【怯懦】 qiènuò कायर और अति सावधान; डरपोक; बुजदिल

【怯弱】 qièruò कायर और कमज़ोर दिल: 生性～ स्वभाव में कायर और कमज़ोर दिल होना

【怯生】 qièshēng <बो०> अजनबियों के सामने झिझकना

【怯生生】 qièshēngshēng कायरता से; डरते-डरते

【怯声怯气】 qièshēng-qièqì डरते-डरते बोलना

【怯阵】 qièzhèn ❶मोर्चे पर जाने में घबराहट ❷怯场 के समान

窃（竊） qiè ❶चोरी करना; हरना: 偷～ चोरी करना; हरना ❷चोरी से; गुप्त रूप से: 窃视 / 窃听 / 窃笑 ❸<लि०> <विन०> (अपने विचार से संबंधित) मैं: ～以为 मैं समझता हूं कि; मेरे विचार में

【窃案】 qiè'àn चोरी; स्तेयकांड

【窃夺】 qièduó छीन लेना; हड़प लेना; हथिया लेना

【窃国】 qièguó राजसत्ता को छीन लेना: ～大盗 राज्याधिकार हरणकर्ता

【窃据】 qièjù हड़प लेना; हथिया लेना; ज़बरदस्ती कब्ज़ा करना: ～要职 महत्वपूर्ण ओहदे हथिया लेना

【窃密】 qièmì गुप्त सूचना चुराना

【窃窃】 qièqiè ❶धीमी (आवाज़): 窃窃私语 ❷मन ही मन: 内心～自喜 मन ही मन प्रसन्न होना

【窃窃私语】 qièqiè-sīyǔ आनाकानी करना; कानाफूसी करना; सरगोशियां करना

【窃取】 qièqǔ चुराना; छीन लेना; हड़प लेना; हथिया लेना: ～权力 सत्ता को अनुचित रूप से हथिया लेना

【窃视】 qièshì कनखियों से देखना

【窃听】 qiètīng चोरी से सुनना

【窃听器】 qiètīngqì डिटेक्टेफ़ोन; टैपिंग डिवाइस; लिसनिंग-इन डिवाइस: 安装～ टैपिंग डिवाइस लगाना; डिटेक्टेफ़ोन लगाना

【窃笑】 qièxiào गुप्त रूप से हंसना; मन-ही-मन हंसना

【窃贼】 qièzéi चोर; सेंधमार

挈 qiè ❶उठाना; ऊंचे उठाना; ऊंचा करना: 提纲～领 मुख्य बिन्दु पर केन्द्रित करना; अनिवार्य तत्वों को प्रकट करना ❷लेना; नेतृत्व करना: 提～全军 सारी सेना का नेतृत्व करना

【挈带】 qièdài लेना

惬（愜、悏） qiè <लि०> संतुष्ट होना; इच्छाएं पूरी होना: 惬意

【惬当】 qièdàng <लि०> उचित; यथोचित; मुनासिब

【惬怀】 qièhuái <लि०> प्रसन्न होना; संतुष्ट होना

【惬心】 qièxīn <लि०> प्रसन्न होना; संतुष्ट होना

【惬意】 qièyì प्रसन्न होना; संतुष्ट होना

趄 qiè टेढ़ा; तिरछा: ～坡 ढाल; ढलान
jū भी दे०

慊 qiè <लि०> संतुष्ट होना; प्रसन्न होना: 意犹未～ अभी मन भरा नहीं है
qiàn भी दे०

朅 qiè <लि०> ❶जाना ❷साहसपूर्ण; पराक्रमपूर्ण

锲（鍥） qiè <लि०> खोदना; उत्कीर्ण करना: 锲而不舍

【锲而不舍】 qiè'érbùshě उत्कीर्ण करते रहना —— लक्ष्यप्राप्ति के लिये प्रयत्न करते रहना

箧（篋） qiè <लि०> छोटा संदूक; छोटा बक्स; सूटकेस: 书～ पुस्तकें रखने का छोटा बक्स

qīn

钦（欽） qīn ❶प्रशंसा करना; आदर करना: 钦佩 / 钦仰 ❷सम्राट के द्वारा स्वयं: 钦定 ❸(Qīn) एक कुलनाम

【钦差】 qīnchāi शाही दूत

【钦差大臣】 qīnchāi dàchén ❶शाही दूत ❷उच्चाधिकारियों के प्रतिनिधि के लिये चलताऊ नाम

【钦迟】 qīnchí <लि०> (पुराने ज़माने में पत्र में प्रयुक्त) प्रशंसा करना; आदर के साथ देखना

【钦赐】 qīncì सम्राट द्वारा देना या प्रदान करना

【钦定】 qīndìng (पुस्तक आदि की) सम्राट की आज्ञा से रचना

【钦服】 qīnfú आदर करना; इज़्ज़त करना; सम्मान करना

【钦敬】 qīnjìng प्रशंसा करना और आदर करना: 对某人具有～之忱 किसी व्यक्ति के लिये मन में बड़ी प्रशंसा और आदर होना

【钦命】 qīnmìng ❶सम्राट की आज्ञा; शाही हुक्म ❷सम्राट द्वारा आज्ञा जारी करना

【钦慕】 qīnmù प्रशंसा करना; आदर करना

【钦佩】 qīnpèi प्रशंसा करना; आदर करना; श्लाघा करना: ～的目光 प्रशंसा की दृष्टि

【钦羡】 qīnxiàn प्रशंसा करना और आदर करना

【钦仰】 qīnyǎng <लि०> पूज्य मानना; श्रद्धा रखना; आदर करना

侵 qīn ❶देश में घुस जाना या आना; चढ़ाई करना; आक्रमण करना; हमला करना: 侵犯 / 侵害 ❷(भोर)

के निकट: 侵晨 / 侵晓

【侵晨】 qīnchén भोर के निकट पहले

【侵夺】 qīnduó ज़बरदस्ती हथियाना

【侵犯】 qīnfàn चढ़ाना; चढ़ाई करना; अतिक्रमण करना; अनधिकार प्रवेश करना; उल्लंघन करना: ～边境 सीमा का उल्लंघन करना / ～人权 मानव-अधिकारों पर आघात करना / ～工商业 कारोबार में बेजा तौर पर दखल देना

【侵犯商业秘密罪】 qīnfàn shāngyè mìmì zuì व्यापार के रहस्यों को उद्घाटित करने का अपराध

【侵害】 qīnhài अधिकार प्रवेश करना या आक्रमण करना; हानि पहुंचाना: 防止害虫～农作物 नाशक कीड़ों द्वारा हानि पहुंचाने से फ़सलों की रक्षा करना / 不得～公民的权利。 नागरिकों के अधिकारों पर आघात नहीं करना चाहिये।

【侵凌】 qīnlíng (侵陵 qīnlíng भी) धावा बोलना: ～诸侯 अन्य गुलाम सामंतो पर धावा बोल देना

【侵略】 qīnlüè आक्रमण करना; हमला करना: ～本性 आक्रमक स्वभाव / ～部署 आक्रमण का व्यूह / ～国 आक्रमणकारी या आक्रमणात्मक राष्ट्र / ～军 आक्रमणकारी सेना / ～野心 आक्रामक दुराकांक्षा

【侵掠】 qīnlüè 〈लि०〉 ज़बरदस्ती छीन लेना

【侵权】 qīnquán दूसरे लोगों के वैधानिक अधिकार पर आघात करना: ～行为 दुष्कृति; टार्ट

【侵扰】 qīnrǎo चढ़ाई करना और तंग करना; हमला करना और हैरान-परेशान करना: ～边境 सीमाओं पर हमला करना और हैरान-परेशान करना

【侵入】 qīnrù अनधिकार प्रवेश करना; घुस आना या जाना: ～领空 प्रादेशिक आकाश में अनधिकार प्रवेश करना

【侵蚀】 qīnshí ❶क्रमशः क्षय या नष्ट हो जाना; घिसकर कम करना; धीरे-धीरे मिटाना या नष्ट करना: 风雨的～ हवा और पानी से क्रमिक क्षरण / ～健全的肌肤 स्वास्थ्य को हानि पहुंचाना ❷हड़पना; हज़म करना: ～公款 गबन करना

【侵吞】 qīntūn ❶हज़म करना; निगलना: ～公款 गबन करना ❷हड़पना; अधिकार में लेना; कब्ज़ा कर लेना: ～别国领土 दूसरे देश की प्रादेशिक भूमि को हड़पना या अधिकार में लेना

【侵袭】 qīnxí प्रवेश करना और आक्रमण करना: ～领空 प्रादेशिक आकाश में प्रवेश करना और आक्रमण करना / 台风～ टाईफ़ून का हमला करना

【侵晓】 qīnxiǎo भोर के निकट पहले

【侵越】 qīnyuè (दूसरे के अधिकार पर) आघात करना

【侵早】 qīnzǎo 侵晨 के समान

【侵占】 qīnzhàn ❶हमला करके उस पर कब्ज़ा कर लेना; अधिकार करना; कब्ज़ा करना; कब्ज़े में लाना ❷हज़म करना; हड़पना: ～公有土地 सार्वजनिक भूमि को बेईमानी से हड़पना

【侵占罪】 qīnzhànzuì अनधिकार प्रवेश करने का अपराध; अनधिकार-प्रवेश अपराध

亲（親） qīn ❶माता-पिता; मां-बाप: 父～ पिता; बाप / 母～ माता; मां ❷सगा; सहोदर: ～兄弟 सगा भाई / ～姐妹 सगी बहिन ❸किसी का अपना (बाल-बच्चे): ～子女 अपने पेट के बच्चे / ～娘 अपनी मां ❹संबंधी; रिश्तेदार: 近～ सगे संबंधी ❺विवाह; ब्याह: 结～ विवाह करना ❻वधू; दुलहिन: 娶～ वर का वधू के साथ विवाह करना ❼(संबंध) घनिष्ठ; गहरा; दिली; प्यारा; प्रिय: 亲密 / 亲爱 ❽स्वयं; खुद; अपने आप: ～眼所见 आंखों देखा / ～耳所闻 कानों सुना ❾अमुक देश-परस्त: ～日派 जापान-परस्त गुट / ～西方的 पश्चिमपरस्त ❿चूमना; चुंबन लेना: 母亲～了～孩子的脸。 माता ने बच्चे के कपालों का चुंबन किया; माता ने प्यार से बच्चे के गाल चूम लिये।

qìng भी दे०

【亲爱】 qīn'ài प्यारा; प्रिय: ～的祖国 प्रिय मातृभूमि

【亲本】 qīnběn 〈जीव०〉 जन्मद वृक्ष; पितृवृक्ष; मूल पशु; मूल वृक्ष

【亲笔】 qīnbǐ ❶अपना हस्तलिखित: 这是她的～信。 यह उस का अपना हस्तलिखित पत्र है। ❷अपनी हस्तलिपि: 这是她的～。यह उस की अपनी हस्तलिपि है।

【亲兵】 qīnbīng (亲军 qīnjūn भी) 〈पुराना〉 अंगरक्षक (उच्चाधिकारी का)

【亲传】 qīnchuán स्वयं सिखाना: ～弟子 स्वयं शिक्षित किया हुआ चेला

【亲代】 qīndài 〈जीव०〉 पैतृक पीढ़ी

【亲丁】 qīndīng सगा संबंधी: 祖母家的～ दादी के परिवार का सदस्य

【亲睹】 qīndǔ आंखों देखना

【亲骨肉】 qīngǔròu किसी का अपना सगा (संबंधी) (अर्थात: माता-पिता और पुत्र-पुत्री; भाई और बहिनें)

【亲故】 qīngù (亲旧 qīnjiù भी) संबंधी और पुराने मित्र

【亲贵】 qīnguì 〈लि०〉 सम्राट के निकट संबंधी या पक्षपात के राज-सभासद

【亲和力】 qīnhélì 〈रसा०〉 अंतर्भुक्ति; विलयन

【亲厚】 qīnhòu घनिष्ठ संबंध: 无为～所痛。 दोस्तों को दुखी न करो।

【亲近】 qīnjìn हेल-मेल होना; निकट होना; अपना होना; बनना: 他们俩很～。 उन दोनों में खूब बनती है। / 他平易近人，人们都愿意～他。 वह मिलनसार है, लोग उस से मित्रता करना चाहते हैं।

【亲眷】 qīnjuàn 〈बो०〉 ❶संबंधी; रिश्तेदार ❷परिवार के सदस्य; परिवार

【亲口】 qīnkǒu व्यक्तिगत रूप से (कुछ कहना): 这是他～告诉我的。 उस ने खुद अपने मुंह मुझे बताया था।

【亲历】 qīnlì 〈लि०〉 अपने ऊपर बीतना या गुज़रना: 这是我～的事，印象很深。 यह मेरी अपनी आपबीती है, इसलिये मुझ पर गहरा प्रभाव पड़ा।

【亲临】 qīnlín किसी स्थान पर खुद आना या जाना: ～指导 कार्यनिदेश के लिये स्वयं आना / ～现场 खुद घटना स्थल पर आना

【亲聆】 qīnlíng (शिक्षा) सुनने के लिये स्वयं जाना: ～教诲 निर्देश सुनने के लिये स्वयं जाना

【亲密】 qīnmì घनिष्ठ; गहरा; दिली：～战友 घनिष्ठ सहयोद्धा

【亲密无间】 qīnmì-wújiàn अभिन्न होना; बहुत गहरे संबंध होना

【亲昵】 qīnnì बहुत घनिष्ठ：～的称呼 संबोधन का स्नेहपूर्ण या प्रेमपूर्ण रूप

【亲朋】 qīnpéng संबंधी और मित्र; परिचित और बंधु-जन：～好友 निकट संबंधी और घनिष्ठ मित्र

【亲戚】 qīnqi संबंधी और मित्र; परिचित और बंधुजन：～关系 निश्तेदारी; रिश्ता / ～本家 नाते-निश्तेदार / 我们是～。हम लोग रिश्तेदार हैं।

【亲切】 qīnqiè ❶स्नेहपूर्ण; स्नेहभरा; सौहार्दपूर्ण：～的关怀 प्रेम से देखरेख करना / ～友好的谈话 स्नेहपूर्ण और मैत्रीपूर्ण बातचीत ❷घनिष्ठ; गहरा; दिली：～的朋友 परमप्रिय मित्र

【亲热】 qīnrè स्नेहपूर्ण; प्रेमपूर्ण; घनिष्ठ; उत्साहपूर्ण：～地问长问短 (किसी के स्वास्थ्य आदि के बारे में) पूछ-ताछ करना

【亲人】 qīnrén ❶अपने माता-पिता, विवाहित जन, पुत्र-पुत्री आदि; अपने परिवार के सदस्य：她家只有丈夫一个～。उस के परिवार में केवल उस का पति एक स्वजन है। ❷प्रियजन; घनिष्ठ संबंध रखने वाला：世上到处有～。दुनिया में हर जगह हमें अपने ही कुटुम्बीजनों का सा स्नेह मिलता है।

【亲如手足】 qīnrú-shǒuzú（亲如兄弟 qīnrú-xiōngdì भी）भाइयों की तरह घनिष्ठ होना; भाईचारा बरतना

【亲如一家】 qīnrú-yījiā एक ही परिवार के सदस्यों की तरह एक दूसरे को प्यार करना

【亲善】 qīnshàn (देशों के बीच) घनिष्ठ और मित्रता-पूर्ण：～关系 सद्भावना

【亲身】 qīnshēn खुद; स्वयं; व्यक्तिशः：～经历 अपनी आपबीती / ～体验 अपनी व्यक्तिगत अनुभूति

【亲生】 qīnshēng ❶अपने पेट का होना：他是我～的。वह मेरे अपने पेट का (या की) है। ❷किसी के अपने (पुत्र-पुत्री या माता-पिता)：～子女 अपने पेट के पुत्र-पुत्री; अपने सगे पुत्र-पुत्री / ～父母 अपने माता-पिता; अपने सगे मां-बाप

【亲事】 qīnshi विवाह; शादी; शादी-ब्याह：操办～ शादी की तैयारियां करना

【亲手】 qīnshǒu अपने हाथों से：～检查 स्वयं ही निरीक्षण करना / ～造了独头茧，将自己裹在里面 रेशम के कीड़े की तरह अपने चारों ओर अपनी धारणाएं लपेट-लपेट कर दुनिया से अलग होते जाना

【亲疏】 qīnshū (संबंध) निकट और दूर：不分～ संबंध निकट या दूर का फ़र्क किये बिना

【亲属】 qīnshǔ संबंधी; सगे संबंधी; स्वजन

【亲水住宅】 qīnshuǐ zhùzhái जल-किनारे गृह (या मकान)

【亲随】 qīnsuí <पुराना> अनुचर; नौकर

【亲痛仇快】 qīntòng-chóukuài（亲者痛，仇者快 qīn zhě tòng，chóu zhě kuài भी）दोस्तों का दुखी होना और दुश्मनों का प्रसन्न होना：无使～。दोस्तों को दुखी और दुश्मनों को प्रसन्न न करो।

【亲王】 qīnwáng राजकुमार; नरेश

【亲吻】 qīnwěn चूमना; चुंबन करना; बोसा लेना

【亲信】 qīnxìn ❶घनिष्ठ और विश्वासी ❷विश्वासपात्र अनुयायी

【亲眼】 qīnyǎn अपनी आंखों से：～所见 आंखों देखना

【亲友】 qīnyǒu संबंधी और मित्र; नाते-रिश्तेदार और दोस्त

【亲鱼】 qīnyú जन्मद मत्स्य; पितृमत्स्य; मूल मत्स्य

【亲缘】 qīnyuán <जीव०> वंश-साम्य; विलयन

【亲征】 qīnzhēng (सम्राट का) स्वयं सैन्य अभियान का नेतृत्व करना; सम्राट का स्वयं मोर्चे पर जाना

【亲政】 qīnzhèng बचपन में राजसिंहासन पर बैठने वाले सम्राट का वयस्क होने पर शासन की बागडोर स्वयं सं-भालना

【亲知】 qīnzhī ❶स्वयं जानना; प्रत्यक्ष रूप से जानना ❷<लि०> संबंधी और मित्र; रिश्तेदार और दोस्त

【亲炙】 qīnzhì प्रत्यक्ष रूप से शिक्षा प्राप्त करना या सि-खाना

【亲子】 qīnzǐ (मानव, पशु की) पहली पीढ़ी और दूसरी पीढ़ी：～关系 इन दोनों पीढ़ियों का संबंध

【亲子鉴定】qīnzǐ jiàndìng संदिग्ध पितृत्व में सही पिता की पहचान करना

【亲自】 qīnzì स्वयं; खुद：～出马 स्वयं मैदान संभालना; स्वयं निकल आना / ～动手 खुद करना / ～主持会议 स्वयं सभा की अध्यक्षता करना / 他～来了。वह खुद आ गया।

【亲族】 qīnzú एक कुल या वंश के सदस्य

【亲嘴】 qīnzuǐ चूमना; चुंबन करना

衾 qīn ❶रज़ाई：～枕 रज़ाई और तकिया ❷ताबूत में शव को ढकने की रज़ाई

骎（駸） qīn नीचे दे०

【骎骎】 qīnqīn सरपट दौड़ते हुए घोड़े के सदृश：建设事业～日上 निर्माणकार्य का दिन-प्रति-दिन तेज़ी से आगे बढ़ते जाना

嵚（嶔） qīn नीचे दे०

【嵚崟】 qīnyín <लि०> (पहाड़) ऊंचा

qín

芹 qín खुरासानी; अजवायन; अजमोदा; सेलरी

【芹菜】 qíncài खुरासानी; अजवायन; अजमोदा; सेलरी

【芹献】 qínxiàn <लि०> <विन०> मेरी तुच्छ भेंट

芩 qín प्राचीन पुस्तकों में सरपत के प्रकार के पौधे

矜（穫）qín 〈प्रा०〉 भाले का डंडा
jīn भी दे०

秦 Qín ❶चओ राजवंश में एक राज्य (वर्तमान मध्य शेनशी और पूर्वी कानसू), 221 ई०पू० में इस राज्य ने चीन का एकीकरण किया। ❷छिन राजवंश (221-206 ई०पू०) ❸शैनशी और कानसू प्रांत, विशेषकर शैनशी प्रांत ❹एक कुलनाम

【秦川】 Qínchuān वर्तमान शैनशी और कानसू प्रांतों का पुराना नाम

【秦艽】 qínjiāo 〈वन०〉 बड़े पत्ते वाला जंशियन

【秦椒】 qínjiāo 〈बो०〉 लंबी और पतली तेज़ मिर्च

【秦晋之好】 Qín-Jìn zhī hǎo छिन और चिन दो राज्यों के बीच का वैवाहिक संबंध —— दो परिवारों के बीच का वैवाहिक संबंध: 结～ दो परिवारों के बीच विवाहित संबंध रखना

【秦镜高悬】 Qínjìng-gāoxuán 明镜高悬 míngjìng-gāoxuán के समान

【秦楼楚馆】 qínlóu-chǔguǎn छिन की इमारतें और छू के मंडप —— भोग-विलास के स्थान; चकला; वेश्यालय

【秦皮】 qínpí 〈ची०चि०〉 ऐश (ash) वृक्ष की छाल

【秦腔】 qínqiāng शैनशी（陕西）ऑपेरा (पश्चिमोत्तर प्रांतों में लोकप्रिय ऑपेरा)

【秦篆】 qínzhuàn 小篆 xiǎozhuàn के समान

捦 qín 〈लि०〉 擒 qín के समान

栞 qín 〈लि०〉 琴 qín के समान

琴 qín ❶कुछ बाजों का सामान्य नाम: 钢～ पियानो ❷छिन, सितार की तरह सात तारों का झटका देकर बजाने वाला एक बाजा

【琴拨】 qínbō मिज़राब

【琴键】 qínjiàn पियानो आदि बाजों की की

【琴马】 qínmǎ 〈संगी०〉 तार वाले बाजों में ब्रिज; घुरच; जवार

【琴瑟】 qínsè छिन और स दो बाजों का एक साथ बजाया जाना —— पति-पत्नी के बीच की भावना: ～不调 पति पत्नी में अनबन / ～和谐 पति पत्नी का मेल से रहना

【琴师】 qínshī ऑपेरा के बैंड में तंतुवाद्य वादक

【琴书】 qínshū कहानी सुनाना, मुख्य तौर पर डुल्सिमर बाजे की संगति के साथ गाना

【琴弦】 qínxián बाजे का तार

覃 Qín एक कुलनाम
tán भी दे०

禽 qín ❶चिड़ियां; पक्षी: 家～ पालतू पक्षी ❷〈लि०〉 पशु-पक्षी का सामान्य नाम
〈प्रा०〉 擒 qín भी दे०

【禽兽】 qínshòu पशु-पक्षी; 〈ला०〉 अमानुषिक; पाशविक: ～行为 पशुवत आचरण

勤 qín ❶मेहनती; उद्योगी; परिश्रमी; अध्यवसायी: ～学苦练 बड़ी मेहनत से सीखना और अभ्यास करना ❷नित्य; सतत; अकसर; नियमित: 他到我家来得很～。 वह नित्य मेरे घर आता है। ❸उपस्थिति; हाज़िरी: 值～ ड्यूटी पर होना ❹（Qín） एक कुलनाम

【勤奋】 qínfèn मेहनती; उद्योगी; परिश्रमी: ～学习 बड़ी मेहनत से सीखना या अध्ययन करना

【勤工俭学】 qíngōng-jiǎnxué अध्ययन के साथ-साथ शारीरिक काम करने की पद्धति; पढ़ाई और साथ-साथ काम करना

【勤俭】 qínjiǎn मेहनत और किफ़ायत; परिश्रम और अल्पव्यय: ～办一切事业 परिश्रम और अल्पव्यय से समस्त कार्य चलाना / ～持家 परिश्रम और अल्पव्यय से अपने परिवार को चलाना / ～建国 परिश्रम और अल्पव्यय से अपने देश का निर्माण करना

【勤谨】 qínjǐn 〈बो०〉 परिश्रमी; उद्योगी; मेहनती

【勤恳】 qínkěn मेहनती और ईमानदार; परिश्रमी और शुद्ध अंतःकरण: ～学习 मेहनत और ईमानदारी से सीखना; परिश्रम और अंतःकरण से अध्ययन करना

【勤苦】 qínkǔ परिश्रमी; मेहनती: ～练习 परिश्रम से अभ्यास करना

【勤快】 qínkuai परिश्रमी; मेहनती: 他边学习边打工，～得很。 वह बहुत परिश्रमी है, अध्ययन के साथ-साथ श्रम भी करता है।

【勤劳】 qínláo परिश्रमी; उद्योगी; मेहनती: 中国人民～勇敢。 चीनी जनता परिश्रमी और साहसी है।

【勤勉】 qínmiǎn परिश्रमी; मेहनती: ～守时 मेहनती होना और समय की पाबंदी का पालन करना

【勤朴】 qínpǔ परिश्रमी और मितव्ययी

【勤劬】 qínqú 〈लि०〉 परिश्रमी; उद्योगी; मेहनती

【勤王】 qínwáng 〈लि०〉 ❶सम्राट की रक्षा करने आना: ～之师 सम्राट की रक्षा करने आयी हुई सेना ❷पूरी शक्ति से सम्राट की सेवा करना

【勤务】 qínwù ❶(सार्वजनिक) सेवा-कार्य; काम; ड्यूटी ❷सेना में असैनिक काम करने वाला सैनिक: ～兵 अरदली / 后方～机构 पृष्ठभागीय सेवा-संस्थान

【勤务员】 qínwùyuán ❶(सेवा या सरकारी दफ़्तर में) फुटकर काम करने वाला व्यक्ति ❷सेवक: 人民的～ जनता का सेवक; जन-सेवक

【勤杂工】 qínzágōng फुटकर काम करने वाला मज़दूर

【勤杂人员】 qínzá rényuán 勤务员 qínwùyuán का सामान्य नाम

嗪 qín ध्वन्यनुसार अनुवाद में प्रयुक्त अक्षर; जैसे, 吖嗪 āqín

溱 qín नीचे दे०

【溱潼】 Qíntóng च्यांगसू प्रांत में एक स्थान

廑 qín 〈लि०〉 勤 qín के समान

擒 qín पकड़ना; गिरफ़्तार करना: ～获 पकड़ लेना

【擒拿】 qínná ❶चीनी घूंसेबाज़ी में विपक्ष को पकड़ने का हुनर ❷पकड़ना; गिरफ़्तार करना: ～罪犯 अपराधी को पकड़ लेना

【擒贼先擒王】 qín zéi xiān qín wáng डाकुओं को पकड़ने के लिये पहले उन का मुखिया पकड़ लेना चाहिये

噙 qín (मुंह या आंखों में) रखना: 眼里～满眼泪 आंखों में आंसू भरे होना / ～着眼泪看 सजल आंखों से देखना

檎 qín दे० 林檎 línqín

懃 qín दे० 慇懃 yīnqín

qǐn

锓（鋟） qǐn 〈लि०〉 खोदना; तराशना; उत्कीर्ण करना

寝（寢） qǐn ❶सोना: ～室 (होस्टल आदि में) सोने का कमरा; शयनकक्ष; शयनगृह ❷सोने का कमरा; शयनगृह: 就～ रात में सोने के लिये शयनगृह में जाना ❸सम्राट की समाधि: 陵寝 ❹〈लि०〉 बंद करना या होना; रुकना; रोकना: 其事遂～。 बाद में फिर यह बात किसी से नहीं सुनी गयी।

【寝车】 qǐnchē (रेल गाड़ी में) शयन-यान; सोने का डिब्बा; स्लीपिंग कार

【寝宫】 qǐngōng ❶सम्राट और सम्राज्ञी का शयनगृह ❷सम्राट की समाधि में शवपेटिका-कक्ष

【寝具】 qǐnjù शयन सामग्री

【寝食】 qǐnshí सोना और खाना —— दैनिक जीवन: ～不安 सोते और खाते समय भी उद्विग्न होना; जागते और सोते भी चिंता या बेचैनी होना

qìn

吣（吢、唚） qìn ❶(बिल्ली या कुत्ते का) कै करना या होना ❷〈बोल०〉 गाली देना; अपशब्द बोलना ❷〈बोल०〉 व्यर्थ की बात करना; निरर्थक बात करना; बकवास करना: 满嘴胡～ नितांत निरर्थक बात करना

沁 qìn ❶रिसना; बूंद-बूंद करके निकलना: 额上～出汗珠 माथे पर पसीना झलक आना ❷〈बो०〉 सिर नीचे की ओर झुकना: 她～着头。 उस की गर्दन नीचे की ओर झुकी हुई थी। ❹〈बो०〉 कोई चीज़ पानी में रखना

【沁人心脾】 qìnrén xīnpí ताज़ी हवा में सांस लेकर और ठंडा पेय पीकर मन आनंदित करने वाला; पुनः शक्ति प्रदान करने वाला: 这里空气新鲜，～。 यहां की हवा शुद्ध और ताज़ी है, यह दिल को बहलाती है।

揿（撳、搇） qìn 〈बो०〉 दबाना: ～电铃 बिजली की घंटी दबाना

【揿钉】 qìndīng 〈बो०〉 ड्राइंग पिन

【揿纽】 qìnniǔ 〈बो०〉 स्नैप फ़ास्टनर

qīng

青 qīng ❶नीला या हरा: ～草 हरी घास / ～天 नीला आकाश ❷काला: ～布 काला कपड़ा ❸हरी घास या अपरिपक्व फ़सल: 踏～ आरंभिक वसंत ऋतु में उपनगर में भ्रमण करना; सैर करना ❹युवक; नौजवान: ～工 युवक श्रमिक; जवान मज़दूर ❺（Qīng）छिंग हाए 青海 का संक्षिप्त रूप ❻（Qīng） एक कुलनाम

【青帮】 Qīng Bāng नीला दल; छिंग गिरोह (पहले का एक गुप्त समाज)

【青菜】 qīngcài ❶दे० 小白菜 xiǎobáicài ❷सब्ज़ियों का सामान्य नाम; तरकारी; सब्ज़ी

【青出于蓝】 qīng chūyúlán (बहुधा निम्नलिखित वाक्य में प्रयुक्त): ～而胜于蓝。 गुरु गुड़ ही रहे, चेले चीनी हो गये।

【青春】 qīngchūn ❶यौवन; जवानी: 烈火般的～ जलती हुई जवानी / 美好的～ उदात्त यौवन ❷〈पुराना〉 युवक की आयु: ～几何? कितने साल की उम्र ?

【青春期】 qīngchūnqī यौवनकाल; नवयौवन

【青瓷】 qīngcí हरी चीनी मिट्टी (बर्तन)

【青葱】 qīngcōng लहलहा; हराभरा; हरा: ～的草地 हरीभरी घास का मैदान

【青翠】 qīngcuì लहलहा; हराभरा: ～的群山 हरेभरे पहाड़; हरीभरी पहाड़ियां

【青豆】 qīngdòu हरी सोयाबीन

【青肥】 qīngféi 绿肥 lǜféi के समान

【青蚨】 qīngfú किंवदंती में एक कीड़ा; 〈प्रा०〉 〈ला०〉 तांबे का सिक्का

【青冈】 qīnggāng दे० 槲栎 húlì

【青光眼】 qīngguāngyǎn 〈चिकि०〉 ग्लोकोमा

【青谷】 qīnggǔ हरी फ़सल: 把～押给地主 फ़सल पकने से पहले उस को ज़मींदार के पास रेहन रखना

【青果】 qīngguǒ 〈बो०〉 चीनी जैतून

【青海】 Qīnghǎi छिंगहाए (प्रांत)

【青红皂白】 qīnghóngzàobái काला और सफ़ेद; सही और गलत दे० 不分青红皂白 bù fēn qīnghóngzào-bái

【青花瓷】 qīnghuācí चीनी मिट्टी का नीला और सफ़ेद बर्तन

【青黄不接】 qīnghuáng-bùjiē नयी फ़सल पकने से पहले और पुराने अनाज के चुक जाने के बाद —— अल्प-कालिक अल्पता

【青灰】 qīnghuī एक प्रकार का गहरा नीला ग्रेफ़ाइट जो अंगीठी में अस्तर लगाने, दीवार को पोतने आदि के काम आता है

【青椒】 qīngjiāo हरी मिर्च

【青衿】 qīngjīn（青襟 qīngjīn भी）〈पुराना〉 ❶युवक विद्वानों की पोशाक ❷विद्वान; बुद्धिजीवी गण

【青筋】 qīngjīn नीली नसें：他额上～暴涨。उस के माथे पर नसें फूल (या उभर) आईं।

【青稞】 qīngkē（青稞麦 qīngkēmài、元麦 yuánmài、稞麦 kēmài、裸麦 luǒmàiभी） ❶तिब्बत, छिंगहाए आदि में उत्पन्न एक प्रकार का पहाड़ी जौ ❷उक्त जौ का बीज

【青睐】 qīnglài 〈लि०〉 कृपा दृष्टि：获得～ किसी की कृपा दृष्टि पाना

【青莲色】 qīngliánsè हल्का बैंगनी रंग

【青龙】 qīnglóng हरितनाग, अट्ठाइस नक्षत्रों में पूर्वी दल के सात नक्षत्रों का सामूहिक नाम, दे० 二十八宿èrshíbā xiù

【青楼】 qīnglóu 〈लि०〉 चकला; वेश्यालय

【青绿】 qīnglǜ गहरा हरा：～的松林 गहरा हरा चीड़-जंगल

【青麻】 qīngmá 苘麻 qǐngmá का साधारण नाम

【青盲】 qīngmáng 〈ची०चि०〉 ग्लोकोमा

【青梅】 qīngméi हरा बेर; हरा आलूचा

【青梅竹马】 qīngméi-zhúmǎ हरे आलूचे और बांस का घोड़ा —— पुरुष और स्त्री जो बचपन में एक साथ भोलेपन से खेलते थे

【青霉素】 qīngméisù पेनिसिलिन

【青面獠牙】 qīngmiàn-liáoyá क्रूर चेहरे लंबे-लंबे दांतों वाला; दानव की तरह भयंकर चेहरे वाला

【青苗】 qīngmiáo खड़ी फ़सल

【青年】 qīngnián युवक; जवान; नौजवान：新～ नव युवक / ～时代 युवावस्था / ～节 युवक दिवस / ～突击队 नौजवान हिरावल दस्ता / ～团 युवक संघ

【青盼】 qīngpàn कृपा दृष्टि

【青皮】[1] qīngpí 〈बो०〉 गुंडा; बदमाश：～流氓 गुंडा; बदमाश; शोहदा; लफ़ंगा

【青皮】[2] qīngpí 〈ची०चि०〉 कच्चे संतरे का छिलका

【青纱帐】 qīngshāzhàng खड़ी हरी फ़सलों की आड़; ऊंची फ़सलों की हरियाली की ओट; बड़े खेत में ऊंची और घनी कोदो, मकई आदि की फ़सल

【青山】 qīngshān हरी पहाड़ियां; नीली गिरिमाला：～绿水 नीली गिरिमाला और हरा पानी —— सुन्दर दृश्य

【青少年】 qīngshàonián किशोर और युवक：～时代 किशोरावस्था और युवावस्था

【青史】 qīngshǐ इतिहास; ऐतिहासिक अभिलेख; इति-हास की पुस्तकें：～留名 इतिहास में नाम लिखना

【青丝】[1] qīngsī 〈लि०〉 (सिर का) काला बाल (बहुधा महिला का)：一缕～ सिर का एक काला बाल

【青丝】[2] qīngsī पेस्ट्री बनाने के लिये प्रयुक्त हरे आलूचे की लंबी पतली टुकड़ियां

【青饲料】 qīngsìliào हरा चारा; हरा भूसा

【青蒜】 qīngsuàn लहसुन का पौधा

【青苔】 qīngtái कोई; सेवार; जलनीलिका

【青天】 qīngtiān ❶नीला आकाश ❷स्वच्छ आकाश (नि-ष्कलंक और न्यायनिष्ठ अधिकारी के लिये आदरपूर्ण उपनाम)：包～ लॉर्ड पाओ के लिये आदरपूर्ण उपनाम

【青天白日】 qīngtiān-báirì दिन-दहाड़े

【青田石】 qīngtiánshí चच्यांग प्रांत की छिंगथ्येन काउंटी में उत्पन्न सुन्दर पत्थर जो मुहर बनाने के काम आता है

【青铜】 qīngtóng कांसा; कांस्य：～器 कांसे का बर्त-न / ～器文化 कांस्य सभ्यता / ～时代 कांस्य युग

【青蛙】 qīngwā मेंढक; मंडूक

【青虾】 qīngxiā मीठे पानी की झींगा मछली

【青香薷】 qīngxiāngrú 〈ची०चि०〉चीनी मोस्ला（mosle）

【青葙】 qīngxiāng 〈वन०〉 कलंगी कॉक्स कोम：～子 〈ची०चि०〉 उक्त पौधे का बीज

【青眼】 qīngyǎn कृपा दृष्टि

【青杨】 qīngyáng 〈वन०〉 चीनी हूर; चीनी पोपलर

【青猺】 qīngyáo दे० 花面狸 huāmiànlí

【青衣】 qīngyī ❶काला कपड़ा ❷〈प्रा०〉 दासी; नौक-रानी ❸परम्परागत ऑपेरा में तान 旦 या अभिनेत्री का एक मुख्य विभाग (तान अभिनेत्री दुखी या दरिद्र किंतु उच्च चरित्र की सती, सदाचारी महिला और कुमारी का प्रतिनिधित्व करती हैं)

【青鱼】 qīngyú काली कार्प (मछली)

【青郁】 qīngyù हरा और घना：～的竹林 हरे और घने बांस

【青云】 qīngyún अधिकार का उच्च पद：～直上 शीघ्रता से पदवृद्धि होना / ～志 महत्वाकांक्षा

【青藏铁路】 Qīng-Zàng Tiělù छिंगहाई-तिब्बत रेलवे

【青贮】 qīngzhù 〈कृ०〉 गढ़े में (चारे को) दबाकर रख-ना：～饲料 गढ़े में चारे को दबाकर रखना

【青紫】 qīngzǐ ❶〈प्रा०〉 उच्च पद ❷दे० 发绀 fāgàn

轻（輕）qīng ❶हल्का; अल्प भार का：纸比铁～。लोहे से कागज़ हल्का है। / ～于鸿毛 पंख से भी हल्का ❷(साज़-सामान आदि) छोटा और सरल：～武器 हल्के शस्त्रास्त्र ❸संख्या, मात्रा आदि में कम：年纪～ उम्र कम होना / 病～ साधारण बीमारी ❹जो गंभीर न हो; शिथिल; हल्का：～音乐 हल्का संगीत; सुगम संगीत ❺जो महत्वपूर्ण न हो：责任～ महत्वपूर्ण उत्तरदायित्व न होना ❻कम शक्ति से; धीमे स्वर से：～抬～放 ज़ोर न लगाकर उठाना और रखना / ～揉 धीरे-धीरे सहलाना / ～声地说 धीमे स्वर में कहना; फुसफुसाना ❼आसानी से; जल्दबाज़ी से：～信 आसानी से विश्वास करना ❽नीच प्रकृति का; तुच्छ प्रकृति का; गंभीरताहीन：～薄 ओछा; छिछोरा / ～浮 ओछा; छिछोरा ❾कम करके देखना; तुच्छ समझना：～敌 शत्रु की शक्ति को कम करके आंकना

【轻磅纸】 qīngbàngzhǐ हल्के वज़न का कागज़
【轻便】 qīngbiàn ❶हल्का; सुवाह्य; उठाऊ: ～靠背椅 हल्की तहदार कुर्सी / ～铁道 लाइट रेलवे ❸आसान और सुभीते का: 携带～ आसानी से और सुविधा से लेना
【轻兵】 qīngbīng फुरतीले सैनिक: ～偷袭 फुरतीले सैनिकों द्वारा अचानक हमला किया जाना
【轻财重义】 qīngcái-zhòngyì धन से मित्रता को अधिक महत्व देना; उदार और दानशील होना
【轻车简从】 qīngchē-jiǎncóng दे० 轻装简从
【轻车熟路】 qīngchē-shúlù परिचित मार्ग पर आसानी से रथ चलाना —— परिचित कार्य को आसानी से चला सकना
【轻而易举】 qīng'éryìjǔ आसानी से काम करना: ～地解决问题 सुगमता से समस्या हल कर लेना
【轻纺工业】 qīngfǎng gōngyè वस्त्र और अन्य हल्का उद्योग
【轻放】 qīngfàng धीरे-धीरे नीचे रखना: 小心～ सावधानी से नीचे रखना
【轻粉】 qīngfěn 〈बोल०〉 कैलोमर
【轻风】 qīngfēng 〈मौ०वि०〉 धीमी हवा; मंद पवन
【轻歌曼舞】 qīnggē-mànwǔ मृदु संगीत और सुन्दर नृत्य
【轻工业】 qīnggōngyè हल्का उद्योग
【轻轨】 qīngguǐ मेटरो; सबवे
【轻核】 qīnghé 〈भौ०〉 हल्का नाभिक; लाइट न्यूक्लियस
【轻忽】 qīnghū उपेक्षा करना; अवहेलना करना; परवाह न करना
【轻活】 qīnghuó हल्की मेहनत; मामूली मेहनत; हल्का काम
【轻机关枪】 qīngjīguānqiāng हल्की मशीनगन
【轻贱】 qīngjiàn ❶नीच और निकम्मा ❷तुच्छ समझना
【轻健】 qīngjiàn फुर्तीला और तेज़ चाल वाला; शीघ्रगामी; द्रुतगामी: 步履～ तेज़ कदमों से चलना
【轻金属】 qīngjīnshǔ हल्की धातु
【轻举妄动】 qīngjǔ-wàngdòng अंधाधुंध कार्यवाही करना
【轻口薄舌】 qīngkǒu-bóshé（轻嘴薄舌 qīngzuǐ-bóshé भी） स्नेहहीनता से बोलना; तीक्ष्ण भाषी होना
【轻快】 qīngkuài ❶फुर्तीला: 迈着～的步子 तेज़ कदमों से चलना ❷हल्का और स्फूर्तिशील: ～的曲调 हल्का और स्फूर्तिशील लय
【轻狂】 qīngkuáng बहुत छिछोरा; बहुत ओछा
【轻量级】 qīngliàngjí 〈खेल०〉 लाइटवेट; हल्के वज़न का
【轻慢】 qīngmàn निरादर करना; आदर न करना
【轻描淡写】 qīngmiáo-dànxiě ऊपरी तौर पर छू देना: ～地说一遍 मामले को महज़ ऊपरी तौर पर छू देना
【轻蔑】 qīngmiè उपेक्षा करना; तिरस्कार करना; तुच्छ समझना: ～地瞧了一眼 उपेक्षा से देखना
【轻诺寡信】 qīngnuò-guǎxìn आसानी से वादा करना पर बहुत कम पूरा करना
【轻炮】 qīngpào हल्की तोप; छोटी तोप: ～兵 हल्की तोप चलाने वाली सेना
【轻飘】 qīngpiāo हल्का; हवा में उड़ने वाला: ～的柳絮 वेद वृक्ष के हल्के-हल्के और हवा में उड़ने वाले फूल
【轻飘飘】 qīngpiāopiāo हल्का; हवा में हिलने वाला: 垂柳～地摆动 वेद वृक्ष की डालियां हल्के-हल्के हिल रही हैं।
【轻骑】 qīngqí ❶हल्का रिसाला; हल्की अश्वारोही सेना ❷हल्की मोटर साइकिल
【轻巧】 qīngqiǎo ❶हल्का और सुविधापूर्वक प्रयोग करने योग्य: 这机器真～。 यह मशीन सचमुच हल्की और प्रयोग करने में सुविधापूर्ण है। ❷कुशल; निपुण; प्रवीण; दक्ष; चतुर: 他操纵机器动作～。 वह कुशलता से मशीन चलाता है। ❸सरल; आसान: 这活不～。यह काम आसान नहीं है।
【轻取】 qīngqǔ (खेल में) आसानी से जीत लेना; विजय पाना: ～第一局 पहली गेम में आसानी से विजय पाना
【轻柔】 qīngróu नरम; मुलायम; कोमल: ～的枝条 लचकदार टहनियां
【轻纱】 qīngshā रेशम या सूत का बढ़िया पारदर्शी वस्त्र
【轻伤】 qīngshāng हल्की चोट
【轻生】 qīngshēng अपने प्राणों की परवाह न करना —— आत्महत्या करना
【轻声】[1] qīngshēng धीमी आवाज़ में: ～低语 धीमी आवाज़ में बोलना; फुसफुसाना
【轻声】[2] qīngshēng 〈ध्वनि०〉 उदासीन तान या ध्वनि (मानक चीनी उच्चारण में लघु अव्यय शब्द 了 le, 着 zhe व 的 de और प्रत्यय 子 zi व 头 tou ये सब उदासीन तान में होते हैं, कुछ द्वयक्षर शब्दों का दूसरा अक्षर भी उदासीन तान में होता है, जैसे, 地方 dìfang में 方)
【轻省】 qīngsheng ❶घटना; कम होना या करना: 现在他有了助手，～点了。 अब उस के पास सहायक है, इसलिये काम कुछ कम हो गया। ❷हल्का: 这行李挺～。 यह असबाब बहुत हल्का है। / 这活很～。 यह काम बहुत हल्का (आसान) है।
【轻视】 qīngshì उपेक्षा करना; अवहेलना करना; नाचीज़ समझना; कम करके देखना: ～劳动 श्रम से घृणा करना
【轻手轻脚】 qīngshǒu-qīngjiǎo धीरे-धीरे; दबे पांव
【轻率】 qīngshuài जल्दबाज़; विवेकहीन; विचारहीन; लापरवाह: ～从事 जल्दबाज़ी से काम करना
【轻水】 qīngshuǐ 〈रसा०〉 हल्का पानी
【轻松】 qīngsōng हल्का; आसान: 心情～ मन हल्का होना / ～愉快 चित्त प्रसन्न होना / ～容易之事 हल्का और आसान मामला / 办完事，他觉得～些。काम पूरा हो गया, उसे कुछ राहत महसूस हुई।
【轻瘫】 qīngtān 〈चिकि०〉 आंशिक लकवा; आंशिक पक्षाघात
【轻佻】 qīngtiāo ओछा; छिछोरा: 举止～ ओछा आचरण
【轻微】 qīngwēi हल्का: ～的伤亡 कुछ हताहत / ～劳动 हल्की मेहनत
【轻武器】 qīngwǔqì हल्के शस्त्रास्त्र
【轻侮】 qīngwǔ निरादर करना और अपमान करना

【轻闲】qīngxián ❶अव्यस्त; इतमीनान का ❷आसान और हल्का (काम)

【轻泻剂】qīngxièjì〈चिकि०〉हल्का जुलाब; मृदुरेचक

【轻信】qīngxìn आसानी से विश्वास करना; कान देना: 不～口供 आत्मस्वीकृति पर आसानी से विश्वास न करना / ～谣言 अफ़वाहों पर कान देना

【轻型】qīngxíng हल्का: ～坦克 हल्का टैंक

【轻言细语】qīngyán-xìyǔ कोमलतापूर्वक और धीरे-धीरे बोलना

【轻飏】qīngyáng (轻扬 qīngyáng भी) हवा में हल्केपन से तैरना; हवा के बहाव के साथ बहना: 柳絮～ वेद वृक्ष के फूलों का हवा में हल्के-हल्के से तैरना

【轻易】qīngyì〈क्रि०वि०〉❶आसानी से: 这次胜利不是～得来的. इस बार की विजय आसानी से प्राप्त नहीं हुई है। ❷जल्दबाज़ी से: 不～下结论 जल्दबाज़ी से निष्कर्ष न निकालना

【轻音乐】qīngyīnyuè सुगम संगीत; हल्का संगीत

【轻盈】qīngyíng ❶इकहरा और सुन्दर; फुर्तीला; कोमल: 举止～ चाल-ढाल में फुर्तीला होना ❷खुशी से; बिना चिंता के: 笑语～ मज़े से और खुशी से बोलना और हंसना

【轻重】qīngzhòng ❶वज़न; भार: 这两本书～不一样。इन दो किताबों का वज़न बराबर नहीं है। ❷गंभीरता की मात्रा: 根据罪行～判刑 अपराध की गंभीरता की मात्रा के अनुसार दंड देना ❸औचित्य: 他说话不知～. उसे उचित ढंग से बात करना नहीं आता।

【轻重倒置】qīng zhòng dào zhì महत्वपूर्ण बात की तुलना में गौण बात को प्रधानता देना

【轻重缓急】qīngzhòng-huǎnjí सापेक्ष महत्व या अविलंब्यता; प्राथमिकता का क्रम: 工作要区分～. महत्व और अविलंब्यता के क्रम में काम करना चाहिये।

【轻重量级】qīngzhòngliàngjí〈खेल०〉लाइट हेवीवेट

【轻舟】qīngzhōu〈लि०〉छोटी नाव; लघु नौका

【轻装】qīngzhuāng बोझ उतारकर; बिना बोझ उठाए: ～前进 बिना बोझ उठाए या बोझ उतारकर आगे बढ़ना

【轻装简从】qīngzhuāng-jiǎncóng (महत्वपूर्ण व्यक्ति का) कम सामान और अनुचरों के साथ यात्रा करना

【轻罪】qīngzuì〈का०〉छोटा या साधारण अपराध

氢 (氫) qīng〈रसा०〉हाइड्रोजन (H); उदजन

【氢弹】qīngdàn हाइड्रोजन बम; उदजन बम

【氢弹头】qīngdàntóu हाइड्रोजन वारहेड

【氢弧灯】qīnghúdēng हाइड्रोजन आर्क लैंप

【氢化】qīnghuà〈रसा०〉हाइड्रोजनीकरण; उदजनीकरण: ～物 हाइड्राइड

【氢气】qīngqì हाइड्रोजन

【氢气球】qīngqìqiú हाइड्रोजन बालोन; हाइड्रोजन गुब्बारा

【氢氧】qīngyǎng〈रसा०〉आक्सीहाइड्रोजन; जारोद्जनीय: ～化物 हाइड्रोआक्साइड

倾 (傾) qīng ❶झुकना; तिरछा खड़ा होना; टेढ़ा होना: 向右～ दायीं ओर झुकना ❷झुकाव; भटकाव: 右～ दक्षिणपंथी झुकाव; दक्षिणपंथी भटकाव / "左"～ 'वामपंथी' झुकाव; 'वामपंथी' भटकाव ❸टूट जाना; गिर पड़ना: 大厦将～ बड़ी इमारत गिरने वाली होना ❹उलट देना और बाहर निकालना; खाली करना: ～箱倒箧 अपने संदूक को खाली करके उस में सभी चीज़ें किसी को दे देना ❺पूरी शक्ति लगाना: ～听 कान लगाकर या फाड़-फाड़ कर सुनना / ～其全力 पूरी शक्ति लगाना

【倾侧】qīngcè एक ओर को झुका होना; टेढ़ा होना; तिरछा होना

【倾巢】qīngcháo (दुश्मनों या डाकुओं का) पूरी ताकत के साथ: ～援助 किसी व्यक्ति या स्थान को बचाने के लिये अपनी पूरी ताकत के साथ बाहर निकल आना या जाना

【倾倒】qīngdǎo ❶झुककर गिर पड़ना ❷बहुत अधिक प्रशंसा करना: 观众为其演技所～ दर्शकों का उस के अभिनय की कुशलता से मुग्ध होना

【倾倒】qīngdào उंडेल देना; खाली करना: ～垃圾 कूड़ा-करकट फेंकना / ～苦水〈ला०〉अपने दुख का वर्णन करना

【倾动】qīngdòng हृदय को प्रभावित करना और प्रशंसा प्राप्त करना: ～一时 बेहद पसंदगी पैदा होना

【倾耳】qīng'ěr कान लगाकर सुनना: ～细听 ध्यान से कान खोलकर सुनना

【倾覆】qīngfù ❶गिर जाना ❷संहार हो जाना; तख्ता उलट देना

【倾国倾城】qīngguó-qīngchéng (स्त्री का) अति सुन्दर होने से नगर या देश का पतन होना; अति सुन्दर

【倾家荡产】qīngjiā-dàngchǎn घर खोना; घर बिगड़ना या बिगाड़ना

【倾力】qīnglì सारी शक्ति लगाकर

【倾慕】qīngmù अधिकतम आदर और स्नेह रखना: 彼此～ एक दूसरे के लिये अधिकतम आदर और स्नेह रखना

【倾囊相助】qīngnáng-xiāngzhù अपना बटुआ खाली करके मदद करना; बड़ी आर्थिक सहायता देना

【倾佩】qīngpèi (倾服 qīngfú भी) प्रशंसा करना; आदर करना

【倾盆大雨】qīngpén-dàyǔ मूसलाधार वर्षा; घनघोर वर्षा; अतिवृष्टि; झड़ी; बौछार: 他们冒着～到了那里. मूसलाधार वर्षा में वे वहां पहुंचे।

【倾情】qīngqíng पूरी भावना से

【倾洒】qīngsǎ (बर्फ़, आंसू आदि का) गिरना: 天空～着鹅毛大雪. आकाश से बर्फ़ के बड़े-बड़े टुकड़े गिर रहे हैं।

【倾诉】qīngsù (अपनी दिल की बात, दुख आदि) कह डालना; कह सुनाना: ～衷肠 अपनी दिल की बात कह डालना

【倾谈】qīngtán हार्दिक वार्तालाप करना; खुले दिल से बात करना

【倾听】qīngtīng ध्यान से सुनना: ～群众意见 जनसमुदाय के विचारों को ध्यान से सुनना

【倾吐】qīngtǔ कह डालना; उंडेलना: ～满腔积愤 अपनी आत्मा में भरे हुए तीखेपन को उंडेलना

【倾向】 qīngxiàng ❶प्रवृत्त होना; पसंद करना: 两个计划中我～于第一个。इन दो योजनाओं में मैं पहली को अधिक रुचिकर समझता हूं। ❷प्रवृत्ति; झुकाव; भटकाव: 不良～ बुरा भटकाव / 反～斗争 भटकाव के विरुद्ध संघर्ष करना

【倾向性】 qīngxiàngxìng प्रवृत्ति; रुझान: 文章的～很明显。इस लेख की प्रवृत्ति बहुत स्पष्ट है।

【倾销】 qīngxiāo लागत से कम मूल्य पर बेचने के लिये माल विदेश भेजना; बाज़ार को माल से पाटना: 外国商品来华～ चीन के बाज़ारों को विदेशी माल से पाट देना

【倾斜】 qīngxié ❶(की ओर) झुकाव; तिरछापन; टेढ़ापन: 这塔向东有点～。यह पैगोडा पूर्व की ओर ज़रा झुका हुआ है। ❷<ला०> किसी एक पक्ष का समर्थन करना

【倾泻】 qīngxiè तेज़ धार के रूप में पानी का नीचे आना: 雨水从山上～而下。पहाड़ से जल की धारा तेज़ी के साथ नीचे आती है।

【倾心】 qīngxīn ❶प्रशंसा करना; आदर करना ❷हार्दिक; दिली: ～交谈 मैत्रीपूर्वक बातचीत करना; नेकदिली से बात करना

【倾心吐胆】 qīngxīn-tǔdǎn अपनी गुप्त भावनाएं प्रदर्शित करना; अपने दिल का राज खोलना

【倾轧】 qīngyà प्रतिस्पर्द्धा करना; अंदरूनी संघर्ष में लग जाना: 互相争权～ सत्ता के लिये आपस में संघर्ष करना

【倾注】 qīngzhù ❶ऊपर से नीचे की ओर किसी स्थान में बहना: 一股山泉～到深潭里。एक पहाड़ी सोता एक गहरे कुंड में गिरता है। ❷(शक्ति आदि को) किसी काम में लगाना: 他～全力于教育事业。अपनी पूरी ताकत शिक्षाकार्य में झोंक देना

卿

qīng ❶प्राचीन काल में मंत्री या उच्चाधिकारी ❷सम्राट द्वारा अपने मंत्री के लिये प्रयुक्त संबोधन ❸प्राचीन काल में पति-पत्नी के बीच या घनिष्ठ मित्रों में प्रयुक्त संबोधन ❹(Qīng) एक कुलनाम

圊

qīng <लि०> शौचालय; शौचगृह; पाखाना: ～粪 शौचालय का मल-मूत्र

【圊肥】 qīngféi <बो०> पशुशाला की खाद; पांस

清 1

qīng ❶अमिश्रित; शुद्ध; स्वच्छ; साफ़: ～水 स्वच्छ जल; साफ़ पानी ❷शांत: ～静 सुनसान; शांत ❸न्यायपूर्ण और ईमानदार: ～官 ईमानदार और न्यायनिष्ठ अधिकारी ❹साफ़; स्पष्ट; व्यक्त: 数不～ अनगिनत; असंख्य ❺केवल; खाली: ～茶 हरी चाय; बिना दूध, चीनी आदि की चाय / ～唱 बिना साज-शृंगार के ऑपेरा का गीत सुनाना ❻कुछ भी शेष न रहना: 把账还～ हिसाब चुका देना ❼(हिसाब) चुकाना; साफ़ करना: 账～了。हिसाब साफ़ किया गया। ❽(किसी राजनीतिक दल, सेना आदि से) अवांछनीय व्यक्तियों को निकाल बाहर करना: ～党 पार्टी-शुद्धि करना; पार्टी की पांतों का परिशोध करना ❾गिनना; गिनती करना: ～一～行李件数 असबाब की संख्या गिनना और देखना कि कुल कितने हैं

清 2

Qīng ❶छिंग राजवंश (1644-1911 ई०) ❷एक कुलनाम

【清白】 qīngbái ❶शुद्ध; स्वच्छ; अकलंक; निर्दोष: ～女子 अकलंक स्त्री / 历史～ व्यक्तिगत रिकार्ड स्वच्छ होना ❷<बो०> स्पष्ट; साफ़: 他说不～。वह साफ़-साफ़ नहीं बता सकता।

【清仓查库】 qīngcāng chákù मालखानों के सामान की सूची बनाना

【清册】 qīngcè विस्तृत सूची: 商品～ माल की विस्तृत सूची

【清查】 qīngchá ❶छानबीन करना; जांच-पड़ताल करना: ～的范围 जांच-पड़ताल का नियत दायरा / ～仓库 गोदाम की जांच-पड़ताल करना; गोदाम के सामान की सूची बनाना ❷पता लगाना (अपराधियों आदि का): ～了特务。छिपे हुए जासूस पकड़ लिये गये हैं।

【清产核资】 qīngchǎn hézī उद्योग-संपत्ति की आम जांच-पड़ताल करना

【清偿】 qīngcháng (कर्ज़) चुकाना: ～债务 कर्ज़ चुकाना

【清澈】 qīngchè（清彻 qīngchè भी）स्वच्छ; साफ़: ～的湖水 झील का स्वच्छ जल

【清晨】 qīngchén तड़का; भोर; उषाकाल

【清除】 qīngchú शोधना; साफ़ करना; दूर करना: ～地雷 सुरंग हटाना / ～废料 फ़ालतू चीज़ों का त्याग करना / ～奸细 गद्दारों व जासूसों का सफ़ाया करना; दुश्मन-ऐजेंटों को निकाल फेंकना / ～影响 असर मिटाना

【清楚】 qīngchǔ ❶साफ़; स्पष्ट: 口齿～ उच्चारण साफ़ होना / 情况～ स्थिति साफ़ होना / 头脑～ दिमाग साफ़ होना ❷साफ़ होना; समझना: 这个句子你～不～? इस वाक्य का अर्थ तुम समझते हो कि नहीं? / 我不～他为什么不来。मुझे साफ़-साफ़ नहीं मालूम कि वह क्यों नहीं आया?

【清纯】 qīngchún स्वच्छ और शुद्ध: 泉水～ स्वच्छ और शुद्ध स्रोत-जल

【清醇】 qīngchún (स्वाद या गंध) शुद्ध: 空气～ स्वच्छ और शुद्ध वायु

【清脆】 qīngcuì (आवाज़) साफ़ और सुरीली: 歌声～ गाने की साफ़ और सुरीली आवाज़

【清单】 qīngdān विस्तृत सूची; विस्तृत लेखा: 开货物～ माल की विस्तृत सूची बनाना

【清淡】 qīngdàn ❶हल्का; पतला; स्वादिष्ट: 一杯～的绿茶 एक कप हरी पतली चाय ❷जो चर्बीदार न हो; हल्का: ～的食物 हल्का भोजन ❸शिथिल; सुस्त; ढीला: 生意～。व्यापार शिथिल है।

【清道】 qīngdào ❶सड़क की सफ़ाई करना: ～夫 सड़क को साफ़ करने वाला; जमादार या भंगी ❷(प्राचीन काल में सम्राट या उच्चाधिकारी के बाहर जाने के लिये) रास्ता साफ़ करना

【清点】 qīngdiǎn चेक करना; सूची में (सामान आदि) चढ़ाना; श्रेणीबद्ध करना और गिनना: ～步枪 बंदूकों की गिनती करना / ～货物 माल की सूची बनाना / ～战果 युद्ध में प्राप्त चीज़ों का हिसाब लगाना

【清炖】 qīngdùn बिना सोयाबीन की चटनी के उबले

पानी में धीरे-धीरे पकाया (मांस आदि)：～鸭 उक्त तरीके से पकायी गयी बत्तख

【清风】qīngfēng ठंडी हवा; ताज़ी हवा：～徐来。ठंडी हवा धीरे-धीरे बह रही है।

【清福】qīngfú अवकाश का सुख; रिटायर्ड जीवन

【清高】qīnggāo विशुद्ध और ऊंचे स्तर का; राजनीति और भौतिक अनुसरण से अलग (या दूर)

【清稿】qīnggǎo ❶स्पष्ट कापी बनाना या नकल उतारना ❷स्पष्ट कापी या नकल

【清官难断家务事】qīngguān nán duàn jiāwùshì ईमानदार और न्यायनिष्ठ अधिकारी भी परिवार के झगड़ों को मुश्किल से निबटा सकता है

【清规】qīngguī बौद्धों के लिये साधुओं से संबंधित नियम

【清规戒律】qīngguī–jièlǜ ❶बौद्धों या ताओवादियों के लिये नियमन, निषेध और धर्मादेश ❷घिसे-पिटे कायदे कानून

【清寒】qīnghán ❶दरिद्र; गरीब：补助～学生 दरिद्र छात्र की परवरिश करना ❷ठंडा और स्वच्छ：月色～ स्वच्छ, शीत चांदनी

【清还】qīnghuán (कर्ज़ आदि) साफ़ करना और वापस देना; चुकाना

【清火】qīnghuǒ 〈ची०चि०〉 जलन या भीतरी ताप को मिटाना या कम करना

【清健】qīngjiàn 〈लि०〉 (वृद्ध व्यक्ति) फुर्तीला

【清剿】qīngjiǎo सफ़ाया करना：～土匪 डाकुओं का सफ़ाया करना

【清教徒】Qīngjiàotú प्यूरिटन：～主义 प्यूरिटनवाद

【清洁】qīngjié साफ़; स्पष्ट; साफ़-सुथरा：房间里很～。कमरा बहुत साफ़ है। / 保持室内～ कमरे को साफ़ रखना

【清洁能源】qīngjié néngyuán स्वच्छ ऊर्जा

【清洁燃料】qīngjié ránliào स्वच्छ ईंधन

【清洁生产】qīngjié shēngchǎn स्वच्छ उत्पादन

【清劲风】qīngjìngfēng 〈मौ०वि०〉 शीतल वायु

【清净】qīngjìng ❶शांति और सुख ❷स्वच्छ और विशुद्ध：湖水～ झील का स्वच्छ और विशुद्ध जल

【清君侧】qīngjūncè सम्राट को उस के निकट के गद्दार मंत्रियों से मुक्त करना (इतिहास में यह अक्सर सशस्त्र राज्य विद्रोह छेड़ने के लिये बहाने के रूप में प्रयुक्त किया जाता था)

【清客】qīngkè पुराने चीन में धनी और शक्तिशाली परिवारों के आश्रित या अनुयायी

【清口】qīngkǒu लज़ीज़ और ताज़ा

【清苦】qīngkǔ (विशेषकर विद्वान और अध्यापक) दरिद्र; गरीब：生活～ दरिद्रता में जीवन बिताना

【清栏】qīnglán 〈बो०〉 सुअरों, भेड़ों आदि के बाड़े से खाद निकालना

【清朗】qīnglǎng ❶शीतल और दीप्तिमान：～的天气 शीतल और मेघशून्य मौसम ❷ऊंची और साफ़ (आवाज़)：～的声音 ऊंची और साफ़ आवाज़

【清冷】qīnglěng ❶ठंडा; सर्द：四月的海水是～的。अप्रैल का समुद्री पानी ठंडा है। ❷निर्जन; वीरान; सुनसान; सूना：她丈夫出国了，她感到～。उस का पति विदेश गया, घर सूना-सा लगता है।

【清理】qīnglǐ शोधना; शुद्ध करना; क्रम में रखना：～乱线或乱丝 गुंथे हुए या उलझे हुए सूत या तागों को ब्योरना या सुलझाना / ～仓库 गोदाम की जांच-पड़ताल करना / ～战场 युद्ध-स्थल या लड़ाई-मैदान की छान-बीन करना

【清丽】qīnglì (लेख) स्पष्ट और सुन्दर; (दृश्य) शांत और सुन्दर

【清廉】qīnglián ईमानदार और न्यायनिष्ठ：～的官吏 ईमानदार और भ्रष्ट न किया जा सकने वाला अधिकारी

【清凉】qīngliáng ठंडा और ताज़ा：～饮料 ठंडाई; ठंडा पेय; शरबत / ～油 शीतप्रद अंजन (औषधि)

【清亮】qīngliàng स्पष्ट और गूंजता हुआ; गूंजने वाली (आवाज़)

【清亮】qīngliang ❶स्वच्छ; साफ़ ❷मन में साफ़ हो जाना; समझ में आ जाना：心里一下子～了。एकदम समझ में आ गया। ❸〈बो०〉 स्पष्ट; साफ़：字迹～ लिखावट साफ़ होना

【清冽】qīngliè 〈लि०〉 ठंडा; सर्द

【清凌凌】qīnglínglíng（清泠泠 qīnglínglíng भी） (जल) स्वच्छ और लहरें उठाता हुआ

【清流】qīngliú 〈लि०〉 स्वच्छ सरित्

【清棉】qīngmián 〈बुना०〉 रूई आदि कूटकर तैयार करना：～机 रूई कूटने का उपकरण

【清明】[1] qīngmíng ❶स्वच्छ और दीप्तिमान：月色～ स्वच्छ और दीप्तिमान चांदनी ❷(दिमाग) साफ़; होश में और शांत：神志～ चित्त ठीक होना; स्पष्ट सूझबूझ होना ❸(सरकार, शासन) सुव्यवस्थित; सुशासित; सुनियंत्रित

【清明】[2] qīngmíng ❶शुद्ध-उज्ज्वलता अवधि, चौबीस सौरावधियों में से पांचवीं ❷पितृ-पूजा उत्सव, शुद्ध उज्ज्वलता अवधि का पहला दिन (लगभग अप्रैल 4, 5, 6 में, रीति-रिवाज के अनुसार उस दिन लोग अपने पितरों के समाधिक्षेत्र में जाकर झाड़ू देते हैं)

【清喷漆】qīngpēnqī 〈रसा०〉 लाख की साफ़ वार्निश या रोगन

【清贫】qīngpín (बहुधा विद्वान, अध्यापक) दरिद्र; गरीब：家道～ घर की संपत्ति अपर्याप्त होना

【清平】qīngpíng प्रशांत; शांतिपूर्ण：海内～ संपूर्ण देश में शांति होना

【清漆】qīngqī वार्निश：透明～ साफ़ वार्निश

【清奇】qīngqí विचित्र और सुरुचिकर

【清讫】qīngqì अदा की गयी रकम ले ली गयी

【清秋】qīngqiū शरद ऋतु; पतझड़ (विशेषकर शरद ऋतु का अंतिम महीना)：～的景色 शरद ऋतु का दृश्य

【清癯】qīngqú 〈लि०〉 दुबला; पतला：面容～ दुबला-पतला चेहरा

【清泉】qīngquán ठंडा स्रोत (जल); ठंडा झरना

【清热】qīngrè 〈ची०चि०〉 औषधियों से भीतरी ज्वर का उपचार करना：～药 ज्वरनाशक; ज्वरनिवारक; ज्वरहारी (औषधि)

【清扫】qīngsǎo पूरी तरह सफ़ाई करना：～街道 सड़क

की सफ़ाई करना

【清瘦】 qīngshòu <शिष्ट०> दुबला; पतला

【清爽】 qīngshuǎng ❶ताज़ा और ठंडा: 空气～ ताज़ी और ठंडी हवा ❷आराम; चैन; भार-मुक्त: 事情办完了，心里很～。काम पूरा हो गया, अब भार-मुक्त हो गया। ❸<बो०> साफ़; साफ़-सुथरा ❹<बो०> स्पष्ट; साफ़: 把话讲～。साफ़-साफ़ बताओ।

【清水衙门】 qīngshuǐ yámen छिंगश्वेइ यामन, स्वच्छ-जल यामन (पहले, हाथ में रुपये-पैसे की भारी रकम न होना या अनुचित लाभ प्राप्त करने या ऐंठने का अवसर न मिलने वाली सरकारी संस्था; अब, कम लागत और कल्याण-सुविधाओं वाली संस्था)

【清算】 qīngsuàn ❶हिसाब-किताब साफ़ करना ❷निपटारा करना: ～汉奸的运动 देशद्रोहियों से निपटने का आंदोलन / ～右的投降主义 दक्षिणपंथी आत्म-समर्पणवाद को नेस्तनाबूद करना

【清算银行】 qīngsuàn yínháng क्लीरिंग बैंक

【清算账户】 qīngsuàn zhànghù हिसाब-किताब साफ़ करना

【清谈】 qīngtán ❶(वेइ-चिन 魏晋 राजवंशों में दार्शनिक व्यक्तियों में होने वाली) शुद्ध बातचीत —— विशिष्ट और अलौकिक विषयों पर बौद्धिक वाद-विवाद ❷निरर्थक बातचीत; गप-शप: ～不解决问题。निरर्थक बातचीत से काम नहीं चल सकता।

【清汤】 qīngtāng बिना सब्ज़ी का सूप; सादा सूप; हल्का सूप; शोरबा

【清通】 qīngtōng (लेख) स्पष्ट और सुसंगत

【清玩】 qīngwán ❶भोग के लिये परिष्कृत बढ़िया वस्तु, जैसे, गमले में लगा पौधा, स्थलदृश्य, चित्र आदि ❷किसी वस्तु की सुन्दरता की प्रशंसा करना

【清婉】 qīngwǎn (आवाज़) स्पष्ट और मधुर

【清晰】 qīngxī स्पष्ट; साफ़: 发音～ स्पष्ट उच्चारण / ～度 स्पष्टता

【清洗】 qīngxǐ ❶खंगालना; साफ़ करना; धोना: ～炊具 भोजन के बर्तन को खंगालना, धोना या साफ करना ❷सफ़ाया करना: ～奸细 जासूसों का सफ़ाया करना

【清洗机】 qīngxǐjī <कृ०> क्लीनर

【清闲】 qīngxián खाली; कार्यरहित: ～自在 कार्यरहित और स्वच्छंदतापूर्ण

【清香】 qīngxiāng हल्की सुगंध: 野花的～ जंगली फूलों की हल्की-हल्की सुगंध

【清心】 qīngxīn ❶मन की चिंताएं खाली करना; मन शांत होना ❷हृदय-शुद्ध करना; शुद्ध-हृदय होना ❸<ची०चि०> हृदय में भीतरी ताप मिटाना या दूर करना

【清心寡欲】 qīngxīn-guǎyù हृदय-शुद्ध करना और इच्छाओं की संख्या कम करना; हृदय-शुद्ध और अल्प इच्छा होना

【清新】 qīngxīn शुद्ध और नवीन: ～的空气 शुद्ध और नवीन वायु; साफ़ और ताज़ी हवा

【清醒】 qīngxǐng ❶ठंडे दिमाग वाला: 具有～的头脑 स्पष्ट सूझबूझ हासिल होना ❷होश में आना; होश ठिकाने होना

【清秀】 qīngxiù गोरा और सुन्दर: 面貌～ गोरा और सुन्दर चेहरा

【清雅】 qīngyǎ ललित; सुरूप; सुसंस्कृत: 风格～ ललित शैली में / 言辞～ सुसंस्कृत भाषा में

【清样】 qīngyàng <मुद्रण०> अंतिम प्रूफ़

【清夜】 qīngyè गहरी शांत रात्रि: ～自思 गहरी शांत रात्रि में विचार में डूबना या मग्न होना / ～扪心 रात की खामोशी में अपना दिल टटोलना

【清一色】 qīngyīsè ❶(महजोंग खेलने में) सब पत्ते एक ही रंग के होना ❷एक समान; एक ही प्रकार का; समरूप: ～的反动派 प्रतिक्रियावादियों का समरूप संगठन

【清议】 qīngyì <पुराना> विख्यात व्यक्तियों द्वारा तात्कालिक राजनीति या राजनीतिक व्यक्तियों की चर्चा करना

【清逸】 qīngyì स्पष्ट और सुसंस्कृत

【清音】[1] qīngyīn ❶स्छ्वान प्रांत में प्रचलित एक प्रकार का सरल गीत ❷<पुराना> विवाह और अंत्येष्टि में बैंड द्वारा बजाया जाने वाला संगीत

【清音】[2] qīngyīn <ध्वनि०> अघोष

【清莹】 qīngyíng स्वच्छ या निर्मल और चमकता हुआ: ～的湖水 झील का स्वच्छ जल

【清幽】 qīngyōu (दृश्य) सुन्दर और शांत

【清油】 qīngyóu <बो०> ❶सरसों का तेल ❷चाय के बीज का तेल ❸तोरिए का तेल

【清越】 qīngyuè (आवाज़) स्पष्ट और मधुर; स्पष्ट और दूर तक फैलने वाली: ～的歌声 गाने का स्पष्ट और मधुर स्वर

【清早】 qīngzǎo <बोल०> सुबह-सबेरे; तड़का; भोर

【清湛】 qīngzhàn <लि०> स्वच्छ; निर्मल

【清丈】 qīngzhàng ध्यानपूर्वक भूमि की नाप करना

【清账】 qīngzhàng हिसाब चुकाना; हिसाब साफ़ करना

【清真】 qīngzhēn ❶<लि०> अनालंकृत; न सजाया हुआ; पाक ❷इस्लाम; मुस्लिम: ～饭馆 मुस्लिम रेस्तरां

【清真教】 Qīngzhēnjiào (伊斯兰教 Yīsīlánjiào का दूसरा नाम) इस्लामपरक; इस्लाम

【清真寺】 qīngzhēnsì मस्जिद

【清蒸】 qīngzhēng स्वच्छ जल के सूप में भाप से पकाया (बहुधा बिना सोयाबीन चटनी का): ～鱼 उक्त उपाय से पकायी मछली

【清正】 qīngzhèng ईमानदार और न्यायनिष्ठ या निष्पक्ष: 为官～ ईमानदार और न्यायनिष्ठ अधिकारी बनना

【清浊】 qīngzhuó ❶शुद्ध और अशुद्ध; नेक और बद ❷<ध्वनि०> अघोष और सघोष

蜻

qīng नीचे दे०

【蜻蜓】 qīngtíng <प्राणि०> व्याध पतंग; ड्रैगनफ़्लाई

【蜻蜓点水】 qīngtíng-diǎnshuǐ किसी काम को गहराई से न करना; व्याध पतंग की तरह पानी की सतह छूना

鲭 (鯖)

qīng मैकरेल समुद्री मछली

qíng

勍 qíng 〈लि०〉 शक्तिशाली; बलवान：～敌 शक्तिशाली शत्रु

情 qíng ❶भाव; भावना; मनोभाव：热～ उत्साह; जोश / 无～ निर्दय; हृदयहीन ❷प्रेम; प्यार：爱～ प्रेम; प्यार / ～歌 प्रेम-गीत / ～话 प्रेम-वार्तालाप; दिली बात ❸कृपा; कृपादृष्टि; दया：人～ मानव भावना; मानवता / 求～ निवेदन करना ❹वासना; मैथुनेच्छा：～欲 मैथुनेच्छा; संभोग की इच्छा ❺स्थिति; हालत：病～ बीमारी की हालत ❻तर्क; कारण：合～合理 युक्तिसंगत; तर्कसंगत

【情爱】 qíng'ài प्रेम; प्यार (विशेषकर पुरुष और स्त्री के बीच का)：～甚笃 एक दूसरे को बहुत प्यार करना

【情报】 qíngbào सूचना：～机关 सूचना-संस्था / ～局 सूचना-ब्यूरो / ～人员 खुफ़िया एजेंट; जासूस / ～网 सूचना-जाल / ～中心 सूचना केन्द्र / 互通～ सूचनाओं का आदान-प्रदान करना

【情变】 qíngbiàn (प्रेमी-प्रेमिका या पति-पत्नी के बीच) संबंध टूटना

【情不可却】 qíngbùkěquè (किसी के निमंत्रण आदि को) अस्वीकार करना

【情不自禁】 qíngbùzìjīn अपनी भावना को वश में न रख सकना; न रोक सकना：～地笑起来 अपनी हंसी को न रोक सकना

【情操】 qíngcāo स्थायीभाव; भावना：高尚的～उदात्त भावनाएं

【情场】 qíngchǎng प्रेमक्षेत्र：～得意 प्रेम में भाग्यवान होना / ～失意 प्रेम में विफल होना

【情痴】 qíngchī प्रेम उन्मादी; प्रेम पगला

【情敌】 qíngdí प्रेम में प्रतियोगी या प्रतिद्वन्द्वी

【情调】 qíngdiào मनोभाव; भावना; राग-रस：健康的～ अच्छा राग-रस

【情窦初开】 qíngdòu-chūkāi (युवती का) पहला प्रेम समझ में आना

【情分】 qíngfèn प्राकृतिक मनोभाव：朋友～ मित्रता; दोस्ती / 兄弟～ बंधु-भाव; भ्रातृभाव; भाईचारा

【情夫】 qíngfū विवाहित स्त्री का अवैध प्रेमी; प्रेमी

【情妇】 qíngfù विवाहित पुरुष की अवैध प्रेमिका; प्रेयसी

【情感】 qínggǎn भाव; भावना; मनोभाव

【情感商品】 qínggǎn shāngpǐn भावात्मक उत्पादित वस्तु

【情怀】 qínghuái भाव; भावनाएं：抒发革命～ क्रांतिकारी भावनाओं को प्रकट करना

【情急智生】 qíngjí-zhìshēng असाध्यता के समय बुद्धि मिल जाना

【情节】 qíngjié ❶प्रसंग; प्लॉट; कथानक：～复杂 जटिल कथानक ❷परिस्थिति; दशा; हालत：根据～轻重判刑 मामले की गंभीरता के अनुसार दंड देना

【情景】 qíngjǐng दृश्य; परिस्थितियां; दशा：感人的～ दिल पर असर डालने वाला दृश्य / ～交融 (साहित्यिक कृतियों की) भावना और दृश्य भली भांति मिश्रण करना

【情境】 qíngjìng परिस्थितियां; स्थिति; दशा; हालत

【情况】 qíngkuàng ❶परिस्थितियां; स्थिति; दशा; हालत：～变化 हालत बदल जाना / ～不明 स्थिति साफ़-साफ़ मालूम न होना / ～恶化 स्थिति बदतर होना / ～复杂 परिस्थिति जटिल होना / ～好转 दशा या अवस्था सुधरना ❷सैन्य स्थिति：前线～怎样？ मोर्चे पर कैसी हालत है？

【情郎】 qíngláng (लड़की का) प्रेमी; प्रियतम

【情理】 qínglǐ युक्ति; तर्क; कारण：～中的事 स्वाभाविक बात / 不近～ अयुक्तिसंगत

【情侣】 qínglǚ प्रेमी और प्रेमिका; प्रियतम और प्रियतमा

【情面】 qíngmiàn भावनाएं：不讲～ इस बात की परवाह न करना कि ऐसा करने से किसी की भावनाओं को ठेस पहुंचेगी

【情趣】 qíngqù ❶स्वभाव और अभिरुचि; मिज़ाज और दिलचस्पी：～相投 स्वभाव और अभिरुचि में अनुरूपता होना

【情人】 qíngrén प्रेमी या प्रेमिका; प्रियतम या प्रियतमा

【情人眼里出西施】 qíngrén yǎnlǐ chū Xīshī प्रेमी या प्रेमिका अपनी प्रेमिका या प्रेमी में शीश् देखता है; प्रेमी या प्रेमिका की आंखों में अपनी प्रेमिका या प्रेमी ही सौन्दर्य होता है; सौन्दर्य देखनेवाले की आंखों में होता है

【情商】 qíngshāng ई०क्यू०; भावात्मक भागफल

【情诗】 qíngshī प्रेम-कविता

【情势】 qíngshì स्थिति; परिस्थितियां; घटनाओं की प्रवृत्ति：敌我～ शत्रु और हमारी स्थिति / ～危急。स्थिति संकटपूर्ण है।

【情事】 qíngshì तथ्य; घटनाएं (बहुधा कानूनी दस्तावेज़ में प्रयुक्त)

【情书】 qíngshū प्रेम-पत्र

【情思】 qíngsī ❶भावना; सद्भावना; सदिच्छा ❷मनोदशा

【情死】 qíngsǐ प्रेम के लिये मरना

【情愫】 qíngsù（情素 qíngsù भी）〈लि०〉 ❶भाव; भावना; मनोभाव：～暗生 भावनाएं बढ़ जाना ❷सच्ची भावना; दिली भावनाएं：互倾～ एक दूसरे के प्रति अपनी दिली भावनाएं प्रकट करना

【情随事迁】 qíngsuíshìqiān परिस्थितियों के साथ भावना का परिवर्तन होना

【情态】 qíngtài मनोभाव; मनोदशा：人物的～ पात्रों का मनोभाव

【情态动词】 qíngtài dòngcí 〈व्या०〉 रूपीय क्रिया; मोडल वेर्ब

【情同手足】 qíngtóngshǒuzú भाई-भाई की तरह; एक दूसरे के प्रति भाई के से प्रेम के साथ

【情投意合】 qíngtóu-yìhé (दो जनों का) एक सी विचारधारा वाले साथी बन जाना; एक दूसरे से प्रेम करना; अनुरक्त होना; आसक्त होना

【情网】 qíngwǎng प्रेम-पाश：坠入～ प्रेम-पाश में फंस जाना
【情味】 qíngwèi ❶भावना; मनोभाव ❷रुचि; रस
【情形】 qíngxing स्थिति; हालत; हाल; हालचाल：复杂的～ जटिल स्थिति / 当时的～ उस समय की हालत
【情绪】 qíngxù उत्साह; भावना; मनोभाव：斗争～ जुझारू उत्साह / ～饱和 भावावेश होना / ～低落 उत्साह कम होना; जी छूटना या हारना; दिल गिरना / ～波动 (में) मन पूरी तरह न लगा सकना ❷उदासी; तुनुकमिज़ाजी; कोप：闹～ मिज़ाज कुछ बिगड़ा होना; मन में नाराज़ होना
【情义】 qíngyì मित्रता; भाईचारे आदि का संबंध या भावना：阶级的～ वर्ग-भावना; वर्ग-प्रेम
【情谊】 qíngyì मित्रवत् भावनाएं：兄弟～ भाईचारे की भावनाएं
【情意】 qíngyì भावना; सद्भावना; सदिच्छा：深厚～ गहरी भावनाएं
【情由】 qíngyóu कारण; वजह：不问～ बिना कारण पूछे
【情有可原】 qíngyǒukěyuán क्षम्य; क्षमा करने योग्य
【情欲】 qíngyù मैथुनेच्छा; संभोग की इच्छा
【情愿】 qíngyuàn ❶इच्छा होना; चाहना：两相～ दोनों की किसी काम को करने की इच्छा होना / 我～牺牲自己的一半田庄。मैं अपनी आधी रियासत कुर्बान करने को तैयार हूं। ❷के बदले; के बजाय：～死，也不向敌人低头。दुश्मन के सामने गरदन झुकाने के बदले मरना कबूल करना
【情知】 qíngzhī पूर्ण रूप से अच्छी तरह जानना
【情致】 qíngzhì रुचि; दिलचस्पी
【情状】 qíngzhuàng मामलों की हालत; स्थिति; दशा

晴 qíng मेघशून्य; स्वच्छ：～天 धूप वाला दिन; मेघशून्य दिन; निरभ्र या स्वच्छ आकाश
【晴好】 qínghǎo गरम और धूपदार
【晴和】 qínghé गरम और धूपदार
【晴间多云】 qíng jiàn duō yún साफ़ आकाश, कभी-कभी बादलों से घिरा हुआ
【晴空万里】 qíngkōng-wànlǐ स्वच्छ और असीम आकाश; निरभ्र और विशाल आकाश
【晴朗】 qínglǎng मेघशून्य; धूपदार; निरभ्र
【晴天霹雳】 qíngtiān-pīlì निरभ्र आकाश से वज्र; आकस्मिक वज्रपात
【晴雨表】 qíngyǔbiǎo बैरोमीटर

赗（賙） qíng पाना; प्राप्त करना; लेना; स्वीकार करना：～受家产 घर की सम्पत्ति प्राप्त करना

氰 qíng 〈रसा०〉 श्यामजन; साइयनोजन
【氰化】 qínghuà साइयनिडिंग：～物 साइयनाइड; श्यामिद
【氰酸】 qíngsuān 〈रसा०〉 साइयनिक ऐसिड या अम्ल

檠（檾） qíng 〈लि०〉 ❶दीवट; शमादान ❷कलदार धनुष को ठीक करने का यंत्र

擎 qíng टेक लगाना; ऊपर उठाना; हाथ में लेना：众～易举 अधिक व्यक्तियों द्वारा भार आसानी से उठाया जा सकता है / 他手里～了一碗黄酒。वह हाथ में पीली शराब की प्याली लिये था।
【擎天柱】 qíngtiānzhù ज़िम्मेदार स्थिति में व्यक्ति

黥（剠） qíng 〈लि०〉 ❶प्राचीन काल में दंड के लिये मुंह पर कलंक का टीका लगाना ❷गुदना; गोदना; गोदकर निशान बनाना

qǐng

苘（檾、蘔） qǐng नीचे दे०
【苘麻】 qǐngmá 〈वन०〉 पाइमार्कर

顷[1]（頃） qǐng छिंग, क्षेत्र की परम्परागत इकाई, एक छिंग बराबर एक सौ मू 亩, या 6.667 हेक्टर या 16.474 एकड़

顷[2]（頃） qǐng 〈लि०〉 ❶〈क्रि०वि०〉 अभी; अभी-अभी：～接来函。अभी आप का पत्र मिला। / ～自有关方面探悉 अभी-अभी संबंधित अधिकारियों से पता चला है कि ❷थोड़ी देर; क्षण भर：少～ थोड़ी देर में ❸〈लघु०अ०〉 (समय) लगभग; करीब：下午二时～ दोपहर के बाद दो बजे के लगभग
〈प्रा०〉 倾 qīng के समान
【顷刻】 qǐngkè 〈क्रि०वि०〉 थोड़ी देर में; पल भर में; क्षण भर में：～之间 पल भर में; पलक झपकते ही; क्षण भर में

请（請） qǐng ❶प्रार्थना या निवेदन करना; मांगना：～教 सीखना; पूछना / ～人来修电视机 टी०वी० की मरम्मत करने के लिये किसी को बुला लाना ❷निमंत्रण देना; न्योता देना; दावत देना; बुलाना：我～他常来玩。मैं ने उसे अक्सर आने की दावत दी। / ～客 अतिथि को भोजन पर बुलाना या निमंत्रण देना / ～医生 डॉक्टर को बुलाना ❸〈शिष्ट०〉 कृपया; कृपा करके：～进来。भीतर आइए। / ～把书给我。कृपया मुझे पुस्तक दीजिये। ❹〈पुराना〉 बलिदान संबंधी वस्तुएं खरीदना, जैसे, धूप, मोमबत्तियां, कागज़ के घोड़े आदि
【请安】 qǐng'ān ❶हालचाल पूछना; किसी व्यक्ति के अच्छे स्वास्थ्य के लिये कामना करना ❷〈बो०〉 पुराने तरीके से प्रणाम करना (दायां हाथ अपने सामने नीचे रखते हुए बायां घुटना ज़मीन पर टेकना)
【请便】 qǐngbiàn जैसी आप की मर्ज़ी; जो मर्ज़ी; जो जी में आये करो：你想去，就～吧。अच्छा, तुम जाना चाहते हो तो जाओ !
【请春客】 qǐng chūnkè 〈पुराना〉 वसंत उत्सव के फ़ौरन

बाद अपने रिश्तेदारों और दोस्तों को भोजन पर दावत देना

【请调】qǐngdiào (काम) बदलने के लिये मांगना या प्रार्थना करना

【请功】qǐnggōng उच्च स्तर के अधिकारियों से किसी व्यक्ति के प्रशंसनीय कार्यों का रिकार्ड स्थापित करने का निवेदन करना

【请假】qǐngjià अवकाश या छुट्टी के लिये मांगना：因病～ बीमारी के कारण छुट्टी मांगना / ～条 छुट्टी मांगने का पत्र या पर्ची

【请柬】qǐngjiǎn 〈लि०〉 निमंत्रण कार्ड; निमंत्रण-पत्र

【请见】qǐngjiàn 〈लि०〉 प्रत्यक्ष दर्शन के लिये मांगना या निवेदन करना

【请教】qǐngjiào सम्मति लेना; सलाह लेना; राय लेना; सीख लेना：虚心～ नम्रता से सीखना / 我有一个问题，想向您～。मेरा एक सवाल है, आप से राय लेना चाहता हूं; मैं एक प्रश्न पर आप का विचार पूछना चाहता हूं।

【请君入瓮】qǐngjūn-rùwèng कृपया आप हौज या कुंड में पग रखिये —— दूसरों के लिये जो खड्डा खोदा है, उस में खुद गिरिए; जो सज़ा दूसरों के लिये निर्धारित की है, उस का मज़ा खुद चखिए

【请命】qǐngmìng ❶किसी की ओर से दलीलें पेश करना ❷〈पुराना〉 (उच्च स्तर के अधिकारियों से) आज्ञा देने के लिये निवेदन करना

【请求】qǐngqiú अनुरोध करना; निवेदन करना; मांगना：～原谅 क्षमाप्रार्थना करना; क्षमा मांगना; माफ़ी मांगना / 接受～ किसी का निवेदन स्वीकार करना

【请示】qǐngshì आदेश के लिये निवेदन करना; हिदायतें लेना：事前～ कार्यवाही करने से पहले हिदायतें लेना

【请帖】qǐngtiě निमंत्रण-पत्र; निमंत्रण कार्ड; दावतनामा

【请托】qǐngtuō किसी से कोई काम करने के लिये मांगना; सौंपना

【请问】qǐngwèn ❶〈शिष्ट०〉 कहिये; बताइये：～图书馆在哪里？बताइये, पुस्तकालय कहां है？❷हम पूछना चाहते हैं कि：～我怎不对？मैं पूछना चाहता हूं कि मैं ने कैसी गलती की？

【请勿】qǐngwù कृपया न कीजिये：～吸烟。सिग्रेट पीना मना है।

【请降】qǐngxiáng आत्मसमर्पण मांगना

【请缨】qǐngyīng शत्रुओं को नष्ट करने के लिये सम्राट से निवेदन करना：～杀敌 मोर्चे पर भेजे जाने के लिये निवेदन करना

【请援】qǐngyuán सहायता की प्रार्थना करना; मदद मांगना

【请愿】qǐngyuàn आवेदन करना; याचिका देना; अर्जी देना; अपील करना：～书 आवेदनपत्र; निवेदनपत्र / ～游行 आवेदन करना और प्रदर्शन करना

【请战】qǐngzhàn मोर्चे पर जाकर लड़ने की प्रार्थना करना：～书 उक्त उद्देश्य से लिखा हुआ पत्र

【请罪】qǐngzuì अपराध स्वीकार करना और दंड मांगना

庼（廎、高）qǐng 〈लि०〉 बड़ा कमरा; हॉल

謦 qǐng नीचे दे०

【謦欬】qǐngkài 〈लि०〉 ❶खांसना; खखारना ❷मनोरंजक बातचीत करना

qìng

庆（慶）qìng ❶मनाना; बधाई देना：～寿 किसी व्यक्ति की जयंती मनाना ❷मनाने योग्य वर्षगांठ ❸（Qìng）एक कुलनाम

【庆大霉素】qìngdàméisù 〈औष०〉 जनटामाइसिन

【庆典】qìngdiǎn समारोह：百周年～ सौ वर्षगांठ का समारोह

【庆父不死，鲁难未已】qìngfù-bùsǐ, lǔnàn-wèiyǐ जब तक छिंग फू का खात्मा नहीं किया जाता, तब तक लू राज्य का संकट दूर नहीं हो सकेगा।

【庆功会】qìnggōnghuì विजय सभा; विजय मनाने की सभा

【庆贺】qìnghè बधाई देना; मनाना：～胜利 विजय मनाना

【庆幸】qìngxìng प्रसन्न होना; खैरियत होना：值得～的事 प्रसन्न होने योग्य बात

【庆祝】qìngzhù मनाना：～节日 उत्सव या त्यौहार मनाना / ～大会 समारोह / ～活动 उत्सव मनाने का कार्यक्रम

亲（親）qìng नीचे दे०
qīn भी दे०

【亲家】qìngjia ❶अपनी पुत्रवधू या दामाद के माता-पिता ❷अपने पुत्र या पुत्री के सास-ससुर के लिये प्रयुक्त संबोधन

【亲家公】qìngjiagōng अपने पुत्र या पुत्री के ससुर के लिये प्रयुक्त संबोधन

【亲家母】qìngjiamǔ अपने पुत्र या पुत्री की सास के लिये प्रयुक्त संबोधन

清 qìng 〈लि०〉 ठंडा

箐 qìng 〈बो०〉 पहाड़ में बांस का बड़ा वन, बहुधा स्थानों के नाम में प्रयुक्त, जैसे, 梅子箐 Méiziqìng (युननान प्रांत में), 杉木箐 Shāmùqìng (क्वेइचओ प्रांत में)

綮 qìng 肯綮 kěnqìng हड्डियों का जोड़ —— सब से महत्वपूर्ण कुंजी
qǐ भी दे०

磬 qìng ❶जेड पत्थर से बना हुआ सुरीली आवाज़ वाला बाजा ❷बौद्ध धर्म का एक थपकी वाला बाजा जो पात्र की

तरह और तांबे से बना होता है

罄 qìng 〈लि०〉 बिलकुल समाप्त करना; निःशेष करनाः ～其所有 अपना बटुआ खाली करना; अपने पास जो है सब दे देना

【罄尽】 qìngjìn 〈लि०〉 कुछ भी न शेष रहना; निःशेष होना

【罄竹难书】 qìngzhú-nánshū (अपराधों का) बहुत अधिक होना या रिकार्ड करना

qióng

邛 qióng नीचे दे०

【邛崃】 Qiónglái स्छ्वान प्रांत में एक पहाड़

穷（窮）qióng ❶दरिद्र; गरीब; निर्धन; कंगालः 贫～ दरिद्र; गरीब / ～人 गरीब आदमी; कंगाल व्यक्ति ❷सीमा; अंत; हदः 无～无尽 असीम; अनंत; बेहद ❸पूर्ण रूप से; पूरी तरहः ～究 अंत तक जांच-पड़ताल करना ❹अत्यंत; बहुत अधिक; नितांत रूप सेः ～奢极欲 खूब ऐश करना या उड़ाना

【穷棒子】 qióngbàngzi ❶〈पुराना〉〈अना०〉 गरीब किसान ❷महत्वाकांक्षा वाला दरिद्र व्यक्ति

【穷棒子精神】 qióngbàngzi jīngshén कंगालों की क्रांतिकारी भावना

【穷兵黩武】 qióngbīng-dúwǔ मनमाने तौर पर सैन्य जोखिम में लग जाना

【穷愁】 qióngchóu दरिद्र और दुखीः ～潦倒 दरिद्र और निराश होना

【穷措大】 qióngcuòdà（穷醋大 qióngcùdà भी）दुखी दरिद्र विद्वान

【穷冬】 qióngdōng 〈लि०〉 मध्य शीत; बीच का जाड़ा

【穷乏】 qióngfá दरिद्र; गरीब; निर्धन

【穷光蛋】 qióngguāngdàn 〈बोल०〉 कंगाल

【穷极无聊】 qióngjíwúliáo ❶बिलकुल गरीबी का मारा होना ❷अरुचि उत्पन्न होना

【穷竭】 qióngjié 〈लि०〉 खपाना; निःशेष करनाः ～心计 दिमाग खपाना

【穷尽】 qióngjìn सीमा; अंत; हदः 学问是没有～的。 विद्या की सीमा नहीं होती ।

【穷开心】 qióngkāixīn ❶दरिद्र की स्थिति में अपने आप सुख लेना ❷दुख में भी आनंद ढूंढ़ना

【穷寇】 qióngkòu लड़खड़ाता दुश्मन; बचे-खुचे दुश्मन

【穷寇勿追】 qióngkòu-wùzhuī हारे हुए दुश्मन का पीछा मत करो

【穷苦】 qióngkǔ गरीबी का मारा; दरिद्र; निर्धन

【穷匮】 qióngkuì 〈लि०〉 कमी होना; अभाव होना

【穷困】 qióngkùn गरीबी का मारा; निराश्रय; धनहीनः ～潦倒 दरिद्र और निराश होना

【穷忙】 qióngmáng ❶〈पुराना〉 जीविका के लिये दौड़-धूप करना ❷बिना काम के व्यस्त होना

【穷目】 qióngmù यथासंभव दूर तक देखनाः ～远望 बहुत दूर तक एकटक देखना

【穷年累月】 qióngnián-lěiyuè साल-पर-साल; प्रतिवर्ष

【穷人】 qióngrén गरीब आदमी; दरिद्र; कंगाल

【穷山恶水】 qióngshān-èshuǐ ऊसर पहाड़ और अनियंत्रित नदियां

【穷酸】 qióngsuān (विद्वान) दरिद्र और पांडित्य-प्रदर्शक

【穷途】 qióngtú धनहीनता; गरीबी; निराश्रयता

【穷途潦倒】 qióngtú-liáodǎo पूर्णतः निराशाजनक

【穷途末路】 qióngtú-mòlù बंद गली में होना

【穷乡僻壤】 qióngxiāng-pìrǎng दूरस्थ दरिद्रता-ग्रस्त भीतरी इलाका; दूरवर्ती व गरीब देहात

【穷相】 qióngxiāng दरिद्रता का वेष; गरीबी की सूरत

【穷形尽相】 qióngxíng-jìnxiàng ❶सूक्ष्मता से वर्णन करना ❷अपने पूरे भद्देपन के साथ प्रकट होना

【穷凶极恶】 qióngxiōng-jí'è खूंखार; पाशविक; राक्षसीः ～的敌人 खूंखार दुश्मन

【穷原竟委】 qióngyuán-jìngwěi मामले की तह तक पहुंचना; वास्तविकता जानना

【穷源溯流】 qióngyuán-sùliú दे० 穷原竟委

【穷则思变】 qióngzésībiàn दरिद्रता परिवर्तन की इच्छा को जन्म देती है

【穷追猛打】 qióngzhuī-měngdǎ साहसपूर्वक पीछा करना और प्रचंड प्रहार करना

茕（煢、惸）qióng 〈लि०〉 ❶एकाकी; अकेला ❷उदास; निरुत्साह

【茕茕】 qióngqióng 〈लि०〉 एकाकी; अकेला

【茕茕孑立，形影相吊】 qióngqióng-jiélì, xíngyǐng-xiāngdiào बिलकुल अकेला ही खड़े रह जाना, काया और छाया का एक दूसरे को ढाढ़स बंधाना

穹 qióng 〈लि०〉 ❶मेहराब; गुंबज ❷आकाशः 苍～ आकाश; व्योम; नभ

【穹苍】 qióngcāng आकाश; व्योम; नभ

【穹顶】 qióngdǐng 〈वास्तु०〉 गुंबद

【穹隆】 qiónglóng मेहराबदार छतः ～构造 गुंबद जैसी बनावट

【穹形】 qióngxíng मेहराब के आकार काः ～屋顶 मेहराबदार छत

䓖（藭）qióng नीचे दे०

芎䓖 xiōngqióng भी दे०

筇 qióng प्राचीन पुस्तकों में वर्णित एक प्रकार का बांस जो लाठी बनाने के काम आता था

琼（瓊）qióng ❶〈लि०〉 सुन्दर जेड पत्थरः ～楼玉宇 सुसज्जित जेड प्रासाद ❷（Qióng）琼崖 Qióngyá हाएनान द्वीप

【琼浆】 qióngjiāng 〈साहि०〉 जेड सदृश मदिरा; अच्छी शराब

【琼剧】 qióngjù हाएनान प्रांत का स्थानीय ऑपेरा

【琼脂】 qióngzhī एगर-एगर; एगर (समुद्री घास): ~酸 एगर ऐसिड

蛩 qióng 〈प्रा०〉 झींगुर

跫 qióng 〈लि०〉 पदध्वनि

銎 qióng 〈लि०〉 कुल्हाड़े का छेद (मूठ लगाने के लिये)

qiū

丘¹ qiū ❶मिट्टी का ढूह; ढेर; टीला: 荒~ ऊसर टीला ❷कब्र: 坟~ कब्र ❸दे ० 浮厝 fúcuò ❹(Qiū) एक कुलनाम

丘² (坵) qiū 〈परि०श०〉 (धान के खेत का) टुकड़ा: 一~田 धान के खेत का एक टुकड़ा

【丘八】 qiūbā 〈पुराना〉 〈अना०〉 सिपाही (अक्षर 兵 के दो अंश)

【丘陵】 qiūlíng पहाड़ियां: ~地带 पहाड़ी क्षेत्र; पहाड़ी भूमि

【丘墓】 qiūmù 〈लि०〉 कब्र; समाधि

【丘脑】 qiūnǎo 〈श०वि०〉 प्रमस्तिष्कीय गुच्छिका

【丘鹬】 qiūyù 〈प्राणि०〉 वुडकाक

【丘疹】 qiūzhěn 〈चिकि०〉 पैप्यूल; दाना

邱 qiū ❶丘 qiū के समान ❷(Qiū) एक कुलनाम

龟 (龜) qiū नीचे दे०
guī; jūn भी दे०

【龟兹】 Qiūcí प्राचीन काल में पश्चिम में एक राज्य, वर्तमान शिनच्यांग में खूछ (库车) काउंटी

秋 (秌) qiū ❶शरद ऋतु; पतझड़: ~播 शरद की बोनी ❷फ़सल पकने का समय: 麦~ गेहूं काटने का मौसम ❸वर्ष; साल: 千秋万代 ❹(बहुधा अशांति उत्पन्न) काल: 危急存亡之~ जीवन-मरण का काल ❺(Qiū) एक कुलनाम

【秋波】 qiūbō सुन्दर स्त्री की चमकती हुई और स्वच्छ आंखें: 送~ (स्त्री का) आसक्त दृष्टि से देखना

【秋分】 qiūfēn शरदविषुव, चौबीस सौरावधियों में से सोलहवीं (सितम्बर 22, 23 या 24) दे० 二十四节气 èrshí sì jiéqì

【秋风】 qiūfēng ❶शरद की पवन ❷किसी नाम से लोगों से पैसे मांग लेने की कोशिश करना

【秋风扫落叶】 qiūfēng sǎo luòyè शरद पवन का तीव्र गति से गिरे हुए पत्तों को बहा ले जाना —— सभी विपत्तियों पर विजय पाना

【秋高气爽】 qiūgāo-qìshuǎng शरद (आकाश) ऊंचा और मौसम अच्छा —— शरद का आकाश स्वच्छ और वायु सुखकर होती है

【秋耕】 qiūgēng शरद की जोताई

【秋海棠】 qiūhǎitáng बिगोनिया

【秋毫】 qiūháo शरद में पशुपक्षियों के निकलने वाले नये, कोमल रोम या पंख; बहुत छोटी नगण्य वस्तु; बहुत छोटी लगभग अदृश्य वस्तु: 秋毫无犯

【秋毫无犯】 qiūháo-wúfàn (अत्यंत अनुशासित सेना का) जनहित का रत्ती भर भी उल्लंघन न होना: ~的纪律 ऐसा अनुशासन जो जनहित के किंचितमात्र उल्लंघन पर रोक लगाता हो

【秋毫之末】 qiūháozhīmò शरद के बाल का सिरा —— बहुत छोटा लगभग अदृश्य कण

【秋后的蚂蚱】 qiū hòu de màzha शरद के अंत में टिड्डा —— मरने के निकट होना

【秋后算账】 qiūhòu-suànzhàng शरद की फ़सल के बाद हिसाब-किताब करना —— कौन सही और कौन गलत का फ़ैसला करने के लिये तब तक इंतज़ार करना जब तक राजनीतिक आंदोलन का अंत न हो जाय;घटना होने के बाद बदला लेने के मौके का इंतज़ार करना

【秋季】 qiūjì शरद ऋतु; पतझड़: ~作物 खरीफ़

【秋景】 qiūjǐng ❶शरद का दृश्य ❷शरद की फ़सल

【秋老虎】 qiūlǎohǔ शरदारंभ 立秋 के बाद गरम मौसम का दौरा

【秋凉】 qiūliáng ठंडे शरद के दिन: 请~来。 ठंडे शरद के दिनों में आइये।

【秋粮】 qiūliáng शरद में काटी जाने वाली अनाज की फ़सल

【秋令】 qiūlìng ❶शरद ऋतु; पतझड़; ❷शरद का मौसम: 冬行~。 शीत ऋतु का मौसम शरद जैसा है।

【秋千】 qiūqiān झूला; हिंडोला: 荡~ झूला झूलना

【秋色】 qiūsè शरद का दृश्य: ~宜人 शरद का मनोरम दृश्य

【秋试】 qiūshì मिंग और छिंग राजवंश में प्रांत में होने वाली सरकारी परीक्षाएं

【秋收】 qiūshōu ❶शरद की फ़सल काटना ❷खरीफ़: ~作物 खरीफ़

【秋收起义】 Qiūshōu Qǐyì शरद-फ़सल विद्रोह (1927 ई० माओ त्से-तुंग के नेतृत्व में हूनान और च्यांगशी प्रांतों की सीमा पर होने वाला सशस्त्र विद्रोह, उस के बाद ही चीनी कम्युनिस्ट पार्टी ने स्वतंत्र रूप से अपनी क्रांतिकारी सेना की स्थापना की)

【秋水】 qiūshuǐ शरद जल —— (स्त्री की) स्वच्छ आंखें: 望穿~ बड़ी आकुलता से बाट जोहना

【秋水仙】 qiūshuǐxiān 〈वन०〉 घासस्थली केशर; जाफ़रान

【秋水仙素】 qiūshuǐxiānsù 〈औष०〉 कालचिसीन

【秋天】 qiūtiān शरद ऋतु; पतझड़

【秋闱】 qiūwéi 〈लि०〉 दे० 秋试

【秋汛】 qiūxùn शरद की बाढ़
【秋游】 qiūyóu शरद-पर्यटन
【秋征】 qiūzhēng शरद फ़सल काटने के बाद कृषि-कर लगाना

蚯 qiū नीचे दे०
【蚯蚓】 qiūyǐn केंचुआ

湫 qiū तलैया; कुंड; तालाब

楸 qiū 〈वन०〉 चीनी काटाल्पा

鹙（鶖） qiū 〈प्रा०〉 एक प्रकार का जल-पक्षी

鳅（鰍、鰌） qiū दे० 泥鳅 níqiu; 鯕鳅 qíqiu

鞦 qiū नीचे दे०
【鞦韆】 qiūqiān（秋千 qiūqiān का समान रूप） झूला; हिंडोला

qiú

仇 Qiú एक कुलनाम
chóu भी दे०

囚 qiú ❶बंदी बनाना; कैद करना; जेल में डालना: 被～ कैद किया जाना ❷बंदी; कैदी: 死～ प्राणदंड की प्रतीक्षा करने वाला कैदी
【囚车】 qiúchē कैदियों की गाड़ी; जेलगाड़ी
【囚犯】 qiúfàn बंदी; कैदी
【囚房】 qiúfáng बंदी कोठरी
【囚歌】 qiúgē बंदी का विलाप; बंदी का पश्चाताप-गीत
【囚禁】 qiújìn（囚困 qiúkùn भी） बंदी बनाना; कैद करना; जेल में डालना; नज़रबन्द करना
【囚牢】 qiúláo 〈पुराना〉 बंदीगृह; जेल
【囚笼】 qiúlóng साम्राज्य चीन में कैदी का (लकड़ी का) पिंजरा
【囚室】 qiúshì बंदी की कोठरी
【囚首垢面】 qiúshǒu–gòumiàn बाल उलझे हुए और चेहरा गंदा
【囚徒】 qiútú बंदी; कैदी

犰 qiú नीचे दे०
【犰狳】 qiúyú 〈प्राणि०〉 आर्माडिलो; झाऊ चूहा

求 qiú ❶मांगना; प्रार्थना; निवेदन करना: 我～～你。 मैं तुम्हारे पैरों पड़ता हूं। / ～救 दुहाई देना / ～助 मदद मांगना ❷(के लिये) जान खपाना; संघर्ष करना: ～进步 अधिक उन्नति के लिये जान खपाना / ～解放 मुक्ति के लिये संघर्ष करना ❸ढूंढ़ना; प्रयत्न करना: ～学问 विद्या के लिये खोज करना / 实事～是 तथ्यों के आधार पर सत्य को खोजना ❹आवश्यकता; ज़रूरत: 供～ सप्लाई और मांग / 供不应～ बाज़ार तेज़ होना
【求爱】 qiú'ài प्रणय याचना करना; प्रीति चाहना
【求成】 qiúchéng सफलता प्राप्त करना चाहना: 急于～ जल्दी से सफलता प्राप्त करना चाहना
【求告】 qiúgào याचना करना; अनुनय-विनय करना; प्रार्थना करना; गिड़गिड़ाना: 四处～ जगह-जगह याचना करना
【求根】 qiúgēn 〈गणित०〉 किसी संख्या का मूल निकालना या खोजना
【求过于供】 qiú guò yú gōng सप्लाई से मांग अधिक होना
【求和】 qiúhé ❶शांति के लिये मिन्नतें करना ❷〈खेल०〉 बराबर करने का प्रयत्न करना
【求婚】 qiúhūn (स्त्री या पुरुष से) विवाह के लिये प्रार्थना करना
【求积仪】 qiújīyí क्षेत्रफल-मापी; प्लैनिमीटर
【求见】 qiújiàn मुलाकात के लिये प्रार्थना करना
【求教】 qiújiào सलाह के लिये प्रार्थना करना: 登门～ सलाह लेने के लिये किसी से भेंट करने जाना
【求解】 qiújiě गणित प्रश्न का उत्तर देना
【求借】 qiújiè किसी से कर्ज़ लेने के लिये प्रार्थना करना
【求靠】 qiúkào आश्रय के लिये प्रार्थना करना
【求名求利】 qiúmíng–qiúlì नाम या यश और लाभ कमाना
【求偶】 qiú'ǒu पति या पत्नी चाहना या पाने को उत्सुक होना
【求乞】 qiúqǐ भिक्षा या भीख मांगना
【求签】 qiúqiān लाटरी निकलने से पूर्व मंदिर में उस का सुखद परिणाम प्राप्त करने के लिये प्रार्थना करना; मंदिर जाकर दुआ मांगना
【求亲】 qiúqīn वैवाहिक संबंध रखने को उत्सुक होना
【求亲告友】 qiúqīn–gàoyǒu रिश्तेदारों और दोस्तों से कृपा (बहुधा कर्ज़ लेने) के लिये प्रार्थना करना
【求情】 qiúqíng किसी से सहायता मांगना या क्षमा मांगना
【求全】 qiúquán ❶पूर्णता चाहना ❷कार्य को पूर्ण करने का प्रयत्न करना: 委曲～ अपना उद्देश्य प्राप्त करने के लिये रियायत मांगना
【求全责备】 qiúquán–zébèi त्रुटिहीनता चाहना: 对人不要～。 दूसरों से त्रुटिहीनता की मांग नहीं करनी चाहिये।
【求饶】 qiúráo क्षमा-प्रार्थना करना; क्षमा मांगना; माफ़ी मांगना
【求人】 qiúrén किसी से सहायता मांगना; किसी का सहारा लेना
【求人不如求己】 qiú rén bùrú qiú jǐ दूसरों से सहायता मांगने से स्व-सहायता भली
【求生】 qiúshēng (बीमारी या दुर्घटना के बाद) बच जाने का प्रयास करना; जीविका की चिंता और उस के लिये प्रयत्न

करना：～不得 मुश्किल से ज़िन्दा रह सकना
【求神】 qiúshén देवता की प्रार्थना करना
【求胜】 qiúshèng जीत के लिये होड़ लगाना：～心切 जीत पाने के लिये आतुर होना
【求实精神】 qiúshí jīngshén कल्पनाविहीनता की भावना
【求同存异】 qiútóng-cúnyì मतभेदों को एक तरफ़ रखते हुए समान आधार खोजना
【求仙】 qiúxiān ❶अमरता खोजना ❷दैवीय परामर्श हासिल करना
【求贤若渴】 qiúxián-ruòkě (शासक का) उत्सुकता से श्रेष्ठ योग्य व्यक्ति खोजना
【求降】 qiúxiáng आत्मसमर्पण की प्रार्थना करना
【求学】 qiúxué ❶विद्यालय जाना ❷जानकारी पाने को उत्सुक होना
【求爷爷告奶奶】 qiú yéye gào nǎinai दादाओं के आगे हाथ जोड़कर और दादियों से प्रार्थना करना —— मदद मांगने की कोशिश करना
【求医】 qiúyī चिकित्सा संबंधी परामर्श मांगना; डॉक्टर से मिलना
【求雨】 qiúyǔ वर्षा की प्रार्थना करना
【求援】 qiúyuán सहायता मांगना; सहायता की प्रार्थना करना
【求战】 qiúzhàn ❶लड़ाई खोजना：～不得 लड़ाई खोजने में असफल होना ❷लड़ने के लिये जाने की मांग करना：～心切 लड़ने के लिये उत्सुक होना; उत्सुकता से लड़ने की मांग करना
【求证】 qiúzhèng प्रमाण खोजना
【求之不得】 qiúzhī-bùdé मांगने पर भी न मिलने वाला; (पाने के लिये) बहुत चाहने वाला：这真是～的机会。यह सचमुच एक बहुत अच्छा मौका (या दुर्लभ अवसर) है।
【求知】 qiúzhī विद्या पाने को उत्सुक होना：有～渴望 ज्ञान-पिपासा पैदा होना

虬（虯） qiú ❶虬龙 के समान ❷〈लि०〉 घुंघराला
【虬龙】 qiúlóng पौराणिक सींगों वाला छोटा नाग
【虬髯】 qiúrán 〈लि०〉 बगल की घुंघराली दाढ़ी
【虬须】 qiúxū 〈लि०〉 घुंघराली दाढ़ी या मूंछ

泅 qiú तैरना
【泅渡】 qiúdù तैरकर नदी आदि पार करना
【泅水】 qiúshuǐ तैरना
【泅泳】 qiúyǒng（泅游 qiúyóu भी）तैरना

俅 Qiú तूलोंग जाति（独龙族）का पुराना नाम

揂 qiú 〈लि०〉 विवश करना; मजबूर करना; दबाना; दबाव डालना

酋 qiú ❶कबीले, जाति या वनजाति का मुखिया; सरदार ❷(डाकू, आक्रमण आदि का) सरदार; सरगना：敌～ दुश्मन का सरगना
【酋长】 qiúzhǎng कबीले का सरदार
【酋长国】 qiúzhǎngguó अमीरात

逑 qiú 〈लि०〉 विवाहित पति या पत्नी; पति या पत्नी

尿 qiú 〈बो०〉 पुरुष का लिंग

球[1] qiú ❶गोलक; गोला; गेंद; ग्लोब：～面 वर्तुल सतह / ～体 गोलप्राय पिंड ❷गोलाकार वस्तु：气～ गोब्बारा / 卫生～ कपूर की गोली ❸बाल गेम; मैच：～迷(बाल गेम) अनुरागी, शौकीन या प्रेमी ❹पृथ्वी; भूमंडल：地～ पृथ्वी

球[2]（毬） qiú (खेल में प्रयुक्त) गेंद; बॉल：传～ गेंद पास करना
【球场】 qiúchǎng खेल का मैदान; ग्राउण्ड
【球胆】 qiúdǎn (फ़ुटबाल आदि का) ब्लैडर
【球队】 qiúduì (बाल गेम) टीम
【球风】 qiúfēng बाल गेम में खिलाड़ी की योग्यता या आचरण：这运动员～很好。बाल गेम में इस खिलाड़ी का आचरण बहुत अच्छा है।
【球果】 qiúguǒ 〈वन०〉 चीड़ या सनोवर का फल; कोन
【球技】 qiújì बाल गेम खेलने में कौशल; बाल गेम कौशल
【球茎】 qiújīng 〈वन०〉 घनकंद; कार्म
【球茎甘蓝】 qiújīng gānlán 〈वन०〉 कोलराबी (बंदगोभी विशेष)
【球菌】 qiújūn 〈जीव०〉 कॉकस
【球类运动】 qiúlèi yùndòng बाल गेम्स
【球路】 qiúlù बाल गेमों में खेलने की कला या टैक्टिकस
【球门】 qiúmén 〈खेल०〉 गोल：～柱 गोल के खंभे
【球面镜】 qiúmiànjìng 〈भौ०〉 वर्तुल दर्पण
【球面天文学】 qiúmiàn tiānwénxué वर्तुल ज्योतिष
【球磨床】 qiúmóchuáng 〈यां०〉 बॉल ग्रिंडर
【球磨机】 qiúmójī 〈यां०〉 बॉल मिल
【球墨铸铁】 qiúmò zhùtiě 〈धा०वि०〉 नोड्यूलर ढलवां लोहा
【球拍】 qiúpāi（球拍子 qiúpāizi भी）❶(टेनिस, बैडमिंटन आदि) रैकेट ❷(टेबुल-टेनिस) बैट
【球赛】 qiúsài बाल गेम; मैच
【球市】 qiúshì बॉल खेल बाज़ार
【球坛】 qiútán बाल खेलने वालों का जगत्：～新手 उक्त जगत् में नया आने वाला; नया खेलनेवाला या खिलाड़ी
【球探】 qiútàn बाल मैच में विपक्ष की खबर लाने को भेजा हुआ व्यक्ति; स्काउट
【球网】 qiúwǎng (बाल गेम्स का) नेट
【球鞋】 qiúxié जिम शूस; टेनिस शूस; व्यायाम का जूता
【球心】 qiúxīn वर्तुल का केन्द्र
【球星】 qiúxīng बाल-गेम स्टार; स्टार
【球形】 qiúxíng गोल; गोलाकार; वर्तुल：～氢灯 गेंदनुमा उदजन लैम्प
【球艺】 qiúyì बाल-गेम खेलने में कौशल; बाल-गेम कौशल

赇（賕） qiú 〈लि०〉 घूस; रिश्वत：受～ घूस खाना या लेना

铽（鉥）qiú 〈प्रा०〉 एक प्रकार की छेनी

遒 qiú 〈लि०〉 शक्तिशाली; बलवान; ताकतवर

【遒劲】qiújìng 〈लि०〉 शक्तिशाली; शक्तिमानः 笔力～ (लिखावट में) शक्तिमान स्ट्रोक्स

【遒媚】qiúmèi 〈लि०〉 (लिखावट में) शक्तिमान और सुन्दर

巯（巰）qiú（巯基 qiújī भी）〈रसा०〉 मर्कैप्टो

裘 qiú ❶〈लि०〉 जानवरों की खाल से बना वस्त्रः 狐～ लोमड़ी की खाल से बना वस्त्र ❷（Qiú）एक कुलनाम

【裘皮】qiúpí जानवरों की खालः ～服装 उक्त खाल से बनी पोशाक

璆 qiú 〈लि०〉 सुन्दर जेड (पत्थर)

蝤 qiú नीचे दे०

yóu भी दे०

【蝤蛴】qiúqí 〈प्रा०〉 〈प्राणि०〉 लोनजिकार्न का बच्चा (छोटा कीड़ा); लंबे सींग वाला गुबरैला

鼽 qiú 〈लि०〉 दम घोंटने वाली नाक होना

qiǔ

糗 qiǔ ❶〈प्रा०〉 (यात्रा के लिये) पक्का सूखा भोजन ❷〈बो०〉 पक्के चावल या नूडल्स का चिपटा हुआ टुकड़ा

qū

区（區）qū ❶वर्गों में विभाजित करना; विभक्त करना भेद करना; फ़र्क करनाः ～分 भेद करना; अंतर करना; फ़र्क करना ❷क्षेत्र; इलाकाः 山～ पहाड़ी क्षेत्र / 军～ सैनिक क्षेत्र; फ़ौजी इलाका ❸प्रशासनिक क्षेत्रः 自治～ स्वायत्त प्रदेश

Ōu भी दे०

【区别】qūbié ❶भेद करना; अंतर करना; फ़र्क करनाः ～对待 अलग-अलग लोगों से अलग-अलग बर्ताव करना / 以示～ ताकि उस के और दूसरों के बीच फ़रक किया जा सके ❷भेद; अंतर; फ़र्कः 这两个字有什么～? इन दो अक्षरों में क्या फ़र्क है ?

【区划】qūhuà क्षेत्रों में विभाजनः 行政～ प्रशासनिक विभाजन

【区间车】qūjiānchē केवल नियमित मार्ग के एक भाग पर चलने वाली रेल या बस

【区区】qūqū ❶बहुत थोड़ा; बहुत ही मामूलीः ～小事，何足挂齿。बहुत ही मामूली बात है, इस का ज़िक्र करने लायक नहीं है। ❷〈पुराना〉 〈विन०〉 मैं; आप का विनीत सेवकः 榜上第一名就是～。नाम-सूची में जो पहला है आप का विनीत सेवक मैं ही हूं।

【区域】qūyù क्षेत्र; इलाका; प्रदेशः ～会议 संयुक्त स्थानीय सम्मेलन / ～自治 स्थानीय स्वायत्तता

【区域性】qūyùxìng प्रादेशिक; स्थानीयः ～战争 स्थानीय युद्ध / ～同盟 स्थानीय गठबंधन

曲¹ qū ❶टेढ़ा; टेढ़ा-मेढ़ा; वक्रः ～尺 बढ़ई आदि की गोनिया / ～线 लहरदार लकीर ❷टेढ़ा करना; मोड़नाः ～肱而枕 बांह टेढ़ी कर उस पर अपना सिर रखकर आराम करना ❸(नदी आदि का) मोड़; मोड़वाली जगहः 河～ नदी का मोड़ ❹गलत; अन्यायसंगतः 是非～直 सच्चाई और गलती; सत्य और झूठ

曲²（麯、粬）qū खमीर; यीस्ट

qǔ भी दे०

【曲笔】qūbǐ ❶(इतिहास-अधिकारी द्वारा) तथ्यों का मिथ्या वर्णन ❷लेख लिखने में जानबूझ कर किया हुआ विषय-त्याग; वक्रोक्ति

【曲别针】qūbiézhēn पेपर क्लिप

【曲柄】qūbǐng 〈यां०〉 क्रैंक

【曲柄钻】qūbǐngzuàn ब्रेस बर्मा; ब्रेस ड्रिल

【曲拱】qūgǒng मेहराबः ～石桥 मेहराबदार पत्थर पुल

【曲古霉素】qūgǔméisù ट्रिकमाइसिन

【曲棍球】qūgùnqiú ❶हॉकी ❷हॉकी बाल

【曲解】qūjiě अपविवृत्ति (बहुधा जानबूझ कर)ः ～原意 मूल अर्थ की अपविवृत्ति करना

【曲尽其妙】qūjìn-qímiào (स्वभाव, गुण, विशेषता आदि) सूक्ष्मता और कुशलता से प्रकट करना

【曲颈甑】qūjǐngzèng 〈रसा०〉 रिटोर्ट

【曲径】qūjìng वक्र पगडंडीः ～通幽 शांत एकांत स्थल को जाने वाली वक्र पगडंडी

【曲里拐弯】qūliguǎiwān घूमने वाला; वक्रः 山里有一条～的小路。पहाड़ में एक घुमावदार पगडंडी है।

【曲率】qūlǜ 〈गणित०〉 वक्रता; वक्र रेखा का घुमाव

【曲霉】qūméi ऐस्परजिलस

【曲面】qūmiàn वक्र सतह; ऊपरी तल की गोलाई

【曲曲弯弯】qūqūwānwān घूमने वाला; वक्र; टेढ़ा-मेढ़ा

【曲蟮】qūshàn（曲蟺 qūshàn भी）〈बोल०〉 केंचुआ

【曲射】qūshè कर्वड फ़ायडः ～弹道 कर्वड ट्रेजेक्टरी / ～炮 कर्वड-फ़ायर गन

【曲室】qūshì गुप्त कमरा

【曲说】qūshuō पूर्वाग्रह कथन; पक्षपात कथन

【曲突徙薪】qūtū-xǐxīn (संभाव्य आग से बचने के लिये) चिमनी को टेढ़ा करना और ईंधन रखने की जगह बदलना —— संभाव्य संकट से बचने के लिये पूर्वावधान करना

【曲线】qūxiàn ❶〈गणित०〉 वक्र-रेखाः ～救国 टेढ़े-मेढ़े

रास्ते से राष्ट्र को बचाना ❷वक्राकृति; किसी वस्तु (विशेषकर शरीर या उस के भाग) का वक्राकार
【曲线板】 qūxiànbǎn वक्र रेखनी; कर्व रूलर
【曲线球】 qūxiànqiú <बेसबाल> कर्व बाल
【曲线图】 qūxiàntú (वक्र रेखा) चित्र
【曲意逢迎】 qūyì-féngyíng अपनी इच्छा के विरुद्ध दूसरे की कृपा पाने का प्रयास करना
【曲折】 qūzhé ❶पेचदार; टेढ़ा-मेढ़ा: ～的道路 टेढ़ा-मेढ़ा रास्ता ❷पेचीदा: ～的情节 पेचीदा कथानक ❸ जटिल स्थिति
【曲直】 qūzhí सही और गलत: 不分～ सही और गलत के बीच फ़र्क न करना
【曲衷】 qūzhōng <लि०> भीतरी भावनाएं
【曲轴】 qūzhóu <यां०> क्रैंकशाफ़्ट; टेढ़ी धुरी या धुरा

岖（嶇） qū दे० 崎岖 qíqū

祛 qū <लि०> निकालना; भगाना; बहिष्कार करना; निर्वासित करना; देशनिकाला देना

诎（詘） qū ❶<लि०> छोटा करना; संक्षिप्त करना ❷屈 qū के समान

驱（驅、敺） qū ❶(पशु) हांकना; (कार) चलाना; ड्राइव करना: ～车前进 गाड़ी चलाकर आगे बढ़ना ❷जल्दी दौड़ना: 七百里～十五日。 हम ने पंद्रह दिन में सात सौ ली तक की दूरी पूरी कर ली है। ❸निकाल बाहर करना; दूर करना; भगा देना: 为渊～鱼，为丛～雀 मछलियों को गहरे पानी में और गौरैयों को जंगलों में भगा देना
【驱策】 qūcè ❶कोड़े से हांकना ❷कहीं जाने का आदेश देना
【驱虫药】 qūchóngyào कीड़े मारने की दवा
【驱除】 qūchú भगाना; हटाना; दूर करना: ～障碍 बाधाओं को दूर करना
【驱赶】 qūgǎn ❶हांकना: ～马车 घोड़ा गाड़ी हांकना ❷भगाना; हटाना: ～苍蝇 मक्खियों को हटाना
【驱寒】 qūhán ठंड दूर करना या निवारण करना
【驱迫】 qūpò विवश करना; मजबूर करना: 在人民力量的～之下 जनता के दबाव में
【驱遣】 qūqiǎn ❶<लि०> भगाना; हटाना; निकाल देना ❷कहीं जाने का आदेश देना; विवश करना ❸दूर करना; निवारण करना: ～别情 वियोग की दुख-भावना को दूर करना
【驱散】 qūsàn भगाना: ～睡意 नींद भगा देना / ～人群 भीड़ को तितर-बितर करना
【驱使】 qūshǐ ❶विवश करना; मजबूर करना: ～敌人跑到我们方面来 दुश्मन को हमारी ओर आने के लिये मजबूर करना / 反动政府～人民充当敌人的炮灰。 प्रतिक्रियावादी सरकार ने जनता को दुश्मन की बलि का बकरा बनने के लिये ढकेल दिया।
【驱邪】 qūxié भूतप्रेत का अपसारण करना
【驱逐】 qūzhú भगाना; बाहर निकालना; बाहर खदेड़ना: ～侵略者 आक्रमणकारियों को बाहर खदेड़ना / ～出境 देशनिकाला देना
【驱逐机】 qūzhújī（歼击机 jiānjījī का पुराना नाम） लड़ाकू विमान; अनुधावक वायुयान
【驱逐舰】 qūzhújiàn लड़ाकू जहाज़; विध्वंसक जहाज़

屈 qū ❶झुकना; मुड़ना; वक्र कर देना: ～膝 घुटने टेकना ❷अधीनता स्वीकार करना: 不～ अदम्य ❸अन्याय; बेइंसाफ़ी: 叫～ शिकायत करना ❹गलती की स्थिति में: 理～ तर्कहीन होना ❺（Qū） एक कुलनाम
【屈才】 qūcái अपनी योग्यता के लिये अयोग्य काम करना
【屈从】 qūcóng झुकना; अनिच्छा से आज्ञा मानना: ～于外来势力 बाहरी शक्तियों के सामने सिर झुकाना
【屈打成招】 qūdǎ-chéngzhāo कठोर शारीरिक पीड़ा के कारण झूठा अपराध स्वीकार कर लेना
【屈服】 qūfú（屈伏 qūfú भी） झुकना; सिर झुकाना; घुटने टेकना; अधीनता स्वीकार करना: 不～于外来压力 बाहर से आये हुए दबाव के सामने सिर न झुकाना / 不可～的精神 अपराज्य भावना
【屈驾】 qūjià <शिष्ट०> कृपया पधारिये: 今晚请～来舍一叙。 कृपया आज शाम को बातचीत करने हमारे घर पधारिये।
【屈节】 qūjié <लि०> ❶अपनी इज़्ज़त खो बैठना: ～事仇 दुश्मन की सेवा में अपनी इज़्ज़त खो बैठना ❷हीनतापूर्वक: 卑躬～ हीनतापूर्वक घुटने टेक देना; खाक चाटना
【屈就】 qūjiù <शिष्ट०> (कृपया) पदग्रहण करना: 要是您能～，那就太好了。 यदि आप यह पद ग्रहण करेंगे तो बहुत कृपा होगी।
【屈居】 qūjū विवश होकर स्थान या स्थिति ग्रहण करना: ～亚军 प्रतियोगिता के अंतिम चक्र में विवश होकर उसे दूसरे स्थान पर संतोष करना पड़ना
【屈理】 qūlǐ अयुक्तियुक्त; अनीतिपूर्ण; अन्यायपूर्ण: 不做～的事 अयुक्तियुक्त काम न करना
【屈辱】 qūrǔ अपमान
【屈死】 qūsǐ गलत इल्ज़ाम लगाये जाने से मर जाना; अत्याचार किये जाने से मर जाना
【屈枉】 qūwǎng अन्यायपूर्वक व्यवहार करना; अन्याय करना
【屈膝】 qūxī घुटने टेकना: ～投降 (के सामने) घुटने टेक देना
【屈心】 qūxīn दोषी महसूस करना: 不做～事 दोषी महसूस करने का काम न करना
【屈折语】 qūzhéyǔ <भा०वि०> रूपांतरशील भाषा
【屈指】 qūzhǐ अंगुलियों पर गिनना: ～可数 इने-गिने; बहुत कम; कुछ
【屈尊】 qūzūn <शिष्ट०> (उपकार के लिये) छोटों के यहां आना, कोई काम करना आदि; कृपा करना: ～求教 छोटी से सलाह लेने के लिये उस के यहां आना या जाना

胠 qū <लि०> ❶पार्श्व (कमर से बगल तक) ❷बगल से खोलना: ～箧 चोरी करना

祛 qū 〈लि०〉 दूर करना; निकालना; हटाना: ～痰 कफ़ निकालना / ～暑 ग्रीष्म-ताप दूर करना / ～疑 शंकाएं दूर करना

【祛除】 qūchú (बीमारी, शंकाएं, भूतप्रेत आदि) दूर करना; मुक्त करना: ～疑虑 शंकाएं दूर करना

【祛风】 qūfēng 〈ची०चि०〉 वायु दूर करना; वातग्रस्त पीड़ा, ठंड आदि से मुक्त करना

【祛风湿药】 qūfēngshīyào वातरोग के लिये औषधि

【祛瘀活血】 qūyū huóxuè 〈ची०चि०〉 रक्त-स्थैतिकता दूर करना और रक्त गति को उन्नत करना

袪 qū 〈लि०〉 ❶आस्तीन का कफ़ ❷祛 qū के समान

蛆 qū मक्खियों का कृमि; मैगट

【蛆虫】 qūchóng ❶मक्खियों का कृमि ❷निर्लज्ज व्यक्ति; दुष्ट

躯 (軀) qū शरीर; बदन: 身～ शरीर; बदन

【躯干】 qūgàn 〈श०वि०〉 धड़

【躯壳】 qūqiào (मन का विलोम) शरीर; बाह्य रूप

【躯体】 qūtǐ शरीर; बदन; कद; कायशरीर

焌 qū ❶जलती हुई वस्तु को पानी में रखना ❷तेल में भूनी हुई सब्ज़ी; गरम तेल में पहले मसाला डालना फिर सब्ज़ी भूनना

【焌油】 qūyóu 〈बो०〉 तेल को गरम करके उसे पकायी हुई सब्ज़ी पर डालना

趋 (趨) qū ❶जल्दी चलना: ～前 जल्दी आगे चलना ❷की ओर झुकना; प्रवृत्त होना: 大势所～ घटनाओं का आम रुझान होना ❸(हंस या सांप) सिर निकालकर लोगों को काटना

【趋避】 qūbì 〈लि०〉 जल्दी चलकर बचना; किनारा करना: ～路旁 जल्दी चलकर रास्ते के किनारे पर बचने के लिये खड़ा होना

【趋奉】 qūfèng (趋承 qūchéng भी) हीनतापूर्वक अत्यधिक चाटुकारिता करना; खुशामद करना; चापलूसी करना

【趋附】 qūfù हां में हां मिलाकर किसी का कृपा-पात्र बन जाना: ～权贵 हां में हां मिलाकर प्रभावशाली अधिकारियों का कृपा-पात्र बन जाना

【趋光性】 qūguāngxìng 〈जीव०〉 फ़ोटोटैक्सिस

【趋冷】 qūlěng (बाज़ार) धीरे-धीरे मंदी या ठंडा होता जाना

【趋热】 qūrè (बाज़ार) धीरे-धीरे समृद्ध या गरम होता जाना

【趋热性】 qūrèxìng 〈जीव०〉 थर्मोटैक्सिस

【趋时】 qūshí 〈लि०〉 फ़ैशन के पीछे भागना

【趋势】 qūshì प्रवृत्ति; रुझान; झुकाव: 总的～ आम रुझान / 发展的必然～ विकास की अनिवार्य प्रवृत्ति

【趋同】 qūtóng एकता की ओर बढ़ना

【趋向】 qūxiàng ❶किसी ओर झुकना; प्रवृत्त होना: 财政收入情况日益～好转。 वित्तीय आय दिन-प्रति-दिन अच्छी स्थिति की ओर अग्रसर हो रही है। ❷प्रवृत्ति; रुझान; झुकाव अग्रसर होना

【趋向动词】 qūxiàng dòngcí 〈व्या०〉 दिशावाचक क्रिया

【趋新】 qūxīn नयी-नयी धाराओं व रीति-रिवाजों आदि की ओर झुकना या प्रवत्त होना

【趋性】 qūxìng 〈जीव०〉 टैक्सिस

【趋炎附势】 qūyán-fùshì हां में हां मिलाकर प्रभावशाली अधिकारियों का कृपा-पात्र बन जाना: ～者 रकाबी-मज़हब

【趋药性】 qūyàoxìng 〈जीव०〉 केमोटैक्सिस

【趋之若鹜】 qūzhī-ruòwù बत्तखों के झुंड की तरह किसी चीज़ के पीछे जाना; कोई चीज़ प्राप्त करने के लिये संघर्ष करना

蛐 qū नीचे दे०

【蛐蛐儿】 qūqūr 〈बो०〉 झींगुर

【蛐蟮】 qūshàn दे० 曲蟮 qūshàn

麴 qū ❶曲 qū के समान ❷(Qū) एक कुलनाम

觑 (覰、覻、覷) qū 〈लि०〉 (अपनी आंखों को) सिकोड़ना या संकरा बनाना: ～着眼睛仔细看 आंखों को सिकोड़कर ध्यानपूर्वक देखना

qù भी दे०

【觑觑眼】 qūqūyǎn 〈बो०〉 निकट-दृष्टि; निकट-दृष्टिता; अदूरदर्शिता

黢 qū काला; श्याम; अंधेरा: 黢黑 / 黑～～ घुप अंधेरा; बहुत काला

【黢黑】 qūhēi बहुत काला; घुप अंधेरा: 手上尽是墨，～的。 हाथ स्याही से बहुत काले हो गये। / 屋里～，什么都看不见。 कमरे में घुप अंधेरा है, कोई चीज़ दिखाई नहीं देती।

嚯 qū 〈अनु०〉 ❶सीटी बजने की आवाज़ ❷झींगुर के बोलने की आवाज़

qú

劬 qú 〈लि०〉 ❶थका हुआ ❷उद्योग; परिश्रमी; मेहनती

【劬劳】 qúláo 〈लि०〉 थका हुआ; बहुत ज़्यादा काम करते-करते थका हुआ

朐 qú 临朐 Línqú शानतोंग प्रांत में एक स्थान

鸲 (鴝) qú नीचे दे०

【鸲鹆】 qúyù 〈प्राणि०〉 (八哥 bāge भी) मैना; सारिका

渠 1 qú ❶नहर; नाली: 水～ नहर ❷〈लि०〉 महा; बड़ा: ～魁 〈पुराना〉 नेता; विशेषतः विद्रोही नेता ❸ (Qú) एक कुलनाम

渠 2 qú 〈बो०〉 वह (वक्ता और श्रोता के अतिरिक्त कोई दूसरा व्यक्ति)

【渠道】 qúdào ❶नहर; नाला; नाली ❷रास्ता: 通过各种～ तरह-तरह के रास्ते के ज़रिये

【渠灌】 qúguàn नहर सिंचाई

【渠魁】 qúkuí नेता, विशेषतः राजद्रोही नेता

【渠帅】 qúshuài दे० 渠魁

蕖 qú दे० 芙蕖 fúqú

磲 qú 砗磲 chēqú बहुत बड़ा घोंघा; क्लैम (खाने योग्य)

璩 qú ❶〈लि०〉 जेड कुंडल ❷ (Qú) एक कुलनाम

瞿 Qú एक कुलनाम

鼩 qú नीचे दे०

【鼩鼱】 qújīng 〈प्राणि०〉 श्रु (shrew)

蘧 qú ❶नीचे दे० ❷ (Qú) एक कुलनाम

【蘧然】 qúrán 〈लि०〉 अचरज भी और खुशी भी; विस्मय भी और हर्ष भी

氍 (毹) qú नीचे दे०

【氍毹】 qúshū ❶ऊनी कालीन ❷〈पुराना〉 मंच; रंगभूमि

籧 qú नीचे दे०

【籧篨】 qúchú 〈प्रा०〉 बांस या सरपत से बनी मोटी चटाई

臞 qú 〈लि०〉 癯 qú के समान

鸜 (鸜) qú नीचे दे० 鸜

【鸜鹆】 qúyù दे० 鸲鹆 qúyù

癯 qú 〈लि०〉 दुबला; पतला: 清～ दुबला-पतला

蠷 qú नीचे दे०

【蠷螋】 qúsōu (蠼螋 qúsōu भी) कनगोजर; इयरविग

衢 qú 〈लि०〉 महामार्ग; बड़ा रास्ता: 通～ महा-मार्ग; बड़ा रास्ता

蠼 qú नीचे दे०

【蠼螋】 qúsōu दे० 蠷螋 qúsōu

qǔ

曲 qǔ ❶छू, दक्षिणी सुंग और चिन राजवंशों में और य्वान (元) राजवंश में लोकप्रचलित गाने वाले पद्य की एक शैली ❷गीत; गाना: ～调 लय; राग ❸(गीत का) संगीत; संगीत-रचना की स्वरलिपि: 作～ (गीत के लिये) संगीत रचना

qū भी दे०

【曲高和寡】 qǔgāo-hèguǎ असाधारण गीतों के बहुत कम गायक होते हैं; गीत इतना असाधारण कि वह लोकप्रचलित नहीं हो सका

【曲剧】 qǔjù लोक गीत से उत्पन्न ऑपेरा

【曲目】 qǔmù गीत, संगीत या ऑपेरा के नाम

【曲牌】 qǔpái छू (曲) के रागों के नाम

【曲谱】 qǔpǔ ❶चीनी ऑपेरा की स्वर-लिपि ❷छू 曲 के रागों का संग्रह

【曲式】 qǔshì 〈संगी०〉 संगीत का रूप

【曲艺】 qǔyì लोक कलाओं के रूप जिन में लोकगीत, कथा सुनाना, हास्योत्पादक बातचीत आदि शामिल हैं

【曲子】 qǔzi गीत; गाना; राग

苣 qǔ नीचे दे०

jù भी दे०

【苣荬菜】 qǔmǎicài कासनी

取 qǔ ❶लेना; ले आना; उठा लाना: ～款 पैसा लेना ❷पाना; इरादा करना; खोजना; पाने को उत्सुक होना: ～乐 भोग करना; रस लेना; हास्य-विनोद करना / ～暖 ताप पाना ❸अपनाना; स्वीकार करना; ग्रहण करना; चुन लेना: ～慎重态度 सावधान रुख अपनाना / 考试没有考～ परीक्षा में फ़ेल होना

【取保】 qǔbǎo 〈का०〉 जमानतदार ढूंढ़ता: ～释放 जमानत पर छूटना या छोड़ना

【取材】 qǔcái सामग्रियां चुनना या ले जाना: 就地～ अपने यहां सामग्रियां ले लेना / 这本小说～于农村生活。इस उपन्यास की सामग्री ग्रामीण जीवन से ली गयी हैं।

【取长补短】 qǔcháng-bǔduǎn दूसरे की खूबियों से सीखकर अपनी कमियों को दूर करना

【取代】 qǔdài (किसी चीज़ को उस की) जगह पर रख देना: 用塑料～木材。लकड़ी की जगह प्लास्टिक ले लेना

【取道】 qǔdào से होकर जाना: ～上海前往广州 शांगहाए से होकर क्वांगचओ जाना

【取得】 qǔdé पाना; प्राप्त करना; लेना; हासिल करना: ～成就 सफलता प्राप्त करना / ～统治地位 शासन का स्थान प्राप्त होना / ～信任 विश्वास अर्जित करना / ～政权 राजसत्ता छीनना / ～重大胜利 बहुत ही महत्वपूर्ण जीतें हासिल करना

【取灯儿】 qǔdēngr 〈बो०〉 दियासलाई; माचिस

【取缔】 qǔdì अवैध घोषित करना; गैरकानूनी करार देना;

रोक लगाना; प्रतिबन्ध लगाना; दबाना; दमन करना: ～非法活动 अवैध गतिविधियों को गैरकानूनी करार देना / ～官僚资本 नौकरशाही पूंजी को अवैध घोषित करना / ～奸商 मुनाफ़ाखोर व्यापारियों को दबाना / ～贪官污吏 भ्रष्टाचारी अफ़सरों को बरखास्त या निकाल बाहर करना

【取而代之】qǔ'érdàizhī किसी का स्थान लेना

【取法】qǔfǎ आदर्श का अनुकरण करना

【取法乎上，仅得乎中】qǔ fǎ hū shàng, jǐn dé hū zhōng उच्च स्तर वाले का आदर्श अपनाने से केवल मध्य स्तर की स्थिति ही प्राप्त हो सकती है

【取给】qǔjǐ (बहुधा 于 के साथ प्रयुक्त) सप्लाई प्राप्त होना: 资金～于内部积累。पूंजी की सप्लाई भीतरी संचय से प्राप्त होती है।

【取经】qǔjīng ❶बौद्ध सूत्र लेने के लिये तीर्थयात्रा करना ❷(किसी व्यक्ति, इकाई आदि से) उन्नत अनुभव सीखना

【取精用弘（宏）】qǔjīng-yònghóng अति विस्तृत सामग्री में से उत्तम चुन लेना

【取景】qǔjǐng (फ़ोटो खींचने, चित्र बनाने आदि में) दृश्य ढूंढना: ～器 कैमरे की दृश्यदर्शी; व्यूफ़ाइण्डर

【取决】qǔjué (बहुधा 于 के साथ प्रयुक्त) (पर) निर्भर होना: 消费的增长～于生产的增长。उपभोक्ता की उन्नति उत्पादन की उन्नति पर निर्भर होती है।

【取利】qǔlì लाभ उठाना; फ़ायदा उठाना; मुनाफ़ा कमाना

【取名】qǔmíng नाम देना; नाम रखना: 他还没有给孩子～。उस ने अभी बच्चे का नाम नहीं रखा।

【取闹】qǔnào ❶गड़बड़ करना; अशांति उत्पन्न करना ❷हंसी उड़ाना; उल्लू बनाना

【取齐】qǔqí ❶बराबर करना; समतल करना; संतुलन करना: 把两张纸～。दो कागज़ों को बराबर करो। ❷एकत्रित होना; इकट्ठा होना: 我们上午八点在校门口～。हम सुबह आठ बजे विद्यालय के फाटक पर इकट्ठे होंगे।

【取巧】qǔqiǎo बेजा फ़ायदा उठाने या मुश्किल से बचने के लिये फ़रेब का सहारा लेना: 做学问没有～图便的法门。विद्या हासिल करने के लिये कोई जादुई छोटा रास्ता नहीं है।

【取容】qǔróng प्रसन्न करने का प्रयास करना; अपने को किसी का कृपा-पात्र बनाना

【取舍】qǔshě हथिया लेना या छोड़ देना; चुन लेना: ～得宜 उचित रूप से चुन लेना

【取胜】qǔshèng विजय प्राप्त करना; जीत लेना

【取向】qǔxiàng किसी मानदंड के अनुसार किया गया वरण; प्रवृत्ति

【取消】qǔxiāo（取销 qǔxiāo भी）रद्द करना; उन्मूलन करना; निवारण करना; खात्मा करना: ～警律 पुलिस आदेश को रद्द करना / ～苛捐杂税 बेजा टैक्सों और तरह-तरह की लेवियों का खात्मा करना / ～任务 कार्य को तिलांजलि देना / ～资格 किसी को सदस्यता से हटा देना; अयोग्य घोषित करना

【取消主义】qǔxiāozhǔyì विघटनवाद

【取笑】qǔxiào (किसी का) मज़ाक उड़ाना; हंसी उड़ाना; खिल्ली उड़ाना: 他口吃，别～他。वह हकलाने वाला है, उस का मज़ाक मत उड़ाओ।

【取信】qǔxìn (किसी का) विश्वास प्राप्त करना: ～于民 जनता का विश्वास प्राप्त करना

【取样】qǔyàng नमूना लेना: ～检查 नमूना लेकर गुणों की परीक्षा करना; नमूना लेकर खूबियों को जांचना

【取悦】qǔyuè प्रसन्न करने का प्रयास करना: ～于人 अपने को किसी का कृपा-पात्र बनाना

【取证】qǔzhèng प्रमाण एकत्र करना

【取之不尽，用之不竭】qǔ zhī bù jìn, yòng zhī bù jié अक्षय; अनन्त; असीम: ～的泉源 अनन्त स्रोत

【取之于民，用之于民】qǔ zhī yú mín, yòng zhī yú mín जनता से जो लिया उस का प्रयोग जनता ही के लिये किया जाता है

娶 qǔ (स्त्री के साथ) विवाह करना; ब्याहना: 嫁～ पुरुष या स्त्री के साथ विवाह करना / 给儿子～媳妇 लड़के का ब्याह करना

【娶妻】qǔqī पत्नी ब्याहना

【娶亲】qǔqīn (पुरुष का) विवाह करना

龋（齲）qǔ नीचे दे०

【龋齿】qǔchǐ ❶दांत गलना ❷गला हुआ दांत

qù

去¹ qù ❶जाना: 我不～。मैं नहीं जाऊंगा। ❷बिछुड़ना; विदा हो जाना; प्रस्थान करना: ～国 अपने देश को छोड़कर चले जाना / ～世 संसार से प्रस्थान करना ❸खो बैठना: 大势已～。परिस्थिति बिगड़ गयी। ❹छोड़ देना; कम करना; निवारण करना: ～火 <ची०चि०> भीतरी ताप दूर करना / ～皮 छिलका उतारना ❺दूरी; फ़ासला: 两地相～五十里。दो जगहों के बीच पचास ली का फ़ासला है। / ～今三十年。तीस साल पहले; अब तक तीस साल हो चुके। ❻अतीत; बीता हुआ (साल): ～年 पिछला साल; बीता हुआ साल / ～冬 पिछले साल का जाड़ा ❼<शिष्ट०> मृत्यु होना; गुज़र जाना: 他已先我而～了。वह मुझ से पहले गुज़र गया। ❽(क्रिया के पहले या / और बाद प्रयुक्त) कोई काम करने जाना: 他～买东西了。या 他买东西～了。वह चीज़ें खरीदने गया। ❾(दो क्रिया-रचनाओं के बीच, या / और दूसरी क्रिया-रचना के बाद प्रयुक्त): (कहीं कोई काम) करने के लिये: 他到商店～买东西了。या 他到商店买东西～了。वह चीज़ें खरीदने दूकान पर गया। / 他买了票～看电影。उस ने सिनेमा देखने के लिये टिकट खरीद लिया। ❿<बो०> (大，多，远 आदि विशेषण और 了 के बाद प्रयुक्त) अत्यंत; बहुत अधिक (इस के बाद फिर 了 आता है): 这楼可大了～了。यह इमारत सचमुच बहुत ज़्यादा बड़ी है। /

那地方可远了～了。वह स्थान बहुत अधिक दूर है। ⓫去声 का संक्षिप्त रूप

去 2 qù (ऑपेरा आदि में) कोई भूमिका अदा करना; स्वांग रचना: 她在《断桥》中～白娘子。वह 'टूटे पुल' में श्वेत युवती की भूमिका अदा करती है।

去 3 qù ❶(गतिवाचक क्रिया के बाद आकर गति का कर्त्ता से अलग होने का बोध होता है) वहां; उस स्थान पर; दूर: 拿～ ले जाना / 上～ ऊपर जाना ❷(क्रिया के बाद आकर क्रिया के व्यापार की नित्यता का बोध होता है): 信步走～ इतमीनान से चले जाना / 让他看～ उसे देखते जाने देना

【去病】 qùbìng रोग दूर करना

【去处】 qùchù ❶जाने की जगह; कहां; किधर: 谁知道他的～。कौन जाने वह कहां गया। ❷स्थान; जगह: 庐山是个避暑的好～。लू शान पर्वत गरमियों में आराम और सैर-सपाटे का रमणीक स्थान है।

【去粗取精】 qùcū-qǔjīng स्थूल को छोड़ देना और सूक्ष्म को ग्रहण कर लेना

【去垢剂】 qùgòujì अपमार्जक; डिटर्जेण्ट

【去官】 qùguān पद पर फिर न रहना; पद से अलग होना

【去就】 qùjiù (का) पदग्रहण करना या न करना

【去留】 qùliú जाना या ठहरना; जाना या रहना: ～由你。तुम जाओ या न जाओ, जैसी तुम्हारी मरज़ी।

【去路】 qùlù आगे जाने का रास्ता; निर्गम-मार्ग: 挡住～ किसी के आगे जाने का रास्ता रोकना

【去声】 qùshēng 〈ध्वनि०〉 उतरती धुन (चीनी परम्परागत उच्चारण की चार धुनों में तीसरी) ❷उतरती धुन (चीनी के वर्तमान मानक उच्चारण की चार धुनों में चौथी)

【去势】 qùshì बधिया करना

【去暑】 qùshǔ ग्रीष्म-ताप दूर करना

【去岁】 qùsuì पिछला साल

【去伪存真】 qùwěi-cúnzhēn मिथ्या को हटा देना और सत्य को ग्रहण करना

【去污粉】 qùwūfěn क्लेंज़र; डिटर्जेण्ट

【去向】 qùxiàng किसी व्यक्ति या वस्तु की गयी हुई दिशा: ～不明 न जाने कहां गया

【去雄】 qùxióng 〈वन०〉 पुंसत्व हरण करना

【去杂去劣】 qùzá qùliè 〈कृ०〉 बेकार पौधों को निकाल फेंकना

【去职】 qùzhí पद से हटना; अपदस्थ होना

阒 (闃) qù 〈लि०〉 शांत; सन्नाटा; खामोशी: 阒然

【阒然】 qùrán 〈लि०〉 शांत; सन्नाटा; खामोशी: 四野～ विशाल खुले मैदान के चारों ओर सन्नाटा छा जाना

趣 qù ❶रुचि; दिलचस्पी; शौक; मज़ा: 兴～ रुचि; दिलचल्पी ❷दिलचस्प; रोचक: ～事 दिलचस्प बात / ～闻 दिलचस्प सुनी-सुनाई बातें या खबरें ❸रुचि; पसंद; शौक: 志～ रुचि; शौक

【趣话】 qùhuà हास्यप्रद कथन; हंसी की बात; मज़ा; दिल्लगी

【趣剧】 qùjù हास-विनोदपूर्ण नाटक

【趣味】 qùwèi ❶रुचि; दिलचस्पी: 这剧很有～。यह नाटक बहुत दिलचस्प है। ❷स्वाद: ～高雅 सुस्वाद

觑 (覰、覻、覷) qù 〈लि०〉 देखना; एक-टक देखना: ～视 देखना; एक-टक देखना; टकटकी लगाकर देखना

qū भी दे०

quān

桊 quān 〈लि०〉 कलदार धनुष; क्रॉस धनुष

悛 quān 〈लि०〉 पछताना; पछताकर सुधार करना: 怙恶不悛 hù'è-bùquān

圈 quān ❶चक्र; चक्कर; छल्ला; रिंग: 项～ हार / 打～ चक्कर लगाना या काटना / 跑了两～ दो चक्कर दौड़ना / 围成一～ चारों ओर से घेरकर जमपात लगाना ❷समान रुचि रखने वाले लोगों की मंडली; दल; गुट; समूह: ～里的人 किसी दल या गुट के अंदर वाला आदमी ❸घेरना; घेरा बनाना; बाड़ लगाना: 用篱笆～起来 बाड़ से घेरना ❺वृत्त चिह्न से चिह्नित करना या निशान लगाना: 把错字～了。गलत अक्षर को वृत्त चिह्न से चिह्नित करो।

juān; juàn भी दे०

【圈点】 quāndiǎn ❶(बिन्दुओं या छोटे गोल चिह्नों से) विरामचिह्न लगाना ❷विशेष ध्यान के लिये शब्दों या वाक्यांशों को बिन्दुओं या छोटे गोल चिह्नों से चिह्नित करना

【圈定】 quāndìng स्वीकरण या वरण के लिये किसी चीज़ के चारों ओर गोल चिह्न लगाना

【圈拢】 quānlǒng ❶एक करना; गोलबन्द करना; एकजुट करना ❷(किसी व्यक्ति को) अंदर खींच लेना; अपनी ओर करना

【圈套】 quāntào फंदा; कपटजाल: 落入～ कपटजाल में फंसना; किसी के जाल में फंसना; किसी के चक्कर में फंसना

【圈椅】 quānyǐ गोल पीठ की बांह वाली कुर्सी

【圈阅】 quānyuè दस्तावेज़ पर अपने नाम के ऊपर गोल चिह्न लगाना (मतलब यह कि मैं ने इस दस्तावेज़ को पढ़ा है)

【圈占】 quānzhàn (भूमि को) घेरना और उस पर अधिकार करना

【圈子】 quānzi ❶चक्र; चक्कर; छल्ला; रिंग: 鸟在空中飞了一个小～。चिड़ियों ने हवा में मामूली-सा चक्कर काटा। ❷दायरा; गुट; समूह: 他走出了狭小的～。वह संकीर्ण दायरे से बाहर निकल आया।

鄿 quān (स्थानों के नाम में प्रयुक्त) 毕家～ पीच्या-

छुआन (हपेइ प्रांत में), 蒙～ मंगछुआन (थ्येनचिन में)

quán

权（權）quán ❶<लि०> विषमभुजतुला की सरकने वाली लटकन ❷<लि०> तौलना; वज़न करना： ～其轻重 (दो या दो से अधिक वस्तुओं के) सापेक्ष महत्व का अनुमान करना ❸शक्ति; बल; सत्ताधिकार： 当～ सत्तारूढ़; सत्ताधारी / 掌握大～ राजसत्ता की बागडोर थामना ❹ अधिकार; अख्तियार： 选举～ मताधिकार; वोट देने का अधिकार / 人～ मानव-अधिकार ❺अनुकूल परिस्थिति; उपयुक्त परिस्थिति： 主动～ पहलकदमी ❻औचित्य; युक्तियुक्तता： ～诈 धूर्तता; फ़रेब; ठगी / ～谋 (राजनीतिक) चालें; फ़रेब; धूर्तता ❼<क्रि०वि०> अस्थायी रूप से： ～充 अस्थायी रूप से किसी की भूमिका अदा करना ❽（Quán）एक कुलनाम

<प्रा०> 颧 के समान

【权变】quánbiàn बदलती परिस्थितियों के अनुकूल ढालना

【权便】quánbiàn उचित; उपयुक्त; युक्तियुक्त

【权标】quánbiāo शासन-चिह्न; अधिकार-चिह्न; फ़ैसीज़ (रोमन इतिहास में दृष्टव्य)

【权柄】quánbǐng सत्ता; शक्ति： 掌握～ सत्तारूढ़ होना; अधिकार की बागडोर थामना

【权臣】quánchén शक्तिशाली मंत्री

【权贵】quánguì प्रभावशाली अधिकारी-गण

【权衡】quánhéng तौलना; वज़न करना; संतुलन करना： ～利害 भलाई-बुराई का अनुमान करना

【权奸】quánjiān शक्तिशाली और कपटी दरबारी अधिकारी

【权力】quánlì ❶शक्ति; बल; ताकत; सत्ता： ～机关 सत्ताधारी संस्था; सत्ताधिकारी संस्था / ～集中于中央 संपूर्ण सत्ताधिकार केन्द्रीय सरकार (या कमेटी आदि) के हाथ में केन्द्रित होना ❷शक्ति का क्षेत्र; अधिकार का क्षेत्र： 行使会议主席～ सभापति का अधिकार-प्रयोग करना

【权利】quánlì अधिकार; अख्तियार： 工作的～ काम करने का अधिकार / 你有～这样做。तुम्हें ऐसा करने का अख्तियार है।

【权略】quánlüè (राजनीतिक) चालें; धूर्तता; फ़रेब

【权门】quánmén प्रभावशाली अधिकारियों के परिवार： 依附～ प्रभावशाली अधिकारियों के परिवारों पर आश्रित रहना

【权能】quánnéng अधिकार और कर्तव्य： 工会的～ श्रमिक संघ के अधिकार और कर्तव्य

【权且】quánqiě अस्थायी रूप से; फ़िलहाल： ～以野果充饥 जंगली फल खाकर अस्थायी रूप से भूख की आग बुझाना

【权时】quánshí अस्थायी; अल्पकालीन

【权势】quánshì शक्ति और प्रभाव; अधिकार और प्रभाव

【权术】quánshù <अना०> राजनीतिक फ़रेब; दांव-पेंच： 玩弄～ राजनीतिक फ़रेब करना; दांव-पेंच खेलना

【权数】quánshù <लि०> परिस्थिति के अनुकूल ढलने की चतुरता

【权威】quánwēi ❶अधिकृत; प्रामाणिक; प्रतिष्ठावान और अधिकारपूर्ण： ～人士 अधिकृत व्यक्ति / ～著作 अधिकृत पुस्तक / ～的哲学家 अधिकृत दर्शन-शास्त्री ❷प्राधिकार; धुरंधर विद्वान; प्रामाणिक वस्तु： 学术～ विद्याध्ययन-क्षेत्र में धुरंधर विद्वान

【权位】quánwèi शक्ति (या अधिकार) और पदवी

【权限】quánxiàn अधिकार-श्रेत्र; अधिकार-सीमा： 委员会的～ समिति का अधिकार-क्षेत्र / 确定～ अधिकार-सीमा निश्चित करना

【权宜】quányí उचित; उपयुक्त; युक्तियुक्त： ～之计 युक्तियुक्तता

【权益】quányì अधिकार और लाभ： 合法～ वैध अधिकार और लाभ

【权舆】quányú <लि०> ❶अंकुर; कोंपल ❷आरंभ; प्रारंभ; शुरुआत

【权欲】quányù अधिकार की इच्छा： ～熏心 अधिकार की इच्छा से अभिभूत होना

【权责】quánzé अधिकार और उत्तरदायित्व; अधिकार और कर्तव्य： 划清～ अधिकारों व उत्तरदायित्वों को स्पष्ट रूप से निर्धारित करना

【权诈】quánzhà फ़रेब; धूर्तता; मक्कारी

【权杖】quánzhàng अधिकार दंड (राजनीतिक या धार्मिक नेताओं द्वारा लेकर चलने वाला)

全 quán ❶पूरा; संपूर्ण; पूर्ण： 这些材料不～。यह सामग्री पूरी नहीं हैं। / 委员们都到～了。कमेटी के सब सदस्य उपस्थित हैं। ❷पूरा करना; पूर्ण करना： 两～其美 दोनों पक्षों की इच्छाएं पूरी करना ❸सारा; समस्त; समूचा; कुल： ～国 सारा देश / ～功尽弃。पहले की सारी सफलताओं पर पानी फिर जाता है। ❹<क्रि०वि०> पूर्णतः; संपूर्णतः; पूरे-पूरे; बिलकुल： 他们～来了。वे सब आये हैं। / 我～知道。मैं सब जानता हूं; मुझे सब मालूम है। ❺（Quán）एक कुलनाम

【全般】quánbān सब; सारा; समूचा： ～工作 सारा काम

【全豹】quánbào संपूर्ण परिस्थितियां; संपूर्ण वस्तु： 以窥～ ताकि संपूर्ण वस्तु (या परिस्थितियां) देखी जा सके

【全本】quánběn ❶परम्परागत ऑपेरा का संपूर्ण नाट्य-प्रदर्शन ❷(उपन्यास आदि का) संपूर्ण पाठ

【全部】quánbù पूर्ण; संपूर्ण; पूरा; सब; समस्त; कुल： ～财产 सर्वस्त; सारी सम्पत्तियां / ～开支 सारा खर्च / ～内容 संपूर्ण अंतर्वस्तु / 他们～是农民。ये सब-के-सब किसान हैं।

【全才】quáncái बहुविद् व्यक्ति; सर्वतोमुखी प्रतिभा वाला व्यक्ति： 文武～ कलम और हथियार दोनों चलाने की पूर्णक्षमता होना

【全场】quánchǎng ❶सारे श्रोता; सभी दर्शक： ～起立。सभी श्रोता या दर्शक उठ खड़े हुए। ❷<खेल०> पूरा

मैदानः ～紧逼 पूरा मैदान दबाव; फ़ुल-कार्ट (या ऑल-कार्ट) प्रेस
【全称】 quánchēng (वस्तु का) पूरा नाम
【全程】 quánchéng पूरा मार्ग; पूरा रास्ता; पूरी दूरीः 马拉松比赛～二十公里。मेराथन रेस (लंबी दौड़) का पूरा मार्ग बीस किलोमीटर है।
【全等】 quánděng 〈गणित०〉 सर्वांगसमः ～形 सर्वांगसम त्रिभुज, वृत्त आदि
【全都】 quándōu सब; सब-के-सब; बिना अपवाद केः 班上学生～来了。कक्षा के सब विद्यार्थी आये हैं।
【全方位】 quánfāngwèi सर्वतोमुखी; चतुर्मुखी; चौतरफ़ा
【全份】 quánfèn पूरा सेटः ～茶点 जलपान का पूरा सेट
【全副】 quánfù सारा; पूराः 使出～本领 सारी शक्ति और कौशल लगा देना / ～武装 नख से शिख तक युद्धोपकरणों से सज्जित; हथियारों से लैस
【全国】 quánguó सारा देश; राष्ट्रीय; राष्ट्रव्यापीः ～纪录 राष्ट्रीय रिकार्ड / ～人口普查 राष्ट्रव्यापी जन-गणना करना / ～上下 सारे देश में नेताओं से लेकर आम लोगों तक / ～性 राष्ट्रव्यापी; सार्वदेशिक
【全国农业发展纲要】 Quánguó Nóngyè Fāzhǎn Gāngyào राष्ट्रीय कृषि-विकास कार्यक्रम
【全国人民代表大会】 Quánguó Rénmín Dàibiǎo Dàhuì राष्ट्रीय जन-प्रतिनिधि सभा
【全国一盘棋】 quánguó yīpánqí समूचे देश को दृष्टिगत रखना
【全乎】 quánhu पूरा; पूर्णः 这家商店不大，可货物很～。यह दूकान बड़ी नहीं है, पर इस में सब प्रकार का माल है।
【全会】 quánhuì पूर्णाधिवेशनः 十一届三中～ (चीनी कम्यूनिस्ट पार्टी की) ग्यारहवीं केन्द्रीय समिति का तीसरा पूर्णाधिवेशन
【全集】 quánjí संग्रह; ग्रंथावलीः《鲁迅～》'लूशुन की ग्रंथावली'
【全家福】 quánjiāfú 〈बो०〉 ❶सारे परिवार छायाचित्र (फ़ोटो) ❷कई प्रकार का मिला-जुला सालन, विशेषकर गोश्त (एक तश्तरी)
【全歼】 quánjiān पूर्ण रूप से नष्ट करना; पूरी तरह नेस्तनाबूद करनाः ～入侵之敌 आक्रमण करने वाले शत्रुओं को पूर्ण रूप से नष्ट करना
【全景】 quánjǐng परिदृश्य; चारों ओर का दृश्य; पूर्ण-दृश्यः 西湖～ पश्चिम सरोवर (वेस्ट लेक) का संपूर्ण दृश्य
【全景宽银幕电影】 quánjǐng kuānyínmù diànyǐng सिनिपैनोरैमिक; बड़े पर्दे पर दिखाई जाने वाली फ़िल्म
【全景式】 quánjǐngshì परिदृश्य; चारों ओर का दृश्य; परिदृश्य का; सर्वतोमुखी; चतुर्मुखी; चौतरफ़ा; परिदृश्य के रूप में
【全景摄影机】 quánjǐng shèyǐngjī पैनोरैमिक कैमरा
【全局】 quánjú संपूर्ण स्थितिः ～在胸 संपूर्ण स्थिति को हृदयंगम करना / ～利益 आम हित / 战争～ युद्ध की संपूर्ण स्थिति / 照顾～ समूची स्थिति पर ध्यान देना
【全军】 quánjūn संपूर्ण सेना; सारी सेनाः ～覆没 संपूर्ण सेना का विनाश (या नष्ट-भ्रष्ट) हो जाना
【全开】 quánkāi मानक आकार का (कागज़ का) ताव; स्टैंडर्ड साइज़्ड शीट
【全劳动力】 quánláodònglì (全劳力 quánláolì भी) शक्तिमान कृषि श्रमिक
【全力】 quánlì पूरी शक्ति के साथ; हर प्रकार सेः ～以赴 हर प्रकार से सामना करना / ～支援 पूरी शक्ति से सहायता देना
【全貌】 quánmào पूर्णदृश्य; परिदृश्यः 大桥的～ महा-सेतु का पूर्णदृश्य / 弄清问题的～ समस्या की पूरी स्थिति अच्छी तरह परिचित करने का प्रयास करना
【全面】 quánmiàn चतुर्मुखी; सर्वतोमुखी; चौतरफ़ाः ～安排 चतुर्मुखी प्रबन्ध करना / ～崩溃 पूर्ण विनाश होना / ～观点 सर्वांगीण दृष्टिकोण / ～禁止核武器 नाभिकीय शस्त्रों पर पूरी पाबंदी लगाना / ～总结 सर्वांगीण सारांश (या निचोड़)
【全民】 quánmín सारी जनता; समूची जनताः ～投票 सार्वजनिक वोट / ～皆兵 समूची जनता का सैनिक बनना; सारी जनता को सैनिक बनाना / ～所有制 समूची जनता की मिल्कियत
【全名】 quánmíng ❶(व्यक्ति का) पूरा नाम ❷(वस्तु का) पूरा नाम
【全能】 quánnéng 〈खेल०〉 बहुमुखी; ऑल-राउण्डः ～运动员 बहुमुखी खिलाड़ी; ऑल-राउण्डर / ～冠军 बहुमुखी चैंपियन; ऑल-राउण्ड चैंपियन
【全年】 quánnián वार्षिक; सालानाः ～收入 वार्षिक आय / ～平均温度 वार्षिक औसत तापमान
【全盘】 quánpán पूरा; संपूर्ण; सर्वांगीणः ～否定 पूर्ण निषेध करना / ～改革 सर्वांगीण सुधार / ～考虑 समग्र रूप से ध्यान देना; बहुमुखी विचार करना / ～肯定 पूर्ण रूप से सकारात्मक समझना / ～西化 संपूर्ण पश्चिमीकरण
【全票】 quánpiào ❶पूरा टिकट ❷सब वोट; सर्वसम्मत वोटः 以～当选 सर्वसम्मिति से निर्वाचित होना
【全勤】 quánqín पूर्ण कार्य उपस्थिति होना; किसी निश्चित अवधि में एक भी दिन कार्य में अनुपस्थिति न होना
【全球】 quánqiú सारा संसार; सारी दुनिया; विश्वव्यापीः ～战略 विश्वव्यापी रणनीति; विश्व-रणनीति
【全权】 quánquán पूर्णाधिकारी; पूर्णाधिकार प्राप्तः ～大使 पूर्णाधिकारी राजदूत / ～代表 पूर्णाधिकारी प्रतिनिधि (या राजदूत)
【全然】 quánrán 〈क्रि०वि०〉 पूर्ण रूप से; पूरी तरह सेः ～不顾个人安危 अपनी सुरक्षा की परवाह बिलकुल न करना
【全日制】 quánrìzhì (स्कूल में) पूरे समय काः ～教育 पूरे समय का शिक्षण या पढ़ाई / ～学校 पूरे समय का स्कूल या विद्यालय
【全色】 quánsè 〈फ़ोटो०〉 पैंक्रोमैटिकः ～胶片 (या ～片) पैंक्रोमैटिक फ़िल्म / ～乳剂 पैंक्रोमैटिक इमल्शन
【全身】 quánshēn सारा शरीर; सारा बदनः ～检查 सारे बदन की आम जांच

【全身麻醉】 quánshēn mázuì (संक्षिप्त रूप 全麻 quánmá) व्यापक संवेदनहारी; जनरल ऐनेस्थीसिया
【全身像】 quánshēnxiàng आदमकद पिक्चर या फ़ोटो
【全神贯注】 quánshén-guànzhù एकाग्रता से; एकाग्र मन से: ～地听 एकाग्रता से सुनना
【全胜】 quánshèng ❶पूर्ण विजय: 大获～ पूर्ण विजय प्राप्त होना ❷〈खेल०〉 हर मैच में विजय पाना: 四战～ चारों मैच में पूर्ण विजय प्राप्त होना
【全盛】 quánshèng (किसी ऐतिहासिक काल की) समृद्धि: ～时代 पूर्ण विकासावस्था; चरमावस्था; प्रौढ़ावस्था
【全食】 quánshí 〈खगोल०〉 सर्वग्रास
【全始全终】 quánshǐ-quánzhōng किसी काम में आरंभ से अंत तक लगे रहना
【全数】 quánshù कुल जोड़; संपूर्ण योग: 借款～还清 संपूर्ण ऋण चुका देना
【全速】 quánsù पूर्ण वेग से; पूरी रफ़्तार से; फ़ुल स्पीड: ～前进 पूर्ण वेग से आगे बढ़ना
【全损】 quánsǔn 〈अर्थ०〉 पूर्ण घाटा; टोटल लोस: ～险 केवल पूर्ण घाटा; टोटल लोस ओनली (T.L.O.)
【全套】 quántào पूरा सेट: ～设备 साज़-सामान का पूरा सेट
【全体】 quántǐ पूर्ण; पूरा; सब; सब-के-सब; सारा; समूचा: ～会议 पूर्णाधिवेशन / ～人民 समूची जनता / ～一致通过 सर्वसम्मति से स्वीकार करना
【全天候】 quántiānhòu सभी मौसम; समस्त जलवायु: ～飞机 समस्त जलवायु वायुयान
【全托】 quántuō अपना बच्चा बोर्डिंग (दिन-रात की) नर्सरी को सौंप देना: ～托儿所 बोर्डिंग (दिन-रात की) नर्सरी
【全文】 quánwén पूरा पाठ; पूरा मज़मून: ～发表 पूरा मज़मून प्रकाशित हो जाना
【全武行】 quánwǔháng ❶(परम्परागत ऑपेरा में) पूरे पैमाने के युद्ध दृश्य ❷गिरोह लड़ाई; गैंग फ़ाइट
【全息电影】 quánxī diànyǐng हालोगैफ़िक मूवी
【全息照片】 quánxī zhàopiàn हालोग्रैम
【全线】 quánxiàn ❶सभी मोर्चे: ～出击 सभी मोर्चों से हमला करना; सभी मोर्चों पर हमला करना / ～退却 सभी मोर्चों से पीछे हट जाना ❷(रेलवे या हाइवे की) सारी लाइन: ～通车 (रेल, मोटर के) आने-जाने के लिय सारी लाइन खुल जाना; सारी लाइन आने-जाने का प्रारंभ होना
【全心全意】 quánxīn-quányì तन-मन से; जी-जान से; दिलोजान से: ～为人民服务 तनमन से जनता की सेवा करना
【全新】 quánxīn बिलकुल नया: ～的服装 बिलकुल नयी पौशाक
【全休】 quánxiū पूरा आराम: 遵医嘱～一周 डाक्टर के सुझाव के अनुसार एक हफ़्ते का पूरा आराम करना
【全音】 quányīn 〈संगी०〉 पूर्ण ध्वनि; पूर्ण स्वर
【全音符】 quányīnfú 〈संगी०〉 पूर्ण नोट; प्लुत स्वर; दीर्घतम स्वर
【全知全能】 quánzhī-quánnéng सर्वज्ञता और सर्वसमर्थ
【全脂奶粉】 quánzhī nǎifěn पूर्ण दुग्ध-पाउडर; पूर्ण मिल्क पाउडर

诠（詮） quán 〈लि०〉 ❶व्याख्या करना; टिप्पणी करना; टीका लिखना ❷सत्य: 真～ सत्य; सचाई
【诠次】 quáncì 〈लि०〉 ❶क्रमस्थापन का क्रम ❷(लिखने या बोलने में) विषयों का क्रमस्थापन: 辞无～ असंबद्ध रूप में लिखना या बोलना
【诠释】 quánshì 〈लि०〉 व्याख्या करना; टिप्पणी करना; टीका करना
【诠注】 quánzhù (पर) टीका, टिप्पणी या नोट करना

荃 quán प्राचीन ग्रंथों में वर्णित एक प्रकार की सुगंधित घास

泉 quán ❶स्रोत; सोता; चश्मा: 温～ गरम चश्मा; तप्त-स्रोत ❷सोते या चश्मे का मुंह ❸〈प्रा०〉 सिक्का; मुद्रा: ～币 प्राचीन मुद्रा या सिक्का ❹(Quán) एक कुलनाम
【泉流】 quánliú स्रोत की धारा
【泉水】 quánshuǐ स्रोतजल; सोते या चश्मे का पानी
【泉台】 quántái 〈लि०〉 नरक; जहन्नुम
【泉下】 quánxià नरक; जहन्नुम
【泉眼】 quányǎn सोते या चश्मे का मुंह
【泉涌】 quányǒng स्रोतजल की तरह निरंतर निकलना: 泪如～ आंसू का तार न टूटना; आंसू की झड़ी बंधना
【泉源】 quányuán ❶मूलस्रोत; सरचश्मा ❷उद्गम; उद्गम-स्थान; स्रोत: 力量的～ शक्ति का उद्गम / 智慧的～ बुद्धि का उद्गम

辁（輇） quán ❶बिना तीली या आरे का पहिया ❷छिछला; क्षुद्र; कम गहरा; सतही

拳 quán ❶मुष्टि; घूंसा; मुक्का; मुट्ठी: 握～ मुट्ठियां भींचना; घूंसा तानना / 挥～ तना हुआ घूंसा दिखाना ❷घूंसेबाज़ी; मुक्केबाज़ी : 练～ ट्रेनिंग के रूप में काल्पनिक शत्रु से मुक्केबाज़ी करना / 八卦～ अष्टखण्डी मुक्केबाज़ी ❸झुकाना; मोड़ना; टेढ़ा करना: ～着腿坐在地上 पैरों को मोड़कर ज़मीन पर बैठना
【拳棒】 quánbàng (武术 wǔshù के समान) वूशू (रणविषयक कला): जैसे, मुक्केबाज़ी, तलवार-विद्या आदि
【拳打脚踢】 quándǎ-jiǎotī घूंसा और लात मारना
【拳击】 quánjī घूंसेबाज़ी; मुक्केबाज़ी; बॉक्सिंग: ～运动员 बॉक्सर; घूंसेबाज़; मुक्केबाज़
【拳脚】 quánjiǎo ❶घूंसा और पैर ❷चीनी बॉक्सिंग
【拳曲】 quánqū झुकाना; मोड़ना: ～的头发 घुंघराले बाल
【拳拳】 quánquán 〈लि०〉 सच्चा: ～之忱 सच्ची भावना
【拳师】 quánshī बॉक्सिंग शिक्षक; मुक्केबाज़
【拳术】 quánshù चीनी बॉक्सिंग
【拳坛】 quántán बॉक्सिंग जगत
【拳头】 quántóu घूंसा; मुक्का; मुट्ठी: 松开紧握着的～ बन्द मुट्ठी ढीली करना
【拳头产品】 quántóu chǎnpǐn प्रतियोगितात्मक उ-

त्पादित वस्तुएं
【拳王】 quánwáng बॉक्सिंग चैंपियन
铨（銓） quán 〈लि०〉 ❶चुनना; छांटना ❷तौलना; वज़न करना
【铨叙】 quánxù 〈पुराना〉 नियुक्त करने में अधिकारियों के रिकार्ड और योग्यता की जांच करना
痊 quán रोग से पूरी तरह स्वस्थ होना
【痊愈】 quányù रोग से पूरी तरह स्वस्थ होना; बीमारी बिलकुल ठीक होना
惓 quán नीचे दे०
【惓惓】 quánquán दे० 拳拳 quánquán
筌 quán 〈लि०〉 मछली पकड़ने का वेणु-उपकरण： 得鱼忘～ मछली पकड़ते ही मछली पकड़ने का वेणु-उपकरण भूल जाना; वह साधन भूल जाना जिस से किसी को अपना उद्देश्य प्राप्त हुआ हो
蜷（踡） quán मुड़ना; कुंचित होना; सिमटना; ऐंठ-ना： 猫在地毯上～作一团睡觉。 बिल्ली कालीन पर सिमटकर सो रही है।
【蜷伏】 quánfú मुड़ना; सिमटना; ऐंठना： ～着睡觉 सिमटकर सोना
【蜷局】 quánjú 〈लि०〉 मुड़ना; सिमटना; ऐंठना
【蜷曲】 quánqū मुड़ना; कुंडल बनाना; सिमटना： ～着的蛇 कुंडली बनाता हुआ सांप / ～起两腿 दोनों घुटनों को समेटना
【蜷缩】 quánsuō मुड़ना; सिमटना; ऐंठना： ～着的身体 ऐंठा हुआ शरीर / 他～成一团坐在角落里。 वह सिमटकर कोने में बैठा है।
醛 quán 〈रसा०〉 एल्डिहाइड
【醛酸】 quánsuān 〈रसा०〉 एल्डिहाइडी ऐसिड या अम्ल
【醛糖】 quántáng 〈रसा०〉 एल्डोस
【醛酯】 quánzhǐ 〈रसा०〉 एल्डिहाइडो-एस्टर
鳈（鰁） quán एक प्रकार की मछली
鬈 quán ❶(बाल) घुंघराला; लहरदार： ～发 घुंघराले बाल ❷सुन्दर (बाल)
颧（顴） quán नीचे दे०
【颧骨】 quángǔ गालों की हड्डियां： 高高的～ गाल की उभरी हुई हड्डियां

quǎn

犬 quǎn कुत्ता： 猎～ शिकारी कुत्ता
【犬齿】 quǎnchǐ कुचली; सुवा दांत; श्व-दंत
【犬马之劳】 quǎnmǎzhīláo कुत्ते या घोड़े की तरह सेवा करना： 效～ दृढ़ भक्ति से अपने मालिक की सेवा करना; किसी व्यक्ति के इशारे पर चलना
【犬儒】 quǎnrú सिनिक; रूखा; नकचढ़ा; वक्रभाव का： ～主义 मानवद्वेषवाद
【犬牙】 quǎnyá ❶कुचली ❷कुत्ते के दांत
【犬牙交错】 quǎnyá-jiāocuò जिग आरे की तरह का; एक दूसरे में गूंथने वाला： ～的战争 चौखटी-आरी प्रणाली का युद्ध; भूल-भुलैया प्रणाली का युद्ध
【犬子】 quǎnzǐ 〈पुराना〉 〈विन०〉 मेरा पुत्र
畎 quǎn 〈लि०〉 खेत में नाली
【畎亩】 quǎnmǔ 〈लि०〉 खेत; फ़ार्म
绻（綣） quǎn दे० 缱绻 qiǎnquǎn

quàn

劝（勸） quàn ❶सलाह देना; समझाना-बुझाना： ～他不要抽烟 उस को सिग्रेट न पीने की सलाह देना / 我～他要好好休息。 मैं ने उसे सलाह दी कि तुम्हें अच्छी तरह आराम कहना चाहिये। ❷प्रोत्साहित करना; प्रेरणा देना： ～勉 सलाह देना और प्रोत्साहित करना
【劝导】 quàndǎo समझाना; सलाह देना： 耐心～ धीरज से समझाना-बुझाना
【劝告】 quàngào ❶सलाह देना; समझाना-बुझाना： 诚心诚意地～ सच्चे दिल से सलाह देना / 衷心～ सच्ची सलाह देना / ～他不要上当 धोखा न खाने के लिये उसे आगाह करना
【劝和】 quànhé दो पक्षों को सुलह करने की सलाह देना
【劝化】 quànhuà ❶〈बौद्ध धर्म〉 लोगों को भलाई करने के लिये प्रोत्साहित करना ❷दे० 募化 mùhuà
【劝驾】 quàn jià किसी को निमंत्रण या पद स्वीकार करने की सलाह देना
【劝架】 quànjià दोनों पक्षों को आपस में न लड़ने के लिये समझाना बुझाना; दो पक्षों में बीच-बचाव करना
【劝解】 quànjiě ❶किसी की मुसीबत में सहायता करके उस की चिंता दूर करना： 大家～她不要担心。 लोगों ने उस की चिंताएं दूर करने के लिये सहायता दी। ❷बीच-बचाव करना; लड़ाई से बचने के लिये समझाना-बुझाना
【劝戒】 quànjiè सलाह देना; परामर्श देना： 他常常

～我，帮助我改正错误。वह अक्सर मुझे गलतियों को ठीक करने के लिये सलाह और सहायता देता है।

【劝酒】 quànjiǔ किसी को शराब पिलाना; जाम बढ़ाना

【劝勉】 quànmiǎn सलाह और प्रोत्साहन देना: 互相～ एक दूसरे को सलाह और प्रोत्साहन देना

【劝募】 quànmù समझा-बुझाकर चंदा जमा करना

【劝善】 quànshàn लोगों को परोपकार करने के लिये प्रेरित करना

【劝说】 quànshuō प्रेरित करना; सलाह देना: 反复～ बार-बार समझाना-बुझाना

【劝慰】 quànwèi आश्वासन देना; सांत्वना देना; ढाढ़स देना; दिलासा देना; तसल्ली देना

【劝降】 quànxiáng आत्मसमर्पण के लिये फुसलाना या समझाना; हथियार डालने के लिये समझाना

【劝学】 quànxué अध्ययन करने के लिये प्रोत्साहन देना

【劝业场】 quànyèchǎng 〈पुराना〉 बाज़ार

【劝诱】 quànyòu सलाह देना और फुसलाना

【劝止】 quànzhǐ दे० 劝阻

【劝阻】 quànzǔ (किसी काम के विरुद्ध) परामर्श देना; मना करना; कोई काम न करने की सलाह देना: ～他不要说话 उसे चुप कराते हुए सलाह देना / 竭力～ (किसी काम को) न करने की सलाह देने की हरचंद कोशिश करना

券 quàn प्रमाणपत्र; कूपन; टिकट: 入场～ (प्रवेश) टिकट

xuàn भी दे०

quē

炔 quē 〈रसा०〉 ऐल्काइन

【炔烃】 quētīng 〈रसा०〉 ऐल्काइन

缺 quē ❶अभाव होना; कमी होना: ～粮 अनाज की कमी / ～氧 ऑक्सीजन का अभाव ❷अपूर्ण; अधूरा: 残～不全 अधूरा होना / 完整无～ अक्षुण्ण होना; अखंड होना ❸अनुपस्थित होना: ～勤 अनुपस्थिति; गैरहाज़िरी ❹रिक्तता; शून्यता: 空～ रिक्त स्थान; खाली जगह

【缺编】 quēbiān ❶आवश्यकता से कम कर्मचारी होना: 这个研究所～。इस अनुसंधान प्रतिष्ठान में आवश्यकता से कम कर्मचारी हैं। ❷दे० 缺额

【缺德】 quēdé चरित्रहीन; दुरचरित्र; दुराचारी; नीच: 不做～的事 दुष्कर्म न करना

【缺点】 quēdiǎn त्रुटि; कमी; खामी; खोट; कसर: 工作中的～ काम की खामियां / 个人～ व्यक्तिगत त्रुटि

【缺额】 quē'é खाली पद; रिक्त पद: 我们这里有几个～。हमारे यहां कुछ पद खाली हैं।

【缺乏】 quēfá अभाव होना; कमी होना: ～经验 अनुभव की न्यूनता होना / ～劳动力 श्रमशक्ति की कमी होना

【缺憾】 quēhàn खेदजनक अपूर्णता; खेद

【缺货】 quēhuò वस्तुओं का अभाव होना; माल की कमी होना

【缺斤短两】 quējīn-duǎnliǎng कम वज़न देना

【缺课】 quēkè स्कूल से अनुपस्थित होना; कक्षा में अनुपस्थिति होना

【缺口】 quēkǒu ❶दरार: 堵住～ दरार को भरना ❷(लागत, सामग्री में) कमी का हिस्सा

【缺粮户】 quēliánghù गांव के वे परिवार जिन में अनाज की कमी हो

【缺漏】 quēlòu कम होना और छूट जाना: 弥缝～ कमी को पूरा करना और रिक्त स्थान को भरना

【缺略】 quēlüè ❶अभाव होना; कमी होना ❷अपूर्ण

【缺门】 quēmén (विद्या आदि की शाखा में) कमी; अभाव

【缺欠】 quēqiàn ❶त्रुटि; कमी; खामी; कसर ❷अभाव होना; कमी होना

【缺少】 quēshǎo अभाव होना; कमी होना: ～图书 पुस्तकों की कमी / 不可～的条件 अनिवार्य परिस्थितियां; ज़रूरी शर्त

【缺市】 quēshì कम सप्लाई में

【缺损】 quēsǔn ❶टूटा; फूटा; टूटा-फूटा ❷〈चिकि०〉 शारीरिक अपूर्णता या न्यूनता; शरीरक्रियात्मक अपूर्णता

【缺铁性贫血】 quētiěxìng pínxuè 〈चिकि०〉 लौह-अभाव रक्तक्षीणता; खून में आयरन की कमी होना

【缺位】 quēwèi ❶(पद, स्थान का) खाली होना ❷खाली पद

【缺席】 quēxí (सभा आदि में) अनुपस्थिति होना; गैर हाज़िरी होना: 因事～ किसी कारण से अनुपस्थिति होना

【缺席判决】 quēxí pànjué 〈का०〉 अनुपस्थिति में फ़ैसला

【缺席审判】 quēxí shěnpàn 〈का०〉 अनुपस्थिति में सुनवाई

【缺席投票】 quēxí tóupiào ❶अनुपस्थित वोटिंग या मतदान; प्रवासी मतदान ❷अनुपस्थित रहकर मत या बोट देना

【缺陷】 quēxiàn त्रुटि; कमज़ोरी; कमी; कसर; खामी: 弥补～ कमी को दूर करना

【缺心眼儿】 quē xīnyǎnr ❶सीधा-सादा; सरलचित्त ❷मन्दबुद्धि; स्थूलबुद्धि

【缺嘴】 quēzuǐ 〈बो०〉 खंडोष्ठ; ओंठ के बीच की दरार ❷अपनी इच्छा या भूख संतुष्ट न हो सकना: 这孩子不～，挺胖的。इस बच्चे को खाने की कमी नहीं है, काफ़ी मोटा है।

阙（闕）quē 〈लि०〉 ❶त्रुटि; गलती; भूल-चूक ❷缺 quē के समान ❸（Quē） एक कुलनाम

què भी दे०

【阙如】 quērú 〈लि०〉 अभावमय; कम; बिना: 音信～ समाचार का अभाव होना; कोई खबर न होना

【阙疑】 quēyí सवाल को रहने देना; सवाल को खुला छोड़ना: 暂作～ फ़िलहाल सवाल को खुला छोड़ना

qué

瘸 qué 〈बोल॰〉 लंगड़ा होना; लंगड़ाना: ~腿 लंगड़ा; पंगु

【瘸子】 quézi 〈बोल॰〉 लंगड़ा; पंगु; पंगुल

què

却（卻） què ❶पीछे हटना: 退~ पीछे हटना ❷पीछे हटाना: ~敌 दुश्मन को पीछे हटाना ❸अस्वीकार करना; इंकार करना; ना करना; न मानना: 推~ बहाना बनाकर टाल देना ❹(क्रिया के बाद आकर क्रिया के व्यापार की पूर्णता का बोध होता है): 冷~ शीतल हो जाना

【却病】 quèbìng 〈लि॰〉 रोग को अच्छा करना; नीरोग करना: ~延年 बीमारी दूर करना और ज़िंदगी लंबी करना

【却步】 quèbù पीछे हटना (डर, घृणा आदि के कारण): 望而~ (कठिनाई आदि को) देखकर पीछे हटना

【却说】 quèshuō (चीनी परम्परागत उपन्यासकार द्वारा प्रयुक्त रूप-शब्द, इस के बाद अक्सर ऊपर कही हुई घटना का पुनर्वर्णन किया जाता है) ऊपर हम ने बताया कि …

【却之不恭】 quèzhī-bùgōng 〈शिष्ट॰〉 (भेंट स्वीकार करते समय कहा जाता है) अस्वीकार करना अशिष्ट होगा: ~, 受之有愧。 अस्वीकार करना अनादरपूर्ण होगा पर स्वीकार करने में मन व्याकुल होता है।

埆 què 〈लि॰〉 ऊसर भूमि

悫（慤、愨） què 〈लि॰〉 ईमानदार

雀 què गौरैया
qiāo, qiǎo भी दे॰।

【雀斑】 quèbān चेहरे पर भूरे-भूरे दाग

【雀鲷】 quèdiāo 〈प्राणि॰〉 डैमज़ेल मछली

【雀麦】 quèmài 〈वन॰〉 ब्रोमग्रास; ब्रोम

【雀鹰】 quèyīng 〈प्राणि॰〉 गौरैया बाज़; स्पैरो हाउक

【雀跃】 quèyuè प्रसन्नता से उछलना-कूदना: 欢呼~ प्रसन्नता से किलकिलाना और उछलना-कूदना

确（確、塙、碻） què ❶सच्चा; यथार्थ; वास्तविक; असली: 正~ ठीक; सही ❷〈क्रि॰वि॰〉 सचमुच; दरअसल; वस्तुतः: ~有其事。 सचमुच यह तथ्य है।

【确保】 quèbǎo गारंटी करना: ~国体 राजतंत्र के स्वरूप की गारंटी करना

【确当】 quèdàng उचित; समुचित; उपयुक्त

【确定】 quèdìng ❶निश्चित; निर्धारित: ~的时间 निश्चित समय ❷निश्चित करना; निर्धारित करना: ~时间 समय निश्चित करना / ~候选人名单 उम्मीदवारों की सूची निर्धारित करना

【确乎】 quèhū 〈क्रि॰वि॰〉 सचमुच; दरअसल; वास्तव में: 他~死了。 वह सचमुच नहीं रहा।

【确立】 quèlì स्थापित करना; कायम करना; प्रतिष्ठित करना: ~制度 व्यवस्था स्थापित करना

【确切】 quèqiè ❶सुनिश्चित; ठीक; सही: ~的日期 सुनिश्चित तिथि; सही तारीख / 文章用词十分~。 लेख में शब्दों का प्रयोग बिलकुल ठीक है। ❷सत्य; सच; सच्चा; पक्का: ~的保证 विश्वस्त गारंटी / ~的消息 सत्य समाचार; सच्ची खबर

【确认】 quèrèn स्पष्ट रूप से (तथ्य, सिद्धांत आदि) मानना; स्वीकार करना: ~事实 स्पष्ट रूप से तथ्य को स्वीकार करना

【确实】 quèshí ❶सत्य; सच; सच्चा: ~性 निश्चितता / 我得到了他明天出国的~消息。 मुझे उस के कल विदेश जाने की सच्ची खबर मिली है। ❷सचमुच; वाक़ई: ~是这样吗? सचमुच ऐसा ? / 我~不知道。 मुझे सचमुच मालूम नहीं।

【确守】 quèshǒu सही-सही पालन करना: ~合同 संविदा या कंट्रैक्ट का सही-सही पालन करना

【确数】 quèshù सुनिश्चित संख्या; सही आंकड़ा

【确信】 quèxìn ❶पक्का विश्वास: 我~我们会取得胜利。 मुझे पक्का विश्वास है कि हम जीत जाएंगे। ❷सत्य समाचार; सच्ची खबर; सच्ची सूचना; विश्वसनीय समाचार

【确凿】 quèzáo (कुछ लोग quèzuó भी उच्चारण करते हैं) बिलकुल सही; अकाट्य; अखंडनीय: ~的证据 अकाट्य प्रमाण

【确凿不移】 quèzáo-bùyí निर्विवाद और अकाट्य

【确诊】 quèzhěn ठीक-ठीक रोग-निदान करना: 大夫~他的病是糖尿病。 डाक्टर ने निदान करके उस का रोग मधुमेह बताया।

【确证】 quèzhèng ❶निश्चित रूप से सिद्ध करना या प्रमाणित करना; पक्के तौर पर साबित करना: 我们可以~他是这一罪行的罪犯。 हम निश्चित रूप से यह प्रमाणित कर सकते हैं कि वह इस अपराध का अपराधी है। ❷अकाट्य प्रमाण: 在许多~的面前罪犯不得不承认了自己的各种罪行。 बहुत से अकाट्य प्रमाणों के सामने अपराधी को अपने तरह-तरह के अपराधों को स्वीकार करना पड़ा।

阕（闋） què ❶〈लि॰〉 अंत: 乐~。 संगीत समास हुआ। ❷〈परि॰श॰〉 (थ्स् कविता 词 के लिये): 一~词 एक थ्स् कविता / 命填是~ किसी के अनुरोध पर थ्स् कविता की रचना करना

鹊（鵲） què मैगपाई (पक्षी)

【鹊巢鸠占】 quècháo-jiūzhàn टर्टिल पक्षी का मैगपाई पक्षी के घोंसले पर कब्ज़ा करना —— दूसरे व्यक्ति के मकान, भूमि, सम्पत्ति आदि को अपने कब्ज़े में लाना

【鹊起】 quèqǐ (यश) फैलना: 声誉~ यश फैलना

【鹊桥】 quèqiáo मैगपाई पुल (किंवदंती में मैगपाई पक्षियों द्वारा आकाश गंगा पर बनाया गया पुल जिसे पार करके हर साल सातवें महीने के सातवें दिन की शाम को च्वी (织女 कपड़ा बुनने वाली लड़की) की न्यूलांग (牛郎 चरवाहे) से भेंट होती है)：～相会 मैगपाई पुलमिलन —— लंबे समय के वियोग होने के बाद पति पत्नी या प्रेमी प्रेमिका का पुनर्मिलन दे० 牛郎织女 Niúláng Zhīnǚ

碏 què (व्यक्तियों के नाम में प्रयुक्त) 石碏 Shí Què, वसंत-शरद काल में वेइ राज्य 卫国 का उच्चस्तरीय अधिकारी

阙 (闕) què ❶<प्रा०> राजप्रासाद के फाटक के सामने दोनों ओर के पहरे की मीनार; <ला०> राजप्रासाद： 宫～ राजप्रासाद / 伏～ राजप्रासाद के महाद्वार के सामने घुटने टेकना ❷मंदिर समाधि के सामने खड़ा किया हुआ पाषाण-तक्षणकार्य

quē भी दे०

榷 1 què <लि०> एकाधिकार; बिक्री पर पूरा इजारा： ～茶 चाय पर एकाधिकार / ～税 एकाधिकार-कर

榷 2 (搉) què वाद-विवाद करना： 商～ वाद-विवाद करना

qūn

囷 qūn <प्रा०> अनाज का गोल गोदाम

逡 qūn <लि०> झिझकना; ठिठकना; पीछे हटना

【逡巡】 qūnxún <लि०> आगे बढ़ने में झिझकना： ～不前 आगे बढ़ने में झिझकना

qún

裙 (帬) qún ❶लहंगा; घाघरा; पेटीकोट： 布～ कपड़े का लहंगा ❷लहंगे की तरह की चीज़： 围～ ऐप्रन; स्कर्ट

【裙钗】 qúnchāi <पुराना> पेटीकोट और हेयरपिन —— स्त्री

【裙带】 qúndài ❶कमरबंद (स्कर्ट या पोशाक के लिये सजावट के रूप में) ❷अपनी पत्नी, बहिन आदि से संबंधित： ～风 पेटीकोट का प्रभाव / ～关系 स्त्री के संबंधियों की सहायता से

【裙子】 qúnzi लहंगा; घाघरा; पेटीकोट; स्कर्ट

群 (羣) qún ❶दल; झुंड; भीड़： 人～ भीड़; जनसमूह ❷<परि०श०> (लोगों और जानवरों के लिये) भीड़; दल; झुंड： 一～人 लोगों का एक जमघट / 一～马 घोड़ों का एक झुंड / 一～蜜蜂 मधुमक्खियों का एक झुंड / 一～鸟 चिड़ियों का एक झुंड

【群策群力】 qúncè-qúnlì हरेक की बुद्धि और शक्ति को केन्द्रित करना

【群岛】 qúndǎo द्वीप-समूह

【群芳】 qúnfāng भांति-भांति के सुन्दर और सुगंधित फूल; <लां०> बहुत-सी सुन्दरियां या कलाकार： ～竞艳 बहुत-से फूलों का सुन्दरता में एक दूसरे से स्पर्द्धा करना / 艳压～ सुन्दरियों में रानी

【群婚】 qúnhūn समूह-विवाह; सामूहिक विवाह

【群集】 qúnjí एकत्र होना; इकट्ठा होना; जमा होना; जमघट लगना： 人们～在校门外。 लोग विद्यालय के फाटक के बाहर इकट्ठे हुए हैं।

【群籍】 qúnjí सभी प्रकार की पुस्तकें

【群居】 qúnjū समूह में रहने वाला; सामाजिक： ～动物 सामाजिक जानवर / ～昆虫 सामाजिक कीड़े

【群龙无首】 qúnlóng-wúshǒu नागों के समूह में प्रधान का न होना —— बिना नेता का दल

【群落】 qúnluò <जीव०> समुदाय

【群氓】 qúnmáng <लि०> <अना०> 'बुद्धिहीन जन-समूह'; 'मूर्ख लोग'

【群魔乱舞】 qúnmó-luànwǔ राक्षसों का समूह मतवाले भोग-विलास में नाच रहा है —— सभी प्रकार के दुष्ट पागलपन के साथ कार्रवाई कर रहे हैं।

【群殴】 qún'ōu सामूहिक हाथापाई

【群起】 qúnqǐ (कोई काम करने के लिये) बहुत से लोगों का एक साथ उठना： ～而攻之 (पर) सब लोगों का एक साथ प्रहार करना / ～响应 एक साथ अनुकूल जवाब देना

【群青】 qúnqīng <रसा०> अल्ट्रामारीन

【群轻折轴】 qúnqīng-zhézhóu बहुत-सी हल्की चीज़ों का बोझ भी गाड़ी की धुरी को तोड़ सकता है —— अनियंत्रित अल्पतर बाधाएं भी संकट को ला सकती हैं।

【群情】 qúnqíng जनसमुदाय की भावनाएं; सार्वजनिक मनोभाव： ～更加愤激。 लोगों में गुस्सा और भी बढ़ा।

【群体】 qúntǐ ❶<जीव०> प्राणिवृन्द; जीववृन्द ❷दल; ग्रुप： 英雄～ वीरों का दल

【群威群胆】 qúnwēi-qúndǎn सामूहिक वीरता और साहस

【群小】 qúnxiǎo आम जनता का दल

【群雄】 qúnxióng वीरों का समूह： ～割据 वीरों के पृथकतावादी शासन

【群言堂】 qúnyántáng सम्मेलन हाल जहां सब लोगों को अपनी-अपनी बात कहने का पूरा मौका दिया जाता है

【群英会】 qúnyīnghuì वीरों का सम्मेलन; श्रमवीरों का सम्मेलन

【群众】 qúnzhòng ❶जन-समुदाय; जनसाधारण; जनता： ～大会 आमजलसा; जनसम्मेलन; सार्वजनिक सभा / ～斗争 जन-संघर्ष / ～心理 जन-मनोवृत्ति / 联系～ आम जनता के साथ घनिष्ठ सम्पर्क बनाये रखना / 脱离～ आम जनता से अलग-थलग होना ❷गैर-पार्टी

❸वह जो नेतृत्व का काम न करता हो

【群众工作】 qúnzhòng gōngzuò जन-साधारण संबंधी कार्य：做～ जन-कार्य करना

【群众关系】 qúnzhòng guānxì जन-साधारण से संबंध

【群众观点】 qúnzhòng guāndiǎn जन-दृष्टिकोण

【群众路线】 qúnzhòng lùxiàn जन-दिशा; जन-नीति：走～ जन-दिशा को अमल में लाना

【群众团体】 qúnzhòng tuántǐ जन-संगठन

【群众性】 qúnzhòngxìng सार्वजनिक：～组织 जन-संगठन

【群众运动】 qúnzhòng yùndòng जन-आंदोलन

【群众组织】 qúnzhòng zǔzhī जन-संगठन

麇（麕）qún <लि०> एकत्र होना; इकट्ठा होना; जमा होना

【麇集】 qúnjí <लि०> बड़ी संख्या में एकत्र होना; बड़ी तादाद में होना; भीड़ लग जाना

R

rán

蚺（蚦）rán नीचे दे०

【蚺蛇】ránshé 蟒蛇 mǎngshé का दूसरा नाम, अजगर; अजदहा

然 rán ❶ठीक; सही：不以为～ (किसी को) ठीक नहीं समझना ❷ऐसा; इस तरह：不尽～ बिल्कुल ऐसा नहीं ❸〈लि०〉लेकिन; पर：事情虽小，～亦不可忽视。बात तो मामूली है, पर इस की अवहेलना नहीं करनी चाहिये। ❹विशेषण या क्रिया विशेषण का प्रत्यय：忽～ अचानक; एकाएक; सहसा

【然而】rán'ér लेकिन; मगर; परंतु; पर; किंतु：他虽然失败很多次，～并不灰心。बार-बार हारने पर भी वह निराश नहीं हुआ।

【然否】ránfǒu हां या नहीं：不知诸位以为～。पता नहीं, आप लोग 'हां' समझते हैं या 'नहीं'？

【然后】ránhòu इस के बाद; उस के बाद; बाद में; फिर：我们先去上海，～去北京。हम पहले शांगहाए जाएंगे फिर पेइचिंग जाएंगे। / 你们先讨论一下，～再决定。पहले तुम लोग इस पर वाद-विवाद करो, फिर निश्चित करो।

【然诺】ránnuò 〈लि०〉वचन देना; कौल देना：重～ वचन का पालन करना

【然则】ránzé 〈लि०〉तो; तब तो：～如之何而可？तो क्या किया जाए？

髯（髥）rán कूर्च; दाढ़ी：美～ सुंदर दाढ़ी

【髯口】ránkou वह बनावटी दाढ़ी जो अभिनय करते समय ऑपेरा के अभिनेता के मुंह पर लगाई जाती है।

燃 rán ❶जलना; दहकना; भड़कना：～料 ईंधन ❷जलाना; दहकाना; भड़काना; लगाना：～灯 बत्ती जलाना / ～起篝火 अलाव लगाना

【燃点】[1] rándiǎn जलाना; सुलगाना; आग लगाना：～灯火 बत्तियां जलाना / 木柴太湿，～不着。लकड़ियां गीली हैं, जलाने पर भी नहीं जलतीं।

【燃点】[2] rándiǎn 〈रसा०〉उत्तपन; ज्वालन; इग्निशन; प्रज्वलन आरंभ होने का बिंदु

【燃放】ránfàng जलाना：～爆竹 पटाखा जलाना

【燃料】ránliào ईंधन; जलावन; फ़्युल：标准～ आदर्शमय ईंधन / 低热值～ कम तापांक ईंधन; कम ताप की मात्रा वाला ईंधन

【燃料比】ránliàobǐ 〈धा०वि०〉ईंधन अनुपात; फ़्युल रेशो

【燃料电池】ránliào diànchí ईंधन बैटरी; फ़्युल सेल

【燃料动力工业】ránliào dònglì gōngyè ईंधन और चल शक्ति उद्योग; फ़्युल और पावर इंडस्ट्री

【燃料工业】ránliào gōngyè ईंधन उद्योग; ईंधन का उद्योगधंधा; ईंधन-संबंधी उद्योगधंधा

【燃料库】ránliàokù ईंधन का भंडार

【燃料消耗】ránliào xiāohào ईंधन की खपत

【燃料油】ránliàoyóu ईंधन-तेल

【燃眉之急】ránméizhījí भौंह के जलने की तरह नाज़ुक —— अति आवश्यक; अत्यावश्यक; अविलंब

【燃气轮机】ránqìlúnjī गैस टर्बाइन：～发电厂 गैस टर्बाइन पॉवर स्टेशन

【燃烧】[1] ránshāo जलना; दहकना; भड़कना; सुलगना：干柴容易～。सूखा दारु आसानी से जलता है। / 怒火～ क्रोधाग्नि का जलना / 烈火在～。आग भड़क रही है।

【燃烧】[2] ránshāo 〈रसा०〉रासायनिक संयोग से प्रकाश और ताप की अभिवृद्धि; कम्बासचन; इंफ़्लेमेशन：～性能 कम्बास्टिबिलिटी

【燃烧弹】ránshāodàn अग्निबम; दाहक बम; आग्नेय गोला; इंसेंडियरी बम

【燃烧剂】ránshāojì इंसेंडियरी एजेंट

【燃烧瓶】ránshāopíng दाहक बोतल

【燃烧室】ránshāoshì 〈रसा०〉कम्बासचन चैम्बर; कम्बास्टर

【燃油泵】rányóubèng फ़्युल पम्प

rǎn

冉（冄）rǎn ❶नीचे दे० ❷（Rǎn）एक कुलनाम

【冉冉】rǎnrǎn 〈लि०〉❶(बाल आदि का) नीचे की ओर कोमलता से झुकना ❷धीरे-धीरे; हौले-हौले：一轮红日从东方～升起。लाल रंग का सूर्य पूर्व दिशा में धीरे-धीरे उदय हो गया है।

苒（苒）rǎn दे० 荏苒 rěnrǎn

染 rǎn ❶रंगना; रंग करना; रंग चढ़ाना; रंग भर देना：把这块布～成绿色。इस कपड़े पर हरा रंग चढ़ाओ। / 我们的战旗是烈士的鲜血～红的。हमारा युद्धझंडा

शहीदों के खून से लाल हुआ है। ❷पकड़ लेना; पा लेना; लगना; लग जाना: ～上了痢疾 पेचिश लग जाना; पेचिश होना / ～上了赌博的恶习 जुए की बुरी आदत लग जाना ❸गंदा करना; मैला करना; दूषित करना: 污～ प्रदूषित करना ❹बढ़ाना-चढ़ाना; अधिक करना: 渲～ बढ़ाना-चढ़ाना; अति रंजित करना; चढ़ा-बढ़ा कर कहना

【染病】 rǎnbìng बीमारी लगना

【染布工人】 rǎnbù gōngrén रंगनेवाला; रंगरेज़

【染毒】 rǎndú 〈सैन्य०〉 ज़हरीली गैस से आक्रांत करना; दूषित करना; कनटैमिनेट: ～区域 दूषण क्षेत्र; ज़हरीली गैस से आक्रांत क्षेत्र; कनटैमिनेशन एरिया

【染发】 rǎnfà बाल रंगना

【染坊】 rǎnfáng रंगरेज़ी का कारखाना; रंग कारखाना

【染缸】 rǎngāng रंगनेवाला कुंड; रंजक नांद

【染工】 rǎngōng रंगनेवाला; रंगरेज़; रंगसाज़

【染黑】 rǎnhēi काला करना; काला बनाना

【染红】 rǎnhóng लाल करना; लाल बनाना

【染料】 rǎnliào रंग; रंजक द्रव्य; डाई: ～厂 रंग कारखाना / ～中间体 रंगाई-अंतर्वर्ती तत्व

【染色】rǎnsè रंगना; रंग करना; रंग चढ़ाना; रंजित करना; डाई: ～性 डाई अबिलिटी

【染色剂】 rǎnsèjì कलरिंग एजेंट

【染色体】 rǎnsètǐ 〈जीव०〉 क्रोमोसोम

【染色质】 rǎnsèzhì 〈जी०र०〉 क्रोमेटिक; वर्णक्षम

【染液】 rǎnyè रंजक द्रव्य; डाई लिकर

【染印法】 rǎnyìnfǎ 〈फ़िल्म〉 डाई ट्रांसफ़र प्रोसेस: ～彩色电影 डाई ट्रांसफ़र प्रोसेस के द्वारा निर्मित रंगीन फ़िल्म

【染织厂】 rǎnzhīchǎng रंगाई-बुनाई कारखाना; कपड़ा-रंगाई कारखाना

【染指】 rǎnzhǐ अनुचित रूप से अधिकार जमाना: ～别国资源 दूसरे देश के संपत्ति स्रोत पर अनुचित रूप से अधिकार जमाना / 我们国家的神圣领土不容他人～。हमारे देश के पवित्र भूखंड पर दूसरे देशों को अनुचित रूप से अधिकार जमाने नहीं दिया जाता है।

【染指甲】rǎn zhǐjia नख रंगना: 染了红指甲 नखों को लाल करना

rāng

嚷 rāng नीचे दे०
rǎng भी दे०

【嚷嚷】 rāngrang 〈बोल०〉 ❶चीखना-चिल्लाना; चीख-पुकार मचाना; टर्र-टर्र करना: 空～发展 विकास के बारे में व्यर्थ की चीख-पुकार मचाना / 你～什么? क्यों टर्र-टर्र कर रहे हो? ❷ढोल पीटना; ढोल बजाना; कहना: 这件事，你可别～。इस के बारे में तुम कुछ भी न कहो।

ráng

禳 ráng 〈लि०〉 जप-तप से संकट या विपत्ति दूर करना

【禳解】 rángjiě 〈लि०〉 जप-तप से संकट या विपत्ति को दूर करना

穰 ráng ❶〈बो०〉 धान और गेहूं आदि का डंठल ❷दे० 瓤 ráng

【穰穰】 rángráng 〈लि०〉 फ़सल की कुल पैदावार: ～满家 फ़सल की भरपूर पैदावार

瓤 ráng ❶गूदा; मज्जा; लुगदी: 橘子～ संतरे का गूदा / 西瓜～ तरबूज़ का मज्जा ❷किसी चीज़ का अंदरूनी भाग: 信～ लिफ़ाफ़े के अंदर का पत्र ❸〈बो०〉 अच्छा नहीं; निर्बल; अस्वस्थ: 病后身体～ बीमार होने के बाद निर्बल होना / 你车开得真不～。तुम निपुणता से ड्राइविंग करते हो।

【瓤口】 rángkǒu 〈बोल०〉 किसी चीज़ को मुंह में रखकर स्वाद लेना; ज़ायका लेना

【瓤子】 rángzi गूदा; मज्जा; लुगदी

纕 ráng 〈पुराना०〉 गंदा; मैला; मलिन; दूषित: 衣服～了。कपड़ा मैला हो गया।

rǎng

壤 rǎng ❶मिट्टी; मृदा: 土～ मिट्टी ❷ज़मीन; भूमि; धरती: 天～之别 ज़मीन आसमान का फ़र्क ❸क्षेत्र; प्रदेश; इलाका; एरिया; भूभाग: 穷乡僻～ दूरस्थ और दरिद्रता ग्रस्त इलाका

【壤地】 rǎngdì 〈लि०〉 इलाका; क्षेत्र; प्रदेश

【壤界】 rǎngjiè सीमा; सरहद; बाउंड्री

【壤土】 rǎngtǔ 〈कृ०〉 सानी हुई मिट्टी; उपजाऊ मिट्टी

攘[1] rǎng 〈लि०〉 ❶फेंक देना; मुकाबला करना; विरोध करना; सामना करना; बाहर रखना: ～外 विदेशी आक्रमण का विरोध करना ❷अपहरण करना; बलात ग्रहण करना; हथिया लेना

攘[2] (纕) rǎng चढ़ाना; उठाना: 攘臂

【攘臂】 rǎngbì बांह उठाना; हाथ उठाना: ～高呼 हाथ उठाकर नारा लगाना

【攘除】 rǎngchú 〈लि०〉 बाहर रखना; फेंक देना; दूर करना: ～奸邪 धूर्त और दुष्ट व्यक्तियों को दूर करना

【攘夺】 rǎngduó 〈लि०〉 छीनना; अपहरण करना;

लूटना; हड़प लेना; हथिया लेना: ～政权 राज्यसत्ता छीनना / ～王位 राजपद हड़प लेना

【攘窃】 rǎngqiè 〈लि०〉 चोरी से उड़ा लेना; चुराना; चोरी करना

【攘攘】 rǎngrǎng 〈लि०〉 अव्यवस्थित; अनियमित; अस्तव्यस्त; गड़बड़

【攘外】 rǎngwài विदेशी आक्रमण का विरोध करना

嚷 rǎng ❶चिल्लाना; शोर मचाना; चीत्कार करना: 别～了，大家都睡了。चिल्लाओ मत, लोग सो रहे हैं। ❷〈बोल०〉 ज़ोर-ज़ोर से कहना; उच्च स्वर में बोलना ❸〈बो०〉 डांटना; फटकारना; दोष देना: 这事要是妈妈知道了，她又要～我了。यह बात अगर मां को मालूम हुई तो वे मुझे फिर डांट देंगी।

rāng भी दे०

【嚷叫】 rǎngjiào चिल्लाना; शोरगुल मचाना; चीत्कार करना

【嚷嘴】 rǎngzuǐ 〈बो०〉 शिकायत करना; विवाद करना; झगड़ना; कलह करना

ràng

让（讓） ràng ❶सुविधा देना; रियायत देना: 互助互～ परस्पर सहायता देना और परस्पर रियायत देना ❷छोड़ना; हट जाना; पीछे हटना: 谁也不～。कोई भी पीछे नहीं हटता। / 我们～出了这些地方。हम ने इन इलाकों को छोड़ दिया। / 见困难就上，见荣誉就～。कठिनाइयों के सामने आगे बढ़ना और कीर्तियों के सामने पीछे हटना चाहिये। / 请你～一～。कृपा करके तुम ज़रा हट जाओ। / 幸亏我～得快，要不早给那辆自行车撞倒了。सौभाग्य की बात है कि मैं जल्दी से हट गया, नहीं तो मैं उस साइकिल से टक्कर खाकर गिर पड़ा होता। ❸बुलाना; आमंत्रित करना; करने के लिये प्रार्थना करना; करने की इच्छा प्रकट करना: ～茶 चाय पीने के लिये प्रार्थना करना / 把客人～进屋里 मेहमान को कमरे में बुलाना ❹(किसी काम को) होने देना; करने देना; अनुमति देना: ～我想一想。मैं ज़रा सोचूँ। / 大夫不～他起来。 डॉक्टर ने उसे बेड से उठने की अनुमति नहीं दी। / 他～我把这个消息转告给你。उन्हों ने मुझे यह खबर तुम्हें बताने दी। ❺किसी वस्तु को उचित दाम पर दूसरे के हाथ देना: 我把这本书按原价～给他了。मैं ने यह किताब मूल भाव पर उस के हाथ दी। ❻द्वारा; से: 树～大风给吹倒了。पेड़ हवा के धक्के से गिराया गया। / 小偷～我们给吓跑了。चोर को हम लोगों ने धमकाकर भगा दिया।

【让步】 ràngbù रियायत देना; रिआयत करना: 相互～ एक दूसरे को रियायत देना; एक दूसरे के साथ रिआयत करना / 在原则问题上决不～ सैद्धांतिक समस्या पर रियायत हरगिज़ नहीं देना

【让渡】 ràngdù हस्तांतरित करना; बेचना; दे डालना: 资源不得～。प्राकृतिक साधनों को हस्तांतरित करने की अनुमति नहीं दी जाती है।

【让价】 ràngjià (विक्रेता का) भाव घटाना; भाव कम करना

【让开】 ràngkai हट जाना; रास्ता देना: 车来了，快～! गाड़ी आ रही है, जल्दी से हट जाओ!

【让利】 rànglì मुनाफ़े या लाभ का कुछ भाग दूसरे को देना

【让路】 rànglù रास्ता देना; रास्ते से हट जाना; रास्ता बनाना: 让出路来 भीड़ में से रास्ता बनाना / 请～! रास्ता दो! / 你们的工程得给重点工程～。तुम्हारी परियोजना को प्रमुख परियोजना के लिये रास्ता देना चाहिये।

【让球】 ràngqiú (बाल के खेल में) अंक (प्वाइंट) देना: 教练员让给小李一个球。ट्रेनर से शाओ ली को एक अंक दिया।

【让位】 ràngwèi ❶पद त्यागना; पद से हट जाना; तख्ता छोड़ना: 那年五月皇帝终于～了。उस साल की मई में बादशाह ने आखिर तख्त छोड़ दिया था। / 谁不称职，谁就应该～。जो अयोग्य हो, उसे पद से हट जाना चाहिये। ❷सीट देना: 在公共汽车上他主动给老人～。वे बस में पहलकदमी से बूढ़े लोगों को सीट देते हैं। ❸ बदल जाना: 经过大家的努力，这种困难的局面终于～于顺利的局面。लोगों के प्रयत्नों से यह कठिन स्थिति आखिर बदल गयी है।

【让贤】 ràngxián योग्य व्यक्ति के लिये पद छोड़ देना

【让座】 ràngzuò ❶सीट देना: 他给我让了座。उस ने मुझे अपनी सीट दी। ❷बैठने के लिये बुलाना: 她给客人～又让茶。वह मेहमानों को बैठने के लिए सीट देती है और चाय पीने के लिये बुलाती है।

ráo

荛（蕘） ráo 〈लि०〉 जलानेवाली लकड़ी या घास; ईंधन का गट्ठर: 刍～ जलानेवाली लकड़ी या घास काटना या इकट्ठा करना

饶（饒） ráo ❶भरपूर; प्रचुर: ～有风趣 अत्यंत मनोरंजक / ～有兴趣地 बड़ी दिलचस्पी से ❷दया करना; दयालु होना; कृपालु होना: 您～了我吧。आप मुझ पर दया कीजिये। / 他说话不～人。वह कहने में बहुत निर्दयी है। ❸अलग देना; अलग डालना: 给你～上一个 तुम्हें और एक देना / 有两个人就够了，不要把他也～在里头。दो आदमी तो काफ़ी हैं, उन्हें इस में शामिल

मत करो। ❹〈बोल०〉 हालांकि; यद्यपि; अगरचे: ～我这么关心他，他还是不满意。हालांकि मैं उस का इतना ख्याल रखता हूं, लेकिन फिर भी वह संतुष्ट नहीं है। ❺（Ráo）एक कुलनाम

【饶命】 ráomìng प्राण छोड़ देना; जान बख्श देना: 他跪在地上，直求～。वह घुटने ज़मीन पर टेककर प्राण छोड़ देने की प्रार्थना करता रहा है।

【饶舌】 ráoshé ❶बकबक करना; बकवास करना ❷ज़्यादा बोलना: 对于这个问题我不想再～了。इस समस्या के बारे में मैं और ज़्यादा बोलना नहीं चाहता।

【饶恕】 ráoshù क्षमा करना; माफ़ करना; बख्श देना: 请求～ क्षमा करने की कृपा करना

【饶沃】 ráowò 〈लि०〉 उपजाऊ; उर्वर

【饶裕】 ráoyù 〈लि०〉 मालामाल; संपन्न; समृद्ध

娆（嬈）ráo दे० 妖娆 yāoráo
rǎo भी दे०

桡（橈）ráo 〈लि०〉 पतवार; डांड़

【桡动脉】 ráodòngmài 〈श०वि०〉 दुहनी या कुहनी की धमनी; रेडियल आर्टरी

【桡骨】 ráogǔ 〈श०वि०〉 कलाई की हड्डी; रेडियस

rǎo

扰（擾）rǎo ❶हैरान करना; परेशान करना; तंग करना: 干～ अशांत करना; तंग करना / 打～ कष्ट देना; (काम में) बाधा डालना / 敌驻我～。जब दुश्मन पड़ाव डालता है तो हम उसे हैरान और परेशान करते हैं। ❷〈शिष्ट०〉 अतिथि-सत्कार में शिष्टाचार प्रकट करना: 我～了他一顿饭。उन्हों ने अतिथि-सत्कार में मुझे एक दफ़ा खाना खिलाया।

【扰动】 rǎodòng परेशानी में होना; अव्यवस्थित अवस्था में होना: 明朝末年，农民纷纷起义，～及于全国。मिंग वंश के अंत में किसानों ने बार-बार विद्रोह किया जिस से कि सारे देश में अशांति फैलने लगी।

【扰害】 rǎohài बेचैन करना; परेशान करना; नुकसान पहुंचाना; क्षति पहुंचाना

【扰乱】 rǎoluàn गड़बड़ करना; हैरान करना; परेशान करना; अस्त-व्यस्त करना; उलझन पैदा करना; भंग करना; नष्ट करना; तंग करना: ～市场 बाज़ार को गड़बड़ करना / ～治安 शांति और व्यवस्था को भंग करना / ～军心 सेना के मनोबल को नष्ट करना / ～思路 सोचने का सिलसिला भंग करना / ～睡眠 नींद भंग करना / ～视线 नज़रों को एक दूसरे से टकराना / ～我们的阵线 हमारी पांतों में उलझन पैदा करना

【扰乱法庭秩序罪】 rǎoluàn fǎtíng zhìxù zuì न्यायालय की कार्यवाही में रुकावट डालने का जुर्म

【扰民】 rǎomín जनजीवन में अशांति पैदा करना

【扰攘】 rǎorǎng 〈लि०〉 चीख-पुकार; चिल्लाहट; शोरगुल; हल्ला-गुल्ला: 下课铃一响，教室里一片～的声音。घंटी के बजते ही क्लास रूम में चिल्लाहट मचने लगी।

【扰扰】 rǎorǎo 〈लि०〉 अव्यवस्थित; अस्त-व्यस्त; गड़बड़; बेतरतीब; बेढंगा: 人声～ शोरगुल की आवाज़

娆（嬈）rǎo 〈लि०〉 हैरान करना; परेशान करना; तंग करना
ráo भी दे०

rào

绕（繞）rào ❶लपेटना; घुमाना; लिपटाना: ～线 तागा लपेटना / 把铁丝～成圈 तार को गोलाई में लपेटना ❷चारों ओर घूमना; चक्कर काटना; चक्करदार रास्ते से होकर जाना, घुमावदार गति से बढ़ना: 地球～着太阳转。पृथ्वी सूर्य के चारों ओर घूमती है। / 运动员～场一周。खिलाड़ियों ने अखाड़े के चारों ओर एक चक्कर लगाया। / 飞机在机场上空～圈。विमान अड्डे के ऊपर आकाश में चक्कर काट रहा है। ❸टेढ़े-मेढ़े जाना; बचकर निकल जाना; चक्कर काटकर आगे बढ़ जाना: ～道前进 चक्कर काटकर आगे बढ़ जाना / 货船～过暗礁，驶入大海。सामान से लदे हुए जहाज़ ने अदृश्य चट्टान से बचकर महासागर में प्रवेश किया। ❹भ्रम में डालना; उलझाना; भ्रम में पड़ना; उलझना: 你的话把他～住了。तुम्हारी बात ने उसे भ्रम में डाल दिया। / 我一时～住了。मैं अचानक भ्रम में पड़ गया।

【绕脖子】 rào bózi 〈बो०〉 ❶हिरा-फिराकर बातें करना; घुमा फिराकर बातें करना: 你照直说吧，别净～。तुम सीधे बोलो, हिरा फिराकर बातें न करो। ❷उलझा हुआ; पेचीदा; जटिल; कुटिल: 这句话太～。यह वाक्य अत्यंत उलझा हुआ है। / 这道题真～。यह सवाल बहुत जटिल है।

【绕道】 ràodào（绕路 ràolù भी）चक्कर लगाना; चक्कर काटना; बचकर जाना: ～千里 एक हज़ार ली का चक्कर काटना / ～集中 चक्करदार रास्ते तय करके एकत्र होना / ～瑞金到兴国 रुइचिन से होकर शिंग क्वो में पहुंचना / 前面有个水塘，我们得～走。सामने एक तालाब है, हमें उस से बचकर जाना चाहिये। / 你不要一遇到困难就～走。तुम्हें कठिनाइयों से बचकर नहीं जाना चाहिये।

【绕口令】 ràokǒulìng अनुप्रासयुक्त कविता

【绕梁】 ràoliáng (ध्वनि की) प्रतिक्रिया होना

【绕圈子】 rào quānzi ❶चारों ओर का चक्कर लगाना; चक्कर काटना; चारों ओर घूमना: 昨天晚上他一直围

着院子～。कल शाम को वे अहाते के चारों ओर घूमते रहे। / 为了躲过这座小山，他特意绕了一个圈子。इस पहाड़ी से बचने के लिये उन्हों ने विशेषकर एक चक्कर लगाया। ❷दे० 绕弯子

【绕射】 ràoshè 〈भौ०〉 डिफ़्रैक्शन

【绕腾】 ràoteng हिरा-फिराकर बातें करना; घुमाफिराकर बातें करना

【绕弯儿】 ràowānr ❶〈बो०〉 घूमना; टहलना; हवा खाना: 他们每天在院子里～。वे प्रतिदिन अहाते में घूमते हैं। ❷दे० 绕弯子

【绕弯子】 rào wānzi हिरा-फिराकर बातें करना; घुमा-फिराकर बातें करना: 有话直说，别～。अगर तुम कहना चाहते हो तो सीधे कहो, हिरा-फिराकर बातें न करो।

【绕行】 ràoxíng ❶फेर या चक्कर के रास्ते पर चलना; चक्कर काटकर जाना: 道路施工，车辆～。रास्ते की मरम्मत की जा रही है, गाड़ियों को चक्कर काटकर चलना चाहिये। ❷चारों ओर घूमना; चारों ओर का चक्कर लगाना

【绕远儿】 ràoyuǎnr चक्कर लगाकर लम्बा रास्ता तय करना: 如果你那样走可就～了。अगर तुम उसी रास्ते पर चलो तो चक्कर लगाकर लम्बा रास्ता तय करोगे।

【绕组】 ràozǔ 〈विद्यु०〉 वाइंडिंग

【绕嘴】 ràozuǐ (वाक्य आदि का) स्पष्ट उच्चारण नहीं किया जा सकना; स्पष्ट शब्दों में नहीं बोल सकना: 这句话很～。यह वाक्य बोलने में बहुत कठिन है।

rě

若 rě ❶प्रज्ञा: 般若 bōrě ❷आरण्यक; आरण्य: 兰若 lánrě

ruò भी दे०

惹 rě ❶अपने सिर पर लेना; अपनी ओर खींचना; निमंत्रण देना; मोल लेना: ～麻烦 कष्ट को अपने सिर पर लेना / ～祸 मुसीबत मोल लेना ❷अप्रसन्न करना; नाराज़ करना; रुष्ट करना: 我可没～他。मैं ने तो उसे अप्रसन्न नहीं किया। ❸मोहित करना; आकृष्ट करना; पैदा करना; उत्पन्न करना: ～人注意 किसी के द्वारा दूसरे का ध्यान अपनी ओर आकृष्ट करना / ～人讨厌 दूसरे को घृणा करना / 他的话～得大家哈哈大笑。उन की बातों ने लोगों को खिलखिलाकर हंसा दिया।

【惹草拈花】 rěcǎo-niānhuā (拈花惹草 niānhuā-rěcǎo भी) फूल और घास से दिल बहलाना —— महिला से जी बहलाना; महिला से प्रेम प्रदर्शित करना

【惹火烧身】 rěhuǒ-shāoshēn आग भड़काकर अपने को जलाना —— विपत्ति को अपने सिर पर लेना; परेशानी या मुसीबत को अपने सिर पर लेना

【惹祸】 rěhuò विपत्ति मोल लेना; (अपने सिर पर) बला मोल लेना: 这都是我～的祸。यह विपत्ति तो मैं ने मोल ली है।

【惹乱子】 rě luànzi गड़बड़ पैदा करना; विपत्ति मोल लेना

【惹麻烦】 rě máfan झंझट मोल लेना

【惹恼】 rěnǎo नाराज़ करना; रुष्ट करना; खफ़ा करना

【惹气】 rěqì नाराज़ होना; गुस्से में आना: 不必为这事～。इस के लिये नाराज़ होने की ज़रूरत नहीं है।

【惹事】 rěshì गड़बड़ पैदा करना; विपत्ति मोल लेना: 没看见我正忙着吗？还净给我～。देखा नहीं कि मैं कितना व्यस्त हूँ और तुमने तो मेरे लिये बिल्कुल गड़बड़ पैदा कर दी है।

【惹是非】 rě shìfēi गड़बड़ पैदा करना; विपत्ति मोल लेना

【惹是生非】 rěshì-shēngfēi गड़बड़ पैदा करना; झगड़ा पैदा करना; उलझन पैदा करना: 他是一个怕～的人。वह एक झगड़ा पैदा करने से डरनेवाला है।

【惹眼】 rěyǎn बिल्कुल साफ़; स्पष्ट

rè

热（熱）rè ❶गरमी; ताप: 摩擦生～。मालिश करने से गरमी पैदा होती है। / 今天很～。आज बहुत गरमी पड़ती है। / 他～起来了。उसे गरमी लगने लगी। ❷गर्म; उष्ण: ～水 गरम पानी ❸गरम करना; तपाना: 把汤～一～ सूप को गरम करना ❹बुखार; ज्वर: 退～ ज्वर उतर जाना / 这孩子身上发～。इस बच्चे को बुखार आता है। ❺उत्सुक; उत्साही; जोश भरा: 亲～ प्यार भरा; प्रेम भरा ❻किसी शौक विशेष का हो जाना; बहुत लोकप्रिय हो जाना: 旅游～ पर्यटन का बहुत लोकप्रिय हो जाना; पर्यटन गरमी ❼लालायित हो जाना; लोलुप हो जाना: 眼～ किसी चीज़ को प्राप्त करने के लिये लालायित हो जाना ❽लोकप्रिय; जनसम्मत: ～货 लोकप्रिय माल ❾उष्मा; थर्मो: ～化学 उष्मा रसायन / ～力学 थर्मोडाइनैमिक्स

【热爱】 rè'ài प्यार करना; पसंद करना: ～自己的工作 अपने काम को पसंद करना / ～人民 जनता को प्यार करना / ～生活 जीवन को प्यार करना / ～科学 विज्ञान को पसंद करना

【热拔】 rèbá 〈यां०〉 हाट ड्राइंग

【热病】 rèbìng 〈ची०चि०〉 बुखार से सम्मिलित उग्र रोग

【热播】 rèbō बहुप्रसारित कार्यक्रम

【热补】 rèbǔ (टायर आदि को) गंधक के योग से रबड़ को सख्त करना; वल्कनिट करना

【热肠】 rècháng उत्साहपूर्ण; सहानुभूतिपूर्ण

【热潮】 rècháo उभार; उफान; लहर: 生产～ उत्पादन का उभार / 掀起群众性体育锻炼的～ जनसाधारण

में फ़िज़िकल ट्रेनिंग का उभार पैदा करना
【热炒】 rèchǎo किसी बात को केंद्र में लाने के लिये बढ़ा-चढ़ाकर बताना अथवा किसी बात पर लोगों का ध्यान आकर्षित करने के लिये उसे बढ़ा-चढ़ाकर बताना
【热忱】 rèchén सरगरमी; उत्साह; जोश; स्नेह: 最～的民族英雄 सब से उत्साही राष्ट्र वीर / 工作～ काम के प्रति उत्साह रखना / 激发抗战～ प्रतिरोध-युद्ध के उत्साह को उभारना / 对人民极端～ जनता के प्रति असीमित स्नेह रखना / 以极大的～欢迎他们 अत्यंत उत्साह से उन लोगों का स्वागत करना / 高度～地为人民服务 भारी उत्साह और लगन के साथ जनता की सेवा करना
【热诚】 rèchéng हार्दिक; दिली; नेक: ～欢迎 हार्दिक स्वागत / ～地希望 सचाई से आशा करना / 张先生对人一向～。मिस्टर चांग दूसरों के प्रति सदा नेक बर्ताव करते हैं।
【热赤道】 rèchìdào गरम मध्यरेखा; थर्मल इक्वेटर
【热处理】 rèchǔlǐ 〈यां०〉 ❶उष्मा-उपचार; हीट ट्रीटमेंट: ～车间 उष्मा-उपचार वर्कशाप; हीट ट्रीटमेंट वर्कशाप / ～钢 उष्मा-उपचार इस्पात; हीट ट्रीटमेंट स्टील ❷तापोचार करना
【热处理炉】 rèchǔlǐlú उष्मा-उपचार भट्ठा; हीट ट्रीटमेंट फ़र्निस
【热脆性】 rècuìxìng 〈धा०वि०〉 हाट शोर्टनेस; रेड शोर्टनेस
【热带】 rèdài उष्ण कटिबंध; उष्ण प्रदेश: ～动物 उष्ण प्रदेशीय जानवर / ～风暴 उष्ण प्रदेशीय आंधी / ～气旋 उष्ण प्रदेशीय चक्रवात / ～植物 उष्ण प्रदेशीय वनस्पति / ～植物园 उष्ण प्रदेशीय वनस्पति बागान / ～作物 उष्ण प्रदेशीय फ़सल
【热带草原】 rèdài cǎoyuán उष्ण कटिबंधीय घास-मैदान; परती; सवाना
【热带鱼】 rèdàiyú उष्ण प्रदेशीय मछली
【热导体】 rèdǎotǐ 〈भौ०〉 हीट कंडक्टर
【热得快】 rèdekuài एलीमेंट
【热点】 rèdiǎn ❶गर्मी बिन्दु; हाट स्पोट: 旅游～ पर्यटन का गर्मी बिन्दु ❷〈भौ०〉 हाट स्पोट ❸केंद्रिय बिन्दु; फ़ोकस: 讨论的～ वाद-विवाद का केंद्रिय बिन्दु ❹दिलचस्पी; रुचि; अभिरुचि: ～问题 दिलचल्प विषय
【热电】 rèdiàn 〈भौ०〉 अग्निविद्युत; पाइरोइलेक्ट्रिसिटी
【热电厂】 rèdiànchǎng ताप-बिजली कारखाना; हीट एंड पावर प्लांट
【热电偶】 rèdiàn'ǒu 〈भौ०〉 थर्मोकापल
【热电体】 rèdiàntǐ पाइरोइलेक्ट्रिक्स
【热电效应】 rèdiàn xiàoyìng पाइरोइलेक्ट्रिक इफ़ेक्ट
【热电学】 rèdiànxué पाइरोइलेक्ट्रिसिटी
【热电站】 rèdiànzhàn ताप बिजली स्टेशन
【热电阻】 rèdiànzǔ थर्मल रेज़िस्टेंस
【热电动力厂】 rèdiàndònglìchǎng ताप और शक्ति का कारखाना
【热度】 rèdù ❶गरमी; हीट, तापमान: 物体燃烧需要一定的～。वस्तुओं के जलने के लिये निश्चित गरमी की ज़रूरत है। ❷〈बोल०〉 ज्वर; ताप; टैंपरेचर: 你～降下去了吗? क्या तुम्हारा ज्वर उतर गया है?
【热饭】 rèfàn ❶गर्म भात ❷भात गरम करना
【热风】 rèfēng लू
【热讽】 rèfěng हंसी उड़ाना; फबती कसना
【热风炉】 rèfēnglú 〈धा०वि०〉 गरम वायु चूल्हा; प्रवात भट्ठी; गरम झोंका स्टोव; हाट ब्लास्ट स्टोव
【热敷】 rèfū 〈चिकि०〉 हाट कम्प्रेस
【热辐射】 rèfúshè 〈भौ०〉 हीट रेडिएशन
【热工试验员】 règōng shìyànyuán ताप-परीक्षा तकनीशियन
【热功当量】 règōng dāngliàng मेकेनिकल इक्विवलेंट आफ़ हीट
【热狗】 règǒu हाट डॉग
【热固塑料】 règù sùliào थर्मोसेटिंग प्लास्टिक
【热管】 règuǎn हाट पाइप, गरम पाइप
【热合】 rèhé हाट सील
【热核】 rèhé ताप नाभिकीय; थर्मोन्यूक्लियर: ～爆炸 थर्मोन्यूक्लियर एक्सप्लोज़न
【热核尘】 rèhéchén ताप नाभिकीय विकिरण
【热核弹头】 rèhé dàntóu थर्मोन्यूक्लियर वारहेड
【热核反应】 rèhé fǎnyìng 〈भौ०〉 थर्मोन्यूक्लियर प्रतिक्रिया; थर्मोन्यूक्लियर रिएक्शन
【热核反应堆】 rèhé fǎnyìngduī 〈भौ०〉 थर्मोन्यूक्लियर रिएक्टर
【热核技术】 rèhé jìshù थर्मोन्यूक्लिओनिक्स
【热核聚变反应】 rèhé jùbiàn fǎnyìng नाभिकीय संगलन
【热核实验】 rèhé shíyàn थर्मोन्यूक्लियर परीक्षा
【热核武器】 rèhé wǔqì थर्मोन्यूक्लियर वेपन; ताप नाभिकीय अस्त्र
【热核战争】 rèhé zhànzhēng ताप नाभिकीय युद्ध; थर्मोन्यूक्लियर वार
【热烘烘】 rèhōnghōng बहुत गर्म; गरमागरम: 火着起来了，屋里～的。आग लग गई है, कमरे में बहुत गर्मी लगती है। / 听了你的话，我的心里～的。तुम्हारी बात सुनकर मेरा दिल भर आया है।
【热乎乎】 rèhūhū (热呼呼 rèhūhū भी) गरम: 他的手～的。उस के हाथ गरम हैं। / 听了他的话，我的心里感到～的。उन की बात सुनकर मेरा दिल खुशी से फूला न समाया; उन की बात सुनकर मेरे दिल में एक नया जोश भर गया।
【热乎】 rèhu (热呼 rèhu भी) दे० 热和
【热火朝天】 rèhuǒ-cháotiān (काम-काज का) ज़ोरों पर होना; पूरे ज़ोर शोर से चलना: 工地上一派～的景象。निर्माण स्थल पर काम पूरे ज़ोर शोर से चल रहा है।
【热火】 rèhuo ❶जोशीला; जोशपूर्ण: 我们厂的劳动竞赛搞得真～。हमारे कारखाने की श्रम-प्रतियोगिता बड़े जोश से चल रही है। ❷दे० 热和

【热和】 rèhuo〈बोल०〉❶मज़ेदार और गरम; गरम: 饭菜还～。भात और तरकारी अभी भी गरम है। ❷स्नेहपूर्ण; सौहार्दपूर्ण; मैत्रीपूर्ण: 他们一见面就很～。वे लोग मिलते ही इतने सौहार्दपूर्ण दिखाई पड़ते हैं। / 他们说得很～。वे स्नेह भरे स्वर में बातें कर रहे हैं।

【热机】 rèjī 〈यां०〉 हीट इंजन

【热寂】 rèjì 〈भौ०〉 हीट डेथ

【热加工】 rèjiāgōng 〈धा०वि०〉 हाट वर्किंग; हाटवर्क

【热扩散】 rèkuòsàn 〈भौ०〉 थर्मल डिफ़्युज़न

【热辣辣】 rèlàlà जलता हुआ; झुलसानेवाला: 太阳晒得人～的。सूर्य बहुत झुलसाता है। / 听了大家的批评，他觉得脸上～的。लोगों की आलोचना सुनकर उसका चेहरा जलता सा लगता है। / 我的脸～的有些痛。मेरा चेहरा दर्द से झनझना उठा।

【热浪】 rèlàng 〈मौ०वि०〉 हीट वेव; हाट वेव

【热泪】 rèlèi गरम आंसू: 他激动得两眼含着～。स्फूर्ति के मारे उस की आंखों में गरम आंसू भर आए हैं।

【热泪盈眶】 rèlèi-yíngkuàng आंखों से गरम आंसू टपकना; आंखों का भीगी होना

【热力】 rèlì 〈यां०〉 ताप शक्ति; हीटिंग पावर

【热力单位】 rèlì dānwèi उष्मांक; कैलोरी

【热力学】 rèlìxué थर्मोडाइनैमिक्स

【热恋】 rèliàn बड़े जोश से प्रेम में लगना

【热量】 rèliàng 〈भौ०〉 कैलोरी; कैलोरी मान: ～单位 थर्मल यूनिट; हीट यूनिट

【热量计】 rèliàngjì कैलोरी मीटर

【热烈】 rèliè ❶उत्साहपूर्ण; गरमागरम; ज़ोरदार; जोशभरा: ～的祝贺 हार्दिक बधाई / ～的讨论 गरमागरम बहस; गरम बहस / ～的欢迎 सहर्ष स्वागत / ～的愿望 उत्साहपूर्ण अभिलाषा / ～的掌声 ज़ोरदार तालियां ❷बड़े तपाक से; बड़े जोश से; बड़ी उत्सुकता से; धूमधाम से; उत्साह से: ～欢迎 धूमधाम से स्वागत करना / ～欢呼 जोश के साथ जयजयकार करना / ～握手 बड़े तपाक से हाथ मिलाना / ～要求 बड़ी उत्सुकता से मांग करना / ～庆祝 उत्साह से मनाना / ～拥护 उत्साह के साथ समर्थन करना / ～交谈 घुट-घुटकर बातें करना / ～鼓掌 ज़ोरदार तालियां बजाना / 大家对他的发言反应很～。लोग उन की बातों से बहुत प्रभावित हुए। / 会上发言很～。सभा में बहस बहुत गरमागरम हो रही थी।

【热裂化】 rèlièhuà 〈पेट्रोलियम〉 थर्मल क्रैकिंग

【热流】 rèliú ❶〈मौ०वि०〉 थर्मल कारेंट ❷गरम धारा: 我感到一股～传遍全身。मुझे लगा कि एक गरम धारा मेरे पूरे शरीर में बह रही हो।

【热卖】 rèmài किसी चीज़ का तुरत-फुरत बहुतायत में बिकना

【热门】 rèmén लोकप्रचलित; लोकप्रिय; जनसम्मत: 赶～ फ़ैशन का अनुसरण करना / ～学科 लोकप्रचलित विषय / ～话题 वर्णन का लोकप्रिय विषय

【热门货】 rèménhuò हाट आइटम

【热敏电阻】 rèmǐn diànzǔ 〈विद्यु०〉 थर्मिस्टर

【热闹】 rènao ❶व्यस्त; रोचक; आकर्षक; दिलचस्प: ～的市场 व्यस्त बाज़ार / 晚会开得很～。रात्रि सभा बहुत रोचक हुई। ❷जान डालना; उत्फुल्ल करना; खुशी मनाना: 您讲个笑话让大家～～吧。लोगों को उत्फुल्ल करने के लिये आप एक मज़ाक सुनाइये। / 那天他们聚在一起～了一番。उस दिन उन लोगों ने इकट्ठे होकर खूब खुशियां मनाईं। ❸रोमांचित दृश्य; आकर्षक दृश्य; तमाशा; हलचल; सरगरमी; घपला: 这场～终于发生了。यह घपला आखिर मच गया है। / 节日里街里有～看。त्योहार के दिन सड़क पर तमाशा दिखाया जाता है। / 村子里多么～哇。गांव में कितनी हलचल है। / 他生平最爱看～。उसे हर तरह की सरगरमी में शामिल होना पसंद था।

【热能】 rènéng 〈भौ०〉 ताप शक्ति; ताप ऊर्जा; हीट (या थर्मल) एनर्जी

【热喷喷】 rèpēnpēn वाष्प-उष्मा

【热评】 rèpíng बहुसमीक्षा या बहुसमालोचना होना

【热气】 rèqì भाप; वाष्प: 壶里开始冒～了。केतली में से भाप निकल आयी है। / 人多～高，干劲大。मनुष्यों के ज़्यादा होने से उत्साह बढ़ जाता है और शक्ति भी बढ़ जाती है।

【热气腾腾】 rèqì-téngténg ❶वाष्प-ऊष्म; गरम: ～的馒头 वाष्प-ऊष्म रोटी ❷उत्साह, गरमजोश: 全国～。सारे देश में उत्साह का सागर हिलोरें ले रहा है। ❸चुस्ती से; सरगरमी से; उत्साह से: 春耕生产搞得～。वसंत की जुताई सरगरमी से चल रही है।

【热切】 rèqiè सरगरम; गहरा; अत्यंत तीव्र; तीक्ष्ण; प्रचंड: ～的愿望 अत्यंत तीव्र इच्छा / ～希望各位提出宝贵意见。गहरी आशा है कि आप लोग मूल्यवान राय पेश करेंगे।

【热情】 rèqíng ❶सरगरमी; उत्साह; भावुकता; जोश: 爱国～ देशप्रिय उत्साह / 工作～ काम करने का जोश / ～消退 उत्साह का कम होना / 对此没有一点～ इस के बारे में कोई भी उत्साह नहीं होना / 他充满～地陈述了自己的意见。उन्हों ने भावुकता से अपनी राय का विवरण बताया। ❷सरगरम; गरमजोशी; जोशपूर्ण; उत्साहपूर्ण; सहानुभूतिपूर्ण; हार्दिक; भाव भरा: ～和善意 गरमजोशी और सद्भाव / ～的字句 भाव भरे शब्द / ～接待 उत्साहपूर्ण सत्कार करना / ～支持这个建议 इस सुझाव का गरमजोशी से समर्थन करना / 对旅客非常～ यात्रियों के प्रति बहुत जोश भरा बर्ताव करना / 他十分爽直～。वह बहुत सीधा और सहानुभूतिपूर्ण है। ❸उत्साहपूर्वक; जोश से; जोश में आकर; भावावेश में आकर; जी खोलकर: ～地欢迎 जी खोलकर स्वागत करना / ～地工作 जोश में आकर कार्य करना; भावावेश में आकर काम करना

【热情奔放】 rèqíng-bēnfàng उत्साही; जोशीला; उमंग भरा

【热情洋溢】 rèqíng-yángyì गरमागरम; जोश भरा: ～的讲话 जोश भरा भाषण / 一封～的感谢信 एक जोश भरा धन्यवाद-पत्र

【热丧】 rèsāng मृत्यु शोक में होना
【热身赛】 rèshēnsài 〈खेल०〉 वार्म अप गेम
【热释光】 rèshìguāng 〈पुरा०〉 थर्मोल्यूमिनेसंस
【热水袋】 rèshuǐdài गरम पानी की थैली; गरम पानी की बोतल
【热水瓶】 rèshuǐpíng थरमस (बोतल)
【热水器】 rèshuǐqì उष्णेत्स; हाट वाटर हीटर; गीज़र
【热塑塑料】 rèsù sùliào थर्मोप्लास्टिक
【热塑性】 rèsùxìng 〈रसा०〉 थर्मोप्लास्टिसिटी
【热汤面】 rètāngmiàn गरम सूप में नूडल्स
【热腾腾】 rèténgténg वाष्प-ऊष्म; गरम; गरमजोश: ～的大馒头 वाष्प-ऊष्म रोटी / 太阳落山了，地上还是～的。सूर्य डूब गया है पर धरती फिर भी बहुत गरम है।
【热天】 rètiān गरम ऋतु; गरम दिन
【热望】 rèwàng तीव्र इच्छा; उत्कट अभिलाषा
【热线】[1] rèxiàn 红外线 hóngwàixiàn का दूसरा नाम
【热线】[2] rèxiàn ❶निर्विरोध दूरभाष लाइन; हाट लाइन ❷व्यस्ततम रास्ता
【热相处理】 rèxiàng chǔlǐ मैटलोग्राफ़ी
【热象仪】 rèxiàngyí 〈वैद्य०〉 थर्मल इमैजिंग सिस्टम
【热销】 rèxiāo ऐसा होना जिस की बड़ी मांग हो; बड़ी मांग में होना; (माल का) अच्छा विक्रय होना; (माल का) बड़ी मांग में होना
【热孝在身】 rèxiào zàishēn दादा, दादी, माता, पिता या पति के मरने के बाद शोक वस्त्र धारण करना
【热心】 rèxīn ❶उत्साह; जोश; सरगरमी; तत्परता: 不很～ उत्साह की कमी होना / 表现出很大的～ अधिक उत्साह दिखाना ❷उत्साही; जोशीला; जोश भरा; सरगरम; तत्पर; उत्सुक: ～人 जोश भरा आदमी / ～的助手 उत्साही सहायक / 对待工作很～ काम पर बहुत तत्पर होना / ～传授技术 तकनीक सिखाने में तत्पर होना ❸उत्साह से; जोश से, सरगरमी से; तत्परतापूर्वक: ～为顾客服务 सरगरमी से ग्राहकों की सेवा करना
【热心肠】 rèxīncháng 〈बोल०〉 सहानुभूतिपूर्ण; उत्साहपूर्ण: 他是一个～的人。वह एक सहानुभूतिपूर्ण व्यक्ति है।
【热性肥料】 rèxìng féiliào 〈कृ०〉 गरम खाद; हाट मन्युअर
【热学】 rèxué हीट (भौतिक विज्ञान की एक शाखा)
【热血】 rèxuè गरम रक्त —— जोश; उत्साह; सरगरमी: ～青年 जोश भरे नौजवान / 甘洒～为人民 जनता के लिये स्वेच्छा से अपने प्राण निछावर करना / 他的～在沸腾。उन का रक्त खौल उठा है।
【热血动物】 rèxuè dòngwù गरम रक्तवाला जानवर
【热压】 rèyā 〈रसा०〉 गरम दबाव; हाट प्रेसिंग
【热罨】 rèyǎn दे० 热敷
【热药】 rèyào 〈ची०चि०〉 गरम गुणवाली औषधि
【热饮】 rèyǐn गरम पेय; गरम शर्बत
【热映】 rèyìng बहुप्रसारित फ़िल्म
【热源】 rèyuán 〈भौ०〉 हीट सोर्स
【热轧】 rèzhá 〈धा०वि०〉 हाट रोलिंग
【热战】 rèzhàn उष्ण युद्ध; हाट वार
【热障】 rèzhàng 〈भौ०〉 हीट बैरियर
【热证】 rèzhèng 〈ची०चि०〉 ज्वर से संबंधित रोग-लक्षण
【热值】 rèzhí 〈भौ०〉 कैलोरिफ़िक वैल्यू
【热中】 rèzhōng (热衷 rèzhōng भी) ❶बहुत चाहना; बड़ी चाह रखना; उत्कट अभिलाषा होना; लालायित होना: ～于个人名利 व्यक्तिगत यश और लाभ के लिये लालायित होना ❷(किसी का) अनुरागी होना; प्रेमी होना; (किसी में) उत्सुक होना; सरगरम होना: ～于溜冰 स्केटिंग का बहुत प्रेमी होना; स्केटिंग करने में सरगरम होना / ～于跳迪斯科 डिस्को नाच नाचने में अत्यधिक उत्साहपूर्ण होना
【热中子】 rèzhōngzǐ 〈भौ०〉 थर्मल न्यूट्रोन

rén

人 rén ❶आदमी; व्यक्ति; जन; मनुष्य; मानव: 屋里有两个～在说话。कमरे में दो आदमी बातचीत कर रहे हैं। / 市场上～很多。बाज़ार में बहुत भीड़ है। / 男～ पुरुष / 女～ स्त्री ❷प्रौढ़; वयस्क (व्यक्ति): 成～ प्रौढ़ व्यक्ति; बालिग ❸दूसरे लोग: ～云亦云 दूसरे लोगों के शब्दों को तोते की तरह रटना / 这书不要给～。दूसरों को यह किताब मत दो। ❹〈ला०〉 उत्तमपुरुष के स्थान पर अकसर अप्रसन्नता प्रकट करने के लिये प्रयुक्त: 真叫～担心。सचमुच मुझे बड़ी चिंता है। ❺काम करने वाला व्यक्ति: 他们那里正缺～。उन के वहां काम करने वाले की कमी है। ❻किसी निश्चित व्यक्ति के शारीरिक, मनोवैज्ञानिक या नैतिक गुण या स्थिति: 你一个～干这活行吗? क्या तुम अकेले यह काम कर सकते हो? / 他～很老实。वह बहुत ईमानदार आदमी है / 他身体很好，～也很能干。उस का स्वास्थ्य बहुत अच्छा है और वह काम करने में बहुत योग्य भी है। / 现在他～在哪儿? इस समय वह कहां है? ❼हर व्यक्ति; हर आदमी; हरेक: ～所共知 हरेक जानता है; यह सर्वविदित है। ❽प्रत्यय के रूप में प्रयुक्त: 上海～ शांगहाए वाला / 工～ मज़दूर; श्रमिक
【人本主义】 rénběn zhǔyì मानववाद; मानवतावाद
【人不犯我，我不犯人】 rén bù fàn wǒ, wǒ bù fàn rén जब तक हम पर हमला न हो, तब तक हम हमला नहीं करेंगे
【人不可貌相】 rén bùkě mào xiàng किसी व्यक्ति की सूरत से उस का अनुमान कभी नहीं किया जा सकता
【人不知，鬼不觉】 rén bù zhī, guǐ bù jué इस के बारे में कोई और नहीं जानता

【人才】 réncái（人材 réncái भी）❶सुयोग्य व्यक्ति; प्रवीण व्यक्ति; प्रतिभाशाली व्यक्ति：科技～ योग्य वैज्ञानिक और टेकनिशियन ❷〈बोल०〉 सुन्दर मुख; खूबसूरत：一表～ सुन्दर मुख वाला पुरुष

【人才安全】 réncái ānquán विशेष प्रवणता प्राप्त प्रतिभाओं की सुरक्षा समस्या

【人才回流】 réncái huíliú विशेष प्रवणता प्राप्त प्रतिभाओं का विदेशों से अपने देश, दूसरी संस्थाओं से अपनी पुरानी संस्था में काम के लिये लौटना

【人才济济】 réncái-jǐjǐ सुयोग्य व्यक्तियों की विपुलता

【人才市场】 réncái shìchǎng ❶नौकरी बाज़ार ❷अप्रत्यक्ष नौकरी बाज़ार

【人潮】 réncháo जनप्रवाह; आदमियों का रेला

【人称】 rénchēng 〈व्या०〉 पुरुष：第一～ उत्तमपुरुष / 第二～ मध्यमपुरुष / 第三～ अन्यपुरुष / ～代词 पुरुषवाचक सर्वनाम

【人次】 réncì 〈परि०श०〉 पर्सन-टाइम：观众约有十万～。दर्शकों की संख्या लगभग एक लाख है।

【人丛】 réncóng भीड़

【人大】 réndà（人民代表大会 rénmín dàibiǎo dàhuì का संक्षिप्त रूप）जन प्रतिनिधि सभा

【人大常委会】 réndà chángwěihuì राष्ट्रीय जन-प्रतिनिधि सभा की स्थाई समिति

【人大代表】 réndà dàibiǎo राष्ट्रीय जन-प्रतिनिधि सभा का प्रतिनिधि

【人道】[1] réndào ❶मानवता; मनुष्यता; इनसानियत ❷दयालुता; दयाशीलता

【人道】[2] réndào 〈शिष्ट०〉 (बहुधा निषेध में प्रयुक्त) पुरुष की लैंगिक योग्यता या क्षमता：不能～ नपुंसक बनना; नामर्द होना

【人道主义】 réndào zhǔyì मानवतावाद; मानववाद; इनसानियत

【人地生疏】 réndì-shēngshū किसी स्थान और वहां के निवासियों से अपरिचित होना; बिलकुल अजनबी होना

【人丁】 rénding ❶〈पुराना〉 प्रौढ़; वयस्क; बालिग ❷जनसंख्या; परिवार में सदस्यों की संख्या

【人丁兴旺】 rending-xīngwàng बढ़ता हुआ परिवार; समृद्ध परिवार; बढ़ती हुई जनसंख्या

【人定胜天】 réndìngshèngtiān मानव शक्ति का प्रकृति पर हावी हो सकना; मनुष्य के बल से प्राकृतिक शक्ति पर नियंत्रण रखा जा सकना

【人堆儿】 rénduīr 〈बोल०〉 भीड़

【人多势众】 rénduō-shìzhòng अधिक आदमियों की शक्ति बड़ी होती है

【人多嘴杂】 rénduō-zuǐzá अधिक आदमियों की अधिक रायें होती है; विभिन्न लोगों के अलग-अलग विचार होते हैं

【人而无信，不知其可】 rén ér wú xìn, bù zhī qí kě जो आदमी बात का कच्चा हो, न जाने यह कैसे हो सकता है

【人犯】 rénfàn किसी अपराध में अभियुक्त या उलझाये लोग; अपराधी：一干～ प्रतिवादी और उलझाये लोग

【人贩子】 rénfànzi आदमी फ़रोश; आदमियों की खरीद-फ़रोख्त करने वाला

【人防】 rénfáng 人民防空 का संक्षिप्त रूप

【人非木石】 rén fēi mù shí मनुष्य काष्ठ या पाषाण से नहीं बना है —— मनुष्य संवेदनहीन नहीं है

【人非圣贤，孰能无过】 rén fēi shèngxián, shú néng wú guò हर व्यक्ति महात्मा नहीं होता, वह त्रुटियों से कैसे बच सकता है ? मनुष्य के लिये त्रुटि करना अनिवार्य होता है

【人份】 rénfèn 〈परि०श०〉 पर्सन-पोर्ट; पर्सन-शेयर：牛痘疫苗二十万～ दो लाख व्यक्तियों के लिये वैकसीन

【人粪尿】 rénfènniào 〈कृ०〉 मानव मल-मूत्र

【人逢喜事精神爽】 rén féng xǐshì jīngshén shuǎng हर्षोत्सव के अवसर पर लोग प्रसन्न रहते हैं

【人浮于事】 rénfúyúshì काम की ज़रूरत से ज़्यादा कर्मचारी होना

【人格】 réngé ❶व्यक्तित्व; विशेष गुण; नैतिक गुण：～高尚 उच्च चरित्र होना ❷व्यक्तिगत प्रतिष्ठा：污辱～ व्यक्तिगत प्रतिष्ठा का अपमान करना

【人格化】 réngéhuà मानवीकरण; चेतनारोपण

【人工】 réngōng ❶कृत्रिम; बनावटी; नकली：～港 कृत्रिम बंदरगाह ❷हाथ से किया हुआ काम：～操作 मशीन की जगह हाथ से कोई काम करना ❸श्रमशक्ति; जनशक्ति; व्यक्तियों की संख्या; श्रमिक संख्या：建造这座大楼需要用多少～？ इस इमारत का निर्माण करने में कितनी जनशक्ति की आवश्यकता है ?

【人工堕胎】 réngōng duòtāi गर्भपात करना; भ्रूणहत्या करना

【人工繁殖】 réngōng fánzhí 〈कृ०〉 कृत्रिम संतनन

【人工孵化】 réngōng fūhuà अंडों को कृत्रिम तरीके से सेना

【人工合成蛋白质】 réngōng héchéng dànbáizhì संश्लेषणात्मक प्रोटीन

【人工合成结晶胰岛素】 réngōng héchéng jié-jīng yídǎosù संश्लेषणात्मक स्फटिकवत् इंसुलिन

【人工呼吸】 réngōng hūxī कृत्रिम सांस

【人工湖】 réngōnghú कृत्रिम झील

【人工降水】 réngōng jiàngshuǐ कृत्रिम जल-पतन

【人工降雨】 réngōng jiàngyǔ कृत्रिम वर्षा

【人工流产】 réngōng liúchǎn गर्भ गिराना; गर्भपात करना

【人工免疫】 réngōng miǎnyì कृत्रिम रोगक्षयीकरण

【人工气腹】 réngōng qìfù (कृत्रिम) न्यूमोपेरिटोनीयम

【人工气胸】 réngōng qìxiōng (कृत्रिम) न्यूमोथोरैक्स

【人工器官】 réngōng qìguān कृत्रिम आर्गेन; कृत्रिम अंग ; बनावटी अंग

【人工肾】 réngōngshèn कृत्रिम गुर्दा

【人工授粉】 réngōng shòufěn 〈कृ०〉 कृत्रिम पराग संक्रमण

【人工授精】 réngōng shòujīng कृत्रिम वीर्यधान या गर्भधारण

【人工心肺机】 réngōng xīnfèijī हृदय-फेफड़ा मशीन

【人工选择】 réngōng xuǎnzé 〈जीव०〉 कृत्रिम प्रवरण

【人工养鱼】 réngōng yǎngyú कृत्रिम (मत्स्य-) मछली-पालन

【人工智能】 réngōng zhìnéng कृत्रिम बुद्धि (इंटेलिजन्स); मशीनी प्रतिभा

【人公里】 réngōnglǐ यात्री-किलोमीटर

【人海】 rénhǎi जन-समुद्र; बड़ी भीड़; विशाल भीड़: 人山～ बहुत भीड़ ❷〈लि०〉〈ला०〉 समाज

【人和】 rénhé मानव एकता; जनता का समर्थन; अपनी पंक्ति के अन्दर एकता और सहयोग: ～百事兴。एकता से सभी कार्य सफल होते हैं।

【人寰】 rénhuán 〈लि०〉 संसार; दुनिया; लोक: 撒手～ मृत्यु होना; चल बसना; गुज़रना

【人祸】 rénhuò मानव-निर्मित विपत्ति

【人际关系】 rénjì guānxì अंतर्व्यक्तिगत संबंध

【人迹】 rénjì मनुष्य के पदचिह्न: 人迹罕至

【人迹罕至】 rénjì-hǎnzhì जनहीन; वीरान: ～的地区 जनहीन क्षेत्र (प्रदेश)

【人家】 rénjiā ❶परिवार: 这村有几户～。इस गांव में कितने परिवार हैं। ❷कन्या का भावी पति; फ़िआंसे: 她有了～儿了。लड़की की सगाई हुई हैं।

【人家】 rénjia 〈सर्वनाम〉 ❶बोलने वाले और सुनने वाले को छोड़कर अन्यव्यक्ति; दूसरा आदमी; दूसरे लोग: ～都不去，你去干什么？ दूसरे लोग सब नहीं जाते, तुम जाकर क्या करते हो? ❷कोई ('वह' या 'वे' के अर्थ से बहुत निकट): 你把书给～送去。तुम किताब उसे (उन्हें; उन लोग को) दो। ❸(संज्ञा के पहले आकर भावना की सजीवता प्रकट होती हैं): 你看，～小张学习多好。देखो, वह शाओ चांग कितना अच्छा सीखता है। ❹मैं; हम (इस से भावपूर्ण, स्नेहपूर्ण आदि भावनाएँ प्रकट होती हैं): 你走慢点行不行，～走不快。क्या तुम धीरे से चल सकते हो, मैं जल्दी-जल्दी नहीं चल सकता।

【人尖子】 rénjiānzi（人尖儿 rénjiānr भी）सर्वश्रेष्ठ व्यक्ति; सर्वोत्तम व्यक्ति

【人间】 rénjiān संसार; दुनिया; लोक: 撒手～ मृत्यु होना; चल बसना; गुज़रना / ～奇迹 दुनिया में करिश्मा

【人间地狱】 rénjiān dìyù धरती पर नरक

【人间天堂】 rénjiān tiāntáng धरती पर स्वर्ग

【人杰】 rénjié 〈लि०〉 उत्तमपुरुष; पुरुषोत्त

【人杰地灵】 rénjié-dìlíng व्यक्ति की महानता स्थान को यश (प्रसिद्धि) प्रदान करती है

【人尽其才】 rénjìnqícái हरेक का अपनी योग्यता के अनुसार योगदान करना

【人均】 rénjūn प्रति व्यक्ति; फ़ी आदमी; प्रत्येक: ～国民收入 प्रतिव्यक्ति राष्ट्रीय आय (या आमदनी)

【人君】 rénjūn शासक; सार्वभौम शासक

【人客】 rénkè 〈बो०〉 अतिथि; मेहमान

【人孔】 rénkǒng 〈वास्तु०〉 मैनहोल; गंदे नाले का मुंह जिस में से आदमी उतर सके

【人口】 rénkǒu ❶जन-संख्या; आबादी: 这个区的～有一百万。इस मुहल्ले की जन-संख्या दस लाख है। ❷परिवार में सदस्यों की संख्या: 他家～很多。उस के परिवार में सदस्यों की संख्या बहुत है।

【人口调查】 rénkǒu diàochá जन-गणना; मर्दुमशुमारी

【人口分布】 rénkǒu fēnbù जन-संख्या का विकिरण

【人口过剩】 rénkǒu guòshèng अति-जनसंख्या

【人口密度】 rénkǒu mìdù जनसंख्या की घनता

【人口普查】 rénkǒu pǔchá जन-गणना; मर्दुमशुमारी; सेंसस

【人口统计】 rénkǒu tǒngjì जनसंख्या सांख्यिकी

【人口统计学】 rénkǒu tǒngjìxué（人口学 rénkǒuxué भी）जनसांख्यिकी; जनपद विज्ञान

【人口增长】 rénkǒu zēngzhǎng जनवृद्धि

【人口自然增长率】 rénkǒu zìrán zēngzhǎnglǜ प्राकृतिक जनवृद्धि दर

【人困马乏】 rénkùn-mǎfá बहुत ही थका-मांदा होना; बेहद थकावट होना; बहुत थक जाना

【人来疯】 rénláifēng 〈बो०〉 (बच्चे का) अतिथियों के सामने अपनी सजीवता दिखाना

【人老珠黄不值钱】 rénlǎo-zhūhuáng bù zhíqián जैसे बहुत समय बीतने पर मोती की शोभा कम होती है वैसे स्त्री के बूढ़ी होने पर उपेक्षा की जाती है

【人类】 rénlèi मानव-जाति; मनुष्य-जाति; मनुष्य; इनसान: ～社会 मानव समाज / ～的败类 मनुष्यजाति के कृमि-कीट / ～起源 मनुष्य की उत्पत्ति

【人类学】 rénlèixué मानवशास्त्र; मानववंश-शास्त्र; नृ-विज्ञान

【人力】 rénlì जनशक्ति; जनबल; मानवशक्ति: ～物力 जनबल और भौतिक साधन / ～资源 जन-शक्ति का साधन-स्रोत

【人力车】 rénlìchē ❶आदमी द्वारा खींची जाने की दो पहिये वाली गाड़ी ❷〈पुराना〉 रिक्शा; जापानी रिक्शा

【人流】 rénliú ❶जन-बहाव: 不尽的～ अनंतर जन-बहाव ❷人工流产 का संक्षिप्त रूप

【人伦】 rénlún (सामंती नीतिशास्त्र के अनुसार) मनुष्यों के बीच संबंध

【人马】 rénmǎ सेना; फ़ौज; सैन्यदल: 大队～随后就到。शक्तिशाली सैन्यदल बहुत जल्दी पहुंचेगा।

【人马座】 Rénmǎzuò 〈खगोल०〉 धनुराशि; धनु

【人满为患】 rénmǎn-wéihuàn लोगों से बहुत भर जाना; किसी संस्था में कर्मचारियों का आवश्यकता से अधिक होना

【人们】 rénmen लोग; मनुष्य: ～的意志 मनुष्य की इच्छा या इरादा / ～都说他是好人。लोग कहते हैं कि वह एक अच्छा आदमी है।

【人面兽心】 rénmiàn–shòuxīn मानव रूपी पिशाच; रंगा सियार
【人民】 rénmín जनता; जन; लोक: ～的勤务员 जनता का सेवक
【人民币】 Rénmínbì रनमिनपी (RMP) (चीनी मौद्रिक इकाई)
【人民大会堂】 Rénmín Dàhuìtáng बृहद जन भवन
【人民代表大会】 rénmín dàibiǎo dàhuì जन कांग्रेस
【人民法院】 rénmín fǎyuàn जन न्यायालय; जन अदालत
【人民防空】 rénmín fángkōng जन हवाई-रक्षा
【人民福利】 rénmín fúlì लोक-कल्याण; लोक-हित
【人民公敌】 rénmín gōngdí जनता का शत्रु
【人民公社】 rénmín gōngshè जन कम्यून
【人民共和国】 rénmín gònghéguó लोक गणराज्य
【人民解放军】 rénmín jiěfàngjūn जन मुक्ति सेना
【人民检察院】 rénmín jiǎncháyuàn लोक प्रोक्यूरेटोरेट: ～检察长 लोक प्रोक्यूरेटोरेट का प्रधान प्रोक्यूरेटर
【人民警察】 rénmín jǐngchá जन-पुलिस
【人民来信】 rénmín láixìn जनसमुदाय से आये हुए पत्र
【人民民主专政】 rénmín mínzhǔ zhuānzhèng जनता का जनवादी अधिनायकत्व
【人民内部矛盾】 rénmín nèibù máodùn जनता के बीच का अंतरविरोध
【人民陪审员】 rénmín péishěnyuán जन-एसेसर
【人民群众】 rénmín qúnzhòng जन-समुदाय; जन-साधारण
【人民日报】 Rénmín Rìbào जन दैनिक
【人民团体】 rénmín tuántǐ जनसंगठन
【人民武装部】 rénmín wǔzhuāngbù जनता की सशस्त्र शक्तियों का विभाग
【人民性】 rénmínxìng लोक भावना
【人民英雄纪念碑】 Rénmín Yīngxióng Jìniànbēi जन-वीर स्मारक स्तंभ; जन-वीर (या जन-शहीद) स्मारक
【人民战争】 rénmín zhànzhēng लोक-युद्ध; जन-युद्ध
【人民阵线】 rénmín zhènxiàn जन-मोर्चा
【人民政府】 rénmín zhèngfǔ जन-सरकार
【人命】 rénmìng जान: ～案子 मनुष्यघाती केस
【人莫予毒】 rénmòyúdú किसी को मुझे हानि पहुँचाने का साहस नहीं है —— घमंडी होना; आभिमानी होना
【人怕出名猪怕壮】 rén pà chūmíng zhū pà zhuàng जैसे सूअर के लिये मोटे होने से कष्ट उत्पन्न होता है वैसे लोगों के लिये ख्याति होने से
【人品】 rénpǐn ❶नैतिक गुण; चरित्र: ～高尚 गुणवान्; चरित्रवान् ❷<बोल०> मुख-मुद्रा; मुखाकृति
【人气】 rénqì लोकप्रियता
【人墙】 rénqiáng <फ़ुटबाल> वाल: 筑～ वाल बनाना
【人勤地不懒】 rén qín dì bù lǎn जहां किसान मेहनती है वहां खेत उपजाऊ होता है
【人情】 rénqíng ❶मानवता; मानव संवेदन; मानव सहानुभूति ❷मानव संबंध: ～之常 (मानव संबंध में) स्वाभाविक होना ❸कृपा: 做个～ किसी पर कृपा करना ❹उपहार; भेंट; तोहफ़ा: 送～ भेंट में देना
【人情世故】 rénqíng–shìgù सांसरिक व्यवहार-कुशलता 不懂～ दुनियादारी न जानना
【人情味】 rénqíngwèi मानवता की भावना: 这故事充满了～。इस कहानी में मानवता की भावना भरी हुई है।
【人情债】 rénqíngzhài कृतज्ञता का ऋण
【人穷志不穷】 rén qióng zhì bù qióng दरिद्र परंतु आत्माभिमानी (या उच्चाकांक्षी)
【人穷志短】 rénqióng–zhìduǎn दरिद्रता उच्चाकांक्षा को हतोत्साह करती है
【人权】 rénquán मानव-अधिकार
【人权宣言】 Rénquán Xuānyán मानव-अधिकारों का घोषणापत्र
【人权与公民权宣言】 Rénquán Yǔ Gōngmínquán Xuānyán (फ़्रांसीसी इतिहास में) मानव और नागरिकों के अधिकारों का घोषणापत्र
【人群】 rénqún भीड़; भीड़-भाड़; जनसमूह; जमघट
【人人】 rénrén हर आदमी; हरेक: ～都说这戏好。हरेक कहता है कि यह नाटक अच्छा है।
【人人自危】 rénrén–zìwēi हरेक द्वारा अपने को संकट में पाना
【人山人海】 rénshān–rénhǎi जन-समुद्र; भीड़-भाड़; आदमी ही आदमी
【人蛇】 rénshé गैरकानूनी आप्रवासी
【人身】 rénshēn मानव का जीवित शरीर; व्यक्ति
【人身安全】 rénshēn ānquán व्यक्तिगत सुरक्षा
【人身保护令】 rénshēn bǎohùlìng बंदी प्रत्यक्षीकरण आदेश
【人身保险】 rénshēn bǎoxiǎn जीवन बीमा और घटनाओं के विरुद्ध बीमा
【人身攻击】 rénshēn gōngjī व्यक्तिगत प्रहार
【人身伤害】 rénshēn shānghài व्यक्तिगत चोट
【人身事故】 rénshēn shìgù किसी घटना से व्यक्तिगत हानि
【人身搜查】 rénshēn sōuchá जिस्म की तलाशी लेना
【人身险】 rénshēnxiǎn निजी बीमा
【人身自由】 rénshēn zìyóu शारीरिक स्वतंत्रता
【人参】 rénshēn जेनशेन (एक पौधा); औषधोपयोगी
【人生】 rénshēng जीवन; ज़िंदगी: ～旅程 जीवनपर्यंत यात्रा
【人生观】 rénshēngguān जीवन-दर्शन
【人生哲学】 rénshēng zhéxué जीवन का दर्शन-शास्त्र
【人声】 rénshēng मनुष्य की ध्वनि; आवाज़: 远处传来～。दूर से किसी की आवाज़ आई।
【人声鼎沸】 rénshēng–dǐngfèi कलकल की ध्वनि; कोलाहल; तुमुलनाद; शोरगुल

【人士】 rénshì व्यक्ति; लोग：爱国～ देशभक्त व्यक्ति या लोग

【人氏】 rénshì किसी जन्मस्थान का व्यक्ति：你是哪里～？तुम कहां के रहनेवाले हो ?

【人世】 rénshì（人世间 rénshìjiān भी）संसार; दुनिया：他已不在～。वह मर गया; उस की मृत्यु हुई।

【人事】 rénshì ❶मानव जीवन के मामले; मानव जीवन में घटनाएँ ❷पर्सनेल मामले：～部门 पर्सनेल सेक्शन ❸दुनियादारी：不懂～ दुनियादारी न जानना ❹चेतना; बाहरी दुनिया की चेतना：不省～ बेहोश होना ❺मानव-शक्ति से कर सकने वाला काम：尽～ मानव-शकित से कर सकने वाला काम यथासंभवतः करना ❻〈शिष्ट०〉 लैंगिक जानकारी; तत्व संबंधी बातें：渐省～ लैंगिक जानकारी समझने लगना ❼〈बो०〉 भेंट; उपहार

【人事处】 rénshìchù पर्सनेल डिविज़न

【人事档案】 rénshì dàng'àn पर्सनेल फ़ाइल

【人事关系】 rénshì guānxì संगठनात्मक संबंध

【人事制度】 rénshì zhìdù पर्सनेल सिस्टम

【人手】 rénshǒu मानव-शक्ति; काम करने वाला：～太少 काम करने वाले की कमी होना

【人手一册】 rén shǒu yī cè हरेक के पास किताब की एक प्रति होना

【人寿保险】 rénshòu bǎoxiǎn जान बीमा

【人梯】 réntī ❶मानव-सीढ़ी (किले पर हमला करने आदि के लिये प्रयुक्त) ❷किसी दूसरे व्यक्ति को सफलता प्राप्त करने में सहायता देने वाला व्यक्ति

【人体】 réntǐ (मनुष्य का) शरीर：～模型 (मूर्तिकार के लिये) मानव आकार का ढाँचा

【人体炸弹】 réntǐ zhàdàn मानव बम

【人同此心，心同此理】 réntóngcǐxīn, xīntóngcǐlǐ इस बात पर लोग एक ही प्रकार से अनुभव करते और विचार करते हैं

【人头】 réntóu ❶मनुष्य का सिर：～落地 (की) हत्या होना ❷आदमी; व्यक्ति; व्यक्तियों की संख्या：按～分 व्यक्तियों की संख्या के अनुसार बांटना ❸दूसरे व्यक्तियों के साथ संबंध：～熟 बहुत से व्यक्तियों के साथ संबंध रखना ❹〈बो०〉 नैतिक गुण; चरित्र：～儿次 चरित्र अच्छा न होना

【人头税】 réntóushuì व्यक्ति-कर; प्रतिपुरुष-कर

【人望】 rénwàng प्रतिष्ठा; लोकप्रियता; जनसम्मानता

【人微言轻】 rénwēi-yánqīng निम्न व्यक्ति के कथन कम महत्वपूर्ण होते हैं

【人为】 rénwéi ❶आदमी से काम करना：事在～。सब कामों में आदमी निर्णयात्मक तत्व होता है। ❷कृत्रिम; बनावटी; नकली; अप्रकृत：～疆界线 अप्रकृत सीमा-रेखा

【人为万物之灵】 rén wéi wànwù zhī líng सभी सजीव पदार्थों में केवल मनुष्य को बुद्धि दी गई है

【人为财死，鸟为食亡】 rén wèi cái sǐ, niǎo wèi shí wáng मनुष्य धन के लिये मर जाएगा और पक्षी अन्न के लिये

【人文科学】 rénwén kēxué मानविकी; सामाजिक विज्ञान

【人文主义】 rénwén zhǔyì मानववाद; मानवतावाद

【人无远虑，必有近忧】 rénwúyuǎnlǜ, bìyǒujìnyōu जो भविष्य में कठिनाइयों के बारे में विचार नहीं करता, वह निकट में चिंताओं में अवश्य डूब जाएगा

【人物】 rénwù ❶व्यक्ति; पुरुष：杰出～ पुरुषोत्तम; उत्तम पुरुष ❷पात्र：典型～ आदर्श पात्र

【人物表】 rénwùbiǎo (नाटक, उपन्यास आदि में) पात्रों की सूची

【人物画】 rénwùhuà व्यक्ति-चित्र

【人物像】 rénwùxiàng मनुष्य के सिर और धड़ की मूर्ति

【人像】 rénxiàng चित्र; मूर्ति; प्रतिमा; प्रतिकृति; छाया-चित्र; फ़ोटो

【人像靶】 rénxiàngbǎ छायाचित्र लक्ष्य (या टार्गेट)

【人心】 rénxīn ❶लोक भावना：～归向 जनता का समर्थन / ～向背 लोक भावना की दिशा / ～振奋。जनता उत्साह से भरपूर है। ❷मानव भावनाएँ：他并不是没有～的人。वह भावनाहीन नहीं है।

【人心齐，泰山移】 rénxīn qí, Tàishān yí यदि लोग एक दिल से काम करते हैं तो थाए पर्वत भी हटाया जा सकता है; एकता से पर्वत भी हटाया जा सकता है

【人行道】 rénxíngdào (सड़क की) पटरी; फ़ुटपाथ

【人行横道】 rénxíng héngdào पैदल चलने वालों की क्रासिंग; ज़ेबरा क्रासिंग

【人性】 rénxìng मानवता; मनुष्यता; इनसानियत：具体的～ ठोस वस्तु में मानवता; ठोस मानवता

【人性】 rénxing स्वाभाविक मानव भावनाएँ：不通～ भावनाहीन और विवेकरहित

【人性论】 rénxìnglùn मानव-स्वभाव का सिद्धांत

【人熊】 rénxióng 〈बोल०〉 भूरा रीछ; भूरा भालू

【人选】 rénxuǎn चुना हुआ व्यक्ति：物色适当～ (किसी काम के लिये) उचित व्यक्ति ढूँढ़ने का प्रयत्न करना

【人烟】 rényān जन-बस्ती：没有～ अनिर्वासित

【人烟稠密】 rényān-chóumì आबादी का घनापन; जनबहुल; जनसंकुल; घना बसा हुआ

【人言可畏】 rényán-kěwèi बेपर की उड़ाने वाली बातें डरावनी चीज़ है

【人样】 rényàng ❶मनुष्य की आकृति：脏得不像个～ बहुत ज़्यादा गंदा (व्यक्ति) ❷सफल व्यक्ति

【人要脸，树要皮】 rén yào liǎn, shù yào pí मनुष्य के लिये मुंह बहुत महत्वपूर्ण है जैसे वृक्ष के लिये छाल

【人影儿】 rényǐngr ❶मानव-शरीर की छाया：墙上有个～。दीवार पर किसी का छायाचित्र दिखाई देता है। ❷व्यक्ति की उपस्थिति का चिह्न：路上连个～也不见。रास्ते में कोई मनुष्य-आकृति दिखाई नहीं दी।

【人鱼】 rényú 儒艮 rúgèn (डूगांग) का लोकप्रचलित नाम

【人员】 rényuán कर्मचारी वर्ग; सार्वजनिक कार्यालय आदि में नियुक्त-व्यक्ति समुदाय：机关工作～ संस्था में कर्मचारी-वर्ग; दफ़्तर कर्मचारी-वर्ग

【人缘儿】 rényuánr जन-संबंध：～好 लोकप्रिय होना

【人猿】 rényuán वन-मानव; वनमानुष

【人云亦云】 rényún–yìyún दूसरों के शब्दों को तोते की तरह रटना

【人造】 rénzào कृत्रिम; बनावटी; नकली; मानव-निर्मित：～宝石 कृत्रिम हीरा

【人造冰】 rénzàobīng कृत्रिम बरफ़; नकली बरफ़

【人造地球卫星】 rénzào dìqiú wèixīng कृत्रिम भू-उपग्रह; मानव-निर्मित भू-उपग्रह

【人造革】 rénzàogé कृत्रिम चमड़ा

【人造肥料】 rénzào féiliào नकली खाद

【人造黄油】 rénzào huángyóu नकली मक्खन

【人造毛】 rénzàomáo नकली ऊन; नकली पर (या कलंगी)

【人造棉】 rénzàomián नकली सूत; स्टेपल रेयॉन

【人造石油】 rénzào shíyóu नकली पेट्रोलियम

【人造丝】 rénzàosī नकली रेशम; रेयॉन

【人造卫星】 rénzào wèixīng मानव-निर्मित उपग्रह

【人造纤维】 rénzào xiānwéi नकली रेशा

【人造橡胶】 rénzào xiàngjiāo नकली रबड़; बनावटी रबड़

【人造行星】 rénzào xíngxīng कृत्रिम उपग्रह

【人造羊毛】 rénzào yángmáo नकली ऊन

【人造雨】 rénzàoyǔ कृत्रिम वर्षा; नकली बारिश

【人造珍珠】 rénzào zhēnzhū नकली मोती

【人证】 rénzhèng 〈का०〉 गवाही; गवाही का बयान

【人质】 rénzhì प्रतिभू; जमानत; ओल

【人中】 rénzhōng (नाक के नीचे ऊपरी होठ पर का) फ़िलट्रम

【人种】 rénzhǒng नृवंश संबंधी दल; वर्ण

【人种学】 rénzhǒngxué नृवंश विज्ञान; मानव-जाति विज्ञान

【人主】 rénzhǔ 〈लि०〉 नृपति; सम्राट

【人字呢】 rénzìní 〈बुना०〉 हेरिंगबोन

壬 rén दस आकाशीय स्तंभों（天干）में से नवाँ

仁[1] rén ❶दया; दयालुता; दयाशीलता; कृपालुता：～心 कृपालुता ❷संवेदनशील：麻木不～ संवेदनशून्य; अनुभूतिहीन; हृदयहीन ❸〈आदर०〉 (विपक्ष के लिये आदरसूचक संबोधन में प्रयुक्त)：仁兄/仁弟 ❹（Rén）एक कुलनाम

仁[2] rén गूदा; कर्नेल：桃～ आड़ू का गूदा

【仁爱】 rén'ài कृपालुता; दयालुता; दयाशीलता; मानवता

【仁慈】 réncí कृपालु; दयालु; दयाशील; परोपकारी：～的老妇人 दयालु बुढ़िया

【仁弟】 réndì 〈आदर०〉 (अपने से कम आयु वाले मित्र या पूर्वकालीन शिष्य के लिये प्रयुक्त आदरसूचक संबोधन)： प्रिय भाई

【仁厚】 rénhòu ईमानदार और दयालु; ईमानदार और कृपालु

【仁人君子】 rénrén–jūnzǐ कृपालु सज्जन; शुद्ध हृदय वाला और गुणवान् व्यक्ति

【仁人志士】 rénrén–zhìshì（志士仁人 zhìshì–rénrén के समान）उच्च विचार या संकल्प वाला व्यक्ति

【仁兄】 rénxiōng (बहुधा पत्र में नर मित्र के लिये प्रयुक्त)：प्रिय भाई

【仁义】 rényì कृपालुता और न्याय-निष्ठा

【仁义】 rényi 〈बो०〉 स्नेही; मिलनसार; दयावान; युक्ति-युक्त

【仁者见仁，智者见智】 rénzhě–jiànrén，zhìzhě–jiànzhì भिन्न व्यक्तियों के भिन्न मत होना; अलग-अलग आदमियों की अलग-अलग राय होना

【仁政】 rénzhèng कल्याणकारी नीति; कल्याणकारी सरकार：施～ दयालुता बरतना; कल्याणकारी नीति लागू करना

【仁至义尽】 rénzhì–yìjìn (किसी के प्रति) बहुत विशालहृदयता बरतना; विशाल हृदय होना

任 Rén ❶रन काउंटी（任县 Rénxiàn），रन-छ्यू（任丘 Rénqiū），(हपेइ प्रांत में स्थान) ❷एक कुलनाम rèn भी दे०

rěn

忍 rěn ❶सहना; बरदाश्त करना; सहन करना; भोगना：～着剧痛 अति पीड़ा सहना / 是可～，孰不可～？ यदि इसे सहा जा सकता है, तो कौन-सी चीज़ है जिसे सहा न जा सके ? ❷पत्थरदिल होना; सख्तदिल होना：残～ हृदयहीन; क्रूर; निर्दय; निष्ठुर; पत्थरदिल

【忍冬】 rěndōng 〈वन०〉 मधु-लवंग

【忍俊不禁】 rěnjùn–bùjīn (किसी पर) बिना हंसी आये न रहना

【忍耐】 rěnnài सहना; सहन करना; सबर करना; बरदाश्त करना：你还是～一点吧，否则要挨揍的。ज़रा सहन करो, नहीं तो मारे जाओगे।

【忍气吞声】 rěnqì–tūnshēng आंसू पी जाना; आंसू पीकर रह जाना; आंसू का घूट पीकर रह जाना; भीतर ही भीतर दुःखी होकर रह जाना; गरदन न उठाना

【忍让】 rěnràng सहन करना और रियायत करना

【忍辱负重】 rěnrǔ–fùzhòng भारी बोझ उठाने के लिये अपमान सह लेना

【忍辱含垢】 rěnrǔ–hángòu（含垢忍辱 hángòu–rěnrǔ भी）अपमान सह लेना

【忍受】 rěnshòu सहना; सहन करना; सबर करना; बरदाश्त करना：难以～ मुश्किल से बरदाश्त कर सक-

ना / ～苦难 विपत्ति उठाना; विपत्तियां झेलना / ～折磨 क्लेश सहना या उठाना

【忍痛】 rěntòng ❶दुःख सहना; दर्द सहना ❷अनिच्छा से; झिझकते हुए: ～牺牲 अनिच्छा से छोड़ देना

【忍无可忍】 rěnwúkěrěn मामला बरदाश्त के बाहर हो जाना; बरदाश्त की सीमा खतम हो जाना; स्थिति असहनीय होना: ～，退无可退 स्थिति असहनीय होना और पीछे हटने का कोई चारा न रह जाना

【忍心】 rěnxīn पाषाणहृदय होना; पत्थरदिल या सख्त-दिल

荏 1 rěn 白苏 báisū का दूसरा नाम

荏 2 rěn 〈लि०〉 शक्तिहीन; बलहीन; कमज़ोर; कम-ज़ोर संकल्प का: 色厉内～ देखने में प्रचंड, दिल में डर-पोक

【荏苒】 rěnrǎn 〈लि०〉 (समय का) धीरे-धीरे बीत जाना; जल्दी-जल्दी या अव्यक्त रूप से बीत जाना: 光阴～。समय बीतने में देर नहीं लगती।

【荏弱】 rěnruò 〈लि०〉 शक्तिहीन; बलहीन; कमज़ोर; निर्बल

稔 rěn 〈लि०〉 ❶फ़सल काटना: 丰～ अच्छी फ़सल काटना ❷(किसी व्यक्ति से) परिचित होना; सुपरिचित होना: ～知 किसी व्यक्ति को अच्छी तरह जानना

rèn

刃（刄） rèn ❶चाकू, तलवार आदि की धार: 刀～ चाकू या तलवार की धार ❷तलवार; चाकू: 利～ तेज़ धार वाली तलवार ❸〈लि०〉 तलवार या चाकू से हत्या करना: 自～ तलवार या चाकू से आत्महत्या करना

【刃具】 rènjù कटाई यंत्र या उपकरण

【刃口】 rènkǒu चाकू, तलवार आदि की धार

认（認） rèn ❶परिचित होना; पहचानना; जान-ना: ～字 (अक्षर) पढ़ना जानना / 自己的东西，自己来～。आओ, अपनी चीज़ आप पहचानकर ले जाओ। ❷किसी के साथ निश्चित संबंध स्थापित करना: ～姑娘作闺女 लड़की को दत्तक लेना; लड़की को अपनी पुत्री बना-ना / ～师傅 किसी व्यक्ति को अपना गुरु या उस्ताद बनाना ❸मानना; स्वीकार करना: ～错 अपनी गलती स्वीकार करना / ～输 अपनी हार मानना / ～罪 जुर्म कबूलना ❹वचन देना; भार लेना; भार उठाना: ～捐一千元 एक हज़ार य्वान का चंदा देना या चंदा देने का वायदा करना ❺ （了 के साथ प्रयुक्त） जो टाला या दूर किया न जा सके: 这东西我一定要买，价钱贵一点我也～了。मुझे यह चीज़ ज़रूर खरीदनी है, हालांकि इस के लिये मुझे ज़्यादा पैसे देने पड़ेंगे।

【认不是】 rèn bùshi अपनी गलती मानना

【认得】 rènde जानना; पहचानना; परिचित होना: 我～他。मैं इसे पहचानता हूँ।

【认敌为友】 rèn dí wéi yǒu दुश्मन के साथ दोस्त जैसा बर्ताव करना

【认定】 rèndìng ❶निश्चित रूप से समझना: 我们～政策和策略是党的生命。हम निश्चित रूप से यह समझते हैं कि नीति और कार्य नीति पार्टी के प्राण हैं। ❷स्पष्ट रूप से स्वीकार करना; पाने के लिये दृढ़-चित्त होना: 我们～目标坚决干下去。लक्ष्य या उद्देश्य को स्पष्ट रूप से स्वीकार करके इसे प्राप्त करने के लिये हम दृढ़ता से काम करते जाएंगे।

【认罚】 rènfá अर्थदंड देने के लिये तैयार होना; जुर्माना स्वीकार करना

【认购】 rèngòu खरीदने के लिये प्रस्तुत करना: ～公债 (सरकारी) बांड खरीदने के लिये प्रस्तुत करना

【认可】 rènkě हामी भरना; मान लेना: 得到某人～ किसी व्यक्ति द्वारा स्वीकृत करना

【认领】 rènlǐng अपने को हकदार सिद्ध करना: ～失物 अपने को किसी खोयी हुई वस्तु का अधिकारी सिद्ध करके वापस लेना

【认命】 rènmìng भाग्य मानना

【认亲】 rènqīn ❶विवाह से संबंधी बनना ❷किसी के साथ निश्चित संबंध स्थापित करना; रिश्तेदार मानना

【认生】 rènshēng (बच्चे का) अजनबी से संकोची या डरपोक होना

【认识】 rènshi ❶जानना; पहचानना; परिचित होना: 我～这个人。मैं इस आदमी को पहचानता हूँ। / 他不～那个字。उस अक्षर को वह नहीं पढ़ सकता। ❷समझ; जानकारी; बुद्धि; ज्ञान: 感性～ इन्द्रियग्राह्य या संवेदनात्मक ज्ञान / 理性～ बुद्धि संगत ज्ञान

【认识过程】 rènshi guòchéng जानकारी प्राप्त करने की प्रक्रिया

【认识论】 rènshilùn ज्ञान-सिद्धांत; ज्ञानवाद

【认识能力】 rènshi nénglì ज्ञानार्जन शक्ति

【认识水平】 rènshi shuǐpíng ज्ञान प्राप्ति का स्तर; समझ का स्तर

【认死理】 rèn sǐlǐ（认死扣儿 rèn sǐkòur भी）दुर्दान्त; हठीला; ज़िद्दी; अविनयी; हठी

【认头】 rèntóu अनिच्छा से स्वीकार करना

【认为】 rènwéi समझना; (किसी का) विचार, मत या ख्याल है कि; के विचार या ख्याल में: 我～这个建议很好。मेरा विचार है कि यह सुझाव बहुत अच्छा है। / 您～怎样？आप का क्या विचार है?

【认贼作父】 rènzéi-zuòfù दुश्मन को अपना नज़दीक का रिश्तेदार मानना

【认账】 rènzhàng ऋण या हिसाब मानना; स्वीकारना; स्वीकार करना: 这是他的错，可他不肯～。यह उस की गलती है, पर वह मानता नहीं।

【认真】[1] rènzhēn संजीदगी से; गंभीरता से: ～考虑 संजीदगी से सोच-विचार करना / 办事不～ आधेमन (अनमनेपन,बेदिली) से काम करना

【认真】[2] rènzhēn (हंसी, मज़ाक आदि को) गंभीर बात समझना: 他是说着玩儿的，不要～。वह तो मज़ाक कर रहा था, इसे गंभीर बात न समझो।

【认证】 rènzhèng 〈का०〉 ❶ठहराना; विधिसम्मत बनाना; कानूनी करना; अधिप्रमाणीकृत करना; न्यायोचित ठहराना; तस्दीक करना: ～文件 दस्तावेज़ न्यायोचित ठहराना ❷अधिप्रमाणीकरण; तस्दीक

仞 rèn ऊंचाई की प्राचीन माप, बराबर सात-आठ छ फ़ुट: 万～高山 बहुत ऊंचा पहाड़

任 1 rèn ❶नियुक्त करना; नियुक्ति करना: 被～为大学校长 कुलपति के पद पर नियुक्त किया जाना ❷कार्यभार ग्रहण करना; पद ग्रहण करना: ～主席 अध्यक्ष या सभापति का आसन ग्रहण करना; अध्यक्ष या सभापति पद ग्रहण करना ❸पद: ～满 पद की सेवा अवधि पूरी होना / ～内 किसी पद की सेवा अवधि में ❹निभाना; संभालना; ज़िम्मेदारी निभाना: 任劳任怨 ❺〈परि०श०〉 (पद-ग्रहण करने की अवधि के लिये प्रयुक्त): 他当过两～主席。वह दोबारा अध्यक्ष बने।

任 2 rèn ❶अनुमति देना; इजाज़त देना: ～您挑选。आप अपनी इच्छानुसार चुनिये। / ～人摆布 दूसरों के इशारे पर नाचना ❷〈संयो०〉 चाहे: ～谁也不能违反这条纪律。चाहे जो भी हो इस अनुशासन को भंग नहीं करना चाहिये।

rén भी दे०

【任便】rènbiàn जैसी इच्छा; जैसी मरज़ी: 你去不去～。तुम जाओ या न जाओ जैसी तुम्हारी मरज़ी।

【任从】 rèncóng 任凭 के समान

【任何】 rènhé कोई; कोई भी: ～人 कोई भी व्यक्ति / 我们能够战胜～困难。हम किसी भी तरह की कठिनाई को दूर कर सकते हैं।

【任教】rènjiào पढ़ाना; अध्यापक बनना: 他在北大～。वह पेइचिंग विश्विद्यालय में पढ़ाता है।

【任课】 rènkè (विद्यालय, स्कूल आदि में) पढ़ाना

【任劳任怨】 rènláo-rènyuàn बिना शिकायत किये मेहनत से काम करना

【任免】 rènmiǎn नियुक्त करना और पदच्युत करना: ～名单 नियुक्त करने और पदच्युत करने की नामसूची

【任命】 rènmìng नियुक्त करना; नियुक्ति करना: ～某人为部长 किसी व्यक्ति को मंत्री के पद पर नियुक्त करना

【任命状】 rènmìngzhuàng नियुक्तिपत्र

【任凭】 rènpíng ❶जैसी इच्छा; जैसी मरज़ी: 来还是不来，～你自己。तुम आओगे या नहीं जैसी तुम्हारी मरज़ी। ❷〈संयो०〉 चाहे: ～你到哪儿，都不要忘记我。तुम चाहे जहां भी जाओ मुझे मत भूलना।

【任期】 rènqī पद पर सेवा की अवधि: ～已满。पद पर सेवा की अवधि पूरी हो गई।

【任其自流】 rènqízìliú किसी को उच्छृंखल होने देना

【任情】 rènqíng ❶जी भरकर; दिल भरकर ❷〈लि०〉 विशृंखल; उच्छृंखल; मनमौजी

【任人唯亲】 rènrén-wéiqīn पक्षपात के आधार पर लोगों की नियुक्ति करना

【任人唯贤】 rènrén-wéixián नैतिकता और योग्यता के आधार पर लोगों की नियुक्ति करना

【任所】 rènsuǒ कार्यालय; दफ़्तर

【任务】 rènwu कार्य; कर्तव्य; कार्य-भार; फ़र्ज़: 确定～ कर्तव्य निर्धारित करना / 社会主义建设～ समाजवादी निर्माण के कर्तव्य

【任务观点】 rènwu guāndiǎn कार्य पूरा करने का दृष्टिकोण; केवल कर्तव्य समझकर येन-केन प्रकारेण करने का दृष्टिकोण

【任性】 rènxìng स्वच्छंद; उच्छृंखल; विशृंखल; मनमौजी; मिजाज़दार: 这孩子很～。यह लड़का बहुत स्वेच्छाकृत (या हठी) है।

【任意】 rènyì मनमाने तौर पर; मनमाने ढंग से; मनमौजीपन से: ～诬蔑 किसी पर मनमाने ढंग से लांछन लगाना या कीचड़ उछालना

【任意球】 rènyìqiú ❶〈फ़ुटबाल〉 फ़्री किक ❷〈हैंडबाल〉 फ़्री थ्रो

【任用】 rènyòng नियुक्त करना; नियुक्ति करना

【任职】 rènzhí पद संभालना: ～外交部 विदेश-मंत्रालय में काम करना

【任重道远】 rènzhòng-dàoyuǎn बोझ भारी और रास्ता लंबा होना —— कंधों पर भारी ज़िम्मेदारियां लेना

纫 rèn ❶सूई में धागा पिरोना या डालना: 老太太～不上针。बुढ़िया सूई में धागा नहीं पिरो (या डाल) सकती। ❷सीना; सिलाई करना: 缝～ सिलाई ❸〈लि०〉 (बहुधा पत्र में आभार प्रकट करने के लिये प्रयुक्त): 至～高谊。आप की कृपालुता के लिये आप को बहुत-बहुत धन्यवाद।

【纫佩】 rènpèi 〈लि०〉 कृतज्ञता प्रकट करना और प्रशंसा करना

韧（靭、靱） rèn लचकदार; लचीला और मज़बूत; चिपचिपा; चिपकने वाला; चिमड़ा: 韧性

【韧带】 rèndài लिगेमेण्ट; बंधनी; अस्थिबंध

【韧度】 rèndù संसक्ति; लगिष्णुता; चीमड़ता

【韧劲】 rènjìn अदमनीयता; दुर्दमता; चीमड़पन

【韧皮部】 rènpíbù 〈वन०〉 ऊतकों से संबद्ध छाल; बास्ट; फ़्लोएम

【韧皮纤维】 rènpí xiānwéi 〈वन०〉 बास्ट फ़ाइबर (रेशा)

【韧性】 rènxìng लचक; चीमड़पन

轫（軔） rèn <लि०> गाड़ी के न चल सकने के लिये उस के पहिये के नीचे रखी हुई लकड़ी: 发～ उक्त लकड़ी को हटाना ताकि गाड़ी चल सके

饪（飪） rèn खाना पकाना: 烹～ पाक कला; भोजन बनाने की कला

妊（姙） rèn <लि०> गर्भवती होना

【妊妇】 rènfù गर्भवती स्त्री

【妊娠】 rènshēn गर्भधारण; गर्भावस्था: 输卵管～ डिम्बप्रणालीय गर्भधारण

【妊娠期】 rènshēnqī गर्भधारण से लेकर उत्पत्ति तक का काल

衽（袵） rèn <लि०> ❶दामन ❷सोने के लिये प्रयुक्त चटाई

【衽席】 rènxí <लि०> ❶सोने के लिये प्रयुक्त चटाई ❷सोने का स्थान; पलंग

葚 rèn 桑葚儿 sāngrènr शहतूत (फल)
shèn भी दे०

rēng

扔 rēng ❶फेंकना; डालना: ～手榴弹 हथगोला फेंकना / ～球 गेंद फेंकना ❷छोड़ना; फेंक देना: 把它～了吧。इसे फेंक दो; छोड़ दो!

【扔掉】 rēngdiào फेंक देना; छोड़ देना: 鱼烂了，～算了。मछली सड़ गई, इसे फेंक दो!

【扔弃】 rēngqì त्यागना; त्याग करना; फेंक देना

【扔下】 rēngxià त्यागना; त्याग करना; डालना; छोड़ना: 敌人～武器跑了。दुश्मन हथियार छोड़ (या डाल) कर भाग खड़े हुए।

réng

仍 réng ❶के अनुसार: 一～其旧 बिलकुल पहले की तरह; पुराने तरीके के अनुसार ❷नित्य; सतत; बार-बार; लगातार; निरंतर: 频～ नित्य; बराबर ❸<क्रि०वि०> फिर; फिर भी: ～须努力 फिर भी प्रयत्न करना चाहिये

【仍旧】 réngjiu ❶पहले के समान: 修订版的体例～。संशोधित संस्करण की शैली बिलकुल पुराने संस्करण के समान है। ❷फिर भी; भी: 他～以前那个样子。देखने में वह पहले जैसा ही है। / 有些经济问题～没有解决。कुछ आर्थिक समस्याओं को अब भी हल नहीं किया गया।

【仍然】 réngrán <क्रि०वि०> फिर भी; भी; यथापूर्ण; पहले जैसा: 他的性格～没有改变。उस का मिज़ाज अब भी पहले जैसा है। / 我多次劝说，他～不愿意去。मैं ने बहुत समझाया फिर भी वह जाने को तैयार नहीं है।

rì

日[1] rì ❶सूर्य; सूरज: ～出 सूर्योदय ❷दिन का समय; दिन: 终～ दिन भर ❸दिन: 一～，我去他家。एक दिन मैं उस के यहां गया। ❹हर दिन; दिन-प्रति-दिन; रोज़-ब-रोज़; रोज़-रोज़; दैनिक: ～记 डायरी; दैनिकी; रोज़नामचा / ～新月异 दिन दुनी रात चौगुनी तरक्की करना / ～趋繁荣 दिन-प्रति-दिन समृद्ध होते जाना ❺समय: 春～ वसंत में; वसंत के दिन ❻दिवस; दिन: 生～ जन्मदिवस; जन्मदिन / 假日 छुट्टी का दिन

日[2] Rì 日本 जापान का संक्षिप्त रूप

【日班】 rìbān दिन पाली; दिन की पाली; डे शिफ़्ट: 上～ दिन पाली पर होना

【日斑】 rìbān（太阳黑子 tàiyang hēizǐ भी）सूरज का काला धब्बा

【日报】 rìbào दैनिक (समाचारपत्र); डायरी:《人民～》"जन-दैनिक"

【日本】 Rìběn जापान

【日本海】 Rìběnhǎi जापानी समुद्र (सागर)

【日本人】 Rìběnrén जापानी

【日薄西山】 rìbó-xīshān पश्चिम (की पहाड़ियों) में डूबता हुआ सूरज —— दिन ढलना

【日不暇给】 rìbùxiájǐ हर दिन बहुत काम के कारण बहुत व्यस्त होना; फ़ुरसत न होना

【日常】 rìcháng नित्य; हर दिन: ～工作 नित्य-कर्म; दैनिक कार्य; रोज़मर्रे का काम / ～开支 चलता खर्च / ～生活 नित्यप्रति का जीवन; रोज़मर्रे का जीवन / ～用品 आम उपयोग की चीज़ें / ～用语 रोज़मर्रे की भाषा

【日场】 rìchǎng दिन का शो; तीसरे पहर का शो: ～戏 दिन का नाटक / ～电影 फ़िल्म का दिन का शो

【日程】 rìchéng प्रोग्राम: 工作～ काम का प्रोग्राम

【日程表】 rìchéngbiǎo सारणी-पत्र; समय-सारणी

【日出而作，日入而息】 rìchū'érzuò，rìrù'érxī सूर्योदय होने से काम आरंभ करना और सूर्यास्त होने पर आराम करना

【日戳】 rìchuō दिनांक-मुद्रा

【日耳曼人】 Rì'ěrmànrén जरमन
【日珥】 rì'ěr 〈खगोल०〉 प्रोमिनंस
【日工】 rìgōng ❶दिन का काम ❷दिन में काम करना ❸दिन में काम करने वाला; दिन का मज़दूर
【日光】 rìguāng सूर्य-प्रकाश; सूरज की रोशनी
【日光灯】 rìguāngdēng（荧光灯 yíngguāngdēng का लोकप्रचलित नाम）फ़्लोरेसेंट लैम्प; डेलाइट लैम्प
【日光疗法】 rìguāng liáofǎ धूप-स्नान उपचार
【日光眼镜】 rìguāng yǎnjìng धूप का चश्मा
【日光浴】 rìguāngyù धूप-स्नान; धूप-सेवन
【日晷】 rìguǐ（日规 rìguī भी）धूप-घड़ी; सूर्य-घड़ी; डायल; सनडायल
【日后】 rìhòu भविष्य में; बाद में; आने वाले दिनों में: 这孩子～有出息。यह बच्चा बाद में होनहार होगा ।
【日环食】 rìhuánshí 〈खगोल०〉 वलयिक सूर्यग्रहण
【日积月累】 rìjī-yuèlěi लंबे काल से संचय करना: 每天读一点，～就可以读很多。रोज़ कुछ पढ़ो, बहुत दिनों के बाद तुम बहुत पढ़ सकोगे ।
【日记本】 rìjìběn डायरी; दैनिकी
【日记账】 rìjìzhàng रोज़नामचा; कच्ची बही; प्रतिदिन के हिसाब की बही
【日间】 rìjiān दिन में
【日间不做亏心事，半夜敲门不吃惊】 rìjiān bù zuò kuīxīnshì, bànyè qiāomén bù chījīng जो दिन में कोई शर्मनाक काम नहीं करता, उसे आधी रात में दरवाज़ा खटखटाने पर भय होने की ज़रूरत नहीं है ।
【日见】 rìjiàn दिन-प्रति-दिन; दिन-ब-दिन: ～好转 स्थिति दिन-प्रति-दिन अच्छी होती जाना
【日渐】 rìjiàn दिन-प्रति-दिन; दिन-ब-दिन: ～进步 दिन-प्रति-दिन, धीरे-धीरे उन्नति करना
【日脚】 rìjiǎo ❶सूर्यास्त होने का प्रकाश ❷〈बो०〉 दिन; तिथि ❸〈बो०〉 समय ❹〈बो०〉 जीवन; ज़िंदगी; जीविका
【日界线】 rìjièxiàn अंतर्राष्ट्रीय दिनांक रेखा; दिनांक रेखा
【日久见人心】 rìjiǔ jiàn rénxīn दीर्घकालीन कार्य के द्वारा ही मनुष्य के हृदय की परख होती है
【日久天长】 rìjiǔ-tiāncháng बहुत लंबे समय के बाद: ～，成了习惯。बहुत लंबे समय के बाद आदत पड़ गई ।
【日就月将】 rìjiù-yuèjiāng प्रत्येक दिन सफलता प्राप्त होना और प्रत्येक मास उन्नति होना —— थोड़ा-थोड़ा बहुत हो जाता है; बूंद-बूंद से सागर बनता है
【日课】 rìkè दैनिक पाठ
【日来】 rìlái हाल ही में; कुछ ही समय पहले; आजकल; आजकल में
【日理万机】 rìlǐ-wànjī हर दिन राज्य के अगणित मामलों का निपटारा करना
【日历】 rìlì तिथि-पत्र; कलैंडर
【日历手表】 rìlì shǒubiǎo दिनांक बताने वाली घड़ी
【日轮】 rìlún सूर्य; सूरज
【日落】 rìluò सूर्यास्त होना; सूरज डूबना
【日冕】 rìmiǎn 〈खगोल०〉 सूर्य-परिमंडल; सूर्य का प्रभा-मंडल
【日冕仪】 rìmiǎnyí कोरोनाग्राफ़
【日暮】 rìmù संध्या; संध्या-काल; सांझ; शाम
【日暮途穷】 rìmù-túqióng मौत के दरवाज़े पर खड़ा होना
【日内】 rìnèi हाल ही में; आजकल में; कुछ ही दिन में: ～抵达 हाल ही में पहुंचना
【日内瓦】 Rìnèiwǎ जैनेवा
【日偏食】 rìpiānshí 〈खगोल०〉 असमग्र सूर्यग्रहण
【日期】 rìqī दिनांक; तिथि; तारीख: 发信～ पत्र भेजने की दिनांक
【日前】 rìqián कुछ दिन पहले; कुछ दिन हुए
【日趋】 rìqū धीरे-धीरे; दिन-प्रति-दिन; दिन-ब-दिन: 问题～严重 समस्या का दिन-प्रति-दिन गंभीर होती जाना
【日全食】 rìquánshí 〈खगोल०〉 पूर्ण सूर्यग्रहण
【日日夜夜】 rìrìyèyè दिन-रात; रात-दिन
【日色】 rìsè सूर्यप्रकाश द्वारा दिन का समय प्रकट करना: ～不早了。अंधेरा हो गया; अंधेरा होने लगा ।
【日上三竿】 rìshàngsāngān (बहुधा सुबह में देर से उठने के लिये प्रयुक्त) सूरज बहुत ऊंचा चढ़ जाना; सुबह में बहुत देर हो जाना
【日射】 rìshè 〈मौसम०〉 सूर्यातप
【日射表】 rìshèbiǎo किरण-क्रियामापी; ऐक्तिनोमीटर
【日射病】 rìshèbìng 〈चिकि०〉 लू; आतपघात
【日食】 rìshí 〈खगोल०〉 सूर्यग्रहण
【日坛】 Rìtán सूर्य-बलिवेदी (पेइचिंग में)
【日头】 rìtóu 〈पुराना〉 ❶दिन; तिथि ❷दिन का समय; दिन: 半个～ आधा दिन
【日头】 rìtou 〈बो०〉 सूर्य; सूरज
【日托】 rìtuō दिन में शिशु को शिशुशाला में रखना: 这个托儿所只有～。यह केवल दिन की शिशुशाला है ।
【日托托儿所】 rìtuō tuō'érsuǒ दिन की शिशुशाला
【日息】 rìxī प्रतिदिन का ब्याज; दैनिक ब्याज
【日下】 rìxià 〈लि०〉 ❶अब; इस समय; इस वक्त ❷देश की राजधानी; राजधानी
【日心说】 rìxīnshuō 〈खगोल०〉 सूर्य केन्द्रित सिद्धांत
【日新月异】 rìxīn-yuèyì दिन दूना रात चौगुना बढ़ना या होना: 我们的事业正在～地突飞猛进。हमारा कार्य दिन दूना रात चौगुना बढ़ रहा है ।
【日薪】 rìxīn दैनिक वेतन
【日夜】 rìyè दिन-रात; रात-दिन
【日夜商店】 rìyè shāngdiàn दिन-रात की दूकान
【日以继夜】 rìyǐjìyè दिन-रात; रात-दिन
【日益】 rìyì अधिकाधिक; दिन-प्रति-दिन; दिन-ब-दिन: 局势～严重。परिस्थिति अधिकाधिक गंभीर होती जा रही है। / 敌人～孤立。दुश्मन दिनोदिन अलगाव में पड़ रहा है ।
【日用】 rìyòng ❶दैनिक व्यय ❷दैनिक आवश्यकता का: ～必需品 दैनिक आवश्यकता की चीज़ें

【日用品】 rìyòngpǐn रोज़मर्रे की साधारण चीज़ें; रोज़मर्रे के इस्तेमाल की चीज़ें
【日语】 Rìyǔ जापानी (भाषा)
【日元】 rìyuán येन (जापानी मुद्रा की इकाई)
【日月】 rìyuè ❶जीवन; ज़िंदगी：幸福的～ सुखमय जीवन ❷समय; वक्त
【日月如梭】 rìyuè-rúsuō सूर्य और चन्द्र शटिल की भांति आगे-पीछे चल रहे हैं —— समय बीतते देर नहीं लगती
【日晕】 rìyùn सूर्य का अग्निचक्र
【日照】 rìzhào सूर्य-प्रकाश：～时间 सूर्य-प्रकाश का समय
【日照计】 rìzhàojì सनशाइन-रिकार्डर
【日志】 rìzhì डायरी; दैनिकी; रोज़नामचा：工作～ दैनिक कार्य रिकार्डर
【日中】 rìzhōng 〈लि०〉 मध्याह्न; दोपहर
【日子】 rìzi ❶दिन; दिनांक; तारीख：定一个～ दिनांक निश्चित करना ❷समय：他来了有些～了。उसे आये कई दिन हो चुके। ❸जीवन; ज़िंदगी：人们都过上了幸福的～。लोग सुखमय जीवन बिता रहे हैं।

róng

戎 [1] róng 〈लि०〉 ❶शस्त्र; अस्त्र; हथियार：兵戎 bīngróng ❷सेना; फ़ौज; सैन्य मामला：戎装/投笔从戎 tóubǐ-cóngróng

戎 [2] Róng ❶पश्चिम के कबीलों का प्राचीन नाम ❷एक कुलनाम
【戎行】 róngháng 〈लि०〉 सेना; फ़ौज：久历～ लम्बे समय तक सैनिक सेवा में लगना
【戎机】 róngjī 〈लि०〉 युद्ध; लड़ाई ❷सैन्य मामला या कार्रवाई
【戎马】 róngmǎ 〈लि०〉 फ़ौजी घोड़ा
【戎马倥偬】 róngmǎ-kǒngzǒng फ़ौजी मामलों में व्यस्त होना
【戎马生涯】 róngmǎ shēngyá सैनिक जीवन
【戎装】róngzhuāng(戎服 róngfú भी)〈लि०〉 सैनिक वर्दी

茸 róng ❶(घास आदि का) महीन और मृदु होना; रोयेंदार होना ❷हिरन का नया निकला सींग
【茸毛】 róngmáo रोयां; लोम
【茸茸】 róngróng (घास, बालों आदि का) महीन और मृदु होना

荣（榮） róng ❶बहार आना; फलना-फूलना：欣欣向荣 xīnxīn xiàng róng ❷फलता-फूलता; समृद्धिशाली：繁荣 fánróng ❸गौरव; सम्मान：荣获/荣誉 ❹（Róng）एक कुलनाम
【荣光】 róngguāng गौरव; सम्मान; मर्यादा
【荣归】 róngguī गौरवान्वित होकर वापस लौटना：～故里 प्रसिद्ध व्यक्ति या अमीर बनने पर गौरवान्वित होकर अपने गृह-स्थान वापस लौटना
【荣华富贵】 rónghuá-fùguì सम्मान, वैभव, संपत्ति एवं गौरवान्वित पद; गौरवान्वित पद और विपुल संपन्नता
【荣获】 rónghuò सम्मानित होना; विभूषित होना; बनने का गौरव प्राप्त होना：～冠军 चैम्पियन बनने का गौरव प्राप्त होना / ～勋章 पदक से सम्मानित होना
【荣军】 róngjūn 荣誉军人 का संक्षिप्त रूप
【荣任】 róngrèn पद को सुशोभित करना
【荣辱】róngrǔ मान-अपमान：～与共 सुख-दुख में एक दूसरे का साथ देना; मान-अपमान का समान हिस्सेदार होना
【荣幸】 róngxìng यह (किसी का) सौभाग्य है कि … 能参加这样的盛会，是我的～。यह मेरा सौभाग्य है कि ऐसे भव्य समारोह में भाग लेने का मौका मिला।
【荣耀】 róngyào सम्मान; मान; मर्यादा; गौरव
【荣膺】 róngyīng 〈लि०〉 सम्मानित होना; विभूषित किया जाना
【荣誉】 róngyù सम्मान; मान; मर्यादा; गौरव：赢得～ गौरव प्राप्त करना / ～称号 सम्मानजनक उपाधि
【荣誉军人】 róngyù jūnrén विकलांग-सैनिक

绒（絨、羢、毧） róng ❶कोमल बाल; कोमल पंख：鸭绒 yāróng ❷रोएंदार वस्त्र：丝绒 sīróng ❸कसीदाकारी के लिये महीन रेशमी डोरी
【绒布】 róngbù सूती फ़लालेन
【绒花】 rónghuā 〈क०शि०〉 मखमली फूल, पक्षी आदि
【绒毛】 róngmáo ❶कोमल बाल; कोमल पंख ❷〈बु-ना०〉 रोआं
【绒线】 róngxiàn ❶कसीदाकारी के लिये रेशमी डोरी ❷〈बो०〉 ऊन：～衫 ऊनी स्वेटर

容 [1] róng ❶समाना：这个体育场能～六万人。इस स्टेडियम में साठ हज़ार दर्शक समा सकते हैं; इस स्टेडियम में साठ हज़ार सीटें हैं। / ～水一亿立方米的水库 दस करोड़ घनमीटर पानी समानेवाला जलाशय ❷सहना; बर्दाश्त करना; सहन करना：容忍 ❸अनुमति देना; देना：～我考虑考虑。मुझे सोच-विचार करने दीजिये। / 容许 ❹〈लि०〉 शायद; संभवत：～或有之。शायद ऐसा ही होगा। ❺（Róng）एक कुलनाम

容 [2] róng ❶चेहरे पर का भाव：笑容 xiàoróng ❷रंग-रूप：仪容 yíróng
【荣光】róngguāng तेज：～焕发 चेहरे पर तेज थिरकना
【容或】 rónghuò 〈लि०〉 शायद; संभवतः; कदाचित्：本文仓促写成，～有错。यह लेख जल्दबाज़ी में लिख

दिया गया है, इस में गलतियाँ भी हो सकती हैं।
【容积】 róngjī आयतन
【容量】 róngliàng क्षमता
【容留】 róngliú शरण देना; पनाह देना
【容貌】 róngmào मुखाकृति; रंग-रूप; शक्ल; सूरतः ～秀丽 सूरत सुंदर होना
【容纳】 róngnà समानाः 这会场能～两百人。इस हाल में दो सौ व्यक्ति समा सकते हैं। / 他能～不同意见。वह अपने से भिन्न मत बर्दाश्त कर सकता है।
【容器】 róngqì बर्तन
【容情】 róngqíng (प्रायः नकारात्मक रूप में प्रयुक्त) दया करना; कृपा करनाः 对坏人决不～。हमें कुकर्मियों पर दया नहीं करनी चाहिये।
【容人】 róngrén लोगों के साथ उदार बरताव करना; विशालहृदय होनाः 他心胸狭窄，不能～。वह संकुचित विचारों वाला और असहिष्णु है।
【容忍】róngrěn सहना; सहन करना; बर्दाश्त करना; माफ़ करनाः 他的傲慢无礼令人无法～。उस का अक्खड़पन माफ़ नहीं किया जा सकता। / 他再也不能～了。अब उस से नहीं सहा जाता। / 我们不能～这种不公平待遇。हम ऐसा अन्याय सह नहीं सकते।
【容身】róngshēn शरण लेना; पनाह लेना; आश्रय लेनाः 这山洞是他～之处。इसी गुफ़ा में वह शरण लेता है; यही गुफ़ा उस का आश्रय है।
【容许】 róngxǔ ❶अनुमति देना; इजाज़त देना; स्वीकृति देना; होने देनाः 大会主席没有～他发言。सभा के अध्यक्ष ने उसे भाषण देने की अनुमति नहीं दी। / 应该～有不同意见。भिन्न मत होने देना चाहिये। ❷शायद; संभवतः; कदाचितः 此类事件，十年前～有之。इस प्रकार की बात दस साल पहले संभवतः हो सकती थी।
【容颜】 róngyán शक्ल; सूरत; मुखाकृति
【容易】 róngyì ❶आसानी; सुगमता; आसान; सुगमः 这种汽车很～驾驶。इस तरह की कार चलाना बहुत आसान है। / 这事～办。यह एक आसान काम है। ❷आसानी से; सुगमता से; जल्दी सेः 流感很～传染。इंफ़्लू जल्दी से फैल जाती है। / 这～引起误解。इस से गलतफ़हमी आसानी से पैदा हो सकती है।
【容止】 róngzhǐ 〈लि०〉 रंग-ढंग; व्यवहार
【容重】 róngzhòng यूनिट वेट

嵘（嶸） róng दे० 峥嵘 zhēngróng

蓉 róng ❶दे० 芙蓉 fúróng; 苁蓉 cōngróng; ❷（Róng）成都 chéngdū का दूसरा नाम

溶 róng घुलना; किसी तरल वस्तु में हल हो जानाः 樟脑～于酒精，而不～于水。कपूर अलकोहल में हल हो जाता है लेकिन पानी में नहीं।
【溶洞】 róngdòng चूने के पत्थर की गुफ़ा; लाइमस्टोन केव
【溶化】 rónghuà ❶घुलना; हल होना ❷融化 rónghuà के समान
【溶剂】 róngjì 〈रसा०〉 साल्वेंट
【溶胶】 róngjiāo 〈रसा०〉 सोल
【溶解】róngjiě घुलना; हल होनाः 糖～在水中。शक्कर पानी में घुल जाती है।
【溶解度】 róngjiědù साल्युबिलिटी
【溶溶】 róngróng 〈साहि०〉 चौड़ाः 江水～。यह नदी चौड़ी है।
【溶蚀】 róngshí 〈भूगर्भ०〉 संक्षारण; करोज़न
【溶血】 róngxuè 〈चिकि०〉 हीमोलिसिस
【溶液】 róngyè（溶体 róngtǐ भी）〈रसा०〉 घोल
【溶质】 róngzhì 〈रसा०〉 साल्यूट

榕 róng ❶〈वन०〉 बरगद का वृक्ष; वटवृक्ष ❷（Róng）福州 Fúzhōu का दूसरा नाम

熔 róng पिघलना; गलना; पिघलाना; गलाना
【熔点】 róngdiǎn 〈भौ०〉 मेल्टिंग प्वाइंट; गलनबिंदु
【熔断】 róngduàn 〈विद्यु०〉 फ़्यूज़िंग
【熔化】 rónghuà पिघलना; गलना
【熔剂】 róngjì 〈धा०वि०〉 फ़्लक्स; जोड़ने का पदार्थ
【熔解】 róngjiě 〈भौ०〉 पिघलना; गलना; पिघलाना; गलाना
【熔炼】 róngliàn 〈भौ०〉 पिघलाना; गलाना; पिघलना; गलना
【熔炉】 rónglú ❶भट्ठी ❷〈ला०〉 भट्ठी; कठिन परीक्षाः 在革命的～里锻炼。क्रांति की भट्ठी में तप-तपाना
【熔融】 róngróng 熔化 के समान
【熔岩】 róngyán 〈भूगर्भ०〉 लावा
【熔铸】 róngzhù गढ़ना; ढालना; ढलना

蝾（蠑） róng नीचे दे०
【蝾螈】 róngyuán 〈प्राणि०〉 सैलमेंडर; सरट

镕（鎔） róng ❶〈लि०〉 धातु ढलने का सांचा ❷〈लि०〉 आदर्शस्थिति; स्टेण्डर्ड ❸熔 róng के समान

融 róng ❶पिघलना; गलनाः 春雪已～。वसंत में बर्फ़ जल्द पिघल जाती है। ❷मिलना; मेल खानाः 交融 jiāoróng ❸(मुद्रा आदि का) प्रचलनः 金融 jīnróng
【融合】 rónghé मिलना; मिलाना; मिश्रण होना; मिश्रित होना
【融和】 rónghé ❶सुहावनाः 天气～。मौसम सुहावना है। ❷融合 के समान
【融化】 rónghuà (बर्फ़ आदि का) पिघलना; गलना
【融会】 rónghuì（融汇 rónghuì भी） मिल जाना; मिश्रित होना; के साथ मिलाना
【融会贯通】 rónghuì-guàntōng किसी विषय का व्यापक अध्ययन करके उस पर अधिकार कर लेना
【融解】róngjiě पिघलना; गलनाः 积雪开始～。जमी बर्फ़ पिघलने लगी।

【融洽】róngqià मेलमिलाप; सौहार्द; घुल-मिलकर：双方相处很～。दोनों पक्ष मेलमिलाप से रहते हैं; दोनों पक्ष घुल-मिलकर रहते हैं।

【融融】róngróng <लि०> ❶प्रसन्न और सौहार्दपूर्ण ❷गरम; गरमी：春光～。बहार आने पर गरमी महसूस होने लगी।

【融通】róngtōng प्रचलन; प्रचलित करना：～资金 पूंजी प्रचलित करना

【融资】róngzī कम्पनी या उद्योग चलाने के लिये शेयर, बाँड या बैंक से उधार लेकर पैसा इकट्ठा करना

rǒng

冗（宂）rǒng <लि०> ❶फ़ालतू; फ़ाज़िल：冗员 ❷अनावश्यक रूप से विस्तृत：冗杂 ❸व्यस्तता：拨冗 bōrǒng

【冗笔】rǒngbǐ लेख या चित्र में अनावश्यक रेखाएं

【冗长】rǒngcháng अतिविस्तृत; बोझिल：～的讲话 बोझिल भाषण / 文章～。यह लेख अतिविस्तृत है।

【冗词】rǒngcí (लेख में) अनावश्यक शब्द

【冗繁】rǒngfán छोटा-मोटा; फुटकर：～的琐事 छोटी-मोटी बातें; छोटे-मोटे काम

【冗员】rǒngyuán फ़ालतू कर्मचारी

【冗杂】rǒngzá छोटा-मोटा (काम)

氄（毧、毹）rǒng महीन और नरम (बाल)

【氄毛】rǒngmáo महीन और नरम बाल

róu

柔 róu ❶नरम; मुलायम; कोमल; लचीला：～枝嫩叶 लचीली टहनियां और मुलायम पत्तियां ❷नरम करना; नरम होना：～麻 जूट को नरम करना ❸मृदु; मृदुल; सौम्य：温柔 wēnróu

【柔肠】róucháng कोमलचित्त; नरमदिल वाला：～寸断 दिल फटा जाना

【柔道】róudào <खेल०> जूडो

【柔和】róuhé मृदु; मुलायम; कोमल：～的声音 मृदु बोली / ～的光线 मद्धिम रोशनी / 性情～ मृदु स्वभाव का होना

【柔滑】róuhuá चिकना; स्निग्ध; चिकनापन; स्निग्धता：～如脂 तेल लगा हुआ स्निग्ध होना

【柔美】róuměi मृदुल और आकर्षक：～的声音 मृदुल स्वर / ～的舞姿 आकर्षक अंग-संचालन

【柔媚】róumèi ❶चित्ताकर्षक：～的晚霞 सूर्यास्त की चित्ताकर्षक लालिमा ❷प्यारा; मृदुल：～谦恭 मृदुल स्वभाव का और विनीत होना

【柔嫩】róunèn लचकदार; लचीला; मुलायम; कोमल：～的幼苗 कोमल पौधा

【柔情】róuqíng नजाकत; स्नेह; स्निग्धता

【柔情似水】róuqíng-sìshuǐ पानी जैसी नजाकत —— गहरा अनुराग होना

【柔情侠骨】róuqíng-xiágǔ नजाकत और बहादुरी; स्नेह और शूरवीरता

【柔韧】róurèn लचकदार; लचीला

【柔软】róuruǎn कोमल; मुलायम; मृदु：～的靠垫 मुलायम गद्दी

【柔润】róurùn चिकना; स्निग्ध：～的皮肤 स्निग्ध त्वचा

【柔弱】róuruò सुकुमारता; दुर्बलता; सुकुमार; दुर्बल：身体～ दुर्बल होना / ～的幼芽 सुकुमार कलियां

【柔顺】róushùn विनीत; नम्र; विनयी：性情～ विनीत होना

【柔婉】róuwǎn मृदु; मृदुल：～的语调 मृदु स्वर

【柔细】róuxì महीन; बारीक; पतला：声音～ आवाज़ पतली होना / ～的枝条 पतली टहनियां

【柔性】róuxìng लचीलापन

【柔中有刚】róu zhōng yǒu gāng सुकुमारता में दृढ़ता झलकती है।

揉 róu ❶मलना; मसलना：～眼睛 आंखें मलना / 他把纸都～碎了。उस ने कागज़ को मसल मसलकर टुकड़े-टुकड़े कर डाले। ❷गूंथना; मसलना：～面 आटा गूंथना / 把信～做一团 पत्र को मसलकर एक गोला बना देना ❸<लि०> मोड़ना; मरोड़ना

糅 róu मिलाना; मिश्रित करना; मिश्रण करना：糅合

【糅合】róuhé मिश्रण करना; मिश्रित करना

【糅杂】róuzá आपस में मिला हुआ होना

蹂 róu नीचे दे०

【蹂躏】róulìn रौंदना; रौंद डालना, पददलित करना; कुचलना; पैरों तले रौंदना：～别国主权 दूसरे देशों की प्रभुसत्ता को पैरों तले रौंदना / ～人权 मानवाधिकार का उल्लंघन करना

鞣 róu सीझना; सिझाना; पकाना：～皮 चमड़ा सिझाना (पकाना)

【鞣料】róuliào चर्मशोधक पदार्थ

【鞣酸】róusuān चर्मशोधन अम्ल; टैनिन एसिड

ròu

肉 ròu ❶मांस; गोश्त ❷गूदा; मज्जा: 果～ फल का गूदा ❸〈बो०〉 गुलगुला; गुदगुदा; गुदाज: ～瓤西瓜 गुलगुला मज्जा वाला तरबूज़ा ❹〈बो०〉 मंदता; सुस्ती; मंद; सुस्त: 他做事太～。वह बड़ी सुस्ती से काम करता है। / ～脾气 स्वभाव का सुस्त होना

【肉搏】 ròubó दस्तबदस्त लड़ाई; हाथापाई

【肉搏战】 ròubózhàn हाथापाई; संगीनों से लड़ाई करना

【肉畜】 ròuchù गोश्त के लिये पाला जानेवाला पशु

【肉店】 ròudiàn बूचड़ की दूकान

【肉丁】 ròudīng मांस का छोटा टुकड़ा

【肉豆蔻】 ròudòukòu जायफल

【肉感】 ròugǎn कामुक; यौनाकर्षण; कामोत्तेजकता

【肉冠】 ròuguān 〈प्राणि०〉 कलगी

【肉桂】 ròuguì 〈वन०〉 दारचीनी

【肉红】 ròuhóng रक्तवर्ण; रक्त

【肉鸡】 ròujī ब्राइलर

【肉瘤】 ròuliú 〈चिकि०〉 अर्बुद

【肉麻】 ròumá घिनौनापन; घिनौना; घृणित: ～的吹捧 घृणित प्रशंसा करना / 你说这话真教人～。तेरी ये बातें कितनी घिनौनी लगती हैं।

【肉糜】 ròumí 〈बो०〉 कीमा

【肉末】 ròumò कीमा

【肉牛】 ròuniú काटी जानेवाली पालतू गो

【肉排】 ròupái स्टिक

【肉皮】 ròupí सूअर के गोश्त का चमड़ा

【肉皮儿】 ròupír 〈बो०〉 त्वचा

【肉票】 ròupiào 〈पुराना〉 बंधक

【肉色】 ròusè पीला रंग लिये गुलाबी रंग

【肉身】 ròushēn 〈बौद्ध धर्म〉 पार्थिव शरीर

【肉食】 ròushí मांसाहारी; मांसभक्षी; मांसभोजी: ～动物 मांसभक्षी पशु

【肉食】 ròushi गोश्त; मांस

【肉松】 ròusōng ड्राइड मीट फ़्लॉस

【肉体】 ròutǐ देह; शरीर

【肉痛】 ròutòng 〈बो०〉 दुखित होना; दुख होना

【肉头】 ròutóu 〈बो०〉 ❶बेकार; अक्षम ❷मूर्खता; मूर्खतापूर्ण: 他净办这种～事! वह हमेशा मूर्खता करता फिरता है! ❸कंजूसी; कंजूस

【肉头】 ròutou 〈बो०〉 मांसल; मोटा: 这孩子的手多～! इस बच्चे के हाथ कितने ही मोटे हैं।

【肉丸子】 ròuwánzi मांस की गोली

【肉刑】 ròuxíng शारीरिक दंड

【肉眼】 ròuyǎn मनुष्य की आंखें: ～看不见细菌。मनुष्य की आंखों से कीटाणु देखे जा नहीं सकते।

【肉用鸡】 ròuyòngjī 肉鸡 के समान

【肉欲】 ròuyù 〈अना०〉 विषयभोग; विषयासक्ति

【肉汁】 ròuzhī ग्रेवी

【肉中刺】 ròuzhōngcì (प्राय: 眼中钉 yǎnzhōngdīng के साथ प्रयुक्त) आँख का कांटा

【肉赘】 ròuzhuì चर्मकील; अधिमांस; मस्सा

rú

如[1] rú ❶के अनुसार; के मुताबिक; के अनुकूल; के अनुरूप: ～命 आप की आज्ञा के अनुसार ❷जैसे; की तरह: ～上所述 जैसे ऊपर बताया गया है / 湖水～镜。झील का जल आईने की तरह दीखता है। ❸(नकारात्मक रूप में प्रयुक्त) से तुलना कर सकना; के समान होना: 我不～他。मैं उस के समान नहीं हूँ। ❹से बढ़कर होना: 生活一年好～一年。हमारा जीवन साल ब साल सुधरता गया। ❺उदाहरणार्थ; मिसाल के लिये; जैसे: 当代大文学家, 如鲁迅、郭沫若等…… हमारे युग के साहित्यशिल्पी, जैसे लू शुन, क्वो मो रो आदि … ❻〈लि०〉 जाना: ～厕 पाखाने जाना

如[2] rú यदि; अगर: ～早做准备, 事情还不至于这么糟。यदि पहले से ही तैयारी की होती, तो मामला इस हद तक बिगड़ा न होता।

如[3] rú 〈लि०〉〈विशेषण प्रत्यय〉: 空空～也 बिल्कुल खाली होना

【如臂使指】 rúbìshǐzhǐ कारगर संचालन करना

【如常】 rúcháng नित्य की तरह; हमेशा की तरह: 工作～进行。काम नित्य की तरह चल रहा है। / 他平静～。वह हमेशा की तरह शांत बना रहा।

【如出一辙】 rúchūyīzhé बिल्कुल एक जैसे होना

【如初】 rúchū पहले की तरह

【如此】 rúcǐ इस तरह का; इस प्रकार का; ऐसा; इतना: 景色～之美丽, 实出人意料。हम ने सोचा तक नहीं था कि यहां का दृश्य ऐसा सुन्दर होगा। / 理应～。होना ऐसा ही चाहिये। / 没想到他竟会用～简单的方法解决了这个难题。हम ने कल्पना नहीं की थी कि वह इस प्रकार के आसान तरीके से इस कठिन सवाल को हल करेगा।

【如次】 rúcì निम्नलिखित: 其理由～。इस के कारण निम्नलिखित हैं।

【如弟】 rúdì मुंहबोला छोटा भाई

【如法炮制】 rúfǎ-páozhì लकीर पर चलना; लकीर पीटना

【如故】 rúgù ❶पूर्ववत्; पहले की तरह; जैसा का तैसा होना; ज्यों का त्यों होना: 依然如故 yīrán-rúgù ❷पुराने दोस्तों की तरह: 一见如故 yíjiàn-rúgù

【如果】 rúguǒ <संयो०> यदि; अगर: 您～来不了，请打电话告诉我。यदि आप मौके पर नहीं आ सकेंगे, तो मुझे फ़ोन करके बता दीजिये। / ～不是您告诉我，我还不知道呢！अगर आप ने मुझे नहीं बताया होता, तो मुझे मालूम न हुआ होता।

【如何】 rúhé कैसा; कैसे; क्या: 她不知～是好。वह नहीं जानती कि क्या किया जाए। / 这事应该～处置？यह मामला कैसे निपटाया जाए? / 这部电影你觉得～？यह फ़िल्म तुम्हें कैसी लगी?

【如虎添翼】 rúhǔtiānyì जैसे बाघ को पर लग जाना

【如花似锦】 rúhuā-sìjǐn ❶सुन्दर; मनोहर (दृश्य) ❷शानदार; उज्ज्वल (भविष्य)

【如火如荼】 rúhuǒ-rútú प्रचंड; प्रचंड आग का रूप धारण करना

【如获至宝】 rúhuòzhìbǎo जैसे अनमोल निधि प्राप्त करना

【如饥似渴】 rújī-sìkě जैसे भूख या प्यास लगना —— बड़ी उत्सुकता के साथ

【如胶似漆】 rújiāo-sìqī जैसे गोंद या लाख से एक दूसरे से चिपकना —— एक दूसरे से गहरा अनुराग होना

【如今】 rújīn अब; आज: ～偏远地区的山村也能看上电视。आज दूरस्थ क्षेत्रों के पहाड़ी गांवों में भी टी०वी० प्रोग्राम देखे जा सकते हैं।

【如来】 Rúlái तथागत

【如雷贯耳】 rúléiguàn'ěr（如雷灌耳 rúléiguàn'ěr भी）नाम आसमान पर होना: 久闻大名，～。आप का नाम तो आसमान पर है, मैं कब का सुन चुका हूँ।

【如临大敌】 rúlíndàdí जैसे शक्तिशाली दुश्मन सामने आये हों

【如临深渊，如履薄冰】 rúlínshēnyuān, rúlǚbóbīng जैसे कगार पर खड़ा हो और पतली बर्फ़ पर चलता हो —— बड़ी सावधानी से काम करना

【如梦初醒】 rúmèngchūxǐng जैसे स्वप्न से जाग उठा हो —— आँख खुलना

【如鸟兽散】 rúniǎoshòusàn तितर-बितर हो जाना

【如期】 rúqī समय पर; नियत समय पर: ～完成计划 समय पर योजना पूरी करना / 他将～来京。वह नीयत समय पर पेइचिंग आ पहुंचेगा।

【如其】 rúqí <संयो०> अगर; यदि

【如日中天】 rúrìzhōngtiān जैसे सूर्य सिर पर आया हो —— पराकाष्ठा पर आना; चरमोत्कर्ष पर आना

【如若】 rúruò <संयो०> यदि; अगर

【如丧考妣】 rúsàngkǎobǐ जैसे मां-बाप चल बसे हों —— बहुत दुखी होना

【如上】 rúshàng उपर्युक्त: ～所述 जैसा कि ऊपर बताया गया है कि …

【如实】 rúshí वास्तविक स्थिति के अनुसार: ～报告 वास्तविक स्थिति के अनुसार रिपोर्ट देना

【如释重负】 rúshìzhòngfù जैसे भारी बोझ छूट गया हो; राहत की सांस लेना

【如数家珍】 rúshǔjiāzhēn जैसे अपने घर की कीमती वस्तुओं की गिनती करना —— किसी विषय पर अपनी विज्ञता का परिचय देना

【如数】 rúshù सही संख्या या परिमाण: ～归还 तमाम चीज़ें या पैसे वापस लौटा देना / ～发放退休金 पूरी पेंशन देना

【如汤沃雪】 rútāngwòxuě जैसे गरम पानी से हिम को पिघलाना —— आसान काम; बायें हाथ का खेल

【如同】 rútóng जैसे; जैसा; की तरह: ～白昼 दिन की तरह उजाला होना / 整座城市～花园般美丽。पूरा नगर उद्यान जैसा सुन्दर है।

【如下】 rúxià निम्नलिखित: 全文～。पूरा पाठ निम्नलिखित है।

【如兄】 rúxiōng <पुराना> मुंहबोला बड़ा भाई

【如许】 rúxǔ <लि०> ❶इतना; ऐसा; इस प्रकार; इस तरह: ～非凡的才智 इतनी असाधारण प्रतिभा ❷इतना ज़्यादा; इतना अधिक: 枉费～工力 इतना अधिक परिश्रम व्यर्थ कार्य करना

【如一】 rúyī अपरिवर्तित; एक जैसा; ज्यों का त्यों: 始终～ ज्यों का त्यों बना रहना; हमेशा की तरह

【如蚁附膻】 rúyǐfùshān जैसे चिउंटियाँ किसी बदबूदार चीज़ से चिपक गई हों —— घृणास्पद चीज़ों या प्रभावशाली व्यक्ति के पीछे लगा रहना

【如意】[1] rúyì मुराद पूरी करना (होना); अभिलाषा पूरी करना (होना): 祝您万事～。शुभकामना है कि आप की प्रत्येक अभिलाषा पूरी हो जाए। / 这下可如了他的意了。अब की उसने अपनी मुराद पूरी कर ली है।

【如意】[2] rúyì रुई, एक आकार की जेड से बनी सजावटी वस्तु, जो एक शुभचिन्ह मानी जाती थी

【如意算盘】 rúyì-suànpán ख्याली पुलाव: 打～ ख्याली पुलाव पकाना; ख्याली पुलाव पकाते हुए एक अत्यंत बृहद् योजना बनाना

【如影随形】 rúyǐngsuíxíng छाया की तरह पीछे लगा रहना

【如鱼得水】 rúyúdéshuǐ जैसे एक तड़पती मछली को फिर पानी में डाला गया हो —— अपने अनुकूल वातावरण में रहना या आवश्यक मदद मिलना

【如愿】 rúyuàn मुराद पाना; कामना पूरी होना; मनोरथ सिद्ध होना

【如愿以偿】 rúyuànyǐcháng मुराद पाना; गोटी लाल होना; मनोरथ सिद्ध होना

【如坐针毡】 rúzuòzhēnzhān अपने को सूइयों की गद्दी पर बैठा हुआ पाना —— बेचैन होना; तड़फड़ाना

茹 rú ❶<लि०> खाना; आहार करना: ～素 शाकाहारी होना ❷（Rú）एक कुलनाम

【茹苦含辛】 rúkǔ-hánxīn दे० 含辛茹苦 hánxīn-rúkǔ

【茹毛饮血】 rúmáo-yǐnxuè (आदिम मानव का) पशु-पक्षियों का कच्चा मांस खाना

铷（銣）rú 〈रसा०〉रुबिडियम（Rb）

儒 rú ❶कंफ़्यूशियसवाद; कंफ़्यूशियसवादी ❷〈पुराना〉बुद्धिजीवी; पंडित

【儒艮】rúgèn 〈प्राणि०〉डगोंग

【儒家】rújiā कंफ़्यूशियसी शाखा

【儒将】rújiàng विद्वान-सेनापति

【儒教】rújiào कंफ़्यूशियसवाद

【儒略历】Rúlüèlì जूलियन कैलेंडर

【儒商】rúshāng बौद्धिक पृष्ठभूमिवाला व्यापारी (विशेषकर कंफ़्यूशियस विचार को जाननेवाला व्यापारी)

【儒生】rúshēng 〈पुराना〉❶कंफ़्यूशियसी विद्वान ❷विद्वान; बुद्धिजीवी

【儒术】rúshù कंफ़्यूशियसवाद

【儒雅】rúyǎ 〈लि०〉सुशिक्षित और सुसंस्कृत; सुशील：～风度 सुशीलता

【儒医】rúyī 〈पुराना〉विद्वान-चिकित्सक

嚅 rú नीचे दे०

【嚅嗫】rúniè 嗫嚅 nièrú के समान

【嚅嚅】rúrú अगर-मगर करना

濡 rú 〈लि०〉❶डुबोना; भिगोना; तर करना：濡湿 ❷रुकना; ठहरना; देर लगाना; विलंब करना：濡滞

【濡染】rúrǎn भिगोना; डुबाना

【濡湿】rúshī तर करना (होना); गीला करना (होना)

【濡滞】rúzhì 〈लि०〉देर लगाना; विलंब करना

孺 rú बच्चा; बालक：孺子

【孺子】rúzǐ 〈लि०〉बच्चा; बालक

【孺子可教】rúzǐ-kějiào ऐसा बच्चा, जो शिक्षा देने के योग्य हो

【孺子牛】rúzǐniú बाल ग्वाले की आज्ञा माननेवाला बैल —— जनता के सेवक

襦 rú 〈लि०〉छोटा जाकिट

颥（顬）rú दे० 颞颥 nièrú

蠕 rú कुलबुलाना; बिलबिलाना

【蠕动】rúdòng ❶कुलबुलाना; बिलबिलाना ❷〈श०वि०〉पेरिस्टेलसिस; रेंगना

【蠕蠕】rúrú कुलबुलाना; बिलबिलाना：～而动 कुलबुलाते हुए बढ़ना

【蠕形动物】rúxíng dòngwù कृमि; कीड़ा

rǔ

汝 rǔ 〈लि०〉आप; तुम

【汝辈】rǔbèi 〈लि०〉आप लोग; तुम लोग; आप; तुम

【汝曹】rǔcáo 〈लि०〉आप लोग; तुम लोग; आप; तुम

乳 rǔ ❶जनना; पैदा करना：孳乳 zīrǔ ❷स्तन; आंचल; छाती ❸दूध：母～ मां का दूध ❹दूध जैसा द्रव ❺दुधमुंहा; नवजात; नन्हा：乳儿

【乳白】rǔbái दूधिया; दुधिया

【乳钵】rǔbō खरल; खल्ल

【乳齿】rǔchǐ दूध के दांत

【乳畜】rǔchù दुधार पशु; दूध देने वाला पशु

【乳儿】rǔ'ér दूध का बच्चा; दूधमुंहा बच्चा; दूध पीता बच्चा

【乳房】rǔfáng ❶स्तन; आंचल; छाती ❷थन

【乳腐】rǔfǔ 〈बो०〉खमीर उठाया हुआ बीन कर्ड

【乳化】rǔhuà 〈रसा०〉इमलसिफ़ाई करना; तेलयुक्त सफ़ेद तरल पदार्थ बनाना

【乳剂】rǔjì 〈रसा०〉इमलशन

【乳胶】rǔjiāo 〈रसा०〉इमलशन：～漆 इमलशन पेंट

【乳酪】rǔlào पनीर

【乳名】rǔmíng बच्चे का दुलार का नाम

【乳母】rǔmǔ दूधपिलाई; दूध पिलानेवाली धाय

【乳牛】rǔniú दुधार गाय

【乳头】rǔtóu ❶चूची; चूचुक; चूचूक ❷पापिला：视神经～ ओपटिक पापिला

【乳腺】rǔxiàn 〈श०वि०〉स्तनग्रंथि

【乳腺癌】rǔxiàn'ái स्तन का कैंसर

【乳臭】rǔxiù दूध की गंध —— बचकाना

【乳臭未干】rǔxiù-wèigān दूध के दांत न टूटना

【乳罩】rǔzhào ब्रा; चोली; अंगिया

【乳汁】rǔzhī दूध

【乳脂】rǔzhī मक्खन; नवनीत

【乳制品】rǔzhìpǐn दूध की चीज़ें：～工业 डेयरी उद्योग

【乳浊液】rǔzhuóyè 〈रसा०〉इमलशन

辱 rǔ ❶अपमान; अवमान; बेइज़्ज़ती：羞辱 xiūrǔ ❷अपमान करना; अवमानना करना; बेइज़्ज़ती करना：侮辱 wǔrǔ ❸कलंक लगाना; कलंकित करना; धब्बा लगाना：辱没 ❹〈लि०, शिष्ट०〉एहसानमंद होना; ऋणी होना：～承指教。आप के उपदेश के लिये मैं आप का ऋणी हूँ।

【辱骂】rǔmà गालियां देना

【辱命】rǔmìng 〈लि०〉अपना कार्य पूरा करने में विफल होना

【辱没】rǔmò कलंक लगाना; कलंकित करना; धब्बा लगाना：～门楣 अपने परिवार के नाम पर धब्बा लगाना

擩 rǔ 〈बो०〉 डालना; रखना; फंसाना

rù

入 rù ❶अन्दर आना या जाना; प्रवेश करना; दाखिल होना: ～场 (थिएटर, स्टेडियम आदि) में प्रवेश करना / ～冬 जाड़ों का मौसम आना ❷शामिल होना; सम्मिलित होना; की सदस्यता प्राप्त करना; का सदस्य बनना: ～党 पार्टी में शामिल होना; पार्टी का सदस्य बनना / 入伍 ❸आय; आमदनी: 收入 shōurù ❹मेल खाना; के अनुकूल होना: 入时 ❺入声 rùshēng का संक्षिप्त रूप

【入不敷出】 rùbùfūchū आमदनी से खर्च पूरा न होना

【入超】 rùchāo व्यापार में प्रतिकूल संतुलन

【入场券】 rùchǎngquàn ❶प्रवेश टिकट ❷योग्यता

【入定】 rùdìng (बौद्धों का) मनन करना

【入耳】 rù'ěr कर्णप्रिय होना; सुनने में अच्छा लगना: 你这话～。तुम्हारी ये बातें सुनने में अच्छी लगती हैं।

【入伏】 rùfú साल के सब से गरम दिन शुरू होना

【入港】 rùgǎng ❶〈जहाज़रानी〉 बन्दरगाह में दाखिल होना ❷घुल-मिलकर; घुल-घुलकर (बातें करना): 二人说得～。दोनों ने घुल घुलकर बातें कीं।

【入彀】 rùgòu 〈लि०〉 ❶अपने इशारों पर नचाना; वश में होना; हाथ में जाना ❷मानदंड पर सही उतरना; साधारण नियम के अनुकूल होना ❸मग्न: 听得～ मग्न होकर सुनना / 说得～ बातें करने में मग्न होना

【入股】 rùgǔ शेयर खरीदना; शेयरधारी (शेयरहोल्डर) बनना

【入骨】 rùgǔ हड्डियों तक: 恨之入骨 hènzhīrùgǔ

【入国问禁】 rùguó-wènjìn जैसा देश वैसा भेष

【入黑】 rùhēi दीया-बत्ती का समय; दीया जलने का समय

【入画】 rùhuà चित्र जैसा; नयनाभिराम: 此处风景，可以～。यह दृश्य चित्र जैसा है।

【入伙】[1] rùhuǒ गिरोह में शामिल होना; साझेदार बनना

【入伙】[2] rùhuǒ कैंटीन या मेस में भोजन करना

【入籍】 rùjí नागरिकता प्राप्त करना

【入寂】 rùjì 〈बौद्ध धर्म〉 निर्वाण होना

【入境】 rùjìng किसी देश में प्रवेश करना: ～签证 प्रवेश-वीजा / 办理～手续 प्रवेश की औपचारिकताएं पूरी करना

【入境问俗】 rùjìng-wènsú जिस देश में जाओ, उसी की रीतियों के अनुसार काम करो; जैसा देश वैसा भेष

【入口】[1] rùkǒu ❶मुंह में जाना ❷आयात; आयात करना

【入口】[2] rùkǒu प्रवेशद्वार; एंट्रेंस

【入寇】 rùkòu घुस आना; अतिक्रमण करना

【入殓】 rùliàn मुरदे को ताबूत में सुलाना

【入列】 rùliè 〈सैन्य०〉 पांत में जाना (आना)

【入寐】 rùmèi सो जाना; नींद लगना: 这件事让他昨夜无法～。इस बात की वजह से कल रात उस की नींद नहीं लगी (नींद हराम हुई) ।

【入门】 rùmén प्रारंभिक ज्ञान सीखना: 学印地语～不难，要学好就不容易了。हिन्दी का प्रारंभिक ज्ञान सीखना आसान है, पर उस पर अधिकार करना उतना आसान नहीं।

【入门】 rùmén (प्रायः पुस्तकों के शीर्षकों में प्रयुक्त) प्रवेशिका; कखग: 《摄影～》 फ़ोटोग्राफ़ी प्रवेशिका; फ़ोटोग्राफ़ी का कखग

【入梦】 rùmèng ❶सो जाना ❷सपने में किसी दूसरे को देखना

【入迷】 rùmí मुग्ध होना; मोहित होना; रीझना: 那本书他都看～了。वह उस किताब पर रीझ गया। / 孩子们故事听得入了迷。बच्चे कहानी सुनते-सुनते मोहित हो गए।

【入眠】 rùmián सो जाना; नींद लगना

【入魔】 rùmó पर ··· की सनक सवार होना

【入木三分】 rùmù-sānfēn ❶(लिपिकला में) सशक्त रेखाएं ❷पैना; तीक्ष्ण; प्रखर: 他的分析～。उस का विश्लेषण प्रखर है।

【入侵】 rùqīn अतिक्रमण; अतिक्रमण करना: 击退～之敌 अतिक्रमण करनेवाले (अतिक्रमणकारी) शत्रु को खदेड़ देना

【入情入理】 rùqíng-rùlǐ युक्तिसंगत; युक्तियुक्त

【入神】 rùshén ❶मोहित होना; वशीभूत होना; सम्मोहित होना; अभिभूत होना: 大家都听得～了。सब लोग उस की कहानी सुनते-सुनते मोहित हो गये। ❷कुशलता; सिद्धहस्तता: 这幅画画得真是～。यह चित्र बड़ी कुशलता से बनाया गया है।

【入声】 rùshēng अन्दर जाने वाली टोन (प्राचीन चीनी उच्चारण में चार टोनों में से एक, जो अभी कुछ बोलियों में पाई जाती है)

【入时】 rùshí फ़ैशनेबुल: 衣着～ फ़ैशनेबुल कपड़े पहनना

【入世】 rùshì ❶दुनिया की हवा लगना; संसार का अनुभव होना ❷विश्व व्यापार संघ की सदस्यता प्राप्त करना

【入世不深】 rù shì bù shēn संसार का कम अनुभव होना

【入手】 rùshǒu हाथ लगाना; आरंभ करना: 一切从调查研究～。सभी कार्य जांच-पड़ताल से आरंभ करना चाहिये।

【入睡】 rùshuì सो जाना; नींद लगना; शयन करना

【入土】 rùtǔ मिट्टी देना; से मिट्टी मिलना

【入托】 rùtuō बच्चे को नर्सरी में दाखिल कराना

【入微】 rùwēi सूक्ष्म रूप से; सूक्ष्मता से; बारीकी से: 书中对人物刻画得细腻～。पुस्तक में चरित्रों का बारीकी से चित्रण किया गया है।

【入围】 rùwéi अर्हता प्राप्त करना; योग्यता प्राप्त करना (किसी खेल में अथवा शिक्षा आदि के क्षेत्र में)

【入味】 rùwèi ❶स्वादिष्ट; जायकेदार ❷दिलचस्पी; रुचि; दिलचस्प; रुचिकर

【入伍】 rùwǔ सेना में भरती होना

【入席】 rùxí भोज, समारोह आदि में आसन ग्रहण करना 来宾依次～。अतिथियों ने क्रमशः अपने-अपने आसन ग्रहण किये।

【入乡随俗】 rùxiāng-suísú दे० 随乡入乡 suíxiāng-rùxiāng

【入选】 rùxuǎn निर्वाचित होना; चुना जाना; निर्वाचित किया जाना

【入学】 rùxué ❶स्कूल में प्रवेश मिलना: ～考试 प्रवेश परीक्षा ❷प्राइमरी स्कूल में पढ़ाई शुरू करना: ～年龄 स्कूली उम्र

【入眼】 rùyǎn नयनाभिराम; देखने में सुन्दर होना; देखने में अच्छा लगना: 看不～ देखने में अच्छा न लगना / 这么多布料，没有一块他看得～的。इतने सारे कपड़ों में से कोई भी एक उसे देखने में सुन्दर न लगा।

【入药】 rùyào <ची०चि०> दवा के तौर पर इस्तेमाल करना

【入夜】 rùyè रात में; रात के समय

【入狱】 rùyù जेल भेजा जाना; जेल में बंद किया जाना

【入院】 rùyuàn अस्पताल में दाखिल कराया जाना

【入账】 rùzhàng बही पर चढ़ाना; बही में लिखना

【入住】 rùzhù किसी घर, मकान इत्यादि में रहने के लिये प्रवेश करना (विशेषकर नया घर, नया मकान, नयी इमारत आदि)

【入坐】 rùzuò（入座 rùzuò भी）अपनी सीट पर बैठना

蓐 rù <लि०> चटाई

溽 rù <लि०> आर्द्रता; नमी

【溽热】 rùrè सीलन और गरमी; उमस

【溽暑】 rùshǔ ग्रीष्म का उमसता मौसम

缛（縟） rù <लि०> पटील; पेचीदा: 繁文缛节 fánwén-rùjié

褥 rù रुई भरा हुआ बिछावन

【褥疮】 rùchuāng <चिकि०> शैय्या-व्रण

【褥单】 rùdān（褥单子 rùdānzi भी）चादर; बिछौना

【褥套】 rùtào ❶बोरी ❷आस्तरण आवरण; बिछावन आवरण

【褥子】 rùzi रुई भरा हुआ बिछावन

ruá

挼 ruá <बो०> ❶(कागज़, कपड़ा आदि में) शिकन पड़ना ❷फटने वाला (वस्त्र)

ruó भी दे०

ruǎn

阮 ruǎn ❶阮咸 का संक्षिप्त रूप ❷（Ruǎn）एक कुल-नाम

【阮咸】 ruǎnxián <संगी०> एक उंगली से छेड़ा जाने वाला तंतुवाद्य

软（軟、輭） ruǎn ❶नरमी; नरम; मुलायम: 柔软 róuruǎn / 柳条很～。विलो की टहनियाँ मुलायम होती हैं। ❷मृदुल; मृदु; सौम्य; कोमल; मधुर: 软话 ❸कमज़ोरी; दुर्बलता; अशक्तता; कमज़ोर; दुर्बल; अशक्त: 他感到全身发～。उसे कमज़ोरी महसूस हुई। ❹घटिया; खराब: 货色～ माल घटिया होना / 工夫～ अक्षम होना ❺जल्द ही प्रभावित या द्रवित होने वाला; कोमल; नरम; दयार्द्र: 心～ दिल नरम होना; दयार्द्रचित्त होना; कोमलचित्त होना / 耳朵～ कान का कच्चा होना

【软包装】 ruǎnbāozhuāng सोफ़्ट पैकेज में बन्द (खाना)

【软蛋】 ruǎndàn <बो०> डरपोक; कायर

【软刀子】 ruǎndāozi नरम छुरी —— अप्रत्यक्ष रूप से दूसरे को हानि पहुंचाने का तरीका

【软钉子】 ruǎndīngzi नरम कील —— शिष्टतापूर्ण अ-स्वीकार —— 碰钉子 pèngdīngzi भी दे०

【软腭】 ruǎn'è <श०वि०> मृदु तालु

【软耳朵】 ruǎn'ěrduo कान का कच्चा

【软风】 ruǎnfēng हल्का समीर

【软膏】 ruǎngāo पैस्ट; मरहम; विलेप

【软骨】 ruǎngǔ <श०वि०> उपास्थि

【软骨头】 ruǎngǔtou नरम हड्डी —— डरपोक; कायर; बुजदिल

【软骨病】 ruǎngǔbìng अस्थिमृदुता

【软骨鱼】 ruǎngǔyú उपास्थि वाली मछली

【软管】 ruǎnguǎn लचकदार पाइप; रबर की नली

【软广告】 ruǎnguǎnggào अप्रत्यक्ष विज्ञापन (सॉफ़्ट एडवर्टाइज़मेंट)

【软化】 ruǎnhuà ❶नरम होना; मृदु होना; नरम पड़ना: 态度～ रुख नरम पड़ना ❷नरम करना; मृदु करना; हल्का करना

【软话】 ruǎnhuà मृदु भाषा

【软和】 ruǎnhuo मुलायम; मृदु; नरम: ～的枕头 मुलायम तकिया / 你就给她说几句～的话儿。तुम मृदु भाषा में उस से कुछ बोलो तो।

【软件】 ruǎnjiàn ❶कंप्यूटर सोफ़्टवेयर ❷सेवा, प्रबंधन, श्रम की गुणवत्ता

【软禁】 ruǎnjìn घर में नज़र बन्द करना

【软绵绵】 ruǎnmiánmián ❶नरम; मुलायम ❷कमज़ोरी; दुर्बलता; अशक्तता; कमज़ोर; दुर्बल; अशक्त: 他病刚好，身体还是～的。वह बीमारी से उठ गया तो है, फिर भी दुर्बल है।

【软磨】 ruǎnmó नरम हथकंडा अपनाना: ～硬抗 नरम और सख्त दोनों तरह के हथकंडे अपनाना

【软木】 ruǎnmù कार्क: ～塞 कार्क

【软盘】 ruǎnpán फ़्लापी डिस्क

【软片】 ruǎnpiàn फ़िल्म (रोल)

【软驱】 ruǎnqū फ़्लापी ड्राइव

【软弱】 ruǎnruò कमज़ोरी; दुर्बलता; अदृढ़ता; कमज़ोर; दुर्बल; अदृढ़: 他感到身体～无力。उसे कमज़ोरी महसूस हुई। / 他太～，不会维护自己的权益。वह इतना कमज़ोर है कि अपने अधिकारों और हितों की रक्षा भी नहीं कर सका।

【软弱可欺】 ruǎnruò-kěqī कमज़ोर और दबाने लायक

【软弱无能】 ruǎnruò-wúnéng शक्तिहीनता; कमज़ोरी; निर्बलता; शक्तिहीन; कमज़ोर; निर्बल

【软杀伤】 ruǎnshāshāng दुश्मन की युद्ध करने की तकनीकी (सूचना-प्रणाली इत्यादि) क्षमता को क्षीण करना

【软食】 ruǎnshí हल्का खाना

【软水】 ruǎnshuǐ सोफ़्ट वाटर

【软梯】 ruǎntī रस्सी की सीढ़ी; कमंद

【软体动物】 ruǎntǐ dòngwù मोलस्क

【软通货】 ruǎntōnghuò सुलभ मुद्रा; अस्थिर एवं गैर अंतर्राष्ट्रीय मुद्रा (सॉफ़्ट करेंसी)

【软卧】 ruǎnwò सोफ़्ट बर्थ

【软席】 ruǎnxí सोफ़्ट सीट या बर्थ

【软饮料】 ruǎnyǐnliào सोफ़्ट ड्रिंक; पेय

【软硬不吃】 ruǎnyìng-bùchī न नरमी से न सख्ती से कोई असर पड़ सकना

【软硬兼施】 ruǎnyìng-jiānshī नरम और सख्त दोनों हथकंडे चलाना

【软着陆】 ruǎnzhuólù ❶सोफ़्ट लैंडिंग; सुरक्षात्मक तरीके से जहाज़ तथा अंतरिक्षयान आदि का उतरना ❷बिना खतरे में पड़े देश की अर्थ-व्यवस्था का मज़बूती के रास्ते पर आ जाना

【软资源】 ruǎnzīyuán सूचना, तकनीक, विज्ञान आदि के स्रोत

【软组织】 ruǎnzǔzhī 〈श०वि०〉 सोफ़्ट टिस्यू

朊 ruǎn 蛋白质 dànbáizhì का दूसरा नाम

ruí

蕤 ruí दे० 葳蕤 wēiruí

ruǐ

蕊（蕋、蘂） ruǐ केसर; मकरंद: 雌～ स्त्री-केसर; गर्भ केसर / 雄～ पुंकेसर

ruì

芮 Ruì एक कुलनाम

枘 ruì 〈लि०〉 चूल

【枘凿】 ruìzáo 凿枘 záoruì के समान

蚋（蜹） ruì मच्छर

锐（鋭） ruì ❶तेज़; तीक्ष्ण; पैना: 锐利 ❷ओज; तेज; उत्साह: 养精蓄锐 yǎngjīng-xùruì ❸तेज़; तीव्र: ～进 तेज़ तरक्की; तीव्र प्रगति

【锐不可当】 ruìbùkědāng रोका नहीं जा सकना; का मुकाबला नहीं किया जा सकना: 以～之势 ऐसी शक्ति से जिस का मुकाबला नहीं किया जा सकता

【锐减】 ruìjiǎn तेज़ी से गिरावट होना; तीव्र गिरावट होना; किसी भी चीज़, काम, भाव, विचार आदि का एकदम कम होना

【锐角】 ruìjiǎo 〈गणित०〉 न्यूनकोण

【锐利】 ruìlì ❶नुकीला; नोकदार; तेज़; पैना; तीक्ष्ण: ～的武器 तीक्ष्ण हथियार / ～的攻势 तेज़ प्रहार ❷तीक्ष्ण; पैना; तेज़: ～的眼光 पैनी दृष्टि से / 眼睛～ आंखें तेज़ होना / ～的笔锋 पैनी शैली

【锐敏】 ruìmǐn (अनुभूति या दृष्टि) तेज़; तीक्ष्ण

【锐气】 ruìqì उत्साह; स्फूर्ति: 显示年轻一代的～ युवा पीढ़ी की स्फूर्ति प्रदर्शित करना / 挫掉～ उत्साह तोड़ना; निरुत्साह करना

【锐舞】 ruìwǔ अति उत्साह से किया गया नृत्य (rave)

【锐意】 ruìyì 〈लि०〉 संकल्पबद्ध; कृतसंकल्प; दृढ़: ～进取 प्रगति करने को संकल्पबद्ध होना

瑞 ruì शुभ; मंगल: 祥瑞 xiángruì

【瑞典】 Ruìdiǎn स्वीडन

【瑞典人】 Ruìdiǎnrén स्वीडनवासी; स्वीडिश

【瑞典语】 Ruìdiǎnyǔ स्वीडिश भाषा

【瑞士】 Ruìshì स्विट्ज़रलैंड

【瑞士人】 Ruìshìrén स्विट्ज़रलैंडवासी; स्विस

【瑞雪】 ruìxuě सामयिक बर्फ़बारी: ～兆丰年。सामयिक बर्फ़बारी शानदार फ़सल की द्योतक है।

睿（叡） ruì 〈लि०〉 दूरदर्शी; दूरदर्शिता; दूर-दर्शितापूर्ण
【睿哲】 ruìzhé 〈लि०〉 बुद्धिमान और दूरदर्शी
【睿智】 ruìzhì 〈लि०〉 प्रतिभाशाली और दूरदर्शी

rùn

闰（閏） rùn 〈खगोल०〉 लौंद
【闰年】 rùnnián अधिवर्ष
【闰日】 rùnrì अधिक दिन; अधिक दिवस; अधिकतिथि
【闰月】 rùnyuè अधिकमास; अधिमास; मलमास; लौंद
润（潤） rùn ❶चिकना; स्निग्ध; आर्द्र; तर; चिकनापन; स्निग्धता; आर्द्रता; तरी: 润泽 ❷चिकनाना; चिकना कर-ना; भिगोना; पानी से तर करना: 浸润 jìnrùn ❸परि-मार्जन करना; परिमार्जित करना: 润色 ❹नफ़ा; मुनाफ़ा; हित; लाभ: 利润 lìrùn
【润笔】 rùnbǐ ❶(कूची, ब्रश आदि को) स्याही में भिगोना ❷〈पुराना〉 लेखक, चित्रकार, लिपिकार आदि के लिये पारिश्रमिक
【润滑】 rùnhuá चिकनाना; चिकना करना: ～系统 लुब्रिकेटिंग सिस्टम
【润滑油】 rùnhuáyóu लुब्रिकेशन आयल; चिकनाई; स्नेह
【润色】 rùnsè परिमार्जन; प्रमार्जन; परिमार्जन करना; प्रमार्जन करना: 这篇文章需要～一下。 इस लेख में परिमार्जन करना है।
【润饰】 rùnshì 润色 के समान
【润泽】 rùnzé ❶चिकना; स्निग्ध; आर्द्र; तर: 雨后的荷花显得十分～。 वर्षा के बाद कमल के फूल स्निग्ध दीखते हैं। ❷चिकना करना; चिकनाना: 用油～轮轴 धुरी में तेल देना
【润资】 rùnzī 润笔 के समान

ruó

挼 ruó 〈लि०〉 रगड़ना; घिसना
ruá भी दे०
【挼搓】 ruócuo रगड़ना; घिसना: 别把花～坏了。 फूलों को रगड़कर नष्ट न करो।

ruò

若[1] ruò 〈क्रि०वि०〉 〈लि०〉 (प्रायः मुहावरे में प्रयुक्त) मानो; जैसे: 若有所失
若[2] ruò 〈संयो०〉 〈लि०〉 अगर; यदि: ～有问题，请提出来。 यदि कोई सवाल हो, तो पेश करो।
若[3] ruò 〈लि०〉 आप; आप लोग; तुम; तुम लोग: 若辈
rě भी दे०
【若虫】 ruòchóng 〈प्राणि०〉 निम्फ़; कीड़े और परदार कीड़े के बीच की अवस्था
【若非】 ruòfēi 〈संयो०〉 〈लि०〉 अगर न; जब तक न; नहीं तो: ～他亲自去，否则问题得不到解决。 जब तक स्वयं वह वहां नहीं जाता, तब तक यह समस्या हल नहीं हो सकती।
【若夫】 ruòfú 〈संयो०〉 〈लि०〉 (कोई विषयवस्तु आरंभ करने या किसी विषयवस्तु में परिवर्तन का परिचय देने के लिये वाक्य के आदि में प्रयुक्त): से संबंधित होना; जहां तक … का ताल्लुक है
【若干】 ruògān ❶कुछ: ～日子之后 कुछ दिनों के बाद ❷कितना; क्या: 价值～? इस के क्या दाम हैं?
【若何】 ruòhé कैसा; क्या: 结果～，尚不得而知。 अभी मालूम नहीं है कि क्या नतीजा निकलेगा।
【若即若离】 ruòjí-ruòlí न दूर न नज़दीक होना
【若明若暗】 ruòmíng-ruò'àn अस्पष्ट रुख अपनाना; के बारे में थोड़ी जानकारी होना
【若是】 ruòshì 〈संयो०〉 अगर; यदि: 您～不同意，请说明理由。 अगर आप लोग इस से सहमत न हों, तो कारण बताइये। 你～我，你会这样做吗? यदि तुम ऐसी जगह पर होते, तो तुम ऐसा करोगे?
【若无其事】 ruòwúqíshì मानो कुछ हुआ ही न हो; मानो कुछ हुआ ही नहीं
【若隐若现】 ruòyǐn-ruòxiàn धुंधला-सा दिखाई देना: 峰峦在云雾中～。 पहाड़ियाँ बादलों के बीच धुंधली-सी दिखाई देती हैं।
【若有所失】 ruòyǒusuǒshī खोया-खोया सा रहना
【若有所思】 ruòyǒusuǒsī चित्तमग्न सा रहना
偌 ruò 〈क्रि०वि०〉 इतना
【偌大】 ruòdà 〈पुराना〉 इतना बड़ा: ～的城市 इतना बड़ा शहर / ～的年纪 इतना बूढ़ा; इतनी उम्र
弱 ruò ❶कमज़ोरी; अशक्ति; दुर्बलता; कमज़ोर; अशक्त; दुर्बल: 她身体瘦～。 वह दुबली-पतली और दुर्बल है। / 他的数学～。 वह गणित में कमज़ोर है। / ～小国

कमज़ोर या छोटा देश / 他的视力很～。उस की आंखें बहुत कमज़ोर हैं। ❷कमउम्र; कमसिन: 老弱 lǎo-ruò ❸कम; हटकर: 她的能力不～于你。वह तुम से कम सक्षम नहीं है। ❹<लि०> चल बसना; मौत होना: 又～一个。एक और चल बसा। ❺(भिन्न या दशमलव के बाद) से कुछ कम होना: 三分之一～ एक तिहाई से कुछ कम होना

【弱不禁风】 ruòbùjīnfēng इतना दुर्बल होना कि हवा के एक हल्के झोंके के सामने भी टिक न सके; बहुत दुबला-पतला होना

【弱点】 ruòdiǎn कमज़ोरी

【弱冠】 ruòguàn <लि०> बीस वर्ष के लगभग का युवक (प्राचीन चीन में बीस वर्ष पूरे होने पर युवक टोपी पहनने लगता था)

【弱旅】 ruòlǚ कमज़ोर टीम (खेलादि में)

【弱肉强食】 ruòròu-qiángshí जिस की लाठी उस की भैंस

【弱视】 ruòshì मंद दृष्टि; आँखें कमज़ोर होना

【弱势】 ruòshì ❶कमज़ोरी की प्रवृत्ति ❷कमज़ोर पार्टी, कमज़ोर दल आदि

【弱势群体】 ruòshì qúntǐ पिछड़ा या गैर सुविधाप्राप्त वर्ग

【弱小】 ruòxiǎo छोटा और कमज़ोर

【弱项】 ruòxiàng कमज़ोरी (किसी खेल में या जानकारी में परिस्थितिवश पिछड़े हुए होना); वीक पाइंट

【弱智】 ruòzhì मंद बुद्धि वाला; बौद्धिक रूप से विकलांग; कमज़ोर दिमाग

箬（篛）ruò नीचे दे०

【箬帽】 ruòmào（箬笠 ruòlì भी）चौड़े घेरे और शंकु के आकार वाली बांस की टोपी, जो धूप और वर्षा से बचाव के लिये पहनी जाती है

【箬竹】 ruòzhú <वन०> इंडोकलैमस

爇（焫）ruò <लि०> जलाना; जलना: ～烛 मोमबत्ती जलाना

S

sā

仨 sā 〈बोल०〉 (परिमाण शब्द के साथ प्रयुक्त नहीं होता) तीन; तीनों: ～人 तीन आदमी / 我们～ हम तीनों

【仨瓜俩枣】 sāguā-liǎzǎo तीन खरबूज़े और दो बेर —— नगण्य चीज़; तुच्छ चीज़; छोटी-सी बात

挲（挱） sā दे० 摩挲 māsā

shā; suō भी दे०

撒 sā ❶छोड़ना; फैलाना; छूटना; फैलना: ～网 जाल फैलाना / 撒手 ❷〈अना०〉 अनियंत्रित होना; बेकाबू होना; उच्छृंखल होना: 撒酒疯

sǎ भी दे

【撒村】 sācūn 〈बो०〉 गंदी गालियां देना

【撒旦】 sādàn शैतान

【撒刁】 sādiāo छल-कपट करना

【撒疯】 sāfēng （撒风 sāfēng भी） बेशऊर होना

【撒哈拉沙漠】 Sāhālā Shāmò सहारा रेगिस्तान

【撒谎】 sāhuǎng 〈बोल०〉 झूठ बोलना

【撒欢儿】 sāhuānr 〈बोल०〉 उछल-कूद; उछल-कूद करना

【撒娇】 sājiāo सिर-चढ़े बच्चे का सा व्यवहार करना; मटकना; नखरा करना

【撒酒疯】 sā jiǔfēng नशे में चूर होकर बेकाबू होना

【撒拉族】 Sālāzú साला जाति, जो छिंगहाए एवं कानसू प्रांतों में आबाद है

【撒赖】 sālài धृष्टता करना; बखेड़ा मचाना; हो-हल्ला मचाना

【撒尿】 sāniào 〈बोल०〉 पेशाब करना

【撒泼】 sāpō हतबुद्धि होकर बखेड़ा मचाना

【撒气】 sāqì ❶(गेंद, टायर आदि से) हवा निकल जाना: 我的自行车前胎～了。मेरी साइकिल के अगले टायर से हवा निकल गई। ❷गुस्सा उतारना; क्रोध करना: 你别拿别人～。तुम दूसरों पर अपना गुस्सा न उतारो।

【撒手】 sāshǒu ❶हाथ खींचना: 这件事他～不管了。उस ने इस काम से हाथ खींच लिया है। ❷हाथ छोड़ना: 别～，抓紧一点。हाथ मत छोड़ो। कसकर पकड़ो।

【撒手锏】 sāshǒujiǎn गदा से किया जानेवाला अचानक वार —— तुरुप का पत्ता

【撒手人世】 sāshǒu-rénshì इस दुनिया से चल बसना

【撒腿】 sātuǐ पैर उठाना, पांव बढ़ाना: ～就跑 भाग खड़ा होना

【撒鸭子】 sā yāzi （撒丫子 sā yāzi भी） 〈बो०〉 पैर उठाना; पांव बढ़ाना

【撒野】 sāyě उजड्ड होना; गंवार का लट्ठ होना; बेशऊर होना

sǎ

洒（灑） sǎ ❶छिड़कना; छींटे फेंकना; फुहार छोड़ना: ～农药 कीटनाशक दवा छिड़कना / ～水 पानी के छींटे फेंकना ❷बिखरना: 把～在地上的粮食捡起来。फ़र्श पर बिखरे हुए अनाज के दाने चुन लो।

【洒家】 sǎjiā 〈पुराना〉 (पुरुष द्वारा प्रयुक्त) मैं

【洒泪】 sǎlèi आंसू गिराना; आंसू बहाना: ～而别 आंसू बहाते हुए विदाई देना

【洒落】 sǎluò ❶टपकना; टपकाना: 汗珠～在地下。पसीने की बूंदें टपक-टपककर ज़मीन पर गिर पड़ीं। ❷洒脱 sǎtuō के समान

【洒洒】 sǎsǎ बहुतायत; अधिकता: 洋洋洒洒 yáng-yáng-sǎsǎ

【洒扫】 sǎsǎo फ़र्श पर पानी छिड़क कर झाड़ू देना; बुहारना: ～庭除 आंगन बुहारना

【洒水车】 sǎshuǐchē पानी छिड़काव गाड़ी; वाटरिंग कार

【洒脱】 sǎtuō (बोल-चाल, चाल-चलन आदि में) उन्मुक्त होना; बंधनरहित होना; स्वाभाविक होना

靸 sǎ 〈बो०〉 कपड़े के जूते, बिना एड़ी ऊपर खींचे पहनना; स्लीपर पहनना

【靸鞋】 sǎxié स्लीपर

撒 sǎ बिखेरना; छिड़कना; फैलाना: ～种 बीज बिखेरना, बीज छिटकाना (छितराना); बीज छिड़कना

【撒播】 sǎbō बीज छितराकर बोना

【撒肥】 sǎféi खाद डालना

sā भी दे०

sà

卅 sà तीस

飒（颯）sà ❶हवा की सरसराहट ❷〈लि०〉 मुरझाना; कुम्हलाना

【飒然】 sàrán 〈लि०〉 सरसराहट; सर-सर; सरसराते हुए

【飒飒】 sàsà सरसराहट; सर-सर; सरसराना： 杨树叶子在风中～作响。पोपलर पेड़ की पत्तियां हवा में सरसरा रही हैं।

【飒爽】 sàshuǎng 〈लि०〉 मर्दानगी; जवांमर्दी; वीरता; मर्दाना; जवांमर्द; वीर： 英姿飒爽 yīngzī-sàshuǎng

脎 sà 〈रसा०〉 ओसाजन

萨（薩）Sà एक कुलनाम

【萨尔瓦多】 Sà'ěrwǎduō साल्वाडोर

【萨尔瓦多人】 Sà'ěrwǎduōrén साल्वाडोरवासी

【萨克管】 sàkèguǎn（萨克斯管 sàkèsīguǎn भी）〈संगी०〉 सैक्सफ़ोन

【萨摩亚】 Sàmóyà सामोआ

【萨摩亚人】 Sàmóyàrén सामोआवासी

【萨其马】 sàqímǎ मानचू जाति की एक मिठाई

sāi

腮 sāi गाल; कपोल

【腮帮子】 sāibāngzi 〈बोल०〉 गाल; कपोल

【腮颊】 sāijiá गाल; कपोल

【腮腺】 sāixiàn 〈श०वि०〉 कर्णमूल ग्रंथि

【腮腺炎】 sāixiànyán 〈चिकि०〉 कनपेड़ा; पैराटाइटिस

塞 sāi ❶ठूंसना; घुसाना; घुसेड़ना： 把衬衣～在大衣底下 कमीज़ को ओवरकोट के नीचे ठूंस देना / ～住窟窿 छेद को बन्द करना ❷काग; डाट： 软木～ कार्क

sài; sè भी दे०

【塞车】 sāichē ट्रैफ़िक जाम

【塞尺】 sāichǐ 厚薄规 hòubóguī के समान

【塞规】 sāiguī 〈यां०〉 प्लग गेज

【塞满】 sāimǎn ठूसना; ठसाठस भरना; कूट कूट कर भरना

【塞牙】 sāiyá दांत में किरकिरी गड़ना; दांत किरकिराना

【塞子】 sāizi काग; डाट; कार्क

噻 sāi नीचे दे०

【噻吩】 sāifēn 〈रसा०〉 थाइओफ़िन

【噻唑】 sāizuò 〈रसा०〉 थाइएजोल

鳃（鰓）sāi गलफड़ा

sài

塞 sài रणनीतिक दृष्टि से महत्वपूर्ण स्थान —— 要塞 yàosài

sāi; sè भी दे०

【塞拉利昂】 Sàilālì'áng सेरालियोन

【塞内加尔】 Sàinèijiā'ěr सैनेगाल

【塞浦路斯】 Sàipǔlùsī साइप्रस

【塞舌尔】 Sàishé'ěr शैशल्स

【塞外】 sàiwài लम्बी दीवार के उत्तर में; लम्बी दीवार के पार

【塞翁失马】 sàiwēng-shīmǎ एक बूढ़े सीमांत निवासी ने अपना घोड़ा खो दिया —— दुख के रूप में सुख (क्योंकि बूढ़े सीमांत निवासी का घोड़ा एक बेहतर घोड़े के साथ अपने मालिक के पास लौट आया —— चीन की एक प्राचीन पुस्तक 'ह्वेनानज़' 《淮南子》 में उल्लिखित)

赛（賽）sài ❶मैच; गेम; प्रतियोगिता; स्पर्धा; प्रतिस्पर्धा： 网球～ टेनिस स्पर्धा ❷प्रतियोगिता करना; स्पर्धा करना; प्रतिस्पर्धा करना： ～篮球 बास्केटबाल प्रतियोगिता करना / ～出风格 प्रतिस्पर्धा में खिलाड़ीपन का प्रदर्शन करना ❸से बढ़कर होना; से कम न होना; बराबरी करना： 这些姑娘干活～过小伙子。ये लड़कियां श्रम करने में लड़कों से कम नहीं।

【赛场】 sàichǎng प्रतियोगिता का स्थल

【赛车】 sàichē ❶साइकिल रेसिंग; मोटरसाइकिल रेस; कार रेस ❷रेसिंग वाहन

【赛璐玢】 sàilùfēn सेलोफ़न

【赛璐珞】 sàilùluò लेल्युलाइड

【赛马】 sàimǎ ❶घुड़दौड़ ❷दौड़ का घोड़ा

【赛跑】 sàipǎo दौड़： 长距离～ लम्बी दौड़ / 400米～ चार सौ मीटर की दौड़

【赛事】 sàishì प्रतियोगिता; प्रतिस्पर्धा; स्पर्धा

【赛艇】 sàitǐng 〈खेल०〉 ❶नौकायान ❷नौका

sān

三 sān ❶तीन ❷कई; अनेक： 三番五次

【三八妇女节】 Sān-Bā Fùnǚ Jié आठ मार्च अंतर्राष्ट्रीय महिला दिवस; महिला दिवस

【三百六十行】 sānbǎi liùshí háng सभी तरह के पेशे; सभी तरह के धंधे

【三板】 sānbǎn 舢板 shānbǎn के समान

【三宝】 sānbǎo 〈बौद्धधर्म〉 त्रिरत्न： बुद्ध, बौद्ध धर्म और संघ

【三边形】 sānbiānxíng 三角形 sānjiǎoxíng का दूसरा नाम

【三叉戟】 sānchājǐ त्रिशूल
【三叉神经】 sānchā shénjīng <श०वि०> त्रिक-तंत्रिका
【三岔路口】 sānchà lùkǒu (三岔口 sānchàkǒu भी) तिराहा
【三长两短】 sāncháng-liǎngduǎn अप्रत्याशित संकट; दुर्भाग्य; मौत; मृत्यु: 万一他有个～ अगर उस की मौत हुई, तो …
【三重唱】 sānchóngchàng <संगी०> त्रिगान
【三重奏】 sānchóngzòu <संगी०> त्रिवाद्य
【三从四德】 sāncóng-sìdé (कंफ़्यूशियसवाद के अनुसार एक नारी के लिए) तीन आज्ञापालन और चार गुण —— विवाह से पहले पिता की, विवाह के बाद पति की और पति की मृत्यु के बाद पुत्र की आज्ञा का पालन; सदाचार, समुचित बोली, विनम्रता एवं कर्मठता
【三寸不烂之舌】 sān cùn bù làn zhī shé वाक्पटुता; वाग्मिता; भाषण-पटुता; वाक्पटु; वाग्मी; भाषण-पटु
【三番五次】 sānfān-wǔcì बार-बार; बारम्बार; अनेक बार
【三方】 sānfāng त्रिपक्षीय: ～会谈 त्रिपक्षीय वार्त्ता
【三废】 sānfèi फ़ालतू गैस, फ़ालतू द्रव्य और औद्योगिक तलछट
【三伏】 sānfú ❶तीन फ़ू —— साल की तीन सर्वाधिक गरम अवधियाँ (यानी 初伏, 中伏 और 末伏, जो कुल मिलाकर तीस या चालीस दिन लम्बी होती हैं।) ❷तीसरा फ़ू (यानी 末伏)
【三副】 sānfù <नौपरिवहन> थर्ड मेट; थर्ड आफ़िसर
【三纲五常】 sāngāng-wǔcháng सामंती नीति-दर्शन में तीन मूल मार्गदर्शन (यानी महाराजा अपने वजीरों का, पिता अपने पुत्र का और पति अपनी पत्नी का मार्गदर्शन करता है) तथा पांच नियमित सद्गुण (सदाचार, न्यायनिष्ठा, प्रथा-निर्वाह, बुद्धिमता और विश्वासपात्रता)
【三更半夜】 sāngēng-bànyè गए रात; रात का तीसरा पहर; आधी रात
【三宫六院】 sāngōng-liùyuàn तीन महल और छै कक्ष—— राजमहल के ज़नानाखाने
【三姑六婆】 sāngū-liùpó अशोभनीय धंधों में लगी महिलाएं, जैसे टोनहाई, अपहृत लड़की की शादी तय करानेवाली महिला आदि
【三顾茅庐】 sān gù-máolú तीन बार झोंपड़ी जाना (ल्यू पेइ राजनीतिज्ञ चूक ल्यांग से मिलने तीन बार उस की झोंपड़ी पर गया था) —— किसी से उत्तरदायित्वपूर्ण पद संभालने का बार-बार आग्रह करना
【三国】 Sān Guó तीन राज्य (220-265 ई०) —— वेइ राज्य 魏 (220-265 ई०), शू राज्य 蜀 (221-263 ई०) और वू राज्य 吴 (222-280 ई०)
【三合板】 sānhébǎn प्लाइ वूड
【三合土】 sānhétǔ (三和土 sānhétǔ भी) चूने, मिट्टी और रेत में पानी मिलाकर बनाया जाने वाला मसाला, जो पक्का फ़र्श बनाने में काम आता है
【三花脸】 sānhuāliǎn त्रिफूल चेहरा (परंपरागत ओपेरा में 丑 chǒu का दूसरा नाम)
【三皇五帝】 Sān Huáng Wǔ Dì श्रुति के अनुसार तीन चक्रवती और पांच सम्राट् (तीन चक्रवती हैं 伏羲 Fúxī, 神农 Shénnóng और 燧人 Suìrén; पांच सम्राट् हैं 黄帝 Huángdì, 颛顼 Zhuānxū, 帝喾 Dìkù, 唐尧 Tángyáo एवं 虞舜 Yúshùn)
【三级火箭】 sānjí huǒjiàn तीन खंडों वाला राकेट
【三级跳远】 sānjí tiàoyuǎn <खेल०> त्रिकूद; ट्रिपल जम्प
【三缄其口】 sānjiān-qíkǒu मुंह पर ताला लग जाना
【三焦】 sānjiāo <ची०चि०> शरीर के तीन कोष, जिन में आंतरिक अंग होते हैं
【三角】 sānjiǎo ❶त्रिकोण ❷<गणित०> त्रिकोणमिति
【三角板】 sānjiǎobǎn सेट स्क्वेयर
【三角函数】 sānjiǎo hánshù त्रिकोणमितीय फलन
【三角裤】 sānjiǎokù ब्रीफ़; जांघिया; लंगोटी; कच्छा
【三角恋爱】 sānjiǎo liàn'ài त्रिकोणीय प्रेम
【三角旗】 sānjiǎoqí त्रिभुजाकार झंडा
【三角铁】 sānjiǎotiě ❶<संगी०> ट्राइएंग्ल ❷एंग्ल आयरन
【三角形】 sānjiǎoxíng त्रिभुज
【三角学】 sānjiǎoxué <गणित०> त्रिकोणमिति
【三角洲】 sānjiǎozhōu डेल्टा
【三脚架】 sānjiǎojià ट्राइपोड; त्रिपाद
【三脚猫】 sānjiǎomāo <अना०> हरफनमौला
【三教九流】 sānjiào-jiǔliú ❶तीन मत (कंफ़्यूशियसवाद, ताओपंथ एवं बौद्ध धर्म) और विचारधारा की नौ शाखाएं (कंफ़्यूशियसवादी, ताओपंथी, इन-यांग, विधिशास्त्री, तार्किक, मोशास्त्री, राजनीतिक रणनीतिज्ञ, संकलनवादी और कृषि-विज्ञानी) ❷विभिन्न धार्मिक संप्रदाय और विद्या की विभिन्न शाखाएं ❸<अना०> सभी तरह के लोग; विभिन्न व्यवसायों के लोग
【三节】 sānjié तीन उत्सव यानी नाग नौका उत्सव, मध्य शरद उत्सव और वसंतोत्सव
【三九】 sānjiǔ (三九天 sānjiǔtiān भी) मकर-संक्रांति के बाद तीसरी नौदिवसीय अवधि —— जाड़ों में सर्वाधिक ठंडे दिन
【三军】 sānjūn ❶सेना के तीनों अंग ❷सेना
【三K党】 Sānkèidǎng कू क्लक्स क्लैन (के. के. के.)
【三棱镜】 sānléngjìng <भौ०> (त्रिकोणीय) प्रिज़्म
【三令五申】 sānlìng-wǔshēn एक के बाद दूसरा आदेश देना; बारम्बार आज्ञा दोहराना
【三六九等】 sānliùjiǔděng विभिन्न श्रेणियां
【三轮车】 sānlúnchē (三轮儿 sānlúnr भी) साइकिल-रिक्शा; ट्राइसाइकिल
【三轮摩托车】 sānlún mótuōchē मोटर-ट्राइ-साइकिल
【三昧】 sānmèi ❶<बौद्धधर्म> समाधि ❷भेद; राज़: 深得其中～ किसी बात का राज़ जानना
【三民主义】 sānmín zhǔyì (डाक्टर सुन यात सेन द्वारा प्रतिपादित) तीन जन-सिद्धांत यानी राष्ट्रवाद, जनवाद और जन-जीवन

【三明治】 sānmíngzhì सैंडविच
【三拇指】 sānmǔzhǐ 〈बो०〉 मध्यमा
【三亲六故】 sānqīn-liùgù सगे-संबंधी और जान-पहचान
【三秋】 sānqiū ❶〈कृ०〉 पतझड़ के मौसम में तीन कृषि कार्य —— फ़सल कटाई, जोताई और बोवाई ❷〈लि०〉 पतझड़ मौसम के तीन महीने ❸〈लि०〉 तीन वर्ष: 一日三秋 yí rì sān qiū
【三权分立】 sān quán fēn lì तीन अधिकारों (विधि-निर्माण, प्रशासनिक और न्यायिक अधिकारों) का विभाजन
【三三两两】 sānsānliǎngliǎng दो-दो तीन-तीन के झुंड में: 人们～地在小树林里散步。 लोग दो-दो तीन-तीन के झुंडों में उपवन में टहल रहे हैं।
【三色版】 sānsèbǎn 〈मुद्रण०〉 थ्री कलर ब्लाक; तीन रंगों का ब्लाक
【三生有幸】 sānshēng-yǒuxìng (किसी के दर्शन करने पर) अपने को सौभाग्यशाली समझना
【三牲】 sānshēng बलि के लिए गाय, बकरी और सुअर आदि तीन पालतू पशु
【三思】 sānsī भली भांति सोच-विचार करना; गौर करना: ～而后行 भली भांति सोच-विचार करके ही कोई कदम उठाना
【三天打鱼，两天晒网】 sān tiān dǎ yú, liǎng tiān shài wǎng तीन दिन मछली मारना और दो दिन जाल सुखाना —— काम को बीच-बीच में बन्द करना; अध्यवसाय का अभाव होना
【三天两头】 sāntiān-liǎngtóu 〈बोल०〉 लगभग हर रोज़; आए दिन; हर दूसरे दिन
【三头对案】 sāntóu-duì'àn अदालत में वादी, प्रति-वादी और साक्षी आदि तीन पक्षों को आमने-सामने लाना
【三头六臂】 sāntóu-liùbì तीन सिरों और छै बाजुओं वाला —— अतिमानवीय शक्ति होना
【三位一体】 sānwèi-yītǐ ❶〈क्रिश्चियन〉 ट्राइनिटी ❷त्रिगुट
【三五成群】 sānwǔ-chéngqún दलों में; झुंडों में
【三下五除二】 sān xià wǔ chú èr (तीन और तीन जोड़ने के लिए गिनतारे पर गिनती का एक फ़ार्मूला) फुर्ती से; झटपट
【三夏】 sānxià ❶〈कृ०〉 गर्मियों में फ़सल कटाई, बोवाई और खेतों की देख-रेख आदि तीन कृषि कार्य ❷〈लि०〉 गर्मियों के तीन महीने
【三弦】 sānxián तितारा; तीन तारों वाला वाद्ययंत्र
【三心二意】 sānxīn-èryì आगा-पीछा करना; हिचक करना; पसोपेश में पड़ना: 做事要果断，别～。 काम करने में आगा-पीछा नहीं करना चाहिए बल्कि दृढ़निश्चयी होना चाहिए।
【三言两语】 sānyán-liǎngyǔ दो एक शब्दों में; दो चार शब्दों में: 这事不是～能解释清楚的。 इस मामले में आप को दो चार शब्दों में समझाना असंभव है।
【三月】 sānyuè ❶मार्च का महीना ❷चन्द्र वर्ष का तीसरा मास
【三灾八难】 sānzāi-bānàn हर तरह का रोग या संकट
【三藏】 Sān Zàng 〈बौद्धधर्म〉 त्रिपिटक (विनय, सूत्र और अभिधर्म)
【三朝】 sānzhāo ❶विवाह के बाद का तीसरा दिन (इस दिन नववधू मायके जाती है) ❷नवजात शिशु का तीसरा दिन (इस दिन उसे दुबारा नहलाया जाता है)
【三只手】 sānzhīshǒu 〈बो०〉 पाकेटमार; जेबकतरा
【三足鼎立】 sānzú-dǐnglì 鼎足而立 dǐngzú'érlì के समान

弎 sān 三 sān के समान

叁 sān तीन (यह शब्द गलती या परिवर्तन से बचने के उद्देश्य से चेक आदि पर 三 के स्थान पर लिखा जाता है)

毵 （毿） sān नीचे दे०

【毵毵】 sānsān 〈लि०〉 (बालों, टहनियों आदि का) पतला और लम्बा होना

sǎn

伞[1] （傘、繖） sǎn छाता; छत्री; छतरी

伞[2] （傘） sǎn छतरी जैसी कोई चीज़: 降落伞 jiàngluòsǎn

【伞兵】 sǎnbīng छत्रीधारी सैनिक; छतरी-सैनिक
【伞降】 sǎnjiàng छतरी से उतरना
【伞投】 sǎntóu छतरी से गिराना

散 sǎn ❶खुलना; ढीला होना; खंडित होना: 行李没捆紧，～了。 असबाब ठीक से बांधा नहीं गया और खुल गया। ❷बिखरा हुआ होना: 散居 ❸〈ची०चि०〉 औषधीय चूर्ण

sàn भी दे०

【散兵游勇】 sǎnbīng-yóuyǒng तितर-बितर और भटके हुए सिपाही
【散工】 sǎngōng (零工 línggōng भी) ❶फुटकर काम ❷दिहाड़ी मज़दूर

sàngōng भी दे०

【散光】 sǎnguāng 〈चिकि०〉 अबिंदुकता
【散货】 sǎnhuò खुला माल: ～船 खुला माल ढोने वाला जहाज़
【散记】 sǎnjì संक्षिप्त विवरण
【散剂】 sǎnjì 〈औष०〉 पाउडर; चूर्ण
【散架】 sǎnjià 〈बोल०〉 चुर-चुर हो जाना; टुकड़े-टुकड़े हो जाना; थककर चूर होना; शिथिल होना: 别再装东西了，车快～了。 छकड़े पर और माल न लादो। वरना वह टुकड़े-टुकड़े हो जाएगा। 大家累得像散了架似的。 हम लोग थक कर चूर हो गए।
【散居】 sǎnjū बिखरे हुए रहना: 这个家庭的后代～

全国各地。इस कुल की संतानें विभिन्न स्थानों में बिखरी हुई रहती हैं।

【散乱】 sǎnluàn अस्तव्यस्त; तितर-बितर; अव्यवस्थित

【散漫】 sǎnmàn ❶अनुशासनहीनता; ढील; सुस्ती; अनुशासनहीन; ढीला; सुस्त ❷विघटित; बिखरा हुआ

【散曲】 sǎnqǔ गैरनाटकीय गीत, जो य्वान, मिंग और छिंग राजवंशों के कालों में प्रचलित थे और मुख्यतः काव्यात्मक गीत थे। यह गीत रूप य्वान राजवंश के दौरान विकसित हुआ था

【散套】 sǎntào एक ही राग में बनाए गए गैरनाटकीय गीतों (散曲) की श्रृंखला

【散体】 sǎntǐ समानांतरवाद से भिन्न सरल, सीधी गद्य शैली

【散文】 sǎnwén गद्य

【散文诗】 sǎnwénshī गद्यकाव्य

【散装】 sǎnzhuāng खुला हुआः ～茶叶 खुली चाय / ～货物 खुला माल

馓（饊） sǎn नीचे दे०

【馓子】 sǎnzi लच्छे जैसा एक पकवान

sàn

散 sàn ❶भंग होना; समाप्त होना; छंटनाः 会～了。सभा भंग हुई। / 乌云～了 काले बादल छंट गए। ❷वितरण करना; वितरित करना; बांटनाः ～传单 पर्चियां बांटना / 散发 ❸निकालना; दूर करनाः ～闷 उदासी दूर करना; बहलाना ❹〈बो०〉 छंटनी करना; हटानाः ～工人 मज़दूरों की छंटनी करना

sǎn भी दे०

【散播】 sànbō बिखेरना; फैलानाः ～种子 बीज बिखेर कर बोना / ～谣言 अफ़वाहें फैलाना

【散布】 sànbù ❶फैलाना; वितरित करनाः ～影响 प्रभाव फैलाना / ～幻想 भ्रम फैलाना / ～传单 पर्चियां वितरित करना ❷बिखरना; तितर-बितर होनाः 大大小小的居民点～在这片大平原上。इस विशाल मैदानी क्षेत्र में छोटी-बड़ी बस्तियां बिखरी हुई हैं।

【散步】 sànbù घूमना; टहलना; चहलकदमी करना

【散场】 sànchǎng (नाटक, फ़िल्मशो, खेल आदि का) खत्म होना; समाप्त होनाः 戏～了。नाटक का प्रस्तुतीकरण समाप्त हो गया।

【散发】 sànfā ❶वितरित करना; बांटनाः 此信作为正式文件～。यह पत्र औपचारिक दस्तावेज़ के रूप में वितरित किया गया। / ～传单 पर्चियां बांटना ❷महकना; महक देना; खुशबू आनाः 花儿～着芳香。फूल महक रहे हैं; फूलों से खुशबू आ रही है।

【散工】 sàngōng काम बन्द करना (होना)

sǎngōng भी दे०

【散伙】 sànhuǒ (दल, संस्था या संगठन का) भंग होना; विघटित होना

【散开】 sànkāi बिखरना; तितर-बितर होना; छंटनाः 围观的人群～了。तमाशबीनों की भीड़ छंट गई।

【散落】 sànluò ❶बिखरकर गिरना; बिखर जानाः 纸片～一地。कागज़ के टुकड़े बिखर कर फ़र्श पर गिरे। ❷बिखरा हुआ होना; इधर-उधर फैलनाः 辽阔的平原上～着无数的村落。विस्तृत मैदान में असंख्य गांव इधर-उधर फैले हुए हैं। ❸बिछुड़ कर अता-पता न होना

【散热】 sànrè उष्मा विकिरित करनाः ～器 रेडिएटर

【散失】 sànshī ❶बिखरकर लुप्त होना; खोनाः 古籍～。प्राचीन ग्रंथ खो गए। ❷(जल का) वाष्प में बदलना; आर्द्रता समाप्त होना

【散水】 sànshuǐ 〈वास्तु०〉 एप्रोन

【散摊子】 sàn tānzi (散摊儿 sàntānr भी) 〈बोल〉 भंग होना; विघटित होना; समाप्त होना, बंद होनाः 他们那家公司～了。उन की कंपनी बंद हो गई।

【散戏】 sànxì नाटक का मंचन समाप्त होना

【散心】 sànxīn बहलाव; मन (जी) बहलाना; दिल खुश करना

sāng

丧（喪、丧） sāng शोक; मृत्युशोक; मातम; मृत्यु संबंधी; मातमीः 丧事

sàng भी दे०

【丧服】 sāngfú मातमी लिबास; शोकवस्त्र

【丧家】 sāngjiā मृतक का परिवार

【丧礼】 sānglǐ अंत्येष्टि; अंतिम संस्कार

【丧乱】 sāngluàn 〈लि०〉 अनर्थ और रक्त-पात

【丧事】 sāngshì अंत्येष्टि; मृतककर्मः 办～ अंत्येष्टि करना; मृतककर्म करना

【丧葬】 sāngzàng अंत्येष्टि; शवकर्म

【丧钟】 sāngzhōng मृत्यु (मौत) की घंटीः 敲响～ मृत्यु की घंटी बजाना

桑 sāng ❶शहतूत ❷ (Sāng) एक कुलनाम

【桑蚕】 sāngcán रेशम का कीड़ा

【桑那浴】 sāngnàyù साऊना बाथ; साऊना स्नान

【桑皮纸】 sāngpízhǐ शहतूत की छाल से बना कागज़

【桑葚儿】 sāngrènr 桑葚 sāngshèn के समान

【桑葚】 sāngshèn (桑葚子 sāngshènzi भी) शहतूत का फल; शहतूत; तूत

【桑树】 sāngshù शहतूत; तूत

【桑榆】 sāngyú 〈साहि०〉 ❶दिन ढले; सूर्यास्त होना ❷अस्ताचल ❸शेष जीवन; बुढ़ापाः ～暮景 बुढ़ापा; वृद्धावस्था

【桑园】 sāngyuán शहतूत का बाग

【桑梓】 sāngzǐ 〈साहि०〉 जन्मस्थान; जन्मभूमि

sǎng

搡 sǎng 〈बो०〉 ज़ोर का धक्का देना: 他被人～一个跟头。वह ज़ोर का धक्का खाकर ज़मीन पर गिर पड़ा।

嗓 sǎng कंठ; गला; हलक: 倒～ कंठ फूटना

【嗓门儿】 sǎngménr कंठ; स्वर; आवाज़: 他说话～大。वह जब भी बोलता है तो ऊंची आवाज़ में बोलता है।

【嗓音】 sǎngyīn कंठ; गला; स्वर; आवाज़: ～洪亮 गुंजायमान स्वर

【嗓子】 sǎngzi कंठ; गला; हलक: ～干 गला सूखना / ～嘶哑 कंठ बैठना; गला बैठना

sàng

丧（喪、丧） sàng खोना; गंवाना; से हाथ धोना
sāng भी दे०

【丧胆】 sàngdǎn भयभीत होना; त्रस्त होना

【丧魂落魄】 sànghún-luòpò（丧魂失魄 sànghún-shīpò भी）जी उड़ जाना; जी उलझना; दिल घबराना

【丧家之犬】 sàngjiāzhīquǎn धोबी का कुत्ता, न घर का न घाट का

【丧尽天良】 sàngjìn-tiānliáng हृदयहीनता; निर्दयता; हृदयहीन; निर्दय; निर्दयी

【丧门星】 sàngménxīng ❶ससुराल का अनर्थ करने वाली महिला ❷अनर्थ करने वाला

【丧命】 sàngmìng जान गंवाना; जी देना

【丧偶】 sàng'ǒu 〈लि०〉 विधुर या विधवा होना

【丧气】 sàngqì हिम्मत खोना; पस्तहिम्मत होना; निरुत्साह होना; हताश होना

【丧气】 sàngqi अशुभ होना; किस्मत फूटना; भाग्य मंद पड़ना: ～话 अशुभ बात

【丧权辱国】 sàngquán-rǔguó अपमानजनक शर्तों पर अपने देश का सार्वभौमिक अधिकार त्याग देना

【丧失】 sàngshī खोना; गंवाना; हाथ से धोना; वंचित होना: ～警惕 सतर्कता खो बैठना / ～人心 लोक-समर्थन खो बैठना / ～时机 मौके को हाथ से धोना / ～性命 जान गंवाना

【丧亡】 sàngwáng मौत; मृत्यु; मौत (मृत्यु) होना; मर जाना

【丧心病狂】 sàngxīn-bìngkuáng दिमाग फिरना; पागल होना

【丧志】 sàngzhì हतोत्साह होना; उत्साह भंग होना

sāo

搔 sāo खुजलाना; खुजाना: ～痒 खुजलाना; खुजाना

【搔到痒处】 sāo dào yǎngchù जहां खुजली होती है वहीं खुजाओ —— पते की बात कहना

【搔首弄姿】 sāoshǒu-nòngzī 〈लि०〉 बालों को झटकाते हुए नखरे करना; नखरेबाज़ी करना; चोंचलेबाज़ी करना

【搔头】 sāotóu ❶(हैरान होकर) सिर खुजलाना ❷हैरान करनेवाला: 这件事真是～。यह दरअसल एक हैरान करने वाली बात है।

骚¹（騷） sāo उपद्रव; दंगा; फ़साद; उत्पात: 骚乱

骚²（騷） sāo ❶屈原 (छ्वू य्वान) के काव्य《离骚》(विरहव्यथा) का संक्षिप्त रूप ❷〈लि०〉 साहित्यिक रचना

骚³（騷） sāo ❶नखरेबाज़; चोंचलेबाज़ ❷〈बो०〉 नर (गृहपशु): ～马 घोड़ा / ～驴 गधा ❸臊 sāo के समान

【骚动】 sāodòng ❶दंगा; उपद्रव; विप्लव; उत्पात ❷हलचल; कोलाहल; हंगामा; हल्ला: 人群开始～起来。भीड़ में कोलाहल मचने लगा।

【骚货】 sāohuò 〈घृणा०〉 व्यभिचारिणी; दुश्चरित्र स्त्री

【骚客】 sāokè 〈लि०〉 कवि

【骚乱】 sāoluàn उपद्रव; उत्पात; विप्लव; उथल-पुथल

【骚扰】 sāorǎo हैरान-परेशान करना; तंग करना; अमन-चैन भंग करना: ～边境 सीमा पर अमन-चैन भंग करना

【骚人】 sāorén 〈लि०〉 कवि

【骚人墨客】 sāorén-mòkè सहित्यकार

缫（繅、繰） sāo कोये से रेशम का तंतू निकालना; रेशम बटना
缲 qiāo भी दे०

【缫丝】 sāosī रेशम-बटाई

臊 sāo पेशाब या लोमड़ी की बदबू; दुर्गंध
sào भी दे०

【臊气】 sāoqì बदबू; दुर्गंध

sǎo

扫（掃） sǎo ❶झाड़ू देना; बुहारना: ～街 सड़क पर झाड़ू देना ❷नष्ट करना; झाड़ू फेरना; उन्मूलन करना: 扫盲 ❸तेज़ी से इधर-उधर करना; दौड़ाना: 他向周围～了一眼。उस ने चारों तरफ़ नज़रें दौड़ाईं। ❹एकत्र करना; इकट्ठा करना: 扫数

sào भी दे०

【扫除】 sǎochú ❶साफ़ करना; सफ़ाई करना: 大～ सफ़ाई करना ❷निवारण करना; हटाना; दूर करना; मिटाना: ～障碍 बाधाएं दूर करना / ～文盲 निरक्षरता का निवारण करना

【扫荡】 sǎodàng सफ़ाया; सफ़ाया करना: ～行动 सफ़ाया मुहिम

【扫地】 sǎodì ❶झाड़ू देना; झाड़ू लगाना; बुहारना ❷(विश्वास का) उठना; (प्रतिष्ठा का) धूल में मिलना: 名誉～विश्वास उठना / 威信～ प्रतिष्ठा धूल में मिल जाना

【扫地出门】 sǎodì-chūmén किसी की धन-संपत्ति ज़ब्त करना

【扫黄】 sǎohuáng अश्लील प्रकाशनों और वेश्यावृत्ति पर रोक लगाना

【扫雷】 sǎoléi सुरंग हटाना: ～舰 माइनस्वीपर; सुरंगों को साफ़ करनेवाला पोत

【扫盲】 sǎománg निरक्षरता-निवारण; साक्षरता: ～运动 साक्षरता अभियान

【扫描】 sǎomiáo 〈वैद्यु०〉 स्केनिंग: ～器 स्केनर

【扫墓】 sǎomù （扫坟 sǎofén भी） मृतक को उस के मकबरे पर श्रद्धांजलि अर्पित करना

【扫平】 sǎopíng शांत करना; दमन करना; कुचल डालना: ～叛乱 उपद्रव को कुचल डालना

【扫射】 sǎoshè गोलाबारी करना; गोलियों की बौछार करना

【扫视】 sǎoshì नज़र दौड़ाना

【扫数】 sǎoshù पूरे का पूरा; सब का सब; सारे का सारा: ～入库 सारे का सारा माल गोदाम में रखना

【扫榻】 sǎotà 〈लि०〉 (अतिथि के स्वागत में) पलंग पर से गर्द साफ़ करना: ～以待 आंखें बिछाना

【扫听】 sǎoting 〈बो०〉 पता लगाना; पूछना

【扫尾】 sǎowěi शेष काम पूरा करना; बचा हुआ काम समाप्त करना

【扫兴】 sǎoxìng मज़ा किरकिरा होना; आनंद में विघ्न पड़ना; रंग में भंग पड़ना: 真～! मज़ा किरकिरा हो गया।

嫂 sǎo ❶भाभी ❷(हमउम्र महिला का संबोधन) दीदी; भाभी

【嫂夫人】 sǎofūren दोस्त की पत्नी का आदरसूचक संबोधन

【嫂嫂】 sǎosao 〈बो०〉 भाभी

【嫂子】 sǎozi भाभी

sào

扫（掃） sào नीचे दे०

sǎo भी दे०

【扫把】 sàobǎ 〈बो०〉 झाड़ू; बुहारी

【扫帚】 sàozhou झाड़ू; बुहारी

【扫帚星】 sàozhouxīng ❶झाड़ू; पुच्छल तारा ❷〈घृणा०〉 वह व्यक्ति विशेषकर नारी, जो मनहूसियत लाती हो

梢 sào ❶शंकु के आकार का ❷锥度 zhuīdù के समान

shāo भी दे०

瘙 sào 〈प्रा०〉 खाज; खारिश; खुजली

【瘙痒】 sàoyǎng खुजली; खुजलाहट

臊 sào शर्म; लज्जा; लाज: 害～ शर्म आना

sāo भी दे०

【臊气】 sàoqì 〈बो०〉 किस्मत फूटना; नसीब टेढ़ा होना

【臊子】 sàozi 〈बो०〉 कीमा या मांस के छोटे टुकड़े

sè

色 sè ❶रंग: 蓝～ नीला रंग; नीलापन ❷मुखाकृति; भाव: 怒色 nùsè ❸वर्ग; किस्म: 各～各样 हर किस्म का ❹दृश्य; छवि: 景色 jǐngsè ❺(कीमती धातु की) गुणवत्ता: 成色 chéngsè ❻(नारी की) खूबसूरती; सौंदर्य: 姿色 zīsè

shǎi भी दे०

【色彩】 sècǎi ❶रंग; वर्ण: 鲜明的～ तेज़ रंग ❷रंगत; रंग: 带有地方～ पर स्थानीय रंग चढ़ा हुआ होना / 文学～ सहित्यिक रंगत

【色丹岛】 Sèdāndǎo शिकोतान द्वीप

【色胆】 sèdǎn कामवासना: ～包天 अपनी कामवासना पूरी करने के लिए सब कुछ कर गुज़रना

【色调】 sèdiào रंगत; रंग की आभा

【色光】 sèguāng रंगीन किरण

【色鬼】 sèguǐ कामी; दिलफेंक; विषयी

【色拉】 sèlā （沙拉 shālā भी） सलाद

【色狼】 sèláng लम्पट

【色厉内荏】 sèlì-nèirěn देखने में डरावना लेकिन दिल से डरपोक होना

【色盲】 sèmáng 〈चिकि०〉 वर्णान्धता; रंगान्धता; वर्णान्ध; रंगान्ध

【色目人】 Sèmùrén य्वान राजवंश के दौरान एक विशिष्ट वर्ग, जिस में मुख्यत: वेवुर और तुर्क आदि थे

【色情】 sèqíng सेक्स; काम

【色情狂】 sèqíngkuáng ❶कामोन्मत्त; कामोन्मादी ❷कामोन्माद

【色情文学】 sèqíng wénxué कामोत्तेजक साहित्य

【色素】 sèsù 〈श०वि०〉 रंगद्रव्य; पिगमंट

【色相】 sèxiàng ❶〈बौद्धधर्म〉 रूप और आकृति ❷नारी का रंगरूप ❸वर्णक्रम —— लाल, नारंगी, पीला, हरा, नीला, नील और बैंगनी

【色欲】 sèyù कामुकता

【色泽】 sèzé रंग और चमक: ～鲜明 उजला; चमकदार

涩（澀，澁）sè ❶कसैलापन; कड़वाहट; कसैला; कड़वा ❷अस्निग्ध ❸दुर्बोध; क्लिष्टः 艰涩 jiānsè

【涩滞】 sèzhì (लेखन में) गतिहीनता; गतिहीन

啬 sè कंजूसी; कंजूस

【啬刻】 sèkè 〈बो॰〉 कंजूसी; कृपणता; कंजूस; कृपण

铯（銫）sè 〈रसा॰〉 सेसियम (Cs)

瑟 sè 25 या 15 तंतुओं का सितार की तरह का एक प्राचीन वाद्य

【瑟瑟】 sèsè ❶सरसराहट; सरसराना: 秋风～。सरद हवा सरसराती है। ❷थरथराहट; थरथर; थरथराना: ～发抖 थरथर कांपना

【瑟缩】 sèsuō सर्दी के मारे सिकुड़ना; सिमटना; ठिठुरना

塞 sè नीचे दे॰

sāi; sài भी दे॰

【塞擦音】 sècāyīn 〈ध्वनि॰〉 स्पर्शघर्ष

【塞音】 sèyīn 〈ध्वनि॰〉 स्पर्श वर्ण

【塞责】 sèzé कर्तव्यविमुख; कर्तव्यच्युत

穑（穡）sè दे॰ 稼穑 jiàsè

sēn

森 sēn ❶वृक्षों की बहुतायत: 森林 ❷〈लि॰〉 अधिकता; बहुतायत: 森罗万象 ❸अंधेरा; अंधकारमय: 阴森 yīnsēn

【森林】 sēnlín वन; जंगल: ～火灾 दावानल; दावाग्नि / ～地带 वनप्रदेश / ～资源 वन-साधन / ～学 वन-विज्ञान

【森林覆盖率】 sēnlín fùgàilǜ वन आवरण का प्रतिशत

【森罗殿】 sēnluódiàn यमराज का दरबार

【森罗万象】 sēnluó-wànxiàng सब मिलाकर; सब समाविष्ट कर

【森然】 sēnrán ❶(वन का) घना होना;गहन होना: 林木～ वन घना होना ❷भयोत्पादक

【森森】 sēnsēn ❶(वन का) घना होना;गहन होना: 松柏～ सरु और देवदार के वृक्षों का घना वन ❷डरावना; भयानक

【森严】 sēnyán कड़ाई; सख्ती; कड़ा; सख्त: 戒备～ सुरक्षा की कड़ी व्यवस्था (करना) / 等级～ सामाजिक स्तरों की कड़ी व्यवस्था

【森严壁垒】 sēnyán-bìlěi 壁垒森严 bìlěi-sēnyán के समान

sēng

僧 sēng बौद्धभिक्षु

【僧多粥少】 sēngduō-zhōushǎo 粥少僧多 zhōushǎo-sēngduō के समान

【僧伽罗语】 Sēngjiāluóyǔ सिंहली (भाषा)

【僧侣】 sēnglǚ ❶बौद्धभिक्षु ❷साधु ❸पुरोहित ❹पादरी

【僧尼】 sēngní बौद्धभिक्षु और भिक्षुणी

【僧俗】 sēngsú बौद्धभिक्षु और गृहस्थ

【僧徒】 sēngtú बौद्धभिक्षु

【僧院】 sēngyuàn संघाराम; विहार

shā

杀（殺）shā ❶मार डालना; जान से मारना; हत्या करना; वध करना ❷लड़ना; लड़ाई करना: ～出敌人的重重围困 लड़कर दुश्मन की दोहरी घेराबंदी तोड़कर अपना रास्ता निकालना ❸कम करना (होना); कमज़ोर करना (होना); क्षीण करना (होना); कटौती करना (होना): 杀价 / 风势稍～。हवा कुछ कमज़ोर हुई। ❹煞 ❶shā के समान ❺〈क्रि॰वि॰〉 (क्रिया के बाद प्रयुक्त) नितांत; अत्यधिक: 气～人 अत्यधिक क्रोधित होना; आपे से बाहर होना / 闷～人 नितांत ऊबाऊ होना ❻〈बो॰〉 टीस उठना; टीस मारना: 肥皂水～眼睛。साबुन के पानी से आंखों में टीस उठी।

【杀虫剂】 shāchóngjì कीटनाशक दवा

【杀敌】 shādí दुश्मन को नेस्तनाबूद करना: 英勇～ बहादुरी से लड़ना

【杀风景】 shā fēngjǐng रंग में भंग डालना (पड़ना); मज़ा किरकिरा करना (होना)

【杀害】 shāhài मार डालना; हत्या करना; मौत के घाट उतारना; वध करना; कत्ल करना: 禁止～野生动物。वन्य पशुओं का वध करना वर्जित है। / 在争取独立的斗争中无数革命者惨遭～。स्वाधीनता के लिए संघर्ष में असंख्य क्रांतिकारी मारे गये।

【杀回马枪】 shā huímǎqiāng अचानक मुड़कर वार करना

【杀机】 shājī हिंस्र इरादा

【杀鸡取卵】 shājī-qǔluǎn अंडा प्राप्त करने के लिए मुरगी को मार डालना

【杀鸡吓猴】 shājī-xiàhóu（杀鸡给猴看 shā jī gěi hóu kàn भी）वानर को डराने के लिए मुर्गे का वध करना —— दूसरों को चेतावनी देने के उद्देश्य से किसी और को दंड देना

【杀价】 shājià मूल्य कम करने के लिए राज़ी करना

【杀戒】 shājiè जीव-हत्या का निषेध (बौद्ध निषेधों में

एक)

【杀菌】 shājūn रोगाणुओं का नाश करना

【杀菌剂】 shājūnjì रोगाणुनाशी

【杀戮】 shālù कत्लेआम; कत्लेआम करना：～无辜 निरापराधियों का कत्लेआम करना

【杀气】[1] shāqì हिंस्रभाव; हत्या का भाव：双眼透出～ हत्यारी दृष्टि; आँखों में हत्या करने का हिंस्र भाव

【杀气】[2] shāqì पर गुस्सा उतारना：他总拿别人～。वह हमेशा दूसरों पर अपना गुस्सा उतारता है।

【杀气腾腾】 shāqì-téngténg क्रूर दीखना; खूंखार नज़र आना; खून सिर पर चढ़ना

【杀青】 shāqīng साहित्य को अंतिम रूप देना

【杀人不见血】 shā rén bù jiàn xiě रक्तस्राव किए बगैर मार डालना —— धूर्तता से हत्या करना

【杀人不眨眼】 shā rén bù zhǎ yǎn पलक झपके बगैर कत्ल कर देना —— खून का प्यासा होना

【杀人犯】 shārénfàn हत्यारा; खूनी; कातिल

【杀人放火】 shārén-fànghuǒ हत्या और आगज़नी; हत्या करना और आग लगाना

【杀人如麻】 shārén-rúmá लोगों को मक्खियों की तरह मार डालना

【杀人越货】 shārén-yuèhuò किसी को जान से मारकर उस का धन लूटना —— डकैती करना; लूट-पाट करना

【杀伤】 shāshāng हताहत करना：～大批敌人 बड़ी संख्या में शत्रु-सैनिकों को हताहत करना / ～力 मारक शक्ति

【杀伤性武器】 shāshāngxìng wǔqì नरसंहारक शस्त्र：大规模～ व्यापक नरसंहारक शस्त्र

【杀身】 shāshēn जान खोना; जान गंवाना：招来～之祸 जान खोने का खतरा मोल लेना

【杀身成仁】 shāshēn-chéngrén शहीद होना

【杀生】 shāshēng 〈बौद्धधर्म〉 जीव हत्या; जीव हिंसा

【杀手】 shāshǒu हत्यारा

【杀头】 shātóu सिर काटना; गला काटना

【杀一儆百】 shāyī-jǐngbǎi एक को मृत्यु दंड देकर सैकड़ों को चेतावनी देना

杉 shā 杉 shān के समान, केवल नीचे के पदों में प्रयुक्त होता है

shān भी दे०

【杉篙】 shāgāo (बाड़ा खड़ा करने या नाव खेने में काम आने वाला) देवदारु का डंडा

【杉木】 shāmù देवदारु की लकड़ी

沙[1] shā ❶रेत; बालू ❷रेत की भांति महीन：豆沙 dòushā ❸ (Shā) एक कुलनाम

沙[2] shā (आवाज़) भारी; रूखा; शुष्क

沙[3] shā ज़ार; ज़ारशाही

shà भी दे०

【沙包】 shābāo ❶रेतीला टीला; बालू का टीला ❷बालू या रेत का थैला या बोरा; सैंडबैग

【沙暴】 shābào रेतीली आंधी; रेतीला तूफ़ान

【沙场】 shāchǎng रणक्षेत्र; रणभूमि; मैदान：久经～ अनुभवी सैनिक या व्यक्ति

【沙尘】 shāchén धूल; गर्द

【沙尘暴】 shāchénbào रेतीली आंधी; रेतीला तूफ़ान

【沙船】 shāchuán जंक; चीनी चपटे पेंदे वाला बड़ा जहाज़

【沙袋】 shādài बालू-थैला; सैंड बैग

【沙丁鱼】 shādīngyú सार्डिन (मछली)

【沙俄】 Shā'é ज़ारशाही रूस

【沙发】 shāfā सोफ़ा：单人～ आर्मचेयर; आरामकुर्सी

【沙岗】 shāgǎng बालू का टीला; रेतीला टीला

【沙锅】 shāguō हंडिया; हांडी

【沙荒】 shāhuāng रेतीली परती

【沙皇】 shāhuáng ज़ार

【沙浆】 shājiāng 砂浆 shājiāng के समान

【沙金】 shājīn स्वर्ण-रेत

【沙坑】 shākēng ❶बालूगर्त ❷〈खेल०〉 जम्पिंग पिट

【沙拉】 shālā सलाद

【沙里淘金】 shālǐ-táojīn रेत में से सोने के कण चुनना —— असंख्य संदर्भ-सामग्री का सार निकालना; भारी प्रयत्न करके थोड़ी सी उपलब्धि प्राप्त करना

【沙砾】 shālì कंकड़; बजरी

【沙龙】 shālóng सैलून

【沙门】 shāmén 〈बौद्धधर्म〉 श्रमण; श्रमणा

【沙弥】 shāmí 〈बौद्धधर्म〉 श्रामणेर

【沙漠】 shāmò रेगिस्तान; मरुभूमि; मरुस्थल

【沙漠化】 shāmòhuà रेतीले टीलों का विस्तार：控制～ रेतीले टीलों के विस्तार पर नियंत्रण रखना

【沙盘】 shāpán 〈सैन्य०〉 सैंडटेबल：～作业 सैंडटेबल एक्सर्साइज़

【沙碛】 shāqì 〈लि०〉 रेगिस्तान; मरुभूमि; मरुस्थल

【沙丘】 shāqiū रेतीला टीला：流动～ बढ़ता हुआ रेतीला टीला

【沙瓤】 shāráng तरबूज़ का रसदार गूदा

【沙壤土】 shārǎngtǔ रेतीली भूमि; बलुई भूमि

【沙沙】 shāshā 〈अनु०〉 मर्मर; खड़खड़; खड़खड़ाहट; सरसर; सरसराहट：发出～声 खड़कना; खड़खड़ाना; सरसराना / 风吹枯叶，～作响。हवा चलने से सूखे पत्ते खड़के।

【沙滩】 shātān पुलिन; रेती; रेतीली भूमि

【沙糖】 shātáng 砂糖 shātáng के समान

【沙特阿拉伯】 Shātè Ālābó सऊदी अरब

【沙特阿拉伯人】 Shātè Ālābórén सऊदी अरबी

【沙田】 shātián रेतीली ज़मीन

【沙土】 shātǔ रेतीली मिट्टी

【沙文主义】 Shāwén zhǔyì शोविनिज़्म

【沙哑】 shāyǎ (आवाज़) भारी; शुष्क：他嗓子～。उस का गला बैठ गया।

【沙眼】 shāyǎn 〈चिकि॰〉 ट्रैकोमा
【沙鱼】 shāyú 鲨鱼 shāyú के समान
【沙浴】 shāyù सैंड बाथ
【沙洲】 shāzhōu रेती
【沙柱】 shāzhù सैंड कालम
【沙子】 shāzi ❶रेत; बालू; किरकिरी ❷छर्रा: 铁～ लोहे का छर्रा
【沙嘴】 shāzuǐ 〈भूगर्भ॰〉 सैंडस्पिट; रेती

纱（紗）shā ❶सूत; तागा: 棉纱 miánshā ❷जाली: 纱布
【纱包线】 shābāoxiàn सूत से संरक्षित या ढँका हुआ तार
【纱布】 shābù महीन कपड़ा; ज़ख्म पर बाँधने की पट्टी
【纱厂】 shāchǎng सूती कपड़ा मिल
【纱橱】 shāchú जालीदार अलमारी
【纱窗】 shāchuāng जालीदार खिड़की
【纱灯】 shādēng जालीदार लालटेन
【纱锭】 shādìng 〈बुना॰〉 तकला; तकली
【纱丽】 shālì साड़ी
【纱笼】 shālóng सारोंग
【纱帽】 shāmào 乌纱帽 wūshāmào के समान
【纱罩】 shāzhào ❶जालीदार ढक्कन ❷(लैंप का) मेंटल

刹 shā ब्रेक लगाना; रोकना; रोकथाम करना: 把车～住 ब्रेक लगाकर कार रोकना / ～住不正之风 अस्वस्थ प्रवृत्ति की रोकथाम करना
chà भी दे॰
【刹车】 shāchē ❶ब्रेक लगाना ❷बिजली काटकर मशीन रोकना: मशीन बन्द करना ❸रोकना; रोकथाम करना: 不实宣传必须～。निराधार प्रचार को रोकना चाहिए। ❹ब्रेक

砂 shā बालू; रेत; रेणु
【砂布】 shābù एमरी क्लाथ
【砂浆】 shājiāng गारा
【砂礓】 shājiāng संगुटिका
【砂轮】 shālún 〈यां॰〉 एमरी व्हील
【砂轮机】 shālúnjī ग्राइंडर
【砂囊】 shānáng पक्षियों का दूसरा उदर
【砂糖】 shātáng दानेदार चीनी
【砂箱】 shāxiāng 〈धा॰वि〉 सैंडबाक्स: सांचा
【砂心】 shāxīn 〈धा॰वि॰〉 कोर
【砂型】 shāxíng 〈धा॰वि॰〉 सैंड माल्ड
【砂岩】 shāyán बलुआ पत्थर
【砂眼】 shāyǎn सैंड होल
【砂样】 shāyàng 〈तेल उद्योग〉 ड्रिलिंग मड कटिंग
【砂纸】 shāzhǐ सैंड पेपर: 玻璃～ ग्लास पेपर / 金刚～ एमरी पेपर

莎 shā स्थान या व्यक्ति के नाम में प्रयुक्त: ～车 (शिनच्यांग में एक काउंटी का नाम)
suō भी दे॰

铩（鎩）shā ❶प्राचीन काल में एक तरह का भाला ❷〈लि॰〉 घायल करना; क्षत-विक्षत करना
【铩羽】 shāyǔ 〈लि॰〉 पंख कट गए —— अपना सा मुंह लेकर रह जाना; मुंह की खानी पड़ना

挲（抄）shā दे॰ 挓挲 zhāsha
sā; suō भी दे॰

痧 shā 〈ची॰चि॰〉 हैज़ा; लू लगने जैसा घातक रोग
【痧子】 shāzi 〈बो॰〉 खसरा

煞 shā ❶बन्द करना (होना); समाप्त करना (होना); रोकना; रुकना: 锣鼓突然～住。ढोल-नगाड़े की आवाज़ एकाएक बन्द हो गई। / ～住脚 रुक जाना ❷कसना: ～紧绳子。रस्सी कसकर बांधो। ❸杀 shā❸❺के समान
shà भी दे॰
【煞笔】[1] shābǐ कलम चलाना बन्द करना
【煞笔】[2] shābǐ लेख का अंत
【煞车】[1] shāchē गाड़ी पर लदे माल को कसकर बांधना
【煞车】[2] shāchē दे॰ 刹车 shāchē
【煞风景】 shā fēngjǐng 杀风景 shā fēngjǐng के समान
【煞尾】 shāwěi ❶पूरा करना; समाप्त करना: 剩下的活儿不多了，今天就可以～。बहुत थोड़ा काम बाकी रह गया है। आज ही हम उसे पूरा कर देंगे। ❷अंत: 电影的～很感人。इस फ़िल्म का अंत मर्मस्पर्शी है।

裟 shā दे॰ 袈裟 jiāshā

鲨（鯊）shā शार्क
【鲨鱼】 shāyú शार्क; शार्क मछली

shá

啥 shá 〈बो॰〉 क्या: 你在说～? तुम क्या बोल रहे हो? / 现在是～时候了? अब क्या समय हो गया है?

shǎ

傻（傻）shǎ ❶मूर्खता; बेवकूफ़ी; मूर्ख; बेवकूफ़; बुद्धू: 你也真～，连他的话都信。तुम भी बुद्धू हो। उस की बात भी मान गए। / ～到家了。मूर्खता की हद हो गई। / 吓～了 अवाक् रह जाना ❷मूर्ख की भांति; बेवकूफ़ की तरह: ～等 बेवकूफ़ की तरह इंतज़ार करता रहना
【傻瓜】 shǎguā （傻蛋 shǎdàn भी） मूर्ख; बेवकूफ़;

बुद्धू

【傻瓜相机】 shǎguā xiàngjī ईडियट कैमरा

【傻呵呵】 shǎhēhē नासमझ; मूर्ख; बेवकूफ़: 你别看他～的，他可有主见了。आप उसे नासमझ न समझें। वह तो एकदम समझदार है।

【傻乎乎】 shǎhūhū 傻呵呵 shǎhēhē के समान

【傻话】 shǎhuà मूर्खतापूर्ण बात; बकवास

【傻劲儿】 shǎjìnr ❶मूर्खता; बेवकूफ़ी; नासमझी ❷जोश; हठ: 干活别光凭～，得动动脑子。तुम्हें यों ही जोश में आकर काम नहीं करना चाहिए, बल्कि दिमाग पर भी ज़ोर डालना चाहिए।

【傻乐】 shǎlè 〈बो०〉 मूर्खतापूर्ण हंसी हंसना; अशिष्ट हंसी हंसना

【傻帽儿】 shǎmàor 〈बो०〉 नादान; अनाड़ी

【傻气】 shǎqì मूर्खता; बेवकूफ़ी; नासमझी

【傻头傻脑】 shǎtóu-shǎnǎo ❶मूर्ख-सा ❷जड़बुद्धि; अल्पबुद्धि

【傻笑】 shǎxiào बेवकूफ़ की तरह हंसना

【傻眼】 shǎyǎn 〈बोल०〉 आंखें फाड़-फाड़ कर देखना; बेवकूफ़ की तरह देखना

【傻样】 shǎyàng 〈बोल०〉 बुद्धू का सा लगना: 瞧你这副～! तुम तो बिल्कुल बुद्धू जैसे लगते हो!

【傻子】 shǎzi मूर्ख; बेवकूफ़; अंधखोपड़ी

shà

沙 shà 〈बो०〉 छानना; बीनना; छांटना: 把米里的沙子～一～。चावल छान कर कंकड़ियाँ अलग कर दो।
shā भी दे०

唼 shà नीचे दे०

【唼喋】 shàdié मछलियों या जलपक्षियों के झुंड द्वारा खाते वक्त मुँह से की गई आवाज़

厦（廈） shà अट्टालिका; ऊंची इमारत; भवन: 高楼大～ ऊंची-ऊंची इमारतें
xià भी दे०

嗄 shà 〈लि०〉 (आवाज़) भारी; शुष्क
á भी दे०

歃 shà 〈लि०〉 चूसना

【歃血】 shàxuè मुंह पर बलि का खून लगाना —— प्रतिज्ञा करने की एक प्राचीन प्रथा

【歃血为盟】 shàxuè-wéiméng मुंह पर बलि का खून लगा कर गठबंधन की प्रतिज्ञा करना

煞 1 shà निशाचर; बैताल; पिशाच

煞 2 shà 〈क्रि०वि०〉 (क्रिया या विशेषण के आगे प्रयुक्त) बहुत; बेहद
shā भी दे०

【煞白】 shàbái सफ़ेद; फीका: 脸色～ चेहरा सफ़ेद होना; मुंह पर हवाइयाँ उड़ना

【煞费苦心】 shàfèi-kǔxīn दिमाग खपाना; दिमाग लड़ाना; माथा पच्ची करना: 他们～地制造了骗局。उन्होंने दिमाग खपा खपाकर धोखे की टट्टी खड़ी कर दी।

【煞气】 shàqì हवा निकल जाना: 我的自行车胎～了。मेरी साइकिल के दोनों टायरों से हवा निकल गई।

【煞有介事】 shàyǒu-jièshì बनावटी गंभीरता से

霎 shà क्षण; पल

【霎时间】 shàshíjiān （霎时 shàshí भी）क्षण भर में; पल भर में

【霎眼】 shàyǎn पलक मारते ही; पलक झपते ही; देखते-देखते

shāi

筛 1 （篩） shāi ❶छलनी; साफ़ी ❷छानना; बिलगाना; चालना: ～米 चावल चालना

筛 2 （篩） shāi ❶शराब गरम करना ❷(प्याले में शराब) डालना

筛 3 （篩） shāi 〈बो०〉 (घंटा) बजाना

【筛糠】 shāikāng 〈बोल०〉 थरथर; थरथराहट; थरथराना; कांपना: 吓得直～ भय से कांपता रहना; थरथराना

【筛选】 shāixuǎn ❶(बीज, खनिज पदार्थ आदि) की छंटाई करना; छांटना; छानना ❷चुनना; छांटना: 这个设计方案是从十几个方案中反复～出来的。यह डिज़ाइन दसेक डिज़ाइनों में से चुनी गई है।

【筛子】 shāizi छलनी; जाली; साफ़ी

shǎi

色 shǎi 〈बोल०〉 रंग: 掉～ रंग उड़ना
sè भी दे०

【色酒】 shǎijiǔ 〈बो०〉 अंगूर या अन्य फलों से बनाई हुई शराब

【色子】 shǎizi पांसा; पासा: 掷～ पांसा खेलना

shài

晒（曬） shài❶धूप पड़ना: 大街上～得慌。सड़कों

पर तेज़ धूप पड़ती है। ❷धूप खाना; धूप खिलाना; धूप दिखाना; धूप में डालना: ～粮食 अन्न को धूप में डालना / 冬日里人们喜欢在户外～太阳。जाड़े के दिनों में लोग धूप खाना पसन्द करते हैं। ❸〈बो०〉न पूछना; उपेक्षा करना

shān

山 shān ❶पहाड़; पर्वत; गिरि ❷किसी वस्तु का पहाड़ जैसा ऊंचा ढेर: 冰～ बर्फ़ का पहाड़ ❸भूसे का गुच्छा, जिस पर रेशम के कीड़े कोष बनाते हैं: 蚕上～了。रेशम के कीड़े भूसे के गुच्छों पर जाकर कोष बनाने लगे हैं। ❹तिकोनी दीवार ❺ (Shān) एक कुलनाम

【山坳】 shān'ào घाटी

【山包】 shānbāo 〈बो०〉 पहाड़ी; टीला

【山崩】 shānbēng भू-स्खलन

【山茶】 shānchá 〈वन०〉 कैमेलिया

【山城】 shānchéng पहाड़ी शहर; पर्वतीय नगर

【山冲】 shānchōng 〈बो०〉 पहाड़ी क्षेत्र में समतल ज़मीन की पट्टी

【山川】 shānchuān पहाड़ और नदियां —— भूमि; प्राकृतिक छवि

【山村】 shāncūn पहाड़ी गांव

【山地】 shāndì ❶पहाड़ी इलाका; पर्वतीय क्षेत्र ❷पहाड़ पर का खेत

【山顶】 shāndǐng पहाड़ की चोटी; शिखर; चोटी

【山顶洞人】 Shāndǐngdòngrén गुफ़ा मानव (आदिकालीन मानव की एक जाति, जो आज से कोई 18000 वर्ष पहले के नवपाषाण युग में रहती थी। उस के जीवाश्म सन् 1933 में पेइचिंग के पास चओखोत्येन 周口店 नामक स्थान में खुदाई में पाए गए।)

【山东】 Shāndōng शानतोंग प्रांत

【山东快书】 Shāndōng kuàishū शांतोंग क्लेपर बैलड

【山洞】 shāndòng पहाड़ की गुफ़ा; गुहा; कंदर

【山峰】 shānfēng पहाड़ की चोटी; पर्वत का शिखर

【山旮旯儿】 shāngālár 〈बो०〉 दूरस्थ पहाड़ी क्षेत्र; दुर्गम पहाड़ी इलाका

【山冈】 shāngāng पहाड़ी; टीला

【山高水低】 shāngāo-shuǐdī दुर्घटना, विशेषकर अकाल, मौत

【山歌】 shāngē पहाड़ी लोकगीत

【山沟】 shāngōu ❶घाटी ❷दूरस्थ पर्वतीय क्षेत्र

【山谷】 shāngǔ घाटी; वादी

【山国】 shānguó पहाड़ी देश

【山河】 shānhé पहाड़ और नद-नदियां —— भूमि; धरती: 锦绣～ देश की सुन्दर भूमि

【山洪】 shānhóng पहाड़ पर से बहने वाली प्रचंड धारा

【山货】 shānhuò ❶पहाड़ी उपज (जैसे बलूत, शाहबलूत और अखरोट आदि) ❷लकड़ी, बांस, मिट्टी आदि से बने घरेलू उपयोगी उपकरण

【山鸡】 shānjī 〈बो०〉 फ़ीजेंट

【山积】 shānjī 〈लि०〉 बहुत ऊंचा ढेर; पहाड़: 货物～。 वस्तुओं का पहाड़ लगा हुआ है।

【山脊】 shānjǐ पहाड़ की पीठ

【山涧】 shānjiàn झरना; निर्झर

【山脚】 shānjiǎo तलहटी; दामन

【山口】 shānkǒu दर्रा

【山岚】 shānlán 〈लि०〉 पहाड़ पर का कोहरा

【山里红】 shānlihóng चाइनीज़ हाथोर्न

【山梁】 shānliáng पहाड़ की पीठ

【山林】 shānlín वृक्षों से आच्छादित पर्वत; वनों से ढके पहाड़

【山陵】 shānlíng 〈लि०〉 ❶पहाड़; पर्वत ❷सम्राट की समाधि

【山岭】 shānlǐng पर्वतमाला; पर्वतश्रृंखला

【山路】 shānlù पहाड़ों पर पगडंडी

【山麓】 shānlù तलहटी; गिरिपद; दामन

【山峦】 shānluán पर्वतमाला; पर्वतश्रृंखला

【山脉】 shānmài पर्वतमाला; पर्वतश्रृंखला; पहाड़ों का सिलसिला

【山猫】 shānmāo लियोपार्ड कैट

【山毛榉】 shānmáojǔ 〈वन०〉 बीच वृक्ष

【山门】 shānmén ❶बौद्ध विहार का फाटक ❷बौद्ध धर्म

【山盟海誓】 shānméng-hǎishì 海誓山盟 hǎishì-shānméng के समान

【山民】 shānmín पहाड़ी

【山姆大叔】 Shānmǔ Dàshū अंकल सैम

【山奈】 shānnài (山萘 shānnài भी) 〈रसा०〉 सायनाइड

【山南海北】 shānnán-hǎiběi ❶पर्वत के दक्षिण और सागर के उत्तर में —— बहुत दूर; जहां कहीं: 他～哪儿都去过。वह दुनिया जहान की यात्रा कर चुका है। ❷असंबद्ध; बेतुका; असंगत; इधर-उधर की: 他们俩喜欢～地闲聊。इधर-उधर की बातें करते हुए उन दोनों का मन भर जाता है।

【山炮】 shānpào पहाड़ी तोप

【山坡】 shānpō पहाड़ की ढलान; पहाड़ की चढ़ाई

【山墙】 shānqiáng मकान की तिकोनी दीवार

【山清水秀】 shānqīng-shuǐxiù (山明水秀 shānmíng-shuǐxiù भी) हरियाली से ढके पहाड़ और निर्मल जल —— चित्र जैसा सुन्दर दृश्य; नयनाभिराम छवि

【山穷水尽】 shānqióng-shuǐjìn जहां पहाड़ों और धाराओं का अंत होता है —— अंध गली

【山区】 shānqū पहाड़ी इलाका; पर्वतीय क्षेत्र

【山泉】 shānquán पहाड़ी सोता

【山雀】 shānquè 〈प्राणि०〉 टिट

【山水】 shānshuǐ ❶पहाड़ पर से गिरने वाली जल-धारा ❷पर्वत और नदियां; प्राकृतिक दृश्य ❸परंपरागत चीनी शैली का प्राकृतिक दृश्य चित्र

【山水画】 shānshuǐhuà प्राकृतिक दृश्य चित्र

【山头】 shāntóu ❶पहाड़ की चोटी; पर्वत का शिखर;

गिरिश्रृंग ❷पहाड़ी दुर्ग; दलबन्दी; गुटबन्दी: 拉～ गुटबन्दी करना

【山头主义】 shāntóu zhǔyì संप्रदायवाद

【山外有山】 shānwài-yǒushān पहाड़ के पार भी पहाड़ होता है —— हमेशा कुछ न कुछ बेहतर रहता ही है

【山窝】 shānwō （山窝窝 shānwōwo भी）दुर्गम पहाड़ी इलाका

【山坞】 shānwù तराई

【山西】 Shānxī शानशी प्रांत

【山西梆子】 Shānxī bāngzi शानशी क्लेपर ओपेरा （晋剧 jìnjù का दूसरा नाम）

【山系】 shānxì पर्वतश्रेणी; पर्वतमाला

【山峡】 shānxiá घाटी; वादी

【山险】 shānxiǎn दुर्गम पहाड़

【山乡】 shānxiāng पहाड़ी गांव

【山响】 shānxiǎng ज़ोरदार (आवाज़); ज़ोरों का; ज़ोर से: 他门敲得～。उस ने ज़ोर से दरवाज़ा खटखटाया।

【山魈】 shānxiāo ❶〈प्राणि०〉मैंड्रिल; विशालकाय लंगूर ❷पहाड़ी राक्षस

【山崖】 shānyá कगार; खड़ी चट्टान

【山羊】 shānyáng ❶बकरा; बकरी ❷〈खेल०〉बक

【山羊绒】 shānyángróng कश्मीरी ऊन

【山腰】 shānyāo कटक

【山摇地动】 shān yáo dì dòng 地动山摇 dì dòng shān yáo के समान

【山药】 shānyao 〈वन०〉कंदशाक

【山药蛋】 shānyaodàn 〈बो०〉आलू

【山雨欲来风满楼】 shān yǔ yù lái fēng mǎn lóu बुर्ज से टकरानेवाली तेज़ हवा पहाड़ से आने वाली मूसलाधार वर्षा का संकेत देती है; तेज़ हवा आंधी-पानी की पूर्व सूचना देती है

【山芋】 shānyù 〈बो०〉शक्करकंद

【山岳】 shānyuè उत्तुंग पर्वत

【山楂】 shānzhā （山查 shānzhá भी） ❶हॉथोर्न ❷हॉ: ～酱 हॉ जाम / ～糕 हॉ जेली केक

【山寨】 shānzhài ❶पहाड़ी दुर्ग; गिरिदुर्ग ❷किलाबन्द पहाड़ी गांव; पहाड़ी गांव

【山珍海味】 shānzhēn-hǎiwèi（山珍海错 shānzhēn-hǎicuò भी）हर तरह का स्वादिष्ट खाद्यपदार्थ

【山中无老虎，猴子称大王】 shān zhōng wú lǎohǔ, hóuzi chēng dàwáng जब बाघ पहाड़ से चला जाता है, तो बन्दर अपने को राजा घोषित करता है —— अंधों में काना राजा

【山庄】 shānzhuāng ❶पहाड़ी गांव ❷पहाड़ी बंगला

【山子】 shānzi （山子石儿 shānzishír भी）बनावटी पहाड़

【山嘴】 shānzuǐ 〈भूगर्भ०〉पर्वत-स्कंध

芟 shān ❶(घास) काटना ❷साफ़ करना; नष्ट करना; हटाना

【芟除】 shānchú ❶काटना; निराना: ～杂草 निराई करना ❷काटना; निकालना: ～繁冗词句 अनावश्यक शब्दों और वाक्यों को काटना

【芟夷】 shānyí （芟荑 shānyí भी）〈लि०〉❶निराई करना; घास-पात काटना ❷नष्ट करना; नाश करना

杉 shān 〈वन०〉चाइना फ़र (वृक्ष)
shā भी दे०

删（刪） shān काटना; हटाना; काट-छांट करना: 这一句应该～去。इस वाक्य को काटना चाहिए।

【删除】 shānchú काटना; हटाना

【删繁就简】 shānfán-jiùjiǎn फ़ालतू बातें हटाकर किसी चीज़ को सरल और आसान बनाना

【删改】 shāngǎi काटना और सुधारना; संशोधित करना: 这篇文章已～了多次。यह लेख कई बार सुधारा जा चुका है।

【删节】 shānjié काट-छांट करना; संक्षिप्त करना

【删节本】 shānjiéběn संक्षिप्त संस्करण

【删节号】 shānjiéhào शब्द लोप चिन्ह （…）

【删略】 shānlüè हटाना

【删削】 shānxuē काट-छांट करना; काटना

苫 shān घास की चटाई
shàn भी दे०

钐（釤） shān 〈रसा०〉सैमरियम (Sm)

衫 shān बिना अस्तर का कपड़ा: 衬～ कमीज़ / 汗～ बनियाइन

姗（姍） shān नीचे दे०

【姗姗】 shānshān धीरे-धीरे चलना

【姗姗来迟】 shānshān-láichí आने में देर होना; देर होना

珊（珊） shān नीचे दे०

【珊瑚】 shānhú मूंगा; प्रवाल

【珊瑚虫】 shānhúchóng मूंगा

【珊瑚岛】 shānhúdǎo प्रवाल द्वीप

【珊瑚礁】 shānhújiāo प्रवाल भित्ति

栅（柵） shān नीचे दे०
zhà भी दे०

【栅极】 shānjí 〈वैद्यु०〉ग्रिड

舢 shān नीचे दे०

【舢板】 shānbǎn （舢舨 shānbǎn भी） सम्पान (चीनी डोंगी)

扇[1]（搧） shān ❶झलना; पंखा करना; हवा करना; हवा देना: ～扇子 पंखा झलना; पंखा करना / ～火 आग को हवा देना ❷थप्पड़ मारना; तमाचा जड़ना; चांटा

मारना：～他一巴掌。उस के मुंह पर तमाचा जड़ दो।

扇 2 shān 煽 shān के समान
shàn भी दे०

【扇动】 shāndòng ❶(पंख) हिलाना; फड़फड़ाना：小鸟～着翅膀飞走了。पक्षी पंख फड़फड़ाते हुए उड़ गया। ❷煽动 shāndòng के समान

跚 shān दे० 蹒跚 pánshān

煽 shān ❶पंखा करना; हवा करना; हवा देना ❷भड़काना; उकसाना

【煽动】 shāndòng भड़काना; उकसाना; उत्तेजित करना; उकसावा देना; भड़काव देना：～民众闹事 लोगों को उपद्रव के लिए उकसावा देना / ～反政府情绪 सरकार विरोधी भावनाएं भड़काना

【煽风点火】 shānfēng-diǎnhuǒ आग भड़काना; चिनगारी छोड़ना; लोगों को उत्तेजित करना, उपद्रव के लिये भड़काना

【煽惑】 shānhuò भड़काना; उत्तेजित करना; बहकाना

【煽情】 shānqíng ❶सनसनी पैदा करना; भड़काना; उत्तेजित करना ❷सनसनीखेज़, उत्तेजनाजनक

潸（潸） shān 〈लि०〉 आंसू टपकना; आंसू बहना

【潸然】 shānrán 〈लि०〉 आंसू टपकना; आंसू बहना; आंसू गिरना：～泪下 आंसू बहना

【潸潸】 shānshān 〈लि०〉 आंसू टपकना; आंसू बहना; आंसू गिरना：热泪～ आंसुओं की झड़ी लगना

膻（羶） shān मटन की गंध

shǎn

闪（閃） shǎn ❶हटना; खिसकना：～在一旁 एक तरफ़ को हटना ❷मुरकना; मोच आना; मोच खाना：～了腰 कमर में मोच आना ❸बिजली：打～ बिजली कौंधना ❹कौंधना; चमकना; चमचमाना; जगमगाना：他脑子里猛然～出一个念头。उस के दिमाग में एक विचार एकाएक कौंध गया। / 她眼里～着泪花。उस की आंखों में आंसू चमक आए। / 远处灯光～～。दूर रोशनियां जगमगा रही हैं। ❺〈बो०〉 छोड़ना：到时我们会来叫你，不会把你～下。हम तुम्हें बुलाएंगे, अकेले छोड़ेंगे नहीं।

【闪避】 shǎnbì खिसकना; हटना：他向一旁～。वह एक तरफ़ खिसक गया।

【闪电】 shǎndiàn बिजली

【闪电战】 shǎndiànzhàn तूफ़ानी हमला (करना)

【闪躲】 shǎnduǒ हटना; खिसकना; बचना

【闪光】 shǎnguāng ❶चमक; कौंध ❷चमकना; कौंधना

【闪光灯】 shǎnguāngdēng ❶〈फ़ोटो०〉 फ़्लैश लैंप; फ़ोटो-फ़्लैश ❷(सिगनल के लिए) फ़्लैशलाइट

【闪击战】 shǎnjīzhàn तूफ़ानी हमला

【闪开】 shǎnkai एक तरफ़ हट जाना; खिसकना：汽车来了，快～！ रास्ते से हट जाओ। कार आ रही है।

【闪亮】 shǎnliàng चमकना; दमकना; जगमगाना; चमचमाना

【闪米特人】 Shǎnmǐtèrén सेमिटिक

【闪念】 shǎnniàn दिमाग में कौंधा विचार

【闪闪】 shǎnshǎn चमकना; दमकना; जगमगाना：～发光 चमकना

【闪射】 shǎnshè चमकना; दमकना; किरणें फेंकना：向四周～光芒 चारों ओर किरणें फेंकना

【闪身】 shǎnshēn खिसकना：他一～进了屋。वह खिसककर कमरे के अन्दर चला गया।

【闪失】 shǎnshī अनिष्ट; दुर्घटना：万一有个～，就不好办了。अगर कोई अनिष्ट हुआ, तो गज़ब हो जाएगा।

【闪烁】 shǎnshuò ❶टिमटिमाना; चमचमाना, झिलमिलाना：星光～。तारे टिमटिमा रहे हैं। ❷टाल-मटोल करना; टाल देना：他闪闪烁烁，不讲真话。वह टाल-मटोल करते हुए सच बोलने से कतरा गया। / ～其词 टाल देना

【闪现】 shǎnxiàn क्षण भर के लिए दीखना; उभरना：眼前不时～出他的形象。मेरी आंखों के सामने कभी न कभी उस की तस्वीर उभर आती है।

【闪眼】 shǎnyǎn 〈बो०〉 चकाचौंध; चौंधियाना：～的强光 आंखों को चकाचौंध करने वाली तेज़ रोशनी

【闪耀】 shǎnyào चमकना; दमकना; जगमगाना：夜空里星光～。रात को आकाश में तारे जगमगाते हैं।

【闪语族】 Shǎnyǔzú सेमिटिक कुल, जिस में अरबी, हिब्रू आदि भाषाएं शामिल हैं।

陕（陝） Shǎn 陕西 Shǎnxī का संक्षिप्त नाम

【陕西】 Shǎnxī शेनशी प्रांत

【陕西梆子】 Shǎnxī bāngzi शैनशी क्लेपर आपेरा, जिस का दूसरा नाम 秦腔 qínqiāng भी है

映（睒、睒） shǎn पलक मारना; पलक झपकना

shàn

讪（訕） shàn ❶उपहास; व्यंग्य; उपहास करना; हंसी उड़ाना; व्यंग्य करना ❷लज्जा; शर्म; लज्जित; शर्मिंदा, शरमाना; लजाना：脸上发～ मुंह छुपाना

【讪脸】 shànliǎn 〈बो०〉 (बड़ों के सामने बच्चे का) मुंह चिढ़ाना और दांत निपोरना

【讪讪】 shànshàn लज्जा आना; शर्म आना; लज्जित होना; शर्मिंदा होना; शरमाना; 见没人理睬，他只得～离去。यह देखकर कि कोई भी उस से पूछता नहीं, वह शरमाते हुए चल पड़ा।

【讪笑】 shànxiào हंसी उड़ाना; उपहास करना; दिल्लगी करना

汕 shàn 汕头 Shàntóu शानथओ शहर का संक्षिप्त नाम

苫 shàn घास की चटाई और तिरपाल आदि से ढकना
shān भी दे०

【苫背】 shànbèi तिरपाल
【苫布】 shànbù तिरपाल
【苫席】 shànxí चटाई

疝 shàn हर्निया; अंत्रवृद्धि; आंत उतरने की बीमारी
【疝气】 shànqì हर्निया; अंत्रवृद्धि

单（單） Shàn एक कुलनाम
chán; dān भी दे०

扇 shàn ❶पंखा: 电～ बिजली का पंखा ❷तख्ते के आकार की वस्तु: 门～ किवाड़ का पल्ला ❸〈परि०श०〉 (द्वार, खिड़की आदि के लिए): 一～门 एक द्वार / 两～窗 दो खिड़कियां
shān भी दे०

【扇贝】 shànbèi 〈प्राणि०〉 फ़ैनशेल; शम्बु
【扇车】 shànchē（风车 fēngchē भी）ओसाई मशीन
【扇骨】 shàngǔ मुड़वें पंखे की तिल्लियां
【扇面儿】 shànmiànr पंखे का आवरण
【扇形】 shànxíng ❶पंखे के आकार का ❷〈गणित०〉 वृत्तखंड
【扇坠】 shànzhuì पंखे की लटकन
【扇子】 shànzi पंखा

掸（撣） Shàn ❶ऐतिहासिक ग्रंथों में प्रयुक्त ताए जाति（傣族）का नाम ❷शान जाति, जो म्यांमार के शान राज्य में रहती है

善 shàn ❶भलाई; नेकी; साधुत्व; परोपकारिता; भला; नेक; परोपकारी; साधु: 行～ के साथ नेकी करना ❷अच्छा; भला; सतोषजनक: ～策 विवेकपूर्ण नीति ❸सफल बनाना; पूरा करना: 善始善终 ❹मैत्री; दोस्ती; मेल-जोल: 亲善 qīnshàn ❺परिचित: 面～ परिचित होना ❻कुशल होना; दक्ष होना; निपुण होना: 经营不～ कारोबार चलाने में कुशल न होना ❼अच्छी तरह; भली भांति: 善自保重 ❽जल्दी से: 善忘 / 善变

【善罢甘休】 shànbà-gānxiū (प्राय: नकारात्मक रूप में प्रयुक्त) हार मानना; पराजय स्वीकार करना: 他这个人不会就此～。वह तो यों ही हार मानने वाला नहीं है।
【善本】 shànběn सर्वश्रेष्ठ संस्करण: ～书 दुर्लभ ग्रंथ
【善变】 shànbiàn जल्दी से बदलना; परिवर्तनशील होना
【善处】 shànchǔ 〈लि०〉 (किसी मामले को) निपटाने में सूझ-बूझ से काम लेना
【善待】 shàndài के साथ अच्छा व्यवहार करना
【善感】 shàngǎn संवेदनशील; भावुक: 多愁善感 duōchóu-shàngǎn
【善后】 shànhòu दुर्घटना आदि से उत्पन्न समस्याओं का समाधान करना: 处理～问题 इस से उत्पन्न समस्याओं का समाधान करना
【善举】 shànjǔ 〈लि०〉 परोपकारी कर्म; सत्कर्म
【善类】 shànlèi 〈लि०〉 भला मानस (प्राय: नकारात्मक रूप में प्रयुक्त): 看来此人不是～。लगता है कि वह एक भला मानस नहीं है।
【善良】 shànliáng नेकदिली; नेकनियती; साधुता; नेकदिल; नेकनियत; साधु: 心地～ नेकदिल होना / ～的愿望 शुभेच्छा
【善男信女】 shànnán-xìnnǚ बौद्ध अनुयायी
【善人】 shànrén परोपकार; दानी
【善始善终】 shànshǐ-shànzhōng अच्छी तरह आरंभ और समाप्त करना
【善事】 shànshì सत्कर्म; पुण्यकर्म
【善忘】 shànwàng जल्द ही भूल जाना; भुलक्कड़ होना; विस्मरणशील होना
【善心】 shànxīn कृपा; दया; रहम: 发～ रहम करना; कृपा करना
【善意】 shànyì सदिच्छा; सद्भावना; नेकनीयती: 出于～ नेकनीयती से
【善于】 shànyú कुशल होना; निपुण होना; पटु होना; प्रवीण होना: ～作画 चित्र बनाने में प्रवीण होना / ～辞令 वाक्पटु होना
【善战】 shànzhàn कुशल योद्धा होना; रणकुशल होना
【善终】 shànzhōng ❶अपनी मौत मरना; कालकवलित होना ❷अच्छी तरह समाप्त करना
【善自保重】 shàn zì bǎozhòng अपना ख्याल रखना

禅（禪） shàn गद्दी छोड़ना; राज्यत्याग करना
chán भी दे०

【禅让】 shànràng गद्दी छोड़कर किसी दूसरे को आसनारूढ़ कराना
【禅位】 shànwèi गद्दी छोड़ना; राज्यत्याग करना

骟（騸） shàn बधिया करना; खस्सी (खसी) करना; (मादा पशु का) अंडाशय उच्छेदन करना: ～马 घोड़े को बधिया करना; बधिया घोड़ा

缮（繕） shàn ❶मरम्मत करना; दुरुस्त करना: 修缮 xiū shàn ❷कापी करना; प्रतिलिपि बनाना: 缮写

【缮发】 shànfā कापी करके भिजवाना
【缮写】 shànxiě कापी करना; प्रतिलिपि बनाना

擅 shàn ❶अनुमति के बिना; मनमाने ढंग से; अपनी मर्ज़ी से: 擅离职守 ❷निपुण होना; सिद्धहस्त होना; दक्ष होना; माहिर होना: 擅长

【擅长】 shàncháng निपुण होना; सिद्धहस्त होना; दक्ष होना; माहिर होना: ～绘画 चित्र बनाने में सिद्धहस्त होना
【擅场】 shànchǎng 〈लि०〉 मंच पर प्रभुत्व जमाना —— अपने विषय में सर्वश्रेष्ठ होना
【擅离职守】 shànlí-zhíshǒu अनुमति लिए बिना अपने पद से हटकर कर्तव्य न निभाना

【擅美】 shànměi 〈लि०〉 सारा श्रेय (किसी को) जाना
【擅权】 shànquán एकाधिकार होना
【擅自】 shànzì अनुमति के बिना; मनमाने ढंग से; अपनी मर्ज़ी से; स्वच्छंदता से: ～行动 अनुमति के बिना कार्यवाही करना / ～修改条款 समझौते की धाराओं में मनमाने ढंग से संशोधन करना

膳（饍） shàn भोजन; आहार; खाना: 用～ भोजन करना; आहार करना; खाना खाना
【膳费】 shànfèi भोजन का खर्च; खाने का खर्च
【膳食】 shànshí भोजन; आहार; खाना
【膳宿】 shànsù भोजन और आवास

嬗 shàn 〈लि०〉 ❶बदल जाना; रूपांतर होना; रूपांतरित होना ❷禅 shàn के समान
【嬗变】 shànbiàn 〈लि०〉 विकास

赡（贍） shàn ❶भरण-पोषण; का भरण-पोषण करना ❷〈लि०〉 प्रचुरता; विपुलता: 力不～ बस के बाहर होना
【赡养】 shànyǎng भरण-पोषण करना: ～父母 अपने मां-बाप का भरण-पोषण करना
【赡养费】 shànyǎngfèi गुज़ारा; निर्वाह-धन

蟮 shàn दे० 曲蟮 qūshàn

鳝（鱔、鱓） shàn ईल (मछली)

shāng

伤（傷） shāng ❶घाव; ज़ख़्म; चोट: 他的～好了。उस का घाव भर गया है। ❷घाव खाना; ज़ख़्मी होना; आहत होना; घायल होना; चोट लगना: 你～着没有? तुम्हें कहीं चोट तो नहीं लगी ? ❸दुख होना; दुखी होना: 伤怀 ❹ऊब जाना; विरुचि होना: 这孩子吃糖吃～了。यह बच्चा अब मिठाई खाने से ऊब गया है। ❺हानिकारक होना; हानि पहुंचना: ～身体 स्वास्थ्य के लिए हानिकारक होना
【伤疤】 shāngbā चोट का दाग; घाव का निशान
【伤悲】 shāngbēi दुख; गम; रंज
【伤病员】 shāngbìngyuán घायल और बीमार सिपाही
【伤残】 shāngcán घायल और विकलांग
【伤悼】 shāngdào (किसी की मृत्यु पर) शोक होना
【伤风】 shāngfēng सर्दी; ज़ुकाम; सर्दी लगना; ज़ुकाम होना
【伤风败俗】 shāngfēng-bàisú सार्वजनिक नैतिकता के खिलाफ़ चलना; नीति के विरुद्ध आचार (करना)
【伤感】 shānggǎn भावुकता; भावुक; कोमलचित्त
【伤害】 shānghài क्षति; चोट; नुकसान; ठेस; क्षति (चोट, नुकसान) पहुंचना (पहुंचाना); ठेस पहुंचना (पहुंचाना): ～感情 भावनाओं पर ठेस पहुंचना / ～身体 स्वास्थ्य को नुकसान पहुंचना / ～自尊心 अभिमान को चोट पहुंचना
【伤寒】 shānghán ❶〈चिकि०〉 टायफ़ायड; आंत्रज्वर ❷〈ची०चि०〉 ज्वर; ज्वर संबंधी रोग
【伤号】 shānghào घायल (सैनिक)
【伤耗】 shānghao नुकसान; क्षति
【伤痕】 shānghén घाव का निशान; चोट का दाग
【伤口】 shāngkǒu घाव; चोट
【伤脑筋】 shāng nǎojīn झमेला; झंझट; सिरदर्द: 这件事真～。यह वाकई एक झमेला है।
【伤人】 shāngrén ❶किसी की भावनाओं को ठेस पहुंचाना ❷घाव लगाना ❸स्वास्थ्य को हानि पहुंचाना
【伤神】 shāngshén ❶कष्टप्रद; दुःखदायक ❷उदास; खिन्न; दुखी
【伤生】 shāngshēng जीव को हानि पहुंचाना
【伤势】 shāngshì घायल होने की हालत: ～很重 बुरी तरह घायल होना
【伤逝】 shāngshì 〈लि०〉 मृतक के प्रति श्रद्धांजलियां अर्पित करना
【伤天害理】 shāngtiān-hàilǐ स्वर्ग और औचित्य पर चोट करना —— अमानुषिक; बर्बरतापूर्ण; बहशियाना
【伤痛】 shāngtòng ❶दुखी; शोकाकुल ❷घाव या चोट से होनेवाला दर्द
【伤亡】 shāngwáng हताहती; हताहत: ～人数 हताहतों की संख्या / 敌军～三百余人。शत्रु सेना के तीन सौ से अधिक सैनिक हताहत हुए। / ～惨重 भारी हताहती होना
【伤心】 shāngxīn दुखी; उदास; शोकाकुल; खिन्न: 不要为此太～了。इस बात को लेकर अधिक दुखी न हो। / ～落泪 शोकाकुल होकर आंसू बहाना
【伤心惨目】 shāngxīn-cǎnmù शोचनीय; दर्दनाक; हृदयविदारक
【伤心事】 shāngxīnshì दुख की बात; दुःखद स्मृति; दुखड़ा
【伤员】 shāngyuán घायल सैनिक; ज़ख़्मी सिपाही; घायल

汤（湯） shāng नदी की बड़ी और तेज़ धारा: 河水～～。नदी में धारा बड़ी और तेज़ बहती है।
tāng भी दे०

殇（殤） shāng 〈लि०〉 अकाल मृत्यु

商1 shāng ❶विचार; विचार-विमर्श; सलाह-मशविरा; विचार (विचार-विमर्श, सलाह-मशविरा) करना: 共～国是 देश के महत्वपूर्ण मामलों पर विचार-विमर्श करना ❷वाणिज्य; व्यापार: 经商 jīngshāng / 通商 tōng-shāng ❸व्यापारी: 酒～ शराब का व्यापारी ❹〈गणित०〉 भागफल

商2 shāng 〈संगी०〉 प्राचीन चीनी स्वरलिपि में एक स्वर, जो संख्यात्मक स्वरलिपि में '2' के बराबर होता है।

商3 Shāng ❶शांग राजवंश (लगभग 1600-1046 ई०

पू०) ❷ (Shāng) एक कुलनाम
【商标】 shāngbiāo ट्रेडमार्क
【商埠】 shāngbù 〈पुराना〉 व्यापारिक बंदरगाह
【商场】 shāngchǎng मार्केट; बाज़ार
【商船】 shāngchuán व्यापारिक जहाज़: ～队 व्यापारिक जहाज़ों का बेड़ा
【商店】 shāngdiàn दुकान; शॉप; स्टोर
【商定】 shāngdìng सहमत होना; राज़ी होना; तय करना: 双方～，下次会议将在七月中旬举行。दोनों पक्ष सहमत हैं कि अगली बैठक आगामी जुलाई के मध्य में बुलाई जाएगी। / 两国在～的时间恢复会谈。दोनों देशों ने तय तिथि पर वार्त्ता पुनः शुरू की।
【商队】 shāngduì व्यापारियों का दल; काफ़िला
【商兑】 shāngduì 〈लि०〉 विचार-विमर्श करना; सलाह-मशविरा करना
【商贩】 shāngfàn फेरी वाला; छोटा फुटकर विक्रेता
【商港】 shānggǎng व्यापारिक बन्दरगाह
【商贾】 shānggǔ 〈लि०〉 व्यापारी
【商行】 shāngháng फ़र्म; ट्रेडिंग कंपनी
【商号】 shānghào 〈पुराना〉 दूकान; शॉप; स्टोर
【商会】 shānghuì वाणिज्य संघ; चेंबर आफ़ कामर्स
【商机】 shāngjī व्यापार करने का अवसर
【商计】 shāngjì विचार-विनिमय करना; सलाह-मशविरा करना: ～要务 महत्वपूर्ण मामलों पर विचार-विनिमय करना
【商检】 shāngjiǎn (商品检验 shāngpǐn jiǎnyàn का संक्षिप्त रूप) कमाडिटी इंस्पेक्शन
【商界】 shāngjiè व्यापारिक जगत; वाणिज्य जगत
【商量】 shāngliang सलाह; परामर्श; सलाह लेना; परामर्श करना; विचार-विनिमय करना; सलाह-मशविरा करना: 您去找他～一下，这事该如何办。आप उस से सलाह ले लें कि यह मामला कैसे निबटाया जाए। / 我们大家来～～。आइये, हम आपस में विचार-विनिमय करें।
【商旅】 shānglǚ घुमंतू व्यापारी
【商品】 shāngpǐn माल; जिन्स; वस्तु; चीज़
【商品化】 shāngpǐnhuà व्यापारीकरण; व्यापारीकृत करना: 技术成果～ तकनॉलाजिकल उपलब्धियों का व्यापारीकरण
【商品交换】 shāngpǐn jiāohuàn माल का विनिमय
【商品交易会】 shāngpǐn jiāoyìhuì माल मेला; मेला
【商品经济】 shāngpǐn jīngjì माल-अर्थव्यवस्था
【商品流通】 shāngpǐn liútōng वस्तु-विनिमय
【商品生产】 shāngpǐn shēngchǎn माल का उत्पादन
【商洽】 shāngqià बात करना; बातचीत करना
【商情】 shāngqíng मार्केट की स्थिति
【商榷】 shāngquè विचार-विमर्श करना; विचार-विनिमय करना; परामर्श करना: 这事值得～。इस मामले पर विचार-विनिमय करना आवश्यक है। / 此书的一些观点还可以～。इस पुस्तक में प्रस्तुत कुछ दृष्टिकोणों पर विचार-विमर्श करने की ज़रूरत है।
【商人】 shāngrén व्यापारी; सौदागर
【商数】 shāngshù 〈गणित०〉 भागफल
【商谈】 shāngtán बातचीत; वार्त्ता; बातचीत (वार्त्ता) करना: ～工作 कार्य पर बातचीत करना
【商讨】 shāngtǎo विचार-विमर्श करना; विचारों का आदान-प्रदान करना; विचार-विनिमय करना: 双方就技术合作问题进行了～。दोनों पक्षों ने आपस में तकनीकी सहयोग पर विचारों का आदान-प्रदान किया।
【商亭】 shāngtíng स्टाल; छोटी दूकान
【商务】 shāngwù वाणिज्य मामला
【商务参赞】 shāngwù cānzàn वाणिज्य दूत
【商务代表】 shāngwù dàibiǎo वाणिज्य प्रतिनिधि
【商业】 shāngyè व्यापार; वाणिज्य
【商业片】 shāngyèpiàn व्यापारिक फ़िल्म
【商业区】 shāngyèqū व्यापारिक क्षेत्र; वाणिज्य क्षेत्र
【商业网】 shāngyèwǎng व्यापारिक संस्थाओं का जाल
【商业卫星】 shāngyè wèixīng व्यापारिक उपग्रह
【商业信贷】 shāngyè xìndài वाणिज्य ऋण
【商业银行】 shāngyè yínháng वाणिज्य बैंक
【商业中心】 shāngyè zhōngxīn वाणिज्य केन्द्र; व्यापारिक केन्द्र
【商业资本】 shāngyè zīběn वाणिज्य पूंजी
【商议】 shāngyì सलाह-मशविरा करना; विचार-विमर्श करना
【商约】 shāngyuē व्यापारिक संधि
【商战】 shāngzhàn व्यापार में प्रतिस्पर्द्धा
【商酌】 shāngzhuó विचार करना; सोच-विचार करना

觞（觴） shāng प्राचीन मदिरा-पात्र

墒（𡏖） shāng 〈कृ०〉 मिट्टी की आर्द्रता; नमी
【墒情】 shāngqíng मिट्टी की आर्द्रता; नमी

熵 shāng 〈भौ०〉 उत्क्रम माप; एंट्रापी

shǎng

上 shǎng 上 ² shàng ⓮ का भिन्न उच्चारण
【上声】 shǎngshēng 上声 shàngshēng का भिन्न उच्चारण

垧 shǎng शांग, ज़मीन का एक माप, जो उत्तर-पूर्व चीन के अधिकांश क्षेत्रों में 15 मू के बराबर होता है, जबकि उत्तर-पश्चिम चीन में तीन या पांच मू के बराबर

晌 shǎng ❶दिन का समय: 前半～儿 सुबह / 晚半～儿 संध्या ❷〈बो०〉 दोपहर; मध्यान्ह: 歇～ दोपहर को आराम करना
【晌饭】 shǎngfàn 〈बो०〉 ❶दोपहर का भोजन ❷कृषि के व्यस्त मौसम में दिन में परोसा जाने वाला अतिरिक्त

भोजन
【晌觉】 shǎngjiào <बो०> दोपहर को हल्की नींद लेना
【晌午】 shǎngwu <बोल०> दोपहर; मध्यान्ह

赏[1]（賞）shǎng ❶पुरस्कार; इनाम; पारितोषिक: 获～ इनाम मिलना ❷पुरस्कार देना; इनाम देना; इनाम के तौर पर देना; पुरस्कृत करना

赏[2]（賞）shǎng ❶आनंद लेना; सुख लेना: ～月 पूर्णचन्द्र के दर्शन का सुख लेना ❷गुण की पहचान करना; गुण पहचानना; कद्र करना; सम्मान करना; प्रशंसा करना: 赏识
【赏赐】 shǎngcì ❶पुरस्कार; इनाम; पारितोषिक; बख्शीश: 得到～इनाम मिलना ❷पुरस्कर (इनाम, पारितोषिक, बख्शीश) देना; इनाम में देना: ～十匹马 इनाम में दस घोड़े देना
【赏罚】 shǎngfá पुरस्कार और दंड: 有赏有罚 यथोचित पुरस्कार और यथोचित दंड देना
【赏罚分明】 shǎngfá-fēnmíng पुरस्कार और दंड देने में विवेकी होना
【赏封】 shǎngfēng <पुराना> उत्सव के अवसर पर बच्चों या नौकरों को लाल लिफ़ाफ़े में पैसा देना
【赏格】 shǎnggé <पुराना> घोषित किया गया इनाम
【赏光】 shǎngguāng कृपा करना: 务请～。निवेदन है कि मौके पर पधारने की कृपा करें।
【赏鉴】 shǎngjiàn (कलाकृतियाँ) परखना; मूल्य आँकना
【赏金】 shǎngjīn इनाम; पुरस्कार
【赏赉】 shǎnglài <लि०> इनाम देना; पुरस्कार प्रदान करना
【赏脸】 shǎngliǎn <शिष्ट०> मुझे सौभाग्यशाली बनाइये: 我想请您到家里作客，能～吗？मैं आप को अपने गरीबख़ाने में दावत देना चाहता हूं। क्या मुझे यह सौभाग्य मिल सकेगा?
【赏钱】 shǎngqián टिप; बख्शीश
【赏识】 shǎngshí गुण पहचानना; प्रशंसा करना: 他十分～小王的才干。वह श्याओ वांग की योग्यता की भूरि भूरि प्रशंसा करता है। / 他深得上司的～。उस के ऊपर बास की कृपा है; वह अपने बास की गुड-बुक में है।
【赏玩】 shǎngwán आनन्द लेना; सुख लेना; मज़ा लेना: ～古董 पुरावस्तुओं के अवलोकन का सुख लेना / ～山景 पर्वत के सौंदर्य का आनन्द लेना
【赏心悦目】 shǎngxīn-yuèmù सुन्दर दृश्य देखकर दिल खुश होना
【赏雪】 shǎngxuě बर्फ़बारी का सुन्दर दृश्य देखने में मज़ा लेना

shàng

上[1] shàng ❶ऊपर; ऊपरी: 往～看 ऊपर की ओर देखना / 河流～游 नदी का ऊपरी भाग / 向～报告 ऊपरवाले को रिपोर्ट देना ❷उच्च; उत्तम; श्रेष्ठ; बढ़िया: ～品 बढ़िया वस्तु / ～级政府 अपने से उच्च स्तर की सरकार ❸पिछला; गत; बीता हुआ: ～星期三 पिछला बुधवार / ～季度 गत तिमाही / ～次会议 पिछली बैठक ❹(दो या तीन भागों में विभाजित किसी चीज़ का) पहला: ～集 पहला भाग / 二十世纪～半叶 बीसवीं सदी के पहले आधे हिस्से में ❺(प्राचीन युग में सम्राट् का संबोधन): ～谕 सम्राट् का आदेश

上[2] shàng ❶ऊपर जाना; चढ़ना; आरोहण करना: ～楼梯 सीढ़ियों पर चढ़ना / ～山 पहाड़ पर चढ़ना; पहाड़ पर आरोहण करना / ～公共汽车 बस पर चढ़ना ❷जाना; रवाना होना: 她～哪儿了？वह कहां गई? / 我明天～北京。मैं कल पेइचिंग के लिए रवाना हो रहा हूं। ❸ऊपरवाले को प्रस्तुत करना: ～书 ऊपरवाले को ज्ञापन प्रस्तुत करना ❹आगे जाना; आगे बढ़ना: 快～，投篮！आगे बढ़ो, जल्दी बास्केट मारो! ❺रंगमंच पर जाना: 你从左面～。आप बायीं तरफ़ से रंगमंच पर जाइये। ❻<खेल०> अखाड़े में उतरना: 下一场您～。अगले खेल में आप खेलें। ❼परोसना; सामने रखना: ～菜 तरकारियां परोसना ❽फ़िक्स करना; चढ़ाना; जड़ना: ～刺刀 बन्दूक पर संगीन चढ़ाना / ～螺丝 पेच जड़ना ❾लगाना; चढ़ाना: ～药 मरहम लगाना / 给桌子～漆 मेज़ पर रगं-रोगन करना ❿(किसी प्रकाशन पर) छपाना; छपना; (रेडियो, टी०वी० आदि पर) प्रसारित करना (होना): 他的事迹都～报了。उस की कहानी आज अखबार में छप गई। ⓫कसना; चाबी देना; कूकना; ताली मारना: 这钟该～弦了。इस घड़ी में चाबी देनी चाहिए। / 把螺丝～紧点儿。इस पेच को खूब कस दो। ⓬नियत समय पर (काम, पढ़ाई आदि) करना: 我要～班，没功夫陪你聊天。मुझे काम पर जाना है। तुम्हारे साथ गपशप मारने की फ़ुरसत नहीं। / ～语文课 चीनी भाषा की पढ़ाई होना / ～中学 मिडिल स्कूल में पढ़ाई करना ⓭तक: ～千人参加了今天的集会。एक हज़ार तक लोग आज की रैली में शामिल हुए। ⓮ 上声 का संक्षिप्त रूप

上[3] shàng <संगी०> कोंग छ फू（工尺谱）नाम की स्वरलिपि में एक स्वर, जो संख्यात्मक स्वरलिपि में "1" के बराबर होता है

上[4] shàng (क्रिया के पीछे प्रयुक्त) ❶नीचे से ऊपर की ओर: 爬～山顶 पहाड़ की चोटी पर चढ़ना / 飞～天空 आकाश की ओर उड़ना ❷(परिणाम या उद्देश्य की सिद्धि का सूचक): 关～窗 खिड़की बन्द कर देना / 考～大学 विश्वविद्यालय में दाखिला ले लेना / 昨晚我没看～电影。कल शाम मैं फ़िल्म देख न पाया। ❸(किसी काम के आरंभ का सूचक): 他俩彼此爱～了。वे दोनों एक दूसरे से प्यार करने लगे। / 聊～天 गपशप मारने लगना

上[5] shàng (संज्ञा के पीछे प्रयुक्त) ❶पर: 脸～ चेहरे पर / 桌～ मेज़ पर ❷(एक नियत क्षेत्र) में: 会～ बैठक में / 世界～ दुनिया में / 报～ अखबार में ❸(किसी

पहलू) में: 事实～ वास्तव में / 历史～ इतिहास में ❹(अवस्था) में: 他十岁～就到外地读书。 दस साल की अवस्था में वह अपना गृह-नगर छोड़कर दूसरे नगर में पढ़ाई के लिए चला गया था।

【上班】 shàngbān ड्यूटी पर जाना; काम पर जाना; काम आरंभ करना: 她早上六点就离家去～。 वह ड्यूटी पर जाने के लिए सुबह छै बजे ही घर से निकल जाती है। / 他们九点半才～。 वे सुबह साढ़े नौ बजे ही अपना काम शुरू करते हैं।

【上板儿】 shàngbǎnr 〈बो०〉 दूकान बढ़ाना; दूकान उठाना

【上半晌】 shàngbànshǎng 〈बो०〉 सुबह; पूर्वाह्न

【上半身】 shàngbànshēn शरीर का ऊपरी भाग

【上半时】 shàngbànshí （上半场 shàngbàn chǎng भी） (खेल का) फ़र्स्ट हाफ़

【上半天】 shàngbàntiān सुबह; पूर्वाह्न

【上半夜】 shàngbànyè आधी रात से पहले

【上报】[1] shàngbào अखबार में छपना; प्रकाशित होना: 他的名字～了。 उस का नाम अखबार में भी छपा है।

【上报】[2] shàngbào अपने से उच्चतर स्तर की संस्था को रिपोर्ट देना; ऊपरवाले को रिपोर्ट देना

【上辈】 shàngbèi ❶पूर्वज; पुरखे ❷किसी एक कुल का बड़ा-बूढ़ा

【上辈子】 shàngbèizi ❶पूर्वज; पुरखा ❷पूर्वजन्म

【上臂】 shàngbì बाजू का ऊपरी भाग; ऊपरी बाजू

【上边】 shàngbian 上面 shàngmian के समान

【上膘】 shàngbiāo (गृहपशुओं का) मोटा होना

【上表】 shàngbiǎo सम्राट को ज्ञापन देना

【上宾】 shàngbīn प्रतिष्ठित अतिथि; आदरणीय मेहमान

【上苍】 shàngcāng ईश्वर; प्रभु

【上操】 shàngcāo कवायद करना

【上策】 shàngcè सर्वोत्तम युक्ति; सर्वोत्तम नीति; बेहतरीन उपाय

【上层】 shàngcéng ऊपरी तबका; उच्च वर्ग: ～领导 उच्च स्तर का नेतृत्व / ～人士 ऊपरी तबके के लोग

【上层建筑】 shàngcéng jiànzhù ऊपरी ढांचा

【上场】 shàngchǎng ❶रंगमंच पर जाना ❷〈खेल०〉 अखाड़े में उतरना

【上朝】 shàngcháo ❶दरबार जाना ❷दरबार करना

【上乘】 shàngchéng ❶महायान ❷सर्वश्रेष्ठ; सर्वोत्तम: ～之作 सर्वोत्तम कृति

【上床】 shàngchuáng सोने जाना

【上蔟】 shàngcù (रेशमी कीड़ों का) कोष बनाने के लिए भूसे के लच्छों पर बैठना

【上蹿下跳】 shàngcuān-xiàtiào उछल-कूद; उछल-कूद करना

【上代】 shàngdài पिछली पीढ़ी; पुरानी पीढ़ियां

【上当】 shàngdàng धोखा खाना; धोखे में आना; भुलावे में पड़ना; चकमे में आना: 上次就因为信了你的话，我才～的。 पिछली बार मैं तेरी बातों में आकर धोखा खा गया था। / 别上他的当。 उस के धोखे में न आओ; उस के भुलावे में न पड़ो।

【上灯】 shàngdēng बत्ती जलाना; दीया-बत्ती करना; दीया जलाना: ～时分 दीये-बत्ती का समय

【上等】 shàngděng बढ़िया; उत्कृष्ट; आला दर्जे का; प्रथम श्रेणी का: ～布料 बढ़िया कपड़ा / ～货 आला दर्जे का माल

【上等兵】 shàngděngbīng प्राइवेट फ़र्स्ट क्लास

【上帝】 shàngdì परमात्मा; प्रभु; भगवान

【上调】 shàngdiào ❶किसी का उच्चतर पद पर तबादला करना ❷उच्चतर संस्था को वस्तुएं, धन इत्यादि हस्तांतरित करना

shàngtiáo भी दे०

【上冻】 shàngdòng पानी जमना; बर्फ़ जमना; ठोस हो जाना: 今年天冷，地早～了。 इस साल ठंड बहुत है। ज़मीन पहले से ही ठोस हो गई है।

【上颚】 shàng'è ❶(कुछ संधिपद प्राणियों का) मैंडिबल ❷तालु; तालू; जबड़ा (ऊपरी)

【上方宝剑】 shàngfāng bǎojiàn 尚方宝剑 shàngfāng bǎojiàn के समान

【上房】 shàngfáng मुख्य कमरे (जो कई कमरों में दक्षिणोन्मुख होते हैं)

【上访】 shàngfǎng उच्च स्तर के पदाधिकारियों से शिकायत करना और मदद मांगना

【上坟】 shàngfén समाधि पर मृतक के प्रति श्रद्धांजलि अर्पित करना

【上粪】 shàngfèn खेतों में खाद डालना

【上风】 shàngfēng ❶हवा का रुख: 烟气从～刮过来。 धूआं हवा के साथ इधर उड़ा आ रहा है। ❷पल्ला भारी होना; पल्ला झुकना: 我们队在这场比赛中占了～。 इस प्रतियोगिता में हमारी टीम का पल्ला भारी रहा।

【上峰】 shàngfēng 〈पुराना〉 ऊपरवाला

【上浮】 shàngfú (दाम, वेतन, सूद की दर आदि) बढ़ाना; में वृद्धि (इज़ाफ़ा, बढ़ोतरी) करना

【上岗】 shànggǎng ड्यूटी पर जाना

【上告】 shànggào ❶उच्चतर स्तर के अधिकारियों से फ़रियाद करना; उच्चतर अदालत में अपील दायर करना ❷अपने ऊपरवाले को रिपोर्ट देना

【上工】 shànggōng काम पर जाना; काम शुरू करना: 他们早晨七点就～了。 वे सुबह सात बजे से ही काम शुरू करते हैं।

【上供】 shànggòng ❶बलि चढ़ाना; बलि देना ❷ऊपरवालों का मुंह मीठा करना

【上钩】 shànggōu कंटिया से फंसाया जाना; अंकुश में फंसना; प्रलोभन में पड़ना (आना)

【上古】 shànggǔ प्राचीन काल

【上官】 Shàngguān एक द्विअक्षरी कुलनाम

【上光】 shàngguāng ❶पालिश करना; चमकाना ❷〈फ़ोटो०〉 फ़ोटोटाइपिंग

【上轨道】 shàng guǐdào सही रास्ते पर आना, काम का सुव्यवस्थित रूप से शुरू होना

【上海】Shànghǎi शांगहाए (पूर्व चीन का समुद्रतटीय शहर)

【上好】 shànghǎo बढ़िया; सर्वोत्तम: ～的茶叶 बढ़िया चाय की पत्तियां

【上颌】 shànghé 〈श०वि०〉 तालु; तालू
【上呼吸道】 shànghūxīdào 〈श०वि०〉 ऊपर की श्वसन प्रणाली： ～感染 ऊपर की श्वसन प्रणाली का शोथ
【上回】 shànghuí पिछली बार
【上火】 shànghuǒ ❶〈ची०चि०〉 आंतरिक दाह से पीड़ित होना (जैसे कब्ज़, नेत्रशोथ, नाक और मुंह में शोथ आदि) ❷〈बो०〉 आगबबूला होना; आग होना
【上级】 shàngjí ❶उच्चतर स्तर： ～机关 उच्चतर स्तर की नेतृत्वकारी संस्था ❷ऊपरवाला
【上家】 shàngjiā (माहजोंग, कार्ड गेम इत्यादि में) वह खिलाड़ी, जिस की बारी अपने पिछले खिलाड़ी के बाद ही आती है
【上佳】 shàngjiā उत्तम; बढ़िया; सर्वश्रेष्ठ： 选手们有～的表现。खिलाड़ियों ने सर्वश्रेष्ठ प्रदर्शन किया / 由～材料制成 बढ़िया सामग्री से बना हुआ होना
【上江】 Shàngjiāng यांगत्सी नदी का ऊपरी भाग
【上浆】 shàngjiāng कलफ़ लगाना (चढ़ाना)
【上将】 shàngjiàng जनरल
【上焦】 shàngjiāo 〈ची०चि०〉 शरीर के कोष्ठ का वह भाग, जिस में हृदय, फेफड़ा आदि होता है
【上缴】 shàngjiǎo उच्चतर प्राधिकरण को (आमदनी, नफ़ा और अतिरिक्त सामग्री आदि) हस्तांतरित करना
【上街】 shàngjiē ❶बाज़ार जाना; खरीदारी करना ❷सड़क पर जाना： ～游行 प्रदर्शन करना
【上界】 shàngjiè देवलोक
【上紧】 shàngjǐn 〈बो०〉 जल्दी करना; समय बरबाद न करना： 麦子熟了，得～割啦！गेहूं की फ़सल पक चुकी है। जल्दी काटनी चाहिए।
【上进】 shàngjìn प्रगति करना; उन्नति करना; तरक्की करना： 发愤～प्रगति के लिए भरपूर प्रयास करना
【上进心】 shàngjìnxīn हर चीज़ को बेहतर बनाने की इच्छा
【上劲】 shàngjìn जोश बढ़ना (आना); उत्साह बढ़ना (आना)： 大家越干越～儿。काम करते-करते हम लोगों का उत्साह बढ़ता गया।
【上课】 shàngkè ❶कक्षा लगाना; सबक देना; पढ़ाना： 今天九点才～。आज कक्षा नौ बजे ही शुरू होगी। ❷कक्षा में जाना; सबक लेना; पढ़ना： 他～去了。वह कक्षा में चला गया है।
【上空】 shàngkōng आकाश में; किसी स्थान के ऊपर आकाश में： 焰火在城市～腾起。शहर के ऊपर आकाश में आतिशबाज़ियां छूटीं।
【上口】 shàngkǒu ❶ऊंचे स्वर में धाराप्रवाह पढ़ने में सक्षम होना ❷जो पढ़ने में आसान हो： 这篇文章写得流畅，容易～。यह लेख सुबोध है और पढ़ने में आसान है।
【上款】 shàngkuǎn ❶(भेंट स्वरूप दिए जानेवाले चित्र या लिपिकला की कृति पर अंकित) पाने वाले का नाम ❷पत्र या पार्सल पर लिखित पाने वाले का नाम
【上来】[1] shànglái ❶आरंभ; शुरू： 他一～就乱说一通。बोलना शुरू करते ही उस ने ऊटपटांग की बातें कहीं। ❷〈लि०〉 (ऊपर कही हुई बातों का) निष्कर्ष निकालना： ～所言 उपरोक्त बातों का निष्कर्ष निकालना
【上来】[2] shànglái ऊपर आना： 他在楼下做什么，怎么还不～? वह नीचे क्या कर रहा है, क्यों इतनी देर में भी ऊपर नहीं आया ?
【上来】[3] shànglái ❶(क्रिया के बाद प्रयुक्त) नीचे से ऊपर; दूर से नज़दीक： 拿～。ऊपर लाओ / 一见到他，记者们就立即围了～。उसे देखते ही संवाददाताओं ने आकर उसे घेर लिया। ❷(क्रिया के बाद प्रयुक्त) (किसी काम में सफलता का सूचक)： 这篇课文他读了两三遍，就背～了。उस ने यह पाठ दो तीन बार पढ़ने पर ही कंठस्थ कर लिया। ❸(विशेषण के बाद प्रयुक्त) (मात्रा में वृद्धि का सूचक)： 天气渐渐凉～了。मौसम धीरे-धीरे ठंडा होने लगा। / 天色黑～了。अंधेरा बढ़ता जा रहा है।
【上联】 shànglián द्विपद की पहली पंक्ति
【上梁】[1] shàngliáng धरन टिकाना
【上梁】[2] shàngliáng ❶ऊपरी धरन ❷साइकिल का क्रास बार
【上梁不正下梁歪】 shàngliáng bù zhèng xiàliáng wāi यदि ऊपरी धरन सीधी न हो तो निचली धरन भी तिरछी हो जाती है —— यदि ऊपर वाला सुमार्ग पर नहीं चलता तो उस के महकमों को भी रास्ते पर लाया नहीं जा सकता
【上列】 shàngliè उपरोक्त; उपरिलिखित; उपरिनिर्दिष्ट： ～问题 उपरिलिखित समस्याएं
【上流】 shàngliú ❶(नदी का) ऊपरी भाग ❷उच्च वर्ग： ～社会 उच्च वर्ग
【上路】 shànglù रास्ता अपनाना; प्रस्थान करना; रवाना होना
【上马】 shàngmǎ ❶घोड़े पर सवार होना ❷(परियोजना आदि) पर काम शुरू होना： 这项水利工程是去年～的。इस जल संरक्षण परियोजना पर काम गत वर्ष शुरू हुआ था।
【上门】 shàngmén ❶किसी के घर आना या जाना： 送货～ किसी के घर माल पहुंचाना / 昨天他～来找我。कल वह मुझ से मिलने मेरे घर आया। ❷दरवाज़ा बन्द करना; दरवाज़े पर ताला लगाना ❸〈बो०〉 विवाह के बाद पत्नी के घर रहना： ～女婿 घरजमाई
【上面】 shàngmian ❶ऊपर： 你的眼镜在那张桌子～。आप का चश्मा उस मेज़ के ऊपर रखा हुआ है। / ～装着碟形天线。ऊपर डिश एंटीना लगाया गया है। ❷पर： 这是架在这河～的第二座桥。यह इस नदी पर बनाया गया दूसरा पुल है। / 墙～挂着他的画像。दीवार पर उस की तस्वीर टंगी हुई है। / 在文件～签字 दस्तावेज़ पर हस्ताक्षर करना ❸(लेख आदि में पहले) ऊपर： ～所举例子表明… ऊपर दिए गए उदाहरणों से सिद्ध है कि … / ～提到的问题 ऊपर चर्चित सवाल ❹ऊपर वाला; उच्च अधिकारी： 他是～派来的。वह ऊपरवाले द्वारा भेजा गया है। ❺क्षेत्र： 他在培育水稻新品种～做了很多工作。उस ने धान की नई किस्म तैयार करने के क्षेत्र में बहुत काम किये हैं। ❻बड़े-बूढ़े
【上年】 shàngnián पिछला साल; गत वर्ष： 这是～的事儿了。यह तो पिछले साल की बात थी।
【上年纪】 shàngniánji आयु में बूढ़ा होना; उम्र बड़ी

होना
【上品】 shàngpǐn आला दर्जे का; बढ़िया
【上坡路】 shàngpōlù ❶चढ़ाई वाला रास्ता; ऊपर की ओर चढ़ता हुआ मार्ग ❷उन्नति; प्रगति; तरक़्क़ी
【上铺】 shàngpù ऊपरी बर्थ
【上气不接下气】 shàngqì bù jiē xiàqì सांस ऊपर-नीचे होना; सांस रुकना
【上去】[1] shàngqù ऊपर जाना; चढ़ना: 您～看看，他们在干什么。आप ऊपर जाकर देखें कि वे क्या कर रहे हैं।
【上去】[2] shàngqù (क्रिया के बाद प्रयुक्त) ऊपर: 你把这箱子带～。तुम यह सूटकेस ऊपर ले जाओ। / 大家迎～同他寒暄。लोगों ने आगे बढ़कर उस का कुशल-क्षेम पूछा।
【上人】 shàngrén 〈बो०〉 मां-बाप या दादा-दादी
【上圈套儿】 shàng quāntàor फंदे में फंसना
【上任】[1] shàngrèn कार्यभार संभालना; पदग्रहण करना
【上任】[2] shàngrèn पूर्व अधिकारी
【上色】 shàngsè रंग भरना; रंग चढ़ाना
【上山】 shàngshān ❶पहाड़ पर चढ़ना; पर्वत का आरोहण करना ❷〈बो०〉 मरकर दफ़नाया जाना ❸〈बो०〉 (रेशम के कीड़ों का) कोष बनाने के लिए भूसे के लच्छों पर बैठना
【上上】 shàngshàng ❶सब से अच्छा, सर्वोत्तम; सर्वश्रेष्ठ: ～策 सर्वोत्तम युक्ति ❷पिछले का पिछला: ～星期天 पिछले का पिछला रविवार
【上身】[1] shàngshēn ❶शरीर का ऊपरी भाग; छाती ❷कमीज़; ब्लाउज़; जाकेट: 男学生穿白～，兰裤子。छात्र ऊपर सफ़ेद कमीज़ और नीचे नीली पैंट पहने हुए हैं।
【上身】[2] shàngshēn (नए कपड़े) पहली बार पहनना: 这件衬衣刚～，就掉了一个扣子。मैं ने यह नयी कमीज़ अभी-अभी पहनी थी कि एक बटन भी टूट गया।
【上升】 shàngshēng ❶ऊपर उठना; उठना: 气球一下～到离地面两百米的空中。बैलून तेज़ी से ऊपर उठते हुए हवा में दो सौ मीटर की ऊंचाई तक पहुंच गया। ❷बढ़ना; वृद्धि होना; इज़ाफ़ा होना: 粮食产量～。अनाज की पैदावार में इज़ाफ़ा हुआ। / 气温～。तापमान बढ़ गया।
【上声】 shàngshēng 〈ध्वनि०〉 ❶ऊपर उठती हुई टोन, जो प्राचीन चीनी के उच्चारण में चार टोनों में दूसरी होती थी ❷पहले नीचे जाती हुई और फिर ऊपर उठती हुई टोन, जो आधुनिक चीनी के उच्चारण में चार टोनों में तीसरी होती है 四声 sìshēng भी दे०
【上士】 shàngshì सर्जेंट
【上市】 shàngshì ❶बाज़ार में मिलना; मंडी में उपलब्ध होना: 橙子～了。बाज़ार में संतरे मिल रहे हैं। / 股票～ शेयर-बाज़ार में शेयर बेचना ❷बाज़ार जाना; खरीदारी करना: ～买水果 फल लेने बाज़ार जाना
【上市公司】 shàngshì gōngsī (शेयर बाज़ारों में) सूचीबद्ध कंपनी
【上手】[1] shàngshǒu ❶बायीं तरफ़ की सीट; सम्मान-जनक सीट ❷上家 के समान
【上手】[2] shàngshǒu ❶〈बो०〉 हाथ डालना; किसी काम में दखल देना: 这点活我一个人包了，你们不用～。मैं यह काम पूरा करने का ज़िम्मा लेता हूं। तुम लोगों को इसमें हाथ डालने की ज़रूरत नहीं। ❷हाथ लगाना; हाथ डालना; कोई काम आरंभ करना: 今天活儿不多，刚～就干完了一半。आज काम ज़्यादा नहीं है। हाथ लगाते ही हम ने आधा काम पूरा कर लिया।
【上首】 shàngshǒu सम्मानसूचक सीट; प्रतिष्ठित आसन
【上述】 shàngshù उपरोक्त; उपर्युक्त; उपरिलिखित: 必须履行～各项承诺。उपरोक्त सभी वाचनों का पालन करना चाहिए।
【上闩】 shàngshuān सिटकिनी लगाना
【上水】[1] shàngshuǐ भाप इंजन आदि में पानी भरना
【上水】[2] shàngshuǐ ❶(नदी का) ऊपरी भाग ❷जल-प्रवाह की प्रतिकूल दिशा में नौका चलाना
【上水道】 shàngshuǐdào जल आपूर्ति लाइन; वॉटर सप्लाई लाइन
【上税】 shàngshuì कर देना; कर चुकाना
【上司】 shàngsi प्रवर अधिकारी; (किसी के) ऊपर का अधिकारी; बास
【上诉】 shàngsù 〈का०〉 अपील; अपील करना; पुनरा-वेदन करना: 提出～ अपील दायर करना / 驳回～ अपील खारिज करना
【上诉法院】 shàngsù fǎyuàn अपील-अदालत; पुनर्विचार न्यायालय
【上诉权】 shàngsùquán अपील या पुनरावेदन का अधिकार
【上诉人】 shàngsùrén प्रार्थी; पुनरावेदन कर्त्ता
【上溯】 shàngsù ❶जल-प्रवाह की विपरीत दिशा में जाना ❷पीछे की ओर देखना: ～到公元一世纪 ईसा की प्रथम शताब्दी में जा कर देखना या खोजना
【上算】 shàngsuàn लाभदायक; फ़ायदेमंद; कमखर्ची-ला: 这块地种蔬菜比种粮食～。खेत के इस भाग में अनाज के मुकाबले साग की खेती करना ज़्यादा लाभदायक होगा।
【上岁数】 shàng suìshu 〈बोल०〉 उम्र काफ़ी अधिक होना; बूढ़ा होना
【上锁】 shàngsuǒ ताला लगाना; ताला ठोंकना
【上台】 shàngtái ❶रंगमंच पर जाना (आना) ❷सत्ता पर आना; सत्तारूढ़ होना
【上堂】 shàngtáng ❶अदालत में हाज़िर होना ❷〈बो०〉 क्लास में जाना; क्लास लगाना
【上膛】[1] shàngtáng 〈सैन्य०〉 बन्दूक भरना
【上膛】[2] shàngtáng 腭 è का प्रचलित नाम
【上套】 shàngtào ❶भारवाही पशु जोतना ❷फंदे में फंसना; जाल में फंसना
【上体】 shàngtǐ 〈लि०〉 शरीर का ऊपरी भाग
【上天】[1] shàngtiān ❶आकाश में छोड़ना: 卫星～。एक उपग्रह छोड़ा गया है। ❷स्वर्गवासी होना; स्वर्गवास होना
【上天】[2] shàngtiān विधाता
【上天无路，入地无门】 shàng tiān wú lù, rù

dì wú mén न आकाश जाने का मार्ग न धरती के अंदर जाने के लिए द्वार —— कहीं भी रास्ता दिखाई न देना; बच निकलने का कोई रास्ता नहीं होना

【上调】 shàngtiáo (मूल्य में) वृद्धि करना
shàngdiào भी दे०

【上头】 shàngtóu (पुराने ज़माने में विवाह के दिन कन्या के) बालों का जूड़ा बनाना

【上头】 shàngtou 上面 shàngmian के समान

【上吐下泻】 shàngtù-xiàxiè वमन और दस्त आना

【上网】 shàngwǎng इंटरनेट पर सर्फ़िंग करना

【上尉】 shàngwèi कप्तान

【上文】 shàngwén पिछले अनुच्छेद; लेख का पिछला भाग; ऊपर: 见～。ऊपर देखें।

【上午】 shàngwǔ सुबह; पूर्वाह्न

【上西天】 shàng xītiān स्वर्गवास होना; स्वर्गवासी होना

【上下】[1] shàngxià ❶ऊपर-नीचे: 合家～ घर के सभी लोग / ～一条心 ऊपर-नीचे सभी लोग एक दिल एक जान होना ❷ऊपर से नीचे तक: ～打量 ऊपर से नीचे तक घूर कर देखना ❸उत्कर्ष और अपकर्ष; अच्छाई और बुराई; श्रेष्ठता और निकृष्टता; गुण-दोष: 不相上下 bù xiāng shàngxià ❹(पूर्ण संख्या के बाद प्रयुक्त) कोई; लगभग; तकरीबन: 他三十岁～。वह कोई तीस वर्ष का है।

【上下】[2] shàngxià ऊपर या नीचे जाना: 香山上修了索道，游客～方便多了。सुगंधित पहाड़ पर एक केबल वे बनाई जाने की बदौलत यात्रियों को ऊपर या नीचे जाने में बड़ी सुविधा होती है।

【上下其手】 shàngxià-qíshǒu चाल चलना; धोखे-बाज़ी करना

【上下文】 shàngxiàwén प्रसंग: 需根据～来确定这个词的含义。प्रसंग के अनुसार इस शब्द का अर्थ निकालना चाहिए।

【上弦】[1] shàngxián कूक मारना; कूकना; कुँजी देना; ताली मारना

【上弦】[2] shàngxián 〈खगोल०〉 चांद का पहला चतुर्थांश

【上限】 shàngxiàn अधिकतम सीमा

【上香】 shàngxiāng (देवता की मूर्ति के समक्ष) धूपबत्ती जलाना

【上相】 shàngxiàng (व्यक्ति का) फ़ोटो में अधिक सुंदर दीखना

【上校】 shàngxiào कर्नल

【上鞋】 shàngxié 绱鞋 shàngxié के समान

【上心】 shàngxīn 〈बो०〉 में मन लगाना

【上刑】 shàngxíng यंत्रणाएं देना

【上行】 shàngxíng ❶रेल-गाड़ियों का देश के अन्य स्थानों से राष्ट्रीय राजधानी जाना; अप (चीन में अप ट्रेनों को समसंख्याएं दी जाती हैं) ❷(पोत का) नदी के निचले भाग से ऊपरी भाग जाना ❸(दस्तावेज़) उच्चतर स्तर की संस्थाओं या अधिकारियों को भेजना

【上行下效】 shàngxíng-xiàxiào अधीनस्थ अपने ऊपर के अधिकारियों का अनुकरण करते हैं

【上学】 shàngxué स्कूल जाना; पढ़ना; पढ़ाई करना; शिक्षा लेना: 中国儿童六岁开始～。चीन में बच्चे छै साल की उम्र में स्कूल जाने लगते हैं। / 他以前上过学没有? उस ने पहले कभी पढ़ाई की या नहीं ?

【上旬】 shàngxún महीने के पहले दस दिन

【上演】 shàngyǎn मंचन; प्रस्तुतीकरण; मंचन करना (होना); प्रस्तुत करना (होना): 昨天～了一出新剧。कल एक नए नाटक का मंचन हुआ; कल एक नया नाटक प्रस्तुत किया गया।

【上衣】 shàngyī ऊपरी कपड़ा; जाकिट

【上议院】 shàngyìyuàn ऊपरी सदन: ～议员 ऊपरी सदन का सदस्य

【上瘾】 shàngyǐn आदत पड़ना; चस्का लगना; लत पड़ना (लगना): 吸毒～ मादक पदार्थों की आदत पड़ना / 他玩电子游戏～。उसे वीडियो गेम खेलने की लत पड़ गई।

【上映】 shàngyìng (फ़िल्म) दिखाना: ～中国电影 चीनी फ़िल्म दिखाना

【上游】 shàngyóu ❶(नदी का) ऊपरी भाग ❷उन्नति: 争～ उन्नति के लिए भरपूर प्रयास करना

【上谕】 shàngyù राजाज्ञा; फ़रमान

【上元节】 Shàngyuán Jié （元宵节 Yuánxiāo Jié भी）दीपोत्सव, जो चंद्र वर्ष के प्रथम महीने के पन्द्रहवें दिन को पड़ता है

【上涨】 shàngzhǎng बढ़ना; वृद्धि होना: 河水～。नदी में जल-स्तर बढ़ गया। / 物价～。दामों में वृद्धि हुई।

【上账】 shàngzhàng हिसाब-किताब में चढ़ाना

【上照】 shàngzhào 〈बो०〉 上相 shàngxiàng के समान

【上阵】 shàngzhèn लाम पर जाना; मैदान में उतरना; काम में जुटना: ～杀敌 लाम पर जाना / 下场比赛谁～? अगले खेल में कौन कौन मैदान में उतरेंगे ? / 学校里教师学生齐～，大搞环境卫生。सभी अध्यापक और छात्र वातावरण को साफ़ रखने के काम में जुट गए।

【上肢】 shàngzhī ऊपरी अंग

【上装】[1] shàngzhuāng (थिएटर में) मेकअप करना

【上装】[2] shàngzhuāng 〈बो०〉 ऊपरी वस्त्र; जाकिट

【上座】 shàngzuò प्रतिष्ठित आसन

【上座儿】 shàngzuòr (रेस्तरां में) ग्राहकों का आना; (थिएटर या सिनेमाघर में) दर्शकों का आना: 影院里～已有七成。सिनेमाघर में 70 प्रतिशत टिकट बिक चुके हैं।

尚 1

shàng ❶महत्व देना: ～武 ❷ (Shàng) एक कुलनाम

尚 2

shàng 〈क्रि०वि०〉〈लि०〉 फिर भी: 制度～待完善。व्यवस्था को फिर भी सुधारना है। / 有许多问题～未解决。बहुत से सवालों का समाधान फिर भी न हो पाया। ❷尚且 के समान

【尚方宝剑】 shàngfāng bǎojiàn सम्राट् की तलवार (जिसे धारण करने वाले को विवेकानुसार स्वनिर्णय का अधिकार होता था) —— सौंपे गए अधिकार का प्रतीक

【尚且】 shàngqiě 〈संयो०〉 (नकारात्मक रूप में प्रयुक्त) भी; तक: 他走路～不行，更不用说跑了。वह चलने-फिरने में भी सक्षम नहीं है, दौड़ना तो दूर रहा।

【尚书】 shàngshū ❶प्राचीन चीन में वरिष्ठ अधिकारी ❷मिंग और छिंग राजवंशों के दौरान) मंत्री
【尚武】 shàngwǔ युद्ध कला या युद्ध कौशल को महत्व देना
【尚武精神】 shàngwǔ jīngshén युद्ध की इच्छा; युयुत्सा
绱（鞝） shàng नीचे दे०
【绱鞋】 shàngxié जूते में तल्ला लगाना

shang

裳 shang दे० 衣裳 yīshang
cháng भी दे०

shāo

捎 shāo ले जाना (आना); लाना; पहुंचाना: 把这封信～给他。उस के लिए यह पत्र ले जाओ। / 把那本书给我～来。मेरे लिए वह किताब लाओ। / 替我向他～个好。उस से मेरा नमस्ते कहना।
shào भी दे०
【捎带】 shāodài लगे हाथ: 你去邮局时～给我买几张邮票。जब तुम डाकघर जाओगे, तो मेरे लिए लगे हाथ दो-तीन टिकट भी लेते आना।
【捎带脚儿】 shāodài jiǎor 〈बो०〉 लगे हाथ
【捎话】 shāohuà संदेश पहुंचाना: 我已叫小王～给她了。मैं ने श्याओ वांग के द्वारा उस तक यह संदेश भेजा।
【捎脚】 shāo jiǎo रास्ते में गाड़ी में यात्रियों को सवार होने या माल लदवाने की इजाज़त देना; लिफ़्ट देना
烧（燒） shāo ❶जलना; जलाना; दाहना: ～柴 लकड़ी जलाना / 烧毁 ❷गरम करना; पकाना; उबालना: ～水 पानी उबालना; पानी गरम करना / ～饭 खाना पकाना / ～砖 ईंट पकाना ❸एक व्यंजन विधि —— तलने के बाद पकाना या पकाने के बाद तलना: ～茄子 तलने के बाद पकाया हुआ बैंगन ❹भूनना; भुनना: ～鸡 भुना हुआ मुर्गा ❺बुखार; ज्वर: 退～ बुखार उतरना ❻बुखार आना; ज्वर आना: 他现在～得厉害。इस समय उसे तेज़ बुखार आया है। ❼उर्वरक या खाद के अनुचित या आवश्यकता से अधिक प्रयोग से फ़सल का झुलसना या बरबाद होना: 稻秧～了。धान के पौधे झुलस गए। ❽धनी होने से सिर फिर जाना: 瞧他有两个钱就～得不知怎么好了! देखो, कुछ पैसे कमा लेने पर उस का सिर बिल्कुल ही फिर गया है।
【烧包】 shāobāo 〈बो०〉 सफल या धनी होने से सिर फिर जाना
【烧杯】 shāobēi (प्रयोगशाला में प्रयुक्त) बीकर
【烧饼】 shāobǐng तिलवाली लिट्ट या लिट्टी
【烧锅】 shāoguō (मद्य बनाने की) भट्ठी
【烧化】 shāohuà ❶दाह संस्कार करना ❷(मृतक को चढ़ाये जाने वाले कागज़ इत्यादि) होम कर देना
【烧荒】 shāohuāng परती ज़मीन पर आग लगा कर घास-पात को राख करना
【烧毁】 shāohuǐ दग्ध करना; जलाकर राख करना; जलकर राख होना
【烧火】 shāohuǒ आग जलाना; चूल्हे की आग सुलगाना
【烧碱】 shāojiǎn 〈रसा०〉 कॉस्टिक सोडा
【烧结】 shāojié सिंटेरिंग: ～厂 सिंटेरिंग प्लांट
【烧酒】 shāojiǔ शराब
【烧烤】 shāokǎo बार्बिक्यू; सींक पर (मांस) भुनना
【烧烤架】 shāokǎojià सींक
【烧卖】 shāomài（烧麦 shāomai भी）भाप से पकाया हुआ एक डम्पलिंग
【烧瓶】 shāopíng (प्रयोगशाला में प्रयुक्त) फ़्लास्क
【烧伤】 shāoshāng 〈चिकि०〉 जलना; झुलसना
【烧香】 shāoxiāng (देव की मूर्ति के समक्ष) धूपबत्ती जलाना
【烧心】 shāoxīn ❶〈चिकि०〉 अम्ल शूल ❷〈बो०〉 ताप पाने के कारण (बन्दगोभी का) पीला पड़ जाना
【烧心壶】 shāoxīnhú 〈बो०〉 चाय की केतली
【烧夷弹】 shāoyídàn 燃烧弹 ránshāodàn के समान
【烧纸】 shāozhǐ ❶मृतक के प्रति श्रद्धांजलि अर्पित करने के लिए कागज़ी सिक्के होम करना ❷कागज़ी सिक्का
【烧灼】 shāozhuó जलना; झुलसना
梢 shāo टहनियों इत्यादि का पतला सिरा: 树～टहनी का सिरा / 辫子～ चोटी का सिरा
sào भी दे०
【梢公】 shāogōng 艄公 shāogōng के समान
【梢头】 shāotóu टहनी का सिरा
稍 shāo 〈क्रि०वि०〉 थोड़ा; ज़रा; कुछ: 请～休息一会儿。थोड़ी देर के लिए आराम कीजिए। / 这篇文章需～作修改。इस लेख में कुछ संशोधन करना चाहिए। / 请～等。ज़रा इंतज़ार करें।
shào भी दे०
【稍稍】 shāoshāo 〈क्रि०वि०〉 थोड़ा; ज़रा; कुछ: 他比你～高了一点。उस का कद तुम से थोड़ा ऊँचा है।
【稍微】 shāowēi 〈क्रि०वि०〉 थोड़ा; ज़रा; कुछ: 他～有点累。वह ज़रा सा थका हुआ है। / ～放点水。थोड़ा पानी डाल दो।
【稍为】 shāowéi 稍微 shāowēi के समान
【稍许】 shāoxǔ 稍微 shāowēi के समान
【稍纵即逝】 shāozòng-jíshì क्षणिक; क्षणभंगुर: ～的机会 एक क्षणिक अवसर
筲 shāo बांस या लकड़ी से बना पानी भरने का गोल बरतन

艄 shāo ❶नाव का पिछला भाग ❷कर्ण; पतवारः 掌～ पतवार पकड़ना
【艄公】 shāogōng ❶कर्णधार ❷मांझी
鞘 shāo चाबुक का सांटा
qiào भी दे०

sháo

勺 1 （杓） sháo कलछा; कलछी
杓 biāo भी दे०
勺 2 sháo शाओ, एक परंपरागत तौल
市勺 shìsháo भी दे०
【勺子】 sháozi कलछा; कलछी
芍 sháo नीचे दे०
【芍药】 sháoyao चीनी पियोनी
苕 sháo 〈बो०〉 शकरकंद
tiáo भी दे०
韶 sháo 〈लि०〉 सुन्दर; शानदार
【韶光】 sháoguāng 〈लि०〉 ❶बहार ❷यौवन
【韶华】 sháohuá 韶光 sháoguāng के समान
【韶秀】 sháoxiù 〈लि०〉 खूबसूरत; रूपवान

shǎo

少 shǎo ❶कम; अल्प; थोड़ाः ～量 अल्प मात्रा / ～说多做。बात कम और काम अधिक करो। ❷कमी; अभाव; कमी होना; कम होना; अभाव होनाः 缺医～药 चिकित्सा सुविधाओं का अभाव होना / 全班同学都到齐了，一个也不～。हमारे क्लास के सभी छात्र यहां हाज़िर हैं। एक भी कम नहीं। ❸गायब; लापता; लुप्तः 教室里～了一张桌子。क्लासरूम में एक मेज़ गायब हो गई। / 这段话里～了两个字。इस पैराग्राफ़ में दो अक्षर लुप्त हैं। ❹थोड़ी देर; ज़राः 请～候。ज़रा इंतज़ार कीजिए। ❺देना; कर्ज़ः ～他的钱都还清了。मैं ने उस से जितना पैसा लिया था, वह पूरे का पूरा वापस कर दिया।
shào भी दे०
【少安毋躁】 shǎo'ān-wúzào अधीर न हो, ज़रा इंतज़ार करो; शांत रहो, उतावले न हो
【少不得】 shǎobudé के बिना नहीं हो सकना; अनिवार्य होनाः 这个会～你参加。इस बैठक में आप की उपस्थिति अनिवार्य है। / 今后～还要麻烦您。आइंदा हमें आप को बार-बार कष्ट देना पड़ेगा।
【少不了】 shǎobuliǎo ❶少不得 shǎobudé के समान ❷कम नहीं होनाः 问题肯定～。सवाल हरगिज़ कम नहीं होंगे।
【少待】 shǎodài कृपया, ज़रा प्रतीक्षा करें
【少而精】 shǎo ér jīng कम लेकिन बेहतर
【少见】 shǎojiàn ❶〈शिष्ट०〉 आप के दर्शन बहुत दिनों तक नहीं हो सके; आप तो ईद का चांद हो गए ❷कम देखने को मिलना; विरल होनाः 这种事情真是～！ यह वाकई एक विरल बात है।
【少见多怪】 shǎojiàn-duōguài अनभिज्ञ को बात-बात पर आश्चर्य हो जाता हैः 你也真是～。तुम्हें भी तो बात-बात पर आश्चर्य हो जाता है। / 也许是我～。हो सकता है, मैं अनभिज्ञ हूं।
【少刻】 shǎokè थोड़ी देर में; थोड़ी देर बाद
【少礼】 shǎolǐ 〈शिष्ट०〉 ❶रस्मी पाबंदियों का इतना ख्याल न करें ❷कृपया, मेरी धृष्टता के लिए मुझे माफ़ करें
【少量】 shǎoliàng अल्पमात्रा; थोड़ा; ज़रा
【少陪】 shǎopéi 〈शिष्ट०〉 माफ़ कीजिए, मुझे अभी जाना है
【少顷】 shǎoqǐng 〈लि०〉 थोड़ी देर में; थोड़े समय में; थोड़ी देर बाद; थोड़े समय बाद
【少时】 shǎoshí 少顷 shǎoqǐng के समान
【少数】 shǎoshù अल्पमत; अल्पसंख्यक; इने-गिने; कुछेकः ～人 इने-गिने लोग; कुछेक लोग; अल्पसंख्यक / ～服从多数。अल्पमत बहुमत के अधीन होता है। / ～派政府 अल्पमत सरकार
【少数民族】 shǎoshù mínzú अल्पसंख्यक जातिः ～地区 अल्पसंख्यक जातीय क्षेत्र
【少许】 shǎoxǔ 〈लि०〉 थोड़ा; ज़रा; तनिक

shào

少 shào ❶जवान; नौजवान; युवा; युवक; कमउम्र; कमसिन; अल्पवयस्क; छोटाः ～男～女 लड़के-लड़कियाँ / 男女老～ स्त्री-पुरुष और छोटे-बड़े ❷बड़े घर का लड़का; छोटा हुज़ूरः 阔少 kuòshào
shǎo भी दे०
【少白头】 shàobáitóu ❶अल्पायु में ही बाल सफ़ेद हो जाना ❷सफ़ेद बालों वाला युवक
【少不更事】 shàobù-gēngshì अनाड़ी; अनुभवहीन
【少东家】 shàodōngjia छोटा हुज़ूर; छोटा मालिक
【少儿】 shào'ér बाल; बालक; बालिकाः ～读物 बाल सुलभ साहित्य
【少妇】 shàofù विवाहित युवती
【少将】 shàojiàng मेजर जनरल
【少林拳】 shàolínquán शाओलिन मुक्केबाज़ी
【少奶奶】 shàonǎinai ❶तरुण मालिकिन ❷〈पुराना〉 दूसरे की पुत्रवधू का संबोधन
【少年】 shàonián ❶किशोरावस्था ❷किशोर; किशोरी

❸<लि०> युवा; युवक
【少年犯】 shàoniánfàn बाल अपराधी
【少年宫】 shàoniángōng बाल भवन
【少年老成】 shǎonián-lǎochéng ❶प्रौढ़ दीखनेवाला युवक ❷निस्तेज और निरुत्साह युवक
【少年先锋队】 shàonián xiānfēngduì बाल-पायोनियर
【少女】 shàonǚ कुमारी; कन्या; किशोरी; बाला; बालिका
【少尉】 shàowèi लेफ़्टिनेंट
【少先队】 shàoxiānduì 少年先锋队 shàonián xiānfēngduì का संक्षिप्त रूप
【少先队员】 shàoxiānduìyuán बाल-पायोनियर
【少相】 shàoxiang जवान दीखनेवाला: 他长得～，年纪可不小了。वह तो जवान दीखता है, लेकिन उम्र कम नहीं।
【少校】 shàoxiào मेजर
【少爷】 shàoye ❶छोटा हुज़ूर; छोटा मालिक ❷<पुराना> दूसरे के पुत्र का संबोधन
【少爷脾气】 shàoye píqi बिगड़े हुए लड़के का दुर्व्यवहार
【少壮】 shàozhuàng जवान और हट्टा-कट्टा

邵 Shào एक कुलनाम

劭 shào <लि०> ❶प्रोत्साहित करना; प्रेरित करना ❷प्रशंसनीय, शालीन: 年高德劭 niángāo déshào

绍¹ （紹） shào जारी रखना

绍² （紹） Shào 绍兴 Shàoxīng का संक्षिप्त रूप
【绍介】 shàojiè परिचय कराना; परिचय देना
【绍剧】 shàojù शाओशिंग ओपेरा, जो चच्यांग प्रांत के शाओशिंग में लोकप्रिय है
【绍兴酒】 shàoxīngjiǔ （绍酒 shàojiǔ भी） शाओशिंग राइस वाइन

捎 shào (घोड़े, खच्चर आदि का) कुछ कदम पीछे हटना; चौंकना
shāo भी दे०
【捎马子】 shàomǎzi <बो०> खुरजी
【捎色】 shàoshǎi रंग उड़ना

哨¹ shào चौकी

哨² shào ❶चहकना; चहचहाना ❷सीटी: 吹～ सीटी बजाना; सीटी देना
【哨兵】 shàobīng संतरी; पहरेदार
【哨卡】 shàoqiǎ चौकी
【哨所】 shàosuǒ चौकी: 边防～ सीमा चौकी
【哨子】 shàozi सीटी

睄 shào <बो०> सरसरी नज़र से देखना

稍 shào नीचे दे०
shāo भी दे०
【稍息】 shàoxī <सैन्य०> एट ईज़! आराम से!

潲¹ shào ❶वर्षा की धार तिरछी होना ❷<बो०> छिड़कना: 往菜上～水 सब्ज़ियों के पौधों पर पानी छिड़कना

潲² shào <बो०> (सुअर आदि का) पतला खाना
【潲水】 shàoshuǐ <बो०> सुअर का पतला खाना

shē

奢 shē ❶ऐश; ऐशोआराम; भोग-विलास; विलासिता ❷हद से अधिक; अत्यधिक: 奢求
【奢侈】 shēchǐ ऐश; ऐशोआराम; भोग-विलास; विलासिता
【奢侈品】 shēchǐpǐn विलासिता की वस्तु; ऐशोआराम की वस्तु
【奢华】 shēhuá वैभव; शान-शौकत: 陈设～ शान-शौकत से सजावट करना
【奢靡】 shēmí विलासिता और फ़िज़ूलखर्ची; विलासितापूर्ण और फ़िज़ूलखर्च
【奢求】 shēqiú अत्यधिक मांग
【奢望】 shēwàng अव्यवहारिक आशा; खयाली पुलाव: 心存～ दिल में अव्यवहारिक आशा पालना; ख्याली पुलाव पकाना
【奢想】 shēxiǎng 奢望 shēwàng के समान

赊 （賒） shē उधार लेना या देना
【赊购】 shēgòu उधार माल खरीदना; उधार लेना
【赊欠】 shēqiàn उधार लेना या देना
【赊销】 shēxiāo उधार माल बेचना; उधार देना
【赊账】 shēzhàng उधार लेना या देना: 现金买卖，概不～。आज नकद कल उधार।

猞 shē नीचे दे०
【猞猁】 shēlì वनबिलाव

畲 shē नीचे दे०
【畲族】 Shēzú श जाति, जो फ़ुच्येन, चच्यांग, च्यांगशी और क्वांतोंग आदि प्रांतों में आबाद है।

shé

舌 shé ❶जीभ; जिह्वा; ज़बान; रसना; वाक् ❷जीभ जैसी वस्तुः 火～ आग की जिह्वा ❸घंटी का लंगर

【舌敝唇焦】 shébì-chúnjiāo ज़बान खुश्क होना; ओंठ पपड़ियाना

【舌根】 shégēn जिह्वामूल

【舌根音】 shégēnyīn जिह्वामूलीय

【舌耕】 shégēng पढ़ाने से जीवन-निर्वाह करना

【舌尖】 shéjiān जिह्वा का अग्र भाग

【舌尖音】 shéjiānyīn जिह्वाग्र

【舌剑唇枪】 shéjiàn-chúnqiāng 唇枪舌剑 chúnqiāng-shéjiàn के समान

【舌苔】 shétāi जीभ का मैल

【舌战】 shézhàn वाग्युद्ध

折 shé ❶टूटना; तोड़नाः 树枝～了。एक टहनी टूट गई। / 把绳子拉～ रस्सी तोड़ना ❷लेन-देन में पैसे का नुकसान होना

zhē; zhé भी दे०

【折本】 shéběn लेन-देन में पैसे का नुकसान होना

【折秤】 shéchèng पुनः तौलने के दौरान साग-सब्ज़ियों, फलों आदि चीज़ों का नुकसान होना

【折耗】 shéhào लाने-ले जाने के दौरान वस्तुओं का नुकसान होना

【折钱】 shéqián 〈बो०〉 लेन-देन में पैसे का नुकसान होना; घाटा पड़ना

佘 Shé एक कुलनाम

蛇 shé सांप; सर्प

yí भी दे०

【蛇毒】 shédú सांप का विष

【蛇头】 shétóu स्नेकहेड

【蛇蜕】 shétuì 〈ची०चि०〉 सांप की छोड़ी हुई केंचुली

【蛇蝎】 shéxiē सर्प और बिच्छू —— विषहृदय होना

【蛇蝎心肠】 shéxiē-xīncháng विषहृदय

【蛇行】 shéxíng रेंगना; बल खाते हुए चलना

【蛇足】 shézú सांप का पांव —— फ़िज़ूल चीज़, दे० 画蛇添足 huàshé-tiānzú

阇（闍） shé नीचे दे०

【阇梨】 shélí बौद्ध आचार्य

shě

舍（捨） shě ❶छोड़ना; त्यागना; त्याग करनाः 舍生取义 ❷दान देना

shè भी दे०

【舍本逐末】 shěběn-zhúmò मूलभूत बातों की अवहेलना करके नगण्य बातों पर ज़ोर देना

【舍不得】 shěbude अखरना; बुरा लगना; अनिच्छा होनाः 真～和你分手。तुम से विदाई बहुत अखरती है। / 他从来都～乱花一分钱。उसे एक भी पैसे का अपव्यय करना हमेशा बुरा लगता है।

【舍得】 shěde तैयार होना; नहीं हिचकनाः 您真～他走? क्या आप उसे जाने देने को सचमुच तैयार हैं? / 要学有所成，就必须～下苦功。यदि पढ़ाई में सफलता प्राप्त करनी है, तो कड़ी मेहनत से नहीं हिचकना चाहिए।

【舍己救人】 shějǐ-jiùrén दूसरे की जान बचाने के लिए अपने प्राण न्योछावर करना

【舍己为人】 shějǐ-wèirén दूसरे की मदद के लिए अपना हित त्यागना

【舍近求远】 shějìn-qiúyuǎn（舍近图远 shějìn-túyuǎn भी） दूर के ढोल सुहावने लगते हैं

【舍车保帅】 shějū-bǎoshuài (चीनी शतरंज में) बादशाह बचाने के लिए रथ छोड़ देना —— महत्वपूर्ण हितों की रक्षा हेतु थोड़ा बहुत बलिदान करना

【舍命】 shěmìng जान पर खेलना; जान देना

【舍弃】 shěqì छोड़ देना; त्याग देना

【舍身】 shěshēn जान निसार करना; प्राण त्याग देना

【舍生取义】 shěshēng-qǔyì न्याय के लिए जान देना

【舍死忘生】 shěsǐ-wàngshēng （舍生忘死 shěshēng-wàngsǐ भी） जान की बाज़ी लगाना

shè

设（設） shè ❶स्थापना करना (होना); स्थापित करना (होना); कायम करना (होना); लगाना; व्यवस्था करना (होना): 这家公司在北京～厂生产电子产品。यह कंपनी पेइचिंग में एक कारखाना लगाकर इलेक्ट्रोनिक वस्तुओं का उत्पादन कर रही है। / 该委员会下～三个小组委员会。इस समिति के अधीन तीन उपसमितियाँ स्थापित हैं। ❷(योजना) बनाना; तैयार करना: 设计 ❸मान लेना; कल्पना करनाः 设想 ❹〈लि०〉 यदि; अगरः ～有问题，当鼎力协助解决。अगर कोई समस्या उत्पन्न होगी, तो उस का समाधान करने में हम हर संभव मदद देंगे।

【设备】 shèbèi साज़-सज्जा; साज़-सामान; उपकरणः 机电～ मशीन और विद्युत उपकरण / ～齐全 सुसज्जित होना / 灌溉～ सिंचाई का साज़-सामान

【设法】 shèfǎ उपाय सुझाना; तरीका निकालना; प्रयत्न करना; प्रयास करनाः ～解救人质 बंधक का उद्धार करने का उपाय सुझाना / 我们正在～解决这一难题。हम यह कठिन सवाल हल करने का प्रयास कर रहे हैं।

【设防】 shèfáng किलेबन्दी करना; रक्षा की व्यवस्था करना: 城内处处～ शहर में जगह-जगह रक्षा की व्यवस्था करना

【设伏】 shèfú घात लगाना; घात में बैठना
【设岗】 shègǎng पहरा बिठाना (लगाना); संतरी तैनात करना
【设或】 shèhuò 〈लि०〉 यदि; अगर
【设计】 shèjì ❶डिज़ाइन; परिकल्पना; डिज़ाइन बनाना; परिकल्पना करना ❷योजना तैयार करना; चाल चलना: ～陷害 षड़यंत्र में फंसाना / ～退敌 दुश्मन को खदेड़ने की योजना तैयार करना
【设计师】 shèjìshī डिज़ाइनर; डिज़ाइनसाज़
【设计图】 shèjìtú डिज़ाइन ड्राईंग; ख़ाका
【设立】 shèlì स्थापना करना; स्थापित करना; कायम करना: ～一个专门委员会 एक विशेष समिति की स्थापना करना / 新建住宅小区～了学校、医院和超市。इस नवनिर्मित बस्ती में स्कूल, अस्पताल और सुपर मार्किट स्थापित किए गए हैं।
【设若】 shèruò 〈लि०〉 यदि; अगर
【设色】 shèsè रंग चढ़ाना; रंग भरना
【设身处地】 shèshēn-chǔdì दूसरे की जगह खुद को रख कर देखना: 您～为他想想，就会明白他为什么要这样做。आप खुद को उस की जगह पर रख कर सोचें, तो समझेंगे कि उस ने ऐसा क्यों किया।
【设施】 shèshī संस्थापन; सुविधा; सहूलियत: 基础～ बुनियादी सुविधाएं / 军事～ सैन्य संस्थापन / 医疗～ चिकित्सा की सुविधाएं
【设使】 shèshǐ यदि; अगर
【设想】 shèxiǎng ❶कल्पना; कल्पना करना; सोचना: 这只是我们的～。यह हमारी कल्पना मात्र है। / 您～过他的处境吗? क्या आप ने उस की स्थिति के बारे में भी कुछ सोचा है? / 无法～ जिस की कल्पना भी नहीं की जा सकना ❷का ख्याल रखना; तरजीह देना: 为群众～ जनता के हितों को तरजीह देना
【设宴】 shèyàn भोज देना; भोज का आयोजन करना; भोज आयोजित करना; दावत देना: ～欢迎国家元首 राज्याध्यक्ष के सम्मान में एक भोज का आयोजन करना / ～招待宾客 मेहमानों को दावत देना / 设午（晚）宴 दोपहर (रात्रि) का भोज देना
【设营】 shèyíng 〈सैन्य०〉 शिविर लगाना (डालना); पड़ाव डालना
【设置】 shèzhì ❶स्थापना करना; स्थापित करना; कायम करना: ～县级行政机构 काउंटी स्तर की प्रशासनिक संस्था स्थापित करना / 这条通道是专为残疾人～的。यह रास्ता विशेषकर विकलांगों के लिए बनाया गया है। ❷डालना; खड़ा करना: ～障碍 बाधाएं डालना / ～路障 सड़कों पर रुकावटें खड़ी करना

社 shè ❶संघ; समाज; संगठन, सोसाइटी; संस्था; एजेंसी: 通讯社 tōngxùnshè / 旅行社 lǚxíngshè / 社团 ❷भू-देवता, उसे चढ़ाई जानेवाली बलि तथा वेदी: 春～ वसंत में दी जाने वाली बलि
【社会】 shèhuì समाज; समुदाय; कम्युनिटी: 国际～ अंतर्राष्ट्रीय समुदाय / 人类～ मानव समाज / ～福利 सामाजिक कल्याण / ～地位 सामाजिक स्थिति
【社会保险】 shèhuì bǎoxiǎn सामाजिक बीमा
【社会保障制度】 shèhuì bǎozhàng zhìdù सामाजिक सुरक्षा व्यवस्था
【社会党】 shèhuìdǎng सोशलिस्ट पार्टी; समाजवादी दल
【社会调查】 shèhuì diàochá सामाजिक जांच-पड़ताल
【社会分工】 shèhuì fēngōng समाज में श्रम-विभाजन
【社会工作】 shèhuì gōngzuò सामुदायिक काम; सामाजिक कार्य; अपने नियमित काम के अलावा समुदाय के लिए किया जाने वाला काम
【社会关系】 shèhuì guānxi ❶सामाजिक संबंध ❷सगे-संबंधी
【社会化】 shèhuìhuà सामाजीकरण
【社会活动】 shèhuì huódòng सामाजिक गतिविधि; सार्वजनिक गतिविधि
【社会监督】 shèhuì jiāndū सामाजिक निगरानी
【社会科学】 shèhuì kēxué सामाजिक विज्ञान
【社会民主党】 shèhuì mínzhǔdǎng सोशल डेमोक्रेटिक पार्टी
【社会民主主义】 shèhuì mínzhǔ zhǔyì सामाजिक जनवाद
【社会名流】 shèhuì míngliú गण्यमान्य व्यक्ति; जाने-माने व्यक्ति
【社会青年】 shèhuì qīngnián बेरोज़गार युवक
【社会学】 shèhuìxué समाज विज्ञान
【社会治安】 shèhuì zhì'ān सामाजिक सुरक्षा
【社会制度】 shèhuì zhìdù सामाजिक व्यवस्था
【社会主义】 shèhuì zhǔyì समाजवाद; समाजवादी: ～建设 समाजवादी निर्माण / ～道路 समाजवादी रास्ता / 中国特色～ चीनी विशेषता वाला समाजवाद
【社会主义公有制】 shèhuì zhǔyì gōngyǒuzhì समाजवादी सार्वजनिक मिल्कियत
【社会主义市场经济】 shèhuìzhǔyì shìchǎng jīngjì समाजवादी माल अर्थ-व्यवस्था
【社火】 shèhuǒ परंपरागत तीज-त्योहार
【社稷】 shèjì भू देवता और अन्न देवता की वेदी —— राज्य; देश (प्राचीन काल में प्रत्येक राज्य में ऐसी वेदी होती थी। कालांतर में ऐसी वेदी किसी एक राज्य का प्रतीक मानी जाने लगी थी)
【社交】 shèjiāo सामाजिक मेल-जोल; सामाजिक जीवन
【社论】 shèlùn संपादकीय
【社评】 shèpíng संपादकीय
【社区】 shèqū समुदाय; कम्युनिटी: ～发展 सामुदायिक विकास / ～服务中心 सामुदायिक सेवा केंद्र
【社团】 shètuán जन-संगठन
【社戏】 shèxì पुराने ज़माने में ग्रामीण क्षेत्र में धार्मिक पर्वों के दौरान प्रस्तुत किया जाने वाला ओपेरा
【社员】 shèyuán सोसाइटी, सभा, क्लब आदि का सदस्य: 文学～ साहित्य सभा का सदस्य

舍 1 shè ❶मकान; घर; गृह; वासः 学生～ छात्रावास ❷〈विनम्र०〉 मेरा घरः 敝～मेरा घर / 寒～ मेरा गरीबख़ाना ❸शाला; बाड़ाः 猪～ सुअर बाड़ा / 牛～ गोशाला ❹〈विनम्र०〉 (अपने से छोटे सगे-संबंधियों के संबोधन के आगे प्रयुक्त) मेराः ～弟 मेरा छोटा भाई / ～侄 मेरा भतीजा

舍 2 shè 30 ली (里) के बराबर एक प्राचीन माप shě भी दे०

【舍间】 shèjiān 〈विनम्र०〉 मेरा घर; गरीबखानाः 请到～一坐。चलें, मेरे घर जाकर कुछ आराम करें।

【舍监】 shèjiān 〈पुराना〉 छात्रावास का वार्डन

【舍利】 shèlì (舍利子 shèlìzǐ भी) 〈बौद्धधर्म〉 शरीर; अस्थियां

【舍利塔】 shèlìtǎ स्तूप

【舍亲】 shèqīn 〈विनम्र०〉 मेरा संबंधी; मेरा रिश्तेदार

【舍下】 shèxià 〈विनम्र०〉 मेरा घर; गरीबख़ाना

射 shè ❶छोड़ना, मारना; दागना; चलानाः ～箭 तीर छोड़ना / 扫～ गोले दागना ❷धार फेंकना; फुहारे की तरह छूटनाः 喷射 pēnshè / 注射 zhùshè ❸(रोशनी) फेंकना; प्रेषित करनाः 光芒四～ चारों ओर रोशनी फेंकना ❹परोक्ष संकेत करना; इंगित करनाः 影射 yǐngshè

【射程】 shèchéng मार; प्रहार शक्तिः 在导弹的～之内 प्रक्षेपास्त्रों की मार के अन्दर आना / ～为五千公里的洲际导弹 पांच हज़ार किलोमीटर की प्रहार शक्ति से युक्त अंतर महाद्वीपीय प्रक्षेपास्त्र

【射电天文学】 shèdiàn tiānwénxué रेडियो एस्ट्रोनोमी

【射电望远镜】 shèdiàn wàngyuǎnjìng रेडियो-टेलीस्कोप

【射击】 shèjī ❶गोली चलाना; दागना ❷〈खेल०〉 शूटिंग; निशानेबाज़ीः ～场 शूटिंग रैंज / ～运动员 निशानेबाज़

【射箭】 shèjiàn ❶तीर चलाना (फेंकना, मारना) ❷〈खेल०〉 तीरंदाज़ीः ～运动员 तीरंदाज़

【射界】 shèjiè फ़ायरिंग एरिया

【射猎】 shèliè शिकार; आखेट; शिकार करना; आखेट करना

【射流】 shèliú 〈भौ०〉 एफ़्लक्स

【射门】 shèmén 〈खेल०〉 गोल करना

【射频】 shèpín 〈वैद्यु०〉 रेडियो फ्रेक्वेंसी

【射手】 shèshǒu ❶निशानेबाज़ ❷गोल करने वाला

【射线】 shèxiàn 〈भौ०〉 रे; किरण

【射线疗法】 shèxiàn liáofǎ रेडियोथैरपी

【射影】 shèyǐng प्रोजेक्शन

涉 shè ❶(जल को) पैदल चलकर पार करनाः ～水过河 नदी को पैदल चलकर पार करना ❷सामना करना; अनुभव करनाः 涉险 ❸उलझना; लिप्त होनाः 涉嫌

【涉笔】 shèbǐ ब्रश को गीला करना —— लेखन या चित्रण आरंभ करना

【涉及】 shèjí से संबंधित होना; का … से संबंध होनाः 这～到环境保护问题。इस का पर्यावरण संरक्षण से संबंध है। / 谈判内容～地区安全和区域合作等问题。वार्ता क्षेत्रीय सुरक्षा और सहयोग आदि की समस्याओं से संबंधित है।

【涉猎】 shèliè सरसरी तौर से पढ़नाः 这些书不必仔细研读，只须～一下即可。इन ग्रंथों का विस्तृत अध्ययन करने की आवश्यकता नहीं, बल्कि इन्हें सरसरी तौर से पढ़ना ही काफ़ी है।

【涉禽】 shèqín 〈प्राणि०〉 जल-पक्षी

【涉世】 shèshì दुनिया की हवा लगना; संसार का अनुभव होनाः ～未深 दुनिया कम देखना

【涉讼】 shèsòng मुकदमे में लिप्त होना

【涉外】 shèwài वैदेशिक मामलों या विदेशियों से संबंधितः～经济法则 विदेशियों के साथ व्यापारिक संबंधों से संबंधित कानून और अधिनियम

【涉嫌】 shèxián संदिग्ध होना; से लिप्त होने का शक होनाः ～贪污受贿 घूसखोरी के मामले में लिप्त होने का शक होना

【涉险】 shèxiǎn खतरे का सामना करना; खतरे में पड़ना

【涉足】 shèzú 〈लि०〉 पैर रखना; प्रवेश करनाः ～文学领域 साहित्य के क्षेत्र में प्रवेश करना / 这地方偏僻，很少有人～。यह एकांत जगह है, बहुत कम लोग यहां पैर रखते हैं।

赦 shè क्षमा; माफ़ी; माफ़; क्षमा (माफ़ी) करना; माफ़ करना

【赦免】 shèmiǎn क्षमा करना; माफ़ करना

【赦宥】 shèyòu 〈लि०〉 क्षमा करना; माफ़ करना

【赦罪】 shèzuì अपराध को क्षमा करना

摄 1 (攝) shè ❶ग्रहण करना ❷फ़ोटो लेना; शूटिंग करना

摄 2 (攝) shè 〈लि०〉 (स्वास्थ्य) रक्षा करना

摄 3 (攝) shè कार्यवाहक होनाः 摄政

【摄动】 shèdòng 〈खगोल०〉 विचलन

【摄理】 shèlǐ कार्यवाहक के रूप में कार्यभार संभालना

【摄取】 shèqǔ ❶ग्रहण करनाः ～食物 अन्न-जल ग्रहण करना ❷फ़ोटो उतारना; शूटिंग करनाः ～几个镜头 कैमरे से कई शॉट लेना

【摄生】 shèshēng 〈लि०〉 स्वास्थ्य रक्षा करना; स्वास्थ्य बनाना

【摄食】 shèshí (पशुओं का) खाना खाना

【摄氏度】 shèshìdù डिग्री सेल्शियसः 明天气温为30～。कल तापमान तीस डिग्री सेल्शियस होगा।

【摄卫】 shèwèi 〈लि०〉 स्वास्थ्य रक्षा करना

【摄像】 shèxiàng वीडियो रिकार्डिंग करना

【摄像机】 shèxiàngjī वीडियो कैमराः 数码～ डिजि-

टल वीडियो कैमरा
【摄行】 shèxíng <लि०> दूसरे का कार्यभार संभालना
【摄影】 shèyǐng ❶फ़ोटो लेना (उतारना; खींचना) ❷शूटिंग करना; फ़िल्म बनाना
【摄影机】 shèyǐngjī कैमरा: 电影～ सिनेकैमरा
【摄影记者】 shèyǐng jìzhě प्रेस-फ़ोटोग्राफ़र; कैमरा-मैन
【摄影棚】 shèyǐngpéng फ़ोटो स्टुडियो
【摄影师】 shèyǐngshī फ़ोटोकार; कैमरामैन
【摄影室】 shèyǐngshì फ़ोटो स्टुडियो
【摄政】 shèzhèng कार्यवाहक शासक के रूप में राज करना
【摄政王】 shèzhèngwáng कार्यवाहक शासक
【摄制】 shèzhì (फ़िल्म का) निर्माण करना; निर्मित करना: ～电影 फ़िल्म का निर्माण करना; फ़िल्म बनाना

慑（慴、懾）shè <लि०> डरना; भयभीत होना; डराना; भयभीत कराना
【慑服】 shèfú ❶भयभीत होकर घुटने टेकना ❷अभिभूत करना; वश में करना

麝 shè ❶कस्तूरी मृग ❷麝香 का संक्षिप्त रूप
【麝鼠】 shèshǔ छछूंदर
【麝香】 shèxiāng कस्तूरी; मुश्क

shéi

谁 shéi ❶कौन: 他是～? वह कौन है? ❷(वाग्मिता-पूर्ण प्रश्न में) कौन: ～说他不行? कौन कहता है कि वह अक्षम है? ❸कोई: ～也没打电话来过。किसी ने भी फ़ोन नहीं किया। ❹ (都 या 也 के आगे प्रयुक्त) हरेक; प्रत्येक; हर कोई: ～都喜欢他 हरेक उसे पसन्द करता है। ❺(दो वाक्यांशों में पुराकृत) जो कोई; जो भी: ～看到，～拿。जो भी देखेगा, ले लेगा। ❻(कर्ता और कर्म दोनों 谁 होता है, लेकिन दो 谁 का मतलब अलग-अलग व्यक्तियों से होता है): 他们俩～也不服～。उन दोनों में से कोई भी दूसरे को नहीं मानता।
【谁边】 shéibiān कहाँ; किधर
【谁个】 shéigè <बो०> कौन: 此事～不知，哪个不晓? यह बात कौन नहीं जानता और किसे मालूम नहीं?
【谁们】 shéimen <बो०> कौन-कौन: ～来了? कौन-कौन आए?
【谁人】 shéirén कौन: 这是～的手表? यह घड़ी किस की है?
【谁谁】 shéishéi फ़लाँ; फ़लाना

shēn

申[1] shēn विवरण देना; स्पष्ट करना; प्रगट करना: 申述

申[2] shēn बारह पार्थिव शाखाओं में नवम
干支 gānzhī भी दे०

申[3] Shēn ❶शांगहाए शहर का दूसरा नाम ❷एक कुलनाम
【申办】 shēnbàn के आयोजन का निवेदन करना: ～奥运会 ओलिंपियाड के आयोजन का निवेदन करना
【申报】 shēnbào ❶उच्चस्तरीय संस्था को लिखित रिपोर्ट देना ❷(कस्टम को) बताना या ब्यौरा देना
【申辩】 shēnbiàn सफ़ाई; बचाव; सफ़ाई देना; बचाव करना: 被告有权～。अभियुक्त को बचाव करने का हक है। / 我们应该允许他～。हमें उसे अपनी सफ़ाई देने का मौका देना चाहिए।
【申斥】 shēnchì डांट; फटकार; डांटना; फटकार सुनाना
【申饬】 shēnchì ❶ (申敕 shēnchì भी) <लि०> चेतावनी देना; सावधान करना; चेताना ❷申斥 shēnchì के समान
【申令】 shēnlìng आदेश देना; आदेश-पत्र जारी करना: ～全国 समूचे राष्ट्र के नाम एक आदेश-पत्र जारी करना
【申明】 shēnmíng घोषित करना; स्पष्ट करना; प्रकट करना; बताना: ～立场 अपना रुख स्पष्ट करना; अपना विचार प्रकट करना / ～理由 स्पष्टीकरण देना; कारण बताना
【申请】 shēnqǐng निवेदन; आवेदन; प्रार्थना; अर्ज़; निवेदन (आवेदन, प्रार्थना, अर्ज़) करना: ～奖学金 छात्रवृत्ति के लिए आवेदन करना / ～多次出入境签证 बहुप्रवेश वीज़ा के लिए निवेदन करना
【申请人】 shēnqǐngrén निवेदक; आवेदक; प्रार्थी
【申请书】 shēnqǐngshū आवेदन-पत्र; निवेदन-पत्र; अर्ज़ी: 递交～आवेदन-पत्र प्रस्तुत करना; अर्ज़ी देना
【申时】 shēnshí दोपहर बाद तीन से पांच बजे का समय
【申述】 shēnshù प्रकट करना; स्पष्ट करना; विस्तृत रूप से बताना; पर प्रकाश डालना: ～观点 अपने दृष्टिकोण को स्पष्ट करना; अपने दृष्टिकोण पर प्रकाश डालना / ～来意 अपने आने का इरादा बताना
【申说】 shēnshuō स्पष्टीकरण देना
【申诉】 shēnsù अपील; अपील करना: 提出～ अपील दायर करना
【申讨】 shēntǎo निन्दा; भर्त्सना; निन्दा (भर्त्सना) करना
【申谢】 shēnxiè आभार प्रकट करना; शुक्रिया अदा करना
【申雪】 shēnxuě ❶न्याय के लिए प्रार्थना करना ❷न्याय दिलवा देना
【申冤】 shēnyuān ❶सिर पर थोपे अपराध को निराधार

साबित करना ❷सिर पर थोपे अपराध को निराधार साबित कराने की प्रार्थना करना

伸 shēn फैलाना; बढ़ाना; निकालना; तानना; फैलना; बढ़ना; निकलना; तनना：～胳膊 भुजाएं फैलाना / ～舌头 जीभ निकालना / ～出友谊之手 दोस्ती का हाथ बढ़ाना / ～直 तनना; तानना

【伸懒腰】 shēn lǎnyāo अंगड़ाई; अंगड़ाई लेना

【伸手】 shēnshǒu ❶हाथ बढ़ाना：他～从书架上取下一本书。उस ने हाथ बढ़ाकर अलमारी से एक पुस्तक निकाल ली। ❷हाथ फैलाना; हाथ पसारना：～要钱 पैसे के लिए हाथ पसारना ❸(किसी काम में) हाथ डालना; दखल देना

【伸手不见五指】 shēn shǒu bù jiàn wǔzhǐ हाथ को हाथ नज़र न आना; घुप अंधेरा होना

【伸缩】 shēnsuō ❶फैलना और सिकुड़ना; फैलाना और सिकोड़ना ❷लचीला：～性 लचीलापन / 这些规定有～性。ये नियम लचीले हैं।

【伸腿】 shēntuǐ ❶पांव पसारना ❷पांव फैलाना (अधिक पाने के लिए प्रयास करना) ❸〈बोल०〉 पांव कट जाना; चल बसना; मर जाना

【伸雪】 shēnxuě 申雪 shēnxuě के समान

【伸腰】 shēnyāo कमर सीधी करना; तनना

【伸冤】 shēnyuān 申冤 shēnyuān के समान

【伸展】 shēnzhǎn फैलना; बढ़ना; फैलाना; बढ़ाना：辽阔的牧场远远地～到雪山脚下。विस्तृत चरागाह दूर हिमाच्छादित पहाड़ की तलहटी तक फैला हुआ है।

【伸张】 shēnzhāng बढ़ावा देना; समर्थन देना：～正义 न्याय का पक्ष लेना

身 shēn ❶शरीर; देह; तन; बदन：身上 / 身心 ❷जान; प्राण：舍身 shěshēn ❸स्वयं; खुद：身先士卒 ❹चरित्र; आचरण：修身 xiūshēn ❺मुख्य भाग; धड़; तना：树～ तना / 船～ पोत खोल ❻〈परि०श०〉 पूरा पहनावा：他穿了～新衣服。वह नीचे से ऊपर तक नए कपड़े पहने हुए है।

【身败名裂】 shēnbài-míngliè नाम डूब जाना; मान-मर्यादा नष्ट होना

【身板】 shēnbǎn 〈बो०〉 शरीर; बदन; तन：他快七十了，～儿还很结实。वह सत्तर वर्ष का होने को है, लेकिन उस का शरीर फिर भी काफ़ी मज़बूत है।

【身边】 shēnbiān ❶के पास; के समीप：老师把大家叫到～。अध्यापक ने छात्रों को अपने पास बुला लिया। ❷के पास：你～有多少钱？आप के पास कितने रुपये हैं？

【身不由己】 shēnbùyóujǐ मजबूरी; विवशता; लाचारी; मजबूर; विवश; लाचार：我这样做，也是～。मुझे मजबूर होकर ऐसा करना पड़ा है।

【身材】 shēncái डील; डील-डौल; बदन：～苗条 इकहरा बदन / ～魁梧 डील का होना / ～高大 दीर्घकाय होना / ～匀称 शरीर सुगठित होना

【身长】 shēncháng ❶कद ❷(कपड़े की कंधे से दामन तक की) लम्बाई

【身段】 shēnduàn ❶(नारी का) बदन ❷(नृतकों की) मुद्रा

【身份】 shēnfèn（身分 shēnfèn भी）❶हैसियत：以主席的～ अध्यक्ष की हैसियत से / ～不明的 अज्ञात ❷मान; प्रतिष्ठा; प्रतिष्ठित：他是个有～的人。वह एक प्रतिष्ठित व्यक्ति है। ❸〈बो०〉 वस्तु की गुणवत्ता

【身份证】 shēnfènzhèng（身分证 shēnfènzhèng भी）आइडेंटिटी कार्ड; पहचान-पत्र

【身高】 shēngāo कद

【身故】 shēngù शरीरत्याग; शरीरत्याग करना

【身后】 shēnhòu मृत्यु के बाद; मौत के बाद; मरने के बाद

【身怀六甲】 shēnhuái-liùjiǎ पांव भारी होना; गर्भवती होना

【身家】 shēnjiā ❶स्वयं और स्वयं का परिवार：～性命 स्वयं और स्वयं के परिवार की सुरक्षा ❷पारिवारिक पृष्ठभूमि

【身价】 shēnjià ❶सामाजिक हैसियत ❷दास की कीमत

【身价百倍】 shēnjià-bǎibèi हैसियत सौगुनी बढ़ जाना

【身教】 shēnjiào अपना उदाहरण सामने रख कर दूसरों को सिखाना

【身教胜于言教】 shēnjiào shèngyú yánjiào उपदेश के मुकाबले उदाहरण अधिक प्रभावशाली होता है; करनी कथनी से ज़्यादा प्रभावशाली होती है

【身历】 shēnlì व्यक्तिगत रूप से अनुभव करना

【身历声】 shēnlìshēng 〈बो०〉 स्टीरियो

【身量】 shēnliang 〈बोल०〉 कद; डील：～高大 लंबे (ऊंचे) डील का होना

【身临其境】 shēnlín-qíjìng स्वयं भोक्ता होना：故事描写得如此细腻生动，读者不禁有～的感受。कहानी का इतना सूक्ष्म और सजीव चित्रण किया गया है कि पाठकों को लगा कि वह सब कुछ स्वयं उसी पर गुज़र रहा हो।

【身强力壮】 shēnqiáng-lìzhuàng हृष्ट-पुष्ट; हट्टा-कट्टा

【身躯】 shēnqū शरीर; बदन; डील; कद：健壮的～ गठीला बदन / 高大的～ लम्बे कद का होना

【身上】 shēnshang ❶शरीर पर：～穿件兰色毛衣 शरीर पर नीले रंग का ऊनी स्वेटर ओढ़े हुए होना / 寄希望于年轻一代～ युवा पीढ़ी पर ही आशा लगाना ❷के पास होना：她～带着笔。उस के पास पेन है। / 我～没钱。मेरे पास पैसा नहीं।

【身世】 shēnshì (दुखद) आपबीती：～凄凉 दुखद जीवन होना

【身手】 shēnshǒu योग्यता; क्षमता：大显～ अपनी योग्यता का अच्छी तरह प्रदर्शन करना

【身受】 shēnshòu व्यक्तिगत रूप से अनुभव करना; झेलना

【身体】 shēntǐ ❶शरीर; तन; बदन; जिस्म ❷तबीयत：您～怎么样？आप की तबीयत कैसी है？/ ～不好 तबीयत खराब होना

【身体力行】 shēntǐ-lìxíng अपनी कही हुई बात पर

अमल करना
【身体素质】 shēntǐ sùzhì शारीरिक क्षमता
【身外之物】 shēn wài zhī wù सांसारिक सम्पत्तिः 钱财是～，不必太在意。धन-संपत्ति स्वयं से बाहर की सांसारिक चीज़ें हैं, उन से अधिक मन लगाने की ज़रूरत नहीं।
【身先士卒】 shēnxiānshìzú अपनी सेना के आगे रह कर उसे नेतृत्व प्रदान करना
【身心】 shēnxīn तन-मन; जी-जानः 全～地投入工作 तन-मन से काम करना, अपने काम में जी-जान से संलग्न होना / ～健康 शारीरिक और मानसिक रूप से स्वस्थ होना
【身影】 shēnyǐng आकार; आकृति
【身孕】 shēnyùn गर्भधारणः 有～ गर्भधारण करना; गर्भवती होना
【身子】 shēnzi ❶बदन; तनः 光着～ नंगा होना ❷तबीयतः 他～不舒服。उस की तबीयत ठीक नहीं है। ❸गर्भः 她有～了。वह गर्भवती है।
【身子骨儿】 shēnzigǔr 〈बो०〉 बदन, डील-डौलः 老人八十多岁，～挺硬棒。इस बुज़ुर्ग की उम्र अस्सी साल से भी ऊपर की है, फिर भी बहुत स्वस्थ है।

呻 shēn नीचे दे०
【呻吟】 shēnyín कराह; आह; कराहना; आह-आह करना

参¹ （參、蓡、蓡） shēn गिनसेंग

参² （參） shēn आर्द्रा (28 नक्षत्रों में से एक)
cān; cēn भी दे०

绅 （紳） shēn ❶मेखला; करधनी, जिसे प्राचीन युग में अधिकारी और बुद्धिजीवी अपनी कमर में पहनते थे ❷अमीर-उमराः 乡绅 xiāngshēn
【绅士】 shēnshì सज्जन; शरीफ़; धनिक
【绅士协定】 shēnshì xiédìng 君子协定 jūnzǐ xiédìng के समान

莘 shēn नीचे दे०
xīn भी दे०
【莘莘】 shēnshēn 〈लि०〉 अनगिनत; बेशुमार; बेहिसाब, असंख्यः ～学子 असंख्य छात्र; छात्रगण

砷 shēn 〈रसा०〉 आर्सनिक (As); संखिया

娠 shēn 〈लि०〉 गर्भधारणः 妊娠 rènshēn

深 shēn ❶अथाह; गहरा; गहनः ～井 गहरा कूप / ～不见底 अथाह होना / 水～过膝。पानी घुटनों तक गहरा है। ❷गहराई, गहनताः 井～十米。इस कुएं की गहराई दस मीटर है; यह कुआं दस मीटर गहरा है। ❸अगाध; गहन; गूढ़; क्लिष्ट; दुर्बोधः 这本书太～了，小学生看不懂的。इस पुस्तक का विषय दुर्बोध है, जो प्राइमरी स्कूल के छात्रों की समझ में नहीं आ सकता। ❹गंभीर; गहरा; गहन; गंभीरता, गांभीर्य; गहराई; गहनताः 两人进行了～谈。उन दोनों ने गहराई से बातचीत की। / 北京给我留下很～的印象。पेइचिंग ने मुझ पर बहुत गहरी छाप छोड़ी है। ❺(रंग) गहराः ～红色 गहरा लाल रंग ❻(समय का बहुत होना): 深夜 / 深秋 ❼(संबंध) गाढ़ा; प्रगाढ़; दिली; गहराः 两人交情很～。दोनों के बीच गहरी छनती है। / 深情厚谊 ❽〈क्रि०वि०〉 अगाध; अत्यंत; गहराई से; गंभीर रूप सेः ～感不安 गंभीर रूप से चिंतित होना; गंभीर चिंता होना / ～知 अच्छी तरह जानना / ～表同情 गहरी सहानुभूति व्यक्त करना
【深奥】 shēn'ào अगाध; गहरा; गूढ़; दुर्बोधः 这本哲学著作的内容很～。इस दार्शनिक ग्रंथ का विषय दुर्बोध है।
【深闭固拒】 shēnbì-gùjù हठी; उद्दंड
【深不可测】 shēnbùkěcè रहस्यमय; अथाह; अगाधः 他～地一笑。उस के चेहरे पर रहस्यपूर्ण मुस्कुराहट आई। / ～的大海 अथाह सागर
【深藏若虚】 shēncáng-ruòxū अपनी बुद्धिमत्ता और योग्यता के बारे में कभी बढ़ा-चढ़ाकर बात न करना; शेख़ी न बघारना
【深长】 shēncháng (अर्थ, अभिप्राय इत्यादि की) गंभीरताः 意味～的 अर्थभरा
【深沉】 shēnchén ❶गहरा, गहनः 夜色～。रात गहरी हो गई। / 表示～的哀悼 गहरा शोक प्रकट करना ❷(आवाज़) गंभीर; मंदः ～的声音 मंद ध्वनि ❸गंभीर; संजीदाः 他表情～。वह गंभीर मुद्रा में है।
【深仇大恨】 shēnchóu-dàhèn घोर नफ़रत; तीव्र घृणा
【深处】 shēnchù गहराईः 在内心～ मन की गहराई में / 密林～घने जंगलों के बीच
【深度】 shēndù ❶गहराईः 沟的～ खंदक की गहराई ❷गहराई; गहनता; गंभीरताः 他的讲话缺乏～。उस के भाषण में गंभीरता का अभाव है। ❸विकास का उन्नत स्तर; गहराईः 向生产的广度和～进军 उत्पादन को व्यापकता और गहराई में ले जाना
【深更半夜】 shēngēng-bànyè आधी रात; गए रात; देर रात
【深耕】 shēngēng 〈कृ०〉 गहरी जोताई
【深沟高垒】 shēngōu-gāolěi गहरी खंदकें और ऊंचे किले; मज़बूत रक्षा व्यवस्था
【深广】 shēnguǎng गहन और व्यापकः ～的影响 गहन और व्यापक प्रभाव
【深闺】 shēnguī ज़नानख़ाना; अंतः पुर
【深海】 shēnhǎi गहरा समुद्र
【深海采矿】 shēnhǎi cǎikuàng गहरे समुद्र में खनन
【深海资源】 shēnhǎi zīyuán गहरे समुद्र में गर्भित प्राकृतिक साधन
【深厚】 shēnhòu ❶गाढ़ा; प्रगाढ़; गहराः ～的友谊 गाढ़ी मित्रता / ～的感情 प्रगाढ़ स्नेह ❷सुदृढ़; मज़बूत; गहराः ～的基础 मज़बूत नींव
【深呼吸】 shēnhūxī गहरी सांस लेना

【深化】 shēnhuà गहरा करना (होना); गहराना: ～矛盾 अंतर्विरोध गहराना

【深交】 shēnjiāo गाढ़ी मैत्री; दिली दोस्ती; गहरी मित्रता

【深究】 shēnjiū (किसी बात को) गंभीरता से लेना; थाह तक पहुंचना: 对这种小事不必～。इस तरह की छोटी सी बात को गंभीरता से लेने की आवश्यकता नहीं।

【深居简出】 shēnjū-jiǎnchū घर बैठना

【深刻】 shēnkè गहरा; गहन: ～的教训 गहरी शिक्षा / ～体会 गहरा अनुभव होना / ～认识 गहरी समझ

【深明大义】 shēnmíng-dàyì नीतिपरायणता; नीतिपरायण

【深谋远虑】 shēnmóu-yuǎnlǜ दूर की सोचना और सावधानी बरतना

【深浅】 shēnqiǎn ❶गहराई: 去打听一下河水的～。जाओ और पता लगाओ यह दरिया कितना गहरा है? ❷(रंगों में) सूक्ष्म अंतर: 这几种颜色～不同。इन रंगों में सूक्ष्म अंतर मौजूद है। ❸औचित्य की अनुभूति: 他说话很注意～。वह नपी-तुली बात करता है। / 说话没～ मुंहफट होना

【深切】 shēnqiè ❶हार्दिक; गहरा; भावभीना: ～的同情 हार्दिक सहानुभूति / ～悼念 भावभीनी श्रद्धांजलि अर्पित करना / ～怀念 श्रद्धा और सम्मान के साथ (किसी का) स्मरण करना / ～关怀 गहरी चिंता ❷गहन; अच्छी तरह; पूरी तरह: ～地理解 अच्छी तरह समझना / ～地感受到 गहन अनुभव करना

【深情】 shēnqíng गहरा स्नेह; गहरी अनुरक्ति: 她满怀～地望着他。वह गहरे स्नेह से उसे देखती रही।

【深情厚谊】 shēnqíng-hòuyì गाढ़ी मित्रता; दिली दोस्ती

【深秋】 shēnqiū पतझड़ का अन्त

【深入】 shēnrù ❶दूर तक जाना; गहरे तक उतरना; दूर तक घुसपैठ करना: ～敌后 दुश्मन की पंक्ति में पीछे तक घुसपैठ करना / ～群众 जनता के बीच जाना / ～生活 जीवन को समीप से देखना / ～实际 वास्तविकता का पता लगाना ❷गहराई से; गहरा; गहन: 进行～的调查研究 गहराई से जांच-पड़ताल व अध्ययन करना / ～分析问题 समस्याओं का गहन विश्लेषण करना

【深入浅出】 shēnrù-qiǎnchū सरल भाषा में जटिल विषय की व्याख्या करना

【深入人心】 shēnrù-rénxīn लोगों के दिल में घर करना

【深山】 shēnshān दूरस्थ पर्वत: ～老林 दूरस्थ पर्वत और घने जंगल

【深深】 shēnshēn गहराई से: ～地体会到 गहराई से अनुभव करना / ～地吸一口气 गहरी सांस खींचना / ～地鞠了一躬 सिर नवाकर प्रणाम करना

【深水港】 shēnshuǐgǎng गहरे पानी वाला बन्दरगाह

【深水码头】 shēnshuǐ mǎtou गहरे पानी वाला घाट

【深水炸弹】 shēnshuǐ zhàdàn डेप्थ बम; जलगत बम

【深思】 shēnsī गहन चिन्तन करना; गहरी सोच में डूबना; गहरे उतरना: 他沉于～之中。वह गहरी सोच में डूबा हुआ है। / 这件事值得～。इस मामले पर गहन चिन्तन करना चाहिए।

【深思熟虑】 shēnsī-shúlǜ खूब सोच-विचार करना: 他经过～才作出这样的决定。उस ने खूब सोच-विचार करके ही इस प्रकार का निर्णय किया है।

【深邃】 shēnsuì ❶गहरा: ～的山谷 गहरी घाटी ❷अगाधता; गहनता; अगाध; गहन: 哲理～ दार्शनिक अगाधता

【深谈】 shēntán गहराई से बातचीत करना; गंभीरता-पूर्वक बातचीत करना: 这个问题我已同他～过了。मैं ने इस सवाल पर उस के साथ गहराई से बातचीत की है।

【深通】 shēntōng अधिकार होना; महारत हासिल करना: 他～印地语。उस का हिन्दी पर अधिकार है।

【深透】 shēntòu गहन और सर्वतोमुखी: ～的分析 गहन और सर्वतोमुखी विश्लेषण

【深望】 shēnwàng <लि०> उत्कट अभिलाषा; उत्कंठा; हार्दिक आशा: ～各方竭诚协作。हमारी हार्दिक आशा है कि सभी पक्ष इस मसले पर घनिष्ठ सहयोग करेंगे।

【深恶痛绝】 shēnwù-tòngjué घोर घृणा करना; बेहद नफ़रत करना

【深信】 shēnxìn पक्का विश्वास होना; अगाध विश्वास होना; पूरा-पूरा विश्वास होना

【深省】 shēnxǐng (深醒 shēnxǐng भी) सत्य से प्रबुद्ध होना; सजग होना: 发人深省 fārénshēnxǐng

【深夜】 shēnyè गहरी रात; गए रात; आधी रात

【深意】 shēnyì गहन अर्थ

【深渊】 shēnyuān अथाह गड्ढा; गर्त: 推入苦难的～ मुसीबतों के गर्त में डालना

【深远】 shēnyuǎn गहन व दूरगामी: 有～的意义 गहन व दूरगामी महत्व का होना / ～的影响 गहन व दूरगामी प्रभाव

【深造】 shēnzào आगे अध्ययन करना: 出国～ आगे अध्ययन करने के लिए विदेश जाना

【深宅大院】 shēnzhái-dàyuàn बड़ा घर; हवेली

【深湛】 shēnzhàn गहन; अगाध: ～的学识 अगाध पांडित्य / ～的功夫 पूर्ण दक्षता

【深挚】 shēnzhì गहन और सच्चा: ～的友谊 गहन और सच्ची मैत्री

【深重】 shēnzhòng गंभीर; भारी: 灾难～ भारी मुसीबतें होना / ～的危机 गंभीर संकट

糁（𥻘、籸） shēn अनाज के पिसे हुए दाने: 玉米～儿 पिसी हुई मकई

shén

什（甚） shén नीचे दे०
shí भी दे०

【什么】 shénme ❶क्या: 你要～? तुम क्या चाहते हो? / 您做～工作? आप क्या काम करते हैं? / 现

在是～时候了？अब क्या समय हुआ है？/ 他是你～人？वह तुम्हारा क्या लगता है？/ 他爱看～电影？वह कौन सी फ़िल्म पसन्द करता है？❷कोई; कुछ: 您想喝点～？आप कोई पेय पीना चाहते हैं？/ 没～。कोई बात नहीं। / 她要上街去买点～。वह कुछ लेने बाज़ार जा रही है। ❸（也 या 都 के आगे प्रयुक्त）कोई भी: 人的生命比～都宝贵。मानव का प्राण किसी भी चीज़ से मूल्यवान होता है। / 我不饿，～也不想吃。मुझे भूख नहीं, मैं कुछ भी खाना नहीं चाहता। ❹（दूसरे 什么 के साथ-साथ प्रयुक्त）जो भी: 我心里有～，就说～。मेरे दिल में जो भी आए, कह देता हूं। / 有～吃～。जो भी मिले, खा लेंगे। ❺(क्रोध, आश्चर्य, असंतोष प्रकट करने के लिए) क्या: 你知道～！तुम क्या जानते हो! / ～！他不愿意来？क्या？वह आना नहीं चाहता？/ 这叫～事儿！यह क्या माजरा है？❻(असहमति व्यक्त करने के लिए) क्या: ～一点钟，他就是两点钟也不会来。एक बजे क्या, दो बजे भी वह नहीं आएगा। / 年轻～呀，我都快五十了。क्या नौजवान हूं। मैं तो पूरे पचास वर्ष का होने को हूं। ❼इत्यादि; आदि; वगैरह: ～篮球啊，网球啊，排球啊，他都打得很好。वह बास्केटबाल, टेनिस, वालीबाल आदि अच्छी तरह खेलता है।

【什么的】 shénmede और दूसरी चीज़ें इत्यादि; इस प्रकार की और चीज़ें: 她准备了糖果、饼干～，用来招待客人。उस ने मेहमानों के सत्कार में मिठाइयां, बिस्कुट और दूसरी चीज़ें इत्यादि तैयार कर रखी हैं। / 他喜欢画画～。उसे चित्र और इस प्रकार की और चीज़ें बनाने का शौक है।

神

shén ❶देव; देवी; देवता; परमात्मा: 财神 cáishén / 神权 ❷अलौकिक; लोकोत्तर; अद्भुत; चमत्कारी: 神效 ❸चित्त; मन; जान; स्फुर्ति; तेज: 聚精会～ एकाग्र चित्त से / 费～ जान खपाना ❹भाव; मुद्रा: 神情 / 神色 ❺<बो०> होशियार; चतुर: 这孩子真～。यह लड़का बहुत ही होशियार है।

【神不守舍】 shénbùshǒushè मन विचलित होना

【神不知，鬼不觉】 shén bù zhī, guǐ bù jué न देवता को ज्ञात होता है न भूत-प्रेत को —— लुके-छिपे; चोरी छिपे; गहरे में चलते हुए

【神采】 shéncǎi मुखकांति; चेहरे का आब: ～飞扬 मुख पर कांति चमकना

【神采奕奕】 shéncǎi yìyì चेहरे पर तेज थिरकना

【神差鬼使】 shénchāi-guǐshǐ 鬼使神差 guǐshǐ-shénchāi के समान

【神驰】 shénchí ध्यान बंधना: ～故国 अपने जन्म-स्थान से ध्यान बंधना

【神出鬼没】 shénchū-guǐmò रहस्यपूर्ण ढंग से प्रगट होना और फिर गायब हो जाना

【神道】[1] shéndào ❶देवपथ ❷<बोल०> देव; देवी-देवता

【神道】[2] shéndào मकबरे की ओर जाने वाला पथ

【神道】[3] shéndào (जापान का मौलिक धर्म) शिंतो

【神道碑】 shéndàobēi संग-मज़ार

【神甫】 shénfu（神父 shénfù भी）पादरी

【神工鬼斧】 shéngōng-guǐfǔ 鬼斧神工 guǐfǔ-shéngōng के समान

【神怪】 shénguài देव और राक्षस

【神汉】 shénhàn ओझा

【神乎其神】 shénhūqíshén अद्भुत; विचित्र; अनोखा; विस्मयजनक; चमत्कारपूर्ण

【神化】 shénhuà देवता मानना

【神话】 shénhuà पौराणिक कथा

【神魂】 shénhún मन; जी; चित्त: ～不安 जी निढाल होना; घबराना

【神魂不定】 shénhún-bùdìng मन डोलना; जी उचटना; मन विचलित होना

【神魂颠倒】 shénhún-diāndǎo अक्ल अंधी होना; अक्ल गुम होना; अक्ल सठियाना

【神机妙算】 shénjī-miàosuàn अद्भुत युक्ति; चमत्कारिक दूरदर्शिता

【神交】 shénjiāo ❶दिली दोस्त; जिगरी दोस्त; अंतरंग मित्र ❷ऐसी दोस्ती, जो एक दूसरे से भेंट न होने के बावजूद दोनों का मन मिलने पर बनती हो।

【神经】 shénjīng स्नायु: ～紧张 अधीर होना; विकल होना

【神经病】 shénjīngbìng ❶स्नायु रोग ❷चित्त-विभ्रम; स्नायु-विकृति ❸स्नायु-विकृति से पीड़ित; विक्षिप्त: 你是不是有点～？क्या तुम्हारा दिमाग फिर गया है？

【神经错乱】 shénjīng cuòluàn ❶चित्त-विभ्रम; स्नायु-विकृति ❷चित्तविभ्रम से पीड़ित होना

【神经毒气】 shénjīng dúqì नर्व गैस; स्नायु गैस

【神经过敏】 shénjīng guòmǐn ❶न्यूरोटिसिज़्म; विक्षिप्तता ❷अतिसंवेदी; अतिसंवेदनशील

【神经衰弱】 shénjīng shuāiruò न्यूरेस्थीनिया; स्नायुक्षीणता

【神经痛】 shénjīngtòng स्नायुशूल

【神经系统】 shénjīng xìtǒng स्नायु-प्रणाली

【神经细胞】 shénjīng xìbāo स्नायु-कोशिका

【神经炎】 shénjīngyán यूराइटिस; स्नायु-शोथ

【神经战】 shénjīngzhàn स्नायुयुद्ध

【神经质】 shénjīngzhì नर्वसनेस

【神经中枢】 shénjīng zhōngshū स्नायुकेन्द्र

【神龛】 shénkān वेदी; वेदिका

【神来之笔】 shénláizhībǐ प्रेरणा पा कर रचित कृति; प्रतिभापूर्ण रचना

【神力】 shénlì दिव्य-शक्ति; अलौकिक ताकत

【神聊】 shénliáo गप, गपशप; गप लड़ाना; गपशप करना

【神灵】 shénlíng देवी-देवता

【神秘】 shénmì रहस्यमय; रहस्यपूर्ण

【神秘化】 shénmìhuà रहस्य बना देना

【神秘主义】 shénmì zhǔyì रहस्यवाद

【神妙】 shénmiào चमत्कारिक; अद्भुत: 笔法～ अद्भुत लेखन-शैली

【神明】 shénmíng देवी-देवता

【神农】 Shénnóng पुण्य कृषक (एक काल्पनिक शासक। जन-श्रुति के अनुसार उसी ने हल का आविष्कार किया था

तथा जड़ी-बूटियों का औषधीय गुण पहचाना था)

【神女】 shénnǚ ❶देवी ❷<पुराना> देवदासी; वेश्या

【神品】 shénpǐn (चित्रकला या लिपिकला की) उत्कृष्ट कृति

【神婆】 shénpó टोनहाई; डाइन

【神祇】 shénqí <लि०> देवी-देवता

【神奇】 shénqí लोकोत्तर; अलौकिक; विचित्र

【神气】 shénqì ❶भाव; हाव-भाव: 老师一脸严肃的～。अध्यापक के चेहरे पर गंभीर भाव था। / 这孩子说话的～有点像他的妈妈。बोलते समय इस बच्चे का हाव-भाव उस की मां जैसा लगता है। ❷तेजस्वी; ओजस्वी; जोशीला: 今天他穿了一套新西服，特～。आज वह नया सूट पहनकर बहुत जोशीला दीख रहा है। ❸शेखी-शान; घमंड; ऐंठ: 他有什么好～的？उसे किस बात पर घमंड हो सकता है? / 瞧他那副～劲儿。उस की शेखी-शान को तो ज़रा देखो।

【神气活现】 shénqì-huóxiàn दिमाग आसमान पर होना: 你瞧他，一副～的模样！उसे देखो! उस का दिमाग तो बिल्कुल आसमान पर है।

【神气十足】 shénqì-shízú रोब झाड़ना; अकड़ना; ऐंठना: 他～地走上了台。वह अकड़कर मंच पर गया।

【神枪手】 shénqiāngshǒu निशानेबाज़

【神情】 shénqíng भाव: 他脸上显出高兴的～。उस के चेहरे पर प्रसन्नता का भाव झलक रहा है।

【神权】 shénquán ❶धर्मराज्य; धर्मतंत्र ❷दैवी अधिकार का शासन

【神人】 shénrén ❶ताओपंथी ऋषि ❷विशिष्ट रूपरंग का पुरुष

【神色】 shénsè भाव; आव-भाव: 他～兴奋。वह भावावेश में है।

【神色自若】 shénsè-zìruò शान्तचित्त होना

【神伤】 shénshāng <लि०> मन का मारा होना; खिन्नहृदय होना

【神神道道】 shénshendāodāo <बो०> दीवाना; सनकी: 他这人有点～的。वह आदमी कुछ दीवाना सा लगता है।

【神圣】 shénshèng पवित्र; पुण्य: 国家领土主权～不可侵犯。एक देश की प्रादेशिक भूमि और प्रभुसत्ता पवित्र और अनुल्लंघनीय है। / 保卫祖国是战士的～职责。अपने देश की रक्षा करना सैनिकों का पुण्य कर्तव्य है।

【神思】 shénsī मनःस्थिति: ～不定 मनःस्थिति अस्थिर होना

【神思恍惚】 shénsī-huǎnghū खोया-खोया रहना; गुमसुम रहना

【神似】 shénsì विलक्षण रूप से समान होना; भाव की अभिव्यक्ति में समान होना: 不仅形似，而且～ रंग-रूप में ही नहीं बल्कि भाव की अभिव्यक्ति में भी समान होना

【神速】 shénsù बिजली की सी तेज़ी से; द्रुत गति से: 行动～ द्रुत गति से कार्यवाही करना / 见效～ (दवा का) तेज़ी से असर होना

【神算】 shénsuàn तीक्ष्ण दूरदर्शिता; सम्यक् पूर्वानुमान

【神态】 shéntài हाव-भाव; रूप-ढंग: ～安祥 शान्तचित्त होना

【神通】 shéntōng दिव्यशक्ति; असाधारण योग्यता: 大显神通 dàxiǎn shéntōng

【神通广大】 shéntōng-guǎngdà विलक्षण योग्यता होना; की पहुंच लम्बी होना: 他～，三教九流的人都认识。उस की पहुंच बहुत लम्बी है। हर श्रेणी के लोगों से उस की दोस्ती है।

【神童】 shéntóng बाल प्रतिभा; प्रतिभासंपन्न बालक

【神往】 shénwǎng मनहर; मनोहर: 大草原的景色令人～。विस्तृत घास-मैदान की छवि मनोहर है।

【神威】 shénwēi अद्भुत शक्ति: 大显～ अपनी अद्भुत शक्ति प्रदर्शित करना

【神位】 shénwèi लकड़ी की एक पट्टी, जिस पर मृतक का नाम अंकित रहता है और इस की पूजा की जाती है

【神巫】 shénwū ओझा; टोनहर

【神武】 shénwǔ <लि०> (प्रायः राजा-महाराजा या सेनापति के लिए) प्रतापी; पराक्रमी

【神物】 shénwù <लि०> ❶लोकोत्तर वस्तु ❷अतिमानव

【神悟】 shénwù <लि०> कुशाग्र बुद्धि

【神仙】 shénxiān ❶अतिमानव; अमर ❷वह व्यक्ति, जो दिव्य दृष्टि रखता हो या फिर सांसारिक जंजालों से मुक्त होकर निश्चिंत रहता हो

【神像】 shénxiàng देवमूर्ति या बुद्धमूर्ति

【神效】 shénxiào शीघ्रगुणकारी; अमोघ (दवा)

【神学】 shénxué थियोलॉजी

【神学院】 shénxuéyuàn थियोलॉजिकल सेमिनारी

【神医】 shényī सकुशल चिकित्सक; कमाल कर दिखाने वाला चिकित्सक

【神异】 shényì ❶देव और राक्षस ❷लोकोत्तर; अलौकिक

【神勇】 shényǒng शौर्यवान; पराक्रमी

【神游】 shényóu <लि०> कल्पित यात्रा करना: ～故土 अपने जन्मस्थान की कल्पित यात्रा करना

【神宇】 shényǔ <लि०> हाव-भाव; रूप-ढंग

【神韵】 shényùn (कला-साहित्य में) रोमांटिक सौंदर्य

【神职人员】 shénzhí rényuán पादरी वर्ग; पादरी

【神志】 shénzhì होश; चेतना; चित्त: ～昏迷 बेहोश होना; चेतनाशून्य होना / ～清醒 चेतनाशील होना; होश में आना / ～模糊 अक्ल खोना

【神智】 shénzhì चित्त; मन

【神州】 Shénzhōu देवभूमि (चीन का काव्यात्मक नाम)

【神主】 shénzhǔ लकड़ी की ऐसी पटिया, जिस पर मृतक का नाम अंकित हो

shěn

沈[1] (瀋) Shěn 沈阳 Shěnyáng का संक्षिप्त नाम

沈[2] Shěn एक कुलनाम

审 [1] (審) shěn ❶सावधानीपूर्ण: 审视 ❷जांचना; जांच-पड़ताल करना: 审查 / 审稿 ❸सुनवाई करना; मामले पर विचार करना: ～案 मामले की सुनवाई करना

审 [2] (審、讅) shěn <लि०> जानना; ज्ञात होना; मालूम होना: ～悉 ज्ञात होना

审 [3] (審) shěn <लि०> सचमुच; वास्तव में: ～如其言。जो कुछ उस ने कहा है, वह सचमुच ठीक निकला।

【审查】 shěnchá जांच करना; जांचना; परखना; विवेचन करना: 计划经～通过。जांच के बाद योजना स्वीकृत की गई। / ～资格证书 प्रमाण पत्रों की जांच करना

【审察】 shěnchá ❶कड़ा निरीक्षण करना ❷जांच करना

【审处】 shěnchǔ ❶मामले की सुनवाई करके यथोचित दंड देना ❷सोच-विचार करने के बाद निर्णय करना

【审订】 shěndìng सुधारना; संशोधन करना: ～教科书 पाठ्यपुस्तकों में संशोधन करना

【审定】 shěndìng जांच करके स्वीकृति देना; जांच करके अंतिम रूप देना: 计划草案已经～。योजना के प्रारूप को अंतिम रूप दिया गया है।

【审读】 shěndú पढ़कर (पांडुलिपि का) मूल्यांकन करना

【审改】 shěngǎi (पांडुलिपि) जांचते हुए सुधारना

【审核】 shěnhé जांचना; परखना: ～预算 बजट जांचना

【审计】 shěnjì लेखा-परीक्षण; लेखा-परीक्षण करना

【审计机构】 shěnjì jīgòu आडिटिंग बाडी; लेखा-परीक्षक संस्था

【审计员】 shěnjìyuán लेखा-परीक्षक

【审计长】 shěnjìzhǎng महा लेखा-परीक्षक

【审理】 shěnlǐ <का०> सुनवाई; सुनवाई करना; विचार करना: 公开～ सार्वजनिक सुनवाई / ～案件 मामले की सुनवाई करना (होना)

【审美】 shěnměi सौंदर्य-दर्शन का सुख लेना: ～趣味 सौंदर्यपरक रुचि / ～观 सौंदर्यपरक अवधारणा

【审判】 shěnpàn मुकद्दमा चलाना; न्यायिक जांच करना

【审判程序】 shěnpàn chéngxù न्यायिक कार्यविधि

【审判机关】 shěnpàn jīguān न्यायिक संस्था

【审判权】 shěnpànquán न्यायिक अधिकार

【审判员】 shěnpànyuán जज; न्यायाधीश

【审判长】 shěnpànzhǎng प्रधान न्यायाधीश

【审批】 shěnpī जांचकर स्वीकृति देना; जांच करके निर्देश देना

【审慎】 shěnshèn सावधानी; सतर्कता: ～处理问题 समस्या का सावधानीपूर्ण समाधान करना / 表示了～的乐观 सावधानीपूर्वक आशावाद जताना या प्रगट करना

【审时度势】 shěnshí-duóshì समय और परि-स्थितियों का सही अनुमान लगाना

【审视】 shěnshì गौर से देखना; ध्यान से परखना

【审问】 shěnwèn पूछताछ; पूछताछ करना; बयान लेना: ～犯人 अपराधी से पूछताछ करना

【审讯】 shěnxùn ❶सुनवाई; सुनवाई करना (होना) ❷पूछताछ करना; बयान लेना; मुकदमा चलाना

【审议】 shěnyì विचार; विचार-विमर्श; विचार करना; विचार-विमर्श करना: ～提案 प्रस्ताव के प्रारूप पर विचार करना / 提交议会～संसद में विचारार्थ (विचार के लिए) प्रस्तुत करना

【审阅】 shěnyuè नज़रसानी; नज़रसानी करना: 此讲话纪录未经本人～。भाषण के इस नोट की स्वयं वक्ता द्वारा नज़रसानी नहीं की गई।

哂 shěn <लि०> मुस्कुराहट; मुस्कान; मुस्कुराना

【哂纳】 shěnnà <शिष्ट०> कृपया, यह (उपहार) स्वीकार करें

【哂笑】 shěnxiào <लि०> उपहास करना; हंसी उड़ाना: 为众人所～लोगों में उपहास का पात्र बनना

矧 shěn <लि०> के अलावा; के अतिरिक्त

谂 (諗) shěn <लि०> ❶जानना; ज्ञात होना; मालूम होना; पता होना ❷सलाह देना; समझाना

【谂熟】 shěnshú भली भांति जानना; खूब मालूम होना

婶 (嬸) shěn ❶चाची; चची ❷(अपनी मां की उम्र की दूसरी महिलाओं के लिये संबोधन) चाची; आंटी: 李～ चाची ली

【婶母】 shěnmǔ चाची; चची

【婶娘】 shěnniáng <बो०> चाची; चची

【婶婆】 shěnpó पति की चाची

【婶婶】 shěnshen चाची; चची

【婶子】 shěnzi चाची; चची

shèn

肾 (腎) shèn गुरदा; गुर्दा; वृक्क

【肾功能衰竭】 shèngōngnéng shuāijié रीनल फ़ैल्यूयर

【肾结石】 shènjiéshí <चिकि०> गुरदे की पथरी

【肾亏】 shènkuī <ची०चि०> गुरदे की दुर्बलता

【肾囊】 shènnáng <ची०चि०> अंडकोष

【肾上腺】 shènshàngxiàn एड्रिनल ग्रंथि

【肾上腺素】 shènshàngxiànsù एड्रिनल ग्रंथि-रस

【肾炎】 shènyán वृक्क शोथ

【肾移植】 shènyízhí वृक्क का प्रत्यारोपण

【肾盂】 shènyú वृक्क श्रोणि

【肾盂炎】 shènyúyán पाइलाइटिस

【肾脏】 shènzàng गुरदा; गुर्दा; वृक्क

甚 [1] shèn ❶बहुत; बेहद; अत्यंत: ～好 बहुत अच्छा ❷से बढ़कर; से अधिक: 他关心他人～于关心自己。वह दूसरों का अपने से भी अधिक ख्याल रखता है।

甚 2 shèn 〈बो०〉 क्या: ～事? क्या काम है?

【甚而】 shèn'ér 甚至 shènzhì के समान

【甚而至于】 shèn'érzhìyú 甚至 shènzhì के समान

【甚高频】 shèngāopín 〈रेडियो〉 वेरी हाई फ़्रेक्वेंसी (वी०एच०एफ़०)

【甚或】 shènhuò 〈लि०〉 甚至 shènzhì के समान

【甚且】 shènqiě 甚至 shènzhì के समान

【甚为】 shènwéi बहुत; खूब: 这种石头～坚硬。इस किस्म का पत्थर बहुत कठोर होता है।

【甚嚣尘上】 shènxiāo-chénshàng हो-हल्ला मचाना; शोरगुल करना: 传闻闹得～。इस अफ़वाह को लेकर हो-हल्ला मच गया।

【甚至】 shènzhì (甚至于 shènzhìyú भी) तक; यहां तक कि: 男男女女，～儿童也参加了植树活动。स्त्री-पुरुष और बच्चे तक भी वृक्षारोपण अभियान में शामिल हुए।

胂 shèn 〈रसा०〉 एर्साइन

渗（滲）shèn रिसना: 雨水从墙上～了进来。वर्षा का पानी दीवार से रिस आया। / 他脑门上～出了汗珠。उस के माथे पर पसीने की नन्हीं नन्हीं बूंदें उभर आईं।

【渗沟】 shèngōu गंदे पानी की नाली; मोरी

【渗坑】 shènkēng गड्ढा

【渗漏】 shènlòu रिसाव: 煤气～ गैस का रिसाव

【渗入】 shènrù ❶फैल जाना; व्याप्त होना: 雨水～地下。वर्षा का पानी फैलकर ज़मीन के अन्दर चला गया। ❷घुसना; घुसपैठ करना

【渗透】 shèntòu ❶〈भौ०〉 द्रवसंक्रमण ❷फैल जाना; व्याप्त होना ❸घुसपैठ; घुसपैठ करना; घुसना: 文化～ सांस्कृतिक घुसपैठ

葚 shèn दे० 桑葚 sāngshèn
rèn भी दे०

椹 shèn 葚 shèn के समान
zhēn भी दे०

蜃 shèn सीपी

【蜃景】 shènjǐng 海市蜃楼 hǎishì-shènlóu के समान

瘆（瘮）shèn डराना; संत्रस्त करना; भयभीत करना; डरावना होना; भयानक होना: 这怪～的。यह बहुत भयानक है। / ～得慌 संत्रस्त हो जाना

慎 shèn सावधानी; सतर्कता; सावधानीपूर्ण; सतर्कतापूर्ण; विवेकपूर्ण: 慎重 / 不～ असावधानी

【慎独】 shèndú अपने जीवन में निष्कलंक रहने की कोशिश करना

【慎密】 shènmì विवेकशील

【慎重】 shènzhòng सावधानी; सतर्कता; सावधानीपूर्ण; सतर्कतापूर्ण: ～考虑 सावधानी से सोच-विचार करना / 采取～的态度 सावधानीपूर्ण रवैया अपनाना

shēng

升 1（昇）shēng उठना; उदय होना; उदित होना: 太阳～起。सूर्य उदय हुआ।

升 2（昇、陞）shēng पदोन्नति करना (होना); तरक्की देना; तरक्की पाना: 他～为部门领导。वह तरक्की पाकर विभाग का प्रधान बन गया।

升 3 shēng ❶लीटर ❷शंग, तौल की परम्परागत इकाई (市升 shìshēng भी दे०) ❸शंग, तौलने का एक पात्र, जो तओ 斗 के दसवें हिस्से के बराबर बड़ा होता है

【升班】 shēngbān 〈बो०〉 (स्कूल में) दर्जा चढ़ना

【升船机】 shēngchuánjī शिप लिफ़्ट

【升幅】 shēngfú वृद्धिदर: 七月分工业品价格～达百分之一。गत जुलाई में औद्योगिक वस्तुओं के दामों की वृद्धिदर एक प्रतिशत रही।

【升格】 shēnggé दर्जा बढ़ाना; दर्जा देना: 将领事馆～为大使馆 वाणिज्यदूतावास को राजदूतावास का दर्जा देना / 不久这个城市即将～，成为直辖市。इस शहर का जल्द ही दर्जा बढ़ाया जाएगा और यह एक केन्द्रशासित शहर बन जाएगा।

【升汞】 shēnggǒng 〈रसा०〉 मर्क्युरिक क्लोराइड

【升官】 shēngguān तरक्की पाना; पदोन्नति होना

【升华】 shēnghuá ❶〈भौ०〉 सब्लिमेशन ❷परिशुद्धि; परिष्कृत रूप: 艺术是现实生活的～。कला वास्तविक जीवन का परिष्कृत रूप है।

【升级】 shēngjí ❶दर्जा बढ़ाना (बढ़ना); (स्कूल में) दर्जा चढ़ना; अगले दर्जे में जाना: 期终考试及格方可～。वार्षिक परीक्षा में सफल हो जाने पर ही कोई अगले दर्जे में जा सकता है। ❷वृद्धि; विस्तार: 武装冲突～ सशस्त्र मुठभेड़ में वृद्धि होना / 战争～युद्ध का विस्तार होना

【升降】 shēngjiàng उतार-चढ़ाव

【升降舵】 shēngjiàngduò 〈विमान०〉 एलिवेटर

【升降机】 shēngjiàngjī लिफ़्ट; एलिवेटर

【升平】 shēngpíng शांति; अमन: ～世界 शांतिपूर्ण संसार

【升旗】 shēngqí ध्वजारोहण; झंडोत्तोलन; ध्वजारोहण (झंडोत्तोलन) करना; झंडा फहराना

【升迁】 shēngqiān तबदीली और पद-वृद्धि होना

【升任】 shēngrèn पद-वृद्धि होना; पदोन्नति होना

【升水】 shēngshuǐ 〈अर्थ०〉 प्रीमियम

【升水率】 shēngshuǐlǜ प्रीमियम रेट

【升堂入室】 shēngtáng-rùshì (登堂入室 dēngtáng-rùshì भी) बैठक से गुज़रकर अंदरूनी कक्ष में प्रवेश करना —— किसी कला में पारंगत होना; सिद्ध-हस्त होना

【升腾】 shēngténg (आग, हवा आदि का) ऊपर उठना: 火焰～ लौ उठना / 烟气～ धूआं उठना
【升天】 shēngtiān स्वर्गवास होना; परलोक सिधारना
【升温】 shēngwēn ❶तापमान बढ़ना ❷ज़ोर पकड़ना: 近年来我国旅游业持续～。पिछले सालों से हमारे देश में पर्यटन उद्योग का विकास ज़ोर पकड़ता आ रहा है।
【升学】 shēngxué उच्चतर स्तर के स्कूल में दाखिला लेना
【升值】 shēngzhí 〈अर्थ०〉 ❶मूल्य बढ़ना ❷पुनर्मूल्यन

生 1 shēng ❶जन्म देना; पैदा करना; जनना: ～孩子 बच्चे को जन्म देना; बच्चा पैदा करना ❷जन्म होना; पैदा होना: 她是 1950 年～人。उस का जन्म 1950 में हुआ। ❸उगना; जमना; निकलना: ～芽 अंकुर निकलना / ～根 जड़ जमना ❹जीवन; ज़िन्दगी: 一～ जीवन भर में / 生死 ❺जीवित; जीवंत; सजीव: ～物 सजीव पदार्थ / 生龙活虎 ❻पीड़ित होना; ग्रस्त होना; लगना; होना: ～病 रोग से ग्रस्त होना; बीमार होना ❼जीविका; जीवननिर्वाह; रोज़ी: 谋生 móushēng ❽सुलगाना; जलाना: ～炉子 चूल्हे की आग सुलगाना

生 2 shēng ❶कच्चा; अनपका; अपक; हरा: ～芒果 कच्चा आम ❷जो पके रूप में न हो; कच्चा: 西红柿可～吃。टमाटर कच्चा खाया जा सकता है। ❸शोधित न किया हुआ; साफ़ न किया गया; कच्चा: ～石灰 कच्चा चूना / ～铁 कच्चा लोहा ❹अपरिपक्व; अनुभवहीन; कच्चा: ～手 कच्चा हाथ ❺ज़ोर-ज़बरदस्ती; यांत्रिक: 生搬硬套 / 生拉硬拽 ❻〈क्रि०वि०〉 (भाव या अनुभूति बोधक शब्दों के आगे प्रयुक्त) बहुत; बेहद: ～疼 बहुत दर्द होना

生 3 shēng ❶छात्र; विद्यार्थी: 学生 xuéshēng / 新～ नया छात्र ❷बुद्धिजीवी; विद्वान: 书生 shūshēng ❸(परंपरागत ओपेरा में) पुरुष चरित्र, जो 老生 lǎoshēng, 小生 xiǎoshēng और 武生 wǔshēng आदि में वर्गीकृत होता है ❹एक प्रत्यय, जो किसी व्यक्ति के पेशे के नाम के पीछे प्रयुक्त होता है: 医～ डॉक्टर
【生搬硬套】 shēngbān-yìngtào यांत्रिक रूप से … की नकल करना
【生变】 shēngbiàn आफ़त आना: 急则～。उतावलेपन से आफ़त आएगी।
【生不逢辰】 shēngbùféngchén (生不逢时 shēngbùféngshí भी) गलत समय में पैदा होना
【生财】 shēngcái पैसा बनाना; पैसा कमाना
【生财有道】 shēngcái-yǒudào पैसा बनाने में चतुर होना
【生菜】 shēngcài ❶रोमेन सलाद ❷सलाद
【生产】 shēngchǎn ❶उत्पादन; पैदावार; उत्पादित; उत्पादन करना; पैदावार करना; उत्पादित करना: 北方多～小麦。उत्तर चीन में गेहूं की अधिक पैदावार होती है। / 钢铁～ लोहा-इस्पात का उत्पादन ❷बच्चे को जन्म देना; बच्चा पैदा करना
【生产成本】 shēngchǎn chéngběn लागत
【生产方式】 shēngchǎn fāngshì उत्पादन प्रणाली; उत्पादन पद्धति
【生产工具】 shēngchǎn gōngjù उत्पादन का साधन
【生产关系】 shēngchǎn guānxì उत्पादन संबंध
【生产过剩】 shēngchǎn guòshèng अत्युत्पादन
【生产劳动】 shēngchǎn láodòng उत्पादक श्रम
【生产力】 shēngchǎnlì उत्पादक शक्ति
【生产率】 shēngchǎnlǜ उत्पादन क्षमता; उत्पादकता
【生产手段】 shēngchǎn shǒuduàn उत्पादन साधन
【生产要素】 shēngchǎn yàosù उत्पादन के आवश्यक तत्व
【生产资料】 shēngchǎn zīliào उत्पादक सामग्री
【生产总值】 shēngchǎn zǒngzhí कुल उत्पादन मूल्य: 国内～ कुल घरेलू उत्पादन मूल्य / 国民～ कुल राष्ट्रीय उत्पादन मूल्य
【生辰】 shēngchén जन्मदिन; जन्मदिवस; जन्मतिथि
【生辰八字】 shēngchén bāzì 八字 bāzì के समान
【生成】 shēngchéng ❶बनना; उत्पन्न होना: 锌加硫酸～硫酸锌和氢气。ज़िंक और गंधक के तेज़ाब के संघटन से ज़िंक सल्फ़ेट और हाइड्रोजन उत्पन्न होता है। ❷जन्मसिद्ध; पैदाइशी: 他～一张巧嘴。वह पैदाइशी वाचाल है।
【生齿】 shēngchǐ 〈लि०〉 जन-संख्या; आबादी; एक परिवार के सदस्य: ～日繁。जन-संख्या दिन ब दिन बढ़ती जा रही है।
【生词】 shēngcí नए शब्द
【生凑】 shēngcòu यांत्रिक रूप से मिला देना; जबरन् जोड़ना
【生存】 shēngcún अस्तित्व; अस्तित्व होना; जीना; रहना; जीवित रहना: 人在这样恶劣的自然环境里无法～。इस तरह की कठोर प्राकृतिक स्थितियों में मानव जीवित रह नहीं सकता।
【生存斗争】 shēngcún dòuzhēng अस्तित्व का संघर्ष
【生存空间】 shēngcún kōngjiān जीवित रहने की जगह
【生存权】 shēngcúnquán जीने का अधिकार
【生地】[1] shēngdì ❶बेगाना स्थान ❷परती ज़मीन
【生地】[2] shēngdì (生地黄 shēngdìhuáng भी) 〈ची०चि०〉 रिमानिया का सूखा हुआ कंद
【生动】 shēngdòng सजीवता; जीवंतता; सजीव; जीवंत: ～的描写 सजीव वर्णन; सजीव चित्रण / 剧中～地展现了革命者的形象。नाटक में क्रांतिकारी को सजीव रूप से दिखाया गया है।
【生动活泼】 shēngdòng-huópō सजीवता और स्फूर्ति; सजीव: ～的语言 सजीव भाषा
【生发】 shēngfā बढ़ना; निकलना
【生法】 shēngfǎ 〈बो०〉 युक्ति सुझाना; उपाय करना
【生番】 shēngfān आदिवासी जाति
【生分】 shēngfen विराग; विरक्ति; अनासक्ति: 他们俩多年不曾见面，这次相遇显得有些～。उन दोनों की वर्षों तक मुलाकात न हुई थी। अब की मिलने पर दोनों को थोड़ा विराग महसूस हुआ।

【生俘】 shēngfú ज़िन्दा पकड़ना

【生父】 shēngfù जन्मदाता

【生根】 shēnggēn जड़ पकड़ना：在群众中～ जनता में जड़ पकड़ना

【生花之笔】 shēnghuāzhībǐ रचना-कौशल की पराकाष्ठा

【生还】 shēnghuán बचना; जीवित लौटना：无一～。कोई भी बच न पाया।

【生荒地】 shēnghuāngdì 〈कृ०〉 परती ज़मीन; अकृष्ट

【生活】 shēnghuó ❶जीवन; ज़िन्दगी：日常～ दैनिक जीवन / 社会～ सामाजिक जीवन / 文化～ सांस्कृतिक जीवन / ～艰难 जीवन दूभर होना / 改善～ जीवन में सुधार करना ❷जीना; जीवित रहना; जिंदा रहना：一个人脱离了社会就不能～下去。कोई भी समाज से अलग होकर नहीं जी सकता। ❸〈बो०〉 काम：做～ काम करना

【生活必需品】 shēnghuó bìxūpǐn दैनिक जीवनोपयोगी वस्तुएं

【生活补助】 shēnghuó bǔzhù जीवन निर्वाह के लिए भत्ता

【生活方式】 shēnghuó fāngshì रहन-सहन; जीवन-निर्वाह का ढंग; जीवनचर्या

【生活费】 shēnghuófèi जीवनखर्च

【生活环境】 shēnghuó huánjìng वातावरण; माहौल

【生活来源】 shēnghuó láiyuán आय का स्रोत

【生活水平】 shēnghuó shuǐpíng जीवन स्तर

【生活条件】 shēnghuó tiáojiàn जीवन की स्थितियां

【生活习惯】 shēnghuó xíguàn रीति-रिवाज

【生活资料】 shēnghuó zīliào जीवनसाधन

【生活作风】 shēnghuó zuòfēng चरित्र; आचरण

【生火】 shēnghuǒ आग सुलगाना; आग जलाना; आग जोड़ना

【生机】 shēngjī ❶जीवित रहने का अवसर; आशा की किरण：尚有一丝～ जीवित रहने का अवसर होना; आशा की किरण नज़र आना ❷जीवनशक्ति; ओजस्विता：～盎然 ओजपूर्ण होना

【生计】 shēngjì जीविका; रोज़ी; जीवननिर्वाह：自谋～ जीविका चलाना; रोज़ी कमाना / 有了～ जीविका होना

【生姜】 shēngjiāng 〈बोल०〉 अदरक

【生津】 shēngjīn लार या शरीर के द्रव का स्राव बढ़ाना

【生就】 shēngjiù जन्मसिद्ध; पैदाइशी：她～伶牙利齿。वह जन्मसिद्ध वाक्पटु है।

【生客】 shēngkè अपरिचित; अजनबी; नवागंतुक

【生恐】 shēngkǒng अंदेशा; आशंका; डर; भय：他～上班迟到，加快了脚步。इस डर से कि कहीं दफ़्तर जाने में देर न हो जाए, उस ने तेज़ी से अपने कदम बढ़ाए।

【生拉硬拽】 shēnglā-yìngzhuài ❶जबरन् खींच लेना ❷दूसरा मतलब निकालना

【生来】 shēnglái 〈क्रि०वि०〉 शैशवावस्था से ही：他～就急脾气。वह शैशवावस्था से ही तेज़-मिज़ाज रहा है।

【生老病死】 sheng-lǎo-bìng-sǐ जन्म, वृद्धावस्था, रोग और मृत्यु —— प्रजनन, बुज़ुर्गों का भरण-पोषण, चिकित्सा-सुविधाएं और अंतिम संस्कार

【生冷】 shēnglěng कच्चा या ठंडा खाना：忌食～。कच्चे या ठंडे खाने से बचिए।

【生离死别】 shēnglí-sǐbié हमेशा के लिए जुदा होना; सदा के लिए बिछुड़ना

【生理】 shēnglǐ शरीर क्रिया; शारीरिक：～缺陷 शारीरिक विकृति / ～反应 शारीरिक प्रतिक्रिया

【生理学】 shēnglǐxué शरीर विज्ञान; शरीरशास्त्र

【生理盐水】 shēnglǐ yánshuǐ नार्मल सेलेन

【生力军】 shēnglìjūn ❶नई लड़ाकू टुकड़ियां ❷नई शक्ति

【生灵】 shēnglíng ❶〈लि०〉 जनता; जन-साधारण ❷प्राणी; जीवजंतु

【生灵涂炭】 shēnglíng-tútàn जनता का तकलीफ़ों और मुसीबतों से घिर जाना

【生龙活虎】 shēnglóng-huóhǔ जोश से भरपूर होना; ओज से ओतप्रोत होना

【生路】 shēnglù ❶जीविका; रोज़ी; रोज़ी-रोटी：自谋～ अपनी रोज़ी आप कमा लेना ❷बचाव का रास्ता; निकासी：寻找～ बचाव का रास्ता ढूंढना

【生猛】 shēngměng 〈बो०〉 छटपटाती या तड़पती हुई (मछली, झींगा आदि)：～海鲜 छटपटाती मछली और झींगे

【生米煮成熟饭】 shēng mǐ zhǔ chéng shú fàn चावल पककर तैयार हो गया —— जो हुआ सो हुआ

【生命】 shēngmìng जीवन; प्राण; जान：不惜～ जान को जान न समझना / 冒着～危险 जान पर खेलना / 牺牲～ प्राण न्योछावर करना; जान निसार करना / 结束～ जीवन का अंत कर लेना

【生命力】 shēngmìnglì जीवन शक्ति：有～的 जीवन-शक्ति से ओतप्रोत होना

【生命线】 shēngmìngxiàn जीवन-रेखा; लाइफ़ लाइन

【生母】 shēngmǔ जन्मदात्री

【生怕】 shēngpà डर; आशंका; अंदेशा; डरना; डर होना; आशंका होना; अंदेशा होना：她在冰面上小心翼翼迈着步子，～摔倒。वह बर्फ़ पर एक-एक कदम फूंक-फूंक कर रख रही थी इस डर से कि कहीं गिर न पड़े।

【生僻】 shēngpì विरल; विरले ही：这是个～词。यह एक विरले ही प्रयुक्त होने वाला शब्द है।

【生平】 shēngpíng जीवनकाल; जीवन：～第一次 अपने जीवन में पहली बार / ～事迹 जीवन कथा

【生漆】 shēngqī लाख; लाक्षा

【生气】[1] shēngqì बिगड़ना; क्रुद्ध होना; नाराज़ होना; रूठना：你生谁的气？किस पर बिगड़ रहे हो तुम？/ 她～了。वह रूठ गई; वह नाराज़ हो गई।

【生气】[2] shēngqì ओज; तेज; ओजस्विता; जीवन शक्ति：富有～ ओजस्विता से भरपूर होना / ～勃勃 ओजस्वी होना; तेजस्वी होना / 毫无～ निस्तेज होना / 富有～ ओजपूर्ण होना

【生前】 shēngqián जीवन-काल में：～友好 मृतक के मित्रगण

【生擒】 shēngqín पकड़ना; गिरफ़्तार करना：～盗

匪 डकैतों को गिरफ़्तार करना

【生趣】 shēngqù जीवनानंदः ～盎然 जीवनानंद से परिपूर्ण होना

【生人】[1] shēngrén जन्म होना; पैदा होनाः 他是 1950 年～。उस का जन्म सन् 1950 में हुआ।

【生人】[2] shēngrén गैर; अजनबी; अपरिचितः 这孩子一见～就哭。यह बच्चा किसी गैर को देखते ही रो पड़ता है।

【生日】shēngri जन्मदिवस; जन्मदिन; जन्मतिथिः 过～ जन्म-दिवस मनाना

【生色】 shēngsè शोभा देनाः 孩子们的表演为晚会～不少。बच्चों के अभिनय ने महफ़िल को शोभा दी।

【生涩】 shēngsè कठिन (भाषा)

【生杀予夺】 shēngshā-yǔduó किसी को पूरी तरह अपने वश में करना; किसी के जान-माल को हाथ में रखना

【生身父母】 shēngshēn fùmǔ अपने मां-बाप

【生生世世】 shēngshēngshìshì पीढ़ी दर पीढ़ी; पीढ़ियों से

【生石膏】 shēngshígāo प्लास्टर स्टोन; पलस्तर का पत्थर

【生事】 shēngshì गड़बड़ पैदा करना; खलबली मचाना

【生手】 shēngshǒu नौसिखिया; कच्चा हाथ

【生疏】 shēngshū ❶बेगाना; अनजानः ～的地方 बेगानी जगह / 看来，他对这份工作很～。लगता है कि वह इस काम से बिल्कुल अनजान है। ❷अकुशल; किसी काम में कच्चाः 他多年来没干这活，现在干起来有点～。सालों तक यह काम न करने की वजह से अब वह अकुशल-सा लगता है। ❸पहले जितनी नज़दीकी न होना; दूरी होनाः 他们俩数年来重新相见时感到有些～。कई साल बाद फिर मिल जाने पर दोनों को आपस में दूरी महसूस हुई।

【生水】 shēngshuǐ बिना उबला हुआ पानी

【生丝】 shēngsī कच्चा रेशम

【生死】 shēngsǐ जीवन-मरणः ～斗争 जीवन-मरण का संघर्ष

【生死存亡】 shēngsǐ-cúnwáng जीवन-मरणः 国家面临～的问题。देश के सामने जीवन-मरण का सवाल उठ खड़ा हुआ है।

【生死关头】 shēngsǐ guāntóu ज़िन्दगी और मौत की नाज़ुक घड़ी; जीवन और मृत्यु के बीच लटकना

【生死攸关】 shēngsǐ-yōuguān जीवन-मरण से संबंधित; अत्यन्त महत्वपूर्णः ～的问题 जीवन-मरण से संबंधित सवाल; अत्यन्त महत्वपूर्ण सवाल

【生死与共】 shēngsǐ-yǔgòng सुख-दुख में एक दूसरे का साथ देना; सुख-दुख के हिस्सेदार होना

【生死之交】 shēngsǐzhījiāo जानी दोस्त

【生态】 shēngtài पारिस्थितिकी

【生态环境】 shēngtài huánjìng पारिस्थितिक पर्यावरण

【生态灭绝】 shēngtài mièjué पारिस्थितिक विनाश

【生态农业】 shēngtài nóngyè पारिस्थितिक कृषि

【生态平衡】 shēngtài pínghéng पारिस्थितिक संतुलन

【生态系统】 shēngtài xìtǒng पारिस्थितिक प्रणाली

【生态学】 shēngtàixué पारिस्थितिक विज्ञान

【生土】 shēngtǔ कच्ची मृदा

【生吞活剥】 shēngtūn-huóbō बिना सोचे-समझे ग्रहण करना; यांत्रिक रूप से स्वीकार करना

【生物】 shēngwù जीव; प्राणीः 浮游～ प्लवक जीव / 寄生～परजीवी / ～多样性 जीवों की विविधता

【生物电流】 shēngwù diànliú बायोइलेक्ट्रिक करंट

【生物防治】 shēngwù fángzhì 〈कृ०〉 जैविक नियंत्रण

【生物工程】 shēngwù gōngchéng बायोइंजनियरी

【生物合成】 shēngwù héchéng बायोसिंथेसिस; जीव-संश्लेषण

【生物化学】 shēngwù huàxué बायोकेमिस्ट्री; जीव-रसायन

【生物技术】 shēngwù jìshù बायोतकनॉलाजी

【生物圈】 shēngwùquān जीवमंडल

【生物群落】 shēngwù qúnluò बायोकम्युनिटी; जीवसमूह

【生物入侵】 shēngwù rùqīn जैविक घुसपैठ

【生物生态学】 shēngwù shēngtàixué बायोएकोलाजी; जीवपारिस्थितिकी

【生物武器】 shēngwù wǔqì जैविक हथियार

【生物芯片】 shēngwù xīnpiàn बायोचिप

【生物学】 shēngwùxué जीवविज्ञान; जीवशास्त्रः ～家 जीवविज्ञानी

【生物战】 shēngwùzhàn 〈सैन्य०〉 जैविक युद्ध; कीटाणु युद्ध

【生物制品】 shēngwù zhìpǐn बायोलाजिकल वस्तु

【生物钟】 shēngwùzhōng बायोक्लाक

【生息】[1] shēngxī ब्याज लेना; सूद खाना

【生息】[2] shēngxī 〈लि०〉 ❶जीना; जीवन व्यतीत करनाः 中国的先民就在这块土地上～。चीनियों के पूर्वज इसी भूमि पर जीवन व्यतीत करते थे। ❷प्रजनन करनाः 休养生息 xiūyǎng shēngxī ❸पैदा करना; उत्पन्न करनाः ～力量 शक्ति उत्पन्न करना

【生相】 shēngxiàng मुखाकृति; रंग-रूप; सूरत-शक्ल

【生橡胶】shēngxiàngjiāo（生胶 shēngjiāo भी） कच्चा रबर

【生肖】 shēngxiào बारह वर्षों के काल-चक्र से जुड़ने वाले बारह प्रतीकात्मक जंतुओं में कोई एक, जो किसी व्यक्ति के जन्म का वर्ष निर्दिष्ट करता है (बारह प्रतीकात्मक जंतु हैंः मूषक, बैल, बाघ, खरगोश, ड्रैगन, सर्प, अश्व, मेष, वानर, कुक्कुट, श्वान और शूकर)

【生效】 shēngxiào प्रभावी होनाः 本公约自即日起～。यह समझौता आज से प्रभावी हो गया है।

【生性】 shēngxìng स्वभाव; प्रकृतिः 他～随和。वह स्वभाव का मिलनसार है।

【生锈】 shēngxiù ज़ंग लगनाः 铁锅～了。लोहे की कड़ाही पर ज़ंग लगा है।

【生涯】 shēngyá कैरियर; ज़िन्दगी; पेशाः 演员～

अभिनेता का पेशा / 政治～ राजनीतिक ज़िन्दगी
【生养】 shēngyǎng 〈बोल०〉 बच्चे को जन्म देना; जनना: 她没有～。उस के कोई बच्चा नहीं है।
【生药】 shēngyào सुखाई हुई जड़ी-बूटियाँ
【生业】 shēngyè पेशा, धंधा: 不事～ कोई धंधा न करना
【生疑】 shēngyí संशय होना; शक होना; सशंकित होना
【生意】[1] shēngyì यौवन; बहार: ～盎然 यौवन पर आना (होना)
【生意】[2] shēngyi कारोबार; व्यापार; सौदागरी: 做～ व्यापार करना
【生硬】 shēngyìng ❶(लेखन) नीरस; अशोधित; भोंडा ❷रूखा; शुष्क: 他对人态度～。वह दूसरों के साथ रूखा व्यवहार करता है; वह दूसरों से रूखाई से पेश आता है।
【生油】[1] shēngyóu बिना खौला हुआ तेल
【生油】[2] shēngyóu 〈बो०〉 मूंगफली का तेल
【生育】 shēngyù जन्म देना; पैदा करना: 生儿育女 बच्चों को जन्म देना / ～年龄 बच्चा जनने की उम्र
【生员】 shēngyuán 秀才 xiùcai❶के समान
【生造】 shēngzào (शब्द) गढ़ना: ～词 गढ़ा हुआ शब्द
【生长】 shēngzhǎng ❶बाढ़; बाढ़ आना; पनपना: 水稻～良好。धान की अच्छी बाढ़ आई। ❷पलना-बढ़ना; पलना: 她～在上海。वह शांगहाए में पली-बढ़ी है।
【生殖】 shēngzhí प्रजनन: 有性～ लैंगिक प्रजनन / 无性～ अलैंगिक प्रजनन
【生殖洄游】 shēngzhí huíyóu (मछलियों का) प्रजनन स्थानांतरण
【生殖器】 shēngzhíqì जननेंद्रिय; उपस्थ
【生殖系统】 shēngzhí xìtǒng जनन प्रणाली
【生殖腺】 shēngzhíxiàn जनन ग्रंथि
【生猪】 shēngzhū सुअर
【生字】 shēngzì नया शब्द; नया अक्षर

声（聲）shēng ❶आवाज़; ध्वनि; स्वर: 小～说话 दबी आवाज़ में बोलना / 高～地 ऊंचे स्वर में / 钟～ घंटे की ध्वनि ❷〈परि०श०〉 (आवाज़ के लिए): 我连喊两～，他就是没听见。मैं ने लगातार दो बार उसे आवाज़ दी, पर उसे बिल्कुल सुनाई नहीं दी। ❸ध्वनि करना; आवाज़ करना: 不声不响 bù shēng bù xiǎng ❹प्रतिष्ठा; ख्याति; प्रसिद्धि: 声誉 ❺व्यंजन: 声母 ❻टोन; धुन: 四声 sìshēng
【声辩】 shēngbiàn सफ़ाई देना; सफ़ाई पेश करना; उचित सिद्ध करना: 为自己～ अपनी सफ़ाई देना
【声波】 shēngbō स्वर-लहरी; स्वर-तरंग
【声部】 shēngbù 〈संगी०〉 (गायन या वाद्य का) अंश
【声称】 shēngchēng दावा करना: 声明中～对方粗暴违反了协议。वक्तव्य में यह दावा किया गया कि विपक्ष ने समझौते का उद्दंडता के साथ उल्लंघन किया।
【声带】 shēngdài ❶〈श०वि०〉 वाक्तंतु; स्वरसूत्र ❷(फ़िल्म पर) साउंडट्रैक; ध्वनि-पट्टी
【声调】 shēngdiào ❶आवाज़; स्वर: 低缓的～ धीमे स्वर में ❷〈ध्वनि०〉 चीनी अक्षरों की धुन —— दे० 四声 sìshēng
【声东击西】 shēngdōng-jīxī पूर्व में हमले का ढोंग रचाते हुए पश्चिम में हमला करना
【声控】 shēngkòng साउंडकंट्रोल्ड
【声浪】 shēnglàng ❶声波 shēngbō का पुराना नाम ❷आवाज़: 反对的～一阵高过一阵。विरोध की आवाज़ ऊंची से ऊंची होती गई।
【声泪俱下】 shēnglèi-jùxià आंसू बहाते हुए बोलना
【声门】 shēngmén 〈श०वि०〉 श्वास द्वार
【声名】 shēngmíng ख्याति; प्रसिद्धि; नाम: ～鹊起 नाम आसमान पर होना
【声名狼藉】 shēngmíng-lángjí कुख्याति फैलना; बदनामी होना; कुख्यात होना; बदनाम होना
【声明】 shēngmíng ❶घोषणा; एलान; घोषित; घोषणा (एलान) करना; घोषित करना: 郑重～ गंभीरता के साथ घोषित करना / ～不首先使用核武器 आणविक हथियारों का प्रयोग करने में पहल न करने का एलान करना ❷वक्तव्य; बयान: 发表～ वक्तव्य (बयान) देना; वक्तव्य (बयान) जारी करना / 联合～ संयुक्त वक्तव्य
【声母】 shēngmǔ 〈ध्वनि०〉 चीनी शब्दों का व्यंजन
【声纳】 shēngnà 〈भौ०〉 सोनार
【声旁】 shēngpáng चीनी अक्षरों के ध्वनिसूचक अवयव, जैसे踔 और 绰 में 卓
【声频】 shēngpín 音频 yīnpín के समान
【声谱】 shēngpǔ 〈भौ०〉 साउंड स्पेक्ट्रम
【声谱仪】 shēngpǔyí साउंड स्पेट्रोग्राफ़
【声气】 shēngqì ❶सूचना: 互通～ सूचनाओं का आदान-प्रदान करना; एक दूसरे को सूचित करना ❷〈बो०〉 स्वर; आवाज़; ध्वनि: 低声下气 दीनतापूर्ण स्वर में
【声腔】 shēngqiāng ओपेरा की धुनें
【声情】 shēngqíng स्वर और भाव: ～并茂 स्वर और भाव दोनों में समृद्ध होना
【声请】 shēngqǐng प्रार्थना करना; निवेदन करना
【声色】[1] shēngsè स्वर और भाव-मुद्रा
【声色】[2] shēngsè नाच-गान और नारी; भोग-विलास
【声色俱厉】 shēngsè-jùlì कठोर स्वर और भाव से; कठोरता से; कड़ाई से
【声色犬马】 shēngsè-quǎnmǎ भोग-विलास में लीन होना; विषयी होना
【声势】 shēngshì शान: 壮～ शान बढ़ाना
【声势浩大】 shēngshì-hàodà ज़बरदस्त; प्रभावकारी: 举行～的游行示威 ज़बरदस्त जुलूस निकालना; विराट प्रदर्शन करना
【声嘶力竭】 shēngsī-lìjié गला फाड़ना; गला फाड़ कर चिल्लाना
【声速】 shēngsù 〈भौ०〉 ध्वनि का वेग
【声讨】 shēngtǎo निन्दा करना; भर्त्सना करना: ～霸权主义行径 प्रभुत्ववादी कार्यवाही की निन्दा करना / 同声～ एक स्वर में निन्दा करना
【声望】 shēngwàng प्रसिद्धि; ख्याति; शोहरत: 他在国内有很高的～。उस की अपने देश में बड़ी ख्याति है।
【声威】 shēngwēi शान; दबदबा

【声威大振】 shēngwēi-dàzhèn शान बढ़ना; धूम मचाकर शोहरत हासिल करना
【声息】 shēngxī ❶आवाज़; ध्वनि (प्रायः नकारात्मक रूप में प्रयुक्त): 屋子里一点～也没有。कमरे में कोई भी आवाज़ नहीं। ❷खबर; संवाद: 他走了一年多，～全无。उसे यहां से गए हुए एक साल से अधिक का समय हो गया है। और उस की कोई खबर नहीं।
【声响】 shēngxiǎng आवाज़; ध्वनि: 别弄出～来。आवाज़ न करो।
【声学】 shēngxué नादविद्या
【声言】 shēngyán दावा करना; एलान करना: 他一再～自己与此无关。उस ने बार-बार दावा किया कि उस का इस मामले से कोई वास्ता नहीं।
【声音】 shēngyīn आवाज़; स्वर; ध्वनि; शब्द; नाद: 他放低了～。उस ने स्वर धीमा किया।
【声域】 shēngyù स्वर-स्थान; रजिस्टर
【声誉】 shēngyù आन; यश; कीर्ति; नाम; साख; प्रतिष्ठा: 保持～ आन संभालना; साख कायम रखना / 使～扫地 नाम डुबाना / 损坏～ नाम धरना
【声援】 shēngyuán समर्थन; समर्थन करना: ～正义斗争 न्यायपूर्ण संघर्ष का समर्थन करना
【声学】 shēngxué 〈संगी०〉 गायनकला; कंठसंगीत
【声韵学】 shēngyùnxué 音韵学 yīnyùnxué के समान
【声张】 shēngzhāng सार्वजनिक करना; प्रकट करना; बताना: 大肆～ ढोल पीटना / 这件事别～出去 इस बारे में दूसरों को मत बताना

牲 shēng ❶मवेशी; पशु; चौपाया; ढोर ❷बलि; बलि पशु: 献～ बलिदान
【牲畜】 shēngchù मवेशी; ढोर; चौपाया; पशु
【牲口】 shēngkou चौपाया; ढोर; पशु; मवेशी
【牲口棚】 shēngkoupéng बाड़ा; पशुशाला

笙 shēng 〈संगी०〉 शंग (वाद्ययंत्र); नरकुलनल
【笙歌】 shēnggē 〈लि०〉 वादन और गायन

甥 shēng भानजा; बहन का बेटा
【甥女】 shēngnǚ भानजी; बहन की बेटी

shéng

绳（繩） shéng ❶रस्सा; रस्सी; डोरा; डोरी ❷〈लि०〉 अंकुश लगाना; प्रतिबंध लगाना; प्रतिबंधित करना: ～之以法 कानून के अनुसार दंड देना ❸〈लि०〉 जारी रखना
【绳锯木断】 shéngjù-mùduàn एक रस्सी भी लट्ठे को काट कर उस के दो टुकड़े कर सकती है —— निरन्तर प्रयासों से सफलता प्राप्त होती है
【绳捆索绑】 shéngkǔn-suǒbǎng बांधना; भुजाओं को शरीर से सटाकर बांधना
【绳墨】 shéngmò ❶बढ़ई का लकीर खींचने का औज़ार ❷〈लि०〉 नियम; कायदा: 拘守～ नियमों से जकड़ा हुआ होना
【绳索】 shéngsuǒ रस्सा; डोरा
【绳套】 shéngtào ❶फंदा ❷कमंद
【绳梯】 shéngtī रस्सी की सीढ़ी
【绳子】 shéngzi रस्सा; रस्सी; डोरा; डोरी

shěng

省 1 shěng ❶किफ़ायत; मितव्यय; किफ़ायत करना; मितव्यय करना; संभलकर खर्च करना; बचाना; बचना: ～着点用。संभलकर खर्च करो। / ～钱 पैसा बचाना / ～时间 समय बचाना / ～了不少事 बहुत सारी मुसीबतों से बचना ❷छूटना; छोड़ना: 这个字可不能～。यह अक्षर नहीं छूटना चाहिए। ❸(पद का) संक्षिप्त रूप: "藏"是"西藏"之～。"चांग" "शिचांग (तिब्बत)" का संक्षिप्त रूप है।

省 2 shěng ❶प्रांत; प्रांतीय: 辽宁～ ल्याओनिंग प्रांत / ～长 प्रांत का गवर्नर / ～政府 प्रांतीय सरकार ❷प्रांतीय राजधानी: 进～ प्रांतीय राजधानी जाना
xǐng भी दे०
【省便】 shěngbiàn समय या श्रम बचाने वाला; आसान; सुविधाजनक: 这机器操作～。यह मशीन चलाना आसान है।
【省城】 shěngchéng प्रांतीय राजधानी
【省吃俭用】 shěngchī-jiǎnyòng किफ़ायत बरतना; सादा जीवन बिताना: 他自己～，但却捐钱给贫困地区的小学。वह स्वयं सादा जीवन बिताता है, पर गरीब क्षेत्र के एक प्राइमरी स्कूल को चन्दा देने में हिचकता नहीं।
【省得】 shěngde ताकि ⋯ न; जिस से ⋯ न: 你去那里后常来信，～我担心。तुम वहां जाकर मुझे लिखते रहो, ताकि मैं चिंतित न होऊं। / 穿厚一些，～感冒。मोटे कपड़े पहन लो, जिस से सर्दी न लगे।
【省份】 shěngfèn प्रांत (प्रांत विशेष के नाम के साथ प्रयुक्त नहीं हो सकता): 很多～今年小麦丰收。इस वर्ष अनेक प्रांतों में गेहूं की अच्छी फ़सल काटी गई।
【省会】 shěnghuì प्रांतीय राजधानी: 石家庄是河北省的～。श्याच्वांग हपेइ प्रांत की राजधानी है।
【省俭】 shěngjiǎn 〈बो०〉 मितव्यय; किफ़ायत; मितव्ययी; किफ़ायती
【省劲】 shěngjìn 省力 shěnglì के समान
【省力】 shěnglì (省力气 shěng lìqi भी) अधिक परिश्रम की आवश्यकता नहीं होना: 自从使用了农机，耕作就～多了。जब से कृषि-मशीनरी का प्रयोग होने लगा, तब से जोताई-बुवाई में ज़्यादा परिश्रम की आवश्यकता न रही।
【省略】 shěnglüè ❶हटाना; काटना: 您文章里这

一段可以～。आप के लेख में इस पैराग्राफ़ को हटाया जा सकता है। ❷<व्या०> लोप; अध्याहार

【省略号】 shěngluèhào अध्याहार चिन्ह (…)

【省免】 shěngmiǎn के बिना काम चलाना; अनावश्यक होना: 这些客套就～了吧。यह रस्मी व्यवहार अनावश्यक जो है।

【省却】shěngquè बचाना; बचना: 走这条近路可～不少时间。यह छोटा रास्ता अपनाने से बहुत समय बचाया जा सकता है। / 这件事这样处理，可～麻烦。यह मामला ऐसे निपटाने से तुम मुसीबतों से बच सकते हो।

【省事】 shěngshì ❶तकलीफ़ से बचना; मामला सरल हो जाना: 您这样干，非但不～，倒反而找麻烦。ऐसा करने से आप तकलीफ़ से बचने के बजाए आफ़त ही मोल लेंगे। ❷सुविधाजनक

【省心】 shěngxīn चिंतारहित; बेफ़िक्र; निश्चिंत: 现在孩子能自立了，父母也就～了。अब बच्चे अपने पैरों पर खड़े हो गए हैं। उन के मां-बाप चिंतारहित हैं।

【省垣】 shěngyuán <लि०> प्रांत की राजधानी

【省治】 shěngzhì <पुराना> प्रांत की राजधानी

shèng

圣（聖） shèng ❶पवित्रता; पवित्र; पुण्य: 神圣 shénshèng / 圣地 ❷किसी कला का सर्वश्रेष्ठ विशारद: 诗圣 shīshèng / 棋圣 qíshèng ❸संत; महात्मा: 圣贤 ❹सम्राट्: 圣上

【圣诞】 shèngdàn ❶<पुराना> कंफ़्यूशियस का जन्म-दिवस ❷क्रिसमस; बड़ा दिन

【圣诞节】 Shèngdàn Jié क्रिसमस; बड़ा दिन

【圣诞卡】 shèngdànkǎ क्रिसमस कार्ड

【圣诞老人】 Shèngdàn Lǎorén सेंट क्लाउज़

【圣诞树】 shèngdànshù क्रिसमस ट्री

【圣地】 shèngdì तीर्थ; तीर्थस्थान

【圣多美和普林西比】Shèngduōměi hé Pǔlínxībǐ सावटोमी और प्रिंसिपी

【圣公会】 Shènggōnghuì अंग्लिकन चर्च

【圣火】 shènghuǒ पुनीत अग्नि: 奥运～ ओलिंपियाड की पुनीत अग्नि

【圣基茨和尼维斯】 Shèngjīcí hé Níwéisī सेंटकीट्स और नेविस

【圣洁】 shèngjié पवित्र; पाक; शुद्ध

【圣经】 Shèngjīng बाइबल

【圣经贤传】 shèngjīng-xiánzhuàn कंफ़्यूशियसवादी ग्रंथ

【圣卢西亚】 Shènglúxīyà सेंट लूसिया

【圣马力诺】 Shèngmǎlìnuò सान मारिनो

【圣庙】 shèngmiào कंफ़्यूशियस मठ

【圣明】 shèngmíng गरिमापूर्ण बुद्धिमत्ता (सम्राट् की स्तुति में प्रयुक्त होता था)

【圣母】 shèngmǔ ❶देवी ❷<क्रिश्चियन> मैडोना; वर्जिन मैरी

【圣人】 shèngrén ❶संत; धर्मात्मा ❷महात्मा (कंफ़्यूशियस का सम्मानपूर्ण संबोधन)

【圣上】 shèngshàng राजन्; हुज़ूर

【圣手】 shèngshǒu किसी कला का विशारद

【圣水】 shèngshuǐ पवित्र जल (जिस का मंगल की कामना करने, भूत-प्रेतों को भगाने या उपचार करने में प्रयोग होता है)

【圣文森特岛和格林纳丁斯】 Shèngwénsēntè-dǎo hé Gélínnàdīngsī सेंट विंसेंट और ग्रेनाडीनस

【圣贤】 shèngxián ऋषि-मुनि

【圣雄甘地】 Shèngxióng Gāndì महात्मा गांधी

【圣药】 shèngyào अमोघ औषधि; रामबाण

【圣谕】 shèngyù शाही आदेश

【圣战】 shèngzhàn जेहाद; धर्मयुद्ध: ～者 जिहादी

【圣旨】 shèngzhǐ राजाज्ञा; फ़रमान

胜 1（勝） shèng ❶जीत; विजय; जीतना; जीत हासिल करना; विजय प्राप्त करना: 谁～了？किस की जीत (विजय) हुई？/ 险（大）～ संकीर्ण (भारी) विजय प्राप्त करना ❷हराना; पीटना; पराजित करना; पर विजय प्राप्त करना: 甲队～了乙队。टीम क ने टीम ख को हरा दिया; टीम क ने टीम ख को पीटा; टीम क ने टीम ख पर जीत हासिल की। ❸（于 के आगे प्रयुक्त）से बढ़कर होना; से बेहतर होना: 行动～于空谈。कार्यवाही खोखली बातों से बेहतर होती है। ❹मनोरम; मनोहर; सौम्य: 胜景

胜 2（勝） shèng （पुराना उच्चारण shēng） में समर्थ होना: 胜任

胜 3（勝） shèng <पुराना> शीर्ष आभूषण

【胜败】 shèngbài हार-जीत; जय-पराजय

【胜不骄，败不馁】 shèng bù jiāo， bài bù něi न विजय पर घमंड होना न पराजय पर नैराश्य

【胜朝】 shèngcháo <लि०> पराजित राजवंश

【胜地】 shèngdì प्रसिद्ध रमणीय स्थल: 旅游～ प्रसिद्ध पर्यटन स्थल

【胜迹】 shèngjì प्रसिद्ध ऐतिहासिक स्थल

【胜景】 shèngjǐng मनोहर दृश्य; सुन्दर छवि

【胜境】 shèngjìng दर्शनीय स्थान; सैरगाह

【胜局】 shèngjú विजय; जीत: ～未定。विजय अनिश्चित है।

【胜利】 shènglì ❶विजय; जय; जीत; फ़तह: 这是中国人民的～。यह चीनी जनता की जीत है। ❷विजयपूर्वक; सफलतापूर्वक: ～完成任务 कार्य सफलतापूर्वक पूरा कर लेना / ～前进 विजयपूर्वक आगे बढ़ना; विजय का झंडा गाड़ते हुए आगे बढ़ना

【胜利者】 shènglìzhě विजेता; विजयी

【胜券】 shèngquàn विजय में विश्वास: 稳操～ विजय प्राप्त करने के लिए पूरी तरह आश्वस्त होना

【胜任】 shèngrèn समर्थ होना; योग्य होना: 他～

不了这项工作。वह इस काम में समर्थ नहीं है।
【胜似】 shèngsì से बढ़कर होना; से बेहतर होना
【胜诉】shèngsù मुकदमा जीतना; मुकदमे की जीत होना
【胜算】 shèngsuàn 〈लि०〉 सफलता की गारंटी करनेवाली युक्ति
【胜仗】shèngzhàng विजय; जीत; फ़तह: 打～ लड़ाई में विजय प्राप्त करना; युद्ध जीतना

晟 shèng 〈लि०〉 ❶उजाला; उज्ज्वलता ❷समृद्धि

乘 1 shèng ऐतिहासिक ग्रंथ; अभिलेख: 史乘 shǐ–shèng

乘 2 shèng रथ; यान, जिन में चार घोड़े जोड़े जाते थे
chéng भी दे०

盛 shèng ❶फलना-फूलना; बहार पर आना: 鲜花～开。फूल चटख गए। ❷ज़बरदस्त; ओजपूर्ण: 火势很～。आग ज़ोर से धधक रही है; आग धूधू करके जल रही है। / 年轻气～ जवान और रोबीला होना ❸भव्य; शानदार; वैभवशाली: ～宴 भव्य भोज ❹गाढ़ा; प्रगाढ़: 盛情 ❺व्यापक; आम; लोकप्रचलित: 盛传 ❻विपुल; प्रचुर: 盛产 ❼भली भांति; अच्छी तरह; बहुत: ～夸 बहुत सराहना ❽ (Shèng) एक कुलनाम
chéng भी दे०

【盛产】 shèngchǎn प्रचुरता से मिलना; बहुतायत होना; संपन्न होना: ～煤炭 कोयला प्रचुरता से मिलना / ～石油的国家 तेल संपन्न देश
【盛传】 shèngchuán कानों कान फैलना; सब की ज़बान पर होना
【盛大】shèngdà समारोहिक; भव्य; शानदार: 举行～的国宴 भव्य राजकीय भोज का आयोजन करना / ～的欢迎 समारोहिक स्वागत करना / ～的典礼 शानदार जशन
【盛典】 shèngdiǎn भव्य समारोह
【盛服】 shèngfú 〈लि०〉 सज-धज
【盛会】shènghuì भव्य सभा; शानदार समारोह; उत्सव: 体育～ खेल मेला
【盛举】 shèngjǔ शानदार कार्यवाही
【盛开】 shèngkāi (फूल का) चटकना; चटखना
【盛况】 shèngkuàng शानदार दृश्य; शानदार अवसर: ～空前 अभूतपूर्व शानदार दृश्य
【盛名】 shèngmíng विख्याति; प्रसिद्धि; बड़ा नाम
【盛名之下，其实难副】 shèngmíng zhī xià, qíshí nán fù नाम बड़ा दर्शन थोड़ा (होना)
【盛年】 shèngnián प्रौढ़ता: 正值～ प्रौढ़ होना
【盛怒】 shèngnù आगबबूला होना; बौखलाना
【盛气凌人】shèngqì–língrén रोब; धाक; रोब जमाना; धाक बांधना; उद्धत होना
【盛情】 shèngqíng उदारता; आतिथ्य-सत्कार: ～款待 का आतिथ्य-सत्कार करना / ～难却。मैं आप की उदारता अस्वीकार करने की गुस्ताखी नहीं कर सकता।
【盛世】 shèngshì स्वर्णयुग; सुख-समृद्धि का समय
【盛事】 shèngshì महान अवसर; महत्वपूर्ण घटना
【盛暑】 shèngshǔ बहुत गरम मौसम
【盛衰】 shèngshuāi समृद्धि और ह्रास; विकास और पतन; उतार-चढ़ाव
【盛夏】 shèngxià कड़ाके की गरमी
【盛行】 shèngxíng प्रचलित होना; खूब चलना: ～一时 एक समय के लिए प्रचलित होना
【盛意】 shèngyì उदारता; आवभगत
【盛誉】 shèngyù विख्याति; प्रसिद्धि; विख्यात; सुप्रसिद्ध; मशहूर: 享有～ सुप्रसिद्ध होना
【盛赞】 shèngzàn भूरि-भूरि प्रशंसा करना; प्रशंसा का पुल बांधना
【盛馔】 shèngzhuàn शानदार दावत
【盛装】 shèngzhuāng सज-धज; भड़कीले वस्त्र: 穿上节日的～ त्यौहार के भड़कीले वस्त्र पहनना; खूब सज-धज करना

剩（賸） shèng शेष; बाकी; बचा हुआ: 我身上只～两块钱。मेरे पास केवल दो य्वान बचे हुए हैं। / 离元旦只～三天了。नववर्ष दिवस के आगमन में केवल तीन दिन शेष हैं। / ～饭 जूठा खाना
【剩磁】 shèngcí 〈भौ०〉 अवशिष्ट मेग्नेटिज़्म
【剩下】 shèngxia बाकी रह जाना; शेष रहना: 还～多少时间？अभी कितना समय बाकी है？/ ～的活儿明天就可做完。शेष काम कल ही पूरा कर लिया जाएगा।
【剩余】 shèngyú शेष; बाकी; अतिरिक्त; बचत: ～货品 बचा-खुचा माल
【剩余产品】 shèngyú chǎnpǐn अतिरिक्त माल
【剩余价值】 shèngyú jiàzhí अतिरिक्त मूल्य
【剩余劳动】 shèngyú láodòng अतिरिक्त श्रम
【剩余物资】 shèngyú wùzī अतिरिक्त सामग्री

shī

尸 1 （屍） shī शव; लाश; मृत देह: 死～ शव

尸 2 shī (प्राचीन समय में) वह व्यक्ति, जो बलि कर्म-काण्ड के दौरान बलिवेदी के पीछे बैठ कर दिवंगत व्यक्ति की भूमिका निभाता था
【尸骨】 shīgǔ （尸骸 shīhái भी）❶कंकाल; ठठरी ❷शव; लाश
【尸横遍野】 shīhéng–biànyě लाशों से पटा हुआ मैदान
【尸检】 shījiǎn पोस्ट मार्टम; शवपरीक्षा
【尸蜡】 shīlà प्राकृतिक रूप से सूखी हुई और सुरक्षित मृत देह
【尸身】 shīshēn शव; लाश

【尸首】 shīshou मानव की मृत देह

【尸体】 shītǐ शव; लाश; कंकाल

【尸位】 shīwèi बिना कोई काम किए पद पर बना रहना: ～误国 कर्तव्यविमुख होकर राष्ट्र का अहित कर देना

【尸位素餐】 shīwèi-sùcān पद पर रहकर कुछ किए बिना विशेषाधिकार का उपभोग करते रहना

失 shī ❶खोना; गंवाना; चूकना: ～掉信心 विश्वास खोना / 莫～时机 वक्त न खोना ❷नियंत्रण खोना; बेकाबू होना: 失手 / 失足 ❸तलाश में फिरना: 迷～了路 रास्ता भूलना; भटकना ❹लक्ष्य पर न पहुंचना: 失望 ❺(सामान्य स्थिति में) परिवर्तन होना; बदल जाना: 失色 / 失神 ❻तोड़ना; उल्लंघन करना: 失信 ❼भूल; चूक; गलती: 失误

【失败】 shībài ❶पराजय; हार; पराजित होना; हार जाना; हारना; मुंह की खाना; पराजय का मुंह देखना: 敌军在战斗中再次遭到～。शत्रु सेना को दूसरी लड़ाई में भी मुंह की खानी पड़ी। ❷विफलता; असफलता; विफल होना; असफल होना: 试验～ परीक्षण विफल होना

【失败为成功之母】 shībài wéi chénggōng zhī mǔ असफलता ही सफलता की जननी है

【失败主义】 shībài zhǔyì पराजयवाद

【失策】 shīcè ❶योजना बनाने में गलती करना; अविवेक करना ❷गलती; भूल; गलत युक्ति

【失察】 shīchá अपने निरीक्षणात्मक कर्तव्य से विमुख होना अथवा देखभाल के अपने काम में कोताही करना

【失常】 shīcháng अस्वाभाविक; असामान्य; अनियमित; अस्वाभाविकता; अनियमितता: 精神～ मानसिक अनियमितता होना / 他近来举止～。इधर के दिनों से उस का व्यवहार असामान्य रहा है।

【失宠】 shīchǒng <अना०> (किसी का) कृपापात्र न रह जाना; (किसी का) अनुग्रहभाजन न रह जाना; (किसी की) अनुकम्पा या मेहरबानी न रह जाना

【失传】 shīchuán अप्राप्य; अनुपलब्ध; लुप्त: 这部著作早已～。यह पुस्तक कब से अनुपलब्ध है।

【失聪】 shīcōng श्रवणशक्तिहीन होना; बहरा होना: 他三岁时因患一场大病而～。वह तीन वर्ष की अवस्था में ही गंभीर रोग से ग्रस्त होने के कारण बहरा हो गया था।

【失措】 shīcuò जी उड़ जाना; उद्विग्न हो जाना: 张皇～ (का) जी उड़ जाना

【失单】 shīdān चोरी हुई या खोई हुई वस्तुओं या संपत्तियों की सूची

【失当】 shīdàng अनुचित; अनुपयुक्त: 这件事您处理～。आप ने यह मामला अनुचित रूप से निपटाया।

【失盗】 shīdào चोरी होना

【失道寡助】 shīdào-guǎzhù एक अन्यायपूर्ण कार्य को बहुत थोड़ा समर्थन प्राप्त होता है —— दे० 得道多助，失道寡助 dé dào duō zhù，shī dào guǎ zhù

【失地】 shīdì खोई हुई भूमि: 收复～ अपनी खोई हुई भूमि वापस लेना

【失掉】 shīdiào खोना; गंवाना; भूलना; से हाथ धोना: ～机会 अवसर खोना; मौके से हाथ धोना / ～理智 अक्ल पर पत्थर पड़ना / ～威信 आंखों से उतरना

【失和】 shīhé मनमुटाव; मनमुटाव होना; मन में मैल आना: 他们俩～已有多年。कई साल पहले ही उन दोनों में मनमुटाव होने लगा था।

【失衡】 shīhéng संतुलन खो बैठना; असंतुलन होना; असंतुलित होना: 发展～ विकास असंतुलित होना / 精神～ मानसिक असंतुलन होना

【失欢】 shīhuān (किसी का) कृपापात्र न रह जाना

【失悔】 shīhuǐ पश्चाताप; पछतावा; पश्चाताप (पछतावा) करना; पछताना

【失魂落魄】 shīhún-luòpò दिल घबराना; जी डूबना

【失火】 shīhuǒ आग लगना; अग्निकांड होना

【失计】 shījì 失策 shīcè के समान

【失记】 shījì <लि०> याद न रहना; भूलना

【失检】 shījiǎn अविवेक; नासमझी; अविवेकी; नासमझ: 他言语～，请多包涵。उस ने नासमझी की बात कही है। उसे माफ़ कीजिए।

【失脚】 shījiǎo (के) पांव डिगना; डिग लड़खड़ाना: 他不慎～跌倒沟里。उस के पांव अचानक डिग गए और वह खड्ड में गिर पड़ा।

【失节】 shījié ❶सत्यनिष्ठ न रह जाना ❷(किसी नारी का) शील भंग होना

【失禁】 shījìn पेशाब आदि रोकने में असमर्थ होना

【失惊】 shījīng आश्चर्य; अचरज; अचम्भा; विस्मय; आश्चर्यचकित; अचंभित; विस्मित; चकित: 他～地大叫起来。वह विस्मित होकर चिल्लाने लगा।

【失敬】 shījìng <शिष्ट०> कृपया, अशिष्टता के लिए मुझे माफ़ कीजिए

【失控】 shīkòng अनियंत्रित होना; नियंत्रण खो बैठना: 人口增长～ जन-संख्या वृद्धि पर नियंत्रण खोना

【失礼】 shīlǐ ❶अनादर करना ❷<शिष्ट०> कृपया, अशिष्टता के लिए मुझे माफ़ कीजिए

【失利】 shīlì हारना; हार खाना; विफल होना: 足球队首战比赛～。फ़ुटबाल टीम पहले मैच में हार गई / 在战场上～ युद्ध में हार खाना

【失恋】 shīliàn प्रेमी या प्रेमिका द्वारा ठुकराया जाना

【失灵】 shīlíng (मशीन, यंत्र आदि का) खराब होना; में खराबी होना; जवाब दे जाना: 刹车～了。ब्रेक जवाब दे गयी।

【失落】 shīluò खोना; गुम होना; गायब होना: 她在公共汽车上～了钱包。उस ने बस में अपना बटुआ खो दिया; बस में उस का बटुआ गुम हो गया।

【失落感】 shīluògǎn खोया-खोया रहने का भाव; गुमसुम होने का भाव

【失迷】 shīmí रास्ता भूलना; भटकना

【失密】 shīmì असावधानी के कारण सरकारी या राजकीय गोपनीयता से पर्दा उठा देना; रहस्य खोल देना

【失眠】 shīmián नींद हराम होना; तारे गिनना: 昨夜我～了。कल रात मेरी नींद हराम हो गई।

【失眠症】 shīmiánzhèng अनिद्रा; अनिद्रा रोग: ～

患者 अनिद्रारोगी

【失明】 shīmíng अंधा हो जाना; नेत्रहीन हो जाना

【失陪】 shīpéi 〈शिष्ट०〉 माफ़ कीजिए, मुझे अभी बाहर जाना है

【失窃】 shīqiè चोरी होना

【失去】 shīqù खोना: ～控制 नियंत्रण खो बैठना / ～理智 चित्तविभ्रम होना

【失却】 shīquè 〈लि०〉 खोना; से वंचित होना

【失散】 shīsàn बिछुड़ना; जुदा होना; अलग होना: 兄弟俩～多年。दो भाई लम्बे अरसे से जुदा हैं।

【失色】 shīsè ❶रंग उड़ना; रंग उतरना: 这些彩塑出土后就～了。खुदाई में निकली इन रंगीन मूर्तियों का रंग उड़ गया। ❷चेहरे पर हवाइयां उड़ना; चेहरा सफ़ेद होना: 众人大惊～。घबराहट से सबों के चेहरे पर हवाइयां उड़ने लगीं।

【失闪】 shīshan अनर्थ; अनिष्ट: 你万一有个～，我如何向你父母交待? अगर कोई अनर्थ हुआ, तो मैं कौन सा मुंह लेकर तुम्हारे मां-बाप के सामने उपस्थित होऊँगा?

【失身】 shīshēn शील भंग होना

【失神】 shīshén ❶ध्यान न देना; ध्यान कहीं और होना; गौर न करना: 司机稍一～，车就开到了人行道上。ड्राइवर का ध्यान कहीं और था और कार फ़ुटपाथ पर चढ़ गई। ❷खोया-खोया सा होना; गुमसुम होना: 她～地一声不吭。वह गुमसुम हो चुप रही।

【失慎】 shīshèn ❶असावधानी; लापरवाही: 他～打了玻璃杯。उस ने असावधानी से गिलास ज़मीन पर गिरा कर तोड़ डाला। ❷〈लि०〉 असावधानी से आग लगना या अग्निकांड होना

【失声】 shīshēng ❶सहसा ज़ोर से बोलना या हंसना: ～大叫 सहसा चीख उठना / ～大笑 सहसा ठहाका मारना ❷गला बैठना; गला खुश्क होना: 痛哭～ रोते-रोते गला बैठ जाना / 一天喊下来，我喉咙都～了。दिन भर चिल्लाते-चिल्लाते मेरा गला खुश्क हो गया।

【失时】 shīshí मौका खो बैठना; मौसम चूकना: 播种不要～ बोवाई का मौसम नहीं चूकना चाहिए।

【失实】 shīshí तथ्य के विपरीत होना: 报道～。यह रिपोर्ट तथ्य के विपरीत है।

【失事】 shīshì दुर्घटना; दुर्घटनाग्रस्त: 飞机～ विमान-दुर्घटना होना; विमान दुर्घटनाग्रस्त होना

【失势】 shīshì अधिकार और प्रभाव से वंचित होना

【失手】 shīshǒu हाथ से खोना; हाथ से निकलना: 他～打碎了花瓶。फूलदान उस के हाथ से निकलकर टूट गया। / ～伤人 किसी व्यक्ति को अवांछित रूप से घायल कर देना

【失守】 shīshǒu (का) पतन होना

【失算】 shīsuàn गलत अनुमान करना; गलत निर्णय करना: 这次他～了，什么也没得到。इस दफ़े उस ने गलत अनुमान किया और उस के हाथ कुछ भी न लगा।

【失所】 shīsuǒ बेघर; बेघरबार; बेघर (बेघरबार) होना: 流离～的难民 बेघर शरणार्थी

【失态】 shītài अनियंत्रित होना; बेकाबू होना; अभद्र व्यवहार करना: 我对昨晚的酒后～表示歉意。कल रात मैं ने नशे में जो अभद्र व्यवहार किया, उस के लिए मैं आप से माफ़ी मांगता हूं।

【失调】 shītiáo ❶असंतुलन; असंतुलित: 发展～ विकास असंतुलित होना / 比例～ अनुपातहीनता / 供求～ मांग और आपूर्ति में फ़र्क होना ❷समुचित सेवा की कमी: 她产后～，身体一直没有恢复过来。बच्चे के जन्म के बाद समुचित सेवा की कमी के कारण उस की तबीयत अभी ठीक नहीं हो पाई।

【失望】 shīwàng निराशा; नाउम्मीदी; निराश; ना-उम्मीद; निराशा (नाउम्मीदी) होना; निराश (नाउम्मीद) होना (करना); आशा टूटना; हताश होना: 他经受了很多挫折，但从未～过。उसे अनेक विफलताओं का सामना करना पड़ा है, लेकिन उसे कभी निराशा नहीं हुई। / 你太令人～了。तुम ने हमें निराश कर दिया; तुम ने हमारी आशाओं पर पानी फेर दिया। / 他感到非常～。उस की आशा टूट गई।

【失物】 shīwù खोई हुई चीज़

【失物招领处】 shīwù zhāolǐngchù खोया-पाया विभाग

【失误】 shīwù भूल; चूक; भूलचूक: 从～中汲取教训 भूलों से सीखना / 承认～अपनी भूल मानना / 这是我的～。मुझ से यह भूलचूक हुई है।

【失陷】 shīxiàn (शहर, देश आदि का) शत्रु के हाथ में जाना; पतन होना

【失效】 shīxiào ❶बेअसर; बेकार; निष्प्रभाव: 这药已经～了。यह दवा बेअसर हो चुकी है। / 使炸弹～ बम को बेकार करना ❷(संधि, समझौते आदि का) अमान्य होना: 该条约自今日起～。यह संधि आज से अमान्य हो गई है।

【失笑】 shīxiào अपनी हंसी को रोक न सकना; हंसी न रुकना

【失信】 shīxìn वादा तोड़ना; अपने वायदे से मुकर जाना

【失信于民】 shīxìnyúmín (सरकार आदि पर) जनता का विश्वास उठ जाना

【失修】 shīxiū जीर्ण-शीर्ण होना; खस्ता हालत में होना; मरम्मत न होना: 这座古建筑年久～，摇摇欲坠。यह प्राचीन इमारत खस्ता हालत में और ढहने को है।

【失学】 shīxué पढ़ाई के मौके से वंचित होना; पढ़ाई बीच में छोड़ देना

【失血】 shīxuè रक्तक्षय; रक्तस्राव

【失言】 shīyán बिना सोचे-समझे बोल देना; अशिष्टतापूर्ण बात कहना: 酒后～ नशे में चूर होकर अशिष्टतापूर्ण बात करना

【失业】 shīyè बेरोज़गारी; बेकारी; बेरोज़गार; बेकार; बेरोज़गार होना; नौकरी से अलग किया जाना

【失业率】 shīyèlǜ बेरोज़गारी दर

【失业者】 shīyèzhě बेरोज़गार; बेकार

【失宜】 shīyí 〈लि०〉 अनुचित: 决策～ अनुचित निर्णय लेना

【失意】 shīyì हताश होना; निराश होना; असंतुष्ट होना

【失音】 shīyīn 〈चिकि०〉 वाक्स्तंभ

【失迎】 shīyíng 〈शिष्ट०〉 स्वागत न करना: ～! ～!

गेट पर आप का स्वागत न करने के लिए मैं आप से क्षमा चाहता हूं।
【失语症】 shīyǔzhèng 〈चिकि०〉 वाक्स्तंभ
【失约】 shīyuē वादा तोड़ना; अपने वायदे से मुकरना
【失着】 shīzhāo ❶अविवेकपूर्ण काम करना ❷अविवेकपूर्ण काम
【失真】 shīzhēn ❶(स्वर, तस्वीर आदि का) सही न होना ❷〈रेडियो〉 डिस्टॉर्शन
【失之东隅，收之桑榆】 shīzhī-dōngyú, shōuzhī-sāngyú दिन चढ़े कुछ खोया और दिन ढले कुछ पाया —— तब क्षति हुई अब पूर्ति हो गई
【失之毫厘，谬以千里】 shīzhī-háolí, miùyǐ-qiānlǐ छोटी सी गलती बड़ी से बड़ी चूक सिद्ध हो सकती है; एक छोटी सी भूल से बड़े से बड़ा नुकसान हो सकता है
【失之交臂】 shīzhī-jiāobì किसी व्यक्ति से मिलने का मौका चूकना; अवसर को हाथ से जाने देना
【失职】 shīzhí कर्तव्यविमुख; कर्तव्यशून्य; कर्तव्यविमुख होना; कर्तव्य का पालन न करना
【失重】 shīzhòng गुरुत्वाकर्षणहीनता; भारहीनता: ～状态 भारहीन अवस्था
【失主】 shīzhǔ खोई हुई वस्तु का स्वामी
【失踪】 shīzōng लापता होना; गायब होना
【失足】 shīzú ❶लड़खड़ाना; डगमगाना ❷पतित होना; गंभीर गलती कर बैठना: ～青少年 पतित नौजवान

师[1] （師） shī ❶अध्यापक; शिक्षक; गुरु; उस्ताद ❷आदर्श; उदाहरण; मिसाल: 师表 ❸किसी व्यवसाय में प्रवीण व्यक्ति: 工程师 gōngchéngshī / 设计师 shèjìshī ❹(बौद्ध भिक्षु का सम्मानीय संबोधन) आचार्य: 法师 fǎshī ❺एक ही अध्यापक या उस्ताद का: 师兄 / 师弟 ❻ (Shī) एक कुलनाम

师[2] （師） shī ❶〈सैन्य०〉 डिवीज़न: 炮兵～ तोपची डिवीज़न ❷सेना; सशस्त्र शक्तियां: 挥～北上 सेना को उत्तर में अभियान के लिए भेजना
【师表】 shībiǎo 〈लि०〉 आदर्श चरित्र का व्यक्ति
【师部】 shībù 〈सैन्य०〉 डिवीज़न हेडक्वार्टर
【师承】 shīchéng 〈लि०〉 ❶(अध्यापक विशेषकर किसी विद्या के घराने) से सीखना; का शिष्य बनना ❷उस्ताद द्वारा शिष्य को कला हस्तांतरण
【师出无名】 shī chū wú míng उचित कारण के बिना सेना भेजना
【师弟】 shīdì ❶उस्ताद से साथ-साथ सीखनेवालों में अपने से छोटे का संबोधन; भाई ❷अपने उस्ताद के उस बेटे के लिए संबोधन, जिस की उम्र अपने से कम हो; भाई ❸अपने पिता के शिष्य के लिए संबोधन, जो अपने से कमउम्र हो; भाई ❹अध्यापक और छात्र; गुरु और शिष्य
【师法】 shīfǎ 〈लि०〉 ❶(किसी महान शिल्पी का) अनुकरण करना ❷उस्ताद द्वारा सिखाया गया ज्ञान या कला
【师范】 shīfàn ❶अध्यापक प्रशिक्षण ❷师范学校 का संक्षिप्त नाम ❸〈लि०〉 आदर्श मिसाल
【师范大学】 shīfàn dàxué अध्यापक प्रशिक्षण विश्वविद्यालय
【师范学院】 shīfàn xuéyuàn अध्यापक कालेज; नार्मल कालेज
【师范学校】 shīfàn xuéxiào अध्यापक स्कूल; नार्मल स्कूल
【师父】 shīfu ❶师傅 shīfu के समान ❷(बौद्ध भिक्षु या भिक्षुणी का आदरसूचक संबोधन) आचार्य; आचार्या
【师傅】 shīfu ❶उस्ताद; गुरु; मास्टर ❷(कुशल कारीगर का आदरसूचक संबोधन) उस्ताद; गुरु; मास्टर
【师公】 shīgōng ❶अपने उस्ताद का उस्ताद ❷ओझा
【师姐】 shījiě ❶उस्ताद से साथ-साथ सीखनेवालों में अपने से बड़ी का संबोधन; बहन ❷अपने उस्ताद की बेटी का संबोधन, जो अपने से बड़ी हो; बहन ❸अपने पिता की शिष्या का संबोधन, जो अपने से बड़ी हो; बहन
【师妹】 shīmèi ❶उस्ताद से साथ-साथ सीखनेवालों में अपने से छोटी का संबोधन; बहन ❷अपने उस्ताद की बेटी का संबोधन, जो अपने से कमउम्र हो; बहन ❸अपने पिता की उस शिष्या का संबोधन, जो अपने से कमउम्र हो; बहन
【师母】 shīmǔ अपने अध्यापक या गुरु की पत्नी का संबोधन; गुरुआनी
【师娘】 shīniáng 〈बोल०〉 师母 के समान
【师生】 shīshēng अध्यापक और छात्र; क्षिक्षक और शिष्य
【师事】 shīshì 〈लि०〉 (किसी को) अपना गुरु मानना; (किसी का) अपने गुरु की भांति आदर करना
【师徒】 shītú गुरु और शिष्य
【师心自用】 shīxīn-zìyòng हठधर्मी होना
【师兄】 shīxiōng ❶उस्ताद से साथ-साथ सीखनेवालों में अपने से बड़े का संबोधन; भाई ❷अपने उस्ताद के उस बेटे का संबोधन, जो अपने से बड़ा हो; भाई ❸अपने पिता के उस शिष्य का संबोधन, जो अपने से बड़ा हो; भाई
【师兄弟】 shīxiōngdì एक ही उस्ताद के शिष्य
【师训】 shīxùn गुरु का उपदेश
【师爷】 shīyé सलाहकार
【师长】 shīzhǎng ❶शिक्षक; गुरु ❷〈सैन्य०〉 डिवीज़न कमांडर
【师资】 shīzī अध्यापक का काम करने के योग्य व्यक्ति; अध्यापक व अध्यापिकाएं: ～力量不足 अध्यापकों की कमी

诗 （詩） shī कविता; काव्य
【诗歌】 shīgē कविता: ～朗诵会 कविता पाठ
【诗话】 shīhuà ❶कविता-चर्चा ❷ऐसी कथाएँ जिन में कविताएँ गुंथी हुई हों
【诗集】 shījí कवितासंग्रह
【诗句】 shījù कविता की पंक्तियाँ
【诗律】 shīlǜ छंद
【诗篇】 shīpiān ❶कविताएं: 这些～深深地打动了人们的心灵。ये कविताएं गहराई से लोगों के मन का स्पर्श करती हैं। ❷महाकाव्य; गाथा: 光辉的～ शानदार महाकाव्य / 英雄的～ वीरगाथा

【诗情画意】 shīqíng-huàyì कवितामय; काव्यमय; काव्यपूर्ण: 这里的田园风光充满了～。यहां का ग्रामीण दृश्य कवितामय दिखाई पड़ता है।
【诗人】 shīrén कवि; शायर
【诗史】 shīshǐ ❶काव्य का इतिहास ❷ऐतिहासिक महत्व का काव्य
【诗坛】 shītán कविकुल
【诗兴】 shīxìng काव्यात्मक भावनाएं; काव्यात्मक मूड: ～大发 काव्यात्मक भावनाएं तरंगित होना; काव्यात्मक मूड में आना
【诗意】 shīyì काव्यत्व; काव्यपूर्ण: 富有～ काव्यपूर्ण होना
【诗韵】 shīyùn ❶तुक ❷तुकबन्दी कोष
【诗章】 shīzhāng कविताएं
【诗作】 shīzuò रसात्मक छंदोबद्ध रचना; कविता; काव्य

虱（蝨） shī जूं

【虱子】 shīzi जूं

狮（獅） shī शेर; शेरनी; सिंह; सिंहनी

【狮身人面像】 shīshēnrénmiànxiàng स्फ़िंक्स
【狮子】 shīzi शेर; शेरनी; सिंह; सिंहनी
【狮子搏兔】 shīzi-bótù जैसे शेर खरगोश को दबोच लेता हो —— कमज़ोर दुश्मन से लड़ने में या छोटा-मोटा मामला निबटाने में भी पूरी शक्ति लगाना
【狮子舞】 shīziwǔ सिंह-नाच
【狮子座】 shīzizuò 〈खगोल०〉 सिंह राशि

施 shī ❶लागू करना; अमल में लाना; कार्यान्वित करना: 施行 ❷प्रदान करना; देना: 施礼 ❸दान; दान करना: 施舍 ❹डालना; लगाना: ～粉 चेहरे पर पाउडर लगाना / 施肥 ❺（Shī） एक कुलनाम

【施恩】 shī'ēn (का) उपकार करना
【施暴】 shībào ❶हिंसक कार्यवाही करना ❷बलात्कार करना; शील भंग करना
【施放】 shīfàng छोड़ना; छूटना: ～催泪弹 अश्रु-गैस छोड़ना / ～毒气 ज़हरीली गैस छोड़ना
【施肥】 shīféi खाद डालना; खाद देना
【施工】 shīgōng निर्माण; निर्माण करना; निर्माणकार्य शुरू करना (होना): 地铁工程本月开始～。भूमिगत रेल परियोजना का निर्माण इस महीने शुरू हुआ। / ～人员 निर्माता
【施加】 shījiā डालना: ～影响 प्रभाव डालना / ～压力 दबाव डालना
【施教】 shījiào सबक सिखाना; शिक्षा देना
【施礼】 shīlǐ प्रणाम करना; सलाम करना
【施舍】 shīshě दान करना; दान देना
【施事】 shīshì 〈व्या०〉 कर्त्ता
【施威】 shīwēi रोब जमाना; धाक जमाना
【施行】 shīxíng ❶(कानून, अधिनियम आदि) लागू करना (होना): 本规定自今日起～。यह अधिनियम आज से लागू होगा (किया जाएगा)। ❷करना: ～急救 प्राथमिक उपचार करना / ～手术 आपरेशन करना
【施药】 shīyào निर्धनों को निःशुल्क दवा देना
【施医】 shīyī（施诊 shīzhěn भी）निर्धनों का निःशुल्क उपचार करना
【施用】 shīyòng प्रयोग करना; इस्तेमाल करना: ～化肥 रासायनिक खाद का प्रयोग करना
【施与】 shīyǔ (पैसा आदि) दान में देना; उपकार करना
【施斋】 shīzhāi बौद्धभिक्षुओं को भोजन खिलाना
【施展】 shīzhǎn प्रदर्शन; प्रदर्शित; प्रदर्शन करना; प्रदर्शित करना: ～才能 अपनी सामर्थ्य प्रदर्शित करना / ～诡计 चाल चलना / ～各种手段 तरह-तरह के हथकंडे अपनाना
【施政】 shīzhèng शासन करना; प्रशासन करना: ～纲领 प्रशासनिक कार्यक्रम / ～方针 प्रशासनिक नीति
【施粥】 shīzhōu गरीबों में पका खाना बांटना
【施主】 shīzhǔ दाता; दानी

湿（濕、溼） shī तर; आर्द्र; गीला; नम: 一场大雨过后，地都～了。भारी वर्षा के बाद ज़मीन गीली हो गई। / ～衣服 गीले कपड़े

【湿地】 shīdì आर्द्र भूमि; वेट लैंड
【湿度】 shīdù आर्द्रता; तरी; गीलापन; नमी: 土壤的～ मिट्टी की नमी; सीलन / ～表 आर्द्रतामापक
【湿冷】 shīlěng नमी और ठंड
【湿淋淋】 shīlínlín तरबतर होना; भीगा हुआ होना: 他全身被雨浇得～的。वह वर्षा में पूरी तरह भीग गया।
【湿漉漉】 shīlùlù（湿渌渌 shīlùlù भी）गीला
【湿热】 shīrè नमी और गर्मी; उमस
【湿润】 shīrùn गीला; आर्द्र: ～的土地 गीली ज़मीन / 他的双眼～了。उन की आंखें आर्द्र हो गईं।
【湿疹】 shīzhěn खाज; खारिश; खुजली

嘘 shī 〈विस्मय०〉 छी

xū भी दे०

shí

十 shí ❶दस ❷सर्वोत्कृष्ट: 十足

【十八般武艺】 shíbā bān wǔyì अट्ठारह प्रकार के हथियार चलाने की कुशलता —— हर तरह की कला में दक्ष होना
【十八层地狱】 shíbā céng dìyù अट्ठारहवाँ नरक —— सब से नीचे का नरक —— दे० 打入十八层地狱 dǎrù shíbā céng dìyù
【十不闲儿】 shíbùxiánr 什不闲儿 shíbùxiánr के समान
【十冬腊月】 shídōnglàyuè चांद्रवर्ष का दसवाँ, ग्यारहवाँ और बारहवाँ महीना; जाड़ा; सर्दी

【十恶不赦】 shí'è-bùshè अक्षम्य पाप; अक्षम्य पापी; खूंटी से बांधकर जलाया जाने लायक

【十二分】 shí'èrfēn हद से ज़्यादा; अत्यंत; नितान्तः 对此我感到～高兴。इस पर मैं अत्यंत खुश हूँ।

【十二生肖】 shí'èr shēngxiào（十二属相 shí'èr shǔxiang भी）बारह सालों के कालचक्र से संबद्ध बारह प्रतीकात्मक जन्तु —— 生肖 shēngxiào、属相 shǔxiang भी दे०

【十二月】 shí'èryuè ❶दिसम्बर ❷चांद्रवर्ष का बारहवाँ मास; बारहवाँ चांद्रमास

【十二指肠】 shí'èrzhǐcháng 〈श०वि०〉 ड्यूडीनम; ग्रहणीः ～溃疡 ड्यूडीनम अल्सर

【十番乐】 shífānyuè （十番 shífān，十番锣鼓 shífān luógǔ भी）दस परंपरागत वाद्ययंत्रों का सहवादन, जिन में सुषिर-वाद्य, तंतुवाद्य और ताल-वाद्य शामिल होते हैं

【十方】 shífāng 〈बौद्धधर्म〉 दस दिशाएं —— पूर्व, पश्चिम, दक्षिण, उत्तर, दक्षिण-पूर्व, दक्षिण-पश्चिम, उत्तर-पूर्व; उत्तर-पश्चिम, ऊर्ध्व एवं अधर

【十分】 shífēn 〈क्रि०वि०〉 बहुत; पूरी तरहः ～愉快 बहुत प्रसन्न होना / ～愉快地 बड़ी प्रसन्नता के साथ / ～讨厌 बहुत घृणित होना / ～难过 बहुत दुख होना / ～满意 पूरी तरह संतुष्ट होना

【十戒】 shíjiè 〈बौद्धधर्म〉 दस शील

【十锦】 shíjǐn 什锦 shíjǐn के समान

【十进制】 shíjìnzhì 〈गणित०〉 दशमलव-पद्धति

【十目所视，十手所指】 shímù-suǒshì, shíshǒu-suǒzhǐ (किसी व्यक्ति पर) अनेकों आँखें गड़ी हुई होना और उँगलियाँ उठी हुई होना —— कोई भी दूसरों की नज़र बचाकर दुष्कर्म नहीं कर सकता

【十拿九稳】 shíná-jiǔwěn （十拿九准 shí ná jiǔ zhǔn भी）प्रायः; निश्चित

【十年九不遇】 shí nián jiǔ bù yù कम देखने को मिलनाः 这么大的洪水，真是～。इतनी भीषण बाढ़ बहुत कम देखने को मिलती है।

【十年树木，百年树人】 shínián-shùmù, bǎinián-shùrén एक पेड़ उगाने में दस वर्ष लगते हैं, जबकि एक आदमी को संस्कारित करने में सौ वर्ष लगते हैं

【十全】 shíquán शुद्ध; त्रुटिहीनः 一个人不能～。कोई भी त्रुटिहीन नहीं हो सकता।

【十全十美】 shíquán-shíměi शुद्धता; त्रुटिहीनता; शुद्ध; त्रुटिहीन

【十三点】 shísāndiǎn 〈बो०〉 बुद्धू; मूर्खः 这人有点～。यह तो बुद्धू सा लगता है।

【十室九空】 shíshì-jiǔkōng दस घरों में से नौ उजड़ गए —— युद्ध या प्राकृतिक विपत्तियों की विभीषिका

【十万八千里】 shíwàn bāqiān lǐ कोसों दूर होना; बहुत बड़ा अन्तर होनाः 这两个城市在环境保护方面真是相差～。पर्यावरण संरक्षण के मामले में इन दो नगरों के बीच वाकई बहुत बड़ा अन्तर है।

【十万火急】 shíwàn-huǒjí आपात्

【十项全能】 shí xiàng quánnéng 〈खेल०〉 डिकैथलन

【十一】 Shí Yī पहली अक्तूबर, चीन लोक गणराज्य का राष्ट्रीय दिवस

【十一月】 shíyīyuè ❶नवंबर ❷चांद्रवर्ष का ग्यारहवाँ मास; ग्यारहवाँ चांद्र मास

【十月】 shíyuè ❶अक्तूबर ❷चांद्रवर्ष का दसवाँ मास; दसवाँ चांद्रमास

【十月革命】 Shíyuè Gémìng (रूस की) अक्तूबर क्रांति

【十指连心】 shízhǐ-liánxīn उंगलियाँ दिल से जुड़ी हुई होती हैं —— एक व्यक्ति पर जो कुछ गुज़रता है, उस का उस व्यक्ति के सगे-संबंधियों पर भी असर पड़ता है

【十字镐】 shízìgǎo पिक; गैंती; कुदाली

【十字架】 shízìjià क्रास; सूली; सलीब

【十字街头】 shízì jiētóu एक दूसरी को काटती हुई सड़कें; शहर की रौनकदार सड़कें

【十字路口】 shízì lùkǒu चौराहा; चौपथ

【十足】 shízú ❶शुद्ध; विशुद्ध; खालिसः ～的黄金 विशुद्ध सोना ❷पूरा; निरा; शत प्रतिशत; सौ फ़ीसदीः 干劲～ पूरे जोश के साथ / ～的霸权主义行径 शत प्रतिशत प्रभुत्ववादी कार्यवाही / ～的虚伪 निरा पाखंडी होना

什

shí ❶〈लि०〉 (भिन्नों या अपवर्त्यों में प्रयुक्त) दसः ～一 दसवाँ हिस्सा ❷विविध; नाना प्रकार का; तरह-तरह काः 什物

shén भी दे०

【什不闲儿】 shíbùxiánr झांझ-मजीरे और ढोल की संगत में कथा-वाचन

【什件儿】 shíjiànr ❶मुर्गे या बत्तख की अंतड़ियाँ आदि, जिन से व्यंजन बनाया जाता है ❷〈बो०〉 गाड़ी या तलवार के मूठ पर लटकनेवाली धातु से बनी सजावट की चीज़

【什锦】 shíjǐn मिश्रित; विभिन्न; नाना प्रकार काः ～糖 नाना प्राकार की मिठाइयाँ

【什物】 shíwù दैनिक उपयोग की वस्तुएं; सामान व वस्त्र; विविध वस्तुएं

【什叶派】 Shíyèpài 〈इस्लाम〉 शिया

石

shí ❶पत्थर; प्रस्तर; शिला; पाषाण ❷शिलालेखः 金石 jīnshí ❸（Shí）एक कुलनाम

dàn भी दे०

【石板】 shíbǎn ❶पट्ट; पटिया ❷(लिखने में काम आनेवाली) स्लेट; पटरी

【石版】 shíbǎn 〈मुद्रण०〉 पत्थर की प्लेट

【石碑】 shíbēi प्रस्तर-पट्ट; शिलाखंड

【石笔】 shíbǐ स्लेट पेंसिल

【石壁】 shíbì चट्टान

【石沉大海】 shíchéndàhǎi सदा के लिए लापता होना; (की) कोई खबर नहीं होना

【石担】 shídàn 〈खेल०〉 पत्थर का बार्बेल

【石雕】 shídiāo ❶पत्थर-तराशी ❷तराशा हुआ पत्थर

【石碓】 shíduì पत्थर की मूसल-मुंगरी

【石墩】 shídūn चौपाई का काम देनेवाला शिलाखंड
【石方】 shífāng घनमीटर मिट्टी-पत्थरः 十万～ एक लाख घनमीटर मिट्टी-पत्थर
【石膏】 shígāo ❶जिप्सम; पत्थर-पलस्तर ❷〈चिकि०〉(टूटी हुई हड्डियों पर) लगाया जानेवाला पलस्तरः 她的一条腿上了～。उस की एक टांग पर पलस्तर लगाया हुआ है।
【石膏绷带】 shígāo bēngdài पलस्तर बैंडिज
【石膏夹板】 shígāo jiābǎn पलस्तर स्पलिंट
【石膏像】 shígāoxiàng पलस्तर की मूर्ति
【石工】 shígōng ❶संगतराशी; पत्थर का काम ❷संगतराश
【石磙】 shígǔn 碌碡 liùzhou का दूसरा नाम
【石灰】 shíhuī चूनाः 生～ कच्चा चूना / 熟～ बुझा हुआ चूना
【石灰浆】 shíhuījiāng पुताई; सफ़ेदी
【石灰石】 shíhuīshí (石灰岩 shíhuīyán भी) चूना पत्थर
【石灰窑】 shíhuīyáo चूने की भट्ठी
【石级】 shíjí पत्थर का सोपान
【石家庄】 Shíjiāzhuāng शिच्याच्वांग, हपे प्रांत की राजधानी
【石匠】 shíjiang संगतराश; पत्थरफोड़ा
【石坎】 shíkǎn ❶बाढ़ नियंत्रण के लिए पत्थर का बना बांध ❷(पथरीली पहाड़ी पर बनी) सीढ़ियाँ
【石刻】 shíkè ❶तराशा हुआ पत्थर ❷शिलालेख
【石刻艺术】 shíkè yìshù पत्थर-तराशी
【石窟】 shíkū गुफ़ा; कंदराः ～寺 गुफ़ा मंदिर
【石块】 shíkuài ढेला; पत्थर का टुकड़ा
【石砬子】 shílázi (石头砬子 shítoulázi भी)〈बो०〉ज़मीन में से बाहर निकला हुआ पत्थर
【石蜡】 shílà पराफ़िन का मोम
【石料】 shíliào (सामग्री के रूप में उपलब्ध) पत्थर
【石林】 shílín शिलावन; पत्थरों के जंगल
【石硫合剂】 shíliú héjì 〈रसा०〉 लाइम सल्फ़र
【石榴】 shíliu दाड़िम; अनारः ～花 दाड़िम पुष्प; गुलनार
【石榴红】 shíliuhóng गुलनारी
【石榴裙】 shíliuqún गुलनारी घाघरा —— नारी का आकर्षणः 拜倒在～下 गुलनारी घाघरे के आगे घुटने टेकना —— नारी के प्रेम में अंधा होना
【石榴石】 shíliushí गार्नेट
【石龙子】 shílóngzǐ गिरगिट
【石棉】 shímián एस्बेस्टस
【石棉板】 shímiánbǎn एस्बेस्टस का तख्ता
【石棉布】 shímiánbù एस्बेस्टस का कपड़ा
【石棉瓦】 shímiánwǎ एस्बेस्टस तख्ता
【石墨】 shímò ग्राफ़ाइट
【石磨】 shímò चक्की
【石脑油】 shínǎoyóu नेप्था
【石女】 shínǚ अववृद्धयोनि कन्या
【石破天惊】 shípò-tiānjīng आकाश को हिलाकर रख देना —— (लेख या मत का) अनोखा और प्रभावपूर्ण होना
【石器】 shíqì पत्थर का औज़ार
【石器时代】 shíqì shídài पाषाण युग; प्रस्तर युगः 旧～ पुराण पाषाणयुग / 新～ नव पाषाणयुग
【石笋】 shísǔn 〈भूगर्भ०〉 स्टैलेग्माइट
【石锁】 shísuǒ 〈खेल०〉 कसरत के लिए ताला रूपी प्रस्तर मुगदर
【石炭】 shítàn 〈प्रा०〉 कोयला
【石头】 shítou पत्थर; प्रस्तर; शिला; पाषाण
【石头子儿】 shítouzǐr कंकड़; गिट्टी
【石印】 shíyìn लिथोग्राफ़ी
【石印机】 shíyìnjī लिथोग्राफ़ी प्रेस
【石英】 shíyīng क्वाट्र्ज़; स्फ़टिक
【石英电子表】 shíyīng diànzǐbiǎo क्वाट्र्ज़ घड़ी
【石油】 shíyóu पेट्रोलियम; आयल; तेलः ～工业 तेल उद्योग / ～管线 तेल-पाइपलाइन / ～化工厂 पेट्रो रसायन कारखाना / ～化学 पेट्रोरसायनशास्त्र / ～勘探 तेल का सर्वेक्षण / ～沥青 पेट्रोलियम पिच / ～气 पेट्रोलियम गैस
【石油输出国组织】 Shíyóu Shūchūguó Zǔzhī ओपेक; तेल निर्यातक देशों का संगठन
【石子儿】 shízǐr कंकड़; रोड़ा; कंकड़ी

时（時） shí ❶समय; वक्त; कालः 古～ प्राचीन काल ❷नियत समयः 按～到校 समय पर स्कूल पहुंचना ❸मौसम; ऋतुः 四～ चार मौसम ❹पहर; घंटाः 午～ दोपहर / 下午四～ तीसरे पहर चार बजे ❺वर्तमान; सामयिकः 时事 / 时下 ❻अवसर; मौकाः 失～ मौका हाथ से जाने देना ❼〈क्रि०वि०〉 कभी-कभी; कभी-कभार; जब-तब; यदा-कदाः ～有所获。कभी-कभी कुछ न कुछ हाथ लगता है। ❽क्रिया का कालः 过去～ भूतकाल ❾ (Shí) एक कुलनाम
【时弊】 shíbì वर्तमान समाज की बुराइयाँ
【时不可失】 shíbùkěshī मौके को हाथ से नहीं जाने देना चाहिए
【时不时】 shíbùshí 〈बो०〉 कभी न कभी; अक्सर
【时不我待】 shíbùwǒdài समय गुज़रता ही जाता है
【时差】 shíchā ❶दो स्थानों के बीच समय का अंतर ❷〈खगोल०〉 समय की समता
【时常】 shícháng बहुधा; अक्सर
【时辰】 shíchen ❶पुराने काल में दो घंटों का समय ❷समय; वक्त; पहरः 别耽误～了，快干吧。समय बरबाद न करो। जल्दी करो।
【时代】 shídài ❶युग; काल; ज़मानाः 远古～ अतिप्राचीन युग / 开创新～ एक नया युग आरंभ करना / 新～的召唤 नए काल की पुकार / 跟上～潮流 ज़माने की रफ़्तार पकड़ना / ～精神 युग भावना ❷जीवन-दशाएं; अवस्थाः 童年～बाल्यावस्था / 青年～ युवावस्था / 老年～ वृद्धावस्था
【时而】 shí'ér ❶कभी-कभी; यदा-कदा; जब-तबः 屋子里～传出一阵阵笑声。घर से कभी-कभी कहकहे की

आवाज़ सुनाई देती है। ❷कभी … कभी … ：他～唱，～跳，显得十分兴奋。वह कभी गाता था, तो कभी नाच उठता था, बहुत उत्साहित दीख रहा था।

【时分】 shífēn समय; वक्तः 掌灯～ दीया जलाने का समय / 夜半～ आधी रात के वक्त; आधी रात का वक्त

【时乖运蹇】 shíguāi-yùnjiǎn फेर में पड़ना; बुरे दिन आना

【时光】 shíguāng ❶समय; वक्तः ～易逝。समय तेज़ी से बीत जाता है। ❷दिन; समय; कालः 过着幸福的～ सुख के दिन व्यतीत करना

【时过境迁】 shíguò-jìngqiān समय गुज़रने के साथ-साथ स्थितियों में बदलाव आना

【时候】 shíhou ❶(शुरू से अंत तक का) समय; वक्तः 你做家庭作业花了多少～? तुम ने अपना होमवर्क पूरा करने में कितना समय लगाया ? ❷समय या वक्त (का मान)：昨天他什么～来的? कल वह किस समय आया था ? / 就在这～ इसी समय; इसी वक्त

【时机】 shíjī अवसर; मौका; समयः 抓紧～ मौके पर गिरफ़्त रखना / 错过～ मौका चूक जाना; अवसर हाथ से निकल जाना / 大好～ उत्तम अवसर / 目前的～还不成熟。अभी समय परिपक्व नहीं है।

【时价】 shíjià वर्तमान भाव (मूल्य, दाम)：～大涨 वर्तमान भाव में भारी वृद्धि होना

【时间】 shíjiān समय; वक्त; काल; वेला; टाइमः ～限制 समय की पाबंदी / 盖这样一幢大楼要多少～? इस तरह की अट्टालिका खड़ी करने में कितना वक्त लगेगा ? / 现在是什么～? अब क्या समय है ? / 现在的～是十二点半。इस समय साढ़े बारह बजे हैं। / 浪费～ समय बरबाद करना

【时间表】 shíjiānbiǎo समय-सारिणी; समय-सूची; टाइम-टेबुल

【时间词】 shíjiāncí 〈व्या०〉 समयसूचक शब्द, जैसे 将来，今天，昨天 इत्यादि

【时间性】 shíjiānxìng सामयिकताः 新闻报道要强调～。समाचार देने में सामयिकता पर ज़ोर देना चाहिए।

【时节】 shíjié ❶मौसमः 秋收～ फ़सल-कटाई का मौसम ❷समय; अवसरः 他大学毕业那～才十八岁。विश्वविद्यालय से स्नातक होने के समय वह 18 वर्ष का ही था।

【时局】 shíjú वर्तमान राजनीतिक स्थिति

【时刻】 shíkè ❶समय; घड़ी; क्षणः 危急～ संकट की घड़ी / 快乐的～ प्रसन्नता का समय / 关键～ नाज़ुक घड़ी (में) / 在这一～，他感到自己是世界上最幸运的人。इस क्षण उस ने अपने आप को दुनिया में सर्वाधिक सौभाग्यशाली समझा। ❷〈क्रि०वि०〉 क्षण-क्षण; हमेशा; हर समय; हरदमः ～准备打击来犯之敌 अतिक्रमणकारियों को खदेड़ने के लिए हरदम मुस्तैद रहना

【时刻表】 shíkèbiǎo समय-सारिणी; समय-सूची; टाइम-टेबुल

【时空】 shíkōng समय और स्थान

【时来运转】 shílái-yùnzhuǎn दिन फिरना; किस्मत चमकना; भाग्य खुलना

【时令】 shílìng मौसम; ऋतुः ～已是初秋。अभी मौसम पतझड़ की शुरूआत का है। / ～不正 मौसम ठीक न होना

【时令】 shíling 〈बो०〉 मौसमी बीमारी

【时髦】 shímáo फ़ैशन; फ़ैशनेबुल; बना-ठनाः 他穿着～。वह फ़ैशनेबुल कपड़े पहने हुए है। / 赶～ फ़ैशन के पीछे भागना

【时评】 shípíng सामयिक वार्त्ता; सामयिक चर्चा

【时期】 shíqī काल; समय; वक्त; युग; दौरः 改革开放～ सुधार और खुलेपन का काल

【时气】 shíqi 〈बो०〉 ❶भाग्य; किस्मत; तकदीरः 碰～ किस्मत आज़माना ❷मौसमी बीमारी

【时区】 shíqū टाइम ज़ोन

【时人】 shírén 〈पुराना〉 समकालीन व्यक्तिः ～有文嘲之。एक समकालीन व्यक्ति ने उस पर एक व्यंग्य लिखा।

【时日】 shírì समय; वक्तः 耽误～ विलम्ब करना

【时尚】 shíshàng फ़ैशन

【时时】 shíshí 〈क्रि०वि०〉 हमेशा; सदैवः 她～提醒自己，不要辜负父母的期望。वह अपने को हमेशा याद दिलाती रहती है कि मां-बाप की आशाओं पर पानी न फिरे।

【时世】 shíshì काल; युगः ～艰难。दिन कठोर हैं।

【时事】 shíshì सामयिक घटनाः ～述评 सामयिक वार्त्ता

【时势】 shíshì परिस्थिति; स्थिति

【时俗】 shísú प्रथा; रिवाज; रीति-रिवाज

【时速】 shísù प्रतिघंटा रफ़्तारः 火车最高～达三百五十公里。रेल-गाड़ी की अधिकतम रफ़्तार 350 किलोमीटर प्रतिघंटा होती है।

【时态】 shítài 〈व्या०〉 (क्रिया का) काल; ज़माना

【时务】 shíwù स्थिति; युग की प्रकृतिः 不识～ ज़माने से अनभिज्ञ होना

【时下】 shíxià वर्तमान समय में; हाल मेंः ～流行音乐走红。वर्तमान समय में पाप म्यूज़ीक खूब चला है।

【时鲜】 shíxiān (साग, फल आदि का) मौसम होनाः 葡萄是～货。अभी अंगूर का मौसम है।

【时限】 shíxiàn समय-सीमा; अवधि; मीयादः 延长～ अवधि बढ़ाना / 最后～ अंतिम समय-सीमा / 必须在规定的三天～内拟出计划草案。तीन दिन के निर्धारित समय में योजना का प्रारूप तैयार करके पेश करना है।

【时效】 shíxiào ❶नियत समय में प्रभावी होना ❷〈का०〉 प्रिस्क्रिप्शन

【时新】 shíxīn （时行 shíxíng भी）फ़ैशनेबुल; प्रचलित; लोकप्रियः 这种式样的衣服刚开始～起来。इस डिज़ाइन का वस्त्र अभी फ़ैशनेबुल हो चला है।

【时样】 shíyàng फ़ैशन

【时宜】 shíyí समयानुकूल; समयोचित; उचितः 不合时宜 bù hé shí yí

【时疫】 shíyì छूत की बीमारी; संक्रमक रोग; मौसमी बीमारी

【时运】 shíyùn भाग्य; किस्मत; तकदीरः ～不济 किस्मत फूटना / ～亨通 किस्मत चमकना

【时针】 shízhēn ❶घड़ी की सुइयाँ; घड़ी के कांटे ❷घंटे

की सुई
【时政】 shízhèng राजनीतिक स्थिति
【时钟】 shízhōng घड़ी; घंटा
【时装】 shízhuāng ❶फ़ैशनेबुल पोशाक ❷समकालिक वस्त्र
【时装表演】 shízhuāng biǎoyǎn फ़ैशन शो
【时装模特儿】 shízhuāng mótèr फ़ैशन माडल
【时装设计师】 shízhuāng shèjìshī फ़ैशन डिज़ाइनर

识（識）shí ❶पहचान; ज्ञान; पहचानना; जानना：～字 लिखना-पढ़ना जानना ❷ज्ञान; जानकारी：学～ ज्ञान-विज्ञान
zhì भी दे०
【识别】 shíbié पहचानना; फ़र्क करना; पहचान करना：～好坏 भले-बुरे की पहचान करना / ～真假 असली व नकली के बीच फ़र्क करना
【识别力】 shíbiélì विवेक; परख
【识货】 shíhuò वस्तुओं का गुण-दोष जानना; परखना
【识家】 shíjiā परखैया
【识见】 shíjiàn 〈लि०〉ज्ञान और अंतर्दृष्टि
【识荆】 shíjīng 〈लि०〉〈शिष्ट०〉आप से मिलने का गौरव प्राप्त करना
【识破】 shípò पता लगाना; उद्घाटन करना：～秘密 रहस्य का उद्घाटन करना / ～骗局 धोखाधड़ी का पता लगाना
【识趣】 shíqù व्यवहारकुशल होना; समझदार होना
【识时务者为俊杰】 shí shíwù zhě wéi jùnjié बुद्धिमान वह है जो वक्त के साथ-साथ बदलता है
【识文断字】 shí wén duàn zì पढ़ा-लिखा होना
【识相】 shíxiàng 〈बो०〉समझदार होना; समझ लेना：～一些，快走吧！यदि समझदार हो, तो फ़ौरन यहाँ से चले जाओ！
【识羞】 shíxiū (नकारात्मक रूप में प्रयुक्त) शर्म आना; लज्जित होना：你怎么这样不～？तुम्हें शर्म नहीं आती क्यों？
【识字】 shízì साक्षरता; साक्षर; पढ़ा-लिखा; शिक्षित
【识字班】 shízìbān साक्षरता कक्षा

实（實）shí ❶ठोस：这个铁球是～心的。यह लोहे का ठोस गोला है। ❷सच्चा; असली; वास्तविक：他说的是～话。उस ने सच्ची बात कही है। ❸तथ्य; सत्य; वास्तविकता：报道失～。यह रिपोर्ट तथ्य के विरुद्ध है। ❹फल; बीज：开花结～ फूलना और फल लगना
【实报实销】 shíbào-shíxiāo खर्च की रकम जितनी होती है, उतनी ही छोड़ी जाती है
【实诚】 shícheng 〈बोल०〉सच्चा; ईमानदार; विश्वसनीय：他说话～。वह हमेशा सच्ची बात कहता है। / 这个人～，你可以信赖他。वह एक ईमानदार आदमी है। तुम उस पर भरोसा कर सकते हो।
【实词】 shící 〈व्या०〉ठोस अर्थवाला शब्द
【实打实】 shídǎshí सच्चा; असली：～的真本领 असली सामर्थ्य / ～的数字 सच्चे आंकड़े
【实弹】 shídàn ❶भरी हुई (बन्दूक या तोप)：荷枪～ भरी हुई बन्दूक साथ लेना ❷ज़िन्दा गोली：～射击 फ़ायरिंग प्रैक्टिस; रैंज प्रैक्टिस / ～演习 ज़िन्दा गोलियों व गोलों से सैन्य अभ्यास करना
【实地】 shídì मौके पर：～勘察 मौके पर सर्वेक्षण करना
【实感】 shígǎn असली भाव
【实干】 shígàn ठोस काम करना：～家 चुपचाप ठोस काम करनेवाला
【实话】 shíhuà सच बात; सत्य：讲～ सत्य बोलना
【实话实说】 shíhuà-shíshuō खुलकर बात करना
【实惠】 shíhuì ❶वास्तविक लाभ：让农民得到～ किसानों से वास्तविक लाभ प्राप्त कराना ❷उपयोगी; व्यवहारिक：你送他一些～的东西更好些。बेहतर है कि तुम उसे कुछ उपयोगी वस्तुएं भेंट करो।
【实际】 shíjì ❶वास्तविकता; असलियत; व्यवहार：理论要联系～。सिद्धान्त को व्यवहार के साथ मिलाना चाहिए। / 符合～ वास्तविकता से मेल खाना / 从～出发 वास्तविकता से प्रस्थान करना ❷वास्तविक; व्यावहारिक：～工作 व्यावहारिक काम / ～经验 व्यावहारिक अनुभव / ～行动 व्यावहारिक कार्यवाही / ～控制线 वास्तविक नियंत्रण रेखा / 您这种想法不～。आप का यह विचार व्यावहारिक नहीं है। ❸असली; सच्चा：我举一个～例子来说明。मैं एक असली मिसाल देकर इस बात को स्पष्ट करता हूं। / 人民的～收入大幅增加。जनता की असली आमदनी में भारी वृद्धि हुई है।
【实际上】 shíjìshang वास्तव में; सत्यतः; वस्तुतः; असल में; दर असल; हकीकत में; दरहकीकत
【实绩】 shíjì वास्तविक उपलब्धि：他这些年来在工作上取得了一些～。इधर के सालों में उस ने अपने कार्य में कुछ वास्तविक उपलब्धियाँ प्राप्त कीं।
【实价】 shíjià असली दाम
【实践】 shíjiàn ❶व्यवहार; अमल ❷व्यवहार में लाना; अमली जामा पहनाना; अमल में लाना, (पर) अमल करना：～主张 अपने मतों पर अमल करना / ～诺言 अपना वायदा पूरा करना
【实践出真知】 shíjiàn chū zhēnzhī व्यवहार से सच्चा ज्ञान प्राप्त होता है
【实践性】 shíjiànxìng व्यावहारिकता
【实据】 shíjù ठोस प्रमाण：真凭～ ठोस प्रमाण
【实况】 shíkuàng वस्तुस्थिति
【实况录音】 shíkuàng lùyīn तत्काल की गई रिकार्डिंग
【实况转播】 shíkuàng zhuǎnbō आँखों देखा हाल का सीधा प्रसारण
【实力】 shílì शक्ति; ताकत; बल：经济～ आर्थिक शक्ति / 军事～ सैन्य बल / 保存～ अपनी शक्ति सुरक्षित रखना
【实力地位】 shílì dìwèi शक्ति की स्थिति
【实力政策】 shílì zhèngcè बल-नीति; शक्ति की नीति
【实例】 shílì उदाहरण; मिसाल
【实录】 shílù ❶〈लि०〉यथार्थ विवरण ❷वास्तविक विवरण (किसी एक सम्राट् के शासन-काल में हुई घटनाओं का विवरण)

【实情】 shíqíng असली हालत; सच्ची स्थिति; सत्य; सचाई: 请讲～。सत्य बोलिए।
【实权】 shíquán असली अधिकार: 掌握～ हाथ में असली अधिकार होना
【实施】 shíshī कार्यान्वयन; कार्यान्वित; कार्यान्वयन करना; कार्यान्वित करना; लागू करना: ～法令 कानून-कायदा लागू करना / ～计划 योजना कार्यान्वित करना / ～义务教育 अनिवार्य शिक्षा व्यवस्था लागू करना
【实事】 shíshì तथ्य; असली बात; ठोस काम: 不要说空话，要干～。बेकार की बातें न कर ठोस काम करना चाहिए।
【实事求是】 shíshì-qiúshì तथ्यों के आधार पर सत्य की खोज करना; व्यावहारिक: ～的工作作风 व्यावहारिक कार्यशैली / ～的态度 व्यावहारिक रुख
【实数】 shíshù ❶असली संख्या ❷<गणित०> वास्तविक संख्या
【实说】 shíshuō सत्य बोलना; खुलकर बोलना
【实体】 shítǐ ❶<दर्शन०> द्रव्य ❷सत्ता; अस्तित्व: 政治～राजनीतिक सत्ता
【实物】 shíwù वस्तुएं: 展览会上除图片外还有～展出。प्रदर्शनी में तस्वीरों के अलावा वस्तुएं भी प्रदर्शित हैं।
【实物地租】 shíwù dìzū उपज के रूप में लगान (वसूल या अदा करना)
【实物交易】 shíwù jiāoyì वस्तु-विनिमय
【实习】 shíxí अभ्यास; प्रैक्टिस; अभ्यास करना; प्रैक्टिस करना: 护理～ नर्सिंग का अभ्यास करना / 教学～ अध्यापन का अभ्यास करना
【实习工厂】 shíxí gōngchǎng प्रैक्टिस फ़ैक्ट्री
【实习教师】 shíxí jiàoshī अभ्यास करानेवाला अध्यापक
【实习生】 shíxíshēng प्रशिक्षणार्थी
【实习医生】 shíxí yīshēng विद्यार्थी-डाक्टर; इंटर्न
【实现】 shíxiàn अमल में लाना; मूर्त रूप देना; साकार करना; पूर्ति करना; पूरा करना: ～诺言 वादा पूरा करना / ～计划 योजना को अमल में लाना / ～夙愿 मनोरथ पूरा या सिद्ध करना; मुराद पूरी होना / 她～了自己的愿望。उस ने अपनी इच्छा को मूर्त रूप दिया। / ～梦想 सपना साकार करना / ～现代化 आधुनिकीकरण करना
【实效】 shíxiào असली असर; वास्तविक परिणाम: 讲求～वास्तविक परिणामों पर ज़ोर देना
【实心】 shíxīn ❶ईमानदारी; ईमानदार; सच; सच्चा: ～话 दिल की बात ❷ठोस: ～车胎 ठोस टायर
【实心实意】 shíxīn-shíyì ईमानदारी; सत्यनिष्ठा; सत्यपरायणता; ईमानदार; सत्यनिष्ठ; सत्यपरायण
【实心眼儿】 shíxīnyǎnr सच्चा; शुद्धचारी
【实行】 shíxíng अमल में लाना; (पर) अमल करना; लागू करना; कार्यान्वित करना; कार्यान्वयन करना: ～计划生育 परिवार नियोजन की नीति कार्यान्वित करना / ～民主 लोकतंत्र पर अमल करना / ～戒严 मार्शल-ला लागू करना / ～五年计划 पंचवर्षीय योजना को अमल में लाना
【实学】 shíxué सच्चा ज्ञान: 真才实学 zhēncái-shíxué
【实言】 shíyán सत्य; सच: ～相告 सच बोलूं तो …
【实验】 shíyàn प्रयोग; परीक्षण: 做～ प्रयोग करना / 科学～वैज्ञानिक प्रयोग
【实验室】 shíyànshì प्रयोगशाला; लैब
【实验员】 shíyànyuán प्रयोगकर्ता
【实业】 shíyè उद्योग एवं वाणिज्य; बृहद् औद्योगिक या व्यापारिक उपक्रम
【实业家】 shíyèjiā उद्योगपति
【实益】 shíyì वास्तविक लाभ
【实用】 shíyòng उपयोगिता; उपयोगी: 美观～ सुन्दर और साथ ही उपयोगी भी होना
【实用主义】 shíyòng zhǔyì <दर्शन०> उपयोगितावाद: ～者 उपयोगितावादी
【实在】 shízài ❶ईमानदार; विश्वसनीय; सच्चा: 他为人～。वह एक ईमानदार आदमी है। ❷<क्रि०वि०> सचमुच; वाकई: 这～是一场误会。यह वाकई एक गलतफ़हमी है। / ～对不起。मैं सच्चे दिल से क्षमा मांगता हूं। ❸वास्तव में; दरअसल: 这不是他的错，～是我的错。यह उस की गलती नहीं है, वास्तव में मेरी ही है।
【实在】 shízai <बो०> पक्का (काम): 他干活～。वह काम करता है तो पक्का करता है।
【实则】 shízé <क्रि०वि०> वास्तव में; असल में; हकीकत में
【实战】 shízhàn असली लड़ाई: ～演习 असली लड़ाई की स्थितियों में सैनिक अभ्यास करना
【实证】 shízhèng मज़बूत सबूत; ठोस प्रमाण
【实证主义】 shízhèng zhǔyì <दर्शन०> प्रत्यक्षवाद
【实质】 shízhì सार; तत्व; सारतत्व
【实质上】 shízhìshàng साररूप में; वस्तुतः
【实质性】 shízhìxìng तात्त्विक; सारवान्: 会谈取得～进展。वार्त्ता में तात्त्विक प्रगति हुई है।
【实字】 shízì पूर्णार्थ शब्द
【实足】 shízú पूरा: 我等了你～两个钟头。मैं ने पूरे दो घंटों तक आप का इंतज़ार किया था।
【实足年龄】 shízú niánlíng सही उम्र

拾 1 shí ❶उठाना; इकट्ठा करना; एकत्र करना; बटोरना; चुनना; बीनना: ～柴 लकड़ियाँ चुनना / ～麦穗 गेहूं की बालियाँ बटोरना / ～粪 खाद इकट्ठा करना / 从地上～起一本书 फ़र्श पर से एक किताब उठाना ❷सजाना; ठीक-ठाक करना: 拾掇

拾 2 shí दस (गलती या हेर-फेर से बचने हेतु चेक, बैंक नोट आदि पर लिखी जाने वाली दस की संख्या)

【拾掇】 shíduo ❶सजाना; ठीक-ठाक करना: 你把这屋子～一下。तुम इस कमरे को ठीक-ठाक करो। ❷मरम्मत करना; ठीक करना: ～汽车 कार की मरम्मत करना ❸<बोल०> पिटाई करना; मरम्मत करना
【拾荒】 shíhuāng (भूख मिटाने के लिए) खेतों में पड़े दाने बीनना
【拾金不昧】 shíjīn-bùmèi ज़मीन पर पड़ा धन

उठाकर भी अपनी जेब में न डालना

【拾零】 shílíng (शीर्षक में प्रयुक्त) संक्षिप्त समाचार

【拾取】 shíqǔ उठाना; इकट्ठा करना; एकत्र करना

【拾人牙慧】 shírényáhuì दूसरे की उक्ति को अपनी कहकर अपने को कुशाग्रबुद्धि सिद्ध करने की कोशिश करना

【拾物招领处】 shíwù zhāolǐngchù खोया-पाया विभाग

【拾遗】 shíyí ❶दूसरे की खोई हुई वस्तु पर हाथ साफ़ करना: 路不拾遗 lù bù shí yí ❷कमी पूरी करना: ～补阙 कमी पूरी करना

【拾音器】 shíyīnqì 〈विद्यु०〉 पिकअप; एडेप्टर

食 1 shí ❶खाना; आहार करना: 少～肉 मांस कम खाना ❷खाना; आहार; भोजन; खाद्य-पदार्थ: 丰衣足食 fēng yī zú shí ❸चारा; दाना: 给鱼喂～ मछलियों को चारा देना / 鸡在吃～。 मुर्गियाँ दाना चुग रही हैं। ❹खाद्य: 食品 / 食油

食 2 (蚀) shí ग्रहण: 日食 rìshí / 月食 yuèshí

sì; yì भी दे०

【食补】 shíbǔ पौष्टिक खाना खाना

【食不甘味】 shíbùgānwèi भोजन स्वादिष्ट न लगना

【食不果腹】 shíbùguǒfù भरपेट खाना न मिलना; दाने-दाने को तरसना

【食草动物】 shícǎo dòngwù शाकभोजी प्राणी

【食虫动物】 shíchóng dòngwù कीटभक्षी प्राणी

【食虫植物】 shíchóng zhíwù कीटभक्षी वनस्पति

【食道】 shídào 食管 shíguǎn के समान

【食饵】 shí'ěr मछलियों का चारा

【食古不化】 shígǔ-bùhuà प्राचीन ज्ञान को बिना पचाए निगलना —— प्राचीन ज्ञान को बिना समझे अपनाना

【食管】 shíguǎn 〈श०वि०〉 अन्नप्रणाली; घुटकी: ～癌 अन्नप्रणाली कैंसर / ～炎 अन्नप्रणालीशोथ

【食积】 shíjī 〈ची०चि०〉 मंदाग्नि; बदहज़मी

【食既】 shíjì सूर्यग्रहण या चन्द्रग्रहण का आरंभ

【食客】 shíkè ❶नमक-हलाल; किसी व्यक्ति के घर खाना खा कर बदले में कभी कोई काम करनेवाला ❷रेस्तरां का ग्राहक

【食粮】 shíliáng खाद्यान्न

【食量】 shíliàng क्षुधा: 他～大 (小)。 वह बहुत (कम) खाता है।

【食品】 shípǐn खाद्य-पदार्थ; भोजन; खाने की चीज़: 罐头～ डिब्बाबन्द खाद्यपदार्थ / ～加工 खाद्य प्रोसेसिंग / ～店 खाद्य की दूकान

【食品安全】 shípǐn ānquán खाद्य सुरक्षा

【食谱】 shípǔ पाक-कला पुस्तक

【食亲财黑】 shíqīn-cáihēi 〈बो०〉 स्वार्थी; लोभी

【食肉动物】 shíròu dòngwù मांसभक्षी प्राणी

【食甚】 shíshèn ग्रहण के समय सूर्य या चंद्रमा के अधिकतम भाग का अंधेरे में हो जाना

【食宿】 shísù भोजन और आवास

【食堂】 shítáng कैंटीन; भोजनालय

【食糖】 shítáng चीनी; शक्कर

【食物】 shíwù खाद्य पदार्थ; भोजन; खाने की चीज़

【食物链】 shíwùliàn फ़ूड चेन

【食物污染】 shíwù wūrǎn खाद्य प्रदूषण

【食物中毒】 shíwù zhòngdú विषाक्त भोजन से होने वाले रोग

【食相】 shíxiàng सूर्यग्रहण या चन्दग्रहण के चरण

【食性】 shíxìng 〈प्राणि०〉 खाने की आदत

【食言】 shíyán वचन भंग करना; वादा तोड़ना, वायदे से मुकर जाना

【食言而肥】 shíyán'érféi वचन न निभाना; विश्वास-घात करना

【食盐】 shíyán नमक

【食蚁兽】 shíyǐshòu चींटीखोर

【食用】 shíyòng ❶खाना बनाने के लिए प्रयुक्त ❷खाद्य: ～植物油 खाद्य वनस्पति तेल

【食用色素】 shíyòng sèsù फ़ूड कलरिंग; खाद्य-रंजकद्रव्य

【食油】 shíyóu खाद्यतेल

【食欲】 shíyù क्षुधा; भोजन की इच्छा

【食欲不振】 shíyù bù zhèn ❶भोजन की इच्छा न होना ❷〈चिकि०〉 क्षुधा-अभाव

【食指】 shízhǐ ❶तर्जनी ❷〈लि०〉 घर के लोग: ～众多 घर में खानेवालों की अधिकता होना

蚀 (蝕) shí ❶घाटा; क्षय; हानि: 蚀本 ❷संक्षारित होना (करना); घिस-पिस जाना; घिस जाना ❸食 2shí के समान

【蚀本】 shíběn घाटा होना; पैसे डूबना

【蚀本生意】 shíběn shēngyi घाटे का सौदा

【蚀刻】 shíkè निरेखन कला; निरेखन करना; अम्ल-लेखन करना

鲥 (鰣) shí रीवर्सशेड

【鲥鱼】 shíyú रीवर्सशेड मछली

shǐ

史 shǐ ❶इतिसास: 现代～ आधुनिक इतिहास ❷प्राचीन काल में सरकारी इतिहासकार ❸ (Shǐ) एक कुल-नाम

【史册】 shǐcè (史策 shǐcè भी) ऐतिहासिक ग्रंथ: 名垂～ ऐतिहासिक ग्रंथ में नाम अंकित होना

【史抄】 shǐchāo ऐतिहासिक ग्रंथ के उद्धरण

【史官】 shǐguān प्राचीन काल में सरकारी इतिहास-लेखक

【史馆】 shǐguǎn प्राचीन काल में इतिहास-लेखकों का कार्यालय

【史话】 shǐhuà ऐतिहासिक घटनाओं के संदर्भ में कहानियाँ
【史籍】 shǐjí ऐतिहासिक ग्रंथ
【史迹】 shǐjì ऐतिहासिक अवशेष; ऐतिहासिक स्थल
【史剧】 shǐjù ऐतिहासिक नाटक
【史料】 shǐliào ऐतिहासिक अभिलेख; ऐतिहासिक संदर्भ-सामग्री
【史略】 shǐlüè संक्षिप्त इतिहास
【史评】 shǐpíng ऐतिहासिक रिकार्ड या ऐतिहासिक घटनाओं पर टिप्पणी
【史前】 shǐqián प्रागैतिहासिक：～时代 प्रागैतिहासिक युग / ～考古学 प्रागैतिहासिक पुरातत्व
【史乘】 shǐshèng इतिवृत्त; ऐतिहासिक ग्रंथ
【史诗】 shǐshī काव्य; महाकाव्य
【史实】 shǐshí ऐतिहासिक तथ्य：本书基于～写成。यह पुस्तक ऐतिहासिक तथ्यों पर आधारित है।
【史书】 shǐshū ऐतिहासिक ग्रंथ
【史无前例】 shǐwúqiánlì अभूतपूर्व; अपूर्व
【史学】 shǐxué इतिहास-विज्ञान：～家 इतिहासकार

矢 1
shǐ तीर; बाण

矢 2
shǐ प्रतिज्ञा; कसम; शपथ：矢志

矢 3
shǐ मल：遗～ मल त्यागना
【矢车菊】 shǐchējú <वन०> कार्नफ़्लावर
【矢口】 shǐkǒu दो टूक अंदाज़ में एकदम; साफ़-साफ़：～否认 स्वीकार करने से साफ़-साफ़ इनकार करना / ～抵赖 एकदम अस्वीकार कर देना
【矢量】 shǐliàng <गणित०><भौ०> वेक्टर
【矢石】 shǐshí तीर और पत्थर：～如雨 तीरों और पत्थरों की वर्षा होना
【矢志】 shǐzhì वचनबद्धता; वचनबद्ध; संकल्पबद्ध; कृत-संकल्प：～不移 (के लिए) वचनबद्ध होना
【矢忠】 shǐzhōng (के प्रति) निष्ठावान् रहने की कसम खाना (प्रतिज्ञा करना; शपथ लेना)

豕 shǐ <लि>० सूकर; शूकर; सूअर
【豕突狼奔】 shǐtū-lángbēn 狼奔豕突 lángbēn-shǐtū के समान

使 1
shǐ ❶भेजना; भिजवाना：～人送信 पत्र भिजवाना ❷प्रयोग; उपयोग; इस्तेमाल; प्रयोग करना; उपयोग करना; इस्तेमाल करना; से काम लेना：～机器 मशीनों से काम लेना / 他还未学会如何～电脑。उसे अभी कंप्यूटर का प्रयोग करना नहीं आता। ❸कराना; देना; ताकि; जिस से; से：你～他闭嘴！ तुम उसे चुप कराओ! / 我一定努力作，～大家满意。मैं अपना काम बेहतर बनाने की कोशिश करूंगा, ताकि आप लोग संतुष्ट हो जाएं। / 采用良种～粮食产量上去了。बढ़िया बीज के उपयोग से अनाज की पैदावार बढ़ गई। ❹<लि०> अगर, यदि

使 2
shǐ दूत; संदेशवाहक：特～ विशेष दूत / 信～ संदेशवाहक
【使绊儿】 shǐbànr （使绊子 shǐbànzi भी）❶पैर उठाना (कुश्ती का एक दांव) ❷दांव खेलना：小心他～。उस के दांव से खबरदार रहो।
【使不得】 shǐbude ❶उपयोग नहीं हो सकना, बेकार होना; निकम्मा होना：这电视机坏了，～。यह टी. वी. सेट खराब हो गया। अब बेकार पड़ा है। ❷ठीक नहीं होना, अच्छा नहीं होना：您年岁大了，扛这么重的东西可～。आप की उम्र काफ़ी हो गई। इतनी भारी चीज़ उठाना आप के लिए ठीक नहीं।
【使臣】 shǐchén <पुराना> विशेष दूत
【使出浑身解数】 shǐchū húnshēn xièshù जी तोड़ कोशिश करना
【使得】[1] shǐde ❶उपयोग हो सकना; उपयोगी होना; काम करना：这半导体收音机～使不得? यह ट्रांज़िस्टर रेडियो काम करता है कि नहीं ? ❷व्यावहारिक होना; से काम चल सकना：这个主张～。यह मत व्यावहारिक है।
【使得】[2] shǐde के फलस्वरूप; के परिणामस्वरूप; की बदौलत; से：改革开放～我们国家更加强大。आर्थिक सुधार और खुलेपन के फलस्वरूप हमारा देश पहले से और अधिक शक्तिशाली हो गया है। / 多次挫折～他灰心丧气。अनेक विफलताओं के कारण उस की हिम्मत पस्त हो गई।
【使馆】 shǐguǎn दूतावास
【使坏】 shǐhuài （使坏水儿 shǐhuàishuǐr भी） चाल चलना
【使唤】 shǐhuan ❶हुक्म जताना; हुक्म चलाना：他总是～别人为自己干这干那。वह हमेशा दूसरों पर हुक्म चलाता रहता है कि यह करो, वह करो। ❷<बोल०> प्रयोग करना; चलाना：～这套新式工具修汽车就方便多了。इन नए औज़ारों के प्रयोग से कार की मरम्मत करना बहुत आसान हो गया है। / 这头牛不听他～。यह बैल उस का हुक्म नहीं मानता।
【使节】 shǐjié दूत; राजनयिक दूत：各国驻华～ विभिन्न देशों के चीन स्थित राजनयिक दूत
【使劲】 shǐjìn ज़ोर लगाना; ज़ोर मारना：他再～也没搬动那块石头。वह बहुत ज़ोर लगाकर भी पत्थर उठा न सका। / 大家都在～干活。सब लोग ज़ोर लगाकर काम कर रहे हैं।
【使领馆】 shǐlǐngguǎn दूतावास और कांसुलेट
【使命】 shǐmìng मिशन; कार्य：肩负保卫祖国的神圣～ कंधों पर देश की रक्षा करने का पवित्र मिशन होना
【使女】 shǐnǚ दासी; नौकरानी
【使气】 shǐqì क्रोधित होना; क्रुद्ध होना
【使团】 shǐtuán राजनयिक मिशन; दूत मंडल
【使性】 shǐxìng （使性子 shǐxìngzi भी） बेबाक होना; मनमानी करना：～胡来 मनमानी करना
【使眼色】 shǐ yǎnsè कनखी मारना; आंख मारना
【使役】 shǐyì (चौपायों से) काम लेना
【使用】 shǐyòng प्रयोग; उपयोग; इस्तेमाल; प्रयोग कर-

ना; उपयोग करना; इस्तेमाल करना; काम में लाना; से काम लेना: 不首先～核武器 परमाणु हथियारों का प्रयोग करने में पहल न करना / 新机场已投入～。नया हवाई अड्डा काम में लाया गया है। / 合理～自然资源 प्राकृतिक साधनों का युक्तिसंगत प्रयोग करना / ～汉语 चीनी बोलना

【使用价值】 shǐyòng jiàzhí उपयोग मूल्य

【使者】 shǐzhě दूत; संदेशवाहक: 和平～ शांति का दूत

始 shǐ ❶आरंभ; श्रीगणेश; शुरू; शुरूआत; आरंभ करना; श्रीगणेश करना; शुरू करना; शुरूआत करना: 第一次世界大战～于 1914 年。प्रथम विश्वयुद्ध सन् 1914 में शुरू हुआ था। ❷〈क्रि०वि०〉〈लि०〉ही; सिर्फ़; केवल: 努力学习，～能掌握科学技术。मेहनत से पढ़ने पर ही ज्ञान-विज्ञान पर अधिकार किया जा सकता है।

【始创】 shǐchuàng आरंभ करना; श्रीगणेश करना

【始料】 shǐliào प्रत्याशित; अपेक्षित: ～所不及 अप्रत्याशित होना; अनपेक्षित होना

【始末】 shǐmò आद्यंत —— पूरी कहानी: 他向大家讲述了事情的～。उस ने सबों को पूरी कहानी सुना दी।

【始终】 shǐzhōng आद्यंत; शुरू से आखिर तक; आरंभ से अंत तक; हमेशा; सदा: 面对各种复杂的局面，他～保持头脑清醒。जटिल स्थितियों के सामने वह हमेशा ठंडे दिमाग से काम लेता है। / 会谈～充满了紧张气氛。वार्त्ता में आरंभ से अंत तक तनाव का माहौल छाया रहा।

【始终不渝】 shǐzhōng-bùyú हमेशा; सदा; अविचलित रूप से: ～地恪守和平共处五项原则 शांतिपूर्ण सहअस्तित्व के पांच सिद्धान्तों का सदा पालन करना

【始祖】 shǐzǔ आदि पुरुष

【始祖鸟】 shǐzǔniǎo आर्कियोप्टेरिक्स

【始作俑者】 shǐzuòyǒngzhě वह व्यक्ति जिसने सर्वप्रथम मकबरे में दफ़नाई जाने वाली मूर्तियां बनाईं —— खोटी प्रथा का आरंभ करने वाला

驶（駛）shǐ (सवारियों का) चलना; दौड़ना; छूटना: 汽车急～而过。कार तेज़ी से गुज़र गई। / 火车～出站台。रेल-गाड़ी प्लेटफ़ार्म से छूट गई। / 轮船停～。जहाज़ का चलना बन्द हो गया।

屎 shǐ ❶मल; पाखाना; विष्ठा: 牛～ गोबर / 马～ घोड़े की लीद ❷कान, आंख आदि से निकलने वाला मल: 耳～ खूंट

【屎壳郎】 shǐkelàng गुबरैला

shì

士 shì ❶(प्राचीन काल में) कुआंरा ❷प्राचीन काल में वरिष्ठ अधिकारियों (大夫) और प्रजा (庶民) के बीच का तबका ❸बुद्धिजीवी ❹सैनिक; सिपाही: 士兵 ❺नान-कमीशंड आफ़िसर: 上士 shàngshì / 下士 xiàshì ❻विशेष प्रशिक्षण प्राप्त व्यक्ति: 护士 hùshi ❼(प्रशंसनीय) व्यक्ति: 勇士 yǒngshì ❽अंगरक्षक (चीनी शतरंज में एक मोहरा)

【士兵】 shìbīng सैनिक; सिपाही; फ़ौजी

【士大夫】 shìdàfū (सामंती युग में) अधिकारी और बुद्धिजीवी

【士女】 shìnǚ ❶कुआंरा और कुंआरी ❷仕女 shìnǚ ❷के समान

【士气】 shìqì मनोबल; हौसला: ～高涨 हौसला बुलन्द होना / 鼓舞～ हौसला बढ़ाना / ～低落 मनोबल टूट जाना

【士人】 shìrén 〈पुराना〉 विद्वान

【士绅】 shìshēn भद्र जन

【士卒】 shìzú सैनिक; सिपाही; फ़ौजी

氏 shì ❶कुल; वंश; गोत्र: 张～兄弟 चांग भाई ❷(शादीशुदा स्त्री के नाम के पीछे प्रयुक्त): 李王～ ली पति का कुलनाम, जबकि 王 वांग स्त्री का कुलनाम ❸(किसी प्रसिद्ध व्यक्ति के नाम के पीछे प्रयुक्त): 摄～温度计 सेल्सियश थर्मामीटर

zhī भी दे०

【氏族】 shìzú कुल

示 shì दिखाना; प्रकट करना; प्रदर्शित करना: 示人 / 示弱

【示范】 shìfàn प्रदर्शित करना; दिखाना; मिसाल खड़ी करना: 现在请他来给大家～一下。अब यह आप लोगों को दिखाएगा कि यह कैसे किया जाए। / 起～作用 मिसाल का काम करना

【示警】 shìjǐng चेताना; चेतावनी देना; सतर्क करना: 鸣枪～ हवा में गोली मारकर चेतावनी देना

【示例】 shìlì आदर्श मिसाल पेश करना

【示人】 shìrén (कोई चीज़ निकालकर) लोगों को दिखाना

【示弱】 shìruò कमज़ोरी दिखाना; नीचा खाना

【示威】 shìwēi ❶प्रदर्शन; प्रदर्शन करना: 举行声势浩大的～活动 विराट प्रदर्शन करना / ～者 प्रदर्शनकारी ❷अपनी शक्ति प्रदर्शित करना

【示威游行】 shìwēi yóuxíng प्रदर्शन; जुलूस; प्रदर्शन करना; जुलूस निकालना

【示意】 shìyì इशारा; संकेत; इंगित; इशारा करना; संकेत करना; इंगित करना: ～他进屋 उसे कमरे के अन्दर आने का इशारा करना / 以目～ आंख मारकर इशारा करना / 挥手～ हाथ हिलाकर संकेत करना

【示意图】 shìyìtú रेखाचित्र; स्केच मैप: 工程～ परि-योजना का रेखाचित्र

【示众】 shìzhòng भरी सभा में दिखाना: 游街～ सड़कों पर घुमाना

世（卋）shì ❶ज़िन्दगी; जीवन: 一生一～ जीवन भर में ❷पीढ़ी; पुश्त: 第十～子孙 दसवीं पीढ़ी के वंशज ❸पुश्तैनी; वंश-परंपरागत: 世交 / 世仇 ❹(परिवार के पुराने मित्रों के संबोधन में प्रयुक्त): ～叔 चाचा (पिता का

मित्र) ❺युग; ज़माना; काल: 当～ वर्तमान युग ❻दुनिया; समाज: 世道 / 世人 ❼ (Shì) एक कुलनाम
【世弊】 shìbì समाज की बुराइयाँ
【世变】 shìbiàn समाज में हुए परिवर्तन
【世仇】 shìchóu ❶पुश्तैनी दुश्मनी ❷पुश्तैनी दुश्मन
【世传】 shìchuán पुश्तैनी; पैतृक; मौरूसी
【世代】 shìdài ❶युग: 世世代代 युग युग ❷पीढ़ियों से; पीढ़ी दर पीढ़ी; पुश्त दर पुश्त: 他家～务农。उस का घर पीढ़ियों से खेती करता आया है। / ～相传 पीढ़ियों से चला आना
【世道】 shìdào ज़माना; ज़माने की हालत: ～变了。ज़माना बदल गया।
【世风】 shìfēng लोकाचार; लोक-व्यवहार; संसार का व्यवहार: ～日下 लोकाचार दिनोंदिन बिगड़ता जाना
【世故】 shìgù संसार; दुनिया: 老于～दुनिया की हवा लगना; संसार का अनुभव होना
【世故】 shìgu दुनियादारी; लोकचातुरी; दुनियादार; लोकचतुर: 这人～得很。यह तो एकदम दुनियादार है।
【世纪】 shìjì सदी; शताब्दी
【世家】 shìjiā ❶सामंती युग में ऊंचा कुल ❷घराना: 音乐～ संगीतकारों का घराना
【世间】 shìjiān दुनिया में; संसार में: ～没有一成不变的事。दुनिया में ऐसी कोई भी चीज़ नहीं है, जो परिवर्तनीय न हो।
【世交】 shìjiāo ❶पुश्तैनी मैत्री ❷परिवार का पुराना दोस्त
【世界】 shìjiè ❶जगत; विश्व; संसार; दुनिया: ～各地 दुनिया के कोने-कोने में / ～纪录 विश्वरिकार्ड; विश्व कीर्तिमान / 达到～先进水平 विश्व के उन्नत स्तर पर पहुँचना ❷〈बौद्धधर्म〉 लोक: 大千世界 dàqiān shìjiè ❸क्षेत्र; जगत; दुनिया: 内心～ अन्तःकरण / 文学～ साहित्यिक जगत / 儿童～ बालकों की दुनिया
【世界博览会】 Shìjiè Bólǎnhuì विश्व मेला
【世界大战】 shìjiè dàzhàn विश्व युद्ध; महायुद्ध
【世界观】 shìjièguān विश्वदृष्टिकोण
【世界末日】 shìjiè mòrì कयामत; प्रलय
【世界时】 shìjièshí यूनिवर्सल टाइम
【世界语】 shìjièyǔ एस्पिरांटो
【世局】 shìjú विश्व परिस्थिति
【世面】 shìmiàn दुनिया: 见～ दुनिया देखना
【世情】 shìqíng ज़माना; हवा: 不懂～ हवा का रुख नहीं जानना
【世人】 shìrén साधारण आदमी
【世上】 shìshàng विश्व में; संसार में; इस धरती पर
【世上无难事，只怕有心人】 shì shàng wú nán shì, zhǐ pà yǒuxīnrén इस दुनिया में उन लोगों के लिए कोई भी काम मुश्किल नहीं जो इरादे के पक्के हों
【世事】 shìshì परिस्थिति: ～突变。परिस्थिति एकाएक बदल गई; हवा पलट गई
【世俗】 shìsú ❶सांसारिकता; ऐहिकता; सांसारिक; ऐहिक: ～之见 सांसारिक विचार ❷धर्मनिर्पेक्ष
【世态】 shìtài लोकाचार; लोक-व्यवहार
【世态炎凉】 shìtài-yánliáng लोगों का मैत्रीपूर्ण होना या न होना
【世外桃源】 shìwài-táoyuán संसार के झंझटों से मुक्त सुखमय भूमि
【世袭】 shìxí वंशागत; पैतृक; पुश्तैनी: ～领地 वंशागत जागीर / ～财产 पुश्तैनी जायदाद
【世系】 shìxì वंशक्रम; वंशपरंपरा
【世兄】 shìxiōng 〈पुराना〉 अपने पिता के छात्र, अपने गुरु के पुत्र या अपने मित्र के पुत्र का संबोधन
【世族】 shìzú ऊंचा कुल

仕 shì पद पाना; पदाधिकारी बनना: 出～ पद पाना
【仕宦】 shìhuàn 〈लि०〉 पदाधिकारी बनना; पद पाना
【仕女】 shìnǚ ❶राजा की दासी ❷परंपरागत शैली में बना सुन्दरियों का चित्र
【仕途】 shìtú 〈लि०〉 अधिकारी का कैरियर

市 shì ❶बाज़ार; मंडी; मार्केट: 菜～ सब्ज़ी मंडी / 上～ बाज़ार में मिलना ❷क्रय-विक्रय; खरीद-फ़रोख्त ❸नगर; शहर; म्युनिसिपलिटी: 城市 chéngshì / ～中心 शहर का केन्द्र ❹परंपरागत चीनी माप-तौल से संबंधित: 市尺 / 市斤
【市场】 shìchǎng बाज़ार; मंडी; मार्केट: ～经济 बाज़ार अर्थव्यवस्था / ～调节 बाज़ार द्वारा नियमन / ～价格 बाज़ार भाव / ～繁荣 बाज़ार गरम होना / ～萧条 मंदी होना; बाज़ार गिरना / ～竞争 बाज़ार में प्रतिस्पर्द्धा / ～需求 बाज़ार की आवश्यकताएं
【市秤】 shìchèng परंपरागत चीनी तुला
【市尺】 shìchǐ छ, चीनी माप, जो 0.333 मीटर के बराबर होती है
【市花】 shìhuā शहरी फूल
【市惠】 shìhuì 〈लि०〉 चापलूसी से कृपापात्र बनने की कोशिश करना
【市集】 shìjí ❶मेला; हाट; हाट-बाज़ार ❷कस्बा; नगरी
【市价】 shìjià बाज़ार भाव
【市郊】 shìjiāo उपनगर
【市斤】 shìjīn चिन, चीनी तौल, जो आधे किलोग्राम के बराबर होती है
【市井】 shìjǐng 〈लि०〉 बाज़ार; मंडी; मार्केट
【市井小人】 shìjǐng-xiǎorén 〈अना०〉 बेशऊर; बेसलीका
【市井之徒】 shìjǐngzhītú 〈अना०〉 बेशऊर; बेसली-का
【市侩】 shìkuài अधम व्यापारी: ～习气 अधम व्यापारी का तौर-तरीका
【市面】 shìmiàn बाज़ार की स्थिति: ～繁荣 बाज़ार में चहल-पहल होना / ～萧条 बाज़ार गिरना
【市民】 shìmín नगर-निवासी; नागरिक; शहरवासी
【市区】 shìqū नगर-क्षेत्र
【市容】 shìróng नगर का रूप: 北京的～变得更美了。पेइचिंग शहर के रूप में निखार आया है। / 参观～ शहर में सैर-सपाटा करना

【市升】 shìshēng शंग, चीनी परिमाण, जो एक लीटर के बराबर होता है

【市声】 shìshēng शोरगुल; हल्ला

【市肆】 shìsì <लि०> दूकान

【市长】 shìzhǎng मेयर

【市招】 shìzhāo साइनबोर्ड

【市镇】 shìzhèn नगरी; कस्बा

【市政】 shìzhèng नगर निगम

【市政工程】 shìzhèng gōngchéng नागरिक परियोजना

【市制】 shìzhì परम्परागत चीनी माप-तौल (लम्बाई की बुनियादी इकाई छ(市尺), भार की बुनियादी इकाई चिन(市斤)और परिमाण की बुनियादी इकाई शंग(市升) होती है)

式 shì ❶प्रकार; तरह; ढंग; शैली: 新～服装 नई शैली के वस्त्र / 老～机器 पुराने ढंग की मशीन ❷तरीका; विधि: 程式 chéngshì ❸समारोह: 仪式 yíshì ❹फ़ार्मूला: 方程式 fāngchéngshì ❺<व्या०> रूप: 命令～ आज्ञार्थ रूप

【式微】 shìwēi <लि०> ह्रास; पतन

【式样】 shìyàng ढंग; रूप; विधि; शैली: ～不同的房屋 विभिन्न शैलियों में बने मकान / 新～的柜子 नए ढंग की अल्मारी

【式子】 shìzi ❶चेष्टा: 他打拳时，～摆得正确。 मुक्के-बाज़ी के अभ्यास में उस ने सही चेष्टाएं की हैं। ❷फ़ार्मूला

似 shì नीचे दे०
sì भी दे०

【似的】 shìde की तरह; की भांति; जैसे: 像水晶～晶莹 स्फटिक की तरह साफ़ होना / 他像着了魔～。 उस पर जैसे भूत सवार हो गया।

事 shì ❶मामला; काम; बात: 这是我的私～。 यह मेरा निजी मामला है। / 怎么回～儿? क्या बात है? ❷दुर्घटना; मुसीबत; गज़ब: 出～了。 गज़ब हो गया! ❸नौकरी; काम: 他找到～儿了。 उसे नौकरी मिल गई। ❹वास्ता; संबंध, सरोकार: 关我什么～? मुझ से क्या वास्ता? ❺<लि०> सेवा; सेवा करना: ～父母 मां-बाप की सेवा करना ❻(में) लगना; संलग्न होना; करना: 不～劳动 काम न करना; काम में न लगना

【事半功倍】 shìbàn-gōngbèi ज़रा सी कोशिश करने पर बड़ी सफलता मिलना

【事倍功半】 shìbèi-gōngbàn दुगनी कोशिश करने पर भी बड़ी सफलता न मिल पाना

【事必躬亲】 shìbìgōngqīn हर मामले की स्वयं देखभाल करना

【事变】 shìbiàn ❶कांड; घटना: 七七～ सात जुलाई कांड ❷संकट; विपत्ति: 应付突发～ आकस्मिक विपत्ति का मुकाबला करना ❸घटनाक्रम; घटनाचक्र

【事不宜迟】 shìbùyíchí ज़रा भी वक्त न गंवाना; देरी न करना

【事出有因】 shìchū-yǒuyīn (का) उचित कारण मौजूद होना

【事端】 shìduān झगड़ा; विवाद: 挑起～ विवाद खड़ा करना / 制造～ झगड़े की आग लगाना

【事故】 shìgù दुर्घटना; हादसा: 飞机坠毁～ विमान दुर्घटना / 责任～ लापरवाही से हुई दुर्घटना

【事过境迁】 shìguò-jìngqiān बात खत्म हुई और हालत बदल गई

【事后】 shìhòu बाद में: ～他去了现场。 बाद में वह मौके पर गया।

【事机】 shìjī ❶गोपनीय मामला ❷मौका; अवसर; स्थिति: 延误～ मौका चूकना

【事迹】 shìjì कारनामा: 英雄～ वीर का कारनामा

【事假】 shìjià (अपना निजी मामला निपटाने के लिए) छुट्टी (लेना)

【事件】 shìjiàn कांड; घटना; वारदात: 暗杀～ हत्या-कांड / 流血～ रक्तपातपूर्ण घटना / 劫持人质～ अपहरण कांड

【事理】 shìlǐ तर्क; दलील: 明晓～ समझदार होना

【事例】 shìlì उदाहरण; मिसाल: 典型～ ठेठ मिसाल

【事略】 shìlüè संक्षिप्त जीवनी

【事前】 shìqián पहले; शुरू में; पूर्व में: 他～接到了通知。 उसे पहले सूचना मिली थी।

【事情】 shìqing ❶मामला; बात; काम: 这件～我不知道。 यह बात मुझे मालूम नहीं है। / ～的真相 मामले की असलियत ❷दुर्घटना; भूलचूक: 出了～，你得负责。 यदि भूलचूक हुई, तो तुम्हें ज़िम्मेदारी उठानी पड़ेगी। ❸नौकरी; काम: 他最近才找到～做。 उसे अभी हाल ही में नौकरी मिली है।

【事权】 shìquán कार्यभार

【事实】 shìshí तथ्य; हकीकत; वास्तविकता: 无可争辩的～ निर्विवाद तथ्य / 不可抹杀的～ अकाट्य तथ्य / 不符合～ तथ्य के विपरीत होना / ～如此。 तथ्य तथ्य ही है।

【事实上】 shìshíshàng वास्तव में; दरअसल; असल में; दरहकीकत; हकीकत में; वस्तुतः: 他～不知情。 उसे वास्तव में इस बारे में कुछ भी जानकारी नहीं है।

【事实胜于雄辩】 shìshí shèngyú xióngbiàn तथ्य ऊँचा बोलते हैं; तथ्य की आवाज़ शब्दों से ज़्यादा ऊंची होती है

【事态】 shìtài मामला; घटना; स्थिति: 我们本不愿扩大～。 हम अपनी तरफ़ से मामले को आगे बढ़ाना नहीं चाहते थे। / 这是个严重～。 यह एक गंभीर स्थिति है। / ～恶化。 स्थिति बिगड़ गई।

【事体】 shìtǐ <बो०> ❶मामला; बात ❷नौकरी; काम

【事务】 shìwù ❶काम-काज; नित्यकर्म: ～性工作 दैनिक काम-काज ❷आम मामला: ～科 आम विभाग

【事务所】 shìwùsuǒ आफ़िस; दफ़्तर; कार्यालय: 律师～ वकीलों का दफ़्तर

【事务员】 shìwùyuán क्लर्क

【事务主义】 shìwù zhǔyì नैत्यकवाद

【事物】 shìwù वस्तु; चीज़: ～的本质 वस्तुओं का

सारतत्व
【事先】 shìxiān पहले; शुरू में: ～要做充分准备。 पहले पूरी तैयारियाँ करनी चाहिए। / 您～应该告诉我。आप को मुझे शुरू में ही बताना चाहिए था।
【事项】 shìxiàng मद; विषय; बात: 谈判～ वार्त्ता के विषय / 注意～ ध्यान देने योग्य बातें
【事业】 shìyè ❶कार्य; काम; काज: 革命～ क्रांतिकारी कार्य / 教育～ शैक्षणिक कार्य / ～进行得很顺利。 काम बड़े सुचारु रूप से चल रहा है। ❷प्रतिष्ठान; संस्था
【事业费】 shìyèfèi आपरेटिंग खर्च
【事业心】 shìyèxīn कर्तव्य-निष्ठा; कर्तव्य-परायणता; कर्तव्य-परायण
【事宜】 shìyí (सरकारी भाषा में प्रयुक्त) संबंधित मामला; प्रबंध: 商谈递交国书～ राजदूत का प्रमाणपत्र अर्पित करने से संबंधित मामले पर बातचीत करना
【事由】 shìyóu ❶मूल कारण: 交代～ मूल कारण स्पष्ट करना ❷(सरकारी दस्तावेज़ में प्रयुक्त) प्रमुख विषयवस्तु ❸बहाना: 找～请假 बहाना बनाकर छुट्टी लेना ❹〈बो०〉 नौकरी; काम: 找个～干 किसी काम को ढूढ़ना
【事与愿违】 shìyǔyuànwéi इच्छा के विपरीत हो-ना
【事在人为】 shìzàirénwéi सब कामों में आदमी ही निर्णयात्मक तत्व होता है; सब कुछ आदमी की कोशिशों पर निर्भर होता है
【事主】 shìzhǔ अपराध का शिकार

势（勢） shì ❶शक्ति; ताकत; बल; प्रभाव: 权势 quánshì ❷संवेग; उग्रता; प्रचंडता: 势如破竹 ❸प्राकृतिक वस्तुओं का बाह्य रूप: 地～ धरातल की स्थिति ❹स्थिति; परिस्थिति; हालत: 局势 júshì ❺संकेत; इशारा: 手势 shǒushì ❻नर जननेंद्रिय: 去势 qù-shì
【势必】 shìbì 〈क्रि०वि०〉 अनिवार्य रूप से; अवश्य; निश्चय: 环境遭到破坏，～影响经济发展。वातावरण में आए बिगाड़ से आर्थिक विकास पर निश्चय ही कुप्रभाव पड़ेगा।
【势不可挡】 shìbùkědǎng अबाध्य; जो रोका न जा सके
【势不两立】 shìbùliǎnglì बिल्कुल परस्पर विरोधी होना
【势成骑虎】 shìchéngqíhǔ बाघ की पीठ पर सवारी करने की स्थिति होना
【势均力敌】 shìjūn-lìdí दोनों की शक्ति बराबर होना
【势力】 shìlì शक्ति; ताकत; बल; प्रभाव: 扩充～ अपनी शक्ति बढ़ाना
【势力范围】 shìlì fànwéi प्रभाव-क्षेत्र
【势利】 shìli मिथ्यावैभवप्रेमी
【势利眼】 shìliyǎn ❶मिथ्यावैभवप्रेम ❷मिथ्यावैभव-प्रेमी
【势派】 shìpai 〈बो०〉 ❶ठाट-बाट; तड़क-भड़क ❷स्थिति; परिस्थिति; हालत
【势如破竹】 shìrúpòzhú जैसे बांस को काटा जाए; अबाध्य रूप से
【势头】 shìtóu स्थिति; परिस्थिति: 他一见～不对，转身就走。स्थिति को अपने प्रतिकूल देखकर वह उल्टे पांव चल दिया।
【势焰】 shìyàn 〈अना०〉 रोब; धाक
【势要】 shìyào 〈लि०〉 प्रभावशाली व्यक्ति
【势在必行】 shìzàibìxíng अनिवार्य होना

侍 shì सेवा; परिचर्या; खिदमत; सेवा करना; परिचर्या करना; खिदमत करना: ～立一旁 की खिदमत में होना
【侍从】 shìcóng परिचारक; परिचारिका; सेवक; सेविका
【侍奉】 shìfèng (बुज़ुर्गों का) भरण-पोषण करना और (उन की) सेवा करना
【侍候】 shìhòu सेवा करना; परिचर्या करना; खिदमत करना
【侍郎】 shìláng (मिंग और छिंग राजवंशों के दौरान) उपमंत्री
【侍立】 shìlì सेवा में उपस्थित होना
【侍弄】 shìnòng (फ़सलों, चौपायों आदि की) देखभाल करना
【侍女】 shìnǚ दासी; नौकरानी
【侍卫】 shìwèi ❶रक्षक ❷शाह का अंगरक्षक
【侍养】 shìyǎng (बुज़ुर्गों को) आश्रय देना और (उन की) सेवा करना
【侍者】 shìzhě परिचारक; सेवक; वेटर

饰（飾）shì ❶सजाना; संवारना; सुसज्जित करना: 四周～以鲜花 चारों ओर फूलों से सजाना ❷सजाने की चीज़; आभूषण; विभूषण; भूषण; जेवर; गहना: 手～ गहना ❸परदा डालना; लीपापोती करना: 文过饰非 wén guò shì fēi ❹भूमिका निभाना: 她在影片里～医生一角。उस ने इस फ़िल्म में डॉक्टर की भूमिका निभाई।
【饰词】 shìcí बहाना
【饰品】 shìpǐn आभूषण; भूषण; गहना; जेवर
【饰物】 shìwù ❶आभूषण; भूषण; गहना; जेवर ❷सजाने की चीज़
【饰演】 shìyǎn भूमिका अदा करना; भूमिक निभाना

试（試） shì ❶कोशिश; यत्न; प्रयत्न; प्रयास; चेष्टा: ～～看。कोशिश करके देखो। / 他～着摆弄那闹钟。उस ने अलार्म घड़ी को ठीक करने का यत्न किया। ❷परीक्षा; परख; आज़माइश; परीक्षण; प्रयोग; परीक्षा करना; परखना; परीक्षण करना; प्रयोग करना; आज़माना: ～射导弹 मिसाइल का परीक्षण करना ❸परीक्षा; परीक्षा लेना या देना: 应～教育 परीक्षा-उन्मुख शिक्षा / 口试 kǒushì
【试办】 shìbàn आज़माइश के तौर पर (कोई धंधा) करना
【试表】 shìbiǎo टेंपरेचर लेना
【试场】 shìchǎng परीक्षाभवन; परीक्षा देने का स्थान
【试车】 shìchē परीक्षणार्थ मोटर-गाड़ी या मशीन चलाना
【试点】 shìdiǎn ❶कुछ चुनिंदा स्थलों में प्रयोग करना: 先～，后推广。पहले कुछ चुनिंदा स्थलों में प्रयोग करें, फिर प्राप्त अनुभवों का प्रचार-प्रसार करें। ❷परीक्षण का

स्थल

【试电笔】 shìdiànbǐ 〈विद्यु०〉 टेस्ट पेंसिल

【试飞】 shìfēi परीक्षणात्मक उड़ान (भरना)： ～员 टेस्ट पायलट

【试工】 shìgōng आज़माइश के तौर पर नौकरी करना： ～期 परख-अवधि

【试管】 shìguǎn टेस्ट ट्यूब; परख-नली： ～婴儿 टेस्ट ट्यूब बेबी; परख-नली शिशु

【试航】 shìháng (जहाज़ या विमान का) अंतिम परीक्षण

【试剂】 shìjì 〈रसा०〉 रीजेंट

【试金石】 shìjīnshí कसौटी; कस

【试卷】 shìjuàn प्रश्नपत्र; परीक्षा-पत्र; पेपर

【试脉】 shìmài नब्ज़ देखना

【试手】 shìshǒu ❶试工 shìgōng के समान ❷(कोई काम) करने की कोशिश करना

【试探】 shìtàn पता लगाने की कोशिश करना; खोजने का यत्न करना： 他用棍子～河水有多深。उस ने एक छड़ी से नदी में पानी की गहराई का पता लगाने की कोशिश की।

【试探】 shìtan टटोलना; मालूम करना; जानना： 您去～一下他对这件事的想法。आप इस मामले पर उस का विचार मालूम कीजिए।

【试题】 shìtí प्रश्न

【试图】 shìtú कोशिश करना; प्रयास करना; यत्न करना

【试问】 shìwèn हम यह पूछना चाहते हैं कि … ; यहां हम जानना चाहते हैं कि …

【试想】 shìxiǎng ज़रा सोचें; ज़रा सोचिए

【试销】 shìxiāo परीक्षणात्मक बिक्री

【试行】 shìxíng परीक्षार्थ लागू करना： 本规定自今日起～。यह नियमावली आज से परीक्षार्थ लागू होगी।

【试验】 shìyàn परीक्षा; परीक्षण; प्रयोग; आज़माइश; परीक्षा करना; परीक्षण करना; प्रयोग करना; आज़माना： 进行导弹～ मिसाइल का परीक्षण करना / ～新设备 नए उपकरणों का प्रयोग करना

【试验田】 shìyàntián प्रयोगात्मक खेत

【试样】[1] shìyàng नमूना; बानगी

【试样】[2] shìyàng अर्द्धसिलाया कपड़ा पहनकर देखना

【试药】 shìyào 试剂 shìjì के समान

【试映】 shìyìng (फ़िल्म का) पूर्व प्रदर्शन करना

【试用】 shìyòng ❶आज़माइश के तौर पर इस्तेमाल करना; प्रयोग करके देखना： 您可以～一下。आप इस का प्रयोग करके देखिए। ❷परीक्षा के तौर पर काम कराना： ～人员 परिवीक्षाधीन व्यक्ति / ～期 परीक्षा-अवधि

【试纸】 shìzhǐ 〈रसा०〉 टेस्ट पेपर： 石蕊～ लिटमस टेस्ट पेपर

【试制】 shìzhì परीक्षणात्मक उत्पादन： ～新产品 नई वस्तु का परीक्षणात्मक उत्पादन करना

视（視、眡、眎） shì ❶देखना： 注视 zhùshì ❷समझना; मानना： ～作仇敌 किसी को अपना दुश्मन समझना / ～若师长 किसी को गुरु मानना ❸निरीक्षण करना; दौरा करना： 视察 / 巡视 xúnshì

【视差】 shìchā 〈भौ०〉 पैरलैक्स; दिग्भेद

【视察】 shìchá ❶मुआयना; निरीक्षण; दौरा; मुआयना करना; निरीक्षण करना; दौरा करना： ～灾区 विपत्तिग्रस्त क्षेत्र का दौरा करना; विपत्तिग्रस्त क्षेत्र के दौरे पर जाना ❷देखना; सर्वेक्षण करना： ～地形 धरातल की स्थिति का सर्वेक्षण करना

【视察员】 shìcháyuán इंस्पेक्टर; निरीक्षक

【视而不见】 shì'érbùjiàn अनदेखी; अनदेखा; अनदेखी करना; अनदेखा करना： 对此～ इस की अनदेखी करना; इसे अनदेखा करना

【视角】 shìjiǎo दृष्टिकोण

【视界】 shìjiè दृष्टिपथ

【视觉】 shìjué दृष्टि; नज़र

【视力】 shìlì दृष्टि： ～弱 दृष्टि कमज़ोर होना

【视力表】 shìlìbiǎo विज़ुएल चार्ट

【视频】 shìpín 〈भौ०〉 वीडियो फ़्रेक्वेंसी

【视如敝屣】 shìrúbìxǐ फटे-पुराने जूते समझना —— निकम्मा समझकर दरकिनार करना

【视若草芥】 shìruòcǎojiè नाचीज़ समझना

【视若无睹】 shìruòwúdǔ देखकर भी न देखना; नज़रंदाज़ करना

【视神经】 shìshénjīng दृष्टि-स्नायु; आपस्टिक नर्व

【视事】 shìshì 〈लि०〉 कार्य की देखभाल करना

【视死如归】 shìsǐ-rúguī अपने प्राण हंसते-हंसते न्योछावर करना; मौत का खुशी से आलिंगन करना

【视听】 shìtīng देखना-सुनना; देखा-सुना： 组织学生参观工厂和农村，以广～。छात्रों को कारखानों और गांवों के दौरे पर ले जाया गया, जिस से कि उन के ज्ञान में वृद्धि हो सके।

【视听教材】 shìtīng jiàocái ओडियो-विडियो सामग्री; दृश्य-श्रव्य सामग्री

【视听教具】 shìtīng jiàojù दृश्य-श्रव्य साधन

【视同儿戏】 shìtóng érxì हंसी-खेल समझना

【视网膜】 shìwǎngmó दृष्टि पटल

【视线】 shìxiàn दृष्टि, निगाह, ध्यान： 转移～ (दूसरों का) ध्यान दूसरी ओर हटाना

【视野】 shìyě दृष्टिपथ; दृष्टि： 进入～ दृष्टि में समाना / 开阔～ दृष्टिपथ चौड़ा करना

贳（貰） 〈लि०〉 shì ❶उधार देना ❷उधार लेना ❸माफ़ी; क्षमा

柿（枾） shì परसिमोन

【柿饼】 shìbǐng सूखा परसिमोन

【柿霜】 shìshuāng सूखे परसिमोन पर का चूर्ण, जो दवा के काम आता है

【柿子】 shìzi परसिमोन

【柿子椒】 shìzijiāo स्वीट पेपर; बेल पेपर

拭 shì पोंछना： ～泪 आंसू पोंछना

【拭目以待】 shìmùyǐdài आंख खोलकर देखना

是[1] shì ❶सही; ठीक： 您说的～。आप ने ठीक कहा।

❷<लि०> प्रशंसा करना; न्यायोचित ठहराना: 是古非今 ❸हाँ; जी हाँ: ～，我这就去。जी हाँ, मैं अभी जाता हूँ।

是 2 shì <लि०> यह; वह: ～日狂风突起。उस दिन तूफ़ान अचानक आया / 如～ इस की तरह / 由～可知 इस से मालूम हो सकता है कि …

是 3 shì ❶होना: 您～记者。आप संवाददाता हैं। / 他～医生。वह डाक्टर है। / 我～学生。मैं छात्र हूँ। ❷होना; मौजूद होना; विद्यमान होना: 火车站前～一个广场。रेल-स्टेशन के आगे एक चौक है। / 他满身～汗。वह पसीने से तरबतर है। ❸(的 के साथ प्रयुक्त होने पर वर्ग, विशेषता आदि सूचित होती है): 这雕像～青铜的。यह मूर्ति कांसे की है। / 他新买的鞋～黑色的。उस के नए खरीदे हुए जूते काले रंग के हैं। ❹(दो समानांतर वाक्यांशों में प्रयुक्त होने पर भिन्नता सूचित होती है): 他～他，我～我，他跟我没关系。वह वह है और मैं मैं ही हूँ। उस का मुझ से कोई संबंध नहीं। / 说～说，干～干，说话不要耽误干活。बोलना है तो बोलो, काम करना है तो करो। बोलते समय काम करना नहीं भूलना चाहिए। ❺(यद्यपि के अर्थ में प्रयुक्त): 这电视机好～好，可就是贵了点。यह टी. वी. बढ़िया ज़रूर है, पर इस के दाम तो महंगे हैं। / 我来～来，可不参加你们的会。मैं आऊंगा ज़रूर, लेकिन आप लोगों की बैठक में नहीं शामिल होऊंगा। / 小说～好小说，就是语言不够精炼。कहानी अच्छी ज़रूर है, लेकिन भाषा मंजी हुई नहीं है। ❻(ज़ोर देने के लिए वाक्य के आरंभ में प्रयुक्त): ～谁告诉你的? किस ने तुम्हें यह बताया है? / ～他把词典拿走的。वही शब्दकोष लेकर चला गया। ❼(संज्ञा के आगे प्रयुक्त होने पर 'जो भी' का अर्थ होता है): ～公益事业他都积极参与。जो भी सार्वजनिक कल्याण कार्य हो, उस में वह सक्रिय भाग लेता है। ❽(संज्ञा के आगे प्रयुक्त होने पर 'सही' का अर्थ होता है): 这雨下的～时候。यह वर्षा सही समय पर हुई। / 这工具放的～地方。यह औज़ार सही जगह पर रखा गया है। ❾(वैकल्पिक, वाग्मितापूर्ण आदि प्रश्नों में प्रयुक्त): 您～坐船还～坐火车? आप जहाज़ से या रेल से यात्रा करेंगे? / 你不～躺下了吗? तुम तो लेट गए हो न? / 您～累了不是? आप थक गए हैं कि नहीं? ❿(उच्चारण पर आघात के साथ प्रयुक्त होने पर निश्चय का बोध होता है): 天气～冷。मौसम ठंडा जो है। / 他～不知道。वह इस बारे में वाकई कुछ भी नहीं जानता।

【是的】 shìde ❶हाँ; ठीक; सही ❷似的 shìde के समान

【是凡】 shìfán हर; कोई भी; जो भी

【是非】 shìfēi ❶बुरा-भला; सही और गलत: 明辨～सही और गलत में फ़र्क करना ❷कहा-सुनी; विवाद; झगड़ा: 惹～ विवाद खड़ा करना

【是非曲直】 shìfēi-qūzhí सही और गलत; सत्य और झूठ

【是否】 shìfǒu … या नहीं; … कि नहीं: 您～去? आप जाएंगे या नहीं? / 这～是您的看法? यह आप का ही विचार है कि नहीं?

【是个儿】 shìgèr मुकाबला करना; प्रतियोगी होना: 你根本不是我的个儿。तुम मेरा मुकाबला कर ही नहीं सकते।

【是古非今】 shìgǔ-fēijīn प्राचीन की प्रशंसा करते हुए वर्तमान की निन्दा करना

【是可忍，孰不可忍】 shì kě rěn, shú bù kě rěn अगर इसे सहा जा सकता है, तो कौन सी चीज़ है, जो नहीं सही जा सकती

【是味儿】 shìwèir ❶स्वादिष्ट ❷अच्छा लगना: 听了他的话，我心里真不～。उस की बात मुझे अच्छी नहीं लगी।

【是样儿】 shìyàngr ठीक लगना; अच्छा लगना: 这张桌子不～。यह मेज़ ठीक नहीं लग रही है। / 这衣服～。यह कपड़ा अच्छा लगता है।

适 1 （適） shì ❶उचित; अनुकूल; ठीक: 本书～于 2-4 岁的儿童阅读。यह किताब दो से चार वर्ष के बच्चों के लिए ठीक है। ❷ही; ठीक: 适得其反 ❸अच्छा; ठीक; नीरोग: 他身体不～。उस की तबीयत ठीक नहीं है।

适 2 （適） shì ❶जाना; चलना: 无所适从 wúsuǒ-shìcóng ❷<लि०> (कन्या का) विवाह होना: ～人 (किसी कन्या का) विवाह होना

【适才】 shìcái अभी-अभी

【适当】 shìdàng उचित; समुचित; मुनासिब; मुआफ़िक; उपयुक्त; ठीक: ～安排 उचित प्रबंध (करना) / 采取～步骤 समुचित कदम उठाना / ～时机 उचित समय

【适得其反】 shìdé-qífǎn ठीक इस के विपरीत होना; ठीक इस का उल्टा होना

【适度】 shìdù उचित हद तक: 作出～反应 उचित हद तक प्रतिक्रिया करना

【适逢其会】 shìféng-qíhuì मौके पर आना (जाना)

【适航性】 shìhángxìng (विमान की) उड़ान-योग्यता; (पोत की) यात्रा-योग्यता

【适合】 shìhé उचित; मुआफ़िक; अनुकूल: 这里的气候～这种植物生长。यहाँ की आबोहवा इस जाति की वनस्पति की बाढ़ के लिए अनुकूल है।

【适可而止】 shìkě'érzhǐ अति न करना

【适口】 shìkǒu अपनी रुचि के अनुकूल होना; स्वादिष्ट होना

【适量】 shìliàng उचित मात्रा में: 饮酒要～。उचित मात्रा में शराब पीनी चाहिए।

【适龄】 shìlíng (पढ़ाई या सैनिक सेवा के लिए) सही उम्र का: 这个村里的所有～儿童都能上学。इस गांव में सभी स्कूली उम्र वाले बच्चे स्कूल जाते हैं। / ～青年 सैनिक सेवा के लिए सही उम्र वाला युवक

【适时】 shìshí समयोचित; सामयिक; समय पर: ～播种 समय पर बोवाई करना

【适体】 shìtǐ (कपड़ा) फबना: 您穿这件上衣很～。यह जाकिट आप पर फबता है।

【适销】 shìxiāo (माल) ग्राहकों की मांग के अनुकूल होना

【适宜】 shìyí उपयुक्त; अनुकूल; ठीक; मुनासिब: 这种木料不～做家具。इस तरह की लकड़ी फ़र्नीचर बनाने के लिए उपयुक्त नहीं है। / 应对～ मुनासिब जवाब देना

【适意】 shìyì आराम; सुख-आनन्द

【适应】 shìyìng अनुकूल; मुआफ़िक: ～情况 परिस्थितियों के अनुकूल होना / ～需要 ज़रूरतें पूरी करना / ～生产力的发展 उत्पादक शक्ति के विकास के अनुकूल होना

【适应性】 shìyìngxìng 〈जीव०〉 अनुकूलता

【适用】 shìyòng प्रयोज्य होना; (पर) लागू होना: 这项原则也～于国与国之间的关系。यह सिद्धान्त एक देश के दूसरे देशों के साथ संबंधों पर भी लागू होता है। / 这种灌溉方法～于干旱地区。यह सिंचाई-व्यवस्था सूखे इलाकों में प्रयोज्य है।

【适用性】 shìyòngxìng प्रयोज्यता

【适值】 shìzhí 〈लि०〉 ठीक उसी समय; संयोग से: 上次赴京，～全国运动会开幕。पिछली बार जिस समय मैं पेइचिंग गया, ठीक उसी समय राष्ट्रीय खेलों का उद्घाटन हुआ।

【适中】 shìzhōng ❶औसत: 他身材～。वह औसत कद का है। ❷सही स्थान पर होना: 新建饭店的地点～。नवनिर्मित होटल सही स्थान पर स्थित है।

恃 shì सहारा लेना; के सहारे; के भरोसे: ～势欺人 अपने प्रभाव के सहारे दूसरों पर ज़्यादती करना

【恃才傲物】 shìcái-àowù अपनी योग्यता पर गरूर कर अविनीत होना

【恃强凌弱】 shìqiáng-língruò अपनी शक्ति के भरोसे कमज़ोर को सताना

室 shì ❶रूम; कमरा; कक्ष: 卧～ शयन कक्ष / 教～ क्लासरूम; कक्ष ❷किसी प्रशासनिक इकाई या कार्यदल का दफ़्तर: 图书～ पुस्तकालय / 档案～ अभिलेख गृह ❸पत्नी: 继～ सौत ❹पूर्वभाद्रपद (28 नक्षत्रों में से एक)

【室内】 shìnèi भीतरी; इंडोर: ～游泳池 इंडोर स्वीमिंग पूल / ～溜冰场 इंडोर स्केटिंग रिंक

【室内乐】 shìnèiyuè चैंबर म्यूज़ीक

【室内乐队】 shìnèi yuèduì चैंबर आर्केस्ट्रा

【室女】 shìnǚ 〈पुराना〉 कुआंरी; कन्या

【室女座】 shìnǚzuò 〈खगोल०〉 कन्या राशि

【室外】 shìwài आउटडोर

莳（蒔） shì ❶〈बो०〉 आरोपण; आरोपित: ～秧 धान के पौधों का आरोपण करना ❷〈लि०〉 उगाना; उपजाना: ～花 फूल उगाना

轼（軾） shì 〈प्रा०〉 रथ के अगले भाग पर लगाया जानेवाला हत्था

逝 shì ❶(समय आदि का) बीतना; गुज़रना: 岁月易～。समय बीतता जाता है। ❷मर जाना; मौत होना; मृत्यु होना; चल बसना: 病～ बीमारी की वजह से मौत हो जाना

【逝世】 shìshì निधन; देहांत; स्वर्गवास; निधन होना; देहांत होना; स्वर्गवास होना; चल बसना

铈（鈰） shì 〈रसा०〉 सीरियम (Ce)

舐 shì 〈लि०〉 चाटना; जीभ से सहलाना; जीभ फेरना

【舐犊情深】 shìdú-qíngshēn गाय बछड़े को चाटती है —— मां-बाप का प्यार

弑 shì 〈लि०〉 (राजा-महाराज या माता-पिता) की हत्या करना: ～君 राजहत्या / ～父 पितृहत्या; पिता की हत्या करना

释[1]（釋） shì ❶समझाना; स्पष्ट करना; व्याख्या करना: 解释 jiěshì ❷मिटाना; दूर करना: 释疑 ❸छोड़ना; रखना: 释手 ❹रिहाई; रिहा; रिहाई करना; रिहा करना; छोड़ना: 保释 bǎoshì

释[2]（釋） shì ❶शाक्यमुनि का संक्षिप्त नाम ❷बौद्धधर्म

【释典】 shìdiǎn बौद्धसूत्र

【释放】 shìfàng ❶रिहाई; रिहा; रिहाई करना; रिहा करना; छोड़ना: ～战俘 युद्धबंदियों की रिहाई करना; युद्धबंदियों को रिहा करना ❷〈भौ०〉 निर्मुक्त करना: ～能量 ऊर्जा निर्मुक्त करना

【释怀】 shìhuái छाती ठंडी करना; जी की जलन मिटाना (प्राय: नकारात्मक रूप में प्रयुक्त): 他那番伤人感情的话令我久久不能～。मेरी भावनाओं पर चोट करने वाली उस की बातें सुन कर मैं मन मसोसकर रह गया।

【释教】 shìjiào बौद्धधर्म

【释然】 shìrán 〈लि०〉 चित्त शांत होना; मन शांत होना; छाती ठंडी होना

【释俗】 shìsú सरल भाषा में समझाना

【释疑】 shìyí शंका मिटाना; शंका दूर करना; संदेह दूर करना

【释义】 shìyì भाष्य; भाष्य करना

【释藏】 shìzàng बौद्धसूत्रों का संग्रह

谥（謚、諡） shì ❶मरणोपरान्त उपाधि, जो सम्राटों, कुलीनों और वरिष्ठ मंत्रियों की जीवनी और चरित्र के अनुरूप दी जाती थी ❷संज्ञा देना; कहकर पुकारना: ～之为教条主义 कठमुल्लावाद की संज्ञा देना

嗜 shì चसका; व्यसन; चस्का लगना; व्यसन होना; व्यसनी होना: ～酒 शराब पीने का चस्का लगना; मद्यव्यसनी होना

【嗜好】 shìhào चस्का; लत; व्यसन; शौक; रुचि; चस्का लगना; लत पड़ना; व्यसन होना; शौक होना; रुचि लेना

【嗜痂之癖】 shìjiāzhīpǐ （嗜痂成癖 shìjiāchéngpǐ भी） विचित्र रुचि

【嗜血】 shìxuè खून का प्यासा होना; खूनी होना
【嗜欲】 shìyù विषयासक्ति

誓

shì ❶दृढ़संकल्प करना; पक्का इरादा करना; कमर कसना; कृतसंकल्प होना; संकल्पबद्ध होना: ～将斗争进行到底 संघर्ष को अंत तक चलाने का पक्का इरादा करना; संघर्ष को अंत तक चलाने को कृतसंकल्प होना ❷प्रतिज्ञा; सौगंध; शपथ; कसम; प्रतिज्ञा करना; सौगंध खाना; शपथ लेना; कसम खाना: 宣誓 xuānshì
【誓不两立】 shìbùliǎnglì (किसी के साथ) जानी दुश्मन का सा व्यवहार करना; (किसी के साथ) सुलह- समझौता कभी न करना
【誓词】 shìcí शपथ; शपथपत्र; हलफ़; हलफ़नामा; कसम
【誓师】 shìshī ❶लाम पर जाने से पूर्व पक्का इरादा प्रकट करने के लिए आयोजित सभा ❷सार्वजनिक प्रतिज्ञा सभा
【誓死】 shìsǐ मरणपर्यंत; मरने तक; दम तोड़ने तक: ～保卫祖国 मरने तक अपनी मातृभूमि की रक्षा करने को तैयार होना / ～不屈 मरणपर्यंत सिर न झुकाना
【誓言】 shìyán प्रतिज्ञा; शपथ; कसम: 遵守～ कसम निबाहना / 违背～ कसम तोड़ना
【誓愿】 shìyuàn कसम; प्रतिज्ञा; वचन
【誓约】 shìyuē व्रत; प्रण

噬

shì दांत से काटना: 吞噬 tūnshì
【噬菌体】 shìjūntǐ जीवाणुभोजी
【噬脐莫及】 shìqí-mòjí कोई भी अपनी नाभि काट नहीं पाता —— पछतावा करने के लिए बहुत देर हो जाना

螫

shì <लि०> डंक मारना; डसना
【螫针】 shìzhēn डंक; दंश

shi

匙

shi दे० 钥匙 yàoshi
chí भी दे०

殖

shi दे० 骨殖 gǔshi
zhí भी दे०

shōu

收（収）

shōu ❶इकट्ठा करना; एकत्र करना; अन्दर लाना: ～工具 औज़ार एकत्र करना / 衣服～进来了吗? तुम बाहर धूप में डाले हुए कपड़े अन्दर लाए हो या नहीं? ❷वसूल करना; उगाहना; वापस लेना: 收回 / ～税 कर वसूल करना ❸प्राप्ति; आमदनी; आय; नफ़ा: 收入 ❹फ़सल; कटाई: 收成 / ～庄稼 फ़सलों की कटाई करना ❺वश; नियंत्रण; नियंत्रित; वश में रखना; नियंत्रण करना; नियंत्रित करना: 收心 ❻ग्रहण; स्वीकार; ग्रहण करना; स्वीकार करना: ～礼 उपहार स्वीकार करना / 我们学院今年多～了 100 名学生。हमारे कालेज ने इस बार पहले से एक सौ से अधिक छात्रों को दाखिला दिया। ❼गिरफ़्तारी; हवालात; गिरफ़्तार; गिरफ़्तारी करना; हवालात में डालना; गिरफ़्तार करना: 收监 / 收押 ❽समाप्ति; खात्मा; समाप्त; खत्म: 收工 / 收操
【收报机】 shōubàojī टेलीग्राफ़िक या रेडियो टेली-ग्राफ़िक रिसीवर
【收编】 shōubiān अपनी सैन्य शक्तियों में सम्मिलित करना
【收兵】 shōubīng सेना को वापस बुलाना; सेना हटा लेना
【收藏】 shōucáng संग्रह; संचय; संगृहीत; संचित: ～古钱币 प्राचीन सिक्कों का संग्रह करना / ～粮食 अनाज का संचय करना
【收藏家】 shōucángjiā संग्रहकर्ता; संग्राहक
【收操】 shōucāo कवायद समाप्त करना
【收场】 shōuchǎng ❶समाप्त करना; खत्म करना; पूरा करना: 事情被他搞糟了，如何～? सारा काम उस ने बिगाड़ दिया। अब इसे कैसे पूरा किया जाए? ❷अन्त; समाप्ति: 没想到他会落得如此悲惨的～。सोचा तक नहीं था कि उस का इतना शोचनीय अन्त होगा।
【收成】 shōucheng फ़सल: 好～ अच्छी फ़सल / ～不好 फ़सल खराब होना
【收到】 shōudào पाना; मिलना; प्राप्त होना (करना): ～邮件 डाक मिलना / ～信息 सूचना प्राप्त होना
【收发】 shōufā ❶(पत्र आदि) लेना या भेजना ❷(पत्र आदि) लेने या भेजने का काम करने वाला
【收发室】 shōufāshì चिट्ठी-पत्री दफ़्तर
【收方】 shōufāng नामखाता; उधारखाता
【收费】 shōufèi शुल्क वसूल करना; फ़ी उगाहना
【收服】 shōufú （收伏 shōufú भी）वश में करना; वशीभूत करना
【收复】 shōufù वापस लेना; फिर से अधिकार करना: ～失地 खोए हुए प्रदेशों को वापस लेना
【收割】 shōugē कटाई; कटाई करना; काटना: ～水稻 धान की फ़सल काटना
【收割机】 shōugējī फ़सल कटाई मशीन; हार्वेस्टर
【收工】 shōugōng (खेतों में या निर्माण स्थलों पर श्रमिकों का) काम बन्द करना (होना)
【收购】 shōugòu खरीद; खरीद करना; खरीदना: ～小麦 गेहूं की खरीद करना / ～价 खरीद के दाम
【收回】 shōuhuí वापस लेना; पुनः प्राप्त करना: ～贷款 कर्ज़ वापस लेना / ～主权 सार्वभौमिक अधिकार पुनः प्राप्त करना / ～提案 प्रस्ताव वापस लेना / ～成命 आदेश वापस लेना
【收活】 shōuhuó ❶मरम्मत या प्रोसेसिंग का आर्डर मिलना ❷<बो०> काम बन्द करना
【收获】 shōuhuò ❶फ़सल की कटाई: ～季节 फ़सल कटाई का मौसम ❷उपलब्धि: 有～ उपलब्धियां प्राप्त

करना

【收集】 shōují एकत्र करना; इकट्ठा करना; संगृहीत करना: ～邮票 डाक-टिकट संगृहीत करना / ～文物 ऐतिहासिक वस्तुएं एकत्र करना / ～垃圾 कूड़ा इकट्ठा करना

【收监】 shōujiān हवालात में रखना; जेल में डालना

【收缴】 shōujiǎo ❶कब्ज़ा करना; बरामद करना: ～武器 हथियारों पर कब्ज़ा करना / ～毒品 मादक पदार्थ बरामद करना ❷वसूली; वसूल करना: ～税款 कर वसूल करना; करों की वसूली करना

【收据】 shōujù रसीद

【收看】 shōukàn टी. वी. देखना: ～电视节目 टी. वी. कार्यक्रम देखना

【收口】 shōukǒu ❶(घाव) भरना; बंद होना: 他的伤～了。उस का घाव भर गया। ❷(बुनाई में) सघन छिद्र और गोटा बनाना

【收揽】 shōulǎn ❶<अना०> अपने पक्ष में करना: ～民心 लोक समर्थन प्राप्त करना ❷अपने वश में करना

【收敛】 shōuliǎn ❶क्षीण होना; अदृश्य होना; गायब होना: 她的笑容突然～了。उस के चेहरे की मुस्कान यकायक गायब हो गई। ❷संयत; संयमित: 原先他满口脏话，现在～多了。वह मुंहफट था पर अब काफ़ी संयमित हो गया है। ❸<चिकि०> स्तंभन: ～剂 स्तंभक (औषधि)

【收殓】 shōuliàn शव को ताबूत में रखना

【收留】 shōuliú अपने पास रख लेना

【收拢】 shōulǒng ❶समेटना: ～渔网 जाल समेटना ❷अपने पक्ष में कर लेना: ～人心 लोगों से समर्थन प्राप्त करने की कोशिश करना

【收录】 shōulù ❶नौकरी में लगाना; भरती करना: ～工作人员 नए कर्मचारियों को भरती करना ❷समाविष्ट करना; संकलित करना: 本集子共～他的十余篇论文。इस संग्रह में उन के दसेक निबंध संकलित हैं।

【收录机】 shōulùjī रेडियो टेप रिकार्डर; रेडियो कैसेट रिकार्डर

【收罗】 shōuluó एकत्र करना; एकत्रित करना; इकट्ठा करना; बटोरना: ～人才 प्रतिभाएं एकत्र करना / ～材料 संदर्भ-सामग्री इकट्ठी करना

【收买】 shōumǎi ❶खरीद; क्रय; खरीदना; मोल लेना: ～旧汽车 पुरानी मोटर-गाड़ियाँ खरीदना ❷घूस देकर अपनी ओर कर लेना; खरीदना: 他被走私分子所～。वह तस्करों द्वारा घूस देकर अपनी ओर कर लिया गया है।

【收买人心】 shōumǎi rénxīn लोक समर्थन प्राप्त करने का प्रयास करना

【收纳】 shōunà स्वीकर करना; ग्रहण करना; ले लेना: 如数～ चीज़ों को पूरे का पूरा ले लेना

【收盘】 shōupán (शेयर बाज़ार में सौदा) बन्द होना: ～价 बन्द भाव / ～价为一百元。भाव सौ य्वान पर बन्द हुआ।

【收讫】 shōuqì “रुपया चुकता है” या “सभी-चीज़ें प्राप्त”, जो वाउचर या बिल पर अंकित होता है

【收清】 shōuqīng तमाम रुपया प्राप्त होना

【收秋】 shōuqiū पतझड़ में फ़सलों की कटाई

【收取】 shōuqǔ वसूल करना; उगाहना: ～费用 शुल्क वसूल करना

【收容】 shōuróng शरण देना; आश्रय देना; ठहराना: ～难民 शरणार्थियों को ठहराना

【收容所】 shōuróngsuǒ कलेक्टिंग पोस्ट: 难民～ शरणार्थी शिविर

【收入】 shōurù ❶आय; आमदनी: 财政～ राजस्व / 人均～औसत प्रतिव्यक्ति आय / ～有了增加 आमदनी में इज़ाफ़ा दर्ज होना / ～来源 आय का स्रोत / 不明～来源 आय का अज्ञात स्रोत ❷लेना; सम्मिलित करना; शामिल करना: ～现金 नकद लेना / 新版词典～了一千多个新词。शब्दकोष के नए संस्करण में हज़ार से अधिक नए शब्द सम्मिलित किए गए हैं।

【收审】 shōushěn जांच के लिए हवालात में रखना

【收生】 shōushēng बच्चा जनाना: ～婆 दाई; बच्चा जनाने वाली स्त्री

【收市】 shōushì बाज़ार या दूकान बन्द होना

【收拾】 shōushi ❶सुव्यवस्थित करना; झाड़ू-बुहारी होना; सफ़ाई करना: ～厨房 रसोईघर की सफ़ाई करना / ～店铺 दूकान में झाड़ू-बुहारी होना / ～书柜 किताबों की अलमारी सुव्यवस्थित करना ❷बांधना; समेटना; बटोरना: ～铺盖 बोरी-बिस्तर समेटना / ～行装 गठरी बांधना ❸मरम्मत करना; ठीक करना: ～房子 मकान की मरम्मत करना ❹<बो०> पिटाई करना; मरम्मत करना; मारना: ～他一顿。उस की मरम्मत करो।

【收拾残局】 shōushi cánjú बिगड़ी स्थिति को संभालना

【收受】 shōushòu लेना; ग्रहण करना; स्वीकार करना: ～贿赂 घूस लेना / ～礼物 उपहार स्वीकार करना

【收缩】 shōusuō ❶सिकुड़न; सिकुड़ना; सिमटना; तंग होना: 金属遇热膨胀，遇冷～。धातु ताप से फैल जाती है और ठंड से सिकुड़ जाती है। ❷शक्ति केंद्रित करना; हट जाना: ～兵力 सैन्य शक्तियां केंद्रित करना

【收摊儿】 shōutānr बिसात समेटना —— काम समाप्त करना

【收条】 shōutiáo रसीद

【收听】 shōutīng रेडियो पर सुनना: 您的收音机能～多少个电台？ आप का रेडियो कितने स्टेशन पकड़ सकता है? / ～新闻 रेडियो पर समाचार सुनना

【收尾】 shōuwěi ❶समाप्त करना (होना); समापन करना (होना): 这项工程即将～。इस परियोजना पर काम समाप्त होने को है। ❷(लेख आदि का) अन्त: 文章的～非常精采。इस लेख का अन्त बहुत ही मर्मस्पर्शी रहा।

【收效】 shōuxiào लाभ प्राप्त करना; सफलता प्राप्त करना; उपलब्धि प्राप्त करना: ～甚微 कम सफलता प्राप्त करना / 投资少～快 कम लागत और शीघ्र लाभ

【收心】 shōuxīn ❶काम या पढ़ाई में मन लगाना ❷दुष्कर्म से बाज़ आना

【收押】 shōuyā हिरासत में करना; पहरे में रखना

【收养】 shōuyǎng गोद लेना; आश्रय देना; शरण

देना：～孤儿 अनाथ को गोद लेना
【收益】 shōuyì मुनाफ़ा; नफ़ा; लाभ; आमदनी
【收音机】 shōuyīnjī रेडियो; रेडियो सेट
【收摘】 shōuzhāi (फल आदि) तोड़ना; चुनना：～苹果 सेब के फल तोड़ना / ～棉花 कपास चुनना
【收支】 shōuzhī आय-व्यय; आमद-खर्च：～平衡 आय-व्यय में संतुलन होना / ～帐目 आय-व्यय का हिसाब
【收执】 shōuzhí रसीद
【收租】 shōuzū लगान वसूल करना

shóu

熟 shóu 熟 shú का दूसरा उच्चारण shú भी दे०

shǒu

手 shǒu ❶हाथ; हस्त; दस्त ❷हाथ में होना; हाथ में लेना：人～一册。हरेक हाथ में एक पुस्तक लिए हुए है। ❸दस्ती：手册 ❹व्यक्तिगत रूप से：手抄 ❺〈परि०श०〉(कौशल या निपुणता के लिए)：她写得一～好字。वह सुन्दर अक्षर लिखती है। / 他露了一～。उस ने हाथ की सफ़ाई का प्रदर्शन किया। ❻किसी कला में निपुण व्यक्ति：拖拉机～ ट्रैक्टर ड्राइवर / 射～ निशानेबाज़ / 猎～ शिकारी ❼हथकंडा：下毒～ निर्दयतापूर्ण हथकंडा अपनाना
【手把手】 shǒu bǎ shǒu व्यक्तिगत रूप से सिखाना
【手板】 shǒubǎn ❶〈बो०〉पंजा; हथेली; करतल ❷手版 के समान
【手版】 shǒubǎn दरबार में शहंशाह के समक्ष उपस्थित होने के समय मंत्रियों द्वारा छाती के आगे हाथ में पकड़ा हुआ पट्टक
【手背】 shǒubèi करपृष्ठ; हथेली का पृष्ठ भाग
【手本】 shǒuběn 手册 shǒucè के समान
【手笔】 shǒubǐ ❶किसी प्रसिद्ध व्यक्ति का हस्तलेख ❷साहित्यिक निपुणता：大～ नामी लेखक; साहित्यिक शिल्पी
【手臂】 shǒubì ❶बांह; भुज; भुजा; बाजू; बाहु ❷विश्वसनीय सहायक; बाजू; बांह：他可是头儿的得力～。वह तो ऊपरवाले का बाजू है।
【手边】 shǒubiān के पास; हाथ में：他～有点钱。उस के पास कुछ रुपये हैं।
【手表】 shǒubiǎo कलाई की घड़ी
【手柄】 shǒubǐng हत्था; मूठ; दस्ता
【手不释卷】 shǒubùshìjuàn पठनशील होना
【手不稳】 shǒu bù wěn 〈बो०〉(पर) हाथ फेरना
【手册】 shǒucè हैंडबुक; पुस्तिका：劳动～ श्रमिक-पुस्तिका
【手车】 shǒuchē （手推车 shǒutuīchē भी）हथठेला
【手钏】 shǒuchuàn 〈बो०〉कंगन; कंकण
【手锤】 shǒuchuí हथौड़ा
【手戳】 shǒuchuō 〈बोल०〉मोहर; मुहर; मुद्रा
【手大】 shǒudà हाथ ऊंचा करना (होना)
【手到病除】 shǒudào-bìngchú छूते ही बीमारी छूट जाना
【手到擒来】 shǒudào-qínlái हाथ बढ़ाते ही दुश्मन को पकड़ लेना —— बायें हाथ का खेल
【手倒立】 shǒudàolì 〈खेल०〉हाथों के बल खड़ा होना
【手底下】 shǒudǐxia 手下 shǒuxià के समान
【手电筒】 shǒudiàntǒng टार्च
【手段】 shǒuduàn ❶माध्यम; साधन; ज़रिया; तरीका：合法～ वैध माध्यम / 用强制～ ज़ोर-ज़बरदस्ती से ❷हथकंडा; चाल：要～ चालबाज़ी करना ❸चातुर्य; होशियारी; कार्यदक्षता：他处理这类事情很有～。वह इस तरह के मामले निपटाने में बड़ी होशियारी से काम लेता है।
【手法】 shǒufǎ ❶प्रविधि; शिल्प; कौशल：表演～ प्रस्तुति की प्रविधि / 文学表现～ साहित्यिक अभिव्यक्ति का माध्यम ❷हथकंडा; षड्यंत्र; चाल：两面～ दोहरी चाल / 拙劣的～ कुत्सित हथकंडा / 施展～ चाल चलना
【手风琴】 shǒufēngqín अकार्डियन
【手扶拖拉机】 shǒufú tuōlājī हस्तचालित ट्रैक्टर
【手感】 shǒugǎn 〈बुना०〉स्पर्श：这块料子的～好。इस कपड़े का स्पर्श आनंददायक है।
【手稿】 shǒugǎo पांडुलिपि; हस्तलिपि; हस्तलेख
【手工】 shǒugōng ❶दस्तकारी; हस्तशिल्प ❷हाथ से：～劳动 हाथ से काम करना ❸〈बो०〉मज़दूरी; मेहनताना：做衣服～很贵。कपड़ा सिलाने में काफ़ी मज़दूरी ली जाती है।
【手工业】 shǒugōngyè दस्तकारी; हस्तकार्य
【手工艺】 shǒugōngyì दस्तकारी; हस्तशिल्प; हस्तकार्य
【手工艺工人】 shǒugōngyì gōngrén दस्तकार; हस्तशिल्पी
【手工艺品】 shǒugōngyìpǐn दस्तकारी की वस्तु; हस्तशिल्प की कृति
【手鼓】 shǒugǔ डफली; डमरु
【手黑】 shǒuhēi निष्ठुर; निर्दयी
【手机】 shǒujī मोबाइल फ़ोन; सेलफ़ोन; मोबाइल हैंडसेट
【手疾眼快】 shǒují-yǎnkuài फुरती; चुस्ती; फुरतीला; चुस्त
【手记】 shǒujì ❶नोट करना ❷लिखित नोट
【手技】 shǒujì ❶दस्तकारी; हस्तशिल्प ❷नटकला; हाथ की सफ़ाई (दिखाना)
【手迹】 shǒujì हस्तलेख या चित्र
【手脚】 shǒujiǎo ❶चेष्टा; हरकत：～灵敏 फुरतीला होना ❷〈बो०〉चाल：做～ हाथ रोकना

【手巾】 shǒujīn ❶तौलिया ❷<बो०> रूमाल
【手巾架】 shǒujīnjià टावल रैक
【手紧】 shǒujǐn ❶कंजूस ❷हाथ तंग होना; हाथ बंद होना
【手锯】 shǒujù आरा
【手卷】 shǒujuàn हैंड स्क्रोल
【手绢】 shǒujuàn रूमाल
【手铐】 shǒukào हथकड़ी: 给犯人带上了～。अपराधी को हथकड़ियाँ पहनाई (डाली, लगाई) गईं।
【手快】 shǒukuài हाथ की सफ़ाई: 变魔术要～。बाज़ीगरी में हाथ की सफ़ाई की ज़रूरत है।
【手拉葫芦】 shǒulā húlu <यां०> चैन ब्लाक
【手拉手】 shǒu lā shǒu हाथ में हाथ डालना
【手雷】 shǒuléi <सैन्य०> टैंकनाशक हथगोला
【手榴弹】 shǒuliúdàn <सैन्य०> हथगोला
【手令】 shǒulìng हस्तलिखित आदेशपत्र
【手炉】 shǒulú हैंडवार्मर
【手慢】 shǒumàn धीरे से
【手忙脚乱】 shǒumáng-jiǎoluàn हाथ-पांव फूलना
【手面】 shǒumiàn <बो०> खर्च की सीमा: 你～太阔，要省点用才好。तुम तो हाथ खोले रहते हो। कम खर्च करना ही ठीक होगा।
【手帕】 shǒupà रूमाल
【手旗】 shǒuqí <सैन्य०> झंडी: ～通讯 झंडियों से संकेत करना
【手气】 shǒuqì (जूए और बाज़ी में) किस्मत: 试～ बाज़ी में किस्मत आज़माना
【手枪】 shǒuqiāng पिस्तौल
【手巧】 shǒuqiǎo हाथ जमना; हाथ बैठना: 姑娘们手真巧，绣出来的鸟兽个个栩栩如生。इन लड़कियों के हाथ बहुत जमे हुए होते हैं। उन की काढ़ी हुई पशु-पक्षी की आकृतियां सजीव सी लगती हैं।
【手勤】 shǒuqín मेहनती; उद्यमी: 小张～，做事有效率。श्याओ चांग उद्यमी और कार्यक्षम है।
【手轻】 shǒuqīng हल्के से
【手球】 shǒuqiú <खेल०> ❶हैंडबाल का खेल ❷हैंडबाल (गेंद)
【手刃】 shǒurèn मार डालना; जान से मारना
【手软】 shǒuruǎn दया; दया करना; दयालु होना: 对敌人不能～。शत्रु पर दया नहीं करनी चाहिए।
【手刹】 shǒushā हैंडब्रैक
【手生】 shǒushēng हाथ का अभ्यस्त न होना
【手势】 shǒushì संकेत; इशारा: 打～ हाथ से इशारा करना; हाथ का संकेत देना
【手书】 shǒushū ❶अपने हाथ से लिखना ❷पत्र; खत; चिट्ठी
【手术】 shǒushù आपरेशन; चीर-फाड़; शल्यक्रिया: 动～ आपरेशन (चीर-फाड़, शल्यक्रिया) करना
【手术刀】 shǒushùdāo नश्तर
【手术室】 shǒushùshì आपरेशन कक्ष
【手术台】 shǒushùtái आपरेटिंग टेबुल
【手松】 shǒusōng हाथ खुलना
【手套】 shǒutào दस्ताना
【手提包】 shǒutíbāo हैंडबैग
【手提箱】 shǒutíxiāng सूटकेस
【手头】 shǒutóu ❶हाथ में: 这本书我倒有，可惜不在～。मेरे पास यह किताब तो है, पर खेद की बात यह है कि वह अभी मेरे हाथ में नहीं है। ❷आर्थिक स्थिति: ～紧 हाथ तंग होना / ～宽裕 हाथ भरा होना
【手推车】 shǒutuīchē 手车 shǒuchē के समान
【手腕】 shǒuwàn ❶कलाई ❷दांव-पेंच; चाल; पैंतरेबाज़ी: 耍～दांव-पेंच खेलना / 外交～ राजनयिक पैंतरेबाज़ी (करना)
【手腕子】 shǒuwànzi कलाई
【手纹】 shǒuwén हस्तरेखा
【手无寸铁】 shǒuwúcùntiě निहत्था; निरस्त्र; निहत्था होना; निरस्त्र होना
【手无缚鸡之力】 shǒu wú fù jī zhī lì मुर्गी बांधने की शक्ति भी नहीं —— अशक्त होना; कमज़ोर होना
【手舞足蹈】 shǒuwǔ-zúdǎo खुशी में उछल पड़ना
【手下】 shǒuxià ❶के अधीन; के मातहत: 我在他～办事。मैं उस के अधीन काम करता हूँ। ❷के पास; हाथ में: 书不在我～。वह पुस्तक मेरे हाथ में नहीं है। ❸के हाथों: 我曾两次败在他～。मैं उस के हाथों दो बार हार चुका हूँ। ❹आर्थिक स्थिति: ～紧 हाथ बन्द होना
【手下留情】 shǒuxià-liúqíng (पर) दया करना; रहम करना; हाथ रोकना
【手相】 shǒuxiàng हस्तरेखा: 看～ हस्तरेखा देखना; हाथ देखना (दिखाना)
【手写】 shǒuxiě ❶हाथ से लिखना ❷हस्तलिखित
【手写体】 shǒuxiětǐ हस्तलिपि; लिखावट
【手心】 shǒuxīn ❶हथेली ❷हाथ: 这事全捏在他～里。पूरा मामला उस के हाथ में है।
【手续】 shǒuxù औपचारिकता; प्रक्रिया; खानापूरी: 办～ औपचारिकताएं पूरी करना
【手续费】 shǒuxùfèi सेवा शुल्क; कमीशन
【手眼通天】 shǒuyǎn-tōngtiān चालें चलने में माहिर होना; चालबाज़ होना
【手痒】 shǒuyǎng ❶हाथ में खुजली होना ❷हाथ खुजलाना
【手艺】 shǒuyì हस्तकला; शिल्प; कारीगरी: ～人 शिल्पी; कारीगर / 那木匠的～不错。वह एक दक्ष बढ़ई है।
【手淫】 shǒuyín हस्तमैथुन
【手印】 shǒuyìn ❶हाथ का निशान ❷अंगुली छाप; अंगुली का निशान: 取～ अंगुली का निशान लेना / 按～ अंगुली छाप छोड़ना
【手语】 shǒuyǔ इंगित भाषा
【手谕】 shǒuyù <लि०> आदेशपत्र
【手掌】 shǒuzhǎng करतल; हथेली; पंजा
【手杖】 shǒuzhàng छड़ी
【手纸】 shǒuzhǐ टायलेट पेपर
【手指】 shǒuzhǐ अंगुली; उंगली
【手指甲】 shǒuzhǐjia नख; नाखून

【手指头】 shǒuzhǐtou 〈बोल०〉 अंगुली; उंगली
【手指字母】 shǒuzhǐ zìmǔ संकेत भाषा
【手重】 shǒuzhòng ज़ोर लगाना: 他扫时～了些，弄得尘土飞扬。उसने इतने ज़ोर से झाड़ू लगाई कि धूल उड़ने लगी।
【手镯】 shǒuzhuó कंकण; कंगन; चूड़ी; कड़ा
【手足】 shǒuzú ❶चेष्टा; हरकत ❷भाई: ～之情 भाईचारा
【手足无措】 shǒuzú-wúcuò छक्के छूटना; हाथ-पांव फूलना

守 shǒu ❶बचाव; रक्षा; बचाव करना; रक्षा करना: ～城 शहर की रक्षा करना ❷देखरेख; देखभाल; देखरेख करना; देखभाल करना: 他～了病人一夜。उस ने रात भर रोगी की देखरेख की। ❸पालन करना; निभाना: ～纪律 अनुशासन का पालन करना / ～诺 अपना वायदा निभाना ❹निकट; पास; नज़दीक: 这地方～着水，可发展养鱼业。यहाँ निकट ही पानी उपलब्ध है। मछली-पालन का विकास किया जा सकता है।
【守备】 shǒubèi चौकसी; चौकस; चौकस होना: 加强～ चौकसी बढ़ाना
【守财奴】 shǒucáinú कंजूस; कृपण
【守车】 shǒuchē (ब्रिटेन में) गार्ड्स वैन; (अमरीका में) कैबूस
【守成】 shǒuchéng 〈लि०〉 अपने पूर्ववर्तियों की उपलब्धियों को बनाए रखना
【守敌】 shǒudí गढ़ या चौकी की रक्षा के लिए तैनात शत्रु सैनिक
【守法】 shǒufǎ कानून का पालन करना
【守服】 shǒufú मातम रखना
【守寡】 shǒuguǎ वैधव्य; विधवा होना
【守恒】 shǒuhéng 〈भौ०〉 संरक्षण: 能量～ ऊर्जा संरक्षण
【守候】 shǒuhòu ❶प्रतीक्षा; इंतज़ार; प्रतीक्षा करना; इंतज़ार करना; प्रतीक्षा में होना; इंतज़ार में रहना; राह देखना ❷देखरेख; देखभाल; सेवा; देखरेख करना; देखभाल करना; सेवा करना: 儿子～生病的父亲。बेटा अपने बीमार पिता की देखरेख कर रहा है।
【守护】 shǒuhù पहरा; रक्षा; पहरा देना; रक्षा करना: ～仓库 गोदाम के आगे पहरा देना
【守活寡】 shǒu huóguǎ पति के जीवित रहते हुए भी विधवा जैसा जीवन बिताना
【守节】 shǒujié नारी का अपने पति या कन्या का अपने मंगेतर की मौत के बाद फिर कभी विवाह न करना
【守旧】 shǒujiù लीक पर चलना; दकियानूसी होना
【守口如瓶】 shǒukǒu-rúpíng मुंहबन्द किए रहना; चुप्पी साधना; मौनव्रत लेना; मुंह सीना
【守灵】 shǒulíng अर्थी या ताबूत के पास श्रद्धा के साथ खड़ा होना
【守门】 shǒumén ❶ड्योढ़ी पर पहरा देना: ～人 द्वारपाल; द्वाररक्षक ❷〈खेल०〉 गोल की रक्षा करना: ～员 गोलकीपर
【守丧】 shǒusāng 守灵 shǒulíng के समान
【守身如玉】 shǒushēn-rúyù अपने को जेड की भांति विशुद्ध बनाए रखना —— कलंककलुषित होने से बचना; अपनी प्रतिष्ठा बनाए रखना
【守时】 shǒushí समय की पाबंदी; समय का पाबंद होना; समयनिष्ठ होना
【守势】 shǒushì बचाव की स्थिति; रक्षा की स्थिति: 处于～ बचाव की स्थिति में होना
【守岁】 shǒusuì नववर्ष की पूर्ववेला में रात भर जागते रहना
【守土】 shǒutǔ 〈लि०〉 अपने देश की भूमि की रक्षा करना: ～有责 अपने देश की भूमि की रक्षा करने के लिए उत्तरदायी होना
【守望】 shǒuwàng पहरा देना
【守望台】 shǒuwàngtái मचान
【守望相助】 shǒuwàng-xiāngzhù (पास-पड़ोस के गांवों का) सुरक्षा के लिए आपसी मदद करना
【守卫】 shǒuwèi रक्षा; रक्षा करना
【守孝】 shǒuxiào अपने पिता या माता के निधन पर एक नियत समय तक शोक मनाना
【守信】 shǒuxìn बात का पक्का; वचनबद्ध: 他是个～的人，说到做到。वह बात का पक्का है और जो कह देता है, वही करता है।
【守业】 shǒuyè अपने पूर्वजों या पूर्ववर्तियों के कारनामे कायम रखना
【守夜】 shǒuyè रात का पहरा देना
【守则】 shǒuzé संहिता; नियम: 市民～ नागरिक आचार-संहिता / 工作～ कार्य नियम
【守制】 shǒuzhì (पुराने ज़माने में) अपने पिता या माता के निधन पर 27 महीनों तक शोक मनाना
【守株待兔】 shǒuzhū-dàitù ठूंठ के पास यह आस लगाए बैठा रहना कि बहुत से खरगोश आकर ठूंठ से टकराकर मर जाएंगे ——तकदीर के खेल की राह देखना

首1 shǒu ❶सिर; सर; शीर्ष: 昂～ सिर ऊंचा करना / 搔～ सिर खुजलाना ❷प्रथम; पहला; प्रमुख; प्रधान: 首相 / ～批 पहली खेप; पहला जत्था ❸नेता; अगुवा; रहनुमा; मुखिया: 首长 ❹सर्वप्रथम; सब से पहले; पहले-पहल: 首义 ❺(पर) अभियोग लगाना: 出首 chūshǒu

首2 shǒu 〈परि०श०〉 (गीत एवं कविता के लिए): 一～歌 एक गीत / 两～诗 दो कविताएं
【首倡】 shǒuchàng प्रवर्तन; आरंभ; प्रवर्तन करना; आरंभ करना
【首车】 shǒuchē (किसी नियमित बस सेवा की) पहली बस
【首创】 shǒuchuàng पहल; आरंभ; पहल करना; आरंभ करना: ～远程教育体系 दूर शिक्षा व्यवस्था आरंभ करना / 这在国内是个～。यह देश में एक नया आरंभ है। / ～精神 पहलकदमी; सृजनशीलता
【首次】 shǒucì पहली बार; पहली दफ़ा; पहला; प्रथम: ～试验 प्रथम परीक्षण / ～演出 पहला प्रदर्शन

【首当其冲】 shǒudāng-qíchōng सब से पहले (विपत्ति आदि का) शिकार होना; (आक्रमण का) मुख्य बल सहना (बर्दाश्त करना)
【首都】 shǒudū (राष्ट्रीय) राजधानी
【首犯】 shǒufàn अपराधियों का मुखिया; मुख्य अपराधी
【首府】 shǒufǔ ❶स्वायत्त प्रदेश या प्रांत की राजधानी ❷पराधीन देश या उपनिवेश की राजधानी
【首富】 shǒufù （首户 shǒuhù भी） एक स्थान में सब से बड़ा अमीर
【首告】 shǒugào (अपराध के बारे में) रिपोर्ट दर्ज कराना
【首航】 shǒuháng पहली (जल-) यात्रा या उड़ान
【首级】 shǒují कटा सिर
【首季】 shǒujì (साल की) पहली तिमाही
【首届】 shǒujiè पहला सत्र, अधिवेशन आदि： ～大学生运动会 पहला कालेज छात्र खेल / 举行～会议 प्रथम अधिवेशन आयोजित करना
【首肯】 shǒukěn सिर हिलाकर हां करना; अनुमति देना; स्वीकृति देना
【首领】 shǒulǐng ❶〈लि०〉 सिर और गरदन ❷मुखिया; सरगना; अगुवा; नेता
【首脑】 shǒunǎo शीर्ष नेता： 政府～ शासनाध्यक्ष / 国家～ राज्याध्यक्ष / ～会议 शीर्ष सम्मेलन / ～会晤 शीर्ष वार्त्ता
【首屈一指】 shǒuqū-yīzhǐ अव्वल; अद्वितीय; आला दर्जे का
【首日封】 shǒurìfēng प्रथम दिवस आवरण
【首善之区】 shǒushànzhīqū 〈लि०〉 देश की राजधानी
【首饰】 shǒushi ❶शीर्षआभूषण ❷जेवर; आभूषण; गहना： 戴～ गहना पहनना
【首饰店】 shǒushidiàn जवाहरात की दूकान
【首饰盒】 shǒushihé पिटक
【首鼠两端】 shǒushǔ-liǎngduān आगा-पीछा करना; हिचकिचाना
【首途】 shǒutú 〈लि०〉 रवाना होना; प्रस्थान करना; रास्ता अपनाना
【首陀罗】 Shǒutuóluó शूद्र
【首尾】 shǒuwěi ❶अगला और पिछला भाग; आदि और अन्त： 游行队伍浩浩荡荡，不见～。प्रदर्शनकारियों की पांतें इतनी विशाल थीं कि न उन का आदि न उन का अन्त दिखाई पड़ता था। ❷आद्यंत; शुरू से आखिर तक： 上次去海南岛，～不过一个星期。पिछली बार जब मैं हाएनान द्वीप गया, तब शुरू से आखिर तक केवल एक हफ़्ते का वक्त लगा था।
【首位】 shǒuwèi पहला स्थान; प्राथमिकता; प्रधानता： 放在～ प्राथमिकता देना / 居于～ पहले स्थान पर होना
【首席】 shǒuxí ❶सम्मान की सीट ❷प्रमुख： ～谈判代表 प्रमुख वार्त्ताकार / ～顾问 प्रमुख सलाहकार
【首先】 shǒuxiān ❶सब से पहले; सर्वप्रथम; पहले-पहल： ～到达 सब से पहले पहुंचना ❷पहले; शुरू में： ～，由王先生作报告；然后，大家进行讨论。पहले श्री वांग एक रिपोर्ट प्रस्तुत करेंगे। फिर उन की रिपोर्ट पर विचार-विमर्श होगा।
【首相】 shǒuxiàng प्रधान मंत्री
【首要】 shǒuyào प्रमुख; प्राथमिक महत्व का; मुख्य; प्रधान： ～条件 प्रमुख शर्त / ～问题 प्राथमिक महत्व की समस्या / ～地位 प्राथमिकता; प्रधानता
【首义】 shǒuyì 〈लि०〉 सर्वप्रथम विद्रोह करना
【首映式】 shǒuyìngshì फ़िल्म का प्रथम प्रदर्शन
【首战】 shǒuzhàn पहली लड़ाई： ～告捷 पहली लड़ाई में ही विजय प्राप्त करना
【首长】 shǒuzhǎng नेता; प्रमुख; प्रधान; ऊपरवाला
【首座】 shǒuzuò ❶सम्मान की सीट ❷मठाधीश; महंत

shòu

寿（壽、壽） shòu ❶दीर्घ आयु; लम्बी उम्र; दीर्घायु： 福～ सौभाग्य और लम्बी आयु ❷जीवन; ज़िन्दगी; आयु; उम्र; जीवन-अवधि： 长～ लम्बी उम्र ❸〈लि०〉 जन्मदिवस： 祝～ जन्मदिवस पर बधाई देना ❹〈शिष्टोक्ति〉 अंत्येष्टि संबंधी： 寿材 ❺ （Shòu） एक कुलनाम
【寿斑】 shòubān वृद्धावस्था में चेहरे पर पड़ने वाले दाग-धब्बे; जराजन्य चकत्ता
【寿材】 shòucái अपनी मृत्यु से पूर्व बनवाया गया ताबूत; ताबूत
【寿辰】 shòuchén (अधिक उम्र में व्यक्ति का) जन्म-दिवस; जन्मतिथि
【寿诞】 shòudàn 寿辰 shòuchén के समान
【寿礼】 shòulǐ (वृद्ध के लिए) जन्मदिवस का उपहार
【寿面】 shòumiàn जन्मदिवस नूडल्स
【寿命】 shòumìng जीवन; जीवन-अवधि; ज़िन्दगी; आयु; उम्र： 中国人的平均～有了很大提高。चीनियों की औसत आयु में बड़ी वृद्धि हुई है। / 飞机的～ विमान की उम्र
【寿木】 shòumù 寿材 shòucái के समान
【寿数】 shòushù भाग्य में लिखी किसी व्यक्ति की आयु
【寿桃】 shòutáo ❶जन्मदिवस के उपहार के रूप में प्रस्तुत आड़ू ❷आड़ूरूपी जन्मदिवस केक
【寿险】 shòuxiǎn जीवन-बीमा
【寿星】 shòuxīng ❶लम्बी आयु का देवता ❷दीर्घायु व्यक्ति; वह वृद्ध, जिस का जन्मदिवस मनाया जा रहा है
【寿穴】 shòuxué अपनी मौत से पहले खुदवायी गई कब्र
【寿筵】 shòuyán जन्मदिवस भोज
【寿衣】 shòuyī शव कपड़ा; कफ़न
【寿终正寝】 shòuzhōng-zhèngqǐn अपनी मौत मरना

受 shòu ❶पाना; प्राप्त करना; लेना： ～教育 शिक्षा पाना / 受礼 ❷शिकार होना, से ग्रस्त होना; से पीड़ित होना; उठाना： ～苦 कष्ट उठाना / ～剥削 शोषण का शिकार होना ❸सहना; बर्दाश्त करना： ～不了 सहा नहीं

जाना; असहनीय होना; बर्दाश्त न किया जा सकना ❹अच्छा लगना; भाना: ～吃 स्वादिष्ट लगना / ～听 कर्णप्रिय होना / ～看 नेत्रप्रिय होना
【受病】 shòubìng बीमार पड़ना; रोगग्रस्त होना
【受潮】 shòucháo गीला होना; तर होना
【受宠若惊】 shòuchǒng-ruòjīng अप्रत्याशित उपकार का पात्र बन जाने पर चकित रह जाना
【受挫】 shòucuò धक्का खाना; ठोकर खाना
【受敌】 shòudí दुश्मन से आक्रांत होना: 四面～ चारों ओर से दुश्मन से आक्रांत होना
【受罚】 shòufá दंड भुगतना; दंड भोगना
【受粉】 shòufěn 〈वन०〉 पराग सींचा जाना
【受过】 shòuguò दोषी ठहराया जाना
【受害】 shòuhài नुकसान उठाना; से पीड़ित होना; से ग्रस्त होना; का शिकार होना; मार डाला जाना: 农作物～。 फ़सलों को नुकसान पहुंच गया। / 调查他～的原因 उस की मौत के कारण का पता लगाना / ～者 शिकार; पीड़ित
【受寒】 shòuhán सर्दी लगना
【受话器】 shòuhuàqì (टेलीफ़ोन का) चोंगा; रिसीवर
【受贿】 shòuhuì घूस लेना; रिश्वत लेना; घूसखोरी; रिश्वतखोरी: ～者 घूसखोर; रिश्वतखोर
【受奖】 shòujiǎng पुरस्कार पाना; पुरस्कार मिलना
【受戒】 shòujiè 〈बौद्धधर्म〉 दीक्षा लेना
【受惊】 shòujīng डर जाना; भयभीत होना
【受精】 shòujīng निषेक; गर्भधारण; निषेक करना; गर्भधारण कराना
【受窘】 shòujiǒng दुविधा; असमंजस; दुविधा में पड़ना; असमंजस में पड़ना
【受苦】 shòukǔ कष्ट उठाना; दुख झेलना
【受苦受难】 shòukǔ-shòunàn मुसीबतों की चक्की में पिसना
【受累】 shòulěi उलझना
【受累】 shòulèi कष्ट उठाना: 他为了我们大家，～不少。 उस ने हमारे लिए बहुत सारे कष्ट उठाए हैं।
【受礼】 shòulǐ उपहार स्वीकार करना
【受理】 shòulǐ (मामला) दर्ज करना
【受凉】 shòuliáng सरदी खाना
【受命】 shòumìng आदेशानुसार; आदेश मिलना: ～办理 आदेश के अनुसार मामला निपटाना
【受难】 shòunàn आफ़त उठाना
【受骗】 shòupiàn धोखा खाना; धोखे में आना
【受聘】 shòupìn ❶वरपक्ष का उपहार स्वीकार करना ❷नियुक्त करना (होना): 他～为公司总经理。 वह निगम का महाप्रबंधक नियुक्त हुआ।
【受气】 shòuqì सताया जाना; ज़्यादतियों का शिकार होना
【受气包】 shòuqìbāo दब्बू; दबैल
【受穷】 shòuqióng गरीबी की चक्की में पिसना; गरीबी से पीड़ित होना; गरीब होना: 他一辈子～。 वह ज़िन्दगी भर गरीबी से पीड़ित रहा।
【受屈】 shòuqū (के साथ) अन्याय किया जाना; बेइंसाफ़ी किया जाना
【受权】 shòuquán के आदेश के अनुसार; का अधिकार प्राप्त होना: ～发表声明 आदेशानुसार वक्तव्य देना; वक्तव्य देने का अधिकार प्राप्त होना
【受热】 shòurè ❶ताप पाना: 冰～就溶化。 बर्फ़ ताप पाने पर पिघल जाता है। ❷लू लगना
【受辱】 shòurǔ अपमानित होना; बेइज़्ज़ती सहना; तिरस्कृत होना
【受伤】 shòushāng घायल होना; ज़ख्मी होना; चोट लगना: 他在战斗中～了。 वह लड़ाई में घायल हुआ। / 头部～ सिर पर चोट लगना
【受赏】 shòushǎng पुरस्कृत होना; इनाम मिलना
【受审】 shòushěn अदालत के कटघरे में खड़ा होना; पर मुकदमा चलाया जाना
【受事】 shòushì 〈व्या०〉 वह, जिस पर क्रिया का फल पड़े (लेकिन जो अनावश्यक रूप से कर्म हो, जैसे 衣服拿来了 [कपड़े लाए गए] में "衣服" कर्ता है, मगर क्रिया का फल तो उसी पर पड़ा है)
【受暑】 shòushǔ लू लगना
【受胎】 shòutāi गर्भधारण; गर्भाधान; गर्भधारण करना; गर्भाधान करना; गर्भ रहना; गर्भवती होना
【受洗】 shòuxǐ 〈ईसाई〉 बपतिस्मा दिया जाना
【受降】 shòuxiáng आत्मसमर्पण स्वीकार करना
【受刑】 shòuxíng यंत्रणा भोगना
【受训】 shòuxùn प्रशिक्षण लेना; ट्रेनिंग पाना
【受业】 shòuyè 〈लि०〉 ❶शिक्षा लेना ❷(पत्र में अपने गुरु का संबोधन): आप का शिष्य
【受益】 shòuyì लाभ उठाना; लाभ होना; फ़ायदा उठाना; फ़ायदा होना: 这项给水工程将使 10 万人～。 इस जल प्रदाय परियोजना से एक लाख लोग लाभ उठा सकेंगे।
【受用】 shòuyòng लाभ होना; फ़ायदा पहुंचना: ～不尽 (किसी वस्तु से) जीवन भर लाभ होना
【受用】 shòuyong 〈बो०〉 (प्रायः नकारात्मक रूप में प्रयुक्त) अच्छा लगना; जंचना: 听了这番话，他心里觉得很不～。 यह बात उन्हें नहीं जंचती। / 身体不大～。 तबीयत अच्छी नहीं लगी।
【受援】 shòuyuán सहायता प्राप्त करना
【受援国】 shòuyuánguó सहायता प्राप्त देश
【受孕】 shòuyùn गर्भधारण होना; गर्भवती होना
【受灾】 shòuzāi प्राकृतिक विपत्ति से पीड़ित (ग्रस्त) होना: ～区域 विपत्ति ग्रस्त क्षेत्र
【受制】 shòuzhì 〈लि०〉 ❶वश में आना: ～于人 किसी के वश में आना ❷दुख झेलना; आफ़त उठाना
【受阻】 shòuzǔ बाधा पड़ना; बाधित होना: 交通～。 यातायात बाधित हुआ।
【受罪】 shòuzuì झंझट में पड़ना; झमेलों में पड़ना

狩

shòu 〈लि०〉 शिकार; आखेट
【狩猎】 shòuliè शिकार करना; आखेट करना

授

shòu ❶देना; प्रदान करना; सौंपना: 授奖 ❷सि-

खाना; शिक्षा देना; सबक देना: 函～ पत्राचार शिक्षा
【授粉】 shòufěn 〈वन०〉 परागण; पराग सींचना
【授奖】 shòujiǎng पुरस्कार देना; पुरस्कृत करना; इनाम देना: ～大会 पुरस्कार वितरण समारोह
【授课】 shòukè पाठ सिखाना; शिक्षा देना
【授命】[1] shòumìng 〈लि०〉 प्राण त्यागना
【授命】[2] shòumìng आदेश देना; आज्ञा देना; हुक्म देना: ～组成新政府 नई सरकार बनाने का आदेश देना
【授权】 shòuquán अधिकार देना
【授时】 shòushí ❶〈खगोल०〉 टाइस सर्विस ❷(पुराने ज़माने में सरकार या सम्राट द्वारा) पंचांग जारी करना
【授时信号】 shòushí xìnhào टाइम सिगनल
【授首】 shòushǒu 〈लि०〉 (बागी या डाकू का) सिर काटा जाना
【授受】 shòushòu लेना-देना; लेन-देन: 私相～ गुप्त लेन-देन
【授衔】 shòuxián उपाधि या सैन्य रैंक से विभूषित करना
【授勋】 shòuxūn पदक से सम्मानित करना
【授业】 shòuyè 〈लि०〉 सबक सिखाना; उपदेश देना
【授艺】 shòuyì कला सिखाना
【授意】 shòuyì प्रेरणा; प्रोत्साहन; प्रेरित; प्रोत्साहित; प्रेरणा (प्रोत्साहन) देना; प्रेरित (प्रोत्साहित) करना: 谁～他这样干的? किस ने उसे ऐसा करने के लिए प्रेरित किया; किस ने उस से ऐसा करवाया ?
【授予】 shòuyǔ प्रदान करना; विभूषित करना; सम्मानित करना: ～称号 उपाधि से विभूषित करना / ～奖章 पदक से सम्मानित करना / ～硕士学位 मास्टर की डिग्री प्रदान करना

售 shòu ❶बिक्री; फ़रोख्त; बेचना; बिकना: ～书 किताब बेचना / 零售 língshòu ❷〈लि०〉 (षड़यंत्र) रचना; (चाल) चलना: 其奸不～。 उस की एक भी चाल न चली।
【售后服务】 shòuhòu fúwù बिक्री के बाद सेवा
【售货机】 shòuhuòjī वेंडिंग मशीन
【售货员】 shòuhuòyuán सेल्सकलर्क; शॉपएसिस्टेंट: 女～ सेल्सगर्ल; शॉपगर्ल
【售价】 shòujià दाम; भाव; मूल्य
【售卖】 shòumài बेचना; बिकना
【售票处】 shòupiàochù टिकट आफ़िस; (थिएटर आदि में) बॉक्स आफ़िस
【售票员】 shòupiàoyuán (बस आदि का) कंडक्टर; टिकट बाबू; बॉक्स आफ़िस क्लर्क

兽（獸）shòu ❶चौपाया; पशु; जानवर: 鸟～ पशु-पक्षी ❷पशुता; पाशविकता: 兽行
【兽环】 shòuhuán (पुरानी शैली के मकान के फाटक पर) पशु के सिर रूपी कुंडी
【兽力车】 shòulìchē चौपाये द्वारा खींची जाने वाली गाड़ी, जैसे घोड़ा-गाड़ी, बैल-गाड़ी
【兽王】 shòuwáng वनराज; सिंह
【兽行】 shòuxíng ❶अमानुषिक व्यवहार; अमानुषिकता ❷पशुता; पाशविकता
【兽性】 shòuxìng हैवानियत; पशुत्व; पशुता
【兽医】 shòuyī पशुचिकित्सक
【兽医学】 shòuyīxué पशुचिकित्सा
【兽医站】 shòuyīzhàn पशुचिकित्सा केन्द्र
【兽疫】 shòuyì पशुमहामारी
【兽疫学】 shòuyìxué पशुमारक रोग शास्त्र
【兽欲】 shòuyù पाशविक वासना

绶（綬）shòu नीचे दे०
【绶带】 shòudài वह रेशमी फ़ीता, जो आधिकारिक मुहर या पदक से जुड़ा होता है

瘦 shòu ❶दुबलापन; दुबला; पतला; दुबला-पतला: 她看上去有点～。 देखने में वह दुबली-सी लगती है। ❷चर्बीरहित: ～肉 चर्बीरहित मांस ❸चुस्त; तंग; छोटा: 这双鞋～了。 ये जूते तंग हैं। ❹अनुर्वर; अनुपजाऊ: ～田 अनुपजाऊ भूमि
【瘦长】 shòucháng लम्बा और पतला
【瘦骨嶙峋】 shòugǔ-línxún कंकालशेष; कंकालसार
【瘦瘠】 shòují ❶दुबला और दुर्बल ❷अनुपजाऊ; अनुर्वर: ～的沙地 अनुर्वर रेतीली भूमि
【瘦弱】 shòuruò पतला; दुर्बल; कमज़ोर
【瘦小】 shòuxiǎo पतला और छोटा
【瘦削】 shòuxuē दुबला-पतला
【瘦子】 shòuzi दुबला-पतला आदमी

shū

书（書）shū ❶लिखना; लिपिबद्ध करना; कलमबंद करना: 书法 / 书写 ❷लिखावट; लिपि; लिखाई: 楷书 kǎishū ❸पुस्तक; किताब; पोथी; ग्रंथ: 丛书 cóngshū / 书店 ❹पत्र; चिट्ठी; खत: 家书 jiāshū ❺दस्तावेज़; पत्र: 证书 zhèngshū / 白皮书 báipíshū
【书案】 shū'àn 〈लि०〉 लिखने की मेज़
【书包】 shūbāo बस्ता; स्कूलबैग
【书报】 shūbào पुस्तकें और पत्र-पत्रिकाएं
【书背】 shūbèi पुश्ती
【书本】 shūběn पुस्तक; किताब; पोथी; ग्रंथ; पुस्तकीय; किताबी: ～知识 किताबी ज्ञान; पुस्तकीय विद्या
【书册】 shūcè 书本 shūběn के समान
【书场】 shūchǎng वह गृह, जहां छवीई（曲艺）के कार्यक्रम प्रस्तुत होते हों
【书橱】 shūchú किताबों की अलमारी
【书呆子】 shūdāizi किताबी कीड़ा
【书店】 shūdiàn किताबघर; किताबों की दूकान; बुकस्टोर
【书法】 shūfǎ लिखावट; लिखाई; लिपि; लिपिकला

【书法家】 shūfǎjiā लिपिकार
【书坊】 shūfāng पुराने ज़माने में पुस्तकों की छपाई और बिक्री दोनों काम करने वाली दूकान
【书房】 shūfáng अध्ययन-कक्ष
【书稿】 shūgǎo पांडुलिपि; हस्तलिपि
【书馆】 shūguǎn ❶पुराने ज़माने का गुरुकुल ❷〈बो०〉 ऐसा चायघर जहां कथावाचन भी होता है
【书柜】 shūguì किताबों की अलमारी
【书函】 shūhán ❶स्लिपकेस ❷पत्र; चिट्ठी; खत
【书号】 shūhào बुक नम्बर
【书后】 shūhòu उपसंहार
【书画】 shūhuà लिपिकला एवं चित्रकला की कृतियाँ
【书籍】 shūjí पुस्तक; किताब
【书脊】 shūjǐ 书背 shūbèi के समान
【书记】 shūji ❶सचिव; सेक्रेटरी: 党委～ पार्टी कमेटी का सचिव / 总～ महासचिव ❷क्लर्क
【书记处】 shūjìchù सचिवालय: ～书记 सचिवालय का सदस्य
【书家】 shūjiā लिपिकार
【书架】 shūjià अलमारी; बुकशेल्फ़
【书柬】 shūjiǎn दे० 书简
【书简】 shūjiǎn (书柬 भी) पत्र; चिट्ठी; खत
【书局】 shūjú प्रकाशनगृह; पब्लिशिंग हाऊस; प्रेस
【书卷】 shūjuàn 〈लि०〉 पुस्तक; किताब
【书卷气】 shūjuànqì पंडिताऊपन
【书刊】 shūkān पुस्तकें और पत्रिकाएं
【书库】 shūkù पुस्तकागार
【书录】 shūlù ग्रंथसूची
【书眉】 shūméi ऊपरी हाशिया
【书迷】 shūmí कथावाचन आदि सुनने का शौकीन
【书面】 shūmiàn लिखित: ～声明 लिखित वक्तव्य / ～报告 लिखित रिपोर्ट / ～答复 लिखित रूप में जवाब देना
【书面语】 shūmiànyǔ लिखित भाषा
【书名号】 shūmínghào पुस्तक का शीर्षक बतानेवाला चिन्ह (《 》)
【书目】 shūmù ग्रंथसूची; पुस्तकों की सूची
【书皮】 shūpí जिल्द
【书评】 shūpíng पुस्तक की समीक्षा
【书签】 shūqiān ❶पुस्तकचिन्ह; बुकमार्क ❷चीनी शैली की धागों से बंधी पुस्तक की जिल्द पर लगाया जाने वाला टाइटल लेबल
【书社】 shūshè ❶पुराने ज़माने में साहित्य सभा ❷प्रकाशन गृह
【书生】 shūshēng बुद्धिजीवी
【书生气】 shūshēngqì पंडिताऊपन
【书市】 shūshì पुस्तक मेला
【书套】 shūtào स्लिपकेस
【书亭】 shūtíng बुकस्टाल
【书童】 shūtóng बाल परिचर
【书屋】 shūwū अध्ययन कक्ष
【书香】 shūxiāng सुशिक्षित (घराना): ～门第 सुशिक्षित घराना
【书写】 shūxiě लेखन; लिखना: ～工具 लेखन-सामग्री / ～标语 पोस्टर लिखना
【书信】 shūxìn पत्र; चिट्ठी; खत: ～往来 पत्र-व्यवहार
【书页】 shūyè पुस्तक का पृष्ठ
【书院】 shūyuàn गुरुकुल
【书札】 shūzhá 〈लि०〉 पत्र; चिट्ठी; खत
【书斋】 shūzhāi अध्ययन-कक्ष
【书桌】 shūzhuō लिखने की मेज़; मेज़; डेस्क

抒 shū ❶प्रगट करना; प्रकट करना; व्यक्त करना; बताना: 抒发 ❷纾 shū के समान
【抒发】 shūfā प्रगट करना; व्यक्त करना; दर्शाना: ～爱国情怀 अपना देश-प्रेम प्रगट करना
【抒怀】 shūhuái अपना मनोभाव व्यक्त करना
【抒情】 shūqíng अपनी भावनाएं प्रकट करना
【抒情诗】 shūqíngshī गीतिकाव्य
【抒写】 shūxiě व्यक्त करना; वर्णन करना; कलमबंद करना: ～感受 अपना अनुभव बताना / ～感情 मनोदशा का वर्णन करना

纾（紓） shū 〈लि०〉 राहत देना; दूर करना; हटाना: ～难 संकट के समय राहत देना

枢（樞） shū केन्द्र; महत्वपूर्ण स्थान; चूल; कीली
【枢机】 shūjī ❶पुराने ज़माने में सरकार का अत्यंत महत्वपूर्ण पद या संस्था ❷〈लि०〉 कुंजी; कुंजीभूत बात
【枢机主教】 shūjī zhǔjiào (रोमन कैथोलिक चर्च का) कार्डिनल
【枢密院】 shūmìyuàn प्रिवी कौंसिल
【枢纽】 shūniǔ केन्द्र; धुरी; महत्वपूर्ण स्थान: 交通～ यातायात का केन्द्र / 水利～ महत्वपूर्ण जल संरक्षण परियोजना
【枢要】 shūyào 〈लि०〉 केन्द्र सरकार

叔 shū ❶काका; चाचा; चचा ❷(अपने पिता के हमउम्र व्यक्ति का संबोधन): अंकल; चाचा जी ❸पति का छोटा भाई; देवर ❹भाइयों में तीसरा
【叔伯】 shūbai चचेरा: ～兄弟 चचेरा भाई
【叔父】 shūfù काका; चाचा; चचा
【叔公】 shūgōng ❶पति का चाचा ❷〈बो०〉 पिता का चाचा
【叔母】 shūmǔ चाची; चची; काकी
【叔婆】 shūpó ❶पति की चाची ❷〈बो०〉 पिता की चाची
【叔叔】 shūshu 〈बोल०〉 ❶काका; चाचा; चचा ❷(अपने पिता की पीढ़ी के किसी व्यक्ति के लिए प्रयुक्त संबोधन): अंकल
【叔祖】 shūzǔ पिता का चाचा
【叔祖母】 shūzǔmǔ पिता की चाची

姝 shū 〈लि०〉 ❶लावणिक; खूबसूरत; प्यारी ❷सुन्दरी

殊 shū ❶भिन्नता; भिन्न; अलग: 殊途同归 ❷विशेष; असाधारण; विशिष्ट: 殊效 / 殊勋 ❸<लि०> बहुत; नितान्त; एकदम: ～难决定。निर्णय करना बहुत कठिन है। ❹<लि०> टूटना; फटना

【殊不知】 shūbùzhī यह सोचा भी नहीं था कि … ; इस की कल्पना भी नहीं की थी कि … ; क्या जानना: 我以为他还在北京，～他已经去了天津。मैं समझता था कि वह इस समय पेइचिंग में है। यह सोचा भी नहीं था कि वह पेइचिंग छोड़कर थ्येनचिन चला जाएगा। / 您觉得这里很美，～颐和园更美呢！आप को तो यहां का दृश्य सुन्दर लगा। लेकिन आप क्या जानते हैं कि समर पैलेस की छवि यहां से कहीं अधिक मनोरम होगी।

【殊荣】 shūróng विशेष सम्मान

【殊死】 shūsǐ ❶जीवन-मरण: ～的斗争 जीवन-मरण का संघर्ष ❷पुराने ज़माने में सर काटने की सज़ा

【殊途同归】 shūtú-tóngguī भिन्न रास्तों से एक ही लक्ष्य पर पहुंच जाना

【殊勋】 shūxūn <लि०> असाधारण सेवा; विशेष कारनामा: 屡建～ एक के बाद दूसरा विशेष कारनामा अंजाम देना

倏（倐） shū तेज़ी से; जल्दी से; फुरती से: ～已半年。छः महीनों का समय जल्दी ही बीत गया।

【倏地】 shūdì तेज़ी से; जल्दी से; फुरती से: 他～从门后闪出来。वह दरवाज़े के पीछे से तेज़ी से सामने आ गया।

【倏忽】 shūhū तेज़ी से; जल्दी से; अचानक; एकाएक: ～不见 एकाएक अदृश्य हो जाना

【倏然】 shūrán <लि०> ❶एकाएक; अचानक; अकस्मात्: ～一阵暴雨。अचानक ताबड़तोड़ वर्षा हुई। ❷बहुत तेज़ी से: 一道流星，～而逝。एक उल्का आकाश में टूटकर बहुत तेज़ी से गिर गई।

菽（朩） shū दलहन

【菽粟】 shūsù खाद्यान्न

梳 shū ❶कंघी; कंघा: 木～ लकड़ी की कंघी ❷(बालों में) कंघी करना: ～头

【梳篦】 shūbì पतली और सघन दांतों वाली कंघी

【梳辫子】 shū biànzi ❶चोटी बनाना; चोटी गूंथना; सिर करना ❷वर्गीकृत करना; श्रेणीबद्ध करना: 先把问题梳梳辫子，再逐个研究解决办法。पहले सवालों को वर्गीकृत करो, फिर एक-एक करके उन का समाधान ढूंढ़ निकालो।

【梳理】 shūlǐ ❶<बुना०> (रुई) धुनना ❷बालों में कंघी करना; बाल संवारना

【梳头】 shūtóu कंघी करना; बाल संवारना

【梳洗】 shūxǐ हाथ-मुंह धोना और बाल संवारना

【梳洗用具】 shūxǐ yòngjù प्रसाधन सामग्री

【梳妆】 shūzhuāng बनाव-सिंगार; बनाव-सिंगार करना

【梳妆台】 shūzhuāngtái सिंगार-मेज़

【梳子】 shūzi कंघा; कंघी

淑 shū ❶सुशीला (नारी) ❷सुन्दर; रूपवती; लावणिक

【淑静】 shūjìng सुशीला

【淑女】 shūnǚ सुशीला कन्या; कुलीन स्त्री

舒 shū ❶फैलाव; विस्तार; फैलाना; पसारना; विस्तार करना ❷<लि०> धीरे-धीरे; इत्मीनान से; आराम से: 舒缓 ❸（Shū）एक कुलनाम

【舒畅】 shūchàng जी खुश होना; तबीयत में ताज़गी आना: 心情～ जी खुश होना; चित्त प्रसन्न होना

【舒服】 shūfu ❶आराम; सुख-चैन; सुख; आरामदेह; सुखद: 舒舒服服过日子 सुख-चैन से जीवन व्यतीत करना ❷तबीयत ठीक होना: 我今天不～。आज मेरी तबीयत ठीक नहीं।

【舒缓】 shūhuǎn ❶मंथर; धीमा; मंद: 节拍～的歌曲 मन्द लय वाला गीत ❷नरम; मृदु: 他语调～地说… उस ने नरम आवाज़ में कहा कि … ❸धीमा: ～的山坡 धीमी ढाल

【舒卷】 shūjuǎn (बादल, धुआं आदि) फैलना और सिमटना

【舒散】 shūsàn ❶सुस्ताना; सुस्त होना; ढीला करना; ढीला पड़ना: ～筋骨 मांसपेशियों को ढीला करना ❷दिल की फांस निकालना; फांस निकलना

【舒适】 shūshì आराम; सुख-सुविधा; सुख-चैन; आरामदेह; सुखद: 环境～ सुखद पर्यावरण / ～的生活 सुखद जीवन / ～的房间 आरामदेह कमरा

【舒坦】 shūtan आराम; सुख: 心里～ दिल के फफोले फूटना

【舒心】 shūxīn <बो०> सुख; प्रसन्नता; सुखद; प्रसन्नतापूर्ण: 日子过得～ सुख से जीवन बिताना

【舒徐】 shūxú धीरे-धीरे; धीमे; मंथर गति से

【舒展】 shūzhǎn ❶फैलना; तनना; खुलना; फैलाना; तानना; खोलना: ～双臂 भुजाएं फैलाना / ～的荷叶 फैले हुए कमल के पत्ते ❷सुख; आराम; सुख-चैन

【舒张】 shūzhāng <श०वि०> डायस्टोल; हृत्स्फार

【舒张压】 shūzhāngyā <चिकि०> डायस्टोल प्रेसर

疏[1]（踈） shū ❶साफ़ करना: 疏浚 ❷छितरा हुआ; बिखरा हुआ: ～林 छितरे हुए पेड़ / ～星 बिखरे हुए तारे ❸(रिश्ते का) दूर; अपरिचित; अनजान; पराया: 生疏 पराया होना ❹लापरवाही; लापरवाह; नज़रंदाज़: ～于防范 सतर्क रहने के बजाए लापरवाही बरतना ❺अल्पता; अपर्याप्तता; अल्प; अपर्याप्त: 志大才疏 zhì dà cái shū ❻छितराना; बिखेरना; बिखरना; तितर-बितर होना (करना): 疏散

疏[2] shū ❶सम्राट को प्रस्तुत किया जाने वाला ज्ञापन ❷टीका; टिप्पणी

【疏财仗义】 shūcái-zhàngyì 仗义疏财 zhàngyì-shūcái के समान

【疏导】 shūdǎo ❶नदी का जल-मार्ग साफ़ करना ❷बाधाएं हटाना; रुकावटें दूर करना; सुगम करना: ～

交通 ट्रैफ़िक सुगम करना
【疏放】 shūfàng 〈लि०〉 ❶अनर्गल; असंयत ❷(लेखन-शैली) रूढ़िमुक्त
【疏忽】 shūhu लापरवाही बरतना; लापरवाह होना; नज़रंदाज़ करना: ～大意 लापरवाही बरतना / 对这个问题一点也不能～。इस सवाल को ज़रा भी नज़रंदाज़ नहीं करना चाहिए ।
【疏剪】 shūjiǎn (टहनियों की) छंटाई करना
【疏解】 shūjiě ❶बीच-बचाव; मध्यस्थता ❷(ट्रैफ़िक) सुगम करना
【疏浚】 shūjùn (नदी का जल-मार्ग) साफ़ करना: ～河道 नदी का जल-मार्ग साफ़ करना
【疏狂】 shūkuáng अनर्गल; अनियंत्रित
【疏阔】 shūkuò 〈लि०〉 ❶अशुद्ध; अशोधित ❷(रिश्ते का) दूर ❸लम्बे अरसे बिछुड़ना
【疏懒】 shūlǎn आलस्य; अकर्मण्यता; आलसी; अकर्मण्य
【疏朗】 shūlǎng ❶छितरा हुआ; बिखरा हुआ: 夜空中闪烁着疏疏朗朗的几点星光。रात के आकाश में छितरे हुए तारे जगमगाते हुए नज़र आए । ❷प्रसन्न; आनंदित: 心胸～ चित्त प्रसन्न होना
【疏漏】 shūlòu त्रुटि; चूक; भूल; भूल-चूक: 此文匆忙写就，～之处难免。यह लेख जल्दबाज़ी में लिखा गया है । इस में भूल-चूक होना अनिवार्य है ।
【疏略】 shūlüè 〈लि०〉 स्थूल: 记载～ स्थूल विवरण
【疏散】 shūsàn ❶छितरना; बिखरना: ～的村落 बिखरे हुए गांव ❷खाली करना; तितर-बितर करना; बिखेरना: ～人群 भीड़ को तितर-बितर करना
【疏失】 shūshī लापरवाही; भूल-चूक
【疏松】 shūsōng ❶भुरभुरा: 土质～。मिट्टी भुरभुरी है । ❷भुरभुरा करना
【疏通】 shūtōng ❶साफ़ करना: ～排水沟 नालों को साफ़ करना ❷बीच-बचाव करना; मध्यस्थता करना
【疏虞】 shūyú 〈लि०〉 लापरवाही
【疏远】 shūyuǎn (संबंध) दूर होना; विरक्त होना: 他们俩渐渐～了。वे दोनों आहिस्ते-आहिस्ते विरक्त होते गए ।

输[1] (輸)shū ❶पहुंचाना; भेजना; परिवहन करना: 把货物～往国外 वस्तुओं को विदेशों में भेजना / 输送 ❷〈लि०〉 दान करना; अर्पित करना: 输将

输[2] (輸) shū हार; पराजय; हारना; हार खाना; पराजित होना: 不认～ अपनी हार मानने को तैयार न होना
【输诚】 shūchéng 〈लि०〉 आत्मसमर्पण; आत्मसमर्पण करना
【输出】 shūchū ❶बाहर निकलना ❷निर्यात; निर्यातित; निर्यात करना; निर्यातित करना: ～机械产品 मशीनरी का निर्यात करना / ～资本 पूंजी का निर्यात करना ❸〈विद्यु०〉 आऊटपुट
【输电】 shūdiàn बिजली पहुंचाना; बिजली पहुंचना: 新建水电站开始向西南地区～。नवनिर्मित पन बिजली घर से दक्षिण-पूर्व क्षेत्र में बिजली पहुंचने लगी है ।
【输电网】 shūdiànwǎng ग्रीड सिस्टम
【输电线路】 shūdiàn xiànlù ट्रांसमिशन लाइन
【输家】 shūjiā हारनेवाला
【输将】 shūjiāng 〈लि०〉 दान करना; चन्दा देना: 慷慨～ हाथ खोलकर देना
【输精管】 shūjīngguǎn शुक्रवाहिणी
【输精管结扎术】 shūjīngguǎn jiézāshù नसबन्दी
【输理】 shūlǐ का दोष होना: 你～了，还多说什么！दोष तुम्हारा है । ज़्यादा बकने से क्या फ़ायदा !
【输卵管】 shūluǎnguǎn अंडवाहिणी
【输卵管结扎术】 shūluǎnguǎn jiézāshù नसबन्दी
【输尿管】 shūniàoguǎn मूत्रवाहिणी
【输入】 shūrù ❶अन्दर ले आना ❷आयात; आयातित; आयात करना; आयातित करना: 资本～ पूँजी का आयात ❸〈विद्यु०〉 इनपुट
【输送】 shūsòng भेजना; पहुंचाना; संचार करना: ～新鲜血液 नए खून का संचार करना / ～商品 वस्तुएं पहुंचाना / ～人才 प्रतिभाएं प्रदान करना
【输送带】 shūsòngdài वाहक पट्टा
【输送机】 shūsòngjī वाहक
【输血】 shūxuè खून देना
【输血打气】 shūxuè dǎqì में जान डालना
【输氧】 shūyǎng आक्सीजन थैरपी
【输液】 shūyè 〈चिकि०〉 इनफ़्यूज़न
【输赢】 shūyíng ❶हार-जीत; विजय-पराजय: ～未定。हार-जीत अनिश्चित है । / 一决～ हार-जीत का फ़ैसला होना ❷जुए में हार और जीत: 他们几个一天赌下来，～几十万。दिन भर जूआ खेलने में उन की हार और जीत की रकम कई लाख थी ।
【输油管】 shūyóuguǎn तेल पाइप लाइन

蔬 shū साग; सब्ज़ी; शाक; तरकारी
【蔬菜】 shūcài साग; सब्ज़ी; शाक; तरकारी

shú

秫 shú काओल्यांग (高粱); सोर्गम
【秫秸】 shújie काओल्यांग के डंठल
【秫米】 shúmǐ काओल्यांग के दाने
【秫秫】 shúshú 〈बो०〉 काओल्यांग; सोर्गम

孰 shú ❶कौन; कौन सा: ～胜～负? कौन हारा और कौन जीता ? / ～是～非 कौन सी बात सही है और कौन सी गलत ? ❷क्या: 是可忍，孰不可忍? shì kě rěn, shú bù kě rěn

赎 (贖) shú ❶रेहन छुड़ाना: 把东西～回来 रेहन रखी हुई चीज़ छुड़ाना ❷पाप धोना; अपने अपराधों का प्रायश्चित करना
【赎当】 shúdàng रेहन छुड़ाना; गिरवी रखी हुई वस्तु या

जायदाद छुड़ाना
【赎金】 shújīn मुआवज़ा
【赎买】 shúmǎi मुआवज़ा देना
【赎买政策】 shúmǎi zhèngcè प्रतिदान की नीति
【赎身】 shúshēn (दास या वेश्या) स्वतंत्रता खरीदना; मुक्ति खरीदना
【赎罪】 shúzuì अपने अपराध का प्रायशचित करना; अपना पाप धोना: 将功～ अपने सराहनीय कर्मों से अपना पाप धोना

塾 shú गुरुकुल; गुरुगृह
【塾师】 shúshī गुरु

熟 shú ❶(अनाज, फल आदि का) परिपक्व होना; पकना: 苹果～了。सेब के फल पक गए। ❷पक्का; पका हुआ: ～菜 पक्की तरकारी ❸पकाना; सिझाना; पकना; सीझना: ～皮子 सिझाया हुआ चमड़ा / ～铁 पिटवां लोहा ❹परिचित; जान-पहचान: ～人 परिचित ❺दक्ष; मंजा हुआ; सधा हुआ: ～手 मंजा हुआ हाथ ❻गहरा: ～睡 गहरी नींद सोना
shóu भी दे०
【熟谙】 shú'ān 〈लि०〉 पारंगत: ～兵法 युद्ध कला में पारंगत होना
【熟地】 shúdì जोती हुई भूमि
【熟荒】 shúhuāng (熟荒地 shúhuāngdì भी) उजड़ा हुआ खेत
【熟客】 shúkè अक्सर आनेवाला मेहमान
【熟练】 shúliàn निपुणता; दक्षता; प्रवीणता; कुशलता; निपुण; दक्ष; प्रवीण; कुशल; अनुभवी: ～技工 अनुभवी कारीगर / ～地操纵机器 कुशलता से मशीन चलाना; मशीन चलाने में कुशल होना
【熟路】 shúlù परिचित रास्ता
【熟门熟路】 shúmén-shúlù परिचित रास्ता और परिचित ही द्वार —— एक बात का हर पक्ष अच्छी तरह जानना
【熟能生巧】 shúnéngshēngqiǎo अच्छा अभ्यास करने से हाथ साफ़ होता है या हाथ सधते हैं
【熟年】 shúnián भरपूर फ़सल का वर्ष
【熟人】 shúrén सुपरिचित; जान-पहचान; पुरानी जान-पहचान का आदमी
【熟稔】 shúrěn 〈लि०〉 पारंगत; पारंगत होना
【熟石膏】 shúshígāo पलस्तर
【熟石灰】 shúshíhuī बुझा हुआ चूना
【熟食】 shúshí पक्का खाद्यपदार्थ
【熟识】 shúshi अच्छी तरह जानना; (से) बखूबी वाकिफ़ होना: 他们彼此很～。वे एक दूसरे को अच्छी तरह जानते हैं।
【熟视无睹】 shúshì-wúdǔ अनदेखा करना; नज़रंदाज़ करना
【熟思】 shúsī सोच-विचार करना
【熟土】 shútǔ उपजाऊ मिट्टी
【熟悉】 shúxi से परिचित होना; का परिचय प्राप्त करना; से अवगत होना; ज्ञात होना; जानना: 我对他不～。मैं उस से परिचित नहीं हूं। / 他～当地情况。वह उस स्थान की स्थिति जानता है।
【熟习】 shúxí दक्ष होना; पटु होना; प्रवीण होना; निपुण होना: ～业务 अपने काम में दक्ष होना
【熟橡胶】 shúxiàngjiāo वल्कनित रबर
【熟语】 shúyǔ मुहावरा और कहावत
【熟知】 shúzhī अच्छी तरह जानना; पूरी तरह ज्ञात होना
【熟字】 shúzì परिचित शब्द

shǔ

暑 shǔ गरमी; ताप; उष्मा: ～天 गर्मियों के दिन
【暑假】 shǔjià गरमियों की छुट्टी
【暑期】 shǔqī गरमियों की छुट्टी
【暑气】 shǔqì गरमी
【暑热】 shǔrè कड़ाके की गरमी

黍 shǔ बाजरा
【黍子】 shǔzi बाजरा

属（屬） shǔ ❶वर्ग; कोटि: 金属 jīnshǔ ❷〈जीव०〉 प्रजाति ❸के अधीन; के मातहत: 直～ के सीधे अधीन होना ❹में होना; का होना: 胜利一定～我们! विजय हमारी होकर ही रहेगी। / 我们两国同～发展中国家。हमारे दोनों देश विकासशील देशों में हैं। ❺परिजन: 烈～ शहीद के परिजन ❻होना: 报告～实。यह रिपोर्ट वस्तुस्थिति पर आधारित है। ❼(बारह प्रतीकात्मक जन्तुओं में से किसी एक के वर्ष में पैदा होना): 他是～龙的。वह ड्रैगन वर्ष में पैदा हुआ था।
zhǔ भी दे०
【属地】 shǔdì पराधीन देश; परतंत्र देश
【属格】 shǔgé 〈व्या०〉 संबंध कारक
【属国】 shǔguó अधीनस्थ राज्य
【属下】 shǔxià अधीनस्थ कर्मचारी; मातहत: 我是他的～。मैं उन का मातहत हूं।
【属相】 shǔxiang 〈बोल०〉 生肖 shēngxiào का प्रचलित नाम
【属性】 shǔxìng गुण; विशेषता
【属于】 shǔyú का होना: 这是～他的私人财产。यह उस की निजी ज़ायदाद है।
【属员】 shǔyuán (पुराने ज़माने में सरकारी संस्था का) कर्मचारी

署[1] shǔ ❶कार्यालय; दफ़्तर; आफ़िस: 高级专员公～ उच्चायोग ❷प्रबंध; व्यवस्था; प्रबंध करना; व्यवस्था करना: 部署 bùshǔ ❸दूसरे की ओर से कार्य निपटाना; प्रतिनिधि के रूप में काम करना: 署理

署[2] shǔ हस्ताक्षर करना; दस्तखत करना: 请在此

处～上你的名字。यहाँ हस्ताक्षर कीजिए।
【署理】 shǔlǐ किसी अनुपस्थित अधिकारी की ओर से कार्य संभालना
【署名】 shǔmíng हस्ताक्षर; दस्तखत; हस्ताक्षर करना; दस्तखत करना: 请在这份文件上～。इस दस्तावेज़ पर हस्ताक्षर कीजिए।

蜀 Shǔ ❶चओ राजवंश काल में एक राज्य, जो वर्तमान स्छवान प्रांत के छंगतू क्षेत्र में स्थित था। ❷蜀汉 Shǔ–Hàn का संक्षिप्त नाम ❸स्छवान (四川) का दूसरा नाम
【蜀汉】 Shǔ–Hàn शू हान राज्य (221-263 ई०)
【蜀锦】 shǔjǐn स्छवान ब्रोकेड
【蜀犬吠日】 shǔquǎn–fèirì कोहरेदार शू (蜀) इलाके का कुत्ता सूरज पर भौं भौं करता है —— अनभिज्ञ व्यक्ति को विरल चीज़ देखने पर आश्चर्य होता है
【蜀黍】 shǔshǔ 高粱 (काओल्यांग) का दूसरा नाम
【蜀绣】 shǔxiù स्छवान कसीदाकारी

鼠 shǔ चूहा; चुहिया; भूष; भूषा; भूषक; भूषिका
【鼠辈】 shǔbèi तुच्छ आदमी; नाचीज़
【鼠窜】 shǔcuàn डरे हुए चूहे की तरह भाग जाना
【鼠肚鸡肠】 shǔdù–jīcháng तंगदिली; तंगदिल
【鼠害】 shǔhài चूहों द्वारा मचाई गई बरबादी
【鼠夹】 shǔjiā चूहेदान; चूहेदानी
【鼠目寸光】 shǔmù–cùnguāng संकुचित दृष्टिकोण; अदूरदर्शिता; अदूरदर्शी
【鼠窃狗盗】 shǔqiè–gǒudào चूहे की तरह चुराना और कुत्ते की तरह झपटना —— छोटी-मोटी चालें चलना
【鼠疫】 shǔyì प्लेग

数(數) shǔ ❶गिनती; हिसाब; गिनती करना; हिसाब लगाना; गिनना: ～一～有多少本书。किताबों का हिसाब लगाओ। / ～数目 गिनती करना ❷(सर्वश्रेष्ठ) मानना; समझना: 数一数二 ❸गणना करना: 列～其罪 उस के अपराधों की एक-एक करके गणना करना
shù; shuò भी दे०
【数不清】 shǔbuqīng असंख्य; बेहिसाब; अनगिनत
【数不胜数】 shǔbùshèngshǔ असंख्य; बेहिसाब; अनगिनत; बेशुमार
【数不着】 shǔbuzháo (数不上 shǔbushàng भी) गिनती में न आना; में गिना नहीं जाना: 论打字速度,还～他。वह तेज़ी से टाइप करने वालों की गिनती में नहीं आता।
【数叨】 shǔdao 数落 shǔluo के समान
【数得着】 shǔdezháo (数得上 shǔdeshàng भी) गिनती में आना; में गिना जाना: 她是～的优秀学生。वह श्रेष्ठ छात्र-छात्राओं में गिनी जाती है।
【数典忘祖】 shǔdiǎn–wàngzǔ अपने पूर्वजों के अलावा अन्य सभी संबंधित ऐतिहासिक तथ्य पेश करना; अपने देश के इतिहास से अनजान रहना; अपनी जड़ों को भूल जाना
【数伏】 shǔfú साल के सर्वाधिक गरम मौसम की शुरूआत
【数九】 shǔjiǔ साल के सर्वाधिक ठंडे मौसम की शुरूआत
【数落】 shǔluo ❶झिड़कियाँ सुनाना; फटकार सुनाना: 母亲～了我一顿。मां ने मुझे झिड़कियाँ सुनाईं। ❷एक के बाद दूसरी मिसाल पेश करना
【数米而炊】 shǔmǐ'érchuī पकाने से पहले चावल के दाने गिनना —— कंजूसी करना
【数说】 shǔshuō ❶गिनती करना; हिसाब लगाना ❷झिड़कियाँ सुनाना; फटकार सुनाना
【数一数二】 shǔyī–shǔ'èr सर्वश्रेष्ठ माना जाना; प्रथम श्रेणी में गिना जाना: 他在国内是～的举重运动员。वह देश में सर्वश्रेष्ठ भारोत्तोलक माना जाता है।

薯(藷) shǔ आलू और शकरकंद आदि कंदशाक: 白～ शकरकंद / 马铃～ आलू

曙 shǔ 〈लि०〉 मुंह-उजाले; पौ फटना
【曙光】 shǔguāng पौ; उषा; प्रभात: 看到胜利的～ विजय का प्रभात नज़र आना
【曙色】 shǔsè भोर का उजाला

shù

术(術) shù ❶कला; शिल्प; कौशल; हुनर; तकनीक: 美术 měishù / 武术 wǔshù ❷तरीका; विधि; कार्य-पद्धति; नीति: 战术 zhànshù / 权术 quánshù
zhú भी दे०
【术科】 shùkē सैन्य या शारीरिक प्रशिक्षण में दिए जाने वाले तकनीकी कोर्स (学科 xuékē से भिन्न)
【术士】 shùshì 〈लि०〉 ❶कंफ़्यूशियसवादी विद्वान ❷ जादूगर
【术语】 shùyǔ परिभाषा; परिभाषा की शब्दावली

戍 shù रक्षा; हिफ़ाज़त; रक्षा करना; हिफ़ाज़त करना
【戍边】 shùbiān सीमा की रक्षा करना: ～部队 सीमारक्षक टुकड़ियाँ
【戍守】 shùshǒu रक्षा करना; हिफ़ाज़त करना: ～边疆 सीमा की रक्षा करना
【戍卒】 shùzú सीमारक्षक; सीमा पर तैनात सिपाही

束 shù ❶बांधना; कसना: ～腰带 कमरबंद कसना ❷〈परि०श०〉 गुच्छा; लच्छा; गट्ठा; पुलिन्दा; पूला: 一～花 फूलों का एक गुच्छा / 一～丝 रेशम का लच्छा ❸नियंत्रण; प्रतिबंध; पाबंदी; नियंत्रित; प्रतिबंधित; पाबंद: 约束 yuēshù ❹पुंज: 光～ किरण पुंज ❺ (Shù) एक कुलनाम
【束缚】 shùfù बंधन; जकड़; नियंत्रण; बंधन में जकड़ा होना; जकड़ना; नियंत्रण करना; नियंत्रित करना: ～手脚 हाथ-पांव जकड़ना / 受制度的～ व्यवस्था की जकड़ में आना / 冲破旧思想的～ पुराने विचारों के बंधन से

मुक्त होना
【束身】 shùshēn ❶अपने पर नियंत्रण करना; संयत होना ❷अपने आप को रस्सियों से बांधना: ～认罪 अपने को बांधकर अपना अपराध कबूल करना
【束手】 shùshǒu निस्सहाय होना; हाथ पत्थर तले दबना
【束手待毙】 shùshǒu-dàibì निस्सहाय होकर मौत का इंतज़ार करना; हाथ पर हाथ धरे बैठे खातमे की प्रतीक्षा में होना
【束手就擒】 shùshǒu-jiùqín बच निकलने में असमर्थ होना; प्रतिरोध करने में असमर्थ होना
【束手束脚】 shùshǒu-shùjiǎo संकोच करना; संकुचित होना
【束手无策】 shùshǒu-wúcè निरुपाय; लाचार; निरुपाय होना; लाचार होना; कोई भी उपाय या युक्ति न सूझ सकना: 面对如此复杂的技术问题，大家都～。इतने पेचीदा तकनीकी सवालों के आगे सबों को कोई भी उपाय सूझ नहीं सका।
【束脩】 shùxiū पुराने ज़माने में गुरु का पारिश्रमिक
【束之高阁】 shùzhīgāogé ताक पर रखना; दरकिनार रखना; ठंडे बस्ते में डालना
【束装】 shùzhuāng <लि०> सामान बांधना

述 shù वर्णन करना; बखान करना; विवरण देना; बताना; कहना: 上～事项 ऊपर कही हुई बातें / 简～事情经过 पूरे मामले का संक्षिप्त विवरण देना
【述评】 shùpíng समीक्षा; टिप्पणी; वार्ता: 时事～ सामयिक वार्ता
【述说】 shùshuō विवरण देना; बताना; कहना
【述职】 shùzhí अपने कार्य पर रिपोर्ट प्रस्तुत करना; कार्यरिपोर्ट पेश करना

树（樹）shù ❶पेड़; वृक्ष; दरख्त: 柳～ वीलो का पेड़ ❷ रोपण; रोपण करना; लगाना: 十年树木，百年树人 shí nián shù mù, bǎi nián shù rén ❸कायम करना; स्थापित करना; रखना: ～威信 प्रतिष्ठा कायम करना / ～雄心 महत्वाकांक्षा रखना
【树碑立传】 shùbēi-lìzhuàn स्मारक खड़ा करना और जीवन कथा लिखना —— तस्वीर पेश करना
【树杈】 shùchà पेड़ की द्विशाखी शाखा
【树丛】 shùcóng उपवन; निकुंज; पेड़ों का झुरमुट
【树大根深】 shùdà-gēnshēn ऊंचे वृक्ष की गहरी जड़ होती है —— प्रभावशाली होना; रोबीला होना
【树大招风】 shùdà-zhāofēng ऊंचे वृक्ष को आसानी से हवा के झोंके लगते हैं —— एक प्रतिष्ठित पुरुष के लिए कलंकित होने से बच निकलना कठिन होता है
【树倒猢狲散】 shù dǎo húsūn sàn पेड़ गिर जाने पर बन्दर तितर-बितर हो जाते हैं —— एक प्रभावशाली व्यक्ति का पतन होने पर उस के पिछलग्गू तितर-बितर हो जाते हैं
【树敌】 shùdí बैर मोल लेना; दुश्मनी मोल लेना; अपना विरोधी बनाना: 到处～ हर जगह लोगों से दुश्मनी मोल लेना
【树洞】 shùdòng वृक्षकोटर; पेड़ का खोड़रा
【树墩】 shùdūn （树墩子 shùdūnzi भी） खुत्थ; खुत्थी; पेड़ी
【树干】 shùgàn तना; स्कंध; स्तंभ
【树根】 shùgēn पेड़ की जड़
【树冠】 shùguān पेड़ का मुकुट; छत्र
【树行子】 shùhàngzi उपवन
【树胶】 shùjiāo गोंद; राल
【树立】 shùlì कायम करना; स्थापित करना: ～榜样 मिसाल कायम करना / ～信心 विश्वास पैदा करना
【树凉儿】 shùliángr （树阴凉儿 shùyīnliángr भी） पेड़ की ठंडी छाया जैसे ग्रीष्म में
【树林】 shùlín （树林子 shùlínzi भी） वन; जंगल
【树龄】 shùlíng पेड़ की उम्र
【树苗】 shùmiáo पेड़ का पौधा
【树木】 shùmù वृक्ष; पेड़; दरख्त
【树皮】 shùpí छाल
【树梢】 shùshāo फुनगी
【树身】 shùshēn तना; स्कंध; स्तंभ
【树荫】 shùyīn पेड़ की छाया
【树枝】 shùzhī टहनी; डाल; शाखा
【树脂】 shùzhī राल; धूना
【树种】 shùzhǒng ❶पेड़ की प्रजातियां ❷पेड़ के बीज
【树桩】 shùzhuāng खुत्थ; खुत्थी; पेड़ी

竖[1]（竪、豎）shù ❶सीधा; खड़ा; लंबरूप: 画～线 लंब गिराना ❷खड़ा करना; खड़ा होना: ～杆子 खंभा खड़ा करना ❸चीनी अक्षरों की लंबरूप रेखा

竖[2]（竪、豎）shù <लि०> जवान नौकर
【竖笛】 shùdí <संगी०> रिकार्डर; बांसुरी
【竖井】 shùjǐng <खनि०> शाफ़्ट
【竖立】 shùlì खड़ा करना; खड़ा होना: 联合国总部大厦前～着一排旗杆。संयुक्त राष्ट्र मुख्यालय के भवन के सामने एक पंक्ति में ध्वजदंड खड़े हैं।
【竖起】 shùqǐ खड़ा करना; ऊपर उठाना: ～耳朵 कान खड़े करना (होना)
【竖琴】 shùqín <संगी०> हार्प
【竖蜻蜓】 shù qīngtíng <बो०> हाथों के बल खड़ा होना
【竖子】 shùzǐ <लि०> ❶बाल सेवक ❷छोकरा; लौंडा

恕 shù ❶दूसरों का ध्यान रखना ❷माफ़ करना; क्षमा करना: 宽恕 kuānshù / 恕罪 ❸<शिष्ट०> क्षमा कीजिए; माफ़ कीजिए: 恕不奉陪
【恕不奉陪】 shù bù fèngpéi माफ़ कीजिए, मैं आप का साथ नहीं दे सकता
【恕难从命】 shù nán cóngmìng क्षमा कीजिए, हम आप की इच्छा पूरी करने में असमर्थ हैं
【恕罪】 shùzuì अपराध माफ़ करना

庶[1] shù ❶प्रचुरता; बहुतायत; विपुलता; आधिक्य:

富庶 fùshù ❷<लि०> प्रजा; जन-साधारण: 庶民

庶 2 shù सौत; सौतेला: ～出 सौत से उत्पन्न होना

庶 3 shù <लि०> से; ताकि; जिस से: ～免误会 ताकि गलतफ़हमी न हो जाए

【庶乎】 shùhū <लि०> से; ताकि; जिस से

【庶几】 shùjī （庶几乎 shùjīhū भी）<लि०> से; ताकि; जिस से

【庶民】 shùmín <लि०> प्रजा; जन-साधारण

【庶母】 shùmǔ पिता की रखैल

【庶人】 shùrén <लि०> वह, जो कुलीन परिवार का न हो; आम आदमी

【庶务】 shùwù ❶पुराने ज़माने में किसी एक संस्था का आम मामला ❷आम मामले की देखभाल करनेवाला

【庶子】 shùzǐ सौत का पुत्र

数（數）shù ❶संख्या; तादाद: ～以千计 सैकड़ों की संख्या में ❷<गणित०> संख्या: 整数 zhěngshù / 分数 fēnshù ❸<व्या०> वचन: 单数 dānshù / 复数 fùshù ❹कई; कुछ: ～百人 कई सौ लोग / ～分钟后 कुछ मिनटों के बाद ❺भाग्य; किस्मत; तकदीर
shǔ; shuò भी दे०

【数词】 shùcí <व्या०> संख्यावाचक

【数额】 shù'é नियत संख्या; निश्चित रकम: 超出～ नियत संख्या से अधिक होना

【数据】 shùjù आंकड़े; आधार सामग्री

【数据处理】 shùjù chǔlǐ डेटा प्रोसेसिंग; आंकड़ा अभिसंस्करण

【数据存储系统】 shùjù cúnchǔ xìtǒng डेटा-स्टोरेज सिस्टम; आँकड़े एकत्र करने की व्यवस्था

【数据库】 shùjùkù डेटा बैंक; आंकड़ा समूह

【数控】 shùkòng 数字控制 shùzì kòngzhì का संक्षिप्त रूप

【数理化】 shùlǐhuà （数学、物理、化学 का संक्षिप्त नाम）गणित शास्त्र, भौतिक शास्त्र और रसायन शास्त्र

【数理逻辑】 shùlǐ luójí मैथिमैटिकल लॉजिक; गणितीय तर्क शास्त्र

【数量】 shùliàng परिमाण; मात्रा: ～和质量 परिमाण और गुणवत्ता / ～变化 परिमाण में परिवर्तन

【数量词】 shùliàngcí <व्या०> संख्या-परिमाण वाचक-समास, जैसे "一次" (एक बार), "三本" (तीन प्रतियां)

【数列】 shùliè संख्याओं की व्यवस्थित श्रृंखला

【数码】 shùmǎ ❶अंक: 罗马～ रोमन अंक ❷संख्या; नम्बर ❸डिजिटल: ～相机 डिजिटल कैमरा

【数目】 shùmù संख्या; नम्बर; तादाद

【数目字】 shùmùzì 数字 shùzì के समान

【数学】 shùxué गणित शास्त्र; गणित; मैथिमैटिक्स: ～家 गणितज्ञ

【数值】 shùzhí <गणित०> संख्यात्मक भाव

【数制】 shùzhì गणना व्यवस्था, जैसे द्विआधारी व्यवस्था（二进制）; दशमलव व्यवस्था （十进制）

【数珠】 shùzhū （念珠 niànzhū भी）जपमाला

【数字】 shùzì ❶अंक; संख्याशब्द ❷संख्या; तादाद ❸परिमाण; मात्रा

【数字控制】 shùzì kòngzhì न्यूमेरिकल कंट्रोल

墅 shù बंगला: 别～ बंगला

漱 shù कुल्ला; कुल्ली; आचमन

【漱口】 shùkǒu कुल्ला (कुल्ली) करना

shuā

刷 1 shuā ❶ब्रश; कूँची: 牙刷 yáshuā ❷ब्रश करना; ब्रश से साफ़ करना; कूँची देना: ～鞋 जूतों को ब्रश से साफ़ करना / ～锅 कड़ाही साफ़ करना ❸लीपा-पोती करना; लीपना; पोतना: ～墙 दीवार की लीपा-पोती करना ❹<बो०> निकाल देना: 他让工厂给～了。वह कारखाने द्वारा नौकरी से निकाल दिया गया।

刷 2 （唰）shuā <अनु०> सर-सर; सरसराहट; सरसराना: 树叶被风刮得～～响。पेड़ के पत्ते हवा के झोंकों में सरसरा रहे हैं।
shuà भी दे०

【刷拉】 shuālā <अनु०> सर-सर: 一只小鸟～一声飞走了。एक चिड़िया सरसराते हुए उड़ गई।

【刷洗】 shuāxǐ ब्रश से साफ़ करना; साफ़ करना: ～地板 फ़र्श साफ़ करना

【刷新】 shuāxīn सुधारना: ～记录 रिकार्ड सुधारना; नया रिकार्ड कायम करना; पुराना रिकार्ड तोड़ देना

【刷牙】 shuāyá दांत साफ़ करना

【刷子】 shuāzi ब्रश; कूँची

shuǎ

耍 shuǎ ❶<बो०> खेल; क्रीड़ा; खेलना; क्रीड़ा करना: 孩子们在院子里～呢。बच्चे आंगन में खेल रहे हैं। / 这可不是～的。यह तो कोई खेल नहीं है। ❷चलाना; दिखाना: ～把戏 तमाशा दिखाना / ～刀 तलवार चलाना ❸खेलना: 耍花招 / 耍威风 ❹उल्लू बनाना; बेवकूफ़ बनाना: 我们被人～了。हम उल्लू बना दिये गये।

【耍把戏】 shuǎ bǎxì ❶तमाशा दिखाना ❷खेल खेलना; चाल चलना

【耍笔杆】 shuǎ bǐgǎn कलम चलाना; कलम घसीटना: 他光会～，做实际工作不行。वह कलम चलाने में उस्ताद तो है, पर ठोस काम करने में अनाड़ी है। / ～的 कलमजीवी

【耍猴儿】 shuǎhóur ❶बन्दर का तमाशा दिखाना ❷से खिलवाड़ करना; हंसी-मज़ाक उड़ाना
【耍花腔】 shuǎ huāqiāng चिकनी चुपड़ी बातें कहना
【耍花招】 shuǎ huāzhāo （耍花枪 shuǎ huāqiāng भी）❶दिखाने के लिए चेष्टाएं करना ❷खेल खेलना; पैंतरेबाज़ी करना
【耍滑】 shuǎhuá （耍滑头 shuǎ huátóu भी） चालाकी खेलना; दगाबाज़ी करना
【耍奸】 shuǎjiān 耍滑 shuǎhuá के समान
【耍赖】 shuǎlài （耍无赖 shuǎ wúlài भी）बेहयाई करना; निर्लज्जता करना
【耍流氓】 shuǎ liúmáng गुंडागीरी करना; बदमाशी करना; छेड़खानी करना; छेड़-छाड़ करना
【耍闹】 shuǎnào हंसना-खेलना：学生们在操场上～。बच्चे मैदान में हंस-खेल रहे हैं।
【耍弄】 shuǎnòng उल्लू बनाना; बेवकूफ़ बनाना
【耍排场】 shuǎ páichang तड़क-भड़क दिखाना
【耍贫嘴】 shuǎ pínzuǐ 〈बो०〉 बातूनी होना; बक्की होना
【耍钱】 shuǎqián 〈बो०〉 जुआ खेलना
【耍人】 shuǎrén उल्लू बनाना; बेवकूफ़ बनाना
【耍手段】 shuǎ shǒuduàn（耍手腕 shuǎ shǒuwàn भी） चाल चलना; दांव-पेंच खेलना
【耍手艺】 shuǎ shǒuyì दस्तकारी का काम करते हुए जीवन निर्वाह करना
【耍态度】 shuǎ tàidu गुस्सा आना; पारा चढ़ना; खीझना; झुंझलाना
【耍威风】 shuǎ wēifēng रोब जमाना; धाक जमाना
【耍笑】 shuǎxiào ❶हंसना-बोलना ❷हंसी उड़ाना; किसी को बनाना：他在～我们。वह हमें बना रहे हैं।
【耍心眼儿】 shuǎ xīnyǎnr अपना मतलब निकालना; अपनी गरज निकालना; मतलबी होना
【耍子】 shuǎzi 〈बो०〉 खेलना; मन बहलाना
【耍嘴皮子】 shuǎ zuǐpízi ❶बातूनी होना; बक्की होना ❷ज़बानी जमा-खर्च करना; खोखली बातें करना

shuà

刷 shuà 〈बो०〉 चुनना; बीनना：看能不能在这筐苹果里～出几个好的来。देखें, हम इन टोकरी भर सेबों में से कुछ अच्छे वाले चुन सकते हैं या नहीं।
shuā भी दे०
【刷白】 shuàbái 〈बो०〉 उजला; सफ़ेद：月光下田野里显得～。चांदनी में मैदान उजला नज़र आया।/ 一听这话，他的脸立刻变得～。यह बात सुनते ही उस का चेहरा तुरंत सफ़ेद पड़ गया।

shuāi

衰 shuāi ह्रास; क्षीणता; दुर्बलता; कमज़ोरी; जीर्णता; क्षीण; दुर्बल; कमज़ोर; जीर्ण; जीर्ण-शीर्ण：年老体～ जीर्ण-शीर्ण होना / 风势渐～。हवा का ज़ोर कम पड़ता गया।
【衰败】 shuāibài पतन; ह्रास; पतनोन्मुख; ह्रासोन्मुख
【衰惫】 shuāibèi 〈लि०〉 दुर्बल और थका हुआ होना
【衰变】 shuāibiàn 〈भौ०〉 क्षय：核～ न्यूक्लियर क्षय
【衰减】 shuāijiǎn कमज़ोर होना; क्षीण होना：听力～ श्रव्यशक्ति कमज़ोर होना
【衰竭】 shuāijié परिश्रांति; परिश्रांत：心力～ हृदय-गति रुक जाना
【衰老】 shuāilǎo जीर्णता; शीर्णता; जीर्ण; जीर्ण-शीर्ण; जीर्ण (शीर्ण) होना; सठियाना：这两年，他显得～多了。इन दो सालों में वह बहुत ही जीर्ण दीखने लगा है।
【衰落】 shuāiluò पतन; अधोगति; पतनोन्मुख：奥斯曼帝国的～तुर्की साम्राज्य का पतन
【衰迈】 shuāimài बुढ़ापा; जराजीर्णता; वृद्धावस्था; बूढ़ा; जराजीर्ण
【衰弱】 shuāiruò दुर्बलता; कमज़ोरी; अशक्तता; दुर्बल; कमज़ोर; अशक्त：一场大病后，她身体明显地～了。गंभीर बीमारी के बाद वह स्पष्टतः दुर्बल हो गई।
【衰替】 shuāitì 〈लि०〉 पतन; ह्रास
【衰颓】 shuāituí ह्रास; ह्रासोन्मुख
【衰退】 shuāituì अधोगति; अवनति; अवनत：经济～ आर्थिक अवनति / 视力～ आंखें कमज़ोर होना
【衰亡】 shuāiwáng पतन और ध्वंस होना
【衰微】 shuāiwēi (एक देश या राष्ट्र का) पतन होना
【衰萎】 shuāiwěi मुरझाना; कुम्हलाना
【衰朽】 shuāixiǔ 〈लि०〉 जीर्णशीर्ण; जराक्षीण; जर्जर：～的帝国 जर्जर साम्राज्य / ～残年 जराशीर्ण होना

摔[1] （踤） shuāi गिरना; गिर पड़ना：他因地滑而～了一跤。फिसलन के कारण वह ज़मीन पर गिर पड़ा।

摔[2] shuāi ❶तीव्र गति से गिरना：～了一架飞机。एक विमान धरती पर गिर गया। ❷पटक कर या गिराकर तोड़ना：她不小心把花瓶～了。उस ने अनजाने में एक फूलदान गिरा कर तोड़ दिया। ❸छोड़ना; फेंकना：往空中～鞭炮 पटाखों को हवा में छोड़ना ❹摔打❶के समान
【摔打】 shuāida ❶झटकारना; झटका देना; पटकना：把扫帚上的泥～～。झाड़ू को झटकारकर धूल झाड़ दो। ❷तपा-तपाया होना：青年人要到艰苦环境中～～。युवाओं को कठोर वातावरण में तपा-तपाया होना चहिए।
【摔倒】 shuāidǎo ❶गिर पड़ना ❷(कुश्ती में) पछाड़ देना; पछाड़ना
【摔跟头】 shuāi gēntou ❶ठोकर खाकर गिरना ❷ठोकरें खाना

【摔跤】 shuāijiāo ❶गिर पड़ना ❷〈खेल०〉 कुश्ती：～运动员 कुश्तीबाज़; पहलवान / ～场 अखाड़ा
【摔耙子】 shuāi pázi हाथ खींचना

shuǎi

甩 shuǎi ❶झटका देना; झटकारना; हिलाना; लहराना：他一～手走了。वह हाथ झटकार कर चला गया। ❷फेंकना; उछालना：～手榴弹 हथगोला फेंकना ❸छोड़ देना; पछाड़ देना：他快跑几步，把我～在了后面。उस ने अपने कदमों को तेज़ कर के मुझे पीछे छोड़ दिया।
【甩包袱】 shuǎi bāofu बोझ उतारना
【甩车】 shuǎichē रेल-डिब्बों को इंजन से अलग करना
【甩脸子】 shuǎi liǎnzi 〈बो०〉 चेहरा उतारना
【甩卖】 shuǎimài छूट देकर बेचना; कम दामों पर बेचना
【甩手】 shuǎishǒu ❶हाथ झटकारना ❷ज़िम्मेदारी लेने से इनकार करना; हाथ खींचना：这件事归你管，你不能～不干。यह काम तुम्हारे ज़िम्मे है। तुम्हें इस की ज़िम्मेदारी लेने से इनकार नहीं करना चाहिए।

shuài

帅 1 （帥） shuài ❶कमांडर इन चीफ़; प्रधान सेनापति：元帅 yuánshuài / 统帅 tǒngshuài ❷चीनी शतरंज में बादशाह का मोहरा ❸（Shuài）एक कुलनाम

帅 2 （帥、率） shuài सुन्दर; खूबसूरत; आकर्षक：他的字真～。उस की लिखावट बहुत ही सुन्दर है। / 这小伙子长得真～。यह एक सुन्दर लड़का है।
【帅才】 shuàicái सेना के तीन अंगों का संचालन करने में सक्षम व्यक्ति

率 1 shuài ❶नेतृत्व; रहनुमाई; अगुवाई; नेतृत्व (रहनुमाई, अगुवाई) करना; लेना：～团出访 एक प्रतिनिधि मंडल लेकर विदेश यात्रा पर जाना / ～众起义 विद्रोह में लोगों का नेतृत्व करना ❷〈लि०〉 अनुसरण; अनुकरण; अनुसरण (अनुकरण) करना：率由旧章

率 2 shuài ❶बिना सोचे-विचारे; जल्दबाज़ी में：草率 cǎoshuài ❷निष्कपट; सरल; सीधा-सादा：直率 zhíshuài ❸〈लि०〉 लगभग; करीब：大～如此。यह लगभग ऐसा ही है। ❹帅 ² shuài के समान
lǜ भी दे०
【率尔】 shuài'ěr 〈लि०〉 जल्दबाज़ी में：～应战 जल्दबाज़ी में लड़ने की चुनौती स्वीकार करना
【率领】 shuàilǐng नेतृत्व करना; रहनुमाई करना; अगुवाई करना; लेना：～代表团参加会谈 वार्त्ता में एक प्रतिनिधि मंडल का नेतृत्व करना
【率然】 shuàirán 〈लि०〉 जल्दबाज़ी：～从事 जल्दबाज़ी करना
【率先】 shuàixiān सर्वप्रथम; सब से पहले; पहलेपहल
【率性】 shuàixìng ❶索性 suǒxìng के समान ❷उद्दंडता; अक्खड़पन; उद्दंड; अक्खड़：～从事 उद्दंडता से काम लेना
【率由旧章】 shuàiyóu-jiùzhāng लीक पर चलना; पुरानी रस्म पर चलना; लीक पीटना
【率真】 shuàizhēn सीधा और सच्चा
【率直】 shuàizhí सीधा-सादा; भोला-भाला; स्पष्टवादी

蟀 shuài दे० 蟋蟀 xīshuài

shuān

闩 （閂、櫦） shuān ❶सिटकिनी; चटकनी; कुंडी：门～ सिटकिनी ❷सिटकिनी लगाना：把门～上。सिटकिनी लगाकर दरवाज़ा बन्द करो।

拴 shuān बांधना; बंधना：把马～在马桩上 घोड़े को खूंटे से बांधना

栓 shuān ❶बोल्ट：消火栓 xiāohuǒshuān ❷कार्क; काग; डाट
【栓剂】 shuānjì 〈चिकि०〉 सपोज़िटरी
【栓皮】 shuānpí कार्क (एक पेड़ की छाल)
【栓皮栎】 shuānpílì ओरियंटल ओक वृक्ष
【栓塞】 shuānsè 〈चिकि०〉 एम्बोलिज़्म; रक्त स्रोत रोधन

shuàn

涮 shuàn ❶धोना; जल से साफ़ करना：洗洗～～ धोना ❷खंगालना：～一下这瓶子。यह बोतल खंगाल दो। ❸मांस के पतले टुकड़े उबलते हुए पानी में पकाना ❹〈बो०〉 उल्लू बनाना; बेवकूफ़ बनाना; बनाना：他把你给～啦。उस ने तुम्हें उल्लू बनाया।
【涮锅子】 shuàn guōzi मांस के टुकड़ों और साग की पत्तियों को हॉट-पोट में उबलते हुए पानी में पकाकर खाना
【涮羊肉】 shuànyángròu मटन के टुकड़ों को उबलते हुए पानी में पकाकर खाना

shuāng

双（雙、雙）shuāng ❶दो; दोनों; द्वि: 双边 / 双方 / ～手 दोनों हाथ ❷〈परि०श०〉(जूते, मोज़े और चापस्टिक आदि के लिए) जोड़; जोड़ा: 一～鞋 जूतों का एक जोड़ा ❸सम: ～数 समसंख्या ❹दोगुना; द्विगुण, दोहरा: ～层窗 दोहरी खिड़की

【双棒儿】 shuāngbàngr 〈बो०〉 जुड़वां बच्चे

【双胞胎】 shuāngbāotāi जुड़वां बच्चे

【双边】 shuāngbiān द्विपक्षीय; उभय: ～关系 उभय संबंध / ～会谈 द्विपक्षीय वार्त्ता

【双层】 shuāngcéng दोहरा: ～床 दोहरा बिस्तर / ～桥 दोहरे डेकों वाला पुल / ～公共汽车 दुतल्ली बस

【双重】 shuāngchóng दोहरा: ～标准 दोहरा मान-दंड / ～国籍 दोहरी नागरिकता / ～人格 दोहरा व्यक्तित्व

【双打】 shuāngdǎ 〈खेल०〉 डब्लस; युगम खेल: 男子（女子）～ पुरुष (महिला) डब्लस / 男女混合～ मिश्रित डब्लस

【双方】 shuāngfāng दोनों पक्ष; उभयपक्ष: 缔约～ संधि पर हस्ताक्षर करने वाले दोनों पक्ष / ～商定… उभयपक्ष सहमत है कि …

【双峰驼】 shuāngfēngtuó दो कूबड़ वाला ऊंट

【双杠】 shuānggàng 〈खेल०〉 पैरलल बार

【双关】 shuāngguān द्विअर्थी; दोअर्थी: 一语～ दो-अर्थी बातें

【双关语】 shuāngguānyǔ श्लेष

【双管齐下】 shuāngguǎn-qíxià चित्र बनाते समय दो कूचियों का साथ-साथ प्रयोग करना —— दो काम एक साथ करना

【双轨】 shuāngguǐ दोहरी पटरी: ～铁路 दोहरी पटरियोंवाली रेल-लाइन

【双簧】 shuānghuáng（双 shuānghuáng भी）❶युगम अभिनय; दो आदमियों का तमाशा (जिस में एक अभिनेता मूक अभिनय करता है और दूसरा उस के पीछे छिपकर बोलता या गाता है): 唱～ दो आदमियों द्वारा तमाशा दिखाना; युगम अभिनय प्रस्तुत करना ❷मिली-भगत; मिलीभगत करना

【双簧管】 shuānghuángguǎn 〈संगी०〉 ओबो

【双料】 shuāngliào अत्युत्तम गुणवत्ता; अत्युत्तम क्वालिटी: ～脸盆 अत्युत्तम क्वालिटी की चिलमची

【双面】 shuāngmiàn दुधारा; दोमुखी: ～刀片 दुधारा ब्लैड

【双面绣】 shuāngmiànxiù दोमुखी कसीदाकारी

【双抢】 shuāngqiǎng फ़सलों की कटाई और पौधा-रोपण में जल्दी करना

【双亲】 shuāngqīn मां-बाप; माता-पिता

【双全】 shuāngquán दोनों पहलुओं में परिपूर्ण होना; दोनों गुणों से संपन्न होना: 父母～。मां-बाप दोनों स्वस्थ हैं।

【双人舞】 shuāngrénwǔ युगमनृत्य

【双身子】 shuāngshēnzi 〈बो०〉 गर्भवती महिला

【双生】 shuāngshēng जुड़वाँ: ～子 जुड़वाँ / ～姐妹 जुड़वाँ बहनें

【双声】 shuāngshēng 〈व्या०〉 वर्णसाम्य युक्त समास (ऐसा द्विअक्षरी समास, जिस के दो अक्षरों के प्रथम व्यंजन समान हों, जैसे 方法 fāngfǎ, 果敢 guǒgǎn)

【双双】 shuāngshuāng दोनों

【双向】 shuāngxiàng दोतरफ़ा: ～交通 दोतरफ़ा यातायात

【双向飞碟射击】 shuāngxiàng fēidié shèjī 〈खेल०〉 स्कीट शूटिंग

【双薪】 shuāngxīn दोगुना वेतन

【双星】 shuāngxīng ❶〈खगोल०〉 युगम तारा ❷〈खगोल०〉 अल्टेयर तारा और वेगा तारा （牛郎织女 Niúláng Zhīnǔ भी दे०）

【双眼皮】 shuāngyǎnpí दोहरी पलक

【双鱼座】 shuāngyúzuò 〈खगोल०〉 मीन राशि

【双月刊】 shuāngyuèkān द्विमासिक पत्रिका

【双职工】 shuāngzhígōng वेतनभोगी दंपति

【双周刊】 shuāngzhōukān अर्धमासिक; पाक्षिक

【双子座】 shuāngzǐzuò 〈खगोल०〉 मिथुन राशि

霜 shuāng ❶पाला; तुषार: 下～ पाला पड़ना ❷पालेजैसा: 糖～ मिष्ट लेपन; आइसिंग ❸श्वेत; सफ़ेद: ～鬓 कनपटियों पर सफ़ेद बाल

【霜晨】 shuāngchén तुषारवेष्टित सुबह

【霜冻】 shuāngdòng पाला पड़ना; तुषारपात होना

【霜害】 shuānghài तुषारध्वस्त; पाले का मारा हुआ

【霜降】 shuāngjiàng ❶तुहिन अवरोह, जो 24 सौरा-वधियों में 18वां होता है ❷18वीं सौरावधि के आरंभ का दिन (23 या 24 अक्तूबर)

【霜期】 shuāngqī पाले का मौसम

【霜天】 shuāngtiān तुषारवेष्टित आकाश —— शीत ऋतु

孀 shuāng विधवा

【孀妇】 shuāngfù 〈लि०〉 विधवा

【孀居】 shuāngjū 〈लि०〉 विधवापन; वैधव्य; विधवा होना

shuǎng

爽1 shuǎng ❶चमकीला; उजला; स्पष्ट; ताज़ा: 神清目～ जी भरना और आंखें ठंडी होना ❷निष्कपट; साफ़-दिल; शुद्धहृदय: 直～ साफ़दिल होना ❸सुखद; अच्छा: 身体不～。तबीयत अच्छी नहीं।

爽2 shuǎng उल्लंघन; अन्तर; फ़र्क: 毫厘不爽 háo-lí-bùshuǎng

【爽口】 shuǎngkǒu ताज़ा और स्वादिष्ट
【爽快】 shuǎngkuai ❶राहत; आराम; सुख; चैन; ताज़गी: 你把话全都倒出来，心里～一些。जो कहना है कह दो। मन को चैन मिलेगा। ❷साफ़दिल; निष्कपट; दिल खोलकर: 他是个～人。वह एक साफ़दिल आदमी है।/ 他～地表示了自己的看法。उस ने दिल खोलकर अपना मत व्यक्त किया। ❸खुशी-खुशी; तत्परता से: 她～地同意帮我忙。वह मेरी मदद करने को खुशी-खुशी तैयार हुई।
【爽朗】 shuǎnglǎng ❶उजला; साफ़: ～的天空 उजला आकाश ❷साफ़दिल; निष्कपट: 此人性格～。वह स्वभाव का निष्कपट है।/ ～的笑声 उत्साह से भरी हंसी
【爽利】 shuǎnglì फुरती; फुरतीला: 他做事～。वह फुरती से काम पूरा करता है।
【爽目】 shuǎngmù नयनाभिराम; प्रियदर्शन
【爽气】 shuǎngqì ❶〈लि०〉 सर्द और ताज़ा हवा ❷〈बो०〉 स्पष्टवादिता; निष्कपटता
【爽然】 shuǎngrán 〈लि०〉 खोया-खोया सा: ～若失 खोया-खोया सा रहना
【爽心】 shuǎngxīn मनोहर; लुभावना; जी भरना
【爽性】 shuǎngxìng बस: 剩下的活儿不多了，～干完再休息。केवल थोड़ा सा काम बाकी है। बस, इसे पूरा करके ही आराम करें।
【爽约】 shuǎngyuē वादा टालना; वादे से मुकर जाना; वचन तोड़ना
【爽直】 shuǎngzhí स्पष्टवादी; सीधा-सादा

shuí

谁（誰） shuí 谁 shéi का भिन्न उच्चारण

shuǐ

水 shuǐ ❶पानी; जल; नीर ❷नदी: 汉～ हानश्वेइ नदी ❸(नदियों, झीलों, समुद्रों आदि का एक आम शब्द) जल: ～陆 जल और स्थल ❹द्रव; तरल पदार्थ: 墨水 mòshuǐ / 汽水 qìshuǐ ❺अतिरिक्त शुल्क या आय: 外水 wàishuǐ / 贴水 tiēshuǐ ❻〈परि०श०〉 धुलाई: 这衣服洗了三～。यह कपड़ा तो तीन बार धोया जा चुका है। ❼（Shuǐ）एक कुलनाम
【水坝】 shuǐbà बांध
【水泵】 shuǐbèng पंप; वॉटर-पंप
【水笔】 shuǐbǐ ❶कूची; तूलिका ❷〈बो०〉 फ़ाउंटेन पेन; पेन; कलम
【水表】 shuǐbiǎo वॉटरमीटर
【水兵】 shuǐbīng नौसैनिक
【水波】 shuǐbō लहर; तरंग; हिल्लोल; जल-तरंग: ～粼粼。पानी हिल्लोल लेता है।
【水彩】 shuǐcǎi वॉटरकलर; जल-रंग: ～画 जल-रंग चित्र
【水草】 shuǐcǎo ❶पानी और घास: 逐～而居 जहां पानी और घास उपलब्ध हो वहीं बस जाना ❷जलवनस्पति; जल-तृण
【水产】 shuǐchǎn जलीय पदार्थ: ～品 जलीय पदार्थ
【水车】 shuǐchē ❶रहट; रहंट ❷पनचक्की ❸पनगाड़ी; वॉटर वेगन
【水程】 shuǐchéng जल-यात्रा: 一百公里的～ सौ किलोमीटर की जल-यात्रा
【水池】 shuǐchí जलकुंड; तालाब; पोखर; पोखरा
【水处理】 shuǐchǔlǐ 〈रसा०〉 वॉटर ट्रीटमेंट
【水到渠成】 shuǐdào-qúchéng ज़्यादा पानी होने से वह नाले का रूप धारण कर लेता है —— स्थितियाँ परिपक्व हो जाने पर सफलता प्राप्त हो जाती है
【水道】 shuǐdào ❶नदी; नहर; नाला ❷जल-मार्ग: 走～去大连 जल-मार्ग से ताल्येन जाना ❸स्वीमिंग पूल की लेन
【水稻】 shuǐdào धान: ～插秧 धान के पौधों की रोपाई (करना)
【水滴石穿】 shuǐdī-shíchuān बूंद बूंद रिसकर पानी भी पत्थर को काट देता है
【水地】 shuǐdì ❶सिंचित भूमि ❷धान के खेत
【水电站】 shuǐdiànzhàn पनबिजलीघर
【水貂】 shuǐdiāo 〈प्राणि०〉 मिंक
【水痘】 shuǐdòu 〈चिकि०〉 छोटी माता; मसूरिका
【水碓】 shuǐduì जल संचालित मूसल
【水遁】 shuǐdùn जल-मार्ग से भाग निकलना
【水肥】 shuǐféi तरल खाद
【水粉】 shuǐfěn ❶एक प्रकार की प्रसाधन सामग्री ❷〈बो०〉 दाल या आलू के आटे से बने तर नूडल्स
【水粉画】 shuǐfěnhuà 〈चित्र०〉 गवाश; अपारदर्शी वर्ण चित्र
【水分】 shuǐfèn ❶नमी; आर्द्रता: 土壤中～充足。मिट्टी में पर्याप्त नमी है। ❷अतिरंजना; अतिशयोक्ति; अतिरंजित; अतिशयोक्त; बढ़ा-चढ़ा कर कहना: 这些数字有～。ये आंकड़े बढ़ा-चढ़ा कर प्रस्तुत किए गए हैं।/ 报告里的～要挤掉。रिपोर्ट में जितनी भी अतिरंजित बातें हैं, उन्हें काट देना चाहिए।
【水沟】 shuǐgōu नाला, नहर
【水垢】 shuǐgòu (भारी पानी उबलने के बाद कड़ाही या केतली के तल में जमी सफ़ेद रंग की) पपड़ी
【水臌】 shuǐgǔ 〈ची०चि०〉 एसाइटिस; जलोदर
【水果】 shuǐguǒ फल
【水果罐头】 shuǐguǒ guàntou डिब्बाबन्द फल
【水果糖】 shuǐguǒtáng फ़्रूट ड्रोप्स
【水红】 shuǐhóng चटकीला बल्कि हल्का लाल रंग
【水壶】 shuǐhú ❶केतली ❷हज़ारा; वॉटरिंग पोट
【水葫芦】 shuǐhúlu 〈वन०〉 वॉटर-हाइएसिंथ
【水花】 shuǐhuā ❶छींटा ❷〈बो०〉 छोटी माता; मसूरिका
【水患】 shuǐhuàn बाढ़

【水荒】 shuǐhuāng जल का गंभीर अभाव
【水火】 shuǐhuǒ ❶जल एवं अग्नि —— दो एकदम परस्परविरोधी वस्तुएं：～不相容 जल एवं अग्नि की भांति परस्परविरोधी होना ❷घोर विपत्ति：拯救民众于～之中 जनता को घोर विपत्ति से उबारना
【水火无情】 shuǐhuǒ-wúqíng बाढ़ और अग्नि-कांड दोनों निर्दयी होते हैं
【水货】 shuǐhuò तस्करी का माल
【水碱】 shuǐjiǎn 水垢 shuǐgòu के समान
【水浇地】 shuǐjiāodì सिंचित भूमि
【水饺】 shuǐjiǎo 饺子 jiǎozi के समान
【水解】 shuǐjiě हाईड्रोलिसिस; जलअपघटन
【水解蛋白】 shuǐjiě dànbái 〈औष०〉 प्रोटीन हाईड्रोलिसेट
【水晶】 shuǐjīng स्फटिक; बिल्लौर
【水晶宫】 shuǐjīnggōng (नागराज का) स्फटिक प्रासाद
【水晶棺】 shuǐjīngguān स्फटिक संदूक
【水晶体】 shuǐjīngtǐ 〈भौ०〉 रवा; क्रिस्टल
【水井】 shuǐjǐng कुआं
【水警】 shuǐjǐng वॉटर पुलिस; कोस्टल गार्ड
【水酒】 shuǐjiǔ 〈विनम्र०〉 पनीली शराब (मेज़बान अपनी शराब को पनीली शराब बताता है)
【水坑】 shuǐkēng डबरा; डबरी
【水库】 shuǐkù जलाशय; जलागार
【水牢】 shuǐláo पानी से भरी कालकोठरी
【水涝地】 shuǐlàodì जलमग्न भूमि
【水雷】 shuǐléi 〈सैन्य०〉 सुरंग
【水力】 shuǐlì जलशक्ति
【水力发电】 shuǐlì fādiàn पनबिजली उत्पादन
【水力发电站】 shuǐlì fādiànzhàn पनबिजली घर
【水力资源】 shuǐlì zīyuán जलशक्ति साधन
【水利】 shuǐlì ❶जल-संरक्षण ❷जल-संरक्षण परियोजना：兴修～ जल-संरक्षण परियोजनाओं का निर्माण करना
【水利工程】 shuǐlì gōngchéng जल-संरक्षण परियोजना; सिंचाई परियोजना
【水利枢纽】 shuǐlì shūniǔ महत्वपूर्ण जल-संरक्षण परियोजना
【水利资源】 shuǐlì zīyuán जल-साधन
【水淋淋】 shuǐlínlín तरबतर होना; भीगा हुआ होना
【水灵】 shuǐling 〈बो०〉 ❶(फल और साग) ताज़ा और रसदार होना ❷पनीला：～的大眼睛 पनीली आंखें
【水流】 shuǐliú ❶नदी; नाला; नहर ❷धार,धारा; प्रवाह; बहाव：～湍急 प्रचंड प्रवाह
【水溜】 shuǐliù ओलती के साथ बनी हुई नाली (वर्षा के पानी के लिए)
【水龙】 shuǐlóng फ़ायर होज
【水龙头】 shuǐlóngtóu नल
【水陆】 shuǐlù ❶जल-थल：～交通 जल-थल यातायात ❷स्थल और समुद्र से प्राप्त स्वादिष्ट खाद्य-पदार्थ
【水陆两用】 shuǐlù liǎngyòng उभयचर：～坦克 उभयचर टैंक
【水路】 shuǐlù जलमार्ग; जलपथ; पानी का रास्ता
【水绿】 shuǐlǜ हल्का हरा रंग
【水轮泵】 shuǐlúnbèng टर्बाइन पंप
【水轮发电机】 shuǐlún fādiànjī वॉटर टर्बोजनरेटर
【水轮机】 shuǐlúnjī जलसंचालित टर्बाइन
【水落】 shuǐluò 〈बो०〉 水溜 के समान
【水落管】 shuǐluòguǎn ओलती के साथ बनी हुई नाली से गिरने वाले पानी का पाइप
【水落石出】 shuǐluò-shíchū जब पानी उतर जाता है तब चट्टानें उभर आती हैं —— अंत में सब कुछ प्रकाश में आता है; अंत में सच्चाई का उद्घाटन होता है：这件事，我定要弄个～。हम इस मामले की तह तक पहुंचकर ही रहेंगे।
【水煤气】 shuǐméiqì 〈रसा०〉 वॉटर गैस
【水门】 shuǐmén ❶वॉटर वेल्व ❷〈बो०〉 जल-फाटक
【水门汀】 shuǐméntīng 〈बो०〉 सीमेंट
【水米无交】 shuǐmǐ-wújiāo ❶आपस में कोई संबंध न होना ❷(अधिकारी का) ईमानदार होना और जनता से कुछ भी न लेना
【水面】 shuǐmiàn ❶पानी की सतह ❷नदी या झील का क्षेत्रफल
【水磨】 shuǐmó वॉटरस्टोन से पालिश करना
shuǐmò भी दे०
【水磨工夫】 shuǐmó gōngfu धीरतापूर्ण और सूक्ष्म काम
【水磨石】 shuǐmóshí 〈वास्तु०〉 पानी से घिस-घिस कर चमकीला बनाया गया पत्थर; टेराज़ा
【水墨画】 shuǐmòhuà स्याही-चित्र; स्याही-चित्रण कला
【水磨】 shuǐmò पनचक्की —— shuǐmó भी दे०
【水母】 shuǐmǔ 〈प्राणि०〉 जेलीफ़िश
【水泥】 shuǐní सीमेंट：～标号 सीमेंट ग्रेड / ～厂 सीमेंट कारखाना
【水碾】 shuǐniǎn जलसंचालित बेलन (जो खाद्यान्न पीसने में काम आता है)
【水鸟】 shuǐniǎo जलपक्षी
【水牛】 shuǐniú भैंसा; भैंस
【水牛儿】 shuǐniúr 〈बो०〉 घोंघा
【水暖】 shuǐnuǎn ❶हाट वॉटर सेंचुरल हीटिंग सिस्टम ❷जल प्रदाय और हीटिंग
【水牌】 shuǐpái वह काली या सफ़ेद तख्ती, जिस पर हिसाब-किताब अस्थाई रूप से लिखा जाता था या याद दिलाने के लिए कुछ अंकित किया जाता था
【水疱】 shuǐpào फफोला; छाला：打～ छाला पड़ना
【水瓢】 shuǐpiáo तुंबे का बना कलछा
【水平】 shuǐpíng ❶समतल：～梯田 समतल सीढ़ीनुमा खेत ❷स्तर：生活～ जीवन-स्तर / 达到世界先进～ विश्व उन्नत स्तर पर पहुंचना / 文化～ शिक्षा का स्तर
【水平面】 shuǐpíngmiàn जलतल
【水平线】 shuǐpíngxiàn क्षितिज
【水平仪】 shuǐpíngyí （水准器 shuǐzhǔnqì भी）

लेवल; स्पीरिट लेवल
【水汽】 shuǐqì भाप; वाष्प
【水枪】 shuǐqiāng 〈खनि०〉 जाइंट
【水撬】 shuǐqiào वॉटर स्की
【水禽】 shuǐqín 〈प्राणि०〉 जलपक्षी
【水情】 shuǐqíng जलस्तर
【水球】 shuǐqiú 〈खेल०〉 वॉटर पोलो
【水曲柳】 shuǐqūliǔ 〈वन०〉 मंचूरियन एश
【水渠】 shuǐqú नहर; नाला; नाली
【水乳交融】 shuǐrǔ-jiāoróng जैसे दूध पानी में घुला हुआ हो —— संपूर्ण समन्वय; मेल-मिलाप
【水上飞机】 shuǐshàng fēijī सीप्लेन; जलविमान
【水上居民】 shuǐshàng jūmín बोटमैन
【水上运动】 shuǐshàng yùndòng जलक्रीड़ा
【水筲】 shuǐshāo 〈बो०〉 लकड़ी या बांस से बनी बाल्टी; डोल
【水蛇】 shuǐshé पनिहा सर्प
【水蛇腰】 shuǐshéyāo पतली कमर
【水深火热】 shuǐshēn-huǒrè गहरा पानी और धधकती आग —— मुसीबतों के गर्त (में पड़ना); मुसीबतों की चक्की (में पीसना): 处于～之中 मुसीबतों के गर्त में पड़ना
【水生动物】 shuǐshēng dòngwù जलजंतु; जल-प्राणी
【水生植物】 shuǐshēng zhíwù जल-वनस्पति
【水蚀】 shuǐshí बहाव से होने वाला कटाव
【水势】 shuǐshì बहाव; प्रवाह: ～湍急 प्रचंड प्रवाह
【水手】 shuǐshǒu नाविक; जहाज़ी; मल्लाह; मांझी
【水塔】 shuǐtǎ जल-मीनार
【水獭】 shuǐtǎ 〈प्राणि०〉 ऊद; ऊदबिलाव
【水田】 shuǐtián सिंचित भूमि
【水汀】 shuǐtīng 〈बो०〉 स्टीम हीट
【水头】 shuǐtóu जलप्रवाह
【水土】 shuǐtǔ ❶जल और भूमि ❷जलवायु; आबो-हवा: ～不服 नए स्थान के जलवायु का आदी न होना
【水土保持】 shuǐtǔ bǎochí जल-मिट्टी संरक्षण
【水土流失】 shuǐtǔ liúshī मिट्टी का कटाव
【水汪汪】 shuǐwāngwāng ❶जलमय; जलप्लावित; पानी से भरा हुआ: 刚下过大雨，地里～的。अभी-अभी मूसलधार वर्षा हुई और ज़मीन पानी से भरी हुई है। ❷पनीली (आंखें): 她一双～的大眼睛真传神。उस की पनीली आंखें बोलती हैं।
【水网】 shuǐwǎng नदियों का जाल
【水位】 shuǐwèi जल-स्तर: 高～ ऊंचा जल-स्तर / ～超过警戒线。जल-स्तर खतरे के निशान से पार गया। / 地下～ ज़मीन के अंदर पानी की सतह
【水文】 shuǐwén जलविज्ञान; जल वैज्ञानिक: ～观察 जलवैज्ञानिक सर्वे / ～资料 जलवैज्ञानिक संदर्भ-सामग्री
【水文地理学】 shuǐwén dìlǐxué जल भूगोल विज्ञान
【水文地质学】 shuǐwén dìzhìxué जल भूतत्व विज्ञान
【水文站】 shuǐwénzhàn जल सर्वेक्षण केंद्र
【水污染】 shuǐwūrǎn जल प्रदूषण
【水螅】 shuǐxī 〈प्राणि०〉 हाइड्रा
【水系】 shuǐxì नदी व्यवस्था
【水仙】 shuǐxiān 〈वन०〉 नरगिस
【水险】 shuǐxiǎn जहाज़ी बीमा
【水线】 shuǐxiàn जल-रेखा; वॉटर लाइन
【水乡】 shuǐxiāng नदियों और झीलों का प्रदेश
【水箱】 shuǐxiāng जलटंकी
【水泄不通】 shuǐxiè-bùtōng ठसाठस; खचाखच; ठूंस-ठूंसकर; ठसाठस भरना: 火车车厢挤得～。रेल-डिब्बे यात्रियों से ठसाठस भरे हुए हैं।
【水榭】 shuǐxiè पानी के पास बना कक्ष
【水星】 shuǐxīng 〈खगोल०〉 बुधग्रह
【水性】 shuǐxìng ❶तैरने में दक्ष होना: 他～好。वह एक अच्छा तैराक है। ❷नदी या झील की गहराई, बहाव आदि विशेषताएं
【水性杨花】 shuǐxìng-yánghuā (महिला) लम्पट और व्यभिचारी होना
【水袖】 shuǐxiù (परंपरागत चीनी आपेरा में चरित्रों के वस्त्रों में) दोहरे सफ़ेद रेशमी आस्तीन
【水锈】 shuǐxiù ❶水垢 shuǐgòu के समान ❷(बरतन आदि में) पानी का निशान
【水循环】 shuǐxúnhuán वॉटर साइकिल
【水压机】 shuǐyājī हाइड्रोलिक प्रेस
【水烟】 shuǐyān तंबाकू
【水烟袋】 shuǐyāndài हुक्का
【水舀子】 shuǐyǎozi कलछा
【水翼船】 shuǐyìchuán हाइड्रो फ़ॉइल
【水银】 shuǐyín पारा; सीमाब
【水银灯】 shuǐyíndēng मरकरी वैपूर लैंप
【水印】[1] shuǐyìn （水印木刻 shuǐyìn mùkè भी） जलरंग ठप्पा छपाई
【水印】[2] shuǐyìn जलांक
【水印】[3] shuǐyìn 〈बो०〉 (पुराने ज़माने में) दूकान की मुहर
【水域】 shuǐyù जलक्षेत्र
【水源】 shuǐyuán ❶(नदी का) उद्गम-स्थान; उद्गम ❷जलस्रोत
【水运】 shuǐyùn जलपरिवहन
【水灾】 shuǐzāi बाढ़; जल-प्लावन
【水葬】 shuǐzàng जल-संस्कार; शव का जलप्रवाह
【水藻】 shuǐzǎo शैवाल
【水泽】 shuǐzé नदियों और झीलों का प्रदेश
【水闸】 shuǐzhá जल-फाटक; जल-द्वार
【水涨船高】 shuǐzhǎng-chuángāo जब नदी का पानी ऊपर उठता है, तब नौका भी
【水蒸汽】 shuǐzhēngqì भाप; भाफ
【水至清则无鱼】 shuǐ zhì qīng zé wú yú पानी जब अति स्वच्छ होता है, तो उस में मछलियाँ शायद ही पाई जाती है —— किसी व्यक्ति से सभी गुण से संपन्न होने की अपेक्षा करना अनुचित है
【水质】 shuǐzhì जल की गुणवत्ता
【水蛭】 shuǐzhì जोंक

【水中捞月】 shuǐzhōng-lāoyuè पानी में चांद पकड़ना —— व्यर्थ प्रयत्न करना; नाकाम कोशिश करना; अनहोनी बात करना
【水肿】 shuǐzhǒng <चिकि०> शोथ; सूजन
【水准】 shuǐzhǔn स्तर; दर्जा
【水准仪】 shuǐzhǔnyí तलमापक यंत्र; सर्वेयर्स लेवल
【水族】 Shuǐzú श्वेइ जाति, जो मुख्य रूप से क्वेइचओ प्रांत में बसी हुई है
【水族】 shuǐzú जलजीव
【水族馆】 shuǐzúguǎn जलजीवशाला
【水钻】 shuǐzuàn कृत्रिम हीरा

shuì

说(說) shuì समझाना; समझाना-बुझाना; समझाना-मनाना: 游说 yóushuì
shuō; yuè भी दे०

税 shuì कर; टैक्स; महसूल: 土地～ भूमिकर; मालगुज़ारी; ज़मीन का महसूल / 征税 zhēngshuì
【税额】 shuì'é कर की रकम
【税负】 shuìfù कर का बोझ; करभार
【税款】 shuìkuǎn कर; टैक्स
【税率】 shuìlǜ कर की दर
【税卡】 shuìqiǎ चौकी
【税收】 shuìshōu राजस्व
【税收政策】 shuìshōu zhèngcè कर नीति
【税务局】 shuìwùjú टैक्स ब्यूरो
【税务员】 shuìwùyuán टैक्स कलेक्टर; महसूलदार
【税则】 shuìzé कर-नियम
【税制】 shuìzhì कराधान व्यवस्था
【税种】 shuìzhǒng कर के वर्ग

睡 shuì सोना; शयन करना: 快去～。सोने जाओ।
【睡袋】 shuìdài स्लीपिंग बैग
【睡觉】 shuìjiào सोना; नींद लेना; निद्राग्रस्त होना; शयन करना: 该～了。सोने का समय हो गया है।
【睡懒觉】 shuì lǎnjiào सुबह देर तक सोना; सुबह देर से उठना
【睡莲】 shuìlián <वन०> वॉटर लिली; कुमुद; नीलकमल
【睡梦】 shuìmèng नींद; निद्रा; सोना: 他从～中惊醒过来。उन की नींद उचट गई; वह नींद से जाग उठा।
【睡眠】 shuìmián नींद; निद्रा; शयन; सोना
【睡魔】 shuìmó घोर निद्रा
【睡乡】 shuìxiāng स्वप्न लोक; स्वप्न की दुनिया: 进入～ मीठी नींद लेना
【睡醒】 shuìxǐng जागना; नींद खुलना
【睡眼惺忪】 shuìyǎn xīngsōng उनींदी आंखें; नींद से भारी आँखें
【睡意】 shuìyì नींद; निद्रा; निद्रालु; उनींदा: 我昨晚一点～也没有。कल रात मेरी नींद का पता ही नहीं था। / 听了这消息，他～顿消。यह संवाद सुन कर उस की नींद टूट गई।

shǔn

吮 shǔn चूसना; चुसना
【吮吸】 shǔnxī चूसना: 剥削阶级～劳动人民的血汗。शोषक वर्ग मेहनतकशों का खून चूसता था।
【吮痈舐痔】 shǔnyōng-shìzhì किसी का फोड़ा और बवासीर चाटना —— तलवे चाटना

shùn

顺(順) shùn ❶अनुकूल; के साथ-साथ: 小船～流而下。नाव नदी के बहाव के साथ-साथ तैरती गई। ❷से: ～这条道走。इस रास्ते से चलो। ❸सुव्यवस्थित करना: 把这些桌子～一～，放整齐。इन मेज़ों को सुव्यवस्थित रूप से रखो। / 这篇文章还需～一下。इस लेख में परिमार्जन करना है। ❹जब अनुकूल लगे; सुविधापूर्वक: 顺手牵羊 ❺के अनुकूल होना; अच्छा लगना: 这话不～他的意。यह बात उसे अच्छी नहीं लगी। ❻सफलता; सुभीता; सफल: 这几年他各方面都很～。पिछले वर्षों में वह सभी क्षेत्रों में सफल रहा है। ❼क्रमशः 顺延 ❽आज्ञा का पालन करना: 百依百顺 bǎiyī-bǎishùn / 顺从
【顺便】 shùnbiàn लगे हाथ; साथ ही: 你上街时，～给我捎个手电筒回来。जब तुम खरीदारी करने जाओगे, तो लगे हाथ मेरे लिए एक टार्च भी ला देना। / 我路过此地，～来探望你们一下。मैं यहाँ से गुज़र रहा था। सोचा, लगे हाथ तुम लोगों से भी मिल लूँ।
【顺差】 shùnchā अनुकूल संतुलन: 外贸～ विदेशी व्यापार में अनुकूल संतुलन (होना)
【顺产】 shùnchǎn सहज प्रसव
【顺畅】 shùnchàng बेरोकटोक; निर्विघ्न: 道路～ रास्ता निर्विघ्न होना
【顺次】 shùncì करीने से; क्रमशः; क्रम के अनुसार: 把这些书～排好。इन किताबों को करीने से रखो।
【顺从】 shùncóng आज्ञाकारिता; आज्ञाकारी होना; आज्ञा का पालन करना
【顺带】 shùndài लगे हाथ; साथ ही
【顺当】 shùndang सुभीते से; सुभीतापूर्वक; सुचारु रूप से: 这个问题总算～解决了。यह सवाल आखिर में सुभीते से हल कर लिया गया।
【顺导】 shùndǎo उचित पथ पर लाना; रास्ते पर लाना; सुमार्ग पर चलाना
【顺道】 shùndào 顺路 shùnlù के समान
【顺耳】 shùn'ěr सुनने में अच्छा लगना: 你这话

听起来～。तुम्हारी ये बातें सुनने में अच्छी लगती हैं।

【顺访】 shùnfǎng रास्ते में (किसी देश की) यात्रा करना या (किसी व्यक्ति से) मिलना: 回国途中～柬埔寨 स्वदेश लौटते हुए रास्ते में कम्बोडिया की यात्रा करना

【顺风】 shùnfēng हवा का रुख अनुकूल होना; अनुकूल हवा चलना: 这阵～，蹬车不费劲。इस समय अनुकूल हवा चल रही है। साइकिल चलाने में ज़्यादा ज़ोर मारने की ज़रूरत नहीं।

【顺风吹火】 shùnfēng-chuīhuǒ अवसर का लाभ उठाना

【顺风耳】 shùnfēng'ěr ❶परंपरागत चीनी कहानियों में एक पात्र, जो बहुत दूर की आवाज़ भी सुन सकता हो ❷बहुज्ञ व्यक्ति

【顺风转舵】 shùnfēng-zhuǎnduò हवा का रुख देखना

【顺服】 shùnfú विनीत होना; आज्ञाकारी होना

【顺竿儿爬】 shùngānrpá खुशामद करना; चापलूसी करना

【顺和】 shùnhe मिलनसारी; सौजन्यता; मिलनसार

【顺脚】 shùnjiǎo ❶एक ही दिशा में जानेवाली घोड़ा-गाड़ी आदि सवारियों पर सवार होना या माल लदवाना ❷सीधा रास्ता: 从这儿走～。यह एक सीधा रास्ता है।

【顺境】 shùnjìng अनुकूल स्थितियाँ: 身处～ अनुकूल स्थितियों में होना

【顺口】 shùnkǒu ❶सहज में पढ़ सकना: 这文章经过修改读起来就～了。यह लेख सुधारने के बाद सहजता से पढ़ा जा सकता है। ❷बिना सोचे-समझे; तुरन्त: 她～就答应了小王的要求。उस ने बिना सोचे-समझे श्याओ वांग की मांग मान ली। ❸〈बो०〉 स्वादिष्ट लगना; पसन्द आना: 这菜你吃着～吗? यह तरकारी तुम्हें पसन्द आई?

【顺口溜】 shùnkǒuliū तुकबन्दी

【顺理成章】 shùnlǐ-chéngzhāng (वक्तव्य या कार्य आदि) तर्कसंगत होना; औचित्यपूर्ण होना

【顺利】 shùnlì सुचारू; निर्विघ्न; निर्बाध; सफलतापूर्ण: 政权～交接 सत्ता का सफलतापूर्ण हस्तांतरण करना / 工作进行～。काम सुचारू रूप से चल रहा है।

【顺溜】 shùnliu 〈बो०〉 ❶सुव्यवस्थित रूप से; करीने से ❷बेरोकटोक; निर्बाध रूप से ❸मिलनसार

【顺路】 shùnlù ❶रास्ते में: 他放学后，～去书店买了本词典。स्कूल से छुट्टी होने के बाद रास्ते में उस ने एक किताब की दुकान से एक शब्दकोष लिया। ❷इसी रास्ते से सीधे: 这么走去王府井～。इसी रास्ते से सीधे वांगफ़ूचिंग पहुंचा जा सकता है।

【顺民】 shùnmín 〈अना०〉 नए या विदेशी शासकों की आज्ञापरायण प्रजा

【顺势】 shùnshì ❶मौके का फ़ायदा उठाना: 他扑上前去，～将对手摔倒在地。वह आगे झपटा और मौके का फ़ायदा उठाकर प्रतियोगी को पछाड़ दिया। ❷लगे हाथ

【顺手】 shùnshǒu ❶सुचारू रूप से; बेरोकटोक: 事情办得～。मामला बेरोकटोक निपटाया गया। ❷हाथ बढ़ाते ही (कोई काम पूरा किया जाता है): 他～从书架上拿了一本书翻了起来。उस ने हाथ बढ़ाते ही अलमारी पर से एक किताब उठाई और पलटने लगा। ❸लगे हाथ

【顺手牵羊】 shùnshǒu-qiānyáng मौका पाकर … पर हाथ फेर देना

【顺水】 shùnshuǐ धारा के साथ बहना

【顺水人情】 shùnshuǐ-rénqíng सस्ते में की गई सहायता

【顺水推舟】 shùnshuǐ-tuīzhōu परिस्थितियों के अनुकूल काम करना

【顺遂】 shùnsuì (काम) बेरोकटोक चलना; सुचारू रूप से चलना

【顺藤摸瓜】 shùnténg-mōguā प्राप्त सुराग के अनुसार (किसी व्यक्ति या चीज़ को) खोज निकालना

【顺心】 shùnxīn संतोष; तृप्ति; संतुष्ट; तृप्त: 他日子过得～。वह संतोष के साथ निर्वाह कर रहा है।

【顺序】 shùnxù ❶क्रम; तरतीब; करीना: 按～ क्रम के अनुसार ❷क्रमशः; क्रम के अनुसार: ～进场 क्रमशः हाल में प्रवेश करना

【顺延】 shùnyán स्थगन; स्थगित; स्थगन करना; स्थगित करना; टालना: 原定 8 月 1 日举行的会议因故～。जो मीटिंग पहली अगस्त को होनी थी, उसे अब किसी कारणवश स्थगित कर दिया गया है।

【顺眼】 shùnyǎn देखने में अच्छा लगना; भाना: 这衣服看着一点也不～。यह कपड़ा एक आंख भी नहीं भाता।

【顺应】 shùnyìng मेल खाना; के अनुकूल होना: ～世界潮流 अपने को दुनिया की धारा के अनुकूल बनाना

【顺之者昌，逆之者亡】 shùn zhī zhě chāng nì zhī zhě wáng जो घुटने टेकता है, वह बच जाता है और जो विरोध करता है, वह खाक में मिलाया जाता है

【顺嘴】 shùnzuǐ 顺口 shùnkǒu ❶❷के समान

舜 Shùn शुन, अतिप्राचीन चीन का एक राजा

瞬 shùn क्षणभर; पलक झपकते; देखते-देखते

【瞬间】 shùnjiān क्षण भर में; पलक गिरते ही; देखते-देखते

【瞬时】 shùnshí पल भर में; क्षण भर में

【瞬息】 shùnxī पलक झपकते

【瞬息万变】 shùnxī-wànbiàn पलक झपकते बदलाव होना; तेज़ी से परिवर्तन होना

shuō

说(説) shuō ❶कहना; बोलना; बताना; फ़रमाना: 这件事是他～的。यह बात उसी ने बताई। / 她能～印地语。वह हिन्दी बोल सकती है। / 谁～的? किस ने कहा? / 您～吧，有什么事要我做的。आप फ़रमाइए कि मुझे क्या करना चाहिए। ❷समझाना: 我～了好几遍，他还是弄不明白。मैं ने उसे अनेक बार समझाया,

पर बात उस की समझ में नहीं आई। ❸कहना; कथन; उक्ति; सिद्धान्त; मतः 对，有此一～。जी हाँ, ऐसा एक मत भी है। ❹फटकारना; डांटना; झिड़कनाः 他被父亲狠狠～了一顿。उस के बाप ने उसे खूब डांटा। ❺मिलाना; परिचय करानाः 说亲 ❻(को) लेकर कहना; के बारे में कहनाः 您这是～谁呢? आप किस के बारे में कह रहे हैं?

shuì; yuè भी दे०

【说白】 shuōbái आपेरा आदि में संवाद

【说不得】 shuōbude ❶अकथनीय; घिनौना; घृणित ❷बताना मुश्किल होनाः 他们俩之间的过节，～。उन दोनों के बीच जो मनमुटाव है, बताना मुश्किल है।

【说不定】 shuōbudìng शायद; संभवतः; संभव है कि … ; हो सकता है कि … ; मुमकिन है कि … ः ～要刮大风。संभव है कि ज़ोरों की हवा चलेगी। / ～他已经到了。वह शायद पहुँच गया होगा।

【说不过】 shuōbuguò उतना वाचाल नहीं होना, जितना …

【说不过去】 shuōbuguòqù अनुचित होना; औचित्य न होनाः 你这样对待人家，太～了。तुम ने उन के साथ इतना बुरा व्यवहार किया। यह बिल्कुल अनुचित है।

【说不来】 shuōbulái ❶मन न मिलनाः 我跟他～。मेरा मन उस से नहीं मिलता। ❷〈बो०〉 पता न होना कि कैसे बताया जाए।

【说不上】 shuōbushàng ❶कह नहीं सकना; कहना मुश्किल है कि … ः 我～在哪儿见过他。मैं कह नहीं सकता कि कहां उस से मेरी मुलाकात हुई थी। ❷का कोई महत्व नहीं होनाः 你这些话都～。तुम्हारी बातों का कोई महत्व नहीं।

【说长道短】 shuōcháng-dàoduǎn गपशप करना

【说唱】 shuōchàng वाचन और गायन की एक लोक-कला, जैसे ताकू (大鼓), हास्य-संवाद आदि।

【说唱文学】 shuōchàng wénxué पद्य और गद्य दोनों के रूप में एक लोक साहित्य, जिस के आधार पर कहानियाँ और गाथागीत सुनाए जाते हैं

【说穿】 shuōchuān सत्य कहना; उघाड़नाः 我～了她的心事。मैं ने उस के मन की बात उघाड़ दी।

【说辞】 shuōcí बहाना

【说大话】 shuō dàhuà बघारना; डींग मारना; शेखी बघारना

【说到底】 shuōdàodǐ अंततोगत्वा; आखिरकार

【说道】 shuōdào कहना; बोलना (बात उद्धरण चिन्ह में होती है): 她～: "孩子们不知道此事。" वह बोली: "बच्चे इस बात को नहीं जानते।"

【说道】 shuōdao 〈बो०〉 ❶सुनाना; बतानाः 您把整个事情的来龙去脉跟大家～～。आप यहां उपस्थित सभी लोगों को पूरी कहानी सुनाइये। ❷बात करना; बातचीत करनाः 我先跟他～～，然后再作决定。पहले मैं उस से बात करूंगा, फिर फ़ैसला करूंगा। ❸कारण; वजहः 他突然改变主张，其中定有～。उस ने क्यों अचानक अपना विचार बदल दिया? इस का कोई न कोई कारण होगा।

【说得过去】 shuōde guòqù कुल मिलाकर ठीक होना; आम तौर पर तर्कसंगत होनाः 我办事还～吧! क्यों, मैं ने जो कुछ किया है, वह कुल मिलाकर ठीक है न?

【说得来】 shuōdelái ❶गहरी छनना: 他们两个挺～的。उन दोनों के बीच गहरी छनती है। ❷〈बो०〉 वाचाल होना

【说定】 shuōdìng निश्चित होना; तय होनाः 这事就这么～了。बस, यह ऐसे ही तय हो गया।

【说法】 shuōfǎ बुद्ध भगवान के उपदेश देना

【说法】 shuōfa ❶बोलने का तरीका; शब्द चयनः 改换一个～दूसरे शब्दों में / 这个意思可以有两种～。यह बात दो भिन्न तरीकों से स्पष्ट की जा सकती है। ❷मत; विचार; रायः 关于这件事，有两种截然不同的～。इस मामले पर दो एकदम भिन्न रायें हैं। / 我不同意您的这种～。मैं आप के इस विचार से सहमत नहीं हूँ।

【说服】 shuōfú समझाना; समझाना-बुझाना; राज़ी करनाः 要～他离开北京还不容易。उसे पेइचिंग छोड़ने के लिए राज़ी करना कोई आसान काम नहीं है।

【说合】 shuōhe ❶मिलाना; मेल कराना; मिलान करनाः ～亲事 वैवाहिक संबंध तय कराना ❷बातचीत करना; विचार-विमर्श करना ❸说和 के समान

【说和】 shuōhe मध्यस्थता करना; बीच-बचाव करना

【说话】[1] shuōhuà ❶कहना; बोलना; बताना; बात करनाः 你别～，让他说。बोलो मत। उसे बोलने दो। / ～算数 अपनी बात का पक्का होना ❷भला-बुरा कहना; खरी-खोटी सुनानाः 别把事情搞砸了，否则别人会～的。तुम काम न बिगाड़ो। वरना लोग भला-बुरा कहेंगे।

【说话】[2] shuōhuà ❶पल भर में; क्षण भर में; तुरन्तः ～就得。यह पल भर में बन कर तैयार होगा। ❷कहना; कथन; बातः 他～有道理。उस का कहना ठीक है। ❸थांग और सोंग राजवंशों के दौरान प्रचलित कथावाचन कला

【说谎】 shuōhuǎng झूठ बोलना; बात गढ़ना; बात बनाना

【说教】 shuōjiào ❶धर्मोपदेश देना; धर्म-प्रचार करना ❷उपदेश देना

【说开】 shuōkāi ❶स्पष्ट करना; साफ़-साफ़ कह देनाः 你把事情～了吧，免得他生疑。तुम पूरी बात साफ़-साफ़ कह दो, ताकि उसे संदेह न हो। ❷(शब्द का) प्रचलित होनाः 这个词～了，大家都懂。यह शब्द प्रचलित हो गया और हर आदमी समझ सकता है।

【说客】 shuōkè वह व्यक्ति, जो किसी दूसरे को समझाने-मनाने के लिए भेजा जाता हो

【说理】 shuōlǐ ❶तर्क करना; तर्क-वितर्क करनाः 咱们找他～去。चलें, हम उस से तर्क करें। ❷(प्रायः नकारात्मक रूप में प्रयुक्त) विवेकी होना; भले-बुरे की पहचान करनाः 你这个人太不～了。तुम तो भले-बुरे की पहचान हरगिज़ नहीं करते।

【说媒】 shuōméi शादी तय करवाना

【说明】 shuōmíng ❶व्याख्या; स्पष्टीकरण; विवरण; व्याख्या करना; स्पष्टीकरण देना; स्पष्ट करना; विवरण देनाः ～立场 अपना पक्ष स्पष्ट करना / ～理由 कारण बताना / ～真相 सत्य कहना ❷व्यक्त करना (होना);

प्रगट करना (होना); साबित करना (होना); सिद्ध करना (होना)： 事实～我的观点是对的。तथ्यों से यह सिद्ध है कि मेरा दृष्टिकोण सही है; तथ्यों से मेरा दृष्टिकोण सही साबित हुआ है। ❸चित्र परिचय शीर्षक; विवरण： 图片下面有～。चित्रों के नीचे विवरण है।
【说明书】 shuōmíngshū (तकनीकी) नियमपुस्तिका; (नाटक या फ़िल्म का) संक्षिप्त विवरण
【说明文】 shuōmíngwén विवरण
【说破】 shuōpò भेद खोलना; सत्य कहना
【说亲】 shuōqīn शादी तय करवाना
【说情】 shuōqíng किसी दूसरे पर दया करने का अनुरोध करना; किसी दूसरे के लिए याचना करना
【说书】 shuōshū किस्सा-ख्वानी; कथा-वाचन
【说头儿】 shuōtour ❶चर्चा का विषय： 这件事还大有～呢。अभी कहानी खत्म नहीं हुई बल्कि चर्चा का विषय बनी हुई है। ❷बहाना： 这一回是他错了，看他有什么～。इस दफ़े गलती उस से हुई है। देखें, वह साफ़ निकलने की कोशिश में कौन सा बहाना बनाता है।
【说戏】 shuōxì (निर्देशक द्वारा अभिनेताओं को) फ़िल्म या नाटक की कहानी बताना
【说闲话】 shuō xiánhuà ❶शिकायत करना; असंतोष प्रगट करना： 不要在人背后～，有话当面说。लोगों की पीठ पीछे शिकायत न करो। जो कुछ कहना है, आमने-सामने कहो। ❷गपशप करना
【说项】 shuōxiàng तारीफ़ करना; प्रशंसा करना
【说笑】 shuōxiào हंसना-बोलना; हंस-बोल लेना： 老朋友相见，大家又说又笑，十分高兴。फिर मिल जाने पर ये पुराने दोस्त प्रसन्नचित्त होकर हंसते बोलते रहे।
【说笑话】 shuō xiàohua चुटकुला सुनाना
【说一不二】 shuōyī-bù'èr जो कहना वही करना; बात का पक्का होना
【说嘴】 shuōzuǐ ❶डींग मारना; शेखी बघारना ❷〈बो०〉 वाद-विवाद करना; बहस-मुबाहिसा करना： 他好和人～。वह दूसरों के साथ वाद-विवाद करने में मज़ा लेता है।

shuò

妁 shuò दे० 媒妁 méishuò
烁（爍） shuò उजाला; चमक; उजला; चमकदार： 闪烁 shǎnshuò
【烁烁】 shuòshuò जगमगाना; चमचमाना
铄 1 （鑠） shuò 〈लि०〉 ❶(धातु) गलाना ❷कम-ज़ोर होना; दुर्बल होना; क्षीण होना
铄 2 （鑠） shuò 烁 shuò के समान
【铄石流金】 shuòshí-liújīn (इतनी गरमी होना कि) पत्थर और धातुएं भी गल जाना —— आग बरसना

朔 1 shuò ❶अमावस्या ❷अमावस्या का चन्द्र
朔 2 shuò उत्तर： ～方 उत्तर / ～风 उत्तर (ठंडी) हवा
【朔日】 shuòrì अमावस्या
【朔望】 shuòwàng अमावस्या और पूर्णिमा
【朔望月】 shuòwàngyuè 〈खगोल०〉 चंद्र मास
【朔月】 shuòyuè नवचंद्र
硕（碩） shuò बड़ा; बृहद्; भीमकाय： ～大 बहुत बड़ा
【硕大无朋】 shuòdà-wúpéng भीमकाय; अत्यंत बड़ा
【硕果】 shuòguǒ बड़ी सफलता; भारी उपलब्धि
【硕果仅存】 shuòguǒ-jǐncún दुष्प्राप्य; दुर्लभ; अतिप्रशस्त
【硕士】 shuòshì मास्टर; एम०ए०： ～学位 मास्टर की डिग्री
搠 shuò घोंपना; भोंकना
数（數） shuò 〈लि०〉 अक्सर; बारंबार
shǔ; shù भी दे०
【数见不鲜】 shuòjiàn-bùxiān कम दिखाई नहीं देना

sī

司 sī ❶(का) ज़िम्मा लेना; (की) देखभाल करना： 各～其职 अपने-अपने काम की देखभाल करना ❷(मंत्रायल के अधीन) विभाग： 外交部礼宾～ विदेश मंत्रालय का प्रोटोकोल विभाग ❸ （Sī） एक कुलनाम
【司铎】 sīduó 神甫 shénfu का दूसरा नाम
【司法】 sīfǎ न्यायिक कार्य
【司法部门】 sīfǎ bùmén न्यायिक विभाग
【司法程序】 sīfǎ chéngxù न्यायिक कार्यवाही
【司法机关】 sīfǎ jīguān न्यायिक संस्था
【司法鉴定】 sīfǎ jiàndìng एक्सपर्ट टेस्टमनी
【司法权】 sīfǎquán न्यायिक अधिकार
【司号员】 sīhàoyuán 〈सैन्य०〉 बिगुलवादक
【司机】 sījī ड्राइवर, चालक
【司空】 sīkōng ❶प्राचीन काल में निर्माण मंत्रि ❷ （Sīkōng） एक द्विअक्षरी कुलनाम
【司空见惯】 sīkōng-jiànguàn आम बात
【司寇】 Sīkòu एक द्विअक्षरी कुलनाम
【司库】 sīkù कोषाध्यक्ष
【司令】 sīlìng कमांडर; कमांडिंग अफ़सर
【司令部】 sīlìngbù कमान; हेडक्वार्टर; सदरमुकाम; मुख्यालय
【司令员】 sīlìngyuán कमांडर; कमांडिंग अफ़सर
【司炉】 sīlú आग वाला; कोयलाझोंकू; फ़ायर मैन
【司马】 sīmǎ ❶प्राचीन काल में रक्षा मंत्री ❷ （Sīmǎ）

एक द्विअक्षरी कुलनाम
【司马昭之心，路人皆知】 Sīmǎ Zhāo zhī xīn, lùrén jiē zhī स्माचाओ का दुराशय सभी को ज्ञात है —— कमीने आदमी का मंसूबा सब के सामने ज़ाहिर हो जाता है
【司徒】 sītú ❶प्राचीन काल में शिक्षा मंत्री ❷（Sītú）एक द्विअक्षरी कुलनाम
【司务长】 sīwùzhǎng मेस अफ़सर
【司药】 sīyào दवासाज़; कैमिस्ट
【司仪】 sīyí मास्टर आफ़ सेरिमनी; समारोह का प्रबन्धक

丝（絲） sī ❶रेशम; पाट ❷रेशा; तंतु; तार： 铁～ लोहे का तार / 土豆～ आलू के पतले टुकड़े ❸माप की कुछ इकाइयों का दस हज़ारवाँ हिस्सा： ～米 मीटर का दस हज़ारवाँ हिस्सा ❹स, लम्बाई और भार की एक इकाई ❺लेशमात्र; रत्तीभर： 一～不差 रत्ती भर फ़र्क भी न होना / 一～亮光也没有。लेशमात्र रोशनी भी नहीं थी।
【丝绸】 sīchóu रेशमी कपड़ा
【丝绸之路】 sīchóu zhī lù 〈इति०〉 रेशम मार्ग
【丝带】 sīdài रेशमी फ़ीता
【丝瓜】 sīguā तुरई： ～络 तुरई से बना झांवा
【丝光】 sīguāng चिकने किए हुए सूत की रेशम की सी चमक
【丝毫】 sīháo (नकारात्मक रूप में प्रयुक्त) लेश; लेशमात्र; रत्ती भर： 两者～没有差别。दोनों में अन्तर रत्ती भर भी नहीं।
【丝绵】 sīmián रेशम के तूल
【丝绒】 sīróng मखमल
【丝丝入扣】 sīsī-rùkòu सावधानीपूर्ण और दोषरहित (लेखन या प्रस्तुतीकरण)
【丝弦】 sīxián ❶(वाद्य का) रेशम तंतु ❷हपेइ प्रांत का एक स्थानीय आपेरा
【丝线】 sīxiàn रेशमी धागा
【丝织品】 sīzhīpǐn ❶रेशमी कपड़ा ❷रेशम की बनी हुई वस्तुएं
【丝竹】 sīzhú ❶परंपरगत तंतुवाद्य और सुषिरवाद्य ❷संगीत
【丝锥】 sīzhuī 〈यां०〉 पेंचतराश

私 sī ❶निजी; व्यक्तिगत： ～有财产 निजी संपत्ति ❷स्वार्थ; स्वार्थी： 大公无私 dà gōng wú sī ❸गुप्त; गुप्त रूप से; चुपके से： ～话 गुप्त बात ❹अवैध; गैरकानूनी： 私货
【私奔】 sībēn सहपलायन (करना)
【私弊】 sībì भ्रष्टाचार
【私藏】 sīcáng ❶व्यक्तिगत संग्रह ❷गैरकानूनी तौर पर रखना： ～枪支 गैरकानूनी तौर पर बन्दूक रखना
【私产】 sīchǎn व्यक्तिगत संपत्ति
【私娼】 sīchāng वेश्या; रंडी; गणिका
【私仇】 sīchóu बैर; मनमुटाव
【私党】 sīdǎng गिरोह; गुट
【私德】 sīdé चरित्र
【私邸】 sīdǐ (किसी उच्चस्तरीय अधिकारी का) निजी निवास
【私底下】 sīdǐxia गुप्त रूप से; चुपके से
【私法】 sīfǎ 〈का०〉 निजी कानून
【私房】 sīfáng निजी मकान
【私房】 sīfang ❶व्यक्तिगत बचत ❷गुप्त： 说～话 गुप्त बातचीत करना
【私访】 sīfǎng (अधिकारियों का) सादे वेष में लोगों के बीच जाकर जांच-पड़ताल करना
【私愤】 sīfèn द्वेष; दुर्भाव： 泄～ द्वेष करना
【私货】 sīhuò तस्करी का माल; प्रतिबंधित माल
【私家】 sījiā निजी： ～车 निजी कार / ～侦察 गैरसरकारी खुफ़िया
【私见】 sījiàn ❶पूर्वाग्रह ❷व्यक्तिगत मत
【私交】 sījiāo मित्रता; मैत्री; दोस्ती
【私立】 sīlì गैरसरकारी; व्यक्तिगत रूप से संचालित： ～学校 गैरसरकारी स्कूल
【私利】 sīlì स्वार्थ： 谋～ स्वार्थसिद्धि के लिए चेष्टा करना
【私了】 sīliǎo अदालत के बाहर मामला सुलझाना
【私囊】 sīnáng जेब： 中饱～ अपनी जेब में डालना
【私念】 sīniàn निजी उद्देश्य; प्रयोजन
【私情】 sīqíng ❶व्यक्तिगत संबंध ❷स्त्री-पुरुष का अवैध संबंध
【私人】 sīrén ❶निजी; व्यक्तिगत： ～访问 निजी यात्रा करना / ～企业 निजी उपक्रम / ～秘书 निजी सचिव ❷अपना आदमी： 任用～ अपने आदमी को पदासीन करना
【私设公堂】 sīshè-gōngtáng गैरकानूनी अदालत कायम करना
【私生活】 sīshēnghuó व्यक्तिगत जीवन
【私生子】 sīshēngzǐ अवैध पुत्र
【私事】 sīshì निजी मामला; अपना काम
【私塾】 sīshú गुरुकुल
【私通】 sītōng ❶मिली भगत करना ❷जार कर्म
【私图】 sītú निजी उद्देश्य
【私吞】 sītūn (रकम) दबा लेना; हड़पना： ～公款 सरकारी पैसा दबा लेना
【私下】 sīxià （私下里 sīxiàli भी）गुप्त रूप से; अकेले में; एकान्त में： ～交谈 एकान्त में बातचीत करना
【私心】 sīxīn निजी उद्देश्य; अपना प्रयोजन
【私心杂念】 sīxīn-zániàn स्वार्थवृत्ति
【私刑】 sīxíng अवैध दंड
【私蓄】 sīxù अपने पास बचाकर रखे हुए पैसे
【私营】 sīyíng व्यक्तिगत रूप से संचालित; निजी; व्यक्तिगत： ～经济 अर्थतंत्र का निजी क्षेत्र
【私有】 sīyǒu निजी; व्यक्तिगत： ～财产 व्यक्तिगत संपत्ति
【私有化】 sīyǒuhuà विराष्ट्रीयकरण
【私有制】 sīyǒuzhì निजी मिल्कियत
【私语】 sīyǔ ❶कानाफूसी ❷गुप्त बातें
【私运】 sīyùn तस्करी; तस्करी करना： ～油品 तेल से

बनी वस्तुओं की तस्करी करना
【私章】 sīzhāng निजी मुहर; मुद्रा
【私自】 sīzì व्यक्तिगत रूप से; अनुमति के बिना: ～出走 बिना अनुमति के पलायन करना

咝（噝）sī 〈अनु०〉(उड़ती गोली आदि की आवाज़) सीटी: 子弹～～～地从我头顶上飞过。गोलियाँ सीटियां बजाती हुई मेरे सिर के ऊपर से गुज़र गईं।

思 sī ❶सोच; विचार; चिंतन; मनन; सोचना; विचारना; चिंतन करना; मनन करना: 深～ गहरी सोच में पड़ना / 思前想后 ❷याद; स्मरण; याद करना; स्मरण करना: ～亲 अपने मां-बाप का स्मरण करना ❸चाहना; इच्छा करना: ～归 लौटना चाहना ❹विचार; धारणा: 文思 wénsī
【思辨】 sībiàn विवेचन करना
【思潮】 sīcháo ❶विचारधारा: 无政府主义～ अराजकता की विचारधारा ❷विचार: ～起伏 में विचार उमड़ना
【思忖】 sīcǔn 〈लि०〉 विचारना; चिन्तन करना; मनन करना
【思凡】 sīfán (देवता की) इहलौकिक जीवन बिताने की चाह होना; (किसी बौद्धभिक्षु या भिक्षुणी की) गृहस्थ जीवन बिताने की चाह होना
【思古】 sīgǔ अतीत का स्मरण करना
【思旧】 sījiù अपने दोस्त को याद करना
【思考】 sīkǎo सोच; सोच-विचार; मनन; चिंतन; सोच में पड़ना; सोचना; सोच-विचार करना; मनन करना; चिंतन करना: 独立～ स्वतंत्र रूप से सोच-विचार करना / ～问题 किसी मसले पर सोच-विचार करना
【思恋】 sīliàn याद करना; स्मरण करना: ～故乡 अपना गृहस्थान याद करना
【思量】 sīliang ❶सोचना; विचारना: 这件事您还得好好～～。आप को इस मामले के बारे में अच्छी तरह सोचना चाहिए। ❷〈बो०〉 याद करना; स्मरण करना: 我们正～你呢！हम सब तुम्हें याद कर रहे हैं।
【思路】 sīlù विचार की धारा; विचार का सिलसिला: ～断了。विचार का सिलसिला टूट गया।
【思虑】 sīlǜ गहराई से सोचना; विचारना: ～周到 बात के हर पक्ष पर विचारना
【思摸】 sīmo सोचना; विचार करना: 我～着，这事让小王办。मैं सोचता हूँ कि यह मामला श्याओ वांग के ही हाथों सौंप दूँ।
【思谋】 sīmóu सोचना; विचार करना
【思慕】 sīmù आदरपूर्वक किसी का स्मरण करना
【思念】 sīniàn याद करना; स्मरण करना
【思前想后】 sīqián-xiǎnghòu आगे-पीछे होने वाली बातों पर खूब सोच-विचार करना
【思索】 sīsuǒ सोचना-विचारना; सोच-विचार करना: 他经过反复～，终于作出决断。बारंबार सोच-विचार करके उस ने आखिर फ़ैसला किया।
【思惟】 sīwéi 思维 sīwéi के समान
【思维】 sīwéi ❶विचार; धारणा: ～方式 विचार-पद्धति; विचार-प्रणाली / ～活动 विचार-क्रिया ❷विचार करना; चिंतन करना
【思乡】 sīxiāng गृहासक्त होना
【思想】 sīxiǎng विचार; विचारधारा; वैचारिक; विचार-धारात्मक: 先进～ प्रगतिशील विचार / ～战线 विचारधारात्मक मोर्चा; विचारधारात्मक क्षेत्र / ～不集中 चिंतन बंटना
【思想斗争】 sīxiǎng dòuzhēng मानसिक संघर्ष
【思想方法】 sīxiǎng fāngfǎ विचार-प्रणाली
【思想家】 sīxiǎngjiā विचारक
【思想体系】 sīxiǎng tǐxì विचारधारा
【思想性】 sīxiǎngxìng विचारधारात्मक अंतर्वस्तु
【思绪】 sīxù ❶विचार: ～纷乱 उधेड़बुन में पड़ना ❷चित्त: ～不宁 चित्त उचटना
【思议】 sīyì कल्पना; कल्पनीय: 不可～ अकल्पनीय होना

鸶（鷥）sī दे० 鹭鸶 lùsī

斯 sī ❶〈लि०〉यह; यहाँ: ～时 इस समय / 生于～，长于～ यहां पैदा होना और यहीं पलना-बढ़ना ❷〈लि०〉 इस प्रकार;तब ❸（Sī）एक कुलनाम
【斯堪的纳维亚半岛】 Sīkāndìnàwéiyà Bàndǎo स्कैंडिनेवियन प्रायद्वीप
【斯拉夫人】 Sīlāfūrén स्लाव
【斯里兰卡】 Sīlǐlánkǎ श्रीलंका
【斯利那加】 Sīlìnàjiā श्रीनगर
【斯洛伐克】 Sīluòfákè स्लावाकिया
【斯洛伐克人】 Sīluòfákèrén स्लावाक
【斯瓦希里语】 Sīwǎxīlǐyǔ स्वाहिली
【斯威士兰】 Sīwēishìlán स्वाज़ीलैंड
【斯威士兰人】 Sīwēishìlánrén स्वाज़ी
【斯文】 sīwén 〈लि०〉 ❶संस्कृति ❷बुद्धिजीवी; पढ़ा-लिखा आदमी
【斯文】 sīwen शिष्टता; भद्रता; शिष्ट; भद्र: 他举止～。उस का आचरण शिष्ट है; वह एक शिष्टाचारी है।
【斯文扫地】 sīwén-sǎodì विद्वान की प्रतिष्ठा धूल-धूसरित हो जाना

厮[1]（廝）sī 〈पुराना〉 ❶नौकर; चाकर: 小～ बाल नौकर ❷आदमी: 那～ वह आदमी

厮[2]（廝）sī एक दूसरे के साथ; आपस में; परस्पर: 厮打
【厮打】 sīdǎ हाथापाई; उठा-पटक; हाथापाई करना; उठा-पटक करना; भिड़ जाना
【厮混】 sīhùn दूसरों के साथ मिलकर आवारागर्दी करना
【厮杀】 sīshā भिड़ना; लड़ना; गुथना

锶（鍶）sī 〈रसा०〉 स्ट्रोंटियम (St)

撕 sī फाड़ना; चीरना; टुकड़े करना: 他把报纸～了。उस ने अखबार फाड़ दिया। / 从记事本上～下一页纸来 नोटबुक से एक पन्ना फाड़ देना

【撕扯】 sīchě चीरना; फाड़ना; टुकड़े करना: 他把纸～成了碎片。उस ने कागज़ टुकड़े कर दिये। / 孩子的哭声～着母亲的心。बच्चे का रोना मां का कलेजा फाड़ रहा था।

【撕毁】 sīhuǐ रद्दी की टोकरी में फेंकना: ～条约 संधि को रद्दी की टोकरी में फेंक देना

【撕票】 sīpiào बंधक को जान से मारना

【撕破脸】 sīpòliǎn मुंह बिगाड़ना; मुंह चिढ़ाना

嘶 1 sī 〈लि०〉 ❶घोड़े की हिनहिनाहट; हिनहिनाना; हींसना ❷गला बैठना: 嘶哑

嘶 2 sī 咝 sī के समान

【嘶喊】 sīhǎn चिल्लाना; चीखना

【嘶叫】 sījiào ❶चीखना; चीख मारना; चिल्लाना ❷हिनहिनाना; रेंकना

【嘶鸣】 sīmíng (घोड़े का) हिनहिनाना; हींसना; (गधे का) रेंकना: 战马～ 。जंगी घोड़े हिनहिनाए।

【嘶哑】 sīyǎ गला बैठना: 嗓子～ गला बैठना

sǐ

死 sǐ ❶मौत; मृत्यु; मौत होना; मृत्यु होना; मरना; चल बसना; ठंडा पड़ना; जाता रहना: 房屋倒塌压～了三人。तीन आदमी ढहे हुए मकान के नीचे दब कर मर गए। / 他～于癌症。कैंसर से उस की मौत हुई। / 这棵树苗～了。पेड़ का यह पौधा मर गया। ❷जान पर खेलते हुए; मरते दम तक: 死战 / 死守 ❸दृढ़ता; हठ; ज़िद: ～不认帐 अपनी ज़िम्मेदारी लेने से हठ के साथ इनकार कर देना / ～不要脸 बिल्कुल निर्लज्ज होना ❹अत्यंत; मरना: ～沉～沉的 अत्यंत भारी होना / 笑～人 हंसते-हंसते मर जाना / 你这活真叫累～人。तुम ने यह काम कराकर मुझे मरवा दिया। ❺जानी; कट्टर: 死对头 / 死敌 ❻कड़ा; कठोर: ～规定 कठोर नियम ❼बन्द; दुर्गम: ～胡同 बन्द गली; अंध गली / 堵～漏洞 छेद बन्द करना

【死板】 sǐbǎn ❶निर्जीव: 画中的人物太～了。इस चित्र में मानव आकृतियां एकदम निर्जीव हैं। ❷रूढ़िबद्ध; घिसा-पिटा; यांत्रिक: 做事～ यांत्रिक रूप से काम करना / ～的公式 रूढ़िबद्ध फ़ार्मूला

【死不瞑目】 sǐbùmíngmù मरने पर भी आंखें खुली की खुली रह जाना —— अतृप्त होकर मर जाना

【死产】 sǐchǎn मृत प्रसव

【死党】 sǐdǎng कट्टर अनुयायी

【死得其所】 sǐdéqísuǒ शानदार मौत होना

【死敌】 sǐdí जानी दुश्मन; कट्टर शत्रु

【死地】 sǐdì खतरे से भरा स्थान: 置于～ खतरे में डालना

【死对头】 sǐduìtou जानी दुश्मन; कट्टर विरोधी

【死鬼】 sǐguǐ ❶(डांटने या मज़ाक उड़ानेमें प्रयुक्त) शैतान; पिशाच ❷मृतक

【死海】 Sǐhǎi मृत सागर

【死耗】 sǐhào किसी की मौत की खबर

【死缓】 sǐhuǎn 〈का०〉 (判处死刑、缓期两年执行 का संक्षिप्त रूप) (का) प्राणदंड दो साल तक के लिए स्थगित करना

【死灰】 sǐhuī राख; भस्म

【死灰复燃】 sǐhuī-fùrán 〈अना०〉 में फिर जान डालना

【死活】 sǐhuó ❶जीवन-मरण; जीना-मरना; ज़िन्दगी-मौत: 他才不管别人～呢! दूसरों के जीने-मरने से उन्हें क्या मतलब! ❷किसी तरह: 我劝了半天, 他～不听。मैं उसे समझाते-समझाते थक गया लेकिन उस ने किसी तरह भी नहीं माना / 他～要去。वह किसी तरह वहाँ जाने पर तुला हुआ है।

【死火山】 sǐhuǒshān सुप्त ज्वालामुखी

【死记】 sǐjì रटना; रट लगाना: ～硬背 रटना; रट लगाना

【死寂】 sǐjì 〈लि०〉 सन्नाटा; निस्तब्धता: 四周一片～。चारों ओर सन्नाटा था।

【死角】 sǐjiǎo ❶〈सैन्य०〉 डेड एंगल ❷किसी प्रवृत्ति, राजनीतिक आन्दोलन से अछूता स्थान

【死节】 sǐjié 〈लि०〉 अपनी मान-मर्यादा की हिफ़ाज़त के लिए प्राण त्यागना

【死结】 sǐjié न खुलनेवाली गांठ

【死劲儿】 sǐjìnr 〈बोल०〉 ❶पूरी शक्ति; पूरी ताकत: 大家～推, 才把柜子挪了个地方。सबों ने पूरी शक्ति लगाकर ही इस भारी-भरकम अलमारी को एक तरफ़ हटा दिया। ❷यथाशक्ति: ～摁 यथाशक्ति दबाना / ～盯住他 उस पर कड़ी नज़र रखना

【死扣儿】 sǐkòur न खुलनेवाली गांठ

【死老虎】 sǐlǎohǔ मृत बाघ —— अपना अधिकार और प्रभाव खो चुका व्यक्ति

【死里逃生】 sǐlǐ-táoshēng मौत से लड़कर आना; बाल-बाल बच जाना

【死力】 sǐlì ❶पूरी शक्ति; पूरी ताकत: 下～ पूरी ताकत लगाना ❷पूरी शक्ति से; पूरी ताकत से: ～反抗 पूरी शक्ति से विरोध करना

【死路】 sǐlù ❶अंध गली; बन्द गली ❷विनाश का मार्ग

【死马当做活马医】 sǐmǎ dàngzuò huómǎ yī मरे हुए घोड़े को जीवित मान कर उस का उपचार करना —— हरचन्द कोशिश करना; कोई कसर उठा न रखना

【死面】 sǐmiàn बिना खमीर उठाई हुई लोई

【死命】 sǐmìng ❶मौत; मृत्यु: 制敌于～ दुश्मन को मौत के घाट उतारना ❷हाथ-पांव मारना; जीतोड़: ～挣扎 हाथ-पांव मारना; जीतोड़ कोशिश करना

【死难】 sǐnàn दुर्घटना या राजनीतिक कांड में मर जाना: ～烈士 शहीद

【死脑筋】 sǐnǎojīn जड़बुद्धि

【死皮赖脸】 sǐpí-làiliǎn बेहया होना; बेहयाई का बुरका ओढ़ लेना
【死期】 sǐqī मौत की घड़ी
【死棋】 sǐqí ❶मृत गोटी ❷निराशाजनक स्थिति
【死气沉沉】 sǐqì-chénchén निर्जीवता; निस्तेजता; गतिहीनता; निर्जीव; निस्तेज; गतिहीन
【死气白赖】 sǐqibáilài 〈बो०〉 बराबर परेशान करना
【死契】 sǐqì अपरिवर्तनीय अधिकार पत्र
【死囚】 sǐqiú मौत से दंडित अपराधी
【死去活来】 sǐqù-huólái अधमरा होना (करना): 哭得～ रो-रोकर अधमरा होना
【死伤】 sǐshāng हताहती; हताहत: ～人数 हताहतों की संख्या / ～十余人。दसेक आदमी हताहत हुए।
【死神】 sǐshén यमराज; मृत्यु का देवता
【死尸】 sǐshī लाश; शव; मृत देह
【死守】 sǐshǒu ❶मरते दम तक रक्षा करना: 他们决心～阵地。उन्हों ने अपने मोर्चे की मरते दम तक रक्षा करने के लिए कमर कस ली। ❷अड़ा रहना; ज़िद पकड़ना: ～老规矩 पुरानी प्रथा पर अड़ा रहना
【死水】 sǐshuǐ स्थिर पानी
【死胎】 sǐtāi 〈चिकि०〉 मृत भ्रूण; मृत गर्भ
【死亡】 sǐwáng मौत; मृत्यु: ～率 मृत्यु दर / 推向～的深渊 मौत के मुंह में ढकेलना / 从～边缘中抢救过来 मौत के मुंह से निकालना
【死心】 sǐxīn मन मारना; अपनी इच्छाओं को दबाना: 不～ मन न मानना
【死心塌地】 sǐxīn-tādì दुराग्रह; कट्टरता; दुराग्रही; कट्टर
【死心眼儿】 sǐxīnyǎnr ❶दुराग्रह करना ❷दुराग्रही
【死信】[1] sǐxìn किसी की मृत्यु की खबर
【死信】[2] sǐxìn मृत पत्र
【死刑】 sǐxíng प्राणदंड; मृत्युदंड; मौत की सज़ा: 宣判～ मौत की सज़ा सुनाना
【死因】 sǐyīn मृत्यु का कारण
【死硬】 sǐyìng ❶कट्टर ❷हठी; ज़िद्दी; अड़ियल
【死有余辜】 sǐyǒuyúgū किसी को उस के संगीन अपराध के मद्देनज़र मृत्युदंड देना भी नाकफ़ी है
【死于非命】 sǐyúfēimìng अकाल-मृत्यु होना; बेमौत की मौत होना; बिना काल के मर जाना
【死战】 sǐzhàn ❶जीवन-मरण का संघर्ष ❷मरते दम तक लड़ना
【死仗】 sǐzhàng भीषण लड़ाई: 打～ जान की बाज़ी लगाकर लड़ना
【死者】 sǐzhě मृतक
【死症】 sǐzhèng घातक बीमारी; असाध्य रोग
【死罪】 sǐzuì मौत का अपराध

sì

巳（巳） sì 12 पार्थिव शाखाओं में षष्ठ —— 干支 gānzhī भी दे०
【巳时】 sìshí सुबह नौ से ग्यारह बजे का समय

四[1] sì चार; चतुर; चतुष्

四[2] sì कोंगछ्फू (工尺谱) सरगम में एक स्वर, जो संख्यात्मक स्वरलिपि में 6 के बराबर होता है
【四边】 sìbiān चारों ओर; चारों तरफ़: 院子～种着柳树。प्रांगण के चारों ओर वीलो के पेड़ लगाए गए हैं।
【四边形】 sìbiānxíng चतुर्भुज: ～的 चतुर्भुजीय
【四不像】 sìbùxiàng ❶〈प्राणि०〉 डेविड-डियर ❷आधा तीतर आधा बटेर
【四部】 sìbù चीनी साहित्य के चार परंपरागत खंड यानी 经史子集 (jīng-shǐ-zǐ-jí)
【四重唱】 sìchóngchàng 〈संगी०〉 चतुर्गान; क्वार्टेट
【四重奏】 sìchóngzòu 〈संगी०〉 चतुर्वाद्य; क्वार्टेट
【四出】 sìchū दौड़-धूप करना: ～筹集资金 चन्दा एकत्र करने के लिए दौड़-धूप करना
【四处】 sìchù चारों ओर; चारों तरफ़; हर जगह;हर तरफ़: ～都是人群。हर जगह भीड़ ही भीड़ दिखाई देती है।
【四川】 Sìchuān स्छ्वान (प्रांत)
【四大皆空】 sìdà-jiēkōng 〈बौद्धधर्म〉 सब शून्य होता है
【四大金刚】 Sì Dà Jīngāng 四大天王 Sì Dà Tiānwáng के समान
【四大天王】 Sì Dà Tiānwáng चार लोकपाल —— धृतराष्ट्र, विरूढक, विरूपाक्ष एवं धनद
【四方】[1] sìfāng चारों दिशाओं में; हर तरफ़; हर जगह: ～响应 हर जगह समर्थन प्राप्त होना
【四方】[2] sìfāng चौकोर; वर्गाकार: ～的盒子 चौकोर बाक्स
【四方步】 sìfāngbù चहलकदमी
【四分五裂】 sìfēn-wǔliè विघटन; छिन्नभिन्नता; विघटित; छिन्नभिन्न; विघटन होना; विघटित होना (करना); छिन्नभिन्न होना (करना)
【四伏】 sìfú हर तरफ़ छिपा रहना: 危机四伏 wēijī-sìfú
【四顾】 sìgù चारों तरफ़ नज़र दौड़ाना
【四国】 Sìguó (जापान का) शिकोकु
【四海】 sìhǎi चारों समुद्र; समूचा देश; सारी दुनिया
【四合院】 sìhéyuàn एक चौकोर प्रांगण के चारों ओर निर्मित मकानों का समूह
【四胡】 sìhú 〈संगी०〉 स्हू, एक चार तंतुओं वाला वाद्ययंत्र
【四季】 sìjì चारों मौसम
【四郊】 sìjiāo उपनगर
【四近】 sìjìn पास; पास-पड़ोस: ～没有住家。पास-पड़ोस में एक भी मकान नहीं।
【四邻】 sìlín पड़ोसी
【四面】 sìmiàn चार दिशाओं में; चारों ओर; चारों तरफ़: ～环山 चारों ओर से पहाड़ों से घिरा होना
【四面八方】 sìmiàn-bāfāng चारों ओर; चारों तरफ़:

参加游行的人们从～涌入天安门广场。परेड में शामिल होने के लिए लोग चारों ओर से उमड़कर थ्येनआनमन चौक पर एकत्र हुए।
【四面楚歌】 sìmiàn-chǔgē चारों ओर से घिर जाना; चारों तरफ़ से घेरा जाना
【四拇指】 sìmǔzhǐ 〈बो०〉 अनामिका
【四旁】 sìpáng आगे-पीछे; बायें-दायें
【四平八稳】 sìpíng-bāwěn ❶संतुलित; नपातुला: 这篇文章写得～。यह लेख संतुलित शैली में लिखा गया है। ❷जोखिम न उठाना; नियम के अनुसार काम करना
【四起】 sìqǐ चारों तरफ़ बरपा होना या नज़र आना: 歌声～。गीतों की आवाज़ चारों तरफ़ गूंज उठी। / 谣言～。अफ़वाहें चारों तरफ़ फैल गईं।
【四散】 sìsàn तितर-बितर होना; भंग होना
【四舍五入】 sìshě-wǔrù 〈गणित०〉 संख्या को पूर्ण करना
【四声】 sìshēng चीनी उच्चारण की चार टोन
【四时】 sìshí चार मौसम: ～鲜果 मौसम के फल
【四书】 Sì Shū चार ग्रंथ, यानी "बृहद् अध्ययन"《大学》, "मध्यमार्ग के सिद्धांत"《中庸》, "कंफ़्यूशियस की उक्तियाँ"《论语》एवं "मेंशियस"《孟子》
【四体】 sìtǐ 〈लि०〉 शरीर के चार अंग यानी दो हाथ एवं दो पैर
【四体不勤】 sìtǐ-bùqín हाथ-पैर मेहनत के काबिल न होना
【四外】 sìwài चारों ओर (विशेषकर खुले मैदान में)
【四围】 sìwéi चारों ओर; चारों तरफ़
【四维空间】 sìwéi kōngjiān दिक्काल
【四下里】 sìxiàli चारों ओर; चारों तरफ़: ～没人。चारों ओर कोई भी दिखाई नहीं दिया।
【四仙桌】 sìxiānzhuō (चार आदमियों के बैठने के लिए) चतुष्कोण मेज़
【四乡】 sìxiāng नगर के इर्द-गिर्द स्थित गांव
【四仰八叉】 sìyǎng-bāchà (四脚八叉 sìjiǎo-bāchà भी) पीठ के बल गिर पड़ना
【四野】 sìyě विस्तृत मैदान: ～茫茫，空旷无人。विस्तृत मैदान में खामोशी छायी हुई है।
【四月】 sìyuè ❶अप्रैल ❷चौथा चन्द्रमास
【四则】 sìzé 〈गणित०〉 गणना के चार बुनियादी तरीके, यानी जोड़, बाकी, गुणन और भाग
【四肢】 sìzhī देह के चार अंग; हाथ और पैर
【四至】 sìzhì ज़मीन के टुकड़े या निर्माण-स्थल की चार सीमाएं
【四周】 sìzhōu चारों ओर; चारों तरफ़
【四足动物】 sìzú dòngwù चौपाया
【四座】 sìzuò सभी उपस्थित: ～皆惊。सभी उपस्थित हैरान रह गए।

寺 sì मंदिर; मठ
【寺院】 sìyuàn मंदिर; मठ; संघाराम; विहार

似 sì ❶समान; तुल्य: 相似 xiāngsì ❷प्रतीत होना; जान पड़ना; मालूम पड़ना; लगना: ～属可行。यह व्यवहृत प्रतीत होता है। ❸(तुलना में प्रयुक्त) से; से बढ़कर: 生活一年强～一年。जन-जीवन साल ब साल सुधरता जा रहा है।
shì भी दे०
【似曾相识】 sìcéng-xiāngshí परिचित-सा मालूम पड़ना
【似…非…】 sì…fēi… (हर के पीछे एक जैसा शब्द होता है) वैसा पूरी तरह नहीं होना जैसा देखने में लगना: 似绸非绸 देखने में रेशमी कपड़ा लगना, पर पूरी तरह रेशमी कपड़ा नहीं होना / 她似笑非笑。उस के चेहरे पर कृत्रिम हंसी थी।
【似乎】 sìhū प्रतीत होना; जान पड़ना; मालूम पड़ना; लगना: 他～没听明白。ऐसा प्रतीत होता है कि बात उस की समझ में नहीं आई। / ～下午要下雨。जान पड़ता है कि दोपहरबाद पानी बरसेगा। / 她～病了。वह बीमार मालूम पड़ती है।
【似是而非】 sìshì-érfēi ऊपरी तौर पर देखने में सही किंतु वास्तव में गलत: ～的主张 ऊपर से देखने में सही किंतु वास्तव में गलत मत

伺 sì देखना; इंतज़ार करना; घात में रहना; घात में बैठना: 伺机 / 伺隙
cì भी दे०
【伺服】 sìfú 〈वैद्यु०〉 सर्वो: ～控制机构 सर्वो-कंट्रोल मेकनिज़्म
【伺机】 sìjī मौका देखना; घात में बैठना: ～出击 मौका देखकर हमला बोलना
【伺隙】 sìxì घात में बैठना; घात में रहना; मौका देखना: ～报复 बदला लेने के लिए घात में बैठना

祀 sì बलि चढ़ाना

姒 sì 〈प्रा०〉 ❶बड़ी बहन ❷पति की भाभी; भाभी

饲（飼） sì ❶पालन करना; पालना ❷चारा; दाना
【饲料】 sìliào चारा; दाना
【饲养】 sìyǎng पालन करना; पालना: ～牲畜 चौपायों का पालन करना; पशु-पालन करना

泗 sì 〈लि०〉 नाक की गंदगी

驷（駟） sì 〈लि०〉 ❶चौकड़ी के घोड़े ❷घोड़ा; घोड़ी
【驷马】 sìmǎ 〈लि०〉 चौकड़ी में जोते जाने वाले चार घोड़े

俟（竢） sì 〈लि०〉 प्रतीक्षा; इंतज़ार; प्रतीक्षा करना; इंतज़ार करना: ～机进攻 हमला बोलने के अवसर की प्रतीक्षा करना
qí भी दे०

食 sì 〈लि०〉 खिलाना
shí; yì भी दे०

耜 sì ❶प्राचीन काल में एक फावड़े जैसा कृषि-औज़ार ❷प्राचीन काल में हल के फाल जैसी कोई वस्तु

肆 1 sì उद्दंडता; अक्खड़पन; उच्छृंखलता; उद्दंड; अक्खड़; उच्छृंखल: 放肆 fàngsì

肆 2 sì चार, जो गलती या हेरफेर से बचने के लिए चेक इत्यादि पर 四 के स्थान पर लिखा जाता है

肆 3 sì 〈लि०〉 दुकान; शॉप: 酒肆 jiǔsì

【肆力】 sìlì 〈लि०〉 (में) लगा रहना; संलग्न होना: ～农事 कृषि-काम में संलग्न होना

【肆虐】 sìnüè गज़ब ढाना; तबाही मचाना: 洪水～ बाढ़ ने गज़ब ढाया।

【肆扰】 sìrǎo परेशान करना; हैरान करना; तंग करना

【肆无忌惮】 sìwú-jìdàn उद्दंडता से; उच्छृंखलता से

【肆意】 sìyì मनमानियाँ करना; मनमाने; मनमाने ढंग से: ～攻击 (पर) मनमाने ढंग से ज़हर उगलना / ～践踏他国主权 दूसरे देशों की प्रभुसत्ता को मनमाने ढंग से पैरों तले रौंद डालना

嗣 sì ❶उत्तराधिकार; उत्तराधिकारी; उत्तराधिकार में प्राप्त होना; उत्तराधिकारी होना: ～位 राजा का उत्तराधिकारी होना ❷सन्तान; संतति; औलाद: 无～ निस्संतान होना

【嗣后】 sìhòu 〈लि०〉 बाद में; पीछे

sōng

忪 sōng दे० 惺忪 xīngsōng

zhōng भी दे०

松 1 sōng ❶देवदार; चीड़ ❷ (Sōng) एक कुलनाम

松 2 (鬆) sōng ❶ढीला; शिथिल: 鞋带～了。जूते के फ़ीते ढीले पड़ गए। ❷ढीला करना: ～腰带 कमरबन्द ढीला करना ❸अपने पास रुपये-पैसे होना: 眼下手头～一些。इस समय मेरे पास कुछ रुपये-पैसे हैं। ❹भुरभुरा; नरम; मुलायम: ～脆的饼干 भुरभुरे बिस्कुट ❺खोलना; छोड़ना: 松绑 ❻सूखा हुआ कीमा: 猪肉～ सुअर के गोश्त से बना सूखा कीमा

【松绑】 sōngbǎng ❶खोलना; बंधनरहित करना ❷प्रतिबंध में छूट देना (ढील देना)

【松弛】 sōngchí ढीलापन; शिथिलता; ढीला; शिथिल: 纪律～अनुशासन शिथिल पड़ना / 全身～ सारा शरीर ढीला पड़ना

【松动】 sōngdòng ❶भीड़ कम होना ❷तंगी न रह जाना: 最近手头稍有～。आजकल हाथ तंग नहीं है। ❸लचीलापन; लचीला: 他们在这个问题上立场有所～。उन्होंने इस सवाल पर कुछ लचीला रुख अपनाया है। / 两国关系有了～。दोनों देशों के बीच संबंध सुधर गए हैं।

【松花江】 Sōnghuājiāng सोंगह्वा नदी

【松焦油】 sōngjiāoyóu पाइन टार

【松节油】 sōngjiéyóu तारपीन का तेल; तारपीन

【松紧】 sōngjǐn कसाव का स्तर: 检查一下螺丝的～。देखो कि पेच ठीक से कसे हुए हैं या नहीं।

【松紧带】 sōngjǐndài इलास्टिक

【松劲】 sōngjìn सुस्ती; आलस्य; ढीलापन; सुस्त; आलसी; ढीला: 抓紧绳子别～。सुस्त होने के बजाए रस्से को कसकर पकड़ो।

【松口】 sōngkǒu ❶मुंह में दबाई हुई चीज़ छोड़ना ❷ज़बान खुलना; ज़बान खोलना: 他终于松了口，同意她们去工地。आखिर उन्होंने ज़बान खोली और रज़ामंदी जताई कि वे निर्माण-स्थल पर जा सकती हैं।

【松快】 sōngkuai ❶आराम, राहत; सुख: 洗完澡，感觉～一些。नहाने के बाद कुछ राहत मिली। ❷चौड़ा: 这房间不大，但我一个人住还是～的。यह कमरा ज़्यादा बड़ा तो नहीं है, पर मेरे अकेले रहने के लिए फिर भी काफ़ी चौड़ा है।

【松明】 sōngmíng देवदार की टहनियों की बनी मशाल

【松球】 sōngqiú देवदार फल

【松仁】 sōngrén चिलगोज़े की गिरी

【松软】 sōngruǎn मुलायम; भुरभुरा: ～的土地 भुरभुरी भूमि

【松散】 sōngsǎn ❶ढीलापन; ढीला ❷लापरवाही; लापरवाह होना; ढीला पड़ना

【松散】 sōngsan आराम करना; विश्राम करना: 坐得太久了，出去～一下。हम काफ़ी देर तक बैठे बातें करते रहे हैं। चलिए, बाहर जाके कुछ आराम तो कर लें।

【松手】 sōngshǒu हाथ ढीला करना

【松鼠】 sōngshǔ गिलहरी

【松树】 sōngshù देवदार का वृक्ष; चीड़ का पेड़

【松松垮垮】 sōngsōngkuǎkuǎ ❶अदृढ़; अस्थिर ❷ढीला; सुस्त

【松塔】 sōngtǎ देवदार फल

【松涛】 sōngtāo हवा के चलते देवदार वृक्षों की पत्तियों की सरसराहट

【松香】 sōngxiāng गंधराल; रोजिन

【松懈】 sōngxiè शिथिलता; शैथिल्य; ढील; शिथिल; ढीला; शिथिल (ढीला) पड़ना; ढील लाना: ～警惕性 सतर्कता में ढील लाना

【松心】 sōngxīn निश्चिंत होना; बेफ़िक्र होना; चैन पाना: 干完这件活，我们就～了。यह काम पूरा कर लेने पर हम चैन पाएंगे।

【松针】 sōngzhēn देवदारु की नुकीली पत्तियाँ

【松脂】 sōngzhī गंधराल

【松子】 sōngzǐ ❶चिलगोज़ा ❷चिलगोज़े की गिरी

【松嘴】 sōngzuǐ 松口 sōngkǒu के समान

凇 sōng दे० 雾凇 wùsōng

嵩 (崧) sōng 〈लि०〉 ❶ऊंचा पर्वत ❷ऊंचा; उत्तुंग

sóng

㞞（屣） sóng ❶वीर्य ❷डरपोक; कायर: 他是个~包。वह एक डरपोक है।

sǒng

怂（慫） sǒng 〈लि०〉 भयभीत होना; आतंकित होना

【怂恿】 sǒngyǒng उकसाव; उकसाव देना; उकसाना; भड़काना; बढ़ावा देना; बहकाना

耸（聳） sǒng ❶ऊंचा; उत्तुंग ❷आतंकित करना; डराना; चकित करना: 危言耸听 wēi yán sǒng tīng

【耸动】 sǒngdòng ❶ऊपर उठाना; (कंधा) उचकाना; (कंधा) झाड़ना ❷उत्तेजित करना; चौकन्ना करना: ~视听 उत्तेजनाएं फैलाना

【耸肩】 sǒngjiān कंधे उचकाना; कंधे झाड़ना

【耸立】 sǒnglì उत्तुंग खड़ा होना: 四周群山~。चारों ओर पहाड़ उत्तुंग खड़े हैं।

【耸人听闻】 sǒngréntīngwén सनसनी; सनसनी-खेज़; सनसनी फैलाना; सनसनीखेज़ होना: 传播~的谣言 सनसनीखेज़ अफ़वाह उड़ाना

【耸入云霄】 sǒngrù-yúnxiāo गगनचुम्बी; आसमान से बातें करना

悚 sǒng 〈लि०〉 भयभीत; आतंकित

【悚然】 sǒngrán भयभीत होना; आतंकित होना; रोंगटे खड़े होना: 毛骨~ रोंगटे खड़े होना

竦 sǒng ❶〈लि०〉 सम्मानीय; आदरणीय ❷悚 sǒng के समान ❸耸 sǒng के समान

sòng

讼（訟） sòng ❶मुकद्दमा चलाना; मुकद्दमा लड़ाना ❷तर्क-वितर्क; वाद-विवाद; तर्क-वितर्क करना; वाद-विवाद करना

【讼案】 sòng'àn अभियोग

【讼棍】 sònggùn टुटपुंजिया वकील; बदनाम वकील

【讼师】 sòngshī छोटा वकील

宋 Sòng ❶चाओ राजवंश (1040-286 ई०पू० के काल में एक राज्य, जो वर्तमान हनान प्रांत के शांगछ्यू 商丘 क्षेत्र में स्थित था) ❷सोंग राज वंश (420-479 ई०), जो दक्षिण राजवंशों में एक था। ❸सोंग राजवंश (960-1279 ई०) ❹एक कुलनाम

【宋词】 sòngcí सोंग राजवंश काल की कविताएं

【宋体字】 sòngtǐzì सोंग टाइपफ़ेस, एक प्रामाणिक टाइपफ़ेस, जो पहले पहल मिंग राजवंश काल (1368-1644 ई०) में इस्तेमाल होने लगा था

送 sòng ❶पहुँचाना; भेजना; ले जाना; लाना; देना: ~货上门 घर तक माल पहुँचाना / 这本书是她~来的。यह पुस्तक वह लाई है। / 您把这封信~给他吧。आप उसे यह पत्र दे दें। ❷भेंट में देना; भेंट करना: 他~我一套丛书。उन्हों ने मुझे एक पुस्तकमाला भेंट में दी। ❸विदा करना; पहुंचाना; विदाई देना: 到机场~人 हवाई अड्डे पर किसी को विदाई देना / 我~你到家。मैं तुम्हें घर तक पहुंचा दूंगा। / ~客人到大门口 गेट पर मेहमान को विदा करना

【送别】 sòngbié विदा; विदाई; विदा (विदाई) देना; विदा करना

【送殡】 sòngbìn शव के साथ जाना; शव-यात्रा में शामिल होना

【送礼】 sònglǐ भेंट करना; भेंट में देना; उपहार में देना; उपहार देना

【送命】 sòngmìng जान गंवाना; जान से हाथ धोना

【送气】 sòngqì 〈ध्वनि०〉 महाप्राण

【送气音】 sòngqìyīn महाप्राण (चीनी में p, t, k, c, ch, q आदि व्यंजन)

【送亲】 sòngqīn कन्या के साथ वर-पक्ष के घर जाना

【送情】 sòngqíng ❶किसी दूसरे की खुशामद में कुछ दे देना ❷〈बो०〉 उपहार में देना; भेंट में देना; भेंट करना; उपहार देना

【送丧】 sòngsāng 送殡 sòngbìn के समान

【送审】 sòngshěn स्वीकृति के लिए ऊपरवाले को प्रस्तुत करना

【送死】 sòngsǐ जान गंवाना; जान से हाथ धोना

【送信儿】 sòngxìnr संदेश देना; खबर देना; बताना: 他一回来，您就~给我。जब वह घर लौट जाएगा, तब आप मुझे बता दें।

【送行】 sòngxíng ❶विदाई देना; विदा करना ❷विदाई भोज देना

【送葬】 sòngzàng शवयात्रा में शामिल होना

【送站】 sòngzhàn किसी को रेल-स्टेशन पर विदा करना

【送终】 sòngzhōng मरणासन्न मां या बाप या घर के किसी दूसरे बुज़ुर्ग की सेवा करना; स्वर्गवासी मां या बाप का अंतिम संस्कार करना

诵（誦） sòng ❶पढ़ना; पढ़कर सुनाना; मंत्रोच्चारण करना ❷कंठस्थ करना ❸विवरण देना; वर्णन करना

【诵读】 sòngdú ऊंचे स्वर में पढ़ना

颂（頌） sòng ❶गुणगान; स्तुति; प्रशंसा; तारीफ़: 颂扬 ❷(पत्र में) शुभकामना करना: 敬~大安 सादर

शुभकामनाएं। ❸"कविता संग्रह"(《诗经》) के तीन भागों में से एक, जिस में बलिदान के अवसर पर गाये जाने वाले गीत सम्मिलित हैं ❹प्रशस्ति गाथा; स्तुतिगान; गुणगानः 《祖国～》"मेरी मातृभूमि का स्तुति गान"

【颂词】 sòngcí प्रशस्ति; प्रशंसात्मक भाषण

【颂歌】 sònggē प्रशस्ति गाथा; स्तुतिगान; गुणगान

【颂古非今】 sònggǔ-fēijīn प्राचीनता की प्रशंसा कर नवीनता की उपेक्षा करना

【颂扬】 sòngyáng स्तुति करना; प्रशंसा करना; गुणगान करना; कीर्तन करना; तारीफ़ करना; सराह करना

sōu

搜 1 （蒐） sōu खोजना; ढूँढना; तलाश करनाः 搜罗

搜 2 sōu तलाशी लेना; बरामद करनाः 搜查 / 警察～出全部脏物。पुलिस ने चोरी का सारा माल बरामद किया।

【搜捕】 sōubǔ तलाशी लेना और गिरफ़्तार करना

【搜查】 sōuchá तलाशी लेना

【搜查证】 sōucházhèng सर्च वारंट

【搜肠刮肚】 sōucháng-guādù दिमाग खपाना; माथापच्ची करनाः ～想法子 उपाय सुझाने के लिए दिमाग खपाना

【搜刮】 sōuguā （搜括 sōukuò भी） लूटना; लूट-खसोट करना; खून चूसनाः ～民脂民膏 जनता की लूट-खसोट करना

【搜集】 sōují इकट्ठा करना; एकत्र करना; संगृहीत करनाः ～情报 सूचनाएं एकत्र करना / ～文物 ऐतिहासिक अवशेष संगृहीत करना

【搜剿】 sōujiǎo खोजकर सफ़ाया करनाः ～残敌 बचे-खुचे दुश्मन खोजकर उन का सफ़ाया करना

【搜缴】 sōujiǎo बरामद करनाः ～武器 हथियार बरामद करना

【搜罗】 sōuluó इकट्ठा करना; एकत्र करना; संगृहीत करनाः ～人才 प्रतिभाएं एकत्र करना / ～史料 ऐतिहासिक अभिलेख संगृहीत करना

【搜身】 sōushēn शरीर की तलाशी लेना; किसी की तलाशी लेना

【搜索】 sōusuǒ तलाश; खोज; तलाशना; तलाश करना; खोजना; खोज करना; ढूँढनाः ～目标 लक्ष्य तलाश करना

【搜索枯肠】 sōusuǒ-kūcháng माथा-पच्ची करना; सिर खपाना

【搜寻】 sōuxún तलाश करना; खोजनाः ～失踪人员 लापता हुए लोगों को खोजना

嗖 sōu 〈अनु०〉 सनसन; सनसनाहटः 一支箭～的一声飞来。एक तीर सनसनाते हुए मेरे सामने आ गिरा।

馊 （餿） sōu (चावल, तरकारी आदि) खराब होना; बासी होना

【馊点子】 sōudiǎnzi मूर्खतापूर्ण युक्ति

【馊主意】 sōuzhǔyi मूर्खतापूर्ण युक्तिः 你尽出～。तुम तो बस, जो भी युक्ति सुझाते हो, मूर्खतापूर्ण ही साबित होती है।

溲 sōu 〈लि०〉 मूत्रत्याग करना

飕 1 （颼） sōu 〈बो०〉 हवा लगने से सूख जाना या ठंडा पड़ जानाः 把鱼～干。इन मछलियों को हवा में सुखा दो।

飕 2 （颼） sōu 嗖 sōu के समान

【飕飗】 sōuliú 〈लि०〉 (हवा की) सरसराहट

艘 sōu 〈परि०श०〉 (नौका के लिए)ः 两～军舰 दो युद्धपोत

sǒu

叟 （叜） sǒu बूढ़ा; बुज़ुर्ग; वृद्धः 老～ बुज़ुर्ग

瞍 sǒu 〈लि०〉 ❶बिना पुतली की आंखें; नेत्रहीन होना ❷अंधा; नेत्रहीन

嗾 sǒu ❶कुत्ते को इशारा देने वाली आवाज़ ❷〈लि०〉 आवाज़ देकर कुत्ते को इशारा देना ❸उकसाना; भड़काना

【嗾使】 sǒushǐ उकसाना; भड़काना

薮 （藪） sǒu 〈लि०〉 ❶जंगली पौधों से भरी उथली झील ❷बसेरा; अड्डा

擞 （擻） sǒu दे० 抖擞 dǒusǒu

sòu भी दे०

sòu

嗽 sòu खांसी; खांसनाः 咳嗽 késou

擞 （擻） sòu 〈बो०〉 कुरेदना; खुलेड़नाः ～火 आग खुलेड़ना

sǒu भी दे०

sū

苏 1 （蘇） sū 〈वन०〉 पेरिला; बीफ़स्टीक प्लांट

苏[2] （蘇） sū झालर： 流苏 liúsū

苏[3] （蘇、甦） sū होश में आना; आपे में आना; संभलना： 死而复～ आपे में आकर पुनर्जीवित होना

苏[4] （蘇）sū ❶苏州 Sūzhōu का संक्षिप्त रूप：～绣 सूचओ की कसीदाकारी ❷江苏 Jiāngsū का संक्षिप्त रूप： ～南 दक्षिण च्यांगसू ❸एक कुलनाम

苏[5] （嚥） sū दे० 噜苏 lūsū

苏[6] （蘇） sū ❶苏维埃 Sūwéi'āi का संक्षिप्त रूप ❷苏联 Sūlián का संक्षिप्त रूप

【苏白】 sūbái ❶सूचओ बोली ❷खुनछ्व ओपेरा（昆曲）में सूचओ बोली में संवाद

【苏打】 sūdá सोडा

【苏丹】 Sūdān ❶सुल्तान ❷सूडान

【苏丹人】 Sūdānrén सूडानी

【苏里南】 Sūlǐnán सुरीनाम

【苏里南人】 Sūlǐnánrén सुरीनामी

【苏联】 Sūlián सोवियत संघ

【苏门答腊】 Sūméndálà सुमात्रा

【苏区】 sūqū चीन का सोवियत क्षेत्र, जो 1927-1937 ई० दूसरे क्रांतिकारी गृह युद्ध के दौरान स्थापित हुआ था

【苏铁】 sūtiě 〈वन०〉 सागोसाइक्स

【苏维埃】 Sūwéi'āi सोवियत

【苏醒】 sūxǐng होश में आना; आपे में आना： 他昏倒快半天了，才～过来。 वह काफ़ी देर तक बेहोश पड़ा था और अभी-अभी होश में आया है।

【苏伊士运河】 Sūyīshì Yùnhé स्वेज़ नहर

【苏州码子】 Sūzhōu mǎzi सूचओ अंक, जिन का प्रयोग दुकानदार दाम बताने के लिए प्रयोग करते थे

酥 sū ❶घी का प्राचीन नाम ❷भुरभुरा; कुरकुरा： 这饼干很～。यह बिस्कुट कुरकुरा है। ❸खस्ती पेस्ट्री ❹सुन्न： 酥麻

【酥脆】 sūcuì भुरभुरा; कुरकुरा

【酥麻】 sūmá (हाथ-पांव) सुन्न पड़ना： 浑身～ सारा-शरीर सुन्न पड़ना

【酥软】 sūruǎn (हाथ-पांव) निर्जीव होना; जड़वत् होना

【酥松】 sūsōng भुरभुरा; कुरकुरा： ～的土壤 भुरभुरी मिट्टी

【酥油】 sūyóu घी

【酥油茶】 sūyóuchá घी की चाय

【酥油花】 sūyóuhuā घी के बने फूल-पौधे

稣 sū 苏[3]（苏醒） sū के समान

窣 sū दे० 窸窣 xīsū

sú

俗 sú ❶रीति-रिवाज; प्रथा： 旧～ पुरानी प्रथा ❷लोकप्रिय; प्रचलित： ～名 प्रचलित नाम ❸गंवारू; बेढंगा; अशिष्ट： 俗气 ❹गृहस्थ： 僧～ बौद्धभिक्षु और गृहस्थ

【俗不可耐】 súbùkěnài बिल्कुल गंवारू होना

【俗称】 súchēng ❶सामान्य रूप से कहलाना： 马铃薯～土豆儿。 आलू सामान्य रूप से थूतओ कहलाता है। ❷प्रचलित नाम

【俗话】 súhuà लोकोक्ति; कहावत

【俗家】 sújiā ❶(बौद्धभिक्षु द्वारा प्रयुक्त) मेरे पूज्य पिता जी का घर ❷गृहस्थ： ～打扮 गृहस्थ के वेष में

【俗名】 súmíng प्रचलित नाम; स्थानीय नाम

【俗气】 súqi गंवारू; कुरुचिपूर्ण： 这里布置得太～。 यहाँ भद्दी सजावट की गई है।

【俗人】 súrén ❶(परिव्राजक से भिन्न) गृहस्थ ❷गंवार

【俗尚】 súshàng प्रचलित प्रथा

【俗套】 sútào परम्परा; परिपाटी： 不落俗套 bùluò-sútào

【俗体字】 sútǐzì अक्षरों का अप्रामाणिक रूप

【俗文学】 súwénxué लोक-साहित्य

【俗语】 súyǔ लोकोक्ति; कहावत

【俗字】 súzì 俗体字 sútǐzì के समान

sù

夙 sù ❶प्रातः; तड़का; भोर： 夙兴夜寐 ❷चिरंतन; पुराना; चिरस्थाई： 夙愿

【夙仇】 sùchóu ❶पुराना दुश्मन ❷पुरानी दुश्मनी

【夙敌】 sùdí पुराना दुश्मन

【夙诺】 sùnuò पुराना वादा

【夙嫌】 sùxián पुराना मनमुटाव; पुराना बैर

【夙兴夜寐】 sùxìng-yèmèi सुबह जल्दी उठना और रात देर से सोना —— दिन रात एक करना

【夙夜】 sùyè दिन-रात： ～不眠 दिन-रात जागते रहना

【夙愿】 sùyuàn चिरपोषित अभिलाषा; चिरंतन मनोरथ

诉（訴）sù ❶बताना; अवगत कराना; सूचित करना： 告诉 gàosù ❷शिकायत करना; फ़रियाद करना： 诉苦 ❸अभियोग लगाना： 起诉 qǐsù

【诉苦】 sùkǔ दुखड़ा रोना; रोना रोना; दुख बयान करना

【诉求】 sùqiú ❶निवेदन; आवेदन; निवेदन (आवेदन) करना： ～世贸组织 विश्व व्यापार संगठन से निवेदन करना ❷अपेक्षा; से अपेक्षा रखना： 我们所～的目标是提高全民的环保意识。 हमारी यह अपेक्षा है कि समूची जनता पर्यावरण संरक्षण के बारे में सजग हो। / 对生活

的～ जीवन से अपेक्षाएं
【诉述】 sùshù बताना; वर्णन करना; विवरण देना: ～经历 अपने अनुभव बताना
【诉说】 sùshuō 诉述 sùshù के समान
【诉讼】 sùsòng 〈का०〉 मुकद्दमा; मुकद्दमा चलाना: 提起～ (पर) मुकद्दमा चलाना; मुकद्दमा दायर कराना / 撤消～ मुकद्दमा खारिज करना / 刑事～ फ़ौजदारी का मुकद्दमा / 民事～ दीवानी का मुकद्दमा
【诉讼代理人】 sùsòng dàilǐrén विधि-प्रतिनिधि
【诉讼当事人】 sùsòng dāngshìrén वादी
【诉讼法】 sùsòngfǎ प्रक्रिया-कानून
【诉冤】 sùyuān फ़रियाद करना; शिकायत करना
【诉愿】 sùyuàn निचले स्तर की सरकारी संस्था के विरुद्ध उस से ऊपरवाली संस्था में शिकायत करना
【诉诸武力】 sùzhū wǔlì बल-प्रयोग करना; शस्त्र बल का सहारा लेना
【诉状】 sùzhuàng 〈का०〉 वादपत्र; अर्ज़ीदावा: 向法院提出～ अदालत में वादपत्र दायर कराना

肃（肅） sù ❶आदर; सम्मान: 肃立 ❷गंभीरता; संजीदगी; गंभीर; संजीदा: 严肃 yánsù ❸सफ़ाया; विनाश; सफ़ाया करना; विनाश करना; कुचलना: ～贪 भ्रष्टाचार के विरुद्ध अभियान चलाना
【肃静】 sùjìng शांति; चुप्पी; मौन; शांत रहना; चुप रहना; मौन रहना: ～! शांत रहो!
【肃立】 sùlì आदर-भाव के साथ खड़ा होना: 奏国歌时全场～。जब बैंड पर राष्ट्रीय धुन बजाई जाने लगी, तब सभी लोग उठ खड़े हुए।
【肃穆】 sùmù ❶गंभीरता; संजीदगी: 会上气氛～。सभा में गंभीरता का वातावरण छाया था। ❷गंभीरता और मेल-मिलाप
【肃清】 sùqīng सफ़ाया करना; विनाश करना; कुचलना: ～盗匪 डाकुओं का सफ़ाया करना
【肃然起敬】 sùrán-qǐjìng मन में आदर-भाव उत्पन्न होना
【肃杀】 sùshā 〈लि०〉 (पतझड़ या जाड़ों का) रूखापन: 秋气～。पतझड़ में बहुत रूखापन और सूखापन होता है।

素 sù ❶सफ़ेद; श्वेत: 素服 ❷सादा: ～色 सादा रंग ❸साग-सब्ज़ी; शाक: 吃～ शाक का आहार करना; शाकाहारी होना ❹मौलिक; स्वाभाविक: ～性 स्वभाव ❺तत्व; मूल पदार्थ: 毒～ ज़हरीला पदार्थ ❻हमेशा; सदा; साधारणतया: 他们俩～有来往。वे दोनों एक दूसरे के यहां हमेशा आते-जाते रहे हैं।
【素不相识】 sùbùxiāngshí एक दूसरे से अपरिचित होना; अजनबी होना; पहले मुलाकात कभी न होना
【素材】 sùcái (साहित्य और कला की) आधार-सामग्री
【素菜】 sùcài तरकारी; साग-भाजी
【素餐】 sùcān ❶साग-भाजी; शाक ❷शाकाहारी होना ❸〈लि०〉 हाथ पर हाथ धरे बैठे रहना
【素常】 sùcháng हमेशा; अक्सर; आम दिनों में: ～他都学习到晚上十点。वह अक्सर रात के दस बजे तक अध्ययन करता रहता है।
【素淡】 sùdàn सादा: 衣着～ सादे कपड़े पहनना
【素服】 sùfú श्वेत वस्त्र (विशेषकर मातमी लिबास)
【素洁】 sùjié श्वेत और शुद्ध
【素净】 sùjing सादा और साफ़-सुथरा
【素酒】 sùjiǔ ❶साग-भाजी के साथ पेश की जाने वाली शराब ❷〈बो०〉 साग-भाजियों का भोज
【素来】 sùlái हमेशा; अक्सर: 他～办事认真。वह अपने काम को हमेशा गंभीरता से पूरा कर लेता है।
【素昧平生】 sùmèipíngshēng पहले कभी न जानना; पहले से ही अनजान होना: 我与他～。मैं पहले उसे कभी नहीं जानता था।
【素描】 sùmiáo ❶रेखाचित्र ❷परिलेख
【素朴】 sùpǔ सादा और सरल
【素日】 sùrì सामान्यतया; और दिनों में
【素食】 sùshí ❶शाकाहार; निरामिष खाना ❷शाकाहारी; शाकभोजी
【素数】 sùshù 〈गणित०〉 प्राइम नंबर
【素席】 sùxí शाक का भोज
【素雅】 sùyǎ सरल और सुरुचिपूर्ण: 布置～ सरल बल्कि सुरुचिपूर्ण ढंग से सजाना
【素养】 sùyǎng प्रवीणता: 文学～ साहित्यिक प्रवीणता
【素油】 sùyóu वनस्पति तेल
【素志】 sùzhì चिरपोषित आकांक्षा
【素质】 sùzhì गुण; क्षमता: 提高身体～ शारीरिक क्षमता बढ़ाना
【素质教育】 sùzhì jiàoyù योग्यता उन्मुख शिक्षा

速[1] sù ❶जल्दी; शीघ्रता; तेज़ी; जल्द; शीघ्र; तेज़: 火～前来。जल्दी-जल्दी आओ। ❷गति; रफ़्तार; वेग: 高～列车 तेज़ रफ़्तार वाली रेल-गाड़ी

速[2] sù 〈लि०〉 बुलावा; बुलाना: 不速之客 bùsù-zhīkè
【速成】 sùchéng लक्ष्य को सामान्य से कम समय में प्राप्त करना; किसी विषय पर शीघ्र अधिकार करना: ～识字班 शीघ्र साक्षरता कक्षा
【速冻】 sùdòng तुरंत जमाना; तेज़ी से ठंडा करना: ～食品 क्विक फ़्रोज़न फ़ुड; तेज़ी से ठंडा किया हुआ खाद्य-पदार्थ
【速度】 sùdù ❶〈भौ०〉 वेग ❷रफ़्तार; गति; वेग: 加快（放慢）～ रफ़्तार तेज़ (धीमी) करना / 国民经济发展～राष्ट्रीय अर्थतंत्र के विकास की गति
【速度滑冰】 sùdù huábīng 〈खेल०〉 स्पीड स्केटिंग
【速度计】 sùdùjì स्पीडोमीटर
【速记】 sùjì आशुलिपि; स्टेनोग्राफ़ी: ～员 आशुलिपि लेखक; आशुलिपि लेखिका; स्टेनोग्राफ़र
【速决】 sùjué तुरंत निर्णय; शीघ्र निपटारा
【速率】 sùlǜ वेग; गति
【速溶】 sùróng इंस्टेंट: ～咖啡 इंस्टेंट काफ़ी
【速算】 sùsuàn शीघ्र गणना (करना)
【速效】 sùxiào तेज़ी से असर करना: ～肥料 तेज़ी से

असर करने वाला उर्वरक
【速写】 sùxiě रेखाचित्र
【速战速决】 sùzhàn-sùjué तुरंत निर्णय के लिए शीघ्र लड़ाई लड़ना

宿 1 sù ❶रात काटना; रात बिताना; डेरा डालना: 露～街头 फ़ुटपाथ पर ही रात बिताना ❷（Sù）एक कुलनाम

宿 2 sù 〈लि०〉❶पुराना; दीर्घकालिक: 宿愿 ❷बुज़ुर्ग; अनुभवी: ～将 बुज़ुर्ग सेनापति
xiǔ; xiù भी दे०
【宿弊】 sùbì 〈लि०〉पुरानी बुराइयाँ
【宿逋】 sùbū 〈लि०〉पुराना कर्ज़
【宿娼】 sùchāng रंडीबाज़ी करना; वेश्या के पास जाना
【宿仇】 sùchóu पुराना बैर
【宿敌】 sùdí पुराना दुश्मन
【宿疾】 sùjí पुरानी बीमारी
【宿命论】 sùmìnglùn भाग्यवाद: ～者 भाग्यवादी
【宿舍】 sùshè होस्टल: 学生～ छात्रावास
【宿世】 sùshì पूर्वजन्म
【宿夜】 sùyè रात बिताना; रात काटना
【宿营】 sùyíng पड़ाव डालना; डेरा डालना
【宿怨】 sùyuàn पुरानी दुश्मनी
【宿愿】 sùyuàn चिरपोषित अभिलाषा; पुरानी मुराद
【宿债】 sùzhài पुराना कर्ज़
【宿主】 sùzhǔ 〈जीव०〉पोषक

粟 sù ❶बाजरा ❷（Sù）एक कुलनाम
【粟米】 sùmǐ 〈बो०〉मकई
【粟子】 sùzi 〈बो०〉बाजरा

嗉（膆） sù नीचे दे०
【嗉子】 sùzi ❶संगदान; संगदाना ❷〈बो०〉टीन या चीनी मिट्टी का मदिरा-पात्र

塑 sù ❶गढ़ना; सांचे में ढालना: ～像 मूर्ति गढ़ना ❷प्लास्टिक
【塑胶】 sùjiāo प्लास्टिक सीमेंट: ～跑道 प्लास्टिक सीमेंट की पट्टी
【塑料】 sùliào प्लास्टिक: 工程～ इंजीनियरिंग प्लास्टिक
【塑料薄膜】 sùliào bómó प्लास्टिक चादर
【塑料炸弹】 sùliào zhàdàn प्लास्टिक बम
【塑像】 sùxiàng मूर्ति; प्रतिमा
【塑性】 sùxìng 〈भौ०〉प्लास्टिसिटी
【塑造】 sùzào ❶गढ़ना; सांचे में ढालना: ～石膏像 सांचे में पलस्तर मूर्ति ढालना ❷चित्रण करना: ～英雄形象 वीर का चित्रण करना

溯（泝、遡） sù ❶धारा के विरुद्ध जाना: ～流而上 धारा की प्रतिकूल दिशा में जाना ❷से संबंध मिलाना; याद करना: 回溯 huísù
【溯源】 sùyuán स्रोत का पता लगाना

愫 sù 〈लि०〉शुद्ध भावना; अकृत्रिम भावना

傈 sù दे० 傈傈族 Lìsùzú

觫 sù दे० 觳觫 húsù

簌 sù नीचे दे०
【簌簌】 sùsù ❶〈अनु०〉सरसराहट; सर-सर; सरसराना: 一阵风过来，吹得树叶～响。हवा के एक तेज़ झोंके से पेड़ों के पत्तियां सरसराईं। ❷(आंसुओं की) बूंदें टप टप गिरना; आंसुओं की लड़ियां बंधना

suān

狻 suān नीचे दे०
【狻猊】 suānní एक पौराणिक हिंस्र पशु

酸 1 suān ❶〈रसा०〉अम्ल; तेज़ाब ❷खट्टा ❸दुख; दुखना: 心～ दिल दुखना ❹दंभी; पंडितम्मन्य: ～秀才 एक दंभी बुद्धिजीवी

酸 2（痠） suān पीड़ा; दर्द; शूल; पीड़ा होना; दर्द करना; शूल उठना: 腰～ कमर दर्द करना
【酸鼻】 suānbí रोने का दिल होना (करना)
【酸不溜丢】 suānbuliūdiū 〈बो०〉अप्रिय खटाई
【酸菜】 suāncài अचार
【酸楚】 suānchǔ खिन्न; दुखी
【酸酐】 suāngān 〈रसा०〉एसिड एंहाईड्राइड
【酸懒】 suānlǎn 〈बो०〉शिथिल और निरुत्साह
【酸溜溜】 suānliūliū ❶खट्टा ❷दुखना: 我的腿～的。मेरी टांगें दुख रही हैं। ❸खिन्न; उदास; दुखी ❹दंभी; पंडितम्मन्य
【酸牛奶】 suānniúnǎi （酸奶 suānnǎi भी）दही
【酸软】 suānruǎn दुर्बल होना
【酸甜苦辣】 suān-tián-kǔ-là खट्टा, मीठा, कड़वा और तेज़ —— सुख-दुख; आनंद और शौक
【酸痛】 suāntòng दुखना; दर्द होना
【酸心】 suānxīn ❶दिल खट्टा होना; मन फिर जाना ❷हृदय-ज्वर से पीड़ित होना
【酸辛】 suānxīn 辛酸 xīnsuān के समान
【酸雨】 suānyǔ एसिड वर्षा; अम्ल वर्षा

suàn

蒜 suàn लहसुन: 一瓣～ लहसुन का एक जवा

【蒜瓣儿】 suànbànr लहसुन का जवा
【蒜黄】 suànhuáng लहसुन के पीले पड़े हुए पत्ते
【蒜苗】 suànmiáo लहसुन का पौधा
【蒜泥】 suànní पीसा हुआ लहसुन
【蒜薹】 suàntái लहसुन के फूल की डंडी (हरी होने पर खाई जा सकती है)
【蒜头】 suàntóu लहसुन की गांठ

算(祘)suàn ❶गणना; गणित; हिसाब;गणना करना; गणित करना; हिसाब लगाना; गिनना: 你～一下，还剩多少日子? हिसाब लगाओ कि कितने दिन बाकी हैं ? / 能写会～ पढ़ने-लिखने और गणना करने में समर्थ होना ❷शामिल करना (होना); सम्मिलित करना (होना): 明天义务劳动，～我一个。कल के श्रमदान में मुझे भी शामिल कर लें। ❸योजना; युक्ति; चाल; योजना बनाना; युक्ति सुझाना; चाल चलना: 失算 shīsuàn / 他打～去欧洲旅行。उस ने यूरोप की यात्रा करने की योजना बनाई। ❹अन्दाज़; अनुमान: 我～她今天该到北京了。मेरा अनुमान है कि वह आज ही पेइचिंग पहुंच जाएगी। ❺मानना; समझना: 他在我们中间～最用功的。हम लोगों में वह सर्वाधिक मेहनती माना जाता है। / 你～老几? तुम ने अपने को क्या समझ रखा है ? ❻महत्व रखना; महत्व होना; वज़नी होना: 我说的不～，他说的～。जो कुछ मैं ने कहा है, उस का कोई महत्व नहीं। उसी की बात वज़नी है। ❼छोड़ो; छोड़ दो; बस: ～了，让他去吧。छोड़ो, उसे जाने दो। ❽आखिरकार; अन्त में; अन्ततः: 我～是见到您了。आखिरकार मुझे आप के दर्शन करने का मौका मिला।
【算尺】 suànchǐ स्लाइड रूल
【算得】 suàndé समझना; मानना: 她～一个好学生。वह एक श्रेष्ठ छात्रा समझी जाती है।
【算法】 suànfǎ 〈गणित०〉 कलनविधि
【算卦】 suànguà अष्ट दैवी रेखाओं(八卦)से भाग्य बताना —— 八卦 bāguà भी दे०
【算计】 suànji ❶गणना करना; हिसाब लगाना ❷योजना बनाना; विचार करना: 大家～一下，下一步该怎么做。हम साथ मिलकर विचार करें कि आगे क्या किया जाए। ❸अन्दाज़ा; अनुमान: 我～他会来参加联欢会的，然而他没来。मेरा अनुमान था कि वह इस मिलन-समारोह में शामिल होगा, मगर वह आया नहीं। ❹चाल; षड़यंत्र; चाल रचना; षड़यंत्र रचना: 他被人～了。वह दूसरों की चाल में फंस गया।
【算命】 suànmìng शुभाशुभ फल बताना
【算命先生】 suànmìng xiānsheng ज्योतिषी
【算盘】 suànpán ❶गिनतारा; गिनती चौखटा ❷प्रयोजन; मतलब: 他同意您的主张，是有他自己的～的。आप का विचार मंज़ूर करने में उस का अपना मतलब है।
【算盘子儿】 suànpánzǐr गुरिया; मनका
【算式】 suànshì समीकरण
【算是】 suànshì आखिर में; अंत में: 我多年的梦想今天～实现了。मेरा वर्षों पुराना सपना आज अंत में साकार हो गया।
【算术】 suànshù अंकगणित; पाटी; गणित: 做～गणित के प्रश्न हल करना
【算数】 suànshù (बात का) पक्का होना; लागू होना: 我们说话是～的。हम अपनी बात के पक्के हैं। / 他这个人说话不～。वह आदमी अपनी बात का कच्चा है। / 这些规定现在仍～。ये नियम अभी लागू हैं।
【算题】 suàntí गणित का प्रश्न
【算学】 suànxué ❶गणितशास्त्र ❷अंकगणित; पाटी
【算账】 suànzhàng ❶रकम बांधना; हिसाब-किताब करना ❷प्रतिकार चुकाना; बदला लेना: 我们以后再找这坏蛋～。हम बाद में इस गुंडे से प्रतिकार चुकाएंगे।

suī

尿 suī पेशाब; मूत्र: 尿（niào）～ पेशाब करना niào भी दे०
【尿脬】 suīpao（尿泡 suīpao भी）〈बो०〉 मूत्राशय

虽（雖） suī 〈लि०〉हालांकि; यद्यपि: 他～小，却很懂事。हालांकि वह कमसिन है, लेकिन बहुत समझदार है। / 风～大，但天气倒也不冷。यद्यपि तेज़ हवा चल रही है, तथापि मौसम उतना ठंडा नहीं है।
【虽然】 suīrán（但是，可是 आदि के साथ प्रयुक्त）हालांकि (··· लेकिन ···) यद्यपि (··· तथापि ···): ～我们取得了很大的成绩，但是距目标还很远。हालांकि हम ने बहुत बड़ी उपलब्धियाँ प्राप्त कर ली हैं, लेकिन हम अपनी मंज़िल से फिर भी दूर हैं।
【虽然如此】 suīrán rúcǐ इस पर भी; इतने पर भी; तिस पर भी; इस के बावजूद भी
【虽说】 suīshuō हालांकि; यद्यपि: ～我是他的老朋友，但不能原谅他犯的这个错误。हालांकि मैं उस का पुराना दोस्त हूँ, लेकिन उस की इस गलती को माफ़ नहीं कर सकता।
【虽则】 suīzé हालांकि; यद्यपि

荽 suī दे० 芫荽 yánsuī

睢 suī दे० 暴戾恣睢 bàolì-zìsuī

suí

绥（綏） suí 〈लि०〉 ❶सुख-चैन ❷तुष्टिकरण
【绥靖】 suíjìng शांत करना; संतुष्ट करना
【绥靖政策】 suíjìng zhèngcè तुष्टिकरण की नीति

隋 Suí ❶स्वेइ राजवंश (581-618 ई०) ❷एक कुल-

नाम

随（隨） suí ❶के साथ या के संग चलना; अनुगमन करना: ～我来。मेरे साथ आइये। ❷के अनुसार करना, के मुताबिक करना: 随顺 / 随风转舵 ❸अपनी इच्छा से: 来不来～您。आएं या न आएं, आप की इच्छा से। ❹लगे हाथ: 随手 ❺<बो०> (पर) पड़ा होना: 他长得～他父亲。वह अपने बाप पर पड़ा है।

【随笔】 suíbǐ ❶शब्दचित्र ❷रफ़ टिप्पणी

【随便】[1] suíbiàn जैसी (किसी की) इच्छा: 随您的便。जैसी आप की इच्छा।

【随便】[2] suíbiàn ❶यों ही; बेमतलब ही: 我们只是～闲聊。हम बेमतलब ही गपशप मार रहे हैं। / 我～问问而已。बस, यह सवाल मैं ने यों ही पूछा। ❷निस्संकोच; बिना सोचे-समझे: 说话～ बिना सोचे-समझे कह डालना ❸जो भी; कोई भी: 您～什么时候来都行。आप किसी भी समय आ सकते हैं। / 他～什么书都看得津津有味。जो भी किताब उस के हाथ लगे, वह बड़े चाव से पढ़ लेता है।

【随波逐流】 suíbō-zhúliú बहाव में बहना

【随常】 suícháng साधारण; आम: 他家里只是些～的家具。उस के घर में केवल कुछ साधारण फ़र्नीचर ही हैं।

【随处】 suíchù जहाँ-तहाँ; इधर-उधर; जगह-जगह; हर जगह: 广场上～可见欢乐的人群。चौक पर जहाँ-तहाँ प्रफुल्लित लोगों की भीड़ नज़र आती है।

【随从】 suícóng ❶(ऊपरवाले) के साथ जाना ❷परिचारक; परिचर

【随大溜】 suí dàliù बहाव में बहना; जो दूसरे लोग करते हैं वही करना

【随带】 suídài ❶के साथ होना: 信外～杂志若干。इस पत्र के साथ कुछ पत्रिकाएं भी भेजी जा रही हैं। ❷अपने साथ लेना: 他走的时候，只～一只箱子。यहाँ से जाते समय वह अपने साथ केवल एक सूटकेस लिए चला गया।

【随地】 suídì हर जगह; जगह-जगह: ～都是纸屑。जगह-जगह कागज़ के छोटे-छोटे टुकड़े पड़े पाये गये।

【随访】 suífǎng किसी के साथ यात्रा पर जाना

【随份子】 suí fènzi ❶सामूहिक रूप से उपहार देने हेतु अपने हिस्से का पैसा देना ❷विवाह समारोह या अंत्येष्टि में उपहार के रूप में पैसा देना

【随风倒】 suífēngdǎo कभी इस तरफ़ कभी उस तरफ़ झुक जाना

【随风转舵】 suífēng-zhuǎnduò 顺风转舵 shùnfēng-zhuǎnduò के समान

【随感】 suígǎn (शीर्षक में प्रयुक्त) संयोगिक विचार

【随行就市】 suíháng-jiùshì मंडी की हालत के मुताबिक (भाव) घटना-बढ़ना

【随和】 suíhe मिलनसार; स्नेही: 他为人～。वह मिलनसार स्वभाव का है।

【随后】 suíhòu के तुरंत बाद; के फ़ौरन बाद: 他先作了一番自我介绍，～回答了记者的提问。पहले उन्हों ने अपना परिचय दिया और इस के तुरंत बाद पत्रकारों द्वारा पूछे गए सवालों के जवाब दिए।

【随机抽样】 suíjī chōuyàng <सांख्यिकी> मनमर्ज़ी से नमूना लेना

【随机应变】 suíjī-yìngbiàn अपने को बदलती हुई परिस्थितियों के अनुकूल ढालना

【随即】 suíjí के फ़ौरन बाद; तुरंत; तुरत-फुरत

【随军记者】 suíjūn jìzhě युद्ध-संवाददाता

【随军家属】 suíjūn jiāshǔ सैनिक छावनी में रहने वाले (आफ़िसर का) परिवार

【随口】 suíkǒu बिना सोचे-समझे कह डालना; यों ही बोल उठना: 他不假思索，～答应了她的要求。उस ने बिना सोचे यों ही उस की मांग मान ली।

【随群】 suíqún वही करना जो अन्य लोग करते हों

【随身】 suíshēn अपने साथ (लेना): 他～没带什么行李。वह अपने साथ कोई भी असबाब नहीं लाया।

【随声附和】 suíshēng-fùhè सुर में सुर मिलाना; हां में हां मिलाना

【随时】 suíshí ❶किसी भी समय; हर वक्त: 我准备好了，～可以出发。मैं किसी भी समय रवाना होने को तैयार हूँ। / 您～可以去请教他。आप हर वक्त उस से सलाह ले सकते हैं। ❷आवश्यकता पड़ने पर; ज़रूरत पड़ने पर: 您～可以找我帮忙。आप आवश्यकता पड़ने पर मुझ से मदद ले सकते हैं।

【随时随地】 suíshí-suídì किसी भी समय और किसी भी जगह

【随手】 suíshǒu लगे हाथ: 请您～关上门。आप लगे हाथ दरवाज़ा बन्द कीजिए।

【随顺】 suíshùn आज्ञा का पालन करना; का कायल होना; मान लेना: 怎么不加思索～别人? आप बिना सोचे-विचारे कैसे दूसरों की आज्ञा का पालन कर सकते हैं?

【随俗】 suísú स्थानीय प्रथा निबाहना

【随…随…】 suí…suí… (हर 随 के पीछे एक क्रिया होती है। इस का अर्थ यह होता है कि पिछली कार्यवाही आगे की कार्यवाही के तुरन्त बाद होती है): ～叫～到 बुलावा आने पर हाज़िर हो जाना

【随同】 suítóng के साथ: ～出访 के साथ यात्रा पर जाना; के साथ यात्रा करना

【随喜】 suíxǐ ❶<बौद्धधर्म> पुण्यकर्म में योग देना ❷किसी मंगलकार्य में सम्मिलित होना ❸<पुराना> मंदिर जाना

【随乡入乡】 suíxiāng-rùxiāng जैसा देश वैसा भेष

【随心】 suíxīn ❶मनमर्ज़ी से: 随心所欲 ❷किसी मंगलकार्य में सम्मिलित होना ❸संतोष होना; प्रसन्नता होना; संतुष्ट होना; प्रसन्न होना

【随心所欲】 suíxīnsuǒyù मनमानी करना; जो जी चाहे वही करना

【随行】 suíxíng के साथ जाना

【随行人员】 suíxíng rényuán सहचारी

【随意】 suíyì अपनी इच्छा से; मन चाहे: 这家博物馆不收门票，可以～出入。यह संग्रहालय प्रवेश-शुल्क वसूल नहीं करता। आप अपनी इच्छा से इस के अन्दर जा सकते हैं।

【随遇而安】 suíyù'ér'ān विभिन्न स्थितियों के अनुकूल होने में समर्थ होना

【随员】 suíyuán ❶सहचारी ❷अटैची (राजनयिक)

【随葬】 suízàng के साथ दफ़न करना: ～品 शव के साथ दफ़न की जाने वाली वस्तुएं

【随着】 suízhe के साथ-साथ: ～经济的发展，人民的生活水平有了显著提高。आर्थिक विकास के साथ-साथ जन-जीवन उल्लेखनीय रूप से सुधरता गया है।

遂 suí दे० 半身不遂 bànshēn bùsuí
suì भी दे०

suǐ

髓 suǐ ❶<श०वि०> मज्जा ❷<वन०> मगज़; गूदा; मज्जा

suì

岁(歳、嵗、歲) suì ❶वर्ष; साल; बरस: ～末 वर्ष का अंत / 岁月 ❷<परि०श०> (उम्र के लिए) वर्ष; साल; बरस: 他儿子五～。उस का बेटा पांच वर्ष (साल, बरस) का है। ❸<लि०> फ़सल: 丰～ भरपूर फ़सल

【岁差】 suìchā <खगोल०> विषुव अयन

【岁出】 suìchū (बजट में) वार्षिक व्यय; सालाना खर्च

【岁初】 suìchū वर्ष का आरंभ

【岁除】 suìchú <लि०> वर्ष का अंतिम दिन; नववर्ष दिवस की पूर्ववेला

【岁杪】 suìmiǎo <लि०> वर्ष का अंत

【岁暮】 suìmù <लि०> वर्ष का अंत

【岁入】 suìrù (बजट में) वार्षिक आय; सालाना आमदनी

【岁首】 suìshǒu <लि०> वर्ष का आरंभ; साल की शुरूआत; चन्द्र वर्ष का प्रथम मास

【岁数】 suìshu उम्र; आयु; अवस्था: 他上了～。उस की उम्र काफ़ी बड़ी है।

【岁星】 suìxīng बृहस्पति का दूसरा नाम

【岁月】 suìyuè वर्ष; साल; बरस: 艰苦的～ कठोरताओं से भरे वर्ष

祟 suì ❶भूत; प्रेत; भूत-प्रेत ❷दुष्कर्म

遂¹ suì ❶तृप्त करना; भरना: 遂心 / 遂愿 ❷सफल; कामयाब: 所谋不～ कोशिश असफल होना

遂² suì <लि०> तत्पश्चात; के बाद: 服药后腹痛～止。दवा लेने के बाद पेट का दर्द जाता रहा।
suí भी दे०

【遂心】 suìxīn तृप्ति होना; मन भरना: 这回可遂了他的心啦！अब की बार उस का मन भर गया। / 这件事不遂他的心。इस काम से उसे तृप्ति न हुई।

【遂意】 suìyì जी भरना; मन भाना

【遂愿】 suìyuàn इच्छा पूरी होना

碎 suì ❶टुकड़े-टुकड़े होना (करना); टूटना; तोड़ना: 纸撕～了。कागज़ टुकड़े-टुकड़े हो गया। / 镜子～了。शीशा टूट गया। ❷टूटा हुआ; खंडित; भग्न: ～布 चीथड़ा / ～玻璃 टूटे हुए शीशे के टुकड़े ❸बक्की; बकवादी: 就数他嘴～了。वह नम्बर एक बक्की है।

【碎步儿】 suìbùr (碎步子 suìbùzi भी) छोटे पर तेज़ कदम

【碎片】 suìpiàn धज्जी; टुकड़ा

【碎嘴子】 suìzuǐzi <बो०> ❶बक-बक करना; बक-झक करना; बकवाद करना ❷बक्की; बकवादी

隧 suì नीचे दे०

【隧道】 suìdào सुरंग; टनेल

【隧洞】 suìdòng सुरंग; टनेल

燧 suì ❶अकमक; अग्नि-प्रस्तर ❷(प्राचीन काल में) खतरे का संकेत देने के लिए जलाई गई आग

【燧人氏】 Suìrénshì स्वेइरनश, श्रुति के अनुसार एक अतिप्राचीन शासक, जिस ने अग्नि का आविष्कार किया था

【燧石】 suìshí अकमक; अग्नि-प्रस्तर

穗¹ suì बाली: 麦～ गेहूँ की बालियाँ

穗² (繐) suì झब्बा; फुंदना; फुंदिया; झालर; किनारा

穗³ Suì 广州 Guǎngzhōu का दूसरा नाम

【穗子】¹ suìzi बाली

【穗子】² suìzi झब्बा; झालर; किनारा: 带～的旗 झालरदार झंडा

邃 suì <लि०> ❶दूर; सुदूर; दूरवर्ती: ～古 सुदूर पुरातन ❷गहरा; गहन

【邃密】 suìmì गहरा; गहन: ～的理论 गहन सिद्धांत

sūn

孙(孫) ❶पोता; पोती ❷परपोता; परपोती इत्यादि ❸पोते की पीढ़ी के संबंधी: 外孙 wàisūn ❹पौधे की दूसरी बाढ़: ～竹 बांस के ठुंठ से निकली नई कोपलें ❺(Sūn) एक कुलनाम

【孙女】 sūnnǚ पोती

【孙女婿】 sūnnǚxu पोती का पति

【孙媳妇】 sūnxífu पोते की पत्नी

【孙子兵法】 Sūnzǐ Bīngfǎ सुनत्स् द्वारा लिखी गई 'युद्ध-कला' (ग्रंथ)

【孙子】 sūnzi पोता

狲（猻）sūn दे० 猢狲 húsūn

sǔn

损（損）sǔn ❶गिरावट; कटौती; गिरावट होना; कटौती होना; घटना; घटाना: 损益 ❷हानि पहुंचाना; बरबाद करना; खराब करना: 损人利己 ❸<बो०> ताने मारना; चुटीली बात कहना: 损人 ❹<बो०> नीच; कुत्सित: ～招 कुत्सित चाल

【损害】sǔnhài नुकसान; क्षति; हानि; बरबादी; नुकसान पहुंचाना (पहुंचना); क्षति पहुंचाना (पहुंचना); हानि करना (होना); बरबादी मचाना: ～两国关系 दोनों देशों के बीच के संबंधों को क्षति पहुंचाना / ～国家利益 देश के हितों को नुकसान पहुंचाना / ～名誉 (की) मान-हानि होना / ～健康 स्वास्थ्य में हानि होना

【损耗】sǔnhào ❶क्षय ❷टूट-फूट; बरबादी: 商品运输过程中总有～。लाने-ले जाने में कुछ वस्तुएं बरबाद होती ही हैं।

【损坏】sǔnhuài बरबादी; खराबी; बरबाद; खराब; बरबाद करना; खराब करना; बिगाड़ना: 不要～公物。सार्वजनिक संपत्ति को बरबाद न करो।

【损毁】sǔnhuǐ तबाही; नाश; तबाह; नष्ट; तबाही मचाना; नाश करना; तबाह करना; नष्ट करना: 庄稼遭～。फ़सल तबाह हुई।

【损人】sǔnrén ❶<बो०> ताने मारना; चुटीली बात कहना: 有话好好说，别～。कुछ कहना है, खुल कर कह दो। ताने न मारो। ❷दूसरों को हानि (नुकसान) पहुँचाना

【损人利己】sǔnrén-lìjǐ दूसरों को हानि पहुंचा कर खुद लाभ उठाना; अपनी स्वार्थसिद्धि के लिए दूसरों को नुकसान पहुँचाना

【损伤】sǔnshāng चोट, क्षति; नुकसान; हानि; चोट पहुँचाना (पहुँचना); क्षति पहुँचाना (पहुँचना); नुकसान पहुँचाना (पहुँचना); हानि पहुँचाना (पहुँचना): 敌军兵力～甚大。दुश्मन सेना को भारी नुकसान पहुँचा है।

【损失】sǔnshī ❶नुकसान, हानि; क्षति: ～惨重 भारी नुकसान होना / 经济上的～ आर्थिक हानि ❷नुकसान पहुँचना; हानि उठाना; हानि सहना; क्षति पहुँचना: 人民群众的生命财产遭受重大～。जनता के जान-माल को भारी नुकसान पहुँचा; जनता के जान-माल का भारी नुकसान हुआ। / 国家财产蒙受～。सार्वजनिक संपत्ति को क्षति पहुँच गई।

【损益】sǔnyì ❶वृद्धि और गिरावट ❷लाभ और हानि; लाभ और घाटा: ～相抵。लाभ से घाटा भर गया।

笋（筍）sǔn बांस का अंकुर

【笋干】sǔngān सुखाया हुआ बांस का अंकुर

【笋鸡】sǔnjī छोटा मुर्गा

隼 sǔn बाज़; श्येन

榫 sǔn चूल

【榫头】sǔntou चूल

【榫眼】sǔnyǎn जोड़; संधिस्थान

【榫子】sǔnzi चूल

suō

莎 suō नीचे दे०
shā भी दे०

【莎草】suōcǎo नटग्रास फ़्लैटसेज

唆 suō उकसाना; भड़काना: 唆使

【唆使】suōshǐ उकसावा देना; उकसाना; भड़काना: 他肯定是受人～才这么干的。उस ने किसी के द्वारा उकसाया जाने पर ही ऐसा काम कर डाला है।

娑 suō नीचे दे०

【娑罗树】suōluóshù शाल वृक्ष

梭 suō ढरकी; भरनी; शटल

【梭标】suōbiāo बरछा; भाला

【梭巡】suōxún <लि०> गश्त; गश्त लगाना

【梭鱼】suōyú मुलेट मछली

【梭子】[1] suōzi ढरकी; भरनी; शटल

【梭子】[2] suōzi ❶कारतूस ❷<परि०श०> फ़ैर: 接连打了四～子弹 लगातार चार फ़ायर करना

【梭子蟹】suōzixiè स्वीमिंग क्रेब

挲（挱）suō दे० 摩挲 mósuō
sā; shā भी दे०

睃 suō तरेरना; तिरछे देखना

蓑（簑）suō एलपाइन रश नाम की घास या ताड़ की छाल से बनी बरसाती या बरसाती टोप

【蓑草】suōcǎo （蓑衣草 suōyīcǎo भी）<बो०> चाइनीज़ एलपाइन रश

【蓑衣】suōyī एलपाइन रश या ताड़ की छाल से बनी बरसाती

嗦 suō दे० 哆嗦 duōsuo; 啰嗦 luōsuo

嗍 suō चूसना

羧 suō <रसा०> कार्बोक्सिल

【羧基】suōjī <रसा०> कार्बोक्सिल; कार्बोक्सिल ग्रुप

【羧酸】suōsuān <रसा०> कार्बोक्सिलिक एसिड

缩（縮）suō ❶सिकुड़न; सिकुड़ना; सिकोड़ना;

संकुचित होना; सिमटना: 缩水 / 吓得他～成一团。भय के मारे वह सिमट गया। ❷पीछे हटना; हटाना: 退缩 tuìsuō

【缩编】 suōbiān (सैनिकों या सरकारी कर्मचारियों की संख्या) कम करना; घटाना

【缩尺】 suōchǐ रेड्यूस्ड स्केल; स्केल

【缩短】 suōduǎn कम करना; कटौती करना; घटाना: ～差距 अंतर कम करना / ～学制 पढ़ाई की अवधि कम करना / 期限从五天～到三天。अवधि को पांच से तीन दिन तक घटाया गया।

【缩减】 suōjiǎn कटौती; कमी; कटौती करना; कमी करना; कम करना; घटाना; घटना: ～开支 व्यय में कटौती करना / ～燃油供应 तेल की सप्लाई में कमी करना

【缩手】 suōshǒu हाथ खींचना: 看到工作中困难重重，他～了。यह देखकर कि काम में कठिनाई ही कठिनाई है, उस ने हाथ खींच लिया।

【缩手缩脚】 suōshǒu-suōjiǎo ❶सर्दी के मारे सिमट जाना ❷दब्बू होना

【缩水】 suōshuǐ (गीला होने पर कपड़े का) सिकुड़ना

【缩头缩脑】 suōtóu-suōnǎo ❶सिमटना; दुबकना; सहमना ❷डरपोक होना; कायर होना; बुज़दिल होना

【缩微】 suōwēi माइक्रोफ़ार्म

【缩微技术】 suōwēi jìshù माइक्रोफ़ोटोग्राफ़ी

【缩微胶卷】 suōwēi jiāojuǎn माइक्रोफ़िल्म

【缩微照片】 suōwēi zhàopiàn माइक्रोफ़िल्म; माइक्रोफ़ोटोग्राफ़

【缩小】 suōxiǎo छोटा करना (होना); कम करना (होना); संकुचित करना (होना): ～城乡差别 शहर और देहात के बीच फ़र्क कम करना / ～范围 दायरा छोटा करना

【缩写】 suōxiě ❶संकेत अक्षर ❷संक्षेपण

【缩写本】 suōxiěběn संक्षिप्त संस्करण

【缩印】 suōyìn साधारण से छोटे साइज़ में किताब छपाना

【缩影】 suōyǐng एपिटोमी; लघुचित्र; झांकी

suǒ

所(𠩄) suǒ ❶स्थान; स्थल; जगह: 住所 zhùsuǒ ❷आफ़िस; कार्यालय; प्रतिष्ठान; ब्यूरो: 研究所 yánjiūsuǒ / 派出所 pàichūsuǒ ❸<परि०श०> (मकान, स्कूल, अस्पताल आदि के लिए): 一～房子 एक मकान / 一～学校 एक स्कूल / 一～医院 एक अस्पताल ❹वह; जो: ①为 या 被 के साथ प्रयुक्त होने पर कर्मप्रधान अर्थ होता है: 为人～恨 घृणा का पात्र होना / 被人～蒙骗 धोखे में आना ②कर्ता और क्रिया के मध्य प्रयुक्त होने पर बने विशेषताद्योतक पद से संज्ञा का अर्थ सीमित होता है: 我～认识的人 वह आदमी जिसे मैं जानता हूँ / 你们～提的问题 तुम लोगों द्वारा उठाया गया सवाल ③"是…的" वाक्यांश में संज्ञा या सर्वनाम और क्रिया के मध्य प्रयुक्त होने पर कर्ता और क्रिया के बीच के संबंध पर ज़ोर दिया जाता है: 全国的经济形势，是同志们～关心的。देश की आर्थिक स्थिति जो है, उस में आप सभी कामरेड दिलचस्पी लेते हैं। ④(संज्ञा के रूप में प्रयुक्त, विशेषकर उन मुहावरों में, जिन में क्रिया एकाक्षरीय होता है): ～见～闻 वह, जो देखा-सुना गया है / 各尽～能 हरेक से उस की योग्यता के अनुसार

【所部】 suǒbù किसी के कमांड में रहने वाली सैन्य टुकड़ियाँ: 这个坦克团为王上校～。यह बख्तरबन्द रेजीमेंट कर्नल वांग के कमांड में है।

【所得税】 suǒdéshuì आयकर; इनकम टैक्स

【所罗门群岛】 Suǒluómén Qúndǎo सोलोमन द्वीपसमूह

【所属】 suǒshǔ ❶अधीनस्थ; संचालित: 指挥～部队反攻 जवाबी हमले में अपनी संचालित सैन्य टुकड़ियों का नेतृत्व करना ❷का निवासी होना; का सदस्य होना; से संबंधित होना: 到～派出所报户口 जिस क्षेत्र का निवासी हो, उसी क्षेत्र के पुलिस स्टेशन में जाकर पंजीकरण कराना

【所谓】 suǒwèi ❶का अर्थ … से है, का मतलब … से है: ～九州，指的就是中国。च्यूचओ का मतलब चीन से ही है। ❷तथाकथित; कथित: 这就是他～的证件。यही है उस का कथित प्रमाण-पत्र

【所向披靡】 suǒxiàng-pīmǐ सभी बाधाओं को दूर करना; विजय का झंडा गाड़ते हुए आगे बढ़ना

【所向无敌】 suǒxiàng-wúdí (所向无前 suǒxiàng-wúqián भी) सर्वजयी होना; अजेय होना

【所以】 suǒyǐ ❶①(क्योंकि … , चूँकि …) इसलिए; अतः; लिहाज़ा: 我今天病了，～没去上班。आज मैं बीमार पड़ गया, इसलिए ड्यूटी पर नहीं गया। ②इसलिए … क्योंकि … : 我今天～没去上班，是因为我病了。आज मैं ड्यूटी पर इसलिए नहीं गया क्योंकि मैं बीमार पड़ गया। ③यही कारण है कि … : 我今天病了，这就是我～没去上班的原因。आज मैं बीमार पड़ गया। यही कारण है कि मैं ड्यूटी पर नहीं गया। ④कारण यह है; बात यही है: ～呀，要不然我怎么会不去参加聚会呢! कारण यही है। वरना मैं मिलन-समारोह में शामिल हुआ होता। ❷कारण या उचित आचरण (केवल मुहावरों में कर्म के रूप में प्रयुक्त): 不知所以 bùzhī-suǒyǐ / 忘乎所以 wànghū-suǒyǐ

【所以然】 suǒyǐrán कारण; वजह: 他啰嗦了半天，还是没说一个～来。वह देर तक मुंह चलाता रहा, लेकिन फिर भी वह यह बता न सका कि आखिर कारण क्या है।

【所有】 suǒyǒu ❶स्वामित्व होना; स्वत्व होना; का होना: 这所房子归他～。यह मकान उस का है; इस मकान पर उस का स्वामित्व है। ❷संपत्ति; सर्वस्व; सब कुछ: 尽其～ अपना सब कुछ दे देना ❸सब; सभी; सारा; तमाम: 集中～的力量 सभी शक्तियों को एकत्र करना

【所有权】 suǒyǒuquán स्वत्व अधिकार; अधिकार

【所有制】 suǒyǒuzhì स्वामित्व; मिलकियत: ～形式 स्वामित्व का स्वरूप / ～性质 स्वामित्व की प्रकृति / 生产资料～उत्पादक साधनों की मिलकियत

【所在】 suǒzài ❶जगह; स्थान; स्थल: 这是个风景优美的～。यह एक रमणीय स्थान है। ❷में होना: 这是他成功的奥秘～。इसी में उस की सफलता का रहस्य है।

【所在地】 suǒzàidì स्थान; स्थल: 这是其总部～。इसी स्थान में इस का मुख्यालय स्थित है।

【所作所为】 suǒzuò-suǒwéi किया-कराया; आचरण; चाल-चलन: 他的～令人钦佩。उस का आचरण प्रशंसनीय है।

索¹ suǒ ❶मोटा रस्सा: 钢～ इस्पाती रस्सा ❷ (Suǒ) एक कुलनाम

索² suǒ ❶तलाश करना; ढूंढ़ना; खोजना: 搜索 sōusuǒ ❷मांगना; मांग करना; ले लेना: 索取 / ～债 तकाज़ा करना; पावना मांगना

索³ suǒ ❶एकांत; अकेला: 离群索居 líqún-suǒjū ❷नीरसता; निर्लिप्तता; नीरस; निर्लिप्त; निस्संग: 索然

【索道】 suǒdào केबलवे

【索贿】 suǒhuì घूस मांगना

【索价】 suǒjià दाम मांगना: ～过高 हद से अधिक ऊंचे दाम मांगना

【索马里】 Suǒmǎlǐ सोमालिया

【索马里人】 Suǒmǎlǐrén सोमाली

【索寞】 suǒmò 〈लि०〉 ❶उदासीनता; निर्लिप्तता; उदास; निर्लिप्त: 神情～ निर्लिप्त भाव ❷वीरानी; वीरान; सुनसान

【索赔】 suǒpéi क्षतिपूर्ति की मांग करना; मुआवज़ा मांगना

【索桥】 suǒqiáo केबल ब्रिज

【索取】 suǒqǔ मांगना; मांग करना; ले लेना: ～产品目录 वस्तुओं की सूची मांगना

【索然】 suǒrán नीरस; निस्संग; निर्लिप्त: 兴致～ निर्लिप्त होना

【索然寡味】 suǒrán-guǎwèi (索然无味 suǒrán-wúwèi भी) फीका और नीरस होना

【索索】 suǒsuǒ ❶〈अनु०〉 सरसर; सरसराहट ❷थर-थर; थरथराहट से; थरथराना: 他吓得～发抖。भय के मारे वह थरथर कांपता रहा।

【索性】 suǒxìng बेहतर यह है कि … ; बस: 既然已经开了头，～就把它做完。तुम ने काम तो शुरू कर दिया है। बेहतर यह है कि उसे पूरा करो। / 各处都找遍没找着，～不再找了。हर जगह छान मारा, लेकिन कुछ भी हाथ न लगा। बस, छोड़ दो।

【索要】 suǒyào मांगना; मांग करना

【索引】 suǒyǐn इंडेक्स; अनुक्रमणिका: 编～ अनुक्रमणिका बनाना / 卡片～ कार्ड इंडेक्स

唢 (嗩) suǒ नीचे दे०

【唢呐】 suǒnà शहनाई

琐 (瑣) suǒ नगण्य; क्षुद्र; तुच्छ

【琐事】 suǒshì छोटी सी बात

【琐碎】 suǒsuì नगण्य; महत्वहीन: 这些～的事，你就别管了。इन नगण्य बातों पर दिमाग न खपाओ।

【琐细】 suǒxì 琐碎 suǒsuì के समान

【琐屑】 suǒxiè 〈लि०〉 नगण्य; महत्वहीन

锁 (鎖) suǒ ❶ताला ❷ताला लगाना; बन्द करना: ～上门。दरवाज़े पर ताला लगाओ। / ～进箱子里 बाक्स में बंद करना ❸ज़ंजीर; बेड़ी: 枷锁 jiāsuǒ ❹एक सूचीकर्म; लॉकस्टिच

【锁匙】 suǒchí 〈बो०〉 ताली; कुंजी; चाबी

【锁骨】 suǒgǔ हंसुली

【锁国】 suǒguó दे० 闭关锁国 bìguān-suǒguó

【锁匠】 suǒjiang तालासाज़

【锁链】 suǒliàn (锁链子 suǒliànzi भी) ज़ंजीर; बेड़ी: 打破奴役的～ गुलामी की बेड़ियों को काटना

【锁钥】 suǒyuè ❶कुँजी: 解决问题的～ समाधान की कुँजी ❷रणनीतिक महत्व वाला स्थान

T

tā

他 tā ❶वह; यह: ～今天去了上海。आज वह शांगहाए गया है।/ ～的家在北京。उस का घर पेइचिंग में है। / ～是新来的学生。यह एक नया छात्र है। ❷(किसी भी लिंग के लिए प्रयुक्त, जब स्त्री-पुरुष का भेद ज्ञात न हो या उतना महत्वपूर्ण न हो): 从笔迹上看不出～是男的还是女的。उस की लिखावट से यह मालूम नहीं हो सकता कि वह एक पुरुष है या स्त्री। / 不管是谁，只要～犯了罪，就要受到法律制裁。चाहे वह कोई भी हो, यदि उस ने अपराध किया है, तो उसे कानून के मुताबिक दंड दिया जाएगा। ❸(क्रिया और परिमाण शब्द के बीच अर्थहीन वस्तु के रूप में प्रयुक्त): 我们去喝～两杯。चलें, हम कुछ शराब पीने जाएं। / 你好好睡～一觉。तुम पैर पसारकर सो जाओ। ❹दूसरा; अन्य: 他人 / 他乡

【他加禄语】 Tājiālùyǔ तगलोग भाषा

【他们】 tāmen वे; ये: 我来介绍一下，～是从中国来的客人。मैं आप को इन का परिचय करा दूँ। ये चीन से आए मेहमान हैं। / 这是～的学校。यह उन का स्कूल है। / ～兄弟俩都喜欢踢足球。वे दोनों भाई फ़ुटबाल के शौकीन हैं।

【他人】 tārén दूसरा आदमी; अन्य व्यक्ति; दूसरा: 开车要顾及～的安全。कार चलाते समय दूसरों की सुरक्षा का भी ध्यान रखना चाहिए।

【他日】 tārì 〈लि०〉 किसी दूसरे दिन; किसी दूसरे समय; किसी दिन; फिर कभी: ～再来拜访您。किसी दिन आप के दर्शन करने फिर आऊंगा; आप के दर्शन करने फिर कभी आऊंगा।

【他杀】 tāshā 〈का०〉 हत्या; हत्या करना (होना)

【他山攻错】 tāshān-gōngcuò दूसरे पहाड़ों के पत्थर जेड तराशने में काम आ सकते हैं —— दूसरों की सलाह मददगार साबित हो सकती है

【他乡】 tāxiāng परदेश, दूसरी जगह; दूसरा स्थान: 远走～ अपने जन्मस्थान से दूर दूसरी जगह जाना

【他乡遇故知】 tāxiāng yù gùzhī परदेश में अपने सुपरिचित से मिलना

它（牠）tā (आदमी छोड़कर सभी जीवों और पदार्थों के लिए व्यवहृत निर्देशक सर्वनाम) यह; वह: 这面镜子碎了，把～扔了吧。यह शीशा टूट गया है। इसे फेंक दो। / 走近了我才看清，～原来是只狗。पास जाने पर ही मुझे पता चला कि यह एक कुत्ता है।

【它们】 tāmen（它 tā का बहुवचन）ये; वे

她 tā (स्त्री के लिए) यह; वह～刚才来过了。वह अभी कुछ समय पहले आई थी। / ～不知道你要来。वह नहीं जानती थी कि तुम यहीं आओगे।

【她们】 tāmen（她 tā का बहुवचन）ये; वे

趿 tā नीचे दे०

【趿拉】 tāla जूतों के पिछले हिस्सों को एड़ी के नीचे दबाए हुए चलना

【趿拉板儿】 tālabǎnr 〈बो०〉 वूडन स्लीपर; लकड़ी की चप्पल

铊（鉈）tā 〈रसा०〉 थालियम (Tl)

塌 tā ❶ढहना; गिरना; ध्वस्त होना; ढहाना; गिराना; ध्वस्त करना: 这间旧房昨天～了。यह पुराना मकान कल ही ढहकर ध्वस्त हो गया। ❷पिचकना; बैठ जाना; धंसना: ～鼻梁 पिचकी नाक / 两腮下～ दोनों गाल पिचकना ❸धैर्य रखना; चित्त दृढ़ होना: ～下心来 चित्त दृढ़ होना

【塌方】 tāfāng भूस्खलन

【塌架】 tājià ❶ढहना; गिरना ❷सत्ताच्युत होना; पतन होना

【塌落】 tāluò गिर जाना: 天花板～了。छत गिर गई।

【塌实】 tāshi ❶दृढ़कर्म; अपने काम या पढ़ाई में संलग्न रहना: ～工作 दृढ़कर्म होना ❷निश्चिंत होना; बेफ़िक्र होना; राहत मिलना: 等办完这事，我就～了。जब यह काम पूरा होगा, तब मुझे राहत मिलेगी। / 睡得～ घोड़े बेचकर सोना

【塌台】 tātái सत्ताच्युत होना; पतन होना

【塌陷】 tāxiàn धंसना: 土地～。ज़मीन धंस गई।

【塌心】 tāxīn 〈बो०〉 निश्चिंत होना; बेफ़िक्र होना

【塌秧】 tāyāng 〈बो०〉 ❶(फूल-पौधों का) मुरझाना; कुम्हलाना ❷उदास होना; मुरझाना; कुम्हलाना

遢 tā दे० 邋遢 lātā

踏 tā नीचे दे०
tà भी दे०

【踏实】 tāshi 塌实 tāshi के समान

tǎ

塔（墖）tǎ ❶स्तूप; पगोडा ❷टॉवर; मीनार; स्तंभ: 灯塔 dēngtǎ

【塔吊】 tǎdiào टॉवर क्रेन

【塔吉克斯坦】 Tǎjíkèsītǎn ताज़िकस्तान

【塔吉克斯坦人】 Tǎjíkèsītǎnrén ताज़ीक

【塔吉克族】 Tǎjíkèzú ताज़ीक जाति, जो शिनच्यांग वेवुर स्वायत्त प्रदेश में आबाद है

【塔楼】 tǎlóu ❶टॉवर ❷कंगुरा; बुर्ज

【塔式起重机】 tǎshì qǐzhòngjī टॉवर क्रेन

【塔塔尔族】 Tǎtǎ'ěrzú तातार जाति, जो शिनच्यांग वेवुर स्वायत प्रदेश में आबाद है

【塔台】 tǎtái विमानन कंट्रोल टॉवर

【塔钟】 tǎzhōng घंटा; धर्मघड़ी

獭（獺）tǎ ऊद; ऊदबिलाव

鳎（鰨）tǎ 〈प्राणि०〉सोल मछली; कुकुरजीभी

tà

拓（搨）tà रगड़-रगड़ कर शिला या कांस्य बरतनों पर अंकित अभिलेख या चित्र की प्रतिलिपि बनाना

tuò भी दे०

【拓本】 tàběn रगड़कर बनाई हुई प्रतिलिपियों का संग्रह

【拓片】 tàpiàn रगड़कर बनाई हुई प्रतिलिपि

沓 tà 〈लि०〉अधिक मात्रा में बारबार होनेवाला

dá भी दे०

【沓乱】 tàluàn अत्यधिक और अव्यवस्थित: ～的脚步声 पैरों की आहटें

挞（撻）tà 〈लि०〉कोड़ा मारना (लगाना; फट-कारना); चाबुक मारना (लगाना): 鞭～ कोड़ा मारना; चाबुक लगाना

【挞伐】 tàfá 〈लि०〉दमन के लिए सेना भेजना

闼（闥）tà 〈लि०〉द्वार; छोटा द्वार; छोटा फाटक: 排～直入 द्वार खोलते ही कमरे के अन्दर चला जाना

嗒 tà नीचे दे०

dā भी दे०

【嗒然】 tàrán 〈लि०〉उदास; निरुत्साही; निराश; हताश: ～若丧 शोकाकुल और निराश होना

【嗒丧】 tàsàng निराश; निरुत्साही

榻 tà पलंग; खाट; चारपाई: 竹～ बांस से बनी चारपाई

踏 tà ❶पर पैर रखना: ～上故乡的土地 अपनी जन्मभूमि पर पैर रखना / 脚～实地 अपने पैर ज़मीन पर रखना ❷रौंदना; कुचलना: 践踏 jiàntà ❸मौके पर जाना: 踏勘

tā भी दे०

【踏板】 tàbǎn ❶पायदान ❷पादपीठ ❸(मशीन का) पैडल

【踏步】 tàbù ❶मार्क टाइम ❷〈बो०〉सीढ़ी; सोपान

【踏春】 tàchūn वसंत के मौसम में सैर करना

【踏歌】 tàgē थिरकते हुए गीत गाना

【踏勘】 tàkān ❶मौके पर सर्वेक्षण करना ❷मौके पर जांच-पड़ताल करना

【踏看】 tàkàn मौके पर जांच करना

【踏青】 tàqīng वसंत के आरंभ में सैर-सपाटा करना

【踏足】 tàzú कदम रखना: ～影坛 सिने उद्योग में कदम रखना

蹋 tà दे० 遭蹋 zāota

tāi

台 Tāi 台州 Tāizhōu、天台山 Tiāntāishān (चेच्यांग प्रांत में स्थान)

tái भी दे०

苔 tāi दे० 舌苔 shétāi

tái भी दे०

胎[1] tāi ❶भ्रूण; गर्भ: 怀～ गर्भ धारण करना; गर्भ होना ❷जन्म: 头～ पहला बच्चा ❸(कपड़े, रज़ाई आदि का) पहल: 棉花～ पहल ❹कच्ची मिट्टी या चीनी मिट्टी का बरतन: 泥胎儿 nítāir

胎[2] tāi टॉयर: 汽车轮～ मोटर गाड़ी का टॉयर

【胎动】 tāidòng भ्रूण की हरकत, जिसे मां महसूस कर सकती है

【胎儿】 tāi'ér भ्रूण; गर्भ; गर्भस्थ शिशु

【胎发】 tāifà नवजात शिशु के सिर के बाल

【胎记】 tāijì जटुल; जडुल

【胎教】 tāijiào जन्मपूर्व शिक्षा (मां के प्रभाव से गर्भ के विकास पर असर डालना)

【胎里坏】 tāilǐhuài जन्मजात बदमाश

【胎里素】 tāilǐsù जन्मजात शाकाहारी

【胎毛】 tāimáo नवजात शिशु के सिर के बाल; मृदु लोम

【胎盘】 tāipán जरायु; खेड़ी; पुरइन; अपरा

【胎生】 tāishēng जरायुता; जरायुज; पिंडज: ～动物 जरायुज प्राणी

【胎死腹中】 tāisǐfùzhōng प्रारंभ में ही नष्ट कर देना
【胎位】 tāiwèi गर्भ की स्थिति
【胎衣】 tāiyī आँवल
【胎痣】 tāizhì जदुल; पैदाइशी दाग

tái

台 1 (臺) tái ❶मंच; चबूतरा; प्लेटफ़ार्मः 讲~ मंच / 站台 zhàntái / 主席~ अध्यक्ष मंच ❷स्टैंडः 灯~ दीया ❸प्लेटफ़ार्म रूपी चीज़ः 窗台 chuāngtái / 井台 jǐngtái ❹<परि०श०>ः 一~拖拉机 एक ट्रेक्टर / 一~电脑 एक कंप्यूटर ❺ (Tái) थाएवान का संक्षिप्त रूपः ~胞 थाएवान देशबंधु / ~商 थाएवान के व्यापारी
tāi भी दे०

台 2 (檯、枱) tái मेज़; टेबलः 写字台 xiězìtái / 梳妆台 shūzhuāngtái

台 3 tái <आदर०> <लि०> आपः 兄~ आप

台 4 (颱) tái दे० 台风 1

【台本】 táiběn मंचन निर्देशन सहित पटकथा
【台布】 táibù मेज़पोश
【台步】 táibù (परंपरागत ओपेरा में) अभिनेता या अभिनेत्री की चाल
【台秤】 táichèng ❶प्लेटफ़ार्म स्केल ❷<बो०> तराजू
【台词】 táicí डायलाग; संवाद
【台灯】 táidēng टेबल लैम्प
【台地】 táidì पठार; टेबललैंड
【台风】 1 táifēng टाइफ़ोन; तूफ़ान
【台风】 2 táifēng मंच पर अभिनेता या अभिनेत्री का व्यवहार
【台甫】 táifǔ <आदर०><लि०> आप का शुभनामः 请教~? आप का शुभनाम?
【台阶】 táijiē ❶सोपान; सीढ़ी; ज़ीना; चबूतरा ❷उलझन से बचने का मौकाः 给他个~儿下吧。उसे उलझन से बचने का मौका दो।
【台拉登】 Táilādēng देहरादून (印 उत्तरांचल 邦首府)
【台历】 táilì डेस्क कैलेंडर
【台面】 táimiàn <बो०> ❶भरी सभा; लोगों के सामनेः 你的话敢拿到~上说吗? क्या तुम्हें यह बात भरी सभा में कहने की हिम्मत है? ❷जुए में जीत और हार के तमाम पैसे
【台钳】 táiqián <यां०> बेंच क्लैंच
【台球】 táiqiú ❶बिलियर्ड ❷बिलियर्ड बाल ❸<बो०> टेबल-टेनिस
【台湾】 Táiwān थाएवान (प्रांत)
【台钟】 táizhōng <बो०> टेबल घड़ी
【台柱】 táizhù (台柱子 táizhùzi भी) ❶नाटक मंडली का प्रमुख अभिनेता या अभिनेत्री ❷किसी भी संस्था का महत्वपूर्ण सदस्य
【台子】 táizi ❶बिलियर्ड टेबल ❷टेबल-टेनिस का टेबल ❸<बो०> मेज़; टेबल ❹प्लेटफ़ार्म; मंच
【台钻】 táizuàn <यां०> बेंचड्रिल

苔 tái <वन०> लिवरवर्ट
tāi भी दे०

【苔藓植物】 táixiǎn zhíwù काई

抬 (擡) tái ❶उठाना; ढोनाः ~脚就走 पैर उठाना / ~头往上看 सिर उठाकर ऊपर देखना / ~担架 स्ट्रेचर ढोना / ~轿 पालकी ढोना ❷抬杠 1 táigàng के समान
【抬秤】 táichèng स्थूलकाय विषम भुजतुला, जिसे दो आदमी डंडे से अपने कंधों पर उठाते हैं
【抬杠】 1 táigàng <बोल०> तूतू मैंमैं करना; कहा-सुनी करना
【抬杠】 2 táigàng <पुराना> डंडों से ताबूत उठाना
【抬高】 táigāo ऊंचा करना; ऊंचा उठाना; बढ़ानाः ~物价 दाम बढ़ाना / ~自己 अपनी बड़ाई करना
【抬轿子】 tái jiàozi पालकी ढोना — की बड़ाई करना; का गुण गाना
【抬举】 táiju प्रशंसा करना या पदोन्नति कर किसी का उपकार करनाः 不识抬举 bù shí táiju
【抬手】 táishǒu ❶हाथ उठाना ❷दया करना; तरस खानाः 您抬抬手饶了他吧! आप दया करके उसे बख्श दीजिए।
【抬头】 1 táitóu ❶सिर उठानाः 他~看了看钟。उस ने सिर उठाकर दीवार घड़ी में समय देखा। ❷सिर उठाकर चलना; सीना तानना
【抬头】 2 táitóu ❶चिट्ठी, सरकारी दस्तावेज़ आदि में पानेवाले की चर्चा करते समय आदरभाव प्रगट करने हेतु एक नई पंक्ति आरंभ करना ❷(रसीद, बिल आदि में) वह रिक्त स्थान, जिस में खरीदार या रुपया पानेवाले का नाम लिखा जाता है
【抬头纹】 táitóuwén माथे पर झुर्रियां

tài

太 tài ❶उच्चतम; महत्ः 太空 / 太学 ❷अतिप्राचीनः 太古 ❸पूजनीय; वरिष्ठः ~老师 अपने गुरु का पिता या अपने पिता का गुरु / ~夫人 आप की पूजनीय माता जी ❹<क्रि०वि०> ① अत्यधिक; अत्यंतः 牛奶~烫, 没法喝。दूध अत्यंत गरम है। पिया नहीं जा सकता। / 这里的东西~贵了。यहां वस्तुओं के दाम अत्यधिक महंगे हैं। ②(प्रशंसा करने या आश्चर्य प्रगट करने के लिए प्रयुक्त) बहुतः 您这个人~好了。आप एक बहुत अच्छे आदमी हैं। / 桂林的风光~美了。क्वेइलिन की

प्राकृतिक छवि बहुत ही रमणीय है। ③(नकार के लिए प्रयुक्त) ज़्यादा; बहुत: 不～好 बहुत अच्छा न होना / 不～合适 ज़्यादा उचित न होना
【太白星】 tàibáixīng शुक्र ग्रह का प्राचीन नाम
【太仓一粟】 tàicāng-yīsù अन्न भंडार में बाजरे का एक दाना — समुद्र की एक बूंद
【太阿倒持】 Tài'ē-dàochí मूठ के बदले फल से तलवार पकड़ना — अपना अधिकार किसी दूसरे के हाथों सौंपकर स्वयं अपने को जोखिम में डालना; आफ़त मोल लेना
【太公】 tàigōng 〈बो०〉 दादा का पिता
【太古】 tàigǔ आदिकाल
【太后】 tàihòu सम्राट की माता
【太极】 tàijí थाएची, जो प्राचीन चीनी दर्शनशास्त्र के अनुसार ब्रह्मांड की परम सत्ता मानी जाती थी
【太极拳】 tàijíquán थाएचीछवान, जो 'छाया मुक्केबाज़ी' के नाम से जाना जाता है
【太极图】 tàijítú थाएचीथू, परम सत्ता का रेखाचित्र, जिस में एक वृत्त दो भागों में इस प्रकार विभाजित होता है कि एक भाग का रंग सफ़ेद और दूसरे का काला होता है
【太监】 tàijiàn खोजा; राजमहल में हिजड़ा सेवक
【太空】 tàikōng अंतरिक्ष: 外～ बाह्य अंतरिक्ष / ～飞行 अंतरिक्ष यात्रा
【太空垃圾】 tàikōng lājī अंतरिक्ष कबाड़
【太空战】 tàikōngzhàn अंतरिक्ष युद्ध
【太庙】 tàimiào शाही पितृपूजा वेदी
【太平】 tàipíng शांति; सुख-चैन: 天下～。दुनिया में शांति स्थापित है।
【太平间】 tàipíngjiān शवगृह; मुरदाघर
【太平龙头】 tàipíng lóngtóu फ़ायर प्लग; फ़ायर हाइड्रेंट
【太平门】 tàipíngmén निकास-द्वार
【太平梯】 tàipíngtī फ़ायर इस्केप
【太平天国】 Tàipíng Tiānguó थाएपिंग स्वर्गिक राज्य (1851-1864 ई०), जो चीन के इतिहास में सब से बड़े पैमानेवाले किसान विद्रोह के दौरान स्थापित किया गया था
【太平洋】 Tàipíngyáng प्रशांत महासागर
【太婆】 tàipó 〈बो०〉 दादी की माता
【太上皇】 tàishànghuáng सम्राट् का पिता, यह उपाधि विशेषकर उस सम्राट् को दी जाती थी, जो गद्दी छोड़कर अपने बेटे को सिंहासन पर बिठाता था
【太甚】 tàishèn हद से ज़्यादा; सीमा से पार 欺人太甚 qī rén tài shèn
【太师椅】 tàishīyǐ पुराने ढंग की आराम कुर्सी
【太岁】 tàisuì ❶वर्ष का स्वामी (बृहस्पति का प्राचीन नाम) ❷वर्ष का देव (कहा जाता है कि वह हर वर्ष अपना निवास बदला करता है और जिस स्थान पर उस का निवास होता है, वहाँ निर्माण कार्य मना कर दिया जाता है) ❸〈अना०〉 किसी स्थान में सर्वाधिक प्रभावशाली व्यक्ति का उपनाम: 镇山～ पहाड़ का सरदार (डाकुओं का सरगना)
【太岁头上动土】 Tàisuì tóu shang dòng tǔ जहां वर्ष का देव आवास करता है वहीं मिट्टी खोदना —— शक्तिशाली व्यक्ति की अवज्ञा करना
【太太】 tàitai ❶मैडम ❷गृहिणी; लेडी ❸पत्नी: 他的～ उस की पत्नी ❹〈बो०〉 दादा का पिता या माता
【太息】 tàixī 〈लि०〉 आह; आह भरना
【太学】 tàixué सामंती चीन में शाही महाविद्यालय
【太阳】 tàiyáng ❶सूर्य; सूरज ❷धूप: 今天～真厉害。आज कड़ी धूप है। / 晒～ धूप में बैठना
【太阳灯】 tàiyángdēng 〈चिकि०〉 सनलैंप
【太阳地儿】 tàiyángdìr वह स्थान, जहां धूप पड़ती हो
【太阳电池】 tàiyáng diànchí सौर सेल
【太阳风】 tàiyángfēng सोलर विंड
【太阳黑子】 tàiyáng hēizǐ सूरज का काला धब्बा
【太阳活动周】 tàiyáng huódòngzhōu सोलर साइकिल
【太阳镜】 tàiyángjìng धूप का चश्मा
【太阳历】 tàiyánglì सौर कैलेंडर
【太阳炉】 tàiyánglú सौर चूल्हा
【太阳帽】 tàiyángmào टोपी
【太阳能】 tàiyángnéng सौर ऊर्जा
【太阳年】 tàiyángnián सौर वर्ष
【太阳系】 tàiyángxì सौर मंडल
【太阳穴】 tàiyángxué कनपटी
【太爷】 tàiyé ❶दादा ❷〈बो०〉 दादा का पिता
【太医】 tàiyī ❶शाही चिकित्सक ❷〈बो०〉 चिकित्सक; डॉक्टर
【太阴】 tàiyīn 〈बो०〉 चांद; चन्द्र; चन्द्रमा
【太阴历】 tàiyīnlì चन्द्र कैलेंडर
【太原】 Tàiyuán थाएय्वान (शानशी प्रांत की राजधानी)
【太子】 tàizǐ युवराज

汰 tài हटाना; निकालना: 淘汰 táotài

态（態） tài ❶रूप; आकार; आकार-प्रकार; स्थिति; अवस्था; दशा: 常～ सामान्य दशा / 形态 xíngtài ❷〈व्या०〉 वाच्य: 主动～ कर्तृवाच्य
【态度】 tàidù ❶आचरण; चाल-चलन; व्यवहार: 你要改一改你的～。तुम्हें अपना आचरण ठीक करना चाहिए। / 他对小王～恶劣。वह श्याओ वांग के साथ बुरा व्यवहार करता है। / 耍～ क्रोधित या उतावला होना / ～诚恳 ईमानदार होना; सच्चा होना ❷रुख; रवैया: 在这个原则问题上，我们的～是一贯的。इस सैद्धांतिक मामले पर हमारा रुख हमेशा एक जैसा रहा है। / 采取强硬～ कठोर रवैया अपनाना / ～坚决 दृढ़ रुख
【态势】 tàishì स्थिति: 战争～ युद्धस्थिति

肽 tài 〈रसा०〉 पेपटाइड

钛（鈦） tài 〈रसा०〉 टिटानियम (Ti)
【钛白】 tàibái（钛白粉 tàibáifěn भी）टिटानियम

सफ़ेदी; टिटानियम डाइओक्साइड

泰 tài ❶शांति; सुख-चैन; शांत; सुखी: 泰然自若 ❷अत्यंत; नितांत: 泰西

【泰斗】 tàidǒu थाइशान पर्वत और ध्रुवतारा —— सर्वश्रेष्ठ या प्रतिष्ठित विद्वान, कलाकार आदि: 音乐界～ सर्वश्रेष्ठ संगीतकर / 文学～ साहित्यिक शिल्पी

【泰国】 Tàiguó थाइलैंड

【泰国人】 Tàiguórén थाई व्यक्ति

【泰米尔纳德】 Tàimǐ'ěrnàdé तमिलनाडु प्रदेश

【泰然】 tàirán शांतचेता; स्थिरमना

【泰然处之】 tàirán-chǔzhī शांत होना

【泰然自若】 tàirán-zìruò शांतचेता होना; स्थिरमना होना

【泰山】 Tàishān ❶थाइशान पर्वत (शानतुंग प्रांत में) ❷महत्ता का प्रतीक: 有眼不识泰山 yǒu yǎn bù shí Tàishān ❸पत्नी का पिता; ससुर; श्वशुर

【泰山北斗】 Tàishān-Běidǒu थाइशान और ध्रुवतारा (प्रतिष्ठित व्यक्ति का आदरसूचक संबोधन)

【泰西】 Tàixī 〈पुराना〉 पश्चिम (मुख्यतः यूरोप): ～各国 यूरोप के देश

【泰语】 Tàiyǔ थाई भाषा

tān

坍（坍） tān ढहना; गिरना 房子～了。 मकान ढह गया।

【坍方】 tānfāng भूस्खलन

【坍圮】 tānpǐ 〈लि०〉 ढहना; गिरना

【坍塌】 tāntā ढहना; गिरना

【坍陷】 tānxiàn धंसना

贪（貪） tān ❶गबन; घूसखोरी; भ्रष्टाचार; गबन करना; घूस खाना: 贪污 ❷लालच; लोलुपता; लालसा; लोभ; लालची, लोलुप; लालस; लोभी; लालच में पड़ना; लालसा करना: ～财 धन का लोभ; धन के लिए लोभी होना / 贪得无厌 ❸लालायित होना; ललकना: ～享受 ऐशो-आराम के लिए लालायित होना

【贪杯】 tānbēi शराब पीने का अत्यधिक शौक होना

【贪得无厌】 tāndé-wúyàn की लोलुपता कभी संतुष्ट न होना; सदा अतृप्त रहना

【贪多嚼不烂】 tān duō jiáo bù làn गले के नीचे न उतरना

【贪官】 tānguān भ्रष्ट अधिकारी: ～污吏 भ्रष्ट और घूसखोर अधिकारी

【贪贿】 tānhuì भ्रष्टाचार और घूसखोरी; भ्रष्ट और घूसखोर

【贪婪】 tānlán ❶स्वार्थलोलुपता; लोभ; लालच; स्वार्थ-लोलुप; लोभी; लालची: ～的目光 लालची निगाहें / 为人～ लोभी होना ❷असंतोष; अतृप्ति; असंतुष्ट; अतृप्त: 他～地学习有关电脑的知识。 कंप्यूटर संबंधी ज्ञान हासिल करने का उसे बहुत लालच है।

【贪恋】 tānliàn छोड़ने का जी न करना; जाने का अनिच्छुक होना: 他～大都市的生活。 महानगरीय जीवन छोड़ने का उस का जी नहीं करता।

【贪便宜】 tān piányi सस्ते में चीज़ लेने के लिए लालायित होना; छोटे-मोटे लाभ के लिए उत्सुक होना

【贪求】 tānqiú लोभी होना; लालची होना; लालच में पड़ना: ～富贵 धन-दौलत के लालच में पड़ना

【贪色】 tānsè लंपट; विषयी; कामी

【贪生怕死】 tānshēng-pàsǐ मौत से डरना; जान की पड़ना

【贪天之功】 tāntiānzhīgōng दूसरों के कारनामों को अपना ही बताना

【贪图】 tāntú लुभाना; लालच में पड़ना; लालसा करना: ～安逸 आरामतलबी की लालसा करना / ～享受 सुख-सुविधाओं के पीछे दौड़ना / ～蝇头小利 क्षुद्र लाभ के लिए लुभाना

【贪污】 tānwū घूसखोरी; रिश्वतखोरी; गबन; भ्रष्टाचार; घूस खाना; रिश्वत लेना: ～分子 घूसखोर; रिश्वतखोर / ～腐化 रिश्वतखोरी; भ्रष्टाचार

【贪小】 tānxiǎo थोड़े लाभ का लोभी होना

【贪小失大】 tānxiǎo-shīdà थोड़े लाभ के लिए बड़े लाभ से हाथ धोना

【贪心】 tānxīn ❶लोभ; लालच ❷लोभी; लालची: 这人太～。 यह एक बहुत लालची आदमी है।

【贪赃】 tānzāng घूस खाना (लेना); रिश्वत लेना; घूसखोर होना; रिश्वतखोर होना

【贪赃枉法】 tānzāng-wǎngfǎ घूस लेने हेतु कानून को विकृत रूप में प्रस्तुत करना

【贪嘴】 tānzuǐ खाऊ; लालची

摊（攤） tān ❶फैलाना; बिछाना; बिखेरना; फैलना; बिछना; बिखरना: ～床单 चादर बिछाना / 你把屋里～得乱七八糟。 तुम ने चीज़ों को उलट-पुलटकर बिखेर दिया। / ～开双手 हाथ फैलाना ❷बूथ; स्टाल: 水果～儿 फलों का स्टाल ❸〈परि०श०〉 (पेस्ट या तरल पदार्थ के लिए) पुंज; राशि: 一～稀泥 कीचड़ का एक पुंज ❹घोल का कड़ाही में पतला खाद्यपदार्थ बनाना: ～煎饼 पैनकेक बनाना ❺अपने हिस्से का देना: 每人～一元钱。 हरेक को अपने हिस्से का एक य्वान देना है। ❻(आफ़त आदि) आ पड़ना; पर गुज़रना: 这种倒霉事怎么～上我了呢? यह आफ़त मेरे सिर पर क्यों आ पड़ी ?

【摊场】 tāncháng कटी हुई फ़सल को खलिहान में बिखेर देना

【摊点】 tāndiǎn स्टाल; बूथ

【摊贩】 tānfàn फेरीवाला

【摊鸡蛋】 tānjīdàn आमलेट

【摊牌】 tānpái ❶अपने पत्ते दिखाना ❷बल-परीक्षा; ताकत-आज़माईश; हार-जीत का फ़ैसला; अंतिम निर्णय: 我们今天就和他～。 आज ही हम उसे अपना अंतिम निर्णय सुना देंगे। / 迫使对方～ विपक्ष को बल-परीक्षा

के लिए विवश करना

【摊派】 tānpài (खर्च; काम आदि) बांटना

【摊手】 tānshǒu हाथ रोकना

【摊售】 tānshòu स्टॉल लगाना; स्टॉल पर चीज़ बेचना

【摊位】 tānwèi स्टॉल; बूथ

【摊子】 tānzi ❶स्टॉल; बूथ; स्टेंड ❷किसी संगठन का विस्तार: ～铺得太大 हद से ज़्यादा बड़े पैमाने पर काम करना

滩（灘）tān ❶पुलिन; रेती: 河～ नदी का पुलिन / 海～ समुद्र की रेती ❷(नदी में) छिछला स्थान; उथला पानी

【滩地】 tāndì नदी या समुद्र के तट पर बलुई भूमि

【滩头】 tāntóu पुलिन

【滩头堡】 tāntóubǎo बीच-हेड

【滩涂】 tāntú 海涂 hǎitú के समान

瘫（癱）tān लकवा मारना; फ़ालिज गिरना; पक्षाघात रोग से ग्रस्त होना: 他～在床上已有多年。उसे वर्षों पहले लकवा मार गया था और रोग-शय्या पकड़े रहना पड़ा।

【瘫痪】 tānhuàn ❶लकवा; फ़ालिज; पक्षाघात; झोला; लकवा मारना; फ़ालिज गिरना; झोला मारना ❷अवरुद्ध होना; गतिरुद्ध होना; गतिरोध होना: 交通～ यातायात अवरुद्ध होना / 罢工使这个机构～。हड़ताल से इस संस्था में सारा काम अवरुद्ध हो गया।

【瘫软】 tānruǎn (बाहु, टांग आदि) कमज़ोर और निर्जीव होना; ढेर हो जाना: 一听到她死的噩耗，他顿时浑身～。उस की मृत्यु की ख़बर पाकर वह ढेर हो गया।

【瘫子】 tānzi लकवा रोग से पीड़ित

tán

坛¹（壇）tán ❶वेदी; मंच: 祭坛 jìtán ❷फूल के पौधे आदि उगाने के लिए ज़मीन का ऊपर उठा हुआ हिस्सा: 花坛 huātán ❸फ़ोरम; मंच: 讲坛 jiǎngtán ❹जगत: 影～ सिने जगत

坛²（罈、罎、壜、鐔）tán घड़ा; कलसा; मरतबान; जग

【坛坛罐罐】 tántánguànguàn बरतन-भांडे

【坛子】 tánzi घड़ा; कलसा; मरतबान; जग

昙（曇）tán बादलों से घिरा हुआ; धुंधला

【昙花】 tánhuā 〈वन०〉 ब्रोड-लीवड एपिफ़िलियम

【昙花一现】 tánhuā-yīxiàn जैसे ब्रोड-लीवड एपिफ़िलियम के फूल क्षण भर के लिए खिलते हों — तवे की बूंद होना; क्षणिक तड़क-भड़क दिखाना: 他在政坛只是个～的人物。वह एक ऐसा राजनीतिज्ञ था, जो क्षणिक तड़क-भड़क दिखाकर नदारद हो गया।

谈（談）tán ❶बताना; जताना; बात करना; बातचीत करना; चर्चा करना; ज़िक्र करना: 您～一～您的观点。आप अपना मत बताइए। / 他们俩～了很长时间。उन दोनों ने देर तक बातें कीं। / 这个问题，你们好好～～。आप लोग इस मामले पर खुलकर बातचीत करें। / 他还～到了当前的国际形势。उन्हों ने वर्तमान अंतर्राष्ट्रीय परिस्थिति की भी चर्चा की। ❷बात; कहना: 奇～ अजीबोगरीब बात ❸（Tán）एक कुलनाम

【谈柄】 tánbǐng हंसी-मज़ाक का विषय

【谈不到】 tánbudào दूर की बात होना: 没有政治上的独立，就～经济上的独立。बिना राजनीतिक स्वाधीनता के आर्थिक स्वाधीनता दूर की बात होगी।

【谈得来】 tándelái गहरी छनना: 他俩很是～。उन दोनों में गहरी छनती है।

【谈锋】 tánfēng वाक्पटुता; वाचालता: ～甚健 वाक्पटु होना; वाचाल होना; बोलने में पटु होना

【谈何容易】 tánhéróngyì कहना तो आसान है

【谈虎色变】 tánhǔ-sèbiàn बाघ का नाम सुनते ही चेहरे पर हवाइयाँ उड़ जाना —— कोई खौफ़नाक बात सुनते ही चेहरे पर हवाइयाँ उड़ जाना

【谈话】 tánhuà ❶बातचीत; बात; वार्त्ता; वार्त्तालाप; बातचीत करना; बात करना; वार्त्ता करना; वार्त्तालाप करना: 双方进行了亲切友好的～。दोनों पक्षों ने सद्भावनापूर्ण और मैत्रीपूर्ण बातचीत की। / 他们正在里面～呢。वे कमरे में बातें कर रहे हैं। ❷वक्तव्य; बयान: 外交部发言人就此发表～。विदेश मंत्रालय के एक प्रवक्ता ने इस मामले पर एक वक्तव्य (बयान) दिया। / 书面～ लिखित वक्तव्य (देना)

【谈论】 tánlùn चर्चा; ज़िक्र; चर्चा करना; ज़िक्र करना: ～时事 सामयिक घटनाओं की चर्चा करना

【谈判】 tánpàn बातचीत; वार्त्ता; बातचीत करना; वार्त्ता करना: ～成功 वार्त्ता सफल होना / ～破裂 वार्त्ता टूट जाना / 进行新一轮～ नए दौर की बातचीत करना; बातचीत का नया चरण संपन्न करना / 和平～ शांतिवार्त्ता (करना)

【谈情说爱】 tánqíng-shuō'ài इश्कबाज़ी करना

【谈天】 tántiān गपशप करना

【谈天说地】 tántiān-shuōdì दुनिया भर की बातें करना

【谈吐】 tántǔ बोलने का ढंग: ～不俗 सुरुचिपूर्ण बात करना

【谈笑风生】 tánxiào-fēngshēng हंसना-बोलना; हंस-बोल लेना

【谈笑自若】 tánxiào-zìruò संकट के समय भी हंसी-खुशी से बात करना

【谈心】 tánxīn दिल खोल कर बातचीत करना

【谈兴】 tánxìng बोलने का मूड～正起 बोलने के मूड में होना

【谈言微中】 tányán-wēizhòng पते की बात कहना

【谈助】 tánzhù 〈लि०〉（谈资 tánzī भी）चर्चा का विषय

弹（彈） tán ❶(गुलेल आदि से) मारना; छोड़ना ❷धुनाई; धुनना：～棉花 रुई धुनना ❸झाड़ना; झटकारना：～去衣服上的土 कपड़े पर से धूल-गर्द झाड़ना ❹बजाना：～钢琴 प्यानो बजाना ❺लोच; लचक; लचीलापन：弹性 ❻भर्त्सना करना; अभियोग लगाना; महाभियोग लगाना：弹劾
dàn भी दे०

【弹拨乐器】 tánbō yuèqì तंतु-वाद्य; तारों वाला बाजा
【弹唱】 tánchàng बाजा बजाते हुए गीत गाना
【弹词】 táncí ❶तंतुवाद्यों की संगत में (विशेषकर सूचओ बोली में) कथा सुनाना ❷तंतुवाद्यों की संगत में सुनाई जाने वाली कथा
【弹冠相庆】 tánguān-xiāngqìng सरकारी पदों पर नियुक्त हो जाने की संभावना पर एक दूसरे को बधाइयाँ देना
【弹劾】 tánhé (अधिकारी) पर अभियोग लगाना; (राष्ट्रपति) पर महाभियोग लगाना
【弹簧】 tánhuáng स्प्रिंग; कमानी
【弹簧秤】 tánhuángchèng कमानीदार तराज़ू; स्प्रिंग बैलेंस
【弹簧床】 tánhuángchuáng कमानीदार पलंग; स्प्रिंग बेड
【弹簧门】 tánhuángmén स्प्रिंग द्वार
【弹簧锁】 tánhuángsuǒ स्प्रिंग ताला
【弹泪】 tánlèi आंसू पोंछना; दुख के मारे आंसू बहाना
【弹力】 tánlì लचक; लोच
【弹射】 tánshè ❶〈सैन्य०〉 छोड़ना; प्रक्षेपण करना ❷〈लि०〉 गलत ठहराना; गलती बताना：～利病 गलती बताना
【弹射座舱】 tánshè zuòcāng इजेक्शन केप्सुल
【弹射座椅】 tánshè zuòyǐ इजेक्शन सीट
【弹跳】 tántiào उछलना; उछलना-कूदना
【弹性】 tánxìng ❶लचक; लोच; लचीलापन ❷लचीला：～立场 लचीला रुख / ～外交 लचीली राजनय
【弹压】 tányā कुचलना; दमन करना; शांत करना
【弹指】 tánzhǐ चुटकी बजाना; चुटकी लेना：～之间 चुटकी बजाते ही
【弹奏】 tánzòu बजाना：～乐器 वाद्य बजाना

覃 tán ❶〈लि०〉 गहरा; गहन：～思 गहन चिंतन ❷（Tán）एक कुलनाम
Qín भी दे०

痰 tán कफ; बलगम
【痰气】 tánqì 〈बो०〉 ❶मानसिक रोग ❷रक्ताघात
【痰桶】 tántǒng 〈बोल०〉 थूकदान
【痰盂】 tányú थूकदान

谭（譚） tán ❶谈 tán के समान ❷（Tán）एक कुलनाम

潭 tán ❶गहरा तालाब：水～ गहरा तालाब ❷〈बो०〉 गड्ढा
【潭府】 tánfǔ 〈लि०〉 ❶गहरा तालाब ❷〈आदर०〉 आप का घर

澹 tán नीचे दे०
dàn भी दे०
【澹台】 Tántái एक द्विअक्षरी कुलनाम

檀 tán ❶विंगसेल्टिस वृक्ष ❷（Tán）एक कुलनाम
【檀板】 tánbǎn हार्डवूड के खटके
【檀香】 tánxiāng 〈वन०〉 चन्दन
【檀香木】 tánxiāngmù चन्दन
【檀香山】 Tánxiāngshān होनुलूलू
【檀越】 tányuè 〈बौद्ध धर्म〉 दानी

tǎn

忐 tǎn नीचे दे०
【忐忑】 tǎntè कलेजा धक-धक करना; कलेजा धड़कना; दिल दहलना
【忐忑不安】 tǎntè-bù'ān कलेजा धक-धक करना; बेचैन होना; परेशान होना

坦 tǎn ❶समतल; चौरस; सपाट：坦途 ❷स्पष्टवादिता; स्पष्टवादी：坦率 ❸शांत; धीर; स्थिरमना：坦然
【坦白】 tǎnbái ❶शुद्धहृदय; स्पष्टवादी; निष्कपट：他诚恳～。वह ईमानदार और स्पष्टवादी है। / ～说 खुलकर कहना ❷(गलती या अपराध) कबूल करना; स्वीकार करना：他～了自己罪行。उस ने अपना अपराध कबूल कर लिया।
【坦诚】 tǎnchéng ईमानदारी; निष्कपटता; ईमानदार; निष्कपट; शुद्धहृदय; साफ़दिल：～相见 दूसरों के साथ निष्कपटतापूर्ण व्यवहार करना
【坦荡】 tǎndàng ❶चौड़ा और समतल (रास्ता) ❷विशालहृदय; ऊंचे दिलवाला：胸怀～ विशालहृदय होना
【坦缓】 tǎnhuǎn (भूमि) समतल; चौरस
【坦克】 tǎnkè（坦克车 tǎnkèchē भी）टैंक：～兵 टैंकमैन
【坦然】 tǎnrán शांतचित्त; स्थिरचित्त; स्थिरमना：～无惧 शांतचित्त और निर्भीक होना / ～自若 स्थिरमना होना
【坦桑尼亚】 Tǎnsāngníyà तंज़ानिया
【坦桑尼亚人】 Tǎnsāngníyàrén तंज़ानियाई
【坦率】 tǎnshuài खरा; स्पष्टभाषी; निश्छल; निष्कपट：双方～地交换了看法。दोनों पक्षों ने खुलकर विचारों का आदान-प्रदान किया। / 她～诚恳。वह खरी और सच्ची है।
【坦途】 tǎntú चौरस रास्ता

钽（鉭）tǎn 〈रसा०〉 टैंटलम (Ta)

袒 tǎn ❶कपड़ा उतारना या बटन खोल देना; शरीर का एक भाग नंगा करना: 袒胸露臂 ❷पक्षपात; तरफ़दारी; पक्षपात करना; तरफ़दारी करना: 袒护

【袒护】 tǎnhù पक्षपात करना; तरफ़दारी करना: ～孩子的做法是不对的。बच्चे की तरफ़दारी करना ठीक नहीं है। / ～一方，谴责另一方的作法有失公允。एक पक्ष की तरफ़दारी करना और दूसरे पक्ष की निन्दा करना उचित नहीं है।

【袒露】 tǎnlù निरवस्त्र करना (होना); नंगा करना (होना); प्रगट करना (होना)

【袒胸露臂】 tǎnxiōng-lùbì (नारी का) गरदन और कंधे खुले दीखना

毯 tǎn गलीचा; कालीन; कंबल: 毛～ कंबल / 地毯 dìtǎn

【毯子】 tǎnzi कंबल

tàn

叹（嘆、歎）tàn ❶आह; उसांस; आह करना (भरना, खींचना); उसांस छोड़ना (भरना, लेना): 叹气 / 叹息 ❷प्रशंसा; तारीफ़; प्रशंसा करना; तारीफ़ करना; सराहना: 赞叹 zàntàn

【叹词】 tàncí विस्मयादि बोधक

【叹服】 tànfú प्रशंसनीय; सराहनीय: 令人～ प्रशंसनीय होना

【叹观止矣】 tànguānzhǐyǐ （叹为观止 tànwéi-guānzhǐ भी）(किसी कलाकृति को) परमोत्कृष्ट मानकर उस की प्रशंसा के पुल बांधना

【叹气】 tànqì आह भरना; उसांस लेना: 他长长地叹了一口气。उस ने उसांस ली।

【叹赏】 tànshǎng प्रशंसा करना; तारीफ़ करना; सराहना करना

【叹惋】 tànwǎn उसांस छोड़ना

【叹息】 tànxī 〈लि०〉 आह भरना

【叹惜】 tànxī उसांस छोड़ना

【叹羡】 tànxiàn 〈लि०〉 प्रशंसा करना

炭（炭）tàn ❶लकड़ी का कोयला ❷〈बो०〉 पत्थर का कोयला: 挖～ कोयला खोदना

【炭化】 tànhuà कार्बन में बदलना

【炭画】 tànhuà कोयला-चित्र

【炭精】 tànjīng ❶कोयले की वस्तुओं का आम नाम ❷〈बो०〉 कृत्रिम कोयले और ग्रेफ़ाइट का आम नाम

【炭精灯】 tànjīngdēng आर्क लैंप

【炭疽】 tànjū 〈चिकि०〉 एंथ्रेक्स; गिलटी रोग

【炭窑】 tànyáo कोयले की भट्ठी

探 tàn ❶खोज करना; खोजना; पता लगाना: 探矿 / ～路 रास्ता खोजना ❷खुफ़िया; जासूस; गुप्तचर: 密～ गुप्तचर ❸देखना; मिलने जाना: ～病 बीमार-पुरसी करना / 探亲 ❹निकालना; निकला: ～头往窗外看 खिड़की के बाहर सिर निकाल कर देखना

【探测】 tàncè अन्वेषण; खोज; अन्वेषण करना; खोज करना: 空中～ हवाई अन्वेषण / ～海洋深度 समुद्र की गहराई का पता लगाने की कोशिश करना

【探查】 tànchá जांचना; जांच करना; पता लगाना: ～敌情 दुश्मन के बारे में सूचनाएं एकत्र करना

【探察】 tànchá गौर करना; ध्यान से देखना; सर्वेक्षण करना: ～地形 भूस्थिति का सर्वेक्षण करना

【探访】 tànfǎng ❶दर्शन करने जाना; मिलने जाना: ～老友 अपने पुराने मित्रों से मिलने जाना ❷खोजना; ढूंढना: ～古董 पुरातन वस्तुओं को ढूंढना

【探戈】 tàngē टांगो नृत्य

【探花】 tànhuā मिंग और छिंग राजवशों के काल में सर्वोच्च शाही परीक्षा में तृतीय स्थान प्राप्त करने वाला

【探监】 tànjiān जेल जाकर कैदी से मिलना

【探井】 tànjǐng (खान में) टेस्ट पिट; (तेल-उद्योग में) टेस्ट वेल

【探究】 tànjiū जांच करना; जांच-पड़ताल करना; पता लगाना: ～原因 कारण का पता लगाना

【探勘】 tànkān 勘探 kāntàn के समान

【探口气】 tàn kǒuqì （探口风 tàn kǒufēng भी）(किसी के) मतलब का पता लगाना; (किसी का) उद्देश्य खोजने की कोशिश करना

【探矿】 tànkuàng खनिज भंडार की खोज करना

【探马】 tànmǎ 〈पुराना〉 घुड़सवार गुप्तचर

【探秘】 tànmì रहस्योद्घाटन: 宇宙～ अंतरिक्ष रहस्योद्घाटन

【探明】 tànmíng पता लगाना; पता लगना: 在这一地区～有五千万吨的石油储量。इस क्षेत्र में तेल के पांच करोड़ टन भंडार का पता लगाया गया है।

【探囊取物】 tànnáng-qǔwù जेब में हाथ डाल कर वस्तु निकालने के समान सहज होना

【探亲】 tànqīn घरवालों से मिलने जाना: ～假 घरवालों से मिलने की छुट्टी

【探求】 tànqiú खोजना; खोज करना: ～真理 सत्य की खोज करना

【探伤】 tànshāng 〈धा०वि०〉 दोष या दरार का पता लगाना

【探身】 tànshēn आगे झुकना: 他～拿起桌上的杯子。उस ने आगे झुककर मेज़ पर से कप उठाया। / ～张望 आगे झुककर इधर-उधर देखना

【探视】 tànshì देखना; मिलना: ～病人 रोगी देखने जाना / ～时间 भेंट का समय

【探索】 tànsuǒ अन्वेषण; खोज; शोध; अन्वेषण (खोज, शोध) करना: ～真理 सच्चाई की खोज करना / ～宇宙 अंतरिक्ष का अन्वेषण करना / ～人生道路 जीवनपथ की खोज करना

【探讨】 tàntǎo शोध; अनुसंधान; अध्ययन; शोध (अनुसंधान, अध्ययन) करना: ～理论问题 सैद्धांतिक विषय पर शोध करना
【探听】 tàntīng पता लगाने की कोशिश करना: ～下落 किसी का पता लगाने की कोशिश करना / ～虚实 विपक्ष की असली स्थिति का पता लगाने की कोशिश करना / ～消息 ख़बर लेने जाना
【探头】 tàntóu गरदन पसारना: ～张望 अच्छी तरह से देखने के लिए गरदन पसारना
【探头探脑】 tàntóu–tànnǎo चोरी-छिपे इधर उधर देखना: 他～的在看什么？ वह चोरी-छिपे क्या देख रहा है ?
【探望】 tànwàng ❶ख़बर लेना; हाल पूछना; मिलना: ～亲朋好友 संबंधियों और मित्रों का हाल पूछना / 他去～了中学老师。 वह अपने मिडिल स्कूल के अध्यापकों की ख़बर लेने गया। ❷चारों ओर नज़र दौड़ाना; इधर-उधर देखना: 四处～ चारों ओर नज़र दौड़ाना
【探望权】 tànwàngquán (बच्चे से) मिलने का अधिकार
【探问】 tànwèn ❶पता लगाना: ～失散多年兄弟的下落 वर्षों पहले बिछुड़े हुए भाई का पता लगाने की कोशिश करना ❷हाल पूछना; ख़बर लेना; मिलना
【探悉】 tànxī पता चलना; मालूम होना; ज्ञात होना: 从有关部门～ संबंधित विभाग से यह मालूम हुआ है कि …
【探险】 tànxiǎn साहसिक यात्रा; खोज यात्रा 进行～活动 साहसिक यात्रा (खोज यात्रा) करना
【探险家】 tànxiǎnjiā साहसिक यात्री; खोजयात्री
【探寻】 tànxún खोजना; ढूंढ़ना
【探询】 tànxún पता लगाने की कोशिश करना
【探幽】 tànyōu 〈लि०〉 ❶गूढ़ अर्थ निकालना ❷रमणीय स्थल की खोज करना
【探赜索隐】 tànzé–suǒyǐn रहस्योद्घाटन करना
【探照灯】 tànzhàodēng सर्च लाइट
【探知】 tànzhī मालूम हो जाना; ज्ञात हो जाना
【探子】[1] tànzi 〈पुराना〉 गुप्तचर; खुफ़िया; जासूस
【探子】[2] tànzi खाद्यान्न का नमूना लेने के लिए पतली नली

碳 tàn 〈रसा०〉 कार्बन (C)
【碳钢】 tàngāng कार्बन स्टील
【碳黑】 tànhēi कार्बन कालिख
【碳化】 tànhuà कार्बन में बदलना
【碳 14 断代法】 tàn shísì duàndàifǎ सी 14 डेटिंग
【碳素钢】 tànsùgāng कार्बन स्टील
【碳酸】 tànsuān कार्बोनिक एसिड
【碳酸钙】 tànsuāngài कैलशियम कार्बोनेट
【碳酸钠】 tànsuānnà सोडा
【碳酸气】 tànsuānqì कार्बन डाइओक्साइड
【碳酸氢钠】 tànsuānqīngnà बेकिंग सोडा
【碳酸盐】 tànsuānyán कार्बोनेट

tāng

汤（湯） tāng ❶गरम पानी; उबला हुआ पानी: 扬汤止沸 yáng tāng zhǐ fèi ❷गरम सोता (स्थान के नाम के एक अंश के तौर पर प्रयुक्त) ❸ऐसा पानी, जिस में कोई चीज़ उबाली गई हो: 姜～ जिंजर टी ❹सूप; शोरबा; रसा; झोल: 鸡～ चिकन सूप ❺काढ़ा; क्वाथ ❻（Tāng）एक कुलनाम
shāng भी दे०
【汤池】 tāngchí ❶दे० 金城汤池 jīnchéng–tāngchí ❷(सार्वजनिक स्नानघर में) गरम पानी का बाथिंग पूल
【汤匙】 tāngchí चमचा; चमची
【汤罐】 tāngguàn पानी गरम करने के काम आने वाला घड़ा
【汤锅】 tāngguō बूचड़खाना; कसाईखाना
【汤壶】 tānghú धातु या चीनी मिट्टी की हॉट वाटर बोतल
【汤剂】 tāngjì 〈ची०चि०〉 काढ़ा; क्वाथ
【汤加】 Tāngjiā टोंगा
【汤加人】 Tāngjiārén टोंगावासी
【汤面】 tāngmiàn सूप सहित नूडल्स
【汤婆子】 tāngpózi 〈बो०〉 汤壶 tānghú के समान
【汤泉】 tāngquán 〈प्रा०〉 गरम सोता
【汤勺】 tāngsháo कलछी
【汤团】 tāngtuán 〈बो०〉 लसदार चावल के आटे का गोल खाद्य-पदार्थ, जिस में कुछ न कुछ भरा हुआ होता है और जो सूप के साथ परोसा जाता है
【汤药】 tāngyào 〈ची०चि०〉 काढ़ा; क्वाथ
【汤圆】 tāngyuán 汤团 tāngtuán के समान

铴（鐋） tāng नीचे दे०
【铴锣】 tāngluó घंटी

耥 tāng निराई; निरना
【耥耙】 tāngbà खुरपी

嘡 tāng 〈अनु०〉 घंटी की आवाज़; टनटन

趟 tāng 蹚 tāng के समान
tàng भी दे०

羰 tāng 〈रसा०〉 कार्बोनिल (ग्रुप)

镗（鏜） tāng 嘡 tāng के समान
táng भी दे०

蹚[1]（蹚） tāng (जल को) पैदल चलकर पार करना: ～水过河 नदी को पैदल चलकर पार करना

蹚[2] （蹜） tāng ज़मीन जोतना और घास की जड़ उखाड़ फेंकना

táng

唐[1] táng ❶अतिरंजना; अतिशयोक्ति; अतिरंजित; अतिशयोक्त ❷व्यर्थ; बेकार

唐[2] Táng ❶थांग राजवंश (618-907 ई०) ❷एक कुलनाम

【唐菖蒲】 tángchāngpú ग्लेडियलस

【唐棣】 tángdì 棠棣 tángdì के समान

【唐花】 tánghuā गरम घर में उगाए हुए फूल

【唐人街】 tángrénjiē चाइनाटाउन

【唐三彩】 tángsāncǎi थांग राजवंश के तीन रंगों वाले मिट्टी के बरतन और मूर्तियाँ

【唐突】 tángtū <लि०> धृष्टता; गुस्ताखी; धृष्टता करना; गुस्ताखी करना： 恕我～。मेरी गुस्ताखी माफ़ कीजिए।

堂 táng ❶घर का मुख्य कक्ष： 堂屋 ❷किसी विशिष्ट प्रयोजन के लिए बनाया गया हाल या कक्ष： 课堂 kètáng / 礼堂 lǐtáng ❸पुराने ज़माने की सरकारी संस्था का प्रमुख हाल, जहां समारोह या मामले की सुनवाई होती थी： 过～ मामले की सुनवाई होना ❹चचेरे भाइयों और बहनों के बीच का संबंध： ～兄 चचेरा भाई / ～姐妹 चचेरी बहिन ❺<परि०श०> (फ़र्निचर, क्लास और मामले की सुनवाई के लिए)： 一～家具 फ़र्निचर का एक सेट / 上午有三～课。सुबह तीन क्लास होते हैं। / 过了两～ मामले की दो बार सुनवाई होना

【堂奥】 táng'ào <लि०> ❶किसी मकान का सब से अन्दर का भाग ❷देश का भीतरी भूभाग ❸गंभीर सिद्धान्त

【堂而皇之】 táng'érhuángzhī <लि०> ❶खुलेआम; खुल्लम-खुल्ला ❷तड़क-भड़क दिखाना

【堂房】 tángfáng चचेरे भाइयों और बहिनों के बीच का संबंध： ～侄子（女）चचेरे भाई का पुत्र (पुत्री)

【堂倌】 tángguān <पुराना> वेटर

【堂花】 tánghuā 唐花 tánghuā के समान

【堂皇】 tánghuáng शानदार; भव्य： 富丽堂皇 fùlì-tánghuáng

【堂会】 tánghuì <पुराना> अभिनेताओं और अभिनेत्रियों को बुलाकर अपने घर में ही प्रस्तुतीकरण कराना

【堂客】 tángkè <बो०> ❶नारी ❷बीबी; जोरू; घर की

【堂上】 tángshàng ❶मां-बाप; माता-पिता ❷(जज का पुराना संबोधन) यूआ ओनर

【堂堂】 tángtáng ❶कांतिमान्; दीप्तिमान्： 仪表～ कांतिमान् रंग-रूप ❷महत्वाकांक्षी ❸प्रभावशाली; शक्तिशाली： ～之阵 शक्तिशाली सैन्य टुकड़ियाँ

【堂堂正正】 tángtángzhèngzhèng ❶शुद्धहृदय： ～的男子汉 शुद्धहृदय पुरुष ❷बलिष्ठ और रूपवान्

【堂屋】 tángwū ❶(पुराने ढंग के मकान में एक पंक्ति में खड़े कई कमरों में) केंद्रीय कमरा ❷(एक प्रांगण में दक्षिण की ओर मुखातिब) मुख्य कमरे

【堂子】 tángzi ❶(छिंग राजवंश के समय) शाही वेदी ❷<बो०> वेश्यालय; चकला

棠 táng 棠梨 के समान

【棠棣】 tángdì <वन०> ❶चीनी बुश चेरी ❷ह्वाइट पोपलर की एक जाति

【棠梨】 tánglí बर्चलीफ़ नाशपाती

塘 táng ❶तटबंध; बांध： 河～ नदी का तटबंध ❷तालाब; कुंड： 鱼～ मछली पालने का तालाब ❸गरम पानी का बाथिंग पूल： 澡塘 zǎotáng ❹<बो०> (घर में ताप पाने के लिए) अग्निकुंड： 火～ अग्निकुंड

【塘堰】 tángyàn （塘坝 tángbà भी） (पहाड़ी क्षेत्र में) छोटा जलागार या जलाशय

搪[1] táng ❶बचाव करना; बचना： ～风 हवा से बचना / ～饥 भूख मिटाना ❷अन्यमनस्क होना; टालना; टालमटोल करना： ～账 कर्ज़ की अदायगी टालना / ～差事 अन्यमनस्क होकर काम करना

搪[2] táng पोतना; लीपना： ～炉子 अँगीठी के भीतरी भाग पर मिट्टी पोतना

搪[3] táng 镗 táng के समान

【搪瓷】 tángcí इनामिल; तामचीनी： ～器皿 तामचीनी के बरतन

【搪塞】 tángsè टालना; टालमटोल करना; अन्यमनस्कता से काम करना： 这件事可别让他～过去。उसे इस मामले पर टालमटोल करने न दो। / ～差事 अन्यमनस्कता से काम करना

溏 táng अर्धजमा हुआ; लसीला

【溏便】 tángbiàn <ची०चि०> अर्धतरल मल

【溏心】 tángxīn (अंड की) नर्म ज़र्दी： ～蛋 हल्का उबाला हुआ या तला हुआ अंडा

樘 táng दरवाज़े या खिड़की की चौखट

膛 táng ❶छाती; सीना： 胸膛 xiōngtáng ❷किसी चीज़ का अंदरूनी खोखला भाग; चेम्बर; कोठी： 枪～ बन्दूक की नली / 炉膛 lútáng

【膛线】 tángxiàn राइफ़लिंग

镗（鏜） táng <यां०> बोरिंग
tāng भी दे०

【镗床】 tángchuáng <यां०> बोरिंग मशीन

【镗孔】 tángkǒng <यां०> बोर होल; बोरिंग

糖[1] （醣） táng 碳水化合物 tànshuǐ huàhéwù का दूसरा नाम

糖 2 táng ❶चीनी; शक्कर; शर्करा ❷मिठाई; स्वीट्स; कैंडी

【糖厂】 tángchǎng चीनी का कारखाना; चीनी मिल

【糖弹】 tángdàn 糖衣炮弹 tángyī pàodàn का संक्षिप्त रूप

【糖房】 tángfáng 〈पुराना〉 चीनी मिल

【糖苷】 tánggān 甙 dài का दूसरा नाम

【糖膏】 tánggāo गुड़

【糖果】 tángguǒ कैंडी; मिठाई

【糖化】 tánghuà 〈रसा०〉 शर्करीकरण; शर्करीकृत

【糖浆】 tángjiāng ❶औषधीय सिरप: 咳嗽～ कफ़ सिरप ❷चाशनी; शिरा

【糖精】 tángjīng सैकरीन

【糖料作物】 tángliào zuòwù ईख और चुकंदर

【糖蜜】 tángmì राब

【糖尿病】 tángniàobìng मधुमेह; प्रमेह

【糖霜】 tángshuāng आइसिंग; मिष्ट लेपन

【糖稀】 tángxī चाशनी; शीरा

【糖衣】 tángyī चीनी का लेप: ～药片 चीनी का लेप लगी हुई टिकियाँ

【糖衣炮弹】 tángyī pàodàn शक्कर में लिपटी गोली

䊗 táng लाल रंग

螳 táng मैंटिस; बद्धहस्त

【螳臂挡车】 tángbì-dǎngchē रथ को रोकने की कोशिश करता हुआ मैंटिस —— अपने को तीसमारखां समझकर अति प्रचंड शक्ति को खदेड़ने की नाकाम कोशिश करना

【螳螂】 tángláng मैंटिस; बद्धहस्त

【螳螂捕蝉，黄雀在后】 tángláng bǔ chán, huángquè zài hòu मैंटिस सिकेडा को दबोच लेता है जबकि यह मालूम नहीं कि उस के पीछे पड़ा है ओरिओल पक्षी —— संभावित खतरे से अनजान होकर केवल लाभ को देखना

tǎng

帑 tǎng 〈लि०〉 राजकोष; राजकोष का धन: 公～ सार्वजनिक निधि

倘 (儻) tǎng यदि; अगर: 病情～有好转，即来京休养。यदि आप की हालत सुधर गई, तो पेइचिंग आकर स्वास्थ्य-लाभ करें।

【倘或】 tǎnghuò यदि; अगर

【倘来之物】 tǎngláizhīwù अप्रत्याशित लाभ

【倘然】 tǎngrán यदि; अगर

【倘若】 tǎngruò यदि; अगर: 您～不便，则不必前来。अगर आप को असुविधा हो, तो यहां आने का कष्ट उठाने की आवश्यकता नहीं।

【倘使】 tǎngshǐ 倘若 tǎngruò के समान

淌 tǎng बहना: ～口水 लार बहना / ～眼泪 आंसू बहना / ～鼻涕 नाक बहना / ～血 खून बहना

傥 (儻) tǎng ❶倘 tǎng के समान ❷दे० 倜傥 tìtǎng

镋 (钂) tǎng एक प्राचीन अस्त्र, जिस के सिरे पर कांटा लगा होता था

躺 tǎng लेटना: 他～在床上看书。वह पलंग पर लेटे हुए एक किताब पढ़ रहा है।

【躺倒不干】 tǎng dǎo bù gàn शय्या पकड़ना —— आगे कार्यभार निभाने से इनकार करना

【躺柜】 tǎngguì संदूक

【躺椅】 tǎngyǐ आरामकुर्सी

tàng

烫 (燙) tàng ❶(गरम द्रव) से जलना: 小心别让开水～了你的手。खबरदार, कहीं उबले पानी से तुम्हारा हाथ न जले। ❷गरम करना; गरम पानी में ताप पाना: ～酒 शराब गरम करना ❸इस्तरी करना; लोहा करना; लोहा देना: ～衣服 कपड़े को इस्तरी करना ❹बहुत गरम; जलता हुआ; उबलता सा गरम: 这汤真～。यह सूप उबलता-सा गरम है। ❺(बालों में) घूंघर बनाना; बाल घुंघराले बनाना

【烫发】 tàngfà बालों में घूंघर बनाना; बाल घुंघराले बनाना

【烫金】 tàngjīn सोना चढ़ाना; मुलम्मा चढ़ाना

【烫蜡】 tànglà पिघले हुए मोम से चमकीला बनाना; मोम लगाना

【烫面】 tàngmiàn उबले हुए पानी से गूंथा आटा

【烫伤】 tàngshāng जला

【烫手】 tàngshǒu हाथ जलना —— दुष्कर, दुश्चर: 他觉得这件事有点～。उसे यह काम दुष्कर लगता है।

趟 tàng ❶बार; दफ़ा; मर्तबा: 他都来过两三～了，都没见到您。वह दो तीन दफ़े आ चुका था। लेकिन आप मिले नहीं। / 我这～来，是和您专谈这个问题的。मैं इस बार इसलिए आया हूं कि आप के साथ विशेषकर इसी मामले पर बातचीत करूं। ❷आगे बढ़ता हुआ तांता: 跟不上～ पीछे रह जाना ❸〈बो०〉〈परि०श०〉 (कतार में खड़ी चीज़ों के लिए): 一～街 एक सड़क / 两～桌子 मेज़ों की दो कतारें

tāng भी दे०

【趟马】 tàngmǎ (परंपरागत ओपेरा में) घुड़सवारी या दौड़ का आभास कराने वाले अंग-संचालन

tāo

叨 tāo की कृपा होना; की मेहरबानी होना: 叨光
dāo; dáo भी दे०

【叨光】 tāoguāng 〈शिष्ट०〉 की कृपा होना; की मेहरबानी होना

【叨教】 tāojiào 〈शिष्ट०〉 आप की सलाह के लिए धन्यवाद

【叨扰】 tāorǎo 〈शिष्ट०〉 आप के सत्कार के लिए धन्यवाद

涛（濤） tāo महातरंग; तरंग; लहर: 波涛 bōtāo

绦（縧、絛、縚） tāo रेशमी फ़ीता

【绦虫】 tāochóng टेपवर्म; पट्टकृमि; फ़ीता-कृमि: ～病 सेस्टोडियासिस

【绦子】 tāozi रेशमी फ़ीता

掏（搯） tāo ❶निकालना; बाहर लाना: ～手绢 रूमाल निकालना / 从口袋中～出钱来 जेब में से पैसे निकालना ❷खोदना; तोड़ना: 在墙上～洞 दीवार तोड़कर छेद बनाना

【掏底】 tāodǐ थाह लेना

【掏窟窿】 tāo kūlong 〈बो०〉 कर्ज़ा लेना; कर्ज़ के बोझ से दबना

【掏心】 tāoxīn दिल की गहराई से: 我跟你说～话吧。मैं तुम से दिल की बात कहूं।

【掏腰包】 tāo yāobāo ❶पैसा देना; थैली खोलना: 今天由他～。आज वही थैली खोलेगा। ❷जेब कतरना; गांठ काटना

滔 tāo बाढ़; आप्लावन

【滔滔】 tāotāo ❶लहरें मारना, तरंगें मारना; लहरें उठना: 白浪～लहरें उठना ❷धाराप्रवाह: 他说起话来，～不绝。जब वह बोलने लगता है, तो धाराप्रवाह बोलता जाता है।

【滔天】 tāotiān ❶(तरंगों का) आकाश को छूना: 波浪～ ऊंची-ऊंची लहरें उठना ❷संगीन; घोर: 罪恶～ संगीन (घोर) अपराध

韬（韜、弢） tāo 〈लि०〉 ❶तरकश; म्यान ❷छिपाना; गुप्त रखना: 韬晦 ❸रण-कौशल: 韬略

【韬光养晦】 tāoguāng-yǎnghuì अपनी योग्यता छिपाए रखकर अवसर की प्रतीक्षा करना

【韬晦】 tāohuì अपना असली इरादा गुप्त रखना

【韬略】 tāolüè रण-कौशल

饕 〈लि०〉 tāo पैसे या खाने की चीज़ों के लिए लोलुप होना: 老～ खाऊ

【饕餮】 tāotiè ❶थाओथ्ये, एक पौराणिक हिंस्र पशु ❷उग्र और लालची व्यक्ति ❸खाऊ; पेटू

【饕餮纹】 tāotièwén (प्राचीन कांस्य बरतनों पर अंकित) थाओथ्ये की आकृति

táo

咷 táo विलाप करना; बिलखना

逃（迯） táo ❶भागना; भाग खड़ा होना; नौ दो ग्यारह होना: 逃跑 / 逃脱 ❷बचना; बचाव होना; भागना: 逃荒 / 逃债

【逃奔】 táobèn भागना

【逃避】 táobì बचना; भागना; जी चुराना: ～工作 काम से जी चुराना / ～责任 ज़िम्मेदारी से बचना / ～斗争 संघर्ष से कतराना

【逃兵】 táobīng भगोड़ा

【逃窜】 táocuàn भगदड़ मचना; भागना: 敌人狼狈～。दुश्मन सेना में भगदड़ मच गई।

【逃遁】 táodùn भाग निकलना; चंपत होना 仓皇～ भयभीत होकर भाग निकलना

【逃反】 táofǎn 〈पुराना〉 लड़ाई या डकैतियों से बच निकलना

【逃犯】 táofàn फ़रारी

【逃荒】 táohuāng अकाल के कारण घर छोड़कर कहीं और पलायन करना

【逃汇】 táohuì विदेशी मुद्रा देना टालना

【逃婚】 táohūn विवाहोत्सव से पहले घर छोड़ कर चला जाना

【逃命】 táomìng जान बचाने के लिए भाग जाना

【逃难】 táonàn आफ़त विशेषकर लड़ाई से बचने के लिए भागना; शरणार्थी बनना

【逃匿】 táonì फ़रार होना

【逃跑】 táopǎo भाग खड़ा होना, पलायन करना; चंपत होना; भागना

【逃跑主义】 táopǎo zhǔyì पलायनवाद

【逃散】 táosàn भगदड़ में बिछुड़ना; तितर-बितर होना

【逃生】 táoshēng अपनी रक्षा के लिए भागना

【逃税】 táoshuì कर की अदायगी से बचना

【逃脱】 táotuō बच निकलना; भाग निकलना: ～责任 ज़िम्मेदारी से बच निकलना / 罪犯～。अपराधी भाग निकला।

【逃亡】 táowáng भगोड़ा बनना; घर या देश छोड़कर भागना: ～他乡 घर छोड़कर कहीं और भागना

【逃席】 táoxí (शराब पिलायी जाने के डर से) भोज से उठकर चला जाना

【逃学】 táoxué स्कूल में नागा करना

【逃逸】 táoyì 〈लि०〉 फ़रार होना; चंपत होना

【逃债】 táozhài कर्ज़वाले से बचना

【逃之夭夭】 táozhīyāoyāo नौ दो ग्यारह होना

【逃走】 táozǒu भाग निकलना; भाग जाना; भाग खड़ा होना

桃 táo ❶आड़ू ❷आड़ू के आकार की कोई चीज़: 棉桃 miántáo

【桃符】 táofú ❶आड़ू वृक्ष के फलकों का जोड़ा, जिन पर दुष्टात्मा भगाने के लिए ताबीज़ अंकित किये जाते थे और जो प्राचीन युग में नव चंद्र वर्ष की पूर्ववेला में फाटक पर लटकाए जाते थे ❷वसन्तोत्सव द्विपदी

【桃红】 táohóng पिंक रंग; गुलाबी रंग

【桃花心木】 táohuāxīnmù महागनी

【桃花雪】 táohuāxuě वसंत में होने वाली बरफ़बारी

【桃花汛】 táohuāxùn वसंत में आनेवाली बाढ़

【桃花运】 táohuāyùn प्रेम के मामले में मर्द की किस्मत चमकना

【桃李】 táolǐ छात्र; शिष्य; चेला

【桃李不言，下自成蹊】 táo lǐ bù yán, xià zì chéng xī एक सच्चा पुरुष बहुप्रशंसित होता है

【桃仁】 táorén ❶आड़ू की गिरी ❷अखरोट का गूदा

【桃色】 táosè ❶गुलाबी रंग ❷अवैध पुरुष-स्त्री संबंध: ～事件 यौन कांड / ～新闻 यौन कांड के बारे में रिपोर्ट

【桃树】 táoshù आड़ू का पेड़

【桃子】 táozi आड़ू

陶 1 táo ❶मिट्टी का बरतन: 彩～ रंगीन मिट्टी का बरतन ❷मिट्टी का बरतन बनाना: 陶冶 ❸पर-वरिश; शिक्षा; परवरिश करना; शिक्षा देना: 熏陶 ❹ (Táo) एक कुलनाम

陶 2 táo मस्ती; प्रसन्नता; आनंद
yáo भी दे०

【陶瓷】 táocí मिट्टी और चीनी मिट्टी के बरतन

【陶管】 táoguǎn चिकनी मिट्टी से बना पाइप

【陶匠】 táojiàng कुम्हार

【陶钧】 táojūn 〈लि०〉 ❶चाक ❷(प्रतिभाएं) तैयार करना

【陶器】 táoqì मिट्टी का बरतन

【陶陶】 táotáo प्रसन्न; खुश: 乐～ खुश होना

【陶土】 táotǔ चिकनी मिट्टी और चीनी मिट्टी

【陶文】 táowén मिट्टी के बरतनों पर खुदे अभिलेख

【陶冶】 táoyě ❶मिट्टी के बरतन बनाना और धातु गलाना ❷चरित्र-निर्माण: ～性情 चरित्र-निर्माण करना

【陶俑】 táoyǒng मिट्टी की मूर्ति

【陶铸】 táozhù ❶मिट्टी या धातु से बरतन बनाना ❷(प्रतिभाएं) प्रशिक्षित करना

【陶醉】 táozuì मस्ती; मस्त; मस्ताना; मुग्ध; मस्ती पर आना; मस्त होना; मस्ताना; मुग्ध होना: 欢乐的歌声使人～。प्रफुल्लित गीतों की स्वर-लहरियों से लोग मुग्ध हो गए। / 自我～ अपने में मस्त होना

萄 táo अंगूर: 葡～酒 अंगूर की शराब

啕 táo रोना: 号啕 háotáo

淘 1 táo धोना: ～米 चावल धोना

淘 2 (掏) táo साफ़ करना; तल से कीचड़ आदि निकालना: ～阴沟 नाली साफ़ करना / ～粪 पाखाने से मल निकालना / ～井 कुएं के तल से कीचड़ निकालना

淘 3 táo ❶खपाना; थकाना: 淘神 ❷〈बो०〉 नटखट; चंचल: 这男孩儿够～的。यह लड़का काफ़ी नटखट है।

【淘换】 táohuan ढूंढ़ना; खोजना; ढूंढ़ निकालना: 这本书我昨天才～来的。यह पुस्तक मैं कल ही ढूंढ़ कर लाया हूं।

【淘金】 táojīn बालू में से सोना चुनना

【淘箩】 táoluó चावल धोने के काम में आनेवाली टोकरी

【淘气】 táoqì ❶नटखटी; चंचलता, नटखट; चंचल ❷〈बो०〉 क्रोधित होना; गुस्सा आना

【淘神】 táoshén 〈बोल०〉 थकाना; सिर खपाना; सिर खाना: 这孩子够我～的。यह लड़का मेरा सिर बहुत खाता है। / 这是份～的差事。यह एक सिर खपाने-वाला काम है।

【淘汰】 táotài ❶खेल से बाहर करना (होना): 他在第二轮比赛中被～了。वह दूसरे ही राउंड में खेल से बाहर हो गया। ❷पुराना पड़ जाना; अप्रचलित होना: 这种收音机早就～了。इस किस्म का रेडियो सेट कब का पुराना पड़ चुका है।

【淘汰赛】 táotàisài 〈खेल०〉 इलिमिनेशन सीरिज़

tǎo

讨 (討) tǎo ❶सैन्य अभियान चलाना: 讨伐 ❷मांगना; मांग करना: 讨债 / 讨饭 ❸(मर्द का) विवाह करना; शादी करना: ～老婆 विवाह करना ❹अपने ऊपर लेना; मोल लेना; न्यौता देना: 自讨苦吃 zì tǎo kǔ chī ❺विचार-विमर्श करना; सलाह-मशविरा करना: 商讨 shāngtǎo

【讨伐】 tǎofá सैन्य अभियान चलाना

【讨饭】 tǎofàn भीख मांगना

【讨好】 tǎohǎo ❶चापलूसी करना; खुशामद करना: ～上司 अपने ऊपर वाले की खुशामद करना ❷(नकारात्मक रूप में प्रयुक्त) काम बनना: 你干的事儿真不～。देखो, जो कुछ तुम ने किया है, उस से कोई काम नहीं बना।

【讨还】 tǎohuán वापस लेना

【讨还血债】 tǎohuán xuèzhài खून का बदला लेना

【讨价】 tǎojià दाम मांगना

【讨价还价】 tǎojià-huánjià मोल-तोल करना; ताव-भाव करना

【讨教】 tǎojiào सलाह लेना; परामर्श लेना

【讨论】 tǎolùn विचार-विमर्श करना; विचार-विनिमय

करना 我们对计划草案进行了详尽的～。हम ने इस योजना के प्रारूप पर विस्तृत रूप से विचार-विमर्श किया।
【讨论会】 tǎolùnhuì विचार-गोष्ठी; संगोष्ठी
【讨便宜】 tǎo piányi अनुचित लाभ उठाना; छोटा-मोटा फ़ायदा उठाना
【讨平】 tǎopíng दमन करना; शांत करना; कुचलना: ～叛乱 उपद्रव का दमन करना
【讨乞】 tǎoqǐ भीख मांगना
【讨巧】 tǎoqiǎo थोड़ा परिश्रम करके बड़ा लाभ प्राप्त करना; चतुरता से अपना मतलब निकालना
【讨俏】 tǎoqiào विनोदी या मज़ाकिया होने का प्रयास करना
【讨亲】 tǎoqīn 〈बो०〉 (कन्या से) विवाह करना; विवाहित होना
【讨情】 tǎoqíng 〈बो०〉 क्षमा मांगना; माफ़ी मांगना
【讨饶】 tǎoráo अपने पर दया करने की याचना करना
【讨生活】 tǎo shēnghuó ❶जीविका की खोज करना ❷आवारागर्दी करना
【讨嫌】 tǎoxián दिमाग खाना; तंग करना; शरारती होना; पाजी होना: 你这人真～，一天到晚唠叨个没完。तुम हर वक्त बकबक करके लोगों का दिमाग खाते फिरते हो।
【讨厌】 tǎoyàn ❶दिमाग खाना; तंग करना; परेशान करना ❷कष्टदायक; तकलीफ़देह: 哮喘病很～。दमा एक तकलीफ़देह बीमारी है। ❸नापसन्द करना; नफ़रत करना; घृणा करना: 他一天到晚无所事事，大家都～他。वह दिन भर आवारागर्दी करता फिरता है। हरेक उस से नफ़रत करता है।
【讨债】 tǎozhài तगादा; तकाज़ा; तगादा करना; तकाज़ा करना
【讨账】 tǎozhàng तगादा करना; पावना मांगना

tào

套 tào ❶खोल; गिलाफ़; खोली: 琴～ सितार का गिलाफ़ / 枕～ तकिये की खोली ❷डालना; पहनना: 衬衣外再～件毛衣 कमीज़ के ऊपर एक ऊनी स्वेटर डालना / 把琴～上。सितार को खोली में डाल दो। ❸(कपड़े आदि पर) डालनेवाली चीज़: 套鞋 ❹आपस में जुड़ना; शृंखलाबद्ध होना: 一环～一环 एक कड़ी से दूसरी कड़ी जुड़ना ❺नदी या पर्वतमाला का मोड़: 河套 ❻〈बो०〉 पहल: 被～ रज़ाई का पहल ❼〈बो०〉 कपड़े या रज़ाई में पहल डालना ❽भारवाही पशुओं को नाधने में काम आनेवाली रस्सी या तसमा ❾नांधना; जोतना: ～马 घोड़ा नांधना / ～车 गाड़ी जोतना ❿फंदा; फांस; पाश ⓫नकल करना; प्रतिलिपि बनाना: ～公式 फ़ार्मूले का प्रयोग करना / 这是从报上文章～下来的。यह अखबार में छपे एक लेख की नकल है। ⓬औपचारिकता; परिपाटी: 套话 ⓭भेद लेना; पेट की बात निकालना: 您设法拿话～他。आप उस के पेट की बात निकालने के लिए कोशिश करें। ⓮(दोस्ती) बनाने की कोशिश करना: 套交情 / 套近乎 ⓯सेट: 套曲 / 成～设备 संयंत्रों का पूरा सेट ⓰〈परि०श०〉 सेट: 三张一～的邮票 तीन डाक टिकटों का एक सेट / 一～西服 एक सूट / 我才不听你那一～废话。मैं तुम्हारी बकवास सुनना नहीं चाहता। / 干这种活他有一～。इस तरह का काम करने में वह दक्ष है। ⓱डाई या पेंचतराश से पेंच की चूड़ियाँ बनाना
【套版】 tàobǎn ❶〈मुद्रण०〉 रजिस्टर ❷套色版 tàoshǎibǎn के समान
【套包】 tàobāo （套包子 tàobāozi भी） गरदनी
【套裁】 tàocái कपड़े के एक टुकड़े को इस प्रकार काटा जाए कि उस से दो या दो से भी अधिक वस्त्र सिलाए जा सकें
【套房】 tàofáng ❶套间 tàojiān के समान ❷अपार्टमेंट; फ़्लैट
【套服】 tàofú सूट
【套耕】 tàogēng दो हलों से एक साथ खेत जोतना (दूसरा हल पहले की लीक पर चलाया जाता है ताकि और अधिक गहरी जोताई हो सके)
【套购】 tàogòu अवैध रूप से खरीदना; छल-कपट करके खरीदना: ～外汇 अवैध रूप से विदेशी मुद्रा खरीदना
【套红】 tàohóng (अख़बार में) सुर्खियों में देना: ～标题 सुर्खियों में शीर्षक देना
【套话】 tàohuà ❶औपचारिक बात; रस्मी बात ❷रूढ़िबद्ध अभिव्यक्ति
【套汇】 tàohuì ❶अवैध रूप से विदेशी मुद्रा लेना ❷विदेशी मुद्रा बाज़ार में सट्टेबाज़ी करना
【套间】 tàojiān ऐसा छोटा कमरा, जिस का द्वार बगल के कमरे की दीवार में बनाया हुआ हो; भीतरी कमरा
【套交情】 tào jiāoqing मित्रभाव दिखाना
【套近乎】 tào jìnhu 〈अना०〉 किसी को अपना मित्र बनाने की कोशिश करना; किसी के साथ दोस्ताना संबंध कायम करने का प्रयास करना; फुसलाना: 你别跟我～。मुझे फुसलाओ मत।
【套裤】 tàokù पायजामे के ऊपर डाले जानेवाले दो पायंचे; लेगगिंस
【套犁】 tàolí 套耕 tàogēng के समान
【套路】 tàolù वूशू（武术）में हरकतों की शृंखला
【套曲】 tàoqǔ 〈संगी०〉 डिवर्टाइमेंटो
【套色】 tàoshǎi 〈मुद्रण०〉 कलर प्रोसेस
【套色版】 tàoshǎibǎn कलर प्लेट
【套色木刻】 tàoshǎi mùkè रंगीन काष्ठ-चित्र
【套衫】 tàoshān जाकिट
【套数】 tàoshù ❶एक ही लय के कई नाटकीय गीतों（戏曲）या गैरनाटकीय गीतों（散曲）की श्रेणी ❷वूशू（武术）में हरकतों की शृंखला ❸औपचारिकता; परिपाटी
【套索】 tàosuǒ फंदा; फांसा
【套套】 tàotao 〈बो०〉 तरीका; उपाय; युक्ति: 这是老～。यह तरीका पुराना पड़ चुका है।
【套问】 tàowèn बड़ी कुशलता से बात उगलवाना
【套鞋】 tàoxié रबर के जूते
【套袖】 tàoxiù ओवरस्लीव

【套印】 tàoyìn 〈मुद्रण०〉 क्रोमेटोग्राफ़ी: 彩色～ प्रोसेस क्रोमेटोग्राफ़ी
【套用】 tàoyòng यांत्रिक रूप से लागू करना; अंधाधुंध प्रयोग करना: 不能到处～这个模式。इस फ़ार्मूले का जहां-तहां अंधाधुंध प्रयोग नहीं करना चाहिए।
【套语】 tàoyǔ औपचारिक बात
【套种】 tàozhòng (套作 tàozuò भी) एक फ़सल के पौधों के बीच दूसरी फ़सल के बीज बोना
【套装】 tàozhuāng 套服 tàofú के समान
【套子】 tàozi ❶खोल; खोली; गिलाफ़; कवर: 沙发～ सोफ़ा कवर ❷औपचारिक बातें ❸〈बो०〉 पहल ❹फंदा; चाल

tè

忑 tè दे० 忐忑 tǎntè
忒 tè 〈लि०〉 गलती; भूल; चूक
tēi; tuī भी दे०
特[1] tè ❶विशेष; विशिष्ट; खास; विलक्षण: 奇特 qítè ❷〈क्रि०वि०〉 विशेषकर; खासकर; विशेषतः: 我～来看您。मैं विशेषकर आप का हाल पूछने आया हूं। ❸गुप्तचर; खुफ़िया; जासूस: 敌特 dítè
特[2] tè 〈लि०〉 बल्कि; केवल; सिर्फ़; मात्र
【特别】 tèbié ❶विशेष; विशिष्ट; खास; असाधारण; विचित्र: 今天电台播送国庆节～节目。आज राष्ट्रीय दिवस के अवसर पर रेडियो पर विशेष कार्यक्रम प्रसारित किया जा रहा है। / 她的服装式样有些～。उस के वस्त्र की डिज़ाइन कुछ विचित्र सी लगती है। ❷विशेषकर; विशेषतः; खासकर; खास तौर पर: 他～提到了您。उस ने विशेषकर आप का उल्लेख किया। / 他爱好运动，～喜欢踢足球。उसे सभी खेल विशेषकर फ़ुटबाल खेलना पसन्द है।
【特别快车】 tèbié kuàichē एक्सप्रेस गाड़ी
【特别提款权】 tèbié tíkuǎnquán विशेष निकासी अधिकार
【特产】 tèchǎn विशेष स्थानीय उपज या उत्पाद
【特长】 tècháng प्रवीणता; प्रवीण: 他有什么～? वह किस विषय में प्रवीण है? / 应该发挥众人的各自～。लोगों की अलग-अलग प्रवीणताएं उजागर करना चाहिए।
【特此】 tècǐ 〈क्रि०वि०〉 (दस्तावेज़ या औपचारिक पत्र में प्रयुक्त) यहीं; यहीं पर: 元旦放假一天，～通告。यहीं यह सूचना दी जाती है कि नववर्ष दिवस के अवसर पर एक दिन की छुट्टी होगी।
【特等】 tèděng विशेष; विशेष दर्जे का: ～奖 विशेष पुरस्कार / ～舱 स्टेट रूम
【特地】 tèdì विशेषकर; विशेषतः; खासकर: 这本书我～从北京带来给你的。मैं यह किताब विशेषकर तुम्हारे लिए पेइचिंग से ले आया हूं।
【特点】 tèdiǎn विशेषता; विशिष्टता; खासियत
【特定】 tèdìng ❶विशेषकर मनोनीत: ～的人选 किसी पद के लिए विशेषकर मनोनीत व्यक्ति ❷विशेष; निश्चित: ～的条件 निश्चित स्थितियां / ～的目标 निश्चित लक्ष्य / ～的历史时期 एक विशेष ऐतिहासिक काल
【特工】 tègōng गुप्त सेवा; सिक्रेट सर्विस: ～人员 स्पेशल एजेंट
【特混舰队】 tèhùn jiànduì (नौसेना की) टास्क फ़ोर्स
【特级】 tèjí विशेष श्रेणी; अत्युत्तम
【特辑】 tèjí ❶विशेषांक ❷लघु फ़िल्मों का विशेष संकलन
【特技】 tèjì ❶स्टंट: ～演员 स्टंट अभिनेता / ～飞行 स्टंट उड़ान ❷〈फ़िल्म〉 स्पेशल इफ़ेक्टस: ～摄影 ट्रिक फ़ोटोग्राफ़ी
【特价】 tèjià स्पेशल आफ़र; घटाया हुआ दाम
【特里普拉】 Tèlǐpǔlā त्रिपुर प्रदेश
【特刊】 tèkān विशेषांक; विशेष अंक
【特快】 tèkuài 特别快车 tèbié kuàichē का संक्षिप्त रूप
【特立尼达和多巴哥】 Tèlìnídá hé Duōbāgē त्रिनिदाद और टोबागो
【特例】 tèlì खास मिसाल
【特洛伊木马】 Tèluòyī mùmǎ ट्रोजन घोड़ा
【特命全权大使】 tèmìng quánquán dàshǐ असाधारण और पूर्णाधिकार प्राप्त राजदूत
【特派】 tèpài विशेष रूप से नियुक्त: ～记者 विशेष संवाददाता / ～代表 विशेष प्रतिनिधि
【特区】 tèqū विशेष क्षेत्र
【特权】 tèquán विशेष अधिकार
【特色】 tèsè विशेषता; खासियत: 建设有中国～的社会主义 चीनी विशेषता वाले समाजवाद का निर्माण करना / 富有民族～ जातीय विशेषताओं से संपन्न होना
【特设】 tèshè तदर्थ: ～委员会 तदर्थ समिति
【特赦】 tèshè क्षमादान; क्षमादान देना
【特使】 tèshǐ विशेष दूत
【特殊】 tèshū विशेष; विशिष्ट; खास: ～场合 विशेष अवसर / ～待遇 विशेष बरताव / ～照顾 का विशेष ध्यान रखना
【特殊化】 tèshūhuà विशेषाधिकृत: 搞～ व्यक्तिगत विशेषाधिकर के चक्कर में पड़ना / 反对～ विशेषाधिकार का विरोध करना
【特殊教育】 tèshū jiàoyù (मानसिक या शारीरिक विकलांगों के लिए) विशेष शिक्षा
【特殊性】 tèshūxìng विशेषता; विशिष्टता; खासियत
【特务】[1] tèwù स्पेशल टास्क: ～营 स्पेशल टास्क बटालियन
【特务】[2] tèwù गुप्तचर; खुफ़िया; जासूस; भेदिया; एजेंट: 搞～活动 जासूसी करना / ～机关 गुप्तचर विभाग
【特效】 tèxiào अचूक; अमोघ: ～药 अमोघ औषधि; अचूक दवा; रामबाण औषध

【特写】 tèxiě ❶फ़ीचर ❷<फ़िल्म> क्लोज़ अप: ～镜头 क्लोज़ अप (शाट)
【特性】 tèxìng गुण; विशेषता; खासियत: 钻石的～是坚硬。हीरे का गुण कठोरता में है।
【特许】 tèxǔ विशेष अनुमति: ～证 विशेष अनुमति पत्र
【特异】 tèyì ❶अत्युत्तम; बढ़िया: 成绩～ अत्युत्तम प्रदर्शन ❷विचित्र; अनोखा; निराला: 这两位作家的作品各有自己～的风格。इन दो लेखकों की अपनी-अपनी निराली लेखन-शैलियाँ हैं।
【特异质】 tèyìzhì <चिकि०> आइडियोसिंक्रैसी
【特意】 tèyì 特地 tèdì के समान
【特有】 tèyǒu विशेष; खास
【特约】 tèyuē विशेष: ～记者 विशेष संवाददाता / ～评论员 विशेष टिप्पणीकार / ～稿 विशेष लेख
【特征】 tèzhēng विशेषता; खासियत; विशिष्टता
【特种】 tèzhǒng विशेष किस्म का; विशेष: ～邮票 विशेष डाक-टिकट / ～战争 विशेष युद्ध
【特种兵】 tèzhǒngbīng विशेष तकनीकी सैन्यदल
【特种工艺】 tèzhǒng gōngyì विशेष दस्तकारी; विशेष दस्तकारी की चीज़ें

铽（鋱） tè <रसा०> टर्बियम (Tb)

慝 tè <लि०> अनिष्ट; अमंगल

tēi

忒 tēi नीचे दे०
tè; tuī भी दे०
【忒儿】 tēir <बो०> फड़फड़; फड़फड़ाना: 小鸟～一声飞走了。एक चिड़िया फड़फड़ाते हुए उड़ गई।

tēng

熥 tēng ठंडी पड़ी खाद्य वस्तु को फिर से गरम करना: ～烙饼 ठंडी पड़ी रोटी को फिर से गरम करना

téng

疼 téng ❶दर्द; पीड़ा; व्यथा: 头疼 tóuténg / 脚～得厉害। पैरों में ज़ोर का दर्द हो रहा है। ❷लाड़-प्यार; लाड़-प्यार करना; लाड़ला होना: 这孩子挺招人～的。यह एक लाड़ला बच्चा है।
【疼爱】 téng'ài प्यार; लाड़-प्यार; प्यार करना; लाड़-प्यार करना: 做父母的都～自己的孩子。सभी मां-बाप अपने बच्चों से लाड़-प्यार करते हैं।
【疼痛】 téngtòng दर्द; पीड़ा; व्यथा; वेदना

腾 téng ❶उछलना; कूदना; उछलना-कूदना; फांदना; छलांग मारना: 欢～ खुशी से उछलना-कूदना ❷ऊपर उठना: 升腾 shēngténg ❸खाली करना: ～房子 मकान खाली करना / ～时间读书 समय निकालकर किताब पढ़ना ❹(पुनरावृत हरकतें बताने के लिए कुछ क्रियाओं के पीछे प्रयुक्त): 翻腾 fānténg
【腾达】 téngdá <लि०> ❶ऊपर उठना ❷तेज़ी से तरक्की करना; पदोन्नति होना
【腾飞】 téngfēi ❶ऊंचा उड़ना ❷तेज़ी से तरक्की करना; द्रुत प्रगति करना: 经济～。अर्थतंत्र तेज़ी से प्रगति कर रहा है।
【腾贵】 téngguì महंगाई; मूल्यवृद्धि
【腾空】 téngkōng ऊपर उठकर या उड़कर आकाश में पहुंचना: 战斗机一架接一架～而起。एक के बाद एक लड़ाकू विमान उड़ान भरकर आकाश में पहुंच गए।
【腾挪】 téngnuó हेर फेरी करना; स्थानांतरित करना: ～公款 किसी खास काम के लिए नियत फ़ंड का किसी दूसरे काम के लिए इस्तेमाल करना / 把办公室里的东西～一下，好放电脑桌。दफ़्तर में चीज़ों को स्थानां- तरित करो, ताकि स्थान बना कर कंप्यूटर टेबल रखा जा सके।
【腾腾】 téngténg भाप बनकर उड़ते हुए; धूआं छोड़ते हुए: 厨房里热气～。उबलता हुआ पानी भाप बनकर उड़ते हुए सारे रसोईघर को धुंधला सा कर देता है। / 烈焰～。आग धूधू कर रही है; आग धायंधायं जल रही है।
【腾跃】 téngyuè ❶कूदना; उछलना ❷<लि०> (दामों का) तेज़ी से बढ़ना
【腾越】 téngyuè फांदना; लांघना; पार करना: ～障碍 बाधाओं को लांघना
【腾云驾雾】 téngyún-jiàwù ❶(पौराणिक कथाओं के चरित्रों का) बादलों और कोहरे पर सवार होना ❷सिर चकराना

誊（謄） téng (हाथ से) प्रतिलिपि तैयार करना: ～稿子 मसौदे की प्रतिलिपि तैयार करना
【誊录】 ténglù (हाथ से) प्रतिलिपि तैयार करना
【誊清】 téngqīng साफ़ प्रतिलिपि तैयार करना
【誊写】 téngxiě (हाथ से) प्रतिलिपि तैयार करना
【誊写版】 téngxiěbǎn <मुद्रण०> स्टेंसिल
【誊写钢版】 téngxiě gāngbǎn स्टेंसिल काटने में काम आने वाला स्टील प्लेट

滕 Téng एक कुलनाम

藤（籐） téng ❶बेंत: ～制品 बेंत की वस्तुएं ❷लता; बेल: 葡萄～ अंगूर की लता
【藤本植物】 téngběn zhíwù लता; बेल

téng tī tí 1172

【藤萝】 téngluó 〈वन०〉 चाइनीज़ विस्टारिया
【藤牌】 téngpái बेंत की ढाल; ढाल
【藤球】 téngqiú 〈खेल०〉 सेपक ताक्रो
【藤条】 téngtiáo बेंत
【藤子】 téngzi 〈बो०〉 ❶बेल; लता ❷बेंत

tī

体（體） tī नीचे दे०
tǐ भी दे०

【体己】 tīji ❶अंतरंग; दिली: ～人 अंतरंग दोस्त / ～话 दिली बात ❷व्यक्तिगत (बचत): ～钱 एक परिवार के किसी सदस्य की अपनी बचत

剔 tī ❶नुकीली चीज़ से साफ़ करना; खोदना; खुरचना; कुरेदना: ～牙 दांत खोदना; खरका करना / ～骨头 हड्डियों को कुरेदकर मांस अलग करना ❷चुनकर निकालना: 把烂苹果～出去。सड़े हुए सेब के फलों को चुनकर निकाल दो। ❸(चीनी अक्षरों की) ऊपर उठती हुई रेखा

【剔除】 tīchú चुनकर निकालना
【剔红】 tīhóng खुदा हुआ लाख का बरतन
【剔庄货】 tīzhuānghuò सस्ते दामों पर घटिया चीज़ें बेचना

梯 tī ❶सीढ़ी; सोपान; ज़ीना: 梯子 ❷सीढ़ीनुमा: 梯田

【梯队】 tīduì ❶〈सैन्य०〉 एशेलन फ़ोर्मेशन ❷किसी संगठन में ऐसे व्यक्तियों का समूह, जो आवश्यकता पड़ने पर अपनी भूमिका निभा सकें
【梯恩梯】 tī'ēntī टी. एन. टी
【梯级】 tījí सीढ़ी; सोपान
【梯己】 tīji 体己 tīji के समान
【梯田】 tītián सीढ़ीनुमा खेत
【梯形】 tīxíng विषम चतुर्भुज
【梯子】 tīzi सीढ़ी;सोपान; ज़ीना

锑（銻） tī 〈रसा०〉 एंटिमनी; स्टीबियम (Sb)

踢 tī ❶लात मारना; ठुकराना: 他～了小王一下。उस ने श्याओ वांग को लात मारी। / ～开路上的绊脚石 रास्ते में पड़े कंकड़ों को ठुकराना ❷(फ़ुटबाल आदि) खेलना: ～足球 फ़ुटबाल खेलना / ～进一个球 एक गोल करना / ～毽子 चिड़िया खेलना

【踢蹬】 tīdeng ❶पैर मारना: 这孩子好动，整天乱～。यह बच्चा बहुत चंचल है और दिन भर इधर-उधर पैर मारता फिरता है। ❷हाथ खोलना; उड़ाना: 他把家里的钱都～光了。उस ने घर का सारा पैसा उड़ा दिया। ❸निपटाना; निपटना: 他才把这些事～光。उस ने अभी अभी इन कामों को निपटा लिया है।

【踢脚板】 tījiǎobǎn 〈वास्तु०〉 स्कर्टबोर्ड
【踢皮球】 tīpíqiú ❶गेंद खेलना ❷एक दूसरे को ज़िम्मेदार ठहराना
【踢踏舞】 tītàwǔ टेप डांस
【踢腾】 tīteng 踢蹬 tīdeng के समान

tí

绨（綈） tí मोटा रेशमी कपड़ा
tì भी दे०

提 tí ❶लेना: 他～了个皮箱进屋。वह एक सूटकेस लिए घर के अन्दर गया। / 我去～罐水来。मैं एक घड़ा पानी ले आता हूं। ❷उठाना; उन्नत करना; तरक्की देना: 这东西不重，谁都能～。यह चीज़ ज़्यादा भारी नहीं है। कोई भी इसे उठा सकता है। / ～某人当处长 किसी को तरक्की देकर विभागाध्यक्ष बनाना ❸नियत समय से पहले होना या करना: 提前 / 提早 ❹पेश करना; प्रस्तुत करना; उठाना: ～问题 सवाल उठाना (पेश करना) / ～议案 प्रस्ताव का मसौदा पेश करना / 这件事要～到会上去讨论。इस मामले को बैठक में विचारार्थ प्रस्तुत करना है। / ～抗议 विरोध पेश करना ❺निकालना: 从银行里～款 बैंक से पैसा निकालना / 提炼 ❻(कैदी को) तलब करना: ～犯人 कैदी को तलब करना ❼चर्चा करना; ज़िक्र करना; उल्लेख करना: 他在信中～到了你。उस ने अपने पत्र में तुम्हारी चर्चा की। / 一～起这件事，他就火冒三丈。इस बात का ज़िक्र करते ही वह आग बबूला हो जाता है। ❽एक किस्म का कलछा, जिस से तेल या शराब निकाली जाती है: 油提 yóutí / 酒提 jiǔtí ❾(चीनी अक्षरों की) ऊपर उठती हुई रेखा
dī भी दे०

【提案】 tí'àn प्रस्ताव प्रारूप; प्रस्ताव का मसौदा: 提交～ प्रस्ताव प्रारूप प्रस्तुत करना
【提拔】 tíbá पदोन्नति करना; पद में वृद्धि करना; तरक्की देना: 他不久前得到～。कुछ समय पहले उस की पदोन्नति की गई।
【提包】 tíbāo हैंडबैग; बैग
【提倡】 tíchàng अनुमोदन; अनुमोदन करना; प्रोत्साहन देना; प्रोत्साहित करना: ～计划生育 परिवार नियोजन कार्यक्रम का अनुमोदन करना / ～奉献精神 स्वार्थत्याग की भावना प्रोत्साहित करना
【提成】 tíchéng कुल धन-राशि में से कुछ प्रतिशत घटाना
【提出】 tíchū प्रस्तुत करना; पेश करना; सामने रखना; उपस्थित करना: ～要求 मांग पेश करना / ～条件 शर्तें सामने रखना / ～控告 अभियोग उपस्थित करना / ～警告 चेतावनी देना / ～口号 नारा देना / ～抗议 विरोध प्रस्तुत करना
【提纯】 tíchún शुद्ध करना; शोधित करना; शोधन करना
【提词】 tící 〈नाट०〉 पर्दे के पीछे से अभिनेता को उस के संवाद याद दिलाना: 他上台演出时，总要人～。जब

भी वह मंच पर जाकर अभिनय करता है, तो उसे पर्दे के पीछे से संवाद याद दिलाने की ज़रूरत पड़ती है।

【提单】 tídān बिल आफ़ लेडिंग

【提灯】 tídēng लालटेन

【提调】 tídiào ❶संचालन करना ❷सुपरवाइज़र

【提纲】 tígāng कार्यक्रम; खाका; खुलासा

【提纲挈领】 tígāng-qièlǐng हेडड्राप से जाल पकड़ना और कालर से कमीज़ —— अल्प शब्दों में किसी वस्तु का सारतत्व बताना

【提高】 tígāo उन्नत करना; ऊंचा उठाना; बढ़ाना: ~警惕 सतर्कता बढ़ाना; चौकसी बढ़ाना / ~人民生活水平 जन-जीवन का स्तर उन्नत करना / ~产量 उत्पादन बढ़ाना / ~士气 मनोबल ऊंचा उठाना

【提供】 tígōng प्रदान करना; मुहैया करना; सप्लाई करना; उपलब्ध कराना; देना: ~援助 सहायता देना / ~原料 कच्चे माल की सप्लाई करना / ~第一手资料 प्रत्यक्ष संदर्भ-सामग्री उपलब्ध कराना / ~法律保障 कानूनी संरक्षण देना / ~成套发电机组 जनरेटरों का पूरा सैट प्रदान (मुहैया) करना

【提灌】 tíguàn पंप से पानी को ऊंचे स्थान पर पहुंचा कर सिंचाई करना

【提行】 tíháng (लेख या मुद्रण में) एक नई पंक्ति आरंभ करना

【提盒】 tíhé हैंडल तथा बहुत से डिब्बों वाला लंचबक्स

【提花】 tíhuā जैकार्ड बुनाई: ~织机 जैकार्ड लूम

【提货】 tíhuò (गोदाम आदि से) माल निकालना

【提货单】 tíhuòdān 提单 tídān के समान

【提及】 tíjí चर्चा, ज़िक्र; उल्लेख; चर्चा करना (होना); ज़िक्र करना (होना); उल्लेख करना (होना): 史书中从未~此事。 किसी भी ऐतिहासिक ग्रंथ में इस बात का उल्लेख नहीं है।

【提价】 tíjià दाम बढ़ाना; मूल्य में वृद्धि करना

【提交】 tíjiāo पेश करना; प्रस्तुत करना; पटल पर रखना: 该提案已~议会讨论。 उस प्रस्ताव का मसौदा संसद में विचारार्थ पटल पर रखा जा चुका है।

【提款】 tíkuǎn बैंक से पैसा निकालना (लेना)

【提篮】 tílán हैंड-बास्केट

【提炼】 tíliàn निचोड़ निकालना; शुद्ध करना; शोधित करना

【提名】 tímíng नामज़दगी; नामांकन; नामज़द; नामांकित; नामज़दगी (नामांकन) करना; नामज़द (नामांकित) करना 他被~为候选人。 उसे उम्मीदवार के रूप में नामज़द किया गया।

【提起】 tíqǐ ❶चर्चा करना; ज़िक्र करना; नाम लेना ❷बढ़ाना; इकट्ठा करना; उत्पन्न करना: ~精神 हौसला बढ़ाना; दिल बढ़ना / ~勇气 साहस इकट्ठा करना / ~兴趣 रुचि उत्पन्न करना ❸दायर करना: ~诉讼 मुकदमा दायर करना

【提前】 tíqián समय से पहले; नियत समय से पूर्व: ~完成生产计划 उत्पादन योजना को समय से पहले पूरा कर लेना / ~一周上课 क्लास को समय से एक सप्ताह पहले शुरू करना / 会议的时间~了。बैठक नियत समय से पहले बुलाई जाएगी।

【提挈】 tíqiè 〈लि०〉 ❶नेतृत्व करना; संचालन करना; साथ लेना: ~全军 सेना का संचालन करना ❷पथ-प्रदर्शन और समर्थन करना

【提亲】 tíqīn (提亲事 tíqīnshì भी) विवाह का प्रस्ताव रखना

【提琴】 tíqín वायलिन फ़ैमिली: 小提琴 xiǎotíqín

【提请】 tíqǐng प्रस्तुत करना; पेश करना; रखना: ~批准 स्वीकृति के लिए पेश करना / ~讨论 विचारार्थ प्रस्तुत करना / ~注意 की ओर ध्यान दिलाना

【提取】 tíqǔ निकालना; लेनः ~存款 बैंक में जमा पैसा निकालना / 从植物中~食油 वनस्पतियों से खाद्य तेल निकालना

【提神】 tíshén तरोताज़ा करना (होना); तबीयत में ताज़गी आना: 听说喝浓茶能~。 कहते हैं कि कड़ी चाय पीने से आदमी तरोताज़ा हो जाता है।

【提审】 tíshěn ❶(अपराधी को) अदालत में हाज़िर करना; पूछताछ के लिए कैदी को तलब करना ❷(निचले स्तर की अदालत में जांचे हुए मामले पर) पुनर्विचार करना

【提升】 tíshēng ❶पदोन्नति; तरक्की; पदोन्नति करना; तरक्की देना ❷ऊपर उठाना: ~机 ऐलिवेटर

【提示】 tíshì याद दिलाना; टोकना: 他又忘了该说什么了，你~他一下。वह फिर भूल गया कि क्या कहना चाहिए था। उसे याद दिला दो।

【提手】 tíshǒu मूठ; दस्ता; कब्ज़ा

【提问】 tíwèn सवाल पूछना; प्रश्न करना

【提箱】 tíxiāng सूटकेस

【提携】 tíxié ❶हाथ थामकर (बच्चे को) ले जाना (आना) ❷पथ-प्रदर्शन और समर्थन करना ❸〈लि०〉 सहयोग करना: 互相~ परस्पर सहयोग करना

【提心吊胆】 tíxīn-diàodǎn कलेजा धकधक करना; दिल धड़कना

【提醒】 tíxǐng याद दिलाना; स्मरण दिलाना: ~他别迟到了。 उसे याद दिलाओ कि कहीं देर न हो जाए।

【提选】 tíxuǎn चुनना; छांटना: ~良种 बढ़िया बीज चुनना

【提讯】 tíxùn (अपराधी को) अदालत में हाज़िर कराना; कैदी से तलब करना

【提要】 tíyào निष्कर्ष; सार; संक्षिप्त विवरण; खुलासा

【提议】 tíyì ❶प्रस्ताव: 这项~在大会上获得一致通过。 यह प्रस्ताव सभा में सर्व सम्मति से स्वीकृत किया गया। ❷प्रस्ताव रखना; सुझाव देना: 他~会谈推迟到明天举行。 उन्हों ने वार्त्ता को कल तक के लिए स्थगित करने का सुझाव दिया।

【提早】 tízǎo समय से पहले; नियत समय से पूर्व

【提制】 tízhì निकालना; निचोड़ना; अरक निकालना: 香油由芝麻~而成。 तिलों से तिल का तेल निकाला जाता है।

啼 (嗁) tí ❶रोना; विलाप करना; बिलखना: 啼哭 ❷(कुछ पशु-पक्षियों का) बोलना; चहचहाना; चहकना: 鸡~。 मुर्गा बांग देता है। / 鸟~。 पक्षी चहकता

है।

【啼饥号寒】 tíjī-háohán भूख और सर्दी से कराहना; जीवन दूभर होना; भूख और सर्दी का मारा होना

【啼哭】 tíkū रोना; रुदन करना

【啼笑皆非】 tíxiào-jiēfēi ऐसी स्थिति पैदा होना कि समझ में न आए कि रोएं या हंसें

鹈（鵜） tí नीचे दे०

【鹈鹕】 tíhú पेलिकन पक्षी

题（題） tí ❶शीर्षक; विषय; सवाल; प्रश्न: 答～ प्रश्न का उत्तर देना / 题目 ❷लिखना: ～诗 (चित्र, पंखे या दीवार आदि पर) कविताएं लिख देना / 题名

【题跋】 tíbá प्राक्कथन एवं पुनश्च

【题壁】 tíbì ❶दीवार पर लिखना ❷दीवार पर लिखित लेख या कविता

【题材】 tícái विषय; विषय-वस्तु: 这部小说以二战为～。इस उपन्यास में दूसरे विश्वयुद्ध को विषय-वस्तु बनाया गया है।

【题词】 tící ❶किसी की स्मृति या स्तुति में अभिलेख लिखना ❷अभिलेख

【题花】 tíhuā टाइटल डिज़ाइन

【题解】 tíjiě ❶पुस्तक के शीर्षक या उस की पृष्ठभूमि पर व्याख्यात्मक टिप्पणी ❷भौतिक, रसायन, गणित आदि शास्त्रों के संदर्भ में अभ्यास करने और सवाल हल करने का मूलसिद्धांत:《几何～》'ज्यामिती के अभ्यास का मूल सिद्धांत'

【题名】 tímíng ❶स्वहस्ताक्षर करना; हस्ताक्षर करना ❷शीर्षक

【题目】 tímù ❶शीर्षक; विषय: 文章的～ लेख का शीर्षक / 辩论的～ वाद-विवाद का विषय ❷प्रश्न; सवाल

【题签】 tíqiān ❶जिल्द पर चिपके हुए लेबल पर लिखा हुआ पुस्तक का शीर्षक ❷लेबल पर पुस्तक का शीर्षक लिखना

【题旨】 tízhǐ ❶लेख के शीर्षक का अर्थ ❷साहित्य की विषय-वस्तु

【题字】 tízì ❶स्मरण के लिए कुछ शब्द लिखना ❷हस्तलेख: 书上有作者的亲笔～。पुस्तक में लेखक का हस्तलेख सम्मिलित है।

醍 tí नीचे दे०

【醍醐】 tíhú घी

【醍醐灌顶】 tíhú-guàndǐng प्रबुद्ध करना

蹄（蹏） tí ❶खुर: 马～ घोड़े के खुर ❷पैर; गोड़: 猪～ सूअर के पैर

【蹄筋】 tíjīn सूअर, बकरे आदि के पाये की कंडरा

【蹄髈】 típǎng 〈बो०〉 सूअर की टांग का ऊपरी भाग

【蹄子】 tízi ❶〈बोल०〉 खुर ❷〈बो०〉 सूअर की टांग का ऊपरी भाग

tǐ

体（體、躰） tǐ ❶शरीर; देह; तन; अंग: 肢～动作 अंगों की गति / ～高 शरीर की ऊंचाई; कद ❷पदार्थ: 固体 gùtǐ / 液体 yètǐ ❸शैली: 文体 wéntǐ ❹व्यक्तिगत रूप से कोई काम करना या अनुभव करना: 身体力行 shēntǐ-lìxíng ❺व्यवस्था; तंत्र; प्रणाली: 政体 zhèngtǐ ❻〈व्या०〉 अवस्था

tī भी दे०

【体裁】 tǐcái साहित्यिक रचना की शैली

【体操】 tǐcāo व्यायाम; जिमनास्टिक

【体操运动员】 tǐcāo yùndòngyuán जिमनास्ट

【体察】 tǐchá देखना; जानना: ～民情 लोगों से मिलकर उन का सुख-दुख जानना

【体词】 tǐcí 〈व्या०〉 संज्ञाओं, सर्वनामों, अंकों और परिमाण शब्दों का आम नाम; सत्तासूचक

【体罚】 tǐfá शारीरिक दंड; दैहिक दंड: ～学生 छात्र को दैहिक दंड देना

【体格】 tǐgé ❶डील-डौल; गठन: ～强壮 गठीला बदन ❷〈व्या०〉 कर्त्ता कारक

【体格检查】 tǐgé jiǎnchá शारीरिक जांच; डॉक्टरी जांच: 去医院做～अस्पताल में शारीरिक जांच कराना

【体会】 tǐhuì ❶एहसास; अनुभव; प्रत्यक्ष ज्ञान: 我个人的～是，印地语不难学。मेरा अनुभव है कि हिन्दी सीखने में ज़्यादा कठिनाइयां नहीं हैं। / 通过这次研讨会我对这个问题有了新的～。इस संगोष्ठी में मैं ने इस मामले के बारे में नया ज्ञान प्राप्त कर लिया। ❷एहसास करना (होना); अनुभव करना (होना); महसूस करना (होना): 这次参观访问使我～到掌握高新科技的重要性。इस दौरे से मुझे उच्च व नई तकनीक जानने की महत्ता का पता चला है।

【体绘】 tǐhuì बॉडी पेंटिंग; शरीर पर की गई चित्रकारी

【体积】 tǐjī आकार; आयतन; परिमाण

【体检】 tǐjiǎn 体格检查 tǐgé jiǎnchá का संक्षिप्त रूप

【体力】 tǐlì शारीरिक शक्ति; बल; ताकत: ～不支 शक्ति क्षीण होना / 消耗～ शक्ति नष्ट करना / 他有充沛的～。वह बलवान् है।

【体力劳动】 tǐlì láodòng शारीरिक परिश्रम; शारीरिक श्रम; हाथ का काम: 他从事～。वह हाथ का काम करता है। / ～者 शारीरिक परिश्रम करनेवाला

【体例】 tǐlì शैली

【体谅】 tǐliàng का ध्यान रखना; समझदार होना: ～对方的难处 विपक्ष की कठिनाई का ध्यान रखना / 他很能～别人。वह बहुत समझदार है।

【体貌】 tǐmào रंग-रूप; शक्ल-सूरत

【体面】 tǐmiàn ❶प्रतिष्ठा; इज़्ज़त; मर्यादा; मान: 有失～ इज़्ज़त खोना; इज़्ज़त गंवाना / 保持～ मर्यादा का पालन करना ❷गौरवपूर्ण; सम्मानजनक; आदरपूर्ण: 你认

为这是件～的事情吗？क्या तुम इसे एक सम्मानजनक बात समझती हो ? ❸सुन्दर; रूपवान: 他长得～。वह रूपवान है। / 穿得～ सुन्दर-सुन्दर कपड़े पहनना
【体念】 tǐniàn का ध्यान रखना; का लिहाज़ करना
【体魄】 tǐpò शरीर का गठन; डील-डौल: 他～强壮。उस का बदन गठीला है। / 锻炼～ कसरत करना
【体腔】 tǐqiāng 〈श०वि०〉 शरीर का कोष्ठ या विवर (बॉडी कैविटी)
【体式】 tǐshì ❶अक्षरों का रूप: 字母有手写体和印刷体两种～。अक्षरों के हस्तलिखित और मुद्रित दोनों प्रकार के रूप होते हैं। ❷〈लि०〉 (साहित्य की) शैली
【体态】 tǐtài बदन: ～魁梧 बदन का गठा हुआ होना
【体坛】 tǐtán खेल जगत
【体贴】 tǐtiē ध्यान रखना; ख्याल रखना; लिहाज़ करना: 他很～人。वह दूसरों का बहुत लिहाज़ करता है।
【体贴入微】 tǐtiē-rùwēi खास ख्याल रखना
【体统】 tǐtǒng मर्यादा; औचित्य: 这有失～。यह मर्यादा का उल्लंघन है। / 成何～！ इस का कोई भी औचित्य नहीं।
【体外受精】 tǐwài shòujīng इक्सटर्नल फ़र्टिलाइज़ेशन
【体外循环】 tǐwài xúnhuán शरीर के बाहर का सर-कुलेशन
【体味】 tǐwèi रसास्वादन करना
【体温】 tǐwēn शरीर का ताप; शरीर की गर्मी; टेम्परेचर: 量～ शरीर के ताप की मात्रा लेना; टेम्परेचर लेना
【体温计】 tǐwēnjì थर्मामीटर
【体无完肤】 tǐwúwánfū ❶चोटें खाने से सारा शरीर नीला पड़ जाना ❷एकदम ठुकराना; पूरी तरह खंडन करना: 这种谬论早已被驳得～。इस तरह की बेहूदा दलील का कब का पूरी तरह खंडन किया जा चुका है।
【体惜】 tǐxī सहानुभूति रखना; हमदर्दी रखना
【体系】 tǐxì व्यवस्था; प्रणाली; पद्धति; सिस्टम: 建立独立的工业～ एक स्वतंत्र औद्योगिक व्यवस्था स्थापित करना / 思想～ विचारधारात्मक प्रणाली / 社会主义～ समाजवादी पद्धति
【体现】 tǐxiàn अभिव्यक्ति; अभिव्यक्त: 这件事～出他助人为乐的精神。इस से दूसरों की मदद के लिए हरदम तैयार रहने की उस की भावना अभिव्यक्त हुई है। / 这～了社会主义的优越性。यह समाजवाद की श्रेष्ठता अभिव्यक्त करता है।
【体型】 tǐxíng शरीर का गठन; शरीर की बनावट
【体恤】 tǐxù ध्यान रखना; हमदर्दी रखना: ～孤寡老人 निराश्रित बुज़ुर्गों का ध्यान रखना
【体恤衫】 tǐxùshān टी शर्ट
【体循环】 tǐxúnhuán 〈श०वि०〉 सिस्टिमैटिक सरकु-लेशन; दैहिक सरकुलेशन
【体验】 tǐyàn अनुभव करना; महसूस करना; नज़दीक से देखना: ～生活 जनता के जीवन को नज़दीक से देखना
【体液】 tǐyè शरीर का रस
【体育】 tǐyù ❶व्यायाम; कसरत; शारीरिक प्रशिक्षण: ～课 व्यायाम का क्लास ❷खेल: ～活动 खेल / ～器械 खेल-उपकरण
【体育场】 tǐyùchǎng ❶खेल का मैदान ❷स्टेडियम; आउटडोर स्टेडियम
【体育道德】 tǐyù dàodé खिलाड़ीपन: 发扬～ खिलाड़ीपन प्रदर्शित करना
【体育馆】 tǐyùguǎn व्यायामशाला; जिमनेज़ियम; इनडोर स्टेडियम
【体育用品】 tǐyù yòngpǐn खेल उपकरण
【体育运动】 tǐyù yùndòng खेल; खेलकूद
【体征】 tǐzhēng 〈चिकि०〉 (रोग का) लक्षण
【体制】 tǐzhì व्यवस्था; संरचना: 经济～ आर्थिक व्य-वस्था / 政治～ राजनीतिक व्यवस्था / 管理～ प्रबंध व्यवस्था
【体质】 tǐzhì शरीर का गठन: 增强～ स्वास्थ्य बनाना
【体重】 tǐzhòng (शरीर का) वज़न

tì

屉（屜） tì ❶भाप से खाद्यपदार्थ पकाने में काम आने वाली तश्तरी ❷〈बो०〉 दराज़: 三～桌 तीन दराज़ों वाली मेज़
【屉子】 tìzi ❶ऐसा खाना या ट्रे जो फ़र्नीचर या किसी बर्तन से अलग किया जा सके ❷〈बो०〉 दराज़
剃 tì उस्तरे से सिर के बाल या दाढ़ी बनाना: ～胡子 दाढ़ी बनाना
【剃刀】 tìdāo उस्तरा; रेज़र
【剃度】 tìdù 〈बौद्धधर्म〉 मुंडन
【剃光头】 tìguāngtóu सिर मूंड़ना —— खेल में या परीक्षा में एक भी अंक प्राप्त न कर सकना
【剃头】 tìtóu ❶हजामत; हजामत बनाना ❷हेयरकट कराना
【剃须膏】 tìxūgāo शेविंग क्रीम
倜 tì नीचे दे०
【倜然】 tìrán 〈लि०〉 ❶तटस्थ; उदासीन; विरक्त; निष्पक्ष ❷विमुख; अलग
【倜傥】 tìtǎng 〈लि०〉 उन्मुक्त और हंसमुख
涕 tì ❶आंसू; अश्रु: 痛哭流～ आंसुओं से मुंह धोना ❷श्लेष्मा: 流鼻～ नाक बहना
【涕泪】 tìlèi ❶आंसू; अश्रु ❷अश्रु और श्लेष्मा
【涕零】 tìlíng आंसू बहाना
【涕泣】 tìqì सिसकना
【涕泗滂沱】 tìsì-pāngtuó आठ-आठ आंसू रोना
悌 tì 〈लि०〉 अपने बड़े भाई का सम्मान करना
绨（綈） tì रेशम और रुई दोनों से बना रेशा tí भी दे०
惕 tì सतर्कता; सावधानी; चौकसी; सतर्क; सावधान;

चौकस

替 1 tì ❶की जगह लेना; का स्थान लेना; की जगह: 您～他干吧。आप उस की जगह यह काम पूरा करें। / 你去～他。तुम जाके उस की जगह ले लो। ❷के लिए: 您～我去把文件取来。आप मेरे लिए वह दस्तावेज़ ले आइये। / ～众人着想 दूसरे लोगों का ख्याल रखना / 我们去火车站～他送行。हम ने रेल स्टेशन जाकर उसे विदाई दी।

替 2 tì <लि०> पतन; ह्रास: 衰替 shuāitì

【替班】 tìbān पाली में दूसरे का स्थान लेना

【替补】 tìbǔ एवज़ी: ～队员 एवज़ी खिलाड़ी

【替代】 tìdài के बदले में इस्तेमाल करना: 用国产品～进口产品 आयातित वस्तुओं के बदले में देशी माल इस्तेमाल करना

【替工】 tìgōng ❶अस्थाई एवज़ी (मज़दूर) ❷अस्थाई एवज़ी के तौर पर काम करना

【替换】 tìhuàn बदलना; का स्थान लेना; की जगह लेना: 你去把他～下来。तुम उस का स्थान ले लो। / ～的衣服 बदलने के लिए कपड़े

【替身】 tìshēn ❶एवज़ी; बदले में काम करने वाला ❷बलि का बकरा

【替身演员】 tìshēn yǎnyuán स्टंटमैन; स्टंटवूमन

【替死鬼】 tìsǐguǐ बलि का बकरा; दूसरों के दोष के लिए दंड पाने वाला

【替罪羊】 tìzuìyáng बलि का बकरा

嚏 tì <लि०> छींक

【嚏喷】 tìpen छींकना; छींक मारना

tiān

天 tiān ❶आकाश; आसमान; गगन: ～上飘着云彩。आकाश में बादल तैर रहे हैं। ❷ऊपरी; उपरला; ऊर्ध्वस्थ: 天桥 / 天窗 ❸दिन; रोज़: 改～ किसी दिन / 他～～都这样忙。वह हर रोज़ इतना ही व्यस्त रहता है। ❹दिन में समय का कोई भाग: 三更～ आधी रात / ～不早了，快走吧。देर हो रही है। जल्दी-जल्दी चलो। ❺मौसम; ऋतु: 夏～ गर्मियों का मौसम; गर्मियों के दिन ❻जलवायु; आबोहवा; मौसम: ～很冷。मौसम बहुत ठंडा है; बहुत ठंड है। ❼प्राकृतिक; स्वाभाविक; जन्मसिद्ध: 天性 ❽प्रकृति; कुदरत; प्राकृतिक; कुदरती: ～灾 प्राकृतिक विपत्तियां ❾ईश्वर; भगवान्: ～哪！हे, भगवान्! ❿स्वर्ग; देवलोक: ～堂 स्वर्ग; देवलोक / 归天 guītiān

【天安门】 Tiān'ānmén थ्येनआनमन (स्वर्गिक शांति का फाटक): ～广场 थ्येनआनमन चौक / ～城楼 थ्येनआनमन मंच

【天崩地裂】 tiānbēng-dìliè （天崩地坼 tiānbēng-dìchè भी）आसमान टूटना और धरती फटना —— भारी राजनीतिक या सामाजिक हलचल होना

【天边】 tiānbiān क्षितिज; दूरस्थ स्थान

【天兵】 tiānbīng दैव सेना —— अजेय सेना

【天禀】 tiānbǐng प्रतिभा

【天才】 tiāncái प्रतिभा; प्रतिभाशाली व्यक्ति

【天差地远】 tiānchā-dìyuǎn ज़मीन-आसमान का फ़र्क; आकाश-पाताल का अंतर

【天长地久】 tiāncháng-dìjiǔ नित्य

【天长日久】 tiāncháng-rìjiǔ बहुत समय के बाद

【天车】 tiānchē <यां०> ओवरहेड ट्रेवलिंग क्रेन

【天秤座】 tiānchèngzuò <खगोल०> तुला राशि

【天窗】 tiānchuāng छत का रोशन दान —— 开天窗 kāi tiānchuāng भी दे०

【天道】 tiāndào ❶<पुराना> प्राकृतिक नियम ❷<बो०> मौसम; आबोहवा

【天敌】 tiāndí <जीव०> स्वाभाविक दुश्मन

【天底下】 tiāndǐxia <बोल०> दुनिया में; धरती पर: ～竟有这等怪事！इस दुनिया में ऐसी हैरतअंगेज़ बात भी हो सकती है？

【天地】 tiāndì ❶आकाश और धरती ❷कार्यवाही का क्षेत्र: 闯出新～ एक नया क्षेत्र स्थापित करना ❸<बो०> दशा; हालत: 不想他会落到这般～。मैंने सोचा तक न था कि उस की इतनी दुर्दशा होगी।

【天地头】 tiāndìtóu <मुद्रण०> पृष्ठ का ऊपरी और निचला किनारा

【天帝】 tiāndì प्रभु

【天电】 tiāndiàn <विद्यु०> स्टैटिक्स; वायु वैद्युत क्षेत्र

【天顶】 tiāndǐng <खगोल०> खमध्य; शिरोबिन्दु

【天鹅】 tiān'é राजहंस; हंस

【天鹅绒】 tiān'éróng मखमल

【天鹅座】 tiān'ézuò <खगोल०> हंस राशि

【天翻地覆】 tiānfān-dìfù ❶कायापलट; कायापलट होना; काया पलटना: 整个农村地区发生了～的变化。समूचे ग्रामीण क्षेत्र की काया पलट गई है। ❷ज़मीन आसमान एक कर देना: 他把家里闹了个～。उस ने घर में ज़मीन आसमान एक कर दिया; उस ने घर सिर पर उठा लिया।

【天方】 Tiānfāng मध्यपूर्व के अरब देशों का पुराना नाम

【天方夜谭】 tiānfāng-yètán ❶अलीफलैला ❷बेसिर-पैर की कहानी; ऊट पटांग बात

【天分】 tiānfèn प्रतिभा; बुद्धिमत्ता

【天赋】 tiānfù ❶जन्मसिद्ध; पैदाइशी ❷प्रतिभा: 他有～。वह प्रतिभासंपन्न है।

【天干】 tiāngān दस आकाशीय स्तंभ, जिन का क्रमांक के रूप में प्रयोग होता है और बारह पार्थिव शाखाओं के साथ मिलाकर वर्ष, महीने, दिन और पहर बताने के लिए भी प्रयोग किया जाता है

【天罡】 tiāngāng सप्तऋषि; सप्तर्षि

【天高地厚】 tiāngāo-dìhòu आकाश जितना ऊंचा और धरती जितना गहरा —— ❶गहरा (एहसान) ❷ जटिलता;

पेचीदगी —— दे० 不知天高地厚 bù zhī tiāngāo-dìhòu

【天各一方】tiāngèyīfāng दुनिया के अलग-अलग कोनों में बिखरना

【天公】 tiāngōng प्रभु

【天公不作美】 tiāngōng bù zuòměi प्रभु की कृपा नहीं हुई —— मौसम खराब हो गया: ～，突然下起大雨。मौसम अचानक खराब हो गया और ताबड़तोड़ वर्षा होने लगी।

【天公地道】 tiāngōng-dìdào बिल्कुल उचित होना; पूरी तरह न्यायसंगत होना: 这件事他办得～。उस ने जिस प्रकार यह काम निबटाया है, वह बिल्कुल उचित है।

【天宫】 tiāngōng स्वर्ग का महल; देवताओं का महल

【天沟】 tiāngōu 〈वास्तु०〉 मोरी

【天光】tiānguāng ❶दिन का प्रकाश; दिन का समय: ～还早。अभी समय बहुत है। ❷〈बो०〉 प्रभात; प्रातःकाल

【天癸】 tiānguǐ 〈ची०चि०〉 रजोधर्म; मासिक धर्म

【天国】 tiānguó ❶स्वर्ग लोक; देवलोक ❷कल्पनालोक

【天河】 tiānhé आकाशगंगा

【天候】 tiānhòu मौसम

【天花】 tiānhuā चेचक; शीतला; माता

【天花板】 tiānhuābǎn सीलिंग; भीतरी छत

【天花乱坠】 tiānhuā-luànzhuì आकाश से फूलों की वर्षा होना —— बढ़ा-चढ़ाकर बातें करना; बड़-बड़ कर बोलना

【天荒地老】 tiānhuāng-dìlǎo दे० 地老天荒 dì-lǎo-tiānhuāng

【天皇】 tiānhuáng ❶आकाश का पुत्र —— सम्राट् ❷जापान के नरेश की उपाधि

【天昏地暗】 tiānhūn-dì'àn ❶आकाश धुंधला पड़ना; धुंध छा जाना: 猛烈的沙尘暴乍起，便刮得～。प्रचंड रेतीला तूफ़ान अभी उठा ही था कि आकाश धुंधला पड़ गया। ❷उथल-पुथल मचना

【天火】 tiānhuǒ बिजली गिरने या दूसरे प्राकृतिक कारणों से जलने वाली आग

【天机】 tiānjī ❶ईश्वर का इरादा ❷प्राकृतिक रहस्य; रहस्य; गुप्त भेद; पता: 一语道破～ पते की बात कहना

【天极】 tiānjí 〈खगोल०〉 खगोलीय ध्रुव

【天际】 tiānjì क्षितिज

【天津】 Tiānjīn थ्येनचिन शहर

【天经地义】 tiānjīng-dìyì पूरी तरह न्यायोचित होना

【天井】 tiānjǐng ❶आंगन; सहन ❷छत का रोशनदान

【天空】 tiānkōng आकाश; आसमान; गगन

【天籁】 tiānlài प्रकृति की ध्वनियाँ, जैसे हवा की सर-सराहट, पानी का कल-कल, पक्षियों की चहचहाहट आदि

【天蓝】 tiānlán आसमानी रंग; हल्का नीला रंग

【天狼星】 tiānlángxīng 〈खगोल०〉 लुब्धक (तारा)

【天老儿】 tiānlǎor रंजकहीन (व्यक्ति)

【天老爷】 tiānlǎoye प्रभु; भगवान्; ईश्वर

【天理】 tiānlǐ ❶आकाशी सिद्धांत, जो सोंग(宋)राजवंश के कंफ़्यूशियसवादियों द्वारा प्रतिपादित था और सामंती नीतिदर्शन था ❷(स्वाभाविक) न्याय

【天理难容】 tiānlǐ-nánróng असहनीय अन्याय; घोर अन्याय

【天良】 tiānliáng हृदय; अंतःकरण; मन: 丧尽～ हृदयहीन होना

【天亮】 tiānliàng पौ फटना; उजाला होना; तड़का होना: 天一亮，他就上路了。पौ फटते ही उस ने अपना रास्ता अपनाया।

【天灵盖】 tiānlínggài शीर्षबिंदु

【天龙座】 tiānlóngzuò 〈खगोल०〉 कालिय राशि

【天伦】 tiānlún 〈लि०〉 परिजनों के बीच का स्वाभाविक बंधन और नैतिक संबंध: ～之乐 पारिवारिक सुख

【天罗地网】 tiānluó-dìwǎng चारों तरफ़ और ऊपर-नीचे जाल ही जाल बिछना —— कड़ी घेराबन्दी: 布下～ कड़ी घेराबंदी करना

【天麻】 tiānmá 〈ची०चि०〉 एलिवेटिड गैस्ट्रोडिया का कंद

【天马行空】 tiānmǎ-xíngkōng आसमान में छलांग मारनेवाला घोड़ा —— (लेखन, लिपि आदि की) सशक्त और उन्मुक्त शैली

【天明】 tiānmíng पौ फटना; तड़का होना

【天幕】 tiānmù ❶आकाश; आसमान ❷(मंच पर) पृष्ठ पट

【天南地北】 tiānnán-dìběi （天南海北 tiān-nán-hǎiběi भी）❶दूरी; फ़ासला; दूरस्थ स्थान: 他们兄弟俩～，难得一见。वे दोनों भाई एक दूसरे से इतनी दूरी पर रहते हैं कि मिलना बहुत मुश्किल होता है। ❷इधर-उधर की बातें; गप: ～地闲聊 गप मारना

【天年】tiānnián ❶जीवन-अवधि: 尽其～ अपनी मौत मरना / 安享～ शेष जीवन का आनंद उठाना ❷〈बो०〉 फ़सल ❸〈बो०〉 समय; काल; युग

【天牛】 tiānniú 〈प्राणि०〉 लांगिकोर्न

【天怒人怨】 tiānnù-rényuàn व्यापक असंतोष और आक्रोश

【天棚】 tiānpéng ❶〈वास्तु०〉 सीलिंग; भीतरी छत ❷मंडप

【天平】 tiānpíng तुला; तराज़ू

【天气】 tiānqì ❶मौसम: 明天又是好～。कल मौसम फिर अच्छा होगा। ❷〈बो०〉 समय: 现在是三更～。अब आधी रात का समय है।

【天气图】 tiānqìtú मौसम का नक्शा

【天气预报】 tiānqì yùbào मौसम की भविष्यवाणी

【天堑】 tiānqiàn प्राकृतिक खाई, जिस का मतलब यांगत्सी नदी से है

【天桥】 tiānqiáo ओवरलाइन ब्रिज; प्लेटफ़ार्म ब्रिज; ओवरहेड वाल्कवे

【天琴座】 tiānqínzuò 〈खगोल०〉 लाइरा राशि

【天青】 tiānqīng लाल रंग लिए काला रंग

【天穹】 tiānqióng आकाश; आसमान; नीलाअंबर

【天球】 tiānqiú 〈खगोल०〉 खगोल

【天球仪】 tiānqiúyí खगोल यंत्र

【天趣】 tiānqù (लिखावट, चित्र आदि का) स्वाभाविक सौंदर्य: ～盎然 स्वाभाविक सौंदर्य से परिपूर्ण होना

【天然】 tiānrán प्राकृतिक; नैसर्गिक; कुदरती： ～景色 कुदरती दृश्य / ～财富 प्राकृतिक संपत्ति

【天然免疫】 tiānrán miǎnyì 〈चिकि०〉 प्राकृतिक रोधक्षमता; नेचरल इम्यूनिटी

【天然气】 tiānránqì प्राकृतिक गैस： 液化～ तरल प्राकृतिक गैस

【天然丝】 tiānránsī (कृत्रिम रेशम से भिन्न) रेशम

【天然橡胶】 tiānrán xiàngjiāo रबर

【天壤】 tiānrǎng 〈लि०〉 आकाश और पाताल; ज़मीन और आसमान： ～之别 आकाश-पाताल का अंतर; ज़मीन-आसमान का फ़र्क

【天日】 tiānrì आकाश और सूरज —— प्रकाश; उज्ज्वलता —— 暗无天日 ànwú-tiānrì और 重见天日 chóngjiàn-tiānrì भी दे०

【天色】 tiānsè आकाश की रंगत; दिन का समय; मौसम： ～不早了，你赶紧走吧。काफ़ी देर हो गई है। तुम जल्दी भागो। / ～要变。मौसम खराब होगा। / 看～要下雨。लगता है कि पानी बरसेगा।

【天上】 tiānshàng आकाश; आसमान

【天神】 tiānshén देव; देवता

【天生】 tiānshēng स्वाभाविक; स्वभावसिद्ध; प्राकृतिक; जन्मसिद्ध; पैदाइशी; सहज： ～丽质 सहज सौंदर्य / 他～残疾。वह जन्म से ही विकलांग है।

【天时】 tiānshí ❶मौसम; जलवायु; आबहवा： ～不正。मौसम ठीक नहीं है। / 种庄稼一定要看～。मौसम देखकर ही खेती करनी चाहिए। ❷समय; वक्त

【天使】 tiānshǐ देवदूत; फ़रिश्ता

【天授】 tiānshòu ईश्वर द्वारा प्रदत्त

【天书】 tiānshū ❶दैवीय पुस्तक ❷दुर्ज्ञेय; दुर्बोध; अपाठ्य： 这字写得像～。ये अक्षर एकदम अपाठ्य हैं। ❸सम्राट् का फ़रमान

【天数】 tiānshù भाग्य; तकदीर; किस्मत

【天堂】 tiāntáng स्वर्ग; देवलोक

【天梯】 tiāntī बहुत ऊंची सीढ़ियाँ

【天体】 tiāntǐ 〈खगोल०〉 खपिंड; खगोलीय पिंड

【天体力学】 tiāntǐ lìxué खगोल यंत्र विज्ञान

【天体物理学】 tiāntǐ wùlǐxué खगोल भौतिक विज्ञान

【天天】 tiāntiān प्रतिदिन; हर रोज़; हर दिन

【天条】 tiāntiáo देवता का आदेश

【天庭】 tiāntíng माथे का मध्य भाग： 饱满的～ चौड़ा माथा

【天头】 tiāntóu पृष्ठ का ऊपरी किनारा

【天外】 tiānwài आकाश से बाहर —— बहुत दूर स्थान

【天王】 tiānwáng आकाश का नरेश —— ❶सम्राट् ❷थाइफिंग स्वर्गिक राज्य（太平天国）के संस्थापक होंग श्यूछवान（洪秀全）की उपाधि ❸कुछ देवताओं का नाम

【天王星】 tiānwángxīng 〈खगोल०〉 यूरेनस

【天网恢恢，疏而不漏】 tiān wǎng huī huī, shū ér bù lòu आकाश के जाल में बड़े बड़े छिद्र हैं, पर उस में से कोई भी चीज़ निकल न सकती —— अपराधी दंड से बच नहीं सकता

【天文】 tiānwén खगोल विज्ञान

【天文单位】 tiānwén dānwèi खगोलीय इकाई

【天文导航】 tiānwén dǎoháng एस्ट्रोनेविगेशन

【天文馆】 tiānwénguǎn ताराघर; नक्षत्र भवन

【天文数字】 tiānwén shùzì खगोलीय संख्या; बहुत बड़ी संख्या

【天文台】 tiānwéntái वेधशाला

【天文学】 tiānwénxué खगोलविद्या; गणित ज्योतिष

【天文学家】 tiānwénxuéjiā खगोलवेत्ता

【天文仪】 tiānwényí खगोल यंत्र

【天文钟】 tiānwénzhōng खगोलीय घड़ी

【天下】 tiānxià ❶आकाश के नीचे की धरती —— चीन या दुनिया ❷सत्ता： 坐～ सत्ता में आना / 中国是劳动人民的～。चीन में श्रमिकों की सत्ता है।

【天仙】 tiānxiān ❶परी; अप्सरा ❷सुन्दर लड़की

【天险】 tiānxiǎn प्राकृतिक बाधा; दुर्गम स्थान; दुर्भेद्य स्थान

【天线】 tiānxiàn एंटीना; एरियल

【天香国色】 tiānxiāng-guósè （国色天香 guósè-tiānxiāng भी）सुन्दर लड़की

【天象】 tiānxiàng ग्रहों की स्थिति; खगोलपिंडों की स्थिति： 观察～वेध करना; ग्रहों की स्थिति का पर्यवेक्षण करना

【天象仪】 tiānxiàngyí प्लेनिटेयरियम; नक्षत्र यंत्र

【天晓得】 tiānxiǎode भगवान जाने; खुदा जाने： ～他在干什么。खुदा जाने, वह क्या कर रहा है।

【天蝎座】 tiānxiēzuò 〈खगोल०〉 वृश्चिक राशि

【天性】 tiānxìng स्वभाव; प्रवृति; मिज़ाज： 他～开朗。वह स्वभाव का हंसमुख है।

【天幸】 tiānxìng बाल-बाल बचना

【天旋地转】 tiānxuán-dìzhuǎn ❶सिर चकराना; चकराना; चक्कर आना： 我觉得～。मुझे चक्कर आ रहा है। ❷आसमान सिर पर उठाना： 他们吵了个～。उन्हों ने लड़ते-झगड़ते आसमान सिर पर उठा लिया।

【天悬地隔】 tiānxuán-dìgé 天差地远 tiānchā-dìyuǎn के समान

【天涯】 tiānyá धरती का किनारा; दुनिया का कोना

【天涯海角】 tiānyá-hǎijiǎo धरती का किनारा; दुनिया का कोना： 他们就是跑到～，也要找回来。वे दुनिया के किसी भी कोने में जाएं, तो भी हम उन्हें ढूंढ निकाल लेंगे।

【天阉】 tiānyān नपुंसकता; नपुंसक

【天衣无缝】 tiānyī-wúfèng देवियों के सीवनहीन वस्त्र —— दोषरहित (लेख या भाषण)

【天意】 tiānyì देव की इच्छा

【天鹰座】 tiānyīngzuò 〈खगोल०〉 एक्वीला राशि

【天有不测风云】 tiān yǒu bù cè fēng yún निरभ्र आकाश में मेघ एकाएक छा जाते हैं

【天宇】 tiānyǔ ❶आकाश; गगन ❷〈लि०〉दुनिया; चीन

【天渊】 tiānyuān 〈लि०〉 आकाश और पाताल： ～之别 आकाश और पाताल का अंतर

【天灾】 tiānzāi दैवी प्रकोप; प्राकृतिक विपत्ति： ～人祸 प्राकृतिक और मानवीय विपत्तियां

【天葬】 tiānzàng आकाशी अंत्यकर्म यानी शव श्मशान

में खुले में रखा जाता है, ताकि गिद्ध, कौवे आदि उसे खा सकें

【天造地设】 tiānzào-dìshè प्रकृति की देन; आदर्शः 此地山青水秀，真是个～的好地方。यहां का दृश्य कितना मनोरम है। वाकई प्रकृति की देन है। / 他们是一对～的好夫妻。वे आदर्श दंपति हैं।

【天真】 tiānzhēn सहजता; सरलता; भोलापन; सहज; सरल; भोला; भोला-भाला; सीधा-सादाः ～烂漫的孩子 भोले बच्चे / ～活泼 भोला और चंचल / 你竟信他的话，也太～了。तुम तो बहुत सीधे-सादे हो, तुरंत उस की बातों में भी आ गए।

【天知道】 tiānzhīdao भगवान जाने; खुदा जाने

【天职】 tiānzhí अपरिहार्य कर्तव्य; अनिवार्य कर्तव्यः 保卫国家是军人的～。देश की रक्षा करना सैनिकों का अपरिहार्य कर्तव्य है।

【天轴】 tiānzhóu ❶〈यां०〉 लाइन शाफ़्ट ❷〈खगोल०〉 खगोल धुरी

【天诛地灭】 tiānzhū-dìmiè (शाप देने या कसम खाने में प्रयुक्त) आकाश और पाताल दोनों मेरा सर्वनाश करें

【天竺】 Tiānzhú चीन में भारत का प्राचीन नाम

【天主】 Tiānzhǔ 〈कैथोलिक〉 ईश्वर; गॉड

【天主教】 Tiānzhǔjiào कैथोलिक धर्मः ～会 रोमन कैथोलिक चर्च / ～徒 कैथोलिक / ～堂 कैथोलिक चर्च; चर्च; गिरजाघर

【天姿国色】 tiānzī-guósè लावण्य लक्ष्मी; अनुपम सुन्दरी

【天资】 tiānzī प्रतिभा; सहज बुद्धि

【天子】 tiānzǐ आकाश का पुत्र —— सम्राट्

【天字第一号】 tiān zì dì-yī hào नम्बर एक; चोटी का; अव्वल दर्जे का

【天尊】 tiānzūn आकाशीय यशस्वी (ताओपंथ में कुछ ऋषियों की उपाधि)

【天作之合】 tiānzuòzhīhé सुमेल जोड़ा (विवाह में वर-वधु को बधाई देते समय प्रयुक्त)

添 tiān ❶बढ़ाना; बढ़नाः 今天活儿多，需要～人。आज काम ज़्यादा है। अधिक श्रमिकों की ज़रूरत हैं। / ～衣服 अधिक कपड़े पहनना / 杯子要～点水 कप में थोड़ा सा पानी और डालना ❷〈बो०〉 जन्म; पैदाइशः 他家～了个男孩子。उस के घर में एक बच्चे का जन्म हुआ है।

【添补】 tiānbǔ (उपकरण, कपड़े आदि की) आपूर्ति करना

【添彩】 tiāncǎi रंग चढ़ना; रंग निखरना

【添丁】 tiāndīng 〈पुराना〉 घर में बच्चा या बच्ची विशेषकर बच्चा पैदा होना

【添堵】 tiāndǔ 〈बो०〉 नाखुश करना; रुष्ट करना; नाक में दम करना

【添加剂】 tiānjiājì 〈रसा०〉 एडिटिव

【添乱】 tiānluàn खलल डालना; दिमाग खानाः 别人忙着干活，他却在一旁～。सभी अपने अपने काम में जुटे हैं, लेकिन वह तो काम में खलल डालने में ही मज़ा ले रहा है।

【添箱】 tiānxiāng ❶जोड़ा ❷जोड़ा देना

【添油加醋】 tiānyóu-jiācù दे० 添枝加叶 tiānzhī-jiāyè

【添枝加叶】 tiānzhī-jiāyè नमक-मिर्च मिलाना

【添置】 tiānzhì (के अलावा) कुछ और खरीदनाः ～家具 (मौजूद फ़र्नीचर के अलावा) कुछ और फ़र्नीचर खरीदना

【添砖加瓦】 tiānzhuān-jiāwǎ जो कुछ हो सके, वही करना; योगदान करनाः 为国家的经济建设～。देश के आर्थिक निर्माण में अपना योगदान करना

黇 tiān नीचे दे०

【黇鹿】 tiānlù फ़ैलो डियर; भूरे रंग का छोटा हिरन

tián

田[1] tián ❶खेत; ज़मीन; भूमिः 耕～ खेत जोतना / 犁～ खेत में हल चलाना ❷प्राकृतिक साधन बहुल क्षेत्रः 油田 yóutián / 煤田 méitián ❸ (Tián) एक कुलनाम

田[2] tián 〈लि०〉 शिकार करना; आखेट करनाः 田猎

【田产】 tiánchǎn ज़मीन-जायदाद; भूमि-संपत्ति

【田塍】 tiánchéng 〈बो०〉 मेड़; डांड़ा

【田畴】 tiánchóu 〈लि०〉 खेत; खेतीयोग्य भूमि; कृषि-भूमि; भूमि; ज़मीन

【田地】 tiándì ❶खेत; ज़मीन; भूमि ❷दुर्दशा; नौबतः 他竟落到一贫如洗的～。नौबत यहां तक पहुंची कि वह बिल्कुल निर्धन हो गया।

【田畈】 tiánfàn 〈बो०〉 खेत; ज़मीन; भूमि

【田赋】 tiánfù लगान; भूमि-कर

【田埂】 tiángěng मेड़; डांड़ा

【田鸡】 tiánjī मेढक का प्रचलित नाम

【田家】 tiánjiā किसान परिवार; कृषक परिवार

【田间】 tiánjiān ❶खेत में ❷गाँव; देहात

【田间管理】 tiánjiān guǎnlǐ खेत की रखवाली करना

【田间劳动】 tiánjiān láodòng खेत में मेहनत करना; कृषि कार्य करना

【田径】 tiánjìng पथ-मैदान; ट्रैक एंड फ़ील्ड

【田径赛】 tiánjìngsài पथ-मैदान प्रतियोगिता

【田径运动】 tiánjìng yùndòng एथलेटिक्सः ～员 एथलीट

【田坎】 tiánkǎn 田埂 tiángěng के समान

【田猎】 tiánliè 〈लि०〉 शिकार करना; आखेट करना

【田垄】 tiánlǒng मेड़; डांड़ा

【田螺】 tiánluó रिवर-स्नेल; नदी-घोंघा

【田陌】 tiánmò खेतों के बीच की पगडंडी

【田亩】 tiánmǔ 田地 tiándì का आम नाम

【田契】 tiánqì भूमि का इकरारनामा

【田赛】 tiánsài 〈खेल०〉 फ़ील्ड इवेंट

【田舍】 tiánshè 〈लि०〉 ❶खेत; कृषिभूमि ❷देहाती मकान ❸किसान परिवार; कृषक परिवार

【田鼠】 tiánshǔ मूस; मूषक
【田野】 tiányě खेत; खुला मैदान
【田野工作】 tiányě gōngzuò 〈पुराना〉 फ़ील्डवर्क
【田园】 tiányuán खेत और बाग; गांव; देहात; ग्राम; देहाती; ग्रामीण; ग्राम्यः ～风光 ग्रामीण दृश्य / ～生活 ग्राम्य जीवन / ～诗 ग्राम्य गीत
【田庄】 tiánzhuāng जागीर

佃 tián 〈लि०〉 ❶खेती करना ❷畋 tián के समान

畋 tián 〈लि०〉 शिकार करना; आखेट करना

恬 tián 〈लि०〉 ❶शांति; शांतः 恬适 ❷कुछ भी परवाह न करना; लापरवाह होनाः 恬不知耻
【恬不知耻】 tiánbùzhīchǐ निर्लज्जता; बेशरमी; निर्लज्ज; बेशरम
【恬淡】 tiándàn नाम और लाभ से उदासीन होना
【恬静】 tiánjìng शांत होना; शांति होना
【恬美】 tiánměi शांत और प्रसन्न
【恬然】 tiánrán शांत; सौम्य; अविचलितः ～处之 अविचलित होना
【恬适】 tiánshì 〈लि०〉 शांत और सुखी

钿 (鈿) tián 〈बो०〉 ❶सिक्काः 铜钿 tóngtián ❷रुपया; पैसाः 几～ क्या दाम है? ❸शुल्क; भाड़ाः 车～ (बस, रेल, टैक्सी आदि का) भाड़ा
diàn भी दे०

甜 tián मिठास; मीठापन; माधुर्य; मधुरता; माधुरी; मीठा; मधुरः 这葡萄真～。 यह अंगूर बहुत मीठा है। / 她说话很～。 वह मधुर भाषी है; उस की बोली में मिठास होती है। / 睡得很～ मीठी नींद सोना
【甜菜】 tiáncài चुकंदर
【甜点】 tiándiǎn मीठा अल्पाहार
【甜瓜】 tiánguā खरबूज़ा
【甜津津】 tiánjīnjīn 甜丝丝 tiánsīsī के समान
【甜美】 tiánměi ❶मीठा; मधुर; मधुमय ❷मीठा; मधुर; सुरीला; सुखीः ～的歌喉 मधुर स्वर; सुरीली आवाज़ / ～的生活 सुखी जीवन
【甜蜜】 tiánmì मीठा; मधुर; सुखी; प्रसन्नः ～的回忆 मधुर याद / 她脸上露出～的微笑。 उस के चेहरे पर मधुर मुस्कान खिल गई।
【甜面酱】 tiánmiànjiàng （甜酱 tiánjiàng भी） खमीर वाले आटे से बनी मीठी चटनी
【甜品】 tiánpǐn मीठा; मिठाई
【甜润】 tiánrùn मधुर; मीठा
【甜食】 tiánshí मिठाई
【甜水】 tiánshuǐ मीठा पानी
【甜丝丝】 tiánsīsī ❶मिठास होना; मीठा-मीठा होनाः 这种菜～的，很好吃。 यह तरकारी मीठी होने से बहुत स्वादिष्ट लगी। ❷खुशी; प्रसन्नताः 心里感到～的 खुशी महसूस करना
【甜头】 tiántou ❶मधुर रस; मिठास ❷भलाई; लाभ; अच्छाईः 尝到～ लाभ से अवगत होना; भलाई ज्ञात होना
【甜言蜜语】 tiányán-mìyǔ मीठी-मीठी बातें; चिकनी-चुपड़ी बातें

填 tián ❶भरनाः ～坑 गड्ढा भरना ❷लिखना; भरनाः ～表 फ़ार्म भरना
【填报】 tiánbào फ़ार्म भरकर ऊपरवाले को पेश करना
【填补】 tiánbǔ भरना; पूरा करनाः ～空白 रिक्तता पूरी करना / ～亏损 घाटा भरना / ～空档 खाली स्थान भरना
【填充】 tiánchōng ❶भरना ❷(प्रश्न पत्र में) खाली जगह भरना
【填词】 tiáncí बनी-बनाई धुन पर गीत लिखना
【填房】 tiánfáng ❶विधुर से शादी करना ❷विधुर की नई पत्नी
【填空】 tiánkòng ❶किसी का स्थान लेना; खाली पद भरना ❷(प्रश्न पत्र में) खाली जगह भरना
【填料】 tiánliào 〈यां०〉 पूरक; पैकिंग; भरती
【填平】 tiánpíng पाटना; पटना; भर देनाः 把沟～。 इस खाई को पाट दो।
【填塞】 tiánsè भरना; ठूसना; ठुसनाः ～间隙 छेद भरना
【填写】 tiánxiě भरना; लिखनाः ～表格 खाना पूरा करना / ～支票 चेक लिखना
【填鸭】 tiányā ❶बत्तख को जबरन दाना खिलाना ❷ऐसी बत्तख जिसे जबरन दाना खिलाया गया हो

阗 (闐) tián 〈लि०〉 भर जाना; भरा हुआ होना

tiǎn

忝 tiǎn 〈लि०〉〈विनम्र०〉 के योग्य नहीं होनाः ～在相知之列 मुझे आप के परिचितों में गिने जाने का गौरव प्राप्त है, हालांकि मैं इस के योग्य नहीं हूं

殄 tiǎn सर्वनाश करनाः 暴殄天物 bàotiǎn-tiānwù

腆 tiǎn ❶प्रचुरता; विपुलता; संपन्नता ❷〈बो०〉 बाहर निकालना; बाहर निकलना; बाहर निकला हुआ होनाः ～着肚子 तोंद निकली हुई होना

觍 (靦) tiǎn ❶〈लि०〉 शरम आना; लज्जा आना; लज्जित होनाः ～颜 लज्जित होना ❷〈बोल०〉 निर्लज्ज होना; बेशरम होनाः ～着脸 निर्लज्ज होकर

舔 tiǎn चाटना; जीभ फेरनाः ～嘴唇 होंठों पर जीभ फेरना / ～盘子 चाटकर थाली को साफ़ करना

tiàn

掭 tiàn ❶(लिखने से पहले) कूची को स्याही में डुबोना और फिर उसे इंकस्टोन पर घुमाते हुए उस की नोक नुकीली बनाना ❷〈बो०〉 खुलेड़ना: ～灯火 दीये की बत्ती ऊपर उठाना

tiāo

佻 tiāo चंचल; चपला; चुलबुला: 轻佻 qīngtiāo

【佻薄】 tiāobó 〈लि०〉 चंचल; चपला

【佻㒓】 tiāotà 〈लि०〉 चंचल; इश्कबाज़

挑 1 tiāo ❶चुनना; पसन्द करना; चयन करना: 她～中了这件衣服。उस ने यह वस्त्र पसन्द किया। / ～个好日子结婚。विवाह के लिए मुहूर्त का चयन कर लो। ❷नुक्ताचीनी करना; दोष निकालना; ऐब ढूंढ़ना: 您这是存心～毛病嘛! आप तो कोई न कोई दोष निकालने पर तुले हुए हैं।

挑 2 tiāo ❶बहंगी से उठाना; कंधे पर लेना: ～土 बहंगी से मिट्टी उठाना / ～起重担 का भार अपने कंधे पर लेना ❷挑子 (tiāozi) के समान ❸〈परि०श०〉 (बहंगी से उठाये हुए बोझ के लिए): 一～水 बहंगी से उठाई हुई दो बाल्टियों का पानी

tiǎo भी दे०

【挑刺儿】 tiāocìr दोष निकालना; छिद्रांवेषण करना; ऐब ढूंढ़ना; मीन-मेख निकालना

【挑肥拣瘦】 tiāoféi-jiǎnshòu चर्बी या बिना चर्बी का मांस चुनना —— स्वार्थ-सिद्धि के अनुकूल वस्तु चुनना

【挑夫】 tiāofū 〈पुराना〉 कुली; भारिक

【挑拣】 tiāojiǎn चुनना; बीनना

【挑脚】 tiāojiǎo 〈पुराना〉 कुली; भारिक

【挑食】 tiāoshí खाने की चीज़ चुनने में सावधान होना

【挑剔】 tiāoti छिद्रांवेषण करना; बाल की खाल निकालना; बारीकी निकालना: 这篇文章写得很缜密，无可～。यह लेख बहुत सोच-विचार कर लिखा गया है। इस में बाल की खाल निकालने की गुंजाइश नहीं।

【挑选】 tiāoxuǎn चुनना; छांटना; पसन्द करना: 他被～为国家足球队队员。वह राष्ट्रीय फ़ुटबाल टीम का सदस्य चुना गया। / 这里一大堆书，我要～一下。यहाँ ढेर सारी किताबें पड़ी हैं। मैं उन्हें छांट लूंगा। / 他～了一件蓝衬衣。उस ने एक नीली कमीज़ पसन्द की।

【挑眼】 tiāoyǎn 〈बो०〉 (शिष्टाचार आदि की) छोटी-छोटी बातों पर नाराज़ होना

【挑字眼儿】 tiāo zìyǎnr बात पकड़ना

【挑子】 tiāozi बहंगी और उस से उठाया हुआ बोझ

tiáo

条（條） tiáo ❶टहनी: 枝条 zhītiáo ❷पट्टी; धज्जी: 布～ कपड़े की पट्टी / 纸～ कागज़ की धज्जी ❸धारी; लकीर: 条纹 ❹मद; अनुच्छेद; धारा: 条陈 / 条款 ❺व्यवस्था; व्यवस्थित: 井井有条 jǐngjǐng-yǒutiáo ❻〈परि०श०〉 (पतली या लम्बी वस्तु के लिए): 一～街 एक सड़क / 两～腿 दो टांगें / 一～肥皂 सोप का एक बार / 一～香烟 एक कार्टन सिग्रेट ❼〈परि०श०〉 (कुछ संज्ञाओं के लिए): 一～新闻 एक खबर / 两～建议 दो प्रस्ताव / 一～办法 एक उपाय

【条案】 tiáo'àn लम्बी संकीर्ण मेज़

【条播】 tiáobō 〈कृ०〉 पंक्तियों में बीज बोना

【条畅】 tiáochàng 〈लि०〉 (लेख में) प्रवाह और कसाव होना

【条陈】 tiáochén ❶मदवार उल्लेख करना ❷(पुराने ज़माने में ऊपरवालों को दिया जानेवाला) मदवार ज्ञापन

【条凳】 tiáodèng बेंच

【条分缕析】 tiáofēn-lǚxī विस्तृत विश्लेषण करना

【条幅】 tiáofú दीवार पर टंगने वाला लम्बोतरा चित्र या लिपिकला की कृति

【条钢】 tiáogāng बार आयरन

【条贯】 tiáoguàn 〈लि०〉 क्रमबद्धता; उचित प्रबंध; सुव्यवस्था

【条规】 tiáoguī नियम; अधिनियम

【条件】 tiáojiàn ❶स्थिति: 地理～ भौगोलिक स्थितियां / ～成熟 स्थितियां परिपक्व होना / 创造～ स्थितियां तैयार करना / 他们不具备生产这种产品的～。वे इस किस्म की वस्तु का उत्पादन करने की स्थिति में नहीं हैं। ❷शर्त: 提出谈判～ वार्त्ता के लिए शर्तें पेश करना / 接受～ शर्त मानना / 满足～ शर्त पूरी करना / ～是… बशर्ते कि …; शर्त यह है कि …

【条件刺激】 tiáojiàn cìjī 〈श०वि०〉 कंडिशंड स्टिम्यूलम

【条件反射】 tiáojiàn fǎnshè 〈श०वि०〉 कंडिशंड रिफ़्लेक्स

【条款】 tiáokuǎn धारा; अनुच्छेद: 法律～ कानून की धाराएं

【条理】 tiáolǐ समुचित प्रबंध; क्रमबद्धता; सुव्यवस्था: 他干起活来总是有条有理。जब भी वह काम करता है, तो सुव्यवस्थित ढंग से करता है।

【条例】 tiáolì नियम; अधिनियम; नियमावली

【条令】 tiáolìng 〈सैन्य०〉 नियम: 纪律～ अनुशासन के नियम

【条目】 tiáomù (औपचारिक पत्र में) अनुच्छेद और धाराएं

【条绒】 tiáoróng 灯心绒 dēngxīnróng के समान

【条石】 tiáoshí शिला-पट्टी

【条条框框】 tiáotiáo kuàngkuàng नियम और प्रतिबंध; बंधन

【条文】 tiáowén धारा; अनुच्छेद
【条纹】 tiáowén धारी; लकीर
【条纹布】 tiáowénbù धारीदार कपड़ा
【条形码】 tiáoxíngmǎ बार कोड
【条约】 tiáoyuē संधि
【条子】 tiáozi ❶पट्टी: 纸～ कागज़ की पट्टी ❷परचा; परची ❸〈बो०〉 सोने की पट्टी; सोने का बिस्कुट

迢 tiáo नीचे दे०
【迢迢】 tiáotiáo बहुत दूर

调[1] (調) tiáo ❶अनुकूल होना; उपयुक्त होना: 风调雨顺 fēngtiáo-yǔshùn ❷मिलाना: 牛奶里加糖～一下。दूध में चीनी मिलाओ। ❸मध्यस्थता; बीच-बचाव; मध्यस्थता करना; बीच-बचाव करना: 调停

调[2] (調) tiáo ❶छेड़छाड़; छेड़खानी; नोक-झोंक; छेड़छाड़ करना; छेड़खानी करना; नोक-झोंक करना; छेड़ना: 调戏 ❷कलह के बीज बोना; उकसाना; भड़काना: 调唆
diào भी दे०

【调处】 tiáochǔ मध्यस्थता करना; बीच-बचाव करना; मध्यस्थ के रूप में काम करना: ～纠纷 झगड़े में मध्यस्थता करना
【调幅】 tiáofú 〈रेडियो〉 ए. एम. : ～广播 ए. एम. ब्राडकास्ट
【调羹】 tiáogēng चमचा; चमची
【调和】 tiáohé ❶सामंजस्य; मेल: 色彩～。रंगों में मेल है। ❷मध्यस्थता करना; बीच-बचाव करना: 从中～ मध्यस्थता करना ❸(नकारात्मक रूप में प्रयुक्त) सुलह; समझौता: 双方之间已无～的可能。दोनों पक्षों के बीच सुलह की कोई संभावना नहीं। / 进行不～的斗争 समझौताहीन संघर्ष करना
【调和漆】 tiáohéqī रेडी-मिक्सड पैंट
【调护】 tiáohù तीमारदारी; सेवा-शुश्रूषा; तीमारदारी (सेवा-शुश्रूषा) करना: ～病人 रोगी की सेवा-शुश्रूषा करना
【调级】 tiáojí वेतनमान में हेर-फेर करना (प्रायः वेतन बढ़ाना)
【调剂】[1] tiáojì नुस्खा बांधना
【调剂】[2] tiáojì सामंजस्य स्थापित करना: ～生活 जीवन को रंगारंग बनाना / ～商品 माल का आदान-प्रदान करना
【调价】 tiáojià दाम बढ़ाना
【调焦】 tiáojiāo 〈फ़ोटो०〉 फ़ोक्सिंग; फ़ोकिंसग करना
【调教】 tiáojiào ❶(बच्चों को) शिक्षा देना; सबक सिखाना ❷(चौपायों आदि को) साधना
【调节】 tiáojié नियमन; नियंत्रण; नियमन (नियंत्रण) करना: 市场～ मंडी द्वारा नियमन किया जाना / ～温度 तापमान पर नियंत्रण करना
【调解】 tiáojiě बीच-बचाव करना; सुलझाना; निबटाना: ～人 मध्यस्थ / ～邻里纠纷 पड़ोसियों के बीच कलह को शांत करना
【调侃】 tiáokǎn नोकझोंक करना; उपहास करना
【调控】 tiáokòng नियंत्रण और नियमन: 进行宏观经济～ समग्र अर्थतंत्र का नियंत्रण और नियमन करना
【调理】 tiáolǐ ❶स्वास्थ्य-लाभ करना: 您病刚好，要注意～。आप अभी भले-चंगे हुए हैं। स्वास्थ्य-लाभ करना चाहिए। ❷देखरेख करना; देखभाल करना: ～牲口 घरेलू पशुओं की देखरेख करना ❸अनुशासन का पालन कराना ❹〈बो०〉 चिढ़ाना; खिझाना; छेड़ना
【调料】 tiáoliào मसाला
【调弄】 tiáonòng ❶चिढ़ाना; खिझाना ❷ठीक करना ❸उकसाना; भड़काना
【调配】 tiáopèi मिलाना; मिश्रित करना; मिश्रण बनाना: ～药物 दवाओं का मिश्रण बनाना
diàopèi भी दे०
【调皮】 tiáopí ❶नटखट; शरारती ❷उच्छृंखल; बेकाबू; बेलगाम; सरकश ❸बेईमानी; बदनीयती; बेईमान; बदनीयत
【调皮捣蛋】 tiáopí-dǎodàn शरारत करना; शरारती होना
【调频】 tiáopín 〈रेडियो〉 एफ़० एम० : ～广播 एफ़० एम० ब्राडकास्ट
【调情】 tiáoqíng हाव-भाव दिखाना; इश्कबाज़ी करना
【调色板】 tiáosèbǎn रंगपट्टिका; रंग मिलाने की तख्ती; प्लेट
【调色刀】 tiáosèdāo रंग मिलाने की छुरी
【调色】 tiáosè रंग मिलाना
【调摄】 tiáoshè 调养 tiáoyǎng के समान
【调试】 tiáoshì (मशीन, यंत्र आदि का) दोष दूर करना
【调唆】 tiáosuō भड़काव; उकसावा; भड़काव (उकसावा) देना; भड़काना; उकसाना
【调停】 tiáotíng मध्यस्थता करना; बीच-बचाव करना
【调味】 tiáowèi बघारना; छौंकना; तड़का देना
【调味品】 tiáowèipǐn बघार; छौंक; तड़का
【调戏】 tiáoxì छेड़ना; छेड़छाड़ करना; छेड़खानी करना
【调笑】 tiáoxiào उपहास; मज़ाक; उपहास करना; मज़ाक करना
【调协】 tiáoxié सामंजस्य; तालमेल; सामंजस्य स्थापित करना; ताल-मेल बिठाना
【调谐】 tiáoxié ❶सामंजस्य; मेल ❷(रेडियो) मिलाना
【调谑】 tiáoxuè 调笑 tiáoxiào के समान
【调养】 tiáoyǎng आराम करके या पौष्टिक खाना खाकर अपना स्वास्थ्य बनाना; स्वास्थ्य-लाभ करना
【调音】 tiáoyīn 〈संगी०〉 सुर मिलाना
【调匀】 tiáoyún अच्छी तरह मिलाना; संतुलित होना: 要注意饮食～。संतुलित खाने पर ध्यान देना चाहिए।
【调整】 tiáozhěng पुनर्व्यवस्थित करना; हेरफेर करना; फेरबदल करना: ～计划 योजना में हेर-फेर करना / ～指标 लक्ष्य को पुनर्निर्धारित करना / ～物价 चीज़ों के दामों में फेरबदल करना
【调治】 tiáozhì स्वास्थ्य-लाभ करना; उपचार कराना
【调制】 tiáozhì 〈रेडियो〉 माड्युलेशन
【调嘴学舌】 tiáozuǐ-xuéshé गपशप करना; गप

उड़ाना; गप मारना

笤 tiáo नीचे दे०

【笤帚】 tiáozhou झाड़ू; बुहारी

蜩 tiáo 〈प्रा०〉 सिकेडा

髫 tiáo 〈प्रा०〉 बच्चे के लटके हुए बाल

【髫龄】 tiáolíng 〈लि०〉 बचपन; बाल्यावस्था

【髫年】 tiáonián 〈लि०〉 बचपन; बाल्यावस्था

tiǎo

挑 tiǎo ❶डंडी के सिरे से किसी चीज़ को ऊपर उठाना; उठाना: ～帘子 परदा उठाना ❷निकालना: ～刺 कांटा निकालना / ～火 आग को उलटना-पलटना ❸उकसाना; भड़काना; उकसावा देना: 挑衅 ❹चीनी अक्षरों की ऊपर उठती हुई रेखा

tiāo भी दे०

【挑拨】 tiǎobō कलह पैदा करना; झगड़े की आग लगाना; फूट के बीज बोना: 他们俩吵架，全是她～的。उन के बीच झगड़े की आग उसी ने लगाई।

【挑拨离间】 tiǎobō-líjiàn कलह पैदा करना; फूट के बीज बोना

【挑大梁】 tiǎo dàliáng ❶प्रमुख अभिनेता या अभिनेत्री होना ❷का भार अपने कंधों पर लेना

【挑灯】 tiǎodēng ❶दीये की बत्ती को ऊपर उठाना ❷लालटेन को ऊंचे स्थान में लटकाना

【挑动】 tiǎodòng ❶छेड़ना; उत्पन्न करना; पैदा करना: ～好奇心 उत्सुकता पैदा करना / ～纠纷 झगड़ा खड़ा करना ❷छेड़ना; उकसाना; भड़काना: ～战争 युद्ध छेड़ना; युद्ध भड़काना

【挑逗】 tiǎodòu छेड़छाड़; छेड़खानी; छेड़छाड़ करना; छेड़खानी करना; छेड़ना

【挑花】 tiǎohuā कसीदाकारी

【挑弄】 tiǎonòng ❶कलह पैदा करना; झगड़ा खड़ा करना ❷हंसी उड़ाना; उपहास करना; चुटकी लेना

【挑唆】 tiǎosuō उकसावा; भड़काव; उकसावा देना; भड़काव देना

【挑头】 tiǎotóu रहनुमाई करना; पहल करना: 是他～儿闹事的。उस ने हंगामा मचाने में लोगों की रहनुमाई की। / 现在请大家提问题。谁～儿? अब आप लोग सवाल पूछिये। कौन पहल करेगा?

【挑衅】 tiǎoxìn उत्तेजना; उकसावा; उत्तेजना देना; उत्तेजित करना; उकसावा देना; उकसाना: ～行动 उत्तेजनात्मक कार्यवाही / 进行武装～ सशस्त्र उत्तेजनाएं देना / 提～性的问题 उकसावे का सवाल पेश करना

【挑战】 tiǎozhàn ललकार; चुनौती; ललकारना; चुनौती देना; लड़ने का बढ़ावा देना: 接受～ ललकार स्वीकार करना; चुनौती स्वीकार करना / 向对方～ विपक्ष को चुनौती देना; विपक्ष को ललकारना

窕 tiǎo दे० 窈窕 yǎotiǎo

tiào

眺 tiào ऊंचे स्थान पर से दूर देखना: 远眺 yuǎntiào

【眺望】 tiàowàng ऊंचे स्थान पर से दूर देखना

粜（糶） tiào (अनाज) बेचना

跳 tiào ❶कूदना; फांदना; उछलना; छलांग भरना: 他高兴得～了起来。ख़ुशी से वह बांसों उछल पड़ा। / 一个小女孩连蹦带～来到面前。एक बच्ची उछलती-कूदती सामने आई। / ～过沟去 खाई फांदना ❷कभी ऊपर कभी नीचे होना; स्पंदन करना; धड़कना: 心～ दिल धड़कना ❸एक विषय पर से दूसरे पर कूदना; छोड़ जाना; छोड़ देना: 一下～过三页 पूरे तीन पेज छोड़ देना / 从第二页～到第十页 दूसरे पेज से दसवें पेज पर कूदना

【跳班】 tiàobān एक ग्रेड छोड़कर सीधे अगले ग्रेड में पढ़ना

【跳板】 tiàobǎn ❶(जलपोत का) पटरा ❷स्प्रिंग बोर्ड; डाइविंग बोर्ड

【跳板跳水】 tiàobǎn tiàoshuǐ 〈खेल०〉 स्प्रिंग बोर्ड गोताखोरी

【跳布扎】 tiào bùzhá लामाओं का भूत नाच

【跳槽】 tiàocáo ❶(बैल, घोड़े आदि का) अपनी नांद से हटकर दूसरी नांद में मुंह मारना ❷अपनी वर्तमान नौकरी को छोड़ कर दूसरी नौकरी करना

【跳动】 tiàodòng धड़कना; स्पंदित होना; स्पंदन करना: 心脏～ दिल धड़कना; हृदय स्पंदन करना

【跳房子】 tiào fángzi （跳间 tiàojiān भी）आपू-टापू, बच्चों का एक खेल जिस में एक पाँव पर कूदते हुए ठीकरी को लकीरों के पार किया जाता है

【跳高】 tiàogāo 〈खेल०〉 ऊंची कूद

【跳行】 tiàoháng ❶(पढ़ते या प्रतिलिपि बनाते वक्त) एक लाइन छोड़ देना ❷एक नया पैराग्राफ़ शुरू करना ❸नया धंधा करना

【跳级】 tiàojí 跳班 tiàobān के समान

【跳脚】 tiàojiǎo पैर पटकना: 急得～ बेचैन हो पैर पटकना

【跳栏】 tiàolán 〈खेल०〉 बाधादौड़

【跳雷】 tiàoléi 〈सैन्य०〉 बाउंडिंग माइन

【跳梁小丑】 tiàoliáng-xiǎochǒu भांड; निर्लज्ज व्यक्ति

【跳马】 tiàomǎ 〈खेल०〉 ❶वाल्टिंग हार्स ❷वाल्टिंग हार्स खेल

【跳皮筋儿】 tiào píjīnr（跳猴皮筋儿 tiào hóu-píjīnr भी）रबर बैंड फांदना

【跳棋】 tiàoqí चीनी चेकर्स

【跳伞】 tiàosǎn ❶छतरी से नीचे उतरना ❷〈खेल०〉 छतरीबाज़ी: ～运动员 छतरीबाज़

【跳伞塔】 tiàosǎntǎ पैराशूट टावर

【跳神】 tiàoshén ❶ओझाई; झाड़-फूंक ❷跳布扎 tiào bùzhá के समान

【跳绳】 tiàoshéng रस्सी फांदना

【跳虱】 tiàoshī 〈बो०〉 पिस्सू

【跳水】 tiàoshuǐ 〈खेल०〉 गोताखोरी; गोता लगाना: ～运动员 गोताखोर

【跳台】 tiàotái 〈खेल०〉 डाइविंग प्लेटफ़ार्म

【跳台跳水】 tiàotái tiàoshuǐ 〈खेल०〉 प्लेटफ़ार्म गोताखोरी

【跳舞】 tiàowǔ नृत्य करना; नाच करना; नाचना

【跳箱】 tiàoxiāng 〈खेल०〉 ❶बाक्स हार्स ❷कूदकर बाक्स हार्स लांघना

【跳远】 tiàoyuǎn 〈खेल०〉 लम्बी कूद

【跳跃】 tiàoyuè छलांग; उछल-कूद; छलांग मारना; उछलकूद करना; उछलना-कूदना

【跳蚤】 tiàozao पिस्सू

tiē

帖 tiē ❶आज्ञाकारिता; आज्ञाकारी: 服帖 fútiē ❷उचित; समुचित: 妥帖 tuǒtiē

tiě; tiè भी दे०

贴[1] (貼) tiē ❶लगाना; सटाना; चिपकाना; लगना; सटना; चिपकना: ～邮票 लिफ़ाफ़े पर डाक-टिकट चिपकाना / ～膏药 लेप लगाना / 把画～在墙上。 इस चित्र को दीवार पर लगा दो। ❷सटना; चिपकना: 他～着我身子，一动也不动。 वह मुझ से सटे हुए हिलने-डुलने का नाम तक नहीं लेता। ❸आर्थिक सहायता देना; पैसा देना: 哥哥每月～他零用钱。 उस का भाई हर महीने उसे जेब खर्च देता है। ❹भत्ता: 房～ आवास भत्ता / 车～ सवारी भत्ता

贴[2] (貼) tiē 帖 tiē के समान

【贴边】[1] tiēbiān गोट, किनारा: 镶～ गोट लगाना

【贴边】[2] tiēbiān … से … का ताल्लुक होना; … से … का संबंध होना: 这两件事根本贴不上边。 इन दो बातों में कोई संबंध नहीं है।

【贴标签】 tiē biāoqiān लेबिल लगाना

【贴补】 tiēbǔ ❶आर्थिक सहायता देना; पैसा देना ❷जमा वस्तुओं या पैसे से दैनिक आवश्यकता पूरी करना: 我手头还有点钱存着，先～着用吧。 मेरे पास कुछ पैसे जमा हैं। पहले उन्हें खर्च करो।

【贴兜】 tiēdōu पैच पाकेट; बाहरी जेब

【贴花】 tiēhuā 贴画 tiēhuà❷के समान

【贴画】 tiēhuà ❶चित्र; पिक्चर पोस्टर ❷मैचबाक्स पिक्चर

【贴换】 tiēhuàn आंशिक अदायगी करना

【贴己】 tiējǐ ❶अंतरंग; दिली; घनिष्ठ: 我一直把他当作～的人。 मैं हमेशा से उसे अपना अंतरंग मानता आ रहा हूं। / ～朋友 दिली दोस्त / ～话 दिल की बात ❷〈बो०〉 परिवार के किसी सदस्य की अपनी बचत

【贴金】 tiējīn ❶सोना चढ़ाना; मुलम्मा चढ़ाना ❷अपने मुंह मियां-मिट्ठू बनना: 你别往自己脸上～了。 तुम अपने मुहं मियां-मिट्ठू न बनो।

【贴近】 tiējìn सटना; चिपकना: 他～妈妈身边，在耳边嘀咕了几句。 उस ने अपनी मां से सटकर कानाफूसी की।

【贴谱】 tiēpǔ उचित; संगत; उपयुक्त: 你这话不～。 तुम्हारी यह बात संगत नहीं है।

【贴切】 tiēqiè (शब्द का) उचित होना; उपयुक्त होना: 这个比喻很～。 यह उपमा बहुत उचित है।

【贴身】 tiēshēn ❶अन्दर का: ～衣服 अन्दर के कपड़े ❷सदा बगल में रहने वाला: ～保镖 बाडी गार्ड; अंगरक्षक

【贴水】 tiēshuǐ 〈बैंकिंग〉 ❶बट्टा ❷बट्टा देना

【贴题】 tiētí प्रासंगिक: 这话不～。 यह बात प्रासंगिक नहीं है।

【贴息】 tiēxī 〈बैंकिंग〉 ❶बट्टा ❷बट्टा देना

【贴现】 tiēxiàn डिस्काउंट: ～率 डिस्काउंट रेट

【贴心】 tiēxīn अंतरंग; दिली; अभिन्न; जिगरी: ～朋友 जिगरी दोस्त / ～话 दिल की बात

萜 tiē 〈रसा०〉 टर्पेन

tiě

帖 tiě ❶निमंत्रण पत्र: 请帖 qǐngtiě ❷जन्मकुंडली: 庚～ जन्मकुंडली ❸परचा; परची; चिट: 字～儿 चिट ❹〈परि०श०〉〈बो०〉 (काढ़े के लिए): 一～药 काढ़े की एक खुराक

tiē; tiè भी दे०

【帖子】 tiězi ❶निमंत्रण पत्र ❷जन्मकुंडली ❸परची; चिट

铁 (鐵、銕) tiě ❶〈रसा०〉 लोहा; लौह (Fe) ❷शस्त्रास्त्र; हथियार; लौह: 手无寸铁 shǒu wú cùn tiě ❸कड़ा; कठोर; दृढ़: 铁拳 ❹दृढ़संकल्प; कृतसंकल्प; संकल्पबद्ध: 铁心 ❺लौह तुल्य; कड़ा; अकाट्य: ～的事实 लौह तुल्य तथ्य; अकाट्य तथ्य / ～的纪律 कड़ा अनुशासन; फ़ौलादी अनुशासन ❻ (Tiě) एक कुलनाम

【铁案如山】 tiě'àn-rúshān अकाट्य प्रमाणों पर आधारित फ़ैसला

【铁板】 tiěbǎn लोहे की चादर

【铁板钉钉】 tiěbǎn-dìngdīng तय हो जाना; निश्चित हो जाना; निर्णीत हो जाना

【铁板一块】 tiěbǎn-yīkuài अखंडनीय गिरोह: 你别以为他们是～，其实内部矛盾重重。 यह ना समझो कि उन का गिरोह अखंडनीय है। दर असल उन के बीच

अंतरविरोध ही अंतरविरोध मौजूद हैं।
【铁笔】 tiěbǐ ❶मुहर में निशान उत्कीर्ण करने के लिए प्रयुक्त कतरनी ❷स्टेंसिल पेन
【铁壁铜墙】 tiěbì-tóngqiáng दे० 铜墙铁壁 tóngqiáng-tiěbì
【铁饼】 tiěbǐng 〈खेल०〉 ❶डिस्कस; चक्का ❷चक्का-फेंक
【铁蚕豆】 tiěcándòu भुना हुआ ब्राडबीन
【铁窗】 tiěchuāng ❶लोहे के जंगलों से घिरी खिड़की ❷जेल, जेलखाना: ～风味 जेलयात्रा
【铁搭】 tiědā 〈बो०〉 तीन या छह दांतों वाला लोहे का पांचा
【铁打】 tiědǎ लौह; फ़ौलादी; सुदृढ़: ～的战士 फ़ौलादी सिपाही / ～的江山 सुदृढ़ राजसत्ता
【铁道】 tiědào रेलवे; रेलमार्ग; रेल
【铁定】 tiědìng अकाट्य; निश्चित; अपरिवर्तनीय: ～的局面 अपरिवर्तनीय स्थिति
【铁饭碗】 tiěfànwǎn लोहे का कटोरा —— पक्की नौकरी
【铁杆】 tiěgǎn ❶अतिविश्वसनीय: ～卫队 अतिविश्वसनीय गारद ❷हठी; कट्टर; पक्का: ～汉奸 कट्टर देशद्रोही
【铁工】 tiěgōng ❶लोहे का काम; लोहारी ❷लोहार
【铁公鸡】 tiěgōngjī लोहे का बना हुआ मुर्गा (जिस का एक भी पर उखाड़ा नहीं जा सकता) —— महाकंजूस
【铁轨】 tiěguǐ रेल की पटरी
【铁汉】 tiěhàn फ़ौलादी पुरुष
【铁合金】 tiěhéjīn लौह-मिश्रित धातु
【铁画】 tiěhuà लौह चित्र —— एक प्रकार की दस्तकारी
【铁活】 tiěhuó लोहारी; लोहे का काम
【铁蒺藜】 tiějíli 〈सैन्य०〉 गोखरू
【铁甲】 tiějiǎ ❶कवच; जिरह; बखतर ❷बखतरबन्द
【铁甲车】 tiějiǎchē बखतरबन्द गाड़ी
【铁甲舰】 tiějiǎjiàn बखतरबन्द जहाज़
【铁将军把门】 tiějiāngjūn bǎmén द्वार पर लौह सेनापति खड़ा है —— द्वार पर ताला जकड़ा हुआ है
【铁匠】 tiějiàng लोहार: ～铺 लोहारखाना
【铁脚板】 tiějiǎobǎn लौह तलवा —— पैदल चलने में कभी न थकनेवाला
【铁军】 tiějūn लौह सेना —— अजेय सेना
【铁矿】 tiěkuàng लोहे की खान
【铁矿石】 tiěkuàngshí लोहे का पत्थर; लौह अयस्क
【铁路】 tiělù रेल; रेलमार्ग; रेलवे: ～运输 रेल-परिवहन / 电气化～ विद्युतीकृत रेल
【铁路干线】 tiělù gànxiàn ट्रंक रेलवे
【铁路公路两用桥】 tiělù gōnglù liǎngyòngqiáo सड़क और रेल पुल
【铁路路基】 tiělù lùjī रेलवे बेड
【铁路网】 tiělùwǎng रेलमार्गों का जाल
【铁路线】 tiělùxiàn रेल-लाइन
【铁马】[1] tiěmǎ कवचित घोड़ा —— घुड़सवार सेना
【铁马】[2] tiěmǎ टंकार करनेवाले धातुखंड, जो पैगोडा या मंदिर के छज्जों पर लटकाये जाते हैं
【铁面无私】 tiěmiàn-wúsī निष्पक्ष और ईमानदार होना; किसी की भी आन बचाने की फ़िक्र न करना
【铁皮】 tiěpí लोहे की चादर: 白～ टीन
【铁骑】 tiěqí कवचित घोड़ा —— शक्तिशाली घुड़सवार फ़ौज
【铁器】 tiěqì लौहभांड
【铁器时代】 tiěqì shídài लौहयुग
【铁锹】 tiěqiāo बेलचा; फावड़ा
【铁青】 tiěqīng नीलापन लिया काला रंग: 气得脸色～ क्रोध से मुंह लाल-पीला हो जाना
【铁拳】 tiěquán लौह घूंसा —— भारी प्रहारक शक्ति
【铁人三项】 tiěrén sān xiàng 〈खेल०〉 ट्राइ-एथलन
【铁纱】 tiěshā तार की जाली
【铁砂】 tiěshā ❶आयरन सैंड ❷छर्रा
【铁石心肠】 tiěshí-xīncháng संगदिल; लोहे का दिल; हृदयहीन
【铁树】 tiěshù ❶सैगो साइक्स ❷苏铁 sūtiě का प्रचलित नाम
【铁树开花】 tiěshù-kāihuā लौह वृक्ष पर फूल खिलना —— अनहोनी बात
【铁水】 tiěshuǐ लोहे का पानी
【铁丝】 tiěsī तार
【铁丝网】 tiěsīwǎng ❶तार की जाली ❷कांटेदार तार
【铁算盘】 tiěsuànpán लौह गिनतारा —— ❶सावधानीपूर्ण गणना ❷चतुर व्यापारी
【铁索】 tiěsuǒ केबल; लोहे की ज़ंजीर
【铁索桥】 tiěsuǒqiáo झूला पुल
【铁塔】 tiětǎ ❶लोहे की मीनार; लोहे का पैगोडा ❷〈विद्यु०〉 ट्रांसमिशन टॉवर
【铁蹄】 tiětí अत्याचार; निष्ठुर उत्पीड़न
【铁腕】 tiěwàn ❶निरंकुश: ～人物 निरंकुश आदमी ❷कठोर शासन
【铁锨】 tiěxiān फावड़ा
【铁屑】 tiěxiè लोहे के छोटे-छोटे कण
【铁心】[1] tiěxīn कृतसंकल्प; संकल्पबद्ध; दृढ़संकल्प: ～搞环保 पर्यावरण संरक्षण के लिए कृतसंकल्प होना
【铁心】[2] tiěxīn 〈विद्यु०〉 (लौह) कोर
【铁锈】 tiěxiù ज़ंग; मोरचा; लौह चूर्ण
【铁血】 tiěxuè आत्मत्याग और दृढ़संकल्पता; आत्मत्यागी और दृढ़संकल्प: ～青年 आत्मत्यागी और दृढ़संकल्प युवक
【铁证】 tiězhèng अकाट्य प्रमाण
【铁证如山】 tiězhèng-rúshān अकाट्य प्रमाण अटल पहाड़ी की भांति मौजूद हैं

tiè

帖 tiè लिपि या चित्रों के नमूनों वाली पुस्तक
tiē; tiě भी दे०

餮 tiè 〈लि०〉 खाऊ: 饕餮 tāotiè

tīng

厅（廳、廰）tīng ❶हाल; कक्ष：会议～ सभा हाल / 休息～ विश्राम कक्ष ❷बड़ी सरकारी संस्था में एक विभाग：办公厅 bàngōngtīng ❸प्रांतीय स्तर की एक सरकारी संस्था：交通～ यातायात विभाग

【厅房】 tīngfáng 〈बो०〉 हाल; कक्ष

【厅事】 tīngshì 听事 tīngshì❷ के समान

【厅堂】 tīngtáng हाल; कक्ष

汀 tīng 〈लि०〉 नदी के किनारे पर की नीची व सपाट ज़मीन

听[1]（聽、聼）tīng ❶सुनना; सुनाई देना：大家～我说。मेरी बात सुनो। / ～收音机 रेडियो सुनना / 声音太小，我～不见。तुम्हारी आवाज़ इतनी धीमी है कि मुझे सुनाई ही नहीं देती। / 你注意～他讲什么。कान लगाकर सुनो कि वह क्या बोल रहा है। ❷मानना; विश्वास करना：这次您得～我的。अब की आप को मेरी बात माननी होगी। / 别～他的。उस की बात पर विश्वास न करो। / 我的手不～使唤了。मेरा एक हाथ जवाब दे रहा है। ❸सुनवाई करना; शासन करना：听讼 / 听政

听[2]（聽、聼）tīng जैसी … की इच्छा; देना：听任 / 听凭

听[3]（聽、聼）tīng 〈बो०〉 टीन; कैन：听装 / 一～啤酒 एक कैन बीयर / 一～鱼 एक टीन मछली

【听便】 tīngbiàn जैसी आप की इच्छा; जैसी तुम्हारी इच्छा：您去不去，～。जाएं या न जाएं, जैसी आप की इच्छा।

【听差】 tīngchāi चपरासी

【听从】 tīngcóng मानना; पालन करना：～命令 आज्ञा का पालन करना / ～劝告 दूसरे की सलाह मान लेना

【听而不闻】 tīng'érbùwén सुनी-अनसुनी; सुनी-अनसुनी कर देना

【听风是雨】 tīngfēng-shìyǔ हवा की सरसराहट सुनते ही यह समझ लेना कि पानी बरसेगा —— अफ़वाह पर विश्वास करना

【听骨】 tīnggǔ 〈श०वि०〉 इयर बोन; कान के भीतर की हड्डी

【听喝】 tīnghē हुक्म बजा लाना

【听候】 tīnghòu प्रतीक्षा; इंतज़ार; प्रतीक्षा (इंतज़ार) करना; प्रतीक्षा (इंतज़ार) में रहना：～指示 आदेश की प्रतीक्षा करना / ～任命 नियुक्ति का इंतज़ार करना / ～调遣 हुक्म के इंतज़ार में रहना

【听话】 tīnghuà बड़े-बूढ़े के कहने पर चलना; बात मानना：大人都希望孩子～。बड़े-बूढ़े यही चाहते हैं कि बच्चे उन की बात मान लें।

【听话儿】 tīnghuàr जवाब के इंतज़ार में रहना; जवाब मिलना：同意不同意您去留学，过两天～。आप को विदेश में पढ़ने की अनुमति दी जाएगी या नहीं, इस का जवाब दो तीन दिन में मिलेगा।

【听会】 tīnghuì सभा में श्रोता के रूप में उपस्थित होना

【听见】 tīngjiàn सुनाई देना; सुनाई पड़ना; सुन लेना：电话铃在响，你～没有？टेलीफ़ोन की घंटी बज रही है। तुम ने सुना कि नहीं？/ 他什么也听不见。उसे कुछ भी सुनाई नहीं पड़ता।

【听讲】 tīngjiǎng व्याख्यान सुनना

【听觉】 tīngjué श्रवण

【听课】 tīngkè लेक्चर सुनना; क्लास में सुनना

【听力】 tīnglì श्रवणशक्ति; सुनने की शक्ति

【听命】 tīngmìng ❶आज्ञा का पालन करना; हुक्म बजा लाना ❷听天由命 tīngtiān-yóumìng के समान

【听凭】 tīngpíng जैसी … की इच्छा; (करने, होने) देना：～他自己作出决定。उसे अपने आप निर्णय करने दो।

【听其自然】 tīngqízìrán रहने देना

【听取】 tīngqǔ सुनना：～报告 रिपोर्ट सुनना / ～意见 राय मालूम करना

【听任】 tīngrèn (करने, होने) देना：不能～他胡作非为。उसे बदमाशी करने नहीं देना चाहिए।

【听神经】 tīngshénjīng श्रवण स्नायु

【听审】 tīngshěn मामले की सुनवाई का इंतज़ार करना

【听事】 tīngshì 〈लि०〉 ❶(राजा या प्रतिशासक द्वारा) शासन करना ❷(सरकारी संस्था में) हाल

【听说】 tīngshuō सुनने में आना; सुना है कि … ：～她病了。सुनने में यह आया है कि वह बीमार पड़ गई है; सुना है कि वह बीमार पड़ गई है।

【听讼】 tīngsòng 〈लि०〉 मामले की सुनवाई करना

【听天由命】 tīngtiān-yóumìng भाग्य या तकदीर पर भरोसा करना (होना)

【听筒】 tīngtǒng ❶टेलीफ़ोन का रीसिवर; चोंगा ❷हेडफ़ोन; ईयरफ़ोन ❸〈चिकि०〉 स्टेथोस्कोप

【听闻】 tīngwén 〈लि०〉 ❶सुनना ❷जो कुछ सुना गया हो：以广～अपनी जानकारी का विस्तार करने के लिए

【听写】 tīngxiě डिक्टेशन; इमला：教师让学生～。अध्यापक ने छात्रों से इमला लिखवाया।

【听信】[1] tīngxìn सूचना की प्रतीक्षा करना

【听信】[2] tīngxìn (गलत य एकतरफ़ा बातों) पर विश्वास करना：～谣言 अफ़वाह पर विश्वास करना

【听诊】 tīngzhěn 〈चिकि०〉 आस्कल्टेशन

【听诊器】 tīngzhěnqì स्टेथोस्कोप

【听证会】 tīngzhènghuì सुनवाई (अदालत में)

【听政】 tīngzhèng (राजा या प्रतिशासक द्वारा) शासन चलाना; राजकीय मामले निबटाना

【听之任之】 tīngzhī-rènzhī किसी चीज़ का बोल-बाला होने देना

【听众】 tīngzhòng श्रोता

【听装】 tīngzhuāng 〈बो०〉 टीनबन्द; डिब्बाबन्द：～奶粉 डिब्बाबन्द मिल्क पाउडर

【听子】 tīngzi 〈बो०〉 टीन; कैन

烃（烴） tīng <रसा०> हाइड्रोकार्बन
【烃气】 tīngqì <रसा०> हाइड्रोकार्बन गैस

桯 tīng ❶सुतारी का दंड ❷प्राचीन चीन में पलंग के पास रखी जाने वाली छोटी मेज़
【桯子】 tīngzi ❶सुतारी का दंड ❷साग की पुष्पधुरी

tíng

廷 tíng दरबार; राजसभा: 宫～ दरबार / 清～ छिंग राजवंश की सरकार

莛 tíng डंठल: 麦～儿 गेहूँ का डंठल

亭¹ tíng ❶मंडप ❷स्टाल: 书亭 shūtíng

亭² tíng <लि०> संतुलित; मध्य में; बराबर: 亭午
【亭亭】 tíngtíng <लि०> ❶उत्तुंग ❷婷婷 tíngtíng के समान
【亭亭如盖】 tíngtíng-rúgài घने पत्तों वाला उतुंग वृक्ष
【亭亭玉立】 tíngtíng-yùlì ❶छरहरी (नारी) ❷ऊंचा (वृक्ष)
【亭午】 tíngwǔ <लि०> मध्याह्न; दोपहर
【亭匀】 tíngyún 停匀 tíngyún के समान
【亭子】 tíngzi मंडप
【亭子间】 tíngzijiān <बो०> दरमियानी कमरा

庭 tíng ❶हाल ❷प्रांगण ❸अदालत; न्यायालय: 民庭 míntíng / 刑庭 xíngtíng
【庭除】 tíngchú <लि०> प्रांगण; आंगन: 洒扫～ आंगन में झाड़ू देना
【庭审】 tíngshěn अदालत में मामले की सुनवाई
【庭园】 tíngyuán बगीचा; बाग
【庭院】 tíngyuàn प्रांगण; आंगन

停¹ tíng ❶रुकना; थमना; बन्द होना; ठहरना; रोकना; बन्द करना; ठहराना: ～产 उत्पादन बन्द करना / 雨～了。वर्षा थम गई। / 公共汽车到站才～。बस स्टाप पर ही रुकती है। / 她～了～，又朝前走去。ज़रा रुक कर वह आगे बढ़ गई। ❷अस्थाई रूप से रहना; ठहरना; रुकना: 我在上海～了一夜。मैं शांगहाए में एक रात ठहरा। ❸खड़ा होना (करना): 船～在岸边。जहाज़ समुद्रतट पर खड़ा है। / 路边～着一辆汽车。सड़क के किनारे एक कार खड़ी है। ❹तैयार: 停妥

停² tíng <बोल०> भाग; हिस्सा: 十～儿有九～儿是好的。दस भागों में नौ ही अच्छे पाये गये हैं।
【停摆】 tíngbǎi लोलक का हिलना बन्द हो जाना: 钟～了。घंटा रुक गया।
【停办】 tíngbàn काम को बीच में बन्द करना: 这家工厂最近～了。यह कारखाना अभी हाल में बन्द कर दिया गया है।
【停闭】 tíngbì दूकान, कारखाना आदि बन्द करना
【停表】 tíngbiǎo स्टॉपवाच
【停泊】 tíngbó लंगर डालना; घाट लगना: 货船～在码头。माल जहाज़ घाट लगा हुआ है।
【停车】 tíngchē ❶रुकना; ठहरना: 本站～五分钟。यह रेल-गाड़ी इस स्टेशन पर पांच मिनट के लिए रुकेगी। ❷खड़ा करना; पार्क करना: 此处可以～。यहां कार पार्क की जा सकती है। ❸(मशीन का) रुकना; बन्द करना: 工厂～检修。कारखाने में काम रोक कर मरम्मत हो रही है।
【停车场】 tíngchēchǎng पार्किंग स्थल
【停当】 tíngdang तैयार; पूरा: 一切准备～。सभी तैयारियाँ पूरी हो गई हैं।
【停顿】 tíngdùn ❶गतिरोध; अवरोध; अवरुद्ध; रुका या रोका हुआ ❷(बोलते समय) रुकना: 他～了一下，继续往下讲。उस ने ज़रा रुक कर अपनी बात जारी रखी।
【停放】 tíngfàng ❶अल्प समय के लिए खड़ा करना: 商店门前可以～车辆。दूकान के आगे कार खड़ी की जा सकती है। ❷(ताबूत) रखना
【停航】 tíngháng हवाई या नौ परिवहन को स्थगित करना: 一场大雪使多次班机～。भीषण बरफ़बारी के कारण अनेक उड़ानें रद्द कर दी गयीं।
【停火】 tínghuǒ युद्धविराम, फ़ायरबन्दी: 交战双方即日起实行～。दोनों युद्धरत पक्ष आज से फ़ायरबन्दी लागू करेंगे।
【停机】 tíngjī ❶<फ़िल्म०> शूटिंग समाप्त करना ❷विमान खड़ा करना
【停机坪】 tíngjīpíng पार्किंग एप्रोन; हवाई जहाज़ खड़ा करने की जगह
【停刊】 tíngkān (पत्र या पत्रिका का) प्रकाशन बन्द करना
【停靠】 tíngkào (रेल-गाड़ी का) रुकना; (जहाज़ का) घाट लगना
【停灵】 tínglíng दफ़नाने से पहले ताबूत को अस्थाई रूप से किसी जगह रखना
【停留】 tíngliú रुकना; ठहरना; टिकना; बना रहना: 他在上海～一天。वह शांगहाए में एक दिन ठहरा। / 代表团在机场作短暂～。प्रतिनिधि मंडल हवाई अड्डे पर अल्प समय के लिए रुका। / 农业生产还是～在原有水平上。कृषि उत्पादन फिर भी पुराने स्तर पर बना रहा।
【停食】 tíngshí अपाचन
【停手】 tíngshǒu हाथ रोकना
【停妥】 tíngtuǒ पूरा करना; व्यवस्थित करना: 收拾～ सभी चीज़ों को व्यवस्थित करना / 商议～ विचार-विमर्श कर चुकना
【停息】 tíngxī रुकना; थमना: 风～了。हवा थम गई।
【停歇】 tíngxiē ❶(दूकान आदि) बन्द करना ❷रुकना; थमना: 雨还未～。वर्षा थमने का नाम ही नहीं लेती। ❸आराम करना
【停学】 tíngxué पढ़ाई बन्द होना (करना)

【停业】 tíngyè ❶अस्थाई रूप से काम रोकना ❷(दूकान आदि) बन्द करना
【停匀】 tíngyún 〈लि०〉 ❶सुडौल; सुघड़ ❷(लय का) नियमित होना
【停战】 tíngzhàn युद्धविराम: ～谈判 युद्धविराम वार्त्ता / ～协定 युद्धविराम समझौता
【停职】 tíngzhí निलंबन; निलंबित
【停止】 tíngzhǐ रुकना; थमना; बन्द होना; रोकना; बन्द करना; ठप्प होना: ～供水(电)पानी (बिजली) की सप्लाई बन्द करना / ～营业 दूकान बन्द करना; दूकान बढ़ाना / 风暴～了。तूफ़ान थम गया । / ～党籍 पार्टी की सदस्यता निलंबित करना
【停滞】 tíngzhì गतिरोध, अवरोध, गतिरुद्ध; अवरुद्ध: 谈判～不前。वार्त्ता गतिरोध में पड़ गई । / 经济～。अर्थतंत्र का विकास अवरुद्ध हुआ ।

蜓 tíng दे० 蜻蜓 qīngtíng

婷 tíng नीचे दे०
【婷婷】 tíngtíng खूबसूरत; सुन्दर

霆 tíng वज्र; गाज; बिजली: 雷霆 léitíng

tǐng

町 tǐng 〈लि०〉 मेंड़

挺1 tǐng ❶सख्त और खड़ा; खड़ा और सीधा: 挺立 / ～然屹立 अटल-अचल खड़ा होना ❷सीधा होना (करना); बाहर निकला हुआ होना; तनना; तानना: ～胸 सीना तानना; छाती निकालना / ～起腰杆 कमर सीधी करना / ～直身子 तनना ❸बर्दाश्त; सहन; बर्दाश्त करना; सहन करना: 有病别硬～着。बीमार पड़ने पर यदि दर्द हो तो उसे सहन नहीं करना चाहिए । ❹असाधारण; असामान्य: 英挺 yīngtǐng ❺बहुत; बेहद: 他听了这话～生气的。यह बात सुनकर उसे बहुत गुस्सा आया । / 他工作～努力。वह बड़ी मेहनत से काम करता है ।

挺2 tǐng 〈परि०श०〉 (मशीनगन के लिए): 一～轻机枪 एक हल्की मशीनगन
【挺拔】 tǐngbá ❶ऊंचा और सीधा: ～的杨树 ऊंचे और सीधे खड़े पोपलर के वृक्ष ❷सशक्त: 笔力～ (चित्र या हस्तलेख में) रेखाएं सशक्त होना
【挺括】 tǐngguā 〈बो०〉 ❶(कपड़े, कागज़ आदि का) सख्त और समतल होना ❷(वेष का) साफ़-सुथरा होना; इस्तरी किया हुआ होना
【挺进】 tǐngjìn अभियान करना
【挺举】 tǐngjǔ 〈खेल०〉 क्लीन एंड जर्क; झटके से वज़न उठाना
【挺立】 tǐnglì सीधा खड़ा होना; अटल-अचल खड़ा होना
【挺身】 tǐngshēn उठ खड़ा होना: ～反抗 प्रतिरोध के लिए उठ खड़ा होना
【挺身而出】 tǐngshēn'érchū साहस के साथ सामने आना; सीना तानकर लोहा लेने को तैयार होना
【挺尸】 tǐngshī 〈घृणा०〉 लाश की तरह पड़ा रहना
【挺脱】 tǐngtuō 〈बो०〉 ❶बलिष्ठ; सुडौल: ～的马 सुडौल घोड़ा ❷(वेष का) साफ़-सुथरा होना; इस्तरी किया हुआ होना
【挺秀】 tǐngxiù उत्तुंग और सुन्दर

梃 tǐng ❶〈लि०〉 लाठी; डंडा ❷चौखट: 门～ दरवाज़े की चौखट ❸〈बो०〉 फूल की डंडी; नाल
【梃子】 tǐngzi चौखट

铤（鋌） tǐng 〈लि०〉 तेज़ी से चलना
【铤而走险】 tǐng'érzǒuxiǎn नंगी तलवार की धार पर पैर रखना

艇 tǐng नाव; नौका; पोत: 救生艇 jiùshēngtǐng

tōng

通 tōng ❶खुला; अबाधित; निर्विघ्न: 路～了。रास्ता खुला है । / 这主意行得～。इस मत से काम चलेगा । ❷खुलेड़ना; कुरेदना: 用通条～炉子。कुरेदनी से भट्ठी की आग खुलेड़ना ❸पहुंचना; जाना: 村村～了公路。सड़कें गांव-गांव तक पहुंचती हैं । / 这趟火车直～上海。यह रेल-गाड़ी सीधे शांगहाए जाती है । ❹जुड़ना; जोड़ना; आवाजाही; आदान-प्रदान: 这两间屋是相～通的。ये दो कमरे एक दूसरे से जुड़े हुए हैं । / 通商 ❺सूचित करना; बताना; पहुंचाना: 通知 / 通报 ❻जानना; की जानकारी होना: 他～四种外语。वह चार विदेशी भाषाएं जानता है । / 通晓 ❼विद्; विशेषज्ञ: 中国～चीनविद् ❽तर्कसंगत: 这话不～。यह बात तर्कसंगत नहीं है । ❾आम; साधारण: 通常 / 通病 ❿सब; समूचा; संपूर्ण; पूरा: ～夜 पूरी रात / 通共 ⓫〈परि०श०〉 (पत्र, टेलीग्राफ़ आदि के लिए): 一～电报 एक टेलीग्राफ़
tòng भी दे०
【通报】 tōngbào ❶अधिसूचना जारी करना ❷अधिसूचना ❸बुलेटिन; पत्रिका ❹(ऊपरवाले या मालिक) को सूचित करना; बताना ❺(नाम) बताना: ～姓名 अपना नाम बताना
【通病】 tōngbìng आम दोष; रोग: 浮躁当今是个～。वर्तमान में उतावलापन एक रोग बन गया है ।
【通才】 tōngcái सर्वज्ञ; सर्वज्ञाता
【通常】 tōngcháng ❶सामान्य; आम: ～的情况下 सामान्य स्थिति में / ～的方式 आम तरीका ❷सामान्यतः; आम तौर पर; सामान्य रूप से: 他～夜里十点就寝。वह सामान्यतः रात के दस बजे ही सो जाता है ।
【通畅】 tōngchàng ❶अबाधित; निर्विघ्न; साफ़: 道

路～。रास्ता साफ़ है । / 呼吸～。सांस निर्विघ्न रूप से चलती है । ❷गतिशीलता: 文笔～。लेखन में गतिशीलता है।

【通车】 tōngchē ❶(रेल-मार्ग या सड़क पर) यातायात शुरू होना ❷बस सेवा उपलब्ध होना: 现在连偏远山区都～了。आज दूरस्थ पहाड़ी इलाकों में भी बस सेवाएं उपलब्ध हैं।

【通彻】 tōngchè का पूर्ण ज्ञान होना; की पूरी जानकारी होना

【通称】 tōngchēng ❶आम तौर पर कहना; सामान्यतः ··· के नाम से जाना जाना: 汉语～中文。हान भाषा को आम तौर पर चीनी भाषा कहा जाता है। ❷आम नाम; सामान्य नाम

【通达】 tōngdá समझदार; विवेकी: ～人情 समझदार होना / 见解～ विवेकपूर्ण दृष्टिकोण रखना

【通道】 tōngdào रास्ता; मार्ग

【通敌】 tōngdí दुश्मन से मिली-भगत करना

【通电】[1] tōngdiàn बिजली लगाना

【通电】[2] tōngdiàn ❶खुला टेलीग्राफ़; खुला तार ❷खुला तार देना

【通牒】 tōngdié राजनयिक नोट: 最后通牒 zuìhòu tōngdié

【通都大邑】 tōngdū-dàyì महानगर

【通读】[1] tōngdú (ग्रंथ को) आदि से अंत तक पढ़ लेना

【通读】[2] tōngdú पर अधिकार करना; पर महारत हासिल करना; सुविज्ञ होना

【通匪】 tōngfěi डाकुओं के साथ सांठ-गांठ करना

【通风】 tōngfēng ❶हवादार होना; वायुसंचारित होना; वेंटिलेशन होना: 这屋不～。यह कमरा हवादार नहीं है। / 把门打开通通风。दरवाज़ा खोल दो, ताकि हवा अन्दर आ सके। ❷चोरी-छिपे खबर देना

【通风报信】 tōngfēng-bàoxìn चोरी-छिपे खबर देना; गुप्त सूचना देना

【通风机】 tōngfēngjī वेंटिलेटर

【通告】 tōnggào ❶नोटिस; घोषणा; सूचना; विज्ञप्ति ❷नोटिस देना; घोषणा करना; सूचना देना; विज्ञप्ति जारी करना

【通共】 tōnggòng कुल मिलाकर: 我们办公室～有十台电脑。हमारे दफ़्तर में कुल मिलाकर दस कंप्यूटर हैं।

【通古斯】 Tōnggǔsī तुंगुस

【通观】 tōngguān समग्र रूप से देखना; सर्वांगीण रूप से देखना: ～全局 समग्र स्थिति देखना

【通过】[1] tōngguò ❶स्वीकृति; स्वीकार; स्वीकृत; पारित; पास; स्वीकृति देना; स्वीकार करना (होना); स्वीकृत करना (होना); पारित करना (होना); पास करना (होना): ～决议 प्रस्ताव स्वीकृत करना / 该议案以多数票获得～。प्रस्ताव का वह मसौदा बहुमत से पारित हुआ। ❷से गुज़रना; पास करना; से होकर: 电流～导线。बिजली तार से हो कर गुज़रती है। / ～客厅到卧室 बैठक से होकर शयनकक्ष जाना / 卡车通得过这条胡同。ट्रक इस गली से गुज़र सकता है।

【通过】[2] tōngguò ❶के माध्यम से; के ज़रिए; के द्वारा: ～植树造林控制沙漠化 वृक्षारोपण के माध्यम से रेतीले टीलों के विस्तार पर रोक लगाना / 我是～他人才了解到这一情况的。मैं ने दूसरों के द्वारा ही इस बारे में जानकारी प्राप्त की है। ❷अनुमति लेना; सम्मति प्राप्त करना: 这事要～领导才能答复你。ऊपर वाले से अनुमति लेकर ही हम तुम्हें इस का जवाब दे सकते हैं।

【通航】 tōngháng जहाज़रानी या हवाई परिवहन शुरू करना

【通好】 tōnghǎo 〈लि०〉 (देशों के बीच) मैत्रीपूर्ण संबंध होना

【通红】 tōnghóng बहुत लाल; लाल-लाल: 她羞得满脸～。वह कानों तक लाल हो गई। / ～的火舌 आग की लाल-लाल लपटें

【通话】[1] tōnghuà टेलीफ़ोन करना; टेलीफ़ोन पर बातचीत करना

【通话】[2] tōnghuà बातचीत करना

【通婚】 tōnghūn विवाह-संबंध होना

【通货】 tōnghuò 〈अर्थ०〉 मुद्रा: 硬～ दुर्लभ विदेशी मुद्रा

【通货紧缩】 tōnghuò jǐnsuō मुद्रा-विस्फीति

【通货膨胀】 tōnghuò péngzhàng मुद्रा-स्फीति

【通缉】 tōngjī गिरफ़्तार करने की आज्ञा देना; 'आवश्यकता है' सूची में शामिल करना: 下～令 'आवश्यकता है' विज्ञापन देना

【通家】 tōngjiā 〈लि०〉 दो परिवारों के बीच दीर्घकालिक और गाढ़ी मैत्री होना

【通解】 tōngjiě 〈लि०〉 गहरी समझ प्राप्त करना; प्रवीण होना; जानकार होना

【通经】[1] tōngjīng 〈ची०चि०〉 (दवा या एक्युपंक्चर से) स्त्री का रज प्रवाहित कराना

【通经】[2] tōngjīng कंफ़्यूशियसी मत पर अधिकार कर लेना

【通栏】 tōnglán पुस्तक या पत्र-पत्रिका के पृष्ठ पर बिना स्तंभों का लेआउट: ～标题 पृष्ठ-शीर्षक; पताका-शीर्षक

【通力】 tōnglì साथ मिलकर कोशिश करना: ～合作 पूरा सहयोग करना

【通例】 tōnglì ❶प्रचलित व्यवहार; प्रथा; चलन; रिवाज ❷〈लि०〉 सर्वव्यापी नियम

【通连】 tōnglián जुड़ा हुआ होना: 这两间卧室是～的。ये दो बेडरूम जुड़े हुए हैं।

【通联】 tōnglián संचार और संपर्क

【通亮】 tōngliàng प्रदीप्त; चमकीला; जगमगाता हुआ: 整个体育场被灯光照得～。सारा स्टेडियम प्रकाश से प्रदीप्त हो उठा।

【通令】 tōnglìng ❶आम आदेश (सूचना) ❷आम आदेश (सूचना) देना: ～全国 सारे देश की जनता को आम सूचना देना

【通路】 tōnglù ❶रास्ता; मार्ग ❷चेनल

【通论】 tōnglùn ❶सुविचारित तर्क ❷(पुस्तक के शीर्षक में प्रयुक्त) आम समीक्षा: 《史学～》 'इतिहास शास्त्र पर आम समीक्षा'

【通名】 tōngmíng ❶अपना परिचय देना ❷साधारण नाम

【通明】 tōngmíng प्रदीप्त; चमकीला; उजला: 灯火～ रोशनी से उजला होना
【通年】 tōngnián पूरा वर्ष; वर्ष भर
【通盘】 tōngpán सर्वांगीण; चौतरफ़ा: ～考虑 सर्वांगीण रूप से विचार-विमर्श करना / ～计划 सर्वांगीण योजना
【通票】 tōngpiào थ्रू टिकट
【通铺】 tōngpù 统铺 tǒngpù के समान
【通气】 tōngqì ❶वायुसंचारण; वायुसंचालन; हवादारी ❷आपस में बराबर संपर्क रखना; एक दूसरे को सूचित करना: 各部门要相互～。विभिन्न विभागों को आपस में बराबर संपर्क रखना चाहिए।
【通窍】 tōngqiào समझदार; बुद्धिमान्: 她是个～的人，一点就明白。वह एक बुद्धिमान् लड़की है। एक इशारा काफ़ी है। / 不～ समझ में नहीं आना
【通情达理】 tōngqíng-dálǐ समझदार (आदमी); युक्तिसंगत (तरीका): 做人要～。एक आदमी को समझदार होना चाहिए। / 做事要～。कोई काम निबटाने में युक्तिसंगत तरीका अपनाना चाहिए।
【通衢】 tōngqú आम रास्ता
【通权达变】 tōngquán-dábiàn अपने आप को स्थिति के अनुकूल बनाना; हवा का रुख जानकर काम करना
【通人】 tōngrén 〈लि०〉 सर्वज्ञाता
【通融】 tōngróng ❶छूट देना; नियमों में ढील देना: 这事可以～。इस मामले में हम आप को छूट दे सकते हैं। ❷अल्पकालीन कर्ज़ लेना: 我想跟您～一二百块钱。आप मुझे सौ दो सौ य्वान उधार दे सकते हैं?
【通商】 tōngshāng व्यापार करना (होना): ～口岸 व्यापारिक पोर्ट
【通身】 tōngshēn पूरा शरीर; सारा बदन: 他跑得～是汗。वह इतना दौड़ा कि सारा बदन पसीने से तर-बतर हो गया।
【通史】 tōngshǐ सामान्य इतिहास
【通式】 tōngshì 〈रसा०〉 जनरल फ़ार्मूला
【通事】 tōngshì 〈पुराना〉 दुभाषिया
【通书】 tōngshū पंचांग; तिथि-पत्र
【通顺】 tōngshùn सहजता; सहज: 这篇文章语言～。यह लेख सहज भाषा में लिखा गया है।
【通俗】 tōngsú लोकप्रियता; लोकप्रिय: ～化 लोकप्रियता / ～文学 लोकप्रिय साहित्य / ～易懂 सुबोध होना; सहज में समझ में आना
【通俗读物】 tōngsú dúwù सुबोध पुस्तक
【通体】 tōngtǐ ❶पूरे का पूरा: 水晶～透明。स्फटिक पूरे का पूरा पारदर्शी होता है। ❷पूरा शरीर; सारा बदन
【通天】 tōngtiān ❶अत्यंत ऊंचा या बड़ा: 罪恶～ जघन्य अपराध / ～的本领 विशिष्ट क्षमता ❷की पहुंच सर्वोच्च नेतृत्व तक होना
【通条】 tōngtiáo ❶(चूल्हे की आग खुलेड़ने के लिए) कुरेदनी ❷(बन्दूक की नली साफ़ करने के लिए) क्लीनिंग रॉड
【通通】 tōngtōng सब का सब; सारा का सारा: 他把书～拿来了。वह सब की सब पुस्तकें लाया है।
【通同】 tōngtóng मिल-जुल कर
【通统】 tōngtǒng 通通 tōngtōng के समान
【通途】 tōngtú 〈लि०〉 प्रशस्त मार्ग
【通脱】 tōngtuō 〈लि०〉 उन्मुक्त; बंधनरहित
【通宵】 tōngxiāo पूरी रात; रात भर: ～不眠 रात भर जागता रहना
【通宵达旦】 tōngxiāo-dádàn पूरी रात; रात भर; रात से दिन तक
【通晓】 tōngxiǎo अच्छी तरह जानना; पर महारत हासिल करना; पर अधिकार करना: 她～多种语言。वह अनेक भाषाएं अच्छी तरह जानती है।
【通心粉】 tōngxīnfěn माक्रोनी
【通信】 tōngxìn पत्र-व्यवहार; पत्राचार: 我和他保持～联系。मैं उस के साथ बराबर पत्राचार करता रहा हूं। / 他前几天还和我通过信。उस ने कुछ दिन पहले ही मुझे एक पत्र लिखा था।
【通信兵】 tōngxìnbīng ❶सिगनल दल ❷सिगनल मैन
【通信鸽】 tōngxìngē पत्र-वाहक कबूतर
【通信卫星】 tōngxìn wèixīng संचार-उपग्रह; दूरसंचार-उपग्रह
【通信员】 tōngxìnyuán संदेशवाहक; अर्दली
【通行】 tōngxíng ❶गुज़रना: 前方正在修路，汽车无法～。आगे सड़क की मरम्मत हो रही है। वहां से मोटर-गाड़ियाँ नहीं गुज़र सकतीं। ❷प्रचलित; चालू; लागू: 这是世界上一种～的做法。यह दुनिया में एक प्रचलित व्यवहार है।
【通行费】 tōngxíngfèi मार्गकर; राहदारी
【通行能力】 tōngxíng nénglì यातायात क्षमता
【通行证】 tōngxíngzhèng पास; परमिट; अनुमति-पत्र
【通宿】 tōngxiǔ रात भर; पूरी रात
【通讯】 tōngxùn ❶संचार: 无线电～ रेडियो संचार / 微波～ माइक्रोवेव संचार / 激光～ लेसर संचार / ～设备 संचार उपकरण ❷रिपोर्ट; समाचार; संवाद
【通讯录】 tōngxùnlù एड्रेस बुक
【通讯社】 tōngxùnshè न्यूज़ एजेंसी; संवाद समिति
【通讯网】 tōngxùnwǎng संचार जाल
【通讯员】 tōngxùnyuán रिपोर्टर; संवाददाता
【通夜】 tōngyè पूरी रात; रात भर
【通译】 tōngyì 〈पुराना〉 ❶दुभाषिया ❷दुभाषिये का काम करना
【通用】 tōngyòng ❶प्रचलित; मान्य: 中文是国际会议的～语言之一。चीनी भाषा अंतर्राष्ट्रीय सम्मेलनों में मान्य भाषाओं में से एक है। / ～符号 मान्य चिन्ह ❷अदल-बदल; विनिमय: 这两个字可以～。इन दो शब्दों का अदल-बदल हो सकता है।
【通邮】 tōngyóu डाक सेवा उपलब्ध होना (करना)
【通则】 tōngzé आम नियम
【通知】 tōngzhī ❶सूचना; नोटिस ❷सूचना देना; नोटिस देना; बताना; सूचित करना: 请～他下午开会。उसे यह बताइये कि आज तीसरे पहर बैठक होगी। / 预先～ पूर्व सूचना देना / 把我们的决定～他。हमारे निर्णय के बारे में उसे सूचित कीजिए।

【通知书】 tōngzhīshū नोटिस; सूचनापत्र; इत्तलानामा

tóng

仝 tóng ❶同 tóng के समान ❷（Tóng）एक कुलनाम

同 tóng ❶एक जैसा; एक ही; समान: 同类 / 同岁 ❷के समान; के बराबर; के तुल्य; के समकक्ष: 仝～同。仝同 के समान है। ❸के साथ; के संग; एक साथ; साथ मिलकर: 我们俩一～去。हम एक साथ जाएंगे। / 他～我一起来。वह मेरे साथ आएगा। ❹से; के साथ: 你～他说。तुम उस से कहो। / ～大家讨论 दूसरे लोगों के साथ विचार-विमर्श करना ❺की तरह; की भांति: 他～你一样机灵。वह तुम्हारी तरह होशियार है। ❻<बो०> के लिए: 我～您出个点子。मैं आप के लिए एक युक्ति सुझाऊंगा। / 他～您占了个位子。उस ने आप के लिए एक सीट पर कब्ज़ा किया है। ❼और; तथा; व; एवं: 我～您 मैं और आप

tòng भी दे०

【同案犯】 tóng'ànfàn सहअपराधी

【同班】 tóngbān ❶एक ही क्लास का होना: 他和我～。वह और मैं दोनों एक ही क्लास के हैं। ❷सहपाठी; सहपाठिनी

【同伴】 tóngbàn साथी; सहयात्री

【同胞】 tóngbāo ❶सगा; सहोदर: ～兄弟 सगे भाई ❷देशबंधु; समदेशी; हमवतन: 台湾～ थाइवान के देश- बंधु

【同辈】 tóngbèi एक ही पीढ़ी का; समान पीढ़ी का

【同比】 tóngbǐ पिछले साल की इसी अवधि की तुलना में: ～增长百分之十五 पिछले साल की इसी अवधि की तुलना में पन्द्रह प्रतिशत वृद्धि अँकित करना

【同病相怜】 tóngbìng-xiānglián समान रोग से ग्रस्त होने पर एक दूसरे के साथ हमदर्दी रखना —— समान मुसीबत झेलने पर एक दूसरे से सहानुभूति रखना

【同步】 tóngbù ❶<भौ०> सिंक्रोनिज़्म ❷के साथ-साथ; साथ-साथ: 产量和利润～增长。उत्पादन के साथ-साथ नफ़े में भी वृद्धि हुई; उत्पादन और लाभ दोनों में साथ-साथ बढ़ोतरी हुई।

【同步回旋加速器】 tóngbù huíxuán jiāsùqì सिंक्रोसाइक्लोट्रोन

【同步加速器】 tóngbù jiāsùqì सिंक्रोट्रोन

【同步卫星】 tóngbù wèixīng भू-स्थिर उपग्रह

【同侪】 tóngchái <लि०> समान पीढ़ी का होना

【同仇敌忾】 tóngchóu-díkài दुश्मन से समान द्वेष रखना

【同窗】 tóngchuāng ❶एक ही स्कूल में पढ़ना ❷स्कूल-मेट; सहपाठी

【同床异梦】 tóngchuáng-yìmèng एक ही पलंग पर सोये हुए अलग-अलग सपने देखना —— दांपत्य-जीवन या समान कार्य के हिस्सेदार होने पर भी अलग-अलग मंसूबे रखना

【同道】 tóngdào ❶समान उद्देश्य रखने वाले व्यक्ति ❷हमपेशा

【同等】 tóngděng बराबर; समान; समकक्ष: ～重要 समान महत्व के होना; समान रूप से महत्वपूर्ण होना / ～重量的物体 बराबर वज़न की वस्तुएं

【同等学力】 tóngděng xuélì शिक्षा का समान स्तर; एकसमान शिक्षा-स्तर

【同调】 tóngdiào समान आकांक्षा और रुचि रखनेवाले व्यक्ति

【同恶相济】 tóng'è-xiāngjì बदमाश की मदद बदमाश ही करता है

【同房】[1] tóngfáng ❶एक ही कमरे में रहना ❷संभोग; मैथुन

【同房】[2] tóngfáng वंश की समान शाखा का होना

【同甘共苦】 tónggān-gòngkǔ सुख-दुख में साथ देना; सुख-दुख के भागीदार होना

【同感】 tónggǎn समान अनुभूति: 我和他在这件事上有～。इस मामले में वह और मैं एक जैसा महसूस करते हैं।

【同庚】 tónggēng <लि०> हमउम्र; समवयस्क

【同工同酬】 tónggōng-tóngchóu समान काम के लिए समान पारिश्रमिक

【同归于尽】 tóngguīyújìn एक साथ नष्ट हो जाना; दूसरे को भी ले डूबना

【同行】 tóngháng हमपेशा

tóngxíng भी दे०

【同化】 tónghuà ❶(किसी दूसरी जाति को) अपने में सम्मिलित करना; मिला लेना ❷<ध्वनि०> समीकरण

【同化政策】 tónghuà zhèngcè किसी दूसरी जाति को अपने में मिला लेने की नीति

【同化作用】 tónghuà zuòyòng <जीव०> स्वांगीकरण

【同伙】 tónghuǒ ❶साझे में धंधा करना; सांठ-गांठ करना ❷साझेदार; साझी; हिस्सेदार; सहअपराधी

【同居】 tóngjū ❶के साथ रहना: 他来北京后和表弟～。पेइचिंग आने के बाद वह अपने चचेरे भाई के साथ रहने लगा। ❷सहवास; सहवास करना

【同类】 tónglèi एक ही प्रकार का; एक ही किस्म का

【同僚】 tóngliáo सहकर्मी; सहकारी

【同龄】 tónglíng हमउम्र; समवयस्क: 他和我～。वह और मैं हमउम्र हैं। / 和新中国～ उसी वर्ष पैदा होना जिस वर्ष नए चीन की स्थापना हुई।

【同流合污】 tóngliú-héwū दुष्कर्म में साथ देना

【同路】 tónglù साथ चलना

【同路人】 tónglùrén सहयात्री;हमसफ़र; हमराह

【同门】 tóngmén <लि०> ❶समान गुरु से शिक्षा लेना ❷एक ही गुरु के शिष्य; सहपाठी

【同盟】 tóngméng गठबंधन; संघ: 结成～ गठबंधन करना

【同盟国】 tóngméngguó ❶मित्र-देश ❷(पहले महायुद्ध में) मध्य योरोपीय शक्तियाँ ❸(दूसरे महायुद्ध में) मित्र-

देश

【同盟会】 Tóngménghuì 中国同盟会 Zhōngguó Tóngménghuì का संक्षिप्त रूप

【同盟军】 tóngméngjūn साथी; मित्र; संश्रयकारी; सहयोगी

【同名】 tóngmíng समनाम; हमनाम: 这部电影据~小说改编而成。यह फ़िल्म उसी नाम वाले उपन्यास पर आधरित है।

【同谋】 tóngmóu ❶के साथ षड़यंत्र करना; के साथ साजिश करना ❷षड़यंत्र में भाग लेनेवाला

【同谋犯】 tóngmóufàn सहअपराधी

【同年】 tóngnián ❶उसी साल; उसी वर्ष: ~十一月工厂建成。उसी साल नवम्बर में कारखाने का निर्माण पूरा हो गया। ❷〈बो०〉 हमउम्र; समवयस्क ❸एक ही वर्ष में शाही परीक्षा में उत्तीर्ण प्रार्थी

【同期】 tóngqī ❶यही अवधि; यही मीयाद: 一月份出口比去年~增长百分之十。इस जनवरी में निर्यात पिछले साल की इसी अवधि के मुकाबले में 10 प्रतिशत बढ़ा। ❷(स्कूल में) एक ही वर्ष: 我们俩~毕业。हम दोनों एक ही वर्ष में स्नातक हुए।

【同情】 tóngqíng सहानुभूति; हमदर्दी; सहानुभूति (हमदर्दी) रखना; सहानुभूति (हमदर्दी) प्रकट करना: 对灾区民众深表~。विपत्तिग्रस्त क्षेत्र की जनता से सहानुभूति प्रकट करना / 我~你。मैं तुम्हारे साथ हमदर्दी रखता हूं।

【同人】 tóngrén (同仁 tóngrén भी) सहकर्मी; हमपेशा

【同上】 tóngshàng वही; यथावत

【同生死，共患难】 tóng shēngsǐ, gòng huànnàn सुख-दुख में एक दूसरे का साथ देना

【同声】 tóngshēng एक स्वर में: ~欢唱 एक स्वर में उल्लासपूर्ण गीत गाना

【同声传译】 tóngshēng chuányì उसी समय (तत्काल) अनुवाद करना

【同时】 tóngshí एक ही समय में; साथ-साथ; साथ ही: 他们俩是~上的大学。उन दोनों ने एक ही समय में विश्वविद्यालय में दाखिला लिया। / 进行经济建设的~，必须注意保护环境。आर्थिक निर्माण के साथ-साथ पर्यावरण संरक्षण पर भी ज़ोर देना चाहिए। / 这工作十分重要，~也十分艰巨。यह कार्य बहुत महत्वपूर्ण है और साथ ही बहुत कठोर भी।

【同事】 tóngshì ❶एक ही संस्था में काम करना ❷सहकर्मी

【同室操戈】 tóngshì-cāogē गृह-कलह; गृह-रंध्र; अंदरूनी संघर्ष

【同岁】 tóngsuì हमउम्र; समवयस्क

【同位素】 tóngwèisù 〈रसा०〉 आइसोटोप: 放射性~ रेडियो आइसोटोप / ~探伤仪 आइसोस्कोप

【同位语】 tóngwèiyǔ 〈व्या०〉 समानाधिकरण

【同乡】 tóngxiāng गृह-प्रांत, शहर या गांव से आनेवाला

【同心】 tóngxīn एक होना: ~同德 एकदिल होना / ~协力 एक हो कर काम करना; एक ही उद्देश्य के प्रति समर्पित होना

【同行】 tóngxíng साथ चलना
tóngháng भी दे०

【同性】 tóngxìng ❶समलिंग; समलिंगी ❷समान प्रवृति का: ~的电相互排斥。दो एक जैसे इलेक्ट्रिक चार्ज एक दूसरे का विकर्षण करते हैं।

【同性恋】 tóngxìngliàn समलिंगरति

【同姓】 tóngxìng एक ही कुलनाम का

【同学】 tóngxué ❶एक ही स्कूल में पढ़ना: 我和他同过四年学。मैं ने उस के साथ एक ही स्कूल में चार सालों तक पढ़ाई की थी। ❷सहपाठी; सहपाठिनी; हम- सबक ❸छात्र का एक संबोधन

【同样】 tóngyàng सदृशता; समानता; एकरूपता; सम-रूपता; बराबरी; सदृश; समान; एकरूप; समरूप; बराबर: 用~的方式 समान तरीके से / ~对待 के साथ बराबर व्यवहार करना / 处于~的地位 समरूप स्थिति में होना

【同业】 tóngyè ❶समान धंधा या पेशा ❷हमपेशा

【同业公会】 tóngyè gōnghuì पुराने ज़माने की ट्रेड कौंसिल; वाणिज्य संघ

【同一】 tóngyī समान; एक जैसा; एकसा: 我们持~观点。हम एकसा दृष्टिकोण रखते हैं। / ~目标 समान लक्ष्य

【同一律】 tóngyīlǜ समरूपता का नियम

【同一性】 tóngyīxìng एकरूपता; समरूपता; समानता

【同义词】 tóngyìcí पर्याय; समानार्थक शब्द

【同意】 tóngyì अनुमति; सहमति; स्वीकार; स्वीकृति; मंज़ूरी; रज़ामंदी; हामी; सहमत; स्वीकृत; मंज़ूर; राज़ी; सहमत होना; अनुमति देना; स्वीकार करना; स्वीकृति देना; मंज़ूरी देना; मंज़ूर होना; राज़ी होना; हामी भरना; मानना: 我~。मुझे मंज़ूर है; मैं सहमत हूं; मैं राज़ी हूं। / 上级~我们这样干。ऊपर वाले ने हमें ऐसा करने की अनुमति दी है।

【同音词】 tóngyīncí समध्वनि शब्द

【同志】 tóngzhì ❶कामरेड (एक संबोधन) ❷साथी

【同舟共济】 tóngzhōu-gòngjì एक ही नाव पर सवार हो कर नदी पार करना —— संकट से उबरने के लिए साथ मिलकर कोशिश करना

【同宗】 tóngzōng एक ही कुल का होना; समान पूर्वज की संतान होना

【同族】 tóngzú ❶同宗 के समान ❷सजातीयता; सजातीय

佟 Tóng एक कुलनाम

彤 tóng 〈लि०〉 लाल रंग; रक्त रंग

【彤云】 tóngyún 〈लि०〉 ❶लालिमा ❷काले बादल; मेघ

茼 tóng नीचे दे०

【茼蒿】 tónghāo 〈वन०〉 क्राउंडेजी क्रिसंथमम

桐 tóng 〈वन०〉 ❶पाउलोनिया वृक्ष ❷फ़िनिक्स ट्री ❸थोंग वृक्ष

【桐油】 tóngyóu थोंग तेल

铜

(銅) tóng 〈रसा०〉 तांबा; ताम्र (Cu)

【铜板】 tóngbǎn तांबे का सिक्का
【铜版】 tóngbǎn 〈मुद्रण०〉 कॉपरप्लेट; ताम्र-पत्र
【铜版画】 tóngbǎnhuà कॉपरप्लेट एचिंग; कॉपरप्लेट
【铜版印刷】 tóngbǎn yìnshuā कॉपरप्लेट प्रिंटिंग
【铜版纸】 tóngbǎnzhǐ आर्ट पेपर
【铜币】 tóngbì तांबे का सिक्का
【铜鼓】 tónggǔ कांस्य ढोलक
【铜管乐】 tóngguǎnyuè ब्रास बैंड पर बजाई जाने-वाली धुन
【铜管乐队】 tóngguǎn yuèduì ब्रास बैंड
【铜管乐器】 tóngguǎn yuèqì ताम्र सुषिर वाद्य
【铜活】 tónghuó ❶पीतल या तांबे की बनी वस्तुएं ❷तांबे का काम करना
【铜匠】 tóngjiàng ठठेरा; कसेरा; ताम्रकार
【铜筋铁骨】 tóngjīn-tiěgǔ ताम्र पेशियाँ और लौह अस्थियाँ —— हट्टा-कट्टा; बलिष्ठ
【铜镜】 tóngjìng 〈पुराना〉 कांस्य शीशा
【铜绿】 tónglǜ 〈रसा०〉 जंगार; जंगाल; तूतिया
【铜模】 tóngmú 〈मुद्रण०〉 सांचा
【铜牌】 tóngpái कांस्य पदक; ताम्र पदक
【铜器】 tóngqì कांस्य, ताम्र या पीतल का बरतन
【铜器时代】 tóngqì shídài ताम्र-युग
【铜钱】 tóngqián तांबे का सिक्का
【铜墙铁壁】 tóngqiáng-tiěbì फ़ौलादी गढ़ —— दुर्भेद्य किला
【铜丝】 tóngsī तांबे का तार
【铜像】 tóngxiàng कांस्य मूर्ति
【铜臭】 tóngxiù अर्थपिशाच; अतिधनलोभी: 满身～ सरासर अर्थपिशाच होना
【铜元】 tóngyuán (铜圆 tóngyuán भी) तांबे का बड़ा सिक्का
【铜子儿】 tóngzǐr तांबे का सिक्का

童 1

tóng ❶कुमार; कुमारी; बच्चा; बच्ची; बालक; बालिका; बाल; लड़का; लड़की: 男～ बच्चा / 女～ बच्ची ❷कुंआरा; कुंआरी: ～男 कुंआरा / ～女 कुंआरी ❸नंगा; वृक्षहीन: 童山 ❹ (Tóng) एक कुलनाम

童 2

(僮) tóng 〈पुराना〉 बाल सेवक: 书童 shūtóng

zhuàng भी दे०

【童便】 tóngbiàn 〈ची०चि०〉 (बारह साल से कम उम्र वाले) बच्चे का पेशाब (जो बवासीर आदि के इलाज के लिए दवा के तौर पर इस्तेमाल होता है)
【童工】 tónggōng बाल मज़दूर
【童话】 tónghuà बाल कथा; परी कथा
【童婚】 tónghūn बाल विवाह
【童蒙】 tóngméng 〈लि०〉 बाल बुद्धि
【童年】 tóngnián बाल्यावस्था; बचपन; बालावस्था; बाल्यकाल; लड़कपन
【童仆】 tóngpú 〈लि०〉 ❶बाल सेवक या नौकर ❷नौकर; सेवक; परिचर
【童山】 tóngshān नंगा पहाड़; वृक्षहीन पर्वत
【童生】 tóngshēng (मिंग और छिंग राजवंशों के काल में) बिना श्यूछाए (秀才) की डिग्री का बुद्धिजीवी
【童声】 tóngshēng बालस्वर: ～合唱 बाल समूह गान
【童叟】 tóngsǒu बच्चा-बूढ़ा
【童心】 tóngxīn बच्चे की सी सहजता
【童心未泯】 tóngxīn-wèimǐn (किसी व्यक्ति) में बच्चे की सी सहजता पाई जाना
【童星】 tóngxīng बाल फ़िल्म स्टार
【童颜鹤发】 tóngyán-hèfà दे० 鹤发童颜 hèfà-tóngyán
【童养媳】 tóngyǎngxí बाल बहू; बाल वधू
【童谣】 tóngyáo बालगीत
【童贞】 tóngzhēn (विशेषकर लड़की का) कुंआरापन; कौमार्य
【童真】 tóngzhēn बच्चे की सहजता
【童装】 tóngzhuāng बाल वस्त्र
【童子】 tóngzǐ कुमार; बच्चा; बालक; लड़का
【童子鸡】 tóngzǐjī 〈बो०〉 ब्राइलर; छोटा मुर्गा
【童子军】 tóngzǐjūn ब्वाय स्काउट्स

酮

tóng 〈रसा०〉 केटन

瞳

tóng आंख की पुतली; कनीनिका; तारा

【瞳孔】 tóngkǒng आंख की पुतली; कनीनिका; तारा
【瞳人】 tóngrén (瞳仁 tóngrén भी) 瞳孔 का आम नाम

tǒng

统 1

(統) tǒng ❶अंत:संबंध: 传统 chuántǒng / 系统 xìtǒng ❷कुल मिलाकर; सब: 这些东西～留给您。ये सभी चीज़ें आप के लिए छोड़ दी गई हैं। ❸नियंत्रण करना; नियंत्रित करना: 不要对企业～得过死。उपक्रमों पर हद से अधिक कड़ा नियंत्रण नहीं करना चाहिए।

统 2

(統) tǒng पहनावे आदि का कोई नली रूपी भाग: 皮统子 pítǒngzi

【统舱】 tǒngcāng स्टीयरिज: ～旅客 सस्ते किराये के केबिन का यात्री
【统称】 tǒngchēng ❶एक संयुक्त नाम से पुकारा जाना: 玉米、大麦等～为杂粮。मकई और जौ आदि मोटा अनाज कहा जाता है। ❷आम नाम
【统筹】 tǒngchóu समग्र योजना बनाना: ～全局 समग्र स्थिति को ध्यान में रखते हुए योजना बनाना / ～解决 समग्र स्थिति को ध्यान में रखते हुए सवाल हल करना

【统筹兼顾】 tǒngchóu-jiāngù सभी तत्वों को ध्यान में रखते हुए समग्र योजना बनाना

【统共】 tǒnggòng 〈क्रि०वि०〉 कुल; कुल मिलाकर: 我们班~有 25 个学生。हमारे क्लास में कुल मिलाकर 25 छात्र हैं।

【统购统销】 tǒnggòu tǒngxiāo (किसी वस्तु की) खरीद-फ़रोख्त पर सरकार का एकाधिकार

【统计】 tǒngjì ❶आंकड़ा: 据~ आंकड़ों के अनुसार / 据不完全~ अपूर्ण आंकड़ों के अनुसार ❷गिनती; गणना; गिनती करना; गणना करना; हिसाब करना; योग करना; जोड़ना; गिनना: ~一下有多少人出席会议。गिनती करो कि कितने आदमी बैठक में शरीक हैं।

【统计数字】 tǒngjì shùzì आंकड़ा

【统计图表】 tǒngjì túbiǎo स्टेटिस्कल चार्ट

【统计学】 tǒngjìxué सांख्यिकी

【统计员】 tǒngjìyuán स्टेटिस्टिशियन

【统考】 tǒngkǎo (统一考试 का संक्षिप्त रूप) विभिन्न स्कूलों के छात्रों की एकीकृत परीक्षा

【统领】 tǒnglǐng ❶कमान; कमान करना ❷कमांडर; सेनापति

【统摄】 tǒngshè 〈लि०〉 कमान करना; नियंत्रण करना

【统属】 tǒngshǔ अधीनता; मातहती: 彼此不相~ एक दूसरे की अधीनता न होना

【统帅】 tǒngshuài ❶कमांडर इन चीफ़ ❷कमान करना; नेतृत्व करना

【统帅部】 tǒngshuàibù सर्वोच्च कमान

【统率】 tǒngshuài कमान करना; नेतृत्व करना: ~全军 समूची सेना का नेतृत्व करना

【统统】 tǒngtǒng 〈क्रि०वि०〉 सब; सब का सब; पूरा; पूरा का पूरा: ~说出来。पूरी बात कह दो। / 把这些书~搬到我屋里去。ये पुस्तकें सब की सब मेरे कमरे में ले जाओ।

【统辖】 tǒngxiá नेतृत्व करना; अपने अधीन रखना

【统一】 tǒngyī ❶एकीकृत करना; एकीकरण करना; एक करना; संयुक्त करना: 完成~祖国的大业。देश के एकीकरण का महान कार्य पूरा करना / 大家的看法~。सभी के मत एक हो गए। / ~思想 विचारों का एकीकरण करना ❷एकीकृत; संयुक्त: ~领导 एकीकृत नेतृत्व / ~部署 एकीकृत प्रबंध / ~的纪律 एकीकृत अनुशासन / ~的多民族国家 एक एकीकृत बहुजातीय देश

【统一体】 tǒngyītǐ 〈दर्शन०〉 सत्ता

【统一战线】 tǒngyī zhànxiàn संयुक्त मोर्चा

【统战】 tǒngzhàn 统一战线 का संक्षिप्त रूप

【统治】 tǒngzhì शासन; हुकूमत; शासन करना; हुकूमत करना; राज करना: 实行~ शासन करना / 占~地位 का प्रभुत्व होना / ~国家 देश पर हुकूमत करना

【统治阶级】 tǒngzhì jiējí शासक वर्ग

【统制】 tǒngzhì नियंत्रण; नियंत्रित; नियंत्रण करना; नियंत्रित करना: ~军用物资 युद्ध-सामग्री पर नियंत्रण करना / 实行经济~ आर्थिक नियंत्रण करना; अर्थतंत्र पर नियंत्रण करना; अर्थतंत्र को नियंत्रित करना

捅(攟) tǒng ❶भोंकना; घोंपना: ~了一刀 छुरा भोंकना / ~了个窟窿 छेद कर देना ❷छूना; हल्का धक्का देना; टहोका देना: 我用胳膊~了他一下。मैं ने उसे कोहनी मारी ❸पर्दाफ़ाश; भंडाफोड़; पर्दाफ़ाश करना; भंडाफोड़ करना; भेद खोलना: 他把秘密~了出去。उस ने भेद खोला।

【捅咕】 tǒnggu ❶छूना; हल्का धक्का देना; टहोका देना ❷उकसाना; उकसावा देना; भड़काना

【捅娄子】 tǒng lóuzi झगड़ा खड़ा करना; आग बोना; मुसीबत पैदा करना

【捅马蜂窝】 tǒng mǎfēngwō उत्पात खड़ा करना; आग भड़काना

桶 tǒng टब; पीपा; बैरल: 汽油~ तेल का पीपा

筒(筩) tǒng ❶मोटे बांस का एक खंड: 竹筒 zhútǒng ❷मोटे नल के आकार की कोई चीज़: 笔筒 bǐtǒng / 邮筒 yóutǒng ❸पहनने की चीज़ का कोई नल के आकार का भाग: 袜筒 wàtǒng

【筒裤】 tǒngkù बेल बॉटम

【筒瓦】 tǒngwǎ अर्धगोलाकार खपरैल

【筒子】 tǒngzi नली या नली के आकार की कोई चीज़: 枪~ बन्दूक की नली

tòng

同 tòng दे० 胡同儿 hútòngr
tóng भी दे०

恸(慟) tòng 〈लि०〉 अत्यंत दुखित होना; बिलखना; विलाप करना

通 tòng 〈परि०श०〉 किसी क्रिया या चेष्टा के लिए: 挨了一~揍 पिट जाना / 胡闹一~ बावेला मचा देना / 打了三~鼓 तीन बार ढोल बजाना
tōng भी दे०

【通红】 tònghóng 通红 tōnghóng के समान

衕 tòng दे० 衚衕 hútòng

痛 tòng ❶दर्द; पीड़ा; व्यथा; वेदना; टीस; दुखना; दर्द होना; पीड़ा होना; व्यथा होना; वेदना होना; टीस उठना: 我眼睛~。मेरी आंखें दुखती हैं। / 头~ सिर में दर्द होना / 伤口一阵一阵~。घाव में टीस उठ रही है। ❷दुख; कष्ट; तकलीफ़: 悲~ दुख होना ❸अच्छी तरह; बुरी तरह; तीव्र रूप से; अत्यधिक; खूब; अधिक: 痛打 / 痛斥

【痛不欲生】 tòngbùyùshēng इतना दुख होना कि मरने का जी भी करने लगता है; अत्यधिक दुखी होना

【痛斥】 tòngchì कड़ी निन्दा करना; तीव्र भर्त्सना करना;

लानत भेजना

【痛楚】 tòngchǔ दुख; दुख-दर्द: 内心～万分。मन अत्यंत दुखित हुआ।

【痛处】 tòngchù मर्मस्थल: 触到～ मर्मस्थल पर चोट करना

【痛打】 tòngdǎ बुरी तरह पीटना; बुरी तरह पिटना

【痛悼】 tòngdào गहरा शोक प्रगट करना; भावभीनी श्रद्धांजलि अर्पित करना

【痛定思痛】 tòngdìng-sītòng दुखदायक अनुभूति याद करना; अपने दुख-दर्द से भरे अनुभवों से सबक सीखना

【痛改前非】 tònggǎi-qiánfēi अपनी गलती को सच्चे दिल से सुधारना

【痛感】 tònggǎn गहरा महसूस होना: ～自己浅薄 अपना छिछलापन गहरा महसूस होना

【痛恨】 tònghèn घोर घृणा करना; घोर नफ़रत करना

【痛悔】 tònghuǐ दिल से पछताना

【痛击】 tòngjī करारी चोट लगाना; बुरी तरह पिटाई करना

【痛经】 tòngjīng 〈चिकि०〉 रजस्राव में कष्ट

【痛觉】 tòngjué 〈श०वि०〉 दर्द की अनुभूति

【痛哭】 tòngkū रोना-धोना; रोना-पीटना

【痛哭流涕】 tòngkū-liútì आठ-आठ आंसू रोना

【痛苦】 tòngkǔ दुख; कष्ट; तकलीफ़; वेदना; व्यथा; दुखदायक; कष्टप्रद: ～的生活 कष्टप्रद जीवन / 感到～ दुख होना

【痛快】 tòngkuài ❶बहुत प्रसन्न; प्रफुल्ल; हर्षित; आनंदित; खुश; प्रसन्नता; प्रफुल्लता; हर्ष; आनंद; खुशी: 感到从未有过的～ अभूतपूर्व प्रसन्नता होना / 完成了任务，大家心里很～。अपना कार्य पूरा कर देने पर सबों को हर्ष हुआ। ❷जी भरना; तृप्ति होना: 喝个～ जी भरकर शराब पीना / 这次游览的地方不多，还没玩～。अब की हम ज़्यादा जगह घूम न पाए। जी नहीं भरा। ❸सीधा-सादा; सरल स्वभाव का; ईमानदार: 他很～，说到做到。वह सीधा-सादा है और जो कहता है वही करता है। / 她～地应承了。वह खुशी-खुशी राज़ी हुई।

【痛骂】 tòngmà पानी पी-पी कर कोसना; खूब फटकारना

【痛切】 tòngqiè बड़े दुख के साथ: 他～地认识到自己错了。उस ने बड़े दुख के साथ स्वीकार कर लिया कि उस ने गलती कर डाली है।

【痛恶】 tòngwù घृणित; घिनौना: 令人～的行为 घृणित व्यवहार

【痛惜】 tòngxī गहरा शोक होना; गहरा दुख होना

【痛心】 tòngxīn दुखी होना; व्यथित होना; दिल दुखना; दिल दुखाना: 这种不道德行为令人～。यह घिनौनी हरकत लोगों का दिल दुखाती है।

【痛心疾首】 tòngxīn-jíshǒu घोर घृणा के साथ

【痛痒】 tòngyǎng ❶दुख-दर्द; कठिनाई: 了解群众的～ जनता का दुख-दर्द जानना ❷महत्वपूर्ण; अत्यावश्यक: 这事不关～。यह बात महत्वपूर्ण नहीं है।

【痛痒相关】 tòngyǎng-xiāngguān सुख-दुख का हिस्सेदार होना

【痛饮】 tòngyǐn जी भरकर शराब पीना

【痛责】 tòngzé खूब फटकारना; खूब डांटना

tōu

偷[1] tōu ❶चोरी; चोरी करना; चुराना: 我的自行车被人～了。मेरी साइकिल की चोरी हुई। ❷चोर: 小～ चोर ❸चोरी से; चोरी-चोरी; चोरी-छिपे: ～跑 चोरी-चोरी भाग जाना / 偷听 ❹(समय) निकालना: 偷空

偷[2] (媮) tōu निरुद्देश्य रहना: 偷安

【偷安】 tōu'ān अस्थाई सुख-चैन के लिए तृप्त होना: 苟且偷安 gǒuqiě-tōu'ān

【偷盗】 tōudào चोरी करना; चुराना; उठाईगिरी करना

【偷渡】 tōudù गुप्त व अवैध रूप से देश के अन्दर आना या बाहर जाना

【偷渡者】 tōudùzhě तस्कर

【偷工减料】 tōugōng-jiǎnliào कच्चा काम करना; काम में आवश्यकता से कम सामग्री इस्तेमाल करना

【偷鸡摸狗】 tōujī-mōgǒu ❶उठाईगिरी ❷परस्त्री से अवैध संबंध रखना

【偷奸取巧】 tōujiān-qǔqiǎo चालबाज़ी से लाभ प्राप्त करने की ताक में रहना

【偷看】 tōukàn झांकना; ताक-झांक; ताक-झांक करना

【偷空】 tōukòng समय निकालना; फ़ुरसत पाना: 他～上街买了点东西。उस ने समय निकालकर खरीदारी की।

【偷懒】 tōulǎn आलस्य; सुस्ती; आलसी; सुस्त; कामचोर

【偷梁换柱】 tōuliáng-huànzhù धरण चुराना और खंभे बदलना —— धोखे की टट्टी खड़ी करना

【偷摸】 tōumō उठाईगिरी

【偷巧】 tōuqiǎo स्वार्थ-सिद्धि के लिए चाल चलना

【偷窃】 tōuqiè उठाईगिरी; चोरी; उठाईगिरी करना; चोरी करना; चुराना

【偷情】 tōuqíng परपुरुषगमन या परस्त्रीगमन

【偷生】 tōushēng दीनतापूर्वक जीवित रहना

【偷税】 tōushuì कर-चोरी

【偷天换日】 tōutiān-huànrì आकाश चुराकर एक जाली सूरज स्थापित करना —— भारी धोखाधड़ी करना

【偷听】 tōutīng छिपकर बातें सुनना

【偷偷】 tōutōu चोरी से; चोरी-चोरी; चोरी-छिपे; दूसरों की नज़रों से बचकर: ～地溜走 चोरी-चोरी खिसक जाना

【偷偷摸摸】 tōutōumōmō लुके-छिपे; चुपचाप; लुक-छिपकर

【偷袭】 tōuxí अचानक हमला करना; छापा मारना

【偷闲】 tōuxián फ़ुरसत पाना

【偷眼】 tōuyǎn तिरछी नज़र से देखना; कनखियों से देखना; चोरी नज़र से देखना

【偷营】 tōuyíng दुश्मन के शिविर पर यकायक हमला बोलना

【偷嘴】 tōuzuǐ दूसरों की नज़र बचाकर चीज़ खाना

tóu

头[1]（頭）tóu ❶सिर; सर; शिर; शीर्ष ❷सिर के बाल या हेयरस्टाइल：理～ बाल कटवाना / 剃～ हजामत कराना ❸सिरा; छोर：那家商店就在这条路的～上。वह दुकान इसी सड़क के छोर पर स्थित है। ❹आरंभ या अंत：起个～儿 आरंभ करना / 这苦日子什么时候才是个～呀！इस तरह के दूभर जीवन का कभी अंत भी होगा？❺अवशेष; बचा-खुचा भाग; टुकड़ा：烟～儿 सिग्रेट का टुकड़ा ❻हेड; प्रधान; मुखिया：头儿 ❼पक्ष; पहलू：做事不能只顾一～。कोई मामला निबटाते समय उस के एक ही पहलू पर ध्यान देना गलत है। ❽पहला; प्रथम：头号 / ～奖 प्रथम पुरस्कार ❾बढ़त：领～ बढ़त लेना ❿पहले：～两天 पहले के दो दिनों में / ～三排 पहले की तीन पंक्तियाँ ⓫〈बो०〉（年 या 天 के आगे प्रयुक्त）पिछला; गत：头年 / 头天 ⓬से पहले; से पूर्व：～六点，我就出门去上班。सुबह छ बजे से पहले ही मैं ड्यूटी के लिए घर से निकलता हूं। ⓭(दो संख्याओं के बीच प्रयुक्त) कोई; करीब; लगभग：三～五百 तीन-चार सौ ⓮〈परि०श०〉①(बकरों, बैलों, गधों, खच्चरों आदि के लिए प्रयुक्त)：一～羊 एक बकरा / 两～牛 दो रास बैल ②(लहसुन के लिए प्रयुक्त) गांठ：一～蒜 लहसुन की एक गांठ

头[2]（頭）tóu (संज्ञा का प्रत्यय) ❶(संज्ञा, क्रिया या विशेषण के साथ जोड़ा जाता है)：罐头 guàntou / 看头 kàntou / 苦头 kǔtou ❷(स्थितिसूचक शब्द के साथ)：上头 shàngtou / 下头 xiàtou / 前头 qiántou / 后头 hòutou

【头版】tóubǎn (समाचार-पत्र का) पहला पृष्ठ

【头彩】tóucǎi लाटरी का पहला इनाम

【头筹】tóuchóu पहला स्थान; खिताब; टाइटल：夺得～ खिताब पर कब्ज़ा करना

【头寸】tóucùn 〈बैंकिंग०〉❶मनी मार्केट; मुद्रा-आपूर्ति ❷नकद; नगद

【头等】tóuděng अव्वल दर्जे का; पहले दर्जे का; प्राथमिक：～大事 प्राथमिक कार्य / ～舱 पहले दर्जे का केबिन

【头顶】tóudǐng शीर्षबिंदु

【头发】tóufa बाल; केश

【头骨】tóugǔ कपाल; करोट; खोपड़ी

【头号】tóuhào ❶अव्वल नम्बर का：～敌人 अव्वल नम्बर का दुश्मन ❷पहले दर्जे का; सर्वोत्तम：～面粉 सर्वोत्तम मैदा

【头昏】tóuhūn सिर चकराना; घुमटा; सिर का चक्कर：我～。मेरा सिर चकरा रहा है।

【头昏脑胀】tóuhūn-nǎozhàng चक्कर आना; सिर चकराना：他感到～。उसे चक्कर आ रहा है; उस का सिर चकरा रहा है।

【头昏眼花】tóuhūn-yǎnhuā दे० 头昏脑胀

【头家】tóujiā द्युतकार; जुआ खिलानेवाला

【头角】tóujiǎo (युवा की) प्रतिभा

【头角峥嵘】tóujiǎo-zhēngróng प्रतिभाशाली होना; कुशाग्रबुद्धि होना

【头巾】tóujīn स्कार्फ़; शीर्षपट; साफ़ा

【头颈】tóujǐng गरदन; गला

【头盔】tóukuī लोहे का टोप; शिरस्त्र

【头里】tóuli ❶आगे; पहले：他走在～。वह आगे-आगे चल रहा था। / 您～走，我马上就来。आप पहले चलें। मैं अभी आता हूं। ❷पहले：我～说的话不算数。मैं ने पहले जो कुछ कहा था, उसे बेकार ही समझो। ❸से (के) पहले; से (के) पूर्व; पहले; पूर्व：两年～ दो सालों से पहले; दो साल पहले

【头脸】tóuliǎn ❶शक्ल-सूरत; नाक-नक्शा ❷प्रतिष्ठा, मान-मर्यादा：有～的人 प्रतिष्ठित व्यक्ति

【头领】tóulǐng सरदार; मुखिया; नेता; अगुवा

【头颅】tóulú सिर; सर

【头路】tóulù 〈बो०〉❶मांग (बालों को संवारकर बनाई हुई रेखा) ❷(किसी जटिल मामले का) सुराग

【头马】tóumǎ आगे चलने वाला घोड़ा

【头面】tóumiàn 〈पुराना〉शिरोभूषण

【头面人物】tóumiàn rénwù बड़ा आदमी

【头目】tóumù सरगना; मुखिया; अगुवा

【头难】tóunán 〈बो०〉शुरू में मुश्किल होना：什么事情总是～。कोई भी काम शुरू में मुश्किल होता है।

【头脑】tóunǎo ❶मस्तिष्क; मगज़; दिमाग：遇事～要清醒。ठंडे दिमाग से काम लेना चाहिए। / 有～ दिमागवाला होना / 他被胜利冲昏了～。विजय से उस का दिमाग चौथे फ़लक पर हो गया। / ～简单 अल्पबुद्धि होना ❷सुराग：摸不着～ कोई सुराग न मिलना ❸〈बोल०〉नेता; अगुवा; रहनुमा

【头年】tóunián ❶पहला साल ❷पिछला साल

【头牌】tóupái (परंपरागत ओपेरा में) स्टार एक्टर या एक्ट्रिस

【头皮】tóupí ❶सिर की खाल：搔～ सिर खुजलाना ❷रूसी (सिर पर जमा हुआ मैल)

【头破血流】tóupò-xuèliú सिर टूटना; सिर फट जाना; सिर फूटना

【头儿】tóur 〈बोल०〉हेड; बॉस; प्रधान; मुखिया：他是我们的～。वह हमारा बॉस है।

【头人】tóurén कबीले का सरदार

【头晌】tóushǎng 〈बो०〉सुबह

【头生】tóushēng ❶प्रथम प्रसव ❷पहलौठा (पुत्र); पहलौठी (पुत्री)

【头绳】tóushéng ❶चोटी या जूड़ा बनाने के लिए डोरी ❷〈बो०〉ऊन

【头饰】tóushì शिरोभूषण

【头套】tóutào अभिनेता का हेडगियर

【头疼】tóuténg सिरदर्द

【头疼脑热】tóuténg-nǎorè सिरदर्द और हल्का ज्वर; छोटी बीमारी

【头天】tóutiān ❶पिछला दिन ❷पहला दिन

【头条新闻】 tóutiáo xīnwén प्रमुख समाचार

【头痛】 tóutòng सिरदर्द: 我～。मुझे सिरदर्द हो रहा है। / 这件事真叫人～。यह वाकई एक सिरदर्द है।

【头痛医头，脚痛医脚】 tóu tòng yī tóu, jiǎo tòng yī jiǎo जब सिर में दर्द हो, तो सिर का ही उपचार; जब पैर में दर्द हो, तो पैर का ही —— समस्या का मूलभूत समाधान न करना; कामचलाऊ प्रबंध करना

【头头儿】 tóutour 〈बोल०〉 हेड; बॉस; प्रधान

【头头是道】 tóutóu-shìdào सुव्यवस्थित और विस्तृत रूप से; सशक्त तर्क (उपस्थित करना): 他说起话来总是～。वह जब भी बोलता है, तो सशक्त तर्क उपस्थित करता है।

【头陀】 tóutuó भिक्षा मांगनेवाला बौद्धभिक्षु

【头先】 tóuxiān 〈बो०〉 ❶पहले ❷आगे ❸अभी

【头衔】 tóuxián टाइटल; उपाधि; खिताब; पदवी

【头像】 tóuxiàng सिर (मूर्ति या चित्र में)

【头屑】 tóuxiè रूसी

【头绪】 tóuxù सुराग: 理出个～来 काम बनने लगना / 理不出～ काम न बन सकना

【头雁】 tóuyàn अगला जंगली हंस

【头羊】 tóuyáng अगली भेड़

【头油】 tóuyóu हेयरआयल

【头晕】 tóuyūn सिर चकराना; चक्कर आना

【头重脚轻】 tóuzhòng-jiǎoqīng ऊपर भारी और नीचे हल्का —— अदृढ़; कमज़ोर

【头子】 tóuzi मुखिया; सरगना; अगुवा; सरदार: 强盗～ डकैतों का सरगना

投 tóu ❶फेंकना: ～球 गेंद फेंकना / ～石块 पत्थर फेंकना; पथराव करना ❷डालना; लगाना: 投票/ 投资 ❸पानी में जा डूबना: ～江 नदी में जा डूबना ❹(पत्र आदि) भेजना: ～书 पत्र भेजना ❺शामिल होना; भरती होना: 投军 / ～入战斗 लड़ाई में शामिल होना ❻पड़ना: 他的眼光～到来客身上。उस की नज़र मेहमान पर पड़ी। / 影子～在了墙上。परछाई दीवार पर पड़ी। ❼खुश करना; प्रसन्न करना; संतुष्ट करना; राज़ी करना: 投其所好 ❽से पहले; से पूर्व: ～明 पौ फटने से पहले / ～暮 रात होने से पहले; शाम का समय

【投案】 tóu'àn पुलिस के आगे आत्मसमर्पण करना: ～自首 पुलिस या न्यायिक संस्था के सामने आत्मसमर्पण करना

【投保】 tóubǎo बीमा कराना: 为房产～ अपने मकान का बीमा कराना

【投奔】 tóubèn शरण के लिए किसी के यहाँ जाना: ～亲友 आश्रय के लिए अपने रिश्तेदार के यहाँ जाना

【投笔从戎】 tóubǐ-cóngróng कलम फेंककर सेना में भरती होना —— लिखाई-पढ़ाई छोड़कर सेना में भरती होना

【投畀豺虎】 tóubì-cháihǔ पाजियों को तेंदुओं और बाघों की तरफ़ फेंक देना

【投标】 tóubiāo टेंडर देना; निविदा पेश करना

【投产】 tóuchǎn उत्पादन शुरू होना: 钢铁厂昨天～。लोहा इस्पात कारखाने में कल उत्पादन शुरू हो गया।

【投诚】 tóuchéng आत्मसमर्पण; आत्मसमर्पण करना; हथियार डालना; के पक्ष में जा मिलना

【投弹】 tóudàn बम या हथगोला फेंक देना

【投敌】 tóudí दुश्मन से जा मिलना

【投递】 tóudì पहुंचाना: ～信件 चिट्ठी पहुंचाना / 无法～的信件 मृत पत्र

【投递员】 tóudìyuán डाकिया; पोस्टमैन

【投放】 tóufàng ❶डालना; छोड़ना: ～鱼苗 मछली के बच्चों को पानी में छोड़ना / ～饲料 चारा डालना ❷लगाना: ～资金 पूंजी लगाना / ～劳力 श्रमशक्ति लगाना ❸बाज़ार में उपलब्ध कराना: 商品～市场 माल को बाज़ार में उपलब्ध कराना

【投稿】 tóugǎo लेख आदि देना

【投工】 tóugōng श्रमशक्ति या कार्यदिवस लगाना: 需投多少工? कितने कार्यदिवस लगाने की ज़रूरत है?

【投合】 tóuhé ❶घुलना-मिलना; हिलना-मिलना: 两人十分～。वे दोनों खूब घुलते-मिलते हैं। / 大家谈得很～。सब लोगों ने हिल-मिलकर बातचीत की। ❷के अनुसार प्रबंध करना: ～顾客口味 ग्राहकों की रुचि के अनुसार प्रबंध करना

【投壶】 tóuhú हंडे में तीर फेंकने का प्राचीन खेल

【投环】 tóuhuán 〈लि०〉 गले में फांसी लगा लेना

【投簧】 tóuhuáng ❶(ताली का) ताले की स्प्रिंग से मेल खाना ❷(तरीके का) व्यावहारिक और कारगर सिद्ध होना

【投机】 tóujī ❶हिलना-मिलना; घुलना-मिलना: 谈得十分～ घुल-मिलकर बातचीत करना ❷सट्टेबाज़ी; सट्टेबाज़ी करना: ～商 सट्टेबाज़

【投机倒把】 tóujī-dǎobǎ सट्टेबाज़ी (करना)

【投机分子】 tóujī fēnzǐ मौकापरस्त; अवसरवादी

【投机取巧】 tóujī-qǔqiǎo छल-कपट से अधिक लाभ प्राप्त करने की ताक में रहना

【投寄】 tóujì (पत्र आदि) डाक के द्वारा भेजना

【投井】 tóujǐng कुएं में कूदकर आत्महत्या करना

【投井下石】 tóujǐng-xiàshí 落井下石 luòjǐng-xiàshí के समान

【投军】 tóujūn सेना में भरती होना; सैनिक सेवा में लगना

【投考】 tóukǎo प्रवेश परीक्षा के लिए नामांकन कराना: ～高等学校 उच्चशिक्षालय की प्रवेश परीक्षा के लिए नामांकन कराना

【投篮】 tóulán 〈बास्केटबाल〉 बास्केट मारना: ～命中 बास्केट बनाना / 远（近）距离～ दूरी (नज़दीक) से बास्केट मारना

【投票】 tóupiào मतदान; मतदान करना (होना); वोट देना; मत डालना: 投赞成票 (के) पक्ष में मत डालना / 投反对票 (के) विपक्ष में मत डालना / 无记名～ गुप्तमतदान / ～表决 मतदान करना (होना)

【投票箱】 tóupiàoxiāng मत-पेटी

【投票站】 tóupiàozhàn मतदान केन्द्र

【投其所好】 tóuqísuǒhào किसी की रुचि या पसन्द के अनुरूप प्रबंध करना

【投契】 tóuqì <लि०> घुलना-मिलना; हिलना-मिलना
【投枪】 tóuqiāng भाला
【投亲】 tóuqīn रिश्तेदारों के यहाँ जाकर आश्रय लेना
【投入】 tóurù ❶लगाना; शामिल करना (होना)：～生产 उत्पादन में लगाना / 新建港口～使用。नवनिर्मित बन्दरगाह को काम में लाया गया । ❷ध्यानमग्न; एकाग्रचित्त：她学习很～。वह पढ़ाई में एकाग्रचित्त है । ❸निवेश; विनियोजन
【投射】 tóushè ❶फेंकना：～标枪 भाला फेंकना ❷फेंकना; फैलाना; फैलना：众人对他～去惊讶的目光。लोगों ने उस पर आश्चर्यपूर्ण नज़र फेंकी । / 阳光～在海面上。सूर्य की किरणें समुद्र की सतह पर फैलती जा रही हैं।
【投身】 tóushēn लगना; जुटना; संलग्न होना：～祖国的建设事业 अपने देश के निर्माण कार्य में जुटना
【投生】 tóushēng पुनर्जन्म
【投师】 tóushī गुरु से शिक्षा लेना
【投书】 tóushū (समाचार-पत्र आदि को) चिट्ठी भेजना
【投鼠忌器】 tóushǔ-jìqì चूहे पर कुछ फेंककर मारने से हिचकना इस डर से कि कहीं बर्तन भी न टूट जाए —— दुष्टजन के विरुद्ध कार्यवाही करने में हिचकिचाना इस डर से कि कहीं भले मानस को भी चोट न लगे
【投诉】 tóusù ❶अपील; अपील दायर करना：向法院～अदालत में अपील दायर करना ❷(ग्राहक आदि की) शिकायत; शिकायत करना
【投宿】 tóusù पड़ाव डालना
【投胎】 tóutāi पुनर्जन्म
【投桃报李】 tóutáo-bàolǐ आड़ू के बदले में आलूचा देना —— उपहार का आदान-प्रदान; मैत्रीपूर्ण आदान-प्रदान
【投降】 tóuxiáng आत्मसमर्पण; आत्मसमर्पण करना; हथियार डालना; हार मानना：缴械～ के सामने हथियार डालना
【投效】 tóuxiào <लि०> योग देने जाना
【投药】 tóuyào ❶दवा देना ❷(चूहों आदि को मार डालने के लिए) ज़हर देना
【投医】 tóuyī डॉक्टर के पास जाना; उपचार कराना
【投影】 tóuyǐng प्रोजेक्शन：～几何学 प्रोजेक्टिव ज्यामेट्री
【投缘】 tóuyuán गहरी छनना; घुल-घुलकर बात होना：两人越谈越～。दोनों में घुल-घुलकर बात होती रही।
【投掷】 tóuzhì फेंकना：～标枪（铁饼、手榴弹）भाला (चक्का, हथगोला) फेंकना
【投资】 tóuzī ❶पूंजी लगाना：～100 万元 दस लाख य्वान की पूंजी लगाना ❷निवेश; विनियोजन：～商 निवेशक / ～基金 निवेश निधि / 批准协议～ निवेश संबंधी प्रस्ताव को मंज़ूरी देना

骰 tóu नीचे दे०
【骰子】 tóuzi <बो०> पांसा：掷～ पांसा फेंकना

tòu

透 tòu ❶(तरल पदार्थ का) रिसना; (किरण का) आर-पार करना：～水 पानी रिसना / 阳光～过玻璃窗照进来。सूर्य की किरणें शीशे को आर-पार करके कमरे के अन्दर फैल गईं । / ～过现象看本质 किसी चीज़ की बाहरी आकृति से उस का सारतत्त्व भांप लेना ❷अकेले में बताना; उद्घाटित करना：～消息 किसी को अकेले में खबर बताना / 他们谈话的内容一点也没～出来。उन की बातचीत के बारे में कुछ भी उद्घाटित नहीं किया गया । ❸पूरी तरह; पूर्ण रूप से; पूर्णरूपेण; पूर्णतया; पूर्णतः; बिल्कुल：苹果熟～了。सेब के फल पूरी तरह पक गए हैं। / 他傻～了。वह बिल्कुल बुद्धू है। / 我背得熟～了。मैं ने यह पूर्ण रूप से कंठस्थ कर लिया है। / 我摸～了他的脾气。मैं उस के मिज़ाज से पूर्णतः वाकिफ़ हूं । ❹उभरना; प्रकट होना; दिखाई देना：脸上～出笑容 चेहरे पर मुस्कान उभर आना / 这花白里～红。इन सफ़ेद फूलों में हल्का सा लाल रंग भी दिखाई देता है।
【透彻】 tòuchè विस्तार और गहराई से विस्तृत और गहरा：～的了解 विस्तृत जानकारी होना / ～分析问题 समस्या का विस्तृत और गहरा विश्लेषण करना / 他对这个问题理解得很～。उस ने इस सवाल के प्रति गहरी समझ प्राप्त की है।
【透底】 tòudǐ ब्योरे बताना; तफ़सीलें देना
【透顶】 tòudǐng <अना०> हद हो जाना：糊涂～。मूर्खता की हद हो गई। / 腐败～。भ्रष्टाचार की हद हो गई।
【透风】 tòufēng ❶हवा निकलना; हवा घुस आना：窗户没关严，有点～。खिड़की ठीक से बन्द नहीं की गई। हवा अंदर आ रही है। ❷भेद खोलना; बताना：这件事，我给您透点风。इस मामले के संबंध में मैं आप को कुछ बताता हूं।
【透汗】 tòuhàn गाढ़ा पसीना：出了一身～ पसीना पसीना हो जाना
【透话】 tòuhuà संकेत देना; परोक्ष रूप से कहना：他～要搬家。उस ने घर बदलने का संकेत दिया।
【透镜】 tòujìng <भौ०> लेंस：凸透镜 tūtòujìng / 凹透镜āotòujìng
【透亮】 tòuliàng ❶रोशनीदार ❷समझ में आना：听了他这番解释，我心里就～了。उस के स्पष्टीकरण से बात मेरी समझ में आ गई।
【透亮儿】 tòuliàngr रोशनी अन्दर आना：玻璃窗～。शीशे से रोशनी अन्दर आती है।
【透漏】 tòulòu उगलना; प्रकट करना：谁～了消息？किस ने यह बात उगली ?
【透露】 tòulù उद्घाटित करना; प्रगट करना; खोलना; उगलना; बताना：～风声 खबर देना / ～秘密 भेद खोलना / ～真相 असलियत उद्घाटित करना
【透明】 tòumíng पारदर्शी; पारदर्शक
【透明度】 tòumíngdù पारदर्शिता：增加（扩大）～

पारदर्शिता बढ़ाना

【透辟】 tòupì चौतरफ़ा; चतुर्मुखी; प्रखर: 进行～的分析 प्रखर विश्लेषण करना

【透气】 tòuqì ❶वायुसंचारित करना; हवा निकलना; हवा घुस आना: 这屋子一点也不～ यह कमरा हवादार नहीं है। ❷हवा खाना: 屋里憋得慌，到外面去透透气吧。कमरे में दम घुटता है। चलें, बाहर निकल कर हवा खाएं। / 透不过气来 सांस रुकना; दम घुटना ❸संकेत करना; खबर देना

【透视】 tòushì ❶दृष्टिक्रम ❷〈चिकि०〉 एक्स-रे लेना ❸समझ लेना; जान लेना

【透视图】 tòushìtú पर्स्पेक्टिव चित्र; दृष्टिक्रम से बनाया हुआ चित्र

【透信】 tòuxìn खबर देना; सूचना देना: 关于他调动的事，我先给您透个信儿。जहां तक उस की बदली का ताल्लुक है, उस की मैं आप को पहले खबर दे देता हूं।

【透雨】 tòuyǔ भरपूर वर्षा

【透支】 tòuzhī ❶〈बैंकिंग〉 पैसा अधिक निकालना; ओवरड्रा करना ❷आमदनी से अधिक खर्च होना ❸पेशगी

tū

凸 tū उभरवाँ; उभारदार; ऊपर उठाया हुआ; बाहर निकला हुआ: ～出 उभरवाँ होना / ～起 ऊपर उठाया हुआ होना

【凸版】 tūbǎn 〈मुद्रण०〉 रिलीफ़ प्रिंटिंग प्लेट: ～印刷 लेटरप्रेस; उभारदार मुद्रण

【凸轮】 tūlún 〈यां०〉 कैम

【凸面镜】 tūmiànjìng （凸镜 tūjìng भी）उभारदार शीशा

【凸透镜】 tūtòujìng उभारदार लैंस

【凸显】 tūxiǎn स्पष्ट रूप से प्रकट होना: 矛盾～。अंतरविरोध स्पष्ट रूप से प्रकट हुए। / ～文化特色 सांस्कृतिक विशेषताएं स्पष्ट रूप से प्रकट होना

秃 tū ❶गंजा; सिर के बाल झड़ना: 他的头有点～。उस के सिर के बाल झड़ने लगे हैं। ❷पत्तियों से रहित (वृक्ष); वृक्षहीन (पहाड़); नंगा (पहाड़): ～山 वृक्षहीन (नंगा) पहाड़ / ～树 पत्तियों से रहित पेड़ ❸नोक न रहना: 笔尖～了。कलम की नोक नहीं रह गई। ❹अपूर्ण: 文章这样结尾显得有些～。यह लेख अंत में कुछ अपूर्ण सा लगता है।

【秃笔】 tūbǐ बिना नोक का ब्रश —— अकुशल लेखन

【秃顶】 tūdǐng ❶गंजा ❷गंजा (व्यक्ति)

【秃鹫】 tūjiù गिद्ध

【秃噜】 tūlu 〈बो०〉 ❶खुलना: 鞋带～了。जूतों के फ़ीते खुल गए। ❷(बाल, पर आदि) टूट कर गिरना: 羊皮上的毛～了。बकरे की खाल पर से बाल टूट कर गिर गए हैं। ❸ढीला होकर लटकना: 裤子～地了。पैंट ढीली होकर लटकते हुए ज़मीन को छूने लगी। ❹मुंह से अनायास अपशब्द निकलना ❺हद से ज़्यादा: 钱一花就～了。खरीदारी करते समय मैं ने हद से ज़्यादा पैसे खर्च कर डाले।

【秃瓢】 tūpiáo मुंड़ा हुआ सिर

【秃头】[1] tūtóu गंजा सिर

【秃头】[2] tūtóu ❶गंजा ❷मुंड़ा हुआ सिर

【秃子】 tūzi गंजा

突 tū ❶लपकना; टूट पड़ना; झपटना; आक्रमण करना: ～入敌阵 दुश्मन पर टूट पड़ना ❷अचानक; एकाएक; अनपेक्षित रूप से; सहसा; अकस्मात्: 天气～变。मौसम अचानक खराब हो गया। ❸उभरा हुआ; ऊंचा उठा हुआ ❹〈लि०〉 चिमनी

【突变】 tūbiàn अचानक परिवर्तन आना; सहसा बदल जाना; आकस्मिक बदलाव आना: 风云～。स्थिति में आकस्मिक बदलाव आ गया।

【突出】[1] tūchū रास्ता बनाना: ～人群的包围 भीड़ में से रास्ता बनाना / ～重围 भारी घेराबंदियों को तोड़कर रास्ता बनाना

【突出】[2] tūchū ❶उभारदार; उभरा हुआ; ऊंचा उठा हुआ; आगे निकला हुआ: ～的额骨 आगे निकला हुआ माथा / ～的岩石 ऊंची उठी हुई चट्टान ❷असाधारण; असामान्य: ～的成就 असाधारण उपलब्धि ❸प्राथमिकता देना; ज़ोर देना; सर्वोपरि स्थान पर रखना: ～重点 मुख्य-मुख्य बातों पर ज़ोर देना

【突飞猛进】 tūfēi-měngjìn दिन दूनी रात चौगुनी तरक्की करना

【突击】 tūjī ❶अचानक धावा बोलना ❷कार्य को शीघ्र पूरा करने के उद्देश्य से शक्ति केंद्रित करना; गति तेज़ करना: ～播种 बोवाई की गति तेज़ करना

【突厥】 Tūjué तुर्क, जो प्राचीन चीन में एक जाति का नाम था

【突尼斯】 Tūnísī ट्यूनिसिया

【突尼斯人】 Tūnísīrén ट्यूनिसियावासी; ट्यूनिसियाई

【突破】 tūpò ❶के बीच से रास्ता बनाना: ～防线 रक्षापंक्तियों को तोड़कर रास्ता बनाना / ～封锁 नाकेबन्दी तोड़ देना ❷तोड़ना; पार कर जाना; से बढ़कर होना: ～纪录 पुराना रिकार्ड तोड़ना / ～指标 लक्ष्य से पार कर जाना

【突起】 tūqǐ ❶सहसा होना: 狂风～。प्रचंड हवा सहसा चलने लगी। / 战事～。युद्ध अचानक छिड़ गया। ❷बहुत ऊंचा होना; उत्तुंग खड़ा होना: 峰峦～ पहाड़ों की चोटियाँ उत्तुंग खड़ी नज़र आईं।

【突然】 tūrán ❶आकस्मिक; कारणहीन; अनपेक्षित: ～袭击 आकस्मिक प्रहार / ～事件 अनपेक्षित घटना ❷अकस्मात्; यकायक; अचानक; सहसा: 他～闯了进来。वह कमरे के अन्दर यकायक आ धमका। / 她～病倒。वह अकस्मात् बीमार पड़ गई।

【突如其来】 tūrúqílái अचानक घटित होना; अनपेक्षित रूप से उत्पन्न होना

【突突】 tūtū 〈अनु०〉 心～地跳 दिल धकधक करना / 摩托车～地驶过。मोटरसाइकिल घड़घड़ करती हुई पास से गुज़र गई।

【突围】 tūwéi घेराबंदियों को तोड़कर रास्ता बना लेना
【突兀】 tūwù ❶उत्तुंग; गगनचुम्बीः 奇峰～。पहाड़ों की अजीबोगरीब चोटियाँ उत्तुंग खड़ी हैं। ❷आकस्मिक; अनपेक्षितः 一切发生得太～，使他茫然无措。सब कुछ इतना अनपेक्षित था कि उसे मालूम न हो सका कि क्या किया जाए या न किया जाए।
【突袭】 tūxí अचानक प्रहार करना; टूट पड़ना; झपटना

tú

图（圖） tú ❶चित्र; तस्वीर; नक्शा; खाकाः 地图 dìtú / 蓝图 lántú / 画～ चित्र बनाना; तस्वीर खींचना ❷कोशिश; साजिश; उपायः 另作他～ अन्य उपाय सुझाना ❸के लिए कोशिश करनाः ～名利 नाम और लाभ के लिए कोशिश करना / ～一时痛快 क्षणिक तृप्ति के लिए कोशिश करना ❹आकांक्षा, इरादा, इच्छाः 宏图 hóngtú ❺〈लि०〉 चित्रण करना; तस्वीर खींचना
【图案】 tú'àn आकृति; शक्ल; बेल-बूटा; फूल-पत्ती; नक्शाः 几何～ ज्यामिति की शक्ल
【图板】 túbǎn ड्रइंग बोर्ड
【图版】 túbǎn (फ़ोटो, चित्र, नक्शा आदि छापने के लिए) प्लेट
【图报】 túbào प्रत्युपकार करने की कोशिश करना
【图表】 túbiǎo चार्ट; डायग्राम
【图钉】 túdīng ड्राइंग पिन
【图画】 túhuà चित्र; तस्वीर
【图画文字】 túhuà wénzì 〈भा०वि०〉 चित्रलिपि
【图籍】 tújí 〈लि०〉 मानचित्र एवं जनगणना रिकार्ड
【图记】 tújì मुहर; मुद्रा
【图鉴】 tújiàn (पुस्तक के नाम के लिए प्रयुक्त) सचित्र पुस्तक
【图解】 tújiě रेखाकृतियों से व्याख्या करना
【图景】 tújǐng दृश्य; परिदृश्यः 展现壮丽的～ शानदार दृश्य दर्शाना
【图例】 túlì (मानचित्र आदि पर) लेजेंड
【图谋】 túmóu कोशिश; साजिश, षड़यंत्र; कोशिश करना; साजिश रचना; षड़यंत्र रचनाः ～不轨 षड़यंत्रकारी कार्रवाई में लगना
【图片】 túpiàn चित्र, तस्वीर; फ़ोटोः ～展览 चित्र प्रदर्शनी
【图谱】 túpǔ चित्रावलीः 植物～ वनस्पतियों की चित्रावली
【图穷匕首见】 tú qióng bǐshǒu xiàn जब मानचित्र खोला गया, तब उस में लिपटी कटार प्रकट हुई —— आखिर में असलियत पर पहुंचना
【图书】 túshū पुस्तक; किताबः ～资料 पुस्तक और संदर्भ-सामग्री / ～目录 पुस्तकों का सूचीपत्र
【图书】 túshu मुहर; मुद्रा
【图书馆】 túshūguǎn पुस्तकालय; लाइब्रेरी
【图腾】 túténg टोटम
【图瓦卢】 Túwǎlú टुवालू
【图文并茂】 túwén-bìngmào (पुस्तक, पत्रिका आदि में) चित्र और लेख दोनों उत्तम हैं
【图文电视】 túwén diànshì टेलीटेक्स्ट
【图像】 túxiàng चित्र; तस्वीर; आकृति
【图形】 túxíng ❶रेखा-चित्र; शक्ल; आकृति ❷几何图形 jǐhé túxíng का संक्षिप्त रूप
【图样】 túyàng डिज़ाइन; खाका; नक्शा
【图章】 túzhāng मुद्रा; मुहर; छाप
【图纸】 túzhǐ ब्लूप्रिंट

荼 tú 〈प्रा०〉 ❶एक कड़वी घास का पौधा ❷घास का सफ़ेद फूल
【荼毒】 túdú 〈लि०〉 मुसीबतों के गर्त में धकेलना; क्रूरतापूर्ण उत्पीड़न करनाः ～生灵 जनता को मुसीबतों के गर्त में धकेलना

徒[1] tú ❶पैदलः 徒步 / 徒涉 ❷खाली; निहत्थाः 徒手 ❸केवल; सिर्फ़; मात्रः 不～无益，反而有害 न केवल लाभदायक नहीं होना बल्कि हानिकारक भी होना ❹व्यर्थ; नाहक; बेकारः 徒劳

徒[2] tú ❶शिष्य; चेला; छात्रः 门徒 méntú ❷अनुयायी; आस्तिकः 信徒 xìntú ❸〈अना०〉 एक ही दल का आदमीः 党徒 dǎngtú ❹〈अना०〉 आदमीः 酒～ शराबी / 暴～ उपद्रवी ❺〈लि०〉 कैद; कारावासः 徒刑 túxíng
【徒步】 túbù पैदल चलना
【徒弟】 túdì चेला; नौसिखिया
【徒工】 túgōng नौसिखिया
【徒劳】 túláo व्यर्थ कोशिश करना; बेकार काम करना; विफल प्रयत्न करना; व्यर्थ होना; बेकार होनाः 您这样做是～的。आप की यह कोशिश व्यर्थ रहेगी / ～往返 व्यर्थ ही आना-जाना
【徒劳无功】 túláo-wúgōng （徒劳无益 túláo-wúyì भी）निष्फल प्रयत्न करना; बेकार काम करना
【徒然】 túrán ❶व्यर्थ; नाहक; बेकारः 你～浪费时间。तुम नाहक वक्त बरबाद कर रहे हो। ❷सिर्फ़; केवल; मात्रः 倘然这么干，～给对方一个机会。ऐसा करने से विपक्ष को मात्र एक अच्छा मौका दिया जाएगा।
【徒涉】 túshè 〈लि०〉 पैदल नदी पार करना
【徒手】 túshǒu खाली हाथ; निहत्थाः ～与盗贼搏斗 निहत्था होकर डाकू से भिड़ना
【徒孙】 túsūn शिष्य का शिष्य
【徒托空言】 tútuō-kōngyán ज़बानी जमा-खर्च करना; खोखली बातें करना
【徒刑】 túxíng कैद; कारावासः 判两年～ दो साल की कैद की सज़ा सुनाना
【徒有虚名】 túyǒu-xūmíng नाम बड़ा दर्शन थोड़ा
【徒长】 túzhǎng 〈कृषि०〉 अत्यधिक बाढ़
【徒子徒孙】 túzǐ-túsūn ❶शिष्य और उन के शिष्य ❷अनुयायी; पिछलग्गू

途 tú रास्ता; मार्ग; सड़क: ～中 रास्ते में
【途程】 túchéng 〈ला०〉 रास्ता; मार्ग: 革命的～ क्रांति का रास्ता
【途次】 túcì 〈लि०〉 पड़ाव; टिकान
【途经】 tújīng के रास्ते से; से होकर: ～河内回国 हनोई से होकर स्वदेश लौटना
【途径】 tújìng माध्यम; ज़रिया: 通过外交～ राजनयिक माध्यम से / 寻找解决问题的～ समस्या का समाधान खोज निकालना

涂 1 (塗) tú ❶पोतना; लीपना; लगाना: ～药膏 मरहम लगाना / ～颜色 रंग पोतना ❷घसीटकर लिखना; घसीटना: 你在墙上乱～什么呀! तुम दीवार पर क्या घसीट रहे हो? ❸मिटाना; रेखा खींचकर रद्द कर देना: ～掉这一段话。इस पैराग्राफ़ को रेखा खींचकर रद्द कर दो।

涂 2 (塗) tú ❶〈लि०〉 मिट्टी; मृदा ❷टाइटल लैंड

涂 3 (塗) Tú एक कुलनाम
【涂改】 túgǎi बदल देना; परिवर्तन करना
【涂料】 túliào लेप; पेंट
【涂抹】 túmǒ ❶पोतना; लीपना; चढ़ाना ❷घसीटना; घसीट लिखना
【涂饰】 túshì ❶(रंग, रोगन आदि) चढ़ाना: ～木器 काष्ठ बरतनों पर वार्निश चढ़ाना ❷पोतना; लीपना
【涂炭】 tútàn 〈लि०〉 मिट्टी और कोयला —— मुसीबतों का पहाड़ टूट पड़ना; घोर विपत्तियाँ भुगतना —— 生灵涂炭 shēnglíng tútàn भी दे०
【涂写】 túxiě घसीटना; घसीट कर लिखना
【涂鸦】 túyā घसीट लिखावट; शिकस्त लिखावट; घसीट लिखावट लिखना
【涂脂抹粉】 túzhī-mǒfěn सजाना-संवारना; लीपा-पोती करना

菟 tú दे० 於菟 wūtú
tù भी दे०

屠 tú ❶(पशुओं का) वध करना ❷हत्या; कत्लेआम; हत्या करना; कत्लेआम करना: 屠杀 ❸ (Tú) एक कुलनाम
【屠城】 túchéng किसी शहर पर कब्ज़ा करने के बाद उस के निवासियों का कत्लेआम करना
【屠刀】 túdāo बुगदा; कसाई का छुरा
【屠夫】 túfū कसाई; बूचड़; जल्लाद; वधिक
【屠户】 túhù 〈पुराना〉 कसाई; बूचड़
【屠戮】 túlù 〈लि०〉 हत्या करना; कत्लेआम करना
【屠杀】 túshā खूनखराबा; मार-काट; कत्लेआम; नरसंहार; खूनखराबा करना; मार-काट मचाना; कत्लेआम करना; नरसंहार करना
【屠苏】 túsū एक प्रकार की प्राचीन मदिरा
【屠宰】 túzǎi वध; वध करना
【屠宰场】 túzǎichǎng बूचड़खाना; कसाईखाना

tǔ

土 tǔ ❶मिट्टी; मृदा: 黄～ पीली मिट्टी / 黏土 niántǔ ❷भूमि; भू; धरती; ज़मीन: 领土 lǐngtǔ / 国土 guótǔ ❸स्थानीय; देशी: 土产 / 土话 / ～办法 देशी तरीका; स्थानीय तरीका ❹असभ्य; गंवार: 土里土气 ❺कच्ची अफ़ीम: 烟土 yāntǔ
【土邦】 tǔbāng रियासत
【土包子】 tǔbāozi गंवार; उजड्ड
【土崩瓦解】 tǔbēng-wǎjiě छिन्नभिन्नता; पतन; छिन्न-भिन्न; पतन होना; छिन्न-भिन्न होना
【土鳖】 tǔbiē ग्राउंड बीटल
【土布】 tǔbù हाथ से बुना हुआ सूती कपड़ा
【土产】 tǔchǎn ❶स्थानीय ❷स्थानीय वस्तु
【土地】 tǔdì ❶भूमि; ज़मीन: ～肥沃 भूमि उर्वर होना ❷प्रादेशिक भूमि; भूभाग
【土地】 tǔdi (土地爷 tǔdiyé, 土地老 tǔdilǎo भी) ग्रामदेव; ग्रामदेवता
【土地税】 tǔdìshuì भूकर; भूमिकर
【土豆】 tǔdòu आलू
【土耳其】 Tǔ'ěrqí तुर्की
【土耳其人】 Tǔ'ěrqírén तुर्क
【土耳其语】 Tǔ'ěrqíyǔ तुर्की भाषा
【土法】 tǔfǎ देशी तरीका; स्थानीय तरीका
【土方】 1 tǔfāng ❶घनमीटर मिट्टी ❷मिट्टी का काम
【土方】 2 tǔfāng लोकप्रचलित नुस्खा
【土匪】 tǔfěi डाकू; डकैत; लुटेरा
【土粉子】 tǔfěnzi 〈बो०〉 खड़िया
【土改】 tǔgǎi 土地改革 भूमिसुधार का संक्षिप्त रूप
【土埂】 tǔgěng मेंढ़; डांड़ा
【土棍】 tǔgùn स्थानीय गुंडा
【土豪劣绅】 tǔháo-lièshēn स्थानीय निरंकुश व बुरा शरीफ़ज़ादा
【土话】 tǔhuà बोली
【土皇帝】 tǔhuángdì स्थानीय अत्याचारी; स्थानीय शासक
【土黄】 tǔhuáng खाकी रंग; मटियाला रंग
【土货】 tǔhuò स्थानीय वस्तु; स्थानीय उपज
【土家族】 Tǔjiāzú थूच्या जाति, जो हूनान, हुपेइ और स्छ्वान आदि प्रांतों में आबाद है
【土炕】 tǔkàng खाट का काम देनेवाला कच्ची ईंटों से बना तापक प्लेटफ़ार्म; खांग
【土库曼斯坦】 Tǔkùmànsītǎn तुर्कमानिस्तान
【土库曼斯坦人】 Tǔkùmànsītǎnrén तुर्कमान
【土老冒儿】 tǔlǎomàor 〈बोल०〉 गंवार; देहाती
【土里土气】 tǔlitǔqì गंवारूपन; गंवार; गंवारू
【土路】 tǔlù कच्ची सड़क

【土木】 tǔmù निर्माण
【土木工程】 tǔmù gōngchéng सिविल इंजीनियरिंग
【土偶】 tǔ'ǒu मिट्टी की मूर्ति
【土坯】 tǔpī कच्ची ईंट
【土气】 tǔqì ❶भद्दी शैली ❷भद्दा; गंवारू
【土丘】 tǔqiū टीला
【土壤】 tǔrǎng मिट्टी; मृत्तिका; मृदा: ～改良 मिट्टी सुधार / ～湿度 मिट्टी की आर्द्रता
【土壤学】 tǔrǎngxué मृत्तिकाविज्ञान: ～家 मृत्तिका-वैज्ञानिक
【土人】 tǔrén स्थानीय निवासी; आदिवासी
【土色】 tǔsè मटमैला रंग; मटमैला
【土生土长】 tǔshēng-tǔzhǎng एक ही स्थान में पलना-बढ़ना: 他是～的北京人 वह पेइचिंग में ही पला-बढ़ा है।
【土石方】 tǔshífāng घनमीटर मिट्टी और पत्थर
【土司】 tǔsī ❶य्वान, मिंग और छिंग राजवंशों के दौरान अल्पसंख्यक जातियों के सरदारों की नियुक्ति की व्यवस्था ❷सरदार; मुखिया
【土俗】 tǔsú ❶स्थानीय रीति-रिवाज ❷गंवार; भद्दा
【土特产】 tǔtèchǎn स्थानीय और विशेष वस्तु; स्थानीय और विशेष उपज
【土卫】 tǔwèi 〈खगोल०〉 सनीचर का उपग्रह
【土星】 tǔxīng सनीचर; शनि
【土腥气】 tǔxīngqì （土腥味儿 tǔxīngwèir भी） मिट्टी की गंध
【土性】 tǔxìng मिट्टी की धारण-शक्ति
【土仪】 tǔyí 〈लि०〉 भेंट के रूप में दी जानेवाली स्थानीय उपज
【土音】 tǔyīn स्थानीय उच्चारण
【土语】 tǔyǔ बोली
【土葬】 tǔzàng दफ़न; दफ़न करना; दफ़नाना
【土政策】 tǔzhèngcè स्थानीय नीति (जो प्रायः केन्द्र की नीति के विपरीत हो)
【土质】 tǔzhì मिट्टी की गुणवत्ता और बनावट
【土著】 tǔzhù आदिवासी; मूल निवासी
【土族】 Tǔzú थू जाति, जो मुख्यतः छिंगहाए प्रांत में आबाद है

吐 tǔ ❶थूकना; उगलना: ～痰 बलगम थूकना ❷छोड़ना; निकालना: ～穗 बालें निकलना / 吐絮 ❸प्रकट करना; बोलना; बताना: 吐露 / ～实 सत्य बोलना
tù भी दे०
【吐蕃】 Tǔbō प्राचीन चीन में तिब्बती प्रशासन
【吐故纳新】 tǔgù-nàxīn फ़ालतू व बेकार को त्याग देना और नए-ताज़े को ग्रहण कर लेना
【吐话】 tǔhuà हामी भरना; अनुमति देना: 只要领导～，我们就开始干。जब ऊपर वाला अनुमति देगा, तो हम तुरंत काम शुरू करेंगे।
【吐口】 tǔkǒu ❶सत्य बोलना ❷अनुमति देना; हां करना
【吐苦水】 tǔ kǔshuǐ अपना दुखड़ा रोना; अपनी करुण गाथा कह सुनाना
【吐露】 tǔlù प्रकट करना; बोलना: ～真情 सत्य बोलना; दिल की गांठ खोलना
【吐气】[1] tǔqì दिल का गुबार निकालने के बाद उल्लसित होना
【吐气】[2] tǔqì 送气 sòngqì के समान
【吐弃】 tǔqì थूककर ठुकराना
【吐绶鸡】 tǔshòujī पीरू
【吐属】 tǔshǔ 〈लि०〉 बोलने का ढंग
【吐絮】 tǔxù कपास के डोंडे से रूई निकलना
【吐字】 tǔzì (परंपरागत ओपेरा में अभिनेता का) उच्चारण करना: ～清楚 स्पष्ट उच्चारण करना

钍（釷） tǔ 〈रसा०〉 थोरियम (Th)

tù

吐 tù ❶कै; वमन; उल्टी; कै आना; कै करना; वमन करना; उल्टी करना: 呕～ कै आना; कै करना; वमन करना; उल्टी करना / 吐血 ❷अपने कब्ज़े में लाई हुई संपत्ति को विवश होकर लौटा देना
tǔ भी दे०
【吐沫】 tùmo लार; लाला; राल
【吐血】 tùxiě लोहू थूकना
【吐泻】 tùxiè उल्टी और दस्त

兔（兎） tù खरगोश; खरहा; शशक
【兔唇】 tùchún कटा ओंठ
【兔毫】 tùháo खरगोश के बालों से बना ब्रश
【兔起鹘落】 tùqǐ-húluò खरगोश भागने लगा कि बाज़ गोता खाकर उस पर झपटा —— ❶शीघ्रता ❷(लिखक, लिपिकार और चित्रकार के) हाथ की सफ़ाई
【兔儿爷】 tùryé खरगोश के सिर वाली मिट्टी की मूर्ति, जो मध्य शरद उत्सव के दिन बच्चों का एक खिलौना होती है
【兔死狗烹】 tùsǐ-gǒupēng खरगोश को मारने के बाद शिकारी कुत्तों को भी आहार के लिए मार डालना —— अपने विश्वसनीय सहयोगियों को मौत के घाट उतारना, जब वे बेकार साबित होने लगते हैं
【兔死狐悲】 tùsǐ-húbēi खरगोश की मौत पर लोमड़ी को भी दुख होता है —— अपनी ही जाति के प्राणी के विनाश पर शोकाकुल होना
【兔脱】 tùtuō 〈लि०〉 खरगोश की तरह भाग जाना; भाग खड़ा होना
【兔崽子】 tùzǎizi 〈घृणा०〉 सुअर का बच्चा
【兔子】 tùzi खरगोश; खरहा; शशक

堍 tù पुल के दोनों छोरों पर की ढालें

菟 tù नीचे दे०
tú भी दे०
【菟丝子】 tùsīzǐ （菟丝 tùsī भी）〈ची०चि०〉

चाइनीज़ डोडर का बीज

tuān

湍 tuān <लि०> ❶द्रुत (प्रवाह); तीव्र ❷तीव्र प्रवाह
【湍急】 tuānjí द्रुत; तीव्र; प्रचंड: 水流~。बहाव प्रचंड है।
【湍流】 tuānliú <लि०> तीव्र प्रवाह

tuán

团[1] (團) tuán ❶गोल; गोला; गोलाकार; वृत्ताकार: ~扇 वृत्ताकार पंखा ❷गोलाकार बनाना; गोला बनाना: ~纸团儿 कागज़ का गोला बनाना ❸एक होना; एकजुट होना; एकताबद्ध होना: 团结 ❹संघ; सोसाइटी; समूह; मंडल; मंडली: 剧~ नाट्य मंडली ❺中国共产主义青年团 का संक्षिप्त नाम: चीनी कम्युनिस्ट युवक संघ ❻गोलाकार वस्तु: 面团 miàntuán ❼<परि०श०> (गोलाकार वस्तु के लिए): 一~毛线 ऊन का एक गोला / 一~面 साने हुए आटे की एक गोली

团[2] (糰) tuán डम्पलिंग: 汤团 tāngtuán
【团拜】 tuánbài नववर्षदिवस या वसंतोत्सव के दिन एकत्र होकर एक दूसरे से शुभकामनाएं करना
【团队】 tuánduì टीम: ~精神 टीम-भावना
【团粉】 tuánfěn कुकिंग स्टार्च
【团伙】 tuánhuǒ गिरोह; दल: 流氓~ गुंडों का गिरोह
【团结】 tuánjié ❶एकता; के साथ एकता कायम करना; एकताबद्ध होना (करना); एक होना (करना); एकजुट होना (करना): ~就是力量。एकता में शक्ति है। / ~一致 एक होना; एकजुट होना / ~一切可以~的力量 उन शक्तियों, जिन के साथ एकता कायम की जा सकती है, के साथ एकता कायम करना / ~在党中央的周围 पार्टी की केन्द्रीय समिति के इर्द-गिर्द एक होना ❷मेल; मेल-जोल, मेल-मिलाप: 大家很~。लोगों में मेल-जोल है।
【团聚】 tuánjù ❶पुनर्मिलन होना: 合家~ परिवार के सभी सदस्यों का पुनर्मिलन होना ❷एकता के सूत्र में बांधना
【团粒】 tuánlì <कृषि०> कण; कणिका
【团弄】 tuánnong <बो०> ❶हत्थेलियों से किसी वस्तु की गोली बनाना ❷उंगलियों पर नचाना; इशारों पर नचाना; आंखों में धूल झोंकना
【团脐】 tuánqí ❶मादा केकड़े का चौड़ा व गोलाकार पेट ❷मादा केकड़ा
【团体】 tuántǐ संगठन; टीम; समूह; दल: 群众~ जन-संगठन
【团体操】 tuántǐcāo सामूहिक व्यायाम
【团体冠军】 tuántǐ guànjūn टीम खिताब; टीम चैंपियनशिप
【团体赛】 tuántǐsài टीम प्रतियोगिता
【团团】 tuántuán ❶गोल-गोल: ~的小脸儿 गोल-गोल मुखड़ा ❷चारों ओर से: ~围住 चारों ओर से घेरना
【团团转】 tuántuánzhuàn चक्कर खाना: 忙得~ सिर उठाने की फ़ुरसत नहीं होना; हरदम काम में जुते रहना / 急得~ चिंतित होकर इधर से उधर, उधर से इधर घूमना
【团鱼】 tuányú नरम कवच का कछुआ
【团员】 tuányuán ❶(प्रतिनिधि मंडल, शिष्ट मंडल आदि का) सदस्य (सदस्या) ❷चीनी कम्युनिस्ट युवक संघ का सदस्य (सदस्या)
【团圆】 tuányuán ❶(परिजनों का) पुनर्मिलन ❷गोल
【团圆节】 Tuányuán Jié मध्य शरद उत्सव का दूसरा नाम; परिवार पुनर्मिलन उत्सव
【团子】 tuánzi चावल या आटे से बना लड्डू के आकार का खाद्य पदार्थ

抟 (摶) tuán ❶<लि०> चक्कर लगाना; चक्कर काटना ❷团[1]tuán❷ के समान

tuī

忒 tuī <बो०> ज़्यादा; अधिक; बहुत: 这张桌子~大，屋里放不下。यह मेज़ ज़्यादा बड़ी है इसलिए इस कमरे में नहीं समा सकती।
tè; tēi भी दे०

推 tuī ❶धकेलना; ढकेलना; धक्का देना; ठेलना: ~车 गाड़ी ठेलना / 他~我一把。उस ने मुझे धक्का दिया। ❷चक्की में या सिल पर पीसना: ~面粉 आटा पीसना ❸काटना; छीलना; रंदना: 推头 / 用刨子~光木板 तख्ता रंदना ❹आगे बढ़ाना; बढ़ावा देना: ~向前进 आगे बढ़ाना ❺अनुमान; अंदाज़; अनुमान करना; अंदाज़ लगाना: 推测 ❻(दूसरों को) देना; (दूसरों पर) टालना; अस्वीकार करना: 推辞 / 推让 ❼टालना; टाल-मटोल करना; टरकाना: 推三阻四 ❽स्थगित करना; स्थगन करना; टालना: 会期往后~两周。सभा को दो हफ़्तों तक के लिए स्थगित किया गया। ❾प्रशंसा करना; सम्मान करना; आदर करना: 推崇 / 推许 ❿चुनना; चुनाव करना; निर्वाचन करना; निर्वाचित करना: ~他当代表 उसे प्रतिनिधि निर्वाचित करना
【推本溯源】 tuīběn-sùyuán मूल कारण ढूंढ़ना
【推波助澜】 tuībō-zhùlán आग में घी डालना
【推测】 tuīcè अंदाज़; अंदाज़ा; अटकल; अनुमान; अंदाज़ लगाना; अंदाज़ा करना (लगाना); अटकल करना; अनुमान करना (लगाना): 这仅仅是~而已。यह महज़ अंदाज़ा है। / 据~ अनुमान है कि …
【推陈出新】 tuīchén-chūxīn पुरानी चीज़ों के उपयोगी तत्वों को खोजकर उन्हें नए रूप में विकसित करना

【推诚相见】 tuīchéng-xiāngjiàn ईमानदारी से पेश आना

【推迟】 tuīchí स्थगन करना; स्थगित करना; टालना: 会议~到明天举行。सभा को कल पर टाल दिया गया। / 无限期~ अनिश्चित काल तक के लिए स्थगित करना

【推崇】 tuīchóng आदर करना; सम्मान करना; प्रशंसा करना; तारीफ़ करना: ~备至 का अत्यंत आदर करना

【推出】 tuīchū प्रस्तुत करना; पेश करना; निकालना: ~新产品 नई वस्तु निकालना / ~一部新影片 एक नई फ़िल्म पेश करना

【推辞】 tuīcí (नियुक्ति, निमंत्रण आदि से) इनकार करना; अस्वीकार करना

【推戴】 tuīdài 〈लि०〉 किसी को नेता बनने में समर्थन देना

【推宕】 tuīdàng विलंब; देरी; विलंब करना; देरी लगाना

【推倒】 tuīdǎo ❶गिरा देना: 将他~在地 उसे गिरा देना ❷रद्द करना; गलत साबित करना: ~以前的结论 पुराने निष्कर्ष को गलत साबित करना

【推定】 tuīdìng ❶चुनना; निर्वाचित करना: ~他为大会主席 उसे सभा का अध्यक्ष चुनना ❷अनुमान करना; अंदाज़ा करना

【推动】 tuīdòng आगे बढ़ाना; बढ़ावा देना; गति देना: ~经济发展 आर्थिक विकास को बढ़ावा (गति) देना / ~工作 कार्य को आगे बढ़ाना (बढ़ावा देना)

【推断】 tuīduàn नतीजे पर पहुंचना; नतीजा निकालना; परिणाम पर पहुंचना; परिणाम निकालना: 作出正确的~ सही परिणाम निकालना

【推度】 tuīduó अंदाज़ लगाना; अंदाज़ा लगाना; अनुमान करना

【推翻】 tuīfān ❶तख्ता उलटना; गिरा देना; उलट देना: ~旧政权 पुरानी सत्ता गिरा देना; पुरानी सत्ता का तख्ता उलट देना ❷रद्द करना; गलत साबित करना: ~协议 समझौता रद्द करना / ~以前的结论 पुराने निष्कर्ष को गलत साबित करना

【推服】 tuīfú 〈लि०〉 प्रशंसा करना; तारीफ़ करना; सराहना करना

【推广】 tuīguǎng प्रचार-प्रसार; प्रचार-प्रसार करना; लोकप्रिय बनाना: ~科研成果 वैज्ञानिक अनुसंधान की उपलब्धियों का प्रचार-प्रसार करना / ~新的农业技术 नई कृषि तकनीकों को लोकप्रिय बनाना

【推及】 tuījí प्रचार करना; वैसा ही अनुमान लगाना

【推己及人】 tuījǐ-jírén दूसरों का ख्याल रखना

【推见】 tuījiàn अनुमान; अनुमान लगाना: 从他的行为举止上，可~其为人。उस के रंग-ढंग से अनुमान लगाया जा सकता है कि वह कैसा आदमी है।

【推荐】 tuījiàn सिफ़ारिश; सिफ़ारिश करना: ~某人任某职 किसी पद के लिए किसी की सिफ़ारिश करना / 我向各位~一本好书。मैं आप लोगों को एक अच्छी किताब के पक्ष में कुछ बताता हूं।

【推介】 tuījiè का परिचय देना; से अवगत कराना: ~北京 पेइचिङ का परिचय देना

【推襟送抱】 tuījīn-sòngbào ईमानदारी से पेश आना

【推进】 tuījìn ❶बढ़ाना; आगे बढ़ाना; पहुंचाना: 将两国关系~到一个新阶段 दोनों देशों के बीच के संबंधों को एक नई मंज़िल पर पहुंचाना / 把扶贫工作向前~一步 गरीबों की सहायता करने के कार्य को एक कदम आगे बढ़ा देना ❷〈सैन्य०〉 बढ़ना; आगे बढ़ना: 向敌人阵地~ दुश्मन की मोर्चाबंदियों की ओर बढ़ना

【推进器】 tuījìnqì प्रोपेलर

【推究】 tuījiū अध्ययन; अध्ययन करना: ~缘由 कारणों का अध्ययन करना

【推举】 tuījǔ ❶चुनना; निर्वाचित करना; चयन करना: 他被~为会议主席。वह सभा का अध्यक्ष चुना गया। ❷〈भारोत्तोलन〉 क्लीन एंड प्रेस: ~137公斤 क्लीन एंड प्रेस से 137 किलो का वज़न उठा लेना

【推理】 tuīlǐ तर्क; दलील; तर्क करना; दलील पेश करना

【推力】 tuīlì थ्रस्ट

【推论】 tuīlùn अनुमान; अनुमान करना

【推拿】 tuīná 〈ची०चि०〉 मालिश; मालिश करना

【推敲】 tuīqiāo विचारना; मनन करना: 这篇文章经过多次~而写成。यह लेख अनेक बार विचारने के बाद ही लिखा गया है। / ~词句 सही शब्द ढूंढना

【推求】 tuīqiú जांच करना; पता लगाना: ~原因 कारण का पता लगाना

【推却】 tuīquè टाल देना; अस्वीकार कर देना; इनकार कर देना: 我~了他的邀请。मैं ने उन के निमंत्रण को अस्वीकार कर दिया। / 他请我赴宴，我~了。उस ने मुझे दावत का न्योता दिया, पर मैं ने टाल दिया।

【推让】 tuīràng विनम्रता से अस्वीकार करना

【推三阻四】 tuīsān-zǔsì टाल-मटोल; अगर-मगर; हीला-हवाला; टाल-मटोल करना; अगर-मगर करना; हीला-हवाला करना

【推事】 tuīshì 〈पुराना〉 जज; न्यायाधीश

【推算】 tuīsuàn गणना करना; हिसाब लगाना: ~月食发生的时间 चंद्रग्रहण के समय की गणना करना

【推涛作浪】 tuītāo-zuòlàng झगड़ा खड़ा करना; हलचल मचाना

【推头】 tuītóu हजामत बनाना

【推土机】 tuītǔjī बुलडोज़र

【推托】 tuītuō बहाना बनाना: 他~忙，不来参加会议。वह व्यस्त होने का बहाना बनाकर सभा में उपस्थित नहीं हुआ।

【推脱】 tuītuō टालना; टरकाना: ~责任 अपनी ज़िम्मेदारी टालना

【推委】 tuīwěi （推诿 tuīwěi भी） दूसरों पर ज़िम्मेदारी टाल देना

【推问】 tuīwèn जवाब-तलब करना; जांच करना

【推想】 tuīxiǎng अनुमान; अंदाज़; अंदाज़ा; अनुमान (अंदाज़, अंदाज़ा) लगाना

【推销】 tuīxiāo बिक्री में वृद्धि करने की कोशिश करना; बेचना: ~商品 वस्तुओं की बिक्री में वृद्धि करने की कोशिश करना / ~员 सेल्समैन

【推卸】 tuīxiè भाग जाना; टालना

【推谢】 tuīxiè बहाना बनाकर अस्वीकार करना
【推心置腹】 tuīxīn-zhìfù दिल खोलकर: ～地交谈 दिल खोलकर बातचीत करना
【推行】 tuīxíng लागू करना; अमल में लाना; पर अमल करना; कार्यान्वित करना: ～新政策 नई नीति लागू करना / ～新制度 नई व्यवस्था को अमल में लाना
【推许】 tuīxǔ प्रशंसा; तारीफ़; सराहना; प्रशंसा (तारीफ़, सराहना) करना; सराहना
【推选】 tuīxuǎn चुनना; निर्वाचित करना
【推延】 tuīyán टालना; स्थगन करना; स्थगित करना; विलंब करना: 这件事需马上处理，不能～。यह मामला तुरंत निपटाना है, ज़रा भी विलंब नहीं करना चाहिए। / 决定会议～一天 बैठक को एक दिन के लिए स्थगित करने का निर्णय करना
【推演】 tuīyǎn नतीजा निकालना; परिणाम निकालना
【推移】 tuīyí ❶(समय का) बीतना ❷(परिस्थिति आदि का) विकास होना; विकसित होना
【推知】 tuīzhī नतीजे पर पहुंचना; परिणाम पर पहुंचना
【推重】 tuīzhòng महत्व देना; भूरि-भूरि प्रशंसा करना
【推子】 tuīzi हेयर-क्लिपर्स

tuí

颓（頹）tuí ❶ध्वस्त; तबाह; नष्ट; ढहा हुआ: 颓垣断壁 ❷पतन; ह्रास; पतित: 颓败 ❸पस्तहिम्मत; उदास; निरुत्साह: 颓丧
【颓败】 tuíbài पतन; ह्रास; पतित; पतन होना; ह्रास होना; पतित होना
【颓放】 tuífàng 〈लि०〉 भ्रष्ट और विलासी
【颓废】 tuífèi उदासी, खिन्नता; उदास; खिन्न; पस्तहिम्मत; निरुत्साह: 他情绪～。वह उदास नज़र आता है।
【颓风】 tuífēng दूषित आचार
【颓靡】 tuímǐ निरुत्साह; पस्तहिम्मत
【颓然】 tuírán 〈लि०〉 खिन्न; उदासीन; विरक्त
【颓丧】 tuísàng विरक्ति; उदासीनता; खिन्नता; विरक्त; उदासीन; खिन्न; पस्तहिम्मत: 他显得十分～。वह बहुत उदासीन दीखता है।
【颓势】 tuíshì पतन की प्रवृति; खस्ता हालत: 挽回～ खस्ता हालत से उबरना
【颓唐】 tuítáng उदासीन; विरक्त; उदासीनता; विरक्ति
【颓垣断壁】 tuíyuán-duànbì 断垣残壁 duànyuán-cánbì के समान

tuǐ

腿 tuǐ ❶टांग ❷पाय; पैर; पाद: 桌子～ मेज़ के पाय ❸हैम: 火腿 huǒtuǐ
【腿肚子】 tuǐdùzi 〈बोल०〉 पिंडली; पिंडुली
【腿脚】 tuǐjiǎo टांग और पैर —— चलने-फिरने की शक्ति: ～利落 फुर्तीलेपन से चल-फिर सकना / ～不灵便 चलने-फिरने में दिक़्क़त होना
【腿腕子】 tuǐwànzi टखना
【腿子】 tuǐzi ❶〈बोल०〉 टांग ❷〈बोल०〉 पिछलग्गू; भाड़े का टट्टू

tuì

退 tuì ❶हटना; पीछे हटना: 他向后～了一步。वह एक कदम पीछे हट गया। ❷हटाना; वापस बुलाना; खाली करना: 退兵 / ～子弹 बन्दूक खाली करना ❸अलग होना; हटना: ～党 पार्टी से हटना / ～职 नौकरी से अलग होना ❹उतरना: 退色 / 退烧 ❺लौटाना; वापस करना: 退货 / 退票 ❻रद्द करना; तोड़ना: 退佃 / 退婚
【退避】 tuìbì बचने के लिए हट जाना; से दूर रहना
【退避三舍】 tuìbì-sānshè दूर से सलाम करना
【退兵】 tuìbīng ❶सेना को पीछे हटाना (वापस बुलाना); सेना का पीछे हटना ❷दुश्मन की फ़ौज को हटने के लिए मजबूर करना
【退步】[1] tuìbù ❶पीछे रह जाना; पिछड़ना: 他学习～了。वह पढ़ाई में दूसरों से पीछे रह गया। ❷रियायत; रियायत देना: 双方都退了一步，避免了正面冲突。दोनों पक्षों ने आपस में रियायतें दीं, जिस से मुठभेड़ टल गई।
【退步】[2] tuìbù बच निकलने की गुंजाइश: 留个～ बच निकलने की गुंजाइश छोड़ना
【退场】 tuìchǎng ❶उद्घाटन समारोह के बाद खिलाड़ियों का) मैदान से चला जाना ❷(प्रस्तुतीकरण समाप्त होने पर दर्शकों का) थिएटर से चला जाना
【退潮】 tuìcháo भाटा
【退出】 tuìchū से बाहर निकलना; हटना; अलग होना: ～会场 सभा हाल से चला जाना / ～战斗 लड़ाई से हट जाना / ～历史舞台 इतिहास के मंच से नीचे उतरना / ～组织 संगठन से अलग होना
【退磁】 tuìcí विचुंबकन; विचुंबकित; विचुंबकित करना
【退佃】 tuìdiàn (ज़मींदार का) पट्टा रद्द करना
【退耕还林】 tuìgēng-huánlín खेती के बदले हरितीकरण
【退股】 tuìgǔ अपने शेयर निकाल लेना
【退化】 tuìhuà ❶〈जीव०〉 डिजनरेशन ❷पतन; ह्रास; पतनोन्मुख; पतन होना; ह्रास होना; पतनोन्मुख होना
【退还】 tuìhuán लौटाना; वापस करना
【退换】 tuìhuàn बदलना: 产品质量如有问题，可以～。यदि वस्तु में कोई दोष पाया गया, तो वह बदली जा सकती है।
【退回】 tuìhuí ❶लौटाना; वापस करना; वापस भेजना: 此信需～原处。यह पत्र प्रेषक को वापस भेजना है। /

稿子已～给作者。वह लेख उस के लेखक को लौटा दिया गया है। ❷वापस लौटना：道路不通，只得～。रास्ता बंद है। हमें मुड़कर वापस लौटना पड़ा।
【退婚】 tuìhūn सगाई तोड़ना
【退火】 tuìhuǒ 〈धा०वि०〉 एनीलिंग
【退伙】[1] tuìhuǒ 〈पुराना〉 गुप्त संघ या आपराधिक गिरोह से हट जाना
【退伙】[2] tuìhuǒ मेस में खाने का प्रबंध छोड़ देना
【退货】 tuìhuò माल लौटाना (वापस भेजना)
【退路】 tuìlù ❶पीछे हटने का रास्ता：切断～ पीछे हटने का रास्ता रोक देना ❷बच निकलने का रास्ता
【退赔】 tuìpéi अवैध रूप से कब्ज़ा की हुई चीज़ वापस लौटाना या मुआवज़ा देना
【退票】 tuìpiào टिकट लौटाना
【退钱】 tuìqián रुपया लौटाना
【退亲】 tuìqīn 退婚 tuìhūn के समान
【退却】 tuìquè ❶〈सैन्य०〉 पीछे हटना ❷मुंह मोड़ना; झिझकना; पीछे हटना：不应该遇到困难就～。कठिनाई का सामना करते ही पीछे नहीं हटना चाहिए।
【退让】 tuìràng रियायत; रियायत देना：决不～ रियायत कतई नहीं देना / 相互～ एक दूसरे को रियायत देना
【退色】 tuìsè रंग उतरना; रंग उड़ना; रंग फीका पड़ना या होना：这种布～。इस किस्म के कपड़े का रंग उतरता है।
【退烧】 tuìshāo ज्वर उतरना; बुखार उतरना
【退烧药】 tuìshāoyào ज्वरनाशक दवा
【退守】 tuìshǒu पीछे हटकर रक्षा करना
【退税】 tuìshuì 〈अर्थ०〉 चुंगी वापसी
【退缩】 tuìsuō मुंह मोड़ना; झिझकना; पीछे हटना
【退庭】 tuìtíng अदालत से बाहर निकलना
【退位】 tuìwèi राजत्याग; राजत्याग करना; गद्दी छोड़ना
【退伍】 tuìwǔ सैनिक सेवा से निवृत्त होना; सेवानिवृत्त होना：～军人 सेवानिवृत्त सैनिक
【退席】 tuìxí ❶भोज या सभा से उठकर चला जाना ❷वाक आउट करना
【退休】 tuìxiū अवकाश प्राप्त करना; सेवानिवृत्त होना; रिटायर होना：～工人 रिटायर मज़दूर
【退休金】 tuìxiūjīn पेंशन
【退学】 tuìxué पढ़ाई छोड़ देना
【退役】 tuìyì सैनिक सेवा से निवृत्त होना; सेवानिवृत्त होना
【退隐】 tuìyǐn 〈पुराना〉 पद छोड़कर सन्यास लेना
【退职】 tuìzhí ❶पदत्याग करना; नौकरी छोड़ना ❷पद से च्युत करना; पद से हटाना; नौकरी से अलग करना
【退走】 tuìzǒu हटना

蜕 tuì ❶(सांप का) केंचुली झाड़ना; केंचुली बदलना ❷केंचुली ❸(पक्षी का) पंखों को झाड़ना
【蜕变】 tuìbiàn पतन होना; पतित होना
【蜕化】 tuìhuà ❶केंचुली झाड़ना ❷पतित होना; भ्रष्ट होना：～变质 पतित होना
【蜕皮】 tuìpí 〈प्राणि०〉 कीड़े या सांप की त्वचा अपने आप खोल की शक्ल में गिर जाना

煺 tuì गरम पानी से साफ़ करना：～毛 सुअर के रोयें और मुर्गे के पंखों आदि को गरम पानी से साफ़ करना

褪 tuì ❶(कपड़ा) उतारना; (पंखे) झाड़ना ❷(रंग का) उतरना; उड़ना
tùn भी दे०
【褪色】 tuìshǎi रंग उतरना; रंग उड़ना

tūn

吞 tūn ❶निगलना; गपकना; गड़पना; हड़पना; गड़प कर जाना：～丸药 गोली निगलना ❷कब्ज़ा करना; हड़पना; अपने अधिकार में कर लेना：吞灭
【吞并】 tūnbìng हड़पना
【吞金】 tūnjīn (आत्महत्या के लिए) सोना निगलना
【吞灭】 tūnmiè (किसी दूसरे देश को) हड़पना
【吞没】 tūnmò ❶हड़पना; निगलना; दबा बैठना：～公款 सरकारी पैसा हड़पना ❷अपनी चपेट में लेना：洪水～了村庄。बाढ़ के पानी ने पूरे गांव को अपनी चपेट में ले लिया।
【吞声】 tūnshēng 〈लि०〉 सिसकना; सिसकियां भरना; चूं तक न करना
【吞食】 tūnshí ग्रसना; निगलना：大鱼～小鱼。बड़ी मछली ने एक छोटी मछली को निगल लिया।
【吞噬】 tūnshì हड़प करना; हड़पना; निगलना
【吞吐】 tūntǔ निगलना और उगलना —— भारी मात्रा में लाना और बाहर भेजना; निपटारा करना; निपटाना：这个港口一年～三千万吨货物。यह बंदरगाह साल में तीन करोड़ टन माल निपटा सकता है। / ～量 निपटारा क्षमता
【吞吞吐吐】 tūntūntǔtǔ बुदबुदाना; गुनगुनाना; बोलने से हिचकना
【吞咽】 tūnyàn निगलना; गले के नीचे उतारना
【吞云吐雾】 tūnyún-tǔwù (सिग्रेट आदि पीते समय) धुआं छोड़ना

暾 tūn 〈लि०〉 नवोदित सूरज

tún

屯 tún ❶भंडारण; भंडारण करना; एकत्र करना; इकट्ठा करना：～粮 अनाज का भंडारण करना / 屯聚 ❷तैनाती; तैनात; तैनात करना; (फ़ौज को) टिकाना：屯兵 ❸(गांवों के नामों में प्रयुक्त) गांव：皇姑～ ह्वांगकू गांव

(ल्याओनिन प्रांत में)

【屯兵】 túnbīng फ़ौज तैनात करना; फ़ौज टिकाना

【屯集】 túnjí 屯聚 túnjù के समान

【屯聚】 túnjù (सैन्य टुकड़ियां) एकत्र करना; इकट्ठा करना

【屯垦】 túnkěn परती ज़मीन उठाने के उद्देश्य से फ़ौज तैनात करना

【屯落】 túnluò 〈बो०〉 गांव

【屯田】 túntián सिपाहियों या किसानों से परती ज़मीन उठवाना और अनाज का उत्पादन करना (यह हान राजवंश के सामंती शासकों द्वारा अपनाई गई एक नीति थी)

【屯扎】 túnzhā (फ़ौज की) तैनाती होना; तैनात करना; टिकाना

【屯子】 túnzi 〈बो०〉 गांव

囤 tún भंडारण करना; जमा करना; भंडार में जमाना: 〜粮 खाद्यान्न को भंडार में जमा करना

dùn भी दे०

【囤积】 túnjī सट्टेबाज़ी के लिए जमा करना; बाज़ार को मुट्ठी में करने के लिए जमा करना

【囤积居奇】 túnjī-jūqí जमाखोरी; ज़खीरेबाज़ी; ज़माखोरी करना; ज़खीरेबाज़ी करना

【囤聚】 túnjù जमा करना; भंडारण करना

饨（飩） tún दे० 馄饨 húntún

豚（豘） tún ❶सुअर का बच्चा ❷सुअर; सूअर; शूकर; सूअरनी; शूकरी

鲀（魨） tún 河豚 hétún का दूसरा नाम

臀 tún पुट्ठा; नितंब; चूतड़

【臀部】 túnbù पुट्ठा; नितंब; चूतड़

【臀尖】 túnjiān सुअर के पुट्ठे का मांस

【臀鳍】 túnqí 〈प्राणि०〉 एनल फ़िन

【臀疣】 túnyóu 〈प्राणि०〉 बन्दर का सीट पैड

tǔn

氽 tǔn 〈बो०〉 ❶तैरना; बहना ❷तलना: 油〜花生米 तले हुए मूंगफली के दाने

tùn

褪 tùn ❶निकाल लेना: 〜下一只袖子 आस्तीन से अपनी बांह निकाल लेना ❷〈बो०〉 किसी वस्तु को अपनी आस्तीन में छिपाना: 〜着手 अपने हाथ अपनी आस्तीनों में छिपा रखना

tuì भी दे०

【褪去】 tùnqù (कपड़े आदि) उतारना

【褪套儿】 tùntàor ❶बन्धन तोड़ना; भाग निकलना ❷अपनी ज़िम्मेदारी से विमुख होना

tuō

托[1] tuō ❶हथेलियों से उठाना; हाथ या हथेली से टिकाना: 〜着茶盘 एक हथेली में टी-ट्रे उठाना / 双手〜着下巴 दोनों हाथों से ठुड्डी टिकाना ❷टेक; थूनी; सहारा ❸अलंकार; सजावट; सजाना: 衬托 chèntuō

托[2]（託） tuō ❶कहना; सौंपना: 托付 / 我已把这事〜给了小王。 मैं ने यह काम श्याओ वांग को सौंप दिया है। ❷बहाना; बहाना बनाना; के बहाने: 托病 ❸निर्भर करना; आश्रित होना: 托庇

【托庇】 tuōbì बड़े-बूढ़े या किसी प्रभावशाली व्यक्ति पर आश्रित होना; पनाह लेना

【托病】 tuōbìng बीमारी के बहाने; बीमार होने का बहाना बनाना

【托词】 tuōcí（托辞 tuōcí भी） ❶बहाना बनाना: 〜不来 बहाना बनाकर न आना ❷बहाना; हीला: 这只不过是他的〜而已。 यह उस का बहाना मात्र है।

【托儿所】 tuō'érsuǒ नर्सरी; शिशुशाला

【托福】[1] tuōfú आप की मेहरबानी है; आप की दुआ है; आप की कृपा है

【托福】[2] tuōfú TOEFL (विदेशी भाषा के रूप में अंग्रेज़ी भाषा की परीक्षा)

【托付】 tuōfù के सुपुर्द करना; के हवाले करना; सौंपना; कहना: 〜小王买张机票 श्याओ वांग से एक विमान टिकट खरीद लाने को कहना

【托孤】 tuōgū (मरणासन्न सम्राट का) अपना बच्चा किसी मंत्री के सुपुर्द कर देना

【托故】 tuōgù बहाना बनाना

【托管】 tuōguǎn ट्रस्टीशिप

【托管地】 tuōguǎndì ट्रस्टी प्रदेश

【托管国】 tuōguǎnguó ट्रस्टी देश

【托管理事会】 tuōguǎn lǐshìhuì ट्रस्टीशिप कौंसिल

【托疾】 tuōjí 〈लि०〉 बीमार होने का बहाना बनाना

【托拉斯】 tuōlāsī ट्रस्ट

【托门子】 tuō ménzi अपने संभावित समर्थकों से मदद करने का अनुरोध करना

【托梦】 tuōmèng (रिश्तेदार की प्रेतात्मा का) किसी के सपने में दृष्टिगोचर होकर प्रार्थना करना

【托名】 tuōmíng दूसरे के नाम पर

【托盘】 tuōpán ट्रे; थाली; तश्तरी

【托儿】 tuōr 〈बो०〉 लोगों को झांसा देने का धंधा करने वाला व्यक्ति

【托人情】 tuō rénqíng（托情 tuōqíng भी） अपना

मतलब निकालने के लिए किसी प्रभावशाली व्यक्ति से मदद मांगना

【托身】 tuōshēn शरण लेना; आश्रय लेना (ग्रहण करना); पनाह लेना

【托生】 tuōshēng पुनर्जीवन ग्रहण करना

【托运】 tuōyùn भिजवाना: 他～了好几件行李。उस ने कई असबाब भिजवाए हैं। / 他去火车站～货物了。वह माल भिजवाने के लिए रेलवे स्टेशन गए।

拖 tuō ❶खींचना; घसीटना: 这列火车由两个车头～着。यह रेल-गाड़ी दो इंजनों से खींची जाती है। / ～地板 फ़र्श पर पोचा लगाना / 她～着孩子前来见我。वह अपने बच्चे को घसीटती हुई मेरे सामने आई। ❷देरी; विलंब; देरी लगाना; विलंब करना: 这件事不能再～下去了。यह काम निबटाने में और विलंब नहीं करना चाहिए।

【拖把】 tuōbǎ (拖布 tuōbù, 墩布 dūnbù भी) पुचारा; पोचा: 用～拖地 लकड़ी के हैंडिल वाला पोचा लगाना

【拖驳】 tuōbó (टगबोट या मोटरबोट से खींचा जाने वाला) बजरा; बार्ज

【拖车】 tuōchē ट्रेलर

【拖船】 tuōchuán ❶टगबोट; टग ❷〈बो०〉 (टग से खींची जाने वाली) नौका

【拖带】 tuōdài कर्षण; खिंचाई

【拖宕】 tuōdàng 〈लि०〉 देर लगाना; विलंब करना

【拖粪】 tuōfèn 〈बो०〉 पुचारा

【拖后腿】 tuō hòutuǐ रोकना; खलल डालना; टांग अड़ाना

【拖家带口】 tuōjiā-dàikǒu सारे परिवार का पेट पालने के बोझ से दबना

【拖拉】 tuōlā विलंब; आलस्य; सुस्ती; विलंबकारी; आलसी; सुस्त: 他做事总是拖拖拉拉。वह काम करने में हमेशा सुस्त रहता है।

【拖拉机】 tuōlājī ट्रेक्टर: ～手 ट्रेक्टर ड्राइवर

【拖累】 tuōlěi ❶बोझ होना; भार होना: 子女多是个～。बच्चों का अधिक होना एक बोझ है। ❷घसीटना; उलझाना: 我不想～您。मैं आप को इस मामले में घसीटना नहीं चाहता।

【拖轮】 tuōlún टगबोट; टग

【拖泥带水】 tuōní-dàishuǐ बेढंगापन; फूहड़पन; बेढंग; फूहड़: 文章写得～。यह लेख फूहड़ ढंग से लिखा गया है।

【拖欠】 tuōqiàn भुगतान न करना; अदा न करना; न चुकाना: ～房租 मकान का किराया न चुकाना

【拖沓】 tuōtà आलसी; सुस्त; मंद

【拖堂】 tuōtáng (अध्यापक का) समय होने पर अपनी क्लास समाप्त न करना

【拖网】 tuōwǎng ट्रालनेट; खेंचूजाल

【拖鞋】 tuōxié चप्पल; स्लिपर

【拖延】 tuōyán विलंब; देर; विलंब करना; देर लगाना; टालना: ～时间 विलंब करना; देर लगाना

【拖延战术】 tuōyán zhànshù विलंबकारी रणनीति

【拖曳】 tuōyè खींचना; घसीटना

脱 tuō ❶(बालों का) झड़ना; (त्वचा का) छिलना; उघड़ना: ～皮 त्वचा छिल जाना / 头发～落 बाल झड़ना ❷उतारना: ～衣服 कपड़े उतारना ❸बच निकलना; भाग निकलना: 脱逃 / 脱险 ❹छूटना: 这一行里～了三个字。इस पंक्ति में तीन अक्षर छूट गए। ❺〈लि०〉 उपेक्षा करना; अनादर करना; अवज्ञा करना; अपमान करना: 轻脱 qīngtuō ❻〈लि०〉 यदि; अगर

【脱靶】 tuōbǎ निशाना खाली जाना

【脱班】 tuōbān (बस, रेल-गाड़ी, विमान आदि का) समय पर न पहुंचना

【脱产】 tuōchǎn दूसरा काम करने के लिए उत्पादन या अपने दैनिक काम-काज से अलग होना

【脱档】 tuōdàng (माल का) कुछ समय के लिए अनुपलब्ध होना

【脱发】 tuōfà बाल झड़ना

【脱肛】 tuōgāng 〈चिकि०〉 गुदा का भ्रंश; गुदा का अंश बाहर की ओर निकल आना

【脱稿】 tuōgǎo (लेख) पूरा कर लेना: 这本词典已经～。इस कोष का संपादन करने का काम पूरा कर लिया गया है।

【脱钩】 tuōgōu संबंध तोड़ना

【脱轨】 tuōguǐ (रेल-गाड़ी का) पटरी से उतरना

【脱货】 tuōhuò आपूर्ति में कमी होना

【脱胶】 tuōjiāo ❶(सरेस से चिपकाए हुए दो अंशों का) टूट जाना; खुल जाना ❷〈रसा०〉 (वानस्पतिक रेशों से) चिपचिपा द्रव्य निकालना

【脱节】 tuōjié अलग होना; असंलग्न होना; टूटना: 管子焊得不好，容易～。पाइप ठीक से वेल्डिंग नहीं किया गया है और आसानी से अलग हो जाएगा। / 理论与实践～。व्यवहार से सिद्धांत अलग हो गया।

【脱臼】 tuōjiù जोड़ उखड़ना

【脱口】 tuōkǒu अनायास ही बोल उठना

【脱口而出】 tuōkǒu'érchū अनायास ही बोल उठना

【脱离】 tuōlí से अलग होना; बिलगाना; से बाहर होना; विच्छेद; बिलगाव: ～关系 संबंध विच्छेद / 病人～危险。रोगी की हालत खतरे से बाहर हो गई। / 双方军队～接触。दोनों पक्षों की सेनाएं आमने-सामने की स्थिति से अलग हुईं। / ～群众 जनता से अलग रहना

【脱粒】 tuōlì 〈कृ०〉 अनाज मांड़ना; दाने निकालना; गाहना; गहाई

【脱粒机】 tuōlìjī थ्रेशर; गहाई-मशीन

【脱漏】 tuōlòu छूटना: 这里～了好几个字。यहां कई अक्षर छूट गए हैं।

【脱略】 tuōlüè 〈लि०〉 ❶स्वच्छंद; स्वच्छंद होना; दूसरों पर ध्यान न देना ❷छूटना

【脱落】 tuōluò गिरना; से टूट जाना; उखड़ना: 毛发～ बाल गिरना / 牙齿～ दांत उखड़ना

【脱盲】 tuōmáng साक्षरता; साक्षर होना; पढ़ा-लिखा

होना; निरक्षरता दूर करना
【脱毛】 tuōmáo बाल या पंख झड़ना
【脱帽】 tuōmào टोपी उतारना: ～致敬 टोपी उतार कर प्रणाम करना
【脱坯】 tuōpī सांचे में कच्ची ईंट ढालना
【脱贫】 tuōpín गरीबी से छुटकारा पाना: ～致富 गरीबी से छुटकारा पाकर संपन्न होना
【脱期】 tuōqī (पत्रिका का) समय पर निकल न सकना
【脱色】 tuōsè ❶रंगहीन होना ❷रंग उड़ना
【脱涩】 tuōsè (पर्सिमून के फल में) कसैलापन दूर करना
【脱身】 tuōshēn उबरना; निबटना; निवृत्त होना; पिंड छुड़ाना; फ़ुरसत पाना: 事情太多，他一时无法～。 काम इतने ज़्यादा हैं कि वह फ़ुरसत न पा सका।
【脱手】 tuōshǒu ❶हाथ से निकलना; पकड़ से छूटना: 他一惊，盘子～掉在地上。 वह सहम गया और थाली उस के हाथ से छूट कर गिर पड़ी। ❷माल बेच देना
【脱水】 tuōshuǐ ❶〈चि०〉 निर्जलित होना ❷〈रसा०〉 निर्जलीकरण
【脱水蔬菜】 tuōshuǐ shūcài निर्जलित साग
【脱俗】 tuōsú भद्रता; भद्र; सुसंस्कृत; सुरुचिपूर्ण
【脱胎】 tuōtāi ❶लाख का बर्तन बनाने की एक विधि ❷की योनि से उत्पन्न होना; से पैदा होना: 社会主义社会～于资本主义社会。 समाजवादी समाज पूंजीवादी समाज की योनि से उत्पन्न हुआ है।
【脱胎换骨】 tuōtāi-huàngǔ पूरी तरह बदल जाना
【脱逃】 tuōtáo भागना; भाग खड़ा होना: 临阵～ पीठ दिखाना
【脱兔】 tuōtù भागता हुआ खरगोश —— बहुत तेज़ी से: 动如～ भागते हुए खरगोश की तरह फुर्तीला होना
【脱位】 tuōwèi 〈चिकि०〉 दे० 脱臼 tuōjiù
【脱误】 tuōwù (पुस्तक में) भूल-चूक
【脱险】 tuōxiǎn खतरे से उबरना; खतरे से बाहर होना
【脱销】 tuōxiāo अनुपलब्ध होना: 这种电视机目前～。 इस किस्म का टी. वी. सेट फ़िलहाल अनुपलब्ध है।
【脱卸】 tuōxiè (ज़िम्मेदारी) टालना
【脱盐】 tuōyán डिसैलिनेशन; विलवणीकरण
【脱氧】 tuōyǎng 〈रसा०〉 डिआक्साइडेशन; विआक्सीकरण
【脱氧核糖核酸】 tuōyǎng hétáng hésuān 〈जी०र०〉 डी. एन. ए
【脱衣舞】 tuōyīwǔ स्ट्रिपटीज़ नृत्य
【脱颖而出】 tuōyǐng'érchū अपनी प्रतिभा प्रदर्शित करना
【脱羽】 tuōyǔ (पक्षी के पंखे) झड़ना
【脱脂】 tuōzhī वसारहित
【脱脂牛奶】 tuōzhī niúnǎi मखनिया दूध; मलाई उतारा हुआ दूध
【脱脂棉】 tuōzhīmián अब्सार्बेंट काटन; सोखनेवाली रूई
【脱脂纱布】 tuōzhī shābù अब्सार्बेंट गाज; सोखनेवाला सूत

tuó

驮（馱） tuó ढोना; लादना; लदना: 这匹骡子～着四袋粮食。 यह खच्चर अनाज के चार बोरे लादे हुए है; इस खच्चर पर अनाज के चार बोरे लदे हैं। / 他背上～着伤员。 वह अपनी पीठ पर एक घायल सैनिक लादे है।
duò भी दे०
【驮畜】 tuóchù भारवाही पशु
【驮轿】 tuójiào खच्चर या घोड़े की पीठ पर ढोयी जाने वाली पालकी
【驮马】 tuómǎ भारवाही घोड़ा

陀 tuó 〈लि०〉 पहाड़ी
【陀螺】 tuóluó लट्टू: 抽～ लट्टू घुमाना
【陀螺仪】 tuóluóyí 〈विमान०〉 जायरास्कोप

坨 tuó ❶(आटे के बने खाद्य-पदार्थों का पकने पर) आपस में चिपक जाना ❷दे० 坨子
【坨子】 tuózi ढेर; अंबार: 泥～ ढेला

沱 tuó ❶दे० 滂沱 pāngtuó ❷〈बो०〉 नदी में लघु खाड़ी (बहुधा स्थानों के नामों में प्रयुक्त)

驼（駝） tuó ❶ऊंट; ऊंटनी ❷टेढ़ी पीठ; कूबड़; कुबड़ा: 驼背
【驼背】 tuóbèi ❶टेढ़ी पीठ; कूबड़ ❷कुबड़ा
【驼峰】 tuófēng ❶कोहान; कूबड़ ❷〈परिव०〉 हम्प: ～调车场 हम्प यार्ड
【驼铃】 tuólíng ऊंट की घंटी
【驼鹿】 tuólù एल्क
【驼绒】 tuóróng ऊंट के रोयें
【驼色】 tuósè ऊंट के रोयों वाला रंग; भूरा रंग
【驼子】 tuózi 〈बोल०〉 कुबड़ा

柁 tuó 〈वास्तु०〉 शहतीर

砣1（鉈） tuó बाट; बटखरा

砣2 tuó ❶बेलन; लोढ़ा ❷एमरी ह्वील से जेड काटना या चमकाना
【砣子】 tuózi जेड काटने या चमकाने के लिए एमरी ह्वील

鸵（鴕） tuó शुतुरमुर्ग
【鸵鸟】 tuóniǎo शुतुरमुर्ग
【鸵鸟政策】 tuóniǎo zhèngcè आंख मूंद लेने की नीति

跎 tuó दे० 蹉跎 cuōtuó

橐[1] （橐） tuó <लि०> एक तरह का थैला

橐[2] （橐） tuó <अनु०> चलने की आवाज़; आहट

【橐驼】 tuótuó <लि०> ऊंट; ऊंटनी

鼧 tuó नीचे दे०

【鼧鼥】 tuóbá ऊदबिलाव का प्राचीन नाम

鼍（鼉） tuó（鼍龙 tuólóng）<प्राणि०> चीनी मगरमच्छ

tuǒ

妥 tuǒ ❶उचित; समुचित: 这样做不～。ऐसा करना उचित नहीं है। ❷(प्राय: क्रिया के पीछे प्रयुक्त) तैयार; पूरा; निश्चित: 事情办～了。काम निबटाया जा चुका है। / 货已备～。माल इकट्ठा करने का काम पूरा हो गया है।

【妥便】 tuǒbiàn उचित और आसान

【妥当】 tuǒdang उचित; समुचित: 处理～ उचित रूप से निबटाना

【妥靠】 tuǒkào विश्वसनीय

【妥善】 tuǒshàn उचित; समुचित; ठीक: ～安排 ठीक प्रबंध करना / 这个问题要～解决。इस समस्या का उचित समाधान निकालना चाहिए।

【妥实】 tuǒshí उचित; समुचित; ठीक

【妥帖】 tuǒtiē उचित; समुचित; ठीक

【妥协】 tuǒxié समझौता; समझौता करना: 达成～ समझौता करना / 我们在这个问题上决不～。हम इस सवाल पर कभी समझौता नहीं करेंगे।

庹 tuǒ <परि०श०> बाहु-प्रसार

椭（橢） tuǒ अंडाकार

【椭圆】 tuǒyuán अंडवक्र

【椭圆形】 tuǒyuánxíng अंडाकार

tuò

拓 tuò खोलना; विकसित करना: 拓宽 / 拓荒 tà भी दे०

【拓荒】 tuòhuāng परती ज़मीन उठाना; परती भूमि खेतीयोग्य बनाना

【拓宽】 tuòkuān चौड़ा करना: ～道路 सड़क चौड़ी करना

【拓扑学】 tuòpǔxué <गणित०> टोपोलॉजी

柝 tuò <लि०> पहरेदार का खटका

唾 tuò ❶लार; राल; लाला ❷थूकना ❸निंदा करना; थूकना; थू थू करना

【唾骂】 tuòmà निन्दा करना; थूकना; थू थू करना

【唾面自干】 tuòmiàn-zìgàn अपने मुंह पर थूकी हुई लार को स्वयं सूखने देना —— अपमान सहना

【唾沫】 tuòmo लार; राल; लाला

【唾弃】 tuòqì थूककर ठुकराना

【唾手可得】 tuòshǒu-kědé आसानी से प्राप्य होना

【唾液】 tuòyè लार; राल; लाला

【唾液腺】 tuòyèxiàn लार-ग्रंथी

【唾余】 tuòyú महत्वहीन बात: 拾人～ दूसरे की महत्वहीन बातें दोहराना

魄 tuò दे० 落拓（魄）luòtuò（pò） bó; pò भी दे०

W

wā

挖 wā खोदना; गढ़ा करना; काटना; कुरेदना: ~井 कुआँ खोदना / ~坑 गढ़ा खोदना / ~煤 कोयला खोदना / ~土 मिट्टी खोदना / ~战壕 खंदक खोदना; खंदक बनाना

【挖补】 wābǔ खराब अंश को निकालकर उस की जगह नया अंश या भाग लगाना

【挖槽机】 wācáojī 〈यां०〉 नाली बनाने की मशीन; ग्रूवर

【挖出】 wāchū खोद निकालना: ~心肝 सीना फाड़कर दिल और कलेजा निकाल लेना

【挖掉】 wādiào उखाड़ फेंकना

【挖洞】 wādòng छेद करना; छेदना

【挖耳】 wāěr ❶कान साफ़ करना; कान कुरेदना ❷कान कुरेदनी, कान-खोदनी

【挖耳勺】 wāěrsháo कान-कुरेदनी

【挖方】 wāfāng 〈वास्तु०〉 मिट्टी अथवा पत्थर खोदने की मात्रा; खुदाई की मात्रा

【挖根】 wāgēn जड़ खोदना

【挖沟】 wāgōu नाली खोदना

【挖沟机】 wāgōujī नाली खोदने की मशीन; खाई बनाने की मशीन

【挖掘】 wājué ❶खुदाई; खोदाई: 煤的~ कोयले की खुदाई ❷खोदना: ~地下宝藏 भूमिगत खज़ाना खोदना

【挖掘机】 wājuéjī (挖土机 wātǔjī भी) उत्खनन-यंत्र; खोदक मशीन; खुदाई मशीन; एक्सकावेटर; नेवी: 履带式~ कैटपिलर एक्सकावेटर / 迈步式~ वौकिंग एक्सकावेटर / 索斗~ ड्रैगलाइन एक्सकावेटर

【挖掘潜力】 wājué qiánlì छिपी शक्तियों को निकालना; छिपी शक्तियों का पूरा फ़ायदा उठाना

【挖空心思】 wākōng-xīnsī ❶दिमाग खपा-खपा कर ❷दिमाग खपाना; माथा खपाना: ~为自己辩护 दिमाग खपा-खपाकर अपने आप की सफ़ाई देना; अपनी सफ़ाई देने के लिये दिमाग खपाना

【挖苦】 wāku फबती उड़ाना; लगती हुई बात कहना: 我狠狠地~了他一顿。 मैं ने उसे खूब लगती हुई बातें कह दीं।

【挖苦话】 wākuhuà चुटीली बात; फबती

【挖泥船】 wāníchuán समुद्र या नदी से कीचड़ निकालने का पोत; निकर्षण पोत; ड्रेजर

【挖潜】 wāqián दे० 挖掘潜力 wājué qiánlì

【挖墙脚】 wā qiángjiǎo जड़ खोदना: 你这是在挖我们公司的墙脚。 तुम तो हमारी कंपनी की जड़ खोद रहे हो।

【挖肉补疮】 wāròu-bǔchuāng दे० 剜肉补疮 wānròu-bǔchuāng

【挖树机】 wāshùjī पेड़ हटाने की मशीन; ट्री मूवर

【挖膝盖骨】 wā xīgàigǔ घुटने की हड्डी काटना

【挖心战】 wāxīnzhàn मानसिक लड़ाई

哇 wā 〈अनु०〉 ❶फूट-फूट कर रोने की आवाज़: 听了我的话她~的一声哭了起来。 मेरी बात सुनकर वह फूट फूट कर रोने लगी। ❷कै करने की आवाज़
wa भी दे०

【哇啦】 wālā (哇喇 wālā भी) 〈अनु०〉 उच्च स्वर में बोलने या झगड़ने की आवाज़: 别~~地说个没完了! बकवास मत करो! / 他们在~~地叫什么? वे किस लिये कोलाहल मचाते हैं?

【哇喇】 wālā दे० 哇啦 wālā: ~~地发议论 शोरगुल मचाना और अंधाधुंध रायजनी करना

【哇哇】 wāwā 〈अनु०〉 बिलख-बिलख कर रोने की आवाज़

洼（窪） wā ❶धँसा हुआ: 这地很~。 यह ज़मीन बहुत धंसी है। ❷धँसी हुई जगह; झाँवर; डाबर

【洼地】 wādì धँसी हुई ज़मीन; नीची ज़मीन; दलदली भूमि; झाँवर; डाबर

【洼陷】 wāxiàn धँसना; नीचे की ओर दब जाना

【洼子】 wāzi झाँवर; डाबर: 水~ तालाब; पोखर; सरोवर

娲（媧） wā दे० 女娲 nǚwā

蛙（鼃） wā मेंढ़क; मंडूक

【蛙人】 wārén पानी के भीतर की जानेवाली कार्रवाइयों के लिये नियुक्त व्यक्ति; डुबकीमार; गोताखोर; पनडुब्बी

【蛙式打夯机】 wāshì dǎhāngjī मेंढ़क की तरह उछल-उछल कर मिट्टी कूटने या भरने की मशीन

【蛙泳】 wāyǒng 〈खेल०〉 मेढकरूपी तैराकी; वक्ष तैराकी; फ़्राग स्टॉइल स्विमिंग: 男子 100 米~ पुरुषों की 100 मीटर वक्ष तैराकी / ~蹬腿 फ़्राग किक

wá

娃 wá ❶शिशु: 男～ बच्चा / 女～ बच्ची ❷<बो०> पशु का बच्चा: 猪～ सुअर का बच्चा

【娃娃】 wáwa बच्चा; बच्ची: 胖～ मोटा बच्चा, मोटी बच्ची

【娃娃床】 wáwachuáng खटोली, पालना

【娃娃亲】 wáwaqīn लड़के और लड़की के लिये अल्प-वयस्क अवस्था में मां-बाप द्वारा निश्चित किया हुआ विवाह

【娃娃生】 wáwashēng ऑपेरा में अल्पवयस्क अभिनेता द्वारा अभिनीत बालपात्र, जो उच्च स्वर में बोलता हो

【娃娃鱼】 wáwayú <प्राणि०> पानी और ज़मीन पर रहनेवाला एक प्रकार का दुमदार जानवर, जिस की आवाज़ बच्चे की सी होती है; सैलामैंडर

【娃崽】 wázǎi <बो०> बच्चा; बच्ची

【娃子】[1] wázi <बो०> ❶बच्चा; बच्ची ❷पशु का बच्चा: 猪～ सुअर का बच्चा

【娃子】[2] wázi पुराने ज़माने में अल्पसंख्यक जातियों के इलाके में रहने वाला दास

wǎ

瓦 wǎ ❶खपरैल, खपड़ा; टाइल: 无棱～ प्लेन टाइल ❷मिट्टी से बना; मिट्टी का: ～器 मिट्टी का बर्तन
wà भी दे०

【瓦当】 wǎdāng <पुरा०> छप्पर या छाजन का छोर जहां से वर्षा का पानी ज़मीन पर गिरता है; ओरी; ओलती

【瓦房】 wǎfáng खपरैल की छत वाला मकान; खपरैल से छाया हुआ घर

【瓦釜雷鸣】 wǎfǔ-léimíng मिट्टी की ठीकरी का कड़कते बादल की तरह आवाज़ करना —— किसी अयोग्य व्यक्ति का उच्च पद पर बैठना

【瓦工】 wǎgōng ❶खपरैल और ईंट जोड़ने का काम ❷खपरैल और ईंट जोड़नेवाला व्यक्ति; मेमार; राजगीर

【瓦棺】 wǎguān मिट्टी से बना ताबूत; मिट्टी का ताबूत

【瓦灰】 wǎhuī गहरा भूरा

【瓦匠】 wǎjiàng खपरैल और ईंट जोड़नेवाला व्यक्ति; मेमार; राजगीर

【瓦解】 wǎjiě ❶विघटन; विच्छिन्नता ❷छिन्न-भिन्न करना; तितर-बितर करना; नष्ट करना: ～敌军 शत्रु सेनाओं को छिन्न-भिन्न कर देना / ～斗志 जुझारू संकल्प को छिन्न-भिन्न करना / ～士气 मनोबल को नष्ट करना

【瓦解冰消】 wǎjiě-bīngxiāo छिन्न-भिन्न होना; गायब होना; लुप्त होना; समाप्त होना; दूर किया जाना —— दे० 冰消瓦解 bīngxiāo-wǎjiě

【瓦块】 wǎkuài (瓦片 wǎpiàn भी) खपरैल का टुकड़ा

【瓦蓝】 wǎlán नीलिमा; नीला: ～的天空 नीला आकाश

【瓦楞】 wǎléng छप्पर पर खपरैलों की पंक्तियाँ

【瓦楞铁皮】 wǎléng tiěpí लहरदार टीन

【瓦楞纸】 wǎléngzhǐ लहरदार कागज़

【瓦砾】 wǎlì मकान से गिरी हुई टूटी-फूटी खपरैलें या ईंटें; ईंट-पत्थर के टुकड़े; रोड़े; कंकड़: 成了一片～ ईंट-पत्थर के टुकड़े हो जाना

【瓦亮】 wǎliàng अत्यधिक चमकीला: 锅被擦得锃光～的。 देग को अत्यधिक माँज कर चमकीला बनाया गया है।

【瓦垄】 wǎlǒng दे० 瓦楞 wǎléng

【瓦圈】 wǎquān साइकिल के पहिये के अंदर का घेरा

【瓦全】 wǎquán सम्मान से न मरना; अपमान से जीने से भला सम्मान से मर जाना है —— दे० 宁为玉碎，不为瓦全 nìng wéi yù suì, bù wèi wǎ quán

【瓦尔米基】 Wǎ'ěrmǐjī वाल्मीकि: भारतीय महा-काव्य "रामायण" का रचयिता

【瓦舍】 wǎshè दे० 瓦房 wǎfáng

【瓦时】 wǎshí <विद्यु०> विद्युत शक्ति को मापने की इकाई, वाट घंटा

【瓦斯】 wǎsī गैस: ～爆炸 गैस का विस्फोट; गैस फूट-ना / ～筒 गैस सिलिंडर / ～弹 गैस बम; गैस शेल

【瓦特】 wǎtè <विद्यु०> वाट: ～计 वाट मीटर

【瓦砚】 wǎyàn इंकस्लैब; चीनी अक्षर लिखने के लिए स्याही रखने की पत्थर की प्लेट

【瓦窑】 wǎyáo खपरैल की भट्ठी; पज़ावा

佤 Wǎ नीचे दे०

【佤族】 Wǎzú चीन में एक अल्पसंख्यक जाति, वा जाति, जो युन्नान प्रांत में रहती है

wà

瓦 wà खपरैल बिछाना; खपरैल जोड़ना: ～瓦 खपरैल बिछाना; खपरैल जोड़ना
wǎ भी दे०

【瓦刀】 wàdāo बसूली; वसूली

袜（襪、韈） wà मोज़ा; जुराब

【袜带】 wàdài मोज़े को ताने रखने के फ़ीते

【袜底儿】 wàdǐr मोज़े का तला

【袜套】 wàtào छोटा मोज़ा; टखने तक पहनने का मोज़ा

【袜筒】 wàtǒng मोज़े की टाँग

【袜子】 wàzi मोज़ा; पाताबा; जुराब

腽 wà नीचे दे०

【腽肭】 wànà <लि०> मोटा; मांसल; स्थूलकाय

【腽肭脐】 wànàqí <ची०चि०> फ़र सील का लिंग और अंड, जो औषधि के काम आता है

【腽肭兽】 wànàshòu <प्राणि०> फ़र सील

wa

哇 wa <लघु०> वाक्यांत में अगर '啊'(a) के पहले स्वर u अथवा ao हो, तो '啊'(a) को '哇'(wa) के रूप में बदला जाता है: 你们多么幸福～! तुम लोग कितने सुखी हो ! / 这楼好高～! यह इमारत इतनी ऊँची है !
wā भी दे०

wāi

歪 wāi ❶एक ओर झुकना: 这堵墙～了。यह दीवार एक ओर झुक गई है। ❷झुकाना: 那个小女孩～着头聚精会神地听故事。वह छोटी लड़की अपना सिर एक तरफ़ झुकाकर ध्यान से कहानी सुन रही है। ❸आड़ा; टेढ़ा; तिरछा: 路边有一棵～脖树。सड़क के किनारे पर एक पेड़ आड़ा खड़ा है। ❹अनुचित; नामुनासिब; नकारात्मक: ～点子 अनुचित सुझाव / ～理 नकारात्मक कारण ❺<बो०> रोब गाँठना; बड़प्पन जमाना; मनमानी करना: 他在村里～得很。वह गाँव में बहुत मनमानी करता है।

【歪才】 wāicái अनुचित कुशलता; अनुचित क्षमता; अतिरिक्त कुशलता; अतिरिक्त क्षमता

【歪缠】 wāichán अकारण उलझाना; अकारण धरना देकर बैठना: 钱已经给你了，你还一个劲地～什么? पैसा तो तुम्हें दे दिया गया है फिर तुम क्यों अकारण उलझा रहे हो ?

【歪词儿】 wāicír अयोग्य शब्द, निरर्थक बातचीत

【歪打正着】 wāidǎ-zhèngzháo उपाय तो अनुचित है पर सौभाग्य से संतोषजनक परिणाम मिल गया है

【歪道】 wāidào कुमार्ग; कुपथ: 走～ कुमार्ग पर चलना

【歪风】 wāifēng नकारात्मक झुकाव; हानिकर प्रवृत्ति: 打击～ नकारात्मक झुकाव का विरोध करना

【歪风邪气】 wāifēng-xiéqì नकारात्मक झुकाव और बुरी हवा: 和～做斗争 नकारात्मक झुकाव और बुरी हवा से संघर्ष करना

【歪话】 wāihuà मिथ्या वचन

【歪理】 wāilǐ असत्य तर्क

【歪路】 wāilù वक्र मार्ग; टेढ़ा रास्ता; कुपथ; कुमार्ग

【歪门邪道】 wāimén-xiédào ❶वक्रमार्ग; कुपथ ❷दुष्कल्पना, कुचेष्टा —— दे० 邪门歪道 xiémén-wāidào

【歪七扭八】 wāiqī-niǔbā ❶टेढ़ा-मेढ़ा; वक्र; तिरछा ❷टेढ़ेपन से; वक्रता से; तिरछेपन से: ～地写字 टेढ़ेपन से अक्षर लिखना; वक्रता से अक्षर लिखना; तिरछेपन से अक्षर लिखना

【歪曲】 wāiqū तोड़ना-मरोड़ना; टेढ़ा-मेढ़ा करना; विकृत करना: ～历史 इतिहास को विकृत करना / ～事实 सत्य को तोड़ना-मरोड़ना

【歪诗】 wāishī अनियमित पद्य; भोंड़ा पद्य; कुकाव्य

【歪歪倒倒】 wāiwāidǎodǎo डगमगाता हुआ; डांवां-डोल; अस्थिर: 那醉汉～地走着。वह नशेड़ी डगमगाता हुआ चल रहा है।

【歪歪扭扭】 wāiwāiniǔniǔ टेढ़ा-मेढ़ा; तिरछा: ～的字 टेढ़े-मेढ़े अक्षर; तिरछे अक्षर

【歪斜】 wāixié कुटिल; टेढ़ा-तिरछा

㖞（喎） wāi (मुँह, आँख आदि) आड़ा होना; तिरछा होना: 口眼～斜 मुँह और आँख तिरछा होना

【㖞僻不遂】 wāipì bùsuí <ची०चि०> मिर्गी का दौरा पड़ जाने पर मुँह को लकवा मार जाना

咥 wāi <विस्मय०> हे; ए; अहो; आहा: ～，你到哪儿去了? हे, तुम कहाँ गए थे ?

wǎi

搉 wǎi <बो०> डोई या कलछी द्वारा एक पात्र से निकालकर दूसरे पात्र में डालना: ～水 डोई से पानी एक पात्र से दूसरे पात्र में डालना

崴[1] wǎi ऊँचा-नीचा; ऊबड़-खाबड़ (पहाड़ी पथ)

崴[2]（踒） wǎi (पैर में) मोच आना: 他把脚～了。उस के पैर में मोच आ गई।

【崴泥】 wǎiní कीचड़ में फँसना —— उलझन में पड़ना; बड़ी कठिनाई में पड़ना: 这下子他可～了。इस बार वह तो बड़ी कठिनाई में पड़ गया।

【崴子】 wǎizi <बो०> पहाड़ का मोड़ और नदी का घुमाव (ज़्यादातर जगह का नाम रखने के लिये प्रयोग किया जाता है)

wài

外[1] wài ❶अंदर का उलटा; बाहर: 出～ बाहर जाना ❷बाहर का; बाहरी; बाह्य: ～表 बाहरी रूप; शक्ल; आकृति; सतह / ～伤 बाहरी चोट ❸के बाहर: 国～ देश के बाहर / 课～ कक्षा के बाहर ❹विदेश; परदेश: ～国 विदेश; परदेश / 古今中～ पुराने समय में या वर्तमान समय में और चीन में या विदेशों में ❺विदेशी; परदेशी: ～国货 विदेशी माल / ～语 विदेशी भाषाएँ ❻अपने के अलावा, दूसरा: ～埠 अपने से भिन्न दूसरा शहर / ～省 दूसरा प्रांत; दूसरा प्रदेश ❼माता, बहिन या बेटी के पक्ष में रिश्तेदार: ～孙 नाती / ～祖母 नानी ❽पराया; दूसरे का: ～人 पराया आदमी; दूसरे का आदमी / 见～ पराया

समझना; दूसरे का समझना ❾के अलावा; के अतिरिक्त; को छोड़कर: 此～ इस के अलावा; इस को छोड़कर / 除你～ तुम्हारे अतिरिक्त; तुम्हें छोड़कर ❿से ज़्यादा; से अधिक: 六百里～ छै सौ ली से ज़्यादा / 三十开～ तीस वर्ष से ज़्यादा ⓫उप-; अनियमित; अनौपचारिक: ～号 उपनाम / ～传 अनौपचारिक जीवन कथा

外 2 wài ऑपेरा में बूढ़े पुरुष का अभिनय करना

【外办】 wàibàn 外事办公室 wàishì bàngōngshì का संक्षिप्त रूप

【外邦】 wàibāng 〈लि०〉 विदेश; विदेशी राज्य

【外币】 wàibì विदेशी मुद्रा

【外边】 wàibiān ❶बाहर: 他们到～散步去了。वे टहलने के लिये बाहर गए हैं। ❷के बाहर: 围墙～有条河。चारदीवारी के बाहर एक नदी बहती है। ❸परदेश; विदेश: 他刚刚从～回来。वह अभी-अभी परदेश से लौट कर आया है। ❹बाह्यभाग; बाहरी हिस्सा: 包裹～缠着一条破布。पैकेट के बाहरी हिस्से पर एक चिथड़ा बँधा हुआ है।

【外表】 wàibiǎo ❶बाहरी रूप; आकृति: 事物的～ वस्तुओं का बाहरी रूप ❷शक्ल: 她的～很好看。उस की शक्ल बहुत सुन्दर है। ❸सतह: 地球的～是高低不平的。पृथ्वी की सतह ऊँची-नीची होती है।

【外宾】 wàibīn विदेशी मेहमान

【外部】 wàibù ❶बाह्य; बाहरी; बाहर का: ～标志 बाहरी लक्षण / ～敌人 बाहरी शत्रु / ～联系 बाह्य संबंध / ～世界 बाहरी दुनिया; अपने क्षेत्र से बाहर का समाज / ～条件 बाह्य स्थितियाँ ❷बाह्य भाग; बाहरी हिस्सा

【外财】 wàicái अतिरिक्त आमदनी; अधिक आमदनी

【外层空间】 wàicéng kōngjiān बाहरी अंतरिक्ष: ～导弹 बाहरी अंतरिक्ष की मिसाइल

【外层焰】 wàicéngyàn 〈रसा०〉 बाहरी लपट; बाहरी अग्नि-ज्वाला

【外差】 wàichā 〈विद्यु०〉 हेट्रसंकरण; हेटरोडाइन: 超～ सुपरहेटरोडाइन

【外场】[1] wàichǎng समाजप्रिय; मिलनसार: 他是一个～人。वह एक मिलनसार आदमी है।

【外场】[2] wàichǎng 〈खेल०〉 विकेट के चारों ओर का बाहरी मैदान

【外钞】 wàichāo विदेशी बैंक नोट; विदेशी मुद्रा

【外出】 wàichū बाहर जाना: 他有事～了。वह काम के लिये बाहर गया हुआ है।

【外出血】 wàichūxuè 〈चिकि०〉 बाह्य पक्ष का रक्त-स्राव

【外传】 wàichuán ❶बाहर फैलाना ❷बाहर का सुना-सुनाया

【外带】[1] wàidài टायर: ～和里带都破了。टायर और ट्यूब सब फट गये हैं।

【外带】[2] wàidài इस के अलावा; इस के साथ: 这个工厂制造拖拉机，～修理农具。यह कारख़ाना ट्रैक्टर बनाता है, इस के साथ वह कृषि उपकरणों की मरम्मत भी करता है।

【外大陆架】 wàidàlùjià बाह्य शेल्फ़

【外道】[1] wàidào 〈धर्म〉 (बौद्ध धर्म का प्रयुक्त शब्द) वह संप्रदाय, जो बौद्ध धर्म के सिद्धांतों के अनुकूल नहीं है

【外道】[2] wàidào 〈शा०〉 गैरियत करना; तकल्लुफ़ करना: 不必～，我们都是老朋友。गैरियत न कीजिये, हम तो पुराने दोस्त ही हैं।

【外敌】 wàidí विदेशी दुश्मन; विदेशी शत्रु

【外地】 wàidì अपने से भिन्न स्थान, परदेश: 他到～旅游去了。वह सैर करने के लिये परदेश गया है।

【外电】 wàidiàn विदेशी समाचार एजेंसी से प्रेषित समाचार: 据～报道 विदेशी समाचार एजेंसी से प्रेषित समाचार के अनुसार

【外调】 wàidiào ❶वस्तु या व्यक्ति को एक जगह से दूसरी जगह पर बदल देना; स्थानांतरित करना: 有一些干部要～。कुछ कार्यकर्ताओं को स्थानांतरित किया जाएगा। ❷दूसरी इकाई या जगह में जाकर जाँच-पड़ताल करना

【外毒素】 wàidúsù 〈चिकि०〉 इक्सोटाक्सिन

【外耳】 wài'ěr बाह्य कर्ण; बाहरी कान

【外耳道】 wài'ěrdào कर्ण पथ

【外耳炎】 wài'ěryán बाहरी कान की सूजन

【外藩】 wàifān भू-सामंत की रियासत

【外翻足】 wàifānzú 〈चिकि०〉 टेढ़ा या मुड़ा हुआ पाँव; पाँव में टेढ़ापन

【外分泌】 wàifēnmì 〈श०वि०〉 बाहरी स्राव: ～腺 बाहरी स्राव की ग्रंथि

【外敷】 wàifū 〈चिकि०〉 (औषधि आदि) लगाना; लेप करना

【外敷药】 wàifūyào लेप करनेवाली औषधि

【外感】 wàigǎn 〈चिकि०〉 हवा, सर्दी, गर्मी और सीलन आदि के कारण हुई बीमारी

【外港】 wàigǎng शहर से बाहर की बंदरगाह; आउट पोर्ट

【外公】 wàigōng 〈बो०〉 नाना

【外功】 wàigōng मांसपेशी और अस्थि को सुदृढ़ बनाने की कसरत

【外观】 wàiguān बाहरी रूप; आकृति; रूपरेखा: 这座大楼的～很美。इस इमारत की आकृति बहुत सुन्दर है।

【外国】 wàiguó ❶विदेश; परदेश: 他将去外国旅游。वह सैर करने के लिये विदेश जाएगा। ❷विदेशी; परदेशी: ～干涉 विदेशी हस्तक्षेप / ～朋友 विदेशी दोस्त (मेहमान)

【外国管辖权】 wàiguó guǎnxiáquán विदेशी क्षेत्राधिकार

【外国货】 wàiguóhuò (外货 wàihuò भी) विदेशी माल

【外国军事基地】 wàiguó jūnshì jīdì विदेशी सैनिक अड्डा; विदेशी फ़ौजी आधार क्षेत्र

【外国记者】 wàiguó jìzhě विदेशी संवाददाता

【外国侨民】 wàiguó qiáomín विदेशी प्रवासी; विदेशी नागरिक

【外国人】 wàiguórén विदेशी; परदेशी: ～居留权 विदेशियों के लिये शरण पाने का अधिकार

【外国势力】 wàiguó shìlì विदेशी शक्ति
【外国语】 wàiguóyǔ विदेशी भाषा
【外国援助】 wàiguó yuánzhù विदेशी सहायता
【外国驻华机构】 wàiguó zhùhuá jīgòu चीन में स्थित विदेशी संस्थाएँ
【外国驻华使领馆】 wàiguó zhùhuá shǐlǐngguǎn चीन में स्थित विदेशी दूतावास और वाणिज्य दूतावास
【外国租界】 wàiguó zūjiè वह भूखंड जिस का अधिकार और व्यवहार किसी विदेशी राज्य के लिये स्वीकृत किया जा चुका हो; विदेशी उपनिवेश
【外国专家局】 wàiguó zhuānjiājú विदेशी विशेषज्ञ प्रशासन ब्यूरो: 国务院～ राज्य-परिषद का विदेशी विशेषज्ञ प्रशासन ब्यूरो
【外果皮】 wàiguǒpí 〈वन०〉 बाहरी छिलका
【外行】 wàiháng ❶अनिपुण; अनुभवहीन: 他种庄稼是～。वह खेती करने में अनिपुण है। ❷अनिपुण आदमी; अनुभवहीन आदमी; जानकारी न होनेवाला
【外号】 wàihào चलताऊ नाम; उपनाम
【外话】 wàihuà 〈बो०〉 तकल्लुफ़ करने की बात; बनावटी बात
【外踝】 wàihuái टखने का उभरा हुआ अँग
【外患】 wàihuàn विदेशी हमला; विदेशी आक्रमण
【外汇】 wàihuì विदेशी मुद्रा-विनिमय; फ़ोरेन एक्सचेंज: ～储备 विदेशी मुद्रा-विनिमय का संभार; फ़ोरेन एक्सचेंज रिज़र्व
【外汇兑换券】 wàihuì duìhuànquàn（外汇券 wàihuìquàn भी）विदेशी मुद्रा-विनिमय का प्रमाण-पत्र
【外汇交易】 wàihuì jiāoyì विदेशी मुद्रा-विनिमय का सौदा; फ़ोरेन एक्सचेंज ट्रेंज़ैक्शन
【外汇率】 wàihuìlǜ एक्सचेंज रेट
【外汇平准基金】 wàihuì píngzhǔn jījīn एक्सचेंज स्टेबिलाइज़ेशन फ़ंड
【外活】 wàihuó 〈बो०〉 ❶अपने व्यवस्थित कार्यों के बाहर का काम; दूसरा काम ❷गृहस्थी के बाहर का काम
【外祸】 wàihuò विदेशी आक्रमण
【外籍】 wàijí विदेशी राष्ट्रीयता; फ़ोरेन नेशनलिटी: ～工作人员 विदेशी कार्यकर्ता / ～教师 विदेशी अध्यापक
【外寄生物】 wàijìshēngwù एक्टोपैरसाइट
【外加】 wàijiā और … भी; अतिरिक्त: 今天发了一百本书，～五十个本子。आज सौ किताबें दी गई हैं और पचास कापियाँ भी।
【外加电压】 wàijiā diànyā अतिरिक्त वॉल्टेज
【外家】 wàijiā ❶नाना और नानी का घर ❷〈बो०〉 नैहर; मायका ❸〈लि०〉 ससुर और सास का घर ❹पुराने ज़माने में विवाहित पुरुष द्वारा अपनी रखैल के लिए बनाया गया घर
【外间】 wàijiān ❶कई जुड़े हुए कमरों में से वह कमरा जिस से लोग सीधे बाहर जाते हैं ❷〈लि०〉 बाहरी जगत्
【外甲板】 wàijiǎbǎn खुला डैक
【外交】 wàijiāo कूटनीति; राजनय; डिप्लोमेसी: 通过～途径 कूटनीति के माध्यम से
【外交部】 wàijiāobù विदेश मंत्रालय; विदेश कार्यालय
【外交部长】 wàijiāobùzhǎng विदेश मंत्री
【外交程序】 wàijiāo chéngxù कूटनीतिक प्रक्रिया
【外交辞令】 wàijiāo cílìng कूटनीतिक भाषा
【外交大臣】 wàijiāo dàchén विदेश मंत्री
【外交代表】 wàijiāo dàibiǎo राजनयिक प्रतिनिधि; डिप्लोमेटिक अजेंट: ～机构 राजनयिक प्रतिनिधि मंडल; डिप्लोमेटिक मिशन
【外交法】 wàijiāofǎ राजनयिक कानून; डिप्लोमेटिक लॉ
【外交官】 wàijiāoguān राजनयिक; डिप्लोमेट
【外交关系】 wàijiāo guānxì राजनयिक संबंध; कूटनीतिक संबंध: 断绝～ राजनयिक संबंध तोड़ना / 建立大使级～ राजदूत-श्रेणी का राजनयिक संबंध स्थापित करना
【外交惯例】 wàijiāo guànlì राजनयिक कार्य-प्रणाली; राजनयिक प्रक्रिया की रीति
【外交护照】 wàijiāo hùzhào राजनयिक पारपत्र; डिप्लोमेटिक पासपोर्ट
【外交豁免权】 wàijiāo huòmiǎnquán कूटनीतिक प्रतिरक्षा; डिप्लोमेटिक इम्युनिटी
【外交机关】 wàijiāo jīguān राजनयिक संस्थाएँ
【外交家】 wàijiāojiā कूटनीतिज्ञ; डिप्लोमेट
【外交界】 wàijiāojiè कूटनीतिक क्षेत्र; राजनयिक क्षेत्र
【外交路线】 wàijiāo lùxiàn विदेशी मामलों की कार्यनीति
【外交人员】 wàijiāo rényuán कूटनीतिक कर्मचारी
【外交礼节】 wàijiāo lǐjié कूटनीतिक शिष्टाचार
【外交签证】 wàijiāo qiānzhèng राजनयिक प्रवेशपत्र; डिप्लोमेटिक वीज़ा
【外交使节】 wàijiāo shǐjié राजनयिक उपराजदूत
【外交使团】 wàijiāo shǐtuán राजनयिक मिशन; डिप्लोमेटिक मिशन
【外交事务】 wàijiāo shìwù वैदेशिक मामला
【外交手腕】 wàijiāo shǒuwàn नीतिचातुर्य; डिप्लोमेसी
【外交谈判】 wàijiāo tánpàn कूटनीतिक वार्त्ता
【外交特权】 wàijiāo tèquán राजनयिक विशेषाधिकार
【外交途径】 wàijiāo tújìng कूटनीतिक रास्ता
【外交团】 wàijiāotuán राजनयिक दल: ～团长 राजनयिक दल का प्रमुख
【外交文件】 wàijiāo wénjiàn राजनयिक दस्तावेज़
【外交文件包】 wàijiāo wénjiànbāo राजनयिक थैला
【外交文书】 wàijiāo wénshū राजनयिक कागज़ात; डिप्लोमेटिक पेपर्स
【外交衔】 wàijiāoxián राजनयिक ओहदा
【外交信袋】 wàijiāo xìndài राजनयिक थैला; डिप्लोमेटिक बैग
【外交信使】 wàijiāo xìnshǐ राजनयिक संदेशवाहक; डिप्लोमेटिक कुरियर
【外交学会】 wàijiāo xuéhuì वैदेशिक मामलों का प्रतिष्ठान: 中国人民～ वैदेशिक मामलों का चीनी जन

प्रतिष्ठान
【外交邮袋】 wàijiāo yóudài दे॰ 外交信袋 wài-jiāo xìndài
【外交邮件】 wàijiāo yóujiàn राजनयिक डाक; डिप्लोमेटिक मेल
【外交政策】 wàijiāo zhèngcè विदेश नीति
【外交制裁】 wàijiāo zhìcái राजनयिक दंड; डिप्लोमेटिक सैंक्शन
【外角】 wàijiǎo 〈गणित॰〉 बाहरी कोण; बाहरी कोना
【外教】 wàijiào (外籍教师 wàijí jiàoshī का संक्षिप्त रूप) विदेशी अध्यापक या प्रशिक्षक
【外接圆】 wàijiēyuán 〈गणित॰〉 परिवृत्त
【外界】 wàijiè ❶बहिर्जगत्; बाहरी संसार; बाहरी दुनिया: 对～的认识 बाहरी दुनिया का ज्ञान ❷किसी संस्था या मंडल से असंबद्ध; बाहरी: ～舆论 बाहरी जनमत / ～压力 बाहरी दबाव
【外借】 wàijiè ❶बाहर के लोगों को उधार दिया जाना: 此书不～。यह किताब बाहरी लोगों को उधार नहीं दी जाती। ❷दूसरे का इस्तेमाल: 电话不～。इस टेलिफ़ोन का इस्तेमाल दूसरे लोगों के लिये नहीं है।
【外景】 wàijǐng बाहर का दृश्य; बाहरी दृश्य
【外径】 wàijìng 〈गणित॰〉 बाहरी व्यास
【外径千分尺】 wàijìng qiānfēnchǐ बाह्य सूक्ष्ममापी
【外舅】 wàijiù 〈लि॰〉 पत्नी का पिता; ससुर
【外卡钳】 wàikǎqián 〈यां॰〉 वह परकार जिस से किसी गोल पदार्थ आदि का बाहरी व्यास नापा जाता है; बाहरी कैलिपर्स
【外科】 wàikē 〈चिकि॰〉 चीरफाड़ विभाग; शल्य-चिकित्सा विभाग; सर्जिकल डिपार्टमेंट; ऑपरेशन विभाग: ～病房 सर्जिकल वार्ड / ～手术 चीर-फाड़; सर्जिकल ऑपरेशन / ～医生 शल्य-चिकित्सक; सर्जन / ～主任 प्रधान सर्जन
【外科学】 wàikēxué शल्यविद्या; शल्यशास्त्र; सर्जरी
【外壳】 wàiké ❶ऊपरी त्वचा; फल का ऊपरी छिलका ❷ऊपरी कवर: 辞书的～ शब्दकोश का ऊपरी कवर ❸बाहरी खोल: 热水瓶～ थर्मस का बाहरी खोल
【外客】 wàikè वह मेहमान जिस से संबंध घनिष्ठ न हो
【外寇】 wàikòu बाहरी आक्रमणकारी; विदेशी आक्रमणकारी: 打击～ विदेशी आक्रमणकारियों को चोट पहुँचाना
【外快】 wàikuài अतिरिक्त आमदनी या आय; ऊपरी आमदनी: 捞～ अतिरिक्त आमदनी कमाना
【外来】 wàilái दूसरी जगह से आने वाला; विदेशी; बाहरी: ～干部 दूसरी जगह से आने वाला कार्यकर्ता / ～干涉 बाहरी हस्तक्षेप; विदेशी हस्तक्षेप
【外来户】 wàiláihù दूसरी जगह से स्थानांतरित परिवार
【外来势力】 wàilái shìlì बाहरी शक्तियाँ; विदेशी शक्तियाँ
【外来压力】 wàilái yālì बाहरी दबाव; विदेशी दबाव
【外来语】 wàiláiyǔ विदेशी शब्द
【外力】 wàilì ❶बाहरी शक्तियाँ ❷〈भौ॰〉 बाह्य शक्ति; एक्सटर्नल फ़ोर्स
【外流】 wàiliú ❶बाहर की ओर बहना ❷(व्यक्ति या संपत्ति आदि का) विदेश या दूसरी जगह पर स्थानांतरित होना: 黄金～ सोने का विदेश या दूसरी जगह पर स्थानांतरित होना / 人才～ सुयोग्य व्यक्ति का विदेश या दूसरी जगह पर स्थानांतरित होना
【外路】 wàilù ❶विदेशी; परदेशी: ～货 विदेशी माल; परदेशी माल ❷परदेश से आने वाला; दूसरी जगह से आने वाला: ～人 परदेश से आने वाला आदमी
【外露】 wàilù दिखाई पड़ना; प्रकट होना: 凶相～ क्रूर रूप दिखाई पड़ना
【外卖】 wàimài ❶रेस्तरां से घर पर या बाहर खाना मँगवाना या स्वयं रेस्तरां से खाना बँधवा कर बाहर ले जाना ❷वह खाना जो रेस्तरां से घर या बाहर मंगवाया गया या स्वयं रेस्तरां से बँधवा कर बाहर ले जाया गया
【外贸】 wàimào (对外贸易 duìwài màoyì का संक्षिप्त रूप) विदेशी व्यापार
【外贸部】 wàimàobù विदेशी व्यापार मंत्रालय
【外貌】 wàimào ❶रूप; शकल; सूरत: 不要以～取人。लोगों की सही पहचान उन की शक्ल-सूरत से नहीं होती। ❷बाहरी रूप; बाहरी आकृति: 近几年来，这座城市的～有了一些变化。इधर कुछ सालों में इस शहर का बाहरी रूप कुछ बदलने लगा है।
【外面】 wàimiàn किसी वस्तु का बाहरी भाग
【外面】 wàimian ❶बाहर: 今天～很冷。आज बाहर बहुत सर्दी है। ❷के बाहर: 窗户～有棵树。खिड़की के बाहर एक पेड़ है।
【外面儿光】 wàimiànrguāng केवल बाहरी आकृति का सुन्दर होना: 做事要考虑实际效果，不能追求～。कार्य करते समय हमें उस के वास्तविक परिणामों की ओर ध्यान देना चाहिये, न कि उस के बाहरी रूप पर।
【外脑】 wàinǎo विदेशी अथवा बाहरी विशेषज्ञ
【外胚层】 wàipēicéng 〈जीव॰〉 बाहरी झिल्ली; बहिर्जन-स्तर
【外皮】 wàipí शल्क; खोल
【外婆】 wàipó 〈बो॰〉 नानी: ～家 ननिहाल
【外戚】 wàiqī महारानी अथवा रानी के पक्ष के रिश्तेदार
【外企】 wàiqǐ 外资企业 wàizī qǐyè का संक्षिप्त रूप
【外强中干】 wàiqiáng-zhōnggān बाहरी तौर पर मज़बूत और भीतरी तौर पर कमज़ोर; देखने में मज़बूत लेकिन वास्तव में कमज़ोर; बाहर से शक्तिशाली और अंदर से शक्तिहीन; बाहर से मज़बूत है जबकि अन्दर से खोखला है
【外侨】 wàiqiáo (外国侨民 wàiguó qiáomín का संक्षिप्त रूप) विदेशी निवासी
【外切形】 wàiqiēxíng 〈गणित॰〉 परिवृत्त की आकृति
【外勤】 wàiqín ❶किसी यूनिट या संस्था के बाहर का कार्य करना; बाहरी सेवा करना: 跑～ बाहर जाकर काम करना ❷बाहर जाकर काम करनेवाला; फ़ील्ड पर्सनेल
【外倾】 wàiqīng 〈मनो॰〉 बहिर्मुख
【外圈】 wàiquān 〈खेल॰〉 मैदान की बाहरी पट्टी; बाहरी पथ
【外燃机】 wàiránjī बाह्य दहन इंजन
【外人】 wàirén ❶पराया; अजनबी: 我是你的兄弟，你不要把我当成～。मैं तुम्हारा भाई हूँ, मुझे पराया न

समझो। ❷दूसरा; अपने से भिन्न: 你说吧，这里没～。तुम बोलो, यहाँ कोई दूसरा नहीं है। ❸अन्यदेशीय; विदेशी

【外柔内刚】 wàiróu–nèigāng बाहरी तौर पर झुक जाना पर अंदर से अटल रहना; बाहर से कोमल और अंदर से सख्त

【外伤】 wàishāng चोट; घाव; ट्रोमा: ～性休克 ट्रोमा-टिक शोक

【外伤学】 wàishāngxué ट्रोमाटोलाजी

【外商】 wàishāng（外国商人 wàiguó shāngrén का संक्षिप्त रूप）विदेशी व्यापारी

【外设】 wàishè कंप्यूटर या फ़ैक्स मशीन आदि सूचना-प्रणाली यंत्रों से संबंधित गौण उपकरण; बाह्य उपकरण

【外肾】 wàishèn 〈ची०चि०〉 अंड; अंडकोष; अंडग्रंथि

【外生殖器】 wàishēngzhíqì बाह्य जननेन्द्रिय

【外省】 wàishěng दूसरा प्रदेश; दूसरा प्रांत

【外甥】 wàisheng ❶बहिन का पुत्र; भांजा ❷〈बो०〉 बेटी का पुत्र; नाती

【外甥打灯笼，照舅（旧）】 wàisheng dǎ dēnglong zhàojiù भांजा बत्ती जलाकर मामा के लिए रोशनी करता है —— सदा की तरह; पहले की तरह (यहाँ 照舅 का उच्चारण 照旧 के समान होता है)

【外甥女】 wàishengnǚ ❶बहिन की पुत्री; भांजी ❷〈बो०〉 बेटी की पुत्री; नातिन

【外史】 wàishǐ अनौपचारिक इतिहास: 儒林～ विद्वानों का अनौपचारिक इतिहास

【外事】 wàishì राजनैतिक मामला; वैदेशिक मामला: ～活动 वैदेशिक मामलों से संबंधित गतिविधि / ～往来 वैदेशिक मामलों से संबंधित व्यवहार

【外事办公室】 wàishì bàngōngshì वैदेशिक मामलों के लिये उत्तरदायी कार्यालय

【外事处】 wàishìchù विदेशी मामला कार्यालय; वैदेशिक मामला कार्यालय

【外事局】 wàishìjú वैदेशिक संपर्क ब्यूरो

【外事口】 wàishìkǒu 〈बोल०〉 सरकार का वह अंग जो वैदेशिक मामलों से संबंधित कार्य करता है

【外事秘书】 wàishì mìshū परराष्ट्र सचिव; विदेश सचिव

【外事组】 wàishìzǔ विदेशी मामलों का विभाग

【外室】 wàishì ❶रखैल; रखनी; उपपत्नी ❷रखैल का घर

【外手】 wàishǒu (गाड़ी या मशीन की) दाहिनी ओर

【外首】 wàishǒu 〈बो०〉 दे० 外头 wàitou

【外水】 wàishuǐ दे० 外快 wàikuài

【外孙】 wàisūn नाती

【外孙女】 wàisūnnǚ नातिन

【外胎】 wàitāi टायर

【外逃】 wàitáo ❶दूसरे स्थान के लिये भाग जाना; दूर भागना ❷विदेश भाग जाना: ～出境 विदेश फ़रार हो जाना / ～分子 भगोड़ा; पलायक; फ़रार

【外套】 wàitào ❶ओवर कोट ❷कोट

【外听道】 wàitīngdào 〈श०वि०〉 बाहरी श्रवण की नली

【外头】 wàitou ❶बाहर: 夏天我们经常睡在～。गर्मियों में हम अक्सर बाहर सोते हैं। ❷के बाहर: 屋～站着许多人。घर के बाहर बहुत लोग खड़े हुए हैं।

【外围】 wàiwéi किसी गोल क्षेत्र की बाह्य सीमा या तल; सीमा-रेखा; परिधि; घेरा

【外围防线】 wàiwéi fángxiàn बाहरी रक्षा-पंक्ति

【外围组织】 wàiwéi zǔzhī परिसरीय संगठन; परिधीय जमात

【外文】 wàiwén विदेशी भाषा

【外文出版局】 wàiwén chūbǎnjú विदेशी भाषा प्रकाशन-गृह

【外文印刷厂】 wàiwén yìnshuāchǎng विदेशी भाषा प्रेस

【外屋】 wàiwū बाहरी कमरा; ऑउट-हाउस

【外侮】 wàiwǔ विदेशी आक्रमण; विदेशी अतिक्रमण: 抵御～ विदेशी आक्रमण का मुकाबला करना

【外务】 wàiwù ❶अपने कर्तव्य से बाहर का काम; दूसरा काम ❷वैदेशिक मामला

【外务大臣】 wàiwù dàchén विदेशी मामलों का मंत्री

【外务省】 wàiwùshěng विदेश मंत्रालय (जैसे जापान में)

【外骛】 wàiwù 〈लि०〉 दूसरा काम करना; मन न लगना

【外弦】 wàixián दो तार वाले बाजे का बाहरी तार, जो पतला सा होता है

【外县】 wàixiàn वह ज़िला, जो अपने ज़िले या शहर के बाहर होता है; दूसरी काउंटी

【外线】 wàixiàn ❶〈सैन्य०〉 बाहरी सैन्य-पंक्ति: ～作战 बाहरी सैन्य-पंक्तिवाली कार्यवाही करना ❷(टेलिफ़ोन के) बाहरी सिलसिले

【外乡】 wàixiāng दूसरा स्थान; अन्यस्थान: ～口音 अन्य स्थानों का स्वर

【外向】 wàixiàng 〈मनो०〉 बहिर्मुख; बहिर्दृष्टि

【外向型经济】 wàixiàngxíng jīngjì निर्यात अभिमुख अर्थ-व्यवस्था

【外相】 wàixiàng विदेश मंत्री

【外销】 wàixiāo विदेश में बेचने के लिये: ～产品 विदेश में भेजकर बेचने वाला माल

【外心】 wàixīn ❶(पति या पत्नी का) गैरईमानदार नीयत; नीयत में बेईमानी ❷〈गणित०〉 बाहरी केन्द्र

【外形】 wàixíng बाह्यरूप; बाहरी आकार

【外姓】 wàixìng अपने से भिन्न-कुल का नाम; दूसरा कुलनाम

【外需】 wàixū विदेशी बाज़ार में वस्तुओं की मांग

【外延】 wàiyán 〈तर्क०〉 विस्तृति; विस्तारण

【外焰】 wàiyàn 〈रसा०〉 बाहरी लपट; बाह्य लौ

【外扬】 wàiyáng सब के सामने खोलना; बाहर फैलाना: 家丑不可～。अपने कुल के कलंकों को लोगों के सामने नहीं खोला जा सकता।

【外洋】 wàiyáng 〈पुराना〉 ❶विदेश; परदेश ❷स्थल से दूर सागर ❸विदेशी मुद्रा; विदेशी सिक्का

【外衣】 wàiyī ❶कोट; जैकेट; चोगा ❷वेष; बाह्य रूप

【外溢】 wàiyì ❶बाहर निकल जाना: 资金～ पूँजी बाहर निकल जाना ❷छलकना; फूटना

【外因】 wàiyīn 〈दर्शन०〉 बाहरी कारण; बाह्य कारण
【外阴】 wàiyīn 〈श०वि०〉 बहिर्योनि
【外阴炎】 wàiyīnyán बहिर्योनि की सूजन
【外用】 wàiyòng 〈औष०〉 बाहर से लगाने वाली दवा: ～药水 (खाने वाली नहीं) लोशन / 只能～ केवल बाहर से प्रयोग करना
【外语】 wàiyǔ विदेशी भाषा
【外域】 wàiyù 〈लि०〉 विदेश; परदेश
【外遇】 wàiyù पति या पत्नी का अन्य स्त्री या पुरूष से गैर-कानूनी व्यावहारिक संबंध: 她怀疑丈夫有～。उसे शंका है कि उस के पति के दूसरी स्त्री से गैर-कानूनी संबंध हैं।
【外圆磨床】 wàiyuán móchuáng बेलनाकार ग्राइंडिंग-मशीन
【外圆内方】 wàiyuán-nèifāng बाहर गोल पर अंदर चौकोर —— बाहर से तो नम्र पर अंदर से कठोर
【外援】 wàiyuán बाहरी सहायता; विदेशी सहायता
【外运】 wàiyùn बाहर जाना; देश के बाहर पहुँचाना
【外在】 wàizài बहिःस्थित; बाह्य; बाहरी: ～因素 बहिःस्थित तत्त्व
【外在性】 wàizàixìng बाह्याचारवाद; बाह्य कर्मकांड
【外债】 wàizhài विदेशी कर्ज़
【外长】 wàizhǎng 外交部长 wàijiāo bùzhǎng का संक्षिप्त रूप
【外长会议】 wàizhǎng huìyì विदेश-मंत्री सम्मेलन
【外罩】 wàizhào ❶बाह्य ढक्कन; आच्छादन ❷धूल से बचाव के लिये इस्तेमाल किया जाने वाला कपड़ा
【外智】 wàizhì विदेशी अथवा बाहरी विशेषज्ञ
【外痔】 wàizhì बाहरी बवासीर
【外传】 wàizhuàn अनौपचारिक जीवन-कथा; अनधिकृत जीवन-कथा
【外资】 wàizī विदेशी पूंजी: 引进～ विदेशी पूंजी प्रविष्ट कराना / ～产业 विदेशी पूंजी का कारोबार / ～流入 विदेशी पूंजी का अंदर आना
【外资企业】 wàizī qǐyè विदेशी उद्यम या कारोबार
【外子】 wàizǐ 〈लि०〉 मेरा पति
【外族】 wàizú ❶अपने कुल से भिन्न मनुष्य ❷दूसरी जाति; विदेशी जाति
【外祖父】 wàizǔfù माता का पिता; नाना
【外祖母】 wàizǔmǔ माता की माता; नानी

wān

弯（彎） wān ❶वक्र; टेढ़ा-मेढ़ा: ～路 टेढ़ा-मेढ़ा रास्ता ❷झुकना; नवना; लचकना: 树枝被雪压～了。पेड़ की शाखाएँ बर्फ़ से दबकर झुक गई हैं। ❸झुकाना; नवाना; लचकाना: ～腰 कमर झुकाना ❹मोड़; घुमाव: 在路的转～处 रास्ते के मोड़ पर / 这个胡同有个～儿。इस गली में एक मोड़ है।
【弯度】 wāndù वक्रता; कुटिलता; भंगिमा
【弯弓】 wāngōng 〈लि०〉 धनुष खींचना; धनुष झुकाना
【弯路】 wānlù ❶टेढ़ा-मेढ़ा रास्ता: 走～ टेढ़े-मेढ़े बढ़ना ❷फेर या चक्कर का रास्ता; फेर; चक्कर: 少走～ फेर के रास्ते से बचना; बहुत से टेढ़े-मेढ़े रास्तों में भटकने से बचना
【弯扭】 wānniǔ वक्र; टेढ़ा-मेढ़ा; तिरछा: 一条～的小路 एक वक्र पगडंडी / 字写得弯弯扭扭 अक्षरों को बेढंग रूप में लिखना; खराब तरह से लिखना
【弯曲】 wānqū ❶चक्करदार; घुमावदार; वक्र; मुड़ा: ～的道路 चक्करदार रास्ता; घुमावदार पथ / ～的木棍 वक्र लाठी; मुड़ी लकड़ी ❷चक्कर खाता हुआ; चक्कर काटता हुआ; बल खाता हुआ; टेढ़े-मेढ़े: 小溪弯弯曲曲地向东流去。झरना चक्कर खाता हुआ पूर्व की ओर बहता है।
【弯头】 wāntóu 〈यां०〉 (किसी वस्तु का) मुड़ा हुआ भाग; कोहनी; बेंड: 接合～ कोहनी जोड़ना; बेंड मिलाना
【弯下】 wānxia झुकाना; नवाना
【弯腰】 wānyāo कमर झुकाना; निहुरना; नत हो जाना; झुक जाना
【弯子】 wānzi（弯儿 wānr भी）चक्कर; घुमाव: 绕～ ①चक्कर काटना; घुमाव खाना ②लम्बी भूमिका बाँधना

剜 wān（挖 wā भी）(छुरी आदि से) काटकर हटाना; निकाल डालना: 把苹果烂的地方～掉。सेब के सड़े हुए भाग को काटकर फेंको। / 凶狠的奴隶主～掉了他的双眼。क्रूर दास-मालिक ने उस की दोनों आँखों को निकाल डाला।
【剜肉补疮】 wānròu-bǔchuāng（剜肉医疮 wānròu-yīchuāng भी）माँस का टुकड़ा काटकर फोड़े का इलाज करना —— तात्कालिक लाभ के लिये हानिकर उपाय से किसी समस्या का फ़ौरी समाधान करना

湾（灣） wān ❶(प्रवार का) घुमाव, बाँक; मोड़: 河～ नदी का घुमाव ❷खाड़ी: 孟加拉～ बंगाल की खाड़ी ❸(नाव आदि को) लंगर से बाँधना: 把船～在那边。बोट को वहाँ लंगर से बाँधो।
【湾泊】 wānbó (नाव का) रुकना; ठहरना: 岸边～着两只船。किनारे पर दो नावें ठहरी हुई हैं।

蜿 wān नीचे दे०
【蜿蜒】 wānyán ❶(नाग आदि का) रेंगना; कुलबुलाना ❷(पर्वत, नदी, मार्ग आदि का) सर्पिल गति से जाना; टेढ़ा-मेढ़ा चलना; चक्कर खाते हुए चलना: 山路～起伏。पहाड़ी रास्ते घुमावदार होते हैं / 小路～而上。पगडंडी टेढ़ी-मेढ़ी ऊपर जाती है। / 小溪～流进田野。झरना चक्कर काट कर खेतों में से हो कर बहता है।

豌 wān नीचे दे०
【豌豆】 wāndòu ❶मटर ❷मटर के दाने
【豌豆黄】 wāndòuhuáng मटर के आटे से बना केक

wán

丸 wán ❶गेंद जैसी छोटी वस्तु; गेंदी; गोली: 弹～ गोली / 肉～ मांस की गोली ❷दवा की गोली; वटी; वाटिका: 保婴活命～ बाल-रक्षा वाटिका / 请每天吃两～。रोज़ दो गोलियाँ खाइये।

【丸剂】 wánjì दवा की गोली

【丸药】 wányào चीनी औषधि की गोली

【丸子】 wánzi गोलाकार खाद्यपदार्थ: 鱼～ मछली की गोली

纨（紈） wán 〈लि०〉 महीन बुनाई का माल; महीन रेशम

【纨绔】 wánkù（纨袴 wánkù भी）〈लि०〉 रेशमी पहनावा; रेशमी कपड़ा —— धनी परिवार

【纨绔子弟】 wánkù zǐdì धनी परिवार का बेटा; छैला; बाँका; रँगीला पुरुष

【纨扇】 wánshàn गोलाकार रेशमी पंखा

完 wán ❶पूरा; समूचा: 体无～肤。ज़ख्मों के कारण शरीर पर चमड़ी न के बराबर है। ❷चुकना; बाकी न रहना: 他吃～了。वह खा चुका है। / 纸用～了。कागज़ बाकी न रहा। ❸समाप्त होना; समाप्ति होना: 会开～了。सभा समाप्त हुई / 下期续～。अगले अंक में इस की समाप्ति होगी । ❹पूरा करना: ～成任务 कार्य पूरा करना ❺चुकाना; अदा करना: ～税 कर चुकाना; कर अदा करना

【完备】 wánbèi ❶पूरा; संपूर्ण; सर्वांगीण: 工具～。औज़ार पूरे हैं। / 设施～。सारी सुविधाएँ हैं। ❷पूर्णता: 条件～。शर्तें पूरी हैं।

【完毕】 wánbì समाप्त होना: 操练～。कवायद समाप्त हो गयी।

【完成】 wánchéng ❶पूरा होना: 工作～了。काम पूरा हो गया है। ❷पूरा करना: ～任务 कार्य पूरा करना; कार्य को सम्पन्न करना ❸पूर्णता: 走向～ पूर्णता की ओर ले जाना

【完蛋】 wándàn 〈बोल०〉 ❶धूल में मिलना; खात्मा हो जाना: 敌人～了。दुश्मन धूल में मिल गया है; दुश्मनों का खात्मा हो गया है। ❷गज़ब होना: 要是他不来，那我可就～了。अगर वह नहीं आएगा तो मुझ पर गज़ब हो जाएगा।

【完稿】 wángǎo मसौदा पूरा करना; हस्तलेख पूरा लिखना

【完工】 wángōng इंजीनियरिंग आदि का समाप्त होना; अभियांत्रिकी आदि का समाप्त होना: 这座桥本月底～。इस पुल की इंजीनियरिंग इस महीने के अंत में समाप्त होगी।

【完婚】 wánhūn 〈लि०〉 (किसी पुरुष का) विवाह हो जाना: 他已经～了。उस का विवाह हो गया है।

【完结】 wánjié समाप्त होना; समाप्ति होना: 事情并没有～。मामला समाप्त नहीं हुआ।

【完聚】 wánjù 〈लि०〉 पुनर्मिलन: 合家～ पूरे घर-वालों का पुनर्मिलन

【完竣】 wánjùn ❶समाप्त होना: 工程～。इंजिनियरिंग समाप्त हो गयी / 整编～。पुनर्गठन समाप्त हो गया। ❷पूरा करना

【完粮】 wánliáng मालगुज़ारी अदा करना

【完了】 wánliǎo समाप्त होना: 讲解～。व्याख्या समाप्त हो गयी।

【完满】 wánmǎn ❶भरा-पूरा: 取得～成功 भरी-पूरी सफलताएँ मिलना ❷संतोषपूर्ण: 找一个～的办法 एक संतोषपूर्ण उपाय निकालना ❸संतोषपूर्वक; संतोषजनक रूप से: 会议～结束了。सभा संतोषपूर्वक समाप्त हुई। / 他们～地完成了任务。उन लोगों ने संतोषजनक रूप से कार्य पूरा किया।

【完美】 wánměi संपूर्ण; निर्दोष: ～的艺术形象 कला की संपूर्ण प्रतिमा

【完美无缺】 wánměi-wúquē（完美无疵 wán-měi-wúcī भी）संपूर्ण; निर्दोष: 他的这部作品看来有些零散，其实是～的。उस की यह रचना देखने में तो बेसिलसिलेवार जान पड़ती है, लेकिन वास्तव में यह बिल्कुल संपूर्ण है।

【完全】 wánquán ❶पूरा; पूर्ण: 他说的不～。उस ने अपनी बात पूर्ण रूप से नहीं कही ❷पूरे तौर पर; पूर्णरूपेण: ～接受 पूरे तौर पर स्वीकार करना ❸बिल्कुल; एकदम: ～相反 बिल्कुल उल्टा; एकदम विरोधी

【完全变态】 wánquán biàntài 〈जीव०〉 पूरा रूपां-तरण

【完全句】 wánquánjù 〈व्या०〉 जुमला; पूरा वाक्य

【完全燃烧】 wánquán ránshāo ❶पूरा ज्वलनशील ❷पूरे तौर पर जलना

【完全小学】 wánquán xiǎoxué वह प्राइमरी स्कूल, जिस में पहले ग्रेड से छठे ग्रेड तक छात्र पढ़ते हैं

【完全叶】 wánquányè 〈वन०〉 पूर्ण पत्ता

【完人】 wánrén संपूर्ण आदमी; निर्दोष आदमी; गुणवान व्यक्ति; मुकम्मिल इंसान: 人无～。ऐसा कोई इंसान नहीं होता, जिस में कोई कमी न हो।

【完善】 wánshàn ❶संपूर्ण: 设备～。साज़-सामान संपूर्ण है। ❷संपूर्ण करना; बेहतर बनाना: ～教育体制 शिक्षा की व्यवस्था बेहतर बनाना

【完事】 wánshì (काम आदि को) समाप्त करना: 我们～大吉了。हम समाप्त कर चुके हैं।

【完税】 wánshuì कर अदा करना

【完小】 wánxiǎo 完全小学 wánquán xiǎoxué का संक्षिप्त रूप

【完整】 wánzhěng ❶संपूर्णता; अखंडता: 领土～ प्रादेशिक अखंडता ❷संपूर्ण; अखंड: ～的体系 संपूर्ण व्यवस्था

【完整无缺】 wánzhěng-wúquē ❶अखंडता; अक्षुणता ❷अखंड; अक्षुण

【完整性】 wánzhěngxìng संपूर्णता; अखंडता

玩[1] wán（玩儿 wánr भी）❶क्रीड़ा करना; किलोल

करना; अठखेली करना: 孩子们喜欢～儿。बच्चों को अठखेलियाँ करना पसंद है। ❷खेलना: ～儿牌 ताश खेलना / ～儿足球 फ़ुटबाल खेलना ❸अनुपयुक्त तरीके से काम लेना: ～花招儿 नयी चाल काम में लाना

玩 ² （翫） wán ❶हलकेपन से व्यवहार करना; अवहेलना करना: ～世不恭 हलकेपन से व्यवहार करना ❷आनंद लेना; आनंदित होना: ～月 चाँदनी का आनंद लेना; चाँद से आनंदित होना ❸मूल्यांकनवाली वस्तु; मूल्य-वान वस्तु: 古～ प्राचीन काल की वे मूल्यवान वस्तुएँ, जिन से उस काल की संस्कृति समझी जा सकती है

【玩把戏】 wán bǎxì ❶तमाशा दिखाना: ～的人 तमाशा दिखानेवाला; मदारी ❷चाल चलना; चालाकी दिखाना

【玩忽】 wánhū लापरवाही करना, ख्याल न रखना: ～职守 कर्तव्य में लापरवाही करना; कर्तव्यच्युत होना; कर्तव्य न निभाना

【玩火】 wánhuǒ आग से खेलना

【玩火自焚】 wánhuǒ-zìfén आग से खेलने पर हाथ जल जाएँगे; जो भी दुःस्साहस करेगा, वह नष्ट हो जाएगा; दुस्साहस करनेवाले को अंत में क्षति उठानी पड़ती है

【玩具】 wánjù खिलौना: ～店 खिलौनों की दुकान / ～箱 खिलौनों का बक्स / 电动～ बिजली से चलनेवाले खिलौने

【玩乐】 wánlè खेलना और विनोद करना: 尽情～ ख़ूब खेलना और विनोद करना

【玩弄】 wánnòng ❶खेलना; खेल खेलना: ～玩具 खिलौनों से खेलना; खिलौनों का खेल खेलना ❷तुच्छता या छिछोरपन के साथ प्रेम-प्रदर्शित करना: ～女性 औरत के सामने तुच्छता या छिछोरपन के साथ प्रेम-प्रदर्शित करना ❸तथ्यों को गलत रूप में प्रस्तुत करना: ～词句 शब्दों को गलत रूप में प्रस्तुत करना; शब्दों का खेल खेलना ❹चलाना; काम में लाना: ～新花招 नयी चाल चलना; नयी चाल काम में लाना

【玩偶】 wánǒu पुतली; गुड़िया; गुड्डा

【玩儿不转】 wánrbuzhuàn 〈बोल०〉 निपटारा नहीं कर सकना; निपट नहीं सकना: 他一个人根本～。वह अकेला ही इस का निपटारा नहीं कर सकता; वह अकेला ही इस से निपट नहीं सकता।

【玩儿得转】 wánrdezhuàn 〈बोल०〉 निपटारा कर सकना; निपट सकना: 你～吗? क्या तुम इस का निपटारा कर सकते हो ? क्या तुम इस से निपट सकते हो ?

【玩儿命】 wánrmìng जान खतरे में डालना; जान की बाज़ी लगाना

【玩儿票】 wánrpiào अवकाश में ऑपेरा में अभिनय करनेवाला: 他是～的，不是职业演员。वह अवकाश में ऑपेरा में अभिनय करनेवाला है, न कि पेशेवर अभि-नेता।

【玩儿去】 wánrqù 〈बोल०〉 ❶खेलने जाना; सैर करना ❷चंपत हो जाना; चला जाना

【玩儿完】 wánrwán धूल में मिलना; मर जाना; हार जाना

【玩赏】 wánshǎng आनंद लेना; आनंदित होना: ～雪景 बर्फ़ के दृश्य का आनंद लेना / 园中有许多可供～的树木。बाग में बहुत से पेड़ हैं, जिन से मन खुश हो जाएगा।

【玩世不恭】 wánshì-bùgōng हलकेपन से व्यवहार करना; अवहेलना करना

【玩耍】 wánshuǎ क्रीड़ा करना; अठखेली करना; किलोल करना: 孩子们在树下～。बच्चे पेड़ के नीचे खेल रहे हैं।

【玩味】 wánwèi मन में तौलना; विचारमग्न होना: 他的话值得～。उन की बात मन में तौलने लायक है; उन की बात विचार करने योग्य है।

【玩物】 wánwù ❶खिलौना ❷वह व्यक्ति, जिसे मात्र खिलौना समझा जाता है

【玩物丧志】 wánwù-sàngzhì तुच्छ चीज़ों में आनंद लेने पर बड़े लक्ष्य छूट जाते हैं

【玩狎】 wánxiá 〈लि०〉 जी बहलाना; चुटकियों में उड़ा देना; तिरस्कार करना

【玩笑】 wánxiào ❶मज़ाक करना; दिल्लगी करना; खिल्ली उड़ाना; खिलवाड़ करना: 他这是～，你别介意。वह मज़ाक कर रहा है, तुम इस का ख्याल न करो। ❷मज़ाक; परिहास; हंसी-खेल; हंसी की बात: 开～ हंसी की बात करना; मज़ाक करना

【玩意儿】 wányìr （玩艺儿 wányìr भी） 〈बोल०〉 ❶खिलौना ❷चीज़, वस्तु: 新鲜～ नयी चीज़ / 他手里拿的是什么～? उस के हाथ में क्या चीज़ है ?

顽 ¹ （頑） wán ❶अज्ञान; नासमझ ❷दुराग्रही; हठीला ❸अदम्य; अदमनीय: ～敌 अदमनीय दुश्मन ❹शरारती; नटखट: ～童 शरारती और चंचल लड़का; शरारती लड़का

顽 ² （頑） wán दे० 玩¹wán

【顽磁】 wáncí 〈भौ०〉 मेगनेटिक रिटेंटिविटी

【顽敌】 wándí अदमनीय दुश्मन; कट्टर दुश्मन

【顽钝】 wándùn 〈लि०〉 ❶मूर्ख; बेवकूफ़; बुद्धिहीन; बेसमझ ❷असत्यनिष्ठ; चरित्रहीन ❸कुंद; भोथरा: 刀刃变～了。छुरी की धार कुंद हो गयी है।

【顽梗】 wángěng ज़िद्दी; हठीला: ～不化 ज़िद्दी होना; हठीला होना

【顽固】 wángù ❶हठीला; ज़िद्दी; दुराग्रही ❷अड़ियल; कट्टर ❸बेकाबू; दुर्दांत

【顽固不化】 wángù-bùhuà बिना सुधार के दुराग्रही; नाक कटी पर हठ न हटी

【顽固分子】 wángù fènzǐ दृढ़ या विरोधी शक्तियों के सामने न झुकनेवाला व्यक्ति; कट्टरपंथी; कट्टरतावादी

【顽固派】 wángùpài कट्टरतावादी; कट्टरपंथी; रूढ़िवादी गुट

【顽疾】 wánjí दीर्घस्थायी और दुर्दम्य बीमारी; बेकाबू बीमारी

【顽抗】 wánkàng कट्टरतापूर्वक विरोध करना: 敌人再～，我们就消灭它。अगर दुश्मन कट्टरतापूर्वक विरोध करता रहे तो हम उस का सफ़ाया कर देंगे।

【顽劣】 wánliè हठीला और नासमझ; दुराग्रही और झगड़ालू
【顽民】 wánmín <पुराना> उच्छृंखल व्यक्ति; दुर्दमनीय व्यक्ति
【顽皮】 wánpí नटखट; चंचल; शरारती
【顽强】 wánqiáng अदम्य; अदमनीय; दृढ़; प्रबल; दृढ़-निश्चयी: ～的斗争 अदमनीय संघर्ष / 他很～，从未向困难低过头。वह अत्यंत दृढ़निश्चयी है, कठिनाइयों के सामने उस ने कभी भी सिर नहीं झुकाया।
【顽躯】 wánqū <लि० विनम्र०> मेरी तंदुरुस्ती; मेरा स्वास्थ्य
【顽石】 wánshí क़ठोर चट्टान
【顽童】 wántóng शरारती या चंचल लड़का; नटखट बालक
【顽癣】 wánxuǎn <ची०चि०> त्वचा पर सख़्त दाद; सख़्त त्वचाशोथ
【顽症】 wánzhèng दीर्घ और दुर्दम्य बीमारी

烷 wán <रसा०> एलकेन
【烷化】 wánhuà <रसा०> एलकेनिसेशन; एलकिलेशन: ～汽油 एलकिलेशन गैसलीन
【烷基】 wánjī <रसा०> एलकिल: ～胺 एलकिलेमीन

wǎn

宛¹ wǎn वक्र; टेढ़ा-मेढ़ा
宛² wǎn <लि०> गोया; जैसे; मानो
【宛然】 wǎnrán गोया; जैसे; मानो: 这里的景色如此美丽，～江南。यहां का दृश्य इतना सुन्दर है, जैसे यांत्सी नदी के दक्षिण का हो।
【宛如】 wǎnrú गोया; जैसे; मानो
【宛若】 wǎnruò दे० 宛如 wǎnrú
【宛似】 wǎnsì दे० 宛如 wǎnrú
【宛转】 wǎnzhuǎn ❶दे० 辗转 zhǎnzhuǎn ❷दे० 婉转 wǎnzhuǎn

莞 wǎn नीचे दे०
【莞尔】 wǎn'ěr मुसकुराहट; मुसकुराना

挽¹ wǎn ❶खींचना; तानना: ～弓 कमान तानना ❷मिलाना; बांह में बांह डालना: 手～手 हाथ से हाथ मिलाना ❸ऊपर चढ़ाना: ～袖子 आस्तीन ऊपर चढ़ाना
挽² (輓) wǎn ❶खींचना: ～车 गाड़ी खींचना ❷दुख प्रकट करना; शोक मनाना; श्रद्धांजलि अर्पित करना
挽³ wǎn दे० 绾 wǎn
【挽词】 wǎncí (挽辞 wǎncí भी) शोक शब्द; स्मरणीय शब्द
【挽歌】 wǎngē शोक गीत; मृत्युगान
【挽回】 wǎnhuí ❶हार को जीत में बदलना: ～败局 असफलता को सफलता में बदलना / ～面子 इज़्ज़त बचाना ❷(अधिकार आदि को) वापस लेना; लौटा लेना: 话已说出，无法～。बात मुँह से निकल गई है, उसे वापस नहीं लिया जाएगा।
【挽救】 wǎnjiù खतरे से बचाना; विनाश से बचाना; बचाना; उद्धार करना: ～病人的生命 रोगी की जान बचाना / ～危机 संकट पर काबू पाना
【挽联】 wǎnlián शोकपूर्ण दो पंक्तियों का पद
【挽留】 wǎnliú ठहरने के लिये अनुरोध करना; ठहराना: 再三～बार-बार ठहराना / ～客人 मेहमानों को ठहराना
【挽马】 wǎnmǎ घोड़ा खींचना
【挽诗】 wǎnshī करुण काव्य; शोकगीत; मरसिया
【挽手】 wǎnshǒu हाथ से हाथ मिलाना

菀 wǎn दे० 紫菀 zǐwǎn
yù भी दे०

晚 wǎn ❶शाम; रात: ～风 रात का समीर ❷उत्तर: ～唐 उत्तर थाङ ❸देर: 他来～了。उसे आने में देर हुई।
【晚安】 wǎn'ān <शिष्ट०> नमस्ते; गुड नाइट; शुभ रात्रि
【晚班】 wǎnbān रात की बारी; रात की शिफ़्ट: 上～ रात की बारी आना
【晚半天儿】 wǎnbàntiānr <बोल०> संध्या; सांझ
【晚半晌儿】 wǎnbànshǎngr <बो०> संध्या; सांझ
【晚报】 wǎnbào संध्या समाचार पत्र; शाम का अख़बार
【晚辈】 wǎnbèi संतान; औलाद; बेटा-बेटी; उत्तरवर्ती-वाला
【晚餐】 wǎncān रात का खाना; शाम का खाना; संध्या भोजन
【晚场】 wǎnchǎng शाम का शो
【晚潮】 wǎncháo शाम का ज्वार
【晚车】 wǎnchē रात की गाड़ी; नाइट ट्रेन
【晚春】 wǎnchūn उत्तरवर्ती वसंत
【晚稻】 wǎndào पिछला धान
【晚点】 wǎndiǎn नियत समय के पश्चात आना; आने में देर होना; देर से आना: 火车～了。रेलगाड़ी देर से आई है।
【晚饭】 wǎnfàn शाम का खाना; संध्या भोजन; सांझ का भोजन
【晚会】 wǎnhuì रात्रि सभा; रात्रि समारोह; संध्या-समारोह
【晚婚】 wǎnhūn नियत समय के पश्चात का विवाह: 提倡～ नियत समय के पश्चात का विवाह प्रोत्साहित करना
【晚间】 wǎnjiān शाम (को); रात (को): ～新闻 रात का समाचार
【晚节】 wǎnjié जीवनसंध्या की सुष्ठता; उत्तरावस्था की सुष्ठता: 保持～ जीवनसंध्या की सुष्ठता को बनाए रखना; उत्तरावस्था की सुष्ठता को जारी रखना
【晚近】 wǎnjìn हाल ही के कुछ वर्षों से

【晚景】 wǎnjǐng ❶रात का दृश्य ❷वृद्धावस्था की जीवन-स्थिति: 他的～很凄惨。उस की वृद्धावस्था की जीवन-स्थिति बहुत बुरी है।
【晚境】 wǎnjìng वृद्धावस्था की जीवन-स्थिति
【晚礼服】 wǎnlǐfú शाम की पोशाक; सायंकालीन वस्त्र; इवनिंग ड्रेस
【晚年】 wǎnnián वृद्धावस्था; उत्तरावस्था; जीवनसंध्या: 过着幸福的～ वृद्धावस्था में सुखी जीवन बिताना
【晚娘】 wǎnniáng 〈बो०〉 सौतेली मां
【晚期】 wǎnqī ❶उत्तरकालीन: ～癌症 उत्तरकालीन कैंसर; टर्मिनल कैंसर / ～作品 उत्तरकालीन रचना ❷उत्तरार्द्ध: 在十九世纪～ उन्नीसवीं शताब्दी के उत्तरार्द्ध में ❸उत्तरावस्था: 他的病已经到了～。उस का रोग उत्तरावस्था में पहुँच गया।
【晚秋】 wǎnqiū ❶पतझड़ की उत्तरावस्था; पतझड़ का अंत ❷पतझड़ के अंत में पकी फ़सल
【晚秋作物】 wǎnqiū zuòwù पतझड़ के अंत में पकी फ़सल
【晚晌】 wǎnshǎng 〈बो०〉 रात (को)
【晚上】 wǎnshang रात (को); (इन दी) इवनिंग: ～好。नमस्ते; गुड इवनिंग
【晚生】 wǎnshēng 〈लि०〉 मैं (गुरुजन या अपने से बड़ों के साथ बातचीत करते समय इस का प्रयोग किया जाता है)
【晚世】 wǎnshì 〈लि०〉 आधुनिक समय; वर्तमान ज़माना
【晚熟】 wǎnshú 〈कृ०〉 देर से पकनेवाला: ～作物 देर से पकनेवाली फ़सल
【晚霜】 wǎnshuāng वसंत के शुरू में पड़नेवाला पाला
【晚岁】 wǎnsuì 〈लि०〉 जीवन का उत्तरकाल; बुढ़ापा
【晚田】 wǎntián 〈बो०〉 वसंत के अंत में पकनेवाली फ़सल
【晚霞】 wǎnxiá अस्त होते हुए सूर्य की लाली; संध्या की लाली
【晚香玉】 wǎnxiāngyù 〈वन०〉 गुलशब्बो; शब्बो
【晚学】 wǎnxué 〈लि०〉 ❶मैं (गुरुजन या अपने से बड़ों के साथ बातचीत करते समय इस का प्रयोग किया जाता है) ❷वृद्धावस्था में ज्ञान प्राप्त करना ❸सांध्य कक्षाएँ
【晚宴】 wǎnyàn शाम का प्रीतिभोज; डिनर पार्टी
【晚育】 wǎnyù देर से (उम्र में) बच्चा पैदा करना: 应该提倡晚婚～。देर से विवाह और देर से बच्चा पैदा करने को प्रोत्साहित करना चाहिये।

脘 wǎn दे० 胃脘 wèiwǎn

惋 wǎn 〈लि०〉 आह; सांस; ठंडी सांस
【惋伤】 wǎnshāng दुख से आह भरना
【惋叹】 wǎntàn आह भरना; उसांस लेना; ठंडी सांस लेना
【惋惜】 wǎnxī खेद; दुख; अफ़सोस: 他英年早逝，大家感到十分～。उन के इतनी जवानी में मरने पर लोगों को बड़ा दुख हुआ।

婉 wǎn ❶व्यवहार-कुशल ❷〈लि०〉 विनम्र; कोमल ❸〈लि०〉 सुंदर; मनोहर
【婉词】 wǎncí शिष्ट शब्द; कोमल शब्द
【婉辞】[1] wǎncí दे० 婉词 wǎncí
【婉辞】[2] wǎncí कृपापूर्वक अस्वीकार करना; कृपापूर्वक ना करना
【婉和】 wǎnhé नम्र; मृदु: ～的语气 नम्र स्वर
【婉丽】 wǎnlì सुंदर; मनोहर
【婉曼】 wǎnmàn 〈लि०〉 मृदु और सजीला
【婉媚】 wǎnmèi 〈लि०〉 सुशील और मनोरम
【婉妙】 wǎnmiào (स्वर के लिये) मीठा; मधुर
【婉商】 wǎnshāng व्यवहार-कुशलता से मशविरा करना
【婉顺】 wǎnshùn 〈लि०〉 विनम्र; कोमल (महिलाओं के लिये इस का प्रयोग किया जाता है)
【婉谢】 wǎnxiè विनम्रता से अस्वीकार करना; कृपापूर्वक नामंजूर करना
【婉言】 wǎnyán विनम्र शब्द
【婉言谢绝】 wǎnyán-xièjué विनम्रता से नामंजूर करना
【婉约】 wǎnyuē 〈लि०〉 ललित और अर्थपूर्ण
【婉转】 wǎnzhuǎn ❶कोमल और अप्रत्यक्ष: 他的话虽然说得很～，但却十分尖刻。उस ने बात यों तो बड़ी कोमलता और अप्रत्यक्ष रूप से कही है, पर बड़ी कटु है। ❷मधुर; सुरीला: ～的歌喉 मधुर स्वर; सुरीली आवाज़

绾（綰） wǎn कुंडलीकृत करना; लपेटना: 把头发～起来 बालों की कुंडली बनाना / ～个扣儿 एक गांठ बाँधना

皖 Wǎn आनह्वेइ प्रांत (安徽Ānhuī का दूसरा नाम): ～南事变 दक्षिणी आनह्वेइ घटना

碗（盌、椀） wǎn ❶कटोरा; प्याला: 摆～筷 भोजन के लिये कटोरे और चापस्टिक रखना / ～筷声 चापस्टिकों के कटोरों से टकराने की आवाज़ ❷कटोरे जैसी वस्तुएं
【碗碟】 wǎndié प्लेट-प्याले; बर्तन-भांडे: 洗～ बर्तन-भांडे मांजना
【碗柜】 wǎnguì कटोरे आदि रखने की अलमारी; रसोई की अलमारी
【碗盏】 wǎnzhǎn मिट्टी या चीनी मिट्टी के बर्तन; क्रॉकरी

wàn

万（萬） wàn ❶दस हज़ार ❷अगणित; असंख्य; अपार: ～事 अगणित मामले / ～物 असंख्य वस्तुएं / ～水千山 अगणित नदियाँ और पर्वत ❸कदापि; बि- ल्कुल: 你～不可去。तुम कदापि न जा सकोगे। ❹ (Wàn) एक खानदानी नाम
mò भी दे०
【万艾可】 wàn'àikě व्याग्रा (viagara) (काम शक्ति को

पुनः प्राप्त करने में सहायक दवा)

【万般】 wànbān ❶विभिन्न; तरह-तरह का ❷संपूर्णतः; बिल्कुल

【万般皆下品，惟有读书高】 wànbān jiē xiàpǐn, wéiyǒu dúshū gāo दूसरे अन्य पेशों के मुकाबले किताब पढ़ना सब से उच्च दरजे का काम है

【万般无奈】 wànbān-wúnài कोई चारा नहीं होना; विवश होना: 他～，只好到那儿去。उस के लिये कोई चारा नहीं रहा, विवश होकर वहां जाना पड़ा।

【万变不离其宗】 wàn biàn bù lí qí zōng दस हज़ार परिवर्तनों के बावजूद मूल उद्देश्य में कोई परिवर्तन न होना

【万不得已】 wànbùdéyǐ मजबूरी की स्थिति में पड़ना; विवश होना; अंतिम उपाय के रूप में: 要不是～，我是不会跟他来往的。अगर मैं मजबूरी की स्थिति में न पड़ूँ तो मैं उस के साथ कोई संबंध नहीं रखूँगा।

【万次闪光灯】 wàncì shǎnguāngdēng 〈फ़ोटो०〉 अनेक बार इस्तेमाल योग्य प्लैश लैंप; मल्टीटाइम प्लैश लैंप

【万代】 wàndài दे० 万世 wànshì

【万端】 wànduān अनेक प्रकार का; तरह-तरह का: 变化～ अनेक प्रकार के रूपांतर / 思绪～ तरह-तरह के विचार

【万吨级远洋货轮】 wàndūnjí yuǎnyáng huòlún दस हज़ार टन श्रेणी का माल ढोनेवाला समुद्री जहाज़

【万恶】 wàn'è हज़ारों अपराधों से भरा हुआ; खूंखार; ज़ालिम; क्रूर: ～的旧社会 क्रूर पुराना समाज

【万恶之源】 wàn'è zhīyuán सभी बुराइयों की जड़

【万儿八千】 wàn'er bāqiān दस हज़ार या दस हज़ार से कुछ कम

【万方】 wànfāng ❶सभी जगहें ❷अनुपम; बेमिसाल

【万分】 wànfēn अत्यधिक; बहुत ही: ～感谢 बहुत ही धन्यवाद / ～高兴 बहुत ही प्रसन्न होना

【万福】 wànfú 〈पुराना〉 महिलाओं द्वारा दोनों हाथों को ढीले घूंसे के रूप में बनाकर सीने के सामने दायीं ओर ऊपर नीचे करके और शरीर को कुछ आगे झुकाकर किया जाने-वाला अभिवादन

【万古】 wàngǔ निरंतर; सदा के लिये

【万古不变】 wàngǔ-bùbiàn चिर-अपरिवर्तनशील; चिरंतन रूप से स्थायी: ～的教条 स्थायी और अपरि-वर्तनशील कठमुल्ला-सूत्र

【万古长存】 wàngǔ-chángcún सदा के लिये अमर रहना; चिरंजीव रहना

【万古长青】 wàngǔ-chángqīng अमर रहना; चिरं-जीव रहना: 祝中印两国人民的友谊～。कामना है कि चीन और भारत दोनों देशों की जनता की मित्रता अमर रहे।

【万古流芳】 wàngǔ-liúfāng अच्छा नाम छोड़ो ताकि हमेशा अमर रहे; (किसी का) शुभनाम अमर रहना

【万古千秋】 wàngǔ-qiānqiū निरंतर; सदा के लिये

【万贯】 wànguàn 〈पुराना〉 दस हज़ार तांबे के सिक्के —— बहुत ही धनी; बहुत ही दौलतमंद: 他有～家财。वह एक लखपति है।

【万国】 wànguó 〈पुराना〉 सब देश; विश्व: ～博览会 सब देशों की प्रदर्शनी; विश्व प्रदर्शनी

【万国邮政联盟】 wànguó yóuzhèng liánméng विश्व डाक संघ

【万户侯】 wànhùhóu हान वंश का सब से ऊंचे दर्जे का सामंत, जिसे दस हज़ार खेतीहर घरों से लगान वसूल करने का अधिकार था; बड़े-बड़े बलशाली सत्ताधारी; बड़े रईस; बड़े अधिकारी

【万花筒】 wànhuātǒng कांच के टुकड़ों की नली जिस में पड़े कांच के टुकड़े घुमाने से विभिन्न रंग दिखाई पड़ते हैं; कैलाइडोस्कोप

【万机】 wànjī अगणित काम-धंधे: 日理～ राज्य के अनेक काम-धंधों को रोज़ निपटाना

【万劫不复】 wànjié-bùfù सदा के लिये खो देना; सदा के लिये गंवा देना

【万金油】 wànjīnyóu ❶सिर दर्द कम करने के लिये लगाया जानेवाला लेप ❷वह आदमी, जो सब काम करने में समर्थ हो पर किसी भी काम में विशेषतः कुशल न हो

【万钧】 wànjūn ❶बहुत ही भारी ❷बहुत ही बलवान; बहुत ही शक्तिशाली

【万籁俱寂】 wànlài-jùjì चारों ओर खामोशी का साम्राज्य होना

【万里长城】 Wàn Lǐ Chángchéng दस हज़ार ली लम्बी दीवार; बड़ी दीवार

【万里长征】 wànlǐ chángzhēng दस हज़ार ली लम्बा अभियान: 过去的工作只不过是～走完了第一步。अतीत काल में हम ने जो कुछ काम किया वह हमारे दस हज़ार ली लम्बे अभियान का महज़ पहला कदम था।

【万灵药】 wànlíngyào राम बाण औषध

【万隆】 Wànlóng बांडुंग (इंडोनेशिया में एक शहर का नाम): ～会议 बांडुंग कांफ्रेस

【万马奔腾】 wànmǎ-bēnténg दस हज़ार घोड़ों का सरपट दौड़ना —— सब क्षेत्रों का तेज़ी से आगे बढ़ना

【万马齐喑】 wànmǎ-qíyīn दस हज़ार घोड़ों का न हिनहिनाना —— मौन रहना; अपना विचार ज़ाहिर न करना

【万民】 wànmín सारी जनता; व्यापक जन-साधारण: ～欢呼 व्यापक जन-साधारण का खुशी से चिल्लाना

【万难】 wànnán ❶हज़ारों कठिनाइयां: 排除～ हज़ारों कठिनाइयों को दूर करना ❷अशक्य होना; असाध्य होना: ～接受 स्वीकार करने में असाध्य होना

【万能】 wànnéng ❶सर्वसमर्थ; सर्वशक्तिमान: 金钱不是～的。पैसा सर्वशक्तिमान नहीं है। ❷अनेक उद्देश्यों से प्रयुक्त किया हुआ; बहुकाजी: ～拖拉机 बहुकाजी ट्रैक्टर

【万年】 wànnián दस हज़ार वर्ष —— अनंत काल: 遗臭～ बदनामी भरी याद अनंत काल तक बनी रहना

【万年历】 wànniánlì चिरस्थायी कैलेंडर

【万年青】 wànniánqīng 〈वन०〉 ❶सदाबहार; एवर-ग्रीन ❷जापानी रोहडिया

【万念俱灰】 wànniàn-jùhuī सब आशाओं पर पानी फिरना

【万炮齐鸣】 wànpào-qímíng हज़ारों तोपों का एक साथ गरजना

【万千】 wànqiān तरह-तरह का; अनेक प्रकार का：变化～ तरह तरह के रूपांतर होना
【万全】 wànquán अचूक; विश्वसनीय; सुरक्षित：～之计 अचूक योजना; विश्वसनीय आयोजन
【万世】 wànshì ❶हज़ारों पीढ़ियां ❷हज़ारों पीढ़ियों तक
【万事】 wànshì सब कुछ; हर बात：人生～ जीवन में हर बात
【万事大吉】 wànshì-dàjí सब कुछ अच्छा होना; सब कुछ ठीक होना
【万事亨通】 wànshì-hēngtōng सब कुछ अच्छा होना
【万事俱备，只欠东风】 wànshì-jùbèi, zhǐqiàn-dōngfēng सब तैयार है, केवल पूर्वी हवा की कमी है —— सिवा निर्णायक चीज़ के सब तैयार है
【万事开头难】 wànshì kāitóu nán हर काम के शुरू में कठिनाई होती है
【万事通】 wànshìtōng सब कुछ जाननेवाला; सर्वज्ञ
【万寿无疆】 wànshòu-wújiāng चिरंजीव रहना; युगयुग जीना
【万水千山】 wànshuǐ-qiānshān दस हज़ार नदियां और पहाड़ —— दूरवर्ती और दुर्गम यात्रा की परीक्षा：红军不怕远征难，～只等闲。लम्बे अभियान की कठिन परीक्षा से किंचित भयभीत नहीं होती वीर लाल सेना।
【万死】 wànsǐ दस हज़ार बार मरना —— कड़ा दंड दिया जाना：罪该～！ कड़ा दंड दिया जाना चाहिये！
【万死不辞】 wànsǐ-bùcí जान खतरे में डालना; जान पर खेलना; खतरा मोल लेना (किसी काम को पूरा करने के लिये)
【万岁】 wànsuì ❶ज़िंदाबाद; अमर रहना：全世界人民大团结～！ सारी दुनिया की जनता की महान एकता ज़िंदाबाद！❷सम्राट्; बादशाह; महाराज
【万万】 wànwàn ❶दस करोड़ ❷कभी भी; हरगिज़：～不可 किसी भी सूरत में / ～不可粗心大意。लापरवाही हरगिज़ नहीं बरतनी चाहिये। 我～没有想到。मैं ने कभी भी यह नहीं सोचा। / 这是～不行的。यह हरगिज़ नहीं हो सकता।
【万维网】 wànwéiwǎng वर्ल्ड वाईब वेब (इंटरनेट)
【万无一失】 wànwú-yīshī पूरी तरह सुरक्षित होना; पूरी तरह निरापद होना; भूल-चूक से मुक्त होना; सब कुछ ठीक-ठाक कर लेना
【万物】 wànwù सृष्टि की समस्त वस्तुएँ
【万向】 wànxiàng 〈यां०〉 यूनिवर्सेल; वैश्विक：～阀 यूनिवर्सेल वाल्व
【万象】 wànxiàng ❶सृष्टि की सभी दृष्टिगत वस्तुएँ; प्रकृति का सारा प्रदर्शन ❷Wànxiàng लाओस की राजधानी
【万象更新】 wànxiàng-gēngxīn सभी वस्तुएँ नये रूप में बदलना; हर वस्तु नयी जान पड़ना
【万幸】 wànxìng बहुत ही सौभाग्यशाली：他差点没淹死，真是～。सौभाग्य की बात है कि वह डूबते-डूबते बच गया।
【万言书】 wànyánshū दस हज़ार शब्दों का आवेदन पत्र; दस हज़ार शब्दों का प्रतिवेदन
【万一】 wànyī ❶अगर; यदि; कहीं：～他来了，那我怎么办？ अगर वह आये तो मैं क्या करूँगा？❷आकस्मिक बात; आकस्मिकता：防备～ हर खतरे के लिए तैयार रहना
【万应灵丹】 wànyìng língdān सब रोगों की अचूक दवा; राम बाण औषध; अक्सीर
【万用电表】 wànyòng diànbiǎo 〈विद्यु०〉 अवोमीटर; माल्टिमीटर
【万有引力】 wàn yǒu yǐnlì 〈भौ०〉 पृथ्वी का गुरुत्वाकर्षण
【万有引力定律】 wàn yǒu yǐnlì dìnglǜ पृथ्वी के गुरुत्वाकर्षण का नियम
【万丈】 wànzhàng गगनचुंबी या अथाह：怒火～ आग बबूला होना; आंखों से अंगारे बरसाना
【万丈高楼平地起】 wànzhàng gāolóu píngdì qǐ गगनचुंबी महल की नींव ज़मीन पर ही रखी जाती है
【万丈光芒】 wànzhàng-guāngmáng ज्योतिमान; ज्योतिर्मय; प्रकाशमय
【万丈深渊】 wànzhàng-shēnyuān अथाह खाई
【万众】 wànzhòng व्यापक जन-साधारण：喜讯传来，～欢腾。ख़ुशी की खबर सुनते ही व्यापक जन-साधारण हर्ष-ध्वनि करने लगा।
【万众一心】 wànzhòng-yīxīn ❶व्यापक जन-साधारण का एक ही दिल होना：我们～建设自己的国家。हम एक ही दिल से अपने देश का निर्माण कर रहे हैं। ❷एक दिल होकर
【万状】 wànzhuàng नितांत रूप से; अत्यंत：惊恐～ अत्यंत भयानक / 危险～ अत्यंत खतरनाक
【万紫千红】 wànzǐ-qiānhóng हज़ारों रंगोंवाला; रंगबिरंगा：百花盛开，～。सैकड़ों पुष्प रंगबिरंगे नज़र आ रहे हैं।

腕 wàn कलाई
【腕儿】 wànr उच्च स्तरीय, विख्यात अथवा शक्तिशाली व्यक्ति; कोई प्रतिभावान अभिनेता या अभिनेत्री
【腕力】 wànlì कलाई का बल; कलाई की शक्ति
【腕子】 wànzi कलाई：手～ कलाई
【腕足动物】 wànzú dòngwù 〈प्राणि०〉 ब्रैकियपोड

蔓 wàn बेल या लता का तंतु; लता-तंतु (जिस से वह दीवार या लकड़ी से चिपटी रहती है)：这棵黄瓜秧开始爬～了。यह ककड़ी का पौधा ऊपर जाने लगा है।
mán; màn भी दे०

wāng

汪[1] wāng ❶〈लि०〉 (पानी) गहरा और विस्तृत：～洋 (पानी का क्षेत्र) असीम, विस्तृत ❷(द्रव का) जमा होना; एकत्र होना：马路上～了一些水。सड़क पर कुछ पानी जमा हुआ है। ❸〈बो०〉 वह नीची ज़मीन जहां पानी जमा

हो; डबरा; डाबर: 水牛在水～里打滚。भैंस डाबर में लोट-पोट कर रही है। ❹(द्रव) पोखरा, गढ़ा: 一～水 एक पोखरे का पानी ❺（Wāng）एक कुलनाम

汪 2 wāng 〈अनु०〉 कुत्ते के भौंकने की आवाज़

【汪汪】 wāngwāng ❶(पानी या आंसुओं का) भरना: 水～ पानी भरना / 泪～ आंसू भरना ❷〈अनु०〉 कुत्ते के भौंकने की आवाज़: 狗在～地叫。कुत्ता भौंक रहा है। ❸〈लि०〉 (पानी का क्षेत्र) विशाल; विस्तृत

【汪洋】 wāngyáng सागर का असीम जल; (पानी का क्षेत्र) असीम; बे-ओर-छोर: 周围一片～。चारों ओर पानी ही पानी है।

【汪洋大海】 wāngyáng-dàhǎi विशाल समुद्र; विस्तृत महासागर: 敌人已陷入人民战争的～之中。दुश्मन लोक युद्ध के विस्तृत महासागर में फंस गये।

【汪子】 wāngzi 〈बोल०〉 ताल; तलैया: 一～雨水 एक ताल का बरसाती पानी

wáng

亡（亾）wáng ❶भागना: 逃～ दूर भागना ❷खोना; गंवाना: ～失 लुप्त होना ❸मर जाना; चल बसना: 阵～ काम आना ❹मृत; स्वर्गवासी: ～妻 स्वर्गवासी पत्नी / ～友 स्वर्गवासी मित्र ❺बरबाद होना; नाश होना; नष्ट होना

【亡故】 wánggù मर जाना; चल बसना

【亡国】 wángguó ❶देश का नाश होना: ～的危险 राष्ट्रीय पराभव का खतरा ❷देश को परास्त करना ❸पराधीनता; पराजित देश: ～之民 पराजित देश की जनता

【亡国论】 wángguólùn राष्ट्रीय गुलामी का सिद्धांत: ～者 राष्ट्रीय गुलामी के सिद्धांत का समर्थक

【亡国灭种】 wángguó-mièzhǒng देश का विनाश करना और जाति को समाप्त करना; देश और जनता के सामने विनाश का संकट: ～的惨祸 राष्ट्रीय विनाश और जन-संहार की मुसीबत

【亡国奴】 wángguónú परदेश का गुलाम; विदेशी राज्य का गुलाम

【亡国之君】 wángguózhījūn बिना राज्य का राजा

【亡魂】 wánghún मृत व्यक्ति की आत्मा; भूत

【亡魂丧胆】 wánghún-sàngdǎn अत्यंत आतंकित होना

【亡灵】 wánglíng मृत व्यक्ति की आत्मा; भूत; पिशाच

【亡命】 wángmìng ❶दूर भागना: ～他乡 दूसरे प्रदेश में भागना ❷जान पर खेलना

【亡命之徒】 wángmìngzhītú जान पर खेलनेवाला; दुष्ट; बदमाश

【亡失】 wángshī खोना; लुप्त होना; गायब होना: 那本书已～多年了。वह किताब कई वर्षों से खोयी हुई है।

【亡羊补牢】 wángyáng-bǔláo बकरों के खो जाने के बाद ही उन के बाड़े की मरम्मत करना: ～，犹未为晚。अगर कुछ भेड़ों के खो जाने के बाद भी बाड़े को ठीक-ठाक कर लिया जाता है तो उसे गनीमत समझना चाहिये।

【亡佚】 wángyì 〈लि०〉 खोना; लुप्त होना

王 wáng ❶राजा; सम्राट: 女～ रानी ❷सम्राट के नीचे सब से बड़ा जागीरदार: 亲～ ड्यूक ❸〈लि०〉 सर्वप्रमुख; सर्वोच्च पदस्थ: ～父 पितामह ❹सरदार; मुखिया: 擒贼先擒～。चोरों को पकड़ने के लिये सब से पहले उन के मुखिया को पकड़ना चाहिये। ❺अपने समान वर्गों में सब से श्रेष्ठ या बलवान: 蜂～ रानी मक्खी / 拳～ घूंसेबाज़ी में सर्वप्रथम; मुक्केबाज़ी का विजेता ❻（Wáng）एक कुलनाम

wàng भी दे०

【王八】 wángba ❶कछुआ ❷〈घृणा०〉 वह आदमी जिस की पत्नी औरों के साथ गुलछर्रे उड़ाती हो; कुलटा का पति; भ्रष्ट स्त्री का पति

【王八蛋】 wángbadàn（王八羔子 wángbagāozi भी）〈घृणा०〉 कछुए की औलाद; हरामी; कुतिया का पिल्ला

【王朝】 wángcháo ❶राजदरबार ❷राजवंश; वंश: 封建～ सामंती वंश

【王储】 wángchǔ राज्य का उत्तराधिकारी; युवराज

【王道】 wángdào कल्याणकारी शासन-पद्धति

【王法】 wángfǎ न्याय-विधान; कानून

【王妃】 wángfēi राजा की रखैल

【王蜂】 wángfēng मधु-मक्खियों की रानी; रानी मक्खी

【王府】 wángfǔ राजकुमार का महल

【王公】 wánggōng किसी राज परिवार का पुरुष; कुलीन वर्ग का व्यक्ति; ड्यूक: ～贵族 कुलवंशज

【王宫】 wánggōng राजमहल; राजभवन

【王冠】 wángguān राजा का मुकुट

【王国】 wángguó ❶साम्राज्य ❷राज्य; अधिकार क्षेत्र: 自由～ स्वतंत्र राज्य

【王侯】 wánghóu सामंती सरदार; जागीरदार

【王后】 wánghòu राजपत्नी; रानी; महारानी

【王浆】 wángjiāng रोयल जेली

【王母娘娘】 Wángmǔ niángniang（西王母 Xī wángmǔ का लोकप्रचलित नाम）महारानी माता

【王牌】 wángpái ट्रम्प कार्ड

【王牌军】 wángpáijūn पहले दर्जे की यूनिट; सर्वोत्तम यूनिट

【王权】 wángquán राजसत्ता; राजा का प्राधिकार

【王室】 wángshì ❶राज परिवार: ～成员 राज-परिवार का सदस्य ❷राजदरबार

【王水】 wángshuǐ 〈रसा०〉 एक्वा रेजिया

【王孙】 wángsūn राजा का वंशज; सामंतों की संतान

【王孙公子】 wángsūn gōngzǐ（公子王孙 gōng-zǐ wángsūn भी）कुलीन या अभिजात वर्ग के बेटे

【王位】 wángwèi राजगद्दी; राजसिंहासन: 继承～ सिंहासन पर बैठना

【王子】 wángzǐ राजपुत्र; राजकुमार

【王族】 wángzú राजा का वंश

wǎng

网（網）wǎng ❶जाल; नेट: 撒～ जाल दूर तक फेंकना / 收～ जाल समेटना / 织～ जाल बुनना ❷जाली का काम; जाल जैसी वस्तुएं: 铁路～ रेलों का जाल / 蜘蛛～ मकड़ी का जाला ❸जाल में फंसाना; जाल से पकड़ना: ～鱼 जाल से मछली पकड़ना ❹जाल की तरह आच्छादित होना: 他眼里～着红丝。उस की आंखें खून से रंगी हुई हैं।

【网吧】 wǎngbā 〈कंप्यू०〉 इंटरनेट बार; इंटरनेट कैफ़े

【网虫】 wǎngchóng इंटरनेट उन्मादी

【网德】 wǎngdé नेटवर्क नीति

【网点】 wǎngdiǎn जाली काम के सार्वजनिक संस्थान: 商业～ वाणिज्य गृह

【网兜】 wǎngdōu（网袋 wǎngdài भी）डोरी बैग; छींका

【网纲】 wǎnggāng (मछली) जाल के सिरे पर का डोरा

【网格】 wǎnggé वर्ल्ड वाईब वेब की तरह का एक सूचना तंत्र (ग्रेट ग्लोबल ग्रिड)

【网关】 wǎngguān 〈कंप्यू०〉 गेटवे (इंटरनेट की सूचना प्रणाली को एक जगह से दूसरी जगह पहुँचाने का जंक्शन)

【网管】 wǎngguǎn ❶नेटवर्क प्रबंधन ❷नेटवर्क प्रशासक

【网获量】 wǎnghuòliàng (मछली आदि पकड़ने की) प्राप्त मात्रा

【网教】 wǎngjiào इंटरनेट के बारे में शिक्षण

【网巾】 wǎngjīn बाल बांधने की जाली; बालों या केश-पाश के लिये जाली

【网警】 wǎngjǐng इंटरनेट पुलिस

【网卡】 wǎngkǎ नेटवर्क इंटरफ़ेस कार्ड

【网开三面】 wǎngkāisānmiàn जाल के तीन पक्ष खोलना —— उदार और दयाशील रूप से व्यवहार करना

【网开一面】 wǎngkāiyímiàn जाल का एक पक्ष खोलना —— उदार और दयाशील रूप से व्यवहार करना

【网篮】 wǎnglán जालीदार ढक्कन वाली टोकरी

【网恋】 wǎngliàn इंटरनेट प्रेम-सम्बन्ध

【网龄】 wǎnglíng इंटरनेट प्रयोग करने की अनुभवावधि

【网罗】 wǎngluó ❶जाल; फंदा: 陷入～ जाल में फंसना ❷इकट्ठा करना; बटोरना: ～人材 योग्य व्यक्तियों को इकट्ठा करना; कार्यक्षम व्यक्तियों को एकत्र करना

【网络】 wǎngluò ❶जाल जैसी वस्तुएं ❷जाली का काम; जाल जैसा फैलाव: ～区 जाल जैसा क्षेत्र ❸〈विद्यु०〉 नेटवर्क: 有源～ एक्टिव नेटवर्क / 无源～ पैसिव नेटवर्क

【网络安全】 wǎngluò ānquán इंटरनेट प्रणाली की सुरक्षा

【网络出版】 wǎngluò chūbǎn इंटरनेट पर प्रकाशन

【网络电话】 wǎngluò diànhuà इंटरनेट फ़ोन

【网络犯罪】 wǎngluò fànzuì नेट अपराध; साइबर अपराध

【网络黄页】 wǎngluò huángyè इंटरनेट पर उपलब्ध सूचना-पृष्ठ जिस में व्यापारिक और निजी सूचनाएँ हों

【网络会议】 wǎngluò huìyì इंटरनेट के माध्यम से बैठक

【网络警察】 wǎngluò jǐngchá नेट पुलिस

【网络文学】 wǎngluò wénxué नेट साहित्य

【网络银行】 wǎngluò yínháng नेटवर्क बैंक

【网络营销】 wǎngluò yíngxiāo इंटरनेट के माध्यम से खरीदना-बेचना

【网络战】 wǎngluòzhàn नेटवर्क युद्ध

【网络综合征】 wǎngluò zōnghézhēng नेटवर्क संलक्षण (नेटवर्क का अत्यधिक उपयोग करने से उत्पन्न रोग और उस के लक्षण)

【网迷】 wǎngmí इंटरनेट उन्मादी

【网民】 wǎngmín नेट नागरिक

【网膜】 wǎngmó आंख का पर्दा

【网屏】 wǎngpíng（网版 wǎngbǎn भी）〈मुद्रण०〉 स्क्रीन

【网球】 wǎngqiú ❶टेनिस: ～场 टेनिस कोर्ट / ～拍 टेनिस रैकेट ❷टेनिसबॉल

【网上录取】 wǎngshàng lùqǔ इंटरनेट के माध्यम से विद्यार्थियों को कॉलेज या विश्वविद्यालय आदि में प्रवेश देना अथवा नौकरी तलाश करने वालों को काम देना

【网坛】 wǎngtán टेनिस सर्कल्स

【网校】 wǎngxiào नेटवर्क विद्यालय

【网眼】 wǎngyǎn（网目 wǎngmù भी）जाल रंध्र

【网页】 wǎngyè वेब पृष्ठ

【网友】 wǎngyǒu नेट दोस्त

【网站】 wǎngzhàn वेब साईट

【网址】 wǎngzhǐ नेटवर्क पता

【网状脉】 wǎngzhuàngmài 〈वन०〉 जालीदार शि-राएँ; नेटिड वेंज़: ～叶 जालीदार शिराओं वाला पत्ता

【网子】 wǎngzi ❶जाल; जाल जैसी वस्तुएं ❷केशजाल

枉 wǎng ❶वक्र; टेढ़ा; तिरछा —— भूल; चूक; अ-न्याय: 矫～过正 अन्याय मिटाने के लिये निर्धारित सीमा से बाहर जाना; गलती को सुधारने के लिए निर्धारित सीमा पार करना ❷तोड़ना-मोड़ना; विकृत करना: ～法 कायदे को विकृत करना ❸भूल से अनुचित व्यवहार करना; गलत इल्ज़ाम लगाना: ～杀无辜 भूल से निरपराधियों की हत्या करना ❹व्यर्थ; निरर्थक

【枉道】 wǎngdào ❶विमार्ग-गमन करना; कुमार्ग पर चलना ❷〈लि०〉 हां में हां मिलाकर झुककर किसी का कृपा-पात्र बन जाना

【枉法】 wǎngfǎ कानून का कुछ का कुछ अर्थ निकालना; कायदे को विकृत करना

【枉费】 wǎngfèi बरबाद करना; अपव्यय करना: ～工夫 समय और शक्ति का अपव्यय करना

【枉费唇舌】 wǎngfèi-chúnshé बेकार बात करना; समझाने में बेकार अपनी शक्ति का दुरुपयोग करना

【枉费心机】 wǎngfèi-xīnjī व्यर्थ में षड्यंत्र रचना; षड्यंत्र विफल होना: 他力图在我们中间挑拨离间,

结果是～。उस ने हम लोगों के बीच फूट डालने का प्रयत्न किया, पर आखिर वह विफल हो गया।

【枉顾】 wǎnggù (枉临 wǎnglín भी) 〈लि०〉आप ने यहाँ आ कर मुझे सम्मानित किया है

【枉己正人】 wǎngjǐ-zhèngrén खुद खराब होना पर दूसरों को सही राह दिखाना

【枉驾】 wǎngjià 〈लि०〉 आप के मिलने आने से मैं सम्मानित हुआ हूं

【枉然】 wǎngrán व्यर्थ; निरर्थक: 计划虽好，但不执行也是～。योजना तो अच्छी है, पर इसे अमल में न लाया जाए तो बेकार है।

【枉死】 wǎngsǐ भूल से मारा जाना; अन्याय का शिकार होना: ～鬼 गलती से मारे गए व्यक्ति का भूत

【枉自】 wǎngzì व्यर्थ में: 他们～讨论了很多次，但是什么问题也没有解决。उन्हों ने व्यर्थ में अनेक बार बहस की, पर कोई हल नहीं निकला।

罔 1 wǎng 〈लि०〉 छलना; धोखा देना: 欺～ वंचित करना

罔 2 wǎng 〈लि०〉 न; नहीं: 置若～闻 सुनी-अनसुनी करना

往 wǎng ❶जाना: 何～? आप कहां जा रहे हैं? / 俱～矣。वे सभी गुज़र चुके हैं। ❷की ओर; की तरफ़: ～东看 पूर्व की ओर देखना / 这趟车开～上海。यह रेलगाड़ी शांगहाए की ओर जाती है। ❸बीता हुआ; गत: ～年 गत वर्ष

【往常】 wǎngcháng पूर्व; पहले: 和～一样 पूर्व की तरह / 我们～都是天黑了才回来。हम पहले अंधेरा होने पर ही घर वापस जाते थे।

【往初】 wǎngchū 〈लि०〉 प्राचीन काल में; पूर्व समय से

【往返】 wǎngfǎn जाना और वापस आना: ～要多少时间? जाने और वापस आने में कितना समय लगता है? / 发展的道路常常是～曲折的。विकास का रास्ता हमेशा टेढ़ा-मेढ़ा होता है। / ～飞行 जाने-आने के दौरे की उड़ान (राउंड ट्रिप फ़्लाइट)

【往返票】 wǎngfǎnpiào वापसी का टिकट; रीटर्न टिकट; राउंड ट्रिप टिकट

【往复】 wǎngfù ❶आगे पीछे हटते हुए चलना: ～式发动机 पश्चाग्र इंजन; सीधी धुर का इंजन ❷संपर्क करना; व्यवहार करना

【往古】 wǎnggǔ 〈लि०〉 प्राचीन काल: ～来今 प्राचीन काल से वर्तमान काल तक

【往后】 wǎnghòu अब से; बाद में: ～我们要更加努力地工作。अब से हमें और बड़ी मेहनत से काम करना चाहिये।

【往还】 wǎnghuán व्यवहार करना: 书信～ पत्र व्यवहार करना

【往迹】 wǎngjì पुरानी घटना; पुरानी बात

【往来】 wǎnglái ❶आना और जाना: 大街上～的车辆很多。सड़क पर आनेजाने वाली गाड़ियां अधिक हैं। ❷संपर्क करना; आपसी व्यवहार करना: 我们跟他们没有什么～。उन के साथ अब हमारा कोई संबंध नहीं है।

【往来账】 wǎngláizhàng चालू-खाता

【往年】 wǎngnián गत वर्ष; पिछले वर्ष; पहले

【往前】 wǎngqián आगे; बाद में: ～的事情不要说了。आगे की बात न कहिये।

【往日】 wǎngrì पिछले दिन; पूर्व; पहले: 这地方～全是树木。यहां पर पहले पेड़ ही पेड़ थे।

【往上爬】 wǎngshàngpá ❶ऊपर की ओर रेंगना ❷पदोन्नति का प्रयत्न करना

【往时】 wǎngshí पूर्व; पहले: 他待我和～一样。वह मेरे साथ पहले की तरह बर्ताव करता है।

【往事】 wǎngshì पुरानी बात; बीती हुई बात: 忆～ पुरानी बात का स्मरण करना

【往往】 wǎngwǎng अक्सर; प्रायः: 这里春天～刮大风。यहां वसंत में अक्सर हवा तेज़ चलती है।

【往昔】 wǎngxī पूर्व; पहले: 一如～ पहले की तरह

惘 wǎng निराश होना; हताश होना

【惘然】 wǎngrán निराश होना; हताश होना; मन भर आना: ～若失 खोया सा लगना

辋（輞） wǎng पहिये का घेरा

蝄 wǎng नीचे दे०

【蝄蜽】 wǎngliǎng दे० 魍魉 wǎngliǎng

魍 wǎng नीचे दे०

【魍魉】 wǎngliǎng असुर; राक्षस; भूत-प्रेत

wàng

王 wàng 〈प्रा०〉 शासन करना; आधिपत्य रखना: ～天下 साम्राज्य पर आधिपत्य रखना
wáng भी दे०

妄 wàng ❶असंगत; तर्कहीन: 狂～ मिथ्या अभिमान करना ❷धृष्ट; बेधड़क; अविवेकपूर्ण: ～作主张 अविवेकपूर्वक अपनी पक्की राय देना; जल्दबाज़ी से निश्चय करना / ～加评论 अविवेकपूर्वक समीक्षा करना

【妄称】 wàngchēng झूठी घोषणा करना; कपटपूर्वक बयान करना; झूठा दम भरना: ～理论家 सिद्धांतकार होने का झूठा दम भरना

【妄动】 wàngdòng अंधाधुंध कार्यवाही करना; मनमानी कार्यवाही करना: 轻举～ लापरवाही से कार्यवाही करना; जल्दबाज़ी से कार्यवाही करना

【妄断】 wàngduàn लापरवाही से फ़ैसला करना; जल्दबाज़ी से निर्णय करना

【妄念】 wàngniàn अनुचित ख्याल; नामुनासिब कल्पना

【妄求】 wàngqiú अनुपयुक्त मांग; असंगत निवेदन

【妄取】 wàngqǔ बिना अनुमति के लेना

【妄人】 wàngrén 〈लि०〉 अज्ञानी और उद्धत व्यक्ति

【妄说】 wàngshuō ग़ैरज़िम्मेदारी से कहना; निरर्थक बात करना

【妄图】 wàngtú नाकाम कोशिश करना; निष्फल चेष्टा करना: 匪徒～逃窜。डाकुओं ने भागने की नाकाम कोशिश की।

【妄为】 wàngwéi दुराचार करना; बुराई करना: 胆大～ बेधड़क होकर दुराचार करना

【妄下雌黄】 wàngxià-cíhuáng ❶ग़ैरज़िम्मेदारी से आलोचना करना; ग़ैरज़िम्मेदार टिप्पणी करना ❷ग़ैर-ज़िम्मेदारी से शब्दों को संशोधित करना

【妄想】 wàngxiǎng ❶बड़े भोलेपन से आस बाँध लेना; व्यर्थ में उम्मीद बाँध लेना: ～再战 युद्ध जारी रखने का व्यर्थ प्रयास करना ❷मन का लड्डू; मनमोदक ❸〈चिकि०〉 उन्माद

【妄想狂】 wàngxiǎngkuáng 〈चिकि०〉 पैरानोइया

【妄言】 wàngyán दे० 妄语

【妄语】 wàngyǔ ❶झूठी बात कहना; बेबात की बात करना; बकवास करना ❷झूठी बात; बेबात की बात

【妄自菲薄】 wàngzì-fěibó अपने को नाचीज़ समझना

【妄自尊大】 wàngzì-zūndà डींग मारना; शेखी मारना; दम्भपूर्ण रवैया अपनाना: 对人～ दूसरों के सामने दम्भपूर्ण रवैया अपनाना या अकड़ना

忘

wàng भूलना; भुला देना; विस्मरण करना: 这件事我永远～不了。यह बात मैं कभी भी नहीं भूल सकूंगा।

【忘本】 wàngběn अपना पुराना दुख भूलना: 今天我们过上了好日子，可不能～啊。आज हम सुखमय जीवन बिताने लगे हैं पर अपने पुराने दुखों को नहीं भूलना चाहिये।

【忘掉】 wàngdiào विस्मरण करना, भुला देना: 咱们把这件不愉快的事～吧。हम यह अप्रसन्न बात भुला दें।

【忘恩负义】 wàng'ēn-fùyì ❶एहसान-फ़रामोशी करना; अकृतज्ञता दिखाना ❷कृतघ्न; बेवफ़ा: ～地背叛 बड़ी कृतघ्नता से विश्वासघात करना

【忘乎所以】 wànghūsuǒyǐ （忘其所以 wàngqí-suǒyǐ भी）आपे से बाहर होना; आपे में न रहना: 不要因为胜利而～。विजय पाने पर आपे से बाहर न होना चाहिये।

【忘怀】 wànghuái भूलना; भुला देना; विस्मरण करना: 当时的情景我无法～。उस समय का दृश्य मैं कभी भी नहीं भूल सकूंगा।

【忘记】 wàngjì ❶भूलना; भुला देना; विस्मरण करना: 我把那一天给～了。मैं ने उस दिन को भुला दिया। ❷उपेक्षा करना; ध्यान न देना: 不要～自己的责任。अपने उत्तरदायित्व की उपेक्षा न करनी चाहिये; अपने उत्तरदायित्व पर ध्यान देना चाहिये।

【忘旧】 wàngjiù पुराने दोस्तों को भुला देना

【忘年交】 wàngniánjiāo वह मित्र जो उम्र और पीढ़ी में अपने से भिन्न हो

【忘情】 wàngqíng ❶अनुत्तेजित रहना; उदासीन होना; भावनाओं से विचलित होना: 不要～。उदासीन न होना चाहिये। ❷जोश से; उमंग से; मनोवेग से: ～地歌唱 मनोवेग से गाना

【忘却】 wàngquè भूलना; विस्मरण करना: 一件～了的往事 एक भूली हुई पुरानी घटना

【忘我】 wàngwǒ ❶आत्मविस्मृत; निःस्वार्थ: ～的精神 निःस्वार्थ भावना; आत्मविस्मृति ❷आत्मविस्मृति से; निःस्वार्थ रूप से: ～地劳动 निःस्वार्थ रूप से श्रम करना

【忘形】 wàngxíng (खुशी के मारे) आपे से बाहर हो जाना: 得意～ खुशी से फूला न समाना

【忘性】 wàngxing भुलक्कड़पन; विस्मृति: ～大 विस्मरणशील होना

旺

wàng ❶समृद्ध होना; फलना-फूलना: 人畜两～。मनुष्य और पशु धन दोनों समृद्ध हो रहे हैं या फल-फूल रहे हैं ❷दहकना; भड़कना: 火烧得正～。आग भड़क उठी है।

【旺炽】 wàngchì लपटें उठना; भड़कना; धधकना: 火焰～。लपटें उठ रही हैं।

【旺季】 wàngjì तेज़ी का मौसम: 现在是西红柿～。अब टमाटर का तेज़ी का मौसम है।

【旺健】 wàngjiàn स्फूर्तिमय और तंदुरुस्त

【旺年】 wàngnián 〈बो०〉 (फलदार वृक्ष का) तेज़ी का वर्ष

【旺盛】 wàngshèng ❶परिपूर्ण; भरा-पूरा: 他的精力很～。उस का बल-पौरुष भरा-पूरा है। / 战士们士气～。सिपाहियों का हौसला सुदृढ़ है। ❷हरा-भरा: 小麦长势～。गेहूं के पौधे हरे-भरे हैं।

【旺市】 wàngshì कभी-कभी किसी चीज़ की बाज़ार में अत्यधिक मांग हो जाना; ब्रिस्क मार्किट

【旺势】 wàngshì सम्पन्नता

【旺销】 wàngxiāo विक्रयशील: ～商品 विक्रयशील वस्तु

【旺月】 wàngyuè (कारोबार का) व्यस्त मास

望 1

wàng ❶देखना: 登山远～ पहाड़ पर चढ़कर दूर दृष्टि जमाना ❷दर्शन करना: 看～客人 मेहमानों के दर्शन करना ❸आशा होना: 无就业之～ काम मिलने की आशा न होना / ～您速归。आशा है कि आप जल्दी से लौट आएंगे। / 丰收有～。अच्छी फ़सल मिलने की आशा है। ❹नाम; ख्याति; प्रतिष्ठा ❺रोष; द्वेष; घृणा; दुश्मनी: 怨～ शत्रुता ❻से; की ओर: ～我看 मेरी ओर देखना

望 2

wàng ❶पूर्णचन्द्रमा; पूर्णमासी ❷पूर्णमासी का दिन

【望板】 wàngbǎn 〈वास्तु०〉 वह काठ का तख़्ता जो धरन पर बिछा हुआ है; छत का तख़्ता; रूफ़ बोर्ड

【望尘莫及】 wàngchén-mòjí इतना पीछे रह जाना कि आगे जाने वाले सवार के घोड़े के पाँव से उड़ी धूल ही दिखाई पड़ना —— बहुत पीछे रह जाना

【望穿秋水】 wàngchuān-qiūshuǐ बड़ी जल्दबाज़ी से प्रतीक्षा करना

【望而却步】 wàng'érquèbù किसी खतरे या कठिनाई को सामने आते देखकर पीछे हट जाना: 这座桥看来很不牢，行人都～。यह पुल इतना असुरक्षित है कि आने-जाने वाले लोग इसे देखकर पीछे हट जाते हैं।

【望而生畏】 wàng'érshēngwèi देखकर डर जाना; देखकर भय खाना: 这位老者的态度很严肃，令人～。इस बूढ़े के चेहरे पर भाव इतने कठोर हैं कि देखनेवालों को डर लगता है।

【望风】 wàngfēng (गुप्त काम करनेवाले के लिये) चारों ओर ताकना

【望风捕影】 wàngfēng-bǔyǐng （捕风捉影 bǔfēng-zhuōyǐng भी）सुनी सुनाई बात के आधार पर कहना या कार्यवाही करना: 现在情况尚不清楚，不要～乱说。अब स्थिति स्पष्ट नहीं है, सुनी सुनाई बात पर न कहिये।

【望风而逃】 wàngfēng'értáo दूर से देखते ही भाग खड़ा होना: 敌人～。दुश्मन लोग हमारे सिपाहियों को दूर से देखते ही भाग खड़े हुए।

【望风披靡】 wàngfēng-pīmǐ दूर से देखते ही तितर-बितर हो जाना; पहले ही भगदड़ मच जाना: 我军所到之处，敌人～。जहां कहीं भी हमारी सेनाएं जाती हैं, दुश्मन में पहले ही भगदड़ मच जाती है।

【望见】 wàngjiàn देख लेना

【望楼】 wànglóu पहरे की मीनार

【望梅止渴】 wàngméi-zhǐkě आलूचा देखते ही प्यास बुझ जाना —— कल्पनाओं से ही संतुष्ट होना

【望门】 wàngmén नामी परिवार: 他出身于～。उन्हों ने नामी परिवार में जन्म लिया है।

【望门寡】 wàngménguǎ 〈पुराना〉 वह लड़की जिस का मंगेतर शादी से पहले ही मर जाए और जो आजीवन किसी दूसरे से फिर विवाह न करे

【望日】 wàngrì पूर्णमासी; पूर्णमासी का दिन

【望文生义】 wàngwén-shēngyì किसी शब्द का सही अर्थ न समझकर उस के शाब्दिक अर्थ से गलत व्याख्या कर देना

【望眼欲穿】 wàngyǎnyùchuān देर तक, आँखों के थक जाने तक प्रतीक्षा करना; बहुत उम्मीद बाँध कर इंतज़ार करना

【望洋兴叹】 wàngyáng-xīngtàn विशाल समुद्र के सामने अपनी क्षुद्रता के एहसास पर निराश होना; बड़े भारी कार्यों के सामने अपने को नाचीज़ समझना

【望远镜】 wàngyuǎnjìng दूरबीन; टेलिस्कोप: 射电～ रेडियो टेलिस्कोप / 双筒～ फ़ील्ड ग्लेसिज़ / 天文～ अस्ट्रोनोमिकल टेलिस्कोप / 剧场～ आपेरा ग्लेसिज़ / 反射～ रिफ़्रेक्टिंग टेलिस्कोप / ～瞄准器 टेलिस्कोप साइट

【望月】 wàngyuè पूर्णमासी का चांद, पूरा चांद; पूर्णिमा

【望砖】 wàngzhuān वह पतली ईंटें जो छत पर बिछी होती हैं

【望子成龙】 wàngzǐ-chénglóng अपने बेटे से सुयोग्य बनने की आशा करना; अपने बेटे से जीवन में सफलता की उम्मीद करना

【望子】 wàngzi एक ओर लहराने वाली और दूसरी ओर से बंधी हुई झंडी, जो दुकान के चिन्ह के रूप में दुकान के बाहर बंधी रहती है

【望族】 wàngzú 〈लि०〉 नामी परिवार; प्रतिष्ठित परिवार

wēi

危 wēi ❶खतरा; जोखिम: 转～为安 खतरे से बचना ❷खतरे या जोखिम में डालना: ～害 नुकसान पहुंचाना ❸मरता हुआ; मरणासन्न: 病～ बहुत बीमार ❹〈लि०〉 ऊंचा; खड़ा; कगार जैसा: ～崖 खड़ी चट्टान ❺〈लि०〉 ठीक-ठाक; ठीक से: ～坐 ठीक से बैठना ❻ （Wēi）एक कुलनाम

【危城】 wēichéng ❶वह नगर जिस की चारदीवारी बड़ी हो; बड़ी चारदीवारी वाला नगर ❷वह नगर जो घेरे में नष्ट होनेवाला हो; घेरे में नष्ट होनेवाला नगर

【危殆】 wēidài 〈लि०〉 (स्थिति या जान आदि का) खतरे में पड़ना: 病势～ खतरनाक रूप से बीमार होना

【危地马拉】 Wēidemǎlā ग्वातेमाला: ～共和国 ग्वातेमाला गणराज्य

【危笃】 wēidǔ 〈लि०〉 मरणासन्न; बहुत ज़्यादा बीमार

【危房】 wēifáng वह मकान जिस के गिरने की शंका हो; असुरक्षित मकान; असुरक्षित इमारत

【危改】 wēigǎi गिरने की कगार पर खड़ी इमारत को मज़बूत करना

【危害】 wēihài संकट में डालना; खतरे में डालना; खतरा पैदा करना; हानि पहुंचाना: ～公共利益 सार्वजनिक हित को नुकसान पहुंचाना / ～国际和平与安全 अंतर्राष्ट्रीय शांति और सुरक्षा को संकट में डालना / ～健康 स्वास्थ्य को हानि पहुंचाना / ～农作物 फ़सल को हानि पहुंचाना

【危害性】 wēihàixìng हानिप्रदता; घातकता; विनाशकता

【危机】 wēijī संकट: 经济～ आर्थिक संकट

【危机四伏】 wēijī-sìfú चारों ओर से संकट में घिरना

【危及】 wēijí खतरे में डालना; संकट में डालना; संकटापन्न करना; खतरे में पड़ना: ～他人生命 दूसरे के प्राणों को संकट में डालना; दूसरे की जान को खतरे में डालना

【危急】 wēijí ❶नाज़ुक; खतरनाक; संकटमय: ～关头 नाज़ुक घड़ी / ～时刻 नाज़ुक वक्त / 情况～ स्थिति नाज़ुक होना ❷खतरे में होना; दांव पर लगना

【危急存亡】 wēijí-cúnwáng जीवन-मरण; संकटावस्था

【危境】 wēijìng अत्यंक खतरनाक स्थिति

【危局】 wēijú खतरनाक स्थिति; नाज़ुक स्थिति; संकटावस्था: 扭转～ खतरनाक स्थिति को बदल देना; संकटावस्था को मोड़ना / 挽救～ संकट पर काबू पाना / 应付～ खतरों से निबटना

【危惧】 wēijù चिंता और आशंका

【危楼】 wēilóu ऊंची इमारत
【危难】 wēinàn खतरा और संकट; आफ़त; विपत्ति; मुसीबत: 处于～之中 मुसीबतों में पड़ना
【危迫】 wēipò ❶खतरनाक; संकटमय ❷खतरे का सिर पर होना
【危浅】 wēiqiǎn 〈लि०〉 आखिरी सांस लेना: 人命～，朝不虑夕 मरनेवाला होना; मरने को होना; मरणासन्न होना
【危如累卵】 wēirúlěiluǎn नाज़ुक घड़ी में होना; नाज़ुक स्थिति में होना
【危途】 wēitú खतरनाक रास्ता; संकटपूर्ण रास्ता
【危亡】 wēiwáng खतरे में; खतरनाक स्थिति में; तबाही: 国家～ राष्ट्र की तबाही / 在民族～之际 राष्ट्र की खतरनाक स्थिति में
【危险】 wēixiǎn ❶खतरा; जोखिम; संकट: 冒生命～ जान खतरे में डालना / 脱离～ खतरे से बचना / ～期过去了。खतरा टल गया है। ❷खतरनाक; संकटमय; नाज़ुक: ～地带 खतरनाक इलाका / ～人物 खतरनाक व्यक्ति
【危险标志】 wēixiǎn biāozhì खतरे का चिन्ह
【危险分子】 wēixiǎn fēnzǐ खतरनाक तत्व
【危险期】 wēixiǎnqī खतरनाक समय
【危险区】 wēixiǎnqū खतरनाक क्षेत्र
【危险信号】 wēixiǎn xìnhào खतरे का सिगनल
【危险性】 wēixiǎnxìng खतरा; जोखिम
【危象】 wēixiàng 〈चिकि०〉 मरणासन्न स्थिति; जीवन और मौत के बीच में लटकना
【危言】 wēiyán ❶〈लि०〉 अशिष्टता से बोलना; उजड्डता से बोलना ❷बढ़ा-चढ़ा कर कहना; अत्युक्ति करना
【危言耸听】 wēiyán-sǒngtīng （危辞耸听 wēicí-sǒngtīng भी）सनसनी पैदा करना; लोगों को डराने के लिए सनसनीखेज़ बात कहना: 这不是～，这是事实。यह सनसनीखेज़ बात नहीं है, यह सत्य है।
【危在旦夕】 wēizàidànxī गंभीर खतरे में पड़ना: 生命～ जान खतरे में पड़ना
【危重】 wēizhòng गंभीर रोग-ग्रस्त: ～病人 गंभीर रोग-ग्रस्त मरीज़
【危坐】 wēizuò ठीक-ठाक बैठना; अच्छी तरह बैठना

委

wēi नीचे दे०
wěi भी दे०

【委蛇】 wēiyí 〈लि०〉 ❶दे० 逶迤 wēiyí ❷दे० 虚与委蛇 xū yǔ wēiyí

威

wēi ❶बल; ताकत; प्रभावशाली शक्ति ❷बल से; बल प्रयोग द्वारा: 威逼

【威逼】 wēibī बल प्रयोग द्वारा धमकी देना; बल से धमकाना; खतरा पैदा कर देना
【威逼利诱】 wēibī-lìyòu（威胁利诱 wēixié-lìyòu भी）धमकी देना और फुसलाना; धमकी देना और चिकनी-चुपड़ी बातें करना; डराना-धमकाना और फुसलाना-बहलाना
【威风】 wēifēng ❶अहंकार; प्रतिष्ठा; उद्दंडता; हेकड़ी: 灭敌人的～ दुश्मन की हेकड़ी को चकनाचूर कर देना / 减了～。प्रतिष्ठा कम हो गई। ❷रोबदार; तेजस्वी: 他穿上新军装显得很～。वह नयी फ़ौजी वर्दी पहनकर बहुत रोबदार दिखाई पड़ता है।
【威风凛凛】 wēifēng-lǐnlǐn रोबदार; तेजस्वी
【威风扫地】 wēifēng-sǎodì रोब-दाब का तख़्ता उलट जाना; सारी इज़्ज़त धूल में मिल जाना
【威吓】 wēihè धौंस देना; धमकी देना: ～对方 विपक्ष को धमकी देना
【威赫】 wēihè अहंकारी; रोबदार: ～一时 कुछ समय के लिये अहंकारी होना
【威力】 wēilì शक्ति; अकूत शक्ति; बल-वैभव: 人民战争～无穷。जनयुद्ध का बल-वैभव असीम है।
【威名】 wēimíng बड़ा नाम; महान नाम
【威迫】 wēipò धमकी; धौंसपट्टी: ～利诱 धमकी और रिश्वत; धमकी और लालच; धौंसपट्टी और घूस
【威权】 wēiquán बल; शक्ति: ～的 प्रभुतापूर्ण व अधिकारपूर्ण / 炫耀～ अपनी शक्ति दिखाना
【威慑】 wēishè बल से भयभीत करना; डराना: ～力量 अपभायी शक्ति; अपभायक शक्ति; प्रभुता संपन्न शक्ति / ～政策 अपभायक नीति; प्रभुत्व शक्ति
【威士忌】 wēishìjì ह्विस्की
【威望】 wēiwàng प्रतिष्ठा; इज़्ज़त: 国际～ अंतर्राष्ट्रीय प्रतिष्ठा
【威武】 wēiwǔ ❶बल; रोब ❷बलशाली; रोबदार
【威武不屈】 wēiwǔ-bùqū बल के सामने सिर न झुकाना
【威武雄壮】 wēiwǔ-xióngzhuàng ओजस्विता और भव्यता से परिपूर्ण
【威胁】 wēixié ❶धमकी; खतरा ❷खतरे में डालना; खतरा पैदा करना; डराना-धमकाना: ～邻国的安全 पड़ोसी देशों की सुरक्षा को खतरे में डालना / 受到战争～ युद्ध से खतरा पैदा होना / 以武力相～ बल प्रयोग द्वारा धमकाना / 洪水～着这座城市。बाढ़ इस शहर के लिये खतरा पैदा कर रही है।
【威胁利诱】 wēixié-lìyòu धमकी देना और चिकनी-चुपड़ी बातें करना
【威信】 wēixìn प्रतिष्ठा; मान-मर्यादा; साख; कद्र: 有～的干部 प्रतिष्ठित कार्यकर्ता / 没有～ कोई कद्र नहीं रह जाना / 破坏～ प्रतिष्ठा को चोट पहुंचना / 丧失～ प्रतिष्ठा खाक में मिल जाना / 影响～ प्रतिष्ठा कम होना / 增加～ प्रतिष्ठा बढ़ जाना / 他在群众中的～很高。जन-साधारण में उन की प्रतिष्ठा बहुत ज़्यादा है।
【威信扫地】 wēixìn-sǎodì प्रतिष्ठा धूल में मिल जाना; मान-मर्यादा गंवा बैठना: 他的～。उस की प्रतिष्ठा धूल में मिल गयी।
【威严】 wēiyán ❶बड़प्पन; रोब; सम्मान; शान-शौकत: 国王的～ राजा की शान-शौकत / 保持～ सम्मान बनाये रखना ❷भव्य; शानदार; आलीशान: ～的仪仗队 शानदार ऑनरगार्ड
【威仪】 wēiyí भव्य और स्वाभिमान; चाल-ढाल

【威震】 wēizhèn शोहरत से हिला देना: ～全国 सारे देश को शोहरत से हिला देना

逶 wēi नीचे दे०

【逶迤】 wēiyí 〈लि०〉घूमनेवाला; घुमावदार; चक्करदार; वक्र: ～之山路 चक्करदार पहाड़ी रास्ता; घुमावदार पहाड़ी पथ / 这条铁路～在群山之中。यह रेलवे लाइन पहाड़ों में चक्कर काटते हुए चलती है।

偎 wēi चिपकना; चिपटना; चिमटना; लिपटना; सटना: 看电视时他～着妈妈。टेलिविज़न देखते समय वह अपनी मां से चिपका हुआ था।

【偎抱】 wēibào स्नेह के साथ बांहों में भर लेना; चिपका लेना: 小女孩～着她的娃娃。बच्ची ने अपनी गुड़िया को स्नेह के साथ बांहों में भर लिया।

【偎傍】 wēibàng दे० 偎依 wēiyī

【偎贴】 wēitiē सटना; लिपटना; चिपकना: 她～在妈妈身上睡着了。वह अपनी मां से सटी हुई सो गयी है।

【偎依】 wēiyī चिपकना; चिपटना; सटना; लिपटना: 孩子～在母亲的怀里。बच्चा मां के सीने से चिपका हुआ है; बच्चा मां की गोद में चिपटा हुआ है।

隈 wēi 〈लि०〉 (नदी आदि का) मोड़; घुमाव: 河～ नदी का मोड़ / 山～ पर्वत का घुमाव

葳 wēi नीचे दे०

【葳蕤】 wēiruí 〈लि०〉 (पत्तों-पत्तियों के लिये) प्रचुर मात्रा में उगा हुआ; हरा-भरा

微 wēi ❶थोड़ा; छोटा; पतला; हल्का: ～痛 हल्का दर्द / ～笑 हल्की मुस्कराहट / ～云 पतला बादल / 相差甚～。थोड़ा सा अंतर है। ❷गूढ़; गाढ़; अगाध; अतल: 精～ गाढ़ और दुर्बोध ❸क्षय होना; पतन की ओर जाना; ह्रासोन्मुख होना: 衰～ पतन होना ❹(भौतिकी में किसी इकाई का) दस लाखवां भाग: ～米 माइक्रोन

【微安】 wēi'ān 〈विद्यु०〉माइक्रोऐंपियर: ～计 माइक्रो-ऐंमीटर

【微巴】 wēibā माइक्रोबार

【微波】 wēibō ❶तरंग; हिलोर; छोटी लहर ❷〈विद्यु०〉 माइक्रोवेव: ～半导体 माइक्रोवेव ऐमीकांडक्टर / ～管 माइक्रोवेव ट्यूब / ～理疗机 माइक्रोवेव थरब्यूटिक एपरेटस / ～区 माइक्रोवेव रीज़न / ～遥感 माइक्रोवेव रिमोट सेंसिंग / ～遥感器 माइक्रोवेव रिमोट सेंसर / ～通信干线 माइक्रोवेव कम्युनिकेशंस ट्रंक लाइन / ～中继站 माइक्रोवेव रिले स्टेशन

【微波炉】 wēibōlú माइक्रोवेव ओवन

【微波武器】 wēibō wǔqì माइक्रोवेव हथियार

【微薄】 wēibó थोड़ा; छोटा सा; मामूली: ～的力量 थोड़ी सी शक्ति / ～的薪资 मामूली तनख़्वाह

【微不足道】 wēibùzúdào नगण्य; थोड़ा; क्षुद्र; मामूली: ～的贡献 साधारण योगदान / ～的人物 मामूली व्यक्ति / ～的损失 नगण्य नुकसान / 要付的钱是～的。जो पैसा देना है वह बहुत ही थोड़ा है।

【微尘】 wēichén खाक; कण

【微处理机】 wēichǔlǐjī माइक्रोप्रोसेसर

【微词】 wēicí (微辞 wēicí भी) 〈लि०〉 शिकायत; शिकवा; गिला; गिला-शिकवा: 观众对裁判多有～。दर्शकों ने रेफ़री की शिकायत कर दी है।

【微电脑】 wēidiànnǎo दे० 微机

【微雕】 wēidiāo लघु चित्र; लघु मूर्ति; लघु कृति; सूक्ष्म नक्काशी

【微法拉】 wēifǎlā 〈विद्यु०〉 माइक्रोफ़ैरड

【微分】 wēifēn 〈गणित०〉 अवकलन; केलकुलस; डिफ़्रेंशियल: 二项式～ बाइनोमियल डिफ़्रेंशियल / ～法 डिफ़्रेंशिएशन / ～方程 अवकलन समीकरण / ～分析 डिफ़्रेंशियल अनैलसिस / ～几何 अवकलन-ज्यामिति; डिफ़्रेंशियल ज्यामेट्री

【微分学】 wēifēnxué डिफ़्रेंशियल कैलकुलस

【微风】 wēifēng ❶〈भौ०〉 मंद वायु ❷पवन; बयार

【微伏】 wēifú 〈विद्यु०〉 माइक्रोवोल्ट

【微服】 wēifú 〈लि०〉 कपटवेश या छद्मवेश धारण करना; भेष बदलना; सादे भेष में होना : ～私访 गुप्त रूप से यात्रा करना; भेष बदलकर यात्रा करना

【微观】 wēiguān लघु ब्रह्माण्ड का; माइक्रोकोस्मिक

【微观经济学】 wēiguān jīngjìxué लघु ब्रह्माण्ड का अर्थशास्त्र; माइक्रोयकोनोमिक्स

【微观世界】 wēiguān shìjiè अणु जगत; सूक्ष्म जगत; माइक्रोकोस्मोस

【微观物理学】 wēiguān wùlǐxué सूक्ष्म जगत की भौतिकी; माइक्रोफ़िज़िक्स

【微观现象】 wēiguān xiànxiàng 〈भौ०〉 माइक्रो-फ़िनोमिनेन

【微乎其微】 wēihūqíwēi बहुत कम; बहुत थोड़ा: 我一个人的力量是～的。मैं जो कर सकता हूँ वह थोड़ा ही है।

【微火】 wēihuǒ धीमा ज्वलन; सह्य ताप

【微机】 wēijī (微型电子计算机 wēixíng diànzǐ jìsuànjī का संक्षिप्त रूप) छोटे आकार का कंप्युटर; माइक्रोकंप्युटर

【微积分学】 wēijīfēnxué 〈गणित०〉 कैलकुलस

【微贱】 wēijiàn क्षुद्र; तुच्छ; नीच; अधम: 出身～ नीच कुटुंब में जन्म लेना

【微克】 wēikè माइक्रोग्राम

【微刻】 wēikè लघु नक्काशी

【微孔塑料薄膜】 wēikǒng sùliào bó mó सेल्यूलर प्लास्टिक चादर

【微粒】 wēilì ❶कण; अणु ❷〈भौ०〉 कोर्पास्कल

【微粒体】 wēilìtǐ 〈जीव०〉 माइक्रोसोम

【微量】 wēiliàng लघु; माइक्रो: ～分析 माइक्रो-अनैलसिस / ～元素 माइक्रोएमिमेनट

【微量化学】 wēiliàng huàxué माइक्रोकेमिस्ट्री

【微量天平】 wēiliàng tiānpíng माइक्रोबैलेंस

【微量元素】 wēiliàng yuánsù ट्रेस एलिमेंट

【微脉】 wēimài 〈ची०चि०〉 कठिनाई से अनुभव-गम्य

नाड़ी

【微茫】 wēimáng 〈लि०〉 धुंध सा; धुंधला; अस्पष्ट; कुहरीला

【微米】 wēimǐ माइक्रोन

【微妙】 wēimiào सूक्ष्म; गूढ़; छलपूर्ण; दुर्बोध; नाज़ुक: ～的关系 छलपूर्ण संबंध / 谈判进入了～阶段。वार्तालाप नाज़ुक दौर में प्रविष्ट हो गया है। / 这个问题很～。यह समस्या बहुत दुर्बोध है।

【微末】 wēimò बहुत थोड़ा; निरर्थक: ～的成就 थोड़ी सी सफलता / ～的贡献 थोड़ा सा योगदान

【微气象计】 wēiqìxiàngjì माइक्रोमीटियरग्राफ़

【微热】 wēirè 〈चिकि०〉 साधारण ज्वर; मामूली बुखार

【微弱】 wēiruò दुर्बल; कमज़ोर; क्षीण; धुंधला; मंद; हल्का; धीमा; अल्प: ～的多数 अल्प बहुसंख्या / ～光线 धीमी रोशनी / ～的呼吸 धीमी सांस / ～的脉搏 कमज़ोर नाड़ी / ～的身躯 कमज़ोर शरीर / ～的声音 क्षीण आवाज़

【微生物】 wēishēngwù सूक्ष्म जीव; अणुजीव; कीटाणु; माइक्रोब: ～农药 माइक्रोबियल पेस्टिसाइड

【微生物学】 wēishēngwùxué सूक्ष्म जीव शास्त्र; कीटाणु शास्त्र; माइक्रोबायालाजी

【微调】 wēitiáo 〈विद्यु०〉 ट्रिमिंग: ～电容器 ट्रिमर

【微微】 wēiwēi ❶थोड़े रूप में; ज़रा: ～一笑 ज़रा हंसना ❷माइक्रोमिक्रो-; पिको-: ～法拉 माइक्रोमिक्रोफ़ैरट; पिकोफ़ैरट / ～秒 पिकोसेकंड

【微熹】 wēixī 〈लि०〉 (सुबह की किरण का) हल्का होना; धुंधला होना

【微细】 wēixì बहुत छोटा; बहुत पतला; नन्हा: ～的血管 नन्ही नस

【微小】 wēixiǎo छोटा; लघु; थोड़ा: 极其～ अत्यधिक थोड़ा / ～的进步 थोड़ी सी प्रगति / ～的希望 थोड़ी सी आशा

【微笑】 wēixiào ❶मुस्कुराना ❷हल्की सी मुस्कान: 脸上露出～ चेहरे पर हल्की सी मुस्कान खेलना

【微笑服务】 wēixiào fúwù मुस्कराते हुए सेवा करना

【微行】 wēixíng गुप्त रूप से यात्रा करना; अज्ञात रूप से भ्रमण करना; भेष बदलकर यात्रा करना

【微型】 wēixíng छोटे आकार का; लघु: ～电机 आंशिक अश्वशक्ति मीटर / ～灯泡 लघु बल्ब / ～计算机 छोटे आकार का कंप्युटर; माइक्रोकंप्युटर / ～汽车 लघु मोटर-कार; मिनिकार / ～X光机 छोटी एक्सरे मशीन / ～照相机 छोटे आकार का कैमरा; मिनिकैम

【微雪】 wēixuě हल्की-हल्की बर्फ़

【微血管】 wēixuèguǎn खून वाली सूक्ष्म नस; नन्ही नस; कैपिलरी

【微言大义】 wēiyán-dàyì परिष्कृत शब्द और गहन अभिप्राय

【微恙】 wēiyàng अस्वास्थ्य; अस्वस्थता; बीमारी

【微音器】 wēiyīnqì माइक्रोफ़ोन

【微震】 wēizhèn ❶हल्का धक्का; हल्का आघात ❷〈भूगर्भ०भौ०〉 सूक्ष्म कंप; माइक्रोसाइज़्म

煨 wēi ❶बंद बर्तन में थोड़े पानी में देर तक उबाल कर पकाना या पकना: ～肉 उक्त प्रकार से पका हुआ मांस ❷भूनना; ताप में पकाना: ～白薯 ताप में शकरकंद को पकाना

薇 wēi दे० 蔷薇 qiángwēi गुलाब; रोज़

巍 wēi बहुत ऊंचा; अत्यंत उच्च; गगनचुंबी; गगनभेदी

【巍峨】 wēi'é गगनचुंबी; गगनस्पर्शी; गगनभेदी: ～的群山 गगनचुंबी पर्वतमालाएं

【巍然】 wēirán अत्यंत उच्च; शानदार; आलीशान; सुदृढ़: ～不动 सुदृढ़ रहना / 大桥～横跨在江上。पुल नदी के आर-पार शानदार रूप में खड़ा हुआ है।

【巍然屹立】 wēirán-yìlì खड़ा होना; दृढ़ता से खड़ा होना: 英雄纪念碑～在广场中央。वीर स्मारक मैदान के बीच शानदार रूप में खड़ा हुआ है।

【巍巍】 wēiwēi गगनचुंबी; गगनभेदी; गगनस्पर्शी: ～井冈山 गगनचुंबी चिङकाङशान पर्वत

wéi

韦（韋） wéi ❶〈लि०〉 चमड़ा; पक्का चमड़ा ❷(Wéi) एक वंशनाम; एक कुलनाम

【韦编三绝】 wéibiān-sānjué अध्ययन में उद्यमी होना; मेहनत से पढ़ना

【韦伯】 wéibó 〈भौ०〉 वेबर

为¹（為、爲） wéi ❶करना; कार्य करना: 大有可～ बहुत कुछ कर सकना / 敢作敢～ करने में निर्णायक और साहसिक होना ❷के रूप में; की हैसियत से: 选他～代表 उसे प्रतिनिधि के रूप में चुनना ❸में: 一分～二 एक को दो में बांटना / 变沙漠～良田 बालू के मैदान को ऊपजाऊ खेत में बदल देना ❹होना: 一公里～二华里。एक किलोमीटर दो ली होता है।

为²（為、爲） wéi से; द्वारा: ～人民所爱戴 जनता के द्वारा प्यार किया जाना

为³（為、爲） wéi 〈लि०〉 (इस का अक्सर 何 के साथ प्रयोग किया जाता है) प्रश्नसूचक: 何以～家。मुझे घर की क्या ज़रूरत है?

为⁴（為、爲） wéi ❶(विशेषण के बाद इस्तेमाल करके क्रियाविशेषण बनाने के लिए प्रयुक्त) : 大～高兴 बहुत प्रसन्न / 广～流传 व्यापक रूप से फैला हुआ ❷(क्रिया-विशेषण के बाद ज़ोर देने के अर्थ में प्रयोग किया जाता है): 极～重要 बहुत ही महत्वपूर्ण

wèi भी दे०

【为非作歹】 wéifēi-zuòdǎi दुष्कर्म करना; दुव्यवहार

करना: 欺压百姓，～ जनता पर अत्याचार करना और दुष्कर्म करना

【为富不仁】 wéifù-bùrén अमीर और निर्दय; ज़ालिम अमीर; धूर्त अमीर

【为害】 wéihài हानि पहुंचाना; नुकसान पहुंचाना: 害虫～蔬菜。हानिकारक कीड़े-मकोड़े तरकारियों को हानि पहुंचाते हैं।

【为患】 wéihuàn मुसीबत होना; विपत्ति होना: 洪水～ बाढ़ के कारण मुसीबत झेलना

【为力】 wéilì समर्थ होना; सशक्त होना: 干这种事他是无能～的。इस बारे में वह कुछ नहीं कर सकता।

【为难】 wéinán ❶बहुत अटपटा महसूस करना; किसी को अटपटी स्थिति में डाल देना: 使人～ किसी को मुश्किल में डालना ❷कठिनाई पैदा करना: 故意～ जानबूझ कर किसी के लिए कठिनाई पैदा करना

【为期】 wéiqī निश्चित समय तक पूरा करना: 以两周～。दो हफ़्ते से ज़्यादा समय न लगे / 会议～三天。सभा तीन दिन तक होनी तय हुई है।

【为期不远】 wéiqī-bùyuǎn दिन दूर नहीं होना: 那一天已经～了。वह दिन अब दूर नहीं है।

【为人】 wéirén आचरण; चाल-चलन; चरित्र: ～正直 सीधा-सादा होना / ～忠厚 ईमानदार होना / 我们非常了解他的～。हमें उस के चाल-चलन के बारे में अच्छी तरह मालूम है।

【为人处世】 wéirén-chǔshì जीवन के प्रति अपनाया गया रवैया; वह तरीका जिस से व्यक्ति समाज में पेश आता है

【为人民所唾弃】 wéi rénmín suǒ tuòqì जनता से नफ़रत करना

【为人师表】 wéi rén shībiǎo सुयोग्य अध्यापक बनना; सद्‌गुण और ज्ञान का आदर्श बनना

【为生】 wéishēng जीवन बिताना; ज़िंदगी गुज़ारना: 以捕鱼～ मछली पकड़ कर ज़िंदगी गुज़ारना

【为时过早】 wéishí-guòzǎo समय से पूर्व; बहुत पूर्व; बहुत जल्दी; जल्दबाज़ी: 现在对此作出结论还～。अब इस का निष्कर्ष निकालना जल्दबाज़ी है।

【为时已晚】 wéishí-yǐwǎn बड़ी देर हो जाना

【为首】 wéishǒu अगुआ होना: 以李宁～的体育代表团 वह खेलकूद प्रतिनिधि मंडल जिस का अगुआ ली निङ है / 犯罪团伙的～分子已被抓获。अपराधी गुट के मुखिया को पकड़ा गया है।

【为数】 wéishù मात्रा; संख्या; नम्बर: ～不多。मात्रा ज़्यादा नहीं है। / ～甚微。मात्रा बहुत थोड़ी है।

【为所欲为】 wéisuǒyùwéi मनमानी करना; अपनी ज़िद्द पूरी करना

【为伍】 wéiwǔ सहभागी बनाना; साथी बनाना: 与坏人～ बुरे तत्वों का सहभागी बनना

【为限】 wéixiàn सीमा के भीतर रहना; (वस्तु आदि का) निश्चित संख्या से अधिक न होना; ज़्यादा न होना: 费用应以百元～。ख़र्च सौ युआन से ज़्यादा नहीं होना चाहिये।

【为止】 wéizhǐ तक: 迄今～ अब तक / 到去年年底～ पिछले साल के अंत तक / 今天的讨论到此～。आज का वाद-विवाद यहां तक समाप्त हुआ।

【为重】 wéizhòng अधिकतम महत्व देना; सब से महत्वपूर्ण समझना: 以大局～ सार्वजनिक हित को पहले स्थान पर रखना / 以人民的利益～ जनता के हित को अधिकतम महत्व देना

【为主】 wéizhǔ पहला स्थान देना; प्राथमिकता देना: 以农业～的方针 कृषि को प्राथमिकता देने की नीति

圩 wéi बांध; मेंड़; सेतु; डाइक: 筑～ बांध बनाना xū भी दे०

【圩田】 wéitián बांध से घिरी हुई ढलान पर बने हुए धान के खेत

【圩垸】 wéiyuàn झील के किनारे पर सुरक्षा के लिए बनाया हुआ बांध जो ज्वार को अंदर घुसने से रोकता है

【圩子】 wéizi ❶नीची भूमि के चारों ओर बनाया हुआ बांध जो खेत में बाढ़ को आने से रोकता है; मेंड़; बांध ❷ग्राम के चारों ओर की दीवार या बाड़ा

违（違） wéi ❶भंग करना; तोड़ना; उल्लंघन करना; अवज्ञा करना: ～法 कानून तोड़ना; कानून का उल्लंघन करना / 阳奉阴～ सार्वजनिक रूप से आदेश का पालन करना और छिपकर उस की अवज्ञा करना ❷अलग होना; बिछुड़ना: 久～ लम्बे समय से अलग हो जाना; बहुत समय से नहीं मिलना

【违碍】 wéi'ài निषिद्ध; वर्जित: ～字句 निषिद्ध शब्द

【违拗】 wéi'ào प्रतिरोध करना; अवज्ञा करना: 谁能～这个方向呢？इस का प्रतिरोध कौन कर सकता है?

【违背】 wéibèi ❶तोड़ना; भंग करना; उल्लंघन करना: ～命令 आज्ञा भंग करना / ～诺言 अपने वादे को तोड़ना / ～遗嘱 वसीयत का उल्लंघन करना / ～原则 उसूल का उल्लंघन करना ❷के विरुद्ध होना: ～民意 जनता की इच्छा के विरुद्ध होना / ～历史事实 ऐतिहासिक तथ्य के विरुद्ध होना

【违法】 wéifǎ गैरकानूनी गतिविधियाँ; कानून तोड़ना; कानून का उल्लंघन करना; गैरकानूनी होना

【违法乱纪】 wéifǎ-luànjì कानून और अनुशासन का उल्लंघन करना; कानून तोड़ना और अनुशासन का उल्लंघन करना

【违法行为】 wéifǎ xíngwéi गैर-कानूनी कार्यवाही

【违反】 wéifǎn उल्लंघन करना; भंग करना: ～常规 साधारण नियम का उल्लंघन करना / ～政策 नीति का उल्लंघन करना; नीति के विरुद्ध होना / ～交通规则 यातायात के विनियमों का उल्लंघन करना / ～劳动纪律 श्रम-अनुशासन भंग करना

【违犯】 wéifàn तोड़ना; भंग करना; उल्लंघन करना; अतिक्रमण करना: ～宪法 संविधान को तोड़ना; संविधान का उल्लंघन करना

【违和】 wéihé <शिष्ट०> अस्वस्थ होना: 近闻贵体～，深为悬念。हाल ही में सुना है कि आप अस्वस्थ हैं, बड़ा चिंतित हूं।

【违建】 wéijiàn भवननिर्माण नीति विरुद्ध निर्मित इमारत

【违禁】 wéijìn निषिद्ध; वर्जितः ～品 निषिद्ध वस्तु
【违抗】 wéikàng उल्लंघन करना; प्रतिरोध करनाः ～命令 आदेश का उल्लंघन करना
【违例】 wéilì 〈खेल०〉 ❶नियमों का उल्लंघन करना; नियम के विरुद्ध होना ❷उल्लंघन
【违令】 wéilìng आदेशों का उल्लंघन करना
【违逆】 wéinì तोड़ना; भंग करना; उल्लंघन करना
【违忤】 wéiwǔ 〈लि०〉 भंग करना; उल्लंघन करना
【违误】 wéiwù (सरकारी दस्तावेज़ों में इस का प्रयोग किया जाता है) आदेश का उल्लंघन करना और विलंब करना: 迅速办理，不得～。 बिना विलंब के इस पर कार्यवाही की जानी है।
【违宪】 wéixiàn संविधान का उल्लंघन करना; असंवैधानिक होना; असंवैधानिकः ～行为 असंवैधानिक कार्यवाही
【违心】 wéixīn किसी की इच्छा के विरुद्ध; अनिच्छापूर्वकः 做～事 किसी के विश्वासों के विरुद्ध अनिच्छापूर्वक काम करना; मन के विरुद्ध जाना
【违心之论】 wéixīn zhī lùn अपनी इच्छा के विरुद्ध कहे हुए शब्द; गैरईमानदार बातें
【违约】 wéiyuē ❶संधि तोड़ना ❷अपने वचन या वादे का उल्लंघन करनाः 您～了。 आप ने अपने वचन का उल्लंघन किया है।
【违章】 wéizhāng कायदे-कानूनों का उल्लंघन करनाः ～行驶 यातायात के नियमों के विरुद्ध गाड़ी चलाना / ～作业 नियमों के विरुद्ध खतरे मोल ले कर कार्य करना

围（圍） wéi ❶घेरना; घेरे में डालनाः 包～ घेरे में डालना / ～而不打 घेरा डालना मगर हमला न करना / 用篱笆把院子～起来 बाड़ से आंगन को घेरना ❷घिरनाः 四面被～ चारों तरफ़ से घिर जाना; सब तरफ़ से घिर जाना ❸घेराः 解～ घेरा उठ जाना / 突～ घेरे को चीरना / 陷入重～ घेरे में फंसना ❹घेरे में; चारों ओरः ～坐 घेरे में बैठना / 四～全是大山。 चारों ओर पहाड़ ही पहाड़ हैं। ❺मोटाईः 胸～ सीने की मोटाई / 腰～ कमर की मोटाई ❻〈परि०श०〉 दो भुजाओं के घेरे की जितनी लंबाई
【围脖儿】 wéibór 〈बो०〉 गुलूबंद; दुपट्टा; स्कार्फ़
【围捕】 wéibǔ घेरकर पकड़नाः ～逃犯 अपराधियों को घेरकर पकड़ना
【围场】 wéichǎng सम्राट की शिकार-गाह
【围城】 wéichéng ❶दुर्ग पर घेरा डालना; शहर पर घेरा डालनाः ～战 शहर पर घेरा डाल कर हमला करना ❷घिरा हुआ शहर
【围城打援】 wéichéng-dǎyuán दुश्मन की कुमक पर हमला करने के लिये दुर्ग पर घेरा डालना
【围簇】 wéicù चारों ओर जमा होना; चारों ओर इकट्ठा होनाः 孩子们～在老人身边。 बच्चे लोग बूढ़े के चारों ओर जमा हुए हैं।
【围攻】 wéigōng ❶घेरा डालना और हमला करना; घेरा डाल कर हमला करना; कई ओर से हमला करनाः 停止～ घेरकर हमला करना बंद करना / ～战 घेरकर हमला करने की लड़ाई ❷संयुक्त रूप से आक्षेप लगाना; अभियोग लगाना; निंदा करनाः 他在会上多次遭到～。 सभा में उस पर अनेक बार संयुक्त रूप से अभियोग लगाया गया।
【围观】 wéiguān लोगों की घिरी हुई भीड़ के द्वारा देखनाः ～的人们 घेरा डाल कर देखनेवाले लोग / 很多人在那里～。 बहुत से लोग वहां घेरा डाल कर देख रहे हैं।
【围湖造田】 wéihú zàotián झील को बांध से घेरकर खेत बनाना
【围护】 wéihù घेरकर रक्षा करना
【围击】 wéijī घेरकर प्रहार करना; घेरा डालकर आक्रमण करना; कई ओर से हमला करना
【围歼】 wéijiān घेरकर सफ़ाया करना; घेरकर नेस्तनाबूद करनाः ～敌军 शत्रु सेना को घेरकर नेस्तनाबूद करना
【围剿】 wéijiǎo घेरा डालना और विनाश करना; घेरकर विनाश करनाः ～残匪 बचे हुए डाकुओं का घेर कर विनाश करना
【围巾】 wéijīn गुलूबंद; दुपट्टा; स्कार्फ़
【围聚】 wéijù (चारों ओर से आकर) जमा हो जाना; इकट्ठा हो जानाः 店门外～了很多人。 दुकान के सामने बहुत लोग जमा हुए हैं।
【围垦】 wéikěn सागर या झील के किनारे पर बांध से दलदल को घेरकर जुताई करना
【围困】 wéikùn घेरा डालना; घेरना; बंद करनाः 把敌人～在山谷里。 दुश्मनों को पहाड़ की घाटी में घेर कर रखना
【围栏】 wéilán कटघरा
【围猎】 wéiliè चारों ओर से घेरकर शिकार करना
【围拢】 wéilǒng चारों ओर से जमा हो जाना; चारों ओर से इकट्ठा हो जाना
【围炉】 wéilú भट्टे के चारों ओर बैठकर गर्मी पाना; भट्टे के चारों ओर बैठकर तापना
【围屏】 wéipíng (मुड़नेवाला) ओट; कनात; व्यवधान
【围棋】 wéiqí चीनी शतरंज का एक खेल —— वेइछी खेल जो 361 वर्गों वाली बिसात पर खेला जाता है। हर खिलाड़ी अपने विपक्षी के मोहरों को घेरने की कोशिश करता है
【围墙】 wéiqiáng चारदीवारी; चहारदीवारी; परकोटा
【围裙】 wéiqún एपरन; चुन्नीदार स्कर्ट
【围绕】 wéirào ❶के चारों ओर; के इर्द-गिर्दः 地球～太阳转。 पृथ्वी सूर्य के चारों ओर घूमती है। / 群众将会～在我们的周围。 जनता हमारे चारों ओर गोलबंद हो जाएगी। ❷के आधार पर; के विषय परः ～中心任务安排其他工作 केंद्रीय कार्य के आधार पर दूसरे कार्यों का प्रबंध करना / 大家～生产问题提出了许多建议。 लोगों ने उत्पादन-समस्या के विषय पर बहुत सुझाव पेश किये हैं।
【围网】 wéiwǎng (मछली आदि को पकड़ने के लिये) थैली की शकल का जाल जिस का मुंह डोरी से बंद किया जा सकता है; थैली जालः ～渔船 थैली जाल बोट
【围魏救赵】 wéiwèi-jiùzhào 353 ई०पू० वेइ राज्य（魏国）ने चाओ राज्य（赵国）की राजधानी हानतान

(邯郸)पर घेरा डाल दिया था। छी राज्य (齐国) के राजा ने थिआन ची (田忌) को सेना लेकर चाओ राज्य की मदद करने के लिये हुक्म दिया। थिआन ची को मालूम था वेइ राज्य के चुनिंदा सैनिक चाओ राज्य में भेजे गये हैं और वेइ राज्य में कम सेना रह गयी है। इसलिये उस ने वेइ राज्य पर हमला बोल दिया। वेइ राज्य की सेना अपने देश को बचाने के लिये लौट गयी और चाओ राज्य पर से घेरा उठ गया —— वेइ राज्य पर हमला करके चाओ राज्य को बचाना; चाओ राज्य को बचाने के लिये वेइ राज्य पर हमला करना

【围岩】 wéiyán चारों ओर की चट्टान

【围堰】 wéiyàn पुल बनाते समय पानी के नीचे नींव डालने की संदूक जिस में पानी नहीं घुस पाता; पक्का बांध बनाने के पहले पानी के प्रवाह को हटाने के लिये अस्थायी दीवार

【围住】 wéizhù घेर लेना

【围追】 wéizhuī घेरना और पीछा करना

【围桌】 wéizhuō टेबल के सामने टंगा हुआ पर्दा जो कपड़े या रेशम से बना होता है

【围子】 wéizi ❶ग्राम के चारों ओर बनायी हुई रक्षात्मक दीवार या बाड़ा: 土～ मिट्टी का घेरा; पक्का ग्राम; सुदृढ़ ग्राम ❷पट; पर्दा ❸मेंड़; सेतु; बांध

【围嘴儿】 wéizuǐr कपड़ों को मैला होने से बचाने के लिये बच्चों के गले से बांधा हुआ कपड़ा; बिब

【围坐】 wéizuò घिरकर बैठना; घेरे में बैठना

帏(幃) wéi दे० 帷 wéi

闱(闈) wéi ❶राजमहल का बग़ल-द्वार: 宫～ राजभवन का बग़ल-द्वार ❷शाही परीक्षा स्थल: 秋～ शरत् में रखी हुई शाही परीक्षा

【闱墨】 wéimò शाही परीक्षा-पत्रों में से उम्मीदवारों के लिये चुने और प्रकाशित लेख

桅 wéi मस्तूल; मास्ट: 船～ मस्तूल

【桅灯】 wéidēng ❶मस्तूल की चोटी का प्रकाश; रेंज लाइट ❷बार्न; लालटेन

【桅顶】 wéidǐng मस्तूल की चोटी; मस्तूल का ऊपरी भाग

【桅杆】 wéigān मस्तूल; मास्ट

【桅樯】 wéiqiáng दे० 桅杆 wéigān

唯 wéi (दे० 惟 [1]wéi) केवल; सिर्फ़
wěi भी दे०

【唯成分论】 wéichéngfènlùn केवल वर्ग-हैसियत पर ज़ोर देनेवाला सिद्धांत

【唯恐】 wéikǒng दे० 惟恐 wéikǒng

【唯理论】 wéilǐlùn 〈दर्शन०〉 बुद्धिवाद; तर्कवाद; तर्क-बुद्धिवाद

【唯利是图】 wéilìshìtú दे० 惟利是图 wéilìshìtú

【唯灵论】 wéilínglùn 〈दर्शन०〉 आध्यात्मिकतावाद; स्प्रिचुअलिज़्म

【唯美主义】 wéiměi zhǔyì सौंदर्यवाद

【唯名论】 wéimínglùn 〈दर्शन०〉 नाममात्रवाद; नाम-रूपवाद; नामवाद

【唯命是听】 wéimìngshìtīng दे० 惟命是听 wéimìngshìtīng

【唯能说】 wéinéngshuō 〈भौ०〉 एनजेटिक्स

【唯生产力论】 wéishēngchǎnlìlùn उत्पादक शक्ति का सिद्धांत

【唯生主义】 wéishēng zhǔyì जीवनशक्तिवाद

【唯我独尊】 wéiwǒdúzūn दे० 惟我独尊 wéiwǒdúzūn

【唯我主义】 wéiwǒ zhǔyì 〈दर्शन०〉 आत्मवाद; अहंवाद

【唯武器论】 wéiwǔqìlùn वह सिद्धांत जिस के अनुसार हथियार ही सब कुछ तय करते हैं; 'हथियार ही सब कुछ तय करते हैं' का सिद्धांत; 'हथियार सब कुछ है' का सिद्धांत

【唯物辩证法】 wéiwù biànzhèngfǎ 〈दर्शन०〉 भौतिकवादी द्वंद्ववाद

【唯物论】 wéiwùlùn 〈दर्शन०〉 भौतिकवाद; वस्तुवाद; मैटिरियलिज़्म

【唯物史观】 wéiwù-shǐguān 〈दर्शन०〉 इतिहास का भौतिकवादी दृष्टिकोण

【唯物主义】 wéiwù zhǔyì 〈दर्शन०〉 भौतिकवाद; वस्तुवाद; मैटिरियलिज़्म

【唯物主义者】 wéiwù zhǔyìzhě भौतिकवादी; वस्तु-वादी; मैटिरियलिस्ट

【唯心论】 wéixīnlùn 〈दर्शन०〉 आदर्शवाद; कल्पनावाद

【唯心史观】 wéixīn-shǐguān इतिहास का आदर्शवादी दृष्टिकोण

【唯心主义】 wéixīn zhǔyì 〈दर्शन०〉 आदर्शवाद; कल्प-नावाद

【唯一】 wéiyī दे० 惟一 wéiyī

【唯一标准】 wéiyī biāozhǔn एकमात्र कसौटी

【唯一合法政府】 wéiyī héfǎ zhèngfǔ एकमात्र कानूनी सरकार; एकमात्र वैध सरकार

【唯一途径】 wéiyī tújìng एकमात्र रास्ता

帷 wéi आवरण-पट; पट; पर्दा

【帷幕】 wéimù (帷幔 wéimàn भी) रंगमंच का पर्दा; भारी पर्दा

【帷幄】 wéiwò 〈लि०〉 सैनिक तम्बू; आर्मी टैंट: 运筹～ कमांड टैंट के भीतर समर नीति बनाना

【帷帐】 wéizhàng बिस्तर का पर्दा

【帷子】 wéizi पट; पर्दा: 床～ बिस्तर का पर्दा / 车～ गाड़ी का पर्दा

惟[1] wéi ❶केवल; सिर्फ़: ～一无二 केवल एक ही / ～进步乃能团结。केवल प्रगति के ज़रिए ही एकता की स्थापना की जा सकती है। ❷लेकिन; मगर: 他学习很好，～身体欠佳。उस की पढ़ाई-लिखाई तो अच्छी है मगर तबीयत ज़्यादा अच्छी नहीं है।

惟[2] wéi 〈लि०〉 (वर्ष, मास या दिन के पूर्व में इस का प्रयोग किया जाता है) में; को: ～二月既望 दूसरे चंद्रमास

के सोलहवें दिन में

惟 3 wéi विचार; चिंतनः 思～（思维 sīwéi भी） विचार-प्रक्रिया; चिंतन-प्रक्रिया

【惟独】 wéidú केवल; सिर्फ़ः 人家都回家了，～他还在工作。दूसरे लोग तो घर वापस गये हैं, केवल वो ही काम कर रहा है। / 别的事情可以放一放，～这件事必须赶快做。दूसरे काम को तो आगे के लिये छोड़ा जा सकता है, लेकिन यह काम तुरंत करना चाहिये।

【惟恐】 wéikǒng इस का डर है कि; कहीं ऐसा न हो किः ～他落后了。कहीं ऐसा न हो कि वह पिछड़ जाए। / 我几次提醒他，～他忘了。मैंने इस डर से उसे कई बार याद दिलायी कि कहीं वह भूल न जाए।

【惟恐天下不乱】 wéikǒng tiānxià bù luàn गड़बड़ फैलाने की उत्सुकता से बेचैन रहना; गड़बड़ पैदा करने के लिये बेचैन होना

【惟利是图】 wéilìshìtú केवल मुनाफ़े का भूखा रहनाः ～的思想 केवल मुनाफ़े को ध्यान में रख कर किया जानेवाला विचार; मुनाफ़े को सब से आगे रखने का विचार

【惟妙惟肖】 wéimiào–wéixiào दे० 维妙维肖 wéimiào–wéixiào

【惟命是听】 wéimìngshìtīng （惟命是从 wéimìngshìcóng भी） आंखें बंद कर के मान लेना; आज्ञाकारी होनाः 你对他的话～。तुम उन की बातों को आंखें बंद कर के मान लेते हो; तुम उन के आज्ञाकारी हो।

【惟其】 wéiqí 〈लि०〉 इसी कारण से; यही कारण है किः ～知者甚少，故必须多加宣传。यही कारण है कि इसे जाननेवाले बहुत कम हैं, इसलिये इस का बार-बार प्रचार करने की बड़ी आवश्यकता है।

【惟我独尊】 wéiwǒdúzūn आत्माभिमानी; आत्मश्लाघी

【惟一】 wéiyī एकमात्रः ～出路 एकमात्र रास्ता / ～继承人 एकमात्र उत्तराधिकारी

【惟有】 wéiyǒu केवल; सिर्फ़ः 我们大家都同意，～他不同意。सब लोग सहमत हैं, केवल वह सहमत नहीं है।

维 1 （維） wéi ❶प्रतिबंध लगा देना; बांध देनाः ～系 बनाए रखना ❷रक्षा करना; सुरक्षित रखनाः ～护 सुरक्षित रखना

维 2 （維） wéi दे० 惟 3wéi

维 3 （維） wéi 〈गणित०〉 किसी भी प्रकार का माप विस्तार (जैसे लंबाई, चौड़ाई, मोटाई, क्षेत्रफल, आयतन); घातः 三～空间 लंबाई, चौड़ाई और मोटाई

【维持】 wéichí रखना; बनाए रखना; कायम रखनाः ～秩序 व्यवस्था बनाए रखना / ～现状 यथापूर्व स्थिति को बनाए रखना / ～生活 जीविका का निर्वाह करना; जीविका चलाना; गुज़र बसर करना

【维持地方治安】 wéichí dìfāng zhì'ān स्थानीय शांति और व्यवस्था बनाए रखना

【维持和平部队】 wéichí hépíng bùduì शांति कायम रखने वाली सेना

【维持原判】 wéichí yuánpàn 〈का०〉 मूल फ़ैसले को कायम रखना

【维管束】 wéiguǎnshù 〈वन०〉 नलिकामय गांठ; वैस्क्युलर बंडल

【维和】 wéihé शांति कायम करना

【维护】 wéihù सुरक्षा करना; बनाए रखना; हिफ़ाज़त करनाः ～团结 एकता को बनाए रखना / ～国家主权 राष्ट्रीय प्रभुसत्ता की हिफ़ाज़त करना / ～民族尊严 राष्ट्रीय सम्मान की रक्षा करना / ～国际和平与安全 अंतर्राष्ट्रीय शांति और सुरक्षा की हिफ़ाज़त करना

【维纶】 wéilún 〈बुना〉 पोलिवाइनिल एलकहोल फ़ाइबर

【维棉布】 wéimiánbù वाइनिलोन और रुई से बना कपड़ा

【维妙维肖】 wéimiào–wéixiào बिल्कुल ठीक; बिल्कुल असलीः 这幅画把儿童天真活泼的神态画得～。इस चित्र में बाल-बच्चों की अबोध सजीवता बिल्कुल असली जैसी दिखाई देती है।

【维尼纶】 wéinílún （维尼龙 wéinílóng भी） वाइनिलोन

【维权】 wéiquán कानूनी अधिकारों को सुरक्षा देना

【维生素】 wéishēngsù विटामिनः ～E विटामिन ई / 丁种～ विटामिन डी / ～缺乏症 विटामिनाभाव रोग; ऐविटामिनोसिस / ～过多症 हाइपरविटामिनोसिस

【维数】 wéishù 〈गणित०〉 घातः ～论 घात सिद्धांत

【维他命】 wéitāmìng 维生素 का पुराना नाम

【维吾尔族】 Wéiwú'ěrzú वेवुर जाति (चीन में)

【维系】 wéixì बांधना; पकड़े रखना; बनाए रखना; संभाले रखनाः ～人心 लोगों के मनोबल को बनाए रखना

【维新】 wéixīn आधुनिकीकरण; सुधारः 百日～ सौ दिन का सुधार / ～派 सुधारवादी / ～运动 सुधारवादी आंदोलन

【维修】 wéixiū रख-रखाव और मरम्मत करना; मरम्मत करनाः ～房屋 मकान की मरम्मत करना / ～汽车 मोटर-कार की मरम्मत करना / ～费 मरम्मत पर आनेवाला खर्चा; मरम्मती चार्ज / ～工 मरम्मत करनेवाला मज़दूर / ～车 मरम्मत के काम में उपयोगी गाड़ी

【维族】 Wéizú 维吾尔族 का संक्षिप्त रूप

嵬 wéi 〈लि०〉 ऊंचा; गगनचुंबीः 崔～ ①पथरीला टीला ②गगनचुंबी

wěi

伟 （偉） wěi महान; बड़ा; गौरवपूर्ण

【伟岸】 wěi'àn 〈लि०〉 ❶हृष्ट पुष्ट; हट्टा-कट्टा; तगड़ा; बृहत्कायः 身材～ हट्टा-कट्टा; बृहत्काय ❷ऊंचा; बड़ाः 村头有两棵挺拔～的松树。गांव के सिरे पर दो बड़े देवदार के वृक्ष हैं।

【伟大】 wěidà बड़ा; महानः ～的祖国 महान मातृ-

भूमि / ～的事业 महान कार्य; महान उद्यम / ～胜利 बड़ी विजय; महान विजय

【伟哥】 wěigē दे० 万艾可 wàn'àikě

【伟观】 wěiguān प्रमुख दृश्य; शानदार दृश्य: 长城是世界七大～之一。लंबी दीवार संसार के सात शानदार दृश्यों में से एक है।

【伟绩】 wěijì महान कारनामा; गौरवपूर्ण कारनामा

【伟晶岩】 wěijīngyán 〈भूगर्भ०〉 पेग्माटाइट

【伟举】 wěijǔ असाधारण कार्य; बड़ी ज़िम्मेदारी

【伟力】 wěilì बड़ी शक्ति

【伟人】 wěirén महात्मा; महा पुरुष

【伟业】 wěiyè 〈लि०〉 गौरवपूर्ण कारनामा

伪（僞、偽） wěi ❶असत्य; झूठा; बोगस; मिथ्या; जाली: 作～ ढोंग रचना; जाली दस्तावेज़ या हस्ताक्षर बनाना / ～善 मिथ्या धर्माभास / ～国大 बोगस राष्ट्रीय एसेम्बली / ～宪法 बोगस संविधान / ～证件 जाली प्रमाणपत्र / ～中央 बोगस केंद्रीय कमेटी; कठपुतली केंद्रीय सरकार / ～总统 बोगस प्रेसीडेंट ❷(किसी के हाथ का) खिलौना; कठपुतली: ～政权 कठपुतली राज्य; कठपुतली शासन

【伪币】 wěibì ❶जाली सिक्का; नकली नोट; बोगस मुद्रा ❷कठपुतली सरकार द्वारा छापा गया नोट

【伪钞】 wěichāo जाली सिक्का; नकली नोट; बोगस मुद्रा

【伪顶】 wěidǐng 〈खनि०〉 बनावटी छत; नकली छत; कृत्रिम छत

【伪军】 wěijūn कठपुतली सेना; कठपुतली सैनिक

【伪君子】 wěijūnzǐ असत्य प्राणी; साधुरूपधारी; पाखंडी

【伪科学】 wěikēxué झूठा विज्ञान

【伪善】 wěishàn ढोंगी; पाखंडी: ～的言词 पाखंडी शब्द / ～者 पाखंडी

【伪劣】 wěiliè नकली और घटिया: ～商品 नकली और घटिया माल

【伪书】 wěishū प्राचीन किताबें या ग्रंथ जिन के लेखक और लेखनकाल संदिग्ध हैं

【伪托】 wěituō जाली प्राचीन साहित्यिक कृति या कलाकृति; आधुनिक कृति को प्राचीन बता कर प्रस्तुत करना

【伪造】 wěizào ❶जाली; जालसाज़ी; जालसाज़ी करना: ～签名 जाली हस्ताक्षर बनाना / ～证件 नकली प्रमाण-पत्र बनाना; नकली सर्टिफ़िकेट बनाना / ～账目 नकली खाता बनाना / ～历史 झूठी जीवनी बताना / ～货币 बोगस मुद्रा बनाना ❷नकली; झूठा; बोगस: ～的理论 नकली सिद्धांत / ～的文件 जाली दस्तावेज़ / ～的罪名 झूठा जुर्म

【伪造品】 wěizàopǐn जाली वस्तु; नकली वस्तु

【伪造罪】 wěizàozuì जालसाज़ी

【伪证】 wěizhèng कूट साक्ष्य; दरोगहलफ़ी: 作～ दरोगहलफ़ी करना; झूठा हलफ़ उठाना / 那个证人有意作～。वह गवाह जान-बूझ कर दरोगहलफ़ी करता है।

【伪政府】 wěizhèngfǔ कठपुतली सरकार

【伪装】 wěizhuāng ❶स्वांग भरना; ढोंग करना: ～进步 प्रगतिशील होने का ढोंग करना / ～中立 निरपेक्षता का ढोंग करना ❷कपटवेश धारण करना; छद्मवेश धारण करना; कपट रूप धारण करना: 他～成传教士。उस ने मिशनरी का रूप धारण किया। ❸कपटवेश; बहुरूपी; बनावटी चेहरा: 假的就是假的，～应当剥去。झूठ तो झूठ ही है, ढोंग को हटाना चाहिये। ❹〈सैन्य०〉 शत्रु को धोखा देने के लिये किसी वस्तु के आसपास के स्थान को रंग देना; तोपों, जहाज़ों आदि की बाहरी सतह पर विभिन्न रंगों के धब्बे, छींटे तथा दाग आदि डालकर शत्रु की नज़र से बचाने योग्य बनाना; शत्रु से सैन्य संचालन को छिपाने के लिये धुओं का घना बादल, वृक्ष की बड़ी शाखाएं आदि खड़ी करना; छद्मावरण द्वारा छिपाना: ～工事 मोर्चेबंदी को छद्मावरण से छिपाना / 高射炮已经用树枝～起来了。हवाई तोपों को वृक्ष की बड़ी शाखाओं से छिपाया गया है।

【伪足】 wěizú 〈प्राणि०〉 पस्यूडोपोडियम

【伪作】 wěizuò ❶दूसरे के नाम से रचना लिखना ❷दूसरे के नाम से लिखी हुई रचना या बनाई हुई कलापूर्ण कृति

苇（葦） wěi नरकट; नरकुल; नरकस

【苇箔】 wěibó नरकट की चटाई

【苇丛】 wěicóng नरकट का गुच्छा

【苇荡】 wěidàng नरकट का कच्छ

【苇塘】 wěitáng नरकट से भरा तालाब

【苇席】 wěixí नरकट का पांवड़ा; नरकट की चटाई

【苇子】 wěizi नरकट; नरकुल; नरकस

尾 wěi ❶पूंछ; पुच्छ; दुम ❷〈ज्यौ०〉 अठाईस नक्षत्र-मंडलों में से छठा ❸पिछला भाग: 机～ विमान का पिछला भाग ❹अंत; छोर: 排～ पंक्ति का अंत; कतार का अंत ❺बचा हुआ भाग; शेषभाग; शेषांश: 扫～ शेषकाम को पूरा करना; शेष काम को समाप्त करना ❻〈परि०श०〉 (मछली आदि के लिये): 两～鱼 दो मछलियां

yǐ भी दे०

【尾巴】 wěiba ❶पूंछ; पुच्छ; दुम: 猴子～ बंदर की पूंछ / 夹起～逃跑 पूंछ दबाकर भागना / 夹着～做人 दुम दबाकर आचरण करना ❷पिछला भाग: 飞机～ विमान का पिछला भाग ❸पिछलग्गू; पिट्ठू; दुमछल्ला: 做别人的～ दूसरे का पिट्ठू बन जाना; दूसरे का दुमछल्ला बन जाना ❹शेषभाग; अवशेष: 不良思想的～ अस्वस्थ विचारधारा के अवशेष / 留～ अवशेष रहने देना

【尾巴主义】 wěiba zhǔyì दुमछल्लावाद; पुच्छवाद; पिछलगुआपन

【尾灯】 wěidēng टेल लैंप; टेल लाइट

【尾骨】 wěigǔ 〈श०वि०〉 दुमची की हड्डी; काक्सिक्स

【尾矿】 wěikuàng 〈खनि०〉 टेलिंग

【尾轮】 wěilún पिछले हिस्से का पहिया

【尾闾】[1] wěilǘ (नदी का) निचला हिस्सा

【尾闾】[2] wěilǘ 〈ची०चि०〉 त्रिक; सेक्रम

【尾期】 wěiqī अंतिम अवस्था; लास्ट फ़ेज़

【尾鳍】 wěiqí (मछली का) पिछला पंख; पुच्छीय पंख

【尾气】 wěiqì टेल गैस

【尾欠】 wěiqiàn ❶बकाया पूरा न चुकाना या भुगतान करना; कुछ बकाया रहना ❷बकाया राशि का वह हिस्सा जो चुकाया गया न हो; बकाया

【尾声】 wěishēng ❶<संगी०> एक गत के बाद जोड़ा हुआ प्रकीर्ण छंद; कोडा ❷उपसंहार: 序幕和～ प्रस्तावना और उपसंहार ❸अंत; समाप्ति: 会谈接近～。 वार्त्तालाप समाप्त हो रहा है।

【尾市】 wěishì सट्टा-बाज़ार आदि की दैनंदिनी के आखिरी कुछ पल

【尾数】 wěishù ❶<गणित०> दशमलव के बाद का अंक ❷बकाया ❸(नंबरों की पंक्ति में) पीछेवाला अंक

【尾水】 wěishuǐ टेल वॉटर

【尾随】 wěisuí पीछे लगे फिरना: ～者 दुमछल्ला; पिछलग्गा; पिछलग्गू; पिट्ठू / 孩子们～着走了好远。 पीछे लगे-लगे बच्चे बहुत दूर तक चले गये।

【尾须】 wěixū <प्राणि०> सर्कस

【尾翼】 wěiyì (विमान का) पीछेवाला हिस्सा; एमपिनिज़

【尾音】 wěiyīn अक्षर, शब्द या वाक्य का अंतिम उच्चारण

【尾蚴】 wěiyòu <प्राणि०> सर्केरिया

【尾针】 wěizhēn (जंतु या कीड़े आदि का) दंश; नावक

【尾追】 wěizhuī पीछा करना

【尾子】 wěizi <बो०> ❶समग्र राशि के बाद बचा हुआ बकाया पैसा ❷बचत का धन; संचित धन: 伙食～ खाने-पीने का संचित धन

【尾座】 wěizuò <यां०> टेलस्टोक

纬（緯） wěi ❶ताना; बाना ❷<भू०> अक्षांश: 北～ उत्तरी अक्षांश

【纬编】 wěibiān <बुना०> ताने-बाने या भरनी से बुनना: ～织物 ताने-बाने से बुना हुआ कपड़ा

【纬度】 wěidù <भू०> अक्षांश: 高～ उच्च अक्षांश

【纬度圈】 wěidùquān <ज्यौ०> पैरलाल

【纬密】 wěimì <बुना०> ताने की घनता; बहुत घना ताना

【纬纱】 wěishā <बुना०> बाने का सूत

【纬线】 wěixiàn ❶<भू०> अक्षांश रेखा ❷<बुना०> बाने का सूत

玮（瑋） wěi <लि०> ❶एक प्रकार का जेड ❷कीमती; बहुमूल्य; मूल्यवान: ～宝 अनुपम रत्नराशि

委1 wěi ❶सौंपना; सुपुर्द करना: ～托 सौंपना ❷ असावधानी के कारण खो बैठना: ～弃 त्याग करना; छोड़ देना ❸एक वस्तु के स्थान पर दूसरी रखना: ～过于人 दूसरों पर दोष मढ़ना

委2 wěi कुटिल; वक्र; टेढ़ा-मेढ़ा: ～婉 नरम; अकठोर

委3 wěi <लि०> ❶जमा करना; एकत्र करना; जोड़ना-बटोरना: ～积 ढेर लगा देना ❷अंत: 原～ कारण; वजह

委4 wěi उत्साहहीन; उदास: ～靡 निरुत्साह

委5 wěi <लि०> वास्तव में; असल में; सचमुच: ～系实情。 सचमुच यह सच्ची बात है।

委6 wěi ❶समिति सदस्य का संक्षिप्त रूप: 常～ स्थायी समिति सदस्य; समिति के स्थायी सदस्य ❷समिति, कमीशन या काउंसिल का संक्षिप्त रूप: 党～ पार्टी की कमेटी

wēi भी दे०

【委顿】 wěidùn थका हुआ; थका-मांदा; उत्साहहीन: 精神～ निराश; उदासीन

【委过于人】 wěiguòyúrén दूसरे पर दोष मढ़ना

【委积】 wěijī <लि०> जमा करना; जोड़ना-बटोरना; ढेर लगा देना

【委决不下】 wěijuébùxià अनिर्णीत; अस्थिरचित्त

【委令】 wěilìng आज्ञा; हुक्म; आदेश

【委靡】 wěimí उत्साहहीन; उदासीन: 精神～ निरुत्साह; उदासीन

【萎靡不振】 wěimǐ-bùzhèn हताश; निराश; उदासीन

【委内瑞拉】 Wěinèiruìlā वेनेज़ुला (वेनेज़ुएला)

【委派】 wěipài नियुक्त करना; प्रतिनिधि-बनाना; तैनात करना; सौंपना: ～建立革命政权 क्रांतिकारी सत्ता कायम करने का काम सौंपना

【委培】 wěipéi एक संस्था द्वारा अपने कर्मचारियों अथवा नियुक्ति के लिए चयनित लोगों को प्रशिक्षण दिलाने हेतु दूसरी संस्था में भेजना और प्रशिक्षण पर आनेवाला खर्चा भी देना

【委弃】 wěiqì त्याग करना; छोड़ देना

【委曲】 wěiqū ❶(रास्ते, नदी आदि के लिये) टेढ़ा-मेढ़ा; आड़ा-तिरछा; बांका-तिरछा ❷<लि०> पूरा हाल; ब्योरा

【委曲求全】 wěiqū-qiúquán किसी लक्ष्य की प्राप्ति के लिए रियायतें देना; आत्महितों के लिए समझौता करना

【委屈】 wěiqu ❶अन्याय या अनुचित कार्य या व्यवहार; शिकायत; कष्ट: 受～ कष्ट झेलना / 诉～ शिकायत सुनाना ❷अन्याय या अनुचित कार्य या व्यवहार करना; कष्ट देना; कष्ट उठाना: 对不起，～您了。 आप को कष्ट देने के लिए मैं मुआफ़ी चाहता हूं। / 您只好～一点了。 आप को यह कष्ट तो उठाना ही पड़ेगा।

【委任】 wěirèn नियुक्त करना: 他被～为首席顾问。 उन्हें प्रधान सलाहकार के पद पर नियुक्त किया गया है।

【委任书】 wěirènshū नियुक्ति पत्र; नियुक्ति सर्टिफ़िकेट

【委任统治】 wěirèn tǒngzhì किसी (विशेषकर राष्ट्र-संघ) की ओर से किसी देश को किसी ऐसे देश पर शासन करने का अधिकार जो अभी स्वतंत्रता प्राप्त करने की स्थिति में न हो

【委任状】 wěirènzhuàng नियुक्ति पत्र

【委身】 wěishēn <लि०> समर्पित कर देना; स्वअर्पण कर देना: ～事人 किसी की सेवा के लिये अपने आप को समर्पित कर देना

【委实】 wěishí वास्तव में; सचमुच: ～不容易。 सचमुच आसान नहीं है। / 我～不知道。 मुझे सचमुच मालूम नहीं है।

【委琐】 wěisuǒ 〈लि०〉 ❶संकुचित दिमागवाला; संकीर्ण हृदयवाला ❷अप्रिय; अरुचिकर; असंतोषप्रद: 容貌～ रूप अप्रिय होना / 行为～ आचरण अप्रिय होना

【委托】 wěituō बिना किसी आशंका के किसी व्यक्ति के हवाले कोई वस्तु या काम करना; सौंप देना; सुपुर्द करना: ～管理 प्रबंध का काम सौंप देना / 中央～的工作 केंद्रीय समिति की ओर से सौंपे गये काम / 这件事就～给您了。यह काम आप के हवाले किया गया है। / 主席～我主持今天的会议。अध्यक्ष ने मुझे आज की सभा की अध्यक्षता करने का काम सौंपा है।

【委托人】 wěituōrén 〈का०〉 असाइनर; ट्रस्टर

【委托商店】 wěituō shāngdiàn दलाली की दुकान; कमीशन शॉप

【委托书】 wěituōshū साख पत्र; ट्रस्ट डीड

【委婉】 wěiwǎn （委宛 wěiwǎn भी）नरम; अकठोर: 以～的语气 नरम भाव से; मद्धम आवाज़ में / 他批评得很～。उन्होंने बहुत व्यवहार-कुशलता से आलोचना की।

【委婉语】 wěiwǎnyǔ शिष्ट शब्द; कोमल शब्द; मंगल भाषण; प्रिय भाषण

【委员】 wěiyuán समिति का सदस्य

【委员会】 wěiyuánhuì समिति; कमीशन; परिषद

【委员长】 wěiyuánzhǎng अध्यक्ष

【委罪】 wěizuì （诿罪 wěizuì भी）दूसरे पर दोष मढ़ना

炜（煒） wěi 〈लि०〉 दीप्तिमान; चमकीला

诿（諉） wěi बहाना बनाना

【诿过于人】 wěiguòyúrén दे० 委过于人 wěiguò-yúrén

娓 wěi नीचे दे०

【娓娓】 wěiwěi अथक रूप से: ～不倦 अथक रूप से बोलना

【娓娓动听】 wěiwěi-dòngtīng अत्यधिक दिलचस्प ढंग से बोलना

【娓娓而谈】 wěiwěi'értán सौम्य और बेतकल्लुफ़ ढंग से बातचीत करना

萎 wěi सूखना; मुरझाना

【萎顿】 wěidùn दे० 委顿 wěidùn

【萎靡】 wěimǐ दे० 委靡 wěimǐ

【萎蔫】 wěiniān 〈वन०〉 मुरझावट; सुखावट

【萎缩】 wěisuō ❶मुरझाना; सूखना ❷सुस्त; निस्तेज; विरक्त ❸सिकुड़ना; सकुचना ❹〈ची०कि०〉 कृश होना; दुर्बल करना या होना: 肝～ जिगर की क्षीणता / 肌肉～ मांसपेशियों का क्षय

【萎陷疗法】 wěixiàn liáofǎ 〈चिकि०〉 निपात-चिकित्सा; कलेप्स थेरपी

【萎谢】 wěixiè मुरझाना; कुम्हलाना; झरना: ～的花 बासी फूल

唯 wěi 〈लि०〉 हां

wéi भी दे०

【唯唯诺诺】 wěiwěinuònuò "हू-हू" करना

隗 Wěi एक कुलनाम

Kuí भी दे०

骫 wěi 〈लि०〉 मोड़ना; तोड़ना-मरोड़ना; विकृत करना: ～法 कानून को विकृत करना

猥 wěi ❶बहुत; अधिक; विविध; अनेक प्रकार का: ～杂 नाना प्रकार का ❷अशिष्ट; कामुक: ～亵 ①कामुक; लंपट ②(स्त्री से) अश्लीलता से आचरण करना

【猥鄙】 wěibǐ 〈लि०〉 अधम; तुच्छ; घृणित

【猥词】 wěicí दे० 猥辞 wěicí

【猥辞】 wěicí अशिष्ट शब्द; अश्लीलता

【猥猥】 wěicuī अशिष्ट; अपरिष्कृत; विरूप; कुरूप

【猥贱】 wěijiàn तुच्छ; नीच; नाचीज़

【猥劣】 wěiliè 〈लि०〉 नीच; कमीना; तुच्छ

【猥陋】 wěilòu 〈लि०〉 （猥鄙 wěibǐ भी）अधम; तुच्छ; घृणित

【猥琐】 wěisuǒ （委琐 wěisuǒ भी）अप्रिय; अरुचिकर

【猥屑】 wěixiè 〈लि०〉 नीच; अधम; तुच्छ

【猥亵】 wěixiè ❶कामुक; लंपट; भोगी ❷(स्त्री से) अश्लीलता से आचरण करना

韪（韙） wěi दे० 冒天下之大不韪 mào tiān-xià zhī dà bùwěi विश्वव्यापी लानत-मलामत का सामना करना

痿 wěi नीचे दे०

【痿症】 wěizhèng 〈ची०कि०〉 अत्यंत शक्तिहीनता; निर्बलता; अक्षमता की अवस्था: 阳～ नामर्दी; नपुंसकता

鲔（鮪） wěi बड़ी जाति की शार्क जैसी मछली जो बहुत चाव से खाई जाती है; स्टर्जन

wèi

卫（衛、衞） wèi ❶रक्षा करना; हिफ़ाज़त करना; सुरक्षित रखना: 保家～国 अपने परिवार को सुरक्षित रखना और अपनी मातृभूमि की रक्षा करना ❷ （Wèi） एक कुलनाम

【卫兵】 wèibīng अंगरक्षक; संतरी; गार्ड

【卫兵室】 wèibīngshì गार्ड का कमरा

【卫道】 wèidào किन्हीं पारम्परिक नैतिक सिद्धांतों की रक्षा करना

【卫道士】 wèidàoshì 〈अना०〉 वह व्यक्ति जो तर्क के

द्वारा किसी के पक्ष (विशेषकर ईसाई धर्म) का समर्थन करता है; अपोलाजिस्ट

【卫队】 wèiduì अंग रक्षक दल: ～长 अंग रक्षक दल का नेता; गार्ड कैप्टन

【卫顾】 wèigù सुरक्षित रखना; देखभाल रखना; रखवाली करना; निगरानी करना

【卫护】 wèihù रक्षा करना; हिफ़ाज़त करना; सुरक्षित रखना

【卫矛】 wèimáo 〈वन०〉 एक प्रकार की झाड़ी; सुनामिक; यूओनिमस

【卫冕】 wèimiǎn चैंपियनशिप की रक्षा करना; उपाधि की रक्षा करना

【卫生】 wèishēng स्वास्थ्य-रक्षा; स्वास्थ्य; सफ़ाई: ～知识 स्वास्थ्य-रक्षा की जानकारी / ～系 सार्वजनिक स्वास्थ्य विभाग / ～站 प्राथमिक चिकित्सा केंद्र / 讲～ स्वास्थ्य पर ध्यान देना / 个人～ व्यक्तिगत स्वास्थ्य-रक्षा / 工业～ औद्योगिक सफ़ाई / 劳动～ श्रमिक सफ़ाई / 不～的习惯 स्वास्थ्य के लिये हानिकर आदत / 喝生水，不～。कच्चा पानी पीना स्वास्थ्य के लिये हानिकर है।

【卫生部】 wèishēngbù सार्वजनिक स्वास्थ्य मंत्रालय: 中央～ केंद्रीय स्वास्थ्य मंत्रालय

【卫生带】 wèishēngdài मासिक धर्म में काम आनेवाला कपड़ा; सेनीटेरी बेल्ट

【卫生队】 wèishēngduì मेडिकल यूनिट; मेडिकल टीम

【卫生防疫站】 wèishēng fángyìzhàn स्वास्थ्य तथा महामारी निरोधक केंद्र

【卫生规则】 wèishēngguīzé स्वास्थ्य का नियम

【卫生巾】 wèishēngjīn मासिक धर्म में स्त्रियों द्वारा इस्तेमाल में लाया जाने वाला कपड़ा या तौलिया

【卫生裤】 wèishēngkù 〈बो०〉 स्वेट पैंट्स

【卫生棉】 wèishēngmián कच्ची रूई

【卫生球】 wèishēngqiú （卫生丸 wèishēngwán भी）कपड़े को कीड़ों से बचानेवाली गोली; कपूर की गोली; मोथबॉल

【卫生设备】 wèishēng shèbèi स्वच्छता-प्रबंध; स्वास्थ्य-संबंधी उपकरण; सेनीटेरी इक्विपमेंट

【卫生事业】 wèishēng shìyè स्वास्थ्य कार्य

【卫生室】 wèishēngshì क्लीनिक

【卫生所】 wèishēngsuǒ क्लीनिक

【卫生网】 wèishēngwǎng स्वास्थ्य कार्य का जाल

【卫生学】 wèishēngxué स्वास्थ्य विज्ञान

【卫生衣】 wèishēngyī 〈बो०〉 स्वेट शर्ट

【卫生员】 wèishēngyuán स्वास्थ्य कर्मचारी; स्वास्थ्य अर्दली

【卫生院】 wèishēngyuàn ❶विगत समय में जन-कम्यून का अस्पताल ❷छोटा अस्पताल

【卫生站】 wèishēngzhàn प्राथमिक चिकित्सा केंद्र

【卫生纸】 wèishēngzhǐ टॉयलट पेपर

【卫士】 wèishì अंगरक्षक

【卫视】 wèishì उपग्रह टी. वी. （卫星电视 wèixīng diànshì का संक्षिप्त रूप）

【卫戍】 wèishù गैरिसन: 北京～区 पेजिङ गैरिसन / ～部队 गैरिसन फ़ोर्स; गैरिसन यूनिट / ～司令 रक्षा पति; गैरिसन के प्रधान / ～司令部 गैरिसन कमांड

【卫星】 wèixīng ❶उपग्रह; सेटालाएट: ～船 उपग्रह यान / 人造～ कृत्रिम उपग्रह / 木星有几个～？ बृहस्पति के कितने उपग्रह हैं ? ❷कृत्रिम उपग्रह: 军用～ सैनिक उपग्रह / 气象～ मौसमी उपग्रह / 通讯～ संचार उपग्रह / ～通信地面站 भूमिवर्ती उपग्रह संचार केंद्र

【卫星城】 wèixīngchéng उपग्रह कस्बा (केंद्र)

【卫星电视】 wèixīng diànshì उपग्रह टेलीविज़न

【卫星国】 wèixīngguó उपग्रह स्टेट; उपग्रह काउंटी

【卫星天线】 wèixīng tiānxiàn उपग्रह एंटीना

【卫星通信】 wèixīng tōngxìn उपग्रह संचार-व्यवस्था

为（為、爲） wèi 〈पूर्व०〉 के लिये: ～我 मेरे लिये / ～生活 जीविका के लिये / ～友谊干杯！मित्रता के लिये जाम पिएं !

wéi भी दे०

【为此】 wèicǐ इस के लिये; इस लिये: ～我们做了许多工作。इस के लिये हमने बहुत से काम किए हैं। / ～，我们不能投票。इसलिये, हम वोट नहीं दे सकेंगे।

【为国捐躯】 wèi guó-juānqū अपने देश के लिये अपने प्राण देना

【为何】 wèihé किस लिये, क्यों: 你～一言不发? तुम क्यों नहीं बोलते ?

【为虎傅翼】 wèihǔ-fùyì （为虎添翼 wèihǔ-tiānyì भी）कुकर्मी को सहायता देना

【为虎作伥】 wèihǔ-zuòchāng बाघ की चाकरी करनेवाली लोमड़ी की भूमिका अदा करना; कुकर्मी की सहायता करने के लिये कुकर्म करना

【为己】 wéijǐ अपने हित के लिये

【为了】 wèile 〈पूर्व०〉 के लिये; की खातिर: ～人民的利益 जनता के हित के लिये

【为民除害】 wèimín-chúhài जनता के लिये दुष्टों का सफ़ाया करना

【为民请命】 wèimín-qǐngmìng (अदालत में) जनता के लिये दलीलें प्रस्तुत करना; जनता के लिये न्याय मांगना: 打着～的幌子 जनता के लिये न्याय मांगने का साइनबोर्ड उठाना

【为人民服务】 wèi rénmín fúwù जनता की सेवा करना

【为人民立新功】 wèi rénmín lì xīngōng जनता के लिये नया योगदान करना

【为人作嫁】 wèirén-zuòjià दूसरों के लिये व्यर्थ काम करना; दूसरों के लिये व्यर्थ व्यस्त रहना

【为什么】 wèi shénme किस लिये, क्यों: 昨天你～没来? कल तुम क्यों नहीं आए थे ? / 他这么做到底是～? उसने आख़िर क्यों ऐसा ही किया है ?

【为私】 wèisī अपने हित के लिये

【为我之物】 wèi wǒ zhī wù 〈दर्शन०〉 वस्तुरूप

【为艺术而艺术】 wèi yìshù ér yìshù कला कला के

लिये होना

【为渊驱鱼，为丛驱雀】 wèiyuān-qūyú，wèi-cóng-qūquè मछलियों को गहरे पानी में तथा गौरैयों को जगलों में भगा देना —— दोस्तों को दुश्मनों के पक्ष में कर देना

【为着】 wèizhe के लिये; के उद्देश्य से

未 1

wèi न; नहीं：革命尚～成功。क्रांति सफल नहीं हुई। / 时间～到，不必着急。समय हुआ ही नहीं, जल्दबाज़ी की क्या ज़रूरत है।

未 2

wèi पृथ्वी की बारह शाखाओं में से आठवीं

【未爆弹】 wèibàodàn 〈सैन्य०〉 ऐसा बम या गोला जो न फटा; न फटा बम या गोला

【未必】 wèibì ज़रूरी तौर पर ऐसा न होना; शायद ही：～清楚 ज़रूरी तौर पर स्पष्ट न होना / 他～知道。वे शायद ही जानते हैं। / 事情～如此。बात शायद ऐसी ही होगी।

【未便】 wèibiàn किसी वजह से बाध्य होकर कुछ न कर सकने की अवस्था में; असुविधाजनक रूप से：他～擅自处理。वह स्वयं इस का निबटारा नहीं कर सकते हैं।

【未卜先知】 wèibǔ-xiānzhī समय से पहले ही जानना; पूर्वज्ञात होना

【未曾】 wèicéng न; नहीं; कभी नहीं：～听说过 सुनने में कभी नहीं आना / 这是历史上～有过的奇迹。इतिहास में ऐसा कमाल कभी नहीं हुआ था।

【未尝】 wèicháng ❶न; नहीं：他一夜～合眼。उस ने रात भर आंखें नहीं मूंदीं। ❷निषेधार्थ शब्द के पूर्व में इस का 'द्विनिषेध' के अर्थ में प्रयोग किया जाता है：这～不是一个好主意。यह एक अच्छा सुझाव है। / 那样也～不可。वैसा भी हो सकता है।

【未成年】 wèichéngnián अल्पायु; अवयस्क

【未成年人】 wèichéngniánrén 〈का०〉 अवयस्क; अप्राप्तवय

【未成熟】 wèichéngshú कच्चा

【未定】 wèidìng निश्चित न होना; अनिश्चित होना：行期～。जाने की तिथि अभी निश्चित नहीं है।

【未定稿】 wèidìnggǎo मसौदा; मसविदा

【未定界】 wèidìngjiè अनिश्चित लाइन; गैर-निर्धारित सीमा

【未定之天】 wèidìng zhī tiān अनिश्चित तत्व; अनिश्चितता

【未敢苟同】 wèigǎn-gǒutóng यों ही सहमत होने का साहस न करना：您的意见我～。माफ़ कीजिये, मैं आप की राय से सहमत नहीं हो सकता।

【未婚】 wèihūn अविवाहित; अनब्याहा; कुंवारा

【未婚夫】 wèihūnfū भावी पति

【未婚男子】 wèihūn nánzǐ अविवाहित कुंवारा

【未婚女子】 wèihūn nǚzǐ अविवाहिता कंवारी

【未婚妻】 wèihūnqī भावी पत्नी

【未经考虑】 wèi jīng kǎolǜ बिना कुछ सोचे-विचारे

【未及】 wèijí ❶कोई काम करने में समय काफ़ी नहीं होना：他匆匆起程，～向朋友告别。वह जल्दी ही चला गया, अपने दोस्तों को विदाई देने का भी उस के पास समय नहीं था। ❷ज़िक्र न करना; चर्चा न करना：我们只谈了这个问题产生的原因，而～它的解决办法。हम ने केवल इस समस्या के कारणों की चर्चा की लेकिन इस के समाधान के उपायों की चर्चा नहीं की।

【未几】 wèijǐ ❶थोड़ी देर के बाद; तुरंत ही：他上周来此，～即悄然离去。वह पिछले हफ़्ते यहां आये और तुरंत ही चुपके से यहां से चले भी गये। ❷ज़्यादा नहीं, थोड़ा कुछ

【未竟】 wèijìng अधूरा; अपूर्ण; असमाप्त：～之志 अपूर्ण महत्वाकांक्षा / ～之业 अधूरा कार्य

【未决】 wèijué निश्चित नहीं; अनिश्चित：胜负～。हार-जीत अनिश्चित है।

【未决犯】 wèijuéfàn वह अपराधी जिस के मुकदमे का फ़ैसला अभी नहीं किया गया; वह अपराधी जिस का अदालत में अभी फ़ैसला नहीं किया गया

【未可】 wèikě नहीं हो सकना：前途～限量 भविष्य बहुत उज्ज्वल होना

【未可厚非】 wèikěhòufēi （无可厚非 wúkěhòu-fēi भी）हद से ज़्यादा दोषारोपण नहीं कर सकना

【未可乐观】 wèikělèguān आशाजनक नहीं हो सकना

【未来】 wèilái ❶आगामी; भावी; आनेवाला：～的一年 आगामी साल / 在～的岁月中 भावी वर्षों में / ～的二十四小时内将有暴雨。आनेवाले चौबीस घंटों में मूसलाधार पानी बरसनेवाला है। ❷भविष्य：光明的～ उज्ज्वल भविष्य / ～是属于人民的。भविष्य जनता का ही रहेगा।

【未来派】 wèiláipài भविष्यवाद; फ़्युचरिज़्म

【未来学】 wèiláixué भविष्यत विज्ञान; फ़्युचरालोजी

【未老先衰】 wèilǎo-xiānshuāi आयु में बूढ़ा न होने पर भी कमज़ोर हो जाना

【未了】 wèiliǎo अधूरा; अपूर्ण：～事项 अधूरा कार्य / ～债务 बचा-खुचा कर्ज़ / 我的那桩心愿～。मेरी वह मनोकामना पूरी नहीं हुई।

【未免】 wèimiǎn ❶सचमुच; दरअसल; वाकई：你的顾虑～多了些。दरअसल तुम बहुत शंकालु हो। ❷〈लि०〉 संभव है कि：你这样做，～给他带来伤害。तुम्हारे ऐसा करने से यह संभव है कि उस पर चोट की जाए।

【未能】 wèinéng नहीं हो सकना：会谈～取得成功。वार्त्तालाप सफल नहीं हो सका। / 他～及时到达。वह समय पर पहुंच नहीं सका।

【未能得逞】 wèinéng-déchěng नाकाम हो जाना：敌人的阴谋～。दुश्मन का षड़यंत्र नाकाम हो गया।

【未能免俗】 wèinéng-miǎn sú रूढ़ियों से ऊपर उठने में अयोग्य होना

【未然】 wèirán सुरक्षात्मक उपाय करना; संभाव्य कठिनाई के लिए सुरक्षा के उपाय करना：防患于～ खराब हो जाने से बचाना; खराब हो जाने से पहले ही बचा लेना

【未设防城市】 wèishèfáng chéngshì अरक्षित नगर

【未时】 wèishí दो पहर के एक बजे से तीन बजे तक का समय

【未识别飞行物】 wèishíbié fēixíngwù अनजान उड़नेवाली वस्तु; फ़्लाइंग सासर

【未始】 wèishǐ दे० 未尝 wèicháng❷

【未遂】 wèisuì अधूरा होना; नाकाम होना; निष्फल होना: 政变～。राजविप्लव सफल नहीं हुआ। / 自杀～。आत्महत्या की चेष्टा सफल नहीं हुई।

【未遂犯】 wèisuìfàn अपराध करने की चेष्टा करनेवाला

【未遂罪】 wèisuìzuì अपराध जिसे करने की कोशिश की गई

【未完】 wèiwán पूरा न होना; समाप्त न होना: ～待续 शेष फिर; शेष अगले अंश में

【未亡人】 wèiwángrén पुराने ज़माने में विधवाओं द्वारा अपने आप को पुकारने का नाम

【未详】 wèixiáng अज्ञात होना; अस्पष्ट होना: 本书作者～。इस पुस्तक का लेखक अज्ञात है। / 病因～。इस बीमारी का कारण अस्पष्ट है।

【未央】 wèiyāng 〈लि०〉 पूरा नहीं होना; समाप्त नहीं होना; अंत नहीं होना: 夜～ रात का अंत नहीं होना

【未雨绸缪】 wèiyǔ-chóumóu बरसात से पहले ही घर की मरम्मत कर लेना; मुसीबत के आने से पहले ही सुरक्षा का बंदोबस्त कर लेना

【未知量】 wèizhīliàng 〈गणित०〉 अज्ञात मात्रा

【未知数】 wèizhīshù ❶〈गणित०〉 अज्ञात संख्या ❷अज्ञात; अनिश्चित: 这项工作能否完成，现在还是一个～。यह काम पूरा किया जा सकेगा या नहीं, अभी भी यह पता नहीं है।

位 wèi ❶जगह; स्थान; ठिकाना: 座～ मसनद; सीट / 各就各～ अपनी जगह पर बैठना; अपनी सीट पर बैठना ❷पद-स्थान; पद; पोज़िशन: 职～ पद-स्थान; पद / 名～ प्रतिष्ठा ❸सिंहासन; गद्दी: 即～ गद्दी पर बैठना ❹〈गणित०〉 संख्याक्रम में किसी संख्या का स्थान; प्लेस: 个～शून्य से लेकर नौ तक का अंक; यूनिट्स प्लेस / 十～ दस से लेकर निन्यानवे तक का अंक; टेंस प्लेस / 小数～ दशमलव प्लेस; डेसिनल प्लेस / 四～数 चार डिजिट नंबर ❺〈परि०श०〉 〈शिष्ट०〉 (मनुष्य के लिये): 各～代表 प्रत्येक प्रतिनिधि / 今天我们家来了几～朋友。आज हमारे घर में कई मित्र आए हैं।

【位次】 wèicì ❶सीट का क्रम; सीटक्रम: ～卡 प्लेस कार्ड ❷पद; ओहदा; रेंक

【位能】 wèinéng 〈भौ०〉 स्थितिज ऊर्जा; निहित ऊर्जा

【位势米】 wèishìmǐ 〈भौ०वि०〉 भू-स्थितिज मीटर; जीओपटेंशल मीटर

【位望】 wèiwàng (सामाजिक) प्रतिष्ठा; इज़्ज़त

【位移】 wèiyí 〈भौ०〉 स्थानांतरण; डिसप्लेसमेंट

【位于】 wèiyú स्थित होना: 印度～中国的西南部。भारत चीन के दक्षिण-पश्चिम में स्थित है।

【位置】 wèizhi ❶स्थिति; जगह; सीट: 地理～ भौगोलिक स्थिति / 请坐在自己的～上。अपनी सीट पर बैठिये। ❷स्थान; पोज़िशन: 这部小说在文学史上占有重要～ साहित्य के इतिहास में इस उपन्यास का महत्वपूर्ण स्थान रहा है।

【位子】 wèizi जगह; स्थान; सीट; प्लेस

味 wèi ❶स्वाद; रस: ～儿甜。स्वाद मीठा है। ❷गंध; बू: 香～儿 सुगंध; खुशबू / 臭～儿 दुर्गंध; बदबू ❸दिलचस्पी; अभिरुचि: 趣～ मज़ा ❹मन में तौलना; विवेचन करना: 细～其言 उन के शब्दों को मन में तौलना ❺〈परि०श०〉 (चीनी औषधि के लिये): 这个方子共有七～药。इस नुस्ख़े में कुल मिला कर सात प्रकार की औषिधियां हैं।

【味道】 wèidào स्वाद; मज़ा; अनुभूति; अनुभव: 这个菜～很好。यह तरकारी बहुत स्वादिष्ट है। / 感冒时候吃东西没有～。बुख़ार के होते हुए खाने में कोई मज़ा नहीं आता है। / 当童工的那种～你们是不知道的。बाल-मज़दूर होने की अनुभूति तुम लोगों को नहीं है। / 心里有一股说不出的～。मन में एक ऐसी भावना उठी है जिस का वर्णन नहीं किया जा सकता। / 他的话里有点讽刺的～。उन की बातें व्यंग्यात्मक सी मालूम होती हैं।

【味精】 wèijīng स्वादिष्ट बनाने का मसाला; फ़्लेवरिंग: ～工厂 फ़्लेवर्स कारख़ाना

【味觉】 wèijué स्वाद की इंद्रिय; स्वाद का अनुभव

【味蕾】 wèilěi 〈श०वि०〉 टेस्ट बड

【味美思】 wèiměisī वर्माऊथ

【味素】 wèisù दे० 味精 wèijīng

【味同嚼蜡】 wèitóngjiáolà नीरस हो जाना; मोम चबाने जैसा नीरस

畏 wèi ❶डरना; भयभीत होना: 不～强敌 शक्तिशाली दुश्मन से नहीं डरना ❷श्रद्धा की दृष्टि से देखना; आदर करना; सम्मान करना: 后生可～ युवकों का आदर किया जाना

【畏避】 wèibì भय के कारण दूर हटना

【畏怖】 wèibù 〈लि०〉 डरना; भयभीत होना; खौफ़नाक

【畏敌如虎】 wèidí-rúhǔ दुश्मन से इतना डरना मानो वह बाघ हो

【畏服】 wèifú डर से अधीनता स्वीकार करना; डर के आगे झुक जाना

【畏光】 wèiguāng 〈चि०कि०〉 प्रकाशभय; फ़ोटोफ़ोबिया

【畏忌】 wèijì आशंका करना; संदेह करना: 相互～ आपस में आशंका करना

【畏惧】 wèijù डरना; भयभीत होना: ～心理 डरने का मनोभाव / 无所～ किसी से भी नहीं डरना

【畏难】 wèinán कठिनाई से डरना: ～情绪 कठिनाई से डरने का मनोभाव

【畏怯】 wèiqiè कायर होना; भीरु होना; डरपोक होना: 毫不～ ज़रा भी डरपोक न होना

【畏首畏尾】 wèishǒu-wèiwěi ज़रूरत से ज़्यादा सावधान होना; अति सावधान होना

【畏缩】 wèisuō हिचकना; पीछे हटना: 在困难面前从不～ कठिनाइयों के सामने कभी भी पीछे न हटना

【畏缩不前】 wèisuō-bùqián आगे बढ़ने में हिचकना

【畏途】 wèitú 〈लि०〉 डरावना पथ; खतरनाक रास्ता:

视为～ डरावना पथ समझना; भार लेने से भयभीत होना
【畏葸】 wèixǐ 〈लि०〉 डरना; भयभीत होना
【畏友】 wèiyǒu आदरणीय मित्र
【畏罪】 wèizuì अपराध करने पर दंड से बचना
【畏罪潜逃】 wèizuì qiántáo दंड से बचने के लिये फ़रार हो जाना
【畏罪自杀】 wèizuì zìshā दंड से बचने के लिये आत्म-हत्या करना

胃 wèi ❶आमाशय; मेदा; उदर; पेट ❷अठाईस नक्षत्र-मंडलों में से एक
【胃癌】 wèi'ái उदर कैंसर; कार्सिनोमा
【胃病】 wèibìng पेट का रोग; उदर की बीमारी
【胃肠炎】 wèichángyán गैस्ट्रोएंटराइटिस
【胃出血】 wèichūxuè आमाशय में खून निकलना
【胃穿孔】 wèichuānkǒng आमाशयबेधन; उदर का छिद्र
【胃蛋白酶】 wèidànbáiméi 〈श०वि०〉 पाचक रस; पेप्सिन
【胃痉挛】 wèijìngluán उदर की ऐंठन; गैस्ट्रोस्पेज़म
【胃镜】 wèijìng गैस्ट्रोस्कोप: ～检查 गैस्ट्रोकापी
【胃口】 wèikǒu ❶खाने की खूब इच्छा; भूख; ऐपिटाइट: 没有～ खाने की इच्छा नहीं है; भूख नहीं है। / 敌人的～很旺。दुश्मन की भूख दानवी रूप ले चुकी है। ❷शौक; रुचि; पसंदगी: 这很对他的～。यह बिल्कुल उस की रुचि के अनुकूल है।
【胃溃疡】 wèikuìyáng पेट के फोड़े की बीमारी; जठरीय व्रण; गैस्ट्रिक अलसर
【胃扩张】 wèikuòzhāng उदर का फैलाव; गैस्ट्रेक्टेसिस
【胃切除术】 wèiqiēchúshù गैस्ट्रेक्टमी
【胃酸】 wèisuān जठर रस में का हाइड्रोक्लोरिक; ऐ-सिड: ～过多 हाइपेरेसिडिटी / ～过少 हाइपोऐसिडिटी
【胃痛】 wèitòng पेट में दर्द; पेटदर्द; गैस्ट्रैलजिया
【胃脘】 wèiwǎn 〈चि०कि०〉 जठर की खोखली जगह; गैस्ट्रैल कैविटी
【胃萎缩】 wèiwěisuō लिपोगेस्ट्री
【胃下垂】 wèixiàchuí गैस्ट्रोप्टोसिस
【胃腺】 wèixiàn 〈श०वि०〉 गैस्ट्रिक ग्लैंड
【胃炎】 wèiyán उदर की सूजन; गैस्ट्रिटिस
【胃液】 wèiyè 〈श०वि०〉 जठर रस; गैस्ट्रिक जूस

谓（謂） wèi ❶कहना ❷कहलाना: 何～人造卫星? क्या कहलाता है कृत्रिम उपग्रह ? ❸अर्थ; मतलब; अभिप्राय: 无～ अनर्थ; अनिष्ट
【谓词】 wèicí 〈तर्क०〉 विधेयक; स्थाप्य: ～演算 वि-धेयक कलन; प्रेडिकेट कैलकुलस
【谓语】 wèiyǔ 〈व्या०〉 विधेय

尉 wèi ❶दे० 尉官 wèiguān ❷(Wèi)एक कुलनाम
yù भी दे०
【尉官】 wèiguān जूनियर अफ़सर

遗（遺） wèi 〈लि०〉 समर्पण करना; भेंट में देना; दान करना: ～之千金 बहुत धन भेंट में देना
yí भी दे०

喂 1
wèi 〈विस्मय०〉 रे; हे; ए; अहो; हलो: ～，你上哪儿去? रे, तुम कहां जा रहे हो ?

喂 2
wèi खिलाना; भोजन देना: ～猪 सुअर को खिला-ना / 给病人～饭 मरीज़ को खाना खिलाना
【喂料】 wèiliào चारा देना; चारा डालना; चारा खिलाना
【喂奶】 wèinǎi दूध पिलाना; छाती का दूध पिलाना
【喂食】 wèishí भोजन देना; चारा देना
【喂养】 wèiyǎng खिलाना; भोजन देना; पालना; रखैल रखना: ～家禽 पक्षी पालना

猬（蝟） wèi 〈प्राणि०〉 साही; शल्यकी; झाऊ चूहा: 刺～ साही
【猬集】 wèijí 〈लि०〉 काम अधिक ज़्यादा होना और साही के कांटों की तरह एक साथ जमा होना: 诸事～ एक ही वक्त बहुत से काम करना

蔚 wèi ❶〈लि०〉 अति वर्द्धनशील; प्रचुर मात्रा में उगा हुआ; शानदार; भव्य; विशाल ❷रंगीन; रंगबिरंगा
yù भी दे०
【蔚蓝】 wèilán नील; आकाश जैसा नीला रंग; आसमानी रंग: ～的天空 नील-निर्मल आकाश; स्वच्छ आकाश
【蔚然成风】 wèirán-chéngfēng सामान्य रीति बनना; प्रचलित प्रथा बनना; फ़ैशन बनना: 学习外语已～。विदेशी भाषा सीखना अब एक फ़ैशन बन गया है।
【蔚为大观】 wèiwéidàguān वैभवपूर्ण प्रदर्शन: 展出的美术作品～。ललित कला की रचनाओं का प्रदर्शन बहुत वैभवपूर्ण है।

慰 wèi ❶दिलासा देना; ढाढ़स देना: 安～ दिलासा देना; तसल्ली देना; सांत्वना देना ❷चैन मिलना; भार-मुक्त होना: 知道你平安到达，甚～。यह जानकर कि तुम कुशल से पहुंच गये, बड़ा चैन मिला।
【慰抚】 wèifǔ सांत्वना देना; आश्वासन देना; दिलासा देना
【慰藉】 wèijiè 〈लि०〉 सांत्वना देना; ढाढ़स देना; तसल्ली देना
【慰劳】 wèiláo अभिनंदन करना और तोहफ़े देना: ～军队 फ़ौजी यूनिटों का अभिनंदन करना और तोहफ़े देना
【慰留】 wèiliú ठहरने का अनुरोध करना
【慰勉】 wèimiǎn दिलासा देना और प्रेरित करना
【慰问】 wèiwèn सहानुभूति प्रकट करना; अभिवादन करना: ～袋 देन बैग / ～信 संवेदन पत्र / ～演出 अभिवादन करने का अभिनय करना / 对灾区人民表示～ अकाल-पीड़ित इलाके की जनता से सहानुभूति प्रकट करना / 同志们辛苦了，我们特来～你们。कामरेडो, तुम लोगों ने कष्ट उठाया है, हम तुम लोगों का अभिवादन करने आए हैं। / 请向他们转达我们亲切的～。उन

लोगों को हमारी स्नेह भरी चिंता बतलाइये।
【慰问电】 wèiwèndiàn संवेदना संदेश
【慰唁】 wèiyàn शोक में हमदर्दी दिखाना; संवेदना प्रदर्शित करना

魏 Wèi ❶चीन के प्राचीन काल में चाओ वंश（周朝）का नाम ❷प्राचीन चीन में तीन राज्यों（三国）में से एक; वेइ राज्य（魏国）❸उत्तरी वेइ राज्य（北魏）❹एक कुलनाम

wēn

温 wēn ❶गरम; शीतोष्ण: ～水 गरम पानी ❷गरम करना; तपाना: ～酒 शराब गरम करना ❸तापमान; टेंपरेचर: 体～ तापनाम ❹नरम; कोमल ❺दोहराना; दुहराना: ～习功课 पाठ दोहराना ❻（Wēn）एक कुलनाम
【温饱】 wēnbǎo गरम कपड़े पहनना और पेट भर खाना —— पर्याप्त पहनावा और खाद्य होना: 旧社会他终日劳累，不得～。पुराने समाज में दिन भर कठोर परिश्रम करने के बाद भी खाने और पहनने के लिये उसे न तो पर्याप्त खाना मिलता था और न पर्याप्त कपड़े।
【温标】 wēnbiāo 〈भौ०〉 थर्ममेट्रिक स्केल: 华氏～ फ़ारनहाइट्स थर्ममेट्रिक स्केल / 摄氏～ सेलसियस थर्ममेट्रिक स्केल / 开氏～ केलविन थर्ममेट्रिक स्केल
【温差】 wēnchā तापमान में अंतर: 这里白天和夜晚的～很大。यहां दिन और रात के तापमान में बहुत अंतर है।
【温差电】 wēnchādiàn 〈भौ०〉 थर्मोइलेक्ट्रिसिटी: ～检波器 थर्मोडिटेक्टर / ～偶 थर्मोकापल
【温床】 wēnchuáng ❶〈कृ०〉 गरम क्यारी; बाग की क्यारी; हॉट बेड ❷〈ला०〉 पैदा होना या पनपने के लिये अनुकूल स्थान; हॉट बेड: 官僚主义是腐败的～。नौकरशाही भ्रष्टाचार का हॉट बेड है।
【温存】 wēncún ❶(आमतौर पर विपरीत लिंग के प्रति) खातिरदारी करनेवाला; आदर-सत्कार करनेवाला; विनम्र ❷सुशील; कोमल
【温带】 wēndài समशीतोष्ण कटिबंध
【温度】 wēndù तापमान: 室内～ कमरे के अंदर का तापमान / 室外～ कमरे के बाहर का तापमान / ～上升 तापमान बढ़ना / ～下降 तापमान नीचे गिरना
【温度表】 wēndùbiǎo तापमान मापने का यंत्र; तापमान मापक यंत्र; तपिशपैमा; थर्मामीटर: 摄氏～ सेंटीग्रेड थर्मामीटर; सेलसियस थर्मामीटर / 华氏～ फ़ॉरनहाइट थर्मामीटर
【温度计】 wēndùjì थर्मोग्राफ़
【温故知新】 wēngù-zhīxīn ❶पुराना ज्ञान दोहराने से नया ज्ञान प्राप्त हो जाना ❷अतीत की पुनर्समीक्षा से वर्तमान को समझना
【温和】 wēnhé ❶गरम; समशीतोष्ण: 气候～。मौसम समशीतोष्ण है। ❷नम्र; नरम; मंद: 性情～。स्वभाव नम्र है। / 语气～。स्वर नम्र है।
【温和派】 wēnhépài ❶नरम दल ❷नरम दल का व्यक्ति; नरमदली; नरमपंथी
【温厚】 wēnhòu नम्र चरित्र का; सीधा-सादा
【温乎乎】 wēnhūhū गरम; अल्पोष्ण; न गरम न ठंडा: 这汤现在还～的呢。यह शोरबा अब भी गरम है।
【温乎】 wēnhu गरम; अल्पोष्ण; न गर्म न ठंडा: 烙饼还～呢。रोटी अब भी गरम है।
【温居】 wēnjū गृह-प्रवेशोत्सव
【温觉】 wēnjué 〈श०वि०〉 तपन की संवेद्यता
【温良】 wēnliáng नम्र और दयालु: 她性情～。उन का स्वभाव नम्र और दयालु है।
【温良恭俭让】 wēn-liáng-gōng-jiǎn-ràng नम्र, दयालु, सुशील, संयत और उदार
【温暖】 wēnnuǎn गरम; गर्मीला; गरमागरम: 天气～ मौसम गर्मीला है। / 对待同志应该像春天般的～。अपने साथियों के प्रति वसंत की नरमी जैसा बर्ताव करना चाहिये। / 他的话～了我的心。उन की बातों से मुझे हार्दिक प्रसन्नता हुई।
【温情】 wēnqíng कोमल भावनाएँ; सहृदयता; नरमी; उदारता; कृपालुता: 你对他太～了。तुम उन के साथ अधिक सहृदयता से व्यवहार करते हो।
【温情脉脉】 wēnqíng-mòmò कोमलतापूर्ण; प्रेम से भरा हुआ
【温情主义】 wēnqíng zhǔyì सहृदयता; सुकुमारता; नर्मदिली
【温泉】 wēnquán पानी का गरम चश्मा; तप्तस्रोत
【温柔】 wēnróu (स्त्रियों के लिये) सुकोमल; सुकुमार; नम्र; नरम: ～的少女 सुकुमार लड़की / 她对人很～。वह लोगों के प्रति बहुत नरमी बरतती है।
【温柔敦厚】 wēnróu-dūnhòu सुकोमल और भोला-भाला
【温润】 wēnrùn ❶स्नेह भरा; नम्रतापूर्ण: ～的面容 स्नेह भरा चेहरा ❷गरम; समशीतोष्ण: 气候～。जलवायु समशीतोष्ण है।
【温湿计】 wēnshījì हाइग्रोथर्मोग्राफ़; थर्मोहाइग्रोग्राफ़
【温室】 wēnshì पौधों को उगाने के लिए बनाया गया काँच का घर; ग्लास हाउस; ग्रीन हाउस: ～育苗 ग्रीन हाउस में पौधा उगाना; ग्रीन हाउस में अंकुर उपजाना
【温室效应】 wēnshì xiàoyìng ग्रीनहाउस इफ़ेक्ट
【温书】 wēnshū पाठ दोहराना
【温淑】 wēnshū 〈लि०〉 (स्त्रियों के लिये) नम्र; कोमल
【温水】 wēnshuǐ गरम पानी
【温顺】 wēnshùn विनयशील; विनयी; विनीत; सुशील: 他像小羊一样～。वह मेमने की तरह विनयशील है।
【温汤】 wēntāng ❶गरम पानी ❷〈लि०〉 गरम चश्मा; तप्तस्रोत
【温汤浸种】 wēntāng jìn zhǒng 〈कृ०〉 बीजों को गरम पानी में भिगोने की अभिक्रिया
【温暾】 wēntūn （温吞 wēntūn भी）〈बो०〉 ❶न गरम न ठंडा; अल्पोष्ण: ～水 अल्पोष्ण पानी ❷(भाषा के

लिये) इधर-उधर का; अप्रासंगिक; विसंगत; बेमतलब; बेतुका

【温文尔雅】 wēnwén-ěryǎ विनम्र और सुशील

【温习】 wēnxí दोहराना; दुहराना: ～课文 पाठ दोहराना

【温馨】 wēnxīn आनंदप्रद और सुगंधित; हार्दिक; समशीतोष्ण: ～的春夜 वसंत की समशीतोष्ण और सुगंधित रात / ～的家 आनंदप्रद परिवार / ～的情谊 हार्दिक मैत्री

【温煦】 wēnxù ❶गरम; समशीतोष्ण: 气候～。जलवायु समशीतोष्ण है। ❷स्नेह भरा: ～的目光 स्नेह भरी निगाह

【温血动物】 wēnxuè dòngwù 〈प्राणि०〉 गरम खून वाले जानवर

【温驯】 wēnxùn (पशु के लिये) विनयी; सहनशील; सहिष्णु: ～的羔羊 विनयी मेमना

【温雅】 wēnyǎ सुशील और सुसंस्कृत: ～的少年 सुशील और सुसंस्कृत किशोर

榅 wēn नीचे दे०

【榅桲】 wēnpo 〈वन०〉 ❶नाशपाती की आकृति का एक वृक्ष; क्विंस ❷इस वृक्ष का फल

瘟 wēn ❶〈ची०चि०〉 अचानक फैलनेवाली बीमारी; आकस्मिक संक्रामक रोग; महामारी; ताऊन ❷(आपेरा के लिये) शिथिल और नीरस; अरुचिकर; निरानंद

【瘟病】 wēnbìng 〈ची०चि०〉 मौसम की ज्वर-विषयक बीमारी: 春～ वसंत की ज्वराक्रांत बीमारी

【瘟君】 wēnjūn ताऊन देव

【瘟神】 wēnshén ताऊन देव; महामारी का देवता: 送～ महामारी के देवता को विदाई देना

【瘟疫】 wēnyì सांघातिक रोग; महामारी; ताऊन: ～猖獗 महामारी का तांडव; महामारी का प्रकोप

【瘟疹】 wēnzhěn ऐसी संक्रामक बीमारियाँ जिन के लक्षणों में बुखार, शरीर पर लाल-लाल दाने हो जाना या चकत्ते पड़ जाना प्रमुख है

鳁（鰮） wēn 〈प्राणि०〉 सारडाइन

【鳁鲸】 wēnjīng 〈प्राणि०〉 पीठ पर परवाली ह्वेल मछली; सइह्वेल; रोर्क्वल

wén

文 wén ❶अक्षर; अभिलेख: 甲骨～ कछुए के कवच या पशु की अस्थि पर अंकित किए गए अभिलेख ❷भाषा: 英～ अंग्रेज़ी भाषा ❸लिपि; लिखावट ❹वह शब्द जो बोलचाल का न हो; साहित्यिक: 这句话太～了，不好懂。यह वाक्य बोलचाल का नहीं है, समझ में नहीं आता। ❺संस्कृति: ～物 सांस्कृतिक अवशेष; पुरातत्व सामग्री ❻रस्मी संस्कार; विधि: 虚～ वह विधि जो अब मान्य न हो; अप्रचलित विधि ❼असैनिक; ग़ैर-फ़ौजी; सिविल: ～职官员 असैनिक पदाधिकारी; सरकारी पदाधिकारी; सिविल सर्विस ❽सज्जन; विनम्र: ～雅 शिष्टाचार ❾प्रकृति के क्षेत्र में कुछ घटनाक्रम: 天～ खगोल विज्ञान / 水～ जल विज्ञान ❿पर्दा डालना: ～过饰非 अपनी गलतियों पर पर्दा डालना ⓫गोदकर नक्शा या चित्र बनाना; गोदना: ～身 शरीर पर गोदना ⓬〈परि०श०〉 तांबे का सिक्का: 一～钱 एक तांबे का सिक्का ⓭（Wén）एक कुलनाम

【文豹】 wénbào चितकबरा चीता

【文本】 wénběn संस्करण; एडिशन: 英文～ अंग्रेज़ी संस्करण / 这个文件有三种～。इस दस्तावेज़ के तीन संस्करण हैं।

【文笔】 wénbǐ लिखने का ढंग; लेखन शैली; लिखना: 他的～流利。वह धारा प्रवाह रूप से लिखता है।

【文不对题】 wénbùduìtí लेख में जो लिखा है उस का लेख के विषय से कोई संबंध नहीं है; जो जवाब दिया गया है वह प्रश्न का नहीं है

【文不加点】 wénbùjiādiǎn लिखना जल्दी से पूरा करना और संशोधित करने की आवश्यकता नहीं होना

【文才】 wéncái गद्य रचने की क्षमता; लिखने की योग्यता

【文采】 wéncǎi ❶दर्शनीय और भड़कीला रंग ❷साहित्यिक क्षमता; साहित्यिक योग्यता: 这个人很有～。इस व्यक्ति में असामान्य साहित्यिक योग्यता है।

【文昌鱼】 wénchāngyú 〈प्राणि०〉 एक मछली जो रीढ़दार जीवों की निम्नतम श्रेणी में आती है; लैंसलेट

【文场】[1] wénchǎng（文场面 wénchǎngmiàn भी）(आपेरा की वाद्यमंदली के दो भागों में से) असैनिक भाग; नागरिक भाग; सिविल डिविज़न

【文场】[2] wénchǎng ❶(शाही प्रशासनिक सेवा की परीक्षाओं के लिए) परीक्षा स्थल; परीक्षालय; परीक्षा हॉल ❷दे० 文坛 wéntán

【文抄公】 wénchāogōng साहित्यिक चोर

【文成公主】 Wénchéng Gōngzhǔ राजकुमारी वन-छङ

【文丑】 wénchǒu असैनिक सुखांत नाटक का अभिनेता; नट; नर्तक

【文唇】 wénchún ओष्ठ-गोदन

【文辞】 wéncí（文词 wéncí भी） शब्द-चयन; शब्द-विन्यास; शब्द-प्रयोग की शैली; भाषा: ～优美。भाषा सुंदर है।

【文从字顺】 wéncóng-zìshùn पठनीय और सरल या प्रवाही

【文旦】 wéndàn 〈बो०〉 बड़े आकार का नींबू; चकोतरा

【文典】 wéndiǎn 〈लि०〉 ❶सर्वमान्य सर्वश्रेष्ठ रचनाएँ; श्रेय कृति ❷लेखन शैली का नमूना

【文电】 wéndiàn संदेश; तार; केबिल: 来往～ प्राप्त और प्रेषित संदेश

【文斗】 wéndòu तर्क-वितर्क से संघर्ष करना

【文牍】 wéndú ❶सरकारी दस्तावेज़ और पत्र-व्यवहार ❷लिपिक; मुंशी; क्लर्क

【文牍主义】 wéndú zhǔyì सरकारी काम में अत्यधिक औपचारिकता अथवा नियमपरायणता; दफ़्तरी घिसघिस; दफ़्तरीपन; लाल फ़ीताशाही; रेड टेप

【文法】 wénfǎ ❶साहित्यशास्त्र और लेखन के नियम ❷व्याकरण
【文房】 wénfáng 〈लि०〉 अध्ययन (कक्ष)
【文房四宝】 wénfáng sì bǎo अध्ययन कक्ष के चतुष्-रत्न (लेखनी, स्याही, कागज़ और स्याहीदान)
【文风】 wénfēng लेखन शैली：～朴实。लेखन शैली अनलंकृत है।
【文稿】 wéngǎo पाण्डुलिपि; मसौदा; मसविदा
【文告】 wéngào प्रख्यापन; वक्तव्य; सूचना
【文革】 wéngé （无产阶级文化大革命 Wúchǎn Jiējí Wénhuà Dàgémìng का संक्षिप्त रूप）महान सर्वहारा सांस्कृतिक क्रांति
【文蛤】 wéngé 〈प्राणि०〉 सीपी; क्लैम
【文工团】 wéngōngtuán संगीत-नृत्य मंडली; सांस्कृतिक मंडली：～员 संगीत-नृत्य मंडली का सदस्य; सांस्कृतिक मंडलीवाला
【文官】 wénguān असैनिक पदाधिकारी; प्रशासनिक अधिकारी：～考试 प्रशासनिक सेवा की परीक्षा
【文过饰非】 wénguò-shìfēi अपनी गलतियों पर पर्दा डालना; अपनी गलतियों को छुपाना
【文翰】 wénhàn 〈लि०〉 ❶लेख; निबंध ❷सरकारी दस्तावेज़ और पत्र-व्यवहार
【文豪】 wénháo सुप्रसिद्ध लेखक; महान लेखक; बड़ा लेखक
【文化】 wénhuà ❶सभ्यता; संस्कृति：中国～ चीनी सभ्यता (संस्कृति) ❷सांस्कृतिक：～交流 सांस्कृतिक आदान-प्रदान / ～合作 सांस्कृतिक सहयोग / ～侵略 सांस्कृतिक आक्रमण / ～渗透 सांस्कृतिक घुस-पैठ / ～遗址 सांस्कृतिक भग्नावशेष; सांस्कृतिक ध्वंसावशेष / ～落后区域 सांस्कृतिक दृष्टि से पिछड़े हुए क्षेत्र ❸पढ़ाई-लिखाई; शिक्षा; शिक्षा का पाठ्यक्रम या कोर्स：学～ शिक्षा लेना; अक्षरज्ञान सीखना / ～课 साक्षरता क्लास; सामान्य कोर्स / ～用纸 लिखाई-छपाई का कागज़
【文化部】 wénhuàbù संस्कृति मंत्रालय
【文化参赞】 wénhuà cānzàn सांस्कृतिक सलाहकार
【文化产业】 wénhuà chǎnyè सांस्कृतिक उद्योग
【文化程度】 wénhuà chéngdù शिक्षा-स्तर：他的～比我高。उन का शिक्षास्तर मुझ से ऊंचा है।
【文化大革命】 Wénhuà Dàgémìng महान सांस्कृतिक क्रांति：无产阶级～ महान सर्वहारा सांस्कृतिक क्रांति
【文化宫】 wénhuàgōng संस्कृति प्रासाद; संस्कृति भवन; सांस्कृतिक महल
【文化馆】 wénhuàguǎn संस्कृति का कक्ष; संस्कृति केंद्र
【文化机关】 wénhuà jīguān सांस्कृतिक संस्था
【文化建设】 wénhuà jiànshè सांस्कृतिक निर्माण
【文化教育】 wénhuā jiàoyù सांस्कृतिक और शैक्षणिक：～机关 सांस्कृतिक और शैक्षणिक प्रतिष्ठान / ～阵地 संस्कृति और शिक्षा का मोर्चा; सांस्कृतिक और शैक्षणिक मोर्चा
【文化教员】 wénhuà jiàoyuán सांस्कृतिक शिक्षा देनेवाला अध्यापक
【文化界】 wénhuàjiè सांस्कृतिक क्षेत्र; सांस्कृतिक जगत्
【文化快餐】 wénhuà kuàicān छोटे, लोकप्रिय, सुंदर और मनमोहक सांस्कृतिक उत्पाद
【文化领域】 wénhuà lǐngyù सांस्कृतिक क्षेत्र
【文化买办】 wénhuà mǎibàn सांस्कृतिक दलाल; सांस्कृतिक एजेंट
【文化人】 wénhuàrén सांस्कृतिक कार्यकर्ता; सांस्कृतिक जगत् के लोग; संस्कृति जीवी; बुद्धिजीवी; पढ़े-लिखे लोग; शिक्षित तबका
【文化生活】 wénhuà shēnghuó सांस्कृतिक जीवन
【文化事务】 wénhuà shìwù सांस्कृतिक मामला
【文化事业】 wénhuà shìyè सांस्कृतिक कार्य
【文化水平】 wénhuà shuǐpíng सांस्कृतिक स्तर; शैक्षणिक स्तर
【文化水准】 wénhuà shuǐzhǔn शिक्षा का स्तर
【文化遗产】 wénhuà yíchǎn सांस्कृतिक विरासत; सांस्कृतिक संपत्ति
【文化用品】 wénhuà yòngpǐn लेखन सामग्री; स्टेशनरी
【文化娱乐】 wénhuà yúlè सांस्कृतिक मनोरंजन
【文化运动】 wénhuà yùndòng सांस्कृतिक आंदोलन
【文化站】 wénhuāzhàn सांस्कृतिक मनोरंजन केंद्र
【文化中心】 wénhuà zhōngxīn सांस्कृतिक केंद्र
【文化专员】 wénhuà zhuānyuán सांस्कृतिक सहचारी
【文化专制主义】 wénhuà zhuānzhì zhǔyì सांस्कृतिक तानाशाही
【文火】 wénhuǒ हलकी आंच：～焖四十分钟 हलकी आंच पर चालीस मिनिट के लिये धीरे-धीरे खौलाना
【文集】 wénjí लेख संग्रह
【文籍】 wénjí किताब; बुक्स
【文件】 wénjiàn ❶दस्तावेज़; कागज़ात; लेख-पत्र：～编号 दस्तावेज़ का नंबर / ～袋 दस्तावेज़ का थैला ❷〈कंप्यू०〉 फ़ाइल
【文件汇编】 wénjiàn huìbiān दस्तावेज़ों का संग्रह
【文件夹】 wénjiànjiá नत्थी; फ़ाइल
【文教】 wénjiào （文化教育 wénhuā jiàoyù का संक्षिप्त रूप）संस्कृति और शिक्षा：～部门 सांस्कृतिक और शैक्षणिक विभाग / ～工作者 सांस्कृतिक व शैक्षणिक कार्यकर्ता / ～事业 सांस्कृतिक और शैक्षणिक कार्य
【文教界】 wénjiàojiè सांस्कृतिक और शैक्षणिक क्षेत्र; सांस्कृतिक और शैक्षणिक जगत्
【文教战线】 wénjiào zhànxiàn सांस्कृतिक और शैक्षणिक मोर्चा
【文静】 wénjìng सुशील और शांत
【文句】 wénjù निबंध के शब्द और वाक्य
【文具】 wénjù लेखन सामग्री; कागज़-कलम
【文具盒】 wénjùhé कलमदान
【文科】 wénkē सामाजिक विज्ञान：～大学 सामाजिक विज्ञान महाविद्यालय
【文库】 wénkù पुस्तकमाला; ग्रंथ-संग्रह：世界～ विश्व पुस्तकमाला

【文侩】 wénkuài साहित्यिक सट्टेबाज़

【文莱】 Wénlái ब्रूनी：～苏丹国 ब्रूनी सल्तनत

【文理】 wénlǐ लेखन में एकरूपता और संघटन：～通顺。लेखन में एकरूपता और संघटन से पठनीयता आती है।

【文盲】 wénmáng अनपढ़; निरक्षर：这个村子没有～。इस गांव में कोई निरक्षर नहीं है।

【文眉】 wénméi भौंह गोदना

【文面】 wénmiàn 〈लि०〉 चेहरे पर गोदना

【文庙】 wénmiào कंफ़्यूशियस मंदिर

【文名】 wénmíng साहित्यिक प्रसिद्धि

【文明】 wénmíng ❶सभ्यता; तहज़ीब：印度～ हिंदुस्तानी तहज़ीब / 精神～ मानसिक सभ्यता / 物质～ भौतिक सभ्यता ❷सभ्य; ज्ञानसंपन्न：～古国 प्राचीन सभ्य देश / ～先进的国家 ज्ञानसंपन्न और प्रगतिशील देश ❸शिष्टता; विनय：～经商 विनय से व्यापार करना / ～礼貌 शिष्टाचार / 这人一点都不～。यह आदमी बिल्कुल अशिष्ट है। / 说话～点！ शिष्टता से बोलो！

【文明棍】 wénmínggùn 〈पुराना〉 छड़ी; लाठी

【文明戏】 wénmíngxì 〈पुराना〉 पुराना मौखिक नाटक; तमाशा：演～ तमाशा रचना

【文墨】 wénmò लेख; निबंध：粗通～ लेखन के तत्वों की थोड़ी सी ही जानकारी होना

【文墨人】 wénmòrén मानसिक श्रम करनेवाला जैसे चित्रकार, लेखक, अध्यापक आदि

【文鸟】 wénniǎo 〈प्राणि०〉 मैनिकिन

【文痞】 wénpǐ साहित्य की वेश्या; साहित्यिक दुरुपयोगी

【文凭】 wénpíng सनद; डिप्लोमा

【文气】 wénqì लेखन का तेज; लेख की शृंखला

【文气】 wénqi 〈बो०〉 नम्र और शांत

【文契】 wénqì इकरार; इकरारनामा (भूमि को खरीदने-बेचने का)

【文人】 wénrén पढ़ा-लिखा व्यक्ति; लेखक; साहित्यकार; बुद्धिजीवी; पंडित

【文人相轻】 wénrén-xiāngqīng बुद्धिजीवियों का एक दूसरे को उपेक्षा की दृष्टि से देखना

【文人学士】 wénrén xuéshì पढ़ा-लिखा व्यक्ति; अध्ययनार्थी; विद्यार्थी

【文弱】 wénruò विनम्र और दुबला-पतला：～书生 विनम्र और दुबला-पतला दिखाई देने वाला अध्ययनार्थी

【文山会海】 wénshān-huìhǎi अत्यधिक दस्तावेज़ और सभाएं

【文身】 wénshēn 〈लि०〉 शरीर पर गोदना

【文史】 wénshǐ साहित्य और इतिहास：～资料 ऐतिहासिक वृत्तांत

【文史馆】 wénshǐguǎn संस्कृति-इतिहास भवन

【文饰】 wénshì ❶परिमार्जन; परिष्कार ❷छुपाना; पर्दा डालना

【文书】 wénshū ❶लिखित कागज़; दस्तावेज़; प्रलेख ❷क्लर्क; मुंशी

【文殊】 Wénshū बोधिसत्व मंजुश्री

【文坛】 wéntán साहित्य जगत्

【文韬武略】 wéntāo-wǔlüè असैनिक और सैनिक कौशल

【文体】[1] wéntǐ लेखन के प्रकार; साहित्यिक रूप; लेखन शैली：～卑下。लेखन शैली ज़रा अपरिष्कृत है।

【文体】[2] wéntǐ （文娱体育 wényú tǐyù का संक्षिप्त रूप） मनोरंजन और व्यायाम：～活动 मनोरंजन और व्यायाम की गतिविधियां; सांस्कृतिक मनोरंजन और व्यायाम का कार्यक्रम

【文恬武嬉】 wéntián wǔxī (भ्रष्टाचारी शासन में) पदाधिकारियों की काहिली और अफ़सरों का दुच्चापन

【文童】 wéntóng युवा वैज्ञानिक

【文武】 wénwǔ असैनिक और सैनिक：～官员 असैनिक और सैनिक पदाधिकारी

【文武两个战线】 wénwǔ liǎnggè zhànxiàn सांस्कृतिक और फ़ौजी दो मोर्चे

【文武双全】 wénwǔ-shuāngquán कलम और हथियार दोनों चलाने की पूर्णक्षमता

【文武之道，一张一弛】 wénwǔzhīdào yīzhāng-yīchí राजा वन और राजा ऊ का सिद्धांत था कि सख्ती और नरमी का दौर बारी-बारी बदलते रहा जाए

【文物】 wénwù सांस्कृतिक वस्तु; सांस्कृतिक अवशेष; ऐतिहासिक अवशेष

【文物保管所】 wénwù bǎoguǎnsuǒ सांस्कृतिक अवशेष भंडार

【文物保护】 wénwù bǎohù सांस्कृतिक और ऐतिहासिक अवशेष का संरक्षण：重点～单位 सांस्कृतिक और ऐतिहासिक अवशेष का मुख्य संरक्षण-स्थान

【文物出版社】 wénwù chūbǎnshè सांस्कृतिक अभिज्ञान प्रकाश-गृह

【文物古迹】 wénwù gǔjì ऐतिहासिक स्थल और प्राचीन अवशेष

【文物研究所】 wénwù yánjiūsuǒ सांस्कृतिक अवशेष अनुसंधान-प्रतिष्ठान

【文物整理委员会】 wénwù zhěnglǐ wěiyuánhuì सांस्कृतिक निधि व्यवस्थापन समिति

【文戏】 wénxì （武戏 wǔxì का विपरीत） (पारंपरिक ऑपेरा में) आम जन से संबंधित नाटक; घरेलू दुख-सुख, वैवाहिक समस्याओं तथा आमजन के जीवन पर भूत-प्रेतों के प्रभाव इत्यादि से संबंधित नाटक

【文献】 wénxiàn दस्तावेज़; साहित्य：革命～ क्रांतिकारी दस्तावेज़ / 历史～ ऐतिहासिक दस्तावेज़ / 马列主义～ मार्क्सवादी-लेनिनवादी साहित्य

【文献记录片】 wénxiàn jìlùpiàn दस्तावेज़ी फ़िल्म

【文胸】 wénxiōng अँगिया

【文选】 wénxuǎn निबंध संग्रह; गद्य-पद्य संग्रह

【文学】 wénxué साहित्य：儿童～ बाल साहित्य / ～家 साहित्यकार / ～流派 साहित्य की विचारधारा-शाखा / ～作品 साहित्यिक-कृति

【文学创作】 wénxué chuàngzuò साहित्यिक सृष्टि

【文学批评】 wénxué pīpíng साहित्य समालोचना; साहित्य आलोचना：～家 साहित्य-समीक्षक

【文学史】 wénxuéshǐ साहित्य का इतिहास

【文学士】 wénxuéshì विश्वविद्यालय में साहित्य, इति-

हास आदि की परीक्षा उत्तीर्ण करने पर मिली हुई उपाधि, सामान्य शिक्षा का स्नातक; कला-स्नातक; बी. ए.
【文学素材】 wénxué sùcái साहित्य की सामग्री
【文学体裁】 wénxué tǐcái साहित्यिक शैली
【文学研究】 wénxué yánjiū साहित्य-मीमांसा：～者 साहित्य-मीमांसक
【文学遗产】 wénxué yíchǎn साहित्य की विरासत
【文学语言】 wénxué yǔyán ❶मानक भाषा ❷साहित्यिक भाषा
【文学资料】 wénxué zīliào साहित्यिक सामग्री
【文雅】 wényǎ शिष्टाचार; सुशील; विनयी：举止～ शिष्टाचार होना
【文言】 wényán क्लासिकी चीनी भाषा
【文言文】 wényánwén क्लासिकी चीनी में लिखित लेख
【文野作品】 wényě zuòpǐn परिष्कृत और अपरिष्कृत कृतियां
【文艺】 wényì साहित्य और कला; कला-साहित्य：～部门 कला साहित्य विभाग / ～创作 कला-साहित्य की रचना / ～队伍 कला-साहित्य सेवी दस्ता / ～方针 कला-साहित्य की निर्देशक नीति / ～座谈会 कला-साहित्य गोष्ठी
【文艺复兴】 wényì fùxīng पुनर्जागृति; रेनेसां：～时期 पुनर्जागृति का युग
【文艺会演】 wényì huìyǎn नाट्य-समारोह
【文艺节目】 wényì jiémù मनोरंजन का प्रोग्राम; नाट्य-प्रस्तुतियाँ
【文艺界】 wényìjiè साहित्य और कला का क्षेत्र; कला-साहित्य जगत्
【文艺理论】 wényì lǐlùn साहित्य और कला शास्त्र; साहित्य शास्त्र：～家 साहित्य शास्त्रज्ञ
【文艺批评】 wényì pīpíng कला-साहित्य समालोचना
【文艺宣传队】 wényì xuānchuánduì सांस्कृतिक प्रचार दल
【文艺学】 wényìxué साहित्य शास्त्र; साहित्य-कला शास्त्र
【文艺演出】 wényì yǎnchū नाट्य-प्रदर्शन; नाट्याभिनय
【文艺语言】 wényì yǔyán साहित्यिक भाषा
【文艺战线】 wényì zhànxiàn साहित्य और कला संबंधी मोर्चा
【文艺作品】 wényì zuòpǐn साहित्यिक रचनाएं और कलात्मक कृतियां
【文友】 wényǒu साहित्यिक मित्र
【文娱】 wényú（文化娱乐 wénhuà yúlè का संक्षिप्त रूप）सांस्कृतिक और मनोरंजक：～活动 सांस्कृतिक और मनोरंजक गतिविधियां; सांस्कृतिक मनोरंजन का कार्यक्रम / ～晚会 महफ़िल; सांस्कृतिक और मनोरंजक रात्रि समारोह
【文员】 wényuán बाबू; अवर-सचिव
【文苑】 wényuàn ❶साहित्यिक जगत् ❷साहित्य और कला का जगत्
【文约】 wényuē ठेका; इकरार; इकरारनामा; संविदा
【文责】 wénzé लेखन के विषय के प्रति लेखक की ज़िम्मेदारी; ग्रंथकार का उत्तरदायित्व
【文责自负】 wénzé-zìfù लेखन के विषय के प्रति लेखक द्वारा स्वयं उत्तरदायित्व लेना
【文贼】 wénzéi कलम चोर
【文摘】 wénzhāi निबंध का सारांश; सार-संग्रह; संक्षेप; डाइजेक्ट
【文章】 wénzhāng ❶लेख; निबंध ❷साहित्यिक कृति ❸छिपा हुआ अभिप्राय：你的话里有～。तुम्हारी बातों में छिपा हुआ अभिप्राय है। ❹खलबली; हंगामा; गड़बड़ी：大做～ खलबली मचाना; हंगामा मचाना; गड़बड़ी करना
【文职】 wénzhí प्रशासन-सेवा; सिविलियन पोस्ट：～人员 सिविल अधिकारी; असैनिक अधिकारी; असैनिक सेवक; सिविलियन
【文质彬彬】 wénzhì-bīnbīn शिष्ट आचरण का; शिष्ट; सुशील：他举止大方，～，和蔼可亲。वह शांत, शिष्ट और विनम्र है।
【文治】 wénzhì <लि०> सिविल प्रशासन
【文治武功】 wénzhì-wǔgōng सांस्कृतिक और सैनिक उपलब्धियाँ
【文绉绉】 wénzhòuzhòu साधारण प्रचलित शब्द के स्थान पर अत्यंत साहित्यिक, सुंदर या सुसंस्कृत शब्दों का प्रयोग करनेवाला; उच्चवर्गीय：说话～的 मद्धम आवाज़ में बोलनेवाला
【文竹】 wénzhú <वन०> ऐस्पैरागस फ़र्न
【文字】 wénzì ❶लिखित अक्षर; लिपि; शब्द：～错讹 शाब्दिक गलतियाँ / 作～上的修正 शाब्दिक परिवर्तन करना ❷लिखित भाषा：～宣传 लिखित प्रचार / 有～可查的历史 लिखित इतिहास ❸लेखन (रूप और शैली से संबंधित)：～清通 सरल लेखन
【文字处理机】 wénzì chǔlǐjī वर्ड प्रोसेसर
【文字方程】 wénzì fāngchéng <गणित०> रिटरल इक्वेशन
【文字改革】 wénzì gǎigé लिपि सुधार：～委员会 लिपि सुधार समिति
【文字交】 wénzìjiāo पेन फ्रेंड; पत्र मित्र; साहित्यिक मित्र
【文字学】 wénzìxué लिपि शास्त्र
【文字游戏】 wénzì yóuxì शब्दों से खेलना
【文字狱】 wénzìyù <इति०> शाही न्यायालय द्वारा किसी लेखक को उस के द्वारा लिखित लेखन के लिए दी गई कैद की सज़ा या मृत्युदंड; साहित्यिक छानबीन
【文宗】 wénzōng <लि०> एक प्रमुख साहित्यिक व्यक्ति：一代～ अपने समय का बहु प्रमुख साहित्यिक व्यक्ति

纹（紋）

wén रेखा; लकीर; धारी：皱～ झुरी
wèn भी दे०
【纹风不动】 wénfēng-bùdòng बिल्कुल स्थिर; थोड़ा सा भी न हिलना; कहने-सुनने से थोड़ा सा भी प्रभावित न होना; टस से मस न होना
【纹理】 wénlǐ लकीर; धारी：有～的大理石 धारियोंवाला संगमरमर / 这块木头的～很好看。इस लकड़ी

की धारियां बहुत सुंदर हैं।

【纹路儿】 wénlur लकीर; धारी; रेखा

【纹缕儿】 wénlür दे० 纹路儿 wénlur

【纹饰】 wénshì सजावटी नमूना (बर्तनों पर); आकृति

【纹丝不动】 wénsī-bùdòng बिल्कुल स्थिर होना; बिल्कुल निश्चल होना: 没有一点风，树枝～。हवा चलती नहीं थी और पेड़ की शाखाएं बिल्कुल स्थिर थीं।

【纹银】 wényín 〈पुराना〉 बढ़िया चांदी; परिष्कृत चांदी

炆 wén 〈बो०〉 मंद आँच पर खाना पकाना; धीरे-धीरे खौलाना

闻（聞） wén ❶सुनना: 耳～ कान देना; कान लगाना ❷खबर; समाचार: 要～ मुख्य समाचार ❸विख्यात; प्रसिद्ध; मशहूर; नामी: ～人 विख्यात व्यक्ति ❹नाम; ख्याति ❺गंध लेना; सूंघना: 你～～，这是什么味儿？तुम ज़रा सूंघो, यह क्या बू है？/ 我～到了，这是一股烟味。मैं ने सूंघा है, यह तंबाकू की बू है।

【闻达】 wéndá 〈लि०〉 नामी; प्रसिद्ध; प्रख्यात: 不求～ न पद की चाह, न प्रसिद्धि की आकांक्षा

【闻风而动】 wénfēng'érdòng खबर सुनते ही आचरण करना; बिना देरी कार्रवाई करना

【闻风丧胆】 wénfēng-sàngdǎn खबर पाते ही आतंकित होना (भयग्रस्त होना, बहुत डर जाना)

【闻过则喜】 wénguòzéxǐ अपनी गलतियाँ सुनते ही प्रसन्न हो जाना; निरभिमानी होना

【闻鸡起舞】 wénjī-qǐwǔ मुरगे की बांग सुनते ही नाचने लगना —— मेहनती और आत्मसंयमी होना

【闻见】[1] wénjiàn ❶सुनना और देखना ❷खबर; समाचार

【闻见】[2] wénjiàn ❶गंध से पता चलना; सूंघना: 我～了花香。मैंने फूल की सुगंध ली। ❷सुनना

【闻名】 wénmíng ❶नामी; प्रसिद्ध; मशहूर: ～全国 सारे देश में प्रसिद्ध होना / 世界～ संसार में मशहूर होना ❷किसी को उस की प्रसिद्धि के कारण जानना

【闻名不如见面】 wénmíng bùrú jiànmiàn किसी व्यक्ति की प्रसिद्धि जानने से बेहतर है उस से रूबरू मिलना

【闻人】 wénrén विख्यात व्यक्ति

【闻所未闻】 wénsuǒwèiwén पहले कभी न सुना हुआ: 他们给我讲了很多～的事情。उन्हों ने मुझे बहुत सी ऐसी बातें बताईं जो मैं ने पहले कभी नहीं सुनी थीं।

【闻悉】 wénxī 〈लि०〉 सुनना; खबर होना; ज्ञात होना; पता चलना; मालूम होना: ～贵体欠安，望早日康复。मुझे पता चला है कि आप की तबीयत ठीक नहीं है, आशा है कि आप जल्द ही स्वस्थ हो जाएंगे।

【闻讯】 wénxùn खबर सुनना; खबर पाना: 救援队～赶到。खबर पाते ही सहायक दल आ पहुंचा।

【闻一知十】 wényī-zhīshí एक सुनकर दस जानना —— बहुत समझदार होना; बहुत बुद्धिमान होना

蚊 wén मच्छर; मशक

【蚊虫】 wénchóng 〈प्राणि०〉〈बो०〉 मच्छर; मशक

【蚊香】 wénxiāng मच्छर-प्रतिकर्षी धूप

【蚊帐】 wénzhàng मच्छरदानी; शबनमी

【蚊子】 wénzi मच्छर; मशक

雯 wén 〈लि०〉 रंगीन मेघ; रंगीन बादल

wěn

刎 wěn गला काटना: 自～ अपना गला काटना

【刎颈之交】 wěnjǐngzhījiāo जानी दोस्त

吻（脗） wěn ❶ओठ; अधर; होंठ: 接～ चूमना ❷चूमना; चुम्बन करना: ～他的脸 उस के कपालों का चुम्बन लेना ❸जानवर का मुंह

【吻合】 wěnhé ❶बिल्कुल वही होना; एक-सा होना; समरूप होना; मेल खाना; एकाकार होना: 意见～ राय एक सी होना / 他讲的情况和我所听到的完全～。उस ने जो कहा है वह मेरी सुनी बात से बिल्कुल मेल खाता है। ❷〈ची०कि०〉 नसों, धमनियों या आंतों के मुंह मिलाना

【吻合术】 wěnhéshù 〈ची०कि०〉 नसों, धमनियों या आंतों के मुंह मिलाना

【吻兽】 wěnshòu छत के दोनों ओर मिट्टी से बनी आलंकारिक कुरूप जानवर की आकृति

紊 wěn अव्यवस्थित; अनियमित; गड़बड़; बेतरतीब; बेढंगा: 有条不～ नियमित रूप से; विधिवत्

【紊流】 wěnliú 〈भौ०〉 टर्ब्युलेंस

【紊乱】 wěnluàn अव्यवस्थित; अनियमित; गड़बड़: 秩序～ अव्यवस्थित होना; व्यवस्था में गड़बड़ी होना / 新陈代谢功能～ चय-अपचय में गड़बड़ी होना

稳（穩） wěn ❶स्थिर; अचल; दृढ़; धैर्यवान: 坐～ स्थिरता से बैठना / 把桌子放～ मेज़ को इस तरह रखना कि वह स्थिर रहे / 她做事很～。वह काम करने में बहुत धैर्यवान है। ❷निश्चित रूप से; निश्चयपूर्वक; ज़रूर: 这场比赛他～赢。इस मैच में वह ज़रूर जीत जाएगा।

【稳便】 wěnbiàn ❶सुरक्षित और सुविधाजनक: ～的办法 सुरक्षित और सुविधाजनक उपाय ❷〈पुराना〉 स्वेच्छानुसार करना

【稳步】 wěnbù निश्चल कदम से; मज़बूत कदम से: ～前进 निश्चल कदमों से आगे बढ़ना / 生产在～上升。उत्पादन बराबर उन्नति कर रहा है।

【稳操左券】 wěncāo-zuǒquàn（稳操胜券 wěncāo-shèngquàn भी）जीत या विजय के बारे में आश्वस्त होना

【稳产】 wěnchǎn स्थायी पैदावार: ～高产田 स्थायी तथा अधिक फ़सल पैदा करने वाला खेत

【稳当】 wěndang ❶सुरक्षित; विश्वसनीय; स्थिर: ～的办法 विश्वसनीय उपाय / 他办事～。वह काम की

दृष्टि से विश्वसनीय है / 这样做比那样做～一些。ऐसा करना वैसा करने से कुछ सुरक्षित होगा। ❷स्थिर; अचल: 这张桌子不～。यह मेज़ स्थिर नहीं है। / 把梯子放～。सीढ़ी को इस तरह रखिये कि वह स्थिर हो।

【稳定】 wěndìng ❶स्थिर; अविचल; निश्चल: 物价～ माल का भाव स्थिर होना / 情绪～ मनोभाव स्थिर होना / ～的多数 स्थिर बहुमत / 不～的金融市场 अस्थिर सर्राफ़ा बाज़ार / 保持该地区的～和繁荣 इस क्षेत्र की स्थिरता और समृद्धि को कायम रखना ❷स्थिर करना: ～币制 मुद्रा-व्यवस्था को स्थायित्व प्रदान करना / ～物价 माल के भाव को स्थिर करना / ～情绪 मनोभाव को स्थिर करना / ～中农 मध्यम किसानों को आश्वासन देना

【稳定剂】 wěndìngjì 〈रसा०〉 स्टेबिलाइज़र

【稳定平衡】 wěndìng pínghéng 〈भौ०〉 स्टेबल ईक्विलिबरियम

【稳定装置】 wěndìng zhuāngzhì स्टेबिलाइज़ेशन प्लांट; स्टेबिलाइज़र

【稳固】 wěngù ❶स्थिर; दृढ़; मज़बूत: ～的基础 सुदृढ़ बुनियाद ❷स्थिर करना; दृढ़ करना; मज़बूत करना: ～政权 राजसत्ता को मज़बूत करना

【稳固性】 wěngùxìng स्थिरता; स्थायित्व

【稳健】 wěnjiàn सुदृढ़; मज़बूत; निश्चल: 迈着～的步子 मज़बूत कदम बढ़ाना / 办事～ काम करने में व्यवस्थित होना / 他这个人很～。वह एक अविचल व्यक्ति है।

【稳健派】 wěnjiànpài नरमदलीय; मध्यपंथी; मध्यमार्गावलंबी; माडरेट

【稳练】 wěnliàn स्थिरचित्त और प्रवीण

【稳流】 wěnliú 〈भौ०〉 स्थिर संचार; स्टेडी फ़्लो

【稳拿】 wěnná विश्वस्त रूप से प्राप्त करना; निश्चयपूर्वक हासिल करना: 他～第一名。वह निश्चयपूर्वक पहला नंबर प्राप्त करेगा।

【稳婆】 wěnpó 〈पुराना〉 जनाई; दाई; प्रसाविका; मिडवाइफ़

【稳如泰山】 wěnrútàishān थाइशान की तरह स्थायी होना

【稳妥】 wěntuǒ सुरक्षित; निरापद; सही-सलामत; विश्वसनीय: ～的计划 सुरक्षित योजना / 我看这样办更～。मेरा विचार है कि सुरक्षा की दृष्टि से ऐसा करना ज़्यादा बेहतर है।

【稳扎稳打】 wěnzhā-wěndǎ ❶अविचल रूप से बढ़ते जाना और ठीक निशाने पर चोटें करना: ～地进行斗争 अविचल और सुनिश्चित संघर्ष चलाना ❷आहिस्ता-आहिस्ता और स्थिरता से आगे बढ़ना: 事情一步一步地、～地去进行。कार्य को तसल्ली से धीरे-धीरे, एक-एक कदम आगे बढ़ाना चाहिए।

【稳重】 wěnzhòng गंभीर; धीर; स्थिरचित्त: 她既～又热情。वह गंभीर और सहानुभूतिपूर्ण है।

【稳住阵脚】 wěn zhù zhènjiǎo मोर्चे को बनाए रखना; स्थिति को संभालना

【稳准狠】 wěn zhǔn hěn असंदिग्ध रूप से, अचूक और निष्ठुरतापूर्वक: ～地打击 असंदिग्ध रूप से, अचूक और निष्ठुरतापूर्वक प्रहार करना

【稳坐钓鱼船】 wěn zuò diàoyúchuán दे० 任凭风浪起，稳坐钓鱼船 rènpíng fēnglàng qǐ, wěn zuò diàoyúchuán

wèn

问（問）wèn ❶पूछना: ～路 रास्ता पूछना / 我～他出了什么事。मैं ने उस से पूछा कि क्या बात हुई। ❷पूछताछ: ～事处 पूछताछ दफ़्तर ❸पूछताछ करना: 审～俘虏 युद्धबंदी से पूछताछ करना ❹से: 我想～他借本书。मैं उन से एक किताब उधार लेना चाहता हूं।

【问安】 wèn'ān (बड़े पीढ़ीवाले से) हालचाल पूछना; नमस्कार कहना

【问案】 wèn'àn मुकदमे की जांच-पड़ताल करना; मुकदमे की सुनवाई करना

【问卜】 wènbǔ ज्योतिष के आधार पर भविष्यवाणी करना

【问长问短】 wèncháng-wènduǎn विस्तृत जानकारी हासिल करना: 她见医生走出手术室，急忙上前～。जब उसने सर्जन को शल्य चिकित्सा कक्ष (आपरेशन रूम) से बाहर आते देखा तो तुरंत ही आगे बढ़कर उन से विस्तार से सारी जानकारी हासिल की।

【问答】 wèndá सवाल-जवाब; प्रश्न-उत्तर: ～练习 सवाल-जवाब का अभ्यास

【问道于盲】 wèndàoyúmáng अंधे से रास्ता पूछना —— मूर्ख व्यक्ति से रायमशविरा करना

【问鼎】 wèndǐng ❶राजसत्ता प्राप्त करने का प्रयत्न करना: ～中原 मध्य मैदान को छीनने का प्रयत्न करना ❷चैंपियनशिप के लिये होड़ लगाना; चैंपियनशिप प्राप्त करने की चेष्टा करना

【问寒问暖】 wènhán-wènnuǎn (किसी के) कुशल मंगल के लिये चिंतित होना; दूसरे के जीवन के लिये चिंता करना

【问好】 wènhǎo मिज़ाज पूछना; हाल-चाल पूछना: 他向您～。उस ने आप का कुशल-क्षेम जानना चाहा है। / 请代我向他父亲～。मेरी ओर से उस के पिता जी से नमस्ते कहिये।

【问号】 wènhào ❶प्रश्नबोधक चिन्ह; प्रश्न चिन्ह ❷अनजानी बात; पहेली: 致癌的真正原因现在仍然还是个～。कैंसर होने का असली कारण अब भी एक पहेली है।

【问候】 wènhòu प्रणाम करना; अभिवादन करना; नमस्कार कहना: 致以亲切的～ स्नेह भरा अभिवादन करना

【问话】 wènhuà पूछना; पूछताछ करना; सवाल पूछना: 老师要找你～。अध्यापक जी तुम से कुछ सवाल पूछेंगे।

【问津】 wènjīn 〈लि०〉 (दाम या स्थिति आदि के बारे में) पूछना (यों तो निषेध के अर्थ में इस का प्रयोग किया जाता

है)：不敢～ पूछने का साहस नहीं करना / 无人～ (किसी की) कोई पूछ नहीं होना
【问荆】 wènjīng 〈वन०〉 मीडो पाइन
【问卷】 wènjuàn प्रश्नावली (जिस में अनेक प्रश्न होते हैं और जिन का उत्तर लोगों से पूछा जाता है)： ～调查 प्रश्नावली से जांच-पड़ताल करना
【问难】 wènnàn वाद-विवाद के लिये कठिन सवाल पेश करना; प्रश्नों की झड़ी लगा देना
【问世】 wènshì (ग्रंथ) प्रकाशित होना： 这本词典是2000年～的。 यह शब्दकोश 2000 ई. में प्रकाशित हुआ है। / 该书作者的另一部小说即将～。 इस पुस्तक के लेखक का दूसरा उपन्यास हाल ही में प्रकाशित होनेवाला है।
【问事】 wènshì ❶पूछना; पूछताछ करना ❷ज़िम्मेदारी के पद पर होना： 找他没有用，他现在已经不～了。 उन से मिलने से कोई काम नहीं चलेगा, वह अब ज़िम्मेदारी के पद पर नहीं है।
【问事处】 wènshìchù पूछताछ दफ़्तर
【问题】 wèntí ❶सवाल; प्रश्न： 我可以提一个～吗？ क्या मैं एक सवाल पूछ सकता हूं ? ❷समस्या： 经济～ आर्थिक समस्या / 思想～ वैचारिक समस्या / ～的中心 समस्या की जड़ / ～成堆 समस्याओं का ढेर लग जाना / 没有～。 कोई समस्या नहीं। ❸बात; मामला： ～是我们去还是不去。 सवाल यह है कि हम जाएंगे या नहीं। ❹निर्णायक कड़ी; मुद्दा： 那不是～之所在。 उस मुद्दे की बात नहीं है। ❺गड़बड़ी; खराबी; दुर्घटना： 那台车床出～了。 वह मशीन खराब हो गयी। / 一路上没出～。 रास्ते भर कोई दुर्घटना नहीं हुई।
【问题少年】 wèntíshàonián बिगड़ैल बच्चा
【问心无愧】 wènxīn-wúkuì अंतःकरण साफ़ होना： 我～。 मेरा अंतःकरण साफ़ है।
【问心有愧】 wènxīn-yǒukuì मन में तकलीफ़ होना： 他～。 उस का मन दुखी है।
【问讯】 wènxùn पूछना; पूछताछ करना
【问讯处】 wènxùnchù पूछताछ दफ़्तर
【问斩】 wènzhǎn 〈पुराना〉 शिरच्छेद करना; सिर काटकर मार डालना
【问诊】 wènzhěn 〈ची०चि०〉 पूछताछ (रोग जानने के चार तरीकों में से एक)
【问住】 wènzhù प्रश्नों से (किसी को) चकरा देना： 我一句话就把他～。 मैं ने एक ही प्रश्न से उसे चकरा दिया। / 这下子你可把我给～了。 इसी से तुम ने मुझे चकरा दिया है।
【问罪】 wènzuì दोषी ठहराकर निंदा करना： 我要拿你～。 मैं तुम्हें दोषी ठहराकर निंदा करूँगा।

汶 wèn नीचे दे०
【汶水】 Wènshuǐ （汶河 Wènhé भी） नदी का नाम (शानतुङ प्रांत में)

纹 （紋） wèn 璺 wèn के समान
wén भी दे०

揾 wèn 〈लि०〉 ❶उंगलियों से दबाना ❷पोंछना： ～泪 आंसू पोंछना

璺 wèn (मिट्टी या शीशे के बर्तन की) दरार; रंध्र; विवर

wēng

翁 wēng ❶बूढ़ा व्यक्ति： 渔～ बूढ़ा मछुआ ❷पिता ❸पति का पिता; ससुर ❹पत्नी का पिता; ससुर ❺(Wēng) एक कुलनाम
【翁姑】 wēnggū सास-ससुर
【翁婿】 wēngxù ससुर-दामाद
【翁仲】 wēngzhòng कब्र के सामने पत्थर से बनी मनुष्य-मूर्ति

嗡 wēng 〈अनु०〉 ❶घूं-घूं： 耳朵里～～响起来。 कानों में घूं-घूं की आवाज़ गूंजने लगी। ❷भिनभिन करना; भिनभिनाना; गुनगुनाना： 苍蝇在～～叫。 मक्खियां भिन भिन कर रही हैं।

鹟 （鶲） wēng 〈प्राणि०〉 एक पक्षी-विशेष; फ़्लाइकैचर

wěng

蓊 wěng नीचे दे०
【蓊郁】 wěngyù 〈लि०〉 (घास आदि का) प्रचुर और सरस

wèng

瓮 （甕 罋） wèng मिट्टी से बना एक बड़ा गोलाकार पात्र जिस में पानी, तरकारी आदि वस्तुएं रखी जाती हैं; कुंडा; नांद： 水～ पानी की नांद / 菜～ तरकारी की नांद
【瓮城】 wèngchéng नगर द्वार के बाहर की छोटी प्राचीर या दीवाल
【瓮声瓮气】 wèngshēng-wèngqì मंद और दबी हुई आवाज़： ～地说 मंद और दबी हुई आवाज़ में कहना
【瓮中之鳖】 wèngzhōngzhībiē कुंडे में कछुआ —— फंदे में पड़ा मनुष्य या जानवर
【瓮中捉鳖】 wèngzhōng-zhuōbiē कुंडे में कछुआ पकड़ना —— वह, जो आसानी से पकड़ा जा सकता है

蕹 wèng नीचे दे०

【蕹菜】 wèngcài 〈वन०〉 पालक जैसा एक प्रकार का साग; वाटर स्पिनिज

齆 wèng नीचे दे०

【齆鼻儿】 wèngbír ❶नथुनों के बंद होने की वजह से अस्पष्टता से बोलना ❷इस प्रकार से बोलनेवाला आदमी

wō

挝 (撾) wō दे० 老挝 Lǎowō zhuā भी दे०

莴 (萵) wō नीचे दे०

【莴苣】 wōjù काहू; सलाद;रसशाक; लेट्यूस

【莴笋】 wōsǔn शतावरी; ऐस्पैरागस लेट्यूस

倭 wō जापान का पुराना नाम

【倭瓜】 wōguā 〈बो०〉 कद्दू; लौकी

【倭寇】 Wōkòu 〈इति०〉 जापानी समुद्री डाकू जो 14-16वीं शताबदी में कोरिया और चीन के समुद्र तट पर लूटते थे

涡 (渦) wō भंवर; जलचक्र; जलावर्त: 水～ जलावर्त

【涡流】 wōliú ❶भंवर; जलचक्र; आवर्त ❷〈भौ०〉 वोर्टेक्स फ़्लो

【涡轮】 wōlún टर्बाइन: ～壳 टर्बाइन केसिंग / ～叶片 टर्बाइन बलेड / ～轴 टर्बोशाफ़्ट

【涡轮发电机】 wōlún fādiànjī टर्बोजेनरेटर

【涡轮机】 wōlúnjī टर्बाइन

【涡轮螺旋桨发动机】 wōlún luóxuánjiǎng fādòngjī टर्बोप्रोप (इंजन)

【涡轮喷气发动机】 wōlún pēnqì fādòngjī टर्बोजेट (इंजन)

【涡旋】 wōxuán 〈भौ०〉 बवंडर; वोर्टेक्स: 大气～ वायुमंडलीय बवंडर; ऐटमसफ़ेरिक वोर्टेक्स

喔 wō 〈अनु०〉 मुर्गे की आवाज़; बांग

窝 (窩) wō ❶घोंसला; नीड़: 燕子～ अबाबील का घोंसला ❷मांद; गुहा; बिल: 土匪～ डाकुओं की गुहा ❸धंसी हुई जगह: 夹支～ बगल / 酒～ गाल में पड़ने वाला गड्ढा ❹〈बो०〉 जगह; स्थान: 把炉子挪个～ भट्टे को दूसरी जगह पर रखना ❺गुप्त रूप से छिपा रखना: ～赃 चोरी का माल रखना ❻रोक रखना; नियंत्रित करना ❼मोड़ना; टेढ़ा करना: 把铁丝～一个圆圈。तार को एक गोलाई में मोड़ना ❽〈परि०श०〉 जानवरों के एक बार जने हुए बच्चे; झुंड: 母猪一～生了十只小猪。सूअरी ने एक बार दस बच्चे जने हैं। / 一～小鸡 मुर्गी के बच्चों का एक झुंड

【窝瘪】 wōbiě अंदर की ओर धंसना: 他脸色苍白，两腮～。उस का चेहरा फीका है और दोनों कपोल अंदर की ओर धंस गये हैं।

【窝憋】 wōbie 〈बो०〉 ❶खिन्न महसूस करना; परेशानी अनुभव करना: 事情没办好，我心里总觉得～得慌。काम अच्छा न करने के कारण मेरा मन अक्सर खिन्न रहता है। ❷अपने को घर में बंद करना; घर में ही ठहरना ❸तंग; संकरा; संकीर्ण: 我这间卧室太～。मेरा यह कमरा अत्यधिक छोटा है।

【窝脖儿】 wōbór (窝脖子 wōbózi भी) गरदन नीचे की ओर करना; गरदन को सिकोड़ना

【窝藏】 wōcáng गुप्त रूप से शरण देना; पनाह देना; छिपा रखना: ～罪犯 अपराधी को गुप्त रूप से शरण देना / ～赃物 चोरी का माल छिपा रखना

【窝点】 wōdiǎn दुष्टों के जमा होने या छिपने की जगह; गुप्त क्षेत्र: 贩毒～ ज़हरीली चीज़ बेचने का गुप्त क्षेत्र

【窝匪】 wōfěi डाकुओं को शरण देना; डाकुओं को पनाह देना

【窝工】 wōgōng योजना या कार्य-प्रणाली के अच्छी न होने से कर्मचारियों या मज़दूरों का काम शुरू होने पर ठहर जाना या सुचारु रूप से जारी नहीं रह जाना

【窝火】 wōhuǒ क्रोध के कारण मूक हो जाना; शिकायत नियंत्रित करना: 窝了一肚子火 क्रोध से भर जाना

【窝家】 wōjiā दे० 窝主 wōzhǔ

【窝儿里反】 wōrlifǎn 〈बोल०〉 (窝儿里斗 wōrlidòu भी) अंदर का विरोध; घरेलू संघर्ष; घरेलू लड़ाई-झगड़ा

【窝儿里横】 wōrlihèng 〈बो०〉 घर के अंदर आतंक मचाना (पर घर के बाहर डरपोक बन जाना)

【窝囊】 wōnang ❶चिढ़ा हुआ; गुस्से में आया हुआ: 受～气 क्रोध का शिकार होना ❷बिल्कुल बेकार होना; बहुत ही मूर्ख होना: 这个人真～。यह व्यक्ति बिल्कुल मूर्ख है।

【窝囊废】 wōnangfèi 〈बो०〉 अयोग्य व्यक्ति; बेकार आदमी; कायर; डरपोक

【窝棚】 wōpeng मामूली झोंपड़ी; मंड़ैया

【窝铺】 wōpù वह मामूली झोंपड़ी जिस में सोया जा सकता है

【窝气】 wōqì दुर्व्यवहार किया जाना; नुकसान पहुंचाया जाना; क्रोध से भर जाना; परेशान लगना: 窝了一肚子气 शिकायत नियंत्रित करना

【窝缩】 wōsuō ढेर लगाना; गड्ड-मड्ड रूप में जमघट लगाना

【窝窝头】 wōwotóu (窝头 wōtóu भी) भाप से पकायी हुई एक प्रकार की पाव-रोटी जो मकई के आटे से बनी होती है और जिस के बीचोंबीच एक छेद किया होता है

【窝赃】 wōzāng चोरी का माल रखना

【窝主】 wōzhǔ चुराए माल को छिपानेवाला; अपराधी को शरण देनेवाला

蜗 (蝸) wō घोंघा

【蜗杆】 wōgǎn <यां०> वर्म: ～轴 वर्म शाफ़्ट
【蜗居】 wōjū <लि०> मामूली निवास; छोटा वासस्थान
【蜗轮】 wōlún <यां०> वर्म गियर; वर्म ह्वील
【蜗牛】 wōniú घोंघा
【蜗行牛步】 wōxíng-niúbù घोंघे की गति से
【蜗旋】 wōxuán चक्करदार; घुमावदार: 阶梯绕着中间的石柱～而上。सीढ़ियां मध्य में स्थित पत्थर के खंभे के चारों ओर घूमकर ऊपर जाती हैं।

踒 wō (हाथ या पांव आदि का) खिंचाव; मरोड़; मोच

wǒ

我 wǒ ❶मैं: ～是工人。मैं मज़दूर हूं। ❷मेरा: ～家有五口人。मेरे परिवार में पांच सदस्य हैं। ❸हमारा: ～方 हमारा पक्ष / ～军 हमारी सेना ❹अपना; अपने आप: 忘～地工作 अपने आप को भूलकर काम करना
【我辈】 wǒbèi <लि०> हम
【我见】 wǒjiàn मेरा विचार; मेरी राय: 以我之见 मेरे विचार से
【我们】 wǒmen हम
【我行我素】 wǒxíng-wǒsù अपने पुराने पथ पर डटे रहना; मनमाने ढंग से आचरण करना

wò

肟 wò <रसा०> ओक्सिम

沃 wò ❶उर्वर; उपजाऊ: 肥～之地 उपजाऊ भूमि ❷सींचना; सिंचाई करना: ～田 खेत सींचना
【沃壤】 wòrǎng （沃土 wòtǔ भी）उपजाऊ भूमि; उपजाऊ मिट्टी
【沃野】 wòyě उपजाऊ मैदान: ～千里 एक हज़ार ली उपजाऊ मैदान —— बहुत विशाल उपजाऊ क्षेत्र

卧（臥） wò ❶लेटना: 仰～ पीठ के बल लेटना ❷(पशु या पक्षी का) पेट के बल लेटना ❸सोने का: ～室 सोने का कमरा; शयन कक्ष ❹<बो०> (अंडे का) छिलका तोड़कर उसे खौलते पानी में पकाना: ～一个鸡子儿 मुरगी के एक अंडे का छिलका तोड़कर उसे खौलते पानी में पकाना
【卧病】 wòbìng रोग-शय्या पर लेटना
【卧车】 wòchē ❶सोनेवाली गाड़ी; सोने का डिब्बा; स्लीपर; स्लीपिंगकार ❷मोटर गाड़ी; कार; आटोमोबाइल
【卧床】 wòchuáng ❶चारपाई पर पड़ना; बिस्तर पर लेटा रहना: ～不起 चारपाई पकड़ लेना; बिस्तर पकड़ना ❷<बो०> चारपाई; शय्या; बेड
【卧倒】 wòdǎo लेट जाना: ～! लेट जा!
【卧房】 wòfáng शयन कक्ष; शयन गृह; बेडरूम
【卧佛】 wòfó लेटा हुआ बुद्ध
【卧轨】 wòguǐ (रेल गाड़ी रोकने या आत्महत्या करने के लिये) रेलवे की पटरी पर लेटना
【卧果儿】 wòguǒr ❶मुरगी के अंडे का छिलका तोड़कर उसे खौलते पानी में पकाना ❷छिलका तोड़कर खौलते पानी में पकाया हुआ अंडा
【卧具】 wòjù रेलगाड़ी या जहाज़ पर सोने के लिये इस्तेमाल की गयी सामग्री
【卧铺】 wòpù बर्थ; स्लीपिंग बर्थ; स्लीपर
【卧射】 wòshè <सैन्य०> प्रोन फ़ायर
【卧式】 wòshì <यां०> होरिज़ोनटल: ～镗 होरिज़ोनटल बोरिंग मशीन / ～发动机 होरिज़ोनटल इंजन
【卧室】 wòshì सोने का कमरा; शयनकक्ष; शयन का कमरा; बेडरूम
【卧榻】 wòtà <लि०> चारपाई; बेड
【卧榻之侧，岂容他人鼾睡】 wòtà zhī cè, qǐ róng tārén hānshuì अपनी चारपाई के बगल में किसी अजनबी को कोई कैसे खर्राटे लेने दे सकता है —— किसी दूसरे को अपने क्षेत्र में कैसे कोई घुसने दे सकता है
【卧薪尝胆】 wòxīn-chángdǎn सूखी टहनियों या घास पर सोना और पित्त चाटना —— अपने देश के लिये बदला लेने के उद्देश्य से आत्मारोपित कष्ट भुगतना
【卧椅】 wòyǐ कोच
【卧姿】 wòzī <खेल०> प्रोन पोज़िशन

硪 wò गोलाकार पत्थर या लोहे का चक्र जो नींव आदि को मज़बूत करने के लिये इस्तेमाल किया जाता है

握 wò पकड़ना; पकड़े रखना; थामना; भींचना; हाथ में लेना: ～笔 कलम पकड़ना / 我用双手紧紧地～住了他的手。मैं ने उन के हाथ को अपने दोनों हाथों में ले लिया।
【握别】 wòbié हाथ मिलाकर विदा देना: ～以来，已逾三月。हाथ मिलाकर विदा लिये अब तीन महीने हो गये हैं।
【握管】 wòguǎn <लि०> कलम पकड़ना; लिखना
【握力】 wòlì पकड़ने की शक्ति; पकड़
【握力器】 wòlìqì <खेल०> पकड़ यंत्र; स्प्रिंग-ग्रिप डामबेल्स
【握拳】 wòquán घूंसा तानना
【握手】 wòshǒu हाथ मिलाना; हाथ थामना: 紧紧地～ कसकर हाथ मिलाना
【握手言欢】 wòshǒu-yánhuān हाथ मिलाकर फिर दोस्ती कायम करना
【握有】 wòyǒu हाथ होना; अधिकार में होना; नियंत्रण में होना: ～权力 सत्तारूढ़ होना

幄 wò <लि०> तम्बू; टैंट; डेरा

渥 wò <लि०> ❶तर; गीला; भीगा हुआ; जलमय ❷दानशील; अत्यधिक: 优～ अच्छा; बढ़िया

斡 wò 〈लि०〉 घुमाना; चक्कर खाना

【斡旋】 wòxuán ❶बीच में पड़ना; बीच-बचाव करना; समझौता करना: 由于他从中～，双方的争端得到了解决。उन की मध्यस्थता से दोनों पक्षों के बीच का झगड़ा दूर हुआ। ❷〈का०〉 गुड आफ़िसिज़; प्रभाव

龌（齷） wò नीचे दे०

【龌龊】 wòchuò ❶अश्लील; नीच; कुत्सित ❷घृणित; क्षुद्र: 卑鄙～ कमीना; अधम ❸〈लि०〉 संकीर्णचित्त; अनुदार

wū

乌¹（烏） wū ❶कौवा; काक ❷काला; श्याम: ～云 काला बादल ❸（Wū）एक कुलनाम

乌²（烏） wū 〈लि०〉 (इस का प्रयोग ज़्यादातर वाग्मितापूर्ण प्रश्न के अर्थ में किया जाता है) क्या; कहां: ～足道哉? क्या यह कहने लायक है?

wù भी दे०

【乌鲳】 wūchāng 〈प्राणि०〉 ब्लैक पामफ़्रेट

【乌尔都语】 Wū'ěrdūyǔ उर्दू (भाषा)

【乌飞兔走】 wūfēi-tùzǒu सूर्य और चंद्र का चलना —— वक्त का जल्द ही गुज़रना

【乌干达】 Wūgāndá यूगाण्डा: ～人 यूगाण्डन

【乌龟】 wūguī ❶कछुआ; कच्छप; कमठ ❷वह जिस की पत्नी औरों के साथ गुलछर्रे उड़ाती हो; भ्रष्ट स्त्री का पति; कुलटा का पति

【乌龟壳】 wūguīké ❶कच्छप-कवच; कच्छप का खोल ❷〈बोल०〉 शत्रुसेना का टैंक

【乌龟王八】 wūguī wángbā शोहदा: 他把所有的～都招了过去。उसने सभी तरह के शोहदे भरती कर रखे हैं।

【乌合之众】 wūhézhīzhòng अनियंत्रित जन-समूह; अव्यवस्थित गिरोह

【乌黑】 wūhēi गहरे काले रंग का

【乌红】 wūhóng गहरे लाल रंग का

【乌金】 wūjīn कोयला

【乌桕】 wūjiù 〈वन०〉 चीनी टालो का पेड़

【乌克兰】 Wūkèlán उकराइन: ～人 उकराइनी

【乌拉】 wūlā （乌喇 wūlā भी）❶तिब्बत में जनवादी सुधार के पहले अधिकारियों या भूदास मालिकों के लिये की गई बेगारी ❷इस तरह की बेगारी करनेवाला ❸दे० 乌拉 wùla

【乌拉尔】 Wūlā'ěr उराल

【乌拉尔山】 Wūlā'ěrshān उराल पर्वतमाला

【乌拉圭】 Wūlāguī उरुग्वाए: ～人 उरुग्वाएवाला

【乌兰牧骑】 wūlánmùqí घोड़े पर सवार भीतरी मंगोलिया का सांस्कृतिक प्रचार दल

【乌蓝】 wūlán गहरे नीले रंग का

【乌鳢】 wūlǐ 〈प्राणि०〉 साँप के सिर वाली मछली; स्नेकहेडिड फ़िश

【乌亮】 wūliàng चमकदार और काला: ～的头发 चमकदार और काले बाल

【乌溜溜】 wūliūliū काला और चमकीला: 一双～的眼睛 दो काली और चमकीली आंखें

【乌龙茶】 wūlóngchá वूलोंग चाय (एक प्रकार की काली पुटदार चीनी चाय)

【乌龙球】 wūlóngqiú अपने ही पाले में किया गया गोल

【乌鲁木齐】 Wūlǔmùqí ऊरूमची (सिनच्याङ वेवूर स्वायत्त प्रदेश की राजधानी)

【乌梅】 wūméi काला आलूचा

【乌蒙】 Wūméng ऊमंग पर्वत शृंखला

【乌木】 wūmù ❶〈वन०〉 आबनूस ❷आबनूस की लकड़ी ❸आबनूस जैसी काली लकड़ी

【乌篷船】 wūpéngchuán काले पालवाली विशाल नौका

【乌七八糟】 wūqībāzāo ❶अस्त-व्यस्त; अव्यवस्थित ❷मलिन; कलुष; अश्लील: 那本小说里全是些～的东西。उस उपन्यास में सारा कूड़ा भरा हुआ है।

【乌漆墨黑】 wūqī-mòhēi अंधेरा

【乌青】 wūqīng नीला

【乌纱帽】 wūshāmào ❶काले रंग की जालीदार टोपी ❷पद; पदस्थिति: 丢～ पद पर से हटाया जाना

【乌苏里江】 Wūsūlǐjiāng उसुली नदी

【乌头】 wūtóu 〈ची०कि०〉 एकोनिटम

【乌涂】 wūtu （兀秃 wūtu भी）न गर्म न ठंडा; गुनगुना: ～水不好喝。गुनगुना पानी पीना अच्छा नहीं लगता

【乌托邦】 wūtuōbāng कल्पनावाद; कोरी कल्पना; यूटोपिया: ～思想 योटोपियनिज़्म / ～主义 कल्पनावाद; यूटोपियनिज़्म

【乌鸦】 wūyā कौवा; काक

【乌烟瘴气】 wūyān-zhàngqì गंदा माहौल; खराब वातावरण; दुष्टतापूर्ण कार्यवाहियां: 他们把时局搞得～。उन लोगों ने हंगामा मचाकर वातावरण को एकदम खराब कर दिया है।

【乌油油】 wūyōuyōu चमकदार और काला: ～的头发 चमकदार और काले बाल / 泥土～。मिट्टी चमकदार और काली है।

【乌有】 wūyǒu 〈लि०〉 कुछ भी नहीं होना; अभाव होना; शून्य होना: ～乡 योटोपिया

【乌鱼】 wūyú 乌鳢 wūlǐ का दूसरा नाम

【乌云】 wūyún काले बादल; घटा; मेघ: ～遮天。पूरा आकाश काले बादलों से भरा है।

【乌枣】 wūzǎo काला बेर; काला जूजूब

【乌贼】 wūzéi 〈प्राणि०〉 कटिलफ़िश; कटल मछली; इंकफ़िश

【乌鲗】 wūzéi 乌贼 wūzéi का दूसरा नाम

【乌孜别克族】 Wūzībiékèzú उज़्बेक जाति

【乌孜别克斯坦】 Wūzībiékèsītǎn उज़्बेकस्थान

圬（杇） wū <लि०> ❶गारा चढ़ाने के लिये प्रयुक्त खुरपी ❷गारा चढ़ाना; पलस्तर करना; लेप करना

【圬工】 wūgōng <पुराना> राजगीर

邬（鄔） wū एक कुलनाम

污（汙、汚） wū ❶मैल; कचरा; गंदगी; धब्बा: 血～ खून से रंगा हुआ धब्बा; रक्तांकित धब्बा / 去～粉 गंदगी को दूर करने का पाउडर ❷मैला; गंदा: ～水 मैला पानी ❸दूषित; भ्रष्ट: 贪官～吏 भ्रष्ट अधिकारी ❹गंदा करना; लथाड़ना; लथेड़ना: 玷～ अपवित्र करना; कलंकित करना

【污点】 wūdiǎn लांछन; कलंक; धब्बा; दाग़: 不要染上～。अपने पर एक भी धब्बा न रहे।

【污毒】 wūdú दूषित और अनिष्टकारक

【污垢】 wūgòu मल; मैल; गंदगी

【污秽】 wūhuì <लि०> ❶गंदा; मलिन ❷गंदी चीज़; मलिन वस्तु

【污迹】 wūjì （污痕 wūhén भी）धब्बा; दाग़; कलंक

【污蔑】 wūmiè ❶दे० 诬蔑 wūmiè ❷अपवित्र करना; कलंकित करना; कीचड़ उछालना

【污泥】 wūní कर्द; कर्दम; कीचड़

【污泥浊水】 wūní-zhuóshuǐ कीचड़ और मटमैला पानी —— पिछड़ा और जीर्ण-शीर्ण पदार्थ; गंदगी: 荡涤旧社会遗留下来的～ पुराने समाज द्वारा छोड़ी गई गंदगी को दूर करना

【污七八糟】 wūqībāzāo दे० 乌七八糟 wūqībā-zāo

【污染】 wūrǎn ❶प्रदूषण; दूषितकरण; दूषितता; गंदलापन: 大气～ वायुमंडल का प्रदूषण ❷प्रदूषित करना; दूषित करना: 这条河已被～了。इस नदी को प्रदूषित कर दिया गया है।

【污染报警系统】 wūrǎn bàojǐng xìtǒng प्रदूषण चेतावनी प्रणाली

【污染计数管】 wūrǎn jìshùguǎn कंटैमिनेशन काउंटर

【污染气象学】 wūrǎn qìxiàngxué प्रदूषण मौसम-विज्ञान; पल्यूशन मीटियरोलाजी

【污染物】 wūrǎnwù प्रदूषणकारी वस्तु; दूषित वस्तु; गंदली चीज़; कलुष

【污染源】 wūrǎnyuán प्रदूषण का उद्गम

【污染指示生物】 wūrǎn zhǐshì shēngwù पल्यूशन इंडिकेटिंग आर्गानिज़्म

【污辱】 wūrǔ ❶अपमान करना; मुंह काला करना ❷दूषित करना; अपवित्र करना

【污水】 wūshuǐ प्रदूषणकारी पानी; गंदा पानी: 生活～ घर का गंदा पानी / ～管 गंदे पानी का नल / ～沟 गंदे पानी का नाला; गंदा नाला

【污水处理】 wūshuǐ chǔlǐ गंदे पानी का शोधन करना; गंदे पानी को साफ़ करना: ～厂 गंदे पानी का शोधन करने का कारखाना

【污水灌溉】 wūshuǐ guàngài गंदे पानी से सिंचाई करना

【污水净化】 wūshuǐ jìnghuà गंदे पानी का निर्मलीकरण; मैले पानी का स्वच्छीकरण

【污浊】 wūzhuó गंदला; मैला

【污渍】 wūzì दाग़; धब्बा

巫 wū ❶डाइन; चुड़ैल; मायी ❷（Wū）एक कुलनाम

【巫女】 wūnǚ डाइन; टोनहाई

【巫婆】 wūpó डाइन; टोनहाई; चुड़ैल; मायी; भूतनी

【巫山】 Wūshān ऊशान गिरि (पर्वत)

【巫神】 wūshén दे० 巫师 wūshī

【巫师】 wūshī जादू-टोना करनेवाला; ओझा; टोनहा; मायी; मायावी

【巫术】 wūshù टोना; ओझाई

【巫医】 wūyī अंधविश्वासी हकीम; डाइन डॉक्टर

呜（嗚） wū <अनु०> हू हू करना; सरसराना: 轮船上的汽笛～～地叫。जहाज़ का भोंपू हू हू करता हुआ बज रहा है। / 汽车～的一声飞驰而过。मोटर गाड़ी तेज़ गति से गुज़र गयी।

【呜呼】 wūhū ❶<प्रा०> ओह; आह; हाय ❷मरना; मर मिटना; देहांत होना: 一命～ जान से हाथ धोना

【呜呼哀哉】 wūhū-āizāi मर जाना; धूल में मिल जाना: 他一听到这个消息就～了。यह खबर सुनते ही वह तो मर गया।

【呜囔】 wūnang मुंह ही मुंह में बोलना; बुदबुदाना

【呜咽】 wūyè सिसकना; सिसकी भरना; हिचकी भरकर रोना

钨（鎢） wū <रसा०> टंगस्टन; वुल्फ़्रैम

【钨钢】 wūgāng वुल्फ़्रैम स्टील; टंगस्टन स्टील

【钨砂】 wūshā टंगस्टन ओर

【钨丝】 wūsī टंगस्टन फ़िलमेंट: ～灯 टंगस्टन लैम्प

诬（誣） wū मिथ्याभियोग लगाना

【诬称】 wūchēng आरोप लगाना

【诬告】 wūgào（诬控 wūkòng भी）❶मिथ्याभियोग: ～案件 मिथ्याभियोग का मुकदमा ❷मिथ्याभियोग लगाना

【诬害】 wūhài निर्दोषी पर दोष ठहराना

【诬赖】 wūlài झूठा आरोप लगाना: ～好人 निर्दोषी पर झूठा आरोप लगाना

【诬蔑】 wūmiè बदनाम करना; लांछन लगाना; कीचड़ उछालना

【诬枉】 wūwǎng निर्दोषी पर झूठा आरोप लगाना

【诬陷】 wūxiàn (किसी के विरुद्ध) मिथ्यादोषारोप करना

【诬栽】 wūzāi निर्दोषी पर दोष ठहराना

屋 wū ❶मकान; गृह: 一座小～ एक छोटा मकान ❷कमरा; कक्ष: ～里坐。कमरे में बैठिये।

【屋顶】 wūdǐng छत

【屋顶花园】 wūdǐng huāyuán छत की फुलवारी; छत पर बना बगीचा

【屋脊】 wūjǐ छत के बीच का उभरा हुआ भाग: 世界～ संसार की छत
【屋架】 wūjià छत का आधारस्वरूप ढांचा; छत की थूनी
【屋里人】 wūlirén (屋里的 wūlide भी)〈बो०〉पत्नी
【屋漏又遭连夜雨】 wū lòu yòu zāo liányè yǔ आसमान से गिरा खजूर पर लटका —— गरीबी में आटा गीला होना
【屋面】 wūmiàn छतबंदी: 瓦～ खपरैल की छत-बंदी / ～板 छत का तख्ता
【屋上架屋】 wūshàng-jiàwū मकान के ऊपर मकान बनाना —— गैर ज़रूरी पुनरावृत्ति होना
【屋头】 wūtou〈बो०〉❶मकान; गृह ❷कमरा; कक्ष
【屋檐】 wūyán छज्जा; ओरी; वलीक; ओलती
【屋宇】 wūyǔ〈लि०〉मकान; घर
【屋子】 wūzi कमरा; कक्ष: 三间～ तीन कमरे; तीन कक्ष

恶（惡） wū〈लि०〉❶दे० 乌 ²wū ❷〈विस्मय०〉ओ; ऐ: ～！是何言也！ओ! यह क्या बात है!
ě; è; wù भी दे०

wú

无（無） wú ❶नहीं होना; शून्य होना: 从～到有 नहीं होने से होने तक / ～事可做 कोई काम नहीं होना ❷न; नहीं: ～须 ज़रूरत नहीं; ज़रूरी नहीं ❸चाहे: 事～大小，都有人负责。हर काम, चाहे वह बड़ा हो या छोटा, लोग करने के लिये तैयार हैं। ❹दे० 毋 wú mó भी दे०
【无把握】 wúbǎwò अनिश्चित: ～的战斗 वह लड़ाई जिस में विजय अनिश्चित हो
【无伴奏合唱】 wúbànzòu héchàng बिना उपवादन का सामूहिक गान
【无堡垒地带】 wúbǎolěi dìdài बिना किलेबंदियों का क्षेत्र
【无被选权】 wúbèixuǎnquán अयोग्य; अपात्र
【无本之木】 wúběnzhīmù बिना जड़ का वृक्ष
【无比】 wúbǐ बेजोड़; निरुपम; बेहद; अतुलनीय; अद्वितीय; अनुपम; अपूर्व; बेमिसाल: ～的优越性 बेहद श्रेष्ठता / ～的毅力 बेमिसाल निश्चयन / ～英勇 बेहद बहादुर / ～愤怒 बेहद क्रोधित / ～激动 बेहद उत्तेजित / ～幸福 बेहद खुशहाल
【无边无际】 wúbiān-wújì असीम; निस्सीम; अपार; अनंत: ～的大海 अपार महासागर / ～的荒漠 अस्सीम बियाबान
【无柄叶】 wúbǐngyè〈वन०〉बिना डंठल की पत्ती; अवृन्त पत्ती
【无病呻吟】 wúbìng-shēnyín ❶बिना बीमारी के कराहना ❷(रचना या भाषण में) स्वाभाविकता का अभाव होना
【无补】 wúbǔ (किसी के लिये) सहायक नहीं होना: 空谈～于实际。कोरी बकवास करना व्यवहार करने के लिये सहायक नहीं है।
【无补于事】 wúbǔyúshì काम का नहीं होना; महत्व का नहीं होना: 这样做恐怕～。उस (काम या बात) का कोई फ़ायदा नहीं होगा।
【无不】 wúbù निरपवाद रूप से: 大家～为之感动。निरपवाद रूप से सभी लोग इस से प्रभावित हुए।
【无产阶级】 wúchǎn jiējí सर्वहारा वर्ग: ～革命 सर्वहारा क्रांति / ～革命派 सर्वहारा क्रांतिकारी / ～民主 सर्वहारा जनवाद / ～世界观 सर्वहारा विश्वदृष्टि-कोण / ～司令部 सर्वहारा हेडक्वार्टर
【无产阶级国际主义】 wúchǎn jiējí guójì zhǔyì सर्वहारा अंतर्राष्ट्रीयता; सर्वहारा अंतर्राष्ट्रवाद
【无产阶级领导权】 wúchǎn jiējí lǐngdǎoquán सर्वहारा नेतृत्व
【无产阶级思想】 wúchǎn jiējí sīxiǎng सर्वहारा विचारधारा
【无产阶级文化大革命】 Wúchǎn Jiējí Wénhuà Dàgémìng महान सर्वहारा सांस्कृतिक क्रांति
【无产阶级先锋队】 wúchǎn jiējí xiānfēngduì सर्वहारा हिरावल दस्ता
【无产阶级先进分子】 wúchǎn jiējí xiānjìn fènzǐ सर्वहारा वर्ग में से आगे बढ़े हुए तत्व
【无产阶级政党】 wúchǎn jiējí zhèngdǎng सर्वहारा पार्टी
【无产阶级专政】 wúchǎn jiējí zhuānzhèng सर्वहारा अधिनायकत्व; सर्वहारा डिक्टेटरशिप: ～的国家 सर्वहारा अधिनायकत्ववाला राज्य / ～学说 सर्वहारा अधिनायकत्व का सिद्धांत / ～下的继续革命 सर्वहारा अधिनायकत्व की स्थिति में जारी रखी गई क्रांति
【无产者】 wúchǎnzhě सर्वहारा
【无常】¹ wúcháng जो सदा न रहे; अनित्य; अनियमित: 这里的气候变化～。यहां का मौसम अनियमित रूप से बदलता रहता है।
【无常】² wúcháng ❶भूत का नाम: ～鬼 यमराज ❷〈शिष्ट०〉मर जाना; चल बसना: 一旦～万事休。जब मौत आती है तो सब कुछ समाप्त हो जाता है।
【无偿】 wúcháng बिना किसी मुआवज़े के; मुफ़्त: ～援助 मुफ़्त सहायता / ～收回典借的土地 रेहन रखी हुई भूमि मुफ़्त में वापस लेना / ～劳动 बेगार
【无偿献血】 wúcháng xiànxiě निःशुल्क रक्त-दान
【无成】 wúchéng कोई सफलता नहीं मिलना; कुछ भी नहीं कर पाना: 他毕生一事～。जीवन भर वह कुछ भी नहीं कर पाया।
【无耻】 wúchǐ बेशर्म; शर्मनाक; निर्लज्ज: ～谰言 निर्लज्ज अपवाद; शर्मनाक बकवास / ～勾当 बेशर्म हरकत; शर्मनाक कार्यवाही
【无耻之徒】 wúchǐzhītú निर्लज्जवाला
【无耻之尤】 wúchǐzhīyóu सब से निर्लज्ज; बेहद शर्मनाक
【无酬劳动】 wúchóu láodòng〈अर्थ०〉अवैतनिक श्रम
【无出路】 wú chūlù भविष्यहीन

【无出其右】 wúchūqíyòu अद्वितीय; अनुपम; अनोखा; बेजोड़
【无从】 wúcóng पता नहीं कैसे करना; नहीं कर सकना：～说起 पता नहीं कैसे कहना / 我们不了解那里的情况，～回答这类问题。हमें वहां की स्थिति ज्ञात नहीं है, इस तरह के प्रश्नों का उत्तर हम नहीं दे सकते।
【无冲突论】 wúchōngtūlùn संघर्ष के अभाव का सिद्धांत; 'अंतर्विरोध नहीं है' का सिद्धांत
【无党派】 wúdǎngpài दल से संबंधित न होना; गैर-पार्टी：～人士 गैर-पार्टीवाला / ～民主人士 गैरदलीय जनवादी व्यक्ति
【无道】 wúdào अन्याय; भ्रष्ट：～昏君 भ्रष्ट नरेश / 天下～。संसार में न्याय नहीं है।
【无道理】 wúdàolǐ युक्तिहीन
【无敌】 wúdí अपराजेय; अजेय; दुर्जेय
【无敌于天下】 wúdí yú tiānxià संसार में अतुलनीय होना; अजेय होना; अपराजेय होना：使自己～ अपने आप को अपराजेय बना लेना
【无底】 wúdǐ अथाह; अगाध
【无底洞】 wúdǐdòng अथाह गढ़ा; तलरहित गड्ढा
【无底止的进攻】 wúdǐzhǐde jìngōng धुआंधार आक्रमण
【无地自容】 wúdì-zìróng अपने को छिपाने की जगह नहीं होना —— बहुत शर्मिंदा होना
【无的放矢】 wúdì-fàngshǐ बिना सोचे-समझे जहां-तहां गोलियां दागना; विचार किए बिना अंधाधुंध तीर चलाना; ऐसे लक्ष्य पर निशाना बांधना जिस का अस्तित्व नहीं है：批评要有针对性，不要～。आलोचना दिशाहीन नहीं होनी चाहिए, उस का कोई उद्देश्य होना चाहिए।
【无调性】 wúdiàoxìng <संगी०> ऐटोनेलिटी
【无定期】 wúdìngqī ❶अनिश्चित काल का ❷अनिश्चित काल तक; अनिश्चित रूप से
【无定形体】 wúdìngxíngtǐ अनिश्चित आकार का ठोस पदार्थ
【无冬无夏】 wúdōng-wúxià चाहे सर्दी का मौसम हो या गर्मी का मौसम; पूरा साल; वर्ष भर
【无动于衷】 wúdòngyúzhōng तटस्थ; एकाकी; कोई प्रभाव न पड़ना：对这种情况，我们不能～。हम ऐसी स्थिति में तटस्थ नहीं रह सकते। / 他对我的忠告～。मेरी बात का उस पर कोई असर नहीं पड़ा।
【无独有偶】 wúdú-yǒu'ǒu जो अद्वितीय न हो और जिस का प्रतिरूप भी हो
【无毒不丈夫】 wú dú bù zhàngfū हर सही मनुष्य के पास उस की अपनी सच्चाई (विष के समान) होती है —— सब महान व्यक्ति निष्ठुर होते हैं
【无毒蛇】 wúdúshé बगैर विषवाला सांप; गैरज़हरीला सांप
【无度】 wúdù असीमित; बेहद; अत्यधिक; अतिमात्रा; अनियंत्रित; असंयमित：饮食～ अत्यधिक खाना-पीना / 挥霍～ अत्यधिक फ़िज़ूलख़र्ची करना
【无端】 wúduān बिना किसी कारण के; अकारण：～侮辱 बिना किसी कारण के अपमान करना / ～气恼 अकारण गुस्सा आना / ～生事 बिना किसी कारण के अशांति उत्पन्न करना
【无恶不作】 wú'è-bùzuò सभी प्रकार के अपराध करना：杀人放火，～ मनुष्यों की हत्या करना, आग लगाना और सभी प्रकार के अपराध करना
【无法】 wúfǎ अशक्त होना; अक्षम होना; असमर्थ होना：～应付 निपटाने में अक्षम होना / ～偿还 कर्ज़ चुकाने में असमर्थ होना / ～形容 जिस का वर्णन न किया जा सके; अवर्णनीय / ～可施 असमर्थ और अयोग्य होना / ～解脱的困境 वह दुर्दशा जिस से बचाव न हो सके; अनिवारणीय दुर्दशा
【无法弥补】 wúfǎ míbǔ अपूर्णीय：～的损失 अपूर्णीय क्षति
【无法无天】 wúfǎ-wútiān इस लोक और परलोक के कानूनों का उल्लंघन करना; न्याय और कानून को ताक में रखना; मनमाने ज़ुल्म ढाना; मनमाने ढंग से आचरण करना：～的人 मनमाना आचरण करनेवाला आदमी
【无方】 wúfāng सही तरीके से न करना या होना：经营～ कुप्रबन्ध; बदइन्तज़ामी
【无妨】 wúfáng तो सही：您～试一试。आप ज़रा आज़माएं तो सही।
【无纺织布】 wúfǎngzhībù <बुना०> गोंद से चिपकाया गया कपड़ा; अडहीसिव-बोनडिड फ़ैब्रिक
【无非】 wúfēi केवल; सिर्फ़：我想说的～是这么几句话。मैं जो कहना चाहता हूं वह केवल इतना ही है। / ～是好坏两种可能。अच्छी या बुरी, केवल दो ही संभावनाएं हैं।
【无风】 wúfēng <मौ०> (हवा की) शांति; स्थिरता
【无风不起浪】 wú fēng bù qǐ làng हवा के बिना लहरें नहीं उठ सकतीं —— आग के बिना धुआँ नहीं हो सकता
【无风带】 wúfēngdài <मौ०> काम बेल्ट; काम ज़ोन; शांत क्षेत्र
【无峰骆驼】 wúfēng luòtuo बिना कूबड़ का ऊंट
【无缝钢管】 wúfèng gāngguǎn सीवनरहित इस्पात नली; सीमलेस स्टील नली：～厂 सीवनरहित इस्पात नली कारख़ाना
【无干】 wúgān संबंधित नहीं होना：这事与你～。यह बात तुम से संबंधित नहीं है।
【无告】 wúgào ❶भाग्यहीन; बेकिस्मत：穷苦～的老人 गरीब और भाग्यहीन वृद्ध ❷अभागा व्यक्ति
【无根据】 wúgēnjù निराधार; निर्मूल; बेबुनियाद
【无功受禄】 wúgōng-shòulù श्रेय के बिना इनाम पाना
【无辜】 wúgū ❶निर्दोष; निरपराध ❷निर्दोष व्यक्ति; निरपराध व्यक्ति
【无故】 wúgù अकारण; बिना किसी कारण के
【无怪】 wúguài (无怪乎 wúguàihū भी) आश्चर्य की बात नहीं कि …：门～你打不开，因为它是锁着的。दरवाज़ा ताला बंद था, कोई आश्चर्य नहीं कि तुम उसे नहीं खोल सके।

【无关】 wúguān संबंध नहीं होना; असंबद्ध होना: 这与他～。इस का उस से कोई संबंध नहीं है।
【无关大局】 wúguān-dàjú आम या साधारण स्थिति पर कोई असर न पड़ना: 那也～。उस का साधारण स्थिति पर कोई भी असर नहीं पड़ेगा।
【无关宏旨】 wúguān-hóngzhǐ गैरमहत्व का; गौण; महत्वहीन
【无关紧要】 wúguān-jǐnyào अनावश्यक; महत्वहीन
【无关痛痒】 wúguān-tòngyǎng किसी महत्व का नहीं; निरर्थक; बेकार: ～的自我批评 सतही आत्मा-लोचना / ～的话 बेकार की बात; अर्थहीन बात / ～的文章 अनुपघातक निबंध
【无官一身轻】 wú guān yīshēn qīng अपने सरकारी या दफ़्तरी कामों से मुक्त हुआ व्यक्ति बहुत प्रसन्न है
【无规】 wúguī 〈भौ०〉 रैनडम: ～介质 रैनडम मीडि-या / ～取向 रैनडम ओरिएनटेशन
【无轨电车】 wúguǐ diànchē बिजली से चलने वाली बस
【无国籍】 wúguójí राष्ट्रीयतारहित; बिना किसी राष्ट्र की सदस्यता के: ～者 राष्ट्रीयतारहित व्यक्ति / ～状态 राष्ट्रीयतारहित स्थिति
【无害】 wúhài अहानिकर; अघातक; अहिंसक: 这种农药对农作物～。यह कीटाणुनाशी दवा फ़सल के लिये अहानिकर है।
【无害通过】 wúhài tōngguò 〈का०〉 अहानिकर पारण
【无何】 wúhé 〈लि०〉 ❶अविलंब; फ़ौरन; झटपट; जल्दी ही ❷कुछ नहीं; और कुछ नहीं
【无核】 wúhé ❶अणुरहित ❷बीजरहित: ～桔 बीजरहित संतरा ❸नाभिकरहित; न्यूक्लियर फ़्री: ～化 अणुमुक्त; डीन्यूक्लियराइज़ / ～区 अणुमुक्त क्षेत्र; न्यूक्लियर फ़्री ज़ोन
【无核武器国家】 wúhéwǔqì guójiā नाभिकीय शस्त्र रहित देश; न्यूक्लियर शस्त्र रहित देश
【无核武器区】 wúhéwǔqìqū नाभिकीय शस्त्र रहित इलाका; न्यूक्लियर वेपन फ़्री ज़ोन
【无恒】 wúhéng अध्यवसायरहित; सतत प्रयत्नरहित
【无后】 wúhòu निस्संतान; संतानहीन
【无后方作战】 wúhòufāng zuòzhàn 〈सैन्य०〉 बिना पृष्ठभाग के कार्यवाही करना
【无后坐力炮】 wúhòuzuòlìpào रिकोइलिस गन
【无花果】 wúhuāguǒ 〈वन०〉 अंजीर; गूलर
【无华】 wúhuá सरल और सादा: 文章质朴～。लेख की शैली सरल और सादी है।
【无话不谈】 wúhuà-bùtán आपस में दृढ़ विश्वास होना
【无机】 wújī 〈रसा०〉 निर्जीव; अप्राणिज; जड़; अका-र्बनिक; इनौर्गेनिक: ～界 इनौर्गेनिक जगत्
【无机肥料】 wújī féiliào अकार्बनिक खाद; इनौर्गेनिक खाद
【无机化合物】 wújī huàhéwù इनौर्गेनिक कम्पाउंड
【无机化学】 wújī huàxué अकार्बनिक रसायन; अप्रा-णिज रसायन; जड़ रसायन; इनौर्गेनिक केमिस्ट्री
【无机酸】 wújīsuān इनौर्गेनिक ऐसिड
【无机物】 wújīwù इनौर्गेनिक मैटर
【无机盐】 wújīyán अकार्बनिक लवण
【无稽】 wújī निराधार; अनर्थक; बेतुका: ～之谈 निराधार बात; बेतुकी दलील; बकवास
【无及】 wújí समय के बाद आना; देर होना: 后悔～ पछताने में देर होना
【无级】 wújí 〈यां०〉 बिना दर्जे का; स्टेपलेस
【无疾而终】 wújí'érzhōng बिना किसी रोग के चल बसना; शांति से मर जाना
【无几】 wújǐ बहुत कम; थोड़ा; कुछेक: 所剩～。बहुत कम बचा है। / 两人的岁数相差～。दोनों की उम्र में थोड़ा फ़र्क है।
【无脊椎动物】 wújǐzhuī dòngwù बिना रीढ़वाला जानवर; रीढ़रहित जंतु; मेरुदंडहीन जानवर
【无计可施】 wújì-kěshī निरुपाय हो जाना; सारी तरकीबें समाप्त हो जाना; युक्तिहीन हो जाना
【无记名投票】 wújìmíng tóupiào ❶गुप्त मत देना ❷गुप्त मतदान
【无纪律】 wújìlǜ अनुशासनरहित: ～状态 अनुशासन-हीनता
【无际】 wújì असीम; अनंत; बे-ओर-छोर: 一望～的草原 घास का विशाल मैदान
【无济于事】 wújìyúshì कोई सहायता नहीं होना; कोई लाभ नहीं होना: 他在病中吃了很多药，但都～。बीमारी में उस ने बहुत सी दवाएं खायीं, पर कोई लाभ नहीं हुआ।
【无家可归】 wújiā-kěguī बेघर होना; बेघरबार होना; निराश्रय होना
【无价之宝】 wújiàzhībǎo अनमोल रत्नराशि; अमूल्य निधि
【无坚不摧】 wújiān-bùcuī सभी किलेबंदियों को नष्ट कर देना; अत्यंत शक्तिशाली होना; अपराजित होना
【无间】 wújiàn 〈लि०〉 ❶एक दूसरे से कुछ भी न छिपा रखना; बहुत अभिन्न होना: 亲密～ बहुत घनिष्ठ होना ❷निरंतर; लगातार; बिना रुकावट के: 他每天早晨锻炼，寒暑～。चाहे सर्दी हो या गर्मी, वह रोज़ सुबह बिला नागा कसरत करते हैं।
【无疆】 wújiāng असीम; बेहद: 万寿～ अमर रहना; चिरंजीव रहना
【无阶级社会】 wújiējí shèhuì वर्गरहित समाज
【无结果】 wújiéguǒ निष्फल
【无介质干磨选矿】 wújièzhì gānmó xuǎnkuàng मध्यस्थ पदार्थ के बिना शुष्क कच्ची धातु की ग्राइडिंग व ड्रेसिंग करना
【无尽】 wújìn असीम; बेहद; अनंत; बेअंत; अत्यधिक
【无尽无休】 wújìn-wúxiū अविराम; अविरत; अनंत; अंतहीन: 这个讨论好象～似的。यह वाद-विवाद अंतहीन सा लगता है।
【无精打采】 wújīng-dǎcǎi उदास; विरक्त; खिन्न; मन उचट जाना: 看到我们～的样子他有些不高兴。हमें उदास देखकर वह कुछ अप्रसन्न हो गये।

【无拘束的选举】wújūshù de xuǎnjǔ निर्बन्ध चुनाव
【无拘无束】 wújū—wúshù ❶निस्संकोच; बिना संकोच का: 在～的气氛中 बिना संकोच के वातावरण में ❷खुले दिल से; मुक्त भाव से: 大家～地发表了意见。हर व्यक्ति ने खुले दिल से अपनी राय प्रकट की।
【无菌】 wújūn <चिकि०> अपूतिदोष; ऐसेप्सिस
【无菌操作法】 wújūn cāozuòfǎ <चिकि०> ऐसेप्टिक मनिप्युलेशन
【无菌操作室】 wújūn cāozuòshì अपूतिदूषित आपरेटिंग रूम
【无可比拟】 wúkěbǐnǐ निरुपम; अतुलनीय; बेजोड़: 这里发生了有史以来～的变化。यहाँ जो इतना बड़ा परिवर्तन हुआ है, इतिहास में उस का कोई मुकाबिला नहीं है।
【无可辩驳】 wúkěbiànbó निर्विवाद; बिना वाद-विवाद का; अकाट्य: ～的证据 अकाट्य प्रमाण
【无可非议】 wúkěfēiyì अनिंदनीय; अनिंद्य; निर्दोष; निष्कलंक: 他的行为～。उन का आचरण अनिंदनीय है।
【无可奉告】 wúkěfènggào बताने के योग्य नहीं होना; कोई टिप्पणी नहीं होना; व्याख्या करने की आवश्यकता नहीं होना
【无可厚非】 wúkěhòufēi दे० 未可厚非 wèikěhòufēi
【无可讳言】 wúkěhuìyán जिस से इंकार नहीं किया जा सके; अकाट्य: ～的事实 अकाट्य तथ्य
【无可救药】 wúkějiùyào दे० 不可救药 bùkě jiùyào
【无可伦比】 wúkělúnbǐ (किसी काम में) अपना सानी नहीं रखना
【无可奈何】 wúkěnàihé कुछ भी करने में असमर्थ होना; बेचारा होना; विवश होना; मजबूर होना: 对他们～ उन के खिलाफ़ कुछ भी करने में असमर्थ होना / 他～地叹了一口气。उस ने विवश होकर ठंडी सांस ली। / ～花落去，似曾相识燕归来。लाख जतन करके हारे, फूल तो फिर भी गिर गये सारे; फूल अवश्य झड़ते हैं, चाहे कोई लाख जतन क्यों न करे।
【无可适从】 wúkěshìcóng अस्थिर होना: 他～地站着。वह अस्थिर खड़ा था।
【无可挽回】 wúkěwǎnhuí जिसे एक बार खोकर फिर न पाया जा सके; अपुनर्लभ्य; अपुनर्प्राप्य: ～的损失 अपुनर्प्राप्य घाटा
【无可争辩】 wúkězhēngbiàn जिस में विवाद की गुंजाइश न हो; निर्विवाद; अविवाद; अकाट्य; सर्वमान्य; निश्चित: ～的事实 निर्विवाद तथ्य / 这件事是非分明，～。यह मामला स्पष्ट है, इस में विवाद की गुंजाइश नहीं है।
【无可指责】 wúkězhǐzé अनिंदनीय
【无可置疑】 wúkězhìyí असंदिग्ध; निश्चित; पक्का; निर्विवाद: 证据充分，～。प्रमाण पर्याप्त और असंदिग्ध है।
【无孔不入】 wúkǒng-bùrù हर अवसर को हथिया लेना: 他～，有空子就钻。वह हर अवसर को हथिया लेता है।
【无愧】 wúkuì ❶योग्य होना; लायक होना: 他～为一名优秀的干部。वह एक श्रेष्ठ कार्यकर्ता के योग्य है। ❷मनोव्यथा नहीं लगना; मनस्ताप नहीं लगना; आत्मग्लानि नहीं लगना: 他问心～。उसे आत्मग्लानि नहीं हुई।
【无赖】 wúlài ❶धृष्ठता; बदमाशी: 耍～ धृष्ठता करना; बदमाशी करना ❷धृष्ठ; बदमाश: 他是个～。वह एक बदमाश है।
【无礼】 wúlǐ （无礼貌 wúlǐmào भी）बेअदब; अशिष्टतापूर्ण
【无理】 wúlǐ अयुक्तिसंगत; अन्यायपूर्ण; अनुचित: ～要求 अनुचित मांग / ～阻挠 अन्यायपूर्ण रुकावट / ～指责 अनधिकृत दोषारोपण
【无理方程】 wúlǐ fāngchéng <गणित०> इरैशनल इक्वेशन
【无理取闹】 wúlǐ—qǔnào जानबूझकर गड़बड़ करना; जानबूझकर उत्तेजित करना: 他简直是在～。वह जानबूझकर अशांति उत्पन्न कर रहा है।
【无理式】 wúlǐshì <गणित०> इरैशनल इक्सप्रेशन; अतार्किक अभिव्यक्ति
【无理数】 wúlǐshù <गणित०> इरैशनल नंबर
【无理由】 wúlǐyóu ❶बिना कारण के; अकारण ❷निराधार; निर्मूल
【无力】 wúlì ❶कमज़ोर; निर्बल; अशक्त: 他浑身～。वह बहुत कमज़ोर है। ❷असमर्थ होना; अशक्त होना: 他一个人是～完成这项任务的。वह स्वयं यह कार्य पूरा करने में असमर्थ है।
【无例外】 wúlìwài बिना किसी अपवाद के
【无梁殿】 wúliángdiàn धरनरहित भवन
【无量】 wúliàng असीमित; असंख्य; अनगिनत; अनंत: 前途～。भविष्य अनंत है।
【无量寿佛】 wúliàngshòufó <बौध धर्म> अमितायु
【无聊】 wúliáo ❶मन का उचट जाना; मन का घबराना; मन का ऊबना; हतोत्साहित होना: 整天呆在家里他感到很～。दिन भर घर में बैठने से उस का मन बहुत उचट गया है। / 他从来没有过这样的～。पहले वह इतना हतोत्साहित कभी नहीं हुआ था। ❷निरर्थक; बेकार; नीरस; बेहूदा; खोखला: ～课本 नीरस पाठ / ～的因果论 कार्य-कारण का बेहूदा सिद्धांत / 不要讲这些～的话。ऐसी बेहूदा बातें मत कहो। / 我做了一件～的事。मैंने एक बेकार काम किया है। / 他感到胜利的～。उन्हें अपनी विजय बिल्कुल खोखली जान पड़ती है।
【无聊赖】 wúliáolài <लि०> उदास; हताश; निरुत्साह; खिन्न
【无虑】[1] wúlǜ <लि०> लगभग; करीब: ～一千人 लगभग एक हज़ार आदमी
【无虑】[2] wúlǜ बेफ़िक्र होना; निश्चिंत होना
【无论】 wúlùn चाहे; चाहे क्यों न हो: ～何方失败 हार चाहे किसी भी पक्ष की हो / 国～大小，都各有长处和短处。हर देश में चाहे वह बड़ा हो अथवा छोटा, अच्छाइयां भी होती हैं और कमियां भी। / ～你怎样

表演，人们还是不会看的。तुम चाहे जितनी कलाबाज़ियां क्यों न दिखाओ, लोग उन्हें नहीं देखेंगे।

【无论何人】 wúlùn hérén चाहे कोई भी हो; कोई भी

【无论如何】 wúlùn rúhé चाहे जो भी हो; चाहे जो कुछ हो; जो हो: 以后我～不吵架了。चाहे जो कुछ हो जाए, बाद में मैं कभी न लड़ूंगा। / ～我明天决定要走了。जो हो, मैं ने निश्चय कर लिया है कि कल लौट जाऊंगा।

【无芒小麦】 wúmáng xiǎomài बिना बालियों का गेहूं

【无米之炊】 wúmǐzhīchuī बिना चावल का भात बनाना: 巧妇难为～。चावल के बिना गृहिणी, चाहे वह कितनी होशियार हो, भात नहीं बना सकती।

【无冕之王】 wúmiǎnzhīwáng मुकुटरहित बादशाह —— संवाददाता; रिपोर्टर

【无名】 wúmíng ❶नाम रहित; अनाम ❷अपरिभाष्य; अवर्णनीय; अनिर्वचनीय; अस्पष्ट: ～的恐惧 अवर्णनीय आतंक

【无名高地】 wúmíng gāodì 〈सैन्य०〉 अनाम टीला

【无名氏】 wúmíngshì गुमनाम आदमी; अविदित व्यक्ति: 这本小说系～所作。यह उपन्यास एक गुमनाम लेखक ने लिखा है।

【无名帖】 wúmíngtiě दूसरे पर आक्षेप करने या धमकाने के लिये लिखा गया पत्र

【无名小卒】 wúmíng xiǎozú नगण्य व्यक्ति

【无名英雄】 wúmíng yīngxióng ❶अज्ञात वीर; अविदित वीर; छिपा रुस्तम ❷अज्ञात सैनिक; अविदित सिपाही: ～纪念碑 अज्ञात सैनिक स्मारक

【无名指】 wúmíngzhǐ अनामिका

【无名肿毒】 wúmíng zhǒngdú 〈ची०चि०〉 अज्ञात फोड़ा या फुंसी

【无明火】 wúmínghuǒ（无名火 wúmínghuǒ भी）क्रोध; गुस्सा: ～起 क्रोध में आना; गुस्से में आना

【无目的】 wúmùdì निरुद्देश्य; बिना लक्ष्य के; लक्ष्यहीन

【无奈】 wúnài ❶विवश; लाचार; बेबस; असहाय: 他出于～，只得表示同意。उन्हें विवश होकर सहमति प्रकट करनी पड़ी। ❷लेकिन; मगर; पर: 他本想来的，～临时有会，来不了啦。वह आना तो चाहते थे, पर सभा होने की वजह से नहीं आ सके।

【无奈何】 wúnàihé ❶(किसी के लिये) कुछ भी नहीं कर सकना; कोई चारा नहीं होना: 他整天游手好闲，他母亲也无奈他何。वह दिन भर निठल्ला होकर इधर-उधर फिरता है, उस की मां इस मामले में कुछ भी नहीं कर सकतीं। ❷दे० 无可奈何 wú kě nàihé

【无耐性】 wúnàixìng असहनशीलता; असहिष्णुता

【无能】 wúnéng अयोग्य; अक्षम; अशक्त; निर्बल; अ-समर्थ: 教练～，该队屡遭败绩。अयोग्य उस्ताद होने से यह टीम बार-बार हारी है।

【无能地位】 wúnéng dìwèi असमर्थ स्थिति

【无能为力】 wúnéngwéilì निर्बल; बेबस; असमर्थ; शक्ति के बाहर का; लाचार; निरुपाय: 人类对于自然界不是～的。प्रकृति के सामने मनुष्य निर्बल नहीं है। / 这事我～。यह मेरी शक्ति के बाहर की बात है। / 我对她的不幸非常同情，可我～。उस के दुर्भाग्य में मुझे उस से सहानुभूति है, पर मैं कुछ नहीं कर सकता।

【无宁】 wúnìng दे० 毋宁 wúnìng

【无偏见地】 wúpiānjiànde निष्पक्षता से

【无偏无党】 wúpiān-wúdǎng पक्षपातरहित; निष्पक्ष

【无期徒刑】 wúqī túxíng आजीवन कैद; आजन्म कैद; जन्म भर कारावास: 判处～ आजीवन कैद की सज़ा देना; जन्म भर कारावास की सज़ा देना

【无奇不有】 wúqí-bùyǒu विचित्र वस्तुओं की बहुतायत होना: 这里～。यहां विचित्र वस्तुओं की बहुतायत है।

【无其数】 wúqíshù 〈बोल०〉 असंख्य; अगणित; अनगिनत

【无铅汽油】 wúqiān qìyóu अनलिडिड पेट्रोल

【无牵无挂】 wúqiān-wúguà बेफ़िक्र होना; निश्चित होना

【无前】 wúqián ❶अपराजेय; अविजित: 一往～ सर्वजयी होना ❷अभूतपूर्व; अपूर्व: 成绩～。सफलताएं अभूतपूर्व हैं।

【无氰电镀】 wúqíng diàndù बिना सायनाइड के विद्युत् से धातु चढ़ाना

【无情】 wúqíng निर्दयी; बेदर्द; निष्ठुर; कठोर: ～的打击 निष्ठुर प्रहार / ～的事实 कड़वा यथार्थ / 历史的辩证法是～的。ऐतिहासिक द्वंद्ववाद निर्दयी है।

【无穷】 wúqióng अंतहीन; अनंत; अगण्य: ～的祸害 बेअंत मुसीबत और कष्ट / ～的痛苦 अगण्य मुसीबतें / ～的烦恼和忧虑 अनंत परेशानियां और चिंताएं

【无穷大】 wúqióngdà 〈गणित०〉 इंफ़िनिटी

【无穷无尽】 wúqióng-wújìn असीम; असीमित; बेहद: 人民群众的创造力是～的。जनता की सृजनात्मक शक्तियां असीम हैं।

【无穷小】 wúqióngxiǎo 〈गणित०〉 इंफ़िनिटेसिमल

【无求于人】 wúqiúyúrén दूसरों की सहायता की ज़रूरत न होना

【无趣】 wúqù अरुचिकर; नीरस; बेमज़ा; सूखा

【无权】 wúquán हक नहीं होना; अधिकार नहीं होना: ～干预 हस्तक्षेप करने का अधिकार नहीं होना / ～过问 दखल करने का हक नहीं होना

【无权追索】 wúquán zhuīsuǒ 〈का०〉 हुंडी आदि की पुष्टि (तसदीक) में लिखे जानेवाले शब्द जिन का अर्थ है कि हुंडी भरपाई न होने पर तसदीक करनेवाला ज़िम्मेदार न होगा

【无缺】 wúquē पूर्ण; पूरा; समूचा; अखंड: 完美～ संपूर्ण

【无人】 wúrén ❶चालकरहित; बिना चालक के: ～驾驶飞机 चालकरहित विमान, चालकहीन विमान ❷जनशून्य; निर्जन: ～区 निर्जन क्षेत्र

【无人称语态】 wúrénchēng yǔtài 〈व्या०〉 भाववाच्य

【无人地带】 wúrén dìdài 〈सैन्य०〉 निर्जन क्षेत्र

【无人负责】 wúrén fùzé व्यक्तिगत ज़िम्मेदारी की कमी होना

【无人问津】 wúrén-wènjīn （无人过问 wúrén guòwèn भी）कोई पूछनेवाला नहीं होना; पूछ नहीं होना: 这种货物现在～。इस तरह के माल की अब कोई पूछ

नहीं है।
【无人售票处】 wúrén shòupiàochù सेल्फ़-सर्विस स्टोर
【无任】 wúrèn 〈लि०〉 अत्यंत; बहुत ज़्यादा; बहुत ही: ～感激 बहुत ही आभारी होना
【无任所大使】 wúrènsuǒ dàshǐ ऐम्बैसेडर-एट-लार्ज
【无日】 wúrì रोज़; प्रतिदिन; हर समय: 我～不在想念你。मैं हर समय तुम्हें याद करता हूं।
【无如】 wúrú दे० 无奈❷ wúnài
【无伤大雅】 wúshāng-dàyǎ कोई हर्ज नहीं होना; कोई बात नहीं होना: 他以文才称著，虽然脾气有点古怪，但～。अपनी साहित्यिक प्रतिभा के कारण ही वह प्रसिद्ध है, उस का सख्त व्यवहार इस संदर्भ में गौण ही है।
【无色】 wúsè रंगरहित
【无上】 wúshàng सब से ऊंचा; सर्वोच्च; सर्वोपरि; परम; चरम; सर्वाधिक: ～权力 सर्वोपरि अधिकार / ～光荣 परम गौरवपूर्ण
【无神论】 wúshénlùn निरीश्वरवाद; नास्तिकवाद: ～者 निरीश्वरवादी; नास्तिक
【无生代】 wúshēngdài 〈भूगर्भ०〉 जीव-लक्षण-रहित; अज़ोइक इरा
【无生命】 wúshēngmìng प्राणशून्य; प्राणरहित; प्राण-हीन
【无生气】 wúshēngqì निर्जीव; निरुत्साह
【无生物】 wúshēngwù प्राणहीन पदार्थ
【无声】 wúshēng आवाज़हीन; मूक: ～打字机 आवाज़हीन टाइपराइटर
【无声片】 wúshēngpiàn（无声电影 wúshēng diànyǐng भी）मूक फ़िल्म
【无声手枪】 wúshēng shǒuqiāng बिना आवाज़ की पिस्तौल
【无声无臭】 wúshēng-wúxiù आवाज़हीन और गंधहीन —— अप्रसिद्ध; अज्ञात; अपरिचित: 不甘心～地过一辈子 जीवन भर अज्ञात रहना नहीं चाहना
【无绳电话】 wúshéng diànhuà बेतार दूरभाष
【无师自通】 wúshī-zìtōng अध्यापक के बिना स्वयं सीखना; स्वाध्याय करना
【无时无刻】 wúshí-wúkè हर समय; हरदम: 我们～不在想念你。तुम्हारी याद हर वक्त हमें सताती है।
【无事不登三宝殿】 wú shì bù dēng sānbǎodiàn बिना काम या प्रश्न के द्वार पर नहीं आना: 他是～，今天来一定有原因。वह तो बिना कारण के द्वार पर नहीं आते हैं, आज अवश्य किसी काम के लिये आए हैं।
【无事可做】 wú shì kě zuò बेकार होना
【无事忙】 wúshìmáng महत्वहीन काम में व्यस्त रहना
【无事生非】 wúshì-shēngfēi बिना बात समस्या खड़ी करना; जान-बूझकर भड़काना
【无视】 wúshì नज़रअंदाज़ करना; आंख मूंद लेना: ～现实 असलियत की ओर से आंख मूंद लेना / ～别国主权 दूसरे देश की प्रभुसत्ता को नज़रअंदाज़ करना / ～群众利益 जन साधारण के हित को नज़रअंदाज़ करना / ～我方警告 हमारी चेतावनी को नज़रअंदाज़ करना
【无殊】 wúshū 〈लि०〉 अभिन्न; बराबर; समान
【无熟料水泥】 wúshúliào shuǐní 〈वास्तु०〉 क्लिंकर-फ़्री सिमेंट
【无数】 wúshù ❶अनगिनत; अगणित; अगण्य; असंख्य; बेहिसाब: 天上有～颗星星。आकाश में अनगिनत तारे हैं। ❷अनिश्चित होना; संदिग्ध होना: 心中～ मन में पक्का विचार न होना
【无双】 wúshuāng बेजोड़; अद्वितीय; अनुपम; निरुपम: 举世～ संसार में बेजोड़ होना
【无霜期】 wúshuāngqī तुषाररहित काल; पाला न पड़ने वाला समय
【无水】 wúshuǐ 〈रसा०〉 निर्जल; अनार्द्र; बिना पानी का; ऐनहाइड्रास एसिड
【无丝分裂】 wúsī fēnliè 〈वन०〉 ऐमिटोसिस
【无私】 wúsī स्वार्थरहित; निस्वार्थ: 给予～的援助 निस्वार्थ सहायता देना / ～才能无畏。केवल निस्वार्थी ही निर्भय हो सकता है।
【无思想】 wúsīxiǎng विचारहीन
【无损】 wúsǔn ❶नुकसान नहीं पहुंचना; हानि नहीं पहुंचना: 争论～于友谊。वाद-विवाद करने से मैत्री को नुकसान नहीं पहुंचता है। ❷साबुत; अक्षत; समूचा: 这套家具完好～。यह फ़र्नीचर साबुत है।
【无梭织机】 wúsuō zhījī 〈बुना०〉 शाटललेस लूम
【无所不包】 wúsuǒbùbāo सर्वग्राही; सर्वव्यापी
【无所不能】 wúsuǒbùnéng ❶सर्वसमर्थ ❷बहुविद; सर्वतोमुखी प्रतिभावाला; बहुमुखी प्रतिभावाला: 他非常聪明，～。वह बहुत होशियार है और सर्वतोमुखी प्रतिभावाला है।
【无所不为】 wúsuǒbùwéi सभी कुकर्म करना; सभी बुरी करतूतें करना: 这些匪徒杀人放火，～。ये डाकू लोग हत्या करते हैं, आग लगाते हैं और सभी बुरी करतूतें करते हैं।
【无所不用其极】 wú suǒ bù yòng qí jí और कोई भी ऐसा कुकर्म नहीं जिसे न किया गया हो
【无所不在】 wúsuǒbùzài सर्वव्यापक; विश्वरूप; सर्वत्र वर्तमान; जगज़ाहिर
【无所不知】 wúsuǒbùzhī सर्वज्ञ; सर्वदर्शी
【无所不至】 wúsuǒbùzhì ❶हर जगह तक पहुंच सकना; हर जगह में प्रवेश कर सकना: 细菌活动的范围极广，～。कीटाणु व्यापकतम क्षेत्र में क्रियाशील हैं, वे हर जगह पहुंच सकते हैं। ❷कोई कसर बाकी न रखना: 摧残镇压，～ अत्याचार और दमन करने में कोई कसर नहीं रखना
【无所措手足】 wú suǒ cuò shǒu zú पता नहीं क्या करना चाहिये: 规章制度常常变动，会使人们～。नियम और व्यवस्था अगर अक्सर बदलती रहती हो तो ज़रूर ऐसा ही होगा कि लोगों को पता नहीं चलेगा कि क्या करना चाहिये।
【无所顾忌】 wúsuǒgùjì निर्भय होना
【无所事事】 wúsuǒshìshì कुछ काम न करना; निरुद्यम होना; आलसी होना; हाथ पर हाथ धरे बैठा रहना: 你一天到晚～，什么事情也不干，怎么

会认为这样好呢？ तुम्हें दिन भर हाथ पर हाथ धरे बैठना कैसे अच्छा लगता है ?
【无所适从】 wúsuǒshìcóng पता नहीं कैसे करना चाहिये; पता नहीं क्या करना चाहिये： 领导意见分歧，工作人员～。 नेतागणों में मतभेद है, कर्मचारियों को पता नहीं कैसे करना चाहिये।
【无所畏惧】 wúsuǒwèijù निडर; निर्भय; निर्भीक： 彻底的唯物主义者是～的。 पूर्ण भौतिकवादी लोग निर्भीक हैं।
【无所谓】 wúsuǒwèi ❶कहा नहीं जाना： 这是我随便说说，～什么批评。 यह तो ऐसे ही हाशिये की टिप्पणी थी, मेरा मकसद आलोचना करने का नहीं था। ❷परवाह नहीं करना： 今天去还是明天去，我是～的。 आज जाऊं या कल, इस से कोई फ़र्क नहीं पड़ता।
【无所依靠】 wú suǒ yīkào निसहाय होना; असहाय होना
【无所用心】 wúsuǒyòngxīn किसी की बात पर ध्यान नहीं देना; किसी की बात का ख्याल नहीं रखना： 饱食终日，～ दिन भर खाना खाकर कुछ भी नहीं करना और किसी की बात पर ध्यान नहीं देना
【无所作为】 wúsuǒzuòwéi कामयाब होने का यत्न नहीं करना; कुछ भी नहीं करना
【无题】 wútí शीर्षकहीन： ～诗 शीर्षकहीन काव्य
【无条件】 wútiáojiàn बिना शर्त के： ～服从 बिना शर्त के पालन करना / ～投降 बिना शर्त के आत्मसमर्पण करना
【无条件反射】 wútiáojiàn fǎnshè 〈श०वि०〉 निरपेक्ष परावर्तन; अनकनडिशनल रीफ़्लेक्स
【无痛】 wútòng पीड़ाहीन： ～分娩法 पीड़ाहीन प्रसव का तरीका
【无头告示】 wútóugàoshi जिस में वक्तव्य, नाम किसी का न लिया गया हो
【无头公案】 wútóugōng'àn（无头案 wútóu'àn भी） ऐसा मुकदमा या मामला जिस का कोई भी सूत्र हाथ न लगा हो; अनखुला रहस्य
【无头脑】 wútóunǎo विवेकहीन; विवेकशून्य
【无头无尾】 wútóu-wúwěi बेसिर-पैर का; ऊटपटांग
【无土栽培】 wútǔ zāipéi मिट्टीहीन संवर्धन या पालन; बिना मिट्टी के पौधे उगाना
【无往不利】 wúwǎng-bùlì सदा कामयाब होना; सदा सफल होना： 依靠党，依靠群众，我们就～。 पार्टी और जन-समुदाय पर भरोसा रखने से हम सदा कामयाब हो जाएंगे।
【无往不胜】 wúwǎng-bùshèng जिसे जीता न जा सके; अजेय; अपराजेय; दुर्जेय
【无妄之灾】 wúwàngzhīzāi सिर पर टूटी हुई विपत्ति; खामखाह होने वाला नुकसान
【无望】 wúwàng आशा नहीं होना; आशाहीन होना： 康复～。 स्वस्थ होने की आशा नहीं रही।
【无微不至】 wúwēi-bùzhì पूर्ण रूप से; बेहद सावधानी से： 服务人员对我们照顾得～。 सेवकों ने हमारा बहुत ख्याल रखा है।
【无为】 wúwéi अकर्मण्यता; निष्क्रियता; अनुद्योग： ～而治 अहस्तक्षेप से शासन करना
【无味】 wúwèi ❶स्वादरहित; स्वादहीन： 饭菜～。 भात और तरकारी स्वादहीन है। ❷रसहीन; नीरस; फीका; बेमज़ा： 语言～。 भाषा नीरस है।
【无畏】 wúwèi अभय; निर्भय;निर्भीक; निडर： 无私～ निस्वार्थ और निडर / ～精神 निडरपन; निर्भयता; हिम्मत
【无谓】 wúwèi निरर्थक; अर्थहीन; व्यर्थ： ～的争吵 निरर्थक लड़ाई-झगड़ा / ～的牺牲 अर्थहीन बलिदान; व्यर्थ मौत
【无物】 wúwù निस्सार; निरर्थक; कोरा： 言之～ (रचना या बोलने में) कुछ विषयवस्तु नहीं होना
【无误】 wúwù त्रुटिहीन होना; कोई भूल नहीं होना： 核查～ निरीक्षण और परख में कोई भूल नहीं होना
【无息】 wúxī बिना ब्याज का; बिना सूद का： ～存款 बिना सूद की अमानत / ～贷款 बिना सूद का कर्ज़ / ～信贷 बिना ब्याज का उधार
【无隙可乘】 wúxì-kěchéng （无机可乘 wújī-kěchéng भी） मौका नहीं पाना; मौका नहीं मिलना： 我们时刻保持警惕，敌人～。 हम हर वक्त सतर्क रहते हैं, इसलिये दुश्मनों को आक्रमण करने का मौका नहीं मिल पाता है।
【无瑕】 wúxiá विमल; दोषरहित; त्रुटिहीन： 完美～ निर्दोष; संपूर्ण; परिपूर्ण
【无暇】 wúxiá अवकाश नहीं होना; समय नहीं होना; बहुत व्यस्त रहना： ～顾及 ध्यान देने का समय नहीं होना; मन लगाने का समय नहीं होना / ～他顾 दूसरे पर ध्यान देने का समय नहीं होना; बहुत व्यस्त रहना
【无限】 wúxiàn असीम; असीमित; बेहद： ～忠诚 बेहद वफ़ादार / 我们的前途～。 हमारा भविष्य बेहद उज्ज्वल है। / 人民群众有～的创造力。 जन-समुदाय की असीम सृजन-शक्ति होती है।
【无限大】 wúxiàndà दे० 无穷大 wúqióngdà
【无限风光】 wúxiàn fēngguāng अति सुंदर दृश्य
【无限公司】 wúxiàn gōngsī अलिमिटिड कंपनी
【无限花序】 wúxiàn huāxù 〈वन०〉 इंटेफ़िनिट इंफ़्लोरेसेंस
【无限期】 wúxiànqī अनिश्चित काल के लिये; अनिश्चित समय के लिये： ～罢工 अनिश्चित काल के लिये हड़ताल करना / ～休会 अनिश्चित समय के लिये सभा स्थगित करना
【无限上纲】 wúxiàn shànggāng किसी की गलती या त्रुटि को बढ़ा-चढ़ाकर बताना
【无限生命力】 wúxiàn shēngmìnglì अपार जीवन-शक्ति
【无限小】 wúxiànxiǎo दे० 无穷小 wúqióngxiǎo
【无限制】 wúxiànzhì असीमित मात्रा में; अनियंत्रित रूप से; बेहिसाब तौर पर： ～地增加军队 फ़ौजों को बेहिसाब बढ़ाना
【无线电】 wúxiàndiàn रेडियो; वायरलेस
【无线电报】 wúxiàn diànbào बेतार का तार; वायर-

लेस टेलिग्राम; रेडियोटेलिग्राम
【无线电报机】 wúxiàn diànbàojī रेडियो यंत्र
【无线电报务员】 wúxiàndiàn bàowùyuán रेडियो-ऑपरेटर; वायरलेस ऑपरेटर
【无线电波】 wúxiàndiànbō रेडियो-तरंग
【无线电测向器】 wúxiàndiàn cèxiàngqì रेडियो डायरेक्शन फ़ाइंडर; रेडियो गोनिओमीटर
【无线电厂】 wúxiàndiànchǎng बेतार साज़-सामान कारख़ाना; रेडियो कारख़ाना
【无线电传真】 wúxiàndiàn chuánzhēn रेडियो अनुचित्र; रेडियो फ़ैक्सिमिली
【无线电导航】 wúxiàndiàn dǎoháng रेडियो नेविगेशन
【无线电发射】 wúxiàndiàn fāshè रेडियो ट्रांस-मिशन: ～机 रेडियो ट्रांसमीटर / ～台 ट्रांसमीटिंग रेडियो
【无线电发射机】 wúxiàndiàn fāshèjī रेडियो ट्रांसमिटर
【无线电辐射】 wúxiàndiàn fúshè रेडियोतरंग का विकरण; रेडियो रेडिएट
【无线电干扰】 wúxiàndiàn gānrǎo रेडियो जैमिंग
【无线电感应器】 wúxiàndiàn gǎnyìngqì रेडियो इंडक्टर
【无线电跟踪】 wúxiàndiàn gēnzōng रेडियो ट्रैकिंग
【无线电广播】 wúxiàndiàn guǎngbō रेडियो प्रसार; रेडियो ब्रॉडकास्ट
【无线电行】 wúxiàndiànháng रेडियो-सेट कंपनी
【无线电话】 wúxiàn diànhuà रेडियोटेलिफ़ोन; रे-डियोफ़ोन
【无线电话务员】 wúxiàndiàn huàwùyuán रेडियो आपरेटर
【无线电技术员】 wúxiàndiàn jìshùyuán वायरलेस आपरेटर
【无线电控制】 wúxiàndiàn kòngzhì रेडियो-नियंत्रित: ～的舰艇模型 रेडियो-नियंत्रित नौबेड़े का मॉडल
【无线电收发两用机】 wúxiàndiàn shōufā liǎng-yòngjī ट्रांससीवर
【无线电收音机】 wúxiàndiàn shōuyīnjī रेडियो रिसीवर
【无线电台】 wúxiàndiàntái रेडियो स्टेशन
【无线电探空仪】 wúxiàndiàn tànkōngyí रेडियो सोंड
【无线电天文学】 wúxiàndiàn tiānwénxué रेडियो अस्ट्रोनोमी
【无线电通信】 wúxiàndiàn tōngxìn रेडियो संचारण; रेडियो कम्युनिकेशन; वायरलेस कम्युनिकेशन
【无线电物理学】 wúxiàndiàn wùlǐxué रेडियो फ़िज़िक्स
【无线电遥测】 wúxiàndiàn yáocè रेडियो टिलेमिट्री
【无线电遥控】 wúxiàndiàn yáokòng वायरलेस रि-मोट कंट्रोल
【无线电元件】 wúxiàndiàn yuánjiàn रेडियो उप-करण; रेडियो एलिमेंट: ～厂 रेडियो उपकरण कारख़ाना
【无线电站】 wúxiàndiànzhàn रेडियो ट्रांसमीटर-रिसीवर; रेडियो केंद्र
【无线电指向标】 wúxiàndiàn zhǐxiàngbiāo रेडियो मार्ग निर्देशक
【无线电转播站】 wúxiàndiàn zhuǎnbōzhàn रेडियो-रिले-स्टेशन
【无线电装置】 wúxiàndiàn zhuāngzhì वायरलेस यंत्र
【无线寻呼】 wúxiàn xúnhū रेडियो पेजिंग (पेज़र पर पेज़ करना)
【无线因特网】 wúxiàn yīntèwǎng बेतार इंटरनेट
【无效】 wúxiào रद्द; अमान्य; अवैध; बेकायदा; असफल; अप्रभावी; व्यर्थ; बेकार: 医治～ चिकित्सा असफल हो-ना / 合同～ ठेका रद्द होना / 选举～ चुनाव अवैध होना / 不得不宣告～ मजबूरी से अप्रभावी घोषित करना
【无效分蘖】 wúxiào fěnniè 〈कृ०〉 इनिफ़ेक्टिव टिलरिंग
【无效婚姻】 wúxiào hūnyīn गैर कानूनी विवाह
【无效劳动】 wúxiào láodòng निरर्थक श्रम; व्यर्थ श्रम
【无懈可击】 wúxiè-kějī अनाक्रम्य; अप्रतिवादनीय; अभेद्य: 他的话是完全正确的，是～的。उन्हों ने जो कहा है, वह सोलह आने ठीक है और अभेद्य है।
【无心】 wúxīn ❶इच्छा नहीं होना: 他工作还没做完，～去看电影。उसे सिनेमा देखने की इच्छा नहीं है क्योंकि उसने अपना काम पूरा नहीं किया है। ❷बिना सोचे हुए; बिना जाने-बूझे; असावधानी से: 他说这话是～的，你可别见怪。उस ने जानबूझ कर यह बात नहीं कही है, तुम्हें नाराज़ नहीं होना चाहिए।
【无心肝】 wúxīngān हृदयहीन: 他们全是～。वे सब हृदयहीन हैं।
【无行】 wúxíng 〈लि०〉 आचारहीन; निराचार; दुष्टचरित्र
【无形】 wúxíng अदृश्य; अगोचर; लुप्त; निराकार; अ-नाकार; अमूर्त; अज्ञेय: ～的枷锁 अदृश्य जुआ / ～的战线 अमूर्त मोर्चा / ～贸易 अमूर्त व्यापार / ～进（出）口 अमूर्त आयात (निर्यात) / ～资产 अमूर्त पूंजी / ～损耗 अमूर्त क्षय
【无形中】 wúxíngzhōng वस्तुतः; वास्तव में: 他～成了我的助手。वह वस्तुतः मेरा सहकारी बन गया है।
【无性生殖】 wúxìng shēngzhí 〈जीव०〉（无性分裂 wúxìng fēnliè भी）अलिंगी जनन; ऐसेक्सि
【无性世代】 wúxìng shìdài 〈जीव०〉 अलैंगिक पीढ़ी
【无性杂交】 wúxìng zájiāo अलैंगिक अंतरभिजनन
【无休止】 wúxiūzhǐ निरंतर; लगातार: ～地争论 निरंतर वाद-विवाद करना
【无须】 wúxū आवश्यकता नहीं होना; ज़रूरत नहीं होना: ～惦念 फ़िक्र करने की आवश्यकता नहीं होना / ～细说 विस्तार से कहने की ज़रूरत नहीं होना
【无需】 wúxū दे० 无须 wúxū
【无涯】 wúyá असीम; अनंत; बे-ओर-छोर: 一望～ बे-ओर-छोर होना

【无烟火药】 wúyān huǒyào धूम्ररहित बारूद
【无烟煤】 wúyānméi झूठा कोयला; एक प्रकार का कोयला जिस में पत्थर का अंश अधिक और राल का अंश प्रायः नहीं के बराबर होता है; एंथ्रेसाइट
【无言以对】 wúyányǐduì लाजवाब होना; उत्तर देने के लिये कुछ भी नहीं कह पाना; निरुत्तर होना
【无恙】 wúyàng 〈लि०〉 कुशल; सुरक्षित: 安然～ सकुशल होना
【无业】 wúyè ❶अव्यवहृत; बेकार; बेरोज़गार ❷संपत्ति नहीं होना; जायदाद नहीं होना
【无业游民】 wúyè yóumín बेकाम व्यक्ति; आवारा
【无一不】 wú yī bù बिना किसी अपवाद के
【无一漏网】 wú yī lòu wǎng एक भी नहीं बचकर निकलना
【无依无靠】 wúyī-wúkào अवलंबहीन; अनाथ; असहाय; निराश्रम: ～的孤儿 असहाय यतीम
【无遗】 wúyí कुछ भी बाकी न रह जाना: 暴露～ पूरी तरह पर्दाफ़ाश हो जाना; पूरे तौर पर बेनकाब हो जाना
【无疑】 wúyí बेशक; निस्संदेह: 他～是正确的。बेशक वह ठीक है। / 这种行为～是错误的。यह आचरण निस्संदेह गलत है।
【无已】 wúyǐ 〈लि०〉 ❶अविराम; निरंतर; लगातार: 赞叹～ लगातार, बिना रुके प्रशंसा करना ❷मजबूर होकर; मजबूरन; विवश होकर; विवशता से
【无以复加】 wúyǐfùjiā नितांत; अत्यंत; पूर्ण रूप से: 荒谬到了～的地步 पूर्ण रूप से तर्कहीन हो जाना
【无以为生】 wúyǐwéishēng निर्वाह का साधन नहीं होना; जीविका के लिये कुछ भी नहीं होना
【无艺】 wúyì 〈लि०〉 ❶मान-दंड का न होना; विनियम का न होना ❷बेहद; असीम; असीमित: 贪贿～ अति लोभी होना; बेहद लालची होना
【无异】 wúyì अभिन्न; एक समान; एकसा; एकरूप: 这件复制品几乎与原作～。यह प्रतिरूप मूल से कोई भिन्न नहीं है।
【无益】 wúyì अलाभकारी; अनुपयोगी; निरुपयोग; निरर्थक; व्यर्थ; बेकार: 读这些无聊的东西非但～，而且有害。उस कूड़े को पढ़ना न सिर्फ़ अलाभकारी है बल्कि हानिप्रद भी।
【无意】 wúyì ❶इच्छा नहीं होना; नीयत नहीं होना: ～参加 भाग लेने की इच्छा नहीं होना ❷अनिच्छापूर्वक; बिना सोचे हुए; संयोग से: 他们在挖井时，～中发现了一些古代文物。कुआं खोदते समय उन्होंने संयोग से कुछ पुरातत्व सामग्रियां प्राप्त कीं।
【无意识】 wúyìshí बेसुध; अचेत; जड़: ～的动作 बेसुध क्रिया
【无翼鸟】 wúyìniǎo कीवी
【无垠】 wúyín 〈लि०〉 असीम; अनंत; विशाल; अति विस्तृत: 一望～的草原 विशाल घास-मैदान
【无影灯】 wúyǐngdēng 〈चिकि०〉 छायाहीन लैंप; शैडोलेस लैंप
【无影无踪】 wúyǐng-wúzōng गायब होना; नौ दो ग्यारह होना; अदृश्य होना; ओझल होना: 一见到警察，那个小偷就跑得～了。पुलिसमैन को देखते ही वह चोर नौ दो ग्यारह हो गया।
【无庸】 wúyōng दे० 毋庸 wúyōng
【无庸讳言】 wúyōng-huìyán बात को छुपाने की ज़रूरत नहीं होना
【无庸赘述】 wúyōng-zhuìshù विस्तारपूर्ण विवरण बताने की ज़रूरत नहीं होना
【无用】 wúyòng अनुपयोगी; निरुपयोग; निरर्थक; व्यर्थ; बेकार
【无用能】 wúyòngnéng 〈यां०〉 निरर्थक ऊर्जा; अनुपलब्ध ऊर्जा
【无忧无虑】 wúyōu-wúlǜ बेफ़िक्र; निश्चिंत; कठमस्त
【无由】 wúyóu 〈लि०〉 दे० 无从 wúcóng
【无余】 wúyú कुछ भी बाकी नहीं रहना: 暴露～ पूरी तरह पर्दाफ़ाश हो जाना
【无与伦比】 wúyǔlúnbǐ अतुलनीय; अनुपम; अद्वितीय; बेजोड़; बेमिसाल: 他在这方面的贡献是～的。इस क्षेत्र में उन का योगदान तो अतुलनीय है।
【无原则】 wúyuánzé सिद्धांतहीन; बेउसूली: ～纠纷 गैरसैद्धान्तिक विवाद या झगड़ा / ～妥协 सिद्धांतहीन समझौता
【无原子武器区】 wúyuánzǐ wǔqìqū परमाणु शस्त्रों से मुक्त क्षेत्र
【无援】 wúyuán निस्सहाय; असहाय; बेसहारा
【无缘】 wúyuán ❶कोई काम करने के लिए अवसर या भाग्य का न होना: ～得见 मिलने का मौका न पाना / 我和酒～。मैं ने कभी शराब को हाथ नहीं लगाया है। ❷उपाय का न होना: ～分辩 अपनी सफ़ाई देने का उपाय नहीं होना
【无缘无故】 wúyuán-wúgù अकारण; बिना किसी कारण के; बेवजह: 世上没有～的爱，也没有～的恨。संसार में बिना कारण प्रेम और बिना कारण घृणा नहीं होती।
【无源】 wúyuán 〈रेडियो〉 पैसिव: ～天线 पैसिव एंटीना
【无源之水，无本之木】 wúyuánzhīshuǐ, wúběnzhīmù बिना स्रोत का पानी और बिना जड़ का वृक्ष: 理论脱离实践，就成了～。सिद्धांत अगर व्यवहार से अलग हो जाए तो वह बिना स्रोत का पानी और बिना जड़ का वृक्ष बन जाएगा।
【无韵诗】 wúyùnshī अतुकांत छंद; मुक्त छंद
【无照】 wúzhào बिना अनुज्ञा-पत्र के; बिना लाइसेंस के: ～经营 बिना अनुज्ञा-पत्र के कारोबार करना; बिना लाइसेंस के व्यवसाय करना
【无政府工团主义】 wúzhèngfǔ gōngtuán zhǔyì अराजकतावादी-संघवाद; अराजकतावादी-सिंडिकलवाद: ～者 अराजकतावादी-संघवादी; अराजकतावादी-सिंडिकलवादी
【无政府思想】 wúzhèngfǔ sīxiǎng अराजकतावादी विचारधारा
【无政府主义】 wúzhèngfǔ zhǔyì अराजकतावाद; अराजकवाद: ～者 अराजकतावादी; अराजकवादी
【无政府状态】 wúzhèngfǔ zhuàngtài अराजकता:

～生产 अराजकतापूर्ण उत्पादन
【无知】 wúzhī अज्ञानी; अनभिज्ञ; अनाड़ी; नासमझ: ～妄说 नासमझ बकवास; फ़िज़ूल बकवास / 出于～ अविद्या से; बेवकूफ़ी से
【无止境】 wúzhǐjìng अनंत; असीम; अपार; बेहद: 科学的发展是～的。विज्ञान का विकास अनंत है।
【无纸贸易】 wúzhǐ màoyì इलैक्ट्रॉनिक आँकड़ों के आदान-प्रदान के द्वारा किया गया व्यापार
【无秩序】 wúzhìxù अव्यवस्थित; बेतरतीब; विशृंखल
【无中生有】 wúzhōng-shēngyǒu जान-बूझ कर कुछ झूठे उदाहरण पेश करना; जान-बूझ कर जालसाज़ी करना; सरासर असत्य होना: 你纯粹是～，当面造谣。तुम जालसाज़ी करते हो और खुले आम अफ़वाह उड़ाते हो।
【无中心论】 wúzhōngxīnlùn केंद्रहीनता; विकेंद्रता
【无重力】 wúzhònglì अग्रैविक: ～状态 नाल-ग्रैविटी स्टेट
【无着】 wúzhuó ❶किसी जगह नहीं; कहीं नहीं: 寻找～ ढूंढ़कर कहीं नहीं मिलना ❷असुरक्षित: 生活～。जीविका सुरक्षित नहीं है। / 如今经费～。अब रुपये उपलब्ध नहीं हुए।
【无足轻重】 wúzúqīngzhòng बहुत कम महत्व का; महत्वहीन; मामूली: ～的人物 नगण्य व्यक्ति / 此事～。यह मामला बहुत कम महत्व का है।
【无阻】 wúzǔ अबाध्य; बाधारहित; बेरोक; बेरोकटोक: 拿这张通行证你可以通行～。यह पासपोर्ट लेकर तुम कहीं भी जा सकते हो।
【无组织】 wúzǔzhī अव्यवस्थित; व्यवस्था-शून्य; अ-संगठित: ～性 असंगठित स्वरूप / ～状态 अव्यवस्था; असंगठित स्थिति
【无罪】 wúzuì निर्दोष; निरपराध: ～释放 निर्दोष घोषित करके रिहा करना
【无作用】 wúzuòyòng बेअसर; बेकाम
【无坐力炮】 wúzuòlìpào रिकोइलिस गन

毋 wú 〈लि०〉 न होने देना; न करने देना: ～令逃逸 (किसी को) दोषादि से विमुक्त न होने देना
【毋宁】 wúnìng (किसी की) तुलना में ⋯ भला: 与其固守，～出击。दृढ़तापूर्वक सुरक्षा करने से आक्रमण करना बेहतर है।
【毋庸】 wúyōng अनावश्यक; गैरज़रूरी: ～置疑 निस्संदेह; बेशक

芜（蕪） wú 〈लि०〉 ❶(घासफूस या कुतृण से) आच्छादित: 荒～ बंजर पड़ा रहना; उजाड़ हो जाना; वीरान हो जाना ❷बंजर ज़मीन; उजाड़-ऊसर भूमि: 平～ फैली हुई बंजर ज़मीन; विस्तृत उजाड़-ऊसर भूमि ❸नाना जातियों का; गड़बड़; उथल-पुथल; फुटकर; अव्यवस्थित; अस्तव्यस्त; फ़िज़ूल; अनावश्यक: ～词 अनावश्यक शब्द
【芜鄙】 wúbǐ 〈लि०〉 अव्यवस्थित और बेतरतीब (लेख)
【芜秽】 wúhuì तृणों से आच्छादित; घास आदि के उगने से ढक जाना
【芜菁】 wújīng 〈वन०〉 ❶शलजम का पौधा ❷शलजम
【芜劣】 wúliè 〈लि०〉 अव्यवस्थित और बेतरतीब; बेढंग (लेख)
【芜杂】 wúzá अव्यवस्थित; गड़बड़; अस्त व्यस्त; अनि-यमित

吾 wú 〈लि०〉 मैं या मुझे; मेरा या हमारा; हम या हमें: ～国 मेरा या हमारा देश
【吾辈】 wúbèi 〈लि०〉 हम या हमें
【吾侪】 wúchái 〈लि०〉 हम या हमें
【吾人】 wúrén 〈लि०〉 हम या हमें

吴（吳） wú ❶चीन के प्राचीन काल में चाओ वंश (周朝) का नाम ❷ऊ राज्य (吴国) जो चीन के प्राचीन काल में तीन राज्यों (三国) में से एक था और 222 ई. में सुन छुआन (孙权) ने बनाया था ❸वर्तमान चीन के च्याङ सू प्रांत के दक्षिणी और च-च्याङ प्रांत के उत्तरी भाग का नाम ❹एक कुलनाम
【吴牛喘月】 wúniú-chuǎnyuè संदेह से भयभीत हो जाना
【吴语】 Wúyǔ चीनी भाषा की एक बोली जो शांगहाए, दक्षिण-पूर्वी च्याङ सू और च-च्याङ प्रांत के विशाल भाग में बोली जाती है

梧 wú नीचे दे०
【梧桐】 wútóng प्लेन का पेड़

鹀（鵐） wú 〈प्राणि०〉 चिड़ियों की एक उप जाति; भारीट

蜈 wú नीचे दे०
【蜈蚣】 wúgōng कनखजूरा; शतपदी; गोजर; सैंटीपीड

鼯 wú नीचे दे०
【鼯鼠】 wúshǔ उड़नेवाली गिलहरी

wǔ

五 wǔ ❶पांच: ～公斤 पांच किलोग्राम / ～个人 पांच आदमी ❷पांचवां: 五班 पांचवीं कक्षा / ～路公共汽车 5 नंबर की बस
【五保户】 wǔbǎohù ऐसा आदमी या परिवार जो पांच जमानतों (खाना, कपड़ा, चिकित्सा, घर और दफ़नाना) के योग्य हो
【五倍子】 wǔbèizǐ (五棓子 wǔbèizǐ भी) 〈ची० चि०〉 माजू; चीनी माजूफल
【五边形】 wǔbiānxíng पंजभुज आकृति
【五彩】 wǔcǎi ❶पांच रंग (नीला, पीला, लाल, सफ़ेद और काला) ❷अनेक रंगों का; रंगबिरंगा
【五彩缤纷】 wǔcǎi-bīnfēn बहुरंगा; रंगबिरंगा: ～的礼花腾空而起。रंगबिरंगी आतिशबाज़ियां आकाश की ओर छोड़ी जा रही हैं।

【五重唱】 wǔchóngchàng 〈संगी०〉 पांच सुरों का उपयुक्त गान; पंचगान

【五重奏】 wǔchóngzòu 〈संगी०〉 पांच बाजों का उपयुक्त वाद्य; पंचवाद्य

【五大三粗】 wǔdà-sāncū बृहत्काय; विशालकाय; बड़े डील-डौल का

【五大洲】 wǔdàzhōu पांच महाद्वीप

【五代】 Wǔ Dài पांच वंश (907-960 ई०) जिन के नाम इस तरह हैं: उत्तरी ल्याङ (后梁) (907-923 ई०), उत्तरी थाङ (后唐) (923-936 ई०), उत्तरी चिन (后晋) (936-946 ई०), उत्तरी हान (后汉) (947-950 ई०) और उत्तरी चाओ (后周) (951-960 ई०)

【五帝】 Wǔ Dì पांच सम्राट्: 三皇～ तीन चक्रवर्ती और पांच सम्राट्

【五点 (牌)】 wǔdiǎn (pái) पंजा

【五斗柜】 wǔdòuguì （五斗橱 wǔdòuchú भी） कमोड

【五毒】 wǔdú ❶पांच विषैले जानवर या जंतु (बिच्छू, विषैला सांप, कनखजूरा, घरेलू छिपकली और भेक) ❷पांच बुराइयां

【五短三粗】 wǔduǎn-sāncū नाटा और मोटा

【五短身材】 wǔduǎn-shēncái नाटा-मोटा (व्यक्ति)

【五反运动】 Wǔfǎn Yùndòng 'ऊफ़ान' आंदोलन; पांच बुराइयों के खिलाफ़ आंदोलन जो 1952 ई० में शुरू हुआ था ये पाँच बुराइयाँ थीं —— निजी उद्योगपतियों तथा वाणिज्य कारोबार करने वालों के द्वारा रिश्वत, कर चोरी, राज्य संपत्ति की चोरी, सरकारी ठेकों में धोखेबाज़ी तथा आर्थिक सूचनाओं की चोरी

【五方】 wǔfāng पांच दिशाएं (पूर्व, दक्षिण, पश्चिम, उत्तर और मध्यस्थल); सब ओर, सब जगह; सर्वत्र

【五方杂处】 wǔfāng-záchǔ विभिन्न जगहों से आनेवाले निवासियों का निवास स्थान; विभिन्न प्रकार के लोगों का जमाव

【五分制】 wǔfēnzhì पांच ग्रेड द्वारा अंक देने वाली व्यवस्था

【五更】 wǔgēng ❶रात की पांच बेलाएं ❷रात की पांचवीं बेला; पौ फटने की बेला: 起～，睡半夜 आधी रात को सोना और पौ के फटते ही उठना

【五古】 wǔgǔ （五言古体诗 wǔyán gǔtǐshī का संक्षिप्त रूप） एक प्रकार का काव्य जिस की हर एक पंक्ति में पांच अक्षर हैं

【五谷】 wǔgǔ ❶पांच प्रकार के अनाज (धान, बाजरा, कोदा, गेहूं और माश) ❷अनाज की फ़सलें

【五谷不分】 wǔgǔ-bùfēn अनाज की फ़सलों में फ़र्क न कर सकना

【五谷丰登】 wǔgǔ-fēngdēng अनाज की भरपूर फ़सल: 天下太平，～。संसार सुरक्षित है और अनाज की फ़सल भरपूर है।

【五官】 wǔguān ❶〈ची०चि०〉 पांच इंद्रियाँ (कान, आंख, ओंठ, नाक और जीभ) ❷चेहरे के लक्षण: ～端正。चेहरा-मोहरा ठीक है।

【五光十色】 wǔguāng-shísè ❶रंगबिरंगा; अनेक रंगों का ❷विविध; बहुविध; विचित्र; तरह-तरह का

【五行八作】 wǔháng-bāzuō पांच पेशे और आठ कर्मशालाएं; सभी प्रकार के व्यापार और व्यवसाय

【五好】 wǔhǎo पांच विषयों में श्रेष्ठ: ～工人 पांच विषयों में श्रेष्ठ मज़दूर

【五合板】 wǔhébǎn पांच तल का तख़्ता; स्तरकाष्ठ; तहोंवाली लकड़ी; प्लाइवुड

【五湖四海】 wǔhú-sìhǎi देश का कोना-कोना: 我们来自～。हम देश के कोने-कोने से यहां एकत्रित हुए हैं।

【五花八门】 wǔhuā-bāmén बहुविध; विभिन्न; विचित्र; भांति-भांति का; तरह-तरह का

【五花大绑】 wǔhuā-dàbǎng रस्सी से पीठ के पीछे दोनों हाथों को बाँधना तथा रस्सी के दूसरे सिरे का फंदा बना कर गले में डालना (मनुष्य को बांधने का एक तरीका)

【五花肉】 wǔhuāròu धारीदार मांस

【五级风】 wǔjífēng 〈मौ०〉 5 वेगशक्ति की वायु; शीतल वायु

【五级工】 wǔjígōng ग्रेड पांच का मज़दूर

【五极管】 wǔjíguǎn 〈विद्यु०〉 मांच विद्युत द्वारवाला (बेतार के तार का प्रवाह-नियंत्रक यंत्र); पंटोड

【五角大楼】 Wǔjiǎo Dàlóu पेंटागन

【五角星】 wǔjiǎoxīng पांच कोनेवाला तारा

【五角形】 wǔjiǎoxíng पंचकोना

【五金】 wǔjīn ❶पांच धातुएं (सोना, चांदी, ताम्र, लोहा और टिन) ❷धातु-उत्पादन; लोहे का सामान या बर्तन: ～厂 लोहे के सामान का कारख़ाना / ～店 लोहे के सामान की दुकान / ～商 लोहे के सामान का व्यापारी

【五经】 wǔjīng (कंफ़्यूज़ विचारशाखा के) पांच शास्त्रीय ग्रंथ (गीतों की किताब, इतिहास की किताब, परिवर्तनों की किताब, संस्कारों की किताब तथा वसंत और शरद वार्षिकी)

【五绝】 wǔjué （五言绝句 wǔyán juéjù का संक्षिप्त रूप） पांच अक्षरों की रुबाई

【五劳】 wǔláo 〈ची०चि०〉 पांच आंतरिक इंद्रियों (हृदय, जिगर, तिल्ली, फेफड़े और गुर्दे) की क्षति

【五劳七伤】 wǔláo-qīshāng 〈ची०चि०〉 सामान्य कमज़ोरी

【五里雾】 wǔlǐwù सघन कुहरा —— भ्रम; विभ्रांति: 堕入～中 विभ्रांति में पड़ जाना

【五粮液】 wǔliángyè चीन की एक प्रकार की शराब जो स्छ्वान प्रांत के इपिन शहर में बनती है

【五岭】 wǔlǐng पंच नग; पंच शिखर (य्वेछंग[越城], तूफांग[都庞], मंगचू[萌渚], छीथ्येन[骑田] और ताय्वी[大庾])

【五律】 wǔlǜ （五言律诗 wǔyán lǜshī का संक्षिप्त रूप） पांच अक्षरों का नियमित पद्य

【五氯硝基苯】 wǔlǜxiāojīběn 〈रसा०〉 पेंटक्लोर-नैट्रोबेंजीन (PCNB)

【五伦】 wǔlún पांच मानवीय रिश्ते (राजा और प्रजा का, पिता और पुत्र का, पति और पत्नी का, भाइयों का तथा मित्रों का)

【五轮砂漏】 wǔlún shālòu पांच पहियोंवाली रेत-चालित घड़ी

【五马分尸】 wǔmǎ-fēnshī पांच घोड़ों के द्वारा अंग-विच्छेद करना —— टुकड़े-टुकड़े करना

【五内】 wǔnèi 〈लि०〉 शरीर के अंदर के पांच यंत्र (जैसे दिमाग, हृदय, आंत आदि); विसरा: ～如焚 संताप से हृदय को चीरा जाना

【五年计划】 wǔnián jìhuà पंचवर्षीय योजना; पांच-साला योजना

【五七干校】 Wǔ-Qī gànxiào (माओ त्से तुगं के 1966 की 7 मई को जारी किए गए निर्देश के नाम पर स्थापित) सात मई कार्यकर्ता स्कूल; 7 मई कार्यकर्ता विद्यालय

【五七指示】 Wǔ-Qī zhǐshì 7 मई निर्देश

【五日京兆】 wǔrì-jīngzhào अधिकारी का थोड़े समय के लिये पद पर बैठना; अधिकारी का पद पर बहुत समय तक रहने की उम्मीद न होना

【五卅运动】 Wǔ-Sà Yùndòng 30 मई आंदोलन (1925 ई०)

【五色】 wǔsè दे० 五彩 wǔcǎi

【五色斑斓】 wǔsè-bānlán रंगबिरंगा

【五声音阶】 wǔshēng yīnjiē 〈संगी०〉 पांच सुर श्रेणी

【五十步笑百步】 wǔshí bù xiào bǎi bù पचास कदम चलनेवाले का सौ कदम चलनेवाले की हंसी उड़ाना —— सूप तो सूप छलनी क्या बोले जिस में बहत्तर छेद

【五四青年节】 Wǔ-Sì Qīngnián Jié 4 मई नौजवान दिवस

【五四运动】 Wǔ-Sì Yùndòng 4 मई आंदोलन (1919 ई०)

【五体投地】 wǔtǐ-tóudì साष्टांग दंडवत करना: 佩服得～ श्लाघा के मारे साष्टांग दंडवत करना

【五味】 wǔwèi ❶पांच स्वाद (मीठा, खट्टा, कड़ुवा, तीखा और नमकीन) ❷हर प्रकार का स्वाद

【五味子】 wǔwèizǐ 〈ची०चि०〉 चीनी मैगनोलिवाइन

【五线谱】 wǔxiànpǔ 〈संगी०〉 संगीत की स्वर-लिपि; स्वर-लेखन-पंक्ति; स्टाफ़

【五香】 wǔxiāng ❶पांच मसाले (प्रिकली भस्म, ताराफल, दारचीनी, लौंग की कलियां और सौंफ के बीज) ❷मसाला

【五香豆】 wǔxiāngdòu मसालेदार माश

【五项全能运动】 wǔ xiàng quánnéng yùndòng 〈खेल०〉 पंटैथलोन

【五项原则】 wǔ xiàng yuánzé पंचशील; पांच सिद्धांत

【五星红旗】 Wǔxīng Hóngqí पांच सितारोंवाला लाल झंडा

【五星级】 wǔxīngjí पांच सितारोंवाला: ～饭店 पांच सितारोंवाला होटल

【五星上将】 wǔxīng shàngjiàng पांच सितारोंवाला जनरल; फ़ाइव स्टार जनरल

【五行】 wǔxíng पंच तत्व (धातु तत्व, काष्ठ तत्व, पृथ्वी तत्व, जल तत्व और अग्नि तत्व)

【五言诗】 wǔyánshī हर एक पंक्ति में पांच अक्षरोंवाला काव्य

【五颜六色】 wǔyán-liùsè रंगबिरंगा; चित्रविचित्र: ～的云霞 रंगबिरंगे बादल / ～的纸张 रंग-बिरंगे कागज़ात

【五一国际劳动节】 Wǔ-Yī Guójì Láodòng Jié पहली मई अंतर्राष्ट्रीय मज़दूर दिवस

【五一节】 Wǔ-Yī Jié पहली मई दिवस; मई दिवस

【五音】 wǔyīn 〈संगी०〉 चीन के पुराने पांच सुर श्रेणी के पांच गान-स्वर

【五月】 wǔyuè मई

【五月节】Wǔyuè Jié（端午节 Duānwǔ Jié भी） नाग नौका उत्सव; नाग नाव का उत्सव

【五岳】 Wǔ Yuè पांच पवित्र पर्वत (पूर्वी पवित्र पर्वत थायशान[泰山], दक्षिणी पवित्र पर्वत हङशान[衡山], पश्चिमी पवित्र पर्वत हुआशान[华山], उत्तरी पवित्र पर्वत हङशान[恒山] और मध्य पवित्र पर्वत सुङशान[嵩山])

【五脏】 wǔzàng 〈ची०चि०〉 शरीर के अंदर पांच यंत्र (हृदय, जिगर, तिल्ली, फेफड़ा और गुर्दा)

【五脏六腑】 wǔzàng-liùfǔ शरीर के अंदर के हिस्से

【五指】 wǔzhǐ दस्ताने की पांच अंगुलियां (अंगूठा, तर्जनी, मध्यम, अनामिका और कनिष्ठ अंगुली)

【五中】 wǔzhōng दे० 五内 wǔnèi

【五洲】 wǔzhōu पांच महाद्वीप —— सारा संसार; सारी दुनिया

【五子棋】 wǔzǐqí एक खेल जो बिसात पर खेला जाता है; गोबैंग

午 wǔ ❶मध्याह्न, दोपहर: 下～ दोपहर के बाद / ～饭 दोपहर का खाना ❷पार्थिव बारह शाखाओं में से सातवीं शाखा; सप्तम

【午餐】 wǔcān दोपहर का खाना; मध्याह्न का भोजन; लंच

【午餐肉】 wǔcānròu दोपहर या तीसरे पहर के खाने में खाया जाने वाला माँस; लंचइअन मीट

【午后】 wǔhòu दोपहर के बाद; दोपहर ढले; तीसरे पहर

【午间】 wǔjiān दोपहर; मध्याह्न

【午觉】 wǔjiào दोपहर की झपकी

【午前】 wǔqián दोपहर के पहले

【午时】 wǔshí （午刻 wǔkè भी） दिन का एक काल चक्र (ग्यारह बजे से तेरह बजे तक)

【午睡】 wǔshuì दे० 午觉 wǔjiào

【午休】 wǔxiū दोपहर का आराम

【午宴】 wǔyàn लंचिओन

【午夜】 wǔyè आधी रात

伍 wǔ ❶पांच（五 wǔ का दूसरा रूप）❷आर्मी, फ़ौज: 入～ फ़ौज में भरती होना ❸प्रायः साथ रहनेवाला ❹（Wǔ）एक कुलनाम

仵 wǔ ❶नीचे दे० ❷（Wǔ）एक कुलनाम

【仵作】 wǔzuò 〈पुराना〉 संदिग्ध मृत्यु के कारणों की जांच करनेवाला या दुर्घटना आदि में मरे व्यक्तियों के शवों की परीक्षा करनेवाला अधिकारी; कारोनर

迕 wǔ 〈लि०〉 ❶मिलना ❷उल्लंघन करना; तोड़ना; भंग करना

忤（啎） wǔ ❶हुक्म न माननेवाला; अवज्ञाकारी; उद्दंड ❷(किसी का) अनादर करना; (किसी के) खिलाफ़ काम करना

【忤逆】 wǔnì (किसी का) अनादर करना; (किसी के) खिलाफ़ काम करना: ～父母 माँ-बाप का अनादर करना; माँ-बाप के खिलाफ़ काम करना

妩（嫵、娬） wǔ नीचे दे०

【妩媚】 wǔmèi (स्त्री के लिये प्रयुक्त) खूबसूरत; सुंदर; मनोहर

武 wǔ ❶सैन्य; सैनिक; फ़ौजी; हथियारबंद; सशस्त्र: ～器 अस्त्र; हथियार ❷तलवार विद्या: ～术 ऊ शू ❸साहसपूर्ण; शूरवीर; पराक्रमी; बहादुर; दिलेर: 威～ पराक्रमी; बलवान ❹ (Wǔ) एक कुलनाम

【武备】 wǔbèi 〈लि०〉 सशस्त्र शक्ति और फ़ौजी साज़-सामान; अस्त्र-शस्त्र

【武昌鱼】 wǔchāngyú 〈प्राणि०〉 ऊछांग की मछली; मेगालाब्रामा एम्बलीसेफ़ाला

【武场】 wǔchǎng （武场面 wǔchǎngmiàn भी） ऑपेरा का सैनिक दृश्य

【武丑】 wǔchǒu परंपरागत ऑपेरा का सैनिक नट

【武打】 wǔdǎ ऑपेरा या फ़िल्म में सैनिक नटों का लड़ना-भिड़ना: ～戏 नट कला ऑपेरा; नाटकीय युद्ध

【武旦】 wǔdàn परंपरागत ऑपेरा में लड़ने-भिड़नेवाली पात्रा

【武斗】 wǔdòu सशस्त्र संघर्ष

【武断】 wǔduàn ❶स्वेच्छाचारी, व्यक्तिनिष्ठ; निरंकुश: 这样说太～了。ऐसा कहना अत्यंत स्वेच्छाचारी है। ❷स्वेच्छाचारिता; मनमाना दावा: 以～出发 मनमाने दावे को आधार बनाकर

【武夫】 wǔfū ❶शूरवीर; बलवान; बहादुर ❷सैनिक; सिपाही

【武工】 wǔgōng ऑपेरा में सैनिक नटों का कौशल

【武工队】 wǔgōngduì （武装工作队 wǔzhuāng gōngzuòduì का संक्षिप्त रूप） चीन की कम्युनिस्ट पार्टी के नेतृत्व में दुश्मन द्वारा अधिकृत इलाके में कार्यरत हथियारबंद कार्यदस्ता (1937-1945 ई० जापान-विरोधी युद्ध)

【武功】 wǔgōng ❶〈लि०〉 सैनिक योग्यता; फ़ौजी कुशलता ❷दे० 武工 wǔgōng

【武官】 wǔguān ❶सैनिक अधिकारी ❷〈कूटनीति〉 सैनिक आसंगी; सैनिक सहचारी; मिलिटरी अटैची

【武官处】 wǔguānchù 〈कूटनीति〉 सैनिक सहचारी का दफ़्तर

【武汉】 Wǔhàn ऊहान (हुपे प्रांत की राजधानी, आपस में बहुत करीबी रूप से संबंधित तीन नगर पालिकाओं —— वुछांग[武昌], हानखओ[汉口] तथा हानयांग[汉阳] का संयुक्त नाम)

【武行】 wǔháng परंपरागत ऑपेरा में लड़ने-भिड़नेवाले विशेषज्ञ

【武火】 wǔhuǒ प्रचंड आग

【武将】 wǔjiàng सैनिक पदाधिकारी; मिलिटरी अफ़सर; जनरल

【武警】 wǔjǐng 武装警察 wǔzhuāng jǐngchá का संक्षिप्त रूप

【武剧】 wǔjù दे० 武戏 wǔxì

【武力】 wǔlì ❶बल; ताकत; शक्ति; पावर: ～解决 बल के सहारे समाधान करना / ～征服 हथियारों के बल पर जीतना ❷सैन्य शक्ति; सशस्त्र शक्ति: 以～合并 सशस्त्र शक्ति से हड़प लेना

【武林】 wǔlín （武坛 wǔtán भी） ऊ शू जगत्: ～高手 ऊ शू जगत् के सर्वोत्तम

【武庙】 wǔmiào वह मंदिर जिस में युद्धदेव अर्थात कुआन य्वी（关羽）की पूजा की जाती है

【武器】 wǔqì अस्त्र; शस्त्र; शस्त्रास्त्र; हथियार: 放下～ हथियार डालना / 拿起～ हथियार उठाना / ～交易 शस्त्रास्त्र का क्रय-विक्रय

【武器弹药】 wǔqì dànyào हथियार व गोला-बारूद

【武器禁运】 wǔqì jìnyùn हथियारों की नाकाबंदी

【武器库】 wǔqìkù （武库 wǔkù भी） हथियार घर; शस्त्रागार

【武器装备】 wǔqì zhuāngbèi अस्त्र-शस्त्र; शस्त्र; आयुध

【武人】 wǔrén सैनिक; सिपाही

【武生】 wǔshēng परंपरागत ऑपेरा में लड़ने-भिड़ने-वाला पात्र, ऊशङ पात्र

【武师】 wǔshī वह जो युद्ध-कला में कुशल हो; युद्ध-कला मास्टर; ड्रिल मास्टर

【武士】 wǔshì ❶पुराने काल में राजमहल का अंगरक्षक ❷योद्धा; सूरमा; शूर सैनिक

【武士道】 wǔshìdào जापान के सैनिक सरदारों के सम्मान और आचार-व्यवहार की पद्धति, व्यवस्था या संहिता

【武士俑】 wǔshìyǒng योद्धा की आकृति

【武术】 wǔshù चीन का परंपरागत खेल-कूद —— वू शू, मुक्का मारने और अस्त्र चलाने का कला-कौशल

【武松】 Wǔ Sōng चीन के प्रसिद्ध उपन्यास 'पानी के किनारे'（《水浒传》）में एक मुख्य पात्र, जिस ने बाघ मार डाला था

【武戏】 wǔxì लड़ने-भिड़नेवाला ऑपेरा

【武侠】 wǔxiá पुराने काल में वह आदमी, जो युद्ध-कला में कुशल हो और दूसरे को बचाने के लिये अपने प्राण न्योछावर कर सकता हो: ～小说 असियोद्धा की कहानी; खड्गधारी उपन्यास

【武艺】 wǔyì वू शू में कला-कौशल; दे० 武术 wǔshù

【武则天】 Wǔ Zétiān सम्राज्ञी ऊ त्से-थ्यान (ईसा की सातवीं शताब्दी)

【武职】 wǔzhí सैनिक पद; फ़ौजी ओहदा

【武装】 wǔzhuāng ❶अस्त्र; शस्त्र; हथियार: 解除～ हथियार को छीन लेना; बेहथियार करना ❷सशस्त्र; हथि-यारबंद: ～暴动 सशस्त्र विद्रोह ❸हथियार देना; शस्त्र देना: ～党团组织 पार्टी और युवक संघ के संगठनों को हथियार देना ❹हथियारबंद करना; सशस्त्र करना; हथि-

यारों से लैस करना：～千百万民众 कोटि-कोटि जनता को हथियारबंद करना ❺फ़ौजी यूनिट; सशस्त्र सैन्य दल：地方～ स्थानीय सशस्त्र सैन्य दल

【武装部队】 wǔzhuāng bùduì सशस्त्र सेना

【武装冲突】 wǔzhuāng chōngtū हथियारबंद मुठ-भेड़; सशस्त्र मुठभेड़; सशस्त्र टक्कर

【武装带】 wǔzhuāngdài सैनिक अधिकारी की पेटी; बेल्ट

【武装到牙齿】 wǔzhuāng dào yáchǐ एड़ी से चोटी तक हथियारों से लैस होना

【武装颠覆】 wǔzhuāng diānfù सशस्त्र उन्मूलन

【武装斗争】 wǔzhuāng dòuzhēng हथियारबंद संघर्ष; सशस्त्र संघर्ष

【武装夺取政权】 wǔzhuāng duóqǔ zhèngquán सशस्त्र शक्ति से राजनीतिक सत्ता छीन लेना

【武装反抗】 wǔzhuāng fǎnkàng हथियारबंद प्रतिरोध करना

【武装干涉】 wǔzhuāng gānshè सशस्त्र हस्तक्षेप; हथियारबंद दखलंदाज़ी

【武装割据】 wǔzhuāng gējù सशस्त्र स्वाधीन राज्य-व्यवस्था

【武装革命】 wǔzhuāng gémìng सशस्त्र क्रांति

【武装工作队】 wǔzhuāng gōngzuòduì सशस्त्र कार्यदल

【武装警察】 wǔzhuāng jǐngchá सशस्त्र पुलिस

【武装警察部队】 wǔzhuāng jǐngchá bùduì सशस्त्र पुलिस बल

【武装力量】 wǔzhuāng lìliàng शस्त्रबल; सैन्य शक्ति; सशस्त्र सेना; सशस्त्र शक्ति

【武装叛乱】 wǔzhuāng pànluàn सशस्त्र राज्य विद्रोह

【武装起义】 wǔzhuāng qǐyì सशस्त्र विद्रोह; हथियार-बंद बगावत

【武装侵略】 wǔzhuāng qīnlüè हथियारबंद आक्रमण

【武装泅渡】 wǔzhuāng qiúdù शस्त्र लेकर तैरना

【武装群众】 wǔzhuāng qúnzhòng आम जनता को हथियारों से लैस करना

【武装人员】 wǔzhuāng rényuán शस्त्रधारी; सशस्त्र व्यक्ति

【武装示威】 wǔzhuāng shìwēi सशस्त्र प्रदर्शन

【武装特务】 wǔzhuāng tèwù सशस्त्र जासूस

【武装挑衅】 wǔzhuāng tiǎoxìn सशस्त्र रूप से उत्ते-जित करना

【武装袭击】 wǔzhuāng xíjī सशस्त्र आक्रमण

【武装掩护】 wǔzhuāng yǎnhù सशस्त्र बचाव

侮 wǔ अपमान करना; बेइज़्ज़ती करना; हतक करना：欺～ अपमानित करना; बुरा बर्ताव करना / ～谩 अपमानित करना और लांछन लगाना

【侮骂】 wǔmà गाली देना; बुरा-भला करना; गाली-गलौज करना

【侮慢】 wǔmàn अपमान करना; निरादर करना; तुच्छ समझना

【侮蔑】 wǔmiè तिरस्कार करना; तुच्छ समझना; उपेक्षा करना

【侮辱】 wǔrǔ अपमान करना; बेइज़्ज़ती करना; मुंह काला करना

捂（摀） wǔ ढांपना; ढांकना; मढ़ना; उढ़ाना; बंद करना：～鼻子 नाक मढ़ना / ～脸 मुंह ढांपना / ～耳朵 कान बंद करना

【捂盖子】 wǔ gàizi असलियत को छिपाना; सचाई को छिपाना

【捂捂盖盖】 wǔwǔgàigài 〈बो०〉 छिपाना; मढ़ना：你不该对自己所犯的错误～。 तुम्हें अपनी गलती को न छिपाना चाहिये।

鹉（鵡） wǔ दे० 鹦鹉 yīngwǔ

舞 wǔ ❶नाच; नृत्य; नर्तन; डांस：集体～ सामूहिक नृत्य ❷नृत्य करने की तरह हिलना-डुलना; नाचना：手舞足蹈 खुशी से नाचना ❸चलाना; घुमाना; नचाना：～剑 तलवार चलाना / 挥～棍棒 लाठियों को घुमाना

【舞伴】 wǔbàn सहनर्तक; संगी; जोड़ा

【舞弊】 wǔbì ❶कुव्यवहार; अव्यवस्था; बेकायदगी; अ-नियमितता：他的～行为被揭露了。 उस की बेकायदगी का पर्दाफ़ाश किया गया है। ❷गबन के काम में प्रवृत्त होना

【舞步】 wǔbù पद; कदम

【舞场】 wǔchǎng नृत्यशाला; डांसहाल

【舞池】 wǔchí डांस फ़्लोर

【舞蹈】 wǔdǎo नाच; नृत्य; नर्तन; डांस：～动作 नृत्य की चाल / ～演员 नचनिया; नर्तक; नर्तकी; डांसर / ～学校 नृत्य स्कूल / ～艺术 नृत्य कला

【舞蹈病】 wǔdǎobìng 〈चिकि०〉 स्नायविक कंपन; बच्चों का एक रोग जिस में उन्हें अपने अंगों पर कोई नियंत्रण नहीं रहता

【舞动】 wǔdòng हिलाना; चलाना; घुमाना; नचाना

【舞会】 wǔhuì नाच-पार्टी; डांस：举行～ नाच-पार्टी का आयोजन करना

【舞剧】 wǔjù नृत्यनाट्य：～团 नृत्यनाट्य मंडली

【舞客】 wǔkè नृत्यशाला का मेहमान

【舞迷】 wǔmí नृत्य अनुरागी; डांस फ़ींड

【舞弄】 wǔnòng नचाना; चलाना; घुमाना：～刀枪 तलवार और भाला घुमाना

【舞女】 wǔnǚ नर्तकी; डांसिंग गर्ल

【舞曲】 wǔqǔ नृत्य संगीत

【舞台】 wǔtái रंग मंच; रंग क्षेत्र; रंग भूमि; नाट्य मंच; मंच; स्टेज：～布景 (स्टेज) सीनरी / ～灯光 स्टेज लाइट्स; लाइटिंग / ～工作人员 स्टेज हैंड / ～监督 स्टेज डाइरेक्टर; स्टेज मैनेजर / ～设计 रंगमंच के डिज़ाइन; स्टेज डिज़ाइन / ～效果 रंगमंचीय प्रभाव; स्टेज इफ़ेक्ट / ～艺术 स्टेजक्राफ़्ट / ～照明 रंगमंच पर प्रकाश व्यवस्था / 政治～ राजनीतिक मंच; राजनीतिक रंगमंच / 在国际～上 अंतर्राष्ट्रीय मंच पर / 退出历史～ इतिहास के मंच से नीचे उतरना

【舞台记录片】 wǔtái jìlùpiàn ऑपेरा-नाटक फ़िल्म; स्टेज डोक्युमेंटरी

【舞厅】 wǔtīng नाच घर; डांस हाल; बालरूम

【舞文弄墨】 wǔwén-nòngmò （舞文弄法 wǔ-wén-nòngfǎ भी）❶न्यायविधान को तोड़-मरोड़ कर गलत काम में लगाना ❷(शब्द का) अन्यथा अर्थ लगाना; कुछ का कुछ अर्थ लगाना

【舞艺】 wǔyì （舞技 wǔjì भी）नाचने की दक्षता; नाच-कौशल; डांसिंग स्किल

【舞姿】 wǔzī नाचने का रंगढंग; नाच का रंगढंग

wù

兀 wù 〈लि०〉 ❶ऊंचा उठना; ऊपर को आना या जाना ❷(पर्वत) वृक्षरहित; (जानवरों इत्यादि के विषय में) बिना बाल का; बिना पर का

【兀傲】 wù'ào 〈लि०〉 अभिमानी; घमंडी; उद्दंड

【兀鹫】 wùjiù गिद्ध; करगस

【兀立】 wùlì सीधा खड़ा होना

【兀臬】 wùniè दे० 杌陧 wùniè

【兀突】 wūtū आकस्मिक; एकाएक; अचानक; बहुत तेज़; बहुत विस्मय：人们没想到这件事会发生得如此～。लोगों ने सोचा भी नहीं था कि यह घटना इतनी तेज़ी से घट गई। / 这却使我感到有些～。इस से मुझे बहुत विस्मय हुआ।

【兀自】 wùzì 〈बो०〉 तब भी; तभी; फिर भी; इस पर भी：想起那天的事，他的心～突突地跳。उस दिन की बात सोचने पर भी उस का हृदय धक्-धक् करता है।

勿 wù (मनाही या रोक के अर्थ में प्रयुक्त) मत, न：请～入内。अंदर मत जाओ। / 请～吸烟。सिगरेट मत पियो।

【勿谓言之不预】 wù wèi yán zhī bù yù फिर हमें दोष मत देना कि तुम्हें पहले चेतावनी न दी थी

乌（烏） wù नीचे दे०
wū भी दे०

【乌拉】 wùla एक तरह का चमड़े का जूता जिस के अंदर ऊला घास भरी होती है
wūlā भी दे०

【乌拉草】 wùlacǎo 〈वन०〉 ऊला घास जो उत्तर-पूर्वी चीन में उगती है

戊 wù आकाशीय स्तंभ में पंचम

【戊肝】 wùgān वॉयरल हैपीटाईटस टाईप 'ई'

【戊戌变法】 Wùxū Biànfǎ （戊戌维新、百日维新 Wùxū Wéixīn, Bǎirì Wéixīn भी）1898 ई० वैधानिक सुधार; 1898 ई० सुधारवादी आंदोलन

务（務） wù ❶काम; कार्य; मामला：任～ काम; कार्य / 公～ सरकारी मामला / 不急之～ वे तमाम काम जो फ़ौरी न हों ❷कार्य के लिये निरत रहना; लग जाना; मन लगाना ❸अवश्य; ज़रूर; निश्चित रूप से：～要使大家明了这一点。यह अवश्य हर एक को साफ़-साफ़ समझना चाहिये। / ～请光临指导。आप ज़रूर आएं और हमारा मार्गदर्शन करें। / ～绝汪党 वांग चिंग-वेई （汪精卫）जैसे लोगों के गिरोह को निश्चित रूप से नष्ट कर दिया जाए। ❹ताकि：～使各得其所。ताकि हर किसी के जीवन-यापन का मुनासिब इंतज़ाम हो जाए।

【务必】 wùbì अवश्य; ज़रूर：你～在本周内去看望他一次。तुम इस हफ़्ते उसे अवश्य देखने जाना। / 这封信请你～准时送到。इस पत्र को तुम अवश्य समय पर पहुंचाओ।

【务农】 wùnóng खेती करना; खेतीहर होना：回乡～ जन्मभूमि वापस जाकर खेती करना

【务期】 wùqī अवश्य; ज़रूर; निश्चित रूप से：～按时归来 ठीक समय पर अवश्य वापस आना / ～必克 निश्चित रूप से जीत हासिल कर लेना

【务求】 wùqiú अवश्य; ज़रूर; निश्चित रूप से：此事～妥善解决 इस समस्या का ज़रूर समुचित समाधान करना / ～早日完成任务 इस कार्य को निश्चित रूप से जल्द ही जल्द पूरा करना

【务实】 wùshí ❶ठोस काम पर लग जाना या वाद-विवाद करना ❷व्यवहार-कुशल; व्यवहार-योग्य：～的政府 व्यवहार-योग्य सरकार / ～的政治家 व्यवहार-कुशल राजनीतिज्ञ

【务使】 wùshǐ निश्चित करना; अवश्य करना：～老年人得到适当的照顾。बूढ़े-बुढ़ियों की अवश्य उचित देखभाल की जाए।

【务须】 wùxū दे० 务必 wùbì

【务虚】 wùxū राजनीति, विचारधारा, नीति या सिद्धांत आदि विषय पर वाद-विवाद करना

【务正】 wùzhèng शुद्ध कार्य करना; न्यायोचित व्यवसाय करना：不～业 अन्यायपूर्ण व्यवसाय करना

坞（塢、隖） wù ❶वह जगह जो चारों ओर से ऊंची है और बीचोंबीच नीची है ❷धंसी हुई जगह：船～ जहाज़-घाट ❸〈लि०〉 दुर्ग; किला

芴 wù 〈रसा०〉 फ़्लोरीन

杌 wù चौकी; स्क्वेयर स्टूल

【杌凳】 wùdèng दे० 杌子 wùzi

【杌陧】 wùniè 〈लि०〉 ❶(स्थिति, व्यवस्था आदि) अ-स्थिर; अव्यवस्थित; अशांत ❷बेचैन; घबड़ाहटपूर्ण

【杌子】 wùzi चौकी; स्टूल

物 wù ❶माल; चीज़; द्रव्य; वस्तु; संपत्ति：公～ सार्वजनिक संपत्ति / 货～माल ❷अपने से भिन्न; दूसरे का; पराया：待人接物 dàirén jiēwù ❸विषय-वस्तु; सार：空洞无～ खोखला; शून्य; निस्सार; निस्तत्व

【物产】 wùchǎn उत्पादित वस्तु; उत्पाद; उपज; निर्मित वस्तु：～丰富。उत्पादन-संपदा प्रचुर है।

【物故】 wùgù <लि०> मर जाना; चल बसना
【物归原主】 wù guī yuánzhǔ जिस का माल उस को वापस देना
【物候学】 wùhòuxué ऋतु जैविकी; ऋतु जैविक; चर्या-विज्ञान; फ़ीनोलौजी
【物化】 wùhuà <लि०> मर जाना; चल बसना
【物换星移】 wùhuàn-xīngyí (星移物换 xīng-yí-wùhuàn भी) वस्तुएँ बदलती हैं और तारे आगे चले जाते हैं —— ऋतुओं का बदलना और समय का टलना
【物极必反】 wùjí-bìfǎn किसी चीज़ को अगर हद से ज़्यादा दूर तक धकेला जाए तो वह अपने विपरीत तत्व में बदल जाती है; जब कोई चीज़ सीमा पर पहुंच जाती है तो उस का विपरीत दिशा में परिवर्तन होना अनिवार्य हो जाता है
【物价】 wùjià चीज़ों का दाम; दाम; भाव; मूल्य; कीमत: ～波动 भाव का अस्थिर होना / ～年年上涨。 चीज़ों के भाव तो हर साल चढ़ते जाते हैं।
【物价补贴】 wùjià bǔtiē महंगाई-भत्ता
【物价波动】 wùjià bōdòng दाम का अस्थिर होना
【物价飞涨】 wùjià fēizhǎng चीज़ों के दामों का आसमान से बातें करना; महंगाई बढ़ना
【物价高涨】 wùjià gāozhǎng चीज़ों के भाव बेहद चढ़ जाना: 制止～ महंगाई की रोकथाम करना
【物价稳定】 wùjiè wěndìng माल भाव का स्थिर होना: ～，市场繁荣。 कीमतें स्थिर हैं और बाज़ारों में खूब चहलपहल है।
【物价下跌】 wùjiè xiàdiē बाज़ार का मंदा होना; भाव का गिरना
【物价政策】 wùjià zhèngcè माल भाव की नीति
【物价指数】 wùjià zhǐshù मूल्य सूचनांक; प्राइस इंडेक्स
【物件】 wùjiàn वस्तु; चीज़
【物尽其用】 wùjìnqíyòng हर पदार्थ का अच्छी तरह इस्तेमाल करना
【物镜】 wùjìng <भौ०> ओबजिक्टिव; ओबजिक्टलेंस
【物理】 wùlǐ ❶वस्तुओं का अंदरूनी नियम ❷भौतिक विज्ञान; भौतिक शास्त्र; फ़िज़िक्स
【物理变化】 wùlǐ biànhuà भौतिक रूपांतर; फ़िज़िकल चैंज
【物理化学】 wùlǐ huàxué भौतिक रसायन; फ़िज़िकल कैमिस्ट्री
【物理疗法】 wùlǐ liáofǎ बिजली द्वारा इलाज; विद्युत चिकित्सा; फ़िज़िकल थेरापी
【物理性质】 wùlǐ xìngzhì भौतिक गुण; फ़िज़िकल प्रोपर्टी
【物理学】 wùlǐxué भौतिक विज्ञान; भौतिक शास्त्र; फ़िज़िक्स: ～家 भौतिक वैज्ञानिक; फ़िज़िसिस्ट
【物理诊断】 wùlǐ zhěnduàn भौतिक निदान; फ़िज़िकल डायगनोसिस
【物力】 wùlì भौतिक साधन; भौतिक साधन स्रोत: 人力～ जन शक्ति और भौतिक साधन स्रोत / 爱惜～ भौतिक साधनों का उपयोग बचा-बचाकर करना
【物美价廉】 wùměi-jiàlián (价廉物美 jiàlián-wùměi भी) (माल) सुंदर और सस्ता
【物品】 wùpǐn सामान; सामग्री; माल; चीज़; पदार्थ: 零星～ फुटकर माल / 随身携带的～ अपने साथ ले जानेवाला माल / 贵重～ कीमती सामान; बहुमूल्य सामान
【物权】 wùquán धन-सम्पत्ति इत्यादि पर वास्तविक अधिकार
【物色】 wùsè ढूंढ़ना; खोजना: ～人才 सुयोग्य व्यक्ति को खोजना
【物伤其类】 wùshāngqílèi दे० 兔死狐悲 tùsǐ-húbēi
【物事】 wùshì ❶<लि०> मामला; बात; काम; व्यवसाय ❷<बो०> माल; वस्तु; चीज़: 啥～ क्या चीज़
【物体】 wùtǐ द्रव्य; पदार्थ; वस्तु; चीज़: 运动～ गतिशील द्रव्य / 透明～ पारदर्शक पदार्थ
【物外】 wùwài <लि०> वर्गों से ऊपर या बाहर
【物象】[1] wùxiàng आकार; आकृति; रूप
【物象】[2] wùxiàng प्रतिबिंब
【物业】 wùyè सम्पत्ति
【物业管理】 wùyè guǎnlǐ सम्पत्ति प्रबंधन
【物以类聚，人以群分】 wùyǐlèijù, rényǐqúnfèn समान किस्मवाली चीज़ें एक साथ जमा हो जाती हैं और भिन्न मत रखनेवाले लोग अलग-अलग बंट जाते हैं; चोर-चोर मौसेरे भाई
【物以稀为贵】 wù yǐ xī wéi guì जो चीज़ कम है वह कीमती होती है
【物议】 wùyì <लि०> सामाजिक आलोचना: 免遭～ सामाजिक आलोचना से बच जाना
【物语】 wùyǔ कहानी
【物欲】 wùyù भौतिक लालसा; सांसारिक लालसा
【物证】 wùzhèng सदेह प्रमाण
【物质】 wùzhì ❶द्रव्य; पदार्थ; वस्तु: ～不灭 द्रव्य की अविनाशता ❷वस्तुगत; भौतिक: ～财富 भौतिक संपत्ति / ～力量 भौतिक शक्ति / ～条件 भौतिक परिस्थितियां / ～享受 भौतिक सुखभोग
【物质不灭定律】 wùzhì bùmiè dìnglǜ द्रव्य की अविनाशता का नियम
【物质刺激】 wùzhì cìjī भौतिक उत्तेजना
【物质供应】 wùzhì gōngyìng सामग्री की सप्लाई
【物质鼓励】 wùzhì gǔlì भौतिक प्रोत्साहन
【物质基础】 wùzhì jīchǔ भौतिक आधार
【物质利益】 wùzhì lìyì आर्थिक लाभ
【物质名词】 wùzhì míngcí पदार्थवाचक संज्ञा
【物质生产】 wùzhì shēngchǎn भौतिक उत्पादन
【物质生活】 wùzhì shēnghuó भौतिक जीवन: ～水平 भौतिक जीवन-स्तर / ～条件 भौतिक जीवन की परिस्थिति / 改善～ भौतिक जीवन को सुधारना
【物质世界】 wùzhì shìjiè भौतिक संसार; वस्तु-जगत्
【物质文明】 wùzhì wénmíng भौतिक सभ्यता: 建设～ भौतिक सभ्यता का निर्माण करना

【物质性】 wùzhìxìng भौतिकता
【物质运动】 wùzhì yùndòng पदार्थ की गति
【物种】 wùzhǒng 〈वन०〉 जाति; स्पिशीज़
【物主】 wùzhǔ स्वामी; मालिक; अधिकारी
【物资】 wùzī द्रव्य; वस्तु; माल; सामान: 作战～ लड़ाई का सामान / ～交流 व्यापार की वस्तुओं का आदान-प्रदान

误（誤、悞） wù ❶गलती; भूल: 笔～ लिखने की गलती ❷छूट जाना: ～了火车 रेलगाड़ी का छूट जाना ❸रुकावट डालना; बाधा डालना: 生产学习两不～。न उत्पादन में और न अध्ययन में रुकावट पड़े; उत्पादन और अध्ययन दोनों का नुकसान न हो। ❹गलती से; भूल से: ～伤 गलती से चोट पहुंचाना / ～把友谊当爱情 गलती से मित्रता को प्यार समझना ❺नुकसान पहुंचाना; क्षति पहुंचाना; दूषित करना: ～人子弟 दूसरों के बेटों को क्षति पहुंचाना; छात्रों को नुकसान पहुंचाना
【误差】 wùchā भूल-चूक; एरर: 平均～ औसत भूल-चूक
【误差函数】 wùchā hánshù एरर फ़ंक्शन
【误差率】 wùchālǜ एरर रेट
【误场】 wùchǎng (अभिनय करते समय अभिनेता का) मंच पर पहुंचने में देर होना
【误传】 wùchuán असत्य कथन
【误导】 wùdǎo गलती से मार्गदर्शन करना; गलत रास्ते पर डालना
【误点】 wùdiǎn (गाड़ी आदि का) लेट होना: 飞机～了。विमान लेट हो गया। / 火车～十分钟。रेलगाड़ी दस मिनट लेट हो गई।
【误工】 wùgōng काम में समय की बरबादी करना
【误国】 wùguó देश को रसातल में पहुंचाना: ～政策 देश को रसातल में पहुंचानेवाली नीति
【误会】 wùhuì ❶गलत समझना; समझने में भूल करना: 你～了我的意思。मेरा मतलब तुम ने गलत समझा है। ❷मिथ्यामति; गलतफ़हमी; भ्रांति: 消除～ गलतफ़हमी को दूर करना
【误解】 wùjiě ❶गलत समझना; उलटा समझना: 他～了我的话。उस ने मेरी बात गलत समझी है। ❷गलतफ़हमी; भ्रांति: 这是你的～。यह तुम्हारी गलतफ़हमी है।
【误期】 wùqī अवधि चूक जाना; समय से पिछड़ जाना: 这项工程～了。यह परियोजना समय से पीछे हो गई है या पिछड़ गई है।
【误区】 wùqū गलतफ़हमी
【误人不浅】 wù rén bù qiǎn लोगों को भारी नुकसान पहुंचाना
【误入歧途】 wùrù-qítú भुलावे में पड़ना
【误杀】 wùshā 〈का०〉 गलती से मार डालना
【误伤】 wùshāng गलती से चोट करना
【误事】 wùshì काम या व्यवसाय में देर करना; अवसर चूक जाना
【误诊】 wùzhěn ❶गलती से निदान करना: 把肺炎～为感冒 निमोनिया को गलती से ज़ुकाम समझ कर निदान करना; निमोनिया की जगह गलती से ज़ुकाम का इलाज करना; बीमारी की गलत पहचान करना ❷इलाज करने में देर करना

恶（惡） wù नापसंद करना; अरुचि रखना; नफ़रत करना; घृणा करना: 好～ पसंद और नापसंद / 可～ कुत्सित; घृणित
ě; è; wū भी दे०

悟 wù समझ जाना; जग जाना; जाग उठना: 他～出了其中的道理。इस का कारण वह समझ गया है।
【悟彻】 wùchè पूर्ण रूप से समझ जाना
【悟道】 wùdào सचाई समझना; असलियत समझना
【悟解】 wùjiě समझ लेना
【悟性】 wùxìng समझने की शक्ति; समझदारी; बुद्धि; सूझ-बूझ; विवेक
【恶寒】 wùhán 〈ची०चि०〉 सर्दी के प्रतिकूल होना

晤 wù मिलना; देखना; मुलाकात करना; इंटरव्यू लेना: 会～ भेंट करना
【晤面】 wùmiàn （晤见 wùjiàn भी） देखना; मिलना; भेंट करना
【晤谈】 wùtán भेंट और वार्त्तालाप करना

焐 wù गर्म करना: ～手 हाथ को गर्म करना / 把被褥～热 बिस्तर को गर्म करना

靰 wù नीचे दे०
【靰鞡】 wùla दे० 乌拉 wùla

骛（鶩） wù 〈लि०〉 ❶तीव्र गति से इधर-उधर दौड़ना: 驰～ तेज़ी से दौड़ना ❷चाहना; पसंद करना; खोज करना; अनुसरण करना; लालायित रहना: 好高～远 दे० 好高务远 hàogāo wùyuǎn

雾（霧） wù ❶कुहरा; कुहासा; कुहा: 中午时分～就散了。दोपहर को कुहरा हट जाता है। ❷कुहरे जैसी बूंदें; फुहारा: 喷～器 छिड़ने का यंत्र; फुहारात्रि; स्प्रैयर
【雾霭】 wù'ǎi 〈लि०〉 कुहरा; कुहा
【雾标】 wùbiāo कुहरे का तैराक पीपा या काठ का टुकड़ा; फ़ॉग ब्वाए
【雾沉沉】 wùchénchén कुहरे से आच्छन्न; कुहावृत; धूमिल
【雾重庆】 wùchóngqìng धुंधला छुङछिङ
【雾滴】 wùdī 〈वाता०सं०〉 बुंदकी; बुंदिया; ड्राप्लेट
【雾虹】 wùhóng कुहरा-धनुष; इंद्रधनुष
【雾化】 wùhuà कणीकरण; ऐटमाइज़
【雾化器】 wùhuàqì ऐटमाइज़र
【雾里看花】 wùlǐ-kànhuā कुहरे में फूल देखना —— अस्पष्ट दृष्टि

【雾茫茫】 wùmángmáng कुहरे से ढंका हुआ; धुंध भरा;धुंधला： 山上～的，只能看到它的轮廓。पर्वत कुहरे से ढंका हुआ है, केवल उस का हल्का सा आकार ही दिखाई दे सकता है।

【雾气】 wùqì कुहरा; कोहर; भाप; वाष्प

【雾凇】 wùsōng <मौ०> पाला; तुहिन： ～雾 तुहिनवाला कुहरा; राइम फ़ोग

【雾腾腾】 wùténgténg कुहरे से ढंका हुआ; धुंध भरा; धुंधला： 前面～的，什么也看不见。सामने कुहरा ही कुहरा है, कुछ भी दिखाई नहीं पड़ता।

寤 wù <लि०> ❶जग जाना; जाग उठना ❷दे० 悟 wù

骛（騖） wù <लि०> बत्तख： 趋之若～ बत्तखों की तरह झुंड के झुंड दौड़ना —— कोई बुरी वस्तु प्राप्त करने के लिये प्रतिद्वंद्वियों के साथ खींचातानी करना

X

xī

夕 xī ❶सूर्यास्त: 夕阳 / 夕照 ❷संध्या; शाम; रात्रि; रात: 除～ वसन्तोत्सव की पूर्ववेला / 前～ पूर्ववेला

【夕晖】 xīhuī शाम का झुटपुटा

【夕烟】 xīyān शाम का कुहरा

【夕阳】 xīyáng अस्त-सूर्य; संध्या-सूर्य; डूबता सूरज; शाम का सूरज: ～西下。संध्या-सूर्य पश्चिम में डूब रहा है।

【夕阳产业】 xīyáng chǎnyè सूर्यास्त उद्योग; धीरे-धीरे समाप्त होते उद्योग

【夕照】 xīzhào संध्या-सूर्य की दीप्ति; शाम की सूर्य-किरणें

兮 xī <लि०> (प्राचीन पद्य में एक लघु-अवयव जो चरण के बीच या अंत में आकर यति या विस्मयादि भाव सूचित करता है): 风萧萧～易水寒，壮士一去～不复还。दर्द की पीड़ा से सनसनाती हुई बह रही है हवा, उस की पीड़ा से मानो ई नदी भी ठिठुर गई है; एक वीर आरंभ करता है यात्रा, वह फिर कभी लौट कर नहीं आएगा।

西 xī ❶पश्चिम: ～半球 पश्चिमी गोलार्द्ध / ～边 पश्चिम; पश्चिमी ओर ❷ (Xī) पाश्चात्य; पश्चिमी: ～服 पश्चिमी शैली की पोशाक; सूट / ～餐 यूरोपीय भोजन; विलायती भोजन ❸ (Xī) एक कुलनाम

【西安】 Xī'ān शीआन (शेनशी 陕西 प्रांत की राजधानी)

【西安事变】 Xī'ān Shìbiàn शीआन घटना (दिसंबर 12, 1936 ई० सेनापति चांग श्वे-ल्यांग 张学良 तथा यांग हू-छंग 杨虎城 ने शीआन नगर में च्यांग च्ये-श् 蒋介石 को नज़रबंद कर दिया और उस से यह मांग की कि वे गृहयुद्ध बंद करें तथा चीनी कम्युनिस्ट पार्टी से सहयोग करके जापानी आक्रमण विरोधी युद्ध करें)

【西班牙】 Xībānyá स्पेन: ～人 स्पेनी / ～语 स्पेनी (भाषा)

【西北】 xīběi ❶पश्चिमोत्तर ❷ (Xīběi) पश्चिमोत्तर चीन (जिस में शेनशी 陕西, कानसू 甘肃, छिंगहाए 青海, निंगशा 宁夏 और शिंगच्यांग 新疆 शामिल हैं)

【西北风】 xīběifēng पश्चिमोत्तरी वायु; उत्तरी-पश्चिमी हवा

【西宾】 xībīn दे० 西席

【西伯利亚】 Xībólìyà साइबेरिया

【西点】 xīdiǎn यूरोपीय पेस्ट्री; विलायती पेस्ट्री

【西法】 xīfǎ यूरोपीय तरीका: ～洗染 यूरोपीय तरीके से कपड़ा धोना, संवारना और रंगना

【西番莲】 xīfānlián ❶पैशनफ़्लावर ❷डालिया

【西方】 xīfāng ❶पश्चिम ❷ (Xīfāng) पश्चिम: ～国家 पश्चिमी देश ❸दे० 西天

【西非】 XīFēi पश्चिमी अफ़्रीका

【西风】 xīfēng ❶पश्चिमी वायु; पछुवां (हवा) ❷शरद की वायु; पतझड़ की हवा ❸<ला०> कम होते प्रभाव

【西凤酒】 xīfèngjiǔ शेनशी (陕西) प्रांत की फ़ंगश्यांग (凤翔) काउंटी में निर्मित एक प्रसिद्ध तेज़ शराब

【西宫】 xīgōng ❶पश्चिमी प्रासाद ❷सम्राट की उपपत्नियों का निवास स्थान) ❸सम्राट की उपपत्नियां

【西瓜】 xīguā तरबूज़: ～子 तरबूज़ का बीज

【西汉】 Xī Hàn पश्चिमी हान राजवंश (206 ई०पू० -24 ई०)

【西红柿】 xīhóngshì टमाटर

【西葫芦】 xīhúlu <वन०> लौकी; कद्दू

【西湖】 Xīhú पश्चिमी झील, चीन में बहुत से स्थानों में बहुत सी झीलों का नाम, इन में से हांगचओ की झील सब से प्रसिद्ध है

【西化】 xīhuà यूरोपीकरण

【西画】 xīhuà दे० 西洋画

【西晋】 Xī Jìn पश्चिमी चिन राजवंश (265-316 ई०)

【西经】 xījīng पश्चिमी देशांतर (रेखा)

【西口】 xīkǒu शानशी (山西) प्रांत में लंबी दीवार के द्वार

【西历】 xīlì <पुराना> ग्रैगोरी कैलेण्डर

【西门】 Xīmén एक द्विअक्षर कुलनाम

【西孟加拉】 Xīmèngjiālā पश्चिमी बंगाल प्रदेश

【西米】 xīmǐ <वन०> साबूदाना; सागू

【西面】 xīmian पश्चिम; पश्चिमी ओर

【西姆拉】 Xīmǔlā शिमला

【西南】 xīnán ❶दक्षिण-पश्चिम ❷ (Xīnán) दक्षिण-पश्चिम चीन (जिस में स्छ्वान 四川, युननान 云南, क्वैचओ 贵州 और तिब्बत 西藏 शामिल हैं)

【西南风】 xīnánfēng दक्षिण-पश्चिमी वायु

【西宁】 Xīníng शीनिंग (छिंगहाए प्रांत की राजधानी)

【西欧】 Xī Ōu पश्चिमी यूरोप

【西皮】 xīpí शीफी (चीनी परम्परागत ऑपेराओं में संगीत की दो मुख्य शैलियों में से एक)

【西撒哈拉】 Xīsāhālā पश्चिमी सहारा

【西萨摩亚】 Xīsàmóyà पश्चिमी समोय

【西沙群岛】 Xīshā Qúndǎo शीशा द्वीपसमूह

【西晒】 xīshài पश्चिम की ओर खुला कमरा (गरमियों के

दिन दोपहर में गरम)
【西施】 Xīshī ❶वसंत-शरद（春秋）काल में एक प्रसिद्ध सुन्दरी का नाम ❷सुन्दरी; सुन्दर स्त्री
【西式】 xīshì पश्चिमी शैली या ढंग: ～点心 पश्चिमी शैली की पेस्ट्री
【西天】 xītiān ❶पश्चिमी स्वर्ग (प्राचीन काल में चीनी बौद्धों द्वारा भारत के लिए प्रयुक्त नाम) ❷<बौद्ध धर्म> पश्चिमी स्वर्गलोक
【西王母】 Xīwángmǔ प्राचीन काल में एक पौराणिक देवी जो खुनलुन（昆仑）पर्वत के याओ सरोवर（瑶池）के पास रहती थी, उस के उद्यान में आड़ू के वृक्ष थे जिस का फल खाकर मनुष्य अमर होता था
【西魏】 Xī Wèi पश्चिमी वेइ राजवंश (535-556 ई०) (उत्तरी राजवंशों 北朝 में से एक) —— दे० 北朝 Běi Cháo
【西西】 xīxī <पुराना> क्यूबिक सेंटीमीटर; सी०सी०
【西席】 xīxí <पुराना> <आदर०> निजी शिक्षक या सेक्रेटरी; गृह-शिक्षक
【西夏】 Xī Xià पश्चिमी शा शासन (1038-1227 ई०)
【西学】 xīxué पश्चिमी ज्ञान (छिंग राज्य के अंत में पश्चिमी प्राकृतिक और सामाजिक विज्ञानों के लिए प्रयुक्त नाम)
【西亚】 Xī Yà （西南亚 Xīnán Yà भी）दक्षिण-पश्चिमी एशिया
【西洋】 Xīyáng ❶पश्चिम; पश्चिमी संसार: ～人 पश्चिम-निवासी; युरोपियन ❷<प्रा०> इंडोनेशिया, मलाया, भारत, श्रीलंका, अरब प्रायद्वीप, पूर्वी अफ़्रीका आदि स्थान: 郑和下～ चंग ह की उक्त स्थानों की यात्रा
【西洋画】 xīyánghuà पश्चिमी चित्रकला
【西洋景】 xīyángjǐng （西洋镜 xīyángjìng भी）❶बाइस्कोप; पीप-शो ❷छल; कपट; चालबाज़ी: 拆穿～ किसी की चालबाज़ी या छल-कपट का पर्दाफ़ाश करना
【西洋参】 xīyángshēn अमरीकी जेनशेन
【西洋史】 xīyángshǐ पश्चिमी संसार या देशों का इतिहास
【西药】 xīyào पश्चिमी औषध; पश्चिमी चिकित्सा-प्रणाली वाली औषधि
【西医】 xīyī ❶पश्चिमी चिकित्सा; पश्चिमी डॉक्टरी ❷डॉक्टर; पश्चिमी चिकित्सा-प्रणाली वाला डॉक्टर
【西印度群岛】 Xīyìndù Qúndǎo पश्चिमी द्वीप-समूह; वेस्ट इंडीज़
【西语】 xīyǔ ❶पश्चिमी भाषाएँ: ～系 पश्चिमी भाषा विभाग ❷（Xīyǔ）西班牙语 xībānyáyǔ का संक्षिप्त रूप
【西域】 Xīyù हान राजवंश में यूमंगक्कान（玉门关）के पश्चिम के क्षेत्र (जिस में आधुनिक शिनच्यांग 新疆 और मध्य एशिया के कई भाग शामिल हैं) के लिए प्रयुक्त नाम
【西元】 xīyuán ईसवी सन का पुराना नाम —— दे० 公元 gōngyuán
【西乐】 xīyuè पश्चिमी संगीत
【西岳】 Xī Yuè पश्चिमी पर्वत (शेनशी 陕西 प्रांत में हवा पर्वत 华山 का दूसरा नाम)
【西崽】 xīzǎi <पुराना> <अना०> विदेशी कंपनी, रेस्तोरां आदि व्यवसायों में काम करने वाले व्यक्ति या नौकर
【西藏】 Xīzàng तिब्बत: ～自治区 तिब्बत स्वायत्त प्रदेश
【西周】 Xī Zhōu पश्चिमी चओ राजवंश (1046-771 ई०पू०)
【西装】 xīzhuāng पश्चिमी लिबास; सूट
【西子】 Xīzǐ 西施 का दूसरा नाम

吸 xī ❶(सांस) लेना, खींचना; (सिग्रेट) पीना: ～气 सांस लेना या खींचना / ～几口烟 सिगरेट के कई कश खींचना ❷चूसना: ～血鬼 रुधिरपान करने वाला; खून चूसने वाला पिशाच; खूनखोर / ～奶 दूध चूसना ❸सोखना: ～尘器 धूल ग्राहक यंत्र; डस्ट कलैक्टर / ～墨纸 सोख़्ता; स्याहीचट ❹(अपनी ओर) आकर्षित करना: ～铁石 चुंबक पत्थर; मकनातीस
【吸虫】 xīchóng फ़्लूक: 肝～ यकृत फ़्लूक
【吸毒】 xīdú (अफ़ीम, हेरोइन, कोकीन आदि) उपशामक औषध पीना: ～者 उक्त औषध पीने वाला
【吸附】 xīfù <रसा०> अभिलग्न करना: ～作用 अभिलग्नता
【吸附剂】 xīfùjì ऐब्सॉर्बेंट
【吸附器】 xīfùqì ऐब्सॉर्बर
【吸附水】 xīfùshuǐ ऐब्सॉर्बड वाटर
【吸管】 xīguǎn ❶नली (पानी, पेय आदि पीने के लिए प्रयुक्त) ❷<चिकि०> सिंगी; सींगी (शरीर का दूषित रक्त या मवाद चूसकर निकालने के लिए प्रयुक्त)
【吸力】 xīlì आकर्षणशक्ति
【吸纳】 xīnà सोखना; समाविष्ट कर लेना
【吸奶器】 xīnǎiqì स्तन पम्प; ब्रेस्ट पम्प
【吸泥泵】 xīníbèng ड्रेज पम्प
【吸盘】 xīpán (कुछ पशुओं का) चूसने वाला चक्र; सकिंग डिस्क; सकर
【吸取】 xīqǔ चूसना; ग्रहण करना: ～教训 सबक सीखना या लेना / ～经验 अनुभव ग्रहण करना / ～智慧和力量 बुद्धि और शक्ति प्राप्त करना / ～养料 पोषक तत्व प्राप्त कर लेना
【吸热】 xīrè ताप जज़्ब कर लेना
【吸声】 xīshēng ध्वनि को जज़्ब कर लेने वाला; ध्वनि-संबंधी: ～瓷砖 अकाउस्टिक टाइल
【吸湿】 xīshī आर्द्रता सोखना
【吸食】 xīshí (पेय, भोजन, औषध आदि) सोखना; पीना; खाना
【吸收】 xīshōu ❶सोखना; ग्रहण करना; प्राप्त करना; आत्मसात करना; अपना लेना: ～食物 भोजन को अपनाना / ～外国的进步文化 विदेशी प्रगतिशील संस्कृति को आत्मसात करना / ～养分 पोषक तत्व प्राप्त करना / ～群众意见 जन-समुदाय के विचारों को ग्रहण करना ❷(सेना, संगठन आदि के लिए) भरती करना: ～大量知识分子 बुद्धिजीवियों को बड़ी तादाद में भरती करना / ～先进人物参加党 प्रगतिशील व्यक्ति को पार्टी में शामिल कर लेना / ～新鲜血液入党 पार्टी में नए खून को समाविष्ट करना

【吸收光谱】 xīshōu guāngpǔ 〈भौ०〉 ऐब्सॉर्पशन स्पेक्ट्रम
【吸收剂】 xīshōujì ऐब्सॉर्बेंट
【吸收塔】 xīshōutǎ 〈रसा०〉 प्रचूषी मीनार; ऐब्सॉर्पशन टॉवर
【吸吮】 xīshǔn चूसना; सोखना
【吸烟】 xīyān धूम्रपान करना; सिगरेट पीना
【吸引】 xīyǐn आकर्षित करना; लुभाना: ～注意力 ध्यान आकर्षित करना / ～敌人几支部队于某地 दुश्मन की कुछ फ़ौजी यूनिटों को किसी जगह में उलझा लेना

汐 xī रात का ज्वार —— दे० 潮汐 cháoxī

希[1] xī आशा: ～准时到会。आशा है कि आप समय पर सभा में आएंगे।

希[2] xī 稀 xī के समान: ～奇 अद्भुत; अनोखा; विचित्र
【希伯来语】 Xībóláiyǔ हीब्रू (भाषा); यहूदियों की भाषा
【希罕】 xīhan ❶अद्भुत; अनोखा; विचित्र: ～的东西 अनोखी चीज़ ❷किसी वस्तु को अद्भुत समझकर पसंद करना: 谁～你的臭钱? तुम्हारे घिनौने पैसे को कौन पसंद करता है? ❸अनोखी चीज़; असामान्य वस्तु: 这恐龙蛋可真是个～儿。डाइनोसौर का यह अंडा सचमुच एक असामान्य वस्तु है।
【希冀】 xījì 〈लि०〉 (के लिए) आशा करना; चाहना
【希腊】 Xīlà ग्रीस
【希腊人】 Xīlàrén ग्रीक
【希腊语】 Xīlàyǔ ग्रीक (भाषा)
【希腊正教】 Xīlà zhèngjiào ग्रीक ऑर्थोडॉक्स चर्च
【希腊字母】 Xīlà zìmǔ ग्रीक वर्णमाला
【希求】 xīqiú ❶(के लिए) आशा होना; इच्छा होना; चाहना ❷जिस के लिए आशा या इच्छा हो
【希少】 xīshǎo 稀少 xīshǎo के समान
【希世】 xīshì दुनिया में अनोखा; संसार में दुर्लभ, अद्वितीय, अनुपम: ～珍宝 संसार में अद्वितीय मूल्यवान वस्तु
【希图】 xītú चाहना; उद्देश्य रखना; अभिप्राय रखना; प्रयत्न करना: ～蒙混过关 चुपके से खिसक जाने की कोशिश करना
【希望】 xīwàng ❶आशा होना; इच्छा होना; उम्मीद होना: ～你下星期能来我家。आशा है कि अगले हफ़्ते में तुम हमारे घर आ सकोगे। / 敌人总是～我们失败。दुश्मन हमेशा इस बात की आशा लगाए रहते हैं कि हम असफल होंगे। ❷आशा; इच्छा; उम्मीद: 大有～ (की) बहुत अधिक आशा होना / ～落空 आशा व्यर्थ साबित होना; उम्मीद पर पानी फिर जाना / ～破灭 आशा टूटना; आशा भंग होना / 对某人寄予很大的～ किसी पर बड़ी आशाएँ बांधे हुए होना / 他们把～寄托在我们方面。वे हम पर आशाएँ केन्द्रित किए हुए हैं। ❸जिस व्यक्ति या वस्तु पर आशा बांधे हुए हो: 青少年是我们的未来, 是我们的～。बच्चे हमारा भविष्य हैं, हमारी आशा भी हैं।

【希望工程】 xīwàng gōngchéng आशा परियोजना
【希望小学】 xīwàng xiǎoxué आशा पाठशाला, होप स्कूल
【希有】 xīyǒu 稀有 xīyǒu के समान
【希珍】 xīzhēn विरल और मूल्यवान: ～动物 विरल और मूल्यवान जानवर

昔 xī अतीत; भूत; बीता हुआ समय: ～年 〈लि०〉 पिछले वर्षों (में) / ～日 〈लि०〉 पुराने ज़माने में; पहले; पिछले दिनों (में) / ～者 〈लि०〉 प्राचीन काल में

析 xī ❶अलग होना या करना; बिखेरना: ～居 〈लि०〉 अलग्योझा / 分崩离～ छिन्न-भिन्न हो जाना ❷विश्लेषण करना; छान-बीन करना: ～义 (शब्द आदि के) अर्थ का विश्लेषण करना ❸ (Xī) एक कुलनाम
【析出】 xīchū ❶विश्लेषण पर (नतीजा) प्राप्त होना ❷〈रसा०〉 विभाजित करना या होना; पृथक् करना या होना
【析像管】 xīxiàngguǎn 〈विद्यु०〉 चित्र विश्लेषक
【析疑】 xīyí 〈लि०〉 शंका दूर करना

矽 xī 〈रसा०〉 सिलिकन; सिलिसियम (Si)
【矽肺】 xīfèi 〈चिकि०〉 सिलिकोसिस
【矽钢】 xīgāng सिलिकन स्टील

肸 xī (बहुधा व्यक्तियों के नाम में प्रयुक्त): 羊舌肸 (Yángshé Xī) (वसंत-शरद 春秋 काल में चिन 晋 राज्य का उच्चाधिकारी)

穸 xī दे० 窀穸 zhūnxī

茜 xī स्त्रियों के नाम में प्रयुक्त अक्षर
qiàn भी दे०

郗 Xī एक कुलनाम

恓 xī नीचे दे०
【恓惶】 xīhuáng ❶〈लि०〉 बेचैन या परेशान किया हुआ ❷〈बो०〉 गरीब; दरिद्र; दुखी
【恓恓】 xīxī 〈लि०〉 बेचैन या परेशान किया हुआ

栖 xī नीचे दे०
qī भी दे०
【栖栖】 xīxī 〈लि०〉 बेचैन; परेशान

唏 xī 〈लि०〉 आह भरना; उसांस लेना
【唏嘘】 xīxū 欷歔 xīxū के समान

牺（犧） xī 〈लि०〉 बलि चढ़ाने के लिए एक ही रंग का पशु: ～牛 बलि चढ़ाने के लिए एक ही रंग का बैल
【牺牲】 xīshēng ❶बलि चढ़ाने के लिए वध किया गया पशु; बलिदान ❷अपने प्राणों का बलिदान करना; आत्म-

बलिदान देना: 英勇～ वीरतापूर्वक प्राणत्याग करना / ～精神 आत्म-बलिदान या आत्म-त्याग की भावना ❸कुर्बान करना; कुर्बानी देना; न्योछावर करना: ～一切 सब कुछ निछावर करना / ～生命财产 जान व माल की कुर्बानियां देना / ～人生的一切欢乐 अपने जीवन का सारा भोग-विलास न्योछावर करना

【牺牲节】 Xīshēng Jié दे० 宰牲节 Zǎishēng Jié

【牺牲品】 xīshēngpǐn शिकार; निछावर; बलि

【牺尊】 xīzūn वृषभ-रूपी प्राचीन मदिरा पात्र

息 xī ❶सांस; श्वास: 战斗到最后一～ अंतिम सांस तक लड़ना ❷समाचार; खबर: 信～ सूचना; समाचार; खबर ❸रुकना; बंद होना: ～兵 लड़ाई रुकना; युद्ध खतम होना / ～怒 क्रोध शांत होना; गुस्सा उतारना या निकालना ❹आराम करना; विश्राम करना: 歇～ आराम करना / 作～ काम करना और आराम करना ❺प्रजनन करना; (पशु आदि का) अधिक संख्या में उत्पन्न करना: 蕃～ पशु आदि का अधिक संख्या में उत्पन्न करना ❻ब्याज; सूद: 减租减～ लगान व सूद कम करना ❼<लि०> बाल-बच्चे: 子～ पुत्र; (पुरुष) संतान; संतति ❽ (Xī) एक कुलनाम

【息肩】 xījiān <लि०> अपने कंधों को आराम देना —— निश्चित ज़िम्मेदारियों से अपने को मुक्त करना

【息率】 xīlǜ ब्याज या सूद की दर

【息男】 xīnán अपना पुत्र

【息女】 xīnǚ अपनी पुत्री

【息票】 xīpiào ब्याज या सूद का कूपन; कूपन

【息钱】 xīqián ब्याज या सूद (पैसा)

【息肉】 xīròu <चिकि०> पोलीप; पोलीपस

【息事宁人】 xīshì-níngrén ❶बीच-बचाव करके झगड़े को शांत करना ❷झगड़े से बचने के लिए रास्ता देना

【息讼】 xīsòng मुकदमा बंद करना

【息息相关】 xīxī-xiāngguān (息息相通 xīxī-xiāngtōng भी) घनिष्ठ रूप से जुड़ा (या बंधा) होना

【息影】 xīyǐng (息景 xīyǐng भी) <लि०> निजी जीवन में रिटायर होना; (से) अलग हो जाना: ～银坛 मंच से बाहर चले जाना (रिटायर या निवृत्त हो जाना)

【息战】 xīzhàn लड़ाई रुकना; युद्ध खतम होना

【息止】 xīzhǐ रुकना; बंद होना: 永不～地工作 निरंतर काम करते रहना

奚 xī ❶<लि०> क्यों; कैसे ❷ (Xī) एक कुलनाम

【奚落】 xīluò मज़ाक करना; खिल्ली उड़ाना; उपहास करना: 她受不住人们这样的～。 अपने ऊपर लोगों की हंसी वह नहीं सह सकती थी। / 他也趁此机会来～我。 उस को भी मुझ से मज़ाक करने का यही अवसर मिला।

【奚幸】 xīxìng 傒倖 xīxìng के समान

浠 Xī शी नदी (हूपेइ प्रांत में)

悕 xī <लि०> दु:ख; शोक; रंज

娭 xī <लि०> 嬉 xī के समान

āi भी दे०

菥 xī नीचे दे०

【菥蓂】 xīmì <वन०> <ची०चि०> एक एकवर्षीय पौधा जिस के छोटे-छोटे और सफ़ेद-सफ़ेद फूल होते हैं और जो दवा के काम आता है

硒 xī <रसा०> सिलीनियम (Se)

晞 xī <लि०> ❶सूखा: 晨露未～ सुबह की ओस अभी सूखी नहीं है —— प्रात:काल में ❷भोर; तड़का; सुबह; प्रभात: 东方未～ पूर्व अभी लाल नहीं है —— भोर होने के पहले

欷 xī नीचे दे०

【欷歔】 xīxū <लि०> सिसकना; सिसकी भरना; हिचकी भर कर रोना: ～不已 सिसकी भरते रहना

悉[1] xī सारा; पूरा; समूचा; समस्त: ～数 सब कुछ; सब-के-सब / ～心研究 तन-मन से अध्ययन (या अनु- संधान) करना / 庐舍～遭摧毁。 सारे मकान नष्ट हो गए हैं।

悉[2] xī मालूम होना; जानना: 熟～ अच्छी तरह मालूम होना / 知～ मालूम होना; जानना / 自有关方面探～ संबंधित अधिकारियों से पता चला है कि …

【悉力】 xīlì पूरी शक्ति से: ～相助 पूरी शक्ति से सहायता करना

【悉数】 xīshǔ <लि०> विस्तार से गणना करना: 不可～ विस्तार से गणना न की जा सकना

【悉数】 xīshù <लि०> सब कुछ; सब-के-सब: ～归还 जो उधार लिये गए हैं सब-के-सब वापस दिये जाना

【悉心】 xīxīn अपनी कोशिशें किसी काम में लगा देना: ～整饬该军 अपनी कोशिशें उस सेना को मज़बूत बनाने के काम में लगा देना

烯 xī नीचे दे०

【烯烃】 xītīng <रसा०> ऐल्कीन

淅 xī <लि०> चावल धोना

【淅沥】 xīlì <अनु०> पट-पट या टप-टप पानी, पत्ते गिरने आदि का शब्द: 雨声～。 वर्षा टप-टप टपक रही है।

【淅飒】 xīsà <अनु०> थोड़ा-थोड़ा पानी बरसने, मंद-मंद हवा बहने, पत्ते गिरने आदि का शब्द

【淅淅】 xīxī <अनु०> थोड़ा-थोड़ा पानी बरसने तथा मंद-मंद हवा के बहने आदि का शब्द

惜 xī ❶मूल्यवान समझना; कीमती समझना; प्यार के साथ सुरक्षित रखना: ～阴 समय का सदुपयोग करना ❷किफ़ायत करना; मितव्ययी होना; अनिच्छा से देना: 吝～ त्यागने में अनिच्छा प्रकट करना ❸दया भाव रखना;

दुखित होना; परिताप होना: 惋～ परिताप होना / 我们虽暂时地丧失部分土地而不～。हम अस्थाई रूप से अपने प्रदेश के किसी टुकड़े के छिन जाने से चिंतित न हों।

【惜别】 xībié बिछुड़ने के लिए अनिच्छा होना; बिदाई पर दुख प्रकट करना

【惜贷】 xīdài ऋण देने में अनिच्छा होना

【惜老怜贫】 xīlǎo-liánpín वृद्ध और दरिद्र के प्रति दया भाव प्रकट करना

【惜力】 xīlì किसी काम में शक्ति लगाना न चाहना: 他干活从不～。वह काम करने में हमेशा शक्ति लगाता है।

【惜墨如金】 xīmò-rújīn (चित्रकार, सुलेखक, लेखक आदि का) स्वर्ण की तरह स्याही का प्रयोग करना —— बारीकी से ध्यान देकर काम करना

【惜赔】 xīpéi पूरा हर्जाना देने में अनिच्छा होना

【惜售】 xīshòu बेचने के लिए अनिच्छुक होना

晰（晳）xī स्पष्ट; साफ़: 明～ स्पष्ट; साफ़ / 清～ स्पष्ट; साफ़

睎 xī 〈लि०〉 ❶किसी ऊंचाई या दूरी से देखना ❷आदर करना; प्रशंसा करना

稀 xī ❶विरल; दुर्लभ; दुष्प्राप्य; असाधारण: 不～罕 (किसी चीज़ की) परवा न करना / 人口～少。आबादी जगह-जगह बिखरी हुई है। ❷जो घना न हो; एक साथ न बसा हुआ: 月明星～。चंद्रमा चमकता है और तारे सारे आसमान में बिखरे हुए हैं। ❸पतला; जिस में पानी अधिक हो: ～饭 पतला भात; दलिया

【稀薄】 xībó हल्का; सूक्ष्म; पतला: 空气～ वायु का घनत्व कम होना

【稀罕】 xīhan 希罕 xīhan के समान

【稀客】 xīkè मेहमान जो बहुत कम आता हो

【稀拉】 xīla ❶जो घना न हो; एक साथ न बसा हुआ; इने-गिने; छीदा: ～的枯草 इने-गिने सूखे घास के तिनके ❷〈बो०〉 बेढंगा; बेकायदा; क्रमहीन: 作风～ कार्यशैली ढीली होना

【稀烂】 xīlàn ❶खूब पकाकर बहुत नरम बनाना: 肉煮得～。मांस पक कर बहुत नरम हो गया। ❷（稀巴烂 xībālàn भी）टुकड़े-टुकड़े करना; चूर-चूर होना: 把蛋糕打得～。टुकड़े-टुकड़े हो कर केक बिखर गया।

【稀朗】 xīlǎng (प्रकाश या तारे) बिखरे हुए परन्तु चमकते हुए

【稀里呼噜】 xīlihūlū 〈अनु०〉 〈बोल०〉 खुर्राटे, चपड़-चपड़ करते हुए दलिया खाने आदि का शब्द: 他～地喝着粥。वह चपड़-चपड़ करते हुए दलिया खा रहा है।

【稀里糊涂】 xīlihútú ❶अच्छी तरह न समझना; किसी बात के बारे में अच्छी तरह न जानता हुआ; मूर्ख; मूढ़; बेवकूफ़: 这个人脑子～的。यह आदमी मूर्ख है। ❷असावधान; बेपरवाह; बिना पूर्व विचार; बेमन: 提案～地就通过了。प्रस्ताव बिना पूर्व विचार किये ही स्वीकार किया गया।

【稀里哗啦】 xīlihuālā ❶〈अनु०〉 पानी बरसने, मकान गिरने आदि का शब्द: 墙～倒了下来。दीवार धमाके से गिर गयी। ❷बुरी तरह से तोड़ा गया; टुकड़े-टुकड़े किया हुआ: 室内摆设都给打了个～。कमरे में सब साज़-सामान टुकड़े-टुकड़े कर दिया गया।

【稀里马虎】 xīlimǎhu लापरवाह; असावधान: 搞科研可不能～的。वैज्ञानिक अनुसंधान में असावधानी नहीं होनी चाहिए।

【稀料】 xīliào विलायक द्रव्य या पदार्थ; तनुकारक (वस्तु)

【稀溜溜】 xīliūliū (दलिया, सूप आदि) बहुत पतला

【稀落】 xīluò ❶घना न होना; बहुत कम होना; पतला होना: 头发～ सिर के बाल बहुत कम होना / 枪声～ बंदूक की आवाज़ कम हो जाना ❷कम; इने-गिने; पतला: 几棵～的树 इने-गिने वृक्ष

【稀奇】 xīqí（希奇 xīqí के समान）अद्‌भुत; अनोखा: ～古怪 अजीबोगरीब / 他见了觉得～。उसे यह देखकर आश्चर्य होने लगा।

【稀缺】 xīquē सप्लाई में कम; अपर्याप्त; नाकाफ़ी: ～商品 सप्लाई में कम माल

【稀少】 xīshǎo कम; विरल; दुर्लभ: 人口～。आबादी बिखरी हुई है।

【稀释】 xīshì क्षीण करना; पतला करना; (द्रव में) पानी मिलाकर उस की शक्ति कम करना: ～剂 तनुकारक (वस्तु)

【稀疏】 xīshū (पदार्थ, आवाज़ आदि) कम और बिखरा हुआ; बहुत कम; जो घना न हो; पतला: ～的头发 (सिर के) बहुत कम बाल

【稀松】 xīsōng ❶बेढंगा; क्रमहीन; बेकायदा (काम); सुस्त: 这活干得～。यह बेढंगा काम है। ❷गया-गुज़रा; गया-बीता: 他干活不～。वह काम करने में गया-बीता नहीं है। ❸महत्वहीन; तुच्छ; क्षुद्र: 他以为这是～的事。उस ने समझा कि यह महत्वहीन काम है। ❹भुरभुरा; सरंध्र: 这土很～。यह मिट्टी बहुत भुरभुरी है।

【稀土金属】 xītǔ jīnshǔ 〈रसा०〉 विरल-मृद् धातु

【稀土元素】 xītǔ yuánsù 〈रसा०〉 विरल-मृद् तत्व

【稀稀拉拉】 xīxilālā （稀稀落落 xīxīluòluò भी）बिखरा हुआ; इने-गिने: 地里庄稼长得～的。खेत में फ़सल बिखरी हुई है। / 天上～的几颗晨星。सुबह आकाश में इने-गिने सितारे हैं।

【稀有】 xīyǒu विरल; असामान्य: ～金属 विरल धातु / ～元素 विरल तत्व

【稀糟】 xīzāo 〈बो०〉 बहुत बुरा; बहुत अव्यवस्थित: 屋里弄得很～。कमरा बहुत अव्यवस्थित है।

【稀珍】 xīzhēn 希珍 xīzhēn के समान

傒 xī नीचे दे०

【傒倖】 xīxìng 〈पुराना〉 （奚幸 xīxìng भी）चिंतित होना; परेशान होना

舾 xī नीचे दे०

【舾装】 xīzhuāng ❶जहाज़ पर लंगर, मस्तूल, सीढ़ियां, नल, बिजली के मार्ग आदि साज़-सामान का सामान्य नाम ❷जहाज़ की मुख्य रचना का निर्माण पूरा होने के बाद उस

में लंगर, मस्तूल, सीढ़ियां, नल, बिजली आदि का साज़-सामान लगाने का काम

翕 xī 〈लि०〉 ❶सुशील और विनयी ❷बंद करना: ～张 बंद करना और खोलना

【翕动】 xīdòng 〈लि०〉 (噏动 xīdòng भी) (होंठ, नथुना आदि का) फड़कना: 他的鼻翼在～。उस के नथुने फड़क रहे हैं।

【翕然】 xīrán 〈लि०〉 (मत, कार्यवाही आदि का) एक होना; मेल में होना: 舆论～。लोकमत सर्वसम्मत है।

腊 xī 〈लि०〉 सूखा मांस
là भी दे०

粞 xī ❶〈लि०〉 टूटा हुआ चावल ❷〈बो०〉 अपरिमार्जित चावल के परिमार्जित होने के बाद छोड़ा गया छिलका जो गाय, बैल आदि को खिलाया जा सकता है

犀 xī 〈प्राणि०〉 गैंडा: ～角 गैंडे का सींग

【犀利】 xīlì तीक्ष्ण; तेज़; धारदार; नुकीला: ～的目光 तेज़ दृष्टि / ～的话语 तीखी बात

【犀鸟】 xīniǎo हार्नबिल

【犀牛】 xīniú 犀 का साधारण नाम

皙 xī 〈लि०〉 गोरा: 白～ गोरा

锡[1] (錫) xī ❶〈रसा०〉 टिन; रांगा; कलई; स्टैनम (Sn) ❷ (Xī) एक कुलनाम

锡[2] (錫) xī 〈लि०〉 दान करना; प्रदान करना; देना: 天～良缘 ईश्वर द्वारा प्रदान किया गया उत्तम विवाह-बंधन

【锡伯族】 Xībózú शीपो जाति (शिनच्यांग वेबुर स्वायत्त प्रदेश और ल्याओनिंग प्रांत में)

【锡箔】 xībó 〈पुराना〉 कलई किए गए कागज़ (भूत-प्रेत के लिए जलाए जाते थे)

【锡匠】 xījiàng कलई-गर; कलई करने वाला; टीनकार

【锡金】 Xījīn सिक्किम प्रदेश

【锡剧】 xījù वूशी ऑपेरा (दक्षिण च्यांगसू और शांगहाए में प्रचलित लोक-ऑपेरा)

【锡矿】 xīkuàng टीन खनिज

【锡鑞】 xīla 〈बो०〉 ❶टीन-सोल्डर ❷टीन

【锡石】 xīshí 〈खनि०〉 त्रपुजारेयिज; भूरे रंगका टिन का आक्साइट

【锡杖】 xīzhàng बौद्ध मठाधीश का दंड (स्टाफ़)

【锡纸】 xīzhǐ टीन की पन्नी; सिल्वर पेपर

徯 xī 〈लि०〉 ❶प्रतीक्षा करना; इन्तज़ार करना ❷蹊 xī के समान

溪 xī (पुराना उच्चारण qī) छोटी सरित; नाला: ～水 सरिता; पहाड़ियों से निकलने वाली जलधारा

【溪涧】 xījiàn पहाड़ियों के बीच बहने वाली सरिता

【溪流】 xīliú पहाड़ियों से निकलने वाली जलधारा; सरिता

裼 xī 〈लि०〉 कोट को खोलकर या उतार कर शरीर का एक भाग प्रकट करना: 袒～ उक्त तरीके से शरीर का एक भाग प्रकट करना

熙 xī 〈लि०〉 ❶उज्ज्वल; सूर्य के प्रकाश की भांति चमकीला ❷समृद्धिशाली; फलता-फूलता; हरा-भरा ❸हर्षपूर्ण; प्रसन्न; आनंदकर

【熙朝】 xīcháo समृद्धिशाली राजवंश

【熙和】 xīhé 〈लि०〉 ❶हर्षपूर्ण; प्रसन्न ❷गरम; प्रिय: ～的南风 दक्षिण से बहने वाली सुखद वायु

【熙来攘往】 xīlái-rǎngwǎng 熙熙攘攘 के समान

【熙熙攘攘】 xīxī-rǎngrǎng कार्य-व्यापार के कारण चहल-पहल; लोगों का कोलाहल: 集市上～的尽是人。बाज़ार में भीड़ ही भीड़ दिखाई देती है और बहुत चहल-पहल है।

豨 xī 〈प्राणि०〉 शूकर; सुअर

【豨莶】 xīxiān 〈ची०चि०〉 〈वन०〉 साधारण संत पाउल्सवर्ट (St.Paulswort)

蜥 xī नीचे दे०

【蜥脚类恐龙】 xījiǎolèi kǒnglóng सारोपोड वाला भीमसरट

【蜥蜴】 xīyì छिपकली

僖 xī 〈लि०〉 प्रसन्न; प्रफुल्ल

熄 xī बुझा देना: ～灯 बत्ती को बुझा देना

【熄灯号】 xīdēnghào लाइट्स आउट; टैपस

【熄风】 xīfēng 〈ची०चि०〉 सिर में चक्कर, तेज़ ज्वर, बच्चों के शरीर की ऐंठन, मिरगी आदि से मुक्त करना

【熄火】 xīhuǒ ❶(ईंधन, अंगीठी, मशीन आदि की) आग बुझना ❷(ईंधन, अंगीठी, मशीन आदि की) आग बुझाना

【熄灭】 xīmiè (आग, रोशनी, बत्ती आदि) बुझना

譆 xī 〈लि०〉 आह भरने का शब्द; कराहने का शब्द

磎 xī 〈लि०〉 溪 xī के समान

嘻 xī ❶〈लि०〉 〈विस्मय०〉 विस्मय, विचित्र आदि भावनाएँ प्रकट करने वाला शब्द ❷〈अनु०〉 हंसने का शब्द: ～～地笑 ही-ही करना; खी-खी करना

【嘻闹】 xīnào 嬉闹 xīnào के समान

【嘻皮笑脸】 xīpí-xiàoliǎn 嬉皮笑脸 xīpí-xiào-liǎn के समान

【嘻嘻哈哈】 xīxī-hāhā हंसना और ठट्ठा उड़ाना; प्रसन्नता से हंसना; आनंदित होना

噏 xī 〈लि०〉 ❶吸 xī के समान ❷बंद करना

【嗡动】 xīdòng 〈लि०〉 翕动 xīdòng के समान

嶲 xī 越嶲 Yuèxī (अब 越西 Yuèxī, स्छवान प्रांत में एक स्थान)

膝 xī जानु; घुटना

【膝盖】 xīgài 膝 का साधारण नाम

【膝盖骨】 xīgàigǔ दे० 髌骨 bìngǔ

【膝关节】 xīguānjié घुटने का जोड़

【膝腱】 xījiàn घुटने के कटोरे का कंडरा

【膝上型文字处理机】 xīshàngxíng wénzì chǔlǐjī लैप-टॉप; लैप-टॉप वर्ड प्रॉसेसर

【膝下】 xīxià 〈पुराना〉 ❶अपने घुटने के नीचे: ～无子女 संतान न होना ❷(अपने माता-पिता या मातामह-पितामह को पत्र लिखने में अभिवादन के लिए प्रयुक्त): 父亲大人～ प्रिय पिता जी

【膝行】 xīxíng (आत्मसमर्पण, प्रार्थना आदि में) घुटने के बल रेंगना या आगे चलना

【膝痒搔背】 xīyǎng-sāobèi जहां खाज पैदा हो वहां न खुजलाकर पीठ पर खुजलाना —— अनुचित रूप से निबटारा करना; असफल होना

瘜 xī नीचे दे०

【瘜肉】 xīròu 息肉 xīròu के समान

嬉 xī 〈लि०〉 खेलना; खेलना-कूदना

【嬉闹】 xīnào हंसना और क्रीड़ा-विहार करना: 他们在～着。 वे हंस रहे हैं और क्रीड़ा-विहार कर रहे हैं।

【嬉皮士】 xīpíshì हिपी (hippie,hippy)

【嬉皮笑脸】 xīpí-xiàoliǎn (嘻皮笑脸 xīpí-xiào-liǎn भी) बेहूदगी के साथ मुस्कराता हुआ; मुस्कराता और मुंह बनाता हुआ

【嬉耍】 xīshuǎ खेलना; खेलना-कूदना; क्रीड़ा-विहार करना: 孩子们在海滩上～。 बच्चे समुद्र के रेतीले किनारे पर खेल रहे हैं।

【嬉戏】 xīxì 〈लि०〉 खेलना; खेलना-कूदना; क्रीड़ा करना

【嬉笑】 xīxiào हंसना और खेलना: 从窗外传来孩子们的～声。 खिड़की के बाहर से बच्चों के खेलने और हंसने की आवाज़ आई।

【嬉游曲】 xīyóuqǔ 〈संगी०〉 मधुर संगीत; आमोद-प्रमोद

熹 xī 〈लि०〉 पौ फटना; तड़का होना

【熹微】 xīwēi 〈लि०〉 (सुबह का सूर्यप्रकाश) धुंधला; मद्धिम

噫 xī 〈लि०〉 आह भरने का शब्द

樨 xī 木樨 mùxī दे० 木犀 mùxī

螅 xī 水螅 shuǐxī 〈प्राणि०〉 हाइड्रा

歙 xī 〈लि०〉 सांस लेना या खींचना

shè भी दे०

羲 xī एक कुलनाम

【羲皇】 Xī Huáng सम्राट फ़ू शी (伏羲) (चीन की प्राचीनतम दन्तकथाओं में वर्णित सम्राट)

熺 xī 熹 xī के समान

窸 xī नीचे दे०

【窸窣】 xīsū 〈अनु०〉 पत्तों, कागज़ या कपडों की सर-सराहट की आवाज़

蹊 xī 〈लि०〉 पगडंडी

qī भी दे०

【蹊径】 xījìng 〈लि०〉 पगडंडी; रास्ता; पथ; मार्ग

蟋 xī नीचे दे०

【蟋蟀】 xīshuài झींगुर

【蟋蟀草】 xīshuàicǎo 〈वन०〉 यार्ड ग्रास

徯 xī दे० 勃徯 bóxī

谿 xī ❶溪 xī के समान ❷दे० 勃徯 bóxī

【谿谷】 xīgǔ 〈लि०〉 घाटी; उपत्यका

【谿壑】 xīhè 〈लि०〉 घाटी; दर्रा; तंग घाटी; (बहुधा ला० में): ～之心 अतृप्त इच्छा या लोभ

【谿卡】 xīkǎ 〈पुराना〉 तिब्बत में सरकारी, मंदिर या दासस्वामी की जागीर

【谿刻】 xīkè 〈लि०〉 हानि करना; नीच; कमीना; कंजूस

醯 xī 〈लि०〉 सिरका

曦 xī 〈लि०〉 सूर्य की किरणें (बहुधा सुबह की): 晨～ प्रभात की सुनहरी किरणें

巇 xī दे० 险巇 xiǎnxī

爔 xī 〈लि०〉 曦 xī के समान

鼷 नीचे दे०

【鼷鼠】 xīshǔ घरेलू चूहा

蠵 xī नीचे दे०

【蠵龟】 xīguī एक प्रकार का बहुत बड़ा समुद्री कच्छप

xí

习 (習) xí ❶अध्ययन करना; दोहराना; अभ्यास करना: 自～ स्वाध्ययन करना / 复～ दोहराना / 学而时～之。 जो कुछ सीखा है उसे लगातार दोहराते रहो।

❷अभ्यस्त होना; परिचित होना; आदी होना: ～见 अक्सर देखना / 不～水战 जल-युद्ध का आदी न होना ❸आदत; अभ्यास: 恶～ बुरी आदत; बुरा रीति-रिवाज; बुराई / 积～ पुरानी आदत ❹（Xí）एक कुलनाम

【习非成是】 xífēi-chéngshì गलती का आदी होने से उसे ठीक समझना

【习惯】 xíguàn ❶अभ्यस्त होना; परिचित होना; आदी होना: 他～早起。वह रोज़ सुबह जल्दी उठने का आदी है। / 他早已～了这种气候。वह पहले से ही ऐसे मौसम का आदी हो चुका है। / 他们～于大城市生活。वे बड़े नगरों के जीवन के आदी हैं। ❷आदत; अभ्यास: ～势力 पकी हुई आदत; आदत का पराक्रम / 这个村的～有点特别。इस गांव का अनोखा रिवाज है।

【习惯边界】 xíguàn biānjiè प्रचलित सीमा

【习惯成自然】 xíguàn chéng zìrán आदत पड़ने पर प्रकृति बन सकती है

【习惯法】 xíguànfǎ परम्परागत नियम; देशाचार

【习好】 xíhào चिरस्थायी आदत

【习气】 xíqì बुरी आदत; बुरी कार्यशैली: 二流子～ आवारागर्दी का लक्षण / 流氓～ गुंडागर्दी; लफंगापन

【习染】 xírǎn 〈लि०〉 ❶बुरी आदत पड़ना ❷बुरी आदत

【习尚】 xíshàng रीति-रिवाज: 社会～ सामाजिक रीति-रिवाज

【习俗】 xísú रीति-रिवाज; लोकरीति

【习题】 xítí (स्कूल के कार्य में) अभ्यास; प्रश्नमाला

【习习】 xíxí (वायु का) मंद-मंद बहना: 微风～。मंद हवा चल रही है।

【习性】 xíxìng आदत और स्वभाव; मिज़ाज

【习焉不察】 xíyān-bùchá किसी वस्तु के अधिक अभ्यस्त होने के कारण उस के बारे में कोई प्रश्न उत्पन्न न कर सकना

【习以为常】 xíyǐwéicháng अभ्यस्त होना: 渐渐地大家对这种情形也就～了。धीरे-धीरे लोग इस स्थिति के आदी हो चुके हैं।

【习艺】 xíyì व्यवसाय, कौशल, हस्तकौशल आदि सीखना

【习用】 xíyòng आदतन प्रयोग करना

【习用语】 xíyòngyǔ （习语 xíyǔ भी）मुहावरा

【习与性成】 xíyǔxìngchéng आदत से स्वभाव बन सकता है

【习字】 xízì लिखावट का अभ्यास करना: ～帖 लिखावट-अभ्यास का नमूना

【习作】 xízuò ❶निबंध लिखने का अभ्यास करना ❷(निबंध लिखने, चित्र खींचने आदि में) अभ्यास-कार्य

郎 xí एक प्राचीन स्थान (हनान प्रांत में)

席[1] （蓆）xí चटाई: 一领～ एक चटाई / ～子 चटाई

席[2] xí ❶सीट; बैठने का स्थान: 入～ (भोज, समारोह आदि में) किसी सीट पर बैठना / 退～ (भोज, समारोह आदि से) बाहर निकलना / 硬～ सख़्त दर्जा; सख़्त सीट ❷(विधान सभा में) सीट ❸भोज; प्रीतिभोज; दावत: 宴～ भोज; दावत ❹〈परि०श०〉: 一～话 बातें / 一～酒 भोज की एक मेज़ ❺（Xí）एक कुलनाम

【席不暇暖】 xíbùxiánuǎn अभी वह सीट पर अच्छी तरह बैठा भी नहीं था कि उठ कर चला गया —— बहुत जल्दबाज़ी में होना

【席次】 xícì सीटों का क्रम; सीटों की व्यवस्था; व्यवस्थित सीट; अपनी सीट: 按指定～入座 अपनी नियत सीट पर बैठना

【席地】 xídì भूमि पर बिछी हुई चटाई पर (बैठना या लेटना): ～而坐 भूमि पर बिछी हुई चटाई पर बैठना

【席卷】 xíjuǎn ❶चटाई की तरह लपेटना; सब कुछ साथ लेकर चलना: ～而去 जो भी हाथ में आए उसे लेकर भाग जाना ❷जकड़ रखना; लपेट में लेना: 几年前，一场经济危机～了东南亚。कुछ साल पहले आर्थिक संकट ने दक्षिण-पूर्व एशिया को जकड़ रखा था।

【席梦思】 xímèngsī सीमोन्स (भीतरी स्प्रिंगदार गद्दा या इस तरह के गद्देदार पलंग)

【席面】 xímiàn भोज; दावत; दावत की मेज़ पर परोसा हुआ भोजन

【席棚】 xípéng चटाई का शामियाना या छायाबान

【席位】 xíwèi (सम्मेलन, विधान सभा आदि में) सीट

觋（覡）xí 〈लि०〉 जादूगर

袭[1] （襲）xí धावा बोल देना; अचानक प्रहार करना: 夜～ रात में अचानक धावा बोल देना / 暴风雪突然向我们～来。बर्फ़ का तूफ़ान अचानक हम पर टूट पड़ा।

袭[2] （襲）xí ❶अनुसरण करना: 抄～ नकल करना; लेख चुराना ❷〈परि०श०〉 〈लि०〉 (कपड़े का) एक सेट; एक सूट: 一～棉衣 रुई भरे कपड़ों का एक सेट (कोट और पतलून)

【袭夺】 xíduó अचानक हथियाना

【袭封】 xífēng सामन्ती अभिजात वर्ग की उपाधि उत्तराधिकार में प्राप्त करना

【袭击】 xíjī ❶आकस्मिक प्रहार करना; ज़बरदस्त वार करना: ～战法 आकस्मिक प्रहार की कार्यनीति ❷आकस्मिक प्रहार: 突然～ आकस्मिक प्रहार

【袭爵】 xíjué दे० 袭封

【袭取】[1] xíqǔ आकस्मिक अधिकार कर लेना; अचानक धावा बोल कर हथियाना

【袭取】[2] xíqǔ अतीत की तरह अनुसरण करके अपनाना: 后来人们～这个故事，写成了戏。बाद में लोगों ने इस कहानी का रूपान्तर करके ऑपेरा बनाया।

【袭扰】 xírǎo बार-बार आक्रमण करके तंग करना: ～敌军 बार-बार आक्रमण करके दुश्मन को तंग करना

【袭用】 xíyòng अनुसरण करके अपनाना

【袭占】 xízhàn (किसी स्थान पर) आकस्मिक अधिकार कर लेना

媳 xí पुत्रवधू; पतोहू; बहू

【媳妇】 xífù ❶पुत्रवधू; पतोहू; बहू ❷छोटी या अगली पीढ़ी के संबंधी की पत्नी: 侄～ भाई के पुत्र की पत्नी / 孙～ पोते की पत्नी

【媳妇儿】 xífur 〈बो०〉 ❶पत्नी ❷विवाहित जवान स्त्री

嶍（嶍） xí नीचे दे०

【嶍峨】 Xí'é 〈पुराना〉 एक काउन्टी का नाम (वर्तमान युननान प्रांत में अशान 峨山 ई जाति स्वायत्त काउन्टी)

隰 xí ❶〈लि०〉 दलदल; गीली भूमि ❷नई संघर्षित भूमि ❸（Xí）एक कुलनाम

檄 xí ❶किसी व्यक्ति के खिलाफ़ संघर्ष करने के लिए आवाहन ❷〈लि०〉 किसी व्यक्ति को उक्त आवाहन भेजना: ～告天下 सारे देश से किसी व्यक्ति के खिलाफ़ संघर्ष करने के लिए आवाहन करना

【檄书】 xíshū दे० 檄文

【檄文】 xíwén आह्वान: 申讨…的～ … के खिलाफ़ संघर्ष करने के लिए आह्वान

霫 xí नीचे दे०

【霫霫】 xíxí 〈लि०〉 बरसता हुआ पानी

鳛（鰼） xí नीचे दे०

【鳛水】 Xíshuǐ 〈पुराना〉 क्वेइचओ प्रांत में एक स्थान (वर्तमान 习水 Xíshuǐ)

xǐ

洗 xǐ ❶धोना; साफ़ करना: ～脸 मुंह धोना / ～衣服 कपड़ा धोना ❷बपतिस्मा देना: 受～ बपतिस्मा दिया जाना ❸सुधारना; ठीक करना; निवारण करना; दुरुस्त करना: ～冤 गलतियां ठीक करना ❹दूर करना; साफ़ करना; सफ़ाई करना; परिशोध करना: 清～ साफ़ करना; सफ़ाई करना ❺हत्या करना और (नगर आदि को) लूटना: ～城 विजित नगर के निवासियों का कत्ले-आम करना ❻〈फ़ोटो०〉 फ़ोटो प्लेट को धोना जिस से चित्र स्पष्ट हो जाए; छापना: ～胶卷 रोशनी लगी फ़िल्म को धोना / ～相片 फ़ोटो छापना ❼(रिकार्डिंग आदि को) मिटाना: 那歌的录音已经～了。उस गाने की रिकार्डिंग मिटायी गयी। ❽(पत्ते) मिलाना; (ताश) फेंटना: ～牌 ताश फेंटना; पत्ते मिलाना ❾लिखने के ब्रुश को धोने का पात्र: 笔～ लिखने के ब्रुश के धोने का पात्र

Xiǎn भी दे०

【洗尘】 xǐchén दूर से आये हुए अतिथि के लिए स्वागत भोज देना

【洗涤】 xǐdí धोना; साफ़ करना: ～槽 वाशिंग टंकी; सिंक / ～罐 धुलाई-पात्र / ～剂 अपक्षालक; डिटर्जेंट; 〈चिकि०〉 लोश्प / ～器 वाशर; स्क्रबर / ～塔 वाशिंग टावर

【洗耳恭听】 xǐ'ěr-gōngtīng आदरपूर्वक ध्यान से सुनना

【洗发剂】 xǐfàjì शैम्पू

【洗剂】 xǐjì लोशन; वॉश

【洗劫】 xǐjié (नगर आदि को) लूटना: 盗匪将全村～一空。लूटेरों ने सारे गांव को लूट लिया।

【洗矿机】 xǐkuàngjī वाशर

【洗礼】 xǐlǐ ❶बपतिस्मा ❷कठोर परीक्षण: (党、组织等) 在战争的～中改正错误 (पार्टी, संगठन आदि का) युद्ध की शुद्धिकारक ज्वालाओं में अपने को ठीक कर लेना

【洗脸盆】 xǐliǎnpén मुंह-हाथ धोने का बर्तन; वाश-बेसिन

【洗练】 xǐliàn （洗炼 xǐliàn भी） संक्षिप्त; थोड़े शब्दों का; स्पष्ट: 文字～。इस की भाषा बहुत संक्षिप्त है।

【洗煤】 xǐméi कोयला-धुलाई: ～厂 कोयला-धुलाई कारखाना / ～场 कोयला-धुलाई यार्ड

【洗面膏】 xǐmiàngāo (मुंह का) क्लेंज़िंग क्रीम

【洗牌】 xǐpái ❶पत्तों का फेंटना ❷〈ला०〉 किसी काम-धन्धे आदि को पुनर्व्यवस्थित करना, समाहार करना

【洗片】 xǐpiàn 〈फ़ोटो०〉 फ़ोटो प्लेट को धोना या फ़ोटो छापना: ～机 फ़ोटो प्लेट को धोने का यंत्र

【洗钱】 xǐqián मनी लाउण्डरिंग

【洗染店】 xǐrǎndiàn कपड़े धोने और रंगने की दुकान

【洗三】 xǐsān (पुराना रीति-रिवाज) शिशु के पैदा होने के बाद तीसरे दिन उस का स्नान करना

【洗手不干】 xǐshǒu-bùgàn ❶(चोर आदि का) कुकर्म बंद करना; कुकर्म फिर हरगिज़ न करना ❷किसी पेशे को छोड़ देना; हाथ धोना

【洗手间】 xǐshǒujiān मुंह-हाथ धोने का कमरा; टॉयलेट; गुसलखाना; पाख़ाना

【洗刷】 xǐshuā ❶पानी से धोना और ब्रुश से साफ़ करना; मांजना: ～器皿 बर्तन-भांडे मांजना / ～地板 पानी लेकर ब्रुश से फ़र्श साफ़ करना ❷निर्दोष ठहराना; दोषमुक्त करना: ～罪名 दोषमुक्त करना / ～敌对分子 विरोधियों को निकाल बाहर करना

【洗涮】 xǐshuàn (कपड़ा, बर्तन, सब्ज़ी आदि) खंगालना; पानी में हिला कर साफ़ करना

【洗头】 xǐtóu सिर या सिर के बाल धोना; शैम्पू से बाल धोना

【洗碗机】 xǐwǎnjī थालियां धोने की मशीन; डिश-वाशर

【洗胃】 xǐwèi 〈चिकि०〉 पेट की सफ़ाई; जठरीय शुद्धता

【洗心革面】 xǐxīn-gémiàn पूर्ण रूप से पश्चाताप करना और गलती को सुधारना

【洗雪】 xǐxuě (अपमान का) बदला लेना; गलती दुरुस्त करना: ～国耻 राष्ट्रीय अपमान का बदला लेना

【洗眼杯】 xǐyǎnbēi आंख धोने का कप; आइकप

【洗衣板】 xǐyībǎn धोबी का पटरा; पाट; पाटा

【洗衣店】 xǐyīdiàn कपड़े धोने की दुकान; लांड्री

【洗衣粉】 xǐyīfěn साबुन-पाउडर; वाशिंग पाउडर

【洗衣机】 xǐyījī धुलाई-मशीन; वाशर: 双桶～ दो टब

वाली धुलाई-मशीन

【洗印】 xǐyìn <फ़ोटो०> फ़ोटो प्लेट को धोना और फ़ोटो छापना: ～机 (फ़िल्म) छापने की मशीन / ～胶片厂 फ़िल्म डेवलपमेंट प्रिंटिंग स्टूडियो

【洗澡】 xǐzǎo नहाना; स्नान करना: ～间 स्नानगृह; स्नानघर; गुसलखाना / ～盆 बाथटब; नहाने का चौड़ा टब

【洗濯】 xǐzhuó धोना; खंगालना; साफ़ करना

铩（鉨） xǐ <लि०> 玺 xǐ के समान

玺（璽） xǐ सम्राट की मुद्रा (मोहर): 玉～ सम्राट की जेड मुद्रा

缅（纚） xǐ <लि०> केश बांधने का रेशमी कपड़ा lí भी दे०

铣（銑） xǐ धातु को काटना xiǎn भी दे०

【铣床】 xǐchuáng मिलिंग-मशीन

【铣刀】 xǐdāo मिलिंग-कटर

【铣工】 xǐgōng मिलिंग-मशीन ऑपरेटर

【铣头】 xǐtóu मिलिंग-बिट

【铣削】 xǐxiāo मिलिंग-मशीन से धातु काटना

徙 xǐ स्थान-परिवर्तन करना: 迁～ स्थानान्तरित करना / ～居 मकान बदलना; गृह-परिवर्तन करना; निवासस्थान बदलना

【徙倚】 xǐyǐ <लि०> ❶विचरना; इधर-उधर टहलना ❷हिचकिचाना; झिझकना; अनिश्चित दशा में होना

喜 xǐ ❶प्रसन्न; खुश: ～出望外 खुशी से फूला न समाना ❷खुशी की बात: ～事 खुशी की बात / 贺～ शुभ अवसर पर किसी को बधाई देना ❸<बोल०> गर्भवती होने की अवस्था: 有～ पेट रहना; गर्भवती होना ❹पसन्द करना

【喜爱】 xǐ'ài पसन्द करना; चाहना; रुचि होना; चित्ताकर्षक होना: ～唱歌 गाना गाने में रुचि रखना / 孩子惹人～。 बच्चा बहुत प्यारा है।

【喜报】 xǐbào विजय-संदेश: ～传来 विजय-संदेश प्राप्त होना

【喜冲冲】 xǐchōngchōng प्रसन्न होना; प्रसन्नता की मनोदशा में होना

【喜从天降】 xǐcóngtiānjiàng स्वर्ग से गिरा सौभाग्य —— अप्रत्याशित सौभाग्य

【喜蛋】 xǐdàn दे० 红蛋 hóngdàn

【喜房】 xǐfáng <बो०> ❶वैवाहिक कक्ष ❷बच्चा पैदा होने का अस्थायी कक्ष; अस्थायी प्रसूती-कक्ष

【喜封】 xǐfēng <पुराना> (शुभ अवसर पर भेंट के रूप में दिये गये पैसे आदि का) बंद लिफ़ाफ़ा (बहुधा लाल रंग का)

【喜光植物】 xǐguāng zhíwù सूर्यवनस्पति; सनप्लांट

【喜果】 xǐguǒ ❶विवाह-फल (विवाह के अवसर पर अतिथियों में बांटे जाने वाले मेवे) ❷दे० 喜糖 ❸<बो०> दे० 红蛋 hóngdàn

【喜歌剧】 xǐgējù हास्य ऑपेरा

【喜好】 xǐhào पसन्द करना या होना; रुचि होना: 他特别～文学。 साहित्य से उसे विशेष रुचि थी।

【喜欢】 xǐhuan ❶जंचना; पसन्द करना या होना; प्यार होना; मन भाना: 他很～她。 उस को उस लड़की से बहुत प्यार है। / 我不～他这个名字。 मुझे उस का यह नाम जंचा नहीं। ❷प्रसन्न; खुश: 喜喜欢欢过春节 आनन्दपूर्वक वसंतोत्सव मनाना

【喜酒】 xǐjiǔ विवाह-भोज: 吃～ विवाह-भोज या दूसरे प्रकार के विवाहोत्सव में भाग लेना

【喜剧】 xǐjù सुखान्त नाटक; सुखान्तिका: ～片 सुखान्त फ़िल्म / ～演员 सुखान्त नाटक का अभिनेता

【喜联】 xǐlián विवाहोत्सव में प्रयुक्त पद्य की दो अनुक्रम पंक्तियां

【喜马拉雅山】 Xǐmǎlāyǎshān हिमालय पर्वत

【喜马偕尔】 Xǐmǎxié'ěr हिमाचल प्रदेश

【喜眉笑眼】 xǐméi-xiàoyǎn चेहरा खिलना; बहुत खुश होना

【喜怒哀乐】 xǐ-nù-āi-lè प्रसन्नता, क्रोध, शोक और हर्ष —— मनुष्य की संपूर्ण भावनाएँ

【喜怒无常】 xǐnù-wúcháng मनोदशा अकसर बदलती रहना; कभी खुश कभी नाराज़ होना: 这个人～。 यह चिड़चिड़ा आदमी है।

【喜期】 xǐqī विवाह का दिन

【喜气洋洋】 xǐqì-yángyáng खुशी से भरा होना; हर्षित, उल्लसित या प्रफुल्लित होना; फूला न समाना

【喜钱】 xǐqian सुखावसर (जैसे विवाह, जन्मदिवस आदि) पर दिया गया इनाम

【喜庆】 xǐqìng ❶हर्षित; उल्लसित; प्रफुल्लित: ～的日子 खुशी का दिन ❷खुशी की बात

【喜鹊】 xǐquè <प्राणि०> नीलकंठ; मैगपाई

【喜人】 xǐrén सुख और संतोष देना; सुखद या संतोषप्रद होना: 形势～。 परिस्थितियां बहुत संतोषप्रद हैं।

【喜色】 xǐsè खुशी की भावना: 面有～ चेहरे पर खुशी की भावना झलकना

【喜上眉梢】 xǐshàng-méishāo खुशी से चेहरा चमकदार होना; बहुत प्रसन्न दिखना

【喜事】 xǐshì ❶खुशी की बात; हर्षित अवसर ❷विवाह; शादी: 办～ विवाह करना या होना

【喜糖】 xǐtáng विवाह की मिठाई: 吃～ विवाहोत्सव में मिठाई खाना —— विवाहोत्सव में भाग लेना

【喜帖】 xǐtiě <पुराना> विवाह निमंत्रण-पत्र

【喜闻乐见】 xǐwén-lèjiàn सुनना और देखना पसंद होना; मन मोह लेना: 群众所～的作品 जनता को पसन्द आने वाली कृतियां

【喜笑颜开】 xǐxiào-yánkāi खुशी से मुस्कराना

【喜新厌旧】 xǐxīn-yànjiù नए को पसन्द करना और पुराने को नापसंद करना —— प्रेम में स्थिर न होना

【喜形于色】 xǐxíng-yúsè खुशी से चेहरा चमकना

【喜讯】 xǐxùn खुशी का संदेश; शुभ समाचार

【喜洋洋】 xǐyángyáng खुशी से मुस्कराना

【喜雨】 xǐyǔ समयोचित वर्षा： 普降～ स्थान-स्थान समयोचित वर्षा होना
【喜悦】 xǐyuè प्रसन्न; खुशी; पुलकित： 怀着～的心情 पुसन्न भावना से
【喜幛】 xǐzhàng (बधाईसूचक संदेश के साथ) विवाह-ध्वज
【喜滋滋】 xǐzīzī हर्ष से भरा; बहुत प्रसन्न： 他心里～的。उसे बड़ी खुशी हुई।

葸 xǐ 〈लि०〉 डरना; भय होना： 畏～ डरा हुआ; भय-भीत

蓰 xǐ 〈लि०〉 पांचगुना अधिक： 倍～ कई गुना अधिक

屣 xǐ 〈लि०〉 जूता： 敝～ फटा हुआ जूता

禧 （釐） xǐ (पुराना उच्चारण xī) सुख; शुभ; मंगल： 恭贺新～ नया साल मुबारक

鳍 （鰭） xǐ （沙钻鱼 shāzuànyú भी） रेत बेधक मछली

xì

卌 xì चालीस

戏 （戲、戱） xì ❶खेलना; खेलना-कूदना： 儿～ बच्चों का खेल ❷हंसी उड़ाना; मज़ाक उड़ाना： ～弄 छेड़छाड़ करना / ～言 परिहास-कथन; लतीफ़ा; मज़ाक ❸नाटक; ऑपेरा： 京～ पेइचिंग ऑपेरा / 一台（场）～एक नाटक या ऑपेरा
hū भी दे०
【戏班】 xìbān （戏班子 xìbānzi भी） 〈पुराना〉 नाटक या ऑपेरा की अभिनेताओं की मंडली; नाटक-मंडली; ऑपेरा मंडली
【戏报子】 xìbàozi （戏报 xìbào भी） नाटक या ऑपेरा का विज्ञापन
【戏本】 xìběn 〈पुराना〉 ऑपेरा का मूल प्रलेख
【戏词】 xìcí नाटक या ऑपेरा की भाषा
【戏单】 xìdān (नाटक या ऑपेरा का) कार्यक्रम
【戏法】 xìfǎ जादू; जादूगरी
【戏份儿】 xìfènr 〈पुराना〉 (नाटक या ऑपेरा दिखाने के बाद अभिनेताओं के लिए) बोनस; लाभांश
【戏歌】 xìgē ऑपेरा पॉप; ऑपेरा और लोकप्रिय गीत का मिला-जुला रूप
【戏馆子】 xìguǎnzi 〈पुराना〉 नाटकशाला; नाटकघर
【戏剧】 xìjù नाटक; ड्रामा
【戏剧家】 xìjùjiā नाटककार
【戏剧界】 xìjùjiè नाटक जगत्
【戏剧性】 xìjùxìng नाटकीय： 这是一个富有～的事件。यह एक नाटकीय घटना है।
【戏路】 xìlù （戏路子 xìlùzi भी） पात्र के प्रकार जो अभिनेता अभिनय कर सके： ～宽 अभिनेता द्वारा कई प्रकार के पात्रों का अभिनय कर सकना
【戏码】 xìmǎ (नाटक या ऑपेरा का) कार्यक्रम
【戏迷】 xìmí नाटक या ऑपेरा का शौकीन
【戏目】 xìmù (नाटक या ऑपेरा का) कार्यक्रम
【戏票】 xìpiào नाटक या ऑपेरा का टिकट
【戏评】 xìpíng नाटक या ऑपेरा की समीक्षा या रिव्यू
【戏曲】 xìqǔ ❶प्रम्परागत ऑपेरा： 地方～ स्थानीय ऑपेरा ❷सोंग और य्वान राजवंशों के नाटकों में गाये जाने वाले भाग (यह एक विशिष्ट प्रकार का साहित्यिक रूप होता है)
【戏曲片】 xìqǔpiàn ऑपेरा की फ़िल्म
【戏耍】 xìshuǎ छेड़खानी करना; छेड़छाड़ करना
【戏说】 xìshuō किसी ऐतिहासिक घटना से संबंधित बनावटी कथानक सुनाना
【戏台】 xìtái 〈बोल०〉 रंगमंच; मंच
【戏文】 xìwén ❶पात्र विशेष का संवाद ❷ऑपेरा; नाटक： ～已经开场了。ऑपेरा आरंभ हो चुका है।
【戏匣子】 xìxiázi ❶ग्रामोफ़ोन ❷रेडियो-सेट
【戏箱】 xìxiāng वेश-सज्जा का संदूक
【戏笑】 xìxiào ❶हर्षपूर्वक हंसना ❷हंसी; मज़ाक; उपहास
【戏谑】 xìxuè परिहास; हंसी; मज़ाक; ठट्ठा
【戏衣】 xìyī रंगमंच वेश-भूषा
【戏园子】 xìyuánzi 〈पुराना〉 रंग-भवन; ऑपेरा भवन
【戏院】 xìyuàn नाटकघर; रंगशाला; थिएटर
【戏照】 xìzhào रंगमंच पोशाक में किसी व्यक्ति का फ़ोटो
【戏装】 xìzhuāng नाटक या ऑपेरा की वेश-भूषा; नाटकीय पोशाक
【戏子】 xìzi 〈पुराना〉 〈अना०〉 अभिनेता; अभिनेत्री; ऑपेरा गायक

饩 （餼） xì ❶धान्य; चारा ❷ज़िंदा घरेलू पशु; कच्चा मांस ❸(खाद्य पदार्थ) देना; भेंट करना

系¹ xì ❶पद्धति; प्रणाली; श्रेणी： 谱～ वंशावली; वंश-वृक्ष / 太阳～ सूर्य-मंडल; सौर मंडल; सौर जगत् ❷(कालेज में) विभाग： 中文～ चीनी भाषा और साहित्य विभाग / 法律～ कानून विभाग ❸〈भूगर्भ०〉 पद्धति या व्यवस्था： 侏罗～ जूरासिक व्यवस्था ❹गुट： 桂～ क्वांगशी गुट

系² （係、繫） xì (बहुधा अमूर्त वस्तु से) संबंधित होना; जोड़ना： 维～ बनाए रखना; जारी रखना / 成败所～ इस पर सफलता या असफलता निर्भर होना / 该国存亡～于战争胜负。उस देश का जीवन-मरण युद्ध में उस की जीत या हार पर निर्भर है।

系³ （繫） xì ❶बांधना; जोड़ना; संबंध करना： 把马～在树上 घोड़े को पेड़ से बांधना / ～在腰间 कमर में बांधना ❷(किसी व्यक्ति या वस्तु को) बांधकर नीचे से ऊपर उठा लाना या ऊपर से नीचे उतारना： 从窖里～一筐白薯上来 तहखाने से एक टोकरा शकरकंद बांधकर ऊपर उठा लाना ❸याद आना; याद करना; चिंता कर-

ना: ～念 याद आना; याद करना; चिंतित होना; चिंता करना ❹हिरासत में लेना; गिरफ़्तार करना: ～狱 जेल में रखना या बंद करना

jì भी दे०

系[4] （係） xì 〈लि०〉होना: 其夫～湖南人。उस का पति हूनान प्रांत का निवासी है। / 他从小～在乡下长大的。वह बचपन से ही गांव में रहता है।

【系词】xìcí ❶〈तर्क०〉योजक; संयोजक ❷〈व्या०〉अपूर्ण अकर्मक क्रिया; संयोजक क्रिया; लिंकिंग वर्ब

【系缚】xìfù 〈लि०〉बांधना; जकड़ना; संबद्ध करना

【系恋】xìliàn संलग्न होना; आसक्त होना; अनुराग होना: ～家乡 अपनी जन्मभूमि पर आसक्त होना

【系列】xìliè सिलसिला; सेट: 一～的事实 सिलसिलेवार तथ्य / 一～的政策 नीतियों का पूरा सेट

【系列片】xìlièpiàn धारावाहिक फ़िल्म

【系念】xìniàn 〈लि०〉याद आना; याद करना; चिंता करना

【系谱】xìpǔ 〈जीव०〉वंशावलि: ～树 वंशावलि; वंश-वृक्ष

【系数】xìshù 〈गणित०〉गुणांक: 光学～ प्रकाशीय गुणांक

【系统】xìtǒng ❶पद्धति; सिलसिला; सिस्टम; हलक़ा: 军事～ फ़ौजी हलक़ा / 灌溉～ सिंचाई प्रणाली / 大～ बृहत् प्रणाली ❷व्यवस्थित; सिलसिलेवार: ～的意见 सुव्यवस्थित विचार / ～地说明 व्यवस्थित रूप से व्याख्या करना / ～描述 क्रमबद्ध वर्णन करना

【系统化】xìtǒnghuà सुव्यवस्थित करना; क्रमबद्ध करना

【系统集成】xìtǒng jíchéng व्यवस्था समन्वय; सिस्टम इंटेग्रेशन

【系统性】xìtǒngxìng क्रमव्यवस्था; क्रमबद्धता

屃（屓、屭） xì दे० 赑屃 bìxì

郄 xì 〈लि०〉❶隙 xì के समान ❷郤 xì के समान

Qiè भी दे०

细（細） xì ❶पतला: ～绳 रस्सी; डोरी ❷बारीक: ～沙 बारीक बालू / 米粉磨得很～。चावल का चून बहुत बारीकी से पीसा है। ❸(आवाज़) धीमी: 声音很～ आवाज़ बहुत धीमी होना ❹बढ़िया; महीन: ～瓷 बढ़िया चीनी मिट्टी की वस्तु / ～布 महीन कपड़ा ❺ध्यान से; गौर से; बारीकी से: ～看 गौर (या सावधानी) से देखना / ～谈 तफ़सील से बातचीत करना / 过～考虑 अत्यन्त सूक्ष्मता से विचार करना ❻बहुत छोटा; छोटा-मोटा; सूक्ष्म: 细节 / 事无巨～ छोटे या बड़े सभी काम

【细胞】xìbāo जीवकोष; कोशिका; सेल

【细胞壁】xìbāobì कोशिका भित्ति; सेल-वॉल

【细胞核】xìbāohé कोशिका केन्द्रक; सेल न्यूक्लीयस्

【细胞膜】xìbāomó कोशिका झिल्ली; सेल मेम्ब्रेन

【细胞学】xìbāoxué कोशिका विज्ञान; सिटोलाजी

【细胞移殖】xìbāoyízhí कोशिका स्थानांतर-रोपण

【细胞质】xìbāozhì कोशारस

【细别】xìbié ❶सूक्ष्म भेद ❷(के बीच) सूक्ष्म भेद करना

【细部】xìbù (चित्र बनाने में) किसी अंग को अलग और बड़ा करना

【细菜】xìcài किसी स्थान के किसी मौसम में कम सप्लाई वाली सब्ज़ी (जैसे पहले पेइचिंग के जाड़े में खीरा, टमाटर आदि)

【细长】xìcháng लंबा और पतला: ～个子 लंबे और पतले कद वाला

【细大不捐】xìdà-bùjuān छोटी बड़ी किसी भी चीज़ को न फेंकना

【细点】xìdiǎn स्वादिष्ट पेस्ट्रियां; उत्तम जलपान

【细发】xìfa 〈बो०〉चिकना: 皮肤～ चमड़ा चिकना और मुलायम होना

【细纺】xìfǎng 〈बुना०〉बहुत बारीक कताई करना

【细高挑儿】xìgāotiǎor ❶लंबा और पतला कद ❷लंबा और पतला व्यक्ति

【细工】xìgōng बारीक काम; बारीक कारीगरी

【细故】xìgù ज़रा-सी बात; छोटी-मोटी बात

【细活】xìhuó बारीक काम; कुशल काम; बारीकी से करने वाला काम

【细火】xìhuǒ धीमी आग: 用～煮半小时 धीमी आग पर आधा घंटा पकाना

【细嚼慢咽】xìjiáo-mànyàn (भोजन को) खूब चबा-चबा कर धीरे से निगलना

【细节】xìjié विस्तृत विवरण: 讨论～问题 विस्तृत-विवरण पर वाद-विवाद करना

【细菌】xìjūn कीटाणु; जीवाणु; बैक्टिरियम

【细菌弹】xìjūndàn कीटाणु-बम; रोगाणु-बम

【细菌肥料】xìjūn féiliào कीटाणु खाद

【细菌农药】xìjūn nóngyào कीटाणु पेस्टीसाइड

【细菌培养】xìjūn péiyǎng बैसिलारी कलचर

【细菌武器】xìjūn wǔqì कीटाणु शस्त्र

【细菌性痢疾】xìjūnxìng lìjí कीटाण्विक अतिसार

【细菌学】xìjūnxué कीटाणु-विज्ञान; जीवाणुतत्व

【细菌学家】xìjūnxuéjiā कीटाणु वैज्ञानिक; कीटाणु-वेत्ता

【细菌战】xìjūnzhàn कीटाणु-युद्ध

【细粮】xìliáng महीन अनाज; कूटा हुआ अनाज

【细脉】xìmài 〈ची०चि०〉धीमी नाड़ी

【细毛】xìmáo पशम; बढ़िया और मुलायम ऊन

【细毛羊】xìmáoyáng बढ़िया और मुलायम ऊन वाली भेड़

【细密】xìmì ❶घना; बढ़िया और घनेपन से बुना हुआ: 布织得很～。कपड़ा बहुत बढ़िया और घनेपन से बुना हुआ है। ❷अति सावधान; विस्तृत; ध्यानपूर्ण: ～的分析 विस्तृत विश्लेषण

【细末】xìmò चूरा

【细木工】xìmùgōng ❶बढ़ईगीरी ❷बढ़ई (जो फ़र्नीचर आदि बनाता है)

【细目】xìmù ❶विस्तृत सूची ❷विशिष्ट मद

【细嫩】 xìnèn (चमड़ा आदि) सुकुमार; मुलायम
【细腻】 xìnì ❶बढ़िया और चिकना ❷बारीक; सूक्ष्म: ～的描写 बारीक वर्णन करना
【细皮白肉】 xìpí-báiròu कोमल और गोरा चमड़ा
【细巧】 xìqiǎo बढ़िया और बारीक: ～的图案 बढ़िया और बारीक डिज़ाइन
【细情】 xìqíng विस्तृत स्थितियां; विस्तृत विवरण: 你了解这事的～吗? क्या तुम इस घटना का विस्तृत विवरण जानते हो?
【细柔】 xìróu बढ़िया और मुलायम; सुशील और सुकुमार: ～的皮革 मुलायम और चिकना चमड़ा
【细软】 xìruǎn ❶जड़ित आभूषण, मूल्यवान वस्त्र और अन्य बहुमूल्य वस्तुएँ: 收拾～ उक्त वस्तुओं को संदूक या थैले आदि में भरना ❷पतला और मुलायम: ～的柳枝 बेद वृक्ष की पतली और लचीली टहनियाँ
【细润】 xìrùn बढ़िया और चिकना: 瓷质～。यह चीनी मिट्टी बढ़िया और चिकनी है।
【细弱】 xìruò दुबला-पतला; कमज़ोर: 身子～的人 दुबला-पतला व्यक्ति
【细纱】 xìshā 〈बुना०〉 पतला धागा: ～车间 पतला धागा वर्कशाप; सूत कातने की वर्कशाप; स्पिनिंग वर्कशाप
【细纱机】 xìshājī स्पिनिंग फ़्रेम
【细声细气】 xìshēng-xìqì हल्की आवाज़ में (बोलना): 她～地说。वह हल्की आवाज़ में बोली।
【细石器】 xìshíqì 〈पुरा०〉 लघुपाषाण
【细石器文化】 xìshíqì wénhuà 〈पुरा०〉 लघुपाषाणी संस्कृति
【细水长流】 xìshuǐ-chángliú ❶किफ़ायत से जन-शक्ति या माल का प्रयोग करना ताकि अभाव न हो ❷थोड़ा-थोड़ा करके कोई काम करना और कभी न रुकना; धीरे-धीरे करते जाना
【细碎】 xìsuì छोटे-छोटे और टूटे-फूटे टुकड़ों में: ～的纸片 कागज़ के छोटे-छोटे और टूटे-फूटे टुकड़े
【细谈】 xìtán बारीकी से बातचीत करना
【细条】 xìtiáo (कद) लंबा और पतला
【细挑】 xìtiao (कद) लंबा और पतला
【细微】 xìwēi अल्प; थोड़ा; कम; छोटा-सा; सूक्ष्म: ～的变化 अल्प परिवर्तन / ～的区别 थोड़ा-सा फ़र्क
【细小】 xìxiǎo बहुत छोटा: 讨论～问题 छोटे-मोटे मसलों पर बहस करना / ～严密的工作 छोटे-छोटे और बारीक काम
【细心】 xìxīn बारीक; सचेत; ध्यानपूर्ण: 他真是个～人。वह सचमुच बड़ी चौकसी बरत रहा है। / 老头儿很～。बूढ़ा बहुत तेज़ है। / 他～地听着。वह ध्यानपूर्वक सुन रहा है।
【细辛】 xìxīn 〈ची०चि०〉 जंगली अदरक
【细伢子】 xìyázi 〈बो०〉 बच्चा
【细雨】 xìyǔ रिमझिम; फुहार; पानी का महीन छींटा; हल्की वर्षा; बूंदाबांदी
【细语】 xìyǔ फुसफुसाना; कानाफूसी करना; खुसुर-पुसुर बातें करना: 低声～ कानाफूसी करना; चुपके-चुपके बातें करना
【细则】 xìzé विस्तृत नियम और विनियम: 管理～ प्रशासन के विस्तृत नियम और विनियम
【细账】 xìzhàng विस्तृत लेखा या हिसाब
【细针密缕】 xìzhēn-mìlǚ अच्छे और घने टांकों में —— बारीकी से काम करना
【细支纱】 xìzhīshā 〈बुना०〉 महीन सूत; फ़ाइन काउन्ट यार्न
【细枝末节】 xìzhī-mòjié छोटी-छोटी असारभूत बातें
【细致】 xìzhì सूक्ष्म; बारीक; ध्यानपूर्ण; सावधान: 深入～地工作 गहराई और बारीकी से काम करना
【细作】 xìzuò जासूस; गुप्तचर; भेदिया

盻 xì 〈लि०〉 तरेरना; आंखें दिखाना; आंखें तरेरना; क्रोध से देखना

郤 xì ❶隙 xì के समान ❷ (Xì) एक कुलनाम

阋 (鬩) xì 〈लि०〉 लड़ना: 兄弟～于墙。घर में भाई-भाई लड़ते हैं।

舄 xì ❶〈लि०〉 जूता ❷潟 xì के समान ❸ (Xì) एक कुलनाम

隙 (隟) xì ❶दरार; छेद: 墙～ दीवार पर दरार / 门～ दरवाज़े की दरार ❷(देश, काल का) बीच का फ़ासला; अंतर; रिक्त-स्थल: 空～ दरार; रिक्त-स्थल / ～地 खाली जगह ❸विवर; दरार; छेद; मौका; अवसर: 乘～打敌 मौका पा कर दुश्मन पर प्रहार करना / 可乘之～ ऐसी गलतियां करना जिन से लाभ उठाया जा सके ❹(भावना में) दरार; फूट; मतभेद; अनबन; वैमनस्य: 嫌～ शत्रुता; दुश्मनी; बैर
【隙缝】 xìfèng दरार; छेद
【隙罅】 xìxià 〈लि०〉 दरार; छेद

赩 xì 〈लि०〉 लाल रंग; रक्त वर्ण

隟 xì 〈लि०〉 隙 xì के समान

潟 xì 〈लि०〉 लवणीकृत मिट्टी
【潟卤】 xìlǔ 〈लि०〉 रेह; लवणयुक्त मिट्टी

xiā

呷 xiā 〈बो०〉 थोड़ा-थोड़ा करके पीना; चुस्की लेना: ～茶 चाय की चुस्की लेना / ～一口酒 एक घूंट शराब ले लेना

虾 (蝦) xiā झींगा (मछली)
há भी दे०

【虾兵蟹将】xiābīng–xièjiàng झींगे सिपाही और केकड़े सेनापति —— व्यर्थ सैनिक; आशाहीन सैनिक
【虾干】 xiāgān सूखे झींगे
【虾蛄】 xiāgū मैंटिस श्रिम्प
【虾酱】 xiājiàng झीगे मछली की नमकीन लपसी
【虾米】 xiāmǐ ❶छिलके उतारे सूखे झींगे ❷〈बो०〉 छोटे-छोटे झींगे
【虾皮】 xiāpí （虾米皮 xiāmipí भी） छिलके न उतारे हुए छोटे-छोटे सूखे झींगे
【虾仁】 xiārén छिलका उतारा ताज़ा झींगा; झींगे का मांस
【虾油】 xiāyóu झींगे मछली की चटनी
【虾子】 xiāzǐ झींगे मछली के सूखे अंडे जो मसाले के काम आते हैं
【虾子】 xiāzi 〈बो०〉 झींगा

瞎 xiā ❶अंधा：他～了一只眼。वह एक आंख से अंधा है। ❷आधारहीनता से; बेबुनियादी ढंग से; मूर्खतापूर्वक; व्यर्थता से： ～扯 बेसिरपैर की बात कहना / ～忙 नाहक व्यस्त रहना / ～说 बकवास करना; ऊलजलूल बातें करना ❸(गोला, बम आदि का) विस्फोट न होना; न फटना： 炮打～了。गोला न फटा। ❹〈बो०〉 (बीज का) अंकुरित न होना; भरा-पूरा न होना ❺〈बो०〉 (धागे आदि का) बटना; गूंथना; उलझाना या उलझना： 线～了。तागा उलझ गया।
【瞎掰】 xiābāi 〈बो०〉 ❶बेसिरपैर की बात करना ❷व्यर्थ का काम करना; मूर्खतापूर्वक काम करना
【瞎吹】 xiāchuī लंबी-चौड़ी हाँकना; डींग मारना; शेखी बघारना
【瞎话】 xiāhuà झूठ; असत्य, मिथ्या वचन： 说～ झूठ बोलना
【瞎聊】 xiāliáo सुस्ती से गपशप करना; घुल-मिल कर बात करना
【瞎猫碰到死耗子】 xiā māo pèngdào sǐ hàozi अंधे के हाथ बटेर लग गई
【瞎蒙】 xiāmēng अटकलपच्चू अनुमान करके उत्तर देना; अटकलबाज़ी से बताना： 要想好了再回答，不能～。अच्छी तरह सोच-विचार करके उत्तर दो, अटकलबाज़ी से मत बताओ।
【瞎奶】 xiānǎi ❶स्तन का नीचे बैठा अग्र या चुचुक ❷सूखा स्तन; स्तन जिस में से दूध चूसा न जा सके
【瞎闹】 xiānào ❶नासमझी से काम करना ❷शैतानी करना; बदमाशी करना： 好好看书，别～。अच्छी तरह पढ़ो, शैतानी मत करो।
【瞎说八道】 xiāshuōbādào वाहियत बकवास करना; व्यर्थ की बात करना; निरर्थक बात करना; बेसिरपैर की बात करना; ऊलजलूल बात बकना
【瞎想】 xiāxiǎng खामखयाली： 这只不过是一种～。यह महज़ एक खामखयाली है।
【瞎信】 xiāxìn पत्र जिस का पता गलत या अस्पष्ट होने के कारण भेजा नहीं जा सकता （死信 sǐxìn，盲信 mángxìn भी）
【瞎指挥】 xiāzhǐhuī अंधा संचालन करना
【瞎诌】 xiāzhōu 〈बो०〉 बेसिरपैर की बात करना
【瞎抓】 xiāzhuā बिना योजना बनाए काम करना; अव्यवस्थित रूप से काम करना
【瞎字儿不识】 xiā zìr bù shí 〈बोल०〉 एक भी सरल अक्षर न पढ़ सकना; बिलकुल अपढ़ होना
【瞎子】 xiāzi अंधा; नेत्रहीन व्यक्ति
【瞎子点灯白费蜡】 xiāzi diǎn dēng bái fèi là अंधे का मोमबत्ती जलाना —— बिलकुल अपव्ययी
【瞎子摸象】 xiāzi–mōxiàng अधों का हाथी टटोलना —— अंश को संपूर्ण समझना
【瞎子摸鱼】 xiāzi–mōyú अंधे का मछली टटोलना—— अंधाधुंध काम करना

鰕（鰕） xiā 虾 xiā के समान

xiá

匣 xiá डब्बा; डिबिया; पेटी： 铁～ लोहे का डिब्बा / 两～饼干 दो डिब्बे बिसकुट
【匣子】 xiázi ❶डब्बा; डिबिया; पेटी ❷〈बो०〉 माउज़र (पिस्तौल)
【匣子枪】 xiáziqiāng 〈बो०〉（匣枪，匣子 भी） माउज़र (पिस्तौल)

侠（俠） xiá ❶(पुराने ज़माने में) रण-विषयक कलाओं में निपुण और आदर्श शूर जैसा आचरण करने वाला व्यक्ति ❷तीव्र न्यायप्रियता वाला और निर्बल की सहायता करने को तैयार रहने वाला; आदर्श शूर के समान： ～士 न्याय करने और निर्बल की सहायता करने को तैयार रहने वाला व्यक्ति (या शूर)
【侠客】 xiákè (पुराने ज़माने में) रण-विषयक कलाओं में निपुण और आदर्श शूर जैसा आचरण करने वाला व्यक्ति
【侠义】 xiáyì तीव्र न्यायप्रियता वाला और निर्बल की सहायता करने को तैयार रहने वाला; आदर्श शूर के समान

狎 xiá (बहुधा स्त्री के साथ) समीप परंतु गंभीर न होना
【狎妓】 xiájì वेश्यालय जाना
【狎客】 xiákè वेश्यालय में आने-जाने वाला व्यक्ति
【狎昵】 xiánì (स्त्री के साथ) बहुत अधिक समीप पर गंभीर न होना

柙 xiá ❶जंगली जानवरों को बंद करने का पिंजरा ❷〈पुराना〉 बंदी का पिंजरा

峡（峽） xiá घाटी; तंगघाटी (बहुधा स्थानों के नाम में प्रयुक्त)： 高～ मेघाच्छादित उत्तुंग घाटी / 三～ (यांगत्सी नदी की) त्रिघाटी; तीन घाटियां
【峡道】 xiádào दर्रा; घाटी
【峡谷】 xiágǔ दर्रा; घाटी

【峡口】 xiákǒu दर्रे का द्वार

【峡湾】 xiáwān 〈भू०〉 फ़ियॉर्ड

狭（狹） xiá तंग; संकरा; संकीर्ण; अविस्तीर्ण: ～长 तंग और लंबा

【狭隘】 xiá'ài ❶तंग; संकरा; संकीर्ण: ～爱国主义 संकीर्ण देशभक्ति / ～的关门主义 द्वार बंद रखने वाली संकीर्णतावादी नीति / ～经验论 संकीर्ण अनुभव-वाद / ～民族主义 संकीर्ण राष्ट्रवाद ❷(मन, दृष्टि आदि का) तंग और सीमित होना: 心胸～ संकुचित मनोवृत्ति; तंगदिली

【狭路相逢】 xiálù-xiāngféng (शत्रुओं का) तंग रास्ते में आमने-सामने मिलना —— अपरिहार्य मुकाबले में पड़ जाना

【狭小】 xiáxiǎo तंग और छोटा: ～地带 संकरा गलियारा / ～范围 संकुचित दायरा

【狭心症】 xiáxīnzhèng 心绞痛 xīnjiǎotòng का दूसरा नाम

【狭义】 xiáyì संकुचित अर्थ: ～地 संकुचित रूप में

【狭窄】 xiázhǎi ❶तंग; संकरा; संकीर्ण: ～的道路 तंग रास्ता ❷(मन, चित्त, अनुभव आदि का) संकीर्ण और सीमित होना: 心地～ संकीर्णचित्त; तंगदिल

陿 xiá 〈लि०〉 ❶狭 xiá के समान ❷峡 xiá के समान

硖（硤） xiá नीचे दे०

【硖石】 Xiáshí शाश (चच्यांग प्रांत में एक स्थान)

遐 xiá 〈लि०〉 ❶दूर: ～迩 दूर और निकट ❷स्थायी; स्थिर: ～龄 उच्चायु; दीर्घायु; चिरंजीव

【遐尔闻名】 xiá'ěr-wénmíng नाम दूर-दूर तक फैला होना; विश्व-विख्यात होना; बहुत मशहूर होना

【遐思】 xiásī 遐想 के समान

【遐想】 xiáxiǎng विचार-मग्नता; दिवा-स्वप्न देखना: 闭目～ आंख मूंदकर दिवा-स्वप्न देखना

瑕 xiá ❶जेड पत्थर पर कलंक ❷त्रुटि; कमी; बुराई;दोष; ऐब

【瑕不掩瑜】 xiábùyǎnyú एक कलंक जेड को बिगाड़ नहीं सकता —— छोटी सी त्रुटियां बड़े-बड़े सद्गुणों को छिपा नहीं सकतीं

【瑕疵】 xiácī छोटी सी त्रुटि; ऐब; कमी

【瑕玷】 xiádiàn कलंक; दाग; दोष

【瑕瑜互见】 xiáyú-hùjiàn बुराइयां और अच्छाइयां दोनों मौजूद होना

暇 xiá अवकाश; फ़ुरसत: 工作之～ काम से अवकाश (मिलना)

辖[1]（轄、鎋、舝） xiá धुरे में लगाई हुई वह कील जिस से पहिया बाहर न निकल जाए; लिंचपिन

辖[2]（轄） xiá शासन करना; व्यवस्था करना: 受人统～ किसी की अधीनता में काम करना / 一个军下～三个师。हर फ़ौजी कोर में तीन डिविज़नें होती हैं / 所～官兵 अपनी कमान में सभी सैनिक और अफ़सर

【辖区】 xiáqū अपनी कमान में क्षेत्र; अपने अधिकार में क्षेत्र

【辖制】 xiázhì 〈लि०〉 शासन करना; नियंत्रण रखना; काबू में रखना: 受人～ किसी के नियंत्रण में होना

霞 xiá अरुण; अरुणाई; लाली; लालिमा: 朝～ सूर्योदय की लाली / 晚～ सूर्यास्त की लाली

【霞光】 xiáguāng सुबह या शाम के सूर्यप्रकाश की किरणें: ～万道 सूर्यप्रकाश की असंख्य किरणें

【霞帔】 xiápèi 〈पुराना〉 कुलीन महिलाओं का कसीदा काढ़ा हुआ झालरदार केप (बिना आस्तीन का एक लबादा) जो औपचारिक वस्त्र का एक भाग समझा जाता था

黠 xiá 〈लि०〉 चालाक; धूर्त्त

【黠慧】 xiáhuì 〈लि०〉 चालाक; धूर्त्त; कपटी

【黠吏】 xiálì 〈लि०〉 चरित्रभ्रष्ट और चालाक अधिकारी

xià

下[1] xià ❶(अकेले में प्रयुक्त, विशेषकर विलोम 上 के साथ) नीचे, तले: 上有老，～有小。मेरे ऊपर वृद्ध माता-पिता हैं और नीचे बाल-बच्चे / 上无片瓦，～无立锥之地。न तो सिर के ऊपर खपरैल का एक भी टुकड़ा है न पैरों तले सुई की नोक बराबर भूमि । ❷(परसर्ग या संबंधसूचक के बाद प्रयुक्त) नीचे; नीचे को; नीचे की ओर: 由～而上 नीचे से ऊपर तक / 向～拉 नीचे की ओर खींचना ❸(संज्ञा के बाद प्रयुक्त) के नीचे: 桌子～ मेज़ के नीचे / 眼睛～ आंख के नीचे ❹(संज्ञा के पहले प्रयुक्त) (स्थान, स्तर, गुणवत्ता, क्वालिटी आदि में) अधिक नीचा: 柜子的～层 अलमारी में नीचे का तख़्ता या खाना / ～等 निम्न या नीचे का स्तर ❺(समय, क्रम में) अगला: ～次 अगली बार / ～月 अगला महीना ❻दो में दूसरा या तीन में अंतिम: (两卷本词典的) ～册 (दो खंड वाले कोश का) दूसरा खंड / (三卷本词典的) ～册 (तीन खंड वाले कोश का) तीसरा खंड ❼(क्रिया के पहले प्रयुक्त) नीचे की ओर; नीचे को: ～垂 नीचे की ओर झुकना / ～达 निचले स्तर तक पहुंचाना या पहुंचना; सब को ज्ञात होना ❽(क्षेत्र, स्थिति, परिस्थिति आदि का बोध होता है) में: 在党的领导～ पार्टी के नेतृत्व में / 在这种情况～ ऐसी हालत में ❾(किसी निश्चित समय वाचक वाक्यांश में प्रयुक्त): 年～ (चांद्र वर्ष का) नववर्ष (अर्थात् पहले महीने का पूर्वाद्ध) / 时～ आजकल; हाल ही में ❿(अंक के बाद आकर पक्ष या दिशा का बोध होता है): 两～都愿意做 दोनों पक्ष यह काम करना चाहते हैं। / 往四～里看 चारों ओर देखना

下 2

xià ❶नीचे जाना; नीचे उतरना: ～山 पहाड़ पर से नीचे जाना / ～梯子 सीढ़ी से उतरना ❷(घोड़े या गाड़ी आदि से) उतरना; नीचे उतरना; नीचे आना: ～车 गाड़ी से नीचे उतरना / ～船 जहाज़ से नीचे उतरना ❸(पानी, बर्फ़ आदि का) गिरना; बरसना: ～雾 कोहरा पड़ना / ～霜 पाला पड़ना / ～雨 पानी गिरना या बरसना ❹(आज्ञा आदि) निकालना; जारी करना; (निमंत्रणपत्र आदि) भेजना: ～命令 आज्ञा निकालना या जारी करना / ～请帖 निमंत्रणपत्र भेजना ❺(कोई स्थान) जाना: ～乡 गांव जाना / ～厂 कारखाने में जाना ❻(रंगमंच, खेत; मैदान आदि से) उतरना; प्रस्थान होना: 仆～。नौकर (मंच पर से) उतरता है। / 北京队的三号～，四号上。सब्स्टिट्यूशन, पेइचिंग टीम के नं० तीन के लिए नं० चार। ❼(मसाला, खाद, विष, पूंजी आदि) डालना; (में) रखना: ～毒 विष डालना / ～种 बीज बोना / ～肥料 खाद डालना या देना ❽(शतरंज आदि) खेलना; (शतरंज आदि में) चाल चलना: ～国际象棋 शतरंज खेलना / 现在该你～了。अब तुम्हारी चाल चलने की बारी है। ❾उतारना; निरावृत करना; बोझ उतारना; (जहाज़ आदि से) माल उतारना: ～装 अभिनय करने की पोशाक उतार-ना / 从船（车）上～货 जहाज़ (गाड़ी) से माल उतारना ❿(परिभाषा) देना; (निष्कर्ष) निकालना; करना; (पर) पहुंचना: ～定义 परिभाषा देना / ～结论 निष्कर्ष करना, निकालना या पर पहुंचना / ～决心 पक्का इरादा करना; दृढ़ संकल्प करना ⓫प्रयोग करना; उपयोग करना; काम में लाना: ～功夫 शक्ति लगाना; बहुत मेहनत करना / ～刀 चाकू से काटना / ～笔 कागज़ पर कलम चलाना; लिखना या चित्र खींचना आरंभ करना ⓬(जानवर) पैदा करना; (अंडा) देना: 母鸡～小鸡 मुर्गी का बच्चे को पैदा करना / ～蛋 अंडा देना ⓭कब्ज़ा करना: 连～数城 लगातार कई शहरों पर कब्ज़ा करना ⓮(सेना को) ले जाना; कूच करना: 挥师南～ सैन्य दल को दक्षिण की ओर ले जाना / 十万大军～江南 लाखों सैनिकों वाली महासेना यांगत्सी नदी पार कर दक्षिण को कूच करना ⓯पीछे हटना: 相持不～ किसी के द्वारा अपनी जगह या पड़ाव से पीछे हटना न चाहना ⓰छुट्टी या रिहाई हो जाना: ～班 काम खत्म होने पर चला जाना / ～课 क्लास समाप्त होना ⓱(निषेध में प्रयुक्त) से कम होना: 到会的不～一百人。सभा में शामिल होने वालों की संख्या एक सौ से कम नहीं है।

下 3

xià ❶<परि०श०> ①(क्रिया की बार के लिए) बार; दफ़ा: 钟敲了两～。घंटा दो बार बजा। / 他摇了几～铃。उस ने घंटी को कई बार बजाया। ②<बो०> (किसी बर्तन, डब्बे आदि की ग्रहण-शक्ति के लिए): 杯子里还有半～饮料。गिलास में अभी आधा पेय पदार्थ भी है। / 这大碗他吃了三～。उस ने इस बड़े कटोरे से तीन कटोरे खाये। ❷（下子 xiàzi भी）(两，几 के बाद प्रयुक्त कर कौशल, योग्यता, हुनर का बोध होता है): 想不到你还有这几～。मुझे आशा न थी कि तुम्हारे हाथ में यह हुनर है। / 他就这两～。उस का केवल यही हुनर है।

下

xia (क्रिया के बाद आकर उस की पूर्ति के रूप में प्रयुक्त) ❶जाना: 坐～ बैठ जाना / 躺～ लेट जाना ❷(रखने की योग्यता का बोध होता है): 坐得～ बिठा सकना / 坐不～ बिठा न सकना / 吃得～ खा सकना ❸(क्रिया की समाप्ति का बोध होता है): 记～电话 फ़ोन नंबर लिख लेना / 打～基础 बुनियाद डालना

【下巴】 xiàba ❶निचला जबड़ा ❷चिबुक; ठोड़ी: 尖～ नुकीली ठोड़ी; पतली ठोड़ी / ～颏儿 ठोड़ी / ～窝 ठोड़ी पर का गढ़ा

【下摆】 xiàbǎi चोगे, जाकेट या कमीज़ का निचला अंचल

【下拜】 xiàbài (किसी के सामने) माथा टेकना; चरण छूना

【下班】 xiàbān काम खत्म होने पर चला जाना; काम से छुट्टी होना; ड्यूटी खत्म होना: ～回家 काम पर से घर लौटना

【下板儿】 xiàbǎnr <बो०> (दुकान का) किवाड़ खोलना; क्रय-विक्रय आरंभ करना

【下半辈子】 xiàbànbèizi अपने जीवन का उत्तरार्द्ध; अपने जीवन का शेष भाग

【下半场】 xiàbànchǎng (गेम, कंसर्ट आदि का) उत्तरार्द्ध

【下半旗】 xià bànqí झंडा नीचा करना; राष्ट्रीय झंडा आधा झुकना

【下半晌】 xiàbànshǎng <बोल०> दोपहर बाद; तीसरा पहर; अपराह्न

【下半身】 xiàbànshēn शरीर का निचला भाग; अधर

【下半天】 xiàbàntiān दोपहर बाद; तीसरा पहर; ति-पहर; अपराह्न

【下半夜】 xiàbànyè रात्रि का उत्तरार्द्ध; मध्यरात्रि बाद

【下辈】 xiàbèi ❶संतति; संतान ❷परिवार में अगली पीढ़ी

【下辈子】 xiàbèizi अगला जन्म

【下本钱】 xià běnqián （下本儿 xià běnr भी） पूंजी लगाना; समय, धन और मेहनत लगाना: 要培养人才就得～。योग्य व्यक्ति प्रशिक्षित करने के लिए समय, पैसे और मेहनत लगाना या खर्च करना चाहिए।

【下笔成章】 xiàbǐ-chéngzhāng कलम चलाते ही लेख लिखा जाना

【下笔千言，离题万里】 xiàbǐ-qiānyán, lítí-wànlǐ कलम से तो लगातार एक हज़ार शब्द निकलते चले जाते हैं, लेकिन विषय-वस्तु से दस हज़ार ली दूर हटते चले जाते हैं

【下边】 xiàbiān 下面 के समान

【下不来】 xiàbulái ❶नीचे न गिर सकना: 体温～ तापमान न गिर सकना ❷पूरा न कर सकना: 这墙至少得三千块砖，否则～。इस दीवार के लिए कम से कम तीन हज़ार ईंटें चाहिए, नहीं तो यह बन नहीं सकती। ❸मुश्किल में डालना: 你这话说得他面子上～。तुम्हारी इस बात ने उसे मुश्किल में डाल दिया।

【下不为例】 xiàbùwéilì बाद में फिर ऐसा न करना या होना

【下部】 xiàbù ❶निचला भाग ❷शरीर का निचला भाग

【下操】 xiàcāo ❶ड्रिल करना; कवायद करना ❷ड्रिल या कवायद खत्म होना: 他刚～回来。 वह अभी ड्रिल करके लौट आया।
【下策】 xiàcè सब से खराब युक्ति, नीति, निश्चय आदि
【下层】 xiàcéng निचला भाग; निचला तल; तह; निम्न स्तर: 社会的～ समाज का निम्न स्तर
【下场】[1] xiàchǎng ❶रंगमंच से उतरना ❷खेल का मैदान छोड़ना
【下场】[2] xiàchǎng किसी व्यक्ति का अंत या फल (बहुधा बुरा): 可耻的～ शर्मनाक अंत / 没有好～ अंत अच्छा न होना
【下场门】 xiàchǎngmén (रंगमंच का) पात्रों का मंच से उतरने का द्वार
【下车伊始】 xiàchē-yīshǐ अधिकारी के अपनी गाड़ी से उतरते ही —— अपने नये पद पर आते ही
【下沉】 xiàchén डूबना; बैठ जाना; जलमग्न होना: 船～了。 नाव डूब गई। / 潜水艇逐渐～。 पनडुब्बी धीरे-धीरे जलमग्न हो रही है।
【下乘】 xiàchéng ❶〈बौद्ध धर्म〉 हीनयान (小乘 xiǎochéng के समान) ❷घटिया; निचले दर्जे का: ～之作 निचले दर्जे की (साहित्यिक) कृति
【下处】 xiàchù यात्रा में अस्थायी निवास-स्थान: 找～ निवास-स्थान ढूँढ़ना
【下船】 xiàchuán ❶नाव, जहाज़ आदि से उतरना ❷〈बो०〉 नाव, जहाज़ आदि पर चढ़ना
【下垂】 xiàchuí ❶झुकना; लटकना: 双手～ दोनों हाथ नीचे लटकना ❷〈चिकि०〉 अंगभ्रंश; स्थानभ्रंश: 子宫～ गर्भाशय का स्थानभ्रंश; मैट्रोप्टोसिस
【下存】 xiàcún (रकम का) घटाने के बाद अवशेष; बाकी: 存款总数是一万元，提了三千元，～七千元。 कुल जमा दस हज़ार य्वान है, इस में से तीन हज़ार य्वान लिए जाने के बाद अब सात हज़ार य्वान बाकी रह गए हैं।
【下挫】 xiàcuò मूल्य, मुद्रा-विनिमय दर आदि का गिर जाना
【下达】 xiàdá निचले स्तर तक पहुंचाना; सब को ज्ञात करना: ～命令 आदेश जारी करना
【下等】 xiàděng निचले दर्जे का; निम्न; छोटा; घटिया: ～货 घटिया माल
【下地】 xiàdì ❶खेत में जाना: ～干活 खेत में खेती करने जाना ❷पलंग से नीचे उतरना: 他的病比以前好了，现在他能～了。 उस की बीमारी पहले से अच्छी हो गई, अब वह पलंग से उतर सकता है। ❸〈बो०〉 शिशु का अभी पैदा होना
【下第】 xiàdì ❶निचले दर्जे का; घटिया ❷〈पुराना〉 शाही परीक्षा में फ़ेल होना
【下店】 xiàdiàn सराय में रहना
【下跌】 xiàdiē (पानी का स्तर, मूल्य आदि का) गिरना; उतरना: 水位～ पानी का स्तर उतरना / 物价～ चीज़ों का दाम गिरना
【下碇】 xiàdìng लंगर डालना: 船在南京～。 जहाज़ नानचिंग में लंगर डालकर खड़ा हो गया।
【下毒手】 xià dúshǒu हत्या करने का कुकर्म कर बैठना: 背后～ किसी के पीठ पीछे उस की हत्या करने का कुकर्म कर बैठना
【下颚】 xià'è ❶(कुछ आर्थोपाड का) मैक्सिला ❷(रीढ़दार पशुओं का) निचला जबड़ा
【下法】 xiàfǎ 〈ची०चि०〉 मृदुरेचक उपाय; रेचक उपाय
【下凡】 xiàfán (ईश्वर या देवों का) अवतार होना
【下饭】 xiàfàn ❶भोजन को चावल के साथ खा लेना ❷चावल के साथ अच्छी तरह खा लेना: 这菜不～。 यह भोजन चावल के साथ अच्छी तरह नहीं खाया जा सकता।
【下饭】 xiàfan 〈बो०〉 तश्तरी में रखा हुआ भोजन
【下房】 xiàfáng नौकर या नौकरानी का कमरा
【下放】 xiàfàng ❶निचले स्तर वाले संगठनों को दे देना: ～权力 निचले स्तर वाले संगठनों को अधिकार या सत्ता दे देना ❷कार्यकर्ताओं को निचले स्तर वाले संगठनों में मेहनत आदि करने के लिए भेज देना
【下放干部】 xiàfàng gànbù ❶कार्यकर्ताओं को निचले स्तर वाले संगठनों में भेज देना ❷निचले स्तर वाले संगठनों में भेजा गया कार्यकर्ता
【下放劳动】 xiàfàng láodòng निचले स्तरों में श्रम करने के लिए भेजा जाना
【下风】 xiàfēng ❶हवा से सुरक्षित दिशा; ओट: 一般工业区都在城市的～。 आम तौर पर औद्योगिक क्षेत्र नगर की ओट में स्थित होता है। ❷हानिप्रद स्थिति; अहितकर स्थिति; प्रतिकूल परिस्थितियाँ: 处于～ प्रतिकूल परिस्थितियों में पड़ना
【下浮】 xiàfú मूल्य, वेतन, ब्याज की दर आदि का नीचे गिरना
【下疳】 xiàgān 〈चिकि०〉 उपदंश-व्रण; रतिज व्रण; शैंकर: 硬性～ कठोर उपदंश-व्रण; हार्ड शैंकर / 软性～ कोमल उपदंश-व्रण; सॉफ़्ट शैंकर
【下岗】 xiàgǎng प्रहरी ड्यूटी समाप्त होने पर चला जाना; जबरन छुट्टी कर देना; ड्यूटी से हटाना; गोल्डन शेक हैंड
【下工】 xiàgōng ❶काम या मेहनत समाप्त होने पर चला जाना: ～回家 काम पर से लौटना ❷〈पुराना〉 बरखास्त करना; अधिकारच्युत या पदच्युत करना; ड्यूटी से हटाना; निकाल बाहर करना
【下工夫】 xià gōngfu（下功夫 xià gōngfu भी） शक्ति लगाना; बहुत मेहनत करना; अपनी चेष्टा केन्द्रित करना: 要学好外语得～。 विदेशी भाषा सीखने के लिए बहुत मेहनत करनी चाहिए। / ～研究学问 समय लगाकर और प्रयत्नपूर्वक अध्ययन करना
【下官】 xiàguān 〈पुराना〉 मैं (अपने उच्चस्तरीय अधिकारी के सामने अधिकारी का अपने लिए प्रयुक्त संबोधन)
【下跪】 xiàguì घुटने टेकना; घुटनों के बल बैठना
【下锅】 xiàguō खाद्य पदार्थ को देगची में डालना (पकाने के लिए): 米已～。 चावल देगची में डाल दिया गया है।
【下海】 xiàhǎi ❶समुद्र में जाना ❷(मछुए का) समुद्र में जा कर मछली पकड़ना ❸परम्परागत ऑपेरा के अव्यावसायिक अभिनेता का व्यावसायिक अभिनेता बनना ❹〈पुराना〉 वेश्या, नर्तकी आदि का कुछ व्यवसाय करना ❺〈बोल०〉 व्यापार-सागर में कूद पड़ना; अपना मूल काम छोड़ कर व्यापार करने लगना

【下颌】 xiàhé निचला जबड़ा: ～骨 निचले जबड़े की हड्डी; हन्वास्थि

【下怀】 xiàhuái मन की अपनी इच्छा: 正中～ अपनी इच्छा के ठीक अनुकूल होना

【下回】 xiàhuí अगली बार

【下级】 xiàjí नीचे का स्तर; निचला रैंक: ～服从上级 नीचे का स्तर अपने ऊपरी स्तर के मातहत होना / ～干部 निचले स्तर का कार्यकर्ता; कनिष्ठ कार्यकर्ता / ～机关 नीचे का संगठन (या संस्था) / ～军官 निचले रैंक का अफ़सर; जूनियर अफ़सर / ～组织 नीचे के स्तर का संगठन

【下家】 xiàjiā ❶(महजोंग, ताश आदि में) अपने बाद की बारी आने वाला ❷<बो०> <विन०> मेरा घर; मेरा गरीब ख़ाना

【下嫁】 xiàjià (स्त्री का) अपने से नीची सामाजिक स्थिति वाले के साथ विवाह करना

【下贱】 xiàjiàn ❶तुच्छ; क्षुद्र; नीची सामाजिक स्थिति ❷<घृणा०> कमीना; पाजी; नीच

【下江】 xiàjiāng यांगत्सी नदी का निचला हिस्सा: ～人 यांगत्सी नदी के निचले हिस्से में किसी प्रांत का निवासी

【下降】 xiàjiàng उतरना; नीचे आना या जाना; गिरना: 飞机～ हवाई जहाज़ का नीचे उतरना / 体温～ शरीर का तापमान गिरना / 物价～ चीज़ों का दाम गिरना

【下焦】 xiàjiāo <ची०चि०> शरीर के विवर में नाभि के नीचे का भाग जिस में मूत्राशय, आंतड़ियां और गुर्दे होते हैं

【下脚】[1] xiàjiǎo कदम रखना: 没有～的地方 कदम रखने की जगह न होना

【下脚】[2] xiàjiǎo (下脚料 xiàjiǎoliào भी) (औद्योगिक कच्चे माल के) अवशेष खंड और टुकड़े

【下脚货】 xiàjiǎohuò न बिका हुआ, बचा हुआ घटिया माल

【下届】 xiàjiè नियमित सभा की अगली बार की सभा: ～会议 सम्मेलन की अगली बार की सभा / ～毕业生 अगले साल के स्नातक (विद्यार्थी)

【下界】[1] xiàjiè दे० 下凡

【下界】[2] xiàjiè मनुष्य लोक; दुनिया; संसार

【下劲】 xiàjìn उद्यम या यत्न करना; बड़ी मेहनत से काम करना; शक्ति लगाना: ～学习 बड़ी मेहनत से अध्ययन करना / ～干活 बड़ी मेहनत से काम करना

【下九流】 xiàjiǔliú <पुराना> निचली सामाजिक स्थिति के तथाकथित निचले पेशे के लोग, जैसे, कुली, ढोलकिया आदि

【下酒】 xiàjiǔ ❶शराब के साथ खाना: 买点花生米～ शराब के साथ खाने के लिए कुछ मूंगफली खरीदना ❷शराब के साथ खाने के लिए अच्छा लगना: 花生米～。 शराब के साथ खाने के लिए मूंगफली अच्छी लगती है।

【下酒菜】 xiàjiǔcài शराब के साथ खाने वाली भोज्य वस्तुएँ; गज़क

【下颏儿】 xiàkēr <बो०> चिबुक; ठोड़ी; हनु

【下课】 xiàkè ❶कक्षा समाप्त या बर्खास्त होना: 什么时候～? कक्षा कब समाप्त होगी? ❷खेलकूद में ट्रेनर का पदच्युत किया जाना ❸काम में पदच्युत किया जाना

【下筷】 xiàkuài किसी भोजन में अपने चापस्टिक्स का प्रयोग करना —— खाना आरंभ करना

【下款】 xiàkuǎn ❶(किसी को भेंट किये गये चित्र आदि पर) भेंट करने वाले का नाम ❷पत्र के अंत में अपना हस्ताक्षर

【下来】[1] xiàlái ❶नीचे आना; उतरना: 从梯子上～ सीढ़ियों पर से नीचे आना ❷निचले स्तर के संगठन के यहां जाना: 昨天从中央～了两位领导。 कल केन्द्रीय सरकार से दो नेता आये। / 上级的指示～了。 ऊपरी स्तर का आदेश आ गया है। ❸(फ़सल आदि का) काटा जाना; जमा किया जाना: 稻子已经～了。 धान काटा गया है। ❹(समय की अवधि) गुज़र जाना: 两个月～, 他的病就好了。 दो महीने बाद उस की बीमारी अच्छी हो गई।

【下来】[2] xiàlái ❶(क्रिया के बाद आकर क्रिया का व्यापार ऊपर से नीचे या दूर से निकट आने का बोध होता है): 把芒果从树上摘～。 आम को पेड़ पर से तोड़ो। / 上级的新指示发～了。 ऊपरी स्तर का नया आदेश आ गया है। ❷(क्रिया के बाद आकर क्रिया का व्यापार अतीत से वर्तमान या आरंभ से अंत तक जारी रखने का बोध होता है): 古代流传～的传说 प्राचीन काल से चली आई किंवदंती कथा / 所有上夜大学的人都坚持～了。 रात्रि-विश्वविद्यालय के सभी विद्यार्थियों ने पूरे सत्र तक अपना अध्ययन जारी रखा। ❸(क्रिया के बाद आकर क्रिया के व्यापार का अंत या परिणाम प्रकट होता है): 车突然停了～。 गाड़ी अचानक रुक गई। / 计划定～了吗? योजना क्या निश्चित हो गई? ❹(विशेषण के बाद आकर बढ़ती हुई डिग्री का बोध होता है): 声音慢慢低～。 आवाज़ धीरे-धीरे धीमी पड़ गई। / 天色渐渐黑～。 धीरे-धीरे अंधेरी छा गई; अंधेरा हो चला।

【下里巴人】 xiàlǐ-bārén कंगालों के गीत (छू राज्य 楚国 के लोकगीत) —— लोकप्रचलित साहित्य या कला

【下里】 xiàli <बोल०> (अंक के बाद प्रयुक्त): 三～都同意了。 तीनों पक्ष स्वीकृत हुए। / 四～把敌人包围起来。 चारों ओर से दुश्मन को घेर लिया गया।

【下联】 xiàlián पद्य की दो अनुक्रम पंक्तियों में दूसरी

【下僚】 xiàliáo अपने मातहत कर्मचारी; अधीनस्थ कर्मचारी

【下列】 xiàliè निम्नलिखित: 注意～几点。 नीचे लिखी बातों पर ध्यान दें।

【下令】 xiàlìng आज्ञा देना; आदेश देना; हुकम देना; फ़रमान जारी करना: ～进攻 धावा बोलने की आज्ञा देना

【下流】 xiàliú ❶नदी का निचला भाग: 长江～ यांगत्सी नदी का निचला भाग ❷शीलहीन; नीच; बदमाश: ～话 कुवाच्य; बदज़बानी / ～行当 नीच व्यवहार; बदमाशी

【下落】 xiàluò ❶अता-पता: ～不明 लापता होना / 打听某人～ किसी का अता-पता पूछना ❷गिरना

【下马】 xiàmǎ ❶घोड़े से उतरना ❷(योजना आदि को) रोकना; त्यागना; छोड़ना; बंद करना: 工程～ परियोजना छोड़ी जाना / 计划～ योजना छोड़ी जाना

【下马看花】 xiàmǎ-kànhuā (下马观花 xiàmǎ-guānhuā भी) घोड़े से उतरकर फूलों को देखना ——

जीवन की वास्तविकता में गहराई तक जाकर जांच-पड़ताल करना

【下马威】 xiàmǎwēi किसी नव-नियुक्त अधिकारी की भीषणता: 给他个～ लड़ाई के आरंभ ही में विपक्ष को बलपूर्ण आघात पहुंचाना

【下面】 xiàmian ❶नीचे; के नीचे: 桌子～ मेज़ के नीचे / ～是水。नीचे पानी है। ❷क्रम में अगला: ～一个是谁? अगला व्यक्ति कौन है? / ～几点必须注意。निम्नलिखित बातों पर ध्यान देना चाहिए। ❸नीचे का स्तर; अधीनस्थ कर्मचारी: 听听～的意见。नीचे के स्तर के लोगों की राय सुन लो।

【下奶】 xiànǎi औषध या भोजन से प्रसूता का दूध-रस बढ़ाना

【下女】 xiànǚ निचली सामाजिक स्थिति वाली स्त्री; नौकरानी

【下品】 xiàpǐn सब से निचले स्तर का; घटिया

【下聘】 xiàpìn सगाई में वर-पक्ष द्वारा वधू-पक्ष को भेंट या धन देना

【下坡路】 xiàpōlù ❶ऊंचे स्थान से नीचे उतरने का मार्ग ❷पतन: 走～ पतन की ओर जाना

【下铺】 xiàpù निचली बर्थ

【下棋】 xiàqí शतरंज खेलना: 他邀我下一盘棋。उस ने मुझ से शतरंज की एक बाज़ी खेलने के लिए कहा।

【下欠】 xiàqiàn ❶(कर्ज़ का एक भाग अदा करने के बाद) बाकी कर्ज़ रह जाना: 我向他借了一百元，还了八十元，～二十元。मैं ने उस से एक सौ य्वान का कर्ज़ लिया था, अस्सी य्वान अदा करने के बाद फिर बीस य्वान का कर्ज़ बाकी रह गया। ❷रह गये कर्ज़ की रकम: 全数还清，并无～。सारा ऋण चुका दिया गया, कुछ बाकी नहीं रह गया।

【下情】 xiàqíng ❶नीचे के स्तर की परिस्थितियां: 一点不了解～ नीचे के स्तर की परिस्थितियों से बिल्कुल अनभिज्ञ होना ❷<पुराना> <विन०> मेरी परिस्थिति; मेरी भावनाएँ और इच्छाएँ: 尚希体念～。आशा है कि आप मेरी परिस्थितियों पर सदय विचार करेंगे।

【下去】[1] xiàqù ❶नीचे जाना; उतरना: ～看看是谁。नीचे जाकर देखो कि कौन है। / 火车到站了，快～。रेलगाड़ी स्टेशन पर पहुंच गई है, जल्दी उतर जाओ। ❷निचले स्तर के संगठन के यहां जाना: 昨天从省里～了两位领导。कल प्रांत की राजधानी से दो नेता गये। / 我们应该～了解下面的情况。हमें नीचे के स्तर की परिस्थितियों को जानने के लिए जाना चाहिए। ❸कम होना; हल्का होना; घटना: 她的气～了吗? क्या उस का गुस्सा हवा हो गया?

【下去】[2] xiàqù ❶(क्रिया के बाद आकर ऊंचे स्थान से नीचे स्थान की ओर या दूर से निकट की ओर जाने का बोध होता है): 跳～ नीचे की ओर कूद जाना / 跑～ नीचे की ओर दौड़ पड़ना ❷(क्रिया के बाद आकर क्रिया के व्यापार का वर्तमन से भविष्य में जारी रखने का बोध होता है): 和敌人战～ दुश्मन के साथ लड़ते जाना / 和～ सुलह-शांति कायम करने पर अड़े रहना / 团结～ एकता पर डटे रहना ❸(विशेषण के बाद आकर डिग्री का बढ़ते जाने का बोध होता है): 他一天天瘦～，怎么办呢? वह रोज़-ब-रोज़ दुबला-पतला होता जाता है, क्या करे? 敌人的情况还会坏～。दुश्मन की हालत और भी खराब हो सकती है।

【下人】 xiàrén <पुराना> (घर का) नौकर

【下山】 xiàshān ❶पहाड़ से नीचे उतरना ❷सूर्यास्त होना: 太阳还没有～。अभी सूर्यास्त नहीं हुआ है।

【下身】 xiàshēn ❶शरीर का निचला भाग ❷शरीर का शर्म स्थान; बाह्य जननेन्द्रिय ❸पायजामा; पतलून

【下神】 xiàshén (जादूगरनी आदि पर) देवता या भूत-प्रेत का आना; हावी होना; कब्ज़ा करना

【下生】 xiàshēng पैदा होना

【下剩】 xiàshèng <बोल०> बाकी रहना: ～的钱不多了。बाकी अधिक पैसे रह नहीं गये।

【下士】 xiàshì (अमरीकी और ब्रिटेन थल-सेना, ब्रिटेन वायु-सेना, अमरीकी और ब्रिटेन मैरीन-कोर) कार्परल; (अमरीकी जल-सेना) पेटी अफ़सर थर्ड क्लास; (ब्रिटेन जल-सेना) पेटी अफ़सर सेकण्ड क्लास

【下世】[1] xiàshì अगला जन्म

【下世】[2] xiàshì ❶मर जाना; गुज़र जाना; मृत्यु होना ❷पैदा होना

【下手】[1] xiàshǒu कार्यवाही करना: 他不敢～杀鸡。उसे मुर्गे की हत्या करने के लिए कार्यवाही करने का साहस नहीं है।

【下手】[2] xiàshǒu ❶ (下首 xiàshǒu भी) दायें हाथ की ओर या सीट; कम प्राथमिकता की सीट: 我坐在他的～。मैं उस की दायीं ओर की सीट पर बैठा था। ❷下家 के समान

【下手】[3] xiàshǒu <बोल०> सहायक: 打～ सहायक का काम करना

【下书】 xiàshū <लि०> पत्र देना; पत्र अर्पण करना

【下属】 xiàshǔ मातहत; अधीनस्थ; निम्नपदस्थ: ～单位 अधीनस्थ इकाई / ～机构 अधीनस्थ संस्था

【下述】 xiàshù निम्नलिखित: ～单位 निम्नलिखित इकाइयां

【下水】[1] xiàshuǐ ❶पानी में जाना या प्रवेश करना; जलावतरण करना: 船～ नाव या जहाज़ का पानी में उतारना / 新船～典礼 नये जहाज़ का जलावतरण-समारोह ❷कपड़े, रेशे आदि का प्रयोग करने के पहले उसे सिकोड़ने के लिए पानी में सोखना ❸किसी को बुरा काम करने में प्रवृत्त करना: 拖人～ किसी व्यक्ति को कुकर्म करने में फंसाना

【下水】[2] xiàshuǐ नदी के निचले भाग को जाने वाला: ～船 नदी के निचले भाग को जाने वाली नाव या जहाज़

【下水】 xiàshui (पकाकर खाने योग्य) जानवरों के शरीर के आंतरिक अवयव

【下水道】 xiàshuǐdào मोरी; भूमिगत नाला

【下榻】 xiàtà <लि०> (यात्रा में किसी स्थान में) रहना; टिकना; ठहरना: ～于北京饭店 पेइचिंग होटल में रहना या ठहरना

【下台】 xiàtái ❶रंगमंच या प्लेटफ़ार्म से उतरना ❷पद छोड़ना; तख्ता उलट जाना; पदच्युत होना: 逼某人～

किसी को अपना पद छोड़ने के लिए मजबूर करना ❸(बहुधा निषेध में प्रयुक्त) मुश्किल की परिस्थिति से निकलना: 他们不会让我下不了台的。वे मुझे लज्जित होने का मौका नहीं देंगे।

【下台阶】 xià táijiē मुश्किल की परिस्थिति से निकलना: 趁势～ मौका पाकर मुश्किल परिस्थिति से निकल जाना

【下堂】 xiàtáng ❶(पुराने ज़माने में स्त्री का) अपने पति द्वारा त्याग किया जाना या तलाक दिया जाना ❷<बो०> क्लास समाप्त होना

【下体】 xiàtǐ <लि०> ❶शरीर का निचला भाग ❷शरीर का शर्म स्थान; बाह्य जननेन्द्रिय

【下调】 xiàtiáo (दाम, सूद) नीचे पुनर्व्यवस्थित करना

【下帖】 xiàtiě <लि०> निमंत्रण-पत्र भेजना

【下同】 xiàtóng (टीका-टिप्पणी आदि में प्रयुक्त) नीचे समान

【下头】 xiàtou 下面 के समान

【下晚儿】 xiàwǎnr <बोल०> शाम के निकट: 他～就回去。वह संध्या के समय लौट जाएगा।

【下文】 xiàwén ❶पुस्तक या लेख में किसी पैरा या वाक्य के बाद का भाग ❷किसी घटना का विकास या परिणाम: 报告交上去了，还没有～。रिपोर्ट दी गई है, अभी जवाब नहीं मिला।

【下午】 xiàwǔ दोपहर के बाद; तीनपहर; मध्याह्न

【下下】 xiàxià ❶सब से बुरा; सब से निचले स्तर का ❷अगले का अगला: ～个月 अगले महीने का अगला महीना

【下弦】 xiàxián <खगोल०> (चंद्रकला का) चौथाई भाग: ～月 चंद्रकला का चौथाई (या तिहाई) भाग; पक्षचतुरांश

【下限】 xiàxiàn (समय, मात्रा का) निम्नतम सीमा

【下陷】 xiàxiàn धंसना; धसकना; नीचे बैठना: 眼眶～。आंखें अंदर को धंस गई हैं। / 地基～。धरती अंदर को धंस गई है।

【下乡】 xiàxiāng गांव में जाना: ～务农 खेतीबारी करने देहात जाना

【下泻】 xiàxiè ❶(जल धारा) नीचे की ओर बहना ❷(दाम आदि) तेज़ी से नीचे गिरना; घटना: 汇率一路～ मुद्रा विनिमय की दर लगातार घटते जाना ❸दस्त आना

【下泄】 xiàxiè ❶(जल) नीचे की ओर बहना ❷(मल-मूत्र) विसर्जन करना

【下行】 xiàxíng ❶राजधानी से देश के अन्य किसी स्थान को जाने वाली (रेलगाड़ी): ～列车 डाउन-ट्रेन; पेइचिंग से जाने वाली ट्रेन ❷नदी के ऊपरी भाग से निचले भाग जाने वाला (जहाज़) ❸निम्न स्तरों को जारी करने वाले (दस्तावेज़)

【下旋球】 xiàxuánqiú <खेल०> बैकस्पिन; अंडर्स्पिन

【下学】 xiàxué क्लास समाप्त होने पर चला जाना

【下旬】 xiàxún महीने में अंतिम दस दिन की अवधि

【下咽】 xiàyàn (भोजन) निगलना; खा लेना: 食物难以～ भोजन को मुश्किल से निगल सकना

【下腰】 xiàyāo ❶कमर झुकना: 他弯～把书捡起来。उस ने कमर झुका कर किताब को उठा लिया। ❷कलाबाज़ी में शरीर के ऊपरी भाग को पीछे की ओर यथाशक्ति झुकाना

【下药】 xiàyào ❶औषधनिर्देशन करना: 对症～ रोग के अनुसार औषधनिर्देशन करना ❷विष डालना

【下野】 xiàyě (शासक को) राजनीतिक मंच पर से निकलने के लिए मजबूर किया जाना

【下一步】 xiàyībù अगला कदम; दूसरा कदम: 考虑～怎么办 अगले कदम के बारे में तय करना

【下议院】 xiàyìyuàn ❶निचला सदन; (भारत में) लोकसभा ❷हाउस आफ़ कामन्स

【下意识】 xiàyìshi उपचेतनता; अवचेतनता: ～的恐惧 उपचेतन भय / ～地感到 अवचेतन रूप से लगना

【下游】 xiàyóu ❶नदी की निचली घाटी; नदी का निचला भाग या हिस्सा: 长江～ यांगत्सी नदी की निचली घाटी ❷पिछड़ी हुई स्थिति: 甘居～ स्वेच्छा से पिछड़ी हुई स्थिति में रहना

【下余】 xiàyú बाकी होना; शेष रहना: 除去开支，～一千元。व्यय को घटाकर एक हज़ार य्वान शेष रह गये।

【下狱】 xiàyù जेल में डालना; कैद करना; बंदी बनाना

【下葬】 xiàzàng (शव को) दफ़नाया जाना; (मकबरे में) गाड़ा जाना

【下账】 xiàzhàng हिसाब-किताब रखना; लेखा रखना

【下诏】 xiàzhào राज्याज्ञा निकालना: ～大赦天下 सर्वक्षमा की राज्याज्ञा निकालना

【下肢】 xiàzhī दो पांव या टांगें

【下中农】 xiàzhōngnóng निम्न मध्यम किसान

【下种】 xiàzhòng बीज बोना

【下注】 xiàzhù (जुए में) दांव पर रखना; बाज़ी लगाना: 他一次就下了几百元的注。उस ने सैकड़ों य्वान एक बार दांव पर लगा दिये।

【下箸】 xiàzhù चापस्टिक से भोजन खाना —— खाना आरंभ करना

【下装】 xiàzhuāng नाटकीय वेषभूषा उतारना

【下坠】 xiàzhuì ❶प्रपात; नीचे गिरना ❷<चिकि०> (प्रसूता, अतिसार-रोगी का) मलोत्सर्ग करने में वृथा प्रयत्न (बार-बार मल-त्याग का वेग हो)

【下子】 xiàzǐ ❶बीज बोना ❷अंडे देना

【下子】 xiàzi दे० 下[3]❷

【下作】 xiàzuo ❶कमीना; गंदा; नीच; नीचतापूर्ण; तुच्छ; क्षुद्र: 那人太～。वह आदमी बहुत कमीना है। ❷<बो०> पेटू; लालची ❸<बो०> सहायक; मददगार: 打～ मददगार बनना

吓（嚇） xià डराना; धमकाना; भयभीत करना: 他～一跳。वह चौंक पड़ा; वह धक से चौंक पड़ा। / ～得面如土色 भय से मुख पीला पड़ जाना / ～得发抖 भय से कांपना / ～得要死 डर के मारे प्राण सूख जाना; अत्यन्त भयभीत होना / 他使我吃一～。उसे देखकर मैं घबरा गया। / 他～坏了。उस के होश-हवास गुम हो गये। / ～得魂飞天外 भय से प्राण उड़ जाना

hè भी दे०

【吓呆】 xiàdāi भय से सन्न हो जाना

【吓唬】 xiàhu <बोल०> डराना; भयभीत करना; धमकाना: 他净～小孩。वह हमेशा बच्चों को डराता है।

【吓人】 xiàrén डरावना होना; भयानक होना; भीषण होना: 电视里那镜头真～。टी० वी० में वह दृश्य सचमुच बहुत डरावना है।

夏 1 xià ग्रीष्म; गरमी; ग्रीष्म ऋतु; गरमी का मौसम

夏 2 Xià ❶शा राजवंश (2070-1600 ई० पू०) ❷चीन का एक प्राचीन नाम: 华～ चीन ❸एक कुलनाम

【夏播】 xiàbō ग्रीष्म आरोपण; गरमी की बोआई

【夏布】 xiàbù लिनेन का कपड़ा

【夏锄】 xiàchú ग्रीष्म में कुदाली से खेत निराना और घास फूस निकालना

【夏管】 xiàguǎn गीष्म में खेत प्रबंध

【夏侯】 Xiàhóu एक द्व्यक्षर कुलनाम

【夏候鸟】 xiàhòuniǎo ग्रीष्म में आने वाले पक्षी (जैसे, चीन में अबाबील, कोकिला आदि)

【夏季】 xiàjì ग्रीष्म; गरमी; ग्रीष्म ऋतु; गरमी का मौसम: ～攻势 ग्रीष्मकालीन आक्रमण

【夏枯草】 xiàkūcǎo 〈ची०चि०〉〈वन०〉 स्वयं-रोगनिवारक; स्वयंचिकित्सक

【夏历】 xiàlì चांद्र पंचांग (चीनी परम्परागत कैलेंडर)

【夏粮】 xiàliáng गरमियों की अनाज़ फ़सल

【夏令】 xiàlìng ❶ग्रीष्म; गरमी: ～时装 ग्रीष्म फ़ैशन्स ❷ग्रीष्म-जलवायु: 春行～ वसंत में ग्रीष्म जैसी जलवायु; वसंत में बहुत गरम होना

【夏令时】 xiàlìngshí ग्रीष्म समय; घड़ी आगे करके बचत करने वाला समय

【夏令营】 xiàlìngyíng समर कैम्प; ग्रीष्मकालीन शिविर

【夏眠】 xiàmián (夏蛰 xiàzhé भी) 〈प्राणि०〉 (कुछ जानवरों का) ग्रीष्मस्वप्न

【夏时制】 xiàshízhì ग्रीष्म में घड़ी आगे करके समय की बचत करने की कार्य-प्रणाली

【夏收】 xiàshōu गरमियों में फ़सल काटना: ～作物 गरमियों की फ़सलें

【夏熟】 xiàshú गरमियों में पकना: ～作物 गरमियों की फ़सलें

【夏天】 xiàtiān ग्रीष्म; गरमी: 这里～很热。यहां ग्रीष्म में बहुत गरमी है।

【夏娃】 Xiàwá हौवा; पहली स्त्री; आदि नारी (बाइबिल के अनुसार)

【夏威夷群岛】 Xiàwēiyí Qúndǎo हवाई द्वीप समूह

【夏衣】 xiàyī ग्रीष्म वस्त्र; गरमियों में पोशाक

【夏意】 xiàyì 〈लि०〉 ग्रीष्म का आभास: 白天相当热，颇有些～了。दिन में काफ़ी गरमी है, ग्रीष्म के आगमन का आभास हो रहा है।

【夏耘】 xiàyún 〈लि०〉 ग्रीष्म में खेत निराना और तृण निकालना

【夏至】 xiàzhì ❶उत्तरायण —— चौबीस सौरावधियों में दसवीं ❷दसवीं सौरावधी का पहला दिन (21 या 22 जून, साल में सब से लंबा दिन) —— दे० 二十四节气 èr shí sì jiéqì

【夏至点】 xiàzhìdiǎn उत्तरायण बिन्दु (रविमार्ग में सब से उत्तर का बिन्दु, जिस पर 21 या 22 को सूर्य पहुंचता है)

【夏至线】 xiàzhìxiàn 北回归线 běihuíguīxiàn का दूसरा नाम

【夏种】 xiàzhòng ग्रीष्म आरोपण; गरमी की बोआई

【夏装】 xiàzhuāng ग्रीष्म वस्त्र; गरमियों में पोशाक

唬 xià 吓 xià के समान
hǔ भी दे०

厦（廈） xià नीचे दे०
shà भी दे०

【厦门】 Xiàmén श्यामन (फ़ूच्येन प्रांत में एक शहर)

罅 xià 〈लि०〉 दरार; छेद: 石～ चट्टान में दरार / 云～ बादलों में दरार

【罅缝】 xiàfèng 罅隙 के समान

【罅漏】 xiàlòu 〈लि०〉 दरार; छेद; 〈ला०〉 छूट; कमी; अभाव; त्रुटि: ～之处，有待订补。जो कमी या त्रुटि हो, अगले संस्करण में पूर्ति या सुधार किया जाएगा।

【罅隙】 xiàxì 〈लि०〉 दरार; छेद

xiān

仙（僊） xiān अमर प्राणी; दिव्य प्राणी; ऋषि-मुनि

【仙丹】 xiāndān अमृत

【仙宫】 xiāngōng परिस्तान; परियों का प्रासाद

【仙姑】 xiāngū ❶देवी ❷जादूगरनी

【仙鹤】 xiānhè ❶श्वेत सारस ❷(चीनी पुराण में ऋषि-मुनि द्वारा पालित) श्वेत सारस

【仙鹤草】 xiānhècǎo 〈ची०चि०〉 हेयरीवेन अग्रिमनी (hairyvein agrimony)

【仙后座】 xiānhòuzuò 〈खगोल०〉 आसन्दी; उत्तरी नक्षत्र-मंडल

【仙境】 xiānjìng परिस्तान, परियों का देश; स्वर्गलोक

【仙客来】 xiānkèlái 〈वन०〉 सिक्लेमेन

【仙女】 xiānnǚ अप्सरा; परी

【仙女座】 xiānnǚzuò 〈खगोल०〉 ऐण्ड्रोमिडा

【仙人】 xiānrén ऋषि; अमर प्राणी

【仙人果】 xiānrénguǒ 〈वन०〉 नागफनी

【仙人球】 xiānrénqiú 〈वन०〉 बाल कैक्टस

【仙人掌】 xiānrénzhǎng 〈वन०〉 कैक्टस

【仙山琼阁】 xiānshān qiónggé पहाड़ पर ऋषियों के रत्नों से सुसज्जित प्रासाद

【仙逝】 xiānshì 〈शिष्ट०〉 स्वर्ग जाना; स्वर्गवास होना

【仙桃】 xiāntáo चीनी पुराण में दिव्य आड़ू

【仙王座】 xiānwángzuò 〈खगोल०〉 सीफ़्यूस

【仙游】 xiānyóu 〈शिष्ट०〉 स्वर्ग जाना; स्वर्गवास होना

【仙姿】 xiānzī परियों जैसी सुन्दरता

【仙子】 xiānzǐ ❶परी; अप्सरा ❷ऋषि; अमर प्राणी

先 xiān ❶<क्रि०वि०> पहले: 他～来了。वह पहले आया।/ 您请～说。पहले आप बोलिये। ❷<क्रि०वि०> <बोल०> के पहले; पहले: 他～说来，后来又没有来。पहले उस ने बताया कि वह आएगा, पर बाद में वह नहीं आया।/ 他～没有告诉我。पहले (या इस के पहले) उस ने मुझे नहीं बताया था।/ ～做学生，然后再做先生。शिक्षक बनने से पहले एक शिष्य बनो। ❸पूर्वज; पुरखा; बाप-दादा; पितर: ～人 पूर्वज; पुरखा; मेरा स्वर्गीय पिता ❹स्वर्गीय; दिवंगत: ～父 मेरा स्वर्गीय पिता/ ～夫 मेरा स्वर्गीय पति ❺ (Xiān) एक कुलनाम

【先辈】 xiānbèi पूर्वज; पितर; पूर्व पीढ़ी: 革命～ क्रांतिकारी पूर्वगामी

【先妣】 xiānbǐ <लि०> मेरी स्वर्गीय माता

【先鞭】 xiānbiān <लि०> किसी और व्यक्ति के पहले कोई काम करना

【先慈】 xiāncí <लि०> मेरी स्वर्गीय माता

【先导】 xiāndǎo मार्गदर्शन; मार्गदर्शक: 错误常常是正确的～。गलती अकसर सही बात की पूर्वगामी होती है।

【先帝】 xiāndì दिवंगत सम्राट; स्वर्गीय सम्राट; पूर्ववर्ती सम्राट

【先睹为快】 xiāndǔ-wéikuài पहले (कविता, लेख आदि) पढ़ना या (नाटक, नृत्य आदि) देखना खुशी की बात समझना

【先端】 xiānduān (पत्ते, फूल, फल आदि की) नोक या सिरा

【先发制人】 xiānfā-zhìrén दुश्मन पर पहले प्रहार करके पहलकदमी प्राप्त करना; अपनी पहलकदमी के ज़रिए विपक्षवालों पर हावी होना; दुश्मन द्वारा प्रहार किया जाने के पहले ही अपनी कार्यवाही शुरू करना

【先锋】 xiānfēng अगुआ; अग्रणी; हिरावल दस्ता: ～作用 अग्रभूमिका; हिरावल दस्ते की भूमिका

【先锋队】 xiānfēngduì हिरावल दस्ता; अग्रगामी दस्ता; अग्रदल

【先公后私】 xiāngōng-hòusī सार्वजनिक हित निजी या व्यक्तिगत हित से पहले होता है

【先河】 xiānhé किसी काम का आरंभ होना: 开…之～ किसी काम का अग्रगामी या पूर्वगामी होना

【先后】 xiānhòu ❶पहले या बाद होना; पूर्वता; क्रम: 革命不分～。जो कोई क्रांतिकारी कार्य में भाग लेता है, बिना पहले और बाद का फ़र्क किये उस का स्वागत होगा। ❷<क्रि०वि०> एक के बाद एक: 代表们～进入会场。प्रतिनिधि एक के बाद एक सभाभवन में प्रवेश करता है।

【先见之明】 xiānjiànzhīmíng दूरदर्शिता: 缺乏～ दूरदर्शिता का अभाव होना

【先进】 xiānjìn प्रगतिशील; उन्नतिशील; आगे बढ़ा हुआ: ～单位 प्रगतिशील इकाई/ ～分子 आगे बढ़ा हुआ तत्व/ ～个人 प्रगतिशील व्यक्ति/ ～工作者 प्रगतिशील कार्यकर्ता/ ～国家 उन्नत देश/ ～集体 अग्रगामी समूह/ ～技术 उन्नतिशील तकनीक/ ～经验 उन्नत या आगे बढ़ा हुआ अनुभव/ ～人物 प्रगतिशील तत्व/ ～事迹 उन्नतिशील करिश्मा/ ～水平 समुन्नत स्तर

【先决】 xiānjué पूर्वाकांक्षित; पूर्वापेक्षित: ～条件 पूर्वावश्यकता; पहले की शर्त; किसी कार्य के करने के पूर्व जिस का पालन आवश्यक हो

【先觉】 xiānjué आगे बढ़ा हुआ विचारक; (सामाजिक और राजनीतिक मामलों में) दूरदर्शक

【先君】 xiānjūn <लि०> मेरा स्वर्गीय पिता

【先考】 xiānkǎo <लि०> मेरा स्वर्गीय पिता

【先来后到】 xiānlái-hòudào आगमन के क्रम के अनुसार; जो पहले आया, उस की सेवा पहले की जाती है

【先礼后兵】 xiānlǐ-hòubīng बलप्रयोग करने से पहले शांतिमय उपाय का प्रयोग करने का प्रयत्न करना

【先例】 xiānlì उदाहरण: 此无～。इस बात का इस से पहले कोई उदाहरण नहीं मिलता।

【先烈】 xiānliè शहीद: 革命～ क्रांतिकारी शहीद

【先令】 xiānlìng शिलिंग (ब्रिटेन आदि देशों की मौद्रिक इकाई)

【先民】 xiānmín <लि०> ❶प्राचीन काल की सभ्य जातियां ❷प्राचीन काल के योग्य व्यक्ति

【先母】 xiānmǔ मेरी स्वर्गीय माता

【先期】 xiānqī निश्चित समय से पहले: ～到达 निश्चित समय से पहले पहुंचना

【先前】 xiānqián पहले: 这孩子比～高多了。यह बच्चा पहले से बहुत लंबा हो गया।

【先遣】 xiānqiǎn पहले से भेजना: 抗日～队 जापान-विरोधी हिरावल दस्ता

【先秦】 Xiān Qín पूर्व-छिन काल (अर्थात छिन राजवंश के प्रथम सम्राट द्वारा चीन देश का एकीकरण करने के 221 ई० पू० के पहले का ऐतिहासिक काल, यह बहुधा वसंत-शरद 春秋 काल और युद्धरत देश 战国 काल के लिए प्रयुक्त होता है)

【先驱】 xiānqū ❶पायोनियर; अग्रगामी; अग्रदूत: ～者 अग्रगामी; अग्रदूत; अग्रसर ❷先驱者 के समान

【先人】 xiānrén ❶पूर्वज; पुरखा; पितर ❷मेरा स्वर्गीय पिता

【先人后己】 xiānrén-hòujǐ अपने हित से पहले दूसरे लोगों का हित रखना

【先容】 xiānróng <लि०> पहले ही से किसी व्यक्ति के लिए कहना

【先入为主】 xiānrù-wéizhǔ मन पर पूर्वप्रभाव सब से शक्तिशाली है; पूर्वग्रह बड़ी कठिनता से मन से निकाला जा सकता है

【先入之见】 xiānrù-zhījiàn पूर्वधारणा; पूर्व- निर्धारण; पूर्वग्रह

【先声】 xiānshēng अग्रदूत; अग्रगामी; पूर्व सूचना देने वाला: 1789 年的法国革命是十九世纪各国资产阶级革命的～。1789 ई० फ़्रांसीसी क्रांति 19वीं शताब्दी में अन्य देशों की पूंजीवादी क्रांतियों की अग्रगामी थी।

【先声夺人】 xiānshēng-duórén बलप्रदर्शन से अपने विपक्ष का उत्साह भंग करना

【先生】 xiānsheng ❶गुरु, शिक्षक; अध्यापक: 先做学生，然后再做～。शिक्षक बनने से पहले एक शिष्य

बनो। ❷श्री; श्रीमान; मिस्टर; सज्जन; महानुभावः 诸位～ सज्जनो ❸पतिः 她～不在家。उस का पति घर पर नहीं है। ❹<बो०> डॉक्टर ❺<पुराना> (बहुधा नीचे लिखे प्रयोग में प्रयुक्त)ः 账房～ बहीखाता या हिसाब-किताब रखने वाला; मुनीम / 算命～ ज्योतिषी; दैवज्ञ; गणक

【先世】 xiānshì पूर्वज; पुरखा; पितर; बापदादा

【先是】 xiānshì <क्रि०वि०> इस के पहले; मूलतः

【先手】 xiānshǒu (शतरंज में) आक्रमक स्थितिः ～棋 एक आक्रमक चाल

【先天】 xiāntiān ❶जन्मसिद्ध; सहज; जन्मजातः ～畸形 जन्मजात विकृति या कुरूपता ❷<दर्श०> स्वाभाविक; नैसर्गिक

【先天不足】 xiāntiān-bùzú जन्मजात या स्वाभाविक कमज़ोरी

【先天下之忧而忧，后天下之乐而乐】 xiān tiānxià zhī yōu ér yōu, hòu tiānxià zhī lè ér lè सब से पहले संसार की चिंताओं में चिंतातुर होना और अंत में उस के आनन्द में हर्ष मनाना

【先天性疾病】 xiāntiānxìng jíbìng पैदायशी या जन्मजात रोग

【先天性免疫】 xiāntiānxìng miǎnyì जन्मजात रोगक्षमता

【先天性缺陷】 xiāntiānxìng quēxiàn जन्मजात दोष

【先天性心脏病】 xiāntiānxìng xīnzàngbìng <चिकि०> जन्मजात हृदयरोग

【先头】 xiāntóu ❶अगला; अग्रिमः ～部队 हिरावल दस्ता; अग्रिम दस्ता; अग्रदल / ～三个军 तीन अग्रिम फ़ौजी कोर ❷<क्रि०वि०> पहलेः 他～没有看过这本书。पहले उस ने यह किताब नहीं पढ़ी थी। ❸आगेः 他们走在队伍的～。वे जुलूस के आगे-आगे चल रहे हैं।

【先王】 xiānwáng पूर्व के सम्राटः 法～ पूर्व के सम्राटों के उदाहरण पर चलना

【先下手为强】 xiān xiàshǒu wéi qiáng जो पहले प्रहार करता है उसे लाभ होगा

【先贤】 xiānxián <लि०> <पुराना> स्वर्गीय योग्य व्यक्ति

【先行】 xiānxíng ❶अग्रगामीः ～者 अग्रगामी; पूर्वगामी ❷पूर्व; पहले; पहले सेः ～通知 पहले से सूचना देना ❸अग्रदल का कमांडरः ～官 हरावल या अग्रदल का कमांडर

【先兄】 xiānxiōng मेरा स्वर्गीय बड़ा भाई

【先严】 xiānyán <लि०> मेरा स्वर्गीय पिता

【先验】 xiānyàn <दर्श०> जन्मजात; स्वाभाविकः ～知识 जन्मजात जानकारी

【先验方法】 xiānyàn fāngfǎ अनुभवेतर ढंग; ट्रैंसेंडेंटल मेथड

【先验论】 xiānyànlùn अनुभवातीत सत्यवाद

【先意承志】 xiānyì-chéngzhì किसी दूसरे व्यक्ति की इच्छाएँ पहले से अटकल लगाकर उस की सेवा में उपस्थित रहना और उसे पसंद करना

【先斩后奏】 xiānzhǎn-hòuzòu पहले काम कर डालना और बाद में ऊपर रिपोर्ट करना

【先兆】 xiānzhào पूर्वचिह्न; पूर्वलक्षण; शुभाशुभचिह्नः 地震的～ भूकम्प का पूर्वचिह्न

【先兆流产】 xiānzhào liúchǎn <चिकि०> गर्भस्राव के पूर्वचिह्न

【先兆子痫】 xiānzhào zǐxián <चिकि०> पूर्व-गर्भापस्मार

【先哲】 xiānzhé <लि०> अतीत के महान विचारक; ऋषि; मुनि

【先知】 xiānzhī ❶दूरदर्शक ❷<धर्म> पैगंबर; ईश्वर का दूत

【先知先觉】 xiānzhī-xiānjué ❶दूरदर्शक ❷दूरदर्शी

【先祖】 xiānzǔ <लि०> ❶पूर्वज; पुरखा; पितर; बापदादा ❷मेरा स्वर्गीय पितामह

纤

(纖) xiān सूक्ष्म; पतला; महीन; बारीकः ～尘 अति सूक्ष्म धूल

qiàn भी दे०

【纤长】 xiāncháng पतला और लंबाः ～的手指 पतली और लंबी अंगुली

【纤尘不染】 xiānchén-bùrǎn एक कण धूल भी न होना; बहुत साफ़ः 室内～。कमरे में एक कण धूल तक भी नहीं है।

【纤度】 xiāndù रेशे की मोटाई; आकार

【纤毫】 xiānháo बहुत छोटा; अति सूक्ष्म; अति लघुः 无～差别 अति सूक्ष्म भेद के बिना / ～不爽 बिलकुल ठीक; बिलकुल सही

【纤介】 xiānjiè (纤芥 xiānjiè भी) <लि०> बहुत छोटा; अति लघु; अति सूक्ष्मः 无～之失 अति लघु त्रुटि के बिना

【纤毛】 xiānmáo <जीव०> सिलियमः ～运动 सिलिया मोवमेंट

【纤毛虫】 xiānmáochóng <प्राणि०> सरोम; सीलिएट

【纤巧】 xiānqiǎo सूक्ष्म; कोमल; महीन; बारीकः ～的双手 दोनों कोमल और कुशल हाथ

【纤柔】 xiānróu कुशल और कोमल; कोमल और पतलाः ～的双手 दोनों कोमल और पतले हाथ

【纤弱】 xiānruò दुर्बल और नाज़ुकः 身子～ दुर्बल और दुबला शरीर

【纤手】 xiānshǒu (स्त्री के) कोमल हाथ

【纤体】 xiāntǐ (महिला के) शरीर को पतला और रूपवान बनाना

【纤维】 xiānwéi रेशा; तंतु; फ़ाइबरः 天然～ प्राकृतिक रेशा / 合成～ संश्लिष्ट रेशा

【纤维板】 xiānwéibǎn फ़ाइबरबोर्ड

【纤维蛋白】 xiānwéi dànbái <जीव०र०> फ़ाइब्रिन

【纤维蛋白原】 xiānwéi dànbáiyuán <जीव०र०> फ़ाइब्रिनोजन

【纤维瘤】 xiānwéiliú <चिकि०> फ़ाइब्रोमा

【纤维素】 xiānwéisù <रसा०> सेलुलोज़

【纤维植物】 xiānwéi zhíwù फ़ाइबर प्लांट (वनस्पति)

【纤悉】 xiānxī <लि०> अति विस्तृतः ～无遗 एक भी विवरण छूटे बिना

【纤细】 xiānxì बहुत पतला; दुबला-पतला; नाज़ुकः 身材～ दुबला-पतला शरीर

【纤纤】 xiānxiān 〈लि०〉 पतला और लंबा: ～手指 पतली और लंबी अंगुलियाँ
【纤小】 xiānxiǎo पतला और छोटा

氙 xiān 〈रसा०〉 ज़ीनॉन (Xe)
【氙灯】 xiāndēng ज़ीनॉन लैम्प

祆 xiān नीचे दे०
【祆教】 Xiānjiào 拜火教 Bàihuǒjiào का दूसरा नाम

籼 (秈) xiān नीचे दे०
【籼稻】 xiāndào लंबे दाने वाला बेलसदार चावल
【籼米】 xiānmǐ पॉलिश किया हुआ लंबे दाने वाला बेलसदार चावल

莶 (薟) xiān दे० 豨莶 xīxiān

掀 xiān ❶उठाना; हटाना (ढक्कन आदि को): ～掉盖子 ढक्कन उठाना / 〈ला०〉～掉头上的压迫 उत्पीड़न को जड़ से उखाड़ना ❷फेंकना: 把米包往河里～ चावल की बोरियों को नदी में फेंकना
【掀动】 xiāndòng ❶(युद्ध) छेड़ना ❷उठाना: 蒸气～着壶盖。भाप केटली के ढक्कन को हल्के-हल्के झटके दे रहा है।
【掀风鼓浪】 xiānfēng-gǔlàng झंझट खड़ा करना
【掀开】 xiānkāi खोलना; उठाना: ～门帘 दरवाज़े का परदा खोलना / 在战争史上～新的一页 युद्ध के इतिहास में एक नया अध्याय खोलना
【掀起】 xiānqǐ ❶उठाना: ～盖子 ढक्कन उठाना ❷(लहर, तरंग आदि) उठना; उभरना; मारना: ～全国性的热潮 देशव्यापी उभार पैदा करना ❸छेड़ना: ～斗争 संघर्ष छेड़ना / ～内战 गृहयुद्ध छेड़ना / ～论争 वाद-विवाद खड़ा करना

酰 xiān 〈रसा०〉 ऐसिल
【酰基】 xiānjī 〈रसा०〉 ऐसिल

跹 (躚) xiān 翩跹 piānxiān 〈लि०〉 हल्केपन से; तेज़ी से (नाचना)

锨 (鍁、杴、枚) xiān बेलचा; फावड़ा; कुदाली; शॉवल

鲜 (鮮) xiān ❶ताज़ा: ～花 ताज़ा फूल / ～果 ताज़ा फल / ～肉 ताज़ा मांस ❷भड़कीला; चमकीला (रंग): ～艳 रंगीला; रंगीन ❸सुस्वादु; स्वादिष्ट (नमकीन तश्तरी, सूप आदि): 这鱼味道很～。यह मछली बहुत स्वादिष्ट है। ❹सुस्वादु भोजन; स्वादिष्ट वस्तु: 尝时～ किसी ऋतु के सुस्वादु भोजन का स्वाद लेना ❺(मछली आदि) समुद्रोदभव भोजन: 海～ समुद्रोदभव भोजन ❻ (Xiān) एक कुलनाम

xiǎn भी दे०
【鲜卑】 Xiānbēi श्येनपेइ (प्राचीन काल में चीन में एक जाति)
【鲜红】 xiānhóng चटक लाल रंग; चटकीला सुर्ख़ (अरुणाई, झंडा आदि)
【鲜货】 xiānhuò ताज़े फल, सब्ज़ी, जलोदभव भोजन आदि
【鲜丽】 xiānlì (रंग) भड़कीला और सुंदर
【鲜亮】 xiānliang 〈बो०〉 ❶(रंग) भड़कीला; चमकीला ❷सुन्दर; खूबसूरत
【鲜灵】 xiānlíng 〈बो०〉 ❶ताज़ा: 这鱼多～啊! कितनी ताज़ी है यह मछली! ❷(रंग) चमकीला; भड़कीला: ～的红花 लाल चमकीला फूल
【鲜美】 xiānměi ❶(भोजन, फल आदि) सुस्वादु; स्वादिष्ट ❷〈लि०〉 (फूल, घास आदि) ताज़ा और खूबसूरत; सुन्दर
【鲜明】 xiānmíng ❶(रंग) चमकीला; भड़कीला: 色彩～ चमकीले रंग में ❷स्पष्ट: ～对比 स्पष्ट रूप से अनुपात होना या करना / 真理必须旗帜～。सच्चाई को ज़रूरत होती है एक सुस्पष्ट दृष्टि-बिन्दु की।
【鲜嫩】 xiānnèn ताज़ा और मुलायम: ～的竹笋 ताज़ा और नर्म बैंबूशूट (वंशांकुर)
【鲜皮】 xiānpí ताज़ा चमड़ा
【鲜血】 xiānxuè ताज़ा खून: ～直流 खून बहना / 我们的战斗友谊是～凝成的。हमारी दोस्ती ताज़े खून से सींची गई है।
【鲜妍】 xiānyán रंगीला; रंगीन
【鲜艳夺目】 xiānyàn-duómù इतना सुंदर कि आँखें चुंधिया जाएँ; चमकीला
【鲜于】 Xiānyú एक द्व्यक्षर कुलनाम

暹 xiān नीचे दे०
【暹罗】 Xiānluó स्याम, थाइलैंड का पुराना नाम

骞 (騫) xiān (चिड़िया) ऊंचा उड़ना

xián

闲 (閒) xián ❶जो व्यस्त न हो; खाली; कार्यरहित: 这几天他～着。इन दिनों में वह कार्यरहित या खाली है। / ～得发慌 किसी के पास इतना खाली वक्त रहता है कि उस से वह परेशान हो रहा है / ～出手来 अपने को दबाव से मुक्त पाना ❷(मकान, बर्तन आदि) जो प्रयोग में न हो: ～房 मकान जो प्रयोग में न हो; खाली मकान / 洗衣机现在～着。कपड़े धोने की मशीन अब खाली है। ❸अवकाश; फ़ुरसत: 农～ ऐसा समय जब कि खेती संबंधी कार्य कम होता है / 今天我不得～。आज मुझे फ़ुरसत नहीं है। ❹आवश्यक कार्य से संबंध न रखने वाला: ～扯 इधर-उधर गपशप करना

'閒' के लिए jiān '间'; jiàn '间' भी दे०
【闲不住】 xiánbuzhù अपने को व्यस्त रखना
【闲步】 xiánbù व्यर्थ इधर-उधर घूमना
【闲荡】 xiándàng आराम के साथ टहलना; इधर-उधर

घूमना
【闲工夫】 xiángōngfu अवकाश; फ़ुरसत
【闲官】 xiánguān चैन की नौकरी वाला अधिकारी
【闲逛】 xiánguàng आराम के साथ टहलना; इधर-उधर घूमना: 在公园里～ पार्क में आराम के साथ टहलना
【闲话】 xiánhuà ❶विषय-त्याग; प्रसंग-च्युति: ～少说，言归正传。प्रसंग-च्युति की बात छोड़िये, अब हमें आवश्यक विषय पर आने दीजिये; विषयान्तर काफ़ी हो चुका और अब सच्ची कहानी पर लौट आना चाहिए। ❷शिकायत; चुगली: 这些人老说别人～。ये लोग हमेशा दूसरों की चुगली लगाते रहते हैं। ❸〈लि०〉 गपशप करना: 清夜～ रात्रि की नीरवता में गपशप करना
【闲静】 xiánjìng ❶शांत: 旷野～ बियाबान में शांति ही शांति ❷(ढंग) शांत और शिथिल
【闲居】 xiánjū घर में कार्यरहित बैठना
【闲磕牙】 xiánkēyá 〈बो०〉 गपशप करना
【闲空】 xiánkòng अवकाश; फ़ुरसत
【闲聊】 xiánliáo गप-शप करना; इधर-उधर की बातें करना
【闲磨牙】 xiánmóyá गप-शप करना
【闲篇】 xiánpiān 〈बो०〉 इधर-उधर व्यर्थ की बातें; व्यर्थ की बकवाद: 扯～儿 इधर-उधर व्यर्थ की बातें करना; बकवास करना
【闲气】 xiánqì छोटी साधारण सी बातों के लिए क्रुद्ध (होना): 生～ छोटी सी साधारण बातों के लिए क्रुद्ध होना
【闲钱】 xiánqián 〈बोल०〉 फ़ालतू पैसा
【闲情逸致】 xiánqíng-yìzhì अव्यस्तता और निश्चिंतता की स्थिति (में होना)
【闲人】 xiánrén ❶अव्यस्त; सुस्त; काम में न लगा रहने वाला; निठल्ले लोग: 农忙时村里没有～。खेती के व्यस्त मौसम में गांव में कोई व्यक्ति खाली नहीं है। ❷संबंध न रखने वाला व्यक्ति: ～免进 केवल कर्मचारी-वर्ग प्रवेशानुमति
【闲散】 xiánsǎn ❶स्वाधीन और अवकाश में ❷अप्रयुक्त: ～土地 पड़ी रहने वाली भूमि
【闲时】 xiánshí अवकाश; फ़ुरसत
【闲事】 xiánshì ❶अपने से संबंध न रखने वाला मामला: 多管～ दूसरे लोगों के मामलों में अपनी टांग अधिक अड़ाना / 他爱管～。दूसरों के मामलों में दखल देने में उसे मज़ा आता था। ❷मामला जो महत्वपूर्ण न हो
【闲是闲非】 xiánshì-xiánfēi व्यर्थ की चर्चा: 外人说的～，都不要听。बाहर के लोगों की व्यर्थ की सब चर्चाएँ मत सुनो।
【闲适】 xiánshì इतमीनान का और आराम का; अव्यस्त और सुखकर: ～的心情 इतमीनान और आराम का मनोभाव
【闲书】 xiánshū हल्की पुस्तक; मनोरंजक पुस्तक
【闲谈】 xiántán गपशप करना; घुल-मिलकर बात करना
【闲庭】 xiántíng शांत आंगन: 不管风吹浪打，胜似～信步。पवन हिलोरें, सरिता लहरें, टकराएं तो टकराने दो, व्यर्थ टहलने से आंगन में कहीं अधिक उत्तम है यह तो।
【闲暇】 xiánxiá अवकाश; फ़ुरसत; खाली समय
【闲心】 xiánxīn अव्यस्त मनोभाव
【闲雅】 xiányǎ 娴雅 xiányǎ के समान
【闲言碎语】 xiányán-suìyǔ ❶कोरी या व्यर्थ बकवाद; अप्रासंगिक बातें ❷गप-शप; निराधार अफ़वाह; अपमान वचन
【闲游】 xiányóu विहार करना; सैर-सपाटा करना
【闲员】 xiányuán समूह में निठल्ले लोग: 裁减～ निठल्ले लोगों को घटाना
【闲云野鹤】 xiányún-yěhè तैरते बादल और जंगली सारस (की तरह) —— स्वाधीन और अदम्य
【闲杂】 xiánzá बिना निश्चित काम के; किसी काम से संबंध न रखने वाला: ～人员 बिना निश्चित काम के कर्मचारी वर्ग
【闲章】 xiánzhāng नाम, काम, पद आदि से संबंध न रखने वाली मोहर (बहुधा आदर्श वाक्य, कविता का चरण आदि लिए हुए)
【闲职】 xiánzhí चैन की नौकरी
【闲置】 xiánzhì बेकार रहना; पड़ा रहना: ～的机器 पड़ी रहने वाली मशीन; खाली मशीन
【闲坐】 xiánzuò बैठ कर गपशप करना या अपना खाली समय बिताना

贤（賢） xián ❶नैतिक और योग्य; आदरणीय: ～明 समझदार; बुद्धिमान और योग्य; चतुर ❷आदरणीय व्यक्ति; प्रतिष्ठित व्यक्ति: 任人唯～ नैतिकता और योग्यता के आधार पर नियुक्ति करना ❸〈शिष्ट०〉 (अपने से बराबर या नीची पीढ़ी के लोगों के लिए प्रयुक्त): 张～弟 चांग भैया
【贤才】 xiáncái उत्तम योग्यता का व्यक्ति
【贤达】 xiándá प्रसिद्ध और प्रतिष्ठित व्यक्ति: 社会～ समाज के श्रेष्ठ व्यक्ति
【贤德】 xiándé ❶सद्गुण और सहृदयता ❷नेक: ～夫人 नेक और सहृदय महिला
【贤惠】 xiánhuì（贤慧 xiánhuì भी）नेक; सहृदय और समझदार; उदार और विवेकपूर्ण (स्त्री)
【贤劳】 xiánláo 〈लि०〉 उद्यमी; परिश्रमी (सार्वजनिक कार्य के लिए) (बहुधा किसी व्यक्ति के अच्छे काम की प्रशंसा में प्रयुक्त)
【贤良】 xiánliáng 〈लि०〉 ❶योग्य और नेक (पुरुष) ❷योग्य और नेक व्यक्ति: 任用～ योग्य और नेक व्यक्तियों की नियुक्ति करना
【贤路】 xiánlù 〈लि०〉 योग्य और प्रतिष्ठित व्यक्तियों की नियुक्ति का अवसर: 广开～ योग्य और प्रतिष्ठित व्यक्तियों की नियुक्ति की जाने के हर अवसर का लाभ उठाना
【贤妹】 xiánmèi अपनी छोटी बहन या अपने से छोटी वाली के लिए प्रयुक्त संबोधन
【贤内助】 xiánnèizhù ❶〈शिष्ट०〉 (दूसरे व्यक्ति की पत्नी के लिए प्रयुक्त) अच्छी पत्नी ❷〈हास्य०〉 मेरी अच्छी पत्नी: 她是我的～。वह मेरी अच्छी पत्नी है।
【贤能】 xiánnéng नेक और प्रतिभाशाली व्यक्ति
【贤妻】 xiánqī 〈पुराना〉 मेरी अच्छी या आदरणीया पत्नी (आदरसूचक शब्द)

【贤妻良母】 xiánqī–liángmǔ एक अच्छी पत्नी और स्नेहमय माता

【贤契】 xiánqì <लि०> <शिष्ट०> (अपनी निम्न पीढ़ी विशेषकर अपने शिष्य या मित्र के पुत्र के लिए प्रयुक्त) मेरा अच्छा शिष्य, भतीजा आदि

【贤人】 xiánrén ज्ञानी; विद्वान

【贤淑】 xiánshū <लि०> नेक, सहृदय और समझदार (स्त्री)

【贤哲】 xiánzhé नेक और चतुर व्यक्ति

【贤侄】 xiánzhí अपने भतीजे, भानजे और मित्र के पुत्र के लिए प्रयुक्त संबोधन

弦 1 xián ❶तांत; कमान की डोरी: 弓～拉得太紧。 कमान की डोरी को ज़रूरत से ज़्यादा खींचा गया। ❷<बो०> (घड़ी की) बाल-कमानी; स्प्रिंग ❸<गणित०> ज्या ❹<गणित०> त्रिभुज का कर्ण; त्रिभुज में समकोण के सामने की रेखा

弦 2 (絃) xián तंतु वाद्यों का तार: 绷紧了的～ तना हुआ तार; कस दिया गया तार

【弦歌】 xiángē अंगुलियों से झटका मारकर बजाये जाने वाले तंतु-वाद्यों के साथ गाना

【弦脉】 xiánmài <ची०चि०> तनी हुई नाड़ी; कसी हुई नाड़ी

【弦外之音】 xiánwàizhīyīn निहितार्थ

【弦线】 xiánxiàn तंतुवाद्य का तार; तंतु

【弦月】 xiányuè दूज का चांद; नया बालचंद्र; नवचन्द्र

【弦乐队】 xiányuèduì तार-वाद्यवृंद; तंतु-वाद्य मंडली

【弦乐器】 xiányuèqì तंतु-वाद्य; तार-वाद्य

【弦柱】 xiánzhù तंतु-वाद्य का स्तंभ जिस पर तार लगाये जाते हैं

【弦子】 xiánzi 三弦 sānxián (एक त्रितंतु वाद्य) का प्रचलित नाम

咸 1 xián ❶<लि०> <क्रि०वि०> सब; सब के सब: ～与维新。 सब लोग मिलकर समाज-सुधार करें। / 老少～宜。 वृद्ध और छोटे सब लोगों के लिए उचित है। ❷ (Xián) एक कुलनाम

咸 2 (鹹) xián नमकीन: ～菜 अचार

【咸不唧儿】 xiánbujīr (咸不滋儿 xiánbuzīr भी) <बो०> नमकीन-सा

【咸淡】 xiándàn लवण या नमक की मात्रा: 这鱼～正合适。 यह मछली खाने में अच्छी लगती है, न अधिक नमकीन न अधिक फीकी।

【咸丰】 Xiánfēng छिंग राजवंश के सम्राट वन-त्सोंग (文宗——爱新觉罗·奕詝 Ài'xīnjiuéluó Yìzhǔ) की शासनोपाधि (1851-1861 ई०)

【咸津津】 xiánjīnjīn स्वाद में थोड़ा-सा नमकीन

【咸肉】 xiánròu नमक लगाया और सुखाया हुआ सुअर का मांस; नमकीन मांस

【咸水】 xiánshuǐ समुद्री जल

【咸水湖】 xiánshuǐhú समुद्रीजल झील; खारी झील

【咸水鱼】 xiánshuǐyú समुद्रवासी मछली

【咸丝丝】 xiánsīsī थोड़ा-सा नमकीन; नमकीन-सा

【咸盐】 xiányán <बो०> नमक; लवण; क्षार

挦 (撏) xián फाड़ना; लेना; बीनना; (बाल) उखाड़ना: ～鸡毛 मुर्गे के पर उखाड़ना

涎 xián लार: 垂～欲滴。 मुंह से लार टपकती है।

【涎皮赖脸】 xiánpí–làiliǎn निर्लज्ज; धृष्ट; निर्लज्ज और घृणित

【涎水】 xiánshuǐ <बो०> लार; राल

【涎着脸】 xiánzheliǎn निर्लज्ज होना; धृष्ट होना

娴 (嫺) xián <लि०> ❶सुशील; शिष्ट: 娴静 ❷निपुण; प्रवीण: 娴熟 / ～于辞令 शब्दों के प्रयोग में दक्ष होना

【娴静】 xiánjìng नम्र और सुशील

【娴熟】 xiánshú निपुण; प्रवीण; कुशल; माहिर: 弓马～ धनुर्विद्या और घुड़सवारी में निपुण होना

【娴习】 xiánxí (में) निपुण, प्रवीण, पटु या दक्ष होना: ～提琴 वाइलिन बजाने में निपुण होना

【娴雅】 xiányǎ (闲雅 xiányǎ भी) (स्त्री) सुशील; सुरूप: 举止～ आचरण या चाल सुशील और सुरूप होना

衔 1 (銜、啣) xián ❶मुंह में दबाना: 他把烟卷～在嘴里，点了火。 उस ने सिगरेट होठों में दबाकर सुलगा ली। / 狼～去了小羊。 बकरे के बच्चे को भेड़िया उठा ले गया। ❷मन में रखना: ～恨 मन में बैर रखना; मन में कुढ़ना ❸<लि०> मानना; लेना; स्वीकार करना: ～命 आज्ञा लेना ❹जोड़ना; मिलाना: 衔接

衔 2 (銜) xián रैंक; उपाधि; टाइटल: 头～ उपाधि / 学～ अकादेमिक रैंक या उपाधि

【衔接】 xiánjiē जुड़ना; जोड़ना; मिलना; मिलाना: 这两个阶段必须～。 ये दोनों मंज़िलें सिलसिलेवार आनी चाहिए; इन दोनों मंज़िलों में एक के बाद शीघ्र ही दूसरी आनी चाहिए।

【衔枚】 xiánméi <लि०> (प्राचीन काल में मार्च करते समय) चुप रहने के लिए सैनिकों द्वारा मुंह में लकड़ी का गैग दबाना: ～疾走 मुंह में लकड़ी का गैग दबाकर शीघ्रता से दौड़ना

【衔铁】 xiántiě <विद्यु०> आर्मेच्योर (armature)

【衔尾】 xiánwěi <लि०> निकट बाद: ～相随 एक के बाद शीघ्र ही दूसरा

【衔冤】 xiányuān अन्याय के कारण भीतर ही भीतर कुढ़ना

舷 xián जहाज़, विमान आदि का दोनों ओर का भाग: 左～ जहाज़, विमान आदि का बायां भाग / 右～ जहाज़ आदि का दायां भाग

【舷边】 xiánbiān जहाज़ का किनारा

【舷窗】 xiánchuāng जहाज़, विमान आदि का झरोखा

【舷梯】 xiántī जहाज़ आदि पर चढ़ने या उस से उतरने के लिए सीढ़ी

痫（癇）xián 〈ची०चि०〉 मूर्छारोग; मिरगी; एपिलेप्सी

鹇（鷳）xián 〈प्राणि०〉 白鹇 báixián सिल्वर फ़ीज़ैण्ट

嫌 xián ❶संदेह; शक; शंका; संशय: 避～ संदेह पैदा होने से बचना या कतराना ❷द्वेष; बैर; बैर-भाव: 前～ पुराना बैर या विद्वेष ❸नापसंद करना; घृणा करना; अरुचि रखना; बुरा लगना: ～臭 किसी चीज़ को बदबूदार समझना / ～脏 किसी को बहुत गंदा समझना / 不要～这些东西。हमें इन चीज़ों से नफ़रत नहीं करनी चाहिए ।

【嫌烦】 xiánfán किसी वस्तु को कष्टप्रद पाना: 这活很不好干，但他从来不～。यह काम बड़ी मुश्किल से किया जा सकता है, पर वह उसे कभी मुश्किल नहीं समझता ।

【嫌犯】 xiánfàn संदिग्ध अपराधिक व्यक्ति

【嫌气细菌】 xiánqì xìjūn अवायुजीवी; एक प्रकार का बैक्टीरिया

【嫌弃】 xiánqì नापसंद करना और अलग रहना; नफ़रत करना: 我们不应该～犯过错误的同志。हमें उन कामरेडों से नफ़रत नहीं करनी चाहिए जिन्हों ने गलतियां की थीं ।

【嫌恶】 xiánwù बहुत घृणा करना; नफ़रत करना: 她～油腻的东西。वह चर्बीदार भोजन से बहुत घृणा करती है ।

【嫌隙】 xiánxì द्वेष की भावना; घोर शत्रुता; दुश्मनी; बैर

【嫌疑】 xiányí संदेह; शक; शंका; संशय: ～犯 व्यक्ति जिस पर शक हो; संदिग्ध व्यक्ति; संदेह भाजन व्यक्ति / ～分子 〈का०〉 अभियुक्त; संदिग्ध व्यक्ति या तत्व

【嫌怨】 xiányuàn विद्वेष; दुर्भाव; बैर

【嫌憎】 xiánzēng अरुचि उत्पन्न होना; बहुत ज़्यादा नापसंद करना

xiǎn

狝（獮）xiǎn 〈प्रा०〉 शरद ऋतु में शिकार करना

冼 xiǎn एक कुलनाम

显（顯）xiǎn ❶व्यक्त होना; प्रकट होना; खुला हुआ होना; स्पष्ट होना: ～而易见 स्पष्टतः; स्पष्ट रूप से; ज़ाहिरा तौर पर / ～证 स्पष्ट प्रमाण ❷दिखाना; प्रकट करना; ज़ाहिर करना: 各～其能 हर एक द्वारा अपना-अपना कौशल दिखाना ❸सुप्रसिद्ध और प्रभावशाली: ～达 सुप्रसिद्ध और प्रभावशाली / ～赫 सुप्रसिद्ध; नामी; यशस्वी

【显摆】 xiǎnbai （显白 xiǎnbai भी） 〈बो०〉 अपनी शान दिखाना; अपने मुंह मियां मिट्ठू बनना: 他爱～自己。वह अकसर अपनी शान दिखाता है ।

【显妣】 xiǎnbǐ 〈लि०〉 मेरी स्वर्गीय माता

【显出】 xiǎnchū नज़र में आना; प्रकट होना; व्यक्त होना: 他脸上～麻木的神情。उस का चेहरा भावशून्य नज़र आया ।

【显达】 xiǎndá सुप्रसिद्ध और प्रभावशाली

【显得】 xiǎnde दिखाई देना; प्रतीत होना; मालूम होना; लगना: 房间～有点乱。कमरा अस्तव्यस्त-सा दिखाई दे रहा है ।

【显贵】 xiǎnguì ❶उच्च पद का ❷〈पुराना〉 उच्चाधिकारी

【显花植物】 xiǎnhuāzhíwù 〈वन०〉 फूलदार पौधा

【显宦】 xiǎnhuàn 〈पुराना〉 उच्चाधिकारी

【显豁】 xiǎnhuò स्पष्ट और साफ़: 内容～ विषय स्पष्ट होना

【显见】 xiǎnjiàn स्पष्ट होना; साफ़ होना; साफ़ दिखाई देना: ～的理由 स्पष्ट कारण

【显考】 xiǎnkǎo 〈लि०〉 मेरा स्वर्गीय पिता

【显灵】 xiǎnlíng (अंधविश्वास) (भूत-प्रेत, देवता का) प्रकट होना

【显露】 xiǎnlù व्यक्त होना; प्रकट होना; दीखना: 他的脸上～出得意的神情。उस के चेहरे पर प्रसन्नता के भाव दिखाई देते हैं ।

【显明】 xiǎnmíng स्पष्ट; साफ़; ज़ाहिर: ～的对比 स्पष्ट अनुपात (करना)

【显目】 xiǎnmù व्यक्त; प्रकट; स्पष्ट

【显能】 xiǎnnéng अपनी योग्यता या कार्यक्षमता दिखाना: 他在行家面前～。वह विशेषज्ञों के सामने अपनी कार्यक्षमता दिखा रहा है ।

【显然】 xiǎnrán 〈क्रि०वि०〉 स्पष्टतया; स्पष्ट रूप से; साफ़ मालूम होता है; ज़ाहिर है: 这～是不对的。ज़ाहिर है यह ठीक नहीं है ।

【显色染料】 xiǎnsè rǎnliào 〈रसा०〉 डिवलपिंग डाई (या रंजक)

【显身手】 xiǎn shēnshǒu अपनी योग्यता दिखाना; जौहर दिखाना; अपना सिक्का जमा लेना: 他在文娱会上大～。उस ने महफ़िल में अपना सिक्का जमा लिया था ।

【显圣】 xiǎnshèng (संत के भूत-प्रेत का) प्रकट होना

【显示】 xiǎnshì दिखाना; प्रकट करना या होना; ज़ाहिर करना या होना; प्रतीत होना: 各方面的情况～… सभी हालात से यही ज़ाहिर हो रहा है कि … / ～威力 अपनी शक्ति दिखाना

【显示器】 xiǎnshìqì 〈कंम्प्यू०〉 डिसप्ले

【显微电影】 xiǎnwēi diànyǐng माइक्रोफ़िल्म

【显微胶片】 xiǎnwēi jiāopiàn माइक्रोफ़िल्म

【显微镜】 xiǎnwēijìng सूक्ष्म दर्शक यंत्र; खुर्दबीन; माइक्रोस्कोप

【显微外科】 xiǎnwēi wàikē माइक्रोसर्जरी; सूक्ष्म शल्य-चिकित्सा

【显微照片】 xiǎnwēi zhàopiàn माइक्रोग्राफ़

【显微照相术】 xiǎnwēi zhàoxiàngshù माइक्रो-फ़ोटोग्राफ़ी

【显现】 xiǎnxiàn स्पष्ट होना; प्रकट होना: 他～出一脸的不悦。उस के चेहरे पर क्रोध की भावना दिखाई दे रही है।

【显像管】 xiǎnxiàngguǎn 〈वैद्य०〉 काइनस्कोप

【显效】 xiǎnxiào ❶परिणाम प्रकट होना; नतीजा दिखाई देना: 这种农药～快。इस कृषि-औषध का परिणाम बहुत जल्दी प्रकट होता है। ❷स्पष्ट परिणाम: 未见～ स्पष्ट परिणाम प्रकट न होना

【显形】 xiǎnxíng अपना असली रूप खुलना; रहस्योद्घाटन होना; भेद खुलना

【显性】 xiǎnxìng 〈जीव०〉 प्रभाव: ～性状 प्रभावी लक्षण

【显眼】 xiǎnyǎn व्यक्त; प्रकट; स्पष्ट: 她穿得太～了。वह बड़ी तड़क-भड़क वाले कपड़े पहनती है; वह बड़े दिखावटी कपड़े पहनती है।

【显扬】 xiǎnyáng 〈लि०〉 ❶प्रशंसा करना; सराहना करना; बड़ाई करना; स्तुति करना: ～先祖 अपने पूर्वजों की स्तुति करना ❷प्रसिद्ध; प्रख्यात; नामी; यशस्वी: ～于天下 संसार में प्रख्यात होना

【显要】 xiǎnyào ❶शक्तिशाली और प्रभावशाली: ～人物 प्रभावशाली व्यक्ति ❷प्रभावशाली व्यक्ति: 朝中～ राजसभा में प्रभावशाली व्यक्ति

【显耀】 xiǎnyào ❶दिखाना; प्रकट करना: ～身份 अपनी हैसियत दिखाना ❷उच्च ख्याति या यश का होना: ～一时 किसी समय में बहुत प्रसिद्ध होना

【显影】 xiǎnyǐng ❶〈फ़ोटो०〉 फ़ोटो प्लेट को धोना; विकासन करना ❷(रेडा का) प्रतिक्रिया करना

【显影机】 xiǎnyǐngjī फ़ोटो प्लेट को धोने का यंत्र; डिवलपिंग मशीन

【显影剂】 xiǎnyǐngjì विकासक; डिवलपर

【显影盘】 xiǎnyǐngpán डिवलपिंग डिश

【显影纸】 xiǎnyǐngzhǐ डिवलपिंग-आउट पेपर

【显著】 xiǎnzhù स्पष्ट; असाधारण; उल्लेखनीय: ～成绩 उल्लेखनीय उपलब्धियाँ / ～的地位 उल्लेखनीय स्थिति / ～的例子 प्रसिद्ध उदाहरण; रोशन मिसाल

【显字管】 xiǎnzìguǎn 〈वैद्य०〉 कैरक्ट्रॉन

洗 Xiǎn एक कुलनाम
xǐ भी दे०

险（險） xiǎn ❶स्थान जहां प्रवेश करने में कठिनाई हो; संकीर्ण दर्रा: 天～ प्राकृतिक अवरोधक ❷खतरनाक; जोखिम-भरा: ～隘 संकीर्ण दर्रा / ～地 फ़ौजी महत्व का ठिकाना; खतरनाक परिस्थितियाँ ❸विपत्ति झेलने या उठाने की संभावना: 冒～ जोखिम उठाना; खतरा मोल लेना / 保～ बीमा ❹दुष्ट; बुरा; कुटिल: 阴～ गुप्त रीति से हानि पहुंचाने वाला ❺लगभग; करीब-करीब: ～遭不幸 मरते-मरते बचना

【险恶】 xiǎn'è ❶खतरनाक; जोखिम-भरा: 处境～ खतरनाक परिस्थितियों में पड़ना ❷दुष्ट; बुरा; गुप्त रीति से हानि पहुंचाने वाला: ～用心 दुष्ट अभिप्राय

【险峰】 xiǎnfēng दुर्गम शिखर

【险工】 xiǎngōng (सेतुबंध, बांध आदि का) खतरनाक हिस्सा

【险固】 xiǎngù 〈लि०〉 अनाक्रमणीय; रक्षा में दृढ़

【险关】 xiǎnguān संकीर्ण दर्रा

【险乎】 xiǎnhu किसी अनिच्छा वाले काम के होते-होते या करते-करते बचना: ～死 मरते-मरते बचना / ～干错事 गलती करते-करते बचना

【险境】 xiǎnjìng खतरनाक स्थिति

【险峻】 xiǎnjùn ❶खतरनाक सीधा ढलवाँ; खड़ी चट्टान जैसा; कगार जैसा: 山峰～。पहाड़ खड़ी चट्टान जैसे हैं। ❷खतरनाक; संकटपूर्ण: 形势～ संकटपूर्ण स्थितियां

【险情】 xiǎnqíng खतरनाक स्थितियां: 排除～ खतरनाक स्थितियों को दूर करना / 出现～ खतरनाक स्थितियां प्रकट होना

【险球】 xiǎnqiú (बहुधा फ़ुटबाल) खतरनाक बॉल; गोल के समीप बॉल गिरना

【险区】 xiǎnqū खतरनाक क्षेत्र या इलाका

【险山恶水】 xiǎnshān-èshuǐ ऊंचा पहाड़ और प्रचण्ड नदी

【险胜】 xiǎnshèng थोड़ी गिनती से जीतना: 以 25 比 23～ 25-23 की निकट गिनती से जीतना

【险滩】 xiǎntān खतरनाक छिछली जगह; तेज़ धार वाली नदी की सतह का खड़ा उतार

【险巇】 xiǎnxī （险戲 xiǎnxī，崄巇 xiǎnxī भी） 〈लि०〉 (पहाड़ी रास्ता) खतरनाक और मुश्किल: 世路～。जीवन में कठिनाइयां और संकट भरे हैं।

【险象环生】 xiǎnxiàng-huánshēng चारों ओर खतरे छिपे होना; खतरों से घिरे होना

【险些】 xiǎnxiē कोई काम होते-होते या करते-करते बचना: 我～从马上摔下来。मैं घोड़े से गिरते-गिरते बचा।

【险要】 xiǎnyào दुर्गम और रणनीतिक

【险语】 xiǎnyǔ चौंका देने वाली बातें: 莫将～夸劲敌。चौंका देने वाली बातों से उग्र शत्रुओं की प्रशंसा नहीं करनी चाहिए।

【险韵】 xiǎnyùn कठिन तुकान्त शब्द

【险诈】 xiǎnzhà दुष्ट और कुटिल

【险症】 xiǎnzhèng खतरनाक बीमारी

【险阻】 xiǎnzǔ (रास्ता) खतरनाक और मुश्किल: 山路～。पहाड़ी रास्ता खतरनाक और मुश्किल है।

蚬（蜆） xiǎn 〈प्राणि०〉 मीठे पानी में पाया जाने वाला एक प्रकार का घोंघा

崄（嶮） xiǎn नीचे दे०

【崄巇】 xiǎnxī दे० 险巇 xiǎnxī

岙（崟） xiǎn स्थानों के नाम में प्रयुक्त अक्षर, 周家岙 चओ च्या श्येन (शेनशी 陕西 प्रांत में)

猃（玁）नीचे दे०

【猃狁】 Xiǎnyǔn दे० 猃狁 Xiǎnyǔn

猃（獫）xiǎn 〈लि०〉 लंबे मुंह वाला कुत्ता

【猃狁】 Xiǎnyǔn प्राचीन काल में उत्तर चीन का एक राष्ट्र

铣（銑）xiǎn नीचे दे०

xǐ भी दे०

【铣铁】 xiǎntiě ढाला हुआ लोहा

筅（筅）xiǎn नीचे दे०

【筅帚】 xiǎnzhǒu 〈बो०〉 देगची, कड़ाही आदि साफ़ करने के लिए प्रयुक्त बांस का ब्रुश

跣 xiǎn 〈लि०〉 नंगा (पैर)：～足 नंगा पैर

㬎 xiǎn 〈लि०〉 显 xiǎn के समान

鲜（鮮、尟、尠）xiǎn कम; विरल：～见 बहुत कम देखा जाना / ～有 बहुत कम होना

xiān भी दे०

藓（蘚）xiǎn 〈वन०〉 काई; शैवाल; जलनीलिका

燹 xiǎn 〈लि०〉 जंगली आग

幰 xiǎn 〈लि०〉 रथ, गाड़ी का परदा

xiàn

见（見）xiàn दिखाई देना; प्रकट होना; व्यक्त होना：～原形 अपना असली रूप प्रकट होना

jiàn भी दे०

苋（莧）xiàn 〈वन०〉 एमारंथ (एक शाकीय पौधा)

【苋菜】 xiàncài तिरंगा एमारंथ

县（縣）xiàn काउन्टी

【县城】 xiànchéng काउन्टी केन्द्र

【县份】 xiànfèn (व्यक्तिवाचक संज्ञा के साथ प्रयुक्त नहीं) काउन्टी：一个很小的～。एक बहुत छोटी काउन्टी

【县官】 xiànguān दे० 县令

【县令】 xiànlìng काउन्टी मजिस्ट्रेट; ज़िलाधीश

【县太爷】 xiàntàiyé 县令 का प्रचलित नाम

【县委】 xiànwěi काउन्टी पार्टी-कमेटी

【县域经济】 xiànyù jīngjì काउंटी-स्तरीय अर्थ-व्यवस्था; काउंटी की क्षेत्रीय अर्थव्यवस्था

【县长】 xiànzhǎng काउन्टी मजिस्ट्रेट

【县志】 xiànzhì काउन्टी के इतिहास, भूगोल, रीति-रिवाज, प्रसिद्ध व्यक्तियों, संस्कृति व शिक्षा आदि की विवरण-पुस्तक

【县治】 xiànzhì 〈पुराना〉 काउन्टी-केन्द्र

岘（峴）xiàn 岘山 Xiànshān श्येन पर्वत (हूपेइ प्रांत में)

现（現）xiàn ❶वर्तमान; मौजूदा; इस समय का：～状 वर्तमान परिस्थिति; मौजूदा परिस्थिति ❷आवश्यकता के समय पर (कोई काम करना); तत्काल; तुरंत：～写～画 तत्काल लिखना और चित्र खींचना ❸(पैसा आदि) हाथों में：～钱 नकद; नकद पैसा / ～货 हाथों में माल ❹नकद：兑～ नकद भुनाना / 付～ नकद में देना ❺व्यक्त होना; प्रकट होना; दिखाना：～原形 अपना असली रूप खुलना या प्रकट होना / 空中～出明星来。आकाश में तारे छिटक आए हैं।

【现场】 xiànchǎng ❶घटनास्थल：保护～ अपराध का घटनास्थल ज्यों का त्यों रखना ❷कार्यस्थल：～会议 ऐन कार्य-स्थल पर सभाएँ; उसी स्थान पर सभाएँ

【现成】 xiànchéng बनी-बनाई; तैयारशुदा：我这里现在没有～的东西。मेरे यहां इस समय कोई तैयारशुदा वस्तु नहीं है। / ～衣服 सिले-सिलाए या बने-बनाए कपड़े / ～的灵丹圣药 बनी-बनाई अचूक औषध

【现成饭】 xiànchéngfàn बना-बनाया भोजन; बिना प्रयास के प्राप्त

【现成话】 xiànchénghuà बिना मतलब हस्तक्षेप करने वाले की बात; बिना मांग परामर्श देने वाले की बात; मुफ़्त में टांग अड़ाने वाले की बात：说～ उक्त बात कहना

【现存】 xiàncún विद्यमान; मौजूद; अब भी वर्तमान：～的文件 मौजूदा दस्तावेज़ / ～的物资 भंडार में उपलब्ध रहने वाला माल और सामग्रियां

【现代】 xiàndài ❶वर्तमान काल ❷वर्तमान; आधुनिक：～教育 आधुनिक ढंग की शिक्षा / ～科学技术 आधुनिक विज्ञान और तकनॉलाजी / ～社会 आधुनिक समाज; सामयिक समाज / ～剧 आधुनिक नाटक

【现代服务业】 xiàndài fúwùyè आधुनिक सेवा उद्योग

【现代化】 xiàndàihuà आधुनिकीकरण; आधुनिकता

【现代农业】 xiàndài nóngyè आधुनिक कृषि

【现代史】 xiàndàishǐ आधुनिक इतिहास

【现代语】 xiàndàiyǔ आधुनिक भाषा

【现而今】 xiàn'érjīn 〈बो०〉 अब; इस समय

【现房】 xiànfáng नकद दाम पर बेचा जाने वाला मकान

【现话】 xiànhuà 〈बो०〉 बकबक; बकवाद; बकवास

【现今】 xiànjīn आजकल; हाल ही में; इन दिनों में

【现金】 xiànjīn नकद; नकदी; नकद दाम; रोकड़; कैश：～交易 नकद सौदा

【现金出纳机】 xiànjīn chūnàjī रोकड़ रजिस्टर; नकदी-पंजी

【现金账】 xiànjīnzhàng नकदी लेखा; रोकड़ खाता; रोकड़ का हिसाब

【现款】 xiànkuǎn नकद; रोकड़; रुपया-पैसा

【现蕾】 xiànlěi ❶(फूल) कलियाना; कली फूटना; कलियां निकलना ❷(कपास का पौधा) कलियां निकलना या

खिलना

【现任】 xiànrèn ❶वर्तमान काल में … का पदग्रहण करना: 他～校长。वर्तमान काल में वह स्कूल का प्रधान नियुक्त हुआ है। ❷वर्तमान: ～主席是谁? वर्तमान अध्यक्ष कौन है?

【现如今】 xiànrújīn 〈बो०〉 अब; इस समय; आजकल; वर्तमान समय

【现身说法】 xiànshēn-shuōfǎ अपने स्वयं के अनुभव से किसी को परामर्श देना या किसी बात के बारे में ब्योरे के साथ समझाना

【现时】 xiànshí अब; इस समय; आजकल; वर्तमान समय

【现实】 xiànshí ❶सत्य; वास्तविकता; यथार्थता: 脱离～ वास्तविकता से अलग हो जाना या मुंह मोड़ना या दूर हट जाना ❷यथार्थ; वास्तविक: ～目的 वास्तविक उद्देश्य / ～的人物形象 पात्रों की यथार्थ आकृति / ～生活 वास्तविक जीवन / ～意义 व्यवहारिक महत्व

【现实性】 xiànshíxìng वास्तविकता; यथार्थता; भौतिकता

【现实主义】 xiànshí zhǔyì यथार्थवाद; वास्तविकता; वस्तुवाद

【现世】[1] xiànshì यह जीवन; इस जीवन में

【现世】[2] xiànshì निरादर होना; अपमानित होना; कलंकित होना; बेइज़्ज़ती होना; नाक कट जाना; इज़्ज़त खो जाना

【现世报】 xiànshìbào इस जीवन में पाप का फल मिलना

【现势】 xiànshì वर्तमान परिस्थिति

【现下】 xiànxià 〈बोल०〉 अब; इस वक्त; मौजूदा वक्त

【现…现…】 xiàn…xiàn… (दो क्रियाओं के साथ प्रयुक्त करके किसी निश्चित उद्देश्य के लिए तत्काल कोई काम करने का भाव प्रकट होता है): ～编～唱 (गीत) तत्काल लिखकर गाना / ～写～卖 (हस्तलिपि) तत्काल लिखकर बेचना

【现象】 xiànxiàng बाहरी रूप; घटना; अभिव्यक्ति: 矛盾的～ अंतरविरोधपूर्ण घटना / 自由主义的～ उदारवाद की अभिव्यक्ति / 罗列～ घटनाओं की सूची पेश करना

【现行】 xiànxíng ❶वर्तमान; वर्तमान काल में प्रचलित: ～法律 वर्तमान विधि; चालू कानून ❷(अपराधी) क्रियाशील: ～反革命分子 क्रियाशील प्रतिक्रांतिकारी / ～犯 क्रियाशील अपराधी

【现形】 xiànxíng अपना असली रूप खुलना या प्रकट करना

【现眼】 xiànyǎn नाक कट जाना; इज़्ज़त खो जाना

【现洋】 xiànyáng （现大洋 xiàndàyáng भी）रजत मुद्रा; सिलवर डालर

【现役】 xiànyì ❶वास्तविक सेवाएँ: 服～ वास्तविक सेवाएँ करना ❷वास्तविक सेवाओं में: ～军人 वास्तविक सेवाओं में सैनिक

【现有】 xiànyǒu वर्तमान प्राप्य; मौजूदा: ～设备利用率 मौजूदा साज़-सामान की उपयोगिता

【现在】 xiànzài अब; इस समय; आज; आजकल: ～他当了校长了。अब वह स्कूल का प्रधान (या विश्वविद्यालय का कुलपति) बन गया है। / 他～的情况很好。अब या आजकल उस की स्थिति बहुत अच्छी है।

【现在分词】 xiànzài fēncí 〈व्या०〉 वर्तमान कालिक कृदन्त

【现在时】 xiànzàishí 〈व्या०〉 वर्तमान काल

限

限 xiàn ❶सीमा; हद: 界～ मिति; परिमिति; परिवेश / 期～ समय सीमा; कालावधि / 以月底为～。इस की कालावधि इस महीने के अंतिम दिन तक है। ❷सीमा में रखना; सीमित करना; हद बांधना; सीमाबद्ध करना: ～你在一个星期内完成这一任务。तुम्हें एक ही सप्ताह में इस काम को पूरा करना होगा। / 人数不～。लोगों की संख्या सीमित नहीं है। ❸〈लि०〉 देहली: 门～ देहली

【限定】 xiàndìng परिसीमित करना; परिमित करना: ～时间完工 काम पूरा करने के लिए समय सीमित करना / ～价格 मूल्य-निर्धारण करना

【限度】 xiàndù सीमा; हद: 让步是有～的。रियायतों की भी सीमाएँ हैं। / 超出～ सीमा को पार कर लेना

【限额】 xiàn'é निर्धारित मात्रा; कोटा: ～配给 राशनिंग / ～以上（下）的项目 निश्चित मात्रा से ऊपर (नीचे) वाली परियोजनाएँ

【限价】[1] xiànjià सरकारी दाम या मूल्य स्थिर करना

【限价】[2] xiànjià (सरकारी) स्थिर दाम या मूल्य: 最高～ सरकारी मूल्य की उच्चतम सीमा / 最低～ सरकारी मूल्य की निम्नतम सीमा

【限界】 xiànjiè सीमांत सीमा

【限量】 xiànliàng मात्रा सीमित करना; सीमा निर्धारित करना: 前途不可～ असीम भविष्य होना

【限令】 xiànlìng निश्चित समय में कोई काम करने का आदेश जारी करना: ～敌人投降 दुश्मन के हथियार डालने की मियाद तय करते हुए आदेश जारी करना

【限期】 xiànqī ❶समयसीमा नियत या निर्धारित करना: ～离境 देश से निकलने की मियाद तय करना ❷समयसीमा; सीमित समय; मियाद: ～已满。सीमित समय पूरा हो गया; मियाद पूरी हो गई।

【限行】 xiànxíng ट्रैफ़िक पाबंदी; निश्चित क्षेत्र या समय में गाड़ियों का आना-जाना बंद करना

【限养】 xiànyǎng कुछ जानवरों के पालने पर पाबंदी लगाना

【限于】 xiànyú (तक) सीमित होना या रहना: ～篇幅，不能详述。सीमित स्पेस होने के कारण मैं यहां विस्तृत रूप से विवरण नहीं दे सकता।

【限止】 xiànzhǐ सीमा में रखना; सीमित करना; सीमाबद्ध करना

【限制】 xiànzhì सीमा में रखना; सीमित करना; सीमाबद्ध करना; (पर) पाबंदी लादना: ～活动 कार्यवाहियों की रोकथाम करना / ～性会议 सीमित सम्मेलन / ～战略军备 रणनीतिक शस्त्रीकरण पर पाबंदी लगाना / 不要对…～得太大太死。… पर हद से ज़्यादा प्रतिबंध या हद से ज़्यादा सख़्त प्रतिबंध नहीं लगाना चाहिए।

线（綫、線）xiàn ❶तागा; धागा; डोरा; सूत्र; तार; तंतुः 一根～ तागे का एक टुकड़ा / 一绺～ तागे का एक गुच्छा / 电～ बिजली का तार ❷〈गणित०〉रेखा; लकीरः 直～ सरल रेखा ❸तागे की तरह पतली लंबी चीज़ः 光～ प्रकाश की किरणें ❹प्रयाण-पथ; मार्ग; लाइनः 供应～ सप्लाई मार्ग या लाइन / 沪宁～ शांगहाए-नानचिंग रेलवे (लाइन) ❺(राजनीतिक) नीति; दिशा; कार्यदिशा ❻सीमा; सीमा-रेखाः 前～ मोर्चा / 边境～ सीमा-रेखा ❼तट; किनाराः 在饥饿～上 भूखमरी के किनारे पर / 在死亡～上 मृत्यु की सीमा पर ❽किसी मामले का सूत्रः 案子的～断了。मामले का सूत्र टूट गया। ❾〈परि०श०〉(अंक 一 के साथ भाववाचक संज्ञा के पहले आकर अति लघु का भाव प्रकट होता है): 一～希望 आशा की एक किरण / 一～光明 उज्ज्वलता की एक किरण

【线材】 xiàncái 〈धा०वि०〉वायर रॉड; तार सामग्री

【线虫】 xiànchóng सूत्र-कृमि; गोल कीड़ा; नेमाटोड

【线虫病】 xiànchóngbìng नेमाटोडियसिस

【线春】 xiànchūn （春绸 chūnchóu भी） (वसंत वेष-भूषा के लिए) रेखागणितीय डिज़ाइन वाला रेशमी वस्त्र

【线电压】 xiàndiànyā 〈विद्यु०〉लाइन वोल्टेज

【线段】 xiànduàn 〈गणित०〉रेखांश; लाइन सेग्मेंट

【线桄子】 xiànguàngzi (डोर लपेटने के लिए) स्पूल; रील; चर्खी; गट्टू

【线规】 xiànguī 〈यां०〉वाइर गेज

【线画】 xiànhuà रेखा-चित्र; लाइन ड्राइंग

【线间】 xiànjiān 〈संगी०〉स्पेस

【线脚】 xiànjiǎo 〈बो०〉टांकाः ～密 घना टांका चलाना

【线卷】 xiànjuǎn लच्छा; लच्छी; लटाई

【线路】 xiànlù ❶〈विद्यु०〉बिजली का मार्ग; सर्किट; लाइनः 电话～ टेलीफ़ोन लाइन / ～工人 लाइनमैन; लाइनवाला / ～图 सर्किट डायग्राम ❷〈यातायात〉प्रयाण-पथ; मार्ग; लाइनः 公交～ सार्वजनिक यातायात मार्ग

【线麻】 xiànmá 大麻 dàmá के समान

【线描】 xiànmiáo रेखा-चित्र; लाइन ड्राइंग

【线呢】 xiànní सूट का सूती कपड़ा

【线膨胀】 xiànpéngzhàng 〈भौ०〉रेखीय प्रसरण

【线坯子】 xiànpīzi रूई का मोटा सूत

【线球】 xiànqiú लच्छा; लच्छी; लटाई

【线圈】 xiànquān 〈विद्यु०〉वेष्टन; मंडल; कुंडल; कुंडली

【线人】 xiànrén 〈पुराना〉भेदी; जासूस; भेदिया

【线绳】 xiànshéng सूती रस्सा या रस्सी; डोर

【线速度】 xiànsùdù रेखीय वेग

【线梭】 xiànsuō (कपड़े सीने की मशीन में) अटेरन

【线索】 xiànsuǒ सूत्र; पता; निशान; सुरागः 我们有了～。हमें सुराग लगा है। / ～中断了。शृंखला टूट गयी।

【线毯】 xiàntǎn रूई के मोटे सूतों से बुना कम्बल या चादर; सूती कम्बल या चादर

【线条】 xiàntiáo रेखा; लकीर; लीकः 这画～柔和。इस चित्र की रेखाएँ बहुत कोमल हैं। / 这姑娘的～很美。इस लड़की का आकार बहुत सुडौल है; लड़की बहुत सुडौल आकार की है।

【线头】 xiàntóu ❶तागे का सिरा ❷तागे का बहुत छोटा टुकड़ा

【线香】 xiànxiāng पतली लंबी अगरबत्ती

【线形动物】 xiànxíng dòngwù गोल कीड़ा

【线形叶】 xiànxíngyè 〈वन०〉रेखाकार पर्ण (पत्ता)

【线性】 xiànxìng 〈गणित०〉रेखीय; रेखाकार; लिनिलः ～方程 लिनिल इक्वेशन / ～规划 लिनिल प्रोग्रामिंग

【线衣】 xiànyī रूई के मोटे सूतों से बुना कोट; सूती कोट

【线闸】 xiànzhá (साइकिल का) केबल ब्रेक

【线轴儿】 xiànzhóur ❶रील; चर्खी; फिरकी; बॉबिन ❷तागे की रील

【线装】 xiànzhuāng (चीनी पुस्तकों का) परम्परागत सूत्र-पुस्तकावरणः ～本 सूत्र-पुस्तकावरण संस्करण / ～书 सूत्रावरण चीनी पुस्तक

宪（憲）xiàn ❶〈लि०〉संविधि; लिखित विधेयक ❷संविधान; विधानः 制～ संविधान तैयार करना ❸फ़ौज पुलिस

【宪兵】 xiànbīng फ़ौजी पुलिसः ～部队 फ़ौजी पुलिस कोर

【宪草】 xiàncǎo संविधान का मसौदा (मसविदा)

【宪法】 xiànfǎ संविधान; विधानः 制定～ संविधान तैयार करना / ～草案 संविधान का मसौदा (मसविदा)

【宪章】 xiànzhāng ❶〈लि०〉(किसी से) सीखना; नकल करना; किसी के उदाहरण पर चलना ❷〈लि०〉विधियाँ, आज्ञाएँ और विनियमन ❸चार्टरः 联合国～ संयुक्त राष्ट्र संघ चार्टर

【宪政】 xiànzhèng वैधानिक सरकार; वैधानिकताः ～运动 वैधानिक सरकार की स्थापना का आंदोलन / ～时期 वैधानिक सरकार का दौर

粯（粯）xiàn 〈लि०〉चावल के कण

【粯子】 xiànzi 〈बो०〉स्थूल आटा

陷 xiàn ❶औगी; लासा; चोर गड्ढाः ～阱 औगी; लासा; चोर गड्ढा ❷जा फंसना; फंसनाः ～进泥泞地里 दलदल में फंसना ❸धंसना; पिचकनाः 他病了几天，眼睛都～下去了。वह कई दिनों से बीमार है, उस की आंखें अंदर को धंस गई हैं। / 他两颊深～。उस के गाल पिचके हुए हैं। / 地～下去了。भूमि धंस गई थी। ❹किसी के विरुद्ध मिथ्या दोषारोप करना; षड़यंत्र करना; साजिशें रचनाः (彼)…阳与之善，而阴～之。दिखावटी तौर पर वह उन (लोगों) के सामने मीठी बातें करता था और उन की खुशामद करता था पर गुप्त रूप से उन लोगों के विरुद्ध साज़िशें रचता था। ❺(नगर आदि का) पतन होना; (पर) कब्ज़ा किया जाना; अधिकृत होनाः 沦～ (नगर आदि का) अधिकृत होना ❻त्रुटि; कमीः 缺～ कमी

【陷害】 xiànhài किसी के विरुद्ध मिथ्या दोषारोप करना;

षड्यंत्र करना; साजिशें रचना; कुआँ खोदना: ～好人没有好下场。जो भले आदमियों के लिए कुआँ खोदता है उस के लिए खाई तैयार रहती है।

【陷坑】 xiànkēng औगी; लासा; चोर गड्ढा

【陷落】 xiànluò ❶धंसना; नीचा हो जाना; बैठ जाना: 地面～ भूमि का बैठ जाना या धंस जाना ❷फंसना; विशेष स्थान, स्थिति आदि पर पहुंचना: ～重围 अपने को कसकर घिरा हुआ पाना / ～困境 कठिन स्थिति में फंस जाना ❸(प्रादेशिक भूमि) अधिकृत होना; कब्ज़ा किया जाना

【陷落地震】 xiànluò dìzhèn पतन भूकम्प

【陷入】 xiànrù ❶(कठिन स्थिति में) फंसना; ढकेल दिया जाना: ～被动地位 निष्क्रिय स्थिति में ढकेल दिया जाना / ～重围 घेरे में फंसना / ～困境 कीचड़ या कठिन स्थिति में फंसना / ～泥坑 दलदल में फंसना / ～囹圄 जेल में बंद होना ❷डूबना; डूबे हुए होना; मग्न होना; लीन रहना: ～沉思 चिंतन-मनन में डूब जाना

【陷身】 xiànshēn फंसना; बंद होना: ～囹圄 जेल में बंद होना

【陷于】 xiànyu फंसना: ～被动地位 निष्क्रिय स्थिति में फंसना / ～僵局 अंधी गली में जा फंसना

【陷阵】 xiànzhèn शत्रु के मोरचे पर आक्रमण करना: 冲锋～ शत्रु के गढ़ पर आक्रमण करना; मैदान में उतरना और शत्रु पर धावा बोलना

馅（餡） xiàn भरत; भरती; मसाला आदि जो किसी चीज़ में भरा जाता है: 面包～ पावरोटी के लिए भरती

【馅儿饼】 xiànrbǐng मांस भरा हुआ समोसे जैसा खाद्य

羡（羨） xiàn ❶प्रशंसा करना; सराहना करना; तारीफ़ करना; डाह करना; ईर्ष्या करना: 歆～ प्रशंसा करना; सराहना करना; तारीफ़ करना ❷（Xiàn）एक कुलनाम

【羡慕】 xiànmù प्रशंसा करना; ईर्ष्या करना: 她～你和小李相亲相爱。वह तुम्हारे छोटी ली के साथ प्रेम करने पर जल रही है। / 他是多么～你呀。मन-ही-मन वह तुम से कितनी ईर्ष्या करता था। / 他用～的目光看。वह ललचाई आंखों से देख रहा था।

缐（線） xiàn ❶线 xiàn के समान ❷（Xiàn）एक कुलनाम

献（獻） xiàn ❶समर्पण करना; समर्पित करना; भेंट करना; पेश करना: ～哈达 हाता भेंट करना / ～花 गुलदस्ता भेंट करना / ～花圈 पुष्पांजलि भेंट करना / ～出生命 अपनी जान कुरबान कर देना ❷दिखाना; प्रदर्शित करना: ～技 अपनी कुशलता दिखाना / ～媚 खुशामद करना; चापलूसी करना या दिखाना / ～殷勤 खुशामद करना; चापलूसी करना

【献宝】 xiànbǎo ❶मूल्यवान वस्तु भेंट करना ❷मूल्यवान अनुभव या मत देना ❸अपनी मूल्यवान वस्तुएँ दिखाना

【献策】 xiàncè प्रस्ताव पेश करना; सलाह देना

【献丑】 xiànchǒu <विन०> (अपनी कुशलता, लेख आदि दिखाते समय प्रयुक्त) अपनी मूर्खता दिखाना: 一定要我写，我就～了。मुझे लिखना पड़ रहा है तो मैं अपनी मूर्खता दिखाकर ही लिखूंगा।

【献词】 xiàncí संदेश: 新年～ नववर्ष-संदेश

【献计】 xiànjì युक्ति प्रस्तुत करना; प्रस्ताव पेश करना; स्कीमें पेश करना

【献礼】 xiànlǐ भेंट करना: 国庆～ राष्ट्रदिवस को भेंट करना

【献旗】 xiànqí ध्वज भेंट करना

【献身】 xiànshēn अपने प्राण निछावर कर देना; अपनी जान कुरबान कर देना: ～祖国 अपनी मातृभूमि के लिए अपने प्राण निछावर कर देना

【献演】 xiànyǎn अभिनय करना

【献艺】 xiànyì (अभिनेता; गायक आदि) अपनी कुशलता दिखाना: 登台～ मंच पर जाकर अपनी कुशलता दिखाना

腺 xiàn ग्रंथि: ～细胞 ग्रंथि-कोषिका / ～瘤 <चि-कि०> ऐडिनोमा

錂（鑬） xiàn धातु से बना तार

霰 xiàn <मौ०वि०> कच्चे ओले

【霰弹】 xiàndàn दे० 榴霰弹 liúxiàndàn शार्पनेल बम या गोलियां; कनिस्टर (शॉट); केस शॉट

xiāng

乡（鄉） xiāng ❶ग्राम; गांव; देहात: 城～差别 नगरों और ग्रामों के बीच का भेद ❷जन्मस्थान; जन्मग्राम; जन्मनगर: 返～ अपने जन्मस्थान लौट जाना / 回～务农 अपने जन्मग्राम लौटकर खेती का काम करना ❸श्यांग (काउन्टी के नीचे ग्रामीण शासन की इकाई)

【乡巴老儿】 xiāngbalǎor <अना०> गँवार; गँवई; देहाती

【乡愁】 xiāngchóu अपने जन्मस्थान से बाहर रहने से उत्पन्न खिन्नता: ～满肠 जन्मस्थान-वियोग की खिन्नता से भर जाना

【乡村】 xiāngcūn ग्राम; गांव; देहात: ～女教师 ग्राम-शिक्षिका / ～生活 ग्रामीण जीवन

【乡党】 xiāngdǎng <लि०> ❶जन्मस्थान; जन्मग्राम; जन्मनगर ❷एक ही प्रांत, काउन्टी या ग्राम का रहनेवाला; हम-वतन

【乡规民约】 xiāngguī-mínyuē सारे गांव के लिए मान्य विधियाँ और विनियमन

【乡宦】 xiānghuàn <पुराना> गांव में रहने वाला रि-टायर या सेवा-निवृत अधिकारी

【乡间】 xiāngjiān गांव में; देहात में: ～小贩 गांव में फेरी वाला / ～别墅 गांव में बंगला

【乡井】 xiāngjǐng <लि०> जन्मस्थान; जन्मग्राम; जन्म-नगर
【乡里】 xiānglǐ ❶जन्मग्राम; जन्मनगर ❷एक ही काउंटी या ग्राम के रहनेवाले: 看望～ एक ही ग्राम के रहनेवालों से मिलना
【乡邻】 xiānglín (एक ही गांव के) पड़ोसी या रहने वा-ले: ～之间的关系 गांव में पड़ोसियों के बीच का संबंध
【乡民】 xiāngmín ग्रामवासी; गांववाले
【乡僻】 xiāngpì नगर से बहुत दूर; सुदूर; दूरस्थ; दुर्गम
【乡企】 xiāngqǐ 乡镇企业 xiāngzhèn qǐyè का संक्षिप्त रूप
【乡气】 xiāngqì गँवई; गँवार; गँवारू; असंस्कृत: 他的穿着有点～。उस की पोशाक कुछ गँवारू-किस्म की लगती है।
【乡亲】 xiāngqīn ❶एक ही गांव या नगर से आया हुआ व्यक्ति ❷गांववाले ❸ग्रामवासी; ग्रामीण बन्धु: ～们! ग्रामवासियो!
【乡情】 xiāngqíng जन्मस्थान के प्रति उत्पन्न भावनाएँ
【乡曲】 xiāngqū <लि०> ❶नगर से बहुत दूर गांव ❷जन्मग्राम; जन्मनगर
【乡人】 xiāngrén ❶गांववाले; ग्रामवासी ❷एक ही गांव से आये हुए लोग
【乡绅】 xiāngshēn <पुराना> गांव में प्रतिष्ठित व्यक्ति
【乡试】 xiāngshì प्रांतीय परीक्षा (मिंग व छिंग राजवंशों में हर तीन वर्षों में एक बार होने वाली प्रांतीय परीक्षा जिस में सफल होने वालों को चूरन 举人 कहते थे)
【乡思】 xiāngsī जन्मस्थान-वियोग से उत्पन्न घर की याद
【乡俗】 xiāngsú स्थानीय रीति-रिवाज; गांव के रीति-रिवाज
【乡谈】 xiāngtán स्थानीय बोली; जन्मस्थान की बोली: 打起～ स्थानीय बोली में बातचीत करना
【乡土】 xiāngtǔ जन्मस्थान; जन्मभूमि: ～风味 जन्म-स्थान का स्वाद या रस / ～观念 प्रांतीयता; प्रांतीय विचार-पद्धति
【乡土志】 xiāngtǔzhì स्थानीय इतिहास
【乡下】 xiāngxia <बोल०> गांव; देहात: 他到～去了。वह गांव में गया। / ～来了几个人。गांव से कुछ लोग आए हैं।
【乡下人】 xiāngxiarén गँवई; गँवार; देहाती; गांव या देहात के लोग; आम गांववासी
【乡贤】 xiāngxián जन्मस्थान के योग्य व्यक्ति; देश के श्रेष्ठ व्यक्ति
【乡谊】 xiāngyì <लि०> एक ही जन्मस्थान से आए हुए लोगों के बीच की मित्रता
【乡音】 xiāngyīn अपने जन्मस्थान का उच्चारण; स्थानीय उच्चारण: 他说话～重。उस की बोली में स्थानीय उच्चारण बहुत हैं।
【乡邮】 xiāngyóu ग्रामीण डाक-सेवा: ～员 ग्रामीण डाकिया; देहाती डाकिया
【乡愿】 xiāngyuàn <लि०> दंभी; कपटी; पाखंडी; ढोंगी
【乡约】 xiāngyuē सारे गांव या कस्बे के निवासियों द्वारा पालन करने वाली विधियाँ और विनियमन
【乡镇】 xiāngzhèn ❶गांव और कस्बे ❷साधारणतः छोटे-छोटे कस्बे: 乡镇企业
【乡镇企业】 xiāngzhèn qǐyè कस्बे और गांव का कारोबार
【乡梓】 xiāngzǐ <लि०> अपना जन्मस्थान

芗（薌） xiāng ❶प्राचीन पुस्तकों में लिखित एक सुगंधित तृण ❷<लि०> 香 xiāng के समान
【芗剧】 xiāngjù थाइवान और दक्षिण फ़ूच्येन प्रांतों में प्रचलित एक स्थानीय ऑपेरा

相[1] xiāng ❶एक दूसरे से; आपस में: ～爱 एक दूसरे को प्यार करना / ～见 एक दूसरे से मिलना ❷(विपक्ष के प्रति एक पक्ष की क्रिया का बोध होता है): 实不～瞒 सच-सच बताना / 好言～劝 उचित बातों से समझाना-बुझाना ❸（Xiāng）एक कुलनाम

相[2] xiāng अपने लिए देखना (कि कोई व्यक्ति या वस्तु पसंद है कि नहीं): ～亲 सगाई के पहले अपने घरवाले या स्वयं विपक्ष के घर जाकर देखना
xiàng भी दे०
【相安无事】 xiāng'ān-wúshì आपस में शांति से रहना
【相帮】 xiāngbāng <बो०> सहायता करना या देना; मदद करना या देना
【相比】 xiāngbǐ तुलना करना; मुकाबला करना: 二者不能～。इन दोनों में तुलना नहीं की जा सकती।
【相差】 xiāngchà अंतर होना: 他俩的年龄～不大。उन दोनों की आयु में अधिक अंतर नहीं है।
【相称】 xiāngchèn मेल खाना; ताल-मेल स्थापित होना; फ़िट होना: 这上衣和裤子的颜色不～。इस कोट का रंग पैंट के रंग से मेल नहीं खाता।
【相称】 xiāngchēng एक दूसरे को कहना: 以兄妹～。एक दूसरे को भाई या बहिन कहता है।
【相承】 xiāngchéng एक से दूसरे तक जारी रहना: 世代～ पीढ़ी-दर-पीढ़ी जारी रहना
【相持】 xiāngchí ठहराव की स्थिति में होना: 双方～不下 दोनों पक्षों का ठहराव की स्थिति में रहना / 战略～阶段 रणनीतिक ठहराव की मंज़िल
【相处】 xiāngchǔ एक दूसरे के साथ रहना; एक दूसरे के साथ बर्ताव करना: 彼此友好～ एक दूसरे के साथ मित्रतापूर्ण बर्ताव करना
【相传】 xiāngchuán ❶लोग कहते थे कि: ～这里是一块宝地。लोग कहते थे कि यहां एक पवित्र स्थान है। ❷एक से दूसरे तक जारी रहना: 世代～ पीढ़ी-दर-पीढ़ी जारी रहना
【相待】 xiāngdài व्यवहार करना; बर्ताव करना: 以诚～ दूसरे के साथ निश्छलता से व्यवहार करना
【相当】 xiāngdāng ❶करीब के बराबर होना; समान होना; (से) कुछ-कुछ मिलता-जुलता होना: 年龄～ आयु में बराबर होना / 旗鼓～ शक्तियों में बराबर होना ❷उचित होना; अनुकूल होना; फ़िट होना: 找个～的人来干这活。किसी उचित व्यक्ति को यह काम करने दो।

❸काफ़ी; काफ़ी हद तकः ～大的房子 काफ़ी बड़ा मकान / 工作～顺利。काम काफ़ी हद तक बड़ी आसानी से किया जा रहा है।

【相得益彰】 xiāngdé-yìzhāng हरेक का दूसरे की सहायता में और अधिक चमकना; एक दूसरे की पूर्ति करना

【相等】xiāngděng बराबर होना; समान होनाः 重量～ भार बराबर होना / 面积～ क्षेत्रफल बराबर होना

【相抵】xiāngdǐ जमाखाते और नामखाते का अंतर; बचत; बाकी; शेषः 收支～盈余一万元。जमाखाते और नामखाते का अंतर दस हज़ार य्वान हैं।

【相对】xiāngduì ❶आमने-सामने; एक दूसरे के सम्मुखः 遥遥～ दूर से एक दूसरे के सम्मुख होना / 两人～而坐。दोनों जन आमने-सामने बैठे हैं। ❷सापेक्ष; अपेक्षाकृतः ～的集中指挥 सापेक्ष केन्द्रित कमान / ～固定 सापेक्ष रूप से स्थिर होना / ～劣势 अपेक्षाकृत कमतरी / ～稳定 अपेक्षाकृत स्थायित्व / ～地说 सापेक्ष रूप से कहना

【相对高度】 xiāngduì gāodù सापेक्ष उच्चत्व

【相对论】 xiāngduìlùn <भौ०> सापेक्षवाद; थियरी आफ़ रिलेटिविटी

【相对湿度】 xiāngduì shīdù सापेक्ष आर्द्रता

【相对速度】 xiāngduì sùdù सापेक्ष वेग

【相对性】 xiāngduìxìng सापेक्षता

【相对真理】 xiāngduì zhēnlǐ सापेक्ष सत्य

【相对主义】 xiāngduì zhǔyì सापेक्षवाद

【相烦】 xiāngfán <लि०> <शिष्ट०> आप को कष्ट देनाः 有事～。क्या मैं आप को किसी काम के लिए कष्ट दे सकता हूँ?

【相反】 xiāngfǎn ❶उल्टा; प्रतिकूल; विपरीतः 向～的方向 प्रतिकूल दिशा में ❷के विपरीतः 他一点也不矮，～，他很高。वह बिलकुल ठिगना नहीं है, इस के विपरीत वह बहुत लंबा है।

【相反相成】 xiāngfǎn-xiāngchéng विपरीत तत्व साथ ही साथ एक दूसरे के पूरक भी होते हैं; वस्तुएँ जहां एक दूसरे के विपरीत होती हैं, वहाँ एक दूसरे की पूरक भी होती हैं

【相仿】 xiāngfǎng लगभग एक-सा लगनाः 声音～ आवाज़ एक-सी लगना / 形状～ आकार एक-सा लगना

【相逢】 xiāngféng मिलना; मुलाकात होनाः 异地～ परदेश में मिलना

【相符】 xiāngfú मेल खानाः 与事实不～ तथ्य से मेल न खाना

【相辅而行】 xiāngfǔ'érxíng एक दूसरे के पूरक होना; साथ-साथ चलना

【相辅相成】 xiāngfǔ-xiāngchéng एक दूसरे के पूरक

【相干】 xiānggān संबंधित होना; संबंध रखना (बहुधा निषेध या आलंकारिक प्रश्न में प्रयुक्त)ः 这事与你有什么～? यह बात तुम से क्या संबंध रखती है? / 这事与我不～。यह मुझ से संबंधित नहीं है।

【相告】 xiānggào ❶आप को बतानाः 实话～。मैं आप को सच बताता हूँ। ❷एक दूसरे को बतानाः 奔走～ दौड़-दौड़ कर एक दूसरे को बताना

【相隔】 xiānggé से अलग होना; एक दूसरे के बीच दूरी होनाः ～万里 दस हज़ार ली की दूरी होना; एक दूसरे के बीच दस हज़ार ली की दूरी होना

【相顾】 xiānggù एक दूसरे को देखनाः ～而泣 एक दूसरे को देखकर रोना

【相关】xiāngguān संबंध होना; संबंधित होनाः 与此～的事情 इस से संबंधित बात / 密切～ घनिष्ठ संबंध रखना

【相好】 xiānghǎo ❶बनना; आपस में खूब पटना; पारस्परिक घनिष्ठ संबंध होना; जी से जी मिलनाः 他俩从小就～。बचपन से ही दोनों में खूब बनती है। ❷घनिष्ठ मित्र ❸(बहुधा अनुचित) अनुराग; आसक्ति ❹अनुचित प्रेमी या प्रेमिका

【相互】 xiānghù परस्पर; पारस्परिक; आपसी; एक दूसरे काः ～吹捧 एक दूसरे की तारीफ़ करना / ～关系 आपसी संबंध; परस्पर संबंध / ～合作 एक दूसरे के साथ सहयोग करना / ～依存 एक दूसरे पर निर्भर रहना / ～之间 आपस में

【相会】xiānghuì मिलना; मुलाकात होनाः 再次～ फिर मिलना

【相继】 xiāngjì एक के बाद एक; क्रमशःः ～发言 एक के बाद एक बोलना

【相见恨晚】xiāngjiàn-hènwǎn पहले से न मिलने पर पछताना

【相间】xiāngjiàn (वस्तुएँ) बारी-बारी होना; एक के बाद दूसरी होनाः 黑白～ काले के बाद सफ़ेद का सिल- सिला रखना

【相交】 xiāngjiāo ❶रेखाओं का एक दूसरे को काटनाः 两线～于一点。दोनों रेखाएँ एक बिन्दु पर एक दूसरे को काटती हैं। ❷आपस में आना-जाना; मिलना-जुलनाः ～多年 कई साल आपस में आना-जाना

【相较】 xiāngjiào तुलना करना; मिलान करनाः 双方实力～，相差不大。दोनों पक्षों की शक्ति की तुलना करने में बड़ा अंतर नहीं है।

【相接】 xiāngjiē (एक या अधिक रेलों, बसों आदि का) मिलनाः 这趟汽车和开往南京的汽车～。यह बस नानचिंग को जाने वाली बस से मिलती है।

【相近】xiāngjìn ❶निकट; समीपः 两队比分～。दोनों टीमों की गिनती नज़दीक है। ❷समान; लगभग एक-साः 两地风俗～。दोनों जगहों के रीति-रिवाज लगभग एक-से हैं।

【相敬如宾】 xiāngjìng-rúbīn (पति-पत्नी का) एक दूसरे के साथ अतिथि की भांति व्यवहार करना

【相救】 xiāngjiù खतरे से किसी की रक्षा करनाः 拼死～ अपनी जान खतरे में डालकर किसी की रक्षा करना

【相距】 xiāngjù दूरी; फ़ासलाः 两地～十公里。दोनों जगहों के बीच दस किलोमीटर का फ़ासला है।

【相连】xiānglián जोड़ना; मिलानाः 两县有公路～。दोनों काउन्टियां सार्वजनिक मार्ग से जुड़ी हुई हैं।

【相骂】 xiāngmà एक दूसरे को डांटना या गाली देना

【相瞒】 xiāngmán छिपना: 实不～… सचमुच आप से छिपा नहीं है कि …

【相配】 xiāngpèi अच्छा जोड़ा होना; बराबर का जोड़ा होना: 他俩～。उन दोनों का बराबर का जोड़ा है।

【相扑】 xiāngpū 〈खेल०〉 सुमो (कुश्ती)

【相亲相爱】 xiāngqīn-xiāng'ài घनिष्ठ संबंध होना; बनना; पटना: 同学们～，互相学习。सहपाठियों में खूब बनती है और सभी एक दूसरे से सीखते हैं।

【相去无几】 xiāngqù-wújǐ इन में उन्नीस-बीस का फ़र्क है

【相劝】 xiāngquàn किसी को समझाने-बुझाने का प्रयत्न करना: 好言～ किसी को उचित बातों से समझाना-बुझाना

【相扰】 xiāngrǎo ❶एक-दूसरे को तंग करना: 各不～ हरेक दूसरे को तंग न करना ❷〈शिष्ट०〉 आप को कष्ट देना: 有一事～ आप को एक काम के लिए कष्ट देना

【相忍为国】 xiāngrěn-wèiguó देश के हित के लिए सहन करना

【相濡以沫】 xiāngrú-yǐmò (कठिनाइयों में पड़ी मछलियाँ) एक दूसरे को अपने थूक से स्पर्श कर एक दूसरे की सहायता करती है —— कठिनाइयों में एक दूसरे की सहायता और रक्षा करना

【相若】 xiāngruò 〈लि०〉 लगभग एक-सा होना; समान होना

【相商】 xiāngshāng ❶एक-दूसरे से विचार-विमर्श करना ❷आप से विचार-विमर्श करना: 有要事～ आप से एक महत्वपूर्ण काम के लिए विचार-विमर्श करना

【相生相克】 xiāngshēng-xiāngkè पंचतत्वों (दे० 五行 wǔxíng) के बीच परस्पर प्रोत्साहन और नियंत्रण

【相识】 xiāngshí ❶एक दूसरे को पहचानना; जानना; से मित्रता होना: 素不～ कभी मुलाकात न होना; कभी मित्रता न होना ❷परिचित व्यक्ति: 老～ पुराना परिचित व्यक्ति; पुरानी जान-पहचान

【相率】 xiāngshuài एक के बाद दूसरा: ～归附 एक के बाद दूसरा आ मिलना

【相思】 xiāngsī प्रेम के लिए लालसा होना; किसी व्यक्ति से प्रेम करना चाहना; मुहब्बत का मारा होना: ～病 प्रेमातुरता

【相思子】 xiāngsīzǐ ❶गुंजा; रत्ती (पौधा) ❷उक्त पौधे का बीज

【相视】 xiāngshì एक दूसरे को देखना: ～片刻 कई पल एक दूसरे को अपलक देखते रहना

【相似】 xiāngsì एक-सा; के समान: 兄弟俩穿着～。दोनों भाई पोशाक में एक-से लगते हैं। / ～之处 मेल

【相提并论】 xiāngtí-bìnglùn एक ही श्रेणी में रखना; किसी को किसी और के समकक्ष (या की बराबरी में) रखना: 二者不能～。दोनों एक ही श्रेणी में नहीं रखे जा सकते।

【相通】 xiāngtōng एक दूसरे को सूचित करना; एक दूसरे तक पहुंचना: 两个房间有门～。दोनों कमरों के बीच एक दरवाज़ा है, इस से लोग एक दूसरे तक जा सकते हैं। / 我们的心是～的。हमारे दिल एक ही ताल पर धड़कते हैं।

【相同】 xiāngtóng सदृश; समान; एक-सा: 二者毫无～之点。दोनों के बीच कोई समानता नहीं है।

【相投】 xiāngtóu एक ही स्वभाव का होना; सहधर्मी होना: 他和我很～。वह मुझ से बहुत हिला-मिला था।

【相托】 xiāngtuō किसी को कोई काम सौंपना: 兹有要事～。मैं आप को एक महत्वपूर्ण काम सौंपना चाहता हूँ।

【相违】 xiāngwéi अनुकूल न होना; मेल न खाना; विरोध होना: 意见～ मतभेद होना / 与本意～ अपने मूल अभिप्राय से मेल न खाना

【相闻】 xiāngwén एक दूसरे की आवाज़ सुन सकना

【相向】 xiāngxiàng ❶प्रतिकूल दिशा में: ～而行 प्रतिकूल दिशा में चलना ❷आमने-सामने; एक दूसरे के सम्मुख: ～无言 एक दूसरे को आमने-सामने देखते हुए मौन धारण करना

【相像】 xiāngxiàng एक-सा होना; समान होना; सदृश होना; समरूप होना: 两人面貌～。दोनों के चेहरे एक-से लगते हैं।

【相偕】 xiāngxié एक दूसरे के साथ होना: ～而行 एक दूसरे के साथ चलना; साथ-साथ चलना

【相信】 xiāngxìn (पर) विश्वास करना या रखना; भरोसा करना या रखना: 我～我们一定会成功的。मुझे विश्वास है कि हम अवश्य सफल होंगे। / ～真理 सत्य पर विश्वास रखना

【相形见绌】 xiāngxíng-jiànchù (के साथ) तुलना करने पर बिलकुल फ़ीका जान पड़ना; किसी की अपेक्षा निम्न स्तर का साबित होना

【相形之下】 xiāngxíngzhīxià की तुलना में; तुलना करने से

【相沿成习】 xiāngyán-chéngxí लंबे समय तक प्रयोग करने से साधारण कार्य-प्रणाली बन जाना

【相依】 xiāngyī एक दूसरे पर निर्भर होना या रखना: 唇齿～ दांत और ओंठ की तरह एक दूसरे पर निर्भर होना या रहना

【相依为命】 xiāngyī-wéimìng एक दूसरे पर निर्भर रहकर जीना: 母女～。माता और पुत्री एक दूसरे पर निर्भर रहकर जीवन बिताती हैं।

【相宜】 xiāngyí उचित; ठीक: 在那次会上你讲这样的话是不～的。उस सभा में तुम ने जो ऐसी बातें कही थीं अनुचित थीं।

【相应】 xiāngyīng 〈पुराना〉 (दफ़्तरी भाषा में अपने समस्तर वाले संगठनों के बीच प्रयुक्त) चाहिए: ～函达 हमें पत्र द्वारा आप को इस बात के लिए सूचित करना चाहिए कि

【相应】 xiāngyìng तदनुरूप: 采取～措施 तदनुरूप कदम उठाना / 文章前后不～。लेख का पूर्वभाग उत्तर भाग से मेल नहीं खाता।

【相应】 xiāngying 〈बो०〉 सस्ता; कम दाम का; अल्प-मूल्य का

【相映】 xiāngyìng एक दूसरे को प्रतिबिम्बित करना; परस्पर भिन्नता दिखाना; तुलना करना: 湖光塔影，～成趣。झील का दृश्य और उस में पड़ती पैगोडा की छाया

दोनों सुंदरता में एक दूसरे से आगे बढ़ कर दिखाई पड़ते हैं।

【相与】 xiāngyǔ ❶किसी के साथ-साथ या संग-संग होना या रहना; संग-साथ करना: 此人很难～。इस व्यक्ति के साथ रहना बहुत कठिन है। ❷〈क्रि०वि०〉 एक दूसरे से; एक साथ: ～大笑 एक साथ ज़ोर-ज़ोर से हंसना ❸〈पुराना〉 घनिष्ठ मित्र; दिली दोस्त

【相遇】 xiāngyù मिलना; मुलाकात होना: 路上偶然～ रास्ते में संयोग से मिलना

【相约】 xiāngyuē (सभास्थल, तिथि आदि) स्वीकार करना; एक मत हो जाना; समझौता होना; नियत समय या स्थान पर पहुंचना

【相赠】 xiāngzèng किसी को भेंट करना; भेंट के रूप में देना: 他以照片～。उस ने मुझे अपना फ़ोटो भेंट के रूप में दिया।

【相知】 xiāngzhī ❶एक दूसरे से भली भांति परिचित होना; एक दूसरे को अच्छी तरह जानना: ～有素 लंबे समय से एक दूसरे को अच्छी तरह जानना ❷अंतरंग मित्र; दिली दोस्त; गहरा दोस्त: 老～ पुराना अंतरंग मित्र

【相中】 xiāngzhòng किसी को अच्छा लगना; पसन्द करना; लट्टू होना: 他～了这些姑娘里的一个。इन लड़कियों में वह एक पर लट्टू हो गया। / 相不中 किसी को अच्छा न लगना

【相助】 xiāngzhù सहायता देना; मदद करना: 彼此～ एक दूसरे की सहायता करना; एक दूसरे को मदद देना

【相撞】 xiāngzhuàng टकराना; टक्कर खाना: 两机～ दोनों विमानों का एक दूसरे से टकराना

【相左】 xiāngzuǒ 〈लि०〉 ❶एक दूसरे से मिलने में असफल होना ❷एक दूसरे से सहमत न होना; एक दूसरे से मतभेद होना; मतैक्य न होना

香

香 xiāng ❶सुगंधित; सुरभित; सुवासित; महकदार; खुशबूदार: ～花 सुगंधित फूल; खुशबूदार फूल / ～水 सुगंध; एसेंस ❷स्वादु; स्वादिष्ट: 这鱼真～。वाह, यह मछली सचमुच बहुत स्वादिष्ट है। ❸खाने की इच्छा; रुचि: 吃得很～ बड़े चाव से खाना खाना / 吃饭不～ खाने की इच्छा न होना ❹(नींद) गहरी; प्रगाढ़; गफ़लत की: 睡得真～ सचमुच मीठी नींद सोना ❺लोकप्रिय; स्वागत: 这些商品现在很吃～。आजकल ये माल बहुत लोकप्रिय हैं। ❻मसाला; गरम मसाला; गंध; बू: 麝～ कस्तूरी / 檀～ चंदन ❼धूपबत्ती; अगरबत्ती; धूप: 一封～ एक बंडल अगरबत्तियां / 烧～ अगरबत्तियां जलाना; धूप जलाना ❽〈बो०〉 चूमना: ～面孔 मुंह चूमना ❾（Xiāng）एक कुलनाम

【香案】 xiāng'àn धूपदान रखने की लंबी मेज़

【香槟酒】 xiāngbīnjiǔ शैम्पेन (मदिरा)

【香波】 xiāngbō शैम्पू; बाल धोने का पाउडर या चूरा

【香饽饽】 xiāngbōbo कृपापात्र; दुलारा; पसंद का (व्यक्ति)

【香菜】 xiāngcài（芫荽 yánsui का साधारण नाम） धनियाँ

【香草】 xiāngcǎo वनीला: ～冰淇淋 वनीला आइस क्रीम

【香草醛】 xiāngcǎoquán 〈रसा०〉 वनिल्लिन; वनिल्लिक एल्डिहाइड

【香肠】 xiāngcháng सॉसेज

【香臭】 xiāngchòu सुगंध और दुर्गंध; खुशबू और बदबू —— अच्छा और बुरा; भला-बुरा; नेक और बद: 不知～ यह न जानना कि कोई चीज़ अच्छी है या बुरी; नेक-बद न जानना

【香椿】 xiāngchūn ❶चीनी तुन (वृक्ष) ❷चीनी तुन के कोमल पत्ते और टहनी (सब्ज़ी के रूप में प्रयुक्त)

【香袋】 xiāngdài पुट; कोष; सुगंधित पदार्थ रखने की छोटी थैली

【香榧】 xiāngfěi चीनी टोरेयो (torreyo) (वृक्ष): ～子 चीनी टोरेयो का फल (कड़ा छिलकेदार फल)

【香粉】 xiāngfěn सुगंधित पाउडर; सौंदर्यवर्धक पाउडर

【香附子】 xiāngfùzi 〈ची०चि०〉 राइज़ोम ऑफ़ नटग्रास फ़्लैटसेज (rhizome of nutgrass flatsedge)

【香馥馥】 xiāngfùfù अति सुगंधित; खूब खुशबूदार

【香干】 xiānggān भाप दिया गया बीन पनीर

【香港】 Xiānggǎng ❶हांगकांग द्वीप ❷संपूर्ण हांगकांग क्षेत्र (जिस में हांगकांग द्वीप, कोउलोन 九龙 और नव क्षेत्र 新界 शामिल हैं)

【香港脚】 xiānggǎngjiǎo 〈बो०〉 हांगकांग पैर; मल्ल का पैर

【香港特别行政区】 Xiānggǎng Tèbié Xíngzhèngqū हांगकांग विशेष प्रशासकीय क्षेत्र

【香菇】 xiānggū（香蕈 xiāngxùn，香菰 xiānggū भी）सूखा कुकुरमुत्ता; श्यानक् कुकुरमुत्ता

【香瓜】 xiāngguā खरबूज़ा

【香闺】 xiāngguī 〈पुराना〉 महिला शयनगृह

【香花】 xiānghuā सुगंधित फूल —— जनता के लिए उपयोगी दृष्टि, मत, लेख, कला-कृतियां आदि

【香灰】 xiānghuī धूप की राख

【香会】 xiānghuì 〈पुराना〉 बौद्ध तीर्थयात्रियों का दल

【香火】[1] xiānghuǒ ❶मंदिर में जलती हुई धूप और मोमबत्तियां ❷मंदिर में सेवक; मठ सेवक ❸संतानों द्वारा पूर्वजों को बलि चढ़ाना: ～断了 वंश-परम्परा टूट जाना

【香火】[2] xiānghuǒ जलती हुई धूप (अगरबत्ती) की आग

【香蕉】 xiāngjiāo केला

【香蕉苹果】 xiāngjiāo píngguǒ केले जैसे स्वाद वाला सेब

【香蕉球】 xiāngjiāoqiú 〈खेल०〉 करलिंग बॉल

【香蕉水】 xiāngjiāoshuǐ 〈रसा०〉 (विरायक द्रव या पदार्थ के लिए प्रयुक्त) केले का तेल

【香精】 xiāngjīng एसेंस: 合成～ संयुक्त एसेंस

【香客】 xiāngkè बौद्ध तीर्थयात्री; बौद्ध मंदिर में पूजा करने वाला

【香兰素】 xiānglánsù 香草醛 का दूसरा नाम

【香料】 xiāngliào ❶इत्र; सेंट ❷मसाला

【香炉】 xiānglú धूपदान; धूपपात्र

【香茅】 xiāngmáo 〈वन०〉 नीबू की गंधवाली घास; लेमनग्रास

【香茅醛】 xiāngmáoquán 〈रसा०〉 सिट्रोनेलल

【香茅油】 xiāngmáoyóu सिट्रोनेला
【香囊】 xiāngnáng पुट; कोष; सुगंधित पदार्थ रखने की छोटी थैली
【香喷喷】 xiāngpēnpēn ❶सुगंधित; खुशबूदार; महक-दार ❷स्वादु; स्वादिष्ट: ～的肉 स्वादिष्ट मांस
【香片】 xiāngpiàn सुगंधित चाय
【香蒲】xiāngpú 〈वन०〉 नागरमोथा की जाति का पौधा; कैटटेल
【香气】 xiāngqì सुगंध; खुशबू; महक: ～扑鼻 नाक में सुगंध पहुंचना (या आना)
【香钱】 xiāngqián धूप का पैसा —— बौद्ध मंदिर या उस के साधुओं को दिया गया पैसा
【香石竹】 xiāngshízhú 〈वन०〉 कार्नेशन
【香水】 xiāngshuǐ सेंट; इत्र
【香酥鸡】 xiāngsūjī तेल, घी आदि में तली हुई कुरकुरी मुर्गी (एक चीनी भोजन)
【香梭鱼】 xiāngsuōyú 〈प्राणि०〉 लाल बैराकूडा
【香甜】 xiāngtián ❶सुगंधित और मीठा: ～的果品 मीठे-मीठे फल ❷गहरी; प्रगाढ़; गफ़लत की (नींद): 她睡得很～。 वह मीठी नींद सो रही है।
【香豌豆】 xiāngwāndòu मीठा मटर (एक ऊपर चढ़ने और तितली-रूपी फूलों वाला आलंकारिक पौधा)
【香蕈】 xiāngxùn 香菇 का दूसरा नाम
【香烟】[1] xiāngyān ❶धूप का धूआँ: ～缭绕 धूप से कुंडल बनकर ऊपर उठता हुआ धूआँ ❷पूर्वजों को बलि चढ़ाना: 断了～ वंश-परम्परा टूट जाना
【香烟】[2] xiāngyān सिगरेट: ～盒 सिगरेट केस / ～头 सिगरेट का सिरा; सिगरेट बट
【香艳】 xiāngyàn शृंगीरी; शृंगारिक; प्रेम-संबंधी; रो-मानी: ～小说 प्रेम-संबंधी उपन्यास; रोमानी उपन्यास; शृंगारिक उपन्यास
【香胰子】 xiāngyízi 〈बो०〉 सुगंधित साबुन; टॉयलेट साबुन
【香油】 xiāngyóu तिल का तेल
【香鼬】 xiāngyòu 〈प्राणि०〉 आल्प्स नेवला
【香鱼】 xiāngyú 〈प्राणि०〉 मीठी मछली (स्वीटफ़िश)
【香橼】 xiāngyuán 〈वन०〉 गलगल; तुरंज; सिट्रोन
【香云纱】 xiāngyúnshā 〈बुना०〉 क्वांगतोंग का गंबील लगा गाउज़ (एक प्रकार का रेशमी कपड़ा जिस से गरमियों के लिए वस्त्र बनाये जाते हैं)
【香皂】 xiāngzào सुगंधित साबुन; टॉयलेट साबुन
【香泽】 xiāngzé 〈लि०〉 ❶सुगंधित केश-तेल या केश-क्रीम ❷सुगंध; खुशबू; महक (विशेषकर महिला का)
【香獐子】xiāngzhāngzi（麝 shè का प्रचलित नाम）कस्तूर
【香脂】 xiāngzhī ❶सुगंधित क्रीम; फ़ेस क्रीम ❷बाल्म (balm); बालसम (Balsam)
【香烛】xiāngzhú धूप या अगरबत्ती और मोमबत्ती (ईश्वर या पितरों को बलि चढ़ाते समय जलायी जाती है): 点上～ अगरबत्ती और मोमबत्ती जलाना
【香资】 xiāngzī दे० 香钱
【香子兰】 xiāngzǐlán 〈वन०〉 वनीला: ～豆 वनीला बीन / ～精 वनीला; वनीला सार

厢（廂） xiāng ❶मकान का पक्ष; दूसरी ओर के कमरे: 东～ पूर्वी पक्ष या कक्ष / 一正两～ एक केन्द्रीय कक्ष और दो पक्ष ❷रेल का डिब्बा; कमरा; (नाटकघर में) बॉक्स; अलग बैठने का कक्ष: 车～ रेलगाड़ी का डिब्बा / 包～ नाटकघर का बॉक्स ❸नगर-द्वार के बाहर अगल-बगल के प्रदेश: 城～ नगर द्वार के बाहर का प्रदेश ❹〈पुराना〉 ओर; किनारा: 这～ इधर; इस ओर / 那～ उधर; उस ओर / 两～ दोनों ओर
【厢房】xiāngfáng पक्ष (बहुधा एक-मंज़िले मकान का): 西～ पश्चिमी पक्ष

葙 xiāng दे० 青葙 qīngxiāng

湘 Xiāng ❶श्यांग नदी (हूनान प्रांत में) ❷हूनान प्रांत का दूसरा नाम
【湘菜】 xiāngcài हूनान शैली का भोजन; हूनानी भोजन
【湘妃竹】 xiāngfēizhú （斑竹 bānzhú भी) हूनान की स्त्रियों का बांस (कहा जाता है कि सम्राट शुन 舜 के मरने पर उस की दो रानियां, जो आपस में बहिनें थीं, और जिन्हें 'श्यांग की स्त्रियाँ' कहा जाता है —— इतना अधिक रोईं कि उन के आंसुओं से बांसों पर धब्बे पड़ गये, और तब से बांसों की धब्बेनुमा किस्म का जन्म हुआ)
【湘剧】 xiāngjù हूनान ऑपेरा
【湘帘】 xiānglián हूनान का बांस से बना पर्दा
【湘莲】 xiānglián हूनान के कमल-बीज
【湘绣】 xiāngxiù हूनान का कसीदा; हूनान की कढ़ाई
【湘语】 xiāngyǔ हूनान प्रांत की बोली
【湘竹】 xiāngzhú श्यांग का बांस（湘妃竹 का दूसरा नाम）

缃（緗） xiāng 〈लि०〉 हल्का पीला रंग

箱 xiāng ❶संदूक; बॉक्स: 衣～ कपड़ों का संदूक ❷संदूक जैसी चीज़: 风～ धौंकनी / 信～ लेटर बॉक्स
【箱底】 xiāngdǐ ❶संदूक की तह ❷संदूक की तह पर रखी कीमती चीज़ें: ～厚 संदूक की तह पर बहुत अधिक मूल्यवान वस्तुएँ; धनी
【箱笼】 xiānglǒng (यात्री के) संदूक और टोकरे; सामान; माल-असबाब
【箱子】 xiāngzi संदूक; पेटी; बक्स

襄 xiāng 〈लि०〉 सहायता करना या देना; मदद करना या देना: 共～义举 सब लोगों का एक साथ मिलकर सार्वजनिक हितों के कार्य को आगे बढ़ाना
【襄礼】 xiānglǐ ❶〈पुराना〉 विवाह, अंत्येष्टि आदि में समारोह की अध्यक्षता के लिए सहायता करना ❷समारोह का सहायक अध्यक्ष
【襄理】 xiānglǐ 〈पुराना〉 (बैंक, कारोबार आदि में) स-हायक मैनेजर（协理）के नीचे का दूसरा सहायक मैनेजर
【襄赞】 xiāngzàn 〈लि०〉 (के लिए) समर्थन और स-

हायता करना: ～军务 सैनिक कार्य में सहायता करना
【襄助】 xiāngzhù 〈लि०〉 सहायता करना या देना; मदद करना या देना

骧（驤） xiāng 〈लि०〉 ❶(घोड़ा) सरपट दौड़ना ❷(सिर) उठाना

瓖 xiāng 〈लि०〉 镶 xiāng के समान

镶（鑲） xiāng ❶जड़ देना; जटित करना; बैठाना: 金～玉嵌 स्वर्ण और जेड से जुड़ा हुआ / ～以宝石 हीरा जड़ना; हीरे का नगीना बैठाना ❷लगाना; झालर लगाना; किनारा लगाना: 给衣服～花边 कपड़े पर झालर लगाना / 给桌布～上缨子 मेज़पोश पर झालर लगाना / 给镜子～上边框 दर्पण के लिए फ़्रेम बनाना
【镶边】 xiāngbiān किनारा बनाना या लगाना; झालर लगाना; रिम लगाना: 给裙子～ स्कर्ट पर झालर लगा-ना / 镶金边的眼镜 सोने के रिम वाला चश्मा
【镶嵌】 xiāngqiàn जड़ना; लगाना; बैठाना: ～宝石 हीरे का नगीना जड़ना या बैठाना
【镶牙】 xiāngyá नकली दांत लगाना या बीच में जोड़ना

xiáng

详（詳） xiáng ❶विस्तार से; तफ़सील से: ～告 तफ़सील से बताना / ～注 विस्तार से टीका लिखना; विस्तृत टीका या व्याख्या ❷ब्योरा; पूरा हाल; विवरण; तफ़सील; विस्तारपूर्ण विवरण: ～见附录。 विस्तारपूर्ण विवरण के लिए परिशिष्ट देखिये। ❸स्पष्ट रूप से जानना: 出生地不～ जन्मस्थान पता नहीं
【详备】 xiángbèi विस्तृत और पूरा: 注释～ टीका का विस्तृत और पूर्ण होना
【详解】 xiángjiě विस्तृत व्याख्या करना
【详尽】 xiángjìn विस्तार से; विस्तृत और पूर्ण: ～讨论 विस्तार से वाद-विवाद करना / ～的调查 विस्तृत और पूर्ण जांच-पड़ताल
【详举】 xiángjǔ (मिसालों को) सविस्तार पेश करना: ～战例 पिछली लड़ाइयों की मिसालों को सविस्तार पेश करना
【详略】 xiánglüè विवरण और संक्षेप: ～适当 विवरण और संक्षेप उचित होना
【详密】 xiángmì विस्तृत; सूक्ष्म: ～的计划 विस्तृत और सूक्ष्म योजना; अति सावधानी से बनी योजना
【详明】 xiángmíng पूर्ण और स्पष्ट; विस्तृत और स्पष्ट: ～的注解 विस्तृत और स्पष्ट टीका या व्याख्या
【详情】 xiángqíng ब्योरा; विवरण; तफ़सील: 事件的～ मामले का पूरा हाल
【详实】 xiángshí पूरा और सही; पूर्ण और यथार्थ: 材料～ सारे तथ्य (सामग्री); पूर्ण और सही होना
【详述】 xiángshù विस्तार से विवरण करना
【详图】 xiángtú विस्तृत चित्र; विस्तृत मानचित्र
【详悉】 xiángxī ❶विस्तार से जानना ❷विस्तृत और पूर्ण
【详细】 xiángxì सविस्तार; विस्तार से; तफ़सील से: ～调查 सविस्तार जांच-पड़ताल करना / ～描述 विस्तार से वर्णन करना / ～目录 विस्तारपूर्ण विषयसूची
【详注】 xiángzhù ❶पूर्ण रूप से टीका या व्याख्या करना ❷ब्योरेवार टीका या व्याख्या

降 xiáng ❶आत्म-समर्पण करना: 投～ किसी के सामने आत्म-समर्पण करना / 迫～ आत्म-समर्पण के लिए विवश करना / 劝～ आत्म-समर्पण के लिए फुसलाना ❷काबू में करना; किसी पर काबू पाना; वशीभूत करना; पराजित करना: ～伏 वशीभूत करना; काबू में करना
jiàng भी दे०
【降表】 xiángbiǎo आत्म-समर्पण के लिए प्रार्थना-पत्र
【降敌】 xiángdí शत्रु के सामने आत्म-समर्पण करना
【降服】 xiángfú किसी के सामने आत्म-समर्पण करना और सिर झुकाना
【降将】 xiángjiàng शत्रु-शिविर से आ मिलने वाला सेनापति
【降龙伏虎】 xiánglóng-fúhǔ नागों और व्याघ्रों पर विजय पाना; नाग को वशीभूत करना और व्याघ्र को पालतू बनाना —— शक्तिशाली शत्रुओं को पराजित करना
【降旗】 xiángqí आत्म-समर्पण का झंडा; सफ़ेद झंडा
jiàngqí भी दे०
【降顺】 xiángshùn 〈लि०〉 आत्म-समर्पण करना: 劝敌～ शत्रु को आत्म-समर्पण के लिए फुसलाने का प्रयास करना

庠 xiáng प्राचीन काल में स्थानीय सरकारी स्कूल
【庠生】 xiángshēng प्राचीन स्थानीय सरकारी स्कूल का विद्यार्थी
【庠序】 xiángxù प्राचीन स्थानीय सरकारी स्कूल

祥 xiáng ❶मंगल; शुभ; पुण्य: 吉～ मंगल; शुभ; मुबारक ❷（Xiáng）एक कुलनाम
【祥和】 xiánghé ❶सुखी और मंगल ❷दयामय और मंगलप्रद
【祥瑞】 xiángruì शुभ लक्षण; शुभ चिह्न
【祥云】 xiángyún मंगल मेघ
【祥兆】 xiángzhào शुभ चिह्न; मंगल लक्षण

翔 xiáng मंडराना; उड़ना: 翱～ हवा में तैरना; मंडराना
【翔实】 xiángshí （详实 xiángshí भी）विस्तृत और यथार्थ; तफ़सील और सही: 其叙述～可信。 उस का विवरण सही और विश्वसनीय है।

xiǎng

享（鄉） xiǎng 〈लि०〉 पहले; पुराने ज़माने में

享 xiǎng ❶भोगना; उपभोग करना; सुख लेना; आनंद लेना: 享用 ❷飨 xiǎng के समान

【享福】 xiǎngfú सुखमय जीवन बिताना; सुख उठाना या भोगना

【享乐】 xiǎnglè भोगना; सुखभोग करना; आनंद उठाना; ऐशो-आराम करना: ～思想 भोग-विलास करने का विचार

【享乐主义】 xiǎnglè zhǔyì सुखवाद; आनंदवाद; भोगवाद; ऐशो-आराम की मनोवृत्ति

【享年】 xiǎngnián (मृत्यु का, साधारणतः वृद्ध व्यक्ति का) … वर्ष की आयु में मृत्यु होना; … वर्ष तक जीना: 他～八十岁。अस्सी वर्ष की आयु में वह गुज़र गया; वे अस्सी वर्ष तक जीये।

【享受】 xiǎngshòu ❶सुख-सुविधाओं का उपभोग करना: ～在别人后头 सुख-सुविधाओं का उपभोग करने में सब से पीछे रहना ❷सुख-सुविधाएँ; सुख-भोग; ऐशो-आराम: 把～让给人家 सुख-सुविधाओं को दूसरों के लिए छोड़ देना / 他贪图～。वह भोग-विलास में पड़ा रहता है।

【享用】 xiǎngyòng भोग उठाना; भोग स्वीकार करना; उपभोग करना

【享有】 xiǎngyǒu (अधिकार, प्रतिष्ठा आदि) प्राप्त करना या होना: ～平等的权利 समानाधिकार प्राप्त करना या होना / ～崇高的威信 उच्च प्रतिष्ठा प्राप्त होना

【享誉】 xiǎngyù यश फैलना; यश मिलना: ～全球 सारे संसार में यश मिलना या फैलना

响（響）xiǎng ❶प्रतिध्वनि: ～应 समर्थन करना; के समर्थन में / 影～ प्रभाव पड़ना या डालना ❷बजना; ध्वनि निकलना: 电话铃～了。फ़ोन की घंटी बजी। / 炮声震～了山谷。तोपों की आवाज़ से घाटी गूंज उठी। ❸बजाना; ध्वनि निकालना: ～鼓 ढोल बजाना ❹ज़ोर से बजना: 钟打得真～。घंटा ज़ोर-ज़ोर से बज रहा है। ❺ध्वनि; शब्द; आवाज़: ～声 ध्वनि; आवाज़; आहट ❻राउण्ड: 九～步枪 नौ राउण्ड वाली राइफ़ल / 二十～匣子枪 बीस राउण्ड वाली माउज़र

【响板】 xiǎngbǎn 〈संगी०〉 करताल; कैस्टानेट्स

【响鼻】 xiǎngbí हिनहिनाना; हिनहिन करना: 马打～。घोड़ा हिनहिनाता है या हिनहिन करता है।

【响彻云霄】 xiǎngchè-yúnxiāo पूरे आकाश में गूंजना: 歌声～。गाने की आवाज़ से आकाश गूंज उठा।

【响当当】 xiǎngdāngdāng ❶(घंटा, घड़ियाल आदि का) टनटन शब्द ऊंचा और गूंजता हुआ ❷(व्यक्ति का) गूंजता हुआ यश; बहुत प्रसिद्ध: 他是一个～的演员。वह एक बहुत प्रसिद्ध अभिनेता है।

【响动】 xiǎngdòng किसी क्रिया का शब्द; आहट; आवाज़: 深夜，什么～也没有。गहरी रात में कोई आवाज़ नहीं है।

【响度】 xiǎngdù 〈भौ०〉 स्वर-प्रबलता; स्वर-उच्चता

【响遏行云】 xiǎng'èxíngyún आकाश में गूँजती गाने की आवाज़ चलते बादलों को भी रोक देती है

【响箭】 xiǎngjiàn सीटीवाला तीर (सिगनल के रूप में प्रयुक्त)

【响雷】 xiǎngléi ❶बिजली कड़कना; बिजली गूंजना ❷बिजली के कड़कने की आवाज़ ❸कड़कती (गूंजती) बिजली

【响亮】 xiǎngliàng (आवाज़) ऊंची और साफ़; गूंजती हुई; बुलंद: ～的口号声 नारों की बुलंद आवाज़ / 他用～的声音说。उस ने गहरी आवाज़ में कहा।

【响铃】 xiǎnglíng टुनटुनाती घंटी

【响马】 xiǎngmǎ 〈पुराना〉 डाकू; लुटेरा; डकैत (जो लूटने के पहले सीटीवाले तीर से संकेत देता था)

【响器】 xiǎngqì 〈संगी०〉 थापवाले चीनी वाद्य

【响晴】 xiǎngqíng निर्मल; निर्मेघ; बादलों से रहित: 几只白鸽在～的天空中飞翔。कई सफ़ेद कबूतर निर्मेघ आकाश में उड़ रहे हैं।

【响声】 xiǎngshēng आवाज़; शब्द; ध्वनि: 沙沙的～ सरसराहट

【响尾蛇】 xiǎngwěishé झुनझुनिया सांप: ～导弹 साइडविंडर गाइडेड मिसाइल; साइडविंडर एयर टू एयर मिसाइल (हवा से हवा में मार करने वाली मिसाइल)

【响杨】 xiǎngyáng 毛白杨 máobáiyáng का दूसरा नाम

【响音】 xiǎngyīn 〈ध्वनि०〉 ❶अनुनादित ध्वनि (अर्थात् स्वर, अर्द्धस्वर, अनुनादित व्यंजन; जैसे, a, e, ou, j, w, m, n, ng, r, l) ❷अनुनादित व्यंजन (जैसे, m, n, ng, r, l)

【响应】 xiǎngyìng समर्थन करना: ～号召 आवाहन में आना / …的口号得到全国热烈的～。… के नारे को राष्ट्रव्यापी हार्दिक समर्थन प्राप्त होना

【响指】 xiǎngzhǐ आवाज़ के साथ चुटकी बजाना

饷（餉）xiǎng ❶〈लि०〉 (शराब, भोजन आदि से) अतिथि-सत्कार करना ❷वेतन; तनख्वाह (सैनिक, पुलिसमैन आदि के लिए प्रयुक्त): 月～ मासिक वेतन / 发～ वेतन देना / 领～ वेतन लेना

飨（饗）xiǎng 〈लि०〉 (शराब, भोजन आदि से) अतिथि-सत्कार करना: ～客 (भोजन आदि से) अतिथि का सत्कार करना / 以～读者 पाठकों के लिए प्रस्तुत करना

想 xiǎng ❶सोचना; विचार करना: ～办法 उपाय करना या सोचना; तरकीब या तरीका निकालना / ～方设法 हर तरह का उपाय खोजना ❷अनुमान करना; कल्पना करना; अनुमान लगाना; अंदाज़ा लगाना: 我～她今天不会去。मेरे खयाल में वह आज नहीं जाएगी। ❸चाहना; आशा करना: 他～去看电影。वह सिनेमा देखने जाना चाहता है। / 他很～学电脑。वह कंप्यूटर सीखना चाहता है। / 敌人～突围。शत्रु घेरा तोड़कर बच निकलने की आशा लगाए हैं। ❹याद आना; याद करना: 他走了以后我常常～他。उस के चले जाने के बाद मुझे बार-बार उस की याद आती है। / 朝思暮～ सुबह शाम बार-बार याद करना

【想必】 xiǎngbì 〈क्रि०वि०〉 संभवतः: 这事～他早已知道。उसे संभवतः यह बात पहले से मालूम थी। / 久未通信，～您身体康健。मैं ने बहुत दिन आप को पत्र

नहीं लिखा, आशा है कि आप अवश्य स्वस्थ होंगे।

【想不到】 xiǎngbudào आशा न होना; अनुमान न होना; कल्पना से बाहर होना: 我真的～你会来。मुझे आशा न थी कि तुम आओगी। / ～这里的变化这么大。मुझे आशा नहीं थी कि यहां इतना बड़ा परिवर्तन होगा। / 我万万～会在这里遇见你。तुम से यहां मिलने की मुझे कतई उम्मीद नहीं थी।

【想不开】 xiǎngbukāi बात को मन से लगाना; किसी भी बात को बहुत गंभीरता से लेना: 不要为了这件小事～。इस छोटी सी बात को दिल से मत लगाओ।

【想不通】 xiǎngbutōng समझ में न आना: 他～自己为什么挨批评。उस की समझ में यह नहीं आया कि उस की आलोचना क्यों की गई। / 他～这个道理。वह इस सच्चाई को समझ नहीं पा रहा है।

【想出】 xiǎngchū (कर्म आवश्यक) सूझना; सोच निकालना: 他～一条妙计。उसे एक अच्छी युक्ति सूझी; उस ने अच्छी युक्ति सोच निकाली। / 这办法是谁～来的? यह उपाय किसने सोचा है?

【想当然】 xiǎngdāngrán बिना प्रमाण के सत्य मान लेना; किसी बात को ऐसे ही मान लेना: 我们不能根据～办事。हमें अनुमानों के आधार पर काम नहीं करना चाहिए।

【想到】 xiǎngdào कल्पना करना; ध्यान रखना: 他什么事情都替我们～了。उस ने हमारी हर बात का ध्यान रखा है। / 他没有～我会来。उस ने मेरे आने की कल्पना न की थी।

【想得到】 xiǎngdedào (बहुधा आलंकारिक प्रश्न में प्रयुक्त) अनुमान कर सकना: 谁～你会这个时候来呢? किस ने सोचा था कि तुम इस समय आओगे।

【想得开】 xiǎngdekāi दिल से न लगाना, चीज़ों को दार्शनिक ढंग से देखना; वस्तुओं के उज्ज्वल पक्ष को देखना: 他很～。वह कोई बात दिल से नहीं लगाता।

【想法】 xiǎngfǎ उपाय सोच निकालना: ～灭虫 हानिकारक कीड़ों-मकोड़ों को नष्ट करने का उपाय सोच निकालना

【想法】 xiǎngfa विचार; मत; खयाल: 这个～很好。यह विचार या मत बहुत अच्छा है।

【想家】 xiǎngjiā घर की याद आना: 他很～。उसे अकसर घर की याद आती है।

【想见】 xiǎngjiàn नतीजा या निष्कर्ष निकालना; निकालना; परिणाम पर पहुंचना: 由此可以～其为人。इसी बात से हम जान सकते हैं कि वह किस तरह का व्यक्ति है।

【想开】 xiǎngkāi दिल से न लगाना; स्थिति को स्वीकार लेना; दिल कड़ा करना: 妈，～点吧，爸已经走了，别哭得太伤心了。माता जी, दिल कड़ा करो, पिता जी चले गये, अधिक शोक से मत रोओ।

【想来】 xiǎnglái संभवतः; यह मान लिया जा सकता है कि: 这办法～是可行的。संभवतः यह उपाय करने योग्य है।

【想来想去】 xiǎnglái-xiǎngqù बार-बार सोचना: 我～想不出好办法来。मैं ने खूब सोचा पर कोई अच्छा तरीका नहीं मिला।

【想念】 xiǎngniàn याद करना: 他非常～他爹。पिता जी की याद उसे सताने लगी।

【想起】 xiǎngqǐ याद आना; खयाल आना: 他～他大哥。उसे भैया का खयाल आ गया। / 我～来了，那天他没有来。मुझे याद आया कि उस दिन वह नहीं आया था।

【想入非非】 xiǎngrùfēifēi कल्पना में डूब जाना; दूर की कौड़ी ढूंढ के लाना: 你吃饱了没事，尽～。तुम्हारा पेट भरा है; इसलिए तुम दूर की कौड़ी ढूंढ के ला रहे हो।

【想通】 xiǎngtōng विश्वास हो जाना; समझ आ जाना: 他～了。यह उस की समझ में आ गया। / 他～了这个道理。यह सच्चाई उस की समझ में आ गई।

【想头】 xiǎngtou <बोल०> ❶विचार: 纯主观的～ कोरा काल्पनिक विचार / 他有个～。उस का एक विचार है। ❷आशा: 没有什么～了。अब कोई आशा नहीं है।

【想望】 xiǎngwàng ❶इच्छा होना; अभिलाषा होना; जी तरसना; उत्कंठा से भरना: 他～着当一名教授。उस की इच्छा है कि वह एक प्रोफ़ेसर बने। / 他～家里来信。उस की इच्छा है कि घर से पत्र आए। ❷<लि०> प्रशंसा करना; सराहना करना: ～风采 किसी के सुशिष्ट आचरण की प्रशंसा करना

【想象】 xiǎngxiàng ❶कल्पना; सूझ; मनोगति ❷मन में चित्र बनाना; कल्पना करना: 难以～ बड़ी कठिनाई से कल्पना कर सकना; अकल्पनीय / ～不到 कल्पना से बाहर होना

【想象力】 xiǎngxiànglì कल्पनाशक्ति: 缺乏～ कल्पनाशक्ति का अभाव होना

【想像】 xiǎngxiàng 想象 के समान

【想着】 xiǎngzhe न भूलना; जी में रखना; स्मरण रखना; याद रखना: 这事你～点儿。तुम यह बात न भूलना। / 你到哪儿，都要～给我写信。याद रखना तुम जहां भी जाओ मुझे पत्र लिखना।

鲞（鮝） xiǎng काट कर धोयी और सूखी मछली: 鳗～ सूखी ईल मछली

【鲞鱼】 xiǎngyú काट कर धोयी और सूखी मछली

xiàng

向[1]（嚮、曏） xiàng ❶दिशा; ओर; तरफ़: 风～ वायु की दिशा / 航～ जहाज़रानी की दिशा ❷की ओर होना; की दिशा में होना; (वस्तुओं का) किसी निर्दिष्ट दिशा में स्थित होना: ～阳的房间 दक्षिण की दिशा में कमरा / 面～东 मुंह पूर्व की ओर करना ❸<लि०> कुछ समय पहले; की ओर; के निकट; के पहले: 年～八十 आयु अस्सी वर्ष के निकट होना

向[2] xiàng ❶पक्ष लेना; पक्षपात करना: 穷人～穷人。

दरिद्र दरिद्रों का पक्ष लेते हैं। / 你也～着他? तुम भी उस के साथ पक्षपात करते हो ? ❷〈पूर्व०〉 की ओर; की तरफ़; की दिशा में: ～东走 पूर्व की ओर चलना / ～下看 नीचे की ओर देखना ❸ (Xiàng) एक कुलनाम

向 3 xiàng 〈क्रि०वि०〉 सदा; सदैव; सर्वदा; हमेशा; आए दिन: ～无此例。इस के लिए पहले से कोई उदाहरण नहीं है। / 对此～有研究 इस क्षेत्र में लगातार अनुसंधान करते रहना

【向背】 xiàngbèi समर्थन करना और विरोध करना: 人心～ जनता द्वारा समर्थन और विरोध (करना) / 对革命中农态度的～ क्रांति के प्रति मध्य किसानों का रुख सकारात्मक या नकारात्मक होना

【向壁虚构】 xiàngbì-xūgòu (向壁虚造 xiàngbì-xūzào भी) मनगढ़ंत; मन से गढ़ना या बनाना

【向导】 xiàngdǎo ❶मार्गदर्शन करना; पथप्रदर्शन करना ❷मार्गदर्शक; पथप्रदर्शक; रहनुमा: 入门的～ देहरी तक पहुंचने के लिए मार्गदर्शक / 革命党是群众的～。क्रांतिकारी पार्टी आम जनता की रहनुमा होती है।

【向光性】 xiàngguāngxìng 〈वन०〉 प्रकाशावर्तित्व

【向后】 xiànghòu पीछे की ओर: ～看 पीछे की ओर देखना / ～转! पीछे मुड़! / ～转走! पीछे की ओर, मार्च!

【向火】 xiànghuǒ 〈बो०〉 आग से तापना

【向来】 xiànglái सदा; हमेशा; निरंतर; सभी समय: 他们～培植爱国力量。वे हमेशा देशभक्त शक्तियों का पालन-पोषण करते आये थे। / 我～不喝酒。मैं ने कभी शराब नहीं पी।

【向例】 xiànglì प्रचलित नियम या कायदा: 打破～ नियम तोड़ना

【向量】 xiàngliàng 〈गणित०〉 वेक्टर: ～分析 वेक्टर विश्लेषण

【向慕】 xiàngmù प्रशंसा करना; सराहना करना: 他是我～的作家。वह एक ऐसा लेखक है जिस की मैं प्रशंसा किया करता हूँ।

【向前】 xiàngqián आगे की ओर: 奋勇～ साहस के साथ आगे बढ़ जाना / ～看! आगे देख! / 采取～看的态度 आगे की ओर देखने का रुख अपनाना

【向日】 xiàngrì 〈लि०〉 पहले; पुराने ज़माने में

【向日葵】 xiàngrìkuí सूर्यमुखी; सूरजमुखी

【向日性】 xiàngrìxìng सूर्यावर्त

【向上】 xiàngshàng ❶ऊपर की ओर ❷आगे बढ़ना: 好好学习，天天～。अच्छी तरह सीखो, रोज़-रोज़ आगे बढ़ते जाओ।

【向上爬】 xiàng shàng pá ❶ऊपर चढ़ना ❷पदलालसा होना; व्यक्तिगत उन्नति के लिए प्रयास करना: 一心～ व्यक्तिगत उन्नति पर मन केन्द्रित करना / ～的思想 पदलालसा; पदलिप्सा

【向使】 xiàngshǐ 〈लि०〉 यदि; अगर

【向水性】 xiàngshuǐxìng 〈जीव०〉 जलाभिवर्तन; जलाभिवक्रण

【向晚】 xiàngwǎn संध्या के निकट; शाम के लगभग

【向往】 xiàngwǎng की ओर आकर्षित होना; आशा करना: ～北京 पेइचिंग की ओर आकर्षित होना / ～幸福生活 सुखमय जीवन की आशा करना

【向午】 xiàngwǔ तीनपहर: 我～才醒来。मेरी आंख खुली तो तीनहर हो चुकी थी।

【向下】 xiàngxià नीचे की ओर: ～的变化 पतन की ओर परिवर्तन होना / ～拉 नीचे की ओर जाना

【向晓】 xiàngxiǎo भोर के निकट; सवेरे के लगभग: ～雨止。पानी भोर के निकट बंद हुआ।

【向斜】 xiàngxié 〈भूगर्भ०〉 भूद्रोणी

【向斜谷】 xiàngxiégǔ 〈भूगर्भ०〉 द्रोणी-विषयक घाटी

【向心力】 xiàngxīnlì 〈भौ०〉 केन्द्राभिगामिनी शक्ति

【向性】 xiàngxìng 〈जीव०〉 आवर्तन

【向学】 xiàngxué अध्ययन के लिए दृढ़-संकल्प रखना

【向阳】 xiàngyáng सूर्य की ओर खुला होना; सूर्यपक्षी होना: 这屋～。यह कमरा दक्षिण की ओर से खुला हुआ है।

【向阳花】 xiàngyánghuā 〈साहि०〉 सूर्यमुखी; सूरज-मुखी

【向右】 xiàngyòu दायीं ओर: ～转! दायें मुड़! / ～看齐! दायें देख!

【向隅】 xiàngyú 〈लि०〉 कोने में खड़ा होना —— अवसर के अभाव से निराशा होना

【向隅而泣】 xiàngyú'érqì सिर धुनता रह जाना; कमरे के कोने में अकेले रोता रहना

【向着】 xiàngzhe ❶की ओर मुड़ना; मुंह करना: ～光明的未来前进 उज्ज्वल भविष्य की ओर आगे बढ़ना ❷पक्ष लेना; पक्षपात करना: 奶奶总是～孙子。दादी हमेशा पोते का पक्ष लेती है।

【向左】 xiàngzuǒ बायीं ओर: ～转! बायें मुड़! / ～看齐! बायें देख!

项 1 (項) xiàng ❶गर्दन का पिछला भाग: ～带银圈 गले में चांदी का हार होना ❷ (Xiàng) एक कुलनाम

项 2 (項) xiàng ❶〈परि०श०〉 (मदवार वस्तुओं के लिए): 两～任务 दो कार्य / 各～斗争 विभिन्न प्रकार के संघर्ष / 八～原则 ध्यान देने योग्य आठ बातें / (第…款) 第一～ मुद्दा 1; अनुच्छेद 1 ❷रकम: 进～ आय; आमदनी / 欠～ देनदारी; ऋण; कर्ज़ ❸〈गणित०〉 पद

【项背】 xiàngbèi व्यक्ति की पीठ: 不可望其～ किसी का मुकाबला करने योग्य न होना; किसी के आगे पानी भरना

【项背相望】 xiàngbèi-xiāngwàng आने-जाने वालों का तांता न टूटना; तांता बंधना

【项链】 xiàngliàn (项练 xiàngliàn भी) कंठहार; कंठा; हार; कंठ-माला; हंसुली: 珍珠～ मोतियों की माला

【项目】 xiàngmù मद; धारा; विषय: 服务～ सेवा-विषय; सेवा के मद / 训练～ ट्रेनिंग कोर्सिस / 援助～ सहायता परियोजना

【项圈】 xiàngquān हार; मुहर

【项庄舞剑，意在沛公】Xiàng Zhuāng wǔ jiàn, yì zài Pèi Gōng श्यांग च्वांग द्वारा खंग-नृत्य करने का वास्तविक अभिप्राय है ल्यू पांग（刘邦）के प्राण लेना

巷 xiàng गली; कूचा
hàng भी दे०

【巷口】 xiàngkǒu गली का मुंहाना
【巷陌】 xiàngmò सड़कें और गलियां
【巷尾】 xiàngwěi गली का अंत
【巷议】 xiàngyì बाज़ारू गप्पें
【巷战】 xiàngzhàn गलियों की लड़ाई
【巷子】 xiàngzi 〈बो०〉 गली; कूचा

相 1 xiàng ❶मुख-मुद्रा; मुखाकृति; शक्ल; सूरत: 可怜～ दयनीय शक्ल / 长～ रूप; शक्ल ❷ढंग: 站～ खड़ा होने का ढंग / 坐～ बैठने का ढंग ❸वस्तुओं की आकृति देखकर उस का मूल्यांकन करना: ～马 घोड़े की आकृति देखकर उस का मूल्यांकन करना ❹फ़ोटो खींचना: 照～ फ़ोटो खींचना ❺〈भूगर्भ०〉 फ़ेशिईज़: 海～ समुद्री फ़ेशिईज़ ❻〈भौ०〉 प्रावस्था; क्रमागत अवस्था; फ़ेज़: 三～变压器 थ्री-फ़ेज़ ट्रांस्फ़ार्मर ❼（Xiàng）एक कुलनाम

相 2 xiàng ❶〈लि०〉 सहायता करना; मदद करना: ～夫教子 पति की सहायता करना और पुत्र को शिक्षा देना ❷प्रधान मंत्री: 丞～ प्रधान मंत्री ❸मंत्री (जैसे जापान में): 外～ विदेश मंत्री ❹चीनी शतरंज（象棋）में मंत्री का मोहरा ❺अतिथियों का आदर-सत्कार करने के लिए आतिथेय की सहायता करने वाला व्यक्ति: 傧～विवाहोत्सव में वर का सहगामी या वधू की सहगामिनी
xiāng भी दे०

【相册】 xiàngcè फ़ोटो अलबम
【相公】 xiànggōng 〈पुराना〉 ❶〈आदर०〉 पत्नी का पति के लिए प्रयुक्त संबोधन ❷धनी या शिक्षित परिवारों के युवकों के लिए प्रयुक्त संबोधन
【相国】 xiàngguó 〈पुराना〉 प्रधान मंत्री
【相机】[1] xiàngjī कैमरा
【相机】[2] xiàngjī उचित समय आने पर; उचित अवसर की प्रतीक्षा करना: ～而动 उचित अवसर आने पर कार्य-वाही करना / ～行事 मौका देखते हुए व्यवहार करना
【相控阵雷达】 xiàngkòngzhèn léidá 〈सैन्य०〉 फ़ेज़्ड-अरे रेडार
【相貌】 xiàngmào मुखमुद्रा; मुखाकृति; शक्ल; सूरत: ～平常 साधारण मुखाकृति होना / ～堂堂 सुन्दर मुखाकृति होना
【相面】 xiàngmiàn किसी की मुखाकृति देखकर उस का भविष्य बताना; किसी का मुख देखकर उस का चरित्र बताना
【相片】 xiàngpiàn (व्यक्ति का) फ़ोटो
【相声】 xiàngsheng हास्य-वार्तालाप: 说～ हास्य वार्तालाप करना
【相士】 xiàngshì मुखाकृति देख कर भाग्य बताने वाला
【相手术】 xiāngshǒushù हस्त-रेखा शास्त्र; सामुद्रिक विद्या
【相书】[1] xiàngshū 〈बो०〉 स्वर-स्वांग; स्वरानुकरण
【相书】[2] xiàngshū मुखाकृति-विद्या संबंधी पुस्तक
【相术】 xiàngshù मुखाकृति-विद्या
【相态】 xiàngtài 〈भौ०〉 फ़ेज़: 水蒸气、水和冰是同一物质的三个～。भाप, जल और हिम एक ही पदार्थ के तीन भिन्न रूप हैं।
【相印】 xiàngyìn प्रधान मंत्री की मोहर —— प्रधान मंत्री का दफ़्तर या सत्ता
【相纸】 xiāngzhǐ फ़ोटोग्राफ़िक पेपर

象 1 xiàng ❶हाथी; गज; हस्ती ❷चीनी शतरंज में हाथी का मोहरा ❸शतरंज में पील या फ़ील का मोहरा

象 2 xiàng ❶आकृति; आकार; रूप; शक्ल; सूरत: 景～ दृश्य / 印～ प्रभाव ❷अनुकरण करना; नकल करना: 象声 / 象形

【象鞍】 xiàng'ān अमारी
【象鼻】 xiàngbí हाथी की सूंड़; शुंड
【象鼻虫】 xiàngbíchóng वीविल; पापा; एक प्रकार का सूंड़दार अन्न-नाशक कीड़ा
【象房】 xiàngfáng गजशाला; हथसार; फ़ीलखाना
【象皮病】 xiàngpíbìng 〈चिकि०〉 शिलीपद; श्लीपद; फ़ील पा (रोग)
【象皮鱼】 xiàngpíyú 马面鲀 mǎmiàntún का दूसरा नाम
【象棋】 xiàngqí चीनी शतरंज
【象声】 xiàngshēng 〈भा०वि०〉 अनुकरण; अनुकार (अलंकार)
【象声词】 xiàngshēngcí अनुक्रमणात्मक शब्द
【象限】 xiàngxiàn 〈गणि०〉 वृत्तपाद; क्वाड्रेन्ट
【象限仪】 xiàngxiànyí 〈खगोल०〉 कोणमापक यंत्र
【象形】 xiàngxíng चीनी अक्षरों की छै श्रेणियों（六书）में से एक —— चित्र लिपि अक्षर (जैसे, 日 सूर्य, 月 चंद्र)
【象形文字】 xiàngxíng wénzì चित्रलिपि; चित्र लेख; चित्राक्षर
【象形字】 xiàngxíngzì चित्रलिपि अक्षर
【象牙】 xiàngyá गजदंत; हाथी दांत: ～雕刻 हाथी दांत नक़्क़ाशी या तराशी
【象牙海岸】 Xiàngyá Hǎi'àn आइवरी कोस्ट
【象牙之塔】 xiàngyázhītǎ 〈ला०〉 आइवरी टावर; हाथी दांत की मीनार
【象征】 xiàngzhēng ❶प्रतीक प्रकट करना; अर्थ रखना: 鸽子～和平。कबूतर शांति का प्रतीक प्रकट करता है। ❷प्रतीक; लक्षण; संकेत: 鸽子是和平的～。कबूतर शांति का प्रतीक है।
【象征性】 xiàngzhēngxìng प्रतीकात्मक; सांकेतिक; लाक्षणिक: ～长跑 सांकेतिक लंबी दौड़
【象征主义】 xiàngzhēng zhǔyì प्रतीकवाद

衖 xiàng 〈लि०〉 巷 xiàng के समान

像 xiàng ❶(शक्ल आदि में) मिलना; पड़ना; समता

होना; समरूप होना: 你很～你爸。तुम बिलकुल अपने पिता पर पड़े हो। / 这孩子～谁呢? यह लड़का किस पर गया है? / 要～张思德一样全心全意为人民服务。चांग स्त की तरह जी-जान से जनता की सेवा करनी चाहिए। ❷मालूम होना; दिखाई देना; प्रतीत होना: 天～是要下雨了。ऐसा मालूम होता है कि पानी बरसेगा। ❸जैसा: ～熊猫那样的动物不应捕捉。पांडा जैसे जानवरों को नहीं पकड़ना चाहिए। ❹(किसी का) प्रतिरूप; प्रतिकृति; चित्र: 画～ चित्र, प्रतिकृति / 塑～ मूर्ति ❺〈भौ०〉प्रतिबिम्ब; बिम्ब: 虚～ कल्पित प्रतिबिम्ब / 实～ वास्तविक प्रतिबिम्ब

【像话】 xiànghuà (बहुधा निषेध या आलंकारिक प्रश्न में प्रयुक्त) युक्तिसंगत; युक्तियुक्त; सही; ठीक: 大家都去了，你没有去，这～吗? सब लोग गये थे और तुम न गये, क्या यह ठीक है? / 真不～。सचमुच यह बिलकुल ठीक नहीं है।

【像回事儿】 xiànghuíshìr बिलकुल सच्ची बात की तरह होना: 瞧这孩子，演得还真～。बच्चे को देखो, बिलकुल अभिनेता की तरह अभिनय कर रहा है।

【像散】 xiàngsàn 〈भौ०〉दृष्टि वैषम्य; विदृष्टि; ऐस्टिग्मेटिज़्म

【像散镜】 xiàngsànjìng 〈भौ०〉ऐस्टिग्मेटोस्कोप; विदृष्टिदर्शक

【像散透镜】 xiàngsàn tòujìng ऐस्टिग्मेटिक लेन्स; विदृष्टि वीक्ष

【像煞有介事】 xiàng shà yǒu jiè shì ज़ाहिर तौर पर पूरी गम्भीरता के साथ (कोई काम करना)

【像生】 xiàngshēng जीता-जागता अनुकरण; यथावत् कृत्रिम: ～花果 यथावत् कृत्रिम फल-फूल

【像样】 xiàngyàng (像样子 xiàngyàngzi भी) सुयोग्य; अच्छा; अच्छा-भला: ～的桌子 अच्छी मेज़ / ～的理论家 सुयोग्य सिद्धांतकार / 他没有一件～的衣服。उस के पास कोई अच्छा-भला कपड़ा नहीं है।

【像赞】 xiàngzàn मूर्ति पर खुदा हुआ लेख

【像章】 xiàngzhāng बैज

橡 xiàng ❶ओक (वृक्ष) ❷रबड़ का वृक्ष

【橡浆】 xiàngjiāng रबड़ का दूध

【橡胶】 xiàngjiāo रबड़: 合成～ संयुक्त रबड़ / 天然～ प्राकृतिक रबड़ / ～工厂 रबड़ प्लांट; रबड़ बनाने का कारखाना / ～工业 रबड़-उद्योग / ～树 रबड़ का पेड़; रबड़ वृक्ष

【橡胶园】 xiàngjiāoyuán रबड़ बागान

【橡皮】 xiàngpí ❶(वल्कनित) रबड़ ❷रबर (पेंसिल के निशान को मिटाने वाला)

【橡皮版】 xiàngpíbǎn 〈मुद्रण०〉रबड़-प्लेट

【橡皮船】 xiàngpíchuán रबड़-बोट

【橡皮膏】 xiàngpígāo 〈चिकि०〉अड्हीसिव प्लास्टर; चिपचिपा मलहम

【橡皮筋】 xiàngpíjīn शर, रबड़ सूत; रबड़-बैंड

【橡皮泥】 xiàngpíní प्लास्टिसीन; प्लास्टिसाइन

【橡皮圈】 xiàngpíquān ❶(तैरना सीखने वालों के लिए) हवा भरा प्राण-संरक्षक ❷रबड़ रिंग या बैंड (वस्तुओं को साथ-साथ बांधने के लिए)

【橡皮艇】 xiàngpítǐng रबड़ नाव

【橡皮图章】 xiàngpí túzhāng रबड़ स्टाम्प

【橡实】 xiàngshí (橡子 xiàngzi भी) ओक का बीज

xiāo

肖 Xiāo एक कुलनाम (萧 का प्रचलित अक्षर)
xiào भी दे०

枭（梟） xiāo ❶उल्लू; उलूक ❷〈लि०〉साहसी; वीर; बहादुर: ～将 साहसी सेनापति ❸चुंगीवीर; तस्कर-व्यापारी: 盐～ नमक का तस्कर-व्यापारी / 毒～ ड्रगपुशर; विष का तस्कर-व्यापारी ❹(काटा हुआ सर) टांगना: ～首 सर काटकर टांगना

【枭雄】 xiāoxióng 〈लि०〉खूंख्वार और आकांक्षी व्यक्ति; प्रबल व्यक्ति

枵 xiāo 〈लि०〉खाली; रिक्त; शून्य

【枵肠辘辘】 xiāocháng-lùlù पेट में चूहा दौड़ना; बहुत भूख लगना

【枵腹从公】 xiāofù-cónggōng खाली पेट से ड्यूटी करना

削 xiāo ❶चाकू से काटना; उतारना या छीलना: ～梨 नाशपाती छीलना / ～铅笔 पेंसिल को तेज़ करना ❷〈खेल०〉चॉप; कट: 球～得多漂亮! कितना अच्छा चॉप है यह!
xuē भी दे०

【削面】 xiāomiàn गूंथे हुए आटे के पिंड को चाकू से तिरछे काट-काट कर बनाए गए संकरे-संकरे और लंबे-लंबे टुकड़े जिन को पकाकर खाया जाता है

【削球】 xiāoqiú 〈खेल०〉चॉप; कट: 他～削得很好。वह अच्छा चॉप करता है।

哓（嘵） xiāo नीचे दे०

【哓哓】 xiāoxiāo 〈लि०〉❶वाद-विवाद करने की आवाज़ ❷ डर से निकली हुई चिड़िया की आवाज़

【哓哓不休】 xiāoxiāo-bùxiū निरंतर बातचीत या वाद-विवाद करना

骁（驍） xiāo 〈लि०〉साहसी; वीर; बहादुर

【骁将】 xiāojiàng 〈लि०〉साहसी सेनापति

【骁骑】 xiāoqí 〈लि०〉साहसी घुड़सवार; सुशिक्षित अश्वारोही

【骁勇】 xiāoyǒng 〈लि०〉साहसी; वीर; बहादुर: ～善战 साहसी और युद्ध-कुशल

逍 xiāo नीचे दे०

【逍遥】 xiāoyáo स्वतंत्र और अनियंत्रित

【逍遥法外】 xiāoyáo–fǎwài अपराधी जिसे अभी तक दंड न मिला हो

【逍遥自在】 xiāoyáo–zìzài स्वतंत्र और अनियंत्रित; इतमीनान और निश्चिंत

鸮（鴞） xiāo 鸱鸮 chīxiāo उल्लू; उलूक

虓 xiāo 〈लि०〉 बाघ का गुस्से से गरजना

消 xiāo ❶अदृश्य, लापता, अंतर्धान या गायब हो जाना; नज़र न आना: 烟～云散 (का) नामों-निशान न रहना / 红肿已～。सूजन ठीक हो गयी। ❷दूर करना: ～肿 सूजन कम करना / ～灾 विपत्तियों से मुक्त करना ❸(समय) बिताना; काटना; निकालना; आराम से वक्त निकालना; समय गंवाना: ～夏 ग्रीष्म अवकाश बिताना ❹〈बो०〉(不，只，何 आदि के बाद प्रयुक्त) आवश्यक या ज़रूरी होना: 来回只～一个钟头。आने-जाने में केवल एक घंटे की आवश्यकता है। / 不～说 कहने की ज़रूरत न होना

【消沉】 xiāochén निराश; उदास; पस्त; उद्विग्न: 意志～ हताश; उत्साहहीन / 士气～ फ़ौजों का हौसला कम हो जाना / 她的眼光～下去了。उस की आंखें निस्तेज हो रही थीं।

【消愁】 xiāochóu चिंताओं को दूर करना: 借酒～ शराब पीने से अपनी चिंताओं को दूर करने का प्रयास करना

【消除】 xiāochú मिटाना; हटाना; दूर करना: ～分歧 मतभेदों को दूर करना / ～异己 पराए तत्वों का बहिष्कार करना

【消磁】 xiāocí चुंबकरहित करना

【消导】 xiāodǎo 〈ची०चि०〉 अपाचन और मलावरोध रोगों से मुक्त करने वाली चिकित्सा

【消毒】 xiāodú ❶कीटाणुओं या रोगाणुओं से मुक्त करना; रोगाणु नष्ट करना: 酒精～ अलकोहल से रोगाणु नष्ट करना / ～牛奶 जीवाणुरहित दूध ❷ज़हरीला असर दूर करना

【消毒剂】 xiāodújì रोगाणुनाशक या कीटाणुनाशक

【消法】 xiāofǎ (《中华人民共和国消费者权益保护法》“Zhōnghuá Rénmín Gònghéguó xiāo–fèizhě quányì bǎohùfǎ” का संक्षिप्त रूप) उपभोक्ता संरक्षण कानून

【消防】 xiāofáng अग्निशमक; अग्निनिरोध: ～设备 अग्निशमक का प्रबंध / ～水龙 फ़ायर होज़; आग बुझाने का नल / ～知识 अग्निनिरोध जानकारी

【消防车】 xiāofángchē फ़ायर-इंजन; दमकल

【消防队】 xiāofángduì अग्निशाम की टुकड़ी; आग बुझाने का रक्षकदल; फ़ायर गार्ड; फ़ायर ब्रिगेड: ～员 फ़ायरमैन

【消防艇】 xiāofángtǐng फ़ायरबोट; फ़ायर-फ़ाइटिंग बोट

【消防站】 xiāofángzhàn फ़ायर स्टेशन

【消费】 xiāofèi खर्च करना; खपना; खपाना; खपत करना: ～大量物资 बड़ी मात्रा में सामान खर्च करना

【消费城市】 xiāofèi chéngshì उपभोक्ता नगर

【消费合作社】 xiāofèi hézuòshè उपभोक्ता सहकारी-समिति

【消费基金】 xiāofèi jījīn उपभोग निधि या भंडार

【消费结构】 xiāofèi jiégòu उपभोग रचना

【消费品】 xiāofèipǐn उपभोग्य वस्तुएँ; उपभोक्ताओं की वस्तुएँ

【消费手段】 xiāofèi shǒuduàn खपत के साधन; उपभोग-साधन

【消费水平】 xiāofèi shuǐpíng उपभोग स्तर

【消费税】 xiāofèishuì उपभोग-कर

【消费者】 xiāofèizhě उपभोक्ता; ग्राहक: 保护～权益 उपभोक्तावाद

【消费资料】 xiāofèi zīliào उपभोक्ता सामग्री

【消光剂】 xiāoguāngjì ड्यूलिंग एजेंट

【消耗】 xiāohào समाप्त या खत्म करना; क्षति करना या उठाना; क्षीण करना: ～和补充 क्षति उठाना और क्षतिपूर्ति करना / ～敌人 दुश्मन की सैन्य-शक्ति को क्षीण करना / 人力、物力受到～ मानव-शक्ति और भौतिक साधनों की क्षति होना

【消耗热】 xiāohàorè क्षय रोग का ज्वर

【消耗战】 xiāohàozhàn घिसाऊ-थकाऊ लड़ाई; घिसाव-थकाव की लड़ाई; देर तक लड़ी जाने वाली लड़ाई जिस में जीत उसी की हो सकती है जो देर तक टिका रह सके

【消化】 xiāohuà ❶पचना; पचाना; हज़म करना या होना: 他～很好。उस की पाचन-शक्ति बहुत अच्छी है। / 豆腐好～。सोया बीन पनीर आसानी से पच सकता है। ❷मानसिक भोजन को हज़म करना; मानसिक पोषण प्राप्त करना; समझना: 引进和～新技术 नई तकनॉलाजी को आयात करना और पचा लेना

【消化不良】 xiāohuà bùliáng ❶अपच; अजीर्ण; बदहज़मी ❷〈चिकि०〉 डिस्पप्सिया

【消化道】 xiāohuàdào आहार-नली; भोजन की नली

【消化酶】 xiāohuàméi पाचन-प्रकिण्व; डाइजेस्टिव एन्ज़ाइम

【消化器官】 xiāohuà qìguān पाचन-इन्द्रिय

【消化系统】 xiāohuà xìtǒng पाचन-तंत्र

【消化性溃疡】 xiāohuàxìng kuìyáng 〈चिकि०〉 पाचनेन्द्रिय व्रण; पेप्टिक अलसर

【消化液】 xiāohuàyè पाचन-रस

【消魂】 xiāohún 销魂 xiāohún के समान

【消火器】 xiāohuǒqì अग्नि-प्रशामक

【消火栓】 xiāohuǒshuān अग्नि-नलका; फ़ायर हाइड्रेण्ट

【消极】 xiāojí ❶नकारात्मक: ～言论 नकारात्मक वचन / ～因素 नकारात्मक तत्व / ～影响 नकारात्मक प्रभाव ❷निष्क्रिय: ～怠工 काम में ढिलाई होना; काम में उदासीनता और निष्क्रियता होना / ～抵抗 निष्क्रिय प्रतिरोध / ～防御 निष्क्रिय प्रतिरक्षा या रक्षा / ～情绪 निष्क्रियता की मनोवृत्ति / ～态度 उदासीनता का रुख / ～应战 मुकाबला करने में निष्क्रिय रहना / 打败仗就～ हारने पर पस्त हो जाना

【消减】 xiāojiǎn घटना; घटाना; कम करना या होना: 热情～ उत्साह कम होना / 食欲～ खाने की इच्छा कम होना

【消解】 xiāojiě दूर होना; छिन्न-भिन्न होना: ～积恨 मन में संचित घृणा की भावना दूर करना / ～内心矛盾 मन में अंतर-विरोध की भावना दूर करना / 疑窦～ शंका दूर होना

【消渴】 xiāokě 〈ची०चि०〉 इक्षुप्रमेह; मधुमेह

【消弭】 xiāomǐ अंत करना; समाप्त करना: ～内战 गृह-युद्ध का अंत करना / ～战祸 युद्ध की विभीषिका को समाप्त करना

【消灭】 xiāomiè ❶नष्ट होना; बरबाद होना; मर जाना: 许多古生物早已～了。बहुत से प्रागैतिहासिक जीव बहुत समय पहले ही नष्ट हो गये। / 剥削制度～以前 शोषण-व्यवस्था सपाप्त होने के पहले ❷नष्ट करना; बरबाद करना; सफ़ाया करना; दूर करना: ～差错 गलतियों को दूर करना / ～差别 भेद मिटा देना / ～敌人四个营 दुश्मन की चार बटालियनों को तहस-नहस कर देना / ～敌人一一零师大部 शत्रु की 110वीं डिविज़न के अधिकांश भाग का सफ़ाया कर देना

【消泯】 xiāomǐn ❶मर जाना ❷तहस-नहस कर देना; निर्मूल कर देना; नाश करना; मिटाना

【消磨】 xiāomó ❶नष्ट करना: ～精力 शक्ति को धीरे-धीरे नष्ट करना / ～意志 इच्छाशक्ति को क्षीण कर देना ❷(समय) गंवाना; बिताना: ～时间 अपना समय गुज़ारना / ～时光 कालक्षेप करना

【消纳】 xiaonà (कूड़ा-कर्कट आदि को) उचित ढंग से या ठीक-ठिकाने से रखना

【消气】 xiāoqì क्रोध पानी होना; गुस्सा दूर हो जाना: 我请求他原谅我，他也就～了。मैं ने उस से क्षमा मांगी, उस का क्रोध पानी हो गया।

【消遣】 xiāoqiǎn ❶दिल बहला लेना; तबियत बहलाना; समय काटना: 打牌～ ताश खेलने से दिल बहला लेना ❷मनोरंजन; आमोद-प्रमोद; मनोविनोद: 打牌也是一种～。ताश खेलना भी एक प्रकार का मनोरंजन है।

【消融】 xiāoróng（消溶 xiāoróng भी）(बर्फ़) पिघलना: 冰雪～ हिम पिघलना

【消散】 xiāosàn तितर-बितर होना (धूआं, कोहरा, गंध, ताप आदि) तितर-बितर होना और अदृश्य होना; गायब होना; छिन्न-भिन्न होना: 雾～了。कोहरा गायब हो गया। / 脸上的愁云～ चेहरे पर चिंता का चिह्न अदृश्य हो जाना

【消色差】 xiāosèchā 〈भौ०〉 ऐक्रोमटिज़्म: ～透镜 ऐक्रोमटिक लिन्स

【消声】 xiāoshēng आवाज़ या शोर कम करना

【消声器】 xiāoshēngqì आवाज़ को अत्यंत मंद करने की वस्तु; मफ़लर

【消声室】 xiāoshēngshì (रिकार्डिंग कक्ष, टी० वी० स्टूडियो आदि का) ऐनेकोइक चैम्बर

【消失】 xiāoshī अंतरिक्ष, अदृश्य या गायब होना; हवा हो जाना; विलीन होना; ओझल होना; नज़र से हटना: 在人群中～ भीड़ में गायब होना / 在云雾中～ बादलों और कोहरे में अदृश्य होना

【消食】 xiāoshí पाचन की सहायता करना: 开胃～ खाने की इच्छा को तीव्र करना और पाचन-शक्ति को बढ़ाना

【消逝】 xiāoshì अंतरिक्ष, अदृश्य, ओझल, विलीन या गायब होना: 岁月～。समय फिसल गया। / 车声～ गाड़ी की आवाज़ मंद हो जाना

【消释】 xiāoshì ❶〈लि०〉 पिघलना ❷(शंका, दर्द आदि) दूर करना या होना: 怀疑～ शंकाएँ दूर होना / 误会～ गलतफ़हमी दूर होना

【消受】 xiāoshòu ❶भोगना; उपभोग करना (बहुधा निषेध में प्रयुक्त): 无法～ भोगने का उपाय न होना ❷सहना; सहन करना (कठिनाई, बुरा व्यवहार आदि)

【消瘦】 xiāoshòu (शरीर) दुबला-पतला हो जाना: 他的身体一天天～下去。उस का शरीर दिन-ब-दिन दुबला-पतला हो रहा है।

【消暑】 xiāoshǔ ❶ग्रीष्म अवकाश बिताना ❷गर्मी से बचाना: 喝杯可乐～ एक कप कोका-कोला पीकर ग्रीष्म ताप से मुक्त करना

【消损】 xiāosǔn ❶धीरे-धीरे घटना; घटाना; कम करना या होना ❷(समय, शक्ति आदि) व्यर्थ गंवाना; नष्ट करना: 岁月～ समय व्यर्थ गंवाना

【消停】 xiāoting 〈बो०〉 ❶शांत; स्थिर: 过～日子 शांतिमय जीवन बिताना ❷रुकना; बंद करना: 枪声～了。बंदूक की आवाज़ बंद हो गई।

【消退】 xiāotuì धीरे-धीरे घटना; घटाना; कम करना या होना; अदृश्य, ओझल, विलीन या गायब होना: 暑热～ ग्रीष्म-ताप धीरे-धीरे कम हो जाना / 脸上笑容渐渐～ चेहरे पर मुस्कराहट धीरे-धीरे अदृश्य हो जाना

【消亡】 xiāowáng नष्ट होना; नाश होना: 自行～ स्वयं नष्ट होना

【消息】 xiāoxi ❶समाचार; खबर; सूचना: 头版～ मुख-पृष्ठ समाचार / 封锁敌人～ दुश्मन को सूचना मिलने के सभी रास्ते बंद कर देना ❷संदेश; समाचार; खबर: 他弟弟有～吗? उस के छोटे भाई की कोई खबर है?

【消息儿】 xiāoxir कंट्रैप्शन; फ़्लोयर ट्रैप

【消息灵通人士】 xiāoxi língtōng rénshì बहुश्रुत व्यक्ति

【消闲】 xiāoxián अवकाश का समय गँवाना: ～解闷 अवकाश का समय गँवाना और मनोरंजन करना

【消歇】 xiāoxiē 〈लि०〉（销歇 xiāoxiē भी）रुकना; बंद होना; अदृश्य होना: 风雨～ हवा और पानी बंद होना

【消炎】 xiāoyán 〈चिकि०〉 सूजन की रोक-थाम करना

【消炎剂】 xiāoyánjì प्रदाहनाशक; सूजन कम करने वाली (औषध)

【消炎片】 xiāoyánpiàn प्रदाहनाशक गोलियाँ; सूजन कम करने वाली गोलियाँ

【消夜】 xiāoyè ❶आधी रात में हल्का भोजन ❷आधी रात में हल्का भोजन करना

【消长】 xiāozhǎng घटना और बढ़ना: 力量的～ शक्ति

का घटना या बढ़ना

【消肿】 xiāozhǒng ❶सूजन दूर होना या करना ❷प्रशासनिक ढांचे को कारगर व सरल बनाना; संगठनात्मक ढांचे को सरल रूप देना

宵 xiāo रात्रि; रातः 今～ आज रात / 敌军～遁。शत्रु रात ही पीठ दिखाकर पलायन कर गया।

【宵旰】 xiāogàn 宵衣旰食 का संक्षिप्त रूप

【宵禁】 xiāojìn कर्फ़्यू

【宵小】 xiāoxiǎo 〈लि०〉 रात में चोर और डाकू; बुरा आदमी

【宵夜】 xiāoyè 消夜 xiāoyè के समान

【宵衣旰食】 xiāoyī-gànshí भोर होने के पहले उठकर कपड़ा पहनना और अंधेरे तक भोजन न करना —— दिन भर राज्य-कार्य के लिए व्यस्त रहना

绡（綃） xiāo 〈लि०〉 ❶कच्चा सिल्क ❷कच्चे सिल्क से बुना हुआ रेशमी कपड़ा

萧（蕭） xiāo ❶निर्जन; वीरान; शून्यः 萧条 ❷（Xiāo）एक कुलनाम

【萧规曹随】 Xiāoguī-Cáosuí छाओ छान（曹参）, हान राजवंश में एक प्रधान मंत्री था, वह अपने पूर्ववर्ती प्रधान मंत्री श्याओ ह（萧何）द्वारा निर्धारित नियमों पर चलता था —— निर्धारित नियमों पर चलना

【萧墙】 xiāoqiáng 〈लि०〉 फाटक के बाहर सामने वाली व्यवधान भीतीः 吾恐季孙之忧，不在颛臾，而在～之内。मुझे डर है कि ची सुन（季孙）की कठिनाइयां चुआन यू（颛臾）से नहीं पैदा होंगी, बल्कि घर में ही पैदा हो जाएंगी। / 祸起～ विपत्ति घर में ही पैदा होना

【萧然】 xiāorán 〈लि०〉 ❶निर्जन; अकेला; एकांतः 四壁～ कमरे में चारों दीवारों के अलावा और कुछ न होना ❷खाली; रिक्त; शून्यः 囊橐～ पर्स में एक भी पैसा न होना; गरीबी का मारा होना

【萧洒】 xiāosǎ 潇洒 xiāosǎ के समान

【萧飒】 xiāosà 〈लि०〉 निर्जन; उजाड़; वीरान

【萧瑟】 xiāosè ❶पेड़-पौधों पर हवा के बहने की आवाज़ः 秋风～ शरद ऋतु की हवा के पेड़-पौधों पर बहने की सनसनाहट ❷निर्जन; वीरान; एकांत; सूनाः 门庭～ घर सूना होना

【萧森】 xiāosēn 〈लि०〉 निर्जन; वीरान; उजाड़; सूना

【萧疏】 xiāoshū 〈लि०〉 ❶निर्जन; वीरान; सूना; उजाड़ ❷(पेड़, पत्ते, सिर के बाल आदि) घना न होनाः 白发～ सफ़ेद बालों का घना न होना

【萧索】 xiāosuǒ ❶उजाड़; वीरान; सूना; निर्जनः ～的晚秋景象 शरद के अंत में सूना दृश्य ❷(व्यक्ति की मनोदशा) उदास; दुःखी

【萧条】 xiāotiáo ❶निर्जन; वीरान; सूना; उजाड़ः ～的景象 वीरान दृश्य ❷〈अर्थ०〉 मंदी; मंदापनः 百业～。सभी काम-धन्धे चौपट हो गए हैं।

【萧萧】 xiāoxiāo 〈लि०〉 ❶हिनहिनाहट; सनसनाहटः 风～兮易水寒。सनसनाती हुई हवा ई नदी को ठंडा कर रही है। ❷(सिर के बाल) खिचड़ी और घना न होनाः 白发～。सिर के सफ़ेद बाल घने नहीं हैं।

揱（㩋、㩭） xiāo ठकठकाना; खटखटाना

猇 xiāo ❶虓 xiāo के समान ❷नीचे दे०

【猇亭】 Xiāotíng एक प्राचीन स्थान (हूपेइ प्रांत की ईतू 宜都 काउंटी के उत्तरी भाग में)

硝 xiāo ❶शोरा; नाइटर; सुवर्चल; साल्टपीटर ❷चमड़ा कमानाः ～皮 कमाया हुआ पक्का चमड़ा

【硝化】 xiāohuà 〈रसा०〉 नाइट्रीकरण करना

【硝化甘油】 xiāohuà gānyóu 〈रसा०〉 नाइट्रोग्लिसरीन

【硝化火药】 xiāohuà huǒyào 〈रसा०〉 नाइट्रो-इक्सप्लोसिव; नाइट्रो-पाउडर

【硝基】 xiāojī 〈रसा०〉 नाइट्रो-: ～酸 नाइट्रो-अम्ल / ～苯 नाइट्रोबेंज़ीन / ～烷 नाइट्रो-ऐल्केन / ～化合物 नाइट्रो-काम्पाउण्ड

【硝镪水】 xiāoqiāngshuǐ 硝酸 का प्रचलित नाम

【硝石】 xiāoshí नाइटर; साल्टपीटरः 智利～ चिली नाइटर या साल्टपीटर; सोडियम नाइटर

【硝酸】 xiāosuān 〈रसा०〉 नाइट्रिक अम्ल

【硝酸铵】 xiāosuān'ǎn 〈रसा०〉 अमोनियम नाइट्रेट

【硝酸甘油片】 xiāosuān gānyóupiàn 〈औष०〉 नाइट्रोग्लिसरीन गोलियाँ

【硝酸钾】 xiāosuānjiǎ 〈रसा०〉 पोटेसियम नाइट्रेट

【硝酸灵】 xiāosuānlíng 〈रसा०〉 नाइट्रोन

【硝酸钠】 xiāosuānnà 〈रसा०〉 सोडियम नाइट्रेट

【硝酸纤维素】 xiāosuān xiānwéisù 〈रसा०〉 नाइट्रोसेलूलोस; सेलूलोस नाइट्रेट

【硝酸盐】 xiāosuānyán 〈रसा०〉 नाइट्रेट

【硝烟】 xiāoyān बारूद का धूआँः ～弥漫 बारूद के धूएँ से ढँकना

【硝盐】 xiāoyán क्षारयुक्त मिट्टी का नमकः 制造～ क्षारयुक्त मिट्टी से नमक बनाना

销¹（銷） xiāo ❶(धातु) पिघलाना; गलाना ❷रद्द करना; काट देना; मिटाना;कलम फेरनाः ～假 (अपनी तरफ़ से ली गई) छुट्टी खतम होने पर अपनी उपस्थिति जताना / ～账 हिसाब से कोई मद काट देना ❸बिकना; बेचना; विक्रय करनाः 畅～ आसानी से बेचना या बिकना; अच्छा बेचना या बिकना / 脱～ (माल) बिक चुकना ❹व्यय करना; खर्च करनाः 开～ खर्च; व्यय

销²（銷） ❶अगरी; चटकनी; सिटकिनी ❷चटकनी लगानाः 把门～上！ द्वार बंद करो！ दरवाज़े की चटकनी लगाओ！

【销案】 xiāo'àn केस को बंद करना

【销差】 xiāochāi कार्य पूरा करने पर रिपोर्ट देना

【销场】 xiāochǎng 〈बो०〉 खपत

【销钉】 xiāodīng 销子 के समान

【销户口】 xiāohùkǒu आवासीय पंजीकरण को रद्द कर देना

【销毁】 xiāohuǐ जला देना; मिटा देना; पिघला कर नष्ट कर देना; नष्ट करना: ～假冒商品 झूठा माल जला देना / ～核武器 अणु-शस्त्र नष्ट कर देना

【销魂】 xiāohún （消魂 xiāohún भी） अति शोक या हर्ष से अभिभूत होना

【销金】 xiāojīn ❶स्वर्ण पिघलाना ❷सोना छिड़का (कागज़, पर्दा, शाल आदि); स्वर्ण से अलंकृत: ～纸 सोना छिड़का कागज़ / ～帐 पलंग का सोने से कसीदा काढ़ा पर्दा

【销金窟】 xiāojīnkū पैसे बरबाद करने वाली गुफ़ा (यानी चकला, जुआख़ाना आदि)

【销量】 xiāoliàng माल बिकने की मात्रा: 今天～很大。आज माल की बिक्री बहुत ज़्यादा हुई है।

【销路】 xiāolù माल की मांग: ～很好。माल की मांग बहुत बड़ी है। / 这样的新闻是否还有～? इस तरह के समाचारों का कोई ग्राहक है या नहीं?

【销品茂】 xiāopǐnmào शापिंग मॉल

【销声匿迹】 xiāoshēng-nìjì सार्वजनिक रूप से दिखाई न देना

【销蚀】 xiāoshí विनाशकारी होना; क्रमशः क्षय या नष्ट हो जाना: ～作用 संक्षारण; क्षय; नाश

【销蚀剂】 xiāoshíjì संक्षारक; विध्वंसक; धीरे-धीरे क्षय करने वाला

【销势】 xiāoshì विक्रय की प्रवृत्ति; बिक्री; विक्रय

【销售】 xiāoshòu माल की बिक्री; फ़रोख़्त: ～价格 विक्रय मूल्य / ～量 विक्रय मात्रा / ～困难 बिक्री मुश्किल होना

【销铄】 xiāoshuò 〈लि०〉 ❶(धातु) गलना; गलाना; पिघलना; पिघलाना ❷दूर करना; निकालना; हटा देना: 国仇未～。राष्ट्रीय दुःख अभी दूर नहीं किया गया है। ❸बहुत दिन बीमार होने के कारण दुबला-पतला होना: 肌肤～ बहुत दुबला-पतला होना

【销行】 xiāoxíng (माल) बिकना; बेचना; विक्रय करना: ～各地 स्थान-स्थान विक्रय करना / ～国外 विदेश में विक्रय करना

【销赃】 xiāozāng ❶चोरी का माल बेचना ❷चोरी का माल नष्ट करना

【销子】 xiāozi （销钉 xiāodīng भी） कील; खूँटी; चिटकनी; सिटकिनी; अगरी

蛸 xiāo दे० 螵蛸 piāoxiāo मैंटिस कीड़े का अंड-कोश

翛 xiāo 〈लि०〉 स्वतंत्र और अनियंत्रित

【翛然】 xiāorán 〈लि०〉 स्वतंत्र और अनियंत्रित रूप से

【翛翛】 xiāoxiāo 〈लि०〉 पर टूटे हुए होना

箫（簫） xiāo श्याओ (बांस की एक खड़ी बांसुरी)

潇（瀟） xiāo ❶〈लि०〉 (पानी) गहरा और स्वच्छ ❷（Xiāo） श्याओ नदी (श्यांग नदी 湘江 या 湘水） की एक उपनदी)

【潇洒】 xiāosǎ （萧洒 xiāosǎ भी） (व्यक्ति की मुखाकृति, आचरण; ढंग आदि) स्वाभाविक और मुक्त: 举止～ आचरण स्वाभाविक और मुक्त

【潇湘】 Xiāoxiāng ❶श्यांग नदी（湘江）का काव्यात्मक नाम ❷हूनान（湖南）का काव्यात्मक नाम

【潇潇】 xiāoxiāo ❶(हवा और पानी) बहना और बरसना; सनसनाना और टप-टप गिरना: 风雨～ हवा का सनसनाना और पानी का टप-टप गिरना ❷फुहार पड़ता हुआ; फुहार युक्त: ～细雨 महीन-महीन फुहार

霄 xiāo ❶मेघ; बादल ❷आकाश; आसमान: 响入云～ आकाश गूंज उठना

【霄汉】 xiāohàn 〈लि०〉 आकाश और आकाश-गंगा; आकाश

【霄壤】 xiāorǎng आकाश और पाताल; आसमान और ज़मीन

【霄壤之别】 xiāorǎngzhībié आकाश-पाताल का अंतर होना; ज़मीन-आसमान का फ़र्क होना

魈 xiāo 山魈 shānxiāo ❶मैंड्रिल, भयानक आकृति का दीर्घाकार लंगूर ❷पहाड़ी भूत-प्रेत

蟏（蠨） xiāo नीचे दे०

【蟏蛸】 xiāoshāo एक प्रकार की मकड़ी जो मंगल का चिह्न माना जाता है

嚣（囂） xiāo शोर-गुल; चीख-पुकार; शोर-शराबा: 叫～ चीख-पुकार मचाना
áo भी दे०

【嚣杂】 xiāozá चीख-पुकार; कोलाहल; शोर-शराबा

【嚣张】 xiāozhāng उद्दण्ड; धृष्ट; उद्धत: ～一时 एक समय बहुत उद्दण्ड होना

xiǎo

小 xiǎo ❶छोटा: ～山 छोटी पहाड़ी / ～书 छोटी किताब; पुस्तिका ❷कम उम्र: 我年纪比你～。मेरी उम्र तुम से कम है। / 他比我～。वह मुझ से छोटा है। ❸अल्प समय में; कम वक्त में; थोड़ी देर: 请～坐片刻。थोड़ी देर बैठिये। ❹बड़प्पन के क्रम में अंतिम: 她是我～妹妹。वह मेरी सब से छोटी बहिन है। ❺जानवरों का बच्चा: ～牛 बछड़ा; बछिया; कलोर / ～羊 मेमना / ～马 टट्टू / ～猪 घेंटा / ～狗 पिल्ला / ～鸡 चूज़ा ❻कम उम्र वाला व्यक्ति: 上有老，下有～。ऊपर (मेरे) वृद्ध माता-पिता हैं और नीचे पुत्र-पुत्री। ❼रखेल; रखेली: 讨个～ रखेल रखना ❽〈विन०〉 मेरा; हमारा: ～女 मेरी पुत्री / ～店 हमारी दुकान ❾(कुलनाम आदि के पहले प्रयुक्त): ～王 श्याओ वांग; वांग भाई; नौजवान वांग / ～三子 श्याओ सान-त्स् (किसी के तीसरे बच्चे के लिए बचपन का नाम)

【小把戏】 xiǎobǎxì 〈बो०〉 बच्चा; लड़का
【小白菜】 xiǎobáicài चीनी पातगोभी का एक विभेद; छोटी-छोटी पातगोभी
【小白脸儿】 xiǎobáiliǎnr 〈अना०〉 सुन्दर गोरा युवक
【小白领】 xiǎobáilǐng लघु श्वेत-कॉलर श्रमिक
【小百货】 xiǎobǎihuò आम उपयोग की चीज़ें
【小摆设】 xiǎobǎishè सजावट की छोटी-मोटी चीज़ें; प्राचीन दुर्लभ और अद्भुत वस्तुएँ
【小班】 xiǎobān (शिशुशाला की) जूनियर क्लास
【小半】 xiǎobàn आधे से कम
【小报】 xiǎobào छोटा अख़बार; छोटे आकार का समाचारपत्र
【小报告】 xiǎobàogào छोटी रिपोर्ट —— किसी की गलतियों पर उच्चाधिकारी को दी गई गुप्त रिपोर्ट: 打～ उक्त गुप्त रिपोर्ट देना
【小辈】 xiǎobèi परिवार या संबंधी परिवारों के निचली पीढ़ी के सदस्य
【小本经营】 xiǎo běn jīngyíng कम पूंजी से व्यापार करना
【小扁豆】 xiǎobiǎndòu मसूर; मसूढ़ी
【小便】 xiǎobiàn ❶पाखाना जाना; पेशाब करना; मूत्र विसर्जित करना ❷मूत्र; पेशाब ❸लिंग; शिश्न
【小便池】 xiǎobiànchí मूत्रस्थान; पेशाबघर; टट्टी
【小便处】 xiǎobiànchù टट्टी; पेशाबखाना
【小辫儿】 xiǎobiànr छोटी चोटी; वेणी; चुटिया
【小辫子】 xiǎobiànzi ❶चुटिया ❷दूसरे लोगों द्वारा संभवतः लाभ उठाये जाने वाली गलती; सुयोग
【小标题】 xiǎobiāotí उपशीर्षक
【小别】 xiǎobié थोड़े दिनों के लिए विदाई
【小冰期】 xiǎobīngqī उपहिमयुग
【小不忍则乱大谋】 xiǎo bù rěn zé luàn dàmóu छोटे मामले में सहन न करने से बड़ी योजनाएँ बिगड़ती हैं
【小步舞】 xiǎobùwǔ मिन्युइट (नृत्य)
【小步舞曲】 xiǎobùwǔqǔ मिन्युइट (संगीत)
【小不点儿】 xiǎobudiǎnr ❶बहुत छोटा ❷बहुत छोटा बच्चा
【小菜】 xiǎocài ❶अचार ❷〈बो०〉 मछली, मांस और सब्ज़ी का भोजन
【小菜儿】 xiǎocàir 〈बोल०〉 काम जो बड़ी आसानी से किया जा सके
【小册子】 xiǎocèzi पुस्तिका
【小差】 xiǎochāi （开小差 kāi xiǎochāi भी） ❶(सिपाही का सेना की नौकरी) छोड़ कर भाग जाना ❷अन्यमनस्क होना; अनमना होना; ध्यान केन्द्रित न होना
【小产】 xiǎochǎn गर्भस्राव होना; गर्भपात होना
【小肠】 xiǎocháng 〈श०वि०〉 क्षुद्रांत्र; छोटी आँत
【小肠疝气】 xiǎocháng shànqì （疝气 का प्रचलित नाम） हर्निया; आँत उतरना; अंत्रवृद्धि
【小抄儿】 xiǎochāor कागज़ का वह टुकड़ा जिस पर आँकड़े, नमूने या प्रश्नों के उत्तर लिखे रहते हैं और जो परीक्षा में नकल करने के काम आता है
【小朝廷】 xiǎocháotíng छोटा दरबार —— ❶देश-निर्वासन में दरबार; विवश होकर देश के सीमांतर क्षेत्र में दरबार ❷बड़े भू-सामंत या कमज़ोर पड़ोसी देश का दरबार
【小潮】 xiǎocháo मंद ज्वर; हल्का भाटा
【小车】 xiǎochē ठेला; हाथ से खींची जाने वाली गाड़ी
【小乘】 xiǎochéng 〈बौद्ध धर्म〉 हीनयान
【小吃】 xiǎochī ❶हल्का नाश्ता; जलपान ❷(पश्चिम भोजन की) ठंडी तश्तरी
【小吃部】 xiǎochībù जलपान कक्ष
【小吃店】 xiǎochīdiàn जलपान का अड्डा; पकवान की दुकान
【小丑】[1] xiǎochǒu (नाटक,ऑपेरा आदि में) मसखरा; विदूषक
【小丑】[2] xiǎochǒu घृणित, उपेक्षणीय, तिरस्कार या अवमान्य व्यक्ति: 跳梁～ विदूषक; मसखरा; घृणित व्यक्ति
【小除夕】 xiǎochúxī 小年夜 के समान
【小春】 xiǎochūn 〈बो०〉 ❶चांद्र पंचांग में दसवां मास ❷उक्त मास में बोई गई गेहूँ, मटर आदि की फ़सल （小春作物 xiǎochūn zuòwù भी）
【小词】 xiǎocí (युक्तिवाक्य में) लघु-पद; पक्ष-पद
【小葱】 xiǎocōng शैलट; प्याज़ की जाति का एक पौधा
【小聪明】 xiǎocōngming 〈अना०〉 लघु चातुर्य: 耍～ लघु चातुर्य दिखाना
【小旦】 xiǎodàn परम्परागत ऑपेरा में जवान स्त्री का पात्र
【小刀】 xiǎodāo जेब चाकू; चाकू
【小刀会起义】 Xiǎodāohuì Qǐyì कटार समाज विद्रोह (1853 ई० कटार समाज —— एक गुप्त समाज —— के नेतृत्व में शांगहाए और शामन में होने वाला विदेशी साम्राज्यवादियों के विरुद्ध विद्रोह)
【小道】 xiǎodào लघु कलाएँ (कृषि, चिकित्सा, शकुन-परीक्षण और अन्य व्यवसायों के लिए कनफ़्यूशसवादियों द्वारा प्रयुक्त शब्द)
【小道儿】 xiǎodàor छोटी गली; छोटा रास्ता; पगडंडी
【小道儿消息】 xiǎodàor xiāoxi अफ़वाहें; सुनी-सुनाई बातें; मिथ्या सूचनाएँ: 散播～ अफ़वाहें फैलाना
【小的】 xiǎode ❶बाल-बच्चे: 他家里有老的～。उस के घर में बूढ़े माँ-बाप और बाल-बच्चे हैं । ❷〈पुराना〉 मैं; सेवक (अधिकारी के प्रति आम जनता या मालिक के प्रति नौकर का अपने के लिए प्रयुक्त संबोधन) ❸〈पुराना〉 रखेल; रखेली; रखनी: 老爷要买个～。मालिक रखेल लाना चाहते हैं ।
【小弟】 xiǎodì ❶सब से छोटा भाई ❷〈पुराना〉〈विन०〉 आप का छोटा भाई (नर मित्रों के बीच अपने लिए प्रयुक्त संबोधन)
【小调】 xiǎodiào ❶गीतिका; छोटा-सा साधारण गीत ❷〈संगी०〉 माइनर: A～协奏曲 ए माइनर में कनचेर्तो
【小动作】 xiǎodòngzuò ❶छोटी चाल: 搞～ छोटी चाल चलना ❷(स्कूली लड़कों की क्लास में) अशांति; बेचैनी; अधीरता
【小豆】 xiǎodòu （赤小豆 chìxiǎodòu का दूसरा नाम） लाल बीन
【小豆蔻】 xiǎodòukòu इलायची

【小肚儿】 xiǎodǔr सूअर के मूत्राशय में मांड़ मिला मांस भरकर बनाया गया एक भोजन
【小肚鸡肠】 xiǎodù-jīcháng （鼠肚鸡肠 shǔdù-jīcháng भी）ओछा; क्षुद्रमना; संकीर्णचित्त
【小肚子】 xiǎodùzi 小腹 का प्रचलित नाम
【小队】 xiǎoduì छोटा दल; दस्ता; टोली
【小额】 xiǎo'é छोटी गिनती का：～贷款 छोटी गिनती के ऋण
【小恩小惠】 xiǎo'ēn-xiǎohuì थोड़ा सा उपहार या लोभज वस्तु
【小儿】 xiǎo'ér ❶बच्चे; बालक ❷〈विन०〉मेरा पुत्र —— दे० 小儿 xiǎor
【小儿科】 xiǎo'érkē शिशु रोग विभाग; बाल-चिकित्सा विभाग：～医生 बाल-चिकित्सक; शिशुरोग-चिकित्सक
【小儿麻痹症】 xiǎo'ér mábìzhèng बाल-संस्तंभ; शैशवलकवा：～后遗症 बाल-संस्तंभ का पश्च-प्रभाव
【小二】 xiǎo'èr （小二哥 xiǎo'èrgē भी）〈पुराना〉शराबखाने या सराय में जवान बैरा या वेटर
【小贩】 xiǎofàn फेरीवाला; बिसाती; विक्रेता; खोंचे वाला
【小费】 xiǎofèi बख्शिश; इनाम; तोषक; टिप
【小分队】xiǎofēnduì सेना की टुकड़ी जो अलग से किसी काम में लगी हो：民兵～ मिलिसिया टुकड़ी / 文艺～ एक स्थान से दूसरे स्थान पर भ्रमण करने वाली अभिनेताओं की मंडली
【小腹】 xiǎofù पेट; पेट का निचला भाग
【小钢炮】xiǎogāngpào हल्की तोप; लाइट आर्टिलरी：发射～ हल्की तोप से गोलियां बरसाना
【小个子】 xiǎogèzi छोटा कद वाला
【小工】 xiǎogōng गैरकुशल या अकुशल मज़दूर
【小恭】 xiǎogōng 〈लि०〉पेशाब करना; पेशाब निकालना
【小姑】xiǎogū〈बोल०〉❶（小姑子 xiǎogūzǐ भी）पति की छोटी बहिन ❷अपने पिता की छोटी बहिन
【小褂】 xiǎoguà चीनी शैली की कमीज़ (शरीर से लगने वाली)
【小馆儿】 xiǎoguǎnr छोटा रेस्तरां
【小广播】 xiǎoguǎngbō मिथ्या सूचनाएँ फैलाना; अफ़वाहें फैलाना; सुनी-सुनाई बातें फैलाना
【小广告】 xiǎoguǎnggào इश्तिहार; विज्ञापन; हाथों-हाथ बांटी जाने वाली छोटी-छोटी पर्चियाँ
【小鬼】 xiǎoguǐ ❶छोटा भूत; नरक में छोटा शैतान ❷बच्चा; छोकरा; लड़का
【小孩儿】xiǎoháir（小孩子 xiǎoháizi भी）〈बोल०〉बच्चा; बालक
【小寒】 xiǎohán ❶अल्पतर शीत, चौबीस सौरावधियों में से तेइसवीं ❷उक्त सौरावधि का पहला दिन (जून 5, 6, या 7) —— दे० 二十四节气 èrshí sì jiéqì
【小号】[1] xiǎohào ❶छोटे आकार का (कपड़ा आदि)：～衬衫 छोटे आकार की कमीज़ ❷〈विन०〉हमारी दुकान
【小号】[2] xiǎohào तूर्य; तुरही; ट्रम्पेट
【小号】[3] xiǎohào अकेला जेलखाना
【小胡桃】 xiǎohútáo 〈बो०〉हिकरी; हिकरी की गुठली या नट
【小户】 xiǎohù ❶〈पुराना〉छोटा गरीब परिवार ❷छोटा परिवार
【小花脸】 xiǎohuāliǎn परम्परागत ऑपेरा में विदूषक पात्र
【小黄鱼】 xiǎohuángyú छोटी पीली मछली
【小汇报】 xiǎohuìbào 小报告 के समान
【小惠】 xiǎohuì थोड़ा-सा उपहार या लोभज वस्तु
【小伙子】 xiǎohuǒzi 〈बोल०〉युवक; नौजवान; छोकरा; लौंडा
【小鸡儿】 xiǎojīr （小鸡子 xiǎojīzi भी）छोटा कुक्कुट; चूज़ा (छोटे बच्चे के शिश्न को कहा जाता है)
【小集团】 xiǎojítuán छोटा ग्रुप; गुट्ट
【小蓟】 xiǎojì 〈ची०चि०〉मैदानी गोखरू
【小家碧玉】 xiǎojiā-bìyù छोटे मामूली घर में सुन्दर युवती
【小家伙】 xiǎojiāhuo （小傢伙 xiǎojiāhuo भी）बच्चा
【小家鼠】 xiǎojiāshǔ （鼷 xī鼠 भी）घरेलू चूहा
【小家庭】xiǎojiātíng छोटा परिवार：成立～ विवाह करना और अपना घर आबाद करना
【小家子气】xiǎojiāziqì（小家子相 xiǎojiāzixiàng भी）ओछा; छोटे दिल का; संकीर्ण हृदय का
【小建】 xiǎojiàn चांद्र पंचांग में छोटा मास; 29 दिन का मास
【小将】 xiǎojiàng ❶युवक सेनापति ❷युवक योद्धा
【小脚】 xiǎojiǎo 〈पुराना〉(स्त्री के) बांधे हुए पैर
【小轿车】 xiǎojiàochē बंद मोटर-गाड़ी; कार
【小节】 xiǎojié ❶छोटी-सी बात; छोटा-सा मामला：生活～ व्यक्तिगत जीवन संबंधी छोटे-से मामले ❷〈संगी०〉बार：～线 बार लाइन (संगीत लिपि में ताल के लिए खड़ी लकीर)
【小结】 xiǎojié ❶संक्षिप्त सारांश：思想～ संक्षिप्त विचार का सारांश ❷संक्षिप्त सारांश निकालना：～上月工作 पिछले महीने के कामों का संक्षिप्त सारांश निकालना
【小姐】 xiǎojiě ❶युवती; अविवाहित युवती ❷कुमारी; देवी：李～ कुमारी ली
【小解】 xiǎojiě पेशाब करना; पेशाब निकालना
【小襟】 xiǎojīn चीनी पोशाक की दायीं ओर एक भीतरी छोटा भाग जिस की दायीं ओर बटन लगाये जाते हैं
【小尽】 xiǎojìn 小建 के समान
【小径】 xiǎojìng छोटा रास्ता; पगडंडी
【小舅子】 xiǎojiùzi 〈बोल०〉पत्नी का छोटा भाई; साला
【小剧场】 xiǎojùchǎng लघु नाटकगृह; लघु नाटकगृह में अभिनीत या प्रस्तुत किए जाने वाले नाटक की एक शैली
【小开】 xiǎokāi 〈बो०〉दुकानदार के पुत्र के लिए प्रयुक्त संबोधन
【小楷】 xiǎokǎi ❶नियमित लिपि में छोटे अक्षर ❷(मुद्रण में) छोटे अक्षर
【小看】 xiǎokàn नीच समझना; तुच्छ समझना; मामूली चीज़ समझना：不可～ मामूली चीज़ न समझी जा सकना

【小康】 xiǎokāng सुख-समृद्धि का अच्छा जीवन बिताने वाला：～人家 सुख-समृद्धि का अच्छा जीवन बिताने वाला घर; साधारण रूप से खाता-पीता परिवार

【小康社会】 xiǎokāng shèhuì समृद्ध समाज; खुशहाल समाज

【小考】 xiǎokǎo छोटी परीक्षा (जैसे, जांच, प्रश्नोत्तर, टेस्ट आदि)

【小可】 xiǎokě ❶〈पुराना〉〈विन०〉 मैं; आप का सेवक ❷मामूली：非同～ कोई मामूली मामला न होना

【小客车】 xiǎokèchē मिनिबस

【小口径】 xiǎokǒujìng छोटी संछिद्र; स्मॉल बोर：～步枪 छोटी संछिद्र की बंदूक; स्मॉल बोर राइफ़ल

【小老婆】 xiǎolǎopo रखेल; रखेली; उपपत्नी

【小老头儿】 xiǎolǎotóur 〈बोल०〉 नियत समय से पूर्व बूढ़ा हुआ व्यक्ति

【小礼拜】 xiǎolǐbài छोटा सप्ताह (एक सप्ताह में शनिवार और रविवार आराम के दिन और दूसरे सप्ताह में केवल रविवार आराम का दिन है, जिस सप्ताह में केवल रविवार के दिन आराम होता है, उसे छोटा सप्ताह कहते हैं)

【小笠原群岛】 Xiǎolìyuán Qúndǎo ओगासवारा या बोनिन द्वीपसमूह

【小两口】 xiǎoliǎngkǒu जवान दम्पति

【小量】 xiǎoliàng कम मात्रा

【小灵通】 xiǎolíngtōng व्यक्तिगत प्रवेश व्यवस्था（पी०एए०एस० —— 个人接入电话系统 gèrén jiērù diànhuà xìtǒng）का लोकप्रचलित नाम

【小令】 xiǎolìng ❶词（cí）का छोटा छंद ❷केवल 散曲（sǎnqǔ）गीत (संगीत-नाटक या ऑपेरा में आरिया जैसा गीत)

【小绺】 xiǎoliǔ 〈बो०〉 जेबकट; गिरहकट; गंठकटा

【小炉匠】 xiǎolújiàng फेरी लगाकर केटली, कड़ाही आदि की मरम्मत करने वाला; कसेरा; ठठेरा

【小路】 xiǎolù छोटा रास्ता; पगडंडी

【小萝卜】 xiǎoluóbo मूली

【小萝卜头儿】 xiǎoluóbotóur ❶बच्चा; नन्हा बच्चा ❷तुच्छ व्यक्ति; नगण्य व्यक्ति

【小骂大帮忙】 xiǎo mà dà bāngmáng किसी को दिखाने में डांट-फटकार करना पर वास्तव में उसी का समर्थन करना

【小买卖】 xiǎomǎimai छोटा व्यापार; छोटा क्रय-विक्रय：做～ छोटा व्यापार या क्रय-विक्रय करना

【小麦】 xiǎomài गेहूँ：～倒伏 गेहूँ का पौधा गिरना

【小麦赤霉病】 xiǎomài chìméibìng ह्वीट स्कैब; कुकुरमुत्ते की प्रकृति के गेहूँ के कुछ रोग

【小麦吸浆虫】 xiǎomài xījiāngchóng ह्वीट मिज

【小麦线虫】 xiǎomài xiànchóng गेहूँ का नेमाटोड

【小麦线虫病】 xiǎomài xiànchóngbìng गेहूँ का नेमाटोड रोग

【小麦腥黑穗病】 xiǎomài xīnghēisuìbìng गेरुई; बंट रोग

【小卖】 xiǎomài जलपान; हल्का नाश्ता; हल्की, चटपटी खाने की चीज़ें：应时～ मौसमी हल्की, चटपटी खाने की चीज़ें

【小卖部】 xiǎomàibù ❶छोटी दुकान (स्कूल, कारखाने, नाटकघर आदि में सिगरेट, मिठाई, ठंडा पेय आदि बेचने वाली) ❷जलपान की दुकान

【小满】 xiǎomǎn ❶चौबीस सौरावधियों में से आठवीं, अन्न की अल्पतर पूर्णता ❷उक्त सौरावधि का पहला दिन (20, 21 या 22 मई) —— दे० 二十四节气 èrshí sì jiéqì

【小猫熊】 xiǎomāoxióng（小熊猫 xiǎoxióngmāo भी）लघु पाँडा

【小毛】 xiǎomáo छोटे बालों वाली पशुओं की खाल (जैसे, रजत नकुल आदि की)

【小毛头】 xiǎomáotóu 〈बो०〉 शिशु

【小帽】 xiǎomào टोपी, तरबूज़ के आधे छिलके जैसे आकार की टोपी

【小门小户】 xiǎomén-xiǎohù साधारण दरिद्र परिवार

【小米】 xiǎomǐ बाजरा; कोदो：～加步枪 बाजरा और बंदूक

【小蜜】 xiǎomì युवा प्रेमिका; छोटी अवस्था की प्रेमिका; छोटी कुमारी; युवती

【小名】 xiǎomíng बचपन का नाम（乳名 rǔmíng भी）

【小命儿】 xiǎomìngr 〈बोल०〉 प्राण; जान：他的～差一点送了。उस की जान निकलते-निकलते बची।

【小拇哥】 xiǎomǔgē 〈बो०〉 छोटी अंगुली; कनिष्ठ अंगुली

【小拇指】 xiǎomǔzhǐ 〈बोल०〉 छोटी अंगुली; कनिष्ठ अंगुली

【小脑】 xiǎonǎo 〈श०वि०〉 अनुमस्तिष्क; सेरिबलम

【小年】 xiǎonián ❶चांद्र वर्ष जिस में अंतिम मास 29 दिन का है ❷चांद्र वर्ष के अंतिम मास में 23 या 24वीं तिथि को आने वाला एक त्यौहर, उस दिन पाकशाला के देवता को बलि चढ़ाई जाती है ❸(फल वाले वृक्षों, बांसों आदि के लिए) मंद गति से पैदा होने वाला वर्ष

【小年轻】 xiǎoniánqīng जवान लोग, लड़के और लड़कियां (20 वर्ष की आयु के लगभग)

【小年夜】 xiǎoniányè ❶चांद्र वर्ष की अंतिम रात्रि की पहली रात्रि ❷चांद्र वर्ष के अंतिम मास का 23वाँ या 24वाँ दिन

【小娘】 xiǎoniáng 〈पुराना〉 ❶पिता की रखेली ❷वेश्या

【小娘儿们】 xiǎoniángrmen 〈अना०〉 जवान स्त्री

【小娘子】 xiǎoniángzǐ 〈पुराना〉 ❶जवान विवाहित स्त्री ❷अल्पायु भद्र महिला (संबोधन में प्रयुक्त)

【小妞儿】 xiǎoniūr 〈बोल०〉 लड़की; युवती

【小农】 xiǎonóng लघु किसान

【小农经济】 xiǎonóng jīngjì लघु-किसान अर्थ-व्यवस्था; छोटी किसानी का अर्थतंत्र

【小女】 xiǎonǚ 〈विन०〉 मेरी पुत्री

【小跑】 xiǎopǎo दुलकी चाल से चलना：一路～ रास्ते में दुलकी चाल से चलना

【小朋友】 xiǎopéngyǒu ❶बाल; बालक：幼儿园的～ किंडरगार्टन के बालक ❷(प्रौढ़ व्यक्ति का बालकों के लिए

प्रयुक्त संबोधन) बालको
【小便宜】 xiǎo piányi लघु लाभ; थोड़ा-सा फ़ायदा: 贪～ लघु लाभ से लुभाना / 占～ लघु लाभ प्राप्त करना
【小票儿】 xiǎopiàor छोटी मुद्राओं के बैंक नोट
【小品】 xiǎopǐn लघु, सरल साहित्यिक या कलात्मक कृति; निबंध; संक्षिप्त विवरण: 历史～ संक्षिप्त ऐतिहासिक निबंध / 戏剧～ संक्षिप्त मनोरंजक नाटक
【小品文】 xiǎopǐnwén ललित निबंध; निबंध: 他的～都登出来了。उस के भेजे छोटे-छोटे निबंध प्रकाशित हो गए हैं।
【小评论】 xiǎopínglùn संक्षिप्त टीका; संक्षिप्त आलोचना
【小铺儿】 xiǎopùr छोटी दुकान
【小瀑布】 xiǎopùbù प्रपात; जल-प्रपात; झरना
【小气】 xiǎoqi ❶अनुदार; कंजूस: ～鬼 कंजूस ❷〈बो०〉 ओछा; क्षुद्रमना; संकीर्णचित्त
【小气候】 xiǎoqìhòu सूक्ष्म जल-वायु; छोटा मौसम; छोटे क्षेत्र में विशेष पर्यावरण, परिस्थितियाँ आदि
【小憩】 xiǎoqì थोड़ा आराम करना: 在长椅上～ लंबी कुर्सी पर थोड़ा आराम करना
【小前提】 xiǎoqiántí (युक्तिवाक्य में) लघु-आधार या पक्ष-आधार वाक्य
【小钱】 xiǎoqián ❶कांसे के सिक्के ❷थोड़े पैसे ❸रिश्वत में दिया गया थोड़ी मात्रा का पैसा
【小瞧】 xiǎoqiáo 〈बो०〉 तुच्छ समझना; नाचीज़ समझना; नीच समझना: 别～他，他歌唱得可好呢！उसे तुच्छ न समझो, वह गाना बहुत सुन्दर गाता है।
【小巧】 xiǎoqiǎo छोटा और फुर्तीला: 身材～ कद छोटा पर फुर्तीला
【小巧玲珑】 xiǎoqiǎo-línglóng छोटा और अत्युत्तम
【小青年】 xiǎoqīngnián जवान लोग; लड़के और लड़कियां (लगभग बीस वर्ष की आयु)
【小青瓦】 xiǎoqīngwǎ छोटी काली टाइल या खपड़ी (चीनी शैली की खपड़ी)
【小秋收】 xiǎoqiūshōu लघु शरद फ़सल (अर्थात् शरद फ़सल के पहले या बाद जंगली पशुओं और वनस्पतियों का संग्रह करना)
【小球藻】 xiǎoqiúzǎo क्लॉरेला
【小区】 xiǎoqū निवास जनपद
【小曲儿】 xiǎoqǔr लोकधुन: 哼～ लोकधुन गुनगुनाना
【小觑】 xiǎoqù तुच्छ समझना; नाचीज़ समझ्ना; नीच समझना; (के प्रति) तिरस्कारपूर्ण रुख अपनाना
【小圈子】 xiǎoquānzi ❶कार्यवाही का संकीर्ण क्षेत्र; छोटा समाज-मंडल: 走出家庭的～ परिवार के छोटे मंडल से निकल आना ❷छोटा गुट; छोटा ग्रुप: 搞～ छोटा गुट संगठित करना
【小犬】 xiǎoquǎn 〈विन०〉 मेरा पुत्र
【小犬座】 xiǎoquǎnzuò 〈खगोल०〉 केनिस माइनोर
【小儿】 xiǎor 〈बो०〉 ❶बचपन: 从～ बचपन से ❷नर शिशु: 胖～ मोटा शिशु या बच्चा —— दे० 小儿 xiǎo'ér
【小人】 xiǎorén ❶〈प्रा०〉 तुच्छ व्यक्ति ❷〈पुराना〉 〈विन०〉 मैं; सेवक (समाज में निम्न स्थिति वाले व्यक्ति द्वारा अपने से उच्चस्थिति वाले के लिए प्रयुक्त) ❸नीच आदमी; पाज़ी; दुष्ट
【小人儿】 xiǎorénr 〈बो०〉 (लड़के के लिए प्रयुक्त प्यारा संबोधन) बच्चा
【小人儿书】 xiǎorénrshū बालपोथी; बालोपयोगी सचित्र पुस्तिका
【小人物】 xiǎorénwù महत्वहीन व्यक्ति; नगण्य व्यक्ति
【小日子】 xiǎorìzi छोटे परिवार का (विशेषकर जवान दम्पति का) सुखमय जीवन
【小嗓儿】 xiǎosǎngr गले की आवाज़ (परम्परागत ऑपेरा में प्रयुक्त)
【小商品】 xiǎoshāngpǐn छोटा माल; व्यापार की छोटी-छोटी वस्तुएँ
【小商品经济】 xiǎoshāngpǐn jīngjì छोटी वस्तुओं की अर्थव्यवस्था
【小晌午】 xiǎoshǎngwu 〈बो०〉 सुबह; दोपहर के निकट पहले
【小舌】 xiǎoshé 〈श०वि०〉 अलिजिह्वा; कौवा
【小婶儿】 xiǎoshěnr （小婶子 xiǎoshěnzi भी） पति के छोटे भाई की पत्नी
【小生】 xiǎoshēng ❶श्याओशंग पात्र (परम्परागत ऑपेरा में शरीफ़ नौजवान पात्र) ❷〈पुराना〉 युवक विद्यार्थी या विद्वान का अपने लिए प्रयुक्त संबोधन: ～姓李名良。मेरा नाम ली ल्यांग है।
【小生产】 xiǎoshēngchǎn छोटे पैमाने का उत्पादन
【小生产者】 xiǎoshēngchǎnzhě छोटा उत्पादक: ～阶层 छोटे उत्पादकों की श्रेणी
【小狮座】 xiǎoshīzuò 〈खगोल०〉 सिंह राशि
【小时】 xiǎoshí घंटा, दिन का चौबीसवां भाग
【小时工】 xiǎoshígōng प्रति घंटे की दर पर काम करने वाला मज़दूर
【小时候】 xiǎoshíhou 〈बोल०〉 बचपन में
【小市】 xiǎoshì छोटा बाज़ार
【小市民】 xiǎoshìmín भद्र नागरिक
【小事】 xiǎoshì छोटी बात; छोटा मामला
【小试锋芒】 xiǎoshì-fēngmáng अपने कौशल का केवल एक छोटा-सा भाग दिखाना
【小视】 xiǎoshì 〈लि०〉 तुच्छ समझना; नाचीज़ समझना; महत्वहीन समझना
【小手工业者】 xiǎoshǒugōngyèzhě छोटे दस्तकार
【小手小脚】 xiǎoshǒu-xiǎojiǎo ❶अनुदार; कंजूस ❷साहस का अभाव; संकुचित; डरपोक; भीरु
【小书】 xiǎoshū ❶बालोपयोगी सचित्र पुस्तिका ❷〈पुराना〉 बाल पाठ्य-पुस्तक ❸थानथ्स् （弹词）, झटके मारकर तार-वाद्य बजाते हुए कहानी सुनाना
【小叔子】 xiǎoshūzi पति का छोटा भाई, देवर
【小暑】 xiǎoshǔ ❶अल्पतर उष्णता, चौबीस सौरावधियों में से ग्यारहवीं ❷उक्त सौरावधि का पहला दिन (6, 7 या 8 जुलाई) —— दे० 二十四节气 èrshí sì jiéqì
【小数】 xiǎoshù 〈गणित०〉 दशमलव
【小数点】 xiǎoshùdiǎn 〈गणित०〉 दशमलव बिन्दु
【小水】 xiǎoshuǐ 〈ची०चि०〉 मूत्र; पेशाब

【小睡】 xiǎoshuì क्षणिक निद्रा; हल्की-सी नींद: ～片刻 क्षणिक नींद में होना
【小说】 xiǎoshuō उपन्यास: 短篇～ कहानी
【小说家】 xiǎoshuōjiā उपन्यासकार: 短篇～ कहानीकार
【小厮】 xiǎosī 〈पुराना〉 ❶जवान नौकर; बालक नौकर ❷लड़का
【小苏打】 xiǎosūdá 〈रसा०〉 सोडियम बाइकार्बोनेट
【小算盘】 xiǎosuànpan छोटा गिनतारा —— स्वार्थी हिसाब: 打～ अपने या आंशिक हितों के लिए विचार करना; दुच्चा जोड़-तोड़ लगाना
【小提琴】 xiǎotíqín वायलिन
【小提琴手】 xiǎotíqínshǒu वायलिनवादक
【小题大做】 xiǎotí-dàzuò तिल का ताड़ करना; राई का पर्वत बनाना; सुई का फावड़ा
【小天地】 xiǎotiāndì किसी की अपनी सीमित मर्यादा: 走出办公室的～ अपने दफ़्तर की सीमित मर्यादा से निकल जाना
【小同乡】 xiǎotóngxiāng एक ही काउन्टी या गांव के रहने वाले: 他俩是～。वे दोनों एक ही काउन्टी या गांव के रहनेवाले हैं।
【小偷】 xiǎotōu छोटी-मोटी चीज़ों का चोर
【小偷小摸】 xiǎotōu-xiǎomō छोटी-मोटी चीज़ें चुराना
【小土地出租者】 xiǎotǔdìchūzūzhě छोटे भूखंडों का पट्टाकर्त्ता
【小团体主义】 xiǎotuántǐ zhǔyì संकीर्ण ग्रुपवाद
【小腿】 xiǎotuǐ टंगड़ी: ～肚子 पिंडली
【小玩艺儿】 xiǎowányìr ❶आलंकारिक छोटी-मोटी चीज़ें ❷मामूली हुनर
【小我】 xiǎowǒ निज; अहम्: 牺牲～ आत्मबलिदान; आत्मत्याग
【小卧车】 xiǎowòchē सीदान मोटरकार
【小巫见大巫】 xiǎowū jiàn dàwū बड़े जादूगर की उपस्थिति में छोटे जादूगर का —— (के सामने) बौना नज़र आना
【小五金】 xiǎowǔjīn लोहे, तांबे आदि धातुओं के छोटे-छोटे सामान या कलपुर्जे (जैसे, कील, तार, ताले आदि)
【小媳妇】 xiǎoxífu ❶विवाहित जवान स्त्री ❷हमेशा दोष निकाली जाने वाली
【小戏】 xiǎoxì छोटा साधारण नाटक
【小先生】 xiǎoxiānsheng छोटा अध्यापक —— अध्ययन में अपने सहपाठियों की सहायता करने वाला विद्यार्थी; अपने सहपाठियों में अध्यापक की भूमिका अदा करने वाला विद्यार्थी
【小小不言】 xiǎoxiǎo-bùyán बहुत छोटी-सी बात जो कहने योग्य नहीं है: 不必计较～的事儿。बहुत छोटी-सी बातों में समय नष्ट करने योग्य नहीं है।
【小鞋】 xiǎoxié कसा हुआ जूता —— अपने मालिक या उच्चस्तरीय अधिकारी द्वारा किया गया अनुचित व्यवहार या कठिनाइयां जब वह खुले रूप से दंड न दे सकता हो
【小写】 xiǎoxiě ❶चीनी अंकों का साधारण रूप (जैसे,一, 二, 三 आदि, उन के बड़े अक्षर 壹, 贰, 叁 आदि हैं) ❷छोटा अक्षर: ～字母 अंग्रेज़ी वर्णमाला के छोटे अक्षर
【小心】 xiǎoxīn सावधान रहना; खबरदार होना; चौकन्ना रहना: 火烛～ आग से सावधानी बरतना / ～轻放 (चीज़) सावधानी से रखना या देखभाल करना या हाथ में पकड़ना
【小心眼儿】 xiǎoxīnyǎnr ओछा; क्षुद्रमना; संकीर्ण-चित्त; तंगदिल
【小心翼翼】 xiǎoxīn-yìyì सावधानीपूर्वक; अत्यंत सावधानी से
【小星】 xiǎoxīng रखेल (बहुधा दूसरे व्यक्ति की रखेल के संबंध में प्रयुक्त)
【小行星】 xiǎoxíngxīng 〈खगोल०〉 लघु ग्रह
【小型】 xiǎoxíng लघु; छोटे आकार का: ～工业 लघु उद्योग / ～拖拉机 छोटे आकार का ट्रैक्टर / ～武器 छोटे हथियार / ～携带式X光机 लघु और सफ़री एक्स-रे मशीन
【小性儿】 xiǎoxìngr (小性子 xiǎoxìngzi भी) 〈बो०〉 बच्चों का-सा मिज़ाज; झगड़ालूपन; चिड़चिड़ापन: 使～ झगड़ालू होना; अप्रसन्न करना
【小熊猫】 xiǎoxióngmāo छोटा पांडा
【小熊座】 xiǎoxióngzuò 〈खगोल०〉 लघु वृक; अर्सा माइनोर
【小婿】 xiǎoxù 〈विन०〉 ❶मेरा दामाद (अन्य व्यक्ति के सामने अपने दामाद के लिए प्रयुक्त) ❷मैं (अपने ससुर के सामने दामाद का अपने लिए प्रयुक्त)
【小学】 xiǎoxué ❶प्राथमिक (प्राइमरी) स्कूल ❷भाषा-विज्ञान संबंधी अध्ययन
【小学生】 xiǎoxuéshēng प्राथमिक स्कूल का छात्र; प्राइमरी स्कूल का लड़का या लड़की
【小学生】 xiǎoxuésheng ❶(क्लास में दूसरे छात्रों से) उम्र में छोटा छात्र ❷〈बो०〉 छोटा लड़का
【小雪】 xiǎoxuě ❶अल्पतर हिम, चौबीस सौरावधियों में से बीसवीं ❷उक्त सौरावधि का पहला दिन (22 या 23 नवम्बर) —— दे० 二十四节气 èrshí sì jiéqì
【小循环】 xiǎoxúnhuán 〈श०वि०〉 फेफड़ों में रक्त का संचार
【小阳春】 xiǎoyángchūn लघु वसंत (चीन के कुछ भागों में 10वें चांद्र मास का मौसम वसंत जैसा लगता है)
【小洋】 xiǎoyáng 〈पुराना〉 दस या बीस सेंट वाला रजत सिक्का
【小样】 xiǎoyàng 〈मुद्रण०〉 गैली प्रूफ़ (स्लिप के रूप में उठाये हुए प्रूफ़ जो पृष्ठ के रूप में न हों)
【小业主】 xiǎoyèzhǔ छोटे व्यवसाय का मालिक
【小叶】 xiǎoyè 〈वन०〉 पर्णक; पत्रक; पत्रगुच्छ का एक दल
【小夜曲】 xiǎoyèqǔ 〈संगी०〉 सेरेनाड
【小衣】 xiǎoyī 〈बो०〉 रुमाली; लंगोटी; अंडरपेंट
【小衣裳】 xiǎoyīshang ❶सब से नीचे पहना जाने वाला वस्त्र ❷बच्चों का वस्त्र
【小姨儿】 xiǎoyír ❶साली ❷माता की सब से छोटी बहिन

【小姨子】 xiǎoyízi साली

【小意思】 xiǎoyìsi ❶〈शिष्ट०〉 आदर स्वरूप एक छोटी सी भेंट: 这一点儿～，我送给您做个纪念。यह मेरी सप्रेम भेंट है जो मैं आप को स्मृति-चिह्न के रूप में दे रहा हूँ। ❷साधारण काम; सामान्य चीज़: 这点事～，很快就可以办成。यह साधारण काम है, बहुत जल्दी पूरा किया जा सकता है।

【小音阶】 xiǎoyīnjiē 〈संगी०〉 माइनर स्केल

【小引】 xiǎoyǐn (कविता, लेख आदि के पहले) परिचय; संक्षिप्त विवरण; दो शब्द, भूमिका

【小影】 xiǎoyǐng हाथ के कैमरे से लिया गया फ़ोटो

【小雨】 xiǎoyǔ छोटी वर्षा; फुहार; झींसी; बूँदा-बाँदी

【小员司】 xiǎoyuánsī छोटा सरकारी कर्मचारी

【小月】[1] xiǎoyuè लघु मास —— 30 दिन का सौर मास या 29 दिन का चांद्र मास

【小月】[2] xiǎoyuè（小月子 xiǎoyuèzi भी）गर्भस्राव; गर्भपात

【小灶】 xiǎozào ❶छोटा भोजनालय ❷अलग से बनाया हुआ बढ़िया भोजन

【小账】 xiǎozhàng 〈बोल०〉 बख्शीश; इनाम; तोषक

【小照】 xiǎozhào किसी का अपना छोटे आकार का फ़ोटो; छोटा फ़ोटो

【小侄】 xiǎozhí ❶मेरा भतीजा (दूसरे व्यक्ति के सामने प्रयुक्त) ❷आप का भतीजा; मैं (अपने पिता की पीढ़ी के व्यक्तियों के सामने प्रयुक्त)

【小指】 xiǎozhǐ कनिष्ठ अंगुली; छोटी अंगुली

【小智术】 xiǎozhìshù ओछी तिकड़म: 弄～ ओछी तिकड़म लड़ाना

【小众】 xiǎozhòng छोटा समूह (जन)

【小住】 xiǎozhù थोड़े दिन के लिए ठहरना या रहना: 在京～数日 पेइचिंग में थोड़े दिन के लिए ठहरना

【小注】 xiǎozhù (मूल पाठ में समाविष्ट) छोटे अक्षरों में टीका-टिप्पणी

【小传】 xiǎozhuàn संक्षिप्त जीवनी

【小篆】 xiǎozhuàn（秦篆 Qínzhuàn भी）लघु मुद्रा अक्षर (छिन 秦 राजवंश में 213 ई०पू० को लिपि का मानकीकरण करने के उद्देश्य से स्वीकृत किया गया एक संक्षिप्तीकृत 大篆 dàzhuàn)

【小酌】 xiǎozhuó 〈लि०〉 हल्की चटपटी चीज़ों (नमकीन, सलाद इत्यादि) के साथ शराब पीना

【小资】 xiǎozī पेटी बुर्जुआ

【小资产阶级】 xiǎo zīchǎn jiējí निम्नपूंजीपति वर्ग: ～狂热性 निम्न पूजीवादी उन्माद

【小子】 xiǎozǐ 〈लि०〉 ❶युवक; नौजवान ❷〈पुराना〉 उच्च पीढ़ी के व्यक्तियों या ज्येष्ठों का निम्न पीढ़ी के युवकों या लड़कों के लिए प्रयुक्त संबोधन ❸〈पुराना〉 मैं (अपने उच्च पीढ़ी के व्यक्तियों के सामने युवकों का अपने लिए प्रयुक्त)

【小子】 xiǎozi 〈बोल०〉 ❶बच्चा; लड़का: 胖～ मोटा लड़का / 大～ बड़ा लड़का / 二～ दूसरा लड़का ❷〈अना०〉 छोकरा; आदमी; दुष्ट: 这～真坏！यह आदमी सचमुच बहुत खराब है।

【小字】 xiǎozì ❶हस्तलिखित लघु अक्षर ❷बचपन का नाम

【小字辈】 xiǎozìbèi कनिष्ठ; युवक सदस्य; निम्न सामाजिक स्थिति वाले व्यक्ति

【小卒】 xiǎozú पैदल सैनिक; पैदल सेना; इंफ़ेंट्री

【小组】 xiǎozǔ दल; टुकड़ी: ～讨论 दल में वाद-विवाद

【小坐】 xiǎozuò थोड़ी देर बैठना: ～片刻 थोड़ी देर बैठना

晓

晓（曉）xiǎo ❶प्रभात; भोर; तड़का; सवेरा; उषा: 拂～ पौ फटना ❷जानना; मालूम होना: 家喻户～ सब जानना; सब लोगों को मालूम होना ❸बताना; समझाना: ～以利害 लाभ-हानि बताना

【晓畅】 xiǎochàng ❶सुपरिचित होना; पूर्ण परिचित होना; गहरी जानकारी होना: ～军事 फ़ौजी मामलों से सुपरिचित होना ❷(लेख) स्पष्ट और प्रवाहमय: 语言～ भाषा साफ़ और प्रवाहमय

【晓得】 xiǎode जानना; मालूम होना: 天～！खुदा जाने! / 我不～。मैं नहीं जानता; मुझे मालूम नहीं।

【晓示】 xiǎoshì साफ़ बताना; घोषित करना; नोटिस देना

【晓市】 xiǎoshì सुबह का बाज़ार; मार्निंग मार्केट

【晓事】 xiǎoshì समझदार; बुद्धिमान: 这人好不～！यह आदमी बिलकुल समझदार नहीं है।

【晓行夜宿】 xiǎoxíng-yèsù (लंबी यात्रा में यात्री) पौ फटते ही यात्रा आरंभ करना और शाम को ठहरना

【晓以大义】 xiǎoyǐdàyì किसी के मन में किसी काम के औचित्य को बिठाना; किसी को किसी काम के औचित्य का विश्वास दिलाना

【晓谕】 xiǎoyù 〈लि०〉 (उच्चाधिकारियों के अधीन व्यक्तियों को) स्पष्ट आदेश देना

谠

谠（謏）xiǎo 〈लि०〉 लघु; छोटा: ～才 लघु योग्यता

筱

筱（篠）xiǎo ❶〈लि०〉 छोटा बांस ❷小 xiǎo के समान (बहुधा व्यक्तियों के नाम में प्रयुक्त)

xiào

孝

孝 xiào ❶पुत्रानुरूप; पुत्रयोग्य; वफ़ादार; योग्य: ～子贤孙 योग्य संतति; वफ़ादार संतान ❷〈पुराना〉 अपने परिवार के स्वर्गवासी ज्येष्ठ के लिए निश्चित अवधि में शोक प्रकट करने की परम्परागत विधि: 守～ अपने मृत माता-पिता के लिए शोक की अवधि पूरा करना ❸शोक वस्त्र: 穿～ शोक वस्त्र पहनना ❹（Xiào）एक कुलनाम

【孝道】 xiàodào पुत्रयोग्य कर्तव्य: 尽～ पुत्रयोग्य कार्य करना

【孝道】 xiàodao 〈बोल०〉 आज्ञाकारी पुत्र या पुत्री बनना: 他的儿女都很～。उस के पुत्र और पुत्री आज्ञाकारी हैं।

【孝服】 xiàofú ❶शोक वस्त्र ❷〈पुराना〉 अपने परिवार

के मृत ज्येष्ठ के लिए शोक प्रकट करने की अवधि：～已满 उक्त अवधि पूरी होना

【孝敬】 xiàojìng ❶(अपने परिवार के ज्येष्ठों का) आज्ञाकारी बनना और आदर करना ❷(अपना आदरभाव प्रकट करने के लिए अपने ज्येष्ठों को) भेंट देना：他带了些南京的土特产来～他爷爷。वह नानचिंग से अपने दादा के लिए भेंट के रूप में कुछ स्थानीय विशेष चीज़ें लाया।

【孝幔】 xiàomàn अरथी के सामने लटकाया गया सफ़ेद पर्दा

【孝男】 xiàonán 〈पुराना〉 आज्ञाकारी पुत्र; मातृ-पितृ भक्त पुत्र (मृत्यु-सूचना या समाधि-शिला पर प्रयुक्त)

【孝女】 xiàonǚ ❶〈पुराना〉 मातृ-पितृ भक्त पुत्री (मृत्यु-सूचना या समाधि-शिला पर प्रयुक्त) ❷आज्ञाकारिणी पुत्री

【孝顺】 xiàoshùn पुत्रयोग्य आज्ञाकारिता प्रकट करना：～父母 माता-पिता का आज्ञाकारी होना / ～的女儿 आज्ञाकारिणी पुत्री

【孝悌】 xiàotì पुत्रयोग्य आज्ञाकारिता प्रकट करना और अपने बड़े भाइयों से प्यार करना और उन का आदर करना

【孝帏】 xiàowéi अरथी के सामने शोक के लिए लटकाया गया सफ़ेद पर्दा

【孝心】 xiàoxīn आज्ञाकारिता की भावनाएँ

【孝行】 xiàoxíng आज्ञाकारिता के आचरण

【孝衣】 xiàoyī 〈पुराना〉 शोक वस्त्र

【孝子】 xiàozǐ ❶आज्ञाकारी पुत्र ❷शोक में पुत्र

肖 xiào सदृश होना; मिलता-जुलता होना; समान होना; एक-सा होना：酷～ बहुत अधिक मिलता-जुलता होना; अत्यंत सदृश होना

Xiāo भी दे०

【肖像】 xiàoxiàng आकृति-चित्र; प्रतिकृति

【肖像画】 xiàoxiànghuà प्रतिकृति-चित्र

【肖像权】 xiàoxiàngquán चित्र का अधिकार; राइट ऑफ़ इमिज

咲 xiào 〈लि०〉 笑 xiào के समान

校 1 xiào स्कूल; विद्यालय; कालेज：～舍 विद्यालय-गृह; स्कूल की इमारत / ～址 स्कूल या कालेज का स्थान

校 2 xiào सेनाधिकारी; कैप्टेन के ऊपर और जनरल के नीचे का अफ़सर

jiào भी दे०

【校办企业】 xiàobàn qǐyè विद्यालय द्वारा संचालित कारोबार

【校车】 xiàochē स्कूल बस; कालेज बस

【校董】 xiàodǒng स्कूल, कालेज आदि के संचालक मंडल के सदस्य：～会 स्कूल, कालेज आदि का संचालक मंडल

【校风】 xiàofēng स्कूल आदि की प्रचलित प्रथा

【校服】 xiàofú स्कूल आदि की वर्दी

【校官】 xiàoguān 〈सैन्य०〉 सेनाधिकारी; कैप्टेन के ऊपर जनरल के नीचे का अफ़सर

【校规】 xiàoguī स्कूल आदि के नियमन या कायदे

【校花】 xiàohuā स्कूल आदि की सुन्दरी

【校徽】 xiàohuī स्कूल आदि का चिन्ह

【校刊】 xiàokān स्कूल प्रकाशन; कालेज जरनल; कालेज पत्रिका

【校历】 xiàolì स्कूल आदि का कैलेंडर

【校企】 xiàoqǐ （校办企业 xiàobàn qǐyè का संक्षिप्त रूप）विद्यालय द्वारा संचालित कारोबार

【校庆】 xiàoqìng स्कूल आदि की संस्थापन-जयंती

【校务】 xiàowù स्कूल आदि के प्रशासन-कार्य

【校训】 xiàoxùn स्कूल आदि का आदर्श वचन; स्कूल मॉटो

【校医】 xiàoyī स्कूल आदि का डॉक्टर

【校友】 xiàoyǒu अलम्नस; अलम्ना：～会 अलम्नाई एसोसिएशन

【校园】 xiàoyuán स्कूल आदि का मैदान; कैम्पस

【校园网】 xiàoyuánwǎng 〈कंप्यू०〉 कैम्पस नेटवर्क

【校长】 xiàozhǎng (स्कूल) प्रधानाध्यापक; हेड-मास्टर; (कालेज, विश्वविद्यालय) कुलपति; चांसलर; प्रधानाचार्य

哮 xiào ❶भारी सांस लेना; खरखराहट के साथ सांस लेना：哮喘 ❷दहाड़ना; चिंघाड़ना; गुर्राना; (सागर, बादल आदि का) गरजना：咆～ दहाड़ना; गरजना

【哮喘】 xiàochuǎn दमा; अस्थमा

笑 xiào ❶हँसना; मुस्कराना：～声 हँसने की आवाज़; अट्टहास / 你们～什么？तुम लोग किस चीज़ पर हंस रहे हो？❷हंसी उड़ाना; मज़ाक उड़ाना; खिल्ली उड़ाना：别人失败了，别～他。दूसरों की असफलता की खिल्ली न उड़ाओ।

【笑柄】 xiàobǐng हास्यपात्र; उपहासपात्र; नक्कू; जगहंसाई：他的这句话已成为～。उस की यह बात अब जगहंसाई हो गई है।

【笑不可仰】 xiào bù kě yǎng हंसते-हंसते लोट-पोट हो जाना

【笑哈哈】 xiàohāhā हँसते हुए; हँसी-खुशी

【笑呵呵】 xiàohēhē खुशी से मुस्कराता हुआ होना：那老人总是～的。वह बूढ़ा हमेशा मुस्कराता रहता है।

【笑话】 xiàohua ❶खिल्ली; मज़ाक; हँसी：说～ मज़ाक करना ❷खिल्ली उड़ाना; मज़ाक उड़ाना; हँसी उड़ाना：～人家 दूसरों की खिल्ली या हँसी उड़ाना / 他生怕被人～。उसे यह डर है कि कहीं लोग उस की हँसी न उड़ाएँ।

【笑话百出】 xiàohuà－bǎichū बहुत गलतियां करना; अपने को पूरी तरह हास्यस्पद बनाना

【笑剧】 xiàojù हास्य-रूपक; हँसी-मज़ाक का नाटक

【笑里藏刀】 xiàolǐ–cángdāo मुस्कराहट के पीछे हत्या का इरादा छिपा होना; किसी की हंसी खंजर की धार की तरह काटती है; बगल में छुरी, मुँह में राम-राम (या हाथ में माला)

【笑脸】 xiàoliǎn हंसमुख; मुस्कराता चेहरा：～相迎 खुशी से स्वागत करना

【笑料】 xiàoliào हास्यपात्र; उपहासपात्र; हास्यप्रद बातें

【笑骂】 xiàomà ❶हँसी उड़ाना और फटकारना ❷हँसी में

डाँटना

【笑貌】 xiàomào मुस्कुराता चेहरा：他的音容～至今犹在眼前。उस की आवाज़ और मुस्कुराहट अब भी मेरी आंखों के सामने दिखाई दे रही है।

【笑眯眯】 xiàomīmī मुस्कुराना：他总是～的。वह सदा मुस्कुराता रहता है।

【笑面虎】 xiàomiànhǔ मुस्कुराता बाघ —— बाहर दयावान पर भीतर खूँख्वार व्यक्ति

【笑纳】 xiàonà <शिष्ट०> (मेरी तुच्छ भेंट को) प्रसन्नता से स्वीकार करना

【笑诺】 xiàonuò खुशी से वादा करना; प्रसन्नता से स्वीकार करना

【笑破肚皮】 xiào pò dùpí हँसते-हँसते पेट में बल पड़ जाना; हँसते-हँसते लोट-पोट होना

【笑气】 xiàoqì <रसा०> हँसाने वाली गैस; हास गैस; नाइट्रस ऑक्साइड

【笑容】 xiàoróng मुस्कुराहट; प्रसन्नाभिव्यक्ति：～满面 चेहरे पर मुस्कुराहट दौड़ जाना

【笑容可掬】 xiàoróng-kějū मुस्कान से चेहरा चमक उठना

【笑谈】 xiàotán ❶हास्यपात्र; उपहासपात्र：传为～ हास्यपात्र बन जाना ❷हँसी; दिल्लगी; मज़ाक; हँसी की बात

【笑窝】 xiàowō （笑涡 xiàowō भी）मुस्कुराते समय गाल में पड़ने वाला गड्ढा：他脸上有～。उस के कपोलों (या गालों) पर मुस्कुराते हुए गड्ढे पड़ते हैं।

【笑嘻嘻】 xiàoxīxī मुस्कुराते हुए दांत दिखाना या खीसें निपोरना

【笑星】 xiàoxīng हास्य-वार्तालाप, परिहास, सुखांत नाटक आदि का प्रसिद्ध अभिनेता या अभिनेत्री

【笑颜】 xiàoyán मुस्कुराहट; मुस्कुराता चेहरा：～常开 सदा मुस्कुराते रहना

【笑靥】 xiàoyè <लि०> ❶गाल पर पड़ने वाला गड्ढा ❷हंसमुख

【笑吟吟】 xiàoyínyín आकर्षक ढंग से मुस्कुराते हुए; चेहरे पर आकर्षक मुस्काम

【笑影】 xiàoyǐng मुस्कुराते चेहरे की आकृति

【笑语】 xiàoyǔ कहकहे के साथ सहर्ष गपशप

【笑逐颜开】 xiàozhúyánkāi आनंदित होना; प्रमुदित होना

效¹ xiào परिणाम; नतीजा; उपलब्धि：见～ उपलब्धियां प्राप्त करना / 生～ नतीजा हासिल करना

效² （傚） xiào नकल करना; अनुकरण करना; अनुसरण करना：～法 नकल करना / 上行下～。ऊपर वाला जो भी करता है उसी की नकल नीचे वाला भी करता है।

效³ （効） xiào (अपनी शक्ति या प्राण) अर्पित करना; सेवा करना：～力 सेवा करना / ～劳 खिदमत करना; सेवा करना

【效仿】 xiàofǎng उदाहरण का अनुसरण करना; नकल करना

【效果】 xiàoguǒ ❶परिणाम; नतीजा; उपलब्धि：发生～ उपलब्धियां प्राप्त होना / 收到～ परिणाम या सफलताएँ प्राप्त करना ❷<ना०> ध्वनि और प्रकाश की कारगरता

【效力】 xiàolì ❶सेवा करना; खिदमत करना：为国～ देश की सेवा करना ❷परिणाम; नतीजा：～有限 कार्यक्षमता सीमित होना / 这药很有～。यह दवा कारगर है।

【效率】 xiàolǜ कार्यक्षमता：～高 कार्योपयुक्त; प्रभावशाली / 工作～ कार्यक्षमता

【效命】 xiàomìng प्राण देना; जान देना：～疆场 युद्धभूमि पर प्राण देने के लिए तैयार होना

【效能】 xiàonéng क्षमता：增加工作～ कार्य-कुशलता बढ़ाना / 作战～高 युद्ध-क्षमता का स्तर ऊंचा होना

【效颦】 xiàopín मूर्खता से और भोंडेपन से अनुकरण करना; बेवकूफ़ी से और गलत ढंग से नकल करना

【效死】 xiàosǐ किसी कार्य के लिए प्राण देने को तैयार होना

【效验】 xiàoyàn इच्छित परिणाम：～在这里表现出来 इस का असर यहां दिखाई देना / 没有～ कोई असर न होना

【效益】 xiàoyì लाभ; हित; फ़ायदा：灌溉～ सिंचाई लाभ / 社会～ सामाजिक लाभ / 提高～ लाभ बढ़ाना

【效益工资】 xiàoyì gōngzī कल्याणकारी वेतन

【效应】 xiàoyìng परिणाम (भौतिक या रासायनिक); प्रभाव：热～ ताप परिणाम / 光电～ प्रकाश-विद्युत् परिणाम

【效用】 xiàoyòng उपयोगिता：发挥～ उपयोगिता दिखाना

【效尤】 xiàoyóu जानबूझकर दूसरे की गलतियों का अनुसरण करना：以儆效尤 yǐ jǐng xiào yóu

【效忠】 xiàozhōng तन-मन-धन से सेवा करना：～宣誓 स्वामिभक्ति की शपथ लेना / ～于祖国 तन-मन-धन से अपनी मातृभूमि की सेवा करना

啸 （嘯、歗） xiào ❶(मनुष्य) (मुंह से) सीटी बजाना：仰天～ सिर ऊपर की ओर करके लंबा और ज़ोर से चीखना ❷(पशु-पक्षी) ज़ोर से और लंबा चीखना; दहाड़ना：虎～ बाघ का दहाड़ना ❸(वायु, सागर आदि) गरजना：风～ हवा का सनसनाना / 海水的～声 सागर के गरजने की आवाज़ ❹(गोलियां, हवाई जहाज़ आदि) सनसनाना; भनभनाना：子弹的～声 गोलियों की सनसनाती हुई आवाज़ / 飞机飞～而过。विमान बड़ी तेज़ी से सनसनाता हुआ निकल गया।

【啸傲】 xiào'ào <लि०> इतमीनान से सीटी बजाते हुए; चिंता व समाज के रीति-रिवाजों से मुक्त होना (बहुधा एकांतवासी के जीवन के बारे में प्रयुक्त)：～林泉 वनों में और छोटी नदियों के पास एकांतवासी का जीवन बिताना

【啸聚】 xiàojù <लि०> एक दूसरे को पुकारना और साथ मिलकर काम करना：～山林 एक दूसरे को पुकार कर

पहाड़ी वन में साथ मिलकर गिरोह बनाना

【啸鸣】 xiàomíng ❶चीखना; सनसनाना: 北风～。 उत्तरी हवा चीख रही है। ❷ऊंची और लंबी आवाज़: 汽笛的～ सीटी की ऊंची और लंबी आवाज़

斅（斆） xiào 〈लि०〉 सिखाना; शिक्षा देना xué भी दे०

xiē

些 xiē ❶अनिश्चित संख्या; कुछ; कई: 有～人 कुछ लोग / 吃～糖果 कुछ मिठाई खाना / 做～事情 कुछ काम करना ❷(विशेषणों के बाद प्रयुक्त); थोड़ा अधिक या कम; कुछ: 我要个大～的。 मुझे इस से थोड़ा बड़ा चाहिए। / 再多～ इस से थोड़ा अधिक

【些个】 xiēgè 〈बोल०〉 कुछ: 这～ ये / 那～ वे / 他看～什么? वह क्या देख रहा है?

【些微】 xiēwēi कुछ; थोड़ा; ज़रा: 这衣服的颜色～深了。 इस कपड़े का रंग ज़रा गहरा है। / 我肚子～有点儿痛。 मेरे पेट में ज़रा दर्द हो रहा है।

【些小】 xiēxiǎo ❶थोड़ा-सा; कुछ: ～钱钞 थोड़ा-सा पैसा ❷छोटा; ज़रा: ～之事，不必介意。 ज़रा-सी बात पर आपत्ति करने की आवश्यकता नहीं है।

【些须】 xiēxū 〈पुराना〉 छोटा; थोड़ा: ～小事，何足挂齿。 इस छोटी-सी बात का जिक्र करने लायक नहीं है।

【些许】 xiēxǔ कुछ; छोटा: ～小礼 छोटी-सी तुच्छ भेंट

【些子】 xiēzǐ 〈बो०〉 कुछ; थोड़ा, छोटा

揳 xiē पच्चर आदि घुसेड़ना या लगाना: 墙上～个钉子 दीवार में कील मारना या ठोंकना

楔 xiē ❶पच्चर; मेख; कील; खूंटी ❷揳 xiē के समान

【楔规】 xiēguī 〈यां०〉 वेज गाज

【楔形文字】 xiēxíng wénzì फन्नी लिपि (प्राचीन बाबुलोनिय, असीरिया, फ़ारस आदि के शिलालेख की नुकीली लेखन-विधि); कीलाक्षर

【楔叶】 xiēyè 〈वन०〉 स्फ़ेनोफ़िलम

【楔子】 xiēzi ❶पच्चर; फन्नी; कील ❷(य्वान राजवंश के नाटकों में) प्राक्कथन; प्रस्तावना; आमुख; भूमिका; नाटक के दो अंकों के बीच का कार्यक्रम ❸कुछ आधुनिक उपन्यासों में प्राक्कथन, भूमिका आदि

歇 xiē ❶आराम करना: ～一会儿 थोड़ा सुस्ता लेना / ～礼拜 रविवार के दिन आराम करना ❷रुकना; बंद करना या होना: 工～ काम बंद करके आराम करना / ～业 व्यापार बंद होना ❸〈बो०〉 रात में सोने के लिए जाना: 你～了吗? क्या तुम सो गये? ❹〈बो०〉 थोड़ी देर: 过了一～ थोड़ी देर बाद / 等一～。 ज़रा ठहरिए।

【歇鞍】 xiē'ān 〈बो०〉 काम बंद करके आराम करना

【歇班】 xiēbān छुट्टी होना: 今天我～。 आज मेरी छुट्टी है।

【歇顶】 xiēdǐng गंजा होना; सिर के बाल झड़ जाना

【歇乏】 xiēfá काम करने के बाद आराम करना: 他坐在沙发里～。 वह सोफ़े पर बैठा हुआ आराम कर रहा है।

【歇伏】 xiēfú कड़ाके की गरमी के दिनों में काम बंद करके आराम करना

【歇后语】 xiēhòuyǔ द्विभागीय अन्योक्ति-लोकोक्ति जिन में पहला भाग सदा व्यक्त होता है, वर्ण-प्रधान है जब कि दूसरा भाग कभी-कभी अव्यक्त है पर उस का अर्थ समझा जाता है; जैसे, 泥菩萨过江 मिट्टी की बोधिसत्व-मूर्ति का नदी पार करना, अर्थात् 自身难保 स्वयं अपने आप की रक्षा करना भी कठिन होना

【歇肩】 xiējiān कंधे से भार उतारकर आराम करना

【歇脚】 xiējiǎo (歇腿 xiētuǐ भी) पैरों को आराम देना —— रास्ते पर आराम करना या सुस्ता लेना: 咱们歇会儿脚再走。 आइए, हम लोग ज़रा आराम करके फिर चलें।

【歇凉】 xiēliáng 〈बो०〉 किसी छाया में ठंडक का मज़ा लेना; ठंडे स्थान में सुस्ता लेना

【歇气】 xiēqì थोड़ी देर रुककर आराम करना; दम भर का अवकाश लेना: 他干了一整天，没～。 वह दिन-भर काम करता रहा, बीच में दम लेने का मौका भी न मिला।

【歇晌】 xiēshǎng दोपहर के भोजन के बाद आराम करना या झपकी लेना

【歇手】 xiēshǒu काम रोकना: 他歇了手脱衣服。 वह अपनी कमीज़ उतारने के लिए रुक गया।

【歇斯底里】 xiēsīdǐlǐ ❶〈चिकि०〉 उन्माद; हिस्टीरिया ❷अतिभावुक; विकृतिपूर्ण भावुकता; अति उत्तेजना: ～大发作 अतिभावुक होना; अति उत्तेजित होना

【歇宿】 xiēsù रात बिताने के लिए कहीं ठहरना: 在旅店～ रात बिताने के लिए सराय में ठहरना

【歇息】 xiēxi ❶आराम करना; विश्राम करना; सुस्ता लेना ❷रात बिताना; सोने के लिए जाना: 洗澡后～ नहाने के बाद आराम करना

【歇夏】 xiēxià 歇伏 के समान

【歇闲】 xiēxián 〈बो०〉 काम बन्द करके आराम करना: 他整天干活，从不～。 वह दिन-भर काम करता रहता है, कभी आराम नहीं करता।

【歇心】 xiēxīn ❶चिंतामुक्त: 子女都工作了，老人家～了。 बूढ़े के पुत्र-पुत्री सब को काम मिला है, इसलिए वह अब चिंतामुक्त है। ❷आशा टूट जाना: 这事发生以后他就～了。 इस घटना से उस की आशा टूट गई।

【歇阴】 xiēyīn 〈बो०〉 गरमियों के दिनों में धूप रहित ठंडी जगह में आराम करना

【歇枝】 xiēzhī (फलवाले वृक्षों का) पहले साल के बहुत फल फलने के बाद कम फल फलना या न फलना

蝎（蠍） xiē बिच्छू; वृश्चिक

【蝎虎】 xiēhǔ (蝎虎子 xiēhǔzi भी) छिपकली

【蝎子】 xiēzi बिच्छू; वृश्चिक

xié

叶 xié मेल में होना; मेल-मिलाप में होना: ～韵 तुकांत
yè भी दे०

协（協）xié ❶मेल खाना; अनुरूप होना; संगति होना: 协调 ❷साथ मिलना; तालमेल बैठाना: 协同 / ～力 मिलकर परिश्रम करना ❸साथ सहायता करना: 协理 / 协办

【协办】 xiébàn साथ मिलकर सहायता करते हुए काम करना: ～单位 साथ मिलकर सहायता करते हुए काम करने वाली इकाइयां

【协定】 xiédìng ❶समझौता; संधि; करार: 双边～ द्विपक्षीय समझौता ❷समझौता करना; संधि करना: 签订互助～ पारस्परिक सहायता संधि करना / 和对方成立～ विपक्ष से समझौता करना

【协定边界】 xiédìng biānjiè परिपाटीगत सीमा

【协定关税】 xiédìng guānshuì परिपाटीगत कर या टैरिफ़

【协和】 xiéhé मेल खाना; तालमेल करना या होना; अनुकूल करना: ～军民关系 जनता के साथ सेना के अच्छे संबंध कायम करना

【协和音】 xiéhéyīn 〈संगी०〉 स्वर-मिलन; स्वर-ऐक्य: 不～ स्वर-असंगति; स्वर अनैक्य

【协会】 xiéhuì संघ; सभा; परिषद: 作家～ लेखक संघ

【协理】 xiélǐ ❶(कारोबार आदि में) कार्य-संचालन में सहायता करना ❷(बैंक, व्यापार-कारोबार आदि में) सहायक कार्य-संचालक

【协商】 xiéshāng परामर्श करना; सलाह-मशविरा करना: 通过～解决 परामर्श के द्वारा समस्या का समाधान करना

【协商会议】 xiéshāng huìyì सलाहकार सम्मेलन

【协商委员会】 xiéshāng wěiyuánhuì सलाहकार समिति

【协调】 xiétiáo ❶मेल खाना; तालमेल करना या होना; अनुकूल करना; अनुरूप ढालना: 使二者互相～ दोनों को एक दूसरे के अनुरूप अच्छी तरह ढालना / 二者并未真正～。दोनों के बीच कोई वास्तविक सामंजस्य पैदा नहीं हो सका। ❷तालमेल का; सुसंगत; ऐक्यपूर्ण: 建立～的关系 तालमेल का संबंध स्थापित करना

【协同】 xiétóng किसी के साथ मिलकर काम करना: ～动作 कार्यवाहियों में तालमेल बैठाना / 战略～ रणनीति में तालमेल होना

【协议】 xiéyì ❶समझौता करना या होना: ～降低电脑价格 कम्प्यूटर का दाम घटाने के लिए समझौता होना ❷समझौता; करार: 破坏～ समझौते को तोड़ना / 遵守～ समझौते का पालन करना / 双边～ द्विपक्षीय समझौता / ～草案 समझौते का मसविदा / 不可能达成任何～。कोई समझौता होना असंभव है। / ～离婚 समझौते से तलाक होना

【协约】 xiéyuē ❶द्विपक्षों या बहुपक्षों का समझौते पर संधि करना: 协约国 ❷समझौता-पत्र; करारनामा; सुलहनामा: ～期满 समझौते की अवधि पूरी होना

【协约国】 xiéyuēguó मित्र राष्ट्र (पहले विश्वयुद्ध में)

【协助】 xiézhù सहायता करना; सहयोग करना

【协奏曲】 xiézòuqǔ 〈संगी०〉 कनचेतो; कंसर्टो: 钢琴～ पियानो कनचेतो

【协作】 xiézuò सहयोग करना; तालमेल करना; सामंजस्य करना: ～计划 सहकार योजना / 密切～ घनिष्ठ रूप से सहयोग करना

邪 xié ❶अनुचित; बुरा; खराब; नामुनासिब: ～说 अपसिद्धांत; अनुचित चर्चा; मिथ्या दृष्टि; मिथ्यावाद ❷असामान्य; बुरा: ～门儿 कुमार्ग; असाधारण; असामान्य ❸〈ची०चि०〉 रोग उत्पन्न होने के बाहरी कारण: 寒～ सर्दी लगने से उत्पन्न रोग ❹देवता या भूत-प्रेत द्वारा दी गई विपत्तियां: 中～ देवता या भूत-प्रेत का किसी व्यक्ति पर आना; हावी होना; कब्ज़ा करना
yé भी दे०

【邪不胜正】 xiébùshèngzhèng असाधु साधु पर विजय प्राप्त नहीं कर सकता; बुराई अच्छाई पर विजय प्राप्त नहीं कर सकती

【邪财】 xiécái 〈बो०〉 पाप की कमाई; अनुचित साधनों से प्राप्त धन

【邪道】 xiédào उन्मार्ग; कुमार्ग: 走～ कुमार्ग पर चलना

【邪恶】 xié'è बुरा; दूषित; दुष्ट: ～的念头 बुरी इच्छा

【邪乎】 xiéhu ❶〈बोल०〉 असाधारण; विशेष; असामान्य; अस्वाभाविक; घोर: 近来天热得～。आजकल सख़्त गरमी है। ❷विचित्र; अजीब; अनोखा; अविश्वसनीय; विश्वास के अयोग्य: 他说得很～。उस का कहना अविश्वसनीय-सा लगता है।

【邪教】 xiéjiào पंथ; विधर्म; धर्म-विरुद्ध मत; कल्ट: ～头目 पंथ मुखिया / 法轮功～ फ़ालुनकोंग पंथ या कल्ट / ～组织 विधर्म संगठन

【邪路】 xiélù अपथ; कुपथ; कुमार्ग: 走上～ कुपथ पर चलना / 把…引向～ किसी को कुपथ पर ले चलना

【邪门儿】 xiéménr ❶〈बो०〉 विचित्र; अजीब; अनोखा; असाधारण: 这天真～，六月还下雪。यह अजीब मौसम है, जून में बर्फ़ गिरती है। ❷कुमार्ग; गुप्त साधन; कुटिल व्यवहार

【邪门歪道】 xiémén-wāidào कुमार्ग; गुप्त साधन; कुटिल व्यवहार

【邪魔】 xiémó असुर; राक्षस; दानव; पिशाच; भूत-प्रेत

【邪魔外道】 xiémó-wàidào ❶〈बौद्ध धर्म〉 असुर; राक्षस; दानव; पिशाच; भूत-प्रेत ❷कुमार्ग; अपसिद्धांत

【邪念】 xiéniàn बुरी इच्छा; बुरा विचार; अनुचित विचार

【邪气】 xiéqì अनुचित प्रवृत्ति; बुरा प्रभाव: 使正气上升，～下降 अच्छी प्रवृत्ति को प्रोत्साहित करना और बुरी प्रवृत्ति की रोक-थाम करना

【邪术】 xiéshù जादू; जादू-टोना; जादूगरी

【邪说】 xiéshuō धर्म-विरुद्ध मत; अपसिद्धांत

【邪心】 xiéxīn बुरी इच्छा; बुरा विचार; अनुचित विचार

【邪行】 xiéxíng अनुचित आचरण; बुरा व्यवहार

【邪行】 xiéxing 〈बो०〉 विचित्र; अजीब; असाधारण: 这几天天热得～。आजकल असाधारण गरमी है। / 他俩好得多～。दोनों में खूब बनती है।

【邪欲】 xiéyù कुवासना

胁（脇、脅）xié ❶पार्श्व; बगल ❷विवश करना; बाध्य करना; बल-प्रयोग करना; ज़बर्दस्ती करना: 以钓饵诱～ किसी को लालच देकर फुसलाना और धमकाना

【胁持】 xiéchí 挟持 xiéchí के समान

【胁从】 xiécóng विवश होकर दूसरों के साथ अपराध करना: ～分子 अनिच्छा से अनुसरण करने वाले लोग / ～者不问 जो लोग दबाव के कारण मजबूरन अपराधी बने हैं उन्हें सज़ा न दी जाएगी; मजबूरन अपराध करने वालों को सज़ा न देना

【胁肩谄笑】 xiéjiān-chǎnxiào नीचता से चापलूसी करना और मुस्कराना; सिर झुकाना और घिसटना

【胁迫】 xiépò विवश करना; बाध्य करना; बल-प्रयोग करना; ज़बर्दस्ती करना; (पर) दबाव डालना

挟（挾）xié ❶बगल में रखना: ～泰山以超北海 थाए पर्वत को बगल में रखकर उत्तरी सागर को छलांग मारकर पार करना —— असंभव बात करना ❷विवश करना; बाध्य करना; बल-प्रयोग करना; ज़बर्दस्ती करना: 要～ धमकी देना; विवश करना; बाध्य करना ❸मन में (घृणा, वैर आदि) रखना; मन में स्थान देना: ～仇 मन में विद्वेष रखना

【挟持】 xiéchí ❶(बहुधा खराब आदमियों का) बगल से दोनों ओर से किसी को पकड़ना ❷बलात् किसी को अपनी बात मनवाना

【挟恨】 xiéhèn मन में तीव्र घृणा रखना

【挟天子以令诸侯】 xié tiānzǐ yǐ lìng zhūhóu सम्राट को अधिकार में रखकर अभिजातों को आदेश देना

【挟嫌】 xiéxián 〈लि०〉 मन में वैर रखना: ～报复 मन में वैर रखते हुए किसी से बदला लेना

【挟怨】 xiéyuàn मन में वैर रखना

【挟制】 xiézhì अपने आदेश पर कोई काम करने के लिए किसी को विवश करना

偕 xié एक साथ; के साथ: ～行 एक साथ जाना या चलना / ～夫抵京 पति के साथ राजधानी पहुंचना

【偕老】 xiélǎo (नव विवाहितों के लिए प्रयुक्त) साथ-साथ अतिवृद्धावस्था तक जीना

【偕同】 xiétóng किसी के साथ (कहीं जाना)

【偕行】 xiéxíng ❶एक साथ जाना या यात्रा करना: 携手～ हाथ में हाथ लेकर साथ-साथ जाना ❷एक ही काल में होना; सह-अस्तित्व होना

斜 xié तिरछा; टेढ़ा; आड़ा; तिर्यक: ～日光 सूरज की तिरछी किरणें / ～线 तिरछी रेखा या लकीर

【斜边】 xiébiān ❶〈गणित०〉 त्रिभुज में समकोण के सामने की रेखा ❷〈यां०〉 छेनी का सा कोर

【斜长石】 xiéchángshí 〈खनि०〉 तिरछी दरार वाले खनिज-पदार्थ; प्लेज्योक्लेस

【斜度】 xiédù तिरछा होने की मात्रा; ग्रेडिएंट: ～标 ग्रेडिएंट साइन

【斜对面】 xiéduìmiàn लगभग सामने; ठीक सामने से ज़रा बायें या दायें की ओर: 学校就在马路～。स्कूल सड़क के उस ओर लगभग सामने ही है।

【斜风细雨】 xiéfēng-xìyǔ मंद हवा और हल्का पानी

【斜高】 xiégāo तिरछी ऊंचाई

【斜晖】 xiéhuī 〈लि०〉 डूबते सूर्य की तिरछी किरणें; तिरछा सूरज

【斜角】 xiéjiǎo 〈गणित०〉 तिर्यककोण; तिरछा कोना; 〈यां०〉 बेवेल कोण; बेवेल एंगल: ～规 बेवेल स्क्वेयर

【斜井】 xiéjǐng 〈खनि०〉 तिरछा शैफ़्ट; खान का तिरछा रास्ता या प्रवेश; 〈पेट्रोलियम〉 तिरछा कुआँ; तिर्यक कूप

【斜楞】 xiéleng तिरछा; तिरपट: ～眼 तिरपट आंखें

【斜路】 xiélù कुपथ; कुमार्ग: 走上～ कुपथ पर चलना

【斜率】 xiélǜ 〈गणित०〉 प्रवणता; ढाल; स्लोप

【斜面】 xiémiàn 〈गणित०〉 तिरछा प्लेन; 〈यां०〉 बेवेल

【斜睨】 xiénì कनखियों से देखना: 他～着看我。उस ने कनखियों से मुझे देखा।

【斜坡】 xiépō ढाल; ढलवान; निचान

【斜射】 xiéshè (किसी पर) तिरछी किरणें फेंकना या डालना: ～的光线 तिरछी किरणें

【斜视】 xiéshì ❶〈चिकि०〉 तिर्यक दृष्टि; भेंगापन; ऐंचापन ❷तिरछी नज़र से देखना: 目不～ तिरछी नज़र से न देखना

【斜视图】 xiéshìtú 〈यां०〉 तिरछी ड्राइंग

【斜体字】 xiétǐzì 〈मुद्रण०〉 इटैलिक्स: 用～书写 इटैलिक्स में लिखना

【斜纹】 xiéwén 〈बुना०〉 ट्वील (बुनना)

【斜纹布】 xiéwénbù 〈बुना०〉 ट्वील (कपड़ा); ड्रिल

【斜线】 xiéxiàn 〈गणित०〉 तिर्यक-रेखा; तिरछी लकीर

【斜线号】 xiéxiànhào स्लांट (/)

【斜眼】 xiéyǎn ❶〈चिकि०〉 तिर्यक दृष्टि; वक्रदृष्टि; भेंगापन ❷रोग आदि के कारण आंख में पड़ने वाला चिट्टा, भेंगापन ❸तिरछापन

【斜阳】 xiéyáng डूबता सूरज

【斜照】 xiézhào ❶किसी पर तिरछी किरणें फेंकना ❷डूबता सूरज

【斜轴线】 xiézhóuxiàn 〈गणित०〉 तिर्यक समविभाजक रेखा; आब्लीक ऐक्सिस

谐（諧）xié ❶संगति में; समस्वर में; सुस्वर में: 和～ सुस्वर; संगतस्वर; सुसंगत; मेल-मिलाप का ❷〈लि०〉 समुचित रूप से सुलझाना; भली प्रकार निबटाना ❸हास्यपूर्ण; परिहा-समय; विनोदी: 诙～ हास्यपूर्ण; विनोदी

【谐和】 xiéhé संगतस्वर; सुसंगत; मेल-मिलाप का

【谐美】 xiéměi (वचन आदि) सुस्वर और सुन्दर

【谐趣】 xiéqù ❶बुद्धि और हास्य-विनोद: ～横生 बुद्धि और हास्य-विनोद से भरा होना ❷समरस रुचि और शोभा:

~园 (समर पैलेस 颐和园 में) समरस रुचियां उद्यान
【谐声】 xiéshēng 形声 xíngshēng के समान
【谐戏】 xiéxì 〈लि०〉 आनंद-प्रद मज़ाक करना
【谐星】 xiéxīng प्रमुख हास्योत्पादक अभिनेता या अभिनेत्री
【谐谑】 xiéxuè परिहास; हँसी; हँसी-मज़ाक: 语带~ दिल्लगी से बात करना
【谐谑曲】 xiéxuèqǔ 〈संगी०〉 स्वरज़ो (scherzo)
【谐音】 xiéyīn ❶कर्णमधुर ध्वनि ❷〈संगी०〉 आंशिक सुर; अंश स्वर ❸एकस्वरता
【谐振】 xiézhèn 〈भौ०〉 गूंज; गमक; अनुनाद: 空腔~ विवर-अनुनाद
【谐振腔】 xiézhènqiāng 〈भौ०〉 अनुनादित विवर

絜 xié 〈लि०〉 ❶वस्तु के परिवेश की लंबाई मापना ❷तौलना; तौल करना; नापना

颉 (頡) xié ❶〈लि०〉 चिड़िया का ऊपर की ओर उड़ना ❷ (Xié) एक कुलनाम
【颉颃】 xiéháng 〈लि०〉 ❶चिड़िया का ऊपर-नीचे उड़ना ❷बराबर का जोड़ होना; समान होना; एक दूसरे को समानता दिखाना

携 (攜、擕) xié ❶लेना; साथ लेना: ~眷 परिवार सहित / ~款 रकम लेकर ❷हाथ में हाथ लेना: 携手
【携带】 xiédài लाना; साथ लेना: ~武器 हथियार लेना / ~式 X 光机 सफ़री एक्सरे मशीन
【携贰】 xié'èr 〈लि०〉 आधे मन से होना; बेवफ़ा होना
【携手】 xiéshǒu ❶हाथ में हाथ लेना: ~同行 हाथ में हाथ लेकर साथ-साथ चलना; कंधे से कंधा मिलाकर चलना ❷साथ-साथ; एक साथ: ~合作 साथ-साथ सहयोग करना

斜 xié 麦斜 Màixié च्यांगशी प्रांत में एक स्थान

鲑 (鮭) xié प्राचीन पुस्तकों में वर्णित मछली से बना भोजन

guì भी दे०

鞋 xié जूता
【鞋拔子】 xiébázi जूता चढ़ाने का औज़ार; शू हार्न
【鞋帮】 xiébāng जूते का ऊपर का हिस्सा
【鞋带】 xiédài जूतों के फीते; तसमा
【鞋底】 xiédǐ जूते का तला या तल्ला
【鞋垫】 xiédiàn शू पैड; जूते के अंदर भरने वाली गद्दी
【鞋粉】 xiéfěn जूते का पाउडर; शू-पाउडर
【鞋跟】 xiégēn जूते की एड़ी
【鞋尖】 xiéjiān जूते की नोक
【鞋匠】 xiéjiàng चमार; चर्मकार; जूते बनाने वाला
【鞋扣】 xiékòu जूते का बकसुआ या बटन
【鞋里】 xiélǐ जूते का अस्तर; शू-लाइनिंग
【鞋面】 xiémiàn जूते का अगला ऊपरी भाग; पंजा; वैम्प
【鞋刷】 xiéshuā जूते का ब्रुश; शू-ब्रुश
【鞋楦】 xiéxuàn कलबूत; कालबूत
【鞋样】 xiéyàng शू पैटर्न
【鞋油】 xiéyóu शू पॉलिश; शू क्रीम

撷 (擷) xié 〈लि०〉 ❶उतारना; चुनना: 采~ चुनना / ~念珠 माला जपना ❷xié के समान

勰 xié 〈लि०〉 मेल खाना; तालमेल करना या होना (बहुधा व्यक्तियों के नाम में प्रयुक्त)

缬 (纈) xié 〈लि०〉 बेलबूटेदार रेश्मी वस्त्र

襭 (襭) xié 〈लि०〉 वस्त्र के दामन से वस्तुएँ लेना

鞵 xié 〈लि०〉 鞋 xié के समान

xiě

写 (寫) xiě ❶लिखना: ~信 पत्र लिखना / ~字 शब्द या अक्षर लिखना / ~账 हिसाब-किताब रखना; लिखा-पढ़ी करना ❷लेख लिखना: ~稿 लेख लिखना / ~论文 निबन्ध लिखना ❸वर्णन करना; बयान करना: ~景 दृश्य का वर्णन करना ❹चित्र बनाना; चित्रित करना: 写生

xiè भी दे०
【写本】 xiěběn हस्तलिखित कापी
【写法】 xiěfǎ ❶लिखने की शैली; साहित्यिक शैली ❷हस्तलिपि की शैली
【写生】 xiěshēng 〈कला〉 (प्राकृतिक दृश्यों आदि के) रेखाचित्र खींचना: 室外~ खुले मैदान में प्राकृतिक दृश्यों आदि का रेखाचित्र खींचना
【写生画】 xiěshēnghuà रेखाचित्र; स्केच
【写实】 xiěshí यथार्थवादी ढंग से लिखना; यथार्थ रूप से लिखना या चित्र बनाना
【写实主义】 xiěshí zhǔyì यथार्थवाद (现实主义 xiànshí zhǔyì का पुराना नाम)
【写意】 xiěyì चीनी परम्परागत चित्रकला में मुक्तहस्त चित्रकारी (इस की विशेषता उज्ज्वल अभिव्यक्ति और स्पष्ट बाह्यरेखा है)

xièyì भी दे०
【写照】 xiězhào ❶(व्यक्ति या पात्र का) चित्र खींचना: 传神~ चमकदार चित्र खींचना ❷वर्णन करना; बयान करना: 真实的~ सच्चा वर्णन करना
【写真】 xiězhēn ❶किसी व्यक्ति का चित्र खींचना ❷खींचा हुआ रूपचित्र; पोर्ट्रेट ❸यथार्थ चित्रण
【写字间】 xiězìjiān 〈बो०〉 दफ़्तर; कार्यालय
【写字楼】 xiězìlóu दफ़्तरी इमारत; ऑफ़िस बिल्डिंग
【写字台】 xiězìtái डेस्क; राइटिंग डेस्क; लेखन मेज़
【写作】 xiězuò लेखन; लिखना: ~方法 लेखन-प्रणाली
【写作班子】 xiězuò bānzi लेखन दल; राइटिंग ग्रुप

血 xiě 〈बोल०〉 रक्त; खून: 一滴～ रक्त की एक बूंद / 一摊～ खून का कतरा
xuè भी दे०

【血肠】 xiěcháng ब्लड सौसेज

【血糊糊】 xiěhūhū रक्तरंजित; खून से रंगा हुआ; लहू-लुहान

【血块】 xiěkuài खून का थक्का

【血淋淋】 xiělínlín ❶बूंद-बूंद खून टपकता हुआ; खून से लथपथ; लहूलुहान ❷कठोर; सख़्त: ～的现实 कठोर यथार्थता

【血丝】 xiěsī खून की बहुत कम मात्रा: 痰里有～ कफ में खून की बहुत कम मात्रा होना

【血晕】 xiěyùn अंतःक्षति; भीतरी चोट; गुम चोट
xuèyùn भी दे०

xiè

写（寫） xiè नीचे दे०
xiě भी दे०

【写意】 xièyì 〈बो०〉 सुखप्रद; आराम का; आनन्दप्रद
xiěyì भी दे०

泄（洩） xiè ❶(हवा या तरल पदार्थ) निकलने देना: 排～ मल-विसर्जन करना / 泄洪 ❷प्रकट करना; बेनकाब करना: 泄漏 / 泄露 ❸प्रकट कर देना: 泄愤

【泄底】 xièdǐ भेद खुलना या खोलना

【泄愤】 xièfèn （泄忿 xièfèn भी） गुस्सा उतारना: 泄私愤，图报复 व्यक्तिगत शिकवे-शिकायतों को सामने लाना या बदला लेना

【泄恨】 xièhèn किसी पर अपनी व्यक्तिगत घृणा या क्रोध उतारना

【泄洪】 xièhóng बाढ़ को बाहर निकालना: 开闸～ जलद्वार या बाँध का फाटक खोलकर बाढ़ को बाहर निकालना

【泄洪道】 xièhóngdào बांध के नीचे का जल निकालने वाला मार्ग

【泄劲】 xièjìn विश्वास और उत्साह खोना: 要坚持，别～。 डटे रहो, शिथिल न होओ।

【泄漏】 xièlòu ❶(वायु या तरल पदार्थ का) बाहर निकलना ❷(भेद आदि) खोलना या खुलना; दर्शाना: ～秘密 रहस्य दर्शाना

【泄露】 xièlòu (भेद, रहस्य आदि) प्रकट करना; दर्शा-ना: ～机密 रहस्य दर्शाना; भंडा फोड़ना / 把真实情况～出去 असली परिस्थिति की जानकारी बाहर के लोगों तक पहुंचा देना / ～阴谋 साज़िशों को प्रकट कर देना

【泄密】 xièmì रहस्य दर्शाना; भेद प्रकट होना या करना

【泄气】 xièqì निराश होना; निरुत्साहित होना: 不要在困难面前～。 कठिनाइयों के सामने निराश नहीं होना चाहिए।

【泄水】 xièshuǐ 〈जल-संरक्षण〉 पानी का जलद्वार से वेगपूर्वक बाहर जाना

【泄水道】 xièshuǐdào जल-निकासी मार्ग

【泄水孔】 xièshuǐkǒng जल-निकासी छेद

【泄水闸】 xièshuǐzhá जल-निकासी फाटक या द्वार

【泄泻】 xièxiè 〈ची०चि०〉 अतिसार; दस्त

【泄殖腔】 xièzhíqiāng 〈प्राणि०〉 चिड़ियों या रेंगनेवाले जंतुओं की गुदा

泻（瀉） xiè ❶वेगपूर्वक बहना: 一～千里 yī-xiè-qiānlǐ ❷दस्त आना

【泻肚】 xièdù दस्त आना; पतला पाखाना होना; पतली टट्टी होना

【泻盐】 xièyán रेचक नमक; मैगनीशियम सल्फ़ेट

【泻药】 xièyào मृदु विरेचक; दस्तावर दवा; जुलाब

绁（紲、絏、緤） xiè 〈लि०〉 ❶रस्से: 缧绁 léixiè ❷बांधना

契（偰） xiè इन（殷）राजवंश के पूर्वज, पुराण के अनुसार ये शुन（舜）के मंत्री थे
qì भी दे०

卨（禼、离） xiè व्यक्तियों के नाम में प्रयुक्त अक्षर, जैसे, 万俟卨Mòqí Xiè (सोंग 宋 राजवंश में)

卸 xiè ❶(गाड़ी, नाव आदि से) माल या बोझा उतार-ना: ～货 माल उतारना / ～车 गाड़ी से माल आदि उतारना / ～船 नाव, जहाज़ आदि से माल आदि उतारना ❷हटाना; उतारना: ～零件 मशीन से पुर्जे उतारना ❸मुक्त होना; काम से बचना; कर्तव्य से भागना: ～任 पद-त्याग करना या होना; नौकरी से भार-मुक्त होना / ～责 किसी पर ज़िम्मेदारी थोपना; कर्तव्य को टालना

【卸包袱】 xiè bāofu अपने ऊपर पड़ा हुआ बोझा उतारना; 〈ला०〉 मानसिक बोझा उतारना

【卸肩】 xièjiān कंधे से माल आदि उतारना; 〈ला०〉 अपनी ज़िम्मेदारी से भागना; कर्तव्य को टालना

【卸磨杀驴】 xièmò-shālǘ जैसे ही गदहा काम पूरा करके चक्की के पाट से निकले वैसे ही उसे मार दिया जाना —— जैसे ही कोई काम पूरा करे, उसे हटा दिया जाना

【卸妆】 xièzhuāng (स्त्री का) अलंकार और कपड़ा उतारना

【卸装】 xièzhuāng (अभिनेता या अभिनेत्री का) वेषभूषा उतारना

屑 xiè ❶छोटे टुकड़े; खंड: 纸～ कागज़ के छोटे-छोटे टुकड़े / 煤～ कोयले का चूरा ❷क्षुद्र; तुच्छ: 琐～ तुच्छ; क्षुद्र ❸(करने) योग्य समझना: 不～一顾 दृष्टि डालने योग्य न समझना

【屑屑】 xièxiè तुच्छ; क्षुद्र: ～小事 तुच्छ बात; ज़रा-सी बात

【屑意】 xièyì मन लगाना; आपत्ति करना; बुरा लगना: 毫不～ तनिक भी आपत्ति न करना

械 xiè ❶उपकरण; यंत्र; कलयंत्र: 机～ मशीनरी ❷हथियार; शस्त्रास्त्र; शस्त्र: 缴～ हथियार छोड़ना ❸〈लि०〉बेड़ी, हथकड़ी आदि

【械斗】 xièdòu दलों के बीच हथियारों से लड़ना

龂（齘） xiè ❶दांतों का रगड़ना ❷असम; ऊंचा-नीचा; विषम; जो एकरूप न हो

猲 xiè 〈लि०〉छोटा मुंह वाला कुत्ता
hè भी दे०

亵（褻） xiè ❶अनादर होना; अनादर से व्यवहार करना: ～渎 अनादर करना ❷अश्लील; गंदा; अशिष्ट: ～语 गंदी बातें

【亵慢】 xièmàn 〈लि०〉अनादर दिखाना

【亵衣】 xièyī अंडरवीयर; सब से नीचे पहना जाने वाला वस्त्र; कच्छा

渫 xiè ❶〈लि०〉हटाना; मिटाना ❷〈लि०〉निकालना; साफ़ करना ❸（Xiè）एक कुलनाम

谢（謝） xiè ❶धन्यवाद देना; शुक्रिया अदा करना: ～～您！ आप को बहुत-बहुत धन्यवाद！शुक्रिया！धन्यवाद！/ 我～了～他。मैं ने उस को शुक्रिया अदा किया। ❷〈लि०〉क्षमा-प्रार्थना करना; क्षमा-याचना करना; माफ़ी मांगना: ～罪 अपनी गलती के लिए क्षमा-मांगना या क्षमा-याचना करना / ～病 रोग के कारण काम से छुटकारा पाने की मांग करना ❸अस्वीकार करना; इंकार करना; ना करना: ～绝 नम्रता से अस्वीकार करना; इंकार करना ❹(फूल या पत्ते का) झड़ना; मुरझाना: 凋～ मुरझाना ❺（Xiè）एक कुलनाम

【谢忱】 xièchén कृतज्ञता; आभार; एहसान: 致～ कृतज्ञता प्रदर्शित करना

【谢词】 xiècí कृतज्ञता प्रदर्शित करने के लिए दिया गया भाषण; धन्यवाद सूचक भाषण

【谢顶】 xièdǐng（歇顶 xiēdǐng भी）सिर गंजा होना

【谢恩】 xiè'ēn (बहुधा मंत्री का सम्राट के प्रति प्रयुक्त) कृपा के लिए कृतज्ञता प्रदर्शित करना

【谢客】 xièkè ❶अतिथि से मिलना अस्वीकार करना: 闭门～ फाटक बंद करके अतिथियों से मिलना अस्वीकार करना ❷अतिथियों को धन्यवाद देना या कृतज्ञता प्रदर्शित करना

【谢礼】 xièlǐ कृतज्ञता प्रकट करने के लिए दी गई भेंट; उत्तर में दी गयी प्रतिभेंट

【谢媒】 xièméi (नव-विवाहितों का) बरेखिया या घटक को भेंट देना

【谢幕】 xièmù अभिनेताओं की अलविदाई सलामी

【谢却】 xièquè नम्रता से अस्वीकार करना

【谢世】 xièshì 〈लि०〉मर जाना; मृत्यु होना; गुज़र जाना; चल बसना

【谢天谢地】 xiètiān-xièdì ईश्वर को धन्यवाद देना; खुदा का शुक्रिया अदा करना: ～，我总算回来了！ईश्वर का धन्यवाद, आखिर मैं लौट आया।

【谢帖】 xiètiě कृतज्ञता-पत्र; दूसरे से भेंट लेने के बाद उस को दिया गया धन्यवाद-पत्र

【谢孝】 xièxiào माता या पिता की मृत्यु के लिए शोकावधि पूरी होने के बाद उन संबंधियों और मित्रों के प्रति जिन्हों ने समवेदना प्रकट की हो, कृतज्ञता प्रकट करने और उन से मिलने जाना

【谢谢】 xièxie धन्यवाद; शुक्रिया

【谢仪】 xièyí 谢礼 के समान

【谢意】 xièyì कृतज्ञता; आभास: 表示～ कृतज्ञता प्रकट करना

屧（屟） xiè 〈लि०〉खड़ाऊ; काठ का खुला जूता

媟 xiè 〈लि०〉अनादर करना; अनादर के साथ व्यवहार करना; दुर्व्यवहार करना: ～渎 —— दे० 亵渎 xièdú

塮 xiè 〈बो०〉सूअर, बकरे आदि की पशुशाला में एकत्रित मल-मूत्र: 猪～ सूअर के मल-मूत्र की खाद

解[1] xiè 〈बोल०〉समझना; अर्थ जानना: ～不开这个道理。इस का कारण समझ में न आ सकता।

解[2] xiè 〈पुराना〉नट की कला; कलाबाज़ी: 卖～的 नट; बाज़ीगर

解[3] Xiè ❶解池 Xièchí (शानशी 山西 प्रांत में एक झील का नाम) ❷एक कुलनाम
jiě; jiè भी दे०

【解数】 xièshù ❶मुक्केबाज़ी में अंगस्थिति ❷कौशल; हुनर: 使出浑身～ अपने सारे कौशलों का प्रयोग करना

榭 xiè चबूतरे पर बना मंडप या मकान: 水～ झील या तालाब के किनारे पर बना मंडप

薤 xiè 〈बन०〉❶चीनी प्याज़ ❷चीनी प्याज़ का ज़मीन के अंदर रहनेवाला गोल तना

薢 xiè 萆薢 bìxiè एक पौधा जो दवा के काम आता है

嶰 xiè 〈लि०〉गुहा; गुफ़ा; कंदरा: 幽～ शांत गुहा

獬 xiè नीचे दे०

【獬豸】 xièzhì प्राचीन पौराणिक पशु जो नेक और बद के बीच भेद कर सकने वाला समझा जाता था

邂 xiè नीचे दे०

【邂逅】 xièhòu 〈लि०〉(संबंधी, मित्र आदि से) संयोग से मिलना; अप्रत्याशित रूप से मिलना: ～相遇 अप्रत्याशित रूप से मिलना

廨 xiè 〈प्रा०〉〈लि०〉 सरकारी दफ़्तर

澥¹ xiè ❶(गोंद, पेस्ट आदि) गाढ़े से पतला बनना: 糨糊～了。पेस्ट पतला हो गया। ❷〈बो०〉 (गुंधे आटे, पेस्ट आदि में) पानी डालकर पतला बनाना: 糨糊里加点水～一～。पेस्ट में थोड़ा पानी डालकर उसे पतला बनाओ।

澥² xiè 渤澥 Bóxiè (पो सागर 渤海 का प्राचीन नाम)

懈 xiè शिथिल; ढीला; सुस्त: 松～ शिथिल; ढीला; सुस्त / 不能～其应尽之职责 अपने कर्तव्य-पालन में ढील न आने देना

【懈怠】 xièdài शिथिल; सुस्त; निष्क्रिय: 从不～ कभी शिथिल, सुस्त या निष्क्रिय न होना; कड़ी मेहनत करना

【懈劲】 xièjìn ढीला पड़ जाना; साहस कम होना; उत्साह कम होना

【懈气】 xièqì साहस या उत्साह कम होना; ढीला पड़ जाना: 不能丝毫～ बिना किसी ढील के (काम करना)

燮（爕） xiè 〈लि०〉 मेल खाना; तालमेल होना या बिठाना; अनुकूल करना: ～理 तालमेल बिठाना; अनुकूल करना; मेल खाना

蟹（蠏） xiè केकड़ा; कर्कट; कर्क: 寄居～ साधु केकड़ा; शंख कर्कट

【蟹粉】 xièfěn 〈बो०〉 केकड़े का मांस

【蟹黄】 xièhuáng केकड़े का अंडाशय और पाचक ग्रंथि जो लाली लिए पीले रंग का होता है और बहुत स्वादिष्ट होता है

【蟹壳脸】 xièkéliǎn केकड़े की खाल जैसा बदसूरत चेहरा

【蟹獴】 xièméng 〈प्राणि०〉 केकड़ा खाने वाला नेवला

【蟹钳】 xièqián केकड़े का चंगुल

【蟹青】 xièqīng हरापन लिए भस्मवर्ण (रंग)

瀣 xiè दे० 沆瀣 hàngxiè

躞 xiè दे० 蹀躞 diéxiè छोटे कदमों से चलना; धीरे-धीरे कदम रखकर चलना

xīn

心 xīn ❶हृदय; दिल ❷मन; दिल; भावना; इच्छा; इरादा: 他们的～是好的。इन लोगों के इरादे नेक हैं; इन की नीयत अच्छी है। / 军～不动摇 फ़ौजों का मनोबल न टूटना ❸केन्द्र: 圆～ वृत्त का केन्द्र; हलके का केन्द्र ❹अट्ठाइस नक्षत्रों में पांचवाँ, ज्येष्ठा

【心爱】 xīn'ài मनपसंद: ～的人 प्रिय; प्रिया; प्रियतम; प्रियतमा; प्यारा; प्यारी / ～的东西 मनपसंद चीज़

【心安理得】 xīn'ān-lǐdé अपने किये को न्यायोचित समझकर निश्चिंत रहना

【心瓣膜】 xīnbànmó 〈श०वि०〉 हृदय उपद्वार; हार्ट वॉल्व

【心包】 xīnbāo 〈श०वि०〉 हृदयावरण

【心包膜】 xīnbāomó 〈श०वि०〉 हृदयावारक झिल्ली

【心包炎】 xīnbāoyán 〈चिकि०〉 हृदय की झिल्ली की जलन

【心病】 xīnbìng ❶चिंता: ～难医 मानसिक चिंताएँ दवा से बहुत मुश्किल से दूर की जा सकती हैं। ❷गुप्त कष्ट; वह स्थान जहाँ छूने से दर्द होता है

【心搏】 xīnbó 〈श०वि०〉 हृदय की धकधक या धड़कन

【心不在焉】 xīnbùzàiyān अन्यमनस्क; बहिर्मुख: ～地听着 उड़े-उड़े ढंग से सुनना

【心材】 xīncái हार्टवुड

【心裁】 xīncái विचार; धारणा; मन में प्रबंध-योजना: 独出～ नवीनता दिखाना; बिलकुल नया होना

【心肠】 xīncháng ❶दिल; नीयत: ～好 कोमल मन होना; नरमदिलवाला होना ❷〈बो०〉 मानसिक अवस्था; मनोदशा: 没～看电视 टी० वी० देखने की कोई इच्छा न होना

【心潮】 xīncháo मन का ज्वार: ～澎湃 दिल में जोश व उत्साह की लहरें उमड़ना

【心驰神往】 xīnchí-shénwǎng मन (किसी स्थान या व्यक्ति की ओर) जाना; (के लिए) बहुत अधिक चाहना

【心传】 xīnchuán ❶〈बौद्ध धर्म〉 गुरु द्वारा (बिना धर्मग्रन्थ आदि के) केवल मन ही से शिष्य को शिक्षा देना ❷पीढ़ी-दर-पीढ़ी चला आ रहा कोई सिद्धांत

【心慈手软】 xīncí-shǒuruǎn रहमदिल; कोमलहृदय

【心粗】 xīncū स्वभाव में लापरवाह या विचारहीन होना

【心粗气浮】 xīncū-qìfú शीघ्र-कोपी; विचारहीन और उग्र

【心胆俱裂】 xīndǎn-jùliè ❶शोक से हृदय टुकड़े-टुकड़े होना ❷डर से हृदय धड़कना; होश उड़ जाना

【心得】 xīndé काम, अध्ययन आदि से जो सीखा; अनुभव: 谈谈学习～ अध्ययन से जो सीखा उस के बारे में बातचीत करना

【心底】 xīndǐ ❶दिल की गहराई से: 他从～里爱你。वह दिल की गहराइयों से तुम को प्यार करता है। ❷दिल: 他～好。उस का दिल अच्छा है।

【心地】 xīndì व्यक्ति का विचार; नीयत; चरित्र; नैतिक स्वभाव: ～坦白 साफ़दिल; खुले दिल वाला / ～善良 दयावान

【心电图】 xīndiàntú 〈चिकि०〉 हृदय-क्रिया-दर्शक; इलैक्ट्रोकार्डियोग्राफ़

【心动】 xīndòng ❶दिल की धकधक या धड़कन ❷किसी की इच्छा, रुचि आदि जाग्रत होना

【心动过速】 xīndòng guòsù 〈चिकि०〉 अतिहृत्स्पन्दन; अतिशय धड़कन: 阵发性～ आवेगीय अतिहृत्स्पन्दन

【心动徐缓】 xīndòng xúhuǎn 〈चिकि०〉 मंदहृत्स्पन्दन

【心动周期】 xīndòng zhōuqī हृदीय-चक्र
【心毒】 xīndú दुश्चरित्र; दुर्भावनापूर्ण: ～如蛇蝎 विषैले सांप और बिच्छू जैसा विषैला
【心耳】 xīn'ěr 〈श०वि०〉 हृत्कोष्ठ
【心烦】 xīnfán बेचैन होना; उद्विग्न होना; झुंझलाना: 这事真叫人～。यह सचमुच परेशान कर देता है; यह सचमुच परेशानी है। / ～意乱 बहुत अधिक बेचैन
【心房】 xīnfáng 〈श०वि०〉 हृदय-उत्कोष्ठ; एट्रियम: ～怦怦地跳动。हृदय धक्-धक् उछलने लगा।
【心房纤颤】 xīnfáng xiānchàn 〈चिकि०〉 हृदय-उत्कोष्ठ तन्तुकरण; एट्रियल फ़ाइब्रिलेशन
【心扉】 xīnfēi हृदय का द्वार; हृदय-कपाट: 敞开～ दिल खोल कर
【心服】 xīnfú (अपनी हार, गलती आदि) सचाई से स्वीकार करना; कायल होना: ～口服 न केवल मुंह से बल्कि सचाई से भी अपनी हार, गलती आदि स्वीकार कर- ना / 使人～ किसी को कायल करना
【心腹】 xīnfù ❶विश्वस्त एजेंट या अधीन व्यक्ति; अपना वफ़ादार आदमी ❷विश्वस्त: ～朋友 विश्वस्त मित्र ❸गुप्त; गोपनीय; गुप्त रूप से कथित या लिखित: ～话 गुप्त रूप से कही हुई बात; दिली बातें / ～事 दिल की तह में रखी हुई रहस्य की बात
【心腹之患】 xīnfùzhīhuàn शरीर के प्रमुख अंगों में रोग —— अंदर छिपी गंभीर विपदा; छिपा हुआ गंभीर कष्ट या संकट
【心甘】xīngān खुशी से कोई काम करना: ～情愿 स्वेच्छा से; बड़ी प्रसन्नता से कोई काम करना
【心肝】 xīngān ❶अंतःकरण: 没～ निर्दय; हृदयहीन; भावहीन ❷(प्रायः अपने छोटे बच्चों के लिए प्रयुक्त लाड़-प्यार का शब्द) प्रिय; प्रियतम; प्रियतमा; प्यारा; प्यारी
【心高气傲】 xīngāo-qì'ào उच्चाकांक्षी और अभिमानी
【心广体胖】 xīnguǎng-tǐpán (心宽体胖 xīn-kuān-tǐpán भी) निश्चिंत और संतुष्ट; स्वस्थ और सुखी
【心寒】 xīnhán 〈बो०〉 बड़ी कड़वाहट से निराश होना: 令人～ निराश होना
【心黑】 xīnhēi ❶क्रूर; कठोर; निर्दय ❷लोभपरायण; लोभी
【心狠】 xīnhěn क्रूर; कठोर; निर्दय; निष्ठुर; हृदयहीन
【心狠手辣】 xīnhěn-shǒulà क्रूर और निर्दय
【心花怒放】xīnhuā-nùfàng खुशी से झूम उठना; खुशी से पागल हो उठना
【心怀】[1] xīnhuái मन में रखना; दिल में स्थान देना: ～不满 मन ही मन नाराज़ रहना / ～鬼胎 अपने दिल में कपट रखना / ～叵测 दिल में बुरी चेष्टाएँ रखना
【心怀】[2] xīnhuái ❶अभिप्राय; नीयत; उद्देश्य; आशय ❷मनोदशा; मनस्थिति
【心慌】 xīnhuāng ❶घबड़ाना: 考试时～ परीक्षा देते समय घबड़ाना ❷〈बो०〉 (दिल) धड़कना; धक् धक् होना
【心慌意乱】 xīnhuāng-yìluàn बहुत घबड़ाना
【心灰意懒】xīnhuī-yìlǎn निराश होना; हिम्मत हारना; उत्साह भंग होना; निरुत्साहित होना
【心活】 xīnhuó अनिश्चित और अस्थिर होना: 耳软～ दूसरों की बातों से आसानी से हिलना-डुलना या डाँवाँडोल होना
【心火】 xīnhuǒ ❶〈ची०चि०〉 भीतरी ताप जिस के रोग-लक्षण मानसिक उद्विग्नता, प्यास, शीघ्रस्पंद, तेज़ नाड़ी आदि हों ❷छिपा क्रोध या खीझ; छिपा हुआ अति क्रोध या चिंताएँ
【心机】 xīnjī विचारशील; कुमंत्रणाकारी: 枉费～ व्यर्थ षड़यंत्र रचना / 他很有～。वह विचारशील है।
【心肌】 xīnjī 〈श०वि०〉 हृदय की मांसपेशी; हृत्पेशी
【心肌梗塞】xīnjī gěngsè (心肌梗死 xīnjī gěng-sǐ भी) 〈चिकि०〉 माइयोकार्डियल इंफ़ार्क्शन
【心肌炎】 xīnjīyán 〈चिकि०〉 हृत्पेशी शोथ
【心急】 xīnjí असहिष्णु; संयमहीन; उग्र; तेज़मिज़ाज; व्याकुल: 你莫～啊! धीरज रखो!
【心急火燎】 xīnjí-huǒliǎo (心急如火或焚 xīn-jí-rúhuǒ या fén भी) अधैर्य से पागल होता हुआ; बहुत अधिक परेशानी की हालत
【心计】 xīnjì गणना; पहले से सोचना या कोई काम करने के लिए रूपरेखा बना लेना; योजना बनाना: 工于～ पहले से सोचने में निपुण होना; योजना बनाने में दक्ष होना
【心迹】 xīnjì वास्तविक मनोदशा या मनस्थिति: 表明～ अपनी वास्तविक मनोदशा या मनोभाव स्पष्ट रूप से प्रकट करना
【心悸】 xīnjì ❶〈चिकि०〉 हृदय-स्पंदन; दिल की धड़कन ❷〈लि०〉 डराया जाना: 令人～ भयभीत होना
【心尖】 xīnjiān ❶〈श०वि०〉 दिल की नोक; एपेक्स कार्डिस ❷दिल की तह; दिल की गहराई (में) ❸〈बो०〉 (बहुधा पुत्र-पुत्री के लिए प्रयुक्त) प्रिय; प्रिया; प्यारा; प्यारी
【心坚石穿】xīnjiān-shíchuān मनोबल पाषाण में छेद कर सकता है —— दृढ़ संकल्प सभी कठिनाइयों को दूर कर सकता है (इस पर एक कहानी इस प्रकार है —— एक ताओ वादी 47 सालों की कड़ी मेहनत से अपनी काठ की छेनी द्वारा चक्की के एक बड़े पाट पर छेद करता रहा और अंत में वह सफल हुआ)
【心焦】 xīnjiāo चिंतित; व्याकुल: 等得～ बेचैनी से इन्तज़ार करना
【心绞痛】 xīnjiǎotòng 〈चिकि०〉 हृद्धोट; हृत्पेशिका कुंचन; हृत्शूल
【心劲】 xīnjìn ❶विचार; ख्याल: 我们都是一个～,国家尽快发展。हम लोगों का यही एक विचार है कि देश का विकास यथाशीघ्र हो। ❷मस्तिष्क; दिमाग ❸रुचि; दिलचस्पी; जोश
【心惊胆战】 xīnjīng-dǎnzhàn जी धड़कना; भय से थरथराना; डर से कांपना
【心惊肉跳】 xīnjīng-ròutiào अस्थिर होना; अत्यंत भयभीत होना; हाथ-पांव फूलना
【心静】 xīnjìng मन में शांति होना
【心境】 xīnjìng मनोदशा; मनस्थिति; भावदशा: ～不好 भावदशा अच्छी न होना; उदास होना; मिज़ाज ठीक न रहना
【心坎】 xīnkǎn ❶उदराद्धं; पेट का गड्ढा: 他把手放在～上。उस ने अपना हाथ अपने दिल पर रखा। ❷तहे

दिल; दिल की तह: 从～里感谢 तहे दिल से शुक्रिया अदा करना
【心口】 xīnkǒu उदरार्द्ध; नीचे की पसलियों के बीच का गड्ढा
【心口如一】 xīnkǒu–rúyī जो सोचा है वही कहना; दिल से बात करना; ईमानदार और स्पष्टवादी
【心宽】 xīnkuān दिल का विशाल होना; बड़े दिलवाला होना
【心旷神怡】 xīnkuàng–shényí निश्चिंत और सुखी; लापरवाह और खुश
【心劳计拙】 xīnláo–jìzhuō व्यर्थ माथापच्ची करना
【心劳日拙】 xīnláo–rìzhuō माथापच्ची करके न सिर्फ़ कोई फ़ायदा न हुआ बल्कि हालत दिन-ब-दिन बिगड़ती गई
【心理】 xīnlǐ मनोवृत्ति; मनोभाव; साइकोलाजी: ～方法 मनोवैज्ञानिक उपाय / ～状态 मनोवृत्ति; मान- सिकता / 养成依赖～ दूसरों पर निर्भर होने की आदत
【心理病态】 xīnlǐ bìngtài मन की अस्वस्थ अवस्था
【心理测验学】 xīnlǐ cèyànxué मानसमिति; मनोमिति
【心理分析】 xīnlǐ fēnxī मनोविश्लेषण; साइको-अनैलिसिस
【心理疗法】 xīnlǐ liáofǎ मनो-चिकित्सा
【心理学】 xīnlǐxué मनोविज्ञान; साइकोलाजी: ～家 मनोवैज्ञानिक
【心理医生】 xīnlǐ yīshēng मनश्चिकित्सक
【心理战】 xīnlǐzhàn मनोवैज्ञानिक युद्ध
【心理治疗】 xīnlǐ zhìliáo मनो-चिकित्सा
【心理咨询】 xīnlǐ zīxún मनोवैज्ञानिक परामर्श
【心力】 xīnlì मानसिक और शारीरिक प्रयास: 费尽～ जी तोड़ प्रयास करना
【心力交瘁】 xīnlì–jiāocuì मानसिक और शारीरिक रूप से पूर्ण थका हुआ होना
【心力衰竭】 xīnlì shuāijié 〈चिकि०〉 हृदय का कमज़ोर होना
【心里】 xīnli दिल में; मन में; विचार में: ～话 दिली बातें / ～不服 मन में झुंझलाहट-सी रहना
【心里话】 xīnlihuà दिली बातें: 说～ दिली बातें कहना
【心里美】 xīnliměi मूली की एक किस्म जो मीठी होती है और जिस का छिलका हरा तथा गूदा बैंगनी-लाल रंग का होता है
【心连心】 xīn lián xīn दिल एक ही ताल पर धड़कना: 我国各族人民～。हमारे देश में सभी जातियों के लोगों के दिल एक ही ताल पर धड़कते हैं।
【心灵】[1] xīnlíng दिल; मन; विचार: 人的～深处 इंसान के दिल की गहराइयों में
【心灵】[2] xīnlíng चतुर; होशियार; अक्लमंद; तीक्ष्ण-बुद्धि: ～手巧 चतुर और कुशल
【心领】 xīnlǐng 〈शिष्ट०〉 (शिष्ट अस्वीकार प्रकट करने में प्रयुक्त): 您的雅意我～了。मैं आप की शुभेच्छा को अनुभव करता हूँ पर आप की भेंट मैं स्वीकार नहीं कर सकता।
【心领神会】 xīnlǐng–shénhuì मन में समझ लेना; इशारा आसानी से समझ लेना
【心路】 xīnlù ❶बुद्धि; हाज़िर जवाब; चतुराई ❷नीयत; अभिप्राय ❸सहनशीलता; सहिष्णुता; उदारता
【心律】 xīnlǜ 〈चिकि०〉 हृत्कंप की गति
【心律不齐】 xīnlǜ bù qí 〈चिकि०〉 अरिथमिया
【心率】 xīnlǜ हृदय दर; हार्ट रेट; हृदय की धड़कन की दर
【心乱如麻】 xīnluàn–rúmá मन बिलकुल अशांत होना
【心满意足】 xīnmǎn–yìzú जी भरना; मन भरना; पूरी तरह संतुष्ट होना
【心明眼亮】 xīnmíng–yǎnliàng स्पष्टतः देखना और सोचना; तीक्ष्ण दृष्टि और समझदार होना
【心目】 xīnmù ❶अस्थायी मानसिक अवस्था: 以娱～ अपना मन बहलाना ❷मन; विचार; दिमाग: 人民～中的大问题 जनता के दिमाग में बड़ा सवाल / 在人们的～中 लोगों की नज़रों में
【心皮】 xīnpí 〈वन०〉 स्वीकेसर; पुष्पाणु; कार्पेल
【心平气和】 xīnpíng–qìhé शांतचित्त से; नम्र भाव से; शांति और धीरज (या मित्रता) के साथ: ～地说 नम्र भाव से बोलना / ～地问 शांतचित्त से पूछना / 对同志要～。अपने कामरेडों के प्रति नरमी का रुख अपनाना चाहिए।
【心魄】 xīnpò आत्मा; मन: 动人～ आत्मा में हलचल मचा देना
【心气】 xīnqì ❶अभिप्राय; नीयत; आशय ❷अभिलाषा; आकांक्षा: ～高 महाकांक्षा होना ❸मनोदशा; मानसिक अवस्था: ～不顺 मानसिक अवस्था अच्छी न होना / ～平和。चित्त को शांति प्राप्त होती है। ❹सहिष्णुता; सहनशीलता: ～窄 ओछा; क्षुद्रमना; संकीर्णचित्त
【心窍】 xīnqiào स्पष्ट सोचने की क्षमता या सामर्थ्य: 财迷～ मन मस्तिष्क धन की चाह से सराबोर हो जाना
【心切】 xīnqiè उत्सुक; उत्कंठित; आतुर: 求胜～ विजय प्राप्त करने के लिए उत्सुक होना
【心情】 xīnqíng मनोदशा; मनस्थिति; मन की अवस्था: 他的这种～可以理解。उस की यह मनोदशा समझ में आ सकती है। / ～沉重 मन पर बड़ा बोझ होना / ～开朗 ज़िंदादिल / ～舒畅 मानसिक सुख-चैन
【心曲】 xīnqǔ ❶मन; चित्त: 乱我～ मेरे मन की शांति को व्याकुल करना ❷दिल की बात: 倾诉～ अपने मन की सारी बातें कह डालना
【心如刀割】 xīnrú–dāogē ऐसा महसूस होना जैसे कोई चाकू से दिल काट रहा हो
【心如死灰】 xīnrú–sǐhuī दिल बुझी हुई राख जैसा होना —— निराशापूर्वक शुष्क हृदय
【心如铁石】 xīnrú–tiěshí कठोर होना; निर्मम होना
【心软】 xīnruǎn कोमलहृदय; सहृदय, सदय या नर्म-दिल होना
【心上人】 xīnshàngrén अपना प्रिय या प्रियतम; अपनी प्रिया या प्रियतमा
【心身疾病】 xīnshēn jíbìng मन-तन संबंधी रोग
【心神不定】 xīnshén–bùdìng मन की शांति न होना; बेचैन होना
【心声】 xīnshēng हार्दिक इच्छाएँ; तीव्र इच्छाएँ; महा-

कांक्षाएँ: 表达人民的～ जनता की इच्छाओं को वाणी देना

【心事】 xīnshì दिल पर किसी बात का बोझ होना; चिंता: 你好像有什么～似的。लगता है कि तुम्हारे दिल पर किसी बात का बोझ है।

【心事重重】 xīnshì-chóngchóng भारी मन होना; उदास होना: 你好像～。लगता है कि तुम्हारे मन पर कोई भार है।

【心室】 xīnshì 〈श०वि०〉 कोष्ठक

【心室纤颤】 xīnshì xiānchàn 〈चिकि०〉 हृदय निलय तन्तुकरण; वेन्ट्रिकल फ़ाइब्रिलेशन

【心手相应】 xīnshǒu-xiāngyìng हाथों का पूर्ण रूप से मन के अधीन होना —— कमाल का कौशल

【心术】 xīnshù ❶अभिप्राय; आशय; नीयत: ～不正 आशय ठीक न होना; मन में बुरी नीयत रखना ❷पहले से सोचना; योजना बनाना: 他是个有～的人。वह बहुत हिसाबी-किताबी आदमी है।

【心数】 xīnshù पहले से सोचना; योजना बनाना

【心顺】 xīnshùn मिज़ाज अच्छा होना: 他～时跟他说。जब उस का मिज़ाज अच्छा हो तब उस से कहना।

【心死】 xīnsǐ इच्छा का मन में मर जाना

【心思】 xīnsi ❶विचार; इच्छा; नीयत; मन की बात: 知道某人的～ किसी के मन की बात जानना / 明白某人～ किसी के मन की बात समझना / 我猜得到他的～。मैं उस के मन की थाह पा सकता हूँ। ❷सोच; मनस्थिति; मन की अवस्था: 没有～看书 पढ़ने की इच्छा न होना

【心酸】 xīnsuān दुःखी होना; उदास होना: 令人～的故事 दुःखपूर्ण कहानी

【心算】 xīnsuàn मस्तिष्क कृत गणना; दिमाग में हिसाब लगाना

【心髓】 xīnsuǐ दिल की गहराई

【心碎】 xīnsuì जिगर के टुकड़े-टुकड़े हो जाना

【心疼】 xīnténg ❶अति प्रीति से प्यार करना: 老奶奶最～小孙子。बूढ़ी दादी अपने छोटे पोते को बड़ी प्रीति से प्यार करती है। ❷जी दुखी होना: 看了他真叫人～。उसे देखकर जी दुखी होता है।

【心田】 xīntián ❶हृदय; दिल ❷〈बो०〉 नीयत: 他～好。उस की नीयत अच्छी है।

【心跳】 xīntiào हृत्कंप; दिल की धड़कन: 他～得厉害。उस का दिल बड़ी तेज़ी से धड़क रहा है।

【心头】 xīntóu दिल; मन: 记在～ स्मरण रखना; याद रखना / ～火起 हृदय में क्रोध से आग लगना

【心头肉】 xīntóuròu अति प्रिय व्यक्ति या बहुत प्रिय कोई वस्तु: 这孩子是她的～。यह बच्चा उस का लाड़ला है।

【心土】 xīntǔ 〈कृ०〉 अवमृदा; अधोभूमि

【心往一处想，劲往一处使】 xīn wǎng yīchù xiǎng, jìn wǎng yīchù shǐ एक ही मन से सोचना और एक ही दिल से काम करना

【心窝儿】 xīnwōr 〈बोल०〉 ❶पेट का गढा ❷दिल की गहराई: 掏～的话 दिल की गहराइयों से आने वाली बातें

【心无二用】 xīnwú'èryòng एक ही समय में दो वस्तुओं पर ध्यान नहीं रखा जा सकता; एक समय में एक ही वस्तु पर ध्यान केन्द्रित रहना चाहिए

【心细】 xīnxì सावधान; बात पर बारीकी से ध्यान देने वाला

【心弦】 xīnxián हृत्तंतु; 〈ला०〉 गहरी स्नेह-भावना: 动人～ अपने हृत्तंतुओं को झटका देना; दिल पर गहरा असर डालना

【心想】 xīnxiǎng मन ही मन सोचना: 我～他不会来了。मैं ने मन ही मन सोचा कि वह नहीं आएगा।

【心向往之】 xīnxiàngwǎngzhī किसी व्यक्ति या वस्तु के लिए उत्कंठा से भरना

【心心念念】 xīnxīnniànniàn उत्सुकता से; उत्कंठा से; लालायित होकर; बहुत अधिक चाहते हुए

【心心相印】 xīnxīn-xiāngyìn पारस्परिक अनुरक्ति होना

【心性】 xīnxìng मनोवृत्ति; तबीयत; मिज़ाज; स्वभाव

【心胸】 xīnxiōng ❶दिल की तह; दिल की गहराई: ～迸发的怒火 दिल की गहराइयों से निकली गुस्से की आग ❷हृदय की विशालता: ～宽阔 उदार; विस्तृत; कुशादा दिल / ～狭窄 संकीर्णचित्त; संकुचित मनोवृत्ति; तंगदिल ❸तीव्र इच्छा; अभिलाषा; उच्चाकांक्षा: 他有～，有气魄。वह दूरदर्शी है और उच्चाकांक्षी भी।

【心秀】 xīnxiù बिना दिखावे के बुद्धिमान होना

【心宿】 xīnxiù ज्येष्ठा (अट्ठाईस नक्षत्रों में पांचवाँ)

【心虚】 xīnxū ❶अपराध, गलती आदि में पकड़े जाने से डरना: 做贼～ चोरी करते समय पकड़े जाने से डरना ❷आत्मविश्वास न होना: 我开始做这生疏工作时有点～。शुरू ही में मैं इस काम के बारे में ज़्यादा नहीं जानता इसलिए आत्मविश्वास का अभाव था।

【心许】 xīnxǔ ❶चुपचाप सहमत होना; मान लेना; स्वीकार करना ❷प्रशंसा करना; तारीफ़ करना

【心绪】 xīnxù मनोदशा; मनोवृति; मनस्थिति: ～不宁 मनस्थिति अशांत होना

【心血】 xīnxuè बहुत मेहनत से किए गए प्रयास: 费尽～ (किसी काम में) अपनी सारी शक्तियाँ व्यय करना

【心血管系统】 xīnxuèguǎn xìtǒng हृत्संवाहिनीयुक्त तंत्र

【心血管造影】 xīnxuèguǎn zàoyǐng हृत्संवाहिणी चित्रण

【心血来潮】 xīnxuè-láicháo अचानक प्रोत्साहन से प्रेरित होना; अचानक कोई विचार पैदा होना

【心眼儿】 xīnyǎnr ❶दिल; मन; विचार: 一个～为国家 देश के लिए तन-मन से काम करना ❷विचार; नीयत; आशय: ～好 (किसी का) विचार अच्छा होना; नीयत अच्छी होना ❸बुद्धि; चतुराई: 他有～，想得周到。वह बुद्धिमान और विचारयुक्त है। ❹अनावश्यक शंकाएँ: ～太多 अनावश्यक शंकाओं से भरा होना ❺सहनशीलता; सहिष्णुता: ～小 संकीर्ण हृदय; तंग-दिल

【心痒】 xīnyǎng (के लिए) लालसा होना: ～难忍 लालसा को कठिनता से दबा न सकना

【心仪】 xīnyí 〈लि०〉 आदर करना; सम्मान करना; इज़्ज़त

करना: ～已久 बहुत लंबे अरसे से किसी के प्रति मन में बहुत आदर होना

【心意】xīnyì ❶आदर; सम्मान: 这礼物是我的一点～。यह तुच्छ भेंट आप के प्रति मेरे आदर का चिन्ह है। ❷अभिप्राय; नीयत; आशय; मतलब; अर्थ: 了解某人的～ किसी का आशय समझना

【心音】xīnyīn <श०वि०> हृदय की ध्वनि; दिल की ध्वनि: 第一（第二）～ प्रथम (द्वितीय) हृदय-ध्वनि

【心硬】xīnyìng कठोर; निर्दयी; निर्मम हृदयवाला

【心有灵犀一点通】xīn yǒu língxī yī diǎn tōng एक साथ धड़कते हुए हृदय आपस में जुड़े हुए हैं

【心有余而力不足】xīn yǒu yú ér lì bù zú इच्छा के अनुसार योग्यता का न होना; किसी इच्छा को पूरी करने की पूरी सामर्थ्य न होना

【心有余悸】xīnyǒuyújì दिल अब भी डर के मारे धड़क रहा है; डर का मन में बने रहना

【心余力绌】xīnyú-lìchù दे० 心有余而力不足

【心语】xīnyǔ भीतरी वाणी; दिली बात

【心猿意马】xīnyuán-yìmǎ दिल छलांग मारते हुए बंदर की तरह और मन सरपट दौड़ते घोड़े की तरह —— अविरत; अधीर; अशान्त; बेचैन

【心愿】xīnyuàn दिल में रखी हुई इच्छा; तीव्र इच्छा; मनौती: 许下～ मनौती माँगना / 了却～ मनौतियाँ पूरी करना; जो मनौतियाँ माँग रखी थीं, वे भी पूरी कीं

【心悦诚服】xīnyuè-chéngfú पूरी तरह आश्वस्त होना; खुशी-खुशी और पूरे दिल से कायल होना: ～地执行 खुशी-खुशी और पूरे दिल से कार्यान्वित करना

【心杂音】xīnzáyīn हृदय की मर्मर ध्वनि

【心脏】xīnzàng ❶हृदय; दिल ❷किसी भी वस्तु का केंद्रीय या सब से महत्वपूर्ण भाग: 首都是一个国家的～。राजधानी देश का हृदय है।

【心脏病】xīnzàngbìng हृदय-रोग; हृद्रोग

【心脏导管】xīnzàng dǎoguǎn कार्डियेक कैथीटर

【心脏地带】xīnzàng dìdài हृदय क्षेत्र

【心脏起搏器】xīnzàng qǐbóqì हृदय गतिप्रेरक; (कार्डियेक) पेसमेकर

【心脏死亡】xīnzàng sǐwáng हृदय मृत्यु

【心脏移植】xīnzàng yízhí एक शरीर से हृदय निकाल कर दूसरे शरीर में लगाना; हार्ट ट्रैंसप्लांट

【心窄】xīnzhǎi संकीर्णचित्त; क्षुद्रमना; ओछा

【心照】xīnzhào बिना कहे समझ जाना: 彼此～ किसी के कहे बिना समझ जाना

【心照不宣】xīnzhào-bùxuan बिना कहे चुपचाप समझ जाना

【心折】xīnzhé प्रशंसा से भरा होना

【心之官则思】xīn zhī guān zé sī मस्तिष्क का काम चिंतन करना या सोचना है

【心直口快】xīnzhí-kǒukuài खुले दिल का और स्पष्टवक्ता; सीधा-सादा और स्पष्टवादी

【心志】xīnzhì इच्छा; संकल्प

【心智】xīnzhì ❶बुद्धि ❷मनोवृत्ति; मनोदशा

【心中】xīnzhōng दिल में; मन में: 牢记～ पक्के तौर पर ध्यान में रखना; गिरह में बांधना

【心中无数】xīnzhōng-wúshù विश्वस्त रूप से न जानना

【心中有数】xīnzhōng-yǒushù अच्छी तरह जानना; असलियत को जानना

【心拙口笨】xīnzhuō-kǒubèn मंदबुद्धि और धीरे बोलने वाला

【心子】xīnzi ❶(वस्तु का) केन्द्र; अंदरूनी भाग ❷<बो०> सूअर, बकरे आदि का दिल (भोजन)

【心醉】xīnzuì मन आसक्त होना; मुग्ध होना; विमोहित होना

芯 xīn सनीठे का तना: 灯～ दीपक की बत्ती
xìn भी दे०

【芯片】xīnpiàn चिप (chip)

辛¹ xīn ❶(स्वाद आदि में) तेज़: 辛辣 ❷परिश्रमी; मेहनती: 辛勤 ❸कष्ट; दुख: 辛酸 ❹ (Xīn) एक कुलनाम

辛² xīn दस आकाशीय स्तंभों (天干) में से आठवाँ —— दे० 干支 gānzhī

【辛迪加】xīndíjiā सिंडीकेट; व्यवसायी संघ

【辛亥革命】Xīnhài Gémìng 1911 ई० क्रांति (डा० सुन यात-सेन के नेतृत्व में छिंग राजवंश का तख़्ता उलटने वाली पूंजीपति वर्ग की जनवादी क्रांति): ～战争 1911 ई० क्रांतिकारी युद्ध

【辛苦】xīnkǔ ❶परिश्रमी; मेहनती: ～地工作 बड़े परिश्रम से काम करना / 他很～。वह बड़ी मेहनती है। ❷<शिष्ट०> मेहनत से काम करना; कष्ट उठाना: 您一路上～了。यात्रा में आप बहुत थक गये होंगे। / 经历许多～ बहुत-सी कठिनाइयों का सामना करना

【辛辣】xīnlà तेज़ (स्वाद): ～的味道 तेज़ स्वाद / ～的讽刺 कटु व्यंग्य

【辛劳】xīnláo परिश्रम से काम करना: 日夜～ दिन-रात परिश्रम से काम करना

【辛勤】xīnqín उद्योगी; परिश्रमी; मेहनती: ～劳动 परिश्रम से काम करना; सख़्त मेहनत से काम करना

【辛酸】xīnsuān दुखभरा; कड़ुवा: ～泪 गरम और कड़ुवे आंसू / ～的往事 अतीत के दुखभरे स्मरण

【辛烷值】xīnwánzhí <रसा०> ऑक्टेन नम्बर (या वैल्यू)

【辛辛苦苦】xīnxīnkǔkǔ बहुत-से कष्ट उठाना; सख़्त मेहनत से काम करना: 今天我们～地来开会，是为了什么呢? आज हम यह सभा करने की ज़हमत क्यों कर रहे हैं?

【辛夷】xīnyí <ची०चि०> मैगनोलिया फूल की कलिका

忻 xīn ❶欣 के समान ❷ (Xīn) एक कुलनाम

昕 xīn सूर्य का उदय होने वाला समय

欣（訢）xīn प्रसन्न; खुश: ～喜万分 बहुत अधिक प्रसन्न

【欣忭】 xīnbiàn 〈लि०〉 खुश; प्रसन्न: 不胜～ बड़ी प्रसन्नता होना
【欣然】 xīnrán 〈लि०〉 प्रसन्नता से; खुशी से; शौक से: ～命笔 प्रसन्नता के क्षणों में कविता, लेख आदि की रचना करना / ～接受 प्रसन्नता से स्वीकार करना
【欣赏】 xīnshǎng आनंद लेना; मज़ा लेना: ～音乐 संगीत का आनंद लेना / ～风景 सुन्दर दृश्य का आनंद लेना
【欣慰】 xīnwèi प्रसन्न होना; संतुष्ट होना: 脸上露出～的笑容 चेहरे पर प्रसन्नता की मुस्कान झलकना
【欣悉】 xīnxī 〈लि०〉 यह जानकर प्रसन्नता हुई है कि
【欣喜】 xīnxǐ प्रसन्न; खुश: ～若狂 प्रसन्नता से उन्मत्त होना
【欣羡】 xīnxiàn 〈लि०〉 प्रशंसा करना; सराहना करना
【欣欣】 xīnxīn ❶प्रसन्न; खुश: ～然有喜色 प्रसन्नता की भावना प्रकट होना ❷समृद्ध; संपन्न; सजीव; फलता-फूलता: ～向荣的气象 सजीव वातावरण / 国民经济～向荣 राष्ट्रीय अर्थतंत्र समृद्ध होना
【欣幸】 xīnxìng प्रसन्न और कृतज्ञ होना; प्रसन्न होना और खुशी मनाना

莘 xīn नीचे दे०
shēn भी दे०

【莘庄】 xīnzhuāng शांगहाए में एक स्थान

锌（鋅） xīn 〈रसा०〉 यशद; ज़िंक (Zn)

【锌白】 xīnbái 〈रसा०〉 ज़िंक ह्वाइट
【锌版】 xīnbǎn 〈मुद्रण०〉 जस्त की पट्टी
【锌版印刷术】 xīnbǎn yìnshuāshù जस्त के ठप्पे से छापने की कला
【锌粉】 xīnfěn 〈रसा०〉 ज़िंक पाउडर

新 xīn ❶नव; नया; नवीन: ～技术 नई तकनीक / ～时代 नव-युग / ～社会 नया समाज ❷एकदम या बिलकुल नया: ～布 एकदम नया कपड़ा / ～房子 एकदम नया मकान ❸अभी-अभी; हाल ही में; थोड़े दिन हुए: ～买的笔 हाल ही में खरीदी कलम / ～来的学生 नए आए हुए छात्र ❹नया या नई विवाहित: ～女婿 नया दामाद / ～媳妇 नई बहू ❺（Xīn）सिनच्यांग वेवूर स्वायत्त प्रदेश का संक्षिप्त नाम ❻（Xīn）शिन राजवंश (8-23 पश्चिमी हान और पूर्वी हान के बीच का राजवंश) ❼（Xīn）एक कुलनाम

【新安全观】 xīn ānquánguān नव-सुरक्षा दर्शन
【新兵】 xīnbīng रंगरूट; नया सैनिक (सिपाही): ～报到站 रंगरूटों का भरती केन्द्र (स्टेशन); स्वागत केंद्र
【新材料技术】 xīncáiliào jìshù नव सामग्री तकनॉलोजी
【新潮】 xīncháo नई प्रवृत्ति; नया फ़ैशन: ～发型 सिर के बालों का नया फ़ैशन
【新陈代谢】 xīnchén-dàixiè ❶〈जीव०〉 चयापचय; उपापचय ; मेटाबोलिज़्म ❷नूतन द्वारा पुरातन का स्थान लेना
【新宠】 xīnchǒng नव कृपापात्र
【新仇旧恨】 xīnchóu-jiùhèn पुरानी नफ़रतों के ढेर पर नई नफ़रतें जमा होना; नई-पुरानी घृणाएँ (या नफ़रतें)
【新春】 xīnchūn चांद्र नव-वर्ष दिवस के बाद दस-बीस दिन
【新村】 xīncūn （新邨 xīncūn भी）बसने का नया उपयुक्त; नया मुहल्ला: 工人～ मज़दूरों का नया मुहल्ला
【新大陆】 Xīn Dàlù नव महाद्वीप —— अमरीका महाद्वीप
【新德里】 Xīndélǐ नई दिल्ली
【新低】 xīndī मात्रा, मूल्य, स्तर आदि का नये व नीचतम बिन्दु तक गिर जाना
【新法】 xīnfǎ ❶नया कानून ❷नया उपाय या तरीका
【新房】 xīnfáng वधू का कमरा
【新妇】 xīnfù वधू; दुलहन
【新概念武器】 xīngàiniàn wǔqì नव-धारणा शस्त्रास्त्र
【新高】 xīngāo मात्रा, मूल्य, स्तर आदि का नये व उच्चतम बिन्दु तक बढ़ जाना
【新寡】 xīnguǎ ❶हाल ही में विधवा होना ❷स्त्री जो हाल ही में विधवा बनी हो
【新官上任三把火】 xīnguān shàngrèn sān bǎ huǒ नया अधिकारी सुधार की बहुत उत्सुकता दिखाता है; नई झाड़ू ज़्यादा सफ़ाई करती है; नया मुल्ला ज़ोर से बाँग देता है
【新贵】 xīnguì नया नियुक्त उच्चाधिकारी
【新赫布里底】 Xīnhèbùlǐdǐ न्यू हेब्रिड्स
【新欢】 xīnhuān नया प्रेमी या प्रेमिका; नया प्रियतम या प्रियतमा (विशेषकर स्त्री): 另有～ अन्य प्रियतमा होना
【新婚】 xīnhūn नवविवाह: ～夫妇 नव वैवाहिक दम्पति
【新纪录】 xīnjìlù नया रिकार्ड: 创造～ नया रिकार्ड कायम करना
【新纪元】 xīnjìyuán नया युग; युगारम्भ: 开创～ युगारम्भ करना
【新霁】 xīnjì पानी या बर्फ़ गिरने के बाद मौसम साफ़ होना: 久雨～ बहुत दिन की वर्षा के बाद मौसम साफ़ होना
【新加坡】 Xīnjiāpō सिंगापुर
【新嫁娘】 xīnjiàniáng वधू; दुलहन
【新疆】 Xīnjiāng शिनच्यांग
【新疆维吾尔自治区】 Xīnjiāng Wéiwú'ěr Zìzhìqū शिनच्यांग वेवूर स्वायत्त प्रदेश
【新交】 xīnjiāo नया परिचित व्यक्ति; नया मित्र: 我俩是～。हम दोनों नये मित्र हैं। / ～与故知 पुराने और नये मित्र
【新教】 Xīnjiào प्रोटेस्टैंट मत
【新教徒】 Xīnjiàotú प्रोटेस्टैंट
【新近】 xīnjìn हाल ही में; थोड़े दिन पहले
【新旧约全书】 Xīn-jiùyuē Quánshū 〈ईसाई धर्म〉 नई-पुरानी धर्म पुस्तक; नया-पुराना टेस्टामेंट
【新居】 xīnjū नया घर; नया निवासस्थान
【新军】 xīnjūn नयी शक्ति; नयी सेना
【新喀里多尼亚】 Xīnkālǐduōníyà न्यू कालेडोनिया

【新来乍到】 xīnlái–zhàdào नया आया हुआ: 我～，请多指教。मैं यहाँ नया आया हूँ, मुझे खुशी होगी अगर आप मुझे कुछ बातें बताएँगे।
【新郎】 xīnláng वर; दुलहा
【新郎官】 xīnlángguān 〈बो०〉 वर; दुलहा
【新历】 xīnlì नया कैलेंडर; ग्रेगरी कैलेंडर
【新绿】 xīnlǜ (वसंत के पेड़-पौधे या वनस्पति) नयी हरियाली: 春来了，公园里一片～。वसंत आया, बाग में चारों ओर नयी हरियाली दिखाई दे रही है।
【新马】 Xīn–Mǎ सिंगापुर और मलाया
【新霉素】 xīnméisù 〈औष०〉 नियोमाइसिन
【新民主主义】 xīn mínzhǔ zhǔyì नया जनवाद: ～革命 नव-जनवादी क्रांति / ～政权 नव-जनवादी राजसत्ता
【新年】 xīnnián नया साल; नव-वर्ष: ～好! नया साल मुबारक! / ～喜酒 नए साल की दावत
【新娘】 xīnniáng （新娘子 xīnniángzi भी）वधू; दुलहन
【新盘】 xīnpán हाल ही में बाज़ार में बेचे जाने वाले व्यापारिक निवास-गृह; नयी शैली वाले व्यापारिक निवास-गृह
【新篇章】 xīnpiānzhāng नया पृष्ठ; नया अध्याय: 历史上的～ इतिहास में एक नया पृष्ठ या अध्याय
【新瓶装旧酒】 xīnpíng zhuāng jiùjiǔ नई बोतल में पुरानी शराब —— पुरानी सामग्री पर नया लेबिल चिपकाना
【新奇】 xīnqí विचित्र; नया: ～的想法 विचित्र विचार / 觉得～ विचित्र लगना
【新巧】 xīnqiǎo नया और कारीगरी का: ～的玩具 नया और कारीगरी का खिलौना
【新秋】 xīnqiū शरद ऋतु का आरंभ
【新区】 xīnqū ❶नव-विकसित क्षेत्र, ज़िरा आदि ❷नवमुक्त क्षेत्र (1945-1949 ई० तृतीय क्रांतिकारी गृहयुद्ध काल में)
【新人】 xīnrén ❶नई शैली वाला व्यक्ति; नया मानव: 改造自己成为～ श्रम के ज़रिए एक नए मानव के रूप में अपने को ढाल लेना ❷नया योग्य व्यक्ति: 文艺～ कला-साहित्य जगत में नया योग्य व्यक्ति ❸नया आया व्यक्ति (संस्था या संगठन में): 机关里来了几位～。हमारी संस्था में कई नये व्यक्ति आ गए हैं। ❹दुलहा और दुलहन ❺दुलहन ❻〈मानव-शास्त्र〉 नव-मानव
【新人新事】 xīnrén xīnshì नये व्यक्ति और वस्तुएँ
【新任】 xīnrèn हाल ही में नियुक्त: ～大学校长 हाल ही में नियुक्त कुलपति या प्रधानाचार्य
【新锐】 xīnruì ❶नया और तेज़ ❷नया और तेज़ व्यक्ति या वस्तु
【新生】[1] xīnshēng ❶नया उत्पन्न; हाल ही में पैदा हुआ: ～婴儿 हाल ही में (या अभी-अभी) पैदा हुआ शिशु ❷नव जीवन: 获得～ नव जीवन प्राप्त होना
【新生】[2] xīnshēng नया आया हुआ छात्र या विद्यार्थी; नया छात्र
【新生代】 xīnshēngdài ❶〈भूगर्भ०〉 सीनोज़ोइक युग; नूतनकल्प ❷नई पीढ़ी
【新生界】 xīnshēngjiè 〈भूगर्भ०〉 सीनोज़ोइक काल; नूतनकाल
【新生力量】 xīnshēng lìliàng नवोदित शक्ति; नवजात शक्ति; नई शक्ति
【新生事物】 xīnshēng shìwù नई वस्तुएँ; नवोदित वस्तुएँ
【新石器时代】 Xīnshíqì Shídài नव पाषाण-काल; उत्तर-पाषाण काल
【新式】 xīnshì नई शैली; नया ढंग: ～武器 नए प्रकार का शस्त्र; आधुनिक फ़ौजी साज़-सामान
【新手】 xīnshǒu नौसिखिया
【新斯的明】 xīnsīdìmíng 〈औष०〉 नियोस्तिग्माइन
【新四军】 Xīn Sì Jūn नई चौथी सेना (जापानी-आक्रमण-विरोधी युद्ध काल में चीनी कम्युनिस्ट पार्टी के नेतृत्व में)
【新文化运动】 xīnwénhuà yùndòng नव-संस्कृति आंदोलन (1919 के 4 मई आंदोलन के समय के लगभग)
【新文学】 xīnwénxué नव देशी-भाषा साहित्य (1919 के 4 मई आंदोलन द्वारा प्रोत्साहित)
【新闻】 xīnwén समाचार; ख़बर: 头版～ मुखपृष्ठ समाचार / 简明～ संक्षिप्त समाचार / ～简报 न्यूज़ बुलेटिन / ～评论 समाचार टिप्पणी / ～影片 समाचार-सिनेमा / ～摘要 समाचारों के मुख्य विषय
【新闻传真机】 xīnwén chuánzhēnjī फ़ोटो-टेलीग्राफ़ी यंत्र
【新闻工作者】 xīnwén gōngzuòzhě जर्नलिस्ट; पत्रकार
【新闻公报】 xīnwén gōngbào प्रेस-विज्ञप्ति
【新闻记者】 xīnwén jìzhě पत्रकार; संवाद-दाता; अख़बार नवीस
【新闻检查】 xīnwén jiǎnchá समाचार या संवाद नियंत्रण; अख़बारों की सेंसरशिप: ～人 समाचार निरीक्षक / ～条例 प्रेस-सेंसरशिप विनियम
【新闻界】 xīnwénjiè पत्रकार जगत्; पत्रकारिता क्षेत्र; प्रेस
【新闻联播】 xīnwén liánbō न्यूज़ हुक-अप
【新闻片】 xīnwénpiàn समाचार-फ़िल्म; न्यूज़रील; न्यूज़-फ़िल्म
【新闻司】 xīnwénsī सूचना विभाग (विदेश मंत्रालय का)
【新闻业】 xīnwényè पत्रकारी; अख़बार-नवीसी; जर्नलिज़्म (पत्रकारिता)
【新闻纸】 xīnwénzhǐ अख़बारी कागज़
【新西兰】 Xīnxīlán न्यूज़ीलैंड
【新西兰人】 Xīnxīlánrén न्यूज़ीलैंडवासी
【新媳妇儿】 xīnxífur दुलहन; वधू
【新禧】 xīnxǐ नए साल के लिए सौभाग्य: 恭贺～ नया साल मुबारक
【新鲜】 xīnxiān ❶ताज़ा: ～空气 साफ़ हवा; ताज़ी हवा / ～的鱼肉 ताज़ी मछली और मांस ❷नया; विचित्र; अजीब: ～血液 नया खून / ～活泼的中国作风和中国气派 नवीन और जीवंत चीनी ढंग और भावना

【新新人类】 xīnxīn rénlèi बीसवीं शताब्दी की सातवीं दशाब्दी से आठवीं दशाब्दी तक नगरों में पैदा हुए युवकों का समूह
【新兴】 xīnxīng नवोदित; नया और उदीयमान: ～势力 नई और उदीयमान शक्ति
【新星】 xīnxīng ❶〈खगोल०〉 आकस्मिक नक्षत्र; अंकस्मात उदय होने वाला ❷नवतारा: 乒坛～ टेबुल-टेनिस जगत् में नवतारा
【新型】 xīnxíng नई शैली; नया ढंग; नई किस्म: ～汽车 नई शैली की कार
【新秀】 xīnxiù नवतारा: 影坛～ नयी फ़िल्म (या मूवी) स्टार
【新学】 xīnxué नया ज्ञान; पश्चिमी ज्ञान —— दे० 西学 xīxué
【新一代移动通信系统】 xīnyīdài yídòng tōngxìn xìtǒng तीसरी पीढ़ी वाली मोबाइल संचार व्यवस्था
【新医】 xīnyī ❶नई चीनी चिकित्सा (पश्चिमी चिकित्सा से मिल कर बनी हुई चीनी चिकित्सा) ❷पश्चिमी चिकित्सा
【新义】 xīnyì नया अर्थ या मतलब
【新异】 xīnyì विचित्र; अद्भुत; अनोखा
【新意】 xīnyì नया अर्थ या मतलब; नया विचार
【新颖】 xīnyǐng नया और अपूर्व; अद्भुत: 式样～ बिलकुल नई शैली में
【新雨】 xīnyǔ ❶वसंतारंभ में वर्षा; अभी बरसा पानी ❷〈लि०〉 नया मित्र: 旧知～ पुराना और नया मित्र
【新约】 Xīnyuē 〈ईसाई धर्म〉 नई धर्म-पुस्तक; नया टेस्टामेंट
【新月】 xīnyuè ❶दूज का चांद; नया बालचन्द्र; नवचन्द्र ❷〈खगोल०〉 नवचन्द्र (अदृश्य चन्द्र)
【新张】 xīnzhāng नई दूकान का व्यापारारम्भ करना
【新针疗法】 xīnzhēnliáofǎ 〈ची०चि०〉 सुई-चिकित्सा की नई विधि
【新正】 xīnzhēng चांद्र वर्ष का पहला मास
【新政】 xīnzhèng नया राजनीतिक उपाय; नई नीति
【新殖民主义】 xīn zhímín zhǔyì नव-उपनिवेशवाद
【新址】 xīnzhǐ नया पता
【新指标】 xīnzhǐbiāo नया लक्ष्य
【新制】 xīnzhì नई प्रणाली या पद्धति
【新妆】 xīnzhuāng ❶सज्जा-शृंगार करने के बाद स्त्री की मुख-मुद्रा या मुखाकृति ❷(स्त्री का) नया फ़ैशन
【新装】 xīnzhuāng नया वस्त्र: 试～ नए कपड़े आज़मा कर देखना
【新作】 xīnzuò नई कृति

歆 xīn 〈लि०〉 प्रशंसा करना; सराहना करना
【歆慕】 xīnmù （歆羡 xīnxiàn भी）〈लि०〉 प्रशंसा करना; सराहना करना

薪 xīn ❶ईंधन की लकड़ी; ईंधन: 米珠～桂 mǐ zhū xīn guì ❷वेतन; तनखाह: 加～ वेतन बढ़ाना / 发～ वेतन देना
【薪传】 xīnchuán 〈लि०〉 ज्ञान की मशाल गुरु से शिष्य के हाथों में आना —— दे० 薪尽火传
【薪俸】 xīnfèng वेतन; तनखाह
【薪给】 xīnjǐ वेतन: ～逐年增加。वेतन हर साल बढ़ता है।
【薪金】 xīnjīn वेतन; तनखाह
【薪尽火传】 xīnjìn-huǒchuán ईंधन की पहली लकड़ी खत्म होने पर दूसरी लकड़ी जल गई —— ज्ञान की मशाल गुरु से शिष्य के पास आ गई
【薪水】 xīnshuǐ वेतन; तनखाह
【薪饷】 xīnxiǎng सैनिक, पुलिसमैन आदि के लिए वेतन; तनखाह
【薪资】 xīnzī वेतन; तनखाह: 微薄～ मामूली तनखाह

馨 xīn 〈लि०〉 दूर तक फैली हुई सुगंध; तेज़ खुशबू: 馨香
【馨香】 xīnxiāng 〈लि०〉 ❶सुगंध; खुशबू: 满院～ सारे बाग में सुगंध फैली होना / ～四溢 चारों ओर सुगंध फैलना ❷जलती हुई धूप की सुगंध
【馨香祷祝】 xīnxiāng-dǎozhù धूप जलाना और पूजा करना —— दिल लगाकर किसी काम के लिए ईश्वर की प्रार्थना करना

鑫 xīn (बहुधा व्यक्तियों या दूकानों के नाम में प्रयुक्त) समृद्ध; सम्पन्न; भारी मुनाफ़ा कमाना

xín

镡 （鐔） xín ❶प्राचीन काल में तलवार के मूठ का सिरा ❷प्राचीन शस्त्र, जो तलवार से छोटा होता था

xǐn

伈 xǐn नीचे दे०
【伈伈】 xǐnxǐn 〈लि०〉 डरता हुआ

xìn

囟 （顖） xìn 囟门 का संक्षे०
【囟门】 xìnmén （囟脑门儿 xìnnǎoménr भी） 〈श०वि०〉 ब्रह्मरंध्र; आच्छादित अस्थि-विवर

芯 （信） xìn नीचे दे०
xīn भी दे०

【芯子】 xìnzi ❶(पटाख़े में) बत्ती; डोरी; नलकी; (मोमबत्ती की) बत्ती ❷सांप की द्विशाखी जीभ

信 1 xìn ❶सच्चा; वास्तविक; असली: ～史 सच्चा इतिहास ❷भरोसा; विश्वास; यकीन: 守～ वादे का पालन करना / 失～ वादा तोड़ना ❸विश्वास करना; यकीन करना; सच समझना: 别～他的这一套。उस की बात या कार्यवाही पर विश्वास न करो। ❹(धर्म) मानना: ～教 धर्म मानना ❺इतमीनान से; मनमाने ढंग से: ～步 इतमीनान से चलना ❻निशान; प्रमाण: 信号 / 信物 ❼चिट्ठी; पत्र: 收～ पत्र मिलना / 发～ पत्र भेजना / 证明～प्रमाणपत्र ❽सूचना; संदेश; समाचार: 现在还没有～儿呢。अभी कोई ख़बर नहीं है। ❾(पटाख़े आदि की) बत्ती; डोरी; नलकी: 信管 ❿芯 xìn के समान ⓫(Xìn) एक कुलनाम

〈प्रा०〉伸 shen के समान भी

信 2 xìn 信石

【信笔】 xìnbǐ बिना सोचे-समझे लिखना; बिना पूर्वविचार किए लिखना या चित्र खींचना: ～写了首诗 बिना पूर्वविचार किए ही एक कविता लिखना

【信标灯】 xìnbiāodēng आकाशदीप; बीकोन लाइट

【信步】 xìnbù इतमीनान से चलना: 闲庭～ आंगन में इतमीनान से टहलना

【信不过】 xìnbuguò विश्वास न होना; भरोसा न होना: 他谁也～。उसे किसी दूसरे पर भरोसा नहीं है।

【信差】 xìnchāi 〈पुराना〉 ❶संदेशवाहक; हरकारा ❷डाकिया

【信从】 xìncóng किसी पर भरोसा करना और उस की सलाह पर काम करना: 盲目～ अंधे होकर किसी पर भरोसा करना और उस की सलाह पर काम करना

【信贷】 xìndài ऋण; क्रेडिट: 长期～ दीर्घकालीन ऋण / ～资金 ऋण-पूंजी; क्रेडिट फ़ंड

【信贷合作社】 xìndài hézuòshè ऋण सहकारी-समिति

【信得过】 xìndeguò भरोसा होना: 我们～你。हमें तुम पर भरोसा है।

【信而有征】 xìn'éryǒuzhēng प्रमाण से सिद्ध किया हुआ

【信访】 xìnfǎng (人民来信来访 का संक्षिप्त रूप) चिट्ठियाँ और मुलाकातें (अर्थात् जनता से शिकायत की चिट्ठियाँ और शिकायतें दर्ज करवाने के लिए मुलाकातें)

【信风】 xìnfēng 〈मौ०〉 व्यापार की हवा

【信风带】 xìnfēngdài व्यापारिक वायु का कटिबन्ध

【信封】 xìnfēng लिफ़ाफ़ा

【信奉】 xìnfèng मानना; विश्वास करना; भरोसा करना: ～上帝 ईश्वर मानना / ～佛教 बौद्ध धर्म मानना; बौद्ध बनना

【信服】 xìnfú पूर्णतया स्वीकार करना; विश्वास प्राप्त करना: 令人～的证据 विश्वासोत्पादक प्रमाण / 为大家所～ लोगों का विश्वास प्राप्त कर लेना

【信鸽】 xìngē संदेशवाहक कबूतर

【信管】 xìnguǎn पलीता

【信函】 xìnhán पत्र; चिट्ठियां

【信号】 xìnhào सिगनल; संकेत: 内战的～ गृहयुद्ध छेड़ने के लिए खुला संकेत / ～制度 सिगनल सिस्टम

【信号兵】 xìnhàobīng संकेतकार; सिगनलमैन; सिगनलर

【信号弹】 xìnhàodàn सिगनल फ़्लेयर: 放～ सिगनल फ़्लेयर छोड़ना

【信号灯】 xìnhàodēng सिगनल लैम्प; सेमेफ़ोर

【信号火箭】 xìnhào huǒjiàn सिगनल राकेट

【信号旗】 xìnhàoqí सिगनल फ़्लैग; सेमेफ़ोर

【信号枪】 xìnhàoqiāng 〈सैन्य०〉 सिगनल पिस्तौल; फ़्लेयर

【信汇】 xìnhuì डाक से पैसा भेजना

【信笺】 xìnjiān लेटर पेपर; पत्र लिखने का कागज़

【信件】 xìnjiàn चिट्ठी-पत्री

【信教】 xìnjiào धर्म मानना; मज़हबी होना: ～自由 धार्मिक विश्वासों की स्वतंत्रता

【信据】 xìnjù विश्वस्त प्रमाण; वास्तविक प्रमाण

【信口】 xìnkǒu बिना सोचे कहना; लापरवाही से कहना: ～说出 बिना सोचे कह देना

【信口雌黄】 xìnkǒu-cíhuáng बिना उत्तरदायित्व के कहना; गैरज़िम्मेदारी से कहना; बहुत लम्बी जीभ होना

【信口开河】 xìnkǒu-kāihé (信口开合 xìnkǒu-kāihé भी) बिना उत्तरदायित्व के कहना; गैरज़िम्मेदारी से कहना; मनमाने ढंग से लंबी-चौड़ी बातें बघारना

【信赖】 xìnlài भरोसा करना (रखना); विश्वास करना: 他是值得～的干部。वह एक विश्वसनीय कार्यकर्त्ता है।

【信马由缰】 xìnmǎ-yóujiāng बिना लगाम लिए घोड़े पर सवार होना —— निरुद्देश्य इधर-उधर घूमना; अपनी इच्छानुसार कार्यवाही या काम करना

【信念】 xìnniàn विश्वास; यकीन; धारणा: 坚定的～ दृढ़ विश्वास

【信女】 xìnnǚ बौद्ध उपासिका: 善男～ बौद्ध उपासक और उपासिका

【信皮儿】 xìnpír लिफ़ाफ़ा

【信然】 xìnrán 〈लि०〉 सचमुच; वास्तव में ऐसा; वाकई

【信瓤儿】 xìnrángr लिफ़ाफ़े में पत्र

【信任】 xìnrèn भरोसा करना (रखना); विश्वास करना; यकीन करना: ～群众 जन-समुदाय पर भरोसा रखना

【信任票】 xìnrènpiào विश्वास का मत

【信任投票】 xìnrèn tóupiào विश्वास का मतदान

【信骚扰】 xìnsāorǎo फ़ालतू की डाक भेज कर परेशान करना (विज्ञापन आदि)

【信赏必罚】 xìnshǎng-bìfá यथोचित पुरस्कार और दंड अवश्य दिया जाएगा

【信石】 xìnshí संखिया; आर्सेनिक का प्राकृतिक रूप

【信实】 xìnshí ❶विश्वसनीय;विश्वस्त; भरोसे का: 他为人～。वह ईमानदार और भरोसे का है। ❷सच्चा; विश्वस्त: 史料～ ऐतिहासिक सामग्री का प्रामाणिक या विश्वस्त होना

【信史】 xìnshǐ सच्चा इतिहास; यथातथ्य इतिहास; प्रा-

माणिक इतिहास

【信使】 xìnshǐ संदेशवाहक; हरकारा: 外交～ कूट-नीतिक संदेशवाहक

【信士】 xìnshì बौद्ध उपासक

【信誓旦旦】 xìnshì-dàndàn पूरी ईमानदारी से सौगंध उठाना; पूरी गंभीरता से शपथ उठाना

【信手】 xìnshǒu कोई काम तुरंत या बिना अच्छी तरह सोचे-विचारे करना: ～写来 आशु लेखन करना

【信手拈来】 xìnshǒu-niānlái लेख लिखने में दक्ष होना

【信守】 xìnshǒu ईमानदारी से पालन करना: ～协议 समझौते का ईमानदारी से पालन करना / ～诺言 वचन निभाना

【信守不渝】 xìnshǒu-bùyú दृढ़ता से अपने वचन का पालन करना

【信水】 xìnshuǐ 〈लि०〉 ऋतुस्राव; मासिक धर्म

【信宿】 xìnsù 〈लि०〉 दो रातों के लिए रुकना या ठहर-ना; दो रातों का समय

【信天翁】 xìntiānwēng 〈प्राणि०〉 ऐल्बेट्रॉस (समुद्री पक्षी)

【信天游】 xìntiānyóu आकाश में भ्रमण —— उत्तरी शेनशी (陕北) के लोक गीतों में प्रयुक्त होने वाली बहुत सी धुनों के लिए प्रयुक्त नाम

【信条】 xìntiáo किसी विषय के सिद्धांत; धर्मसूत्र

【信筒】 xìntǒng लेटर बॉक्स; चिट्ठी का बम्बा

【信徒】 xìntú शिष्य; अनुयायी; भक्त: 真实～ सच्चा शिष्य

【信托】 xìntuō न्यास; ट्रस्ट

【信托公司】 xìntuō gōngsī न्यास निगम; ट्रस्ट कंपनी

【信托基金】 xìntuō jījīn ट्रस्ट फ़ंड

【信托商店】 xìntuō shāngdiàn कंमरशियल शॉप (एजेंट)

【信托投资公司】 xìntuō tóuzī gōngsī न्यास और निवेश निगम; ट्रस्ट एण्ड इंवेस्टमेंट की कार्पोरेशन

【信望】 xìnwàng प्रतिष्ठा; इज़्ज़त

【信物】 xìnwù (प्रेम आदि का) चिह्न; प्रतीक; लक्षण; संकेत

【信息】 xìnxī ❶सूचना; समाचार; ख़बर: ～中心 सूचना केन्द्र ❷〈गणित०〉 इंफ़ार्मेशन

【信息安全】 xìnxī ānquán सूचना सुरक्षा

【信息编码】 xìnxī biānmǎ 〈कंप्यूटर〉 इंफ़ार्मेशन एंकोडिंग

【信息产业】 xìnxī chǎnyè सूचना उद्योग

【信息存储器】 xìnxī cúnchǔqì 〈कंप्यूटर〉 इंफ़ार्मेशन स्टोरिंग डिवाइस

【信息服务】 xìnxī fúwù सूचना सेवा

【信息港】 xìnxīgǎng सूचना बंदरगाह

【信息高速公路】 xìnxī gāosù gōnglù सूचना सुपरहाइवे

【信息技术】 xìnxī jìshù सूचना तकनॉलोजी

【信息科学】 xìnxī kēxué सूचना विज्ञान

【信息库】 xìnxīkù सूचना अड्डा

【信息论】 xìnxīlùn 〈गणित०〉 इंफ़ार्मेशन सिद्धांत (थी-योरी)

【信息台】 xìnxītái सूचना ब्राडकास्टिंग स्टेशन

【信息学】 xìnxīxué इंफ़ार्मेशन साइंस; इंफ़ार्मेटिक्स

【信息战】 xìnxīzhàn सूचना-युद्ध

【信箱】 xìnxiāng ❶लेटर बॉक्स; मेल बॉक्स ❷पोस्ट आफ़िस बॉक्स

【信心】 xìnxīn विश्वास; यकीन; आत्मविश्वास: 丧失～ आत्मविश्वास खो बैठना; उम्मीद हारना / 重振～ आत्म-विश्वास पुनः हासिल करना / ～百倍 अत्यधिक (या पक्के) विश्वास के साथ

【信仰】 xìnyǎng विश्वास; यकीन; भरोसा: ～自由 धार्मिक विश्वास की स्वतंत्रता / 树立群众的～ जनता का विश्वास प्राप्त करना

【信仰主义】 xìnyǎng zhǔyì 〈दर्श०〉 श्रद्धावाद

【信以为真】 xìnyǐwéizhēn किसी बात को सही मानना; सच मानना

【信义】 xìnyì वफ़ादारी: 确守～ वफ़ादारी से काम कर-ना

【信用】 xìnyòng ❶विश्वसनीयता; विश्वास: 不守～ वादा तोड़ना / 失去～ विश्वास खोना ❷ऋण; कर्ज़: ～贷款 विश्वास पर ऋण

【信用合作社】 xìnyòng hézuòshè ऋणदाता सहकारी समिति

【信用卡】 xìnyòngkǎ क्रेडिट कार्ड

【信用证】 xìnyòngzhèng लेटर ऑफ़ क्रेडिट

【信誉】 xìnyù विश्वास; यकीन; भरोसा; सुयश: 享有崇高的国际～ अंतर्राष्टीय उच्चप्रतिष्ठा भोगना

【信札】 xìnzhá चिट्ठियां; पत्र

【信纸】 xìnzhǐ पत्र लिखने का कागज़; लेटर पेपर; नोट पेपर

衅（釁） xìn लड़ाई; झगड़ा; कलह: 挑～ उत्तेजित करना

【衅端】 xìnduān 〈लि०〉 झगड़े या लड़ाई का कारण

焮 xìn ❶जलना; जलाना ❷चमड़े का जलना; चर्मशोथ; चर्मसूजन

璺 xìn 〈लि०〉 衅 xìn के समान

xīng

兴（興） xīng ❶समृद्ध होना; अभ्युदय होना; लोकप्रिय बनना: 新～ नवोदित; नवजात / 复～ पुनरुत्थान होना / 我们这里不～超短裙。हमारे यहाँ मिनिस्कर्टस लोकप्रिय नहीं है । ❷उत्साहित करना; प्रोत्साहन देना: 大～水利 बड़े पैमाने पर जल-संरक्षण परियोजनाओं का निर्माण करना ❸आरंभ करना या होना; शुरू करना या होना: 兴工 / 兴建 ❹〈लि०〉 उठना;

उदय होना: 晨～ सुबह उठ बैठना ❺〈बो०〉 (बहुधा निषेध में प्रयुक्त) अनुमति देना; इजाज़त देना; आज्ञा देना: 不～胡说！ व्यर्थ की बात नहीं करनी चाहिए। ❻〈बो०〉 शायद; हो सकता है: 明天他也～去，也～不去。कल उस का जाना भी हो सकता है और न जाना भी हो सकता है। ❼（Xīng）एक कुलनाम

xìng भी दे०

【兴办】 xīngbàn स्थापना करना; स्थापित करना: ～水利 जल-संरक्षण (या सिंचाई-साधनों) का निर्माण करना

【兴兵】 xīngbīng सैनिक कार्रवाई शुरू करना; सेना भेजना: ～讨伐 (किसी के विरुद्ध) सेना भेजना

【兴废】 xīngfèi उन्नति और अवनति; उदय होना और पतन होना

【兴奋】 xīngfèn ❶उत्तेजित होना: ～过度 अति उत्तेजित होना ❷〈श०वि०〉 उत्तेजन; विक्षोभ; ऊर्जन ❸उत्तेजित करना: 兴奋剂 / ～了全国人民。देशभर की जनता में उल्लास फैल गया।

【兴奋剂】 xīngfènjì उत्तेजक औषधि; प्रेरकशक्ति; मादक औषधि: ～检测中心 मादक औषधि नियंत्रण केन्द्र; डोपिंग कंट्रोल सेंटर

【兴奋性】 xīngfènxìng उत्तेजनीयता

【兴风作浪】 xīngfēng-zuòlàng गड़बड़ फैलाना; झंझट खड़ा करना; हंगामा बरपा करना

【兴革】 xīnggé 〈लि०〉 (नये का) प्रारंभ और (पुराने का) अंत; पुनर्निर्माण

【兴工】 xīnggōng निर्माण-कार्य आरंभ करना: 破土～ भूमि तोड़ना और निर्माण-कार्य आरंभ करना

【兴建】 xīngjiàn निर्माण करना: ～大坝 बांध का निर्माण करना

【兴利除弊】 xīnglì-chúbì अच्छाइयों का प्रचार करना और बुराइयों को मिटा देना; जो अच्छा है, उस का प्रचार करो और जो हानिप्रद है उसे नष्ट कर दो

【兴隆】 xīnglóng (व्यापार) बहुत गरम होना; समृद्ध होना; सम्पन्न होना: 生意～ व्यापार बहुत गरम होना

【兴起】 xīngqǐ ❶उदय होना; एकाएक उत्पन्न होना; पदोन्नति होना; उन्नति पर होना: 革命运动的～ क्रांतिकारी आंदोलन का उदय ❷〈लि०〉 उत्तेजना में उठना; जाग्रत होना

【兴盛】 xīngshèng समृद्ध होना; प्रफुल्लित होना; बहार पर आना; खुशहाल होना: 国家～。देश समृद्ध है। / ～时期 अभ्युदयकाल

【兴师】 xīngshī सेना भेजना

【兴师动众】 xīngshī-dòngzhòng सेना भेजना और लोगों को प्रेरित करना —— (किसी काम में) लोगों की एक पूरी सेना जुटाना

【兴时】 xīngshí फ़ैशन के अनुकूल; लोकप्रिय: 这种衣服现在不～了。इस शैली का कपड़ा आजकल फ़ैशन के अनुकूल नहीं है।

【兴衰】 xīngshuāi अभ्युदय और अधोगति; उदय और पतन

【兴叹】 xīngtàn 〈लि०〉 आह भरना: 望洋～ कोई बड़ा कार्य देखकर अपनी अक्षमता पर आह भरना

【兴替】 xīngtì 〈लि०〉 उत्थान और पतन: 朝代的～ राजवंश का उत्थान और पतन

【兴亡】 xīngwáng (देश का) उत्थान और पतन; अभ्युदय और नाश

【兴旺】 xīngwàng समृद्ध होना; सम्पन्न होना; फलना-फूलना: ～的国家 फलता-फूलता देश / ～发达 प्रबल होना और फलना-फूलना / 战争不能使国家达到～。युद्ध देश को खुशहाली की ओर नहीं ले जा सकता।

【兴修】 xīngxiū निर्माण करना; स्थापना करना: ～水利 जल-संरक्षण परियोजनाओं का निर्माण करना

【兴许】 xīngxǔ शायद; हो सकता है: 你问问他，他～不去。तुम उस से पूछो, शायद वह नहीं जाएगा।

【兴学】 xīngxué (निजी व्यक्ति या दल द्वारा) स्कूल कायम करना: 捐资～ स्कूल कायम करने के लिए चंदा देना

【兴妖作怪】 xīngyāo-zuòguài (दुष्ट जन द्वारा) गड़बड़ फैलाना; शैतानी करना

狌 xīng 〈लि०〉 猩 xīng के समान

星 xīng ❶तारा; सितारा: ～罗棋布 सितारों के समान बिखरना ❷खगोलीय पिण्ड: 行～ ग्रह / 卫～ उपग्रह ❸छोटा अंश; क्षुद्रांश; कण: 火～儿 चिनगारी ❹विषम-भुजतला के भुज पर चिन（斤）और उस के अंशों के चिह्न ❺मघा (अट्ठाइस नक्षत्रों में पचीसवाँ) ❻स्टार: 歌～ गाने वाला स्टार ❼（Xīng）एक कुलनाम

【星辰】 xīngchén तारा-समूह; तारा-राशि; सितारे

【星等】 xīngděng 〈खगोल०〉 दीप्ति-क्रम के अनुसार; नक्षत्रों की श्रेणियां

【星斗】 xīngdǒu तारे; सितारे: 满天～ सितारों से सुसज्जित आकाश

【星光】 xīngguāng तारों का प्रकाश: ～闪烁的夜晚 सितारों से प्रकाशित रात

【星汉】 xīnghàn 〈लि०〉 आकाश गंगा; स्वर्ग मंदाकिनी

【星号】 xīnghào तारक-चिह्न; तारा-चिह्न

【星河】 xīnghé आकाश गंगा; स्वर्ग मंदाकिनी

【星火】[1] xīnghuǒ चिनगारी: ～燎原 एक चिनगारी से सारे जंगल में आग लग जाना

【星火】[2] xīnghuǒ उल्का: 急如～ अत्यावश्यक; बहुत जल्दी

【星级】 xīngjí ❶सितारा; दर्जा; पंक्ति: 五～饭店 पांच सितारों वाला होटल ❷उच्चस्तरीय: ～服务 उच्चस्तरीय सेवा ❸विख्यात (व्यक्ति); प्रतिभावान (व्यक्ति): ～人物 विख्यात व्यक्ति; प्रतिभावान व्यक्ति

【星际】 xīngjì अंतर्गृही: ～航行 अंतर्गृही उड़ान

【星际飞船】 xīngjì fēichuán अंतरिक्ष-यान; अंतर्गृहीय-यान

【星际火箭】 xīngjì huǒjiàn अंतरिक्ष राकेट; अंतर्गृही राकेट

【星际交通】 xīngjì jiāotōng अंतरिक्ष यातायात; अंतर्गृही यातायात

【星际空间】 xīngjì kōngjiān अंतर्गृही आकाश

【星际旅行】 xīngjì lǚxíng अंतर्गृही यात्रा
【星空】 xīngkōng सितारों से सुसज्जित आकाश
【星命】 xīngmìng ज्योतिष
【星期】 xīngqī ❶सप्ताह; हफ़्ता ❷（日、一、二、三、四、五、六、几 के पहले प्रयुक्त）सप्ताह में दिन：明天～几？कल (सप्ताह में) कौन दिन है？／～日 रविवार
【星期二】 xīngqī'èr मंगलवार; मंगल
【星期六】 xīngqīliù शनिवार; शनिचर; सनीचरवार
【星期日】 xīngqīrì रविवार; इतवार
【星期三】 xīngqīsān बुधवार
【星期四】 xīngqīsì गुरुवार; बृहस्पतिवार; जुमेरात
【星期五】 xīngqīwǔ शुक्रवार; शुक्र; जुमा
【星期一】 xīngqīyī सोमवार
【星球】 xīngqiú खगोलीय पिण्ड; ग्रह; तारा
【星球大战计划】 xīngqiú dàzhàn jìhuà （战略防御倡议 zhànlüè fángyù chàngyì भी） एस० डी०आई०; रणनीतिक प्रतिरक्षा पहलकदमी
【星散】 xīngsàn 〈लि०〉（星离雨散 xīnglí-yǔsàn भी）(परिवार के सदस्य, मित्र आदि) आकाश के तारों की तरह बिखर जाना
【星鲨】 xīngshā 〈प्राणि०〉 गोंददार शार्क; गमी शार्क (मछली)
【星术】 xīngshù ज्योतिष
【星速】 xīngsù उल्का की तरह जल्दी; बड़े वेग से：奉命～南下 आज्ञा पाते ही तत्काल (बहुत जल्दी) दक्षिण की ओर चलना
【星体】 xīngtǐ 〈खगोल०〉 खगोलीय पिण्ड
【星条旗】 xīngtiáoqí सितारों भरा झंडा; अमेरिकन झंडा
【星图】 xīngtú 〈खगोल०〉 नक्षत्र मानचित्र; स्टार मैप; स्टार चार्ट
【星团】 xīngtuán 〈खगोल०〉 तारक गुच्छ; सितारों का झुंड; स्टार कल्यूस्टर
【星系】 xīngxì 〈खगोल०〉 मंदाकिनी; गैलेक्सी
【星系天文学】 xīngxì tiānwénxué आकाश गंगा के बाहर का खगोल-विद्या
【星相】 xīngxiàng जन्मकुंडली; जन्मपत्री
【星象】 xīngxiàng ग्रहों आदि की सापेक्षित स्थितियां (पुराने ज़माने में मनुष्य के मामलों पर इन का प्रभाव डालने का अध्ययन किया जाता था)
【星星】 xīngxīng दाग; बिंदु; छोटा धब्बा：～点点 छोटा धब्बा; बिन्दु; इने-गिने; बहुत कम
【星星】 xīngxing 〈बोल०〉 तारा; सितारा
【星星之火，可以燎原】 xīngxīng zhī huǒ, kěyǐ liáo yuán एक चिनगारी सारे जंगल में आग लगा सकती है
【星宿】 xīngxiù ❶तारासमूह; ताराराशि; सितारे; तारा-मंडल ❷मघा (नक्षत्र)
【星夜】 xīngyè रातोंरात：～启程 रातोंरात रवाना होना／～逃回 रातोंरात भागकर लौट आना
【星移斗转】 xīngyí-dǒuzhuǎn सितारों की स्थितियों में बदलाव आना —— ऋतुओं में परिवर्तन होना; समय बीतना
【星云】 xīngyún 〈खगोल०〉 नक्षत्र-पुंज; नीहारिका：蟹状～ कर्कट नक्षत्र-पुंज
【星运】 xīngyùn प्रमुख अभिनेता या अभिनेत्री बन जाने का भाग्य
【星占】 xīngzhān ज्योतिष द्वारा भविष्यवाणी करना
【星占术】 xīngzhānshù ज्योतिष शास्त्र
【星震】 xīngzhèn 〈खगोल०〉 तारक कम्प
【星子】 xīngzi ❶छोटा अंश; कण：吐沫～ थूक की छीटें ❷〈खगोल०〉 ग्रहाणु ❸〈बो०〉 तारा; सितारा
【星座】 xīngzuò तारासमूह; ग्रहसमूह; ताराराशि; तारा-मंडल

骍（騂） xīng 〈लि०〉 लाल रंग का घोड़ा, बैल, बकरा आदि

猩 xīng 〈प्राणि०〉 बनमानुष; बड़ा लंगूर
【猩红】 xīnghóng अरुण; सिंदूरवर्ण; रक्तवर्ण; लोहित वर्ण
【猩红热】 xīnghóngrè 〈चिकि०〉 अरुण ज्वर; लाल बुखार; स्कार्लेट फ़ीवर
【猩猩】 xīngxing बनमानुष; बड़ा लंगूर
【猩猩草】 xīngxingcǎo रंजित वज्रकण्टका या समन्त-दुग्ध

惺 xīng 〈लि०〉 ❶चतुर; बुद्धिमान ❷जगा; बेदार; जाग्रत
【惺忪】 xīngsōng （惺松 xīngsōng भी）❶नींद से भारी (आंख)：～的睡眼 नींद से भारी आंखें ❷〈लि०〉 जगा; जाग्रत; बेदार：不～ अब भी अचेत; न जागा हुआ
【惺惺】 xīngxīng ❶〈लि०〉 जगा; जाग्रत; बेदार ❷चतुर; बुद्धिमान ❸चतुर व्यक्ति; बुद्धिमान व्यक्ति
【惺惺惜惺惺】 xīngxīng xī xīngxīng बुद्धिमान व्यक्ति एक दूसरे पर दया करते हैं
【惺惺作态】 xīngxīng-zuòtài (मित्रता, निर्दोषता आदि) बनाना; ढोंग करना; स्वांग करना

腥 xīng ❶कच्चा मांस या मछली ❷कच्ची मछली, झंगे आदि की गंध
【腥臭】 xīngchòu सड़ी हुई मछली आदि की बदबू
【腥风血雨】 xīngfēng-xuèyǔ बदबूदार हवा और खून की वर्षा —— काल जिस में अत्याचार या भय का शासन रहा हो; आतंक का शासन
【腥黑穗病】 xīnghēisuìbìng (गेहूँ का) करखा रोग; गेरुई; बट रोग
【腥气】 xīngqì ❶मछली की गंध; समुद्री खाद्य-पदार्थ की गंध ❷मछली जैसी गंध का
【腥臊】 xīngsāo भेड़ और बकरी की गंध
【腥膻】 xīngshān मछली, भेड़-बकरी आदि की गंध
【腥味儿】 xīngwèir मछली की गंध

箵 xīng दे० 笭箵 língxīng

xíng

刑 xíng ❶दंड; सज़ा: 死～ प्राणदंड; मृत्युदंड; मौत की सज़ा ❷शारीरिक दंड: 用～ शारीरिक दंड देना ❸（Xíng）एक कुलनाम

【刑部】 xíngbù शिंगपू, दंड विभाग —— दे० 六部 liùbù

【刑场】 xíngchǎng वध-स्थल; कत्लगाह

【刑罚】 xíngfá दंड; सज़ा

【刑法】 xíngfǎ दंड-विधान; दंड-विधि; फ़ौजदारी कानून

【刑法学】 xíngfǎxué दंड-विज्ञान

【刑房】 xíngfáng ❶〈पुराना〉 यामन（衙门）(सरकारी दफ़्तर) में फ़ौजदरारी मामलों का विभाग ❷दंड देने का कमरा: 私设～ अवैध दंड-कक्ष स्थापित करना

【刑警】 xíngjǐng 刑事警察 का संक्षिप्त नाम

【刑拘】 xíngjū अपराधिक गिरफ़्तारी

【刑具】 xíngjù यातना देने वाला साज़ो-सामान; सज़ा देने के उपकरण

【刑律】 xínglǜ 〈का०〉 दंड-विधान; दंड-विधि; फ़ौजदारी कानून: 触犯～ फ़ौजदारी कानून के खिलाफ़ काम करना

【刑满释放】 xíngmǎn shìfàng 〈का०〉 सज़ा की अवधि पूरी होने पर छोड़ना

【刑名】 xíngmíng ❶〈प्रा०〉 कानून; विधि (विशेषकर फ़ौजदारी कानून) ❷दंड के नाम (जैसे, प्राणदंड, कैद, कारावास आदि)

【刑名师爷】 xíngmíng shīye (छिंग राजवंश में) यामन（衙门） (सरकारी दफ़्तर) के फ़ौजदारी-मामलों वाला सचिव

【刑期】 xíngqī दंड-अवधि; कैद की मीआद: ～已满 कैद की मीआद पूरी होना; दंड-अवधि पूरी होना

【刑事】 xíngshì 〈का०〉 फ़ौजदारी: ～案件 फ़ौजदारी मुकदमा

【刑事法庭】 xíngshì fǎtíng फ़ौजदारी अदालत; फ़ौजदारी न्यायालय

【刑事犯】 xíngshìfàn फ़ौजदारी अपराधी

【刑事警察】 xíngshì jǐngchá फ़ौजदारी पुलिस

【刑事诉讼】 xíngshì sùsòng फ़ौजदारी अभियोग

【刑事诉讼法】 xíngshì sùsòngfǎ फ़ौजदारी अभियोग कानून

【刑事责任】 xíngshì zérèn दंडविषयक उत्तरदायित्व

【刑释】 xíngshì कैद (या जेल) से छूट: ～人员 जेल से मुक्त व्यक्ति

【刑庭】 xíngtíng 刑事法庭 का संक्षिप्त रूप

【刑讯】 xíngxùn यातना के द्वारा जाँच-पड़ताल करना: ～逼供 यातना के द्वारा अपराध स्वीकार करवाना; तीसरी डिग्री की यातना का इस्तेमाल करना

【刑杖】 xíngzhàng डंडा, छड़ या मुगदर का यातना देने के लिए इस्तेमाल करना

邢 Xíng एक कुलनाम

行 xíng ❶〈लि०〉 चलना: 步～ पैदल चलना / 日～百里 एक दिन में एक सौ ली का रास्ता तय करना / 不止不～。 विराम के बिना कोई गति नहीं होती। ❷यात्रा करना: 印度之～ भारत की यात्रा ❸रास्ता; फ़ासला; मंज़िल: 千里之行，始于足下 qiānlǐ zhī xíng, shǐ yú zú xià ❹अस्थायी; काम चलाऊ: 行商 / ～营 प्रधान शिविर ❺प्रचलित होना; चालू होना: ～销 बेचना; बिकना; विक्रयार्थ होना; बिकाऊ होना ❻काम करना; कार्यान्वित करना: 行礼 / 行医 / 独断独～ मनमाने ढंग से निर्णय करना और मनमानी कार्यवाही करना ❼(बहुधा द्व्यक्षर क्रिया के पहले प्रयुक्त करके क्रिया के व्यापार की कार्यवाही का बोध होता है): 另～通知 अलग से सूचना देना / 即～调查 शीघ्र ही जांच-पड़ताल करना ❽चाल-चलन; आचार; चरित्र: 品～ चाल-चलन; आचार; चरित्र / 言～ कथनी और करनी ❾सकना; हो सकना; ठीक होना: ～，让他来吧。ठीक है, उसे आने दो या वह आ सकता है। / 咱们一块儿去～不～? —— ～! हम लोग एक साथ चलें, ठीक है? —— ठीक है! ❿समर्थ; योग्य; लायक: 他干活真～! सचमुच वह काम करने योग्य है! ⓫〈लि०〉 निकट भविष्य में होने वाला: 行将 / 别来～及一载。आप से विदा हुए एक वर्ष हो जाएगा। ⓬（Xíng）एक कुलनाम

háng; hàng भी दे०

【行百里者半九十】 xíngbǎilǐzhě bàn jiǔshí नव्वे ली केवल एक सौ ली का आधा ही है —— जब कार्य का अंत लगभग होने वाला हो तब अपने प्रयास को हतोत्साहित नहीं होने देना चाहिए

【行板】 xíngbǎn 〈संगी०〉 धीरे चलने वाला

【行不通】 xíngbutōng अव्यवहार्य होना; अमल में न ला सकना; एक अंधी गली में फंस जाना: 这个办法完全～。 यह उपाय पूर्ण रूप से अव्यवहार्य है। / 他现在的这种作法是～的。 जो रास्ता वह इस वक्त अपना रहा है वह उसे कहीं का नहीं छोड़ेगा।

【行车】 xíngchē गाड़ी चलाना: 注意～安全。 गाड़ी चलाते समय सुरक्षा का ध्यान रखना चाहिए।

【行车时刻表】 xíngchē shíkèbiǎo रेल, बस आदि का टाइम-टेबुल

【行成于思，毁于随】 xíng chéng yú sī, huǐ yú suí कोई भी कार्य सूझबूझ के ज़रिए ही पूरा किया जाता है और सूझबूझ के अभाव में असफल रहता है

【行程】 xíngchéng ❶यात्रा का मार्ग; यात्रा की दूरी: ～数千公里 कई हज़ार किलोमीटर की यात्रा ❷क्रम: 历史发展～ इतिहास का विकास-क्रम ❸〈यां०〉 स्ट्रोक; ट्रैवेल: 活塞～ पिस्टन ट्रैवेल

【行船】 xíngchuán नाव, जहाज़ आदि चलाना; जहाज़रानी करना: 这条河上游不能～。 इस नदी के ऊपरी भाग में नाव नहीं चल सकती।

【行刺】 xíngcì छलपूर्वक वध करना; छिपकर कत्ल करना

【行道】 xíngdào 〈पुराना〉 अपने सिद्धांत का प्रवचन करना; अपने धर्म, विचार आदि का प्रचार करना

【行道树】 xíngdàoshù फ़ुटपाथ के पेड़; सड़क के दोनों

ओर पंक्तिबद्ध वृक्ष

【行得通】 xíngdetōng व्यवहारिक होना; व्यवहार्य होना: 这个计划～。यह योजना व्यवहारिक है।

【行动】 xíngdòng ❶व्यवहार करना; कदम उठाना; कार्यवाही करना; कार्रवाई करना: ～一致 समान व्यवहार करना; सर्वसम्मति से व्यवहार करना ❷कार्रवाई; कार्य; कार्यवाही: ～方针 कार्यदिशा / ～纲领 कार्रवाई का कार्यक्रम / ～规律 व्यवहार का नियम / ～路线 कार्यनीति / ～指南 कार्रवाई का मार्गदर्शक; कार्यवाही का पथ-प्रदर्शक / ～准则 कार्रवाई का मार्गदर्शक नियम

【行都】 xíngdū 〈पुराना〉 अस्थायी राजधानी

【行方便】 xíng fāngbian किसी चीज़ को किसी व्यक्ति के लिए सुविधाजनक बनाना; कृपालु होना; दयालु होना

【行房】 xíngfáng 〈शिष्ट०〉 पति-पत्नी का संभोग करना

【行宫】 xínggōng सम्राट का राजधानी के बाहर रहने का प्रासाद; शाही आवास

【行贾】 xínggǔ 〈लि०〉 ❶घूमने वाला व्यापार ❷व्यापार करना

【行好】 xínghǎo कृपा करना; मेहरबानी करना; कृपालु होना: ～，给一点吧。कृपया कुछ दीजिए!

【行贿】 xínghuì घूस देना; मुट्ठी गरम करना; रिश्वत देना

【行迹】 xíngjì (व्यक्ति के) चलने के निशान; सुराग; निशान; चिह्न: ～无定 कोई निश्चित अता-पता न होना; इधर-उधर भटकते फिरना

【行将】 xíngjiāng 〈लि०〉 निकट भविष्य में होने वाला: 它们的经济～崩溃。उन की अर्थव्यवस्था तबाह हो जाएगी।

【行将就木】 xíngjiāng-jiùmù मरणासन्न होना; मृत्यु के सन्निकट होना; कब्र में पांव (पैर) लटकना

【行脚】 xíngjiǎo (बौद्ध साधु, ताओ वादी का) देश-देश घूमना

【行脚僧】 xíngjiǎosēng देश-देश घूमने वाला बौद्ध साधु

【行劫】 xíngjié डकैतियां करना: 持枪～ पिस्तौल या राइफ़ल से लैस हो कर डकैतियां करना

【行进】 xíngjìn आगे चलना; आगे बढ़ना

【行经】[1] xíngjīng 〈श०वि०〉 मासिक धर्म होना; ऋतु-स्राव होना

【行经】[2] xíngjīng गुज़रना; होकर जाना: 火车从上海～天津抵达北京。रेल शांगहाए से थ्येनचिन होकर पेइचिंग पहुंच गई।

【行径】 xíngjìng 〈अना०〉 (दुष्ट) कार्यवाही; दुष्टाचार: 侵略～ आक्रमण की कार्यवाही

【行军】 xíngjūn (सेना का) मार्च करना; कूच करना: ～两万五千里 25,000 ली का लंबा रास्ता कूच करना / 长途～ लंबी मुहिम; लंबा कूच / ～步伐 फ़ौजी कूच का कदम

【行军床】 xíngjūnchuáng फ़ौजी चारपाई

【行军锅】 xíngjūnguō फ़ौजी कड़ाहा

【行军壶】 xíngjūnhú कैंटीन; सिपाहियों का पानी रखने का बर्तन

【行军灶】 xíngjūnzào मैदानी बावर्चीखाना

【行乐】 xínglè 〈लि०〉 मन बहलाना और क्रीड़ा करना

【行礼】 xínglǐ ❶पालागन करना; सलाम करना: 向某人～致敬 किसी को सलाम करना ❷〈बो०〉 भेंट करना; भेंट में देना

【行李】 xíngli असबाब; माल-असबाब; सामान; यात्रा का सामान: 我们可以把～先运去。हम असबाब पहले भेज सकते हैं।

【行李车】 xínglichē सामान-गाड़ी; असबाब गाड़ी

【行李袋】 xínglidài सामान-थैला

【行李房】 xínglifáng सामान दफ़्तर; लगेज आफ़िस; माल-दफ़्तर

【行李寄存处】 xíngli jìcúnchù असबाब आफ़िस; चेक-रूम

【行李架】 xínglijià रैक; सामान रखने का रैक

【行李卷儿】 xínglijuǎnr सामान-गोला; सामान-असबाब

【行李票】 xínglipiào लगेज टिकट; सामान का टिकट

【行猎】 xíngliè 〈लि०〉 शिकार करना; आखेट करना

【行令】 xínglìng ड्रिंकिंग गेम खेलना

【行旅】 xínglǚ लंबी यात्रा करने वाला: ～往来 यात्रियों का आना-जाना

【行囊】 xíngnáng 〈लि०〉 यात्री का थैला

【行骗】 xíngpiàn छलना; धोखा देना

【行期】 xíngqī प्रस्थान-तिथि; रवानगी की तारीख

【行乞】 xíngqǐ भीख मांगना

【行窃】 xíngqiè चोरी करना

【行箧】 xíngqiè 〈लि०〉 यात्री का संदूक

【行人】 xíngrén पैदल यात्री; फ़ुटपाथ पर चलने वाला: 过往～ आने-जाने वाले पैदल यात्री

【行人情】 xíng rénqíng समाज के शिष्टाचार (जैसे, बधाई देना, समवेदना-प्रदर्शन करना, उत्सव के दिन भेंट करना आदि) के अनुसार काम करना

【行若无事】 xíngruòwúshì जैसे कुछ हुआ ही न हो

【行色】 xíngsè प्रस्थान की परिस्थितियां; रवाना होने के पहले यात्री का रंगरूप, स्थितियां आदि: 以壮～ प्रस्थान की परिस्थितियां भव्य बनाना

【行色匆匆】 xíngsè-cōngcōng जल्दी-जल्दी में रवाना होना

【行善】 xíngshàn पुण्यकार्य करना

【行商】 xíngshāng घूमने वाला व्यापार; घूम-घूमकर बेचने वाला

【行赏】 xíngshǎng पुरस्कार देना; इनाम देना

【行尸走肉】 xíngshī-zǒuròu चलता शव —— क्रियाशून्य जीवन बिताने वाला; बिलकुल निकम्मा व्यक्ति

【行时】 xíngshí ❶(वस्तु) फ़ैशन में होना; बहुत प्रचलित होना ❷(व्यक्ति) सर्वोपरि सत्ता में होना

【行使】 xíngshǐ प्रयोग करना: ～职权 अधिकार-प्रयोग करना

【行驶】 xíngshǐ (गाड़ी, नाव आदि) चलना; चलित होना; यात्रा करना: 海轮正向东～。समुद्री जहाज़ पूर्व की ओर चल रहा है।

【行事】 xíngshì ❶आचरण; करनी: 言谈～ कथनी और

करनी ❷काम करना; कार्यवाही करना: 谨慎～ सावधानीपूर्वक कार्यवाही करना; ध्यान से काम करना

【行书】 xíngshū (चीनी सुलेख में) द्रुत हस्तलिपि

【行署】 xíngshǔ 行政公署 का संक्षिप्त नाम

【行述】 xíngshù 行状 के समान

【行同狗彘】 xíngtónggǒuzhì कुत्ते-सूअर जैसा आचार करना

【行头】 xíngtou ❶अभिनेता की वेश-सज्जा; वस्त्र-आभूषण ❷<हास्य०> वस्त्र; पोशाक

【行为】 xíngwéi व्यवहार; आचरण; करनी; हरकत: ～不正 दुराचार; निराचार / ～恶劣 भ्रष्टाचरण; भ्रष्टाचार

【行为干预】 xíngwéi gānyù <चिकि०> व्यवहार में हस्तक्षेप

【行为医学】 xíngwéi yīxué <चिकि०> व्यवहार मेडिसन (या चिकित्सा विज्ञान)

【行为主义】 xíngwéi zhǔyì आचरणवाद; व्यवहारवाद

【行文】 xíngwén ❶लिखने की शैली या कार्यप्रणाली: ～简练 लिखने की शैली संक्षिप्त और स्पष्ट होना ❷(सरकारी दफ़्तर का) अन्य संगठनों को सरकारी दस्तावेज़ भेजना: ～各部委 सभी मंत्रालयों और कमीशनों को कागज़-पत्र भेजना

【行销】 xíngxiāo (माल का स्थान-स्थान) बिक जाना: ～各地 (माल का) स्थान-स्थान बिक जाना

【行星】 xíngxīng <खगोल०> ग्रह: ～轨道 ग्रह-पथ

【行星际】 xíngxīngjì अंतर्ग्रहीय: ～旅行 अंतर्ग्रहीय यात्रा

【行刑】 xíngxíng प्राणदंड कार्यान्वित करना; मौत की सज़ा पर अमल करना

【行刑队】 xíngxíngduì मौत की सज़ा पर अमल करने वाला दस्ता

【行凶】 xíngxiōng मारना; हत्या करना: 持刀～ छुरी लेकर किसी को मारना या हत्या करना

【行医】 xíngyī (निजी तौर पर) चिकित्सक का व्यवसाय करना

【行营】 xíngyíng मैदानी हेडक्वार्टर

【行辕】 xíngyuán मैदानी हेडक्वार्टर

【行远自迩】 xíngyuǎn-zì'ěr हमें कोई काम करने में एक-एक कदम से और निकट से दूर तक आगे चलना चाहिए

【行云流水】 xíngyún-liúshuǐ (लिखने की शैली) तैरते बादलों और बहते पानी की तरह —— स्वाभाविक और स्वेच्छाकृत

【行者】 xíngzhě ❶<लि०> पथिक; बटोही; राही ❷सिर-मुंडन से पूर्व बौद्ध साधु

【行政】 xíngzhèng शासन; प्रशासन: ～部门 प्रशासन विभाग / ～处分 प्रशासनीय दंड / ～单位 प्रशासनीय इकाई / ～费用 प्रशासनीय खर्च / ～改革 प्रशासन-सुधार / ～干部 प्रशासनिक कार्यकर्ता / ～工作 शासन-प्रबन्ध-कार्य / ～管理 प्रशासन / ～权 कार्य-कारिणी सत्ता / ～事务 प्रशासनिक मामला / ～职务 प्रशासन-पद

【行政处罚】 xíngzhèng chǔfá प्रशासनिक दंड

【行政复议】 xíngzhèng fùyì प्रशासनिक पुनर्विचार

【行政公署】 xíngzhèng gōngshǔ प्रशासनिक दफ़्तर (प्रांत में)

【行政区】 xíngzhèngqū प्रशासनिक क्षेत्र

【行政人员】 xíngzhèng rényuán प्रशासन-प्रबन्धक

【行政手续】 xíngzhèng shǒuxù प्रशासनिक विधि: 简化～ प्रशासनिक विधियों को सरल रूप देना

【行政诉讼】 xíngzhèng sùsòng प्रशासनिक मुकदमेबाज़ी

【行政委员会】 xíngzhèng wěiyuánhuì प्रशासनिक कमेटी

【行政专员】 xíngzhèng zhuānyuán प्रशासनिक कमिश्नर

【行之有效】 xíngzhīyǒuxiào व्यवहार में प्रभावी होना

【行止】 xíngzhǐ ❶अता-पता: ～不明 अता-पता अज्ञात होना ❷आचार; आचरण; चाल-चलन; चरित्र: ～有亏 चाल-चलन में कुछ कमी होना

【行舟】 xíngzhōu नाव चलाना; नौचालन करना

【行装】 xíngzhuāng सामान; माल-असबाब; यात्रा का सामान: 整理～ यात्रा के लिए संदूक, थैले आदि में कपड़े रखना या भरना

【行状】 xíngzhuàng <लि०> <पुराना> मृत व्यक्ति की संक्षिप्त जीवनी (बहुधा शोक समाचार के साथ भेजी जाती थी)

【行踪】 xíngzōng अता-पता: ～不定 अता-पता अनिश्चित होना

【行走】 xíngzǒu चलना; पैदल चलना: ～如飞 बहुत जल्दी पैदल चलना जैसे उड़ रहा हो

饧（餳）xíng ❶<लि०> मधु शर्बत; राब; रस; सीरप ❷(गूंधा आटा, मिठाइयां आदि) मुलायम होना: 和好的面～了。गूंधा आटा मुलायम हुआ। ❸(आँखें) निद्रालु; उनींदा: 眼睛发～ अधसोयी आँखें; निद्रालु आँखें

形 xíng ❶रूप; आकृति; आकार: 圆～ गोलाकार / 方～ वर्गाकार ❷शरीर; वास्तविक वस्तु: 有～ स्पर्शनीय; दृश्यमान; मूर्त / 无～ निराकार; अमूर्त / 形单影只 ❸प्रकट होना; दिखाई देना: 喜～于色 मुख पर प्रसन्नता-भाव प्रकट होना ❹की तुलना में; के मुकाबले: 相形见绌 xiāngxíng-jiànchù

【形变】 xíngbiàn <भौ०> विरूपता; विकृति

【形成】 xíngchéng रूप धारण करना; रूप देना; बनाना: ～运动 आंदोलन का रूप धारण करना

【形成层】 xíngchéngcéng <वन०> एधा; बरसा परत; कैंबियम

【形单影只】 xíngdān-yǐngzhī बिलकुल अकेला होना; अकेला पड़ना

【形而上学】 xíng'érshàngxué <दर्श०> अतिभौतिकवाद; अध्यात्मवाद; आध्यात्मिकता

【形隔势禁】 xínggé-shìjìn परिस्थितियों द्वारा बाधा डाला जाना; अनुकूल स्थिति में न होना; प्रतिकूल स्थिति में

होना

【形骸】 xínghái 〈लि०〉 मनुष्य का अस्थिपंजर; मनुष्य का शरीर

【形迹】 xíngjì ❶व्यक्ति का व्यवहार और रंगढंग: 形迹可疑 ❷चिह्न; निशान; लक्षण: 留下～ निशान छोड़ना ❸शिष्टाचार; नियमानुकूल व्यवहार: 不拘～ बिना शिष्टाचार

【形迹可疑】 xíngjì kěyí किसी व्यक्ति का व्यवहार और रंगढंग शंकायुक्त होना; संदिग्ध (व्यक्ति); शंकाकुल

【形旁】 xíngpáng （形符 xíngfú भी）〈भा०वि०〉 चित्रध्वनि-अक्षर का अर्थसूचक चित्रांश (जैसे, चित्रध्वनि-अक्षर 江 महानदी और 河 नदी का बायाँ अंश 'जल') —— दे० 形声

【形容】 xíngróng ❶〈लि०〉 मुखाकृति; सूरत; शक्ल: ～憔悴 चेहरा बिगड़ना; चेहरा पीला पड़ना ❷वर्णन करना; बयान करना: 不能用言语来～ शब्द से बयान न कर सकना

【形容词】 xíngróngcí 〈व्या०〉 विशेषण

【形声】 xíngshēng चीनी अक्षरों की छह श्रेणियों में से एक, चित्रध्वनि-अक्षर; चित्रांश और ध्वन्यंश मिलकर बना चीनी अक्षर; जैसे, 江 (महानदी), 河 (नदी) आदि —— दे० 形旁, 六书 liùshū

【形胜】 xíngshèng अच्छी भौगोलिक परिस्थितियों का: ～之地 लाभप्रद भूभाग

【形式】 xíngshì बाह्य रूप: ～和内容 बाह्य रूप और विषय-वस्तु / 那次会议只不过是个～。उस सभा में किए जाने वाले निर्णय महज़ रस्मी बनकर रह गए।

【形式逻辑】 xíngshì luójí 〈तर्क०〉 फ़ार्मल लॉजिक

【形式主义】 xíngshì zhǔyì आकारवाद; रूपवाद: ～者 रूपवादी; आकारवादी / ～地吸收 ज्यों का त्यों आत्मसात करना

【形势】 xíngshì ❶प्राकृतिक भौगोलिक स्थलाकृति: ～险要 सामरिक महत्व का भूखंड ❷परिस्थितियाँ; स्थितियाँ: ～大好 परिस्थितियाँ बड़ी उम्दा हैं; बड़ी शानदार परिस्थितियाँ मौजूद हैं। / ～逼人 परिस्थितियों की विवशता होना / ～不妙 परिस्थितियाँ प्रतिकूल होना; हालत अच्छी न होना / ～未可乐观 परिस्थिति आशाप्रद न होना

【形似】 xíngsì रूप या आकृति में सादृश्य; बाह्य सादृश्य; रूप एक-सा होना: ～和神似 रूप में और भाव में सादृश्य

【形态】 xíngtài ❶रूप; आकार; आकृति: 奇异～ अनोखा रूप ❷〈व्या०〉 पद-विज्ञान; शब्द-साधन

【形态学】 xíngtàixué ❶〈जीव०〉 आकृति-विज्ञान; आकारिकी ❷〈व्या०〉 रूप-विज्ञान; पद-विज्ञान; शब्द-साधन

【形体】 xíngtǐ ❶(व्यक्ति के शरीर का) रूप; आकृति ❷रूप और रचना: 汉字的～ चीनी अक्षर का रूप और रचना

【形同虚设】 xíngtóngxūshè केवल नाममात्र का रह जाना: 委员～。कमेटी की सदस्यता केवल नाममात्र की रह गई है।

【形象】 xíngxiàng ❶मूर्ति; आकृति; आकार; रूप; सूरत; शक्ल ❷चरित्र-चित्रण: 英雄～ वीर चरित्र-चित्रण / 具体～ साकार चरित्र-चित्रण

【形象大使】 xíngxiàng dàshǐ प्रभावशाली प्रतिनिधि

【形象代言人】 xíngxiàng dàiyánrén प्रभावशाली प्रवक्ता

【形象工程】 xíngxiàng gōngchéng प्रभावशाली परियोजना

【形象设计】 xíngxiàng shèjì प्रभावशाली इमारत

【形象思维】 xíngxiàng sīwéi (विशेष ढंग से) मूर्ति बनाने के लिए सोचना

【形销骨立】 xíngxiāo-gǔlì बहुत दुबला-पतला होना

【形形色色】 xíngxíngsèsè रंग-बिरंगा; नाना प्रकार के; विविध; भिन्न-भिन्न: ～的服装 नाना प्रकार की पोशाकें

【形影不离】 xíngyǐng-bùlí शीर और शक्कर होना; सदा एक साथ रहना

【形影相吊】 xíngyǐng-xiāngdiào काया और छाया ही एक दूसरे को ढाढ़स बंधाती रही

【形影相随】 xíngyǐng-xiāngsuí काया और छाया की तरह घनिष्ठ होना; सदा एक साथ रहना

【形于辞色】 xíngyúcísè शब्दों और भाव-मुद्रा दोनों में प्रकट होना

【形制】 xíngzhì रचना; बनावट; ढांचा; डिज़ाइन: ～奇特 बनावट विचित्र होना

【形状】 xíngzhuàng आकार; रूप; शक्ल: 西瓜和甜瓜的～不一样。तरबूज़ और खरबूज़े का आकार में फ़र्क होता है।

【形"左"实右】 xíng "zuǒ" shí yòu देखने में "वामपंथी" पर वास्तव में दक्षिणपंथी

陉（陘）xíng 〈लि०〉 दर्रा: 井～ Jǐngxíng हपेइ प्रांत में एक स्थान

型 xíng ❶सांचा; ढाँचा: 砂～ सेंड मोल्ड; बालू-घानी ❷नमूना; टाइप; प्रतिरूप: 小～ लघु; छोटा; छोटे आकार का / 血～ खून की किस्म; ब्लड टाइप

【型钢】 xínggāng 〈धा०वि०〉 सेक्शन स्टील; शेप

【型号】 xínghào किस्म; प्रकार; टाइप; मॉडल: 自行车的～ साइकिल की किस्म या मॉडल

【型砂】 xíngshā मोल्डिंग सेंड

荥（滎）xíng नीचे दे०
yíng भी दे०

【荥阳】 Xíngyáng हनान प्रांत में एक स्थान

钘（鈃）xíng ❶प्राचीन काल में मदिरा रखने का बर्तन ❷铏 xíng के समान

硎 xíng 〈लि०〉 ❶सान; सिल्ली ❷पीसना; परिमार्जित करना

铏（鉶）xíng प्राचीन काल में भोजन रखने का बर्तन

xǐng

省 xǐng ❶आत्मचिंतन करना; गुण-दोष की दृष्टि से आत्मपरीक्षण करना: 反～ आत्मपरीक्षण करना; अंतर्निरीक्षण करना / 吾日三～吾身。मैं प्रतिदिन तीन विषयों पर आत्मपरीक्षण करता हूँ। ❷(माता-पिता, बड़ों को) देखने के लिए जाना: ～亲 (दूसरे स्थान में रहने वाले) माता-पिता या ज्येष्ठों के दर्शन करने जाना ❸होश में आना; मालूम होना: 不～人事 अचेत होना; बेहोश पड़ना

shěng भी दे०

【省察】 xǐngchá आत्मनिरीक्षण करना; अपने विचार और आचार का परीक्षण करना

【省墓】 xǐngmù 〈लि०〉 अपने माता-पिता या ज्येष्ठों की समाधियों को देखने जाना

【省视】 xǐngshì ❶देखने या मिलने के लिए जाना: ～双亲 अपने माता-पिता से मिलने जाना ❷ध्यानपूर्वक देखना

【省悟】 xǐngwù 醒悟 xǐngwù के समान

醒 xǐng ❶शराब पीने आदि के कारण बेहोश पड़ने के बाद होश में आना: 酒醉未～ शराब के नशे में मस्त पड़ा रहना ❷जागना; जगना; जाग्रत होना: 他还在睡，没有～。वह अब भी सो रहा है, जागा नहीं। ❸गूंधे आटे को कुछ समय रखकर मुलायम बनाना ❹मन में साफ़ होना: 清～ स्वस्थचित्त; बिना नशे का ❺आकर्षक होना; ध्यान आकर्षित करना: 醒目

【醒盹儿】 xǐngdǔnr 〈बो०〉 झपकी लेने के बाद जागना

【醒豁】 xǐnghuò स्पष्ट; साफ़; व्यक्त: 道理说得～。दलील स्पष्ट रूप से प्रस्तुत की गई है; तर्क साफ़ ढंग से पेश किया गया है।

【醒酒】 xǐngjiǔ शराब के नशे को दूर करना; शराब का नशा उतरना; शराब का असर दूर करना: 梨可以～。नाशपाती नशे को दूर कर सकती है।

【醒木】 xǐngmù कथा सुनाने वाले का काठ का टुकड़ा

【醒目】 xǐngmù (अक्षरों या चित्रों का) ध्यान आकर्षित करना; बहुत साफ़ नज़र आना

【醒脾】 xǐngpí ❶मन या दिल बहलाना; मनोरंजन करना ❷(बहुधा पूर्वसर्ग 拿 के साथ प्रयुक्त) हंसी करना; मज़ाक करना: 拿人～ किसी का मज़ाक उड़ाना; किसी के साथ मज़ाक करना

【醒悟】 xǐngwù सत्य, अपनी गलती आदि स्पष्ट रूप में समझ लेना

【醒眼】 xǐngyǎn 〈बो०〉 ❶(अक्षरों या चित्रों का) बहुत साफ़ नज़र आना ❷सत्य, अपनी गलती आदि स्पष्ट रूप में समझ लेना

擤 xǐng (नाक) साफ़ करना; सिनकना; छिनकना: ～鼻涕 नाक साफ़ करना; सिनकना; छिनकना

xìng

兴（興） xìng रुचि; अभिरुचि; दिलचस्पी; शौक: 雅～ सुरुचिपूर्ण मनोदशा / 游～ भ्रमण या यात्रा करने की रुचि

xīng भी दे०

【兴冲冲】 xìngchōngchōng खुशी-खुशी: 她～地进来告诉我一个好消息。वह उल्लास से भरी हुई भीतर आयी और मुझे एक खुशखबरी सुनाई।

【兴高采烈】 xìnggāo-cǎiliè फूले न समाना; खुशी के मारे आपे से बाहर हो जाना: 人们听到这个喜信后都～。यह खुशखबरी सुनते ही लोग खुशी के मारे आपे से बाहर हो गये।

【兴会】 xìnghuì प्रेरणा का यकायक कौंधना: "万方乐奏有于阗，诗人～更无前。" "मातृभूमि की विविध जातियों का, यूथ्येन का, मनमोहक संगीत गुंजरित। कवि-मन अतुलनीय अभिप्रेरित।"—— यह कविता यकायक रची गई थी

【兴趣】 xìngqù रुचि; अभिरुचि; दिलचस्पी; शौक: 对音乐有(没有)～ संगीत में दिलचस्पी (न) रखना; संगीत के प्रति दिलचस्पी (न) होना / 他把～放在摄影上。उस की दिलचस्पी फ़ोटो खींचने तक ही सीमित है।

【兴头】 xìngtou ❶उत्साह; जोश; तीव्र रुचि; बहुत दिलचस्पी: 孩子们对乒乓～可大了。बच्चे लोग टेबुल-टेनिस खेलने में गहरी दिलचस्पी रखते हैं। ❷अत्यंत प्रसन्न; बहुत खुश

【兴头儿上】 xìngtóurshang अपने उत्साह की पराकाष्ठा पर: 孩子们玩得正在～，连吃饭都忘了。बच्चे खेल में इतने खो गये, यहां तक कि खाना खाना भी भूल गये।

【兴味】 xìngwèi रुचि; दिलचस्पी; शौक; मज़ा: 增加读者～ पाठकों की रुचि बढ़ाना

【兴味索然】 xìngwèi-suǒrán रुचिहीन होना; बेमज़ा होना

【兴致】 xìngzhì रुचि; दिलचस्पी; शौक; मज़ा

【兴致勃勃】 xìngzhì-bóbó बहुत उत्साह से; बड़ी रुचि से; बहुत दिलचस्पी से

杏 xìng खूबानी; शाह-आलू; चीलू

【杏脯】 xìngfǔ धूप में सुखायी गयी मीठी खूबानी

【杏红】 xìnghóng खूबानी-सा लाल

【杏黄】 xìnghuáng खूबानी-सा पीला

【杏仁】 xìngrén खूबानी की गुठली; बादाम

【杏眼】 xìngyǎn स्त्रियों की बड़ी और गोल आंखें

【杏子】 xìngzi 〈बो०〉 खूबानी; शाह-आलू; चीलू

幸[1] xìng ❶भाग्यवान; भाग्यशाली; सुखमय; खुशकिस्मत: ～福 सुख; खुशहाली / 不～ दुर्भाग्य; कमबख्ती; बदकिस्मती ❷सुख समझकर प्रसन्न होना: 庆～ प्रसन्न होना ❸〈लि०〉 आशा होना: ～善待之。आशा है आप

उस के साथ अच्छा व्यवहार करेंगे। ❹सौभाग्यवश; संयोग से: 幸亏 / 幸免 ❺<पुराना> सम्राट का कहीं पहुंचना: 巡~ सम्राट का दौरा करने के लिए कहीं पहुंचना ❻ (Xìng) एक कुलनाम

幸[2] (倖) xìng <लि०> (सम्राट की) कृपा: ~臣 <अना०> राजसभा में कृपापात्र

【幸存】 xìngcún सौभाग्यवश बच जाना: ~者 सौभाग्यवश बचने वाला

【幸而】 xìng'ér सौभाग्यवश; संयोगवश; खुशकिस्मती से: ~是你。भला हुआ कि तुम हो।

【幸福】 xìngfú ❶सुख; खुशहाली: 为人民谋~ जनता की अच्छाई-भलाई के लिए काम करना ❷सुखी; सुखमय; खुशहाल: ~愉快的生活 सुख-समृद्धि का जीवन

【幸好】 xìnghǎo 幸亏 के समान

【幸会】 xìnghuì <शिष्ट०> आप से मिलकर बड़ी प्रसन्नता हुई

【幸进】 xìngjìn <लि०> संयोग से अधिकारी बनना या बढ़ोतरी होना

【幸亏】 xìngkuī <क्रि०वि०> सौभाग्यवश; अच्छा (भला) हुआ कि; गनीमत है कि: ~他来了, 不然…。अच्छा हुआ कि वह आया, नहीं तो …

【幸免】 xìngmiǎn सौभाग्यवश बच जाना: ~于难 सौभाग्यवश मृत्यु से बच जाना

【幸甚】 xìngshèn <लि०> बहुत भाग्यवान होना: 如是则国家~。यदि ऐसा हो तो देश का बड़ा फ़ायदा होगा।

【幸事】 xìngshì सौभाग्यपूर्ण बात: 不幸中的~ दुर्भाग्य से उत्पन्न होने वाली सौभाग्यपूर्ण बात

【幸喜】 xìngxǐ 幸亏 के समान

【幸运】 xìngyùn ❶सौभाग्य; खुशकिस्मती ❷सौभाग्यशाली; खुशकिस्मत

【幸运儿】 xìngyùn'ér सौभाग्यपात्र; सौभाग्यशाली

【幸灾乐祸】 xìngzāi-lèhuò दूसरों के दुःख पर प्रसन्न होना

性 xìng ❶प्रकृति; स्वभाव: 个~ व्यक्तित्व / 天~ स्वभाव; प्रकृति ❷गुण; गुणधर्म: 磁~ चुम्बकीय गुण / 弹~ लोच; लचक; लचीलापन ❸<प्रत्यय> गुण; विस्तार: 持久~ दीर्घकालीन स्वरूप / 正义~ न्यायपूर्णता ❹लैंगिक; लिंग-विषयक: ~器官 (स्त्री-पुरुष की) जननेंद्रियाँ / ~生活 (स्त्री-पुरुष का) संभोग ❺सेक्स; लिंग; पुरुष वर्ग या नारी वर्ग: 男~ पुरुष / 女~ स्त्री / 雄~ नर / 雌~ मादा ❻<व्या०> लिंग: 阳~ पुलिंग / 阴~ स्त्रीलिंग

【性爱】 xìng'ài लैंगिक प्रेम

【性别】 xìngbié लैंगिक भेद; लिंग; सेक्स

【性别歧视】 xìngbié qíshì लैंगिक भेदभाव; सेक्सिज़्म

【性病】 xìngbìng मैथुनज रोग; यौन रोग

【性传播疾病】 xìngchuánbō jíbìng लैंगिक दृष्टि से फैलाया जाने वाला रोग

【性感】 xìnggǎn लिंग पुनरावेदन; सेक्स-अपील

【性格】 xìnggé स्वभाव; शील; शील-स्वभाव; प्रकृति: ~开朗 खुले दिल वाला; संदेह-मुक्त

【性贿赂】 xìnghuìlù पैसे की जगह सेक्स रिश्वत के रूप में देना

【性激素】 xìngjīsù सेक्स हार्मोन

【性急】 xìngjí बेसब्र; धैर्यशून्य; तेज़मिज़ाज: 不要~! जल्दबाज़ी मत करो! / 我是~的。मैं ज़्यादा भावुक हूँ। / ~的朋友 उतावला मित्र

【性交】 xìngjiāo संभोग करना; मैथुन करना

【性灵】 xìnglíng ❶<लि०> व्यक्तित्व; मिज़ाज; स्वभाव: 陶冶~ व्यक्ति के स्वभाव या व्यक्तित्व को रूप देना या ढालना ❷चतुर; बुद्धिमान: 这样~的孩子, 我以前没有看见过。ऐसा बुद्धिमान लड़का मैं ने पहले नहीं देखा।

【性命】 xìngmìng प्राण; जान

【性命交关】 xìngmìng-jiāoguān जीवन-मरण का; ज़िंदगी और मौत का (सवाल आदि): ~的大问题 ज़िंदगी और मौत का सवाल

【性能】 xìngnéng कार्य; गुण; अद्भुत कौशल: ~试验 गुण-परीक्षण; पर्फ़ोमेंस टेस्ट

【性气】 xìngqì मिज़ाज; स्वभाव; शील; शील-स्वभाव: ~平和 शांत-स्वभाव

【性情】 xìngqíng स्वभाव; शील-स्वभाव; प्रकृति: ~暴躁 तेज़मिज़ाज; उग्र; चिड़चिड़ा; संयमहीन

【性骚扰】 xìngsāorǎo परेशानी; यौन उत्पीड़न; सेक्सुअल हरासमेंट

【性腺】 xìngxiàn काम ग्रन्थि कोश (सेक्स ग्लैंड)

【性行为】 xìngxíngwéi संभोग; मैथुन; काम-क्रीड़ा

【性学】 xìngxué कामविज्ञान; सेक्सोलाजी

【性欲】 xìngyù कामवासना; कामेच्छा; कामवृत्ति: ~冲动 काम-आवेग; काम उत्तेजना

【性知识】 xìngzhīshí काम संबंधी जानकारी; काम शिक्षा

【性质】 xìngzhì स्वरूप; स्वभाव; गुण: 分清二者的~ दोनों के स्वरूप में फ़र्क करना / ~的变化 गुणात्मक परिवर्तन / 那时的革命是民主主义~的革命。उस समय की क्रांति का स्वरूप जनवादी था।

【性质形容词】 xìngzhì xíngróngcí गुणवाचक विशेषण

【性状】 xìngzhuàng आकार और गुण; स्वभाव; विशेष गुण: 土壤的理化~ मिट्टी का भौतिक-रासायनिक गुण

【性子】 xìngzi ❶स्वभाव; मिज़ाज; क्रोध में आना ❷शक्ति: 这酒~很烈。यह शराब बहुत तेज़ है।

姓 xìng कुलनाम: 你~什么? —— 我~钟。तुम्हारा कुलनाम क्या है? —— मेरा कुलनाम चोंग है।

【姓名】 xìngmíng कुलनाम और व्यक्तिगत नाम; पूरा नाम

【姓名权】 xìngmíngquán व्यक्तिगत नाम का अधिकार

【姓氏】 xìngshì कुलनाम: 以~笔划为序 कुलनाम के अक्षरों को स्ट्रोक्स की संख्यानुसार क्रमबद्ध करना

荇 (莕) xìng नीचे दे०

【荇菜】 xìngcài 〈वन०〉 फ़्लोटिंग हार्ट

悻 xìng नीचे दे०

【悻然】 xìngrán क्रोधित; रुष्ट; नाराज़

【悻悻】 xìngxìng क्रुद्ध; रुष्ट; नाराज़: ～而去 क्रुद्ध होकर चला जाना

婞 xìng 〈लि०〉 हठी; ज़िद्दी; ढीठ

xiōng

凶¹ xiōng ❶अशुभ; अमंगल; अपशकुनसूचक: ～兆 दुर्लक्षण; अलक्षण; अशुभ चिह्न ❷कम फ़सल; बुरी फ़सल: ～年 कम फ़सल वाला वर्ष; अकाल

凶² (兇) xiōng ❶क्रूर; निष्ठुर; खूंखार: 这个人长得很～。यह आदमी देखने में बहुत भयानक है। ❷अत्यधिक; बहुत अधिक: 他的病势很～。उस की बीमारी बहुत गंभीर है। ❸बल प्रयोग करना; हिंसा करना; हत्या करना: 行～ मारना; हत्या करना / 这恶棍要～一阵子。यह गुंडा भारी उत्पात मचा रहा है। / 对…～不起来… के समाने अपने खूंखारपन को ताक पर रख देना ❹मारने वाला; हत्या करने वाला: 正～ मुख्य मारने वाला; मुख्य हत्यारा

【凶案】 xiōng'àn हत्याकांड

【凶暴】 xiōngbào क्रूर; निष्ठुर; निर्दय; ख़ूँखार

【凶残】 xiōngcán नृशंस; क्रूर; खूँखार: ～成性 स्वभाव में क्रूर होना / 暴露其～ उस की नृशंसता का पर्दाफ़ाश करना

【凶多吉少】 xiōngduō-jíshǎo भविष्य का अच्छे से बुरा अधिक होना; से भयभीत हो जाना

【凶恶】 xiōng'è (मिज़ाज, चेहरा या आचार) क्रूर; भयंकर; निष्ठुर; खूंखार: ～的敌人 ख़ूँखार दुश्मन

【凶犯】 xiōngfàn खूनखोर अपराधी; हत्यारा

【凶服】 xiōngfú 〈लि०〉 शोक वस्त्र

【凶悍】 xiōnghàn क्रूर और कठोर

【凶耗】 xiōnghào शोक समाचार

【凶狠】 xiōnghěn ❶क्रूर और दुर्भावनापूर्ण ❷शक्तिशाली; प्रचंड: 扣杀～ (टेनिस की गेंद को) बड़े ज़ोर से नीचे की ओर जाल के ऊपर मारना

【凶横】 xiōnghèng क्रूर और उद्धत; असभ्य और क्रूर

【凶狂】 xiōngkuáng क्रूर; असभ्य; असंस्कृत

【凶猛】 xiōngměng क्रूर; खूंखार; दारुण; हिंसापूर्ण: ～的野兽 हिंसापूर्ण पशु

【凶虐】 xiōngnüè कठोर; निर्दय; क्रूर; अत्याचारी

【凶殴】 xiōng'ōu (किसी को) दुष्टतापूर्वक मारना

【凶气】 xiōngqì क्रूर भावना: 一脸～ चेहरे पर क्रूर भाव

【凶器】 xiōngqì मारक शस्त्र (अपराध करने के उद्देश्य से)

【凶杀】 xiōngshā हत्या करना; खून करना: ～案 हत्याकांड; खून की घटना

【凶神】 xiōngshén असुर; राक्षस; दानव; दैत्य; पिशाच: ～恶煞 असुर; राक्षस; दानव; दैत्य; पिशाच

【凶事】 xiōngshì ❶अशुभ घटनाएँ (जैसे, मृत्यु आदि) ❷हिंसा जिस में दुर्घटनाएँ शामिल हो (जैसे, हत्या, शत्रुता आदि)

【凶手】 xiōngshǒu हत्यारा; हत्यारी; वधक; खूनखोर; खूनी

【凶死】 xiōngsǐ हिंसा से मृत्यु होना

【凶岁】 xiōngsuì 〈लि०〉 कम फ़सल वाला वर्ष; अकाल

【凶徒】 xiōngtú गुंडा; बदमाश; शोहदा; हत्यारा; प्राणघातक

【凶险】 xiōngxiǎn ❶खतरनाक; संकटपूर्ण; नाज़ुक: 病情～ खतरनाक बीमारी ❷क्रूर और कपटी: ～的敌人 क्रूर और कपटी दुश्मन

【凶相】 xiōngxiàng क्रूर रूप; खूंखार सूरत: 一脸的～ खूंखार सूरत दिखाई देना

【凶相毕露】 xiōngxiàng-bìlù बेनकाब होकर क्रूर रूप दिखाई देना; सूरत का पूरी तरह से खतरनाक दिखाई देना

【凶信】 xiōngxìn किसी की मृत्यु का संदेश; मरने की खबर

【凶焰】 xiōngyàn क्रूरता; निष्ठुरता

【凶宅】 xiōngzhái भूत-प्रेत वाला मकान

兄 xiōng ❶बड़ा भाई; अग्रज: 胞～ बड़ा सगा भाई ❷एक ही पीढ़ी के बड़े नर संबंधी: 舅表～ ममेरा बड़ा भाई ❸नर मित्रों के बीच प्रयुक्त शिष्ट संबोधन: 张～ भाई चांग

【兄弟】 xiōngdì भाई; बड़ा भाई और छोटा भाई; भ्राता: 俩～都来了。दोनों भाई आये हैं। / ～民族 बिरादराना जाति; भाईचारे की जाति

【兄弟】 xiōngdi 〈बोल०〉 ❶छोटा भाई ❷अपने से छोटे पुरुष के लिए प्रयुक्त घनिष्ठ संबोधन ❸〈विन०〉 (एक ही पीढ़ी के लोगों में अपने लिए प्रयुक्त) मैं: ～我刚来这里，请多指教。मैं हाल ही में यहां आया हूँ, मुझे सलाह दीजिये।

【兄弟阋于墙，外御其侮】 xiōng dì xì yú qiáng, wài yù qí wǔ घर में भाई-भाई लड़ते हैं, मगर बाहरी हमलों का वे मिलकर मुकाबला करते हैं

【兄嫂】 xiōngsǎo बड़ा भाई और उस की पत्नी; बड़ा भाई और भाभी

【兄长】 xiōngzhǎng ❶〈आदर०〉 बड़ा भाई; भैया ❷〈आदर०〉 पुरुष मित्र के लिए प्रयुक्त संबोधन

芎 xiōng नीचे दे०

【芎䓖】 xiōngqióng 〈ची०चि०〉 (川芎 chuānxiōng भी) छ्वानश्योंग का कंदमूल

匈 xiōng 〈प्रा०〉 छाती; वक्षस्थल

【匈奴】 Xiōngnú श्योंगनू, हूण जाति, चीन में एक प्राचीन जाति

【匈牙利】 Xiōngyálì हंगरी; हंगेरी

【匈牙利人】 Xiōngyálìrén हंगरीवासी; हंगेरीवासी;

हंगरियाई

【匈牙利语】 Xiōngyálìyǔ हंगरी भाषा

讻（訩、詾、哅） xiōng नीचे दे०

【讻讻】 xiōngxiōng 汹汹 xiōngxiōng❸ के समान

汹（洶） xiōng लहराना; उमड़ना

【汹汹】 xiōngxiōng ❶〈लि०〉 आंदोलित लहरों की आवाज़： 波浪～ गरजती हुई लहरें ❷प्रचंड; भीषण： 气势～ प्रचंडता से ❸कोलाहलपूर्ण; उत्तेजित： 议论～ कोलाहलपूण वाद-विवाद

【汹涌】 xiōngyǒng लहराना; उमड़ना： 波涛～ तरंगें मारना; लहरें मारना

【汹涌澎湃】 xiōngyǒng-péngpài लहराता हुआ; आंदोलित; तूफ़ानी; आँधियों-भरा： ～的历史潮流 इतिहास की आँधियों भरी धारा

恟（忷） xiōng 〈लि०〉 डरना; भय होना

胸（胷） xiōng ❶छाती; सीना; वक्ष; वक्षस्थल; हृदयस्थल ❷मन; विचार; हृदय; दिल： ～襟 हृदय; दिल / 心～ दिल; चित्त

【胸部】 xiōngbù हृदयस्थल; वक्षस्थल; छाती; सीना

【胸次】 xiōngcì हृदय; दिल; चित्त; मन： ～宽广 उदार; विस्तृतचित्त

【胸骨】 xiōnggǔ 〈श०वि०〉 उरोस्थि; वक्षास्थि; पसली और सीने को मिलानेवाली पतली चपटी हड्डी

【胸怀】[1] xiōnghuái मन; हृदय： ～坦白 साफ़ दिल; संदेह-मुक्त / ～宽广 उदार; विशाल हृदय / ～狭窄 ओछा; संकीर्णचित्त

【胸怀】[2] xiōnghuái मन में रखना： ～祖国，放眼世界 मातृभूमि के प्रति भक्ति की भावना रखते हुए सारे संसार के प्रति मानवीय दृष्टि अपनाना

【胸甲】 xiōngjiǎ वक्षस्त्राण; उरस्त्राण; सीनाबंद

【胸卡】 xiōngkǎ नाम टैग; छाती के सामने लटका हुआ कार्ड जिस पर व्यक्ति का नाम आदि लिखा (या छपा) होता है

【胸口】 xiōngkǒu पेट का गड्ढा; छाती： ～疼 छाती में दर्द

【胸膜】 xiōngmó 〈श०वि०〉 फुप्फुस झिल्ली; फेफड़े का पर्दा; प्लूरा

【胸膜炎】 xiōngmóyán फेफड़े के पर्दे की सूजन; प्लूरिसी

【胸脯】 xiōngpú छाती; सीना： 挺起～ सीना तानना

【胸鳍】 xiōngqí मछली का वक्षपक्ष

【胸腔】 xiōngqiāng वक्ष-विवर; वक्षरन्ध्र

【胸墙】 xiōngqiáng 〈सैन्य०〉 कुछ फ़ीट ऊंची धुस्स; अस्थायी रक्षा की दीवार

【胸膛】 xiōngtáng छाती; सीना： 挺起～ सीना तानना

【胸围】 xiōngwéi छाती की नाप： 量～ छाती की नाप लेना

【胸无城府】 xiōngwúchéngfǔ सीधा-सादा; सीधा और सच्चा

【胸无点墨】 xiōngwúdiǎnmò अशिक्षित; निरक्षर

【胸无宿物】 xiōngwúsùwù सीधा-सादा; भोला-भाला

【胸像】 xiōngxiàng अर्ध-प्रतिमा; ऊर्ध्वकाय प्रतिमा

【胸臆】 xiōngyì दिल की गहराइयों में विचार या भावनाएँ： 倾吐～ दिल की बातें पूरी तरह कह डालना

【胸有成竹】 xiōngyǒuchéngzhú सुविचारित योजना, युक्ति आदि

【胸章】 xiōngzhāng बिल्ला; बैज

【胸罩】 xiōngzhào कंचुक; चोली; अंगिया

【胸针】 xiōngzhēn रत्नजड़ित पिन; जड़ाऊ पिन

【胸中无数】 xiōngzhōng-wúshù दिमाग में कोई "आंकड़े" मौजूद न होना

【胸中有数】 xiōngzhōng-yǒushù दिमाग में "आंकड़ों" को बनाए रखना

【胸椎】 xiōngzhuī 〈श०वि०〉 वक्ष-वंशास्थि

xióng

雄 xióng ❶नर; (पौधे) पुंकेसरमय： ～狮 नर शेर / ～鸡 मुरगा; मुर्गा / ～蕊 पुंकेसर; परागकेसर ❷शानदार; विशाल; भव्य： ～伟 शानदार; भव्य ❸शक्तिशाली; बलवान： ～兵 शक्तिशाली सेना ❹शक्तिशाली व्यक्ति या देश： 英～ वीर; बहादुर

【雄辩】 xióngbiàn ❶वाक्-चातुर्य; वक्पटुता： 事实胜于～。 तथ्यों के सामने कोई वाद-विवाद नहीं टिक सकता। ❷वाक्-चतुर; वाक्पटु; वाक्य-निपुण： 事实～地证明 अकाट्य तथ्य से सिद्ध कर देना

【雄才大略】 xióngcái-dàlüè सर्वोत्तम क्षमता और कूटयुक्ति वाला व्यक्ति

【雄风】 xióngfēng ❶〈लि०〉 तेज़ हवा ❷प्रताप; रोब; मान-मर्यादा

【雄蜂】 xióngfēng नर मधुमक्खी

【雄关】 xióngguān दुर्भेद्य दर्रा

【雄豪】 xiónghāo ❶वीर; बहादुर ❷प्रभावशाली और पराक्रमी

【雄厚】 xiónghòu (शक्ति, साधन आदि) भारी; शक्तिशाली： 积聚～的力量 भारी शक्ति बटोरना / 势力～ मज़बूत शक्ति होना; सबल सामर्थ्य होना

【雄花】 xiónghuā 〈वन०〉 नर-फूल; पुंकेसरमय फूल

【雄黄】 xiónghuáng 〈खनि०〉 मनःशिला; मैनसिल; लाल हरताल

【雄黄酒】 xiónghuángjiǔ मनःशिला मदिरा (नागनौका उत्सव 端午节 में पी जाती है)

【雄浑】 xiónghún शक्तिमान और दृढ़; प्रबल; प्रभावशाली： 笔力～ लिखावट या चित्र खींचने में शक्तिमान और स्थिर स्ट्रोक्स

【雄激素】 xióngjīsù 〈श०वि०〉 ऐंड्रोजन

【雄健】 xióngjiàn हृष्टपुष्ट; शक्तिमान; बलवान： 迈着～的步伐 मज़बूत कदमों से चलना

【雄杰】 xióngjié 〈लि०〉 सर्वोत्तम क्षमता वाला; सर्वोत्कृष्ट योग्यता: ～之士 महान योग्यता वाला व्यक्ति; सर्वोत्तम क्षमता वाला व्यक्ति

【雄精】 xióngjīng 〈ची०चि०〉 मनःशिला; लाल हरताल

【雄劲】 xióngjìn शक्तिशाली और प्रभावशाली: 笔势～ लिखावट में सशक्त स्ट्रोक्स

【雄纠纠】 xióngjiūjiū साहसपूर्वक: ～，气昂昂 साहसपूर्वक और उत्साहपूर्वक; साहसपूर्वक

【雄峻】 xióngjùn (पहाड़) ऊंचा; दुरारोह और चित्ताकर्षक

【雄起】 xióngqǐ फुट बाल मैच में खिलाड़ियों के लिए प्रेरणा-सूचक आवाज़; शाबाशी; वाह-वाह ! शाबाश !

【雄师】 xióngshī शक्तिशाली सेना; ताकतवर फ़ौज

【雄图】 xióngtú महान परियोजना

【雄威】 xióngwēi शक्ति और वैभव से भरा

【雄伟】 xióngwěi ❶भव्य; शानदार: ～的天安门 भव्य थ्येन-आन-मन ❷हृष्ट-पुष्ट; हट्टा-कट्टा

【雄心】 xióngxīn महान संकल्प; महाकांक्षा; महत्वाकांक्षा

【雄心勃勃】 xióngxīn-bóbó महत्वाकांक्षा: 制订～的计划 मन्सूबे की दीवार खड़ी करना

【雄心壮志】 xióngxīn-zhuàngzhì महाकांक्षा; महत्वाकांक्षा

【雄性】 xióngxìng नर: ～动物 नर पशु

【雄性不育】 xióngxìng bùyù 〈जीव०〉 नर बंध्यता या निर्जीवाणुकता

【雄主】 xióngzhǔ सर्वोत्तम क्षमता और कूटयुक्ति वाला शासक

【雄壮】 xióngzhuàng ❶शक्ति और वैभव से भरा: ～的歌声 गाने की गौरवपूर्ण आवाज़ ❷हृष्ट-पुष्ट; हट्टा-कट्टा

【雄姿】 xióngzī आलीशान प्रादुर्भाव; आलीशान रूप या उपस्थिति: 长江大桥的～ यांत्सीनदी पुल का आलीशान रूप

熊 1 xióng ❶रीछ; भालू ❷ (Xióng) एक कुलनाम

熊 2 xióng 〈बो०〉 ❶डांटना; फटकारना; भर्त्सना करना: 挨～ डांट खाना ❷कायर; भीरु; डरपोक; योग्यताहीन: 这人真～。यह आदमी सचमुच बड़ा कायर है।

【熊白】 xióngbái भालू की पीठ की चर्बी (विरल स्वादिष्ट भोजन)

【熊包】 xióngbāo 〈बो०〉 (熊蛋包 xióngdànbāo भी) कायर; भीरु; डरपोक

【熊蹯】 xióngfán 〈लि०〉 भालू का पंजा (विरल स्वादु भोजन)

【熊蜂】 xióngfēng एक प्रकार की बड़ी मधु-मक्खी

【熊猴】 xiónghóu 〈प्राणि०〉 आसामी बंदर

【熊猫】 xióngmāo 〈प्राणि०〉 (猫熊 māoxióng भी) पाँडा

【熊罴】 xióngpí भालू

【熊市】 xióngshì भालू बाज़ार; शेयर बाज़ार में भाव मंदा होना; मंदा बाज़ार

【熊瞎子】 xióngxiāzi 〈बो०〉 भालू

【熊心豹胆】 xióngxīn-bàodǎn भालू का-सा दिल और चीते की-सी फुर्ती या पित्ताशय —— निर्भीकता; निर्भयता; साहस; वीरता

【熊熊】 xióngxióng धधकती (आग); भभकती (आग): ～烈火 धधकती आग; भभकती आग / ～燃烧 लपटें भभकना

【熊掌】 xióngzhǎng भालू का पंजा (विरल स्वादु भोजन)

xiòng

诇 (詗) xiòng 〈लि०〉 (सैनिक स्थान की) टोह लगाना; पता लगाना; जासूसी करना: ～察 फ़ौजी टोह करना

夐 xiòng 〈लि०〉 ❶दूर; सुदूर: ～若千里 हज़ार ली जैसा बहुत दूर ❷(समय) दूरस्थ; सुदूर: ～古 अनादिकाल; प्राचीन काल

xiū

休 1 xiū ❶रुकना; रोकना; बंद करना या होना; अंत करना या होना: ～会 सभा स्थगित करना / 争论不～ अनन्त वाद-विवाद करना ❷विश्राम करना; आराम करना: ～假 छुट्टी पर जाना ❸〈पुराना〉 अपनी पत्नी को छोड़कर उसे मायके वापस भेजना: ～妻 पत्नी के साथ संबंध तोड़ना ❹〈क्रि०वि०〉 मत; न: 你～上去。तुम ऊपर मत जाओ। / ～要胡言乱语! बक-बक मत करो!

休 2 xiū 〈लि०〉 सौभाग्य; खुशी; हर्ष: 休咎

【休兵】 xiūbīng 〈लि०〉 गोलाबारी बंद करना; युद्ध-विराम होना

【休咎】 xiūjiù सौभाग्य और दुर्भाग्य; सुख-दुःख

【休刊】 xiūkān (पत्र-पत्रिका का) प्रकाशन बंद करना

【休克】 xiūkè 〈चिकि०〉 शॉक

【休眠】 xiūmián 〈जीव०〉 निद्रावस्था; सुप्तावस्था

【休眠火山】 xiūmián huǒshān प्रसुप्त ज्वालामुखी

【休牧】 xiūmù गल्ला चराना वर्जित होना; निश्चित पशु-पालन क्षेत्र और निश्चित समय में गल्ला चराना वर्जित होना

【休戚】 xiūqī सुख-दुख: 我们和他们是～相关的。हम और वे सदा ही सुख-दुःख में हिस्सा बंटाते हैं; हम और वे समान उद्देश्य के सूत्र में बंधे हुए हैं। / ～与共 सुख-दुख में साथ-साथ रहना

【休弃】 xiūqì (सामंती चीन में पति का) पत्नी को छोड़ देना और उसे मायके भेज देना

【休憩】 xiūqì विश्राम करना; आराम करना

【休市】 xiūshì छुट्टी आदि के कारण बाज़ार फ़िलहाल बंद होना

【休书】 xiūshū विवाह-संबंध-विच्छेद पत्र

【休息】 xiūxi विश्राम करना; आराम करना: ～日 छुट्टी / ～时间 आराम का समय / ～室 विश्राम-कक्ष; बैठकखाना; विश्रामगृह

【休闲】 xiūxián ❶काम, अध्ययन के बाद आराम से विश्राम करना; आराम करना ❷〈कृ०〉 साल या ऋतु भर के लिए बिना जोते हुए या बोये हुए छोड़ी हुई (भूमि): ～地 उत्त कृष्ट भूमि

【休想】 xiūxiǎng (किसी काम की) कल्पना न कर सकना: 没有他的帮助，就～成功。उस की सहायता के बिना तुम सफलता की कल्पना तक नहीं कर सकते ।

【休学】 xiūxué छात्र की हैसियत खोए बिना पढ़ाई छोड़ना या स्कूल जाना बंद करना

【休养】 xiūyǎng स्वास्थ्य या शक्ति प्राप्त करना; थकान, बीमारी या क्षति से छुटकारा पाना: 他去海南岛～了。वह स्वास्थ्य लाभ के लिए हाएनान द्वीप गया है। / 民力得到～ जनता की शक्ति का निर्माण कर सकना

【休养生息】 xiūyǎng-shēngxī (देश आदि का) सामर्थ्यशाली बनना और जनसंख्या को बढ़ाना: 有助于人民的～ जनता के पुनर्वास में मदद करना

【休养所】 xiūyǎngsuǒ विश्रामगृह; स्वास्थ्यगृह

【休业】 xiūyè ❶व्यापार बंद होना: 今日～。आज व्यापार बंद है। ❷(अल्पकालीन कोर्स आदि का) अंत होना; बंद होना

【休渔】 xiūyú निश्चित जल-क्षेत्र और समय में अंशतः या पूर्ण रूप से मछली पकड़ना वर्जित होना

【休战】 xiūzhàn युद्ध-विराम; युद्ध-विश्राम; ट्रूस: ～期间 युद्ध-विराम की अवधि में / ～状态 युद्ध-विराम की स्थिति

【休整】 xiūzhěng विश्राम और पुनर्गठन: ～军队 सेना को विश्राम देना और सुदृढ़ बनाना / ～时间 विश्राम और पुनर्गठन करने का समय

【休止】 xiūzhǐ रुकना; रोकना; बंद करना या होना: 这火山已进入～状态。यह ज्वालामुखी निष्क्रिय है।

【休止符】 xiūzhǐfú 〈संगी०〉 नियत मध्यांतर का निरूपक चिह्न

咻 xiū 〈लि०〉 कोलाहल मचाना; हल्ला मचाना

【咻咻】 xiūxiū 〈अनु०〉 ❶दम लेने की आवाज़: ～的鼻息 ज़ोर-ज़ोर से सांस लेने की आवाज़ ❷कुछ पक्षी या पशुओं के बोलने की आवाज़: 小鸭～地叫着。बत्तख़ के चूज़े चीं-चीं कर रहे हैं।

修 1 xiū ❶सजाना; अलंकृत करना: 装～ (मकान) सजाना ❷सुधारना; मरम्मत करना: ～车 गाड़ी की मरम्मत करना ❸लिखना; संपादन करना: ～函 〈लि०〉 पत्र लिखना / ～史 इतिहास लिखना ❹अध्ययन करना: 自～ स्वाध्याय करना ❺(बौद्धवाद या ताओवाद का) तपस्या का व्यवहार करना: 出家～行 गृहत्याग करके बौद्ध साधु या ताओवादी बनना ❻निर्माण करना: ～堤 बांध बनाना / ～路 सड़क का निर्माण करना या मरम्मत करना / ～铁路 रेल बनाना ❼काटना-छांटना; काटकर व्यवस्थित करना; काट-छांट कर सजाना: ～树枝 टहनियां काट-छांटकर सजाना / ～指甲 नाख़ूनों की काट-छांट करना ❽संशोधनवाद: 反～ संशोधनवाद का विरोध करना ❾ (Xiū) एक कुलनाम

修 2 xiū 〈लि०〉 लंबा; ऊँचा: ～长 (कद) पतला और लंबा

【修补】 xiūbǔ मरम्मत करना; सुधार करना; थिगली लगाना: ～衣服 कपड़े पर थिगली लगाना / ～轮胎 टायर की मरम्मत करना

【修辞】 xiūcí अलंकार शास्त्र; शब्दालंकार

【修辞格】 xiūcígé 〈भा०वि०〉 शब्दालंकार; अर्थालंकार

【修辞学】 xiūcíxué 〈भा०वि०〉 अलंकार शास्त्र

【修道院】 xiūdàoyuàn विहार; मठ; संघाराम; आश्रम

【修订】 xiūdìng संशोधन करना: ～条约 संधि का संशोधन करना

【修订版】 xiūdìngbǎn संशोधित संस्करण

【修短】 xiūduǎn 〈लि०〉 लंबाई: ～合度 औसत दर्जे की लंबाई; न अधिक लंबा न अधिक छोटा

【修多罗】 xiūduōluó सूत्र; बौद्ध सूत्र

【修复】 xiūfù पूर्व स्थिति में बहाल करना; मरम्मत करके पुनर्निर्माण करना: ～铁路 रेल की मरम्मत करके पूर्व स्थिति में बहाल करना

【修改】 xiūgǎi (में) परिवर्तन लाना; संशोधन करना: 不许擅自～ अनधिकृत रूप से उन में कोई परिवर्तन न करना / ～宪法 संविधान का संशोधन करना

【修盖】 xiūgài (मकान का) निर्माण करना

【修好】 xiūhǎo ❶ठीक से मरम्मत कर लेना; ठीक-ठाक कर लेना ❷〈लि०〉 देशों के बीच मैत्रीपूर्ण संबंध बढ़ाना ❸〈बो०〉 भलाई करना; सत्कर्म करना

【修剪】 xiūjiǎn काटना-छांटना; काट-छांटकर सजाना; काटकर व्यवस्थित करना: ～指甲 नाख़ूनों की काट-छांट करना

【修建】 xiūjiàn बनाना; निर्माण करना; निर्मित करना: ～工事 मोर्चाबंदी करना या बांधना

【修脚】 xiūjiǎo पाद-चिकित्सा करना: ～师 पाद-चिकित्सक

【修旧利废】 xiūjiù-lìfèi पुरानी और छोड़ी हुई वस्तुओं की मरम्मत करना और उपयोग करना

【修浚】 xiūjùn (नदी को) साफ़ करना: ～河道 नदी को साफ़ करना

【修理】 xiūlǐ ❶सुधार करना; मरम्मत करना; दुरुस्त करना: 当场～ तत्काल मरम्मत करना ❷काटना-छांटना

【修理行业】 xiūlǐ hángyè मरम्मत-धंधा

【修炼】 xiūliàn (ताओवादियों का) तपस्या का व्यवहार करना

【修罗】 xiūluó 阿修罗 āxiūluó का संक्षिप्त रूप

【修面】 xiūmiàn 〈बो०〉 (रेज़र या उस्तरे से) दाढ़ी आदि साफ़ करना

【修面膏】 xiūmiàngāo शेविंग क्रीम

【修面刷】 xiūmiànshuā दाढ़ी बनाने का ब्रश; शेविंग ब्रश

【修明】 xiūmíng 〈लि०〉 (सरकार) ईमानदार और जाग्रत

【修女】 xiūnǚ पादरिन; ननः 当～ नन बनना
【修女院】 xiūnǚyuàn ननरी
【修配】 xiūpèi मरम्मत करना और पुर्ज़ों की सप्लाई करना：～车间 मरम्मत करने और पुर्ज़ों की सप्लाई करने वाला वर्कशाप; मरम्मत वर्कशाप
【修葺】 xiūqì मरम्मत करना; सुधारना; नया कर देना：～一新 मरम्मत करके बिलकुल नया कर देना
【修桥补路】 xiūqiáo–bǔlù पुल व सड़कें बनवाना —— भलाई करना; सत्कर्म करना
【修润】 xiūrùn (लेख को) परिमार्जित करना
【修缮】 xiūshàn (मकान की) मरम्मत करना：～校舍 विद्यालय की इमारत की मरम्मत करना
【修身】 xiūshēn अपना नैतिक शील-स्वभाव, चरित्र उन्नत करना
【修士】 xiūshì मठवासी (रोमन कैथोलिक तथा यूनान आर्थोडाक्स चर्चों के); पादरी
【修饰】 xiūshì ❶सजाना; अलंकृत करना：～一新 सजाकर बिलकुल नया कर देना ❷संवारना; भेष बनाना; सज्जा-शृंगार करना ❸(लेख का) शाब्दिक परिवर्तन करना; ठीक-ठाक करके परिमार्जित करना ❹〈व्या०〉 भाव को इंगित करना; बताना：形容词～或限制名词。विशेषण संज्ञा का गुण-वर्द्धक या संज्ञा की व्याप्ति मर्यादित होता है।
【修饰语】 xiūshìyǔ विशेषक; गुणवाचक शब्द
【修书】 xiūshū 〈पुराना〉 ❶संकलित सामग्री से ग्रंथ-निर्माण करना ❷पत्र लिखना
【修仙】 xiūxiān तपस्या करना
【修心养性】 xiūxīn–yǎngxìng ध्यान के द्वारा अपने को सुधारना
【修行】 xiūxíng बौद्धवाद या ताओवाद का व्यवहार करना：出家～ बौद्ध भिक्षु या भिक्षुणी या ताओवादी साधु बनना
【修养】 xiūyǎng ❶योग्यता; दक्षता; कुशलता; निपुणता：艺术～ कलात्मक निपुणता ❷आत्म-उत्थान; स्थिरात्मता：他真有～。वह सचमुच स्थिरात्मा है।
【修业】 xiūyè शिक्षा लेना; स्कूल आदि में पढ़ना：～年限 पढ़ाई की अवधि
【修业证书】 xiūyè zhèngshū अध्ययन-कोर्स की समाप्ति के लिए प्रमाण-पत्र
【修造】 xiūzào मरम्मत करना या निर्माण करना; सुधारना या बनाना
【修整】 xiūzhěng ❶मरम्मत करना; ठीक-ठाक करना; ठीक करते रहना：～农具 कृषि-साधनों की मरम्मत करते रहना ❷काट-छांट करना; काट-छांट कर सजाना：～果树 फल-वृक्षों की टहनियां काट-छांट कर सजाना
【修正】 xiūzhèng ❶सुधारना; संशोधन करना; संशोधित करना：坚持真理，～错误。सच्चाई की रक्षा करना और अपनी गलतियों को सुधारना / ～草案 संशोधित मसविदा / 做文字上的～ शाब्दिक परिवर्तन करना ❷(मार्क्सवाद-लेनिनवाद के) कुछ अंश काट-छांट कर उसे बिगाड़ देना; संशोधन करना
【修正案】 xiūzhèng'àn संशोधित प्रस्ताव
【修正液】 xiūzhèngyè शोधन द्रव
【修正主义】 xiūzhèng zhǔyì संशोधनवाद：～思潮 संशोधनवादी विचारधारा / ～者 संशोधनवादी
【修枝】 xiūzhī टहनियां काट-छांट कर सजाना
【修枝剪】 xiūzhījiǎn टहनियां काट-छांट करने की कैंची
【修治】 xiūzhì मरम्मत करना और नया करना; (नदी को) साफ़ करना：～河道 नदी को साफ़ करना और उस के रास्ते को ठीक करना
【修竹】 xiūzhú लंबे बांस
【修筑】 xiūzhù बनाना; निर्माण करना：～汽车路 (मोटरों के लिए) सड़क बनाना
【修纂】 xiūzuǎn संकलित सामग्री से ग्रंथ-निर्माण करना

庥 xiū 〈लि०〉 शरण; पनाह; रक्षा

脩[1] xiū 〈पुराना〉 पढ़ाई की फ़ीस की जगह गुरु को दिया जाने वाला सूखा मांसः ～金 पढ़ाई की फ़ीस

脩[2] xiū 修 xiū के समान

羞[1] xiū ❶लज्जाशील; शर्मीला; झेंपूः～得满脸通红。लाज के मारे उस का चेहरा लाल हो गया। / ～得无地自容 मारे शर्म के गड़ जाना ❷लजाना; लज्जित करना ❸लज्जा; शर्मः 好不识～。बड़ी शर्म की बात है। ❹लज्जा आना; शर्म आनाः 羞与为伍

羞[2] xiū 〈लि०〉 馐 xiū के समान

【羞惭】 xiūcán लज्जित होना; शर्मिंदा होनाः 满面～ लजीला होना; शरमीला होना
【羞耻】 xiūchǐ लज्जा; शर्म; हया; शर्मिंदगीः 不知～ शर्म न आना
【羞答答】 xiūdādā （羞羞答答 xiūxiūdādā भी） लजीली; शर्मीली (प्रायः लड़कियों के लिए)
【羞愤】 xiūfèn शर्मिंदा और नाराज़
【羞口】 xiūkǒu मुंह खोलना कठिन होना
【羞愧】 xiūkuì लजाना; लज्जित होना; शर्म आनाः ～难言 मारे शर्म के गड़ जाना
【羞明】 xiūmíng 〈चिकि०〉 प्रकाश-असहनीयता; प्रकाश-भीति
【羞赧】 xiūnǎn 〈लि०〉 लज्जा से गाल लाल हो जाना
【羞恼】 xiūnǎo 〈लि०〉 शर्मिंदा और नाराज़
【羞怯】 xiūqiè लज्जाशील; शर्मीला; संकोची; झेंपू
【羞人】 xiūrén व्याकुल या शर्मिंदा लगना; शर्म आना; लज्जित होना
【羞人答答】 xiūréndādā लज्जाशील लगना; संकोची लगना
【羞辱】 xiūrǔ ❶लज्जा; शर्म; शर्मिंदगी; अनादर; अपमान ❷लजाना; लज्जित करना; शर्मिंदा करना
【羞涩】 xiūsè लज्जाशील; शर्मीला; झेंपू
【羞恶】 xiūwù 〈लि०〉 अपने या पराये दोष के लिए लज्जित होना और उस से ऊब जानाः ～之心 अपने या पराये दोष के लिए लज्जित होने और उस से ऊबने की भावना

【羞与为伍】 xiūyǔwéiwǔ किसी के साथ साथी बनने के लिए लज्जा आना; किसी के साथ जुड़ने पर स्वयं को छोटा समझना

鸺（鵂）xiū नीचे दे०

【鸺鹠】 xiūliú （枭 xiāo भी）उलूक; उल्लू

貅 xiū 貔貅 píxiū 〈लि०〉 ❶एक प्रकार का पौराणिक जंगली पशु ❷वीर सेना

馐（饈）xiū 〈लि०〉स्वादु भोजन：珍～ स्वादिष्ट भोजन

髹（髤）xiū 〈लि०〉 बर्तन को पालिश करना

【髹漆业】 xiūqīyè लेकर उद्योग

蜻 xiū दंड कृमि; स्टिक इंसेक्ट; वॉकिंगस्टिक

xiǔ

朽 xiǔ ❶सड़ा हुआ：～木 सड़ी हुई लकड़ी; सड़ा हुआ पेड़ / 永垂不～ 〈ला०〉 अमर होना ❷वृद्ध तथा दुर्बल：老～ बूढ़ा और पुराना

【朽败】 xiǔbài सड़ा हुआ; खराब हुआ

【朽坏】 xiǔhuài सड़कर खराब होना

【朽烂】 xiǔlàn सड़ना; सड़ना-गलना

【朽迈】 xiǔmài 〈लि०〉 वृद्ध तथा दुर्बल

【朽木】 xiǔmù ❶सड़ी हुई लकड़ी; सड़ा हुआ पेड़ ❷〈ला०〉 निकम्मा; नाकारा：～粪土〈ला०〉 अयोग्य व्यक्ति; निकम्मा आदमी

宿 xiǔ 〈परि०श०〉 (रात्रि गिनने के लिए प्रयुक्त)：住了一～ एक रात ठहरना / 三天两～ तीन दिन और दो रातें / 整～未睡 रात-भर नींद न आना

sù; xiù भी दे०

xiù

秀1 xiù (अनाज की फ़सलें) फूलना और बाल लगना：～穗 बाल लगना

秀2 xiù ❶सुन्दर; खूबसूरत：～丽 सुन्दर; सुरूप; खूबसूरत ❷उत्तम; श्रेष्ठ：सर्वश्रेष्ठ; सर्वोत्तम; सर्वोत्कृष्ट ❸सर्वश्रेष्ठ व्यक्ति; सर्वोत्तम व्यक्ति; सर्वोत्कृष्ट व्यक्ति：新～ नया सर्वश्रेष्ठ व्यक्ति / 后起之～ नवोदित श्रेष्ठ व्यक्ति; होनहार नौजवान

秀3 xiù दिखाना; अभिनय करना; शो (show)：作～ दिखाना; अभिनय करना

【秀拔】 xiùbá सुन्दर और प्रबल：书法～ लिखावट सुंदर और प्रबल होना

【秀才】 xiùcai ❶श्यूथ्साए, काउंटी की सरकारी परीक्षा में सफल उम्मीदवार ❷विद्वान; कुशल लेखक; पढ़ा-लिखा व्यक्ति

【秀才不出门，能知天下事】 xiùcai bù chūmén, néng zhī tiānxià shì विद्वान लोग घर बैठे ही संसार की सारी बातें जान लेते हैं

【秀而不实】 xiù'érbùshí फूलना पर न फलना; ऊँची दुकान फीका पकवान; चमकीला होते हुए भी उपयोगी न होना

【秀丽】 xiùlì सुन्दर; खूबसूरत; सुरूप; रूपवान：这姑娘很～。यह लड़की बहुत सुन्दर है।

【秀眉】 xiùméi माथे पर महीन-महीन भौंहें

【秀美】 xiùměi सुंदर; आकर्षक：书法～ लिखावट सुंदर होना

【秀媚】 xiùmèi सुंदर और मनोरम

【秀气】 xiùqi ❶सुंदर; मनोहर：眉眼长得～ सुंदर आंखें / 字写得～ सुंदर लिखावट ❷(आचार, व्यवहार) उत्तम; शिष्ट ❸(प्रयोग करने वाली वस्तुएँ)：这笔很～。यह कलम बहुत सुंदर है।

【秀色可餐】 xiùsè-kěcān आंखों के लिए भोज होना (प्रायः अतिसुंदर महिला या कभी-कभी सुंदर दृश्य के लिए प्रयुक्त)

【秀外慧中】 xiùwài-huìzhōng （秀外惠中 xiùwài-huìzhōng भी）सुंदर और बुद्धिमान

【秀雅】 xiùyǎ सुरुचिपूर्ण और मनोहर：服饰～ सुरुचि-पूर्ण वस्त्र और आभूषण पहने हुए

【秀异】 xiùyì सर्वोत्तम; सर्वश्रेष्ठ; सर्वोत्कृष्ट

岫 xiù 〈लि०〉 ❶गुहा; कंदरा; गुफ़ा ❷पर्वत; पहाड़：远～ दूर के पहाड़

臭 xiù ❶गंध; बू：乳～ दूध की गंध ❷嗅 xiù के समान

chòu भी दे०

袖 xiù ❶आस्तीन; बाँह：长～ लंबी आस्तीन ❷आस्तीन में रखना या छिपाना：～着手 आस्तीन में हाथ रखना

【袖标】 xiùbiāo पहचान के लिए आस्तीन पर बांधा फ़ीता या बैज

【袖管】 xiùguǎn ❶आस्तीन ❷〈बो०〉 आस्तीन का कफ़ या मोहरी

【袖箭】 xiùjiàn आस्तीन में छिपा (स्प्रिंग के यंत्र से फेंका जाने वाला) तीर; बाण

【袖口】 xiùkǒu आस्तीन का कफ़ या मोहरी

【袖扣】 xiùkòu कफ़ों का बटन

【袖手旁观】 xiùshǒu-pángguān हाथ पर हाथ धरे देखते रहना; हाथ बांधे टुकुर-टुकुर ताकते रहना

【袖套】 xiùtào बाह्य-आस्तीन; बाहरी बाँह
【袖筒】 xiùtǒng आस्तीन; बाँह
【袖头】 xiùtóu 〈बो०〉 आस्तीन; बाँह
【袖章】 xiùzhāng आस्तीन पर बांधा फ़ीता या बैज; स्लीव बैज: 他臂上佩着红～。उस की बांह में एक लाल फ़ीता बंधा था।
【袖珍】 xiùzhēn छोटे आकार का; छोटा; पॉकिट: ～计算器 पॉकिट कैलक्यूलेटर; पॉकिट गणक / ～字典 पॉकिट डिक्शनरी
【袖珍本】 xiùzhēnběn पॉकिट संस्करण; पॉकिट-बुक; जेबी किताब
【袖子】 xiùzi आस्तीन; बांह: 卷起～ अपनी बाँहें ऊपर को चढ़ाना

绣（綉、繡） xiù ❶कसीदा काढ़ना; ज़रदोजी करना; बेल-बूटे काढ़कर सजाना: 绣花 ❷कसीदा; कढ़ाई; ज़रदोजी: 苏～ सूचओ की कढ़ाई
【绣墩】 xiùdūn कसीदा आवरण के साथ चीनी मिट्टी का स्टूल
【绣房】 xiùfáng 〈पुराना〉 युवती का शयन-गृह
【绣阁】 xiùgé 绣房 के समान
【绣工】 xiùgōng ❶बेल-बूटे का काम ❷कसीदा काढ़ने वाला श्रमिक या श्रमिका
【绣花】 xiùhuā कढ़ाई करना; बेल-बूटे काढ़ना: 他戴着～小帽。उस ने बेल-बूटेदार टोपी लगाई।
【绣花丝线】 xiùhuā sīxiàn कढ़ाई करने के लिए रेशमी धागा
【绣花鞋】 xiùhuāxié बेल-बूटेदार जूते; कसीदाकारी वाले जूते
【绣花针】 xiùhuāzhēn कढ़ाई की सूई
【绣花枕头】 xiùhuā zhěntou कसीदाकारी वाले तकिया-गिलाफ़
【绣画】 xiùhuà 〈क०शि०〉 कसीदाकारी वाला चित्र
【绣货】 xiùhuò कसीदे; कढ़ाइयाँ
【绣球】 xiùqiú रेशमी कपड़े से बना गोला
【绣球花】 xiùqiúhuā 〈वन०〉 बड़े पत्ते वाली हाइड्रेंजिया
【绣像】 xiùxiàng ❶कसीदाकारी वाली प्रतिमूर्ति ❷कढ़ाई की हुई तस्वीर (प्रोटैट)
【绣鞋】 xiùxié कसीदाकारी वाले जूते
【绣眼鸟】 xiùyǎnniǎo 〈प्राणि०〉 रजत-चक्षु; सिल्वर आइ (पक्षी)

琇 xiù 〈लि०〉 जेड जैसा पत्थर

宿 xiù 〈खगोल०〉 नक्षत्र: 二十八～ अट्ठाइस नक्षत्र
sù; xiǔ भी दे०

锈（銹、鏽） xiù ❶ज़ंग; मोरचा ❷ज़ंग या मोरचा लगना: 铁罐子～了。टीन के डिब्बे में ज़ंग लग गया। ❸पौधों में होने वाला एक रोग जिस से मोरचे जैसे धब्बे हो जाते हैं
【锈斑】 xiùbān ❶धातु की चीज़ों पर लगने वाला ज़ंग का धब्बा ❷पौधे के पत्तों और डंठल पर रोग के कारण लगने वाले ज़ंग जैसे धब्बे
【锈病】 xiùbìng पौधों में होने वाला एक रोग जिस से मोरचे जैसे धब्बे हो जाते हैं
【锈蚀】 xiùshí ज़ंग खा जाना; ज़ंग से बिगड़ जाना

嗅 xiù सूँघना; गंध का अनुभव करना; सुगंध के लिए ज़ोर से सांस को खींचना: 嗅觉
【嗅觉】 xiùjué सूँघने की शक्ति: 提高～ अपनी सूँघने की शक्ति को अच्छी तरह विकसित करना
【嗅神经】 xiùshénjīng 〈श०वि०〉 घ्राण-स्नायु

溴 xiù 〈रसा०〉 ब्रोमीन (Br)
【溴化物】 xiùhuàwù 〈रसा०〉 ब्रोमाइड
【溴水】 xiùshuǐ 〈रसा०〉 ब्रोमीन वॉटर
【溴酸】 xiùsuān 〈रसा०〉 ब्रोमिक ऐसिड

褎（褏） xiù 〈लि०〉 袖 xiù के समान

xū

讦（訏） xū 〈लि०〉 ❶डींग मारना; डींग हाँकना; शेखी बघारना ❷बड़ा; महान: ～谟 महायोजना

圩（墟） xū देहाती मेला: 赶～ मेले जाना
wéi भी दे०
【圩场】 xūchǎng 〈बो०〉 मेला; बाज़ार; हाट
【圩日】 xūrì （圩期 xūqī भी） 〈बो०〉 मेले का दिन

戌 xū श्वू, बारह पार्थिव शाखाओं में ग्यारहवीं —— दे० 干支 gānzhī
【戌时】 xūshí रात का 7 से 9 बजे तक का समय

吁 xū 〈लि०〉 ❶आह भरना; उसांस लेना: ～气 लंबी गहरी सांस छोड़ना ❷〈विस्मय०〉 आह!
yū; yù भी दे०
【吁吁】 xūxū 〈अनु०〉 हाँफ़ना; सांस फूलना

盱 xū 〈लि०〉 आंख खोलकर ऊपर की ओर देखना

须¹（須） xū ❶लाचार होना; विवश होना; बाध्य होना: 必～ अवश्य; ज़रूर; चाहिए; यह ज़रूरी है कि ❸ (Xū) एक कुलनाम

须²（須） xū 〈लि०〉 प्रतीक्षा करना; इंतज़ार करना: ～我片刻! थोड़ी देर मेरी प्रतीक्षा कीजिए!

须³（鬚） xū ❶दाढ़ी; मूंछः 须发 ❷〈प्राणि०〉 (जानवरों की) स्पर्शेन्द्रिय: （鱼的）触～ (मछली के) गलमुच्छे ❸〈वन०〉 (अनाज के पौधे के डंठल के शीर्ष भाग

पर का) गुच्छा: 花～ पुंकेसर या स्त्रीकेसर

【须发】 xūfà दाढ़ी और बाल: ～皆白 सफ़ेद दाढ़ी और बाल

【须根】 xūgēn 〈वन०〉 रेशेदार जड़

【须鲸】 xūjīng दंतहीन ह्वेल मछली; बालीन ह्वेल

【须眉】 xūméi 〈लि०〉 ❶दाढ़ी और भौंह ❷पुरुष; आदमी

【须弥山】 xūmíshān सुमेरु पर्वत

【须弥座】 xūmízuò ❶बौद्ध मूर्ति का आसन; सुमेरु आसन ❷बौद्ध-स्तूप आदि का आधार

【须生】 xūshēng दे० 老生 lǎoshēng

【须要】 xūyào चाहिए; ज़रूरी होना: 做这工作～细心。यह काम सावधानी से करना चाहिए।

【须臾】 xūyú 〈लि०〉 क्षण भर: 空气是人们不可以～离开的东西。हवा के बिना लोग एक क्षण के लिए भी जीवित नहीं रह सकते।

【须知】 xūzhī ❶यह जानना ज़रूरी है कि; इस बात पर ज़ोर दिया जाना चाहिए कि: ～团结就是力量。यह जानना चाहिए कि एकता में बल है। ❷ध्यान देने की बातें; सूचना; नोटिस: 考试～ परीक्षा में ध्यान देने की बातें

【须子】 xūzi ❶〈प्राणि०〉 जानवरों की स्पर्शेन्द्रिय: 虾～ झींगा मछली के गलमुच्छे ❷〈वन०〉 मक्के आदि के डंठल के शीर्ष भाग पर का गुच्छा

胥[1] xū ❶〈लि०〉 निचले पद के अधिकारी ❷ (Xū) एक कुलनाम

胥[2] xū 〈लि०〉 सब; हर; कुल: 万事～备。सब तैयार हैं।

顼 (頊) Xū एक कुलनाम

虚 xū ❶खालीपन; शून्यता; रिक्तता: ～空 शून्य / 乘～而入 खालीपन (मौके) का फ़ायदा उठाकर प्रवेश करना ❷खाली; शून्य; रिक्त: 虚位以待 ❸आत्मविश्वास-हीन; आत्मसंशयी; डरपोक: 心里有点～ ज़रा आत्म-विश्वासहीन होना ❹व्यर्थ; बेकार: ～度光阴 व्यर्थ दिन गंवाना; बेकार वक्त खोना; बेकार वक्त गंवाना / 箭无～发 एक भी तीर का निशाना खाली न जाना ❺झूठ; असत्य; मिथ्या: 徒有～名 नाम बड़ा, दर्शन छोटा ❻नम्रता: 谦～ नम्रता; विनीतता; विनय ❼बलहीनता; कमज़ोरी: ～弱 कमज़ोरी / 身体～ शारीरिक बलहीनता होना ❽राज-नीतिक विचार, नीति आदि का तर्क; सिद्धांत: 以～带实 सच्चे सिद्धांत द्वारा व्यवहारिक कार्यों का मार्ग-प्रदर्शन करना ❾〈भौ०〉 कल्पित: ～焦点 कल्पित मध्यबिन्दु ❿धनिष्ठा, अट्ठाइस नक्षत्रों में ग्यारहवाँ

【虚报】 xūbào मिथ्या रिपोर्ट पेश करना

【虚词】 xūcí 〈व्या०〉 रूप-शब्द; क्रियाशील शब्द; फ़ॉर्म-वर्ड

【虚浮】 xūfú अव्यवहारिक; शंकापूर्ण; अविश्वासी: ～的计划 अव्यवहारिक योजना

【虚高】 xūgāo मूल्य, आंकड़ों आदि का अनुचित ढंग से ऊंचा होना

【虚根】 xūgēn 〈गणित०〉 काल्पनिक मूल

【虚构】 xūgòu काल्पनिक; मिथ्या; मनगढ़ंत: ～的情节 मनगढ़ंत कथानक

【虚汗】 xūhàn सामान्य कमज़ोरी के कारण आया अस्वा-भाविक पसीना

【虚话】 xūhuà ❶खोखली बातें; कोरी बातें ❷झूठ; झूठी बात

【虚怀若谷】 xūhuái-ruògǔ घाटी जैसा विशाल मन —— अत्यंत विनीत; अति विनम्र; खुला-दिल; उदार-चित्त

【虚幻】 xūhuàn अवास्तविक; काल्पनिक: ～的梦境 केवल मरीचिका

【虚晃一枪】 xūhuǎng-yīqiāng शत्रु को धोखा देने या उस का ध्यान दूसरी ओर आकर्षित करने के लिये कपट-आक्रमण; धोखा

【虚己以听】 xūjǐyǐtīng खुले दिल से सलाह सुनना; ध्यानपूर्वक आलोचना सुनना

【虚火】 xūhuǒ 〈ची०चि०〉 दुर्बल्य से उत्पन्न उद्विग्नता या जलन

【虚假】 xūjiǎ मिथ्या; असत्य: ～的证明 मिथ्या प्र-माण / ～的情况 असत्य स्थितियां / ～广告 झूठा विज्ञापन

【虚价】 xūjià 〈अर्थ०〉 अवास्तविक मूल्य; केवल नाम-मात्र का दाम

【虚惊】 xūjīng झूठा भय; झूठा अलार्म: ～一场 केवल झूठा अलार्म ही होना

【虚空】 xūkōng शून्य: 内心～ अंतःशून्य

【虚夸】 xūkuā अतिश्योक्ति करना; बढ़ा-चढ़ा कर कहना

【虚痨】 xūláo 〈ची०चि०〉 क्षय रोग

【虚礼】 xūlǐ केवल नियमानुकूल व्यवहार; परम्परागत शिष्टाचार

【虚脉】 xūmài 〈ची०चि०〉 निर्बल नाड़ी

【虚名】 xūmíng मिथ्या ख्याति: 徒有～ नाम बड़ा, दर्शन छोटा

【虚拟】 xūnǐ ❶मनगढ़ंत; कल्पनात्मक: ～的故事 मनगढ़ंत कहानी ❷कल्पना संबंधी

【虚拟经济】 xūnǐ jīngjì कल्पित अर्थव्यवस्था

【虚拟现实】 xūnǐ xiànshí कल्पित यथार्थता

【虚拟语气】 xūnǐ yǔqì 〈व्या०〉 संभावनार्थ

【虚胖】 xūpàng मोटा होना; रोग के कारण मोटा होना

【虚飘飘】 xūpiāopiāo अस्थिर; कांपता हुआ: 他酒后走路，觉得两腿～的。शराब पीने के बाद वह लड़खड़ाते हुए चल रहा है।

【虚荣】 xūróng ऊपरी तड़क-भड़क; लोकैषणा: 不慕～ लोकैषणा से प्रभावित न होना

【虚荣心】 xūróngxīn सम्मान-लालसा; लोकैषणा

【虚弱】 xūruò ❶दुर्बल; कमज़ोर: 病后身体～ बीमार होने के बाद कमज़ोर होना ❷(देश-शक्ति, सैन्य-बल) कम-ज़ोर; निर्बल: 打其～ उस की दुर्बल यूनिटों पर प्रहार करना

【虚设】 xūshè काल्पनिक; नाम-मात्र: ～的门窗 का-ल्पनिक दरवाज़ा और खिड़की / 委员形同～。कमेटी की सदस्यता महज़ नाम-मात्र की रह गई है।

【虚声】 xūshēng ❶मिथ्या ख्याति; असत्य ख्याति ❷झूठ; झूठी बातें; थोथी बातें

【虚声恫吓】 xūshēng-dònghè बंदर-घुड़की; गीदड़-भभकी

【虚实】 xūshí ❶सायासत्य —— (विपक्ष की) अंदरूनी परिस्थिति: 探听～ विपक्ष की परिस्थितियों का पता लगाना ❷सैद्धांतिक और व्यावहारिक: ～并举 सैद्धांतिक और व्यावहारिक दोनों कार्य एक साथ करना

【虚数】 xūshù ❶मिथ्या संख्या; असत्य या अवास्तविक संख्या ❷<गणित०> कल्पनात्मक संख्या

【虚岁】 xūsuì अवास्तविक आयु (आयु गिनने का परंपरागत उपाय, अर्थात् जन्मवर्ष में एक वर्ष और इस के बाद हर चांद्र नववर्ष एक वर्ष जोड़ा जाता है)

【虚套子】 xūtàozi（虚套 xūtào भी）केवल नियमानुकूल व्यवहार; परंपरावादिता

【虚土】 xūtǔ <बो०> ढीली या मुलायम की हुई मिट्टी

【虚脱】 xūtuō <चिकि०> शक्तिपात; अवसादन

【虚妄】 xūwàng निराधार; झूठा; असत्य; मिथ्या; मनगढ़ंत: ～的故事 मनगढ़ंत कहानी

【虚伪】 xūwěi असत्य; मिथ्या; पाखंडपूर्ण; आडंबरपूर्ण: 人是不应该～的。हम लोगों को पाखंड और धोखे में नहीं पड़ना चाहिए।

【虚位以待】 xūwèiyǐdài（虚席以待 xūxíyǐdài भी）किसी व्यक्ति के लिए खाली सीट रखना

【虚温】 xūwēn <भौ०वि०> कल्पित तापमान

【虚文】 xūwén ❶अप्रचलित विधि; विधि जो अब मान्य न हो ❷निरर्थक विधि: ～浮礼 केवल शिष्टाचार; परंपरावादिता

【虚无】 xūwú शून्यता: ～缥缈 ठिकाना न होना

【虚无主义】 xūwú zhǔyì शून्यवाद: ～者 शून्यवादी

【虚线】 xūxiàn ❶बिन्दुकित रेखा; बिंदीदार लाइन ❷<गणित०> काल्पनिक रेखा

【虚像】 xūxiàng <भौ०> कल्पित चित्र

【虚心】 xūxīn नम्रता; उदार-चित्त: ～听取 नम्रता से सुनना / ～学习 नम्रता से सीखना / ～领会过去的经验 अतीत के अनुभव से नम्रतापूर्वक शिक्षा लेना / ～使人进步，骄傲使人落后 नम्रता हमें आगे बढ़ने में मदद करती है, जबकि घमंड हमें पीछे ढकेलता है।

【虚言妄语】 xūyán-wàngyǔ झूठ और असत्य

【虚掩】 xūyǎn (दरवाज़ा या खिड़की) आधाबंद होना

【虚应故事】 xūyìng-gùshì कोई काम कर्तव्य-मात्र समझकर अन्यमनस्कता से समाप्त कर देना

【虚有其表】 xūyǒu-qíbiǎo ऊंची दूकान फीका पकवान

【虚与委蛇】 xūyǔwēiyí शिष्टाचार और आज्ञापालन का ढोंग करना

【虚造】 xūzào गढ़ना: ～骗人 लोगों को गुमराह करने के लिए अपनी ओर से गढ़ना

【虚张声势】 xūzhāng-shēngshì मिथ्या बल-प्रदर्शन करना; बंदर-घुड़की; गीदड़ भभकी

【虚症】 xūzhèng <ची०चि०> दुर्बल व्यक्ति की निर्बलता, रात्रि-स्वद, दुर्बलता के कारण अस्वाभाविक पसीना निकलना आदि रोग-लक्षण

【虚字】 xūzì（虚字眼儿 xūzìyǎnr भी）रूप-शब्द; क्रियाशील शब्द; फ़ॉर्म-वर्ड

谞（諝） xū <लि०> ❶प्रतिभा; विद्वता ❷युक्ति; उपाय; तरकीब

欻（歘） xū <लि०> अचानक; एकाएक; सहसा: 风雨～至。सहसा हवा बहने लगी और पानी बरसने लगा।

chuā भी दे०

湑 Xū श्वू नदी (शेनशी 陕西 प्रांत में)

墟 xū ❶वीरानी; खंडहर; ध्वंसावशेष: 废～ खंडहर ❷圩 xū के समान

需 xū ❶आवश्यकता; ज़रूरत; चाह: ～求 आवश्यकता; मांग / 按～分配 आवश्यकतानुसार वितरण करना / 无～乎费力气 भारी प्रयास करने की आवश्यकता न होना ❷आवश्यकताएँ; ज़रूरतें: 军～ सैन्य आवश्यकताएँ; फ़ौजी ज़रूरतें

【需求】 xūqiú मांग; आवश्यकता; ज़रूरत: 满足消费者的～ उपभोक्ताओं की आवश्यकताओं की आपूर्ति करना

【需索】 xūsuǒ <लि०> (धन) मांगना; दबाव डालकर (रुपया आदि) प्राप्त करना: ～无厌 अति लोभी अर्थग्रहण करना

【需要】 xūyào ❶चाहना; चाहिए; ज़रूरत होना: ～注意 ध्यान रखना चाहिए / 他～一本字典。उसे एक शब्दकोश चाहिए। / 这～一个相当长的时间。इस के लिए एक काफ़ी लंबा अरसा लगेगा। ❷मांग; आवश्यकता; ज़रूरत: 形势的～ परिस्थिति की आवश्यकता

嘘 xū ❶धीरे-धीरे सांस छोड़ना: ～一口气 एक गहरी सांस छोड़ना ❷आह भरना: 仰天而～ सिर उठाकर आकाश की ओर देखना और गहरी सांस भरना ❸आग या भाप से क्षति या पीड़ा पहुंचाना: 掀笼屉时小心热气～着手。भाप से भोजन पकाने के बर्तन की ढकनी उठाते समय अपने हाथ को मत जलाओ। ❹<विस्मय०> <बो०> शी-शी; चुप: ～! 轻一点。शी-शी! चुप! ❺<बो०> हिश-हिश करना; छिः-छिः करना: ～下台去 किसी को छिः-छिः करके मंच पर से निकाल देना

shī भी दे०

【嘘寒问暖】 xūhán-wènnuǎn किसी के स्वास्थ्य के बारे में ध्यान देना

【嘘唏】 xūxī <लि०> दे० 歔欷 xūxī

魆 xū दे० 黑魆魆 गहरा काला; अंधेरा

歔 xū नीचे दे०

【歔欷】 xūxī <लि०> सुबकना; सिसकना; सिसकी भरना: 暗自～ एकांत में सिसकना / ～不已 सिसकते रहना

xú

徐 xú ❶〈लि०〉 धीरे-धीरे: 清风～来。ताज़ी हवा धीरे-धीरे बह रही है। ❷ (Xú) एक कुलनाम

【徐步】 xúbù 〈लि०〉 धीरे से चलना; इतमीनान से चलना

【徐图】 xútú 〈लि०〉 किसी वस्तु को प्राप्त करने के लिए धीरे-धीरे युक्ति करना

【徐徐】 xúxú 〈लि०〉 धीरे-धीरे; आहिस्ता-आहिस्ता: 幕～降下。पर्दा धीरे-धीरे गिरता है।

xǔ

许¹ (許) xǔ ❶प्रशंसा करना; तारीफ़ करना: 赞～ प्रशंसा करना; तारीफ़ करना ❷वादा करना; वचन देना: ～愿(देवताओं या बुद्ध की) मनौती मानना ❸सगाई पक्की होना: 姑娘～了人了。लड़की की सगाई पक्की हो गई। ❹अनुज्ञा देना; इजाज़त देना; अनुमति प्रदान करना: 每班只～去一个学生。हर कक्षा में केवल एक छात्र जाने की इजाज़त है। ❺शायद; हो सकता है: 他没有来开会，～是不知道。वह सभा में नहीं आया, हो सकता है उसे मालूम न हो।

许² (許) xǔ ❶(मात्रा का बोध होता है): ～多 बहुत; बहुत अधिक / ～久 बहुत देर / 少～ थोड़ा-सा ❷〈लि०〉 (किसी संख्या की निकटता का बोध होता है) लगभग; करीब: 年五十～ उम्र लगभग पचास साल की होना

许³ (許) xǔ 〈लि०〉 स्थान; जगह: 何～人? वह कहां से आया है? वह कहां का रहने वाला है?

许⁴ (許) xǔ ❶चओ राजवंश (周朝) में एक राज्य (वर्तमान हनान प्रांत में श्वूछांग 许昌 के पूर्व में) ❷एक कुलनाम

【许多】 xǔduō बहुत; बहुत अधिक; बहुत-से; अनेक: ～人 बहुत-से आदमी / ～东西 बहुत-सी चीज़ें

【许国】 xǔguó अपने देश के लिए अपने को निछावर करना: 以身～ अपने देश के लिए अपने प्राण देने का वचन देना

【许婚】 xǔhūn (लड़की का स्वयं या उस की ओर से उस के माता-पिता द्वारा) विवाह-प्रस्ताव स्वीकार करना

【许久】 xǔjiǔ बहुत देर; बहुत समय: 他～没有看京剧了。उस ने बहुत दिन पेइचिंग ऑपेरा नहीं देखा। / ～没见了。बहुत दिनों से नहीं मिले। / 他在公园里坐了～。वह बाग में बड़ी देर तक बैठा।

【许可】 xǔkě अनुमति देना; अनुज्ञा देना; इजाज़त देना: 情况～ परिस्थितियों की अनुकूलता / 不～持久 दीर्घ-काल या बहुत लम्बे समय के लिए अनुमति न देना / ～做的事 वे काम जिन्हें करने की इजाज़त हों / 未经～不得入内! भीतर आने की अनुमति लेनी चाहिए!

【许可证】 xǔkězhèng लाइसेंस; पर्मिट; अनुमतिपत्र; आज्ञापत्र; अनुज्ञापत्र; इजाज़तनामा: 出口～ निर्यात-अनुमतिपत्र

【许诺】 xǔnuò वचन देना; ज़बान देना; वादा करना: 他～过帮我买房子。उस ने वचन दिया था कि मकान खरीदने के लिए वह मेरी मदद करेगा।

【许配】 xǔpèi (लड़की की) किसी के साथ सगाई होना: 她小时候就～人了。बचपन में ही उस की सगाई हो गई थी।

【许身】 xǔshēn अपने प्राण देने का वचन देना: ～报国 अपने देश के लिए अपने प्राण देने का वादा करना

【许愿】 xǔyuàn ❶देवताओं और बुद्ध के सामने मनौती माँगना: 烧香～ धूप जलाना और प्रण करना ❷वादा करना; वचन देना: 封官～ उच्च-पदस्थान और अन्य वस्तुएँ देने का वादा करना

【许字】 xǔzì 〈लि०〉 (लड़की की) किसी के साथ सगाई होना

诩 (詡) xǔ आत्म प्रशंसा करना; डींग मारना; शेखी बघारना: 自～ आत्म प्रशंसा करना

姁 xǔ नीचे दे०

【姁姁】 xǔxǔ 〈लि०〉 सुख-चैन से और नरमी से

浒 (滸) xǔ नीचे दे०
hǔ भी दे०

【浒墅关】 Xǔshùguān च्यांगसू प्रांत में एक स्थान

【浒湾】 Xǔwān च्यांगशी प्रांत में एक स्थान
Hǔwān भी दे०

栩 xǔ नीचे दे०

【栩栩】 xǔxǔ सजीव; जीता-जागता: ～如生 जीता-जागता; प्राणवत्; प्राणवान्

湑 xǔ 〈लि०〉 ❶स्पष्ट; साफ़ ❷समृद्ध; सम्पन्न
xū भी दे०

盨 (盨) xǔ प्राचीन काल में भोजन रखने का कांसे का बर्तन जिस की ढकनी और दोनों ओर हत्थे होते हैं

糈 xǔ 〈लि०〉 अन्न; अनाज

醑 xǔ ❶〈लि०〉 स्वादु मदिरा ❷〈औष०〉 स्पिरिट: 樟脑～ कपूर स्पिरिट; कैम्फ़र स्पिरिट

【醑剂】 xǔjì 〈औष०〉 स्पिरिट; एसन्स

xù

旭 xù ❶〈लि०〉 नवोदित सूर्य की चमक-दमक

❷（Xù）एक कुलनाम
【旭日】 xùrì नवोदित सूर्यः ～临窗 सुबह के सूरज की किरणें खिड़की पर पड़ना
【旭日东升】 xùrì dōng shēng पूर्व में नवोदित सूर्य —— विकासोन्मुख या उन्नतिशील जीवन-शक्ति का प्रदर्शन

芧 xù प्राचीन पुस्तकों में वर्णित या उल्लिखित बंजुफल zhù भी दे०

序 1 xù ❶क्रम; अनुक्रमः 顺～ क्रम; अनुक्रम; बारी ❷〈लि०〉 क्रमबद्ध करना; क्रम में व्यवस्था करना; शृंखलाबद्ध करनाः ～齿坐下 वरिष्ठता के अनुसार बैठना ❸प्रारंभिक; शुरू काः ～言 भूमिका; प्रस्तावना ❹प्रस्तावना; भूमिकाः 写一篇～ भूमिका लिखना

序 2 xù ❶प्राचीन काल में पक्ष भवनः 东～ पूर्वी पक्ष भवन / 西～ पश्चिमी पक्ष भवन ❷प्राचीन काल में एक प्रकार का स्थानीय विद्यालय
【序跋】 xùbá प्रस्तावना और पश्च-लेख
【序次】 xùcì ❶क्रम; अनुक्रम ❷〈लि०〉 क्रमबद्ध करना
【序列】 xùliè पंक्ति; सिलसिला; क्रम; व्यवस्थाः 战斗～ लड़ाई की पंक्ति; लड़ाई का सिलसिला
【序论】 xùlùn प्रस्तावना; भूमिका; प्राक्कथन
【序目】 xùmù (पुस्तक की) प्रस्तावना और विषयसूची
【序幕】 xùmù ❶(नाटक की) प्रस्तावना; भूमिका ❷(प्रमुख घटना आदि की) प्रस्तावना; भूमिकाः 五四运动是中国新民主主义革命的～。4 मई आदोलन चीन की नव-जनवादी क्रांति की भूमिका थी।
【序曲】 xùqǔ ❶〈संगी०〉 पूर्वरंग ❷(घटना, कार्यवाही आदि की) प्रस्तावना; भूमिका
【序时账】 xùshízhàng (बहीखाता) रोज़नामचा; दैनिकी
【序数】 xùshù 〈व्या०〉 क्रमवाचक संख्या
【序文】 xùwén प्रस्तावना; प्राक्कथन; भूमिका
【序言】 xùyán प्रस्तावना; प्राक्कथन; भूमिका
【序战】 xùzhàn प्रस्तावना; आरंभिक लड़ाई

昫 xù 〈लि०〉 煦 xù के समान (प्रायः व्यक्तियों के नाम में प्रयुक्त)

叙（敘、敍）xù ❶बोलना; कहना; बात करनाः ～家常 मामूली बातचीत करना; गप-शप करना ❷वर्णन करना; विवरण करना; बयान करनाः ～事 (लिखने में) वर्णन करना; विवरण करना / ～述 कथा का वर्णन करना या लिखना; चर्चा करना; उल्लेख करना ❸मूल्यांकन करनाः ～功 किसी के सेवाकार्य का मूल्यांकन करना ❹〈लि०〉 प्रारंभिकः ～文 दे० 序文 xùwén / ～言 दे० 序言 xùyán
【叙别】 xùbié विदा होते समय बातचीत करना
【叙次】 xùcì दे० 序次 xùcì
【叙旧】 xùjiù अतीत के बारे में बातचीत करना
【叙利亚】 Xùlìyà सीरिया
【叙利亚人】 Xùlìyàrén सीरियाई; सीरियावासी
【叙事歌剧】 xùshìgējù बैलेड ऑपेरा
【叙事剧】 xùshìjù वीरगाथा नाटक
【叙事曲】 xùshìqǔ 〈संगी०〉 बैलेड
【叙事诗】 xùshìshī महाकाव्य; वीरकाव्य
【叙事文】 xùshìwén वर्णनात्मक गद्य; वर्णनात्मक लेख
【叙说】 xùshuō कथा कहना; कथा का वर्णन करना
【叙谈】 xùtán मामूली बातचीत करना; गपशप करना
【叙用】 xùyòng 〈लि०〉 (अधिकारी) नियुक्त करनाः 永不～ (किसी को) फिर कभी नियुक्त न करना

洫 xù 〈लि०〉 खेतों में नालियाँः 沟～ खेतों में नालियाँ

恤（卹、賉）xù ❶〈लि०〉 चिंताः 国～家仇 देश की चिंता और परिवार की शत्रुता ❷दया-भाव रखना; सहानुभूति रखनाः 体～ किसी के लिए चिंता दिखाना ❸निर्धनों को सहायता देनाः 抚～ हर्जाना देना
【恤金】 xùjīn पेंशन; उस व्यक्ति के आश्रितों के लिए पेंशन जो अपनी ड्यूटी पर मर गया हो; उस व्यक्ति के लिए पेंशन जो अपनी ड्यूटी पर अशक्त हो गया हो
【恤衫】 xùshān 〈बो०〉 कमीज़; शर्ट

垿 xù प्राचीन काल में मकान की पूर्वी और पश्चिमी दीवार (प्रायः व्यक्तियों के नाम में प्रयुक्त)

畜 xù पशुओं का पालन करना; पशु-पालन करना chù भी दे०
【畜产】 xùchǎn मवेशियों (या पशुओं) की उपज
【畜产品】 xùchǎnpǐn मवेशीः ～市场 मवेशी-बाज़ार
【畜牧】 xùmù पशुपालन
【畜牧场】 xùmùchǎng पशुपालनक्षेत्र; पशुपालनफ़ार्म
【畜牧兽医站】 xùmù shòuyīzhàn पशुचिकित्सा केन्द्र
【畜牧业】 xùmùyè पशुपालन
【畜养】 xùyǎng पशुओं का पालन करना; पशुपालन करना

聓 xù 〈लि०〉 婿 xù के समान

酗 xù नीचे दे०
【酗酒】 xùjiǔ नशे में चूर या मस्त होना; मतवाला होना; बद मस्त होनाः ～滋事 मतवाला होकर अशांति पैदा करना

勖（勗）xù 〈लि०〉 प्रोत्साहित करना; प्रेरित करना
【勖励】 xùlì 〈लि०〉 प्रोत्साहित करना; प्रेरित करना
【勖勉】 xùmiǎn 〈लि०〉 प्रोत्साहित करना; प्रेरित करनाः ～有加 बारंबार प्रोत्साहित करना

鲊（鱮）xù दे० 鲢 lián

绪（緒）xù ❶काम का आरंभः ～论，～言 प्रस्तावना; भूमिका ❷अवशेषः ～余 बचा हुआ अंश; बचत; अतिरिक्त ❸मनोदशा; मन की स्थितिः 心～ मनोभाव; मनोदशा / 情～ मनोभाव; मनोदशा ❹कार्य; कर्तव्य;

कार्य-भार: 终未竟之～ कार्य-भार को पूरा करना ❺ (Xù) एक कुलनाम

续 (續) xù ❶सिलसिलेवार; निरंतर; लगातार: 连～ एक के बाद एक; निरंतर; लगातार ❷जारी रखना; चलता रहना; विस्तार करना: ～编、～集 (ग्रंथ का) जारी भाग; अग्र-भाग ❸जोड़ना; योग करना: 炉子里刚～了煤。 चूल्हे में कोयला अभी डाला गया है। ❹ (Xù) एक कुलनाम

【续订】 xùdìng (समाचारपत्र, पत्रिका के लिए) फिर से अपना शुल्क देना

【续断】 xùduàn <ची०चि०> टीज़ल (teasel) की जड़

【续航】 xùháng (विमान या जहाज़ का) लगातार चलते रहना

【续航力】 xùhánglì (विमान या जहाज़ की) लगातार चलते रहने की शक्ति

【续假】 xùjià छुट्टी की अवधि बढ़ाना: ～一月 छुट्टी की अवधि एक महीने के लिए बढ़ाना

【续借】 xùjiè (पुस्तकालय से पुस्तक) फिर से लेना शुरू करना

【续命汤】 xùmìngtāng जीवनकाल बढ़ाने वाला क्वाथ; जीवन रक्षक

【续聘】 xùpìn सेवा-अवधि पूरी होने पर फिर से नियुक्त करना

【续娶】 xùqǔ पहली पत्नी के मर जाने के बाद दूसरी सगाई करना

【续弦】 xùxián ❶दूसरी सगाई करना: 他第一个老婆死了以后又～了。 उस ने पहली पत्नी के मर जाने के बाद दूसरी सगाई की। ❷(पहली पत्नी के मर जाने के बाद) दूसरी पत्नी

【续约】 xùyuē संधि या संविदा की अवधि पूरी होने पर फिर से उस की अवधि बढ़ाना; संधि का नवीनीकरण करना; नवीकृत संधि

溆 xù <लि०> नदी आदि के किनारे

絮 1 xù ❶कपड़े, लिहाफ़ आदि में भरने वाली रूई: 被～ लिहाफ़ में भरने वाली रूई ❷<पुराना> घटिया रेशम ❸रूई जैसी वस्तु: 芦～ नरकट के गुच्छेदार फूल ❹कपड़े, लिहाफ़ आदि में रूई, रेशम आदि भरना: ～棉衣 अपने कपड़े में रूई भरना

絮 2 xù ❶हद दर्जे का बातूनी, बकवासी ❷<बो०> ऊब जाना: 他的这些话都听～了。 उस की इन बातों से मैं ऊब गया।

【絮叨】 xùdao हद दर्जे का बातूनी होना: 她说话太～。 वह हद दर्जे की बातूनी है।

【絮烦】 xùfán थका हुआ; परेशान किया हुआ; सताया हुआ: 他老哭穷，人们都听～了。 वह अकसर अपनी गरीबी की रट लगाता है, लोग उकता गये।

【絮聒】 xùguō ❶दे० 絮叨 ❷किसी को कष्ट देना

【絮棉】 xùmián कपड़े, लिहाफ़ आदि में भरने वाली रूई

【絮窝】 xùwō (पशु या पक्षी का) अपनी मांद या घोंसले में पर आदि रखना

【絮絮】 xùxù बातूनी; बकवासी; वाचाल

【絮语】 xùyǔ <लि०> ❶बड़बड़ करते रहना ❷अंतहीन बकवाद

婿 (壻) xù ❶दामाद; जामाता; जमाई: 翁～ ससुर और दामाद ❷पति: 妹～ छोटी बहिन का पति; बहनोई

蓄 xù ❶(धन अदि) जमा करना; संग्रह करना; एकत्रित करना: 储～ रुपया जमा करना / ～电池 (बिजली) संचायक बैटरी ❷(दाढ़ी आदि) उगाना: ～须 दाढ़ी उगाना / 他～着两撇漂亮的小胡子。 उस ने बहुत बांकपन से मूंछें ऐंठ रखी हैं। ❸मन में रखना; मन में स्थान देना: ～志 मन में महत्वाकांक्षा रखना

【蓄藏】 xùcáng जमा करना और सुरक्षित रखना

【蓄洪】 xùhóng बाढ़ के पानी का संग्रह करना; बाढ़ के पानी का संचय करना: ～区 बाढ़-संग्रह (संचय) क्षेत्र

【蓄积】 xùjī जमाये रखना; संग्रह (संचय) करना: ～粮食 अनाज का संग्रह (संचय) करना

【蓄谋】 xùmóu पूर्वविचार करना; पूर्वयोजना बनाना: ～已久 लंबे समय से पूर्वयोजना बनाना / ～杀害 मन में हत्या करने की योजना रखना

【蓄念】 xùniàn मन में कोई विचार, इच्छा आदि रखना: ～已久 लंबे समय से मन में इच्छा रखना

【蓄水】 xùshuǐ जल-संग्रह (संचय) करना: ～池 जलाशय; तालाब; पोखर-तालाब

【蓄养】 xùyǎng जमा करना; संचय करना: ～力量 शक्ति-संग्रह करना; शक्ति संचित करना

【蓄意】 xùyì बहुत दिनों से मन में बुरी नीयत रखना; पूर्वयोजना बनाना; पूर्वविचार करना; जानबूझकर: ～挑起战争 जानबूझकर लड़ाई छेड़ना; बहुत दिनों से मन में लड़ाई छेड़ने की बुरी नीयत रखना

煦 xù <लि०> गरम; सुहावने ढंग से गरम: ～暖 सुहावने ढंग से गरम

xu

蓿 xu दे० 苜蓿 mùxu

xuān

轩 1 (軒) xuān ❶ऊंचा; गगनचुंबी; बुलंद: ～昂 आकार-प्रकार से प्रभावित; शानदार; भव्य / ～敞 (मकान) विस्तृत और ऊंचा ❷ (Xuān) एक कुलनाम

轩[2]（軒）xuān ❶(पहले प्रायः अध्ययन-कक्षों, रेस्तोरां या चायगृहों के नाम में प्रयुक्त) खिड़कीदार बरामदा या छोटा कमरा ❷प्राचीन काल में एक प्रकार का आगे से ऊंचा और पर्दे वाला रथ ❸〈लि०〉 खिड़की; दरवाज़ा

【轩豁】 xuānhuō ❶(कमरा या हाल) रोशनीदार और लंबा-चौड़ा ❷(स्वभाव, मिज़ाज) प्रसन्न; सहर्ष: 性格～ प्रसन्नचित्त

【轩然大波】 xuānrán-dàbō महा शांति-भंग; बड़ा कोलाहल

【轩辕】 Xuānyuán 黄帝 huángdì (पीत सम्राट) का दूसरा नाम

【轩轾】xuānzhì 〈लि०〉 ऊंचा और नीचा रथ —— ऊंचा या नीचा, अच्छा या बुरा: 不分～ ऊंचे-नीचे, अच्छे-बुरे में भेद न कर सकना; बराबर का जोड़ होना

宣 xuān ❶घोषणा करना; ऐलान करना; खुलेआम कहना: 宣传 / 宣布 ❷(सम्राट का किसी को राजसभा में उपस्थित होने के लिए) आज्ञा देना; बुलाना: ～召 (सम्राट का) बुलाना ❸पानी निकालना: 宣泄 ❹（Xuān） एक कुलनाम

【宣笔】 xuānbǐ शुआन (लिखने का) ब्रुश, आनह्वेइ प्रांत के शुआनछंग（宣城）में बनाया बढ़िया (लिखने का) ब्रुश

【宣布】 xuānbù घोषणा करना; ऐलान करना: ～戒严 मार्शल-लॉ जारी करना / ～开会 सभा का उद्घाटन घोषित करना / ～为非法 किसी को अवैध घोषित करना / ～无效 अप्रभावी घोषित करना / ～中立 तटस्थता घोषित करना / 当众～ सार्वजनिक रूप से घोषित करना

【宣称】 xuānchēng दावा करना: 他～自己无辜。 वह दावा करता है कि वह निरपराध है।

【宣传】 xuānchuán प्रचार करना: ～鼓动 प्रचार करना / ～教育 प्रचार और शिक्षा / ～群众 आम जनता में (के बीच) प्रचार करना / ～政策 नीति का प्रचार करना

【宣传队】 xuānchuánduì प्रचार-दल

【宣传工具】 xuānchuán gōngjù प्रचार-साधन

【宣传工作】 xuānchuán gōngzuò प्रचार-कार्य: ～者 प्रचारक; प्रचारिका

【宣传画】 xuānchuánhuà प्रचार-पोस्टर; चित्र-पोस्टर

【宣传机关】 xuānchuán jīguān प्रचार-साधन

【宣传机器】 xuānchuán jīqì प्रचार-मशीन

【宣传品】 xuānchuánpǐn प्रचार-सामग्री

【宣传网】 xuānchuánwǎng प्रचार-जाल

【宣传员】 xuānchuányuán प्रचारक; प्रचारिका

【宣读】 xuāndú (लोगों के सामने) पढ़कर सुनाना: ～决议 (लोगों के सामने) निर्णय पढ़कर सुनाना

【宣告】 xuāngào घोषणा करना; घोषित करना; ऐलान करना: ～成立 किसी संस्था आदि की स्थापना घोषित करना / ～破产 दिवाला निकालना या मारना / ～无效 रद्द कर देना; अप्रभावी घोषित करना

【宣和】 Xuānhé शुआन-ह, सोंग राजवंश के ह्वेइ-त्सोंग（徽宗）—— चाओ-ची（赵佶）का शासनकाल (1119-1125 ई०)

【宣讲】 xuānjiǎng ❶(नीति, आज्ञा आदि की) व्याख्या और प्रचार करना ❷धर्म सिद्धांत की व्याख्या करना

【宣教】 xuānjiāo प्रचार और शिक्षा

【宣明】 xuānmíng साफ़ तौर से बताना: ～要求 मांग साफ़ तौर से बता देना

【宣判】 xuānpàn फ़ैसला सुनाना; सज़ा सुनाना: ～无罪 किसी को निरपराध घोषित करना

【宣示】 xuānshì सार्वजनिक रूप से घोषित करना

【宣誓】 xuānshì प्रतिज्ञा करना; व्रत लेना; शपथ लेना: 效忠～ स्वामिभक्ति की प्रतिज्ञा करना / ～就职 पद-ग्रहण की शपथ लेना

【宣统】 Xuāntǒng शुआन-थोंग, छिंग राजवंश के अंतिम सम्राट ऐशिंच्वेल्वो फूई 爱新觉罗 • 溥仪 का शासन-काल (1909-1911 ई०)

【宣腿】 xuāntuǐ युननान प्रांत के शुआनवेइ（宣威）शहर में उत्पन्न हैम

【宣泄】 xuānxiè ❶पानी निकालना: ～洪水 बाढ़ निकालना ❷अपनी गुप्त भावनाएँ प्रकाशित करना: ～心中的不满 अपना असंतोष प्रकाशित करना ❷〈लि०〉 (गुप्त बात) खोलना

【宣言】 xuānyán ❶घोषणापत्र; ऐलाननामा; अपील: 《共产党～》'कम्युनिस्ट पार्टी का घोषणापत्र' ❷घोषणा करना; ऐलान करना; घोषित करना: 郑重～ गंभीरतापूर्वक घोषणा करना

【宣扬】 xuānyáng प्रचार करना; फैलाना: ～好人好事 सत्पुरुषों और उन के सत्कर्मों का प्रचार करना

【宣战】 xuānzhàn (किसी के खिलाफ़) युद्ध की घोषणा करना

【宣战书】 xuānzhànshū युद्ध का घोषणापत्र

【宣旨】 xuānzhǐ सम्राट की आज्ञा की घोषणा करना

【宣纸】 xuānzhǐ शुआन कागज़, चीनी परम्परागत चित्र बनाने और सुलेख लिखने के लिए आनह्वेइ प्रांत के शुआनछंग（宣城）में उत्पादित बढ़िया कागज़

谖（諼） xuān 〈लि०〉 ❶भूलना ❷धोखा देना

萱（蘐） xuān नीचे दे०

【萱草】 xuāncǎo 〈ची०चि०〉 डे लिली (day lily)

【萱堂】 xuāntáng 〈लि०〉〈आदर०〉 आप की माता जी

揎 xuān ❶आस्तीनें चढ़ाना: ～拳捋袖 आस्तीनें चढ़ाना और तना घूंसा उठाना —— लड़ने के लिए तैयार होना ❷〈बो०〉 ढकेलना; धक्का देना: ～开门 दरवाज़ा ढकेलकर खोलना

喧（諠） xuān कोलाहलपूर्ण; शोरगुल से भरा हुआ: 喧哗 / 喧嚷

【喧宾夺主】 xuānbīn-duózhǔ धृष्ट अतिथि द्वारा अनुचित रीति से आतिथेय की भूमिका निभाना; अप्रधान का प्रधान के स्थान पर काम करना

【喧哗】 xuānhuá ❶कोलाहल; शोरगुल; हल्ला-गुल्ला: 笑语～ कोलाहलपूर्ण बातचीत और कहकहा ❷कोलाहल

मचाना; शोरगुल मचाना: 请勿～。शांत रहिए !

【喧豗】 xuānhuī <लि०> शोर-शराबा; हल्ला-गुल्ला; हलचल

【喧闹】 xuānnào शोर-शराबा; हल्ला-गुल्ला; हलचल: 从窗户里传来了人们的～声。लोगों का शोर-शराबा खुली हुई खिड़की में से अंदर आ रहा था। / ～的示威游行 शोरगुल से भरा प्रदर्शन

【喧嚷】 xuānrǎng चीख-पुकार मचाना; शोरगुल मचाना: 人声～ कोलाहल; शोरगुल; हल्ला-गुल्ला / 这事别～出来。यह बात चारों ओर मत फैलाओ !

【喧扰】 xuānrǎo खलबली मचाना; उपद्रव मचाना

【喧腾】 xuānténg हो-हल्ला; शोर-शराबा; कोलाहल: 广场上一片～。मैदान हो-हल्ले से गूँज उठा।

【喧天】 xuāntiān कोलाहल से आकाश गूँज उठना: 锣鼓～ घड़ियालों और नगाड़ों की आवाज़ से आकाश गूँज उठना

【喧阗】 xuāntián <लि०> कोलाहल से आकाश गूँज उठना: 鼓乐～ नगाड़ों और घड़ियालों की ध्वनि से आकाश गूँज उठना

【喧嚣】 xuānxiāo ❶कोलाहलपूर्ण; अशांत: ～的车马声 गाड़ियों और घोड़ों की कोलाहलपूर्ण ध्वनि ❷कोलाहल मचाना; शोरगुल मचाना: ～一时 थोड़ी देर के लिए शोरगुल मचाना

瑄 xuān प्राचीन काल में ईश्वर को बलि चढ़ाने के लिए प्रयुक्त जेड आभूषण

暄[1] xuān <लि०> (सूर्य) गरम और धूपदार: 负～ धूप तापना

暄[2] xuān <बो०> कोमल; नरम: 馒头很～。मानथओ (भाप से बनी पावरोटी) बहुत नरम है।

【暄暖】 xuānnuǎn <लि०> गरम: 阳光～ सुहावनी गरम धूप

【暄腾】 xuānteng <बो०> मुलायम और स्पंजी: 馒头蒸得很～。मानथओ (भाप से बनी पावरोटी) बहुत मुलायम और स्पंजी बना है।

煖 xuān <लि०> सुहावनेपन से गरम; गरम
暖 nuǎn भी दे०

煊 xuān <लि०> दे० 暄[1] xuān

【煊赫】 xuānhè अति सुख्यात और प्रभावित

儇 xuān <लि०> ❶गांभीर्य-रहित; छिछोरा ❷चालाक; कपटी

【儇薄】 xuānbó <लि०> गांभीर्य-रहित

【儇佻】 xuāntiāo <लि०> छिछोरा; गांभीर्य-रहित

禤 Xuān एक कुलनाम

谖 (諼) xuān <लि०> प्रज्ञा; बुद्धि; अक्ल

懁 xuān <लि०> गरम मिज़ाज; शीघ्र-कोपी; जल्दी भड़क उठने वाला

翾 xuān <लि०> उड़ना; मंडराना

xuán

玄 xuán ❶काला: ～狐 (银狐 yínhú भी) काली लोमड़ी ❷गहन; कठिन; दुर्बोध; गूढ़: ～理 दुर्बोध सिद्धांत / ～妙 गूढ़; रहस्यमय ❸<बो०> अविश्वसनीय: 这话真～。सचमुच यह बात अविश्वसनीय है।

【玄奥】 xuán'ào गहन; गूढ़; कठिन; दुर्बोध

【玄乎】 xuánhu कल्पनाप्रसूत; अविश्वसनीय: 他说得太～，没人相信。ऐसी कल्पनाप्रसूत कहानी पर कोई विश्वास नहीं करता।

【玄机】 xuánjī ताओवादियों का गहन सत्य

【玄明粉】 xuánmíngfěn <ची०चि०> सोडियम-सल्फ़ेट और लिकोराइस (मूलैठी) का संयुक्त पदार्थ

【玄青】 xuánqīng गहरा काला रंग

【玄色】 xuánsè काला रंग: ～的布衫 काले रंग का कुरता

【玄参】 xuánshēn ❶<वन०> फ़िग-वर्ट ❷<ची०चि०> उक्त पौधे की जड़

【玄孙】 xuánsūn प्र-प्रपौत्र; पौत्र का पौत्र

【玄武】 xuánwǔ श्याम योद्धा —— ❶कच्छप; कछुआ ❷28 नक्षत्रों में उत्तर दल (8-14वाँ) के सात नक्षत्रों का सामूहिक नाम ❸ताओवाद में उत्तर के संरक्षक देव

【玄武湖】 Xuánwǔhú शुआनवू सरोवर, नानचिंग में एक सुन्दर दृश्य वाला स्थान

【玄武岩】 xuánwǔyán <भूगर्भ०> बैसॉल्ट

【玄想】 xuánxiǎng कल्पना

【玄虚】 xuánxū भेद; रहस्य; धोखेबाज़ चाल: 故弄～ जानबूझकर साधारण वस्तुओं को रहस्यमय बनाना

【玄学】 xuánxué ❶रहस्यमय विद्या —— तीसरी और चौथी शताब्दियों में विकसित एक अतिभौतिकवादी विद्या-शाखा जिस का उद्देश्य था कंफ़्यूशसवाद में ताओवादी सिद्धांत लगाना ❷अतिभौतिकवाद; अध्यात्मवाद; अधिभूतवाद: ～鬼 अध्यात्मवाद-विक्रेता

【玄远】 xuányuǎn <लि०> (मत, सिद्धांत, वाद) गहन; गूढ़; रहस्यमय

【玄之又玄】 xuánzhīyòuxuán रहस्यों में रहस्य —— अति रहस्यमय और गहन

【玄奘】 Xuánzàng शुआनच्वांग; ह्वेनत्सांग

悬[1] (懸) xuán ❶लटकना; लटकाना; टंगना; टांगना: 倒～ उलटा लटकना ❷खुलेआम घोषित करना: ～赏 प्रचार-पत्र द्वारा किसी अपराधी का पता लगाने या खोई हुई वस्तु को खोज निकालने आदि पर पुरस्कार देने के लिए प्रचार करना ❸उठाना; ऊंचा: ～腕 करना लिखने

के ब्रुश से बड़े-बड़े अक्षर लिखते समय कलाई और कुहनी को मेज़ के ऊपर उठाकर लिखना ❹अकृतसमाधान; अनिर्णीत; अनिश्चित; बिना हल किये: ～案 बिना हल किये मुकद्दमा; अकृतसमाधान समस्या (पृश्न); विवादस्पद प्रश्न ❺चिंतित होना; व्याकुल होना: ～念 〈लि०〉 (दूसरे स्थान में किसी के बारे में) चिंतित होना; बहुत याद करना ❻कल्पना करना; मन में चित्र बनाना: ～拟 गढ़ना; कपोलकल्पित सृजन करना / ～想 कल्पना करना; मन में कल्पित चित्र बनाना ❼बहुत दूर अलग: ～隔 बहुत दूर अलग होना

悬² (懸) xuán खतरनाक; संकटपूर्ण: 好～, 差一点掉到河里去。बहुत खतरनाक, नदी में गिरते-गिरते बचा।

【悬臂】 xuánbì 〈यां०〉 प्रबाहु; कैंटिलीवर

【悬臂起重机】 xuánbì qǐzhòngjī कैंटिलीवर क्रेन

【悬臂桥】 xuánbìqiáo कैंटिलीवर ब्रिज; तोड़ेदार पुल

【悬揣】 xuánchuǎi अनुमान करना; अंदाज़ करना; अंदाज़ा लगाना

【悬灯结彩】 xuándēng-jiécǎi लालटेन और फ़ेस्टून सजाना

【悬而未决】 xuán'érwèijué अकृतसमाधान; अनिश्चित; हल न किया हुआ: ～的问题 बिना हल किये प्रश्न; अनिर्णीत समस्या

【悬浮】 xuánfú लटक; लटकाव; झुलाव: ～染色 सस्पेंशन डाइइंग / ～体 सस्पेंशन

【悬钩子】 xuángōuzi 〈वन०〉 राज़बरी; रसभरी

【悬挂】 xuánguà लटकना; लटकाना; टांगना; (झंडा) फहराना: ～国旗 राष्ट्रीय झंडा फहराना

【悬挂式滑翔】 xuánguàshì huáxiáng हैंग ग्लाइडिंग

【悬挂式滑翔机】 xuánguàshì huáxiángjī हैंग ग्लाइडर

【悬河】 xuánhé ❶लटकटी नदी —— नदी या उस का एक भाग जो अपने दोनों किनारों की भूमि से ऊँचा हो ❷〈लि०〉 निर्झर; प्रपात ❸बहुत ज़्यादा और बहुत जल्दी-जल्दी बोलना: 口若～ धाराप्रवाह गति से बोलना

【悬壶】 xuánhú 〈लि०〉 चिकित्सा करना

【悬乎】 xuánhu 〈बो०〉 खतरनाक; असुरक्षित: 真～, 差点从车上掉下去。सचमुच बहुत खतरनाक, गाड़ी से गिरते-गिरते बचा।

【悬胶】 xuánjiāo 〈रसा०〉 सस्पेंसॉइड

【悬空】 xuánkōng अधर में पड़ना; अकृतसमाधान होना: 身体～ शरीर अधर में पड़ना

【悬梁】 xuánliáng शहतीर से गले में फांसी लगा लेना: ～自尽 शहतीर से गले में फांसी लगाकर आत्महत्या करना

【悬梁刺股】 xuán liáng cì gǔ उद्योगपूर्वक अध्ययन करना

【悬铃木】 xuánlíngmù चनार वृक्ष; प्लेन वृक्ष

【悬首示众】 xuán shǒu shì zhòng किसी के काटे हुए सिर को सार्वजनिक स्थान में टांगकर लोगों को चेतावनी देने के रूप में प्रदर्शित करना

【悬饰】 xuánshì झुमका; लटकता हुआ जेवर या आभूषण

【悬殊】 xuánshū बहुत अधिक अंतर: 敌我强弱程度～太大。दुश्मन की शक्ति और हमारी शक्ति में बहुत अधिक अंतर है।

【悬索桥】 xuánsuǒqiáo झूला-पुल; ज़ंजीरों और मोटे तारों पर लटकने वाला पुल

【悬梯】 xuántī लटकती सीढ़ी

【悬望】 xuánwàng बेचैनी से इंतज़ार करना या बाट जोहना

【悬心】 xuánxīn चिंता करना

【悬心吊胆】 xuánxīn-diàodǎn (提心吊胆 tíxīn-diàodǎn भी) कलेजा मुंह को आना; बहुत चिंतित होना; बेहद डर जाना

【悬崖】 xuányá खड़ी चट्टान; कगार

【悬崖勒马】 xuányá-lèmǎ सर्वनाश के कगार पर खड़े अपने घोड़े की लगाम खींच लेना; कगार पर अपनी लगाम सम्भालना

【悬崖峭壁】 xuányá-qiàobì (悬崖绝壁 xuányá-juébì भी) कगार और खड़ी चट्टान

【悬雍垂】 xuányōngchuí 〈श०वि०〉 अलिजिह्वा; कौवा

【悬肘】 xuánzhǒu 悬腕 के समान

旋 xuán ❶घुमाना; घूमना; चक्कर खाना: 他～好了灯头。उस ने बल्व को घुमाकर ठीक किया। ❷लौटना; वापस आना या जाना: 凯～ विजयपूर्वक लौटना ❸चक्कर: ～涡 भंवर; आवर्त ❹सिर का वह भाग (चोटी के पास) जहाँ बाल घुमावदार चक्कर में उगते हैं ❺〈लि०〉 थोड़ी देर में; शीघ्र; जल्दी; फ़ौरन: 票～即售完。सब के सब टिकट थोड़ी देर में बिक गये। ❻ (Xuán) एक कुलनाम

xuàn 暖 भी दे०

【旋里】 xuánlǐ अपनी जन्मभूमि पर लौटना

【旋律】 xuánlǜ 〈संगी०〉 लय; सुर

【旋毛虫】 xuánmáochóng ट्रिचिना

【旋木雀】 xuánmùquè ट्री क्रीपर, छोटी चिड़ियों की एक जाति

【旋钮】 xuánniǔ मूठ; घुंडी

【旋绕】 xuánrào चक्कर लगाना: 歌声～ गाने की आवाज़ से आकाश गूंजना

【旋涡星云】 xuánwō xīngyún 〈खगोल०〉 स्पिरल नेबुला

【旋舞】 xuánwǔ चक्कर खाते हुए नाचना

【旋翼机】 xuányìjī आड़े घूमने वाले पंखों वाला वायुयान

【旋凿】 xuánzáo 〈बो०〉 पेंचकस

【旋踵】 xuánzhǒng 〈लि०〉 क्षण-भर में; पलक झपकते ही: ～即逝 पलक झपकते ही गुम हो जाना

【旋转】 xuánzhuǎn घुमाना; घूमना; चक्कर खाना: 地球围绕太阳～。पृथ्वी घूमते हुए सूर्य की परिक्रमा करती है। / 陀螺在～。लट्टू घूम रहा है।

【旋转乾坤】 xuánzhuǎn-qiánkūn प्रकृति या देश की स्थापित व्यवस्था में भारी परिवर्तन करना; धरती को हिलाकर रख देना

【旋转球】 xuánzhuǎnqiú 〈खेल०〉 भंवरनुमा शैली से

गेंद उठाना

【旋转舞台】 xuánzhuǎn wǔtái घूमने वाला रंगमंच;रिवाल्विंग स्टेज

漩 xuán आवर्त; भंवर

【漩涡】 xuánwō 旋涡 xuánwō के समान

璇（璿） xuán 〈लि०〉 सुंदर जेड पत्थर

【璇玑】 xuánjī ❶प्राचीन काल में एक प्रकार का ज्योतिष-संबंधी यंत्र ❷प्राचीन काल में सप्तर्षि में से पहले से चौथे तारों का सामूहिक नाम

xuǎn

选（選） xuǎn ❶चुनना; छांटना; चयन करना: ～拔 (योग्य व्यक्ति) चुनना; छांटना ❷चुनाव करना; निर्वाचित करना: ～代表 प्रतिनिधि का चुनाव करना / 补～ उप चुनाव करना / 竞～ चुनाव का संग्राम ❸चुना गया व्यक्ति या वस्तु: 人～ चुना गया व्यक्ति ❹गद्यावली; पद्यावली; गद्य-चयन; पद्य-संग्रह: 文～ गद्य-चयन; संकलित रचनाएँ / 诗～ चुनी हुई कविताएँ; पद्य-संग्रह / 民歌～ लोक-गीत-संग्रह

【选拔赛】 xuǎnbásài (चुनने वाला) जांच; परीक्षण; चयन-प्रतियोगिता

【选本】 xuǎnběn संकलित रचनाएँ; गद्य या पद्य संग्रह

【选编】 xuǎnbiān ❶संकलन करना और ग्रंथबद्ध करना: ～某人诗集 किसी की कविताओं का संकलन करना और ग्रंथबद्ध करना ❷(प्रायः पुस्तकों के नाम में प्रयुक्त): 《现代民歌～》 'आधुनिक संकलित लोक-गीत'

【选材】 xuǎncái ❶उचित व्यक्ति को चुनना ❷उचित सामग्रियों को चुनना

【选调】 xuǎndiào (संस्था, संगठन आदि के लिए) विभिन्न इकाइयों से भरती करना: 从各单位～得力干部 (किसी संस्था के लिए) विभिन्न इकाइयों से योग्य कार्यकर्ता भरती करना

【选定】 xuǎndìng निश्चित करना: ～日期 दिनांक निश्चित करना

【选读】 xuǎndú ❶पुस्तकों के उद्धृत अंश पढ़ना ❷संकलित रचनाएँ (प्रायः पुस्तकों के नाम में प्रयुक्त): 诗歌～ संकलित कविताएँ

【选段】 xuǎnduàn संगीत, ऑपेरा का उद्धृत अंश: 京剧～ पेइचिंग ऑपेरा का उद्धृत अंश

【选购】 xuǎngòu चुनकर खरीदना

【选集】 xuǎnjí संकलित रचनाएँ; चुनी हुई कृतियाँ (प्रायः पुस्तकों के नाम में प्रयुक्त)

【选辑】 xuǎnjí ❶संकलन करना और ग्रंथबद्ध करना ❷संकलित रचनाएँ

【选举】 xuǎnjǔ निर्वाचन करना; निर्वाचित करना; चुनाव करना; मत देना: ～结果 निर्वाचन परिणाम / ～经费 निर्वाचन व्यय / ～委员会 निर्वाचन आयोग; चुनाव कमेटी या समिति / ～制度 मतदान प्रणाली; निर्वाचन प्रणाली या पद्धति

【选举法】 xuǎnjǔfǎ चुनाव कानून

【选举权】 xuǎnjǔquán मताधिकार: ～与被～ चुनने या चुने जाने का अधिकार

【选举人】 xuǎnjǔrén निर्वाचक; मतदाता; वोटर: ～名单 मतदाताओं की नाम-सूची

【选举站】 xuǎnjǔzhàn वोट डालने का केन्द्र; मतदान केन्द्र

【选矿】 xuǎnkuàng खनिज धातु की सफ़ाई-छंटाई करना

【选录】 xuǎnlù (लेख आदि) संग्रह करना: ～散文 निबंधों का संग्रह करना

【选民】 xuǎnmín निर्वाचक; मतदाता; वोटर; एलेक्टर: ～登记 वोटरों की रजिस्ट्री / ～名单 मतदाता-सूची

【选民榜】 xuǎnmínbǎng मतदाता-सूची

【选民证】 xuǎnmínzhèng मतदाता का प्रमाण-पत्र

【选派】 xuǎnpài चुनकर भेजना: ～代表 प्रतिनिधियों को चुनकर भेजना

【选票】 xuǎnpiào मत; मतपत्र; निर्वाचन-पत्र; वोट

【选区】 xuǎnqū निर्वाचन-क्षेत्र

【选曲】 xuǎnqǔ गीत-संग्रह

【选取】 xuǎnqǔ चुन लेना; चुना जाना

【选任】 xuǎnrèn चुनना: 委员由主席～。 कमेटी के सदस्यों को अध्यक्ष चुनेगा।

【选手】 xuǎnshǒu (चुने हुए) प्रतियोगी; खिलाड़ी: ～队 चुनी हुई टीम

【选送】 xuǎnsòng (विद्यालय आदि के लिए) किसी को चुनकर भेजना

【选题】 xuǎntí ❶(लिखने या अनुसंधान के लिए) शीर्षक, विषय आदि चुनना ❷चुने हुए शीर्षक, विषय आदि

【选贤举能】 xuǎnxián-jǔnéng （举 के स्थान 任 rèn भी） प्रतिष्ठितों को चुनना और योग्यों की पद-वृद्धि करना

【选修】 xuǎnxiū वैकल्पिक (ऐच्छिक) विषय का अध्ययन करना: ～日语 जापानी भाषा का वैकल्पिक विषय के रूप में अध्ययन करना

【选修课】 xuǎnxiūkè वैकल्पिक (ऐच्छिक) विषय

【选样】 xuǎnyàng बानगी; नमूना; सेम्पुल

【选用】 xuǎnyòng प्रयोग के लिए चुनना; चुन लेना

【选育】 xuǎnyù ❶〈कृ०〉 बीज चुनना ❷(पशुओं की) नस्ल बढ़ाना

【选择】 xuǎnzé चुनना; छांटना: ～时机 उचित समय चुनना / 三种可能的～ तीन संभव विकल्प

【选择连接词】 xuǎnzé liánjiécí 〈व्या०〉 विकल्प-सूचक समुच्चयबोधक

【选择题】 xuǎnzétí बहुवैकल्पिक प्रश्न; बहुवैकल्पिक टैस्ट

【选择问句】 xuǎnzé wènjù 〈व्या०〉 वैकल्पिक प्रश्न वाक्य

【选种】 xuǎnzhǒng ❶बीज चुनना ❷पशुओं की नस्ल बढ़ाना

晅 xuǎn 〈लि०〉 ❶उज्ज्वल ❷शुष्क

烜 xuǎn, xuān भी 〈लि०〉 शानदार; भव्य

【烜赫】 xuǎnhè 〈लि०〉 सुख्यात और प्रभावित: ～一时 किसी समय में सुख्यात और प्रभावित होना

癣（癬） xuǎn दाद; ददु

xuàn

券 xuàn 〈वास्तु०〉 मेहराब; गुंबद
quàn भी दे०

泫 xuàn 〈लि०〉 बूँद-बूँद टपकना या चूना; आंसू गिरना या टपकना: 夕下清～。शाम को स्वच्छ ओस गिरती है।

【泫然】 xuànrán 〈लि०〉 (आंसू) गिरना; टपकना: ～泪下 आंखों से आंसू टपकना

昡 xuàn 〈लि०〉 सूर्यप्रकाश

炫¹ xuàn 〈लि०〉 चकाचौंध करना; चौंधियाना: ～目 आंखें चौंधियाना

炫²（衒） xuàn 〈लि०〉 आत्म प्रशंसा करना; डींग मारना; शेखी बघारना: 自～其能 अपनी योग्यता की आप प्रशंसा करना

【炫弄】 xuànnòng दिखाना; आत्म प्रशंसा करना; डींग मारना; शेखी बघारना: ～技巧 अपना कौशल दिखाना

【炫示】 xuànshì जानबूझकर दिखाना; आत्म प्रशंसा करना; डींग मारना: ～自己的才能 जानबूझकर अपनी योग्यता दिखाना

【炫耀】 xuànyào ❶प्रकाशित करना ❷आत्म प्रशंसा करना; डींग मारना; प्रदर्शन करना: ～武力 शस्त्रबल प्रदर्शन करना

绚（絢） xuàn रंग-बिरंगा; भड़कीला; चमकीला: 绚丽

【绚烂】 xuànlàn शानदार; भव्य; रंग-बिरंगा; भड़कीला: ～的朝霞 सुबह की भड़कीली अरुणाई

【绚丽】 xuànlì रंग-बिरंगा; भड़कीला; चमकीला; शानदार: ～的鲜花 रंग-बिरंगे ताज़े फूल

【绚丽多彩】 xuànlì-duōcǎi रंग-बिरंगा; भड़कीला; चमकीला

眩 xuàn 〈लि०〉 ❶(आंखें) चौंधियाना; चकाचौंध होना: 在阳光下他的眼睛～得睁不开了。धूप में उस की आंखें चौंधिया गईं। ❷भ्रम में पड़ना; बहकना: ～于名利 यश और लाभ कमाने के भ्रम में पड़ना

【眩目】 xuànmù (आंखें) चौंधियाना; चकाचौंध होना: 日光明得～。धूप में आंखें चौंधिया गईं।

【眩晕】 xuànyùn ❶सिर में चक्कर: 一阵～ सिर में चक्कर का एक दौरा आना ❷〈चिकि०〉 चक्कर; घुमनी; घूर्णन

旋¹ xuàn घूमता हुआ: ～风 चक्रवात; बवंडर; बगूला; गिर्दबाद

旋²（鏇） xuàn ❶खराद पर काट-छांट करना; चाकू से (फल आदि) छीलना: ～根车轴 इस्पात को खराद पर काट-छांत कर धुरी बनाना / ～个苹果 सेब का छिलका उतारना ❷दे० 旋子

旋³ xuàn 〈क्रि०वि०〉 के समय में (पर): ～用～买 प्रयोग करते समय खरीदना
xuán भी दे०

【旋床】 xuànchuáng 〈यां०〉 खराद; लेथ

【旋工】 xuàngōng खराद मज़दूर; खरादी; टर्नर

【旋子】 xuànzi ❶तांबे का पत्रा (सोयाबीन-कलफ़ चटनी की चादरें बनाने के लिए प्रयुक्त) ❷शराब गरम करने के लिए गरम पानी रखने का बर्तन

渲 xuàn 渲染❶ के समान

【渲染】 xuànrǎn ❶(चीनी चित्रकला में) चित्र पर स्याही या हल्का रंग फेरना ❷अतिशयोक्ति करना; बढ़ा-चढ़ा कर कहना: 一件小事情，用不着这么～。इस तरह राई का पहाड़ बनाने की ज़रूरत नहीं है।

楦（楥） xuàn ❶कलबूत, लकड़ी का ढांचा या सांचा जिस पर चढ़ा कर या रखकर जूते और टोपी बनाए जाते हैं: 帽～ कलबूत, टोपी का सांचा ❷कलबूत से जूते या टोपी में चढ़ाना या रखना: ～鞋 जूते में कलबूत चढ़ाना या रखना ❸〈बो०〉 वस्तुओं से खाली स्थान को भरना

碹（镟） xuàn ❶पुल, पुलिया आदि का मेहराब हिस्सा ❷ईंटों, पत्थरों आदि से मेहराब बनाना

xuē

削 xuē इस का अर्थ 削 xiāo के समान होता है; यह केवल सामासिक शब्दों में प्रयुक्त होता है; जैसे, 剥～ शोषण करना / ～减 काटना; घटाना; कम करना
xiāo भी दे०

【削壁】 xuēbì खड़ी चट्टान

【削除】 xuēchú काट देना

【削发】 xuēfà सिर मूँड़ना; बौद्ध भिक्षु या भिक्षुणी बनना

【削价】 xuējià दाम काटना; दाम घटाना: ～出售 दाम घटाकर बेचना

【削肩】 xuējiān ढलवें कंधे; झुके हुए कंधे

【削平】 xuēpíng ❶काटकर समतल बनाना ❷〈लि०〉 कुचल डालना; शांत करना; खात्मा कर देना: ～叛乱 राजद्रोह कुचल डालना

【削弱】 xuēruò कमज़ोर बनाना: ～战斗力 लड़ने की क्षमता को कमज़ोर बनाना / ～敌人 दुश्मन को कमज़ोर बनाना

【削铁如泥】 xuētiě-rúní मिट्टी की तरह लोहा काटना —— (बहुत तेज़ धार वाली तलवार के लिए प्रयुक्त)

【削正】 xuēzhèng <लि०> <शिष्ट०> (कृपया) शुद्धि करना

【削职】 xuēzhí दफ़्तर से हटाना

【削足适履】 xuēzú-shìlǚ जूते के अनुकूल करने के लिए पैर काटना; जूते की नाप के हिसाब से पैर काटना

靴 (鞾) xuē बूट: 军～ फ़ौजी बूट

【靴刺】 xuēcì राइडिंग बूट की नोकदार एड़ी

【靴筒】 xuētǒng (靴统 xuētǒng भी) बूटलेग; बूट के ऊपर का पांव ढकने वाला भाग

【靴靿】 xuēyào 靴筒 के समान

【靴子】 xuēzi बूट

薛 Xuē एक कुलनाम

xué

穴 xué ❶गुहा; गुफ़ा; कंदरा; माँद; बिल; विवर: 洞～ गुहा; बिल; कंदरा; विवर / ～居 विवर या गुफ़ा में रहना ❷माँद; बिल: 虎～ बाघ की माँद ❸कफ़न; शवपेटी; शवपेटिका: 墓～ शवपेटी दफ़नाने का गढ़ा ❹<ची०चि०> सूचिवेध-स्थान; अक्यूपंक्चर बिंदु ❺ (Xué) एक कुलनाम

【穴播】 xuébō खुरपी आदि से ज़मीन में छेद करके बीज बोना

【穴道】 xuédào 穴位 के समान

【穴居野处】 xuéjū-yěchǔ (आदिम मनुष्य का) गुफ़ा में रहना

【穴位】 xuéwèi ❶<ची०चि०> सूचिवेध-स्थान; अक्यू-पंक्चर बिन्दु ❷शवपेटी दफ़नाने के गढे का स्थान

茓 xué नर्कट आदि से बनी मोटी चटाई से घेरकर अनाज जमा करना

【茓子】 xuézi (踅子 xuézi भी) नर्कट आदि से बनी मोटी चटाई

峃 (嶨) xué नीचे दे०

【峃口】 Xuékǒu चेच्यांग प्रांत में एक स्थान

学 (學、斈) xué ❶सीखना; शिक्षा लेना; अध्ययन करना: ～而不厌 सीखने के लिए लालायित रहना / ～用结合 अध्ययन को व्यवहार के साथ मिलाना / 你不要～他们。 तुम उन के पदचिह्नों पर मत चलो। / ～你爸心红胆壮志如钢。 तुम अपने पिता से वफ़ादारी, बहादुरी और फ़ौलादी संकल्प सीखो। / 他～不进去。 उस के सिर में बात घुसती ही नहीं। ❷नकल करना; अनुकरण करना: ～鸡叫 मुर्गे की बांग की नकल करना / ～动物叫声 जानवरों की बोलियों का अनुकरण करना ❸विद्या; जानकारी: 新～ नई विद्या / 中～ चीनी विद्या / 西～ पश्चिमी विद्या ❹विज्ञान; शास्त्र: 语言～ भाषा-विज्ञान / 物理～ भौतिकी; भौतिकविज्ञान ❺विद्यालय; स्कूल: 小～ पाठशाला; मदरसा / 中～ मिडल-स्कूल / 大～ विश्वविद्यालय ❻बुद्धिजीवी: 工农兵～商 मज़दूर, किसान, सैनिक, बुद्धिजीवी और व्यापारी

【学报】 xuébào पत्रिका; जरनल: 《北京大学～》 'पेकिंग विश्वविद्यालय पत्रिका'

【学部】 xuébù ❶छिंग राजवंश में शिक्षा विभाग ❷चीन की विज्ञान अकादमी के विभाग: ～委员 अकादमीशियन

【学潮】 xuécháo विद्यार्थियों में अशांति

【学而不思则罔，思而不学则殆】 xué ér bù sī zé wǎng, sī ér bù xué zé dài बिना विचार किए अध्ययन करना मेहनत गवाँना है जबकि बिना अध्ययन किए विचार करना भयपूर्ण बात है

【学而优则仕】 xué ér yōu zé shì जो अध्ययन करने में उत्तम हो, वह सरकारी अफ़सर बन सकता है

【学阀】 xuéfá निरंकुश विद्वान; धुरंधर विद्वान

【学非所用】 xuéfēisuǒyòng जो वह कर रहा है उस का उस के अध्ययन से कोई वास्ता नहीं है

【学费】 xuéfèi ❶विद्यालय या पढ़ाई की फ़ीस: 交～ उक्त फ़ीस देना ❷विद्यालय में पढ़ते समय अपने आप का खर्च

【学分】 xuéfēn शिक्षा क्रेडिट: ～制 क्रेडिट सिस्टम

【学风】 xuéfēng ❶विद्या-संबंधी वातावरण: ～优良 विद्या-संबंधी श्रेष्ठ वातावरण ❷अध्ययन-शैली: 理论联系实际的～ सिद्धांत को व्यवहार के साथ मिलाने की अध्ययन-शैली

【学府】 xuéfǔ महा-विद्यालय; उच्च शिक्षा का केन्द्र

【学富五车】 xuéfùwǔchē पांच रथ भरी पुस्तकें पढ़ लेना —— बहुत विद्वान; बहुत पढ़ा हुआ; महापंडित

【学贯古今】 xuéguàngǔjīn प्राचीन और आधुनिक विद्या में दक्ष होना

【学棍】 xuégùn शिक्षा जगत् का निरंकुश तत्व

【学海】 xuéhǎi ❶विद्यासागर: ～无崖 अंतहीन विद्या-सागर ❷सब शास्त्रों को जानने वाला विद्वान

【学好】 xuéhǎo ❶अच्छी तरह सीखना ❷भले से सीखना

【学坏】 xuéhuài ❶बुरे से सीखना ❷(了 के साथ प्रयुक्त) बुरे नमूनों से बिगड़ना

【学会】[1] xuéhuì ❶सीख लेना; माहिर होना या बन जाना: ～老师的全套本领 गुरु के सभी हुनर सीख लेना

【学会】[2] xuéhuì सभा; सोसायटी: 外交～ कूटनीतिक सभा / 化学～ रसायन सोसायटी

【学籍】 xuéjí विद्यालय के छात्रों की नामसूची में अपना नाम: 保留～ विद्यालय के छात्रों की नामसूची में अपना नाम रखे रहना / 取消～ उक्त नामसूची में अपना नाम काटा जाना

【学监】 xuéjiān <पुराना> विश्वविद्यालय में अनुशासनाधिकारी

【学界】 xuéjiè शिक्षा जगत्

【学究】xuéjiū सिद्धांतवादी व्यक्ति; उसूल का आदमी：～气 सिद्धांतनिष्ठा

【学科】xuékē ❶विद्या-शाखा ❷(विद्यालय में) विषय

【学理】xuélǐ वैज्ञानिक सिद्धांत

【学力】xuélì वैयक्तिक शैक्षणिक स्तर या सिद्धि

【学历】xuélì औपचारिक शिक्षण का रिकार्ड

【学龄】xuélíng पाठशाला जाने की उम्र：～儿童 पाठशाला जाने की उम्र वाला बच्चा / ～前儿童 पूर्व-पाठशाला शिशु; पूर्व-पाठशाला की उम्र वाला बच्चा

【学名】xuémíng ❶वैज्ञानिक नाम ❷पाठशाला में दर्ज करवाया गया नाम

【学年】xuénián अध्ययन-वर्ष; शिक्षा सत्र：～终了 शिक्षा सत्र समाप्त होना / ～考试 सालाना इम्तहान; सत्रांत परीक्षा

【学派】xuépài विचार-शाखा; स्कूल

【学期】xuéqī सत्र; स्कूली सत्र; सेमेस्टर; अर्धवार्षिक पाठ्यक्रम

【学前教育】xuéqián jiàoyù स्कूल से पूर्व की शिक्षा

【学前期】xuéqiánqī स्कूल से पूर्व के वर्ष

【学然后知不足】xué ránhòu zhī bù zú जितना ज़्यादा पढ़ते हो, महसूस होता है बहुत कम जानते हैं

【学人】xuérén विद्वान：著名～ विख्यात विद्वान

【学舌】xuéshé ❶तोता राम बनना ❷ज़ुबान हिलाकर सुनी-सुनाई बात फैलाना

【学生】xuéshēng ❶विद्यार्थी; छात्र：～时代 छात्रावस्था / ～宿舍 छात्रावास; होस्टल ❷चेला; शिष्य：先做～，然后再做先生。शिक्षक बनने से पहले एक शिष्य बनो। ❸〈बो०〉 लड़का

【学生会】xuéshēnghuì विद्यार्थी संघ

【学生证】xuéshēngzhèng छात्र का निजत्व-पत्र

【学生装】xuéshēngzhuāng छात्रों की वेश-भूषा

【学时】xuéshí क्लास घंटा; पीरियड

【学识】xuéshí विद्या; जानकारी; इल्म：～渊博 बहुज्ञ होना

【学士】xuéshì ❶विद्वान; पंडित ❷विश्वविद्यालय का स्नातक：文～ बी०ए०

【学塾】xuéshú पुरानी शैली का निजी विद्यालय

【学术】xuéshù विद्याध्ययन：～界 विद्याध्ययन क्षेत्र (जगत्) / ～权威 विद्याध्ययन धुरंधर विद्वान / ～讨论 विद्याध्ययन संबंधी वाद-विवाद / ～自由 विद्याओं का अध्ययन-अनुसंधान करने की स्वतंत्रता; विद्याध्ययन संबंधी स्वतंत्रता

【学说】xuéshuō सिद्धांत; मत：国家～ राजसत्ता का सिद्धांत

【学堂】xuétáng 〈पुराना〉 विद्यालय; स्कूल：进～ स्कूल में भरती (दाखिल) होना

【学田】xuétián 〈पुराना〉 सम्मिलित स्वामित्व की भूमि जिस की आय स्कूल का समर्थन करने के लिए प्रयुक्त होती थी; पाठशाला की भूमि

【学徒】xuétú शागिर्द; अपरेण्टिस; काम सीखने वाला लड़का：当～ शागिर्द के रूप में काम करना

【学徒工】xuétúgōng नौसिखिया मज़दूर; अपरेण्टिस

【学位】xuéwèi विद्या-उपाधि; उपाधि; पदवी; डिग्री：获得文学士～ बी०ए० की डिग्री प्राप्त करना

【学问】xuéwèn ❶विज्ञान; विद्या-शाखा：研究语言的～叫做语言学。भाषाओं का विवेचन करने वाला विज्ञान भाषाविज्ञान कहलाता है। ❷विद्या; जानकारी：～很大的人 महापंडित; महाविद्वान / ～渊博 ज्ञान-विस्तार; बहुज्ञता

【学无常师】xuéwúchángshī एक अध्येता या सीखने वाले के लिए एक स्थायी शिक्षक की आवश्यकता नहीं होती

【学无止境】xuéwúzhǐjìng ज्ञान अनंत है; ज्ञान की कोई सीमा नहीं है

【学习】xuéxí सीखना; अध्ययन करना：～班 अध्ययन-कक्षा / ～成绩 पढ़ाई का परिणाम / ～方法 पढ़ाई का तरीका / ～年限 पढ़ाई की अवधि / ～先进经验 दूसरों के उन्नत अनुभवों से सीखना / ～心得 पढ़ाई का अनुभव / 组织～ अध्ययन-कार्य का प्रबंध करना

【学衔】xuéxián अकादमिक रैंक या उपाधि

【学校】xuéxiào विद्यालय; शिक्षालय; स्कूल：军事～ फ़ौजी प्रतिष्ठान / ～当局 विद्यालय के अधिकारी / 十年制～ दस वर्षीय पाठ्य-क्रम वाला स्कूल

【学兄】xuéxiōng 学长 के समान

【学养】xuéyǎng 〈लि०〉 विद्या और आत्मविकास

【学业】xuéyè पठन-कार्य

【学以致用】xuéyǐzhìyòng प्रयोज्यता या संप्रयोग के लिए अध्ययन करना

【学艺】xuéyì ❶व्यवसाय या व्यापार सीखना ❷जानकारी और कौशल

【学友】xuéyǒu सहपाठी

【学员】xuéyuán शिक्षार्थी (प्रायः कालेज या ट्रेनिंग कोर्स का)

【学院】xuéyuàn कालेज; अकादमी; प्रतिष्ठान; इंस्टीट्यूट：师范～ टीचर्स ट्रेनिंग कालेज / 军事～ सैन्य अकादमी

【学长】xuézhǎng 〈लि०〉 अपने सहपाठी के लिए प्रयुक्त आदरसूचक संबोधन

【学者】xuézhě विद्वान; पंडित; मनीषी

【学制】xuézhì ❶विद्यालय-व्यवस्था：～改革 विद्यालय-व्यवस्था में सुधार करना ❷शिक्षण की अवधि：缩短～ शिक्षण-अवधि को कम करना

【学租】xuézū विद्यालय की भूमि का लगान：收～ उक्त लगान वसूल करना

【学子】xuézǐ 〈लि०〉 विद्यार्थी; छात्र

斅（斆）xué 〈लि०〉 学 के समान
xiào भी दे०

踅 xué आगे-पीछे टहलना; आधे रास्ते में लौटना：他在广场～来～去。वह मैदान में टहल रहा है। / 他没走多远就～回来了。थोड़ी दूर चलकर वह लौट आया।

【踅摸】xuémo 寻摸 xúnmo के समान

【踅子】xuézi 茓子 xuézi के समान

噱 xué 〈लि०〉 हँसना: 发～ किसी को हँसाना
jué भी दे०

【噱头】 xuétóu 〈बो०〉 ❶लोगों को हँसाने वाली बात या क्रिया: 这演员～真多。यह अभिनेता खूब हँसी-मज़ाक करता है। ❷चाल: 摆～ चाल चलना ❸हास्यस्पद: 很～ बहुत हास्यस्पद

xuě

雪¹ xuě ❶हिम; तुषार; बर्फ़ ❷हिम सदृश श्वेत; बर्फ़ीला: ～白 हिम सदृश श्वेत; बर्फ़ जैसा सफ़ेद ❸ (Xuě) एक कुलनाम

雪² xuě साफ़ करना; धो डालना; मिटा डालना: ～耻 अपमान को धो डालना; कालिमा को धोना

【雪板】 xuěbǎn स्की

【雪豹】 xuěbào 〈प्राणि०〉 हिमप्रदेशीय चीता

【雪暴】 xuěbào बर्फ़ का तूफ़ान

【雪崩】 xuěbēng बर्फ़ और मिट्टी का ढेर जो तेज़ी से पर्वत से नीचे गिरता है; स्नो स्लाइड

【雪车】 xuěchē बर्फ़गाड़ी; स्लेड; स्लेज; स्ले

【雪堆】 xuěduī हिमराशि

【雪纺绸】 xuěfǎngchóu 〈बुना०〉 महीन जाली का कपड़ा; शिफ़ोन

【雪糕】 xuěgāo 〈बो०〉 आइसक्रीम

【雪恨】 xuěhèn बदला लेना

【雪花】 xuěhuā हिमकण; बर्फ़ की पंखुड़ियाँ

【雪花膏】 xuěhuāgāo वेनिशिंग क्रीम; क्रीम पाउडर: 擦～ क्रीम पाउडर पोतना

【雪花莲】 xuěhuālián 〈वन०〉 स्नोड्रॉप

【雪花石膏】 xuěhuāshígāo सेलखड़ी; ऐलाबास्टर

【雪鸡】 xuějī हिमकुक्कुट; स्नोकॉक

【雪茄】 xuějiā सिगार: ～烟盒 सिगार-केस

【雪窖冰天】 xuějiào-bīngtiān बर्फ़ीला देश

【雪晶】 xuějīng 〈मौ०वि०〉 हिम स्फटिक; स्नो क्रिस्टल

【雪里红】 xuělǐhóng (雪里蕻 xuělǐhóng भी) 〈वन०〉 पॉथर्ब मस्टर्ड (एक पौधा जो अचार के रूप में बहुत स्वादिष्ट होता है)

【雪莲】 xuělián (雪莲花 xuěliánhuā भी) 〈वन०〉 हिम-कुष्ठिका; स्नो लोटस

【雪亮】 xuěliàng बर्फ़ जैसा चमकीला: ～的汽车灯光 मोटर का चकाचौंध करने वाला प्रकाश

【雪柳】 xuěliǔ 〈वन०〉 फ़ांटानेशिया

【雪罗汉】 xuěluóhàn बर्फ़ का आदमी: 塑～ बर्फ़ का आदमी बनाना

【雪盲】 xuěmáng हिम दृष्टिहीनता; स्नो ब्लाइंडनेस

【雪泥鸿爪】 xuění-hóngzhǎo बर्फ़ पर पड़े हँस के पंजों के निशान —— अतीत की घटनाओं के अवशेष

【雪片】 xuěpiàn हिमकण (प्रायः ला० में प्रयुक्त): 贺电像～般地飞来。बधाई के तार हिमकणों के समान आ रहे हैं; बधाई के तारों की बौछार हो रही है।

【雪橇】 xuěqiāo बर्फ़गाड़ी; स्ले; स्लेज; स्लेड: 他坐～到那里去了。वह स्लेज में बैठकर वहां चला गया।

【雪青】 xuěqīng हल्का गुलाबीपन लिए कासनी रंग

【雪球】 xuěqiú बर्फ़ का गोला; स्नोबॉल

【雪雀】 xuěquè 〈प्राणि०〉 स्नो फ़िंच

【雪人】¹ xuěrén बर्फ़ का आदमी: 堆～ बर्फ़ का आदमी बनाना

【雪人】² Xuěrén गर्हणीय हिममानुष (हिमालय पर्वत के हिम में रहने वाला बालोंवाला मनुष्य जैसा जीव)

【雪山】 xuěshān ❶हिमावरण पर्वत ❷हिमालय पर्वत

【雪上加霜】 xuěshàng-jiāshuāng बरफ़ पर पाला —— एक विपत्ति के बाद दूसरी विपत्ति

【雪糁】 xuěshēn (雪糁子 xuěshēnzi भी) बर्फ़ की गोलियाँ

【雪松】 xuěsōng 〈वन०〉 देवदारु जाति का एक वृक्ष; सीडार

【雪条】 xuětiáo 〈बो०〉 आइस-लॉली; पापसिकल

【雪线】 xuěxiàn 〈भू०〉 हिम रेखा; स्नो लाइन

【雪冤】 xuěyuān गलती ठीक करना; बेइन्साफ़ी का बदला लेना

【雪原】 xuěyuán बर्फ़ीला मैदान

【雪杖】 xuězhàng स्की पोल; स्की स्टिक

【雪中送炭】 xuězhōng-sòngtàn बर्फ़ीले मौसम में काम आने वाला ईंधन भेजना; प्यासे को पानी देना

【雪子】 xuězǐ 〈बो०〉 बर्फ़ की गोलियाँ

鳕 (鱈) xuě कॉड मछली

【鳕鱼】 xuěyú कॉड मछली

xuè

血 xuè ❶रक्त; रुधिर; खून; लहू: ～的教训 रक्त बहाकर सीखा गया सबक ❷रक्त से संबंधित: ～亲 सगा; रक्त से संबंधित / ～缘 रक्त संबंध ❸उत्साही और साहसी: 血性 ❹मासिक धर्म; ऋतु
xiě भी दे०

【血癌】 xuè'ái 白血病 báixuèbìng का प्रचलित नाम

【血案】 xuè'àn खूनी कांड; हत्या कांड; खूनी घटना

【血本】 xuèběn पूँजी; मूल धन

【血崩症】 xuèbēngzhèng 〈चिकि०〉 मीट्रोरेजिया

【血沉】 xuèchén 〈चिकि०〉 इरिथ्रोसाइट सेडिमेंटेशन रेट (ESR)

【血仇】 xuèchóu खूनी वैर; खानदानी वैर; वंश-शत्रुता

【血粉】 xuèfěn खून का आटा

【血管】 xuèguǎn (रुधिरवाहिनी) नाड़ी; रग; शिरा; रुधिर वाहिका; खून की नलियाँ

【血管瘤】 xuèguǎnliú 〈चिकि०〉 ऐंजियोमा; हीमान-जियोमा

【血管硬化】 xuèguǎn yìnghuà 〈चिकि०〉 रक्त-नली का कड़ापन

【血管造影】 xuèguǎn zàoyǐng 〈चिकि०〉 ऐंजियो-ग्राफ़ी

【血海】 xuèhǎi रक्तसागर; खून का समुद्र

【血海深仇】 xuèhǎi-shēnchóu बहुत तीव्र और गहराई तक जमी हुई घृणा

【血汗】 xuèhàn खून और पसीनाः ～钱 पसीने की गाढ़ी कमाई; गाढ़े परिश्रम के रुपये / 这财富是人民用～创造出来的。यह धन-संपति जनता ने खून-पसीना बहाकर जमा की है।

【血红】 xuèhóng खून-सा लाल; रक्तवर्ण; लोहित वर्णः ～的花 अंगारे जैसे फूल

【血红蛋白】 xuèhóngdànbái 〈जीव०र०〉 रुधिर-वर्णिका; रक्त-रंजक द्रव्य

【血花】 xuèhuā खून की छितराई हुई बूँदें

【血迹】 xuèjì खून के धब्बेः 擦干净身上的～ शरीर पर खून के धब्बों को मिटाना

【血迹斑斑】 xuèjì-bānbān खून से लथपथ; खूनीः ～的图画 खून से लथपथ तस्वीर

【血痂】 xuèjiā स्कैब

【血浆】 xuèjiāng 〈श०वि०〉 रक्तरस; प्लैज़्मा

【血竭】 xuèjié 〈ची०चि०〉 ड्रैगंस ब्लड, एक प्रकार के वृक्ष का लाल रंग का चमकीला गोंद जो दवा के काम आता है

【血口喷人】 xuèkǒu-pēnrén किसी पर निराधार और द्वेषपूर्ण प्रहार करना; मिथ्या आरोप लगाना

【血库】 xuèkù रक्त-कोष; ब्लड बैंक

【血亏】 xuèkuī 〈ची०चि०〉 रक्तक्षीणता; खून की कमी

【血泪】 xuèlèi खून के आंसूः ～史 खून और आंसुओं से लिखा हुआ इतिहास

【血泪斑斑】 xuèlèi-bānbān खून और आंसुओं से भरा हुआः ～的家史 खून और आंसुओं से भरा हुआ परिवार-इतिहास

【血淋淋】 xuèlínlín खून से लथपथ; लहूलुहान

【血流成河】 xuèliúchénghé नदी की तरह खून का बहना —— महा हत्याकांड

【血流飘杵】 xuèliúpiāochǔ खून की नदी पर बहती हुई ढालें —— खूनी लड़ाई

【血流如注】 xuèliúrúzhù रक्त की धार बहना

【血路】 xuèlù खूनी रास्ता; भाग जाने का रास्ताः 杀出一条～ खूनी रास्ता बनाना; भागने का रास्ता बनाना

【血脉】 xuèmài ❶〈ची०चि०〉 नाड़ी; रग ❷रक्त-संबंध; रक्त-वंशः ～相通 रक्त से संबंधित

【血尿】 xuèniào 〈चिकि०〉 पेशाब में खून आना; खूनी पेशाब

【血浓于水】 xuènóngyúshuǐ खून पानी से गाढ़ा होता है; अपना सो अपना पराया सो पराया

【血泊】 xuèpō खून का तालाबः 倒在～中 खून के तालाब में लेटना या डूबना

【血气】 xuèqì ❶जीवन शक्तिः ～方刚 जीवन शक्ति से भरा होना ❷उत्साह और न्याय-निष्ठाः 有～的青年 साहसी और न्यायनिष्ठ युवक

【血亲】 xuèqīn सगे संबंधी

【血亲婚配】 xuèqīn hūnpèi कुटुंबियों या निकट संबंधियों में पारस्परिक विवाह; अनाचार

【血清】 xuèqīng 〈श०वि०〉 ब्लड-सिरमः ～病 सिरम रोग

【血球】 xuèqiú 〈श०वि०〉 रक्ताणु; ब्लड कार्पस्क्यूल

【血染沙场】 xuèrǎnshāchǎng रक्त से रणभूमि रंग देना —— लड़ाई में काम आना

【血肉】 xuèròu मांस और खून; मनुष्य का शरीरः ～之躯 मनुष्य-शरीर; मांस और खून / ～联系 हाड़-मांस का संबंध

【血肉横飞】 xuèròu héngfēi मांस और खून का चारों ओर उड़ना

【血肉模糊】 xuèròu móhu बुरी तरह क्षत-विक्षत होना

【血肉相连】 xuèròu xiānglián हाड़-मांस का संबंध होना

【血色】 xuèsè चेहरे की लालिमाः 面无～ चेहरे पर लालिमा न होना; चेहरा पीला पड़ जाना

【血色素】 xuèsèsù 〈श०वि०〉 हीमोक्रोम

【血书】 xuèshū (अपना दृढ़ निश्चय, अंतिम इच्छा आदि प्रकट करने के लिए) अपने खून से लिखा पत्र

【血栓】 xuèshuān 〈चिकि०〉 थ्रोम्बस

【血栓形成】 xuèshuān xíngchéng घनास्रता; थ्रोम्बो-सिस

【血水】 xuèshuǐ शरीर से निकला पतला खून

【血糖】 xuètáng 〈श०वि०〉 रक्तशर्करा

【血统】 xuètǒng वंशपरम्परा; वंशावलीः ～关系 रक्त-संबंध; सजातीयता; सगाई

【血统工人】 xuètǒng gōngrén खानदानी मज़दूर

【血污】 xuèwū खून का निशानः 抹去～ खून का निशान मिटाना

【血吸虫】 xuèxīchóng रक्तशोषक कीटाणु

【血吸虫病】 xuèxīchóngbìng घोंघा-ज्वर; सिस्टो-सोमियासिस

【血洗】 xuèxǐ किसी जगह को खून से डुबो देना —— नगरवासियों का कत्ले-आम करना (किसी शहर इत्यादि का)

【血细胞】 xuèxìbāo रक्त कोषिका

【血像】 xuèxiàng 〈चिकि०〉 रक्तचित्र; ब्लड पिक्चर

【血小板】 xuèxiǎobǎn 〈श०वि०〉 ब्लड प्लेटलिट

【血小板病】 xuèxiǎobǎnbìng 〈चिकि०〉 ब्लड प्लेट-लिट रोग

【血腥】 xuèxīng खून की बदबू; खूनीः ～镇压 खूनी दमन करना / ～的军事专政 खूनी सैन्यवादी अधिनायकत्व

【血型】 xuèxíng 〈श०वि०〉 खून की किस्म; ब्लड टाइप

【血性】 xuèxìng साहस और न्याय-निष्ठाः ～汉子 साहसी और न्याय-निष्ठ व्यक्ति

【血循环】 xuèxúnhuán 〈श०वि०〉 रक्त का संचार

【血压】 xuèyā रक्तचाप; ब्लडप्रेशरः 高～ ऊंचा रक्तचाप

【血压计】 xuèyājì रक्तचाप मापक; ब्लडप्रेशर जांचने का यंत्र

【血样】 xuèyàng खून की बानगी; रक्तउदाहरण

【血液】 xuèyè ❶रक्त; रुधिर; खूनः ～循环 रक्त का

संचार ❷〈ला०〉 जीवनसार; जीवन का आधार; अति आवश्यक वस्तु: 石油是工业的～。मिट्टी का तेल उद्योग का जीवनसार है।

【血液病】 xuèyèbìng रक्तरोग

【血衣】 xuèyī रक्त रंजित वस्त्र; खून से रंजित कपड़ा

【血印】 xuèyìn खून के धब्बे

【血友病】 xuèyǒubìng 〈चिकि०〉 हीमोफ़ीलिया

【血雨腥风】 xuèyǔ-xīngfēng खून की बदबू वाली बारिश और हवा —— अत्याचार या भय का शासन; युद्ध क्षेत्र में खून की नदी

【血郁】 xuèyù 〈ची०चि०〉 रक्त के बहाव में अवरोध

【血缘】 xuèyuán रक्त-संबंध; खून का रिश्ता; सगापन

【血缘婚】 xuèyuánhūn निकट संबंधियों में पारस्परिक विवाह

【血晕】 xuèyùn 〈ची०चि०〉 स्त्री को बच्चा पैदा होते समय अत्यधिक खून बह जाने के कारण आयी अतिमूर्च्छा

xiěyùn भी दे०

【血债】 xuèzhài खून का कर्ज़: ～累累 खून का बहुत ज़्यादा कर्ज़ / ～要用血来还 खून का बदला खून से लेना; खून का कर्ज़ खून ही से चुकाना

【血战】 xuèzhàn खून से रंजित लड़ाई; घमासान की लड़ाई: ～到底 अंत तक घमासान लड़ाई लड़ना / ～史 रक्तपातपूर्ण लड़ाइयों का इतिहास

【血肿】 xuèzhǒng 〈चिकि०〉 हीमाटोमा

【血渍】 xuèzì 〈लि०〉 खून के धब्बे: ～斑斑 खून से लथपथ

谑 (謔) xuè 〈लि०〉 हंसी-मज़ाक करना; दिल्लगी करना: 戏～ हंसी-मज़ाक करना; दिल्लगी करना

【谑而不虐】 xuè'érbùnüè हंसी-मज़ाक करना पर दूसरों को हानि न पहुंचाना या मुश्किल में न डालना

xūn

荤 (葷) xūn नीचे दे०

hūn भी दे०

【荤粥】 Xūnyù 獯鬻 Xūnyù के समान

勋 (勳) xūn ❶योगदान; कारनामा: ～业 योगदान और महाकार्य ❷पदक; तमगा; आर्डर: 授～ पदक देना

【勋臣】 xūnchén उत्कृष्ट कार्यों वाला अधिकारी

【勋绩】 xūnjì उत्कृष्ट कार्य; उत्कृष्ट योगदान

【勋爵】 xūnjué ❶उत्कृष्ट कार्य के लिए दी गयी सामंती उपाधि ❷(ग्रेट ब्रिटेन में) लॉर्ड

【勋劳】 xūnláo उत्कृष्ट कार्य: 卓著～ उत्कृष्ट कार्यों के लिए पहचाना जाना

【勋章】 xūnzhāng पदक, तमगा; आर्डर: 红旗～ आर्डर आफ़ द रेड बैनर; लाल झंडा पदक

埙 (壎) xūn प्राचीन काल में अंडे के आकार का छेदों वाला वायु-वाद्य

熏¹ (燻) xūn ❶धुएँ या भाप से किसी वस्तु का रंग या गंध बदलना: 烟把墙～黑了。धुएँ से दीवार काली हो गई। ❷धुआँ देना; भाप देना; धुएँ से (मांस, मछली आदि) पकाना: ～鸡 धुआँ दिया गया मुर्गा (भोजन) / ～鱼 तली हुई मछली / ～肉 धुआँ दिया गया मांस

熏² xūn 〈लि०〉 कोष्ण; गरम-सा: ～风 कोष्ण दक्षिणी पवन

xùn भी दे०

【熏干】 xūngān धुएँ में सुखाया गया सोयाबीन पनीर

【熏炉】 xūnlú धूपदान; धूपपात्र; अगरदान

【熏沐】 xūnmù पूजा आदि के पहले स्नान करना और धूप जलाना

【熏染】 xūnrǎn धीरे-धीरे बुरा प्रभाव पड़ना: 受坏思想的～ बुरे विचारों से धीरे-धीरे प्रभावित होना

【熏陶】 xūntáo धीरे-धीरे अच्छा प्रभाव पड़ना: 他在父母的～下从小就爱好绘画。माता-पिता के कारण उसे बचपन ही से चित्र बनाने का शौक पैदा हुआ।

【熏衣草】 xūnyīcǎo लेवेंडर

【熏蒸】 xūnzhēng ❶उमसदार और गरम; दम घोंटता हुआ: 暑气～ गरमियों का तपता हुआ मौसम ❷〈ची० चि०〉 जैसे मॉक्सिबस्शन में धुएँ से या जड़ी-बूटियों को उबालकर उस की भाप से रोग की चिकित्सा करना ❸धुआँ देना

【熏蒸剂】 xūnzhēngjì धूमक; धुआँ देने वाला एक पदार्थ

【熏制】 xūnzhì माँस-मछली को धुआँ देना (भोजन बनाना)

窨 xūn 熏 xūn के समान: ～茶叶 चमेली से चाय को सुगंधित बनाना

yìn भी दे०

薰¹ xūn 〈लि०〉 ❶एक प्रकार की सुगंधित घास ❷(फूलों, घासों आदि की) सुगंध

薰² xūn 熏 xūn के सामान

【薰莸不同器】 xūn yóu bù tóng qì (薰莸异器 xūnyóu-yìqì भी) खुशबूदार घास और बदबूदार घास एक ही बर्तन में नहीं रखनी चाहिए; नेक और बद एक साथ नहीं रहते

獯 xūn नीचे दे०

【獯鬻】 Xūnyù प्राचीन काल में उत्तर की एक जाति

纁 (纁) xūn 〈लि०〉 हल्का लाल रंग

曛 xūn 〈लि०〉 ❶डूबते सूर्य की हल्की लालिमा या मक ❷अंधेरा; शाम का धुंधलका

醺 xūn नशा होना: 微～ नशे में चूर होना

xún

旬 xún ❶दस दिन की अवधि: 按～计算 दस दिन की अवधि के अनुसार हिसाब करना / 上～ महीने के शुरू के दस दिन ❷आयु में दस वर्ष की अवधि (केवल वृद्ध व्यक्तियों के लिए प्रयुक्त): 七～老父 सत्तर साल की उम्र वाला वृद्ध पिता

【旬刊】 xúnkān हर दसवें दिन प्रकाशित होने वाला एक प्रकाशन (पत्रिका, अखबार इत्यादि)

【旬日】 xúnrì दस दिन

寻[1] (尋) xún ❶प्राचीन काल में लंबाई की इकाई, बराबर आठ छ्ह (尺) ❷ (Xún) एक कुलनाम

寻[2] (尋) xún ढूँढ़ना; खोजना: ～求真理 सच्चाई की खोज करना / ～房子 मकान की खोज करना

【寻查】 xúnchá ढूँढ़ना; खोजना: ～失散的亲人 बिछुड़ जाने वाले सगे संबंधियों को खोजना

【寻常】 xúncháng साधारण; आम: ～人家 साधारण घर / ～的事 साधारण बात / ～习惯 साधारण आदत

【寻的】 xúndì 〈सैन्य०〉 निशाना ढूँढ़ना: ～导弹 होमिंग मिज़ाइल

【寻短见】 xún duǎnjiàn (寻 का उच्चारण मौखिक भाषा xín में होता है) आत्महत्या करना

【寻访】 xúnfǎng ढूँढ़ना; खोजना (किसी व्यक्ति को जिस का अता-पता अज्ञात हो): 四处～ चारों ओर खोजना; इधर-उधर खोजना / ～旧同事 पुराने साथियों को ढूँढ़ने जाना

【寻根】 xúngēn ❶उद्गम खोजना; जड़ या मूल खोजना ❷अपने मूल वंश की खोज करना

【寻根究底】 xúngēn-jiūdǐ किसी बात की तह तक जाना

【寻呼】 xúnhū किसी को किसी और द्वारा बुलवाना

【寻呼机】 xúnhūjī पेजर; ब्लीपर; बीपर

【寻花问柳】 xúnhuā-wènliǔ फूलों और बेद-वृक्षों से खेलना —— ❶वसंत के सुन्दर दृश्य का मज़ा लेना ❷वेश्याओं के साथ जी बहलाना

【寻欢作乐】 xúnhuān-zuòlè आनंद की खोज करना और मौज करना

【寻机】 xúnjī मौका या अवसर ढूँढ़ना: ～报复 मौका ढूँढ़कर बदला लेना

【寻开心】 xún (〈बोल०〉 xín) kāixīn 〈बो०〉 हंसी-मज़ाक करना

【寻觅】 xúnmì ढूँढ़ना; खोजना: 四处～ चारों ओर खोजना

【寻摸】 xúnmo 〈बोल०〉 खोजना: 你在～什么呢? तुम क्या चीज़ ढूँढ़ रहे हो ?

【寻取】 xúnqǔ ढूँढ़ना; खोजना: ～途径 उपाय खोजना

【寻声】 xúnshēng आवाज़ का अनुसरण करना: ～望去 जिस ओर से आवाज़ आई उसी ओर देखना / 他～走出去。कोलाहल का पता लगाता हुआ वह बाहर निकल गया ।

【寻事生非】 xúnshì-shēngfēi झगड़ा ढूँढ़ना; गड़बड़ पैदा करना

【寻死】 xún (〈बोल०〉 xín) sǐ आत्महत्या करना या करने की इच्छा होना

【寻死觅活】 xún (〈बोल०〉 xín) sǐ-mìhuó आत्म-हत्या करने की इच्छा होना (प्रायः धमकी के लिए)

【寻思】 xún (〈बोल०〉 xín) si सोचना; विचारना; विचार करना: 你～～我们该怎么办? तुम सोच लो हमें क्या करना चाहिए ।

【寻味】 xúnwèi अच्छी तरह विचार करना

【寻问】 xúnwèn पूछना; पूछताछ करना; खबर लेना: 经常有人来～这事。लोग अकसर इस बात के लिए पूछताछ करने आते हैं ।

【寻隙】 xúnxì ❶जान-बूझकर नुक्ताचीनी करना; दोष निकालना: ～闹事 जान-बूझकर दोष निकालकर झगड़ा करना ❷मौका ढूँढ़ना: ～行窃 मौका ढूँढ़कर चोरी करना

【寻衅】 xúnxìn झगड़ा पैदा करना: ～滋事 झगड़ा और गड़बड़ पैदा करना

【寻幽访胜】 xúnyōu-fǎngshèng आसपास घूमते हुए शांत और एकांत दर्शनीय स्थलों पर जाना

【寻章摘句】 xúnzhāng-zhāijù वाक्यांश छांटना और उद्धरणों को उदाहरण के रूप में प्रस्तुत करना; साहित्य की घिसी-पिटी पद-समष्टियों में लिखना

【寻找】 xúnzhǎo ढूँढ़ना; खोजना: ～借口 बहाना बनाना

纠 (糾) xún 〈लि०〉 रेशम का फ़ीता; रेशम की गुंथी हुई डोरी

巡 (廵) xún ❶गश्त लगाना; चौकसी करना: ～查 (निरीक्षण के लिए) दैनिक दौरा करना / ～夜 रात में गश्त लगाना ❷〈परि०श०〉 (दावत में क्रम से शराब देने का) एक दौर: 酒过三～ उक्त तरीके के तीन दौर

【巡边员】 xúnbiānyuán 〈खेल०〉 लाइन्समैन

【巡捕】 xúnbǔ (पुराने ज़माने में विदेशियों को पट्टे पर दी गई बस्तियों में) पुलिस; पुलिसमैन: ～房 उक्त स्थानों में पुलिस स्टेशन

【巡察队】 xúncháduì गश्ती दस्ता

【巡风】 xúnfēng चौकसी करना

【巡抚】 xúnfǔ ❶(मिंग राजवंश में) सम्राट का निरीक्षक; इंस्पेक्टर ❷(छिंग राजवंश में) प्रांत का शासक

【巡更】 xúngēng ❶(पुराने ज़माने में) रात में गश्त लगाता हुआ पहरेदार ❷रात में गश्त लगाना

【巡官】 xúnguān 〈पुराना〉 दारोगा; पुलिस इंस्पेक्टर

【巡航】 xúnháng जल या हवाई यात्रा; विमान का मंद गति से उड़ना; जहाज़ का घूमना: ～导弹 क्रूज़ मिसाइल

【巡回】 xúnhuí गश्त लगाना; गश्त मारना: ～演出 (नाटक, ऑपेरा आदि) दिखाने के लिए दौरा करना / ～展览 चलती-फिरती प्रदर्शनी

【巡回大使】 xúnhuí dàshǐ दौरा राजदूत; रोविंग ऐ-

म्बैसाडर
【巡回法庭】 xúnhuí fǎtíng दौरा अदालत
【巡回医疗队】 xúnhuí yīliáoduì चलता-फिरता चिकित्सक दल
【巡警】 xúnjǐng 〈पुराना〉 पुलिसमैन
【巡礼】 xúnlǐ ❶तीर्थयात्रा करना ❷पर्यटन करना; सैर-सपाटा करना: 市场～ बाज़ार की सैर
【巡逻】 xúnluó गश्त लगाना; चौकसी करना: 夜间～ रात में गश्त लगाना / ～活动 गश्ती कार्रवाई
【巡逻队】 xúnluóduì गश्ती दस्ता; गश्ती टुकड़ी; पहरेदार दल; गश्त करने वाले सिपाहियों की टोली
【巡逻护卫舰】 xúnluó hùwèijiàn गश्ती एस्कार्ट
【巡逻艇】 xúnluótǐng गश्ती बोट; पेट्रोल बोट
【巡逻线】 xúnluóxiàn गश्त का रास्ता
【巡哨】 xúnshào (पहरेदार का) गश्त लगाना
【巡视】 xúnshì ❶गश्त लगाना; दौरे पर जाना; निरीक्षण दौरा करना: ～各地 विभिन्न जगहों का निरीक्षण करने के लिए यात्रा-कार्यक्रम बनाना; स्थान-स्थान दौरे पर जाना ❷चारों ओर नज़र दौड़ाना
【巡视团】 xúnshìtuán निरीक्षक दल
【巡视员】 xúnshìyuán निरीक्षक; इंस्पेक्टर
【巡行】 xúnxíng दौरा करना; भ्रमण करना; पर्यटन करना: ～各地 स्थान-स्थान का दौरा करना
【巡幸】 xúnxìng 〈लि०〉 (सम्राट का) निरीक्षण दौरा करना: ～江南 यांत्सी नदी के दक्षिणी निचले भाग में शाही दौरे पर जाना
【巡洋舰】 xúnyángjiàn गश्ती जंगी जहाज़; क्रूज़र
【巡夜】 xúnyè रात को गश्त लगाना
【巡弋】 xúnyì (जंगी जहाज़ का) गश्त लगाना
【巡游】 xúnyóu ❶भ्रमण करना; पर्यटन करना; घूमना ❷दौरा करना
【巡诊】 xúnzhěn इलाज करने के लिए दौरा करना

郇 Xún ❶चओ राजवंश（周朝）में एक राज्य (वर्तमान शानशी प्रांत के लिन-ई 临猗 के पश्चिम में) ❷एक कुलनाम Huán भी दे०

询（詢）xún पूछना; पूछताछ करना, खबर लेना
【询问】 xúnwèn पूछना; पूछताछ करना; पता लगाना: ～情况 स्थिति पूछना

郓（鄩）xún 斟郓 Zhēnxún एक प्राचीन राज्य (वर्तमान शानतोंग प्रांत के विइफ़ांग 潍坊 के दक्षिण-पश्चिम में)

荀 Xún एक कुलनाम

荨 xún नीचे दे०
qián भी दे०
【荨麻疹】 xúnmázhěn 〈चिकि०〉 ददोड़े; चकत्ते

哻（噚）xún （英寻 yīngxún भी）英寻 yīng xún का पुराना नाम

峋 xún दे० 嶙峋 línxún

洵 xún 〈लि०〉 सचमुच; सच में; वास्तव में; वाकई

浔[1]（潯）xún ❶〈लि०〉 नदी का किनारा: 江～ नदी के किनारे ❷（Xún）च्यांगशी प्रांत के च्यूच्यांग（九江）का दूसरा नाम

浔[2]（潯）xún （海寻 hǎixún भी）〈पुराना〉 समुद्रीफ़ैदम

恂 xún 〈लि०〉 ईमानदार; आदरपूर्ण और नम्र ❷डर; भय: ～然 डरते हुए

珣 xún 〈लि०〉 एक प्रकार के जेड पत्थर का नाम

玙（璕）xún 〈लि०〉 एक प्रकार का सुन्दर पत्थर

循 xún के अनुसार: ～例 आम नियम के अनुसार / ～此前进 इसी प्रगति-पथ पर चलते रहना / 除此以外无他路可～。इस के अलावा और कोई चारा नहीं है।
【循分】 xúnfèn 〈लि०〉 कर्तव्यपरायण होना
【循规蹈矩】 xúnguī-dǎojǔ कायदे-कानून के अनुसार आचरण करना
【循环】 xúnhuán घुमाना; फिराना; चक्कर काटना; संचार करना; परिभ्रमण करना: ～往复 बार-बार चक्के की भांति घूमना; निरंतर परिवृत्ति होना; लगातार परिभ्रमण करना / 无限～ एक अंतहीन चक्र के रूप में बार-बार दोहराते रहना
【循环系统】 xúnhuán xìtǒng रक्त-संचार प्रणाली
【循环小数】 xúnhuán xiǎoshù 〈गणित०〉 आवर्ती दशमलव
【循吏】 xúnlì 〈लि०〉 न्यायनिष्ठ अधिकारी; ईमानदार अधिकारी
【循良】 xúnliáng 〈लि०〉 कानून को मानने वाला
【循名责实】 xúnmíng-zéshí नाम के अनुकूल वास्तविकता की सृष्टि करना: 我们今天的工作是～。आज हमारा काम है नाम के अनुकूल वास्तविकता की सृष्टि करना।
【循序】 xúnxù क्रम से; क्रमशः; कदम-ब-कदम
【循序前进】 xúnxù-qiánjìn कदम-ब-कदम आगे बढ़ना
【循循善诱】 xúnxún-shànyòu क्रमानुसार मार्ग-प्रदर्शन करने में निपुण होना

鲟（鱘、鱏）xún स्टर्जन मछली: 中华～ चीनी स्टर्जन

xùn

训(訓) xùn ❶शिक्षा देना; सीख देना; सबक देना: 闭门~子 घर में अपने पुत्र को शिक्षा देना ❷शिक्षा; आज्ञा; निर्देश: 家~ परिवार का नीतिवचन या उपदेश ❸प्रशिक्षण; ट्रेनिंग: 军~ सैनिक ट्रेनिंग ❹मान-दंड; आदर्श; उदाहरण: 不足为~ यह कोई आदर्श के रूप में प्रस्तुत नहीं किया जा सकना ❺पाठ की व्याख्या करना: 训话

【训斥】 xùnchì डांट-डपट करना; भला-बुरा सुनाना: 他父亲~了他一番。उस के पिता ने उस पर गालियों की बौछार शुरू कर दी।

【训词】 xùncí उपदेश; निर्देश

【训导】 xùndǎo उपदेश देना और मार्ग-प्रदर्शन करना: ~处长 अनुशासन निर्देशक

【训迪】 xùndí 〈लि०〉 शिक्षा देना और जानकारी देना

【训诂】 xùngǔ प्राचीन पुस्तकों में अक्षरों और वाक्यों की व्याख्या

【训诂学】 xùngǔxué टीका-विज्ञान;श्रुतिभाष्य

【训话】 xùnhuà अपने मातहतों को शिक्षाप्रद निर्देश देना

【训诲】 xùnhuì 〈लि०〉 शिक्षा; उपदेश; निर्देश

【训诫】 xùnjiè (训戒 xùnjiè भी) ❶चेतावनी देना और सलाह देना ❷डांटना; फटकारना; भर्त्सना करना ❸〈का०〉 चेतावनी

【训练】 xùnliàn ट्रेन करना; ट्रेनिंग देना; प्रशिक्षित करना: ~军队 सेनाओं को प्रशिक्षित करना / 政治~ राजनीतिक शिक्षा (देना) / ~干部 कार्यकर्ताओं को ट्रेनिंग देना

【训练班】 xùnliànbān प्रशिक्षण-कक्षा; ट्रेनिंग-क्लास; ट्रेनिंग-कोर्स: 养猪~ सूअर पालने की शिक्षा देने के बारे में ट्रेनिंग-कोर्स

【训练有素】 xùnliàn yǒusù अच्छी तरह प्रशिक्षित किया जाना

【训令】 xùnlìng निदेशन; हिदायत; शासनपत्र; आर्डिनैंस

【训勉】 xùnmiǎn उपदेश देना और प्रोत्साहन देना

【训示】 xùnshì (अपने मातहत या परिवार में युवक सदस्यों को) उपदेश देना

【训育】 xùnyù 〈पुराना〉 (स्कूल में) नैतिक शिक्षा

【训喻】 xùnyù 〈लि०〉 (训谕 xùnyù भी) उपदेश देना; निर्देश करना; शिक्षा देना

【训政】 xùnzhèng 〈पुराना〉 राजनीतिक अभिभावकता सरकार: ~时期 उक्त सरकार का दौर

讯(訊) xùn ❶प्रश्न करना; सवाल पूछना: 审~ पूछ-ताछ करना; सुनवाई करना ❷सूचना; समाचार; खबर; संदेश: 音~ समाचार; पता / 通~ पत्र-व्यवहार; पत्राचार

【讯号】 xùnhào रेडियो सिगनल; सिगनल

【讯实】 xùnshí सुनवाई पर सच्चा साबित होना

【讯问】 xùnwèn पूछ-ताछ करना; सुनवाई करना: ~案件 मुकद्दमे की पूछ-ताछ करना ❷पूछना; पता लगाना: ~病状 (डॉक्टर, रोगी आदि से) रोग की स्थिति पूछना / ~处 पूछ-ताछ दफ़्तर

汛 xùn मौसमी बाढ़; बाढ़: 秋~ पतझड़ में बाढ़

【汛期】 xùnqī बाढ़ का मौसम

【汛情】 xùnqíng बाढ़ की हालत: ~严重 बाढ़ की हालत गंभीर होना

迅 xùn शीघ्र; जल्दी; तेज़: ~跑 जल्दी दौड़ना

【迅即】 xùnjí फ़ौरन; तुरंत: ~处理 फ़ौरन निबटारा करना

【迅急】 xùnjí बहुत जल्दी; अति शीघ्र

【迅疾】 xùnjí जल्दी; शीघ्र

【迅捷】 xùnjié तेज़; फुर्तीला

【迅雷不及掩耳】 xùn léi bù jí yǎn ěr एकाएक बादल गरजने के कारण हाथ से कान पर ढंकने का समय भी न मिलना —— बिजली की कौंध जैसा अचानक

【迅猛】 xùnměng वेगपूर्ण और प्रबल: 来势~ वेगपूर्ण और प्रबल रूप से आना

【迅速】 xùnsù तीव्र; तेज़; शीघ्र; द्रुत; वेगवान: ~发展 शीघ्र विकास होना / ~前进 बहुत जल्दी आगे बढ़ना

驯(馴) xùn ❶दब्बू; वश्य; सीधा: ~顺 दब्बू और सीधा ❷पालतू बनाना; घरेलू बनाना; पालना: ~虎 बाघ को पालकर घरेलू बनाना

【驯服】 xùnfú ❶दब्बू; वश्य; सीधा: 这马很~。यह घोड़ा बहुत दब्बू (सीधा) है। ❷पालना; घरेलू बनाना; पालतू बनाना: 一匹野马被~了。एक जंगली घोड़ा पालतू बनाया गया।

【驯化】 xùnhuà (जानवरों आदि को) पालतू बनाना; घरेलू बनाना: 野马、野牛等~后可以成为家畜。जंगली घोड़े, बैल आदि पालकर घरेलू पशु बनाये जा सकते हैं।

【驯良】 xùnliáng दब्बू और सीधा; काबू आने वाला (व्यक्ति, पशु आदि)

【驯鹿】 xùnlù 〈प्राणि०〉 रेनडियर

【驯善】 xùnshàn काबू आने वाला; दब्बू: ~的羔羊 दब्बू और सीधा मेमना

【驯熟】 xùnshú ❶काबू आने वाला; दब्बू: ~的猫 दब्बू और सीधी बिल्ली ❷निपुण; सिद्धहस्त; प्रवीण; पक्का: 技艺~ निपुण कलाकौशल

【驯养】 xùnyǎng जंगली पशु को पालकर पालतू बनाना; घरेलू बनाना

徇(狥) xùn ❶〈लि०〉 मानना; हार मानना: 徇情 ❷〈लि०〉 खुलेआम घोषित करना ❸〈लि०〉 殉 xùn ❷के समान

【徇情】 xùnqíng 〈लि०〉 निजी संबंध के कारण कोई अवैध काम करना

【徇情枉法】 xùnqíng-wǎngfǎ अपने मित्रों या संबंधि- यों की सहायता करने के लिए अवैध कार्य करना

【徇私】 xùnsī 徇情 के समान

【徇私舞弊】 xùnsī-wǔbì अपने मित्रों या संबंधियों की

सेवा करने के लिए बुरा काम करना

逊（遜）xùn ❶राजगद्दी छोड़ना：～位 सम्राट का राजगद्दी छोड़ना ❷नम्र; विनम्र; विनीत：谦逊 / 出言不～ अबे-तबे करना; कटु वचन कहना ❸〈लि०〉 निचले दर्जे का; घटिया; छोटा; तुच्छ; कम：稍～一筹 थोड़ा-सा घटिया, छोटा, कम अच्छा आदि

【逊尼派】Xùnnípài 〈इस्लाम〉 सुन्नी

【逊色】xùnsè अपेक्षाकृत कम अच्छा होना; घटिया होना; तुच्छ होना：毫无～ (से) कम अच्छा न होना

殉（徇）xùn ❶मृतक के साथ जीवित दफ़नाया जाना ❷(के लिए) मर जाना; अपनी ज़िंदगी निछावर करना：以生命去～事业 किसी कार्य के लिए अपनी ज़िंदगी निछावर करना

【殉道】xùndào सच्चाई के लिए जान देना

【殉道者】xùndàozhě शहीद; सच्चाई के लिए जान देने वाला

【殉国】xùnguó अपने देश के लिए शहीद हो जाना：～战士 वे सैनिक जिन्होंने देश के लिए अपने प्राण निछावर कर दिए हों

【殉教】xùnjiào शहीद; धर्म पर बलि देने वाला

【殉节】xùnjié ❶अपने देश या राजवंश आदि की वफ़ादारी के लिए प्राण निछावर कर देना ❷(स्त्री का) अपनी सतीत्व की रक्षा के लिए जान देना ❸(विधवा का) पति के मर जाने पर आत्महत्या करना

【殉难】xùnnàn सच्चाई या देश के लिए जान देना

【殉情】xùnqíng प्रेम के लिए जान देना

【殉死】xùnsǐ ❶मृतक के साथ जीवित दफ़नाया जाना ❷किसी के मर जाने पर आत्महत्या करना

【殉葬】xùnzàng मृतक के साथ जीवित दफ़नाया जाना; सहमरण होना

【殉葬品】xùnzàngpǐn कब्र में मृतक के साथ दफ़नायी गयी चीज़ें

【殉职】xùnzhí अपनी ड्यूटी पर काम करते हुए देहांत हो जाना

浚（濬）Xùn नीचे दे०
jùn भी दे०

【浚县】Xùnxiàn हनान प्रांत में एक काउंटी

巽 xùn अष्ट दिव्य रेखा-चित्रों（八卦）में से एक, वायु का प्रतीक

熏 xùn 〈बो०〉 कोयले की गैस से विषाक्त होना：被煤气～死 कोयले की गैस से विषाक्त होकर मर जाना
xūn भी दे०

蕈 xùn 〈वन०〉 कुकुरमुत्ता

噀（潠）xùn 〈लि०〉 मुंह में पानी भर कर तेज़ी से बाहर निकालना

Y

yā

丫 yā ❶द्विशाखी वस्तु ❷〈बो०〉 बच्ची; लड़की: 小～ छोकरी

【丫巴儿】 yābar 〈बो०〉 दो शाखाओं में विभक्त करने का बिन्दु: 树～ पेड़ की शाखा

【丫杈】 yāchà दे० 桠杈 yāchà

【丫鬟】 yāhuan （丫环 yāhuan भी） लड़की दासी; लड़की नौकरानी

【丫髻】 yājì लड़कियों के सिर के दोनों ओर बांधे हुए जूड़े

【丫角】 yājiǎo केशों के गुच्छे: 双～的头 सिर पर केशों के दो गुच्छे

【丫头】 yātou ❶लड़की ❷दे० 丫鬟

【丫枝】 yāzhī （桠枝 yāzhī भी） शाखा; डाल; डाली; टहनी

压（壓） yā ❶दबाना; ऊपर से भार रखना: 压扁 / 压碎 ❷किसी से आगे निकलना; किसी से आगे बढ़ना: 才不～众 किसी दूसरे से ज़्यादा योग्य न होना / 技～群芳 किसी का कौशल बाकी सभी हमवार कुशल व्यक्तियों से आगे बढ़ा होना ❸शांत करना: ～咳嗽 खांसी को शांत करना / ～不住火儿 आग को दबा न सकना ❹दबाना; दमन करना: 镇～ दमन करना ❺निकट आना: 强寇～境。शक्तिशाली शत्रु हमारे देश पर हमला कर रहा है। ❻(कागज़, पत्र आदि) दराज़ में रखना; (मामला) स्थगित करना; मुल्तवी करना: 积～ माल को भंडार में बहुत दिन रखना / 这件公文不要～起来。इस दस्तावेज़ को दराज़ में अधिक दिन न रखो। / 这事暂且～几天。इस मामले को फ़िलहाल कुछ दिन स्थगित करें। ❼जुए में बाज़ी लगाना ❽दबाव: 血～ खून का दबाव; रक्तचाप

yà भी दे०

【压宝】 yābǎo （押宝 yābǎo भी） एक प्रकार का जुआ जो कटोरे के नीचे पांसों से खेला जाता है; बाज़ी लगाना

【压扁】 yābiǎn पिचकना

【压不住】 yābùzhù अपने नियंत्रण में न रख सकना: ～心头怒火 क्रोधाग्नि को न रोक सकना / 这个班除了李老师别的老师都～。अध्यापक ली के अलावा और कोई भी अध्यापक इस क्लास को नियंत्रण में नहीं रख सकता है।

【压舱物】 yācāngwù 〈नौ०वि०〉 जहाज़ों में स्थिरता के लिए रखी गयी भारी वस्तु; बोझ; नीरम

【压产】 yāchǎn उत्पादन सीमित करने के लिए विवश करना

【压场】 yāchǎng ❶किसी के नियंत्रण में सभा, सभासद आदि का अच्छी स्थिति में होना: 压不住场 सभासदों का ध्यान आकर्षित न कर सकना ❷दे० 压台

【压车】 yāchē दे० 押车 yāchē

【压秤】 yāchèng ❶फ़ी इकाई आयतन सापेक्ष रूप से भारी होना: 稻草不～。भूसे का वज़न सापेक्ष रूप से भारी नहीं है। / 劈柴太湿，～。लकड़ी बहुत गीली है, सापेक्ष रूप से भारी है। ❷तौलते समय जानबूझकर माल का वज़न कम करना: 收购时禁止～。चीज़ें खरीदते समय वज़न कम करके लेना मना है। (दुकानदार द्वारा छोटे किसानों से)

【压船】 yāchuán मौसम आदि के कारण जहाज़ का ठीक समय पर घाट से न छूट सकना

【压床】 yāchuáng 〈यां०〉 छपाई की मशीन

【压倒】 yādǎo हावी होना; ध्वस्त करना; पछाड़ देना: ～敌人 दुश्मन को पछाड़ देना / ～一切 सब कुछ पर हावी होना या करना / 以～多数通过决议 भारी (या ज़बरदस्त) बहुमत से निर्णय स्वीकार करना / ～一切的勇气 सभी विघ्न-बाधाओं को जीत लेने का साहस

【压得住】 yādezhù नियंत्रण में रख सकना: ～怒火 क्रोधाग्नि को रोक सकना

【压低】 yādī नीचा करना; धीमा करना: ～物价 चीज़ों का दाम कम करना या घटाना

【压电】 yādiàn （压电现象 yādiàn xiànxiàng भी） 〈भौ०〉 विद्युत्-दाब

【压电效应】 yādiàn xiàoyìng 〈रसा०〉 विद्युत्-दाब-प्रभाव; विद्युत् संपीडन प्रभाव

【压顶】 yādǐng किसी पर भार होना (बहुधा लाक्षणिक अर्थ में प्रयुक्त): 乌云～ सिर पर घना बादल छा जाना

【压锭】 yādìng तकलियाँ घटाने के लिए विवश करना

【压锻】 yāduàn 〈धा०वि०〉 दबाना और गढ़ना

【压队】 yāduì (दस्ते के) सब से पीछे चलना; पीछे-पीछे चलना

【压服】 yāfú （压伏 yāfú भी）ज़बरदस्ती करना; ज़ोर-ज़बरदस्ती से समझाना; दबाव डालना: 要说服，不要～。ज़ोर-ज़बरदस्ती से समझाने के बजाय धीरज से समझाना-बुझाना / 压而不服 ज़ोर-ज़बरदस्ती से किसी को हरगिज़ नहीं समझाया जा सकना

【压盖】 yāgài 〈यां०〉 ग्लैंड

【压盖填料】 yāgài tiánliào ग्लैंड पैकिंग

【压花玻璃】 yāhuā bōli पैटर्न ग्लास

【压挤】 yājǐ 〈यां०〉 बलपूर्वक बाहर कर देना; निस्सरण करना

【压价】 yājià ज़बरदस्ती दाम गिराना: ～出售 (दूसरों

की अपेक्षा) अधिक सस्ते दाम में बेचना
【压金】 yājīn पेशगी
【压惊】 yājīng (दावत देने आदि से) किसी के भयभीत होने के कारण उस को आश्वासन देना; भयभीत को दिलासा देना या खिला-पिला कर उसे भयमुक्त करना
【压境】 yājìng (शत्रु सेना का) हमला करने के लिए सीमावर्ती क्षेत्र पर जम जाना: 大军～ शत्रु की बड़ी सेना सीमावर्ती क्षेत्र पर जम जाना
【压卷】 yājuàn (压卷之作 yājuàn zhī zuò भी) सर्वश्रेष्ठ रचना (लेख या कविता)
【压库】 yākù ❶माल को न बेच सकने के कारण भंडार में बहुत दिन रखना ❷भंडार में बहुत दिन रखे हुए माल की मात्रा को कम करना: 限产～ उत्पादन को सीमित करना और भंडार में रखे माल की मात्रा को कम करना
【压力】 yālì दबाव: 内外～ घरेलू और वैदेशिक दबाव; भीतरी और बाहरी दबाव / 对某人施加～ किसी पर दबाव डालना / 大气～ वायुमंडलीय दाब / 在舆论的～下 लोकमत के दबाव में / 受到～ दबाव पड़ना
【压力锅】 yālìguō पकाने का दबाव बर्तन; प्रेशर-कुकर
【压力机】 yālìjī (冲床 chòngchuáng का दूसरा नाम) छिद्रण मशीन; छेद करने वाली मशीन; पंचिंग मशीन; दबाव मशीन
【压力计】 yālìjì प्रेशर-गेज
【压裂】 yāliè 〈पेट्रोलियम〉 विभंजन; फ़्रैक्चर: 水力～ जल-शक्ति विभंजन; हाइड्रॉलिक फ़्रैक्चर
【压路机】 yālùjī सड़क को समतल बनाने वाला रोलर; बुल डोजर
【压平】 yāpíng दबा कर समतल बनाना
【压迫】 yāpò ❶दबाना; अत्याचार करना; उत्पीड़न करना: 对民～ जनता का उत्पीड़न करना / ～者 उत्पीड़क; अत्याचारी ❷सिकोड़ना; संकोचन करना: 肿瘤～神经。 अर्बुद नसों को संकोचन करता है।
【压气】 yāqì कोप शांत करना; किसी का क्रोध शांत करना: 说几句好话给他压压气。 कुछ अनुकूल बातें कहकर उस का क्रोध शांत करो।
【压气机】 yāqìjī एयर काम्प्रेसर
【压强】 yāqiáng 〈भौ०〉 दबाव की प्रचंडता; दबाव
【压强计】 yāqiángjì प्रेशर-गेज
【压青】 yāqīng 〈कृ०〉 हरी खाद तैयार करना; घास पौधों आदि को ज़मीन में गाड़कर खाद तैयार करना
【压热效应】 yārè xiàoyìng ताप-दाब प्रभाव; ताप-संपीडन प्रभाव
【压沙】 yāshā रेतीली ज़मीन को मिट्टी से ढकना
【压舌板】 yāshébǎn 〈चिकि०〉 जिह्वा-अवनमनी; जीभ दबाने वाली लकड़ी
【压水井】 yāshuǐjǐng ट्यूब-वेल
【压死】 yāsǐ कुचलकर या दबकर मर जाना; मोटरकार आदि के नीचे कुचला जाना
【压岁钱】 yāsuìqián चांद्र पंचांग के नव-वर्ष में ऊपर वाली पीढ़ी के व्यक्ति द्वारा बच्चों को (भेंट के रूप में) दिया जाने वाला पैसा
【压碎】 yāsuì दबकर टुकड़े-टुकड़े हो जाना
【压碎机】 yāsuìjī क्रशर
【压缩】 yāsuō ❶संपीडन करना: 压缩空气 / 压缩饼干 ❷घटाना; कम करना; संक्षिप्त करना: ～开支 व्यय को कम करना
【压缩饼干】 yāsuō bǐnggān जहाज़ी बिस्कुट
【压缩机】 yāsuōjī संपीडक; संकोचक; दबाने वाली मशीन
【压缩空气】 yāsuō kōngqì संपीडित वायु; संकोचित वायु
【压台】 yātái ❶किसी अच्छे कार्यक्रम को अभिनय के अंत में रखना: 压台戏 ❷स्थिति को शांत करना
【压台戏】 yātáixì अभिनय के अंत में रखा गया कार्यक्रम
【压条】 yātiáo (压枝 yāzhī भी) 〈कृ०〉 किसी पौधे की टहनी को ज़मीन में गाड़ना ताकि जड़ पकड़ सके
【压铁】 yātiě पेपर-वेट
【压痛】 yātòng 〈चिकि०〉 दाबवेदना; स्पर्शासह्यता
【压蔓】 yāwàn खीरे आदि की बेल या लता को एक निश्चित दूरी पर मिट्टी से ढकना ताकि जड़ पकड़ सके और तेज़ हवा इत्यादि से उसे नुकसान न हो या जानवर न खींच कर नष्ट कर दें
【压线】 yāxiàn 〈खेल०〉 लाइन बॉल
【压延】 yāyán 〈यां०〉 रोल करना; मैंगल करना
【压延车间】 yāyán chējiān रोल करने का विभाग; रोलिंग-विभाग
【压抑】 yāyì दबाना; दमन करना: ～民主力量 जनवादी शक्तियों का दमन करना / ～群众的积极性 जनसमुदाय की पहलकदमी को दबाना / 心情～ मन डूबता हुआ सा लगना
【压韵】 yāyùn तुकांत; तुक प्रकट करना: 这两句～。 इन दो पंक्तियों का तुक मिलता है।
【压载舱】 yāzàicāng 〈नौ०वि०〉 नीरम टैंक
【压榨】 yāzhà ❶(रस, अर्क आदि) चूसकर, दबाकर या अन्य तरीकों से निकालना या निचोड़ना: ～甘蔗 गन्ने को दबाकर रस निकालना ❷शोषण करना; शोषण और उत्पीड़न करना: ～人民大众 जन-समुदाय का शोषण और उत्पीड़न करना
【压榨机】 yāzhàjī निचोड़ने की मशीन;कोल्हू: 甘蔗～ गन्ने का कोल्हू
【压寨夫人】 yāzhài fūrén दुर्ग की गृहस्वामिनी (डाकुओं के सरगने की स्त्री के लिए उपनाम)
【压阵】 yāzhèn ❶दे० 压队 ❷किसी व्यक्ति के नियंत्रण में स्थिति को अच्छा बनाना
【压枝】 yāzhī दे० 压条
【压纸型机】 yāzhǐxíngjī स्टीरियटाइप प्रेस
【压制】[1] yāzhì दबाना; दमन करना: ～罢工 हड़ताल का दमन करना / ～进步 प्रगति की राह में रोड़े अटकाना / ～民主 जनवाद का दमन करना; जनवाद के नियमों का उल्लंघन करना / ～批评 आलोचना को दबा देना / ～人民言论 जनता की आवाज़ को दबाना / ～不同意见 अपने से भिन्न रायों को दबाना
【压制】[2] yāzhì 〈यां०〉 दबाने के उपाय से बनाना: ～砖坯 दबाने से कच्ची ईंट बनाना / ～玻璃 प्रेस्ड ग्लास /

～茶 प्रेस्ड चाय

【压制板】 yāzhìbǎn प्रेसबोर्ड; दबाकर बना हुआ बोर्ड

【压轴戏】 yāzhòuxì अंतिम प्रोग्राम; अंत में घटी हुई घटना

【压轴子】 yāzhòuzi ❶किसी नाटक के अंत में दूसरा कार्यक्रम रखना ❷नाटकों के अभिनय में अंतिम दूसरा नाटक

【压铸】 yāzhù 〈धा०वि०〉（压力铸造 yālì zhùzào का संक्षिप्त रूप） डाई-कास्टिंग (die-casting)

呀 yā ❶〈विस्मय०〉(ताज्जुब, अचम्भा आदि प्रकट करना) अरे: ～，下雪了！ओहो, बर्फ़ गिरने लगी！❷〈अनु०〉 कर्कश शब्द; चरमराहट; चरचराहट: 门～的一声关上了。दरवाज़ा चूं करके बंद हो गया।

ya भी दे०

押¹ yā ❶कोई वस्तु ज़मानत के रूप में किसी व्यक्ति को देना; गिरवी रखना; रेहन रखना: 以金笔作～ ज़मानत के रूप में सोने की कलम देना / 押租 / 押金 ❷रोकना; बन्द रखना; हवालात में रखना: 拘～ बंद करना; कैद करना; हवालात में डालना ❸रक्षार्थ साथ जाना; रखवाली में ले जाना: 押解 / 押送 ❹压 yā के समान: 押宝 / 押队 / 押韵 ❺（Yā）एक कुलनाम

押² yā ❶हस्ताक्षर करना; हस्ताक्षर के स्थान पर अंगूठा आदि कोई निशानी लगाना: 画～ हस्ताक्षर के स्थान पर अंगूठा आदि कोई चिह्न लगाना / 押尾 ❷हस्ताक्षर; हस्ताक्षर के स्थान पर अंगूठा आदि कोई निशानी

【押宝】 yābǎo दे० 压宝 yābǎo（押牌宝 yāpáibǎo भी）

【押车】 yāchē रेल, ट्रक आदि पर रक्षार्थ सामान के साथ जाना

【押当】 yādàng ❶(वस्तु) गिरवी रखना; रेहन रखना ❷साहूकार की दूकान; वह स्थान जहां महाजन लोगों की चीज़ें गिरवी रखकर उन्हें ब्याज पर रुपया उधार देता है

【押队】 yāduì दे० 压队 yāduì

【押解】 yājiè ❶अपराधी, युद्धबंदी आदि के साथ रक्षार्थ जाना; अपराधी या बंदी को निगरानी में भेजना ❷सामान के साथ रक्षार्थ जाना: ～货物 माल के साथ रक्षार्थ जाना / ～礼品 उपहार के साथ रक्षार्थ जाना

【押金】 yājīn ❶ज़मानत; धरोहर; रक्षा-धन ❷पेशगी; बयाना

【押款】 yākuǎn 〈वाणि०〉 ❶सामान, मकान आदि को गिरवी देकर बैंक आदि से रुपये उधार लेना ❷गिरवी देकर उधार लिया हुआ रुपया ❸पेशगी; बयाना

【押牌宝】 yāpáibǎo दे० 压宝 yābǎo

【押契】 yāqì रेहननामा

【押上】 yāshàng संतरियों के पहरे में ले जाना: 他被～了火车。उसे संतरियों के पहरे में रेल में ले जाया गया।

【押送】 yāsòng ❶अपराधी, युद्धबंदी को निगरानी में भेजना; निरीक्षण करते हुए भेजना: 派一个兵～犯人 एक सिपाही के पहरे में अपराधी को रवाना कर देना ❷दे० 押运

【押头】 yātóu 〈बो०〉 गिरवी; रेहन

【押尾】 yāwěi दस्तावेज़ आदि के अंत में हस्ताक्षर के स्थान पर अंगूठा आदि कोई निशानी लगाना

【押运】 yāyùn सामान के साथ एक स्थान से दूसरे स्थान पर रक्षार्थ ले जाना

【押韵】 yāyùn दे० 压韵 yāyùn

【押账】 yāzhàng कर्ज़ लेने के लिए कोई वस्तु ज़मानत के रूप में किसी व्यक्ति को देना

【押租】 yāzū किराये पर मकान या ज़मीन लेने के लिये दी गयी ज़मानत

垭（埡） yā 〈बो०〉(बहुधा स्थान के नाम में प्रयुक्त) दो पहाड़ों के बीच लंबा और संकरा स्थान, जैसे: 马头垭 Mǎtóu Yā (हूपेइ प्रांत में)

鸦（鴉、鵶） yā कौआ; काक

【鸦片】 yāpiàn अफ़ीम

【鸦片鬼】 yāpiànguǐ 〈अना०〉 अफ़ीमची; पोस्ती

【鸦片战争】 Yāpiàn Zhànzhēng अफ़ीम-युद्ध (1840-1842 ई०)

【鸦雀无声】 yāquè-wúshēng कौए या गौरैये की आवाज़ न सुनाई देना; वहां न कोई कौवा दिखाई देना, न गौरैया —— बहुत शांत; खामोश: 全客厅里是～。दीवानखाने में पूरी खामोशी थी; हाल में शांति छा गई।

哑（啞） yā दे० 呀 yā

yǎ; yē भी दे०

【哑哑】 yāyā 〈अनु०〉 ❶कौवे की बोली ❷शिशु का बा-बा का अनुकरण करने का शब्द

桠（椏、枒） yā (वृक्ष की) शाखा: 树～ वृक्ष की शाखा

【桠杈】 yāchà ❶दो शाखाओं का विभाजन-स्थान ❷द्विशाखी; विशाखित शाखाओं वाला（丫杈 yāchā भी）

【桠枝】 yāzhī （丫枝 yāzhī भी）शाखा; डाल; डाली; टहनी

【桠枫】 yāfēng （三角枫 sānjiǎofēng भी）ट्राइडेंट मैपिल

鸭（鴨） yā बत्तख़: 公～ नर बत्तख़ / 母～ मादा बत्तख़

【鸭步鹅行】 yābù-éxíng （鸭行鹅步 yāxíng-ébù भी）बत्तख़ की चाल चलना

【鸭蛋】 yādàn ❶बत्तख़ का अंडा ❷〈बोल०〉 शून्य; ज़ीरो; सिफ़र

【鸭蛋脸】 yādànliǎn अंडाकार मुंह

【鸭蛋青】 yādànqīng हल्का नीला

【鸭蛋圆】 yādànyuán 〈बो०〉 अंडाकृति; अंडाकार

【鸭黄】 yāhuáng बत्तख़ का छोटा बच्चा

【鸭儿梨】 yārlí हूपेइ प्रांत में उत्पन्न एक प्रकार की बढ़िया नाशपाती

【鸭绒】 yāróng बत्तख़ के कोमल पर या लोम: ～被 बत्तख़ के कोमल पर या लोम से भरी हुई रज़ाई / ～背心

बत्तख़ के कोमल पर या लोम से भरी वास्केत या वेस्टकोट

【鸭舌帽】 yāshémào छज्जेदार टोपी; छज्जे वाली टोपी

【鸭行鹅步】 yāxíng-ébù दे० 鸭步鹅行

【鸭掌】 yāzhǎng बत्तख़ की झिल्लीदार उंगलियां (एक सुस्वादु भोजन)

【鸭跖草】 yāzhícǎo डे-फ़्लावर (dayflower)

【鸭子】 yāzi बत्तख़

【鸭子儿】 yāzǐr 〈बो०〉 बत्तख़ का अंडा

【鸭嘴笔】 yāzuǐbǐ ड्राइंग-पेन; रूलिंग-पेन

【鸭嘴兽】 yāzuǐshòu बत्तख़ जैसी चोंच वाला जल-जंतु; प्लैटिपस

雅 yā दे० 鸦 yā
yǎ भी दे०

【雅片】 yāpiàn दे० 鸦片 yāpiàn

yá

牙1 yá ❶दांत; दंत: 门～ राजदंत / 这颗～疼。इस दांत में दर्द है। ❷दांतेदार वस्तु: 轮～ पहिये का दांत ❸हाथी-दांत: ～筷 हाथीदांत की पतली तीली; हाथीदांत का चापस्टिक ❹ (Yá) एक कुलनाम

牙2 yá 〈पुराना〉 मध्यग; बीच का व्यापारी; एजेंट: 牙行

【牙白】 yábái दूधिया रंग; हाथीदांत जैसा सफ़ेद रंग

【牙白口清】 yábái-kǒuqīng स्पष्ट रूप से बोलना

【牙本质】 yáběnzhì 〈श०वि०〉 दंतधातु; डेन्टीन

【牙碜】 yáchen ❶(भोजन) किरकिरा; कंकरीला; कंकड़ीदार ❷(भाषा) कानों को असह्य; अश्लील; ग्राम्य

【牙齿】 yáchǐ दांत; दंत

【牙床】1 yáchuáng 〈श०वि०〉 मसूड़ा

【牙床】2 yáchuáng बहुत मेहनत और कारीगरी से उत्कीर्ण हाथीदांत जड़ित चारपाई या पलंग

【牙雕】 yádiāo हाथीदांत की तराशी

【牙粉】 yáfěn दंत-मंजन; मंजन

【牙缝】 yáfèng दांतों के बीच की दरार: 剔～ दांत खोदना

【牙疳】 yágān 〈चिकि०〉 सड़ा हुआ मुखार्ति

【牙缸】 yágāng मग; टूथ-मग

【牙膏】 yágāo टूथ-पेस्ट; टूथ-क्रीम

【牙根】 yágēn मसूड़ा: 咬定～不说 दांत भींचकर कहने से इनकार करना

【牙垢】 yágòu (कहीं-कहीं 牙花 yáhuā भी) दांत का मैल या मल; पीलापन जो दांतों पर जम जाता है

【牙骨质】 yágǔzhì 〈श०वि०〉 सेमेंट; सेमेंटम (cementum)

【牙关】 yáguān जबड़े का जोड़: ～紧闭 दांतपिच्ची; जबड़े कठोरता से भिंच जाना; दांत जकड़ना

【牙冠】 yáguān 〈श०वि०〉 दांत का दिखाई देने वाला या मसूढ़े से बाहर का भाग

【牙行】 yáháng 〈पुराना〉 ❶मध्यग; बीच का व्यापारी ❷बीच के व्यापारी की दुकान

【牙花】 yáhuā (牙花子 yáhuāzi भी) 〈बो०〉 ❶दांत का मैल या मल ❷मसूड़ा

【牙慧】 yáhuì दे० 拾人牙慧 shírén-yáhuì किसी व्यक्ति से कही हुई बात लेकर अपनी बात समझाना

【牙祭】 yájì दांतों को खाने की बलि चढ़ाना —— स्वादु भोजन जो अक्सर न होता हो और जिस में मांस आम दिन से अधिक होता हो

【牙具】 yájù दांतों को साफ़ करने वाली वस्तुएं (जैसे, टूथब्रुश, टूथपेस्ट, मग आदि)

【牙科】 yákē दंत-चिकित्सक विभाग: ～诊疗所 दंत क्लिनिक

【牙科学】 yákēxué दंत-चिकित्सा; दंत-विज्ञान

【牙科医生】 yákē yīshēng दंतचिकित्सक; डेंटिस्ट

【牙口】 yákou ❶डांगरों या पशुओं की उम्र (उस के दांतों की संख्या के अनुसार निश्चित की जा सकती है): 看一看这头牛的～。इस बैल की उम्र के लिए उस के दांतों की संख्या गिनो। ❷वृद्ध व्यक्ति के दांतों की स्थिति: 这老人的～不错。इस बूढ़े आदमी के दांत काफ़ी अच्छे हैं।

【牙侩】 yákuài 〈लि०〉 मध्यग; बीच का व्यापारी

【牙轮】 yálún 齿轮 chǐlún का साधारण नाम, दांतेदार चक्र या पहिया

【牙买加】 Yámǎijiā जमैका; जमेका

【牙买加人】 Yámǎijiārén जमैकन

【牙牌】 yápái (हाथीदांत, हड्डी से बने) डोमिनी खेल के मोहरे

【牙婆】 yápó 〈पुराना〉 लड़कियों का व्यापार करने वाली स्त्री

【牙签】 yáqiān दंतखोदनी; खिलाल; खरका: 用～剔牙 खरका करना

【牙色】 yásè हाथीदांत जैसा सफ़ेद रंग; दूधिया रंग

【牙商】 yáshāng 〈पुराना〉 मध्यग; बीच का व्यापारी

【牙石】 yáshí दे० 缘石 yuánshí

【牙刷】 yáshuā टूथब्रुश; दांतों का ब्रश

【牙髓】 yásuǐ 〈श०वि०〉 दांत का मज्जा या गूदा

【牙髓炎】 yásuǐyán 〈चिकि०〉 पल्पिटिस (pulpitis)

【牙痛】 yátòng दांतदर्द; दांतपीड़ा

【牙牙】 yáyá 〈लि०〉〈अनु०〉 शिशु का बा-बा करना: ～学语 शिशु का बा-बा का अनुकरण करना

【牙医】 yáyī (牙科医生 का संक्षिप्त रूप) दंत-चिकित्सक; डेंटिस्ट

【牙龈】 yáyín 〈श०वि०〉 मसूड़ा

【牙龈炎】 yáyínyán जिंजिविटिस

【牙釉质】 yáyòuzhì 〈श०वि०〉 दंतुवल्क; दंतवेष्ट; दांत की कड़ी बाहरी तह

【牙獐】 yázhāng (獐子 zhāngzi का दूसरा नाम) दरियाई हिरण

【牙质】 yázhì ❶हाथीदांत से बनी हुई (वस्तु): ～筷 हाथीदांत का चापस्टिक ❷दे० 牙本质

【牙周病】 yázhōubìng पेरियोडोंटोसिस (periodontosis)

【牙周炎】 yázhōuyán पेरियोडोंटिटिस (periodontitis)
【牙子】[1] yázi <बोल०> सामान आदि का बाहरी भाग या खोदा हुआ उभड़ा भाग
【牙子】[2] yázi <पुराना> मध्यग; बीच का व्यापारी

伢 yá <बो०> बच्चा
【伢崽】 yázǎi <बो०> बच्चा
【伢子】 yázi <बो०> बच्चा

芽 yá ❶कली; अंकुर; पल्लव; कोंपल ❷अंकुर जैसी वस्तु: 肉～ घाव भरने के बाद उभड़ा हुआ मांस
【芽孢】 yábāo <जीव०> बीजाणु; स्पोर
【芽变】 yábiàn <वन०> अंकुर का परिवर्तन
【芽茶】 yáchá अंकुर-चाय; चाय की अति-कोमल पत्तियां
【芽豆】 yádòu अंकुरित माश (खाद्य वस्तु)
【芽接】 yájiē अंकुर से कलम या पैबंद लगाना
【芽体】 yátǐ अंकुर
【芽眼】 yáyǎn आंख (आलू आदि की)

岈 yá 嵖岈 Cháyá हनान प्रांत में एक पर्वत

玡 yá 琅玡 Lángyá शानतोंग प्रांत में एक पर्वत

蚜 yá तरुयूक; पौधे का जुंआ; एफ़िस-कीट: 棉～ कपास का जुंआ
【蚜虫】 yáchóng तरुयूक; पौधे का जुंआ: 苹果～ सेव का जुंआ / 烟～ तंबाकू का जुंआ (इस का साधारण नाम 腻虫 nìchóng, कहीं-कहीं 蜜虫 mìchóng भी कहते हैं)

崖（厓、崕）yá（ái भी）❶खड़ी चट्टान; कगार ❷सीमा; सीमांत; हद: 崖略
【崖壁】 yábì खड़ी चट्टान; कगार
【崖画】 yáhuà खड़ी चट्टान पर चित्र
【崖刻】 yákè खड़ी चट्टान पर खोदकर लिखी हुई लिखावट
【崖略】 yálüè <लि०> रूपरेखा; सारांश; संक्षेप

涯 yá पानी का किनारा; सीमा; किनारा: 天～海角 दुनिया के किसी भी कोने में / 一望无～ अंतहीन दिखाई देना / 吾生也有～，而知也无～。मेरे जीवन का अंत होता है पर ज्ञान का अंत नहीं होता।
【涯际】 yájì सीमा; किनारा: 漫无～的海洋 अंतहीन सागर

睚 yá <लि०> आंख का कोना
【睚眦】 yázì <लि०> ❶घूरना; कुपित दृष्टि से तकना ❷छोटी सी घृणा; छोटा सा द्वेष: ～之怨 बहुत साधारण आपत्ति; बहुत मामूली शिकायत
【睚眦必报】 yázì-bìbào कुपित दृष्टि से तकने पर भी बदला लेना —— एक छोटी सी परेशानी: 一饭之德必偿，睚眦之怨必报。एक बार खाना खिलाने पर भी उस का बदला ज़रूर चुकाना; एक बार कुपित नज़र से तकने पर उस का बदला ज़रूर लेना

衙 yá सामंती चीन में सरकारी दफ़्तर: 衙役
【衙门】 yámen सामंती चीन में सरकारी दफ़्तर
【衙内】 yánèi <पुराना> (उच्च स्तरीय अफ़सर के पुत्र के लिए उपाधि) मास्टर: 高～ मास्टर काओ
【衙署】 yáshǔ दे० 衙门
【衙役】 yáyi <पुराना> सरकारी दफ़्तर में हरकारा; सरकारी अमले के लोग

yǎ

疋 yǎ 雅 yǎ के समान
匹 pǐ भी दे०

哑（啞）yǎ ❶गूंगा; मूक: 聋～ बहरा और गूंगा ❷गला बैठना: 喉咙全～了。गला बैठ गया था, मुंह से बोल नहीं निकल रहा था। ❸(गोली, बम आदि का) विस्फोट न होना, न फटना: ～弹 ऐसा बम या गोला जो न फटे
yā भी दे०
【哑巴】 yǎba ❶गूंगा ❷मौन होना: 你怎么～了。तुम क्यों मौन धारण करते हो ?
【哑吧吃黄连,有苦说不出】 yǎba chī huánglián, yǒu kǔ shuō bu chū गूंगे द्वारा कड़वी दवा चखना और कष्ट न कह सकना —— विवश होकर चुपचाप नुकसान उठाना
【哑吧亏】 yǎbakuī नुकसान उठाकर मजबूरन चुप रह जाना; अपनी शिकायत न कर सकना
【哑场】 yǎchǎng सभा में गंभीर मौन
【哑号儿】 yǎhàor <बो०> गुप्त संकेत; गुप्त निशान
【哑火】 yǎhuǒ ❶(गोला, बम आदि का) न फटना ❷मौन धारण करना
【哑剧】 yǎjù मूक नाटक; मूक नाट्य: ～演员 मूक अभिनेता
【哑口无言】 yǎkǒu-wúyán अवाक हो जाना; बिना वाद-विवाद किए रह जाना: 他把对方说得～。उस ने विपक्ष को निर्विवाद कर दिया।
【哑铃】 yǎlíng <खेल०> डम्बल; छोटा मुद्गर; व्यायाम करने का डम्बल: ～体操 डंबलों की कसरत
【哑谜】 yǎmí प्रहेलिका; पहेली; भेद; रहस्य; गूढ़ प्रश्न: 你在给我打～了? तुम मुझ से पहेली बुझा रहे हो ?
【哑炮】 yǎpào（瞎炮 xiāpào भी）ऐसी आग लगाया हुआ तेज़-विस्फोटक पदार्थ जो न फटे
【哑然】[1] yǎrán <लि०> ❶शांत; शब्दहीन: ～无声 शब्दहीन होना; बहुत शांत होना ❷मुंह बाकर रह जाना; मुंह पसारकर रह जाना: 他看到这么多摩天大楼，～失惊。इतनी गगनचुंबी इमारतें देखकर वह मुंह बाकर रह गया।
【哑然】[2] yǎrán (哑 का पुराना उच्चारण “è”) <लि०>

हंसने की आवाज़: ～失笑 हंस उठना; हंस पड़ना
【哑语】 yǎyǔ （手语 shǒuyǔ के समान）संकेत भाषा
【哑子】 yǎzi गूंगा

痖（瘂） yǎ 哑 yǎ के समान

雅1 yǎ ❶〈लि०〉मानक; प्रामाणिक; सही; ठीक: ～正 ❷सुशिष्ट; सुशील; सभ्य; सुजन; शरीफ़: 雅致 / 雅座 ❸ "गीत-संग्रह"（诗经 shījīng）नामक ग्रंथ के तीन भागों में से एक जिस में उत्सव के गीत सम्मिलित हैं ❹〈आदर०〉आप का: 雅意

雅2 yǎ 〈लि०〉❶जान-पहचान; मित्रता; दोस्ती: 无一日之～ किसी व्यक्ति से जान-पहचान न होना ❷अक्सर; प्रायः: ～善鼓琴 अक्सर भली भांति छहतारा बजाना ❸बहुत; अत्यंत; अति: ～以为美 सचमुच सुन्दर समझना

yā भी दे०

【雅淡】 yǎdàn सादा और सुरुचिपूर्ण; सुशील; सुशिष्ट: ～梳妆 सादी और सुरुचिपूर्ण पोशाक में
【雅尔塔】 Yǎ'ěrtǎ याल्टा
【雅飞士】 yǎfēishì याफ़ी (yuffie); नगर में असफल युवक
【雅观】 yǎguān (प्रायः निषेध में प्रयुक्त) देखने में शिष्ट या सभ्य लगना; अच्छा लगना: 不～ अच्छा न लगना; देखने में शिष्ट या सभ्य न लगना
【雅号】 yǎhào ❶〈आदर०〉आप का शुभ नाम ❷〈हास्य०〉चिढ़ाने का नाम; चलतू या चालू नाम; उपनाम: 他的～叫什么呢？उन का उपनाम क्या है？
【雅教】 yǎjiào 〈आदर०〉आप का उत्तम परामर्श
【雅洁】 yǎjié सुशील और निर्मल
【雅静】 yǎjìng ❶सुशील और शांत: ～的房间 सुरुचिपूर्ण और शांत कमरा ❷शिष्ट और शांत: 姑娘很～。युवती शिष्ट और शांत है।
【雅利安】 Yǎlì'ān आर्य: ～社 आर्य समाज
【雅量】 yǎliàng ❶उदारता; दानशीलता; विशालहृदयता ❷मद्यपान की अधिक योग्यता
【雅鲁藏布江】 Yǎlǔzàngbùjiāng यार्लुंग त्सांगपो नदी; यालूत्सांगपू नदी
【雅皮士】 yǎpíshì यापी (yuppie); नगर में व्यवसायरत युवक
【雅趣】 yǎqù सभ्य सुरुचि
【雅人】 yǎrén सज्जन; सभ्य जन; शिष्ट जन: ～深致 शिष्ट और सभ्य व्यक्ति
【雅士】 yǎshì सज्जन; सभ्य जन; शिष्ट जन; बुद्धिजीवी: 文人～ विद्वान और सभ्य जन
【雅思】 yǎsī (IELTS) अंतर्राष्ट्रीय अंग्रेज़ी भाषा परीक्षण व्यवस्था
【雅俗共赏】 yǎsú-gòngshǎng (कला, कृति, साहित्य आदि) सभ्य जन और आम लोग दोनों के लिए रुचिकर होना
【雅玩】 yǎwán ❶बढ़िया कला-कृति ❷〈शिष्ट०〉(बढ़िया कला-कृति की भेंट करते समय कहा जाता है) आप की सुरुचि के लिए
【雅兴】 yǎxìng सुरुचि: 无此～ (इस की) सुरुचि न होना
【雅驯】 yǎxùn 〈लि०〉(भाषा) शुद्ध; सुन्दर; शिष्ट
【雅意】 yǎyì ❶सुन्दर विचार ❷〈आदर०〉आप की कृपा
【雅乐】 yǎyuè (प्राचीन काल में) समारोह-संगीत; दरबारी संगीत
【雅正】 yǎzhèng ❶〈लि०〉मानक; प्रामाणिक; ठीक ❷〈लि०〉न्यायनिष्ठ; न्यायपूर्ण; प्रतिष्ठित ❸〈शिष्ट०〉(सुलिपि, चित्र, पुस्तक आदि भेंट करते समय कहा या लिखा जाता है) मेरी गलती या कमी बताने की कृपा कीजिए
【雅致】 yǎzhì (पोशाक, बर्तन, मकान आदि) सुरुचिपूर्ण; नफ़ीस: 陈设～ भली भांति सज्जित होना
【雅座】 yǎzuò (रेस्तोरां आदि में) विशेष सीट; शिष्ट सीट

yà

轧1（軋） yà ❶बेलना; बेलन से दबाना: ～棉花 रूई बेलना ❷बाहर धकेल देना; निकाल देना: 倾～ अंदरूनी संघर्ष, झगड़े आदि में लग जाना ❸（Yà）एक कुलनाम

轧2（軋） yà 〈अनु०〉कट-कट; खट-खट: 机声～～ मशीन की खट-खट आवाज़

gá; zhá भी दे०

【轧板机】 yàbǎnjī 〈यां०〉बेलनदार मशीन; मैंगल
【轧场】 yàcháng पत्थर के बेलन से खलियान को समतल करना या खलियान पर भूसे से दाने को अलग करना
【轧道车】 yàdàochē 〈रेल०〉रेल-लाइन पर गश्त लगाने या जांच और मरम्मत करने वाली गाड़ी
【轧道机】 yàdàojī 〈बो०〉रोलर; रोड रोलर
【轧光】 yàguāng 〈बुना०〉(कपड़े को बेलन से) चिकना करने के लिए या सिलवटें निकालने के लिए दबाना
【轧光机】 yàguāngjī 〈बुना०〉कपड़े को बेलन के बीच दबाने वाला यंत्र
【轧花】 yàhuā 〈बुना०〉（轧棉 yàmián भी）रुई ओटना; कपास ओटना; कपास से बिनौले अलग करना
【轧花机】 yàhuājī 〈बुना०〉（轧棉机 yàmiánjī भी）रुई ओटने की मशीन; कपास से बिनौले अलग करने वाला यंत्र; कॉटन जिनिंग मशीन
【轧机】 yàjī रोलिंग मशीन
【轧棉厂】 yàmiánchǎng रुई साफ़ करने का कारखाना; कपास-ओटाई की मिल; कॉटन जिनिंग फ़ैक्टरी
【轧棉机】 yàmiánjī दे० 轧花机

亚1（亞） yà ❶कम अच्छा; गौण; गयागुज़रा: 不～于你 तुम से कम अच्छा न होना ❷निचले दर्जे का; घटिया: 亚热带 ❸किसी तत्व के अणु में परमाणुओं की संख्या कम होना: 亚硫酸 / 亚硝酸

亚2（亞） Yà 亚洲 Yàzhōu (एशिया) का सं-

क्षिप्त नाम

【亚当】 Yàdāng आदम; बाबा

【亚得里亚海】 Yàdélǐyàhǎi एड्रियाटिक सागर

【亚的斯亚贝巴】 Yàdìsī Yàbèibā अदीस अबाबा

【亚丁】 Yàdīng अदन (नगर)

【亚非会议】 Yà-Fēi Huìyì एशियाई-अफ़्रीकी सम्मेलन

【亚砜】 yàfēng 〈रसा०〉 सल्फ़ोक्सिड

【亚急性】 yàjíxìng 〈चिकि०〉 अधःउग्रः ～病 अधःउग्र रोग

【亚健康】 yàjiànkāng अल्प स्वास्थ्य

【亚军】 yàjūn रनर-अपः 获～ रनर-अप रहना

【亚硫酸】 yàliúsuān 〈रसा०〉 सल्फ़ुरस एसिड

【亚硫酸钠】 yàliúsuānnà 〈रसा०〉 सोडियम सल्फ़ाइड

【亚麻】 yàmá 〈वन०〉 सन; पटसनः ～厂 पटसन मिल

【亚麻布】 yàmábù सन का बना हुआ (कपड़ा); क्षौम; क्षौम वस्त्र

【亚麻精纺机】 yàmá jīngfǎngjī 〈बुना०〉 सन कातने वाली मशीन

【亚麻籽】 yàmázǐ सन का बीज; पटसन का बीज; अलसी

【亚麻籽油】 yàmázǐyóu अलसी का तेल

【亚马逊河】 Yàmǎxùnhé अमेज़न नदी

【亚美尼亚】 Yàměiníyà आर्मीनिया

【亚美尼亚人】 Yàměiníyàrén आर्मीनियाई

【亚美尼亚语】 Yàměiníyàyǔ आर्मीनियाई (भाषा)

【亚平宁山脉】 Yàpíngníng shānmài अपेनिन्स पर्वत

【亚铅】 yàqiān 〈रसा०〉 （锌 xīn का पुराना नाम） ज़िंक

【亚热带】 yàrèdài अर्ध-उष्ण कटिबंध; अर्ध-उष्ण प्रदेश

【亚赛】 yàsài （亚似 yàsì भी） किसी की तुलना किसी दूसरे से की जा सकना; समान या सदृश होना

【亚圣】 yàshèng लघु महात्मा —— मेंशियस

【亚速尔群岛】 Yàsù'ěr Qúndǎo एज़ोर द्वीपसमूह

【亚太经济合作组织】 Yàtài Jīngjì Hézuò Zǔzhī एशिया-पैसिफ़िक आर्थिक सहकारिता संगठन

【亚铁】 yàtiě 〈रसा०〉 लोहस, जिस में लोहे के रूप में होः 氯化～ फ़ेरस क्लोराइड (ferrous chloride)

【亚细亚】 Yàxìyà एशिया

【亚硝酸】 yàxiāosuān 〈रसा०〉 नाइट्रस एसिड

【亚音速】 yàyīnsù 〈भौ०〉 सबसोनिक स्पीडः ～飞机 सबसोनिक विमान

【亚油酸】 yàyóusuān 〈रसा०〉 लिनोलीक एसिड

【亚运会】 Yàyùnhuì （亚洲运动会 Yàzhōu yùndònghuì का संक्षिप्त रूप） एशिया खेल-कूद समारोह

【亚种】 yàzhǒng 〈जीव०〉 अनुजाति; उपजाति

【亚洲】 Yàzhōu एशिया

【亚洲开发银行】 Yàzhōu Kāifā Yínháng एशिया विकास बैंक (ADB): ～理事 एशिया विकास बैंक की परिषद का सदस्य / ～理事会 एशिया विकास बैंक परिषद

压 （壓） yà नीचे दे०
yā भी दे०

【压板】 yàbǎn 〈बो०〉 （跷跷板 qiāoqiāobǎn भी） झूमाझूमी टेबल; लोहे की छड़ पर लगी हुई लम्बी तख्ती जिस का एक सिरा सदा नीचे रहता है। बच्चे इस पर बैठ कर (कभी एक सिरा ऊपर, कभी नीचे) खेलते हैं

【压根儿】 yàgēnr 〈बोल०〉 (प्रायः निषेध में प्रयुक्त) एकदम; बिलकुल; हरगिज़; बुनियादी तौर परः 他～不是好人。वह बुनियादी तौर पर अच्छा आदमी नहीं है। / 我～没有碰他呀。मैं ने तो उसे छुआ तक भी नहीं।

讶 （訝） yà 〈लि०〉 विस्मित होना; चकित होना; अचंभे में आना; आश्चर्यचकित रह जानाः 惊～ विस्मित होना; चकित होना; अचंभे में आना

【讶然】 yàrán 〈लि०〉 विस्मित होना; चकित होना; अचंभे में आनाः ～失色 (भय आदि से) मुंह पर हवाई उड़ना

迓 yà 〈लि०〉 स्वागत करना; मिलनाः 迎～ स्वागत करना

砑 yà (चमड़े, कपड़े, कागज़ आदि को बट्टा आदि से) चिकना करने या सलवटें निकालने के लिए दबाना

【砑光】 yàguāng 〈यां०〉 (चमड़े, कपड़े, कागज़ आदि को) चिकना करने के लिए दबाने का काम

【砑光机】 yàguāngjī 〈यां०〉 चमड़े, कपड़े आदि को बेलन के बीच दबानेवाला यंत्र

掗 （挜） yà 〈बो०〉 ज़बरदस्ती किसी को कोई चीज़ बेचना या भेंट करना

娅 （婭） yà दे० 姻娅 yīnyà पति या पत्नी के संबंधी

氩 （氬） yà 〈रसा०〉 आर्गन (Ar)

揠 yà 〈लि०〉 खींचना (ऊपर की ओर): 揠苗助长

【揠苗助长】 yàmiáo-zhùzhǎng （拔苗助长 bámiáo-zhùzhǎng भी） धान के पौधों को खींच-खींचकर बढ़ने में मदद देना —— अति उत्साह से वस्तुओं को बिगाड़ देना

猰 yà नीचे दे०

【猰貐】 yàyǔ 〈परा०〉 किंवदंती में एक प्रकार का हिंसक पशु

ya

呀 ya 〈लघु अ०〉 （a, e, i, o या ü ध्वन्यंत अक्षर के बाद 啊 के स्थान पर 呀 होता है）: 这个西瓜～，真甜！यह तरबूज़ सचमुच बहुत मीठा है! / 快去～! जल्दी जाओ! / 快来～! जल्दी आओ!

yā भी दे०

yān

咽 yān 〈शo वि०〉（咽头 yāntóu भी）गला; कण्ठ
yàn; ye भी दे०

【咽鼓管】 yāngǔguǎn 〈श०वि०〉 यूस्टेकिन नली; नली जो कण्ठवलिका के ऊर्ध्व भाग से कान के मध्य भाग तक के लिए हो

【咽喉】 yānhóu ❶〈श०वि०〉 गला; कण्ठ ❷युद्धनीतिक स्थान: ～要地 महत्वपूर्ण युद्धनीतिक स्थान

【咽喉炎】 yānhóuyán 〈चिकि०〉 गले की झिल्ली की सूजन

【咽头】 yāntóu 咽 का दूसरा नाम

【咽峡炎】 yānxiáyán 〈चिकि०〉 ऐंजाइना (angina)

【咽腺】 yānxiàn ग्रसनी ग्रंथि; फ़ेरिनजियल ग्लैण्ड

【咽炎】 yānyán 〈चिकि०〉 गलकेष प्रदाह; ग्रसनी शोथ

恹（懨、懕） yān नीचे दे०

【恹恹】 yānyān 〈लि०〉 रोग के कारण कमज़ोर होना और थकना: ～欲睡 निर्बल और निद्रालु होना

殷 yān 〈लि०〉 कालापन लिए हुए लाल
yīn; yǐn भी दे०

【殷红】 yānhóng गहरा लाल; कालापन लिए लाल: ～的鲜血 कालापन लिए लाल खून / ～的鸡冠 मुर्गे की गहरी लाल कलंगी

胭（臙） yān गलगूना; गाजा

【胭红】 yānhóng लाल; सुर्ख

【胭脂】 yānzhi गलगूना; गाजा

【胭脂红】 yānzhihóng ❶गहरा लाल ❷फ़ामिल गुलाब; फ़ामिल रोज़

【胭脂鱼】 yānzhiyú （黄排 huángpái भी） यांगत्सी नदी में पायी जाने वाली एक प्रकार की खाने योग्य चपटी मछली जिस का रंग हल्का गुलाबी, गहरा पीला या भूरा होता है

烟（煙、❹菸） yān ❶धुआँ; धूम ❷धुएँ जैसी वस्तु; कुहरा; वाष्प; भाप: 烟雾 ❸धुएँ के कारण आंसू निकलना या आंख खुल न सकना: ～了眼睛 धुएँ के कारण आंख खुल न सकना या आंखों से आंसू निकलना ❹तंबाकू: ～叶 तंबाकू-पत्ती ❺सिग्रेट, तंबाकू आदि का सामान्य नाम: 香～सिग्रेट / 请勿吸～。 सिग्रेट पीना मना है। ❻अफ़ीम: ～土 कच्ची अफ़ीम ❼काजल; कालिख
yīn भी दे०

【烟霭】 yān'ǎi 〈लि०〉 कुहरा और बादल

【烟波】 yānbō कुहरे से छाई हुई नदी, झील आदि की सतह: 烟波浩淼

【烟波浩淼】 yānbō-hàomiǎo （烟波浩渺 yānbō-hàomiǎo भी） अति विस्तृत कुहरे जैसा धुंध और लहराता पानी

【烟草】 yāncǎo तंबाकू का पौधा; तंबाकू

【烟草厂】 yāncǎochǎng तंबाकू फ़ैक्टरी

【烟尘】 yānchén ❶धुआँ और धूल: ～滚滚 धुएँ जैसी धूल उड़ना ❷〈पुराना〉 लड़ाई; युद्ध: 扫荡～ विद्रोह का दमन करना ❸〈लि०〉 बड़ी जनसंख्या वाला स्थान

【烟囱】 yāncōng चिमनी; धुंआरा

【烟村】 yāncūn कुहरे से ढंका हुआ गांव

【烟袋】 yāndài लंबी डंडीदार चिलम; हुक्का

【烟袋杆儿】 yāndàigǎnr चिलम की डंडी

【烟袋锅】 yāndàiguō （烟袋锅子 yāndàiguōzi भी） ❶लंबी डंडीदार चिलम की कटोरी; चिलम कटोरी ❷लंबी डंडीदार चिलम

【烟袋荷包】 yāndài hébāo तंबाकू की थैली

【烟袋嘴儿】 yāndàizuǐr लंबी डंडीदार चिलम का मुख-नाल; मुखनलिका

【烟道】 yāndào धूममार्गपथ; चिमनी का धुंआकस; धुंआरा: ～尘 धुंआरे में धूल / ～气 धुंआरे-से गैस

【烟灯】 yāndēng अफ़ीम पीने के लिए प्रयुक्त छोटा लैंप

【烟蒂】 yāndì 〈लि०〉 सिग्रेट का वह अंतिम अंश जो पीकर बच जाता है; स्टब

【烟斗】 yāndǒu (तंबाकू) पाइप; चिलम

【烟斗架】 yāndǒujià पाइप-रैक

【烟斗丝】 yāndǒusī पाइप तंबाकू

【烟缸】 yāngāng （烟灰缸 yānhuīgāng भी） राखदान

【烟膏】 yāngāo तैयार किया हुआ अफ़ीम का लपटा

【烟馆儿】 yānguǎnr अफ़ीमचियों का अड्डा; चंडूखाना

【烟管】 yānguǎn लंबी चिलम: 他手里提着一支长～。 वह हाथ में लंबी चिलम लिए था।

【烟鬼】 yānguǐ ❶अफ़ीमची ❷अधिक सिग्रेट पीने वाला

【烟锅】 yānguō चिलम कटोरी; लंबी डंडीदार चिलम की कटोरी

【烟海】 yānhǎi 〈लि०〉 कुहरे का सागर —— विशाल; विस्तारमय: 浩如～ सागर जैसा विशाल —— (दस्तावेज़, सामग्री आदि) बहुत अधिक; अति समृद्ध

【烟盒】 yānhé सिग्रेट केस

【烟花】[1] yānhuā ❶〈लि०〉 वसंत का सुन्दर दृश्य ❷〈पुराना〉 वेश्या: ～女 वेश्या

【烟花】[2] yānhuā आतिशबाज़ी; अग्निक्रीड़ा: ～爆 आतिशबाज़ी और पटाखा

【烟灰】 yānhuī तंबाकू या सिग्रेट की राख

【烟灰缸】 yānhuīgāng （烟灰碟 yānhuīdié भी） राखदान

【烟火】 yānhuǒ ❶धुंआ और आग: 动～ आग जलाकर भोजन करना ❷पकाया हुआ भोजन: 不食人间～ पकाया हुआ भोजन न खाना ❸सिगनल आग; किसी पहाड़ी पर स्थित संकेत-सूचक अग्नि; युद्ध की आग ❹〈पुराना〉 बापदादाओं को बलि चढ़ाना; संतान: 绝了～ निस्संतान

होना

【烟火】 yānhuo आतिशबाज़ी: 放～ आतिशबाज़ी छोड़ना

【烟火食】 yānhuǒshí पकाया हुआ भोजन

【烟火探测器】 yānhuǒ tàncèqì धुएँ का पता लगाने वाली मशीन

【烟碱】 yānjiǎn 〈रसा०〉 निकोटीन

【烟晶】 yānjīng 〈भूगर्भ०〉 धूमिल स्फटिक; स्मोकी क्वार्ट्ज़

【烟具】 yānjù स्मोकिंग सेट; अफ़ीम या सिग्रेट पीने में प्रयुक्त वस्तुएं

【烟卷儿】 yānjuǎnr 〈बोल०〉 सिग्रेट; बीड़ी

【烟煤】 yānméi रालमिश्रित कोयला; बिट्यूमेनी कोयला; मुलायम कोयला

【烟末】 yānmò तंबाकू का चूरा

【烟幕】 yānmù धूमावरण; धुएं का परदा: 在某种～之下 किसी बात के धूमावरण का सहारा लेकर

【烟幕弹】 yānmùdàn धूम्र गोला; धुआं-बम; धोखे की टट्टी: 敌人的宣传不过是他们侵略的～。दुश्मन का यह प्रचार केवल अपने हमले के लिए तैयार किया गया धूमावरण मात्र है। / 这只不过是掩盖其战争准备的～。यह उन की अपनी युद्ध-तैयारियों के लिए धोखे की टट्टी ही है।

【烟农】 yānnóng तंबाकू उगाने वाला; तंबाकू किसान

【烟泡儿】 yānpàor ताप में सुखायी गयी अफ़ीम की गोली

【烟屁股】 yānpìgu 〈बोल०〉 सिग्रेट का वह अंतिम अंश जो पीकर बच जाता है; सिग्रेट स्टब

【烟枪】 yānqiāng अफ़ीम पाइप

【烟圈】 yānquān धूम-चक्र; स्मोक रिंग

【烟色】 yānsè गहरा भूरा रंग

【烟丝】 yānsī पाइप तंबाकू; कट तंबाकू

【烟酸】 yānsuān 〈रसा०〉 निकोटिनिक एसिड; नाइयसिन

【烟酸缺乏症】 yānsuān quēfázhèng 〈चिकि०〉 पैलाग्रा (pellagra)

【烟筒】 yāntong चिमनी; धुंआरा

【烟头】 yāntóu सिग्रेट का वह अंतिम अंश जो पीकर बच जाता है; सिग्रेट स्टब

【烟突】 yāntū 〈लि०〉 चिमनी; धुंआरा

【烟土】 yāntǔ कच्ची अफ़ीम

【烟雾】 yānwù ❶धुआँ, कुहरा, वाष्प, भाप, बादल आदि; धुएँ और भाप का मिश्रित रूप: ～腾腾 धुएं और भाप से भरा होना ❷धूम्र; कुहरा

【烟雾弥漫】 yānwù-mímàn धुएँ या कुहरे से भरा होना

【烟霞】 yānxiá कुहरा और बादल

【烟霞癖】 yānxiápǐ ❶〈लि०〉 कुहरे और बादल (यानी प्रकृति की सुन्दरता) से अति प्रेम ❷〈हास्य०〉 अफ़ीम पीने पर आसक्त होना

【烟消火灭】 yānxiāo-huǒmiè धुआं गुम हुआ और आग बुझ गई —— किसी का नाम-निशान भी न रहना

【烟消云散】 yānxiāo-yúnsàn धुआं और बादल गुम हो गया —— किसी का नाम-निशान भी न रहना; छू मंतर होना; पानी हो जाना: 怒气～ क्रोध पानी हो जाना / 困难～ सारी कठिनाइयां छू मंतर हो जाना

【烟叶】 yānyè तंबाकू-पत्ती

【烟瘾】 yānyǐn अफ़ीम, सिग्रेट आदि की चाट या चस्का: 染上～ अफ़ीम, सिग्रेट आदि की चाट लगना

【烟油子】 yānyóuzi तंबाकू टार; सिग्रेट टार

【烟雨】 yānyǔ कुहरे जैसा छोटा-छोटा पानी

【烟云】 yānyún धुआं, कुहरा और बादल

【烟柱】 yānzhù धुएं का स्तम्भ; स्तम्भ जैसा धुआं

【烟子】 yānzi काजल; कालिख

【烟嘴儿】 yānzuǐr सिग्रेट-धारक; सिग्रेट होल्डर

焉 yān 〈लि०〉 ❶इस का अर्थ संबंधसूचक अव्यय 于 और सर्वनाम 是 के साथ मिलकर होने वाले अर्थ के लगभग होता है, जैसे 心不在～ मन इस में न लगना; अन्यमनस्क होना / 乐莫大～ इस से बड़ा सुख और कुछ न होना ❷कहां; कैसे (प्रायः अलंकारात्मक प्रश्न में प्रयुक्त): ～能不去? कैसे नहीं जा सकता? / 不入虎穴，焉得虎子? bú rù hǔ xué, yān dé hǔ zǐ? ❸तब; तभी (इस के पहले प्रायः स्थिति का विवरण होता है): 必知乱之所自起，～能治之。पहले आप अशांति उत्पन्न होने का कारण जान लीजिए, तभी इस का इलाज कर सकते हैं। ❹〈लघु अ०〉 幸勿哂～。आप मुझ पर न हंसें तो बड़े सौभाग्य की बात है। / 因以为号～。इसलिए इस का यही उपनाम पड़ा।

崦 yān नीचे दे०

【崦嵫】 Yānzī ❶कानसू प्रांत में एक पर्वत का नाम ❷(प्राचीन काल में) सूर्य डूबने का स्थान: 日薄～。सूर्य यान-त्स में डूबता है।

阉（閹） yān ❶बधियाना; बधिया करना या बनाना: ～鸡 मुर्गे को बधिया करना / ～猪 सूअर को बधिया करना ❷〈लि०〉 हिंजड़ा; नपुंसक: 阉党

【阉党】 yāndǎng नपुंसकों का गुट

【阉割】 yāngē ❶बधियाना; बधिया करना या बनाना ❷(किसी रचना की) मुख्य विषय-वस्तु निकाल देना; बधिया बना देना: 被～的内容 बधिया कर दी गयी अंतरवस्तु

【阉宦】 yānhuàn हिंजड़ा; नपुंसक

【阉人】 yānrén ❶बधियाया गया आदमी ❷हिंजड़ा; नपुंसक

【阉寺】 yānsì 〈लि०〉 नपुंसक

阏（閼） yān नीचे दे०

【阏氏】 yānzhī हूण जाति के राजा की रानी

淹¹（渰） yān डूबना; जलमग्न होना: 淹死 / 水～ पानी में डूब जाना

淹² yān ❶चमड़े पर जलन उत्पन्न करना: 胳肢窝

被汗～ पसीने से बगल में जलन उत्पन्न होना ❷〈लि०〉 विस्तृत： 淹博 ❸〈लि०〉 देर： 淹留

【淹博】 yānbó 〈लि०〉 विस्तृत; व्यापक： 学问～ ज्ञान-विस्तार; बहुज्ञता; विदग्धता

【淹贯】 yānguàn 〈लि०〉 संपूर्ण ज्ञान प्राप्त होना： ～群书 अनेक विषयों की पुस्तकों का अध्ययन करना

【淹灌】 yānguàn 〈कृ०〉 धान के खेत में पानी भरने की सिंचाई

【淹蹇】 yānjiǎn ❶〈लि०〉 निराश होना; हताश होना： 宦途～。दफ़्तरी जीवन में निराशा भरी हुई है। ❷अहंकार; घमंड： ～不为礼 घमंड से शिष्टाचार न निभाना; घमंड से नमस्कार न करना ❸देर होना; विलंब होना： 他到现在还没回来，不知为什么～住了。वह अब तक लौटकर नहीं आया, न जाने किस कारण देर हुई है।

【淹浸】 yānjìn जल-मग्न करना; जल में डुबो देना： 洪水～农田。बाढ़ ने खेत को डुबो दिया।

【淹浸】 yānjìn 〈बो०〉 नष्ट करना; बरबाद करना

【淹留】 yānliú 〈लि०〉 लंबे अरसे तक रहना या ठहरना; लंबे अरसे तक अन्य स्थान में ठहरना

【淹埋】 yānmái (बालू, कीचड़ आदि का) बढ़ना; चढ़ना： 铁路被沙～了。रेल पटड़ी बालू से ढंक गयी।

【淹没】 yānmò जलमग्न होना; डूबना： 大水～了小桥。बाढ़ में छोटे-छोटे पुल डूब गये। / 被～的田地 ढंक गये खेत / 被～在历史洪流中的人物 इतिहास की बाढ़ में डूबे हुए व्यक्ति / 他的讲话声～在掌声中。उस के भाषण देने की आवाज़ करतल ध्वनि में डूब गई।

【淹死】 yānsǐ डूब मरना; डूबकर मरना

腌（醃）yān ❶नमक, चीनी आदि में सुरक्षित रखना; नमक के साथ सुरक्षित रखना; मसाला डालना： ～肉 नमक के साथ सुरक्षित रखा मांस / ～鱼 नमक के साथ सुरक्षित रखी मछली / ～菜 मसाला डालकर बनाया हुआ अचार; अचार

ā भी दे०

【腌制】 yānzhì नमक के साथ बनाना; मसालों के साथ बनाना： ～火腿 नमक आदि मसालों के साथ सुअर का जंघा बनाना / ～酱菜 मसाला डालकर अचार बनाना

【腌渍】 yānzì नमकीन पानी, सिरके आदि में सुरक्षित रखना; नमक आदि मसालों से बनाना： ～黄瓜 नमकीन पानी में सुरक्षित खीरा

湮 yān 〈लि०〉 ❶भुलाया जाना; विस्मृत कर दिया जाना： 湮没 ❷रेत, मिट्टी आदि किसी जलमार्ग या बंदरगाह में आकर जम जाना; पाट देना

洇 yīn भी दे०

【湮灭】 yānmiè मिट्टी में मिलाना; नष्ट करना; भुलाया जाना; विस्मृत कर दिया जाना

【湮没】 yānmò ❶भुलाया जाना; विस्मृत कर दिया जाना; उपेक्षित होना ❷〈भौ०〉 विलोपन; ऐनाइहिलेशन

【湮没无闻】 yānmò-wúwén भुलाया जाना; विस्मृत कर दिया जाना; उपेक्षित होना

鄢 Yān एक कुलनाम

嫣 yān 〈लि०〉 सुन्दर; सुरूप; स्वरूपवान; खूबसूरत

【嫣红】 yānhóng 〈लि०〉 भड़कीला लाल रंग; चमकीला लाल रंग： 姹紫～ सुन्दर सुन्दर फूल

【嫣然】 yānrán 〈लि०〉 सुन्दर; खूबसूरत： ～一笑 चेहरे पर बहुत प्यारी मुस्कान आ जाना

燕 Yān ❶यान, प्राच्य चओ राजवंश (1046-256 ई०पू०) के युद्धरत देशों में से एक, जो वर्तमान हपेइ प्रांत के उत्तरी भाग और ल्याओनिंग प्रांत के दक्षिण भाग में बसा हुआ था ❷हपेइ प्रांत का पुराना नाम ❸एक कुलनाम

yàn भी दे०

【燕京】 Yānjīng 北京(पेइचिंग) का पुराना नाम

yán

延 yán ❶विलंबित करना; बढ़ाना; फैलना： 蔓～ फैलना; बढ़ाना / 延长 / 拖～谈判 वार्ता को लंबा खींचना ❷देर करना; स्थगित करना： 延期 / 迟～ देर करना ❸〈लि०〉 नियुक्त करना; निमंत्रण देना या आमंत्रित करना： 延聘 / 延请 / ～医 डॉक्टर को बुलाना ❹（Yán）एक कुलनाम

【延挨】 yán'ái देर करना; विलंब करना： ～时间 देर लगाना

【延安】 Yán'ān येनान; यान-आन

【延边】 Yánbiān यान-प्येन कोरिया जाति स्वायत्त चओ（延边朝鲜族自治州 Yánbiān Cháoxiǎnzú Zìzhìzhōu）का संक्षिप्त रूप

【延长】 yáncháng बढ़ाना; फैलना; खींचना： 内战～ गृहयुद्ध खिंचना / ～期限 मीआद बढ़ाना; अवधि बढ़ाना / ～战祸 युद्ध की विभीषिका को बढ़ाना

【延长号】 yánchánghào 〈संगी०〉 दीर्घ विराम का चिन्ह जो गीत के नोट के ऊपरबना हो

【延迟】 yánchí स्थगित करना; विलंबित करना： ～三天 तीन दिन स्थगित करना

【延宕】 yándàng काम में विलंब करना; देर लगाना; टालना

【延发】 yánfā 〈सैन्य०〉 विलंबित कार्यवाही

【延搁】 yángē काम में विलंब करना; देर लगाना： ～太久 एक लंबे अरसे का विलंब

【延胡索】 yánhúsuǒ ❶〈वन०〉 यानहूस्वो, एक प्रकार का बहुवर्षीय पौधा ❷〈ची०चि०〉 उक्त पौधे का कंद जो दवा के काम आता है

【延缓】 yánhuǎn स्थगित करना： 不可一刻～。एक क्षण की भी ढील न डालनी चाहिए।

【延会】 yánhuì सभा स्थगित करना; सभा बुलाने की तिथि को स्थगित करना

【延见】 yánjiàn 〈लि०〉 किसी से भेंट करने को स्वीकार

करना; भेंट के लिए बुलाना

【延接】 yánjiē <लि०> (अतिथि का) स्वागत करना: ～来宾 आगंतुकों का स्वागत करना

【延颈企踵】 yánjǐng-qǐzhǒng सारस की भांति गर्दन आगे निकलना और पंजों के बल खड़ा होना —— उत्सुकता से राह देखना

【延揽】 yánlǎn <लि०> नियुक्त करना; निमंत्रण देना या आमंत्रित करना: ～人才 योग्य व्यक्तियों की नियुक्ति करना

【延袤】 yánmào <लि०> फैलना; खींचना: 长城自西向东～一万余里。चीन की दीवार पूर्व से पश्चिम तक दस हज़ार से अधिक ली तक फैली हुई है।

【延绵】 yánmián फैलना

【延纳】 yánnà <लि०> आदर-सत्कार करना; सत्कार करना; ग्रहण करना

【延年益寿】 yánnián-yìshòu दीर्घायु बनाना

【延聘】 yánpìn नियुक्ति करना; निमंत्रण देना

【延期】 yánqī स्थगित करना; तारीख टालना; मुलतवी करना: ～付款 अदायगी टालना / ～三天 तीन दिन टालना / 会议因故～。सभा किसी कारण से स्थगित हुई।

【延期偿付权】 yánqī chángfùquán <का०> ऋण-शोध अवधि; मोराटोरियम

【延期炸弹】 yánqī zhàdàn <सैन्य०> विलंबित कार्य-वाही बम

【延企】 yánqǐ <लि०> दे० 延颈企踵 ～以待 अति उत्सुकता से आप के आने की प्रतीक्षा करना

【延请】 yánqǐng किसी विषेश कार्य के लिए किसी व्यक्ति को निमंत्रण देना

【延烧】 yánshāo आग फैलना: 大火～了数十家。आग ने फैलकर दसियों घरों को जला दिया।

【延伸】 yánshēn फैलना; फैलाना; बढ़ाना; विस्तार करना: 公路一直～到海边。सार्वजनिक मार्ग सीधे समुद्र-तट तक जाता है।

【延伸率】 yánshēnlǜ विस्तार दर; विस्तार अनुपात

【延绳钓】 yánshéngdiào लंबे तार वाले कांटे से मछली पकड़ना

【延时摄影】 yánshí shèyǐng समय-विलंब फ़ोटो-चित्रण; टाइम-लैप्स फ़ोटोग्राफ़ी

【延寿】 yánshòu किसी व्यक्ति के जीवन काल को लंबा करना; किसी की आयु बढ़ाना

【延髓】 yánsuǐ <श०वि०> मस्तिष्क का लम्बूतरा पृष्ठ भाग; मैडुला ओब्लांगगाटा

【延误】 yánwù विलंब होना या करना: ～时日 समय गंवाना / ～时机 विलंब के कारण अवसर गंवाना

【延性】 yánxìng <भौ०> लचीलापन; कोमलता

【延续】 yánxù ज्यों का त्यों लगातार आगे बढ़ना, चलना या पसरना: 不应让这种情况再～下去了。ये हालात इसी तरह चलते रहें, यह नहीं हो सकता।

【延续性】 yánxùxìng अविच्छिन्नता

【延音】 yányīn <संगी०> अविरल; लगातार; टेन्यूटो (tenuto)

【延誉】 yányù <लि०> किसी का यश फैलना

【延展】 yánzhǎn विस्तार करना; फैलना; फैलाना —— दे० 延伸

芫 yán नीचे दे०
yuán भी दे०

【芫荽】 yánsuī (साधारण नाम 香菜 xiāngcài, 胡荽 húsuī भी) <वन०> धनिया; धनियाँ (इस की पत्तियां सुंगधित होती हैं और इस का फल मसाले और दवा के काम आता है)

严（嚴） yán ❶कसा हुआ; टाइट; घना: 戒～ मार्शल-ला / 谨～ सुव्यवस्थित / 把门关～了。दरवाज़े को कसकर बन्द करो। / 他嘴～，从来不乱说。वह ध्यानपूर्वक बात करता है और कभी व्यर्थ की बात नहीं करता। ❷सख़्त; कड़ा: 严办 / 对某人要～ किसी के प्रति सख़्ती का बरताव करना / 纪律很～ बहुत कठोर अनुशासन / ～是爱，松是害。कठोरता लोगों की सहायता करती है जबकि शिथिलता लोगों को भ्रष्ट करती है। ❸कठोर; अधिक; ज़्यादा: 严冬 / 严寒 / 严刑 ❹पिता: 家～ मेरे पिता जी ❺ (Yán) एक कुलनाम

【严办】 yánbàn कड़े से कड़ा दंड देना: ～反动派 प्रतिक्रियावादियों को कड़े से कड़ा दंड देना / 依法～ कानून के अनुसार कड़े से कड़ा दंड देना

【严惩】 yánchéng कड़ा दंड देना: ～贪污 भ्रष्टाचार के मामलों में कड़ा दंड देना / ～入侵之敌 हमलावरों को कड़ा दंड देना

【严惩不贷】 yánchéng-bùdài कड़ा दंड देना: 对罪犯～ अपराधियों को कड़ा दंड देना / 违者～。जो आज्ञा भंग करता है उसे कड़ा दंड दिया जाएगा।

【严饬】 yánchì <लि०> ❶कड़ी आज्ञा देना: ～部下 अपने निम्नपदस्थ वालों को कड़ी आज्ञा देना ❷सावधान और नियमानुकूल: 治家～ बड़ी सावधानी से और नियमानुसार घर-गृहस्थी का बंदोबस्त करना

【严词】 yáncí कठोर वचन: ～拒绝 कठोर वचन से इनकार करना / ～谴责 कठोर वचन से निंदा करना

【严打】 yándǎ अपराधी कार्रवाई पर कठोरता से आघात करना

【严冬】 yándōng सख़्त सर्दी का मौसम

【严防】 yánfáng पूर्ण रूप से सावधान रहना: ～敌人破坏 शत्रु द्वारा तोड़-फोड़ की कार्रवाई के प्रति पूर्ण रूप से सावधान रहना

【严父】 yánfù गंभीर पिता; पिता

【严父慈母】 yánfù címǔ गंभीर पिता और कृपालु माता

【严格】 yángé कड़ा; सख़्त: ～的民主专政 सही मायनों में जनवादी अधिनायकत्व / ～控制 कड़ाई से नियंत्रण करना / ～区别 कड़ाई से अलग-अलग करना / ～审查 कड़ी जांच करना / ～执行 सख़्ती से लागू करना / ～遵守原则 बड़ी ईमानदारी से किसी सिद्धांत का पालन करना

【严固】 yángù (किलाबन्दी) दृढ़ होना: 防守～。

किलाबन्दी बहुत दृढ़ है।

【严寒】 yánhán कड़ाके का जाड़ा; जमानेवाली सरदी

【严寒酷暑】 yánhán-kùshǔ कड़ाके की सरदी और गर्मी

【严加】 yánjiā कड़ाई से: ～管束 कड़े नियंत्रण में रखना / ～控制 किसी को अपने कड़े नियंत्रण में रखना

【严紧】 yánjǐn ❶कड़ाई से; सख़्ती से: 管得～ कड़ाई से प्रबंध करना ❷दृढ़ता से; मज़बूती से: 窗户糊得很～。खिड़की पर कागज़ मज़बूती से चिपकाया गया है।

【严谨】 yánjǐn ❶सावधान; ध्यानपूर्ण; कठोर; कड़ा: 办事～ ध्यानपूर्वक काम करना; कड़ाई से काम करना ❷सुसंगठित: 文章结构～。लेख अच्छी तरह गठा हुआ है।

【严禁】 yánjìn सख़्त मनाही होना; हरगिज़ इजाज़त न होना: ～吸烟 सिगरेट पीने की सख़्त मनाही है। / ～入内 प्रवेश करने की सख़्त मनाही है। / ～逼供信。इस बात की सख़्त मनाही है कि किसी पर ज़ोर-ज़बरदस्ती करके जुर्म कबूल करवाया जाय और ऐसे बयान पर विश्वास किया जाय।

【严峻】 yánjùn ❶कठोर; कड़ा; सख़्त: 采取～手段 काम में कठोर उपाय लाना / ～考验 अग्नि परीक्षा / 声音～地说 कठोर स्वर में कहना ❷गंभीर: 形势～ बहुत गंभीर परिस्थिति

【严酷】 yánkù ❶कठोर; कड़ा; सख़्त: ～的教训 कठोर पान / ～的现实 कठोर यथार्थ ❷क्रूर; निर्दय; निष्ठुर: ～的压迫 निर्दय अत्याचार / ～的剥削 क्रूर शोषण

【严冷】 yánlěng ❶गंभीर और उदासीन: 板着～的面孔 गंभीर और उदासीन दिखना ❷कड़ाके की सरदी: ～的天气 कड़ाके की सरदी का मौसम

【严厉】 yánlì कठोर; कड़ा; सख़्त; शुष्क: ～的婆婆 कलहनी सास / 表面上很～ ऊपर से बहुत शुष्क / 同某人作～的斗争 किसी के विरुद्ध तीव्र संघर्ष चलाना / ～惩罚 कड़ा दंड देना / ～拒绝 कठोरता से ठुकरा देना / ～批判 तीव्र खंडन करना / 受到～申斥 कड़ी फटकार मिलना; करारी फटकार पाना / ～制裁 सख़्त दंड देना

【严令】 yánlìng सख़्त आदेश देना: ～捉拿归案 अपराधी को पकड़कर अदालत में लाने का कड़ा आदेश देना / ～禁止 सख़्त हुक्म से मनाही करना

【严密】 yánmì गोपनीय; बारीक: ～的工作 बारीक काम / 组织～的集团 सुसंगठित गुट / ～封锁 सख़्त या संपूर्ण रूप से नाकाबंदी करना / ～计划 अत्यंत गोपनीय योजना

【严明】 yánmíng अलंघनीय; कठोर; कड़ा; सख़्त: 纪律～ अनुशासन अशिथिल होना / ～纪律 अनुशासन अशिथिल करना

【严命】 yánmìng 〈लि०〉 ❶सख़्त आदेश देना ❷पिता का आदेश: ～难违。पिता के आदेश का कठिनता से उल्लंघन किया जा सकता है।

【严声】 yánshēng निष्ठुर शब्द में (कहना): ～喝问 ज़ोर-ज़ोर से मर्मच्छेदी बातें करना / ～厉色 आवाज़ और सूरत कठोर होना

【严师】 yánshī गंभीर अध्यापक; गंभीर गुरु

【严师诤友】 yánshī-zhèngyǒu गंभीर गुरु और अरुचिकर सलाह देने वाला मित्र

【严实】 yánshí 〈बो०〉 बलपूर्वक; कसकर; संपूर्ण रूप से: 门关得挺～。दरवाज़ा कसकर बन्द किया गया है। / (河水)冻～ (नदी का पानी) संपूर्ण रूप से जम जाना ❷अच्छी तरह छिपाना: 把东西藏～ किसी वस्तु को अच्छी तरह छिपाना

【严守】 yánshǒu ❶कड़ाई से; सख़्ती से: ～中立 (दोनों पक्षों के प्रति) कड़ी निष्पक्षता बरतना; कड़ाई से तटस्थता का ही पालन करना ❷कड़ाई से सुरक्षित रखना: ～秘密 कड़ाई से गोपनीयता बनाए रखना

【严丝合缝】 yánsī-héfèng संपूर्ण रूप से जुड़ना; जोड़ से जोड़ मिलना

【严肃】 yánsù ❶गंभीर: 进行～的斗争 गंभीर संघर्ष चलाना / ～的政治纪律 गंभीर राजनीतिक अनुशासन / ～地说 गंभीर स्वर में कहना; स्वर गंभीर हो जाना ❷कड़ाई से चलाना: ～党纪 कड़ाई से पार्टी-अनुशासन का प्रवर्तन करना

【严细】 yánxì ध्यानपूर्ण और नियमानुकूल; अति सावधान: ～的工作作风 छोटी-छोटी बातों का भी बहुत ध्यान रखने वाली कार्यशैली

【严刑】 yánxíng कठोर दंड; सख़्त सज़ा: ～逼供 सख़्त सज़ा के ज़रिए किसी पर ज़ोर-ज़बरदस्ती करके जुर्म कबूल कराना / 治之以～ उस को कड़ा दंड देना

【严刑峻法】 yánxíng-jùnfǎ कठोर दंड और निष्ठुर कानून

【严刑拷打】 yánxíng kǎodǎ बहुत बेदर्दी से पीटना

【严以律己，宽以待人】 yán yǐ lǜ jǐ, kuān yǐ dài rén （严以责己，宽以待人 yán yǐ zé jǐ, kuān yǐ dài rén भी） अपने साथ कड़ाई से बर्ताव करना जबकि दूसरों के साथ नरमी से बर्ताव करना

【严责】 yánzé तीव्र रूप से फटकारना; तीव्र निन्दा करना

【严阵以待】 yánzhènyǐdài शक्तिशाली मोर्चा तैयार करना; अपने मोर्चे पर सतर्कता के साथ डटा रहना

【严整】 yánzhěng ❶गंभीर और अनुशासनशील (प्रायः सैन्यदल के लिए प्रयुक्त): 军容～ सैन्यदल का गंभीर और अनुशासनशील होना ❷ध्यानपूर्ण; सावधान; बारीक: 治家～ ध्यानपूर्वक और सावधानी से घर का प्रबंध करना

【严正】 yánzhèng गंभीर और न्यायपूर्ण; कड़ा और सही: ～立场 गंभीर और न्यायपूर्ण दृष्टिकोण; गंभीर बर्ताव / 采取～的态度 कड़ा रुख अपनाना / ～警告 गंभीर चेतावनी देना / ～地支持 गंभीरता से समर्थन करना / ～斥责 कड़ी और सही निन्दा करना

【严重】 yánzhòng गंभीर; संगीन: 遭到～挫折 भारी क्षति उठाना / ～打击 (किसी पर) करारी चोटें करना / 危机到了～关头 संकट नाज़ुक स्थिति में होना / ～后果 भयंकर परिणाम / ～教训 गंभीर सबक / ～警告 गंभीर चेतावनी / ～抗议 कड़ा प्रतिरोध; सख़्त विरोध / ～灾荒 भारी प्राकृतिक आपदा / ～地提出问题 समस्या को गंभीरता से उठाना / 他的伤势不～。उस का ज़ख़्म गंभीर नहीं है। / 绝对平均主义还很～。निरपेक्ष समानतावाद अब भी गंभीर रूप में मौजूद है।

言 yán ❶(कही हुई) बात： 语言 yǔyán / 言语 / 发～ बोलना; भाषण देना / 诺～ वचन; वादा / 格～ सूक्ति / 行比～难。कहने से करना कठिन है। ❷बोलना; कहना： ～之有理 आप का कहना ठीक है। / 言外之意 / 畅所欲～ ज़िंदादिली से अपने दिल की बात बता देना / ～而不尽 अगर बताना तो पूरी तरह से नहीं बताना ❸एक चीनी अक्षर; चीनी भाषा में एक अक्षर： 七～诗 सप्ताक्षर कविता / 全书近三十万～。पूरी पुस्तक में लगभग तीन लाख अक्षर हैं। ❹（Yán）एक कुलनाम

【言必信，行必果】 yán bì xìn，xíng bì guǒ सभी वादे पूरे किए जाएंगे और दृढ़ता से कार्यवाही की जाएगी; अपने वादे का पक्का होना और अपनी करनी में दृढ़प्रतिज्ञ होना

【言必有中】 yánbìyǒuzhòng कोई व्यक्ति जब कहता है तो ठिकाने की बात कहता है： 夫人不言，～。व्यक्ति वार्ताकार नहीं है, लेकिन जब वह बोलता है तो ठिकाने की बात कहता है।

【言不及义】 yánbùjíyì मतलब की बात कभी न कहना; बिना गंभीरता के बोलना： 群居终日，～，好行小慧，难矣哉。दिन भर साथ-साथ रहना, मतलब की बात कभी न कहना, अपनी बुद्धि दिखाने में प्रसन्न रहना —— सचमुच ये आशाहीन हैं।

【言不尽意】 yánbùjìnyì (प्रायः पत्र के अंत में प्रयुक्त) मैं अधिक लिखना चाहता हूँ (पर मुझे यहां समाप्त करना है)

【言不由衷】 yánbùyóuzhōng दिली बातें न कहना

【言差语错】 yánchā–yǔcuò बोलने में गलती या भूल होना： 偶尔有个～，不会有人责怪你。बोलने में अगर कोई गलती या भूल हो, तो कोई तुम्हें दोष नहीं देता।

【言出法随】 yánchū–fǎsuí घोषणा करने पर इस कानून का फ़ौरन कड़ाई से पालन किया जाना

【言传】 yánchuán कथनी से व्यक्त करना： 只可意会，不可～。इसे केवल मन द्वारा अनुभव किया जा सकता है, कथनी से व्यक्त नहीं किया जा सकता।

【言传身教】 yánchuán–shēnjiào कथनी और करनी दोनों से शिक्षा देना

【言词】 yáncí दे० 言辞

【言辞】 yáncí（言词 भी）अपनी बात; कही हुई बात： ～恳切 किसी की ईमानदारी से कही हुई बात / ～不逊 धृष्टतापूर्वक बोलना

【言次】 yáncì <लि०> बात करते समय： ～即呼取酒来。बात करते समय उस ने शराब लाने के लिए (नौकर आदि) बुलाया।

【言道】 yándào <पुराना> कहना： 他～他今天不去。उस ने कहा कि वह आज नहीं जाएगा।

【言定】 yándìng निश्चय करना; स्वीकार करना： 他们～次日动身。उन लोगों ने निश्चय किया कि अगले दिन रवाना होंगे।

【言多语失】 yánduō–yǔshī（言多必失 yánduō–bìshī भी）बहुत अधिक बोलने से भूल-चूक अवश्य उत्पन्न होती है

【言而无信】 yán'érwúxìn बात का कच्चा

【言而有信】 yán'éryǒuxìn बात का पक्का; बात का धनी; बात का पूरा

【言归于好】 yánguīyúhǎo परस्पर अच्छे संबंध की पुनर्स्थापना करना

【言归正传】 yánguīzhèngzhuàn मतलब की बात पर आना

【言过其实】 yánguòqíshí अतिरंजना करना; अत्योक्ति करना; बढ़ा-चढ़ा कर कहना

【言和】 yánhé दोस्ती कायम होना या करना： 握手～ हाथ मिलाकर दोस्ती का संबंध कायम करना

【言欢】 yánhuān प्रसन्नतापूर्वक गपशप करना： 握手～ हाथ मिलाकर प्रसन्नतापूर्वक गपशप करना / 杯酒～ शराब के एक प्याले पर प्रसन्नतापूर्वक गपशप करना

【言简意赅】 yánjiǎn–yìgāi सरल भाषा में सार-गर्भित बात कहना; सरल परंतु व्यापक बात कहना

【言讲】 yánjiǎng कहना： 听人～，会延期了。सुना है कि सभा स्थगित हुई।

【言教】 yánjiào कथनी से शिक्षा देना： ～不如身教。कथनी से शिक्षा देने की तुलना में करनी से शिक्षा देना भला; उपदेश करने से स्वयं करना भला।

【言近旨远】 yánjìn–zhǐyuǎn सरल भाषा परंतु गहन अर्थ; भाषा में सरल किन्तु अर्थ में गहन

【言路】 yánlù (सरकार या नेता की) आलोचना करने या सुझाव देने का रास्ता： 广开～ लोगों को आलोचना करने और सुझाव देने की सुविधाजनक परिस्थितियां प्रस्तुत करना

【言论】 yánlùn कथन; लेखन-भाषण： 反华～ चीन-विरोधी उक्तियाँ / ～自由 भाषण (देने) की आज़ादी; वाणी स्वातंत्र्य

【言情小说】 yánqíng xiǎoshuō रोमांटिक उपन्यास; रसिक उपन्यास

【言人人殊】 yánrénrénshū अलग-अलग व्यक्ति, अलग-अलग दृष्टिकोण; एक ही वस्तु के लिए अलग-अलग व्यक्ति का अलग-अलग दृष्टिकोण होता है

【言三语四】 yánsān–yǔsì गैरज़िम्मेदार बातें कहना

【言声儿】 yánshēngr बोलना; कहना; बताना： 不言一声儿 कुछ नहीं बोलना / 你要什么，只管～。तुम जो चाहते हो, बताओ।

【言说】 yánshuō बोलना; बताना： 不可～ अकथ्य; अनिर्वचनीय; अवर्णनीय

【言谈】 yántán बोलने का ढंग और विषय-वस्तु： ～举止 बोलने का ढंग और चाल-चलन

【言听计从】 yántīng–jìcóng किसी की हर एक बात मान लेना और उस की हर एक युक्ति अपना लेना —— किसी पर पूर्ण विश्वास करना

【言外之意】 yánwàizhīyì बात में वाच्यार्थ के सिवा कुछ विशेष अर्थ; निहितार्थ

【言为心声】 yánwéixīnshēng वाक् विचार का चित्र होता है; मन में जो सोचना वह मुंह से निकलना

【言笑】 yánxiào बोलना और हंसना： 不苟～ करने और कहने में सावधान होना

【言行】 yánxíng कथनी और करनी: ～一致 करनी कथनी के अनुकूल होना; कथनी और करनी एक होना; करनी कथनी के साथ मेल खाना; कथनी को करनी में उतारना

【言行不一】 yánxíng bù yī करनी कथनी के अनुकूल न होना; करनी कथनी से मेल न खाना; कर्म और वचन में सामंजस्य न रखना

【言行录】 yánxínglù (किसी विख्यात व्यक्ति की) कथनी और करनी का अभिलेख (रिकार्ड)

【言犹在耳】 yányóuzài'ěr किसी का कथन अब भी कानों में गूंज रहा है

【言有尽而意无穷】 yán yǒu jìn ér yì wú qióng बात का अंत होता है पर इस का अर्थ अनंत है

【言语】 yányǔ कही हुई बात: ～行动 कथनी और करनी / ～粗鲁 मुंहफट; असभ्यभाषी

【言语】 yányu 〈बो०〉 बोलना; कहना; बताना: 这人不爱～。यह आदमी बहुत कम बोलता है। / 他走的时候不～。जाते समय उस ने नहीं बताया (या कुछ नहीं कहा)।

【言喻】 yányù 〈लि०〉 (प्रायः निषेध में प्रयुक्त) शब्दों से वर्णन करना: 不可～ अकथ्य; अनिर्वचनीय; अवर्णनीय / 难以～ जिस का वर्णन करना कठिन है

【言责】 yánzé ❶सामंती समाज में मंत्रियों का सम्राट को सलाह प्रस्तुत करने का उत्तरदायित्व ❷अपने भाषण का उत्तरदायित्व: ～自负 अपने भाषण का उत्तरदायित्व आप निभाना

【言者无罪，闻者足戒】 yánzhě-wúzuì, wénzhě-zújiè कहने वाले को दोषी न ठहराओ और उस की बात को एक चेतावनी समझो

【言者谆谆，听者藐藐】 yánzhě-zhūnzhūn, tīngzhě-miǎomiǎo बोलने वाला उत्साह से बोलता है पर सुनने वाला असावधानी से सुनता है; व्यर्थ बातें करना

【言之不预】 yánzhī-bùyù पहले ही आगाह न करना: 勿谓～ यह न कहना कि आप को इस के बारे में आगाह नहीं किया गया था; बाद में यह दोष न देना कि तुम्हें पहले ही आगाह नहीं किया था

【言之成理】 yánzhī-chénglǐ तर्कपूर्ण बात कहना

【言之无物】 yánzhī-wúwù (रचना या बोलने में) कुछ विषय-वस्तु न होना: ～，空话连篇。ये लेख निरर्थक शब्दजाल के अलावा और कुछ नहीं होते।

【言之有据】 yánzhī-yǒujù किसी आधार पर बात करना

【言之凿凿】 yánzhī-záozáo पक्की बात करना; विश्वास के साथ कहना

【言重】 yánzhòng बहुत ज़ोर देकर कहना; अतियुक्ति करना

【言状】 yánzhuàng (प्रायः निषेध में प्रयुक्त) वर्णन करना: 难以～ कठिनता से वर्णन करना; अनिर्वचनीय; अवर्णनीय

阽

yán 〈लि०〉 के निकट; के समीप: ～危 संकट के निकट / ～于死亡 मरणासन्न ; मरणोन्मुख

妍（姸）

yán 〈लि०〉 सुन्दर; खूबसूरत (媸 chī का विलोम): 百花争～ सौ प्रकार के फूलों का सुन्दरता में प्रतिस्पर्द्धा करना

【妍媸】 yánchī सुन्दर और कुरूप; खूबसूरत और बदसूरत: 不辨～ सुन्दर और कुरूप के बीच भेद न कर सकना

岩（巖、嵒）

yán ❶चट्टान; शैल: ～石 चट्टान / 沉积～ तलछटी चट्टान / 石灰～ चूनापत्थर / 页～ शैल / 油页～ तेल पत्थर / 火成～ आग्नेय शैल / 水成～ जलीय शैल; पर्तदार शैल / 变质～ परिवर्तित शैल; रूपांतरित शैल ❷खड़ी चट्टान: 芦笛～ नरकटनल वाली कंदरा (क्वेइलिन 桂林 में)

【岩岸】 yán'àn चट्टानी तट

【岩壁】 yánbì खड़ी चट्टान

【岩层】 yáncéng चट्टान-तह; चट्टान स्ट्रैटम; चट्टान रचना: ～颗粒 शैल-कण

【岩洞】 yándòng चित्रमय कंदरा; सुरम्य गुहा; गुहा

【岩鸽】 yángē चट्टान कपोत

【岩壑】 yánhè चट्टानी पहाड़ की घाटी

【岩画】 yánhuà （崖壁画 yábìhuà，崖画 yáhuà भी）खड़ी चट्टान पर चित्रकला

【岩浆】 yánjiāng द्रव-लावा; लावा; मैग्मा

【岩浆岩】 yánjiāngyán लावा-चट्टान; मैग्मेटिक चट्टान

【岩羚羊】 yánlíngyáng 〈प्राणि०〉 सांभर, हिरन की एक जाति

【岩溶】 yánróng 〈भूगर्भ०〉 शैल-विलयन; कार्स्ट

【岩溶地貌】 yánróng dìmào कार्स्ट फ़ीचर; कार्स्ट टोपाग्राफ़ी

【岩溶泉】 yánróngquán कार्स्ट-चश्मा

【岩溶植物】 yánróng zhíwù कार्स्ट वनस्पति

【岩石】 yánshí चट्टान; शिला; पाषाण

【岩石矿物学】 yánshíkuàngwùxué शैल-खनिजायन

【岩石力学】 yánshílìxué शैल-यांत्रिकी

【岩石圈】 yánshíquān लिथोस्फ़ीर

【岩石学】 yánshíxué शैल-विज्ञान; शैलिकी

【岩相】 yánxiàng 〈भूगर्भ०〉 लिथोफ़ेसिस: ～图 लिथोफ़ेसिस मैप

【岩心】 yánxīn 〈भूगर्भ०〉 चट्टान का केन्द्रीय भाग; खनिज खंड; कोर: ～回收 चट्टान के केन्द्रीय भाग को फिर से प्राप्त करने की प्रक्रिया / ～样品 चट्टान के केन्द्रीय भाग का नमूना; खनिज खंड का नमूना

【岩心筒】 yánxīntǒng चट्टान के केन्द्रीय भाग की नाल; खनिज खंड की नाल; कोर बैरल

【岩性】 yánxìng चट्टानों का स्वरूप

【岩穴】 yánxué कंदरा; गुहा; गुफ़ा: ～之士 योगी; तपस्वी; वैरागी

【岩崖】 yányá खड़ी चट्टान

【岩盐】 yányán （矿盐 kuàngyán，石盐 shíyán भी） खनिज नमक; कचलोन; सेंधा

【岩液】 yányè लावा

【岩羊】 yányáng （石羊 shíyáng भी）〈प्राणि०〉

चीनी नीली भेड़

【岩样】 yányàng ❶<भूगर्भ०> चट्टान का नमूना ❷<खनि०> खनिज-खंड का नमूना

炎 yán ❶(मौसम) बहुत गर्मी: 炎热 / 炎夏 ❷सूजन: 发～ सूजन होना; अत्यधिक ताप उत्पन्न करना / 阑尾～ उपांत्रदाह; उण्डुकशोथ; उपांत्रशूल / 肺～निमोनिया ❸शक्ति और प्रभाव: 趋～附势 शक्ति और प्रभाव वाले व्यक्ति की चाटुकारी करना ❹（Yán）यान-ती（炎帝）: 炎黄子孙

【炎帝】 Yán Dì यान ती (अग्नि सम्राट), दूसरा प्रसिद्ध नाम शन नोंग（神农 shénnóng）, एक पौराणिक शासक —— दे० 炎黄，炎黄子孙

【炎旱】 yánhàn गर्म और सूखा: ～的夏季 गर्म और सूखी ग्रीष्म ऋतु

【炎黄】 Yán-Huáng यान ती और ह्वांग ती（黄帝 Huáng Dì —— पीत सम्राट）, अति प्राचीन काल में दो पौराणिक शासक

【炎黄子孙】 Yán-Huáng zǐsūn यान ती（炎帝）और ह्वांग ती（黄帝）की संतान या वंशज; चीनी जनता

【炎凉】 yánliáng गर्म और ठंडा; <ला०> अलग-अलग हैसियत वालों के साथ अलग-अलग बरताव करना: 世态～ उत्साह या उदासीनता दुनिया का दस्तूर है —— किसी व्यक्ति के प्रति लोगों का रुख (मित्रतापूर्ण या मित्रताहीन), उस व्यक्ति की सफलता या असफलता पर निर्भर है

【炎热】 yánrè (मौसम) कड़ाके की गर्मी; बहुत गर्मी: ～的夏天 कड़ाके की गरमियों के दिन

【炎日】 yánrì जलती हुई धूप; कड़ी धूप

【炎暑】 yánshǔ ❶गरमियों में अत्यधिक गर्मी के दिन ❷ताप; गर्मी

【炎天】 yántiān ❶ग्रीष्म; गर्मी ❷दक्षिण

【炎威】 yánwēi सख़्त गर्मी; कड़ाके की गर्मी

【炎夏】 yánxià कड़ाके की गर्मियों के दिन

【炎炎】 yányán जलता हुआ; झुलसता हुआ: 赤日～ जलता हुआ सूरज

【炎阳】 yányáng जलता हुआ सूरज; जलती हुई धूप

【炎症】 yánzhèng सूजन; शोथ: 致命的～ घातक सूजन

沿（沿）yán ❶साथ-साथ चलना; के किनारे चलना: 南～马路走 दक्षिण में सड़क के साथ-साथ चलना / ～着轻便铁路 छोटी लाइन की पटरी पकड़े-पकड़े ❷(पुराने तरीके, रीति-रिवाज आदि) के अनुसार: 沿袭 / 相～成习 रीति के अनुसार करते-करते आदत पड़ना ❸(वस्त्रों आदि पर) झालर टांकना: ～鞋口 जूते के सिरे पर झालर टांकना ❹किनारा (प्रायः संज्ञाओं के बाद आता है): 边～ किनारा / 沟～ नाली का किनारा / 缸～儿 मर्तबान का किनारा / 河～ नदी का किनारा

【沿岸】 yán'àn तट के किनारे: 黄河～ पीली नदी के किनारे / 地中海～国家 भूमध्यसागर के तटवर्ती देश

【沿边儿】 yánbiānr (वस्त्रों आदि पर) झालर टांकना: ～领口 कपड़े के कॉलर पर झालर टांकना

【沿革】 yángé (मामले के) विकास और परिवर्तन की प्रक्रिया; विकास-क्रम; विकास: 社会风俗的～ समाज के रीति-रिवाजों का विकास-क्रम / 历史～地图 ऐतिहासिक विकास और परिवर्तन का मानचित्र

【沿海】 yánhǎi समुद्रतटवर्ती: ～城市 समुद्रतटवर्ती नगर / ～岛屿 तटवर्ती द्वीप; समुद्रतट के नज़दीक के द्वीप / ～地带 समुद्रतटीय क्षेत्र / ～地区 समुद्रतटवर्ती प्रदेश / ～工业 समुद्रतटीय उद्योग / ～国家 समुद्रतटवर्ती देश / ～航船 तटपोत; तटीयपोत / ～航行 समुद्रतटवर्ती नौसंचालन / ～航运 समुद्रतटवर्ती नौपरिवहन / ～贸易 समुद्रतटीय व्यापार / ～渔业 समुद्रतट के समीप मत्स्य-उद्योग / ～自然资源 समुद्रतटवर्ती जल के प्राकृतिक साधन

【沿河】 yánhé नदी के किनारे; नदीतटवर्ती

【沿洄】 yánhuí <लि०> धारा-विरोध या धारा-अनुकूल दिशा में जाना

【沿江】 yánjiāng नदी के किनारे (विशेषकर यांगत्सी नदी); नदी तटीय; तीरवर्ती

【沿街】 yánjiē सड़क के किनारे: ～叫卖 फेरी लगाना

【沿阶草】 yánjiēcǎo <वन०> ठिगना लिलिटर्फ़ (dwarf lilyturf)

【沿例】 yánlì पुराने उदाहरण का अनुसरण करना

【沿路】 yánlù रास्ते में; रास्ते के दोनों किनारों पर

【沿门托钵】 yán mén tuō bō घर-घर भीख मांगना

【沿条儿】 yántiáor पोशाक को सजाने के लिए रेशम के फीते से झालर टांकना

【沿途】 yántú रास्ते में; रास्ते के दोनों किनारों पर

【沿袭】 yánxí परम्परा के अनुसार: ～成规 रीति-रिवाज का अनुसरण करना / ～成说 मान्य सिद्धांत को अपनाना

【沿线】 yánxiàn रेलवे-लाइन, राजमार्ग, वायु-मार्ग आदि के समीप: 铁路～城市 रेलवे-लाइन के समीप नगर

【沿用】 yányòng (पुराने तरीके, कानून, प्रथा आदि का) प्रयोग जारी रखना: ～原来的名称 पुराने नाम का प्रयोग जारी रखना

研（研）yán ❶पीसना; चूर्ण करना; चूर करना: 把药～成粉 दवा को चूर्ण करना / 研磨 / 研末 ❷अनुसंधान करना; अध्ययन करना; खोज करना; रिसर्च करना: 研讨 / 研读 / 研习

yàn भी दे०

【研钵】 yánbō खरल; खल

【研杵】 yánchǔ मूसली

【研读】 yándú सावधानी से अध्ययन करना: ～经文 सूत्र पाठ का सावधानी से अध्ययन करना

【研发】 yánfā अनुसंधान और विकास

【研究】 yánjiū ❶अध्ययन करना; अनुसंधान करना; खोज करना: ～文学 साहित्य का अध्ययन करना / 科学～ वैज्ञानिक अनुसंधान / 调查～ जांच-पड़ताल और अध्ययन करना ❷विचार करना; वाद-विवाद करना; सोचना-विचारना: 领导将～这些问题。नेतृत्व करने

वाले इन समस्याओं पर सोच-विचार करेंगे। / ～种种不同议论 तरह-तरह की विभिन्न रायों पर विचार करना
【研究班】 yánjiūbān अध्ययन-गोष्ठी
【研究工作者】 yánjiū gōngzuòzhě अनुसंधान का काम करने वाला; अनुसंधान कार्यकर्ता; अनुसंधानकर्ता
【研究会】 yánjiūhuì अनुसंधान संघ
【研究生】 yánjiūshēng स्नातकोत्तर विद्यार्थी; रिसर्च स्टूडेंट
【研究室】 yánjiūshì अनुसंधान-कक्ष
【研究所】 yánjiūsuǒ अनुसंधान-प्रतिष्ठा; रिसर्च इंस्टीट्यूट
【研究小组】 yánjiū xiǎozǔ अनुसंधान-दल; अनुसंधान मंडल
【研究员】 yánjiūyuán रिसर्च फ़ेलो
【研究院】 yánjiūyuàn ❶रिसर्च इंस्टीट्यूट; अनुसंधान प्रतिष्ठा ❷स्नातकोत्तर विद्यार्थियों का विद्यालय; ग्रैज्यूयेट स्कूल
【研究中心】 yánjiū zhōngxīn अनुसंधान केन्द्र
【研磨】 yánmó ❶पीसना; चूर्ण करना ❷रगड़ना; घिसना; घर्षण करना: ～粉 घिसने वाला चूर्ण / ～器 घिसने वाला यंत्र
【研末】 yánmò कण-कण पीसना; चूर करना
【研求】 yánqiú अनुसंधान करना; खोज निकालना
【研碎】 yánsuì दलना; बूकना; खल करना; पीसना
【研讨】 yántǎo अनुसंधान करना और वाद-विवाद करना
【研讨会】 yántǎohuì सिम्पोज़ियम; सेमिनार
【研习】 yánxí अध्ययन करना; अनुसंधान करना
【研细】 yánxì कण-कण पीसना; चूर करना
【研修】 yánxiū अनुसंधान का काम करना; अनुसंधान और उन्नत अध्ययन
【研修生】 yánxiūshēng रिसर्चर
【研制】 yánzhì अनुसंधान करके उत्पादन करना; विकास करना: ～新药 नई औषधि का विकास करना / ～新式武器 नये हथियारों का विकास करना ❷〈ची०चि०〉 दवा को पीसकर चूर्ण बनाना; दवा का चूर्ण करना

盐（鹽） yán ❶नमक; लवण: 精～ शुद्ध नमक ❷〈रसा०〉 क्षार: 酸式～ ऐसिड सॉल्ट / 碱式～ बेसिक सॉल्ट
【盐巴】 yánbā 〈बो०〉 नमक
【盐层】 yáncéng नमक की तह
【盐厂】 yánchǎng नमक साफ़ करने का कारखाना
【盐场】 yánchǎng नमकसार
【盐池】 yánchí नमक-झील; लवण-कुंड
【盐分】 yánfèn नमक की मात्रा
【盐肤木】 yánfūmù चीनी सुमाक (sumac)
【盐肤木根皮】 yánfūmù gēnpí 〈ची०चि०〉 चीनी सुमाक की जड़ की छाल जो दवा के काम आती है
【盐工】 yángōng नमक-मज़दूर
【盐罐】 yánguàn नमकदान
【盐湖】 yánhú नमक-झील
【盐花】 yánhuā ❶थोड़ा सा नमक: 汤里搁点儿～儿。सूप में थोड़ा सा नमक डालो। ❷〈बो०〉 दे० 盐霜
【盐碱地】 yánjiǎndì क्षारयुक्त भूमि; क्षारीय भूमि; रेह: 盐碱沙荒地 क्षारीय रेतीली और बंजर भूमि
【盐碱化】 yánjiǎnhuà क्षारीकरण
【盐碱滩】 yánjiǎntān क्षारयुक्त पुलिन
【盐碱土】 yánjiǎntǔ क्षारीय मिट्टी
【盐井】 yánjǐng खारा कुँआ
【盐矿】 yánkuàng नमक खान
【盐卤】 yánlǔ 〈रसा०〉 बिटर्न
【盐民】 yánmín नमक बनाने वाला
【盐瓶】 yánpíng नमकदान; नमकदानी
【盐汽水】 yánqìshuǐ नमकीन सोडा पानी
【盐泉】 yánquán नमक-चश्मा
【盐商】 yánshāng नमक-व्यापारी
【盐霜】 yánshuāng नमक-प्रफुल्लन
【盐水】 yánshuǐ नमकीन पानी; खारा पानी
【盐水输液】 yánshuǐ shūyè 〈चिकि०〉 क्षारयुक्त निषेक
【盐水选种】 yánshuǐ xuǎnzhǒng नमकीन पानी से बीज चुनना
【盐税】 yánshuì नमक-कर
【盐酸】 yánsuān 〈रसा०〉 हाइड्रोक्लोरिक ऐसिड
【盐滩】 yántān ❶समुद्री नमक बनाने के लिए पुलिन ❷盐沼 का दूसरा नाम
【盐田】 yántián नमक बनाने का खेत; नमक-बाड़ा
【盐土】 yántǔ क्षारीय मिट्टी; क्षारयुक्त मिट्टी
【盐坨子】 yántuózi खुले मैदान में नमक का ढेर
【盐析】 yánxī 〈रसा०〉 नमक निकालना
【盐枭】 yánxiāo 〈पुराना〉 चोरी-छिपे नमक बेचने वाले हथियारबंद व्यापारी
【盐业】 yányè नमक उद्योग
【盐液】 yányè क्षारीय विलयन
【盐液比重计】 yányè bǐzhòngjì （盐重计 yánzhòngjì भी） लवणमापी
【盐沼】 yánzhǎo क्षारीय दलदल
【盐渍土】 yánzìtǔ लवणीकृत मिट्टी

铅（鉛） yán नीचे दे०
qiān भी दे०
【铅山】 Yánshān यानशान, चांगशी प्रांत में एक स्थान

阎[1]（閻） yán 〈लि०〉 गली-कूचे का द्वार

阎[2]（閻） Yán एक कुलनाम
【阎浮提洲】 Yánfútízhōu जाम्बूद्वीप
【阎罗】 Yánluó 〈धर्म〉 （阎罗王 Yánluówáng, 阎罗天子 Yánluó Tiānzi, 阎王爷 Yánwangyé भी） 阎魔罗阇 Yánmóluóshé का संक्षिप्त नाम, यमराज
【阎王】 Yánwang ❶यम; यमराज, नरक का राजा: 见～ मरना ❷अति क्रूर और प्रचंड व्यक्ति
【阎王殿】 yánwangdiàn नरक के राजा का महल
【阎王账】 yánwangzhàng （阎王债 yánwang-

zhài भी）〈बोल०〉सूदखोर का ऋण; सूदखोर से लिया ऋण

蜒 yán नीचे दे०

【蜒蚰】 yányóu 〈बो०〉 पौधों को नष्ट करने वाला शक्तिहीन शम्बूक, घोंघा आदि

筵 yán ❶〈लि०〉प्राचीन काल में लोगों के बैठने के लिए बांस की चटाई ❷भोज; दावत： 喜～ विवाह का भोज

【筵席】 yánxí ❶भोज में लगाई गई कुर्सियाँ ❷भोज; दावत

揅 yán 〈लि०〉研 yán के समान

颜（顏） yán ❶चेहरा; मुंह; सूरत; शक्ल; मुख का भाव： 容～मुखाकृति; मुख-मुद्रा ❷इज़्ज़त; प्रतिष्ठा： 无～见人 मुंह दिखाने की (या को) जगह न रहना ❸रंग： 颜料 ❹（Yán）एक कुलनाम

【颜厚】 yánhòu निर्लज्ज

【颜料】 yánliào रंग; रंगने का पदार्थ： 天然～ प्राकृतिक रंग / 人造～ अप्राकृतिक रंग

【颜面】 yánmiàn ❶चेहरा; मुख; मुंह： ～神经 चेहरे की नसें ❷चेहरा; मुंह; इज़्ज़त; प्रतिष्ठा： ～扫地 मुंह काला हो जाना

【颜容】 yánróng मुखाकृति; मुख-मुद्रा

【颜色】 yánsè ❶रंग; वर्ण： 这件衣服的～很好看。इस कपड़े का रंग बहुत सुन्दर है। ❷～憔悴 चेहरा पीला होना ❸मुख का भाव： 现出羞愧的～ मुख पर शर्मिंदगी दिखाई देना ❹मुख की गंभीर मुद्रा दिखाना： 给他一点～看看。ज़रा उस की खबर लो; ज़रा उस को सबक सिखाओ।

【颜体】 yántǐ थांग राजवंश (618-907 ई०) में सुविख्यात लिपिकार Yán Zhēnqīng（颜真卿）की लिपिशैली

檐（簷）yán ❶छज्जा; ओलती： 屋～下 छज्जे (ओलती) के नीचे / 庙～下 मंदिर की ओलती के नीचे ❷छज्जे जैसी वस्तु： 帽～儿 छज्जेदार टोपी का छज्जा

【檐沟】 yángōu （कहीं-कहीं 水落 shuǐluò भी）〈वास्तु०〉छज्जे के नीचे लकड़ी आदि से बनायी गई पानी के निकास की नाली

【檐口】 yánkǒu छज्जे के किनारे पानी के नीचे गिरने की जगह

【檐溜】 yánliū छज्जे से नीचे गिरने वाला पानी

【檐子】 yánzi मकान का छज्जा

yǎn

奄 yǎn ❶〈लि०〉ढकना; छाना; शामिल होना ❷अचानक; सहसा; एकाएक： 奄忽 / 奄然 ❸〈प्रा०〉阉 yān के समान

【奄忽】 yǎnhū 〈लि०〉अचानक; सहसा; एकाएक

【奄然】 yǎnrán 〈लि०〉अचानक; सहसा; एकाएक

【奄奄】 yǎnyǎn निर्बलता से सांस लेना： 奄奄一息

【奄奄待毙】 yǎnyǎn-dàibì उलटी सांस लेना; सांस उलटी चलना

【奄奄一息】 yǎnyǎn-yīxī जान हाथों पर होना; दम तोड़ते हुए; आखिरी सांस पर; बिलकुल मृत्यु के निकट पहुंच जाना

兖 yǎn नीचे दे०

【兖州】 Yǎnzhōu यानचओ (शानतोंग प्रांत में एक स्थान)

龑（龑） yǎn पंच राजवंश（五代）(907-960 ई०) में दक्षिणी हान（南汉）के ल्यू यान（刘龑）ने खुद अपने नाम के लिए बनाया अक्षर

俨（儼） yǎn 〈लि०〉❶गंभीर： 俨然 ❷किसी से बहुत मिलना-जुलना

【俨然】 yǎnrán ❶गंभीर： ～的脸色 चेहरा गंभीर होना ❷सुव्यवस्थित： 屋舍～ सुव्यवस्थित मकान ❸बहुत मिलना-जुलना： 这孩子说起话来～是个大人。यह लड़का बड़े-बूढ़ों की तरह बात करता है।

衍[1] yǎn 〈लि०〉❶विकसित करना; फैलना; बिछाना： 衍变 ❷(शब्द आदि) अतिरिक्त; आवश्यकता से अधिक： 衍文

衍[2] yǎn 〈लि०〉❶नीची और समतल भूमि： 广～沃野 विस्तृत नीची तथा समतल भूमि और उपजाऊ मैदान ❷दलदल; सजल भूमि

【衍变】 yǎnbiàn विकास करना; विस्तार करना; विकास के ज़रिए बदलना

【衍化】 yǎnhuà विकास करना और परिवर्तन करना： 这个药方是由几个秘方～而来的。यह नुस्खा कई गुप्त नुस्खों से विकसित और परिवर्तित हुआ है।

【衍射】 yǎnshè （绕射 ràoshè भी）〈भौ०〉विसरण： ～角 विसरण कोण / ～线 विसरण किरण

【衍生】 yǎnshēng ❶〈रसा०〉व्युत्पन्न करना; व्युत्पत्ति निकालना ❷उत्पत्ति होना; मूल से निकलना

【衍生物】 yǎnshēngwù 〈रसा०〉किसी मूल से उत्पन्न रासायनिक पदार्थ： 醋酸是酒精的一种～。ऐसीडिक ऐसिड ऐल्कोहॉल से उत्पन्न एक रासायनिक पदार्थ है।

【衍文】 yǎnwén नकल करने या छपने की मूल से उत्पन्न आवश्यकता से अधिक शब्द या वाक्य

弇 yǎn 〈लि०〉छाना; ढकना; आड़ करना; ओट करना; ओझल करना

【弇陋】 yǎnlòu 〈लि०〉बहुत कम अनुभव

剡 yǎn ❶नुकीला बनाना： ～木为楫 लकड़ी को काट-छांटकर डांड़-पतवार बनाना ❷तेज़; पैना; तीक्ष्ण

厣（厴）yǎn ❶नख; अंजन-केशी ❷केकड़े के पेट के नीचे वाला पतला आवरण

掩（揜）yǎn ❶छाना; ढकना; छिपाना; पर्दा डालना：～口而笑 मुंह छिपाकर हंसना ❷बन्द करना：～卷 पुस्तक बन्द करना / 虚～着门 दरवाज़े का कसकर बन्द न होना ❸〈बो०〉 दरवाज़ा, ढक्कन आदि बन्द करते समय कोई चीज़ दब जाना या दबायी जाना：手被门～了。हाथ दरवाज़े में दब गया । ❹〈लि०〉 बेखबरी में (आक्रमण करना, पकड़ना); आकस्मिक आक्रमण： 掩杀

【掩鼻】 yǎnbí नाक पर हाथ रखना (बदबू आदि के कारण)：～而过 (बदबू आदि से) नाक पर हाथ रखकर गुज़र जाना

【掩蔽】 yǎnbì ❶छिपाना; पर्दा डालना; ढकना：～部 आश्रय; सुरक्षा-स्थान; शेल्टर ❷आड़; ओट：～物 आड़; ओट

【掩蔽地区】 yǎnbì dìqū आच्छादित क्षेत्र; कवर्ड एरिया

【掩蔽阵地】 yǎnbì zhèndì आच्छादित मोर्चा; कवर्ड पोज़िशन

【掩藏】 yǎncáng छिपाना; ढके रखना：故意～ जान-बूझकर ढके रखना

【掩耳盗铃】 yǎn'ěr-dàolíng कान पर हाथ रखकर (या कान को हाथ से बन्द करके) घंटी की चोरी करना —— अपने आप को धोखा देना

【掩盖】 yǎngài ❶ढकना; छाना：大雪～着田野。मैदान बर्फ़ से ढंक गया। ❷छिपाना：～矛盾 अंतरविरोधों पर पर्दा डालना / ～不住内心的激动 अपने भावावेश को छिपा न पाना / ～事实 सच्चाई पर पर्दा डालना / 一种倾向～着另一种倾向。एक रुझान (प्रवृति) दूसरे रुझान (प्रवृति) को ढक देता है।

【掩护】 yǎnhù ❶(फ़ौजों की) सुरक्षा या हिफ़ाज़त करना; आड़ करना; ओट करना; पर्दा डालना：～部队 फ़ौजों की सुरक्षा करना / 借某物作～ किसी को धूमावरण बनाकर उस की आड़ में रहना; किसी को एक आवरण के रूप में इस्तेमाल करना / 他这样做实际上是给他老板打～。ऐसा करने से उस ने वास्तव में अपने मालिक को आड़ दी थी। ❷आड़; ओट

【掩护部队】 yǎnhù bùduì 〈सैन्य०〉 आवरक सेना

【掩护火力】 yǎnhù huǒlì 〈सैन्य०〉 आवरक फ़ायर-पावर

【掩埋】 yǎnmái गाड़ना; दफ़नाना; दफ़न करना：～尸体 शव को दफ़नाना / 草草～ बिना किसी समारोह के दफ़न करना

【掩门】 yǎnmén दरवाज़ा बन्द करना

【掩面】 yǎnmiàn मुंह ढांपना：～痛哭 मुंह ढांपकर रोना; अंचल में मुंह ढांपकर रोना

【掩泣】 yǎnqì मुंह छिपाकर सिसकना

【掩人耳目】 yǎnrén'ěrmù लोगों की आखों और कानों पर पर्दा डालना

【掩杀】 yǎnshā 〈लि०〉 शत्रु पर आकस्मिक आक्रमण करना

【掩饰】 yǎnshì छिपा देना; गुप्त रखना; ढकना：～错误 गलती को ढकना / ～真实意图 अपने सच्चे आशय को छिपाना / ～严重危机 गम्भीर स्थिति को छिपाना / ～不住内心的喜悦 अपनी प्रसन्नता को छिपा न पाना

【掩饰物】 yǎnshìwù छद्मावरण

【掩体】 yǎntǐ 〈सैन्य०〉 किलेबन्दी और घेरे की आड़; भूमिगत आश्रय-स्थल; शत्रु से बचाव के लिए तहखाने：炮兵～ तोपों के रखने का चबूतरा / 雷达～ रेंडर का भूमिगत आश्रय-स्थल

【掩星】 yǎnxīng 〈खगोल०〉 तारा प्रच्छादन：月～ चांद्र प्रच्छादन

【掩眼法】 yǎnyǎnfǎ छद्मावरण; शत्रु को धोखा देने के लिए किसी वस्तु को और आसपास के स्थान को रंग देना; तोपों, जहाज़ों आदि की बाहरी सतह पर विभिन्न रंगों के धब्बे, छींटे तथा दाग आदि डालकर शत्रु के न देखने योग्य कर देना; (परिवर्तित भाव में) ऐसी बात या वस्तु जो लोगों को वास्तविकता तक न पहुंचने दे; धोखे की टट्टी होना; धुएं के पर्दे के धोखे में आना

【掩映】 yǎnyìng (वस्तुओं का एक दूसरे के भाग पर पर्दा डालना और एक दूसरे को प्रदर्शित करना：红楼翠竹相互～。लाल इमारत और हरे-हरे बांस एक दूसरे के सौंदर्य में वृद्धि कर रहे हैं।

郾 yǎn नीचे दे०

【郾城】 Yǎnchéng यानछंग, हनान प्रांत में एक स्थान

眼 yǎn ❶आंख：左～ बायीं आंख / 右～ दायीं आंख / 两～发黑 आंखों के सामने अंधेरा छा गया। ❷छिद्र, छेद：土豆～ आलू की आंख / 用针扎个～ सूई से छेदना ❸दृष्टि; नज़र; निगाह：看我几～ बार-बार मेरी ओर देखना / 瞪一～ आंख दिखाना / 瞥一～ दृष्टि डालना; सरसरी नज़र डालना; झांकना / 在他～里 उस की नज़र में ❹महत्वपूर्ण कड़ी; नाज़ुक घड़ी：在这节骨～上 इस नाज़ुक घड़ी पर ❺〈खेल०〉〈शतरंज〉 वेइछी（围棋）के खेल में घेरे गये मोहरों के बीच कुछ खाली स्थान：做～ बिसात पर खाली स्थानों को कब्ज़े में करने के लिए मोहरा चलाना ❻चीनी परम्परागत आपेरा में ताल का एक भेद जो हल्का होता है; हल्का ताल：一板三～ एक ही बार (bar) में एक बलपूर्ण ताल और तीन हल्की ताल ❼〈परि०श०〉 (कुएं आदि के लिए प्रयुक्त)：一～井 एक कुआं

【眼巴巴】 yǎnbābā ❶उत्सुकता से राह देखना; बेचैनी से बाट जोहना; उत्कंठा से प्रतीक्षा करना：有人用多情的眼光～地看望着我。कोई मुझे रसीली चितवन से घूरता है। / 大家～地等着他回来。सब लोग बेचैनी से उस की बाट जोह रहे हैं। / 她们都～想见他。वे उस से मिलने के लिए बेचैन हो उठीं। ❷निस्सहाय रूप से किसी वस्तु को अप्रसन्न होते देखना：他～地看着敌兵把他儿子抓走。उस ने निस्सहाय रूप से शत्रु सैनिकों को अपना बेटा पकड़कर ले जाते देखा।

【眼白】 yǎnbái 〈बो०〉 आंख का कोआ या डेला

【眼胞】 yǎnbāo पलक：～上有疤 पलकों में निशान होना

【眼波】 yǎnbō 〈लि०〉 दृष्टि; नज़र; निगाह (महिलाओं की)

【眼不见，心不烦】 yǎn bù jiàn, xīn bù fán जो बात आंखों नहीं देखी उस के लिए मन व्यथित न होना

【眼岔】 yǎnchà 〈बो०〉 गलत देखना; ठीक से न पहचानना: 刚才我看见的不是苍蝇，是我～了。अभी मैं ने जो देखा वह मक्खी नहीं थी । मैं ने गलत देखा ।

【眼馋】 yǎnchán आंख की भूख; लालसापूर्वक कोई वस्तु देखना

【眼眵】 yǎnchī आंख की कीच

【眼虫藻】 yǎnchóngzǎo यूग्लीना (euglena) (एक प्रकार का हरा और अपने आप को पीड़ा देने वाला एककोशी जीववर्ग का प्राणी)

【眼瞅着】 yǎnchǒuzhe 〈बो०〉 किसी बात को होते देखना: 我～一辆汽车撞了一个老人。मैं ने खुद अपनी आंखों से देखा कि एक कार एक बूढ़े से टकरा गई ।

【眼袋】 yǎndài आंखों के नीचे थोड़ा सा उभड़ा हुआ भाग: 他～发黑。उस की आंखों के नीचे नीले हल्के धब्बे थे; उस की आंखों के नीचे बड़ी-बड़ी झाँइयाँ पड़ गई थीं ।

【眼底】 yǎndǐ ❶आंख का तल; आईग्राउन्ड ❷आंखों के सामने: 登峰一望，全城景色尽收～。चोटी पर चढ़कर सारे नगर का दृश्य दिखाई देता है ।

【眼底检查】 yǎndǐ jiǎnchá 〈चिकि०〉 आंख के तल की जांच; फ़ंडसकापी

【眼底镜】 yǎndǐjìng फ़ंडस्कोप

【眼底下】 yǎndǐxia （眼皮底下 yǎnpídǐxia भी） ❶आंखों के सामने: 放到～看 आंखों के ठीक नीचे रखकर देखना ❷हाल ही का; मौजूदा; फ़ौरी: 先解决～的事 पहले हाल ही का या फ़ौरी सवाल को हल करना

【眼点】 yǎndiǎn आईस्पॉट (कुछ एककोशी जीववर्ग के प्राणियों का); स्टिग्मा

【眼福】 yǎnfú आंखों से देखने का सौभाग्य: ～不浅 बड़े भाग्य से किसी वस्तु को देखना / 以饱～ आंखों को तृप्त करना

【眼干症】 yǎngànzhèng 〈चिकि०〉 शुष्काक्षिपाक; ज़ीरोफ़्थलमिया; आंख का एक रोग जिस में आंख से पानी या कीचड़ नहीं निकलता

【眼高手低】 yǎngāo-shǒudī आशा बड़ी, कार्यक्षमता थोड़ी; उच्च लक्ष्य किंतु निम्न योग्यता

【眼膏】 yǎngāo ❶अंजन; सुरमा; काजल ❷आंख के लिए मरहम

【眼格】 yǎngé 〈बो०〉 दृष्टि की सीमा; नज़र का दायरा; दृष्टिकोण

【眼观六路，耳听八方】 yǎnguān-liùlù, ěrtīng-bāfāng तेज़ आंखें और कान; सतर्कता से देखना और सुनना

【眼光】 yǎnguāng ❶दृष्टि; नज़र; निगाह: 用多情的～ रसीली चितवन से (घूरना, देखना) / 虔敬的～ श्रद्धा-विह्वल नेत्रों से / 用充满妒嫉的～看 ईर्ष्या भरी आंखों से देखना / ～射在某物上 किसी पर निगाह डालना / 他的～凶狠起来。उस की आंखों में खून उतर आया । / 大家的～集中在一处。सब की दृष्टि एक ही स्थान पर केन्द्रित थी । ❷देखने या पहचानने की क्षमता: ～短浅 दूरदर्शिता का अभाव; अदूरदर्शितापूर्ण / ～敏锐 सूक्ष्मदर्शी; पारदर्शी / ～远大 दूरदर्शी / 历史～ऐतिहासिक दृष्टि ❸दृष्टिकोण: 老～ पुराना दृष्टिकोण / 新～ नया दृष्टिकोण / 政治～受到限制 राजनीतिक दृष्टिकोण को सीमित करना / 具有某种战略～ किसी हद तक रणनीतिक सूझबूझ मौजूद होना

【眼黑】 yǎnhēi 〈बो०〉 आंख की पुतली; आंख का तारा

【眼红】 yǎnhóng ❶जलना; छाती फटना; निगाह होना; ईर्ष्या पैदा होना: 我知道你对这东西早就～了。मैं जानता हूँ बहुत दिनों से तुम्हारी निगाह इस चीज़ पर है । / 谁看见我的发迹～，让他～去，我不在乎。हमारी तरक्क़ी देखकर किसी की छाती फटती है, तो फट जाए, मुझे परवाह नहीं है । / 自从您当了部长，他～得很。जब से आप मिनिस्टर हुए हैं उन की छाती पर सांप लोट रहा है । ❷क्रोधित होना: 仇人相见，分外～。जब शत्रु आमने-सामने आते हैं तो उन की आंखों से अंगारे बरसने लगते हैं ।

【眼花】 yǎnhuā चकाचौंध होना; भली भांति न देखना: 耳不聋，眼不花 (वृद्ध व्यक्ति) न ऊंचा सुनना न भली भांति देखना

【眼花缭乱】 yǎnhuā-liáoluàn आंखें चौंधियाना; चकाचौंध होना

【眼犄角儿】 yǎnjījiǎor 〈बो०〉 आंखों के कोने

【眼疾手快】 yǎnjí-shǒukuài （手疾眼快 shǒují-yǎnkuài भी） आंख का फुरतीला और हाथ का निपुण होना

【眼尖】 yǎnjiān तीव्र नेत्र वाला; तीव्र दृष्टि वाला

【眼睑】 yǎnjiǎn （睑 jiǎn भी; साधारण नाम 眼皮） पलक; मिज़गां; मिज़ह

【眼见】 yǎnjiàn ❶आंखों देखा: ～为实，耳听为虚。आंखों देखी मानूँ, कानों सुनी न मानूँ । ❷शीघ्र ही; जल्दी ही; तुरंत; चुटकी बजाते: ～就要立冬了，可棉衣还没有做。सरदी जल्दी ही आने वाली है, लेकिन रूईदार कपड़ा अभी सिया नहीं गया ।

【眼见得】 yǎnjiànde 〈बो०〉 (प्राय: अप्रिय बात के लिए प्रयुक्त) स्पष्ट ही: 病人～不行了。ज़ाहिर है कि वह बीमारी से बच नहीं पाएगा ।

【眼角】 yǎnjiǎo （眦 zì का साधारण नाम） आंखों के कोने: 大～ आंखों के भीतरी कोने / 小～ आंखों के बाहरी कोने

【眼睫毛】 yǎnjiémáo बरौनी; बरौन

【眼界】 yǎnjiè दृष्टि की सीमा; नज़र का दायरा; दृष्टि-कोण: 打开～ दृष्टि विस्तार करना / 提高～ दृष्टि-पथ अधिक व्यापक बनाना या बनना / 限制了人们的～ मानव-दृष्टिकोण को सीमित कर देना

【眼镜】 yǎnjìng ऐनक; चश्मा: 戴～ चश्मा लगाना या चढ़ाना

【眼镜猴】 yǎnjìnghóu तारसियर; बड़ी आंखों वाला अफ़्रीकी छोटा लंगूर जिस की पूंछ लंबी और पांव चपटा होता है

【眼镜盒】 yǎnjìnghé चश्मे की डिबिया

【眼镜框】 yǎnjìngkuàng ऐनक का चौखटा या फ़्रेम
【眼镜蛇】 yǎnjìngshé कालसर्प; काला नाग; फण; फनियर सांप
【眼睛】 yǎnjing （眼 yǎn का साधारण नाम） आंख; नेत्र: 在某人的～里 किसी की नज़रों में / ～眯成一条线 आंख छोटी हो जाना / ～失明 दृष्टि लोप होना / 要有～向下的决心。हमें अपनी नज़र नीचे की तरफ़ रखने का संकल्प होना चाहिए। / 他们的～望着我们。उन की आंखें हमारी ओर लगी हुई हैं। / 他的～生在额角上。उस की आंखें माथे पर चढ़ी रहती थीं।
【眼看】 yǎnkàn ❶देखते ही देखते; शीघ्र ही; जल्दी ही; तुरंत: 天～就要亮了。पौ जल्दी ही फटने वाली है। ❷निस्सहाय रूप से देखते रहना; निश्चेष्टता से देखना: 咱们哪能～着小偷偷东西不管呢? चोर को चोरी करते देखकर हम कैसे हाथ पर हाथ धरे बैठ सकते हैं?
【眼科】 yǎnkē नेत्ररोग विभाग
【眼科学】 yǎnkēxué नेत्रविज्ञान; चक्षुविज्ञान
【眼科医生】 yǎnkē yīshēng नेत्र-चिकित्सक
【眼库】 yǎnkù आँख बैंक
【眼快】 yǎnkuài तीक्ष्ण दृष्टि वाला; बारीक देखने वाला
【眼眶】 yǎnkuàng （眼眶子 yǎnkuàngzi भी） ❶अक्षि-छिद्र; नेत्रकोटर: 他～里饱含着泪水。उस की आंखों में आंसू भरे हुए थे। ❷आंख का घेरा: 揉揉～ आंख मलना
【眼泪】 yǎnlèi आंसू; अश्रु: 擦～ आंसू पोंछना / 流～ आंसू आना; आंसू चलना; आंसू बहना / 掉～ आंसू गिरना; आंसू टपकना / 血～ खून के आंसू; लहू के आंसू
【眼泪汪汪】 yǎnlèi wāngwāng आंसू या आंख डबडबाना; आंख भर आना; आंखें सजल हो जाना; आंखें छलछलाना: 他～地说。उस ने आंखों में आसू भर कर (या सजल नेत्र होकर) कहा।
【眼离】 yǎnlí <बो०> दृष्टिभ्रम होना: 那马一～就惊了。दृष्टिभ्रम के कारण घोड़ा चौंक उठा।
【眼力】 yǎnlì ❶देखने की क्षमता: ～好 देखने की क्षमता अच्छी होना ❷पहचानने की क्षमता: 他看人很有～。लोगों को पहचानने की उस में अधिक क्षमता है।
【眼力见儿】 yǎnlìjiànr स्थिति के अनुसार उचित कार्यवाही करने की क्षमता: 这孩子真有～，看见我看报，就把茶拿来了。इस लड़के में सचमुच स्थिति के अनुसार कार्यवाही करने की क्षमता है। मुझे अखबार पढ़ते देख वह मेरे लिए चाय ले लाया।
【眼里】 yǎnli किसी की आखों में; किसी की दृष्टि में: 她～含着泪水。उस की आखों में आंसू थे। / 看在～，记在心里。आखों में जो देखा सो मन में रखा।
【眼帘】 yǎnlián <साहि०> आंखें: 垂下～ पलक गिरना / 丰收的景象映入～。किसानों के द्वारा भरी पूरी अच्छी फ़सल पैदा करने का दृश्य आंखों के सामने आया।
【眼亮】 yǎnliàng आंख साफ़ होना; आंख स्पष्ट होना: 心明～ स्पष्ट रूप से देखना और सोचना
【眼眉】 yǎnméi <बो०> भौंह; भृकुटि
【眼面前】 yǎnmiànqián ❶आंखों के सामने; के सामने: 她刚从我～过去。वह अभी मेरे सामने से गुज़र गई। ❷उपयोगी; जो अक्सर देखा जाता हो: ～的一些字 वे अक्षर या शब्द जो अक्सर देखे जाते हों
【眼明手快】 yǎnmíng-shǒukuài तीव्र दृष्टि और चतुर हाथ
【眼明心亮】 yǎnmíng-xīnliàng （心明眼亮 xīnmíng-yǎnliàng भी） दे० 眼亮
【眼膜】 yǎnmó आंख की झिल्ली; आंख का जाला; पटल
【眼目】 yǎnmù ❶आंखें: 强烈的灯光眩人～。बत्ती की तेज़ रोशनी से आंखें चौंधियाती हैं। ❷गुप्त रूप से निरीक्षण करने और सूचना देने वाला आदमी
【眼内压】 yǎnnèiyā दे० 眼压
【眼泡】 yǎnpāo पलक; आंख के ऊपर का चमड़ा या परदा: 肉～儿 भारी ऊपरी पलक / 她～儿哭肿了。उस की आंखें अधिक रोने से फूल गईं।
【眼皮】 yǎnpí （眼睑 yǎnjiǎn का साधारण नाम, 眼皮子 yǎnpízi भी） पलक; नेत्रपट; पपोटा: ～跳动 पलकें फड़कना
【眼皮底下】 yǎnpí dǐxia （眼皮子底下 yǎnpízi dǐxia भी） दे० 眼底下
【眼皮子】 yǎnpízi ❶आंख के ऊपर और नीचे का चमड़ा: 困得～都挣不开了。अधिक थकान से पलकें उठ न सकीं। ❷दृष्टि की सीमा; जानकारी: ～高 मुश्किल से पसन्द करने वाला / ～低 अदूरदर्शी; छिछली जानकारी वाला
【眼前】 yǎnqián ❶आंखों के सामने; सामने: ～是一片金黄色的麦田。सामने सुनहरे गेहूँ का विस्तृत खेत है। ❷हाल ही में; मौजूदा: ～的利害 सामयिक हानि-लाभ / ～利益 फ़ौरी हित / 我们不能只顾～不管将来。हमें केवल वर्तमान पर विचार और भविष्य की उपेक्षा नहीं करनी चाहिए। / 胜利就在～。विजय जल्दी ही मिलने वाली है। / ～你爱怎么说就怎么说。अभी तुम जो चाहो कह लो।
【眼前欢】 yǎnqiánhuān क्षण भर की प्रसन्नता
【眼前亏】 yǎnqiánkuī आंखों के ठीक सामने होने वाला कष्ट: 好汉不吃～。बुद्धिमान व्यक्ति स्पष्ट अनुकूल स्थिति में कभी नहीं लड़ता।
【眼浅】 yǎnqiǎn अदूरदर्शी; छिछली जानकारी वाला
【眼球】 yǎnqiú （眼珠子 yǎnzhūzi का साधारण नाम） ❶आंख की पुतली; आंख का डेला; कोया; नेत्रगालक; अक्षिगोल ❷<ला०> ध्यान: 吸引众多～ लोगों का ध्यान आकर्षित करना
【眼圈】 yǎnquān ❶अक्षि-छिद्र; नेत्र-कोटर ❷आंख का घेरा: 他～发黑。उस की आखों के नीचे गोलाकार काले गड्ढे पड़ गए थे (नीले हल्के धब्बे थे)। / 她～红了。उस की आंखें डबडबा आईं।
【眼热】 yǎnrè लालच होना; लालसापूर्वक दृष्टि डालना: 她见了这时装怪～的。वह इस फ़ैशनेबुल कपड़े को बड़ी ललक के साथ देखती है।
【眼色】 yǎnsè ❶आंखों का इशारा या संकेत; नज़र: 她给他们使了个～。उस ने उन लोगों को आंख से इशारा किया। ❷स्थिति के अनुसार उचित कार्यवाही करने की क्षमता: 做买卖要有～。व्यापार करने में स्थिति के

अनुसार उचित कार्यवाही करने की क्षमता होनी चाहिए।

【眼稍】 yǎnshāo आंखों के बाहरी कोने

【眼神】 yǎnshén ❶आंख की भावना: 人们都用异样的～看着他。लोग विचित्र नेत्रों से उसे देख रहे थे। ❷<बो०> देखने की क्षमता: 我的～不好。मेरी आंखों के देखने की क्षमता ठीक नहीं है।

【眼神】 yǎnshen <बो०> दे० 眼色❶

【眼生】 yǎnshēng अनजान होना; अपरिचित होना: 来人很～。मैं ने पहले इस आगंतुक को कभी नहीं देखा था। / 我已有好几年没来这里了，连从前最熟悉的大街也～了。मैं कई सालों से यहां नहीं आया, यहां की सब से अधिक परिचित सड़क भी अब अपरिचित हो गई।

【眼时】 yǎnshí <बो०> हाल ही में; आजकल

【眼屎】 yǎnshǐ <बो०> आंख की कीच (या कीचड़, मल)

【眼熟】 yǎnshú देखने में पूर्व परिचित मालूम होना: 这人看起来很～。यह आदमी देखने में पहले से परिचित-सा मालूम होता है।

【眼跳】 yǎntiào पलकें फड़कना

【眼窝】 yǎnwō अक्षि-छिद्र; नेत्र-कोटर

【眼下】 yǎnxià हाल ही में; आजकल; इन दिनों; अब: ～正是小麦收割季节。आजकल गेहूँ की फ़सल काटने का ही मौसम है।

【眼弦赤烂】 yǎnxián chìlàn <ची०चि०> पलक की सूजन

【眼线】[1] yǎnxiàn अक्षिरेखा

【眼线】[2] yǎnxiàn छिपकर निरीक्षण करने और आवश्यकता पर मार्गदर्शन करने वाला आदमी; भेदी; जासूस; भेदिया

【眼压】 yǎnyā <चिकि०> भीतरी नेत्रीय चाप; भीतरी नेत्रचाप

【眼药】 yǎnyào आंख की दवा; नेत्रौषधि

【眼药水】 yǎnyàoshuǐ आंख में डालने वाली दवा (आई ड्रॉप्स); नेत्र-द्रवौषधि

【眼翳】 yǎnyì <चिकि०> फूली; आंख की पुतली पर पड़ा हुआ दाग या छींटा जिस से कुछ कम दिखाई देने लगता है

【眼影】 yǎnyǐng आईशैडो; अंजन; सुरमा; पलक पर अंजन की तरह लगाने वाली चीज़

【眼晕】 yǎnyùn (आंख कमज़ोर होने के कारण) चक्कर आना या सिर में दर्द होना

【眼罩儿】 yǎnzhàor ❶अंधेरी; अन्हवट; घोड़े आदि की आंखों का परदा जिस के कारण वह अगल-बगल न देख सके ❷आईशेड ❸माथे पर हाथ रखकर धूप को रोकना: 打起～远望 माथे पर हाथ रखकर दूर की ओर देखना

【眼睁睁】 yǎnzhēngzhēng आंख के खुलते ही खुलते; देखते ही देखते; निस्सहाय रूप में; लाचार से; संवेदन-शून्यता से: 我们不能～地看着庄稼给水淹了。हम हाथ पर हाथ धरकर बैठे-बैठे बाढ़ को फ़सल डुबोते नहीं देख सकते।

【眼中钉】 yǎnzhōngdīng आंख का कांटा; किसी को कांटे की तरह चुभने लगना: ～，肉中刺。आंख का रोड़ा और मांस का कांटा / 他看我们是～。वह हम से घृणा करता है। हम को वह अपनी आंख का कांटा समझता है।

【眼珠子】 yǎnzhūzi (眼珠儿 yǎnzhūr भी) <बोल०> ❶आंख की पुतली; डेला; कोया ❷किसी की आंख की पुतली; प्रिय वस्तु

【眼拙】 yǎnzhuō <शिष्ट०> मेरी अभद्र आंख; मेरा अभद्र स्मरण: 恕我～，您贵姓? मेरी धृष्टता माफ़ कीजिए, आप का शुभ नाम क्या है?

偃

偃 yǎn <लि०> ❶चित गिर पड़ना; पीठ के बल गिर पड़ना: ～卧 पीठ के बल लेटना / 偃旗息鼓 ❷रुकना; बन्द करना: 偃武修文

【偃旗息鼓】 yǎnqí-xīgǔ अपने झंडे झुका देना और अपने नगाड़ों को ढांप देना —— सभी कार्यवाहियां रुक जाना

【偃武修文】 yǎnwǔ-xiūwén युद्ध से दूर रहना और विद्या को प्रोत्साहित करना; सैन्य कार्यवाहियों से दूर रहना और सभ्यता व शिक्षा को प्रोत्साहित करना

琰

琰 yǎn <लि०> एक प्रकार का जेड पत्थर

棪

棪 yǎn (प्रायः व्यक्ति के नाम में प्रयुक्त) <प्रा०> 柰 nài, (एक प्रकार के सेब) की तरह का वृक्ष

晻

晻 yǎn <लि०> धुंधला और अस्पष्ट
àn भी दे०

扊

扊 yǎn नीचे दे०

【扊扅】 yǎnyí <लि०> सिटकिनी; चिटकनी; चटखनी

罨

罨 yǎn ❶<लि०> चिड़िया या मछली पकड़ने का जाल ❷ढकना; छाना; आवृत्त करना: 热～ <चिकि०> सूजन आदि पर गरम पट्टी बांधना / 拿湿布～在伤口上 घाव पर तर कपड़ा बांधना या रखना

演

演 yǎn ❶विकास करना या होना; विस्तार करना या होना: 演进 / 演变 ❷निगमन करना; विस्तार से करना; सविस्तार प्रतिपादित करना: 演说 / 演绎 ❸ड्रिल; सुनिश्चित अभ्यास; अभ्यास कार्यक्रम: 演算 / 演武 ❹अभिनय करना; रूप भरना; नाटक करना; छद्मावेश धारण करना; स्वांग भरना; खेलना; बजाना: 演奏 / 扮～ किसी का स्वांग रचना (या अभिनय करना) / ～白毛女的角色 सफ़ेद बालों वाली लड़की की भूमिका अदा करना

【演变】 yǎnbiàn विकास करना और परिवर्तन करना; विकास के द्वारा परिवर्तन होना: 世间一切事物都是在不断～的。संसार में सभी वस्तुएं निरंतर विकास के द्वारा परिवर्तित होती रहती हैं।

【演兵场】 yǎnbīngchǎng सैन्य व्यायाम की अभ्यास-भूमि

【演播】 yǎnbō (रेडियो-स्टेशन, टेलीविज़न-संदेश द्वारा) कार्यक्रम प्रसारित करना: ～室 कार्यक्रम प्रसारित करने का कमरा

【演唱】 yǎnchàng अभिनय करते हुए गाना या आपेरा

गाना

【演出】 yǎnchū अभिनय करना; नाटक करना; प्रोग्राम या कार्यक्रम दिखाना: 登台～ मंच पर अभिनय करना / 首次～ पहली बार अभिनय करना / ～节目 प्रोग्राम प्रस्तुत करना / ～日期 अभिनय करने की तिथि / ～者 प्रोड्यूसर; प्रस्तुतकर्ता / ～结束后 प्रोग्राम खतम होने के बाद

【演出本】 yǎnchūběn अभिनय करने का मूल प्रलेख; नाटक करने का मूल प्रलेख

【演出单位】 yǎnchū dānwèi अभिनय करने की इकाई; प्रोड्यूसर

【演化】 yǎnhuà विकास और परिवर्तन (प्रायः प्राकृतिक जगत के लिए प्रयुक्त): ～过程 विकास और परिवर्तन की प्रक्रिया / 生物的～ जीव-जंतु का विकास और परिवर्तन

【演技】 yǎnjì अभिनय करने का कौशल; अभिनय-कला: 他的～好极了。उस के अभिनय करने का कौशल उच्च कोटि का है।

【演技场】 yǎnjìchǎng अभिनय-स्थल; अखाड़ा

【演讲】 yǎnjiǎng भाषण देना; रिपोर्ट देना: ～比赛 भाषण-कला की प्रतियोगिता / ～者 भाषणदाता; मुखातिब

【演进】 yǎnjìn शनैः शनैः उन्नत करना; विकास और परिवर्तन

【演剧】 yǎnjù नाटक का अभिनय करना; नाट्य-प्रदर्शन करना

【演练】 yǎnliàn ड्रिल करना: ～场 ड्रिल ग्राउन्ड / 地面～ (विमान-चालन) ग्राउन्ड ड्रिल

【演示】 yǎnshì दिखाना; प्रदर्शित करना: 科学家们向我们～了他们自己的发明创造。विज्ञानवेत्ताओं ने हमें अपने आविष्कार दिखाये (या प्रदर्शित किये)।

【演双簧】 yǎnshuānghuáng युगल-अभिनय करना

【演说】 yǎnshuō ❶भाषण देना; व्याख्यान करना ❷भाषण; स्पीच; अड्रेस: ～家 भाषणदाता; भाषणकर्ता

【演说术】 yǎnshuōshù भाषण-कला

【演算】 yǎnsuàn किसी निश्चित सिद्धांत, नियम और सूत्र के अनुसार गणना करना

【演替】 yǎntì 〈जीव०〉 प्राणियों की प्रजातियों के विकास का पूर्वानुपर क्रम

【演武】 yǎnwǔ परम्परागत रण-विषयक कला (युद्ध कला) का अभ्यास करना

【演习】 yǎnxí (प्रायः सैन्य-विज्ञा के बारे में प्रयुक्त) अभ्यास; ड्रिल; कवायद; पूर्वाभ्यास; रिहर्सल: 海军～ नौ-सेना का पूर्वाभ्यास / 民兵～ मिलिशिया ड्रिल / 参加～ कार्रवाइयों (या ड्रिल) में शामिल करना

【演戏】 yǎnxì नाटक का अभिनय करना; तमाशा खेलना; आपेरा आयोजित करना: 演不起戏 आपेरा आयोजित करने का खर्च न जुटा सकना / 好了，别再～了。〈ला०〉 बस, अब तमाशा न खेलो। / 这次～我也要参加。अब की लीला में मैं भी काम करूंगा।

【演义】 yǎnyì ऐतिहासिक उपन्यास (प्रायः ऐतिहासिक उपन्यास के नाम में प्रयुक्त): 《三国～》 'त्रिराज्य की कथाएं'

【演艺】 yǎnyì अभिनय-कला; अभिनय-कौशल

【演绎】 yǎnyì ❶〈तर्क०〉 निगमन (करना) ❷सुनाना; प्रदर्शित करना; दिखाना (या अभिनय करना): ～别人的故事 दूसरों की कहानी सुनाना (प्रदर्शित करना या उस का अभिनय करना)

【演绎法】 yǎnyìfǎ निगमन-रीति

【演绎逻辑】 yǎnyì luójí निगमनशास्त्र; निगमन-तर्क

【演员】 yǎnyuán अभिनेता; अभिनेत्री; पात्र: ～表 (नाटक आदि में) अभिनेतावर्ग; पात्र-समूह; पात्र-सूची

【演奏】 yǎnzòu बाजा बजाना (अभिनय में): ～会 कंसर्ट / ～家 वादक; वादिका; कलावंत / ～台 कंसर्ट रंगमंच; संगीत-वेदी / ～者 वादक; वादिका

缜（縯） yǎn 〈लि०〉 बढ़ाना; विस्तार करना

魇（魘） yǎn ❶दुःस्वप्न देखना; डरावना या भयानक स्वप्न देखना ❷〈बो०〉 बर्राना; नींद में बकना

蝘 yǎn प्राचीन पुस्तक में सिकेडा की जाति का एक कीड़ा

巘（巘） yǎn 〈लि०〉 चोटी; शिखर: 绝～ बहुत ऊंचा शिखर

黡（黶） yǎn 〈लि०〉 शरीर पर का काले रंग का छोटा दाग; तिल

甗 yǎn प्राचीन काल में एक प्रकार का खाना पकाने का बर्तन जिस के बीच में ग्रेट（箅子 bìzi）होता था

鼹（鼴） yǎn छछूँदर

【鼹鼠】 yǎnshǔ 鼹 का साधारण नाम

yàn

厌（厭） yàn ❶संतुष्ट होना; इच्छाएँ पूरी होना: 贪得无～ अतृप्तिपूर्वक लोलुप होना; कभी न संतुष्ट होने वाली लोलुपता ❷बहुत अधिक होने के कारण अप्रसन्न होना: 看～了 किसी वस्तु को आवश्यकता से अधिक देखना ❸जी ऊब जाना; घृणा करना: 厌弃 / 厌恶

【厌烦】 yànfán किसी वस्तु से ऊबा हुआ होना; उकताया हुआ होना: 这话说了一遍又一遍，都听～了。बार-बार यही बात कहने से जी ऊब गया। / 这支歌听一百遍都不～。इस गाने को सौ बार सुनने से भी जी नहीं ऊबता।

【厌恨】 yànhèn अत्यंत घृणा करना

【厌倦】 yànjuàn उकताना; ऊबना; थकना: 毫不～地 बिना थके / 跳舞，她早就～了。उस का मन नाच से उकता गया था।

【厌弃】 yànqì घृणा करना और त्याग करना; ठुकराना; नापसन्द करना

【厌气】 yànqi <बो०> ❶किसी वस्तु से ऊबा हुआ होना; उकताया हुआ होना ❷अकेला; एकाकी

【厌食】 yànshí खाने में जी ऊबना: ～症 <चिकि०> खाने में जी ऊबने का रोग

【厌世】 yànshì संसार से विरक्त होना; संसार से विराग करना; निराशा होना: 悲观～ निराश होकर ज़िंदगी से ऊब जाना / ～家 निराशावादी

【厌恶】 yànwù ऊबना; चिढ़ना; उकताना; दिल उचटना; घृणा करना: 人们都很～他。लोग उस से बड़ा चिढ़ते थे।

【厌恶疗法】 yànwù liáofǎ <मनो०> विरक्ति चिकित्सा

【厌氧微生物】 yànyǎng wēishēngwù अवायुजीवी; बिना आक्सीजन के जीने वाला जीवाणु

【厌战】 yànzhàn युद्ध से ऊबना: ～情绪 युद्ध से ऊब जाने की भावना; युद्ध से ऊबने के लक्षण (दिखाई पड़ना)

觃

yàn नीचे दे०

【觃口】 Yànkǒu यानखो, चच्यांग प्रांत में एक स्थान

研 （砚）

yàn 砚 yàn के समान

yán भी दे०

砚（硯）

yàn ❶स्याही-प्लेट; मसिपात्र; स्याही की रकाबी: 笔～ लेखन-ब्रुश और स्याही-प्लेट ❷<पुराना> सहपाठी संबंध (इस का कारण यह है कि सहपाठी लोग अक्सर एक ही लेखन-ब्रुश और स्याही-प्लेट का प्रयोग करते थे। सहपाठी को सहमसिपात्र भी कहते थे): 砚兄 / 砚友

【砚池】 yànchí स्याही-प्लेट; मसिपात्र

【砚滴】 yàndī （水注 shuǐzhù भी）पानी को स्याही-प्लेट में टपकाने का एक उपकरण

【砚弟】 yàndì <पुराना> छोटा सहपाठी

【砚台】 yàntai स्याही-प्लेट; मसिपात्र

【砚兄】 yànxiōng <पुराना> ज्येष्ठ सहपाठी

【砚友】 yànyǒu <पुराना> सहपाठी

咽（嚥）

yàn निगलना; गड़पना; हड़पना: 细嚼慢～ अच्छी तरह चबाकर धीरे-धीरे निगलना / 狼吞虎～ भुक्खड़ की भांति निगल जाना / 话到嘴边又～回去了。बात मुंह से निकलते-निकलते रह गई।

yān; yè भी दे०

【咽气】 yānqì मरना; मृत्यु होना

彦

yàn <लि०> सद्गुण और क्षमता वाला व्यक्ति

艳（艷、豔）

yàn ❶चमकीला; भड़कीला; रंग-बिरंगा: 艳丽 / 这画太～了。यह चित्र बहुत भड़कीला है। ❷प्रेम-संबंधी: 艳情 / 艳史 ❸<लि०> डाह; ईर्ष्या: 艳羡

【艳福】 yànfú किसी आदमी का प्रेम में सौभाग्य होना: ～不浅 किसी आदमी का प्रेम में बहुत भाग्यवान होना; किसी पुरुष की सुन्दर पत्नी या प्रेमिका होना

【艳歌】 yàngē प्रणय गान; प्रणय गीत; प्रेम-गीत

【艳红】 yànhóng चटक लाल रंग; अरुण; सिन्दूरवर्ण: ～的太阳 चटख लाल रंग का सूर्य

【艳丽】 yànlì चटक रंग का और सुन्दर; भड़कीला; चमकीला; रंग-बिरंगा: 色彩～ रंग चटक और सुन्दर होना / ～夺目 चौंधियाती हुई सुन्दरता का / 词藻～ आलंकारिक शब्द-चयन / 打扮得非常～ बड़े भड़कीलेपन से कपड़े पहनना

【艳绿】 yànlǜ चटख हरा रंग

【艳情】 yànqíng शृंगारिक: ～小说 शृंगारिक उपन्यास

【艳如桃李，冷若冰霜】 yànrú-táolǐ, lěngruò-bīngshuāng (स्त्री) आड़ू और बेर के फूलने की तरह सुन्दर किंतु पाले और बर्फ़ की तरह सर्द

【艳诗】 yànshī शृंगारिक कविता

【艳史】 yànshǐ पुरुष और स्त्री के बीच प्रेम-संबंधी कहानियां

【艳羡】 yànxiàn <लि०> बहुत अधिक प्रशंसा करना

【艳阳】 yànyáng ❶प्रकाशमय सूर्य: ～高照 प्रकाशमय सूर्य आकाश में आलोकित करना ❷(वसंत का) सुन्दर दृश्य: ～天 वसंत के सुहावने दिन

【艳冶】 yànyě <लि०> (स्त्री) मन-मोहक और हाव-भाव करनेवाली (या नखरेबाज़)

【艳妆】 yànzhuāng दे० 艳装

【艳装】 yànzhuāng （艳妆 yànzhuāng भी）भड़कीली पोशाक; भड़कीड़ी सजावट

晏

yàn ❶विलंब; देर: ～起 विलंब से उठना; देर से उठना ❷दे० 宴 yàn❸ ❸（Yàn）एक कुलनाम

唁

yàn मातमपुर्सी; समवेदना-प्रदर्शन करना; मातमपुर्सी करना; मृतक के संबंधियों के पास जाकर उन्हें सांत्वना देना: 吊～ समवेदना-प्रदर्शन करना; मातमपुर्सी करना

【唁电】 yàndiàn शोक-संदेश; संवेदना-संदेश

【唁函】 yànhán शोक-पत्र; संवेदना-पत्र

宴

yàn ❶मेहमानों की दावत होना; अतिथियों को भोज देना: 宴客 / 欢～ उल्लासपूर्ण भोज होना ❷भोज; प्रीतिभोज; दावत: 赴～ प्रीतिभोज या दावत में जाना / 盛～ शानदार दावत; धूमधाम के साथ किया जाने वाला प्रीतिभोज / 国～ राज्य प्रीतिभोज ❸आनंद; आराम: 宴安 / 宴乐

【宴安】 yàn'ān आराम से रहना

【宴安鸩毒】 yàn'ān-zhèndú भोग-विलास का जीवन पाने को उत्सुक होना विषैली मदिरा पीने के बराबर है; विलासी सुख विष है

【宴尔】 yàn'ěr （燕尔 yàn'ěr भी）<लि०> ❶आनंद; सुख ❷हाल ही में किया गया सुखपूर्वक विवाह: ～之乐 नये विवाह का सुख

【宴尔新婚】 yàn'ěr-xīnhūn （燕尔新婚 yàn'ěr-xīnhūn भी）नये विवाह का सुख

【宴会】 yànhuì प्रीतिभोज; दावत; डिनर-पार्टी: ～礼服 डिनर की पोशाक

【宴会厅】 yànhuìtīng प्रीतिभोज-भवन; दावत-हाल

【宴客】 yànkè अतिथियों को प्रीतिभोज देना; मेहमानों को दावत देना

【宴乐】 yànlè ❶सुख से जीवन बिताना ❷（燕乐 yàn-lè, 宴乐 yànyuè भी दे०）मदिरा या शराब और प्रीति-भोज

【宴请】 yànqǐng प्रीतिभोज देना; दावत देना; ज़ियाफ़त करना：～贵宾 माननीय अतिथियों को प्रीतिभोज देना

【宴席】 yànxí भोज; प्रीतिभोज; दावत

【宴饮】 yànyǐn छककर दावत देना और शराब पीना

【宴乐】 yànyuè （燕乐 yànyuè, 宴乐 yànlè भी दे०）प्राचीन काल में प्रीतिभोज में बजाया जाने वाला संगीत

验（驗，騐）yàn ❶जांच करना; परीक्षण करना; परखना; निरीक्षण करना; कसौटी पर रखना या कसना：～票 टिकट का निरीक्षण / ～大便 पाखाने की जांच कर-ना / 考～ परखना; कसौटी पर कसना / 试～ परखना; परीक्षण करना ❷प्रत्याशित फल निकलना：灵～ कारगर होना; झूठा न होना / 应～ सच निकलना या होना / 屡试屡～ हर परीक्षण में सफल सिद्ध होना ❸प्रत्याशित फल या परिणाम：效～फल; परिणाम; नतीजा

【验潮器】 yàncháoqì 〈मौ०वि०〉 ज्वार सर्वेक्षक

【验潮站】 yàncháozhàn ज्वार सर्वेक्षण केन्द्र

【验电器】 yàndiànqì विद्युत्-दर्शक; विद्युत् दर्शन यंत्र; इलेक्ट्रोस्कोप

【验方】 yànfāng 〈ची०चि०〉 प्रभावशाली नुस्खा

【验关】 yànguān चुंगी निरीक्षण

【验光】 yànguāng दृष्टिमिति; आप्टोमेट्री

【验核】 yànhé निरीक्षण करना; जांच-पड़ताल करना

【验看】 yànkàn निरीक्षण करना; जांचना; ध्यानपूर्वक देखना：～护照 पासपोर्ट का निरीक्षण करना / ～指纹 अंगुली-चिन्ह का निरीक्षण करना

【验明正身】 yànmíng zhèngshēn प्राणदंड देने से पूर्व सही अपराधी की पहचान करना

【验讫】 yànqì जांच-पड़ताल किया गया; निरीक्षित किया गया; निरीक्षण कर चुकना

【验枪】 yànqiāng 〈सैन्य०〉 अस्त्रों का निरीक्षण करना

【验伤】 yànshāng घाव का निरीक्षण करना

【验墒】 yànshāng मिट्टी की नमी का निरीक्षण करना

【验尸】 yànshī 〈का०〉 शव-परीक्षा; मुर्दे की चीर-फाड़

【验尸官】 yànshīguān शव की परीक्षा करने वाला अधिकारी; शव-परीक्षा अधिकारी

【验收】 yànshōu निरीक्षण करना और ग्रहण करना; ग्रहण करने के पहले निरीक्षण करना：工程竣工后将由国家～。 परियोजना समाप्त होने के बाद सरकार इस का निरीक्षण और ग्रहण करेगी।

【验算】 yànsuàn 〈गणि०〉 गिनती का निरीक्षण (कर-ना)：～公式 सूत्र का निरीक्षण करना

【验血】 yànxiě खून की जांच करना

【验证】 yànzhèng सत्य प्रमाणित करना; निरीक्षण करके साबित करना：～理论 सिद्धांत को सत्य प्रमाणित कर-ना / ～数据 आंकड़ों को सत्य प्रमाणित करना

【验资】 yànzī पूँजी या संपति का निरीक्षण करना

谚（諺）yàn कहावत; लोकोक्ति：古～ प्राचीन काल की कहावत / 民～ लोकोक्ति

【谚语】 yànyǔ कहावत; लोकोक्ति

堰 yàn नदी पर बांध; बंद

【堰塞湖】 yànsèhú 〈भू०〉 प्रतिबन्ध झील; बैरियर लेक

雁（鴈）yàn हंस; वनहंस：～叫。वनहंस गण टेरते हैं।

【雁过拔毛】 yànguò-bámáo अपने पास उड़कर गुज़रते हर हंस के पर को उखाड़ना —— जब भी संभावना हो निचोड़ना (या जबरन पैसा वसूल करना)

【雁行】 yànháng हंस की पंक्ति; पंक्ति के रूप में उड़ते हुए हंस —— भाई-भाई

【雁来红】 yànláihóng 〈वन०〉 तीन रंगों वाला अम्लान पुष्प

【雁序】 yànxù 〈लि०〉 हंस की पंक्ति; पंक्ति के रूप में उड़ते हुए हंस —— भाई-भाई

【雁阵】 yànzhèn हंसों के उड़ने की रचना

喭 yàn 〈लि०〉 ❶धृष्ट; गुस्ताख ❷唁 yàn के समान

焰（燄）yàn ज्वाला; शिखा; लौ; लपट

【焰火】 yànhuǒ （烟火 yānhuǒ भी）आतिशबाज़ी

【焰口】 yànkou 〈धर्म〉 （面燃 miànrán भी）बौद्ध धर्म में भूखे प्रेतों का नाम जिस के मुंह से आग निकलती है：放～ बौद्ध साधु का धार्मिक कृत्य करते समय उन भूखे प्रेतों को भोजन देना

【焰心】 yànxīn आग की लौ का भीतरी भाग

焱 yàn 〈लि०〉 आग का छोटा कण या टुकड़ा; चिनगारी (प्रायः व्यक्ति के नाम में प्रयुक्त)

滟（灧）yàn नीचे दे०

【滟滪堆】 Yànyùduī 〈पुराना〉 यांगत्सी नदी की छ्वू-थांग श्या（瞿塘峡）नामक तंगघाटी के मुँह पर एक बड़ी भारी चट्टान का नाम

墕 yàn ❶दोनों पहाड़ों के बीच का स्थान ❷堰 yàn के समान

酽（釅）yàn (रस) गाढ़ा：茶太～了。चाय बहुत गाढ़ी है।

餍（饜）yàn 〈लि०〉 ❶भर पेट खाना ❷संतुष्ट होना

【餍足】 yànzú संतुष्ट करना; अपनी इच्छाएं पूरी करना

鷃（鴳、鴈）yàn नीचे दे०

【鷃雀】 yànquè प्राचीन पुस्तक में वर्णित की गयी एक छोटी-सी चिड़िया

1403 yàn yāng

烱（爓）yàn 〈लि०〉焰 yàn के समान

谳（讞）yàn 〈लि०〉मुकद्दमा चलाकर दोषी ठहराना

燕 1（鷰）yàn 〈प्राणि०〉अबाबील; भांडीकः 家～ गृह भांडीक

燕 2（讌、醼）yàn दे० 宴 yàn❶❷

燕 3（讌）yàn दे० 宴 yàn❸
Yān भी दे०

【燕菜】yàncài एक प्रकार की चिड़िया के घोंसलों से बना सुस्वादु भोजन

【燕巢幕上】yàncháo-mùshàng（燕巢于幕 yàncháoyúmù भी）खिड़की या छत आदि के छज्जे पर अबाबील द्वारा अपना घोंसला बनाना —— अति संकटपूर्ण स्थिति में रहना

【燕尔】yàn'ěr 宴尔 yàn'ěr के समान

【燕尔新婚】yàn'ěr-xīnhūn दे० 宴尔新婚 yàn'ěr-xīnhūn

【燕颔虎颈】yànhàn-hǔjǐng राज-सी और आदर पैदा करने वाला लक्षण

【燕好】yànhǎo 〈लि०〉(पति-पत्नी का) एक दूसरे पर आसक्त होनाः 百年～ जीवन के अंत तक अनुरागी दम्पति बने रहना

【燕鸻】yànhéng 〈प्राणि०〉देखने और आदतों में अबाबील की तरह की एक प्रकार की चिड़िया; अबाबील-प्लोवर

【燕乐】yànlè दे० 宴乐 yànlè

【燕麦】yànmài 〈वन०〉जई

【燕鸥】yàn'ōu 〈प्राणि०〉अबाबील की तरह लंबी कटी पूंछ वाली समुद्री चिड़िया

【燕雀】yànquè 〈प्राणि०〉एक प्रकार की छोटी चिड़िया

【燕雀安知鸿鹄之志】yànquè ān zhī hónghú zhī zhì छोटी सी अबाबील और गौरैया राजहंस की अभिलाषा को कैसे समझ सकें —— बाज़ारू आदमी महान व्यक्ति की अभिलाषा नहीं समझ सकता

【燕雀处堂】yànquè-chǔtáng（燕雀处屋 yànquè-chǔwū भी）अबाबील और गौरैया ने उस हॉल में अपना-अपना घोंसला बनाया जिस में आग लगने वाली हो —— अपने खतरे से बेखबर होना

【燕隼】yànsǔn 〈प्राणि०〉छोटा बाज़; शिकरा

【燕尾服】yànwěifú पीछे से कटा हुआ कोट; स्वॉलो-टेल

【燕窝】yànwō खाने योग्य पक्षी-नीड़

【燕鱼】yànyú 〈प्राणि०〉स्पैनिश मैकरेल

【燕乐】yànyuè दे० 宴乐 yànyuè

【燕子】yànzi 〈प्राणि०〉गृह-भांडीक या अबाबील का साधारण नाम

赝（贋）yàn 〈लि०〉कृत्रिम; नकली; जाली; खोटाः 赝品

【赝本】yànběn कृत्रिम संस्करण या प्रति

【赝币】yànbì 〈लि०〉कृत्रिम मुद्रा या सिक्का

【赝鼎】yàndǐng कृत्रिम पुरातत्व-सामग्री; कला-कृति की जाली वस्तु

【赝晶体】yànjīngtǐ 〈भौ०〉मिथ्या-स्फटिक

【赝品】yànpǐn कलाकृति, पुरातत्व-सामग्री आदि की जाली-वस्तु

嬿 yàn 〈लि०〉सुखमय; उत्तम; बढ़िया

yāng

央 1 yāng गिड़गिड़ाना; घिघियाना; विनती करना; अनुनय-विनय करनाः 央求

央 2 yāng केन्द्रः 中～ केन्द्र

央 3 yāng 〈लि०〉समाप्त होना; अंत होना; खत्म होनाः 夜未～。अभी रात समाप्त नहीं हुई है।

【央告】yānggào गिड़गिड़ाना; घिघियाना; विनती करना; अनुनय-विनय करनाः 苦苦～ गिड़गिड़ाना; चिरौरी करना; पांव पड़ना

【央行】yāngháng （中央银行 zhōngyāng yínháng का संक्षिप्त नाम）केंद्रीय बैंक

【央求】yāngqiú गिड़गिड़ाना; घिघियाना; विनती करना; अनुनय-विनय करना; पांव पड़नाः 我再三～他才答应。मैं ने बार-बार अनुनय-विनय किया तब उस ने स्वीकार किया।

【央视】Yāngshì （中央电视台 Zhōngyāng Diànshì Tái का संक्षिप्त रूप）सी० सी० टी० वी०, चीनी केन्द्रीय टेलीविज़न

【央托】yāngtuō किसी व्यक्ति से किसी काम के लिए प्रार्थना करना

【央中】yāngzhōng 〈पुराना〉किसी व्यक्ति से मध्यस्थ बनने के लिए प्रार्थना करना

泱 yāng नीचे दे०

【泱泱】yāngyāng 〈लि०〉❶(पानी) विशालः 湖水～ झील में पानी ही पानी दिखाई देना ❷महान; बृहद्; विशालः ～大国 महान और विशाल देश

殃 yāng ❶विपत्ति; संकट; मुसीबत; आफ़त ः 遭～ (किसी पर) संकट आना; मुसीबतें ढाना ❷आफ़त में फंसाना; संकट में डालना; नुकसान पहुंचानाः 祸国～民 देश बरबाद हो जाना और जनता तबाह हो जाना; देश और जनता को आफ़त में फंसाना

【殃及】yāngjí आफ़त में फंसाना; संकट में डालना; नुकसान पहुंचानाः ～池鱼 आटे के साथ घुन पीसना

鸯（鴦）yāng दे० 鸳鸯 yuānyāng चकवा-चकवी

秧 yāng ❶पौधा; छोटा कोमल पौधा; बीज से उगाया

गया पौधा: 西瓜～儿 तरबूज़ का छोटा कोमल पौधा ❷धान; धान का पौधा: 秧田 / 插～ धान रोपना / 新～的嫩绿 धान के कोमल अंकुरों की हरियाली ❸कुछ वनस्पति की बेल या लता: 白薯～ शकरकंद की बेल ❹कुछ जीव का बच्चा: 猪～ सुअर का बच्चा / 鱼～ (अंडे से हाल ही में निकले हुए) मछली के बच्चे ❺〈बो०〉 (पेड़) लगाना; (मछली आदि का) पालन करना: ～了三棵树 पेड़ के तीन पौधे लगाना / ～了一池鱼 एक तालाब में मछली के बच्चों का पालन करना

【秧歌】 yāngge यांगक नाच या नृत्य (एक प्रकार का लोक-नृत्य)

【秧歌队】 yānggeduì यांगक नृत्य-मंडली

【秧歌剧】 yānggejù यांगक आपेरा

【秧鸡】 yāngjī 〈प्राणि०〉 रेल, एक प्रकार का पक्षी

【秧龄】 yānglíng क्यारी में धान के पौधों का उगने का समय

【秧苗】 yāngmiáo पौधा; धान का पौधा

【秧田】 yāngtián धान के पौधे का खेत

【秧子】 yāngzi ❶पौधा; छोटा कोमल पौधा: 树～ पेड़ का पौधा ❷बेल; लता: 花生～ मूंगफली की बेल ❸जीव का बच्चा: 猪～ सुअर का बच्चा ❹〈बो०〉〈ला०〉〈अना०〉 आदमी: 病～ रोगी; मरीज़ / 奴才～ जूता चाटने वाला; गुलाम

鞅 yāng (पुराना yǎng) 〈पुराना〉 प्राचीन काल में रथ खींचते समय घोड़े की गरदन पर लगायी गयी चमड़े की रकाब

yàng भी दे०

yáng

扬¹ (揚、敭) yáng ❶ऊंचा उठाना; ऊपर उठना: 飘～ फहराना / 将手一～ हाथ उठाकर / 将柳眉一～ कमानीदार भौंहें तानना / 趾高气～ आसमान पर चढ़ना; आसमान पर कदम रखना ❷ऊपर की ओर उड़ाना और छितराना: ～场 ओसाना / 把种子～干净 बीजों को हवा में उड़ाकर भूसा निकालकर साफ़ करना ❸फैलाना; मालूम करना: 表～ प्रशंसा करना / 赞～ प्रशंसा करना; तारीफ़ करना / 扬言 ❹(चेहरा, शक्ल, सूरत) सुन्दर; खूबसूरत: 其貌不～ सूरत खूबसूरत न होना

扬² (揚) Yáng ❶यांगचओ (च्यांगसू प्रांत में एक स्थान का नाम) ❷एक कुलनाम

【扬鞭】 yángbiān चाबुक मरना

【扬长避短】 yángcháng-bìduǎn किसी के गुण को विकसित करना और उस के दोष को छिपा देना; किसी की खूबी को ज़्यादा से ज़्यादा बढ़ाना और उस की कमी को ज़्यादा से ज़्यादा घटाना

【扬长补短】 yángcháng-bǔduǎn अपनी खूबी अच्छी तरह अदा करके अपनी कमी पूरी करना

【扬长而去】 yángcháng'érqù शाही ढंग से चला जाना; ऐंठ कर चला जाना

【扬场】 yángcháng ओसाना; भूसा मिले हुए अनाज को हवा में उड़ाकर भूसा और अनाज अलग करना

【扬场机】 yángchángjī भूसा ओसाने की मशीन; अनाज के दाने साफ़ करने की मशीन

【扬程】 yángchéng 〈जल-संरक्षण〉 लिफ़्ट: 高～ हाई-लिफ़्ट / 高～水泵 हाई-लिफ़्ट पम्प / 高～抽水站 हाई-लिफ़्ट पंप-स्टेशन

【扬帆】 yángfān पाल को चढ़ाना: ～远航 पाल को चढ़ाकर जलयात्रा करना

【扬幡招魂】 yángfān-zhāohún शव को दफ़नाने के समय पताका फहरा कर मृतक की आत्मा को बुलाना —— पुरानी चाल की वस्तु को फिर से प्रचलित करने का प्रयत्न करना

【扬花】 yánghuā 〈कृ०〉 अनाज की खेती का पुष्पवत होना

【扬基债券】 Yángjī Zhàiquàn यांकी बॉण्ड

【扬剧】 yángjù च्यांगसू प्रांत में एक प्रकार का स्थानीय आपेरा

【扬厉】 yánglì 〈लि०〉 विकास करना: 铺张～ आडंबर फैलाना और विकास करना

【扬眉吐气】 yángméi-tǔqì गर्वित और प्रफुल्लित होना; सिर उठाना

【扬名】 yángmíng नाम फैलना: ～天下 दुनिया में नाम फैलना

【扬旗】 yángqí 〈रेलवे〉 रेलवे का सिगनल

【扬起】 yángqǐ उड़ाना: 微风～路上的尘土。धीमी-धीमी हवा सड़क पर धूल उड़ा रही थी।

【扬弃】 yángqì ❶उपयोगी या अच्छी चीज़ को विकसित करना और अनोपयोगी या बुरी चीज़ को छोड़ देना ❷〈दर्श०〉 अस्वीकृत करना; छोड़ना; त्याग देना

【扬琴】 yángqín वल्लकी; डुल्सिमर; एक प्रकार का तार-युक्त बाजा

【扬清激浊】 yángqīng-jīzhuó (激浊扬清 jīzhuó-yángqīng भी) गंदे पानी को निकाल देना और ताज़ा पानी लाना —— खराब चीज़ को बाहर निकाल देना और अच्छी चीज़ को रख लेना; दुर्गुण को दूर करना और सद्गुण को उत्पन्न करना

【扬榷】 yángquè 〈लि०〉 संक्षेप में मुख्य बातों का वर्णन करना: ～古今 प्राचीन और आधुनिक बातों का संक्षेप में वर्णन करना

【扬声】 yángshēng ❶अपनी आवाज़ ऊंचा करना ❷खोलना; प्रकट करना; दावे के साथ कहना ❸नाम फैल जाना; प्रसिद्ध होना

【扬升】 yángshēng वृद्धि: 价格～ मूल्य-वृद्धि

【扬声器】 yángshēngqì शब्दप्रसारक यंत्र: 高频～ ट्वीटर (tweeter) / 低频～ वुफ़र (woofer)

【扬水】 yángshuǐ पंप से पानी निकालना या चढ़ाना

【扬水泵】 yángshuǐbèng लिफ़्ट पंप

【扬水站】 yángshuǐzhàn पंप स्टेशन; पंपिंग स्टेशन

【扬汤止沸】 yángtāng-zhǐfèi पानी को उबलते देख

उसे रोकने के लिए पानी को बाहर निकालकर फिर उसी पानी को उस में डालना —— ढाढस देने वाले उपाय का प्रयोग करना; वह उपाय जो मौलिक रूप से समस्या का समाधान न कर सके

【扬威】 yángwēi अपना प्रताप प्रकट करना; अपना रोब दिखाना: 耀武扬威 yàowǔ-yángwēi

【扬言】 yángyán <अना०> दावे के साथ कहना; डराना-धमकाना; धमकी देना (कि कोई कार्रवाई की जाएगी): ～要进行报复 बदला लेने की धमकी देना

【扬扬】 yángyáng विजेता के रूप में; आत्मतुष्टिपूर्वक; संतोषपूर्वक: ～得意（洋洋得意 yángyáng-déyì भी）गरूर से फूल उठना; मूंछों पर ताव देना; फूले न समाना; उल्लास के साथ लगना; आनन्दित होना / ～自得 आत्म-तुष्ट होना; सुसंतुष्ट होना; प्रसन्न होना

【扬州】 Yángzhōu यांगचओ (च्यांगसू प्रांत में एक स्थान)

【扬子江】 Yángzi Jiāng यांगत्सी नदी (长江 Cháng Jiāng का पुराना नाम)

【扬子鳄】 yángzi'è <प्राणि०> （鼍 tuó भी）चीनी एलिगेटर; यांगत्सी मगर मच्छ (यांगत्सी नदी में पाया जाने वाला एक प्रकार का मगर मच्छ)

羊 yáng <प्राणि०> ❶भेड़ा; भेड़; बकरा; बकरी; भेड़-बकरी: 放～ भेड़-बकरी को चराना / ～叫 भेड़-बकरी का बोलना; मिमियाना; में-में करना ❷<प्रा०> 祥 xiáng के समान ❸（Yáng）एक कुलनाम

【羊肠线】 yángchángxiàn <चिकि०> घाव की सीवन के लिए (भेड़-बकरी की) आंत्रतंति

【羊肠小道】 yángcháng xiǎodào (प्रायः पहाड़ में) सरणी; पगडंडी

【羊齿】 yángchǐ <वन०> सुन्दर महीन पत्तियों का एक पौधा; सेवार; फ़र्न

【羊痘】 yángdòu <पशुचिकित्सा> भेड़-चेचक

【羊肚儿手巾】 yángdǔr shǒujīn <बो०> तौलिया

【羊肚蕈】 yángdǔxùn （羊肚菌 yángdǔjùn भी）<वन०> मॉरेल; गुच्छी; एक प्रकार की खाने लायक खुंभी

【羊羔】 yánggāo ❶मेमना ❷एक प्रकार की मदिरा (प्राचीन काल में शानशी 山西 प्रांत के फ़न-चओ 汾州 नगर में उत्पन्न)

【羊羹】 yánggēng लाल रंग की दाल से बना हुआ मीठा केक

【羊工】 yánggōng मजूरी पर लिया हुआ भेड़-बकरी को चराने वाला मज़दूर; मजूरी पर लगाया हुआ गड़रिया

【羊倌】 yángguān गड़रिया; मेषपालक

【羊毫】 yángháo बकरी के बालों से बना लेखन-ब्रुश

【羊角】 yángjiǎo ❶बकरे का सींग ❷बवंडर; बगूला; वातचक्र

【羊角锤】 yángjiǎochuí मारतोल; जंबूरा

【羊角风】 yángjiǎofēng <चिकि०> 癫痫 diānxián (मर्च्छारोग; मिरगी) का साधारण नाम

【羊脚碾】 yángjiǎoniǎn <वास्तु०> भेड़ के पैर वाला बेलन; मेषपद रोलर

【羊圈】 yángjuàn भेड़ों का बाड़ा

【羊毛】 yángmáo ऊन

【羊毛出在羊身上】 yángmáo chū zài yáng shēnshang आखिरकार ऊन भेड़ के ही बदन से लिया गया है —— जहां खर्च किया गया वहां से वापस लिया जाना

【羊毛衫】 yángmáoshān ऊनी कपड़ा; ऊनी स्वीटर

【羊毛袜】 yángmáowà ऊनी मौज़ा

【羊毛脂】 yángmáozhī ऊन की चर्बी; लैनोलिन, एक प्रकार की तेल जैसी वस्तु जो भेड़ की ऊन से निकाली जाती है और मरहम या लेप बनाने में काम आती है

【羊茅】 yángmáo एक प्रकार की घास; फ़ेस्क्यू

【羊膜】 yángmó <श०वि०> गभोदक; जरायु; जन्म से पूर्व गर्भ को घेरने वाली सब से भीतरी झिल्ली

【羊奶】 yángnǎi बकरी का दूध

【羊排】 yángpái भेड़ की पसली के मांस का टुकड़ा (पका हुआ)

【羊皮】 yángpí भेड़ की खाल: ～帽 फ़र की टोपी / ～手套 भेड़ की खाल के दस्ताने / ～外套 भेड़ की ऊन का कोट / 披着～的狼 भेड़ की खाल पहना हुआ भेड़िया

【羊皮纸】 yángpízhǐ चमड़े का कागज़; चर्मपत्र; भेड़-बकरी की झिल्ली जो चित्रकारी, लेखन आदि के काम आती है; पार्चमेंट

【羊群】 yángqún भेड़-बकरी का झुंड; रेवड़

【羊群里头出骆驼】 yángqún lǐtou chū luòtuo भेड़ के झुंड में ऊंट की भांति अपनी विशिष्टता प्राप्त कर लेना; भेड़ के झुंड में ऊंट की भांति विशेष कर उजागर होना

【羊绒】 yángróng कश्मीरी बढ़िया मुलायम ऊन: ～花呢 कश्मीरी रंगीन सूटिंग; कश्मीर फ़ेंसी सूटिंग / ～衫 कश्मीरी ऊनी स्वीटर

【羊肉】 yángròu भेड़-बकरी का मांस: ～串 सींखचे पर भूना हुआ भेड़-बकरी का मांस

【羊水】 yángshuǐ <श०वि०> जरायु में द्रव (या तरल पदार्थ)

【羊桃】 yángtáo <वन०> ❶五敛子 wǔliǎnzǐ का दूसरा नाम, कैराम्बोला (carambola) ❷猕猴桃 míhóu-táo का दूसरा नाम, यांगथाओ

【羊驼】 yángtuó अल्पाका, एक प्रकार की लंबे ऊनी बालों वाली अमरीकी भेड़: ～毛 उक्त भेड़ की ऊन

【羊痫风】 yángxiánfēng <चिकि०> 癫痫 diānxián का साधारण नाम; मूर्छारोग; मिरगी

【羊踯躅】 yángzhízhú <वन०> चीनी अज़ेलिया (azalea)

【羊质虎皮】 yángzhì-hǔpí बाघ की खाल की पोशाक में भेड़ —— बाहर से देखने में बलवान पर अंदर से निर्बल

阳（陽）yáng ❶<चीनी दर्श०> यांग, (विलोम 阴 yin) प्रकृति में पुल्लिंग, सकारात्मक वस्तु ❷सूर्य, सूरज: ～光 धूप; सूर्य-प्रकाश ❸पर्वत का दक्षिणी भाग या नदी का उत्तरी भाग: 衡～ हंगयांग (हंगशान पर्वत के दक्षिण में बसा हुआ एक नगर) / 洛～ ल्वोयांग (ल्वोह नदी के उत्तर में बसा हुआ एक नगर) ❹उभरा हुआ: ～文 (मोहरे आदि में) उभरे हुए अक्षर ❺खुला हुआ; व्यक्त;

अगुप्तः 阳沟 / 阳奉阴违 ❻इस दुनिया का; जीवितों के संबंध में: 阳宅 / 阳间 / 阳寿 ❼धनात्मक: 阳电 / 阳极 ❽लिंग ❾दिखावटी तौर पर: ～与之善 दिखावटी तौर पर वह सद्गुणी बनता था ❿（Yáng）एक कुलनाम

【阳春】 yángchūn वसंत

【阳春白雪】 yángchūn-báixuě वसंत हिम (युद्धरत काल में छू राज्य（楚国）में एक प्रकार का सर्वोत्कृष्ट गीत) —— सभ्य कला और साहित्य （विलोम 下里巴人 xiàlǐ-bārén गंवार गरीब का गाना）

【阳春面】 yángchūnmiàn केवल सॉस के सूप में नूडल्स

【阳地植物】 yángdì zhíwù सूर्य वनस्पति

【阳电】 yángdiàn 〈भौ०〉 धनात्मक विद्युत् (बिजली)

【阳电子】 yángdiànzǐ（正电子 zhèngdiànzǐ भी）धनाणु

【阳奉阴违】 yángfèng-yīnwéi सार्वजनिक रूप से आदेश का पालन करना और छिपकर उस की अवज्ञा करना; बड़ी मक्कारी से बातें तो करना लेकिन कभी कोई कोशिश न करना

【阳刚】 yánggāng पुरुषोचित; पौरुषेय; मर्दानगी का: ～之气 पुरुषत्व; पौरुष; मर्दानगी

【阳沟】 yánggōu खुला मल-प्रवाह; खुली नाली; खुली मोरी

【阳关道】 yángguāndào （阳关大道 yángguān dàdào भी）चौड़ा रास्ता; आम रास्ता: 你走你的～，我过我的独木桥。तुम अपने आम रास्ते पर चलो, मैं लट्ठे वाला पुल पार करूंगा —— तुम अपने रास्ते पर चलो और मैं अपने रास्ते पर चलूंगा

【阳光】 yángguāng ❶धूप; आतप; घाम; सूर्य का प्रकाश: ～充足 धूपदार; रोशन / ～普照大地。सूर्य स्थान-स्थान को प्रकाशित करता है। ❷(व्यक्ति) स्वस्थ, खुशदिल और जीवनशक्ति से परिपूर्ण ❸खुले-आम

【阳光采购】 yángguāng cǎigòu टेण्डर देने या आमंत्रित करने आदि की रीति से खुले-आम सामान खरीदना

【阳光操作】 yángguāng cāozuò खुले-आम और पारदर्शक रूप से समस्या का निपटारा करना

【阳光权】 yángguāngquán प्रकाशन-अधिकार

【阳极】 yángjí 〈भौ०〉 भावपक्ष; धनात्मक ध्रुव; पोज़िटिव: ～板 पोज़िटिव प्लेट / ～栅 धनाग्र जाल / ～射线 पोज़िटिव रे

【阳间】 yángjiān यह दुनिया（विलोम 阴间 yīnjiān नरक）

【阳狂】 yángkuáng（佯狂 yángkuáng के समान）पागलपन का स्वांग करना

【阳离子】 yánglízǐ पोज़िटिव आयन; धनायन

【阳历】 yánglì ❶सौर पंचांग ❷ग्रेगोरी कैलेण्डर

【阳面】 yángmiàn (इमारत आदि की) सूर्य की ओर; वह दिशा जो सूर्य की ओर हो

【阳平】 yángpíng ऊंची उठती धुन (आधुनिक चीनी भाषा के उच्चारण में चार धुनों में से एक)

【阳畦】 yángqí 〈कृ०〉 वायु-अवरोध वाली क्यारी

【阳起石】 yángqǐshí ऐक्टिनोलाइट (खनिज)

【阳伞】 yángsǎn （कहीं-कहीं 旱伞 hànsǎn भी）छतरी; छोटी छतरी

【阳伞效应】 yángsǎn xiàoyìng 〈मौ०वि०〉 छतरी प्रभाव

【阳世】 yángshì यह दुनिया

【阳寿】 yángshòu जीवन काल में आयु की संख्या

【阳燧】 yángsuì प्राचीन काल में धूप से आग जलाने के लिए प्रयुक्त शीशे की तरह का तांबे का एक उपकरण

【阳台】 yángtái बारजा; बालाखाना; बाल्कनी

【阳痿】 yángwěi 〈चिकि०〉 वीर्य-पतन; वीर्य-हानि

【阳文】 yángwén (मोहरे आदि में) उभरा हुआ अक्षर या चित्रण （विलोम 阴文 yīnwén）

【阳线】 yángxiàn 〈वाणि०〉 ऊपर की ओर चढ़ती हुई वक्र-रेखा

【阳性】 yángxìng ❶〈चिकि०〉 पोज़िटिव: ～反应 पोज़िटिव रिऐक्शन ❷〈व्या०〉 पुंल्लिंग

【阳性植物】 yángxìng zhíwù （喜光植物 xǐguāng zhíwù भी）सूर्य वनस्पति

【阳虚】 yángxū 〈ची०चि०〉 जीवन-शक्ति का अभाव; यांग（阳）की कमी

【阳韵】 yángyùn 〈भा०वि०〉 m, n, ng कारान्त (या तुकान्त) अक्षर

【阳宅】 yángzhái रहने का घर（विलोम 阴宅 yīn zhái）

玚（瑒） yáng प्राचीन काल में एक प्रकार का जेड पत्थर

杨（楊） yáng ❶पोपलर; चिनार; हूर का पेड़ ❷（Yáng）एक कुलनाम

【杨柳】 yángliǔ ❶पोपलर और विलो वृक्ष; चिनार और बेद वृक्ष ❷बेद वृक्ष: ～才吐出新芽。बेद के पेड़ पर अभी कल्ले ही फूट रहे हैं।

【杨梅】 yángméi 〈वन०〉 लाल बेबरी (red bay-berry)

【杨梅疮】 yángméichuāng 〈बो०〉 एक संक्रामक योनिव्याधि; उपदंश; आतशक; गरमी; सिफ़िलिस

【杨树】 yángshù पोपलर; चिनार; हूर का वृक्ष

【杨桃】 yángtáo दे० 羊桃 yángtáo

【杨枝鱼】 yángzhīyú 〈प्राणि०〉 नल-मीन

旸（暘） yáng 〈लि०〉 ❶सूर्योदय ❷(मौसम) साफ़

【旸谷】 yánggǔ प्राचीन पुस्तक में वर्णित सूर्योदय का स्थान

飏（颺） yáng हवा में उड़ना; हवा में फहरना; फहराना

炀（煬） yáng 〈लि०〉 ❶धातु को पिघलाना ❷लपट निकलना; दहकना; लहकना; धधकना; भड़कना

钖（鍚） yáng 〈लि०〉 घोड़े के माथे पर अलंकार

佯 yáng स्वांग करना या रचना; स्वरूप धारण करना: ～死 मरने का स्वांग करना / ～作不知 जान-बूझकर अनजान बनना

【佯称】 yángchēng दे० 佯言

【佯动】 yángdòng 〈सैन्य०〉 शत्रु को धोखा देने या उस का ध्यान दूसरी ओर आकर्षित करने के लिए कपट-आक्रमण करना

【佯攻】 yánggōng 〈सैन्य०〉 झूठा या दिखावटी तौर पर आक्रमण करना

【佯狂】 yángkuáng पागलपन का स्वांग करना

【佯笑】 yángxiào झूठी मुस्कराहट

【佯言】 yángyán 〈लि०〉 झूठ बोलना; झूठमूठ दृढ़ता-पूर्वक कहना; दिखाने को कहना

【佯装】 yángzhuāng स्वांग करना; स्वरूप धारण करना: ～惊诧 आश्चर्य-चकित होने का स्वरूप धारण करना

疡（瘍） yáng ❶〈लि०〉 फोड़ा ❷सड़ना; गलना; पीप पड़ना; मवाद पड़ना: 溃～ 〈चिकि०〉 व्रण; अलसर

垟 yáng 〈बो०〉 खेत (प्रायः स्थान के नाम में प्रयुक्त, जैसे: 黄垟 Huángyáng, 翁垟 Wēngyáng (चच्यांग प्रांत में)

徉 yáng दे० 徜徉 chángyáng धीरे-धीरे निरुद्देश्य घूमना

洋 yáng ❶बृहत्; विस्तृत; विशाल; बहुत बड़ा; समृद्धः 洋溢 ❷महासागर: 四大～ चार महासागर ❸विदेशी: ～人 विदेशी / ～货 विदेशी माल ❹आधुनिक (土 tǔ से भिन्न): ～办法 आधुनिक तरीका / 土～结合 देशी तरीके और आधुनिक तरीके का साथ-साथ इस्तेमाल करना ❺चांदी का सिक्का: 大～ चांदी का सिक्का; रजत मुद्रा

【洋八股】 yángbāgǔ विदेशी घिसापिटा लेखन

【洋白菜】 yángbáicài बंदगोभी; पातगोभी

【洋布】 yángbù 〈पुराना〉 (土布 tǔbù खद्दर से भिन्न) मशीन से बुना सूती कपड़ा

【洋财】 yángcái अप्रत्याशित बड़ा सौभाग्य; आंधी से गिरा रुपया: 发～ अप्रत्याशित रूप से धन प्राप्त करना

【洋菜】 yángcài (琼脂 qióngzhī का साधारण नाम) एक समुद्री घास; अगर-अगर

【洋场】 yángchǎng सट्टा बाज़ार; सट्टे का बाज़ार: ～上的投机者 सट्टे बाज़ार में सटोरिया

【洋车】 yángchē 〈बोल०〉 रिक्शा: 拉～ रिक्शा खींचना / ～夫 रिक्शावाला

【洋瓷】 yángcí 〈बोल०〉 इनेमल: ～器皿 इनेमल बर्तन

【洋葱】 yángcōng (葱头 cōngtóu भी) प्याज़

【洋地黄】 yángdìhuáng 〈वन०〉 〈ची०चि०〉 डिज़िटालिस

【洋缎】 yángduàn रेशमी कपड़े की तरह एक प्रकार का सूती कपड़ा जो झालर टांकने आदि के काम आता है

【洋房】 yángfáng यूरोपीय ढंग का मकान

【洋粉】 yángfěn दे० 洋菜

【洋服】 yángfú यूरोपीय ढंग का सूट: 穿～ यूरोपीय ढंग का सूट पहनना

【洋橄榄】 yánggǎnlǎn (油橄榄 yóugǎnlǎn का साधारण नाम) जैतून; तैल बदर

【洋镐】 yánggǎo (鹤嘴镐 hèzuǐgǎo का साधारण नाम) कुदाल; गेंती; पिकास

【洋鬼子】 yángguǐzi 〈पुराना〉 विदेशी शैतान

【洋行】 yángháng 〈पुराना〉 विदेशी व्यापार-समवाय या साझा: ～买办 विदेशी व्यापारी का एजेंट

【洋红】 yánghóng गहरा लाल रंग; किरमिजी

【洋化】 yánghuà विलायती सांचे में ढलना या ढालना

【洋槐】 yánghuái (刺槐 cìhuái का दूसरा नाम) बबूल

【洋灰】 yánghuī (水泥 shuǐní का लोक-प्रचलित नाम) सीमेंट

【洋火】 yánghuǒ 〈बोल०〉 दियासलाई; माचिस

【洋货】 yánghuò विदेशी माल

【洋碱】 yángjiǎn 〈बो०〉 साबुन

【洋姜】 yángjiāng 〈वन०〉 〈बोल०〉 ज़ेरुसलम आर्टिचोक

【洋教条】 yángjiàotiáo विदेशी कठमुल्ला-सूत्र; विदेशी दकियानूसी

【洋金花】 yángjīnhuā (曼陀罗花 màntuóluó-huā भी) धतूरा फूल

【洋泾浜】 yángjīngbāng अपभ्रष्ट; पिजिन: ～英语 पिजिन अंग्रेज़ी; मिश्रित अंग्रेज़ी

【洋框框】 yángkuāngkuāng विदेशी रूढ़िवादी कायदा-कानून

【洋里洋气】 yángliyángqì भड़कीली पश्चिमी (यूरोपीय) पोशाक में: 打扮得～ भड़कीली पश्चिमी पोशाक पहनना

【洋流】 yángliú (海流 hǎiliú भी)〈भूगर्भ०〉 महासागर या सागर धारा

【洋码子】 yángmǎzi 〈बो०〉 अरबी अंक

【洋奴】 yángnú विदेश का गुलाम; विदेश का चाकर: ～哲学 वैदेशिक गुलामी का दर्शन-शास्त्र; हर विदेशी चीज़ की अंधपूजा

【洋盘】 yángpán 〈बो०〉 शहर में मामूली या नई चीज़ों की जानकारी या अनुभव न होने वाला (व्यक्ति)

【洋盆】 yángpén (海盆 hǎipén के समान) समुद्री बेसन

【洋气】 yángqì ❶पश्चिमी शैली; विदेशी छाप ❷यूरोपीय पोशाक में: 穿着～ यूरोपीय पोशाक पहनना

【洋钱】 yángqián चांदी का सिक्का; रजत मुद्रा

【洋琴】 yángqín (扬琴 yángqín का दूसरा नाम) वल्लकी; डुल्सिमर

【洋人】 yángrén विदेशी (बहुधा पश्चिमी)

【洋伞】 yángsǎn 〈पुराना〉 पश्चिमी ढंग की छतरी

【洋嗓子】 yángsǎngzi पश्चिमी शैली की गाने की आवाज़

【洋纱】 yángshā <पुराना> ❶मशीन से काता हुआ सूती सूत ❷महीन सूती कपड़ा; मलमल
【洋柿子】 yángshìzi <बो०> टोमाटो, टमाटर
【洋钿】 yángtián <बो०> चांदी का सिक्का; रजत मुद्रा
【洋铁】 yángtiě <पुराना> जस्ता या टिन चढ़ाया लोहा; टिन
【洋铁罐】 yángtiěguàn <पुराना> टिन; टिन की डिबिया
【洋铁匠】 yángtiějiàng <पुराना> टिनसाज़
【洋铁皮】 yángtiěpí <पुराना> टिनप्लेट; लोहे की चादर जिस पर कलई की गई हो
【洋娃娃】 yángwáwa गुड़िया; गुड्डा
【洋为中用】 yáng wéi Zhōng yòng चीन के लिए विदेशी वस्तुओं का प्रयोग करना
【洋文】 yángwén विदेशी भाषा और लिपि (बहुधा यूरोपीय भाषा और लिपि)
【洋务】 yángwù वैदेशिक मामला: 学～ विदेशी विषय पढ़ना
【洋务运动】 Yángwù Yùndòng पश्चिमीकरण आन्दोलन (यह आन्दोलन उन्नीसवीं शताब्दी के उत्तरार्ध में छिंग राजवंश के सामंती शासन को सुरक्षित रखने और पूंजीवादी उत्पादन की तकनीकों को प्रचारित करने के लिए चीन के दलाल पूंजीपति वर्ग ने चलाया था)
【洋相】 yángxiàng दे० 出～ इस ढंग से व्यवहार करना कि अनादर-भाव उत्पन्न हो
【洋绣球】 yángxiùqiú (天竺葵 tiānzhúkuí का दूसरा नाम) फ़िश पैलार्गोनियम (पौधा)
【洋洋】 yángyáng ❶बहुत; बहुत अधिक: ～万言 अतिविस्तृत (रचना आदि) ❷दे० 扬扬 yángyáng
【洋洋大观】 yángyáng-dàguān देखने योग्य; शानदार; चित्त को आकर्षित करने वाला
【洋洋得意】 yángyáng-déyì दे० 扬扬得意 yángyáng-déyì
【洋洋洒洒】 yángyángsǎsǎ कई जिल्दों वाला; अनेक पुस्तकों वाला: ～一大篇 बड़ा लंबा लेख
【洋洋自得】 yángyáng-zìdé दे० 扬扬自得 yángyáng-zìdé
【洋溢】 yángyì (भावना, परिस्थिति आदि से) फैल जाना; परिपूर्ण होना: 会场上～着团结友好的气氛。सभा में एकता और मित्रता की परिस्थितियां परिपूर्ण हैं।
【洋油】 yángyóu <बो०> विदेशी तेल; केरासीन तेल
【洋芋】 yángyù <बो०> आलू
【洋装】[1] yángzhuāng पश्चिमी ढंग का कपड़ा; सूट-बूट
【洋装】[2] yángzhuāng पश्चिमी ढंग की जिल्दबंदी: ～书 पश्चिमी ढंग की जिल्दबंदी वाली पुस्तक; सजिल्द पुस्तक

烊 yáng <बो०> गलना; गलाना; पिघलना; पिघलाना; मुलायम होना या करना: 糖～了。चीनी पिघल गई।
yàng भी दे०

蛘 yáng <बो०> (कहीं-कहीं 蛘子 yángzi भी) चावल में लगने वाला एक प्रकार का छोटा कीड़ा

yǎng

仰 yǎng ❶मुंह ऊपर की ओर होना (विलोम 俯 fǔ): 仰望 / 他圆脸一～。उस ने गोलमटोल चेहरा ऊपर उठा लिया। / 他往椅背上一～。वह अपनी कुर्सी पर पीछे की ओर झुका। ❷आदर करना: 仰慕 / 瞻～ दर्शन करना ❸निर्भर करना; सहारा लेना: 仰仗 / 仰人鼻息 ❹<पुराना> आज्ञा या प्रार्थना पहुंचाने के लिए सरकारी दस्तावेज़ में प्रयुक्त): ～即遵照 आशा है कि आप शीघ्र ही तदनुसार कार्यवाही करेंगे। ❺ (Yǎng) एक कुलनाम
【仰八叉】 yǎngbachā (仰八脚儿 yǎngbajiǎor भी) चित गिर पड़ना: 摔了个～ पीठ के बल गिर पड़ना; चित गिर पड़ना; पीठ के बल लेटना
【仰尘】 yǎngchén <लि०> भीतरी छत; सीलिंग
【仰承】 yǎngchéng ❶<लि०> निर्भर करना; सहारा लेना ❷<शिष्ट०> आप के इच्छानुकूल; आप के आज्ञानुसार
【仰毒】 yǎngdú <लि०> विष पीना या खाना; विषपान करना; ज़हर खाना: ～自尽 विष खा (या पी) कर आत्महत्या करना
【仰给】 yǎngjǐ सहायता के लिए किसी पर निर्भर करना: ～于人 सहायता के लिए दूसरों पर निर्भर करना
【仰角】 yǎngjiǎo <गणित०> ऐंगल आफ़ एलेवेशन
【仰壳】 yǎngké <बो०> (后仰壳 hòuyǎngké भी) चित गिर पड़ना; पीठ के बल गिर पड़ना: 摔了个～ चित गिर पड़ना; पीठ के बल गिर पड़ना
【仰赖】 yǎnglài निर्भर होना या करना: ～他人 दूसरों पर निर्भर होना या करना
【仰面】 yǎngmiàn मुंह ऊपर की ओर: ～跌倒 मुंह ऊपर की ओर किए हुए गिर पड़ना / ～朝天 मुंह-पेट ऊपर की ओर होना; पीठ के बल लेटना
【仰慕】 yǎngmù आदर करना; आदर और स्मरण का भाव रखना: ～已久 बहुत दिनों से आदर और स्मरण का भाव रखना
【仰攀】 yǎngpān <लि०> चढ़ना; ऊपर जाना ❷उस व्यक्ति के साथ संबंध कायम रहना जिस का सामाजिक स्थान अपने से ऊंचा हो
【仰人鼻息】 yǎngrénbíxī दूसरे पर निर्भर रहना; दूसरे के मन (या विचार) पर निर्भर करना
【仰韶文化】 Yǎngsháo wénhuà यांगशाओ संस्कृति (चीन में ह्वांगह नदी घाटी की एक प्रकार की नव पाषाण-काल की संस्कृति, सब से पहले 1921 ई० हनान प्रांत की म्येन काउंटी के यांगशाओ गांव में पाये जाने के कारण इस का यही नाम पड़ा। इस के अवशेषों में रंगीन चित्रित मृत्पात्र भी पाये जाने के कारण इस का नाम रंगीन मृत्पात्र संस्कृति भी पड़ा)
【仰食】 yǎngshí <लि०> खाने (या जीविका) के लिए दूसरे पर निर्भर करना
【仰视】 yǎngshì ऊपर देखना; सिर उठाकर देखना: ～天空 ऊपर आकाश की ओर देखना / 俯伏在地，不敢～。साष्टांग प्रणत होकर सिर उठाकर देखने का साहस न

होना

【仰首】 yǎngshǒu <लि०> अपना सिर उठाना: ～观天 अपना सिर उठाकर आकाश की ओर देखना

【仰首伸眉】 yǎngshǒu-shēnméi अपने सिर को ऊंचा रखना —— स्वाभिमानी और उल्लसित मालूम होना या महसूस करना

【仰天】 yǎngtiān आकाश की ओर देखना: ～倒下 चित गिर पड़ना / 他～大喝一声。उस ने अपना सिर उठाकर आकाश की ओर देखा और ललकारा।

【仰望】 yǎngwàng ❶सिर उठाकर ऊपर देखना: ～蓝天 सिर उठाकर नीले आकाश को देखना ❷<लि०> आदर करना और प्रत्याशित करना

【仰卧】 yǎngwò चित लेटना; पीठ के बल लेटना: ～水面 पीठ के बल पानी पर लेटना

【仰卧起坐】 yǎngwò qǐzuò <खेल०> चित लेटकर उठ बैठना: 他一气儿做了五十个～。उस ने बिना रुके लगातार पचास बार उट्ठक-बैठक कसरत की।

【仰屋兴叹】 yǎngwū-xīngtàn सिर उठाकर भीतरी छत की ओर देखते हुए आह भरना —— दुरवस्था में पड़कर कुछ नहीं कर सकना

【仰屋著书】 yǎngwū-zhùshū सिर के ऊपर भीतरी छत की ओर देखते हुए लिखना —— कष्ट कल्पना के साथ पुस्तक लिखना

【仰药】 yǎngyào <लि०> विष पीना या खाना

【仰泳】 yǎngyǒng <खेल०> उल्टी तैराकी; बैक-स्ट्रोक

【仰仗】 yǎngzhàng निर्भर करना; सहारा लेना; अवलंबित होना: 此事～诸位啦! यह काम आप लोगों पर निर्भर है।

养（養） yǎng❶सहायता देना या करना; समर्थन करना; जीविका के साधन या रहन-सहन के खर्च की आपूर्ति करना: 抚～ पालन-पोषण करना / 赡～ परवरिश करना / ～家 घर चलाना ❷पालन करना: ～牛 गाय का पालन करना / ～花 फूल लगाना ❸जनना; जन्म देना; पैदा करना: 她～了一个女儿。उस ने एक बच्ची पैदा की। ❹पालक; दत्तक: ～父 पालक पिता / ～母 पालक माता / ～子 दत्तक पुत्र; गोद लिया हुआ पुत्र / ～女 दत्तक पुत्री; गोद ली हुई बेटी ❺(आदत) पड़ना; लगना: 他从小～成了爱读书的习惯。बचपन से ही उसे पढ़ने की आदत पड़ी। / ～成嫉妒的心理 ईर्ष्या की मनोवृत्ति पैदा करना ❻आराम करना; स्वास्थ्य या शक्ति प्राप्त करना; थकान, बीमारी आदी से छुटकारा पाना; पूर्ववत् स्वस्थ होना या करना; स्वास्थ्य-लाभ करना; रोगमुक्त होना: 保～ स्वास्थ्य बनाना; पुष्ट करना / 疗～ विश्राम करना / 休～ आराम करना; विश्राम करना / 营～ पुष्टि / 养料 / 养精蓄锐 / 在家静静地～几天吧。घर में कुछ दिनों तक आराम करो। ❼आत्म-उत्थान: 教～ परवरिश-शिक्षा; तबियत ❽बनाए रखना; पूर्व स्थिति में बहाल करना; मरम्मत करना: 养路 ❾(बाल आदि) बढ़ने देना ❿पालना-पोसना; पालन-पोषण करना; परोपकार करना; सहारा देना: 以农～牧，以牧促农 कृषि से पशु-पालन को सहारा देना और पशु-पालन से कृषि को प्रेरित करना / 以战～战 युद्ध के द्वारा युद्ध का पोषण करना

【养兵】 yǎngbīng सेना को पूर्व स्थिति में बहाल करना

【养兵千日，用兵一时】 yǎngbīng-qiānrì, yòngbīng-yīshí सेना को दस हज़ार दिन तक पूर्व स्थिति में बहाल करना किंतु एक ही घंटे के लिए उस का प्रयोग करना

【养病】 yǎngbìng विश्राम और पुष्टिकर आहार से पूर्व वत स्वस्थ होना; बीमार होने पर आराम करना: 在家～ बीमार होने पर घर में आराम करना

【养蚕】 yǎngcán रेशम-कीड़े का पालन करना

【养蚕业】 yǎngcányè रेशमकीड़ों का पालन

【养地】 yǎngdì (उर्वरी करने आदि से) मिट्टी की उर्वरता बढ़ाना

【养儿防老，积谷防荒】 yǎng'ér-fánglǎo, jīgǔ-fánghuāng जैसे अकाल से बचने के लिए अनाज संचित किया जाता है वैसे बुढ़ापे के लिए बालबच्चों का पालन किया जाता है

【养分】 yǎngfèn पोषण; पोषक; पौष्टिक तत्व: 土壤～ मिट्टी का पौष्टिक तत्व

【养蜂】 yǎngfēng मधुमक्खी पालना

【养蜂场】 yǎngfēngchǎng मधुमक्षिका-पालन-स्थल; बी-फ़ार्म

【养蜂业】 yǎngfēngyè मधुमक्खी पालने का धंधा; मधुमक्खी पालन

【养汉】 yǎnghàn (स्त्री का) उपपति होना

【养蚝场】 yǎngháochǎng खाद्यशुक्ति पालने का केन्द्र

【养虎遗患】 yǎnghǔ-yíhuàn बाघ पालना आफ़त बुलाना है —— तुष्टीकरण आफ़त लाना है

【养护】 yǎnghù ❶बनाए रखना; पालन-पोषण करना; सुरक्षित रखना: ～铁路 रेलवे लाइन को सुरक्षित रखना; रेलवे लाइन की रक्षा और मरम्मत करना / ～古树名木 पुराने और प्रसिद्ध वृक्षों को सुरक्षित रखना ❷चिकित्सा करना; स्वस्थ करना: 经过～他的伤口愈合了。चिकित्सा करने के द्वारा उस का घाव भर गया।

【养活】 yǎnghuo ❶पालन-पोषण करके जीवित रखना: 她～她儿子。वह अपने बेटे का पेट पालती है। ❷(पशु) पालना; पालन करना: 他～了几十头猪。उस ने दसियों सूअरों का पालन किया। ❸<बो०> जनना; पैदा करना; जन्म देना

【养鸡场】 yǎngjīchǎng मुर्गी पालने का स्थान; चिकन-फ़ार्म

【养家活口】 yǎngjiā-huókǒu अपने घर के लोगों का पेट पालना

【养精蓄锐】 yǎngjīng-xùruì विश्राम और शक्ति-संचय करना; शक्ति संग्रह करना

【养疴】 yǎngkē <लि०> बीमार होने पर आराम करना

【养老】 yǎnglǎo ❶बूढ़े का पालन-पोषण करना ❷बुढ़ापे में आराम-विश्राम करना: 居家～ घर में बुढ़ापे के लिए आराम-विश्राम करना

【养老金】 yǎnglǎojīn बुढ़ापा पेंशन; पेंशन

【养老送终】 yǎnglǎo-sòngzhōng अपने माता-पिता का बुढ़ापे में पालन-पोषण करना और उन के मरने के बाद

उचित अंत्येष्टि करना

【养老院】 yǎnglǎoyuàn वृद्धाश्रम; वयोवृद्ध भवन

【养廉】 yǎnglián 〈लि०〉 (सरकारी अधिकारी का) ईमानदारी को अपने हृदय में पोषित करना: 俭以～ मितव्ययी जीवन बिताने से ईमानदारी को अपने हृदय में पोषित करना

【养料】 yǎngliào पौष्टिक पदार्थ; पोषक तत्व: 吸取～ पौष्टिक पदार्थ लेना या प्राप्त करना

【养路】 yǎnglù राजमार्ग या रेलवे लाइन की रक्षा और मरम्मत करना

【养路费】 yǎnglùfèi पथ-कर

【养马场】 yǎngmǎchǎng अश्वपालन स्थान

【养气】 yǎngqì ❶नैतिक गुण को बढ़ाना; अपने पर नियंत्रण रखने की क्षमता को बढ़ाना ❷प्राचीन काल में ताओ वादियों के तपस्या करने का एक उपाय

【养人】 yǎngrén शरीर को स्वस्थ रखने की भूमिका अदा करना: 喝粥～。अक्सर दलिया खाने से शरीर स्वस्थ रहता है।

【养伤】 yǎngshāng घायल होने पर आराम करना

【养神】 yǎngshén थकावट को दूर करने के लिए तन-मन को शांत रखना: 闭目～ थकावट को दूर करने के लिए आंख मूंदकर बैठे हुए तन-मन को शांत रखना; आंख मूंद कर आराम से बैठना

【养生】 yǎngshēng प्राण की ओर ध्यान देना; जीवनी-शक्ति को सुरक्षित रखना; अपने स्वास्थ्य को सुरक्षित रखना; स्वस्थ रहना

【养生之道】 yǎngshēng zhī dào प्राण की ओर ध्यान कैसे दिया जाए; जीवनी-शक्ति को या अपने स्वास्थ्य को सुरक्षित कैसे रखा जाए; स्वस्थ कैसे बनाए रखा जाए

【养兔场】 yǎngtùchǎng खरगोश पालने का स्थान

【养息】 yǎngxī अपने स्वास्थ्य के लिए आराम करना और पौष्टिक आहार लेना; स्वास्थ्य या शक्ति प्राप्त करना

【养媳妇】 yǎngxífù बालिका बहू; बालिका वधू

【养性】 yǎngxìng अपनी प्रकृति का पोषण करना: 修身～ अपनी प्राकृतिक संवेदनशीलता को बढ़ाना और अपनी स्वाभाविक प्रकृति का पोषण करना

【养眼】 yǎngyǎn नयनाभिराम (व्यक्ति या वस्तु): ～愉心的优秀广告 नयनाभिराम और दिलपसंद श्रेष्ठ विज्ञापन

【养痈成患】 yǎngyōng-chénghuàn (养痈遗患 yǎngyōng-yíhuàn भी) दुष्ट जन को रिआयत देने से विपत्ति का बीज बोना

【养鱼】 yǎngyú मछली-पालना

【养鱼场】 yǎngyúchǎng मछली-फ़ार्म

【养鱼池】 yǎngyúchí मछली पालने का तालाब

【养鱼业】 yǎngyúyè मछली पालन; मत्स्य-पालन

【养育】 yǎngyù पालना; पालन-पोषण करना; भरण-पोषण करना: ～子女 बालबच्चों का पालन-पोषण करना

【养殖】 yǎngzhí (जलजीवी) उत्पन्न करना; पैदा करना: ～海带 केल्प (बड़े प्रकार की समुद्री घास) पालन करना / 淡水～ मीठे पानी में पालना / 海水～ समुद्री पानी में पालना

【养殖珍珠】 yǎngzhí zhēnzhū मोती पालना (खेती करना)

【养殖场】 yǎngzhíchǎng सूअर फ़ार्म; सूकर-पालन-स्थान

【养尊处优】 yǎngzūn-chǔyōu ऐशोआराम की ज़िन्दगी बिताना; सुखभोग का जीवन बिताना

氧 yǎng 〈रसा०〉 ऑक्सीजन (O); जारक

【氧吧】 yǎngbā ऑक्सीजन बार

【氧割】 yǎnggē ऑक्सिअसेटिलीन फुंकनी की लपट से धातु की वस्तु को काटना

【氧合作用】 yǎnghé zuòyòng ऑक्सीकरण; जारण; ऑक्सीजनेशन

【氧化】 yǎnghuà 〈रसा०〉 जारक से मिल जाना या मिला देना: ～作用 ऑक्सीडेशन / ～分解 जारित और विबद्ध

【氧化还原酶】 yǎnghuà huányuánméi 〈रसा०〉 ऑक्सिडोरिड्यूक्टेस (oxidoreductase)

【氧化剂】 yǎnghuàjì जारणकर्त्ता; ऑक्सिडाइज़र

【氧化铝】 yǎnghuàlǚ एल्यूमिनियम ऑक्साइड

【氧化数】 yǎnghuàshù ऑक्सिडेशन नंबर; ऑक्सिडेशन स्टेट

【氧化态】 yǎnghuàtài ऑक्सिडेशन स्टेट; ऑक्सिडेशन नंबर

【氧化铁】 yǎnghuàtiě फ़ैरिक ऑक्साइड

【氧化物】 yǎnghuàwù ऑक्साइड

【氧化焰】 yǎnghuàyàn （外焰 wàiyàn का दूसरा नाम）आग की लपट का बाहरी भाग

【氧化抑制剂】 yǎnghuà yìzhìjì ऑक्सिडेशन रिटार्डर

【氧疗】 yǎngliáo ऑक्सीजन चिकित्सा

【氧漂机】 yǎngpiāojī ऑक्सीजन ब्लीचिंग मशीन

【氧气】 yǎngqì ऑक्सीजन: ～炼钢 ऑक्सीजन स्टील-मेकिंग

【氧气顶吹转炉】 yǎngqì dǐngchuī zhuànlú ऑक्सीजन टापब्लाउन कंवेर्टर

【氧气面具】 yǎngqì miànjù ऑक्सीजन मास्क

【氧气瓶】 yǎngqìpíng ऑक्सीजन सिलिन्डर

【氧气枪】 yǎngqìqiāng 〈धा०वि०〉 ऑक्सीजन लैन्स

【氧气帐】 yǎngqìzhàng ऑक्सीजन टेन्ट

【氧乙炔吹管】 yǎngyǐquē chuīguǎn 〈या०〉 ऑक्सिअसेटिलीन फुंकनी (ब्लोपाइप)

痒（癢）yǎng खुजलाना; खुजली होना; गुदगुदाना: 发～ खुजलाना; खुजली उठना; खुजलाहट पैदा होना / 搔～ गुदगुदी करना; खुजलाना

【痒痒】 yǎngyang 〈बोल०〉 खुजलाना

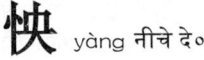

yàng

快 yàng नीचे दे०

【怏然】 yàngrán 〈लि०〉 अप्रसन्नता से: ～不悦 अ-प्रसन्न होना
【怏怏】 yàngyàng असन्तुष्ट; खोया-खोया; उदास: ～不乐 किसी बात से अप्रसन्न होना; असंतोष में पड़कर अप्रसन्न होना

样（樣） yàng ❶आकार; रूप; आकृति: 样式 / 图～ नक्शा; डिज़ाइन / 新～儿 नई शैली का; नये ढंग का ❷शक्ल; सूरत; बनावट; बाह्य रूप: 三年不见，他的～儿没有变。तीन साल उस से नहीं मिला, उस की सूरत बिलकुल नहीं बदली। ❸नमूना; प्रतिरूप; बानगी: 样品 / 样本 / 货～ बानगी / 榜～ आदर्श ❹〈परि०श०〉 प्रकार; तरह; भांति: 各～货物 हर तरह के माल / 三～儿菜 तीन प्रकार की तश्तरियां या डिश / 各种各～的 भांति-भांति के; तरह-तरह के ❺〈बोल०〉 प्रवृत्ति; झुकाव; संभावना: 看～儿天要下雨。सम्भवत: पानी गिरेगा।
【样板】 yàngbǎn ❶बानगी प्लेट; प्लेट की बानगी ❷नमूना ❸आदर्श: ～田 आदर्श खेत / ～戏 आदर्श-नाटक; आदर्श आपेरा
【样本】 yàngběn ❶बानगी किताब ❷〈मुद्रण०〉 नमूना; सैम्पल; प्रतिरूप: 字体～ टाइप स्पेसिमन बुक
【样稿】 yànggǎo पाण्डुलिपि का नमूना; हस्तलेख का नमूना; हस्तलिखित ग्रंथ का नमूना
【样机】 yàngjī मशीन का मूलरूप या प्रोटोटाइप
【样款】 yàngkuǎn स्टाइल; तरह
【样片】 yàngpiàn फ़िल्म की सैम्पल कापी
【样品】 yàngpǐn नमूना; बानगी; सैम्पल
【样式】 yàngshì स्टाइल; टाइप; प्रतिरूप; नमूना
【样书】 yàngshū किताब का नमूना; सैम्पल बुक
【样样】 yàngyàng हर तरह का: 家里的活她～都会。घर में हर तरह का काम वह कर सकती है।
【样张】 yàngzhāng 〈मुद्रण०〉 स्पेसिमन पेज; नमूने का पेज
【样子】 yàngzi ❶आकार; आकृति; रूप: 这件上衣的～很好看。इस कोट का रूप बहुत सुन्दर है। ❷शक्ल; सूरत; बाह्य रूप: ～长得很好看的姑娘 रूपवान युवती / 他说时脸上显得很高兴的～。उस ने प्रसन्न मुख से कहा था। ❸नमूना; आदर्श; प्रतिरूप; बानगी: 照这件衣服的～裁剪 इस कपड़े के नमूने के अनुसार काटना या ब्योंतना ❹प्रवृति; झुकाव; संभावना: 看～他不会来了。संभवत: वह नहीं आएगा।

恙 yàng 〈लि०〉 रोग; बीमारी: 偶染微～ संयोग से छोटी-सी बीमारी हो जाना
【恙虫】 yàngchóng 〈प्राणि०〉 त्सुत्सुगामुशी माइट (tsutsugamushimite)
【恙虫热】 yàngchóngrè 〈चिकि०〉 त्सुत्सुगामुशी रोग; स्क्रुब टाइफ़स (scrub typhus)

烊 yàng दे० 打烊 dǎyàng (दूकान) रात को बन्द करना
yáng भी दे०

鞅 yàng दे० 牛鞅 niúyàng रथ में जुतने वाले बैल की गरदन पर लगी हुई चमड़े की पट्टी या पट्टा
yāng भी दे०

漾 yàng ❶तरंग; हिलोर; उर्मिका: 荡～ हिलोर पैदा करना या होना; छोटी-छोटी लहरें बनना ❷उमड़ना; छलक जाना: 水太满，～出来了。पानी अधिक होने के कारण बाहर छलक गया। / 脸上～出笑容。चेहरा मुसकुराना ❸〈बो०〉 छोटी झील; तालाब

yāo

幺（么） yāo ❶〈बोल०〉 अंक एक (केवल अकेले में प्रयुक्त): 110（yāo yāo líng）电话 फ़ोन नं० एक-एक ज़ीरो ❷〈बो०〉 (भाइयों और बहिनों में) सब से छोटा: ～叔 सब से छोटा चाचा / ～妹 सब से छोटी बहिन ❸ （Yāo） एक कुलनाम
么 me भी दे०
【幺麽】 yāomó तुच्छ आदमी: ～小丑 तुच्छ और दुष्ट आदमी

夭¹（殀） yāo अकालमृत्यु; जवानी में मर जाना

夭² yāo 〈लि०〉 (घास-पेड़) हरा-भरा; संपन्न; प्रचुर मात्रा में उगा हुआ: 夭桃秾李
【夭殇】 yāoshāng अकालमृत्यु; जवानी में मर जाना
【夭桃秾李】 yāotáo-nónglǐ हरा-भरा; प्रचुर मात्रा में उगा हुआ; 〈ला०〉 युवा और सुन्दर (विवाह के समय बधाई में प्रयुक्त)
【夭亡】 yāowáng अकालमृत्यु; जवानी में मर जाना
【夭折】 yāozhé ❶अकालमृत्यु; जवानी में मर जाना ❷समय-पूर्व भंग होना: 谈判中途～ बातचीत समय-पूर्व भंग होना

吆（吆） yāo चिल्लाना: 吆五喝六
【吆喊】 yāohǎn पुकारना; चिल्लाना; ज़ोर से बोलना: 他～了几声。उस ने कई बार पुकारा।
【吆喝】 yāohe चिल्लाना; ज़ोर से बोलना; शोर करना; हल्ला करना: 他～说。वह चिल्लाकर बोल पड़ा।
【吆唤】 yāohuan पुकारना; चिल्लाना; आवाज़ देना: 你～几个人来帮忙。मदद के लिए कई आदमियों को बुलाओ।
【吆五喝六】 yāowǔ-hèliù ❶जुए में पांसा फेंकते स-मय अंक के लिए चिल्लाना या शोर मचाना ❷अहंकारयुक्त; घमंडी

约（約） yāo (कांटे, तराज़ू आदि पर) तौलना: ～一公斤苹果 एक किलोग्राम सेब तौलना / ～一～有多

重。ज़रा तौलिये कि कितना भारी है।
yuē भी दे०

妖 yāo ❶राक्षस; राक्षसी; दानव; दानवी; पिशाच; पिशाचिनी: 妖魔 / 妖精 / 人～ मानव-दानव ❷बुरा; दुष्ट; कुत्सित; कपटी; धूर्त: 妖术 / 妖言 ❸(प्रायः स्त्री के लिए प्रयुक्त) विमोहक; आकर्षक: 妖里妖气 ❹〈लि०〉 चटक रंग का और सुंदर; भड़कीला; रंग-बिरंगा: 妖娆

【妖道】 yāodào ताओइस्ट जादूगर

【妖氛】 yāofēn अपशकुन लक्षण; अपशकुन प्रभाव

【妖风】 yāofēng बुरी हवा; दूषित वायु; हानिकारक प्रवृत्ति; अस्वस्थ झुकाव; दानवी हवा

【妖怪】 yāoguài राक्षस; राक्षसी; दानव; दानवी; पिशाच; पिशाचिनी

【妖精】 yāojing ❶राक्षस; राक्षसी; दानव; दानवी; पिशाच; पिशाचिनी; दैत्य: 厉害的～ दुर्दमनीय दैत्य ❷स्त्री जो अपनी सुन्दरता से लोगों को आकर्षित कर लेती हो; विमोहक करने वाली स्त्री

【妖里妖气】 yāoliyāoqì विमोहक; आकर्षक; अश्लील

【妖媚】 yāomèi मोहक; लुभावना; चित्ताकर्षक; अश्लील

【妖魔】 yāomó राक्षस; दानव; पिशाच; दैत्य

【妖魔鬼怪】 yāom–guǐguài राक्षस और भूत-प्रेत; सभी प्रकार की बुरी शक्तियां

【妖孽】 yāoniè 〈लि०〉 ❶अपशकुन वस्तुएं; अमंगल वस्तुएं ❷राक्षस, दानव, पिशाच, दैत्य, असुर आदि और भूत-प्रेत ❸दुष्ट व्यक्ति

【妖娆】 yāoráo 〈लि०〉 मनोहर; टोना-सा मनोहर: 分外～ अधिक मनोहर

【妖人】 yāorén जादूगर; बाज़ीगर; मोहने वाला

【妖声妖气】 yāoshēng–yāoqì （妖声怪气 yāoshēng–guàiqì भी） दिखावटी आवाज़ और तरीके से बोलना; आडंबरपूर्ण शब्द और ढंग से बोलना

【妖术】 yāoshù जादू-टोना; जादू; जादूगरी; ऐन्द्र-जाल

【妖妄】 yāowàng अनोखा; ऊटपटांग: ～之说 मिथ्यावाद; भ्रांतिजनक तर्क; बेबुनियाद बात

【妖物】 yāowù राक्षस, दानव आदि; डरावनी शक्ल वाला

【妖言】 yāoyán मिथ्यावाद; बेबुनियाद बात

【妖言惑众】 yāoyán–huòzhòng लोगों को धोखा देने के लिए मिथ्यावाद फैलाना

【妖艳】 yāoyàn मोहक; लुभावना; चित्ताकर्षक; अश्लील

【妖冶】 yāoyě मोहक; लुभावना; चित्ताकर्षक; अश्लील

要 yāo ❶मांगना; मांग करना; अनुरोध करना: 向别人～东西 दूसरे से कोई चीज़ मांग करना ❷दबाव डालना; दबाना; बल-प्रयोग करना; ज़बर्दस्ती करना: 要挟 ❸邀 yāo के समान ❹〈प्रा०〉 腰 yāo के समान ❺（Yāo） एक कुलनाम
yào भी दे०

【要功】 yāogōng दे० 邀功 yāogōng

【要击】 yāojī दे० 邀击 yāojī

【要买】 yāomǎi दे० 邀买 yāomǎi

【要求】 yāoqiú ❶मांगना; मांग करना; ताकीद करना: ～静卧 आराम से लेटे रहने की ताकीद करना / ～进步 उन्नति की मांग करना / ～入党 पार्टी में भरती होने की मांग करना / 过高～ बहुत बढ़ा-चढ़ा कर मांगना / 他～我们做某事 वह हम से यह आग्रह करता है कि … ❷मांग; आवश्यकता: 战争的基本～是消灭敌人。युद्ध की बुनियादी आवश्यकता है शत्रु को नष्ट करना / 非法～ अवैध मांग / 迫切～ ज़ोरदार मांग / 起码～ साधारण मांग / 提出～ मांग उपस्थित करना / 拒绝～ मांग ठुकरा देना / 接受～ मांग स्वीकार करना / 满足～ मांग की पूर्ति करना / 工作的～是… काम का यह तकाज़ा है कि …

【要挟】 yāoxié दबाना; दबाव डालना; बल-प्रयोग करना; धमकी देना; डराना-धमकाना: ～对方 विपक्ष पर दबाव डालना

墺 yāo (स्थान के नाम में प्रयुक्त) 寨子～ Zhàiziyāo चाए-त्सयाओ (शानशी प्रांत में)

喓 yāo नीचे दे०

【喓喓】 yāoyāo तरह-तरह के कीड़ों के बोलने की आवाज़

腰 yāo ❶कमर: 伸～ कमर सीधी करना / 弯～ कमर झुकना या झुकाना ❷पेंट, पतलून आदि का वह भाग जो कमर पर होता है: 裤～ पतलून आदि का वह भाग जो कमर पर होता है; पतलून आदि की कमर ❸जेब: 我～里还有些钱。मेरी जेब में कुछ पैसे हैं। ❹वस्तुओं के बीच का भाग: 山～ पहाड़ के बीच का भाग / 树～ पेड़ के बीच का भाग ❺कमर की तरह बीच का हिस्सा: 海～ समुद्र के बीच कोई संकरा भाग ❻（Yāo） एक कुलनाम

【腰板儿】 yāobǎnr ❶कमर और पीठ: 直起～ अपनी पीठ सीधी करना ❷शरीर की गठन या बनावट: 她八十多了，～还挺硬朗。उस की उम्र अस्सी से अधिक हो गई है फिर भी उस का स्वास्थ्य बहुत अच्छा है।

【腰包】 yāobāo जेब; बटुआ: 掏～ जेबों की तलाशी लेना / 把钱装进自己的～ पैसे को अपनी जेब में रखना

【腰部】 yāobù कमर; कमर का पिछला भाग

【腰缠万贯】 yāochán–wànguàn बहुत अमीर होना; धनी होना

【腰带】 yāodài पेटी; कमरपट्टी; मारकबंद; कटिबंध: 兵士的～上挂着两匣子弹。सिपाही के पेटी में कारतूस रखने के लिए दो जेबें थीं।

【腰肥】 yāoféi कमर का घेरा: ～60 公分 कमर का पैमाना 60 सेंटीमीटर

【腰杆子】 yāogǎnzi ❶कमर: 挺起～ अपनी पीठ सीधी करना —— निर्दय होना ❷समर्थक: ～硬 किसी के पीछे शक्तिशाली समर्थक होना

【腰鼓】 yāogǔ ❶कमर-ढोल; ढोल जो कमर में बांध कर पीटा जाता है ❷कमर-ढोल नृत्य

【腰锅】 yāoguō युन्नान प्रांत में कुछ अल्पसंख्यक जातियों में प्रयुक्त भोजन पकाने का बीच में संकरा बर्तन

【腰果】 yāoguǒ काजू：～树 काजू का पेड़

【腰花】 yāohuā स्कलपड सुअर या बकरी का गुर्दा：炒～ हिला-हिलाकर तला हुआ गुर्दा

【腰肌劳损】 yāojī láosǔn बहुत ज़्यादा काम करने के कारण कमर की मांसपेशी का खराब हो जाना

【腰身】 yāoshēn कमर का घेरा; कमर की परिधि; फेंट; फेंटा：她的～很细。उस की कमर बहुत पतली है।/ 这条裤子的～太大。इस पेंट की कमर बहुत मोटी है।

【腰酸背痛】 yāosuān-bèitòng पीठ और कमर में दर्द होना

【腰痛】 yāotòng कमर में दर्द; कमर-दर्द; कटिवात

【腰围】 yāowéi ❶कमर का घेरा; कमर की परिधि; फेंट; फेंटा ❷कमरबंद; पेटी

【腰眼】 yāoyǎn ❶कमर के पिछले भाग की दोनों ओर ❷〈ला०〉 कुंजी：他这话是点到～上了。उस ने मतलब की बात कही।

【腰斩】 yāozhǎn ❶किसी को कमर से काट कर मार डालना ❷〈ला०〉 किसी चीज़ को बीच ही में काट डालना

【腰肢】 yāozhī कमर：～纤细 कमर पतली होना

【腰椎】 yāozhuī 〈श०वि०〉 कटि-प्रदेशीय रीढ़-हड्डी का प्रत्येक टुकड़ा

【腰椎穿刺】 yāozhuī chuāncì 〈चिकि०〉 कटिप्रदेशीय छेदन

【腰子】 yāozi （肾 shèn का साधारण नाम） गुर्दे

邀 yāo ❶बुलाना; निमंत्रण देना：～客 अतिथि को निमंत्रण देना / 特～代表 विशेष प्रतिनिधि ❷〈लि०〉 अनुनय करना; अनुरोध करना; प्रार्थना करना; निवेदन करना; मांगना：～准 अनुमति मांगना ❸रोकना：邀击

【邀宠】 yāochǒng किसी की कृपा प्राप्त करने के लिए चाटुकारी करना; किसी की कृपा प्राप्त करने का प्रयत्न करना

【邀功】 yāogōng （要功 yāogōng भी） किसी दूसरे की सफलता को छीन कर अपनी सफलता समझना：～请赏 किसी दूसरे की सफलता को छीन कर इनाम मांगना

【邀击】 yāojī （要击 yāojī भी） दुश्मनों पर उन के आगे बढ़ने के आधे रास्ते में प्रहार करना

【邀集】 yāojí निमंत्रित करके इकट्ठा करना：今天～大家来这里开个座谈会。आज एक गोष्ठी के लिए आप लोगों को यहां निमंत्रित किया गया है।/ ～了几个人 कुछ और लोगों को अपने साथ मिला लेना

【邀买】 yāomǎi खरीदना：～人心 लोगों को घूस या दूसरी भलाई देकर अपनी ओर कर लेना

【邀请】 yāoqǐng बुलाना; निमंत्रण देना; निमंत्रित करना; आमंत्रित करना; न्योता देना：在某人的～下 किसी के निमंत्रण पर

【邀请国】 yāoqǐngguó मेज़बान देश

【邀请赛】 yāoqǐngsài 〈खेल०〉 निमंत्रण-प्रतियोगिता：篮球～ बॉस्केटबाल की निमंत्रण-प्रतियोगिता

【邀请信】 yāoqǐngxìn निमंत्रण-पत्र

【邀赏】 yāoshǎng इनाम मांगना

【邀约】 yāoyuē निमंत्रण देना：～友人 मित्र को निमंत्रण देना

yáo

爻 yáo अष्ट देवी रेखा-चित्रों（八卦）का संयोग करने वाली अटूट रेखाएं या टूटी रेखाएँ, अटूट रेखा（—）को यांग याओ（阳爻）और टूटी रेखा（--）को इन याओ（阴爻）कहा जाता है

尧（堯） Yáo ❶याओ सम्राट, किवदंती में अति प्राचीन काल में एक सम्राट ❷एक कुलनाम

【尧舜】 Yáo-Shùn याओ सम्राट और शुन सम्राट, दोनों अतिप्राचीन काल में पौराणिक महात्मा सम्राट; 〈ला०〉 महात्मा

【尧天舜日】 yáotiān-shùnrì सम्राट याओ और शुन के दिन —— कनफ़्यूशियसवादियों के अनुसार चीन के इतिहास में सुवर्णयुग; रामराज्य

侥（僥） yáo दे० 僬侥 jiāoyáo प्राचीन काल की किंवदंती में बौना

jiǎo भी दे०

肴（餚） yáo मछली, मांस आदि की तश्तरी：酒～ शराब और स्वादिष्ट भोजन

【肴肉】 yáoròu नमक लगाकर सुखाया हुआ मांस

【肴馔】 yáozhuàn 〈लि०〉 भोज या खाने में बहुत सी स्वादिष्ट तश्तरियां और चावल

垚 yáo (प्रायः व्यक्ति के नाम में प्रयुक्त) पहाड़ का ऊंचा होना

轺 yáo 〈लि०〉 नीचे दे०：乘～行于湖边 गाड़ी पर चढ़कर झील के किनारे चलना

【轺车】 yáochē 〈प्रा०〉 एक प्रकार की हल्की गाड़ी

峣 yáo 〈लि०〉 ऊंचा

姚 Yáo एक कुलनाम

珧 yáo सीप; सीप के आवरण से प्राचीन काल में तल-वार, धनुष आदि पर सजावट की जाती थी

陶 yáo 皋陶 Gāoyáo काओयाओ, अति प्राचीन काल में एक व्यक्ति का नाम

táo भी दे०

铫（銚） yáo ❶प्राचीन काल में एक प्रकार की बड़ी कुदाल ❷（Yáo）एक कुलनाम：铫期 Yáoqī याओछी, पूर्वी हान राजवंश（东汉）में एक व्यक्ति का नाम

diào भी दे०

窑（窰、窯） yáo ❶भट्ठी; भट्टी：石灰～ चूने

की भट्ठी / 砖～ ईंट की भट्ठी; पजावा / 转～ चक्कर भट्ठी ❷देशी तरीके से कोयला पैदा करने की खान: 煤～ कोयले की (छोटी) खान ❸गुफ़ा; कंदर; विवर ❹<बो०> चकला; रंडीखाना; वेश्यालय

【窑变】 yáobiàn ❶भट्ठी कायापलट —— कलई के बेढंगे प्रयोग के कारण, रंग बदली चीनी मिट्टी की वस्तुएं

【窑衬】 yáochèn भट्ठी की भित्ति

【窑洞】 yáodòng गुफ़ा; कंदर; विवर

【窑灰钾肥】 yáohuījiǎféi धुंआकस-राख पोटाश

【窑姐儿】 yáojiěr <बो०> वेश्या; रंडी

【窑坑】 yáokēng ईंट बनाने के लिए मिट्टी खोदकर बनाया गया गड्ढा

【窑子】 yáozi <बो०> चकला; रंडीखाना; वेश्यालय

谣（謠） yáo ❶लोकगान; तुकांत कविता: 民～ बेलेड; लोक-गान ❷अफ़वाह: 造～ अफ़वाह फैलाना

【谣传】 yáochuán ❶अफ़वाह ❷अफ़वाह है कि …

【谣俗】 yáosú <लि०> रीति-रिवाज और आदत; लोक-रीति

【谣言】 yáoyán अफ़वाह: ～很旺盛 अफ़वाह उड़ गई कि … / ～攻势 अफ़वाह अभियान; अफ़वाह फैलाने की मुहिम / 发动～攻势 अफ़वाह फैलाने की मुहिम चलाना / ～制造厂 अफ़वाहें गढ़ने वाला कारख़ाना / 轻信～ अफ़वाहों पर कान देना / 散布～ अफ़वाहें फैलाना / ～掩盖不了事实。अफ़वाहें असलियत पर पर्दा नहीं डाल सकतीं।

【谣谚】 yáoyàn लोक-गीत और लोकोक्ति

【谣诼】 yáozhuó <लि०> मौखिक अपवचन; अपमान-वचन; झूठा आरोप; निराधार आक्षेप

摇 yáo हिलना; हिलाना; लहराना; धीरे-धीरे, इधर-उधर झुलाना या झूलना: ～铃 घंटी बजाना / ～扇子 पंखा झलना / ～船 नाव चलाना; नाव खेना / ～橹 चप्पू खेना / ～印刷机的齿轮 हैण्ड-प्रेस का पहिया घुमाना

【摇摆】 yáobǎi हिलना या झूलना; हिलना-डुलना: 荷叶迎风～。कमल के पत्ते धीमी हवा में हिल-डुल रहे थे।

【摇摆舞】 yáobǎiwǔ ❶झूमते हुए नाच ❷हिलना; झूलना

【摇摆乐】 yáobǎiyuè एक प्रकार का जाज़ संगीत

【摇臂】 yáobì <यां०> रॉकर आर्म; रॉकिंग आर्म; रॉक आर्म: ～轴 रॉकर शाफ़्ट / ～钻床 रेडियल ड्रिलिंग मशीन

【摇彩】 yáocǎi लाटरी डालना

【摇车】 yáochē <बो०> ❶पालना; हिंडोला; झूला ❷पुराने ढंग के कातने का उपकरण

【摇船】 yáochuán नाव खेना; नाव चलाना

【摇床】 yáochuáng <खनि०> टेबुल: 选矿～ क्लीनिंग टेबुल / 粗选～ रफ़िंग टेबुल

【摇唇鼓舌】 yáochún-gǔshé <अना०> अपने होंठों को हिलाना और अपनी ज़ुबान हिलाना —— अपनी ज़ुबान हिलाना; अपने वाक्-चातुर्य से उकसाना; अपना मत स्वीकार करने के लिए लोगों को कहना या किसी बात को बढ़ा-चढ़ा कर कहना

【摇荡】 yáodàng हिलना; झूलना; हिलना-डुलना

【摇动】[1] yáodòng हिलना; हिलाना; डोलाना; हचकाना: ～不动 हिलाए न हिल सकना; चलाए न चल सकना / ～木桩 खूंटा हिलाना

【摇动】[2] yáodòng ❶हिलना; हिलना-डोलना; झूलना: 荷叶在水面上～。कमल के पत्ते पानी के ऊपर धीरे-धीरे हिल रहे थे। ❷ढुल-मुल होना; अस्थिर होना: 信念未～ विश्वास न हिलना

【摇鹅毛扇】 yáo émáoshàn हंस के पर वाला पंखा झलना —— (साजिश आदि) रचना

【摇滚乐】 yáogǔnyuè रॉक (संगीत)

【摇撼】 yáohàn (पेड़ आदि को) बलपूर्वक हिलाना; डोलाना; हचकाना

【摇晃】 yáohuàng हिलना; डोलना; हिलाना; डोलाना; हचकना; हचकाना: 地震时大楼都～起来了。भूकम्प में इमारतें भी हिलने लगी थीं। / 他摇摇晃晃地走着。वह लड़खड़ाते हुए चल रहा था। / 服药前要～药瓶。दवा इस्तेमाल करने से पहले बोतल को अच्छी तरह हिला लो।

【摇惑】 yáohuò ❶हिलना; अस्थिर होना; ढुलमुल होना: 人心～ लोगों का मनोबल अस्थिर होना ❷हिलाना; भ्रम में डालना; ढुलमुल करना: ～人心 लोगों के मनोबल को हिला देना; लोगों को भ्रम में डालना

【摇奖】 yáojiǎng लॉटरी डालना

【摇篮】 yáolán ❶पालना; हिंडोला; झूला ❷<ला०> आश्रम-स्थान; स्थान जहां किसी वस्तु, कला आदि का विकास हुआ हो: 黄河是中国文化的～。ह्वांगह नदी चीनी संस्कृति का आश्रम-स्थान है।

【摇篮曲】 yáolánqǔ लोरी

【摇耧】 yáolóu बीज बोते समय कुंड़ (या ड्रिल बैरो) को हिलाना; कुंड़ हिलाते-हिलाते बीज बोना

【摇蜜】 yáomì मधु निकालना या निचोड़ना

【摇蜜机】 yáomìjī मधु निचोड़ने वाली मशीन

【摇旗呐喊】 yáoqí-nàhǎn प्राचीन काल में युद्ध करते समय आगे लड़ने वालों को प्रोत्साहित करने के लिए पीछे वाले लोगों द्वारा झंडे हिला-हिला कर ज़ोर-शोर से चिल्लाना —— किसी को प्रोत्साहन देना

【摇钱树】 yáoqiánshù किंवदंती में एक वृक्ष जिसे हिलाओ तो पैसों की वर्षा होती है —— धन का शीघ्र स्रोत

【摇纱机】 yáoshājī रीलिंग फ़्रेम (reeling frame)

【摇身一变】 yáoshēn-yībiàn शीघ्र अपना भेष बदलना

【摇手】 yáoshǒu ❶हाथ हिलाकर टोकना ❷किसी यंत्र के पुर्जे में लगा हुआ हैंडल

【摇头】 yáotóu सिर हिलाकर टोकना, असहमत होना, इनकार करना आदि; निषेध-सूचक सिर हिलाना: 群众见了他们就～。जनता उन को देखते ही सिर हिलाकर ना कह देती।

【摇头摆尾】 yáotóu-bǎiwěi सिर और पूंछ हिलाना —— खुशी-खुशी सिर हिलाना

【摇头晃脑】 yáotóu–huàngnǎo सिर हिलाना —— अपने आप प्रसन्न होना; आत्म-प्रशंसा या आत्मसंतुष्टि से सिर हिलाना
【摇头丸】 yáotóuwán एक्स्तासी
【摇尾乞怜】 yáowěi–qǐlián किसी का कृपा-पात्र बनने के लिए दुम हिलाना; दुम हिलाना: 他会到上司面前～的，但是一点用处也没有。वह अफ़सरों के सामने दुम हिलाएगा, पर कुछ कर नहीं सकते।
【摇蚊】 yáowén मिज, मशक जाति का एक कीड़ा
【摇摇摆摆】 yáoyáobǎibǎi ऐंठता-इतराता हुआ: 他～地回来了。वह ऐंठता-इतराता हुआ लौट आया।
【摇摇欲坠】 yáoyáo–yùzhuì（摇摇欲倒 yáoyáo–yùdǎo भी）पतन होना; विचलित होना; लड़खड़ाना: 等待他～时 उस के पतन के प्रथम संकेत की प्रतीक्षा करना
【摇曳】 yáoyè हिलना; डोलना; इधर-उधर हिलना: ～的灯光 टिमटिमाता हुआ दीपक (का प्रकाश) / 柳枝在微风中轻轻～。मंद हवा में बेद वृक्ष की टहनियां इधर-उधर हिल रही हैं।
【摇椅】 yáoyǐ आराम कुर्सी; झूलने वाली कुर्सी

徭（傜） yáo बेगार

【徭役】 yáoyì बेगार
【徭役地租】 yáoyì dìzū （劳役地租 láoyì dìzū का दूसरा नाम）बेगार-लगान

遥 yáo 〈लि०〉 दूर; दूरस्थ; दूरवर्ती: 遥望 / 遥远 / 千里之～ एक हज़ार ली की दूरी पर

【遥测】 yáocè टैलिमीटरिंग: 空间～ स्पेस टैलिमीटरी; आकाश दूरमिति
【遥测计】 yáocèjì टैलिमीटर; दूरमापी
【遥测术】 yáocèshù टैलिमीटरी; दूरमिति
【遥测温度计】 yáocè wēndùjì टैलिथर्मामीटर
【遥感】 yáogǎn 〈वैद्यु०〉 रिमोट सेंसिंग (remote sensing)
【遥控】 yáokòng सुदूर नियंत्रण; रिमोट कंट्रोल; टैलि-कंट्रोल: ～飞机 टैलिकंट्रोल एयर-प्लेन / ～开关 टैलिस्विच / ～无人驾驶飞机 ड्रोन (एयरक्राफ़्ट) / ～测量 टैलिमीट्रिक मेज़रमेंट / 计算机～操作 रिमोट कंप्यूटर आपरेशन
【遥控力学】 yáokòng lìxué टैलिमैकेनिक्स
【遥望】 yáowàng दूर स्थान की ओर दृष्टि दौड़ाना: ～天边 दूर क्षितिज की ओर दृष्टि दौड़ाना
【遥相呼应】 yáoxiānghūyìng दूर से एक दूसरे का साथ देना; दूर से एक दूसरे की सहायक कार्यवाही करना
【遥想】 yáoxiǎng स्मरण हो जाना; याद आ जाना; स्मृति में आ जाना; स्मरण या याद कर लेना: ～当年 बहुत समय पहले उस साल की याद आ जाना
【遥遥】 yáoyáo बहुत दूर: 遥遥无期 / 遥遥相对
【遥遥领先】 yáoyáo–lǐngxiān बहुत आगे होना
【遥遥无期】 yáoyáo–wúqī समय का कोई ठिकाना न रहना
【遥遥相对】 yáoyáo–xiāngduì दूर से आमना-सामना होना
【遥夜】 yáoyè 〈लि०〉 लम्बी रात: ～深思 सारी रात गहरे तौर पर विचार करना
【遥远】 yáoyuǎn दूर; न्यारा: ～的将来 सुदूर भविष्य; दूरवर्ती भविष्य में
【遥瞻】 yáozhān 〈लि०〉 बहुत दूर के स्थान से दर्शन करना
【遥指】 yáozhǐ दूर के स्थान की ओर संकेत या इंगित करना

猺 yáo दे० 黄猺 huángyáo एक प्रकार का नेवला, 青猺 qīngyáo एक प्रकार का सिविट-बिल्ली

瑶 yáo 〈लि०〉 ❶सुन्दर जेड; सूर्यकांत मणि; जैस्पर: 琼～ सुन्दर जेड ❷सुन्दर; बढ़िया; मूल्यवान: ～浆 स्वादिष्ट मदिरा / ～石 सुन्दर पत्थर

【瑶池】 yáochí जैस्पर लेक; सूर्यकांत मणि सरोवर (पुराण में पश्चिम की राज-माता 西王母 का निवास स्थान)
【瑶族】 Yáozú याओ जाति (क्वांगशी, हूनान, युन्नान, क्वांगतोंग और क्वेइचओ प्रांत में रहने वाली एक अल्पसंख्यक जाति)

飖（飆） yáo दे० 飘飖 piāoyáo आकाश में हवा के साथ हिलना-डोलना

繇 yáo 〈लि०〉 ❶徭 yáo के समान ❷谣 yáo के समान

yóu; zhòu भी दे०

鳐（鰩） yáo स्काट, स्केट (मछली)

yǎo

杳 yǎo 〈लि०〉 बहुत दूर और आंखों से ओझल होना

【杳渺】 yǎomiǎo 〈लि०〉（杳眇 yǎomiǎo भी）दूर और अस्पष्ट
【杳冥】 yǎomíng（窈冥 yǎomíng के समान）❶धुंधला; धूसर; मलिन ❷गहरा; गहन; गूढ़
【杳然】 yǎorán 〈लि०〉 शांत; सन्नाटा
【杳如黄鹤】 yǎorúhuánghè पीले बगुले की भांति उड़कर फिर लौटकर न आना —— जाकर फिर लौटकर न आना; हमेशा के लिए चला जाना
【杳无音信】 yǎowúyīnxìn लापता होना; एकदम खबर न होना: 他走后～。उस के चले जाने के बाद एकदम खबर नहीं है।

咬（齩、鱙） yǎo ❶दांत से काटना; कुतरना; काट खाना: 蛇～ सांप द्वारा डंक मारना / 他～了我一口。उस ने मुझे दांत से काट लिया था। / 狗～了他的腿 कुत्ते ने उस की टांग पर दांत मारा। / 他用牙～断一根粗线。उस ने दांत से वह मोटा तागा कुतरा। / ～

紧嘴唇抑制住内心激动 मन के आवेग को दबाने के लिए होंठ काटना / ～伤 दातों से काटकर चोट करना ❷मज़बूती से पकड़ना：这个旧螺母～不住扣儿了。 यह पुरानी ढिबरी मज़बूती से न पकड़ सकेगी। / 双方比分一直～得很紧。पूरे मैच के दौरान स्कोर बहुत नज़दीक रहा। ❸(कुत्ता) भूंकना：鸡叫狗～ मुर्गे का बांग देना या कुकड़ूंकूं करना और कुत्ते का भूंकना ❹आरोप लगाये जाने या सुनवाई की जाने पर दूसारे व्यक्ति (प्रायः निरपराध) को अपराध में लपेट लेना：～了好多人 अनेक निरपराध व्यक्तियों को अपराध में लपेट लेना ❺〈बो०〉 संघर्षण से क्षय हो जाना; नष्ट होना; खराब होना：我最怕漆～。मेरा चमड़ा वार्णिश के प्रति अति संवेदनशील है। / 油漆把我手上的皮肤～坏了。वार्णिश ने मेरे हाथ के चमड़े को खराब कर दिया। ❻उच्चारण करना; स्पष्ट उच्चारण करना：咬字 / 这个字他～不准。वह इस अक्षर का स्पष्ट उच्चारण नहीं कर सकता। ❼(शब्दों के प्रयोग के बारे में) मीन-मेख करना; नुक्ताचीनी करना：咬字眼儿

【咬定】 yǎodìng बात निकलने पर फिर न बदलना; निश्चित रूप से कहना：一口～ निश्चयपूर्वक कहना; दावे के साथ कहना

【咬耳朵】 yǎo ěrduo 〈बोल०〉 कानाफूसी करना; खुसर-फुसर बातें करना

【咬合】 yǎohé (दांतेदार पहियों का) मेल होना; एक दूसरे में फंसना：这两个齿轮～得很好。ये दोनों दांतेदार पहिये एक दूसरे में अच्छी तरह फंसते हैं।

【咬紧牙关】 yǎojǐn yáguān दांत भींचना

【咬啮】 yǎoniè निरंतर काटते रहना; काटना; कुतरना：恐惧和焦虑正～着他的心。भय और चिंता उस के हृदय को काटते रहते हैं।

【咬群】 yǎoqún 〈बोल०〉 ❶(घरेलू पशु का) अपने झुंड में अक्सर दूसरे के साथ लड़ना ❷〈ला०〉 किसी व्यक्ति का अपने आसपास के लोगों से अक्सर झगड़ा करना

【咬舌儿】 yǎoshér （咬舌子 yǎo shézi भी） ❶तुतलाहट से बोलना या कहना ❷तुतलाहट से बोलने या कहने वाला

【咬文嚼字】 yǎowén-jiáozì शब्द-विन्यास पर बहुत अधिक ध्यान देना

【咬牙】 yǎoyá ❶दांत किटकिटाना; दांत पीसना; दांत पर दांत जमाना：恨得直～ जुगुप्सा में दांत किटकिटाना / 痛得直～ दर्द के मारे दांत पीसना ❷नींद में दांत किटकिटाना

【咬牙切齿】 yǎoyá-qièchǐ दांत पीसना; दांत किच-किचाना या किटकिटाना：气得～ क्रोध से दांत पीसना

【咬住】 yǎozhù ❶दांत से पकड़ना：～绳子 रस्से को दांत से पकड़ना / ～嘴唇 ओठ भींचना / 她～他的耳朵。उस ने उस के कान पर दांत गड़ा दिए। ❷कब्ज़े में कर लेना; भागने न देना：部队紧紧～敌人。सेना ने दुश्मनों को भागने न देने के कारण उन का पीछा किया।

【咬字儿】 yǎozìr स्पष्ट उच्चारण करना：他～清楚。उस का उच्चारण स्पष्ट है।

【咬字眼儿】 yǎo zìyǎnr (दूसरों के) शब्दों के प्रयोग में मीन-मेख करना; नुक्ताचीनी करना

【咬嘴】 yǎozuǐ उच्चारण करने में कठिन होना：这句子念起来很～。यह वाक्य उच्चारण करने के लिए बहुत कठिन है। / ～咬舌地说 तुतलाते हुए कहना

舀 yǎo (द्रव पदार्थ को) चमचे से उठाना या लेना; चम्मच आदि द्वारा एक पात्र से निकालकर दूसरे पात्र में डालना：从罐子里～出面粉 घड़े से आटा निकालना / ～汤 सूप को चम्मच आदि से निकालना या उठाना / 他～了一杯水喝了。उस ने एक कप पानी खींचकर पिया।

【舀子】 yǎozi （舀儿 yǎor भी） बड़ा चम्मच; चमचा; कर्छा

窅 yǎo 〈लि०〉 दूर और गहरा; सुदूर और धुंधला

【窅然】 yǎorán दूर और गहरा; सुदूर और धुंधला

窈 yǎo 〈लि०〉 ❶दूर और गहरा ❷अंधेरा; धुंधला

【窈冥】 yǎomíng 〈लि०〉 ❶दूर और गहरा ❷अंधेरा; धुंधला

【窈窕】 yǎotiǎo 〈लि०〉 (स्त्री) सुशील और सुन्दर ❷(राजमहल, स्थलदृश्य आदि) एकांत; गहरा और शांत

【窈陷】 yǎoxiàn धंस जाना：他的眼睛～下去了。उस की आंखें धंस गईं।

yào

疟（瘧） yào नीचे दे०
nüè भी दे०

【疟子】 yàozi 〈बोल०〉 मलेरिया

药（藥） yào ❶औषध; दवा：进口～ विदेश से मंगाई हुई औषधि / 中～ चीनी जड़ी-बूटी; चीनी दवा ❷रासायनिक पदार्थ：火～ बारूद / 炸～ विस्फोटक पदार्थ; डाइनामाइट ❸〈लि०〉 औषधि से चिकित्सा करना：不可救～ अचिकित्स्य होना; लाइलाज होना ❹विष से मार डालना：～老鼠 चूहे को विष देना / ～虫子 कीड़ों को विष देना ❺（Yào）एक कुलनाम

【药补】 yàobǔ बलवर्द्धक औषधि खा (या पी) कर स्वस्थ बनना：～不如食补。पौष्टिक औषधि से पौष्टिक भोजन भला।

【药材】 yàocái औषधीय पदार्थ; जड़ी-बूटी：～公司 औषधि कारपोरेशन

【药草】 yàocǎo वनौषधि; औषधीय जड़ी-बूटी

【药叉】 yàochā （夜叉 yècha भी） यक्ष

【药厂】 yàochǎng दवा कारखाना; औषधि कारखाना

【药单】 yàodān औषध-निर्देश

【药典】 yàodiǎn औषधिनिर्माण-विधि पुस्तक

【药店】 yàodiàn दवा की दुकान; दवाख़ाना, औषधालय

【药饵】 yào'ěr दे० 药物

【药方】 yàofāng ❶नुस्खा; औषध-निर्देश：开～ नुस्खा

लिखना; नुस्खा तैयार करना ❷कागज़ जिस पर नुस्खा लिखा हो

【药房】 yàofáng ❶दवा की दुकान; औषधालय; दवा-ख़ाना: ～老板 दवाफ़रोश ❷अस्पताल औषधालय; दवा-ख़ाना; डिस्पेंसरी

【药费】 yàofèi दवा की फ़ीस

【药粉】 yàofěn चूर्ण रूप में दवा; चूर्ण; पाउडर

【药膏】 yàogāo प्रलेप; लेप; उबटन; मलहम; जमाद

【药谷】 yàogǔ औषध-घाटी; मेडिसिन वैली (Medicine Valley)

【药罐子】 yàoguànzi ❶दवा पकाने का मिट्टी का बर्तन ❷जीर्ण रोगी; पुराना मरीज़

【药衡】 yàohéng औषधि-विक्रेता का माप-दंड या तौल

【药剂】 yàojì औषधि; दवा; औषधीय सामग्री

【药剂师】 yàojìshī भेषजविज्ञ; औषधयोजक; दवा देने वाला; कंपाउंडर

【药剂学】 yàojìxué औषधनिर्माण-विज्ञान; भैषजिकी

【药检】 yàojiǎn ❶औषध-निरीक्षन; ड्रग टेस्टिंग ❷खिलाड़ी का औषध से निरीक्षण करना

【药箭】 yàojiàn विषैला बाण; ज़हरीला तीर

【药劲儿】 yàojìnr औषध-प्रभाव; दवा का असर

【药酒】 yàojiǔ औषधीय द्रव पदार्थ; औषधीय मदिरा; दवा की शराब

【药理】 yàolǐ ❶औषधप्रभाव विज्ञान ❷औषधिविज्ञान; भैषजिकी

【药理学】 yàolǐxué औषधिविज्ञान; भैषजिकी

【药力】 yàolì औषध-प्रभाव; दवा का असर

【药量】 yàoliàng औषधि की मात्रा; दवा की खुराक; डोज़

【药料】 yàoliào दवा की जड़ी-बूटी; औषधि की सामग्री

【药麻】 yàomá 〈चिकि०〉 औषध-संज्ञाहरण; औषध-निश्चेतनता

【药棉】 yàomián सोखने वाली रूई

【药面儿】 yàomiànr औषधीय चूर्ण (पाउडर)

【药捻儿】 yàoniǎnr ❶फ़्यूज़; पलीता ❷दे० 药捻子

【药捻子】 yàoniǎnzi (फोड़े, घाव के बीच में रखने के लिए) औषधीय कागज़ या जाली में लपेटी हुई रस्सी जैसी पतली चीज़ (रोल)

【药碾子】 yàoniǎnzi वह पत्थर या लोहे की कुंडी जिस में औषधियां घोटी जाती हैं; खरल

【药农】 yàonóng जड़ी-बूटी पैदा करने या संग्रह करने वाला किसान

【药片】 yàopiàn दवा की गोलियां; टिकिया

【药品】 yàopǐn औषधियां और रासायनिक प्रतिकारक

【药瓶】 yàopíng दवा की शीशी; दवा की बोतल

【药铺】 yàopù जड़ी-बूटियों की दुकान; दवा की दुकान

【药签】 yàoqiān शल्यचिकित्सा में प्रयुक्त एक प्रकार की सोखने वाली गद्दी; फाहा; स्वाब

【药球】 yàoqiú 〈खेल०〉 （实心球 shíxīnqiú का दूसरा नाम） मेडिसिन बाल

【药散】 yàosǎn चूर्ण औषधि; औषधीय पाउडर

【药膳】 yàoshàn आहार-चिकित्सा के लिए अनेक रोग-नाशक और स्वास्थ्य वर्धक व्यंजन; औषधीय भोजन; औषधीय जड़ी-बूटियों के साथ पकाया भोजन: ～餐厅 औषधीय भोजन के लिए रेस्तरां

【药商】 yàoshāng दवाफ़रोश; औषधि-व्यापारी

【药石】 yàoshí औषधियां और अक्यूपंक्चर के लिए पत्थर की सुई: ～罔效。सभी प्रकार की औषधीय चिकित्साएं असफल हुईं।

【药石之言】 yàoshízhīyán （药言 yàoyán भी） अरुचिकर किंतु हितकारी परामर्श

【药水】 yàoshuǐ ❶तरल औषधि; पीने की दवा ❷घाव भरने, चर्म-रोग आदि के लिए द्रव औषधि

【药筒】 yàotǒng शेल केस; कारट्रिज़ केस

【药丸】 yàowán （药丸子 yàowánzi भी） दवा की गोली; टिकिया; वटी; वटिका: 保婴活命～ बाल-रक्षा वटी

【药味】 yàowèi ❶〈ची०चि०〉 नुस्खे में जड़ी-बूटियां ❷किसी औषधि की गंध या स्वाद

【药物】 yàowù औषधियां; दवाइयां: ～生产 औषधोत्पादन

【药物过敏】 yàowù guòmǐn औषधि से तत्काल उत्पन्न शारीरिक प्रतिक्रिया

【药物化学】 yàowù huàxué औषधि-निर्माण संबंधी रसायन

【药物学】 yàowùxué फ़ार्माकागनोसी; औषधिशास्त्र

【药物牙膏】 yàowù yágāo औषधीय टूथपेस्ट

【药物代谢】 yàowù dàixiè औषधि की रचनांतर क्रिया

【药箱】 yàoxiāng औषधियों की पेटी; दवाओं का बक्स

【药效】 yàoxiào औषध-प्रभाव

【药械】 yàoxiè औषधीय साज़-सामान

【药性】 yàoxìng औषधि का गुण, प्रकृति या विशेषता

【药性气】 yàoxìngqi काढ़े का गंध या स्वाद

【药学】 yàoxué औषधनिर्माणविज्ञान

【药引子】 yàoyǐnzi 〈ची०चि०〉 औषधीय परिशिष्ट; औषधि की शक्ति को तीव्रतर करने के लिए अधिक दिया गया अवयव

【药用炭】 yàoyòngtàn औषधीय (लकड़ी का) कोयला

【药用植物】 yàoyòng zhíwù औषधीय वनस्पति

【药浴】 yàoyù 〈पशु पालन〉 कीटाणु नाशक द्रव में नहाना या नहलाना: 羊～ भेड़ को कीटाणु नाशक द्रव में नहलाना / ～池 भेड़ को कीटाणु नाशक द्रव में नहलाने का कुंड

【药皂】 yàozào औषधीय साबुन

【药渣】 yàozhā काढ़े का अवशिष्ट अंग; काढ़े का निश्प्रयोजन अंश

【药疹】 yàozhěn 〈चिकि०〉 औषधीय स्फुटन; ड्रग रैश

要[1] yào ❶महत्वपूर्ण: 重～ महत्वपूर्ण / ～事 महत्वपूर्ण बात; महत्वपूर्ण काम / 要点 ❷महत्वपूर्ण विषय: 纲～ सार; रूपरेखा; कार्यक्रम / 摘～ सार; सारांश; संक्षेप / 提～ निष्कर्ष; रूपरेखा

要[2] yào ❶चाहना; चाहिए: 他～一枝笔。उसे एक

कलम चाहिए। / 您～什么？आप क्या चाहते हैं？❷मांगना; मांग करना: 他跟我～本书看。उस ने मुझ से एक पुस्तक पढ़ने के लिए मांगी। ❸निवेदन करना; अनुरोध करना; मांगना: 他～我帮他一下忙。उस ने मुझ से अनुरोध किया कि मैं ज़रा उस की सहायता करूं। ❹चाहना: 他～上大学。वह विश्वविद्यालय में भरती होना चाहता है। / 你还～说什么？तुम और क्या कहना चाहते हो？❺चाहिए: 我们～相信群众。हमें जनता पर विश्वास करना चाहिए। / 借东西～还。उधार ली हुई हर चीज़ को वापस लौटा देना चाहिए। / 军队～和群众打成一片。सेना को चाहिए कि वह जनता के साथ एक रूप हो जाए। ❻आवश्यकता होना; ज़रूरत होना: 做条裤子～多少布？एक पतलून बनाने के लिए कितने कपड़े की ज़रूरत है？/ 从学校到火车站坐公共汽车大约～两个小时。विद्यालय से रेल-स्टेशन तक बस से लगभग दो घंटों का सफ़र है। ❼निश्चय की कल्पना: 我～去。मैं जाऊंगा। / 天～下雨了。पानी बरसेगा। / 明天我们～去参加一个会。कल हम लोग एक सभा में जाएंगे। ❽तुलना में प्रयुक्त करके अनुमान का बोध होता है: 你比他～好得多。तुम उस से ज़्यादा अच्छे हो। / 夏天外面比屋里～热得多。गरमी के दिनों में घर के अंदर की अपेक्षा बाहर ज़्यादा गर्मी है।

要3 yào <संयो०> ❶यदि; अगर: 明天～下雨，我就不来了。यदि कल पानी बरसेगा तो मैं नहीं आऊंगा। / 昨天要下雨，我就不来了。यदि कल पानी बरसता तो मैं न आता। ❷या तो … या: ～就去看电影，～就去听音乐，别处我不去。या तो हम फ़िल्म देखने जाएं या संगीत सुनने, दूसरी जगह मैं नहीं जाऊंगा।

yāo भी दे०

【要隘】 yào'ài सामरिक महत्व की घाटी; महत्वपूर्ण दर्रा

【要案】 yào'àn महत्वपूर्ण मुकद्दमा

【要不】 yàobù （要不然 yàoburán भी）<संयो०> ❶नहीं तो; अन्यथा; वरना: 不要吃得太多，～肚子会吃坏的。अधिक मत खाओ, नहीं तो पेट खराब होगा। / 你信它，它是神，～它是石头。मानो तो देव, नहीं तो पत्थर। ❷या तो … या: ～你去，～我去。या तो तुम जाओगे या मैं जाऊंगा।

【要不得】 yàobude ठीक न होना; अच्छा न होना; नुकसानदेह और असहनीय होना: 这种态度是～的。इस तरह का रवैया बिलकुल ठीक नहीं है।

【要不是】 yàobùshì अगर न होता तो: ～天下雨，我早就出去了。अगर पानी न बरसता तो मैं बाहर गया होता।

【要冲】 yàochōng महत्व का स्थान: 军事～ सामरिक महत्व का स्थान / 交通的～ यातायात का केन्द्र

【要道】 yàodào ❶महत्वपूर्ण मार्ग: 交通～ यातायात का महत्वपूर्ण मार्ग ❷महत्वपूर्ण तर्क या उपाय

【要得】 yàodé <बो०> अच्छा होना; ठीक होना: 这个建议～。यह सुझाव अच्छा है।

【要地】 yàodì ❶महत्वपूर्ण (सैन्य) स्थान; सामरिक स्थान: 军事～ महत्वपूर्ण सामरिक स्थान ❷<लि०> उच्च पद: 身处～ उच्च पद पर होना

【要点】 yàodiǎn ❶महत्वपूर्ण बातें; सार; सारतत्व; सारांश; मूलतत्व: 抓住～ महत्वपूर्ण बातों को पकड़ लेना ❷महत्वपूर्ण अड्डा: 战略～ महत्वपूर्ण सामरिक अड्डा

【要端】 yàoduān महत्वपूर्ण बातें; 要点❶ के समान: 举其～如下 इस की महत्वपूर्ण बातें ये हैं …

【要犯】 yàofàn महत्वपूर्ण अपराधी

【要饭】 yàofàn भीख मांगना: ～的 भिखारी; भिक्षु

【要害】 yàohài ❶मर्म; मर्मस्थान; शरीर के प्राणधारी अंग: ～部位 शरीर के प्राणधारी अंग / ～部门 महत्वपूर्ण विभाग / 回避～问题 महत्वपूर्ण बात से कतराना / 击中～ ठीक मर्मस्थान पर प्रहार करना; मर्मस्थान पर निशाना ठीक बैठना ❷सामरिक स्थान; महत्वपूर्ण विभाग: ～阵地 मर्मवाला मोर्चा

【要好】 yàohǎo ❶पटना; बनना; मन मिलना; मित्रता होना: 你跟他很～。तुम और उस में खूब पटती है। / 他们俩从小就很～。उन दोनों में बचपन से ही खूब बनती है। ❷अपने को सुधारने में उत्सुक होना: 这孩子很～。यह लड़का अपने को सुधारने में बहुत उत्सुक है।

【要好看】 yào hǎokàn किसी को मूर्ख बना देना; इज़्ज़त न रहने देना: 他们想要我好看，让我当众表演。मुझे लोगों के सामने अभिनय करने को विवश कर वे मुझे मूर्ख बनाना चाहते हैं।

【要谎】 yàohuǎng (बेचने वाले का) ग्राहक से अत्यधिक दाम मांगना

【要价】 yàojià ❶बेचने वाले द्वारा ग्राहक को चीज़ों का दाम बताना: ～过高 अत्यधिक दाम मांगना ❷वार्त्तालाप आदि में विपक्ष से शर्त लगाना: 对方在谈判中～过高。वार्त्तालाप में विपक्ष ने अत्यधिक शर्तें रखीं।

【要价还价】 yàojià-huánjià （讨价还价 tǎojià-huánjià भी）मोल-तोल करना; सौदा करना; मोल करना

【要件】 yàojiàn ❶महत्वपूर्ण दस्तावेज़ ❷महत्वपूर्ण शर्त

【要津】 yàojīn ❶<लि०> महत्वपूर्ण स्थान ❷महत्वपूर्ण पद

【要紧】 yàojǐn ❶महत्वपूर्ण: ～的事情 बड़ा काम; महत्वपूर्ण काम / 最～的是… सब से महत्वपूर्ण बात यह है कि … / 这个学习很～。इस तरह सीखना एक बड़ी महत्वपूर्ण बात है। ❷गंभीर: 这病不～。यह रोग गंभीर नहीं है। ❸<बो०> जल्दी-जल्दी: 我那时～去上课，不能跟他详谈。उस समय मैं क्लासरूम जाने की जल्दी में था, उस के साथ तफ़सील से बातचीन न कर सका।

【要…就】 yào…jiù जहां … वहां: 要奋斗就会有牺牲。जहां कहीं भी संघर्ष होता है वहां कुरबानी देनी पड़ती है।

【要诀】 yàojué महत्वपूर्ण मंत्र या युक्ति

【要领】 yàolǐng ❶महत्वपूर्ण बात; सारांश; सार: 不得～ महत्वपूर्ण मुद्दे को न पकड़ पाना ❷(सैन्य या व्यायाम संबंधी प्रशिक्षण में अभ्यास का) अनिवार्य तत्व: 掌握～ अनिवार्य तत्वों को पकड़ना

【要略】 yàolüè रूपरेखा; सारांश：《中国文法～》 ‘चीनी व्याकरण की रूपरेखा ’

【要么】 yàome 〈संयो०〉 （要末 yàome भी） या तो … (या); या：～你来，～我去，我们总得见个面。या तो तुम मेरे यहां आओगे, या मैं तुम्हारे वहां जाऊँगा, हमें एक दूसरे से एक बार मिलना चाहिए। / 你赶紧给他打个电报，～打个电话。तुम जल्दी ही उसे तार भेजो, या फ़ोन करो।

【要面子】 yào miànzi अपनी इज़्ज़त खोने का डर रहना; प्रतिष्ठा पर महत्व देना

【要命】 yàomìng ❶जान लेना：～的功课表 जान लेवा टाइमटेबिल / 谁要是反对他，他就要谁的命。अगर कोई उस का विरोध करता है तो वह उस की जान के पीछे पड़ जाएगा। ❷चरम सीमा तक पहुंचना：热得～ बहुत अधिक गर्मी / 渴得～ बहुत अधिक प्यास ❸भद्दा; न्यूसेंस：这人真～，火车快开了还不来。यह आदमी बहुत आलसी है, गाड़ी छूट जाएगी, पर वह नहीं आयेगा।

【要目】 yàomù महत्वपूर्ण धाराएं या उपधाराएं; महत्वपूर्ण विषय：图书～ पुस्तकों की महत्वपूर्ण सूची / 本报今日～ हमारा आज का मुख्य विषय

【要强】 yàoqiáng (दूसरों के) पीछे पड़ना न चाहना

【要人】 yàorén बड़े-बड़े ओहदेदार; बहुत महत्वपूर्ण व्यक्ति

【要塞】 yàosài किला; गढ़; दुर्ग：～炮 फ़ोर्ट आर्टिलरी; किलेवाला तोपखाना / ～司令 किले का हाकिम; किलेदार

【要事】 yàoshì महत्वपूर्ण बात; आवश्यक बात：我有～和你商量。मैं तुम से किसी महत्वपूर्ण मुद्दे पर बात करना चाहता हूँ।

【要是】 yàoshi 〈संयो०〉〈बोल०〉 यदि; अगर; कहीं; जो：～我是你的话，我决不和他住一屋。यदि तुम्हारी जगह मैं होता, तो मैं उस के साथ एक ही कमरे में न रहता। / ～他不在那里，那你就回来。अगर वह वहां न हो, तो तुम वापस चले आना। / ～给他看见了就糟了。कहीं वह देख ले तो गज़ब हो जाए।

【要死】 yàosǐ बहुत ज़्यादा; बहुत अधिक：怕得～ बहुत ज़्यादा डर / 痒得～ बहुत ज़्यादा खुजली

【要素】 yàosù महत्वपूर्ण तत्व：缺乏～ महत्वपूर्ण तत्व न होना / 每个汉字一般都有形、音、义三个～。आम तौर से हर चीनी अक्षर के रूप, ध्वनि और अर्थ तीन महत्वपूर्ण तत्व होते हैं।

【要图】 yàotú महत्वपूर्ण प्रोग्राम, कार्यक्रम या योजना

【要闻】 yàowén महत्वपूर्ण समाचार (या खबर)：国际～ अंतर्राष्ट्रीय महत्वपूर्ण समाचार / 一周～ एक सप्ताह में महत्वपूर्ण समाचार / ～版 समाचार-पत्र का मुख-पृष्ठ

【要务】 yàowù महत्वपूर्ण कार्य

【要言不烦】 yàoyán-bùfán (भाषण, लेख का) संक्षिप्त होना, लंबा और शब्दबहुल न होना

【要义】 yàoyì महत्वपूर्ण विषय या तर्क：阐明～ महत्वपूर्ण विषय को स्पष्ट करना / 宣讲的～ उपदेशों का तत्व

【要员】 yàoyuán बहुत महत्वपूर्ण व्यक्ति; बड़े-बड़े ओहदेदार

【要账】 yàozhàng तकाज़ा करना

【要职】 yàozhí महत्वपूर्ण पद：身居～ महत्वपूर्ण पद पर होना

【要旨】 yàozhǐ मुख्य उसूल

【要着】 yàozhāo महत्वपूर्ण बात：第一～ सब से महत्वपूर्ण बात

【要子】 yàozi ❶धान, गेहूं आदि को बांधने के लिए धान या गेहूँ के डंठलों को मरोड़ कर बनाया हुआ रस्सा ❷चीज़ों को बांधने की पट्टी：铁～ लोहे की पट्टी

钥

（鑰） yào चाबी
yuè भी दे०

【钥匙】 yàoshi चाबी

袎

yào 〈लि०〉 靿 yào के समान

靿

yào बूट या मोज़े का लम्बा भाग：靴～儿 बूट का ऊपर वाला लंबा भाग; बूट का नली-रूपी भाग

鹞

（鷂） yào गौरैया बाज़

【鹞鹰】 yàoyīng गौरैया बाज़ का साधारण नाम

【遥子】 yàozi ❶गौरैया बाज़ का साधारण नाम ❷〈बो०〉 पतंग; कनकौआ

曜

yào 〈लि०〉 ❶सूर्य-प्रकाश ❷प्रकाशित होना; रोशनी फैलाना ❷सूर्य, चन्द्र (सोम), तारे (रवि, सोम, मंगल, बुध, गुरु, शुक्र, शनि ये सात 七曜 qīyào कहलाते हैं, एक सप्ताह में सात दिनों का नाम भी बनता है, जैसे：日～日 रविवार, 月～日 सोमवार, 火～日 मंगलवार आदि)

燿

yào 〈लि०〉 耀 yào के समान

耀

yào ❶प्रकाशित करना या होना; रोशनी फैलाना：照～ प्रकाशित होना; रोशनी फैलाना ❷डींग मारना; शेखी बघारना：耀武扬威 ❸किरण; दीप्ति; प्रभा; चमक ❹गौरव：荣～ गौरव; सम्मान

【耀斑】 yàobān 〈खगोल०〉 सूर्य का चकाचौंध करने वाला प्रकाश

【耀武扬威】 yàowǔ-yángwēi किसी के सामने अपनी शक्ति का प्रदर्शन करना; बड़ी हेकड़बाज़ी के साथ अपने चारों ओर दबाव डालना; अपनी तलवार घुमाना：他们在人们面前～，走来走去。वे जनता पर रोब जमाते फिरते हैं।

【耀眼】 yàoyǎn चौंधियाना; चकाचौंध करना：～的红旗 चमचमाता लाल झंडा

yē

耶 yē नीचे दे०

yé भी दे०

【耶和华】 Yēhéhuá 〈धर्म〉 जहोवा, (बाइबिल के प्रथम खंड ओल्ड टेस्टामेंट में) ईश्वर का नाम

【耶路撒冷】 Yēlùsālěng जेरुसलम

【耶输陀罗】 Yēshūtuóluó यशोधरा

【耶稣】 Yēsū （耶稣基督 Yēsū Jīdū भी）ईशु; ईसा; मसीहा; ईसामसीह

【耶稣会】 Yēsūhuì जेसुइट्स; ईसा की सोसायटी

【耶稣教】 Yēsūjiào प्रोटैस्टैंट मत

倻 yē दे० 伽倻琴 jiāyēqín छोओश्येन जाति（朝鲜族）में प्रचलित एक प्रकार का तंतुवाद्य जो झटका दे कर बजाया जाता है

掖 yē ठूंसना; कसकर भरना： 把衬衣～到裤子里 कमीज़ को पेंट में ठूंसना / 把书从门缝里～进去 किताब को दरवाज़े की दरार में ठूँस देना / 他把手榴弹～在腰里。उस ने हथगोले को अपनी पेटी में बांध (या ठूंस) लिया।

yè भी दे०

椰 yē नारियल

【椰雕】 yēdiāo 〈क०शि०〉 नारियल के छिलके पर उत्कीर्ण

【椰干】 yēgān नारियल की सुखायी हुई गिरियां

【椰壳】 yēké नारियल का छिलका

【椰壳纤维】 yēké xiānwéi नारियल के छिलके का रेशा

【椰仁】 yērén नारियल का गूदा

【椰仁干】 yēréngān नारियल की सुखायी हुई गिरियां

【椰蓉】 yēróng नारियल के गूदे का चूरा (केक में डालने के लिए प्रयुक्त)： ～月饼 नारियल चंद्राकार केक (उक्त चूरे से भरा हुआ)

【椰丝】 yēsī नारियल की गिरी का बनाया गया बारीक चूरा (केक आदि के ऊपर छिड़कने में प्रयुक्त)

【椰油】 yēyóu नारियल तेल; नारियल मक्खन

【椰枣】 yēzǎo 〈वन०〉 खजूर का वृक्ष या फल

【椰子】 yēzi 〈वन०〉 ❶नारियल का पेड़ ❷नारियल (फल)： ～肉 नारियल का गूदा / ～糖 नारियल की मिठाई / ～汁 नारियल का पानी; नारियल का दूध

暍 yē 〈लि०〉 तापाघात; लू लगना

噎 yē ❶अस्थायी तौर पर सांस रुक जाना： 吃得太快，～着了。जल्दी-जल्दी खाने के कारण अस्थायी तौर पर सांस रुक गयी। ❷प्रतिकूल हवा के कारण सांस लेना मुश्किल हो जाना ❸〈बो०〉 कोई धृष्ट या अनुचित बात कह कर किसी को क्रोध आदि के कारण मूक बना देना： 他一句话就把人家给～回去了。उस ने एक ही वाक्य से दूसरे व्यक्ति की ज़बान बंद कर दी।

yé

邪 yé ❶莫邪 mòyé —— 镆铘 mòyé के बराबर है, प्राचीन काल में एक मूल्यवान तलवार का नाम ❷耶 yé के समान

xié भी दे०

爷（爺）yé ❶〈बो०〉 पिता; बाप： ～娘 माता-पिता; मां-बाप ❷〈बो०〉 पितामह; दादा ❸एक पीढ़ी ऊपर के बड़ों के लिए संबोधन का आदरणीय शब्द： 大～ ताऊ जी / 张～ चाचा चांग / 三～ तीसरा चाचा या ताऊ ❹〈पुराना〉 अधिकारी या धनी व्यक्ति के लिए आदरणीय संबोधन： 老～ सरकार / 太～ पितामह; 〈बो०〉 प्रतितामह ❺देवता के लिए पुजारियों का आदरणीय संबोधन： 财神～ कुबेर, धन का देवता / 阎王～ यम; यमराज; मृत्यु के देवता

【爷们】 yémen 〈बो०〉 ❶आदमी (एक या अधिक) ❷पति

【爷们儿】 yémenr 〈बो०〉 ❶घर में दो या अधिक पीढ़ियों के लोग ❷पुरुषों के बीच एक दूसरे के लिए प्रयुक्त संबोधन (प्यार का नाम)

【爷儿】 yér 〈बोल०〉 (प्रायः इस के बाद 俩 liǎ，几个 jǐge आदि प्रयुक्त होता है) घर के नर ज्येष्ठ एक या अधिक (नर या मादा) कनिष्ठ के साथ： ～俩并肩作战。पिता और पुत्र दोनों कंधे से कंधा मिला कर लड़ रहे हैं। / ～几个在一起聊天。दादा जी और उस के पौत्र एक साथ गपशप कर रहे हैं।

【爷儿们】 yérmen नर ज्येष्ठ और नर कनिष्ठ

【爷爷】 yéye ❶पितामह; दादा ❷दादा की पीढ़ी के या दादा की आयु के समान लोगों के लिए संबोधन

耶 yé 〈लि०〉 〈लघु अ०〉 (प्रश्नवाचक वाक्य के अंत में प्रयुक्त)： 是～非～？ यह ठीक है कि नहीं ? 〈प्रा०〉 爷 yé के समान

yē भी दे०

揶 yé नीचे दे०

【揶揄】 yéyú 〈लि०〉 हंसी उड़ाना; मज़ाक उड़ाना; दिल्लगी करना： 受人～ दूसरे द्वारा हंसी उड़ायी जाना / 他的微笑中带有一丝～。उस की मुस्कान में हंसी की भावना भी निहित है।

铘（鋣）yé दे० 镆铘 mòyé, प्राचीन काल में एक मूल्यवान तलवार का नाम

yě

也 1 yě <लि०> <लघु अ०> (वाक्य के अंत में प्रयुक्त करके विवरण या विवेक की भावना प्रकट होती है)ः 孔子，鲁人～。कंफ़्यूशियस लू राज्य के रहने वाले हैं। / 此开卷第一回～。यह प्रस्तुत पुस्तक का पहला अध्याय है। / 非不能～，是不为也。यह न कर सकने की बात नहीं बल्कि न करने की बात है। ❷(प्रश्नवाचक या प्रतिप्रश्नवाचक वाक्य के अंत में प्रयुक्त)ः 何～？ यह कैसे ? यह क्यों ? / 何其久～？ इतनी देर क्यों है ? / 是可忍～，孰不可忍～。अगर इस को सहन किया जा सकता है तो किस को सहन नहीं किया जा सकता ? ❸(वाक्य में वह स्थान जहां पढ़ते समय कुछ विराम होता है; विश्राम; विराम का बोध होता है)ः 大道之行～，天下为公。जब महा ताओ (महाधर्म) प्रचलित था तब सारा संसार सार्वजनिक के लिए था।

也 2 yě <क्रि०वि०> ❶भीः 他～是教员。वह भी अध्यापक है। / 你去，我～去。तुम जाओगे तो मैं भी जाऊंगा / 这村里～有农民，～有工人。इस गांव में किसान भी हैं और मज़दूर भी। ❷(द्विरुक्ति में प्रयुक्त करके दोनों बातों पर ज़ोर दिया जाता है या दोनों के साथ बरताव किया जाता है)ः 他～会种地，～会开拖拉机。वह खेती भी कर सकता है और ट्रैक्टर भी चला सकता है। / 市场上～有卖菜的，～有卖鱼卖肉的。बाज़ार में सब्ज़ियां बेचने वाले भी हैं और मछली व मांस बेचने वाले भी हैं। ❸(द्विरुक्ति में प्रयुक्त करके 'चाहे ऐसा या वैसा भी हो' के अर्थ का बोध होता है)ः 你吃我～吃，你不吃我～不吃。तुम खाओगे तो मैं भी खाऊंगा, तुम नहीं खाओगे तो मैं भी नहीं खाऊंगा। / 我左看～不对，右看～不对。मैं ने इधर से देखा तो ठीक नहीं, और उधर से भी देखा तो भी ठीक नहीं। ❹विरोध या हेतुमद् के अर्थ का बोध होता है (आगे वाले वाक्य में प्रायः 虽然 suīrán，即使 jíshǐ आदि का प्रयोग होता है)ः 虽然我没亲眼见过，但～听说过。यद्यपि मैं ने आखों नहीं देखा, पर दूसरों से सुना था। / 即使他不来～没有关系。यदि वह न भी आए तो परवाह नहीं। ❺व्यवहार-कुशल या द्विविधाकारी का बोध होता हैः ～只能这样了。ऐसा ही हो सकता है। / 他的印地语～还可以。但发音有些毛病。वैसे तो उस की हिन्दी ठीक है पर उच्चारण में कुछ कमी है। ❻(连 lián के साथ प्रयोग करके ज़ोर देने के अर्थ का बोध होता है)ः 连他～笑起来了。वह भी हंसने लगा।

【也罢】[1] yěbà (सहनशीलता का बोध होता है) खैर; अच्छाः ～，你一定要来，那就来吧。अच्छा, तुम ज़रूर आओगे, तो आओ। 这次不去～，下次一定让我去。खैर, इस बार न जाऊँ न सही, पर अगली बार मुझे ज़रूर जाने दो।

【也罢】[2] yěbà <लघु अ०> (द्विरुक्ति में) चाहे … या …ः 你去～，不去～，反正是一样。चाहे तुम जाओ या न जाओ, आखिर एक ही बात है। / 刮风～，下雨～，他每天都步行上学。चाहे हवा चले चाहे पानी गिरे वह हर रोज़ पैदल स्कूल जाता है।

【也好】 yěhǎo <लघु अ०> ❶भी अच्छा होनाः 告诉他一下～。एक बार उस को बताना भी ठीक है। / 让他们来一趟～，他们可以亲眼看见了。उन लोगों को आने देना भी अच्छा है, वे अपनी आंखों से देखेंगे। ❷(द्विरुक्ति में प्रयुक्त) चाहे … या …ः 语文～，英语～，他都学得很好。चाहे चीनी भाषा हो या अंग्रेज़ी भाषा वह बहुत अच्छी तरह सीखता है।

【也门】 Yěmén यमन

【也门穆塔瓦基利亚王国】 Yěmén Mùtǎwǎjīlìyà Wángguó मुतावाकिल्या राज्य यमन

【也门人】 Yěménrén यमन का निवासी; यमनी

【也许】 yěxǔ <क्रि०वि०> संभवतः; शायदः 他～已经来了。शायद वह आ गया होगा। / 他～去，～不去。शायद वह जाएगा या नहीं जाएगा। / 你好好找一找，～能找到。तुम अच्छी तरह ढूँढ लो, शायद मिल जाए।

【也…也…】 yě…yě… ❶दोनों; … और …; या … याः 那里～有大的，～有小的。वहां छोटे या बड़े दोनों प्रकार के होते हैं। / 那里好的书～有，不好的书～有。वहां अच्छी किताबें भी हैं और खराब किताबें भी। / 操场上～有踢足球的，～有打篮球的。खेल-कूद के मैदान में फ़ुटबाल खेलने वाले भी हैं और बास्केट बाल खेलने वाले भी। ❷चाहे … या …; या … याः 你去～得去，不去～得去。चाहे तुम जाना या न जाना चाहो, तुम्हें जाना पड़ेगा। / 天好我们～去，天不好我们～去。चाहे पानी बरसे या न बरसे हमें जाना है।

冶 1 yě ❶(कच्ची धातु को) पिघलाकर धातु निकालना; (धातु को) गलाकर शोधन करनाः ～金 धातु शोधन ❷（Yě）एक कुलनाम

冶 2 yě <लि०> विमोहक या आकर्षक रूप में पहनना; स्त्रियों के शरीर की सजावट करना (अनादरसूचक)ः 冶容 / 妖～ मोहक; लुभावना; चित्ताकर्षक; अश्लील

【冶荡】 yědàng कामुक; कामासक्त

【冶金】 yějīn धातु-शोधनः ～工业 धातुशोधन उद्योग

【冶金术】 yějīnshù धातुशिल्प

【冶金学】 yějīnxué धातु-विज्ञान; धातुशोधन विज्ञान

【冶炼】 yěliàn (कच्ची धातु को) पिघलाकर धातु निकाल-ना

【冶容】 yěróng <लि०> ❶विमोहक या आकर्षक रूप में सज्जावट करना ❷विमोहक सूरत

【冶笑】 yěxiào विमोहक या आकर्षक मुस्कान

【冶艳】 yěyàn <लि०> मोहक; लुभावना; चित्ताकर्षक; अश्लील

【冶游】 yěyóu चकले पर जाना; वेश्यालय जाना

【冶铸】 yězhù धातुशोधन और धातु को गला कर ढालना

野（埜）yě ❶खुला प्रदेश; खुले दृश्यों से पूर्ण प्रदेशः

田～ खुला मैदान / 野地 / 野火 ❷सीमा; हद: 视～ दृष्टिपात; दृक्पथ ❸जो शासनारूढ़ न हो (विलोम 朝 cháo): 在～党 विरोधी दल (विलोम 在朝党 zàicháodǎng सत्तारूढ़ दल या पार्टी) ❹जंगली: ～兽 जंगली पशु / 野菜 / 野草 ❺असंस्कृत; अनम्र; कठोर; धृष्ट: 野蛮 / 说话～ धृष्टता से बोलना ❻विधिरहित; अनियंत्रित: 这孩子的心玩～了。अधिक खेलने के कारण लड़का अपने स्कूल के काम पर ध्यान केन्द्रित नहीं कर पाता है।

【野菜】 yěcài जंगली खाद्य सब्ज़ी

【野餐】 yěcān ❶पिकनिक; वनविहार और भोजन

【野蚕】 yěcán जंगली रेशम का कीड़ा: ～丝 जंगली रेशम के कीड़े का रेशम

【野草】 yěcǎo घास; घासफूस; जंगली वनस्पति

【野草闲花】 yěcǎo-xiánhuā ❶जंगली घास और फूल ❷वेश्या; रंडी

【野传】 yěchuán 〈बेसबाल और साफ़्ट बाल〉 वाइल्ड थ्रो: ～球 पास्ड बाल

【野炊】 yěchuī खुली हवा में भोजन बनाना

【野导】 yědǎo (黑导 hēidǎo भी) बिना लाइसेंस वाला पथ-प्रदर्शक

【野地】 yědì खुला प्रदेश; जंगली मैदान; जंगली परती

【野调无腔】 yědiào-wúqiāng बोलने और चाल-ढाल में असभ्य, अशिष्ट या उजड्ड

【野鸽】 yěgē (原鸽 yuángē का दूसरा नाम) जंगली कबूतर

【野葛】 yěgé (钩吻 gōuwěn का दूसरा नाम) 〈वन०〉 सुरूप चमेरी

【野果】 yěguǒ जंगली फल

【野汉子】 yěhànzi स्त्री का प्रेमी

【野合】 yěhé 〈लि०〉 अवैध संभोग होना; विवाहित स्त्री-पुरुषों का अनुचित यौन-संबंध

【野鹤闲云】 yěhè-xiányún (जैसे) जंगली सारस पक्षी और हवा के साथ उड़ते हुए बादल —— स्वतंत्र और अनियंत्रित

【野狐禅】 yěhúchán 〈बौद्धधर्म〉 विधर्म; धर्म विरुद्ध मत

【野火】 yěhuǒ जंगली अग्नि; जंगली आग

【野火烧不尽，春风吹又生】 yěhuǒ shāo bù jìn, chūnfēng chuī yòu shēng जंगली आग घास को जला कर खत्म नहीं कर सकती, क्योंकि वसंत की बयार में वह फिर से उग जाती है

【野鸡】 yějī ❶(雉 zhì का साधारण नाम) फ़ीज़ैण्ट ❷〈पुराना〉 बाज़ारू वेश्या; रंडी; गैरलाइसेंसदार वेश्या ❸अनानुज्ञाप्राप्त; अवैध: 野鸡大学 / ～公司 अवैध कंपनी

【野鸡大学】 yějī dàxué डिप्लोमा मिल

【野景】 yějǐng खुले मैदान का दृश्य

【野菊花】 yějúhuā मातृ गुलदाउदी; जंगली गुलदाउदी

【野驴】 yělǘ एशियाई जंगली गधा

【野麻】 yěmá ❶जंगली सन; जंगली पटसन ❷(罗布麻 luóbùmá का लोकप्रचलित नाम) नीला-सा डॉगबेन (bluish dogbane)

【野马】 yěmǎ ❶जंगली घोड़ा ❷पृत्सेवालस्की का घोड़ा

【野蛮】 yěmán ❶असभ्य; अशिष्ट ❷बर्बर; पाशविक; नृशंसता; बहशी: ～进攻 वहशियाना हमला / ～人 वहशी; बर्बर; गुफ़ावासी मनुष्य / ～时代 बर्बर युग / ～性 बर्बरता; बर्बर स्वरूप / ～政策 बर्बर नीति; बर्बरता की नीति / ～的种族主义 बर्बर जातीयता; बर्बर जातिवाद

【野猫】 yěmāo ❶जंगली बिल्ली ❷भटकी हुई बिल्ली ❸〈बो०〉 जंगली खरगोश

【野玫瑰】 yěméigui जंगली गुलाब; कठगुलाब

【野牛】 yěniú जंगली बैल; जंगली भैंस

【野炮】 yěpào फ़ील्ड गन; मैदानी तोप; जंगी तोप

【野蔷薇】 yěqiángwēi 〈वन०〉 बहु-पुष्पीय गुलाब

【野禽】 yěqín जंगली पक्षी

【野趣】 yěqù ग्रामीण सौंदर्य

【野人】 yěrén ❶ग्रामीण; देहाती; गँवार ❷जंगली कबीले के सदस्य; बर्बर आदमी; म्लेच्छ

【野生】 yěshēng जंगली; खुद-रौ: ～植物 जंगली वनस्पति / ～动物 जंगली पशु; जंगली जानवर

【野食儿】 yěshír ❶पशु-पक्षियों की खुले-प्रदेश में प्राप्त खाद्य वस्तुएँ ❷अनुचित साधनों से प्राप्त; पाप की (कमाई आदि)

【野史】 yěshǐ गैरसरकारी इतिहास

【野兽】 yěshòu जंगली पशु; जंगली जानवर

【野兔】 yětù (कहीं कहीं 野猫 भी) जंगली खरगोश

【野外】 yěwài खुला प्रदेश; जंगली मैदान: ～生活 जंगली मैदानी जीवन; खुले प्रदेश का जीवन / ～演习 खुले प्रदेश में अभ्यास / ～作业 खुले प्रदेश में कार्य; जंगली मैदानी आपरेशन

【野豌豆】 yěwāndòu वेच (vetch); जंगली मटर

【野味】 yěwèi शिकार का मांस; जंगली पशु या पक्षी जो भोजन के लिए मारे जाते हैं

【野心】 yěxīn कैरियरवाद; कुआकांक्षा: 侵略～ हमलावर कुआकांक्षा / ～不死 अपनी कुआकांक्षा पर जमे रहना

【野心勃勃】 yěxīn-bóbó आत्माभिमान के साथ कुआकांक्षा होना; मन में कुआकांक्षा बैठ जाना

【野心家】 yěxīnjiā कैरियरवादी

【野心狼】 yěxīnláng दुष्ट भेड़िया —— कुआकांक्षा वाला आदमी

【野性】 yěxìng जंगलीपन; उजड्डपन

【野鸭】 yěyā (凫 fú, 绿头鸭 lǜtóuyā भी) जंगली बत्तख

【野营】 yěyíng कैंप; खेमे में अस्थायी रूप से डेरा (डालना); मैदानी कैंपिंग: ～训练 मैदानी कैंपिंग ट्रेनिंग

【野战】 yězhàn मैदानी लड़ाई: ～仓库 मैदानी गोदाम

【野战兵团】 yězhàn bīngtuán मैदानी फ़ौजी-फ़ारमेशन

【野战军】 yězhànjūn मैदानी सेना; फ़ील्ड आर्मी

【野战炮】 yězhànpào मैदानी तोप; जंगी तोप

【野战医院】 yězhàn yīyuàn मैदानी अस्पताल

【野猪】 yězhū जंगली वराह; जंगली सुअर

壄 yě 〈लि०〉 野 yě के समान

yè

业[1] （業） yè ❶कार्य-विभाग; कार्य-क्षेत्र; व्यवसाय-क्षेत्र: 工～ उद्योग / 农～ कृषि / 百～萧条 सभी काम-धन्धे चौपट हो जाना ❷पेशा; व्यवसाय: ～余 अवकाशकाल / 转～ व्यवसाय बदलना; सेना की नौकरी पूरी होने के बाद दूसरा व्यवसाय करना / 就～ काम मिलना; रोज़गार मिलना ❸अध्ययन का कोर्स: 毕～ ग्रेजुएशन; स्नातक / 肄～ कोर्स पूरा न होने पर पढ़ाई छोड़ना; निश्चित अवधि से पहले पढ़ाई छोड़ना ❹कार्य; काम-काज; उद्देश्य; ध्येय: 业绩 / 创～ कारोबार की स्थापना; काम-काज की शुरूआत ❺संपत्ति; धन-दौलत; संपदा: 业主 / 家～ घर की संपत्ति; कुल-संपत्ति ❻〈बौद्धधर्म〉 कर्म ❼किसी काम में लगना: ～农 खेती के काम में लगना / ～商 व्यापार में लगना ❽ （Yè） एक कुलनाम

业[2] （業） yè 〈क्रि०वि०〉 पहले से; पहले ही; पूर्व से ही: 业已 / 业经

【业报】 yèbào 〈बौद्धधर्म〉 फल; कर्मफल; कर्मभोग; पाप का फल

【业格】 yègé 〈व्या०〉 कर्म कारक

【业海】 yèhǎi 〈बौद्धधर्म〉 पापफल सागर

【业绩】 yèjì कारनामा; सिद्धि: 光辉～ शानदार कारनामा; महान सिद्धि

【业界】 yèjiè कारोबार-क्षेत्र; कारोबार-क्षेत्र में विभिन्न व्यवसाय; व्यवसाय में; कार्यक्षेत्र में: 电子～ विद्युदणुक व्यवसाय में

【业经】 yèjīng (प्रायः सरकारी कागज़ात में प्रयुक्त) पहले से; पहले ही; पूर्व से ही: ～批准。स्वीकार किया गया है।

【业精于勤】 yèjīngyúqín कार्यकुशलता उद्योग से प्राप्त होती है

【业师】 yèshī अपने (पहले के) गुरु

【业态】 yètài कार्य-विधि व्यवसाय; कार्य-विधि की शैली

【业务】 yèwù व्यवसाय; कार्य: ～作业 व्यावसायिक काम / ～范围 व्यवसाय का क्षेत्र / ～能力 व्यावसायिक योग्यता / ～水平 व्यावसायिक स्तर / ～学习 व्यावसायिक शिक्षा / ～知识 व्यावसायिक ज्ञान / ～专长 विशेष हुनर / 从事财政～ वित्तीय कार्य में लगना

【业已】 yèyǐ पहले ही (प्रायः सरकारी कागज़ात में प्रयुक्त): ～羽毛丰满 पहले ही पूर्ण रूप से परिपक्व हो जाना / ～实行。अब तक इन्हें लागू किया जा चुका है। / 军队～组成。सेना संगठित की जा चुकी है।

【业余】 yèyú ❶अवकाशकालीन; काम के घंटों के बाद: ～活动 अवकाशकालीन व्यवहार / ～教育 अवकाशकालीन शिक्षा / ～时间 अवकाश के समय / ～学校 अवकाशकालीन स्कूल ❷शौकिया; गैर-पेशेवर: ～画家 शौकिया चित्रकार / ～剧团 शौकिया नाटक-मंडली / ～文艺工作者 अध्यवसायी साहित्यिक और कलात्मक कार्यकर्ता

【业障】 yèzhàng ❶〈बौद्धधर्म〉 पहले के जीवन के पापों के लिए इस जीवन में पाप का फल ❷〈घृणा०〉 पापफल का माध्यम (वाहक) (प्रायः अपने बालबच्चे से कहा जाता है)

【业种】 yèzhǒng （孽种 nièzhǒng के समान） (प्रायः अपने वंशज को कहा जाता है) कुलतोत्पन्न; हरामी; (मनुष्य या अन्य पशु की) पतित संतान

【业主】 yèzhǔ उद्योग-धंधे या जायदाद का मालिक; स्वामी; प्रभु

叶[1] （葉） yè ❶पत्ता; पत्ती; पर्ण ❷पत्ते जैसी वस्तु: 一～扁舟 एक छोटी-सी नाव ❸页 yè के समान ❹ （Yè） एक कुलनाम

叶[2] （葉） yè ऐतिहासिक काल का एक भाग: 清朝末～ छिंग राजवंश के अंतिम वर्षों में / 十八世纪中～ अठारहवीं शताब्दी के बीच का काल

xié भी दे०

【叶斑病】 yèbānbìng 〈कृ०〉 पर्ण-कलंक; लीफ़-स्पॉट

【叶柄】 yèbǐng 〈वन०〉 वृंत; पर्णवृंत

【叶蝉】 yèchán लीफ़हॉपर (कीड़ा)

【叶蜂】 yèfēng सॉफ़्लाई, एक प्रकार की दांतेदार डंक वाली मक्खी जिस से पौधों को हानि पहुंचती है

【叶公好龙】 yègōng-hàolóng श्रीमत् ये का ड्रैगन-प्रेम —— जिस वस्तु से वास्तव में भय लगता हो उस की प्रतिमूर्ति से प्रेम होना (जैसे शेर की मूर्ति पसंद है पर शेर को देख कर डर लगता है)

【叶红素】 yèhóngsù （胡萝卜素 húluóbosù का दूसरा नाम） 〈जीव०र०〉 कैरोटीन

【叶猴】 yèhóu पर्ण वानर; लीफ़ मंकी

【叶黄素】 yèhuángsù 〈जीव०र०〉 पर्णपीत; ज़ैंथोफ़िल

【叶蜡石】 yèlàshí अग्निपत्रशैल; पाइरोफ़िलाइट

【叶绿素】 yèlǜsù 〈जीव०र०〉 पर्णहरिया; क्लोरोफ़िल

【叶绿体】 yèlǜtǐ 〈जीव०र०〉 क्लोरोप्लास्ट

【叶轮】 yèlún 〈यां०〉 इम्पेल; वेन-वीर; ब्लेड वाला पहिया

【叶落归根】 yèluò-guīgēn गिरते हुए पत्ते जड़ों पर पड़ते हैं —— दूसरे स्थान पर घर बना कर रहने वाले व्यक्ति अंत में अपने पैतृक घर में वापस लौटते हैं; अपनी जड़ों की ओर लौटना

【叶脉】 yèmài 〈वन०〉 पत्ते की नस; नस

【叶片】 yèpiàn ❶दल; पत्ती ❷〈यां०〉 हवाचक्की आदि का पंखा; वेन: ～式压缩机 वेन-कम्प्रेसर

【叶鞘】 yèqiào 〈वन०〉 पर्ण-कोष्ठ; लीफ़ शीथ

【叶肉】 yèròu 〈वन०〉 पर्णमध्यक; मध्यपर्णोति; पत्ते की आंतरिक ऊतक

【叶酸】 yèsuān 〈चिकि०〉 फ़ोलिक ऐसिड; फ़ोलासिन

【叶锈病】 yèxiùbìng 〈कृ०〉 पत्ती-जंग;लीफ़ रस्ट

【叶序】 yèxù 〈वन०〉 फ़िलोटैक्सी; लीफ़ अरैंजमेंट

【叶芽】 yèyá 〈वन०〉 पर्णकलिका; लीफ़ बड

【叶腋】 yèyè 〈वन०〉 पत्ते के आधारभूत भाग और डंठल के बीच का स्थान

【叶枝】 yèzhī ❶फल वाले वृक्ष की वह डाली जिस में केवल पत्ते उगते है और फल नहीं लगते ❷कपास की वह डाली जिस में केवल पत्ते उगते हैं और रूई के गोल बीज- कोष नहीं लगते

【叶子】 yèzi ❶पत्ता; पत्ती; पर्ण ❷〈बो०〉 ताश ❸〈बो०〉 चाय

【叶子烟】 yèziyān तंबाकू का सुखाया हुआ पत्ता; तंबाकू

页（頁、葉、篥） yè पृष्ठ; पेज: 这本书少一～。इस किताब में एक पृष्ठ कम है। / 一本二百～的书 दो सौ पृष्ठों की एक पुस्तक

【页边】 yèbiān हाशिया

【页理】 yèlǐ शेल की पत्तर बनायी हुई रचना

【页码】 yèmǎ पृष्ठ-नंबर

【页数】 yèshù पृष्ठ-संख्या

【页心】 yèxīn 〈मुद्रण०〉 टाइप पेज

【页岩】 yèyán 〈भूगर्भ०〉 शेल; एक किस्म की राल: ～加工 राल का शोधन करना

【页岩油】 yèyányóu शेल आइल

曳（拽、抴） yè घसीटना; ज़ोर से खींचना; कसकर खींचना; रस्से या ज़ंजीर से खींचना: 曳光弹

拽 के लिए zhuāi; zhuài भी दे०

【曳白】 yèbái 〈लि०〉 शाही परीक्षा में कोरा कागज़ देना

【曳扯】 yèchě (बच्चे को) बड़ी मुश्किल से बड़ा करना

【曳光弹】 yèguāngdàn 〈सैन्य०〉 सुरागी गोली

【曳力】 yèlì 〈भौ०〉 बलपूर्वक खींचने या घसीटने की शक्ति

【曳绳钓】 yèshéngdiào 〈मात्स्यकी〉 चारे की तरह के एक प्रकार की चमकीली धातु के टुकड़े को नाव के पीछे-पीछे खींचकर मछली पकड़ना

【曳引】 yèyǐn रस्से या ज़ंजीर से खींचना; कसकर खींचना: 拖轮～着两只驳船。खींचने वाली नौका ज़ंजीरों से दो मालवाहक नौकाओं को खींच रही है।

邺（鄴） Yè ❶ये, प्राचीन काल का स्थान (वर्तमान हनान प्रांत की आनयांग 安阳 काउंटी के उत्तर में) ❷एक कुलनाम

夜（亱） yè ❶रात; रात्रि (विलोम: 日 rì, 昼 zhòu): 夜晚 / 白天黑～ दिन-रात ❷〈बो०〉 (शाम को) अंधेरा होना: 天快～了。अंधेरा होने वाला है।

【夜班】 yèbān रात की पाली; रात्रि-शिफ़्ट; रात्रि श्रम: 上～ रात की पाली पर काम करना / ～车 रात की गाड़ी (या बस आदि)

【夜半】 yèbàn आधी रात: 姑苏城外寒山寺，～钟声到客船。कूसू नगर के बाहर, शीतपर्वत देवालय में —— आधी रात्रि घंटा-ध्वनि पहुंची एक यात्री की नाव में।

【夜不闭户】 yèbùbìhù चोरी होने की चिन्ता न रहने से रात को दरवाज़ा बन्द न करना

【夜不能寐】 yèbùnéngmèi रात भर सो न सकना

【夜餐】 yècān आधी रात का हल्का नाश्ता

【夜叉】 yècha ❶（药叉 yàochā भी）यक्ष ❷घोर, भयानक सूरत वाला आदमी

【夜长梦多】 yècháng–mèngduō लंबी रात में सपना अधिक होता है —— विलंब होने से मामले के बिगड़ जाने की संभावना होना

【夜场】 yèchǎng रात का शो (सिनेमा); रात का आयोजन (नाटक)

【夜车】 yèchē ❶रात्रि रेल ❷गहरी रात तक काम करना

【夜出动物】 yèchū dòngwù रात्रिचर पशु

【夜大学】 yèdàxué रात्रि-विश्वविद्यालय

【夜饭】 yèfàn 〈बो०〉 रात्रि का भोजन

【夜分】 yèfēn 〈लि०〉 मध्यरात्रि

【夜儿个】 yèrge 〈बो०〉 कल (गया दिन)

【夜工】 yègōng रात्रि-श्रम; रात का काम: 打～ रात का काम करना

【夜光杯】 yèguāngbēi स्फुरदीप्त जेड पत्थर का प्याला

【夜光表】 yèguāngbiǎo प्रकाशमान घड़ी: ～指针 घड़ी का चमकदार डायल

【夜光虫】 yèguāngchóng मंद प्रकाशयुक्त जीवाणु (जंतु); जंतु जो रात में चमकता है; जुगनु

【夜光螺】 yèguāngluó हरा घोंघा; ग्रीन स्नेल

【夜汗】 yèhàn नींद में पसीना: 流～ नींद में पसीना आ जाना

【夜航】 yèháng रात्रि-जहाज़रानी; रात को हवाई-जहाज़ की उड़ान

【夜合】 yèhé ❶रेशमी वृक्ष ❷〈बो०〉（何首乌 hé–shǒuwū का दूसरा नाम）बहुपुष्प नॉट-वीड (knot-weed) का कंद

【夜壶】 yèhú हाजती

【夜间】 yèjiān रात में: ～飞行 रात्रि-उड़ान / ～行动 रात को कार्यवाहियां करना / ～行军 रात्रि मार्च / ～演习 रात्रि युद्धाभ्यास / ～战斗机 रात्रि लड़ाकू विमान

【夜交藤】 yèjiāoténg 〈ची०चि०〉 बहुपुष्प नॉटवीड (knotweed) की बेल

【夜禁】 yèjìn वह नियम जिस के अनुसार शाम को आग बुझाने का समय निश्चित रहता है; इस का समय; वह समय जिस के बाद निवासियों को घर से बाहर निकलने की आज्ञा नहीं होती; कर्फ़्यू

【夜景】 yèjǐng रात्रि-दृश्य

【夜课】 yèkè रात्रि-क्लास

【夜空】 yèkōng रात्रि-आकाश

【夜来】 yèlái 〈लि०〉 ❶कल (गया दिन) ❷रात में

【夜来香】 yèláixiāng 〈वन०〉 हृदयाकार टेलोस्मा (telosma)

【夜阑】 yèlán 〈लि०〉 गहरी रात: ～人静 बहुत शांत रात्रि में

【夜郎自大】 yèláng–zìdà येलांग राज्य के राजा का हास्यास्पद अहंकार —— आत्मश्लाघा; स्थानसीमित अहंकार

【夜礼服】 yèlǐfú （晚礼服 wǎnlǐfú के समान） सायंकालीन वेशभूषा; शाम को पहनी जाने वाली पोशाक

【夜里】 yèli रात को; रात में

【夜盲】 yèmáng 〈चिकि०〉 रतौंधी; निशांधता; रात में या सूर्यास्त के पश्चात आंखों की ज्योति का अभाव

【夜猫子】 yèmāozi 〈बो०〉 ❶उल्लू ❷गहरी रात में सोने वाला व्यक्ति

【夜明珠】 yèmíngzhū रात में चमकदार मोती

【夜幕】 yèmù रात्रि-आवरण：～笼罩着大地。धरती पर अंधेरा छा गया।

【夜尿症】 yèniàozhèng अनैच्छिक मूत्र-स्राव; मूत्र-असंयम; असंयत मूत्रता

【夜勤】 yèqín रात की ड्यूटी; रात्रि ड्यूटी

【夜曲】 yèqǔ 〈संगी०〉 स्वप्न-संगीतांश; नॉक्टर्न

【夜柔吠陀】 Yèróu Fèituó यजुर्वेद

【夜入私宅罪】 yèrù sīzháizuì 〈का०〉 भित्तिचौर्य; गृह-भंग; नकबज़नी

【夜色】 yèsè रात्रि-दृश्य：趁着～ सितारों या चांद के प्रकाश में / ～笼罩了全镇。पूरे कस्बे पर अंधेरा छा गया।

【夜哨】 yèshào नाइट-पिकेट

【夜深】 yèshēn रात गहरी होना：夜已经深了。रात बहुत हो चुकी है; बहुत रात बीत चुकी है।

【夜生活】 yèshēnghuó रात्रि जीवन

【夜市】 yèshì ❶रात्रि-मंडी ❷रात में कारोबार

【夜视仪】 yèshìyí 〈सैन्य०〉 रात्रि-दृष्टि यंत्र

【夜啼】 yètí शिशुओं का रात में अस्वस्थ होना

【夜晚】 yèwǎn रात को; रात में

【夜望镜】 yèwàngjìng स्नोपरस्कोप (snoperscope)

【夜未央】 yèwèiyāng 〈साहि०〉 रात अभी गहरी नहीं है

【夜袭】 yèxí रात का हमला; नाइट-अटैक; नाइट-रेड

【夜戏】 yèxì रात्रि-नाट्य

【夜消】 yèxiāo दे० 夜宵

【夜宵】 yèxiāo （夜消 yèxiāo भी） मध्यरात्रि भोजन या नाश्ता; रात का जलपान

【夜校】 yèxiào（夜学 yèxué भी）रात का स्कूल; रात्रि-विद्यालय; संध्या-स्कूल

【夜行】 yèxíng ❶रात में बाहर जाकर पैदल चलना; रात में यात्रा (करना); रात्रि-यात्रा ❷रात्रि जहाज़रानी या उड़ान

【夜行轰炸机】 yèxíng hōngzhàjī रात्रि-आक्रमण-कारक यान

【夜行军】 yèxíngjūn रात्रि-मार्च

【夜夜】 yèyè हर रात

【夜以继日】 yèyǐjìrì （日以继夜 rìyǐjìyè भी） दिन रात एक करना

【夜莺】 yèyīng बुलबुल; गुलदुम：～叫 बुलबुल का गाना

【夜鹰】 yèyīng नाइट-ज़ार; अजखंजन

【夜游神】 yèyóushén किंवदंती में रात को गश्त लगाने वाला देवता —— अक्सर गहरी रात में इधर-उधर भटकने फिरने वाला

【夜战】 yèzhàn ❶〈सैन्य०〉 रात के समय की जाने वाली फ़ौजी कार्यवाही; रात की लड़ाई ❷रात का काम：挑灯～ बत्ती जला कर रात का काम करना (या लड़ाई करना)

【夜总会】 yèzǒnghuì रात्रि-क्लब; कैबरे (cabaret)

【夜作】 yèzuò रात का कामः 打～ रात में काम करना

咽 yè रुक-रुककर धीमी आवाज़ करना：喇叭声～ मद्धिम तूर्य का तुमुल स्वन
yān; yàn भी दे०

晔（曄） yè 〈लि०〉 प्रकाश; रोशनी

烨（燁、爗） yè 〈लि०〉 ❶अग्नि-प्रकाश; आग की रोशनी; सूर्य-प्रकाश ❷(प्रकाश का) दीप्तिमान होना

掖 yè अपने हाथ से दूसरे की बांह पकड़कर उस को सहारा देना; सहायता देना：奖～ पुरस्कार देना और प्रोत्साहन देना
yē भी दे०

【掖县】 Yè Xiàn शानतोंग प्रांत में एक स्थान（वर्तमान 莱州 Láizhōu लाए-चओ）

液 yè द्रव; तरल पदार्थ; रसः 液体 / 溶～ घोला

【液果】 yèguǒ रसमय फल; रसदार फल; गूदेदार फल (जैसे बदरीफल, गुठलीदार फल आदि)

【液化】 yèhuà द्रवीकरण

【液化器】 yèhuàqì द्रव बनाने वाला यंत्र; द्रावित्र

【液化热】 yèhuàrè गैस को द्रवीकृत करने के लिए ताप

【液化石油气】 yèhuà shíyóuqì द्रव पेट्रोलियम गैस (LPG)

【液化天然气】 yèhuà tiānránqì द्रव प्राकृतिक गैस (LNG)

【液晶】 yèjīng द्रव क्रिस्टल; तरल स्फटिक

【液冷】 yèlěng द्रव शीतलीकरण：～式内燃机 द्रव शीतलायमान यंत्र

【液力】 yèlì 〈यां०〉 द्रविक; द्रवचालित; द्रवप्रेरित：～变速箱 हाइड्रोलिक ट्रांस्मिशन बाक्स / ～传动 हाइड्रोलिक पाउवर / ～制动器 हाइड्रोलिक ब्रेक

【液泡】 yèpào 〈श०वि०〉 रसधानी; रिक्तिका; वैक्युओल

【液态】 yètài द्रव स्थिति：～空气 द्रव-वायु

【液体】 yètǐ द्रव; द्रव पदार्थ; तरल पदार्थ

【液体比重计】 yètǐ bǐzhòngjì हाइड्रोमीटर; द्रवघनत्वमापी

【液体燃料】 yètǐ ránliào द्रव-ईंधन：～火箭发动机 द्रव-ईंधन राकेट इंजन

【液压】 yèyā द्रव-चाप; हाइड्रोलिक प्रेशर：～传动 हाइड्रोलिक ट्रांस्मिशन / ～联轴节 हाइड्रोलिक कोप्लिंग / ～绷楦机（制鞋）हाइड्रोलिक शू-शेपिंग मशीन

【液压泵】 yèyābèng हाइड्रोलिक पंप

【液压表】 yèyābiǎo द्रव-चाप मापी

【液压机】 yèyājī हाइड्रोलिक प्रेस

谒（謁） yè 〈लि०〉 किसी व्यक्ति से भेंट करना; दर्शन करना：～李教授 प्रोफ़ेसर ली से भेंट करना / ～黄帝

陵 सम्राट ह्वांगती की समाधि के दर्शन करना

【谒见】 yèjiàn दर्शन करना; भेंट करना

腋 yè ❶〈श०वि०〉 बगल; कांख; पार्श्व ❷〈वन०〉 डंठल और पत्ते या शाखा और तने के बीच का कोण: 腋芽

【腋臭】 yèchòu बगल की बास; बगल की बदबू

【腋毛】 yèmáo कांख के बाल

【腋生】 yèshēng डंठल और पत्ते या शाखा और तने के बीच के कोण में उत्पन्न

【腋窝】 yèwō (साधारण नाम 夹肢窝 gāzhiwō) बगल; कांख

【腋下】 yèxià बगल; कांख

【腋芽】 yèyá डंठल और पत्ते के बीच के कोण में से निकला अंकुर

馌 yè 〈लि०〉 खेत तक भोजन पहुंचाना

靥 (靨) yè गालों पर हंसते समय पड़ने वाला गड्ढा; गुल

yī

一 1

yī ❶एक: ~本书 एक किताब / ~万~ ग्यारह हज़ार / ~千~ एक हज़ार एक सौ / ~中 नंबर एक मिडिल-स्कूल ❷केवल एक; अकेला: ~枪中的 केवल एक ही गोली में निशाना ठीक बैठना / 他在这一(技术)方面是独~无二的。इस हुनर में वह अकेला है। ❸एक ही: 咱们是~家人。हम लोग एक ही घर के हैं; हम लोग आत्मीय हैं। / 意见不~ एक ही मत के न होना ❹दूसरा: 土豆~名马铃薯。आलू का दूसरा नाम है पोटेटो। ❺सारा; पूरा: ~生 सारा जीवन; जीवन भर / ~路平安。सारी यात्रा सकुशल रहे। / ~屋子人 कमरे भर के आदमी ❻मन लगाकर: ~心~意 एकाग्र मन से ❼एक बार की, क्षण-भर की या कोशिश करने की क्रिया का बोध होता है ①द्विरुक्ति क्रियाओं (प्रायः एकाक्षर) के बीच में: 歇~歇。ज़रा आराम करो। / 停~停。ज़रा रुको। / 给我看~看。ज़रा मुझे देखने दो। ②क्रियाओं के बाद में: 哭~声。ज़रा रोओ। / 让我们进去参观~下。हमें अंदर देखने दो। ❽क्रिया या क्रिया-परिमाण शब्द के पहले आकर पूर्वक्रिया का बोध होता है (इस के बाद क्रिया के परिणाम का बोध): ~脚把它踢翻 एक ही लात से उसे धराशायी कर देना / 她在我旁边~站，再也不说什么。वह मेरे पास खड़ी हो गयी, और कुछ नहीं कहा। ❾ज्यों ही … त्यों ही; जब … तब: 他~有和平诚意，我们必开诚想见。ज्यों ही उस में शांति के लिए सच्ची आकांक्षा पैदा होगी, तो हम उस के साथ अवश्य ही सच्चे दिल से मुलाकात करेंगे ❿〈लि०〉〈लघु अ०〉 कुछ शब्दों के पहले आकर ज़ोर देने का अर्थ प्रकट होता है: ~何速也。इतनी जल्दी क्यों है? / ~竟自去了。वह स्वयं चला गया।

नोट: 一 के उच्चारण करने के नियम ये हैं:

1. अकेले में अथवा शब्द या वाक्य के अंत में 一 का उच्चारण ऊंची समतल धुन 阴平 में होता है; जैसे,一一得一，五一，六一 आदि।
2. नीचे गिरती धुन 去声 वाले शब्दों के पहले 一 का उच्चारण ऊंची उठती धुन 阳平 में होता है; जैसे, 一路上，一律。
3. ऊंची समतल धुन 阴平, ऊंची उठती धुन 阳平, नीचे गिरकर ऊंची उठती धुन 上声 वाले शब्दों के पहले 一 का उच्चारण नीचे गिरती धुन 去声 में होता है; जैसे, 一边，一打，一把

संक्षेप और सुभिते के लिए हमारे कोश के मदों में 一 का उच्चारण ऊंची समतल धुन 阴平 में लिखा जाता है।

一 2

yī 〈संगी०〉 चीनी कोंगछफ़ू (工尺谱 परंपरागत चीनी संगीत नोटेशन) में सरगम का एक नोट जो अंक वाले संगीत नोटेशन में 7 के बराबर होता है

【一把手】 yībǎshǒu ❶एक सदस्य: 我想找几个人一起干，可以把你算~么? मैं कुछ लोगों को एक साथ इकट्ठा करना चाहता हूँ, क्या मैं तुम को भी एक सदस्य समझ सकता हूँ? ❷योग्य व्यक्ति: 他干活儿可真是~。सचमुच वह काम करने में कुशल है। ❸ (第一把手 dì-yībǎshǒu भी) प्रथम उत्तरदाता

【一把死拿】 yībǎ-sǐná 〈बो०〉 अड़ियल; हठीला; ज़िद्दी

【一把钥匙开一把锁】 yī bǎ yàoshi kāi yī bǎ suǒ एक ताले को खोलने के लिए एक चाबी होती है; अलग-अलग ताले को खोलने के लिए अलग-अलग चाबी होती है —— अलग-अलग उपाय से अलग-अलग समस्या का समाधान होता है

【一把抓】 yībǎzhuā ❶सभी काम अपने हाथ में ले लेना ❷छोटे बड़े सभी काम एक साथ करने की कोशिश करना

【一百一】 yībǎiyī 〈बो०〉 संपूर्ण; निर्दोष; त्रुटिहीन: 他是~的老实人。वह सौ फ़ी सदी ईमानदार आदमी है। / 她护理病人可真是~呀! मरीज़ की तीमारदारी में वह सचमुच किसी से कम नहीं है।

【一败如水】 yībài-rúshuǐ करारी हार खाना

【一败涂地】 yībài-túdì बुरी तरह हार खाना; बिलकुल नाकाम रहना

【一班人】 yībānrén एक साथ काम करने वाले; स्क्वाड के सदस्य: 党委~ पार्टी कमेटी के सदस्य

【一般】 yībān ❶बराबर; की तरह; जैसा: 他俩长得~高。वे दोनों लंबाई में बराबर हैं। / 汽车飞~地疾驰而去。कार बड़ी तेज़ी से चली गई मानो उड़ रही हो। ❷एक प्रकार; एक तरह: 别有~滋味 दूसरे प्रकार का स्वाद (या भाव) ❸साधारण; सामान्य; आम: ~到特殊 सामान्य से विशिष्ट की ओर (बढ़ना) / ~地说 सामान्य तौर पर; आम तौर पर / ~号召 आम आवाहन (करना) / ~号召和具体指导相结合 आम आवाहन का नाता विशिष्ट और ठोस मार्गदर्शन के साथ जोड़ना / ~规律 आम नियम / ~原理 आम उसूल; सामान्य सिद्धांत

【一般化】 yībānhuà सामान्यीकरण: 防止领导~

अस्पष्ट, साधारण निर्देश देने से रक्षा करना

【一般见识】 yībān jiànshi कम जानकारी या निम्न स्तर के विचार वाले से झगड़ा करना: 别跟孩子～。बच्चे के साथ झगड़ा न करो।

【一斑】 yībān (चीते का एक) धब्बा; चित्ती; दाग़; बहुत-सी समान वस्तुओं में से एक: 管中窥豹，可见～。नली से चीता देखने में उस की एक चित्ती देखी जा सकती है। —— चीते की एक चित्ती देखकर आप संपूर्ण चीते को मन में चित्रित कर सकते हैं; किसी वस्तु के एक भाग को देखकर उस का संपूर्ण रूप मन में चित्रित किया जा सकता है।

【一板一眼】 yībǎn-yīyǎn <ला०> कथनी और करनी में सुव्यवस्थित तथा नियमपूर्ण होना और जल्दबाज़ न होना: 他做工作总是～的。वह हमेशा नियमानुसार काम करता है।

【一板正经】 yībǎn-zhèngjīng दे० 一本正经

【一半】 yībàn आधा; अर्द्ध; अर्द्ध भाग: ～多一些 आधे से कुछ अधिक / ～对分 आधा-आधा करना

【一…半…】 yī…bàn… अलग-अलग समानार्थक शब्दों या निकट अर्थ वाले शब्दों के पहले प्रयुक्त करके अधिक होने या न अधिक समय होने का अर्थ प्रकट होता है: ～年～载 एक साल के अंदर / ～时～刻 शीघ्र; जल्दी / ～星～点儿 एक आध / ～知～解 कुछ अधकचरा ज्ञान

【一半天】 yībàntiān दो एक दिन: 过～我再来。दो एक दिन में मैं फिर आऊंगा।

【一帮子】 yībāngzi एक गिरोह; बहुत सा: 他家里来了～人。उस के घर में एक गिरोह के (या बहुत से) लोग आए हैं।

【一包在内】 yī bāo zài nèi इस में सब शामिल हैं: 车钱、店钱、饭钱，～，花了一百块钱。गाड़ी, होटल, भोजन सब फ़ीस कुल मिलाकर मैं ने एक सौ य्वान का खर्च किया।

【一饱眼福】 yībǎoyǎnfú अपनी आंखें तृप्त कर लेना

【一报还一报】 yī bào huán yī bào बुराई का फल बुरा और अच्छाई का फल अच्छा होता है

【一辈子】 yībèizi जीवन काल; जन्म भर; ज़िंदगी भर; उम्र भर; आजीवन; हमेशा के लिए: 一个人做点好事并不难，难的是～做好事。कोई न कोई अच्छा काम करना कठिन नहीं है पर सारी ज़िन्दगी अच्छा काम करते रहना कठिन है।

【一本万利】 yīběn-wànlì कम पूंजी लगाने से दस हज़ार मुनाफ़ा प्राप्त होना; कम पूंजी से बड़ा मुनाफ़ा पाना

【一本正经】 yīběn-zhèngjīng गंभीर होना: 他装作～地说。वह गंभीर होकर (या गंभीर मुंह बनाकर) बोला।

【一鼻孔出气】 yī bíkǒng chūqì <अना०> किसी के साथ चोली दामन का संबंध रखना —— एक ही सुर भरना; एक ही नथुने से सांस लेना

【一笔带过】 yībǐ-dàiguò किसी बात का केवल संक्षेप में उल्लेख करना और विस्तार से विवरण न करना

【一笔勾销】 yībǐ-gōuxiāo एक ही चोट से नेस्तनाबूद करना: 全被～了。सब के सब एक झटके मात्र से तहस-नहस हो गए थे।

【一笔抹杀】 yībǐ-mǒshā किसी को तुच्छ समझकर उस की सब अच्छाइयां अस्वीकृत करना

【一壁】 yībì <पुराना> साथ ही साथ; एक ही समय में: 那人～招架，～夺门而出。वह आदमी अपनी रक्षा करते हुए जबर्दस्ती बाहर निकाल गया।

【一壁厢】 yībìxiāng किनारा: 站在～观望 किनारे पर खड़े होकर देखना

【一臂之力】 yībìzhīlì हाथ (देना): 这里所有的人都会助您～。यहां के सभी लोग आप को हाथ देंगे। / 如果你能助我～，我就能渡过这个难关了。अगर तुम ज़रा हाथ दे दो तो मेरा बेड़ा पार लग जाए।

【一边】 yībiān ❶किसी वस्तु या बात की एक तरफ़ या पहलू: 这块木料～光滑，～不光滑。इस लकड़ी की एक तरफ़ चिकनी है और दूसरी तरफ़ चिकनी नहीं। ❷किनारे: 我们说话，他坐在～听。हम लोग बातचीत कर रहे थे और वह किनारे पर बैठा सुन रहा था। ❸<क्रि० वि०> साथ ही साथ; एक ही समय में: 她慢慢地走，～唱着歌。वह धीरे-धीरे चल रही थी साथ ही साथ गाना भी गा रही थी। / 小女孩～走，～哭。बच्ची चलती हुई रो रही थी। ❹<बो०> बराबर; की तरह; समान रूप से: 她俩～高。वे दोनों लंबाई में बराबर हैं।

【一边倒】 yībiāndǎo एक तरफ़ झुकना

【一表非凡】 yībiǎo-fēifán असाधारण बाहरी रूप वाला व्यक्ति

【一表人才】 yībiǎo-réncái सुन्दर मुख वाला व्यक्ति

【一并】 yībìng <क्रि०वि०> एक साथ; साथ-साथ; के साथ: ～答复 (प्रश्नों का) एक साथ उत्तर देना / ～解决 (समस्याओं का) एक साथ समाधान करना

【一病不起】 yībìng-bùqǐ बीमार पड़ना और मर जाना; बीमारी से पलंग पर पड़कर फिर खड़ा न होना

【一波三折】 yībō-sānzhé किसी काम को पूरा करने के दौरान बहुत परिवर्तन होना

【一波未平，一波又起】 yī bō wèi píng, yì bō yòu qǐ एक लहर के मुश्किल से शांत हो जाने के बाद दूसरी लहर फिर उठना —— एक कष्ट के बाद फिर दूसरा कष्ट आना

【一…不…】 yī…bù… ❶(दो भिन्न क्रियाओं के पहले आकर स्थिति की अपरिवर्तनीयता का बोध होता है): ～去～返 हमेशा के लिए जाना; सदा के लिए बीत जाना / 一蹶不振 ❷(एक संज्ञा और एक क्रिया के पहले आकर ज़ोर देने या अतिशयोक्ति करने का बोध होना है): 一成不变 / 一钱不值 / 一言不发

【一不怕苦，二不怕死】 yī bù pà kǔ, èr bú pà sǐ न कभी मुश्किलों से डरना और न मौत से; न ही कष्ट से डरो और न ही मौत से

【一不做，二不休】 yī bù zuò, èr bù xiū चाहे नतीजा कैसा भी हो इस काम को अन्त तक करो; किसी भी लागत पर एक चीज़ जो शुरू कर दी गई है उसे समाप्त होना ही है; उठाए हुए कार्य को किसी भी मूल्य पर पूर्ण करके ही छोड़ना चाहिए

【一步登天】 yībù-dēngtiān एक ही छलांग में आ-

काश पर पहुंचना ——एक ही कदम में उच्चतम स्तर प्राप्त करना; ऊंचे पद पर बहुत तेज़ी से पहुँचना

【一步一个脚印儿】 yī bù yī gè jiǎoyìnr ठोस परिस्थितियों के आधार पर कदम बढ़ाना

【一差二错】 yīchā-èrcuò संभव भूल या दुर्घटना: 万一有个～，那… अगर कोई संभव दुर्घटना हो तो …

【一刹】 yīchà क्षण भर में; पलक मारते ही: ～间，舞台上的布景换了。क्षण भर में रंगमंच पर पृष्ठभूमि बदल गयी।

【一刹那】 yīchànà （刹那 chànà के समान）क्षण

【一刬】 yīchàn ❶〈बो०〉 बिना किसी अपवाद के: 这些大楼～都是新的。ये सब इमारतें नई-नई हैं। ❷हमेशा; सतत; अक्सर

【一长两短】 yīcháng-liǎngduǎn（三长两短 sāncháng-liǎngduǎn भी）अप्रत्याशित विपत्ति; किसी दुर्भाग्य की बात (विशेषकर मृत्यु)

【一场春梦】 yī chǎng chūnmèng एक वसंत स्वप्न —— क्षणभंगुर भ्रांति

【一场空】 yīchǎngkōng सब व्यर्थ हो जाना

【一场秋雨一场寒】 yī chǎng qiūyǔ yī chǎng hán शरत् काल में एक बार पानी बरसने के बाद पहले से अधिक ठंड पड़ती है

【一唱百和】 yīchàng-bǎihè（一倡百和 yīchàng-bǎihè भी）जब एक व्यक्ति गाना शुरू करता है तो बाकी लोग भी इस के साथ गाने लगते हैं —— अनुमोदन करने वाला बहुत होना

【一唱一和】 yīchàng-yīhè 〈अना०〉 किसी के शब्दों को हूबहू दुहराना; हां में हां मिलाना; एक ही सुर में गाना; एक दूसरे का समर्थन करना और एक ही स्वर अलापना

【一朝天子一朝臣】 yī cháo tiānzǐ yī cháo chén प्रत्येक नया सम्राट अपने राजदरबारी ले आता है —— नया प्रधान अपने नये परिसहायक ले आता है

【一尘不染】 yīchén-bùrǎn धूल के एक कण से भी गंदा न किया जाना; निष्कलंक: 屋子里～。कमरा बहुत साफ़-सुथरा है। / 身居闹市，～ बड़े नगर की ललचाने वाली वस्तुओं के बीच में भी निर्लिप्त बने रहना

【一成不变】 yīchéng-bùbiàn अपरिवर्तनशील: ～的规则是没有的。निश्चित नियम कभी नहीं होता।

【一程子】 yīchéngzi 〈बो०〉 कुछ दिन: 上个月我父亲来住了～。पिछले महीने मेरे पिता जी आये और कुछ दिन रहे।

【一筹】 yīchóu कुछ (अधिक या कम): 略逊～ (किसी से) कुछ कम अच्छा होना / 略胜～ (किसी से) कुछ अधिक अच्छा होना

【一筹莫展】 yīchóu-mòzhǎn कुछ भी उपाय न सूझना

【一触即发】 yīchù-jífā परिस्थिति बहुत गंभीर होना; स्थिति बहुत नाज़ुक होना: 战争～的时候 युद्ध छिड़ने की बात अब-तब में होना / 内战有～之势。गृह-युद्ध के किसी भी क्षण छिड़ जाने की अवस्था आ पहुंची है।

【一触即溃】 yīchù-jíkuì ज़रा प्रहार करने से तितर-बितर होना

【一传十，十传百】 yī chuán shí, shí chuán bǎi (खबर) एक से दस तक और दस से सौ तक फैलना —— बड़ी शीघ्रता से फैल जाना

【一锤定音】 yīchuí-dìngyīn एक ही बार घंटा बजाने से सुर निश्चित करना —— किसी व्यक्ति के कथन से अंतिम निर्णय किया जाना; निर्णयात्मक कथन कहना

【一锤子买卖】 yī chuízi mǎimai 〈ला०〉 अंतिम रूप से क्रय-विक्रय करना —— किसी के साथ केवल एक ही बार क्रय-विक्रय किया जाना (जिस से सब से बड़ा लाभ प्राप्त किया जाने की संभावना हो)

【一词多义】 yīcí duōyì एक ही शब्द का अनेक अर्थ

【一次】 yīcì एक बार: 他来过～。वह एक बार आया था।

【一次方程】 yīcì fāngchéng 〈गणित०〉 एकघात समीकरण

【一次函数】 yīcì hánshù 〈गणित०〉 एकघात फल

【一次能源】 yīcì néngyuán प्राथमिक ऊर्जा

【一次性】 yīcìxìng ❶केवल एक बार: ～补助 एक-मुश्त रक़म ❷छोड़ने योग्य: ～筷子 छोड़ने योग्य चापस्टिक्स / ～尿布 बच्चों का छोड़ने योग्य तौलिया / ～注射器 डिस-पोज़ेबल सिरिंज; एक बार प्रयोग में आने वाली इंजैक्शन की सुई

【一从】 yīcóng जब से: ～别后 जब से विदा हुए

【一蹴而就】 yīcù'érjiù एक ही कदम में सफल होना; एक ही डग में किसी उद्देश्य का प्राप्त होना

【一寸光阴一寸金，寸金难买寸光阴】 yī cùn guāngyīn yī cùn jīn, cùn jīn nán mǎi cùn guāngyīn एक पल समय एक रत्ती सोने के बराबर होता है, लेकिन सोने से समय खरीदा नहीं जा सकता

【一搭】 yīdā 〈बो०〉 एक ही जगह में: 他俩在～上的中学。वे दोनों एक ही मिडिल-स्कूल में पढ़ते थे।

【一搭两用儿】 yīdā liǎng yòngr एक ही वस्तु का दो काम में प्रयोग होना: 带件大衣，白天穿，晚上盖，～。ओवर कोट ले जाओ, दिन में पहन सकते हो और रात में ओढ़ भी सकते हो, एक ही चीज़ का दो कामों में प्रयोग किया जा सकता है।

【一打】 yīdá एक दर्जन

【一打一拉】 yīdǎ yīlā एक ओर मारना और दूसरी ओर पुचकारना: ～的政策 एक ओर मारने और दूसरी ओर पुचकारने की नीति

【一大套】 yīdàtào ❶एक बड़ा सेट ❷बहुत लंबी-चौड़ी बातें करना

【一大早】 yīdàzǎo 〈बोल०〉 पौ फटते ही; बड़े भोर में; तड़के से: 他每天～就起来。रोज़ बड़े भोर में वह उठ जाता है।

【一代】 yīdài ❶एक राजवंश ❷एक युग: ～英豪 हमारे युग के प्रमुख वीर ❸एक पीढ़ी

【一带】 yīdài के आसपास; भूभाग: 沪宁～ शांगहाए-नानचिंग के आसपास का क्षेत्र

【一旦】 yīdàn ❶एक ही दिन में: 毁于～ एक ही दिन में नष्ट होना ❷अनिश्चित समय; किसी दिन: ～时机成

熟 स्थिति के परिपक्व होते ही / 理论～为群众所掌握，就会产生巨大的物质力量。जहां एक सिद्धांत जन-समुदाय द्वारा एक ही समय में अपनाया जाए, तो अतुलनीय भौतिक शक्ति उत्पन्न हो सकती है।

【一担儿挑】 yīdànrtiāo <बो०> बहनोई

【一党专政】 yīdǎng zhuānzhèng एक ही पार्टी का अधिनायकत्व: ～的政府 एक ही पार्टी के अधिनायकत्व वाली सरकार

【一刀两段】 yīdāo-liǎngduàn चाकू से काटकर दो करना —— (किसी से) संबंध-विच्छेद करना; संबंध छोड़ देना; नाता तोड़ना: 今天起我跟你～。आज से मेरे और तुम्हारे बीच में कोई नाता (या संबंध) नहीं रहा।

【一刀切】 yīdāoqiē सभी चीज़ों को सख़्ती से एकरूप बनाना; जटिल समस्याओं का एक ही सरल उपाय से समाधान करना

【一道】 yīdào <क्रि०वि०> साथ-साथ; एक साथ: 走，我们～走。चलें, हम लोग साथ-साथ चलें। / 和群众～工作 आम जनता के साथ मिलकर काम करना

【一得之功】 yīdézhīgōng कभी-कभार की सफलता; छोटी-सी सफलता: 不要沾沾自喜于～。अपनी छोटी-सी सफलता से आत्मसंतुष्ट न हो जाओ।

【一得之愚】 yīdézhīyú <शिष्ट०> अपना क्षुद्र मत; अपनी मामूली राय: 此吾～，仅供参考。यह मेरा अपना क्षुद्र मत है, केवल निर्देशांकित करने के लिए।

【一等】 yīděng फ़र्स्ट क्लास; सर्वोच्च श्रेणी का; प्रथम श्रेणी का; सर्वोत्तम: ～品 प्रथम श्रेणी का उत्पादन (माल) / ～奖 प्रथम श्रेणी का पारितोषिक

【一等兵】 yīděngbīng (अमरीकी स्थल सेना) प्राइवेट फ़र्स्ट क्लास; (ब्रिटेन स्थल सेना) लैंस-कार्परल; (अमरीकी वायु-सेना) एयरमैन फ़र्स्ट क्लास; (ब्रिटेन वायु सेना) सीनियर एयर-क्राफ़्टमैन; (अमरीकी जल-सेना) सीमैन फ़र्स्ट क्लास; (ब्रिटेन जल-सेना) लीडिंग सीमैन; (अमरीकी मैरीन कोर) प्राइवेट फ़र्स्ट क्लास; (ब्रिटेन मैरीन कोर) मैरीन फ़र्स्ट क्लास

【一等功】 yīděnggōng मेरिट सिटेशन; फ़र्स्ट क्लास

【一等秘书】 yīděng mìshū <कूटनीति> प्रथम सचिव; फ़र्स्ट सेक्रिटरी

【一点儿】 yīdiǎnr ❶कुछ: 给我～吧。मुझे कुछ दे दो। / ～也没有了。अब कुछ भी नहीं है। ❷बहुत कम; थोड़ा; ज़रा: ～也不 ज़रा भी नहीं; तनिक भी नहीं / 这么～，不够。इतना कम, काफ़ी नहीं है। / 我就知道这么～。मैं सिर्फ़ इतना जानता हूँ। / ～影子也不见 कोई चिन्ह प्रकट न होना / ～用处也没有 ज़रा भी काम न आना

【一点论】 yīdiǎnlùn वह सिद्धांत जो केवल एक पहलु पर ज़ोर देता हो; एकपक्षवाद

【一点一滴】 yīdiǎn-yīdī थोड़ा-थोड़ा करके: ～地学 थोड़ा-थोड़ा करके सीखना

【一丁点儿】 yīdīngdiǎnr <बो०> बहुत कम; बहुत छोटा

【一定】 yīdìng ❶नियत; नियमित; निश्चित: 每天都在～的时间内工作和学习 हर दिन नियत समय में काम करना और अध्ययन करना ❷स्थिर; निश्चित; जुड़ा हुआ; अनिवार्य: 文章的长短和好坏之间没有～的关系 लेख की लंबाई और अच्छाई के बीच कोई निश्चित संबंध नहीं है। ❸ज़रूर; निश्चय ही: 我们～要努力学习。हम ज़रूर बड़ी मेहनत से अध्ययन करेंगे। ❹विशेष; निश्चित: ～的阶级地位 विशेष वर्ग-हैसियत / ～的历史阶段 विशेष ऐतिहासिक अवस्था ❺उचित; काफ़ी; कुछ: 达到～的水平 काफ़ी ऊंचे स्तर पर पहुंचना / 取得～的成绩 काफ़ी अच्छी सफलताएं मिलना / ～数量的 कुछ

【一定之规】 yīdìngzhīguī ❶कोई निश्चित नियम ❷अपनी राह चलना; स्वतंत्र मार्ग ग्रहण करना

【一动】 yīdòng अकसर; आसानी से: 孩子～就哭。बच्चा अकसर रोता है।

【一动不如一静】 yī dòng bù rú yī jìng चलने से शांत रहना भला

【一肚子】 yīdùzi पेट-भर होना; भरा होना: ～气 बहुत नाराज़ होना; नाराज़गी से भरा होना / 憋了～火 क्रोध के कारण मूक हो जाना

【一度】 yīdù ❶एक बार: 一年一～ एक साल में एक बार ❷<क्रि०वि०> किसी समय: 她因患肺炎曾～休学。निमोनिया होने के कारण कुछ समय के लिए उस ने स्कूल छोड़ दिया।

【一端】 yīduān (किसी बात का) एक पक्ष; एक पहलू: 此其～。यह इस बात का एक पहलू है।

【一堆儿】 yīduīr एक साथ: 他们小时候常常～玩。वे बचपन में अक्सर एक साथ खेलते थे।

【一多半】 yīduōbàn आधे से ज़्यादा: 班里学生～是北京人。क्लास में आधे से अधिक विद्यार्थी पेइचिंग के रहने वाले हैं।

【一…而…】 yī…ér… (दो भिन्न क्रियाओं के पहले आकर दूसरी क्रिया पहली क्रिया का नतीजा प्रकट करती है): 一扫而光 / ～饮～尽 एक ही घूंट में गिलास को खाली करना / ～怒～去 नाराज़ होकर चला जाना

【一而再，再而三】 yī ér zài, zài ér sān बार-बार; बारंबार

【一二】 yī'èr एक या दो; दो एक: ～知己 एक या दो दिली दोस्त / 略知～ कुछ-कुछ जानना

【一…二…】 yī…èr… (कुछ द्वि-अक्षर विशेषण के दोनों अक्षरों या दो निकट-अर्थ वाले अक्षरों के पहले अलग-अलग आकर ज़ोर देने का अर्थ प्रकट होता है): 一干二净 / 一清二白 / 一清二楚 / 一穷二白

【一二报数】 yī'èr bàoshù <सैन्य०> बाई टोस, नंबर!

【一二九运动】 Yī'èr Jiǔ Yùndòng नौ दिसंबर आंदोलन (दिसंबर 9, 1935 ई० चीनी कम्युनिस्ट पार्टी के नेतृत्व में जापानी आक्रमण का विरोध करने और राष्ट्रीय मुक्ति करने के लिए पेइचिंग के विद्यार्थियों द्वारा चलाया गया आंदोलन)

【一发】 yīfā ❶और भी: 如果处理不当，就～不可收拾了。अगर इस का निपटारा उचित ढंग से न किया गया तो स्थिति और भी आशाहीन हो जाएगी।

【一发千钧】 yīfà-qiānjūn (千钧一发 qiānjūn-yīfà भी) एक बाल से एक हज़ार सौ किलो का भार

लटकाया जाना —— सन्निकट खतरा: 在这～之际 बहुत खतरनाक क्षण में

【一帆风顺】 yīfān-fēngshùn आसान जहाज़रानी; बिना बाधा के जहाज़ की सैर करना; सब कुछ सरल सुगम होना; निर्विघ्न

【一反常态】 yīfǎn-chángtài प्रतिकूल आचरण करना

【一方面】 yīfāngmiàn ❶एक पक्ष; एक पहलू: 这只是事情的～。यह केवल मामले का एक ही पहलू है। ❷एक तरफ़ (ओर) … और दूसरी तरफ़ (ओर) …: ～我们决不滥用浪费，另～我们必须努力发展生产。एक तरफ़ तो हमें फ़िज़ूलखर्ची और शाहखर्ची हरगिज़ नहीं करनी चाहिए; और दूसरी तरफ़ हमें उत्पादन का सक्रियता से विकास करना चाहिए।

【一分钱，一分货】 yīfēn qián, yīfēn huò जितना दाम, उतना माल

【一分为二】 yīfēn-wéi'èr एक का दो में बंटना; दो हिस्सों में बंट जाना —— प्रत्येक वस्तु के अच्छे और बुरे पक्ष होते हैं

【一风吹】 yīfēngchuī 〈ला०〉 एक ही चोट से नेस्त-नाबूद करना

【一佛出世，二佛涅槃】 yī fó chūshì, èr fó niè-pán (प्रायः नीचे के वाक्य में प्रयुक्त) 被打得～ मार-मार कर अधमरा किया जाना

【一夫当关，万夫莫开】 yī fū dāng guān, wàn fū mò kāi जिस दर्रे की रक्षा एक आदमी करता है उस दर्रे से दस हज़ार आदमी नहीं गुज़र सकते

【一夫多妻制】 yīfūduōqīzhì बहुपत्नीत्व; बहुपत्नी विवाह; बहुविवाह प्रथा; बहुपत्नीवाद

【一概】 yīgài 〈क्रि०वि०〉 सब के सब; बिना किसी अपवाद के: ～拒绝 बिना किसी अपवाद के इनकार करना / ～不知 कुछ भी मालूम न होना

【一概而论】 yīgài'érlùn एक ही मानदंड से सब के साथ बर्ताव करना (प्रायः निषेध में प्रयुक्त): 不能～ एक ही मानदंड से सब के साथ बर्ताव न कर सकना

【一干】 yīgān किसी बात (प्रायः मुकदमे) से संबंधित: ～人犯 किसी मुकदमे में अपराधी और इस में फंसे हुए लोग

【一干二净】 yīgān-èrjìng सफ़ाचट करना; सब कुछ खतम होना: 把饭菜吃得～ सारी तरकारी और चावल को सफ़ाचट कर देना / 忘得～ सब कुछ भूल जाना

【一竿子到底】 yī gānzi dào dǐ （一竿子插到底 yī gānzi chā dào dǐ भी）(कार्य, अनुदेश आदि को) अंत तक लागू करना

【一个巴掌拍不响】 yī gè bāzhang pāi bù xiǎng एक हाथ से ताली नहीं बजती

【一个和尚挑水吃，两个和尚抬水吃，三个和尚没水吃】 yī gè héshang tiāo shuǐ chī, liǎng gè héshang tái shuǐ chī, sān gè héshang méi shuǐ chī साधु जब अकेला था तो वह बहंगी से पानी की दो बाल्टियों को कंधे पर रख कर ले आता था। जब एक और साधु आया तो दोनों साधु मिलकर एक बाल्टी पानी कंधों पर रखकर लाने लगे। बाद में जब एक और साधु आया तो कोई भी कंधे पर बाल्टी उठाना नहीं चाहता था। नतीजा यह हुआ कि तीनों को पानी नहीं मिला

【一个劲儿】 yīgejìnr निरंतर; लगातार; लगन के साथ: 雨～地下着。पानी लगातार बरसता रहता है।

【一个萝卜一个坑】 yī gè luóbo yī gè kēng एक मूली एक गड्ढा —— ❶हरेक का अपना काम होना और कोई भी गैर-ज़रूरी न होना: 我们这里～，挤不出人手来。हमारे यहां कोई गैर-ज़रूरी नहीं है, हरेक का अपना काम है। ❷परिश्रमी और विश्वस्त: 他是～的人，不会有什么差错。वह परिश्रमी और विश्वस्त है, कोई गलती न होगी।

【一个心眼儿】 yī gè xīnyǎnr ❶मन लगाकर; हठपूर्वक; श्रद्धाभाव से: ～为集体 श्रद्धाभाव से समूह के लिए ❷एक दिल होना: 我们大家都是～。हम सब एक ही तरह सोचते हैं।

【一共】 yīgòng 〈क्रि०वि०〉 कुल मिलाकर: ～多少人? कुल मिलाकर कितने आदमी हैं ? / ～三十个人。कुल मिलाकर तीस आदमी हैं।

【一股劲儿】 yīgǔjìnr बिना अवकाश के; एक ही सांस में: ～地干 बिना अवकाश के काम करना

【一股脑儿】 yīgǔnǎor 〈बो०〉（一古脑儿 yīgǔ-nǎor भी）सब के सब; पूर्णतया; पूरी तरह से; सभी तरह से: 她把要讲的话～都讲出来了。जो बात वह कहना चाहती है उसे पूरी तरह से कह दिया।

【一鼓作气】 yīgǔ-zuòqì पहले दुन्दुभी-घोष से साहस बढ़ना; साहस बढ़ाकर आगे चलना या बढ़ना: 她们～爬上山顶。वे साहस बढ़ाकर चोटी पर पहुंच गईं।

【一官半职】 yīguān-bànzhí कोई सरकारी पद या दूसरा काम

【一贯】 yīguàn संतत; अविचल; स्थायी: ～立场 हमेशा का रुख / ～的政策 बराबर चली आई नीति / ～主张 किसी बात का सदा से ही पक्षपोषण करना / 他～地坚持原则。वह सदा सिद्धांत पर ज़ोर देता रहता है।

【一贯道】 yīguàndào एक प्रतिक्रियावादी गुप्त समाज जो धार्मिक कार्यवाही के परदे के पीछे जापानी आक्रमकों और क्वोमिनतांग की सेवा करता था

【一棍子打死】 yī gùnzi dǎ sǐ लाठी की एक चोट से मार डालना; पूरी तरह रद्द करना; पूरी तरह न मानना; संपूर्ण रूप से सब कुछ अस्वीकृत करना

【一锅端】 yī guō duān पूरी तरह नष्ट करना; पूर्णतया: 把这个抢劫团伙来个～。डाकुओं के इस गिरोह को पूरी तरह नष्ट करो।

【一锅粥】 yīguōzhōu एक देग दलिया —— बिलकुल गड़बड़; अव्यवस्थित अवस्था; एक गड़बड़ घोटाला: 乱成～ अव्यवस्थित अवस्था में होना; बहुत गड़बड़ होना

【一锅煮】 yīguōzhǔ （一锅烩 yīguōhuì, 一勺烩 yīsháohuì भी）एक ही देग में सारा, सब तरह का खाना पकाना —— विभिन्न व्यक्तियों या वस्तुओं के साथ एक ही प्रकार से बर्ताव करना

【一国两制】 yī guó liǎng zhì एक राज्य, दो प्रथाएं (या व्यवस्थाएं)

【一国三公】 yīguó-sāngōng एक ही राज्य में तीनों

शासक —— विभक्त किया हुआ नेतृत्व

【一哄而起】 yīhōng'érqǐ (लोगों के झुंड का) धृष्टता से कार्यवाही करने के लिए उत्तेजित किया जाना; बिना अच्छी तरह सोच-विचार किए जन-समुदाय की कार्यवाही में शीघ्र भाग लेना; अचानक पैदा होना

【一哄而散】 yīhōng'érsàn शोर-शराबे में सब लोगों का चले जाना; अचानक मिटना

【一呼百诺】 yīhū-bǎinuò एक आवाहन करता है तो सैकड़ों लोग उसे स्वीकार करने के लिए तैयार रहते हैं

【一呼百应】 yīhū-bǎiyìng एक आवाहन करता है तो सैकड़ों लोग उस के पीछे चलने के लिए तैयार रहते हैं

【一忽儿】 yīhūr <बो०> थोड़ी देर

【一环扣一环】 yī huán kòu yī huán एक छल्ले का दूसरे छल्ले के साथ जुड़ा होना —— घनिष्ठ रूप से एक के बाद एक जुड़ा होना

【一晃】 yīhuǎng एकाएक दृष्टि में आ जाना: 窗外有个人影，～就不见了。खिड़की के बाहर एक आदमी की छाया दिखाई दी और एकाएक वह गायब हो गई।

【一晃】 yīhuàng क्षण भर में; पलक मारते ही: ～五年就过去了。पलक मारते ही पांच साल गुज़र गए।

【一会儿】 yīhuìr ❶थोड़ी देर: 歇～ थोड़ी देर आराम करना / 过了～ एक क्षण के बाद / ～工夫 एक क्षण में चलते-चलते ❷थोड़ी देर में: 他～就来。वह थोड़ी देर में आएगा। / 他站了～。वह एक दो पल खड़ा रहा।

【一伙】 yīhuǒ गिरोह: 我知道他们是～。मैं जानता था वे सब आपस में मिले हुए हैं।

【一级风】 yījífēng <मौ०वि०> फ़ोर्स I हवा; हल्की वायु

【一级市场】 yījí shìchǎng प्राथमिक बाज़ार

【一级战备】 yījí zhànbèi फ़र्स्ट डिग्री युद्ध की तैयारी

【一级准尉】 yījí zhǔnwèi (ब्रिटेन जल, थल, वायु और मैरीन सेना) वारैण्ट अफ़सर (क्लास 1); (अमरीकी थल और वायु सेना) चीफ़ वारैण्ट अफ़सर; (अमरीकी जल और मैरीन सेना) कमिशण्ड वारैण्ट अफ़सर

【一己】 yījǐ अपने आप; स्वयं: ～之私 अपना निजी हित

【一技之长】 yījìzhīcháng कोई काम करने के योग्य; एक ही हुनर

【一家一户】 yī jiā yī hù हर परिवार

【一家之言】 yījiāzhīyán विशिष्ट सिद्धांत; बिलकुल नयी विचारधारा

【一家子】 yījiāzi ❶घर; परिवार: 我们不是～。हम लोग एक ही परिवार के नहीं हैं। ❷सारा परिवार: ～都高兴极了。सारा परिवार बहुत प्रसन्न था।

【一见倾心】 yījiàn-qīngxīn किसी को देखते ही मंत्र-मुग्ध हो जाना; पहली बार मिलते ही प्रेमानुरक्त होना

【一见如故】 yījiàn-rúgù पहली बार मिलते ही पुराने मित्र की तरह लगना

【一见钟情】 yījiàn-zhōngqíng पहली बार मिलते ही प्रेमानुरक्त होना

【一箭双雕】 yījiàn-shuāngdiāo एक ही तीर से दो शिकार करना; एक पंथ दो काज

【一箭之仇】 yījiànzhīchóu तीर खाने का बदला: 报～ तीर खाने का बदला लेना

【一箭之地】 yījiànzhīdì तीर चलने की दूरी; कम दूरी: 车站离这里不过～。यहां से स्टेशन तक केवल कुछ दूरी है।

【一脚踢翻】 yījiǎo tīfān एक ही लात से किसी को धराशायी कर देना

【一经】 yījīng <क्रि०वि०> जहां एक बार: ～知道错误，就应该立刻纠正。जहां एक बार गलती मालूम हो तो शीघ्र ही उसे दूर करना चाहिए।

【一径】 yījìng ❶सीधे: 他～走进屋里，没有跟别人打招呼。वह दूसरों से बिना नमस्कार किये सीधे घर में चला गया। ❷<बो०> बराबर; निरंतर; सदैव; हमेशा से; सदा से: 他～在笑。वह हंसता रहता है। / 一个钟头了，我～在这里等你。मैं एक घंटे तक यहां तुम्हारा इंतज़ार करता रहा।

【一…就…】 yī…jiù… ज्यों ही … त्यों ही ❶(दोनों क्रियाओं का कर्ता एक ही है): ～吃～吐 खाते ही कै आना / ～学～会 सीखते ही मालूम हो जाना ❷(दोनों क्रियाओं का कर्ता अलग-अलग है): ～教～懂 (मेरे) सिखाने पर (उसे) मालूम हो जाना / ～请～来 (मेरे) निमंत्रण देने पर (उस का) फ़ौरन आना

【一举】 yījǔ एक कार्रवाई; एक कार्यवाही; एक ही बार में: 何必多此～? इस कार्यवाही की क्या आवश्यकता है? / 成败在此～。इस कार्यवाही से सफल या असफल होने का निर्णय होता है। / ～消灭两个师 एक ही बार में दो डिविज़नों का सफ़ाया करना

【一举两得】 yījǔ-liǎngdé एक ही कार्यवाही से दो फल प्राप्त होना; एक ही बार में दोनों काम बन जाना; एक पंथ दो काज

【一举手之劳】 yī jǔ shǒu zhī láo हाथ उठाने की कोशिश; हाथ उठाने की तरह आसान; बड़ी आसानी से

【一举一动】 yījǔ-yīdòng हर कार्रवाई; हर कार्यवाही

【一句话】 yījùhuà एक ही वाक्य में; संक्षेप में

【一决雌雄】 yījué-cíxióng（决一雌雄 juéyī-cí-xióng भी）लड़कर तय करना

【一蹶不振】 yījué-bùzhèn एक ही चोट से सदा के लिए पस्त हो जाना

【一卡通】 yīkǎtōng सर्वगत विश्वास कार्ड; यूनिवर्स क्रेडित कार्ड

【一看二帮】 yī kàn èr bāng निरीक्षण करना और सहायता देना: 对犯过错误的同志，我们要～。जिन कामरेडों ने गलती की है हमें न केवल उन के व्यवहार पर नज़र रखनी चाहिए बल्कि उन की सहायता भी करनी चाहिए।

【一刻】 yīkè एक क्षण; क्षण-भर: ～千金 एक क्षण का समय हज़ार स्वर्ण के बराबर होता है; समय स्वर्ण होता है

【一客不烦二主】 yī kè bù fán èr zhǔ एक मेहमान को दो मेज़बानों को तंग नहीं करना चाहिए (तब कहना जब किसी के लिए अतिरिक्त सहायता मांगी जाए)

【一空】 yīkōng कुछ भी शेष न रहना: 销售～ दुकान का माल सब का सब बेचा जाना

【一孔之见】 yīkǒngzhījiàn जो छिद्र में आंख लगाकर देखा गया हो; सच्चाई की झलक-मात्र; संकीर्ण दृष्टिसीमा

【一口】 yīkǒu ❶एक कौर; एक ग्रास; एक घूंट: ～～地吃 एक-एक कौर खाना / 他～喝干了一杯酒。उस ने एक घूंट में प्याली समाप्त कर डाली। ❷बोलने का ढंग: 他说～地道的印地语。वह शुद्ध हिन्दी बोलता है। / 他说～上海话。वह शांगहाए बोली बोलता है। ❸निश्चित रूप से; विश्वास के साथ; दृढ़ता से: ～断定 दावे के साथ कहना / ～否认 साफ़ इनकार करना

【一口吃不成个胖子】 yī kǒu chī bù chéng ge pàngzi एक ही कौर से तुम मोटे नहीं बन सकते —— तुम्हें (किसी काम में) अनवरत लगे रहना चाहिए

【一口气】 yīkǒuqì ❶एक सांस: 只要我还有～，我就要为人民服务。जब तक मेरी सांस रहती है, तब तक मैं जनता की सेवा करता रहूंगा। ❷एक ही सांस में: 他～喝了个精光。उस ने एक ही सांस में प्याले को खाली कर दिया। / 他～跑了三千米。वह बिना रुके तीन किलोमीटर दौड़ा।

【一口咬定】 yī kǒu yǎo dìng निश्चयात्मक रूप से कहना; दृढ़ निश्चय के साथ बयान करना; साफ़-साफ़ कहना: 他～这事不是他干的。उस ने साफ़-साफ़ कहा है कि उस ने यह काम नहीं किया।

【一口钟】 yīkǒuzhōng 〈बो०〉 बिना आस्तीन का चोगा या लबादा

【一块儿】 yīkuàir ❶एक ही स्थान: 他俩在～上学。वे दोनों एक ही स्कूल में पढ़ते हैं। ❷एक साथ; साथ-साथ: 我们～去吧。हम लोग साथ-साथ जाएं।

【一块石头落地】 yī kuài shítou luò dì दिल का बोझ उतरना या हल्का होना: 听了他平安无事的消息，大家心里才～了。उस के सकुशल रहने की खबर सुनते ही सब लोगों के दिल का बोझ उतर गया।

【一来二去】 yīlái-èrqù नित्य संपर्क में; समय पर: 他俩在一个车间工作，～地也就熟了。वे दोनों एक ही वर्कशाप में काम करते हैं, समय पर वे एक दूसरे को अच्छी तरह पहचानते हैं।

【一览】 yīlǎn (प्रायः पुस्तक के नाम में प्रयुक्त) विहंगम-दृष्टि; गाइड: 《北京交通～》 'पेइचिंग के यातायात का मार्ग-प्रदर्शक'; 'ए गाइड टू कम्युनिकेशन ऑफ़ पेइचिंग'

【一览表】 yīlǎnbiǎo तालिका; सूची; फ़ेहरिस्त

【一览无余】 yīlǎn-wúyú एक ही दृष्टि में सब कुछ पर निगाह डालना

【一揽子】 yīlǎnzi थोक-बिक्री; पुलिंदा; पैकेज: ～计划 पैकेज प्लेन / ～交易 पैकेज डील; पैकेज सौदा

【一浪接一浪】 yī làng jiē yī làng लहर पर लहर

【一劳永逸】 yīláo-yǒngyì एक बार के प्रयत्न से स्थायी शांति प्राप्त करना —— हमेशा के लिए एक बार मामला निबटाना; किसी काम को एक बार अच्छी तरह करने के बाद फिर कभी कष्ट न पैदा होना

【一力】 yīlì यथाशक्ति करना: ～成全 किसी की सहायता करने के लिए यथाशक्ति प्रयत्न करना / ～承担 अपने ऊपर यथाशक्ति भार ले लेना

【一例】 yīlì एक ही प्रकार से; समान रूप से; एक ढंग से: 和大家～看待 सब के साथ एक ही प्रकार से बर्ताव कर-ना; किसी को सब की ही श्रेणी में गिना जाना

【一连】 yīlián 〈क्रि०वि०〉 कतार में; कतारों में; लगा-तार: ～下了三天雨。तीन दिन तक लगातार पानी बरसता रहा। / ～三年丰收。तीन साल लगातार अच्छी फ़सल प्राप्त होती रहती है।

【一连串】 yīliánchuàn (कार्यवाहियां, बातें) एक के बाद एक: ～的胜利 विजय की शृंखला; विजय का सिल-सिला / ～的问题 समस्याओं की शृंखला

【一连气儿】 yīliánqìr 〈बो०〉 कतार में; कतारों में; लगातार: 他～喝了五杯水。उस ने एक ही सांस में लगातार पांच प्याले पानी पिये।

【一了百了】 yīliǎo-bǎiliǎo एक मुख्य कष्ट समाप्त होने के बाद बाकी सब कष्ट भी समाप्त होना: 他一死，他的苦脑就～了。उस के मरने के बाद उस की सब चिंताएं भी समाप्त हो गईं।

【一列】 yīliè कतार में: 门口～地泊着四只船。फाटक के बाहर चार नावें कतार में खड़ी थीं।

【一鳞半爪】 yīlín-bànzhǎo （东鳞西爪 dōnglín-xīzhǎo भी）टुकड़ा; खंड; भाग: ～的知识 अपूर्ण जान-कारी

【一零儿】 yīlíngr 〈बो०〉 टुकड़ा; अंश; खंड: 我知道的一丁点儿，连他的～也比不上啊。जितना थोड़ा-सा मुझे मालूम है उतना उस के जाने हुए का अंश-मात्र भी नहीं।

【一流】 yīliú ❶एक ही प्रकार का: 他是属于维新派～人物。वह सुधारवादी गुट का है। ❷प्रथम श्रेणी का; सर्वोत्तम: ～画家 प्रथम श्रेणी का चित्रकार

【一溜风】 yīliùfēng हवा के झोंके की तरह; बहुत जल्दी: 那人～地跑了。वह आदमी बहुत जल्दी भाग गया।

【一溜儿】 yīliùr ❶मकानों की पंक्ति: ～民房 आम लोगों के मकानों की एक पंक्ति ❷के नज़दीक; के आस-पास: 她就住在这～。वह यहीं के आस-पास रहती है। ❸थोड़े समय की कार्यवाही: 他～小跑来到河边。वह दौड़कर नदी के किनारे पहुंचा।

【一溜歪斜】 yīliù-wāixié 〈बो०〉 अव्यवस्थित रूप से टेढ़ा-मेढ़ा चलना: 他挑着一挑儿水，～地从河边走上来。वह कंधे पर पानी की बहंगी लिए हुए टेढ़ा-मेढ़ा चलता हुआ नदी के किनारे से ऊपर आया।

【一溜烟】 yīliùyān बहुत जल्दी दौड़ना: 他骑上自行车～地向南去了。वह साइकिल पर चढ़कर बड़ी तेज़ी से दक्षिण की ओर चला गया। / 小偷～跑了。चोर नौ दौ ग्यारह हो गया।

【一路】 yīlù ❶रास्ते में: ～平安 रास्ते में कुशल होना; यात्रा में कुशल रहना / ～顺风 रास्ते में कुशल होना; यात्रा में कुशल रहना ❷एक ही प्रकार का: 一路货 ❸एक साथ; साथ-साथ (आना, जाना, चलना): 我跟他～走。मैं उस के साथ चलूंगा। / 咱俩～来的。हम दोनों साथ-साथ आये हैं। ❹〈बो०〉 लगातार; निरंतर: 粮价～下跌。अनाज का दाम निरंतर गिरता रहता है। ❺एक पंक्ति (में): ～纵队 सिंगल कालम / 成～纵队齐步走。मार्च (इन) सिंगल फ़ाइल ❻हमेशा ही: 他是～主张投降的。वह हमेशा ही आत्मसमर्पण करने का पक्षपोषण करता है।

【一路货】 yīlùhuò （一路货色 yīlù huòsè भी）एक

ही प्रकार के लोग; एक ही थैली के चट्टे-बट्टेः 他们跟他是～。वे लोग भी तो उसी के भाईबन्द हैं।

【一律】 yīlǜ ❶समान रूप से; एक ढंग सेः ～减租 हर सूरत में लगान कम कर देना / ～看待 एक ही तराज़ू में तौलना; एक जैसा समझना ❷सब के सब; बिना अपवाद केः 各民族～平等。बिना जातिभेद के सब बराबर होने चाहिए।

【一落千丈】 yīluò-qiānzhàng एक बार गिरने से नीचे हज़ार चांग गिर जाना —— (पद, स्थिति, यश आदि) बहुत अधिक गिरना

【一抹平】 yīmāpíng एक जैसा; बराबरः 马路修得～。सड़क बहुत समतल है। / 商品要按质定价，不能～。माल का दाम गुणवत्ता के अनुसार लगाना चाहिए, न कि सब माल एक ही दाम का हो।

【一麻黑】 yīmáhēi（一抹黑 yīmāhēi भी）घुप-अंधेराः 屋里～，什么也看不见。कमरे में घुप-अंधेरा है, कोई चीज़ दिखाई नहीं देती।

【一马当先】 yīmǎ-dāngxiān घोड़े का सब से आगे सरपट दौड़ना —— (युद्ध, प्रतियोगिता आदि में) आगे या पहले या आगे-आगे होना

【一马平川】 yīmǎ-píngchuān विशाल फैली हुई समतल धरती; चौड़ा खुला मैदान

【一脉相传】 yīmài-xiāngchuán （一脉相承 yīmài-xiàngchéng भी）एक ही स्रोत से उत्पन्न होनाः 汉儒和孔孟～。हान राजवंश के कंफ़्यूशियसवादी कंफ़्यूशियस और मेनशियस के परवर्ती थे।

【一毛不拔】 yīmáo-bùbá एक बाल देना भी न चाहना —— बहुत कंजूस

【一门式服务】 yīménshì fúwù वन-स्टॉप सर्विस

【一门心思】 yīmén-xīnsi मन लगाकर; पूरी शक्ति के साथ; दिलोजान सेः ～搞科研 मन लगाकर वैज्ञानिक अनुसंधान करना

【一米线】 yīmǐxiàn बैंक में पहले ग्राहक और कतार में खड़े दूसरे ग्राहकों के बीच एक मीटर के फ़ासले पर खींची गई रेखा; एक-मीटर चिह्न (या निशान)

【一秘】 yīmì 一等秘书 का संक्षिप्त रूप

【一面】 yīmiàn ❶एक ओरः 这房子朝东的～有一个窗户。इस मकान के पूर्व की ओर एक खिड़की है। ❷एक पक्ष; एक पहलूः ～倒 एक तरफ़ झुकना / 一面之词 ❸एक क्रिया के साथ दूसरी क्रिया भी करनाः ①(अकेला प्रयोग)ः 他说着话，～翻着书页。वह कहते हुए किताब के पन्ने उलट रहा है। ②(युगल प्रयोग)ः 他～走，～吃。वह खाता हुआ आगे बढ़ रहा है। / ～当先生，～当学生 शिक्षक का कार्य करने के साथ-साथ खुद भी शिष्य बन जाना / ～教，～学 दूसरों को शिक्षित करने के साथ-साथ खुद भी सीखना ❹〈लि०〉 पहले एक बार मिला हुआ होनाः 未尝～ पहले कभी न मिला होना

【一面儿官司】 yīmiànr guānsi एक पक्षीय मुकद्दमा; मुकद्दमा जिस में एक पक्ष का दूसरे पक्ष से बेहतर हालत में होना

【一面儿理】 yīmiànrlǐ एक पक्ष का वर्णन या बयान; एक पक्षीय तर्क

【一面之词】 yīmiànzhīcí अनेक (या दो) पक्षों में केवल एक ही पक्ष का कथन

【一面之交】 yīmiànzhījiāo（一面之雅 yīmiànzhīyǎ भी）पहले केवल एक बार मिला होना; पहले केवल एक बार मिलने की मित्रता होना

【一面之缘】 yīmiànzhīyuán सौभाग्यवश पहले एक बार मिला होना

【一鸣惊人】 yīmíng-jīngrén (किसी अप्रसिद्ध व्यक्ति का) अनोखा काम करना; एक असाधारण कौशलपूर्ण कार्य से दुनिया को अचम्भित करना

【一瞑不视】 yīmíng-bùshì आंख मूंदकर फिर न खुलना —— मृत्यु होना

【一命归天】 yīmìng-guītiān （一命归阴 yīmìng-guīyīn भी）चल बसना; मृत्यु होना; मर जाना

【一命呜呼】 yīmìng-wūhū जान से हाथ धोना; दम तोड़ना; मर जाना

【一模活脱】 yīmú-huótuō 〈बो०〉 एक ही ढांचे में बना होना —— बिलकुल एक-सा; बिलकुल एक प्रकार का

【一模一样】 yīmú-yīyàng बिलकुल एक-सा; बिलकुल एक प्रकार काः ～地照抄 ज़रा भी हेरफेर करने की इजाज़त दिए बिना (उन की) नकल करना / ～，毫无二致。दोनों में इतनी ज़्यादा समानता, वास्तव में एकता और एकरूपता है।

【一木难支】 yīmù-nánzhī （独木难支 dúmù-nánzhī भी）एक लट्ठा सारे मकान को सहारा दे कर उसे संभाल नहीं सकता —— अकेला एक आदमी स्थिति को नहीं बचा सकता

【一目了然】 yīmù-liǎorán एक ही निगाह से साफ़ हो जाना

【一目十行】 yīmù-shíháng एक ही निगाह से दस पंक्तियाँ पढ़ना —— बहुत जल्दी पढ़ना

【一男半女】 yīnán-bànnǚ एक पुत्र या पुत्री; एक या दो बालबच्चे (प्रायः निस्संतानों के लिए प्रयुक्त)

【一年半载】 yīnián-bànzǎi लगभग एक सालः 我走后～我们又可相逢。मेरे जाने के बाद लगभग एक साल बाद हम फिर मिल सकेंगे।

【一年到头】 yī nián dàotóu साल के शुरू से अंत तक; पूरा एक साल; साल भर

【一年生】 yīniánshēng 〈वन०〉 एकवर्षीयः ～植物 एकवर्षीय पौधा

【一年四季】 yīnián sìjì साल की चारों ऋतुओं में; साल भर; पूरा एक साल

【一年之计在于春】 yī nián zhī jì zàiyú chūn साल-भर का कार्य वसंत में हुई अच्छी शुरुआत पर निर्भर होता है

【一念之差】 yīniànzhīchā गलत फैसला कमज़ोरी के क्षण में किया जाता है; क्षण-भर की भयंकर भूल (गंभीर नतीजा पैदा करती है)

【一诺千金】 yīnuò-qiānjīn एक वायदा हज़ार नियामत के बराबर होता है

【一拍即合】 yīpāi-jíhé 〈अना०〉 (मित्र आदि का) आसानी से अनुकूल होना; आसानी से एकमत या सहमत

होना

【一盘棋】 yīpánqí संपूर्ण वस्तु; संपूर्णताः ～观点 संपूर्णता का दृष्टिकोण / 全国～ संपूर्ण देश को एक संपूर्ण इकाई समझना

【一盘散沙】 yīpán-sǎnshā ढीले-ढाले बालू के ढेर के समान होनाः 过去，帝国主义者曾讥笑中国人是"～"。गुज़रे ज़माने में साम्राज्यवादी चीनी जनता को "रेत का ढेर" कह कर उस का मज़ाक उड़ाते थे।

【一旁】 yīpáng किनारे परः 他站在～看我们下棋。वह किनारे पर खड़े होकर हम लोगों को शतरंज खेलते देख रहा था।

【一炮打响】 yīpào-dǎxiǎng पहली कार्यवाही में बड़ी सफलता मिलना

【一屁股】 yīpìgu धप्प सेः 他～坐在凳子上。वह धप्प से स्टूल पर बैठ गया।

【一偏】 yīpiān एक-पक्षीयः ～之见 एक-पक्षीय दृष्टिकोण

【一片冰心】 yīpiàn-bīngxīn शुद्ध-हृदय होना और उच्च-पद व धनी से ईर्ष्या न करना

【一片火海】 yīpiàn-huǒhǎi चारों ओर आग ही आग दिखाई देना

【一瞥】 yīpiē ❶दृष्टि दौड़ाना; थोड़ी देर के लिए दृष्टि डालना; नज़र फेंकनाः 就在这～之间，我已看出他很激动。इसी सरसरी नज़र में मैं ने भांप लिया कि वह बहुत उत्तेजित था।

【一贫如洗】 yīpín-rúxǐ दरिद्र; निर्धन; दाने-दाने को मुहताज होना

【一品】 yīpǐn राजशाही चीन में अफ़सरों का सर्वोच्च पदः ～官 सर्वोच्च पद वाला अफ़सर

【一品锅】 yīpǐnguō ❶धातु से बना 火锅 (huǒguō) एक तरह की देग जिस के ऊपरी भाग में पानी उबालकर भोजन पकाया जाता है और निचले भाग में लकड़ी के कोयले से आग जलायी जाती है ❷एक भोजन जो उक्त देग में बत्तख और मुर्गे का मांस, सुअर की जांघ का मांस, कुकुरमुत्ता आदि डाल कर बनाया जाता है

【一品红】 yīpǐnhóng 〈वन०〉 गहरे लाल रंग के बड़े पत्तों और छोटे पीले फूलों वाला पौधा; प्वाइंसेटिया

【一平二调】 yīpíng èrdiào समानतावाद और देश के संसाधनों का समान वितरण

【一瓶子不响，半瓶子晃荡】 yī píngzi bù xiǎng, bàn píngzi huàngdang आधी-भरी बोतल हिलती-डुलती है, पूरी भरी बोतल से आवाज़ नहीं निकलती —— अल्पज्ञ बक-बक करता है जबकि ज्ञानी अल्पभाषी रहता है

【一抔黄土】 yīpóu-huángtǔ मुट्ठी-भर पीली मिट्टी —— ❶कब्र; समाधि ❷एक-एक इंच भूमि

【一暴十寒】 yīpù-shíhán （一曝十寒 yīpù-shíhán भी）एक दिन धूप में और दस दिन ठंड में —— एकदम ज़ोर से और फिर बीच-बीच में रुक-रुककर काम करना

【一妻多夫制】 yīqīduōfūzhì अनेकपतित्व; बहुपति-प्रथा

【一齐】 yīqí एक साथ मिलकरः 全国人民～努力 सारे देश की जनता द्वारा मिलकर कोशिश करना / 观众～鼓起掌来。दर्शक एक साथ तालियां बजाने लगे।

【一起】 yīqǐ ❶एक ही स्थान मेंः 他们俩家住在～。वे दोनों घर एक ही स्थान में हैं। ❷के साथ; साथ-साथ; एक साथः 孩子同他在～。बच्चा उस के साथ है। / 他俩～进城。वे दोनों एक साथ शहर जाते हैं। ❸〈बो०〉 कुल मिलाकरः 这些东西～多少钱? इन चीज़ों का दाम कुल मिलाकर कितना है? ❹समूह; दल; जत्था; टोलीः 那～人刚走，这～人又来了。उस दल के लोग अभी-अभी गये फिर इस दल के लोग आ गये।

【一气】 yīqì ❶एक ही सांस में या बिना रुके कोई काम करनाः 他～儿跑了两公里。वह बिना रुके दो किलोमीटर दौड़ा। ❷〈अना०〉 एक ही गिरोह के होना; आत्मीय होनाः 通同～ सांठगांठ करके कार्यवाही करना ❸〈अना०〉 दौराः 乱说～ लंबी चौड़ी बात कहना

【一气呵成】 yīqì-hēchéng ❶(लेख) सुसंगत होना ❷एक ही सांस में पूरा करना; बिना रुके काम को पूरा करना

【一气之下】 yī qì zhī xià उग्र आवेश में; प्रचंड रोष मेंः 他～离家外出。वह उग्र आवेश में घर छोड़कर बाहर चला गया।

【一钱不值】 yīqián-bùzhí एक कौड़ी का मूल्य भी न रहना; (किसी चीज़ का) कोई मूल्य न होना

【一腔】 yīqiāng (जोश, दुख आदि से) भरा होनाः ～热情 जोश से भरा होना

【一窍不通】 yīqiào-bùtōng बिलकुल अनभिज्ञ होना; बिलकुल न समझना; कुछ न समझना; (में) कोरा होनाः 我对天文学～。ज्योतिष-शास्त्र के बारे में मैं कुछ नहीं जानता।

【一切】 yīqiè ❶सब; सर्व; हर; समूचा; तमामः 抓住～机会 किसी भी मौके को हाथ से जाने न देना / ～缴获要归公。दुश्मन से ज़ब्त की हुई हर चीज़ को सार्वजनिक उपयोग के लिए जमा करा दो। / ～行动听指挥。अपनी सभी कार्यवाहियों में आदेश का पालन करो। ❷सभी चीज़ें; हर चीज़ः 这里～都好。यहां सब कुछ ठीक है।

【一清二白】 yīqīng-èrbái निर्दोष; निष्कलंक; निरपराध

【一清二楚】 yīqīng-èrchǔ बिलकुल साफ़; साफ़-साफ़ः 他把情况说得～。उस ने परिस्थितियों का साफ़-साफ़ खुलासा किया।

【一清早】 yīqīngzǎo प्रातःकाल; तड़के से; बड़े सबेरे

【一穷二白】 yīqióng-èrbái गरीब और कोरा; गरीबी और पिछड़ापन

【一丘之貉】 yīqiūzhīhé एक ही थैली के चट्टे-बट्टे; जैसे नागनाथ वैसे सांपनाथ; चोर-चोर मौसेरे भाई

【一去不复返】 yī qù bù fù fǎn हमेशा के लिए लदना; सदा के लिए बीत जानाः 过去的时代～了。पुराना युग बीत चुका।

【一犬吠影，百犬吠声】 yīquǎn-fèiyǐng, bǎiquǎn-fèishēng जब एक कुत्ता छाया पर भूंकता है तो दूसरे सौ कुत्ते भी उस के साथ भूंकते हैं —— अंधाधुंध दूसरे का अनुसरण करना

【一人得道，鸡犬升天】 yīrén-dédào, jīquǎn-shēngtiān जब एक व्यक्ति ने ताओ को (या सिद्धि को) प्राप्त कर लिया तो उस के मित्र संबंधी भी उस के साथ स्वर्ग पहुंच जाते हैं —— एक व्यक्ति के शक्ति पाने पर उस के मित्रों और संबंधियों को भी लाभ प्राप्त हुआ

【一任】 yīrèn <लि०> स्वीकार करना; मानना; किसी को उस की अपनी पसंद की कार्यवाही करने देना

【一仍旧贯】 yīréng-jiùguàn पुराने नित्यकर्म का अनुसरण करना

【一日不见，如隔三秋】 yīrì-bùjiàn, rúgé-sānqiū किसी से एक दिन न मिलने से ऐसा लगना मानो तीन साल गुज़र गये हों —— बहुत ज़्यादा याद करना

【一日千里】 yīrì-qiānlǐ एक दिन हज़ार ली —— दिन दूना रात चौगुना होना या तरक्की करना: 国内各方面的发展～。देश में हर पहलू का विकास दिन दूनी रात चौगुनी रफ़्तार से हो रहा है।

【一日三秋】 yīrì-sānqiū दे० 一日不见，如隔三秋

【一日为师，终身为父】 yīrì-wéishī, zhōngshēn-wéifù एक दिन का गुरु जीवन-दाता पिता के समान होता है

【一日之长】 yīrìzhīcháng अल्प श्रेष्ठता: 争～ अल्प श्रेष्ठता के लिए होड़ लगाना

【一日之雅】 yīrìzhīyǎ (प्रायः नीचे के वाक्य में प्रयुक्त): 无～ किसी व्यक्ति को पहचानने का सुख न होना

【一如】 yīrú की तरह; के समान: ～所见。बिलकुल वैसे जैसे हम ने देखा हो। / ～所闻。बिलकुल वैसे जैसे हम ने सुना हो।

【一如既往】 yīrú-jìwǎng बिलकुल पहले की ही तरह

【一若】 yīruò दे० 一如

【一若以往】 yīruò-yǐwǎng दे० 一如既往

【一扫而光】 yīsǎo'érguāng (一扫而空 yīsǎo'ér-kōng भी) सफ़ाया करना; संपूर्ण रूप से मिटा देना; समाप्त कर डालना: 糖果被孩子们～。बच्चों ने मिठाइयों और फलों का सफ़ाया कर दिया है।

【一色】 yīsè ❶एक ही रंग का: 水天～ पानी और आकाश का एक-रंग होना

【一霎】 yīshà ❶क्षण-भर; पलक मारते ही: ～间 क्षण-भर में / ～时 क्षण-भर में ❷पलक झपकते ही: ～不霎的眼睛 अपलक दृष्टि; अपलक नेत्र

【一闪念】 yīshǎnniàn तेज़ी से गुज़रने वाला विचार

【一晌】 yīshǎng ❶थोड़ी देर: 他看了～就走了。वह थोड़ी देर देखकर चला गया। ❷दे० 一向

【一上来】 yīshànglái प्रारम्भ में; शुरू में: 他～就劲头十足。शुरू ही से वह जोश से भरा हुआ है।

【一勺烩】 yīsháohuì दे० 一锅煮

【一身】 yīshēn ❶सारा बदन: ～是土 सारे बदन पर धूल पड़ना ❷एक सेट; एक सूट: ～新衣服 कपड़ों का एक नया सूट ❸अकेला; एक व्यक्ति: 独自～ अकेला; एकाकी

【一身两役】 yīshēn-liǎngyì एक ही समय में दो काम संभालना

【一身是胆】 yīshēn-shìdǎn सारे शरीर में साहस भरा हुआ होना —— साहसपूर्ण; भय को न जानने वाला

【一神教】 yīshénjiào (一神论 yīshénlùn भी) एकेश्वरवाद

【一审】 yīshěn पहला निरीक्षण; पहली जांच

【一生】 yīshēng जीवन-भर; जन्म भर; ज़िन्दगी भर; आजीवन

【一生一世】 yīshēng-yīshì जीवनपर्यंत; आजीवन; जीवन-भर; जन्म-भर

【一生族】 yīshēngzú एकज; शूद्र

【一声不响】 yīshēng-bùxiǎng (一声不吭 yī-shēng-bùkēng भी) चुपचाप; निःशब्द: ～躺着 चुप-चाप लेटा रहना / 他～地走了。वह चुपचाप चलने लगा।

【一失足成千古恨】 yī shīzú chéng qiāngǔ hèn एक बार पतन या गंभीर गलती होने से जीवन-भर का दुख हो सकता है

【一时】 yīshí ❶समय: 此～彼～。अब एक समय है और तब एक दूसरा समय था —— समय बदल गया। ❷थोड़ी देर; कुछ समय: ～的情况 क्षणिक स्थिति / ～的表面现象 अस्थायी और ऊपरी अभिव्यक्ति / ～受蒙蔽 आंखों में कुछ समय के लिए धूल झोंकी जाना / ～得势 थोड़ी देर के लिए हावी हो जाना / ～想不起他是谁。तुरंत मुझे याद नहीं आया कि वह कौन है। ❸(युगल में प्रयुक्त): 他的病～好～坏。वह थोड़ी देर के लिए स्वस्थ होता है फिर बीमार हो जाता है।

【一时半会儿】 yīshí-bànhuìr (一时半刻 yīshí-bànkè भी) थोड़ी देर: 他～还来不了。वह थोड़ी देर में नहीं आ सकता।

【一时三刻】 yīshí-sānkè थोड़ी देर; कम समय: 这么多钱～我到哪儿去找哇? इतने कम समय में मैं इतना ज़्यादा रुपया कहां से इकट्ठा कर सकता हूँ?

【一时一刻】 yīshí-yíkè हर समय; हर वक्त; हर घड़ी: 我们～也不要脱离群众。हमें हर समय आम जनता से अलग-थलग नहीं होना चाहिए।

【一世】 yīshì ❶जीवन काल; जीवन भर; आजीवन: 他～没进过城。वह उम्र-भर शहर नहीं गया। ❷एक युग: ～之雄 एक युग का वीर

【一式】 yīshì एक ही रूप का; एक ही आकार का: ～两份 दो प्रतियों में / ～三份 तीन प्रतियों में

【一事】 yīshì (संगठनात्मक या व्यावसायिक रूप में) संबंधित होना: 他们都是～的。वे सब एक ही दल (या इकाई आदि) के हैं। / 这两家饭店实际是～。ये दोनों रेस्तरां वास्तव में एक ही मालिक के हैं।

【一事无成】 yīshì-wúchéng कुछ भी न कर पाना; कोई काम न कर पाना

【一视同仁】 yīshì-tóngrén एक आंख से देखना; समान तुला पर रखना; बराबर का बरताव करना: 那位军官对所有的士兵都～。वह फ़ौजी अफ़सर सभी सिपाहियों को एक आंख से देखता है।

【一是一，二是二】 yī shì yī, èr shì èr ईमानदारी से बात करना; संजीदगी या ईमानदारी से काम करना

【一手】 yīshǒu ❶कौशल; हुनर: 露～ अपना कौशल

दिखाना ❷चाल; शरारत: 别跟我来这～。मुझ से ऐसी चाल न चलो (या खेलो)। ❸अकेला: 他叔叔把他从小～拉扯大。उस के चाचा ने ही उस का बचपन से पालन-पोषण किया था।

【一手包办】 yīshǒu-bāobàn हर चीज़ को अपने हाथ में रखना; अपने ऊपर हर काम का भार लेना

【一手…一手…】 yī shǒu…yī shǒu… एक हाथ में … और दूसरे हाथ में …: ～交钱，～交货 सुपुर्दगी पर अदायगी / ～拿枪，～拿镐 एक हाथ में बन्दूक और दूसरे हाथ में फावड़ा लेना / ～抓箭，～抓橄榄枝 एक हाथ में तीर और दूसरे हाथ में जैतून की टहनी पकड़ना

【一手一足】 yīshǒu-yīzú कमज़ोर; निर्बल (शक्ति): 不是～的力量所能收效的。उसे महज़ चन्द आदमियों द्वारा ही पुरअसर तरीके से पूरा नहीं किया जा सकता।

【一手遮天】 yīshǒu-zhētiān समूचे आसमान को अपनी हथेली से ढकना —— लोगों को धोखा देना; लोगों की आंखों में धूल झोंकना

【一水儿】 yīshuǐr 〈बो०〉 सब चीज़ें एक ही रंग की होना: 屋里～的瓷器 कमरे में एक ही रंग के चीनी मिट्टी के बर्तन

【一顺儿】 yīshùnr एक ही दिशा या क्रम से: 这里的楼房，～都是朝南的。यहां की सब इमारतों का मुँह दक्षिण की ओर है।

【一瞬】 yīshùn पलक मारते ही; क्षण-भर में; निमेष मात्र में: ～千里 पलक झपकते ही हज़ार ली गुज़र जाना

【一丝不苟】 yīsī-bùgǒu बड़ी संजीदगी के साथ काम करना; ज़रा-सी लापरवाही भी न होने देना

【一丝不挂】 yīsī-bùguà नंगा; जिस के शरीर पर कोई वस्त्र न हो; वस्त्ररहित

【一丝一毫】 yīsī-yīháo ज़रा-सा; थोड़ा-सा: 不许他们有～的疏忽。उन्हें लेशमात्र भी लापरवाही न करने की हिदायत है।

【一死儿】 yīsǐr 〈बो०〉 हठात्; हठपूर्वक: 不让他吃，他～要吃。उसे खाने नहीं दिया गया था, उस ने हठपूर्वक खाया।

【一似】 yīsì 〈लि०〉 की ही तरह; बिलकुल … के समान; जैसे

【一塌刮子】 yītāguāzi 〈बो०〉 ❶समूचे; सब के सब: 将责任～推在他身上。समूची ज़िम्मेदारी उस के मत्थे मढ़ देना ❷कुल मिलाकर

【一塌糊涂】 yītāhútú सरासर बुरे रूप में; भयानक स्थिति में: 房间里乱得～。कमरा बिलकुल अव्यवस्थित था। / 他把事情弄得～。उस ने काम को गड़बड़ कर दिया।

【一潭死水】 yītán-sǐshuǐ प्रवाहहीन पानी का कुंड —— निर्जीव (या निष्प्राण) स्थिति

【一体】 yītǐ ❶सुसंगठित संपूर्ण वस्तु: 融成～ एक सुसंगठित संपूर्ण वस्तु में विलयन होना ❷सब लोग: ～爱护 समान रूप से अच्छी तरह देखभाल करना / ～遵照 समान रूप से अच्छी तरह पालन करना

【一体化】 yītǐhuà एकीकरण

【一天】 yītiān ❶पूरा एक दिन; एक सूर्योदय से दूसरे सूर्योदय तक का समय: ～二十四小时营业。संपूर्ण दिन चौबीसों घंटे कारोबार का समय है। ❷सूर्योदय से लेकर सूर्यास्त तक का समय: ～一夜 दिन और रात ❸(अतीत में) एक दिन: 有～他去北京。एक दिन वह पेइचिंग गया। ❹दे० 一天到晚

【一天到晚】 yītiān-dàowǎn सुबह से रात तक

【一条道儿跑到黑】 yītiáo dàor pǎo dào hēi एक ही मार्ग पर अंधेरे तक दौड़ना —— हठपूर्वक पुरानी घिसी-पिटी लीक पर चलना

【一条龙】 yītiáolóng ❶एक लंबी कतार (या पंक्ति): 十几辆小轿车排成～，向前开去。दर्जन कारें एक लंबी पंक्ति में आगे बढ़ रही हैं। ❷संबद्ध क्रम; कई भागों को ठीक से आपस में संयोजित करने या जोड़ने की प्रक्रिया: 产、运、销～ उत्पादन, परिवहन और बिक्री तीनों भागों को ठीक से संयोजित करने या जोड़ने की प्रक्रिया

【一条藤儿】 yītiáoténgr एक दूसरे के साथ सांठ-गांठ करने वालों का एक गिरोह

【一条心】 yītiáoxīn एक दिल होना; एक मत होना; विचार-एकता होना; हम-ख्याल होना: 众人～，黄土变成金。यदि हम लोग एक दिल और एक मत के हों तो हम लोग पीली मिट्टी को भी सोने (स्वर्ण) में बदल सकते हैं।

【一条鱼腥一锅汤】 yī tiáo yú xīng yī guō tāng एक मछली सारे तालाब को गन्दा करती है

【一通百通】 yītōng-bǎitōng यदि तुम एक में दक्षता प्राप्त कर लो तो सौ में भी दक्षता प्राप्त कर सकते हो

【一同】 yītóng 〈क्रि०वि०〉 साथ-साथ; एक साथ; साथ: ～出发 साथ-साथ यात्रा आरंभ करना

【一统】 yītǒng (देश का) एकीकरण करना

【一统天下】 yītǒng-tiānxià संपूर्ण देश का एकीकरण करना; सारे साम्राज्य का एक शासक के अधीन होना

【一通】 yītòng दौरा; एकबार: 胡扯～ लंबी चौड़ी बात कहना / 老婆和我吵过～。मेरी पत्नी ने मुझ से एक बार झगड़ा किया था।

【一头】 yītóu ❶एक क्रिया के साथ दूसरी क्रिया भी करना: 他～走，～吃。वह खाता हुआ आगे बढ़ रहा है। ❷जल्दी जल्दी कोई क्रिया करना; सीधे; प्रत्यक्ष रूप से: 他打开房门，～走了。उस ने कमरे का दरवाज़ा खोला और सीधे चला गया। ❸एकाएक; यकायक; सहसा: 他刚进门，～碰见了我。दरवाज़े के अन्दर आते ही वह मुझ से मिला। ❹सिर आगे की ओर (गिरना आदि): ～倒在床上 सिर के बल पलंग पर गिर पड़ना ❺एक सिरा: 扁担的～挑着一袋米，另～挑着一头小猪。बहंगी के एक सिरे पर एक बोरा चावल और दूसरे सिरे पर एक छोटा सुअर। ❻एक गिठ ऊंचा: 我比你低～。मैं तुम से एक गिठ नीचा (या छोटा) हूँ। ❼〈बो०〉 एक दल में: 来，咱们来玩桥牌，我们俩是～，他们俩是～。आओ, हम लोग ताश खेलें, एक तरफ़ हम दोनों और दूसरी तरफ़ तुम दोनों। ❽〈बो०〉 साथ-साथ; एक साथ: 我们是～来的。हम लोग एक साथ आये हैं।

【一头儿沉】 yītóurchén 〈बो०〉 ❶एक प्रकार का डेस्क जिस का एक सिरा भारी होता है यानी जिस के एक सिरे में अलमारी या दराज़ें होती हैं ❷(बीच-बचाव करने

में) पक्षपाती होना
【一头雾水】 yītóu-wùshuǐ उलझन में पड़ना
【一吐为快】 yītǔ-wéikuài अपनी बात कहे बिना आराम न करना; अपनी राय या मत ज़ाहिर करके मन हल्का होना
【一团和气】 yītuán-héqì सब के साथ अच्छे संबंध बने रहना; आपस में मेल हो जाना
【一团漆黑】 yītuán-qīhēi （漆黑一团 qīhēi-yītuán भी）अंधकारमय होना; बेखबर होना; अनजान होना
【一团糟】 yītuánzāo बिलकुल अव्यवस्थित होना; गड़-बड़ होना; परिस्थिति बहुत बिगड़ जाना
【一退六二五】 yī tuì liù èr wǔ （一推六二五 yī tuī liù èr wǔ भी）ज़िम्मेदारी से इनकार करना या ज़िम्मेदारी को टालना
【一碗水端平】 yī wǎn shuǐ duān píng कटोरे में भरे पानी को किसी भी ओर छलकने न देना —— पक्षपाती न होना; तरफ़दारी न करना
【一网打尽】 yīwǎng-dǎjìn एक ही जाल (या बार) में गिरोह के सभी लोगों को पकड़ना या नष्ट करना; तमाम लोगों को एक जाल में फंसा लेना
【一往情深】 yīwǎng-qíngshēn किसी व्यक्ति या वस्तु के प्रति गहरी भावना होना
【一往无前】 yīwǎng-wúqián कठिनाई से न डरना और दृढ़तापूर्वक आगे बढ़ते जाना：这个军队具有～的精神。यह सेना एक अदमनीय भावना से भरी हुई है।
【一望无际】 yīwàng-wújì अनंत तक दिखाई देना; बहुत विस्तृत होना：麦浪翻滚，～。जहाँ तक निगाह जाती है वहाँ तक गेहूँ लहरा रहा है।
【一位论派】 Yīwèilùnpài (ईसाई धर्म के अनुसार) एकेश्वरवाद
【一味】 yīwèi <क्रि०वि०> अंधे की तरह; बिना सोचे-समझे：～蛮干 अंधे की तरह काम करना / ～迁就 बे अंत रियायतें देना; एक के बाद एक रियायतें देना
【一文不名】 yīwén-bùmíng किसी के पास एक कौड़ी भी न होना; कौड़ी पास न होना; बहुत गरीब
【一文不值】 yīwén-bùzhí एक कौड़ी का भी न होना; एक कौड़ी के बराबर भी न होना; निरर्थक; बेकार; फ़ालतू
【一问三不知】 yī wèn sān bù zhī हर सवाल का जवाब "मैं नहीं जानता" होना —— बिलकुल अनभिज्ञ
【一窝蜂】 yīwōfēng मधुमक्खियों के झुंड की तरह एक ही समय में बोलना या कार्यवाही करना
【一无】 yīwú बिलकुल न होना; कुछ भी न होना：一无是处 / 一无所有
【一无可取】 yīwúkěqǔ निकम्मा होना; निष्प्रयोजन होना; अयोग्य होना
【一无是处】 yīwúshìchù कुछ भी ठीक न होना; (किसी की) कोई बात कभी ठीक न होना
【一无所长】 yīwúsuǒcháng विशेष कौशल न होना
【一无所有】 yīwúsuǒyǒu (किसी के पास) कुछ भी न होना; फूटी कौड़ी न होना
【一无所知】 yīwúsuǒzhī कुछ भी न जानना; कुछ मालूम न होना：他对当前形势～。उन्हें वर्तमान परिस्थितियों के बारे में कुछ नहीं मालूम।
【一五一十】 yīwǔ-yīshí सब कुछ; क्रम से और विस्तृत रूप से：他～地说。उस ने सब कुछ बतला दिया।
【一物降一物】 yī wù xiáng yī wù किसी वस्तु का दूसरी वस्तु पर विजय प्राप्त कर लेना; हर वस्तु की अपने से बेहतर वस्तु होती है
【一误再误】 yīwù-zàiwù ❶बार-बार गलती करना; एक गलती के बाद फिर दूसरी गलती करना ❷बार-बार विलंब करना
【一息尚存】 yīxī-shàngcún देह में प्राण होना; सांस रहना：只要我～，我一定要做这件事情。सांस रहते मैं यही काम करता रहूंगा।
【一席话】 yīxíhuà बातचीत करते समय किसी का कथन：他的～感动了我。उस ने जो बात कही उस का मुझ पर अच्छा असर पड़ा; उस की बात ने मेरे दिल को छू लिया।
【一席之地】 yīxízhīdì बहुत छोटी जगह
【一系列】 yīxìliè सिलसिलेवार：～的阴谋 एक के बाद एक षड़यंत्र / ～的问题 समस्याओं की शृंखला
【一下】 yīxià （一下子 yīxiàzi भी）❶एक बार：看～ एक बार देखना / 他亲了～孩子的脸。उस ने बच्चे का मुंह चूम लिया। ❷थोड़ी देर：～识破 असलियत को फ़ौरन भांप लेना / 灯～又亮了。बत्ती थोड़ी देर में फिर जल गई।
【一线】[1] yīxiàn ❶युद्ध का सब से आगे वाला मोर्चा ❷उत्पादन, अध्यापन, वैज्ञानिक अनुसंधान आदि से प्रत्यक्ष रूप से संबंधित कार्य：～工人 उत्पादन में प्रत्यक्ष रूप से शामिल होने वाले मज़दूर
【一线】[2] yīxiàn झलक; किरण：～希望 आशा की झलक / ～光明 प्रकाश की झलक
【一相情愿】 yīxiāng-qíngyuàn （一厢情愿 yīxiāng-qíngyuàn भी）अपनी ही खुश-खयाली：建立在～的基础之上 अपनी ही खुश-खयाली के आधार पर योजना बनाना
【一向】 yīxiàng ❶हमेशा; सदैव; पहले; कुछ समय पूर्व; अभी-अभी कुछ दिन पूर्व：前～雨水多。बहुत दिन पूर्व बहुत बारिश होती रही थी। / 这～到哪儿去啦？अभी-अभी कुछ दिन पहले तुम कहां गये थे？❷<क्रि० वि०> ①अतीतकाल से अब तक; हमेशा; सदैव：他～好客。वह सदैव आतिथ्य निभाता आया है। / 他～看不起我们。वह हमेशा हमें नीची निगाह से देखता आया है। ②पिछली बार की मुलाकात से अब तक; हाल में：你～好哇？हाल ही में तुम अच्छी तरह हो？
【一小儿】 yīxiǎor <बो०> बचपन से：她～就爱唱。बचपन से ही उसे गाना पसंद है।
【一小撮】 yīxiǎocuō मुट्ठी भर：保护～ मुट्ठी-भर लोगों की रक्षा करना
【一笑置之】 yīxiào-zhìzhī (किसी की) बात हंसी में उड़ा देना
【一些】 yīxiē ❶कुछ：有～人 कुछ लोग / 给我～。कुछ मुझे दे दो। ❷छोटी संख्या में：只剩这～了，够

不够？इतना ही बचा है, काफ़ी है कि नहीं ? ❸एक प्रकार या एक बार से अधिक： 他曾担任过～重要的职务。उस ने अनेक बार महत्वपूर्ण पद ग्रहण किया था । ❹(विशेषण, क्रिया आदि के बाद) ज़रा; थोड़ा-सा： 好～ (पहले से) ज़रा अच्छा होना / 留神～。ज़रा सावधान रहो ।

【一泻千里】 yīxiè-qiānlǐ (नदी) तेज़ी के साथ आगे बहना; 〈ला०〉 (साहित्यिक शैली) साहसिक और प्रवाहित होना

【一蟹不如一蟹】 yī xiè bùrú yī xiè हर केकड़े का उस के पहले के केकड़े से छोटा होना —— हर एक का अपने पूर्ववर्ती से छोटा होना

【一心】 yīxīn ❶दिलोजान से; तन-मन से; पूरी शक्ति से： ～要… (… पर) तुला हुआ होना / ～为革命 क्रांति पर मन केन्द्रित करना / ～为公 जी जान से सामूहिक हित पर ध्यान देना / ～为人民 जनता के लिए पूरा दिल अर्पित करना ❷एक दिल से; एक दिल होकर： 全国～ सारे देश का एकमत होना

【一心一德】 yīxīn-yīdé एक दिल से; पूरे दिल से; एक दिल होकर

【一心一意】 yīxīn-yīyì एकाग्र मन से; (किसी बात की) ठान लेना; (किसी बात की ओर) भरपूर ध्यान देना

【一新】 yīxīn किसी चीज़ का बिलकुल नया बनना： 房间已装修～。मरम्मत करके और साज़-सामान लगाकर कमरा बिलकुल नया बन गया ।

【一星半点】 yīxīng-bàndiǎn एक आध; बहुत कम： 为大伙儿做～的事情 लोगों के लिए एकाध काम करना

【一星儿】 yīxīngr एक आध; बहुत कम

【一行】 yīxíng यात्रियों का एक दल; दल： 旅游团一行二十人已于昨日下午启程。कल दोपहर बीस व्यक्तियों का पर्यटन-मंडल रवाना हुआ । / 主席及其～ अध्यक्ष और उन के साथ चलने वाले

【一宿】 yīxiǔ एक रात; रात-भर： 他昨晚～没有睡好。कल रात भर उसे अच्छी तरह नींद नहीं आई ।

【一言不发】 yīyán-bùfā चुप्पी साधना; ज़बान न हिलाना; एक अक्षर भी न बोलना： 他在座谈会上～。वह गोष्ठी में एक अक्षर भी नहीं बोला ।

【一言抄百总】 yī yán chāo bǎi zǒng एक शब्द में; संक्षेप में

【一言既出，驷马难追】 yīyán-jìchū, sìmǎ-nánzhuī कही हुई बात को चार घोड़ों वाली टीम के द्वारा भी वापस नहीं लिया जा सकता; कही हुई बात को कभी वापस नहीं लिया जा सकता

【一言难尽】 yīyán-nánjìn कुछ शब्दों में इस का विवरण नहीं दिया जा सकता

【一言堂】 yīyántáng ❶〈पुराना〉 (दुकान के साइनबोर्ड पर लिखा) स्थिर दाम; अकाट्य रेट ❷सम्मेलन के हाल में एक ही व्यक्ति को बोलने देना; सिर्फ़ एक ही व्यक्ति को चलने देना

【一言以蔽之】 yī yán yǐ bì zhī संक्षेप में बयान करना; सारे घटना-चक्र को संक्षेप में यों बयान करना

【一氧化碳】 yīyǎnghuàtàn 〈रसा०〉 कार्बन एक जारेय; कार्बन मॉनॉक्साइड / ～中毒 कार्बन मॉनॉक्साइड विषक्तता

【一氧化物】 yīyǎnghuàwù 〈रसा०〉 एक जारेय; मॉनॉक्साइड

【一样】 yīyàng एक प्रकार का; बिना फ़र्क का; एक-सा; समान रूप से; के समान; की तरह： ～看待 समान तुला पर रखना; किसी को किसी दूसरे के बराबर का दर्जा दे देना / 咱俩的书～。हम दोनों की पुस्तकें एक-सी हैं । / 这哥儿俩相貌～，脾气也～。इन दोनों भाइयों के चेहरे एक-से हैं और मिज़ाज भी एक-सा है । / 他俩写得～好。वे दोनों समान रूप से अच्छा लिखते हैं । / 谁来都～。चाहे कोई भी आये, एक ही बात है ।

【一叶障目，不见泰山】 yīyè-zhàngmù, bùjiàn-tàishān (障 zhàng के स्थान पर 蔽 bì भी हो सकता है) आंख के सामने की एक पत्ती समूचे थाएशान पर्वत को ओझल कर देती है —— आंशिक या अस्थायी घटना के विमोह से संपूर्ण वस्तु या समस्या के सारतत्व को अच्छी तरह न पहचान सकना

【一夜被蛇咬，十日怕麻绳】 yī yè bèi shé yǎo, shí rì pà má shéng दूध का जला हुआ छांछ भी फूंक मार कर पीता है

【一夜夫妻百夜恩】 yī yè fūqī bǎi yè ēn एक रात के लिए पति-पत्नी होने से सौ रातों तक प्रेमभाव रहता है

【一夜情】 yīyèqíng एक रात की भावना या प्रेम

【一一】 yīyī एक-एक करके; एक के बाद दूसरा： ～检查 एक-एक करके जांच-पड़ताल करना / ～介绍 एक-एक करके परिचय करना; हर एक का परिचय करना

【一……一……】 yī…yī… ❶(दो निकट अर्थ वाली संज्ञाओं के पहले प्रयुक्त) ①सभी; संपूर्ण： 一生一世 / 一心一意 ②हर; हर एक： ～言～行 हर कथनी और करनी / 不拿群众～针～线。आम जनता की एक सूई या एक टुकड़ा धागा तक न उठाओ । ❷(दो भिन्न अर्थ वाली संज्ञाओं के पहले प्रयुक्त) ①दो विपरीत अर्थ वाली संज्ञाओं के पहले प्रयुक्त करके तुलना का अर्थ प्रकट होता है; जैसे, ～薰～莸 एक सुगंधित घास और एक दुर्गन्धयुक्त घास (अच्छी चीज़ और बुरी चीज़ में फ़र्क होता है) ②दो संबंधित संज्ञाओं के पहले प्रयुक्त करके दो वस्तुओं का संबंध प्रकट होता है; जैसे, ～本～利 एक मूलधन और एक व्याज (मूलधन और व्याज बराबर है) ❸(दो निकट अर्थ वाली क्रियाओं के पहले आकर क्रिया की निरंतरता का बोध होता है)： ～瘸～跛（地） लंगड़ाते हुए / ～蹦～跳 फुदकता और कूदता ❹(दो विपरीत अर्थ वाली क्रियाओं के पहले आकर दोनों क्रियाओं का तालमेल या बारी-बारी से चलने का बोध होता है)： ～问～答 एक पूछता है और दूसरा उत्तर देता है / ～起～落 एक उठता है और दूसरा गिरता है; उठकर फिर गिरना ❺(दो विपरीत अर्थ वाले दिशावाचक शब्दों या विशेषणों आदि के पहले आकर दो विपरीत दिशाओं या स्थितियों का बोध होता है)： ～上～下 एक ऊपर और दूसरा नीचे / ～东～西 एक पूर्व और दूसरा पश्चिम / ～长～短 एक लंबा और दूसरा छोटा

【一衣带水】 yīyīdàishuǐ संकरी पट्टी जैसा पानी： ～的邻邦 पास-पास के पड़ोसी देश जिन के बीच केवल संकरी पट्टी जैसा पानी हो

【一意孤行】yīyì-gūxíng स्वेच्छाचारिता से काम करना; अपने ही मन से काम करना
【一应】yīyīng सब; सब कुछ; हर; हर एक: ~工具，均已备齐。सभी उपकरण तैयार हो चुके हैं।
【一应俱全】yīyīng-jùquán वहां हर ज़रूरी चीज़ मिलती है: 日用百货，~。वहां (या यहां) दैनिक आवश्यक वस्तुएं सभी मिलती हैं।
【一拥而上】yīyōng'érshàng झुंड बनाकर ज़ोर से और तेज़ी के साथ आगे बढ़ना
【一隅】yīyú 〈लि०〉 ❶एक कोना: ~之地 एक कोने का स्थान; बहुत छोटी जगह ❷एकपक्षीय: ~之见 एकपक्षीय सुझाव; एकपक्षीय दृष्टिकोण
【一隅三反】yīyú-sānfǎn (举一反三 jǔyī-fǎn-sān के समान) एक ही उदाहरण से अन्य कई समान बातों का साम्यानुमान किया जा सकना
【一语道破】yīyǔ-dàopò एक ही बात से सचाई को प्रकट करना: ~其中奥妙 एक ही बात से किसी चीज़ का भेद खोल देना
【一语破的】yīyǔ-pòdì एक ही टिप्पणी से मूल भाव को स्पष्ट करना
【一语双关】yīyǔ-shuāngguān एक ही शब्द के दो अर्थ होना
【一元方程】yīyuán fāngchéng एक अज्ञात वाला समीकरण
【一元化】yīyuánhuà केन्द्रीकृत; एकीकृत: ~领导 केन्द्रीकृत नेतृत्व; एकीकृत नेतृत्व
【一元论】yīyuánlùn 〈दर्श०〉 एकत्ववाद; अद्वैतवाद
【一元酸】yīyuánsuān 〈रसा०〉 एक-अम्ल
【一院制】yīyuànzhì एक भवन; एक भवन की प्रथा
【一月】yīyuè जनवरी
【一再】yīzài बार-बार; बारंबार: ~宣称 बार-बार घोषणा करना / ~表示 बार-बार प्रकट करना
【一…再…】yī…zài… (दो समान क्रियाओं के पहले आकर उस क्रिया का अनेक बार द्विरुक्ति का बोध होता है): ~错~错 बार-बार गलती करना / ~拖~拖 बार-बार टालना; बार-बार विलंब करना
【一早】yīzǎo ❶बड़ी सुबह; बड़े सबेरे: 他今天~就出去了。वह आज बड़े सबेरे बाहर गया था। ❷〈बो०〉 पहले: 他~就是这样的。वह पहले से ही ऐसा है।
【一站式服务】yīzhànshì fúwù वन-स्टॉप सर्विस
【一张一弛】yīzhāng-yīchí तनाव और ढिलाई का दौर बारी-बारी बदलते रहना
【一长制】yīzhǎngzhì एक-व्यक्ति नेतृत्व की प्रथा
【一着不慎，满盘皆输】yīzhāo-bùshèn, mǎn-pán-jiēshū एक चाल गलत होने से सारी बाज़ी हारी जाती है
【一朝】yīzhāo ❶एक दिन; एक दिन में: ~覆亡 एक ही दिन में गिर पड़ना ❷एक बार: 一朝被蛇咬，十年怕井绳
【一朝被蛇咬，十年怕井绳】yī zhāo bèi shé yǎo, shí nián pà jǐng shéng दूध का जला छाछ फूंक फूंक कर पीता है
【一朝一夕】yīzhāo-yīxī एक सुबह या शाम में; एक दिन में; रातोंरात: 那不是~的工程。वे एक दिन में पूरे होने वाले नहीं हैं। / 那不是~所能成就的，需要时间。वह कल सबेरे ही पूरा नहीं होने जा रहा, उस में समय लगेगा।
【一针见血】yīzhēn-jiànxiě बड़े पते की बात कहते हुए: ~的批评 मर्मस्पर्शी आलोचना करना; बड़े पते की बात कहते हुए आलोचना करना / ~指出 बड़े पते की बात कहते हुए बताना
【一枕黄粱】yīzhěn-huángliáng स्वर्ण ज्वार स्वप्न —— क्षणिक स्वप्न; बड़ाई का भ्रम; झोंपड़ी में रहे महलों के ख़्वाब देखे
【一阵】yīzhèn (一阵子 yīzhènzi भी) क्रिया या स्थिति का जारी रखने का समय; थोड़े समय के लिए: ~咳嗽 रुक-रुक कर और फिर एकदम जोश से खांसी आना / 这~老下雨。आजकल पानी बरसता रहता है।
【一阵风】yīzhènfēng ❶जल्दी-जल्दी कार्यवाही करना; हवा के झोंके की तरह: 他~似地跑了出去。वह हवा के झोंके की तरह बाहर दौड़ा। ❷थोड़े समय और अस्थाई रूप से कार्यवाही करना: 搞科学研究不能~。वैज्ञानिक अनुसंधान थोड़े ही समय में और अस्थाई रूप से नहीं करना चाहिए।
【一整套】yīzhěngtào सिलसिलेवार: ~办法 सिल-सिलेवार अनेक उपाय (अपनाना)
【一之为甚】yīzhīwéishèn यदि एक बार भी हो तो भी बहुत अधिक है: ~，其可再乎? यदि एक बार भी हो तो भी बहुत अधिक है। क्या इसे फिर करने की अनुमति दी जा सकती है?
【一知半解】yīzhī-bànjiě ज्ञान अधूरा होना; कुछ अधकचरा ज्ञान होना: 我对哲学只是~。दर्शनशास्त्र के बारे में मेरा ज्ञान कुछ अधकचरा है। / 满足于~ सतही ज्ञान से संतुष्ट हो जाना
【一直】yīzhí 〈क्रि०वि०〉 ❶सीधे: 沿着这条路~走。इस रास्ते से सीधे चलो। / ~往南走。सीधे दक्षिण की ओर चलो। ❷बराबर; निरंतर; लगातार; सदैव; हमेशा: 风~刮了一天一夜。हवा दिन-रात लगातार चल रही थी। / 我~等了你一年。एक साल तक मैं हमेशा तुम्हारा इंतज़ार करती रही। / 他~在想着这件事。उस का ध्यान इसी बात पर अटका हुआ है। ❸निश्चित क्षेत्र पर ज़ोर देना: 全村的人从老人~到小孩都非常热情。सारे गांव के लोग बूढ़ों से बच्चों तक सब के सब बहुत उत्साहशील हैं।
【一纸空文】yīzhǐ-kōngwén कागज़ का टुकड़ा मात्र: 协议如不遵守，只是~。समझौते का यदि पालन न किया गया तो वह कागज़ का एक टुकड़ा मात्र ही है।
【一致】yīzhì ❶एकता; एकरूपता: 形式上的~ बाहरी एकता / 实质上的~ सच्ची एकता / 官兵~ अफ़सरों और सिपाहियों के बीच एकता / 军民~ सेना और जनता के बीच एकता / 不~ (के बीच) एकता न होना / 取得~ एकता कायम होना / 把两者~起来 इन दोनों के बीच एकता कायम करना / 使理论和实践~ सि-द्धांत को व्यवहार के साथ मिलाना ❷एक मत से; एक स्वर

से; एक मत होकर; सर्वसम्मति से: ～对外 विदेशी आक्रमण के विरुद्ध एक हो जाना / ～努力 एकजुट होकर कोशिश करना / ～通过 सर्वसम्मति से स्वीकार करना / ～要求 एक स्वर में मांग करना

【一掷千金】 yīzhì-qiānjīn एक ही बार में स्वर्ण के हज़ार टुकड़ों की बाज़ी लगाना —— पानी की तरह पैसा खर्च करना; निरर्थक चीज़ की तरह पैसा फेंक देना

【一柱擎天】 yīzhù-qíngtiān एक स्तम्भ से आकाश को सम्भालना —— अकेले कंधों पर भारी ज़िम्मेदारी लेना

【一专多能】 yīzhuān-duōnéng एक विषय पर प्रवीण होना और अनेक विषयों की जानकारी होना

【一准】 yīzhǔn 〈बोल०〉〈क्रि०वि०〉 अवश्य; ज़रूर; निश्चय ही; निश्चित रूप से: 他下午～来。दोपहर को वह अवश्य आएगा। / 明早报告～登出来。कल सुबह रिपोर्ट ज़रूर छप जाएगी।

【一字儿】 yīzìr एक पंक्ति में; एक कतार में: 操场上～站着十名士兵。मैदान में एक पंक्ति में दस सिपाही खड़े हैं।

【一字褒贬】 yīzì-bāobiǎn एक शब्द में स्पष्ट रूप से प्रशंसा या निन्दा प्रकट होना या करना —— शब्दों का सही-सही और सुनिश्चित चुनाव

【一字不识】 yīzì-bùshí शब्द से भेंट न होना

【一字不提】 yīzì-bùtí कुछ भी ज़िक्र न करना

【一字长蛇阵】 yīzì chángshézhèn एक पंक्ति बद्ध व्यूह रचना —— एक लंबी कतार में तांता बांधना (या लगाना)

【一字千金】 yīzì-qiānjīn एक-एक शब्द स्वर्ण के हज़ार-हज़ार टुकड़ों के योग्य होना —— उच्च परिष्कृत साहित्यिक कृति

【一字师】 yīzìshī किसी की केवल एक अक्षर की गलती को सुधारने पर गुरु का दर्जा पाना

【一字一板】 yīzì-yībǎn शांतचित्त से और स्पष्ट रूप से (बोलना): 我慢慢地从坐位上站起来开始～地说。मैं धीरे-धीरे अपनी सीट से उठकर शांतचित्त से और स्पष्ट रूप से बोलने लगा।

【一总】 yīzǒng ❶कुल मिलाकर: ～多少人? कुल मिलाकर कितने आदमी हैं? / ～化了多少钱? कुल मिलाकर कितना खर्च किया? ❷सब; सारा: 这～是你的错。ये सब तुम्हारी गलती है।

伊 1 yī ❶〈लि०〉〈लघु०अ०〉 (अक्षर या पद के पहले प्रयुक्त): 下车～始 गाड़ी से उतरते ही / 其效～何? इन सब का नतीजा क्या है? ❷ (Yī) एक कुलनाम

伊 2 yī वह (पुरुष या स्त्री): ～们 वे लोग; वे सब

【伊甸园】 Yīdiànyuán ❶〈ईसाई धर्म〉 अदन उपवन जहां आदम और हौवा का जन्म हुआ था ❷आनंदस्थल; आनंद-भवन; स्वर्ग; स्वर्गलोक

【伊克度】 yīkèdù 〈औष०〉 इकथियॉल

【伊拉克】 Yīlākè इराक

【伊拉克人】 Yīlākèrén इराकी; इराकवासी

【伊朗】 Yīlǎng ईरान

【伊朗人】 Yīlǎngrén ईरानी; फ़ारसी

【伊人】 yīrén 〈लि०〉 वह व्यक्ति (प्रायः महिला के लिए प्रयुक्त)

【伊始】 yīshǐ 〈लि०〉 आरम्भ होना; शुरू होना: 新春～ नव वसंत उत्सव के आरम्भ होते ही

【伊斯兰教】 Yīsīlánjiào इस्लाम; इस्लामियत: ～教长 इमाम

【伊斯兰教历】 Yīsīlánjiàolì मुसलमान कैलेंडर

【伊斯兰教徒】 Yīsīlánjiàotú मुसलमान

【伊蚊】 yīwén पीतज्वर मच्छर

【伊于胡底】 yīyúhúdǐ 〈लि०〉 (मामला) कहां तक समाप्त हो जाएगा: 长此以往, 不知～。यदि मामला इसी तरह जारी रहा तो न जाने कहां समाप्त होगा।

衣 yī ❶वस्त्र; कपड़ा: 上～ कोट / 大～ ओवरकोट ❷आवरण; आवरक: 炮～ तोप का आवरण / 糖～ शक्कर में लिपटी (गोली, कारतूस आदि) ❸〈ची०चि०〉 गर्भझिल्ली; जेर ❹ (Yī) एक कुलनाम
yì भी दे०

【衣摆】 yībǎi कमीज़, जैकेट, चोगा आदि का निचला अंचल

【衣包】 yībāo 〈पुराना〉 (अंधविश्वास) मरने वाले के लिए जलाये गये कागज़ के कपड़े और कागज़ की सिक्के वाली थैली

【衣胞】 yībāo 〈ची०चि०〉 गर्भझिल्ली; जेर

【衣钵】 yībō बौद्ध साधु का कषाय (या संघाटी) और भिक्षा-पात्र जिसे वह अपने शिष्य को हाथोंहाथ सौंपता हो; पूर्वज द्वारा छोड़ी गई लौकिक या आत्मिक संपत्ति; बपौती; वसीयत संपदा: 继承～ पूर्वजों से कषाय और पात्र या गुण, चरित्र आदि प्राप्त करना

【衣不蔽体】 yībùbìtǐ चिथड़े लपेटना: 他们在旧社会日夜劳动, 但仍～。पुराने समाज में बेचारे दिन-रात काम में लगे रहते थे फिर भी उन्हें चिथड़े लपेटने पड़ते थे।

【衣不解带】 yībùjiědài दिन-रात काम में लगे रहने के कारण ज़्यादा आराम न कर सकना

【衣橱】 yīchú कपड़े रखने की अलमारी

【衣单食薄】 yīdān-shíbáo कम कपड़ा-लत्ता और बहुत कम खाना मुहैया करना

【衣兜】 yīdōu (衣袋 yīdài भी) कपड़े में जेब

【衣蛾】 yī'é कपड़ों में लगने वाला कीड़ा; कपड़े का कीड़ा

【衣分】 yīfēn 〈कृ०〉 रूई या कपास ओटना; बिनौले निकालना

【衣服】 yīfu पहनने के कपड़े; पहनावा; पोशाक; वस्त्र

【衣钩】 yīgōu कपड़े टांगने का कांटा या खूंटी

【衣冠】 yīguān टोप और कपड़े; पोशाक: ～不整 बे-ढंगेपन से कपड़े पहनना

【衣冠楚楚】 yīguān-chǔchǔ खूब सिंगार करना; सलीके से वस्त्र पहनना: ～者 छैल-चिकनिया; बना-ठना आदमी; छैला

【衣冠禽兽】 yīguān-qínshòu मनुष्य का वेश धारण करने वाला पशु; विलासी; कामुक; ऐयाश

【衣冠冢】 yīguānzhǒng (衣冠墓 yīguānmù भी) समाधि जिस में मरने वाले के वस्त्र आदि वस्तुएं दफ़नायी

गयी हों

【衣柜】 yīguì कपड़े रखने की अलमारी

【衣架】 yījià ❶कपड़े टांगने वाला फ़र्निचर; कपड़े लटकाने वाले हैंगर ❷(मनुष्य का) डील-डौल; कद: ～好 सुडौल होना

【衣架饭囊】 yījià-fànnáng कपड़े टांगने का स्टैंड और भोजन रखने की थैली —— बेकार आदमी; निकम्मा; नाकारा

【衣角】 yījiǎo कोट या चोगा का सिरा: 抓着～ कोट का सिरा पकड़ना

【衣襟】 yījīn चीनी कोट का अगला भाग; दामन; पल्ला: 扯住～ कोट पल्ला पकड़ना

【衣锦还乡】 yījǐn-huánxiāng （衣锦荣归 yījǐn-rónggūī भी） (अधिकारी बनकर) रेशमी पोशाक में अपने पुराने गांव वापस जाना

【衣料】 yīliào कपड़ा बनाने की सामग्री; कपड़ा, रेशमी कपड़ा, ऊनी कपड़ा आदि

【衣领】 yīlǐng गिरेबान; गरदनी; कालर: 扭住～ गिरेबान पकड़ना

【衣履】 yīlǚ कपड़े और जूते; वस्त्र; पोशाक; वेश: ～不整 बेढंगेपन से कपड़े पहनना

【衣帽架】 yīmàojià कपड़े और टोपी लटकाने वाला हैंगर

【衣帽间】 yīmàojiān कपड़े-टोपी और अन्य सामान रखने का कमरा; क्लॉकरूम

【衣衾】 yīqīn दफ़नाने के लिए कपड़े: ～棺椁 दफ़नाने के कपड़े और ताबूत

【衣衫】 yīshān कपड़े; वस्त्र: ～不整 बेढंगेपन से कपड़े पहनना

【衣衫褴褛】 yīshān-lánlǚ चिथड़े पहने हुए; फटे हुए कपड़ों में

【衣裳】 yīshang 〈बोल०〉 पहनने के कपड़े; वस्त्र; पोशाक; वेश

【衣食】 yīshí अन्नवस्त्र; अनाज और कपड़ा-लत्ता: ～丰足 पर्याप्त अन्नवस्त्र; प्रचुरता में अन्नवस्त्र

【衣食住行】 yī-shí-zhù-xíng अन्न, वस्त्र, रहन और चलन; खाना, पीना, रहना और चलना —— जीवन की मूलभूत आवश्यकताएं

【衣食足而知荣辱】 yīshí zú ér zhī róngrǔ पर्याप्त अन्नवस्त्र की स्थिति में मनुष्य के मन में मान-अपमान की भावना उत्पन्न होती है

【衣饰】 yīshì वस्त्र और अलंकरण; वेश

【衣物】 yīwù कपड़े और रोज़मर्रे की आवश्यकता की चीज़ें

【衣箱】 yīxiāng ट्रंक; सूटकेस

【衣鱼】 yīyú （蠹鱼 dùyú，纸鱼 zhǐyú भी） कपड़े का कीड़ा; फ़िशमोथ; सिल्वर-फ़िश; पुस्तकों में लगने वाला कीड़ा

【衣装】 yīzhuāng ❶कपड़े; वस्त्र; पोशाक; वेशभूषा ❷कपड़े और अस्बाब; कपड़े और यात्री का सामान

【衣着】 yīzhuó वेश; वेशभूषा; सिर से पैर तक का वस्त्र: ～整洁 सलीके से पहनना; सुंदरता से पहनना

医（醫、毉） yī ❶चिकित्सक; डॉक्टर; वैद्य: 军～ मेडिकल अफ़सर / 牙～ दांत का डॉक्टर; दंत-चिकित्सक ❷चिकित्सा-शास्त्र; चिकित्सा-विज्ञान; मेडिसन: 西～ पश्चिमी चिकित्सा-शास्त्र / 中～ चीनी चिकित्सा-शास्त्र / 他们是学～的。 वे लोग मेडिसन पढ़ते हैं। ❸चिकित्सा करना; इलाज करना: ～病 रोग की चिकित्सा करना

【医保】 yībǎo चिकित्सा बीमा; मेडिकल इंश्योरेंस

【医道】 yīdào चिकित्सा संबंधी ज्ञान; चिकित्सक की योग्यता: ～高明 अत्यंत प्रवीण डॉक्टर (या चिकित्सक, वैद्य आदि) होना

【医德】 yīdé चिकित्सक की नैतिकता (या सदाचार): ～高尚 नैतिक चिकित्सक होना

【医改】 yīgǎi चिकित्सा व्यवस्था सुधार

【医护】 yīhù चिकित्सा और परिचर्या करना; इलाज और तीमारदारी करना: ～工作 चिकित्सा और परिचर्या का कार्य

【医家】 yījiā चीनी चिकित्सक

【医经】 yījīng 〈ची०चि०〉 प्राचीन चीनी चिकित्सा-शास्त्रीय ग्रंथ

【医科】 yīkē चिकित्सा विभाग; मेडिसन

【医理】 yīlǐ चिकित्सा-शास्त्र के सिद्धांत; चिकित्सा संबंधी जानकारी: 深通～ चिकित्सा संबंधी गहन जानकारी होना

【医疗】 yīliáo रोग की चिकित्सा: ～器械 डॉक्टरी यंत्र; डॉक्टरी साज़-सामान; चिकित्सा-यंत्र / ～体育 चिकित्सक खेलकूद

【医疗队】 yīliáoduì चिकित्सा दल; डॉक्टरी दल

【医疗辐射学】 yīliáo fúshèxué परमाणु संबंधी चिकित्सा; ऐटमिक मेडिसन; रेडियोलाजिकल मेडिसन

【医疗事故损害赔偿】 yīliáo shìgù sǔnhài péicháng दुश्चिकित्सा क्षतिपूर्ति

【医疗站】 yīliáozhàn चिकित्सा-केन्द्र

【医生】 yīshēng डॉक्टर; चिकित्सक: 内科～ काय-चिकित्सक; फ़िज़ीशियन / 外科～ शल्य-चिकित्सक; सर्जन / 实习～ विद्यार्थी डॉक्टर; नया स्नातक (डॉक्टर) / 主治～ डॉक्टर इन चार्ज / 住院～ रेज़ीडेंट डॉक्टर

【医师】 yīshī (अर्हता प्राप्त) डॉक्टर

【医士】 yīshì मेडिकल-स्कूल शिक्षा प्राप्त चिकित्सक

【医书】 yīshū मेडिकल बुक्स; चिकित्सा संबंधी पुस्तकें

【医术】 yīshù मेडिसन; चिकित्सा करने का कौशल: ～高超 उच्च चिकित्सा-कौशल होना

【医托】 yītuō बहला, फुसला कर मरीज़ों को डॉक्टर विशेष के पास भेजने वाला डॉक्टर का सहायक

【医务】 yīwù चिकित्सा कार्य: ～工作者 चिकित्सा-कार्य करने वाला / ～人员 चिकित्सा संबंधी कर्मचारी

【医务所】 yīwùsuǒ क्लिनिक; चिकित्सालय

【医学】 yīxué मेडिसन; चिकित्सा-शास्त्र; चिकित्सा-विज्ञान: 西方～ पश्चिमी चिकित्सा-शास्त्र / ～文献 चिकित्सा संबंधी पुस्तकें / ～模型 मेडिकल माडल / ～工业 दवादारू उद्योग

【医学科学院】 yīxué kēxuéyuàn चिकित्सा-विज्ञान अकादमी

【医学院】 yīxuéyuàn मेडिकल कालेज; डॉक्टरी कालेज
【医药】 yīyào मेडिसिन: ～常识 जनरल मेडिकल जानकारी / ～队 डॉक्टरी दल / ～费 डॉक्टरी खर्च
【医药卫生】 yīyào wèishēng चिकित्सा और स्वास्थ्य: ～工作者 चिकित्सा और स्वास्थ्य संबंधी कार्यकर्ता
【医院】 yīyuàn अस्पताल; चिकित्सालय; उपचारगृह: 儿童～ बाल अस्पताल / 综合性～ जनरल अस्पताल / 传染病～ संक्रामक-रोग अस्पताल
【医治】 yīzhì चिकित्सा करना; इलाज करना: ～战争创伤 युद्ध के घाव को चंगा करना
【医嘱】 yīzhǔ डॉक्टर का सुझाव; डॉक्टर की फ़रमाइश

依 yī ❶(किसी पर) निर्भर करना: 依靠 / 唇齿相～ ओंठ और दांत की तरह एक दूसरे पर निर्भर करना ❷मानना; स्वीकार करना: 他肯～? वह राज़ी था? / 我从来都不～。मैंने उस की शर्तें कभी स्वीकार नहीं कीं। ❸के अनुसार: ～次前进 क्रम के अनुसार आगे बढ़ना / ～他的意思 उस के विचारों के अनुसार ❹ (Yī) एक कुलनाम
【依傍】 yībàng ❶(किसी पर) निर्भर करना; भरोसा करना: 互相～ एक दूसरे पर भरोसा करना / 无可～ ऐसा कोई न होना जिस पर भरोसा किया जा सके ❷अनुसरण करना; अनुकरण करना (प्रायः कला और विद्या का): ～前人 अपने जीवन में पूर्वजों के सिद्धांतों का हुबहु पालन करना
【依此类推】 yīcǐ-lèituī और इसी प्रकार से; इसी तरह; बाकी अनुमान किया जा सकता है
【依次】 yīcì क्रम के अनुसार; क्रम से; एक एक करके: 观众～入座。दर्शक क्रम के अनुसार अपनी-अपनी सीट पर बैठने लगे।
【依从】 yīcóng आज्ञा मानना; आदेश का पालन करना; अनुसरण करना: 他坚持要来，我只好～他了。वह अपने पर अड़ा रहा, मुझे मानना पड़ा।
【依存】 yīcún (एक दूसरे पर) निर्भर होना: 互相～ एक दूसरे पर निर्भर होना; अस्तित्व के लिए एक-दूसरे पर निर्भरता
【依法】 yīfǎ ❶विधिपूर्वक; विधिवत्: ～炮制 विधिवत् चीनी औषध बनाना; विधिवत् चीनी औषध तैयार करना ❷कानून के अनुसार: ～处理 कानून के मुताबिक निपटाना / ～严惩 कानून के मुताबिक बड़ी सख़्ती से सज़ा देना
【依附】 yīfù ❶लगना: ～在别的东西上 दूसरी चीज़ पर लगना ❷(किसी पर) निर्भर करना; भरोसा करना; आश्रित रहना: ～权贵 प्रभावशाली अधिकारियों पर आश्रित रहना
【依格】 yīgé <व्या०> अधिकरण कारक
【依归】 yīguī ❶आरंभिक-बिन्दु और अंतिम बसने वाला स्थान; उद्देश्य: 以民族利益为～ राष्ट्रीय हित को अपना उद्देश्य समझना ❷(किसी पर) निर्भर करना; भरोसा करना: 无所～ किसी पर भरोसा न किया जा सकना ❸ (皈依 guīyī भी) उपासना (करना); शरण लेना
【依旧】 yījiù पहले की तरह; अब भी: 房间的装饰～未变。कमरा पहले की तरह सज्जित है। / 他～是以前那个样子。वह अब भी पहले की तरह है।
【依据】 yījù ❶के अनुसार: ～上述意见 उक्त मत के अनुसार ❷आधार; बुनियाद: 毫无～ बिलकुल निराधार होना / 提供重要～ महत्वपूर्ण आधार प्रस्तुत करना
【依靠】 yīkào ❶(किसी पर) निर्भर करना; भरोसा करना; अवलंबित होना: ～本身力量 अपने साधनों (या अपनी शक्ति) पर निर्भर रहना / ～群众 जन-समुदाय पर निर्भर करना / ～组织 पार्टी संगठन पर अवलंबित होना ❷समर्थन; टेक; सहारा: 寻找～ सहारा ढूंढ़ना / 生活的～ जीवन का सहारा / 他一点～都没有。उस के पास कोई अवलंबन नहीं है। / 他现在不～任何人。वह अब किसी के अधीन नहीं है।
【依赖】 yīlài निर्भर करना; सहारे रहना; भरोसा रखना: ～心理 परावलंबन; दूसरों पर निर्भर रहने की भावना / ～性 निर्भरता; निर्भर रहने का भाव / 互相～ एक दूसरे पर निर्भर रहना
【依恋】 yīliàn (जाने के लिए) अनिच्छुक होना; अनमना होना; आसक्त होना: ～故园 अपने गांव से जाने के लिए अनिच्छुक होना / ～之情 किसी पर आसक्त होने की भावना
【依凭】 yīpíng ❶निर्भर करना; भरोसा करना: 无所～ किसी पर निर्भर न होना ❷प्रमाण; सबूत; गवाही
【依然】 yīrán पहले की तरह; पूर्व की भांति; पूर्ववत्; अब भी: 双方的态度～是那样。दोनों पक्षों के रुख अब भी वही हैं।
【依然故我】 yīrán-gùwǒ मैं अब भी पहले सा हूँ; मैं अब भी पहले की तरह हूँ
【依然如故】 yīrán-rúgù ज्यों का त्यों; जहां का तहां रह जाना: 他的态度～。उस का रवैया (या रुख) ज्यों का त्यों विद्यमान है।
【依山傍水】 yīshān-bàngshuǐ पहाड़ की तलहटी में और नदी के किनारे पर होना
【依实】 yīshí ❶मानना; स्वीकार करना: 我见他说得对，就～了。मैं ने देखा कि उस ने ठीक कहा है तो मैं ने स्वीकार कर लिया। ❷तथ्य के अनुसार: 要～说，不要撒谎。सच-सच बताओ, झूठ मत बोलो।
【依恃】 yīshì दे० 依仗
【依顺】 yīshùn आज्ञा मानना; अनुसरण करना: 他说得对，便～了他。उस ने ठीक कहा है इसलिए उस का अनुसरण किया।
【依随】 yīsuí मानना; स्वीकार करना: 他妈说什么他都～。वह माँ का कहा सब मानता है।
【依托】 yītuō ❶निर्भर रहना; भरोसा रखना; सहारे रहना: 无所～ किसी पर निर्भर न रह सकना ❷समर्थन; टेक; सहारा: ～古人 पुराने व्यक्ति का सहारा लेना / ～鬼神 देवता-भूतों का सहारा लेना
【依偎】 yīwēi (बच्चे का) स्नेह से चिपकना: 孩子～在妈妈的怀里。बच्चा स्नेह से माता की गोद में चिपक जाता है।
【依违】 yīwéi <लि०> दुविधापूर्ण; अनिश्चित; अनिर्णीत: ～两可 दुविधापूर्ण होना / ～不决 अनिश्चित होना; अनिर्णीत होना; संदिग्ध अवस्था में पड़ना
【依稀】 yīxī धूमिल या अस्पष्ट रूप से; धुंधले तौर पर: 他～记得起来。उस की धुंधली-सी याद मस्तिष्क में आज

भी बनी हुई है। / ～可见 अस्पष्ट रूप से दिखाई दे सकना
【依循】 yīxún के अनुसार; पालन करना; मानना; स्वीकार करना
【依样画葫芦】 yī yàng huà húlu कद्दू के अनुसार कद्दू का चित्र बनाना —— यांत्रिक रूप से नकल करना
【依依】 yīyī ❶〈लि०〉 लचीला: 杨柳～ नए-नए और हरे-भरे बेद वृक्ष ❷जाने के लिए अनिच्छुक होना; अनमना होना; आसक्त होना: 依依不舍 / ～之感 किसी पर आसक्त होने की भावना
【依依不舍】 yīyī-bùshě जाने या विदा होने के लिए अनिच्छुक होना
【依允】 yīyǔn मान लेना; स्वीकार करना; स्वीकृति प्रकट करना: 点头～ हां में सिर हिलाना
【依仗】 yīzhàng निर्भर रहना; भरोसा करना: ～政治特权 राजनीतिक विशेषधिकार के ज़रिए / ～其优势 अपनी उच्चता पर भरोसा करना
【依照】 yīzhào के अनुसार; के मुताबिक: ～指示 निर्देश के अनुसार / ～情况而定 स्थिति के अनुसार निश्चय करना

祎（禕） yī 〈लि०〉 (प्रायः व्यक्ति के नाम में प्रयुक्त) सुन्दर; भला

咿（吚） yī नीचे दे०
【咿唔】 yīwú 〈अनु०〉 ज़ोर से पढ़ने का शब्द
【咿呀】 yīyā ❶〈अनु०〉 कर्कश शब्द; छोटी तीखी आवाज़; चरचराहट; चरमराहट: ～的桨声 ऑरलॉक में डांड़ चलाते समय निकलती आवाज़ / 咿咿呀呀的提琴声 वायलन की छोटी तीखी आवाज़ ❷बच्चों की तोतली बातें करने की आवाज़

洢 Yī ❶ई नदी (हूनान प्रांत में) ❷प्राचीन काल में एक नदी का नाम (वर्तमान हनान प्रांत में ईह नदी)

椸 yī दे० 移椸 yíyī

铱（銥） yī 〈रसा०〉 इरिडियम (Ir)
【铱金笔】 yījīnbǐ इरिडियम प्वाइंट पेन
【铱星】 yīxīng इरिडियम व्यवस्था

猗 yī 〈लि०〉 ❶〈लघु०अ०〉 (啊 a की तरह प्रयुक्त): 河水清且涟～。स्वच्छ बहती हुई नदी में लहरें उठ रही हैं। ❷〈विस्मय०〉 (अनुमोदन का बोध होता है): ～欤盛哉! भव्य! महान्!

壹（弌） yī एक (बड़ा अक्षर) (अंक के रूप में चेक, बैंक नोट आदि में गलती या अदला-बदली से बचने के लिए प्रयुक्त)

椅 yī 〈वन०〉 (山桐子 shāntóngzǐ भी) आइडेसिया; इडेसिया (idesia)
yǐ भी दे०

欹 yī 〈लि०〉 दे० 猗❷
qī भी दे०

揖 yī 〈लि०〉 हाथ बांधकर सिर झुकाते हुए नमस्कार करना
【揖别】 yībié 〈लि०〉 हाथ बांधकर सिर झुकाते हुए 'फिर मिलेंगे' कहना
【揖让】 yīràng 〈लि०〉 (मेज़बान और मेहमान का) हाथ बांधकर सिर झुकाते हुए एक दूसरे के लिए रास्ता देना

婴 yī नीचे दे०
【婴婗】 yīní 〈लि०〉 शिशु

漪 yī 〈लि०〉 हिलोर; तरंग; छोटी लहर: 漪澜 / 清～ छोटी-छोटी स्वच्छ लहरें
【漪澜】 yīlán 〈लि०〉 लहर; तरंग; हिलोर

鹥（鷖） yī प्राचीन पुस्तक में वर्णित 鸥ōu, एक प्रकार की मुर्गाबी; गल

噫 yī 〈विस्मय०〉 ❶〈लि०〉〈प्रा०〉 (शोक और आह का बोध होता है) ❷(आश्चर्य, विस्मय, अचरज का बोध होता है): ～, 这是什么? अरे, यह क्या है?
【噫嘻】 yīxī 〈लि०〉 〈विस्मय०〉 शोक या आह का बोध होता है

繄 yī 〈लि०〉 केवल: ～我独无。केवल मेरे पास नहीं है।

黟 Yī (黟县 Yī Xiàn भी) ई काउन्टी, ईश्येन (आनह्वेइ प्रांत में)

yí

匜 yí 〈प्रा०〉 लौकी की तरह बड़ा कर्छा (मुंह-हाथ धोने के लिए प्रयुक्त)

仪¹（儀） yí ❶शक्ल; वेश; दिखावा: 仪表 / 仪容 ❷रीति; विधि; संस्कार; शिष्टाचार: 司～ शिष्टाचार निरीक्षक; समारोह आदि के तौर-तरीके या विधि का निर्देशन करने वाला ❸भेंट; उपहार; दान: 贺～ विवाह, जन्मदिवस आदि के अवसर पर भेंट ❹〈लि०〉 (मन किसी की ओर) आकर्षित होना: 心～已久 बहुत दिनों से मन किसी की ओर आकर्षित होना ❺ (Yí) एक कुलनाम

仪²（儀） yí उपकरण; यंत्र; वैज्ञानिक यंत्र: ～表 मीटर; यंत्र; उपकरण / 地震～ भूकम्प लेखी
【仪表】¹ yíbiǎo शक्ल; मुद्रा; बाहरी रूप: ～大方 उदार और निस्संकोच
【仪表】² yíbiǎo उपकरण; यंत्र; मीटर; वैज्ञानिक यंत्र:

～厂 वैज्ञानिक यंत्र कारखाना; मीटर व यंत्र कारखाना

【仪表堂堂】 yíbiǎo–tángtáng बाहरी रूप में भव्य; शानदार; उदार

【仪节】 yíjié विनय-रीति; शिष्टाचार; सभ्याचार

【仪器】 yíqì उपकरण; यंत्र: 精密～ सूक्ष्म उपकरण और यंत्र / ～厂 उपकरण या यंत्र कारखाना / ～舱 यंत्र-कैपस्यूल / ～制造工业 वैज्ञानिक यंत्र बनाने का उद्योग

【仪容】 yíróng सूरत; शक्ल; मुखाकृति: ～俊秀 शक्ल खूबसूरत होना; मुखाकृति सुन्दर होना

【仪式】 yíshì विधि; संस्कार: 宗教～ धर्मकर्म; धर्म-कृत्य; धार्मिक विधि / 奠基～ शिलान्यास संस्कार

【仪态】 yítài 〈लि०〉 बाहरी रूप; आचार; आचरण; चालढाल: ～万方 अंगस्थिति सुन्दर और अधिक होना

【仪仗】 yízhàng ❶(राजा, सम्राट के) दरबारी और सेवक: 国王的～राजा या सम्राट के दरबारी और सेवक ❷सम्मान-गारद द्वारा लिये गये झंडे, हथियार आदि

【仪仗队】 yízhàngduì सम्मान-गारद; पंक्तिबद्ध दस्ता: 检阅陆海空三军～ जल, थल और वायु सेना के पंक्ति-बद्ध दस्तों से सलामी लेना

圯 yí 〈लि०〉 पुल: ～上 पुल पर

夷[1] yí 〈लि०〉 ❶समतल; कुशल: 化险为～ संकट को सुरक्षा में परिवर्तित करना; खतरे को हिफ़ाज़त में बदलना ❷मकान आदि को नष्ट करना (समतल भूमि बनाना; मिटा देना; उन्मूलित कर देना): ～为平地 मकान आदि को नष्ट करके समतल भूमि बनाना ❸हत्या कर डालना; मार डालना: ～族 परिवार के सारे सदस्यों की हत्या कर डालना (प्राचीन-काल में एक दंड)

夷[2] yí ❶ (Yí) प्राचीन-काल में चीन में पूर्व की जातियां ❷〈पुराना〉 विदेश; विदेशी

䞐（貤） yí 〈लि०〉 चलना; हटना; हटाना
yì भी दे०

沂 Yí (沂河 Yíhé भी) ईह नदी (जिस का स्रोत शान-तोंग प्रांत में है और च्यांगसू प्रांत के उत्तर से होकर चीन के पूर्वी समुद्र में गिरती है)

诒（訑、訑、詑） yí नीचे दे०

【诒诒】 yíyí 〈लि०〉 आत्मसंतोषपूर्वक

诒（詒） yí 〈लि०〉 贻 yí के समान

迤（迆） yí दे० 逶迤 wēiyí घूमने वाला; वक्र
yǐ भी दे०

饴（飴） yí जौ की चीनी; माल्ट शर्करा; माल्टोस: 高粱～ बाजरे की मिठाई; बाजरे की चीनी से बनी मिठाई / 甘之如～ जौ की चीनी की तरह मीठा; मधु जैसा मीठा

【饴糖】 yítáng जौ की चीनी; माल्ट शर्करा; माल्टोस

怡 yí 〈लि०〉 प्रसंन; खुश; उत्फुल्ल: 心旷神～ मन प्रसन्न होना; दिल प्रसन्न होना

【怡和】 yíhé 〈लि०〉 विनम्र; मिलनसार; प्रफुल्ल; खुश-दिल

【怡乐】 yílè प्रसन्न; खुश; प्रफुल्ल

【怡情悦性】 yíqíng–yuèxìng दिल को हर्षित करना और मन को प्रशांत करना

【怡然】 yírán प्रसन्न और संतोषपूर्ण

【怡然自得】 yírán–zìdé प्रसन्न और आत्मसंतोष होना

【怡神】 yíshén 〈लि०〉 मन को प्रशांत करना

【怡神养性】 yíshén–yǎngxìng मन को प्रशांत करना और स्वभाव को पोषित करना

【怡悦】 yíyuè प्रसन्न; खुश

宜 yí ❶ठीक; उचित: 老幼咸～ बाल-वृद्ध सबों के लिए उचित होना ❷(प्रायः निषेध में प्रयुक्त) चाहिए: 事不～迟。इस बात के लिए देर नहीं करनी चाहिए। ❸〈लि०〉 बेशक; निस्संदेह; निश्चय ही; स्वाभाविक रूप से; यह ठीक है कि: ～其不可读也。यह अकारण नहीं है कि यह (पुस्तक) पढ़ी नहीं जा सकती। ❹ (Yí) एक कुलनाम

【宜人】 yírén मनोहर; आनंद-प्रद; आनंददायी: 气候～ आनन्द-प्रद (या आनन्ददायी) मौसम / 景物～ आकर्षक दृश्य

【宜兴壶】 yíxīnghú ईशिंग चायदानी (च्यांगसू प्रांत के ईशिंग नगर में बनी मिट्टी की मशहूर चायदानी)

【宜于】 yíyú किसी बात के लिए उचित होना: ～种黄豆 सोया बीन उगाने के लिए उचित होना

荑 yí 〈लि०〉 खेत की सारी घास को साफ़ करना: 芟～ घास-फूस निकालकर साफ़ करना

椸（杝） yí प्राचीन पुस्तक में सफ़ेद हूर जैसा वृक्ष 杝 के लिए lí भी दे०

咦 yí 〈विस्मय०〉 (आश्चर्यबोधक): ～，你怎么也来了？ तुम भी यहाँ क्यों आये हो？ / ～，这是怎么回事？ अरे, यह क्या बात है？

贻（貽） yí 〈लि०〉 ❶भेंट में देना; उपहार में देना: ～赠 भेंट में देना; उपहार भेंट करना ❷छोड़ जाना: 贻害 / 贻患 / 坐～敌人以机会 दुश्मन को मौका देना

【贻贝】 yíbèi 〈प्राणि०〉 मसेल (mussel)

【贻臭万年】 yíchòu–wànnián दे० 遗臭万年 yí-chòu–wànnián

【贻害】 yíhài विपत्ति का बीज बोना; विपत्ति छोड़ रखना

【贻害无穷】 yíhài–wúqióng असीम विपत्तियों में डा-लना (या फंसाना)

【贻患】 yíhuàn विपत्ति का बीज बोना; विपत्ति छोड़ रखना

【贻人口实】 yírén–kǒushí किसी को आलोचना करने

का मौका देना; किसी को चर्चा करने का मौका देना

【贻误】 yíwù (कार्य को) चौपट करना: ～工作 कार्य को बिलकुल चौपट कर देना; कार्य को नुकसान पहुंचाना; काम बिगाड़ना / ～战机 लड़ाई को जीत लेने का सुयोग बिगाड़ देना / ～青年 युवकों को पथ-भ्रष्ट करना; युवकों को गलत राह पर ले जाना

【贻笑大方】 yíxiào-dàfāng अपने को विशेषज्ञों के सामने हास्यपात्र बनाना; विशेषज्ञों की हंसी बनना

【贻训】 yíxùn दिवंगत व्यक्ति का शिक्षण

迻 yí 〈लि०〉 移 yí के समान

【迻录】 yílù 〈लि०〉 नकल करना; अनुकरण करना; प्रतिलिपि करना

【迻译】 yíyì （移译 yíyì भी）〈लि०〉 अनुवाद करना

姨 yí ❶मौसी: 姨夫 / 姨表 ❷पत्नी की बहिन: 大～子 पत्नी की बड़ी बहिन / 小～子 पत्नी की छोटी बहिन

【姨表】 yíbiǎo मौसेरा; खलेरा: ～兄弟 मौसेरा भाई; खलेरा भाई / ～姐妹 मौसेरी बहिन; खलेरी बहिन

【姨夫】 yífu （姨父 भी）मौसा; खालू

【姨父】 yífu दे० 姨夫

【姨姐】 yíjiě पत्नी की बड़ी बहिन

【姨姥姥】 yílǎolao नानी की बहन

【姨妈】 yímā (विवाहित) मौसी

【姨妹】 yímèi पत्नी की छोटी बहिन

【姨母】 yímǔ माता की बहिन; मौसी; खाला

【姨奶奶】 yínǎinai ❶दादी की बहिन ❷रखैल

【姨娘】 yíniáng ❶〈पुराना〉 पिता की रखैल के लिए संबोधन का शब्द ❷〈बो०〉 मौसी

【姨婆】 yípó दे० 姨姥姥

【姨儿】 yír 〈बो०〉 मौसी: 二～ माता की दूसरी बहिन

【姨太太】 yítàitài रखैल

【姨丈】 yízhàng मौसा; खालू

栘 yí नीचे दे०

【栘栨】 yíyī एक प्रकार का वृक्ष जिस की छाल और फल चीनी दवा के काम आता है

眙 yí दे० 盱眙 Xūyí (च्यांगसू प्रांत में एक काउंटी)

胰 yí (胰腺、胰脏 भी, पुराना नाम 膵脏 cuìzàng) 〈श०वि०〉 क्लोम; पाचक रस प्रदायिनी ग्रंथि; पैंक्रियास

【胰蛋白酶】 yídànbáiméi 〈जीव०र०〉 क्लोम-रस; ट्रिप्सिन

【胰岛】 yídǎo 〈श०वि०〉 क्लोम द्वीपिका; पैंक्रियास-आयलिट: ～细胞 क्लोम संबंधी टापूनुमा सेल

【胰岛素】 yídǎosù इन्सुलिन; मधुमेह (डायाविटीज़) की खास दवा: 完全人工合成结晶牛～ पूरा संश्लेषणात्मक स्फटिकवत् बैल-का इंसुलिन; टोटल सिनथेटिक क्रिस्टालाइन बोवाइन इंसुलिन / 天然～结晶 प्राकृतिक स्फटय मधुवशि

【胰淀粉酶】 yídiànfěnméi 〈जीव०र०〉 ऐमिलाप्सिन (amylopsin)

【胰酶】 yíméi 〈चिकि०〉 पैंक्रियाटिन (pancreatin)

【胰腺】 yíxiàn 〈श०वि०〉 पैंक्रियास (pancreas)

【胰腺炎】 yíxiànyán पैंक्रियाटिटिस (pancreatitis); क्लोम की जलन

【胰液】 yíyè 〈श०वि०〉 क्लोम का रस; पैंक्रियास का रस

【胰脏】 yízàng क्लोम; पैंक्रियास

【胰皂】 yízào 〈बो०〉 साबुन

【胰脂酶】 yízhīméi 〈जीव०र०〉 पैंक्रियाटिक लाइपेस (pancreatic lipase); स्टीप्सिन (steapsin)

【胰子】 yízi ❶〈बोल०〉 (सुअर, बकरे आदि का) क्लोम, पैंक्रियास ❷〈बो०〉 साबुन

宧 yí 〈प्रा०〉 मकान में उत्तर-पूर्व का कोना

扅 yí दे० 扊扅 yǎnyí

蛇 yí दे० 委蛇 wēiyí ❶घूमने वाला; वक्र ❷किसी की इच्छानुसार काम करना

shé भी दे०

移 yí ❶हटाना; स्थान-परिवर्तन करना; सरकना; सरकाना; खिसकना; खिसकाना; फिसलना: 把桌子～一～。 ज़रा मेज़ को सरकाओ। ❷बदलना; परिवर्तन करना: 转～目标 अपने लक्ष्यों को बदल देना

【移调】 yídiào 〈संगी०〉 गीत को अन्य सुर में लिखना या बजाना

【移动】 yídòng स्थान-परिवर्तन करना; हटाना; सरकाना: 向南～ दक्षिण की ओर सरका देना

【移动存储器】 yídòng cúnchǔqì मोबाइल स्टॉरिज

【移动电话】 yídòng diànhuà सेल्यूलर टेलीफ़ोन; मोबिल फ़ोन; मोबाइल टेलीफ़ोन

【移动 PC】 yídòng PC मोबाइल निजी कंप्यूटर; मोबाइल पी०सी०; मोबाइल व्यक्तिगत कंप्यूटर

【移动通信】 yídòng tōngxìn मोबाइल कम्यूनिकेशन्स

【移动因特网】 yídòng yīntèwǎng 〈कंप्यू०〉 मोबाइल इण्टर्नेट

【移防】 yífáng गैरीज़न ड्यूटी के लिए स्थान बदलना

【移风易俗】 yífēng-yìsú पुराने समाज के रीति-रिवाजों व आदतों को बदलना; खराब रिवाजों व आदतों को बदलना; रीति-रिवाजों में सुधार करना तथा आदतें बदलना

【移晷】 yíguǐ 〈लि०〉 सूर्य की छाया बदलती है; समय बीतता है: 伏案攻读，～忘倦。 मैं मेज़ के सामने बैठकर पढ़ता हूँ और बिना थकावट के समय बीतता गया।

【移行】 yíháng (अंग्रेज़ी भाषा में प्रयुक्त) लाइन के अंत में शब्द को हाइफ़न से पृथक् करना

【移花接木】 yíhuā-jiēmù फूल वाली कलम को दूसरे वृक्ष पर लगाना —— छल (या गुप्त रूप) से किसी व्यक्ति या वस्तु के स्थान पर दूसरे का प्रतिस्थापन करना

【移交】 yíjiāo ❶दूसरे के हाथ में दे देना; हस्तांतरित करना; हवाले करना: 我们已经把设备～给大学了。 हम ने साज़-सामान को विश्वविद्यालय के हवाले कर दिया है।

❷देना; सौंपना; अपने परवर्ती को काम सौंपना: 我已把工作～给他了。 मैं ने अपना काम उसे सौंप दिया है।

【移解】 yíjiè अपराधी को संरक्षण में एक स्थान से दूसरे स्थान पर ले जाना

【移居】 yíjū वासस्थान बदलना; दूसरे स्थान पर घर बसाना: ～国外 विदेश में घर बसाना

【移苗】 yímiáo पौधे को एक स्थान से उखाड़कर दूसरे स्थान पर लगाना

【移民】 yímín ❶एक स्थान (देश, नगर) छोड़कर दूसरे स्थान पर चले जाना; विदेश में जा बसना या बसाना; दूसरे देश में बसने जाना ❷प्रवासी; परदेश में जा कर बसने वाला (व्यक्ति)

【移民点】 yímíndiǎn परवासियों की बस्ती

【移民法】 yímínfǎ आप्रवासी कानून

【移山倒海】 yíshān-dǎohǎi (移山填海 yíshān-tiánhǎi भी) पहाड़ को हटाना और समुद्र को उलट देना —— प्रकृति का रूप बदलना; प्रकृति का रूपांतर करना: 以～的气概 पहाड़ों को हटाने और समुद्र को पाटने वाले उत्साह के साथ

【移师】 yíshī सेना का एक स्थान से दूसरे स्थान पर जाना

【移时】 yíshí 〈लि०〉 थोड़ी देर के बाद

【移天易日】 yítiān-yìrì (移天换日 yítiān-huànrì भी) आकाश को हटाना और सूर्य को बदलना —— बहुत बड़ा छल-कपट करना

【移徙】 yíxǐ एक स्थान छोड़कर दूसरे स्थान पर चला जाना: 牧民随其牲畜～。 चरवाहा अपने पशुओं के झुंड के साथ एक स्थान से दूसरे स्थान पर चला जाता है।

【移项】 yíxiàng 〈गणि०〉 समीकरण में (रकम को) चिह्न बदलकर दूसरी ओर ले जाना

【移译】 yíyì दे० 迻译 yíyì

【移易】 yíyì 〈लि०〉 बदलना; रूपांतर करना

【移用】 yíyòng (उपाय, माल, फ़ंड आदि को) एक जगह से दूसरी जगह इस्तेमाल में लाना: 专款专用，不得～。 विशेष रकम का विशेष कार्य के लिए ही प्रयोग करना चाहिए और दूसरे काम में नहीं लगाना चाहिए।

【移玉】 yíyù 〈लि०〉〈शिष्ट०〉 किसी से आने या जाने की मांग करना; क्या मैं आप से साथ आने (या कहीं जाने) की प्रार्थना कर सकता हूं

【移栽】 yízāi पौधे को एक स्थान से उखाड़कर दूसरे स्थान में लगाना

【移植】 yízhí ❶रोपना; आरोपना: ～秧苗 धान के पौधे को रोपना / 将一地的老办法～于另一地 एक स्थान में लागू पुराने तरीके को दूसरे स्थान में भी लागू करना ❷प्रतिरोपण करना: 心脏～ हृदय का प्रतिरोपण करना / 被～的心脏 प्रतिरोपित हृदय

【移樽就教】 yízūn-jiùjiào अपने शराब के प्याले को लेकर किसी की मेज़ पर जाकर उस से सुझाव मांगना —— किसी के पास जाकर उस से परामर्श लेना

痍 yí 〈लि०〉 घाव; ज़ख्म; क्षत: 疮～ घाव; ज़ख्म

遗（遺） yí ❶खोना: 遗失 ❷खोयी हुई चीज़: 路不拾～。 रास्ते में किसी की खोयी हुई चीज़ को दूसरे लोग नहीं उठाते। ❸भूलना; भूल जाना: 遗忘 / 补～ परिशिष्ट; बाद में जोड़ी चीज़ ❹छोड़ना: 遗憾 / 其狰狞面目暴露无～。 उस का खूंखार चेहरा पूरे तौर पर बेनकाब हो चुका है। ❺छोड़कर मरना या चले जाना: 遗产 / 遗稿 / 遗容 ❻बिना इच्छा के पेशाब, वीर्य आदि निकालना: 遗精 / 遗尿 / 遗矢

wèi भी दे०

【遗笔】 yíbǐ स्वर्गीय व्यक्ति की कृतियाँ (लेखन)

【遗产】 yíchǎn पैतृक संपत्ति; बपौती; वसीयत संपदा; मौरूसी जायदाद; पूर्वज द्वारा छोड़ी हुई लौकिक या आत्मिक संपत्ति; उत्तराधिकार; विरासत: 文化～ सांस्कृतिक विरासत / 历史～ ऐतिहासिक विरासत / 留下～ विरासत छोड़ना

【遗产承受人】 yíchǎn chéngshòurén उत्तराधिकारी; रिक्थग्राही; दायाद; वसीयतदार

【遗产税】 yíchǎnshuì उत्तराधिकार-कर; उत्तराधिकार-शुल्क; पैतृक धन कर

【遗臭万年】 yíchòu-wànnián इतिहास में कुख्याति रहना; बदनामी भरी याद हज़ारों वर्षों तक बनी रहना

【遗传】 yíchuán आनुवंशिकता; वंशागति; वंशानुक्रम

【遗传变异】 yíchuán biànyì आनुवंशिक परिवर्तन

【遗传病】 yíchuánbìng आनुवंशिक रोग; मौरूसी बीमारी

【遗传工程】 yíchuán gōngchéng 〈जीव०〉 आनुवंशिक इंजीनियर; उत्पत्ति-विज्ञान संबंधी इंजीनियर

【遗传基因】 yíchuán jīyīn 〈जीव०〉 आनुवंशिक जीन

【遗传密码】 yíchuán mìmǎ 〈जीव०〉 आनुवंशिक कोड

【遗传信息】 yíchuán xìnxī 〈जीव०〉 आनुवंशिक इंफ़ारमेशन

【遗传学】 yíchuánxué आनुवंशिकी; जनन-विज्ञान; उत्पत्ति-विज्ञान

【遗传学家】 yíchuánxuéjiā उत्पत्ति-वैज्ञानिक; जनन-विज्ञानी

【遗传因子】 yíchuán yīnzǐ जेनेटिक फ़ैक्टर

【遗存】 yícún ❶चले आना: 这些石像～至今已千余年。 ये पाषाण मूर्तियाँ एक हज़ार साल से भी अधिक पुरानी हैं। ❷अवशेष: 文化～ सांस्कृतिक अवशेष

【遗大投艰】 yídà-tóujiān किसी को भारी काम सौंपना

【遗毒】 yídú गली-सड़ी परम्परा; नुकसान देह रस्मो-रिवाज

【遗范】 yífàn पूर्वजों के द्वारा स्थापित आदर्श

【遗风】 yífēng परम्परा से आ रहे रीति-रिवाज: 古代～ पुराने ज़माने से चले आ रहे रीति-रिवाज

【遗腹子】 yífùzǐ पिता की मृत्यु के बाद पैदा हुआ पुत्र

【遗稿】 yígǎo स्वर्गीय व्यक्ति की अप्रकाशित रचना

【遗孤】 yígū अनाथ

【遗骨】 yígǔ मृतक शरीर; शव: 烈士～ शहीद का शव

【遗骸】 yíhái मृतक शरीर; शव: 烈士～ शहीद का शव

【遗害】 yíhài पूर्वज द्वारा छोड़ी हुई विपत्ति

【遗憾】 yíhàn खेद; दुख; अफ़सोस; पश्चाताप: 我对此深表～。 मैं इस बात पर गहरा खेद प्रकट करता हूँ। / 非

常～我不能出席今天的晚会。बहुत खेद की बात है कि मैं आज की रात्रि-सभा में आ नहीं सकता।
【遗痕】 yíhén चिह्न; निशान; सुराग (जो व्यक्ति ने चलते या भागते हुए छोड़े हों)
【遗恨】 yíhèn नित्य खेद; नित्य दुखः 死无～ मरते समय कोई खेद न होना
【遗患】 yíhuàn विपत्ति की विरासत छोड़नाः 养虎～。बाघ पालने से विपत्ति ही पैदा होती है।
【遗祸】 yíhuò विपत्ति की विरासत छोड़ना
【遗迹】 yíjì ऐतिहासिक अवशेष; चिह्न; निशान; खंडहर; ध्वंसावस्थाः 古代村落的～ प्राचीन-काल के ग्राम के अवशेष / 封建～ सामंतवाद के अवशेष
【遗交】 yíjiāo विरासत के रूप में किसी को सौंपना
【遗教】 yíjiào स्वर्गीय व्यक्ति का शिक्षणः 实行某人的～ किसी की शिक्षाओं पर अमल करना
【遗精】 yíjīng (वीर्य संबंधी) निःसारण; स्वप्न में वीर्य फेंकना
【遗老】 yílǎo ❶सत्ताच्युत राजवंश के उत्तराधिकारी; पुरानी चाल का आदमी; पुरातनपंथी व्यक्तिः 前朝～ पिछले सत्ताच्युत राजवंश के उत्तराधिकारी ❷〈लि०〉 बड़े-बड़े सामाजिक परिवर्तनों को देखने वाले बूढ़े लोग
【遗老遗少】 yílǎo-yíshào पुरानी चाल के बूढ़े और नयी सत्तारूढ़ शक्तियों के सामने न झुकने वाले युवक; नयी सत्तारूढ़ शक्तियों के सामने न झुकने वाले बूढ़े और युवक
【遗留】 yíliú छोड़ना; परिशिष्ट होना; उत्तराधिकार में मिलनाः ～给某人 किसी के लिए छोड़ना / 华侨问题是由于长期历史发展而～下来的问题。प्रवासी चीनियों का प्रश्न एक ऐसा प्रश्न है, जो हमें इतिहास के बहुत लंबे काल के विकास-क्रम से उत्तराधिकार में मिला है।
【遗漏】 yílòu छोड़ना; छोड़ देना; छूट जाना; भूल जानाः 这里有些～。यहां कुछ न कुछ छूट गया।
【遗民】 yímín ❶सत्ताच्युत राजवंश के समर्थक (या अनुगामि) ❷बड़े विप्लव के बचे हुए लोग
【遗命】 yímìng वसीयतनामा; विल; उत्तराधिकार-पत्र
【遗墨】 yímò स्वर्गीय व्यक्ति द्वारा छोड़ा गया चित्र, चिट्ठी, सुलिपि आदि
【遗尿】 yíniào 〈चिकि०〉 अनैच्छिक मूत्र-स्राव; मूत्र-असंयम
【遗篇】 yípiān स्वर्गीय व्यक्ति द्वारा छोड़े गये लेख
【遗弃】 yíqì छोड़ देना; त्यागना; विसर्जित करनाः 敌军～无数辎重。दुश्मन ने असंख्य आपूर्तियों को छोड़ दिया। / ～妻儿 अपनी पत्नी और बाल-बच्चों का त्याग कर देना
【遗缺】 yíquē (किसी के मरने, पद-त्याग, तब्दीली आदि के कारण) रिक्त स्थान
【遗容】 yíróng ❶स्वर्गीय व्यक्ति की मुखाकृति, मुख-मुद्रा या मुख का भावः 瞻仰～ स्वर्गीय व्यक्ति की मुखाकृति के दर्शन करना ❷स्वर्गीय व्यक्ति का फ़ोटो, चित्र या तस्वीर
【遗少】 yíshào नयी सत्तारूढ़ शक्तियों के सामने न झुकने वाले युवक
【遗失】 yíshī खोना; गंवानाः 他的身份证～了。उस का आइडेंटिटी-सर्टिफ़िकेट खो गया।
【遗矢】 yíshǐ 〈लि०〉 शुद्ध करना; निर्मल करना; तलछट दूर करना
【遗事】 yíshì ❶पिछले ज़माने की घटनाएं ❷स्वर्गीय व्यक्ति के कार्य
【遗书】 yíshū ❶(प्रायः पुस्तक के नाम में प्रयुक्त) स्वर्गीय व्यक्ति द्वारा छोड़ी हुई कृतियों की पांडुलिपियाँ जो उस के परवर्ती ने पुस्तक के रूप में छपवाई थीं ❷स्वर्गीय व्यक्ति द्वारा छोड़े गये पत्र ❸पुस्तक जो अब विद्यमान न हो
【遗属】 yíshǔ स्वर्गीय व्यक्ति के परिवार के लोग
【遗孀】 yíshuāng स्वर्गीय व्यक्ति की पत्नी; विधवा
【遗俗】 yísú दे० 遗风
【遗体】 yítǐ ❶मृतक शरीर; शवः ～告别 मृतक शरीर को अपना अंतिम नमस्कार करना
【遗蜕】 yítuì 〈लि०〉 (विशेषकर ताओवादी पुजारी का) मृतक शरीर; शव
【遗忘】 yíwàng भूलनाः 被～了的事 भूली हुई बातें / 童年时的伴侣，至今犹未～。बचपन के साथी जो अभी तक भुलाए नहीं गये।
【遗忘症】 yíwàngzhèng विस्मृति; स्मृतिक्षय; स्मरण-शक्ति का जाता रहना
【遗闻】 yíwén सुनी-सुनाई बातें; परम्परागत कथा
【遗物】 yíwù वसीयत; वसीयत के रूप में छोड़ी गयी चीज़ें
【遗像】 yíxiàng स्वर्गीय व्यक्ति का फ़ोटो या तस्वीर
【遗训】 yíxùn स्वर्गीय व्यक्ति का शिक्षण
【遗言】 yíyán स्वर्गीय व्यक्ति की कही हुई बातें; किसी की अंतिम बातें
【遗业】 yíyè ❶पूर्वजों का छोड़ा गया कार्य ❷पैतृक संपत्ति; बपौती; वसीयत संपदा
【遗愿】 yíyuàn स्वर्गीय व्यक्ति की छोड़ी हुई इच्छाः 实现先烈的～ शहीदों की छोड़ी हुई इच्छा को पूरा करना
【遗赠】 yízèng वसीयत करना; संपत्ति दे जाना; आगामी पीढ़ियों के लिए भेंट करनाः ～物 वसीयत द्वारा छोई हुई संपत्ति (या भेंट)
【遗诏】 yízhào सम्राट का मरने के पहले छोड़ा गया राजाज्ञापत्र
【遗照】 yízhào स्वर्गीय व्यक्ति का फ़ोटो (या तस्वीर)
【遗址】 yízhǐ भग्नावशेष; ध्वंसावशेषः 古城～ प्राचीन-काल के नगर का ध्वंसावशेष
【遗志】 yízhì स्वर्गीय व्यक्ति की पूरी न हुई इच्छा (या अभिलाषा)ः 继承先烈～ शहीदों की पूरी न हुई इच्छा (या अभिलाषा) को विरासत के रूप में ग्रहण करना
【遗珠】 yízhū खोया हुआ मोती —— अस्वीकृत बुद्धिजीवी
【遗嘱】 yízhǔ वसीयत; वसीयतनामाः 立～ वसीयत करना
【遗著】 yízhù स्वर्गीय व्यक्ति की रचना
【遗族】 yízú स्वर्गीय व्यक्ति के परिवार के लोग
【遗作】 yízuò स्वर्गीय व्यक्ति की रचना या कृति (कलात्मक या साहित्यिक)

颐[1] (頤) yí 〈लि०〉 चिबुक; हनु; ठोड़ी; गाल; कपोलः 支～ गाल हथेली में होना; हाथ से गाल को

सहारा देना

颐 2 （頤）yí 〈लि०〉स्वास्थ्य बनाना; पुष्ट करना：颐养

【颐和园】 Yíhéyuán ग्रीष्म प्रासाद

【颐养】 yíyǎng 〈लि०〉स्वास्थ्य बनाना; पुष्ट करना; अपने पर बड़ी अच्छी तरह ध्यान देना：～天年 अपने पर बड़ी अच्छी तरह ध्यान देना ताकि अधिक से अधिक आयु प्राप्त हो सके

【颐指气使】 yízhǐ-qìshǐ मुंह के इशारे से लोगों को आज्ञा देना; हद से ज़्यादा घमंडी होना

椸（箷）yí 〈लि०〉कपड़े लटकाने वाले हैंगर

疑 yí ❶संदेह करना; शंका करना; विश्वास न करना; संदेह में पड़ना：疑惑 / 疑虑 / 疑心 ❷अनिश्चित; संदिग्ध; संदेहपूर्ण：疑案 / 疑问 / 疑义

【疑案】 yí'àn शंकापूर्ण और कठिन मुकद्मा; अनिश्चित मामला

【疑兵】 yíbīng दुश्मनों को भटका देने के लिए सेना टुकड़ियों को पंक्तिबद्ध करना

【疑病】 yíbìng 〈चिकि०〉रोग-भ्रम; विषाद-रोग

【疑猜】 yícāi संदेहपूर्ण; सशंक; संदिग्ध; अविश्वासी

【疑点】 yídiǎn संदेहपूर्ण बिंदु; सशंक बात; अनिश्चित बात：如有～，就请教老师。अगर कोई सशंक बात हो, तो अध्यापक से पूछो।

【疑窦】 yídòu 〈लि०〉संदेहपूर्ण बिंदु; सशंक बात：～丛生 अचानक बहुत से सशंक विचार पैदा होना

【疑犯】 yífàn संदिग्ध आपराधिक व्यक्ति

【疑惑】 yíhuò मन में अनिश्चितता; संदेह; संशय：～不解 संदेह के कारण समझ में न आना

【疑忌】 yíjì संदेह के कारण परसुख-द्वेषी होना

【疑惧】 yíjù शंका; भय; डर

【疑虑】 yílǜ मस्तिष्क पर चिंता और आशंका

【疑难】 yínán कठिन; मुश्किल; पेचीदा：～问题 शंकापूर्ण और कठिन प्रश्न; पेचीदा सवाल / ～病症 बड़ी कठिनता से ठीक होने वाला रोग

【疑念】 yíniàn शंकाएं; संदेह

【疑神疑鬼】 yíshén-yíguǐ बहुत ज़्यादा संदेहपूर्ण; अपनी छाया से भी डरने वाला

【疑似】 yísì संदेहपूर्ण; संदिग्ध; अनिश्चित：～之间 संदेहपूर्ण; संदिग्ध; अनिश्चित / ～之词 द्वयर्थक शब्द; दुहरे मतलब वाला शब्द

【疑团】 yítuán संदेह; शंकाएं：满腹～ संदेहों से भरा होना; शंकाओं से भरा होना / ～顿释 शंकाएं तुरंत गायब हो जाना

【疑问】 yíwèn प्रश्न; सवाल; शंकायुक्त प्रश्न; शंका：毫无～ इस में कोई सवाल नहीं

【疑问代词】 yíwèn dàicí 〈व्या०〉प्रश्नवाचक सर्वनाम

【疑问副词】 yíwèn fùcí 〈व्या०〉प्रश्नवाचक क्रिया-विशेषण

【疑问句】 yíwènjù 〈व्या०〉प्रश्नवाचक वाक्य

【疑心】 yíxīn शंका; संदेह：起～ शंका उत्पन्न होना / 我～自己看错了人。शंका पैदा हुई कि कहीं मैं ने उसे गलत तो नहीं देखा।

【疑心病】 yíxīnbìng बहुत ज़्यादा संदेह करने का मनोभाव

【疑心生暗鬼】 yíxīn shēng ànguǐ शंका से ऊटपटांग विचार पैदा होता है

【疑义】 yíyì शंकापूर्ण अभिप्राय：毫无～ इस में ज़रा सा भी शंकापूर्ण अभिप्राय नहीं कि …

【疑云】 yíyún किसी के मन में शंकाएं बादल की तरह छा जाना

【疑阵】 yízhèn शत्रु को धोखा देने का सैन्य-व्यूह; विपक्ष को धोखा देने की तरकीब

嶷 yí 九嶷 Jiǔyí च्यूई पर्वत (हूनान प्रांत में)

簃 yí 〈लि०〉(प्रायः पढ़ने के कमरे के नाम में प्रयुक्त) इमारत या मंडप आदि के पास का छोटा मकान

彝 1 （彛）yí ❶प्राचीन-काल में शराब रखने का बर्तन：～器 बलि चढ़ाने के लिए प्रयुक्त बर्तन ❷〈लि०〉कानून; नियम

彝 2 （彛）Yí ई जाति

【彝剧】 yíjù ई जाति का आपेरा (युन्नान प्रांत के 楚雄 chǔxióng में प्रचलित)

【彝族】 Yízú ई जाति जो सछ्वान, युन्नान, क्वेईचओ आदि प्रांतों में और क्वांगशी च्वांग जाति के स्वायत्त प्रदेश में बसती है

鳙 yí नीचे दे०

【鳙鳙】 yíyí 〈लि०〉बहुत तेज़ सींग

yǐ

乙 1 yǐ ❶आकाशीय स्तंभ में दूसरा ❷दूसरे दर्जे का：～等 दूसरे दर्जे का ❸（Yǐ）एक कुलनाम

乙 2 yǐ 〈संगी०〉पारम्परिक चीनी संगीत की स्वरलिपि में सरगम का एक स्वर जो अंकवाली संगीत स्वरलिपि में 7 के बराबर होता है

乙 3 yǐ 乙 के आकार वाला एक चिह्न, जहां कोई शब्द या वाक्य छूट गया हो वहां वह शब्द या वाक्य जोड़ने के लिए यह चिह्न लगाया जाता है

【乙胺】 yǐ'àn 〈रसा०〉एथिलेमाइन (ethylamine); एमिनोएथेन

【乙苯】 yǐběn 〈रसा०〉एथिलबेंज़ीन (ethylbenzene); फ़ेनिलेथेन (phenylethane)

【乙部】 yǐbù चीन के परम्परागत पुस्तकालय में पुस्तकों के चार विभागों में से दूसरा विभाग अर्थात् इतिहास विभाग

【乙醇】 yǐchún 〈रसा०〉 एथिल अलकोहल; अलकोहल; एथेनोल (ethanol)

【乙肝】 yǐgān 乙型肝炎 का संक्षिप्त रूप

【乙醚】 yǐmí 〈रसा०〉 ईथर (ether)

【乙脑】 yǐnǎo （流行性乙型脑炎 liúxíngxìng yǐxíng nǎoyán का संक्षिप्त रूप）जापानी टाइप-बी एन्सेफ़ालाइटिस (या मस्तिष्कशोथ)

【乙醛】 yǐquán 〈रसा०〉 ऐसिटैल्डिहाइड (acetaldehyde); एथेनल (ethamal)

【乙炔】 yǐquē 〈रसा०〉 ऐसीटिलीन (acetylene); एथिन (ethyne)：～焊 ऐसीटिलीन वेल्डिंग

【乙酸】 yǐsuān 〈रसा०〉 （醋酸 cùsuān का दूसरा नाम）ऐसीटिक ऐसिड

【乙烷】 yǐwán 〈रसा०〉 एथेन (ethane)

【乙烯】 yǐxī 〈रसा०〉 एथिलीन (ethylene)

【乙烯醇】 yǐxīchún 〈रसा०〉 वाइनिल अलकोहल

【乙烯基】 yǐxījī 〈रसा०〉 वाइनिल (vinyl)

【乙烯基塑料】 yǐxījī sùliào 〈रसा०〉 वाइनिल प्लास्टिक

【乙酰】 yǐxiān 〈रसा०〉 ऐसिटिल (acetyl)

【乙酰胆硷】 yǐxiān dǎnjiǎn 〈जीव०र०〉 ऐसिटिलकोलीन (acetylcholine)

【乙酰基】 yǐxiānjī 〈रसा०〉 ऐसिटिल ग्रुप

【乙酰水杨酸】 yǐxiānshuǐyángsuān ❶〈रसा०〉 ऐसिटिलसैलिसिलिक ऐसिड ❷〈औष०〉 एस्पिरीन

【乙酰唑胺】 yǐxiānzuò'àn 〈औष०〉 ऐसिटाज़ोलामिड; डायमॉक्स

【乙型超声波】 yǐxíng chāoshēngbō (इस का लोकप्रचलित नाम B 超) बी-मोड (या बी-प्रकार) परास्वर

【乙型肝炎】 yǐxíng gānyán 〈चिकि०〉 यकृतशोथ बी; बी-टाइप यकृतशोथ; विरल हेपटाइटिस बी

【乙夜】 yǐyè रात में पहरे की दूसरी गश्त; लगभग रात के दस बजे

【乙种粒子】 yǐzhǒng lìzǐ 〈भौ०〉 बीटा पाटिकल; बीटा कण

【乙种射线】 yǐzhǒng shèxiàn 〈भौ०〉 बीटा रे; बीटा किरण

【乙种维生素】 yǐzhǒng wéishēngsù विटामिन बी

【乙状结肠】 yǐzhuàng jiécháng एस् टाइप का कोलन; अंतड़ी का एस् टाइप वाला भाग

已 yǐ ❶रुकना; समाप्त करना; अंत करना：争论不～ निरंतर वाद-विवाद करना ❷〈क्रि०वि०〉 पहले से; पहले ही; पूर्व से ही：他～看过。वह पहले से पढ़ चुका है। / ～达极点 अपनी चरम सीमा तक पहुंच चुकना ❸〈लि०〉 बाद में; थोड़ी देर बाद：已而 / ～忽不见 थोड़ी देर बाद गायब हो जाना ❹〈लि०〉 बहुत अधिक; आवश्यकता से अधिक; हद से ज़्यादा：不为～甚 हद से ज़्यादा काम न करना

【已而】 yǐ'ér 〈लि०〉 ❶थोड़ी देर बाद; इस के बाद; बाद में：突然雷电大作，～大雨倾盆。सहसा बिजली चमकने लगी और बादल गरजने लगे, इस के बाद मूसलधार पानी बरसने लगा। ❷बस; बस छोड़ दो

【已故】 yǐgù स्वर्गीय; दिवंगत; मृतः ～总理 स्वर्गीय प्रधान मंत्री

【已极】 yǐjí बेहद; नितांत; अत्यंत; पूर्ण रूप से：狂妄～ अत्यंत उद्धत

【已经】 yǐjīng पहले से; पहले ही; पूर्व से ही：雨～停了。पानी पहले से बंद हो चुका है। / 他～说过了，他不来了。उस ने बता दिया था कि वह नहीं आएगा।

【已决犯】 yǐjuéfàn 〈का०〉 दोष प्रमाणित अपराधी

【已然】 yǐrán ❶पहले से; पहले ही; पूर्व से ही：事情～如此，算了，不要去想它了。बात ऐसी-ही हो गई, बस, इसे छोड़ दो, फिर न सोचो। ❷बात पहले ही तथ्य बन जाना：与其补救于～，不如防止于未然。इलाज से बेहतर है, बीमारी को होने ही न देना। भूलसुधार से बेहतर है, भूल न करना

【已甚】 yǐshèn 〈लि०〉 बहुत अधिक; हद से ज़्यादा; बहुतायत से：病之～ बहुत गंभीर बीमारी होना

【已往】 yǐwǎng पहले; अतीत में; अतीत काल में; पूर्वतः

【已知数】 yǐzhīshù ज्ञात अंक; परिचित अंक

以¹ yǐ ❶〈पूर्व०〉 से; द्वारा：以德报怨 / 以毒攻毒 / ～多胜少 एक छोटी फ़ौज को परास्त करने के लिए एक बड़ी फ़ौज का इस्तेमाल करना / ～平等待人 समानता की दृष्टि से दूसरों के साथ बर्ताव करना ❷〈पूर्व०〉 के अनुसार：～次入座 क्रम के अनुसार अपनी अपनी सीट पर जा बैठना ❸〈पूर्व०〉 के कारण：何～知之？तुम्हें कैसे मालूम हुआ ? / 勿～恶小而为之，勿～善小而不为。ऐसा नहीं होना चाहिए कि कम बुरे काम में हाथ डालें और कम अच्छे काम को छोड़ दें। ❹के लिए; के निमित्त; के उद्देश्य से; ताकि; इसलिए कि：～待时机 मौका ताकने के उद्देश्य से / ～示二者有别 ताकि इन दोनों में फ़र्क दिखाया जा सके ❺〈लि०〉 पर; में; को：余～十月一日抵京。पहली अक्तूबर को मैं पेइचिंग पहुंचा। ❻〈लि०〉〈संयो०〉 और：城高～厚。नगर की चहारदीवारी ऊंची और मोटी है।

以² yǐ (स्थानवाचक या दिशावाचक शब्दों के पहले आकर समय, स्थान, दिशा आदि की सीमा का बोध होता है)：来～前 आने के पहले / 去～后 जाने के बाद / 十～上 दस के ऊपर / 五～下 पांच से नीचे / ～内 के अन्दर / ～外 के बाहर / ～东 से पूर्व

【以暴易暴】 yǐbào-yìbào किसी अत्याचार के स्थान पर दूसरा अत्याचार रख देना

【以备不虞】 yǐbèi-bùyú किसी आकस्मिक बात के लिए तैयार रहना

【以便】 yǐbiàn 〈संयो०〉 ताकि; जिस से; इस से：要多多锻炼，～使身体健康。खूब कसरत करो ताकि मज़बूत बनो। / 要用心读书，～将来能很好地为人民服务。मन लगाकर पढ़ो जिस से भविष्य में अच्छी तरह जनता की सेवा कर सको।

【以不变应万变】 yǐ bùbiàn yìng wànbiàn अपरिवर्तन द्वारा सभी परिवर्तनों से निपटना —— स्थिर सिद्धांत

या नीति पर डटे रहने के द्वारा सतत बदलती रहती स्थिति से निपटना

【以词害意】 yǐcí–hàiyì शब्दों का अभिप्राय से टकराव होने देना

【以此为戒】 yǐcǐwéijiè इसे सबक के रूप में लेना; इस से सावधानी मिलना

【以次】 yǐcì ❶क्रमशः; क्रम से; एक-एक करके ❷बाद का; नीचे का; नीचे लिखे हुए; निम्नलिखितः ～各章 बाद के अध्याय; नीचे लिखे हुए अध्याय

【以德报怨】 yǐdé–bàoyuàn बुराई का बदला भलाई के रूप में देना

【以点带面】 yǐdiǎn–dàimiàn एक जगह का अनुभव सब जगह फैलाना

【以毒攻毒】 yǐdú–gōngdú ज़हर को ज़हर से मारना

【以讹传讹】 yǐ'é–chuán'é गलत संदेश को उसी रूप में फिर आगे प्रसारित कर देना (जिस से तथ्य से वह बहुत दूर होता जाए)

【以耳代目】 yǐ'ěr–dàimù कानों सुनी बात को आंखों देखी समझना

【以防万一】 yǐfángwànyī सभी संभाव्य घटनाओं के लिए तैयार रहनाः 天也许不会下雨，但你还是带把伞，～。सभी संभाव्य बातों के लिए तैयार रहो । पानी शायद न बरसेगा, फिर भी तुम छाता लेकर जाओ तो ज़्यादा अच्छा है ।

【以丰补歉】 yǐfēng–bǔqiàn अच्छी फ़सल वाले सालों में फ़सल को मंदी वाले सालों के लिए संचित करना; अच्छी फ़सल वाले क्षेत्र का कम फ़सल वाले क्षेत्र की सहायता करना

【以工代赈】 yǐgōng–dàizhèn सहायता देने के स्थान पर काम का प्रबन्ध करना

【以功臣自居】 yǐ gōngchén zì jū अपने को बड़ा योगदान देने वाला समझ बैठना

【以攻为守】 yǐgōng–wéishǒu रक्षा करने के लिए आक्रमण करना; आक्रमण के रूप में अपनी जगह पर टिका रहना

【以古非今】 yǐgǔ–fēijīn वर्तमान की तुलना में अतीत की बढ़ा-चढ़ा कर प्रशंसा करना

【以寡敌众】 yǐguǎ–dízhòng थोड़ी (सेना) से बहुतों का मुकाबला करना

【以观后效】 yǐguānhòuxiào (दंड को घटाकर) देखना कि अपराधी कैसे व्यवहार करता है

【以广招徕】 yǐguǎngzhāolái ताकि अधिक ग्राहकों को आकर्षित कर सके

【以后】 yǐhòu के बाद; के उपरांत; के पश्चात; पीछे; बाद मेंः 解放～ मुक्ति के बाद / ～，我还要来的。बाद में मैं फिर आऊंगा ।

【以及】 yǐjí <संयो०> और; तथाः 他的书柜里有文学的、历史的、地理的～其他各学科的书。उस की अलमारी में साहित्य, इतिहास, भूगोल और अन्य प्रकार के विज्ञानों की पुस्तकें हैं ।

【以己度人】 yǐjǐ–duórén अपने विचार से दूसरे का अनुमान करना

【以假乱真】 yǐjiǎ–luànzhēn झूठे को सच के साथ मिलाना; कृत्रिम को मूल के साथ मिलाना

【以解倒悬】 yǐjiědàoxuán ताकि कष्ट में किसी की सहायता की जा सके

【以近】 yǐjìn <परिव०> तकः 上海～的车票 शांगहाई तक के (रेल के) टिकट

【以儆效尤】 yǐjǐngxiàoyóu किसी बुरे व्यक्ति को दंड देने से दूसरे को चेतावनी देना

【以来】 yǐlái से; उस समय से; तब से; जब सेः 建国～ चीन लोक गणराज्य की स्थापना से / 长期～ लंबे अरसे से / 自古～ प्राचीन काल से

【以泪洗面】 yǐlèi–xǐmiàn आंसुओं से मुंह धोना

【以蠡测海】 yǐlí–cèhǎi घोंघे के सीप से समुद्र नापना —— सीमित जानकारी की सहायता से आंकना (या अनु- मान करना)

【以礼相待】 yǐlǐ–xiāngdài उचित आदर से किसी के साथ व्यवहार करना

【以理服人】 yǐlǐ–fúrén तर्क द्वारा समझाना-बुझाना

【以力服人】 yǐlì–fúrén बल-प्रयोग द्वारा दूसरों पर शा- सन करना या अपनी बात मनवाना

【以邻为壑】 yǐlín–wéihè पड़ोसी के खेत को अपने फ़ालतू पानी की निकासी का साधन बनाना —— अपने कष्ट दूसरों को देना

【以卵投石】 yǐluǎn–tóushí（以卵击石 yǐ luǎn–jīshí भी）अंडे को चट्टान पर फेंकना —— अपनी ताकत का अधिक अंदाज लगाना; अपनी योग्यता को न समझना; अपने हाथों अपनी कब्र खोदना

【以貌取人】 yǐmào–qǔrén किसी व्यक्ति की जांच केवल उस की मुखाकृति से करना

【以免】 yǐmiǎn <संयो०> ताकि … न हो या न करे; किसी (से) बचने के उद्देश्य सेः ～会议流于形式 ताकि मीटिंग में किए जाने वाले निर्णय महज़ रस्मी बनकर न रह जाएँ

【以内】 yǐnèi के भीतर; के अंदरः 围墙～ चहार-दीवारी के अंदर / 三年～ तीन साल में; तीन साल के अंदर

【以偏概全】 yǐpiān–gàiquán अंश को संपूर्ण समझ लेना

【以期】 yǐqī ताकि; इस आशा से किः 我们要再接再厉，～取得完全的胜利。हमें निरंतर प्रयत्न करते रहना चाहिए ताकि पूर्ण विजय प्राप्त कर सकें ।

【以其昏昏，使人昭昭】 yǐqí–hūnhūn, shǐrén–zhāozhāo स्वयं अंधेरे में रह कर दूसरों तक प्रकाश पहुँचाने की कोशिश करना

【以其人之道，还治其人之身】 yǐ qí rén zhī dào, huán zhì qí rén zhī shēn दूसरों के साथ वैसा ही बरताव करो जैसा वे तुम्हारे साथ करते हैं; जैसे को तैसा

【以前】 yǐqián के पहलेः 解放～ मुक्ति के पहले / 五年～ पांच साल पहले / ～他是个工人。पहले वह मज़दूर था ।

【以强凌弱】 yǐqiáng–língruò बलवान द्वारा निर्बल को उत्पीड़ित किया जाना

【以求】 yǐqiú ताकि; इस आशा से किः ～全胜。ताकि पूर्ण विजय प्राप्त की जा सके ।

【以屈求伸】 yǐqū-qiúshēn सीधा होने के लिए पहले झुकना —— आगे बढ़ने के लिए पहले पीछे हटना; अच्छी स्थिति प्राप्त करने के लिए पहले रियायत देना

【以权谋私】 yǐquán-móusī अपने पद या शक्ति का दुरुपयोग करके व्यक्तिगत लाभ हासिल करना; व्यक्तिगत लाभ के लिए अपनी शक्ति का दुरुपयोग करना

【以人废言】 yǐrén-fèiyán नापसंद या खराब व्यक्ति की सभी बातों को, चाहे ठीक भी हों, अस्वीकार करना

【以柔克刚】 yǐróu-kègāng लचीलेपन द्वारा शक्तिशाली पर विजय पाना

【以弱敌强】 yǐruò-díqiáng कमज़ोर फ़ौज का मज़बूत फ़ौज से टक्कर होना

【以色列】 Yǐsèliè इज़राइल

【以色列人】 Yǐsèlièrén इज़राइली

【以色列议会】 Yǐsèliè yìhuì नेसेट (Knesset)

【以上】 yǐshàng ❶से अधिक; से ज़्यादा: 二十人～ बीस से अधिक व्यक्ति / 六岁～的孩子 छह साल से अधिक का बालक / 需要三天～的时间 तीन दिन से अधिक समय की आवश्यकता होना ❷उपरोक्त; उक्त (बात)

【以少胜多】 yǐshǎo-shèngduō थोड़ों से बहुतों को परास्त करना

【以身试法】 yǐshēn-shìfǎ कानून की परवाह न करना; कानून की अवमानना करना

【以身殉职】 yǐshēn-xùnzhí अपनी ड्यूटी पर काम करते हुए देहांत हो जाना: 不幸～ अपनी ड्यूटी पर काम करते हुए दुर्भाग्यवश देहांत हो जाना

【以身作则】 yǐshēn-zuòzé अपनी कार्यवाहियों में आदर्श नमूना पेश करना; आदर्श के रूप में काम करना; मिसाल कायम करना

【以十当百】 yǐshí-dāngbǎi सौ का दस से मुकाबला कराना

【以势压人】 yǐshì-yārén बल-प्रयोग से दूसरों को दबाना

【以售其奸】 yǐshòuqíjiān अपनी साजिश पूरी करने के लिए; अपना कपटी मकसद हासिल करना

【以税代利】 yǐshuì-dàilì (राजकीय कारोबार का) सरकार को मुनाफ़े की जगह कर देना

【以太】 yǐtài 〈भौ०〉 ईथर

【以太网】 yǐtàiwǎng 〈कंप्यू०〉 ईथरनेट

【以汤沃雪】 yǐtāng-wòxuě बर्फ़ को पिघलाने के लिए उबला पानी डालना —— बड़ी आसानी से कर सकना

【以汤止沸】 yǐtāng-zhǐfèi उबले पानी से पानी के उबाल को रोकने की कोशिश करना —— निरर्थक उपाय

【以退为进】 yǐtuì-wéijìn पीछे हटने के रूप में आगे बढ़ना; आगे बढ़ने के लिए पीछे हटना; अच्छी स्थिति प्राप्त करने के लिए रियायत करना

【以外】 yǐwài के बाहर; के बाद; के अलावा; को छोड़कर: 五天～ पांच दिन के बाद / 长城～ लंबी दीवार के बाहर / 除了书～，别的我都不要。पुस्तकों को छोड़कर बाकी सब मुझे नहीं चाहिए। / 除了衣服～，我还要书。कपड़े के अलावा मुझे किताब भी चाहिए।

【以往】 yǐwǎng पहले: 这里～是稻田。यहां पहले धान का खेत था। / 工资比～大有提高。वेतन पहले से बहुत अधिक बढ़ गया।

【以为】 yǐwéi सोचना; समझना; मानना: 我还～不是他呢。मैं ने सोचा कि वह नहीं था। / 他本来～我不会来了。उसे आशा बंध गई थी कि मैं नहीं आऊंगा। / 张先生～不然。चांग साहब नहीं माने।

【以…为…】 yǐ…wéi… … के रूप में …; … के लिए …; … को … देना: 以农业为基础，以工业为主导。कृषि को आधार बनाना, उद्योग को प्रधानता देना / 以姓氏笔画为序 कुलनाम के चीनी अक्षर की स्ट्रोक-संख्या के अनुसार क्रम निश्चित करना

【以文会友】 yǐwén-huìyǒu साहित्यिक कार्यवाहियों के ज़रिए मित्र बनाना

【以我之长，攻敌之短】 yǐ wǒ zhī cháng, gōng dí zhī duǎn अपने मज़बूत पहलुओं को दुश्मन के कमज़ोर पहलुओं पर प्रहार करने के लिए इस्तेमाल करना

【以下】 yǐxià ❶के नीचे; से कम; के अंदर: 五岁～儿童 पांच साल से छोटा बालक / 三年～ तीन साल से कम / 十层～ दसवीं मंज़िल के नीचे ❷निम्न; नीचे; निम्नलिखित: ～是委员会委员名单。नीचे समिति के सदस्यों की नामसूची है। / ～分析几个具体问题。नीचे हम कुछ ठोस प्रश्नों का विश्लेषण करेंगे।

【以销定产】 yǐ xiāo dìng chǎn विक्रय के अनुसार उत्पादन की योजना बनाना

【以小人之心，度君子之腹】 yǐ xiǎorén zhī xīn, duó jūnzǐ zhī fù अपने घटिया मान-दंडों से किसी सज्जन के दिल को मापना

【以眼还眼，以牙还牙】 yǐyǎn-huányǎn, yǐyá-huányá ईंट का जवाब पत्थर से देना

【以一当十】 yǐyī-dāngshí दस का एक से मुकाबला कराना

【以逸待劳】 yǐyì-dàiláo थके हुए शत्रु की बड़े आराम से राह देखना

【以远】 yǐyuǎn 〈परिव०〉 से परे; से आगे; से दूर: 这里只售济南～的车票。यहां केवल चीनान और उस से दूर के स्थानों के टिकट बिकते हैं।

【以远权】 yǐyuǎnquán 〈परिव०〉 उड़ान-मार्ग को आगे बढ़ाने का अधिकार; किसी निर्दिष्ट बिंदु से आगे उड़ान भरने का अधिकार

【以怨报德】 yǐyuàn-bàodé अकृतज्ञता दिखाना; भलाई का बदला बुराई से देना; नेकी का बदला बदी से देना

【以正视听】 yǐzhèngshìtīng तथ्यों की सही समझ को सुनिश्चित करने के लिए

【以直报怨】 yǐzhí-bàoyuàn बुराई का बदला नेकी के रूप में देना

【以至】 yǐzhì ❶〈संयो०〉 यहां तक कि: 一年级、二年级～四年级的学生都来看足球赛了。पहले साल, दूसरे साल यहां तक कि चौथे साल के विद्यार्थी भी फ़ुटबाल मैच देखने आए हैं। ❷ (以至于 yǐzhìyú भी) कि; जिस से; जो: 他专心画画，～忘了吃饭的时间。वह तस्वीर बनाने में इतना मग्न था कि खाना खाने का समय भी भूल गया।

【以致】 yǐzhì कि; जो; जिस से; नतीजा यह हुआ कि: 他平时不用功，～考试没有及格。वह मेहनत से नहीं पढ़ता, नतीजा यह हुआ कि परीक्षा में वह फ़ेल हो गया।

【以资】 yǐzī एक उपाय के रूप में: ～比较 तुलना के वास्ते / ～鼓励 प्रेरणा के रूप में / ～证明 प्रमाणित करने के लिए; साक्ष्य के वास्ते

【以子之矛，攻子之盾】 yǐzǐzhīmáo, gōngzǐzhīdùn अपने भाले से अपनी ही ढाल पर हमला करना —— अपनी दलील से अपने को ही झूठा सिद्ध करना

㠯 yǐ 〈लि०〉 以 yǐ के समान

钇 yǐ 〈रसा०〉 इट्रियम (Y)

苡 yǐ 薏苡 yìyǐ 〈वन०〉 जॉब्स टियर्स

【苡米】 yǐmǐ （薏米 yǐmǐ का दूसरा नाम）जॉब्स टियर्स का बीज

【苡仁】 yǐrén（薏米 yǐmǐ का दूसरा नाम）जॉब्स टियर्स का बीज

尾 yǐ ❶घोड़े की पूंछ पर बाल: 马～罗 घोड़े की पूंछ के बालों से बनी चालनी, झन्नी या छाननी ❷झींगुर के पूंछ का सूई जैसा बाल

wěi भी दे०

矣 yǐ 〈लघु०अ०〉〈लि०〉 ❶(वाक्य के अंत में प्रयुक्त) 了 le के समान: 悔之晚～。पछताने में देर हो गई। ❷(विस्मयादिबोधक वाक्य में प्रयुक्त): 大～哉! कितना बड़ा है! / 难～哉! कितना कठिन!

苢 yǐ दे० 芣苢 fúyǐ 〈वन०〉 प्राचीन काल की पुस्तकों में वर्णित एक प्रकार का एशियाई प्लैंटेन (घास) जो दवा के काम आता है

迤（迆）yǐ (की ओर) जाना: 天安门～东是劳动人民文化宫。थ्येन आन मन से पूर्व की ओर चलकर श्रमिक जन सांस्कृतिक प्रासाद है।

yí भी दे०

【迤逦】 yǐlǐ 〈लि०〉 वक्र; टेढ़ा-मेढ़ा; टेढ़ा-मेढ़ा चलता हुआ: 队伍沿着山道～而行。फ़ौज टेढ़े-मेढ़े पहाड़ी रास्ते के किनारे-किनारे बढ़ रही थी।

蚁（蟻、螘）yǐ ❶चींटी ❷（Yǐ）एक कुलनाम

【蚁蚕】yǐcán दे० 蚕蚁 cányǐ अंडे से नया निकला रेशम-कीड़े का बच्चा

【蚁巢】 yǐcháo चींटी का घर

【蚁垤】 yǐdié बांबी; बिमौट; वल्मीक: ～仙人 वल्मीकि

【蚁封】 yǐfēng दीमकों के रहने की बांबी; बिमौट

【蚁后】 yǐhòu चींटियों की रानी

【蚁䴕】 yǐliè 〈प्राणि०〉 राइ-नेक, कठफुड़वा जाति का पक्षी

【蚁丘】 yǐqiū दीमकों के रहने की बांबी; बिमौट

【蚁醛】 yǐquán दे० 甲醛 jiǎquán 〈रसा०〉 फ़ार्मएल्डिहाइड (formaldehyde)

【蚁酸】 yǐsuān दे० 甲酸 jiǎsuān 〈रसा०〉 फ़ार्मिक ऐसिड (formic acid)

舣（艤、檥）yǐ 〈लि०〉 नाव को किनारे तक चलाना

酏 yǐ नीचे दे०

【酏剂】 yǐjì 〈औष०〉 एलिक्ज़र (elixir)

倚 yǐ ❶सहारा लेना: ～门而立 दरवाज़े का सहारा लेकर खड़ा होना ❷भरोसा रखना: ～势欺人 अपने पद से लाभ उठाकर जनता को सताना ❸〈लि०〉 तरफ़दार; पक्ष-पातपूर्ण: 不偏不～ अपक्षपाती; गैरतरफ़ी; गैर-जवाबदार

【倚傍】 yǐbàng दे० 依傍 yībàng

【倚官仗势】 yǐguān-zhàngshì अपनी ताकत और पद पर भरोसा रखना; अपने ताकतवर संबंधों पर भरोसा करना

【倚靠】 yǐkào ❶सहारा लेना ❷दे० 依靠 yīkào

【倚赖】 yǐlài दे० 依赖 yīlài

【倚老卖老】 yǐlǎo-màilǎo अपनी ज्येष्ठ या वयोवृद्ध उम्र से लाभ उठाना (शिष्टाचार, विनियम आदि पर ध्यान न देना); अपनी ज्येष्ठता से अपनी शान दिखाना

【倚马可待】 yǐmǎ-kědài घोड़े की सी गति से लिखना —— बहुत जल्दी लिख सकना

倚马千言 भी दे०

【倚马千言】 yǐmǎ-qiānyán घोड़े के वक्ष के एक ओर जल्दी हज़ार शब्द लिख डालना —— (इस के बारे में एक कहानी है। चिन राजवंश (265-420 ई०) में य्वान हू न ने एक बार घोड़े के वक्ष पर बड़ी दक्षता से जल्दी-जल्दी एक दस्तावेज़ लिख डाला)

倚马可待 भी दे०

【倚仗】 yǐzhàng भरोसा करना: ～权势 —— दे० 倚官仗势

【倚重】 yǐzhòng किसी की सेवा पर बहुत अधिक भरोसा करना

扆 yǐ ❶〈प्रा०〉 एक प्रकार की (लकड़ी की) ओट या आड़ ❷（Yǐ）एक कुलनाम

椅 yǐ कुर्सी: 木～ लकड़ी की कुर्सी / 安乐～ आराम कुर्सी

yī भी दे०

【椅背】 yǐbèi कुर्सी की पीठ

【椅披】 yǐpī कुर्सी का रंगीन रेशमी आवरण

【椅套】 yǐtào कुर्सी का गिलाफ़ जो कुर्सी पर ऊपर से चढ़ा दिया जाता है

【椅子】 yǐzi कुर्सी

【椅子顶】 yǐzidǐng 〈कला०〉 कुर्सियों के पिरामिड पर संतुलन

颐（顗）yǐ 〈लि०〉 शांति (प्राचीन काल में प्रायः

व्यक्ति के नाम में प्रयुक्त)

蛾 yǐ 〈लि०〉 蚁 yǐ के समान
é भी दे०

旖 yǐ नीचे दे०

【旖旎】 yǐnǐ 〈लि०〉 आकर्षित; हर्षित; मन मोहित; लुभावना: 风光～ मन मोहित करने वाला दृश्य

踦 yǐ 〈लि०〉 बलपूर्वक रोकना

齮（齮） yǐ 〈लि०〉 दांत से काटना: 齮龁

【齮龁】 yǐhé 〈लि०〉 ❶दांत से काटना; कुतरना; काटते रहना ❷ईर्ष्या करना और घृणा करना

yì

乂 yì 〈लि०〉 नियंत्रण; शांति: ～安 शांति में (होना)

弋 yì ❶〈लि०〉 रस्सी के साथ बंधे हुए तीर से पक्षी मारना: 弋获 ❷पक्षी मारने के लिए रस्सी के साथ बांधा गया तीर ❸ （Yì） एक कुलनाम

【弋获】 yìhuò 〈लि०〉 ❶(तीर से पक्षी) मारना ❷(अपराधी, डाकू आदि) पकड़ लेना

【弋取】 yìqǔ 〈लि०〉 पकड़ना; पकड़ लेना

【弋阳腔】 yìyángqiāng （弋腔 yìqiāng भी） मिंग राजवंश (1368-1644 ई०) में आपेरा की एक शैली जो आरंभ में च्यांगशी प्रांत की ईयांग काउंटी में प्रचलित थी और बाद में बहुत से अन्य दूसरे स्थानों में भी फैली। इस में मुख्य रूप से एक गायक गाता था और गायक-दल सहगान करता था

亿（億） yì ❶दस करोड़ ❷(प्राचीन काल में) एक लाख

【亿万】 yìwàn लाखों; करोड़ों: ～人民 करोड़ों करोड़ जनता / ～富翁 करोड़पति; लखपति

【亿万斯年】 yìwànsīnián अनंत काल; गणनातीत काल; अंतहीन समय

义[1]（義） yì ❶न्याय; नेकी; न्यायप्रियता: 见～勇为 नैतिक साहस प्रकट करना / 见利忘～ मुनाफ़ों की उम्मीद पर तमाम नैतिक सिद्धांतों को भूल जाना ❷न्यायनिष्ठ; नेक; न्यायपूर्ण; न्यायोचित: 义举 / 义演 ❸मानवीय संबंध; संबंध: 情～ मित्रता का बंधन; मैत्री; साथीपन ❹दत्तक; गोद लिया हुआ; पालक; धर्म: ～父 धर्म पिता; पालक पिता / ～子 धर्म बेटा; दत्तक पुत्र ❺कृत्रिम: ～发 कृत्रिम बाल ❻ （Yì） एक कुलनाम

义[2]（義） yì अर्थ; मतलब: 字～ शब्द का अर्थ / 词～ शब्दार्थ

【义兵】 yìbīng न्यायनिष्ठ सेना: 举～ न्यायपूर्ण युद्ध के लिए सेना का संग्रह करना

【义不容辞】 yìbùróngcí निभाने के लिए इनकार न कर सकने वाली ज़िम्मेदारी

【义仓】 yìcāng 〈पुराना〉 भविष्य में प्रयोग के लिए सार्वजनिक अन्न-भंडार; अकाल-निवारण के लिए अनाज संग्रह करने का भंडार

【义齿】 yìchǐ कृत्रिम दांत; बनावटी दांत

【义地】 yìdì 〈पुराना〉 गरीबों आदि के लिए मुफ़्त कब्रगाह

【义方】 yìfāng 〈लि०〉 व्यवहार या कार्यवाही का उचित ढंग

【义愤】 yìfèn (न्यायविरोधी दुष्कर्म से उत्पन्न) क्रोध; रोष; गुस्सा: 激起人民的～ जनता का रोष भड़क उठना / 民族～高涨 जनता का देशभक्तिपूर्ण रोष बढ़ जाना

【义愤填膺】 yìfèn-tiányīng हृदय में क्रोध-भाव भरा होना

【义工】 yìgōng ❶स्वयंसेवा ❷स्वयंसेवक

【义和团】 Yìhétuán ई ह थ्वान, उन्नीसवीं शताब्दी के अंत में उत्तर चीन की जनता द्वारा संगठित साम्राज्यवादी आक्रमण का विरोध करने वाला संगठन; बक्सर विद्रोही

【义和团运动】 Yìhétuán Yùndòng ई ह थ्वान आंदोलन; बक्सर विद्रोह

【义举】 yìjǔ सार्वजनिक हित के लिए की गयी उदार चरित वाली कार्यवाही

【义捐】 yìjuān सार्वजनिक कल्याण के लिए दिया गया चंदा

【义军】 yìjūn विद्रोह करने या न्याय के लिए लड़ने वाली सेना

【义理】 yìlǐ (भाषण, लेख आदि का) विषय और तर्क: 剖析～ विषय और तर्क का विश्लेषण करना

【义烈】 yìliè निष्ठावान और सत्य का पक्षपाती

【义卖】 yìmài न्याय या सार्वजनिक हित के लिए माल बेचकर चंदा जमा करना

【义民】 yìmín राजभक्त लोग

【义母】 yìmǔ धर्म माता

【义女】 yìnǚ धर्म बेटी

【义旗】 yìqí विद्रोह करने या न्याय के लिए लड़ने वाली सेना का झंडा; न्याय-परायणता का झंडा: 举起～ उक्त झंडा उठाना या बुलंद करना

【义气】 yìqi ❶किसी वर्ग या समाज का सदाचार या नैतिकता: 讲～ अपने मित्र के प्रति निष्ठावान होना ❷निष्ठावान; वफ़ादार: 他多～。 वह कितना निष्ठावान है।

【义犬】 yìquǎn स्वामी-भक्त कुत्ता

【义师】 yìshī विद्रोह करने या न्याय के लिए लड़ने वाली सेना

【义士】 yìshì न्यायनिष्ठ व्यक्ति; उच्चाशय (व्यक्ति); उच्च-नैतिकता वाला; पराक्रमी; क्षात्रधर्मी

【义疏】 yìshū शास्त्रीय ग्रंथ की टीकाएं: 《论语～》 'कनफ़्यूशियस की सटीक सूक्तियां'

【义塾】 yìshú दे० 义学

【义无反顾】 yìwúfǎngù （义无返顾 yìwúfǎngù

भी) सम्मान वापिस लौटाने की इजाज़त नहीं देता —— अपने कर्तव्य को पूरा करो और पीछे की ओर मुड़ने की मत सोचो

【义务】 yìwù ❶कर्तव्य; फ़र्ज; ड्यूटी: 有～… …के लिए कर्तव्यबद्ध होना ❷अवैतनिक; स्वयंसेवक: ～宣传员 अवैतनिक प्रचारक

【义务兵】 yìwùbīng अनिवार्य सेवक (सैनिक)

【义务兵役】 yìwù bīngyì अनिवार्य सैन्य-प्रवेश या सैन्य-सेवा

【义务兵役制】 yìwù bīngyìzhì अनिवार्य सैन्य-सेवा का नियम; जबरन सैनिक सेवा की व्यवस्था; सेना में अनिवार्य भरती की व्यवस्था

【义务教育】 yìwù jiàoyù अनिवार्य शिक्षा; लाजिमी तालीम

【义务劳动】 yìwù láodòng श्रमदान; स्वेच्छा श्रम; अवैतनिक कार्य

【义项】 yìxiàng शब्दकोश में दर्ज की हुई मद के अर्थ

【义形于色】 yìxíngyúsè मुंह पर न्यायविरोधी दुष्कर्म से उत्पन्न क्रोध की भावना प्रकट करना

【义学】 yìxué 〈पुराना〉 निजी या सार्वजनिक कल्याण की रकम से चलाया जाने वाला मुफ़्त स्कूल

【义演】 yìyǎn न्याय या सार्वजनिक हित के लिए नाटक का आयोजन करके चंदा जमा करना

【义勇】 yìyǒng न्यायनिष्ठ और साहसपूर्ण या निर्भीक

【义勇军】 yìyǒngjūn स्वयंसेवक सैनिक; स्वयंसेवक सैन्य दल; देशरक्षक सेना

【义勇军进行曲】 Yìyǒngjūn Jìnxíngqǔ 'स्वयंसेवक सैनिकों का अभियान गीत' (चीन लोक गणराज्य का राष्ट्रीय गीत)

【义园】 yìyuán दे० 义地

【义蕴】 yìyùn दे० 意蕴 yìyùn अर्थ; निहितार्थ

【义战】 yìzhàn न्यायपूर्ण युद्ध:《春秋》无～。'वसंत और शरद वार्षिकी' में कोई न्यायपूर्ण युद्ध नहीं था।

【义诊】 yìzhěn (डॉक्टर का) मुफ़्त में रोगी की चिकित्सा करना

【义正词严】 yìzhèng-cíyán न्यायपूर्ण तर्क और गंभीर भाषण: ～批判 किसी का ज़ोरदार और सही खंडन करना

【义肢】 yìzhī 〈चिकि०〉 कृत्रिम पांव या हाथ

【义子】 yìzǐ धर्म बेटा

【义冢】 yìzhǒng 〈पुराना〉 अपरिचित व्यक्ति के शव को दफ़नाने की जगह; सार्वजनिक कब्रिस्तान

艺（藝） yì ❶दक्षता; कौशल; हुनर: 工～ तकनालोजी / 手～ हस्तकौशल; शिल्पकला; कारीगरी ❷कला: 文～ कला-साहित्य / 艺人 ❸नियम; मानदंड; कसौटी; सीमा: 贪贿无～ लालच की सीमा न होना

【艺高人胆大】 yì gāo rén dǎn dà अत्युत्तम कौशल से आचरण में निर्भीकता उत्पन्न होती है

【艺妓】 yìjì (जापान में) गेइशा (geisha)

【艺林】 yìlín कला जगत्; कला-चक्र; कला-क्षेत्र

【艺龄】 yìlíng किसी के रंगमंचीय जीवन की अवधि

【艺名】 yìmíng (अभिनेता या अभिनेत्री का) रंगमंच का नाम

【艺能】 yìnéng कौशल; हुनर; तकनीकी योग्यता

【艺人】 yìrén ❶कलाकार ❷कारीगर; शिल्पकार

【艺术】 yìshù ❶कला; आर्ट: ～爱好者 कलाप्रेमी / ～成就 कलात्मक उपलब्धि / ～创作 कलात्मक रचना / 价值 कलात्मक महत्व; कलात्मक मूल्य / ～手法 कला का तरीका / ～欣赏 कलापूर्ण आनंद / ～形式 कला का रूप / ～作品 कलाकृति

【艺术家】 yìshùjiā कलाकार; शिल्पकार; आर्टिस्ट

【艺术界】 yìshùjiè कला जगत्; कलाचक्र; कला-क्षेत्र

【艺术品】 yìshùpǐn कलाकृति; कला की चीज़

【艺术体操】 yìshù tǐcāo 〈खेल०〉 कलात्मक व्यायाम

【艺术团】 yìshùtuán कला-मंडल

【艺术性】 yìshùxìng कलात्मकता; कलापन

【艺术影片】 yìshù yǐngpiàn कला-फ़िल्म

【艺术指导】 yìshù zhǐdǎo आर्ट-डाइरेक्टर

【艺坛】 yìtán कला जगत्; कला-चक्र; कला-क्षेत्र

【艺徒】 yìtú 〈बो०〉 नौसिखिया; किसी कला या शिल्प का) सीखना प्रारम्भ करने वाला; शिष्य; शागिर्द

【艺文】 yìwén ❶पुस्तकें ❷कला-साहित्य

【艺文志】 yìwénzhì विभिन्न राजवंशों के इतिहास में पुस्तकों का वर्णनात्मक वृत्तांत

【艺苑】 yìyuàn कला-साहित्य जगत्; कला-साहित्य क्षेत्र

刈 yì 〈लि०〉 काटना; फ़सल काटना; कटाई करना: ～麦 गेहूँ या जौ काटना / ～草 घास काटना

【刈草机】 yìcǎojī घास काटने वाली मशीन

【刈除】 yìchú काट देना; जड़ से काट डालना: ～杂草 घास-फूस जड़ से काट डालना

忆（憶） yì याद करना; स्मरण करना: 回～ याद करना / 记～ स्मरण; स्मृति; याद

【忆苦】 yìkǔ अपने पुराने समाज में दुखमय दिनों की याद करना: ～饭 अपने पुराने समाज के दुखमय दिनों की याद दिलाने वाला घटिया भोजन / ～会 पुराने समाज के दुखमय दिनों की याद दिलाने वाली सभा

【忆苦思甜】 yìkǔ-sītián पुराने समाज के दुखमय जीवन और नए समाज के सुखमय जीवन की याद करना; मुक्ति के पहले और बाद के अपने दुख-सुख के अनुभवों को बताना; अपने बीते जीवन की मुसीबतों और आज के जीवन की खुशहाली का स्मरण करना

【忆念】 yìniàn (किसी के बारे में) विचार करना; याद करना: ～老战友 अपने पुराने सहयोद्धा को याद करना

【忆昔抚今】 yìxī-fǔjīn अतीत की याद करना और उस से वर्तमान की तुलना करना; वर्तमान को दृष्टि में रखते हुए अतीत का विचार करना

【忆想】 yìxiǎng याद करना; स्मरण करना: ～当年 अतीत का स्मरण करना

艾 yì 〈लि०〉 ❶乂 yì के समान ❷दंड देना; सज़ा देना: 惩～ दंड देना; सज़ा देना
ài भी दे०

仡 yì नीचे दे॰

【仡仡】 yìyì <लि॰> ❶हृष्ट-पुष्ट और साहसपूर्ण ❷ऊंचा और बड़ा

gē भी दे॰

议（議） yì ❶मत; राय; दृष्टिकोण: 提～ प्रस्ताव / 建～ सुझाव ❷वाद-विवाद; विचार-विनिमय: ～论 चर्चा करना / ～会 संसद; पार्लियामेंट ❸चर्चा करना; निंदा करना: 无可非～ निर्दोष; अनिंदनीय

【议案】 yì'àn प्रस्ताव; औपचारिक प्रस्ताव

【议程】 yìchéng कार्यक्रम; कार्यसूची; विचारणीय विषय; एजेंडा: 列入～ कार्यसूची में शामिल करना

【议定】 yìdìng परामर्श के द्वारा निर्णय करना

【议定书】 yìdìngshū समझौता-पत्र; निर्णय-पत्र; प्रोटोकोल: ～的全部条款 निर्णय-पत्र की सारी धाराएं

【议而不决，决而不行】 yì ér bù jué, jué ér bù xíng बहस-मुबाहिसा के बाद भी निर्णय नहीं हो सकता और निर्णय हो भी जाए तो उसे कार्यान्वित नहीं किया जा सकता

【议购】 yìgòu समझौता वार्ता द्वारा निर्णय किए हुए दाम पर खरीदना

【议和】 yìhé शांति वार्ता; शांति समझौता; शान्तिपूर्ण समझौता वार्ता

【议会】 yìhuì संसद; पार्लियामेंट: ～党团 पार्लियामेंट गुट्ट / ～道路 पार्लियामेंट रोड; संसद रास्ता / ～斗争 संसदीय संघर्ष / ～法 पार्लियामेंट्री कानून / ～讲坛 पार्लियामेंट का मंच / ～迷 संसदीय जड़वामनवाद / ～民主 संसदीय जनतंत्र / ～选举 संसदीय चुनाव / ～政府 संसदीय शासन; पार्लियामेंट्री सरकार

【议会制】 yìhuìzhì पार्लियामेंटेरिज़्म; संसदवाद

【议会走廊】 yìhuì zǒuláng (लोकसभा आदि में) लॉबी; गोष्ठी-कक्ष

【议价】 yìjià ❶माल के दाम पर विचार-विनिमय करना ❷समझौता-वार्ता द्वारा निर्णय किया गया दाम

【议决】 yìjué निर्णय निकालना; प्रस्ताव पास करना

【议论】 yìlùn चर्चा करना; बखान करना; (किसी व्यक्ति की) बात करना: 发表～ अपनी राय ज़ाहिर करना / 哇喇哇喇地发～ शोरगुल मचाना और अंधाधुंध रायजनी करना / ～一些问题 कुछ समस्याओं पर विचार-विमर्श करना / ～学习的感受 अध्ययन का अनुभव बयान करना

【议论纷纷】 yìlùn-fēnfēn (किसी पर) बड़े पैमाने पर विचार-विमर्श करना; तरह-तरह की बहसें होना: ～的问题 बहुचर्चित समस्या

【议论文】 yìlùnwén तर्क-वितर्क लेख

【议事规则】 yìshì guīzé कार्यविधि का नियम

【议事日程】 yìshì rìchéng कार्यसूची; एजेंडा: 放在～里讨论 कार्यसूची में शामिल करके विचार-विमर्श करना / 提到～上 कार्यसूची में शामिल कर लेना

【议题】 yìtí विचारणीय विषय

【议席】 yìxí संसद में सदस्यों की सीट

【议销】 yìxiāo समझौता-वार्ता द्वारा निर्णय किये गये दाम पर बेचना

【议员】 yìyuán संसद का सदस्य; असेंबली मेम्बर (भारत); मेम्बर आफ़ पार्लियामेंट (एम॰पी॰) (ग्रेट ब्रिटेन); कांग्रेसमैन; कांग्रेसवोमैन (संयुक्तराज्य अमरीका)

【议院】 yìyuàn संसद; पार्लियामेंट; कांग्रेस

【议长】 yìzhǎng लोक सभा, संसद आदि का अध्यक्ष; स्पीकर; प्रेसिडेंट

【议政】 yìzhèng सरकार के मामलों पर विचार-विमर्श करना

屹 yì <लि॰> पहाड़ी चोटी की तरह ऊंचा होना: 屹立 / 屹然

【屹立】 yìlì चट्टान की तरह अटल खड़ा होना: ～不动的红军壁垒 चट्टान की तरह अडिग लाल सेना

【屹然】 yìrán डटकर खड़ा होना: ～独立 मज़बूती के साथ अपने पैरों पर खड़ा होना

亦 yì ❶<लि॰> भी: 反之～然。और उलटी तरह से भी सही है; विपरीत ढंग से भी सही है। / ～工～农 मज़दूर का काम करते हुए खेतीबारी भी करना / ～文～武 सांस्कृतिक शिक्षा के साथ फ़ौजी मामले की शिक्षा भी लेना ❷（Yì）एक कुलनाम

【亦步亦趋】 yìbù-yìqū हर कदम पर किसी व्यक्ति का अनुकरण करना; किसी व्यक्ति की हर कार्रवाई का अनुकरण करना; अंधाधुंध अनुकरण करना

【亦即】 yìjí यानी; अर्थात्; तात्पर्य यह है कि

【亦且】 yìqiě इस के अतिरिक्त; तिस पर भी; बल्कि

【亦庄亦谐】 yìzhuāng-yìxié एक ही समय में गंभीर और हास्यपूर्ण; गांभीर्य और हास्य मिश्रित

衣 yì <लि॰> (कपड़ा) पहनना; पहनाना: ～布衣 सूती कपड़ा पहनना / 解衣～人 अपना कपड़ा उतारकर किसी और व्यक्ति को पहनाना

yī भी दे॰

异（異） yì भिन्न; असमान; असदृश: 异口同声 / 异议 ❷विचित्र; विशिष्ट: ～香 विशिष्ट सुगंध ❸विस्मय; आश्चर्य: 惊～ विस्मित होना ❹अन्य; दूसरा: 异国 / 异族 ❺अलग होना: 离～ तलाक; विवाह-विच्छेद

【异邦】 yìbāng परराष्ट्र; विदेश

【异步】 yìbù <भौ॰> ऐसिन्क्रनस (asynchronous): ～发电机 ऐसिन्क्रनस जेनरेटर / ～计算机 ऐसिन्क्रनस कंप्यूटर

【异才】 yìcái असाधारण योग्यता

【异彩】 yìcǎi असाधारण (या उज्ज्वल) शोभा; <ला॰> विशिष्ट सफलताएं और अभिव्यक्तियां: 大放～ असाधारण शोभा देना

【异常】 yìcháng ❶असामान्य; अस्वाभाविक; विकृत: ～现象 असामान्य घटना ❷बहुत; बेहद: ～强大 बहुत ताकतवर; बेहद शक्तिशाली / ～需要 खास तौर से ज़रूरी

होना

【异词】 yìcí न मानने वाली बात; स्वीकार न करने वाली बात; असहमत बात

【异地】 yìdì अन्य स्थान; परदेश: ～相逢 अन्य स्थान में किसी से मिलना

【异读】 yìdú एक ही अक्षर का भिन्न उच्चारण

【异端】 yìduān विधर्मी; पाखण्डीपन: ～之可恶 घिनौना पाखण्डीपन

【异端邪说】 yìduān-xiéshuō विधर्म; धर्म-विरोध मत; विश्वास-भेद; अप-सिद्धान्त

【异构化】 yìgòuhuà 〈रसा०〉 आइसोमेराइज़ेशन (isomerization)

【异国】 yìguó विदेश: ～情调 विदेशी वातावरण / ～他乡 परदेश-विदेश

【异乎寻常】 yìhū-xúncháng असाधारण; आश्चर्य-जनक: ～地热 असाधारण गरमी

【异花传粉】 yìhuā chuánfěn 〈वन०〉 परस्पर परा-गण करना; क्रॉस पोलिनेशन

【异花受精】 yìhuā shòujīng 〈वन०〉 क्रॉस फ़र्टिला-इज़ेशन

【异化】 yìhuà ❶पृथक्ता ❷〈दर्श०〉 पृथक्करण; अन्य-क्रामण; परकीयकरण ❸〈भा०वि०〉 ध्वनिभेद

【异化论】 yìhuàlùn पृथक्करण का सिद्धांत

【异化作用】 yìhuà zuòyòng विषमीकरण; असाम्य

【异己】 yìjǐ विरोधी; मतभेद रखने वाला; पराया तत्व: 消除～ पराए तत्वों का बहिष्कार करना

【异己分子】 yìjǐ fēnzi विजातीय तत्व; पराया तत्व; बेगाना तत्व: 政治上的～ राजनीतिक रूप से गैर लोग

【异教】 yìjiào विधर्म; धर्मविरोध मत

【异教徒】 yìjiàotú दूसरे धर्म के अनुयायी; विधर्मी; काफ़िर; नास्तिक

【异军突起】 yìjūn-tūqǐ एक नयी सेना का अचानक सामने आना

【异口同声】 yìkǒu-tóngshēng एक स्वर में (कहना); एक मुंह से कहना: 所有的人都～地说他是无辜的。 सभी लोगों ने एक मुंह से कहा कि वह निर्दोष है।

【异类】 yìlèi ❶〈पुराना〉 विदेशी लोग ❷भिन्न वर्ग या जाति का (पेड़-पौधा या जानवर)

【异母兄弟】 yìmǔ xiōngdì सौतेला भाई

【异母姊妹】 yìmǔ zǐmèi सौतेली बहिन

【异曲同工】 yìqǔ-tónggōng समान कौशल से भिन्न राग गाना —— भिन्न उपायों से समान संतोषजनक नतीजा पैदा करना

【异趣】 yìqù ❶भिन्न दिलचस्पी ❷असाधारण रस

【异人】 yìrén ❶〈पुराना〉 बहुत चमत्कारिक पुरुष ❷दूसरा पुरुष; दूसरा व्यक्ति

【异日】 yìrì 〈लि०〉 भविष्य में; बाद में; किसी दूसरे दिन में ❷पहले; पहले दिन (में): 谈笑一如～。 पहले की तरह बात करना और हंसना

【异兽】 yìshòu विचित्र जानवर; दुष्प्राप्य जानवर: 珍禽～ दुष्प्राप्य पशु-पक्षी

【异说】 yìshuō ❶भिन्न दृष्टिकोण ❷असंगत बात

【异体】 yìtǐ ❶भिन्न रूप: 异体字 ❷भिन्न शरीर: 异体受精

【异体受精】 yìtǐ shòujīng 〈प्राणि०〉 क्रॉस फ़र्टिला-इज़ेशन

【异体字】 yìtǐzì चीनी अक्षर का भिन्न (या परिवर्तित) रूप

【异同】 yìtóng ❶भिन्नता और समानता; भिन्नता और अभिन्नता ❷〈लि०〉 मतभेद; आपत्ति; एतराज़; असहमति

【异途同归】 yìtú-tóngguī (殊途同归 shūtú-tóngguī के समान) भिन्न-भिन्न मार्गों से एक ही लक्ष्य पर पहुंचना

【异外】 yìwài असाधारण; असामान्य; विशिष्ट: ～舒畅 विशिष्ट प्रसन्न लगना

【异味】 yìwèi ❶असाधारण सुस्वादु भोजन ❷बदबू; दुर्गंध; विचित्र वास

【异物】 yìwù ❶शरीर में कोई बाह्य पदार्थ: 肠内～ आंतों में कोई बाह्य पदार्थ ❷〈लि०〉 मरा हुआ व्यक्ति: 化为～ मर जाना ❸〈लि०〉 विचित्र वस्तु

【异乡】 yìxiāng विदेश; परदेश; विचित्र स्थान

【异香】 yìxiāng असाधारण (या विचित्र) सुगंध: ～扑鼻 नथुनों में विचित्र सुगंध का झोंका टूट पड़ना

【异想天开】 yìxiǎng-tiānkāi हवाई किला बनाना; हवा को मुट्ठी में बांधना; दूर की सूझना: 他～地建议… उस ने हवा को मुट्ठी में बांधने की कोशिश में यह प्रस्ताव पेश किया कि …

【异心】 yìxīn विश्वासघात; बेवफ़ाई

【异型钢管】 yìxíng gāngguǎn इस्पात की प्रोफ़िल नली

【异性】 yìxìng ❶विपरीत लिंग (सेक्स) ❷भिन्न प्रकृति: ～的电互相吸引。 घनात्मक और ऋणात्मक बिजली एक दूसरे को आकर्षित करती है।

【异姓】 yìxìng भिन्न कुलनाम: ～姐妹 भिन्न कुलनाम वाली बहिन

【异烟肼】 yìyānjǐng 〈चिकि०〉 आइसोनायजिड, रिमि-फ़ोन

【异言】 yìyán 〈लि०〉 मतभेद रखने वाली बात; असह-मति के शब्द: 并无～ कोई असहमति के शब्द न होना

【异样】 yìyàng ❶भेद; फ़र्क: 他没有什么大～。 उस में कोई खास तब्दीली नहीं आई। ❷असाधारण; विशेष: 说话～ अजीबोगरीब ढंग से बोलना / 用～的目光看 अजीबोगरीब नज़र से देखना

【异议】 yìyì विभिन्न मत; मतभेद; आपत्ति; एतराज़: 他对此有～。 उसे इस बात के बारे में एतराज़ है। / 他对此从未提出～。 उस ने इस बात के बारे में कभी कोई एतराज़ नहीं किया (या आपत्ति नहीं की)।

【异域】 yìyù ❶विदेश ❷परदेश; अन्य स्थान

【异源多倍体】 yìyuán duōbèitǐ 〈जीव०〉 ऐलोपो-लिप्लॉयड (allopolyploid)

【异重流】 yìzhòngliú 〈भौ०〉 डेन्सिटी करेंट

【异族】 yìzú अन्य राष्ट्र; अन्य जाति; भिन्न राष्ट्र या जाति: ～通婚 मिश्रित विवाह

苅（刈）yì 刈 yì के समान

杙 yì <लि०> छोटा खूंटा

抑¹ yì दबाना; नीचे दबनाः 抑郁 / 抑制

抑² yì <लि०> <संयो०> ❶या; अथवाः 求之欤，～与之欤？इस से ले लूं या इस को दे दूँ ? / 人欤，～鬼欤？यह मनुष्य है या भूत-प्रेत ? ❷यदि; अगरः ～齐人不盟，若之何？यदि छी राज्य के लोग संधि नहीं करें तो क्या करेंगे ? ❸बल्किः 非惟天时，～亦人谋也。यह केवल ईश्वर द्वारा दिए गए अवसर की बात नहीं है, बल्कि मानवीय प्रयत्न की बात भी है।

【抑遏】yì'è दबाना; रोकना; संयम करना; नियंत्रण में रखनाः 不可～的悲痛 अदमनीय शोक; वह शोक जिसे दबाया न जा सके

【抑或】yìhuò <लि०> <संयो०> याः 是赞成～反对 इस का स्वीकार करना या विरोध करना

【抑菌作用】yìjūnzuòyòng <चिकि०> बैक्टीरियोस्टैसिस

【抑强扶弱】yìqiáng-fúruò बलशाली को दबाना और बलहीन को सहायता देना; बलहीन को सहायता देकर बलशाली को दबा लेना

【抑且】yìqiě <लि०> <संयो०> भी; बल्कि; तिस पर भी

【抑压】yìyā （压抑 yāyì के समान）दबाना; रोकना

【抑扬】yìyáng (आवाज़ का) ऊंचा उठना और नीचे गिरना; उतार-चढ़ाव करना; ऊंचा-नीचा करना

【抑扬顿挫】yìyáng-dùncuò (स्वर का) उतार-चढ़ाव, यति और परिवर्तन

【抑郁】yìyù दबा हुआ; निराश; हताशः 他～不乐。उस का जी उचाट था। / 她的眼睛～寡欢。उस की आंखें उदास थीं।

【抑郁症】yìyùzhèng <चिकि०> डिप्रेशन

【抑止】yìzhǐ रोकना; दबाना

【抑制】yìzhì ❶<श०वि०> इंहिबिशन ❷दबाना; रोकनाः ～心中的怒火 क्रोधाग्नि को दबाना / ～感情 भावनाओं को दबा देना

【抑制剂】yìzhìjì <रसा०> इंहिबिटर

【抑制神经】yìzhì shénjīng <श०वि०> इंहिबिट्री नर्व

呓（囈、讛）yì बर्राहट; नींद या बेहोशी में बकना; बर्रानाः 梦～ नींद में बकना; <ला०> खयाली पुलाव पकाना

【呓语】yìyǔ बर्राहट; बर्राना; नींद या बेहोशी में बकना

邑 yì ❶नगर; शहरः 城～ नगर; शहर ❷काउंटीः ～境 काउंटी का क्षेत्र

貤（貤）yì <लि०> द्विरुक्ति; दोहराना
yí भी दे०

佚 yì 逸 yì के समान

【佚失】yìshī खोया जानाः 此古书久已～。यह प्राचीन पुस्तक बहुत पहले खो गई थी।

【佚游】yìyóu <लि०> निरुद्देश्य घूमना या सैर करना

役 yì ❶श्रम; मेहनत; सेवाः 劳～ बेगार; बेगारी ❷फ़ौजी भरतीः 服～ सैनिक सेवा करना / 退～ सेना से रिटायर होना ❸नौकर की तरह प्रयोग करनाः 奴～ गुलाम बनाना (या करना) ❹नौकर; नौकरानीः 仆～ (घर के) नौकर ❺लड़ाई; युद्धः 平型关之～ फिंगशिंगक्वान की लड़ाई (सितंबर 1937 ई०)

【役畜】yìchù भारवाही पशु

【役龄】yìlíng सेना में भरती होने की उम्र

【役使】yìshǐ पशु का प्रयोग करना; मानव से मजबूरन काम करानाः ～奴婢 दास-लड़की से मजबूरन काम कराना

译（譯）yì अनुवाद करना; भाषांतर करनाः 口～ दुभाषिए के रूप में काम करना / 笔～ अनुवाद करना / ～成印地语 हिन्दी में अनुवाद करना / ～成电码 संकेतबद्ध करना; संकेतों में संदेश भेजना / ～成密码 एनसिफ़रिंग

【译本】yìběn अनुवादित प्रतिः《罗摩衍那》的两种中文～ 'रामायण' की दो चीनी अनुवादित प्रतियां

【译笔】yìbǐ अनुवादित लेख की गुणवत्ता और शैलीः ～流畅 अनुवाद पढ़ने में अच्छा लगना

【译电】yìdiàn ❶संकेत या गूढ़ लेख में तार भेजना ❷तार के संकेत या गूढ़ लेख का अर्थ निकालना

【译电员】yìdiànyuán तार आदि की गुप्त भाषा या संकेतों को स्पष्ट करने वाला

【译电组】yìdiànzǔ कोड और साइफ़र सेक्शन

【译稿】yìgǎo अनुवाद का हस्तलेख

【译介】yìjiè अनुवाद और अनुवादित पुस्तक के लिए भूमिका

【译码】yìmǎ तार आदि के संकेतों या गूढ़ लेखों को स्पष्ट करना

【译码器】yìmǎqì संकेत-वाचक; उद्वाचक; गूढ़ लेखों को स्पष्ट करने वाला (यंत्र)

【译名】yìmíng अनुवादित नाम; अनुवादित शीर्षक

【译述】yìshù स्वतंत्र रूप से अनुवाद करना; दुभाषिए के रूप में बताना

【译文】yìwén अनुवादित लेख; अनुवाद; अनूदित लेखः ～集 अनुवादग्रंथ

【译意风】yìyìfēng समकालिक भाषा-तरण प्रतिष्ठापन

【译音】yìyīn ध्वनि का अनुवाद; लिप्यंतरण

【译员】yìyuán दुभाषिया; दुभाषिणी

【译者】yìzhě अनुवादक

【译制】yìzhì (फ़िल्म आदि में) किसी दूसरी भाषा की ध्वनि का संचार करना; डब करना

【译制片】yìzhìpiàn डब की हुई फ़िल्म

【译注】yìzhù अनुवाद करना और टीका लिखनाः ～古籍 प्राचीन पुस्तकों का अनुवाद करना और टीका लिखना

【译著】 yìzhù अनुवादग्रंथ
【译作】 yìzuò अनुवादग्रंथ

易¹
yì ❶आसान (विलोम: कठिन, मुश्किल): 简~ सरल / 得来不~ मुश्किल से प्राप्त होना / ~懂 आसानी से समझ सकना / ~怒 जल्दी गुस्सा आना ❷मिलनसार; सरल: 平~近人 मिलनसारी या आसानी से बातचीत कर सकना ❸〈लि०〉 उपेक्षा करना; नाचीज़ समझना; कम करके देखना

易²
yì ❶बदलना; परिवर्तन करना: 移风~俗 खराब रिवाजों और आदतों को बदलना ❷आदान-प्रदान करना: 贸~ वाणिज्य; व्यापार / 交~ सौदा; क्रय-विक्रय ❸ (Yì) एक-कुलनाम

【易爆物】 yìbàowù जल्दी विस्फोट करने वाली चीज़
【易感者】 yìgǎnzhě 〈चिकि०〉 ग्रहणशील व्यक्ति; सु-ग्राह्य
【易货贸易】 yìhuò màoyì वस्तु-विनिमय; अदल-बदल का व्यापार
【易货协定】 yìhuò xiédìng माल का अदला-बदला करने की संधि
【易经】 Yìjīng 'परिवर्तन की पुस्तक', ई चिंग (ज्योतिष ग्रंथ) —— दे० 五经 wǔjīng
【易拉罐】 yìlāguàn पॉप-टॉप; पुल-टॉप; फ्रिप-टॉप
【易洛魁人】 Yìluòkuírén ईरोक्कोई
【易燃物】 yìránwù जल्दी आग पकड़ने (या लगने) वाली चीज़
【易熔点】 yìróngdiǎn 〈भौ०〉 सुद्राव; सुद्राव-मिश्रण; द्रवण क्रांतिक बिन्दु
【易熔合金】 yìróng héjīn 〈धा०वि०〉 द्रवणशील मिश्रधातु
【易如反掌】 yìrúfǎnzhǎng हथेली को उलट देने की तरह आसान होना
【易手】 yìshǒu हाथ बदलना
【易性癖】 yìxìngpǐ लिंगपरिवर्तनवाद (transsexualism)
【易于】 yìyú आसानी से: 此事~处理。 इस काम का निपटारा करना आसान है।
【易辙】 yìzhé 〈लि०〉 अपना मार्ग बदल देना; नए रास्ते पर चलना
【易帜】 yìzhì 〈लि०〉 अपना झंडा बदलना —— अपना सिद्धांत या भक्ति बदलना
【易子而食】 yìzǐ'érshí लोग अपने बेटों को एक दूसरे से बदलकर उन्हें खा जाते हैं। (अकाल आदि में दुर्दशा)

峄 (嶧)
Yì ई पर्वत (शानतोंग प्रांत में)

俏
yì प्राचीन-काल में संगीत-नृत्य की पंक्ति

泆
yì 〈लि०〉 ❶उच्छृंखलता; स्वच्छंदता ❷溢 yì के समान

怿 (懌)
yì 〈लि०〉 प्रसन्न; खुश

诣 (詣)
yì 〈लि०〉 ❶किसी के रहने की जगह जाना; किसी (आदरणीय) व्यक्ति से मिलने किसी स्थान पर जाना ❷(विद्या संबंधी या टेकनिकल) उपलब्धियां: 造~ (विद्या संबंधी या कलात्मक) उपलब्धियां

驿 (驛)
yì 〈पुराना〉 डाक-भवन; डाक-केन्द्र: ~外 डाक-भवन के बाह्य भाग में —— अब इस अक्षर का प्रयोग प्रायः स्थान के नाम में होता है, जैसे, 龙泉~ लोंगछुआनई (सछवान प्रांत में)

【驿丞】 yìchéng डाक-भवन का अधिकारी
【驿道】 yìdào (驿路 yìlù भी) डाक-मार्ग
【驿馆】 yìguǎn (驿舍 yìshè भी) डाक-भवन
【驿吏】 yìlì डाक-भवन का अफ़सर
【驿马】 yìmǎ डाक-घोड़ा
【驿使】 yìshǐ संदेशवाहक; हरकारा
【驿站】 yìzhàn डाक-केन्द्र; संदेशवाहक-केन्द्र
【驿卒】 yìzú डाक-भवन का हरकारा

绎 (繹)
yì 〈लि०〉 ❶(धागा, तार, रेशे आदि) अलग करना; श्रेणीबद्ध करना: 抽~ विस्तृत रूप से प्रस्तुत करना; व्याख्या करना

枻 (栧)
yì 〈लि०〉 डांड; चप्पू

轶 (軼)
yì दे० 逸 yì ❹❺

【轶材】 yìcái 〈लि०〉 असाधारण योग्यता
【轶伦】 yìlún 〈लि०〉 असाधारण; आम लोगों के परे
【轶士】 yìshì सन्यासी; वैरागी
【轶事】 yìshì कथा; किस्सा; उपाख्यान; इतिवृत्त

昳
yì नीचे दे०

【昳丽】 yìlì 〈लि०〉 सुन्दर मुख

食
yì व्यक्ति के नाम में प्रयुक्त: 郦食其 (Lì Yìjī ली ईची), हान राजवंश में एक व्यक्ति का नाम
shí; sì भी दे०।

猗
yì दे० 林猗 línyī (猞猗 shēlì भी) विडाल; बनविलाव; लिंक्स

疫
yì बहुजनव्यापी रोग; महामारी: 鼠~ प्लेग; ताऊन / 防~ रोगनिरोध

【疫病】 yìbìng बहुजनव्यापी रोग; महामारी
【疫疾】 yìjí महामारी: 有~ महामारी फैलना
【疫疠】 yìlì प्लेग; ताऊन
【疫苗】 yìmiáo वैक्सीन
【疫情】 yìqíng महामारी (पैदा होने और उस के विकास करने) की अवस्था

【疫区】 yìqū महामारी फैलने का क्षेत्र

弈 yì 〈लि०〉 ❶वेइछी (围棋), सफ़ेद और काली गोटियों से 361 क्रॉस वाले बोर्ड पर खेला जाने वाला एक खेल ❷शतरंज खेलना: 对～ आमने-सामने बैठकर वेइछी, शतरंज आदि खेलना

【弈林】 yìlín शतरंज खेलने वालों का क्षेत्र: ～高手 शतरंज खेलने वालों के क्षेत्र में प्रवीण (या उस्ताद)

奕 yì ❶〈लि०〉 महान; बहुत बड़ा; शानदार; भव्य ❷ (Yì) एक कुलनाम

【奕奕】 yìyì ❶महान; बृहद्; बड़ा; शानदार; भव्य: ～梁山。 कितना महान है ल्यांग पर्वत ! ❷ओजपूर्ण; ओजभरा: 神采～ अत्यंत स्फूर्तिमान

斁 (斁) yì 〈लि०〉 जी ऊब जाना; घृणा करना और त्याग करना

羿 Yì ❶ई, प्राचीन चीन की पौराणिक कथा में वर्णित एक विख्यात वीर, 'सूरजों को मार गिराना' उस की धनुर्विद्या के बारे में एक मशहूर कहानी है: ～射九日 ई का नौ सूरजों को मार गिराना ❷एक कुलनाम

挹 yì 〈लि०〉 ❶चमचे आदि द्वारा एक पात्र से निकालकर दूसरे पात्र में डालना: ～彼注兹 चमचे आदि द्वारा एक पात्र से निकाल कर दूसरे पात्र में डालना ❷खींचना

【挹取】 yìqǔ 〈लि०〉 चमचे आदि द्वारा एक पात्र से निकाल कर दूसरे पात्र में डालना

【挹注】 yìzhù 〈लि०〉 ～彼注兹 का संक्षिप्त रूप —— 〈ला०〉 क्षतिपूर्ति करना; भरे गोदामों से सामान निकाल कर वहाँ भेजना जहाँ उस की कमी हो

唈 yì 〈लि०〉 悒 yì के समान

益1 yì ❶हित; लाभ (विलोम: 害 hài हानि; अहित): 利～ लाभ; हित / 公～ लोक-कल्याण ❷उपकारक; हितकारी; लाभकारी; लाभदायक (विलोम: 害 hài हानिकारी): 益虫 / 益鸟 ❸ (Yì) एक कुलनाम

益2 yì ❶बढ़ना: 增～ बढ़ना / 延年～寿 दीर्घायु बनाना (विटामिन इत्यादि से) ❷और; और अधिक; संख्या वृद्धि कराते हुए: 多多～善 जितना अधिक उतना भला

【益虫】 yìchóng उपकारक कीड़ा

【益处】 yìchù हित; लाभ; फ़ायदा; उपकार

【益发】 yìfā (益加 yìjiā भी) 〈क्रि०वि०〉 और भी; और अधिक

【益母草】 yìmǔcǎo (茺蔚 chōngwèi भी) 〈ची० चि०〉 〈वन०〉 मदरवर्ट (motherwort)

【益鸟】 yìniǎo उपकारक पक्षी

【益友】 yìyǒu हितकर मित्र

【益智】 yìzhì 〈ची०चि०〉 〈वन०〉 डालबरगिस हाएनानसिस

浥 yì 〈लि०〉 तर करना; आर्द्र करना; गीला करना

悒 yì 〈लि०〉 चिंतित; उदास: ～～不乐 उदास रहना; अप्रसन्न रहना

【悒闷】 yìmèn 〈लि०〉 खिन्न; उदास; निरुत्साह

【悒郁】 yìyù 〈लि०〉 उदास; निराश; हताश

【悒郁寡欢】 yìyù-guǎhuān दे० 郁郁寡欢 yùyù-guǎhuān

谊 (誼) yì मित्रता: 友～ मित्रता / 深情厚～ गहरी दोस्ती

埸 yì 〈लि०〉 ❶खेतों में सीमा ❷सीमांत; सरहद

勚 (勩) yì ❶〈लि०〉 मेहनत; तकलीफ़ ❷(सामान का) घिस जाना; घिसकर मिट जाना: 书角～了。 किताब का कोना घिस गया।

逸 yì ❶आराम; काहिल: 安～ आरामदेह; आरामतलब / 一劳永逸 yī láo yǒng yì / 以逸待劳 yǐ yì dài láo / 骄奢淫～的生活水平 शाहाना, ऐशपरस्ताना, अय्याशाना और काहिलाना ज़िंदगी का स्तर ❷भागना: 逃～ भाग जाना; पलायन करना ❸समाज से अलग हो जाना; एकांतवासी हो जाना: 逸民 / 隐～ समाज से अलग हो जाना और एकांतवासी हो जाना; वैरागी बनना ❹खो जाना: 逸事 / 逸闻 ❺असाधारण होना; सर्वोत्तम होना; श्रेष्ठतर होना: 逸群

【逸乐】 yìlè आराम और आनंद

【逸民】 yìmín वैरागी; एकांतवासी; संन्यासी

【逸趣】 yìqù परिष्कृत दिलचस्पी (या रुचि)

【逸群】 yìqún दूसरों से श्रेष्ठतर रहना; सर्वोत्तम होना

【逸史】 yìshǐ अनौपचारिक इतिहास

【逸事】 yìshì कथा; उपकथा; उपाख्यान

【逸书】 yìshū प्राचीन-पुस्तक जो अब विद्यमान नहीं है

【逸闻】 yìwén कथा; उपकथा; उपाख्यान

【逸豫】 yìyù 〈लि०〉 ऐशोआराम: ～亡身 ऐशोआराम से पतन या नाश होना

【逸致】 yìzhì चिंता या परेशान से मुक्त मनोदशा: 闲情～ इतमीनान की और चिंतारहित मनोदशा (में होना)

翊 yì 〈लि०〉 (शासक की) सहायता करना: ～戴 (शासक की) सहायता और समर्थन करना

翌 yì 〈लि०〉 अगला; आगे वाला: ～日 दूसरे दिन; अगले दिन / ～年 दूसरे साल; अगले साल

晹 yì 〈लि०〉 बादलों में सूरज कभी दिखाई देता और कभी छिप जाता

嗌 yì 〈लि०〉 गला

ài भी दे०

鹝（鷊、鶂）yì〈लि०〉鹢 yì के समान

【鹝鹝】yìyì हंस की बोलने की आवाज़

肄 yì सीखना; अध्ययन करना: ～习 अध्ययन करना / 肄业

【肄业】yìyè स्कूल या कालेज में पढ़ना; कोर्स पूरा न होने पर पढ़ाई छोड़ना; निश्चित अवधि के पहले पढ़ाई छोड़ना: 他曾在北京大学东语系～两年。पेकिंग विश्वविद्यालय के पूर्वी भाषा विभाग में उस ने दो साल पढ़ाई की।

裔 yì ❶〈लि०〉वंशज; संतान; संतति: 后～ वंशज; संतान; संतति / 美籍华～ चीनी अमरीकी; चाइनीज़ अमेरिकन ❷बहुत दूर की जगह: 四～ सीमांत; सीमा-प्रदेश ❸（Yì）एक कुलनाम

意1 yì ❶अर्थ; मतबल; अभिप्राय: 词～ शब्द-अर्थ / 同～ सहमत होना ❷इच्छा; अभिलाषा: 满～ संतोष / 任～ मनमाना; मनमौजी; स्वेच्छाकृत ❸पहले से समझ लेना; आशा रखना: 意外 / 不～ अप्रत्याशित रूप से

意2 Yì 意大利 Yìdàlì का संक्षिप्त नाम

【意表】yìbiǎo आशा; कल्पना: 出人～ लोगों की आशा से परे होना; आशाओं के प्रतिकूल होना

【意大利】Yìdàlì इटली

【意大利人】Yìdàlìrén इटली का निवासी; इटलवी

【意大利肉饼】yìdàlì ròubǐng पित्स (pizza)

【意大利语】Yìdàlìyǔ इटली की भाषा

【意会】yìhuì प्रत्यक्ष रूप से स्पष्टीकरण किये बिना (मतलब) मालूम हो जाना; भाव भांप लेना: 只可～，不可言传。महसूस किया जा सकता है पर शब्दों में नहीं कहा जा सकता।

【意见】yìjiàn ❶मत; राय; विचार; खयाल: 错误～ गलत राय; गलत धारणा / ～分歧 मतभेद; मत की भिन्नता / ～相同 एक मत होना; मतैक्य होना / 我说我自己的～。मैं अपना विचार बताता हूँ। / 双方～完全一致。दोनों पक्षों का दृष्टिकोण बिल्कुल एक था। ❷आपत्ति; एतराज़; शिकायत: 大家对你有～。लोग तुम्हारे बारे में बहुत शिकायत करते हैं।

【意见簿】yìjiànbù राय पुस्तिका; मत-पुस्तिका

【意见书】yìjiànshū प्रस्ताव-पत्र

【意见箱】yìjiànxiāng सुझाव-बक्स

【意匠】yìjiàng (कविता, लेख, चित्र आदि की) कलात्मक संकल्पना; कलात्मक कल्पना

【意境】yìjìng कला-साहित्य कृति की भावदशा

【意料】yìliào आशा; कल्पना: 出于我的～之外 मेरी आशाओं के प्रतिकूल होना / 这是～中的事。यह अप्रत्याशित बात नहीं है।

【意马心猿】yìmǎ-xīnyuán（心猿意马 xīnyuán-yìmǎ के समान）उछलते-कूदते बंदर की तरह दिल और सरपट दौड़ते हुए घोड़े की तरह मन —— अविराम होना; मन अशांत होना; मन बेचैन होना

【意念】yìniàn विचार: 这时每人脑子里都只有一个～: '胜利!' इस समय सब लोगों के दिमाग में केवल एक ही विचार है: विजय!

【意气】yìqì ❶इच्छा और मनोभाव: ～高昂 अति-प्रफुल्लता के साथ / 意气风发 ❷स्वभाव; प्रकृति; मिज़ाज: 意气相投 ❸व्यक्तिगत संवेदन: 个人的～ व्यक्तिगत शिकवा-शिकायत / 意气用事

【意气风发】yìqì-fēngfā भरपूर जोश से ओतप्रोत होना; स्फूर्ति से ओत-प्रोत होना; भारी उत्साह में होना

【意气相投】yìqì-xiāngtóu स्वभाव; प्रकृति, मिज़ाज आदि में सदृश (या एक-सा) होना; एक ही स्वभाव का होना

【意气用事】yìqì-yòngshì व्यक्तिगत संवेदन के कारण असमंजस में होना: ～的争论 पूर्वाग्रह के कारण हुआ झगड़ा

【意趣】yìqù (कला-साहित्य-कृति का) रस; मनोभाव

【意识】yìshí ❶चेतना; चैतन्य; अभिज्ञता; सतर्कता: 法律～ कानून सतर्कता / 宗教～ धार्मिक चेतना / 摧残民族～ राष्ट्रीय चेतना को नष्ट करना ❷(प्रायः 到 dào के साथ प्रयुक्त) समझना; सोच-विचार करना; (तक) सोच पाना: 我当时还没有～到这一点。उस समय मैं ने इस बात के बारे में नहीं सोचा था।

【意识流】yìshíliú〈मनो०〉चेतना प्रवाह; चेतना धार: ～小说 चेतना-प्रवाह उपन्यास

【意识形态】yìshí xíngtài विचारधारा: ～的斗争 विचारधारात्मक क्षेत्र का संघर्ष

【意识域】yìshíyù〈मनो०〉चेतना का प्रभाव-क्षेत्र

【意思】yìsi ❶अर्थ; मतलब; मानी: 这是什么～? इस का क्या मतलब है? / 这篇文章的中心～是节约。इस लेख का मुख्य अर्थ है मितव्यय। ❷मत; राय; इच्छा: 我们大家的～是今天就去。हम सब की राय है कि आज ही जाएँ। / 你有没有去的～? तुम्हें जाने की इच्छा है कि नहीं? ❸प्रेम, स्नेह, आदर, प्रशंसा, कृतज्ञता आदि का उपहार: 请收下吧，这不过是我的一点～。यह केवल मेरी एक तुच्छ-सी भेंट है, इसे स्वीकार कर लीजिए। ❹स्मृति-चिह्न के रूप में दी गई भेंट: 他要回国了，咱们送点东西～一下。वह अपने देश लौट जाएंगे, हम लोग मित्रता के स्मृति-चिह्न के रूप में कुछ भेंट करें। ❺राय; इशारा; संकेत या चिन्ह: 天有点要下雨的～。लगता है कि पानी बरसेगा। ❻दिलचस्प; रुचि; अर्थपूर्ण: 今天的大会很有～。आज की आम सभा बहुत अर्थपूर्ण है। / 这电影没有～。यह फ़िल्म दिलचस्प नहीं है।

【意态】yìtài हाव-भाव; चाल-ढाल; मुख-मुद्रा: ～自若 शांति और चैन दिखाई देना; शांति और चैन से दिखाई देना

【意图】yìtú नीयत; इरादा; अभिप्राय; उद्देश्य; इच्छा: 他的～很明显。उस की नीयत बहुत साफ़ है।

【意外】yìwài ❶अप्रत्याशित; आकस्मिक: 对他～的和气 उस के प्रति अप्रत्याशित मैत्रीपूर्ण रुख अपनाना / ～事件 आकस्मिक घटना; अप्रत्याशित घटना / 此事完全出乎～。इस बात की बिलकुल कल्पना भी न की थी।

❷हादसा; दुर्घटना; एक्सीडेंट: 以免发生～ ताकि दुर्घटना से बच सके
【意味】 yìwèi ❶अर्थ; मतलब; निहितार्थ; तात्पर्य: 这话里含有讽刺～。इस बात में व्यंग्य का भाव निहित है। ❷दिलचस्पी; रस; आभास: ～无穷 असीम रस भरा होना / 富有文学～ साहित्यिक रस भरा होना
【意味深长】 yìwèi-shēncháng गहरा अर्थ होना; सारगर्भित होना: 他的话～。उस की बात में गहरा अर्थ निहित है।
【意味着】 yìwèizhe मतलब यह है कि: 生产率的提高～劳动力的节省。उत्पादन-क्षमता के बढ़ने का मतलब यह होता है कि श्रमशक्ति में किफ़ायत होती है।
【意下】 yìxià ❶मन में; दिल में: 我的话他全不放在～。वह मेरी बात मन में बिलकुल नहीं रखता। ❷राय; मत; विचार: 未知老兄～如何? न जाने आप का क्या विचार है? आप की क्या राय है?
【意想】 yìxiǎng कल्पना; आशा: ～不到 कल्पना न की जाना / ～不到的效果 अप्रत्याशित परिणाम
【意向】 yìxiàng अभिप्राय; प्रयोजन; नीयत; उद्देश्य: ～不明 अभिप्राय स्पष्ट न होना
【意向书】 yìxiàngshū अभिप्राय-पत्र; उद्देश्य-पत्र
【意象】 yìxiàng विचार; भाव: 这首诗～新颖。इस कविता में नये-नये भाव निहित हैं।
【意兴】 yìxìng दिलचस्पी; उत्साह: ～索然。सब उत्साह समाप्त हो गया।
【意绪】 yìxù मन की स्थिति; मनोदशा: ～低沉 उदास होना; उद्विग्न होना
【意义】 yìyì ❶अर्थ; मतलब; मानी; प्रयोजन; भाव: 具有重大～ ज़बरदस्त महत्व रखना / ～深刻 अर्थ की गंभीरता ❷मूल्य; दाम; अर्थ: 革命的～ क्रांति का अर्थ / 人生的～ जीवन का अर्थ
【意译】 yìyì ❶स्वतंत्र अनुवाद (直译 zhíyì अक्षर-प्रत्यक्षर अनुवाद से भिन्न) ❷अर्थ के अनुसार अनुवाद (音译 yīnyì लिप्यंतरण से भिन्न)
【意意思思】 yìyìsīsī (किसी काम के करने में) झिझकना; आगा-पीछा सोचना
【意欲】 yìyù चाहना; इच्छा रखना या करना: ～何往? कहां जाना चाहते हो? / ～何为? क्या करना चाहते हो?
【意愿】 yìyuàn इच्छा; आकांक्षा; इरादा: 表达人民的～ जनता की इच्छा प्रकट करना
【意蕴】 yìyùn अर्थ; मतलब; निहितार्थ
【意在笔先】 yìzàibǐxiān लिखने या चित्र बनाने के पहले ही मन में विचार पैदा हुआ है
【意在言外】 yìzàiyánwài अर्थ निहित होना; सच्चा अर्थ शब्द के बाहर निहित होना
【意旨】 yìzhǐ इच्छा; अभिप्राय: 秉承某人～ किसी की इच्छानुसार या आज्ञानुसार
【意志】 yìzhì इच्छा; इच्छाशक्ति; मनोबल; संकल्प: ～薄弱者 कमज़ोर मनोबल वाले लोग / ～坚强 सत्य-संकल्प / ～消沉 शक्तिहीन और हतोत्साह होना / 瓦解战斗～ लड़ने का हौसला पस्त करना / 眼泪是～薄弱的表现吗? क्या आंसू सदा कमज़ोरी की निशानी होते हैं?
【意志力】 yìzhìlì मनोबल
【意中人】 yìzhōngrén ❶प्रिय; प्रियतम; प्यारा; चहेता; माशूक ❷प्रिया; प्रियतमा; प्यारी; चहेती; माशूका
【意中事】 yìzhōngshì प्रत्याशित बात

溢（縊） yì ❶उमड़ना; बह निकलना: 洋～ फैल जाना; परिपूर्ण होना / 河水回～。नदी में पानी बह निकला। ❷बहुत; अत्यंत; अत्यधिक: ～美 बहुत अधिक प्रशंसा 〈प्रा०〉 镒 yì के समान
【溢出】 yìchū उमड़ना; बह निकलना
【溢洪道】 yìhóngdào 〈जल संरक्षण〉 उत्प्लव; उत्प्लव मार्ग; बाढ़ के पानी के निकलने का रास्ता
【溢价】 yìjià 〈वाणि०〉 प्रीमियम
【溢流】 yìliú उमड़ना; बह निकलना; छलकना; छलककर बह जाना
【溢流坝】 yìliúbà 〈जल संरक्षण〉 उत्प्लव-मार्ग बांध
【溢美】 yìměi 〈लि०〉 अत्यधिक प्रशंसा: ～之词 अत्यधिक प्रशंसा के शब्द
【溢目】 yìmù 〈लि०〉 आंख देख सकने से भी अधिक: 珍宝～ आंख देखने के लिए बहुत अधिक रत्नराशि
【溢于言表】 yìyúyánbiǎo (भावनाओं का) शब्दों या आचार में स्पष्ट रूप से प्रकट होना: 愤激之情，～ रोष की भावना अपने शब्दों या आचार में स्पष्ट रूप से प्रकट होना

缢（縊） yì 〈लि०〉 फांसी लगाकर मर जाना: 树上曾～死过一个人。कोई आदमी पेड़ की डाल से फांसी लगाकर मर गया था।

蓺 yì 〈लि०〉 उगाना; लगाना: ～菊 गुलदाउदी उगाना

蜴 yì दे० 蜥蜴 xīyì छिपकली

鲐（鮐） yì एक प्रकार की लाल या भूरे रंग की बड़े मुंह वाली समुद्री मछली, ई मछली

廙 yì 〈लि०〉 आदर (प्रायः व्यक्ति के नाम में प्रयुक्त)

瘗（瘞） yì 〈लि०〉 गाड़ना; दफ़नाना

潩 yì 清潩河 Qīngyìhé छिंगई नदी (हनान प्रांत में)

嫕 yì 〈लि०〉 सब से प्रेमपूर्वक मिलने-जुलने वाला; मिलनसार: 婉～ व्यवहार-कुशल और मिलनसार

鹝（鷊） yì 鹢 yì के समान

镒（鎰） yì 〈प्रा०〉 भार की एक इकाई, बराबर बीस या चौबीस ल्यांग (两), बराबर 1.5 औंस: 黄金百～ सौ ई स्वर्ण

饐（饐）yì <लि०> भोजन का सड़ जाना

毅 yì दृढ़; स्थिर; अटल; अडिग：毅力 / 刚～ साहस; हिम्मत; धैर्य; सब्र

【毅力】yìlì इच्छाशक्ति; सहन-शक्ति：以无比的～克服种种困难 अतुलनीय सहन-शक्ति से भांति-भांति की कठिनाइयों पर विजय प्राप्त करना

【毅然】yìrán दृढ़ता से; स्थिरतापूर्वक：～采取步骤 दृढ़ता से कार्यनीति अपनाना / ～改变错误政策 गलत नीतियों को बदलने का साहस दिखाना / ～决然 दृढ़ता से और पक्के इरादे से

鹢（鷁）yì <प्रा०> एक प्रकार का जल-पक्षी; ई पक्षी

熠 yì <लि०> चमकदार; चमकीला; दीप्तिमान; उज्ज्वल

【熠熠】yìyì <लि०> उज्ज्वलता से चमकता हुआ; दमकता हुआ; जगमग-जगमग करता हुआ

薏 yì नीचे दे०

【薏米】yìmǐ （薏仁米 yìrénmǐ，苡仁 yìrén，苡米 yìmǐ भी）जॉब्स टियर्स का छिलका निकाला हुआ बीज जो खाने और दवा के काम आता है

【薏仁米】yìrénmǐ जॉब्स टियर्स का बीज

【薏苡】yìyǐ जॉब्स टियर्स का पौधा

瞖 yì <लि०> 翳 yì के समान

殪 yì <लि०> ❶मरना ❷हत्या करना

曀 yì <लि०> (मौसम) मेघाच्छादित; बादल घिरा हुआ

螠 yì समुद्र की तह की रेतीली मिट्टी में एक कीड़ा

劓 yì <प्रा०> नाक काटने का दंड

燚 yì व्यक्ति के नाम में प्रयुक्त अक्षर

翳 yì ❶<लि०> पूरी तरह या आंशिक रूप से छिपाना; छिपा लेना ❷<ची०चि०> नेबुला

【翳翳】yìyì <लि०> ❶धुंधला; मलिन ❷अस्पष्ट

臆（肊）yì ❶छाती：胸～ छाती ❷मनोगत रूप से; काल्पनिक रूप से：臆测 / 臆造

【臆测】yìcè मनोगत रूप से अंदाज़ा लगाना

【臆断】yìduàn काल्पनिक निर्णय करना; कल्पना करना

【臆度】yìduó <लि०> मनोगत रूप से अंदाज़ा करना

【臆见】yìjiàn मनोगत दृष्टिकोण

【臆说】yìshuō कल्पना; पूर्वधारणा; कल्पित वस्तु; अनुमान

【臆想】yìxiǎng मनोगत रूप से कल्पना करना

【臆造】yìzào गढ़ना; मनगढंत：～的规律 काल्पनिक नियम

癔 yì 呓 yì के समान

翼 yì ❶（साधारण नाम：翅膀 chìbǎng）पंखा; पंख; पर; डैना：展开双～ डैने (पंख, पर) फैलना ❷(हवाई जहाज़ के) पंख ❸पार्श्व; बाजू：左～ बाएँ पार्श्व / 敌军阵地的某一～ दुश्मन के मोर्चे का कोई खास बाजू ❹<खगोल०> उत्तरा फाल्गुनी ❺<लि०> (शासक की) सहायता करना; सहायता देना ❻<लि०> 翌 yì के समान：～日 अगले दिन; दूसरे दिन ❼（Yì）एक कुलनाम

【翼蔽】yìbì <लि०> रक्षा करना; आड़ करना; ओट करना; छिपाना

【翼侧】yìcè （侧翼 cèyì भी）पार्श्व; बाजू：左～ बाएँ पार्श्व / 右～दाएं पार्श्व / 敌军～ शत्रु के पार्श्व

【翼翅】yìchì पंख; पंखा; पर; डैना

【翼护】yìhù अपने शरीर से किसी की रक्षा करना; आड़ करना; ओट करना：～伤员 अपने शरीर से घायल सिपाही की रक्षा करना

【翼龙】yìlóng पर वाला नाग; पर-नाग; जुंगेरि पटेरूस (एक विनष्ट जंतु)

【翼手动物】yìshǒu dòngwù <प्राणि०> हस्त-पंख जीव (जैसे, चमगादड़)

【翼手目】yìshǒumù <प्राणि०> चिरोप्टेरा

【翼型】yìxíng <विमान-चालन> विंग सेक्शन

【翼翼】yìyì <लि०> ❶गंभीर और सतर्क：小心～ सावधानीपूर्वक ❷सुव्यवस्थित रूप में ❸बहुत; पर्याप्त से अधिक; समृद्ध; संपन्न

【翼指龙】yìzhǐlóng पंख-अंगुली नाग (एक विनष्ट जंतु)

【翼状胬肉】yìzhuàng nǔròu <चिकि०> प्टेरिगियम (pterygium)

虉（虉）yì ई नामक घास

【虉草】yìcǎo पौधा विशेष

镱（鐿）yì <रसा०> इटर्बियम (Yb)

癔 yì नीचे दे०

【癔病】yìbìng （歇斯底里 xiēsīdǐlǐ भी）हिस्टीरिया; मूर्च्छा-रोग：～患者 मूर्च्छा रोगी

懿 yì <लि०> (महिला) अनुकरणीय; आदर्श; सती：～行 उदाहरणात्मक आचरण

【懿德】yìdé <लि०> नैतिक श्रेष्ठता

【懿亲】yìqīn घनिष्ठ संबंधी

【懿旨】yìzhǐ सम्राट की पत्नी या माता की राजाज्ञा

yīn

因 yīn ❶<लि०> अनुसरण करना; जारी रखना：因

袭 / 因循 ❷〈लि०〉 भरोसा रखना; निर्भर करना; के अनुसार; तदनुसार: 因材施教 / 因地制宜 ❸कारण; हेतु; वजह: 因由 / 必有他～。इस में निश्चय ही कोई दूसरा कारण होगा। ❹चूंकि; क्योंकि; के कारण: 因公殉职 / ～故改期 किसी कारण से सभा स्थगित होना

【因变数】yīnbiànshù（函数 hánshù का दूसरा नाम）फल; फलन

【因材施教】 yīncái-shījiào विभिन्न विद्यार्थियों की योग्यता के आधार पर शिक्षा देना

【因此】 yīncǐ 〈संयो०〉 इस के कारण; इसलिए; अतः: 由于我们事先作了充分准备，～会议开得很成功。चूंकि सभा होने से पहले हम ने अच्छी तरह तैयारियां कीं, इसलिए सभा बहुत सफल हुई।

【因次】 yīncì 〈भौ०〉 डाइमेंशन परिमाण; मान; माप: ～分析 परिमाण-संबंधी विश्लेषण

【因地制宜】 yīndì-zhìyí स्थानीय परिस्थितियों के अनुसार काम करना; ऐसे कदम उठा सकना जो स्थानीय परिस्थितियों के अनुसार हों: ～地 स्थानीय स्थितियों के अनुकूल / ～之措施 स्थानीय परिस्थितियों के अनुकूल कदम (उठाना)

【因而】 yīn'ér 〈संयो०〉 परिणामस्वरूप; इसलिए: 这种文化是人民大众的，～是革命的。इस प्रकार की संस्कृति सर्वजनप्रिय होती है, इसलिए यह क्रांतिकारी संस्कृति है।

【因公殉职】 yīn gōng xùnzhí अपनी ड्यूटी पर काम करते हुए देहांत हो जाना; ड्यूटी पर शहीद होना

【因果】 yīnguǒ ❶कारण और फल: ～关系 कार्य-कारण संबंध ❷बौद्धधर्म में वस्तुओं का कारण और फल; कर्म

【因果报应】 yīnguǒ bàoyìng कर्म; करम

【因果律】 yīnguǒlǜ कार्य-कारण का नियम; कारण और परिणाम का नियम

【因果论】 yīnguǒlùn कार्य-कारण का सिद्धांत

【因祸得福】 yīnhuò-défú विपत्ति से सुख प्राप्त करना; विपत्ति से लाभ पाना

【因陋就简】 yīnlòu-jiùjiǎn सादगी और किफ़ायत से काम करना: 要～，少花钱多办事。सादगी और किफ़ायत से काम करो और कम खर्च में ज़्यादा काम करो।

【因明】 yīnmíng हेतु-विद्या

【因人成事】 yīnrén-chéngshì अपने काम में सफलता प्राप्त करने के लिए दूसरों पर भरोसा करना

【因人而异】 yīnrén'éryì अलग-अलग व्यक्ति के लिए अलग-अलग तरीका अपनाना

【因人设事】 yīnrén-shèshì किसी व्यक्ति को उपकृत करने के लिए किसी नौकरी या काम का जुगाड़ करना

【因人制宜】 yīnrén-zhìyí ऐसे कदम उठा सकना जो व्यक्तियों की परिस्थितियों के अनुकूल हों

【因仍】 yīnréng अनुसरण करना; जारी रखना: ～旧习 पुरानी आदतों का अनुसरण करना

【因时制宜】 yīnshí-zhìyí ऐसे कदम उठा सकना जो समय की परिस्थितियों के अनुकूल हों; समय की परिस्थितियों के अनुसार काम करना

【因式】 yīnshì 〈गणित०〉（因子 yīnzǐ भी）गुणनखंड (बीज गणित में): a+b 和 a-b 都是 a^2-b^2 的～。a+b और a-b दोनों a^2-b^2 के गुणनखंड हैं।

【因势利导】 yīnshì-lìdǎo परिस्थितियों के अनुसार दक्षतापूर्वक कार्य का मार्ग-दर्शन करना

【因数】 yīnshù 〈गणित०〉 गुणनखंड (पूर्णांक): 2、4 和 8 都是 16 的～。2, 4, और 8 सोलह के गुणनखंड हैं।

【因素】 yīnsù ❶तत्व: 积极～ सकारात्मक तत्व / 消极～ नकारात्मक तत्व ❷कार्य के सफल-असफल होने के निर्णयात्मक कारण या परिस्थितियां: 维护和平的巨大～ शांति की रक्षा का एक महत्वपूर्ण तत्व

【因素论】 yīnsùlùn 〈दर्श०〉 तत्व-संबंधी सिद्धांत

【因特网】 yīntèwǎng 〈कंप्यू०〉 इण्टर्नेट

【因头】 yīntóu 〈बो०〉 कारण; वजह: 无～ बिना किसी कारण के

【因陀罗】 Yīntuóluó इंद्र

【因为】 yīnwèi ❶〈संयो०〉 क्योंकि; चूंकि: ～天气不好，我不来了。चूंकि मौसम अच्छा नहीं है, इसलिए मैं नहीं आऊंगा। ❷〈पूर्व०〉 के कारण; की वजह से: ～天气关系，我不来了。मौसम की वजह से मैं नहीं आऊंगा।

【因袭】 yīnxí (पुरानी आदतों, रीति-रिवाजों, तरीकों आदि का) अनुसरण करना: ～陈规 पुरानी अप्रचलित विधियों का अनुसरण करना

【因小失大】 yīnxiǎo-shīdà छोटे-मोटे हित पर ध्यान देने से बड़ा नुकसान उठाना

【因循】 yīnxún (पुरानी विधियों का) अंधानुकरण करना: 因循守旧 ❷काम में विलंब करना: ～误事 काम में बड़ी देर तक विलंब करना और मौका हाथ से निकलने देना

【因循守旧】 yīnxún-shǒujiù पुरानी लीक पर चलते रहना; अंधानुकरण करना और लीक पीटना

【因噎废食】 yīnyē-fèishí गला घुटने के डर से खाना-पीना छोड़ देना; गले में अटकने के डर से खाना छोड़ना

【因由】 yīnyóu कारण; वजह: 问明～ कारण पूछना

【因缘】 yīnyuán ❶〈बौद्धधर्म〉 हेतु-प्रत्यय ❷पूर्वनियत संबंध

【因之】 yīnzhī 〈संयो०〉 इसलिए; इस कारण से

【因子】 yīnzǐ ❶（因数 का दूसरा नाम）गुणनखंड ❷（因式 का दूसरा नाम） गुणनखंड

阴（陰、隂）yīn ❶(चीनी दर्शनशास्त्र में) 'इन', प्रकृति में स्त्रीजातीय या निषेधात्मक तत्व (विलोम: 阳 yáng) ❷चंद्र; चांद: ～历 चांद्र पंचांग; चांद्रवर्ष ❸मेघावृत; मेघाच्छन्न; छाया हुआ: 天～了。आकाश में बदली छायी हुई है। ❹छाया: 树～ पेड़ की छाया ❺पहाड़ की उत्तर दिशा और नदी की दक्षिण दिशा: 华～हवाइन काउंटी (हवाशान पर्वत के उत्तर में स्थित एक काउंटी) / 江～ च्यांगइन काउंटी (छांगच्यांग नदी के दक्षिण में स्थित एक काउंटी) ❻पीछे का भाग: 碑～स्मारक-शिला के पीछे का भाग ❼उत्कीर्ण; धंसा हुआ: 阴文 ❽छिपा हुआ; छिपकर; गुप्त रूप से: 阴沟 / 阴私 / ～陷之 गुप्त रूप से किसी के विरुद्ध साजिशें रचना ❾कपटपूर्ण: 阴谋 / 这个家伙真～。यह आदमी बहुत कपटी है। ❿नरक का; भूत-प्रेत का: 阴曹 / 阴司 ⓫〈भौ०〉 ऋणात्मक: 阴电 / 阴

极 ⓬गुप्तेन्द्रिय; गुह्यांग (विशेषकर स्त्रियों का) ⓭ (Yīn) एक कुलनाम

【阴暗】 yīn'àn अंधेरा; अंधकारपूर्ण; धुंधला: 天色～。बादलों से आसमान पर अंधेरा छा गया।

【阴暗面】 yīnànmiàn अपेक्षाकृत बुरा पहलू; नकारात्मक पहलू

【阴部】 yīnbù गुप्तेंद्रिय; गुह्यांग; बाह्य जननेन्द्रियां

【阴曹】 yīncáo (阴曹地府 yīncáo dìfǔ भी) नरक; जहन्नुम; पाताल लोक; पाताल; यम लोक

【阴沉】 yīnchén मेघाच्छादित; घिरा हुआ; अंधेरा; अंधकारमय: 一天，是～的上午。एक दिन प्रातः बहुत ही घने बादल छाए हुए थे। / 脸色～ उदास मुंह होना

【阴沉沉】 yīnchénchén (आकाश, मुखाकृति आदि का) घिरा हुआ होना; उदास होना: 天空～的，像要下雨的样子。आकाश में बादल छाए हुए हैं, मालूम होता है कि पानी बरसेगा। / 脸上一点笑容也没有，～的。मुँह पर ज़रा-सी मुस्कान नहीं, बहुत उदास।

【阴沉木】 yīnchénmù वह कड़ी लकड़ी जो लंबे समय तक ज़मीन के अंदर गाड़ी गई हो

【阴唇】 yīnchún 〈श०वि०〉 (योनिमुख का) ओष्ठ

【阴错阳差】 yīncuò-yángchā (阴差阳错 yīnchā-yángcuò भी) परिस्थितियों के विचित्र संयोग से उत्पन्न त्रुटि (या भूल-चूक)

【阴丹士林】 yīndānshìlín ❶इंडानथ्रोन (indanthrone) (एक प्रकार का गहरा नीला रंजक) ❷इंडानथ्रोन से रंगा हुआ सूती कपड़ा

【阴道】 yīndào 〈श०वि०〉 योनि; संभोगपथ; भग; रजद्वार

【阴道炎】 yīndàoyán योनिशोथ; भगशोथ; संभोगपथ में सूजन

【阴德】 yīndé गुप्त रूप से की हुई नेकी; छिपाकर किये हुए पुण्य-कार्य

【阴地】 yīndì छायादार स्थान

【阴地植物】 yīndì zhíwù छायादार स्थानीय वनस्पति

【阴电】 yīndiàn 〈भौ०〉 ऋणात्मक विद्युत्

【阴毒】 yīndú कपटपूर्ण; छलपूर्ण; कुटिल और क्रूर

【阴风】 yīnfēng ❶ठंडी हवा ❷हानिकर वायु; दोषपूर्ण वायु; अंधेरी जगह से आई हुई हवा: 〈ला०〉 扇～，点鬼火。अंधेरी जगह से हवा चलाना और भूत-प्रेत की आग जलाना —— फूस में चिनगारी डालना; चिनगारी छोड़ना; आग भड़काना; ज्वाला भड़काना

【阴干】 yīngān (वस्तु) हवादार परन्तु धूप न आने वाली जगह में धीरे-धीरे सूख जाना

【阴功】 yīngōng दे० 阴德

【阴沟】 yīngōu मोरी; बंद नाली; नाबदान

【阴河】 yīnhé अंतःसलिल; भूतल के नीचे बहने वाली नदी

【阴黑】 yīnhēi अंधेरा और धुंधला; अंधकारमय: 天色～ अंधेरा और धुंधला होना / 脸色～ मुंह उदास होना

【阴户】 yīnhù 〈श०वि०〉 योनि का मुंह; रजद्वार

【阴晦】 yīnhuì अंधेरा; धुंधला: 天气又～了。आकाश में घने बादल छाए हुए थे।

【阴魂】 yīnhún मृतात्मा; भूत; प्रेत; भूत-प्रेत

【阴魂不散】 yīnhún-bùsàn मृतात्मा का नियत समय पर प्रस्थान न करना

【阴极】 yīnjí ऋणछोर; निगेटिव; कैथोड

【阴极射线】 yīnjí shèxiàn 〈भौ०〉 कैथोड-रे; कौथोड-किरण: ～管 कैथोड-रे ट्यूब

【阴间】 yīnjiān यम लोक; नरक; पाताल लोक

【阴茎】 yīnjīng 〈श०वि०〉 लिंग; शिश्न; पुरुषेन्द्रिय: ～勃起 लिंग का सीधा होना; लिंग का खड़ा होना

【阴冷】 yīnlěng ❶(मौसम) धुंधला और ठंडा ❷(मुख-मुद्रा) उदास

【阴离子】 yīnlízǐ 〈भौ०〉(负离子 fùlízǐ का दूसरा नाम) एनायन; ऋणायन

【阴历】 yīnlì ❶ (太阴历 tàiyīnlì भी) चान्द्र पंचांग ❷ (农历 nónglì का साधारण नाम) चीनी कैलेंडर; चांद्र वर्ष

【阴凉】 yīnliáng ❶छायादार और ठंडा: ～的地方 छायादार और ठंडी जगह ❷छायादार और ठंडी जगह: 找个～儿歇一歇。चलें, किसी छायादार और ठंडी जगह में ज़रा आराम करें।

【阴灵】 yīnlíng दे० 阴魂

【阴霾】 yīnmái धुंध

【阴毛】 yīnmáo 〈श०वि०〉 (पुरुष का) शिश्नरोम; लिंगोपरिबाल; (पुरुष या स्त्री की) पशम; झांट

【阴门】 yīnmén दे० 阴户

【阴面】 yīnmiàn छायादार पक्ष (या ओर); पीछे वाली ओर (या पहलू); पीछे का भाग

【阴谋】 yīnmóu ❶षड्यंत्र करना; साजिश करना: ～破坏 तोड़-फोड़ करने की साजिश करना / ～复辟 पुरानी व्यवस्था लागू करने का षड्यंत्र करना ❷षड्यंत्र; साजिश; चालबाज़ी; तिकड़म: ～诡计 साज़िशभरी चाल; साजिश और तिकड़म; साजिश और चालबाज़ी / ～活动 षड्यंत्रकारी कार्यवाही / ～手段 षड्यंत्रकारी हथकंडा / 揭露～ षड्यंत्र का पर्दाफ़ाश करना / 制造反政府～ सरकार के खिलाफ़ षड्यंत्र रचना / 击破～ साजिश का भण्डाफोड़ करना

【阴谋集团】 yīnmóu jítuán षड्यंत्रकारी गुट (या दल)

【阴谋家】 yīnmóujiā षड्यंत्रकर्ता; षड्यंत्रकारी; साजिशी; तिकड़मी; कुचक्री

【阴囊】 yīnnáng 〈श०वि०〉 अंड-कोष; मुष्क; फ़ोता; ख़ाया; पेलर

【阴匿】 yīnnì 〈ची०चि०〉 (阴蚀 yīnshí, 阴痒 yīnyǎng भी) स्त्रियों का एक रोगविशेष जिस में बाह्य जननेंद्रिय में खुजलाहट के साथ दर्द होता है और जननेंद्रिय से श्वेत-प्रदर निकलता है

【阴平】 yīnpíng (आधुनिक मानक चीनी उच्चारण में चार धुनों में से पहली धुन) ऊंची और समतल धुन

【阴森】 yīnsēn धुंधला; भीषण; भयानक; भयंकर: ～的树林 गहरा और अंधेरा वन / ～可怕 भयानक और भय से रक्त जम जाना

【阴山】 Yīnshān इनशान पर्वत

【阴山背后】 yīnshān bèihòu दूर और निर्जन स्थान

【阴生植物】 yīnshēng zhíwù दे० 阴地植物
【阴虱】 yīnshī 〈प्राणि०〉 पशम में जूं (या चिल्लड़)
【阴湿】 yīnshī अंधेरा और नमी
【阴蚀】 yīnshí दे० 阴蜃
【阴事】 yīnshì 〈लि०〉 रहस्य की बात (या मामला)
【阴寿】 yīnshòu 〈पुराना〉 ❶स्वर्गीय बड़ों की दशाब्दी के जन्मदिवस पर समारोह ❷मरे हुओं की नरक में उम्र
【阴司】 yīnsī दे० 阴间
【阴私】 yīnsī लज्जास्पद रहस्य
【阴损】 yīnsǔn ❶कपटपूर्ण और कठोर：说话～ बात करने में कपटपूर्ण और कठोर होना ❷पीठ पीछे नुकसान करना：背后～人 किसी के पीठ पीछे उस को नुकसान करना
【阴天】 yīntiān आकाश मेघाच्छादित होना; घिरा हुआ दिन होना
【阴文】 yīnwén उत्कीर्ण अक्षर; उत्कीर्ण डिज़ाइन या चित्र
【阴险】 yīnxiǎn कुटिल; कपटी; कपटपूर्ण; चालबाज़：～毒辣 कपटपूर्ण और प्राणघातक / ～狡猾 कपटपूर्ण और छलयुक्त
【阴线】 yīnxiàn 〈वाणि०〉 नीचे की ओर गिरती हुई वक्र-रेखा
【阴笑】 yīnxiào कपटपूर्ण मुस्कान
【阴性】 yīnxìng ❶〈चिकि०〉 निगेटिव：～反应 निगेटिव रिऐक्शन ❷〈व्या०〉 स्त्रीलिंग
【阴虚】 yīnxū 〈ची०चि०〉 'इन'(阴)का अभाव (शरीर-रस की अपर्याप्तता), इस रोग का लक्षण चिड़-चिड़ापन, प्यास, कब्ज़ आदि है
【阴阳】 yīnyáng ❶〈चीनी दर्श०〉 'इन' और 'यांग' प्रकृति में दो विपरीत तत्व, 'इंन' स्त्रीलिंग और निगेटिव वस्तुएँ, और 'यांग' पुंलिंग और पॉसिटिव वस्तुएँ ❷प्राचीन काल में चीनी ज्योतिष (विशेषकर सूर्य-चंद्र आदि ग्रहों और नक्षत्रों की गतिविधि से संबंधित विद्या) ❸फलित-ज्योतिष, प्रश्न ज्योतिष, नक्षत्रफल-गणन विद्या, भू-शकून विद्या आदि ❹दे० 阴阳生
【阴阳怪气】 yīnyáng-guàiqì ❶(किसी व्यक्ति का बोलने का ढंग) रहस्यपूर्ण：他说话～的。वह रहस्यपूर्ण ढंग से बोलता है। ❷अजीब; विचित्र; आम लोगों से भिन्न：他这个人～的。यह अजीब आदमी है।
【阴阳家】 yīnyángjiā ❶भू शकुनवेत्ता ❷(Yīnyáng-jiā) युद्धरत देश काल (475-221 ई०पू०) में एक विचार-संप्रदाय; प्रकृतिवादियों का विचार-संप्रदाय
【阴阳历】 yīnyánglì चांद्र-सौर पंचांग
【阴阳人】 yīnyángrén उभयलिंगी; हर्माफ़ोडाइट; स्त्री-पुरुष दोनों के लक्षणों से युक्त मनुष्य
【阴阳生】 yīnyángshēng इन-यांग प्रवीण (ज्योतिषी, फलित ज्योतिषी, प्रश्न ज्योतिषी, भू-शकुन वेत्ता आदि)
【阴阳水】 yīnyángshuǐ 〈ची०चि०〉 इन-यांग जल (गरम और ठंडा या नदी और कुएं का पानी, जो धोने या दवा तैयार करने के काम आता है)
【阴阳先生】 yīnyáng xiānsheng ज्योतिषी (भू-शकुन वेत्ता)
【阴痒】 yīnyǎng दे० 阴蜃
【阴一套，阳一套】 yīn yī tào, yáng yī tào खुले में एक कार्यवाही करना और एकांत में दूसरी; छल-कपट करने में लग जाना
【阴翳】 yīnyì दे० 荫翳 yīnyì
【阴影】 yīnyǐng छाया; साया; धुंधली छाया：树木的～ वृक्षों की छाया / 肺部有～ फेफड़े पर छाया होना
【阴雨】 yīnyǔ मेघाच्छदित या बरसाती; बदली और वर्षा：～连绵 कई दिन निरंतर बदली और वर्षा
【阴郁】 yīnyù अंधेरा; उदास; दबा हुआ：天色～。मौसम अवसाद या उदासी से भरा हुआ है। / 心情～。मन उदास या दबा हुआ-सा लगता है।
【阴云】 yīnyún काले बादल：～密布。आकाश मेघाच्छादित है। / 战争的～ 〈ला०〉 युद्ध के काले बादल
【阴宅】 yīnzhái कब्र; समाधि
【阴着儿】 yīnzhāor 〈बो०〉 कपटी चाल
【阴鸷】 yīnzhì 〈लि०〉 कुटिल और क्रूर
【阴骘】 yīnzhì गुप्त रूप से की हुई नेकी

茵

茵（裀） yīn गद्दा; गद्दी：绿草如～ कालीन जैसी हरी-हरी घास
【茵陈】 yīnchén 〈वन०〉 केपिलरी आर्टिमिज़िया (capillary Artemisia)
【茵褥】 yīnrù 〈लि०〉 गद्दा; गद्दी
【茵茵】 yīnyīn (घास आदि) हरी-भरी; संपन्न; समृद्ध

荫

荫（蔭） yīn छाया
yìn भी दे०
【荫蔽】 yīnbì ❶(पेड़ की शाखा और पत्ता) छाना; आड़ करना; ओट करना：草舍～在树林中。झोंपड़ी वन की आड़ में है। ❷गुप्त रूप से：～的斗争 गुप्त संघर्ष करना / ～和暴露 छिपकर कार्यवाही करना और खुलकर कार्यवाही करना / ～身体 अपने को सुरक्षित रखने के लिए आड़ लेना
【荫翳】 yīnyì 〈लि०〉 ❶पत्तियों से छिपाना या छाना：柳树～的河边 बेद वृक्षों से छाया हुआ नदी का किनारा ❷हरी-भरी पत्तियां होना：桃李～ आड़ू और बेर के वृक्ष हरी-भरी पत्तियों से भरे हुए हैं।
【荫影】 yīnyǐng छांह; साया：在楝树的～下 नीम की छांह में; नीम दरखतों के साये में

音

音 yīn ❶आवाज़; ध्वनि; शब्द; स्वर; घोष：音律 / 音乐 / 口～ स्थानीय उच्चारण; शोर; शोरगुल; कर्कश स्वर ❷समाचार; खबर：佳～ शुभ समाचार; खुशखबरी ❸अक्षर; शब्दांश; पदांश：单～词 एकाक्षर शब्द / 复～词 बहु-अक्षर शब्द ❹उच्चारण करना：'堙'～因。'堙' का उच्चारण 因 yīn की तरह होता है।
【音儿】 yīnr ❶आवाज़; ध्वनि：他说话的～变了。उस की बोलने की आवाज़ बदल गयी। ❷निहितार्थ：听话要听～。बात सुनते समय उस में निहितार्थ सुनना चाहिए।
【音爆】 yīnbào 〈विमान-चालन〉 ध्वनितरंगीय धमाका
【音标】 yīnbiāo 〈ध्वनि०〉 ध्वन्यात्मक चिह्न; ध्वन्यात्मक प्रतिलेखन; ध्वनिलिपि

【音波】 yīnbō 〈भौ०〉 ध्वनितरंग
【音叉】 yīnchā स्वरित्र
【音长】 yīncháng ध्वन्यवधि
【音尘】 yīnchén 〈लि०〉 समाचार; खबर; सूचना
【音程】 yīnchéng 〈संगी०〉 दो सुरों के मध्य का अंतर; अंतर; स्वरानुपात
【音带】 yīndài कैसेट; टेप
【音调】 yīndiào धुन; तान
【音读】 yīndú (अक्षर का) उच्चारण
【音符】 yīnfú 〈संगी०〉 नोट; स्वर
【音高】 yīngāo 〈भा०वि०〉 〈संगी०〉 स्वर की उदात्तता या तारत्व; पिच
【音耗】 yīnhào समाचार; खबर; सूचना: 杳无～ कोई समाचार न होना
【音阶】 yīnjiē 〈संगी०〉 सरगम; ग्राम
【音节】 yīnjié 〈ध्वनि०〉 (音缀 भी) शब्दांश; अक्षर: 单～词 एकाक्षर शब्द / 多～词 बहु-अक्षर शब्द / 双～词 द्वयक्षर शब्द
【音节表】 yīnjiébiǎo 〈ध्वनि०〉 वर्णावली; अक्षर-तालिका या सूची; अक्षरमाला
【音节文字】 yīnjié wénzì 〈भा०वि०〉 अक्षरीय भाषा
【音量】 yīnliàng 〈संगी०〉 पूर्ण स्वर; स्वर का दायरा; विपुलता; वाल्यूम: ～控制 वाल्यूम कंट्रोल
【音律】 yīnlǜ (乐律 yuèlǜ भी) टैंपरामेंट; (पियानो आदि की) स्वर-संगति; संस्कार
【音名】 yīnmíng 〈संगी०〉 म्यूज़िकल अल्फ़ाबेट; संगीतक वर्णमाला
【音频】 yīnpín 〈भौ०〉 ऑडियो फ़्रीक्वेंसी
【音频调制】 yīnpín tiáozhì 〈रेडियो〉 वॉयस मॉड्यूलेशन
【音品】 yīnpǐn 音色 का दूसरा नाम
【音强】 yīnqiáng ध्वनि की उग्रता या तीव्रता; इटेंसिटी आफ़ साउंड
【音容】 yīnróng 〈लि०〉 स्वर और मुखाकृति; आवाज़ और सूरत (प्रायः किसी मरे हुए व्यक्ति की याद करने में प्रयुक्त): ～笑貌 बात करने की आवाज़ और मुस्कराने की मुखाकृति
【音容宛在】 yīnróng-wǎnzài ऐसा मालूम होता है कि किसी की वही आवाज़ और सूरत अब भी मौजूद है (प्रायः मृत व्यक्ति की याद करने के लिए अंतिम संस्कार के ध्वज में लिखा जाता है)
【音色】 yīnsè (音品、音质 भी) ध्वनि-विशिष्ट्य; ध्वनि का स्वरूप; ध्वनि की गुणता
【音诗】 yīnshī 〈संगी०〉 तार-कविता; टोन पॉयम
【音势】 yīnshì 音强 का दूसरा नाम
【音素】 yīnsù 音位 का पुराना नाम
【音素文字】 yīnsù wénzì 音位文字 का पुराना नाम
【音速】 yīnsù 〈भौ०〉 ध्वनि-वेग; ध्वनि-गति
【音位】 yīnwèi 〈ध्वनि०〉 (पुराना नाम 音素) ध्वनि-ग्राम
【音位文字】 yīnwèi wénzì 〈भा०वि०〉 ध्वनि-ग्रामीण भाषा
【音位学】 yīnwèixué 〈ध्वनि०〉 ध्वनिग्रामशास्त्र
【音问】 yīnwèn समाचार; खबर
【音息】 yīnxī डाक; मेल; संदेश; सूचना; समाचार; खबर: 渺无～ कोई खबर न होना
【音响】 yīnxiǎng ❶आवाज़; ध्वनि: ～地雷 शब्द भेदी सुरंग / ～水雷 शब्द भेदी माइन / ～设计 ध्वनि की व्यवस्था / ～效果 ध्वनि प्रभाव; साउंड एफ़ेक्ट्स ❷ (组合音响 zǔhé yīnxiǎng का संक्षिप्त रूप) हि-फ़ि स्टीरिओ कंपोनंट सिस्टीम; हि-फ़ि सेट
【音像】 yīnxiàng ऑडियोविशूवल (audiovisual); ध्वनिदृश्य: ～出版社 ऑडियोविशूवल प्रकाशन-गृह
【音信】 yīnxìn (音讯 भी) डाक; मेल; संदेश; सूचना; समाचार; खबर: 互通～ एक दूसरे से पत्र-व्यवहार करना / 杳无～ कोई समाचार न होना
【音讯】 yīnxùn दे० 音信
【音型】 yīnxíng 〈संगी०〉 तोड़ा; गटकरी
【音义】 yīnyì ❶उच्चारण और अर्थ ❷〈पुराना〉 (प्रायः पुस्तक के नाम में प्रयुक्त) उच्चारण और अर्थ के बारे में टीका-टिप्पणी: 《毛诗～》 'सटीक कविता-ग्रंथ' 'कविता-ग्रंथ का उच्चारण और अर्थ'
【音译】 yīnyì ध्वन्यानुवाद; लिप्यंतरण (义译 yìyì अर्थानुवाद से भिन्न)
【音域】 yīnyù 〈संगी०〉 ध्वनि का विस्तार क्षेत्र; ध्वनि-क्षेत्र
【音乐】 yīnyuè संगीत; म्यूज़िक: ～爱好者 संगीत-प्रेमी / ～工作者 संगीतकर्ता; संगीतकर्त्री / ～理论 संगीत विद्या / ～评论者 संगीत समालोचक / ～台 संगीतवेदी; कंसर्ट-रंगमंच / ～舞蹈史诗 संगीत-नृत्य काव्य / ～喜剧 संगीत सुखांत नाटक / ～效果 ध्वनि-प्रभाव / ～周 संगीत-सप्ताह
【音乐电视】 yīnyuè diànshì संगीत टी-वी; एम०टी०वी० (MTV)
【音乐会】 yīnyuèhuì संगीत-सभा; गायनोत्सव; कंसर्ट
【音乐家】 yīnyuèjiā संगीतज्ञ; संगीताचार्य; संगीतकार: 职业～ पेशेवर संगीतकार / 业余～ शौकिया संगीतकार
【音乐片】 yīnyuèpiàn संगीत-फ़िल्म; संगीतमय चलचित्र
【音乐厅】 yīnyuètīng संगीतभवन; संगीतशाला; कंसर्ट हॉल
【音乐学】 yīnyuèxué संगीतविज्ञान; संगीतशास्त्र
【音乐学院】 yīnyuè xuéyuàn संगीत प्रतिष्ठान; संगीत कालेज
【音韵】 yīnyùn ❶मधु स्वर; सुरीली आवाज़; तुक और ताल ❷चीनी अक्षर में तुकारंभ; तुकांत और तार (धुन)
【音韵学】 yīnyùnxué 〈भा०वि०〉 ध्वनिप्रक्रिया विज्ञान
【音障】 yīnzhàng 〈भौ०〉 ध्वनितरंगीय रोक; साउंड बैरियर
【音值】 yīnzhí 〈भा०वि०〉 ध्वनि का मूल्य; वैल्यू
【音质】 yīnzhì ❶तार की क्वालिटी; टोन क्वालिटी ❷एकुस्टिक फ़िडेलिटी
【音缀】 yīnzhuì दे० 音节

【音准】 yīnzhǔn 〈संगी०〉 पिच में शुद्धता

洇（湮）yīn स्याही का कागज़ पर धीरे-धीरे फैलना： 这纸写字～。इस कागज़ पर स्याही से धब्बे लगते हैं। 湮 के लिए yān भी दे०

姻（婣）yīn ❶विवाह; शादी： 婚～ विवाह; शादी ❷विवाह के कारण (बने रिश्तेदार)： ～兄弟 बहिन के पति के भाई; पत्नी के ममेरा, फुफेरा या मौसेरा भाई / ～伯 भाई के ससुर; बहिन के ससुर

【姻亲】 yīnqīn विवाह से बने रिश्तेदार, जैसे, फूफा, बहनोई, पत्नी के भाई-बहिन आदि

【姻亚】 yīnyà दे० 姻娅

【姻娅】 yīnyà （姻亚 भी）〈लि०〉 विवाह से बने रिश्तेदार

【姻缘】 yīnyuán प्रेमी और प्रेमिका का विवाह होने का सौभाग्य： 美满～ सुखमय विवाह; वैवाहिक सुख; दाम्पतिक सुख

骃（駰）yīn 〈प्रा०〉 सफ़ेद और हल्के काले रंग का घोड़ा

细（絪）yīn नीचे दे०

【细缊】 yīnyūn दे० 氤氲 yīnyūn

氤 yīn नीचे दे०

【氤氲】 yīnyūn 〈लि०〉 ❶〈प्रा०〉 〈चीनी दर्श०〉 आकाश और पृथ्वी की उत्पादक शक्ति ❷〈साहि०〉 (धूएं और कुहरे का) घनापन： 云烟～ घना कुहरा （絪缊 yīnyūn、烟煴 yīnyūn भी）

殷[1] yīn 〈लि०〉 ❶विपुल; समृद्ध; सम्पन्न; धनी： 殷富 / 殷实 ❷उत्सुक; उत्कंठित; अत्यंत इच्छुक： 殷切 / 期望甚～ दिल में बड़ी आशा रखना ❸आतिथेय; सत्कारशील： 殷勤招待 yīnqín zhāodài

殷[2] Yīn ❶एक राजवंश (लगभग ई०पू० चौदहवीं शताब्दी से ग्यारहवीं शताब्दी तक), 商 (शांग राजवंश) के बाद का भाग ❷एक कुलनाम

yān; yǐn भी दे०

【殷富】 yīnfù धनी; अमीर; खुशहाल; समृद्ध

【殷钢】 yīngāng 〈धा०वि०〉 इंवल (inval)

【殷鉴】 yīnjiàn नुकसान या ऐसा झटका या सबक जो दूसरों के लिए चेतावनी बन सकता है： 可资～ चेतावनी (या सबक) के रूप में ले लेना

【殷鉴不远】 yīnjiàn—bùyuǎn 'इन' राजवंश का सबक अभी ज़्यादा दूर नहीं है —— इतिहास में ऐसा सबक बहुत नज़दीक है

【殷切】 yīnqiè उत्सुक; उत्कंठित; अत्यंत इच्छुक： ～期望 दिल में तीव्र आशा रखना

【殷勤】 yīnqín उत्सुक; सोत्कंठ： ～招待 अतिथिपूजा; अतिथि सत्कार; अतिथिसेवा / ～要求 आतुर होना

【殷实】 yīnshí धनी; सम्पन्न; सम्पत्तिवान： ～人家 धनी परिवार; समृद्ध खानदान / ～商号 अच्छे रुतबे वाली फ़र्म / 家道～ दौलतमंद व्यक्ति होना

【殷墟】 Yīnxū 'इन' ध्वंसावशेष

【殷殷】 yīnyīn ❶उत्सुक; उत्कंठित; अत्यंत इच्छुक： ～期望 बड़ी ख्वाहिशमन्दी के साथ उम्मीद करना ❷〈लि०〉 संताप; उदास： 忧心～ संताप होना; उदास होना

【殷忧】 yīnyōu बहुत अधिक चिंता करना

烟 yīn नीचे दे०

yān भी दे०

【烟煴】 yīnyūn दे० 氤氲 yīnyūn

铟（銦）yīn 〈रसा०〉 इंडियम (In)

堙 yīn 〈लि०〉 ❶मिट्टी का ढूह; टीला ❷बंद करना; भरना; रोकना; पाटना： ～庳 खाइयों को पाटना

喑（瘖）yīn 〈लि०〉 ❶गला बैठना; गला पड़ना; आवाज़ धीमी होना： 喑哑 ❷चुप रहना; मौन धारण करना： 万马齐～ दस हज़ार घोड़ों का बिना शब्द किए खड़े रहना

【喑哑】 yīnyǎ गला बैठना; आवाज़ धीमी होना; मौन रखना

闉（闉）yīn ❶〈प्रा०〉 नगर-द्वार का प्राकार का दरवाज़ा; शहर की बाहरी दीवार का दरवाज़ा ❷〈लि०〉 बन्द करना; रोकना; अटकना

愔 yīn नीचे दे०

【愔愔】 yīnyīn 〈लि०〉 बहुत शांत होना; चुप रहना

歅 yīn (व्यक्ति के नाम में प्रयुक्त)： 九方歅 Jiǔfāng Yīn, वसंत-शरत् काल (लगभग 770-476 ई०पू०) में एक व्यक्ति जो अच्छे घोड़ों को पहचानने में कुशल था

溵 yīn नीचे दे०

【溵溜】 Yīnliù इनल्यूम, एक स्थान का नाम (थ्येनचिन नगर में)

禋 yīn ❶〈प्रा०〉 स्वर्ग को बलि चढ़ाने का एक होम (यज्ञ) ❷विस्तृत अर्थ में होम; यज्ञ

慇 yīn नीचे दे०

【慇懃】 yīnqín दे० 殷勤 yīnqín

yín

圻 yín 〈लि०〉 दे० 垠 yín

qí भी दे०

吟（唫）yín ❶(कविता का) ज़ोर-ज़ोर से पढ़ना या पाठ करना; गायन करना: ～诗 कविता का ज़ोर-ज़ोर से पढ़ना या पाठ करना ❷〈लि०〉 कराहना; आह भरना ❸गीत; गाना (शास्त्रीय कविता की एक शैली):《水龙～》 'जल-नाग गीत' ❹किसी निश्चित पशु या कीड़े का बोलना: 猿～ बंदर का बोलना / 蝉～ सिकेडा का बोलना

【吟唱】 yínchàng गायन करना; (कविता का) ज़ोर-ज़ोर से पढ़ना या पाठ करना

【吟哦】 yín'é स्वरावरोह से (कविता का) ज़ोर-ज़ोर से पढ़ना या पाठ करना; गायन करना

【吟风弄月】 yínfēng-nòngyuè （吟风咏月 yínfēng-yǒngyuè भी）चंद्र-वायु का गाना गाना —— सरस या भावपूर्ण कविता लिखना

【吟诵】 yínsòng गायन करना; (कविता का) ज़ोर-ज़ोर से पढ़ना या पाठ करना

【吟味】 yínwèi मज़ा लेते हुए तथा सराहना करते हुए (कविता का) ज़ोर-ज़ोर से पढ़ना या पाठ करना: 反复～ मज़ा या सराहना के साथ (कविता का) बार-बार ज़ोर-ज़ोर से पढ़ना या पाठ करना

【吟咏】 yínyǒng स्वरावरोह से कविता का ज़ोर-ज़ोर से पढ़ना या पाठ करना: ～古诗 स्वरावरोह से प्राचीन कविता का ज़ोर-ज़ोर से पढ़ना या पाठ करना

垠 yín 〈लि०〉 सीमा; सरहद: 无～ सीमाहीन; अंतहीन

狺 yín नीचे दे०

【狺狺】 yínyín 〈लि०〉 कुत्ते का बोलना; भूंकना: ～狂吠 पागलपन से भूंकना; भारी गूंजती हुई आवाज़ में भूंकना

訚（誾）yín नीचे दे०

【訚訚】 yínyín 〈लि०〉 वाद-विवाद में अच्छा रुख

崟（崯）yín दे० 嵚崟 qīnyín (पर्वत) ऊंचा

银（銀）yín ❶〈रसा०〉（साधारण नाम：银子，白银 báiyín）चांदी; रजट (Ag) ❷पैसे और मुद्रा संबंधी: 银行 / 银根 ❸रुपहला: ～白色 रुपहला / ～灰色 चांदी सा भूरा रंग ❹（Yín）एक कुलनाम

【银白】 yínbái रुपहला (रंग)

【银白杨】 yínbáiyáng श्वेत चिनार; हवाइट पोपलर

【银杯】 yínbēi चांदी का प्याला; रजतकप; सिल्वर कप

【银本位】 yínběnwèi 〈अर्थ०〉 रजतमान; चांदी के सिक्के का चलन

【银币】 yínbì चांदी का सिक्का

【银鲳】 yínchāng （鲳鱼 chāngyú का दूसरा नाम）सिल्वर पाम्फ्रेट; बटर-फ़िश

【银川】 Yínchuān इन्छवान (निंगश्या हवेइ जाति स्वायत्त प्रदेश की राजधानी)

【银弹】 yíndàn 〈ला०〉 रजत गोली; लोगों को लुभाने या अपनी ओर कर लेने वाला धन

【银锭】 yíndìng चांदी की सिल

【银耳】 yín'ěr （白木耳 báimù'ěr भी）ट्रेमेला (tremella); सफ़ेद कवककानि; सफ़ेद वृक्षकवल

【银发】 yínfà सफ़ेद बाल: 满头～ सफ़ेद बाल होना

【银粉】 yínfěn （铝粉 lǚfěn का लोकप्रचलित नाम）ऐल्युमिना का पाउडर

【银根】 yíngēn 〈अर्थ०〉 मुद्रा-विपणी; सर्राफ़ा; साहूकार: ～紧 सर्राफ़ा तंग होना / ～松 सर्राफ़ा आसान होना

【银汉】 yínhàn 〈साहि०〉 आकाश-गंगा

【银汉鱼】 yínhànyú 〈प्राणि०〉 सिल्वरसाइड

【银行】 yínháng बैंक: 国家～ राजकीय बैंक / ～存款 बैंक में जमा पैसा / ～储备 रिज़र्व बैंक / 储蓄～ सेविंग्सबैंक / ～存折 बैंकबुक; पासबुक / ～分行 बैंक की शाखा / ～汇票 बैंक ड्राफ़्ट / ～贴现 बैंक डिसकाउंट / ～贷款 बैंक क्रेडिट / ～资本 बैंक-पूंजी / ～卡 〈वाणि०〉 बैंक कार्ड

【银行家】 yínhángjiā बैंकर; बैंक-मालिक

【银毫】 yínháo ❶（银毫子 yínháozi भी）लिखने का ब्रुश ❷〈पुराना〉 चांदी का छोटा सिक्का

【银号】 yínhào 〈पुराना〉 बैंकिंग हाउस

【银河】 yínhé 〈खगोल०〉 आकाश-गंगा; स्वर्ग-मंदाकिनी

【银河系】 yínhéxì 〈खगोल०〉 मिल्की-वे सिस्टम; गैलेक्सी

【银河星团】 yínhé xīngtuán 〈खगोल०〉 गैलेक्टिक कलुस्टर

【银红】 yínhóng सिंदूर मिला हुआ हल्का गुलाबी रंग

【银狐】 yínhú रुपहली लोमड़ी

【银灰】 yínhuī चांदी सा भूरा रंग; चमकीला सलेटी रंग

【银婚】 yínhūn शादी की पच्चीसवीं वर्ष-गांठ

【银匠】 yínjiàng चांदी के गहने, बर्तन आदि बनाने वाला सुनार

【银角子】 yínjiǎozi 〈बो०〉 चांदी का छोटा सिक्का

【银卡】 yínkǎ 〈वाणि०〉 रजत कार्ड

【银联卡】 yínliánkǎ 〈वाणि०〉 विनिमयशील कार्ड

【银链】 yínliàn चांदी की ज़ंजीर

【银两】 yínliǎng 〈पुराना〉 (मुद्रा के रूप में) चांदी

【银亮】 yínliàng चांदी की तरह चमकीला

【银铃】 yínlíng चांदी का घुंघरू

【银楼】 yínlóu चांदी की चीज़ों की दुकान; सुनार की दुकान

【银幕】 yínmù (सिनेमा का) पर्दा; स्क्रीन

【银鸥】 yín'ōu 〈प्राणि०〉 हेरिंग गल (herring gull)

【银牌】 yínpái चांदी का पदक

【银票】 yínpiào 〈पुराना〉 सिल्वर ड्राफ़्ट (एक प्रकार का नोट)

【银屏】 yínpíng ❶टी०वी० की प्रतिदीप्तिशील स्क्रीन ❷टी०वी० प्रोग्राम

【银器】 yínqì चांदी के बर्तन; चांदी के ज़ेवर

【银钱】 yínqián धन; पैसा: ～往来 लेन-देन

【银色浪潮】 yínsè làngcháo 〈ला०〉 रजत तरंग; वृद्ध व्यक्तियों की जनसंख्या शीघ्रता से बढ़ाने वाला सामाजिक घटना-क्रम

【银杉】 yínshān केथया
【银鼠】 yínshǔ 〈प्राणि०〉 हिमनकुल; स्नो वीज़ल
【银条】 yíntiáo चांदी की छड़; सिल्वर बार
【银屑病】 yínxièbìng 〈चिकि०〉 सोरियासिस; दानेदार खुजली
【银杏】 yínxìng 〈वन०〉 गिंको; चीन में पाया जाने वाला एक वृक्ष जिस के पत्ते पंखे जैसे होते हैं
【银燕】 yínyàn सिल्वर स्वॉलो —— वायुयान; हवाई जहाज़
【银洋】 yínyáng सिल्वर डालर; चांदी का डालर
【银样镴枪头】 yín yàng là qiāng tóu चांदी की तरह चमकने वाला बरछी का सिर —— देखने में काफ़ी अच्छा पर प्रयोग में बेकार चीज़
【银鹰】 yínyīng विमान; लड़ाकू विमान
【银鱼】 yínyú 〈प्राणि०〉 सैलेंगिड; ह्वाइटबेट
【银元】 yínyuán दे० 银圆
【银圆】 yínyuán（银元 भी）〈पुराना〉 चांदी का डालर
【银质奖】 yínzhìjiǎng रजत् पदक
【银朱】 yínzhū सिंदूर; सिंदूर रोगन
【银子】 yínzi（银 का साधारण नाम）चांदी

淫[1] yín ❶अत्यंत; अत्यधिक; बहुत अधिक：淫雨 ❷कामुक：乐而不～ बिना कामुकता का उल्लास

淫[2]（婬）yín ❶कामी; कामुक; असंयमी; लम्पट：万恶～为首 सभी बुराइयों में कामुकता सर्वाधिक बुरी होती है। / 骄奢～逸的生活水平 शाहाना, ऐशयरस्ताना, अय्यशाना व काहिलाना ज़िंदगी का स्तर ❷अश्लील; लंपट：～画 अश्लील चित्र / ～书 अश्लील किताबें ❸बलात्कार करना：～一人 किसी स्त्री के साथ बलात्कार करना
【淫奔】 yínbēn (विशेषकर स्त्री का प्रेमी या यार के साथ) भाग जाना
【淫辞】 yíncí（淫词 yíncí भी）❶〈लि०〉 बेसिर पैर की बात; अविवेकी बात; तर्कहीन बात ❷कामुक भाषा; लंपट बात; अश्लील बात
【淫荡】 yíndàng कामुक; कामी; लंपट; असंयमी
【淫风】 yínfēng कामुक रीति-रिवाज
【淫妇】 yínfù परपुरुषगामिणी; व्यभिचारिणी; जारिणी; छिनाल; कुलटा
【淫棍】 yíngùn परस्त्रीगामी; व्यभिचारी; जार; लंपट; कामुक; विषयी
【淫秽】 yínhuì कामुक; अश्लील; लंपट; अश्लील-साहित्य-विषयक：～书刊 अश्लील विषय वाला साहित्य
【淫乐】 yínlè इंद्रिय-सुख में जी भर के मज़ा लेना
淫乐 yínyuè भी दे०
【淫乱】 yínluàn (लैंगिक दृष्टि से) सहवास में अनियंत्रित; लंपट; कामी; असंयमी
【淫靡】 yínmǐ ❶अश्लील; लंपट：～的歌曲 अश्लील शैली के गीत ❷असंयमी：风气～。असंयम एक साधारण रीति-रिवाज बन गया।
【淫威】 yínwēi स्वेच्छाचारी की शक्ति; बल का दुष्प्रयोग
【淫猥】 yínwěi कामुक; अश्लील; लंपट
【淫亵】 yínxiè ❶कामुक; अश्लील; लंपट ❷(किसी स्त्री के साथ) बलात्कार करना
【淫刑】 yínxíng ❶कड़े दंड का दुष्प्रयोग करना ❷सख़्त सज़ा; कड़ा दंड
【淫羊藿】 yínyánghuò 〈वन०〉 लांगस्पर एपिमेडियम (longspur epimedium)
【淫佚】 yínyì कामुक; लंपट; असंयमी
【淫雨】 yínyǔ निरंतर वर्षा：～成灾 निरंतर वर्षा से बाढ़ होना
【淫欲】 yínyù मैथुनेच्छा; संभोग की इच्छा
【淫乐】 yínyuè 〈लि०〉 अश्लील संगीत
淫乐 yínlè भी दे०

寅 yín बारह पार्थिव शाखाओं（地支）में से तीसरा
【寅吃卯粮】 yínchīmǎoliáng （寅支卯粮 yínzhīmǎoliáng भी）अगले साल का अनाज खाना; निश्चित समय से पूर्व आय का प्रयोग करना
【寅时】 yínshí आधी रात के बाद तीन बजे से पांच बजे तक का समय

龂（齗）yín 〈लि०〉 龈 yín के समान
【龂龂】 yínyín बहस-मुबाहिसा करना; वाद-विवाद करना

鄞 Yín इन, चच्यांग प्रांत में एक काउंटी का नाम

龈（齦）yín मसूड़ा
啃 kěn भी दे०

夤 yín 〈लि०〉 ❶आदर-मिश्रित भय：～畏 आदर-मिश्रित भय ❷गहरा：夤夜
【夤夜】 yínyè 〈लि०〉 गहरी रात
【夤缘】 yínyuán 〈लि०〉 अपनी उन्नति करने के लिए सम्पर्कों का प्रयोग करना

蟫 yín 〈प्रा०〉 पुस्तकों में लगने वाला कीड़ा

嚚 yín 〈लि०〉 ❶मूर्ख और हठी ❷कपटी; शठ; धूर्त; कुटिल

霪 yín नीचे दे०
【霪雨】 yínyǔ दे० 淫雨 yínyǔ

yǐn

尹 yǐn ❶〈प्रा०〉 अधिकारों की एक उपाधि：府～ फ़ू (वर्तमान विशेष प्रशासनिक क्षेत्र के लगभग) का प्राध्यक्ष (या मुख्य अधिकारी) ❷（Yǐn）एक कुलनाम

引 yǐn ❶खींचना：～弓 धनुष खींचना / 引而不发

❷नेतृत्व करना; मार्ग-दर्शन करना; ले चलना; ले जाना: ～路 मार्ग-दर्शन करना; पथ प्रदर्शन करना; राह दिखाना / 她～着他走进屋里。वह उस को कमरे में ले गयी। / 他～了一个老头子走来。वह एक बुज़ुर्ग को साथ लिए आ पहुंचा। ❸छोड़ना; छोड़ देना; छोड़ जाना: ～避 शंका आदि से साफ़ बचा ले जाना; शंका आदि से साफ़ बचाने के लिए अलग निकाल ले जाना / 引退 ❹निकालना: 引领 / 引颈 ❺उत्पन्न करना; पैदा करना: 纸太湿，火～不着。कागज़ इतना गीला है कि आग न लग सकी। ❻किसी कार्य से कोई दूसरी बात पैदा होना: 他的这句话～大家都笑了。उस की बात से सब लोग हंसने लगे। ❼उद्धरण लेना; उद्धृत करना: ～自某书 अमुक पुस्तक से उद्धरण लेना; अमुक पुस्तक से उद्धृत करना / 引证 ❽〈पुराना〉 शवयात्रा में ताबूत खींचने का सफ़ेद कपड़ा: 发～ 〈प्रा०〉 शवयात्रा में लोग सफ़ेद कपड़े से ताबूत खींचना; शवयात्रा में ताबूत को लोगों के कंधों पर रखकर बाहर निकालना ❾लंबाई की एक इकाई, एक 'इन' बराबर दस 丈 (चांग) और पंद्रह 'इन' बराबर एक 里 (ली) (आधा किलोमीटर) होता है

【引爆】 yǐnbào इतना गरम करना कि स्फोट हो जाय; धड़ाके के साथ फूटना; विस्फोट होना: ～装置 उत्तापकयंत्र; उद्दीपक-यंत्र

【引柴】 yǐnchái （引火柴 yǐnhuǒchái भी） लकड़ी की चुंन्नियां या छोटे टुकड़े जिन से आग लगाई जाती है

【引产】 yǐnchǎn 〈चिकि०〉 प्रसव कराना

【引出】 yǐnchū निकालना: ～必要的结论 आवश्यक निष्कर्ष निकालना

【引导】 yǐndǎo मार्ग-दर्शन करना; पथ-प्रदर्शन करना; रास्ता दिखाना: ～得法 सही निर्देशन करना / ～某人做某事 किसी काम के लिए किसी व्यक्ति का मार्गदर्शन करना / ～某人的眼光向某处 किसी व्यक्ति का ध्यान किसी स्थान आदि की ओर आकर्षित करना / ～群众向前看 लोगों का आगे की ओर देखने के लिए पथ-प्रदर्शन करना / ～群众向此目标前进 जन-समुदाय को इस लक्ष्य की ओर ले जाना

【引得】 yǐndé अनुक्रमणिका; इंडेक्स (एक लिप्यंतरण)

【引动】 yǐndòng (भावनाएं) प्रेरित करना; प्रोत्साहित करना; उकसाना; भड़काना: 他的一席话～我思家的情怀。उस की बातों से मुझे घर की याद आने लगी।

【引逗】 yǐndòu ❶चिढ़ाना; छेड़खानी करना ❷ललचाना; लालच देना; लुभाना; प्रलोभन देना

【引渡】 yǐndù 〈का०〉 प्रत्यापर्ण; एक्सट्राडिट; (दूसरे देश से भागे हुए अपराधी को) उस देश के शासनकर्ता के हाथ सौंप देना

【引而不发】 yǐn'érbùfā कान तक धनुष खींचे लेकिन तीर न छूटना —— मार्ग-दर्शन करने या नियंत्रण करने में कुशल होना; अच्छी तरह तैयार रहकर मौके का इंतज़ार करना

【引发】 yǐnfā आरंभ करना; छेड़ना; पैदा करना; खड़ा करना: 那次事件～了一场暴乱。उस घटना से एक दंगा-फ़साद पैदा हुआ।

【引发剂】 yǐnfājì 〈रसा०〉 आरंभक; चालक; इनिशियेटर

【引港】 yǐngǎng जलपोत का मार्ग-दर्शन करना (बंदरगाह में जाना या उस से निकलना); (जलपोत का) मार्ग-दर्शन करना

【引吭高歌】 yǐnháng-gāogē ऊंची आवाज़ में आनन्द-पूर्वक गाना; जी भर कर गाना

【引航】 yǐnháng दे० 引水

【引航员】 yǐnhángyuán दे० 引水员

【引号】 yǐnhào अवतरण चिह्न: 双～ दुहरे अवतरण चिह्न (" ") / 单～ इकहरे अवतरण चिह्न (' ')

【引河】 yǐnhé ❶सिंचाई की नहर ❷सहायक नदी; उपनदी; छोटी नदी

【引火】 yǐnhuǒ जली हुई वस्तु से ईंधन आदि को जलाना

【引火烧身】 yǐnhuǒ-shāoshēn ❶विनाश को अपने सिर पर लेना ❷अपने विरुद्ध आग लगाना —— आत्मा-लोचना करके दूसरे लोगों द्वारा अपनी आलोचना करवाना

【引火线】 yǐnhuǒxiàn पलीता

【引疾】 yǐnjí 〈लि०〉 अस्वस्थता के आधार पर त्यागपत्र देना

【引见】 yǐnjiàn (एक व्यक्ति को दूसरे से) मिलाना; परिचय कराना: 他把我～给校长。उस ने कुलपति से मेरा परिचय कराया।

【引荐】 yǐnjiàn (व्यक्ति की) सिफ़ारिश करना

【引酵】 yǐnjiào 〈बो०〉 खमीर उठाया हुआ गूंधा आटा

【引介】 yǐnjiè प्रविष्ट कराना और प्रारंभ करना

【引进】 yǐnjìn ❶सिफ़ारिश करना ❷परदेश या विदेश से प्रविष्ट कराना: ～新的蔬菜品种 नई किस्म की सब्ज़ियों से परिचय करवाना

【引经据典】 yǐnjīng-jùdiǎn शास्त्रीय ग्रंथों से कथन, कहानी आदि उद्धृत करना

【引颈】 yǐnjǐng सारस की भांति गर्दन आगे निकालना: ～四望 गर्दन आगे निकाल कर चारों ओर देखना

【引咎】 yǐnjiù 〈लि०〉 अपने ऊपर दोष की ज़िम्मेदारी लेना: ～辞职 अपने ऊपर दोष की ज़िम्मेदारी लेकर त्याग-पत्र देना

【引狼入室】 yǐnláng-rùshì भेड़िये को अपने घर में ले जाना —— दुश्मन के लिए दरवाज़ा खोलना

【引理】 yǐnlǐ 〈गणित०〉 लेमा

【引力】 yǐnlì 〈भौ०〉 आकर्षणशक्ति; विकर्षण; गुरुत्वा-कर्षण: ～作用 गुरुत्वाकर्षण

【引例】 yǐnlì ❶पुस्तक, लेख आदि में उदाहरणों के उद्धरण देना ❷पुस्तक, लेख आदि में उद्धृत उदाहरण

【引领】 yǐnlǐng ❶मार्ग-दर्शन करना; पथ-प्रदर्शन करना; रास्ता दिखाना ❷सारस की भांति गर्दन आगे निकालना (दूर की ओर देखना) —— उत्सुकता से आगे की ओर देखना

【引领而望】 yǐnlǐng'érwàng सारस की भांति गर्दन आगे निकालकर देखना; उत्सुकता से आगे की ओर देखना

【引流】 yǐnliú 〈चिकि०〉 जल-निकास: 十二指肠～ ग्रहणी-संबंधी जल-निकास

【引流管】 yǐnliúguǎn 〈चिकि०〉 जल-निकास नली

【引路】 yǐnlù मार्ग-दर्शन करना; पथ-प्रदर्शन करना; रास्ता दिखाना: ～人 पथ-प्रदर्शक

【引录】 yǐnlù (किसी पुस्तक, लेख आदि से) उद्धृत करना

【引起】 yǐnqǐ छेड़ना; खड़ा करना; पैदा करना： ～争论 बखेड़ा खड़ा करना / ～注意 ध्यान आकर्षित करना / 帝国主义的这种罪恶行动，～了全世界人民极大的愤怒。साम्राज्यवाद की इस अपराधपूर्ण कार्यवाही से सारी दुनिया की जनता बेहद गुस्से में भर गई है।

【引桥】 yǐnqiáo 〈परिव०〉 प्रवेश मार्ग; प्रवेश पुल

【引擎】 yǐnqíng इंजन： ～盖 मोटरकार के इंजन का ढक्कन

【引燃管】 yǐnránguǎn इग्निट्रोन

【引人入胜】 yǐnrén-rùshèng रोचक और चित्ताकर्षक बनाना： 把报纸办得～ अखबार को रोचक और चित्ताकर्षक बनाना

【引人注目】 yǐnrén-zhùmù लोगों की दृष्टि आकर्षित करना： ～的大字标语 लोगों की दृष्टि आकर्षक करने वाले बड़े-बड़े अक्षरों में स्लोगन

【引入】 yǐnrù ले जाना; राह दिखाना; प्रविष्ट कराना： ～圈套 फंदे या जाल में फंसाना / ～新的水果品种 नई किस्म के फलों से परिचित करवाना

【引入歧途】 yǐnrù-qítú (किसी को) गलत रास्ते पर भटका देना; गुमराह करना; पथभ्रष्ट कर देना

【引蛇出洞】 yǐnshé-chūdòng 〈ला०〉 युक्ति से बुरे व्यक्ति को कार्यवाही करने के लिए प्रलोभन देना ताकि उस का अपने आप पर्दाफ़ाश हो जाए

【引申】 yǐnshēn （引伸 yǐnshēn भी）(शब्द का अर्थ) बढ़ाना; खींच-तान कर किसी दूसरे अर्थ तक पहुंचना： '兵' 的本义是 '武器'，后来～为 '战士'。'兵' का मूल अर्थ है 'शस्त्रास्त्र'，बाद में इस का अर्थ खींच-तान कर 'सैनिक' तक पहुंच गया।

【引申义】 yǐnshēnyì खींच-तान किया हुआ अर्थ; बढ़ाया गया अर्थ

【引伸】 yǐnshēn दे० 引申

【引首】 yǐnshǒu अपनी गर्दन उठाना; सारस की भांति गर्दन आगे निकालना

【引述】 yǐnshù किसी के कहे हुए कथन या शब्द का उद्धरण देना

【引水】 yǐnshuǐ ❶बंदरगाह में आने-जाने वाले जहाज़ों का संचालन करना (या मार्ग-दर्शन करना) ❷पानी का संचालन करना： ～上山 पानी को पहाड़ पर ले जाना

【引水工程】 yǐnshuǐ gōngchéng पानी का संचालन करने वाली परियोजना

【引水员】 yǐnshuǐyuán पॉइलट

【引头】 yǐntóu नेतृत्व करना; पहल करना： 这事你来引个头吧。तुम इस बात (या काम) की पहल करो।

【引退】 yǐntuì सेवा-निवृत्त होना： 宣告～ अपने सेवा-निवृत होने की घोषणा कर देना

【引文】 yǐnwén （引语 yǐnyǔ भी）दूसरी पुस्तकों, दस्तावेज़ों से लिया गया उद्धरण

【引线】 yǐnxiàn ❶पलीता ❷बिचवई; माध्यम; घटक ❸〈बो०〉 सीने की सूई

【引向】 yǐnxiàng किसी को … की ओर ले जाना： ～邪路 किसी को गलत रास्ते पर भटका देना; गुमराह करना; पथभ्रष्ट कर देना / ～正确方向 सही दिशा में मोड़ना

【引信】 yǐnxìn （信管 xìnguǎn भी） पलीता; स्फोटन-यंत्र; प्रस्फोटक

【引言】 yǐnyán प्रस्तावना; भूमिका; प्राक्कथन

【引以为耻】 yǐnyǐwéichǐ शर्म की बात समझना

【引以为憾】 yǐnyǐwéihàn खेदजनक बात समझना

【引以为鉴】 yǐnyǐwéijiàn चेतावनी समझना

【引以为戒】 yǐnyǐwéijiè （引为鉴戒 yǐnwéi jiàn-jiè，引为深戒 yǐnwéishēnjiè भी）गंभीर सबक सीखना; चेतावनी समझना

【引以为荣】 yǐnyǐwéiróng गौरव समझना; बड़ा गर्व अनुभव करना

【引用】 yǐnyòng ❶उद्धरण देना; उद्धृत करना： ～经典著作 शास्त्रीय ग्रंथ से उद्धृत करना ❷सुपुर्द करना; हवाले करना; नियुक्त करना： ～私人 अपने आदमी को नियुक्त करना

【引诱】 yǐnyòu ❶ललचाना; बहकाना; लालच देना; लुभाना; प्रलोभन देना： 经济～ आर्थिक फुसलावा / 受敌人～ दुश्मन के भुलावे में आ जाना / ～敌人 दुश्मन को प्रलोभन देना ❷फुसलाना; डोरे डालना： 她想～男人。वह बुरे मर्दों को फुसलाना चाहती है। / 他常常～村里的年轻妇女。वह हमेशा गांव की बहू-बेटियों पर डोरे डाला करता था।

【引语】 yǐnyǔ उद्धरण

【引玉之砖】 yǐnyùzhīzhuān ईंट फेंककर जेड पत्थर को आकर्षित करना —— दूसरों की मूल्यवान रायें मालूम करने के लिए पहले अपनी मामूली राय ज़ाहिर करना

【引证】 yǐnzhèng उद्धरण देना; अवतरण उद्धृत करना; हवाला देना： 我们在这里～他讲话的一些部分。हम यहां पर उन के भाषण के कुछ अंशों का हवाला दे रहे हैं।

【引致】 yǐnzhì छेड़ना; खड़ा करना; पैदा करना

【引智】 yǐnzhì बाहर के योग्य व्यक्ति आदि को प्रविष्ट कराना

【引种】 yǐnzhǒng परदेश या विदेश से अच्छी किस्म के बीज ला कर उन्हें प्रचलित करना (उगाना)

【引种】 yǐnzhòng परदेश या विदेश के बढ़िया किस्म के बीज ला कर उगाना

【引资】 yǐnzī बाहर की पूँजी प्रविष्ट करना

【引子】 yǐnzi ❶〈ना०〉 दक्षिण और उत्तर के आपेरा के मधुर संगीत में पहला गीत ❷〈ना०〉 आपेरा के अभिनेता या अभिनेत्री द्वारा पहली बार मंच पर आकर गाया जाने वाले गीत का पहला वाक्य ❸〈संगी०〉 प्रारम्भिक संगीत ❹भूमिका; प्रस्तावना： 这段话是下文的～。यह पैरा आगे वाले लेख की भूमिका ही है। ❺〈ची०चि०〉 दे० 药引子 yàoyǐnzi

吲

yǐn नीचे दे०

【吲哚】 yǐnduǒ 〈रसा०〉 इंडोल (indole)

饮（飲）

yǐn ❶पीना; शराब पीना： ～酒 शराब पीना / 饮料 ❷पीने योग्य वस्तुएँ： 冷～ ठंडा पेय ❸दे० 饮子 ❹〈ची०चि०〉 पतला कफ ❺मन में रखना： 饮恨

yìn भी दे०

【饮弹】yǐndàn गोली खाना; गोली लगना: ～身亡 गोली लगने से मर जाना
【饮恨】yǐnhèn 〈लि०〉 दिल में शिकायत पालना या संजोना: ～而终 दिल में शिकायत रखकर मर जाना
【饮恨吞声】yǐnhèn-tūnshēng अपना क्रोध पी-पी कर ज़बान बंद हो जाना; अपमान और अन्याय को सह लेना
【饮料】yǐnliào पेय; पेय-पदार्थ
【饮片】yǐnpiàn 〈ची०चि०〉 अर्क निचोड़ने के लिए तैयार की हुई जड़ी-बूटियों की छोटी-छोटी टुकड़ियाँ
【饮品】yǐnpǐn पेय
【饮泣】yǐnqì 〈लि०〉 बिना आवाज़ किए आंसू बहाना: ～吞声 आंसू पीना
【饮食】yǐnshí ❶अन्न-जल; खाद्य और पेय पदार्थ: ～卫生 दैनिक आहार-विषयक स्वास्थ्य-रक्षा ❷खाना-पीना: ～习惯 खाने-पीने की आदतें
【饮食店】yǐnshídiàn जलपान अड्डा; जलपान गृह; रेस्तराँ
【饮食疗法】yǐnshí liáofǎ 〈चिकि०〉 आहार-चिकित्सा
【饮食男女】yǐnshí-nánnǚ भोजन, पेय और काम —— मनुष्य की मुख्य आवश्यकताएँ
【饮食业】yǐnshíyè जलपान व्यवसाय
【饮水】yǐnshuǐ पीने योग्य पानी; पीने का पानी
【饮水不忘掘井人】yǐn shuǐ bù wàng juéjǐng rén पानी पीते समय कुआं खोदने वालों का विचार करो
饮水思源 भी दे०
【饮水器】yǐnshuǐqì पानी पीने का पात्र; ड्रिंकर
【饮水思源】yǐnshuǐ-sīyuán पानी पीते समय उस के स्रोत पर विचार करो —— पानी पीते समय कुआं खोदने वालों की याद करो; मन में रखो कि अपना सुख कहां से आया
【饮水站】yǐnshuǐzhàn प्याऊ
【饮用水】yǐnyòngshuǐ पीने योग्य पानी; पीने का पानी
【饮誉】yǐnyù प्रशंसा की जाना: ～全球 संसार भर में प्रशंसा की जाना
【饮鸩止渴】yǐnzhèn-zhǐkě प्यास बुझाने के लिए विष पी लेना —— केवल हाल की कठिनाई को हल करने के लिए कदम उठाना और इस के नतीजे पर विचार न करना
【饮子】yǐnzi 〈ची०चि०〉 चीनी दवा का वह अर्क जो ठंड में पीने योग्य हो

蚓 yǐn केंचुआ

殷 yǐn 〈लि०〉 बादल गरजने का शब्द: ～其雷。बादल गरजता है।
yān; yīn भी दे०

隐（隱）yǐn ❶पूरी तरह छिपना या छिपाना: 隐蔽 / 隐士 ❷निहित; छिपा हुआ; ढका हुआ: 隐患 / 隐情 ❸गुप्त बात: 难言之～ गुप्त बात जो दूसरों को बतायी न जा सके
【隐蔽】yǐnbì आड़ करना; ओट करना; छिपाना; छिपा लेना: 公开的和～的敌人 खुला हुआ और लुका-छिपा दुश्मन / 他～在玉米地里。वह मक्कई के खेत में छिप गया।
【隐蔽所】yǐnbìsuǒ रक्षागार; आश्रयगृह
【隐避】yǐnbì छिपना और भाग जाना: ～在外 बाहर छिपना और भाग जाना
【隐藏】yǐncáng लुकना; लुकाना; छिपना; छिपाना; दुराना: ～在密林里 घने जंगल में छिपना
【隐恶扬善】yǐn'è-yángshàn किसी दूसरे व्यक्ति की बुराई को छिपा देना और उस के अच्छाई की प्रशंसा करना
【隐伏】yǐnfú लेट कर छिपना: 打猎～之地 कमीन; शिकार के छिपने की झाड़ी / 平静中～着危险。शांति में संकट निहित है।
【隐睾症】yǐngāozhèng 〈चिकि०〉 क्रिप्टोर्चिडिज़्म (cryptorchidism)
【隐含】yǐnhán अंतर्निहित होना
【隐函数】yǐnhánshù 〈गणित०〉 अंतर्निहित फलन; इम्प्लिसिट फ़ंक्शन
【隐花植物】yǐnhuā zhíwù 〈वन०〉 पुष्पहीन वनस्पति; बे-फूल का पौधा
【隐患】yǐnhuàn छिपा हुआ संकट; गुप्त शत्रु: 消除～ छिपे हुए संकट को हटाना
【隐讳】yǐnhuì छिपा देना: 他们毫不～⋯ वे लोग ⋯ को कुछ छुपाते नहीं / 我们不应该～自己的缺点。हमें अपनी त्रुटियों को छिपाना नहीं चाहिए।
【隐晦】yǐnhuì अस्पष्ट; गूढ़; छिपा हुआ: 这诗写得很～。यह कविता बहुत अस्पष्ट भाषा में लिखी हुई है।
【隐晦曲折】yǐnhuì-qūzhé घुमा-फिरा कर कही हुई बात या छिपा कर कही गयी बात
【隐疾】yǐnjí अनुल्लेख्य रोग (जैसे मैथुनजनित रोग)
【隐居】yǐnjū एकांतवास करना; वैरागी बनना
【隐君子】yǐnjūnzǐ 〈हास्य०〉 रिटायड स्कॉलर —— अफ़ीमची; पोस्ती; मादक पदार्थ का सेवन करने वाला
【隐括】yǐnkuò दे० 檃括 yǐnkuò
【隐瞒】yǐnmán (बात) छिपाना; छिपाकर न बताना: 不～ कोई बात छिपाकर न रखना / ～事实 तथ्य को छिपाना / ～自己的观点是可耻的。अपने दृष्टिकोण को छिपाना अपनी शान के खिलाफ़ होता है।
【隐秘】yǐnmì ❶छिपाना: ～不说 छिपाकर न बताना / 地道的出口是在一个～的地方。सुरंग का निर्गम-द्वार एक गुप्त स्थान पर है। ❷रहस्य की बात: 刺探～ किसी के रहस्य की बातों की टोह लगाना
【隐没】yǐnmò（隐灭 yǐnmiè भी）छिपना और ओझल होना: ～在树林里 वन में ओझल होना
【隐匿】yǐnnì छिपना; छिपाना; लेट कर छिपना: ～大的目标 मुख्य निशाना छिपा रहना
【隐僻】yǐnpì ❶सुनसान; जनशून्य: ～的地方 उजाड़; जनशून्य स्थान ❷अस्पष्ट और विरल: 用典～ इस में प्रयुक्त परोक्ष उल्लेख अस्पष्ट और विरल होना
【隐情】yǐnqíng किसी का अनुल्लेख्य तथ्य या कारण; रहस्य
【隐然】yǐnrán अस्पष्ट रूप से: ～可见 अस्पष्ट रूप से

दिखाई देना / ～可闻 अस्पष्ट रूप से सुनाई देना

【隐忍】 yǐnrěn (बात को) धैर्यपूर्वक मन में रखना; सहना; सहन करना: ～不言 (बात को) धैर्यपूर्वक मन में रखकर न बोलना

【隐射】 yǐnshè (किसी विचार को) अप्रत्यक्ष रूप से या घुमा-फिरा कर कहना; इशारा करना या व्यंगोक्ति द्वारा प्रकट करना; संकेत द्वारा आरोप लगाना

【隐身草】 yǐnshēncǎo 〈ला०〉 किसी को छिपाने के लिए व्यक्ति या वस्तु

【隐士】 yǐnshì एकांतवासी; वैरागी; सन्यासी

【隐事】 yǐnshì रहस्य

【隐私】 yǐnsī अपना रहस्य; किसी की अनुल्लेख्य बात

【隐私权】 yǐnsīquán गोपनता का अधिकार; गोपनीयता: 侵犯～ किसी व्यक्ति की गोपनीयता भंग करना

【隐慝】 yǐntè 〈लि०〉 छिपा हुआ बुरा विचार; छिपा हुआ दुराचरण; छिपा हुआ पाप

【隐痛】 yǐntòng ❶गुप्त दुख; गुप्त पीड़ा ❷मीठा-मीठा दर्द; कसक

【隐头花序】 yǐntóu huāxù 〈वन०〉 हाइपैंथोडियम (hypanthodium)

【隐退】 yǐntuì एकांत स्थान में जाकर रहना; राजनीतिक जीवन से अलग होना

【隐显墨水】 yǐnxiǎn mòshuǐ इंविज़िबल इंक; अदृश्य स्याही

【隐现】 yǐnxiàn कभी दिखाई देना और कभी दिखाई न देना: 前面～着一条曲曲弯弯的小路。सामने एक टेढ़ी-मेढ़ी पगडंडी अस्पष्ट रूप से दिखाई दे रही है।

【隐形轰炸机】 yǐnxíng hōngzhàjī स्टेल्थ बमबार; छिपा हुआ बम गिराने वाला वायुयान

【隐形飞机】 yǐnxíng fēijī गुप्त-कार्यवाही विमान

【隐形技术】 yǐnxíng jìshù गुप्त-कार्यवाही तकनॉलोजी; स्टेल्थ तकनॉलोजी

【隐形眼镜】 yǐnxíng yǎnjìng कंटैक्ट लेंस; चश्मे की जगह आंखों की पुतलियों पर लगाए जाने वाले नज़र के लैंस

【隐性】 yǐnxìng 〈जीव०〉 रिसेसिवनिस (recessiveness): ～性状 रिसेसिव कैरैक्टर

【隐性就业】 yǐnxìng jiùyè बिना रजिस्टर किये धंधे में लगाना

【隐性杀手】 yǐnxìng shāshǒu छिपा हत्यारा (hiden killer); शरीर को अति संकट में डाल देने वाला और आसानी से अनुभव न होने वाला विषैला पदार्थ, रोग, बुरी आदत आदि

【隐性失业】 yǐnxìng shīyè अप्रकट बेरोज़गारी; अप्रकट कार्याभाव

【隐性收入】 yǐnxìng shōurù अदृश्य आय; अप्रकट आर्थिक आय

【隐姓埋名】 yǐnxìng-máimíng अज्ञातवास करना; गुप्त रूप से (या अज्ञात रूप से, भेष बदल कर) रहना

【隐血】 yǐnxuè (潜血 qiánxuè भी) ऑकल्ट ब्लड (occult blood)

【隐逸】 yǐnyì 〈लि०〉 एकांत में रहना; समाज से हटकर एकांत में रहना; वैरागी बनना ❷एकांतवासी; वैरागी; सन्यासी

【隐隐】 yǐnyǐn अस्पष्ट; धुंधला: 肚子～作痛 पेट में मीठा-मीठा दर्द होना / ～可见 धुंधलापन सा दिखाई देना / ～的雷声 बादल गरजने का अस्पष्ट शब्द

【隐隐绰绰】 yǐnyǐnchuòchuò अस्पष्ट; धुंधला: ～的影子 धुंधला शरीर; धुंधली छाया

【隐忧】 yǐnyōu मन में रखी चिंता

【隐语】 yǐnyǔ ❶वक्रोक्ति; प्रहेलिका; पहेली ❷रहस्यपूर्ण भाषा; गूढ़ भाषा

【隐喻】 yǐnyù (暗喻ànyù भी) रूपक

【隐约】 yǐnyuē अस्पष्ट; धुंधला: ～现出楼台 धुंधला मंडप दिखाई देना / 隐隐约约的枪声 गोली चलने की अस्पष्ट आवाज़

【隐约其词】 yǐnyuē-qící श्लेषात्मक भाषा का प्रयोग करना; दोमानी बात बोलना

【隐衷】 yǐnzhōng अपने मन में रखी हुई भावनाएं या कष्ट

靷 yǐn 〈लि०〉 गाड़ी को आगे चलने के लिए खींचने वाली चमड़े की पट्टी

讔（讔） yǐn 〈लि०〉 गूढ़ भाषा; रहस्यपूर्ण भाषा; प्रहेलिका; पहेली

歙 yǐn 〈लि०〉 饮 yǐn के समान

檃（櫽、檼） yǐn नीचे दे०

【檃栝】 yǐnkuò (隐栝 yǐnkuò भी) 〈लि०〉 ❶टेढ़ी लकड़ी को सीधा करने का उपकरण ❷(मूल लेख या कृति की) काट-छांट करना या फिर से लिखना

瘾（癮） yǐn ❶चाट; चस्का: 上～ चाट लगना; चस्का लगना / 烟～ सिग्रेट आदि पीने का चस्का या चाट ❷(खेलकूद, क्रीड़ा आदि में) बहुत दिलचस्पी रखना: 有足球～ फ़ुटबाल खेलने में बड़ी दिलचस्पी लेना

【瘾头】 yǐntóu चाट; चस्का; बड़ी दिलचस्पी: 他们打乒乓的～真不小。वे टेबुल-टेनिस खेलने में बड़ी दिलचस्पी रखते हैं।

螾 yǐn 蚓 yǐn के समान

缫（繅） yǐn 〈बो०〉 दे० 绗 háng लंबे-लंबे टांकों से सीना

yìn

印¹ yìn ❶मोहर: 盖～ मोहर लगाना / 刻～ मोहर गढ़ना ❷निशान; चिह्न: 足～ पदचिह्न; चरणचिह्न; पैर का निशान ❸चिह्न लगाना; अंकित करना; प्रिंट करना; छपाना; छापना: ～书 पुस्तक छपाना / 石～ पत्थर का छापा लगाना / ～花布 छींट; छापेदार सूती कपड़ा / ～照片 फ़ोटो प्रिंट करना ❹एक सा होना; सदृश होना:

印证 ❺（Yìn）एक कुलनाम

印 2 Yìn（印度 का संक्षिप्त नाम）भारत; इंडिया; हिन्दुस्तान; हिन्द

【印把子】yìnbàzi सरकारी मोहर; <ला०> राजसत्ता की बागडोर：掌握～ राजसत्ता की बागडोर पकड़ना

【印版】yìnbǎn प्रिंटिंग प्लेट

【印本】yìnběn छपी हुई प्रति; प्रिंटिड कापी

【印鼻】yìnbí मोहर की मूठ

【印次】yìncì <मुद्रण०> छपाई; छपी हुई प्रतियां; संस्करण

【印第安人】Yìndì'ānrén अमरीकी इंडियन; रेड इंडियन; इंडियन

【印地语】Yìndìyǔ हिन्दी भाषा

【印度】Yìndù भारत; भारतवर्ष; हिंद; हिन्दुस्तान; इंडिया

【印度国大党】Yìndù Guódàdǎng कांग्रेस

【印度化】yìndùhuà भारतीयकरण

【印度教】Yìndùjiào हिन्दूधर्म

【印度尼西亚】Yìndùníxīyà इंडोनेशिया

【印度尼西亚人】Yìndùníxīyàrén इंडोनेशियाई; इंडोनेशिया वासी

【印度尼西亚语】Yìndùníxīyàyǔ इंडोनेशियाई (भाषा)

【印度人】Yìndùrén भारतीय; भारतवासी; भारतवर्षीय; हिन्दुस्तानी

【印度橡胶树】Yìndù xiàngjiāoshù इंडिया रबर (या रबड़) ट्री (या प्लांट)

【印度洋】Yìndùyáng हिन्द महासागर

【印度支那】Yìndùzhīnà हिन्द-चीन; इंडोचीन：～半岛 हिन्द-चीन प्रायद्वीप

【印发】yìnfā छपकर बांटना：～传单 छपा हुआ कागज़ बांटना; पर्ची छपाकर बांटना

【印盒】yìnhé मुहर की डिबिया

【印痕】yìnhén निशान; चिह्न

【印花】[1] yìnhuā <बुना०> छापेदार：～布 छापेदार सूती कपड़ा; छींट / ～机 प्रिंटिंग मशीन

【印花】[2] yìnhuā 印花税票 का संक्षिप्त रूप

【印花税】yìnhuāshuì स्टांप ड्यूटी; स्टांप टैक्स

【印花税票】yìnhuāshuìpiào रेविन्यू स्टांप; फ़िस्कल स्टांप; स्टांप：贴～ रेविन्यू या फ़िस्कल स्टांप लगाना

【印记】yìnjì ❶<पुराना> सरकारी संस्था की मुहर ❷मुहर की छाप (या निशानी; चिह्न)：鲜红的～ मुहर की लाल निशानी ❸(मन में विचार आदि) जमा देना; बैठा देना; गहरा असर करना

【印迹】yìnjì चिह्न; निशान; संकेत; लक्षण

【印加人】Yìnjiārén इन्का

【印鉴】yìnjiàn मुहर के चिह्न का नमूना जो भुगतान के समय परिशुद्धता का निरीक्षण करने के काम आता है

【印泥】yìnní मुहर लगाने के काम आने वाली लाल इंक-पेस्ट

【印纽】yìnniǔ मुहर की मूठ

【印欧语系】Yìn-Ōu yǔxì भारोपीय भाषा समूह; इंडो-यूरोपीय भाषा समूह; भारोपीय भाषा-परिवार

【印谱】yìnpǔ प्रसिद्ध मुहर उत्कीर्ण वालों के मुहर-चिह्नों का संग्रह; मुद्रा-चिह्न-संग्रह

【印染】yìnrǎn <बुना०> रंगाई-छपाई：～厂 रंगाई-छपाई कारखाना

【印色】yìnse दे० 印泥

【印社】yìnshè मुहर-खुदाई सोसाइटी

【印绶】yìnshòu <पुराना> सरकारी मुहर; सरकारी मुहर और उस पर का रेशमी फ़ीता

【印数】yìnshù <मुद्रण०> छपी हुई प्रतियां：～一万册 दस हज़ार छपी हुई प्रतियां

【印刷】yìnshuā छपाई; प्रिंटिंग：书在～中。किताब छप रही है। / 第三次～ तीसरी छपाई; तीसरी प्रिंटिंग / 立体～ धन-चित्र-दर्शक यंत्र की प्रिंटिंग / 三色版～ त्रिरंगीन प्रिंटिंग

【印刷厂】yìnshuāchǎng छापा-खाना; प्रिंटिंग हाउस; प्रेस

【印刷错误】yìnshuā cuòwù छपाई की गलती

【印刷电路】yìnshuā diànlù प्रिंटिड सरकिट

【印刷费】yìnshuāfèi छपाई फ़ीस

【印刷工人】yìnshuā gōngrén प्रेस-मज़दूर

【印刷合金】yìnshuā héjīn टाइप मेटल

【印刷机】yìnshuājī प्रिंटिंग मशीन; छापे की मशीन; प्रेस：滚筒～ सिलिंडर प्रेस / 轮转～ रोटरी प्रेस; चक्र में चलने वाली छापने की मशीन / 双面～ पर्फ़ेक्टिंग प्रेस; पर्फ़ेक्टर

【印刷品】yìnshuāpǐn प्रिंटिड मैटर; छपी हुई सामग्री：～邮件 बुकपोस्ट

【印刷术】yìnshuāshù छपाई-कौशल; प्रिंटिंग

【印刷体】yìnshuātǐ छपाई-शैली：用～书写 छपाई-शैली में लिखना

【印刷物】yìnshuāwù छपी हुई सामग्री; प्रिंटिड मैटर

【印刷线路版】yìnshuā xiànlùbǎn मुद्रित परिपथ

【印刷纸】yìnshuāzhǐ प्रिंटिंग पेपर

【印台】yìntái स्याहीदान; इंक-पेड; स्टांप-पेड

【印堂】yìntáng दोनों भौंहों के बीच का स्थान

【印铁】yìntiě टीन या अल्मुनियम की चादर पर चित्र या अक्षर छापना

【印纹陶文化】yìnwéntáo wénhuà <पुरा०> छापेवाली मृत्पात्र संस्कृति

【印玺】yìnxǐ सम्राट की मुहर

【印相纸】yìnxiàngzhǐ फ़ोटोग्राफ़िक पेपर

【印象】yìnxiàng प्रभाव; छाप; आभास; इम्प्रेशन：深刻的～ गहरा प्रभाव / 留下不可磨灭的～ किसी पर अपनी अमिट छाप छोड़ जाना

【印象派】yìnxiàngpài प्रभाववादी

【印象主义】yìnxiàng zhǔyì प्रभाववाद; हृदयवाद：～者 प्रभाववादी

【印信】yìnxìn सरकारी मुहर

【印行】yìnxíng छापना और बांटना; मुद्रित करना; प्रकाशित करना

【印油】 yìnyóu स्टांप-पेड इंक
【印张】 yìnzhāng 〈मुद्रण०〉 प्रिंटिड शीट (प्रिंटिंग पेपर का आधा)
【印章】 yìnzhāng मुहर; मोहर; मुद्रा; स्टांप
【印章学】 yìnzhāngxué मुहर विज्ञान; मुद्रा-विज्ञान
【印证】 yìnzhèng प्रमाणित करना; तस्दीक करना; पुष्टि करना; सत्य प्रमाणित करना: 材料已～过。सामग्री सत्य प्रमाणित की गयी है।
【印子】yìnzi ❶निशान; चिह्न; लक्षण: 脚～ पद- चिह्न; पैर का निशान ❷印子钱 के समान
【印子钱】 yìnziqián सूदखोरी; अधिक ब्याज पर ऋण-दान: 借～ अधिक ब्याज पर ऋण लेना

饮（飲） yìn घरेलू पशु को पानी पिलाना: ～牲口 घरेलू पशुओं को पानी पिलाना / ～马 घोड़े को पानी पिलाना
yǐn भी दे०
【饮场】 yìnchǎng 〈पुराना〉 आपेरा अभिनेता या अभिनेत्री द्वारा मंच पर एक लंबी प्रस्तुति से पूर्व पानी पीना

茚 yìn 〈रसा०〉 इंडीन (indene)

荫¹（蔭） yìn 〈बोल०〉 निरातप; बेधूप का; जहां सूर्य का प्रकाश न आता हो: 北面的屋子太～。उत्तर के कमरे में बहुत सर्दी और नमी है।

荫²（蔭、廕） yìn ❶〈लि०〉 आड़ का काम देना; शरण देना; सुरक्षित रखना; रक्षा करना ❷सामंती समाज में अपने पिता या पितामह के योगदान के कारण पुत्र या परपुत्र को सरकारी विद्यालय में पढ़ने या अधिकरी बनने का अधिकार प्राप्त होना
yīn भी दे०
【荫庇】 yìnbì बड़े पेड़ की शाखाओं और पत्तियों द्वारा धूप को रोकना और इन के नीचे आराम करने योग्य होना; 〈ला०〉 बड़ों द्वारा छोटों की देखभाल करना; पूर्वजों का संतानों को सफल या सुखी बनाना
【荫凉】yìnliáng छायादार और ठंडा: 大树底下很～。बड़े वृक्ष के नीचे छाया और ठंड है।

胤 yìn 〈लि०〉 वंशज; संतान

垽 yìn 〈लि०〉 तलछट; तलछट का निशान

鮣（鮣） yìn 〈प्राणि०〉 रिमोरा (मछली); शार्क सकर (shark sucker)

窨 yìn तहखाना; तलघर
xūn भी दे०
【窨井】 yìnjǐng निरीक्षण कोप; इंस्पेक्शन शैफ़्ट; इंस्पेक्शन वेल

憖（憗） yìn 〈लि०〉〈क्रि०वि०〉 … के बजाय … करना चाहना
【慭慭】 yìnyìn सावधान; सचेत; खबरदार

yīng

应¹（應） yīng ❶उत्तर देना; जवाब देना: 我叫他，他不～。मैंने उस को पुकारा पर उस ने उत्तर नहीं दिया। ❷अनुमति देना; स्वीकार करना; सहमत होना: 这事是谁～下来的？किस ने इस बात को स्वीकार किया? ❸（Yīng）एक कुलनाम

应²（應） yīng चाहिए: ～尽的义务 अवश्यंभावी कर्तव्य; अपरिहार्य कर्तव्य / 应有尽有
yìng भी दे०
【应当】 yīngdāng चाहिए: 咱们～互相学习。हमें एक दूसरे से सीखना चाहिए।
【应得】 yīngdé प्राप्त करने योग्य; यथायोग्य: ～的一份 प्राप्त करने योग्य भाग / ～的惩罚 यथायोग्य दंड
【应分】 yīngfēn अपने पेशे का एक भाग: 这是我们～的事。यह हमारे पेशे का एक भाग है; यह हमारा कर्तव्य है।
【应付账款】 yīngfù zhàngkuǎn 〈बुक-कीपिंग〉 देने योग्य हिसाब या लेखा (एकाउँट पेयबल)
【应该】 yīnggāi चाहिए: 你不～去。तुम्हें नहीं जाना चाहिए। / 事情本来就～这样的。बात ऐसी ही होनी चाहिए थी।
【应届】 yīngjiè इस समय का; इस साल का: ～毕业生 इस साल स्नातक होने वाला व्यक्ति
【应名儿】 yīngmíngr ❶नाममात्र होना पर वास्तव में कोई ताकत या ज़िम्मेदारी न होना: 我当主任只是应个名儿。नाम के लिए मैं प्रधान हूँ पर वास्तव में मेरे पास कोई अधिकार या ज़िम्मेदारी नहीं है। ❷नाममात्र को; कहने को: 我们～是亲戚，实际上不大来往。कहने में हम रिश्तेदार हैं पर वास्तव में हम एक दूसरे से अधिक नहीं मिलते।
【应声】 yīngshēng 〈बोल०〉 उत्तर देना; जवाब देना: 我叫她，她不～。मैं ने उस को पुकारा, पर उस ने जवाब नहीं दिया।
yìngshēng भी दे०
【应收账款】 yīngshōu zhàngkuǎn 〈बुक-कीपिंग〉 लेखा जिस का लेना आवश्यक है; प्राप्य लेखा
【应许】 yīngxǔ ❶वचन देना; स्वीकार करना; सहमत होना; वादा करना: 他～明天来。उस ने वादा किया कि कल आएगा। ❷अनुमति देना; आज्ञा देना; इजाज़त देना: 谁～让他走的？किस ने उसे जाने की इजाज़त दी?
【应有】 yīngyǒu प्राप्त करने योग्य; यथायोग्य: 发挥～的作用 अपनी यथार्थ भूमिका अदा करना / 遭到～的回击 यथायोग्य फटकार मिलना
【应有尽有】 yīngyǒu-jìnyǒu जो कुछ भी होना चाहिए, यहाँ सब मौजूद है; जो कुछ भी ज़रूरी है, वह सब उपलब्ध है
【应允】 yīngyǔn सहमत होना; मान लेना; अनुमति देना;

राज़ी होना: 点头～ सम्मति में सिर हिलाना; सम्मति में ज़रा सा सिर झुका लेना

英 1 yīng ❶<लि०> फूल: 落～ झड़ता हुआ या झड़ा हुआ फूल ❷वीर; प्रमुख व्यक्ति: 英豪 / 群～会 वीरों की सभा; प्रमुख मज़दूरों का सम्मेलन ❸ (Yīng) एक कुलनाम

英 2 Yīng (英国 का संक्षिप्त नाम) बरतानिया; विलायत; ब्रिटेन साम्राज्य

【英镑】 yīngbàng पौंड; अशर्फ़ी: ～集团 स्टेर्लिंग क्षेत्र के देश; स्टेर्लिंग गुट

【英镑区】 yīngbàngqū ब्रिटिश मुद्रा क्षेत्र; स्टेर्लिंग एरिया

【英才】 yīngcái ❶उच्चतम योग्यता वाला व्यक्ति (बहुधा युवक के लिए) ❷उच्चतम योग्यता: ～盖世 (किसी की) उच्च योग्यता अनुपम होना

【英尺】 yīngchǐ फ़ुट (माप) (<पुराना> 呎)

【英寸】 yīngcùn इंच (<पुराना> 吋)

【英断】 yīngduàn बुद्धिमान निर्णय

【英吨】 yīngdūn टन (2240 पौंड के बराबर); बड़ा टन; ब्रिटिश टन

【英发】 yīngfā (योग्यता आदि) प्रतिभाशाली; बुद्धिमान; उत्तम; श्रेष्ठ

【英国】 Yīngguó बरतानिया; ब्रिटेन; इंग्लैंड; विलायत: ～巡捕 <पुराना> बरतानवी पुलिस / ～护照 बरतानवी पास-पोर्ट / ～文学 अंग्रेज़ी साहित्य / ～国民 बरतानवी नागरिक; बरतानवी प्रजा / ～公民 बरतानवी नागारिक

【英国管】 yīngguóguǎn <संगी०> अंग्रेज़ी हॉर्न

【英国人】 Yīngguórén अंग्रेज़; अगरेज़; इग्लैंड का नागरिक; बरतानवी

【英豪】 yīngháo वीर-गण; प्रमुख व्यक्ति

【英华】 yīnghuá श्रेष्ठ व्यक्ति या वस्तुएँ; (किसी वस्तु आदि का) सार

【英魂】 yīnghún शहीदों की आत्मा

【英吉利海峡】 Yīngjílì Hǎixiá अंग्रेज़ी जल-मार्ग; इंग्लिश चेनल

【英杰】 yīngjié वीर गण; सूरमा; प्रमुख व्यक्ति गण

【英俊】 yīngjùn ❶श्रेष्ठ रूप से प्रतिभाशाली: ～有为 प्रतिभाशाली और होनहार ❷सुन्दर; खूबसूरत; फ़ैशन में अगुआ: ～小伙子 सुन्दर युवक; खूबसूरत जवान

【英里】 yīnglǐ मील (<पुराना> 哩)

【英联邦】 Yīngliánbāng कामन्वेल्थ; ब्रिटिश राष्ट्रमंडल

【英两】 yīngliǎng (盎司àngsī का पुराना नाम) आउंस (<पुराना> 唡)

【英烈】 yīngliè ❶वीर; पराक्रमी; शूरवीर; बहादुर; साहसी: ～女子 वीरांगना ❷वीर शहीद ❸<लि०> प्रतिभाशाली सफलता

【英灵】 yīnglíng ❶शहीद की आत्मा ❷<लि०> प्रतिभाशाली योग्यता वाला व्यक्ति

【英名】 yīngmíng वीर नाम; सुप्रसिद्ध नाम; वीर की प्रसिद्धि

【英明】 yīngmíng बुद्धिमत्तापूर्ण; विवेकशील; प्रतिभाशाली: ～决策 बुद्धिमत्तापूर्ण नीति-प्रतिपादन; विवेकपूर्ण नीति-निर्धारण / ～领导 बुद्धिमत्तापूर्ण निर्देशन; विवेकपूर्ण नेतृत्व

【英模】 yīngmó आदर्श वीर: ～报告会 आदर्श वीरों का सार्वजनिक भाषण

【英亩】 yīngmǔ एकड़ (<पुराना> 畝)

【英年】 yīngnián युवावस्था: ～早逝 युवावस्था में चल बसना

【英气】 yīngqì वीरतापूर्ण साहस: ～勃勃 वीरतापूर्ण साहस से परिपूर्ण

【英石】 yīngshí क्वांगतोंग प्रांत की इन-द काउंटी में उत्पन्न चूने का पत्थर जो कृत्रिम ईंटें बनाने के काम आता है

【英特耐雄纳尔】 Yīngtènàixióngnà'ěr (इंटनाशियोनल का लिप्यंतरण) अंतर्राष्ट्रीय (अंतर्राष्ट्रीय श्रमजीवी संघ का संक्षिप्त रूप)

【英挺】 yīngtǐng साहसी; शान दिखाने वाला: ～的军官 शान दिखाने वाला सैनिक अफ़सर

【英伟】 yīngwěi ऊंचा-पूरा; लंबा-तगड़ा; हट्टा-कट्टा; हृष्ट-पुष्ट

【英文】 Yīngwén अंग्रेज़ी (भाषा)

【英武】 yīngwǔ <लि०> वीरतापूर्ण और ओजस्वी

【英仙座】 Yīngxiānzuò <खगोल०> परस्यूस (Perseus)

【英雄】 yīngxióng ❶वीर; शूर; सूरमा; बहादुर; हीरो; हीरोइन: 女～ वीरांगना; हीरोइन / ～好汉 सूरमा; बहादुर; तीसमारखाँ / ～豪杰 वीर; सूरमा; शूर-वीर; बहादुर / 人民～ जन-वीर ❷वीरतापूर्ण; वीर का: 表现～气概 वीरता दिखाना; शौर्य-भावना का परिचय देना / ～事业 वीर-चरित / ～形象 वीर-प्रतिमा / ～业绩 वीरता का महान कार्य

【英雄气短】 yīngxióng-qìduǎn कठिनाई, प्रेम आदि में वीर द्वारा की गई पहलकदमी का लाभ न होना

【英雄所见略同】 yīngxióng suǒjiàn lüètóng वीर लोग एक ही प्रकार से विचार करते हैं

【英雄无用武之地】 yīngxióng wú yòngwǔ zhī dì अपने शौर्य-प्रदर्शन के लिए कहीं भी जगह न ढूंढ़ सकने वाला वीर

【英秀】 yīngxiù ❶सुन्दर और साहसी: 眉目～ सुन्दर मुखमंडल होना ❷प्रमुख योग्यता वाला व्यक्ति

【英寻】 yīngxún फ़ैदम; छः फ़ुट की नाप जो मुख्यतः पानी की गहराई मापने में प्रयुक्त होती है (<प्राचीन> 㖊)

【英勇】 yīngyǒng वीरतापूर्ण; साहस; बहादुर: ～奋斗 वीरतापूर्ण प्रयत्न करना; वीरता के साथ संघर्ष करना / ～就义 वीरतापूर्वक शहीद बनना / ～善战 वीरतापूर्ण और युद्ध-कुशल / ～牺牲 वीरतापूर्वक शहीद होना

【英语】 Yīngyǔ अंग्रेज़ी (भाषा): 英国～ ब्रिटिश अंग्रेज़ी / 美国～ अमरीकी अंग्रेज़ी / 纯正～ शुद्ध अंग्रेज़ी / 标准～ मानक अंग्रेज़ी / 当代～ समकालीन अंग्रेज़ी / 现代～ आधुनिक अंग्रेज़ी / ～水平测验 अंग्रेज़ी दक्षता टेस्ट (EPT)

【英制】 yīngzhì इंग्लिश सिस्टम

【英姿】 yīngzī वीरतापूर्ण रंग-ढंग
【英姿焕发】 yīngzī–huànfā तेजस्वी और साहसी
【英姿飒爽】 yīngzī–sàshuǎng तेजस्वी और पराक्रमी
莺（鶯、鸎） yīng 〈प्राणि०〉 वार्बलर; ओरिओल
【莺歌燕舞】 yīnggē–yànwǔ ओरिओल का गाना और अबाबील का नाचना —— वसंत का उल्लास; समृद्धि का दृश्य
【莺声燕语】 yīngshēng–yànyǔ जैसे ओरिओल का चहचहाना और अबाबील का बोलना (महिला की बोली में मधुर, कोमल स्वर के लिए प्रयुक्त)
罃（罌） yīng 〈लि०〉 罂 yīng के समान
婴¹（嬰） yīng शिशु; बाल： 妇～ महिला और शिशु / 保～ बाल रक्षा
婴²（嬰） yīng 〈लि०〉〈प्रा०〉 सहसा मिल जाना; घेरना： ～疾 बीमार पड़ना
【婴儿】 yīng'ér एक वर्ष से कम उम्र का शिशु
【婴儿车】 yīng'érchē बच्चा-गाड़ी; बच्चों की गाड़ी
【婴儿死亡率】 yīng'ér sǐwánglǜ बाल-मृत्यु-दर
【婴孩】 yīnghái एक वर्ष से कम उम्र का शिशु
媖 yīng 〈लि०〉 महिला का सुन्दर नाम
瑛 yīng 〈लि०〉 ❶सुन्दर जेड पत्थर ❷जेड की चमक
煐 yīng व्यक्ति के नाम में प्रयुक्त अक्षर
锳（鍈） yīng 〈लि०〉 घंटी की आवाज़
蘡（蘡） yīng नीचे दे०
【蘡薁】 yīngyù एक प्रकार की बेल (लता)
撄（攖） yīng 〈लि०〉〈प्रा०〉 ❶सहसा मिल जाना; रुकावट डालना： ～其锋 (दुश्मन के) हथियार की नोक को कुंठित करना ❷परेशान करना; तंग करना
嘤（嚶） yīng 〈लि०〉〈अनु०〉 चहकना; चहचहाना
【嘤鸣】 yīngmíng ❶चहकना; चहचहाना ❷〈लि०〉 मित्र के मित्र की तलाश
【嘤其鸣矣，求其友声】 yīng qí míng yǐ, qiú qí yǒu shēng अपने प्रेमी या प्रेमिका का ध्यान आकर्षित करने के लिए
【嘤泣】 yīngqì सिसकना; सिसकी भरना
【嘤嘤】 yīngyīng 〈अनु०〉 चहचहाना, कानाफूसी करने या सिसकी भरने की आवाज़： 鸟鸣～ पक्षी का चहकना / ～啜泣 सिसकी भरना; सिसकना / ～地哭 सुबकियां लेना
罂（罌、甖） yīng 〈लि०〉 छोटा मुंह बड़ा उदर वाला बर्तन
【罂粟】 yīngsù （罂子粟 yīngzisù भी）〈वन०〉 अफ़ीम; पोस्ता
【罂子桐】 yīngzitóng （油桐 yóutóng भी） थोंग-तेल वृक्ष; थोंग वृक्ष
缨（纓） yīng ❶〈प्रा०〉 (ठोड़ी के नीचे गांठ बांधने के लिए) टोपी का फ़ीता ❷झालर： 红～枪 लाल झालरदार बर्छा ❸झालर की तरह की चीज़： 萝卜～儿 मूली के पत्ते
【缨帽】 yīngmào (छिंग राजवंश में अधिकारियों की) लाल झालरदार हैट
【缨子】 yīngzi ❶आलंकारिक झालर ❷झालर की तरह की चीज़： 萝卜～ मूली के पत्ते
璎（瓔） yīng 〈लि०〉 जेड जैसा पत्थर
【璎珞】 yīngluò रत्नावली
樱（櫻） yīng ❶चेरी वृक्ष ❷पूर्वी चेरी वृक्ष का फूल
【樱唇】 yīngchún चेरी ओंठ (रमणीक स्त्री के लाल-लाल ओंठ)
【樱花】 yīnghuā ❶पूर्वी चेरी वृक्ष ❷उक्त वृक्ष का फूल： 日本～ जापानी फूलदार चेरी
【樱桃】 yīngtáo ❶चेरी वृक्ष ❷चेरी वृक्ष का फल
霙 yīng प्राचीन पुस्तक में हिमकण
鹦（鸚） yīng नीचे दे०
【鹦哥】 yīngge 鹦鹉 का साधारण नाम
【鹦哥绿】 yīnggēlǜ तोते जैसा हरा
【鹦鹉】 yīngwǔ तोता; सुग्गा; शुक： 长尾～ पैराकेट; एक प्रकार का लंबी पूंछ वाला छोटा तोता / 虎皮～ बजरिगार तोता
【鹦鹉螺】 yīngwǔluó नौटिलस (nautilus)
【鹦鹉热】 yīngwǔrè 〈चिकि०〉 शुकरोग; प्सिटैकोसिस (psittacosis); निमोनिया से मिलता-जुलता संक्रामक रोग जो तोतों से फैलता है
【鹦鹉学舌】 yīngwǔ–xuéshé तोते की तरह रटना
【鹦嘴鱼】 yīngzuǐyú तोता मछली
膺¹ yīng 〈लि०〉 छाती： 义愤填～ मन में क्रोध भरा होना
膺² yīng 〈लि०〉 ❶ले जाना; उठा लेना; ग्रहण करना; स्वीकार करना： ～此重任 अपने ऊपर भारी ज़िम्मेदारी लेना ❷आघात करना; चोट करना： 膺惩
【膺惩】 yīngchéng 〈लि०〉 सेना भेजकर विद्रोह आदि दबाना; आघात करना; चोट करना
【膺赏】 yīngshǎng 〈लि०〉 अच्छा-खासा इनाम मिलना
【膺选】 yīngxuǎn 〈लि०〉 निर्वाचित होना
鹰（鷹） yīng श्येन; बाज़; चील
【鹰鼻鹞眼】 yīngbí–yàoyǎn चोंच नुमा नाक और

गिद्ध की-सी आंख —— कुटिल और क्रूर

【鹰钩鼻子】 yīnggōu bízi चोंच नुमा नाक

【鹰犬】 yīngquǎn शिकारी कुत्ता और बाज़ —— भाड़े का टट्टू; पिच्छलग्गू

【鹰隼】 yīngsǔn 〈लि०〉 बाज़ और चील —— क्रूर और खूंख्वार व्यक्ति

【鹰洋】 yīngyáng मेक्सिको का चांदी का डालर

【鹰爪毛儿】 yīngzhǎomáor एक प्रकार का घुंघराले बालों वाला भेड़ का चमड़ा

膺 yīng 〈लि०〉 应 yīng के समान
yìng भी दे०

呎 yīngchǐ या chǐ （英尺 yīngchǐ का पुराना रूप） फ़ुट

吋 yīngcùn या cùn （英寸 yīngcùn का पुराना रूप） इंच

哩 yīnglǐ या lǐ （英里 yīnglǐ का पुराना रूप） मील
lǐ; li भी दे०

唡（啢） yīngliǎng या liǎng （盎司àngsī का पुराना रूप） आउंस

畝 yīngmǔ या mǔ （英亩 yīngmǔ का पुराना रूप） एकड़

浔 yīngxún या xún（英寻 yīngxún का पुराना रूप） फ़ैदम

yíng

迎 yíng ❶स्वागत करना： 欢～ स्वागत करना / ～新会 नवागंतुकों की स्वागत सभा (या पार्टी) / 他们都～出来。उन्हों ने उस की अगवानी की। / ～出来的只有他的母亲。सिर्फ़ माता उस की अगवानी करने बाहर आयी। ❷(की ओर) चलना; सामना करना; आमने-सामने मिलना： ～着困难上 कठिनाई का सामना करने के लिए आगे बढ़ना

【迎宾】 yíngbīn अतिथि का स्वागत करना： ～曲 स्वागत-गीत / ～馆 अतिथि-भवन; गैस्ट-हाउस

【迎春】 yíngchūn （迎春花 yíngchūnhuā भी）शीत-मल्लिका

【迎风】 yíngfēng ❶वायु के विरुद्ध; वायु के आमने-सामने： ～飞翔 वायु के विरुद्ध उड़ना / ～站着 वायु के आमने-सामने खड़ा होना ❷हवा में： ～飘扬 हवा में फहराना

【迎合】 yínghé किसी की हाँ में हाँ मिलाना： ～需要 ज़रूरतों को पूरा करना / ～上司意图 किसी उच्चाधिकारी की इच्छा को पूरा करना

【迎候】 yínghòu (किसी आगंतुक का) स्वागत करने के लिए किसी स्थान में जाकर प्रतीक्षा करना： 到大门口～ फाटक पर जाकर आगंतुक का स्वागत करने के लिए प्रतीक्षा करना

【迎击】 yíngjī (दुश्मन का) सामना करते हुए प्रहार करना： 奋勇～ वीरतापूर्वक दुश्मन का सामना करते हुए उस पर प्रहार करना

【迎接】 yíngjiē (किसी आगंतुक का) स्वागत करना; लेना： 到机场～外宾 हवाई अड्डे पर जाकर विदेशी अतिथि का स्वागत करना / ～国庆 राष्ट्रीय दिवस का स्वागत करना

【迎面】 yíngmiàn आमने-सामने; सीधे सामने： ～飞来一只小鸟。सामने से एक छोटी चिड़िया उड़ आई। / ～走上前去向他打招呼 सामने जाकर उसे नमस्कार करना

【迎亲】 yíngqīn 〈पुराना〉 विवाह के समय वरसहित कुछ लोगों का रंगीन पालकी लेकर कन्यापक्ष वालों के यहां जाना

【迎娶】 yíngqǔ (पुरुष का) विवाह करना

【迎刃而解】 yíngrèn'érjiě आसानी से हल किया जा सकना： 一切问题都可～。तमाम समस्याओं को आसानी से हल किया जा सकता है।

【迎头】 yíngtóu आमने-सामने; सीधे सामने

【迎头赶上】 yíngtóu-gǎnshàng जल्दी से सब से आगे वाले तक पहुँचना

【迎头痛击】 yíngtóu-tòngjī डटकर सामना करना; करारी चोट लगाना; मुंह तोड़ जवाब देना

【迎新】 yíngxīn नवागंतुक का स्वागत करना： ～晚会 नवागंतुकों की स्वागत रात्रि-सभा / ～送旧 नवागंतुकों का स्वागत और पुरानों की बिदाई

【迎迓】 yíngyà 〈लि०〉 स्वागत करना; लेना

【迎战】 yíngzhàn दुश्मन का सामना करते हुए लड़ना

茔（塋） yíng 〈लि०〉 समाधि; कब्र; कब्रिस्तान： ～地 कब्रिस्तान / 祖～ पूर्वजों का कब्रिस्तान; पैतृक समाधियां

荥（滎） yíng नीचे दे०
xíng भी दे०

【荥经】 Yíngjīng सछ्वान प्रांत में एक स्थान का नाम

荧（熒） yíng 〈लि०〉 ❶रह-रह कर चमकता हुआ; टिमटिमाता हुआ; झिलमिलाता हुआ： 一灯～然。एक बत्ती झिलमिला रही है। ❷चकाचौंध; चौंधियाया हुआ; उलझाया हुआ： 荧惑

【荧光】 yíngguāng 〈भौ०〉 प्रतिदीप्ति; प्रतिदीप्त प्रकाश： ～分析仪 फ़्लूयरसंस एनलाइज़र

【荧光灯】 yíngguāngdēng प्रतिदीप्त लैम्प; डेलाइट लैम्प

【荧光粉】 yíngguāngfěn प्रतिदीप्त पाउडर

【荧光镜】 yíngguāngjìng प्रतिदीप्ति-दर्शक यंत्र

【荧光屏】 yíngguāngpíng प्रतिदीप्त पर्दा (या स्क्रीन); रेडार-स्क्रीन

【荧惑】 yínghuò ❶<लि०> भ्रम में डालना; उलझाना: ～人心 लोगों को भ्रम में डालना ❷<प्रा०> (火星 huǒ-xīng का पुराना नाम) मंगल

【荧屏】 yíngpíng ❶दे० 荧光屏 ❷टी०वी०: 《三国演义》将于下周起上～。'त्रिराज्य की कथाएँ' अगले हफ़्ते से टी०वी० पर दिखायी जाएंगी।

【荧荧】 yíngyíng रह-रह कर चमकना; टिमटिमाना; झिलमिलाना: 明星～ टिमटिमाते तारे / 一灯～ बत्ती टिमटिमा रही है।

盈

yíng ❶भरा होना: 车马～门。फाटक गाड़ियों और घोड़ों से भरा हुआ है। ❷अधिक होना: 盈利 / 盈余 / 敌竭我～ शत्रु का साहस खत्म होना और हमारा अपना साहस बुलन्द होना

【盈亏】 yíngkuī ❶चंद्रमा का बढ़ना और घटना ❷मुनाफ़ा और घाटा; नफ़ा-नुकसान; घाटा और नफ़ा: 自负～ अपने नफ़े-नुकसान के खुद ज़िम्मेदार

【盈利】 yínglì 赢利 yínglì के समान

【盈篇累牍】 yíngpiān-lěidú (लेख) अनाप-शनाप: ～的文章 अनाप-शनाप लेख

【盈千累万】 yíngqiān-lěiwàn हज़ार और दस हज़ार; बहुत अधिक: 展览会观众～。प्रदर्शनी के दर्शक बहुत अधिक हैं; प्रदर्शनी में दस एक हज़ार दर्शक आये हुए हैं।

【盈盈】 yíngyíng ❶स्वच्छ; साफ़: 荷叶上露珠～。कमल के पत्तों पर ओस-कण रह-रह कर चमक रहे हैं। ❷सुन्दरता से; आराम-तलबी से: 顾盼～ प्रेमपूर्वक निगाह से बायें-दायें देखना ❸छलक जाना; छलक कर बह जाना: 喜气～ खुशियाँ छलक जाना ❹सजीला; सुन्दर; मनोहर: ～起舞 सजीलेपन से नाचना

【盈余】 yíngyú व्यय से बचा हुआ अंश; अतिरिक्त; बचत; बकाया: ～五百元 500 य्वान की बचत होना

莹（瑩）

yíng <लि०> ❶जेड जैसा पत्थर ❷चमकीला और पारदर्शी

【莹白】 yíngbái चमकीला और सफ़ेद

【莹澈】 yíngchè चमकीला और पारदर्शी; चमकदार और स्फटिक जैसा (स्वच्छ): ～的露珠 चमकदार और स्फटिक जैसा ओस-कण

【莹洁】 yíngjié चमकदार और स्वच्छ

【莹莹】 yíngyíng चमकता हुआ और टिमटिमाता हुआ: 泪水～ आंख डबडबाना

萤（螢）

yíng साधारण नाम 萤火虫

【萤火虫】 yínghuǒchóng जुगनू; खद्योत; पटबीजना

【萤石】 yíngshí फ़्लुओराइट; फ़्लोओस्पार

营¹（營）

yíng ❶ढूंढ़ना; खोज करना: 营救 / 营生 ❷प्रबन्ध करना; काम शुरू करना; कारोबार करना: 营业 / 营造 / ～工商业 उद्योग और व्यापार में लगना / 公私合～ राज्य और पूंजीपतियों की मिली-जुली मिल्कियत और प्रबंध / 民～企业 गैर सरकारी कारोबार / 国～工业 राजकीय औद्योगिक कारोबार ❸（Yíng）एक कुलनाम

营²（營）

yíng ❶कैंप; तम्बू; डेरा; पड़ाव: 兵～ कैंप; शिविर ❷बटालियन: 营部

【营办】 yíngbàn भार उठाना; काम करना

【营部】 yíngbù बटालियन-हेडक्वार्टर

【营巢】 yíngcháo (पक्षी का) घोंसला बनाना

【营地】 yíngdì पड़ाव; खेमागाह

【营房】 yíngfáng कैंप; फ़ौजी बैरक

【营工】 yínggōng <पुराना> अपनी श्रमशक्ति बेचना: ～度日 ज़िंदगी बसर करने के लिए अपनी श्रमशक्ति बेचना

【营混子】 yínghùnzi <पुराना> फ़ौजी आवारागर्द

【营火】 yínghuǒ कैंपफ़ायर

【营火会】 yínghuǒhuì कैंपफ़ायर-पार्टी; कैंपफ़ायर

【营建】 yíngjiàn बनाना; निर्माण करना; रचना करना

【营救】 yíngjiù खतरे में बचाना; रक्षा करना; मुक्त कराना; रिहाई दिलाना: ～遇险灾民 बाढ़-पीड़ितों को खतरे से बचाना / ～被捕同志 पकड़े गये कामरेड को रिहाई दिलाना

【营垒】 yínglěi ❶कैंप और उस की चारों ओर की चहारदीवारी ❷खेमा; शिविर: 敌人～中 शत्रु-शिविर में

【营利】 yínglì मुनाफ़ा कमाना

【营林】 yínglín वनरोपण करना; जंगल लगाना

【营盘】 yíngpán <पुराना> फ़ौजी कैंप; बैरक

【营求】 yíngqiú ढूंढ़ना; खोज करना: ～私利 अपने निजी हित ढूंढ़ना

【营区】 yíngqū फ़ौजी कैंप क्षेत्र

【营舍】 yíngshě फ़ौजी बैरक

【营生】 yíngshēng अपनी जीविका कमाना; रोज़ी कमा लेना; जीविकार्जन करना; रोटी कमाना: 靠卖水果～ रोज़ी कमाने के लिए फल बेचना

【营生】 yíngsheng <बो०> पेशा; काम: 找个～ पेशा ढूँढ़ना; काम ढूँढ़ना

【营收】 yíngshōu व्यापार से होने वाली आय

【营私】 yíngsī निजी हित ढूँढ़ना; अपने घर को सम्पन्न करना: 营私舞弊

【营私舞弊】 yíngsī-wǔbì भ्रष्टाचार करना

【营销】 yíngxiāo क्रयविक्रय

【营养】 yíngyǎng पोषक आहार; पौष्टिक आहार; पौष्टिक पदार्थ; पोषण: ～不良 अल्पपोषण / 富于～的食物 पौष्टिक भोजन / ～代谢 आहार उपापचय

【营养钵】 yíngyǎngbō पुष्टिकर पात्र; पुष्टिकर घनाकार पदार्थ

【营养餐】 yíngyǎngcān पौष्टिक भोजन

【营养级】 yíngyǎngjí पोषण विषयक स्तर

【营养价值】 yíngyǎng jiàzhí पौष्टिक महत्व

【营养链】 yíngyǎngliàn （食物链 shíwùliàn का दूसरा नाम）आहार शृंखला; फ़ूड-चेन

【营养品】 yíngyǎngpǐn पौष्टिक पदार्थ; पौष्टिक खाद्य पदार्थ

【营养师】 yíngyǎngshī भोजन के नियमों में पारंगत व्यक्ति; भोजन के नियमों का पालन करनेवाला व्यक्ति;

आहारविद्
【营养霜】 yíngyǎngshuāng पौष्टिक क्रीम
【营养素】 yíngyǎngsù पोषक; पुष्टिकारक; पोषक पदार्थ
【营养学】 yíngyǎngxué न्यूट्रियालोजी
【营养液】 yíngyǎngyè पोषक घोल
【营养元素】 yíngyǎng yuánsù पौष्टिक तत्व
【营业】 yíngyè कारोबार करना; व्यापार करना: ～项目 कारोबार मद; बिज़निस आयटम्स / ～支出 कारोबार व्यय / ～总额 व्यापार की कुल आमदनी / 暂停～ अस्थायी विलंब / 照常～ दैनिक की तरह व्यापार करना / 本店上午八时开始～。हमारी दुकान सुबह आठ बजे खुलती है।
【营业额】 yíngyè'é वाल्यूम आफ़ बिज़निस; व्यापार की संख्या
【营业时间】 yíngyè shíjiān व्यापार घंटे; व्यापार करने का समय; (बैंक का) बैंकिंग समय
【营业税】 yíngyèshuì लेन-देन कर; बिक्री कर: 向商人征收～ व्यापारियों पर लेन-देन कर लगाना
【营业员】 yíngyèyuán व्यापार-सेवक
【营营】 yíngyíng इधर-उधर दौड़-धूप करना: 毕生～ जीवन-भर इधर-उधर दौड़-धूप करना
【营运】 yíngyùn (गाड़ी, पोत, विमान आदि की) गतिविधि होना: 投入～ गतिविधि में जाना
【营葬】 yíngzàng अंत्येष्टि करना; अंतिम संस्कार करना
【营造】 yíngzào निर्माण करना; बनाना: ～防风林 वायु-अवरोधक जंगल लगाना
【营造尺】 yíngzàochǐ छिंग राजवंश का गृह-निर्माण विभाग(工部)द्वारा अपनाया गया मानक फ़ुट (0.32 मीटर के बराबर)
【营寨】 yíngzhài 〈पुराना〉 फ़ौजी कैंप; बैरक
【营长】 yíngzhǎng बटालियन कमांडर
【营帐】 yíngzhàng खेमा; तम्बू; कैंप

萦（縈） yíng 〈लि०〉 घेरना; लपेटना: 琐事～身 ओछी बातों में तल्लीन होना
【萦怀】 yínghuái मन में रखना; चिंता करना: 个人进退出处，绝不～。मुझे इस बात की बिलकुल चिंता नहीं कि मैं अपने पद पर बना रहता हूँ या रिटायर हो जाता हूँ।
【萦回】 yínghuí मंडराना; चक्कर लगाना; बहुत समय तक रहना: ～脑际 दिमाग में बहुत समय रहना
【萦念】 yíngniàn किसी के बारे में विचार करना; बहुत अधिक चाहना: 回到日夜～的祖国 अपनी उस मातृभूमि पर लौट आना जिस के बारे में बहुत विचार करते थे
【萦绕】 yíngrào मंडराना; बहुत समय तक रहना: 云雾～ बादल और कुहरे का बहुत समय रहना
【萦系】 yíngxì मन में रखना: ～心头 (विचार आदि) मन में बहुत दिन रखना
【萦纡】 yíngyū 〈लि०〉 मंडराना; चक्कर लगाना; बहुत समय तक रहना

滢（瀯） yíng (स्थान के नाम में प्रयुक्त अक्षर): ～湾镇 इंगवान कस्बा (हूनान प्रांत के छांगशा शहर में) / ～溪 इंगशी (सछवान प्रांत के नानछोंग काउंटी में)

蓥（鎣） yíng 华蓥 Huáyíng हवाइंग (सछवान प्रांत में एक पहाड़ का नाम)

楹 yíng ❶हाल के अगले भाग के स्तम्भ: 楹联 ❷कमरा: 小舍三～ तीन छोटे से कमरे
【楹联】 yínglián हाल के स्तम्भ पर लटकाए गए दो पंक्तियों के पद जो लकड़ी के बोर्डों, लपेटे हुए कागज़ों आदि पर लिखे जाते हैं

滢（瀅） yíng 〈लि०〉 स्वच्छ; स्फटिक जैसा स्वच्छ

蝇（蠅） yíng मक्खी: 蝇拍
【蝇虎】 yínghǔ मक्खी खाने वाली एक प्रकार की मकड़ी
【蝇拍】 yíngpāi मक्खी मारने की तख़्ती; मक्खियों को उड़ाने के लिए एक चपटी वस्तु
【蝇甩儿】 yíngshuǎir 〈बो०〉 घोड़े की पूंछ का चंवर
【蝇头】 yíngtóu मक्खी का सिर —— बहुत छोटा: ～小字 छोटे-छोटे हस्तलिखित अक्षर
【蝇头小利】 yíngtóu-xiǎolì （蝇头微利 yíngtóu-wēilì भी）मक्खी के सिर जैसा बहुत छोटा मुनाफ़ा; बहुत कम मुनाफ़ा
【蝇营狗苟】 yíngyíng-gǒugǒu （狗苟蝇营 gǒugǒu-yíngyíng भी）मक्खी की तरह इधर-उधर उड़ते रहना और कुत्ते की तरह यथासंभव क्षण-भर की शांति ढूँढ़ते रहना —— निर्लज्जता से अपना निजी हित ढूँढ़ते रहना
【蝇子】 yíngzi मक्खी

潆（瀠） yíng नीचे दे०
【潆洄】 yínghuí पानी में भँवर पड़ना; भँवर पड़ना
【潆绕】 yíngrào पानी से घेरना: 清溪～ स्वच्छ छोटी नदी द्वारा घेरना

嬴 Yíng एक कुलनाम

赢（贏） yíng ❶जीतना; विजित करना; हराना （विलोम: 输 shū）: 我们～了。हम जीत गये। / 我们～了他们。हम ने उन को हराया / 他们打不～我们。वे हमें पराजित नहीं कर सकते। / 他～而又～。बाज़ी बार-बार उस के हाथ रही। / 打得～就打，打不～就走。हम तभी लड़ते हैं जब हम जीत सकते हों, तथा जहाँ जीतने की संभावना न हो वहाँ से चले जाते हैं। ❷मुनाफ़ा कमाना: 赢余
【赢得】 yíngdé जीतना; विजय प्राप्त करना: 人民将～战争，～和平，又～进步。यह जनता ही है जो युद्ध में जीतेगी, शांति हासिल करेगी और प्रगति करेगी।
【赢家】 yíngjiā जीतने वाला; विजेता
【赢利】 yínglì （盈利 yínglì भी）❶मुनाफ़ा ❷मुनाफ़ा कमाना
【赢面】 yíngmiàn मैच या प्रतियोगिता में जीतने की

संभावना
【赢余】 yíngyú दे० 盈余 yíngyú

瀛 yíng ❶〈लि०〉महा सागर ❷（Yíng）एक कुलनाम
【瀛海】 yínghǎi 〈लि०〉महासागर
【瀛寰】 yínghuán सारा संसार; सारी दुनिया

籯（籯）yíng 〈लि०〉❶संदूक, पिंजर; दरबा जैसी वस्तु ❷चापस्टिक-दान

yǐng

郢 Yǐng प्राचीनकाल में छू（楚 Chǔ）राज्य की राजधानी

颍（潁）yǐng इंग नदी (हनान प्रांत से निकलकर आनह्वेइ प्रांत में बहने वाली एक नदी)

颖（穎）yǐng 〈लि०〉❶घास के बीज या फल का भूसा जैसा छिलका; ग्लूम: 颖果 ❷कुछ छोटी और लंबी-पतली वस्तुओं की नोक: 短～羊毫 छोटी नोक वाला (लिखने का) ब्रुश ❸चतुर; होशियार; चालाक: 聪～ अक्लमंद; बुद्धिमान; चतुर; होशियार
【颖果】 yǐngguǒ 〈वन०〉कैरिऑप्सिस (caryopsis)
【颖慧】 yǐnghuì 〈लि०〉(किशोर) चतुर; तेज़
【颖悟】 yǐngwù 〈लि०〉(किशोर) चतुर; तेज़
【颖异】 yǐngyì 〈लि०〉❶बहुत बुद्धिमान; बहुत चतुर: 自幼～ बचपन से ही बहुत चतुर ❷नया और विचित्र: 小说构思～。उपन्यास का कथानक (या प्लाट) नया और विचित्र है।

影 yǐng ❶छाया: 树～ पेड़ की छाया ❷प्रतिच्छाया: 镜中人～ दर्पण में किसी व्यक्ति की प्रतिच्छाया ❸निशान; चिह्न; लक्षण; मन पर प्रभाव: 他走得没～儿了。वह मेरी आंखों से ओझल हो गया। ❹फ़ोटो; चित्र: 合～ ग्रुप फ़ोटो; ग्रुप फ़ोटो खींचना ❺〈पुराना〉पूर्वज का चित्र ❻फ़िल्म; सिनेमा: 影院 ❼छाया-नाट्य: 滦州～ ल्वानचओ शहर का छाया-नाट्य ❽〈बो०〉छिपाना; छिपा लेना; गुप्त रखना: 把书～在背后 किताब को पीठ पीछे छिपाना ❾नकल करना: ～宋本 सोंग राजवंश के ग्रंथ का प्रतिलिपि-संस्करण
【影壁】 yǐngbì ❶उत्कीर्ण भित्ति-चित्र वाली दीवार ❷फाटक के अंदर की पर्दा-दीवार ❸फाटक के बाहर उस के ठीक सामने वाली दीवार
【影抄】 yǐngchāo दुर्लभ ग्रंथ का प्रतिलिपि-संस्करण
【影调剧】 yǐngdiàojù हपेइ प्रांत के थांग-शान क्षेत्र में प्रचलित एक नया विकसित आपेरा
【影碟】 yǐngdié वी०सी०डी०; वीडियो कंपैक्ट डिस्क
【影格儿】 yǐnggér खाका या चरबा उतारने के लिए अक्षरों के नमूने
【影集】 yǐngjí फ़ोटो ऐल्बम; फ़ोटो-संग्रह
【影剧界】 yǐngjùjiè फ़िल्म और नाटक जगत्
【影剧院】 yǐngjùyuàn सिनेमाघर
【影楼】 yǐnglóu व्यक्तिचित्र स्टुडियो
【影迷】 yǐngmí सिनेमा या फ़िल्म के शौकीन; सिनेमा के भक्त
【影片儿】 yǐngpiānr 〈बोल०〉फ़िल्म
【影片】 yǐngpiàn फ़िल्म; सिनेमा चित्र: 故事～ फ़ीचर फ़िल्म / ～展览会 सिनेमा-प्रदर्शनी
【影评】 yǐngpíng सिनेमा-समालोचन; सिनेमा-समीक्षा
【影射】 yǐngshè संकेत से कहना; इशारों में कहना; संकेत होना; इशारा होना: ～攻击 वक्रोक्ति से प्रहार करना
【影视】 yǐngshì सिनेमा और टी०वी०: ～界 फ़िल्म और टी०वी० जगत् / ～新星 फ़िल्म और टी०वी० का नया स्टार
【影坛】 yǐngtán फ़िल्म जगत्
【影条】 yǐngtiáo 〈बुना०〉छाया-धारी; शैडो स्ट्रिप्स
【影戏】 yǐngxì ❶छाया-नाट्य; शैडो प्ले ❷〈बो०〉फ़िल्म
【影响】 yǐngxiǎng ❶प्रभाव; असर: ～范围 प्रभाव-क्षेत्र / 脱离～ असर से पिण्ड छोड़ना / 受…～ … के प्रभाव में आना / 屡次劝他都毫无～。बार-बार उसे समझाया, पर उस के कान पर जूं नहीं रेंगी। ❷(किसी पर) प्रभाव डालना या पड़ना; असर डालना या पड़ना: ～人心 लोकमत पर प्रभाव डालना ❸सुनी-सुनाई बात; जन-श्रुति: ～之谈 सुनी-सुनाई बात कहना
【影像】 yǐngxiàng ❶〈पुराना〉चित्र; तस्वीर; रूप-चित्र ❷प्रतिकृति; प्रतिमूर्ति
【影写】 yǐngxiě ❶नकल करना; प्रतिलिपि बनाना ❷दे० 影抄
【影写版】 yǐngxiěbǎn आलोकचित्रण; प्रकाशोत्कीर्ण
【影星】 yǐngxīng फ़िल्म स्टार
【影业】 yǐngyè फ़िल्म उद्योग; चल-चित्र उद्योग: 从事～ फ़िल्म उद्योग में काम करना
【影印】 yǐngyìn फ़ोटो मेकेनिकल प्रिंटिंग; फ़ोटो ऑफ़सेट प्रोसेस: ～版 प्रोसेस प्लेट / ～本 फ़ोटो-आफ़सेट कापी / ～件 फ़ोटोकापी / ～照相机 प्रोसेस कैमरा / ～制版 फ़ोटो-मेकेनिकल प्रोसेस
【影影绰绰】 yǐngyǐngchuòchuò अस्पष्ट; धुंधला: ～的记得 अस्पष्ट रूप से याद करना / ～地看见 धुंधला दिखाई पड़ना
【影院】 yǐngyuàn सिनेमाघर; सिनेमा-हाउस
【影展】 yǐngzhǎn ❶फ़ोटो प्रदर्शनी ❷फ़िल्म प्रदर्शनी
【影子】 yǐngzi ❶छाया: 树～ पेड़ की छाया ❷परछाई; साया; प्रतिच्छाया: 镜子里的～ दर्पण में प्रतिच्छाया ❸चिह्न; निशान; लक्षण: 鸟儿飞得～都不见了。चिड़िया उड़ कर ओझल हो गई। / 我到处找他，连个～也没见。मैं ने उसे बहुत ढूँढ़ा, पर उस की छाया तक न मिली।
【影子内阁】 yǐngzi nèigé शैडो कैबिनेट; छाया-मंत्रि-मंडल
【影踪】 yǐngzōng（踪影 zōngyǐng के समान）चिह्न; निशान; लक्षण

瘿（癭）yǐng ❶〈ची०चि०〉घेघा; गलगंड; ग्वाइटर ❷〈वन०〉पेड़ पर कीड़ों द्वारा उत्पादित अर्बुद; वृक्षकेन; वृक्ष वृग

yìng

应（應）yìng ❶उत्तर देना; जवाब देना: 答～ उत्तर देना; जवाब देना; अनुमति देना; सहमत होना ❷पालन करना; मांग पूरी करना; स्वीकार करना: ～邀 निमंत्रण पाकर; के निमंत्रण पर / 有求必～ जो माँग करता हो उसे पूरा करना ❸अनुकूल होना: 应景 / 得心～手 हाथ जमना; हाथ बैठना ❹(किसी से) निपटना; निबटना; (किसी का) मुकाबला करना: 应变 / 应急 / 应敌

yīng भी दे०

【应变】[1] yìngbiàn आकस्मिक बात का मुकाबला करना; अनिश्चित घटना से निपटना: ～计划 आकस्मिक बातों का मुकाबला करने की योजना

【应变】[2] yìngbiàn 〈भौ०〉विक्रिया; विकृति; विकार

【应变规】 yìngbiànguī स्ट्रेन-गेज (strain-gauge)

【应变计】 yìngbiànjì स्ट्रेनोमीटर (strainometer)

【应差】 yìngchāi सौंपा हुआ काम स्वीकार करना

【应承】 yìngchéng अनुमति देना; वचन देना; वादा करना: 满口～ भरपूर वचन देना

【应酬】 yìngchou ❶आदर-सत्कार करना; शिष्टाचार करना: ～话 दुनियादारी की बात; शिष्टाचार की बात / ～很从容 बातचीत खूब भरोसे से करना ❷सामाजिक मिलन (जैसे, प्रीति-भोज; मध्याह्न-भोजन पार्टी आदि): 明天中午我有个～。कल दोपहर मुझे किसी से मिलना है।

【应从】 yìngcóng पालन करना; स्वीकार करना; सहमत होना: 他点头～了我们的意见。उस ने ज़रा-सा सिर झुकाकर हमारी राय स्वीकार कर ली।

【应答】 yìngdá उत्तर देना; जवाब देना

【应答如流】 yìngdá-rúliú （应对如流 yìngduì-rúliú भी）निःसंकोच और सप्रवाह उत्तर देना

【应敌】 yìngdí दुश्मन का सामना (या मुकाबला) करना: ～计划 दुश्मन का सामना करने की योजना

【应电流】 yìngdiànliú 〈विद्यु०〉प्रेरण द्वारा उत्पन्न धारा

【应典】 yìngdiǎn （应点 yìngdiǎn भी）अपने वचन का पालन करना

【应对】 yìngduì ❶उत्तर देना; जवाब देना: 善于～ प्रत्युत्तर में कुशल होना ❷उपाय करना और सक्रिय रूप से निपटना

【应付】 yìngfù ❶किसी से निपटना; मुकाबला करना; सामना करना: ～敌人 दुश्मन से निपटना; दुश्मन के खिलाफ़ होना / ～恶劣环境 प्रतिकूल परिस्थितियों का सामना करना / ～复杂局面 जटिल परिस्थिति से निपटना / ～紧急状态 संकटकालीन स्थिति का मुकाबला करना / ～新的事变 नई-नई घटनाओं से निपटना / ～危局 खतरों से निपटना / ～战争 युद्ध का सामना करना / ～战争的需要 युद्ध की आवश्यकताओं को पूरा करना ❷बेमन से काम करना: 采取～的态度 निष्क्रियता का रुख अपनाना ❸काम चलाना: 这件衬衣今年还可～过去。इस कमीज़ से इस साल मैं काम चला सकता हूँ।

【应付裕如】 yìngfù-yùrú （应付自如 yìngfù-zìrú भी）हर हालत में हर किस्म की परिस्थिति से सफलतापूर्वक निपट सकना

【应付主义】 yìngfù zhǔyì निष्क्रियता का रुख: 采取～ निष्क्रियता का रुख अपनाना

【应和】 yìnghè (ध्वनि, भाषण, कार्यवाही आदि का) एक दूसरे से प्रतिध्वनित होना: 同声～ एक स्वर में प्रतिध्वनित होना

【应机】 yìngjī ऐन मौके पर: ～立断 ऐन मौके पर तुरंत फ़ैसला करना

【应急】 yìngjí फ़ौरी ज़रूरत को पूरा करना: ～计划 फ़ौरी ज़रूरत को पूरा करने की योजना

【应接不暇】 yìngjiē-bùxiá बहुत अधिक लोगों के कारण सेवा न कर सकना: 商店里人很多，店主～。दुकान में बहुत भीड़ है, दुकानदार सब की सेवा में खड़े नहीं रह सकता।

【应景】 yìngjǐng ❶किसी आवश्यक अवसर पर कोई काम करना: 中秋吃月饼～儿。मध्य शरद उत्सव में चँद केक खाना रीति-रिवाज की बात है। ❷किसी त्यौहार के अनुकूल: ～果品 त्यौहार के अनुकूल फल

【应举】 yìngjǔ 〈पुराना〉शाही परीक्षा में बैठना (विशेषकर प्रांतीय परीक्षा 乡试 के लिए)

【应考】 yìngkǎo प्रवेश-परीक्षा में बैठना; प्रवेश-परीक्षा देना: 今年～的人很多。इस साल प्रवेश-परीक्षा में बैठने वालों की संख्या बहुत है।

【应力】 yìnglì 〈भौ०〉प्रतिबल; स्ट्रेस

【应卯】 yìngmǎo 〈पुराना〉माओ-शृ (सुबह पांच बजे से सात बजे तक) में उपस्थिति जानने के लिए सूची में से नाम पुकारने पर जवाब देना —— दिनचर्या उपस्थिति प्रस्तुत (या पेश) करना

【应门】 yìngmén 〈लि०〉दस्तक का जवाब देना

【应募】 yìngmù नाम लिखाना; सूची में चढ़ाना; फ़ौज में भरती होना: ～从戎 फ़ौज में भरती होना

【应诺】 yìngnuò अनुमति देना; वचन देना; मान लेना: 连声～ बार-बार अनुमति देना

【应拍】 yìngpāi 〈वाणि०〉नीलामी में बेचने का प्रस्ताव स्वीकार करना

【应聘】 yìngpìn नियुक्ति-प्रस्ताव स्वीकार करना: 她～到北大任教。उस ने पेइचिंग विश्वविद्यालय में पढ़ाने का नियुक्ति-प्रस्ताव स्वीकार कर लिया।

【应声】 yìngshēng ध्वनि के साथ; आवाज़ निकलते ही: 他～而至。आवाज़ सुनते ही वह आ गया।

yīngshēng भी दे०

【应声虫】 yìngshēngchóng हाँ में हाँ मिलाने वाला; चापलूस; खुशामदी; तोते की तरह दूसरे लोगों की बातें दोहराने वाले लोग

【应时】 yìngshí समायोचित; ऋतु के उपयुक्त: ～货品 समायोचित माल / ～果品 ऋतु के अनुकूल फल

【应市】 yìngshì 〈वाणि०〉 (माल) बेचने के लिए प्रस्तुत होना; बाज़ार में आना; बाज़ार में बिकने योग्य उत्पादित वस्तुएं डालना: 新产品即将～。नई-नई उत्पादित वस्तुएँ जल्दी ही बाज़ार में आ जाएंगी।

【应试】 yìngshì दे० 应考

【应试教育】 yìngshì jiàoyù परीक्षोपयोगी शिक्षा

【应选】 yìngxuǎn चुनाव में उम्मीदवार बनना

【应验】 yìngyàn सच निकलना; सच साबित होना (भविष्यवाणी आदि का): 他的预言～了。उस की भविष्यवाणी सच निकली।

【应邀】 yìngyāo निमंत्रण पाकर; के निमंत्रण पर: 他～去北京。वह आमंत्रण पर पेइचिंग के लिए रवाना हुआ।

【应用】 yìngyòng ❶प्रयोग करना; लागू करना: 不能～这些规则 इन नियमों को लागू करने में असमर्थ होना ❷सीधे रहन-सहन या उत्पादन में प्रयुक्त होना: 应用科学 / 应用文

【应用科学】 yìngyòng kēxué व्यवहारोपयोगी विज्ञान

【应用卫星】 yìngyòng wèixīng प्रयोग भू-उपग्रह

【应用文】 yìngyòngwén रोज़मर्रे का लेखन

【应援】 yìngyuán (सेना) मदद की पुकार पर जवाब देना

【应运而生】 yìngyùn'érshēng ऐन मौके पर उठ खड़ा होना; युग की परिस्थितियों की मांग से बाहर निकलना

【应战】 yìngzhàn ❶हमलावरों से साथ लड़ना: 沉着～धीरज से हमले का मुकाबला करना ❷ललकार स्वीकार करना; लड़ाई स्वीकार करना; चुनौती का स्वागत करना: 坚决～ दृढ़ता के साथ ललकार स्वीकार करना

【应战书】 yìngzhànshū ललकार स्वीकार करने का पत्र

【应招】 yìngzhāo फ़ौज आदि में भरती होने के लिए नाम लिखाना

【应召】 yìngzhào 〈लि०〉 आवाहन के उत्तर में आना

【应召女郎】 yìngzhào nǚláng फ़ोन द्वारा मिलने का समय निश्चित करने वाली वेश्या; कॉल गर्ल (call girl)

【应诏】 yìngzhào सरकारी आवाहन के उत्तर में कोई काम करना

【应诊】 yìngzhěn मरीज़ का इलाज करना; रोगी की चिकित्सा करना: ～时间 चिकित्सा-समय

【应征】 yìngzhēng ❶आवाहन पर सेना में भरती होना: ～入伍 आवाहन के जवाब में सेना में भरती होना / ～入伍者 भरती किये हुए लोग

【应制】 yìngzhì 〈पुराना〉 राजाज्ञा के उत्तर में लिखा हुआ लेख, कविता आदि: ～诗 उक्त स्थिति में लिखी कविता

映 yìng (पानी, दर्पण आदि में) प्रतिबिंबित होना; प्रतिबिंबित करना: 反～ आभासित होना या करना; प्रतिबिंबित होना या करना / 放～ दिखाना

【映衬】 yìngchèn ❶सज्जित करना; अलंकृत करना: 红墙碧瓦，共相～。लाल-लाल दीवारें और हरी-हरी खपड़ियाँ एक दूसरे के साथ मिल कर बहुत सुंदर दिखाई पड़ रहे हैं।

【映带】 yìngdài 〈लि०〉 एक दूसरे को अलंकृत करना; एक दूसरे की सुन्दरता को बढ़ाना: 湖光山色，～左右。झील और पहाड़ियां पास-पास खड़ी हैं —— एक दूसरे की सुन्दरता बढ़ा रही हैं।

【映山红】 yìngshānhóng 〈वन०〉 अज़ेलिया (azalea)

【映射】 yìngshè रोशनी डालना; किरण पड़ना: 阳光～在海面上。सूर्य समुद्र की सतह पर रोशनी डाल रहा है।

【映托】 yìngtuō सज्जित करना; अलंकृत करना

【映现】 yìngxiàn रोशनी डालने से प्रकट होना: 当年情景再次～在眼前。उस साल का दृश्य फिर एक बार आंखों के सामने नाचने लगा।

【映照】 yìngzhào किसी पर रोशनी डालना; रोशनी फैलाना; प्रकाशित होना: 晚霞～湖面 झील की सतह पर शाम की अरुणाई फैल जाना

硬 yìng ❶कड़ा; सख़्त; कठोर (विलोम: 软 ruǎn कोमल; मुलायम): 硬币 / 硬席 ❷कठोर; प्रबल; मज़बूत; ताकतवर; दृढ़; हठी; ज़िद्दी: 心肠～ कठोर; निर्दयी / ～的政策 कठोर नीति / ～给按上…的名目 किसी को … नाम देने का आग्रह करना ❸कठिनता से; मुश्किल से; अनिच्छा से: ～塞 ज़बरदस्ती ठूंसना / ～搬外语 विदेशी अभिव्यक्तियों को यांत्रिक रूप से अपनी भाषा में शामिल कर लेना / 我知道～吃的痛苦。मैं जानता हूँ कि कोई अरुचिकर चीज़ खाने में कैसी यातना होती है। / 写不出的时候不要～写。जब आप के पास कहने के लिए कुछ न हो, तो उस समय अपने को लिखने के लिए बाध्य मत करो। ❹अच्छी (क्वालिटी); योग्य (व्यक्ति): 货色～ अच्छी किस्म का माल / 牌子～ ऊंचे स्तर का व्यापार-चिन्ह (या ट्रेड-मार्क)

【硬邦邦】 yìngbāngbāng बहुत कड़ा; बहुत सख़्त: 这面包～的像石头。यह पावरोटी पत्थर की तरह कड़ी है।

【硬棒】 yìngbang मज़बूत; ताकतवर; स्वस्थ: 这个老人的身体还挺～。इस बूढ़े का स्वास्थ्य अब भी बहुत अच्छा है।

【硬绷绷】 yìngbēngbēng दे० 硬邦邦

【硬包装】 yìngbāozhuāng ❶लोहे के डिब्बे तथा शीशे की बोतलों आदि में कुछ रखना ❷वायुरुद्ध करके बन्द करने वाली लोहे के डिब्बे, शीशे की बोतल आदि ठोस सामग्रियां

【硬笔】 yìngbǐ कड़ी निब वाली कलम (जैसे, पेन, बाल-पैन) (软笔 ruǎnbǐ ब्रुश से भिन्न): ～书法 कड़ी निब वाली कलम से लिखी लिखावट

【硬币】 yìngbì सिक्का

【硬撑】 yìngchēng कठिनाइयों में भी जारी रखना: 他有病还～着。बीमार पड़े हुए भी वह अपने को काम करने के लिए बाध्य करता है।

【硬磁盘】 yìngcípán (硬盘 का संक्षिप्त रूप) इलेक्ट्रिनिक कंप्यूटर में हार्ड मैग्नेटिक डिस्क

【硬顶】 yìngdǐng ❶सख्ती से रोकना या रोक देना: 你这样对上级的指示～不行。तुम्हारा इस तरह उच्च स्तरीय अधिकारियों की आज्ञा की अवज्ञा करना ठीक नहीं। ❷अभद्र ढंग से विरोध करना: 你不能老这样对长辈～。तुम्हें इस तरह हमेशा बड़ों का अभद्र ढंग से विरोध

नहीं करना चाहिए।
【硬度】 yìngdù 〈भौ०〉 कठोरता; कड़ाई; मज़बूती: 维氏~ विकर्स कठोरता (या कड़ाई)
【硬度计】 yìngdùjì स्क्लीरोमीटर
【硬腭】 yìng'è 〈श०वि०〉 कठोर तालु
【硬弓】 yìnggōng मज़बूत कमान
【硬功夫】 yìnggōngfu अनुपम कौशल; उत्तम दक्षता; उस्तादों जैसा हुनर: 他练就了一身~。उस ने बार-बार अभ्यास करने से अनुपम कौशल प्राप्त किया।
【硬骨头】 yìnggǔtou साहसी; फ़ौलादी व्यक्ति: 鲁迅的骨头是最硬的。लू शुन कभी न झुकने वाले फ़ौलादी व्यक्तियों में सर्वोत्तम है।
【硬骨鱼】 yìnggǔyú अस्थिमय हड्डियों की मछली
【硬广告】 yìngguǎnggào प्रत्यक्ष विज्ञापन; हार्ड एड-वर्टाइज़मेंट
【硬汉】 yìnghàn (硬汉子 yìnghànzi भी) साहसी; न झुकने वाला व्यक्ति; फ़ौलादी व्यक्ति
【硬化】 yìnghuà ❶पथराना; कड़ा करना या बनना: 这橡胶~了。यह रबड़ पथरा गया है। ❷〈चिकि०〉 स्क्लीरोसिस: 血管~ वैस्क्यूलर स्क्लीरोसिस ❸मन सुन्न होना; विचार का गैरलचीलेपन होना
【硬话】 yìnghuà कड़ी बात; कठोर शब्द
【硬货】 yìnghuò ❶सिक्का ❷कठोर मुद्रा
【硬货币】 yìnghuòbì कठोर मुद्रा
【硬件】 yìngjiàn ❶〈कंप्यूटर〉 (硬设备 yìngshèbèi भी) लोहे का सामान; हार्डवेयर ❷साज़-सामान; सामग्री; सामान; प्रबन्ध; भौतिक परिस्थिति
【硬结】 yìngjié ❶कड़ा बनना ❷〈चिकि०〉 चर्मजारठ्य; शरीरतंतु का कड़ा होना
【硬撅撅】 yìngjuējuē 〈बो०〉 ❶कठोर; कड़ा: 这件衬衣浆得~的，穿得不舒服。कलफ़ की हुई यह कमीज़ बहुत कड़ी है, पहनने में सुखकर नहीं है। ❷कड़ा; अस्वाभाविक: 注意，说话不要~的。ध्यान रखो, बात करने में अस्वाभाविक नहीं होना चाहिए।
【硬拷贝】 yìngkǎobèi कड़ी कापी; हार्ड कापी
【硬朗】 yìnglang ❶(बूढ़े का) स्वास्थ्य अच्छा होना: 老人身板还挺~。बूढ़े का स्वास्थ्य अब भी काफ़ी अच्छा है। ❷दृढ़ और शक्तिशाली: 他的话说得非常~。उस की बात बहुत दृढ़तापूर्ण और शक्तिशाली है; उस ने दृढ़ता से और बलपूर्वक अपनी बात कही।
【硬领】 yìnglǐng टाई-कालर
【硬煤】 yìngméi 〈बो०〉 एंथ्रेसाइट; कड़ा कोयला
【硬锰矿】 yìngměngkuàng साइलोमेलेन (psilo-melane)
【硬面】 yìngmiàn कम पानी से गूंधा आटा: ~馒头 कम पानी से गूंधे हुए आटे से बना 'मानथओ'
【硬模】 yìngmó 〈यां०〉 डाई (die): ~铸造 डाई कास्टिंग
【硬木】 yìngmù कड़ी लकड़ी: ~家具 कड़ी लकड़ी का फ़र्निचर
【硬盘】 yìngpán (硬磁盘 का संक्षिप्त रूप) हार्ड डिस्क
【硬磐】 yìngpán 〈भूगर्भ०〉 हार्डपैन
【硬碰硬】 yìngpèngyìng कड़ेपन के रुख के साथ निपटने के लिए कड़ेपन का रुख अपनाना
【硬皮病】 yìngpíbìng स्क्लीरोडेर्मा; ऊतक का कड़ापन
【硬片】 yìngpiàn 〈फ़ोटो०〉 (干板 gānbǎn भी) ड्राई प्लेट
【硬拼】 yìngpīn उतावलेपन से लड़ना
【硬气】 yìngqi 〈बो०〉 ❶दृढ़; अटल; अडिग ❷मनस्ताप; मनोव्यथा: 自己挣的钱用着~。अपना कमाया पैसा खर्च करने में मनस्ताप नहीं है।
【硬任务】 yìngrènwù निश्चित समय, मात्रा; क्वालिटी आदि सभी दृष्टियों से परिपूर्ण कार्य
【硬砂岩】 yìngshāyán 〈भूगर्भ०〉 ग्रेवैक; गोल चिकने कंकड़ और बालू-मिश्रित एक प्रकार का संयुक्त प्रस्तर-पिंड (चट्टान)
【硬设备】 yìngshèbèi 硬件 का दूसरा नाम
【硬石膏】 yìngshígāo 〈रसा०〉 ऐंहाइड्राइट (anhy-drite)
【硬是】 yìngshì ❶दृढ़तापूर्वक (कोई अत्यंत कठिन कार्य पूरा करना); सचमुच: 他们~完成了这桩艰巨的任务。उन्होंने कड़ी मेहनत से इस कठिन कार्य को पूरा कर लिया। ❷कतई तौर पर; बिलकुल: 虽然他有病，可~不肯休息。हालांकि वह बीमार है, पर वह कतई आराम नहीं करता।
【硬实】 yìngshi 〈बो०〉 तगड़ा; बलिष्ठ; हट्टा-कट्टा; हृष्ट-पुष्ट: 这东西挺~。यह चीज़ काफ़ी मज़बूत है। / 他虽年过八十，可身子骨还挺~。हालांकि उस की उम्र अस्सी साल से ज़्यादा हो गई फिर भी वह हृष्ट-पुष्ट है।
【硬手】 yìngshǒu कुशल व्यक्ति; निपुण व्यक्ति: 这个工人真是把~，干活又快又好。यह मज़दूर सचमुच एक उस्ताद है, काम जल्दी और अच्छा करता है।
【硬水】 yìngshuǐ कठोर जल; भारी पानी; हार्ड वाटर
【硬说】 yìngshuō हठपूर्वक; दुर्दांतता से: 他~他没有做错。उस ने हठपूर्वक कहा कि उस ने गलत नहीं किया। / 他~没有拿。उस ने हठपूर्वक कहा कि नहीं लिया, नहीं लिया।
【硬挺】 yìngtǐng अपनी सारी शक्ति से डटे रहना: 有病要快去看，不要~。बीमार होने पर बीमारी का जल्दी इलाज कराना चाहिए, और बीमारी को झेलते नहीं रहना चाहिए।
【硬通货】 yìngtōnghuò कठोर मुद्रा
【硬卧】 yìngwò 硬席卧铺 का संक्षिप्त रूप
【硬武器】 yìngwǔqì कड़ा हथियार (जैसे, बंदूक, तोप, बम आदि)
【硬席】 yìngxí (रेलगाड़ी में) हार्ड सीट्स या बर्थस; सख़्त सीटें
【硬席卧铺】 yìngxí wòpù सख़्त बर्थ; हार्ड स्लीपर
【硬橡胶】 yìngxiàngjiāo सख़्त रबड़; एबोनाइट; वल्के-नाइट; गंधक-मिश्रित सख़्त रबड़
【硬性】 yìngxìng कड़ा; सख़्त; कठोर; अपरिवर्तनीय: ~规定 बेमुरौवत नियमावली
【硬要】 yìngyào हठधर्मी करना: ~拿来上市 बाज़ार में थोप देना / ~他们干他们不愿干的事 उन की

इच्छा के विपरीत कोई काम करने की हठधर्मी करना
【硬玉】 yìngyù हरितमणि; हरिताश्म
【硬仗】 yìngzhàng कठिन से कठिन लड़ाई: 打～ कठिन से कठिन लड़ाई लड़ना
【硬着头皮】 yìngzhe tóupí ज़बरदस्ती कोई काम करना; अपनी इच्छा के विरुद्ध कोई काम करना: ～干 अपनी इच्छा के विरुद्ध कोई काम करना
【硬挣】 yìngzheng 〈बो०〉 ❶कड़ा और मज़बूत: 这纸很～，可以包东西。यह कागज़ कड़ा और मज़बूत है, इस से चीज़ें बांधी जा सकती हैं। ❷दृढ़ और शक्तिशाली: ～的帮手 दृढ़ और शक्तिशाली सहायक
【硬脂】 yìngzhī 〈रसा०〉 स्टीएरिन; ट्रिस्टीएरिन
【硬脂酸】 yìngzhīsuān 〈रसा०〉 स्टीएरिक ऐसिड
【硬脂酸盐】 yìngzhīsuānyán 〈रसा०〉 स्टीएरेट
【硬脂油】 yìngzhīyóu 〈रसा०〉 स्टीएरिन ऑयल
【硬纸板】 yìngzhǐbǎn गत्ता; दफ़्ती
【硬指标】 yìngzhǐbiāo निश्चित समय, मात्रा, क्वालिटी आदि सभी में एक निर्धारित मात्रा
【硬质合金】 yìngzhì héjīn 〈धा०वि०〉 कठोर मिश्र-धातु
【硬质塑料】 yìngzhì sùliào 〈रसा०〉 रिजिड प्लास्टिक्स: 半～ सेमीरिजिड प्लास्टिक्स
【硬着陆】 yìngzhuólù मानव निर्मित भू-उपग्रह, अंतरिक्ष-यान आदि का भूमि या दूसरे ग्रह पर उतरना; हार्ड लैंडिंग
【硬座】 yìngzuò (रेलगाड़ी में) सख़्त सीट

暎 yìng 〈लि०〉 映 yìng के समान

媵 yìng 〈लि०〉 ❶विवाह में दुलहन के साथ उस के ससुराल जाना ❷विवाह में दुलहन के साथ उस के ससुराल जाने वाली लड़की ❸रखैल; रखैली

譍 yìng 〈लि०〉 应 yìng के समान
yīng भी दे०

yō

育 yō दे० 杭育 hángyō 〈विस्म०〉 यो-ही-हो; यो-हो; हे-हो (नाविकों या मल्लाहों द्वारा एक साथ उच्चारित शब्द)
yù भी दे०

哟 yō 〈विस्म०〉 (हल्का विस्मय का बोध होता है और कभी-कभी हंसी-मज़ाक के भाव में): ～，你踩我脚了。ओह, मेरा पैर दब गया।
yo भी दे०

唷 yō दे० 哼唷 hēngyō यो-ही-हो; यो-हो; हे-हो

yo

哟 yo 〈लघु अ०〉 ❶(आज्ञार्थक वाक्य के अंत में): 用力拉～！ यो-ही-हो! ❷(संगीत में अक्षर-पूरक जैसा प्रयुक्त): 呼儿嗨～！ हू-अर्-हेइ-यो!
yō भी दे०

yōng

佣（傭） yōng ❶मजूरी पर लगाना: 雇～ मजूरी पर रखना; नौकर रखना ❷नौकर; नौकरानी: 女～ नौकरानी
yòng भी दे०
【佣妇】 yōngfù नौकरानी
【佣工】 yōnggōng नौकर
【佣人】 yōngrén नौकर (घर का)

拥（擁） yōng ❶बांहों में भर लेना; आलिंगन करना; गले लगाना; छाती से लगाना: ～抱 आलिंगन करना; बांहों में भर लेना; गले लगाना; छाती से लगाना ❷घेर लेना: 一群青年～着一位老者走来。युवकों का एक दल एक बूढ़े आदमी को घेरे आ रहा है। ❷भीड़ का जमा होना: 人群～上街头。भीड़ सड़क पर जमा हो गई। ❹समर्थन करना: 拥军优属 / 拥政爱民 ❺के पास होना; आधिपत्य में होना: ～兵百万 (किसी के पास) दस लाख सैनिकों की सेना होना
【拥脖】 yōngbó 〈बो०〉 घोड़े के लिए कालर
【拥簇】 yōngcù चारों ओर से घेरना
【拥戴】 yōngdài किसी का अपने नेता के रूप में समर्थन करना: 全国人民～的领袖 सारे देश की जनता द्वारा समर्थन प्राप्त नेता
【拥堵】 yōngdǔ (मार्ग का) गाड़ियों के कारण यातायात अवरुद्ध होना; गाड़ियों की भीड़ होना
【拥趸】 yōngdǔn समर्थक: 中国队的～ चीनी टीम के समर्थक / '中国结' 的～ 'परम्परागत चीनी गांठ' के समर्थक
【拥护】 yōnghù समर्थन करना; पक्ष लेना: ～工人福利 मज़दूरों के कल्याण की हिमायत करना / ～政府的决定 सरकार के निर्णय का समर्थन करना
【拥挤】 yōngjǐ ❶भीड़ होना: 火车上特别～。रेलगाली में खास तौर से भीड़ है। ❷ठेलना; पेलना; धक्का देना: 不要～。धक्का न दो।
【拥进】 yōngjìn ज़बरदस्ती से घुसना; भीड़ ही भीड़ अंदर घुसना
【拥军优属】 yōngjūn-yōushǔ सेना का समर्थन करना और सैनिकों के परिवारों के साथ विशेष बरताव करना; सेना का समर्थन और उस के आश्रितों की देखभाल करना

【拥军运动】 yōngjūn yùndòng 'फ़ौज का समर्थन करो' आंदोलन

【拥塞】 yōngsè भीड़ से भरना：路口经常～。चौराहे पर अक्सर भीड़ लगी रहती है।

【拥有】 yōngyǒu पास होना：～武装 के पास हथियार होना / ～很大潜力 निहित शक्तियां ज़्यादा होना

【拥政爱民】 yōngzhèng-àimín सरकार का समर्थन करना और जनता को प्यार करना (या जनता से प्रेम करना, जनता के साथ आत्मीयता बढ़ाना)

痈（癰）yōng 〈चिकि०〉 दूषित फोड़ा; ज़हरीला फोड़ा; ज़हरबाद：长～疮 दूषित फोड़ा निकालना

【痈疽】 yōngjū नासूर; व्रण; अलसर

邕 Yōng ❶（邕江 Yōngjiāng योंगच्यांग नदी भी）क्वांगशी में एक नदी

【邕剧】 yōngjù क्वांगशी के कैंटन बोली क्षेत्र में प्रचलित एक स्थानीय आपेरा

庸1 yōng ❶साधारण; मध्यम; मामूली：～言～行 साधारण कथन और आचरण ❷नीचे का; निचले दर्जे का：～人 मामूली आदमी; अधकचरा व्यक्ति

庸2 yōng 〈लि०〉 ❶आवश्यकता; ज़रूरत (प्रायः निषेधवाचक वाक्य में प्रयुक्त)：无～细述 विस्तृत वर्णन करने की आवश्यकता न होना ❷(अलंकारपूर्ण प्रश्न में प्रयुक्त)：～可弃乎？क्या यह छोड़ा जा सकता है？

【庸才】 yōngcái साधारण या निचली योग्यता वाला व्यक्ति

【庸常】 yōngcháng साधारण; मध्यम：～之才 साधारण योग्यता; औसतन दर्जे की योग्यता

【庸夫】 yōngfū मामूली आदमी; औसतन दर्जे का व्यक्ति

【庸劣】 yōngliè निचले दर्जे का; नीचे का

【庸碌】 yōnglù तत्परता की कमी; तत्परता विहिन; मुस्तैद नहीं：～无能 साधारण और अयोग्य

【庸人】 yōngrén मामूली आदमी; कूपमंडूक; अधकचरा व्यक्ति：～哲学 निष्क्रियता का दर्शन; कूपमंडूक का दर्शन

【庸人自扰】 yōngrén-zìrǎo काल्पनिक कष्टों की चिंता करना; अनावश्यक रूप से खुद को चिंता में डालना

【庸俗】 yōngsú अधकचरा; घटिया ढंग का; भोंड़ा; बाज़ारू：～见解 अधकचरा विचार / ～作风 टुटपुंजियापन; निकम्मी कार्यशैली / ～的事务主义家 निकृष्ट व्यावहारिक लोग / ～的进化论 भोंडा विकासवाद / ～的唯物主义 गंवारू भौतिकवाद

【庸俗化】 yōngsúhuà बाज़ारू बना देना：把批评～ आलोचना को बाज़ारू बना देना; घटिया दर्जे की नुकताचीनी

【庸医】 yōngyī कठवैद्य; नीमहकीम; मिथ्या चिकित्सक

【庸中佼佼】 yōngzhōng-jiǎojiǎo अंधों में काना राजा

喁（噰）yōng नीचे दे०

【喁喁】 yōngyōng 〈लि०〉〈अनु०〉 चहकना; चहचहाना

鄘 Yōng चओ राजवंश (लगभग 1100-256 ई०पू०) में एक राज्य, वर्तमान हनान प्रांत की चीश्येन（汲县）काउंटी के उत्तर में

雍 yōng ❶〈लि०〉 मेल; मेल-मिलाप; मैत्री ❷(Yōng) एक कुलनाम

【雍和】 yōnghé मेल; मेल-मिलाप; मैत्री

【雍容】 yōngróng स्वाभाविक; सजीला; शोभन：态度～ भव्यतायुक्त व्यवहार (आचरण)

【雍容大雅】 yōngróng-dàyǎ शोभन और शिष्टाचार प्रकट करना

【雍容华贵】 yōngróng-huáguì (महिला का) भव्य; प्रभावशाली; गरिमापूर्ण; सुरूप

【雍正】 Yōngzhèng छिंग राजवंश में शत्सों（世宗）(1723-1725 ई०) की शासन-उपाधि (सम्राट के राजसिंहासन पर बैठने के वर्ष से वर्षों का नाम)

澭 Yōng च्यांगशी प्रांत में एक नदी

墉（牗）yōng 〈लि०〉 नगर की चहारदीवार; ऊंची दीवार

慵 yōng 〈लि०〉 थकना; अंजर-पंजर ढीला होना; अंग-अंग ढीला होना：～困 थकना

【慵惰】 yōngduò 〈लि०〉 आलस; सुस्त; काहिल

【慵倦】 yōngjuàn （慵困 yōngkùn भी）थका हुआ और उनींदा

【慵懒】 yōnglǎn 〈लि०〉 मंद; सुस्त; आलसी; काहिल

镛（鏞）yōng 〈प्रा०〉 बाजा; वाद्य; बड़ा घंटा (एक वाद्य)

壅 yōng ❶रोकना; अवरुद्ध करना; बाधा डालना; रुकावटें डालना：壅蔽 / 壅塞 ❷पौधे की जड़ के ऊपर मिट्टी या खाद का ढेर लगाना

【壅蔽】 yōngbì 〈लि०〉 छिपना; छिपाना; आवृत्त करना

【壅塞】 yōngsè रोकना; बाधा देना; रुक जाना：泥沙～ मिट्टी और बालू से रोकना / 水道～。जलमार्ग रुक गया।

【壅土】 yōngtǔ ❶पौधे की जड़ के ऊपर डंठल के नीचे मिट्टी का ढेर लगाना ❷खेत में मिट्टी के ढेर को समतल बनाना

臃 yōng 〈लि०〉 सूजन; फूलना

【臃肿】 yōngzhǒng ❶बहुत अधिक मोटे होने के कारण आसानी से न चल सकना：身躯～ बदन का बहुत ज़्यादा मोटा होना ❷बहुत अधिक कर्मचारियों से भरा हुआ：～的机构 बहुत अधिक कर्मचारियों से भरी हुई संस्था (या भरा हुआ संगठन)

雝 yōng 雍 yōng के समान

鳙（鱅）yōng （胖头鱼 pàngtóuyú भी）एक प्रकार की तालाब में पाली हुई बड़े सिर वाली मछली; बिग हेड

饔 yōng 〈लि०〉 पका हुआ भोजन; सुबह का नाश्ता

【饔飧不继】 yōngsūn-bùjì 〈लि०〉 न जाने अगले जून का खाना कहां से आवे

yóng

喁 yóng मछली का पानी के बाहर सिर निकालना
yú भी दे०

【喁喁】yóngyóng ❶किसी पर सब लोगों की नज़रें गड़ना; लोगों का किसी व्यक्ति से मिलने जाना ❷कानाफूसी करना: ～私语 कानाफूसी में कहना / ～情话 कानाफूसी में प्यार की बातें करना
yúyú भी दे०

颙（顒）yóng 〈लि०〉 ❶बड़ा; महा ❷प्रशंसा करना; किसी विशिष्ट भावना से देखना

yǒng

永 yǒng नित्य; हमेशा; शाश्वत रूप से; हर समय: 永恒 / 永久 / 永世 / ～不变色 रंग कभी फीका न पड़ना / ～不生锈的螺丝钉 कभी ज़ंग न लगनेवाला पेंच / ～放光芒 प्रकाश फैलता रहना; चमकता रहना

【永别】 yǒngbié हमेशा के लिए विदा (या अलग) होना: 他和我们～了。वह उठ गया।

【永垂不朽】 yǒngchuí-bùxiǔ अमर होना

【永磁】 yǒngcí 〈भौ०〉 स्थायी चुम्बकत्व

【永磁发电机】 yǒngcí fādiànjī मैग्नेटो; बिजली की शक्ति पैदा करने की ऐसी मशीन जिस में चुंबक का प्रयोग हो

【永磁体】 yǒngcítǐ स्थायी चुंबक

【永存】 yǒngcún चिरंतन; शाश्वत: 友谊～。मित्रता चिरंतन है।

【永冻层】 yǒngdòngcéng 〈भूगर्भ०〉 स्थायी जमाव संस्तर

【永恒】 yǒnghéng नित्य; शाश्वत; चिरस्थायी: ～不变的 चिर-अपरिवर्तनशील / ～的青春 चिरयौवन / ～的友谊 चिर-मित्रता / ～的真理 स्थायी सच्चाई / ～的自然现象 प्रकृति में विद्यमान चिरंतन वस्तु

【永恒运动】 yǒnghéng yùndòng नित्य चलन

【永嘉】 Yǒngjiā चिन राजवंश (307-313 ई०) के 怀帝 Huáidì（司马炽 Sīmǎ Chì）की शासन उपाधि

【永久】 yǒngjiǔ स्थायी; नित्य; शाश्वत; हमेशा: ～和平 स्थायी शांति / ～会员 स्थायी सदस्य / ～中立 स्थायी तटस्थता

【永久磁铁】 yǒngjiǔ cítiě स्थायी चुंबक

【永久冻土】 yǒngjiǔ dòngtǔ स्थायी जमाव मिट्टी

【永久雪线】 yǒngjiǔ xuěxiàn फ़र्म लाइन; स्थाई हिम-रेखा

【永诀】 yǒngjué 〈लि०〉 हमेशा के लिए विदा (अलग) होना: 沪上一别，竟成～。शांगहाए से विदा होकर हम हमेशा के लिए अलग हो गए।

【永眠】 yǒngmián मरना; देहांत होना; चल बसना

【永年】 yǒngnián ❶सारा साल; साल-भर ❷मरना; देहांत होना; चल बसना

【永生】 yǒngshēng ❶अमर जीवन; शाश्वत जीवन ❷हमेशा के लिए ज़िंदा रहना: 烈士～ शहीद का हमेशा के लिए ज़िंदा रहना

【永生永世】 yǒngshēng-yǒngshì हमेशा के लिए; सदा सदा के लिए

【永世】 yǒngshì सदा-सदा के लिए: 他～是革命者。वह सदा-सदा के लिए क्रांतिकारी हैं। / ～不得翻身 फिर कभी सिर न उठा सकना

【永逝】 yǒngshì ❶हमेशा के लिए चला जाना: 青春～。यौवन सदा-सदा के लिए चला गया। ❷मरना; देहांत होना

【永夜】 yǒngyè 〈लि०〉 दीर्घ रात्रि; लंबी रात

【永远】 yǒngyuǎn हमेशा; सदा; हमेशा के लिए; नित्य; सदैव; निरंतर: ～不要忘记我的话。मेरी बात कभी न भूलो। / 鲁迅的革命精神～鼓励着我们。लू शुन की क्रांतिकारी भावनाएँ सदा-सदा के लिए हमारी प्रेरणा का स्रोत रहेंगी।

【永志不忘】 yǒngzhì-bùwàng सदा-सदा के लिए मन में रखना; कभी न भूलना; चिरस्मरण करना

甬 Yǒng ❶甬江 योंगच्यांग नदी (जो चच्यांग प्रांत में, निंगपो 宁波 शहर से होकर समुद्र में गिरती है) ❷निंगपो शहर का दूसरा नाम

【甬道】 yǒngdào ❶（甬路 yǒnglù भी）मुख्य हाल या समाधि की ओर जाने वाला ईंट-पत्थर से बना पक्का रास्ता ❷बरामदा; दालान

【甬剧】 yǒngjù चच्यांग प्रांत के निंगपो शहर के क्षेत्र में प्रचलित एक प्रकार का स्थानीय आपेरा

咏（詠）yǒng ❶गाना; गायन करना; सस्वर पढ़ना; लय से पढ़ना: 歌～ गाना; गान गाना ❷कविता आदि में वर्णन करना: ～梅 आलूचे के फूल की गीत-कविता / ～雪 हिम की गीत-कविता

【咏唱】 yǒngchàng गाना; गायन करना

【咏怀】 yǒnghuái अपने मन की भावनाएँ प्रकट करने के लिए गाना: ～诗 कवि की अपने मन की भावनाएँ प्रदर्शित करने वाली कविता; कवि की अत्यंत निजी कविता

【咏史】 yǒngshǐ इतिहास का गायन करना: ～诗 इतिहास-संबंधी कविता (जिस में कवि या तो किसी नैतिक

शिक्षा के लिए किसी ऐतिहासिक घटना का उल्लेख करता है या वर्तमान राजनीतिक मामले पर टिप्पणी करने के लिए)

【咏叹】 yǒngtàn गाना; गायन करना; सस्वर पढ़ना; लय से पढ़ना

【咏叹调】 yǒngtàndiào 〈संगी०〉 आरिया

【咏赞】 yǒngzàn प्रशंसा करना; सराहना; गुण-गान करना

泳 yǒng तैरनाः 自由～ पेट-तैराकी; क्राउल / 仰～ बैकस्ट्रोक

【泳程】 yǒngchéng तैरने का फ़ासलाः ～十公里 तैरने का फ़ासला दस किलोमीटर

【泳道】 yǒngdào तैरने का गलियारा

【泳装】 yǒngzhuāng स्विमवीयर; तैरने के लिए इस्ते-माल किए जाने वाले कपड़े; तैराकी पोशाक

俑 yǒng 〈प्रा०〉 शव के साथ दफ़नायी गई लकड़ी या मिट्टी की मूर्तिः 陶～ मिट्टी की मूर्ति

勇 yǒng ❶वीर; साहसी; बहादुर; दिलेरः ～将 साहसी सेनापति; वीर सेनापति; बहादुर आदमी / 越战越～ लड़ाई करते-करते साहस भी निरंतर बढ़ते जाना / 忠～ वफ़ादारी और साहस ❸ (Yǒng) एक कुलनाम

【勇敢】 yǒnggǎn साहसी; बहादुर; दिलेर; साहसपूर्णः ～的闯将 हौसले और हिम्मत से भरे अग्रगामी / 机智～ होशियार और बहादुर

【勇冠三军】 yǒngguàn-sānjūn सारी सेना में सब से साहसी

【勇悍】 yǒnghàn साहसी और क्रूर

【勇健】 yǒngjiàn साहसी और स्वस्थ

【勇决】 yǒngjué 〈लि०〉 साहसी और कृतसंकल्प

【勇力】 yǒnglì साहस और शक्तिः ～过人 बहुत अधिक साहस और शक्ति

【勇猛】 yǒngměng साहसपूर्ण और शक्तिशाली; प्र-वीरः ～参加革命 क्रांति में जुझारूपन के साथ हिस्सा लेना / ～果敢地作战 जमकर और बहादुरी से लड़ना

【勇气】 yǒngqì साहस; हिम्मत; हौसलाः ～消失 हिम्मत टूटना / 丧失～ हिम्मत टूटना; हिम्मत हारना; साहस छूटना / 鼓起～ हिम्मत बांधना; साहस बटोर-ना / 用十二分的～ साहस बटोरकर

【勇士】 yǒngshì वीर; शूरवीर; बहादुर; योद्धा

【勇往直前】 yǒngwǎng-zhíqián साहस के साथ आगे बढ़ना; बहादुरी के साथ सीधे आगे बढ़ना

【勇武】 yǒngwǔ वीर; पराक्रमी; बहादुर; साहसी

【勇毅】 yǒngyì साहसी और दृढ़

【勇于】 yǒngyú साहस होना या करना; हिम्मत होना या करनाः ～负责 (के लिए) साहस के साथ ज़िम्मेदार हो-ना / ～承认错误 साहस के साथ गलती मानना

埇 yǒng 石埇 (shíyǒng शयोंग) (क्वांगशी में) एक स्थान

涌 yǒng ❶फूट निकलना; उमड़ना; लहरें उठना; हिलोरें लेना; लहराना; तरंगित होनाः 风啸浪～。हवा सनसना रही है और हिलोरें मार रही हैं। ❷बाहर निकलना; सामने आना; प्रकाश में आनाः 云端里～出一轮明月。बादलों में से एक स्वच्छ चांद निकल आया। / ～出很多积极分子 अनेक सक्रिय व्यक्ति सामने आना ❸बड़ी भारी लहरः 一个大～滚过来。सामने से एक बड़ी भारी लहर बढ़ आयी।

【涌潮】 yǒngcháo ज्वारीय तरंग; बड़ी भारी लहर

【涌进】 yǒngjìn (में) इकट्ठा होना; उमड़नाः 人群从四面八方～广场。चारों ओर से मैदान में भीड़ उमड़ती चली आ रही है।

【涌浪】 yǒnglàng अशांत लहरें; आंदोलित लहरें

【涌流】 yǒngliú बड़ी तेज़ी से बहनाः 江水～ नदी में पानी बड़ी तेज़ी से बहना

【涌现】 yǒngxiàn पैदा होना; प्रकाश में आना; सामने आनाः 群众中～出无数优秀干部。आम जनता के बीच से ही अनगिनत श्रेष्ठ कार्यकर्ता पैदा हुए हैं।

【涌溢】 yǒngyì फूट निकलना; बह निकलनाः 清泉～ स्रोत का स्वच्छ पानी बाहर बह निकलना

恿 (慂) yǒng दे० 怂恿 sǒngyǒng उकसाना; उत्तेजित करना; प्रेरित करना

湧 yǒng ❶涌 yǒng के समान ❷(Yǒng)एक कुलनाम

蛹 yǒng प्यूपा; पंख निकलने के पहले कीट की अवस्थाः 蚕～ सिल्कवार्म की क्राइसेलिस (या क्रिसेलिस)

踊 (踴) yǒng ऊपर की ओर कूदना; उछलना

【踊跃】 yǒngyuè ❶कूदना; उछलनाः ～欢呼 कूदना और हर्षित होना ❷उत्साह से; उत्साहपूर्वक; जोश सेः ～参军 उत्साह के साथ सेना में भरती होना / ～发言 बोलने में उत्साह दिखाना

鲬 (鯒) yǒng एक प्रकार की चपटे सिर वाली मछली

yòng

用 yòng ❶प्रयोग करना; उपयोग करना; प्रयुक्त करनाः 用兵 / 用具 / ～手抓 हाथ से पकड़ना / 这个词～于句子末尾。यह शब्द प्रायः वाक्य के अंत में प्रयुक्त होता है। / 这个词常～作形容词。यह शब्द प्रायः विशेषण में प्रयुक्त होता है। ❷फ़ीस; व्यय; खर्चः 用项 / 费～ खर्च; फ़ीस / 零～ जेबखर्च; गांठ के पैसे ❸उप-योगिता; लाभदायक; उपयोग; प्रयोगः 有～ उपयोगी; लाभदायक; लाभकारी; काम का / 没～ अनुपयोगी; बेकार ❹आवश्यकता; ज़रूरत (प्रायः निषेध में प्रयुक्त होता है): 不～说。कहने की ज़रूरत नहीं। / 不～担心。चिंता न करो। ❺खाना; पीनाः ～午餐 दोपहर का खाना

खाना / 请～茶。चाय पीजिए। ❻<लि०> इसलिए (प्रायः पत्र-व्यवहार में प्रयुक्त): ～特函达。इसलिए यह पत्र लिखा।

【用兵】 yòngbīng सैन्य शक्ति का प्रयोग करना; युद्ध चलाना: 对内～ देश में गृहयुद्ध चलाना / 善于～ युद्धकला में कुशल होना; सैन्य शक्ति के प्रयोग में निपुण होना

【用兵如神】 yòngbīng-rúshén देवता की तरह युद्ध चलाना; महान सैन्य कमांडर बनना; भव्य कौशल से सैन्य कार्यवाही का निर्देश करना

【用不了】 yòngbuliǎo ❶ज़रूरत से ज़्यादा: 他的钱多得～。उस के पास ज़रूरत से भी ज़्यादा पैसे हैं। ❷से कम: ～两天就到了。दो से कम दिन में पहुंच जाएगा।

【用不着】 yòngbuzháo ❶ज़रूरत न पड़ना; अनुपयोगी होना: ～的书 अनुपयोगी पुस्तक / ～穿的衣服 पहनने के लिए ज़रूरत न पड़ने वाले कपड़े ❷ज़रूरत न होना; बेकार होना: ～和他们辩论。उन से बहस करना बेकार है। / 你～求我。तुम्हें मुझ से याचना करने की ज़रूरत नहीं।

【用材林】 yòngcáilín वाणिज्यिक वन; इमारती लकड़ी के पेड़ का जंगल

【用场】 yòngchǎng उपयोग; प्रयोग: 有～ उपयोगी होना / 没有～ अनुपयोगी होना; बेकार होना / 派～ किसी को किसी काम में लगाना

【用出来】 yòngchulai ❶प्रयोग करना; प्रयास करना; ज़ोर मारना; ज़ोर लगाना: 他把浑身力气都～了。उस ने अपनी सारी शक्तियां लगा दी। ❷किसी चीज़ का प्रयोग करने में आसानी होना: 这部机器开始时不好用，现在已经～了。इस मशीन का प्रयोग शुरू में मुश्किल से किया जाता था, पर अब इस को चलाने में आसानी हो गयी है।

【用处】 yòngchu प्रयोग; उपयोगिता; फ़ायदा: 这本书有什么～? यह पुस्तक किस काम की है? / 哭有什么～! रोने से क्या फ़ायदा है! / 这本书将来你会有～的。भविष्य में यह पुस्तक तुम्हारे काम आएगी।

【用得了】 yòngdeliǎo उतने की या बहुत की ज़रूरत होना: 你要这么多书，～吗? क्या उतनी पुस्तकों की ज़रूरत है?

【用得着】 yòngdezháo ❶काम में लाना: 说不定我们的能力会～。हो सकता है कि हमारी योग्यता को काम में लाया जाए। ❷ज़रूरत होना: ～我亲自来吗? क्या मेरे खुद आने की ज़रूरत है?

【用度】 yòngdù खर्च; फ़ीस; व्यय: 他近来～窘。कुछ समय से वह बहुत तंग है।

【用法】 yòngfǎ उपयोग करने का ढंग; प्रयोगविधि; प्रयोग: 动词～ क्रिया का प्रयोग / ～说明 प्रयोग के लिए निर्देश

【用饭】 yòngfàn खाना खाना; भोजन करना

【用非所长】 yòngfēisuǒcháng ऐसा काम करना जिस की विशेषज्ञता नहीं हो

【用非所学】 yòngfēisuǒxué वह ऐसा काम कर रहा है जिस की उस के पास कोई विशेषज्ञता नहीं है

【用费】 yòngfèi खर्च; व्यय; फ़ीस: 日常～ रोज़मर्रे का खर्च

【用工】 yònggōng (मज़दूर) भरती करना और प्रयोग में लाना: ～制度 (मज़दूर) भरती की व्यवस्था

【用工夫】 yòng gōngfu बड़ी मेहनत से अध्ययन या काम करना

【用功】 yònggōng अध्ययनशील; मेहनती: 他很～。वह बहुत अध्ययनशील है। / 他～读书。वह बड़ी मेहनत से पढ़ता है।

【用惯】 yòngguàn प्रयोग करने का आदि होना: 他～了筷子。वह चापस्टिक का प्रयोग करने का आदी हो गया है।

【用户】 yònghù ग्राहक; उपभोक्ता; इस्तेमाल करनेवाला: 为～服务 ग्राहकों की सेवा करना

【用户电报】 yònghù diànbào टेलेक्स

【用户界面】 yònghù jièmiàn <कंप्यू०> यूसर इण्टर-फ़ेस

【用劲】 yòngjìn ज़ोर लगाना: 一齐～ (बहुत से लोगों का) एक साथ ज़ोर लगाना

【用具】 yòngjù औज़ार; यंत्र-सामग्री; साज़-सामान; उपकरण; बर्तन: 炊事～ रसोई के बर्तन / 狩猎～ शिकारी के औज़ार (या साधन)

【用开】 yòngkāi विस्तृत प्रयोग किया जाना; प्रचलित बनना: 电话在好几年以前早就～了。कई साल पहले टेलिफ़ोन का विस्तृत प्रयोग किया गया था।

【用力】 yònglì ज़ोर मारना; ज़ोर लगाना; ज़ोर करना: ～喊叫 ज़ोर लगाकर पुकारना (या चिल्लाना) / ～推 ज़ोर लगाकर धकेलना

【用命】 yòngmìng आज्ञापालन करना; जान देना: 将士～ (लड़ाई में) सेनापति और सैनिक का आत्मबलिदान से लड़ना

【用品】 yòngpǐn रोज़मर्रे की चीज़ें; ज़रूरत की चीज़ें: 生活～ रोज़मर्रा जीवन की चीज़ें / 办公～ दफ़्तर में काम आने वाली चीज़ें; लेखन-सामग्री; स्टेशनरी

【用人】 yòngrén ❶काम के लिए व्यक्ति चुनना और उस का प्रयोग करना: ～不当 किसी काम के लिए अनुचित व्यक्ति चुनना / 善于～ काम के लिए उचित व्यक्ति चुनने में कुशल होना ❷व्यक्ति की आवश्यकता: 现在正是～的时候。यही समय है जब हमें लोगों की आवश्यकता है।

【用人】 yòngren नौकर; नौकरानी

【用上】 yòngshang काम में लाना; प्रयोग में लाना: 这些书现在都～了。ये सारी पुस्तकें अब प्रयोग में लायी गयी हैं। / 这个词在这里用不上。यहां इस शब्द का प्रयोग नहीं किया जा सकता।

【用舍行藏】 yòngshě-xíngcáng （用行舍藏 yòngxíng-shěcáng भी）जब नियुक्त किया गया तब काम पर जाना और जब नियुक्त नहीं किया गया तब दृष्टि से परे रहना

【用事】 yòngshì ❶<लि०> प्रभुत्व में होना: 奸臣～ देशद्रोही अधिकारी प्रभुत्व में होना ❷काम करना; कार्य-वाही करना: 感情～ भावुक होना; भावनाओं के प्रति ग्रहणशील होना ❸<लि०> साहित्यिक उल्लेख (या हवाला)

【用途】 yòngtú प्रयोग; उपयोग: 木材的～很广。लकड़ी बहुत काम की होती है।

【用武】 yòngwǔ बलप्रयोग करना; अपनी योग्यता दिखाना: 英雄无～之地 〈ला०〉 वीर का अपने शौर्य-प्रदर्शन के लिए कहीं भी जगह ढूंढ न सकना

【用项】 yòngxiàng खर्च; फ़ीस; व्यय; व्यय-मद

【用心】[1] yòngxīn मन लगाना; दिमाग से काम लेना: ～学习 मन लगाकर अध्ययन करना / ～细细地洗 पानी में बड़ी सावधानी से धोना / ～去想 दिमाग पर थोड़ा ज़ोर देकर सोचना / ～思索 गम्भीरतापूर्वक विचार करना

【用心】[2] yòngxīn अभिप्राय: 其～良苦。इन लोगों ने भला कितनी माथापच्ची की होगी। / 别有～地 प्रच्छन्न उद्देश्यों से; दुराशय से; बदनीयती से

【用刑】 yòngxíng कठोर शारीरिक पीड़ा देना

【用以】 yòngyǐ के लिए: 兹举数例，～说明此一规律。इस नियम को स्पष्ट करने के लिए यहां कुछ उदाहरण दिए जा रहें हैं।

【用意】 yòngyì आशय; तात्पर्य; अभिप्राय; प्रयोजन: 其～可疑。उन के इरादे अत्यन्त संदेहास्पद हैं। / 你这是什么～? आप का क्या प्रयोजन है?

【用印】 yòngyìn मोहर लगाना; (दस्तावेज़ पर) सरकारी मोहर लगाना (या मुद्रांकित करना)

【用语】 yòngyǔ ❶शब्द का प्रयोग: ～不当 अनुचित शब्द का प्रयोग करना ❷शब्द; शब्दावली; पद: 商业～ व्यापारिक शब्दावली / 军事～ सैन्य शब्दावली / 外交～ कूटनीतिक शब्दावली / 书面～ लिखित भाषा की शब्दावली

佣 yòng कमीशन; कट्टा; ब्रोकरेज
yōng भी दे०

【佣金】 yòngjīn कमीशन; बट्टा; ब्रोकरेज

【佣钱】 yòngqian दे० 佣金

yōu

优[1] (優) yōu ❶श्रेष्ठ; उत्तम; उच्च कोटि का: 优等 / 优美 ❷〈लि०〉 पर्याप्त; सम्पन्न; समृद्ध: 优渥 / 优裕 ❸विशेष बरताव करना: 拥军～属 सेना का समर्थन करना और सैनिकों के परिवारों के साथ विशेष बरताव करना

优[2] (優) yōu 〈पुराना〉 अभिनेता; अभिनेत्री: 优伶 / 名～ नामी अभिनेता या अभिनेत्री

【优待】 yōudài ❶विशेष बरताव करना; सुविधा रखना; (को) तरजीह देना: ～俘虏 युद्ध-बन्दियों के साथ अच्छा व्यवहार करना / ～烈属 शहीदों के परिवारों के साथ विशेष बरताव करना ❷सुविधा; विशेष बरताव; अच्छा व्यवहार: 受到特别～ विशेष बरताव पाना (या प्राप्त करना)

【优待券】 yōudàiquàn सम्मानसूचक टिकट; उपहार-रूपी टिकट

【优等】 yōuděng श्रेष्ठ; उत्तम; उच्च कोटि का; सर्वोच्च श्रेणी का: ～生 श्रेष्ठ विद्यार्थी; सर्वोच्च श्रेणी का विद्यार्थी / ～品 उच्च कोटि का माल

【优点】 yōudiǎn श्रेष्ठता; खूबी; अच्छाई; श्रेष्ठ गुण: 采择～ श्रेष्ठता ग्रहण करना

【优抚】 yōufǔ (优待和抚恤 का संक्षिप्त रूप) क्रांतिकारी शहीदों और जन-मुक्ति सैनिकों के परिवारों और अपाहिज सैनिकों की देखभाल करना: ～工作 उक्त लोगों की देखभाल का काम

【优厚】 yōuhòu विशेष सुविधा; खास रिआयत: ～待遇 बहुत अच्छा वेतन और सुविधाएँ

【优弧】 yōuhú 〈गणि०〉 मेजोर आर्क (major arc)

【优化】 yōuhuà श्रेष्ठ बनाना: ～经济结构 आर्थिक संरचना को श्रेष्ठ बनाना / ～产业结构 उद्योग की संरचना को श्रेष्ठ बनाना

【优化组合】 yōuhuà zǔhé ऑपटिमाइज़ेशन ग्रुपिंग या रिग्रुपिंग

【优惠】 yōuhuì खास सुविधाजनक; अनुकूल; अच्छा: ～贷款 सुविधाजनक शर्तों पर कर्ज़ / ～待遇 खास तौर से अच्छा बरताव करना

【优惠关税协定】 yōuhuì guānshuì xiédìng सुविधाजनक टैरिफ़ समझौता

【优惠国】 yōuhuìguó अत्यधिक सुविधाप्राप्त देश

【优惠权】 yōuhuìquán सुविधाजनक अधिकार

【优惠条件】 yōuhuì tiáojiàn सुविधाजनक शर्तें; अनुकूल शर्तें

【优惠条款】 yōuhuì tiáokuǎn सुविधाजनक धारा

【优礼】 yōulǐ बड़ी शिष्टता से बरताव करना: ～教师 अध्यापकों के साथ बड़ी शिष्टता से बरताव करना

【优良】 yōuliáng बेहतर; अनुकूल; श्रेष्ठ: ～传统 श्रेष्ठ परम्परा / ～品质 सद्गुण / ～品种 बेहतर बीज / ～条件 अनुकूल परिस्थितियां / ～作风 श्रेष्ठ कार्य-शैली

【优劣】 yōuliè अच्छा और बुरा: 不分～ अच्छे और बुरे के बीच फ़र्क न करना

【优伶】 yōulíng 〈पुराना〉 अभिनेता या अभिनेत्री

【优美】 yōuměi सुन्दर; मनोहर; अत्युत्तम: 风景～ सुन्दर दृश्य / 姿态～ मनोहर हाव-भाव / ～的语言 सुन्दर भाषा

【优孟衣冠】 yōumèng-yīguān वेश-सज्जा में अभिनेता मंग —— मंच पर अभिनय करना; दूसरों का अनुकरण करना

【优俳】 yōupái 〈प्रा०〉 हास-विनोदपूर्ण नाटक; इस प्रकार के नाटक का अभिनेता

【优人】 yōurén 优伶 के समान

【优容】 yōuróng 〈लि०〉 नरमी से बरताव करना; उदारता से व्यवहार करना

【优柔】 yōuróu ❶〈लि०〉 इतमीनान से; धैर्य से: ～不迫 जल्दबाज़ी न करना; इतमीनान से काम करना ❷〈लि०〉 शांत; मुलायम; मृदु: ～的性情 दयाभाव ❸अगर-मगर करना; आगा-पीछा करना: ～的性格 आगा-पीछा

करने का स्वभाव; हिचकिचाने वाला स्वभाव / 优柔寡断

【优柔寡断】 yōuróu-guǎduàn डांवाडोल और हिचकिचाने वाला; ढुलमुल

【优生】 yōushēng संतति; सत्संतान; उत्कृष्ट संतानोत्पत्ति

【优生学】 yōushēngxué संतति विज्ञान; सत्संतान-शास्त्र; उत्कृष्ट संतानोत्पत्ति शास्त्र

【优生优育】 yōushēng-yōuyù बेहतर शिशु उत्पन्न करना और पालन करना; बेहतर शिशु जनना और पालना

【优胜】 yōushèng विजय; जीत: ～者 विजेता / ～红旗 चैम्पियनशिप लाल झंडा; प्रजेता का लाल झंडा / ～奖 जीतने वाले का पुरस्कार

【优胜劣败】 yōushèng-lièbài सर्वोपयुक्त का बच जाना

【优势】 yōushì श्रेष्ठता; बरतरी; प्रधानता; प्रमुख स्थान: 集中～兵力 बरतर सैन्य शक्ति को केन्द्रित करना / 依仗其～ अपनी बरतरी का भरोसा करना / 我军的力量对敌军占压倒～。हमारी सैन्य शक्तियां शत्रु की शक्तियों से अधिक श्रेष्ठ हैं। / 在钢铁方面他们也不能说占绝对～。इस्पात बनाने में भी उन को सर्वश्रेष्ठ नहीं कहा जा सकता। / 他们在这方面已失去～。उन का दर्जा इस क्षेत्र में ऊंचा नहीं रहा। / 电子工业生产占显著的～。एलेक्ट्रोनिकस उद्योग के उत्पादन को एक उल्लेखनीय महत्व का स्थान मिला। / 我们在这方面早就占～了。बहुत पहले से ही इस क्षेत्र में हम ने श्रेष्ठता प्राप्त कर ली है।

【优渥】 yōuwò 〈लि०〉 विशेष सुविधा; खास रिआयत

【优先】 yōuxiān प्राथमिकता; अग्रता; पूर्वता: ～地位 प्राथमिकता; प्रधानता / ～发展电子工业 एलेक्ट्रोनिक्स उद्योग के विकास को अहमियत देना / ～录取 भरती होने की प्राथमिकता देना

【优先股】 yōuxiāngǔ प्राथमिकता का शेयर; पूर्वाधिकार-अंश; अधिमानित या अधिमान-प्राप्त शेयर

【优先权】 yōuxiānquán प्राथमिकता; प्राथमिकता का अधिकार

【优闲】 yōuxián इतमीनान का; फ़ुरसत का

【优秀】 yōuxiù श्रेष्ठ; उत्तम; उमदा; बढ़िया; सर्वोत्तम; सर्वश्रेष्ठ: ～儿女 श्रेष्ठ संतान; श्रेष्ठ सपूत / ～品质 श्रेष्ठ गुण; सद्गुण; उत्तम गुण / ～人物 श्रेष्ठ पुरुष / ～作品 सुकृति

【优选】 yōuxuǎn उत्तम चुनना

【优选法】 yōuxuǎnfǎ उत्तम युक्ति चुनने की शीघ्र विधि

【优雅】 yōuyǎ ललित; सुन्दर; सुरूप; सुसंस्कृत: 举止～ सुरूप चाल-चलन / 扩音机不断传出～动听的歌曲。लाउडस्पीकरों से मधुर गीतों की आवाज़ लगातार सुनाई दे रही है।

【优异】 yōuyì श्रेष्ठ; उत्तम; बहुत अच्छा: ～成绩 ज़बरदस्त सफलताएँ

【优游】 yōuyóu 〈लि०〉 इतमीनान का (या फ़ुरसत का) और निश्चिंत: ～自在 इतमीनान का और निश्चिंत होना

【优育】 yōuyù बेहतर शिशु का पालन करना: 优生优育

【优裕】 yōuyù समृद्ध; सम्पन्न; पर्याप्त: 兵力～ पर्याप्त ताकत होना / 生活～ जीवन में समृद्धि छा जाना

【优遇】 yōuyù विशेष व्यवहार करना; खास बरताव करना: 格外～ (किसी के साथ) असाधारण व्यवहार करना

【优越】 yōuyuè श्रेष्ठ; उत्तम; बड़ा; ऊंचा: 处于～地位 लाभप्रद स्थिति में होना / ～条件 हितकारी परिस्थितियां

【优越感】 yōuyuègǎn बड़प्पन की भावना

【优越性】 yōuyuèxìng श्रेष्ठता; उत्तमता; औत्कर्ष्य

【优哉游哉】 yōuzāi-yóuzāi फ़ुरसत का और निश्चिंत; इतमीनान का

【优质】 yōuzhì उच्च कोटि का; उत्तम गुणवत्ता का: ～钢 उच्च कोटि का फ़ौलाद / ～高产运动 उत्तम गुणवत्ता और ऊंचे उत्पादन वाला आंदोलन

攸 yōu 〈लि०〉 (कुछ निश्चित मुहावरों में इस का प्रयोग लघु-अव्यय 所 suǒ की तरह होता है): 利害～关 अपने हित पर प्रभाव पड़ना या डालना

忧（憂） yōu ❶चिंता करना; चिंतित होना: 忧闷 / 忧伤 ❷दुःख; चिंता; फ़िक्र; ख्याल करना: 忧患 / 高枕无～ लंबी तानकर सोना; निश्चिंत होकर सोना ❸चिंता करना; परेशान होना: 忧国忧民 / 杞人～天 अनावश्यक चिंता ❹〈लि०〉 माँ-बाप का कफ़न-दफ़न करना: 丁～ माता या पिता के मृत्यु-शोक में होना

【忧愁】 yōuchóu चिंता: 使人～ चित्त को चिंता से उद्विग्न कर देना / 他心里很～。वह बेहद परेशान था।

【忧烦】 yōufán खीझना; परेशान होना; उद्विग्न होना

【忧愤】 yōufèn परेशान होना और क्रुद्ध होना: ～而死 परेशान और क्रुद्ध होकर मर जाना

【忧国忧民】 yōuguó-yōumín अपने देश और जनता की चिंता करना

【忧患】 yōuhuàn कष्ट; दुख; मुसीबत; विपत्ति; कठिनाई: 饱经～ बहुत सी मुसीबतों को सहन कर लेना

【忧患余生】 yōuhuàn-yúshēng व्यक्ति जिसे दुख और विपत्ति का अनुभव हो

【忧惶】 yōuhuáng चिंतित और भयभीत

【忧煎】 yōujiān बहुत चिंतित होना

【忧惧】 yōujù चिंतित और भयभीत

【忧劳】 yōuláo चिंतित और अधिक कार्य-श्रांत: ～成疾 चिंतित और अधिक कार्य-श्रांत होने से बीमार पड़ना

【忧虑】 yōulǜ चिंता होना: 对时局怀抱～ वर्तमान परिस्थिति के बारे में बहुत चिंतित रहना

【忧闷】 yōumèn चिंतित और उदास

【忧戚】 yōuqī 〈लि०〉 चिंतित; दुख के बोझ तले दबा हुआ

【忧容】 yōuróng चिन्तित मुखाकृति

【忧伤】 yōushāng चिंता और शोक; संताप

【忧思】 yōusī ❶चिंतित होना ❷चिंतित विचार

【忧心】 yōuxīn ❶चिंता: 我们都替他的身体～。हम लोग उस के स्वास्थ्य की चिंता करते हैं। ❷〈लि०〉 चिन्ता होने की भावना: ～忡忡 उदास; भारी मन का

【忧心如焚】 yōuxīn-rúfén अत्यंत चिंता
【忧悒】 yōuyì <लि०> चिंता और व्याकुलता; परेशान और बेचैन; उदास
【忧郁】 yōuyù उदास; भारी मन का: 用～的目光看 उदास आंखों से देखना
【忧郁症】 yōuyùzhèng मेलंकोलिया; संविषाद; विषाद या खिन्नता का रोग

呦 yōu <विस्म०> (आश्चर्यबोधक): ～，你也来了。ओहो, तुम भी आये!
【呦呦】 yōuyōu <अनु०> हिरन के बोलने का शब्द

幽¹ yōu ❶गहरा और दूर; एकांत; धुंधला: 幽谷 / 幽静 ❷छिपा हुआ; गुप्त: 幽会 / 幽居 ❸शांत; गंभीर; स्थिर: 幽深 / 幽思 ❹बन्द करना; जेल में डालना: 幽禁 / 幽囚 ❺नरक का: 幽魂 / 幽灵

幽² Yōu ❶एक प्राचीन शासनिक ज़िला (लगभग वर्तमान हपेइ प्रांत के उत्तरी भाग और ल्याओ-निंग प्रांत के दक्षिणी भाग का इलाका) ❷एक कुलनाम
【幽暗】 yōu'àn अंधेरा; धुंधला: ～的角落 अंधेरा कोना / ～的山谷 गहरी और अंधेरी घाटी
【幽闭】 yōubì ❶जेल में डालना; बन्द करना; कैद करना ❷अपने को घर में बन्द करना
【幽愤】 yōufèn मन में छिपा हुआ कोप
【幽谷】 yōugǔ गहरी और एकांत घाटी: 密林～ घना जंगल और गहरी व एकांत घाटी
【幽光】 yōuguāng धुंधला प्रकाश
【幽篁】 yōuhuáng <लि०> एकांत और शांत बांस-कुंज
【幽会】 yōuhuì प्रेमी और प्रेमिका का पूर्वनिश्चयानुसार गुप्त मिलन
【幽魂】 yōuhún भूत; प्रेत; आत्मा (अंधविश्वास)
【幽寂】 yōujì एकांत और अकेला: ～的生活 एकांत और अकेला जीवन
【幽禁】 yōujìn जेल में डालना; कैद करना; बन्द करना
【幽径】 yōujìng शांत और एकांत पगडंडी
【幽静】 yōujìng शांत और एकांत; शांतिपूर्ण: ～的环境 शांत और एकांत परिस्थिति
【幽居】 yōujū ❶एकांत में रहना ❷एकांत स्थान
【幽兰】 yōulán <लि०> आर्किड; आर्किस; एक प्रकार की रंग-बिरंगे फूलों वाली बूटी
【幽蓝】 yōulán फीका नीला (रंग)
【幽灵】 yōulíng भूत; प्रेत; आत्मा
【幽美】 yōuměi एकांत और सुन्दर: ～的庭院 एकांत और सुन्दर आंगन
【幽门】 yōumén <श०वि०> पाइलोरस; जठरनिर्गम
【幽门梗阻】 yōumén gěngzǔ <चिकि०> जठरनिर्गम-संकीर्णता; पाइलोरिक स्टेनोसिस
【幽眇】 yōumiǎo <लि०> गूढ़; दुर्बोध; सूक्ष्म
【幽明】 yōumíng <लि०> नरक और यह दुनिया: ～永隔 मरने वाला और जीने वाला हमेशा के लिए अलग होना
【幽冥】 yōumíng ❶अंधेरा; अंधकारमय ❷नरक
【幽默】 yōumò दिल्लगी; हंसी; मज़ाक; हास्य-विनोद: ～故事 हास्यरस की कहानी / ～文学 हास्यपूर्ण साहित्य / 他很～。वह हंसोड़ है; वह दिल्लगीबाज़ है।
【幽默曲】 yōumòqǔ <संगी०> परिहासमय रचना; मनमौजी ढंग की रचना
【幽期】 yōuqī प्रेमी और प्रेमिका का पूर्वनिश्चयानुसार गुप्त मिलन
【幽情】 yōuqíng गहरी भावनाएँ; सूक्ष्म भावनाएँ: 发思古之～ दूरवर्ती भूतकाल की वस्तुओं के बारे में सोच-विचार करना
【幽囚】 yōuqiú जेल में डालना; कैद करना; बंद करना
【幽趣】 yōuqù एकांतवास की आनन्ददायी शांति
【幽人】 yōurén <लि०> एकांतवासी; अकेला रहने वाला; सन्यासी; वैरागी
【幽深】 yōushēn (पहाड़, नदी, वन, प्रासाद आदि) गहरा और शांत: ～的峡谷 गहरी घाटी (गार्ज)
【幽思】 yōusī ❶सोचना; सोच-विचार करना; चिंतन-मनन करन ❷मन में रखी हुई भावनाएँ
【幽邃】 yōusuì <लि०> गहरा और शांत
【幽婉】 yōuwǎn (幽宛 yōuwǎn भी)सूक्ष्म और पेचीदा; सूक्ष्म और गहन: ～的诗篇 सूक्ष्म और पेचीदे विचार वाली कविता
【幽微】 yōuwēi ❶(आवाज़, गंध आदि) धीमा; निर्बल; शक्तिहीन; कमज़ोर: ～的呼唤 धीमी आवाज़ में पुकारना ❷<लि०> गूढ़ और सूक्ष्म; गहन और सूक्ष्म
【幽闲】 yōuxián ❶दे० 幽娴 ❷दे० 悠闲 yōuxián
【幽娴】 yōuxián (स्त्री) सुशील और शांत
【幽香】 yōuxiāng फीकी सुगंध; धीमी सुगंध: ～四溢 धीमी-धीमी सुगंध चारों ओर फैलना
【幽敻】 yōuxiòng <लि०> गहरा और दूर
【幽雅】 yōuyǎ (स्थान) शांत और सुरुचिपूर्ण: 景致～ शांत और सुरुचिपूर्ण दृश्य / 环境～ शांत और सुंदर परिस्थिति
【幽燕】 Yōu-Yān यओ व यान (प्राचीन-काल में एक स्थान का नाम, वर्तमान हपेइ प्रांत और ल्याओ-निंग प्रांत का एक भाग): 大雨落～，白浪滔天。वेगवती वर्षा है उत्तरी यओ व यान की इस धरती में, ऊर्ध्वगामिनी धवल तरंग जाती हैं अम्बर को छूने।
【幽咽】 yōuyè <लि०> ❶बिसूरने की आवाज़; सिसक-सिसक कर रोने की आवाज़: ～的哭泣 बिसूरने की आवाज़ ❷पानी बहने की धीमी आवाज़; कल-कल ध्वनि: 泉水～ कल-कल बहता हुआ जल
【幽忧】 yōuyōu <लि०> चिंतित; दुख के बोझ तले दबा हुआ
【幽幽】 yōuyōu ❶(प्रकाश, आवाज़) मंद; धीमा; धुंधला; अस्पष्ट ❷<लि०> गहरा और दूर; दूर होने के कारण धुंधला; अस्पष्ट
【幽远】 yōuyuǎn गहरा और शांत: ～的夜空 रात का गहरा और शांत आकाश
【幽怨】 yōuyuàn (प्रेम में असफल युवती के) मन में छिपा कोप या दुख

悠 1 yōu ❶(समय या स्थान) लंबा; दीर्घकालीन; दूरः 悠久 / 悠扬 ❷फ़ुरसत का; निठल्लाः 悠然 / 悠闲

悠 2 yōu इधर-उधर हिलना; हिलना-डोलनाः 抓住绳子～上去 रस्से को पकड़कर एक ही झटके से ऊपर चढ़ जाना

【悠长】 yōucháng लंबा; दीर्घः ～的岁月 लंबे वर्ष

【悠荡】 yōudàng इधर-उधर हिलना; आगे-पीछे हिलनाः 两个孩子在秋千上来回～。दो बच्चे झूले पर बैठकर आगे-पीछे झूम रहे हैं।

【悠忽】 yōuhū 〈लि०〉 सुस्त और खाली

【悠缓】 yōuhuǎn धीरे-धीरे; आराम से; जल्दबाज़ी से नहीं

【悠久】 yōujiǔ लंबा; दीर्घकालीन; पुरानाः ～的历史 लंबा इतिहास / ～的文明 सभ्यता जिस की जड़ें बहुत गहरी हैं

【悠邈】 yōumiǎo लंबा (समय या दूरी)ः 年代～ बहुत दूरवर्ती भूतकाल का

【悠谬】 yōumiù （悠缪 yōumiù भी）〈लि०〉 कल्पनाप्रसूत; अविश्वसनीय; अनर्थक

【悠然】 yōurán निश्चिन्त और आराम से; अपने में ही मस्तः ～神往 दूरवर्ती वस्तुओं के बारे में सोचना; अपने मन को दूरवर्ती वस्तुओं पर लगाना

【悠然自得】 yōurán-zìdé निश्चिंत और संतुष्ट होना

【悠闲】 yōuxián फ़ुरसत से और निश्चिंत

【悠扬】 yōuyáng (संगीत आदि) उतार-चढ़ाव; मधुर; सुरीलाः ～的歌(笛)声 गाने (बांसुरी) की सुरीली आवाज़

【悠悠】 yōuyōu लंबा; लंबे अरसे का; दीर्घकालीनः ～长夜。रात बहुत लंबी लग रही है।

【悠悠荡荡】 yōuyōudàngdàng इधर-उधर हिलना; तैरता हुआ

【悠悠忽忽】 yōuyōuhūhū ❶बेकार में इधर-उधर टहलना; शिथिलतापूर्वक मटरगश्ती करता हुआ; आराम से चलता हुआ ❷अचेतावस्था में होना

【悠游】 yōuyóu ❶धीरे-धीरे चलनाः 几艘小艇在湖中～。कुछ छोटी हल्की नावें झील में धीरे-धीरे चल रही हैं। ❷इतमीनान से और निश्चिन्तता सेः ～自在 इतमीनान से और निश्चिंतता से

【悠远】 yōuyuǎn ❶अब से बहुत समय पहलेः ～的往事 बहुत समय पहले की बात ❷बहुत दूर काः 山川～ बहुत दूर की पहाड़ियां और नदियां

【悠着】 yōuzhe 〈बो०〉 （悠停着 yōutingzhe भी） घबड़ाओ मत; शांति और धैर्य से करते जाओः ～点劲，别太猛了。आराम से करो, ज़ोर लगाकर करने की ज़रूरत नहीं।

麀 yōu प्राचीन पुस्तक में वर्णित हिरनी

鄾 Yōu चओ राजवंश में एक राज्य (वर्तमान हूपेइ प्रांत की श्यांगफ़ान 襄樊 के उत्तर में)

耰 yōu ❶प्राचीन काल में एक प्रकार का कृषि-उपकरण

yóu

尤 1 （尢） yóu ❶मुख्य; प्रमुखः 择～ श्रेष्ठ को चुन- ना / 拔其～ प्रमुख योग्यता वालों को चुनना और पदवृद्धि करना ❷〈क्रि०वि०〉 विशेषकर; खास तौर सेः ～忌文学之士。विशेषकर वह विद्वानों से ईर्ष्या करता था। / 此词～妙。यह शब्द विशेषकर सुन्दर है। ❸（Yóu）एक कुलनाम

尤 2 （尢） yóu ❶भूल; गलतीः 效～ जानबूझकर किसी गलती का अनुसरण करना ❷किसी के विरुद्ध दुर्भाव होना; दोष देनाः 怨天～人 ईश्वर और लोगों को दोष देना

【尤其】 yóuqí 〈क्रि०वि०〉 विशेषकर; खासकर; खास तौर सेः 大家都干得很欢，～是小李。सब लोग बड़ी खुशी से काम कर रहे थे, इन में खास तौर से श्याओ ली। / 我们～要看的是这篇宣言。सब से बढ़कर हमें इस घोषणापत्र को पढ़ना चाहिए।

【尤甚】 yóushèn विशेषकर ऐसा; अधिक ऐसाः 夏季天热，七月～。ग्रीष्म में गरमी बहुत है और विशेषकर जुलाई में।

【尤为】 yóuwéi 〈क्रि०वि०〉 (द्वि-अक्षर वाले शब्दों के पहले प्रयुक्त) विशेषकर; विशेषतः: ～奇妙 विशेषकर विचित्र / ～不满 विशेषकर असंतुष्ट (होना)

【尤物】 yóuwù 〈लि०〉 श्रेष्ठ व्यक्ति या वस्तु (बहुधा सुन्दर स्त्री के लिए प्रयुक्त)

【尤异】 yóuyì 〈लि०〉 श्रेष्ठ; उत्तम; मुख्य; प्रमुख

由 yóu ❶कारण; हेतुः 理～ कारण; वजह / 因～ कारण; हेतु; वजह ❷के कारण; की वजह सेः 咎～自取 अपने कारण विपत्ति पड़ना ❸गुज़रना; से होकर जानाः 必～之路 अनिवार्य रास्ता; एकमात्र रास्ता ❹के अनुकूल; माननाः 事不～己 बात या काम जो अपने अधिकार में न हो; बात या काम जो अपने अनुकूल न हो / ～着性子 अपनी इच्छानुसार काम करना ❺〈पूर्व०〉 से; होकरः ～此入内 यहां से अंदर जाना / ～水路来 जल-मार्ग से आना ❻〈पूर्व०〉 के द्वारा; सेः 这本书～他写。यह पुस्तक वे लिखेंगे। / 会议～老张主持。सभा लाओ चांग की अध्यक्षता में हुई। ❼〈पूर्व०〉 से; के भरोसे; के द्वाराः 句子～词组成。शब्दों से वाक्य बनता है। / 代表～选举产生。प्रतिनिधि निर्वाचन से पैदा होते हैं। ❽से; से लेकरः 由表及里 / 由此及彼 / ～早上八点至晚上十点 सुबह आठ बजे से लेकर रात को दस बजे तक / ～防御转入进攻 बचाव के बदले आक्रमण शुरू करना ❾（Yóu）एक कुलनाम

【由表及里】 yóubiǎo-jílǐ बाह्य से भीतर की ओर बढ़ना

【由不得】 yóubude ❶अधिकार के बाहर होना; किसी

की इच्छानुसार कोई बात निश्चित न कर सकना: 这件事～你。यह बात तुम्हारी इच्छानुसार निश्चित नहीं की जा सकती। ❷इस के आगे कोई चारा नहीं होना; इस में कुछ नहीं कर सकना: ～笑起来 हंस उठना; हंस पड़ना

【由此】 yóucǐ यहां से; इस से: ～出发 यहां से रवाना होना / ～而生 इस से पैदा होना

【由此及彼】 yóucǐ–jíbǐ एक बात से दूसरी बात की ओर चलना; एक बिन्दु से दूसरे बिन्दु तक पहुँचना

【由此可见】 yóucǐ kě jiàn इस से यही सूचित होता है कि; इस से यह स्पष्ट है कि; इस से यह विदित होता है कि; इस से यह साफ़ हो जाता है कि: ～他是同意的。इस से यह सूचित (विदित) होता है कि वह सहमत है।

【由打】 yóudǎ 〈बो०〉 ❶जब से; से: ～入夏以来，这里没有下过雨。जब से ग्रीष्म ऋतु शुरू हुई है तब से यहां पानी नहीं गिरा। / ～老家来的客人 जन्मभूमि (या पुराने घर) से आये हुए मेहमान ❷यहां से: 长江水～这儿入海。यांङ-त्सी नदी यहां से होकर समुद्र में गिरती है।

【由得】 yóude मान सकना; इजाज़त देना; किसी की इच्छानुसार कोई बात निश्चित की जा सकना: 这事哪能～你? यह बात तुम्हारी इच्छानुसार कैसे निश्चित की जा सकती है?

【由俭入奢易，由奢入俭难】 yóu jiǎn rù shē yì, yóu shē rù jiǎn nán मितव्यय के बदले अतिव्यय करना आसान है पर अतिव्यय के बदले मितव्यय करना कठिन है

【由简及繁】 yóujiǎn–jífán सरल से जटिल की ओर बढ़ना

【由近及远】 yóujìn–jíyuǎn नज़दीक से दूर की ओर बढ़ना

【由来】 yóulái ❶अब तक: 由来已久 ❷कारण; जड़: 事故的～ घटना का कारण

【由来已久】 yóulái–yǐjiǔ बहुत दिनों से लटके रहना: 这种争论～。इस तरह का वाद-विवाद बहुत दिनों से लटका हुआ है।

【由浅入深】 yóuqiǎn–rùshēn उथले से गहरे की ओर बढ़ना; उथलेपन से गहरेपन की ओर बढ़ना

【由上而下】 yóushàng–érxià ऊपर से नीचे तक

【由头】 yóutou बहाना: 找～ बहाना ढूंढ़ना; बहाना ढूंढ़ निकालना

【由下而上】 yóuxià–érshàng नीचे से ऊपर तक

【由性】 yóuxìng अपनी पसन्द के अनुसार काम करना; स्वेच्छा से काम करना: 别让孩子～乱划。बच्चे को स्वेच्छा से लकीरें मत खींचने दो।

【由旬】 yóuxún योजन

【由于】 yóuyú ❶〈पूर्व०〉 के कारण; के हेतु; की वजह से: ～健康上的原因 स्वास्थ्य के कारण ❷〈संयो०〉 चूंकि; क्योंकि; इसलिए कि: ～会议主席有病，今天下午的会延期举行。चूंकि सभा के अध्यक्ष बीमार पड़े हैं इसलिए आज दुपहर की सभा स्थगित हो जाएगी।

【由衷】 yóuzhōng तहेदिल से; हार्दिक: 表示～的感谢 हार्दिक धन्यवाद देना (या प्रकट करना) / 感到～的高兴 तहेदिल से प्रसन्न होना

【由衷之言】 yóuzhōngzhīyán तहेदिल से निकली हुई बात; हार्दिक कथन

【由子】 yóuzi 〈बो०〉 वजह; कारण

邮（郵） yóu ❶डाक द्वारा पत्र आदि भेजना: 信已～去。पत्र डाक द्वारा भेजा गया है। / 我今天给家里～去五百元。मैं ने आज डाक से घर को पांच सौ य्वान भेजे। ❷डाक; मेल: 邮袋 / 邮票 / 邮局 ❸डाक टिकट; स्टॉम्प: 邮展 / 集～ डाक-टिकटों का संग्रहण

【邮包】 yóubāo डाक-पार्सल; पार्सल: ～保险 डाक पार्सल बीमा

【邮编】 yóubiān 邮政编码 का संक्षिप्त रूप

【邮差】 yóuchāi 〈पुराना〉 डाकिया; पत्रवाहक; पोस्टमैन

【邮车】 yóuchē मेलगाड़ी; डाकगाड़ी; पोस्टल कार; मेल

【邮传】 yóuchuán डाक वितरण; मेल वितरण

【邮船】 yóuchuán डाक-जहाज़

【邮戳】 yóuchuō डाक ठप्पा; डाक-चिह्न; डाक की मुहर

【邮袋】 yóudài डाक-थैला

【邮递】 yóudì ❶(पत्र, पार्सल आदि) डाक द्वारा भेजना ❷डाक वितरण

【邮递员】 yóudìyuán डाकिया; पत्रवाहक; पोस्टमैन

【邮电】 yóudiàn डाक-तार: ～业务 डाक-तार व्यवसाय / ～器材 डाक-तार-संचार उपकरण / ～设备 डाक-तार साज़-सामान

【邮电部】 yóudiànbù डाक-तार-संचार मंत्रालय

【邮电局】 yóudiànjú डाक-तार घर

【邮费】 yóufèi डाक-व्यय: ～免收 डाक-व्यय-मुक्त

【邮购】 yóugòu डाक द्वारा वस्तुएँ मंगवाने का ऑर्डर; डाक से खरीदना: ～部 डाक से सामान मंगवाने वाला विभाग; मेल-ऑर्डर डिपार्टमेंट

【邮花】 yóuhuā 〈बो०〉 डाक-टिकट; स्टॉम्प

【邮汇】 yóuhuì डाक से पैसा भेजना

【邮集】 yóují स्टॉम्प अलबम

【邮寄】 yóujì डाक से भेजना; डाकघर या डाकपेटी में पत्र आदि डालना: ～衣服 डाक से कपड़ा भेजना

【邮件】 yóujiàn डाकघर द्वारा ग्रहण, वाहन और वितरण किए जाने वाले पत्र, पार्सल आदि का सामान्य नाम; पोस्ट; मेल: 挂号～ पंजीकृत (रजिस्टर्ड) पोस्ट / 航空～ एयर मेल

【邮局】 yóujú डाकघर; डाकखाना; पोस्ट-आफ़िस

【邮路】 yóulù डाक-मार्ग; मेल-मार्ग; मेल-रुट

【邮轮】 yóulún दे० 邮船

【邮票】 yóupiào डाक-टिकट; स्टॉम्प: ～面积 डाक-टिकट का साइज़

【邮品】 yóupǐn फ़िलैटेलिक आइटम्स

【邮市】 yóushì फ़िलैटेलिक मार्केट; टिकट-संग्रह बाज़ार

【邮亭】 yóutíng डाक-मंडप; डाक-कीयोस्क; पोस्टल कीयोस्क

【邮筒】 yóutǒng डाक-पेटी; स्तम्भ-बक्स; पोस्ट-बक्स; मेल-बक्स

【邮箱】 yóuxiāng डाकपेटी; पोस्ट-बक्स; मेल-बक्स

【邮展】 yóuzhǎn टिकट-संग्रह प्रदर्शनी
【邮政】 yóuzhèng पोस्टल सर्विस; डाक-सेवा
【邮政包裹】 yóuzhèng bāoguǒ डाक-पार्सल; पोस्टल पार्सल
【邮政编码】 yóuzhèng biānmǎ पोस्टकोड; ज़िप-कोड; ज़िप; पिनकोड; डाक कोड; पी०सी०
【邮政部门】 yóuzhèng bùmén डाक-विभाग
【邮政车厢】 yóuzhèng chēxiāng डाक का डब्बा
【邮政储蓄】 yóuzhèng chǔxù पोस्टल सेविंग डिपोज़िट
【邮政代办所】 yóuzhèng dàibànsuǒ पोस्टल एजेंसी
【邮政汇票】 yóuzhèng huìpiào पोस्टल मनी ऑर्डर; पोस्टल ऑर्डर
【邮政局】 yóuzhèngjú पोस्ट आफ़िस：～长 डाक-मास्टर; पोस्ट मास्टर
【邮政网】 yóuzhèngwǎng पोस्टल नेट-वर्क
【邮政信箱】 yóuzhèng xìnxiāng पोस्ट-आफ़िस बक्स：～256 号 पी०ओ० बक्स 256
【邮政支局】 yóuzhèng zhījú पोस्ट-आफ़िस की ब्रांच
【邮政总局】 yóuzhèng zǒngjú जनरल पोस्ट-आफ़िस
【邮资】 yóuzī डाक व्यय; पोस्टेज

犹（猶）yóu <लि०> ❶जैसे; मानो; जैसा; की भांति; की तरह：过～不及 उचित मात्रा से अधिक होना या अल्प होना समान है ❷अब भी; अभी भी; भी：记忆～新 दिमाग में अब भी ताज़ा होना / 困兽～斗。घिरा हुआ जानवर भी लड़ता है।
【犹大】 Yóudà जुडास, ईसा मसीह का शिष्य जिस ने उस के साथ विश्वासघात किया
【犹然】 yóurán <क्रि०वि०> फिर भी; पूर्व की ही तरह：虽然事隔多年，他还～清楚地记得那件事情。बहुत साल बीत जाने पर भी उसे उस बात के बारे में अच्छी तरह याद है।
【犹如】 yóurú मानों; जैसे; की तरह; की भांति：灯烛辉煌，～白昼。बत्तियां और मोमबत्तियां एक साथ जल रही हैं, मानों दिन में हो।
【犹太复国主义】 Yóutài fùguó zhǔyì यहूदीवाद; जिओनवाद; जिओनिज़्म
【犹太教】 Yóutàijiào यहूदीवाद; जुडावाद; जूदावाद：～教士 राबी; यहूदी आचार्य / ～教徒 जुडाइस्ट; जूदावादी; यहूदी / ～堂 यहूदियों का पूजा-स्थान या मंदिर; यहूदी उपासना-गृह; सिनागोग
【犹太人】 Yóutàirén यहूदी
【犹疑】 yóuyí हिचकिचाना; आगा-पीछा करना
【犹豫】 yóuyù हिचकना; हिचकिचाना; आगा-पीछा करना; दुविधा या असमंजस में पड़ना：～不决地 हिचकिचाते हुए / 在必要时毫不～地作出任何牺牲。ज़रूरत पड़ने पर वह कोई भी कुरबानी करने में नहीं हिचकेगा।
【犹豫不决】 yóuyù-bùjué अगर-मगर करना; आगा-पीछा करना; हिचकना; दुविधा में पड़ना
【犹之乎】 yóuzhīhū ठीक उसी तरह; ठीक वैसे：人离不开土地，～鱼离不开水。जैसे मछली पानी से अलग नहीं हो सकती, ठीक वैसे ही मनुष्य भूमि से अलग नहीं हो सकता।
【犹子】 yóuzǐ <लि०> भाई का पुत्र; भतीजा
【犹自】 yóuzì अब भी; फिर भी; भी：有时想起那件事，～叫人心惊肉跳。कभी उस घटना की याद आ जाती है, फिर भी दिल धड़कता है।

油 yóu ❶तेल; चरबी; चिकनाई; मिट्टी का तेल; पेट्रोलियम; खनिज तेल ❷थोंग तेल（桐油），वार्निश, रोगन, रंग आदि का उपयोग करना; तेल लगाना; वार्निश करना; रंग या रोगन करना：～桌子 मेज़ पर रोगन करना / 黑～大门 काली वारनिश से रंगा फाटक ❸तेल, चर्बी आदि से गंदा होना：这肉太～了。इस मांस में चर्बी बहुत है। / 这上衣～了。यह कोट तेल (या चर्बी आदि) से गंदा हो गया। ❹चिकना-चुपड़ा; मंजा हुआ：这个人嘴很～。यह आदमी बहुत बड़ा चापलूस है; यह आदमी चिकनी-चुपड़ी बातें करता है। / 他打牌可～啦。वह ताश का मंजा हुआ खिलाड़ी है।
【油泵】 yóubèng <यां०> तेल पम्प
【油标】 yóubiāo तेल-ताड़
【油饼】[1] yóubǐng (चारा, खाद के लिए) आयलकेक
【油饼】[2] yóubǐng चीनी पूरी; खौलते हुए तेल में पकाई हुई रोटी
【油驳】 yóubó ऑयल-बार्ज
【油布】 yóubù तेल-कपड़ा：～雨衣 तेलवस्त्र; मोमजामा
【油彩】 yóucǎi एक प्रकार की चिकनाई जिसे नाटक के अभिनेता लगाते हैं; ग्रीस-पेंट
【油菜】 yóucài ❶सरसों का पौधा ❷चीनी पातगोभी
【油藏】 yóucáng आयल-पूल; आयल डिपोज़िट：地层～ स्तरों की स्थिति से संबंधित आयल-पूल / 构造～ रचनात्मक आयल-पूल / 岩性～ लिथोजिकल आयल-पूल
【油槽车】 yóucáochē टेंकी-वैगन
【油层】 yóucéng तेल की संचय-परत; आयल लेयर; आयल हारिज़ोन：～压力 तेल-परत दबाव; रेज़रवार प्रेशर
【油茶】[1] yóuchá <वन०> टी-आयल ट्री; तेल-चाय वृक्ष
【油茶】[2] yóuchá योछा, गाय की चर्बी में भुने हुए आटे से बना पानी में उबाला हुआ एक मीठा तरल खाद्य पदार्थ
【油茶面儿】 yóuchámiànr गाय की चर्बी में भुना हुआ आटा जिस में चीनी, तिल का चूर्ण आदि का मिश्रण रहता है
【油船】 yóuchuán तेल का जहाज़; तेल वाहक जहाज़; आयल टैंकर
【油床】 yóuchuáng तेलाशय
【油淬火】 yóucuìhuǒ <यां०> आयल हार्डनिंग; आयल क्वेंचिंग
【油灯】 yóudēng दीया
【油底子】 yóudǐzi तेल की तलछट; गाद
【油豆腐】 yóudòufu तला हुआ सोयाबीन-पनीर
【油坊】 yóufáng तेल पेरने की मिल; आयल मिल
【油封】 yóufēng <यां०> आयल सील; आयल से बंद करना

【油橄榄】 yóugǎnlǎn（齐墩果 qídūnguǒ भी, साधारण नाम 橄榄 gǎnlǎn）जैतून; तेल बदर (वृक्ष या फल)
【油港】 yóugǎng तेल-पोर्ट; तेल बन्दरगाह
【油膏】 yóugāo मरहम; लेप; अंगलेप; अंगराग
【油垢】 yóugòu चर्बी से सना हुआ मैल
【油瓜】 yóuguā 〈वन०〉 बड़ा फल वाला हाजसोनिया (hodgsonia)
【油管】 yóuguǎn ❶तेल की पाइप: 铺设～ तेल की पाइप बिछाना ❷तेल की ट्यूब: 未下～的井 बिना ट्यूब बिछा हुआ तेल-कूप
【油罐】 yóuguàn आयल या तेल की टंकी: ～汽车 आयल कार (या ट्रक)
【油光】 yóuguāng चमकीला; चमकदार; वार्निश किया हुआ: ～锃亮 खूब चमकीला
【油光水滑】 yóuguāng-shuǐhuá चिकना और चमकीला: 他的头发～。उस के बाल बहुत चिकने और चमकदार हैं।
【油耗】 yóuhào तेल खर्च; तेल व्यय: 降低～ तेल-व्यय को कम करना
【油黑】 yóuhēi चमकीला काला: ～的辫子 चमकीली काली चोटी
【油乎乎】 yóuhūhū तेल भरा: ～的工作服 काम करते समय पहनी जाने वाली तेल सनी पोशाक
【油壶】 yóuhú मशीन में तेल देने वाला पात्र; तेल देने वाली डिब्बी
【油葫芦】 yóuhúlu 〈प्राणि०〉 एक प्रकार का मैदानी झींगुर
【油花】 yóuhuā सूप आदि की सतह पर पड़ी हुई तेल की बूँदें
【油滑】 yóuhuá लोमड़ी की तरह चालाक; ऐसा व्यक्ति जिस के चेहरे से चालाकी टपकती हो
【油画】 yóuhuà तैल-चित्र
【油画色】 yóuhuàsè（油画颜料 yóuhuà yánliào भी）तेल में घोलकर बनाये गये रंग
【油灰】 yóuhuī 〈वास्तु०〉 तेल, चूने आदि का गारा; पुचारा
【油鸡】 yóujī एक प्रकार का घने और भूरे रंग के पर वाला मुर्गा
【油迹】 yóujì तेल, चर्बी आदि के धब्बे: ～斑斑 तेल, चर्बी आदि के धब्बों से पूरी तरह सना हुआ
【油煎】 yóujiān तेल में तलना
【油煎火燎】 yóujiān-huǒliǎo बहुत बेचैनी की स्थिति में; फ़िक्र से उत्तेजित
【油匠】 yóujiàng दे० 油漆工
【油脚】 yóujiǎo दे० 油底子
【油井】 yóujǐng तेल-कूप; मिट्टी के तेल का कुआँ
【油锯】 yóujù चेन-चालित आरा: ～手 चेन-चालित आरा आपरेटर
【油枯】 yóukū 油饼[1] का दूसरा नाम
【油库】 yóukù तेल का गोदाम
【油矿】 yóukuàng ❶तेल का गोदाम ❷तेल-क्षेत्र
【油亮】 yóuliàng (प्रायः द्विरुक्ति में) चमकीला; चमकदार: 雨后树叶都是～～的。पानी बरसने के बाद वृक्ष के सब पत्ते चमकीले दिखाई देते हैं।
【油料】 yóuliào तेलबीज
【油料作物】 yóuliào zuòwù तिलहन; तिलहन की फ़सलें
【油篓】 yóulǒu छोटे मुंह बड़े उदार वाला बास्केट
【油绿】 yóulǜ चमकदार गहरा हरा (रंग)
【油轮】 yóulún （油船 भी）तेल वाहक जहाज़; आयल टैंकर; टैंकर
【油码头】 yóumǎtóu आयल जेटी; तेल का घाट
【油麦】 yóumài （莜麦 yóumài के समान）नंगी जई
【油毛】 yóumáo खरगोश, भेड़ आदि के नये कोमल बाल
【油毛毡】 yóumáozhān दे० 油毡
【油门】 yóumén ❶थ्रॉटल ❷〈बोल०〉 वेगवर्धक (यंत्र); त्वरित्र (यंत्र): 踩～ पैर से त्वरित्र यंत्र दबाना
【油焖】 yóumèn दम देकर पकाना: ～笋 दम देकर पकाया हुआ बैम्बू-शूट्स (बांस का अंकुर)
【油苗】 yóumiáo 〈पेट्रोलियम〉 आयल सीपेज; तेल-स्राव
【油墨】 yóumò इंक; रोशनाई; स्याही: ～滚子 इंक रोलर / 快干～ जल्दी सूखने वाली इंक (स्याही)
【油母页岩】 yóumǔyèyán दे० 油页岩 तेल-पत्थर
【油泥】 yóuní चिकना मल; चिकनी गंदगी: 擦～ चिकनी गंदगी को पोंछना
【油腻】 yóunì ❶चिकना; चर्बीदार; स्निग्ध; तेल-संपन्न: ～的食物 तेल-संपन्न भोजन ❷तेल-संपन्न खाद्य वस्तु: 忌食～。ज़्यादा तेलीय भोजन करना मना है।
【油盘】 yóupán फ़ुड ट्रे
【油皮】 yóupí 〈बो०〉 ❶त्वचा की बाहरी परत: 擦破一点～ चमड़े की बाहरी परत नुच जाना ❷सोयाबीन पनीर की ऊपरी परत
【油漆】 yóuqī ❶रंग; रोगन: ～未干。वेट पेंट; फ़्रेश पेंट; वार्निश सूखी नहीं। ❷रंगना; रोगन चढ़ाना: ～门窗 दरवाज़ों और खिड़कियों को रंगना / ～美化工作 सजाने-संवारने का काम
【油漆工】 yóuqīgōng रंगसाज़; पेंटर; रोगन करने वाला
【油气】 yóuqì 油田伴生气 का संक्षिप्त रूप
【油气比】 yóuqìbǐ आयल-गैस अनुपात
【油气界面】 yóuqì jièmiàn 〈पेट्रोलियम〉 आयल-गैस इंटरफ़ेस
【油气田】 yóuqìtián आयल-गैस क्षेत्र
【油气显示】 yóuqì xiǎnshì आयल-गैस प्रदर्शन
【油枪】 yóuqiāng 〈यां०〉 आयल-गन
【油腔滑调】 yóuqiāng-huádiào चिकनी-चुपड़ी: 说话～ चिकनी-चुपड़ी बात करना
【油泉】 yóuquán आयल स्परिंग; तेल-स्रोत
【油裙】 yóuqun वह वस्त्र जो अन्य वस्त्रों को बचाने के लिए ऊपर से बांधा जाता है; एप्रेन
【油然】 yóurán ❶स्वतः; स्वेच्छया; अनैच्छिक रूप से ❷(बादलों का) इकट्ठा होना: ～作云。बादल इकट्ठे होने लगे।
【油然而生】 yóurán'érshēng (भावना) अपने आप

उत्पन्न होना: 敬慕之心，～。अपने दिल में आदर की भावना स्वतः उत्पन्न होती है।
【油溶性染料】 yóuróngxìng rǎnliào तेल में घुलनशील रंग (डाई)
【油鞣】 yóuróu तेल से चर्म-शोधन करना; तेल से चमड़े का संस्कार करना; आयल टैनींग
【油色】 yóusè तेल को घोल कर बनाया गया रंग
【油砂】 yóushā तेल बालू: 稠～ भारी तेल बालू / ～层 पे सैंड (pay sand)
【油石】 yóushí तेल पत्थर (कटाई के उपकरणों को तेज़ करने के लिए)
【油饰】 yóushì रंग से अलंकृत करना; पेंट करना; वार्निश करना: ～一新 हाल ही में (या नए रूप से) रंगा हुआ या वार्निश किया हुआ
【油柿】 yóushì जंगली काकी परसिम्मों
【油刷】 yóushuā रंगना; रोगन करना; पेंट करना; वार्निश करना: ～门面 दुकान के अगले भाग को पेंट करना
【油水】 yóushui ❶चिकना; चर्बीदार: 这顿饭～不大。इस खाने में बहुत चिकनाई नहीं है। ❷लाभ; अनुचित अतिरिक्त आय: 这事～不大。इस में अधिक लाभ नहीं है।
【油松】 yóusōng चीनी देवदार (या चीड़, सनोवर)
【油酥】 yóusū आटा, पानी, तेल का मिश्रण: ～点心 इस से बना हुआ खाद्य पदार्थ
【油酸】 yóusuān 〈रसा०〉 तैलीय एसिड
【油提】 yóutí आयल-डिपर (oil-dipper)
【油田】 yóutián तेल-क्षेत्र; तेलाशय: ～开发 तेल-क्षेत्र का विकास (करना) / 多层～ बहु-परत तेल-क्षेत्र
【油田伴生气】 yóutián bànshēngqì 〈पेट्रोलियम〉 तेल-क्षेत्र में सहगामी गैस; एसोशियेटिड गैस
【油田气】 yóutiánqì 油田伴生气 का संक्षिप्त रूप
【油条】 yóutiáo ❶आटे से बट कर और खौलते हुए तेल में पकाई एक चीनी खाद्य वस्तु; यओ थ्याओ ❷अनुभवी और चिकनी-चुपड़ी बात करने वाला व्यक्ति
【油桐】 yóutóng थोंग तेल वृक्ष; थोंग वृक्ष
【油桶】 yóutǒng तेल का पीपा
【油头粉面】 yóutóu-fěnmiàn (पुरुष) अधिक सजधज कर छिछोरा लगना
【油头滑脑】 yóutóu-huánǎo चालाक और छिछोरा
【油汪汪】 yóuwāngwāng ❶चर्बीदार; चर्बी से भरा होना ❷चमकीला; चमकदार
【油位】 yóuwèi 〈यां०〉 आयल लेवल
【油位表】 yóuwèibiǎo आयल (लेवल) गाज
【油污】 yóuwū चिकनी मैल: 满身～ कपड़े पर चिकनी मैल से भरा होना
【油箱】 yóuxiāng ईंधन टैंक; फ़्यूयल टैंक
【油香】 yóuxiāng तिल के तेल में पकाई हुई नमकीन केक
【油鞋】 yóuxié 〈पुराना〉 (वर्षा के दिन में प्रयुक्त) थोंग तेल लगाया गया जूता
【油星】 yóuxīng （油星子 yóuxīngzi भी）दे० 油花
【油性】 yóuxìng चिकनाहट; चिकनाई; चिपचिपापन
【油靴】 yóuxuē 〈पुराना〉 (वर्षा के दिनों में प्रयुक्त) थोंग तेल लगाया गया बूट
【油压】 yóuyā तेल का दबाव; तैल-चाप
【油压泵】 yóuyābèng तैलचाप पम्प; आयल-प्रेशर पम्प
【油压表】 yóuyābiǎo आयल-प्रेशर गाज
【油压传动】 yóuyā chuándòng हाइड्रौलिक ट्रांस्मिशन
【油压机】 yóuyājī हाइड्रौलिक प्रेस; आयल प्रेस
【油压千斤顶】 yóuyā qiānjīndǐng हाइड्रौलिक जैक; आयल जैक
【油烟】 yóuyān （油烟子 yóuyānzi भी）❶कालिक ❷काजल
【油盐杂货店】 yóuyán záhuòdiàn पंसारी की दुकान; ग्रोसरी
【油椰子】 yóuyēzi 油棕 का दूसरा नाम
【油页岩】 yóuyèyán तेल-पत्थर; आयल-शेल
【油衣】 yóuyī 〈बो०〉 चिकनाई द्वारा जलरुद्ध किया हुआ कपड़ा; मोमजामा; बरसाती
【油印】 yóuyìn मिमियोग्राफ़; कापीग्राफ़ से छापना: 付～ मिमियोग्राफ़ तैयार करना या करवाना; कापीग्राफ़ छपवाना
【油印机】 yóuyìnjī मिमियोग्राफ़
【油印蜡纸】 yóuyìn làzhǐ स्टेंसिल; स्टेंसिल पेपर
【油油】 yóuyóu 〈लि०〉 ❶चमकीला; चमकदार ❷चिकनेपन से और लगातार बहता हुआ ❸सम्पन्न और घना
【油浴】 yóuyù 〈रसा०〉 आयल बाथ; तेल का स्नान
【油渣】 yóuzhā ❶चर्बी की तलछट ❷〈पेट्रोलियम〉 आयल रेज़िड्यू
【油渣果】 yóuzhāguǒ 油瓜 का दूसरा नाम
【油炸】 yóuzhá तेल में छौंकना; खौलते हुए तेल में पकाना
【油炸鬼】 yóuzháguǐ खौलते हुए तेल में पकाया हुआ आटे का छल्ला
【油毡】 yóuzhān （油毛毡 yóumáozhān भी）आस्फ़ाल्ट फ़ेल्ट
【油脂】 yóuzhī तेल; चर्बी; तेल और चर्बी का सामान्य नाम: ～厂 तेल और चर्बी कारखाना
【油脂麻花】 yóuzhimáhuā 〈बो०〉 कपड़े पर तेल या चर्बी से गंदा किया हुआ
【油纸】 yóuzhǐ तेल-कागज़; आयल-पेपर
【油渍】 yóuzì कपड़े पर पड़ा हुआ तेल या चर्बी का मैल: 满手～ हाथ भर तेल या चर्बी का मैल
【油子】 yóuzi ❶काली और चिपकने वाली चीज़: 烟袋～ तंबाकू के पाइप के अंदर टार ❷अनुभवी और चालाक व्यक्ति
【油籽】 yóuzǐ तेल का बीज
【油棕】 yóuzōng 〈वन०〉 आयल पाम; तेल-ताड़
【油嘴】 yóuzuǐ ❶बातूनी; चिकनी-चुपड़ी बातें करने वाला ❷चिकनी-चुपड़ी बातें करने वाला व्यक्ति ❸ईंधन-टोंटी
【油嘴滑舌】 yóuzuǐ-huáshé बातूनी; चिकनी-चुपड़ी बातें करने वाला

柚 yóu नीचे दे०
yòu भी दे०

【柚木】 yóumù टीक वृक्ष; सागौन वृक्ष; सागौन की लकड़ी

疣（肬） yóu（肉赘 ròuzhuì भी, साधारण नाम 瘊子 hóuzi）अधिमांस; चर्मकील; वार्ट

【疣赘】 yóuzhuì ❶अधिमांस; चर्मकील; वर्ट ❷अनुपयोगी वस्तु; फ़ालतू चीज़

斿 yóu 〈लि०〉 ❶झंडे पर फीता ❷游 yóu के समान

莜 yóu नीचे दे०

【莜麦】 yóumài（油麦 yóumài भी）〈वन०〉 ❶नंगी जई ❷नंगी जई का बीज

莸（蕕） yóu ❶〈वन०〉 साधारण नीली बाल के रेशे; कामन ब्लूबीर्ड (common bluebeard) ❷प्राचीन पुस्तक में वर्णित एक प्रकार की दुर्गंध युक्त घास; 〈ला०〉 बुरा आदमी; दुष्ट: 薰～不同器。〈ला०〉 सज्जन और दुष्ट एक साथ नहीं रहते।

铀（鈾） yóu 〈रसा०〉 यूरेनियम (U)

蚰 yóu ❶नीचे दे० 蚰蜒 ❷दे० 蜒蚰 yányóu

【蚰蜒】 yóuyán साधारण घरेलू शतपदी (या कनखजूरा)

【蚰蜒草】 yóuyáncǎo 〈वन०〉（蓍 shī का साधारण नाम）आल्प्स पर्वत का यैरो; अल्पाइन यैरो (एक प्रकार की वर्षानुवर्षी बूटी)

鱿（魷） yóu नीचे दे०

【鱿鱼】 yóuyú（枪乌贼 qiāngwūzéi का साधारण नाम）स्क्विड (मछली)

游（❷❸❹遊） yóu ❶तैरना: 游泳 ❷घूमना; इतनीनान से चलना: ～西山 पश्चिमी पहाड़ियों की सैर / 旅～ पर्यटन ❸〈लि०〉 मेल-मिलाप होना; मेलजोल होना ❹अस्थिर; अक्सर चलता हुआ: 游民 / 游牧 / 游资 ❺नदी का एक भाग: 上～ नदी का ऊपरी भाग / 中～ नदी का मध्यवर्ती भाग / 下～ नदी का निचला भाग / 长江下～ निचली यांगत्सी घाटी; यांगत्सी नदी का निचला भाग ❻（Yóu）एक कुलनाम

【游伴】 yóubàn सहयात्री

【游标】 yóubiāo 〈यां०〉 वर्नियर; वर्नियर स्केल

【游标卡尺】 yóubiāo kǎchǐ 〈यां०〉 वर्नियर कैलिपर

【游标千分尺】 yóubiāo qiānfēnchǐ वर्नियर मिक्रोमीटर

【游程】 yóuchéng ❶तैरने का फ़ासला ❷यात्रामार्ग ❸यात्रा का प्रोग्राम: ～很紧 यात्रा के प्रोग्राम में देखने की जगहें बहुत और समय कम होना

【游船】 yóuchuán सैर-बोट; प्लेशर-बोट

【游春】 yóuchūn वसंत-भ्रमण; वसंत-पर्यटन

【游词】 yóucí（游辞 yóucí भी）〈लि०〉 ❶निराधार कथन ❷परिहास; हंसी; दिल्लगी; मज़ाक

【游荡】 yóudàng आवारा फिरना; इधर-उधर फिरना; मटरगश्ती करते फिरना

【游动】 yóudòng ❶घूमना; तैरना; विचलित होना: 天空中几朵白云在徐徐～。आकाश में सफ़ेद-सफ़ेद बादल आहिस्ता-आहिस्ता तैर रहे हैं। ❷चल; चलता हुआ; इधर-उधर फिरता हुआ: ～探照灯 मोबाइल फ़्लडलाइट

【游动哨】 yóudòngshào रोविंग संत्री; पैट्रोल

【游斗】 yóudòu किसी का जुलूस निकालना और सार्वजनिक रूप से उस पर दोषारोपण करना

【游方】[1] yóufāng चारों ओर घूमते फिरना; मारा-मारा फिरना: ～僧 एक स्थान से दूसरे स्थान पर भ्रमण करने वाला बौद्ध साधु

【游方】[2] yóufāng म्याओ जाति（苗族）के युवक और युवती के बीच में एक प्रकार का सामाजिक व्यवहार जो बहुधा त्यौहार के दिन या खेती का काम कम होने के दिन किया जाता है और जिस में उत्तर-प्रत्युत्तर में गाना, एक दूसरे को निमंत्रण देकर बातचीत करना, स्मारक-चिह्न बदलना आदि शामिल है

【游舫】 yóufǎng सैर-बोट; प्लेशर-बोट

【游逛】 yóuguàng घूमना; सैर करना; सैर-सपाटा करना

【游宦】 yóuhuàn 〈लि०〉 अपने देश को छोड़ कर दूसरे देश में अधिकारी बनना

【游魂】 yóuhún इधर-उधर फिरने वाला भूत

【游击】 yóujī छापामार: 打～ छापा मारना; छापामार लड़ाई करना / ～战术 छापामार कार्यनीति / ～作风 छापामार कार्यशैली

【游击兵团】 yóujī bīngtuán छापामार फ़ारमेशन

【游击部队】 yóujī bùduì छापामार सेना; छापामार यूनिट

【游击队】 yóujīduì ❶छापामार टुकड़ी; छापामार दल; छापामार दस्ता ❷छापामार; गुरिल्ला

【游击根据地】 yóujī gēnjùdì छापामार आधार क्षेत्र

【游击区】 yóujīqū छापामार क्षेत्र (या इलाका)

【游击战】 yóujīzhàn छापामार लड़ाई; छापामार युद्ध

【游记】 yóujì यात्रा-विवरण; भ्रमण-वृतांत; सफ़रनामा: 《徐霞客～》 'श्वूश्याख का यात्रा-विवरण'

【游街】 yóujiē किसी को सड़क (या मुहल्ले, नगर) भर में घुमाना; गली-कूचों से गुज़र जाना: ～示众 तशहीर करना; लोगों के सामने मिसाल पेश करने के लिए किसी को पूरे मुहल्ले आदि में घुमाया जाना

【游客】 yóukè यात्री; दर्शनार्थी; टूरिस्ट

【游览】 yóulǎn सैर करना; पर्यटन करना; देखने के लिए जाना: ～颐和园 ग्रीष्म-प्रासाद को देखने के लिए जाना / ～长城 लंबी दीवार की सैर करना

【游览车】 yóulǎnchē टूरिस्ट कोच

【游览地】 yóulǎndì देखने के लिए जाने का स्थान; सैर-सपाटे का केन्द्र

【游览区】 yóulǎnqū टूरिस्ट क्षेत्र; टूरिस्ट एरिया; पर्यटक क्षेत्र

【游览图】 yóulǎntú टूरिस्ट मैप; पर्यटक नक्शा

【游廊】 yóuláng गैलरी; बरामदा

【游乐】 yóulè मनोरंजन करना; जी, मन या दिल बहलाना: ～场所 रंगभवन; क्रीड़ास्थल; मनोरंजन (या दिल-बहलाव) के स्थान

【游乐园】 yóulèyuán मनोरंजन पार्क

【游离】 yóulí ❶विघटित होना; अलग करना या होना: ～分子 वह जो समूह से अलग हो ❷〈रसा०〉 असंयुक्त; जो संयुक्त न हो; फ़्री: ～酸 फ़्री एसिड

【游离电子】 youlí diànzi 〈भौ०〉 फ़्री इलेक्ट्रोन

【游离基】 yóulíjī 〈रसा०〉 फ़्री रेडिकल

【游历】 yóulì भ्रमण करना; पर्यटन करना; सैर-सपाटा करना; यात्रा करना: ～名山大川 नामी गरामी पर्वतों और बड़ी-बड़ी नदियों की यात्रा करना

【游猎】 yóuliè सैर-सपाटा करते हुए शिकार करना

【游民】 youmín घुमंतू लोग; खानाबदोश लोग; हीन व्यक्ति

【游民无产者】 yóumín wúchǎnzhě खानाबदोश सर्वहारा (लोग)

【游目骋怀】 yóumù-chěnghuái अपनी आंखों से यथासंभव दूर अंतरिक्ष की ओर देखना और अपने विचारों व भावनाओं को बेलगाम करना

【游牧】 yóumù घुमंतू: ～民 घुमंतू; अस्थिरवासी / ～民族 खानाबदोश (जाति, राष्ट्र) / ～区 चरागाह / ～生活 घुमंतू जीवन; खानाबदोश जीवन / ～制度 खानाबदोश जीवन-प्रणाली

【游气】 yóuqì ❶निर्बल सांस: 他病得只剩下一丝～。 वह रोगी जो अपनी अंतिम सांसों को गिन रहा हो।

【游憩】 yóuqì सैर करना और आराम करना; यात्रा करना और विश्राम करना: ～圣地 रिहायशी रमणीक-स्थल

【游禽】 yóuqín 〈प्राणि०〉 तैरने वाला पक्षी

【游人】 yóurén सैर करने वाला; पथिक

【游刃有余】 yóurèn-yǒuyú कुशलता से और आसानी से कोई काम करना

【游散】 yóusàn निरुद्देश्य इधर-उधर घूमना; चहलकदमी करना

【游山玩水】 yóushān-wánshuǐ एक सुन्दर स्थान से दूसरे सुन्दर स्थान तक भ्रमण करना; सुन्दर-सुन्दर स्थानों को देखने के लिए जाना

【游赏】 yóushǎng सुन्दर दृश्य को देखते हुए सैर करना: 缓步～ इतमीनान से पैदल चलते हुए सुन्दर दृश्य का आनंद लेना

【游手好闲】 yóushǒu-hàoxián निठल्ले इधर-उधर घूमना; मक्खी मारना; निकम्मा होना

【游耍】 yóushuǎ खेलना; अपने आप दिल बहलाना

【游水】 yóushuǐ तैरना

【游说】 yóushuì अपना मत दूसरों को स्वीकर कराने के लिए कहना; लोगों को कोई मत मानने के लिए कहना

【游丝】 yóusī ❶मकड़ियों का जाल जो वायुमंडल में उड़ता रहता है ❷〈यां०〉 घड़ी की बाल-कमानी

【游艇】 yóutǐng सैर-बोट; आमोद-प्रमोद के लिए छोटा हल्का जहाज़

【游玩】 yóuwán ❶खेलना; कलोल करना; मन बहलाव करना ❷सैर-सपाटा करना; भ्रमण करना

【游息】 yóuxī ❶सैर करना और आराम करना ❷(मछली, पक्षी आदि का) चलना और आराम करना

【游嬉】 yóuxī खेलना; कलोल करना; क्रीड़ा-विहार करना

【游戏】 yóuxì ❶मनोरंजन; दिलबहलाव: 做～ खेल खेलना ❷खेलना: 孩子们在草地上～。 बच्चे घास के मैदान में खेल रहे हैं।

【游戏机】 yóuxìjī （电子游戏机 diànzǐ yóuxìjī का संक्षिप्त रूप）विडियो गेम प्लेयर; टी०वी० गेम प्लेयर

【游侠】 yóuxiá 〈पुराना〉 इधर-उधर घूमने वाले वीर; युयुत्सुवीर

【游仙诗】 yóuxiānshī प्राचीन काल में स्वर्ग या काल्पनिक सुन्दर स्थल का विवरण देने वाली एक प्रकार की कविता जिस में कवि अपनी अभिलाषा प्रकट करते थे

【游乡】 yóuxiāng ❶किसी को गांव भर घुमाना; तशहीर करना ❷एक गांव से दूसरे गांव तक माल बेचते हुए घूमते-फिरना

【游行】 yóuxíng ❶इधर-उधर हर जगह घूमना-फिरना ❷परेड; जुलूस; जुलूस निकालना: ～示威 जुलूस और प्रदर्शनी / ～示威自由 जुलूस निकालने और प्रदर्शनी करने की स्वतंत्रता

【游兴】 yóuxìng सैर करने का शौक

【游学】 yóuxué 〈पुराना〉 अपने गांव को छोड़कर परदेश या विदेश जाकर पढ़ना: ～美国 अमरीका में पढ़ना या अध्ययन करना

【游医】 yóuyī घूमने (या सैर करने) वाला वैद्य, चिकित्सक आदि

【游移】 yóuyí ❶इधर-उधर चलना: 白云在空中～。 सफ़ेद-सफ़ेद बादल आकाश में तैर रहे हैं। ❷हिचकना; हिचकिचाना: 一点～的余地也没有了。 अब हिचकिचाने का मौका नहीं रह गया है। / ～于二者之间 दोनों के बीच डांवांडोल होना

【游弋】 yóuyì समुद्र आदि पर जहाज़ का मंद गति से चलना: 在海上～ जहाज़ का समुद्र पर मंद गति से चलना

【游艺】 yóuyì मनोरंजन; आमोद-प्रमोद; दिल-बहलाव: ～节目 मनोरंजन के कार्यक्रम / ～室 मनोरंजन-कक्ष

【游艺会】 yóuyìhuì एक प्रकार का जमघट जिस में तरह-तरह के कला-सहित्य के प्रोग्राम और खेल होते हैं

【游泳】 yóuyǒng ❶तैरना ❷तैराकी: ～比赛 तैराकी प्रतियोगिता / ～运动员 तैराक

【游泳场】 yóuyǒngchǎng स्नान-घाट

【游泳池】 yóuyǒngchí तैरने का तालाब; तैराकी तालाब: 室内～ तैरने का छत वाला तालाब

【游泳馆】 yóuyǒngguǎn स्नानघर; स्नान-भवन

【游泳裤】 yóuyǒngkù स्विमिंग (बाथिंग) ट्रंक्स

【游泳帽】 yóuyǒngmào स्विमिंग कैप; बाथिंग कैप

【游泳衣】 yóuyǒngyī स्विम सूट; स्विमिंग सूट

【游勇】 yóuyǒng दे० 散兵～ sǎnbīng yóuyǒng आवारा फिरने वाले और सैन्य विघटन की वजह से बिखरे हुए सिपाही

【游园】 yóuyuán पार्क या बाग में घूमना; गुल-गश्त; बाग की सैर

【游园会】 yóuyuánhuì गार्डन-पार्टी; गुल-गश्त समारोह
【游资】 yóuzī अप्रयुक्त पूंजी; बेकार पड़ी पूंजी
【游子】 yóuzǐ <लि०> अपने घर से बहुत दूर के स्थान में यात्रा करने या निवास करने वाला
【游子】 yóuzi दे० 圝子 yóuzi
【游踪】 yóuzōng यात्री का अता-पता： ～无定 बिना योजना या निश्चित मार्ग के एक स्थान से दूसरे स्थान तक यात्रा करना

楢 yóu प्राचीन काल की पुस्तकों में वर्णित एक प्रकार का वृक्ष जिस की लकड़ी मुलायम होती थी

辅（輶） yóu ❶प्राचीन काल में एक प्रकार की हल्की गाड़ी ❷<लि०> हल्का

鲉（鮋） yóu एक विशेष प्रकार की समुद्री मछली; बिच्छू मछली

猷 yóu <लि०> योजना; युक्ति： 鸿～ महायोजना

蝣 yóu दे० 蜉蝣 fúyóu <प्राणि०> मे-फ़्लाई; क्षण-भंगुर; एक प्रकार का कीड़ा जिस की उम्र केवल एक दिन होती है

蝤 yóu नीचे दे०
qiú भी दे०
【蝤蛑】 yóumóu （梭子蟹 suōzixiè का दूसरा नाम） स्विमिंग क्रैब; तैरने वाला केकड़ा

繇 yóu <लि०> दे० 由 yóu ❼❽
yáo; zhòu भी दे०

圝 yóu नीचे दे०
【圝子】 yóuzi दूसरे पक्षी को पिंजरे या जाल की ओर लुभाने के लिए पक्षी; लुभाकर फंसाने के लिए प्रशिक्षित पक्षी

yǒu

友 yǒu ❶मित्र; दोस्त： 亲～ रिश्तेदार और दोस्त / 战～ सहयोद्धा; सहचर सैनिक ❷हेल-मेल; मेल-जोल： 友爱 / 友好 ❸मित्रवत्; दोस्ताना; मित्र： 友邦 / 友军 / 友人
【友爱】 yǒu'ài चाहना： 兄弟俩十分～。 दोनों भाई एक दूसरे को बहुत चाहते थे।
【友邦】 yǒubāng मित्रदेश; मित्रराज्य
【友好】 yǒuhǎo ❶मित्रता; मैत्री; दोस्ती： ～代表团 सद्भावना शिष्टमंडल / ～访问 मैत्रीपूर्ण यात्रा / ～关系 मित्रतापूर्ण संबंध / ～条约 मित्रता की संधि; मैत्री संधि / ～同盟互助条约 मैत्री सहयोग और आपसी सहायता संधि / ～往来 मैत्रीपूर्ण आना-जाना / ～相处 मैत्रीपूर्ण ढंग से रहना; मैत्री के साथ सहअस्तित्व होना / ～协会 मैत्री संघ ❷अच्छा मित्र; अच्छा दोस्त： 生前～ स्वर्गवासी के अच्छे मित्र
【友军】 yǒujūn मित्र-सेना
【友邻】 yǒulín मित्र-पड़ोसी; अच्छा पड़ोसी
【友朋】 yǒupéng <लि०> मित्र; दोस्त
【友情】 yǒuqíng मित्रता; मैत्री; दोस्ती
【友情出演】 yǒuqíng chūyǎn दोस्ताना प्रस्तुति
【友人】 yǒurén मित्र; दोस्त： 国际～ विदेशी मित्र; विदेशी दोस्त
【友善】 yǒushàn <लि०> मित्रतापूर्ण; मैत्रीपूर्ण; दोस्ताना： ～相处 मैत्रीपूर्ण ढंग से (सहअस्तित्व) रहना
【友谊】 yǒuyì मित्रता; मैत्री; दोस्ती： 建立～ मित्रता की स्थापना करना / ～破裂 (किसी के साथ) मित्रता टूट जाना
【友谊赛】 yǒuyìsài मैत्रीपूर्ण प्रतियोगिता; दोस्ताना मुकाबला
【友谊商店】 yǒuyì shāngdiàn फ़्रेंडशिप स्टोर (बड़े बड़े शहरों में विदेशियों की सेवा करने के लिए बड़ी फुटकर बिक्री की दुकान)

有 yǒu ❶पास होना; होना： 我没～时间。 मेरे पास समय नहीं है। / 我～一个妹妹。 मेरी एक छोटी बहिन है। / 他～一所房子。 उस का एक मकान है। / 您～笔吗? क्या आप के पास कलम है ? / 他很～勇气。 उस में साहस बहुत है। ❷(अस्तित्व का बोध होता है)： 家里～人吗? घर में कोई है ? / 树上～几只麻雀。 पेड़ पर कुछ गौरैयां हैं। / 我～很多工作要做。 मुझे बहुत से काम करने हैं। ❸(अनुमान या तुलना का बोध होता है)： 河里水～多高? नदी में पानी कितना ऊंचा है ? / 我哥哥差不多～爸爸那么高了。 मेरे बड़े भाई लंबाई में मेरे पिता के लगभग हैं। ❹(पैदा होने या दिखाई देने का बोध होता है)： 他～肺结核病。 उसे तपेदिक का रोग है। / 中国～了很大变化。 चीन में बहुत बड़ा परिवर्तन हुआ है। / 他这次考试～了很大的进步。 इस बार परीक्षा में उसे बहुत बड़ी सफलता मिली है। ❺(अधिकता का बोध होता है)： ～经验 अनुभव होना; अनुभवी / ～学问 पांडित्यपूर्ण / ～能力 योग्यता होना ❻कोई： ～一天我去了。 एक दिन मैं गया। / ～人说他到那里去了。 किसी ने कहा कि वह वहां गया। ❼कुछ; कभी; कहीं (人，时候，地方 के साथ प्रयुक्त करके 'एक भाग' का अर्थ व्यक्त करता है)： ～人这么说，～人那么说。 कुछ लोग ऐसा कहते हैं और कुछ लोग वैसा कहते हैं। / 北京～时候很热。 कभी-कभी पेइचिंग का मौसम बहुत गरम होता है। / 这个方法～地方适用，～地方不适用。 यह उपाय कहीं तो ठीक होता है और कहीं ठीक नहीं होता। ❽(कुछ एकाक्षर क्रिया के साथ प्रयुक्त करके उसी क्रिया का अर्थ व्यक्त होता है)： 书中印～不少彩色图画。 पुस्तक में अनेक रंगीन चित्र छपे हैं। / 园里种～各种花卉。 बाग में तरह-तरह के फूल उगाये गये हैं। ❾(आदर में कुछ क्रियाओं के पहले आता है)： ～请! आइएगा। / ～劳。

कृपया सहायता कीजिए। ⑩〈लि०〉〈उपसर्ग〉(कुछ राजवंशों के नाम के पहले प्रयुक्त)：～夏 शा राजवंश / ～周 चओ राजवंश

yòu भी दे०

【有碍】 yǒu'ài रुकावटें डालना; बाधा डालना：～交通 यातायात में रुकावटें डालना; मार्ग में बाधा डालना

【有碍观瞻】 yǒuàiguānzhān आंखों को अप्रसन्न करना; आंख की किरकिरी बनना

【有案可稽】 yǒu'àn-kějī （有案可查 yǒuàn-kěchá भी）लिखित होने के कारण प्रमाणित होना; रिकार्ड में लिखा हुआ होना; दस्तावेज़ की मदद से साबित करना：…这是～的。इतिहास का रिकार्ड यह बतलाता है कि …

【有把握】yǒu bǎwò विश्वस्त रीति से：～的战斗 लड़ाई जिस में विजय निश्चित हो

【有板有眼】 yǒubǎn-yǒuyǎn लयात्मक; सुव्यवस्थित; यथाक्रम; क्रमबद्ध：他说话～。वह सुव्यवस्थित रूप से बातें करता है।

【有备无患】yǒubèi-wúhuàn जहां पूर्वविधान हो, वहां संकट नहीं होता; तैयार रहने से दुर्घटनाएं नहीं होतीं; तैयारी खतरे को दूर करती है：有备才能无患，无备必定吃亏。यदि कोई तैयार रहे, तो वह सुरक्षित रहेगा; यदि नहीं, तो अवश्य हानि उठाएगा।

【有鼻子有眼儿】 yǒu bízi yǒu yǎnr मनगढ़ंत बात का सच्ची बात की तरह वर्णन करना; विस्तारपूर्ण विवरण देना：他说得～，好像那新闻是真的。उस ने उस मनगढ़ंत खबर को ऐसे विस्तारपूर्ण वर्णित किया था जैसे कि वह सच हो।

【有步骤】 yǒu bùzhòu सुव्यवस्थित ढंग से; कदम-ब-कदम; यथाक्रम

【有差】yǒuchā 〈लि०〉 फ़र्क होना; भिन्न होना：赏罚～ पुरस्कार और दंड में फ़र्क होना

【有产阶级】 yǒuchǎn jiējí धनी वर्ग; सम्पन्न श्रेणी; सम्पत्तिवान वर्ग

【有偿】 yǒucháng प्रतिदान किया हुआ：～服务 प्रतिदान की हुई सेवा

【有成】 yǒuchéng 〈लि०〉सफल होना：三年～。तीन साल में सफल हुआ। / 双方意见已渐接近，谈判可望～。दोनों पक्षों की रायें धीरे-धीरे एक हो जाएंगी, आशा है कि बातचीत सफल हो जाएगी।

【有酬劳动】 yǒuchóu láodòng प्रतिदान किया हुआ श्रम

【有出入】 yǒu chūrù किसी बात से मेल न खाना; फ़र्क पड़ना

【有出息】 yǒu chūxi होनहार：～的作家 होनहार लेखक

【有错必纠】 yǒucuò-bìjiū हर भूल अवश्य सुधारी जाएगी; हर गलती ज़रूर ठीक की जाएगी; जब भी गलतियों का पता चले तो उन्हें सुधार लेना चाहिए

【有待】 yǒudài (किसी काम को करने की) आवश्यकता होना; तकाज़ा होना; अभी बाकी होना：～改进 सुधारने की आवश्यकता होना / ～解决 समाधान करने की आवश्यकता होना; इसे हल करना अभी बाकी होना / ～双方谈判解决 दोनों पक्षों के बीच बातचीत के द्वारा हल करना अभी बाकी होना

【有袋类】 yǒudàilèi 〈प्राणि०〉 थैलीदार जानवर; मार्सूपियल

【有道】 yǒudào ❶चरित्रवान：～之士 चरित्रवान व्यक्ति ❷(सरकार या शासन) सुव्यवस्थित：天下～，人皆乐也。सारे देश में शासन सुव्यवस्थित है, इसलिए जनता सुखमय जीवन बिता रही है।

【有道德】 yǒu dàodé चरित्रवान：～的人 चरित्रवान व्यक्ति

【有道理】 yǒu dàolǐ युक्तियुक्त; तर्कयुक्त：他说得～。वह ठीक कहता है।

【有道是】 yǒudàoshì कहावत है कि; लोकोक्ति है कि：～坐而言不如起而行。कहावत है कि बैठकर कहने से उठकर करना भला।

【有得】 yǒudé कुछ सीख लेना; कुछ जानकारी प्राप्त कर लेना：学习～ अध्ययन में कुछ सीख लेना / 读书～ पढ़ने में कुछ जानकारी प्राप्त कर लेना

【有的】 yǒude कुछ; कोई (बहुधा दूसरे वाक्य में उस की द्विरुक्ति होती है)：～说好，～说不好。कोई इसे अच्छा कहता है, कोई इसे खराब कहता है।

【有的是】 yǒudeshì प्रचुलता में होना; बहुलता में होना：他那里书～。उन के यहां पुस्तकें प्रचुलता में या बहुत सी हैं।

【有底】 yǒudǐ जो घटना सामने आयी उस का मुकाबला करने के लिए पूरी तरह तैयार रहना：心里～ किसी घटना का मुकाबला करने के लिए दिल से पूरी तरह तैयार रहना

【有的放矢】 yǒudì-fàngshǐ निशाना साधकर तीर चलाना; ठीक निशाने पर तीर मारना

【有点】 yǒudiǎn ❶कुछ; थोड़ा-सा：杯子里～水。प्याले में कुछ पानी है। ❷〈क्रि०वि०〉 ज़रा-सा; थोड़ा-सा：今天他心里～不大高兴。आज वह थोड़ा सा नाराज़ है।

【有发必中】 yǒufā-bìzhòng （百发百中 bǎifā-bǎizhòng भी）कभी निशाना न चूकना

【有法可依，有章可循】 yǒu fǎ kě yī, yǒu zhāng kě xún पालन करने के लिए कानून और विनियम हैं।

【有方】 yǒufāng ठीक तरीके से：领导～ ठीक उपाय से नेतृत्व करना

【有份】 yǒufèn एक भाग होना; भाग (या हिस्सा) लेना：这事我也～。इस काम में मैंने भी हिस्सा लिया है।

【有福同享，有难同当】 yǒu fú tóng xiǎng, yǒu nàn tóng dāng साथ-साथ सुख-दुख भोगना

【有感】 yǒugǎn किसी विषय पर विचार (प्रायः साहित्यिक संक्षिप्त विवरण के शीर्षक में प्रयुक्त)：《游金陵～》'नानचिंग की यात्रा पर कुछ विचार'

【有功】 yǒugōng भारी योगदान करना：讨逆～ विद्रोह को शांत करने के लिए भारी योगदान करना

【有关】 yǒuguān ❶(किसी से) संबंध रखना：这个问题和文学～。यह प्रश्न साहित्य से संबंध रखता है। / 这事和他～。यह बात उस से संबंध रखती है। ❷संबंधित：～方面负责人 संबंधित विभागों के ज़िम्मेदार

व्यक्ति / ～文件 संबंधित दस्तावेज़ (या कागज़ात)
【有光】 yǒuguāng ❶चमकदार: ～纸 चमकदार कागज़ ❷<बुना०> चमकता हुआ: ～人造丝 ब्राइट रेयोन (रेयॉन); चमकदार नकली रेशम
【有轨电车】 yǒuguǐ diànchē ट्राम; ट्रामकार; स्ट्रीट-कार
【有鬼】 yǒuguǐ संदेहपूर्ण बात: 这里面～。इस में अवश्य कुछ न कुछ संदेहपूर्ण बात है।
【有过之无不及】 yǒu guò zhī wú bù jí (प्रायः बुरी बात के लिए प्रयुक्त) (किसी से) आगे बढ़ जाना; निकल जाना
【有害】 yǒuhài हानिप्रद; हानिकर; हानिकारक; नुकसानदेह: ～的倾向 हानिकर प्रवृत्ति
【有行无市】 yǒuháng-wúshì (बाज़ार में) केवल भाव होना और सौदा या कोई लेनदेन का काम न होना
【有核国家】 yǒuhé guójiā न्यूक्लीय पावर; आणविक ऊर्जा
【有恒】 yǒuhéng धैर्यपूर्ण; अध्यावसायपूर्ण; अनवरत या अथक प्रयत्न करता हुआ
【有会子】 yǒu huìzi काफ़ी लंबा समय: 他来了可～啦！ वह काफ़ी लंबे समय से आया हुआ है।
【有活力】 yǒu huólì जुझारू भावना से ओतप्रोत: ～的军队 जुझारू भावना से ओतप्रोत सैन्यशक्ति
【有机】 yǒujī ❶<रसा०> प्राणिक; आर्गेनिक: ～酸 प्राणिक अम्ल; आर्गेनिक एसिड / ～盐 प्राणिक लवण; आर्गेनिक साल्ट ❷आर्गेनिक; समन्वित: ～的整体 समन्वित सर्वांग / ～的组成部分 एक संघटित अंग / ～的序幕 सुसंबद्ध प्रस्तावना
【有机玻璃】 yǒujī bōli पोलीमेथिल मेथाक्राइलेट (polymethyl methacrylate); प्लैक्सिगिलास (plexiglass); पर्सपैक्स (Perspex)
【有机肥料】 yǒujī féiliào आर्गेनिक खाद
【有机耕作】 yǒujī gēngzuò आर्गेनिक फ़ार्मिंग; प्राणिक-खेती
【有机合成】 yǒujī héchéng प्राणिक-संश्लेषण: ～化学工作 प्राणिक सश्लेषण रसायन उद्योग; कृत्रिम रसायन उद्योग
【有机化合物】 yǒujī huàhéwù प्राणिक संयुक्त-पदार्थ; आर्गेनिक कम्पाउंड
【有机化学】 yǒujī huàxué आर्गेनिक केमिस्ट्री; कार्बनिक रसायन
【有机可乘】 yǒujīkěchéng किसी के पास ऐसा अवसर होना जिस से वह लाभ उठा सके
【有机染料】 yǒujī rǎnliào प्राणिक रंजक द्रव्य; आर्गेनिक डाइस्टफ़्स
【有机生命】 yǒujī shēngmìng प्राणी-जीवन
【有机食品】 yǒujī shípǐn आर्गेनिक फ़ुड; जैव खाद्य
【有机体】 yǒujītǐ प्राणी या पौधा; सजीव पदार्थ
【有机物】 yǒujīwù दे० 有机化合物
【有机物质】 yǒujī wùzhì जीवाणु; प्राणिक पदार्थ; आर्गेनिक मैटर या सबस्टैंस
【有机质】 yǒujīzhì कार्बनिक तत्व
【有奇】 yǒujī <लि०> (किसी पूरे अंक के बाद प्रयुक्त) विषम: 一百～ ठीक एक सौ से कुछ ऊपर
【有计划】 yǒu jìhuà योजनापूर्वक; योजना के अनुसार: ～地建设政权 योजना के अनुसार राजसत्ता का निर्माण करना / ～的经济建设 योजनाबद्ध आर्थिक निर्माण / ～地克服困难 सुनियोजित ढंग से कठिनाइयों को दूर करना
【有加利】 yǒujiālì <पुराना> यूकेलिप्टस का ध्वन्यानुवाद（अब 桉 ān नीलगिरि वृक्ष）
【有加无已】 yǒujiā-wúyǐ दे० 有增无已
【有价证券】 yǒujià zhèngquàn ज़ामिन; प्रतिभू, बंधक स्टॉक; हुंडी आदि के प्रमाण-पत्र; सेक्यूरिटिस
【有奖储蓄】 yǒujiǎng chǔxù लाटरी-ऐटैच्ड डिपोज़िट
【有教无类】 yǒujiào-wúlèi शिक्षा के मामले में विभिन्न प्रकार और विभिन्न परिस्थितियों के लोगों में कोई भेदभाव नहीं बरतना चाहिए
【有进无退】 yǒujìn-wútuì सिर्फ़ आगे बढ़ना और पीछे न हटना; बिना पीछे हटे आगे बढ़ते रहना
【有劲】 yǒujìn ❶शक्तिशाली; बलवान: 这人真～，这么大的石头都搬走了。यह आदमी बहुत शक्तिशाली है, इतनी बड़ी चट्टान हटा सकता है। ❷दिलचस्प: 大家看得非常～。लोग बड़ी दिलचस्पी से देख रहे हैं।
【有旧】 yǒujiù <लि०> पहले मित्र या मित्रता होना
【有救】 yǒujiù बचाया जा सकना; इलाज किया जा सकना: 这病有了这药就～了。इस दवा के मिलते ही इस बीमारी का इलाज किया जा सकता है।
【有孔虫】 yǒukǒngchóng फ़ोरामिनिफ़र (foraminifer)
【有口皆碑】 yǒukǒu-jiēbēi विश्वव्यापी सराहना प्राप्त कर लेना
【有口难分】 yǒukǒu-nánfēn （有口难辩 yǒukǒu-nánbiàn भी）अपने को निर्दोष सिद्ध कर पाने में कठिनाई का अनुभव करना
【有口难言】 yǒukǒu-nányán किसी कारण से अपनी दिली बात दूसरों को न बता सकना
【有口无心】 yǒukǒu-wúxīn कड़वी ज़ुबान होना पर दिल का बुरा न होना; अन्यमनस्कता से बात कहना: 他是～，我不会怪他的。मैं ने उस की इस बात का बुरा नहीं माना। वह केवल ज़ुबान का कड़वा है, दिल का नहीं।
【有愧】 yǒukuì किसी बात के बारे में आत्मग्लानि होना
【有来有往】 yǒulái-yǒuwǎng लेन-देन; आदान-प्रदान; पारस्परिकता
【有赖】 yǒulài निर्भर होना; अवलंबित होना; भरोसा करना: 此事成败～于大家的努力。इस काम का सफल या असफल होना सब लोगों के सामूहिक प्रयत्नों पर निर्भर करता है।
【有劳】 yǒuláo <शिष्ट०> कृपया; मेहरबानी करके: ～您把那本字典带来。कृपया आप मेरे लिए उस कोश को लाइएगा।
【有了】 yǒule <बोल०> ❶(किसी विचार के सूझने पर कहा गया) पा लिया; मिल गया ❷<शिष्टोक्ति> पांव भारी होना: 我～。मेरा पांव भारी है।

【有理】 yǒulǐ ❶युक्तिसंगत; न्यायसंगत: 我怕得～。 मेरी आशंका अकारण नहीं है। ❷〈गणि०〉 परिमेय

【有理分式】 yǒulǐ fēnshì 〈गणि०〉 परिमेय भाग; रैशनल फ़्रैक्शन

【有理函数】 yǒulǐ hánshù 〈गणि०〉 परिमेय फल

【有理式】 yǒulǐshì 〈गणि०〉 परिमेय सूत्र

【有理数】 yǒulǐshù 〈गणि०〉 परिमेय संख्या

【有理无情】 yǒulǐ-wúqíng ❶निजी भावनाओं की परवाह न करते हुए अपने सिद्धांतों पर अडिग रहना ❷स्पष्ट कारण के बिना

【有理、有利、有节】 yǒulǐ、yǒulì、yǒujié न्यायोचित आधार पर, अपना हित देखते हुए, संयत रूप से; न्यायोचित, लाभदायक और बुद्धिमत्तापूर्ण: 按～的观点 न्यायोचित आधार पर, अपना हित देखते हुए और संयत रूप से लड़ने के सिद्धांत के अनुसार

【有理走遍天下，无理寸步难行】 yǒulǐ zǒu biàn tiānxià, wúlǐ cùn bù nán xíng अगर न्याय आप के पक्ष में है तो आप कहीं भी जा सकते हैं; लेकिन न्याय के बिना एक कदम उठाना भी संभव नहीं है

【有力】 yǒulì बलवान; शक्तिशाली; प्रबल; ज़ोरदार: ～出力。जिन के पास श्रमशक्ति है वे श्रमशक्ति दें। / ～的支持 शक्तिशाली समर्थन / ～的回击 मुंहतोड़ जवाब (देना)

【有利】 yǒulì हितकर; हितकारी; फ़ायदेमंद: ～条件 अनुकूल स्थिति; अनुकूल परिस्थिति; उपयुक्त परिस्थिति / ～因素 अनुकूल तत्व / ～于 के लिए लाभप्रद होना / ～于世界和平 विश्वशांति में मदद मिलना / ～阵地 अनुकूल धरातल / 形势对我们～。परिस्थितियाँ हमारे अनुकूल हो गई हैं।

【有利可图】 yǒulì-kětú कुछ मुनाफ़ा हासिल कर सकना; मुनाफ़ा कमाने की गुंजाइश होना

【有利无弊】 yǒulì-wúbì सब प्रकार के हित होना और अहित एक न होना; हर पहलू से लाभ होना

【有利有弊】 yǒulì-yǒubì हित और अहित दोनों होना; गुण-दोष दोनों उपस्थित होना

【有例在先】 yǒu lì zài xiān उस के लिए एक पूर्वोदाहरण होना

【有脸】 yǒuliǎn ❶प्रतिष्ठा होना; इज़्ज़त होना: 你～，你去调解。तुम्हरी प्रतिष्ठा है, तुम मध्यस्थता करने जाओ। ❷मुंह दिखाना: 总有一天我得～去见见他啊！ उस को एक दिन मुंह दिखाना है। / 我有什么脸去见街坊们啊！ मैं गली में किस तरह मुंह दिखा सकूंगा ? / 因为这件事我没有脸见人。इस बात के कारण मैं मुंह नहीं दिखाता।

【有两下子】 yǒu liǎngxiàzi सचमुच माहिर होना; असली हुनर जानना: 他工作又快又好，真～。वह काम जल्दी और अच्छा करता है, सचमुच एक सीखा हुआ मज़दूर है।

【有零】 yǒulíng विषम (किसी पूरे अंक के बाद प्रयुक्त): 一百～ ठीक एक सौ से कुछ ऊपर

【有令不行，有禁不止】 yǒu lìng bù xíng, yǒu jìn bù zhǐ आदेशों का पालन नहीं किया गया और मनाहियों की ओर ध्यान नहीं दिया गया

【有门儿】 yǒuménr ❶(सफल होने की) आशा होना: 看来这事～。मालूम होता है कि इस काम की सफलता की कुछ आशा है। ❷समझ में आ जाना; तह तक पहुंच जाना; कुंजी पा जाना: 这活他干了几次，现在有点门儿了。 कई बार यह काम करने से अब वह यह काम करने की कुंजी पा गया है।

【有名】 yǒumíng नामी; प्रसिद्ध; विख्यात: ～的运动员 प्रसिद्ध खिलाड़ी / ～作家 विख्यात लेखक

【有名无实】 yǒumíng-wúshí नाम बड़ा और दर्शन छोटे

【有名有姓】 yǒumíng-yǒuxìng दोनों नाम और कुलनाम से पहचानने योग्य होना —— अभेदता सिद्ध करना

【有目共睹】 yǒumù-gòngdǔ （有目共见 yǒumù-gòngjiàn भी）सब लोग देख सकते हैं; सर्वविदित होना: 政府在建设事业中取得了巨大的成就，这是～的。 सरकार ने निर्माण कार्य में बड़ी-बड़ी सफलताएं प्राप्त की हैं, यह सर्वविदित है। / 这是～的真理。यह सत्य सभी के सामने स्पष्ट है।

【有目共赏】 yǒumù-gòngshǎng जिस ने देखा है वह प्रशंसा करता है

【有奶便是娘】 yǒu nǎi biàn shì niáng जो कोई भी दूध पिलाती है उसी को अपनी माँ मानना; जो कोई भी दूध पिलाता है उसी की गोद में जाना

【有你的】 yǒunǐde 〈बोल०〉 ❶तुम वास्तविक जानकार हो; वाह, तुम ने अच्छा किया ❷तुम्हें अपना वह पुरस्कार (या दंड) मिल जाएगा जो तुम्हें मिलना चाहिए

【有年】 yǒunián 〈लि०〉 अनेक साल हो चुकना

【有盼儿】 yǒupànr 〈बो०〉 आशा होना

【有朋自远方来，不亦乐乎】 yǒu péng zì yuǎnfāng lái, bù yì lè hū क्या यह प्रसन्नता की बात नहीं है कि दूर से मित्र आए हैं

【有凭有据】 yǒupíng-yǒujù पूर्ण रूप से सिद्ध या प्रमाणित किया हुआ: 他说的都是～的。उस ने जो कहा था सब पूर्ण रूप से सिद्ध किया हुआ था। / 他是～的汉奸。वह तसदीकशुदा गद्दार है।

【有谱儿】 yǒupǔr 〈बो०〉 पक्का विश्वास होना; अनुसरण करने के लिए दिल में कोई योजना होना: 做这件事你心里～没有？ इस काम को पूरा करने का तुम्हें खुद पर विश्वास है कि नहीं ?

【有期徒刑】 yǒuqī túxíng निश्चित (या सीमित) अवधि का दंड (या कैद): 判五年～ पांच साल की कैद घोषित करना

【有其父，必有其子】 yǒu qí fù, bì yǒu qí zǐ जैसा पिता वैसा पुत्र

【有气】 yǒuqì क्रुद्ध होना; नाराज़ होना; गुस्सा होना: 他心里～。उस के मन में क्रोध की भावनाएं उभरती हैं।

【有气儿】 yǒuqìr सांस लेना: 他还～，快送医院。 वह अब भी सांस ले रहा है, फ़ौरन अस्पताल भेजो।

【有气无力】 yǒuqì-wúlì निर्बल; कमज़ोर; आलसी; सुस्त; ढीला: 他觉得身上～。उसे लगा कि शरीर में सुस्ती बहुत

है। / 他说话～。वह थकी हुई आवाज़ में बात करता है।
【有钱】 yǒuqián धनवान; अमीर: 他～。वह अमीर है। / ～不会花 आंख का अंधा और गांठ का पूरा। / ～出钱。जिन के पास धन है वे धन दें।
【有钱能使鬼推磨】 yǒuqián néng shǐ guǐ tuī mò धन हो तो भूत से भी चक्की चलवाई जा सकती है; धन सर्वशक्तिमान है
【有情】 yǒuqíng प्रेम में होना: 你～，我有意。तुम पूरे दिल से मुझ से प्यार करते हो और मेरा मन तुम्हारे लिए है।
【有情人】 yǒuqíngrén प्रेमी और प्रेमिका
【有情人终成眷属】 yǒuqíngrén zhōng chéng juànshǔ अंत में प्रेमी और प्रेमिका विवाह करेंगे
【有顷】 yǒuqǐng थोड़ी देर में; क्षण भर में; थोड़ी देर बाद
【有请】 yǒuqǐng <शिष्ट०> (मेज़बान द्वारा) मेहमान को अंदर आने के लिए कहना
【有求必应】 yǒuqiú–bìyìng जो मांग हो वही स्वीकार करना
【有求于】 yǒuqiúyú सहायता के लिए किसी की प्रतीक्षा करना पड़ना
【有去无还】 yǒu qù wú huán जाकर कभी न लौटना
【有趣】 yǒuqù दिलचस्प; विनोदपूर्ण; मनोरंजक: ～的故事 दिलचस्प कहानी / 他想："这倒～"。"यह खूब तमाशा है," उस ने सोचा। / 游山并不能使他觉得～。उसे पर्वत विहार में कोई रस न मिला।
【有染】 yǒurǎn <लि०> अनुचित लैंगिक संबंध होना
【有扰】 yǒurǎo <शिष्ट०> आप के आतिथ्य के लिए बहुत-बहुत धन्यवाद
【有人家儿】 yǒu rénjiār (लड़की की) सगाई हुई होना
【有日子】 yǒu rìzi ❶कई दिन हुए: 他俩～没见面了。उन दोनों को न मिले कई दिन हो चुके हैं। ❷कोई निश्चित तिथि होना: 你们俩结婚～了没有? तुम दोनों के विवाह करने की निश्चित तिथि है कि नहीं ?
【有如】 yǒurú मानों; जैसे
【有色金属】 yǒusè jīnshǔ अलौह धातु; गैरलोहा: ～冶炼业 अलौह धातु उद्योग
【有色人种】 yǒusè rénzhǒng अश्वेतज जातियां (या जन); अगोर; अश्वेत नस्ल
【有色眼镜】 yǒusè yǎnjìng रंगीन चश्मा; <ला०> वह पूर्वाग्रह जो सही दृष्टिकोण प्राप्त करने में बाधा हो
【有身】 yǒushēn （有娠 yǒushēn भी）पांव भारी होना; पेट रहना; गर्भवती होना
【有身子】 yǒu shēnzi <बोल०> पांव भारी होना; पेट रहना; गर्भवती होना
【有神论】 yǒushénlùn ईश्वरवाद; आस्तिकता: ～者 आस्तिक
【有生】 yǒushēng（有生以来 yǒushēng yǐ lái भी）जन्म होने के बाद: ～第一次 जीवन में पहली बार
【有生力量】 yǒushēng lìliàng मुअस्सिर ताकत; प्रभावशाली शक्ति; कारगर शक्ति: 歼敌～ दुश्मन की प्रभावशाली शक्ति को नेस्तनाबूद करना
【有生气】 yǒu shēngqì प्राणवान: ～的文章 ओजपूर्ण निबन्ध
【有生之年】 yǒushēngzhīnián जीवन के बाकी वर्ष
【有声片】 yǒushēngpiàn सवाक् चलचित्र; बोलती फ़िल्म
【有声电影】 yǒushēng diànyǐng दे० 有声片
【有声有色】 yǒushēng–yǒusè राग-रंग से परिपूर्ण; विविध प्रकार की ध्वनियों और रंगों से परिपूर्ण: ～威武雄壮的戏剧 विविध प्रकार की ध्वनियों और रंगों से परिपूर्ण ज़ोरदार और शानदार नाटक
【有识之士】 yǒushízhīshì सूक्ष्म-दृष्टि का व्यक्ति; दूरदर्शी लोग
【有时】 yǒushí कभी; कभी-कभी; समय-समय पर: 天气～冷，～热 कभी सरदी और कभी गरमी का मौसम होना
【有史以来】 yǒu shǐ yǐ lái इतिहास के आरंभ से ही; इतिहास के आद्योपांत: ～最大的一次战争 इतिहास में सब से बड़ा युद्ध
【有始无终】 yǒushǐ–wúzhōng किसी काम को शुरू करके अंत तक न चला सकना; किसी काम का आरंभ करके समाप्त न कर सकना; टांय-टांय फिस हो जाना
【有始有终】 yǒushǐ–yǒuzhōng किसी काम को शुरू करके अंत तक चला सकना; धुन का पक्का (या पूरा) होना
【有事】 yǒushì ❶काम मिलना; काम होना: 我现在～了，工资还不低。मुझे अब काम मिल गया है और वेतन भी कम नहीं है। / 现在我～，以后再谈。इस समय मुझे काम है, बाद में फिर बात करेंगे। ❷कोई घटना घटित होना: 你放心好了，不会～的。तुम चिंता न करो, कोई घटना घटित न होगी। ❸(心里 के साथ प्रयुक्त) मन भारी होना; चिंता में डूबना: 他这几天心里～。आजकल वह किसी चिंता में डूबा हुआ है।
【有恃无恐】 yǒushì–wúkǒng जिस ने किसी चीज़ का सहारा लिया है उसे डर नहीं है
【有数】[1] yǒushù यह जानना कि कैसे किया जाए: 你放心，我心里～。आप चिंता न करें, मैं जानता हूँ कि कैसे किया जाए।
【有数】[2] yǒushù अधिक नहीं; केवल कुछ: 只剩下～的几天了，我们得加紧干。केवल कुछ दिन रह गये हैं, हमें जल्दी-जल्दी करना चाहिए।
【有说有笑】 yǒu shuō yǒu xiào बात करना और हंसना: 孩子们～。लड़कों की हंसी-किलकारी और बात-चीत की आवाज़ आ रही है।
【有司】 yǒusī <लि०> अधिकारी लोग; अफ़सर लोग
【有丝分裂】 yǒusī fēnliè <जीव०> （间接分裂 jiànjiē fēnliè भी）समविभाजन; कोश-विश्लेषण
【有素】 yǒusù ❶अच्छी तरह; हमेशा या अक्सर होना या आम तौर पर जैसाकि निर्देशित है: 训练～的士兵 सुशिक्षित सैनिक; खूब सधे हुए सैनिक ❷<लि०> लंबे समय से किसी व्यक्ति को जानना: 余与李生～。लंबे समय से मैं विद्यार्थी ली को अच्छी तरह जानता हूँ।
【有所】 yǒusuǒ कुछ-कुछ; किंचित; यत्किंचित; किसी कदर: 关系～改善 संबंध कुछ-कुछ सुधर जाना / ～准备 तैयारियां करना; तत्पर करना / 人类总得不断地

总结经验，～发现，～发明，～创造，～前进。मनुष्य को लगातार अपने अनुभवों का निचोड़ निकालते रहना चाहिए, नई-नई खोजें और नए-नए आविष्कार करते रहना चाहिए तथा निरंतर सृजन करते रहना चाहिए और आगे बढ़ते जाना चाहिए।

【有所不为而后可以有为】yǒu suǒ bù wéi érhòu kěyǐ yǒu wéi कुछ कामों से अपना हाथ खींच लो, ताकि अपने आप को दूसरे कामों में लगा सको

【有蹄动物】 yǒutí dòngwù 〈प्राणि०〉 खुरदार; शफ-विशिष्ट

【有天没日】 yǒutiān-méirì（有天无日 yǒutiān-wúrì भी）❶बेलगाम; असंयत; अटकलपच्चू; बिना तर्क: ～的话 बेसिरपैर की बातें; बिना तर्क की बातें ❷बिलकुल अंधेरा; न्याय का अभाव; अन्याय

【有条不紊】 yǒutiáo-bùwěn नियमित रूप से; विधिवत्; बाकायदा; सिलसिलेवार; क्रमव्यवस्था से: 他工作～。वह सिलसिलेवार काम करता है।

【有条件】 yǒu tiáojiàn सशर्त: ～地承认 सशर्त मान लेना / ～地接受 शर्त के साथ स्वीकार करना

【有条有理】 yǒutiáo-yǒulǐ सुव्यवस्थित; यथाक्रम; क्रमबद्ध: 他的叙述～。उस ने व्यवस्थित रूप से इस बात का उल्लेख किया।

【有头脑】 yǒu tóunǎo समझदार: 这个人很～。वह समझदार आदमी है।

【有头无尾】 yǒutóu-wúwěi किसी काम को शुरू करके अंत तक न चला सकना; अंत में टांय-टांय फिस हो जाना

【有头有脸】 yǒutóu-yǒuliǎn प्रतिष्ठा होना: 他在县里是～的，很多人听他的话。काउंटी में वह प्रतिष्ठावान है, बहुत से लोग उस की बात मानते हैं।

【有头有尾】 yǒutóu-yǒuwěi किसी काम को शुरू करके अंत तक चला सकना; धुन का पक्का (या पूरा) होना

【有望】 yǒuwàng आशाजनक; आशामय: 丰收～ अच्छी फ़सल प्राप्त करने की आशा होना

【有威权】 yǒu wēiquán प्रभुतापूर्ण और अधिकारपूर्ण: ～的军事纪律 प्रभुतापूर्ण और अधिकारपूर्ण फ़ौजी अनुशासन

【有威信】 yǒu wēixìn प्रतिष्ठित: ～的委员 प्रतिष्ठित कमेटी-सदस्य

【有为】 yǒuwéi होनहार; आशाप्रद; उदीयमान: ～的青年 होनहार युवक

【有味儿】 yǒuwèir ❶स्वादिष्ट होना; लज़ीज़ होना; सुस्वादु होना: 这汤真～。यह सूप सचमुच बहुत स्वादिष्ट है। ❷दिलचस्प होना: 这片子没～。यह फ़िल्म दिलचस्प नहीं है।

【有闻必录】 yǒuwén-bìlù बिना अच्छे-बुरे का भेद किये जो सुना है हर चीज़ लिख देना

【有…无…】 yǒu…wú… ❶(केवल आगे वाले के उपस्थित होने और पीछे वाले के न होने का बोध होता है): ～进～退 केवल आगे बढ़ना और कभी पीछे न हटना; बिना पीछे हटे आगे बढ़ते रहना / 有口无心 / 有利无弊 ❷(ज़ोर देने के लिए): 有过之而无不及 / 有增无已 ❸(आगे वाले के उपस्थित होने से पीछे वाले का अभाव हो सकने का बोध होता है): 有备无患 / 有恃无恐 ❹(उपस्थित होने या न होने का बोध होता है): 有意无意

【有喜】 yǒuxǐ पांव भारी होना; गर्भवती होना

【有戏】 yǒuxì 〈बो०〉 आशाजनक; आशामय: 这事还～。फिर इस (काम, बात) की आशा हो सकती है।

【有隙】 yǒuxì ❶〈लि०〉 दुर्भाव (वैर) रखना: 二人～。दोनों एक दूसरे के प्रति दुर्भाव रखते हैं। ❷बीच में दरार पड़ना: 有隙可乘

【有隙可乘】 yǒuxìkěchéng घुसेड़ (या ठूंस) देने के लिए दरार पड़ना —— फ़ायदा उठाने के लिए दरार (अवसर) होना

【有闲】 yǒuxián फ़ुरसत होना: ～阶级 फ़ुरसत का वर्ग; सुस्त अमीर

【有限】 yǒuxiàn सीमित; महदूद: 为数～ संख्या में सीमित; अधिक नहीं / 对情况了解～ परिस्थितियों के बारे में सीमित जानकारी होना / 人的生命是～的，但为人民服务的精神是无限的。मनुष्य का जीवन सीमित होता है, पर जनता की सेवा करने की भावना असीमित है।

【有限公司】 yǒuxiàn gōngsī लिमिटेड कंपनी

【有限花序】 yǒuxiàn huāxù 〈वन०〉 निश्चित पुष्प-क्रम; डेफ़िनित इंफ़्लोरेसेंस

【有限级数】 yǒuxiàn jíshù 〈गणित०〉 फ़ाइनाइट प्रोग्रेशन; फ़ाइनाइट सीरियस

【有限小数】 yǒuxiàn xiǎoshù सीमित दशमलव; फ़ाइनाइट डेसिमल

【有限战争】 yǒuxiàn zhànzhēng सीमित युद्ध

【有限制】 yǒuxiànzhì उचित सीमाओं के अंदर: ～的民主生活 उचित सीमाओं के अंदर जनवादी जीवन-प्रणाली

【有限主权】 yǒuxiàn zhǔquán सीमित प्रभुसत्ता

【有线】 yǒuxiàn तार का: ～通讯 तार संचार

【有线传真】 yǒuxiàn chuánzhēn वाइयफ़ोटो; तार-फ़ोटो

【有线电】 yǒuxiàndiàn तार; टेलीग्राफ़

【有线电报】 yǒuxiàn diànbào तार टेलीग्राफ़

【有线电厂】 yǒuxiàn diànchǎng तार-संचार साज़-सामान कारखाना

【有线电话】 yǒuxiàn diànhuà तार-टेलीफ़ोन

【有线电视】 yǒuxiàn diànshì तार टी०वी०; केबल टी०वी०; सी०ए०टी०वी०

【有线广播】 yǒuxiàn guǎngbō तार-प्रसारण; तार-ब्रॉडकास्टिंग: ～网 तार-ब्रॉडकास्टिंग नेट-वर्क / ～站 तार-ब्रॉडकास्टिंग स्टेशन; तार-प्रसारण केन्द्र

【有效】 yǒuxiào प्राभाविक; पुरअसर; फलदायक; कारगर: ～办法 कारगर उपाय (या साधन, तरीका) / ～措施 कारगर कार्यवाही / ～的除虫药剂 प्रभावी कीटनाशक / ～地 कारगर तरीके से; कारगर रूप से / ～控制 प्रभावशाली नियंत्रण / ～手段 प्रभावशाली तरीका / ～途径 कारगर रास्ता

【有效分蘖】 yǒuxiào fēnniè 〈कृ०〉 तने की जड़ से

कारगर अंकुर फूटना

【有效功率】 yǒuxiào gōnglǜ <विद्यु०> कारगर शक्ति; कारगर पावर; उपयोगी शक्ति

【有效荷载】 yǒuxiào hèzài उपयोगी लोड; उपयोगी भार

【有效库容】 yǒuxiào kùróng <जल-संरक्षण> कारगर जलाशय-संचयन; एफ़ेक्टिव स्टॉरेज

【有效票】 yǒuxiàopiào विधिमान्य मतदान-पत्र; वैलिड बैलट-पेपर

【有效期】 yǒuxiàoqī विधिमान्यता की अवधि

【有效射程】 yǒuxiào shèchéng (गोली आदि फेंकने की) कारगर रेंज या दूरी

【有效数字】 yǒuxiào shùzì सार्थक अंक

【有效温度】 yǒuxiào wēndù <वन०> कारगर ताप-मान

【有些】 yǒuxiē ❶कुछ: ～人在看书，～人在闲谈。कुछ लोग समाचार-पत्र पढ़ रहे हैं और कुछ लोग गप-शप कर रहे हैं। ❷<क्रि०वि०> ज़रा; कुछ-कुछ: 他～着急。वह कुछ-कुछ घबराता है।

【有心】 yǒuxīn ❶चाहना; पक्का इरादा कर लेना: 入门既不难，深造也是办得到的，只要～，只要善于学习罢了。देहरी को पार करना मुश्किल नहीं रह जाएगा और महारत हासिल करना भी सम्भव हो जाएगा, बशर्ते कि हम पक्का इरादा कर लें और सीखने में निपुण हो जाएं। ❷जानबूझकर: ～捣鬼 जानबूझकर शरारत करना

【有心人】 yǒuxīnrén जो अपने इरादे का पक्का हो: 世上无难事，只怕～。इस दुनिया में उन लोगों के लिए कोई भी काम मुश्किल नहीं जो अपने इरादे के पक्के हैं।

【有形】 yǒuxíng मूर्त होना; ठोस; स्पर्शनीय; भौतिक

【有形贸易】 yǒuxíng màoyì विज़िबल ट्रेड

【有形损耗】 yǒuxíng sǔnhào भौतिक हानि

【有形资产】 yǒuxíng zīchǎn स्पर्शनीय संपत्ति

【有性】 yǒuxìng <जीव०> लैंगिक: ～孢子 लैंगिक जीवाणु

【有性生殖】 yǒuxìng shēngzhí लैंगिक पुनरुत्पादन; पाशव-जनन; यौन-प्रजनन

【有性世代】 yǒuxìng shìdài लैंगिक जनन; सैक्शूयल जनरेशन

【有性杂交】 yǒuxìng zájiāo लैंगिक संकरण

【有幸】 yǒuxìng सौभाग्य होना: ～见到某人 किसी व्यक्ति से मिलने का सौभाग्य होना; बड़े सौभाग्य से किसी व्यक्ति से मिलना

【有血有肉】 yǒuxuè-yǒuròu प्राणवान; सजीव; जीता-जागता: 小说中的人物写得～。उपन्यास में पात्रों का जीता-जागता वर्णन किया गया है।

【有言在先】 yǒuyánzàixiān पहले से सावधान कर देना; पहले से चेतावनी दे देना: 我们～，过时不候。हम ने पहले से यह घोषित किया था कि जो देर से आएगा उस का हम इंतज़ार नहीं करेंगे।

【有眼不识泰山】 yǒu yǎn bù shí tàishān आंख होते हुए भी ताए पर्वत [illegible] देखना; ऐसे की सेवा करना जो एक महत्वपूर्ण व्यक्ति सिद्ध हो, [illegible]न को राई गिनना (बनाना)

【有眼光】 yǒu yǎnguāng दूरदर्शी; दूरदर्शितापूर्ण

【有眼无珠】 yǒuyǎn-wúzhū आंख होते हुए भी न देखना; सही बुद्धि न होना

【有氧运动】 yǒuyǎng yùndòng एयरोबिक एक्सर-साइस; हवाई कलाबाज़ी युक्त कसरत (घूमना, धीरे दौड़ना, साईकल चलाना, चीनी योग आदि)

【有要没紧】 yǒuyào-méijǐn निरर्थक; तुच्छ; क्षुद्र; महत्वहीन: 我不管这些～的闲事。मैं इन महत्वहीन बातों में अपनी टांग नहीं अड़ाऊंगा।

【有一搭没一搭】 yǒu yīdā méi yīdā ❶बातचीत के लिए बातचीत करना ❷अनावश्यक; गैरज़रूरी

【有一得一】 yǒuyī-déyī ठीक उतना; न अधिक न कम

【有一分热，发一分光】 yǒu yī fēn rè, fā yī fēn guāng ईंधन जितना ताप का उत्पादन करता है उतना प्रकाश देना —— भरसक यत्न करना; कसर न छोड़ना; कुछ न उठा रखना

【有益】 yǒuyì हितकर; हितकारी; फ़ायदेमंद: ～的格言 हितकारी सूत्र (या उक्ति) / ～于健康 स्वास्थ्य के लिए हितकर होना

【有意】 yǒuyì ❶इच्छुक होना; लालायित होना: ～帮忙 सहायता करने की इच्छा पैदा होना ❷जानबूझकर: ～歪曲事实 सत्य को जानबूझकर तोड़ना-मरोड़ना

【有意识】 yǒu yìshi सचेत; जागृत: ～地克服自己的缺点 सचेत होकर अपनी कमी को दूर करना / ～地去争取 किसी बात के लिए सचेत होकर प्रयत्न करना

【有意思】 yǒu yìsi ❶सार्थक; अर्थपूर्ण; अर्थयुक्त: 他的话简短而～。उस का भाषण लंबा नहीं पर सार्थक है। ❷दिलचस्प; आनन्दप्रद: 这片子很～。यह फ़िल्म बहुत दिलचस्प है। ❸प्यार करना; प्रेम करना: 她对你～，你知道吗？ वह तुम को प्यार करती है, तुम को मालूम है？

【有意无意】 yǒuyì-wúyì जानबूझकर या अनजाने में; सतर्कता या लापरवाही से; जाने अथवा अनजाने में

【有影没影】 yǒuyǐng-méiyǐng निराधार; आधार-हीन: ～的话 निराधार बातें

【有勇无谋】 yǒuyǒng-wúmóu अंधवीरता; बुद्धिहीन साहस; मूर्खवीरता

【有…有…】 yǒu…you… ❶(दोनों विलोम या निकट अर्थ वाली संज्ञाओं या क्रियाओं के पहले आकर दोनों वस्तुओं या क्रियाओं के अस्तित्व का बोध होता है): 有利有弊 / 有始有终 / 有头有尾 ❷(दोनों समान अर्थ या निकट अर्थ वाली संज्ञाओं या क्रियाओं के पहले आकर अवधारणा का बोध होता है): 有板有眼 / 有鼻子有眼儿 / 有声有色 / 有说有笑 / 有凭有据 / 有血有肉

【有余】 yǒuyú ❶अतिरिक्त मात्रा होना; बचत होना; अधिशेष होना; पर्याप्त होना और बाकी रहना: 粮食自给～ अन्न पर्याप्त होना और कुछ बाकी रहना ❷विषम (किसी पूरे अंक के बाद प्रयुक्त): 三十～ तीस से कुछ ऊपर

【有缘】 yǒuyuán भाग्य द्वारा पूर्वनिश्चित होना; भाग्य में होना: 我俩真～，结婚了。हम दोनों के भाग्य में एक दूसरे से मिलना लिखा था, इसलिए हमारा विवाह हो गया।

【有缘千里能相会，无缘对面不相逢】 yǒuyuán qiānlǐ néng xiānghuì, wúyuán duìmiàn bù xiāngféng यदि उन दोनों के भाग्य में संबंध होना लिखा हो तो वे हज़ार ली की दूरी के बाद भी मिल सकेंगे; और यदि उन दोनों में संबंध न होना लिखा हो तो वे आमने-सामने होते हुए भी न मिल सकेंगे

【有源】 yǒuyuán 〈विद्यु०〉 सक्रिय: ～电路 बिजली का सक्रिय मार्ग

【有则改之，无则加勉】 yǒu zé gǎi zhī, wú zé jiā miǎn यदि तुम गलतियाँ कर चुके हो तो उन्हें सुधार लो और यदि तुम ने गलतियां न की हों तो उन से बचते रहो

【有增无已】 yǒuzēng-wúyǐ बढ़ते हुए; निरंतर बढ़ते हुए

【有朝气】 yǒu cháoqì जीवन-शक्ति से ओत-प्रोत होना

【有朝一日】 yǒuzhāo-yīrì भविष्य में किसी दिन; अगर इत्तफ़ाक से; यदि संयोग से

【有着】 yǒuzhe पास होना; अधिकार रखना: 这次批判～巨大的意义。इस आलोचना का बड़ा महत्व है।

【有争论】 yǒu zhēnglùn विवादास्पद: ～的问题 विवादास्पद सवाल

【有枝添叶】 yǒuzhī-tiānyè （添枝加叶 tiānzhī-jiāyè भी） वर्णन को खूब लच्छेदार बनाना

【有职无权】 yǒuzhí-wúquán नाम मात्र का नेता जिस के पास कोई अधिकार न हो

【有职有权】 yǒuzhí-yǒuquán जिस के पास पद और अधिकार दोनों हो

【有志者事竟成】 yǒu zhì zhě shì jìng chéng जहाँ चाह वहाँ राह; जिन खोजा तिन पाइयाँ गहरे पानी पैठ

【有志之士】 yǒuzhìzhīshì महान आदर्श वाला व्यक्ति; महत्वाकांक्षा वाला व्यक्ति

【有致】 yǒuzhì रुचि से ओत-प्रोत होना: 错落～ चित्रवत् अव्यवस्था की स्थिति में

【有秩序】 yǒu zhìxù सुव्यवस्थित: ～的退却 व्यवस्थित ढंग से पीछे हटना

【有种】 yǒuzhǒng 〈बोल०〉 साहसी होना: ～的站出来！साहसी हो तो सामने आओ！

【有组织犯罪】 yǒuzǔzhī fànzuì संगठित अपराध

【有助于】 yǒuzhùyú किसी में योग देना; मदद मिलना: ～解决问题 समस्या का समाधान करने में सहायता मिलना

【有滋有味儿】 yǒuzī-yǒuwèir ❶स्वादिष्ट; स्वादु ❷बड़े चाव से: 他吃得～。वह बड़े चाव से खा रहा है।

【有嘴无心】 yǒuzuǐ-wúxīn दे० 有口无心

【有罪】 yǒuzuì अपराधी होना; दोषी होना; पापी होना; कसूरवार होना; गुनहगार होना

酉 yǒu पार्थिव शाखाओं（地支）में दसवीं

【酉时】 yǒushí 〈पुराना〉 शाम को पांच बजे से सात बजे तक

卣 yǒu 〈प्रा०〉 शराब रखने का छोटे मुंह और बड़े उदर वाला बर्तन

羑 yǒu नीचे दे०

【羑里】 Yǒulǐ 〈प्रा०〉 स्थान का नाम (वर्तमान हनान प्रांत की थांगइन काउंटी के आसपास)

莠 yǒu ❶〈वन०〉 हरी ब्रिसलग्रास (bristlegrass) ❷धृष्टता करने वाला (आदमी): 良～不齐 अच्छे और बुरे अंतर्मिश्रित हैं

【莠民】 yǒumín धृष्टता करने वाला आदमी

铕（銪） yǒu 〈रसा०〉 यूरोपियम (Eu)

槱 yǒu 〈लि०〉 जलाने के लिए लकड़ी का संचय करना

牖 yǒu 〈लि०〉 खिड़की

黝 yǒu नीचे दे०

【黝黯】 yǒu'àn（黝暗 yǒu'àn भी）अंधेरा; प्रकाश न होना: ～的墙角 अंधेरा कोना

【黝黑】 yǒuhēi काला; अंधेरा; प्रकाश न होना: 皮肤～ काला वर्ण; काला चमड़ा

yòu

又 yòu 〈क्रि०वि०〉 ❶फिर: 他～去了。वह फिर गया। / 他吃了～吃。वह खा कर फिर खाता है। ❷भी; और … भी: 他要书，～要笔。उसे किताब चाहिए और कलम भी चाहिए। / 那眼睛～凶～怯。खूंखार होते हुए भी वे आँखें डरी-सहमी हुई सी चमक रही थीं। ❸और: 他～恨～怕。वह उन से घृणा करता था और डरता था। / 又惊又喜 ❹के साथ-साथ … भी: ～联合～斗争 संश्रय कायम करने के साथ-साथ संघर्ष भी करना ❺(किसी दायरे के बाहर और कुछ होने का बोध होता है): 这三本书之外，他～给了一支笔。इन तीन किताबों के अलावा उस ने एक कलम भी दी। ❻(पूर्ण, संख्या के अलावा अपूर्ण-बोधक संख्या भी होने का बोध होता है): 二～二分之一 दो और आधा / 十～三分之一 दस सही एक बटा तीन ❼(द्विरुक्ति में दो विपरीत बातों का बोध होता है): 他～想去，～不想去。वह जाना भी चाहता था और नहीं भी। ❽पर; परंतु: 刚才有句话想跟你说，现在～想不起来了。अभी तुम से एक बात कहना चाहता था परंतु अब भूल गया। ❾(निषेधवाचक या अलंकारपूर्ण-प्रश्न वाचक वाक्य में अवधारणा का बोध होता है): 我～不是小孩子，用得着你说吗？मैं बच्चा तो नहीं हूँ, तुम्हारे कहने की ज़रूरत है？

【又打又拉】 yòudǎ-yòulā मारने के बाद हाथ फेरना; गाजर और लाठी दोनों का प्रयोग करना

【又红又专】 yòuhóng-yòuzhuān क्रांतिकारी और निपुण होना; लाल और विशेषज्ञ दोनों होना

【又及】 yòují पुनश्च
【又惊又喜】 yòujīng-yòuxǐ मन चिंता और खुशी से भर उठना
【又名】 yòumíng दूसरा नाम; नामांतर; उर्फ़
【又想当婊子，又想立牌坊】 yòu xiǎng dāng biǎozi，yòu xiǎng lì páifang वेश्या का जीवन बिताना और अपने सतीत्व के लिए कीर्ति-स्तम्भ भी स्थापित कराना चाहना
【又要马儿好，又要马儿不吃草】yòu yào mǎ'ér hǎo，yòu yào mǎ'ér bù chī cǎo आशा है कि घोड़ा जल्दी दौड़ेगा और यह भी आशा है कि घोड़ा घास नहीं खाएगा

右 yòu ❶दाहिना; दायाँ; दक्षिण：～面 दाहिनी ओर; दायीं ओर / ～手 दाहिना हाथ; दायां हाथ ❷पश्चिम：山～ थाइहांग（太行）पर्वत के पश्चिम के क्षेत्र (शानशी प्रांत) ❸दाहिनी ओर (अग्रता या श्रेष्ठता की दिशा)：无出其～ उस से बढ़कर न होना ❹〈लि०〉किसी बात पर ज़ोर देना：～文 असैनिक मामलों पर ज़ोर देना ❺रूढ़िवादी; प्रतिक्रियावादी：右派 / 右倾 ❻〈लि०〉佑 yòu के समान
【右边】 yòubiān दाहिनी ओर; दायीं ओर
【右边锋】 yòubiānfēng 〈फ़ुटबाल〉 राइट विंग; आउटसाइड राइट
【右侧】 yòucè 右边 के समान
【右舵】 yòuduò दाहिनी पतवार
【右锋】 yòufēng 〈बास्केट बाल〉 राइट फ़ॉर्वर्ड
【右后卫】 yòuhòuwèi 〈फ़ुटबाल〉 राइट बैक
【右内锋】 yòunèifēng 〈फ़ुटबाल〉 इंसाइड राइट
【右派】 yòupài दक्षिणपंथी：～分子 दक्षिणपंथी / ～言论 दक्षिणपंथी बातें
【右前轮】 yòuqiánlún (गाड़ी का) आगे का दाहिना पहिया
【右前卫】 yòuqiánwèi 〈फ़ुटबाल〉 राइट हाल्फ़बैक; राइट-हाल्फ़
【右倾】 yòuqīng दक्षिणपंथी भटकाव：～观点 दक्षिणपंथी दृष्टिकोण
【右倾保守主义】 yòuqīng bǎoshǒu zhǔyì दक्षिणपंथी रूढ़िवाद
【右倾合法主义】yòuqīng héfǎ zhǔyì कानून परस्ती का दक्षिणपंथी भटकाव
【右倾机会主义】 yòuqīng jīhuì zhǔyì दक्षिणपंथी अवसरवाद
【右心房】 yòuxīnfáng 〈श०वि०〉 दायां एट्रियम
【右心室】 yòuxīnshì दायाँ निलय (वेनट्रीक्ल)
【右手】 yòushǒu ❶दाहिना हाथ; दायां हाथ ❷右首 के समान
【右手定则】 yòushǒu dìngzé 〈विद्यु०〉 दाहिने हाथ का नियम
【右首】 yòushǒu दाहिनी ओर; दायीं ओर (बहुधा सीट के लिए प्रयुक्त)：那天我哥哥坐在我～。उस दिन मेरे बड़े भाई मेरी दाहिनी ओर बैठे थे।
【右袒】 yòutǎn दाहिना आस्तीन उतार कर दाहिनी बांह और कंधा निकल आना
【右舷】 yòuxián (जहाज़ का) दाहिना पक्ष
【右旋】 yòuxuán ❶दाहिनी ओर से परिक्रमा करना ❷〈रसा०〉 डेक्स्ट्रोरोटेशन：～物质 डेक्स्ट्रोरोटेट्री सबस्टेंस
【右旋糖】 yòuxuántáng 〈रसा०〉 अंगूर की शक्कर; डेक्सट्रोस
【右翼】 yòuyì ❶〈सैन्य०〉 दाहिना बाजू ❷दक्षिण पक्ष：～政客 दक्षिणपंथी राजनीतिक
【右翼社会党人】 yòuyì shèhuìdǎngrén दक्षिणपंथी समाजवादी

幼 yòu ❶(उम्र) कम; छोटा：幼儿 / 幼年 ❷बच्चा：扶老携～ एक हाथ से बूढ़े की बांह और दूसरे हाथ से बच्चे का हाथ पकड़कर ले जाना; बूढ़े और बच्चे को लेकर चलना
【幼虫】 yòuchóng कीड़ों और अन्य जीवों का अंडे में से निकलने के पश्चात रूप; डिम्ब; लार्वा
【幼雏】 yòuchú नीड़स्थ पक्षी; नीड़-शावक; इतना छोटा पक्षी जो घोंसला न छोड़ सके
【幼畜】 yòuchù फ़र्स्टलिंग
【幼儿】 yòu'ér बाल; बालक; बच्चा
【幼儿教育】 yòu'ér jiàoyù पूर्वविद्यालय शिक्षा
【幼儿园】 yòuéryuán किंडरगार्डन; बालगृह
【幼功】 yògōng (अभिनेता, अभिनेत्री आदि का) बचपन में प्राप्त कौशल
【幼教】 yòujiào 幼儿教育 का संक्षिप्त रूप
【幼林】 yòulín छोटे-छोटे वृक्षों का वन
【幼龄林】 yòulínglín दे० 幼林
【幼苗】 yòumiáo बीज से उगाया गया पौधा; बीजू; पौद; रोप; पौध
【幼嫩】 yòunèn ❶कोमल; नर्म：～的秧苗 छोटा कोमल पौधा / ～的皮肤 कोमल चमड़ा ❷अपरिपक्व; अपक्व; कच्चा; सीधा-सादा; भोला-भाला：孩子太～，办不了这件事。बच्चा बहुत सीधा-सादा है, वह इस काम को नहीं कर सकता।
【幼年】 yòunián शैशव; शैशवावस्था; अल्पावस्था; बाल्यावस्था
【幼女】 yòunǚ ❶बालिका; बच्ची; बाला ❷सब से छोटी पुत्री
【幼弱】 yòuruò छोटा और कमज़ोर
【幼时】 yòushí बचपन; छुटपन; बालपन; शैशव
【幼体】 yòutǐ 〈जीव०〉 डिम्ब, लार्वा
【幼童】 yòutóng बाल; बालक; बच्चा; बाल-बच्चा
【幼小】 yòuxiǎo छोटा; नन्हा; अपरिपक्व; अपक्व; कच्चा：～的心灵 नन्हा दिल / ～的树苗 वृक्ष का छोटा कोमल पौधा
【幼芽】 yòuyá कोंपल; अंकुर; कली
【幼稚】 yòuzhì ❶उम्र कम होना ❷बचकाना; बच्चों-सा; अपरिपक्व：～的想法 अपरिपक्व या बचकाना विचार / 中国～的资产阶级 चीन का शिशु पूंजीपति वर्ग / ～可笑的 हास्यस्पद और बचकाना होना

【幼稚病】 yòuzhìbìng बचकाना मर्ज़; बचकानेपन का शिकार होना

【幼稚产业】 yòuzhì chǎnyè अवयस्क उद्योग; प्रारंभ उद्योग

【幼稚园】 yòuzhìyuán 幼儿园 का पुराना नाम

【幼株】 yòuzhū बीज से उगाया हुआ पौधा; छोटा कोमल पौधा; बीजू; पौद; रोप; पौध

【幼子】 yòuzǐ सब से छोटा पुत्र

有 yòu ❶〈लि०〉(किसी पूरे अंक के बाद प्रयुक्त): 三十～八 अड़तीस ❷〈पुराना〉(उपस्थिति जानने के लिए सूची के नाम पुकारने आदि के उत्तर में प्रयुक्त): "李民!" "～!" "ली मिन!" "आया हुज़ूर!"
yǒu भी दे०

佑（祐） yòu सहायता करना; रक्षा करना; आशीर्वाद देना

侑 yòu (किसी-व्यक्ति को खाने या पीने के लिए) आग्रह करना; प्रोत्साहन देना: ～食 खाने के लिए प्रोत्साहित करना / ～觞 शराब पीने के लिए प्रोत्साहित करना

狖 yòu प्राचीन पुस्तक में वर्णित एक प्रकार का बंदर

柚 yòu (साधारण नाम 柚子 yòuzi)〈वन०〉चकोतरा (वृक्ष या फल)
yóu भी दे०

囿 yòu 〈लि०〉❶पशुओं का पालन करने का पार्क: 鹿～ मृगदाव ❷सीमित: ～于成见 पूर्वाग्रह से सीमित होना

【囿于】 yòuyú सीमित होना: ～当时的环境 उस समय के सीमित वातावरण से आगे न देख सकना

宥 yòu 〈लि०〉क्षमा करना; माफ़ करना: 原～ क्षमा करना; माफ़ करना / 尚希见～。आशा है कि आप क्षमा करेंगे।

诱（誘） yòu ❶दिशा-निर्देश करना; ले जाना; राह दिखाना: 诱导 ❷फुसलाना; प्रलोभन देना; बहकाना: 引～ प्रलोभन देना / 诱敌深入

【诱逼】 yòubī（诱迫 yòupò भी）फुसलाना और दबाना

【诱变】 yòubiàn 〈जीव०〉म्यूटजेनेसिस (mutagenesis); म्यूटजेनिसिटी (mutagenicity)

【诱变因子】 yòubiàn yīnzǐ（诱变剂 yòubiànjì भी）〈जीव०〉म्यूटजेन (mutagen); म्यूटजेनिक एजेंट

【诱捕】 yòubǔ (पशु आदि को) फंदे आदि में फंसना

【诱虫灯】 yòuchóngdēng （诱蛾灯 yòu'é dēng भी）कीट-नाशक लैंप

【诱导】 yòudǎo ❶दिशा-निर्देश देना; ले जाना; राह दिखाना; उपदेश देना: ～学生思考 विद्यार्थियों को विचार करने का दिशा-निर्देश देना (या राह दिखाना) ❷〈भौ०〉इंड्यूस: ～作用 इंडक्शन

【诱导反应】 yòudǎo fǎnyìng 〈रसा०〉इंड्यूस्ड रिएक्शन

【诱敌深入】 yòudí-shēnrù शत्रु को भुलावा देकर अपने प्रदेश में दूर तक प्रवेश करना; दुश्मन को फुसलाकर अंदर तक ले आना; दुश्मन को बहुत भीतर घुस आने के लिए ललचाना: ～的方针 उक्त उपाय का सिद्धांत / ～，聚而歼之 उक्त उपाय से सब को एक जगह बटोर लेना और फिर उन का नाश कर देना

【诱饵】 yòu'ěr चारा; लालच: 用金钱作～〈ला०〉चारे की तरह धन का प्रयोग करना

【诱发】 yòufā ❶दिशा-निर्देश देना; राह दिखाना; प्रेरित करना: ～人的联想 लोगों के मन से प्रेरणा हासिल करना ❷पैदा होना (बहुधा रोग के लिए): ～中耳炎 जिस से कर्णमूल पैदा होना

【诱供】 yòugòng किसी को पाप-स्वीकृति के लिए प्रलोभन देना

【诱拐】 yòuguǎi धोखा देकर (बच्चे या महिला) का अपहरण करना; धोखा देकर (स्त्री को) बहका ले जाना; (बच्चा) चुराना या उड़ा ले जाना

【诱惑】 yòuhuò ❶फुसलाना; प्रलोभन देना; ललचाना; लालच देना: ～动摇分子 दुलमुल तत्वों को प्रलोभन देना ❷आकर्षित करना; मोहित करना: ～人的景色 मनमोहक दृश्य

【诱惑力】 yòuhuòlì सम्मोहिनी शक्ति

【诱奸】 yòujiān धोखा देकर स्त्री का सतीत्व नष्ट करना; धोखा देकर पुरुष के साथ अनुचित लैंगिक संबंध कायम करना

【诱骗】 yòupiàn धोखा देकर प्रलोभन देना; भटकाना

【诱人】 yòurén मन-मोहक; रिझाता हुआ; आकर्षक; मनोहर; चित्ताकर्षक: ～的景色 चित्ताकर्षक दृश्य; मनमोहक दृश्य

【诱杀】 yòushā भुलावे में डालकर मारना: 用灯光～飞蛾 लैंप से फुसलाकर पतंगों को मारना

【诱使】 yòushǐ फंदे या जाल में फंसाना; किसी व्यक्ति को किसी काम के लिए फुसलाना: ～上当受骗 किसी को धोखा खाने के लिए फुसलाना

【诱降】 yòuxiáng आत्मसमर्पण के लिए फुसलाना

【诱胁】 yòuxié फुसलाना और धमकाना: 以某些较大的让步为钓饵，～中国 अपेक्षाकृत कुछ बड़ी रियायतों का लालच देकर चीन को फुसलाना और धमकाना

【诱掖】 yòuyè 〈लि०〉दिशा-निर्देश देना और प्रोत्साहित करना: ～青年 युवकों का दिशा-निर्देश करना और प्रेरित करना

【诱因】 yòuyīn (बहुधा रोग का) कारण; हेतु; वजह: 这病的～是着了凉。इस रोग का कारण सर्दी लगना है।

【诱鱼上钩】 yòu yú shàng gōu मक्कारी से मछली को चारे का प्रलोभन देना

【诱致】 yòuzhì (किसी चीज़ से कोई चीज़) पैदा करना; (किसी चीज़ से कोई बुरा फल) उत्पन्न करना

蚴 yòu फीता-कृमि (या आंतों के केंचुए) का लार्वा (डिम्ब) या रक्तशोषक कीटाणु की सरकेयरिया: 尾～

सरकेयरिया / 毛～ मिरेसिडियम (miracidium)

釉 yòu काबिस: 上～ काबिस करना

【釉工】 yòugōng बर्तन-भांडों पर काबिस करने वाला

【釉面砖】 yòumiànzhuān काबिस की हुई ईंट

【釉陶】 yòutáo मिटी की पालिश किया हुआ (या काबिस किया हुआ) बर्तन

【釉下彩】 yòuxiàcǎi रोगन तले रंगीन चित्र वाले चीनी मिट्टी के बर्तन

【釉质】 yòuzhì 〈श०वि०〉 इनेमल

【釉子】 yòuzi काबिस; रोगन

鼬 yòu 〈प्राणि०〉 नेवला; नकुल: 黄～ नेवला / 食蛇～ नेवला

【鼬獾】 yòuhuān 〈प्राणि०〉 फ़ेरेट बैजर

yū

迂 yū ❶चक्करदार; घुमावदार: 迂回 / ～道访问 किसी से भेंट करने के लिए विमार्ग-गमन करना ❷घिसे-पिटे नियमों और विचारों पर जमे (बंधे) रहने वाला; पांडित्य-प्रदर्शक: 迂儒

【迂夫子】 yūfūzǐ पांडित्य-प्रदर्शक

【迂腐】 yūfǔ घिसे-पिटे नियमों और विचारों पर हठपूर्वक जमे (या बंधे) रहने वाला; पांडित्य-प्रदर्शक: ～之谈 पांडित्य-प्रदर्शक बातें

【迂缓】 yūhuǎn (कार्यवाही) ढीली-ढाली और शिथिल होना: 行动～ कार्यवाही ढीली-ढाली और शिथिल होना

【迂回】 yūhuí ❶टेढ़ा; टेढ़ा-मेढ़ा; चक्करदार: 过程～曲折 प्रक्रिया चक्करदार होना / ～曲折的甬道 घुमावदार टेढ़ी-मेढ़ी सड़क ❷कतराना; पार्श्वों (या बगल) से कतरा कर निकल जाना: ～前进 कतराकर आगे बढ़ना / ～于敌后 शत्रु से कतराकर उस के पृष्ठभाग में कार्यवाही करना / ～战术 पार्श्वों से कतराकर निकल जाने की कार्यनीतियां

【迂见】 yūjiàn पांडित्य-प्रदर्शक विचार

【迂阔】 yūkuò अत्युक्ति और अव्यवहारिक: ～之论 अव्यवहारिक दृष्टिकोण

【迂论】 yūlùn अव्यवहारिक दृष्टिकोण

【迂气】 yūqì पांडित्य-प्रदर्शन; घिसे-पिटे नियमों और विचारों पर अड़े रहना

【迂曲】 yūqū टेढ़ा-मेढ़ा; चक्करदार: ～的山路 टेढ़ा-मेढ़ा पहाड़ी रास्ता

【迂儒】 yūrú पांडित्य-प्रदर्शक विद्वान; पांडित्याभिमानी

【迂执】 yūzhí अव्यवहारिक और हठीला

【迂拙】 yūzhuō अव्यवहारिक और मंदबुद्धि

吁 yū 〈अनु०〉 (घोड़े आदि को रोकने के लिए प्रयुक्त शब्द) रुको

xū; yù भी दे०

纡（紆） yū ❶वक्र; तिरछा; टेढ़ा-मेढ़ा ❷〈लि०〉 बांधना: ～金佩紫 उच्च पद वाला

【纡回】 yūhuí 〈लि०〉 दे० 迂回 yūhuí ❶

【纡徐】 yūxú 〈लि०〉 इतमीनान का और आहिस्ता

【纡尊降贵】 yūzūn-jiàngguì (अनुग्रह या उपकार के लिए) झुकना; अपने पद को कम कर लेना; छोटों की बात मानना

於 Yū एक कुलनाम

于 yú भी दे०

淤（❹瘀） yū ❶बह कर आई हुई मिट्टी से जल-मार्ग का अवरुद्ध हो जाना: 河里～了很多泥沙。बह कर आई हुई मिट्टी और रेत से नदी का प्रवाह रुक गया है। ❷जल-मार्ग आदि में जमा हुआ: ～泥 जल-मार्ग आदि में जमी हुई मिट्टी ❸जल-मार्ग आदि में जमी हुई मिट्टी और रेत: 河～ नदी में जमी हुई मिट्टी और रेत / 沟～ नहर या नाली में जमी हुई मिट्टी और रेत ❹〈ची०चि०〉 रक्त के बहाव में अवरोध: 活血化～ रक्त के बहाव में अवरोध को उचित अवस्था में लाना और रक्त के बहाव में सुधार करना ❺〈बो०〉 तरल पदार्थ का उबलकर बाहर निकलना: 米汤～了一锅台。चावल का पानी उबल कर बाहर निकलने से अंगीठी गंदी हो गई।

【淤斑】 yūbān 〈चिकि०〉 पित्ती; अधौरी

【淤地】 yūdì सैलाबी मैदान

【淤地坝】 yūdìbà 〈जल-संरक्षण〉 सिल्ट अरेस्टर

【淤点】 yūdiǎn 〈चिकि०〉 पिटीकिया (petechia)

【淤淀】 yūdiàn जल-मार्ग में रेत और मिट्टी आकर रुक जाना: 河身～。नदी में रेत और मिट्टी आकर रुक गई।

【淤灌】 yūguàn 〈कृ०〉 धरती को दरियाई मिट्टी डालकर उर्वरा बनाना

【淤积】 yūjī जल-मार्ग आदि में रेत और मिट्टी आकर रुक जाना; मिट्टी, रेत आदि का तह छोड़ जाना; तलछट छोड़ना: 田里～了一层泥浆。पानी खेत में मिट्टी की तह छोड़ गया।

【淤泥】 yūní जल-मार्ग आदि में आकर जमी हुई मिट्टी

【淤塞】 yūsè (जल-मार्ग का) मिट्टी आदि का आकर जम जाने से रुक जाना: 航道～。जल-मार्ग मिट्टी के जम जाने से रुक गया।

【淤血】 yūxuè 〈चिकि०〉 जमा हुआ खून; न बहता हुआ खून; 〈ची०चि०〉 रक्त के बहाव का अवरोध

【淤滞】 yūzhì (जल-मार्ग) रेत और मिट्टी का आकर रुक जाना ❷〈ची०चि०〉 शरीर में किसी रस के बहाव में अवरोध: 静脉～ शिरा-रक्त के बहाव में अवरोध / 尿～ पेशाब के बहाव में अवरोध

yú

于[1]（於） yú ❶〈पूर्व०〉 (समय या स्थान का बोध

होता है) में; पर; को：生～2000 年 सन् 2000 में जन्म होना / 死～北京 पेइचिंग में चल बसना / 信～十日收到。पत्र दसवीं तारीख को मिला। ❷<पूर्व०> से：问道～盲 अंधे से रास्ता पूछना / 求助～人 लोगों से सहायता के लिए प्रार्थना करना ❸<पूर्व०> (किसी) को (देना)：献身～教育事业 शिक्षा-कार्य के लिए अपनी बलि दे देना ❹<पूर्व०> के लिए：有利～人民 जनता के लिए हितकारी होना / ～事无补 कार्य के लिए कोई फ़ायदा न होना ❺<पूर्व०> से; से आरंभ होना：长江源～青海。यांगत्सी नदी छिंगहाए प्रांत से निकली है। / 天才来源～勤奋。प्रतिभा उद्यम से आती है। ❻<पूर्व०> से; की तुलना में：大～ से बड़ा होना / 小～ से छोटा होना / 优～ से बढ़कर होना ❼<पूर्व०> से; के द्वारा：见笑～人 लोगों से (के द्वारा) हंसी उड़ाया जाना / 负～北京队 पेइचिंग की टीम से (के द्वारा) पराजित किया जाना ❽प्रत्यय (क्रिया के साथ)：属～ में आना; के अधीन होना / 至～ जहां तक … का सवाल है ❾<प्रत्यय> (विशेषण के साथ)：善～ में कुशल होना; में निपुण होना / 易～ में आसान होना

於 के लिए Yū भी दे०

于 2

Yú एक कुलनाम

【于飞】 yúfēi पास-पास उड़ना：凤凰～。नर और मादा फ़ीनिक्स पास-पास उड़ रहे हैं।

【于归】 yúguī <लि०> घर जाना —— युवती का विवाह होना：之子～，宜其室家。हमारी प्रिया का घर जाना घर व परिवार के लिए खुशहाली लाने वाला है।

【于今】 yújīn ❶अब तक; आज तक：沪上一别，～十载。शांगहाई विदा हुए (आज तक) दस साल गुज़र गये। ❷अब; आज; आजकल：昔日的欢乐气氛，～已不复存在。पहले जैसा आनन्द वाला वातावरण अब नहीं रह गया है।

【于思】 yúsāi (बहुधा द्विरुक्ति में प्रयुक्त) बहुत अधिक दाढ़ियाँ; बहुत घनी दाढ़ी

【于是】 yúshì <संयो०> (于是乎 yúshìhū भी) तब; कि; इसलिए; अतः; अतएव; फलतः：不知他说了句什么话，～大家都笑起来了。न जाने उस ने क्या बात कही कि सब लोग हंस उठे।

【于心不忍】 yúxīnbùrěn (के लिए) कड़ा दिल न हो सकना

【于心有愧】 yúxīnyǒukuì लज्जित होना; अपराधी का सा मन होना

与（與）

yú 欤 yú के समान

yǔ; yù भी दे०

予

yú <लि०> मैं

yǔ भी दे०

【予取予求】 yúqǔ-yúqiú जो चाहे मुझ से ले —— मनमाने ढंग से मांग लेना; मनमाने ढंग से बलात् लेना

邘

Yú चओ राजवंश में एक राज्य का नाम (वर्तमान हनान प्रांत की छिन-यांग 泌阳 काउन्टी के उत्तर-पश्चिम में)

伃

yú दे० 倢伃 jiéyú रूपवाला सौंदर्य (एक उपाधि जो सम्राट की गुणसम्पन्न रखैल को दी जाती थी)

玙（璵）

yú <लि०> सुन्दर जेड पत्थर

余 1

yú ❶मैं ❷ (Yú) एक कुलनाम

余 2（餘）

yú ❶अतिरिक्त मात्रा; बचत：余额 / 余部 ❷से अधिक; ऊपर：百～公斤 एक सौ किलोग्राम से अधिक / 千～年 एक हज़ार साल से अधिक / 月～ एक महीने से अधिक ❸के बाद; के उपरांत：业～ अवकाश के समय / 工作之～ काम करने के बाद

【余波】 yúbō ❶वीचि ❷परोक्ष प्रभाव：～未平 अभी परोक्ष प्रभाव समाप्त नहीं हुआ है; गड़बड़ बाकी रह गयी है।

【余部】 yúbù बची-खुची टुकड़ी：收集某某～ अमुक व्यक्ति की बची-खुची टुकड़ी को अपने दस्ते में ले लेना

【余存】 yúcún शेष; बाकी; बचा हुआ भाग：除去支出，～二千元。व्यय को घटा कर दो हज़ार य्वान बाकी रह गये।

【余党】 yúdǎng बचे-खुचे अनुचर

【余地】 yúdì गुंजाइश：没有他们“独立”的～。उन के लिए “स्वतंत्र” रहने की गुंजाइश नहीं है।

【余毒】 yúdú बचे-खुचे ज़हरीले प्रभाव：肃清封建～ बचे-खुचे सामंतवादी विचारों के ज़हरीले प्रभावों का सफ़ाया करना

【余额】 yú'é ❶रोकड़-बाकी; बकाया; बैलेंस ❷खाली जगह (पूरी करने के लिए)

【余风】 yúfēng बचा-खुचा पुराना रीति-रिवाज

【余割】 yúgē <गणित०> व्युत्क्रम ज्या

【余晷】 yúguǐ <लि०> बाकी समय; फ़ालतू समय; अतिरिक्त समय

【余函数】 yúhánshù <गणित०> समपूरक फल (या फलन)

【余痕】 yúhén निशान; चिह्न; सुराग; लक्षण

【余晖】 yúhuī सांझ के गुलाबी बादल：落日的～ सूरज डूबते समय आकाश में गुलाबी बादल

【余悸】 yújì एक ही स्थिति में देर तक रहने वाला भय：心有～ मन में बहुत देर तक भय रहना

【余角】 yújiǎo <गणित०> समपूरक कोण

【余烬】 yújìn ❶राख：纸烟～ सिग्रेट की राख ❷किसी दुर्घटना के बाद बचा अवशेष：劫后～ दुर्घटना के लक्षण

【余可类推】 yúkělèituī बाकी का इस उपाय से अनुमान किया जा सकता है

【余款】 yúkuǎn अतिरिक्त पैसे, बाकी पैसे

【余力】 yúlì अतिरिक्त शक्ति：不遗～ कुछ उठा न रखना

【余利】 yúlì मुनाफ़ा

【余沥】 yúlì <लि०> बाकी शराब; <ला०> लाभ या मुनाफ़े का छोटा-सा हिस्सा：分沾～ लाभ का एक छोटा-सा हिस्सा पाना

【余粮】 yúliáng अतिरिक्त अन्न; फ़ालतू अनाज：～户 अतिरिक्त अन्न वाला परिवार
【余留】 yúliú छोड़ दिया जाना; बाकी रहना
【余年】 yúnián शेष उम्र
【余孽】 yúniè बचे-खुचे बुरे तत्व; अवशेष：封建～ सामंती समाज के अवशेष
【余怒未息】 yúnù-wèixī（余怒未消 yúnù-wèixiāo भी）अभी भी क्रुद्ध होना; अभी भी गुस्सा होना
【余钱】 yúqián अतिरिक्त पैसा：～剩米 बचत का कुछ धन या गल्ला
【余欠】 yúqiàn बकाया：他还～十九个钱呢！उस के नाम उन्नीस तांबे के सिक्के बकाया हैं।
【余切】 yúqiē 〈गणित०〉 कोटिस्पर्शज़्या; कोटैंजेन्ट
【余缺】 yúquē अतिरिक्त और अभाव：互通有无，调剂～ हरेक का अपने अतिरिक्त बचे हुए भाग से दूसरे के अभाव की पूर्ति करना
【余热】 yúrè ❶अतिरिक्त ताप：利用～取暖 गर्मी के लिए अतिरिक्त ताप का प्रयोग करना ❷बूढ़े लोगों के काम करने की योग्यता：发挥～ बुढ़ापे में जो काम कर सकना, करना
【余生】 yúshēng ❶जीवन का अंतिकाश; बाकी जीवन; उत्तर जीवी：安度～ इतमीनान से बाकी जीवन बिताना ❷(दुर्घटना के बाद) उत्तरजीवी：劫后～ दुर्घटना के बाद उत्तरजीवी
【余剩】 yúshèng（剩余 shèngyú के समान）शेष; अवशेष
【余矢】 yúshǐ 〈गणित०〉 कवर्स्ड साइन (coversed sine)
【余数】 yúshù 〈गणित०〉 शेष संख्या (भाग करने के बाद)
【余头】 yútou 〈बोल०〉 शेष; बाकी
【余唾】 yútuò（唾余 tuòyú के समान）दूसरों की महत्वहीन बातें या राय：拾人～ दूसरों की महत्वहीन बातों या राय को दोहराना
【余外】 yúwài 〈बो०〉 इस के अतिरिक्त; इस के अलावा; सिवाय इस के
【余威】 yúwēi शेष रोष
【余味】 yúwèi खाने के बाद बचा रुचिकर स्वाद：～无穷 खाने के बाद मन में अंतिम और आनन्दप्रद प्रभाव होना
【余隙】 yúxì 〈यां०〉 अंतराल：切屑～ चिप क्लीयरन्स (chip clearance)
【余暇】 yúxiá अवकाश; अतिरिक्त समय; फ़ुरसत
【余下】 yúxià बाकी：～的钱 बाकी पैसा / ～的人 बाकी लोग; दूसरे लोग
【余闲】 yúxián दे० 余暇
【余弦】 yúxián 〈गणित०〉 कोज़्या; कोटिज़्या; कोसाइन：～定律 कोटिज़्या नियम; कोसाइन लॉ
【余兴】 yúxìng ❶देर तक रहती आई दिलचस्पी ❷मनोरंजन; सार्वजनिक मनोरंजन; खेल-तमाशा：～节目 सार्वजनिक मनोरंजन का प्रोग्राम
【余蓄】 yúxù बैंक बैलैंस
【余因子】 yúyīnzǐ 〈गणित०〉 समपूरक भाजक
【余音】 yúyīn (संगीत या गाने की) रही हुई ध्वनि：～缭绕 आयोजन समाप्त होने पर मन में संगीत का प्रभाव भी होना
【余音绕梁】 yúyīn-ràoliáng लगता है जैसे आयोजन समाप्त होने पर भी संगीत की ध्वनि बड़ी देर तक हवा में रहती हो
【余荫】 yúyìn 〈लि०〉 अपने पूर्वजों का आशीर्वाद
【余勇可贾】 yúyǒng-kěgǔ अब भी शक्ति बाकी रह जाना
【余裕】 yúyù पर्याप्त और शेष; अत्यधिक; बहुत-सा; प्रचुर
【余震】 yúzhèn 〈भूगर्भ०〉 (भूकंप के बाद) उत्तर-आघात (ऑफ़्टर शॉक)

欤

（歟）yú 〈लि०〉 〈लघु अ०〉 ❶(शंका; आश्चर्य का बोध होता है)：嗟～！हा！ओह！हाय！❷(प्रश्न या अलंकारपूर्ण प्रश्न का बोध होता है, इस का प्रयोग 吗 ma या 呢 ne के समान होता है)：可不慎～？क्या इस के लिए संजीदगी से नहीं किया जा सकता है？

妤

yú दे० 婕妤 jiéyú रूप वाला सौंदर्य (एक उपाधि जो सम्राट की गुणसम्पन्न रखैल को दी जाती थी)

盂

yú तरल पदार्थ रखने के लिए बड़े मुंह वाला पात्र：痰～ थूकदान
【盂兰盆会】 yúlánpénhuì भूत-प्रेत त्यौहार का बौद्ध नाम (चांद्र पंचांग के सातवें महीने के पूर्णिमा के दिन)

臾

yú दे० 须臾 xūyú क्षण; पल

鱼

（魚）yú ❶मछली ❷（Yú）एक कुलनाम
【鱼白】[1] yúbái ❶मछली का वीर्य ❷〈बो०〉 मछली का फुकना
【鱼白】[2] yúbái मछली का सफ़ेद-सा रंग —— पौ फटते समय पूर्व के आकाश का रंग：太阳上升起来以前，东方首先发出了～。सूर्योदय के पहले पूर्व में सब से पहले मछली का सा सफ़ेद-सा रंग दिखाई दिया।
【鱼鳔】 yúbiào मछली का फुकना
【鱼舱】 yúcāng जहाज़ में मछली रखने का कमरा या डिब्बा; मछली रखने का केबिन
【鱼叉】 yúchā मछली मारने का बरछा (या कांटा)
【鱼池】 yúchí मछलियों का तालाब
【鱼翅】 yúchì शार्क मछली का पंख; शार्क-फ़िन
【鱼虫】 yúchóng जल में रहने वाले पिस्सू जैसे कीड़े; वाटर फ़्ली (मछली का खाना) (water flea)
【鱼唇】 yúchún शार्क का ओठ (भोज्य वस्तु)
【鱼刺】 yúcì कांटा
【鱼大水小】 yúdà-shuǐxiǎo छिछले पानी में बड़ी मछली —— रक्षा के लिए बिना पर्याप्त साधनों का भारी यंत्र (या उपकरण)
【鱼道】 yúdào मछली का मार्ग
【鱼肚】 yúdǔ मछली के फुकने से बना भोजन
【鱼肚白】 yúdùbái मछली का सफ़ेद-सा रंग —— पौ फटते समय पूर्व के आकाश का रंग：天际开始露出了～。

क्षितिज में मछली का सफ़ेद-सा रंग दिखाई देने लगा।
【鱼饵】 yú'ěr मछली फुसलाने के लिए चारा
【鱼粉】 yúfěn मछली का आटा
【鱼肝油】 yúgānyóu कॉड मछली का तेल जो कॉड के यकृत से प्राप्त होता है और दवा के काम आता है
【鱼竿】 yúgān मछली मारने की बंशी
【鱼缸】 yúgāng मछली का कुंड
【鱼钩】 yúgōu मछली फंसाने का कांटा
【鱼狗】 yúgǒu <प्राणि०> किंगफ़िशर, एक प्रकार का पक्षी
【鱼鼓】 yúgǔ 渔鼓 yúgǔ के समान
【鱼贯】 yúguàn तैरती मछलियों की तरह एक के बाद एक: ～而行 तैरती मछलियों की तरह एक के बाद एक चलना
【鱼贯而入】 yúguàn'érrù तैरती मछलियों की तरह एक के बाद एक अंदर जाना
【鱼罐头】 yúguàntou टिन की मछली: ～厂 मछली-टिनबंदी का कारखाना
【鱼花】 yúhuā (अंडे से हाल ही में निकले हुए) मछली के बच्चे
【鱼胶】 yújiāo ❶मछली-गोंद; मछली का सरेस ❷<बो०> मछली का फुकना (विशेषकर पीली मछली का फुकना)
【鱼具】 yújù（渔具 yújù भी） मछली पकड़ने या मारने के औज़ार (या साधन); मछली पकड़ने या मारने का आवश्यक सरंजाम (टैकल)
【鱼口】 yúkǒu（鱼口疔 yúkǒudīng भी）<ची०चि०> जलवायु संबंधी गिल्टी; क्लिमैटिक ब्यूबो; ट्रापिकल ब्यूबो
【鱼雷】 yúléi टारपीडो: ～发射器 टारपीडो मार यंत्र
【鱼雷机】 yúléijī टारपीडो वाहक हवाई-जहाज़
【鱼雷快艇】 yúléi kuàitǐng तेज़ टारपीडो बोट
【鱼雷艇】 yúléitǐng टारपीडो बोट
【鱼类学】 yúlèixué मत्स्यों का प्राकृतिक इतिहास (संबंधी) विज्ञान; मीन विज्ञान: ～家 मीन वैज्ञानिक
【鱼鳞】 yúlín मछली का छिलका: 刮去～ छिलका उतारना या हटाना
【鱼鳞病】 yúlínbìng （鱼鳞癣 yúlínxuǎn भी） एक प्रकार का चर्मरोग जिस में त्वचा शुष्क और कठोर हो जाती है; इकथ्योसिस; मत्स्यचर्म रोग
【鱼鳞坑】 yúlínkēng पानी को इकट्ठा करने या वृक्ष उगाने के लिए पहाड़ी की ढलान में खोदे गये मछली के छिलकों के रूप में अनेक गढ़े; मछली के छिलकों के रूप में गढ़े
【鱼龙】 yúlóng <पुरा०> मत्स्यनाग; इकथ्योसारस
【鱼龙混杂】 yúlóng-hùnzá मत्स्य और नाग एक साथ मिला होना —— नेकी और बदी एक साथ मिला होना
【鱼篓】 yúlǒu मछली रखने की बांस की पिटारी
【鱼露】 yúlù फ़िश-सॉस; मछली की चटनी
【鱼卵】 yúluǎn मछली के अंडे (या अंडों का गुच्छा)
【鱼米之乡】 yúmǐzhīxiāng मछली और चावल का स्थान —— बड़ी मात्रा में मछली और चावल पैदा करने का स्थान
【鱼苗】 yúmiáo मछली के अंडों से हाल ही में निकले हुए बच्चे
【鱼目混珠】 yúmù-hùnzhū मछली की आंखों से मोतियों का झूठा रूप बनाना —— झूठी वस्तुओं से मूल्यवान वस्तुओं का झूठा रूप बनाना; मछली की आंखों को मोती समझा जाना
【鱼片】 yúpiàn मछली के मांस के काटे हुए टुकड़े
【鱼漂】 yúpiāo कार्क या पर जो मछली पकड़ने की डोर पर सूचक के तौर पर बाँधा जाता है
【鱼鳍】 yúqí मछली के पंख या पक्ष
【鱼群】 yúqún मछलियों का समूह: ～探测器 मछली खोजने का यंत्र
【鱼肉】 yúròu ❶मछली का मांस ❷मछली और मांस ❸सवारी गांठना; धज्जियां उड़ाना: ～乡民 गांव में जनता पर सवारी गांठते फिरना
【鱼生】 yúshēng अच्छी तरह काटे हुए कच्ची मछली के टुकड़े
【鱼生粥】 yúshēngzhōu अच्छी तरह काटे हुए कच्ची मछली के टुकड़ों के साथ पकाया चावल का दलिया
【鱼石脂】 yúshízhī <औष०> इकथ्योल; इकथमोल
【鱼水】 yúshuǐ मछली और पानी: 亲如～ मछली और पानी का-सा घनिष्ठ संबंध
【鱼水情】 yúshuǐqíng मछली और पानी का-सा संबंध; बहुत घनिष्ठ संबंध
【鱼水情深】 yúshuǐ-qíngshēn मछली और पानी का-सा गहरा संबंध होना
【鱼死网破】 yúsǐ-wǎngpò मछली मर गई और जाल टूट गया —— जन्म-मरण का संघर्ष
【鱼松】 yúsōng（鱼肉松 yúròusōng भी）सूखा हुआ मछली के मांस का फ़्लॉस (floss)
【鱼塘】 yútáng मछली का तालाब
【鱼藤】 yúténg <वन०> त्रिपर्ण रत्नलता; ट्राइफ़ोलियेट जूवलवाइन
【鱼藤精】 yúténgjīng <कृ०> डेरिस इक्सट्रैक्ट (derris extract)
【鱼藤酮】 yúténgtóng <कृ०> रोटेनोन (rotenone)
【鱼梯】 yútī मत्स्यमार्ग; फ़िश लैडर
【鱼丸子】 yúwánzi मछली का कोफ़्ता; फ़िश बाल
【鱼网】 yúwǎng जाल; मछली पकड़ने का जाल
【鱼尾号】 yúwěihào बोल्डफ़ेस स्क्वेयर ब्रैकेटस् (【】)
【鱼尾纹】 yúwěiwén आंख के बाहरी कोने पर पड़ी हुई झुर्रियां
【鱼鲜】 yúxiān समुद्री भोज्य वस्तुएं; सीफ़ुड
【鱼香肉丝】 yúxiāng ròusī मत्स्य-सुगंधित मांस की काटी हुई धज्जियां
【鱼腥草】 yúxīngcǎo <वन०> हृदयाकार होट्विनिया (cordate hauttuynia)
【鱼汛】 yúxùn（渔汛 yúxùn भी） मछली पकड़ने की ऋतु; माहीगीरी का व्यस्त मौसम
【鱼雁】 yúyàn <साहि०> मछली और जंगली हंस —— पत्र; चिट्ठी: ～鲜通 बहुत दिन एक दूसरे को पत्र न लिखना
【鱼秧子】 yúyāngzi मछली का बच्चा; अंगुलि-मीन
【鱼鹰】 yúyīng ❶（鹗 è का साधारण नाम） मछली-

बाज़ ❷ (鸬鹚 lúcí का साधारण नाम) पनकौवा; जलकाग
【鱼油】 yúyóu मछली का तेल
【鱼游釜中】 yúyóufǔzhōng पकाते हुए घड़े में तैरती मछली की तरह —— फ़ौरन आने वाले खतरे में
【鱼圆】 yúyuán 〈बो०〉 मछली का कोफ़्ता
【鱼跃】 yúyuè मछली का पानी के ऊपर छलांग मारना
【鱼闸】 yúzhá मत्स्यपाश; मत्स्यबंध
【鱼种】 yúzhǒng मछली का बच्चा; अंगुलि-मीन
【鱼子】 yúzǐ मछली के अंडे; मछली के अंडों का गुच्छा
【鱼子酱】 yúzǐjiàng मछली के अंडों का अचार

禺 yú प्राचीन पुस्तक में वर्णित एक प्रकार का बंदर

竽 yú एक प्राचीन वायु-वाद्य

舁 yú 〈बो०〉 एक साथ भारी चीज़ उठाना

俞 yú ❶〈लि०〉〈विस्मय०〉 (स्वीकृति का बोध होता है) ❷ (Yú) एक कुलनाम
【俞允】 yúyǔn 〈लि०〉 स्वीकृति देना

旟（旟） yú प्राचीन काल में एक प्रकार का सैन्य ध्वज

狳 yú दे० 犰狳 qiúyú 〈प्राणि०〉 झाऊ चूहा; आर्मा-डिलो

馀（餘） yú ❶दे० 余² (जब 余 और 馀 के बीच अर्थ में गड़बड़ हो तो 馀 का प्रयोग किया जाता है)： ～年无多 बाकी अधिक साल न रहना ❷ (Yú) एक कुलनाम

谀（諛） yú 〈लि०〉 चाटुकारी (या चापलूसी, खुशामद) करना： 阿～ चाटुकारी (चापलूसी, खुशामद) करना
【谀辞】 yúcí (谀词 yúcí भी) चाटुकारी करने की बातें

娱 yú ❶मनोरंजन करना; मनोविनोद करना： 聊以自～ अपना ही मनोरंजन करना; अपना दिल बहलाना ❷आनंद; ऐंद्रिक सुख： 耳目之～ इंद्रियों का आनंद
【娱记】 yújì मनोरंजन की खबरें इकट्ठी करने वाला संवाददाता; पापाराज़ो (paparazzo)
【娱老】 yúlǎo सुखपूर्वक अपना बुढ़ापा बिताना
【娱乐】 yúlè आमोद-प्रमोद; मनोरंजन; क्रीड़ा; दिल-बहलाव： ～场所 क्रीड़ाक्षेत्र; आमोद-प्रमोद केन्द्र (या स्थल) / ～室 रंगभवन; आमोद-प्रमोद का कमरा / 打牌是他爱好的～。 ताश खेलना उस की पसन्द का मनोरंजन है।

萸 yú दे० 茱萸 zhūyú 〈ची०चि०〉 दवा के काम आने वाले कार्नेल (cornel) वृक्ष का फल

雩 yú प्राचीन काल में पानी बरसने के लिए किया जाने वाला एक यज्ञ

渔（漁、𩼓） yú ❶मछली पकड़ना： 渔船 / 渔夫 ❷उस वस्तु को प्राप्त करने के लिए चेष्टा करना जो उसे प्राप्त करने के लिए नहीं चाहिए： 渔利
【渔霸】 yúbà वह स्थानीय निरंकुश जो मछली बाज़ार को अपने एकाधिकार में लेता है
【渔叉】 yúchā मछली मारने का बरछा, भाला या कांटा
【渔产】 yúchǎn जलीय पदार्थ; जल में उत्पादित वस्तुएं
【渔场】 yúchǎng मछली क्षेत्र; मीन-क्षेत्र
【渔船】 yúchuán मछुवा; मछुआ-नाव; मछुओं की नौका; मछुआ जहाज़; मछली पकड़ने की नाव
【渔村】 yúcūn मछुओं का गांव
【渔夫】 yúfū 〈पुराना〉 मछुआ; मछुवा
【渔父】 yúfù 〈लि०〉 बूढ़ा मछुआ
【渔妇】 yúfù मछुआ जाति की स्त्री
【渔港】 yúgǎng मत्स्य बंदरगाह
【渔歌】 yúgē मछुओं का गाना (गीत)
【渔钩】 yúgōu कांटा; बंसी का कांटा
【渔鼓】 yúgǔ ❶बांस से बना एक प्रकार का आघात वाद्य जो गान द्वारा लोक-कथा के वर्णन के लिए सुर मिलाता है ❷दे० 渔鼓道情
【渔鼓道情】 yúgǔ dàoqíng बांस के आघात वाद्य के साथ गान द्वारा लोक-कथा का वर्णन करना
【渔火】 yúhuǒ मछुओं की नावों की रोशनियां
【渔获量】 yúhuòliàng (मछली का) कैच; पकड़ी हुई मछलियां
【渔家】 yújiā मछुए का परिवार： ～姑娘 मछुए की पुत्री
【渔具】 yújù (鱼具 yújù भी) मछली पकड़ने या मारने के औज़ार (या साधन); मछली पकड़ने या मारने का आवश्यक सरंजाम (या टैकल)
【渔捞】 yúlāo बड़े पैमाने पर मछली पकड़ने का काम
【渔利】 yúlì ❶अनुचित लाभ उठाना; अनुचित प्राप्ति का लाभ उठाना： 从中～ किसी स्थिति से लाभ उठाना ❷दे० 渔人之利
【渔猎】 yúliè मछली पकड़ना, मारना और शिकार करना
【渔轮】 yúlún मछली पकड़ने का जहाज़
【渔民】 yúmín मछुआ; मछुवा
【渔区】 yúqū मछली पकड़ने का क्षेत्र
【渔人】 yúrén मछुआ; मछुवा
【渔人之利】 yúrénzhīlì मछुए का लाभ; मछुए की प्राप्ति —— तीसरे व्यक्ति द्वारा उठाया हुआ लाभ —— दे० 鹬蚌相争，渔人得利 जब कुनाल पक्षी और सीप भिड़ जाते हैं तब मछुआ इस खींचतान से लाभ उठाता है —— खींचतान से तीसरा (व्यक्ति) लाभ उठा सकता है
【渔色】 yúsè 〈लि०〉 स्त्री के सौंदर्य को पसन्द करना： ～之徒 व्यभिचारी; स्त्री-सेवी; लंपट; कामुक; कामासक्त
【渔网】 yúwǎng जाल; मछली पकड़ने का जाल
【渔翁】 yúwēng बूढ़ा मछुआ
【渔线】 yúxiàn फ़िशिंग लाइन; फ़िशलाइन
【渔汛】 yúxùn मछली पकड़ने की ऋतु; माहीगीरी का व्यस्त मौसम
【渔业】 yúyè मछली-उद्योग; मछली-व्यवसाय; मछली

पालने-पकड़ने का धंधाः ～资源 मछुआगीरी साधन
【渔舟】 yúzhōu <लि०> मछवा; मछुआ-नाव

隅 yú ❶कोनाः 墙～ दीवार का कोना / 城～ शहर में पनाह का कोना ❷किनारे पर का स्थानः 海～ समुद्र-तट क्षेत्र; समुद्रतटीय भूमि

揄 yú खींचना; आकर्षित करना; प्रस्तुत करना
【揄扬】 yúyáng <लि०> ❶प्रशंसा करनाः 极口～ बड़ी (या खूब) प्रशंसा करना ❷प्रचार करनाः ～大义 न्याय (या धर्म) का प्रचार करना

喁 yú <लि०> बात मिलाना; आवाज़ में आवाज़ मिलाना
yóng भी दे०
【喁喁】 yúyú <लि०> ❶बात मिलाना; आवाज़ में आवाज़ मिलाना; सुर में सुर मिलाना ❷बात करने की आवाज़ (बहुधा धीमी आवाज़ में बात करने के लिए प्रयुक्त): ～私语 फुसफुसाना
yóngyóng भी दे०

嵎 yú ❶(पहाड़) खड़ी चट्टान जैसा खतरनाक ❷(पहाड़) ऊंचा ❸隅 yú के समान
【嵎角】 yújiǎo कोना
【嵎嵎】 yúyú (पहाड़) ऊंचा

嵛 yú दे० 昆嵛 Kūnyú, शानतोंग प्रांत में एक पहाड़

畬 yú <लि०> दो साल संकर्षित भूमि

逾[1] (踰) yú अधिक होना; बढ़ जाना; पार कर जानाः 逾期 / 逾限 / 年～八十 उम्र अस्सी साल से अधिक होना

逾[2] yú <लि०> और अधिकः 痛乃～甚 दर्द और अधिक होना
【逾常】 yúcháng असामान्य; असाधारणः 欣喜～ असाधारण रूप से प्रसन्न होना
【逾分】 yúfèn अनुचित; अनुपयुक्त अथवा ठीक से अधिकः ～的要求 अनुचित मांग; अनुपयुक्त अथवा ठीक से अधिक मांग
【逾恒】 yúhéng असामान्य; असाधारणः 勤奋～ असाधारण उद्योग
【逾期】 yúqī मीयाद पार होना; नियत समय पार होनाः ～两天 मीयाद से दो दिन पार होना / ～未还（书籍） (पुस्तक आदि) मीयाद पार कर वापस न देना
【逾限】 yúxiàn मीयाद पार होना
【逾越】 yúyuè अधिक होना; बढ़ जाना; पार कर जानाः ～界限 सीमा से बाहर जाना; सीमा पार करना

腴 yú ❶(आदमी) मोटाः 丰～ अधिक और अच्छा ❷उपजाऊः 膏～ उपजाऊ

渝[1] yú परिवर्तन; बदलना (बहुधा रुख या भावना के बारे में प्रयुक्त): 始终不～ दृढ़तापूर्वक; अविचल रूप से

渝[2] Yú चोंगछिंग（重庆）नगर का दूसरा नाम

愉 yú प्रसन्न; खुश; आनन्दमयः 愉悦 / 愉快
【愉快】प्रसन्न; खुश; आनन्दमयः 生活～ सुखमय जीवन / 心情～ दिल खुश होना
【愉乐】 yúlè प्रसन्न; खुश; आनन्दमय
【愉悦】 yúyuè आनन्दमय; प्रसन्न; सहर्षः ～的心情 प्रसन्न चित्त

骗（騟） yú <लि०> बैंगनी रंग का घोड़ा

瑜 yú <लि०> ❶सुन्दर जेड पत्थर ❷जेड पत्थर की चमक; <ला०> उत्तम गुण; श्रेष्ठ गुणः 瑕不掩～ किसी की छोटी-सी त्रुटि उस की प्रसिद्धि को कम नहीं कर सकती
【瑜珈】 yújiā（瑜伽 yújiā भी）योग

榆 yú एल्म (elm) वृक्ष
【榆荚】 yújiá एल्म वृक्ष का फल (या बीज)
【榆钱】 yúqián एल्म वृक्ष का फल (या बीज)
【榆树】 yúshù एल्म वृक्ष
【榆叶梅】 yúyèméi फूलदार बेर

虞[1] yú ❶अनुमान; पूर्वानुमानः 以备不～ आकस्मिक बात (या घटना) के लिए तैयार करना / 不～之誉 आशातीत प्रशंसा होना ❷चिंताः 无～ चिंता न होना / 不～匮乏 अभाव की चिंता न होना ❸धोखा देनाः 尔～我诈 आपस में धोखा-धड़ी

虞[2] Yú ❶एक पौराणिक राजवंश जिस का संस्थापक शुन（舜）था ❷चओ राजवंश में एक राज्य (वर्तमान शानशी प्रांत की फिंगलू काउंटी के उत्तरपूर्व में) ❸एक कुलनाम

愚 yú ❶मूर्ख; नासमझ; बेवकूफ़ः 愚笨 ❷धोखा देना; मूर्ख बना देना; बेवकूफ़ बनानाः 为人所～ किसी व्यक्ति के द्वारा मूर्ख बना दिया जाना ❸<विन०> मैंः ～兄 आप का अयोग्य बड़ा भाई / ～弟 आप का अयोग्य छोटा भाई / ～以为不可。मेरे ख्याल में ऐसा नहीं किया जा सकता।
【愚骙】 yú'ái <लि०> अज्ञानी और मूर्ख; मूर्खतापूर्ण
【愚笨】 yúbèn मूर्ख; बेवकूफ़; अचतुर
【愚不可及】 yúbùkějí अत्यंत मूर्ख होना; इस से अधिक और मूर्ख न हो सकना
【愚痴】 yúchī मूर्ख और मूढ़
【愚蠢】 yúchǔn मूर्ख; अचतुर; बेवकूफ़ः 最～的人 वज्र-मूर्ख व्यक्ति
【愚钝】 yúdùn मूर्ख; बेवकूफ़; मंद-बुद्धि
【愚公移山】 yúgōng-yíshān एक बूढ़ा आदमी जिस ने पहाड़ों को हटा दिया —— सतत प्रयत्न से; दृढ़ निश्चय से
【愚见】 yújiàn （愚意 yúyì भी）<विन०> मेरा क्षुद्र मत

【愚陋】 yúlòu अज्ञानी और मूर्ख
【愚鲁】 yúlǔ मूर्ख और धृष्ट
【愚昧】 yúmèi ज्ञानहीन; मूर्ख और नासमझ: ～落后 ज्ञानशून्य और पिछड़ा हुआ
【愚昧无知】 yúmèi-wúzhī निर्बुद्धि; अज्ञानी; गंवार
【愚氓】 yúmeng मूर्ख आदमी; बेवकूफ़
【愚蒙】 yúméng 〈लि०〉 मूर्ख; निर्बुद्धि; अज्ञानी
【愚民】 yúmín ❶मूर्ख जनता ❷जनता को बेवकूफ़ बनाने की कोशिश करना: ～政策 जनता को बेवकूफ़ बनाने की नीति
【愚弄】 yúnòng छलना; धोखा देना: ～人民 जनता की आंखों में धूल झोंकना
【愚懦】 yúnuò मूर्ख और भीरु
【愚人】 yúrén मूर्ख आदमी; बेवकूफ़
【愚人节】 yúrénjié पहली अप्रैल (अप्रैल फ़ूल)
【愚顽】 yúwán मूर्ख और हठीला
【愚妄】 yúwàng मूर्ख परंतु अहम्मन्य
【愚者千虑，必有一得】 yúzhě qiān lǜ, bì yǒu yī dé वज्रमूर्ख द्वारा अपनाए हज़ार उपायों में से एक न एक अवश्य ठीक होता है
【愚忠】 yúzhōng (मालिक, नेता आदि के प्रति) अंध-निष्ठा
【愚拙】 yúzhuō मूर्ख; अचतुर; बेवकूफ़

艅 yú नीचे दे०
【艅艎】 yúhuáng प्राचीन काल में एक प्रकार का बड़ा पोत

觎（覦） yú दे० 觊觎 jìyú ललचाना; अत्यधिक चाहना

歈 yú 〈लि०〉 ❶गीत; गाना ❷愉 yú के समान

舆[1] yú 〈लि०〉 ❶गाड़ी: 马～ घोड़ा गाड़ी ❷गाड़ी में बैठने और सामान रखने का भाग ❸पालकी: 彩～ रंगीन पालकी

舆[2]（輿） yú भूमि: 舆地 / 舆图

舆[3]（輿） yú लोगों का; सार्वजनिक: 舆论 / 舆情
【舆地】 yúdì भूमि; प्रदेश; क्षेत्र
【舆论】 yúlùn लोकमत; जनमत; लोगों की राय: ～压力 लोकमत का दबाव / 制造～ लोकमत तैयार करना / ～指摘 लोकमत द्वारा की जाने वाली आलोचना / ～准备 जनमत की तैयारी करना
【舆论工具】 yúlùn gōngjù मास-मीडिया; मीडिया; जनमत साधन
【舆论界】 yúlùnjiè प्रकाशन-प्रसारण जगत; पत्रकार जगत
【舆情】 yúqíng सार्वजनिक भावनाएँ: 洞察～ लोक भावनाओं को अच्छी तरह जानना
【舆图】 yútú 〈लि०〉 मानचित्र

窬（踰） yú 〈लि०〉 दीवार पर चढ़कर जाना: 穿～ (किसी घर को लूटने के लिए) दीवार पर चढ़कर अंदर घुसना

褕 yú दे० 襜褕 chānyú 〈लि०〉 एक प्रकार का छोटा कपड़ा

蝓 yú दे० 蛞蝓 kuòyú（蜒蚰 yányóu भी）शक्तिहीन शम्बूक

髃 yú 〈ची०चि०〉 कंधे का अगला भाग

yǔ

与[1]（與） yǔ ❶देना; (को) भेंट करना: 与人方便 ❷मिलजुल कर रहना; (के साथ) आना-जाना: ～国 मित्र देश ❸सहायता देना; समर्थन करना: 与人为善 ❹〈लि०〉 प्रतीक्षा करना; इंतज़ार करना: 岁不我～。 समय मेरी (या किसी की) प्रतीक्षा नहीं करता।

与[2]（與） yǔ ❶〈पूर्व०〉 (संबंध आदि का बोध होता है): ～此有关 इस से संबंधित होना / ～困难作斗争 कठिनाइयों के साथ संघर्ष करना ❷〈संयो०〉 और: 文化～教育 संस्कृति और शिक्षा / 批评～自我批评 आलोचना और आत्मालोचना
yú; yù भी दे०
【与夺】 yǔduó दे० 予夺 yǔduó
【与共】 yǔgòng साथ-साथ रहना: 生死～ एक साथ रहना और मरना
【与虎谋皮】 yǔhǔ-móupí बाघ से उस का चर्म मांगना —— (किसी व्यक्ति, बहुधा बुरे आदमी से) उस के अपने हित के विरुद्ध काम करने की आशा बांधना
【与君一夕话，胜读十年书】 yǔ jūn yī xī huà, shèng dú shí nián shū आज शाम की बातचीत में मैं ने आप से इतना सीख लिया है जितना मैं दस साल के अध्ययन में भी नहीं सीख सकता था
【与民更始】 yǔmín-gēngshǐ तमाम राष्ट्र के साथ मिलकर बिलकुल ही नई शुरुआत करना
【与其】 yǔqí 〈संयो०〉 (बहुधा 毋宁, 不如 के साथ परस्पर संबंध से प्रयुक्त) … से यही बेहतर है कि: ～投降，不如作战到底。 आत्मसमर्पण करने से अंत तक लड़ना बेहतर है; आत्मसमर्पण करने से तो यही बेहतर है कि वह अंत तक लड़ता रहे।
【与人方便，自己方便】 yǔ rén fāngbiàn, zìjǐ fāngbiàn वह जो दूसरों की सहायता करता है, वास्तव में वह अपनी सहायता भी करता है
【与人为善】 yǔrén-wéishàn दूसरों की भलाई को ध्यान में रखकर व्यवहार करना
【与日俱增】 yǔrì-jùzēng दिन-ब-दिन बढ़ते जाना
【与时俱进】 yǔshí-jùjìn समय (या काल) के साथ आगे

बढ़ना

【与世长辞】 yǔshì-chángcí संसार से हमेशा के लिए विदा होना; चल बसना

【与世浮沉】 yǔshì-fúchén समय के प्रवाह के साथ बहना; बहुमत के साथ बहना

【与世无争】 yǔshì-wúzhēng बाहरी दुनिया से दूर (या अलग) रहना

【与众不同】 yǔzhòng-bùtóng अपने ढंग का; दूसरों से भिन्न

予 yǔ देना; प्रदान करना: 授～称号 उपाधि प्रदान करना / 免～处分 किसी व्यक्ति को दंड से छुटकारा देना yú भी दे०

【予夺】 yǔduó 〈लि०〉 (ताकत, बल) देना और लेने का अधिकार: 生杀～ किसी व्यक्ति को मौत के घाट उतारने, जीवन-दान या छीन लेने का अधिकार होना

【予人口实】 yǔrén-kǒushí स्वयं आरोपित या दोषी होने के लिए दूसरों को प्रमाण देना

【予以】 yǔyǐ देना; प्रदान करना: ～表扬 किसी की प्रशंसा करना; किसी की सराहना करना

屿（嶼） yǔ (पुराना xù) छोटा द्वीप; छोटा टापू: 岛～ बड़े और छोटे द्वीप

伛（傴） yǔ (पीठ) कुबड़ की तरह झुकना; (कमर) झुकाना: ～着背 पीठ कूबड़ की तरह झुकना / ～下腰 कमर झुकाना

【伛偻】 yǔlǚ ❶कूबड़दार पीठ वाला ❷आदर के साथ (स्वीकृति करना) ; कमर झुकाकर

宇 yǔ ❶छज्जा; मकान: 屋～ मकान / 庙～ मंदिर; मठ; देवगृह ❷शून्य; शून्य स्थान; अंतरिक्ष: 宇宙 ❸चाल-ढाल और रंग-ढंग: 眉～ माथा; ललाट ❹ （Yǔ） एक कुलनाम

【宇称】 yǔchēng 〈भौ०〉 पैरिटी (parity): ～不守恒 पैरिटी नानकंसरवेशन / ～守恒 पैरिटी कंसरवेशन (parity conservation)

【宇航】 yǔháng 宇宙航行 का संक्षिप्त रूप

【宇航员】 yǔhángyuán 宇宙航行员 का संक्षिप्त रूप

【宇文】 Yǔwén एक कुलनाम

【宇宙】 yǔzhòu अंतरिक्ष; ब्रह्माण्ड; विश्व

【宇宙尘】 yǔzhòuchén अंतरिक्ष-धूलि; कास्मिक डस्ट

【宇宙飞船】 yǔzhòu fēichuán अंतरिक्ष-यान

【宇宙飞行】 yǔzhòu fēixíng अंतरिक्ष उड़ान; अंतरिक्ष यात्रा

【宇宙飞行员】 yǔzhòu fēixíngyuán अंतरिक्ष-यात्री

【宇宙服】 yǔzhòufú अंतरिक्ष-सूट

【宇宙观】 yǔzhòuguān विश्व-दृष्टिकोण

【宇宙航行】 yǔzhòu hángxíng अंतरिक्ष उड़ान; अंतरिक्ष-यात्रा

【宇宙航行学】 yǔzhòu hángxíngxué ऐस्ट्रोनॉटिक्स

【宇宙航行员】 yǔzhòu hángxíngyuán अंतरिक्ष-यात्री

【宇宙火箭】 yǔzhòu huǒjiàn अंतरिक्ष राकेट; कास्मिक राकेट

【宇宙空间】 yǔzhòu kōngjiān अंतरिक्ष परमाकाश

【宇宙射线】 yǔzhòu shèxiàn कास्मिक किरणें; कास्मिक रेडिएशन

【宇宙速度】 yǔzhòu sùdù व्योमवेग; कास्मिक वेलासिटी (या स्पीड): 第一～ पहला व्योमवेग / 第二～ दूसरा व्योमवेग / 第三～ तीसरा व्योमवेग

【宇宙学】 yǔzhòuxué （宇宙论 yǔzhòulùn भी） कास्मालाजी

【宇宙站】 yǔzhòuzhàn अंतरिक्ष केन्द्र; स्पेस स्टेशन

羽¹ yǔ ❶पर ❷पंख: 振～ पंख फड़फड़ाना ❸〈परि० श०〉 (पक्षी के लिए प्रयुक्त): 百～信鸽 एक सौ कपोत

羽² yǔ 〈संगी०〉 प्राचीन चीनी पंच-ध्वनि सरगम में से एक, संगीत के संकेतों में 6 के बराबर

【羽翅】 yǔchì पंखा; पर; पंख

【羽缎】 yǔduàn （羽毛缎 yǔmáoduàn भी） चमकदार सूती कपड़ा; साटन

【羽冠】 yǔguān (पक्षी की) कलगी; चोटी

【羽化】¹ yǔhuà ❶पर निकलना —— दिव्य प्राणी बनना: ～而登仙 नए पंखों के निकलने पर दिव्य प्राणी बन जाना ❷चल बसना; मर मिटना; मरना (ताओवादियों के लिए)

【羽化】² yǔhuà 〈प्राणि०〉 एक्लोशन

【羽客】 yǔkè दे० 羽士

【羽林】 yǔlín （禁军 jìnjūn का दूसरा नाम） राजकीय रक्षक सेना

【羽毛】 yǔmáo ❶पर ❷पक्षी का पर और पशु का बाल; 〈ला०〉 व्यक्ति का यश या कीर्ति: 爱惜～ अपना यश प्यार के साथ सुरक्षित रखना

【羽毛缎】 yǔmáoduàn दे० 羽缎

【羽毛丰满】 yǔmáo-fēngmǎn परिपक्व होना: 他自以为目前业已～。 वह यह समझता है कि अब वह पूर्ण रूप से परिपक्व हो गया है।

【羽毛画】 yǔmáohuà परों का चित्र

【羽毛球】 yǔmáoqiú ❶बेडमिंटन: ～队 बेडमिंटन टीम ❷शटलकोक

【羽毛扇】 yǔmáoshàn पर वाला पंखा: 摇～的 पंखा झलने वाला —— किसी के पीठ पीछे उपायों को खोज निकालने वाला

【羽毛未丰】 yǔmáo-wèifēng अभी परिपक्व न होना; अल्पायु और अपक्व

【羽人】 yǔrén ❶दिव्य प्राणी (चीनी देवकथा में)

【羽绒】 yǔróng बढ़िया कोमल पर; पक्षिशावकों के कोमल पर: ～背心 डाउन वेस्ट / ～服 डाउन जैकेट

【羽纱】 yǔshā कैमलेट; रेशम, ऊन आदि से बना हुआ हल्का कपड़ा जो कोट आदि बनाने के काम आता है

【羽扇】 yǔshàn पर वाला पंखा: ～纶巾 पर वाला पंखा और रेशमी वेष्टन (या सिर ढकने का रूमाल) (विद्वान-

अधिकारी की परम्परागत साज-सज्जा, विशेषकर चूक ल्यांग 诸葛亮 के लिए प्रयुक्त)
【羽士】 yǔshì （羽客 yǔkè भी）ताओ धर्म का पुजारी
【羽书】 yǔshū दे० 羽檄
【羽坛】 yǔtán बेडमिंटन जगत्
【羽檄】 yǔxí प्राचीन काल में सरकारी शीघ्र सैन्य पत्र जिस पर तुरंत रवानगी प्रकट करने के लिए एक पर लगा हुआ होता था
【羽衣】 yǔyī ❶परों से बना हुआ कपड़ा या चोगा ❷ताओ धर्म के पुजारी द्वारा पहना हुआ चोगा ❸ताओ धर्म का पुजारी
【羽翼】 yǔyì ❶पर; पक्ष; पंख ❷सहायक; मददगार
【羽族】 yǔzú चिड़ियां; पक्षी जाति

雨 yǔ वृष्टि; वर्षा; पानी; बारिश
yù भी दे०
【雨暴】 yǔbào <मौ०वि०> आंधी; तूफ़ान
【雨布】 yǔbù वाटर-प्रूफ़ जिस से पानी न छन सके
【雨层云】 yǔcéngyún <मौ०वि०> निम्बोस्ट्रेटस (nimbostratus)
【雨滴】 yǔdī बूंद; मेह की बूंद; वर्षा-बिन्दु
【雨点】 yǔdiǎn बूंद; मेह की बूंद; वर्षा-बिन्दु
【雨刮】 yǔguā （雨刮器 yǔguāqì भी）गाड़ी का सामने का शीशा पोंछने वाला ब्रुश या वाइपर
【雨过地皮湿】 yǔ guò dìpí shī किसी काम को बेमन से और सतही तौर पर करना
【雨过天晴】 yǔguò-tiānqíng （雨过天青 yǔguò-tiānqīng भी）वर्षा के बाद सूर्य फिर निकल आया
【雨后春笋】 yǔhòu-chūnsǔn वसंत की वर्षा के बाद फूटने वाले बांस के अंकुर की तरह
【雨后送伞】 yǔhòu-sòngsǎn पानी बरसने के बाद किसी को छाता देना —— आवश्यकता न रहने पर किसी को सहायता देना
【雨花石】 yǔhuāshí यूहवा कंकड़ (नानचिंग के यूहवाथाए क्षेत्र में पाये जाने वाले सुन्दर-सुन्दर कंकड़
【雨季】 yǔjì वर्षा-ऋतु; पानी बरसने का मौसम
【雨具】 yǔjù वर्षा में प्रयुक्त वस्तुएँ (जैसे बरसाती, छाता आदि)
【雨涝】 yǔlào अतिवृष्टि के कारण बाढ़
【雨帘】 yǔlián （雨帘子 yǔliánzi भी）दे० 雨幕
【雨量】 yǔliàng वृष्टि-मात्रा; वर्षा-मात्रा：～站 वर्षा-मात्रा केन्द्र
【雨量计】 yǔliàngjì वृष्टि-मापी; वर्षा-मापक यंत्र; यूडोमीटर
【雨林】 yǔlín वृष्टि-वन：热带～ उष्ण-कटिबंध वृष्टि-वन
【雨露】 yǔlù ❶वर्षा और ओस ❷मेहरबानी
【雨帽】 yǔmào ❶बरसाती टोपी ❷हुड; सिर ढकने वाली टोपी
【雨幕】 yǔmù वर्षा का परदा; अत्यंत वर्षा; जलवर्षा
【雨棚】 yǔpéng <वास्तु०> सायबान; छज्जा
【雨披】 yǔpī बरसाती चोगा
【雨前】 yǔqián एक प्रकार की हरी चाय जो अन्न-वृष्टि सौरावधि के पहले तोड़ी जाती है
【雨情】 yǔqíng (किसी निश्चित क्षेत्र में) वर्षा-मात्रा
【雨区】 yǔqū वर्षा-क्षेत्र
【雨伞】 yǔsǎn छाता; छतरी
【雨师】 Yǔshī वर्षा का देवता
【雨势】 yǔshì वर्षा की शक्ति：～渐弱 वर्षा की शक्ति धीरे-धीरे कम होती जाना
【雨刷】 yǔshuā गाड़ी का शीशा पोंछने वाला ब्रुश
【雨水】[1] yǔshuǐ वर्षा का पानी：～调和 वर्षा-मात्रा ठीक ही होना / ～足 वर्षा-मात्रा पर्याप्त होना
【雨水】[2] yǔshuǐ 24 सौरावधियों में से एक, वृष्टि, जो फ़रवरी माह की 18, 19 या 20वीं दिनांक में होती है
【雨水管】 yǔshuǐguǎn （水落管 shuǐluòguǎn का दूसरा नाम）छत से पानी नीचे गिरने का पाइप
【雨丝】 yǔsī बूँदा-बाँदी; बहुत हल्की वर्षा
【雨凇】 yǔsōng पानी के 0℃ नीचे भूसतह की वस्तुओं पर गिरने से जमकर बनी हुई बर्फ़ की परत
【雨蛙】 yǔwā <प्राणि०> वृक्ष पर रहने या चलने वाला मेढंक
【雨雾】 yǔwù कुहरे से ढंकी हुई वृष्टि
【雨鞋】 yǔxié बरसाती जूता
【雨靴】 yǔxuē बरसाती बूट्स; रबड़ के बूट्स
【雨雪】 yǔxuě वर्षा और बर्फ़
【雨烟】 yǔyān कुहरे से ढंकी हुई वृष्टि
【雨燕】 yǔyàn <प्राणि०> अबाबील जैसा एक तेज़ी से उड़ने वाला पक्षी, जिस के पंख बड़े लंबे होते हैं; स्विफ़्ट
【雨衣】 yǔyī बरसाती-कोट; बरसाती; वाटरप्रूफ़-कोट
【雨意】 yǔyì पानी बरसने के चिन्ह
【雨云】 yǔyún <मौ०वि०> वर्षा-मेघ; जलद; नीरद
【雨珠】 yǔzhū पानी की छोटी-छोटी पारदर्शक बूंदें

俣 yǔ नीचे दे०
【俣俣】 yǔyǔ <लि०> हट्टा-कट्टा

禹 Yǔ ❶श्या(夏)राजवंश (लगभग 2070-1600 ई०पू०) के प्रसिद्ध संस्थापक ❷एक कुलनाम

语（語） yǔ ❶भाषा; ध्वनि; शब्द; कथन：语言 / 语音 / 印地～ हिन्दी भाषा / 汉～ चीनी भाषा / 外～ विदेशी भाषा / 成～ मुहावरा ❷बोलना; कहना; बात करना：低～ धीरे से बोलना; धीमी आवाज़ में कहना / 细～ फुसफुसाना ❸मुहावरा; कहावत; लोकोक्ति：～云，'言者无罪，闻者足戒。' कहावत है कहने वाले को दोषी न ठहराओ और उस की बात को एक चेतावनी समझो । ❹गैरभाष्य उपाय; संकेत; सिगनल; संकेतों में व्यक्त संदेश：旗～ फ़्लैग सिगनल / 手～ हाथ का इशारा
yù भी दे०
【语病】 yǔbìng गलत बयानी; वाणीदोष
【语词】 yǔcí शब्द और वाक्यांश
【语调】 yǔdiào <ध्वनि०> स्वर का उतार-चढ़ाव; स्वर-लहर; अनुतान
【语法】 yǔfǎ व्याकरण：～学者 वैयाकरण / 转换～

रूपांतरण व्याकरण
【语法学】 yǔfǎxué व्याकरण-विज्ञान
【语锋】 yǔfēng बातचीत का विषय; बातचीत का सूत्र
【语感】 yǔgǎn भाषा के लिए स्वाभाविक स्पर्श-संवेदन
【语汇】 yǔhuì शब्दावाली; शब्द-भण्डार: ～丰富、生动活泼 शब्द-भण्डार भरपूर, ओजपूर्ण और सजीव होना
【语惊四座】 yǔjīng-sìzuò (किसी व्यक्ति की) बात से सभी उपस्थित लोगों को चौंका देना
【语句】 yǔjù वाक्य: ～不通 वाक्य गलत होना
【语库】 yǔkù （语料库 yǔliàokù भी） भाषा-संबंधी सामग्रियों का भण्डार
【语料】 yǔliào भाषा-संबंधी सामग्रियां
【语料库】 yǔliàokù दे० 语库
【语录】 yǔlù (किसी व्यक्ति की रचनाओं आदि के) उद्धरण; कोटेशन; किसी व्यक्ति की सूक्तियां
【语妙天下】 yǔmiào-tiānxià अनुपम बुद्धि से बात करना
【语气】 yǔqì लहजा जिस से भावना, संवेग आदि प्रकट हो; बोलने का ढंग; वाणी-भाव: 用婉转的～说 व्यवहार-कुशल ढंग से बात करना ❷〈व्या०〉（式 shì भी） अर्थ: 虚拟～ संभावनार्थ / 陈述～ निश्चयार्थ / 祈使～ आज्ञार्थ / 条件～ संकेतार्थ / 怀疑～ संदेहार्थ
【语塞】 yǔsè (उत्तेजन, क्रोध आदि के कारण) एक शब्द भी न बोल सकना: 我一时～，他见了暗暗地笑了。तभी मैं एक शब्द भी न बोल सका था, यह देखकर वह मन-ही-मन हंसने लगा।
【语失】 yǔshī अविवेकपूर्ण बात कहना: 言多～。अत्यधिक बोलने से कोई-न-कोई गलती पैदा हो सकती है।
【语素】 yǔsù 〈भा०वि०〉 पदग्राम; पदिम
【语态】 yǔtài 〈व्या०〉（态 tài भी） वाच्य: 主动～ कर्तृ-वाच्य; कर्तृप्रधान / 被动～ कर्मवाच्य; कर्मणिप्रयोग
【语体】 yǔtǐ शैली; लेख लिखने की शैली; लेख के प्रकार: 口语～ बोलचाल की शैली या ढंग / 科学～ लेख की वैज्ञानिक शैली या ढंग
【语体文】 yǔtǐwén बोलचाल की भाषा की शैली में लेख
【语文】 yǔwén ❶（语言和文学 yǔyán hé wénxué का संक्षिप्त रूप） भाषा और साहित्य ❷चीनी भाषा; चीनी (पाठशाला आदि में चीनी या चीनी भाषा का कोर्स): 他的～水平很高。उस की चीनी का स्तर ऊंचा है।
【语无伦次】 yǔwúlúncì असंगत बातें कहना; बेसिर-पैर की बातें करना; बात बहुत उलझी-उलझी और असम्बद्ध होना
【语系】 yǔxì 〈भा०वि०〉 भाषा-परिवार
【语序】 yǔxù 〈व्या०〉 शब्द-क्रम; पद-क्रम
【语焉不详】 yǔyān-bùxiáng विस्तार से न कहना; सविस्तार प्रतिपादन न करना
【语言】 yǔyán भाषा; ज़बान; वाणी: ～结构 भाषा का ढांचा; भाषा की रचना / ～无味 नीरस भाषा; भाषा की नीरसता / ～规范化 भाषा का प्रमाणीकरण
【语言学】 yǔyánxué भाषाविज्ञान; भाषाशास्त्र: ～家 भाषाविद; भाषाशास्त्री / 比较～ तुलनात्मक भाषा-विज्ञान / 普通～ सामान्य भाषाविज्ञान / 应用～ प्रयोगात्मक भाषाविज्ञान
【语义】 yǔyì शब्दार्थ; अर्थ
【语义学】 yǔyìxué अर्थविज्ञान; शब्दार्थविज्ञान
【语意】 yǔyì शब्दों का अर्थ: ～深长。इन शब्दों में अर्थ भरा हुआ है।
【语音】 yǔyīn ❶वाग्ध्वनि ❷उच्चारण: 他的～很好。उस का उच्चारण बहुत अच्छा है।
【语音合成】 yǔyīn héchéng 〈कंप्यू०〉 ध्वनि संश्लेषण
【语音识别】 yǔyīn shíbié 〈कंप्यू०〉 ध्वनि पहचान
【语音信箱】 yǔyīn xìnxiāng वॉइस मेलबॉक्स
【语音学】 yǔyīnxué ध्वनि-विज्ञान; ध्वनिशास्त्र
【语源学】 yǔyuánxué व्युत्पतिविज्ञान; निरुक्त
【语种】 yǔzhǒng भाषाएँ
【语重心长】 yǔzhòng-xīncháng दिली बातें और उत्सुक आकांक्षाएं
【语助词】 yǔzhùcí （语气助词 yǔqì zhùcí भी） 〈व्या०〉 मन:स्थिति प्रकट करने वाले सहायक शब्द
【语族】 yǔzú भाषाकुल: 印欧语系印度伊朗～ भारोपीय भाषा परिवार का भारतीय-ईरानी भाषाकुल

圄 yǔ दे० 囹圄 língyǔ 〈लि०〉 जेल; बंदीगृह

敔 yǔ प्राचीन वाद्ययंत्र, संगीत के अंत में इस वाद्ययंत्र को बजा कर संगीत समाप्त होता है

圉 yǔ 〈लि०〉 घोड़े पालने का स्थान: ～人 घोड़ा पालने वाला

偊 yǔ अकेला चलना

鄅 Yǔ चओ राजवंश में एक राज्य का नाम (वर्तमान शानतोंग प्रान्त की लिन ई काउंटी में)

庾 yǔ ❶〈लि०〉 खुले मैदान में अन्न-भण्डार ❷（Yǔ） एक कुलनाम

铻（鋙） yǔ दे० 钼铻 jǔyǔ 〈लि०〉 असहमत होना; मतभेद होना; झगड़ना

㺄（貐） yǔ दे० 猰㺄 yàyǔ प्राचीन किंवदंती में मनुष्य खाने वाला एक प्रकार का हिंसक पशु

瑀 yǔ 〈लि०〉 जेड जैसा पत्थर

瘐 yǔ नीचे दे०
【瘐毙】 yǔbì 〈लि०〉 दे० 瘐死
【瘐死】 yǔsǐ 〈लि०〉 (बंदी) जेल में बीमारी से मर जाना

龉（齬） yǔ दे० 龃龉 jǔyǔ ऊपर और नीचे के दांतों का आपस में अच्छी तरह नहीं मिलता —— असहमत होना; मतभेद होना; झगड़ना

窳 yǔ 〈लि०〉 (वस्तुएँ) बुरा; खराब: 窳败 / 窳劣

【窳败】 yǔbài 〈लि०〉 बिगड़ना; सड़ना; गलना

【窳惰】 yǔduò 〈लि०〉 आलसी; सुस्त

【窳劣】 yǔliè 〈लि०〉 निचले दर्जे का; घटिया

yù

与（與） yù (में) शामिल होना; हिस्सा लेना; भाग लेना: 与会

yú; yǔ भी दे०

【与会】 yùhuì सभा में शामिल होना: ～国 सभा में शामिल होने वाला देश / ～人员 सभा में शामिल होने वाले लोग

【与闻】 yùwén （预闻 yùwén भी） किसी (सभा, मीटिंग) में शामिल होना और (अंदरूनी हालत) मालूम होना: ～其事 शामिल होना और विषय के जानकारी होना

玉 yù ❶जेड पत्थर: 软～ सर्पिज जेड / 硬～ सैलखड़ी जेड ❷〈ला०〉 गोरा; सुन्दर: 玉颜 ❸〈आदर०〉 आप का: 玉照

【玉版宣】 yùbǎnxuān मज़बूत सफ़ेद शुआन कागज़（宣纸）

【玉版纸】 yùbǎnzhǐ एक प्रकार का बढ़िया किस्म का लिखने का कागज़

【玉帛】 yùbó 〈लि०〉 जेड-वस्तुएँ और रेश्मी कपड़े: 化干戈为～ हथियारों के स्थान पर जेड-वस्तुएँ और रेश्मी कपड़े (यानी लड़ाई को बदल कर शांति की स्थापना करना)

【玉不琢，不成器】 yù bù zhuó, bù chéng qì बिना काट-छांट किये और बिना चमकाये जेड पत्थर का कुछ नहीं बन सकता —— बिना शिक्षा दिये कोई व्यक्ति उपयोगी नहीं बन सकता

【玉成】 yùchéng 〈शिष्ट०〉 कृपया कोई काम सफल बनाने में सहायता करें: ～其事 कृपया इस काम को सफल बनाने में सहायता करें

【玉带】 yùdài जेड कटि-बंध; जेड बेल्ट (प्राचीन चीन में उच्च पद के अधिकारियों द्वारा पहनी जाती थी)

【玉雕】 yùdiāo जेड तराशी; जेड शिल्पकला

【玉钩】 yùgōu ❶जेड कांटा ❷〈साहि०〉 दूज का चांद

【玉皇大帝】 Yùhuáng Dàdì （玉帝 Yùdì भी） जेड सम्राट (ताओ धर्म में सर्वोच्च देवता)

【玉茭】 yùjiāo（玉茭子 yùjiāozi भी）〈बो०〉 मक्का: ～面 मक्के का आटा

【玉洁】 yùjié जेड पत्थर की भांति स्वच्छ: ～的月亮 जेड जैसा स्वच्छ चांद

【玉洁冰清】 yùjié–bīngqīng（冰清玉洁 bīngqīng–yùjié भी） जेड जैसा शुद्ध और बर्फ़ जैसा पवित्र

【玉筋鱼】 yùjīnyú सैंड लांस (sand lance)

【玉兰】 yùlán 〈वन०〉 यूलान मैग्नोलिया (yulan magnolia) (वृक्ष और फूल)

【玉兰片】 yùlánpiàn बांस के कोमल कोंपल का सूखा टुकड़ा

【玉立】 yùlì ❶पतले आकार का और सुन्दर ❷〈लि०〉 सिद्धांत का सख्ती से पालन करना

【玉麦】 yùmài 〈बो०〉 मक्का

【玉米】 yùmǐ ❶मक्के का पौधा ❷मक्का; मकई

【玉米楂】 yùmǐchá （玉米楂子 yùmǐcházi भी） मक्के की छोटी-छोटी टुकड़ियां

【玉米大斑病】 yùmǐ dàbānbìng 〈कृ०〉 मक्के के पौधे के पत्ते का एक रोग; मक्के का लीफ़ ब्लाइट (leaf blight)

【玉米黑粉病】 yùmǐ hēifěnbìng 〈कृ०〉 कार्न स्मट (corn smut)

【玉米花儿】 yùmǐhuār मक्के का लावा

【玉米粒儿】 yùmǐlìr मक्के का दाना

【玉米面】 yùmǐmiàn मक्के का आटा

【玉米螟】 yùmǐmíng मक्के के पौधे में छेद करने वाला कीड़ा; बेधक

【玉米脱粒机】 yùmǐ tuōlìjī मक्के के दाने निकालने वाली मशीन

【玉米芯】 yùmǐxīn मक्की का गुल्ला; भुट्टा

【玉米粥】 yùmǐzhōu मक्के का दलिया

【玉面狸】 yùmiànlí（果子狸 guǒzilí，花面狸 huāmiànlí का दूसरा नाम）मास्कड सिविट (masked civet); जेम-फ़ेस्ड सिविट (gem-faced civet)

【玉女】 yùnǚ जेड-कन्या (ताओ धर्म में परी)

【玉盘】 yùpán ❶जेड-प्लेट ❷〈साहि०〉 पूर्णिमा का चांद

【玉佩】 yùpèi जेड अलंकार

【玉器】 yùqì जेड तराशी की चीज़: ～工厂 जेड कारखाना

【玉人】 yùrén ❶〈प्रा०〉 जेड श्रमिक ❷जेड-मूर्ति ❸〈साहि०〉 सुन्दर पुरुष या स्त्री

【玉容】 yùróng सुन्दर चेहरा (प्रायः स्त्री का)

【玉润】 yùrùn जेड जैसा चिकना

【玉搔头】 yùsāotóu （玉簪 yùzān भी） काढ़े हुए बालों को एक निश्चित आकार में रखने के लिए प्रयुक्त जेड-पिन

【玉色】 yùsè 〈बो०〉 जेड हरा; हल्का नीला लिए हरा

【玉石】 yùshí 〈बोल०〉 जेड: ～人像 जेड-मूर्ति

【玉石俱焚】 yùshí–jùfén जेड और पत्थर सब जल जाना —— अच्छी और बुरी सब वस्तुएं एक साथ नष्ट होना

【玉手】 yùshǒu 〈साहि०〉 जेड हस्त —— जेड जैसा गोरा हस्त

【玉蜀黍】 yùshǔshǔ 玉米 का दूसरा नाम

【玉树】 yùshù （桉 ān के समान） नीलगिरि वृक्ष

【玉碎】 yùsuì जेड के टूटे हुए टुकड़े की तरह होना —— गौरव के साथ मर जाना: 宁为～碎，不为瓦全。लज्जित होने की अवस्था में जीने से गौरव के साथ मर जाना ही अच्छा है।

【玉体】 yùtǐ ❶〈आदर०〉 आप का स्वास्थ्य ❷〈साहि०〉 सुन्दर स्त्री का नग्न शरीर

【玉兔】 yùtù 〈साहि०〉 जेड खरगोश —— चांद; चन्द्र:

～东升。पूर्व में जेड खरगोश (चांद) निकल रहा है।
【玉玺】 yùxǐ सम्राट की जेड मुहर
【玉言】 yùyán 〈आदर०〉 आप का कथन; आप की बात
【玉颜】 yùyán आप के चेहर का शुभ स्वरूप
【玉液】 yùyè 〈साहि०〉 मधु; अच्छी शराब
【玉音】 yùyīn 〈आदर०〉 आप का पत्र (बहुधा पत्र में प्रयुक्त)
【玉宇】 yùyǔ ❶देवता का निवास-स्थान; स्वर्ग में प्रासाद ❷आकाश; अंतरिक्ष
【玉簪】 yùzān ❶ （玉搔头 yùsāotóu भी） काढ़े हुए बालों को एक निश्चित स्थिति में रखने के लिए प्रयुक्त जेड पिन ❷〈वन०〉 सुगंधित प्लैंटेन लिलि (फूल); गुलशबी का फूल
【玉札】 yùzhá 〈वन०〉 （地榆 dìyú का दूसरा नाम） गार्डन बर्नेट
【玉照】 yùzhào 〈आदर०〉 आप का फ़ोटो

驭（馭）yù ❶(पशु-गाड़ी) हांकना：～车 पशु-गाड़ी हांकना / ～马 घोड़ा-गाड़ी हांकना ❷〈लि०〉 नायकत्व प्रदान करना; नेतृत्व करना; नियंत्रण करना; रास में लाना：～下无方 अपने अधीन लोगों का नेतृत्व करने में अच्छे उपाय की कमी होना
【驭手】 yùshǒu भारवाहक जानवरों की देख-रेख करने वाला सिपाही; सैन्य भारवाहक गाड़ी का गाड़ीवान：炮车～ तोप-गाड़ी का चालक

芋 yù ❶टारो; कचालू ❷कंद वाली फ़सल：洋～ आलू / 山～ शकरकंद
【芋艿】 yùnǎi 〈वन०〉 टारो; कचालू
【芋头】 yùtou 〈वन०〉 ❶टारो; कचालू ❷〈बो०〉 शकरकंद

吁（籲）yù अपील करना; प्रार्थना करना：呼～ अपील करना / 吁请 / 吁求
xū; yū भी दे०
【吁请】 yùqǐng अपील करना और प्रार्थना करना
【吁求】 yùqiú अपील करना और अनुरोध करना

聿 yù 〈लि०〉 (प्राचीन चीनी भाषा में एक लघु अवयव जो वाक्य के आरंभ या मध्य में प्रयुक्त होता है)：तब; और तब

谷 yù दे० 吐谷浑 Tǔyùhún थूयूहुन, प्राचीन काल में चीन की एक अल्पसंख्यक जाति जो वर्तमान कानसू और छिंगहाए प्रांत में निवास करती थी
gǔ भी दे०

饫 yù 〈लि०〉 पेट भरना

妪（嫗）yù 〈लि०〉 बूढ़ी स्त्री; बुढ़िया：老～ बुढ़िया

雨 yù 〈लि०〉 (पानी, बर्फ़ आदि) गिरना：～雪 बर्फ़ गिरना
yǔ भी दे०

郁[1] yù ❶घनी सुगंध：馥～ घनी सुगंध ❷ （Yù） एक कुलनाम

郁[2]（鬱）yù ❶सम्पन्न; घना; हरा-भरा; प्रचुर मात्रा में उगा हुआ：葱～ हरा-भरा ❷दुखी; खिन्न (चित्त); दबा हुआ：忧～ उदास / 抑～ दिल में दबी क्रोध की भावना
【郁闭】 yùbì 〈अरव्य०〉 बंद करना; प्रतिबन्ध：～度 कैनापी डेंसिटी
【郁葱】 yùcōng ❶सम्पन्न; घना; हरा-भरा ❷भड़कीला; शानदार
【郁愤】 yùfèn उदास और क्रुद्ध：满腔～ दिल में दबी उदासी और क्रोध भरा होना
【郁馥】 yùfù घना सुगंध
【郁积】 yùjī संचित; दबा हुआ：～的愤怒 मन में संचित (या दबा हुआ) प्रकोप
【郁结】 yùjié संचित; दबा हुआ; बंद किया हुआ：～在心头的烦闷 मन में दबी हुई खिन्नता
【郁金】 yùjīn 〈ची०चि०〉 सुगंधित हल्दी का कंद
【郁金香】 yùjīnxiāng 〈वन०〉 लाल रंग के चमकीले फूलों वाला एक पौधा; लाल
【郁烈】 yùliè घना सुगंध; तेज़ खुशबू
【郁闷】 yùmèn उदासी; दबा हुआ क्रोध：～之感 मन में दबे हुए क्रोध की भावना / ～不乐 उदास
【郁怒】 yùnù खिन्न; नाराज़; कुपित
【郁然】 yùrán ❶शोकाकुल; शोकपूर्ण; चिंतित ❷सम्पन्न; समृद्ध
【郁热】 yùrè उमस; उमसदार और गर्म (मौसम)
【郁血】 yùxuè 〈चिकि०〉 रक्त-गतिहीनता; रक्त के बहाव में अवरोध
【郁抑】 yùyì दिल में दबी क्रोध की भावना; उदासी
【郁悒】 yùyì 〈लि०〉 दिल में दबी क्रोध की भावना; उदासी; खिन्नता
【郁郁】[1] yùyù 〈लि०〉 ❶सुन्दर; सुरूप; ललित：文采～ प्रकाशमान साहित्यिक सौंदर्य ❷घनी सुगंध; तेज़ खुशबू
【郁郁】[2] yùyù 〈लि०〉 ❶(घास, वृक्ष) सम्पन्न; हरा-भरा：～葱葱 सम्पन्न; घना; हरा-भरा ❷उदासी; दबा हुआ क्रोध：～不乐 उदास / ～寡欢 उदास; खिन्न
【郁蒸】 yùzhēng 〈लि०〉 गर्म और उमसदार

育 yù ❶बच्चा पैदा करना：生儿～女 बाल-बच्चे पैदा करना ❷पालना; पोसना：育林 / 育苗 ❸शिक्षा देना; प्रशिक्षित करना; पढ़ाना; सिखाना：德～ नैतिक शिक्षा; नीतिशिक्षा / 智～ बौद्धिक शिक्षा; मानसिक शिक्षा / 体～ व्यायाम शिक्षा
yō भी दे०
【育才】 yùcái योग्य व्यक्तियों को शिक्षित (तैयार) करना
【育成品种】 yùchéng pǐnzhǒng 〈कृ०〉 संशोधित किसमें
【育雏】 yùchú पक्षी के छोटे बच्चे (या अंडज शावक) का पालन करना

【育雏器】 yùchúqì अंडा सेने का यंत्र

【育儿袋】 yù'érdài <प्राणि०> बच्चे का पालन करने वाला थैला; मार्सूपियम

【育肥】 yùféi दे० 肥育 féiyù <पशु पालन> पशु को मोटा करना

【育林】 yùlín वनरोपण करना; जंगल लगाना: ~区 जंगल लगाने का क्षेत्र

【育龄】 yùlíng बच्चा पैदा करने योग्य आयु: ~妇女 बच्चा पैदा करने योग्य आयु वाली महिलाएं

【育苗】 yùmiáo पौधा उपजाना; अंकुर उपजाना: ~区 पौधा उपजाने का क्षेत्र / 无土~ बीज को पानी में भिगोकर अंकुर निकलवाना

【育人】 yùrén लोगों को शिक्षित करना: 教书~ पढ़ाना और लोगों को शिक्षित करना

【育性】 yùxìng <कृ०> उपजाऊ-शक्ति; उर्वरता; उपजाऊपन

【育秧】 yùyāng धान के पौधे उपजाना

【育养】 yùyǎng ❶पालना; पोसना; पालन-पोषण करना ❷(पशु आदि) उत्पन्न करना; जन्म देना: ~牛马 गायों और घोड़ों को उत्पन्न करना

【育婴堂】 yùyīngtáng <पुराना> त्यक्त बालशाला

【育种】 yùzhǒng <कृ०> बीज उपजाना; कृषि उपज की नई किस्म उगाना: 杂交~ वर्णसंकरण बीज / ~家 बीज अभिजनक; बीज पालने वाला

昱 yù <लि०> ❶सूर्य प्रकाश ❷प्रकाशमान होना

狱（獄） yù ❶जेल; बंदीखाना: 牢~ जेल / 入~ जेल में जाना ❷मुकदमा; केस: 冤~ जूरियों का अन्याय फ़ैसला

【狱警】 yùjǐng जेलर

【狱吏】 yùlì <पुराना> वार्डर; जेलर

【狱室】 yùshì बन्दीगृह; जेल

【狱卒】 yùzú <पुराना> जेल का संतरी

语（語） yù <लि०> बताना: 不以~人 अपसरित न किया जाना

yǔ भी दे०

彧 yù <लि०> साहित्यिक प्रतिभा होना

峪 yù पहाड़ी घाटी (प्रायः स्थान के नाम में प्रयुक्त): 慕田~ पेइचिंग के उपनगर में एक स्थान जहां की लंबी दीवार प्रसिद्ध है / 嘉~关 च्यायूक्वान (कानसू प्रांत में, लंबी दीवार का पश्चिमोत्तर अंत)

钰（鈺） yù <लि०> रत्नराशि

驭（馭） yù <लि०> चिड़िया का तेज़ी से उड़ना

浴 yù नहाना; स्नान करना: 沐~ स्नान करना / 淋~ धारा स्नान; बौछार से नहाना; शॉवर बाथ / 日光~धूप-स्नान; सनबाथ

【浴场】 yùchǎng घर के बाहर खुला स्नानागार; स्नान-घाट: 海滨~ समुद्रतटीय स्नानागार; बाथिंग बीच

【浴池】 yùchí ❶(सार्वजनिक स्नानगृह में) सब का स्नान-कुंड ❷सार्वजनिक स्नानगृह

【浴缸】 yùgāng टब; बाथ-टब

【浴巾】 yùjīn बाथ टावल (या तौलिया)

【浴盆】 yùpén बाथटब; टब

【浴室】 yùshì ❶बाथरूम; शॉवर रूम; स्नानगृह ❷सार्वजनिक स्नानगृह

【浴血】 yùxuè रक्त से सना हुआ; रक्तरंजित; रक्तमय; खून से लथपथ: ~奋战 खून से लथपथ होकर युद्ध करना; साहसपूर्वक लड़ना

【浴衣】 yùyī बाथरोब

预[1]（預） yù ❶पहले से; पहले ही से; पूर्व से: 预备 / 预测 / 勿谓言之不~。यह न कहना कि आप को इस के बारे में आगाह नहीं किया गया था।

预[2]（預） yù 与 yù के समान

【预案】 yù'àn किसी घटना या स्थिति से पूर्व उस के लिए की गई योजना; भविष्य के लिए बनाई गई योजना

【预报】 yùbào (मौसम की) भविष्यवाणी करना: 天气~ मौसम की भविष्यवाणी करना

【预备】 yùbèi तैयार करना; तैयारी करना: ~功课 पाठ की तैयारी करना / ~好了吗? तैयार हैं?

【预备班】 yùbèibān तैयारी की क्लास

【预备党员】 yùbèi dǎngyuán पार्टी का उम्मीदवार सदस्य

【预备队】 yùbèiduì <सैन्य०> रिज़र्व दस्ता; रिज़र्व टुकड़ी

【预备会议】 yùbèi huìyì तैयारी सभा; तैयारी सम्मेलन

【预备基金】 yùbèi jījīn रिज़र्व कोष; रिज़र्व फ़ंड

【预备金】 yùbèijīn रिज़र्व कोष; रिज़र्व फ़ंड

【预备军】 yùbèijūn रिज़र्व सेना; रिज़र्व आर्मी

【预备期】 yùbèiqī परिवीक्षार्थी अवधि

【预备役】 yùbèiyì रिज़र्व सैनिक; रिज़र्व फ़ोर्स

【预卜】 yùbǔ भविष्यवाणी करना; भविष्य बताना: 前途尚难~。इस का भविष्य कठिनाई से बताया जा सकता है।

【预测】 yùcè भविष्यवाणी करना; पहले से अनुमान करना: 市场~ बाज़ार का पूर्वानुमान (या भविष्यवाणी) करना

【预产期】 yùchǎnqī परिवीक्षार्थी अवधि

【预处理】 yùchǔlǐ पूर्वव्यवहार करना

【预订】 yùdìng बुक करना; चंदा देना; (टिकट) रिज़र्व करना: ~车票 टिकट रिज़र्व करना / ~杂志 पत्रिका के लिए चंदा देना / ~房间 कमरा रिज़र्व करना

【预定】 yùdìng पूर्वनिश्चित करना; बदना; रिज़र्व करना: ~计划 पूर्वनिश्चित योजना; निर्धारित योजना / ~指标 निर्धारित लक्ष्य / 这些座位是~的。ये कुर्सियां रिज़र्व थीं।

【预断】 yùduàn भविष्यवाणी करना; पूर्वनिर्णय करना;

पूर्वनिष्कर्ष निकालना：可以～ इस बात की भविष्यवाणी की जा सकती है कि … / 谁也不能～ कोई यह भविष्यवाणी नहीं कर सकता कि …

【预防】 yùfáng रोकना; रोकथाम करना; से बचना：～为主 रोकथाम के काम को मुख्य स्थान पर रखना / 对…作必要的～… के विरुद्ध आवश्यक सावधानी करना

【预防剂】 yùfángjì रोकथाम औषधि

【预防接种】 yùfáng jiēzhòng रोगनिवारक (या रोगनिरोधक) टीका

【预防性拘留】 yùfángxìng jūliú <का०> निरोधक गिरफ़तारी

【预防医学】 yùfáng yīxué रोगनिरोधक चिकित्सा

【预防针】 yùfángzhēn रोगनिरोधक टीका (लगाना)

【预防注射】 yùfáng zhùshè इनाकुलेशन करना; रोगनिरोधक टीका लगाना

【预伏圈】 yùfúquān जाल：进入～内 जाल में आ फंसना

【预付】 yùfù पहले से पैसा देना; पेशगी देना：～款 पेशगी; अग्रदत्त रुपया / ～款项 पूर्वदत्त भुगतान (या रकम)

【预感】 yùgǎn ❶पूर्वाशंका; पूर्वाभास：不祥的～ अशुभ पूर्वाभास ❷पूर्वाशंका होना; पूर्वाभास होना

【预告】 yùgào ❶पूर्वसूचना：新书～ आनेवाली नई पुस्तकों का नोटिस; नई पुस्तकों की पूर्वसूचना / 节目～ नए प्रोग्रामों की पूर्वसूचना ❷पूर्व से सूचना देना; आने की सूचना देना / ～明天天气 अगले दिन के मौसम के बारे में भविष्यवाणी करना

【预购】 yùgòu पूर्वक्रय; समय से पहले खरीदना：～农产品 समय से पहले कृषि की उपज खरीदना

【预后】 yùhòu <चिकि०> रोग का संभावित परिणाम：～良好 रोग का परिणाम अच्छा होना

【预会】 yùhuì दे० 与会 yùhuì सभा में शामिल होना

【预计】 yùjì पहले से हिसाब करना; आंकना; अनुमान करना：按照计划的～完成数 योजनाबद्ध आंकड़ों के अनुसार

【预计到达时间】 yùjì dàodá shíjiān <नौपरिवहन> पूर्वनिश्चित पहुंचने का समय; पूर्वानुमान किया हुआ पहुंचने का समय

【预减】 yùjiǎn <वाणि०> यह पूर्णनुमान किया जाना कि भविष्य में मुनाफ़ा कम हो जाएगा

【预见】 yùjiàn अग्रसूचना करना; दूरदर्शन करना; भवितव्यदर्शिता होना：可以～的 अग्रदर्शनीय / ～不到的 अनाग्रदर्शनीय / ～性 दूरदर्शिता

【预警】 yùjǐng पूर्वसावधान करना：～系统 पूर्वसावधान पद्धति / ～雷达 पूर्वसावधान रेडार / ～卫星 पूर्वसावधान भू-उपग्रह / ～机 पूर्व चेतावनी देने वाला विमान

【预科】 yùkē (कालेज में) तैयारी-कोर्स

【预亏】 yùkuī <वाणि०> पूर्वानुमानित घाटा

【预料】 yùliào पहले से बताना या कहना; भविष्यवाणी करना; पूर्वकथन करना; पूर्व-अनुमान करना：人们～今年产量将会增加。लोगों का पूर्व-अनुमान है कि इस साल उत्पादन बढ़ जाएगा।

【预谋】 yùmóu (अपराधी के अपराध करने के) पहले से सोचना：～抢劫 पहले से डाका डालने का विचार करना

【预期】 yùqī पहले से अटकल लगाना; पहले से सोचना：采取～的步骤 अपेक्षित कदम उठाना / 达到～的目的 अपेक्षित परिणाम प्राप्त करना

【预热】 yùrè ❶<यां०> पूर्वताप; प्रीहीट ❷किसी कार्यवाही के पूर्व काल में तैयारी काम

【预赛】 yùsài प्रारम्भिक प्रतियोगिता

【预审】 yùshěn प्रारम्भिक सुनवाई; पहली पेशी

【预示】 yùshì भावी बात बताना; लक्षण प्रकट करना：这晚霞～明天是好天。संध्या की यह लालिमा हमें बताती है कि कल का मौसम अच्छा है।

【预收】 yùshōu अग्रिम धन इकट्ठा करना：～定金 जमा-निधि इक्कठा करना

【预算】 yùsuàn बजट：该国年度～中赤字较上年多 50%。उस देश के सालाना बजट में पिछले साल के मुकाबले में 50% अधिक घाटा रहा। / ～表 आयव्यय अनुमानपत्र / ～委员会 बजट कमेटी; आय-व्यय समिति

【预闻】 yùwén दे० 与闻 yùwén

【预习】 yùxí पाठ की तैयारी करना; पूर्वाभ्यास करना

【预先】 yùxiān अग्रिम：～研究 पहले से अध्ययन करना

【预想】 yùxiǎng पूर्वानुमान करना; पूर्वविचार करना：取得～的结果 अपेक्षित परिणाम प्राप्त करना

【预行】 yùxíng पहले से लागू करना：～警报 पहले से लागू किया हुआ एलार्म (या खतरे की सूचना)

【预选】 yùxuǎn प्रारम्भिक चुनाव

【预言】 yùyán ❶पहले से बताना; भविष्यवाणी करना ❷भविष्यकथन; भविष्यवाणी：他的～一定能够变为现实。उन की भविष्यवाणी वास्तविकता में अवश्य बदल सकती है। / 他们的～应验了吗? क्या उन की भविष्यवाणी सच्ची साबित हुई?

【预言家】 yùyánjiā भविष्यत्-वक्ता

【预研】 yùyán प्रयोग से पहले आधारभूत अनुसंधान

【预演】 yùyǎn पूर्वजांच; किसी चलचित्र, नाटक आदि को जनसाधारण के समक्ष लाने के पूर्व उस की परीक्षा

【预赢】 yùyíng <वाणि०> पूर्वानुमानित मुनाफ़ा

【预应力】 yùyìnglì <भौ०> पूर्वखिंचाव; प्रिस्ट्रेसिंग फ़ोर्स：构件 प्रिस्ट्रेस्ड कंपोनंट / ～混凝土 प्रिस्ट्रेस्ड कंक्रीट / ～引桥 प्रिस्ट्रेसिंग प्रवेश-पथ

【预约】 yùyuē बुक करना; रिज़र्व करना; आरक्षण करना：～车票 टिकट रिज़र्व करना / ～金 बयाना / ～时间 समय तय करना

【预展】 yùzhǎn (प्रदर्शनी की) पूर्वजांच; पूर्व-प्रदर्शन

【预兆】 yùzhào शकुन; पूर्व-सूचना; पूर्वलक्षण：胜利的～ विजय की पूर्व-सूचना / 下雨的～ पानी बरसने का पूर्वलक्षण

【预则立，不预则废】 yù zé lì, bù yù zé fèi तैयारी की स्थिति सफलता की गारंटी कर देती है और तैयारी न होने की स्थिति से असफलता पैदा होती है

【预增】 yùzēng <वाणि०> पुर्वानुमानित मुनाफ़ा बढ़ोतरी

【预支】 yùzhī पूर्वदान करना; अगाऊ दाम देना; दादनी

देनाः ～款 अगवड़; अग्रदत्त; पेशगी / ～工资 पहले से वेतन लेना

【预知】 yùzhī समय के पहले ही जानना; पूर्वज्ञात होना

【预制】 yùzhì (भवन आदि के) अंगभूत भागों को अलग-अलग तैयार करने वाला; पूर्व-निर्मितः ～构件 〈वास्तु०〉 पूर्वनिर्मित उपांग

【预祝】 yùzhù (के लिए) शुभकामनाएं पेश करनाः ～明年获得更伟大的成就 अगले वर्ष में अधिक महान सफलताएं प्राप्त करने के लिए शुभकामनाएं पेश करना

域 yù ❶सीमान्तों के अंदर की भूमि; राज्य-क्षेत्रः 区～ प्रदेश; क्षेत्र / 域外 ❷कोई निश्चित दायराः 境～ क्षेत्र; प्रदेश / 音～ ध्वनि का क्षेत्र; स्वर विस्तार

【域名】 yùmíng 〈कंप्यू०〉 डोमेन नेम

【域外】 yùwài विदेशः ～绘画 विदेशी चित्रकला

【域中】 yùzhōng देश के अंदर; देश में

堉 yù 〈लि०〉 उपजाऊ भूमि

菀 yù 〈लि०〉 समृद्ध; सम्पन्न
wǎn भी दे०

欲[1] (慾) yù इच्छा; चाह; कामना; अभिलाषाः 食～ खाने की इच्छा

欲[2] yù ❶इच्छा करना; अभिलाषा करना; चाहनाः 畅所～言 ज़िंदादिली से अपने दिल की बात बता देना ❷चाहिएः 胆～大而心～细。साहस होना चाहिए पर अति सावधान भी होना चाहिए। ❸होने वाला; होने के बिन्दु पर होनाः 摇摇～坠 लड़खड़ाना; विचलित होना

【欲罢不能】 yùbà-bùnéng रोकना चाहते हुए भी रोक न सकना

【欲得反失】 yùdé-fǎnshī लेने के देने पड़ जाना

【欲盖弥彰】 yùgài-mízhāng जो जितना अधिक छुपाने की कोशिश करता है, वह उतना ही ज़्यादा उघड़ जाता है

【欲壑难填】 yùhè-nántián लालच एक ऐसी बड़ी घाटी है जिसे भर देना बहुत कठिन है

【欲火】 yùhuǒ मैथुनेच्छा

【欲加之罪，何患无辞】 yù jiāzhīzuì, héhuànwúcí यदि आप किसी को दोषी ठहराना चाहें तो कोई भी बहाना बना सकते हैं

【欲念】 yùniàn इच्छा; अभिलाषा; कामना

【欲擒故纵】 yùqín-gùzòng किसी को पकड़ने के लिए पहले उसे जानबूझकर छोड़ देना; किसी को अच्छी तरह नियंत्रित करने के लिए पहले उस के साथ जानबूझकर रियायत करना

【欲求】 yùqiú इच्छा; अभिलाषा; कामना

【欲取故与】 yùqǔ-gùyǔ लेने के लिए देना; प्राप्त करने के लिए फ़िलहाल रियायत करना

【欲速则不达】 yù sù zé bù dá जल्दबाज़ी से कामयाबी हासिल नहीं होती

【欲天】 yùtiān कामदेव

【欲望】 yùwàng इच्छा; अभिलाषा; कामना

阈 (閾) yù 〈लि०〉 देहली; (शिथिल अर्थ में) सीमा; दायराः 视～ देखने का दायरा / 听～ सुनने का दायरा

淯 Yù यूह नदी, हनान प्रांत से निकल कर हूपेइ प्रांत में बहने वाली एक नदी, इसे पेइ-ह (白河) या सफ़ेद नदी भी कहते हैं

谕 (諭) yù 〈लि०〉 बताना; सूचना देना; आज्ञा देना (उच्चस्तरीय अधिकारियों या बड़ों के लिए प्रयुक्त)ः 面～ स्वयं आज्ञा (या आदेश) देना / 上～ 〈पुराना〉 सम्राट की आज्ञा / 奉局长～ कमिश्नर साहब के आदेशानुसार 〈प्रा०〉 喻 yù के समान

【谕告】 yùgào 〈लि०〉 (उच्चस्तरीय अधिकारियों या बड़ों द्वारा) आदेश देना; बताना

【谕令】 yùlìng 〈लि०〉 आज्ञा या आज्ञा देना

【谕示】 yùshì 〈लि०〉 (उच्चस्तरीय अधिकारियों या बड़ों द्वारा) आदेश या आज्ञा

【谕旨】 yùzhǐ राजाज्ञा; सम्राट का आदेश या आज्ञा

尉 yù नीचे दे०
wèi भी दे०

【尉迟】 Yùchí एक कुलनाम

【尉犁】 Yùlí शिनच्यांग में एक स्थान

棫 yù प्राचीन पुस्तक में वर्णित एक प्रकार की वनस्पति

遇 yù ❶मिलना; भेंट होनाः 相～ मिलना; भेंट होना / 遇险 / ～明师 एक पहुंचे हुए गुरु के दर्शन होना ❷बर्ताव करना; व्यवहार करनाः 优～ अच्छा बर्ताव करना ❸अवसर; मौकाः 机～ अवसर; मौका ❹ (Yù) एक कुलनाम

【遇便】 yùbiàn किसी के सुभिते में; जब सुविधा हो

【遇刺】 yùcì हत्या की जानाः ～身亡 हत्या की जाना

【遇到】 yùdào मिलना; भेंट होनाः 路上～一位朋友 रास्ते में एक मित्र से भेंट होना

【遇害】 yùhài हत्या की जानाः 不幸～ दुर्भाग्य से हत्या की जाना

【遇合】 yùhé ❶मिलना; भेंट होना ❷मिलकर मेल-जोल से रहना

【遇见】 yùjiàn मिलना; भेंट करनाः 他～了小李。उस की मुलाकात नौजवान ली से हो गई।

【遇救】 yùjiù (आक्रमण या खतरे से) बचाया जाना; रक्षा की जाना

【遇难】 yùnán ❶(किसी घटना में) मर जानाः 飞机失事中～ वायुयान के धरती पर गिरने से मर जाना ❷हत्या की जाना ❸विपत्ति-ग्रस्त होना

【遇事】 yùshì कोई आकस्मिक बात आ पड़नाः ～不慌 कोई आकस्मिक बात आ पड़ने पर न घबड़ाना

【遇事生风】 yùshì-shēngfēng जहाँ कहीं संभव हो झगड़े के बीज बोना

【遇险】 yùxiǎn संकट-ग्रस्त होना; खतरे में होना: 海上～ समुद्र में संकट-ग्रस्त होना

【遇险信号】 yùxiǎn xìnhào (遇难信号 yùnàn xìnhào भी) संकट में पड़े हुए जहाज़ आदि से छोड़ा जाने वाला सिगनल; डिसट्रेस सिगनल

【遇雨】 yùyǔ वर्षा में फंस जाना

【遇缘】 yùyuán संयोगवश; भाग्य से; इत्तिफ़ाक से

喻 yù ❶समझाना; बताना: ～之以理 तर्क से किसी को समझाना ❷समझ जाना; मालूम हो जाना: 家～户晓 सब लोगों को मालूम होना ❸उदाहरण; मिसाल: 比～ उपमा ❹ (Yù) एक कुलनाम

【喻世】 yùshì लोगों को सावधान कर देना ताकि उन्हें कारण मालूम हो जाए

【喻义】 yùyì लाक्षणिक अर्थ

御1 yù ❶गाड़ी हांकना; गाड़ी चलाना: ～者 गाड़ी हांकने वाला; गाड़ी चलाने वाला ❷प्रबंध करना; संचालन करना; बंदोबस्त करना: ～下 अधीनस्थ लोगों का संचालन करना ❸सम्राट से संबंधित; सम्राट संबंधी; सम्राट का:

御2 (禦) मुकाबला करना; सामना करना; विरोध करना: शत्रु को देश के बाहर ही रोक दिया जाना

【御宝】 yùbǎo सम्राट की मोहर

【御笔】 yùbǐ सम्राट का लिखा हुआ अक्षर या बनाया हुआ चित्र

【御赐】 yùcì सम्राट द्वारा प्रदान किया हुआ

【御道】 yùdào सम्राट की गाड़ी के लिए मार्ग

【御敌】 yùdí शत्रु का विरोध करना

【御夫座】 Yùfūzuò 〈खगोल०〉 उत्तरी नक्षत्रमंडल; औराइगा

【御寒】 yùhán सर्दी से बचना: सर्दी से बचने वाली वस्तुएँ

【御花园】 yùhuāyuán सम्राट का उद्यान; शाही बगीचा

【御极】 yùjí राजसिंहासन पर बैठना

【御驾】 yùjià सम्राट की गाड़ी: ～亲征 सम्राट का स्वयं सेना लेकर अभियान करना

【御览】 yùlǎn ❶सम्राट के परिदर्शन के लिए ❷सम्राट के परिदर्शन के लिए पुस्तकें: 《太平～》 'थाएफिंग शासन-काल राजकीय विश्वकोष'

【御林军】 yùlínjūn ❶सम्राट की रक्षक-सेना; शाही रक्षक ❷〈अना०〉 सर्वोत्कृष्ट टुकड़ियां; क्रैक यूनिट्स

【御路】 yùlù सम्राट की गाड़ी के लिए रास्ता

【御前会议】 yùqián huìyì राजसभा

【御膳】 yùshàn सम्राट के परिवार के लिए भोजन

【御膳房】 yùshànfáng सम्राट की पाकशाला

【御手】 yùshǒu दे० 驭手 yùshǒu

【御侮】 yùwǔ विदेशी आक्रमण का विरोध करना; हमलों का मुकाबला करना

【御医】 yùyī राजकीय चिकित्सक

【御用】 yùyòng ❶शाही; सम्राट के प्रयोग के लिए ❷किसी के नियंत्रण में चलने वाला: ～报刊 शाही पत्र-पत्रिका; किसी के द्वारा नियंत्रित पत्र-पत्रिका / ～机关 शाही संस्था; किसी के द्वारा नियंत्रित संस्था / ～文人 किराये का लेखक; कलमचोर; कलम का मज़दूर / ～学者 किराये का विद्वान; किसी के द्वारा नियंत्रित विद्वान / 成为…的～工具 किसी के हाथ का खिलौना बनना

【御苑】 yùyuàn राजकीय उद्यान; शाही बगीचा

【御制】 yùzhì सम्राट के द्वारा या सम्राट के आदेशानुसार बनाया हुआ

鹆 (鵒) yù दे० 鸲鹆 qúyù 〈प्राणि०〉 सारिका; मैना

寓 (庽) yù ❶रहना; निवास करना: 寓居 / 寓所 / 我～在这屋里。मैं इसी मकान में रहा। ❷निवास-स्थान; रहने की जगह: 公～ एपार्टमेंट हाउस / 张～ चांग परिवार का निवास-स्थान ❸अंतर्निहित होना; अभिप्राय होना: 寓意

【寓处】 yùchù निवास-स्थान; रहने की जगह

【寓邸】 yùdǐ उच्चाधिकारी का निवास-स्थान

【寓公】 yùgōng ❶प्राचीन-काल में अपना घर छोड़कर दूसरे बड़े नगर में रहने वाला सरकारी अधिकारी ❷निर्वासित नौकर-शाह, शरीफ़ज़ादा आदि

【寓居】 yùjū अपने जन्मस्थान को छोड़कर दूसरे स्थान में निवास करना: 他现在～北京。वह अब पेइचिंग में निवास करता है।

【寓目】 yùmù 〈लि०〉 सभी चीज़ों को देखना; सभी भागों का निरीक्षण करना: 室内展品，大致～。कमरे में प्रदर्शित सभी वस्तुओं का निरीक्षण किया गया है।

【寓舍】 yùshè निवास-स्थान; रहने की जगह

【寓所】 yùsuǒ निवास-स्थान; रहने की जगह

【寓言】 yùyán कथा; जंतुकथा; नीति कथा

【寓意】 yùyì निहितार्थ; आशय; अभिप्राय: ～深刻 अर्थ विचारपूर्ण होना

【寓于】 yùyú में निहित होना: 斗争性即～同一性之中。संघर्ष एकरूपता में निहित होता है।

【寓斋】 yùzhāi निवास-स्थान; रहने की जगह

裕 yù ❶सम्पन्न; समृद्ध: 富～ सम्पन्न; समृद्ध; धनी / 充～ समृद्ध; काफ़ी; पर्याप्त / 宽～ सम्पन्न; धनवान ❷(देश या लोगों को) धनी बनाना: 富国～民 देश और जनता को धनी बनाना ❸ (Yù) एक कुलनाम

【裕固族】 Yùgùzú यूकू जाति जो कानसू प्रांत में निवास करती है

【裕如】 yùrú ❶आसानी से; अधिक परिश्रम या प्रयास न करते हुए: 应付～ किसी स्थिति के साथ आसानी से बर्ताव करना ❷समृद्ध; सम्पन्न: 生活～ समृद्ध जीवन बिताना

粥 yù ❶〈लि०〉 पालन-पोषण करना; पालना; पैदा करना ❷鬻 yù के समान

zhōu भी दे०

矞 yù 〈लि०〉 शुभ रंगीन बादल

蓣 (蕷) yù दे० 薯蓣 shǔyù चीनी रतालू

罭 yù कीड़ों को पकड़ने वाली घनी जाली

愈¹ (瘉、癒) yù रोग ठीक होना; रोग-मुक्त होना; पूर्ववत् स्वस्थ होना: 病～ रोग ठीक होना; रोग-मुक्त होना

愈² yù 〈लि०〉से अच्छा होना; श्रेष्ठतर होना: 彼～于此。इस से वह अच्छा है; इस से वह बेहतर है।

愈³ yù 〈क्रि०वि०〉(द्विरुक्ति में प्रयुक्त) 愈…愈… जैसे-जैसे … वैसे-वैसे (越…越… के समान): 他～看～生气。जैसे-जैसे वे उस की तरफ़ देखते जा रहे थे; वैसे-वैसे उन का पारा लगातार बढ़ता जा रहा था। / ～战～强 जितना लड़ना उतना मज़बूत होता जाना

【愈合】yùhé (घाव) भर जाना; (चोट) ठीक होना: 伤口～了。घाव भर गया।

【愈加】yùjiā (जितना अधिक हो) उस से और अधिक होना: 问题变得～复杂了。समस्या और अधिक जटिल हो गई।

【愈演愈烈】yùyǎn-yùliè (मामला, स्थिति) जितना बढ़ना उतना गंभीर होता जाना

【愈益】yùyì (जितना अधिक हो) उस से और अधिक होना: 分类～细密 पहले के वर्गीकरण से और अधिक विस्तार होना

煜 yù 〈लि०〉प्रकाशमान होना; रोशन करना

滪 (澦) yù दे० 滟滪堆 Yànyù Duī

誉 (譽) yù ❶नाम; यश; कीर्ति; ख्याति; प्रतिष्ठा: 荣～ गौरव; सम्मान; प्रतिष्ठा ❷प्रशंसा; सराहना: 毁～ निन्दा और प्रशंसा

【誉满全球】yù mǎn quánqiú विश्व-विख्यात

蔚 Yù 蔚县 Yùxiàn काउंटी (हपेइ प्रांत में)
wèi भी दे०

蜮 (魊) yù किंवदंती में पानी के अंदर छिपकर मनुष्य की हत्या करने वाला बुरा जीव: 鬼～ दुष्ट प्रेतात्मा

毓 yù ❶〈लि०〉पालन-पोषण करना; पैदा करना (विशेषकर व्यक्ति के नाम में प्रयुक्त) ❷ (Yù) एक कुलनाम

隩 yù 〈लि०〉घुमावदार नदीतट
ào भी दे०

薁 yù दे० 蘡薁 yīngyù

潏 yù 〈लि०〉एक प्रकार की डोलची जो पानी भरने के काम आती है; बाल्टी

熨 yù नीचे दे०
yùn भी दे०

【熨帖】yùtiē ❶(अक्षर, शब्द आदि प्रयोग) ठीक होना; उचित होना ❷(मन में) शांत होना ❸〈बो०〉आराम; आराम-चैन; सुख: 身上不～ शरीर में कोई कष्ट होना ❹〈बो०〉(मामला, काम) पूरा होना

遹 yù 〈लि०〉अनुसरण करना

豫¹ yù 〈लि०〉❶प्रसन्नता; खुशी; आनन्द: 悦～ प्रसन्न; खुश ❷आराम; इतमीनान: 逸～亡身。अनुद्योग और आनन्द लोगों को पतन की ओर ले जाता है।

豫² yù 预 yù के समान

豫³ Yù हनान (प्रांत) का दूसरा नाम

【豫觉】yùjué पहले से लगना: 他～到将有巨变降临。उसे लग रहा था कि कोई बहुत बड़ी घटना होने वाली है।

【豫剧】yùjù हनान आपेरा

𣋡 yù 燠 yù के समान

燠 yù 〈लि०〉उष्ण; गरम: 燠热

【燠热】yùrè सख्त गरमी; कड़ाके की गरमी

燏 yù 〈लि०〉अग्निप्रकाश; आग की रोशनी

鹬 (鷸) yù 〈प्राणि०〉टिटहरी; चाहा

【鹬蚌相争，渔人得利】yùbàng-xiāngzhēng, yúrén-délì जब टिटहरी और घोंघे की लड़ाई होती है तो उस का लाभ मछुवा उठाता है —— जब दोनों पक्ष एक दूसरे से लड़ रहे हैं तब तीसरा पक्ष दोनों से लाभ उठाता है

鬻 yù 〈लि०〉बेचना: ～画 अपना चित्र बेचना / 自～ अपने को बेचना

yuān

鸢 (鳶) yuān 〈प्राणि०〉चील

【鸢尾】yuānwěi 〈वन०〉आइरिस (iris)

帵 yuān दे० 繙帵 fányuān ❶हवा में हिलना-डोलना ❷युक्तिविरुद्ध ले लेना

眢 yuān 〈लि०〉❶आंख सूखकर अंदर धंसना ❷सूख जाना: ～井 सूखा कुआँ

鸳 (鴛) yuān 〈प्राणि०〉चकवा-चकवी: ～侣 〈ला०〉दंपति

【鸳鸯】yuānyāng ❶〈प्राणि०〉चकवा-चकवी ❷दंपति

冤（寃） yuān ❶गलती; अन्याय: 冤情 / 冤屈 / 有～无处诉 अपनी शिकायत किसी के सामने न कर पाना ❷अन्याय और शत्रुता: 冤家 / 结～ दुश्मनी पालना ❸धोखा (खाना); दुर्भाग्य; बदनसीबी: 白去一趟，真～！दुर्भाग्य है, बेकार वहां गया ! ❹〈बो०〉धोखा देना: 我没～他。मैं ने उसे धोखा नहीं दिया।

【冤案】 yuān'àn अन्यायपूर्ण मुकदमा; ऐसा मुकदमा जिस में निर्दोष को सज़ा दे दी गई हो

【冤仇】 yuānchóu अन्याय और शत्रुता; द्वेष; वैर

【冤大头】 yuāndàtóu फ़िज़ूलखर्ची करने वाला; वह जो अपव्यय करते हुए और मूर्खतापूर्वक पैसा खर्च करता हो

【冤愤】 yuānfèn क्रोध; रोष; नाराज़गी; वैर; द्वेष

【冤魂】 yuānhún (अंधविश्वास) अन्याय से मरने या मार दिये जाने वाले की आत्मा

【冤家】 yuānjiā ❶शत्रु; दुश्मन; वैरी ❷(प्रायः नाटक, लोकगीत आदि में प्रयुक्त): प्रेमी या प्रेमिका; प्रियतम या प्रियतमा

【冤家对头】 yuānjiā-duìtóu वैरी और विरोधी

【冤家路窄】 yuānjiā-lùzhǎi वैरी एक दूसरे से तंग रास्ते में विवश होकर मिलते हैं —— वैरी से कतरा न सकना

【冤家宜解不宜结】 yuānjiā yí jiě bù yí jié दुश्मनी पालने से बेहतर यह है कि दुश्मनी खत्म कर दी जाए

【冤结】 yuānjié बड़ी भारी अन्याय

【冤苦】 yuānkǔ ❶गलती; अन्याय: 饱尝～ बड़ा भारी अन्याय सहना ❷किसी के साथ अन्याय करना; किसी को हानि पहुंचाना: 我没有～他。मैं ने उस के साथ अन्याय नहीं किया।

【冤孽】 yuānniè वैर और पाप

【冤气】 yuānqì क्रोध; नाराज़गी; वैर; द्वेष; दुश्मनी: 一肚子～ बहुत अधिक क्रोध

【冤钱】 yuānqián (बहुधा 花 huā के साथ प्रयुक्त): 花～ पैसा फ़िज़ूलखर्ची करना

【冤情】 yuānqíng अन्याय के तथ्य

【冤屈】 yuānqū ❶किसी के साथ अन्यायपूर्वक व्यवहार करना; किसी के साथ अन्याय करना ❷गलत व्यवहार: 受～ अन्याय किया जाना

【冤桶】 yuāntǒng 〈बोल०〉 मूर्ख; बेवकूफ़

【冤头】 yuāntóu शत्रु; दुश्मन; वैरी

【冤枉】 yuānwang ❶अन्यायपूर्वक व्यवहार करना; अन्याय करना: 我是～的。मैं निरपराध (निर्दोष) हूँ। ❷किसी निर्दोष पर दोष डालना: ～好人 अच्छे आदमी पर दोष डालना ❸उचित न होना; अनुचित होना: 花～钱 फ़िज़ूलखर्ची करना / 这事花了很多时间，真～。इस काम के लिए बहुत समय बरबाद हुआ, उचित नहीं है।

【冤枉路】 yuānwanglù लम्बे वाला रास्ता; घुमावदार रास्ता

【冤枉气】 yuānwangqì अन्यायपूर्ण बर्ताव

【冤枉钱】 yuānwangqián वह पैसा खर्च किया जाना जिसे खर्च करना अनावश्यक है

【冤诬】 yuānwū किसी के साथ अन्याय करना; किसी के विरुद्ध मिथ्या दोषारोप करना

【冤抑】 yuānyì दूर न किया हुआ अन्याय; दूर न की हुई शिकायत

【冤有头，债有主】 yuān yǒu tóu, zhài yǒu zhǔ हर अन्याय का अपना अपराधी होता है और हर ऋण का अपना ऋणी होता है

【冤狱】 yuānyù निर्दोष व्यक्तियों को जेल में ठूँस देना; अन्यायी फ़ैसला: 平反～ अन्यायी फ़ैसले को उलट देना या विपरीत रूप देना

【冤冤相报】 yuānyuān-xiāngbào अन्याय के साथ अन्याय का बर्ताव करना

渊（淵） yuān ❶गहरा पानी; तालाब; झील: 为～驱鱼 मछलियों को गहरे पानी में भगा देना ❷गहरा: 渊博 / ～泉 गहरा स्रोत ❸（Yuān） एक कुलनाम

【渊博】 yuānbó चौड़ा और गहरा; विद्वत्तापूर्ण

【渊海】 yuānhǎi अतल गर्त और महासागर

【渊默】 yuānmò 〈लि०〉 गंभीर सन्नाटा

【渊深】 yuānshēn गहरा; विद्वत्तापूर्ण

【渊薮】 yuānsǒu मछलियों या पशुओं का समूह स्थान; अड्डा: 盗贼的～ चोरों, डाकुओं आदि के छिपने का अड्डा / 罪恶的～ पापों का अड्डा

【渊源】 yuānyuán मूल; उत्पत्ति; उद्भव; जड़: 历史～ ऐतिहासिक उद्भव

涴 yuān नीचे दे०

【涴市】 Yuānshì हूपेइ प्रांत में एक स्थान का नाम

痟 yuān 〈लि०〉 ❶(स्नायु में) दर्द होना ❷उदास

蜎 yuān 〈लि०〉 मच्छड़ की इल्लियां

【蜎蜎】 yuānyuān 〈लि०〉 कीड़ों का रेंगना

鹓（鵷） yuān नीचे दे०

【鹓鶵】 yuānchú प्राचीन पुस्तक में वर्णित कुकनुम (या फ़ीनिक्स) की जाति का पक्षी

箢 yuān नीचे दे०

【箢篼】 yuāndōu 〈बो०〉 दे० 箢箕

【箢箕】 yuānjī 〈बो०〉 सामान रखने के लिए बाँस की खपच्चियों से बनी हुई टोकरी या डब्बा

yuán

元[1] yuán ❶प्रारम्भिक; पहला: ～年 पहला साल / ～月 पहला महीना ❷नेता: 元老 / 元首 / 元凶 ❸मुख्य; प्रधान; बुनियादी: 元素 / 元音 ❹मूल तत्व; एलिमेंट: 一～化 केन्द्रीकृत; एकीकृत / 一～论 एकत्ववाद; अद्वैतवाद ❺सर्वांग बनाने वाले: 单～ इकाई; यूनिट

元[2] yuán दे० 圆 yuán❻❼

元[3] Yuán ❶य्वान राजवंश (1271-1368 ई०) ❷एक कुलनाम

【元宝】 yuánbǎo चांदी की सिल्ली

【元宝枫】 yuánbǎofēng （柜柳 jǔliǔ भी）एक प्रकार का मैपल वृक्ष

【元宝铁】 yuánbǎotiě 〈यां०〉 V के आकार का ब्लाक; V-ब्लाक

【元旦】 yuándàn नववर्ष का दिन; नए साल का दिन

【元恶】 yuán'è 〈लि०〉 मुख्य अपराधी; प्रमुख अपराधी

【元古代】 yuángǔdài 〈भूगर्भ०〉 प्राजीव युग; जीवनारम्भिक युग

【元古界】 yuángǔjiè 〈भूगर्भ०〉 प्राजीव जगत; जीवनारम्भिक जगत

【元件】 yuánjiàn मशीन, उपकरण आदि का अंग, अंश या भाग: 电路～ बिजली के सर्किट के भाग

【元老】 yuánlǎo (राजनीतिक संगठन आदि का) वृद्धतम सदस्य; ज्येष्ठ राजनीतिज्ञ

【元麦】 yuánmài （青稞 qīngkē का दूसरा नाम） पर्वतीय प्रदेशीय जौ (पौधा और बीज) (तिब्बत में उत्पन्न)

【元煤】 yuánméi 原煤 yuánméi के समान

【元谋猿人】 Yuánmóu yuánrén （元谋人 Yuánmóurén भी） य्वानमओ-मानव, 1965 ई० युन्नान प्रांत के य्वानमओ में खोदकर प्राप्त लगभग सत्रह लाख वर्षीय शिलीभूत प्राचीन अवशेष

【元年】 yuánnián प्रथम वर्ष (किसी युग या शासक-काल का)

【元配】 yuánpèi पहली पत्नी

【元气】 yuánqì जीवनी शक्ति; प्राण-शक्ति: 大伤～ जीवन-रस सोख लेना; कमज़ोर कर देना; शरीर-संरचना को हानि पहुंचना / 恢复～ फिर से शक्ति प्राप्त कर लेना

【元器件】 yuánqìjiàn (उपकरण, यंत्र आदि के) भाग और अंश

【元青】 yuánqīng काला: ～布 काला कपड़ा

【元曲】 yuánqǔ य्वान गीत, इस में 杂剧 zájù (य्वान राजवंश में प्रचलित एक प्रकार का काव्यात्मक नाटक) और 散曲 sǎnqǔ (य्वान राजवंश में प्रचलित एक प्रकार का गैर-नाटकीय गीत) शामिल हैं

【元日】 yuánrì चांद्र पंचांग में पहले महीने का पहला दिन; चांद्र पंचांग में नववर्ष का दिन

【元戎】 yuánróng 〈लि०〉 सर्वोच्च कमांडर

【元首】 yuánshǒu अधिपति; प्रधान; राज्याध्यक्ष

【元书纸】 yuánshūzhǐ (चच्यांग प्रांत में उत्पादित) एक प्रकार का लिखने का कागज़

【元帅】 yuánshuài ❶मार्शल; (ब्रिटिश आर्मी) फ़ील्ड मार्शल; (ब्रिटिश एयर फ़ोर्स) मार्शल आफ़ दी रायल एयर फ़ोर्स; (ब्रिटिश नेवी) एडमिरल आफ़ दी फ़्लीट ❷〈प्रा०〉 सर्वोच्च कमांडर

【元素】 yuánsù ❶मूल तत्व; एलिमेंट ❷〈गणित०〉 〈रसा०〉 एलिमेंट: 稀有～ रेयर एलिमेंट / ～分析 अंतिम विश्लेषण; अलटिमेट अनैलिसिस

【元素符号】 yuánsù fúhào रासायनिक तत्वों के सूचक वर्ण

【元素周期表】 yuánsù zhōuqībiǎo 〈रसा०〉 रासायनिक तत्वों की सामयिक तालिका

【元宵】 yuánxiāo ❶पहले चांद्र महीने की पूर्णिमा की रात ❷(चीनी दीपावली के लिए) लसदार चावल के आटे से बना मीठा गोला

【元宵节】 Yuánxiāojié दीप-महोत्सव; कंडील का त्यौहार; चीनी दीपावली (पहले चांद्र मास का पंद्रहवां दिन)

【元凶】 yuánxiōng प्रमुख अपराधी

【元勋】 yuánxūn महायोगदानी

【元夜】 yuányè 〈लि०〉 दीप-महोत्सव की रात

【元音】 yuányīn 〈ध्वनि०〉 स्वर

【元鱼】 yuányú 鼋鱼 yuányú के समान

【元元】 yuányuán 〈लि०〉 आम जनता

【元元本本】 yuányuánběnběn 原原本本 yuányuánběnběn के समान

【元月】 yuányuè ❶जनवरी ❷चांद्र वर्ष का पहला महीना

芫 yuán नीचे दे०
yán भी दे०

【芫花】 yuánhuā लाइलैक डाफ़्ने (lilac daphne), एक प्रकार की फूलदार झाड़ियां

园（園） yuán ❶सब्ज़ियां, फूल, वृक्ष उगाने वाला स्थान: 花～ बाग; बगीचा; उद्यान; वाटिका / 桃～ आड़ू का बाग ❷सार्वजनिक आमोद-वाटिका: 公～ पार्क / 动物～ चिड़िया-घर

【园地】 yuándì ❶सब्ज़ी, फल, फूल आदि के बागों का सामान्य नाम; बाग का प्लॉट; उद्यान के लिए प्रयुक्त भूखंड: 农业～ कृषि के लिए प्रयुक्त भू-खंड; कृषि-भूमि ❷क्षेत्र; ज्ञान क्षेत्र: 文化～ संस्कृति-क्षेत्र / 艺术～ कला-क्षेत्र / 科学～ विज्ञान-क्षेत्र

【园丁】 yuándīng ❶माली; बागवान; उद्यानपाल ❷स्कूल मास्टर

【园林】 yuánlín सार्वजनिक आमोद-वाटिका; पार्क; उपवन: 大地～化 विशाल भूमि को बगीचे में तबदील करना

【园陵】 yuánlíng पार्क से घिरी हुई समाधियां; कब्रिस्तान

【园圃】 yuánpǔ बाग; सब्ज़ी, फल, फूल उगाने का स्थान

【园区】 yuánqū पार्क; किसी व्यवसाय को केन्द्रीकृत विकसित करने का क्षेत्र

【园容】 yuánróng बाग, पार्क आदि का रूप (या शक्ल)

【园田】 yuántián सब्ज़ी का बाग: 耕作～化 कृषि-भूमि का बाग-जैसा कृषिकर्म; उत्पतिवर्द्धक कृषिकर्म

【园艺】 yuányì उद्यान-विद्या; बागबानी

【园艺学】 yuányìxué उद्यान-विद्या; उद्यान-विज्ञान: ～家 उद्यान-विद्या-विशारद; उद्यानवेत्ता; बागबानी में निपुण

【园囿】 yuányòu 〈लि०〉 ❶बाग; उद्यान ❷चिड़ियाघर

【园子】 yuánzi ❶फलों का बाग; बाग: 菜～ सब्ज़ी का बाग ❷〈पुराना〉 नाटकघर

员 yuán ❶कार्य या अध्ययन करने वाला व्यक्ति: 教～ अध्यापक / 学～ शिक्षार्थी / 演～ अभिनेता; अभिनेत्री / 职～ कर्मचारी ❷किसी संघ, संगठन आदि का सदस्य: 党～ पार्टी-सदस्य / 团～ युवक संघ का सदस्य / 会～ सभा का सदस्य; सोसाइटी का सदस्य ❸<परि०श०> (सेनापति के लिए): 一～大将 एक योग्य सेनापति

yún; Yùn भी दे०

【员额】 yuán'é कर्मचारी वर्ग का निश्चित सदस्य

【员工】 yuángōng कर्मचारी वर्ग; स्टाफ़: 师生～ अध्यापक, विद्यार्थी, प्रशासकीय कर्मचारी और श्रमिक

【员司】 yuánsī <पुराना> सरकारी दफ़्तर में मध्यम या निम्न स्तर के कर्मचारी: 小～ छोटा सरकारी कर्मचारी

【员外】 yuánwài ❶（员外郎 yuánwàiláng भी）एक प्राचीन पदीय उपाधि ❷<पुराना> ज़मींदार

沅 Yuán （沅江 Yuánjiāng भी）य्वानच्यांग नदी जो क्वेइचओ प्रांत से निकल कर हूनान प्रांत में बहती है

垣 yuán <लि०> ❶दीवार: 城～ नगर की चहाल-दीवारी / 逾～而入 दीवार फांदकर अंदर जाना ❷नगर; शहर: 省～ प्रांत की राजधानी ❸（Yuán）एक कुलनाम

爰 yuán <लि०> ❶कहाँ: ～其适归? कहाँ वापस जाएगा ? ❷अतः; अतएव; इसलिए: ～书其事以告。 इसलिए मैं ने यह लिखकर आप को बताया।

袁 Yuán एक कुलनाम

【袁大头】 yuándàtóu（袁头 yuántóu भी）चीनी गणराज्य के पूर्वकाल में प्रचलित चांदी का सिक्का जिस के एक ओर य्वान श्खाए का सिर उत्कीर्ण किया गया था, इसलिए इस का यह नाम पड़ा

原 1 yuán ❶प्राथमिक; प्रारम्भिक; मौलिक: 原人 / 原始 ❷भूतपूर्व; मौलिक: 原地 / ～政府 भूतपूर्व सरकार / ～总理 भूतपूर्व प्रधानमंत्री / ～单位 वह इकाई जहां कोई व्यक्ति पहले काम करता था ❸अपक्व; कच्चा; बिना पका हुआ; प्रोसेसिंग न किया हुआ: 原料 / 原棉 / 原油 ❹（Yuán）एक कुलनाम

原 2 yuán क्षमा; माफ़ी: 原宥 / 情有可～ क्षम्य; क्षमायोग्य; माफ़ करने लायक

原 3 yuán ❶चौड़ा समतल स्थान; मैदान: 平～ समतल मैदान; समतल प्रदेश / 高～ पठार ❷塬 yuán के समान

【原班人马】 yuánbān rénmǎ वे ही पुराने कर्मचारी; पहले के काम करने वाले

【原版】 yuánbǎn ❶(पुस्तक का) पहला संस्करण ❷(दृश्य; ज्ञातव्य) ऑडियोविज़ुअल प्रकाशन-गृह द्वारा तैयार मैग्नेटिक टेप या वीडियो टेप (盗版 dàobǎn 'चोरी से छपा हुआ या रिकाड किया हुआ' से भिन्न)

【原本】[1] yuánběn ❶मूल; मूल हस्तलेख (传抄本 chuánchāoběn 'नकल' से भिन्न) ❷पहला उत्कीर्ण किया हुआ संस्करण (重刻本 zhòngkèběn 'दूसरे संस्करण' से भिन्न) ❸वह पुस्तक जिस के अनुसार अनुवाद किया जाता हो

【原本】[2] yuánběn <क्रि०वि०> पहले: 他～在上海读中学。 वह पहले शांगहाई के मिडिल स्कूल में पढ़ता था।

【原材料】 yuáncáiliào कच्ची और प्रोसेस्ड सामग्रियां

【原产地】 yuánchǎndì उद्गम स्थान

【原肠】 yuáncháng <प्राणि०> आदिम आन्त्र; प्रिमिटिव गट

【原虫】 yuánchóng <प्राणि०> एककोषी जीव

【原初】 yuánchū <क्रि०वि०> मूलतः; प्रारंभतः; पहले: 他～不同意，后来改变了。 वह पहले असहमत था, पर बाद में बदल गया।

【原创】 yuánchuàng मौलिक रचना या सृष्टि; प्रथम रचना या सृष्टि

【原地】 yuándì पूर्व स्थान पर; अपने स्थान पर: ～站立 अपने स्थान पर खड़ा होना

【原动机】 yuándòngjī संचालक मशीन

【原动力】 yuándònglì संचालक शक्ति; प्रेरक शक्ति

【原防】 yuánfáng वह स्थान जहां पहले फ़ौजी छावनी डाली जाती थी

【原封】 yuánfēng ज्यों का त्यों मुहरबंद होना

【原封不动】 yuánfēng-bùdòng ज्यों का त्यों रहने देना; जैसा था वैसा ही

【原稿】 yuángǎo मूलपत्र; मूललेख; हस्तलेख; हस्तलिपि; मसविदा

【原稿纸】 yuángǎozhǐ （稿纸 gǎozhǐ भी）दो रेखा या चार खानों वाला लिखने का मानकीकृत कागज़

【原告】 yuángào （原告人 yuángàorén भी）(दीवानी मामले में) अभियोक्ता; परिवादी; मुद्दई; (फ़ौजदारी मामले में) अभियोक्ता; अभियोजक; प्रॉसीक्यूटर

【原鸽】 yuángē （野鸽 yěgē भी）जंगली कबूतर

【原故】 yuángù 缘故 yuángù के समान

【原鸡】 yuánjī ❶जंगली पक्षी ❷जंगली मुर्गा या मुर्गी

【原级】 yuánjí <व्या०> विशेषण की मूलावस्था

【原籍】 yuánjí पैतृक घर: 他～上海。 उस का पैतृक घर शांगहाई में है।

【原价】 yuánjià मूल भाव

【原件】 yuánjiàn ❶(दस्तावेज़ का) हस्तलिखित प्रति ❷मूल प्रति (जिस के अनुसार नकल बनायी जाती है)

【原旧】 yuánjiù <बो०> ❶पहले का; मूल ❷पहले जैसा

【原矿】 yuánkuàng कच्ची धातु

【原来】 yuánlái ❶पहले का; मूल: ～的计划 पहले की योजना / 他还住在～的地方吗? क्या वह अब भी वहीं रहता है ? ❷<क्रि०वि०> पहले; मूलतः: 我们～不会做这种东西。 पहले हम इस तरह की चीज़ें नहीं बना सकते थे। / 他～是农民。 वह पहले किसान था। ❸<क्रि०वि०> तत्व संबंधी बात; वास्तव में; सचमुच: 啊，～是你呀! ओहो, तुम हो! / ～是下雪了，所以这么冷。 सचमुच बर्फ़ गिर रही है, इसलिए इतनी सरदी है।

【原来如此】 yuánlái rúcǐ ऐसी बात है
【原理】 yuánlǐ सिद्धांत; उसूलः 基本～ मूलसूत्र; मूल सिद्धांत
【原粮】 yuánliáng अनाज का कच्चा दाना
【原谅】 yuánliàng क्षमा करना; माफ़ करना: 他会～我们的。वह इस के लिए हमें क्षमा कर देगा।
【原料】 yuánliào कच्चा माल; कच्चा पदार्थ: ～产地 कच्चे माल का स्रोत
【原麻】 yuánmá कच्चा सन
【原毛】 yuánmáo कच्ची ऊन
【原貌】 yuánmào (वस्तुओं का) मूल रूप; असली रूप: 保存～ मूल रूप सुरक्षित रखना
【原煤】 yuánméi कच्चा कोयला
【原蜜】 yuánmì कच्चा मधु
【原棉】 yuánmián कच्ची रूई
【原木】 yuánmù लट्ठा; लकड़ी का कुंदा
【原配】 yuánpèi 元配 yuánpèi के समान
【原人】 yuánrén 猿人 yuánrén के समान
【原任】 yuánrèn ❶पहले … के पद पर होना ❷पूर्वाधिकारी; पूर्वगामी व्यक्ति
【原色】 yuánsè 〈भौ०〉 मूल रंग
【原审】 yuánshěn 〈का०〉 पहली सुनवाई
【原生动物】 yuánshēng dòngwù एककोषी जीव: ～学 प्राजीविकी; एककोषी जीवों का अध्ययन
【原生矿物】 yuánshēng kuàngwù मौलिक धातु
【原生林】 yuánshēnglín（原始林 yuánshǐlín भी） आदिम वन; आदिम-काल का जंगल
【原生生物】 yuánshēng shēngwù वह जीववर्ग जो पूर्णरूप से न वनस्पति वर्ग में हो न पशुवर्ग में ही; प्रॉटिस्ट
【原生植物】 yuánshēng zhíwù एककोषी वनस्पति; प्रोटोफ़ाइट
【原生质】 yuánshēngzhì 〈श०वि०〉 प्ररस; प्राणरस; जीवद्रव्य; प्रोटोप्लाज़्म
【原声带】 yuánshēngdài मूल मैग्नेटिक टेप
【原始】 yuánshǐ ❶मूल; सीधा; प्रत्यक्ष: ～记录 आदिम रिकार्ड / ～资料 मूल सामग्रियां ❷आदिम; प्रारम्भिक: ～人 आदिपुरुष; आदिम मानव / ～森林 आदिम वन; बियाबान जंगल / ～时期 आदिकाल; आदिम युग / ～细胞 लघुतम जीवकोष / ～形式的秘密团体 आदिम किस्म के गुप्त संगठन
【原始公社】 yuánshǐ gōngshè आदिम कम्यून: ～制度 प्राचीन-पंचायती व्यवस्था
【原始共产主义】 yuánshǐ gòngchǎn zhǔyì प्रारम्भिक (आदिम) कम्युनिज़्म: ～社会 आदिम कम्युनिस्ट समाज
【原始股】 yuánshǐgǔ 〈वाणि०〉 पहले दर्जे के बाज़ार में खुलेआम प्रकाशित स्टॉक-शेयर; इनिशियल ऑफ़रिंग
【原始积累】 yuánshǐ jīlěi आद्य संचय करना: 资本的～ पूंजी का आदिम संचय करना
【原始群】 yuánshǐqún आदिम झुंड
【原始社会】 yuánshǐ shèhuì आदिम समाज
【原诉】 yuánsù 〈का०〉 अभियोक्ता या अभियोजक का अभियोग
【原书】 yuánshū मूल पुस्तक
【原索动物】 yuánsuǒ dòngwù प्रोटोकोर्डेट
【原汤】 yuántāng उबाल कर बनाया गया किसी खाद्य-पदार्थ का सूप
【原糖】 yuántáng कच्ची शक्कर; खांड़
【原田】 yuántián 〈बो०〉 पठार (या प्लेटो) पर खेत
【原委】 yuánwěi संपूर्ण कहानी; शुरू से अंत तक की कथा; शुरू से अंत तक की घटना; किसी घटना का संपूर्ण विवरण: 事情的～ किसी घटना का संपूर्ण विवरण
【原文】 yuánwén ❶मूल पुस्तक (या लेख) (जिस के अनुसार अनुवाद किया जाता है): 译文～ अनुवाद की मूल पुस्तक या लेख ❷मूलपाठ; मूल: ～如下 इस का पूरा मज़मून इस प्रकार है
【原物】 yuánwù मूल वस्तु; उधार ली हुई वस्तु: 归还～ उधार ली हुई वस्तु को वापस देना
【原先】 yuánxiān ❶पहले का; पूर्व: ～的计划 पहले की योजना ❷पहले; पुराने ज़माने में: 他～是教员，现在是作家。वह पहले अध्यापक था, अब लेखक है।
【原线圈】 yuánxiànquān 〈विद्यु०〉 प्रारम्भिक वेष्टन (या मंडल)
【原形】 yuánxíng असली रूप; असलियत: 现～ असलियत ज़ाहिर होना
【原形毕露】 yuánxíng-bìlù अपने असली रूप में सामने आना; असली रूप का पर्दाफ़ाश होना
【原型】 yuánxíng मूलरूप; आदिरूप; मूलादर्श
【原盐】 yuányán कच्चा नमक
【原样】 yuányàng समान उपाय से; पहले की तरह; मूल रूप से: 照～做一把椅子。मूल कुर्सी के अनुसार एक और कुर्सी बनाओ। / 你还是～，没有变。तुम तो बिलकुल पहले की तरह हो, कोई बदलाव नहीं।
【原野】 yuányě खुला मैदान; जंगली मैदान: 肥沃的～ उपजाऊ मैदान
【原义】 yuányì (शब्द, पद आदि का) मूल अर्थ
【原意】 yuányì मूल अर्थ; मूल अभिप्राय: 曲解～ असली अर्थ को तोड़-मरोड़ कर बताना
【原因】 yuányīn कारण; हेतु; वजह: 失败的～ हारने का कारण / ～和结果 कारण और परिणाम; कार्य-कारण
【原由】 yuányóu （缘由 yuányóu के समान）कारण; वजह
【原油】 yuányóu अपरिष्कृत तेल; कच्चा तेल; क्रूड आयल: 低硫～ स्वीट क्रूड / 多蜡～ मोमी क्रूड; वैक्सी क्रूड / 含硫～ अम्लीय क्रूड; साउर क्रूड / 无蜡～ वैक्स-फ़्री क्रूड / ～分馏塔 क्रूड फ़्रैक्शनेटिंग टावर
【原有】 yuányǒu मौलिक; भूतपूर्व: ～产业 भूतपूर्व परिसंपत्ति
【原宥】 yuányòu क्षमा करना; माफ़ करना
【原原本本】 yuányuánběnběn आदि से अंत तक: 他把这事～讲给我听。उस ने इस घटना को आदि से अंत तक विस्तार से मुझे बताया
【原韵】 yuányùn एक कवि की कविता की वह मूल तुकबंदी जो दूसरे कवि द्वारा लिखित जवाबी कविता में

प्रयुक्त होती है: 步～ जिस कवि की जिस कविता के जवाब में आप कविता लिख रहे हैं, उस कवि की उस कविता की मूल तुकबंदी का ही इस्तेमाल करें

【原则】 yuánzé सिद्धांत; उसूल: ～分歧 सैद्धांतिक भेद / ～上 सिद्धांततः; उसूली तौर पर / ～问题 सैद्धांतिक सवाल

【原则性】 yuánzéxìng उसूलियत: ～的错误 उसूली गलतियां / ～的分歧 सिद्धांत से संबंधित मतभेद

【原职】 yuánzhí पूर्व-पद: 官复～ पूर्व-पद फिर संभालना

【原址】 yuánzhǐ पूर्व-स्थान; पूर्व-पता

【原纸】 yuánzhǐ कच्चा माल कागज़; कच्चा कागज़

【原种】 yuánzhǒng मूल किस्म: ～肉鸡 खाने के लिए मूल किस्म का मुर्गा

【原主】 yuánzhǔ मूल स्वामी; पहले का मालिक: 物归～ खोई हुई वस्तु उस के मूल स्वामी को वापस देना

【原著】 yuánzhù मूलग्रंथ; मूल पुस्तक; मूल: 您读过这本书的印地文～吗? क्या आप ने इस पुस्तक की मूल हिन्दी पुस्तक पढ़ी थी ?

【原装】 yuánzhuāng किसी विदेशी माल का मूलरूप: ～电视机 मूलरूप टी०वी० / ～名酒 मूलरूप मशहूर शराब

【原状】 yuánzhuàng पूर्व-स्थिति: 维持～ पूर्व-स्थिति स्थिर (या बरकरार) रखना

【原子】 yuánzǐ अणु; परमाणु; एटम: ～爆炸 परमाणविक विस्फोट / ～讹诈 परमाणु धौंस / ～分裂 परमाणु का विभाजन / ～辐射 परमाणविक विकिरण / ～基地 परमाणविक अड्डा / ～结构 अणुबद्ध रचना / ～垄断 न्यूक्लीयर इजारेदारी / ～时代 आणविक युग / ～外交 एटमिक कूटनीति

【原子笔】 yuánzǐbǐ बाल-पेन

【原子尘】 yuánzǐchén प्रमाणविक धूल

【原子弹】 yuánzǐdàn अणुबम; एटमबम; परमाणुबम

【原子反应堆】 yuánzǐ fǎnyìngduī परमाणु भट्टी; एटमिक रिएक्टर

【原子防护】 yuánzǐ fánghù परमाणु से रक्षा: ～部队 परमाणु से रक्षा करने वाली सेना

【原子核】 yuánzǐhé एटमिक न्यूक्लीयर: ～物理 नाभिकीय भौतिक विज्ञान; परमाणु भौतिक विज्ञान

【原子火箭】 yuánzǐ huǒjiàn न्यूक्लीयर राकेट

【原子价】 yuánzǐjià एटमिसिटी

【原子键】 yuánzǐjiàn एटमिक बॉन्ड

【原子量】 yuánzǐliàng एटमिक वेट; परमाणु-भार; परमाणु मान: ～表 परमाणु-भार की सारिणी

【原子论】 yuánzǐlùn अणुवाद

【原子能】 yuánzǐnéng अणु-शक्ति; परमाणु-शक्ति; एटम-शक्ति: ～发电站 अणु-शक्ति बिजलीघर

【原子炮】 yuánzǐpào एटमिक गन

【原子破冰船】 yuánzǐ pòbīngchuán न्यूक्लीयर आइस कटर

【原子热】 yuánzǐrè परमाणु ताप

【原子团】 yuánzǐtuán एटमिक ग्रुप

【原子武器】 yuánzǐ wǔqì अणु-शस्त्र; परमाणु-शस्त्र

【原子物理学】 yuánzǐ wùlǐxué परमाणु (नाभिकीय) भौतिक-विज्ञान

【原子序数】 yuánzǐ xùshù (原子序 yuánzǐxù भी) एटमिक नम्बर

【原子战争】 yuánzǐ zhànzhēng अणुयुद्ध; परमाणु युद्ध

【原子钟】 yuánzǐzhōng अणु-घंटा; एटमिक क्लॉक

【原子质量单位】 yuánzǐ zhìliàng dānwèi एटम क्वालिटी यूनिट

【原罪】 yuánzuì <धर्म> मूल पाप

【原作】 yuánzuò मूल-कृति; मूल: ～者 मूललेखक

圆 yuán ❶वर्तुल; गोल: 圆柱 / 圆桌 ❷圆周 परिधि (या वृत्त) का संक्षिप्त रूप ❸गोलाकार: 滚～ गोलाकार ❹व्यवहार-कुशल; संतोषजनक: 他这话说得不～。उस ने यह बात व्यवहार-कुशल ढंग से (या संतोषजनक रूप से) नहीं कही। ❺तर्कसंगत बनाना: 自～其说 अपना कथन तर्कसंगत बनाना ❻य्वान (元 yuán भी), चीन की मौद्रिक इकाई, बराबर दस च्याओ (角) या एक सौ फ़न (分) ❼गोल सिक्का (元 yuán भी): 银～ चांदी का सिक्का / 铜～ तांबे का सिक्का ❽ (Yuán) एक कुलनाम

【圆白菜】 yuánbáicài (结球甘蓝 jiéqiú gānlán का साधारण नाम) बन्दगोभी

【圆材】 yuáncái लट्ठा; लकड़ी का कुंदा; गोल लकड़ी

【圆场】 yuánchǎng बीच-बचाव करना; समझौता कराना: 打～ झगड़े का बीच-बचाव करना

【圆成】 yuánchéng किसी को उस का उद्देश्य प्राप्त करने के लिए सहायता देना

【圆唇元音】 yuánchún yuányīn <ध्वनि०> वृत्ताकार स्वर

【圆到】 yuándào पूर्ण; विस्तृत: 话很～ बड़े विस्तार से बात कहना

【圆雕】 yuándiāo शिल्पकला; मूर्तिकला; संगतराशी

【圆顶】 yuándǐng गुंबद; गुम्बज: 小～ गुंबद की छत

【圆嘟嘟】 yuándūdū (圆敦敦 yuándūndūn भी) गलफुल्ला; मुहल्ला; गोल और मोटा

【圆度】 yuándù गोलाई

【圆房】 yuánfáng <पुराना> (प्राचीन समय में बाल बहू और उस के पति का) पति-पत्नी का जीवन बिताने लगना

【圆坟】 yuánfén <पुराना> मृतक के दफ़नाने के तीन दिन बाद उस की कब्र पर मिट्टी का ढेर लगाना

【圆钢】 yuángāng इस्पात का लंबा गोल टुकड़ा

【圆工】 yuángōng (圆功 yuángōng भी) योजना को पूरा करना; मामले का पूरी तरह हल हो जाना: 事情是～了。यह मामला तसल्ली-बख्श ढंग से हल हो गया।

【圆骨碌】 yuángūlu अच्छा और गोल; वृत्ताकार

【圆鼓鼓】 yuángǔgǔ गोल और उन्नतोदर: ～的肚子 गोल और उन्नतोदर पेट

【圆光】 yuánguāng <पुराना> लोगों को धोखा देने वाले ओझा के द्वारा किया गया एक प्रकार का अंधविश्वासी उपाय, जिस में सब से पहले वह मंत्र फूंकता है फिर किसी

बच्चे को बुलाता है, उसे आईना या कोरा कागज़ दिखाता है, फिर बच्चे से पूछता है कि उसे क्या दिखाई देता है, उस के बाद बच्चे के जवाब के अनुसार वह खोई हुई चीज़ का पता बताता है या भविष्यवाणी करता है

【圆规】 yuánguī परकार (ज्यामेट्री में प्रयुक्त होने वाली)

【圆滚滚】 yuángǔngǔn अच्छा और गोल：～的脸蛋儿 गोल-मटोल चेहरा / ～的乳房 गोलाकार स्तन

【圆号】 yuánhào हार्न; फ़्रांसीसी हार्न; फ़्रेंच हार्न

【圆和】 yuánhé ❶बीच-बचाव करना; समझौता कराना ❷नरम; सरल; सीधा-सादा ❸मधुर और रसीला：嗓音～洪亮 आवाज़ मधुर और रसीली होना

【圆乎乎】 yuánhūhū गोल-मटोल; गोलाकार：～的脸颊 गोल-मटोल चेहरा; गोलाकार चेहरा

【圆乎】 yuánhu गोल-मटोल; गोलाकार：～脸 गोल-मटोल चेहरा; गोलाकार चेहरा

【圆滑】 yuánhuá होशियार और ऐयार; चाटुकारिताप्रिय और गैरज़िम्मेदार

【圆滑线】 yuánhuáxiàn 〈संगी०〉 मीड़ चिह्न; गिटकरी का निशान; एक साथ गीत स्वरों के ऊपर लगाया हुआ वक्रचिह्न （∪∩）

【圆谎】 yuánhuǎng झूठ को तर्कसंगत बनाने की कोशिश करना

【圆浑】 yuánhún 〈लि०〉 ❶(आवाज़) नरम और मधुर ❷(कविता, लेख आदि) स्वाभाविक और स्वेच्छाकृत

【圆活】 yuánhuó ❶विनयशील या मिलनसार：说话～ कुशलता से बोलना ❷मधुर और नरम：声音～ सुरीली आवाज़; मधुर आवाज़

【圆寂】 yuánjì (बौद्ध साधु या भिक्षुणी) निर्वाण होना; मर जाना; चल बसना

【圆锯】 yuánjù 〈यां०〉 गोल आरी

【圆括号】 yuánkuòhào धनुश्चिह्न （()）

【圆溜溜】 yuánliūliū अच्छा और गोल：～的眼睛 सुन्दर और गोल-गोल आंखें

【圆笼】 yuánlóng भोजन रखने या भेजने के लिए कई खानों का बड़ा और गोल हैंडल वाला बॉक्स; बड़ा टिफ़िन बॉक्स

【圆颅方趾】 yuánlú—fāngzhǐ गोल खोपड़ा और वर्गाकार पैर —— मनुष्य; मनुष्य जाति

【圆满】 yuánmǎn संपूर्ण; संतोषजनक：～成功 संपूर्ण रूप से सफल होना / ～结束 संतोषजनक रूप से समाप्त होना

【圆梦】 yuánmèng (अंधविश्वास) स्वप्न-फल बताना

【圆明园】 Yuánmíngyuán य्वानमिंग य्वान; पुराना ग्रीष्म-प्रासाद जो वर्तमान के ग्रीष्म-प्रासाद（ई-ह य्वान 颐和园）के पूर्व में स्थित था और बरतानिया और फ़्रांस की संयुक्त सेनाओं द्वारा नष्ट कर दिया गया था। अब वहां एक नया पार्क बन गया है

【圆盘】 yuánpán डिस्क

【圆盘耙】 yuánpánbà गोल हेंगा; डिस्क हैरो

【圆盘犁】 yuánpánlí चक्करदार हल; डिस्क-प्लो

【圆圈】 yuánquān मंडल; चक्कर; गोल दायरा：画～ गोल दायरा बनाना

【圆全】 yuánquán पूर्ण; संपूर्ण：办事办得～ काम करने में कुशल होना; कुशलता से काम करना

【圆润】 yuánrùn मधुर और पूरा：～的嗓音 सुरीली आवाज़

【圆鲹】 yuánshēn गोल स्कॉड मछली

【圆实】 yuánshi गोल और भरा-पूरा; गोल-मटोल：～红润的脸膛儿 लाल-लाल और फूला हुआ गाल

【圆熟】 yuánshú ❶दक्ष; कुशल; निपुण; प्रवीण ❷लचकीला：处事～ बड़ी निपुणता के साथ काम करना

【圆说】 yuánshuō सहायता में बोलना; सफ़ाई के लिए बहस करना

【圆台】 yuántái दे० 圆锥台

【圆通】 yuántōng अनाग्रही; लचकीला：他为人～。वह अनाग्रही है।

【圆舞曲】 yuánwǔqǔ वाल्ट्ज़

【圆心】 yuánxīn वृत्त-केन्द्र; गोल घेरे का केन्द्र; हलके का केन्द्र

【圆心角】 yuánxīnjiǎo 〈गणित०〉 केन्द्रीय कोण

【圆形】 yuánxíng गोल; चक्राकार; गोलाकार; वृत्ताकार

【圆形动物】 yuánxíng dòngwù（线形动物 xiànxíng dòngwù का दूसरा नाम）गोल कीड़ा; वर्तुल कृमि

【圆形建筑】 yuánxíng jiànzhù गोलाकार भवन; गोल इमारत

【圆形剧场】 yuánxíng jùchǎng वृत्ताकार मंचीय रंगशाला

【圆月】 yuányuè पूर्णचंद्र; पूनम का चांद

【圆凿方枘】 yuánzáo—fāngruì（方枘圆凿 fāngruì—yuánzáo भी）जैसे वृत्ताकार छिद्र के लिए वर्गाकार चूल —— एक दूसरे से अनबन होना; एक दूसरे का विरोध होना

【圆周】 yuánzhōu परिधि; वृत्त; परिमंडल; दायरा

【圆周角】 yuánzhōujiǎo 〈गणित०〉 वृत्तखंड पर कोण

【圆周接缝】 yuánzhōu jiēfèng 〈यां०〉 परिधि का जोड़

【圆周率】 yuánzhōulǜ वृत्त की परिधि और व्यास का अनुपात（π）

【圆周运动】 yuánzhōu yùndòng 〈भौ०〉 वृत्ताकार गति

【圆珠笔】 yuánzhūbǐ बॉल-पेन

【圆柱】 yuánzhù 〈गणि०〉 सिलिंडर; बेलन; कालम

【圆柱根】 yuánzhùgēn 〈गणि०〉 सिलेंडरी रुट

【圆柱体】 yuánzhùtǐ सिलिंडर; बेलन

【圆锥】 yuánzhuī शुंडाकार; टेपर

【圆锥根】 yuánzhuīgēn 〈वन०〉 कोणिकल रुट

【圆锥花序】 yuánzhuī huāxù 〈वन०〉 छोटा गुच्छा; संयुक्त मंजरी

【圆锥曲线】 yuánzhuī qūxiàn 〈गणि०〉 कोणिक सेक्शन

【圆锥体】 yuánzhuītǐ शंक्वाकार; मखरूत

【圆锥台】 yuánzhuītái 〈गणि०〉 शंकु का छिन्नक

【圆桌】 yuánzhuō गोल मेज़

【圆桌会议】 yuánzhuō huìyì गोलमेज़ सम्मेलन;

राउंड-टेबिल-कानफ़रेंस

【圆桌面】 yuánzhuōmiàn अलग होने योग्य गोलमेज़ का ऊपरी भाग (जो वर्गाकार मेज़ पर रखकर गोल मेज़ के काम आता है)

【圆子】 yuánzi ❶चिपचिपे चावल के आटे से बना मीठा गोला ❷<बो०> (मांस, मछली आदि से बना) गोला

鼋（黿） yuán नीचे दे०

【鼋鱼】 yuányú （元鱼 yuányú भी） कोमल पीठ वाला कछुआ

援 yuán ❶हाथ से खींचना： 攀～ किसी के सहारे से ऊपर चढ़ना; किसी वस्तु को पकड़कर ऊपर चढ़ना ❷उद्धृत करना： 援引 / 援用 ❸सहायता या मदद करना (देना)： 援军 / 援助 / 阻～打～ शत्रु-कुमक को रोके रखना और उस पर टूट पड़ना

【援笔】 yuánbǐ कलम उठाना： ～疾书 कलम लेकर जल्दी-जल्दी लिखना

【援兵】 yuánbīng कुमक; कुमकी फ़ौज; सहायक सेना

【援敌】 yuándí शत्रु-कुमक

【援救】 yuánjiù बचाना; खतरे से बचाना; रक्षा करना

【援军】 yuánjūn कुमक; कुमकी फ़ौज; सहायक सेना

【援款】 yuánkuǎn सहायक चंदा; सहायता फ़ंड

【援例】 yuánlì उदाहरण उद्धृत करना： 不能援这个例。 इस उदाहरण का उद्धरण नहीं दिया जा सकता है।

【援手】 yuánshǒu <लि०> बचाना; खतरे से बचाना; सहायता या मदद करना (देना); सहायता के लिए बढ़ाया गया हाथ

【援外】 yuánwài विदेशी सहायता： ～物资 विदेशी सहायता की सामग्रियाँ (या वस्तुएं)

【援引】 yuányǐn ❶उद्धृत करना; हवाला देना： ～例证 उदाहरण उद्धृत करना ❷पदोन्नति करना; सिफ़ारिश करना： ～贤能 योग्य व्यक्ति की पदोन्नति करना या सिफ़ारिश करना

【援用】 yuányòng ❶उद्धृत करना： ～成例 उदाहरण उद्धृत करना ❷सिफ़ारिश करना; नियुक्त करना： ～亲信 अपने आदमी या विश्वस्त की सिफ़ारिश करना और नियुक्त करना

【援助】 yuánzhù सहायता या मदद करना (या देना); सहारा देना; साथ देना

湲 yuán दे० 潺湲 chányuán <लि०> धीरे-धीरे बहना： 秋水潺～。 पतझड़ के मौसम में सरिता में पानी धीरे-धीरे बहता है।

媛 yuán दे० 婵媛 chányuán ❶सुन्दर (स्त्री) ❷चांद ❸संबंधित; जुड़ा हुआ

yuàn भी दे०

缘（緣） yuán ❶कारण; हेतु; वजह： 缘由 / 缘故 ❷क्योंकि; के लिए： ～何来此？ आप यहाँ किस कारण आये？ ❸पूर्व निश्चित होना; भाग्य में होना： 姻～ विवाह; शादी ❹के किनारे： ～溪而行 सरित के किनारे-किनारे चलना ❺किनारा： 边～ किनारा; सिरा; सीमांत; सीमा; पार

【缘簿】 yuánbù बौद्ध या ताओ मंदिरों में रखी हुई दान मांगने के लिए लेखा-पुस्तक

【缘法】 yuánfǎ दे० 缘分

【缘分】 yuánfèn भाग्य या किस्मत जिस के द्वारा लोग एक साथ मिलते हैं; व्यक्ति के किसी दूसरे व्यक्ति या वस्तु के साथ संबंध रखने की संभावना： 他俩在一起真是～。 वे दोनों एक साथ रहते हैं, यह सचमुच भाग्य में लिखा है। / 我和烟酒没有～。 मुझे सिग्रेट और शराब पीना रुचिकर नहीं लगता।

【缘故】 yuángù （原故 yuángù भी） कारण; हेतु; वजह： 他一定要去那里，不知什么～。 वह हठपूर्वक वहां जाना चाहता है, न जाने क्या कारण है।

【缘何】 yuánhé <लि०> क्यों; क्या कारण： ～呼吾名？ मेरा नाम क्यों पुकारते हो？

【缘木求鱼】 yuánmù-qiúyú मछलियां पकड़ने के लिए पेड़ पर चढ़ना

【缘起】 yuánqǐ ❶उत्पत्ति; आरंभ; प्राक्कथन： 文章～ किसी लेख (या पुस्तक आदि) का प्राक्कथन ❷किसी संस्था की स्थापना या किसी परियोजना के आरंभ का विवरण： 成立学会的～ किसी सभा की स्थापना का विवरण

【缘悭一面】 yuánqiān-yīmiàn भाग्य में नहीं लिखा है कि मैं उस से मिल सकूँ

【缘石】 yuánshí （牙石 yáshí भी） सड़क के किनारे फ़ुटपाथ की सीमा पर लगाई हुई ईंटें या सीमेंट की ईंटें जो सड़क से थोड़ी ऊंची होती हैं

【缘由】 yuányóu कारण; हेतु; वजह

塬 yuán चीन के पश्चिमोत्तर लोएस loess पठार क्षेत्र में वे स्थान जिन की तह ऊंची तथा समतल होती है और जिन के चारों ओर खड़ी चट्टानें होती हैं

猿（猨） yuán वानर; कपि; पुच्छहीन बंदर： 从～到人 वानर से मनुष्य तक

【猿猴】 yuánhóu वानर और बंदर

【猿人】 yuánrén कपिमानव

源 yuán ❶(नदी का) स्रोत; मूल; उत्पत्ति-स्थान： 源泉 / 源头 ❷स्रोत; मूल कारण： 货～ कम्मोडिटी सप्लाई / 资～ साधन-स्रोत ❸ （Yuán） एक कुलनाम

【源流】 yuánliú (नदी का) मूलस्रोत और धारा; उत्पत्ति और विकास： 不是源而是流。 स्रोत न होकर केवल धारा है।

【源泉】 yuánquán स्रोत; मूलस्रोत; जलस्रोत： 知识是力量的～。 ज्ञान शक्ति का मूलस्रोत है।

【源头】 yuántóu स्रोत; मूलस्रोत; जलस्रोत： 长江～ यांत्सी नदी का जलस्रोत

【源源】 yuányuán निरंतर; लगातार： 源源不绝

【源源本本】 yuányuánběnběn दे० 原原本本 yuányuánběnběn

【源源不绝】 yuányuán–bùjué निरंतर; लगातार: 部队得到～的补充 फ़ौज को लगातार कुमक मिलना
【源源而来】 yuányuán–érlái लगातार आते रहना
【源远流长】 yuányuǎn–liúcháng ❶दूर का स्रोत और लंबी धारा: 长江～。 यांत्सी नदी का स्रोत बहुत दूर है और उस की धारा बहुत लंबी है। ❷<ला०> लंबा इतिहास: 中印两国人民的友谊～。 चीन और भारत दोनों देशों की जनता की मित्रता का इतिहास बहुत लंबा है।

嫄 yuán व्यक्ति के नाम में प्रयुक्त शब्द, जैसे 姜嫄 Jiāngyuán, किंवदंती में चओ राजवंश के पितृ हओची (后稷) की माता

辕 yuán ❶(तांगे, इक्के आदि का) बम ❷प्राचीन-काल में सरकारी दफ़्तर का फाटक ❸प्राचीन-काल में सरकरी दफ़्तर: 行～ फ़ील्ड हेडक्वार्टर
【辕骡】 yuánluó (बमों के बीच में) जुता हुआ खच्चर
【辕马】 yuánmǎ (बमों के बीच में) जुता हुआ घोड़ा
【辕门】 yuánmén प्राचीन-काल में सरकारी दफ़्तर या सैनिक शिविर के बाहर का फाटक
【辕子】 yuánzi <बोल०> (इक्के, तांगे आदि का) बम: 车～ (इक्के, तांगे आदि का) बम; लकड़ी के वे मोटे दस्ते जिन के बाच में घोड़ा जुता होता है

橼 yuán दे० 香橼 xiāngyuán <वन०> गलगल; तु-रंज; हाथ के आकार का एक फलविशेष

螈 yuán दे० 蝾螈 róngyuán <प्राणि०> न्यूट, छोटी पूंछ वाला छिपकली जैसा एक जानवर

圜 yuán 圆 yuán के समान
huán भी दे०

羱 yuán नीचे दे०
【羱羊】 yuányáng <प्राणि०> (北山羊 běishān-yáng भी) बकरे की जाति का एक जावनर जो बकरे से बड़ा होता है

yuǎn

远 (遠) yuǎn ❶(समय, स्थान) दूर; सुदूर (विलोम: 近 jìn): 远处 / 远东 / 远古 ❷(संबंध में) दूर का: 远亲 ❸<क्रि०वि०> बहुत अधिक; बहुत ज़्यादा; बहुत दूर: 这个问题～比那个问题重要。 यह सवाल उस सवाल से बहुत ज़्यादा महत्वपूर्ण है। / ～～超过 बहुत दूर आगे निकल जाना ❹से दूर रहना; से अलग होना: 敬而～之 किसी व्यक्ति का आदर करना पर उस से दूर रहना ❺ (Yuǎn) एक कुलनाम
【远避】 yuǎnbì (किसी व्यक्ति से) कोसों दूर रहना; कन्नी काटना या कटाना
【远程】 yuǎnchéng लंबे रास्ते का; सुदूर: ～轰炸机 दूरी तक मार करने वाला बममार; दूर तक मार करने वाला बममार / ～火箭 दूरी तक मार करने वाला राकेट; लांग रेंज राकेट / ～导弹 दूर मार मिसाइल / ～教育 दूर-शिक्षा / ～医疗 दूर-चिकित्सा / ～运输 लंबे रास्ता का परिवहन
【远处】 yuǎnchù दूर जगह में; दूर पर: 到～去旅游 दूर की जगह में जाकर पर्यटन करना
【远大】 yuǎndà महान और दीर्घकालीन: ～的政治眼光 दूरदर्शी राजनीतिक दृष्टिकोण / ～理想 महान संकल्प; महान अभिलाषा
【远道】 yuǎndào लंबा रास्ता: ～而来 दूर से आना
【远地点】 yuǎndìdiǎn <खगोल०> भूम्युच्च; पृथ्वी से चंद्र-मंडल या भूउपग्रह की सर्वाधिक दूरी
【远东】 Yuǎndōng सुदूर-पूर्व
【远渡】 yuǎndù बहुत बड़े समुद्र को पार कर यात्रा करना: ～重洋 महासागरों को पार करना
【远方】 yuǎnfāng दूर की जगह: ～的客人 दूर का आगंतुक
【远房】 yuǎnfáng दूर के संबंध वाला: ～亲戚 दूर का रिश्तेदार; दूर का नातेदार
【远隔重洋】 yuǎngé–chóngyáng महासागरों से अलग किया जाना
【远古】 yuǎngǔ अनादिकाल; अतिप्राचीनकाल: 在～时代 अतिप्राचीनकाल में
【远海】 yuǎnhǎi सुदूर समुद्र: ～航行 सुदूर समुद्री यात्रा या संचालन
【远航】 yuǎnháng सुदूर समुद्र की सैर करना
【远话】 yuǎnhuà पराये जैसी बात (करना): 近人不说～。 मित्र लोग पराये जैसी बात नहीं करते।
【远见】 yuǎnjiàn दूरदर्शन; अग्रसोच; सूक्ष्मदर्शन: ～性 दूरदर्शिता
【远见卓识】 yuǎnjiàn–zhuōshí दूरदर्शन और चातुर्य: ～的决策 दूरदर्शी नीति-निर्धारण
【远交近攻】 yuǎnjiāo–jìngōng दूर के देशों से मित्र बनाना और निकट देशों पर आक्रमण करना
【远郊】 yuǎnjiāo दूर का उपनगर
【远近】 yuǎnjìn ❶दूर और निकट: ～闻名 व्यापक ख्याति होना ❷दूरी; फ़ासला: 这两条路的～差不多。 इन दोनों रास्तों की दूरी लगभग एक ही है।
【远景】 yuǎnjǐng ❶दूर का दृश्य ❷दूर भविष्य की स्थिति: ～规划 दूरदर्शितापूर्ण योजना; दीर्घकालीन योजना; भावी-निर्माण योजना
【远距离操纵】 yuǎnjùlí cāozòng सुदूर नियंत्रण
【远客】 yuǎnkè दूर से आया अतिथि; दूर का आगंतुक
【远路】 yuǎnlù लंबा रास्ता
【远虑】 yuǎnlǜ दूरदर्शन; अग्रसोच
【远门】 yuǎnmén ❶घर से बहुत दूर: 出～ घर से बहुत दूर यात्रा करना; लंबी यात्रा करना ❷दूर के संबंध वाला: ～兄弟 दूर के संबंध वाला भाई
【远谋】 yuǎnmóu आगे के लिए योजना: ～深算 आगे के लिए योजना बनाना और चिंतन करना

【远年】 yuǎnnián बहुत वर्ष पहले: ～陈酒 बहुत वर्ष पहले की शराब

【远僻】 yuǎnpì दूरस्थ; दुर्गम; अगम्य (स्थान)

【远期】 yuǎnqī निश्चित भविष्य काल का; अग्रिम; अग्रवर्ती; अगाऊ: ～外汇 भावी विदेशी मुद्रा; फ़ार्वर्ड एक्सचेंज

【远亲】 yuǎnqīn दूर का रिश्तेदार; दूर का नाता

【远亲不如近邻】 yuǎnqīn bùrú jìnlín दूर का रिश्तेदार निकट पड़ोसी से कम मदद दे सकता है

【远人】 yuǎnrén ❶दूरस्थ स्थानों में निवास करने वाले लोग ❷अजनबी

【远日点】 yuǎnrìdiǎn 〈खगोल०〉 अपसारिका; नक्षत्र या धूमकेतु के कक्ष पर सूर्य से सब से दूर का बिन्दु

【远涉】 yuǎnshè (समुद्र पार कर) लंबी यात्रा करना: ～重洋 महासागरों को पार कर यात्रा करना

【远射程炮】 yuǎnshèchéngpào दूर मारक तोप

【远摄镜头】 yuǎnshè jìngtóu ❶〈फ़िल्म〉 लांग शॉट; लंबा फ़ोकस ❷टेलिफ़ोटो लेंस

【远识】 yuǎnshí दूरदर्शन; दूरदर्शिता; दूरदर्शी; दीर्घदृष्टि

【远视】 yuǎnshì 〈चिकि०〉 दीर्घदृष्टि: ～眼 दीर्घदृष्टि वाला / ～眼镜 दीर्घदृष्टि वाले के लिए ऐनक

【远水不解近渴】 yuǎnshuǐ bù jiě jìnkě दूर का पानी फ़ौरी प्यास को नहीं बुझा सकता

【远水救不了近火】 yuǎnshuǐ jiùbuliǎo jìnhuǒ दूर का पानी नज़दीक की आग को नहीं बुझा सकता

【远台】 yuǎntái 〈टेबुल टेनिस〉 मेज़ से दूर: ～长抽 दूर से लप्पे मारना / ～削球 दूर से चॉप करना; ऑफ़-टेबुल चॉप

【远天】 yuǎntiān दूरस्थ आकाश

【远眺】 yuǎntiào (उच्च स्थान से) बहुत दूर तक देखना: 举目～ आंख उठाकर बहुत दूर तक देखना

【远图】 yuǎntú दीर्घकालीन योजना

【远销】 yuǎnxiāo दूर-दूर के स्थानों तक माल बेचना: ～海外 विदेशों तक माल बेचना

【远行】 yuǎnxíng दूर की यात्रा करना; लंबी यात्रा करना

【远扬】 yuǎnyáng (यश, कीर्ति, ख्याति आदि) बहुत दूर तक फैलना: 臭名～ कुख्यात होना; बदनाम होना / 声威～ दूर-दूर तक ख्याति फैलना

【远飏】 yuǎnyáng 〈लि०〉 दूर भाग जाना: 匪徒闻风～。डाकू लोग खबर पाकर दूर भाग गये।

【远洋】 yuǎnyáng ❶महासागर ❷महासागरी; दूर समुद्र में जाने वाला: ～轮船 दूर समुद्र में जाने (या चलने) वाला जहाज़; महासागरी जहाज़ / ～客轮（班轮）महासागर में जाने वाला यात्रियों का जहाज़; ओशन लाइनर

【远因】 yuǎnyīn पहले का कारण

【远缘杂交】 yuǎnyuán zájiāo 〈कृ०〉 दूर-संकरण; डिस्टैंट हाइब्रिडिज़ेशन

【远月点】 yuǎnyuèdiǎn 〈खगोल०〉 चंद्र से सब से दूर का बिन्दु

【远在天边，近在眼前】 yuǎn zài tiānbiān, jìn zài yǎnqián देखने में बहुत दूर पर वास्तव में बहुत निकट (हंसी में किसी व्यक्ति को यह ध्यान देने के लिए कही हुई बात कि कोई व्यक्ति या वस्तु ठीक उस के पास ही है)

【远征】 yuǎnzhēng अभियान: ～军 अभियान-सेना; एक्सपीडीशनरी आर्मी; सफ़री फ़ौज

【远支】 yuǎnzhī वंश की दूर की शाखा

【远志】[1] yuǎnzhì दीर्घकालीन महत्वाकांक्षा; महान अभिलाषा

【远志】[2] yuǎnzhì 〈ची०चि०〉 संकीर्ण-पर्ण वाले पोलिगामा की जड़

【远走高飞】 yuǎnzǒu-gāofēi दूर की और ऊंची उड़ान भरना; दूर के स्थानों में भाग जाना

【远足】 yuǎnzú मनोरंजन के लिए लंबी पैदल यात्रा

【远祖】 yuǎnzǔ दूर के पूर्वज

yuàn

苑 yuàn ❶〈लि०〉 पशु-पक्षी पालने और वृक्ष उगाने वाला स्थान: 御～ शाही बाग; शाही पार्क / 鹿野～ मृगदाव / 后～ महलों का पिछवाड़ा बाग ❷〈लि०〉 (कला-साहित्य आदि का) केन्द्र: दे० 艺苑 yìyuàn ❸（Yuàn）एक कुलनाम

【苑囿】 yuànyòu पशुओं का पार्क

怨 yuàn ❶द्वेष; घृणा; कोप; रोष: 抱～ शिकायत / 以德报～ भलाई का बदला बुराई के रूप में देना ❷दोष देना; असंतोष प्रकट करना: 这事～我。इस बात के लिए मुझे दोष दिया जा सकता है।

【怨不得】 yuànbude ❶दोष न दे सकना: 这事～他，都怪我。इस बात के लिए उसे दोष नहीं दिया जा सकता, यह सब मेरा कसूर है। ❷कोई आश्चर्य की बात नहीं; तभी: 他病了，～不来上课。वह बीमार है, इसलिए क्लास में नहीं आया।

【怨仇】 yuànchóu द्वेष; घृणा; वैर; नफ़रत

【怨敌】 yuàndí शत्रु; वैरी; दुश्मन

【怨毒】 yuàndú 〈लि०〉 द्वेष; वैर; घृणा

【怨怼】 yuànduì 〈लि०〉 कोप; रोष; द्वेष; घृणा

【怨愤】 yuànfèn असंतोष और रोष: 解放前人民～已达极点。मुक्ति के पहले जनता के बीच असंतोष और रोष अपनी चरम सीमा तक पहुंच चुका है।

【怨府】 yuànfǔ 〈लि०〉 लोगों के रोष का लक्ष्य व्यक्ति

【怨怪】 yuànguài दोष देना: 他～我不上紧。उस ने मुझे दोष दिया कि मैं ने उस के लिए काम जल्दी नहीं किया।

【怨恨】 yuànhèn गुस्सा और उलाहना देना; कुढ़ना: 他对我毫无～的神色。उस के मन में मेरे प्रति कोई गुस्सा और उलाहना नहीं है। / 她心里～。वह भीतर ही भीतर कुढ़ती रहती थी।

【怨悔】 yuànhuǐ पश्चाताप करते हुए दुखित होना

【怨嗟】 yuànjiē 〈लि०〉 कोप के साथ आह भरना

【怨苦】 yuànkǔ कटु कोप

【怨詈】 yuànlì 〈लि०〉 अप्रसन्नतापूर्वक अपशब्द कहना

【怨懑】 yuànmèn क्रोधशील; नाराज़; रुष्ट; असंतुष्ट और

रुष्ट
【怨怒】 yuànnù क्रोधशील; नाराज़; रुष्ट
【怨女】 yuànnǚ 〈लि०〉 शिकायत करने वाली कुमारी
【怨偶】 yuàn'ǒu 〈लि०〉 दुखी दंपति; पति-पत्नी जिन के बीच मेल न हो
【怨气】 yuànqì शिकायत-शिकवा
【怨气冲天】 yuànqì-chōngtiān दिल में बहुत शिकायतें भर रखना
【怨声载道】 yuànshēng-zàidào चारों ओर असंतोष फैला होना
【怨天尤人】 yuàntiān-yóurén ईश्वर और लोगों को दोष देना —— अपने को छोड़कर बाकी सब लोगों को और वस्तुओं को दोष देना
【怨望】 yuànwàng 〈लि०〉 गुस्सा और उलाहना; कुढ़ना
【怨言】 yuànyán शिकायत; नालिश: 毫无～ कोई शिकायत न होना / 口出～ मुंह से शिकायत करना
【怨艾】 yuànyì 〈लि०〉 कोप; रोष; द्वेष; वैर
【怨尤】 yuànyóu कोप; रोष; द्वेष; वैर

院 yuàn ❶आंगन; प्रांगण: ～里种了两棵石榴树。आंगन में अनार के दो पेड़ हैं । ❷कुछ संस्थाओं या सार्वजनिक स्थानों का नाम: 法～ अदालत / 科学～ विज्ञान अकादमी / 电影～ सिनेमा-घर ❸कालेज: 高等～校 कालेज और विश्वविद्यालय / ～系调整 उच्च-शिक्षण संस्थाओं का पुनर्गठन ❹अस्पताल: 住～ अस्पताल में रहना (चिकित्सा के लिए); अस्पताल में भरती होना ❺ (Yuàn) एक कुलनाम
【院本】 yuànběn ❶व्यावसायिक मूल प्रलेख —— चिन और य्वान राजवंश-काल में उत्तर चीन के वेश्यालय या आपेरा मंडल के अभिनेत्रियों में प्रचलित आपेरा का मूल प्रलेख ❷मिंग और छिंग राजवंश काल में प्रचलित काव्यगत आपेरा (杂剧 zájù और 传奇 chuánqí) का विस्तृत नाम
【院画】 yuànhuà 院体画 का संक्षिप्त रूप
【院落】 yuànluò आंगन; प्रांगण
【院墙】 yuànqiáng मकान की चहारदीवारी; कमरकोट
【院士】 yuànshì अकादमीशियन
【院套】 yuàntào 〈बो०〉 आंगन; प्रांगण
【院体画】 yuàntǐhuà शाही-प्रांगण में सुसज्जित चित्र
【院线制】 yuànxiànzhì सिनेमा चेन सिस्टम
【院校】 yuànxiào विश्वविद्यालय और कालेज
【院子】 yuànzi आंगन; प्रांगण

垸 yuàn 〈बो०〉 संरक्षणात्मक पुश्ताबन्दी (हूनान और हूपेइ प्रांतों में नदी या झील के आसपास के मकानों या खेतों के लिए निर्मित): ～田 खेत जिस के चारों ओर संरक्षणात्मक पुश्ताबन्दी बनी हो
【垸子】 yuànzi संरक्षणात्मक पुश्ताबन्दी (हूनान और हूपेइ प्रांतों में नदी या झील के आसपास के मकानों या खेतों के लिए निर्मित)

衏 yuàn दे० 衔衏 hángyuàn ❶चिन और य्वान राजवंश काल में वेश्यालय और अभिनेत्रियों का निवास-स्थान ❷वेश्याएं और अभिनेत्रियां

掾 yuàn 〈लि०〉 मातहत अधिकारी

媛 yuàn 〈लि०〉 सुन्दरी; सुन्दर स्त्री
yuán भी दे०

瑗 yuàn गोल और चपटा जेड जिस में बड़ा छेद और जिस का किनारा छोटा हो

愿1 yuàn 〈लि०〉 ईमानदार और सावधान: 谨～चाल-चलन में सावधान

愿2 (願) yuàn ❶आशा; इच्छा; उम्मीद; इरादा: 心～ मनोकामना / 志～ अभिलाषा; इरादा ❷चाहना; तैयार होना: 他不～认错。वह अपनी गलती मानने के लिए कतई तैयार नहीं है। / 自觉自～ अपनी सजगता व इच्छा से ❸मनौती: 许～ भगवान से मनौती माँगना / 还～ मन्नत उतारना (या बढ़ाना)
【愿望】 yuànwàng इच्छा; अभिलाषा; चाह; कामना: 主观～ आत्मगत (या मनोगत) इच्छा / ～实现 इच्छा पूरी होना
【愿心】 yuànxīn ❶मनौती: 许下～ भगवान से मनौती करना ❷विस्तृत अर्थ में इच्छा; अभिलाषा; चाह
【愿意】 yuànyì ❶इच्छा प्रकट होना; तैयार होना: 我们没有一个～打仗。हम में से किसी का भी लड़ने का कोई इरादा नहीं है। / 我很～看《人民日报》。'जन-दैनिक' पढ़ना मुझे बहुत अच्छा लगता है। / 他不～去。वह जाने को तैयार नहीं है । 他不～向我要钱。वह यह नहीं चाहता था कि मुझ से पैसे मांग ले।

yuē

曰 yuē 〈लि०〉 कहना; बोलना: 子～: "温故而知新，不亦悦乎。" कनफ़्यूशियस ने कहा: 'क्या यह प्रसन्नता की बात नहीं है कि सीखकर बार-बार दोहराने से नई-नई जानकारियां प्राप्त हो जाएं ।' ❷नाम रखना; नामकरण करना; संज्ञा देना: 可名之～农民学校。इसे किसान-स्कूल कहा जा सकता है।

约 (約) yuē ❶मिलने के लिए स्थान या समय निश्चित करना; तय करना; निर्णय करना; फ़ैसला करना: 预～ बुक करना; आरक्षण करना; रिज़र्व करना / 约定 ❷निमंत्रण देना; बुलावा देना: 约请 / ～他来。उसे आने के लिए न्योता दो। ❸पैक्ट; समझौता; निश्चित कार्य: 条～ संधि / 和～ शांति-संधि / 践～ बात रखना; नियत समय या स्थान पर पहुंचना ❹नियंत्रण में रखना; बंधन में रखना; सीमा में रखना या बांधना: 约束 / 制～ नियंत्रण करना; पाबंदी करना ❺मितव्यय; अल्पव्यय; कमखर्च: 节～

किफ़ायत; मितव्ययता / 俭～ किफ़ायत; कमखर्ची ❻सरल; संक्षिप्त: ～言之 संक्षेप में ❼<क्रि०वि०> लगभग; के करीब; के निकट: 约计 / 约数 / 年～四十岁 उम्र लगभग चालीस साल की होना ❽<गणि०> अपूर्णांक का लघुकरण (करना) या घटाना: 十分之四可以～成五分之二。चार बटा दस को दो बटा पांच में घटाया जा सकता है।

yāo भी दे०

【约旦】 Yuēdàn जोर्डन

【约旦人】 Yuēdànrén जोर्डनी

【约定】 yuēdìng पहले से तय कर लेना; (समय, स्थान आदि) निश्चित करना: ～会晤地点 किसी निश्चित स्थान पर मिलने के लिए राज़ी हो जाना; उपयुक्त स्थान पर मिलने के बारे में रजामन्द होना

【约定俗成】 yuēdìng-súchéng लौकिक रीति- रिवाज के द्वारा स्थापित किया जाना; सामान्य व्यवहार के द्वारा स्वीकार किया जाना

【约法】 yuēfǎ अस्थायी संविधान

【约法三章】 yuēfǎ-sānzhāng त्रिधारा कानून पर सहमत होना —— ऐसे कुछ आम नियम बनाना जिन पर सब की आम सहमति हो

【约分】 yuēfēn <गणित०> अपूर्णांक का लघुकरण या घटाना

【约翰斯敦岛】 Yuēhànsīdūndǎo जॉनस्टन द्वीप

【约合】 yuēhé साथ-साथ मिलने के लिए न्योता देना

【约会】 yuēhuì ❶पहले से मिलने के लिए निश्चित करना: 我们大家～好在这里碰头。हम सब ने पहले यहीं मिलने के लिए निश्चित किया था। ❷पहले से निश्चित किया हुआ मिलन: 今天晚上我有个～。आज रात मुझे किसी से मुलाकात करनी है।

【约集】 yuējí साथ-साथ मिलने के लिए न्योता देना

【约计】 yuējì मोटे तौर पर हिसाब करना; मोटे हिसाब से

【约见】 yuējiàn मिलने के लिए समय निश्चित करना (बहुधा कूटनीतिक क्षेत्र में प्रयुक्त)

【约据】 yuējù कंट्रैक्ट（合同）, संविदा（契约）आदि का सामान्य नाम

【约略】 yuēlüè ❶लगभग; मोटे तौर पर; करीब-करीब: 这事我～知道一点。इस मामले के बारे में मैं कुछ-कुछ जानता हूँ। ❷मोटे अनुमान का; सदृश

【约莫】 yuēmo （约摸 भी）मोटे तौर पर (अनुमान करना); लगभग: 我们～等了有一个小时，他们来了。हम लोग लगभग एक घंटे तक प्रतीक्षा करते रहे और बाद में वे आये।

【约摸】 yuēmo 约莫 के समान

【约期】 yuēqī ❶समय निश्चित करना: ～会谈 वार्तालाप करने के लिए समय निश्चित करना ❷(कंट्रैक्ट आदि का) नियत समय: ～已满 कंट्रैक्ट का समय समाप्त होना

【约请】 yuēqǐng निमंत्रण देना; न्योता देना

【约束】 yuēshù बंधा होना; बांधना; बंधन में रहना: 受到协议严格～ समझौते से सख्ती से बंधा होना / 反对旧的那一套～ पुराने किस्म के अनुशासनसूत्रों का विरोध करना / 它像一条绳索把他们～起来。उस ने एक रस्सी की तरह उन लोगों को एक साथ बांध रखा है।

【约束力】 yuēshùlì प्रतिबन्ध; प्रभावित करने वाली शक्ति: 对…没有～ किसी के पास … को प्रभावित करने वाली कोई शक्ति न होना

【约数】 yuēshù ❶निकट संख्या ❷<गणित०> भाजक; भाग देने वाली संख्या या अंक

【约谈】 yuētán पहले से बात करने का समय तय करना

【约同】 yuētóng साथ जाने के लिए न्योता देना

【约言】 yuēyán वायदा; वचन: 履行～ वचन का पालन करना; वचन निभाना / 实行～ वचन (या वादे) को पूरा करना / 违背～ वचन तोड़ना; वादा टालना

【约制】 yuēzhì नियंत्रण में रखना; सीमित रखना; बंधन में रखना

篗 yuē <लि०> मापनी; पैमाना; स्केल

矱（彠） yuē <लि०> ❶मापनी; पैमाना ❷तराज़ू से मापना; तराज़ू पर तौलना (आजकल मौखिक भाषा में इस का उच्चारण yāo 约 होता है)

yuě

哕（噦） yuě ❶<अनु०> कै करने की आवाज़ ❷कै करना: 他～了。वह कै कर रहा है।

huì भी दे०

yuè

月 yuè ❶चांद; चंद्र: 月光 / 月蚀 / 月夜 ❷मास; महीना; माह ❸मासिक: 月刊 / 月报 / 月产量 ❹गोल; गोलाकार; चन्द्राकार: 月饼 / 月琴

【月白】 yuèbái हल्का नीला रंग: ～背心 हल्का नीला ब्लाउज़

【月白风清】 yuèbái-fēngqīng स्वच्छ चन्द्र और मंद पवन —— सुन्दर रात

【月半】 yuèbàn चांद्र मास का पंद्रहवां दिन; महीने की पंद्रहवीं तारीख

【月报】 yuèbào ❶मासिक पत्र (या पत्रिका):《小说～》'मासिक कहानी' ❷मासिक रिपोर्ट

【月饼】 yuèbing चन्द्राकार केक; मून केक (विशेषकर मध्य-शरत् त्यौहार के लिए)

【月产量】 yuèchǎnliàng मासिक उत्पादन मात्रा

【月长石】 yuèchángshí <खनि०> चन्द्रकांत मणि

【月尘】 yuèchén <खगोल०> चांद्र धूलि; ल्यूनार डस्ट

【月城】 yuèchéng <लि०> नगर-द्वार की चहारदीवारी

【月初】 yuèchū महीने के आरंभ में

【月底】 yuèdǐ महीने के अंत में

【月洞门】 yuèdòngmén चन्द्र द्वार; चन्द्राकार द्वार

【月度】 yuèdù मासिकः ～计划 मासिक योजना
【月房】 yuèfáng 〈बो०〉 प्रसूतिगृह; ज़च्चाखाना; प्रसूता का शयन-गृह (सोने का कमरा)
【月份】 yuèfèn महीना; मास; माहः 上～ पिछला महीना / 十～ अक्तूबर
【月份牌】 yuèfènpái 〈बोल०〉 दिनपत्र; कलेंडर
【月俸】 yuèfèng माहवार; मासिक; माहवारी तनखाह
【月工】 yuègōng महीने के हिसाब से काम पर लगाया जाने वाला मज़दूर
【月宫】 yuègōng ❶चांद का दूसरा नाम ❷किंवदंती में चन्द्रलोक में प्रासाद; चन्द्र दरबार
【月光】 yuèguāng ❶चांदनी; ज्योत्स्ना; कौमुदी; चन्द्रिका ❷〈बो०〉 चांद
【月光花】 yuèguānghuā बड़ा ब्राह्मी पुष्प; बड़ा डेज़ी पुष्प
【月规钱】 yuèguīqián 〈पुराना〉 नौसिखिये को दिया गया माहवारी वज़ीफ़ा; मासिक भत्ता
【月桂树】 yuèguìshù 〈वन०〉 तेजपात; तेजपत्ता
【月海】 yuèhǎi चांद्र-समुद्र; ल्यूनार मेरिया (lunar maria)
【月黑天】 yuèhēitiān （月黑夜 yuèhēiyè भी） चन्द्रहीन रात
【月黑头】 yuèhēitóu 〈बो०〉 चन्द्रहीन रात
【月华】 yuèhuá ❶चांदनी; ज्योत्स्ना; कौमुदीः ～如水 जल सदृश चंद्र-किरण ❷〈मौ०वि०〉 चंद्र का प्रभा-मंडल; चांद का चमकता हुआ घेरा
【月季】 yuèjì चीनी गुलाब
【月家疾】 yuèjiājí 〈बो०〉 प्रसूतीय ज्वर
【月建】 yuèjiàn महीना; मास
【月经】 yuèjīng मासिक; मासिक धर्म; ऋतु; रजः ～不调 अनियमित ऋतुस्राव / ～来潮 रजस्वला होना; अय्याम से होना; ऋतुमती होना / ～期 स्त्रियों का रज-काल
【月经带】 yuèjīngdài मासिक धर्म में काम आने वाला कपड़ा या तौलिया (या बेल्ट)
【月刊】 yuèkān मासिक पत्र (या पत्रिका); मासिकः 双～ द्वैमासिक
【月窠】 yuèkē （月窝 yuèwō भी） 〈बो०〉 शिशु की एक महीने की उम्रः 出～ शिशु की उम्र एक महीने से अधिक होना / ～儿 शिशु जिस की उम्र एक महीने से कम हो
【月蓝】 yuèlán हल्का नीला
【月老】 yuèlǎo 月下老人 के समान
【月历】 yuèlì मासिक कलेंडर
【月利】 yuèlì मासिक मुनाफ़ा; मासिक सूद
【月例】 yuèlì ❶मासिक भत्ता ❷〈शिष्ट०〉 मासिक धर्म
【月亮】 yuèliàng चांद; चन्द्र; चंद्रमा
【月亮地儿】 yuèliàngdìr स्थान जहां चांदनी हो
【月亮门】 yuèliàngmén चंद्र-द्वार; गोलाकार दरवाज़ा
【月令】 yuèlìng चांद्र-पंचांग के किसी महीने का मौसम और कृषि-परिस्थितियां
【月轮】 yuèlún पूर्ण चन्द्र; पूर्णिमा का चांद
【月门】 yuèmén चंद्र-द्वार; चन्द्राकार द्वार
【月杪】 yuèmiǎo 〈लि०〉 महीने के अंत में
【月末】 yuèmò महीने के अंत में
【月票】 yuèpiào मासिक टिकट
【月婆子】 yuèpózi 〈बो०〉 प्रसूता; प्रसूता महिला
【月钱】 yuèqian मासिक भत्ता; माहवारी वज़ीफ़ा
【月琴】 yuèqín एक चन्द्राकार चार तार का बना उंगलियों से झटका दे कर बजाने वाला वाद्य-वृंद
【月球】 yuèqiú （साधारण नाम 月亮） चांद; चन्द्रः ～轨道 चन्द्र वक्र-पथ / ～火箭 चंद्र-राकेट; मून राकेट
【月球探测】 yuèqiú tàncè चन्द्र-पर्यवेक्षण
【月球学】 yuèqiúxué चन्द्रविज्ञान
【月入】 yuèrù मासिक आय
【月色】 yuèsè चांदनीः ～很亮。चांदनी खूब उजली है।
【月嫂】 yuèsǎo सूतिकागारवास में सूतिका की देख-भाल करने वाली स्त्री; कंफ़ाइनमेंट-कायरिंग वोमैन
【月石】 yuèshí 〈ची०चि०〉 सुहागा; बोरेक्स
【月食】 yuèshí （月蚀 yuèshí भी） 〈खगोल०〉 चन्द्र-ग्रहणः 月全食 पूर्ण चन्द्रग्रहण / 月偏食 आंशिक चन्द्र-ग्रहण
【月事】 yuèshì 〈लि०〉 मासिक; मासिक धर्म; ऋतु; रज
【月台】 yuètái रेल का प्लेटफ़ार्म
【月台票】 yuètáipiào प्लेटफ़ार्म का टिकट
【月头儿】 yuètóur 〈लि०〉 ❶मासिक भुगतान देने का समयः 到～了，该交水电费了。महीने के पानी और बिजली का खर्च देने का समय आया है। ❷महीने का आरंभ
【月尾】 yuèwěi महीने का अंत
【月夕】 yuèxī 〈लि०〉 ❶चांदनी रात ❷महीने का अंत
【月息】 yuèxī मासिक सूद
【月下老人】 yuèxià lǎorén （月下老儿 yuèxià-lǎor भी） ❶चंद्र का वृद्ध-व्यक्ति (विवाह-देवता, जिस के पास एक किताब है उस में मनुष्य लोक के लोगों का विवाह-भाग्य लिखा हुआ है) ❷घटक; बरेखिया
【月相】 yuèxiàng 〈खगोल०〉 चंद्रकला (विशेषकर बालचंद्र 朔, पहला चौथाई भाग 上弦, पूर्णचंद्र 望, अंतिम चौथाई भाग 下弦 आदि)
【月薪】 yuèxīn मासिक वेतन; माहवार; माहवारी तन-खाह
【月信】 yuèxìn मासिक; मासिक धर्म; ऋतु; रज
【月牙】 yuèyá （月芽 yuèyá भी） 〈बोल०〉 दूज का चांद; नवचंद्र; नया बालचंद्र; बढ़ती हुई चंद्रकला
【月岩】 yuèyán चंद्र-शिला
【月夜】 yuèyè चांदनी रात
【月月红】 yuèyuèhóng 月季 का दूसरा नाम
【月晕】 yuèyùn चंद्र का प्रभामंडल
【月晕而风，础润而雨】 yuè yùn ér fēng, chǔ rùn ér yǔ चंद्र के प्रभामंडल होने का अर्थ होता है हवा चलना और खंभे की चौकी आर्द्र होने का अर्थ है पानी बरसना —— भावी घटनाओं का अग्रलक्षण होता है
【月震】 yuèzhèn चंद्रकम्प
【月氏】 Yuèzhī हान राजवंश काल में पश्चिमी क्षेत्र में

निवास करने वाली एक यायावार जाति का देश
【月中】 yuèzhōng महीने का मध्यम; महीने के मध्यम में
【月终】 yuèzhōng महीने का अंत
【月子】 yuèzi ❶स्त्रियों का बच्चा पैदा करने के बाद एक महीनाः 坐～ बच्चा पैदा करने के बाद स्त्रियों का एक महीने सौरी में होना (या पलंग पर लेटकर आराम करना) ❷स्त्रियों का बच्चा पैदा करने का समयः 她的～是三月初。उस का बच्चा पैदा करने का समय लगभग मार्च के आरंभ में है।
【月子病】 yuèzibìng प्रसूतिरोग; प्रसूतिज्वर

乐（樂）yuè ❶संगीतः 奏～ बाजा बजाना / 器～ साज संगीत / 声～ कंठ संगीत / 乐器 ❷（Yuè）एक कुलनाम
lè भी दे०
【乐池】 yuèchí वाद्यवृन्द मंडली; आर्केष्ट्रा
【乐段】 yuèduàn 〈संगी०〉 आवर्तक
【乐队】 yuèduì वाद्यमंडली; बैंड
【乐队指挥】 yuèduì zhǐhuī बैंड का निर्देशक; कंडक्टर
【乐府】 yuèfǔ ❶संगीत ब्यूरो (हान राजवंश के वू सम्राट के शासन काल में लोकगीतों और उन के संगीतों का संग्रह करके दरबार में औपचारिक अवसरों पर गाने और बाजा बजाने के लिए स्थापित सरकारी संस्था) ❷उक्त लोकगीत या साहित्यकारों द्वारा की गई उन की अनुकृतियां
【乐歌】 yuègē ❶संगीत और गीत ❷संगति के साथ गीत
【乐工】 yuègōng 乐师 के समान
【乐户】 yuèhù ❶प्राचीन काल में सरकारी नियंत्रण में स्त्री संगीतज्ञ ❷वेश्यालय; चकला; रंडीखाना
【乐句】 yuèjù 〈संगी०〉 गीतांश
【乐理】 yuèlǐ 〈संगी०〉 संगीत सिद्धांत
【乐律】 yuèlǜ 〈संगी०〉 स्वर संगति; टैंपरामेंट
【乐迷】 yuèmí संगीत प्रेमी
【乐谱】 yuèpǔ बंद क्रम के आधार पर संगीत रचना की स्वर-लिपि; संगीत-लिपि
【乐谱架】 yuèpǔjià म्यूज़िक स्टैंड
【乐器】 yuèqì वाद्य; वाद्ययंत्र; बाजा; संगीत का साज-बाजः ～合奏 वाद्य-संगीत
【乐清】 Yuèqīng यच्यांग प्रांत में एक काउंटी
【乐曲】 yuèqǔ संगीत; गीत
【乐师】 yuèshī वादक
【乐坛】 yuètán संगीत जगत; संगीत क्षेत्र
【乐团】 yuètuán ❶संगीतप्रेमी-सभा ❷वाद्यवृन्द; वाद्य-मंडली
【乐舞】 yuèwǔ संगीत के साथ नृत्य
【乐音】 yuèyīn संगीतमय स्वर; संगीत-ध्वनि
【乐章】 yuèzhāng 〈संगी०〉 ग्राम; मूर्च्छना; किसी गीत के प्रमुख विभाग

刖（跀）yuè प्राचीन काल में पैर काटने का दंड

轫（軏）yuè प्राचीन काल में रथ के बम और क्षितिजीय लकड़ी के जोड़ने की कुंजी

抈 yuè 〈लि०〉 ❶अस्थिर होना; हिलना-डोलना ❷टूट जाना

玥 yuè प्राचीन किंवदंती में एक प्रकार का दिव्य मोती

岳[1]（嶽）yuè ऊंचा पहाड़ः 东～ पूर्वी महापर्वत; थाए पर्वत

岳[2] yuè ❶पत्नी के माता-पिताः 岳父 / 岳母 ❷（Yuè）एक कुलनाम
【岳父】 yuèfù （岳丈 भी）पत्नी का पिता; ससुर; श्वशुर
【岳家】 yuèjiā पत्नी के माता-पिता का घर
【岳母】 yuèmǔ पत्नी की माता; सास; सासु
【岳丈】 yuèzhàng दे० 岳父

栎（櫟）yuè नीचे दे०
lì भी दे०
【栎阳】 Yuèyáng शेनशी（陕西）प्रांत में एक स्थान

钥（鑰）yuè चाबी; तालीः 锁～ चाबी; ताली / 北门锁～ उत्तर में रणनीतिक महत्व का नगर
yào भी दे०

说（說）yuè 悦 yuè के समान
shuì; shuō भी दे०

钺（鉞、戉）yuè प्राचीन काल में एक प्रकार का हथियार; परशु; फरसा

阅（閱）yuè ❶देखना; पढ़नाः ～报 समाचार-पत्र पढ़ना ❷(फ़ौजी टुकड़ियों आदि का) मुआयना करना; सलामी लेना ❸अनुभव करना; अनुभूति होनाः 阅历 / 试行已～三月。हमें इस काम को आज़माइश के तौर पर लागू किये तीन महीने हो चुके हैं।
【阅兵】 yuèbīng फ़ौजी टुकड़ियों का मुआयना करनाः ～场 परेड मैदान / ～典礼 ड्रेस परेड / 盛大的～式 शानदार फ़ौजी मुआयना परेड / ～总指挥 फ़ौजी निरीक्षण के जनरल कमाण्डर
【阅操】 yuècāo ड्रिल में सिपाहियों का मुआयना करना
【阅读】 yuèdú पढ़नाः ～书报 किताब और अखबार पढ़ना
【阅卷】 yuèjuàn परीक्षा-पत्र का समीक्षा या निरीक्षण करना
【阅览】 yuèlǎn पढ़ना; वाचन करना; पठन करना
【阅览室】 yuèlǎnshì वाचनालय; रीडिंग-रूम
【阅历】 yuèlì ❶आंखों देखा, कानों सुना या अपने हाथों से कियाः ～过很多事 दुनिया को बहुत देखा ❷अनुभव; संसार का अनुभवः ～浅 बहुत कम अनुभव; अनुभवहीन; अनाड़ी; कच्चा; नातजुर्बेकार
【阅世】 yuèshì 〈लि०〉 दुनिया को देखनाः ～渐深 जीवन का अधिकाधिक अनुभव प्राप्त होना

悦 yuè ❶प्रसन्न; खुश: 大～ बहुत खुश; अत्यंत प्रसन्न ❷प्रसन्न होना; खुश होना: 悦耳 ❷（Yuè）एक कुलनाम

【悦耳】 yuè'ěr मधुर; सुरीला; कर्णप्रिय: 用非常～的声音说 बड़ी प्यारी आवाज़ में कहना

【悦服】 yuèfú तहेदिल से प्रशंसा करना: 四方～ चारों ओर लोगों द्वारा हृदयगत प्रशंसा करना

【悦目】 yuèmù नयनाभिराम; सुन्दर

【悦豫】 yuèyù 〈लि०〉 प्रसन्न; खुश

跃 yuè छलांग मारना (लगाना): 跳～ छलांग मारना (लगाना) / 为了更好的一～而后退。और अधिक लंबी छलांग लगाने के लिए कुछ पीछे हटना उपयुक्त है। / ～过 लांघना

【跃层式住宅】 yuècéngshì zhùzhái दो-मंज़िला वास-स्थान; ड्यूप्लेक्स हाउस

【跃动】 yuèdòng हिलना-डोलना; फड़फड़ाना

【跃进】 yuèjìn छलांग मारना (लगाना); छलांग मार कर आगे बढ़ना: ～运动 कुदान मार कर आगे बढ़ना

【跃马】 yuèmǎ घोड़े को एड़ मारकर बहुत तेज़ दौड़ाना

【跃迁】 yuèqiān 〈भौ०〉 संक्रमण: 自发～ स्वतः स्फूर्त संक्रमण / ～概率 संक्रमण संभाव्यता

【跃然】 yuèrán चमकीलेपन से दिखाई देना

【跃然纸上】 yuèrán-zhǐshàng अपने लेख में दृष्टि के सामने आना: 义愤之情～。न्यायनिष्ठ क्रोध की भावना उस के लेख में सामने आ रही है।

【跃跃欲试】 yuèyuè-yùshì प्रयत्न करना चाहना; एक दांव पर खेलने के लिए अकुलाने लगना

越[1] yuè लांघना; पार करना: ～墙而入 दीवार लांघकर भीतर जाना ❷सीमा लांघना; सीमा का अतिक्रमण करना: ～出范围 सीमा लांघना; दायरे से बाहर जाना / ～出职权 अपने सत्ताधिकार के दायरे से बाहर जाकर कार्यवाही करना ❸(स्वर, भावना आदि) मधुर; सुरीली: 声音清～ आवाज़ साफ़ और सुरीली होना ❹छीनना; लूटना: 杀人～货 लोगों की हत्या करना और माल की लूट-खसोट करना

越[2] yuè (द्विरुक्ति में प्रयुक्त, 愈…愈… के समान) जितना … उतना; जैसे-जैसे … वैसे-वैसे; ज्यों-ज्यों … त्यों-त्यों: 他～往上爬～冷。वह जितना ऊपर जाता है उतनी ठंडक बढ़ती जाती है। / 学生～努力练习，就～熟练。जैसे-जैसे विद्यार्थी सीखते जाते हैं, वैसे-वैसे उन की जानकारी भी बढ़ती जाती है। / 时间～来～近 समय निकट आ जाना / ～来～巩固 और अधिक मज़बूत होता जाना / ～来～旺盛 बराबर बढ़ते जाना

越[3] Yuè ❶चओ राजवंश में एक राज्य (वर्तमान चच्यांग और च्यांगसू प्रांतों का एक भाग ❷पूर्वी चच्यांग ❸वियतनाम का संक्षिप्त नाम ❹एक कुलनाम

【越次】 yuècì निश्चित क्रम में न होना

【越冬】 yuèdōng जाड़े को पार कर जीवित रहना

【越冬作物】 yuèdōng zuòwù शीतकाली फ़सल; शीत-निद्राण फ़सल

【越发】 yuèfā ❶और भी: 五一过后，天气～热了。मई दिवस के बाद मौसम और भी गरम होगा। ❷(परस्पर संबंध से पहले 越 या 越是 के साथ प्रयुक्त) जितना … उतना; जैसे-जैसे … वैसे-वैसे: 你越性急，～容易出差错。तुम जितनी जल्दबाज़ी से काम करते हो उस से अधिक गलतियां हो सकती हों।

【越分】 yuèfèn औचित्य की सीमा से बाहर जाने वाला; घमंडी; अहंकारी; गुस्ताख; अशिष्ट

【越瓜】 yuèguā （菜瓜 càiguā के समान）स्नेक मेलन (snake melon)

【越轨】 yuèguǐ पटरी पर से उतर जाना; उल्लंघन करना: ～行为 बहशियाना हरकत; अग्राह्य आचरण; उल्लंघन

【越过】 yuèguò लांघना; फांदना; उल्लंघन करना; पार करना: ～边界线 सीमा रेखा पार करना / ～障碍 रुकावट पार करना

【越级】 yuèjí ❶अपने से ऊपर के अधिकारी को छोड़ कर उस से ऊपर बातचीत करना: ～上诉 अपने से ऊपर के नेतृत्व को छोड़ कर उस से ऊंचे अधिकारी के सामने बयान देना ❷(कर्मचारी वर्ग की) पद-वृद्धि एक दर्जा या श्रेणी पार कर करना: ～提升 किसी व्यक्ति की पद-वृद्धि एक ही समय में एक से अधिक दर्जा या श्रेणी करना

【越加】 yuèjiā 〈क्रि०वि०〉 और भी

【越界】 yuèjiè सीमा पार करना; सीमोल्लंघन करना

【越境】 yuèjìng अवैध रूप से सीमा पार करना; चुपके-चुपके किसी देश के अंदर आना या उस से बाहर निकल जाना

【越橘】 yuèjú 〈वन०〉 काउबरी (cowberry)

【越剧】 yuèjù चच्यांग प्रांत का शाओशिंग आपेरा

【越来越】 yuèláiyuè अधिकाधिक; उत्तरोत्तर: ～好 बेहतर होता जाना / 天气～热了。मौसम उत्तरोत्तर गरम होता जाना

दे० 越[2]

【越礼】 yuèlǐ अनुचित; अशिष्ट; अभद्र: ～行为 अभद्र आचरण; अशिष्ट आचरण

【越理】 yuèlǐ अयुक्तिसंगत; अयुक्तियुक्त; विवेकरहित

【越南】 Yuènán वियतनाम

【越南人】 Yuènánrén वियतनामी

【越南语】 Yuènányǔ वियतनामी (भाषा)

【越权】 yuèquán अपने अधिकार के बाहर कोई काम करना; शक्तिपरस्तात् होना; बलातीत होना

【越位】 yuèwèi ❶〈खेल०〉 आउटसाइड ❷अपने पद से बाहर जाकर कार्यवाही करना

【越席】 yuèxí अपनी मेज़ की सीट छोड़ना (दावत आदि में)

【越野】 yuèyě 〈खेल०〉 क्रॉस-कन्ट्री: ～汽车 क्रॉस कन्ट्री कार; टूरिंग-कार / ～赛跑 क्रॉस-कन्ट्री रेस, दीर्घान्तर दौड़

【越铀元素】 yuèyóu yuánsù 〈रसा०〉 ट्रैंज़्यूरैनिक एलिमेंट

【越狱】 yuèyù काराभंग करना; जेल तोड़ कर भागना

【越狱犯】 yuèyùfàn जेल से भागने वाला अपराधी

【越…越…】 yuè…yuè… दे० 越 [2] ～战～强 लड़ते-लड़ते और भी अधिक मज़बूत हो जाना / ～走～远 उत्तरोत्तर अधिक दूर तक चलते चले जाना

【越俎代庖】 yuèzǔ-dàipáo अपने कार्य के दायरे से बाहर जाकर दूसरे लोगों के मामले में हाथ डालना; किसी और व्यक्ति के कार्य को अपने हाथ में ले लेना

粤 Yuè ❶क्वांगतोंग प्रान्त का दूसरा नाम：～剧 क्वांगतोंग आपेरा ❷क्वांगतोंग और क्वांगशी：两～ क्वांगतोंग और क्वांगशी

【粤菜】 yuècài क्वांगतोंग शैली का भोजन; क्वांगतोंग भोजन; क्वांगतोंग पाक-शैली

篗 yuè 籰 yuè के समान

鸑（鸑） yuè नीचे दे०

【鸑鷟】 yuèzhuó प्राचीन पुस्तक में वर्णित एक प्रकार का जल-पक्षी

樾 yuè वृक्ष की छाया

龠 1 yuè प्राचीन काल में माप की एक इकाई （बराबर 0.5 合 gě）

龠 2 （籥） yuè श्याओ（箫）की तरह एक प्राचीन वाद्ययंत्र

黦 yuè 〈लि०〉 पीलापन लिए काला रंग

瀹 yuè 〈लि०〉 ❶पकाना; उबालना：～茗 चाय उबालना ❷नदी या जलमार्ग को साफ़ करना और गहरा बनाना

爚 yuè 〈लि०〉 अग्निप्रकाश; आग की रोशनी

籰（籰） yuè 〈लि०〉 तकला; टेकुआ

yūn

晕（暈） yūn ❶दे० 晕 yùn❶ केवल 头晕 tóuyūn, 晕头晕脑, 晕头转向 आदि में प्रयुक्त ❷मूर्छित होना; अचेत होना; बेहोश होना：晕倒
yùn भी दे०

【晕倒】 yūndǎo बेहोश होकर गिर पड़ना

【晕糊】 yūnhu （晕乎 yūnhu भी） चक्कर लगाना：他一喝白酒就～起来了。सफ़ेद शराब पीते ही उस का सिर चकराने लगा।

【晕厥】 yūnjué मूर्च्छा; अचेतावस्था; बेहोशी

【晕头晕脑】 yūntóu-yūnnǎo ❶जिसे चक्कर आते हों ❷मूर्ख; मूढ़; बेवकूफ़

【晕头转向】 yūntóu-zhuànxiàng भ्रांतिपूर्ण और भ्रमपूर्ण：这道题搞得我～。इस कठिन प्रश्न ने मुझे भ्रम में डाल दिया।

【晕眩】 yūnxuàn （眩晕 xuànyūn के समान） ❶सिर में चक्कर आना ❷〈चिकि०〉 चक्कर

【晕晕忽忽】 yūnyunhūhū ❶जिस का सिर चक्कर खाता हो ❷मूर्ख; मूढ़; बेवकूफ़

缊（緼） yūn दे० 絪缊 yīnyūn
yùn भी दे०

氲 yūn दे० 氤氲 yīnyūn

煴 yūn 〈लि०〉 मंद आग; बिना लौ की आग
yùn भी दे०

赟（贇） yūn 〈लि०〉 सुन्दर; अच्छा; ललित; सुखमय

yún

云 1 yún ❶बोलना; कहना：人～亦～ दूसरों के शब्दों को तोते की तरह रटना / 不知所～。न जाने (कोई) क्या कह रहा है। ❷〈प्राचीन चीनी भाषा का लघु अ०〉 岁～暮矣。वर्ष का अंत समीप आ पहुंचा है।

云 2 （雲） yún बादल; मेघ：乌～ काला बादल

云 3 （雲） Yún ❶云南 Yúnnán का संक्षिप्त नाम ❷एक कुलनाम

【云霭】 yún'ǎi पतला और तैरता हुआ बादल

【云板】 yúnbǎn （云版 yúnbǎn भी） 〈पुराना〉 एक प्रकार का लोहे का थपकी वाला बाजा

【云豹】 yúnbào （猫豹 māobào भी） बादल के टुकड़ों वाला चीता

【云表】 yúnbiǎo बादल से ऊपर ऊंचा होना

【云鬓】 yúnbìn 〈लि०〉 स्त्रियों की कनपटियों पर अधिक और सुन्दर बाल

【云彩】 yúncǎi बादल; बादल का टुकड़ा

【云层】 yúncéng बादल की परतें：在～上面飞行 बादलों की परतों के ऊपर उड़ान भरना

【云顶】 yúndǐng 〈मौ०वि०〉 मेघ-शिखर

【云豆】 yúndòu 芸豆 yúndòu के समान

【云端】 yúnduān बादल में：他梦见一位天神站在～。उस ने सपने में बादलों में एक देवता को खड़े देखा।

【云朵】 yúnduǒ बादलों के टुकड़े

【云尔】 yún'ěr 〈लघु अ०〉 〈लि०〉 किसी विवरण का अंत चिह्नित करना और उस पर ज़ोर देना

【云贵】 Yún-Guì युन्नान और क्वेइचओ का संक्षिप्त नाम：～高原 युन्नान-क्वेइचओ पठार

【云海】 yúnhǎi मेघसागर; बादल का समुद्र

【云汉】 yúnhàn 〈लि०〉 ❶आकाश-गंगा ❷उच्चतर वायु-मंडल: 冉冉入～ धीरे-धीरे उच्चतर वायुमंडल में जाना

【云鬟】 yúnhuán (बालों का) केक जैसा जूड़ा; केक के आकार जैसा केश-विन्यास

【云集】 yúnjí भीड़ का एक साथ आना: 各地代表～首都。भिन्न-भिन्न स्थानों के प्रतिनिधि राजधानी में इकट्ठे हुए।

【云际】 yúnjì बादलों में ऊपर

【云锦】 yúnjǐn मेघाकृति के डिज़ाइन वाला कपड़ा (एक प्रकार का उच्च क्वालिटी वाला ज़रीदार कपड़ा)

【云谲波诡】 yúnjué-bōguǐ हैरानी से परिवर्तनीय

【云开见日】 yúnkāi-jiànrì （开云见日 kāiyún-jiànrì भी）बादल हट गये और सूरज रोशनी फैलाने लगा —— अंधेरा हट गया और रोशनी फैलने लगी; सभी गलत-फ़हमी तितर-बितर हो गईं

【云量】 yúnliàng 〈मौ०वि०〉 घटा; मेघमयता

【云锣】 yúnluó सुरीली घंटियों का समूह (एक प्रकार का थपकी वाला बाजा, जिस में पीतल के दस घंटी-रूपी बाजे, जो आकार में एक ही हैं और मोटाई में भिन्न, लकड़ी के चौखट में लटकते हैं; इन में केवल नौ बजाये जाते हैं इसलिए इस का नाम नव-स्वर-घंटी भी है)

【云幂】 yúnmì 〈मौ०वि०〉 सीलिंग (ceiling): ～高度 सीलिंग हाइट / ～气球 सीलिंग बैलून

【云母】 yúnmǔ अभ्रक; अबरक; माइक: ～板岩 माइक-स्लेट / ～电容器 अबरक का विद्युत-समवेशक; माइक कंडेंसर / ～片 माइक शीट; शीट माइक / ～片岩 माइकसाइट; माइक-शिस्ट

【云南】 Yúnnán युन्नान (प्रांत)

【云泥之别】 yúnnízhībié बादल और मिट्टी का फ़र्क —— ऊंचाई और नीचाई में बहुत फ़र्क; ज़मीन-आसमान का फ़र्क

【云霓】 yúnní मेघ; जलमेघ

【云片糕】 yúnpiàngāo एक प्रकार का चावल के आटे से बना पतले-पतले पट्ट वाला केक

【云起龙骧】 yúnqǐ-lóngxiāng बादल इकट्ठे हुए और नागों ने सिर उठाया —— अवसर पड़ने पर महान व्यक्ति अगुआ रहते हैं

【云气】 yúnqì पतले-पतले तैरते हुए बादल

【云雀】 yúnquè लवा पक्षी; भरत पक्षी; स्काईलार्क

【云扰】 yúnrǎo 〈लि०〉 बादलों की तरह बाधा डालता हुआ और अस्त-व्यस्त: 四方～。चारों ओर खलबली मचा रही है।

【云散】 yúnsàn बादलों की तरह बिखरना: 往日的朋友，已经～。पुराने मित्र जहां-तहां बिखर चुके थे। 烟消云散 yānxiāo-yúnsàn भी दे०

【云山雾罩】 yúnshān-wùzhào ❶बादलों और कोहरों से आच्छादित होना ❷असंबद्ध; अप्रासंगिक; इधर-उधर चढ़ने वाला: 他们在～地闲谈。वे इधर-उधर की बातें कर रहे हैं। ❸अस्तव्यस्त; घबराया हुआ; मूर्ख; मूढ़: 这人～的，刚说过的事就忘了。इस आदमी का दिमाग खराब हो गया है, जो बात अभी-अभी कही हुई है वह भूल बैठा।

【云杉】 yúnshān 〈वन०〉 ड्रैगन स्प्रूस (dragon spruce)

【云室】 yúnshì 〈भौ०〉 मेघ-कोष्ठ; क्लाउड चेम्बर: 威耳孙～ विल्सन (क्लाउड) चेम्बर

【云涛】 yúntāo लहरदार बादल: ～滚滚 बादल का लहरें लेना

【云梯】 yúntī लंबी सीढ़ी (आक्रमण करने या आग बुझाने के लिए प्रयुक्त); स्केलिंग लैडर

【云天】 yúntiān नभ; व्योम; आकाश: 响彻～ गगन में गूंज उठना / 高耸～ गगनचुम्बी होना; आकाश से बातें करना

【云头】 yúntóu 〈बो०〉 बादलों का ढेर

【云头儿】 yúntóur मेघ-रूपी बेलबूटा

【云图】 yúntú 〈मौ०वि०〉 मेघ-मानचित्रावली; क्लाउड ऐटलस

【云团】 yúntuán 〈मौ०वि०〉 बादलों का ढेर

【云腿】 yúntuǐ युन्नान हैम

【云吞】 yúntūn 〈बो०〉 दे० 馄饨 húntun

【云屯】 yúntún 〈लि०〉 भीड़ में एक साथ आना; इकट्ठा होना; एक बिन्दु पर आकर मिलना

【云雾】 yúnwù 〈प्रायः ला०〉 बादल और कोहरा; को-हरा: 拨开～见青天 बादलों को हटा कर नीला आकाश देखना

【云雾天】 yúnwùtiān शोरबे जैसा मौसम

【云霞】 yúnxiá गुलाबी बादल; अरुणाई

【云消雾散】 yúnxiāo-wùsàn （烟消云散 yānxiāo-yúnsàn，烟消雾散 yānxiāo-wùsàn भी）बादल हट गये और कोहरा बिखर गया —— (शंकाएं, शिकायतें आदि) एकाएक लुप्त हो जाना

【云霄】 yúnxiāo उच्चतम आकाश: 响彻～ पूरे आकाश में गूंज उठना

【云崖】 yúnyá गगनचुम्बी खड़ी चट्टान: 金沙水拍～暖，大渡桥横铁索寒。स्वर्ण-बालू सरिता के जल को लगाए वक्ष, मेघावृत प्रस्तर-शिलाएं गर्म लगतीं। तातू सरिता के आरपार लौह-शृंखलाएं, शीतलता चारों ओर अपनी बिखेरतीं।

【云烟】 yúnyān बादल और कोहरा; कोहरा: ～缭绕 बादल और कोहरा मंडराना / 过眼～ 〈ला०〉 बहुत जल्दी लुप्त हो जाना

【云翳】 yúnyì ❶अंधेरा बादल: 蓝天上没有一点～。नीले आकाश में कोई अंधेरा बादल दिखाई नहीं देता। ❷〈चिकि०〉 नेबुला

【云涌】 yúnyǒng लहराते बादलों की तरह; बड़ी संख्या में; अधिक संख्या में: 风起～。हवा चलने लगी और बादल घिर आये।

【云游】 yúnyóu यत्र-तत्र भ्रमण करना और कोई निश्चित वास-स्थान न होना (बौद्ध साधु, ताओवादी के लिए प्रयुक्त)

【云雨】 yúnyǔ 〈लि०〉 ❶मेघ-मेह; मेघ-वर्षा ❷संभोग करना

【云云】 yúnyún 〈लि०〉 आदि-आदि; इत्यादि-इत्यादि; वगैरह-वगैरह (लेख, वाक्य, कथन आदि उद्धृत करते समय समाप्ति या अपूर्णता का बोध होता है। प्रायः उद्धृत के अंत

में प्रयुक्त)：他来信说读了不少新书，读后颇受教益～。उस ने पत्र में लिखा है कि उस ने अनेक नई पुस्तकें पढ़ी हैं और उन से उसे बहुत लाभ हुआ है आदि-आदि।

【云遮雾障】 yúnzhē-wùzhàng बादलों और कोहरे से आच्छादित; धुंधला; कुहरीला

【云蒸霞蔚】 yúnzhēng-xiáwèi （云兴霞蔚 yúnxīng-xiáwèi भी）(दृश्य) सुन्दर

匀 yún ❶सम; समान; बराबर; समतल：颜色涂得很～。रंग बराबर फैला है।/ 分得不～ बराबर न बांटना ❷बराबर करना; बराबर हिस्से करना; बराबर बांटना：这两份多少不均，再～一～吧。ये दोनों हिस्से बराबर नहीं हैं, फिर से बराबर बांट दो।/ 饭～着吃，房子挤着住。खुराक और आवास के क्षेत्र में साझा करके काम चलाया जाए। ❸अपने हिस्से से कुछ निकालकर दूसरों को देना：我们粮食比较多，可以～一点给你们。हमारे पास अपेक्षाकृत अधिक अनाज है, हम तुम को कुछ दे सकते हैं।/ ～出时间来做 समय निकाल कर कोई काम करना

【匀称】 yúnchèn समानुपातिक; सुसंतुलित; सुडौल; समभागशील：身材～ सुडौल; सुन्दर डौल का / 字写得～ कुशलता से अक्षर लिखना

【匀兑】 yúndui (किसी वस्तु में से) हिस्सा देना; भाग या अंश देना：给他～一间屋子。मकान के कमरों में से उसे एक कमरा दे दो।

【匀和】 yúnhuo （匀乎 yúnhu भी）〈लि०〉❶सम; समान; बराबर：呼吸～ सम रूप से सांस लेना ❷बराबर करना; बराबर हिस्सा करना：这些土豆大小不均，～～再分。ये आलू छोटे-बड़े बराबर नहीं है, इन को बराबर करके फिर बांट दो।

【匀净】 yúnjing एक-सा; एकरूप; बराबर：布染得～ कपड़ा बराबर रंगा होना

【匀脸】 yúnliǎn मुंह पर पाउडर और रंग सम रूप से लगाना

【匀溜】 yúnliu 〈बोल०〉आकार, मोटाई, गाढ़ापन आदि में बराबर का होना

【匀染】 yúnrǎn 〈बुना०〉लेवल डाइइंग：～剂 लेवलिंग एजेंट

【匀实】 yúnshi 〈बोल०〉बराबर; एक-सा; एकरूप

【匀速运动】 yúnsù yùndòng 〈भौ०〉एकसमान गति; यूनिफ़ार्म मोशन

【匀调】 yúntiāo समानुपातिक; सम; बराबर：气息～ सम रूप से सांस लेना

【匀停】 yúnting 〈बो०〉उचित मात्रा में：吃东西要～。उचित मात्रा में खाना खाओ, न बहुत अधिक और न बहुत कम।

【匀妥】 yúntuǒ सम; बराबर; उचित：分配～ बराबर हिस्से बांटना

【匀细】 yúnxì सम और अच्छा; सम और हल्का：～洁白的牙齿 सम और सुन्दर सफ़ेद दांत / ～的鼾声 सम और हल्के खर्राटे लेना

【匀圆】 yúnyuán सम और गोल; गोल-मटोल：～的葡萄 गोल-मटोल अंगूर

【匀整】 yúnzhěng सुन्दर; सुडौल：字写得很～。हस्तलिपि बहुत सुन्दर और सुव्यवस्थित है।

芸¹ yún 〈वन०〉ब्राह्मी; रू (rue)

芸² （蕓）yún दे० 芸苔

【芸豆】 yúndòu （云豆 yúndòu भी）मोठ; मोथ; लोबिया

【芸薹】 yúntái 〈वन०〉तोरिया; रेप (rape)

【芸香】 yúnxiāng ब्राह्मी; रू

【芸芸】 yúnyún 〈बो०〉बहुत; अधिक; अगणित：～众生 सभी जीवित वस्तुएँ; अत्यधिक प्राणी

员 （員）yún व्यक्ति के नाम में प्रयुक्त：伍员 Wǔ Yún वू युन, वसंत-शरद काल में एक प्रसिद्ध व्यक्ति

yuán; Yùn भी दे०

沄¹ yún नीचे दे०

沄² （澐）yún 〈लि०〉बहुत बड़ी लहर

【沄沄】 yúnyún 〈लि०〉पानी बहना

妘 Yún एक कुलनाम

纭 yún नीचे दे०

【纭纭】 yúnyún अधिक और अस्तव्यस्त

昀 yún 〈लि०〉सूर्यप्रकाश; सूरज की रोशनी

畇 yún नीचे दे०

【畇畇】 yúnyún 〈लि०〉खेत का व्यवस्थित होना

郧 （鄖）Yún ❶युन काउंटी (हूपेइ प्रांत में) ❷एक कुलनाम

耘 yún खेत में घास छीलना; खेत को घास-फूस निकालकर साफ़ करना：～田 खेत को घास-फूस निकालकर साफ़ करना

【耘锄】 yúnchú कुदाल; कुदाली

【耘耥】 yúntāng कुदाल（耘）और थांग（耥）से धान के खेत में घास-फूस निकालकर खेत को साफ़ करना

涢 （溳）Yún युन नदी（涢水 yǔnshuǐ हूपेइ प्रांत में）

筠 yún ❶बांस का हरा छिलका ❷बांस; वेणु; कीचक

筼 （篔）yún नीचे दे०

【筼筜】 yúndāng 〈लि०〉नदी, झील आदि के किनारे उत्पन्न बड़ा बांस

鋆 yún (व्यक्ति के नाम में jūn भी) 〈लि०〉सोना; स्वर्ण

yǔn

允 1 yǔn अनुमति देना या प्रदान करना; इजाज़त देना; आज्ञा देना：应～ अनुमति देना; इजाज़त देना / 不～ अनुमति न देना

允 2 yǔn न्यायपूर्ण या उचित：允当 / 公～ न्यायपूर्ण और सही; न्यायसंगत और बराबर

【允承】yǔnchéng किसी काम को करने के लिए स्वीकार करना या वचन देना：～任务 कार्य-भार लेना या उठाना

【允从】yǔncóng सम्मत होना; सहमत होना; अनुमति देना

【允当】yǔndàng उचित; सही; ठीक

【允诺】yǔnnuò स्वीकार करना; मंज़ूर करना; वचन देना; भार लेना या उठाना：欣然～ प्रसन्नता से स्वीकार करना / ～的条件 मंज़ूर करने की शर्तें

【允许】yǔnxǔ अनुमति देना; इजाज़त देना; स्वीकार करना：未经某人～ किसी की अनुमति लिए बिना / 得到～ अनुमति प्राप्त करना; आज्ञा लेना या प्राप्त करना

【允许误差】yǔnxǔ wùchā स्वीकार्य त्रुटि; उचित भूल-चूक

【允许载荷】yǔnxǔ zàihè स्वीकार्य भार

【允准】yǔnzhǔn स्वीकार करना; अनुमति देना; इजाज़त देना

狁 yǔn दे० 獫狁 Xiǎnyǔn प्राचीन काल में उत्तर चीन की एक जाति

陨（隕）yǔn आकाश से गिरना：陨石

【陨落】yǔnluò (उल्का पिंड आदि का) आकाश से गिरना

【陨灭】yǔnmiè ❶आकाश से गिरकर जल जाना ❷〈लि०〉（殒灭 yǔnmiè भी）निष्प्राण होना; मर जाना

【陨石】yǔnshí उल्काश्म; टूटा तारा; उल्का：～雨 उल्कावृष्टि

【陨铁】yǔntiě 〈खगोल०〉टूटे तारे का लौह; लौह उल्का-पिंड

【陨星】yǔnxīng 〈खगोल०〉 उल्का-पिंड; टूटा तारा; उल्का

【陨越】yǔnyuè 〈लि०〉गलती में फंस जाना

殒（殞）yǔn मर जाना：殒命

【殒灭】yǔnmiè 〈लि०〉 निष्प्राण होना; मर जाना; बे-मौत की मौत होना

【殒命】yǔnmìng 〈लि०〉 निष्प्राण होना; मर जाना; बेमौत की मौत होना

【殒殁】yǔnmò 〈लि०〉मर जाना; मृत्यु होना

【殒身】yǔnshēn 〈लि०〉निष्प्राण होना; बेमौत की मौत होना

【殒阵】yǔnzhèn लड़ाई में मर जाना

yùn

孕 yùn ❶गर्भवती; गर्भिणी; गाभिन：孕妇 / 孕育 ❷गर्भवती होने की अवस्था：有～ गर्भवती होना

【孕畜】yùnchù औरई घरेलू पशु

【孕妇】yùnfù गर्भवती स्त्री; गर्भिणी स्त्री

【孕期】yùnqī 〈चिकि०〉गर्भावधि; गर्भ धारण करने से लेकर उत्पत्ति तक का काल

【孕穗】yùnsuì 〈कृ०〉 जौ, गेहूँ आदि का पत्तों में बाल उत्पन्न होना पर बाहर न निकलने की अवस्था

【孕吐】yùntù गर्भवती स्त्री का गर्भावधि में कै करना

【孕育】yùnyù 〈ला०〉 निहित होना; सारगर्भित होना：中国封建社会内商品经济已经发展，因而～了资本主义的萌芽。चूंकि चीन के सामंती समाज में तिजारती माल वाली अर्थव्यवस्था का विकास हो चुका था, इसलिए उस में पूंजीवाद के बीज निहित थे।

运 1（運）yùn ❶गति：运行 ❷(व्यक्ति, माल आदि) एक स्थान से दूसरे स्थान पर ले जाना：～货 गाड़ी, जहाज़ आदि पर माल भेजना / 海～ समुद्री परिवहन ❸प्रयोग करना; उपयोग करना; इस्तेमाल करना：运笔 / 运思 ❹（Yùn）एक कुलनाम

运 2（運）yùn भाग्य：幸～ सौभाग्य / 交好～ भाग्य जगना

【运笔】yùnbǐ (लिखने और चित्र बनाने में) ब्रुश का प्रयोग करना：～如飞 (लिखने या चित्र बनाने में) ब्रुश जल्दी-जल्दी चलाना

【运程】yùnchéng 〈परिव०〉परिवहन की दूरी

【运筹】yùnchóu योजना तैयार करना; युक्ति निकालना

【运筹帷幄】yùnchóu-wéiwò कमांड टेंट (नायक के शामियाने) में युक्ति निकालना：～之中，决胜于千里之外 कमांड टेंट में बैठकर युक्ति निकालना जिस से हज़ार ली के बाहर विजय प्राप्त की जाए

【运筹学】yùnchóuxué कार्य-विधि-अनुसंधान; आपरेशनल रिसर्च

【运道】yùndao 〈बो०〉भाग्य; किस्मत; नसीब

【运动】yùndòng ❶गति; आंदोलन：物质的～形式 पदार्थ की गति का रूप ❷व्यायाम; खेल-कूद; स्पोर्ट：体育～ खेल; खेलकूद / 运动健将 ❸(राजनीतिक) आंदोलन：技术革新～ प्रावैधिक सुधार आंदोलन

【运动】yùndòng किसी उद्देश्य को प्राप्त करने के लिए दौड़-धूप करना

【运动场】yùndòngchǎng अखाड़ा; क्रीड़ाक्षेत्र; खेल-कूद का मैदान

【运动处方】yùndòng chǔfāng कसरत नुसखा; एक्सरसाइस प्रेस्क्रिप्शन

【运动服装】yùndòng fúzhuāng व्यायाम के कपड़े

【运动会】yùndònghuì खेलकूद समारोह

【运动健将】 yùndòng jiànjiàng सर्वश्रेष्ठ खिलाड़ी; सर्वश्रेष्ठ खिलाड़िन
【运动量】 yùndòngliàng （运动负荷 yùndòng fùhè भी）व्यायाम मात्रा
【运动衫】 yùndòngshān स्पाट्र्स सूट; स्वेटर
【运动神经】 yùndòng shénjīng （传出神经 chuánchū shénjīng के समान） 〈श०वि०〉 बहिर्वाही स्नायु
【运动鞋】 yùndòngxié व्यायाम का जूता
【运动学】 yùndòngxué 〈भौ०〉 शुद्ध गति विज्ञान; शुद्ध गतिकी
【运动医学】 yùndòng yīxué व्यायाम चिकित्सा
【运动员】 yùndòngyuán खिलाड़ी; खिलाड़िन
【运动战】 yùndòngzhàn गतिशील युद्ध (या लड़ाई); चलायमान लड़ाई
【运动知觉】 yùndòng zhījué 〈मनो०〉 गति-चेतना
【运费】 yùnfèi परिवहन-व्यय; परिवहन-भाड़ा: ～表 परिवहन-भाड़ा सूची / ～单 परिवहन-भाड़ा नोट / ～率 परिवहन-भाड़ा दर
【运河】 yùnhé नहर; कुल्या; कैनाल
【运货】 yùnhuò माल का परिवहन: ～单 रवन्ना; (रेल) बिलटी / ～汽车 ट्रक
【运价】 yùnjià परिवहन की फ़ीस (व्यय)
【运脚】 yùnjiǎo 〈बो०〉 परिवहन-व्यय; भाड़ा; परिवहन-भाड़ा
【运斤成风】 yùnjīn-chéngfēng घुमा कर हवा की तरह सनसनाते हुए कुल्हाड़ी चलाना —— विचित्र कौशलपूर्ण कार्य (इस के बारे में 'च्वांग त्स्'《庄子》में एक बढ़ई की कहानी है। एक पलस्तरकार ने एक बार अपनी नाक की नोक पर थोड़ा सा प्लास्टर लगाया और उस बढ़ई से उसे हटाने के लिए कहा। बढ़ई ने कुल्हाड़ी को घुमाकर हवा की तरह सनसनाते हुए इस प्रकार चलाया कि पलस्तरकार की नाक से मक्खी के पंख जितना पलस्तर काट दिया, और इसी प्रकार बिना नाक को कोई चोट पहुँचाए सारा पलस्तर थोड़ा-थोड़ा कर के कुल्हाड़ी की सहायता से हटा दिया)
【运力】 yùnlì परिवहन-शक्ति
【运煤船】 yùnméichuán कोयला ढोने वाला जहाज़
【运命】 yùnmìng भाग्य; किस्मत; नसीब
【运气】 yùnqì अपनी शक्ति लगाने और केन्द्रित करने के ज़रिए शरीर के किसी भाग में पहुँचाने (की कला)
【运气】 yùnqi भाग्य; किस्मत; नसीब: 今天～不佳。आज भाग्य ने मेरा साथ नहीं दिया। / 我只不过试试自己的～，事情能不能办成不知道。मैं तो सिर्फ़ किस्मत (या भाग्य) आज़मा रहा हूँ, पता नहीं काम बनेगा या नहीं। / 他～好，当上了主任。वह किस्मत का धनी है; डायरेक्टर हो गया। / 他～不好。वह किस्मत का हेठा है। / 他从今年起～变了。इस साल उस की किस्मत पलट गई।
【运球】 yùnqiú 〈फ़ुटबाल, हाकी〉 विभिन्न खिलाड़ियों का पैरों से धीरे-धीरे गेंद को लुढ़काना
【运输】 yùnshū परिवहन; यातायात: ～部队 परिवहन सेना / ～队 परिवहन कोर; परिवहन दल / ～干线 मुख्य परिवहनधमनी; मेजर ट्रांसपोर्ट आर्टरी / ～工具 यातायात साधन; परिवहन साधन; ढुलाई साधन / ～工人 ढुलाई मज़दूर / ～公司 परिवहन कंपनी / ～路线 यातायात-मार्ग / ～能力 यातायात क्षमता / ～条件 यातायात की सुविधाएं या स्थिति
【运输机】 yùnshūjī परिवहन विमान; मालवाहक विमान; मालवाही विमान
【运输舰】 yùnshūjiàn परिवहन-पोत
【运数】 yùnshù 〈लि०〉 भाग्य; किस्मत; नसीब
【运思】 yùnsī (लिखने में) अपने विचार का प्रयोग करना
【运送】 yùnsòng वहन करना; (व्यक्ति, वस्तु को) पहुंचाना: ～工具 कैरियर / ～军用品 फ़ौजी रसद पहुंचाना / ～物资 माल और सामान का वहन करना / ～兵士 सैनिकों को जंगी जहाज़ों या विमानों द्वारा मोर्चे पर उतारना
【运算】 yùnsuàn क्रिया; आपरेशन: 乘法～ गुणन क्रिया / 每秒钟～一千万次 प्रति सेकंड एक करोड़ कैलक्यूलेशंस की क्षमता
【运算器】 yùnsuànqì 〈कंप्यू०〉 अरिथमेटिक यूनिट
【运土机】 yùntǔjī मिट्टी ढोने वाला यंत्र
【运腕】 yùnwàn (सुलिपि का अभ्यास करने में) कलाई और कोहनी के द्वारा ब्रुश पर नियंत्रण का प्रयोग करना
【运销】 yùnxiāo (माल को) बेचने के लिए दूसरी जगह भेजना; (माल का) परिवहन और विक्रय करना
【运行】 yùnxíng चलना; गति में होना: （行星）在轨道上～ (ग्रह आदि) वक्र-पथ पर चलना / 列车～时间 रेल का चलने का समय
【运营】 yùnyíng (गाड़ी, जहाज़ आदि का) चलना और कारोबार करना; व्यवसाय करना
【运用】 yùnyòng उपयोग करना; इस्तेमाल करना; व्यवहार करना: ～否决权 वीटो का इस्तेमाल करना / ～国家机器 राज्य मशीनरी का प्रयोग करना / 灵活～ लचीले तरीके से इस्तेमाल करना / ～经验 अनुभव को लागू करना
【运用之妙，存乎一心】 yùnyòng zhī miào, cún hū yī xīn कार्यनीति में कौशल दिखाना दिमाग का काम है
【运用自如】 yùnyòng-zìrú बड़ी निपुणता से और स्वाभाविक रूप से प्रयोग करना
【运油车】 yùnyóuchē तेल-वैगन; टंकी-वैगन
【运载】 yùnzài वहन करना; संवहन करना; ढोना
【运载工具】 yùnzài gōngjù वाहन: 战略～ रणनीतिक वाहन
【运载火箭】 yùnzài huǒjiàn कैरियर राकेट
【运载技术】 yùnzài jìshù डिलिवरी तकनॉलाजी; वहन करने की तकनॉलाजी
【运转】 yùnzhuàn ❶घूमना; चक्कर खाना; केन्द्र के चारों ओर परिक्रमा करना: 行星绕着太阳～。ग्रह सूर्य के चारों ओर परिक्रमा करते हैं। ❷चलना; काम करना: 机器～正常。मशीन ठीक से चल रही है।
【运作】 yùnzuò ❶(संगठन, संस्था आदि) काम करना; चलना: 机构～正常 संस्थाओं का ठीक से काम करना

❷काम; कार्य: 商业～ व्यापार-कार्य

【运祚】 yùnzuò 〈लि०〉 भाग्य; किस्मत; नसीब (विशेषकर राजवंश का)

员 (員) Yùn एक कुलनाम
yuán; yún भी दे०

郓 (鄆) Yùn ❶郓城 Yùnchéng शानतोंग प्रांत में एक स्थान ❷एक कुलनाम

恽 (惲) Yùn एक कुलनाम

晕 (暈) yùn ❶भिन्नाना; सिर में चक्कर आना; सिर चकराना: 他头里发～。उस का सिर चकराने लगा। ❷अग्निचक्र: 日～ सूर्य का अग्निचक्र / 月～ चन्द्र का अग्निचक्र
yūn भी दे०

【晕场】 yùnchǎng घबराने के कारण अभिनेता का मंच पर या परीक्षार्थी का परीक्षा-कक्ष में सिर चकराना

【晕车】 yùnchē गाड़ी, बस आदि में जी मिचलाना; गाड़ी में बैठने से सिर में चक्कर आना

【晕池】 yùnchí (晕堂 yùntáng भी) स्नानघर में चक्कर आना या जी मिचलाना

【晕船】 yùnchuán समुद्र या नदी की बीमारी; जहाज़ी उल्टी या मतली होना; समुद्री यात्रा में मिचली होना

【晕高儿】 yùngāor 〈बो०〉 ऊंचे स्थान पर जी मिचलाना

【晕机】 yùnjī हवाई-यात्रा में जी मिचलाना

【晕晕懵懵】 yùnyùnměngměng सिर चकराना: 我头脑里～的。मेरा सिर चकराने लगा।

【晕针】 yùnzhēn 〈ची०चि०〉 अक्यूपंक्चर चिकित्सा में जी मिचलाना

酝 (醞) yùn 〈लि०〉 ❶शराब बनाना ❷शराब; मद्य

【酝酿】 yùnniàng तैयारी करना; विचार-विनिमय करना: ～已久 काफ़ी लंबे समय से तैयारी करना / ～阴谋 साजिश रचना; साजिश को साकार रूप देने के लिए बातचीत करना

愠 yùn 〈लि०〉 क्रुद्ध; रुष्ट; गुस्सा; नाराज़: 愠色

【愠脑】 yùnnǎo क्रुद्ध; रुष्ट; नाराज़; गुस्सा

【愠怒】 yùnnù मन में क्रुद्ध होना

【愠容】 yùnróng 〈लि०〉 क्रोधित मुंह

【愠色】 yùnsè 〈लि०〉 क्रोधित मुंह; मुंह पर क्रोध का भाव होना

缊 (緼) yùn 〈लि०〉 〈प्रा०〉 ❶घटिया सन ❷पुराना रेशम: ～袍 चोगा जिस में घटिया रेशम भरा हो
yūn भी दे०

韫 (韞) yùn 〈लि०〉 निहित होना; छिपना

韵 (韻) yùn ❶सुरीली आवाज़: 琴～悠扬。ल्यूट lute, गिटार आदि की संगीतमय आवाज़ फैल रही है। ❷तुकांत: 韵文 ❸शोभा; सौंदर्य; मनोहरता: 韵致 ❹ (Yùn) एक कुलनाम

【韵白】 yùnbái ❶पेइचिंग आपेरा में कथित भाषा का भाग जिस में कुछ अक्षरों का परम्परागत उच्चारण जो आधुनिक पेइचिंग बोली के उच्चारण से कुछ-भिन्न होता है ❷परम्परागत आपेरा में तुकमय कथित भाषा का अंश

【韵调】 yùndiào संगीतमय तान; म्युज़िकल टोन

【韵腹】 yùnfù 〈ध्वनि०〉 तुकोदर, तुकांत में मुख्य स्वर —— दे० 韵母

【韵脚】 yùnjiǎo पद्य के वाक्यों के अंत में तुकांत अक्षर; लय

【韵律】 yùnlǜ ❶छंद ❷अंत्यानुप्रास नियम; तुक नियम

【韵律体操】 yùnlǜ tǐcāo अंत्यानुप्रास व्यायाम

【韵律学】 yùnlǜxué छंद-शास्त्र

【韵母】 yùnmǔ 〈ध्वनि०〉 तुक; अंत्यक्षर; चीनी अक्षर के उच्चारण का अंत्यभाग (अक्षर में 声母 आद्यक्षर को छोड़कर बाकी भाग; जैसे, 天 tiān में –iān) (सब से लंबे वाले अंत्यक्षर में 韵头 या 介音 तुकारंभ या आद्यतुक, 韵腹 तुकोदर या मुख्य स्वर और 韵尾 तुकांत के तीन भाग होते हैं; जैसे, 天 tiān के अंत्यक्षर –ian में –i– तुकारंभ है, –a– तुकोदर है और –n तुकांत है। अंत्यक्षर बिना तुकारंभ या तुकांत के भी हो सकता है; जैसे, 人 rén में –en, 瓜 guā में –ua और 呀 ya में –a)

【韵目】 yùnmù (परम्परागत तुकांत-कोश में) तुक-श्रेणी; अंत्यानुप्रास-श्रेणी

【韵事】 yùnshì रोमांटिक मामला: 风流～ रोमांटिक कार्य; प्रेम-संबंधी कार्य

【韵书】 yùnshū (परम्परागत) तुकांत कोश

【韵头】 yùntóu (दूसरा नाम 介音 jièyīn) 〈ध्वनि०〉 तुकारंभ; आद्यतुक

【韵尾】 yùnwěi 〈ध्वनि०〉 तुकांत; अंत्यतुक

【韵味】 yùnwèi स्वर और तुक में अभिव्यक्त भावनाएँ: 唱腔有～ गाने में विशेष आनन्दपूर्ण गुण होना / 诗的～十足 कविता में अर्थ और भावना भरी होना

【韵文】 yùnwén पद्य

【韵语】 yùnyǔ तुक; अंत्यानुप्रास

【韵致】 yùnzhì सौन्दर्य; मनोहरता

煴 yùn 〈लि०〉 熨 yùn के समान
yūn भी दे०

蕴 (藴) yùn 〈लि०〉 ❶में होना; में रखना; शामिल होना: 蕴藏 ❷अंदर की सूचना; विस्तारपूर्ण विवरण; पूरा हाल

【蕴藏】 yùncáng छिपा रहना; निहित रहना; में रखना; में मौजूद होना: 地下～丰富的矿物资源 भूमि के अंदर समृद्ध खनिज साधन निहित होना / 心中～爱国热情 दिल में देश-प्रेमी उत्साह रहना / ～量 निहित मात्रा / 群众中～着极大的社会主义积极性。जन-समुदाय में समाजवाद के प्रति असीम उत्साह मौजूद है।

【蕴含】 yùnhán निहित होना; छिपा रहना

【蕴涵】 yùnhán ❶<लि०> निहित होना; छिपा रहना: ~深刻哲理 में गहरा दर्शन निहित होना ❷<तर्क०> अपादान; निहितार्थ

【蕴结】 yùnjié नियंत्रित किया हुआ: ~的情感 नियंत्रित की हुई भावना

【蕴藉】 yùnjiè <लि०> संयमी और शुद्धतापूर्ण; संस्कृत और नियंत्रित: ~的微笑 हल्की मुस्कान; स्निग्ध मुस्कान

【蕴蓄】 yùnxù छिपा रहना; निहित रहना

熨 yùn (कपड़े आदि पर) लोहा करना; इस्तरी करना; प्रेस करना: ~衣服 कपड़े पर लोहा करना या इस्तरी करना

yù भी दे०

【熨斗】 yùndǒu इस्तरी; लोहा

Z

zā

扎（紮、紮） zā ❶बाँधना; गांठ देना; गिरह लगाना; गांठना: ～头绳 रंगीन डोरे से चोटी बांधना / ～腰带 कमरबन्द बांधना ❷〈बो०〉〈परि०श०〉 बंडल: 一～草 भूसे का एक बंडल
zhā; zhá भी दे०

【扎彩】 zācǎi झालरों से सजाना

匝（帀） zā 〈लि०〉 ❶घेरा; वृत्त; चक्कर: 绕杆子两～ खंभे का दो बार चक्कर काटना ❷इर्द-गिर्द; चारों ओर; आसपास ❸भरा हुआ: 匝地

【匝道】 zādào 〈लि०〉 रिंग रोड

【匝地】 zādì 〈लि०〉 हर जगह; जगह-जगह; हर तरफ़; जहां-तहां: 柳荫～。हर जगह विलो के पेड़ों की छाया पड़ती है।

【匝月】 zāyuè 〈लि०〉 पूरा एक महीना

咂 zā ❶चुस्की लेना: ～一口酒 शराब की एक चुस्की लेना ❷(प्रशंसा या तारीफ़ में) वाह-वाह करना ❸चखना; ध्यान से चखना

【咂摸】 zāmo 〈बो०〉 ❶चखना; अच्छी तरह स्वाद लेना: ～酒的香味 मदिरा का स्वाद लेना ❷अर्थ लगाना: 你再～～他这话是什么意思。तुम उस की बातों का फिर अर्थ लगाओ।

【咂嘴】 zāzuǐ (प्रशंसा, आश्चर्य आदि के लिए) वाह-वाह करना

拶 zā 〈लि०〉 विवश करना (होना); मजबूर करना (होना); बाध्य करना (होना)
zǎn भी दे०

臜（臢） zā दे० 腌臜āzā

zá

杂（雜、雜、襍） zá ❶विविध; नाना; विभिन्न प्रकार का; कई तरह का: ～色 विविध रंग; रंग-बिरंगा / ～事 विविध काम-काज ❷अतिरिक्त: 杂费 / ～项 अतिरिक्त मद ❸मिलना; मिश्रित होना: 大米中～有绿豆。चावल में मूंग के दाने मिले हुए हैं।

【杂拌儿】 zábànr ❶मेवा; मिश्रित मिठाइयाँ ❷मिश्रण; खिचड़ी

【杂草】 zácǎo घास-पात

【杂处】 záchǔ (विभिन्न स्थानों से आए लोगों का) मिलकर रहना; एक साथ रहना

【杂凑】 zácòu जोड़-तोड़ कर तैयार करना

【杂费】 záfèi ❶विविध खर्च ❷अतिरिक्त फ़ीस

【杂感】 zágǎn ❶छुट-पुट विचार ❷एक प्रकार का साहित्य जिस में ऐसे ही छुट-पुट विचार उल्लिखित हों

【杂烩】 záhuì ❶कई तरह के साग मिलाकर बनाई गई तरकारी ❷खिचड़ी

【杂活儿】 záhuór छोटा-मोटा काम

【杂货】 záhuò खुदरा; बिसातबाना; छोटी-मोटी चीज़ें

【杂货店】 záhuòdiàn（杂货铺 záhuòpù भी）खुदरा-दुकान; बिसाती की दुकान

【杂和菜】 záhuocài जूठी तरकारियों का मिश्रण

【杂和面儿】 záhuomiànr थोड़ा सा सोयाबीन का आटा मिलाया हुआ मकई का आटा

【杂记】 zájì ❶विविध विवरण (एक प्रकार का साहित्य) ❷नोट; रफ़टिप्पणी

【杂技】 zájì नटकला: ～团 नटकला मंडली / ～演员 कलाबाज़

【杂家】 zájiā संकलनवाद, विचारधारा की एक शाखा, जो युद्धरत राज्य काल के अंत में प्रतिष्ठित हुई थी

【杂交】 zájiāo संकर; संकरण; संकरित; दोगला; संकर कराना; संकरण कराना: 进行动物或植物～ पशुओं या पौधों का संकर कराना / 培育～水稻 धान की संकरित नस्ल निकालना

【杂居】 zájū अनेक जातियों का एक ही क्षेत्र में निवास करना

【杂剧】 zájù ❶सोंग（宋）राजवंश काल में एक हास्य-नाटक ❷य्वान（元）राजवंश काल में काव्यात्मक नाटक

【杂粮】 záliáng मोटा अनाज

【杂乱】 záluàn अस्तव्यस्तता; गड़बड़ी; अव्यवस्था; अस्तव्यस्त; गड़बड़; अव्यवस्थित; गड्ड-बड्ड: 库房里的东西～地堆在一起。गोदाम में सभी चीज़ें अव्यवस्थित रूप से रखी हुई हैं।

【杂乱无章】 záluàn-wúzhāng अव्यवस्था; अस्तव्यस्तता; अव्यवस्थित; अस्तव्यस्त

【杂念】 zániàn अशुद्ध विचार

【杂牌】 zápái अज्ञात ब्रांड का और घटिया: ～货 अज्ञात ब्रांड का घटिया माल

【杂牌军】 zápáijūn नाना प्रकार की सेनाएं

【杂品】 zápǐn खुदरा; बिसातबाना; छोटी-मोटी चीज़ें
【杂七杂八】 záqī-zábā नाना; विविध; कई तरह का: 小小的一间屋里放满了桌子、椅子等～的东西。एक छोटे से कमरे में मेज़ें, कुर्सियाँ आदि कई तरह की चीज़ें रखी हुई हैं।
【杂糅】 záróu मिलाना
【杂食】 záshí सर्वभक्षी; सर्वाहारी: ～动物 सर्वभक्षी जानवर
【杂史】 záshǐ विविध ऐतिहासिक ग्रंथ (किसी घटना विशेष का विवरण देने वाला ऐतिहासिक ग्रंथ या गैर सरकारी ऐतिहासिक ग्रंथ)
【杂耍】 záshuǎ विविध मनोरंजन; कलाबाज़ी
【杂税】 záshuì नाना प्रकार के कर
【杂说】 záshuō ❶हर तरह की बातें; विभिन्न कथन: 对这一事件～不一。इस कांड के बारे में हर तरह की बातें सुनने में आती हैं। ❷〈लि०〉 छोटे-छोटे लेख
【杂碎】 zásui बकरे या बैल की पकाई हुई और टुकड़े-टुकड़े की हुई अंतड़ियाँ
【杂沓】 zátà असंख्य और अव्यवस्थित: ～的脚步 अनेक लोगों की आहट
【杂文】 záwén निबंध
【杂务】 záwù छोटे-मोटे काम
【杂音】 záyīn ❶होहल्ला; शोर; कोलाहल ❷〈विद्यु०〉 शोर ❸〈चिकि०〉 धक; धड़कन: 心脏～ दिल की धड़कन
【杂院儿】 záyuànr चाल
【杂志】 zázhì ❶पत्रिका: 报刊～ पत्र-पत्रिका ❷रफ़ टिप्पणियाँ (पुस्तक के शीर्षक में प्रयुक्त)
【杂质】 zázhì ❶अपद्रव्य ❷〈रसा०〉 असम्बद्ध तत्त्व
【杂种】 zázhǒng ❶संकर; संकरित; दोगला ❷〈घृणा०〉 दोगला; कुतिया का बच्चा

咱（喒、偺） zá नीचे दे०
zán भी दे०
【咱家】 zájiā 〈पुराना〉 मैं

砸 zá ❶कूटना: ～实地基 कूट-कूट कर नींव को मज़बूत करना ❷तोड़ना; टूटना; फोड़ना; फूटना: 玻璃杯～了。गिलास टूट गया। / 一块石头～了他的脚。एक पत्थर से उस के पांव में चोट लग गयी। / ～门 दरवाज़ा तोड़ना ❸〈बोल०〉 विफलता; असफलता; विफल होना (करना); असफल होना (करना); बिगड़ना; बिगाड़ना: 考～了 परीक्षा में विफल होना / 你把事儿给办～了。तुम ने काम को बिगाड़ दिया। / 戏演～了。प्रस्तुतीकरण असफल रहा।
【砸饭碗】 zá fànwǎn रोज़गार छूटना; की रोटी छीनना
【砸锅】 záguō 〈बो०〉 विफल होना (करना); असफल होना (करना); बिगड़ना; बिगाड़ना: 这事叫他去办，肯定～。अगर यह काम उस के हाथ सौंपा जाए, तो ज़रूर बिगड़ जाएगा।
【砸锅卖铁】 záguō-màitiě अपना सर्वस्व समर्पित करना

zǎ

咋（唓） zǎ 〈बो०〉 कैसा; कैसे; क्यों: 这事～办? यह काम कैसे किया जाए? / 他～样了? वह कैसा है? / 昨天你～不来? कल तुम क्यों नहीं आए?
zé; zhā भी दे०

zāi

灾（災） zāi संकट; विपत्ति; विपदा; आफ़त; मुसीबत: 天～ प्राकृतिक विपत्तियाँ; दैवी प्रकोप / 洪～ बाढ़ का प्रकोप / 招～惹祸 संकट को न्योता देना; आफ़त मोल लेना; आफ़त सिर पर लेना
【灾害】 zāihài संकट; विपत्ति; विपदा; आफ़त
【灾患】 zāihuàn दे० 灾害
【灾荒】 zāihuāng अकाल; दुर्भिक्ष; मुसीबत के दिन: 去年他们家乡闹～。पिछले साल उन के गावों में अकाल पड़ा था।
【灾祸】 zāihuò संकट; विपत्ति; आफ़त; विपदा; मुसीबत: ～临头 पर मुसीबत टूटना
【灾毁】 zāihuǐ विपत्ति से नष्ट होना
【灾民】 zāimín प्राकृतिक विपत्तियों का शिकार
【灾难】 zāinàn संकट; विपदा; विपत्ति; मुसीबत: 遭受～ मुसीबत उठाना; संकटग्रस्त होना / ～深重 मुसीबतों के गर्त में पड़ना (ढकेलना) / 一场大～得以避免 एक भयानक संकट टल जाना
【灾年】 zāinián अकाल; दुर्भिक्ष
【灾情】 zāiqíng विपत्ति की स्थिति; संकट की स्थिति: 减轻～ विपत्ति में कमी होना
【灾区】 zāiqū विपत्तिग्रस्त क्षेत्र: 旱～ सूखाग्रस्त क्षेत्र / 水～ बाढ़ग्रस्त क्षेत्र / 地震～ भूकंपग्रस्त इलाका
【灾殃】 zāiyāng मुसीबत; संकट; विपत्ति

甾 zāi 〈रसा०〉 स्टेराइड

哉 zāi 〈लघु अ०〉 〈लि०〉 ❶(विस्मय सूचक): 诚～斯言! यह कितना सच्च है! ❷(सवाल करने या प्रत्युत्तर देने के लिए प्रश्नवाचक शब्द के साथ प्रयुक्त): 何～? क्यों? या ऐसा क्यों? / 有何难～? इस में क्या कठिनाई है?

栽[1] zāi ❶लगाना; उगाना; रोपण करना; रोपना: ～秧 पौधे रोपना / ～树 वृक्ष लगाना; वृक्षारोपण करना / ～花 फूल लगाना ❷उगाना; लगाना; खड़ा करना: ～电线杆子 बिजली का खंभा खड़ा करना ❸थोपना; मढ़ना: ～上罪名 पर दोष थोपना; दोष मढ़ना ❹पौधा

栽[2] zāi ❶गिरना; गिर पड़ना: 一头～倒在地 भरभरा

कर ज़मीन पर गिर पड़ना ❷<बो०> मुंह की खाना
【栽跟头】 zāi gēntou ❶गिरना; गिर पड़ना ❷मुंह की खाना; विफलता का मुंह देखना; ठोकरों पर पड़ा रहना: 他太骄傲自大，终于栽了跟头。उस का सिर सातवें आसमान पर चढ़ा रहता था और आखिर में वह ठोकरों पर पड़ा रहा।
【栽培】 zāipéi ❶उगाना; उपजाना; खेती करना: ～棉花 कपास उपजाना / ～果树 फल के पेड़ उगाना ❷शिक्षा; शिक्षा देना: 我们今天能够成才，全靠老师的～。आज हम समाज के लिए योग्य व्यक्ति बन गए हैं। यह अध्यापकों की शिक्षा की देन है। ❸संरक्षण देना; कृपा करना
【栽绒】 zāiróng <बुना०> सिंथेटिक टफ़्ट
【栽诬】 zāiwū पर दोष थोपना
【栽赃】 zāizāng ❶दूसरे के यहां चोरी की चीज़ें या प्रतिबंधित वस्तुएं छिपकर रख छोड़ना ❷पर दोष मढ़ना
【栽植】 zāizhí रोपण करना; रोपना; रोपित करना; लगाना: ～树苗 पेड़ के पौधे लगाना; पेड़ का रोपण करना
【栽种】 zāizhòng लगाना; उगाना
【栽子】 zāizi पौधा: 树～ पेड़ के पौधे

zǎi

载[1] (載) zǎi वर्ष; साल: 一年半～ एकाध साल

载[2] (載) zǎi लिख देना; अंकित करना; उल्लिखित करना; प्रकाशित करना: 记～ अंकित करना / 在报上登～文章 अपना लेख पत्र पर प्रकाशित करना
zài भी दे०
【载入史册】 zǎirù shǐcè इतिहास में उल्लिखित होना (करना)

宰[1] zǎi ❶शासन करना; पर अधिकार जमाना: 主宰 zhǔzǎi ❷प्राचीनकाल में वार्डन; प्रशासक

宰[2] zǎi ❶वध करना; मारना: ～牲口 पशुओं को मारना; पशुओं का वध करना ❷लूटना; ठगना: 今天我们挨～了。आज हम लूटे गए।
【宰割】 zǎigē अतिक्रमण; उपीड़न और शोषण
【宰客】 zǎikè ग्राहकों को लूटना; ठगना
【宰杀】 zǎishā मारना; वध करना
【宰牲节】 Zǎishēng Jié बकर-ईद; बकरीद, जिस का दूसरा नाम 古尔邦节 Gǔ'ěrbāng Jié होता है
【宰相】 zǎixiàng प्रधान मंत्री
【宰相肚里能撑船】 zǎixiàng dù li néng chēng chuán महा पुरुष विशालहृदय होता है

崽 (仔) zǎi <बो०> ❶बेटा; पुत्र; बच्चा ❷युवक ❸पशु का बच्चा
仔 के लिए zī; zǐ भी दे०
【崽子】 zǎizi <घृणा०> (पशु का) बच्चा: 狗～ कुतिया का बच्चा

zài

再 zài <क्रि०वि०> ❶फिर; पुनः; एक बार और; दुबारा: 您什么时候～来? आप फिर कब आएंगे? / 我～也不去他那儿了。मैं उस के यहां फिर कभी नहीं जाऊंगा। / 这部电影真不错，我想～看一遍。यह फ़िल्म बहुत अच्छी है। मैं इसे दुबारा देखना चाहता हूं। / ～试一次。एक बार और कोशिश करो। ❷और भी अधिक; और भी ज़्यादा; और: 这桌子～大一些，就好了。अगर यह मेज़ और भी अधिक बड़ी हो जाए, तो अच्छा रहेगा। / ～喝一点。और पियो। ❸(यदि वाक्यांश में स्थिति की निरंतरता जताने के लिए प्रयुक्त): 你～不吃，饭就凉了。यदि तुम फिर नहीं खाओगे, तो खाना ठंडा पड़ जाएगा। / 你～不走，电影就要开演了。अगर तुम फिर जाने का नाम नहीं लेते, तो फ़िल्मशो शुरू हो जाएगा। ❹बाद में; फिर; के बाद; के उपरांत; के पश्चात: 做完功课～去踢球。तुम पहले होमवर्क पूरा करो, फिर फ़ुटबाल खेलने जाओ। / 我写完信～去您那儿。मैं पत्र लिख देने के बाद आप के यहां जाऊंगा। ❺①इस के अलावा … भी; इस के अतिरिक्त … भी; और फिर … भी: 桌子上放着香蕉、葡萄、橙子，～就是西瓜。मेज़ पर केले, अनार और संतरे रखे हुए हैं, और फिर तरबूज़ भी है (या इस के अलावा तरबूज़ भी है)। ②<लि०> लौटना; फिर आना: 青春不～。जवानी नहीं लौटती।
【再版】 zàibǎn ❶दूसरा संस्करण ❷पुनर्मुद्रण
【再不】 zàibu या; अथवा; या फिर: 您和老王去，～小李也去。आप और लाओ वांग जाएंगे, या फिर श्याओ ली भी आप के साथ जाएगा।
【再次】 zàicì दुबारा; फिर; एक बार और: ～发表声明 फिर वक्तव्य देना / ～提出抗议 दुबारा विरोध पेश करना
【再度】 zàidù दुबारा; फिर; एक बार और: ～当选总统 दुबारा राष्ट्रपति निर्वाचित होना / 谈判～破裂。वार्ता फिर टूट गई।
【再会】 zàihuì नमस्ते; फिर मिलेंगे; फिर मुलाकात होगी
【再婚】 zàihūn दूसरी शादी करना
【再嫁】 zàijià (नारी का) दूसरी शादी करना
【再见】 zàijiàn नमस्ते; फिर मिलेंगे; फिर मुलाकात होगी
【再醮】 zàijiào <पुराना> (विधवा का) दुबारा ब्याह करना
【再接再厉】 zàijiē-zàilì निरंतर प्रयत्न करना; प्रयास जारी रखना
【再就业】 zàijiùyè ड्यूटी से छूटने के बाद फिर से नौकरी मिलना
【再三】 zàisān बारंबार; अनेक बार; बारंबार: 斟酌～ बारबार सोचना-विचारना / ～催促 ताकीद करना
【再审】 zàishěn ❶पुनर्विचार करना ❷<का०> मुकदमे के फ़ैसले पर दुबारा विचार करना
【再生】 zàishēng ❶पुनर्जीवन; पुनर्जीवित होना ❷पुनः

उत्पादन करना; पुनः तैयार करना: ～纸 पुनः तैयार किया हुआ कागज़ / ～橡胶 पुनः उत्पादित रबर

【再生产】 zàishēngchǎn 〈अर्थ०〉 पुनरुत्पादन

【再生父母】 zàishēng fùmǔ मां-बाप; मातृ-पितृ-तुल्य (रक्षण, पालन करने वाला) व्यक्ति

【再生资源】 zàishēng zīyuán पुनर्जनित साधन

【再世】 zàishì ❶अगला जन्म ❷पुनर्जन्म

【再衰三竭】 zàishuāi-sānjié दुर्बल और विरुत्साह होना; मनोबल टूटने को होना

【再说】 zàishuō ❶कुछ समय के बाद ही बात करना: 这件事过两天～。दो एक दिन के बाद ही हम इस मामले पर बात करेंगे। / 等他来了～。उस के आने के बाद ही हम बात करेंगे। ❷के अतिरिक्त भी; के अलावा भी: 不用去找他了，～眼下他也不一定在家。उसे बुलाने की आवश्यकता नहीं। इस के अतिरिक्त वह इस समय अपने घर पर होगा भी नहीं।

【再现】 zàixiàn (पुरानी बातों का) पुनः उभरना; पुनः प्रकट होना: 与他分手的情景～在眼前。उसे बिदाई देने का दृश्य मेरी आंखों के आगे फिर उभर आया।

【再造】 zàizào नया जीवन देना; फिर से जीवित करना: 恩同再造 ēn tóng zàizào

【再则】 zàizé 〈संयो०〉 〈ली०〉 और फिर; के अतिरिक्त भी; के अलावा भी

【再者】 zàizhé दे० 再则

在 zài ❶मौजूदगी, उपस्थिति; अस्तित्व; मौजूद होना; उपस्थित होना; अस्तित्व होना; विद्यमान होना; जीवित होना; ज़िन्दा होना: 虽然两人不再争吵，但隔阂还～。हालांकि वे दोनों अभी नहीं लड़ते-झगड़ते, लेकिन दोनों के बीच मनमुटाव फिर भी विद्यमान है। / 她父母都～。उस के मां-बाप दोनों ज़िन्दा हैं। / 有矛盾～，就要设法解决。जब अन्तर्विरोध मौजूद हो, तो उसे दूर करने का उपाय करना चाहिए। ❷में या पर होना: 他弟弟～上海。उस का छोटा भाई शांगहाई में है। / 他刚才还～办公室，现在不知去哪儿了。वह अभी दफ़्तर में था। न जाने वह कहां चला गया। / 书～桌上，你自己拿。पुस्तक मेज़ पर है। तुम खुद ले लो। ❸काम या पद पर होना: 在职 ❹किसी संगठन का सदस्य होना: ～党 पार्टी का सदस्य होना ❺निर्भर करना; निर्भर होना: 去不去留学～你自己。अध्ययन के लिए विदेश जाओ या न जाओ, यह स्वयं तुम पर निर्भर है। / 工作上取得成就，主要～您自己努力。काम में सफलता आप की ही मेहनत पर निर्भर करती है। ❻(ज़ोर देने के लिए 所 और 不 के साथ प्रयुक्त): 在所不辞 / 在所不惜 ❼〈पूर्व०〉 (समय या स्थान बताने के लिए) में; पर: 这起空难发生～今年一月份。यह विमानदुर्घटना गत जनवरी में हुई थी। / 她～小学教书。वह प्राइमरी स्कूल में पढ़ाती है। / ～原则问题上我们是不让步的。सैद्धांतिक सवाल पर हम पीछे नहीं हटते। / ～全国范围内 देश भर में / ～党的领导下 चीनी कम्युनिस्ट पार्टी के नेतृत्व में / ～条约上签字 संधि पर हस्ताक्षर करना ❽〈क्रि० वि०〉 (हो रही क्रिया सूचित करने के लिए प्रयुक्त): 他～给学生上课。वह कक्षा में छात्रों को पढ़ा रहा है। / 她～做什么？वह क्या कर रही है？/ 孩子～哭。बच्चा रो रहा है।

【在案】 zài'àn अभिलिखित करना (होना): 此事已记录～。यह बात अभिलिखित की गई है।

【在编】 zàibiān नियमित वेतनसूची में शामिल होना; स्थाई कर्मचारीगणों में शामिल होना: ～人员 नियमित वेतनसूची में शामिल लोग

【在册】 zàicè रजिस्टर में नामांकित होना (करना)

【在场】 zàichǎng मौजूद होना; मौके पर उपस्थित होना: 车祸发生时他也～。जब सड़क दुर्घटना हुई, तब वह भी मौके पर उपस्थित था। / 当时我不～。उस वक्त मैं वहाँ मौजूद नहीं था।

【在读】 zàidú विद्यालय में पढ़ना; विद्यालय या अनुसंधान संस्था में अध्ययन करना: ～小学生 स्कूल में पढ़ने वाला छात्र या विद्यार्थी

【在行】 zàiháng निपुण होना; कुशल होना; जानना: 对算账我不～。मैं हिसाब करना नहीं जानता। / 他修电脑很～。वह कंप्यूटर की मरम्मत करने में काफ़ी निपुण है।

【在乎】 zàihu ❶निर्भर करना; निर्भर रहना: 东西实用不实用，不～是否美观。किसी वस्तु की उपयोगिता उस की सुन्दरता पर निर्भर नहीं करती। ❷(प्रायः नकारात्मक रूप में प्रयुक्त): परवा करना; फ़िक्र करना; चिंता करना: 管他说什么，我才不～。वह जो कुछ भी कहे, मैं उस की चिंता नहीं करता। / 他对什么事情都是一副满不～的样子。वह हमेशा हर बात पर लापवाही बरतता है। / 我不～他干什么不干什么。मैं इस की फ़िक्र नहीं करता कि वह क्या करे या क्या न करे।

【在即】 zàijí जल्दी ही; शीघ्र ही; को होना: 大赛～。प्रतियोगिता होने को है; प्रतियोगित जल्दी ही होगी।

【在家】 zàijiā ❶घर पर (में) होना ❷गृहस्थ होना: ～人 गृहस्थ

【在教】 zàijiào 〈बोल०〉 ❶कोई मत मानना; धर्मावलंबी होना ❷इस्लाम मत को मानना; मुसलमान होना

【在劫难逃】 zàijié-nántáo भाग्य में लिखा होना; बदा होना

【在理】 zàilǐ सही; ठीक; उचित: 您这话说得～。आप ने जो कुछ कहा है, वह बिल्कुल सही है।

【在谱】 zàipǔ न्यायसंगत; तर्क संगत

【在世】 zàishì जीवित होना; ज़िन्दा होना: ～的时候 अपने जीवन-काल में / 他爸倘若～，那该多高兴啊！यदि उस का पिता जीवित रहा होता, तो यह देखकर कितना प्रसन्न हुआ होता।

【在所不辞】 zàisuǒbùcí किसी भी हालत में इनकार नहीं करना; नहीं हिचकना

【在所不惜】 zàisuǒbùxī तैयार रहना: 为了革命，即使献出生命也～。मैं क्रांति के लिए जान देने को तैयार हूँ; मैं क्रांति के लिए खुशी-खुशी मौत को गले लगाऊंगा।

【在所难免】 zàisuǒnánmiǎn से बचना मुश्किल होना; मुश्किल से … से बच सकना: 犯错误～。गलती करने से बचना मुश्किल होता है।

【在逃】 zàitáo 〈का०〉 फ़रार होना: ～犯 फ़रारी

【在天之灵】 zài tiān zhī líng स्वर्ग में किसी की आत्मा (मृतक का सम्मानसूचक संबोधन)

【在望】 zàiwàng ❶दिखाई देना; नज़र आना; दृष्टिगोचर होना; देखा जाना; दीखना： 长城远远～。लम्बी दीवार दूर से नज़र आने लगी। ❷नज़दीक होना; शीघ्र आना; पूरी आशा होना： 丰收～。शानदार फ़सल काटने की पूरी आशा है। / 胜利～。विजय नज़दीक है।

【在位】 zàiwèi ❶गद्दीनशीं होना; सिंहासनासीन होना ❷पद पर आसीन होना

【在握】 zàiwò हाथ में होना; वश में होना： 大权～ अधिकार हाथ में होना

【在下】 zàixià 〈विनम्र०〉 मैं

【在先】 zàixiān ❶पहले; अतीत में： ～我年岁小，什么也不懂。पहले मैं छोटा था और नासमझ था। ❷से पहले; से पूर्व

【在线】 zàixiàn 〈कंप्यू०〉 ऑनलाइन

【在心】 zàixīn दिल में घर करना; दिल में जगह करना： 不管你说什么，他都很～。तुम जो कुछ कहोगे, वह उस के दिल में घर कर जाएगा।

【在押】 zàiyā पहरे में होना; हिरासत में रखा जाना： ～犯 हिरासत में रखा गया अपराधी; कैदी

【在野】 zàiyě सत्ता में न होना; विपक्ष में होना

【在野党】 zàiyědǎng विरोधी दल; विपक्षी दल

【在意】 zàiyì (प्रायः नकारात्मक रूप में प्रयुक्त) ध्यान देना; गौर करना： 你说的这些话，他是不会～的。जो कुछ तुम ने कहा है, उस पर वह गौर नहीं करेगा।

【在于】 zàiyú ❶निर्भर करना; निर्भर रहना： 这次我们能不能成功一切都～您。अब की हमारी सफलता आप पर ही निर्भर है। ❷में होना; का होना： 我们的目标～保护环境确保持续发展。हमारा लक्ष्य पर्यावरण का संरक्षण करके निरंतर विकास को सुनिश्चित करना है। / 解决问题的关键～态度要认真。इस सवाल के समाधान की कुंजी गंभीर रुख अपनाने में है।

【在在】 zàizài 〈लि०〉 हर जगह; जगह-जगह; जहां तहां

【在职】 zàizhí पदस्थ होना; पद पर आसीन होना; सेवारत होना： ～期间 अपने कार्यकाल में / ～干部 सेवारत कार्यकर्ता / ～总统 पदस्थ राष्ट्रपति

【在座】 zàizuò उपस्थित होना; विराजमान होना; विद्यमान होना： 同时～的还有外交部长。मौके पर विदेश मंत्री भी उपस्थित था। / 向～的来宾发表讲话 सभा में उपस्थितों को संबोधित करना

载[1] （載） zài ❶लादना;लदना： ～满货物的卡车 माल से लदा ट्रक / 装～ लादना ❷पूरे रास्ते में： 风雪～途。पूरे रास्ते में बर्फ़ीली हवा चलती रही। ❸（Zài）एक कुलनाम

载[2] （載） zài 〈लि०〉 और; के साथ-साथ： 载歌载舞

zǎi भी दे०

【载波】 zàibō कैरियर वेव; कैरियर： ～电话 कैरियर टेलीफ़ोन / ～电流 कैरियर करंट

【载歌载舞】 zàigē-zàiwǔ गीत गाते और नाचते हुए; गाते हुए नाचना

【载荷】 zàihè भार

【载货】 zàihuò माल लादना; माल से लदना

【载客】 zàikè यात्रियों को ले जाना

【载人宇宙飞船】 zài rén yǔzhòu fēichuán यात्री वाहक अंतरिक्ष यान

【载体】 zàitǐ 〈रसा०〉 संवाहक

【载运】 zàiyùn वाहनों से ले जाना; पहुंचाना; परिवहन करना： ～量 परिवहन क्षमता

【载重】 zàizhòng भारवाहन; भारवाहन क्षमता

【载重汽车】 zàizhòng qìchē लारी; ट्रक

zān

糌 zān नीचे दे०

【糌粑】 zānba तिब्बती जौ का भूना हुआ आटा, जो तिब्बती जाति का मुख्य आहार है

簪 zān ❶हेयरपिन ❷बालों में पहनना： ～花 बालों में फूल पहनना

【簪子】 zānzi हेयरपिन

zán

咱 （喒、偺） zán ❶हम; हमारा： ～家的人都到哪儿去了？हमारे घर के अन्य लोग कहां चले गए？ ❷〈बो०〉 मैं; मेरा： ～不撒谎。मैं झूठ नहीं बोलता।

zá भी दे०

【咱们】 zánmen ❶हम लोग (बोलने वाला और सुनने वाला दोनों शामिल है); हम-आप; हमारा： ～俩去游泳，怎么样？हम दोनों तैरने चलें। कैसे？ ❷〈बो०〉 मैं; मेरा： ～不吃你这一套。मैं तुम्हारे फंदे में नहीं फँसूंगा। ❸〈बो०〉 आप; आप का; तुम; तुम्हारा; तू; तेरा： ～别哭，妈妈一会儿就回来。रोओ मत। तुम्हारी मां अभी वापस आएगी।

zǎn

拶 （桚） zǎn ज़ोर से दबाना; भींचना

zā भी दे०

【拶指】 zǎnzhǐ डंडियों के बीच उंगलियों को भींचना (पुराने चीन में यंत्रणा देने की एक विधि)

【拶子】 zǎnzi उंगलियों को भींचने के काम में आने वाली डंडियाँ (पुराने चीन में यंत्रणा देने का एक साधन)

攒 （儹） zǎn संचय; संचित; जमा; संचय करना; संचित करना; जमा करना; जमाना： ～钱 पैसा जमा

करना; पैसा जमाना
cuán भी दे०

趱（趲）zǎn ❶<पुराना> तेज़ चलना: 紧～了一程 कुछ दूरी तक तेज़ चलना ❷आग्रह करना; हांकना; दौड़ाना: ～马向前 घोड़े को दौड़ाना

zàn

暂 zàn ❶अल्प; कम; क्षणिक: 短暂 duǎnzàn ❷<क्रि०वि०> कुछ समय के लिए; अस्थाई रूप से: 她～住在她叔叔家。वह अभी अपने चाचा के घर में कुछ समय के लिए ठहरी हुई है। / 小王的职务由他～代。वही श्याओ वांग का कार्यभार अस्थाई रूप से संभालेगा।

【暂缓】zànhuǎn टालना; स्थगित करना: ～讨论 बहस-मुबाहिसा टालना / ～实施 कार्यान्वयन को स्थगित करना

【暂且】zànqiě <क्रि०वि०> फ़िलहाल; अभी: 这事～不作决定。इस मसले पर अभी फ़ैसला नहीं किया जाएगा। / 这问题～搁一搁。इस सवाल को फ़िलहाल टाल दें।

【暂缺】zànquē ❶(पद) फ़िलहाल खाली होना ❷अभी (वस्तु की) कमी होना

【暂时】zànshí अस्थाई; अल्पकालिक: 他这份工作是～的。उस का यह काम अस्थाई है। / 因下大雪机场跑道～关闭。भीषण बरफ़बारी की वजह से हवाई पट्टियाँ अल्पकालिक रूप से बन्द कर दी गई हैं।

【暂停】zàntíng ❶स्थगित करना; टालना: 会议～，明天继续举行。सभा कल पर टल गई। / ～执行决议 प्रस्ताव के कार्यान्वयन को स्थगित करना ❷<खेल०> टाइम-आउट

【暂星】zànxīng नवतारा

【暂行】zànxíng अस्थाई; अल्पकालिक; अंतरिम: ～条例 अस्थाई नियम

錾（鏨）zàn ❶सोने या चांदी पर खोदना; अंकित करना; नक़्क़ाशी करना; काटना: ～字 अक्षर अंकित करना / ～花 बेल-बूटे खोदना ❷रुखानी; छेनी; टांकी

【錾刀】zàndāo छेनी

【錾子】zànzi टांकी; रुखानी; छेनी

赞[1]（贊）zàn सहायता; मदद; समर्थन; सहायता देना; समर्थन देना; मदद देना: 赞助

赞[2]（賛、讚）zàn ❶प्रशंसा; तारीफ़; सराहना; प्रशंसा करना; तारीफ़ करना; सराहना करना: 赞扬 ❷स्तुतिगीत; स्तोत्र:《天安门～》'थ्येनआनमन का स्तोत्र'

【赞比亚】Zànbǐyà जांबिया

【赞比亚人】Zànbǐyàrén जांबियाई; जांबियावासी

【赞不绝口】zànbùjuékǒu प्रशंसा करते नहीं थकना; प्रशंसा के पुल बांधना

【赞成】zànchéng ❶समर्थन; अनुमोदन; पक्ष; समर्थन करना; अनुमोदन करना; पक्ष ग्रहण करना: 投～票 के पक्ष में मत डालना / 我～您的意见。मैं आप के विचार का समर्थन करता हूँ। / 他不～这次提案。उस ने इस प्रस्ताव के प्रारूप का अनुमोदन नहीं किया। ❷<लि०> किसी को कोई काम पूरा करने में मदद देना

【赞歌】zàngē स्तुतिगीत; स्तोत्र; गुणगान

【赞礼】zànlǐ <पुराना> ❶समारोह के संयोजक का काम करना ❷समारोह का संयोजक

【赞美】zànměi प्रशंसा करना; स्तुति करना; गुणगान करना

【赞美诗】zànměishī（赞美歌 zànměigē भी）ईसाई भजन

【赞佩】zànpèi तारीफ़ करना; प्रशंसक होना: 我～你的胆识。मैं आप की निर्भीकता का प्रशंसक हूँ।

【赞赏】zànshǎng तारीफ़ करना; बड़ाई करना: 对这立场表示～ इस रुख की तारीफ़ करना / 对这部影片大加～ इस फ़िल्म की खूब तारीफ़ करना

【赞颂】zànsòng गुणगान करना; गुणकीर्तन करना

【赞叹】zàntàn भूरि-भूरि प्रशंसा करना; बहु प्रशंसनीय होना: 运动员们的出色表演令人～。खिलाड़ियों का श्रेष्ठ प्रदर्शन बहुप्रशंसनीय है।

【赞同】zàntóng समर्थन; सहमति; समर्थन करना; सहमति प्रगट करना; सहमत होना: 会议一致～这项提议。सभा में इस प्रस्ताव का सर्वसम्मति से समर्थन किया गया। / 我不～您的观点。मैं आप के विचार से सहमत नहीं हूँ (असहमत हूं)।

【赞许】zànxǔ तारीफ़ करना; सराहना करना

【赞扬】zànyáng तारीफ़ करना; प्रशंसा करना; सराहना

【赞语】zànyǔ साधुशब्द; प्रशंसा

【赞誉】zànyù प्रशंसा करना; तारीफ़ करना; सराहना करना

【赞助】zànzhù समर्थन करना (देना); सहायता करना (देना): 这笔钱用来～农村教育事业。इस धन-राशि से ग्रामीण शिक्षण कार्य की सहायता की जाएगी।

zāng

赃（贜、贓）zāng ❶चोरी की चीज़; लूट का माल: 分赃 fēnzāng ❷घूस; रिश्वत: 贪赃枉法 tānzāng-wǎngfǎ

【赃官】zāngguān भ्रष्ट अधिकारी; घूसखोर अधिकारी

【赃款】zāngkuǎn ❶लूट का पैसा; चोरी का पैसा ❷रिश्वत; अवैध धन

【赃物】zāngwù ❶चोरी की चीज़; लूट का माल ❷घूस में ली हुई वस्तुएं

脏（髒）zāng गंदगी; मैलापन; गंदा; मैला: ～水

गंदा पानी / 你把我的衣服弄～了。तुम ने मेरे कपड़े को मैला कर डाला है।
zàng भी दे०
【脏病】 zāngbìng यौन रोग का प्रचलित नाम
【脏弹】 zāngdàn गंदला बम; डर्टी बम
【脏话】 zānghuà अश्लील बातें; गंदी बातें
【脏土】 zāngtǔ कूड़ा; कचरा; कूड़ा-कर्कट
【脏字】 zāngzì अपशब्द; गाली-गलौज

臧 zāng ❶〈लि०〉 अच्छा; उत्तम ❷ (Zāng) एक कुलनाम
【臧否】 zāngpǐ 〈लि०〉 गुण-दोष का विवेचन करना: ～人物 दूसरों के गुण-दोष का विवेचन करना

zǎng

驵（駔）zǎng 〈लि०〉 बढ़िया घोड़ा; हट्टा-कट्टा घोड़ा
【驵侩】 zǎngkuài 〈लि०〉 ❶घोड़े की खरीद-फ़रोख्त में दलाल ❷दलाल

zàng

脏（臟） zàng शरीर के आंतरिक अवयव, जिन में आम तौर पर हृदय, यकृत, प्लीहा, फेफड़ा और गुर्दा इत्यादि शामिल होते हैं: 心脏 xīnzàng / 肝脏 gānzàng
zāng भी दे०
【脏腑】 zàngfǔ 〈ची०चि०〉 आंतरिक अवयव, जिन में हृदय, यकृत, प्लीहा, फेफड़ा, गुर्दा, उदर, पित्त, आंत और मूत्राशय इत्यादि शामिल हैं
【脏器】 zàngqì शरीर के आंतरिक अवयव

奘 zàng ❶〈लि०〉 बलिष्ठ; बलवान् (प्रायः किसी व्यक्ति के नाम में प्रयुक्त होता है, जैसे 玄奘 ह्वेन-सांग में) ❷〈बो०〉 असभ्यता; अशिष्टता; रुखाई
zhuǎng भी दे०

葬 zàng दफ़न; दफ़न करना; दफ़नाना; गाड़ना: 他的遗体就～在附近。उन का शव पास में ही गाड़ दिया गया है।
【葬礼】 zànglǐ अंत्येष्टि; अंतिम संस्कार
【葬埋】 zàngmái दफ़न करना; दफ़नाना; गाड़ना
【葬身】 zàngshēn दफ़न करना; दफ़नाना; गाड़ना: ～火海 आग में जान गंवाना / 敌机～海底。शत्रु-विमान गिरकर समुद्र की पेंदी में गड़ गया।
【葬身鱼腹】 zàngshēn yúfù मछली का आहार बनना; पानी में डूब मरना
【葬送】 zàngsòng धूल में मिलाना; मटियामेट करना: ～前程 अपने भविष्य को मटियामेट करना / ～他人的幸福 दूसरों का सुख धूल में मिला देना

藏[1] zàng ❶खजाना; निधि: 宝藏 bǎozàng ❷बौद्ध या ताओपंथी रचनाओं का संग्रह; पिटक: 经～ सुत्तपिटक / 律～ विनयपिटक

藏[2] Zàng ❶तिब्बत का संक्षिप्त नाम ❷तिब्बती जाति
cáng भी दे०
【藏红花】 zànghónghuā ज़ाफ़रान
【藏蓝】 zànglán बैंगनी रंग लिया हुआ नीला
【藏历】 zànglì तिब्बती पंचांग
【藏青】 zàngqīng गहरा नीला
【藏戏】 zàngxì तिब्बती ओपेरा
【藏香】 zàngxiāng तिब्बत में बनी धूप बत्ती
【藏族】 Zàngzú तिब्बती जाति, जो तिब्बत स्वायत्त प्रदेश तथा छिंगहाई, सछवान, कानसू व युन्नान आदि प्रांतों में बसी हुई है

zāo

遭[1] zāo (विपत्ति, मुसीबत आदि) उठाना; झेलना; भुगतना; भोगना: 遭殃 / 遭罪 / ～到危险 मौत के मुंह में जाना / ～到失败 मुंह की खाना / ～人白眼 नीची निगाह से देखा जाना

遭[2] zāo 〈परि०श०〉 ❶बार; दफ़ा: 他头一～来北京。वह पहली दफ़ा पेइचिंग की यात्रा पर आया है। / 一～生，两～熟。जो पहली बार मिलने पर अजनबी सा लगता है, वह दूसरी बार मुलाकात होने पर जाना-पहचाना हो जाता है। ❷चक्कर: 跑了一～儿 दौड़ते हुए एक चक्कर काटना
【遭到】 zāodào सहना; सामना होना; सामना करना: ～经济损失 आर्थिक हानि सहना / ～困难 कठिनाइयों का सामना करना / ～破坏 तबाह हो जाना
【遭逢】 zāoféng सामना होना; सामना करना: ～盛世 स्वर्णकाल में रहना
【遭际】 zāojì 〈लि०〉 ❶दशा; अवस्था; हालत ❷सामना करना: ～艰危 कठिनताओं और संकटों का सामना करना
【遭劫】 zāojié विपत्तियों में होना
【遭难】 zāonàn के ऊपर विपत्तियों का पहाड़ टूटना; आफ़त में पड़ना
【遭受】 zāoshòu उठाना; भोगना; भुगतना; सहना; झेलना: ～亏损 घाटा उठाना / ～打击 चोट लगना / ～压迫 उत्पीड़ित होना; उत्पीड़न का शिकार होना / ～侮辱 अपमानित होना; नीचा देखना
【遭殃】 zāoyāng मुसीबतें झेलना; विपत्तियाँ भुगतना
【遭遇】 zāoyù ❶सामना होना; सामना करना: 先头部队～敌人。अग्रिम दल का दुश्मन से सामना हुआ। / ～困难 कठिनाइयों का सामना करना / ～不幸 शामत आना ❷(कड़वा) अनुभव; भाग्य; किस्मत; बीती: 她的～

真不幸。उस की किस्मत काफ़ी बुरी है। / 我们两国人民在历史上有着共同的～。हमारे दोनों देशों की जनता को बीते इतिहास में समान अनुभव हुआ है। / 诉说自己的～ आपबीती सुनाना

【遭遇战】 zāoyùzhàn अप्रत्याशित मुठभेड़ की कार्यवाही

【遭灾】 zāozāi प्राकृतिक विपत्तियों से पीड़ित होना

【遭罪】 zāozuì आफ़त उठाना; आफ़त सिर पर आना

糟 zāo ❶शराब बनाने के बाद बचे हुए जौ या अन्य अन्न का फोक; पांस ❷शराब की पांस में मिलाना या शराब में भिगोना: ～肉 शराब की पांस में मिलाया हुआ या शराब में भिगोया हुआ मांस ❸सड़ना; गलना: 木板～了。यह तख्ता सड़ गया। ❹गोलमाल करना; गज़ब होना; बुरा होना: 你把事情搞得一团～。तुम ने एकदम सब गोलमाल कर दिया। / 他的身体很～。उस की तबीयत खराब है। / ～了，我忘了上课了。गज़ब हो गया। मैं कक्षा में जाना भूल गया।

【糟改】 zāogǎi 〈बो०〉 ताने मारना

【糟糕】 zāogāo 〈बोल०〉 गज़ब होना; बुरा होना: ～，我忘了告诉他今天要开会。गज़ब हो गया, मैं उसे आज की बैठक के बार में बताना भूल गया था।

【糟害】 zāohài 〈बो०〉 (पशु-पक्षियों का) बरबाद करना; तबाही मचाना

【糟践】 zāojian 〈बो०〉 ❶खराब करना; नष्ट करना: 不要～粮食。खाद्यान्न को खराब नहीं करना चाहिए। ❷अपमान करना; अपमानित करना; बेइज़्ज़ती करना; बेइज़्ज़त करना: 您说话总是爱～人。आप बातचीत में दूसरों का अपमान किया करते हैं। ❸बलात्कार करना; शील भंग करना; इज़्ज़त लूटना

【糟糠】 zāokāng मद्यपंक और भूसी, जो गरीबों का आहार था

【糟糠之妻】 zāokāngzhīqī बुरे दिनों में अपने पति का साथ देने वाली पत्नी

【糟粕】 zāopò तलछट; बेकार चीज़

【糟塌】 zāotà (糟蹋 zāotà भी) ❶खराब करना; नष्ट करना ❷तबाही मचाना ❷अपमान करना; अपमानित करना; बेइज़्ज़ती करना; बेइज़्ज़त करना ❸बलात्कार करना; शील भंग करना; इज़्ज़त लूटना

【糟心】 zāoxīn परेशानी; उद्वेग; हैरानी; परेशान होना; उद्विग्न होना; हैरान होना: 事情搞成这样，真叫人～。काम को बिगड़ा हुआ देखकर मैं हैरान हूँ।

záo

凿[1] (鑿) záo ❶रुखानी; छेनी; टांकी ❷रुखानी से छेद करना; खोदना: ～窟窿 छेद करना / ～井 कुआँ खोदना

凿[2] (鑿) záo 〈लि०〉 छेद: 方枘圆凿 fāngruì-yuánzáo

凿[3] (鑿) záo 〈लि०〉 निश्चित; अखंड्य; अकाट्य: 确凿 quèzáo

【凿空】 záokōng 〈लि०〉 क्लिष्ट और कल्पित: ～之论 क्लिष्ट और कल्पित बातें; खींच-तान वाली बातें

【凿枘】 záoruì ❶चूल और छेद —— अनुकूल; संगत ❷圆凿方枘 yuánzáo fāngruì का संक्षिप्त रूप

【凿岩机】 záoyánjī रॉक ड्रिल

【凿凿】 záozáo 〈लि०〉 सच्चाई; सत्यता; निश्चय; सच्चा; सत्य; निश्चित: 言之～ निश्चय के साथ कहना; दावे के साथ कहना

zǎo

早 zǎo ❶सुबह; सबेरा; प्रातःकाल: 从～到晚 सुबह से रात तक ❷〈क्रि०वि०〉 बहुत पहले; काफ़ी समय पहले; कब से; कब का: 他～就走了。वह कब का यहां से चला गया था। / 这电影我们～看过了。यह फ़िल्म हम बहुत पहले देख चुके हैं। ❸आरंभ; प्रारंभ; आरंभिक; प्रारंभिक: 早期 / 早稻 ❹जल्दी; जल्द: 您来～了。आप जल्दी आए। / 早熟 ❺नमस्ते

【早安】 zǎo'ān नमस्ते

【早班】 zǎobān सुबह की पारी

【早半天儿】 zǎobàntiānr (早半晌儿 zǎobànshǎngr भी) 〈बोल०〉 सुबह; दोपहर से पहले

【早餐】 zǎocān नाश्ता: 用～ नाश्ता करना

【早操】 zǎocāo सुबह की कसरत

【早茶】 zǎochá सुबह की चाय

【早产】 zǎochǎn 〈चिकि०〉 कालपूर्व प्रसव

【早场】 zǎochǎng सुबह का शो

【早晨】 zǎochen सुबह; सबेरा; प्रातःकाल

【早春】 zǎochūn वसंत की शुरुआत

【早稻】 zǎodào अगैती धान

【早点】 zǎodiǎn जल-पान: 吃～ जल-पान करना

【早饭】 zǎofàn नाश्ता

【早婚】 zǎohūn जल्दी शादी करना

【早年】 zǎonián ❶वर्षों पहले; पहले: ～这里不通火车。पहले रेल-मार्ग यहां नहीं पहुंचता था। ❷युवावस्था: 他～丧父。उस की युवावस्था में ही उस का पिता चल बसा था।

【早期】 zǎoqī आरंभिक काल; प्रारंभिक काल: ～的电影是无声电影。प्रारंभिक काल की फ़िल्में मूक होती थीं।

【早期白话】 zǎoqī báihuà 1919 ई० के चार मई आंदोलन से पूर्व चीन में प्रचलित लेखन की बोलचाल की शैली

【早起】 zǎoqǐ 〈बो०〉 सुबह; सबेरा; प्रातः

【早秋】 zǎoqiū शरद का आरंभ

【早日】 zǎorì जल्दी; जल्द; शीघ्र; समय से पहले: 祝您～康复。कामना है कि आप शीघ्र ही भले-चंगे हो जाएं। / ～完工 समय से पहले काम पूरा करना

【早上】 zǎoshang सुबह; सबेरा; प्रातः

【早市】 zǎoshì ❶प्रातःकालीन मंडी ❷प्रातःकालीन कारोबार

【早熟】 zǎoshú ❶<श०वि०> अकाल प्रौढ़ता; अकाल प्रौढ़: ～孩子 अकाल प्रौढ़ बच्चा ❷जल्दी पकने वाला: 水稻的～品种 धान की जल्दी पकने वाली जाति

【早衰】 zǎoshuāi <चिकि०> कालपूर्व क्षीणता; समय से पहले जर्जर होना

【早霜】 zǎoshuāng आरंभिक पाला

【早退】 zǎotuì समय से पहले खिसकना

【早晚】 zǎowǎn ❶सुबह और शाम: ～出去散步 सुबह और शाम घूमने के लिए घर से निकल जाना ❷<क्रि०वि०> देर-सबेर: 他～会明白的。वह देर-सबेर यह बात समझ लेगा। ❸समय; वक्त: 他走了大半天了，这～该到家了吧。वह कब का चला गया था और शायद इस वक्त अपने घर पहुंच गया होगा। ❹<बो०> किसी समय; किसी दिन: 您～到我家来坐坐。आप किसी दिन हमारे घर पधारिए।

【早先】 zǎoxiān <क्रि०वि०> पहले; अतीत में

【早已】 zǎoyǐ <क्रि०वि०> कब से ही; कब का ही: 你再说也没用，他～拿定主意了。ज़्यादा बोलने से क्या फ़ायदा ? वह तो कब से ही फ़ैसला कर चुका है।

【早育】 zǎoyù जल्दी बच्चा पैदा करना

【早早儿】 zǎozǎor <क्रि०वि०> जल्दी से जल्दी: 要来，明天～来。आना है, तो कल जल्दी से जल्दी आओ।

枣（棗） zǎo बेर; खजूर

【枣红】 zǎohóng गहरा लाल रंग; कुम्मैत रंग

【枣泥】 zǎoní बेर की पेस्ट

【枣树】 zǎoshù बेर वृक्ष

【枣椰】 zǎoyē खजूर

【枣子】 zǎozi <बो०> बेर; खजूर

蚤 zǎo पिस्सू: 跳蚤 tiàozǎo

澡 zǎo नहाना; स्नान; स्नान करना: 洗澡 xǐzǎo

【澡盆】 zǎopén टब; बाथटब

【澡堂】 zǎotáng（澡堂子 zǎotángzi भी）स्नानघर; गुसलखाना

【澡塘】 zǎotáng ❶(स्नानघर में) स्नान का कुंड ❷澡堂 के समान

藻 zǎo ❶शैवाल ❷जलीय वनस्पति ❸(साहित्य में) अलंकार: 辞藻 cízǎo

【藻井】 zǎojǐng <वास्तु०> बेल-बूटे वाली छत; अलंकृत छत

【藻类学】 zǎolèixué शैवाल विज्ञान

【藻类植物】 zǎolèi zhíwù शैवाल

【藻饰】 zǎoshì <लि०> अलंकार

zào

皂（皁） zào ❶काला; स्याह: ～鞋 काले जूते ❷चपरासी: 皂隶 ❸साबून; साबुन: 肥皂 féizào

【皂白】 zàobái काला और सफ़ेद —— सही और गलत: ～不分 सही और गलत के बीच फ़र्क न करना

【皂化】 zàohuà <रसा०> साबुनीकरण

【皂隶】 zàolì चपरासी

灶（竈） zào ❶चूल्हा ❷रसोई; रसोईघर ❸रसोई देव: 祭灶 jìzào

【灶火】 zàohuo <बो०> ❶चूल्हा ❷रसोईघर

【灶具】 zàojù खाना पकाने वाले बरतन

【灶神】 zàoshén रसोई देव

【灶膛】 zàotáng अंगीठी

【灶头】 zàotou <बो०> चूल्हा

【灶突】 zàotū <लि०> चिमनी

【灶王爷】 zàowángyé 灶神 के समान

【灶屋】 zàowū <बो०> रसोईघर

唣（唕） zào दे० 啰唣 luózào

造[1] zào ❶बनाना; बनना; तैयार करना; निर्माण करना; निर्मित करना: ～桥 पुल का निर्माण करना / ～机器 मशीन बनाना / ～舆论 लोक मत तैयार करना; जनभावनाएं भड़काना / ～名册 नामसूची बनाना ❷गढ़ना: ～谣言 बात गढ़ना; अफ़वाह उड़ाना

造[2] zào ❶<का०> वादी और प्रतिवादी में से एक: 两～ वादी और प्रतिवादी दोनों पक्ष ❷<बो०> फ़सल: 一年三～ एक साल में तीन फ़सलें होना

造[3] zào ❶<लि०> जाना; पहुंचना: 造访 ❷उपलब्धि; लब्धि: 造诣 ❸तैयार करना; शिक्षा देना; प्राशिक्षित करना: 深造 shēnzào

【造币厂】 zàobìchǎng टकसाल

【造成】 zàochéng उत्पन्न करना; तैयार करना: ～有利的局面 अनुकूल स्थिति उत्पन्न करना / ～有利于外商投资的环境 विदेशी निवेश के अनुकूल वातावरण तैयार करना / 这给国家～重大经济损失。यह देश के लिए भारी आर्थिक हानि का कारण बना।

【造船】 zàochuán जहाज़ निर्माण: ～业 जहाज़ निर्माण उद्योग

【造船厂】 zàochuánchǎng शिपयार्ड

【造次】 zàocì <लि०> ❶जल्दबाज़ी; उतावलापन: ～之间 जल्दबाज़ी में ❷बिना सोचे-विचारे; अविवेक; अविचार: 不可～。अविवेक से काम नहीं लेना चाहिए।

【造反】 zàofǎn विद्रोह करना; बगावत करना

【造访】 zàofǎng के दर्शन करना; से मुलाकात करना

【造福】 zàofú का हित करना; का कल्याण करना; की

भलाई करना: 为人民～ जनता की भलाई करना
【造化】 zàohuà 〈लि०〉 सृष्टा; सृष्टि
【造化】 zàohua सौभाग्य; खुशकिस्मती; भाग्यवान; खुशकिस्मत: 您真有～。आप बहुत भाग्यवान हैं।
【造假】 zàojiǎ नकली माल आदि बनाना; जालसाज़ी करना
【造价】 zàojià लागत: 降低～ लागत कम करना
【造就】 zàojiù ❶पालन-पोषण; पालन-पोषण करना; पढ़ाना-लिखाना; तैयार करना: ～人才 प्रतिभाएं तैयार करना / ～一代新人 नई पीढ़ी का पालन-पोषण करना ❷(प्रायः युवा की) उपलाब्धि
【造句】 zàojù वाक्य रचना
【造林】 zàolín वृक्षारोपण; वनरोपण
【造孽】 zàoniè ❶〈बौद्धधर्म〉 कुकर्म करना; पाप करना ❷〈बो०〉 बेचारा; अभागा; बदकिस्मत: 这孩子从小没了娘，真～。यह लड़का बहुत अभागा है। उस की मां उस के छुटपन में ही मर गई थी।
【造山运动】 zàoshān yùndòng 〈भू०〉 पर्वतजन्म
【造市】 zàoshì कार्यनीति से उपज या उद्योग के लिए बाज़ार की परिस्थितियाँ तैयार करना
【造势】 zàoshì पुरज़ोर प्रचार करने से वातावरण तैयार करना
【造物】 zàowù संसार बनाने की दिव्य शक्ति; सृष्टा
【造物主】 zàowùzhǔ ईसाई; भगवान
【造像】 zàoxiàng मूर्ति
【造血】 zàoxiě 〈ला०〉 इकाई, संगठन आदि अपनी भूमिका अदा करके अपनी जीवनशक्ति बढ़ाना; अपने आप में नए जीवन का संचार करने के लिए प्रयत्न करना
【造型】[1] zàoxíng ❶प्रतिकृति बनाना ❷आकृति; रूप: 这只花瓶～优美。इस फूलदान की आकृति बहुत आकर्षक है।
【造型】[2] zàoxíng 〈यां०〉 सांचे में ढालना; गढ़ना
【造型艺术】 zàoxíng yìshù ललित कला
【造谣惑众】 zàoyáo-huòzhòng जनता को भ्रम में डालने के लिए अफ़वाह फैलाना
【造谣生事】 zàoyáo-shēngshì बात गढ़कर गड़बड़ पैदा करना
【造谣污蔑】 zàoyáo-wūmiè लांछन लगाना; कीचड़ उछालना
【造谣中伤】 zàoyáo-zhòngshāng अफ़वाह फैलाकर बदनाम करना
【造诣】 zàoyì प्रवीणता; प्रवीण; सिद्धहस्त; मंजा हुआ: 有～的作家 सिद्धहस्त लेखक / 有～的艺术家 मंजा हुआ कलाकार
【造影】 zàoyǐng 〈चिकि०〉 रेडियोग्राफ़ी
【造纸】 zàozhǐ कागज़ बनाना
【造纸厂】 zàozhǐchǎng कागज़ मिल
【造作】 zàozuò बनाना; तैयार करना; उत्पादन करना; उत्पादित करना
【造作】 zàozuo बनावट; दिखावा; बनावटी; दिखावटी; दिखावा करना

噪[1] zào ❶पक्षियों या कीड़ों का बोलना: 群鸦乱～。कौवे कायं-कायं करते रहे। ❷(धूम) मचना; मचाना: 他曾在乐坛名～一时。उस ने संगीत के क्षेत्र में कभी धूम मचाई थी।

噪[2] (譟) zào चीत्कार; चीख; शोर: 鼓噪 gǔzào
【噪音】 zàoyīn (噪声 zàoshēng भी) शोर; शोरगुल; हल्ला: 这机器～很大。यह मशीन खूब शोर मचाती है।
【噪音污染】 zàoyīn wūrǎn कर्कश आवाज़ से उत्पन्न दूषण
【噪杂】 zàozá शोरगुल; हल्ला; हल्ला-गुल्ला: 人声～的地方 हल्ले-गुल्ले की जगह

簉 zào 〈लि०〉 दूसरा; गौण
【簉室】 zàoshì 〈लि०〉 उपपत्नी

燥 zào शुष्कता; सूखापन; शुष्क; सूखा
【燥热】 zàorè गरमी और सूखापन

躁 zào अधीरता; उतवलापन; अधीर; उतावला; अस्थिरचित्त
【躁动】 zàodòng निरंतर हरकत करना
【躁急】 zàojí अधीर होना; उतावला होना

zé

则[1] (則) zé ❶मानक; मानदंड; मापदंड: 准则 zhǔnzé ❷नियम; नियमावली; दस्तूर: 法则 fǎzé ❸〈लि०〉 अनुकरण; अनुसरण; अनुकरण करना; अनुसरण करना ❹〈परि०श०〉 (समाचार, लेख आदि के लिए): 试题两～ दो प्रश्न / 寓言三～ तीन नीतिकथाएं

则[2] (則) zé 〈लि०〉 ❶〈संयो०〉 ①(कारण, स्थितियाँ आदि बताने के लिए प्रयुक्त): 物体热～胀，冷～缩。चीज़ ताप पाकर फैल जाती है और सरदी पाकर सिकुड़ जाती है। ②(यद्यपि का अर्थ निर्दिष्ट करने के लिए प्रयुक्त): 这东西好～好，只是太贵。यह वस्तु अच्छी तो है, पर महंगी बहुत है। ❷(一，二，三 या 一，再，三 आदि के साथ कारण उपस्थित करने के लिए प्रयुक्त) एक, दो, तीन …; पहला, दूसरा, तीसरा …: 这篇文章不适合小学生，一～太长，二～内容深奥，三～用词艰涩。यह लेख प्राइमरी स्कूल के छात्रों के लिए उपयुक्त नहीं है। क्योंकि एक तो यह काफ़ी लम्बा है, दूसरे इस का विषय गूढ़ है और तीसरे इस की शब्दावली क्लिष्ट है। ❸〈लि०〉 होना: 此～余之过也。यह मेरी गलती है।
【则声】 zéshēng आवाज़ निकालना: 不～ मुंह सीना

责 (責) zé ❶उत्तरदायित्व; ज़िम्मेदारी: 保卫祖国，人人有～。अपने देश की रक्षा करना हरेक व्यक्ति का उत्तरदायित्व है। ❷मांग करना; तकाज़ा करना: ～己

zé zè zéi 1558

严，～人宽。अपने से दूसरों से अधिक कड़ी मांग करनी चाहिए । ❸स्पष्टीकरण तलब करना; पूछना: 责问 ❹फटकारना; धिक्कारना; निन्दा करना: 斥～ फटकारना

【责备】 zébèi धिक्कार; फटकार; डांट; लानत-मलामत; धिक्कारना; फटकारना; डांटना; लानत-मलामत करना: 父亲～他做事不当。पिता ने उसे अनुचित काम करने के लिए धिक्कारा । / 受到良心的～ दिल में टीस उठना

【责成】 zéchéng (कोई काम पूरा करने का) निर्देश देना; (कोई कार्य) सौंपना: ～委员会调查此事 कमेटी को इस मामले की जांच करने का निर्देश देना

【责罚】 zéfá दंड देना; सज़ा देना

【责怪】 zéguài दोषी ठहराना: 这不是他的错，别～他。उस की गलती नहीं है । उसे दोषी न ठहराइये ।

【责令】 zélìng निर्देश देना; आदेश देना

【责骂】 zémà डांटना; घुड़की सुनाना; झिड़कना: 妈妈～他不该欺侮小同学。मां ने उसे छोटे बच्चों पर ज़्यादतियां करने के लिए झिड़का ।

【责难】 zénàn इल्ज़ाम; दोष; दोषारोपण; इल्ज़ाम देना; दोष लगाना; दोषारोपण करना: 他受到～。उस पर दोष लगाया गया ।

【责任】 zérèn ज़िम्मा; ज़िम्मेदारी; उत्तरदायित्व; जवाबदेही; दायित्व; फ़र्ज़; कर्तव्य; ज़िम्मेदार; उतरदायी; जवाबदेह: 负有～ के लिए ज़िम्मेदार होना / 逃避～ ज़िम्मेदारी से बचना / 在这件事上，他意识到自己是有～的。उस ने इस मामले पर अपनी ज़िम्मेदारी महसूस की । / 对由此而产生的严重后果要承担全部～。इस से निकलने वाले गंभीर परिणामों के लिए उत्तरदायित्व उठाना (निभाना) चाहिए । / 负起～ उत्तरदायित्व अपने सिर पर लेना

【责任编辑】 zérèn biānjí कार्यकारी संपादक

【责任感】 zérèngǎn कर्तव्यज्ञान; कर्तव्य-भावना

【责任事故】 zérèn shìgù लापरवाही से हुई दुर्घटना

【责问】 zéwèn जवाब-तलब करना; कारण पूछना: 小王～他为何不守信用。श्याओ वांग ने उस से वचन से मुकरने का कारण पूछा ।

【责无旁贷】 zéwúpángdài अनिवार्य कर्तव्य होना

【责有攸归】 zéyǒuyōuguī ज़िम्मेदारी से बच न सकना

择 zé चयन; चुनाव; चयन करना; चुनाव करना; चुनना: 两者～其一。दोनों में से एक चुनना है । / ～日起程 प्रस्थान की तिथि नियत करना

zhái भी दे०

【择吉】 zéjí मुहूर्त तय करना: ～成婚 विवाह के लिए मुहूर्त तय करना

【择交】 zéjiāo दोस्त चुनना

【择偶】 zé'ǒu जीवन सहचर या जीवसहचरी का चयन करना

【择期】 zéqī दिन या काल निश्चित करना

【择取】 zéqǔ चुनना; चयन करना

【择善而从】 zéshàn'ércóng जो अच्छा हो उसी का चयन और अनुकरण करना

【择校】 zéxiào （选校 xuǎnxiào भी）स्कूल चुनना

【择业】 zéyè काम-धन्धा चुनना

【择优】 zéyōu श्रेष्ठ व्यक्ति का चयन करना: ～录取 प्रतियोगिता के आधार पर भरती करना

咋 zé <लि०> दबाना

zǎ; zhā भी दे०

【咋舌】 zéshé <लि०> दांतों तले उंगली दबाना; दांतों से उंगली काटना

泽（澤） zé ❶तालाब; कुंड; पोखरा; सरोवर: 湖泽 húzé ❷तरी; आर्द्रता; तर; आर्द्र; गीला: 润泽 rùnzé ❸चमक: 光泽 guāngzé ❹<लि०> एहसान; उपकार

【泽国】 zéguó <लि०> ❶जहां नदियाँ और झीलें बहुतायत से मिलती हों ❷जलमग्न क्षेत्र

啧（嘖） zé खटखट

【啧有烦言】 zéyǒufányán शिकायत पर शिकायत करना

【啧啧】 zézé ❶धीरे से बोलना ❷<लि०> चीं-चीं (चिड़ियों की बोली)

【啧啧称羡】 zézé—chēngxiàn भूरि-भूरि प्रशंसा करना

舴 zé नीचे दे०

【舴艋】 zéměng <लि०> नौका

箦（簀） zé <लि०> चटाई

赜（賾） zé <लि०> सूक्ष्मता; गूढ़ता; दुर्बोधता; दुर्ज्ञेयता

zè

仄[1] zè ❶संकरा; तंग ❷मन दुखना

仄[2] zè 仄声 के समान

【仄声】 zèshēng तिर्थक् टोन, जिस का मतलब पुराने चीनी उच्चारण में ऊपर उठनेवाली टोन（上声），नीचे जाने वाली टोन（去声）तथा अन्दर आने वाली टोन（入声）से होता था और जो समतल टोन（平声）से भिन्न होता था

昃 zè <लि०> तीसरे पहर

zéi

贼[1]（賊） zéi ❶चोर ❷द्रोही: 卖国～ देशद्रोही ❸दुराशय; बेईमानी; बदनीयती; खोटा इरादा: 贼心 ❹धूर्त; चालाक; कपटी ❺<लि०> चोट लगाना; हत्या करना; मार डालना: 戕贼 qiāngzéi

贼² （賊） zéi 〈बो०〉 (प्रायः असहमति प्रगट करने के लिए प्रयुक्त) अत्यंत; अत्यधिक; खूबः ～冷 अत्यधिक सरदी /～亮 अत्यधिक चमकदार

【贼船】 zéichuán दस्यु पोतः 上～ दस्यु पोत पर सवार होना —— आपराधिक गिरोह में शामिल होना

【贼喊捉贼】 zéihǎnzhuōzéi चोरी करके खुद ही "चोर-चोर" चिल्लाना

【贼寇】 zéikòu डाकू; दस्यु; लुटेरा

【贼眉鼠眼】 zéiméi-shǔyǎn चोर जैसा दिखना

【贼人】 zéirén 〈पुराना〉 ❶चोर ❷कुकर्मी

【贼死】 zéisǐ 〈बो०〉 अत्यंत; नितांत; बेहदः 这箱子重得～。यह सूटकेस बेहद भारी है। / 今天他累得～。आज वह थक कर चूर हो गया।

【贼头贼脑】 zéitóu-zéinǎo चोर की तरह छिपे-छिपे कुछ करने वाला

【贼窝】 zéiwō चोरों का अड्डा

【贼心】 zéixīn दुराशय; बदनीयती; खोटा इरादा; दिल में बुराई होना

【贼心不死】 zéixīn-bùsǐ अपना खोटा इरादा त्यागने से बाज़ न आना

【贼星】 zéixīng 流星 liúxīng का प्रचलित नाम

【贼眼】 zéiyǎn चोर-नज़र

【贼赃】 zéizāng चोरी की चीज़

【贼走关门】 zéizǒu-guānmén （贼去关门 zéi-qù-guānmén भी） घर में चोरी होने के बाद ही दरवाज़ा बन्द कर देना

鲗 （鰂） zéi दे० 乌鲗 wūzéi

zěn

怎 zěn क्यों; कैसेः 我～能不生气？ मैं कैसे क्रोधित न हो जाऊँ ? / 您～不打个电话告诉我？ आप ने क्यों फ़ोन करके मुझे यह बात नहीं बताई ?

【怎地】 zěndi 怎的 के समान

【怎的】 zěndi 〈बो०〉 क्या; क्यों; कैसेः 您～不去看电影？ आप सिनेमा देखने क्यों नहीं गए ? / 他不听我劝，我能～？ वह मेरी बात मानता ही नहीं, क्या करूँ ?

【怎么】 zěnme ❶कैसे; क्यों; क्याः ～回事？ क्या माजरा है ? / 你是～搞的！ तुम ने क्या किया ? / ～办？ क्या करें या क्या किया जाए ? / 你～啦？ तुम्हारे साथ क्या हुआ ? / 您～没去？ आप क्यों नहीं गए ? / 这事该～处理？ यह मामला कैसे निबटाया जाए ? ❷जो … वह …; जितना …; कितना…: 你想～办就～办。जो तुम चाहो, वही करो। / 这件事的重要性，～强调也不过分。इस बात के महत्व पर जितना भी ज़ोर दिया जाए, कम है। / 这个问题～复杂也得设法解决。यह समस्या कितनी ही जटिल क्यों न हो, उस का समाधान तो निकालना ही है। ❸ज़्यादा (नहीं); अधिक (नहीं)：这件衣服不～便宜。यह कपड़ा ज़्यादा सस्ता नहीं है। / 他这个人不～爱说话。वह ज़्यादा बोलता नहीं । / 这首歌我不～会唱。मुझे यह गीत गाना ज़्यादा नहीं आता।

【怎么样】 zěnmeyàng ❶कैसे; कैसा; क्याः 工程进行得～了？ उस परियोजना पर काम कैसे चल रहा है ? / 你能把他～？ तुम उस का क्या बिगाड़ सकते हो ? / 后来他～了？ बाद में उस का क्या हुआ ? / 您觉得～？ आप को कैसा लग रहा है ? ❷आप का क्या विचार; कैसेः 咱们走着去颐和园，～？ हम पैदल ही समर पैलेस जाएं। कैसे ? (या आप का क्या विचार है ?) / 就这么定了，～？ हम वही निर्णय करें। कैसे ? ❸जो … वह; जिस प्रकार … उसी प्रकार; जितना; कितनाः 别人～做，你也～做。दूसरे लोग जिस तरह करेंगे, उसी तरह तुम करो। / 我～做都不对。जो कुछ भी मैं करूँगा, वह गलत होगा। ❹उतना (नहीं)：这部电影不～。यह फ़िल्म उतनी अच्छी नहीं है। / 他这个人不～。वह आदमी उतना अच्छा नहीं है। / 他年幼无知，我们也不好～他。वह कमउम्र है, नासमझ है। हम उस से कैसे सख्ती से पेश आ सकते हैं ?

【怎么着】 zěnmezhe ❶क्याः 你～？ तुम क्या करोगे ? / 上完课我去踢足球，你打算～？ क्लास के बाद मैं फ़ुटबाल खेलने जा रहा हूँ । और तुम्हारा क्या विचार है ? / 他是生气了还是～？ उसे गुस्सा आया है क्या ? ❷जो कुछ भी; जो भी; कुछ भीः ～今天也得把这件事做完。जो भी हो, हमें आज ही यह काम पूरा करना है। / ～都行。जो कुछ भी हो। / 您不能想～就～。आप को नहीं चाहिए कि जो भी मन में आये वही करें।

【怎奈】 zěnnài लेकिन; मगर; पर

【怎样】 zěnyàng ❶कैसे; क्याः 工程进行得～了？ इस परियोजना पर काम कैसे चल रहा है ? / 您能把他～？ आप उस का क्या बिगाड़ सकते हैं ? ❷जो … वह; जिस प्रकार … उसी प्रकार; जितना; कितना; क्या …: 别人～做，你也～做。जिस प्रकार दूसरे लोग करते हैं, उसी प्रकार तुम करो। / 想想从前～，现在～。ज़रा सोच लें कि पहले क्या था और अब क्या है।

zèn

谮 （譖） zèn 〈लि०〉 लांछन लगाना; कलंक लगाना; कीचड़ उछालना; ज़हर उगलनाः ～言 लांछन; कलंक

zēng

曾 zēng ❶प्रपितामह और प्रपौत्र के बीच का संबंध ❷ （Zēng） एक कुलनाम

céng भी दे०

【曾孙】 zēngsūn प्रपौत्र; परपोता

【曾孙女】 zēngsūnnǚ प्रपौत्री; परपोती

【曾祖】 zēngzǔ प्रपितामह; परदादा

【曾祖母】 zēngzǔmǔ परदादी

增 zēng बढ़ाना; बढ़ना; वृद्धि करना (होना); इज़ाफ़ा करना (होना); बढ़ोतरी करना (होना): 粮食产量有～无减。अनाज उतपादन में कटौती के बजाए बढ़ोतरी हुई।/ ～兵 अधित सैनिक टुकड़ियाँ भेजना; कुमक भेजना

【增补】zēngbǔ बढ़ाना: 人员得到～。कर्मचारियों की संख्या बढ़ाई गई है।/ 本书内容有所～。इस पुस्तक में कुछ नए अंश बढ़ाए गए हैं।

【增产】 zēngchǎn उत्पादन में वृद्धि (बढ़ोतरी) करना (होना): ～节约 उत्पादन में वृद्धि करना और किफ़ायत बरतना / ～措施 उत्पादन में बढ़ोतरी करने के कदम

【增订】 zēngdìng परिवर्धित करना: ～本 परिवर्धित संस्करण

【增多】 zēngduō बढ़ना; बढ़ती: 外国游客逐年～。विदेशी पर्यटकों की संख्या साल दर साल बढ़ती चली गई है।

【增幅】zēngfú वृद्धि-दर: 产量有增长，但～不大。उत्पादन में वृद्धि दर्ज हुई है लेकिन वृद्धि-दर ऊंची नहीं।

【增高】 zēnggāo ❶बढ़ना; ऊंचा होना: 水位～。जल-स्तर ऊंचा हो रहा है। ❷बढ़ाना; ऊंचा करना; ऊपर उठाना: ～温度 तापमान बढ़ाना

【增光】zēngguāng शोभा देना; (का नाम) रौशन करना: 为国～ देश का नाम रौशन करना

【增辉】 zēnghuī शोभा देना; (का नाम) रौशन करना

【增加】 zēngjiā बढ़ाना; बढ़ना; वृद्धि करना; इज़ाफ़ा करना; बढ़ोतरी करना: 粮食产量增加了 10%。अनाज की पैदावार में दस प्रतिशत वृद्धि की गई है; अनाज की पैदावार दस प्रतिशत बढ़ गई है।/ ～工资 वेतन बढ़ाना।/ 小城镇数量由 500 个～到 650 个。छोटे नगरों की संख्या पांच सौ से बढ़ कर साढ़े छै सौ हो गई।

【增进】 zēngjìn बढ़ाना; बढ़ना; वृद्धि करना: ～相互了解和友谊 आपसी समझ और मैत्री बढ़ाना / ～文化交流 सांस्कृतिक आदान-प्रदान में वृद्धि करना

【增绿】 zēnglǜ हरा-भरा क्षेत्र बढ़ाना

【增刊】 zēngkān विशेषांक

【增强】 zēngqiáng दृढ़ करना; सुदृढ़ करना; मज़बूत बनाना; बढ़ाना: ～信心 विश्वास सुदृढ़ करना / ～体质 स्वास्थ्य बनाना / ～综合国力 देश की समग्र शक्ति बढ़ाना / ～决心 संकल्प मज़बूत बनाना

【增色】 zēngsè सौंदर्य में वृद्धि करना; शोभा देना; रंग बरसना: 一座座新建筑给城市～不少。नई-नई इमारतों ने शहर के सौंदर्य में वृद्धि की है।

【增删】 zēngshān काट-छांट और परिवर्धन

【增设】 zēngshè (नई संस्था आदि) स्थापित करना; कायम करना: ～一个专门委员会 एक विशिष्ट कमेटी स्थापित करना / ～新课程 नए कोर्स जोड़ना

【增生】 zēngshēng 〈चिकि०〉 प्रोलिफ़ेरेशन

【增收】 zēngshōu आय बढ़ाना; आय में वृद्धि करना

【增添】 zēngtiān बढ़ाना; बढ़ना; वृद्धि करना: ～设备 नए-नए उपकरण लगाना / 抱歉，给您～了麻烦。आप को बहुत-बहुत तकलीफ़ देने के लिए माफ़ी मांगता हूं।

【增益】 zēngyì ❶बढ़ाना; बढ़ना ❷〈विद्यु०〉 गेन

【增援】 zēngyuán 〈सैन्य०〉 कुमक भेजना; सहायक सेना भेजना

【增援部队】 zēngyuán bùduì कुमक; कुमकी फ़ौज

【增长】 zēngzhǎng वृद्धि करना; इज़ाफ़ा करना; बढ़ोतरी करना; बढ़ाना; बढ़ना: ～知识 ज्ञान में वृद्धि करना / 控制人口～ जनसंख्या में वृद्धि पर नियंत्रण करना / 一月份产值同比～8%。गत जनवरी में उत्पादन मूल्य पिछले साल की इसी अवधि से आठ प्रतिशत बढ़ गया; गत जनवरी में उत्पादन मूल्य में पिछले साल की इस अवधि से आठ प्रतिशत वृद्धि हुई।/ 持续稳步～ निरन्तर और सतत वृद्धि / ～才干 सामर्थ्य बढ़ाना / ～率 वृद्धि दर

【增长点】 zēngzhǎngdiǎn मुनाफ़ा पैदा कर सकने वाला भाग; विकास का इंजन: 蓬勃发展的中国成为世界经济强有力的～。तेज़ी से तरक्की कर रहा चीन विश्व अर्थतंत्र का एक शक्तिशाली विकास इंजन बन गया है।

【增值】 zēngzhí उत्पादन या मूल्य में वृद्धि

【增值税】 zēngzhíshuì 〈अर्थ०〉 वी०ए०टी०; मूल्य पर जुड़नेवाला कर

【增殖】 zēngzhí ❶〈चिकि०〉 प्रोलिफ़रेशन ❷प्रजनन; वर्द्धन: ～耕牛 गाय का प्रजनन

憎 zēng घृणा; नफ़रत; बैर: 憎恶

【憎称】 zēngchēng घृणित व्यक्ति के लिए अनादरसूचक नाम

【憎恨】 zēnghèn घृणा करना; नफ़रत करना

【憎恶】 zēngwù घृणा करना; नफ़रत करना

缯（繒） zēng रेश्मी कपड़ों का प्राचीन आम नाम

zèng भी दे०

罾 zēng मछली पकड़ने के लिए डंडियों पर टिकाया हुआ चौकोर जाल

zèng

综（綜） zèng 〈बुना०〉 हैंडल

zōng भी दे०

锃（鋥） zèng चमकाया हुआ; चमकदार; चमकीला

【锃光瓦亮】 zèngguāng-wǎliàng चमकदार; चमकीला

【锃亮】 zèngliàng चमकदार; चमकीला

缯（繒） zèng 〈बो०〉 बांधना

zēng भी दे०

赠（贈）zèng भेंट में देना; उपहार में देना; भेंट करना: 捐～ दान देना / ～款 चंदा

【赠答】zèngdá एक दूसरे को उपहार देना

【赠礼】zènglǐ उपहार; भेंट; सौगात; तोहफ़ा

【赠品】zèngpǐn मुफ़्त विज्ञापन वस्तु

【赠送】zèngsòng भेंट में देना; उपहार में देना; भेंट करना: ～礼物 तोहफ़ा देना; उपहार देना

【赠言】zèngyán बिदाई देते समय दोस्त से कही जाने वाली हौसला बढ़ाने वाली बात

【赠予】zèngyù （赠与 zèngyǔ भी）भेंट में देना; उपहार में देना

【赠阅】zèngyuè प्रकाशक द्वारा (पुस्तक, पत्रिका आदि) मुफ़्त देना

甑 zèng ❶एक प्राचीन बरतन, जो भाप से खाना पकाने में काम आता था ❷भाप से चावल पकाने वाला बरतन ❸पानी आदि को छानने के काम में आने वाला बरतन

【甑子】zèngzi भाप से चावल पकाने वाला बरतन

zhā

扎1 zhā ❶चुभोना; चुभाना; चुभना; भौंकना: ～刺 कांटा चुभना / 身上～了一刀 शरीर में छुरा भौंकना ❷〈बो०〉 विलीन होना; लीन होना: ～到人群里 भीड़ में विलीन हो जाना / ～猛子 गोता लगाना; डुबकी लगाना / 他一头～进书堆里。वह पुस्तकें पढ़ने में एकदम लीन हो गया।

扎2（紮、紥）zhā पड़ाव डालना; डेरा डालना: 扎营

zā; zhá भी दे०

【扎堆儿】zhāduīr 〈बो०〉 साथ मिलकर: ～聊天 साथ मिलकर इधर-उधर की बातें करना

【扎耳朵】zhā ěrduo 〈बो०〉 कर्कश; तीव्र; तीखा: 这声音真～。यह आवाज़ बहुत कर्कश है; यह आवाज़ सुनने में अप्रिय लगती है। / 他的这番尖刻的话听来～。उस की ये कटु बातें सुनने में अप्रिय लगीं।

【扎耳朵眼儿】zhā ěrduoyǎnr कन छेदन; कान छेदना

【扎根】zhāgēn जड़ जमाना; जड़ पकड़ना; जड़ जमना: 树苗已经扎下了根。पेड़ के पौधों ने जड़ पकड़ ली है। / ～于群众之中 जनता में जड़ जमाना

【扎花】zhāhuā 〈बो०〉 कसीदाकारी; गुल काढ़ना

【扎啤】zāpí ड्राफ़्ट बियर

【扎煞】zhāsha 挓挲 zhāsha के समान

【扎实】zhāshi ❶कसकर; मज़बूती से ❷पक्का; वास्तविक; ठोस: 他干活儿～。वह जो काम करता है, पक्का करता है। / 扎扎实实开展增产节约运动。उत्पादन बढ़ाने और किफ़ायत बरतने का अभियान ठोस तरीके से चलाना चाहिए। / 功底～ बुनियादी ज्ञान या हुनर पर पकड़ होना

【扎手】zhāshǒu ❶हाथ में कांटा चुभना ❷मुश्किल; कठिन: 这件事有些～。यह मामला निबटाना कुछ कठिन है।

【扎眼】zhāyǎn चटकीला होना; आंखों को चकाचौंध करना; चौंधियाना: 这件衣服的颜色太～。इस कपड़े का रंग ज़्यादा चटकीला होता है।

【扎伊尔】Zhāyī'ěr जाइरे

【扎伊尔人】Zhāyī'ěrrén जाइरेवासी

【扎营】zhāyíng पड़ाव डालना; शिविर लगाना

【扎寨】zhāzhài पड़ाव डालना; शिविर लगाना

【扎针】zhāzhēn 〈ची०चि०〉 एक्यूपंक्चर कराना (करना); सूची भेदन कराना (करना)

吒 zhā पौराणिक कथाओं में चरित्रों के नामों में प्रयुक्त; जैसे 哪吒 Nézhā

咋 zhā नीचे दे०

zǎ; zé भी दे०

【咋乎】zhāhu （咋唬 zhāhu भी）〈बो०〉 ❶चिल्लाना; शोर करना ❷दिखावा करना

查（查）zhā ❶楂 zhā के समान ❷（Zhā）एक कुलनाम

chá भी दे०

挓 zhā नीचे दे०

【挓挲】zhāsha ❶(हाथ, टहनियों आदि का) फैलना; फैलाना ❷(बालों का) खड़ा होना

哳 zhā दे० 啁哳 zhōuzhā

揸（摣、戲）zhā 〈बोल०〉 ❶उंगलियों से उठाना ❷उंगलियाँ फैलाना

喳 zhā ❶जी, हुज़ूर (पुराने ज़माने में नौकरों द्वारा जवाब में प्रयुक्त किया जाने वाला संबोधन) ❷〈अनु०〉 चीं-चीं: 喜鹊～～地叫。मैगपाई चीं-चीं कर रही है।

chā भी दे०

渣 zhā ❶तलछट; अवशेष: 豆腐～ (बीन कर्ड बनाने के बाद) सोया-अवशेष ❷चूर्ण; चूर: 饼干～ बिस्कुट का चूरा

【渣滓】zhāzǐ ❶तलछट; अवशेष ❷नीच; अधम

【渣子】zhāzi ❶तलछट; अवशेष ❷चूर्ण; चूरा

楂（樝）zhā दे० 山楂 shānzhā

chá भी दे०

劄 zhā ❶चुभना; चुभोना; चुभाना ❷पड़ाव डालना; शिविर लगाना

zhá भी दे०

zhá

扎 zhá नीचे दे०
zā; zhā भी दे०
【扎挣】 zházheng 〈बो०〉 मुश्किल से हिलना

札 zhá ❶प्राचीन चीन में लिखने के लिए प्रयुक्त तख्ती ❷पत्र; चिट्ठी; खत: 书～ पत्र
【札记】 zhájì नोट

轧（軋） zhá (इस्पात) बेल्लित करना; बेलना
gá; yà भी दे०
【轧钢】 zhágāng इस्पात बेल्लित करना; इस्पात बेलना: ～机 रोलिंग मिल / ～厂 स्टील रोलिंग मिल
【轧辊】 zhágǔn 〈धा०वि०〉 रोल; रोलर
【轧机】 zhájī 〈धा०वि०〉 रोलिंग मिल

闸（閘、牐） zhá ❶जल-फाटक; जलद्वार ❷नदी आदि को बांधना: 在上游～住河水 नदी के ऊपरी भाग में पानी को बांधना ❸स्विच: 拉～ स्विच आफ़ करना
【闸盒】 zháhé फ़्यूज़ बाक्स
【闸门】 zhámén ❶जलद्वार; जल-फाटक ❷〈यां०〉 नियंत्रण-वाल्व
【闸瓦】 zháwǎ 〈यां०〉 ब्रैक शू

炸（煠） zhá ❶तलना: ～糕 तला हुआ केक ❷〈बो०〉 उबालना
zhà भी दे०
【炸土豆条】 zhátǔdòutiáo चिप्स

铡（鍘） zhá ❶गंड़ासा ❷गंड़ासे से काटना: ～草 गंड़ासे से भूसा काटना
【铡刀】 zhádāo गंड़ासा

喋 zhá दे० 唼喋 shàzhá
dié भी दे०

劄 zhá पुराने ज़माने में एक प्रकार का सरकारी दस्तावेज़
zhā भी दे०
【劄记】 zhájì नोट
【劄子】 zházi पुराने ज़माने में एक प्रकार का सरकारी दस्तावेज़

zhǎ

拃（搩） zhǎ ❶हाथ से नापना ❷〈परि०श०〉 बित्ता; बालिश्त: 这张桌子有五～宽。यह मेज़ पांच बित्ते चौड़ी है।

眨 zhǎ (आंखें) झपकाना; झपकना; पलक मारना; आंखें मिचकाना: 他向我～了一眼。उस ने मेरी ओर आंखें मिचकाईं या पलक झपकी।
【眨巴】 zhǎba 〈बो०〉 आंखें झपकाना; आंखें मिचकाना
【眨眼】 zhǎyǎn ❶आंखें मिचकाना; पलक मारना: ～示意 आंखें मचकाना; आंखें मारना; पलक मारना ❷पलक झपकते; पलक गिरते; देखते-देखते; क्षण भर में: 一～的功夫他就不见了。पलक झपकते ही वह नदारद हो गया।

砟 zhǎ पत्थर, कोयले आदि का छोटा टुकड़ा
【砟子】 zhǎzi पत्थर, कोयले आदि का छोटा टुकड़ा

鲊（鮓） zhǎ 〈लि०〉 नमकीन मछली
【鲊肉】 zhǎròu 〈बो०〉 लसदार चावल के आटे के साथ भाप से बनाया हुआ गोश्त

zhà

乍 zhà 〈क्रि०वि०〉 ❶पहला; पहली बार: ～看起来 पहली नज़र में / 天～暗。अंधेरा अभी हुआ। ❷अचानक, एकाएक; अकस्मात्: 山风～起。पहाड़ों पर हवा अचानक चलने लगी। ❸फैलना; फैलाना: ～翅 पंख फैलाना
【乍得】 Zhàdé चाड
【乍得人】 Zhàdérén चाडवासी
【乍猛地】 zhàměngde 〈बो०〉 अचानक; अकस्मात्: 他～出现在眼前，倒把我吓了一跳。वह अचानक मेरे सामने इस तरह हाज़िर हुआ कि मैं घबरा गया।

诈（詐） zhà ❶धोखा देना; झांसा देना; ऐंठना; ठगना: ～财 पैसा ऐंठना ❷स्वांग रचना: ～死 मरने का स्वांग रचना ❸धोखा देकर बात उगलवाना: 你别想～我。तुम धोखा देकर मुझ से असली बात उगलवाने की कोशिश न करो।
【诈唬】 zhàhu धोखा देकर बात उगलवाना
【诈骗】 zhàpiàn धोखा देना; झांसा देना; ऐंठना; ठगना
【诈骗犯】 zhàpiànfàn धोखेबाज़
【诈取】 zhàqǔ ठगना; ऐंठना
【诈尸】 zhàshī ❶अंधविश्वास के अनुसार लाश का अचानक उठ बैठना ❷〈बो०〉〈घृणा०〉 (पागल की तरह भागने या चिल्लाने वाले को डांटते हुए बोला जाता है): अचानक उठ बैठने वाली लाश होना
【诈降】 zhàxiáng आत्मसमर्पण करने का स्वांग रचना
【诈语】 zhàyǔ झूठ; असत्य; झूठी बात

栅（柵） zhà बाड़ा; घेरा; जंगला: 铁～ लोहे के जंगले
shān भी दे०
【栅栏】 zhàlan बाड़ा; घेरा; जंगला

奓 zhà 〈बो०〉 खुला हुआ होना: ～着头发 बाल खुले हुए होना

【奓着胆子】 zhàzhe dǎnzi 〈बो०〉 साहस बटोरना

咤（吒） zhà दे० 叱咤 chìzhà

炸 zhà ❶फटना; विस्फोट होना: 玻璃杯一倒开水就～了。उबला हुआ पानी डालते ही गिलास फट गया। ❷विस्फोटक पदार्थ या बम से उड़ाना: 昨晚敌机～了大桥。कल रात शत्रु विमानों ने पुल पर बम फेंक कर उसे उड़ा दिया। / 一辆汽车被～毁。एक कार विस्फोटक पदार्थ से उड़ा दी गया। ❸〈बोल०〉 आग बबूला हो गया: 他一听就气～了。यह सुनते ही वह आग बबूला हो गया। ❹〈बोल०〉 भगदड़ मचना: ～市 बाज़ार में भगदड़ मच जाना

zhá भी दे०

【炸弹】 zhàdàn बम

【炸雷】 zhàléi 〈बो०〉 कड़क

【炸窝】 zhàwō ❶भगदड़ मचना; हड़बड़ी मचना ❷पक्षी आदि का भय के कारण घोंसले से उड़ भागना

【炸药】 zhàyào विस्फोटक; विस्फोटक पदार्थ

痄 zhà नीचे दे०

【痄腮】 zhàsāi 流行性腮腺炎 liúxíngxìng sāixiànyán का आम नाम

蚱 zhà नीचे दे०

【蚱蜢】 zhàměng टिड्डा

榨[1]（搾） zhà निचोड़ना; पेरना: ～甘蔗 गन्ना पेरना

榨[2] zhà रस या तेल निचोड़ने का यंत्र

【榨菜】 zhàcài ❶मस्टर्ड कंद ❷तीखे अचार में सुरक्षित मस्टर्ड कंद

【榨取】 zhàqǔ ❶निचोड़ना; पेरना ❷चूसना; खसोटना: ～民财 जनता की संपति खसोटना

【榨油】 zhàyóu तेल पेरना; तेल निकालना: ～机 तेल निकालने की मशीन

zhāi

侧（側） zhāi 〈बो०〉 तिरछा; टेढ़ा

cè भी दे०

【侧棱】 zhāileng 〈बो०〉 एक ओर झुका हुआ: ～着身子睡 दाहिने या बायें बाजू लेटना

【侧歪】 cèwai 〈बो०〉 टेढ़ा; झुका हुआ: 帽子～在一边儿 टोपी टेढ़ी पहनी हुई होना

斋[1]（齋） zhāi ❶उपवास; उपवास करना ❷धर्मावलंबियों का शाकाहार: 吃～ शाकाहार करना ❸भिक्षु को भिक्षा देना

斋[2]（齋） zhāi कक्ष

【斋饭】 zhāifàn भिक्षु को दिया जाने वाला भोजन

【斋果】 zhāiguǒ 〈बो०〉 बलि; चढ़ावा

【斋戒】 zhāijiè उपवास करना; (मुसलमानों का) रोज़ा रखना

【斋浦尔】 zhāipǔ'ěr जयपुर

【斋月】 zhāiyuè 〈इस्लाम〉 रमज़ान

摘 zhāi ❶तोड़ना; नोचना; उतारना; लोढ़ना; चुनना: ～花 फूल तोड़ना (चुनना, लोढ़ना) / ～果子 फल तोड़ना / ～眼镜 चश्मा उतारना ❷निचोड़ निकालना; सार निकालना: 摘要 ❸ज़रूरत पड़ने पर पैसा उधार लेना: ～几个钱救急 फ़ौरी ज़रूरत पूरी करने के लिए पैसा उधार लेना

【摘编】 zhāibiān ❶सार निकालना ❷सार; सारांश

【摘除】 zhāichú 〈चिकि०〉 काट निकालना; काट लेना: ～肿瘤 ट्यूमर काट निकालना

【摘登】 zhāidēng (लेखादि के) कुछ अंश छापना: 报上～他的讲话。अखबार में उस के भाषण के कुछ अंश छपे।

【摘记】 zhāijì ❶नोट करना ❷उद्धरण; सारांश

【摘借】 zhāijiè फ़ौरी ज़रूरत पड़ने पर पैसा उधार लेना

【摘录】 zhāilù उद्धरण; उद्धरण करना (देना): 文章～ लेख के उद्धरण देना

【摘帽子】 zhāi màozi ❶टोपी उतारना ❷लेबिल उतार फेंकना: 摘掉贫油帽子 तेल की कमी का लेबिल उतार फेंक देना

【摘牌】 zhāipái ❶〈खेल०〉 स्थानांतरित सूचीबद्ध खिलाड़ी को स्वीकार करना ❷〈वाणि०〉 किसी स्टॉक को नाम-सूची से हटा देना; किसी स्टॉक आदि को अयोग्य घोषित करना ❸प्रतियोगिता में पदक प्राप्त करना

【摘要】 zhāiyào ❶सार निकालना; निचोड़ निकालना ❷सार; निचोड़; सारांश

【摘译】 zhāiyì ❶चुनिंदा अंशों का अनुवाद करना ❷अनूदित चुनिंदा अंश

【摘引】 zhāiyǐn उद्धरण देना; उद्धृत करना

【摘由】 zhāiyóu (दस्तावेज़ का) सारांश

zhái

宅 zhái निवास; निवास-स्थान; घर; गृह: 民宅 mínzhái

【宅第】 zháidì 〈लि०〉 निवास; बड़ा गृह

【宅基】 zháijī घर की नींव: ～地 घर का स्थल

【宅急送】 zháijísòng एक्सप्रेस डिलिवरी कंपनी

【宅门】 zháimén ❶बड़े घर का द्वार ❷बड़े घर के लोग

【宅院】 zháiyuàn प्रांगण सहित गृह; गृह

【宅子】 zháizi 〈बोल०〉 निवास; गृह; घर

择（擇） zhái 择 zé के समान, केवल नीचे दिए गए पदों में प्रयुक्त हो सकता है
zé भी दे०

【择不开】 zháibukāi ❶नहीं सुलझा सकना：这线团～了。यह गुत्थी नहीं सुलझायी जा सकी। ❷छुटकारा न पा सकना; सांस लेने की फ़ुरसत भी नहीं होना：一点儿功夫也～ सांस लेने की फ़ुरसत भी नहीं होना

【择菜】 zháicài साग छांटना

【择席】 zháixí नए स्थान में नींद कच्ची होना

翟 Zhái एक कुलनाम

zhǎi

窄 zhǎi ❶तंग; संकरा; संकीर्ण：这条路～。यह सड़क संकरी है। ❷दिल छोटा होना; मन संकुचित होना：心眼儿～ मन संकुचित होना ❸तंगी; संकट：他家的日子过得很～。उस के घर में बहुत तंगी रहती है।

【窄带】 zhǎidài नैरो बैण्ड (कंप्यूटर, रेडियो आदि में)

【窄轨铁路】 zhǎiguǐ tiělù छोटी लाइन (रेल)

【窄小】 zhǎixiǎo छोटा; चुस्त：房子～ छोटा घर / 衣服～ चुस्त कपड़ा

鉙 zhǎi 〈बो०〉 धब्बा; दाग

zhài

债（債） zhài ऋण; कर्ज़; कर्ज़ा：借～ कर्ज़ उठाना / 还～ कर्ज़ चुकाना; ऋण उतारना

【债户】 zhàihù कर्ज़दार; कर्ज़खोर; ऋणी; देनदार

【债款】 zhàikuǎn कर्ज़; कर्ज़ा; ऋण

【债利】 zhàilì कर्ज़ का सूद

【债权】 zhàiquán कर्ज़ख्वाह का अधिकार

【债权国】 zhàiquánguó लेनदार देश

【债权人】 zhàiquánrén लेनदार; कर्ज़ख्वाह

【债券】 zhàiquàn बाण्ड; ऋणपत्र

【债市】 zhàishì 〈वाणि०〉 बाण्ड मार्केट

【债台高筑】 zhàitái-gāozhù कर्ज़ के भारी बोझ से दबा होना

【债务】 zhàiwù कर्ज़; कर्ज़ा; ऋण：～累累 कर्ज़ों से लदा हुआ होना / 免除～ कर्ज़ माफ़ करना

【债务国】 zhàiwùguó देनदार देश

【债务人】 zhàiwùrén कर्ज़दार; देनदार

【债主】 zhàizhǔ कर्ज़ख्वाह; लेनदार

【债转股】 zhàizhuǎngǔ 〈अर्थ०〉 डेट टु इक्विटी; ऋणों को इक्विटी में बदलना

砦 zhài दे० 鹿砦 lùzhài

寨 zhài ❶घेरा; बाड़ा ❷बाड़े से घिरा गांव ❸〈पुराना〉 कैंप; शिविर; छावनी：营寨 yíngzhài ❹पहाड़ी किला

【寨子】 zhàizi बाड़े से घिरा गांव

攃 zhài 〈बो०〉 सिलाना：～花边 (कपड़े पर) फ़ीता सिलाना

zhān

占 zhān ❶शुभाशुभ फल बताना ❷（Zhān）एक कुलनाम
zhàn भी दे०

【占卜】 zhānbǔ शुभाशुभ फल बताना

【占卦】 zhānguà आठ डाइग्रामों（八卦）से शुभाशुभ फल बताना

【占课】 zhānkè सिक्के उछालकर शुभाशुभ फल बताना

【占梦】 zhānmèng स्वप्न से भविष्यवाणी करना; स्वप्नों का शुभाशुभ फल बताना

【占星】 zhānxīng ग्रह-नक्षत्रों आदि का शुभाशुभ फल बताना：～术 फलित ज्योतिष

沾¹（霑） zhān ❶गीला होना; तर होना：泪～襟 आंसुओं की लड़ियों से कपड़ा गीला होना ❷लथपथ होना; सनना：～水 लथपथ होना / 双手～上了泥。दोनों हाथ कीचड़ से सने हुए थे।

沾² zhān ❶लगना; छूना：他跑得飞快，仿佛脚不～地。वह इतनी तेज़ी से दौड़ रहा है कि उस के पैर ज़मीन पर पड़ते ही नहीं। / 一～枕头就睡着 तकिये से लगते ही सो जाना ❷किसी के साथ संबंध का लाभ उठाना：沾光 ❸〈बो०〉 ठीक; सही

【沾边】 zhānbiān ❶छूना：这项工作他还没～儿。उस ने इस काम को छूआ तक नहीं। ❷संगत होना; सम्बद्ध होना：您说的倒有点儿～。जो कुछ आप ने कहा है, वह सम्बद्ध सा लगा। / 他唱得一点也不～。उस ने ठीक से गीत नहीं गाया।

【沾光】 zhānguāng किसी के साथ संबंध का लाभ उठाना

【沾花惹草】 zhānhuā-rěcǎo दे० 拈花惹草 niānhuā-rěcǎo

【沾亲】 zhānqīn दूर के रिश्ते का होना

【沾染】 zhānrǎn ❶लगना：伤口～细菌。घाव में रोगाणु लगे हैं। ❷कुप्रभाव होना：～坏习惯 बुरी आदत पकड़ना / ～官僚主义作风 नौकरशाही की हवा लगना

【沾手】 zhānshǒu ❶हाथ से छूना; हाथ से स्पर्श करना; हाथ लगाना：雪花一～就化了。हाथ लगाते ही हिमकण

पिघल जाता है। ❷हाथ लगाना; हाथ डालना: 这事别让他～。उसे इस काम में हाथ लगाने न दें।

【沾沾自喜】 zhānzhān-zìxǐ आत्मसंतोष होना; आत्मसंतुष्ट होना: 他取得一点成绩而～。वह अपनी कुछ उपलब्धियों पर आत्मसंतुष्ट है।

毡（氈、氊） zhān नमदा; फ़ेल्ट: ～帽 नमदे की टोपी

【毡房】 zhānfáng युर्ट

【毡条】 zhāntiáo 〈बो०〉 नमदा

【毡子】 zhānzi नमदा; फ़ेल्ट

栴 zhān नीचे दे०

【栴檀】 zhāntán (प्राचीन ग्रंथों में) चन्दन

旃 1 zhān 〈लि०〉 毡 zhān के समान

旃 2 zhān 〈लघु अ०〉〈लि०〉 (之 और 焉 की संधि)

【旃檀】 zhāntán (प्राचीन ग्रंथों में) चन्दन

粘 zhān चिपकना; लिपटना; सटना; चिपकाना; लिपटाना; सटाना: 糖～在了牙齿上。मिठाई दांतों से चिपक गई है।

nián भी दे०

【粘连】 zhānlián 〈चिकि०〉 एडहीज़न; संसक्ति

【粘贴】 zhāntiē चिपकाना; लगाना; चिपकना; लगना: ～宣传画 पोस्टर लगाना

詹 Zhān एक कुलनाम

谵（譫） zhān 〈लि०〉 प्रलाप करना; अंडबंड बकना: 谵语

【谵妄】 zhānwàng प्रलापक

【谵语】 zhānyǔ 〈लि०〉 ❶प्रलाप करना; अंडबंड बकना ❷प्रलाप; अंडबंड

瞻 zhān आगे या ऊपर देखना: 观瞻 guānzhān

【瞻顾】 zhāngù 〈लि०〉 आगे-पीछे रहना

【瞻念】 zhānniàn सोचना; सोच-विचार करना: ～前途 अपने भविष्य के बारे में सोच-विचार करना

【瞻前顾后】 zhānqián-gùhòu ❶आगा-पीछा सोच लेना ❷आगा-पीछा करना; अगर-मगर करना

【瞻望】 zhānwàng दूर देखना; आगे देखना: ～未来 भविष्य पर नज़र डालना

【瞻仰】 zhānyǎng के दर्शन करना: ～遗容 पार्थिव शरीर के दर्शन करना

zhǎn

斩（斬） zhǎn ❶काटना; कत्ल करना; वध करना: ～断魔爪 खूनी पंजे को काट देना ❷〈बो०〉 ऐंठना

【斩草除根】 zhǎncǎo-chúgēn घास काट देना और जड़ उखाड़ फेंकना —— अशांति की जड़ उखाड़ फेंकना

【斩钉截铁】 zhǎndīng-jiétiě दो टूक; साफ़-साफ़; खरा: ～地拒绝 साफ़ इनकार करना; दो टूक इंकार करना / 说得～ दो टूक बात कहना

【斩获】 zhǎnhuò ❶युद्ध में शत्रु सैनिकों को मार डालना या पकड़ना ❷〈ला०〉 प्राप्त करना; विशेषकर खेल में पदक प्राप्त करना

【斩假石】 zhǎnjiǎshí 〈वास्तु०〉 कृत्रिम पहाड़ी

【斩首】 zhǎnshǒu सिर काटना; गरदन उड़ा देना

盏（盞） zhǎn ❶प्याला; जाम: 酒～ प्याला; जाम ❷〈परि०श०〉 (लैंप के लिए): 一～电灯 एक बिजली की बत्ती

展 zhǎn ❶फैलना; फैलाना; खुलना; खोलना: ～翅 पंख फैलाना ❷उजागर करना: 一～才华 अपनी योग्यता उजागर करना ❸स्थगन; स्थगित करना; टालना: 展期 ❹प्रदर्शनी; प्रदर्शनी लगाना: 展出 ❺（Zhǎn）एक कुलनाम

【展播】 zhǎnbō विशेष टी०वी० कार्यक्रम

【展出】 zhǎnchū प्रदर्शित करना (होना); प्रदर्शनी में रखना: 博览会上～各种实物和图片。मेले में तरह-तरह की वस्तुएं और चित्र प्रदर्शित किए गए हैं।

【展缓】 zhǎnhuǎn स्थगन करना; स्थगित करना; टालना: 他的行期几经～，终于定了下来。उस के प्रस्थान की तिथि बारंबार टालने के बाद आखिर तय की गई।

【展会】 zhǎnhuì प्रदर्शनी

【展开】 zhǎnkāi ❶खोलना; फैलाना: ～地图 मान चित्र खोलना ❷चलाना; चलना; आयोजित करना (होना): 植树造林活动在全国～。वृक्षारोपण अभियान देश भर में चलाया जा रहा है या चल रहा है। / ～斗争 संघर्ष चलाना / 奥运会的各项比赛项目全面～。ओलिंपियाड की सभी स्पर्धाएं आयोजित होने लगी हैं।

【展宽】 zhǎnkuān (रास्ता, जल-मार्ग आदि) चौड़ा करना: ～马路 सड़क चौड़ी करना

【展览】 zhǎnlǎn प्रदर्शित करना (होना); प्रदर्शनी में रखना

【展览馆】 zhǎnlǎnguǎn प्रदर्शनी भवन; नुमाइश घर

【展览会】 zhǎnlǎnhuì प्रदर्शनी; नुमाइश

【展露】 zhǎnlù प्रदर्शित करना; उजागर करना; प्रकट करना: ～才华 अपनी प्रतिभा प्रदर्शित करना

【展品】 zhǎnpǐn （展览品 zhǎnlǎnpǐn भी）प्रदर्शित वस्तु

【展期】1 zhǎnqī समय बढ़ाना; स्थगित करना: 招标工作从1月3日～至1月8日结束。निवेदन पत्र ग्रहण करने की अंतिम तिथि तीन जनवरी से बढ़ाकर आठ जनवरी कर दी गई है।

【展期】2 zhǎnqī प्रदर्शनी की अवधि

【展示】 zhǎnshì प्रदर्शित करना: 作品～了人物之间的感情纠葛。कहानी में चरित्रों के बीच भावनात्मक द्वंद्व प्रदर्शित किया गया है।

【展事】 zhǎnshì प्रदर्शनी कार्यक्रम

【展望】 zhǎnwàng ❶दूर से देखना: ～四周 चारों ओर

नज़र दौड़ाना ❷आलोकन करना; दृष्टि डालना; नज़र डालना: ～未来 भविष्य का आलोकन करना / ～世界局势 विश्व परिस्थिति पर दृष्टि डालना ❸परिदृश्य: 21 世纪～ 21वीं शताब्दी का परिदृश्य

【展现】 zhǎnxiàn नज़र आना; दिखाई देना; उभर आना: ～一片繁荣景象 समृद्धि का दृश्य उभर आना

【展限】 zhǎnxiàn समय बढ़ाना

【展销】 zhǎnxiāo प्रदर्शनी और बिक्री

【展销会】 zhǎnxiāohuì माल मेला

【展演】 zhǎnyǎn प्रदर्शनी के उद्देश्य से प्रोग्राम दिखाना

【展业】 zhǎnyè व्यवसाय का विकास करना

【展转】 zhǎnzhuǎn 辗转 zhǎnzhuǎn के समान

崭（嶄）zhǎn ❶〈लि०〉 उत्तंग; ऊंचा ❷〈बो०〉 उत्तम; अच्छा: 味道真～。बहुत ही स्वादिष्ट है।

【崭露头角】 zhǎnlù-tóujiǎo (युवा का) अपनी प्रतिभा प्रदर्शित करना

【崭然】 zhǎnrán 〈लि०〉 ऊंचा; असाधारण

【崭新】 zhǎnxīn बिल्कुल नया; नवीनतम: 一个～的时代 एक नवीनतम युग / ～的衣服 बिल्कुल नए कपड़े

搌 zhǎn सोखना

【搌布】 zhǎnbù डिशक्लाथ; तश्तरियाँ पोंछने का कपड़ा

辗（輾）zhǎn नीचे दे०
niǎn भी दे०

【辗转】 zhǎnzhuǎn ❶करवटें बदलना ❷अनेक हाथों या स्थानों से होना: 他～来到北京。वह अनेक स्थानों से होकर पेइचिंग आया।

【辗转反侧】 zhǎnzhuǎn-fǎncè करवटें बदलना

【辗转流传】 zhǎnzhuǎn-liúchuán हाथों हाथ हस्तांतरित होना; जगह-जगह फैलना

黵 zhǎn 〈बो०〉 मैला करना; गंदा करना: 黑布禁～。काला कपड़ा मैला नहीं लगता।

zhàn

占（佔）zhàn ❶कब्ज़ा करना; अधिकार करना; कब्ज़े में लाना: 占据 / 占领 ❷किसी स्थान पर या किसी स्थिति में होना: ～上风 पल्ला भारी होना; हावी होना / 赞成的占多（少）数。समर्थन करने वाले बहुसंख्यक (अल्पसंख्यक) हैं। / ～世界人口四分之一 विश्व जनसंख्या का एक चौथाई होना / 在世界上～首位 विश्व में पहले स्थान पर होना
zhān भी दे०

【占地】 zhàndì ज़मीन घेरना: 大学校园～十公顷。विश्वविद्यालय का परिसर दस हेक्टर ज़मीन घेरता है।

【占据】 zhànjù कब्ज़ा करना: ～大城市 बड़े-बड़े शहरों पर कब्ज़ा करना

【占领】 zhànlǐng ❶कब्ज़ा करना (जमाना); अधिकार करना (जमाना); कब्ज़े में लाना; का कब्ज़ा होना ❷प्रभुत्व जमाना; का प्रभुत्व होना: ～市场 बाज़ार पर प्रभुत्व जमाना

【占领军】 zhànlǐngjūn कब्ज़ा करने वाली सेना

【占领区】 zhànlǐngqū अधिकृत क्षेत्र

【占便宜】 zhàn piányi ❶अनुचित ढंग से अतिरिक्त लाभ प्राप्त करना: 别总想着～。छोटा मोटा लाभ प्राप्त करने की कोशिश न करो। ❷लाभदायक; उपयुक्त: 您个子高，打篮球～。आप का कद लम्बा है, जो बास्केटबाल खेलने में उपयुक्त है।

【占先】 zhànxiān अग्रसर रहना; अग्रणी रहना; आगे रहना

【占线】 zhànxiàn (टेलीफ़ोन की) लाइन खाली न होना

【占用】 zhànyòng कब्ज़ा करके दूसरे काम में लाना: 不得随意～耕地。प्रशासन से अनुमति लिए बिना खेतीयोग्य भूमि पर कब्ज़ा करके उसे दूसरे काम में लाना मना है। / ～一点儿时间，开个小会。एक संक्षिप्त बैठक बुलाने के लिए कुछ समय निकाल लें।

【占有】 zhànyǒu ❶कब्ज़ा करना (जमाना); अधिकार करना (जमाना) ❷स्थान रखना; स्थान होना: 农业在国民经济中～重要地位。कृषि राष्ट्रीय अर्थतंत्र में महत्वपूर्ण स्थान रखती है; कृषि का राष्ट्रीय अर्थतंत्र में महत्वपूर्ण स्थान होता है। ❸पास होना; रखना: ～生产资料 के पास उत्पादक साधन होना / ～第一手资料 प्रत्यक्ष संदर्भ-सामग्री रखना

栈（棧）zhàn ❶बाड़ा; शाला: 马～ अश्वशाला ❷दे० 栈道 ❸गोदाम; भंडार: 货栈 huòzhàn ❹सराय; यात्री निवास: 客栈 kèzhàn

【栈道】 zhàndào खड़ी चट्टानों में लकड़ी की टेकें फंसा कर बनाया गया लकड़ी के तख्तों का रास्ता

【栈房】 zhànfáng ❶गोदाम; भंडार ❷〈बो०〉 सराय; यात्री निवास

【栈桥】 zhànqiáo (बन्दरगाह में) लैंडिंग स्टेज, तैरने वाला चबूतरा; (रेल स्टेशन में) लोडिंग ब्रिज

战¹（戰）zhàn ❶युद्ध; लड़ाई, जंग: 巷～ गलियों की लड़ाई ❷लड़ना; लड़ाई लड़ना; युद्ध करना; लोहा लेना; टक्कर लेना: 为保卫祖国而～! अपने देश की रक्षा के लिए लड़ो। ❸（Zhàn）एक कुलनाम

战²（戰）zhàn कंपकंपी; कंपकंपी छूटना; कांपना; सिहरना: 冷得打～ सर्दी से कांपना; सिहरना

【战败】 zhànbài ❶परास्त होना; पराजित होना; हारना: 敌人～了。दुश्मन हार गया। ❷परास्त करना; पराजित करना; हराना: 我们～了敌人。हम ने दुश्मन को हरा दिया।

【战败国】 zhànbàiguó परास्त देश

【战报】 zhànbào युद्ध विज्ञप्ति

【战备】 zhànbèi युद्ध की तैयारी: 加强～ युद्ध की तैयारी तेज़ करना

【战表】 zhànbiǎo चुनौती-पत्र

【战场】 zhànchǎng युद्ध मैदान; रण-क्षेत्र; युद्ध-क्षेत्र;

समर-क्षेत्र; युद्ध भूमि; लड़ाई का मोर्चा, मैदान： 开赴～ लाम पर जाना; लड़ाई के मोर्चे पर जाना
【战车】 zhànchē रथ
【战船】 zhànchuán युद्ध पोत; जंगी जहाज़
【战刀】 zhàndāo तलवार
【战地】 zhàndì युद्ध-स्थल; मैदान
【战地记者】 zhàndì jìzhě युद्ध-संवाददाता
【战抖】 zhàndǒu कंपकंपी छूटना; कांपना; सिहरना
【战斗】 zhàndòu ❶युद्ध; लड़ाई; रण; जंग ❷लड़ना; युद्ध करना; लोहा लेना; टक्कर लेना ❸संघर्ष; संग्राम： ～豪情 संघर्षशील बहादुराना भावना
【战斗机】 zhàndòujī लड़ाकू विमान
【战斗力】 zhàndòulì युद्ध-शक्ति; जुझारू शक्ति; लड़ाकू क्षमता： 有～ लड़ने में सक्षम होना / ～强（弱）लड़ाकू क्षमता उच्च (अल्प) होना
【战斗英雄】 zhàndòu yīngxióng युद्ध वीर
【战端】 zhànduān युद्ध का आरंभ： 重启～。युद्ध फिर से छिड़ गया।
【战犯】 zhànfàn युद्ध-अपराधी
【战俘】 zhànfú युद्धबंदी： ～营 युद्धबंदी शिविर
【战歌】 zhàngē लड़ाई का गीत
【战功】 zhàngōng श्रेष्ठ सैनिक सेवा; वीरतापूर्ण कार्य： 他屡立～。उस ने लड़ाइयों में एक के बाद दूसरा वीरता-पूर्ण कार्य किया।
【战鼓】 zhàngǔ रण-दुंदुभी; लड़ाई का डंका
【战国】 Zhànguó युद्धरत राज्य (475-221 ई०पू०)
【战果】 zhànguǒ युद्ध का परिणाम; विजय; सफलता： 取得重大战果 लड़ाई में भारी विजय प्राप्त करना
【战壕】 zhànháo खंदक;खाई： 挖～ खाई खोदना
【战火】 zhànhuǒ युद्धाग्नि; युद्ध की लपटें： ～又起。 युद्धाग्नि फिर धधकने लगी।
【战祸】 zhànhuò युद्ध की विभीषिका
【战机】[1] zhànjī युद्ध के लिए अनुकूल अवसर： 抓住～ युद्ध के लिए अनुकूल अवसर पर गिरफ़्त रखना / 丧失～ विजय पाने का अवसर खो देना
【战机】[2] zhànjī लड़ाकू विमान
【战绩】 zhànjì युद्ध की उपलब्धि
【战舰】 zhànjiàn युद्धपोत; जंगी जहाज़
【战局】zhànjú युद्ध की स्थिति： 扭转～ युद्ध की स्थिति को अपने अनुकूल बनाना
【战具】 zhànjù शस्त्र; हथियार
【战况】 zhànkuàng रण-भूमि की स्थिति
【战利品】 zhànlìpǐn विजय-चिन्ह
【战例】 zhànlì (युद्धविद्या में) किसी युद्ध का विशेष उदा-हरण： 有名的～ एक विख्यात लड़ाई
【战栗】 zhànlì थरथराहट; कंपकंपी; थरथराना; कांपना; थरथर करना
【战乱】 zhànluàn युद्ध के कारण हुई उथल-पुथल; युद्ध
【战略】 zhànlüè रणनीति; समरनीति： ～部署 रण-नीतिक योजना / ～步骤 रणनीतिक कदम / 全球～ पृथ्वीव्यापी रणनीति / ～核武器 रणनीतिक परमाणु शस्त्र / ～目标 रणनीतिक लक्ष्य / ～思想 रणनीतिक धारणा / ～进攻 रणनीतिक आक्रमण / ～要地 रण-नीतिक महत्व वाला स्थान / ～物资 रणनीतिक सामग्री
【战略家】 zhànlüèjiā रणनीतिज्ञ
【战略学】 zhànlüèxué रणनीति-विज्ञान
【战马】 zhànmǎ जंगी घोड़ा
【战勤】 zhànqín युद्धकाल में असैनिक सेवा
【战区】 zhànqū युद्ध-क्षेत्र
【战胜】 zhànshèng पर विजय प्राप्त करना; पर जीत हासिल करना; पराजित करना; परास्त करना; जीतना; हराना; पार पाना： ～敌人 शत्रु पर विजय प्राप्त करना / ～困难 कठिनाइयों से पार पाना / ～A 队 टीम ए को हरा देना
【战胜国】 zhànshèngguó विजयी देश
【战时】 zhànshí युद्धकाल; युद्धकालीन： ～内阁 युद्ध-कालीन मंत्रिमंडल
【战士】 zhànshì ❶सैनिक; सिपाही; जवान; फ़ौजी： 解放军～ मुक्ति सेना का सैनिक / 新～ रंगरूट ❷योद्धा： 无产阶级～ सर्वहारा वर्ग का योद्धा
【战事】 zhànshì युद्ध; लड़ाई： ～频繁 युद्ध लगातार होता रहना
【战术】 zhànshù कार्यनीति; युद्धकौशल： ～核武器 कार्यनीतिक परमाणु शस्त्र / ～学 कार्यनीति विज्ञान
【战无不胜】 zhànwúbùshèng सर्वजयी; अजेय
【战线】 zhànxiàn मोर्चा： 在一百公里长的～上展开全面反攻 सौ किलोमीटर लम्बे मोर्चे पर सर्वांगीण रूप से जवाबी हमला बोलना / 教育～ शिक्षा का मोर्चा / 在各条～上都取得了巨大的成就。सभी मोर्चों पर भारी उपलब्धियाँ प्राप्त हुई हैं।
【战役】 zhànyì मुहिम; युद्ध： ～部署 मुहिम का सैन्य-विन्यास / ～性进攻 आक्रमणात्मक मुहिम / ～学 मुहिम-विज्ञान
【战鹰】 zhànyīng लड़ाकू विमान
【战友】 zhànyǒu सहयोद्धा
【战云】 zhànyún युद्ध के काले बादल： ～密布。युद्ध के काले बादल मंडराए।
【战战兢兢】 zhànzhànjīngjīng ❶थरथराना ❷साव-धानी बरतना
【战争】 zhànzhēng युद्ध; लड़ाई; रण; जंग： 挑起～ युद्ध उकसाना / 发动～ युद्ध छेड़ना / ～创伤 युद्ध के घाव / ～升级 युद्ध का विस्तार / ～是政治的继续。 युद्ध राजनीति का ही जारी रूप है। / 处在～边缘 युद्ध के कगार पर खड़ा होना
【战争贩子】 zhànzhēng fànzi जंगबाज़; जंगखोर; युद्धलिप्सु
【战争机器】 zhànzhēng jīqì युद्ध-मशीनरी
【战争狂】 zhànzhēngkuáng युद्ध-ज्वर： ～人 सिर-फिरा जंगबाज़
【战争状态】 zhànzhēng zhuàngtài युद्ध स्थिति： 宣布全国进入～ सारे देश में युद्ध स्थिति घोषित करना

站 1

zhàn खड़ा होना： ～起来 उठ खड़ा होना / 你～着干嘛，快坐下。तुम खड़े-खड़े क्या कर रहे हो, बैठ जाओ।

站[2] zhàn ❶रुकना; ठहरना：本车途中不～。यह बस रास्ते में नहीं रुकेगी। ❷पड़ाव：中国是他这次亚洲之行的第一～。चीन उन की वर्तमान एशिया यात्रा का पहला पड़ाव है। ❸स्टाप; स्टेशन; बस-अड्डा：六里桥有个长途汽车～。ल्यूलीछाओ में एक बस-अड्डा है।/这车下一～不停。यह बस अगले स्टाप पर नहीं रुकेगी। ❹केन्द्र; स्टेशन：保健～ स्वास्थ्य केन्द्र

【站点】 zhàndiǎn 〈कंप्यू०〉 वेबसाइट

【站队】 zhànduì कतार बांधना; पंक्तिबद्ध होना; लाइन में खड़ा होना; लाइन लगाना

【站岗】 zhàngǎng पहरा देना

【站柜台】 zhàn guìtái दुकान में माल बेचना; ग्राहकों की सेवार्थ काउंटर पर प्रस्तुत होना

【站立】 zhànlì खड़ा होना

【站票】 zhànpiào खड़ा होने की जगह के लिए टिकट (थियेटर इत्यादि में)

【站台】 zhàntái (रेल-स्टेशन पर) प्लेटफ़ार्म：～票 प्लेटफ़ार्म टिकट

【站在…一边】 zhànzài…yībiān के पक्ष में खड़ा होना; का साथ देना：站在被压迫人民的一边 उत्पीड़ित जनता के पक्ष में खड़ा होना

【站长】 zhànzhǎng (रेल का) स्टेशन-मास्टर

【站住】 zhànzhù ❶रुकना; ठहरना; थमना：你别～呀，继续往前走。रुको मत, आगे बढ़ते जाओ। ❷पैर जमना：风太猛，我都快站不住了。हवा बहुत प्रचंड है। मेरे पैर जम नहीं पा रहे हैं। ❸पैर जमाना; डटा रहना ❹तर्कसंगत होना：您的说法站得住。आप का मत तर्कसंगत है।

【站住脚】 zhàn zhù jiǎo ❶रुकना; ठहराना ❷स्थिर रहना; पड़ा रहना：忙得站不住脚 इतना व्यस्त होना कि पड़ा रह भी न सकना ❸पैर जमाना; डटा रहना ❹तर्कसंगत होना：您的论点实在是站不住脚。आप का विचार तर्कसंगत हरगिज़ नहीं है।

绽（綻） zhàn फटना; टूटना; चटकना：鞋子开～了。जूते फट गए।

【绽放】 zhànfàng फूलना; फूल चटकना

湛 zhàn ❶गहन; गहरा：精湛 jīngzhàn ❷निर्मल; स्वच्छ ❸（Zhàn）एक कुलनाम

【湛蓝】 zhànlán (आकाश, सागर आदि का) नीला; आसमानी：～的海水 सागर का आसमानी रंग का जल

【湛清】 zhànqīng निर्मल; स्वच्छ：～的溪水 सोते का निर्मल पानी

颤（顫） zhàn कांपना; थरथराना; सिहरना; दहलना chàn भी दे०

【颤栗】 zhànlì 战栗 zhànlì के समान

蘸 zhàn (स्याही, चटनी आदि) में डुबोना：～墨水 स्याही में डुबोना

【蘸火】 zhànhuǒ 〈बोल०〉 बुझाना

zhāng

张（張） zhāng ❶खोलना; फैलाना; तानना：～嘴 मुंह खोलना / ～开双臂 बाज़ू फैलाना / ～弓搭箭 तीर चढ़ाकर कमान तानना ❷सजाना; व्यवस्था करना; तैयारी करना：大～筵席 भोज की व्यवस्था करना ❸बढ़ाना-चढ़ाना; अतिरंजित करना：夸张 kuāzhāng ❹देखना：张望 ❺दूकान करना：开张 kāizhāng ❻〈परि०श०〉：一～床 एक पलंग / 一～纸 कागज़ का एक टुकड़ा / 一～钢板 एक इस्पाती चादर / 一～嘴 मुंह / 一～弓 एक कमान ❼पूर्वाभार्गुनी, 28 नक्षत्रों में से एक ❽（Zhāng）एक कुलनाम

【张榜】 zhāngbǎng नोटिस लगाना

【张本】 zhāngběn ❶एहतियाती कार्रवाई ❷पहले कही हुई बात

【张大】 zhāngdà 〈लि०〉 बढ़ाना-चढ़ाना; अतिरंजित करना：～其词 बढ़ा-चढ़ाकर कहना

【张灯结彩】 zhāngdēng-jiécǎi लालटेनों और रंग-बिरंगी झालरों से सजाना

【张挂】 zhāngguà (चित्र, परदा आदि) लगाना

【张冠李戴】 zhāngguān-lǐdài अहमद की पगड़ी मुहम्मद के सिर पर

【张皇】 zhānghuáng 〈लि०〉 घबड़ाना; हक्का-बक्का रहना

【张皇失措】 zhānghuáng-shīcuò हतबुद्धि होना; हतचित होना

【张口】 zhāngkǒu मुंह खोलना：这件事叫我如何向他～? इस मामले को लेकर मैं उस के सामने मुंह कैसे खोलूं?

【张口结舌】 zhāngkǒu-jiéshé मुंह खोलकर रह जाना

【张狂】 zhāngkuáng उद्धतता; गुस्ताखी; उद्धत; गुस्ताव：你瞧他那～劲儿。उस की गुस्ताखी को देखो।

【张力】 zhānglì 〈भौ०〉 ❶तनाव ❷खिंचाव

【张罗】 zhāngluo ❶प्रबंध करना; व्यवस्था करना; इंतज़ाम करना：他正在～出去旅游的事。वह यात्रा के लिए इंतज़ाम कर रहा है। / 他们俩的婚礼是小王～的。श्याओ वांग ने ही उन के विवाह-समारोह की व्यवस्था की है। ❷(संसाधन) जुटाना; एकत्र करना：～一笔钱 धन जुटाना ❸सत्कार करना; आतिथ्य करना：家里来了客人，她正忙着～。घर में मेहमान आ पहुंचे हैं। वह उन का आतिथ्य करने में व्यस्त है।

【张目】 zhāngmù ❶आंखें फाड़ना：～注视 आंखें फाड़कर देखना ❷पीठ ठोंकना：为某人～ किसी की पीठ ठोंकना

【张三李四】 zhāngsān-lǐsì ऐरा-गैरा नत्थू खैरा; ऐरा-गैरा आदमी

【张贴】 zhāngtiē लगाना; चिपकाना：～广告 पोस्टर लगाना

【张望】 zhāngwàng झांकना; इधर-उधर देखना： 四处～ इधर-उधर देखना

【张牙舞爪】zhāngyá–wǔzhǎo दांत और पंजे दिखाना —— डराना-धमकाना

【张扬】 zhāngyáng विज्ञापन करना; विज्ञापित करना; प्रचार करना; प्रचारित करना： 他做点什么，就爱四处～。वह जो कुछ भी कर लेता है, उस का विज्ञापन करते नहीं थकता।

【张嘴】 zhāngzuǐ ❶मुंह खोलना： 她刚要～，她母亲就示意她不要说话。वह मुंह खोलने ही वाली थी कि उस की मां ने आंख के इशारे से उसे रोक दिया। ❷हाथ फैलाना： 我不好意思向他～。उस के आगे हाथ फैलाने से मुझे लज्जा आती है।

章 1 zhāng अध्याय; परिच्छेदः 全书共十二～。इस पुस्तक में कुल 12 अध्याय हैं; यह पुस्तक 12 अध्यायों में विभाजित है। ❷व्यवस्था： 杂乱无章 záluàn–wú–zhāng ❸चार्टर; नियमावली： 党章 dǎngzhāng ❹（Zhāng）एक कुलनाम

章 2 zhāng ❶मुहर; मुद्रा： 刻～ एक मुद्रा बनाना ❷पदक; बैज： 奖～ पदक

【章程】 zhāngchéng नियम; नियमावली; विधान

【章程】 zhāngcheng 〈बो०〉 समाधान; उपाय; तरीका： 我心里还没个准～。अभी मैं कोई अच्छा उपाय नहीं सुझा पाया।

【章法】 zhāngfǎ ❶लेख की रचना ❷कार्यविधि： 他虽然很老练，但这次也乱了～。हालांकि वह अनुभवी है, लेकिन इस बार उस ने कार्यविधि के विपरीत ही काम किया है।

【章回体】 zhānghuítǐ एक प्रकार का परंपरागत चीनी उपन्यास, जिस में प्रत्येक अध्याय के आरंभ में एक दोहा इस अध्याय की विषयवस्तु का संक्षिप्त परिचय देता है

【章节】 zhāngjié अध्याय और अंश

【章句】 zhāngjù ❶प्राचीन ग्रंथों के अध्याय, वाक्य और पद ❷प्राचीन ग्रंथों का विश्लेषण और भाष्य

【章鱼】 zhāngyú ऑक्टपस

【章则】 zhāngzé नियमावली

【章子】 zhāngzi 〈बो०〉 मुहर; मुद्रा

獐（麞） zhāng दरियाई हिरण; नदी तट क्षेत्र में पाया जाने वाला हिरण

【獐头鼠目】 zhāngtóu–shǔmù घिनौना और छली दीखने वाला

【獐子】 zhāngzi दरियाई हिरण; नदी तट क्षेत्र में पाया जाने वाला हिरण

彰 zhāng ❶साफ़; स्पष्ट; ज़ाहिराना; प्रत्यक्ष： 昭彰 zhāozhāng ❷प्रशंसा करना; सराहना करना; तारीफ़ करना： 表彰 biǎozhāng ❸（Zhāng）एक कुलनाम

【彰明较著】 zhāngmíng–jiàozhù सुस्पष्ट; साफ़-साफ़

【彰善瘅恶】 zhāngshàn–dàn'è अच्छाई की प्रशंसा और बुराई की निंदा; सत्य की प्रशंसा और असत्य की भर्त्सना

嫜 zhāng 〈लि०〉 पति का पिता; ससुर： 姑～ सास और ससुर

璋 zhāng जेड टेब्लेट

樟 zhāng कपूर का वृक्ष

【樟木】 zhāngmù कपूर की लकड़ी

【樟脑】 zhāngnǎo कर्पूर; कपूर; काफ़ूर

【樟脑丸】 zhāngnǎowán नैप्थलीन की गोली

【樟脑油】 zhāngnǎoyóu काफ़ूर का तेल

【樟树】 zhāngshù कपूर का वृक्ष; काफ़ूर का पेड़

蟑 zhāng नीचे दे०

【蟑螂】 zhāngláng तिलचट्टा; कॉक्रोच

zhǎng

长 1 （長） zhǎng ❶बड़ा： 我比他～两岁。मैं उस से दो साल बड़ा हूं। ❷ज्येष्ठ： ～兄 ज्येष्ठ भाई ❸प्रमुख; प्रधान; मुखिया： 村～ गांव का मुखिया / 校长 xiàozhǎng

长 2 （長） zhǎng ❶लगना： 山坡上～了不少树。पहाड़ी की ढलानों पर बहुत से पेड़ लगे हैं। / ～锈 ज़ंग लगना / ～虫 कीड़ा लगना; घुन लगना / ～疮 फोड़ा निकलना / ～毛 फफूंदी लगना ❷बढ़ना; बाढ़ आना： 庄稼～得真好。फ़सलों की खूब बाढ़ आई। / 小孩子～得快。बच्चा तेज़ी से बढ़ता है। ❸बढ़ाना; बढ़ना; वृद्धि करना; इज़ाफ़ा करना： ～知识 ज्ञान में वृद्धि करना / ～工资 वेतन बढ़ाना / ～自己的志气，灭敌人的威风 अपने संघर्ष के संकल्प को बढ़ाना और दुश्मन की हेकड़ी को चकनाचूर कर देना

cháng भी दे०

【长辈】 zhǎngbèi बड़ा-बूढ़ा

【长膘】 zhǎngbiāo गृह पशु का मोटा हो जाना

【长大】 zhǎngdà बड़ा होना： 他～以后当了歌手。वह बड़ा होकर एक गायक बना।

【长房】 zhǎngfáng कुल में ज्येष्ठ पुत्र और उस के परिजन

【长官】 zhǎngguān 〈पुराना〉 वरिष्ठ अधिकारी; कमांडिंग आफ़िसर

【长机】 zhǎngjī 〈सैन्य०〉 लीड-एयरक्राफ़्ट; लीडर

【长进】 zhǎngjìn तरक्की; प्रगति; उन्नति： 最近他在学习上大有～。हाल के एक अरसे में उस ने अपनी पढ़ाई में बड़ी तरक्की की है।

【长老】 zhǎnglǎo ❶〈लि०〉 वृद्ध; बूढ़ा; वयोवृद्ध ❷(बूढ़े बौद्ध भिक्षु का आदरसूचक संबोधन) आचार्य

【长老会】 zhǎnglǎohuì पादरी संघ; पंचायत (भारत में)
【长脸】 zhǎngliǎn शोभा देना; नाम जगाना: 这项高技术产品为工厂长了脸。इस हाई टेक वस्तु ने हमारे कारखाने की शोभा बढ़ा दी है।
【长年】 zhǎngnián 〈पुराना〉 जहाज़ का मालिक
chángnián भी दे०
【长亲】 zhǎngqīn वृद्ध संबंधी
【长上】 zhǎngshàng ❶बड़ा-बूढ़ा ❷ऊपरवाला
【长势】 zhǎngshì बाढ़: 甘蔗～良好。गन्ने की अच्छी बाढ़ आई।
【长孙】 zhǎngsūn ❶ज्येष्ठ पुत्र का ज्येष्ठ पुत्र ❷ज्येष्ठ पौत्र ❸ (Zhǎngsūn) एक द्विअक्षरी-कुलनाम
【长相】 zhǎngxiàng रूप; रंग-रूप; शक्ल-सूरत: ～好 सुरूप होना; खूबसूरत होना / 看他们的～好像是兄弟俩。उन दोनों के रंग-रूप से लगता है कि वे भाई-भाई हैं।
【长者】 zhǎngzhě ❶बड़ा-बूढ़ा ❷गुरुजन; बुज़ुर्ग
【长子】 zhǎngzǐ ज्येष्ठ पुत्र

涨（漲） zhǎng (दाम) बढ़ना; (पानी) चढ़ना: 水位上～。पानी चढ़ गया। / ～价 दाम बढ़ना
zhàng भी दे०
【涨潮】 zhǎngcháo ज्वार आना
【涨风】 zhǎngfēng महंगाई की प्रवृत्ति
【涨幅】 zhǎngfú भाव की वृद्धिदर: 物价～不大。वस्तुओं के भावों की वृद्धिदर ऊंची नहीं है।
【涨落】 zhǎngluò (पानी, दामों आदि में) उतार-चढ़ाव
【涨水】 zhǎngshuǐ नदी का पानी चढ़ जाना; बढ़ आना

掌 zhǎng ❶हथेली: 鼓～ हथेली पीटना (बजाना) ❷हथेली से मारना; थप्पड़ लगाना; तमाचा जड़ना; झापड़ कसना: 掌嘴 ❸हाथ में लेना; पकड़ना: 掌舵 / 掌权 ❹कुछ जानवरों के पैर का नीचे का भाग; तलवा: 鸭掌 yāzhǎng ❺तल्ला या एड़ी: 鞋的前～儿 जूते का तल्ला / 后～儿 एड़ी ❻नाल: 给马钉～ घोड़े की टाप पर नाल जड़ना ❼〈बो०〉 तल्ले की मरम्मत करना: ～鞋 जूते के तल्ले की मरम्मत करना ❽〈बो०〉 डालना: ～点盐 कुछ नमक डालना ❾〈बो०〉 (把[2]की भांति प्रयुक्त होता है): ～门关上。दरवाज़ा बन्द कर दो।
【掌厨】 zhǎngchú रसोइया; बावर्ची
【掌灯】 zhǎngdēng ❶हाथ में दीया लेना ❷दीया जलाना
【掌舵】 zhǎngduò ❶कर्ण चलाना; पतवार पकड़ना ❷कर्णधार; मार्गदर्शक
【掌骨】 zhǎnggǔ 〈श०वि०〉 हाथ की लघु हड्डी
【掌故】 zhǎnggù कहानी; कथा: 影坛～ सिने जगत की कथाएं
【掌管】 zhǎngguǎn देखना; सम्हालना; प्रबंध करना; देख-रेख करना: 他～一个部门的工作。वह एक विभाग के काम की देख-रेख करता है। / ～人事 कार्मिक मामले सम्हालना
【掌柜】 zhǎngguì （掌柜的 zhǎngguìde भी） ❶दुकानदार ❷〈बो०〉 घरवाला
【掌控】 zhǎngkòng कंट्रोल; नियंत्रण
【掌权】 zhǎngquán सत्ता हाथ में होना; अधिकार चलाना
【掌上电脑】 zhǎngshàng diànnǎo 〈कंप्यू०〉 पाल्म टॉप; हैंड-हेल्ड
【掌上明珠】 zhǎngshàng-míngzhū आंख की पुतली: 女儿是她的～。बिटिया उस की आंख की पुतली है।
【掌勺儿】 zhǎngsháor रसोइया होना; बावर्ची होना
【掌声】 zhǎngshēng ताली; करतलध्वनि
【掌握】 zhǎngwò ❶पर अधिकार करना; महारत हासिल करना; आत्मसात् करना: ～原则 सिद्धांत पर अधिकार करना / ～技术 तकनीक आत्मसात् करना ❷अपने हाथ में लेना; नियंत्रण करना; वश में करना: ～主动权 पहल अपने हाथ में लेना / ～国家经济命脉 देश की आर्थिक जीवनरेखा पर नियंत्रण करना / ～会议 सभा की अध्यक्षता करना / ～自己的命运 अपने भाग्य का आप मालिक होना
【掌心】 zhǎngxīn हथेली का बीच का भाग
【掌印】 zhǎngyìn मुहर को अपने हाथ में लेना —— सत्ता अपने हाथ में लेना
【掌子】 zhǎngzi （掌子面 zhǎngzimiàn भी） 〈खनि०〉 वर्क एरिया
【掌嘴】 zhǎngzuǐ थप्पड़ लगाना; तमाचा जड़ना; झापड़ कसना

礃 zhǎng नीचे दे०
【礃子】 zhǎngzi 掌子 zhǎngzi के समान

zhàng

丈[1] zhàng ❶चांग, एक माप जो 3.3 मीटर के लगभग होता है ❷(ज़मीन) मापना; पैमाइश करना: ～地 पैमाइश करना

丈[2] zhàng ❶वृद्ध; बुज़ुर्ग: 老丈 lǎozhàng ❷(कुछ रिश्तेदारों के संबोधन में प्रयुक्त) पति: 姑丈 gūzhàng / 姐丈 jiězhàng
【丈夫】 zhàngfū पुरुष; मर्द; आदमी: ～气概 पुरुषत्व; पुरुषार्थ; पौरुष; मर्दानगी
【丈夫】 zhàngfu पति; मर्द; मियाँ; शौहर; स्वामी
【丈量】 zhàngliáng पैमाइश करना; ज़मीन मापना: ～土地 ज़मीन मापना; पैमाइश करना
【丈母】 zhàngmu （丈母娘 zhàngmuniáng भी） पत्नी की मां; सास
【丈人】 zhàngrén 〈प्राचीन〉 वृद्ध सज्जन
【丈人】 zhàngren पत्नी का बाप; ससुर

仗[1] zhàng ❶〈लि०〉 शस्त्रास्त्र; हथियार: 仪仗 yízhàng ❷(हथियार) हाथ में लेना: ～剑 तलवार हाथ में

लेना ❸पर निर्भर रहना; का सहारा लेना; के भरोसे; के सहारे: 仗势欺人

仗 2 zhàng लड़ाई; युद्ध: 打胜～ लड़ाई जीतना / 这是二战最重要的一～。यह दूसरे महायुद्ध में सब से महत्वपूर्ण लड़ाई थी।

【仗势欺人】 zhàngshì–qīrén अपने या किसी दूसरे के बल के सहारे लोगों को सताना

【仗恃】 zhàngshì पर निर्भर रहना; का सहारा लेना

【仗义】 zhàngyì ❶न्याय का पक्ष लेना ❷मित्रता का निर्वाह करना; (अपने दोस्त से) वफ़ादार होना

【仗义疏财】 zhàngyì–shūcái दीनों की सहायता में उदार होना; दीनदयालु होना

【仗义执言】 zhàngyì–zhíyán न्याय का पक्ष लेना; न्यायवादी होना

杖 zhàng ❶लाठी; डंडा: 扶～而行 लाठी टेककर चलना ❷कोई लंबा, गोला दस्ता: 擀面～ बेलन

【杖子】 zhàngzi (प्रायः स्थानों के नामों के एक अंश के रूप में प्रयुक्त): 大～ Dàzhàngzi (हपे प्रांत में)

帐 (帳) zhàng ❶कपड़े या रेशमी कपड़े से बनी ओट करने वाली वस्तु; परदा: 蚊帐 wénzhàng / 营帐 yíngzhàng ❷账 zhàng के समान

【帐幕】 zhàngmù तंबू; खेमा

【帐篷】 zhàngpéng तंबू; खेमा: 搭（拆）～ खेमा गाड़ना (उठाना)

【帐子】 zhàngzi ❶पलंग पर लगाया जाने वाला परदा ❷मच्छरदानी

账 (賬) zhàng ❶हिसाब; लेखा; अकाउंट: 付～ हिसाब चुकाना / 查～ हिसाब जांचना / 结～ हिसाब साफ़ करना ❷हिसाब-किताब; बही ❸कर्ज़; कर्ज़ा; ऋण: 放～ कर्ज़ देना / 还～ कर्ज़ लौटाना

【账本】 zhàngběn बही; हिसाब-किताब; लेखा; लेखा-बही

【账簿】 zhàngbù दे० 账本

【账册】 zhàngcè दे० 账本

【账单】 zhàngdān बिल; चिट्ठा; चेक

【账房】 zhàngfáng 〈पुराना〉 ❶मुनीम का दफ़्तर ❷मुनीम

【账号】 zhànghào बैंक-अकाउंट का नम्बर

【账户】 zhànghù खाता: 在银行开设～ बैंक में खाता खोलना

【账面】 zhàngmiàn खाता: ～余额 खाता शेष; बही शेष

【账目】 zhàngmù हिसाब-किताब; लेखा; चिट्ठा: 公开～ चिट्ठा खुला रखना / ～不清 हिसाब-किताब में गड़बड़ी होना

胀 (脹) zhàng ❶फैलना: 热～冷缩 ताप पाकर फैल जाना और ठंड पाकर सिकुड़ जाना ❷फूलना; सूजना: 肚子发～。मुझे अपना पेट सूजा हुआ महसूस हुआ।

【胀库】 zhàngkù वस्तुओं से गोदाम भर जाना

【胀闸】 zhàngzhá हब ब्रेक

涨 (漲) zhàng ❶भीगने पर फूल जाना: 豆子泡～了。दाल भीगने पर फूल जाती है। ❷(खून के तेज़ी से बहने के कारण) सिर घूमना: 头昏脑～ सिर घूमना / 气得～红了脸 गुस्से के मारे चेहरा लाल होना ❸प्रत्याशा से अधिक निकलना: 上个月他花～了。पिछले महीने उस ने हद से ज़्यादा पैसा खर्च किया। / 把布一量，～出了半尺。कपड़ा नापने पर पता चला कि वह प्रत्याशा से आधा छी अधिक लम्बा था।

zhǎng भी दे०

障 zhàng ❶रोकना; अटकाना; अवरुद्ध करना; बाधा डालना: 障蔽 ❷बाधा; रुझावट; अड़चन: 路障 lù–zhàng

【障碍】 zhàng'ài ❶रोकना; अटकाना; अवरुद्ध करना; बाधा डालना: ～物 बाधा, रुकावट ❷बाधा; रुकावट; अड़चन: 清除～ बाधा दूर करना; रुकावट हटाना / 制造～ बाधा डालना; रुकावट डालना / 在前进的道路上遇到～。आगे बढ़ने के रास्ते पर बाधाएं खड़ी हैं।

【障碍赛】 zhàng'àisài （障碍赛跑 zhàng'ài sàipǎo भी）बाधा दौड़

【障蔽】 zhàngbì आड़ करना; ओट करना; रोकना: ～视线 दृष्टि को रोकना

【障眼法】 zhàngyǎnfǎ परदा डालना; आखों में धूल झोंकना

【障子】 zhàngzi नरकट, सोर्गम (高粱 gāoliang, चीन में एक मोटा अनाज जिस का डंठल बहुत लम्बा होता है) के डंठलों से या झाड़ियों से बनाया हुआ घेरा; बाड़ा

幛 zhàng रेशमी कपड़े की बृहद, आयाताकार चादर, जिस पर संबंधित संदेश अंकित होता है और जो विवाह, जन्मदिवस या अंत्येष्टि के अवसर पर भेंट किया जाता है: 喜幛 xǐzhàng

【幛子】 zhàngzi 幛 zhàng के समान

嶂 zhàng पहाड़ की परदे जैसी चोटी

瘴 zhàng मलेरिया फैलाने वाली गंदी वायु; विषैली वायु

【瘴疠】 zhànglì घातक मलेरिया आदि छूट की बीमारियाँ

【瘴气】 zhàngqì विषाक्त वाष्प

zhāo

钊 (釗) zhāo प्रोत्साहन (प्रायः नाम में प्रयुक्त होता है)

招 1 zhāo ❶हाथ हिलना: 招手 ❷भरती करना; प्रवेश दिलाना; दाखिला देना: 这所中学今年～一百人。यह मिडिल स्कूल इस वर्ष सौ छात्रों को दाखिला देगा। ❸अपने

ऊपर (हानि आदि) लेना; बुलाना: 招灾 / ～苍蝇 मक्खियों को आकर्षित करना ❹चिढ़ाना; छेड़ना: 他脾气不好，别～他。वह तेज़-मिज़ाज है। उसे चिढ़ाओ मत। ❺आकृष्ट करना; लुभाना: 这孩子真～人爱。यह बच्चा बहुत ही प्यारा है। ❻〈बो०〉 स्पर्श से एक का रोग दूसरे को होना; छूत: 这病～人，要注意预防。यह छूत की बीमारी है। उस की रोकथाम करनी चाहिए।

招[2] zhāo अपराध स्वीकार करना; कबूल करना: 犯人已经～了。उस अपराधी ने अपना अपराध स्वीकार कर लिया।

招[3] zhāo 着 [1]zhāo के समान

【招安】 zhāo'ān (सामंती शासकों द्वारा) विद्रोहियों या डाकुओं को राज़ी करके आत्मसमर्पण करा देना: 受～ राज़ी होकर आत्मसमर्पण कर लेना

【招标】 zhāobiāo टेंडर आमंत्रित करना; निविदा आमंत्रित करना

【招兵】 zhāobīng रंगरूट भरती करना

【招兵买马】 zhāobīng-mǎimǎ रंगरूट भरती करना और घोड़े खरीदना —— सेना का गठन या विस्तार करना; किसी संगठन का विस्तार करना या नए कर्मचारी रखना

【招待】 zhāodài सत्कार; आतिथ्य; आवभगत; खातिरदारी; सत्कार करना; आतिथ्य करना; आतिथ्य-सत्कार करना; आवभगत करना; खातिरदारी करना: ～客人 अतिथियों का सत्कार करना / 感谢你们的～ इतने अच्छे आतिथ्य-सत्कार के लिए आप का धन्यवाद

【招待会】 zhāodàihuì सत्कार-समारोह: 举行～ सत्कार-समारोह का आयोजन करना; सत्कार-समरोह आयोजित करना

【招待所】 zhāodàisuǒ अतिथि-भवन

【招风】 zhāofēng लोगों का ध्यान आकर्षित करके स्वयं झंझट मोल लेना

【招抚】 zhāofǔ 招安 के समान

【招工】 zhāogōng मज़दूरों को नौकरी में लगाना

【招供】 zhāogòng अपना अपराध स्वीकार करना (कबूल करना)

【招股】 zhāogǔ शेयर जारी करके पूंजी जुटाना

【招呼】 zhāohu ❶आवाज़ देना; पुकारना; बुलाना: 后面有人～您。कोई पीछे से आप को आवाज़ दे रहा है। ❷अभिवादन करना: 向大家打～ लोगों का अभिवादन करना ❸बताना; सूचित करना; कह देना: ～他赶紧来开会。सभा में शामिल होने के लिए उसे जल्दी आने को कहें। ❹तीमारदारी; सेवा: 好好～病人 रोगियों की अच्छी तरह सेवा करना ❺〈बो०〉 सावधान होना; खबरदार होना: 路上有冰，～滑倒了。सड़क पर बर्फ़ जमी है। गिरने से सावधान रहो।

【招魂】 zhāohún मृत की आत्मा को वापस बुलाना

【招集】 zhāojí बुलाना

【招架】 zhāojià मुकाबला करना; टिकना: ～不住 टिक न सकना / 只有～之功，无还手之力。केवल दूसरे के वार को रोकने में समर्थ होना न कि उस पर जवाबी वार करने में।

【招考】 zhāokǎo प्रवेश-परीक्षा की सूचना देना

【招徕】 zhāolái दे० 招揽

【招揽】 zhāolǎn (ग्राहकों को) आकर्षित करना: ～顾客 ग्राहकों को आकर्षित करना / ～生意 कारोबार बढ़ाने की कोशिश करना

【招领】 zhāolǐng खोई हुई चीज़ के मिलने की घोषणा करना: 失物～处 खोया-पाया विभाग

【招募】 zhāomù भरती करना

【招女婿】 zhāo nǚxu किसी लड़के को घरजंवाई बनाना

【招牌】 zhāopái साइनबोर्ड: 商店～ दूकान का साइन-बोर्ड / 打着人权的～ मानवाधिकार के साइनबोर्ड तले

【招盘】 zhāopán अपनी दूकान बेचना

【招聘】 zhāopìn 征聘 zhēngpìn के समान

【招亲】 zhāoqīn ❶किसी लड़के को घरजंवाई बनाना ❷घरजंवाई बनना

【招惹】 zhāorě ❶अपने सिर पर (हानि आदि) लेना; (झंझट आदि) मोल लेना: ～麻烦 झंझट मोल लेना; आफ़त मोल लेना / ～是非 बखेड़ा अपने सिर पर लेना ❷चिढ़ाना; छेड़ना: 他正生着气呢，别～他。वह इस समय क्रुद्ध है। उसे छेड़ो मत।

【招认】 zhāorèn अपना अपराध स्वीकार करना

【招生】 zhāoshēng प्रवेश देना; दाखिला देना

【招事】 zhāoshì आफ़त मोल लेना; संकट को न्योता देना

【招收】 zhāoshōu भरती करना; दाखिला देना; प्रवेश देना: ～工人 नए मज़दूर भरती करना / ～学生 छात्रों को दाखिला देना

【招手】 zhāoshǒu हाथ हिलाना: ～示意 हाथ हिलाकर इशारा करना / 频频～致意 हाथ हिला-हिलाकर (लोगों का) अभिवादन करना

【招数】 zhāoshù 着数 zhāoshù के समान

【招贴】 zhāotiē पोस्टर; प्लेकार्ड

【招贴画】 zhāotiēhuà पोस्टर; प्लेकार्ड

【招贤】 zhāoxián किसी सेवा के लिए सुयोग्य व्यक्तियों को नियुक्त करना

【招降】 zhāoxiáng किसी से हथियार डालने को कहना

【招降纳叛】 zhāoxiáng-nàpàn विश्वासघातकों और बागियों को अपने इर्द-गिर्द एकत्र करना

【招笑儿】 zhāoxiàor 〈बो०〉 हास्यस्पद; हास्यजनक

【招眼】 zhāoyǎn ध्यान आकर्षित करना: 大红的衣服很～。लाल रंग के कपड़े आंखों को चौंधियाते हैं।

【招摇】 zhāoyáo दिखावा करना: 你这样做，未免太～了。ऐसा करने में क्या तुम्हें नहीं लगता कि ज़्यादा दिखावा कर रहे हो ?

【招摇过市】 zhāoyáo-guòshì बड़ी शान से इधर-उधर चलना फिरना

【招摇撞骗】 zhāoyáo-zhuàngpiàn धोखेबाज़ी करना

【招引】 zhāoyǐn (हरकत, आवाज़ आदि से) आकर्षित करना; का ध्यान अपनी ओर खींचना: ～顾客 खरीदारों का ध्यान अपनी ओर खींचना

【招灾】 zhāozāi संकट को न्योता देना

【招灾惹祸】 zhāozāi-rěhuò आफ़त मोल लेना; संकट को न्योता देना

【招展】[1] zhāozhǎn फहराना; लहराना: 广场上红

旗～。चौक पर लाल झंडे हवा में फहरा रहे हैं।

【招展】2 zhāozhǎn ❷प्रदर्शनी के लिए निमंत्रित करना; प्रदर्शनी का आयोजन करने के लिए निमंत्रण देना

【招致】 zhāozhì ❶भरती करना; (प्रतिभाएं) एकत्र कर-ना ❷न्योता देना; की ओर ले जाना; उठाना: ～灾难 संकट को न्योता देना / ～失败 पराजय की ओर ले जाना / ～损失 हानि उठाना

【招赘】 zhāozhuì सास-ससुर द्वारा दामाद को अपने घर रखना

【招子】 zhāozi ❶पोस्टर; प्लेकार्ड ❷दुकान का नाम-पट्ट ❸चाल; युक्ति

【招租】 zhāozū मकान को किराये पर देना: ～启事 मकान को किराये पर देने की नोटिस

昭 zhāo ❶स्पष्ट; साफ़: 昭著 ❷〈लि०〉 सिद्ध करना; साबित करना; ज़ाहिर करना

【昭然】 zhāorán सुस्पष्ट; साफ़

【昭然若揭】 zhāorán-ruòjiē असलियत का पूरा पर्दाफ़ाश होना

【昭示】 zhāoshì स्पष्ट करना; साफ़-साफ़ बताना; स्पष्ट शब्दों में घोषित करना: ～后世 आने वाली पीढ़ियों को साफ़-साफ़ बताना

【昭雪】 zhāoxuě दोषमुक्त करना; सुधारना; ठीक करना: 他的冤案得到～。उसे दोषमुक्त कर दिया गया है।

【昭彰】 zhāozhāng स्पष्ट; साफ़

【昭昭】 zhāozhāo 〈लि०〉 ❶उजला; चमकीला; उ-ज्ज्वल: 日月～ उजली धूप और चांदनी ❷समझना; बोध होना: 以其昏昏，使人～。स्वयं अज्ञान होने पर दूसरों को समझाने की कोशिश करना

【昭著】 zhāozhù स्पष्ट; साफ़: 臭名～ बदनाम होना; कुख्यात होना

啁 zhāo नीचे दे०
zhōu भी दे०

【啁哳】 zhāozhā 〈लि०〉 शोरगुल; होहल्ला; कोलाहल

着 1 （招） zhāo ❶(शतरंज में) चाल: 走错～ गलत चाल चलना ❷चाल; युक्ति: 使～儿 चाल चलना / 他这一～不灵。उस की चाल न चली।

着 2 zhāo 〈बो०〉 ❶डालना: ～点儿盐。इस में कुछ नमक डालो। ❷अच्छा; बिलकुल ठीक: ～，就这么定了。अच्छा, ऐसा ही होगा।
zháo; zhe; zhuó भी दे०

【着数】 zhāoshù （招数 zhāoshù भी）❶शतरंज में मोहरे की चाल ❷वूशू（武术）में चेष्टा ❸चाल; युक्ति

朝 zhāo ❶सुबह; सवेरा; प्रातःकाल: 朝夕 ❷दिन; रोज़: 今朝 jīnzhāo
cháo भी दे०

【朝不保夕】 zhāobùbǎoxī सुबह इस बात का अंदाज़ न होना कि शाम को क्या होगा; खतरनाक स्थिति में होना; खतरा मुंह बाए खड़ा होना

【朝发夕至】 zhāofā-xīzhì सुबह प्रस्थान करके शाम को ही मंज़िल पर पहुंच जाना —— दिन भर की यात्रा

【朝晖】 zhāohuī सूर्योदय की लाली

【朝令夕改】 zhāolìng-xīgǎi जो आदेश सुबह देना, उसे शाम को रद्द करना; नीति में अप्रत्याशित परिवर्तन करना

【朝露】 zhāolù 〈लि०〉 ओस —— क्षण भर की वस्तु

【朝气】 zhāoqì यौवन; ओजस्विता; तेज; जोश: 充满～ ओजस्विता से भरपूर होना

【朝气蓬勃】 zhāoqì-péngbó यौवन से भरपूर होना; ओजस्विता से ओतप्रोत होना; जोशीला होना

【朝乾夕惕】 zhāoqián-xītì दिन-रात परिश्रमशील और सावधान रहना

【朝秦暮楚】 zhāoqín-mùchǔ सुबह छिन राज्य की सेवा करना और शाम को छू राज्य की सेवा करने लगना —— अस्थिर होना; बे-भरोसे का होना

【朝日】 zhāorì प्रातःकाल का सूरज

【朝三暮四】 zhāosān-mùsì बदलते रहना

【朝思暮想】 zhāosī-mùxiǎng की याद सताना: 你令我～。तुम्हारी याद मुझे सताती है।

【朝夕】 zhāoxī ❶दिन-रात; सुबह-शाम; रोज़: ～相处 दिन-रात साथ रहना

【朝霞】 zhāoxiá उषा; भोर की लाली

【朝阳】 zhāoyáng उगता सूरज
cháoyáng भी दे०

【朝阳产业】 zhāoyáng chǎnyè सूर्योदय उद्योग

zháo

着 zháo ❶लगना; सटना; एक चीज़ का दूसरी चीज़ से मिलना: 脚不～地 पैर ज़मीन से नहीं लगना ❷लगना; का असर होना: 着凉 ❸जलना: 火～了。आग लग गई। / 灯～了。बत्तियाँ जल गईं। ❹(क्रियाओं के साथ प्रयुक्त) लक्ष्य पर पहुंचना या परिणाम निकलना: 这回给您说～了。अब की आप ने पते की बात कही है। / 他睡～了。वह सो गया है। / 逮个正～ रंगे हाथ पकड़ना / 我买～火车票了。मैं ने रेल-टिकट खरीद लिया। ❺〈बो०〉 सो जाना: 他一躺下就～了。वह पलंग पर लेटते ही सो गया।
zhāo; zhe; zhuó भी दे०

【着风】 zháofēng हवा से सर्दी खाना

【着慌】 zháohuāng घबरा जाना; चेहरे पर हवाइयां उड़ना; अधीर होना: 一听这话，他～了。यह बात सुनते ही वह घबरा गया।

【着火】 zháohuǒ आग लगना: 他家屋子～啦！उस के मकान में आग लग गई।

【着火点】 zháohuǒdiǎn 燃点 rándiǎn के समान

【着急】 zháojí परेशानी; व्याकुलता; चिंता; परेशान हो-ना; व्याकुल होना; चिंतित होना: 别～，有话慢慢说。परेशान न हो। धीरे-धीरे बताओ।

【着凉】 zháoliáng सर्दी लगना; ठंड लगना: 他～了，有点发烧。उसे सर्दी लगी और कुछ बुखार भी आया।

【着忙】 zháománg ❶जल्दी मचाना; जल्दबाज़ी करना: 时间有的是，不用～。समय काफ़ी है। जल्दी मचाने की ज़रूरत नहीं। ❷घबराहट; चिंता; घबराना; चिंतित होना: 听说孩子病了，她心里有点～。अपने बच्चे की बीमारी की खबर सुनते ही वह घबरा गई।

【着迷】 zháomí मोहित होना; मुग्ध होना; अभिभूत होना: 精彩的演出使观众着了迷。स्तरीय प्रस्तुति से दर्शक अभिभूत हो गए।

【着魔】 zháomó मंत्रमुग्ध होना; सम्मोहित होना: 电子游戏使他～。वीडियो गेम ने उसे सम्मोहित कर लिया।

【着三不着两】 zháo sān bù zháo liǎng असावधानी; लापरवाही: 做事～ लापरवाही से काम करना

zhǎo

爪 zhǎo ❶जानवरों का नख; नाखून ❷पशु-पक्षियों का पंजा

zhuǎ भी दे०

【爪哇】 Zhǎowā जावा

【爪牙】 zhǎoyá पिछलग्गू; टहलुआ; अनुचर

找 1 zhǎo ❶खोज; खोजना; ढूंढ़ना; तलाश करना; पता लगाना: 您在～什么？आप क्या ढूंढ़ रहे हैं? / ～到一座煤矿 एक कोयला भंडार का पता लगाना / 您到别处去～～。आप किसी दूसरी जगह तलाश करें। ❷मिलना; चाहना; कहना: 外面有人～您。कोई आप से मिलने आया है। / 我去～人帮忙。मैं किसी और से मदद करने को कहूंगा।

找 2 zhǎo शेष पैसा देना: 找钱 / 找齐

【找病】 zhǎobìng आफ़त मोल लेना

【找补】 zhǎobǔ कमी पूरी करना: 我话没说完，还得～几句。मैं ने अपनी बात पूरी नहीं की। और दो बातें कहनी हैं। / 请点一下，不够再～。यह पैसा गिन लीजिए। अगर पैसे की कमी हुई तो हम पूरी कर देंगे।

【找不自在】 zhǎo bùzìzài अपने ऊपर बखेड़ा लेना

【找茬儿】 zhǎochár नुकताचीनी; नुकताचीनी करना; दोष निकालना; ऐब ढूंढ़ना: 你这是存心～。तुम तो मेरा ऐब ढूंढ़ने पर उतारू हो।

【找麻烦】 zhǎo máfan ❶मुसीबत मोल लेना ❷कष्ट देना: 对不起，给您～了。माफ़ कीजिए, आप को हम ने कष्ट दिया; हम ने आप को कष्ट दिया इस के लिए क्षमा करें।

【找平】 zhǎopíng समतल करना; बराबर करना

【找齐】 zhǎoqí ❶बराबर करना ❷कमी पूरी करना: 先付一部分，差多少明儿～。आज हम आप को रकम का एक हिस्सा देते हैं और जो बाकी रह गया है, वह कल देंगे।

【找钱】 zhǎoqián शेष पैसा देना: 这是找您的钱。यह आप का शेष पैसा है। / 他找您钱了吗？उस ने आप को शेष पैसा दिया है?

【找事】 zhǎoshì ❶नौकरी ढूंढ़ना ❷बखेड़ा खड़ा करना; झगड़ा खड़ा करना

【找死】 zhǎosǐ जान से तंग आना; खुद से बेज़ार होना; मौत को न्योता देना: 你～啊！क्या तुम जान से तंग आ गए? / 你这是在～！तुम ऐसा करके मौत को न्योता दे रहे हो।

【找头】 zhǎotou शेष पैसा

【找寻】 zhǎoxún ढूंढ़ना; खोजना; तलाश करना

【找辙】 zhǎozhé 〈बो०〉 ❶बहाना बनाना ❷उपाय करना: 工厂停工待料，领导都忙着～。कारखाने में कच्चे माल की सप्लाई न होने से उत्पादन बन्द हुआ है और प्रबंधक लोग उपाय कर रहे हैं।

沼 zhǎo तालाब; पोखर: 池沼 chízhǎo

【沼气】 zhǎoqì मार्श गैस; मीथेन गैस: ～池 मीथेन गैस टंकी

【沼泽】 zhǎozé दलदल; दलदली ज़मीन

zhào

召 1 zhào बुलाना; आह्वान; अह्वान करना: 召集

召 2 zhào (प्राय: किसी स्थान के नाम में प्रयुक्त) मठ; मंदिर

【召唤】 zhàohuàn पुकार; आवाहन; पुकारना; बुलाना; आवाहन करना: 时代的～ युग की पुकार

【召回】 zhàohuí वापस बुलाना: ～大使 राजदूत को वापस बुलाना

【召集】 zhàojí बुलाना; आयोजन करना; आयोजित करना: 把大家～拢来。सब को यहाँ बुलाओ। / ～一个会议 बैठक बुलाना; बैठक का आयोजन करना

【召集人】 zhàojírén संयोजक

【召见】 zhàojiàn बुलाना: ～大使 राजदूत को अपने यहां बुलाना

【召开】 zhàokāi बुलाना; आयोजन करना; आयोजित करना: ～国际会议 अंतरराष्ट्रीय सम्मेलन आयोजित करना / ～记者招待会 संवाददाता सम्मेलन का आयोजन करना / ～会议 सभा बुलाना

兆 1 zhào ❶लक्षण; आसार: 不吉之～ अशुभ का लक्षण ❷पूर्वाभास; भविष्यवाणी; पूर्वाभास देना; भविष्यवाणी करना: 瑞雪兆丰年 ruìxuě zhào fēngnián

兆 2 zhào ❶दस लाख; मेगा- ❷(प्राचीन युग में) दस खरब

【兆赫】 zhàohè 〈वैद्यु०〉 मेगाहर्ट्ज़

【兆头】 zhàotou लक्षण; आसार: 好（坏）～ शुभ

(अशुभ) लक्षण / 暴风雨的～ आंधी-पानी आने का आसार (होना)

【兆瓦】 zhàowǎ 〈विद्यु०〉 मेगावाट

【兆周】 zhàozhōu 〈रेडियो〉 मेगासाइकिल

诏（詔） zhào ❶〈लि०〉 उपदेश देना ❷फ़रमान; राजाज्ञा

【诏书】 zhàoshū फ़रमान; राजाज्ञा

赵（趙） Zhào ❶चीन के चओ राजवंश काल (1046-256 ई०पू०) में एक राज्य, जो आज के शानशी के उत्तर-पश्चिम और मध्य भागों, और हपे के पश्चिम और दक्षिण भागों में स्थित था ❷(प्राचीन गद्य और पद्य में) आज का दक्षिण हपे ❸एक कुलनाम

【赵公元帅】 Zhàogōng yuánshuài मार्शल चाओ, जो चीनी किवदंती में धन-समृद्धि के स्वामी माने जाते हैं

炤 zhào 照 zhào के समान

笊 zhào नीचे दे०

【笊篱】 zhàoli खपचियों, तीलियों या तारों से बनी कलछी शक्ल की वस्तु, जिस से पानी या तेल में से चीज़ निकाली जाती है; जालीदार कड़छी या कलछी

棹（櫂、艄） zhào 〈बो०〉 ❶पतवार; चप्पू ❷(नाव) खेना

照 zhào ❶आलोकित करना; रोशन करना; प्रदीप्त करना; प्रकाश फैलना： 阳光普～。सूर्य का प्रकाश चारों ओर फैलता है। / 拿手电～路。टार्च की रोशनी सड़क पर डालो। ❷जल, दर्पण आदि में किसी की छाया कृति पड़ना： ～镜子 आईने में देखना; दर्पण में देखना / 平静的湖面上～出了她的倒影。उस की परछाईं तालाब के निश्चल जल में पड़ी। ❸फ़ोटो लेना; फ़िल्म बनाना： 您这张相片～得很好。आप का जो फ़ोटो लिया गया है, वह बहुत अच्छा है। ❹फ़ोटो; चित्र： 小照 xiǎozhào ❺लाइसेंस; परमिट： 禁止无～驾驶。बिना ड्राइविंग लाइसेंस के कार चलाना निषिद्ध है। ❻देख-रेख करना; देख-भाल करना; देखना-भालना： 照看 ❼सूचना देना; सूचित करना： 知照 zhīzhào ❽तुलना करना： 对照 duìzhào ❾समझना;जानना： 心照不宣 xīnzhào-bùxuān ❿की दिशा में; की ओर： ～这个方向走。इस दिशा में आगे बढ़ो। ⓫के अनुसार; के मुताबिक： ～章办事 नियम के अनुसार काम करना

【照搬】 zhàobān अंधाधुंध नकल करना： ～外国经验 विदेशों के अनुभवों की अंधाधुंध नकल करना

【照办】 zhàobàn के अनुसार काम करना; के मुताबिक आचरण करना; का अनुसरण करना： 照您说的办。हम आप के कहे पर चलेंगे। / 您所吩咐的他都～了。आप ने जैसे बताया उसी के अनुसार उस ने काम किया है।

【照本宣科】 zhàoběn-xuānkē ज्यों का त्यों पढ़कर सुनाना

【照壁】 zhàobì （照墙 zhàoqiáng भी） द्वार के सामने परदे का काम करने वाली दीवार

【照常】 zhàocháng बदस्तूर; सदा की भाँति; हमेशा की तरह： ～工作 हमेशा की तरह काम करना / 遇雨比赛～进行。वर्षा होने पर भी स्पर्धाएं निर्धारित कार्यक्रम के अनुसार होंगी।

【照抄】 zhàochāo ❶ज्यों का त्यों कापी बनाना ❷照搬 के समान

【照登】 zhàodēng ज्यों का त्यों प्रकाशित करना

【照发】 zhàofā ❶(संदेश, पत्र आदि के) वितरण के लिए स्वीकृति ❷पहले की तरह देना： 休假期间工资～。छुट्टियों में भी वेतन पहले की तरह दिया जाएगा।

【照拂】 zhàofú 〈लि०〉 देख-भाल करना; देख-रेख करना

【照顾】 zhàogù ❶का ख्याल रखना; का ध्यान रखना; ध्यान में रखना： ～全局 देश के संपूर्ण हितों को ध्यान में रखना / ～农民的利益 किसानों के हितों का ख्याल रखना / ～儿童的特点 बच्चों की विशेषताओं का ध्यान रखना ❷देख-रेख करना; देख-भाल करना： ～伤病员 घायल और बीमार सैनिकों की देख-भाल करना / 请～好自己的行李。अपने असबाब की देख-रेख करें। ❸ग्राहक बनना： 欢迎～本店。हमारे ग्राहक बनने पर आप का स्वागत।

【照管】 zhàoguǎn देख-रेख करना; देख-भाल करना; रखवाली करना： ～孩子 बच्चों की देख-रेख करना / ～仓库 गोदाम की रखवाली करना

【照葫芦画瓢】 zhào húlu huà piáo कद्दू को देखते हुए तूंबे का चित्र उतारना —— नकल करना; कापी बनाना

【照护】 zhàohù तीमारदारी करना; सेवा-शुश्रूषा करना

【照会】 zhàohuì ❶नोट देना ❷नोट： 递交～ नोट प्रस्तुत करना / 交换～ नोटों का आदान-प्रदान करना

【照旧】 zhàojiù पूर्ववत्; पहले की तरह： 大家休息了一会儿，～埋头工作。सब लोग कुछ देर तक विश्राम करने के बाद पूर्ववत् काम में जुट गए।

【照看】 zhàokàn देखना-भालना; देख-भाल करना; देख-रेख करना： ～孩子 बच्चों की देख-रेख करना / ～行李 सामान की देख-भाल करना

【照理】 zhàolǐ सामान्य रूप से; साधारणतया： 他～现在该到校了。उसे इस समय स्कूल पहुंचना चाहिए था।

【照例】 zhàolì बदस्तूर; यथानियम; नियमतः： 今天他～步行去办公室。आज वह बदस्तूर पैदल चलते हुए दफ़्तर गया। / 国庆节期间～放假七天。राष्ट्रीय दिवस के अवसर पर नियमतः सात दिनों की छुट्टी होगी।

【照料】 zhàoliào देख-रेख करना; देख-भाल करना; संभालना： 她在家里～孩子。वह घर में बच्चों की देख-भाल करती है। / 放心吧，这里的事情我们会～的。आप निश्चिंत रहें। यहाँ के सारे काम हम संभाल लेंगे।

【照临】 zhàolín (सूर्य, चांद और तारा का) प्रकाश फैलना： 曙光～大地。उगते सूरज का प्रकाश धरती पर फैलता जा रहा है; धरती उगते सूरज की किरणों में नहा रही है।

【照猫画虎】 zhàomāo-huàhǔ बिल्ली को माडल मानकर बाघ का चित्र बनाना —— किसी चीज़ की बाह्य आकृति की नकल करना

【照面儿】 zhàomiànr ❶सामना होना; भिड़ंत होना; मुठभेड़ होना： 昨天我在街上与他打了个～。कल सड़क पर मेरा उस से सामना हुआ (भिड़ंत, मुठभेड़ हुई)।

❷(प्रायः नकारात्म रूप में प्रयुक्त) दर्शन देना; दिखाई देना; दिखाई पड़ना: 他好几天没～了。वह कई दिनों से दिखाई नहीं दिया।

【照明】 zhàomíng प्रकाश; रोशनी: 舞台～ रंगमंच की प्रकाश व्यवस्था / ～设备 प्रकाश साज़-सामान

【照明弹】 zhàomíngdàn स्टार शेल

【照排】 zhàopái फ़ोटो कम्पोज़िशन: 激光～ लेसर फ़ोटो कम्पोज़िशन

【照片儿】 zhàopiānr फ़ोटो

【照片】 zhàopiàn फ़ोटो

【照片子】 zhào piānzi ऐक्स-रे लेना: 给胸部～ छाती का ऐक्स-रे लेना

【照射】 zhàoshè आलोकित करना; रोशन करना; पर प्रकाश डालना

【照实】 zhàoshí यथार्थतः: 你～说吧！तुम सत्य बताओ।

【照说】 zhàoshuō साधारणतः; सामान्यतया: ～，他应该比我们早到才是。उसे साधारणतः हम से पहले आ पहुंचना चाहिए था।

【照相】 zhàoxiàng फ़ोटो उतारना (खींचना; लेना): 昨天他照了张相。उस ने कल अपना फ़ोटो खिंचवाया। / 他出去旅游时照了很多相。अपनी यात्रा के दौरान उस ने बहुत से फ़ोटो लिए।

【照相版】 zhàoxiàngbǎn प्रोसेस प्लेट

【照相簿】 zhàoxiàngbù फ़ोटो एलबम

【照相馆】 zhàoxiàngguǎn फ़ोटो स्टुडियो; स्टुडियो

【照相机】 zhàoxiàngjī कैमरा: 傻瓜～ फ़ूलप्रूफ़ कैमरा

【照相排字】 zhàoxiàng páizì फ़िल्म सेटिंग

【照相纸】 zhàoxiàngzhǐ फ़ोटोग्राफ़िक पेपर

【照相制版】 zhàoxiàng zhìbǎn फ़ोटोमेकनिकल प्रोसेस

【照样】[1] zhàoyàng नमूने के अनुरूप: 照着样儿画。इस नमूने के अनुरूप चित्र बना दो।

【照样】[2] zhàoyàng पहले की तरह; पूर्ववत्: 他有点发烧，～还去上学。उसे कुछ बुखार आया है। पर वह पहले की तरह स्कूल गया।

【照妖镜】 zhàoyāojìng राक्षस का असली रूप बताने वाला दिव्य दर्पण

【照耀】 zhàoyào आलोकित करना; रोशन करना, पर प्रकाश डालना: 灿烂的阳光～着大地。उजली धूप सारी धरती पर पड़ रही है।

【照应】 zhàoyìng ताल-मेल बिठाना; सामंजस्य स्थापित करना: 互相～ आपस में ताल-मेल बिठाना

【照应】 zhàoying देख-भाल करना; सेवा करना; देखना-भालना: 旅途中大家相互～，避免许多麻烦。यात्रा के दौरान सभी लोग एक दूसरे को देखते-भालते अनेक मुसीबतों से बच सके हैं।

【照直】 zhàozhí ❶सीधे; नाक की सीध में: ～走，就是路口。आप नाक की सीध में चलिए और फिर एक चौराहा मिलेगा। ❷सीधा; साफ़: 有话就～说。कहना है, तो सीधी बात कहो।

罩 zhào ❶ढकना; ढांकना; ढांपना; आच्छादित करना: 浓雾～住了山峦。घने कोहरे ने पहाड़ों को ढांप लिया है। / 沙发用布～着。सोफ़ा चादर से ढका हुआ है। / 毛衣外面～了一件外衣 ऊनी स्वेटर के ऊपर एक जाकिट ओढ़ना ❷ढक्कन; आवरण ❸दरबा ❹मछली फंसाने के लिए बांस का फंदा

【罩棚】 zhàopéng सायबान

【罩衫】 zhàoshān 〈बो०〉 बाहर का कपड़ा

【罩袖】 zhàoxiù 〈बो०〉 ओवरस्लीव

【罩衣】 zhàoyī （罩褂儿 zhàoguàr भी）ऊपरी वस्त्र

【罩子】 zhàozi ढक्कन; आवरण

肇 zhào ❶घटित करना; पैदा करना; उत्पन्न करना: 肇事 ❷〈लि०〉 शुरुआत; आरंभ; प्रारंभ; शुभारंभ: 肇始

【肇端】 zhàoduān 〈लि०〉 शुरुआत; आरंभ

【肇祸】 zhàohuò दुर्घटना घटित करना; आफ़त मचाना

【肇始】 zhàoshǐ 〈लि०〉 शुरुआत; आरंभ; प्रारंभ

【肇事】 zhàoshì दुर्घटना घटित करना; आफ़त मचाना; परेशानी पैदा करना: ～者 दुर्घटना घटित करने वाला; परेशानी पैदा करने वाला

zhē

折 zhē ❶लुढ़कना: 折跟头 ❷एक बर्तन से दूसरे बर्तन में डालना; उड़ेलना: 水太热，用两个杯子～一～就凉了。पानी बहुत गरम है। उसे उड़ेलकर ठंडा कर दो।

shé; zhé भी दे०

【折跟头】 zhē gēntou कलाबाज़ी खाना; कलैया मारना

【折腾】 zhēteng 〈बो०〉 ❶करवट बदलना: 别来回～了，早点睡吧。करवटें बदलना बन्द कर दो। जल्दी-जल्दी सो जाओ। ❷किसी काम को बारंबार करना: 他躺下又起来，起来又躺下，～了好几回。वह बारंबार लेट जाता और फिर उठ जाता, उठ जाता और फिर लेट जाता। ❸दुखाना; कष्ट पहुंचाना; परेशान करना: 这病真～人。इस बीमारी ने मुझे बहुत कष्ट पहुंचाया है। ❹हाथ ऊंचा करना: 没多久他就把家产～光了。ज़्यादा समय नहीं बीता कि उस ने हाथ ऊँचा करते हुए अपने घर को बरबाद कर डाला।

蜇 zhē ❶डंक मारना; दंश मारना; डसना; दंशना: 蝎子～了他。बिच्छू ने उसे डंक मारा। ❷दर्द करना; टीस मारना; जलन पैदा करना: 切洋葱～眼睛。प्याज़ काटते समय आंखों में जलन पैदा होती है। / 这药水抹在伤口上真～人。यह टींचर घाव पर लगाते ही बहुत दर्द करता है।

zhé भी दे०

遮 zhē ❶ढकना; ढांकना; ओट करना: 乌云～住了太阳。काले बादलों ने सूरज को ढांक लिया। ❷रोकना;

रुकावट डालना: 横～竖拦 रोकने की लाख कोशिश करना ❸परदा डालना; छिपाना; प्रकट होने से रोकना: 遮丑

【遮蔽】 zhēbì ओट करना (होना); आड़ करना; ओझल करना (होना): 浓密的树林～视线，看不到村庄。घने जगलों ने गांव को आँखों से ओझल कर रखा है।

【遮藏】 zhēcáng छिपाना; छिपना

【遮丑】 zhēchǒu अपनी भूल-चूक पर परदा डालना

【遮挡】 zhēdǎng ❶से बचाव करना; से रक्षा करना; ढकना; ढांपना: ～风雨 हवा और वर्षा से बचाव करना / 用布帘～窗户 खिड़की को परदे से ढकना ❷आड़; ओट; परदा

【遮盖】 zhēgài ❶आच्छादित करना (होना); ढकना: 山间小道被野草和枯叶所～。पहाड़ पर पगडंडी घास और सड़े पत्तों से आच्छादित थी। ❷परदा डालना: 有错误，就要承认，不要～。गलती हुई है तो उसे स्वीकार करना चाहिए न कि उस पर परदा डालना चाहिए।

【遮拦】 zhēlán रोकना; रुकावट डालना

【遮羞】 zhēxiū ❶गुप्तांग को ढांकना ❷शर्मनाक करनी (कथनी) पर परदा डालना

【遮羞布】 zhēxiūbù ❶गुप्तांग को ढांकने का कपड़ा ❷शर्मनाक करनी को छिपाने का परदा

【遮掩】 zhēyǎn ❶छिपाना; ढकना; ढांपना; ढांकना; आच्छादित करना ❷परदा डालना; छिपाना: ～错误 अपनी गलती पर परदा डालना / ～内心的不快 अपनी अप्रसन्नता छिपाना

【遮眼法】 zhēyǎnfǎ आंखों में धूल झोंकना

【遮阳】 zhēyáng धूप से बचाव करने की वस्तु

【遮阴】 zhēyīn （遮荫 zhēyīn भी） गरमी या प्रकाश से बचाव करना: ～的树 छायादार वृक्ष

zhé

折 1 zhé ❶टूटना; तोड़ना: ～树枝 टहनी तोड़ना / 骨～ हड्डी टूटना ❷क्षति उठाना; नुकसान उठाना; क्षति पहुंचना; नुकसान पहुंचना: 损兵折将 sǔnbīng-zhé-jiàng ❸टेढ़ा; टेढ़ा-मेढ़ा: 曲折 qūzhé ❹मुड़ना; मोड़ लेना; मोड़ना; दिशा बदलना: 他刚走几步又～回来。वह आगे कुछ ही कदम बढ़ा था कि पीछे मुड़कर वापस आया। ❺कायल होना: 心～ कायल होना ❻बदलना; के बराबर होना: 把公斤～成市斤 किलोग्राम को चिन में बदलना / 一公斤～多少市斤? एक किलो कितने चिन के बराबर है? / 一美元～多少人民币? एक अमरीकी डालर कितने रनमिनबी य्वान के बराबर है? ❼डिस्काउंट; छूट: 打七～ 30% की छूट देना

折 2 (摺) zhé ❶तहाना; तह लगाना; तह करना: 他把信～好，装在信封里。उस ने पत्र को तह करके लिफ़ाफ़े में डाल दिया। ❷हारमोनियम के आकार की छोटी पुस्तिका: 存折 cúnzhé

shé; zhē भी दे०

【折半】 zhébàn (दाम) आधा कम करना; (दामों में) पचास प्रतिशत कटौती करना; पचास फ़ीसदी की छूट देना: ～出售 पचास फ़ीसदी की छूट पर बेचना; आधे दामों में बेचना

【折变】 zhébiàn (अपने घर की संपत्ति) बेच देना

【折尺】 zhéchǐ फ़ोल्डिंग रूल

【折冲】 zhéchōng 〈लि०〉 दुश्मन को परास्त करना या खदेड़ना: ～御侮 विदेशी अतिक्रमणकारियों को पीछे खदेड़ना

【折冲樽俎】 zhéchōng-zūnzǔ राजनयिक वार्ता करना

【折叠】 zhédié तहाना; तह करना; तह लगाना; मोड़ना: ～衣服 कपड़ों को तह करना

【折叠床】 zhédiéchuáng फ़ोल्डिंग बेड

【折叠椅】 zhédiéyǐ फ़ोल्डिंग चेयर

【折叠翼飞机】 zhédiéyì fēijī फ़ोल्डिंग-विंग विमान

【折兑】 zhéduì सोने-चांदी को धन में बदलना

【折返】 zhéfǎn आधे रास्ते में पीछे मुड़ जाना

【折服】 zhéfú ❶यकीन दिलाना; कायल करना; विश्वास दिलाना; झुकाना; हार स्वीकार कराना: 您这种论点～不了人。आप का यह मत लोगों को यकीन दिला नहीं सकता। / 困难不能～我们 कठिनाइयां हमें झुका नहीं सकतीं। ❷कायल होना; यकीन होना; विश्वास होना: 大为～ का कायल होना

【折福】 zhéfú 〈पुराना〉 भाग्यदोष होना; तकदीर की खराबी होना

【折干】 zhégān उपहार के रूप में धन देना

【折光】 zhéguāng (पानी, शीशे आदि का) मोड़ा हुआ प्रकाश; रेफ़्रैक्ट लाइट; परावर्त प्रकाश

【折桂】 zhéguì खिताब जीतना; चैंपियनशिप प्राप्त करना; पहला स्थान पाना

【折合】 zhéhé बदलाना; के बराबर होना: 一美元～多少人民币? एक डालर कितने रनमिनबी य्वान के बराबर है; डालर के मुकाबले रनमिनबी य्वान की कीमत कितनी है? / 把美元～成英镑 डालर को पौंड में बदलना / 两市斤～一公斤。दो चिन एक किलो के बराबर होता है।

【折回】 zhéhuí आधे रास्ते में पीछे मुड़ना

【折价】 zhéjià मूल्य के अनुसार; भाव के अनुसार: ～赔偿 नष्ट चीज़ के मूल्य के अनुसार क्षतिपूर्ति करना

【折旧】 zhéjiù 〈अर्थ०〉 (संपत्ति का) मूल्यह्रास: ～费 मूल्यह्रास शुल्क / ～率 मूल्यह्रास दर

【折扣】 zhékòu डिस्काउंट; छूट; कटौती: 这个价已打了15%的～。इस मूल्य में पन्द्रह प्रतिशत की छूट दी गई है। / 本店不打～。इस दुकान में कोई डिस्काउंट नहीं दिया जाता।

【折磨】 zhémó कष्ट पहुंचाना; सताना; यातनाएं देना: 这病真～人。इस बीमारी ने बहुत कष्ट पहुँचाया है। / 在狱中受尽～ जेल में हर तरह की यातनाएं सहना

【折辱】 zhérǔ 〈लि०〉 अपमानित करना; अवमानित करना; अपमान करना; अवमान करना; अनादर करना

【折杀】 zhéshā （折煞 zhéshā भी） 〈पुराना〉 एहसान से दबना

zhé zhě zhè 1578

【折扇】 zhéshàn फ़ोल्डिंग फ़ैन

【折射】 zhéshè 〈भौ०〉 अपवर्तन： ～望远镜 अपवर्तन टेलीस्कोप

【折实】 zhéshí ❶छूट देने के बाद असली हिसाब लगाना ❷कुछ वस्तुओं के मूल्य सूचकांक के अनुसार पैसे का हिसाब लगाना

【折寿】 zhéshòu हद से अधिक पाने या उपभोग करने से जीवनकाल में कटौती होना

【折受】 zhéshou 〈बो०〉 एहसान, उपकार आदि से दबा होना

【折算】 zhésuàn से … की विनिमय करना： 把人民币～成印度卢比 भारतीय रुपये से रनमिनबी की विनिमय करना

【折头】 zhétou 〈बो०〉 डिसकाउंट; छूट

【折腰】 zhéyāo 〈लि०〉 झुककर प्रणाम करना; नाक रगड़ना; गिड़गिड़ाना

【折账】 zhézhàng वस्तुओं के रूप में कर्ज़ चुकाना

【折纸】 zhézhǐ पेपर-फ़ोल्डिंग

【折中】 zhézhōng मध्यमार्ग; मध्यमार्गी： ～方案 मध्यमार्गी प्रस्ताव

【折衷】 zhézhōng 折中 के समान

【折衷主义】 zhézhōng zhǔyì मध्यमार्ग

【折子】 zhézi हारमोनियम के आकार की पुस्तिका

【折子戏】 zhézixì ओपेरा का चुनिंदा अंश

哲（喆） zhé ❶प्रबुद्ध; बुद्धिमान; विवेकी： 哲人 ❷मनीषी; ज्ञानी： 先哲 xiānzhé

【哲理】 zhélǐ दर्शन शास्त्र; दर्शन; दार्शनिक सिद्धांत

【哲人】 zhérén 〈लि०〉 मनीषी; दार्शनिक; दर्शनकार

【哲学】 zhéxué दर्शन शास्त्र; दर्शन; दर्शन विज्ञान： ～家 दार्शनिक; दर्शनकार

辄（輒、輙） zhé 〈लि०〉 ❶हमेशा; सदा ❷तब तो

蛰（蟄） zhé 〈लि०〉 शीत निष्क्रियता

【蛰伏】 zhéfú ❶〈प्राणि०〉 शीत निष्क्रियता; प्रसुप्ति ❷蛰居 के समान

【蛰居】 zhéjū 〈लि०〉 एकांतवास करना： ～书斋 अपने आप को अध्ययन कक्ष में बन्द करना

蜇 zhé दे० 海蜇 hǎizhé
zhē भी दे०

谪（謫、讁） zhé 〈लि०〉 ❶सामंती युग में दंड के रूप से उच्च अधिकारी को पदावनत करके दूरस्थ क्षेत्र में भेजना; देश-निकाला देना; निर्वासित करना： 贬谪 biǎnzhé ❷(देव का) स्वर्ग से निर्वासन होना ❸दोष लगाना; निंदा करना： 众口交～ हरेक आदमी द्वारा निंदा की जाना

【谪居】 zhéjū निर्वासित होना

磔 1
zhé अंगभंग (प्राचीन काल में एक दंड)

磔 2
zhé 〈लि०〉 चीनी अक्षरों की दायीं ओर गिरने वाली रेखा

辙（轍） zhé ❶लकीर; गाड़ियों के पहियों का निशान ❷यातायात की दिशा： 戗～儿行驶 (यातायात नियम के विरुद्ध) गलत दिशा में कार चलाना ❸तुक： 合辙 hézhé ❹〈बो०〉 (प्रायः 有 या 没 के पीछे प्रयुक्त) चारा; उपायः 没辙 méizhé

【辙口】 zhékǒu तुक

zhě

者 1
zhě 〈लघु अ०〉 ❶(व्यक्तियों या चीज़ों का वर्ग बताने के लिए क्रिया या विशेषण, क्रिया या विशेषण पद के पीछे प्रयुक्त)： 老～ बूढ़ा / 作～ लेखक / 胜利～ विजेता ❷कोई काम करने वाला; कार; कर्ता; कोई वाद मानने वाला; -वादी： 研究～ अनुसंधानकर्ता / 艺术工作～ कलाकार / 马克思主义～ मार्क्सवादी ❸〈लि०〉 (二、三、数 आदि संख्याओं के साथ प्रयुक्त)： 两～缺一不可。 दोनों में से कोई भी एक अनिवार्य है। ❹(ठहराव का संकेत करने के लिए शब्द, पद या उपवाक्य के पीछे प्रयुक्त)： 义～，人也。दयालुता मानव का व्यवहार है। ❺〈पुराना〉 (आशा जताने या आज्ञा देने के लिए वाक्य के अंत में प्रयुक्त)： 路上小心在意～！ रास्ते में सावधान रहें।

者 2
zhě 〈पुराना〉 यहः ～边 इस ओर / ～番 इस बार

锗（鍺） zhě 〈रसा०〉 जर्मेनियम (Ge)

赭 zhě गेरुआ

【赭石】 zhěshí गेरू

褶（襵） zhě चुनट; चुन्नट; सिलवट; शिकन; सिकुड़न： 衣服上起～儿了。 कपड़ों पर शिकनें पड़ गई हैं।

【褶皱】 zhězhòu ❶〈भू०〉 वलन ❷(चेहरे, देह पर) झुर्री

【褶子】 zhězi ❶चुन्नटः 她的裙子有～。 उस के स्कर्ट पर चुन्नटें डाली गई हैं। ❷सिलवट; शिकन： 用熨斗把衣服上的～烫平。 इस्तरी से कपड़ों की शिकन दूर कर दो; कपड़ों को इस्तरी करो। ❸(चेहरे पर) झुर्री

zhè

这（這） zhè ❶यहः ～本杂志是新出的。 यह पत्रिका नई निकाली गई है। / ～城市很漂亮。 यह शहर बहुत रमणीय है। / ～情况我清楚。 यह बात मैं जानता हूं। / ～孩子叫什么名字？ इस बच्चे का क्या

नाम है ? / ～到底是怎么回事？आखिर यह क्या माजरा है ? ❷अब; अभी: 我～就走。मैं अभी जाता हूँ। / 我～才知道他要来北京的消息。मुझे उस के पेइचिंग आने की खबर अभी मिली।

zhèi भी दे०

【这程子】 zhèchéngzi 〈बो०〉 इन दिनों; हाल में: ～怎么见不到您？इन दिनों कैसे आप से मुलाकात नहीं हो सकी ?

【这个】 zhège ❶यह: ～女孩子真可爱。यह बच्ची बहुत प्यारी है। / ～比那个大。यह उस से बड़ा है। / 你问我～干吗？तुम ने इस बारे में मुझ से क्यों पूछा ? ❷(ज़ोर देने के लिए क्रिया या विशेषण के आगे प्रयुक्त) अत्यधिक; बहुत: 孩子们～高兴啊！बच्चे अत्यधिक प्रसन्न हुए।

【这会儿】 zhèhuìr（这会子 zhèhuìzi भी）इस समय; इस वक्त; अब: 他～在干什么？अब वह क्या कर रहा है ? / 他～正在看书。वह इस समय किताब पढ़ रहा है।

【这里】 zhèlǐ यहाँ; यहाँ पर; इधर: ～有个花坛。यहाँ पर फूलों की एक क्यारी है। / 他不在我们～。वह हमारे यहाँ नहीं है। / 到～来。इधर आओ।

【这么】 zhème इस प्रकार; इस तरह; ऐसा; ऐसे: 他就是～个人。वह एक ऐसा ही आदमी है। / 竟然连你也～说。और तुम भी ऐसे ही बोल रहे हो। / 没～回事。ऐसी कोई बात नहीं।

【这么点儿】 zhèmediǎnr इतना कम; इतना थोड़ा; इतना अल्प: ～钱，连一本书也买不着。इतने कम पैसे से एक भी पुस्तक खरीदी नहीं जा सकती। / ～东西，我一个人就可以拿走。इतनी थोड़ी सी चीज़ें मैं अकेले ही उठा ले जा सकता हूं।

【这么些】 zhèmexiē इतना ज़्यादा; इतना अधिक; इतना बहुत: ～东西我一个怎么搬得动？इतनी ज़्यादा चीज़ों को मैं अकेले कैसे उठाऊँ ? / 没想到来了～人。मैं ने सोचा नहीं था कि इतने अधिक लोग आएंगे।

【这么样】 zhèmeyàng इस तरह; इस प्रकार; ऐसे: 他总是～待人吗？क्या वह दूसरों के साथ हमेशा इस तरह निबटता है ? / 您别～说话。आप को इस प्रकार बातें नहीं करनी चाहिए।

【这么着】 zhèmezhe इस तरह; इस प्रकार; ऐसे: ～好。यह बेहतर होगा। / 你要～拿笔，才能写好字。तुम्हें इस तरह कलम पकड़नी चाहिए। तभी सुन्दर अक्षर लिख सकोगे।

【这儿】 zhèr ❶यहाँ; इधर ❷(केवल 打，从 या 由 के पीछे प्रयुक्त) इस समय; अब; उस समय; तब: 打～起我要用功读书。अब से मैं पढ़ाई में मेहनत करूँगा। / 从～以后我再没跟他说过话。तब के बाद मैं ने उस से बात करना बन्द कर दिया।

【这山望着那山高】 zhè shān wàng zhe nà shān gāo दूसरा पहाड़ सदा ज़्यादा ऊंचा दीखता है —— तृप्ति न होना; तृप्त न होना; जी नहीं भरना; घर की मुर्गी दाल बराबर

【这些】 zhèxiē （这些个 zhèxiēge भी）ये: ～日子您去哪儿了？इन दोनों आप कहाँ गए थे ? / ～全都是新盖的楼房。ये सभी नवनिर्मित इमारतें हैं।

【这样】 zhèyàng ऐसा; इस तरह का; इस प्रकार का; ऐसे; इस तरह; इस प्रकार; इतना: 你～紧张干嘛？तुम्हें इतनी घबराहट हुई। क्यों ? / ～的文艺作品受到群众喜爱。इस प्रकार की साहित्यिक व कलात्मक रचनाएं लोकप्रिय हुई हैं। / 这个问题应该～解决。इस समस्या का ऐसा ही समाधान करना चाहिए। / 您～就走？आप इस तरह जाएंगे ?

【这样那样】 zhèyàng nàyàng इस तरह का या उस तरह का; इस प्रकार का या उस प्रकार का; ऐसा या वैसा: 双方存在～的分歧，是不足为怪的。यह कोई आश्चर्य की बात नहीं है कि दोनों पक्षों के बीच ऐसा या वैसा (इस तरह का या उस तरह का) मतभेद मौजूद हो।

柘 zhè श्री-त्रिसल क्यूड्रानिया का वृक्ष

浙（淛）Zhè 浙江 का संक्षिप्त नाम

【浙江】 Zhèjiāng चच्यांग (प्रांत)

蔗 zhè ईख; ऊख; गन्ना

【蔗农】 zhènóng ईख उगाने वाला किसान

【蔗糖】 zhètáng इक्षु-शर्करा; ईख की चीनी

【蔗渣】 zhèzhā खोई

嗻 zhè जी हुज़ूर

鹧（鷓）zhè नीचे दे०

【鹧鸪】 zhègū 〈प्राणी०〉 तीतर

zhe

著 zhe 着 zhe के समान

zhù; zhuó भी दे०

着 zhe ❶(कार्यवाही की निरंतरता बताने के लिए प्रयुक्त): 他背～书包朝学校走去。वह बस्ता कंधे पर लटकाए स्कूल की तरफ़ जा रहा है। / 她正看～电视呢。वह तो टी०वी० देख रही है। / 雨正下～呢。वर्षा हो ही रही है। ❷(स्थिति के बनी रहने का सूचक): 门开～。दरवाज़ा खुला हुआ है। / 桌子上放～一只杯子。मेज़ पर एक कप रखा हुआ है। ❸(आज्ञासूचक वाक्यों में ज़ोर देने के लिए क्रिया या विशेषण के पीछे और अक्सर 点儿 के साथ प्रयुक्त): 慢～！रुक जाओ। / 你听～。तुम सुनो। / 快～点儿写。जल्दी-जल्दी लिखो। / 你小心～点儿。खबरदार रहो। ❹(कुछ क्रियाओं के पीछे जोड़ने से पूर्वसर्ग बनते हैं): 顺～ के साथ-साथ / 朝～ की ओर; की दिशा में / 照～ के अनुसार / 为～ के लिए; के हेतु; के वास्ते

zhāo; zháo; zhuó भी दे०

【着哩】 zheli 〈बो०〉 着呢 के समान

【着呢】 zhene बहुत; काफ़ी; अत्यधिक; बेहद: 这电影好看～。यह एक बहुत अच्छी फ़िल्म है। / 外面热～。बाहर काफ़ी गरमी है। / 声音大～呢。आवाज़ बेहद ऊंची हैं।

zhèi

这（這）zhèi 这 zhè का भिन्न उच्चारण, बोलचाल की भाषा में परिमाण शब्द या संख्यात्मक शब्द व परिमाण शब्द के पद के आगे प्रयुक्त: ～本书 यह पुस्तक / ～三架飞机 ये तीन विमान
zhè भी दे०

zhēn

贞¹（貞）zhēn ❶वफ़ादार; निष्ठावान: 坚贞 jiānzhēn ❷शील; सतीत्व: 贞女

贞²（貞）zhēn 〈लि०〉 शुभाशुभ का फल बताना

【贞操】 zhēncāo ❶शील; सतीत्व ❷वफ़ादारी; निष्ठा

【贞节】 zhēnjié ❶वफ़ादारी; निष्ठा; एकनिष्ठा ❷शील; सतीत्व

【贞洁】 zhēnjié शुद्ध व निर्दोष

【贞烈】 zhēnliè अपनी इज़्ज़त की हिफ़ाज़त के लिए मरने को भी तैयार हो जाना

【贞女】 zhēnnǚ कुमारी

针（針、鍼）zhēn ❶सूई; सूची ❷टांका: 缝两～ दो तीन टांके लगाना / 伤口缝了四～。घाव पर चार टांके लगाए गए। ❸सूई जैसी वस्तु: 松针 sōngzhēn / 时针 shízhēn ❹इंजेक्शन; टीका: 打针 dǎzhēn / 打防疫～ टीका लगाना ❺(उपचार के लिए) सूई, सूची: 针灸

【针鼻儿】 zhēnbír नाका; सूई का छेद; सूफ़ार

【针砭】 zhēnbiān ❶सूचीभेदन की एक प्राचीन विधि ❷किसी की गलती बताना और उसे सुधारने का सुझाव देना

【针刺麻醉】 zhēncì mázuì सूचीभेदन से सुन्न करना

【针打】 zhēndǎ （针式打印机 का संक्षिप्त रूप） स्टायलस प्रिण्टर

【针对】 zhēnduì ❶के विरुद्ध होना; के खिलाफ़ होना: 本条约不～任何第三方。यह संधि किसी भी तीसरे पक्ष के विरुद्ध नहीं है। ❷लक्षित करना: ～新情况采取有力措施。नई स्थिति को लक्षित करते हुए प्रभावी कदम उठाए गए। / 他的这番话是～小王的。उस ने श्याओ वांग को लक्षित करके ये बातें कही हैं।

【针锋相对】 zhēnfēng-xiāngduì शठे-शाठ्यम; जैसे को तैया: ～的斗争 जैसे के साथ तैसा संघर्ष करना; शठे-शाठ्यम संघर्ष करना

【针箍】 zhēngū 〈बो०〉 अंगुश्ताना

【针管】 zhēnguǎn 〈चिकि०〉（针筒 zhēntǒng भी） सीरिंज

【针剂】 zhēnjì 〈औष०〉 इंजेक्शन

【针尖】 zhēnjiān सूई की नोक

【针尖对麦芒】 zhēnjiān duì màimáng नोकाझोंकी; नोकाझोंकी करना: 两个人～，吵得不可开支。दोनों की नोकाझोंकी ने घर को सिर पर उठा लिया।

【针脚】 zhēnjiǎo टांका; सिलाई: 你缝得～太大了。तुम तो, बस, टांका मार रहे हो। / 把～缝得密些。नज़दीक से नज़दीक सिलाई करो।

【针灸】 zhēnjiǔ एक्युपंक्चर; सूचीभेदन: ～疗法 सूचीभेदन चिकित्सा

【针头】 zhēntóu 〈चिकि०〉 सीरिंज नीडल

【针头线脑】 zhēntóu-xiànnǎo 〈बोल०〉 सूई और धागा; छोटी-मोटी चीज़ें

【针线包】 zhēnxianbāo बगली

【针线】 zhēnxian सिलाई; सीने-पिरोने का काम

【针眼】 zhēnyǎn ❶नाका ❷छेद; छिद्र

【针眼】 zhēnyan 〈चिकि०〉 आंख की पलक के किनारे की फुंसी

【针叶树】 zhēnyèshù शंकुवृक्ष; नुकीली पत्तियों वाला पेड़

【针织】 zhēnzhī बुनाई; बुनना: ～厂 बुनाई मिल / ～机 बुनाई मशीन / ～品 बुनाई की चीज़ें; बुने हुए वस्त्र

【针黹】 zhēnzhǐ 〈लि०〉 सिलाई; सीने-पिरोने का काम

侦（偵）zhēn जासूसी; मुखबिरी; जासूसी करना; मुखबिरी करना; जांच करना: 侦查

【侦查】 zhēnchá 〈का०〉 जांच; जांच करना: 立案～ मामला दर्ज करके जांच शुरू करना

【侦察】 zhēnchá पता लगाना; टोह लेना; टोह लगना: ～敌情 दुश्मन के बारे में सूचनाएं एकत्र करना / ～飞行 टोही उड़ान / ～机 टोहक विमान

【侦察兵】 zhēnchábīng गुप्तचर सिपाही; स्काउट

【侦察卫星】 zhēnchá wèixīng टोही उपग्रह; जासूसी उपग्रह

【侦察员】 zhēncháyuán गुप्तचर सिपाही; स्काउट

【侦缉】 zhēnjī पता लगाकर गिरफ़्तारी करना

【侦结】 zhēnjié आपराधिक जांच-पड़ताल की समाप्ति

【侦破】 zhēnpò सुलझाना: ～盗窃案 चोरी का मामला सुलझाना

【侦探】 zhēntàn ❶जासूसी करना; मुखबिरी करना ❷जासूस; मुखबिर; भेदिया; गुप्तचर; खुफ़िया

【侦探小说】 zhēntàn xiǎoshuō जासूसी उपन्यास

【侦听】 zhēntīng शत्रु रेडियो कम्यूनिकेशन इंटर्सेप्ट करना; मोनिटर करना: ～器 डिटेक्टफ़ोन

珍（珎）zhēn ❶कीमती वस्तु: 珍宝 ❷कीमती; मूल्यवान; दुर्लभ: 珍品 ❸मूल्यवान समझना; संजोए रखना: 珍惜

【珍爱】 zhēn'ài बहुमूल्य समझना; बहुत प्यार करना

【珍宝】 zhēnbǎo कीमती वस्तु; रत्नमणि; जवाहिरात

【珍本】 zhēnběn दुर्लभ संस्करण; दुष्प्राप्य पुस्तक
【珍藏】 zhēncáng ❶संग्रह ❷संग्रह करना; संगृहीत करना
【珍贵】 zhēnguì मूल्यवान; बहुमूल्य; अमूल्य; अनमोलः ～文物 बहुमूल्य सांस्कृतिक अवशेष
【珍品】 zhēnpǐn निधि; खज़ानाः 艺术～ कलात्मक निधि
【珍奇】 zhēnqí दुर्लभ; दुष्प्राप्य
【珍禽异兽】 zhēnqín-yìshòu दुर्लभ पशु-पक्षी
【珍摄】 zhēnshè <लि०> (पत्रों में प्रयुक्त) सकुशल रहें
【珍视】 zhēnshì मूल्यवान समझनाः ～两国人民之间的传统友谊 हमारे दोनों देशों की जनता के बीच की परंपरागत मैत्री को मूल्यवान समझना
【珍玩】 zhēnwán दुर्लभ वस्तु
【珍闻】 zhēnwén मज़ेदार समाचार; विविध समाचारः 世界～ विश्व विविध समाचार; विश्व संक्षिप्त समाचार
【珍惜】 zhēnxī बहुमूल्य समझना; कदर करना; महत्व देनाः ～人才 प्रतिभाओं की कदर करना / ～改革成果 आर्थिक सुधार की उपलब्धियों को बहुमूल्य समझना / ～时间 समय को महत्व देना
【珍稀】 zhēnxī दुर्लभ और मूल्यवानः ～动物 दुर्लभ जानवर
【珍馐】 zhēnxiū （珍羞 zhēnxiū भी） <लि०> स्वादिष्ट खाद्य पदार्थ
【珍重】 zhēnzhòng ❶मूल्यवान समझना; कदर करना; महत्व देना ❷सकुशल रहनाः 两人紧紧握手，互道～。 दोनों ने हाथ मिलाते हुए एक दूसरे से सकुशल रहने की कामनाएं कीं।
【珍珠】 zhēnzhū मोती; मुक्ता; गौहर
【珍珠贝】 zhēnzhūbèi सीपी; सीप; मुक्तागृह
【珍珠港】 Zhēnzhūgǎng पर्ल हार्बर
【珍珠米】 zhēnzhūmǐ <बो०> मक्का; मकई
【珍珠岩】 zhēnzhūyán पर्लाइट

帧（幀） zhēn <परि०श०> (चित्र आदि के लिए): 一～画 एक चित्र

胗 zhēn मांसपेशीय उदरः 鸡～ मुर्गे का मांसपेशीय उदर

真 zhēn ❶सच्चा; सत्य; असली; शुद्धः 真心 / 真话 ❷सचमुच; वास्तव में; दरहकीकतः 您～要走？ आप जाना सचमुच चाहते हैं？/ 他说的～对。 जो कुछ उस ने कहा, वह वास्तव में ठीक है। / 您～行。 आप ने सचमुच कमाल कर दिखाया है। ❸साफ़; स्पष्टः 您看得～么？ क्या आप साफ़-साफ़ देख सकते हैं？/ 字音咬得～ शब्द का स्पष्ट उच्चारण करना ❹真书 का संक्षिप्त रूप ❺चित्र; तस्वीरः 写真 xiězhēn ❻<लि०> प्रकृति; स्वभावः 归真返璞 guī zhēn fǎn pú
【真才实学】 zhēncái-shíxué सच्ची योग्यता और ज्ञान; असली प्रतिभाः ～之人 सुयोग्य और ज्ञानी व्यक्ति
【真诚】 zhēnchéng हार्दिकता; ईमानदारी; सचाई; हार्दिक; ईमानदार; सच्चा; सच्चे दिल से; तहे दिलः ～地希望 सच्चे दिल से आशा करना / ～合作 ईमानदारी से सहयोग करना / ～感谢 हार्दिक धन्यवाद देना
【真传】 zhēnchuán गुरु या उस्ताद द्वारा प्रत्यक्ष रूप से सिखाया जाना
【真谛】 zhēndì सच्चा अर्थः 人生的～ जीवन का सच्चा अर्थ
【真格的】 zhēngéde सच; सच्चा; सत्यः 别闹了，说～吧。 बकवास छोड़ दें और सच बोलें। / ～，您到底去不去？ आखिर आप जाएंगे या नहीं？/ 动～ गंभीरता से काम लेना या गोलाबारी करना
【真个】 zhēngè <बो०> सचमुच; वस्तुतः; दरअसलः ～了不起 सचमुच चमत्कारिक होना
【真果】 zhēnguǒ <वन०> फल
【真话】 zhēnhuà सत्य; सच्ची बात; असली बातः 要说～，不说假话。 सच्ची बात कहना चाहिए न कि झूठी बात; सत्य बोलना चाहिए न कि झूठ।
【真迹】 zhēnjì (चित्रकारी या लिपिकला की) मौलिक कृति
【真金不怕火炼】 zhēnjīn bù pà huǒ liàn सांच को आंच नहीं
【真菌】 zhēnjūn फफूंदी; भुकड़ी
【真空】 zhēnkōng <भौ०> वैक्यूम; निर्वातः ～泵 वैक्यूम पम्प / ～冶炼 वैक्यूम स्मेल्टिंग / ～吸尘器 वैक्यूम क्लीनर
【真空地带】 zhēnkōng dìdài <सैन्य०> निर्जन क्षेत्र
【真理】 zhēnlǐ सत्य; सचाई; सच्चाईः 普遍～ सर्वव्यापी सत्य
【真面目】 zhēnmiànmù असली चेहराः 露出～ अपनी असलियत पर पहुंचना
【真皮】 zhēnpí ❶<श०वि०> अन्तरत्वचा; चर्म ❷असली चमड़ा
【真凭实据】 zhēnpíng-shíjù ज्वलंत प्रमाण
【真切】 zhēnqiè ❶स्पष्ट; साफ़ः 听得～ साफ़-साफ़ सुन लेना / 看得～ साफ़-साफ़ देख लेना ❷हार्दिक; सत्य; ईमानदारः 情意～ हार्दिक भाव
【真情】 zhēnqíng ❶वास्तविकता; यथार्थ स्थिति; सत्य ❷असली भावः ～流露 असली भाव व्यक्त करना
【真确】 zhēnquè ❶सच्चा; असली; सत्यः ～的消息 विश्वसनीय खबर ❷स्पष्ट; साफ़; ठीकः 他的原话我记不～了。 उस की मूल बातें मुझे ठीक से याद नहीं हैं।
【真人】 zhēnrén सत्य पुरुष या वह पुरुष, जिसे बोध प्राप्त हुआ हो (यह ताओपंथियों की उपाधियों में प्रयुक्त होता है): 太乙真人 Tàiyǐ zhēnrén
【真人真事】 zhēnrén zhēnshì सच्ची कहानीः 这篇小说是根据～改编的。 यह कहानी सच्ची घटना पर आधारित है।
【真善美】 zhēn-shàn-měi सत्यम्, शिवम् और सुन्दरम्; सत्य, शिव और सुन्दर
【真实】 zhēnshí सत्य; सचाई; असलियत; वास्तविकता; सत्य; सच्चा; असली; वास्तविकः ～情况 वास्तविक स्थिति / ～性 सत्य; सचाई
【真是】 zhēnshi （真是的 zhēnshide भी） (असंतोष और परेशानी प्रगट करने के लिए प्रयुक्त): 你也～，一

句话不说就走了。तुम भी खूब हो कि बिना कुछ बोले यों ही नदारद हो गए। / ～，他总干傻事。छिछि, वह मूर्खता किया ही करता है। / 你们俩也～，电影票都买好了，你们又不去了。आप दोनों का क्या कहूँ। सिनेमा के टिकट लाया और आप दोनों का जाने का मन नहीं।

【真释】 zhēnshì सही व्याख्या या अनुवाद

【真书】 zhēnshū (चीनी लिपिकला में) नियमित लिखावट

【真率】 zhēnshuài ईमानदार; सच्चा; स्पष्टवादी

【真丝】 zhēnsī (कृत्रिम रेशों से भिन्न) रेशमी रेशा

【真相】 zhēnxiàng वास्तविकता; असलियत; सच्चाई: 了解～ वास्तविक स्थिति का पता लगाना / 掩盖～ तथ्यों पर परदा डालना / 歪曲事实～ तथ्यों को तोड़-मरोड़कर पेश करना / ～大白。सचाई सामने आई।

【真心】 zhēnxīn हार्दिकता; ईमानदारी; हार्दिक; ईमानदार; सच्चे हृदय से: ～话 दिल की बात / 我是～为你好。मैं सच्चे हृदय से तुम्हारी भलाई चाहती हूँ।

【真心实意】 zhēnxīn-shíyì सच्चे दिल से; तहे दिल से: 我们～想帮你。हम सच्चे दिल से चाहते हैं कि तुम्हारी मदद करें।

【真性】 zhēnxìng 〈लि०〉 प्रकृति; स्वभाव

【真正】 zhēnzhèng ❶सत्य; सच; सच्चा; वास्तविक; असली: ～的朋友 सच्चे दोस्त / ～的中国货 असली चीनी माल ❷सचमुच; असल में; वास्तव में; यथार्थ में; सही अर्थों में: 这部小说～值得一读。यह उपन्यास सचमुच पढ़ने योग्य है।

【真知】 zhēnzhī सही जानकारी

【真知灼见】 zhēnzhī-zhuójiàn सही जानकारी और गहरी अंतर्दृष्टि

【真挚】 zhēnzhì हार्दिक; दिली: ～的同情 हार्दिक संवदेना

【真珠】 zhēnzhū 珍珠 zhēnzhū के समान

【真主】 Zhēnzhǔ 〈इस्लाम〉 अल्लाह; खुदा: ～保佑。खुदा खैर करे।

桢（楨） zhēn प्राचीन युग में दीवार बनाने के लिए खड़ा किया गया खंभा

【桢干】 zhēngàn 〈लि०〉 मेरुदंड

砧（碪） zhēn निहाई

【砧板】 zhēnbǎn चॉपिंग ब्लॉक

【砧骨】 zhēngǔ 〈श०वि०〉 निघात हड्डी (कान की एक छोटी हड्डी)

【砧木】 zhēnmù 〈कृ०〉 स्कंध

【砧子】 zhēnzi 〈बोल०〉 निहाई

祯（禎） zhēn 〈लि०〉 मंगल; शुभ

蓁 zhēn नीचे दे०

【蓁蓁】 zhēnzhēn 〈लि०〉 ❶पेड़ों का झुरमुट ❷झाड़-झंखाड़

斟 zhēn उड़ेलना; ढालना: ～酒 शराब उड़ेलना / ～茶 चाय डालना

【斟酌】 zhēnzhuó सोच-विचार करना: ～再三 बार-बार सोच-विचार करना / 斟字酌句 एक-एक शब्द तलाशना / 这件事您～着办吧。आप इस मामले को लेकर जो ठीक समझें, वह करें।

椹 zhēn 砧 zhēn के समान
shèn भी दे०

甄 zhēn ❶〈लि०〉 चुनना; पहचान करना; भेद करना; अंतर करना; अलग करना; जांचना; जांच करना: 甄别 / 甄选 ❷（Zhēn）एक कुलनाम

【甄别】 zhēnbié ❶पहचान करना; भेद करना; अंतर करना ❷परखना

【甄录】 zhēnlù परीक्षा के द्वारा भरती करना

【甄审】 zhēnshěn जांचना; परखना

【甄选】 zhēnxuǎn चुनना; चुनाव करना

榛 zhēn 〈वन०〉 बलूत का वृक्ष

【榛莽】 zhēnmǎng 〈लि०〉 पेड़ों का झुरमुट

【榛实】 zhēnshí बलूत

【榛子】 zhēnzi ❶बलूत का वृक्ष ❷बलूत

箴 zhēn 〈लि०〉 ❶समझाना; सलाह देना; उपदेश देना ❷एक प्रकार का उपदेशात्मक सत्य

【箴言】 zhēnyán 〈लि०〉 उपदेश; सूक्ति

臻 zhēn 〈लि०〉 ❶(एक उच्च स्तर) पर पहुंचना: 交通工具日～便利。सवारियाँ दिन ब दिन सुविधाजनक होती गईं। ❷आना; आ पहुंचना

zhěn

诊（診） zhěn जांच; जांच करना: 出～ रोगी की जांच करने जाना

【诊病】 zhěnbìng रोग का निदान करना

【诊察】 zhěnchá (रोगी की) जांच करना

【诊断】 zhěnduàn निदान; निदान करना

【诊疗】 zhěnliáo निदान और उपचार करना: ～器械 चिकित्सा उपकरण

【诊脉】 zhěnmài नाड़ी देखना; नब्ज़ देखना

【诊视】 zhěnshì (रोगी की) जांच करना

【诊室】 zhěnshì डाक्टर का कमरा

【诊所】 zhěnsuǒ क्लिनिक; डिस्पेंसरी

【诊治】 zhěnzhì निदान और उपचार करना

枕 zhěn ❶तकिया ❷पर सिर टिकाना; पर सिर रखना: ～着胳膊睡觉 बाज़ू पर सिर टिका कर सोना

【枕戈待旦】 zhěngē-dàidàn सिर को भाले पर

रखकर लेटे प्रभात के आगमन का इंतज़ार करना —— हरदम मुस्तैद रहना; हर वक्त चौकस रहना

【枕骨】 zhěngǔ 〈श०वि०〉 पश्चकपाल अस्थि; कपाल का पिछला हिस्सा

【枕藉】 zhěnjiè 〈लि०〉 आड़े-तिरछे लेटना (पड़ना)

【枕巾】 zhěnjīn तकियापोश

【枕木】 zhěnmù 〈रेल०〉 स्लीपर

【枕套】 zhěntào （枕头套 zhěntoutào भी） गिलाफ़; तकिये की खोली; खोल

【枕头】 zhěntou तकिया

【枕头箱】 zhěntouxiāng (कीमती वस्तुएं रखने का) डिब्बा; पेटिका

【枕席】 zhěnxí ❶पलंग; चारपाई ❷तकिये को ढकने वाली चटाई

【枕心】 zhěnxīn （枕头心儿 zhěntóuxīnr भी） तकिया

轸 1 （軫） zhěn 〈लि०〉 ❶रथ के पिछले हिस्से में पड़ा हुआ तख्ता ❷हस्त नक्षत्र, 28 नक्षत्रों में से एक

轸 2 （軫） zhěn 〈लि०〉 दुख; शोक

【轸悼】 zhěndào 〈लि०〉 गहरा शोक प्रगट करना

【轸念】 zhěnniàn 〈लि०〉 दुखित मन के साथ याद करना

畛 zhěn 〈लि०〉 खेत में पगडंडी

【畛域】 zhěnyù 〈लि०〉 सीमा; हद

疹 zhěn ददोरा; चकत्ता

【疹子】 zhěnzi 〈बो०〉 खसरा: 出～ खसरे की बीमारी से पीड़ित होना

缜 （縝、稹） zhěn नीचे दे०

【缜密】 zhěnmì सावधानीपूर्ण; विस्तृत: 制定～的计划 एक विस्तृत योजना बनाना / ～的分析 विस्तृत विश्लेषण (करना)

zhèn

圳 （甽） zhèn 〈बो०〉 खेतों के बीच की नहर

阵 1 （陣） zhèn ❶व्यूह; व्यूह-रचना ❷मोर्चा; लाम: 上阵 shàngzhèn

阵 2 （陣） zhèn ❶अवधि; अरसा: 他有一～儿没来上班了。 वह काफ़ी अरसे से काम पर नहीं आया। / 这～儿 इन दिनों / 那～儿 उन दिनों ❷〈परि०श०〉 दौर; अल्प समय: 一～风 हवा का एक झोंका / 一～咳嗽 खांसी का दौर पड़ना / 一～热烈的掌声 तालियों की गड़-गड़ाहट

【阵地】 zhèndì मोर्चा; मोर्चाबंदी; युद्ध-मोर्चा: ～战 मोर्चाबंदी की लड़ाई; जमकर लड़ना / 前沿～ अग्रिम मोर्चा / 文艺～ कला-साहित्य का मोर्चा

【阵风】 zhènfēng हवा का झोंका

【阵脚】 zhènjiǎo ❶अग्रिम मोर्चा ❷स्थिति; हालत; दशा; अवस्था: ～大乱。 खलबली मच गई।

【阵容】 zhènróng ❶व्यूह; व्यूह-रचना ❷पांत; समूह: 演员～庞大 अभिनेता-अभिनेत्रियों की विशाल पांतें

【阵势】 zhènshì ❶व्यूह: 摆开～ व्यूह रचना ❷स्थिति; हालत; दशा; अवस्था: 他从未见过这种～，不免有些紧张。 उस ने ऐसी स्थिति पहले कभी नहीं देखी थी। वह कुछ-कुछ घबरा भी गया।

【阵痛】 zhèntòng 〈चिकि०〉 रह-रह कर होने वाला दर्द; प्रसव पीड़ा

【阵亡】 zhènwáng खेत रहना (होना); युद्ध में मारा जाना

【阵线】 zhènxiàn मोर्चा: 民族统一～ राष्ट्रीय एकीकृत मोर्चा

【阵营】 zhènyíng शिविर; खेमा; कैंप

【阵雨】 zhènyǔ बौछार

鸩 1 （鴆） zhèn किवदंती के अनुसार विषैले पंखों वाला पक्षी

鸩 2 （鴆、酖） zhèn 〈लि०〉 ❶विषाक्त शराब: 饮鸩止渴 yǐnzhèn-zhǐkě ❷विषाक्त शराब पिलाकर मार डालना

【鸩青】 zhènqīng 〈लि०〉 विषाक्त शराब

振 zhèn ❶फड़फड़ाना; हिलाना: ～翅 पंख फड़फड़ाना / ～笔疾书 कलम घसीटना ❷उत्साहित होना; जोश में आना: 精神为之一～ जोश में आना / 士气大～ मनोबल बढ़ना ❸〈भौ०〉 दोलन: 振幅

【振拔】 zhènbá 〈लि०〉 दुर्दशा से उबरकर हौसलामंद होना

【振臂】 zhènbì हाथ उठाना: ～高呼 हाथ उठाकर बुलंद आवाज़ में बोलना (नारे लगाना आदि)

【振臂一呼】 zhènbì-yīhū हाथ उठाकर लोगों से कुछ करने का आवाहन करना

【振荡】 zhèndàng ❶〈भौ०〉 दोलन ❷〈विद्यु०〉 घटाव-बढ़ाव

【振捣器】 zhèndǎoqì वाइब्रेटर

【振动】 zhèndòng 〈भौ०〉 दोलन

【振奋】 zhènfèn ❶जोश में आना; प्रोत्साहित होना: 听到这个消息，大家都很～。 यह खबर पाकर सभी जोश में आ गए। ❷प्रोत्साहित करना; बढ़ावा देना; बढ़ाना: ～士气 हौसला बढ़ाना / ～精神 उत्साह बढ़ाना / ～人心的消息 उत्साहवर्द्धक समाचार

【振幅】 zhènfú 〈भौ०〉 दोलन का आयाम

【振聋发聩】 zhènlóng-fākuì बहरे को भी चौंका देना —— अज्ञानी को प्रबुद्ध करना

【振刷】 zhènshuā 〈लि०〉 तेजस्वी होना

【振兴】 zhènxìng का ज़ोरदार विकास करना; बढ़ावा देना; गति देना: ～中华 चीन की काया पलट देना / ～经济 अर्थतंत्र का ज़ोरदार विकास करना; आर्थिक विकास

को गति देना
【振振有词】 zhènzhèn-yǒucí (अपनी सफ़ाई में) ढेर सारे प्रमाण प्रस्तुत करते हुए बोलते जाना
【振作】 zhènzuò साहस बटोरना; साहस एकत्र करना: ～精神 साहस बटोर लेना

朕[1] zhèn (इस शब्द का सम्राट् द्वारा प्रयोग किया जाता था) मैं

朕[2] zhèn 〈लि०〉 लक्षण; आसार
【朕兆】 zhènzhào 〈लि०〉 लक्षण; आसार

赈 zhèn राहत; सहायता; राहत देना; सहायता देना
【赈济】 zhènjì राहत देना; सहायता देना: ～灾民 विपत्तिग्रस्तों को सहायता देना
【赈款】 zhènkuǎn राहत कोष
【赈灾】 zhènzāi विपत्तिग्रस्त जनता को राहत देना; बाढ़, सूखा, भूकंप आदि पीड़ितों को सहायता देना

震 zhèn ❶हिलना; कांपना; हिलाना; कंपाना; कंप; कंपन: 地震 dìzhèn / 震天动地 ❷उत्तेजित होना; विस्मित होना: 震惊 / 震骇
【震波】 zhènbō 〈भूगर्भ०〉 भूकंप की तरंग
【震颤】 zhènchàn कंप; कंपन; कांपना; थर्राना; दहलना: 噩耗～着人们的心。इस बुरे समाचार से लोगों के दिल दहल उठे।
【震荡】 zhèndàng कंप; कंपन; उथल-पुथल; हलचल: 社会～ उथल-पुथल मचना / 回音在山谷里～。प्रति-ध्वनि वादी में गूंजती रही।
【震动】 zhèndòng कंप; कंपन; कंपकंपी; कांपना; धक्का देना; झटका देना: 这一事件～了全国。इस कांड से सारा देश कांप उठा। / 火车～了一下，开走了。रेल-गाड़ी एक झटका खाकर चलने लगी।
【震耳欲聋】 zhèn'ěr-yùlóng कान फटना; कान का पर्दा फटना; कान का पर्दा फाड़ना
【震感】 zhèngǎn भूकंप के धक्के: 有～ भूकंप के धक्के महसूस करना
【震古烁今】 zhèngǔ-shuòjīn प्राचीन लोगों को विस्मित और समकालीन लोगों को चकित कर देना
【震骇】 zhènhài भयभीत होना
【震撼】 zhènhàn हिलाना; झकझोरना; कंपाना; झटका देना: ～大地 धरती को झकझोरना
【震撼价】 zhènhànjià ग्राहकों को अचम्भे में डालने वाला सस्ता मूल्य; स्टरिंग प्राइस
【震撼人心】 zhènhàn-rénxīn दिल बढ़ाना
【震级】 zhènjí भूकंप की तीव्रता
【震惊】 zhènjīng ❶अचम्भे में डालना; चकित करना; विस्मित करना; स्तंभित करना: ～世界 सारी दुनिया को अचम्भे में डाल देना ❷धक्का लगना; चकित होना; स्तंभित होना; सदमा पहुंचना: 我们对这一不幸事件深感～。हमें इस दर्दनाक कांड से सदमा पहुंचा है।
【震怒】 zhènnù क्रोधित होना; क्रुद्ध होना
【震慑】 zhènshè भयभीत करना; त्रस्त करना: ～罪犯 अपराधियों को भयभीत कर देना
【震悚】 zhènsǒng 〈लि०〉 दिल दहलना; कलेजा कांपना
【震天动地】 zhèntiān-dòngdì आकाश और धरती को हिलाकर रखना
【震中】 zhènzhōng भूकंप का केन्द्र

镇[1] (鎮) zhèn ❶दबाना; काबू में करना: 镇痛 / 他一说话，就把大家～住了。उस ने बोलना शुरू करते ही सभी को शांत कर दिया। ❷शांति; धैर्य; शांत; धीर; स्थिरमना: 镇定 ❸रक्षा करना; हिफ़ाज़त करना: 镇守 ❹ऐसा स्थान, जिस की रक्षा करना ज़रूरी हो: 军事重～ भारी सैन्य महत्व वाला स्थान ❺कस्बा; टाउन ❻ठंडे पानी या बर्फ़ से ठंडा करना: 冰～汽水 बर्फ़ से ठंडा किया हुआ सोडा वॉटर

镇[2] (鎮) zhèn 〈पुराना〉 ❶अकसर; बहुधा: 十年～相随。हम पिछले दस सालों में बहुधा एक दूसरे का साथ देते रहे। ❷समय का एक पूरा भाग: ～日 पूरा दिन
【镇尺】 zhènchǐ रूलर रूपी पेपरवेट
【镇定】 zhèndìng शांत; धीर; स्थिरमना; शांति; धैर्य: 保持～。धैर्य से काम लो। / 他神色～。वह स्थिरमना दिखाई दिया।
【镇静】 zhènjìng शांति; धैर्य; शांत; धीर; शांतमना: 他脸无表情，故作～。उस ने शांत होने का दिखावा किया और उस का चेहरा भावशून्य था। / 面对紧急情况，他努力使自己～下来。संकट का सामना होने पर उस ने अपने आप को स्थिरमना करने की कोशिश की।
【镇静剂】 zhènjìngjì सेडैटिव; ट्रांक्विलाइज़र
【镇流器】 zhènliúqì 〈विद्यु०〉 बलास्ट
【镇守】 zhènshǒu (सैन्य दृष्टि से महत्वपूर्ण स्थान की) रक्षा के लिए तैनात होना
【镇痛】 zhèntòng पीड़ा या दर्द दूर करना
【镇星】 Zhènxīng 土星 tǔxīng का पुराना नाम
【镇压】 zhènyā दमन करना; दबाना; कुचलना; शांत करना: ～暴动 उपद्रव का दमन करना
【镇纸】 zhènzhǐ पेपरवेट
【镇住】 zhènzhù अभिभूत करना; वश में करना: 他在课堂上～了那些调皮捣蛋的学生。उस ने कक्षा में शरारती छात्रों को वश में कर लिया।
【镇子】 zhènzi 〈बो०〉 छोटा कस्बा; वह स्थान, जहां हाट-बाज़ार लगता हो।

zhēng

丁 zhēng नीचे दे०
dīng भी दे०
【丁丁】 zhēngzhēng 〈अनु०〉 〈लि०〉 (पेड़ काटने, वीणा बजाने से होने वाली ध्वनि) झंकार; टंकार

正 zhēng चांद्र वर्ष का पहला मास
zhèng भी दे०

【正旦】 zhēngdàn <लि०> चांद्र वर्ष का नववर्ष दिवस

【正月】 zhēngyuè चांद्र वर्ष का पहला मास

争[1] zhēng ❶स्पर्धा करना; प्रतियोगिता करना; संघर्ष करना; छीना-झपटी करना: ～霸 प्रभुत्व के लिए संघर्ष करना / ～冠军 खिताब के लिए स्पर्धा करना ❷वाद-विवाद करना; बहस करना; झगड़ा करना: 不知道他俩在～什么? न जाने वे दोनों किस बात को लेकर बहस कर रहे हैं? / 这是个不～的事实。यह एक निर्विवाद तथ्य है। ❸<बो०> कम होना: 总数还～多少? कुल जोड़ से अब कितना कम रह गया है?

争[2] zhēng <पुराना> कैसे; क्या: ～知 क्या मालूम

【争辩】 zhēngbiàn वाद-विवाद करना; बहस करना; प्रतिवाद करना

【争吵】 zhēngchǎo झगड़ा; टंटा; कलह; लड़ाई; झगड़ा करना; टंटा मचाना; कलह करना;लड़ाई करना; झगड़ना; लड़ना; लड़ना-झगड़ना: 瞧,他们俩又在无谓的～了。देखो, वे दोनों फिर बेकार लड़ाई कर रहे हैं। / ～不休 निरंतर लड़ते-झगड़ते रहना

【争持】 zhēngchí अपनी बात पर डटा रहना

【争宠】 zhēngchǒng किसी का कृपापात्र बनने के लिए लड़ना

【争斗】 zhēngdòu ❶लड़ना; हाथापाई करना ❷संघर्ष करना; संग्राम करना

【争端】 zhēngduān झगड़ा; मुठभेड़; विवादग्रस्त विषय; विवाद: 边界～ सीमा विवाद / 解决～ विवाद हल करना / 挑起～ मुठभेड़ के लिए उकसाना / 消除～ विवाद दूर करना

【争夺】 zhēngduó छीना-झपटी; खींचातानी; छीना-झपटी करना; खींचातानी करना; के लिए लड़ना; प्रतिस्पर्धा करना: ～市场 बाज़ार में प्रतिस्पर्धा करना / ～领导权 नेतृत्व के लिए खींचातानी करना / ～出线权 अगले चरण में खेलने के लिए स्पर्धा करना / ～阵地 मोर्चे की छीना-झपटी करना

【争分夺秒】 zhēngfēn-duómiǎo हर पल पर गिरफ़्त रखना

【争风吃醋】 zhēngfēng-chīcù प्रेम-ईर्ष्या

【争光】 zhēngguāng का नाम रोशन करना: 为国～光 अपने देश का नाम रोशन करना

【争衡】 zhēnghéng <लि०> मुकाबला; मुकाबला करना

【争竞】 zhēngjing <बो०> मोल-भाव करना; वाद-विवाद करना

【争脸】 zhēngliǎn (争面子 zhēngmiànzi भी) शोभा देना: 你这样做为我们争了脸。तुम्हारी यह करनी हमें शोभा देती है।

【争论】 zhēnglùn वाद-विवाद करना; वाद-प्रतिवाद करना; विवाद करना; तर्क-वितर्क करना; बहस करना; बहस-मुबाहिसा करना: ～不休 बेअंत वाद-विवाद करना / 激烈～ गरम बहस-मुबाहिसा करना / ～双方 दो विवादग्रस्त पक्ष

【争名夺利】 zhēngmíng-duólì यश व धन की छीना-झपटी करना

【争鸣】 zhēngmíng स्पर्धा करना: 百家争鸣 bǎijiā zhēngmíng

【争气】 zhēngqì गौरव प्राप्त करने के लिए प्रयास करना; सम्मान जीतने के लिए कोशिश करना: 为中国工人～ चीनी मज़दूरों के लिए गौरव प्राप्त करना

【争抢】 zhēngqiǎng छीना-झपटी करना

【争取】 zhēngqǔ ❶प्रयास करना; कोशिश करना: ～提前完成任务 समय से पूर्व काम पूरा करने की कोशिश करना ❷जीतना; प्राप्त करना; हासिल करना; अपने पक्ष में करना: ～支持 समर्थन प्राप्त करना / ～信任 विश्वास जीतना / ～群众 जन-समुदाय को अपने पक्ष में कर लेना

【争权夺利】 zhēngquán-duólì सत्ता की छीना- झपटी करना; कुरसी की छीना-झपटी करना

【争胜】 zhēngshèng प्रातियोगिता में पहला स्थान जीतने की कोशिश करना

【争先】 zhēngxiān होड़ करना: 学生们～回答老师的问题。छात्रों ने अध्यापक के सवाल का जवाब देने के लिए आपस में होड़ सी की।

【争先恐后】 zhēngxiān-kǒnghòu एक दूसरे से होड़ लगाना; आपस में होड़ लगाना

【争议】 zhēngyì विवाद: 有～的 विवादग्रस्त; विवादास्पद

【争战】 zhēngzhàn लड़ाई; युद्ध

【争执】 zhēngzhí विवाद करना; रगड़ा-झगड़ा करना: 双方～不下。दोनों पक्ष विवाद में अपने-अपने पक्षों पर डटे रहे।

征[1] zhēng अभियान; अभियान करना: 二万五千里长～ पच्चीस हज़ार ली लम्बा अभियान / 出～ अभियान करना

征[2] (徵) zhēng ❶(सेना में) भरती करना ❷वसूल करना; उगाहना: 征税 / 征粮 ❸मांगना; निवेदन करना: 征稿

征[3] (徵) zhēng ❶सबूत; प्रमाण; साक्ष्य: 文献足～。दस्तावेज़ ही ज्वलंत प्रमाण हैं। ❷लक्षण; आसार: 征候

徵 zhǐ भी दे०

【征兵】 zhēngbīng सैनिक भरती; सेना में भरती करना; सैनिक सेवा में लगाना; सेना में भरती होने के लिए आदेश जारी करना

【征尘】 zhēngchén लम्बी यात्रा के दौरान कपड़ों पर पड़ी धूल

【征程】 zhēngchéng यात्रा; भ्रमण

【征地】 zhēngdì भूमि का अधिग्रहण करना

【征调】 zhēngdiào अधिग्रहण करना: ～物资 सामग्री का अधिग्रहण करना / ～人员 कार्यकर्ताओं को भरती करना

【征订】 zhēngdìng ग्राहक बनने की शर्तें प्रस्तुत करना

【征伐】 zhēngfá के विरुद्ध अभियान चलाना

【征帆】 zhēngfān <लि०> दूरगामी जहाज़

【征服】 zhēngfú वश में करना; काबू में करना; के ऊपर विजय प्राप्त करना; अभिभूत करना; वशीभूत करना: ～邻国 पास-पड़ोस के देशों पर विजय प्राप्त करना / 高水准的演出～了观众。शानदार प्रस्तुति ने दर्शकों को अभिभूत कर लिया।

【征稿】 zhēnggǎo लेख मांगना

【征购】 zhēnggòu वसूली; वसूल करना: ～粮棉 अनाज और कपास वसूल करना

【征管】 zhēngguǎn कर वसूल करना और प्रबंध करना

【征候】 zhēnghòu लक्षण; आसार: 病人尚无脱离危险的～。रोगी के खतरे से बाहर होने का कोई आसार नहीं।

【征婚】 zhēnghūn विवाह का विज्ञापन देना

【征集】 zhēngjí ❶एकत्र करना; इकट्ठा करना: ～史料 ऐतिहासिक दस्तावेज़ एकत्र करना / ～签名 हस्ताक्षर इकट्ठे करना ❷नए सैनिक भरती करना; सेना में भरती करना: ～新兵 रंगरूत भरती करना

【征募】 zhēngmù सेना में भरती करना; नए सैनिक भरती करना

【征聘】 zhēngpìn रिक्त स्थानों के बारे में विज्ञापन देना

【征求】 zhēngqiú निवेदन करना; मांगना: ～意见 राय मांगना; राय पूछना / ～订户 पत्रादि का ग्राहक बनने की शर्तें प्रस्तुत करना

【征实】 zhēngshí वस्तुओं के रूप में लगान वसूल करना

【征收】 zhēngshōu वसूल करना; उगाहना; वसूली करना: ～消费税 उपभोग कर वसूल करना / ～土地税 भूमि कर वसूल करना

【征税】 zhēngshuì कर लगाना; कराधान करना; चुंगी लगाना; टेक्स वसूल करना

【征讨】 zhēngtǎo के विरुद्ध अभियान चलाना

【征途】 zhēngtú यात्रा; रास्ता: 踏上～ यात्रा के लिए प्रस्थान करना; रास्ता अपनाना

【征文】 zhēngwén विषयविशेष पर लेखादि मांगना

【征象】 zhēngxiàng लक्षण; आसार

【征信】 zhēngxìn किसी की साख के बारें में सूचना संगृहीत करना

【征询】 zhēngxún राय पूछना; सलाह लेना; परामर्श लेना

【征引】 zhēngyǐn उद्धरण करना (देना); उद्धृत करना

【征用】 zhēngyòng अधिग्रहण करना; लेना: ～土地 भूमि का अधिग्रहण करना / ～房屋 मकान ले लेना

【征战】 zhēngzhàn लाम पर जाना; मोर्चे पर जाना

【征召】 zhēngzhào ❶सेना में भरती करना; भरती करना; सैनिक सेवा में लगाना ❷〈लि०〉 नियुक्त करना; नियुक्ति करना; पद पर नियुक्त करना

【征兆】 zhēngzhào लक्षण; आसार: 不祥的～ अशुभ लक्षण

怔 zhēng नीचे दे०
zhèng भी दे०

【怔忡】 zhēngchōng 〈लि०〉 धड़कन; कलेजे की धक-धक

【怔营】 zhēngyíng 〈लि०〉 घबराहट

【怔忪】 zhēngzhōng 〈लि०〉 भयभीत होना; आतंकित होना

挣 zhēng नीचे दे०
zhèng भी दे०

【挣扎】 zhēngzhá हाथ-पांव मारना; खूब कोशिश करना; छटपटाना; तड़फड़ाना: 他受了重伤，～着要站起来。बुरी तरह घायल होने पर भी उस ने उठ खड़ा होने की खूब कोशिश की। / 在死亡线上～ मौत के मुंह से निकल आने के लिए छटपटाना

峥 zhēng नीचे दे०

【峥嵘】 zhēngróng ❶ऊंचा; उत्तुंग: 山势～ ऊंचे-ऊंचे पर्वत / 殿宇～ ऊंचे-ऊंचे भवन ❷असामान्य; असाधारण: 头角峥嵘 tóujiǎo-zhēngróng

【峥嵘岁月】 zhēngróng-suìyuè स्मरणीय वर्ष

狰 zhēng नीचे दे०

【狰狞】 zhēngníng वीभत्स; घृणित: ～面目 वीभत्स रूप

钲（鉦） zhēng घंटी जैसा मूठसहित ताल वाद्य, जो प्राचीन युग में सेनाओं के मार्च के दौरान बजाया जाता था

症（癥） zhēng 〈ची०चि०〉 पेट में पिंडक, जिस से पीड़ा उठती है
zhèng भी दे०

【症结】 zhēngjié कुंजी; मूल प्रश्न: 这就是问题的～所在。मूल प्रश्न यही है।

睁 zhēng (आँखें) खोलना: ～眼 आंखें खोलना

【睁眼瞎子】 zhēngyǎn xiāzi काला अक्षर भैंस बराबर; निरक्षर; अनपढ़

【睁一只眼，闭一只眼】 zhēng yī zhī yǎn, bì yī zhī yǎn की ओर से आंख मूंद लेना

【睁着眼睛说瞎话】 zhēng zhe yǎnjīng shuō xiāhuà सफ़ेद झूठ बोलना

铮（錚） zhēng नीचे दे०
zhèng भी दे०

【铮鏦】 zhēngcōng 〈लि०〉 〈अनु०〉 झनझन; झनझनाहट; टनटन

【铮铮】 zhēngzhēng 〈अनु०〉 टनटन

筝 zhēng ❶चंग, एक 21 या 25 तारों का तंतुवाद्य ❷दे० 风筝 fēngzheng

蒸 zhēng ❶वाष्पीकरण; वाष्पित करना (होना): 蒸汽 ❷भाप से पकाना या गरम करना: ～饭 भाप से भात बनाना / 菜凉了，～一～再吃。तरकारी ठंडी पड़ गई। उसे भाप से गरम करके खा लो।

【蒸发】 zhēngfā ❶भाप बन कर उड़ जाना; वाष्पित होना: 这种液体一下就～了。यह तरल पदार्थ बहुत

जल्दी से वाष्पित हो जाता है। ❷गायब हो जाना; अंतर्धान होना; अदृश्य होना

【蒸馏】 zhēngliú आसवन करना

【蒸馏水】 zhēngliúshuǐ आस्वित जल

【蒸笼】 zhēnglóng (बांस से बना) फ़ुड स्टीमर

【蒸气】 zhēngqì भाप; वाष्प

【蒸汽】 zhēngqì भाप; वाष्प; भाफ

【蒸汽锤】 zhēngqìchuí 汽锤 qìchuí के समान

【蒸汽机】 zhēngqìjī भाप-इंजन

【蒸汽机车】 zhēngqì jīchē भाप-इंजन; भाप चलित लोकोमोटिव

【蒸食】 zhēngshi दम दिये हुए आटे से बने खाद्य-पदार्थ

【蒸腾】 zhēngténg (भाप का) ऊपर उठना

【蒸蒸日上】 zhēngzhēng-rìshàng दिन ब दिन फलता-फूलता जाना; दिन दूनी रात चौगुनी प्रगति होना: 我们的事业～。 हमारा कार्य दिन ब दिन फलता-फूलता जा रहा है। / 我们祖国～。हमारा देश दिन दूनी रात चौगुनी प्रगति करता जा रहा है।

zhěng

拯 zhěng बचाना; बचाव करना; उद्धार करना; उबारना: ～民于水火之中 जनता को घोर विपत्तियों से उबारना

【拯救】 zhěngjiù पनाह; बचाव; उद्धार; उबार; पनाह देना; बचाव करना; उद्धार करना; उबारना; बचाना: ～濒危动物 कुछ जानवरों को उन की नसलें समाप्त होने के खतरे से बचाना

整 zhěng ❶पूर्ण; संपूर्ण; पूरा; सारा; समूचा; समग्र; समस्त; सब: ～天 पूरा दिन / 我来北京工作～十二年了。मुझे पेइचिंग में आकर काम करते हुए पूरे बाहर साल हो चुके हैं। / 两点～ ठीक दो बजे ❷सुव्यवस्थित; साफ़-सुथरा; ठीक: 衣冠不～ मैले-कुचैले कपड़े पहने हुए होना / ～然有序 व्यवस्थित रूप से; करीने से ❸सुव्यवस्थित करना; ठीक करना: 把桌上的东西～一下。मेज़ पर चीज़ों को सुव्यवस्थित करो। ❹मरम्मत करना; ठीक करना; दुरुस्त करना: ～旧如新 पुरानी चीज़ की मरम्मत करके उसे नया जैसा बनाना ❺कष्ट पहुंचाना; दंड देना: 挨整 áizhěng ❻〈बो०〉 करना; बनाना: 这东西我见人～过，我也会。मैं ने दूसरों को यह काम करते देखा था। मुझे भी आता है।

【整备】 zhěngbèi (सेना को) पुनर्गठित और शस्त्रों से सज्जित करना

【整编】 zhěngbiān (सेना का) पुनर्गठन करना; पुनर्गठित करना

【整补】 zhěngbǔ (सेना को) पुनर्गठित करके उस की शक्ति को पूर्ववत् बनाए रखना

【整饬】 zhěngchì ❶सुव्यवस्थित करना; सुदृढ़ करना: ～纪律 अनुशासन सुदृढ़ करना ❷सुव्यवस्थित रूप से; करीने से: 治家～ घर का काम-काज सुव्यवस्थित रूप से करना

【整地】 zhěngdì खेत को ठीक-ठाक करना

【整队】 zhěngduì दल बांधना; कतार बांधना; पंक्तिबद्ध होना: ～入场 पंक्तिबद्ध होकर थिएटर, स्टेडियम आदि में दाखिल होना

【整顿】 zhěngdùn सुधारना; सुधार करना; सुदृढ़ करना; पुनर्गठित करना; सुव्यवस्थित करना: ～作风 कार्यशैली में सुधार करना / ～规章制度 नियमों और नियमावलियों को पुनः निर्धारित करना / ～交通秩序 यातायात की व्यवस्था सुधारना

【整风】 zhěngfēng दोष-निवारण: ～运动 दोष-निवारण आंदोलन

【整改】 zhěnggǎi सुधारना; सुधार करना

【整个】 zhěnggè पूर्ण; संपूर्ण; पूरा; समूचा; सारा; समस्त; समग्र; तमाम; पूरी तरह; पूर्णतया: ～晚上 पूरी रात / ～城市 पूरा शहर / ～体育场坐得满满的。समूचा स्टेडियम दर्शकों से खचाखच भरा हुआ था। / ～世界 समस्त विश्व / 他把这事儿～给忘了。वह इसे पूरी तरह भूल गया।

【整合】 zhěnghé पुनर्व्यवस्थित करना और समाहार करना; पुनर्वर्गीकरण करना: ～电视节目 टी०वी० कार्य-क्रमों का पुनर्वर्गीकरण करना / 市场的～ मंडियों का पुनर्वर्गीकरण

【整洁】 zhěngjié साफ़-सुथरा; ठीक-ठाक; सुव्यवस्थित: 房间收拾得很～。कमरा ठीक-ठाक और साफ़-सुथरा है।

【整理】 zhěnglǐ ठीक-ठाक करना; सुव्यवस्थित करना; करीने से रखना: ～书架 अलमारी पर किताबों को करीने से रखना / ～资料 संदर्भ-सामग्री को सुव्यवस्थित करना / ～行装 यात्रा के लिए सामान बांधना / ～文化遗产 सांस्कृतिक विरासत की परख करना

【整流】 zhěngliú 〈विद्यु०〉 रेक्टिफ़िकेशन

【整流器】 zhěngliúqì 〈विद्यु०〉 रेक्टिफ़ायर: 硅～ सिलिकन रेक्टिफ़ायर

【整齐】 zhěngqí ❶सुव्यवस्थित रूप से; करीने से: 书架上的书放得整整齐齐。अलमारी में किताबें करीने से रखी हुई हैं। ❷एकरूप; एकजैसा: ～划一 एक जैसा होना / 迈着～的步伐 कदम मिलाकर आगे बढ़ना

【整儿】 zhěngr 〈बो०〉 पूर्णांक; पूर्ण संख्या; पूरा; पूर्ण: 把钱凑个～存起来。इन पैसों की पूरी रकम बांधकर बैंक में जमा करा दो।

【整容】 zhěngróng फ़ेस-लिफ़्टिंग

【整数】 zhěngshù पूर्णांक; पूर्ण संख्या

【整肃】 zhěngsù 〈लि०〉 ❶कड़ा; कठोर: 军容～ कड़ी व्यवस्था के अनुसार सीधे खड़े सिपाही ❷सुधारना; सुधार करना; सुदृढ़ करना; ठीक करना: ～纪律 अनुशासन को सुदृढ़ करना / ～衣冠 अपने कपड़ों को ठीक करना

【整套】 zhěngtào पूरा सेट: ～设备 उपकरणों का पूरा सेट

【整体】 zhěngtǐ सर्वांग; संपूर्णता; समुच्चय; समग्रता; सर्वांगीण; संपूर्ण; समूचा; समग्र: ～利益 संपूर्ण हित / ～规划 समग्र योजना / ～的一个组成部分 संपूर्णता का एक अभिन्न अंग

【整形】 zhěngxíng 〈चिकि०〉 प्लास्टिक: ～外科

प्लास्टिक सर्जरी

【整修】 zhěngxiū मरम्मत करना; दुरुस्त करना; नया कर देना: ～水毁工程 बाढ़ में ध्वस्त परियोजनाओं की मरम्मत करना / 整幢楼～一新。पूरी इमारत मरम्मत के बाद नई सी बन गई है। / ～梯田 सीढ़ीनुमा खेत को मज़बूत बनाना

【整训】 zhěngxùn प्रशिक्षण और सुदृढ़ीकरण; (सेना आदि को) प्रशिक्षण देकर मज़बूत बनाना; (कार्यकर्ताओं आदि को) प्रशिक्षित करना

【整整】 zhěngzhěng पूरा; सारा: 我等了他～两小时。मैं ने पूरे दो घंटों तक उस का इंतज़ार किया। / ～一个星期 पूरा सप्ताह / ～一个月 महीना भर

【整枝】 zhěngzhī 〈कृ०〉 कांट-छांट; छंटाई: 棉花～ कपास के पौधों की छंटाई (करना) / 葡萄～ अंगूर की लताओं की कांट-छांट

【整治】 zhěngzhì ❶मरम्मत करना; ठीक-ठाक करना; (जल-मार्ग को) साफ़ करना: ～机器 मशीन को ठीक-ठाक करना / ～河道 नदी के जल-मार्ग को साफ़ करना ❷दंड देना; दंडित करना: ～坏人 दुष्टों को दंडित करना ❸काम करना: ～饭菜 खाना तैयार करना / ～庄稼 फ़सलों की देखभाल करना

【整装】 zhěngzhuāng तैयार हो जाना: ～待命 आज्ञा का पालन करने को तैयार होना / ～待发 प्रस्थान के लिए तैयार हो जाना; यात्रा या मार्च के लिए तैयार होना

zhèng

正 zhèng ❶सीधे; बिल्कुल ठीक: ～前方 सीधे; नाक की सीध में / ～东（西、南、北）ठीक पूर्व (पश्चिम; दक्षिण; उत्तर) / 把画挂～了。चित्र को सीधे लगाओ। ❷मध्य का; मुख्य: 正门 ❸ठीक: 十二点～ ठीक बारह बजे ❹(उलटा का विपर्यय) सीधा: 这是布的～面吗? क्या यह कपड़े का सीधा पहलू है ? ❺सीधा; सरल; सीधा-सादा: 正派 ❻सही; ठीक: 正路 ❼(रंग, स्वाद आदि) शुद्ध; सही; ठीक: ～红 शुद्ध लाल रंग / 味道不～。यह स्वाद ठीक नहीं है। ❽नियमित; प्रमाणिक: 正楷 ❾(सहायक का विपर्यय) मुख्य; प्रमुख: ～副主任 निदेशक और उप निदेशक ❿सम; समकोण: ～方形 समचतुर्भुज / ～八边形 सम अष्टभुज ⓫〈गणित०〉 धन; धनात्मक ⓬〈भौ०〉 धनात्मक: 电池～极 बैटरी का धनात्मक ध्रुव ⓭ठीक करना; दुरुस्त करना: ～一～帽子 टोपी को ठीक करना ⓮सुधारना; सही करना; शुद्ध करना: 正误 / 正音 ⓯〈क्रि०वि०〉 ही; ठीक: ～如上面所述 जैसा कि ऊपर बताया गया है … / ～是这些伟人开辟了历史新纪元。इन्ही महापुरुषों ने इतिहास में नये युग का सूत्रपात किया है। / 我～想说这件事。इसी मामले पर मैं कुछ बोलना चाहता हूं। ⓰〈क्रि०वि०〉 कर रहा है; हो रहा है: 他～写文章呢。वह लेख लिख रहा है। / ～下着雪呢。बर्फ़बारी हो रही है।

zhēng भी दे०

【正版】 zhèngbǎn विधिवत् प्रकाशित संस्करण (या कॉपी)

【正本】 zhèngběn ❶(पुस्तकालय में पुस्तक) की सुरक्षित प्रतिलिपि ❷मौलिक; मूल: 文件～ दस्तावेज़ का मौलिक पाठ

【正本清源】 zhèngběn-qīngyuán बुनियादी सुधार करना

【正步】 zhèngbù 〈सैन्य०〉 परेड स्टेप: ～走! परेड स्टेप, मार्च।

【正餐】 zhèngcān ❶रेस्तरां में परोसा जाने वाला नियमित भोजन ❷डिनर

【正茬】 zhèngchá (अदल-बदल कर बोई जाने वाली फ़सलों में) मुख्य फ़सल

【正常】 zhèngcháng सामान्य; साधारण; नियमित: 两国关系～化 दोनों देशों के संबंधों का सामान्य होना / 在～情况下 सामान्य स्थिति में; साधारण दशा में / ～年景 सामान्य फ़सल / ～生活 नियमित जीवन (बिताना)

【正大】 zhèngdà निश्छल; निष्कपट; सीधा; सच्चा

【正大光明】 zhèngdà-guāngmíng निष्कपट और शुद्धहृदय ; साफ़दिल

【正当】 zhèngdāng के समय में ही; की अवस्था में ही; जब: ～青春年少之时 युवावस्था में ही / ～危急之时 संकट के समय में ही / ～他要离家上班的时候，电话铃响了。वह काम पर जाने के लिए घर से निकलने ही वाला था कि टेलीफ़ोन की घंटी बज उठी।

【正当年】 zhèngdāngnián चढ़ती जवानी में

【正当时】 zhèngdāngshí का मौसम होना: 现在种麦～。अभी गेहूं की बोवाई का मौसम है।

【正当中】 zhèngdāngzhōng 正中 के समान

【正当】 zhèngdàng ❶यथोचित; समुचित; न्यायोचित; न्यायसंगत: ～的要求 समुचित मांग / 保护外商的～权益。विदेशी निवेशकों के न्यायोचित अधिकारों और हितों की रक्षा करनी चाहिए। ❷(आचरण आदि) उचित; ठीक; सही: 行为～ सही आचरण

【正当防卫】 zhèngdàng fángwèi न्यायसंगत रक्षा

【正道】 zhèngdào ❶ठीक रास्ता ❷सही सिद्धांत; सही पथ

【正点】 zhèngdiǎn (रेल, जहाज़; विमान आदि) ठीक समय पर: 飞机～起飞。विमान ने ठीक समय पर उड़ान भरी। / 火车～到达。रेल-गाड़ी ठीक समय पर पहुंची।

【正电】 zhèngdiàn धनात्मक विद्युत

【正电荷】 zhèngdiànhè धनात्मक चार्ज

【正电子】 zhèngdiànzǐ पोज़िटिव इलेक्ट्रोन

【正殿】 zhèngdiàn (राजमहल या मंदिर का) प्रमुख भवन

【正多边形】 zhèngduōbiānxíng 〈गणित०〉 सम-बहुभुज

【正法】 zhèngfǎ (अपराधी को) फांसी देना

【正反】 zhèngfǎn सकारात्मक और नकारात्मक: ～两方面的经验 सकारात्मक और नकारात्मक दोनों प्रकार के अनुभव

【正方】 zhèngfāng चौकोण; चौकोना; चौकोर

【正方体】 zhèngfāngtǐ 立方体 lìfāngtǐ के समान
【正方形】 zhèngfāngxíng समचतुर्भुज
【正房】zhèngfáng ❶(आंगन में दक्षिणोन्मुख) प्रमुख कक्ष ❷(उपपत्नी से भिन्न) वैध पत्नी
【正负电子对撞机】 zhèngfù diànzǐ duìzhuàngjī इलेक्ट्रोन पोज़िट्रोन कोलाइडर
【正告】 zhènggào गंभीरतापूर्वक चेतावनी देना
【正宫】 zhènggōng ❶रानी का महल ❷रानी
【正骨】 zhènggǔ 〈चीoचिo〉 हड्डी बैठाना
【正规】 zhèngguī नियमित: ～军 नियमित सेना / ～教育 नियमित शिक्षा / ～化 नियमितता
【正轨】 zhèngguǐ सुमार्ग: 纳入～ रास्ते पर लाना; सुमार्ग पर चलाना
【正果】zhèngguǒ 〈बौद्धधर्म〉 फल: 得到～ फल प्राप्त करना
【正好】 zhènghǎo ❶बड़े मौके पर; बिल्कुल पर्याप्त; बिल्कुल सही: 您来得～。आप बड़े मौके पर आए। / 这点钱～买张电影票。इतना पैसा एक सिनेमा-टिकट के लिए बिल्कुल पर्याप्त है। / 今天风和日丽，～去公园玩儿。आज का सुहावना मौसम पार्क में जाने के लिए बिल्कुल सही है। / 这～说明我们的看法没有错。इस से ठीक यही सिद्ध है कि हमारा विचार गलत नहीं। ❷संयोग से; मौके का फ़ायदा उठाना: 这次路过北京，～去参观了故宫。अब की मैं रास्ते में पेइचिंग रुका। और मौके का फ़ायदा उठाकर पुराना राज प्रासाद देखने गया। / 他～从教室走出来。संयोग से वह क्लास रूम से निकल आया।
【正极】 zhèngjí 〈विद्युo〉 धनात्मक ध्रुव
【正教】 Zhèngjiào ओर्थोडॉक्स चर्च
【正襟危坐】zhèngjīn-wēizuò गंभीर मुद्रा में बैठा हुआ होना
【正经】 zhèngjing ❶शालीन; शिष्ट: ～人 शिष्ट व्यक्ति ❷गंभीरता; गंभीर: 说～的，这件事您可不能等闲视之。मैं तो गंभीरता से कहता हूं कि आप को इस मामले को नज़रन्दाज़ नहीं करना चाहिए। / 钱要用在～地方。रुपये-पैसे को सही कामों में खर्च करना चाहिए। ❸प्रामाणिक; स्टेंडर्ड: ～货 प्रामाणिक वस्तु ❹〈बोo〉 सचमुच; दरअसल; दरहकीकत: 他～是个好人。वह सचमुच एक भला मानस है।
【正经八百】zhèngjīng-bābǎi (正经八摆 zhèngjīng-bābǎi भी) गंभीर: 这是～的事。यह एक गंभीर मामला है।
【正剧】 zhèngjù गंभीर नाटक
【正楷】 zhèngkǎi (चीनी लिपिकला में) नियमित लिखावट
【正理】 zhènglǐ मान्य तर्क; सही मत
【正梁】 zhèngliáng 〈वास्तुo〉 शहतीर
【正路】 zhènglù ठीक रास्ता; सुमार्ग: 做人要走～。एक आदमी को सुमार्ग पर चलना ज़रूरी है।
【正论】 zhènglùn सही मत
【正门】 zhèngmén सदर दरवाज़ा; मुख्य द्वार
【正面】zhèngmiàn ❶सामने; आगे: 大楼的～ इमारत का अग्रभाग / ～进攻 सामने से हमला बोलना / 发生～冲突 आमने-सामने मुठभेड़ होना ❷सीधा पहलू: 硬币～镌有国徽。सिक्के के सीधे पहलू पर राष्ट्रीय चिन्ह अंकित होता है। ❸सकारात्मक; सीधा: ～人物 सकारात्मक पात्र / ～阐明自己的观点 अपने मत पर सीधे प्रकाश डालना ❹प्रत्यक्ष रूप से; खुले तौर पर: 有问题请～提出来。कोई सवाल हो, तो प्रत्यक्ष रूप से उठाओ।
【正派】 zhèngpài ईमानदारी; भद्रता; सच्चरित्रता; ईमानदार; भद्र; सच्चरित्र: 他是个～人。वह सच्चरित्र है।
【正片】 zhèngpiàn ❶〈फ़ोटोo〉 पोज़िटिव ❷〈फ़िल्म〉 कापी ❸〈फ़िल्म〉 फ़ीचर फ़िल्म; कथाचित्र
【正品】 zhèngpǐn मानदंड पर सही उतरा हुआ माल; बढ़िया माल
【正气】 zhèngqì ❶स्वस्थ प्रकृति: 社会上～上升。समाज में स्वस्थ प्रकृति व्याप्त है। ❷〈चीoचिo〉 ओज
【正桥】 zhèngqiáo पुल का मुख्य हिस्सा; मुख्य पुल
【正巧】 zhèngqiǎo ❶संयोग से; संयोगवश; संयोग होना: 他～不在家。संयोग यह हुआ कि वह घर में नहीं है। ❷मौके पर: 您来得～，和我一起吃饭吧。आप बड़े मौके पर आए। आईए, हमारे साथ भोज करें।
【正确】 zhèngquè ठीक; सही; युक्तिसंगत: ～答案 सही जवाब / 您的意见是～的。आप का विचार ठीक है। / 您做得～。आप ने ठीक किया है। / 采取～的立场 सही रुख अपनाना
【正儿八经】 zhèng'er-bājīng 〈बोo〉 गंभीरता; गंभीर
【正人君子】 zhèngrén-jūnzǐ भद्रजन; भद्रपुरुष; सज्जन
【正色】[1] zhèngsè 〈लिo〉 शुद्ध रंग
【正色】[2] zhèngsè गंभीर मुद्रा: ～直言 गंभीर मुद्रा में सत्य बोलना
【正身】 zhèngshēn खुद; स्वयं; प्रतिपुरुष नहीं
【正史】 zhèngshǐ जीवनचरित्र की शैली में लिखे गये ऐतिहासिक ग्रंथ
【正式】 zhèngshì औपचारिक; आधिकारिक; अधिकृत; सरकारी; औपचारिक रूप से; अधिकृत रूप से; विधिवत्: ～访问 सरकारी या औपचारिक यात्रा / 双方举行～会谈。दोनों पक्षों ने औपचारिक वार्ता की। / ～成员 पूर्ण सदस्य / 会议今天上午～开幕。सम्मेलन आज सुबह विधिवत् शुरू हुआ। / ～宣布 अधिकृत रूप से घोषणा करना
【正视】 zhèngshì सामना करना: ～现实 वास्तविकता का सामना करना / ～困难 कठिनाइयों का सामना करना / ～缺点 अपनी गलती स्वीकार करना
【正事】 zhèngshì मतलब की बात; अपना काम: 谈～ मतलब की बात करना; अपने काम पर बात करना
【正室】 zhèngshì ❶(उपपत्नी से भिन्न) धर्मपत्नी ❷〈लिo〉 धर्मपत्नी का ज्येष्ठ पुत्र
【正数】 zhèngshù धनात्मक अंक
【正题】 zhèngtí ❶मुख्य विषय: 离开～ मुख्य विषय से हटना / 转入～ मुख्य विषय पर आना
【正体】 zhèngtǐ ❶चीनी अक्षरों का प्रामाणिक रूप ❷正楷 के समान ❸ब्लॉक लेटर
【正厅】 zhèngtīng ❶(मध्य में स्थित) मुख्य भवन ❷(थिएटर का) स्टॉल

【正统】 zhèngtǒng ❶वैधता ❷परंपरागत: ～观念 परंपरागत मान्यताएं
【正文】 zhèngwén पाठ
【正午】 zhèngwǔ दोपहर; मध्यान्ह
【正误】 zhèngwù (छपाई में) गलतियाँ दूर करना
【正误表】 zhèngwùbiǎo शुद्धि-पत्र
【正凶】 zhèngxiōng 〈का०〉 मुख्य हत्यारा
【正言厉色】 zhèngyán-lìsè गंभीर मुद्रा और कड़े शब्दों में
【正颜厉色】 zhèngyán-lìsè गंभीर; कठोर दृष्टि से
【正眼】 zhèngyǎn आंखों में आंखें डालना; आंख मिलाना: 他和我说话时都不敢～看我。मुझ से बात करते समय उसे आंखों में आंखें डालने की हिम्मत भी नहीं हुई।
【正业】 zhèngyè अपना धंधा; अपनी ड्यूटी: 不务正业 bùwùzhèngyè
【正义】 zhèngyì ❶न्याय; इंसाफ़: 主持～ न्याय का पक्ष लेना; न्यायप्रिय होना ❷न्यायपूर्ण; न्यायसंगत; न्यायोचित: ～的战争 न्यायोचित लड़ाई / ～立场 न्यायपूर्ण रुख / ～事业 न्यायपूर्ण कार्य
【正义感】 zhèngyìgǎn न्यायपरता; न्यायप्रियता: 充满～的 न्यायपूरित
【正音】[1] zhèngyīn उच्चारण ठीक करना
【正音】[2] zhèngyīn प्रामाणिक उच्चारण; मानक उच्चारण
【正音法】 zhèngyīnfǎ 〈ध्वनि०〉 शुद्धोच्चारण व्यवस्था
【正在】 zhèngzài 〈क्रि०वि०〉 प्रक्रिया में: 他们～上课。उन की कक्षा चल रही है। / 我们～商讨问题。हम किसी मामलेविशेष पर विचार-विमर्श कर रहे हैं। / 天～下雨。वर्षा हो रही है। / ～放映电影。फ़िल्म दिखाई जा रही है।
【正直】 zhèngzhí सीधा; सीधा-सादा; ईमानदार
【正职】 zhèngzhí किसी विभाग का प्रधान का पद
【正中】 zhèngzhōng बीचोंबीच; ठीक मध्य में
【正中下怀】 zhèngzhòng-xiàhuái मन भरना
【正字】[1] zhèngzì गलत लिखे गए या अशुद्ध वर्तनी किए गए शब्दों को सही करना
【正字】[2] zhèngzì ❶正楷 के समान ❷चीनी अक्षरों का मानक रूप
【正字法】 zhèngzìfǎ शुद्ध लेखन
【正宗】 zhèngzōng ❶परम्परागत संप्रदाय ❷असली; सच्चा
【正座】 zhèngzuò मंच के ठीक सामने की सीटें

证（證） zhèng ❶साबित करना; सिद्ध करना; प्रमाणित करना: 证明 / 证实 ❷प्रमाण; सबूत; साक्ष्य; गवाही: 以此为～ इसे प्रमाण के रूप में प्रस्तुत करना ❸प्रमाण-पत्र; कार्ड; पत्र: 工作证 gōngzuòzhèng
【证词】 zhèngcí गवाही; साक्ष्य; बयान
【证婚人】 zhènghūnrén विवाह का साक्षी
【证件】 zhèngjiàn प्रमाण-पत्र; पत्र; सर्टिफ़िकेट
【证据】 zhèngjù प्रमाण; साक्ष्य; सुबूत; सबूत: 提供～ सबूत पेश करना; प्रमाण उपस्थित करना / ～确凿 अकाट्य प्रमाण
【证明】 zhèngmíng ❶साबित करना (होना); सिद्ध करना (होना); प्रमाणित करना (होना): 事实～他是错的。तथ्यों ने यह सिद्ध कर दिया है कि वह गलत है। ❷प्रमाण-पत्र; सर्टिफ़िकेट: 您有～吗? क्या आप के पास कोई प्रमाण-पत्र है?
【证券】 zhèngquàn प्रतिभूति; सिक्यूरिटी; ऋण-पत्र
【证券交易所】 zhèngquàn jiāoyìsuǒ स्टाक एक्सचेंज; शेयर बाज़ार
【证券投资基金】 zhèngquàn tóuzī jījīn 〈वाणि०〉 म्यूचुअल फ़ण्ड
【证人】 zhèngrén साक्षी; गवाह; साखी
【证实】 zhèngshí पुष्टि करना; समर्थन करना: 这～了一个科学假设。यह इस वैज्ञानिक कल्पना का समर्थन करता है। / 他～确有其事。उस ने इस बात की पुष्टि कर दी।
【证书】 zhèngshū प्रमाण-पत्र; सर्टिफ़िकेट: 结婚～ विवाह प्रमाण-पत्र
【证物】 zhèngwù 〈का०〉 न्यायालय में साक्ष्य के रूप में प्रस्तुत वस्तु
【证言】 zhèngyán बयान; गवाह; साक्ष्य
【证验】 zhèngyàn ❶सच्चा साबित करना ❷असली नतीजा
【证章】 zhèngzhāng बैज; बिल्ला
【证照】 zhèngzhào प्रमाण-पत्र या लाइसेंस

郑（鄭） Zhèng ❶चंग, चओ राजवंश काल (1046-256 ई०पू०) में एक राज्य, जो वर्तमान हनान प्रांत के कुछ भागों में स्थित था ❷एक कुलनाम
【郑重】 zhèngzhòng गंभीरता; गांभीर्य; गंभीर; गंभीरतापूर्ण; गांभीर्यपूर्ण: ～声明 गंभीरता के साथ वक्तव्य देना
【郑重其事】 zhèngzhòng-qíshì गंभीरता से; गंभीरतापूर्वक
【郑州】 Zhèngzhōu चंगचओ, हनान प्रांत की राजधानी

怔 zhèng 〈बो०〉 हक्का-बक्का; स्तंभित; स्तब्ध: 一听这噩耗，她顿时～住了。यह बुरी खबर सुनते ही वह एकदम स्तंभित रह गई।
zhēng भी दे०
【怔怔】 zhèngzhèng 〈बो०〉 हक्का-बक्का; स्तंभित; स्तब्ध: ～地站着 हक्का-बक्का होकर खड़ा रह जाना

诤（諍） zhèng 〈लि०〉 किसी की गलती की खुलकर आलोचना करना; चेतावनी देना: 诤友
【诤谏】 zhèngjiàn 〈लि०〉 किसी की गलती की खुलकर आलोचना करना
【诤言】 zhèngyán 〈लि०〉 सीधी चेतावनी
【诤友】 zhèngyǒu 〈लि०〉 सीधी चेतावनी देने वाला दोस्त

政 zhèng ❶राजनीति; राजनीतिक; राजनीतिक मामला: 政党 / 政务 ❷सरकार के किसी विभाग का काम: 邮政 yóuzhèng ❸घर या संगठन का मामला: 家政 jiāzhèng

【政变】 zhèngbiàn राजविप्लव：策动～ राजविप्लव करना / 粉碎～ राजविप्लव को कुचल देना / 军事～ सैन्य राजविप्लव / ～未遂 राजविप्लव विफल होना
【政柄】 zhèngbǐng 〈लि०〉 राजसत्ता; सत्ता
【政策】 zhèngcè नीति：～水平 नीति पर अमल करने का स्तर / 财政～ वित्तीय नीति / 落实～ नीति पर अमल करना; नीति कार्यान्वित करना
【政党】 zhèngdǎng राजनीतिक दल; राजनीतिक पार्टी
【政敌】 zhèngdí राजनीतिक शत्रु
【政法】 zhèngfǎ राजनीति और विधि
【政法机构】 zhèngfǎ jīgòu प्रोक्यूरेटोरियल; न्यायिक और सार्वजनिक सुरक्षा संस्थाएं
【政府】 zhèngfǔ सरकार; हुकूमत：～部门 सरकारी विभाग / ～机构 सरकारी संस्था / ～官员 सरकारी अधिकारी; पदाधिकारी / ～首脑 शासनाध्यक्ष
【政府采购】 zhèngfǔ cǎigòu सरकार द्वारा सामान खरीदना; सरकारी खरीद
【政府上网工程】 zhèngfǔ shàngwǎng gōngchéng 〈कंप्यू०〉 गवर्मेंट नेटवर्किंग
【政纲】 zhènggāng राजनीतिक कार्यक्रम; घोषणा-पत्र
【政工】 zhènggōng राजनीतिक कार्य
【政纪】 zhèngjì सरकारी अनुशासन
【政绩】 zhèngjì कार्यकाल में प्राप्त उपलब्धियाँ
【政见】 zhèngjiàn राजनीति मत：持不同～ भिन्न मत रखना / 持不同～者 भिन्नमतावलंबी
【政教分离】 zhèngjiào fēnlí धर्म की राजनीति से पृथक्ता
【政界】 zhèngjiè राजनीतिक जगत：退出～ राजनीति से सन्यास लेना
【政局】 zhèngjú राजनीतिक स्थिति：～稳定 राजनीतिक स्थिरता / ～不稳 राजनीतिक अस्थिरता
【政客】 zhèngkè राजनीतिक अखाड़ेबाज़
【政令】 zhènglìng सरकारी आदेश
【政论】 zhènglùn राजनीतिक टिप्पणी：～家 राजनीतिक टिप्पणीकार
【政派】 zhèngpài （政治派别 zhèngzhì pàibié का संक्षिप्त रूप）राजनीतिक गुट
【政权】 zhèngquán राजसत्ता; सत्ता：～机关 सत्ताधारी संस्था
【政审】 zhèngshěn （政治审查 zhèngzhì shěnchá का संक्षिप्त रूप）राजनीतिक रिकार्ड जांचना
【政事】 zhèngshì सरकारी मामला
【政体】 zhèngtǐ राजतंत्र; शासनतंत्र
【政通人和】 zhèngtōng-rénhé सरकारी मामले सुभीते से निबटते हैं तथा जनता सुख-चैन से रहती है
【政委】 zhèngwěi 政治委员 का संक्षिप्त रूप
【政务】 zhèngwù सरकारी मामला; प्रशासनिक मामला
【政协】 zhèngxié 政治协商会议 का संक्षिप्त रूप
【政治】 zhèngzhì राजनीति：～抱负 राजनीतिक महत्वाकांक्षाएं / ～背景 राजनीतिक पृष्ठभूमि / ～斗争 राजनीतिक संघर्ष / ～态度 राजनीतिक रवैया / ～地位 राजनीतिक स्थिति
【政治避难】 zhèngzhì bìnàn राजनीतिक शरण：要求～ राजनीतिक शरण की मांग करना / 给予～ राजनीतिक शरण देना
【政治犯】 zhèngzhìfàn राजबंदी
【政治家】 zhèngzhìjiā राजनीतिज्ञ
【政治教导员】 zhèngzhì jiàodǎoyuán (चीनी जन मुक्ति सेना की बटालियन का) राजनीतिक निर्देशक
【政治经济学】 zhèngzhì jīngjìxué राजनीतिक अर्थशास्त्र
【政治局】 zhèngzhìjú राजनीतिक ब्यूरो; पोलित ब्यूरो：～常务委员 पोलित ब्यूरो की स्थाई कमेटी का सदस्य
【政治面目】 zhèngzhì miànmù राजनीतिक रुख
【政治权利】 zhèngzhì quánlì राजनीतिक अधिकार
【政治委员】 zhèngzhì wěiyuán (चीनी जन मुक्ति सेना की रेजीमेंट और उस से ऊपरी यूनिटों का) राज- नीतिक कमीसार
【政治文明】 zhèngzhì wénmíng राजनीतिक संस्कृति या सभ्यता
【政治协商会议】 zhèngzhì xiéshāng huìyì राजनीतिक सलाहकार सम्मेलन
【政治学】 zhèngzhìxué राजनैतिक विज्ञान
【政治指导员】 zhèngzhì zhǐdǎoyuán (चीनी जन मुक्ति सेना की कंपनी का) राजनीतिक इंस्ट्रक्टर

挣¹ zhèng बंधनों से मुक्त होने के लिए संघर्ष करना：～脱枷锁 जुए को उतार फेंक देना / 他把捆绑的绳子～开了。उन्हों ने बंधन से मुक्ति पाई।

挣² zhèng कमाना; धनोपार्जन करना：他做买卖～了不少钱。उस ने व्यापार में बहुत पैसे कमाए हैं। / ～工资 वेतन पाना
zhēng भी दे०
【挣揣】 zhèngchuài 〈लि०〉 संघर्ष करना; कठोर कोशिश करना
【挣命】 zhèngmìng अपनी जान बचाने के लिए संघर्ष करना
【挣钱】 zhèngqián पैसा कमाना; धनोपार्जन करना; धन अर्जित करना

阘 zhèng संघर्ष करना

症（證） zhèng रोग; बीमारी; मर्ज़：不治之症 búzhì zhī zhèng
zhēng भी दे०
【症候】 zhènghòu ❶रोग; बीमारी; मर्ज़ ❷रोग लक्षण
【症候群】 zhènghòuqún 综合病症 zōnghé bìngzhèng का दूसरा नाम
【症状】 zhèngzhuàng रोग लक्षण

铮（錚） zhèng 〈बो०〉 (बर्तनों आदि का) चमकाया हुआ होना：她把银匙擦得～亮。उस ने चांदी की चमचियों को साफ़ करके चमका दिया है।
zhēng भी दे०

zhī

之 1 zhī 〈लि०〉 जाना：由沪～京 शांगहाए से पेइचिंग जाना / 君将何～？ आप किधर जा रहे हैं ?

之 2 zhī 〈लि०〉 ❶(कर्मकारक संज्ञा या सर्वनाम के स्थान पर प्रयुक्त)： 中国成功发射宇宙飞船，全国人民无不为～欢呼。चीन ने एक अंतरीक्ष यान अंतरीक्ष पथ पर स्थापित किया। सारे देश की जनता इस सफलता का जय-जयकार किए बिना रह नहीं सकती। / 求之不得 qiú-zhībùdé ❷(निश्चित अभिप्राय के बिना प्रयुक्त)： 久而久之 jiǔ'érjiǔzhī / 手之舞～，足之蹈～ हाथ लहराने और पैर थिरकने लगना ❸यह; वह： ～子于归。यह कन्या अपनी सास के घर जा रही है।

之 3 zhī 〈लि०〉〈लघु०अ०〉 ❶(विशेषण और उस शब्द, जिस का अर्थ वही विशेषण सीमित करना है, के बीच प्रयुक्त)： 报国～心 देश की सेवा करने की प्रबल इच्छा / 原因～一 कारणों में से एक / 钟鼓～声 घंटों और ढोलों का स्वर / 烈士～家 शहीद का घर / 四分～一 एक चौथाई / 非常～高兴 अत्यंत प्रसन्न / 千里～外 हज़ारों मील दूर ❷(उद्देश्य विधेय रचना में उद्देश्य और विधेय के मध्य प्रयुक्त, जिस से वह नामिक ही रह जाए)： 世界～大，无奇不有。दुनिया इतनी बड़ी है कि हर तरह की अजीबोगरीब बात हो सकती है।

【之后】 zhīhòu के बाद; के उपरांत; के पश्चात; के पीछे; बाद में： 几个世纪～ कई शताब्दियों के उपरांत / 这次会议～ इस सभा के पश्चात / ～我和他们再也没有见过面。बाद में मेरी उन से कभी मुलाकात नहीं हुई।

【之乎者也】 zhī-hū-zhě-yě साहित्यिक चीनी भाषा के लघु अव्यय —— पुरातन प्रयोग; शब्दजाल; पंडिताऊ परिभाषा

【之前】 zhīqián इस से पहले; इस से पूर्व; पहले： 启程～ रवाना होने से पूर्व / 一周～ एक सप्ताह पहले / 一年～，我曾在上海见过他。एक साल से पूर्व मेरी उस से शांगहाए में एक बार मुलाकात हुई थी।

支 1 zhī ❶ठिकाना; टेक लगाना： 他两手～着下巴陷入了沉思。वह दोनों हाथों से ठुडी टिकाए सोच में पड़ गया। / 把这块板～起来。इस तख्ते को टेक लगा दो। / ～帐篷 तंबू लगाना ❷निकालना; निकलना; खड़ा करना (होना)： ～着耳朵 कान खड़े करना / 两只虎牙朝两边～着 ऊपर के दो कुत्ते-दांत दोनों ओर बाहर निकले हुए होना ❸सँभलना; सहन करना; सहना： 疼得～不住 दर्द को सहन न कर सकना ❹भेजना; रवाना करना： 把他们俩～走。इन दोनों को कहीं और भेज दो। ❺रुपया-पैसा देना या लेना： 支出 / ～款 बैंक से पैसा निकालना ❻ (Zhī) एक कुलनाम

支 2 zhī ❶शाखा： 银行～行 बैंक की शाखा / ～流 शाखा नदी ❷〈परि०श०〉 ①(लम्बी, पतली चीज़ के लिए)： 一～铅笔 एक पेंसिल / 一～香烟 एक सिग्रेट ②(दल के लिए)： 一～部队 एक सैन्य दल / 一～舰队 एक नौबेड़ा ③(गीत, संगीत रचना के लिए)： 一～歌曲 एक गीत / 一～乐曲 एक धुन ④(बिजली की बत्ती की प्रदीपन शक्ति के लिए)： 40～光的灯泡 चालीस वाट का बल्व ⑤(सूत के लिए) काउंट： 60～纱 60 काउंट सूत

支 3 zhī 地支 (dìzhī) का संक्षिप्त रूप (दे० 干支 gānzhī)

【支边】 zhībiān सीमावर्ती क्षेत्रों की सहायता करना

【支部】 zhībù (चीनी कम्युनिस्ट पार्टी या चीनी कम्युनिस्ट यूथ लीग की) शाखा： 党～ पार्टी शाखा / 团～ लीग शाखा

【支撑】 zhīchēng टेकना; टेक लगाना; सहारा लेना; संभालना： 屋顶用柱子～着。छत खंभों का सहारा लेकर टिकी हुई है। / 他～着从床上下了地。उस ने पलंग का सहारा लेकर अपने पैर ज़मीन पर रखे। / 一家的生活由他一人～。घर का बोझ वही अकेले संभालता है।

【支持】 zhīchí ❶टिकना; सहना; सहन करना; संभलना： 背负的东西太重，他～不住了。बोझ इतना भारी था कि वह टिक न सका। ❷समर्थन देना; समर्थन करना; पक्ष ग्रहण करना; अनुमोदन करना： 这个提案得到广大发展中国家的～。इस प्रस्ताव का विकासशील देशों ने अनुमोदन किया। / 相互～ एक दूसरे का पक्ष ग्रहण करना / ～合理要求 न्यायोचित मांग का समर्थन करना / 这一主张在国际上得到广泛的～。इस मत को दुनिया में व्यापक समर्थन प्राप्त है।

【支出】 zhīchū ❶(पैसा) देना; खर्च करना; व्यय करना ❷खर्च; व्यय： 收入与～相抵。आय-व्यय में संतुलन है।

【支绌】 zhīchù (धन का) अपर्याप्त; नाकाफ़ी： 经费～ धन अपर्याप्त होना

【支点】 zhīdiǎn 〈भौ०〉 फुलक्रम

【支付】 zhīfù भुगतान; अदायगी; अदा; भुगताना; भुगतान करना; अदायगी करना; अदा करना： ～工资 वेतन की अदायगी करना; मज़दूरी देना

【支架】 zhījià सहारा; टेक： 自行车～ साईकल का प्रोप स्टैंड

【支解】 zhījiě अंगभंग; अंगभग करना： ～一个国家 किसी देश का अंगभंग करना

【支离】 zhīlí ❶खंडित; विघटित; अव्यवस्थित; बिखरा हुआ ❷(लेख की) असम्बद्धता; असंगता; अस्तव्यस्तता; असम्बद्ध; असंग; अस्तव्यस्त

【支离破碎】 zhīlí-pòsuì टुकड़े-टुकड़े होना; टूटा-फूटा होना; खंडित होना

【支流】 zhīliú ❶(नदी की) शाखा; शाखा नदी; सहायक नदी ❷(किसी बात का) गौण पहलू; नगण्य पक्ष

【支脉】 zhīmài किसी पर्वत की शाखा： 伏牛山是秦岭的～。फ़ून्यू पर्वत छिनलिंग पर्वतमाला की एक शाखा है।

【支派】[1] zhīpài शाखा; संप्रदाय

【支派】[2] zhīpài भेजना; रवाना करना： ～他去吧！ उसे भेज दो।

【支配】 zhīpèi ❶प्रबंध; बंदोबस्त; प्रबंध करना; बंदोबस्त

करना; विभाजन करना: ～劳力 श्रमशक्ति का विभाजन करना / 合理～时间 समय का युक्तिसंगत विभाजन करना ❷काबू में रखना; वश में करना; नियंत्रित करना; नियमन करना: 受人～ दूसरों द्वारा नियंत्रित किया जाना / 受自然规律～ प्राकृतिक नियमों से नियंत्रित होना

【支票】 zhīpiào चेक: ～薄 चेकबुक / 开～ चेक काटना / 空白～ निरंक चेक / 空头～ रबर चेक / 旅行～ ट्रेवलर्स चेक

【支气管】 zhīqìguǎn ब्रांकस

【支气管炎】 zhīqìguǎnyán ब्रांकाइटिस

【支渠】 zhīqú नाली

【支取】 zhīqǔ (पैसा) निकालना; लेना: ～存款 बैंक में जमा पैसा निकालना

【支使】 zhīshi ❶हुक्म जताना: 他爱～人。वह दूसरों को हुक्म जताने में मज़ा लेता है। ❷भेजना; रवाना करना: 您赶紧把他～走。आप उसे जल्दी-जल्दी रवाना कर दें।

【支书】 zhīshū (支部书记 zhībù shūjì का संक्षिप्त रूप) पार्टी शाखा या लीग शाखा का सचिव

【支吾】 zhīwu हीला-हवाला; टाल-मटोल; चुनाँ-चुनीं; हीला-हवाला करना; टाल-मटोल करना; चुनाँ-चुनीं करना

【支吾其词】 zhīwu-qící अगर-मगर करना; तीन-पांच करना; चुनाँ-चुनीं करना

【支线】 zhīxiàn (मुख्य मार्ग से मिलने वाली) शाखा: 铁路～ रेललाइन की शाखा / 公路～ हाइवे की शाखा

【支应】 zhīyìng ❶निबटना ❷देख-रेख करना; हुक्म बजाने को तैयार रहना: 今晚我来～，你们去睡好了。आज रात मैं ही हुक्म बजाने को तैयार रहूंगा। तुम लोग सोने जाओ।

【支援】 zhīyuán सहायता; मदद; समर्थन; सहायता करना (देना); मदद करना (देना); समर्थन करना (देना): ～农业 कृषि का समर्थन करना / ～灾区 विपत्तिग्रस्त क्षेत्रों की सहायता करना / 互相～ आपस में मदद करना

【支柱】 zhīzhù खंभा; स्तंभ; मेरुदंड: 国家的～ देश का मेरुदंड

【支柱产业】 zhīzhù chǎnyè आधारस्तम्भ उद्योग; स्तंभ उद्योग

【支子】 zhīzi ❶स्टैंड; टेक: 火～ लोहे की तिपाई ❷झंझरी (भूनने का एक उपकरण)

【支嘴儿】 zhīzuǐr (支着儿 zhīzhāor भी) 〈बो०〉 सलाह देना; उपाय बतलाना

氏 zhī दे० 阏氏 yānzhī; 月氏 yuèzhī
shì भी दे०

只（隻） zhī ❶एक ही; एक मात्र; अकेला: 只身 / 只言片语 ❷〈परि०श०〉 (नावों, पक्षियों, कुछ पशुओं, कुछ बर्तनों और जोड़े की चीज़ों में से किसी एक के लिए): 一～船 एक नाव / 两～布谷鸟 दो कोयलें / 三～狮子 तीन शेर / 四～箱子 चार बाक्स / 两～眼睛 दो आँखें
zhǐ भी दे०

【只身】 zhīshēn अकेले: ～前往 अकेले जाना

【只言片语】 zhīyán-piànyǔ एकाध शब्द

【只字不提】 zhīzì-bùtí चर्चा तक नहीं करना; के बारे में एक भी शब्द न बोलना

卮（巵） zhī प्राचीनकालीन मदिरापात्र

汁 zhī जूस; रस; शीराँ: 橙～ ओरेंज जूस

【汁水】 zhīshuǐ 〈बो०〉 जूस; रस; शीराँ

【汁液】 zhīyè जूस; रस; शीराँ

芝 zhī नीचे दे०

【芝加哥】 Zhījiāgē शिकागो

【芝兰】 zhīlán आइरिस और आर्किड (सदाचार, प्रगाढ़ मैत्री और सुन्दर वातावरण का प्रतीक)

【芝麻】 zhīma ❶तिल का पौधा ❷तिल

【芝麻官】 zhīmaguān 〈हास्य०〉 छोटा अधिकारी

【芝麻酱】 zhīmajiàng तिल का पेस्ट

【芝麻油】 zhīmayóu तिल का तेल; तिल तैल

吱 zhī 〈अनु०〉 चरमर; चरमराना: 门～的一声开了。दरवाज़ा चरमर के साथ खुल गया; दरवाज़ा चरमराते हुए खुला।
zī भी दे०

枝 zhī ❶शाखा; डाल: 树～ पेड़ की शाखाएं; पेड़ की डालें ❷〈परि०श०〉 (डंडी सहित फूल के लिए): 一～桃花 एक डंडी सहित आड़ू का फूल ❸〈परि०श०〉 (लम्बी पतली चीज़ के लिए): 一～步枪 एक राइफ़ल / 两～钢笔 दो पेन / 一～香 एक धूपबत्ती

【枝杈】 zhīchà टहनी; उपशाखा

【枝节】 zhījié ❶गौण मामला: ～问题 गौण सवाल; छोटा-मोटा सवाल ❷जटिलता; अप्रत्याशित कठिनता: 横生枝节 héngshēng zhījié

【枝解】 zhījiě 支解 zhījiě के समान

【枝蔓】 zhīmàn शाखाएं और लताएं —— जटिल और आपस में उलझा हुआ: 文字～，不得要领。यह लेख अस्त-व्यस्त रूप से लिखा हुआ है और मुख्य विषय स्पष्ट नहीं है।

【枝条】 zhītiáo उपशाखा; टहनी

【枝梧】 zhīwú (枝捂 zhīwú भी) 〈लि०〉 टाल-मटोल करना; हीला-हवाला करना

【枝桠】 zhīyā (枝丫 zhīyā भी) शाखा; उपशाखा

【枝叶】 zhīyè ❶टहनियाँ और पत्तियाँ ❷नगण्य बात

【枝子】 zhīzi उपशाखा; टहनी

知 zhī ❶जानना; ज्ञात होना; मालूम होना; पता होना: 谁～他干什么去了。कौन जाने कि वह क्या करने गया। ❷बताना; जताना; सूचित करना: 通知 tōngzhī ❸ज्ञान; जानकारी: 求知 qiúzhī ❹प्रशासक; का कार्यभार संभालना: 知县

【知本家】 zhīběnjiā बुद्धि पूँजीपति; ज्ञान के आधार पर पूँजी अर्जित करने वाला

【知彼知己，百战不殆】 zhībǐ-zhījǐ, bǎizhàn-bùdài अपने शत्रु को जानो तथा स्वयं अपने को जानो और तब तुम पराजय का खतरा उठाए बिना सैकड़ों लड़ाइयाँ

लड़ सकते हो

【知宾】 zhībīn 〈बो०〉 समारोह में सत्कार करने वाला व्यक्ति

【知单】 zhīdān वह निमंत्रण-पत्र, जिस में सभी निमंत्रित अतिथियों की नामसूची भी होती थी

【知道】 zhīdào जानना; ज्ञात होना; मालूम होना; पता होना: 我～你想说什么。मैं जानता हूं कि तुम क्या कहना चाहते हो। / 她不～今天您会来。उसे मालूम नहीं था कि आप आज ही आएंगे।

【知底】 zhīdǐ थाह पाना; थाह मिलना

【知法犯法】 zhīfǎ-fànfǎ जानबूझकर कानून का उल्लंघन करना

【知府】 zhīfǔ (पुराने युग में) प्रिफ़ेक्ट; ज़िलाधीश

【知根知底】 zhīgēn-zhīdǐ किसी की पृष्ठभूमि का पता होना; अच्छी तरह जानना

【知会】 zhīhui 〈बो०〉 बताना; बतलाना; जताना: 您去～他一声，让他来接我们。आप जाकर उसे बता दें कि वह हमें लेने आएं।

【知己】 zhījǐ ❶अंतरंग; दिली; घनिष्ठ: ～朋友 दिली दोस्त / ～话 दिल की बात ❷अंतरंग मित्र; दिली दोस्त

【知交】 zhījiāo जिगरी दोस्त; अंतरंग मित्र

【知觉】 zhījué ❶〈मनो०〉 बोध ❷चेतना; होश; सुध; संज्ञा: 失去～ होश न रहना; बेहोश होना; बेसुध होना; चेतनाशून्य होना; संज्ञाहीन होना / 恢复～ होश में आना; आपे में आना

【知客】 zhīkè ❶〈पुराना〉 समारोह में सत्कार करने वाला व्यक्ति ❷（知客僧 zhīkèsēng भी）मठ में सत्कार करने वाला भिक्षु

【知了】 zhīliǎo सिकेडा

【知名】 zhīmíng प्रसिद्ध; विख्यात; मशहूर; ख्यातिप्राप्त; गण्य-मान्य: ～作家 प्रसिद्ध लेखक / ～人士 गण्य-मान्य विभूति

【知名度】 zhīmíngdù प्रसिद्धि; ख्याति; शोहरत; लोकप्रियता: 他的～很高。उन की काफ़ी प्रसिद्धि है; उन की काफ़ी लोकप्रियता है।

【知命】 zhīmìng 〈लि०〉 ❶अपनी नियति मानना ❷पचास वर्ष की उम्र: ～之年 उम्र पचास वर्ष की होना / 年逾～ उम्र पचास वर्ष से अधिक होना

【知难而进】 zhīnán'érjìn कठिनाइयों का सामना करने पर भी आगे बढ़ते जाना

【知难而退】 zhīnán'értuì कठिनाइयों का सामना करने पर पीछे हट जाना

【知其不可而为之】 zhī qí bùkě ér wéi zhī असंभव को संभव बनाने की कोशिश करना

【知其然，不知其所以然】 zhī qí rán, bù zhī qí suǒyǐrán केवल यह जानना कि कोई चीज़ कैसी होती है बल्कि यह नहीं जानना कि वह ऐसी क्यों होती है

【知情】[1] zhīqíng किसी की कृपा के लिए उस का आभारी होना: 对您的善意，我很～。आप की कृपा के लिए मैं आप का आभारी हूं।

【知情】[2] zhīqíng सही बात जानना: ～不报 सही बात जानने पर भी रिपोर्ट न देना / ～人 सही बात जानने वाला

【知情达理】 zhīqíng-dálǐ समझदार

【知情权】 zhīqíngquán असली हालत जानने का हक; सही स्थिति जानने का अधिकार; सत्य जानने का अधिकार: 保障公众的～ जनता का सत्य जानने का अधिकार सुरक्षित रखना / 患者应该有病情～。रोगियों को अपने रोग की असली हालत जानने का अधिकार होना चाहिए।

【知趣】 zhīqù हवा का रुख देखना; समझदार होना; विवेकी होना: 你～一些，离开这里吧。तुम हवा का रुख देखो और यहां से चले जाओ। / 你怎么这样不～? तुम इतने अविवेकी क्यों हो?

【知人之明】 zhīrénzhīmíng किसी व्यक्ति को परखने में समर्थ होना; किसी व्यक्ति को पहचानने में कुशल होना

【知识】 zhīshi ज्ञान; जानकारी: 书本～ किताबी ज्ञान / ～渊博 ज्ञान-पटुता / 渴求～ ज्ञान-पिपासु होना / 技术～ तकनीकी ज्ञान

【知识产权】 zhīshi chǎnquán बौद्धिक संपदा अधिकार; बौद्धिक सम्पत्ति

【知识分子】 zhīshi fēnzǐ बुद्धिजीवी

【知识界】 zhīshijiè बौद्धिक तबका

【知识经济】 zhīshi jīngjì बौद्धिक अर्थव्यवस्था; ज्ञान-विज्ञान पर आधारिक अर्थतंत्र

【知识青年】 zhīshi qīngnián शिक्षित नौजवान

【知书达理】 zhīshū-dálǐ（知书识礼 zhīshū-shílǐ भी）सुशिक्षित और सुसंस्कृत होना

【知疼着热】 zhīténg-zháorè （知冷知热 zhīlěng-zhīrè भी）(किसी को विशेषकर पति या पत्नी को) नज़ाकत से प्यार करना

【知无不言，言无不尽】 zhī wú bù yán, yán wú bù jìn जो कुछ तुम जानते हो, वह सब बिना किसी संकोच के बता दो

【知悉】 zhīxī जानना; मालूम होना; ज्ञात होना: 详情～。इस मामले के ब्योरे मुझे ज्ञात हुए हैं।

【知县】 zhīxiàn (पुराने युग में) काउंटी मजिस्ट्रेट

【知晓】 zhīxiǎo जानना; मालूम होना; ज्ञात होना

【知心】 zhīxīn अंतरंग; दिली; जिगरी; घनिष्ठ: ～朋友 जिगरी दोस्त / ～话 दिल की बात

【知音】 zhīyīn अंतरंगी

【知遇】 zhīyù अपना संरक्षक या अपनी कुशलता का प्रशंसक पाना: ～之恩 एहसान से दबना

【知照】 zhīzhào बताना; बतलाना; जताना; सूचित करना

【知足】 zhīzú संतोष होना; तृप्ति होना; संतुष्ट होना; तृप्त होना

【知足常乐】 zhīzú-chánglè तृप्ति होना; तृप्त होना

肢

zhī अंग; हाथ-पैर

【肢解】 zhījiě 支解 zhījiě के समान

【肢势】 zhīshì (चौपायों की) खड़ा होने की मुद्रा

【肢体】 zhītǐ ❶अंग; हाथ-पैर ❷अंग और देह

【肢体冲突】 zhītǐ chōngtū हाथापाई: 双方发生～。दोनों पक्षों ने हाथापाई की।

【肢体语言】 zhītǐ yǔyán चेष्टा; अंगों की गति

织（織） zhī बुनाई; बुनना: ～毛衣 ऊनी स्वेटर बुनना / ～鱼网 जाल बुनना / ～席 चटाई बुनना
【织补】 zhībǔ रफ़ू करना; जाली लगाना
【织布】 zhībù कपड़ा बुनना; सूती कपड़ा बुनना
【织机】 zhījī लूम; करघा
【织锦】 zhījǐn ❶ब्रोकेड ❷रेशमी कपड़े पर फूल बनाना
【织锦缎】 zhījǐnduàn टेपिस्ट्री साटिन
【织女】 zhīnǚ ❶बुनकर मज़दूरिन ❷织女星 के समान
【织女星】 zhīnǚxīng वीणा नक्षत्र
【织品】 zhīpǐn कपड़ा; वस्त्र; टेक्सटाइल
【织物】 zhīwù कपड़ा; वस्त्र
【织造】 zhīzào बुनाई

栀（梔） zhī नीचे दे०
【栀子】 zhīzi 〈वन०〉 केप जास्मीन

胝 zhī दे० 胼胝 piánzhī

祗 zhī 〈लि०〉 सम्मान; आदर

脂 zhī ❶चरबी; चिकनाई: 脂肪 ❷रूज: 脂粉
【脂肪】 zhīfáng चरबी
【脂肪肝】 zhīfánggān 〈चिकि०〉 फ़ैटी लिवर
【脂肪酸】 zhīfángsuān （脂酸 zhīsuān भी） फ़ैटी एसिड
【脂粉】 zhīfěn रूज और पाउडर; प्रसाधन-सामग्री
【脂粉气】 zhīfěnqì स्त्रीत्व; नारीत्व
【脂膏】 zhīgāo ❶चरबी ❷जनता के परिश्रम का फल; जनता की संपदा —— दे० 民脂民膏 mínzhī-míngāo
【脂麻】 zhīma 芝麻 zhīma के समान
【脂油】 zhīyóu 〈बो०〉 लीफ़ फ़ैट

蜘 zhī नीचे दे०
【蜘蛛】 zhīzhū मकड़ा; मकड़ी: ～网 मकड़ी का जाला; तंतु / ～丝 तंतु
【蜘蛛人】 zhīzhūrén मकड़ी की विशेषताओं से युक्त व्यक्ति; स्पाइडर मैन

zhí

执（執） zhí ❶धरना; पकड़ना; थामना; उठाना: 手～红旗 लाल झंडा उठाना ❷कार्यभार संभालना; ज़िम्मा लेना: 执教 / 执政 ❸डटा रहना; कायम रहना: 各执一词 gèzhíyīcí ❹〈लि०〉 धर पकड़ना; पकड़ना; गिरफ़्तार करना: 战败被～ लड़ाई हारने के बाद पकड़ा जाना ❺कार्यान्वयन करना; कार्यान्वित करना; लागू करना; अमल में लाना: 执法 ❻पावती; प्राप्तिसूचना: 回执 huízhí
【执棒】 zhíbàng संगीत-मंडली का निर्देशन करना
【执笔】 zhíbǐ कलम चलाना; लिखना: 这篇文章是集体讨论，由我和小王两人～的。 इस लेख के बारे में हम लोगों ने अपने-अपने विचार प्रगट किए और श्याओ वांग और मैं ने लिखा है यह लेख।
【执导】 zhídǎo निर्देशक का काम करना; निर्देशक होना: 他～过好几部影片。 वह कई फ़िल्मों का निर्देशक है।
【执法】 zhífǎ कानून लागू करना: ～如山 कड़ाई से कानून लागू करना
【执绋】 zhífú शव के पास जाना; शव यात्रा में शामिल होना
【执纪】 zhíjì अनुशासन लागू करना
【执教】 zhíjiào अध्यापक या कोच का काम करना; अध्यापन करना; अध्यापक होना; पढ़ाना: 他在本校～多年。 उन्हें हमारे विश्वविद्यालय में अध्यापन करते हुए अनेक साल हो गए हैं।
【执迷不悟】 zhímí-bùwù गलत रास्ते पर अड़ा रहना
【执泥】 zhínì हठी होना; दुराग्रही होना; ज़िद पकड़ना; हठ करना
【执牛耳】 zhíniú'ěr सर्वमान्य नेता होना; अग्रसर रहना
【执拗】 zhíniù ज़िद पर अड़ा रहना; हठीला होना; हठ करना
【执勤】 zhíqín ड्यूटी पर होना
【执行】 zhíxíng कार्यान्वित करना; लागू करना; अमल करना; पालन करना; अपनाना: ～命令 आज्ञा का पालन करना / ～决议 प्रस्ताव कार्यान्वित करना; प्रस्ताव पर अमल करना / ～独立自主的和平外交政策 स्वतंत्रता और शांति की विदेश नीति अपनाना / ～纪律 अनुशासन लागू करना / ～计划 योजना को अमल में लाना
【执行机构】 zhíxíng jīgòu कार्यकारिणी संस्था
【执行秘书】 zhíxíng mìshū कार्यकारी सचिव
【执行委员会】 zhíxíng wěiyuánhuì कार्यकारिणी समिति
【执行主席】 zhíxíng zhǔxí कार्यकारी अध्यक्ष
【执业】 zhíyè चिकित्सक, वकालत की वृत्ति करना; प्रैक्टिस करना
【执意】 zhíyì पर कायम रहना; पर अड़ा रहना; ज़िद करना; हठ करना: 她～不去。 उस ने न जाने की ज़िद की। / 他～不收礼。 उस ने उपहार स्वीकार करने से साफ़ इनकार कर दिया।
【执友】 zhíyǒu 〈लि०〉 जिगरी दोस्त; दिली दोस्त
【执掌】 zhízhǎng हाथ में लेना; वश में करना; अधिकार में करना: ～军权 सैन्य अधिकार को अपने हाथ में ले लेना
【执照】 zhízhào लाइसेंस; परमिट; अनुमति-पत्र: 驾驶～ ड्राइवर का लाइसेंस
【执政】 zhízhèng शासन की बागडोर हाथ में लेना; सत्ता पर आना; सत्तारूढ़ होना
【执政党】 zhízhèngdǎng सत्तारूढ़ पार्टी
【执著】 zhízhuó दृढ़ता; दृढ़; सतत: ～地献身于教育事业 शिक्षा कार्य में दृढ़तापूर्वक लगा रहना

直 zhí ❶सीधा: 笔～的道路 सीधा रास्ता / 把铁

丝拉～ तार को सीधा करना ❷खड़ा; ऊपर से नीचे तक का: ～行的文字 ऊपर से नीचे तक लिखे जाने वाले अक्षर ❸सीधा करना: ～腰 कमर सीधी करना ❹सीधा; साफ़-दिल; सीधा-सादा: 正直 zhèngzhí ❺निष्कपटता; स्पष्ट-वादिता; निष्कपट; स्पष्टवादी; स्पष्टभाषी: 直言不讳 / 他嘴～，藏不住话。वह स्पष्टभाषी है और कोई भी बात नहीं छिपाता। ❻चीनी अक्षरों की सीधी रेखा ❼सीधे: 一～走。नाक की सीध में चलो। / 这趟火车～达北京。यह रेल-गाड़ी रास्ते में रुके बिना सीधे पेइचिंग पहुंच जाती है। ❽<क्रि०वि०> निरंतर; लगातार; बराबर: 他热得～冒汗。गरमी की वजह से उसे बराबर पसीना आता रहा; गरमी की वजह से वह पसीने से तरबतर हो गया। / 她见了我～笑。वह मुझे देखकर निरंतर हंसती रही। ❾<क्रि०वि०> ठीक; बिल्कुल; एकदम: 他冷得～缩成一团。सर्दी के मारे वह बिल्कुल सिकुड़ गया।

【直笔】 zhíbǐ सीधी कलम —— निष्पक्ष लेखन

【直拨】 zhíbō प्रत्यक्ष डायलिंग; सीधे टेलीफ़ोन का नम्बर मिलाना

【直播】[1] zhíbō <कृषि०> प्रत्यक्ष बोवाई; सीधे बीज बोना

【直播】[2] zhíbō रेडियो या टी०वी० का प्रत्यक्ष प्रसारण

【直布罗陀】Zhíbùluótuó जिब्राल्टर: ～海峡 जिब्राल्टर जलडमरूमध्य

【直肠】 zhícháng <श०वि०> कांच

【直肠子】 zhíchángzi ❶सीधा; सीधा-सादा; सरल ❷सरल स्वभाव का आदमी

【直陈】 zhíchén खुलकर बात करना

【直待】 zhídài जब तक … तब तक …: 他～天黑才回家。जब तक अंधेरा नहीं छा गया, तब तक वह घर नहीं गया।

【直到】 zhídào ❶ही: 这封信～今天我才收到。यह पत्र आज ही मुझे मिल पाया है। ❷तक: ～今天还没有他的消息。आज तक भी उस की कोई खबर नहीं मिली।

【直瞪瞪】zhídèngdèng टकटकी बांधना; ताकना: 他～地望着地面，神情木然。उस ने ज़मीन की ओर टकटकी बांधी हुई थी और चेहरा भावशून्य था।

【直裰】 zhíduō बौद्धभिक्षुओं और ताओपंथियों का लबादा

【直根】 zhígēn <वन०> मूसला जड़

【直贡呢】 zhígòngní <बुना०> वेनेटियन

【直勾勾】 zhígōugōu टकटकी; निर्निमेष दृष्टि: 她～地望着我。वह निर्निमेष दृष्टि से मुझे देखती रही।

【直观】 zhíguān इंद्रियबोध होना; दृश्य-श्रव्य: ～教具 दृश्य-श्रव्य साधन / ～教学 प्रत्यक्ष वस्तु दिखाकर पाठ पढ़ाना

【直击】 zhíjī सीधे प्रसारित करना; प्रत्यक्षतः प्रसारण करना

【直角】 zhíjiǎo <गणित०> समकोण

【直角三角形】 zhíjiǎo sānjiǎoxíng समकोण त्रिभुज

【直接】 zhíjiē प्रत्यक्ष; सीधा; प्रत्यक्ष रूप से; सीधे: ～控制 सीधे नियंत्रण में करना / ～联系 सीधा संबंध रखना / ～原因 प्रत्यक्ष कारण / 您～去办公室，我在那里等您 。आप सीधे मेरे कार्यालय जाइये। वहाँ मैं आप का इंतज़ार करूँगा।

【直接经验】 zhíjiē jīngyàn प्रत्यक्ष अनुभव

【直接税】 zhíjiēshuì प्रत्यक्ष कर

【直接推理】 zhíjiē tuīlǐ प्रत्यक्ष तर्क

【直接选举】 zhíjiē xuǎnjǔ प्रत्यक्ष चुनाव

【直截】 zhíjié （直捷 zhíjié भी）सीधे से; निस्संकोच

【直截了当】 zhíjié-liǎodàng सीधे से; निस्संकोच; खुलकर: 你就～地说吧！तुम बस खुलकर कहो। / ～地拒绝 दो टूक इनकार करना

【直径】 zhíjìng व्यास

【直觉】 zhíjué सहज बोध

【直来直去】 zhílái-zhíqù स्पष्टवादी; स्पष्टभाषी: 他是～的人，说话从不绕弯子。वह स्पष्टभाषी है और घुमा-फिराकर कभी बात नहीं करता।

【直立】 zhílì सीधा खड़ा होना

【直溜】 zhíliu बिल्कुल सीधा: 你瞧那棵小树，长得多～。देखो वह पेड़ का पौधा, एकदम सीधा खड़ा है।

【直溜溜】 zhíliūliū बिल्कुल सीधा: ～的大马路 बिल्कुल सीधा और चौड़ा मार्ग

【直流电】 zhíliúdiàn डायरेक्ट करंट

【直眉瞪眼】 zhíméi-dèngyǎn ❶गुस्सा आना; क्रोध में आना ❷चकाचौंध में पड़ना; स्तब्ध रह जाना: 他～地站在那里。वह चकाचौंध में पड़ गया और यों ही खड़ा रहा।

【直面】 zhímiàn का सामना करना: ～人生 अपने जीवन में कठोरताओं का सामना करना

【直升机】 zhíshēngjī हेलिकोप्टर; कोप्टर: ～机场 हेलिपोर्ट / ～母舰 हेलिकोप्टर वाहक जहाज़

【直书】 zhíshū तथ्य के अनुसार लिखना

【直抒己见】 zhíshū-jǐjiàn खुलकर अपना विचार प्रगट करना; स्पष्टभाषी होना

【直属】 zhíshǔ के सीधे मातहत होना; के सीधे अधीन होना: 国务院～机关 राज्य परिषद के सीधे अधीन संस्थाएं

【直率】 zhíshuài सीधापन; सरलता; स्पष्टवादिता; सीधा; सीधा-सादा; सरल; स्पष्टवादी: 生性～ सरल स्वभाव का होना

【直爽】 zhíshuǎng सरल; सरलचित्त; सरलहृदय

【直挺挺】 zhítǐngtǐng सीधा खड़ा: 他～地站着。वह सीधा खड़ा है।

【直筒子】 zhítǒngzi स्पष्टवादी

【直系亲属】 zhíxì qīnshǔ किसी के परिवार के प्रत्यक्ष संबंध रखनेवाले सदस्य —— मां-बाप, पति-पत्नी और बच्चे

【直辖】 zhíxiá के सीधे अधीनस्थ

【直辖市】 zhíxiáshì केन्द्रशासित शहर

【直线】 zhíxiàn ❶सरल रेखा; ऋजुलेखा; सीधी रेखा: 两地～距离为 120 公里。इन दो स्थानों के बीच फ़ासला सीधी लाइन में 120 किलोमीटर होता है। / ～飞行 सरलरेखीय उड़ान ❷तेज़ी से: 产量～上升（下降）उत्पादन में तेज़ी से वृद्धि (गिरावट) होना

【直线加速器】 zhíxiàn jiāsùqì लाइनियर एक्सेलेरेटर

【直销】 zhíxiāo सीधे बेचना; प्रत्यक्ष विक्रय (या बिक्री)

【直心眼儿】 zhíxīnyǎnr <बो०> निश्छल; निष्कपट

【直性】 zhíxìng सीधा; भोला-भाला

【直性子】 zhíxìngzi ❶सीधा; भोला-भाला ❷सीधा

आदमी; भोला-भाला आदमी

【直选】 zhíxuǎn सीधे चुनाव; प्रत्यक्ष निर्वाचन

【直言】 zhíyán खुलकर कहना; सीधी बात कहना

【直言不讳】 zhíyán-bùhuì निस्संकोच कहना; खरी बात कहना： 他～地指出我的错误。उस ने निस्संकोच मेरी गलती बताई।

【直译】 zhíyì शब्द प्रति शब्द अनुवाद

【直音】 zhíyīn 〈ध्वनि०〉 एक चीनी अक्षर का उच्चारण बताने के लिए समान उच्चारण का दूसरा चीनी अक्षर उद्धृत करने की परंपरागत प्रणाली

【直至】 zhízhì तक： ～现在 अभी तक

侄（姪） zhí भतीजा

【侄妇】 zhífù 〈लि०〉 भतीजे की पत्नी

【侄女】 zhínǚ भतीजी

【侄女婿】 zhínǚxu भतीजी का पति

【侄孙】 zhísūn भतीजे का पुत्र; भाई का पोता

【侄孙女】 zhísūnnǚ भतीजे की पुत्री; भाई की पोती

【侄媳妇】 zhíxífu भतीजे की पत्नी

【侄子】 zhízi भतीजा

值 zhí

❶मूल्य; भाव： 币值 bìzhí ❷मूल्य का होना ： 这双皮鞋～多少钱？ चमड़े के जूतों का यह जोड़ा कितने मूल्य का है？/ 这～一百元。 यह सौ य्वान मूल्य का है। ❸〈गणित०〉 परिमाण; राशि ❹लायक होना; योग्य होना： 不～一提 चर्चा करने योग्य नहीं होना ❺जब; के अवसर पर; के मौके पर： ～此之际 इस अवसर पर; इस मौके पर / ～此首脑会议召开之际 वर्तमान शिखर-सम्मेलन के आयोजन के अवसर पर / 上次他来，正～我不在家。 वह पिछली बार आया, तब मैं घर में नहीं था। ❻ड्यूटी पर होना： 轮值 lúnzhí

【值班】 zhíbān ड्यूटी पर होना： 昨天是他值的班。कल वह ड्यूटी पर था।

【值当】 zhídàng 〈बो०〉 लायक होना; योग्य होना; उपयुक्त होना; मुनासिब होना： 不～为这点小事生气。 इस छोटी सी बात को लेकर क्रोधित होना मुनासिब नहीं है।

【值得】 zhíde लायक होना; योग्य होना： 这电影～一看。 यह फ़िल्म देखने योग्य है। / ～注意 ध्यान देने योग्य होना / 这衣服～买。 यह वस्त्र खरीदने लायक है। / 这问题～商讨。 यह समस्या विचार-विमर्श करने लायक है।

【值钱】 zhíqián मूल्यवान; कीमती： 这件古董～。 यह पुरावस्तु मूल्यवान है।

【值勤】 zhíqín (सैनिक, पुलिस-सिपाही आदि का) ड्यूटी पर होना： ～警察 ड्यूटी पर होने वाला पुलिसकर्मी

【值日】 zhírì ड्यूटी पर होना; बारी आना： 今天谁～打扫教室？ आज क्लासरूम साफ़ करने के लिए किस की बारी है？

【值星】 zhíxīng (सैनिक आफ़िसरों का) एक हफ़्ते के लिए ड्यूरी पर होना

【值夜】 zhíyè रात की ड्यूटी पर होना

【值遇】 zhíyù 〈लि०〉 से सामना होना; से मुठभेड़ होना

埴 zhí 〈लि०〉 मृदा; मिट्टी

职（職） zhí

❶कर्तव्य; ज़िम्मेदारी; उत्तरदायित्व： 职分 / 尽职 jìnzhí ❷पद; ओहदा： 就职 jiùzhí ❸〈पुराना〉 (ऊपर वाले से प्रस्तुत अधिकृत रिपोर्ट में प्रयुक्त) मैं ❹अपने ज़िम्मे लेना; संभालना： 职掌 ❺〈लि०〉 के कारण; की वजह से： ～是之故 इस विशेष कारण से

【职别】 zhíbié पद; ओहदा

【职称】 zhíchēng अकादमिक या तकनीकी उपाधि, जैसे प्रोफ़ेसर, लेक्चर, इंजीनियर आदि

【职分】 zhífèn ❶कर्तव्य; ड्यूटी ❷पद; ओहदा

【职高】 zhígāo व्यावसायिक हाई स्कूल

【职工】 zhígōng ❶कर्मचारी और मज़दूर ❷〈पुराना〉 मज़दूर; श्रमिक： ～运动 श्रमिक आन्दोलन

【职级】 zhíjí पद; ओहदा; रेंक; ओहदे का स्तर

【职教】 zhíjiào व्यावसायिक शिक्षा

【职介】 zhíjiè पेशा सेवा; कैरियर सर्विस

【职能】 zhínéng कार्य; काम： 货币的～ मुद्रा का काम / ～机构 कार्यकारी संस्था

【职评】 zhípíng उपाधि-मूल्यांकन; व्यावसायिक उपाधि का मूल्यांकन करना

【职权】 zhíquán अधिकार： 行使～ अपने अधिकार का उपयोग करना / 滥用～ अपने अधिकार का दुरुपयोग करना

【职权范围】 zhíquán fànwéi अधिकार-क्षेत्र： 在自己的～内 अपने अधिकार क्षेत्र में / 超越～ अधिकार-क्षेत्र से परे होना

【职守】 zhíshǒu कर्तव्य; पोस्ट： 忠于～ कर्तव्यपरायण-ता; कर्तव्यपरायण होना

【职位】 zhíwèi पद; ओहदा

【职务】 zhíwù पद; ओहदा; पदवी; कर्तव्य： 履行～ अपने कर्तव्य का पालन करना

【职务侵占罪】 zhíwù qīnzhànzuì प्रकार्यकारी गबन

【职衔】 zhíxián पद और रेंक

【职业】 zhíyè ❶व्यवसाय; पेशा; धंधा; रोज़गार： 您从事什么～？ आप का पेशा क्या है; आप किस धंधे में लगे हैं？/ 选择～ पेशा एख्तियार करना / 他的～是医生。 वह पेशे से डाक्टर है। ❷पेशेवर; पेशावर; व्याव-सायिक： ～运动员 पेशेवर खिलाड़ी / ～学校 व्याव-सायिक स्कूल

【职业病】 zhíyèbìng व्यावसायिक रोग

【职员】 zhíyuán कर्मचारी

【职责】 zhízé कर्तव्य; फ़र्ज; दायित्व; कार्यभार： 应尽的～ अपरिहार्य कर्तव्य / 神圣～ पवित्र कर्तव्य

【职掌】 zhízhǎng उत्तरदायी होना; ज़िम्मेदार होना： ～人事 कार्मिक मामलों के लिए उत्तरदायी होना

植 zhí

❶उगाना; लगाना; रोपण करना; रोपना： 植树 / 移植 yízhí ❷स्थापित करना; कायम करना; बनाना： 植党营私 ❸वनस्पति： 植保 / 植被

【植保】 zhíbǎo 植物保护 का संक्षिप्त रूप

【植被】 zhíbèi 〈वन०〉 वनस्पतियाँ

【植党营私】 zhídǎng-yíngsī दलबन्दी करना; गुटबन्दी करना
【植苗】 zhímiáo पौधों का रोपण करना
【植皮】 zhípí <चिकि०> त्वचारोपण
【植树】 zhíshù वृक्षारोपण; पेड़ के पौधे लगाना: ～造林 वनरोपण
【植树葬】 zhíshùzàng निकुंज शवाधान
【植物】 zhíwù वनस्पति
【植物保护】 zhíwù bǎohù वनस्पति संरक्षण
【植物病害】 zhíwù bìnghài वनस्पति की व्याधियाँ
【植物检疫】 zhíwù jiǎnyì वनस्पति क्वारंटीन
【植物界】 zhíwùjiè वनस्पति जगत्
【植物区系】 zhíwù qūxì वनस्पति; पेड़-पौधे
【植物群落】 zhíwù qúnluò प्लांट कम्युनिटी; पेड़-पौधों की राशि
【植物人】 zhíwùrén वेजीटेबल; विचारशून्य व्यक्ति
【植物纤维】 zhíwù xiānwéi वानस्पत्य रेशा
【植物性神经】 zhíwùxìng shénjīng <श०वि०> ओटोनोमिक नर्व
【植物学】 zhíwùxué वनस्पति विज्ञान: ～家 वनस्पति विज्ञानी
【植物油】 zhíwùyóu वनस्पति घी
【植物园】 zhíwùyuán वनस्पति उद्यान
【植株】 zhízhū <कृ०> पौधा

殖 zhí प्रजनन; जनना; पैदा करना: 生殖 shēngzhí
shi भी दे०
【殖民】 zhímín उपनिवेश स्थापित करना: ～统治 उपनिवेशी शासन / ～政策 औपनिवेशिक नीति / 非～化 गैर-उपनिवेशीकरण
【殖民地】 zhímíndì उपनिवेश: ～国家 उपनिवेश-देश / 沦为～ पतित होकर एक उपनिवेश बनना
【殖民主义】 zhímín zhǔyì उपनिवेशवाद: ～者 उपनिवेशवादी

絷（縶） zhí <लि०> ❶बांधना; कसना ❷हिरासत में रखना ❸बागडोर

跖 zhí 蹠 zhí के समान

摭 zhí <लि०> उठाना
【摭拾】 zhíshí <लि०> उठाना; एकत्र करना; चुनना

踯（躑） zhí नीचे दे०
【踯躅】 zhízhú <लि०> भटकना; व्यर्थ घूमना: ～街头 गली-गली भटकना

蹠 zhí ❶पैर के पंजे की पांच लंबी हड्डियों का समूह ❷<लि०> तलवा ❸<लि०> कुचलना; रौंदना
【蹠骨】 zhígǔ <श०वि०> पैर के पंजे की पांच लंबी हड्डियाँ

zhǐ

止 zhǐ ❶रुकना; थमना; बन्द होना: 止步 ❷रोकना; रोक लगाना; रोकथाम करना: 禁止 jìnzhǐ / ～血 रक्तस्राव को रोकना ❸तक: 展销从 5 月 1 日起至 5 月 20 日～。प्रदर्शनी और बिक्री आगामी पहली मई से बीस मई तक होगी। ❹केवल; सिर्फ़: 附近～此一家药店。आसपास केवल यही एक दवा की दुकान उपलब्ध है।
【止步】 zhǐbù रुकना: ～不前 रुक जाना
【止跌】 zhǐdiē <वाणि०> कीमतों में गिरावट बंद होना
【止付】 zhǐfù <बैंकिंग> भुगतान रोकना
【止境】 zhǐjìng सीमा; हद: 科学的发展是没有～的。विज्ञान के विकास की कोई सीमा नहीं है।
【止渴】 zhǐkě प्यास को शांत करना; प्यास बुझाना
【止痛】 zhǐtòng पीड़ा शांत करना: ～药 पीड़ा नाशक
【止息】 zhǐxī बन्द होना; रुक जाना

只（衹、祇） zhǐ <क्रि०वि०> केवल; सिर्फ़; मात्र; ही: 谈判成功，现在～剩下签署协议了。वार्ता सफल रही और अब केवल समझौते पर हस्ताक्षर करने शेष रह गये हैं। / 家里～我一个人。इस समय घर में सिर्फ़ मैं हूँ। / 他～见到了小王，没见到老张。उस ने मात्र श्याओ वांग को देखा, लाओ चांग को नहीं। / 我～想知道，他能不能来参加这个会议。मैं यही जानना चाहता हूं कि वह आखिर इस बैठक के लिए आएगा कि नहीं।
zhī भी दे०
【只不过】 zhǐbuguò <क्रि०वि०> सिर्फ़; केवल; मात्र; महज़: 他这样说～是开个玩笑而已。उस ने महज़ मज़ाक में यह बात कही। / 他～是个孩子。वह एक बच्चा मात्र है।
【只得】 zhǐdé लाचार होना; विवश होना; बाध्य होना; पड़ना: 他们～取消原来的计划。उन्हें विवश होकर अपनी योजना रद्द करनी पड़ी; वे अपनी योजना रद्द करने को विवश हुए। / 他～一个人去了。उसे अकेले जाना पड़ा।
【只顾】 zhǐgù ❶<क्रि०वि०> एकाग्र मन से; एकाग्रचित्त होकर: 其他人又吵又闹，他却～埋头读书。दूसरे लोग तो हो-हल्ला मचाते रहे, लेकिन वह एकाग्रचित्त होकर किताब पढ़ने में लीन था। ❷का ही ध्यान रखना; के बारे में ही सोचना: 你别～你自己。तुम्हें केवल अपना ही ध्यान नहीं रखना चाहिए।
【只管】 zhǐguǎn <क्रि०वि०> ❶निस्संकोच; बिना किसी हिचकिचाहट के: 您有什么困难，～说，我们尽力帮助您。यदि आप को कोई आर्थिक कठिनाई हो, तो बिना किसी हिचकिचाहट के बता दें। हम आप की मदद करने की भरसक कोशिश करेंगे। ❷सिर्फ़; केवल; मात्र; ही: 您～干您的，其它事我来应付。आप अपना ही काम करते जाएं। मैं दूसरे मामले निबटा दूंगा।
【只好】 zhǐhǎo पड़ना; विवश होना ; मजबूर होना; बाध्य

होना：他见众人都不同意，～放弃自己的主张。यह जानकर कि दूसरे लोग उस से सहमत नहीं हैं, उसे अपना विचार छोड़ना ही पड़ा।/ 路不通，我们～绕道而行。रास्ता बन्द था। हम एक चक्कर लगाकर जाने को विवश हुए।

【只可意会，不可言传】 zhǐkě yìhuì, bùkě yánchuán बखान नहीं सिर्फ़ महसूस किया जा सकना

【只是】 zhǐshì ❶〈क्रि०वि०〉 सिर्फ़; केवल; मात्र; महज़：听到这消息，他～叹气，一句话也不说。यह जानकर वह सिर्फ़ आह भरकर रह गया और मुंह से एक भी शब्द न निकला।/ 他～想要知道，他究竟做错了什么。उस ने महज़ यह जानना चाहा कि आखिर में उस से क्या गलती हुई है। ❷〈संयो०〉 पर; मगर; लेकिन：他人很好，～脾气有点暴躁。वह आदमी तो बहुत अच्छा है, पर उस का मिज़ाज कुछ तेज़ है।

【只消】 zhǐxiāo 〈बो०〉 केवल ज़रूरी होना：这点活儿，～几分钟就可以干完。इतना सा काम करने के लिए केवल दो-तीन मिनट ज़रूरी हैं; यह तो दो-तीन मिनट का काम है।

【只许州官放火，不许百姓点灯】 zhǐ xǔ zhōuguān fàng huǒ, bù xǔ bǎixìng diǎn dēng कोतवाल को तो मकान तक फूंकने की इजाज़त है, जबकि आम लोगों को बत्ती तक जलाने की अनुमति नहीं

【只要】 zhǐyào 〈संयो०〉 (प्रायः 就 या 便 के साथ प्रयुक्त) जब; बशर्ते कि：～努力，就没有什么办不到的事。यदि आप कोशिश करें तो ऐसा कोई काम नहीं, जो नहीं हो सकता।/ ～他点头，我们可以马上开始干。हम तुरंत यह काम शुरू कर सकते हैं बशर्ते कि वह हामी भरे।

【只有】 zhǐyǒu ❶〈संयो०〉 सिर्फ़; महज़; केवल; हीः ～他知道她在哪儿。केवल वह जानता है कि वह कहाँ है।/ ～深入生活，才能创作出优秀的文学作品。आम लोगों के जीवन को समीप से देखने पर ही श्रेष्ठ साहित्यिक रचनाएं की जा सकती हैं।/ ～这样… ऐसा करने से ही …; ऐसा करने पर ही …

【只争朝夕】 zhǐzhēng-zhāoxī हर हर पल का फ़ायदा उठाना

旨 1 zhǐ 〈लि०〉 स्वादिष्ट; सुस्वाद; जायकेदार：甘旨 gānzhǐ

旨 2 （恉） zhǐ प्रयोजन; अर्थ; अभिप्राय; उद्देश्य：主～ मुख्य अभिप्राय / 采取一系列～在加速经济发展的措施 आर्थिक विकास को गति देने के उद्देश्य से अनेक कदम उठाना

旨 3 zhǐ आज्ञा：圣旨 shèngzhǐ

【旨趣】 zhǐqù प्रयोजन; अभिप्राय

【旨意】 zhǐyì आज्ञा; आदेश：您这样做是奉了谁的～？ किस की आज्ञा के अनुसार आप ने ऐसा किया है？

址 （阯） zhǐ स्थल; स्थान：地址 dìzhǐ / 厂～ कारखाने का स्थल

芷 zhǐ दे० 白芷 báizhǐ

抵 zhǐ 〈लि०〉 हत्थेली पर मुट्ठी का आघात करना

【抵掌】 zhǐzhǎng 〈लि०〉 (प्रसन्नता प्रकट करने के लिए) तालियाँ बजाना

纸 （紙、帋） zhǐ ❶कागज़; पेपर ❷〈परि०श०〉 (पत्र, दस्तावेज़ आदि के लिए)：一～公文 एक दस्तावेज़

【纸板】 zhǐbǎn गत्ता; दफ़्ती

【纸包不住火】 zhǐ bāobuzhù huǒ भला कागज़ आग को कैसे ढक सकता है —— सत्य पर पर्दा नहीं डाला जा सकता

【纸币】 zhǐbì नोट; कागज़ी मुद्रा

【纸浆】 zhǐjiāng लुगदा; लुगदी

【纸巾】 zhǐjīn पेपर टावल; टावल

【纸老虎】 zhǐlǎohǔ कागज़ी बाघ

【纸马】 zhǐmǎ ❶ऐसा कागज़, जिस पर देवताओं की तस्वीरें अंकित होती हैं और पूजा के समय जलाया जाता है ❷〈बो०〉 कागज़ से बनी मानव, गाड़ी और घोड़े की आकृतियाँ, जो मृतक के प्रति श्रद्धांजलि अर्पित करते समय जलाई जाती हैं

【纸媒】 zhǐméi （印刷媒介 yìnshuā méijiè भी） पेपर मीडिया

【纸媒儿】 zhǐméir （纸煤儿 zhǐméir भी） पाइप आदि लगाने के लिए कागज़ बटकर बनाई हुई सींक

【纸捻】 zhǐniǎn कागज़ ऐंठ कर बनाई हुई सींक

【纸牌】 zhǐpái कार्ड; पत्ता

【纸钱】 zhǐqián सिक्के के आकार का कागज़, जो मृतक के प्रति श्रद्धांजलि अर्पित करते समय जलाया जाता है

【纸上谈兵】 zhǐshàng-tánbīng कागज़ी घोड़ा दौड़ाना; अव्यावहारिक रणनीतिज्ञ होना

【纸头】 zhǐtóu 〈बो०〉 कागज़

【纸型】 zhǐxíng 〈मुद्रण०〉 पेपर मैट्रिक्स

【纸烟】 zhǐyān सिग्रेट

【纸鹞】 zhǐyào 〈बो०〉 पतंग; कनकौवा

【纸叶子】 zhǐyèzi 〈बो०〉 कार्ड; पत्ता

【纸鸢】 zhǐyuān पतंग; कनकौवा

【纸张】 zhǐzhāng कागज़; पेपर

【纸醉金迷】 zhǐzuì-jīnmí ऐशोआराम; भोग-विलास

祉 zhǐ 〈लि०〉 सुख：福祉 fúzhǐ

枳 zhǐ 〈वन०〉 त्रिपर्णक संतरा

指 zhǐ ❶उंगली; अंगुली：拇指 mǔzhǐ ❷अंगुलमान; अंगुल：四～宽 चार अंगुल चौड़ा ❸दिखाना; इशारा करना：他朝窗外～了～。उस ने खिड़की की ओर अंगुली का इशारा किया।/ 时针正～十二点。घंटे की सुई बारह पर दिख रही है। ❹(बालों का) खड़ा होना：发指 fàzhǐ ❺निर्दिष्ट करना; बताना：～出缺点和错误 भूलचूक बताना / ～出正确方向 सही दिशा बताना ❻लक्षित करना; चर्चा करना：他这番话不是～着您说的。उस ने आप को लक्षित करके यह बात नहीं कही।

❼आश्रित करना; निर्भर करना; अपेक्षा करना; आश्रय होना: 全家都～着他。स्त्री-बच्चे उसी पर आश्रित हैं। / 我们全都～着你呢。तुम ही हमारा आश्रय हो।

【指标】 zhǐbiāo लक्ष्य; कोटा: 完成计划～ योजना में प्रस्तुत लक्ष्य को प्राप्त करना / 超额完成生产～ लक्ष्य से अधिक उत्पादन करना / 招工～ मज़दूरों की भरती का कोटा

【指拨】 zhǐbō ❶बतलाना: 我是新手，请在工作上多～。मैं नया आया हूं। आप काम के बारे में बतलाने का कष्ट करें। ❷आज्ञा देना; हुक्म जताना: 我听头儿的，你甭～我! मैं ऊपर वाले का ही हुक्म बजाता हूँ। तुम हुक्म जताना बन्द करो।

【指不定】 zhǐbudìng 〈बो०〉 संभवतः; शायद; कदाचित्: 再等一会儿吧，他～会来呢。कुछ देर तक और इंतज़ार करें। वह संभवतः आ जाएगा।

【指不胜屈】 zhǐbùshèngqū अनगिनत; बेहिसाब

【指斥】 zhǐchì निन्दा करना; फटकारना

【指导】 zhǐdǎo मार्गदर्शन; निर्देशन; मार्गदर्शन करना; निर्देशन करना: 他到工地～工作。उस ने निर्माणस्थल पर कार्य का निर्देशन किया। / ～方针 निर्देशक नीति / ～思想 मार्गदर्शक विचार

【指导性计划】 zhǐdǎoxìng jìhuà मार्गदर्शक योजना

【指点】 zhǐdiǎn ❶सुझाव देना; निर्देश देना; सलाह देना; बताना: 经他一～，我们顺利地完成了任务。उस की सलाह मानकर हम ने सुभीते से अपना काम पूरा कर लिया। ❷छिद्रान्वेषण करना; खुचड़ निकालना; दोष निकालना

【指定】 zhǐdìng नियत करना; नियुक्त करना: 在～时间内报到 नियत समय पर हाज़िरी देना / ～谈判代表 वार्ताकार नियुक्त करना

【指法】 zhǐfǎ 〈संगी०〉 अंगुलिचालन

【指骨】 zhǐgǔ अंगुलास्थि

【指画】[1] zhǐhuà उंगली से इशारा करना

【指画】[2] zhǐhuà अंगुली चित्रण

【指环】 zhǐhuán रिंग; अंगूठी; मुद्रिका

【指挥】 zhǐhuī ❶नायकत्व; संचालन; कमान; नेतृत्व; नायकत्व करना; संचालन करना; नेतृत्व करना; कमान करना: ～军队 सेना का संचालन करना / ～乐队 वाद्यमंडली का संचालन करना ❷कमांडर; डिरेक्टर ❸〈संगी०〉 कंडक्टर; निर्देशक

【指挥棒】 zhǐhuībàng 〈संगी०〉 छड़ी; डंडा

【指挥部】 zhǐhuībù कमांड पोस्ट; हेडक्वार्टर

【指挥舱】 zhǐhuīcāng अंतरिक्ष कमांड केबिन

【指挥刀】 zhǐhuīdāo अफ़सर की तलवार

【指挥系统】 zhǐhuī xìtǒng कमांड सिस्टम

【指挥员】 zhǐhuīyuán कमांडर; कमान-अफ़सर

【指鸡骂狗】 zhǐjī-màgǒu मुर्गे की ओर लक्ष्य करते हुए कुत्ते को डांटना —— एक की ओर लक्ष्य करते हुए दूसरे को फटकारना

【指甲】 zhǐjia नाखून

【指甲刀】 zhǐjiadāo नेल क्लिपर्स; नाखून तराश

【指甲盖儿】 zhǐjiagàir नाखून

【指甲心儿】 zhǐjiaxīnr नाखून

【指甲油】 zhǐjiayóu नेल पालिश

【指教】 zhǐjiào 〈शिष्ट०〉 उपदेश; उपदेश देना: 请多～。कृपया, हमें उपदेश दें।

【指靠】 zhǐkào निर्भर करना; भरोसा करना; आश्रित रहना: 全家老小的生活就～他了。सारा घर उसी पर आश्रित है। / 这件事～您了。यह बात आप पर निर्भर करती है।

【指控】 zhǐkòng आरोप; अभियोग; आरोप लगाना; अभियोग लगाना: 他被～受贿。उस पर घूस लेने का अभियोग लगाया गया है।

【指令】 zhǐlìng ❶आज्ञा; आदेश; हुक्म; निर्देश ❷〈कंप्यूटर〉 इंस्ट्रक्शन

【指令性计划】 zhǐlìngxìng jìhuà आदेशात्मक योजना

【指鹿为马】 zhǐlù-wéimǎ हिरन को घोड़ा बताना —— गलत को सही बताना

【指名】 zhǐmíng नाम लेकर: ～攻击 नाम लेकर कीचड़ उछालना / ～批评 नाम लेकर आलोचना करना

【指名道姓】 zhǐmíng-dàoxìng नाम लेना

【指明】 zhǐmíng स्पष्ट रूप से दिखाना; प्रदर्शित करना; सुझाना; बताना: ～道路 मार्ग सुझाना / ～方向 दिशा दिखाना

【指南】 zhǐnán गाइड बुक: 旅游～ भ्रमण गाइड बुक

【指南针】 zhǐnánzhēn कंपास; कुतुबनुमा; दिग्दर्शक यंत्र

【指派】 zhǐpài नियुक्ति करना; नियुक्त करना; मनोनीत करना: ～他为首席谈判代表 उसे प्रमुख वार्ताकार नियुक्त करना / ～他担当这一任务 इस कार्यभार के लिए उसे मनोनीत करना

【指认】 zhǐrèn शिनाख्त; पहचान; शिनाख्त करना; पहचान करना: 经过～，此人正是受追捕的逃犯。शिनाख्त के बाद सिद्ध हुआ कि यही वह फ़रार अपराधी है, जिस की पुलिस तलाश कर रही है।

【指日可待】 zhǐrì-kědài जल्दी ही होना; नज़दीक पहुंचना: 胜利～。विजय जल्दी ही प्राप्त होगी। / 计划的完成～。योजना जल्दी ही पूरी होगी।

【指桑骂槐】 zhǐsāng-màhuái दे० 指鸡骂狗

【指使】 zhǐshǐ उकसावा; उकसावा देना; उकसाना; भड़काना: 他是幕后～者。वह परदे के पीछे भड़काने वाला है। / 你这样做，受谁～? तुम ने किस के उकसावे पर ऐसा किया है?

【指示】 zhǐshì ❶सुझाना; दिखाना: ～方向 दिशा दिखाना ❷निर्देश देना; आदेश देना; हिदायत देना ❸निर्देश; आदेश; हिदायत: 下达～ निर्देश देना / 按上级的～办。ऊपर वाले की हिदायत पर काम करना चाहिए।

【指示代词】 zhǐshì dàicí 〈व्या०〉 संकेतवाचक सर्वनाम

【指示灯】 zhǐshìdēng पायलट लैंप

【指示器】 zhǐshìqì इंडिकेटर

【指示生物】 zhǐshì shēngwù 〈वाता०र०〉 संकेतक जीव

【指手画脚】 zhǐshǒu-huàjiǎo （指手划脚 zhǐshǒu-huàjiǎo भी）❶हाव-भाव प्रदर्शित करना: ～地高谈阔论 हाव-भाव के साथ लम्बी-चौड़ी बातें करना ❷उंगली उठाना; उंगली उठा-उठाकर

【指数】 zhǐshù इंडेक्स; सूचकांक: 物价～ मूल्य सूच-

कांक
【指头】 zhǐtou उंगली; अंगुली; अंगुल
【指头肚儿】 zhǐtoudùr उंगलियों के ऊपरी सिरे का मुख (सामने का भाग)
【指望】 zhǐwàng ❶आशाएं लगाना; आशा बंधना; मुंह ताकना: ～他长大了有出息。उस से हमारी आशा बंधी हुई है कि वह बड़ा होकर एक सुयोग्य व्यक्ति बनेगा। / 别～他会帮你。सहायता के लिए उस का मुंह ताकना बेकार है। ❷आशा: 他这病还有～儿。उस के भला-चंगा होने की आशा है।
【指纹】 zhǐwén अंगुली का निशान: 取～ अंगुली का निशान लेना
【指引】 zhǐyǐn मार्गदर्शन; पथप्रदर्शन; मार्गदर्शन करना; पथप्रदर्शन करना: 在他的～下，我们顺利地通过了沼泽地。उस के पथप्रदर्शन में हम ने सही-सलामत दलदल को पार किया।
【指印】 zhǐyìn अंगुली का निशान; उंगली की छाप: 按～ उंगली की छाप लगाना
【指责】 zhǐzé इल्ज़ाम लगाना; आरोप लगाना; दोष लगाना; दोषारोपण लगाना; भर्त्सना करना: ～对方不遵守协议 विपक्ष पर समझौते का पालन न करने का आरोप लगाना / 横加～ अंधाधुंध इल्ज़ाम लगाना
【指摘】 zhǐzhāi आलोचना करना; दोषारोपण लगाना
【指战员】 zhǐzhànyuán （指挥员 और 战斗员 का सामूहिक नाम） (चीनी जन मुक्ति सेना के) अफ़सर और सैनिक
【指仗】 zhǐzhàng 〈बो०〉 निर्भर रहना: 这里村民一年的生计就～地里的收成。यहां के गांववासियों का जीवन खेतों में खड़ी फ़सलों पर ही निर्भर होता है।
【指针】 zhǐzhēn ❶(घड़ी, मीटर आदि में) सूई; कांटा ❷निर्देशक उसूल: 这是我们工作的～。यह हमारे कार्य का निर्देशक उसूल है।
【指正】 zhǐzhèng गलती दिखाना; त्रुटि दिखलाना: 本辞典不足之处，请读者惠予～。पाठकों से हमारी प्रार्थना है कि वे इस कोश की त्रुटियाँ दिखलाकर हमें अनुगृहीत करें।
【指证】 zhǐzhèng निर्दिष्ट करना और प्रमाणित करना

咫 zhǐ एक प्राचीन माप, जो आठ छुन（寸）के बराबर होता है
【咫尺】 zhǐchǐ 〈लि०〉 बहुत नज़दीक: 近在～ बहुत नज़दीक होना; सामने ही होना
【咫尺天涯】 zhǐchǐ-tiānyá बहुत नज़दीक होने पर भी दूर होना —— पास में रहने पर भी एक दूसरे की मुलाकात थोड़े ही होती है

趾 zhǐ ❶पैर की उंगली ❷पैर; पांव
【趾高气扬】 zhǐgāo-qìyáng पांव धरती पर न पड़ना; पांव धरती पर न रखना
【趾骨】 zhǐgǔ पैर के पंजे की लम्बी हड्डियाँ
【趾甲】 zhǐjiǎ पैर का नाखून

黹 zhǐ 〈लि०〉 सिलाई; कसीदाकारी: 针黹 zhēnzhǐ

酯 zhǐ 〈रसा०〉 इस्टर

徵 zhǐ 〈संगी०〉 प्राचीन चीनी स्वरलिपि का एक स्वर, जो संख्यात्मक स्वरलिपि में 5 होता है
zhēng भी दे०

zhì

至 zhì ❶तक: 至今 / ～死不屈 मरते दम तक सिर न झुकाना ❷जहाँ तक … का सवाल है: 至于 ❸〈लि०〉 अत्यंत; सब से: 欢迎之～。आप का सब से बड़ा स्वागत।
【至宝】 zhìbǎo सब से कीमती चीज़: 如获至宝 rú-huò-zhìbǎo
【至诚】 zhìchéng पूरी हार्दिकता; पूरी ईमानदारी से: 出于～ तहे दिल से; सच्चे दिल से / ～待人 पूरी ईमानदारी से लोगों के साथ बरताव करना
【至诚】 zhìchéng सब से ईमानदार; सच्चा: ～的朋友 सच्चा दोस्त
【至迟】 zhìchí देर से देर: ～下月 5 日要发货。देर से देर अगले महीने की पांच तारीख को माल रवाना कर देना चाहिए।
【至此】 zhìcǐ यहां तक: 事已～，后悔也没用了。जब नौबत यहां तक आ पहुंची है, तो पछतावा करना भी बेकार है। / 全剧～结束。नाटक यहां तक समाप्त हुआ।
【至多】 zhìduō 〈क्रि०वि०〉 ज़्यादा से ज़्यादा; अधिक से अधिक; बहुत हुआ: 这幢楼～下个月就可完工。इस इमारत का निर्माण ज़्यादा से ज़्यादा अगले मास पूरा हो जाएगा। / 他～不过四十岁。बहुत हुआ तो वह चालीस वर्ष का होगा।
【至高无上】 zhìgāo-wúshàng सर्वोपरि; परम; सर्वोच्च: ～的权力 सर्वोच्च अधिकार
【至关紧要】 zhìguān-jǐnyào अत्यंत महत्वपूर्ण
【至好】 zhìhǎo अंतरंग मित्र; घनिष्ठ मित्र
【至极】 zhìjí हद होना: 愚蠢～。मूर्खता की हद हो गई।
【至交】 zhìjiāo अंतरंग दोस्त
【至今】 zhìjīn आज तक; अब तक: 他～没有回复。उस ने आज तक भी कोई जवाब नहीं दिया। / ～无人提出异议。अब तक किसी ने भी आपत्ति नहीं की।
【至理名言】 zhìlǐ-míngyán सूक्त वाक्य
【至亲】 zhìqīn नज़दीकी संबंधी: ～好友 नज़दीकी संबंधी और अच्छे दोस्त
【至上】 zhìshàng सर्वोपरि: 国家利益～。देश के हित ही सर्वोपरि हैं।
【至少】 zhìshǎo कम से कम: 他～要一小时才能到这里。वह कम से कम एक घंटे के बाद ही यहाँ आ सकता है। / ～有两百人参加了今天的义务劳动。आज कम से कम दो सौ व्यक्तियों ने श्रमदान में भाग लिया। / 你～应该告诉我他的电话号码。तुम्हें मुझे कम से कम उस का फ़ोन नम्बर तो बताना चाहिए।

【至于】 zhìyú ❶जहां तक … का ताल्लुक है; जहां तक … का सवाल है; के विषय में: ～费用问题，我们下次开会再讨论。जहां तक रुपये-पैसे का ताल्लुक है, उस पर हम अगली मीटिंग में विचार-विमर्श करेंगे। / 这电视机质量不错，～价格嘛，实在是太贵了。इस टी०वी० सेट की क्वालिटी बढ़िया है। जहां तक दाम का सवाल है, तो यह सचमुच बहुत महंगा है। ❷नौबत आना: 你当初要是听了我的话，何～会这样? तुम ने यदि शुरू में मेरी बात मान ली होती, तो यह नौबत न आई होती। / 他昨天明明答应要来的，不～不来吧。कल उस ने आने का पक्का वायदा किया था। न आने की नौबत तो नहीं आनी चाहिए।

【至嘱】 zhìzhǔ (पत्रों में प्रयुक्त) हार्दिक आशा है कि आप तदनुसार करेंगे।

【至尊】 zhìzūn सर्वमहान और सर्वमान्य —— सम्राट्

志¹ zhì संकल्प, इच्छा; अभिलाषा; आकांक्षा; चाह: 立志 lìzhì / 志同道合

志² zhì 〈बो०〉 तौलना; जोखना: 拿碗～一～ किसी वस्तु को कटोरे से तौलना

志³ (誌) zhì ❶गिरह बांधना; गांठ बांधना: 永志不忘 yǒngzhì-bùwàng ❷इतिवृत्त: 县～ काउंटी का इतिवृत्त / 《三国～》 तीन राज्यों का इतिहास ❸चिन्ह; निशान: 标志 biāozhì

【志哀】 zhì'āi शोक प्रगट करना: 降半旗～ झंडे को आधा झुकाकर शोक प्रगट करना

【志大才疏】 zhìdà-cáishū चाह बड़ी और सामर्थ्य थोड़ी होना; महत्वाकांक्षी लेकिन असमर्थ होना

【志气】 zhìqì महत्वकांक्षा; महत्वकांक्षा रखना; महत्व-कांक्षी होना; कृतसंकल्प होना: 有～ महत्वकांक्षी होना

【志趣】 zhìqù प्रवृत्ति; रुचि; दिलचस्पी; प्रवृत्ति होना; रुचि रखना; दिलचस्पी लेना: ～相投 एक जैसी प्रवृत्ति होना / 他的～是在外国文学方面。वह विदेशी साहित्य में रुचि रखता है।

【志士】 zhìshì आदर्शवादी और सत्यनिष्ठ पुरुष: ～仁人 आदर्शवादी और सत्यनिष्ठ पुरुष / 爱国～ उदात्त देशप्रेमी

【志同道合】 zhìtóng-dàohé समान लक्ष्य होना; हमख्याल होना; मतैक्य होना

【志喜】 zhìxǐ बधाई देना; अभिनन्दन करना

【志向】 zhìxiàng आकांक्षा; आदर्श: 有远大的～ उदात्त आदर्श संजोए रखना

【志愿】 zhìyuàn ❶इरादा; इच्छा; चाह; अभिलाषा ❷स्वेच्छा से; अपनी मर्ज़ी से

【志愿兵】 zhìyuànbīng स्वयं भरती हुआ सैनिक

【志愿军】 zhìyuànjūn स्वयंसेवक सैनिक; स्वयंसेवक सेना

【志愿书】 zhìyuànshū निवेदन-पत्र

【志愿者】 zhìyuànzhě स्वयंसेवक

【志在必得】 zhìzàibìdé जीतने का संकल्प करना

【志子】 zhìzi 〈बो०〉 एक मापक यंत्र

豸 zhì 〈लि०〉 (प्राचीन ग्रंथों में उल्लिखित) बिना पैरों या टांगों का कीट: 虫豸 chóngzhì

忮 zhì 〈लि०〉 ईर्ष्या

识 (識) zhì 〈लि०〉 ❶याद रखना; स्मरण रखना: 博闻强识 bówén-qiángzhì ❷चिन्ह; निशान: 标识 biāozhì

shí भी दे०

郅 zhì 〈लि०〉 अत्यंत; नितांत

帜 (幟) zhì ❶झंडा; ध्वज; पताका: 旗帜 qízhì ❷〈लि०〉 चिन्ह; निशान

帙 zhì 〈लि०〉 ❶पुस्तक के लिए सूती खोली ❷〈परि० श०〉 (सूती खोली सहित पुस्तक के लिए)

制¹ (製) zhì बनाना; निर्मित करना; बनना: 制图

制² zhì ❶बनाना; तैयार करना; निर्धारित करना: 制定 ❷प्रतिबंध लगाना; पाबंदी लगाना; रोक लगाना: 限制 xiànzhì ❸सिस्टम; व्यवस्था; तंत्र: 所有制 suǒyǒuzhì

【制版】 zhìbǎn 〈मुद्रण०〉 प्लेट बनाना

【制备】 zhìbèi 〈रसा०〉 तैयार करना

【制币厂】 zhìbìchǎng टकसाल

【制裁】 zhìcái ❶प्रतिबंध लगाना; रोक लगाना: 实施经济～ पर आर्थिक प्रतिबंध लगाना / 解除～ पर से प्रतिबंध उठाना ❷दंड देना; सज़ा देना: 受到法律～ कानून के मुताबिक दंड दिया जाना (मिलना)

【制成品】 zhìchéngpǐn तैयारशुदा वस्तु

【制导】 zhìdǎo नियंत्रित करना: ～导弹 नियंत्रित प्रक्षेपास्त्र; गाइडेड मिसाइल

【制订】 zhìdìng बनाना; निर्धारित करना; तैयार करना: ～方案 प्रस्ताव तैयार करना

【制定】 zhìdìng बनाना; निर्धारित करना; तैयार करना; प्रतिपादित करना: ～法律 कानून बनाना / ～计划 योजना तैयार करना / ～章程 नियम निर्धारित करना / ～政策 नीति प्रतिपादित करना

【制动】 zhìdòng ब्रेक लगाना

【制动火箭】 zhìdòng huǒjiàn रेट्रो-राकेट

【制动器】 zhìdòngqì ब्रेक

【制动闸】 zhìdòngzhá डैम्पर ब्रेक

【制度】 zhìdù सिस्टम; व्यवस्था; तंत्र; प्रणाली: 教育～ शिक्षा व्यवस्था / 社会主义～ समाजवादी व्यवस्था

【制伏】 zhìfú वश में कर लेना; वशीभूत करना; काबू में करना; नियंत्रण करना; रोक लगाना; अंकुश लगाना: ～罪犯 अपराधी को काबू में करना; अपराधी को दबोच लेना / ～流沙 रेतीले टीले के विस्तार पर रोक लगाना

【制服】¹ zhìfú 制伏 के समान

【制服】² zhìfú यूनिफ़ॉर्म; वर्दी

【制服呢】 zhìfúní यूनिफ़ॉर्म कोटिंग

【制高点】 zhìgāodiǎn 〈सैन्य०〉 कमांडिंग प्वाइंट

【制革】 zhìgé चमड़ा सिझाना; चमड़े का शोधन करना
【制海权】 zhìhǎiquán समुद्र की मास्टरी
【制衡】 zhìhéng पारस्परिक नियंत्रण और संतुलन; एक दूसरे पर नियंत्रण रखकर संतुलन स्थापित करना
【制剂】 zhìjì 〈औष०〉 प्रेपरेशन
【制假】 zhìjiǎ नकली माल बनाना
【制件】 zhìjiàn 作件 zuòjiàn के समान
【制空权】 zhìkōngquán एयर डोमिनेशन
【制冷】 zhìlěng रेफ्रिजरेशन; प्रशीतन: ～剂 रेफ्रिजरंट
【制片】 zhìpiàn फ़िल्म का निर्माण: ～厂 फ़िल्म स्टुडियो / ～人 फ़िल्म निर्माता
【制品】 zhìpǐn बनी-बनाई वस्तु; तैयारशुदा माल: 竹～ बांस बनी वस्तुएं / 奶～ डेरी वस्तुएं
【制钱】 zhìqián मिंग एवं छिंग राजवंशों का मानक ताम्र सिक्का
【制胜】 zhìshèng विजय प्राप्त करना; जीत हासिल करना; जीत लेना; विजय पाना
【制糖】 zhìtáng चीनी बनाना: ～厂 शक्कर मिल
【制图】 zhìtú मानचित्र बनाना; नक्शा उतारना: ～学 मानचित्र कला
【制宪】 zhìxiàn संविधान बनाना: ～会议 संविधान-सभा
【制约】 zhìyuē बंदिश; रोक; प्रतिबंध; प्रतिबंधित होना: 受历史条件～ ऐतिहासिक स्थितियों से प्रतिबंधित होना / 互相～ एक दूसरे से प्रतिबंधित होना
【制造】 zhìzào बनाना; बनना; निर्माण करना (होना); निर्मित करना (होना); तैयार करना (होना); पैदा करना (होना); उत्पन्न करना (होना); खड़ा करना (होना): 中国～ चीन निर्मित / 机器～ मशीन निर्माण / ～设备 साज़-सामान बनाना / ～纠纷 झगड़ा खड़ा करना; विवाद उत्पन्न करना / ～谣言 अफ़वाह फैलाना / ～分裂 फूट पैदा करना (डालना) / ～紧张局势 तनावपूर्ण स्थिति उत्पन्न करना /～舆论 लोकमत तैयार करना / ～障碍 बाधाएं खड़ी करना; रुकावटें डालना / ～恐怖 आतंक फैलाना / ～借口 बहाना बनाना / ～谎言 झूठी बातें गढ़ना / ～假象 मिथ्या आभास पैदा करना
【制造业】 zhìzàoyè निर्माण उद्योग
【制止】 zhìzhǐ रोक; रोकथाम; अंकुश; रोकना; रोक लगाना; रोकथाम करना; अंकुश लगाना: ～局势继续恶化 स्थिति को बिगड़ते जाने से रोक देना / ～违法行为 कानून के खिलाफ़ कार्यवाही पर रोक लगाना
【制作】 zhìzuò बनाना; तैयार करना: ～飞机模型 विमान का प्रतिरूप बनाना / ～家具 फ़र्नीचर तैयार करना

质[1] （質） zhì ❶प्रकृति; स्वभाव: 实质 shízhì ❷गुण; गुणवत्ता: ～与量 गुण और परिमाण ❸पदार्थ; द्रव्य: 金～奖章 स्वर्ण पदक ❹सरल; सादा; सीधा-सादा: 质朴

质[2] （質） zhì प्रश्न करना; सवाल पूछना: 质问

质[3] （質） zhì 〈लि०〉 ❶गिरवी रखना; रेहन रखना: 以衣物～钱 वस्त्र आदि गिरवी रखना ❷गिरवी; रेहन: 以此为～ गिरवी के रूप में यह दे देना
【质变】 zhìbiàn गुणात्मक परिवर्तन
【质地】 zhìdì ❶किसी पदार्थ का गुण; तंतुरचना: ～精美 बढ़िया तंतुरचना ❷चरित्र; आचरण
【质点】 zhìdiǎn 〈भौ०〉 पार्टिकल
【质对】 zhìduì (अदालत में) बहस करना
【质检】 zhìjiǎn गुण की परख करना
【质量】 zhìliàng ❶गुण; गुणवत्ता; क्वालिटी: 提高～ गुण सुधारना / 这货～好。 यह माल अच्छी क्वालिटी का है। ❷〈भौ०〉 द्रव्यमान
【质料】 zhìliào सामग्री
【质朴】 zhìpǔ सादगी; सरलता; सादा; सीधा-सादा; सरल; भोला-भाला: 文字～ सरल भाषा में लिखा हुआ होना / 忠厚～ ईमानदार और सीधा-सादा
【质谱】 zhìpǔ 〈भौ०〉 मैस स्पेक्ट्रा: ～仪 मैस स्पेट्रोमीटर
【质数】 zhìshù 〈गणित०〉 अभाज्य संख्या
【质问】 zhìwèn पूछ-ताछ; पूछ-ताछ करना; प्रश्न करना; जवाबतलब करना
【质心】 zhìxīn 〈भौ०〉 द्रव्य का केन्द्र
【质询】 zhìxún प्रश्न करना; स्पष्टीकरण मांगना: 提出～ स्पष्टीकरण मांगना; प्रश्न करना
【质疑】 zhìyí सवाल पूछना; प्रश्न करना; शंका प्रगट करना
【质疑问难】 zhìyí-wènnàn वाद-विवाद में शंका प्रगट करना और कठिन सवाल पूछना
【质证】 zhìzhèng बहस; बहस करना
【质子】 zhìzǐ प्रोटोन: ～加速器 प्रोटोन एक्सेलेरेटर

炙 zhì ❶तपना ❷〈लि०〉 भुना हुआ मांस
【炙热】 zhìrè अत्यंत गरम होना; आग बरसना: ～的阳光 तपती धूप
【炙手可热】 zhìshǒu-kěrè रोब जमना; धाक बंधना

治 zhì ❶शासन; प्रशासन; हुकूमत; शासन करना; प्रशासन करना; हुकूमत करना: 统治 tǒngzhì ❷व्यवस्था; शांति: ～世 शांति और समृद्धि का युग ❸〈पुराना〉 स्थानीय सरकार का स्थल: 县治 xiànzhì ❹चिकित्सा; इलाज; उपचार: 久～不愈 लम्बे समय तक इलाज करने के बाद भी रोग का निवारण न हो सकना / 医～战争的创伤 युद्ध के समय के घाव भरना ❺पर नियंत्रण करना; काबू में लाना: 治水 ❻(हानिकारक कीटों का) सफ़ाया करना: ～蝗 टिड्डियों का सफ़ाया करना ❼दंड देना; सज़ा देना: 处治 chǔzhì ❽अध्ययन; अध्ययन करना: ～史 इतिहास का अध्ययन करना
【治安】 zhì'ān व्यवस्था; सार्वजनिक सुरक्षा: 加强～ सार्वजनिक सुरक्षा के लिए कड़ी व्यवस्था करना
【治本】 zhìběn स्थाई समाधान करना; मूलभूत कदम उठाना
【治标】 zhìbiāo अस्थाई समाधान करना; कामचलाऊ प्रबंध करना
【治病救人】 zhìbìng-jiùrén मरीज़ को बचाने के लिए उस की बीमारी का इलाज करना
【治国】 zhìguó देश पर शासन करना

【治国安民】 zhìguó-ānmín सुशासन करके जनता को सुख-चैन दिलाना
【治假】 zhìjiǎ नकली माल बनाने वालों को दंड देना
【治理】 zhìlǐ ❶शासन करना; हुकूमत करना: ～国家 देश पर शासन करना ❷काबू में करना; पर नियंत्रण करना: ～江河 नदियों को काबू में करना
【治疗】 zhìliáo चिकित्सा; उपचार; इलाज; चिकित्सा करना; उपचार करना; इलाज करना; नीरोग करना: 住院～ अस्पताल में इलाज कराना
【治丧】 zhìsāng अंत्येष्टि करना; मृतककर्म करना: ～委员会 अंत्येष्टि कमेटी
【治水】 zhìshuǐ बाढ़-नियंत्रण
【治丝益棼】 zhìsī-yìfén गुत्थी हुई रेशमी डोर को सुलझाते-सुलझाते और उलझा देना —— स्थिति को सुधारने के बजाए और अधिक बिगाड़ देना; मामले को और पेचीदा बना देना
【治外法权】 zhìwài fǎquán बहिर्देशीयता; गैरमुल्की अधिकार; एक्सट्रालिटी
【治学】 zhìxué <लि०> अध्ययन; अध्ययन करना: ～严谨 गंभीरतापूर्वक अध्ययन करना
【治印】 zhìyìn मुद्रा बनाना
【治装】 zhìzhuāng <लि०> यात्रा के लिए ज़रूरी चीज़ें विशेषकर वस्त्र खरीद लेना
【治罪】 zhìzuì दंड देना; सज़ा देना; अपराधी ठहराना

栉（櫛） zhì <लि०> ❶कंघी ❷कंघी करना
【栉比】 zhìbǐ <लि०> (कंघी के दंदानों की भांति) एक दूसरे से सटा हुआ होना
【栉风沐雨】 zhìfēng-mùyǔ चलती हवा से बाल संवारना और वर्षा में नहाना —— हवा के चलने और वर्षा के बावजूद खुले में श्रम करना या यात्रा जारी रखना

峙 zhì <लि०> उत्तुंग खड़ा होना: 对峙 duìzhì

陟 zhì <लि०> चढ़ना; ऊपर जाना

桎 zhì <लि०> बेड़ी
【桎梏】 zhìgù <लि०> बेड़ी और जुआ: 打碎～ बेड़ियों को काटना / 挣脱～ जुआ उतार फेंकना

贽（贄） zhì <लि०> पहली मुलाकात में ज्येष्ठ व्यक्ति को दिया जाने वाला उपहार
【贽见】 zhìjiàn <लि०> उपहार लेकर ज्येष्ठ व्यक्ति के दर्शन करना
【贽敬】 zhìjìng <लि०> पहली मुलाकात में अपने गुरु को भेंट में दी जाने वाली वस्तु

挚（摯） zhì <लि०> ईमानदारी
【挚爱】 zhì'ài सच्चा प्रेम
【挚诚】 zhìchéng ईमानदारी
【挚情】 zhìqíng हार्दिकता; ईमानदारी
【挚友】 zhìyǒu घनिष्ठ दोस्त; अंतरंग मित्र

致[1] zhì ❶देना; भेजना: ～电祝贺 एक तार भेजकर बधाइयाँ देना / 致词 ❷अर्पित होना; संलग्न होना; लगा हुआ होना: 致力 ❸प्राप्त करना; अर्जित करना; संग्रह करना: 致富 ❹उत्पन्न करना; कारण बनना: 致病 ❺के कारण; की वजह से: 致使

致[2] zhì कुतूहल; उत्सुकता: 兴～ दिलचस्पी

致[3]（緻） zhì सूक्ष्मता; बारीकी; सूक्ष्म; बारीक: 精致 jīngzhì
【致哀】 zhì'āi शोक प्रकट करना; श्रद्धांजलियाँ अर्पित करना
【致癌】 zhì'ái कैंसर उत्पन्न करना; कैंसरजनक होना: ～物质 कैंसरजनक पदार्थ
【致病】 zhìbìng रोग का कारण बनना; रोगजनक होना
【致残】 zhìcán विकलांग बनाना; विकलांग होना
【致辞】 zhìcí （致词 zhìcí भी） भाषण देना: 在会上～ सभा में भाषण देना
【致富】 zhìfù धन संग्रह करना; अमीर (धनवान) बनना: 劳动～ अपनी मेहनत से पैसा कमाना
【致函】 zhìhán पत्र लिख भेजना; पत्र भेजना
【致敬】 zhìjìng सलाम करना; सलामी देना; अभिवादन करना: ～电 अभिवादन संदेश
【致力】 zhìlì अर्पित होना; संलग्न होना; लगा हुआ रहना: ～于两国文化交流 दोनों देशों के बीच सांस्कृतिक आदान-प्रदान में संलग्न होना
【致密】 zhìmì सूक्ष्म और सघन
【致命】 zhìmìng विध्वंसक; विनाशकारी; घातक; जानलेवा: ～伤 घातक चोट / ～打击 घातक प्रहार / ～的弱点 घातक कमज़ोरी
【致使】 zhìshǐ के कारण; की वजह से: 由于交通堵塞，～他无法及时赶到机场。ट्रैफ़िक जाम के कारण वह समय पर हवाई-अड्डे पर नहीं पहुंच पाया।
【致死】 zhìsǐ मौत का कारण बनना: 他因患癌症～。 कैंसर उस की मौत का कारण बना।
【致谢】 zhìxiè धन्यवाद देना; शुक्रिया अदा करना; आभार प्रकट करना
【致意】 zhìyì अभिवादन करना: 挥手～ हाथ हिला हिलाकर लोगों का अभिवादन करना

轾（輊） zhì दे० 轩轾 xuānzhì

秩[1] zhì <लि०> व्यवस्था: 秩序

秩[2] zhì <लि०> दशक; दशाब्दी: 七～大寿 इकहत्तरवीं जन्मतिथि

秩[3] zhì सामंतवादी युग में पदवी
【秩序】 zhìxù व्यवस्था: 维持～ व्यवस्था को बनाए रखना

掷（擲） zhì फेंकना; झोंकना: ～铅球 गोला फेंकना;

गोला फेंक / ～铁饼 चक्का फेंकना; चक्का-फेंक / ～标枪 भाला फेंकना; भाला-फेंक
【掷弹筒】 zhìdàntǒng ग्रिनेड लांचर
【掷地有声】 zhìdì-yǒushēng बात वज़नी होना
【掷还】 zhìhuán 〈शिष्ट०〉 कृपया, (लेख आदि) वापस लौटा दीजिए

鸷 (鷙)
zhì 〈लि०〉 खूंख्वार; हिंस्र
【鸷鸟】 zhìniǎo शिकारी चिड़िया

痔
zhì बवासीर; अर्श
【痔疮】 zhìchuāng बवासीर; अर्श

窒
zhì रुक जाना; बन्द होना; बाधा पड़ना; बाधित होना; अवरुद्ध होना: 窒碍
【窒碍】 zhì'ài 〈लि०〉 अवरुद्ध होना; बाधित होना
【窒闷】 zhìmèn दम घुटना
【窒息】 zhìxī दम घुटना; दम घोंटना: 他因煤气中毒，～而死。अंगीठी के घुएं से दम घुटने के कारण उस की मौत हुई।
【窒息性毒气】 zhìxīxìng dúqì दमघोंटू गैस; श्वास-रोधक गैस

蛭
zhì जोंक

智
zhì बुद्धि; बुद्धिमत्ता; समझ; अक्ल: 智慧 / 明智 míngzhì
【智齿】 zhìchǐ （智牙 zhìyá भी）अकिलदाढ़
【智多星】 zhìduōxīng अक्लमन्द आदमी; बुद्धिमान व्यक्ति
【智慧】 zhìhuì बुद्धि; बुद्धिमत्ता; अक्ल; विवेक; प्रतिभा
【智库】 zhìkù बौद्धिक सलाहकार (मंडल); विज्ञमंडल; थिंक-टैंक
【智力】 zhìlì बुद्धि; प्रज्ञा; सूझ-बूझ; बुद्धिबल: 开发～ बुद्धि का विकास करना / ～竞赛 क्विज़ गेम; प्रश्नोत्तर
【智利】 Zhìlì चिली
【智利人】 Zhìlìrén चिलीवासी
【智略】 zhìlüè प्रतिभा
【智谋】 zhìmóu चतुरता; चतुराई; चतुर
【智囊】 zhìnáng विज्ञ; विशेषज्ञ: ～团 विज्ञमंडल; विशेषज्ञमंडल
【智能】 zhìnéng बुद्धिबल
【智能大厦】 zhìnéng dàshà 〈वास्तु०〉 बुद्धिमान इमारत या भवन
【智能武器】 zhìnéng wǔqì （人工智能武器 rén-gōng zhìnéng wǔqì का संक्षिप्त रूप）कृत्रिम बुद्धिमान शस्त्रास्त्र
【智能型犯罪】 zhìnéngxíng fànzuì बुद्धिक्रिया संबंधी अपराध; बौद्धिक अपराध
【智商】 zhìshāng （智力商数 zhìlì shāngshù का संक्षिप्त रूप）बुद्धि लब्धि; आई० क्यू०
【智术】 zhìshù चालबाज़ी
【智育】 zhìyù बौद्धिक शिक्षा; मानसिक शिक्षा
【智障】 zhìzhàng बौद्धिक विकलांग

痣
zhì तिल

滞 (滯)
zhì रुकना; अवरुद्ध होना; बन्द होना: 停滞 tíngzhì
【滞呆】 zhìdāi शून्य: 两眼～ शून्य दृष्टि
【滞钝】 zhìdùn मंद: 脑子～ मन्द बुद्धि
【滞洪】 zhìhóng बाढ़ निरोध: ～区 बाढ़ निरोध क्षेत्र
【滞后】 zhìhòu मंद; धीमा: 农业发展～，影响整个国民经济增长。कृषि का मंद गति से विकास होने के कारण समग्र आर्थिक वृद्धि पर कुप्रभाव पड़ा।
【滞缓】 zhìhuǎn मंद; धीमा; सुस्त: 行动～ सुस्ती से कार्यवाही करना / 增长～ मंद वृद्धि होना
【滞留】 zhìliú रुकना: ～他乡 परदेश में रुक जाना
【滞纳金】 zhìnàjīn विलंबित अदायगी के लिए जुरमाना
【滞销】 zhìxiāo बिक न सकना: ～商品 बिक न सकने वाला माल

骘 (騭)
zhì 〈लि०〉 प्रबंध; बंदोबस्त: 评骘 píngzhì

彘
zhì 〈लि०〉 वराह; शूकर

置
zhì ❶रखना; डालना: ～于案头 मेज़ पर रखना ❷स्थापित करना; कायम करना; स्थापना करना: 设～机构 संस्था स्थापित करना ❸खरीदना; लेना: ～家具 फ़र्नीचर खरीदना / ～衣服 कपड़े खरीद लेना
【置办】 zhìbàn खरीदना; मोल लेना: ～办公用品 लेखन-सामग्री खरीदना / ～仪器 उपकरण व यंत्र खरीदना
【置备】 zhìbèi (साज़-सामान, कुर्सी-मेज़ आदि) खरीदना
【置辩】 zhìbiàn 〈लि०〉 (प्रायः नकारात्मक रूप में प्रयुक्त) बहस करना: 不容～ बहस करने की गुंजाइश न होना
【置换】[1] zhìhuàn 〈रसा०〉 बदलना; प्रतिस्थापन
【置换】[2] zhìhuàn ❶का स्थान लेना; की जगह लेना: 这两个零件可互相～。ये दो पुरज़े एक दूसरे का स्थान ले सकते हैं। ❷〈बो०〉 खरीदना: ～家具 फ़र्नीचर खरीदना
【置喙】 zhìhuì 〈लि०〉 (प्रायः नकारात्मक रूप में प्रयुक्त) हस्ताक्षेप करना; टांग अड़ाना; हाथ डालना: 不容置喙 bùróng-zhìhuì
【置评】 zhìpíng (प्रायः नकारात्मक रूप में प्रयुक्त) टिप्पणी करना: 不予～ कोई टिप्पणी न करना
【置若罔闻】 zhìruòwǎngwén आनाकानी करना; अनसुनी करना; परवाह न करना
【置身】 zhìshēn रहना: ～群众之中 जनता के बीच रहना / ～他乡 परदेश में रहना
【置身事外】 zhìshēn-shìwài अलग रहना
【置信】 zhìxìn (प्रायः नकारात्मक रूप में प्रयुक्त) विश्वास करना: 不可～ पर विश्वास नहीं कर सकना / 难以～ विश्वास करना कठिन होना
【置业】 zhìyè मकान खरीदना
【置疑】 zhìyí (प्रायः नकारात्मक रूप में प्रयुक्त) शक करना: 不容置疑 bùróng-zhìyí

【置之不顾】 zhìzhī-bùgù अनदेखा करना; नज़रंदाज़ करना

【置之不理】 zhìzhī-bùlǐ नज़रंदाज़ करना; ध्यान न देना

【置之度外】 zhìzhī-dùwài चिंता न करना; परवाह न करना

【置之脑后】 zhìzhī-nǎohòu याद न रहना; भूल जाना

【置之死地而后快】 zhì zhī sǐdì ér hòu kuài किसी को मौत के मुंह में ढकलने पर ही तृप्त होना; किसी का सर्वनाश करने पर ही संतुष्ट होना

【置之死地而后生】 zhì zhī sǐdì ér hòu shēng जब एक व्यक्ति की जान खतरे में डाली जाए, तब वह जान बचाने के लिए संघर्ष करेगा

锧（鑕） zhì 〈लि०〉 ❶चापिंग ब्लाक ❷गंड़ासा

雉 1

zhì फ़ीज़ंट; जंगली मुर्गा

雉 2

zhì शहर की दीवार का तीस छ（尺）ऊंचा और दस छ（尺）लम्बा भाग

【雉堞】 zhìdié प्राचीर पर रक्षा के लिए उठाई गई छोटी दीवार

稚（穉） zhì छोटा; बचकाना： 幼稚 yòuzhì

【稚嫩】 zhìnèn ❶कोमल; सुकुमार： ～的心灵 कोमल दिमाग ❷अपक्व; अनभ्यस्त

【稚气】 zhìqì निर्दोषता; मासूमियत; निर्दोष; मासूम

【稚子】 zhìzǐ (मासूम) बच्चा

疐（疐） zhì 〈लि०〉 ❶बाधाओं का सामना होना ❷गिर पड़ना

踬（躓） zhì 〈लि०〉 ❶ठोकर खाना; ठोकर लगना ❷विफल होना

觯（觶） zhì एक प्राचीन मदिरापात्र

zhōng

中 zhōng ❶केन्द्र; मध्य： ～部 मध्यभाग / 上、～、下 उच्च, मध्यम और निम्न ❷चीन： ～文 चीनी भाषा ❸बीच में; में： 空～ आकाश में / 海～ समुद्र में ❹बीचों-बीच का; मँझोला： ～指 मध्यमा; मध्या; बीच की उंगली ❺मध्यगुण; बीच का दर्जा： ～学 मिडल स्कूल / ～农 मध्यम किसान ❻दो सिरे या पराकाष्ठाओं के बीच： 适～ मध्यस्थ; न कम न ज़्यादा ❼बिचोलिया व्यक्ति; मध्यस्थ व्यक्ति： 作～ मध्यस्थ व्यक्ति बनना ❽(के लिए) उचित या ठीक होना; के योग्य या के लायक होना： ～看 देखने योग्य होना ❾की प्रक्रिया में： 在学习～ अध्ययन करने में / 在斗争～发展 संघर्ष करते हुए विकास होना ❿〈बो०〉 ठीक; अच्छा： ～不～？ ठीक है？/ 你这办法～！ तुम्हारा यह उपाय ठीक है！

zhòng भी दे०

【中班】 zhōngbān मध्यम पाली; मिडल शिफ़्ट： 上～ मध्यम पाली में काम करना ❷शिशुशाला में मध्यम क्लास

【中板】 zhōngbǎn ❶〈धा०वि०〉 मीडियम प्लेट ❷〈संगी०〉 नियमित गति से; नियमतः

【中饱】 zhōngbǎo हड़प जाना： 大部分粮食被～了。 ज़्यादातर अनाज हड़प गया।

【中保】 zhōngbǎo मध्यस्थ और गारंटीकर्ता

【中表】 zhōngbiǎo दादा और पिता के बहिन या दादी और माता के भाई-बहिन की संतान

【中波】 zhōngbō मीडियम-वेव

【中不溜儿】 zhōngbuliūr 〈बो०〉（中溜儿 zhōngliūr भी） मध्यम श्रेणी का; बीच के दर्जे का： 他的个子～的，不高也不矮。 उस का डील-डौल बीच के दर्जे का है, न ज़्यादा लंबा और न ज़्यादा छोटा।

【中材】 zhōngcái मध्यम योग्यता का या साधारण क्षमता का व्यक्ति

【中餐】 zhōngcān चीनी व्यंजन; चीनी भोजन; चीनी खाना

【中草药】 zhōngcǎoyào चीनी जड़ी-बूटी

【中策】 zhōngcè दूसरी अच्छी युक्ति या योजना

【中层】 zhōngcéng मध्यम श्रेणी का： ～干部 मध्यम श्रेणी के कार्यकर्ता

【中产阶级】 zhōngchǎn jiējí मध्यम पूँजीपति वर्ग

【中常】 zhōngcháng मध्यम; औसत; साधारण： ～年景 औसत फ़सल

【中场】 zhōngchǎng (फ़ुटबाल आदि) मिडलफ़ील्ड

【中程】 zhōngchéng मध्यम दूरी; दरम्यानी फ़ासला： ～弹导火箭 दरम्यानी फ़ासले वाला गाइडेड मिसाइल

【中垂线】 zhōngchuíxiàn 〈गणित०〉 लंबवत् द्विभाजक रेखा

【中辍】 zhōngchuò बीच में (कोई काम) रोकना या रुकना; काम ठप्प हो जाना

【中词】 zhōngcí 〈तर्क०〉 मध्य पद

【中档】 zhōngdàng मध्यम श्रेणी का (माल)： ～茶叶 मध्यम श्रेणी की चाय

【中道】 zhōngdào ❶बीच रास्ते में; आधे रास्ते में： ～而废 बीच में (कोई काम) छोड़ना; काम ठप्प हो जाना ❷〈लि०〉 मध्यस्थता; निष्पक्षता

【中稻】 zhōngdào मध्य-ऋतु धान; सेमिलेट राइस

【中等】 zhōngděng ❶मध्यम; बीच दर्जे का; औसत; साधारण： ～个儿的 मध्यम आकार का

【中等教育】 zhōngděng jiàoyù माध्यमिक शिक्षा

【中等专业学校】 zhōngděng zhuānyè xuéxiào विशेष माध्यमिक स्कूल

【中点】 zhōngdiǎn 〈गणित०〉 मध्यबिन्दु

【中东】 Zhōngdōng मध्यपूर्व

【中端】 zhōngduān मध्यम प्रकार का： ～市场 मध्यम प्रकार का बाज़ार

【中短波】 zhōngduǎnbō मीडियम शॉट वेव

【中断】 zhōngduàn रोक रखना; बंद कर देना; (में)

खलल डालना; कुछ समय के लिए स्थगित या निष्क्रिय रखना: 法统～ विधिसम्मत सत्ताधिकार में खलल डालना / 交通～ यातायात रुक जाना / 事业～ काम ठप्प हो जाना

【中队】 zhōngduì ❶〈सैन्य०〉सैनिक इकाई जो कंपनी के बराबर होती है; स्क्वाड्रन: 歼击机～ फ़ाइटर स्क्वाड्रन ❷कई दलों वाली इकाई: 交警～ ट्रैफ़िक पुलिस की टुकड़ी

【中耳】 zhōng'ěr 〈श०वि०〉 मध्यकर्ण

【中耳炎】 zhōng'ěryán 〈चिकि०〉 कनकटी; कर्णमूल

【中饭】 zhōngfàn दोपहर का भोजन; मध्याह्न-भोजन

【中非】 Zhōngfēi मध्य अफ़्रीका

【中分】 zhōngfēn ❶किसी वस्तु को दो बराबर भागों में बांटना ❷बालों को बीच में चीरना; बीच में मांग निकालना

【中锋】 zhōngfēng 〈खेल०〉 सेण्टर फ़ोरवर्ड

【中缝】 zhōngfèng ❶समाचारपत्र के मुड़ने वाली लाइन में कालम (प्रायः विज्ञापन, नोटिस आदि के लिए सुरक्षित रखी जाती है) ❷कोट आदि की पीठ पर सी हुई लाइन

【中伏】 zhōngfú ❶मध्यम या दूसरा 'फ़ू' (伏) —— वर्ष में अत्योष्ण अवधि (दस या बीस दिन) ❷मध्यम या दूसरे 'फ़ू' का पहला दिन (जुलाई के अंत में)

【中服】 zhōngfú 中装 के समान

【中高层住宅】 zhōnggāocéng zhùzhái 〈वास्तु०〉 सात से नौ मंज़िलों वाला वासगृह या भवन

【中耕】 zhōnggēng 〈कृ०〉 अंतर्कर्षण; घास की छंटाई: ～机 अंतर्कर्षण यंत्र; कल्टीवेटर

【中共】 Zhōng Gòng 中国共产党 का संक्षिप्त रूप

【中古】 zhōnggǔ ❶मध्य प्राचीन काल (चीनी इतिहास में 3-9वीं शताब्दियां) ❷मध्यकाल: ～史 मध्यकालीन इतिहास

【中观】 zhōngguān माध्यमिक; मध्य

【中国】 Zhōngguó चीन: ～大陆 चीन की मुख्य-भूमि / ～气派 चीनी राष्ट्रीय भावना

【中国工农红军】 Zhōngguó Gōng-Nóng Hóngjūn चीनी मज़दूरों-किसानों की लाल सेना (1928-1937 ई०); लाल सेना

【中国工农民主政府】 Zhōngguó Gōng-Nóng Mínzhǔ Zhèngfǔ चीनी मज़दूरों-किसानों की जनवादी सरकार (1927-1937 ई०)

【中国共产党】 Zhōngguó Gòngchǎndǎng चीनी कम्युनिस्ट पार्टी

【中国共产主义青年团】 Zhōngguó Gòngchǎnzhǔyì Qīngniántuán चीनी कम्युनिस्ट युवक संघ

【中国话】 zhōngguóhuà चीनी भाषा

【中国画】 zhōngguóhuà परम्परागत चीनी चित्रकला; चीनी परम्परागत शैली का चित्र

【中国结】 zhōngguójié परम्परागत चीनी गांठ

【中国科学院】 Zhōngguó Kēxuéyuàn चीनी विज्ञान अकादमी

【中国人】 Zhōngguórén चीनी

【中国人民解放军】 Zhōngguó Rénmín Jiěfàngjūn चीनी जन-मुक्ति सेना

【中国人民政治协商会议】 Zhōngguó Rénmín Zhèngzhì Xiéshāng Huìyì चीनी जन राजनीतिक सलाहकार सम्मेलन

【中国人民志愿军】 Zhōngguó Rénmín Zhìyuànjūn चीनी जन-स्वयंसेवक सेना

【中国社会科学院】 Zhōngguó Shèhuì Kēxuéyuàn चीनी सामाजिक विज्ञान अकादमी

【中国书法】 zhōngguó shūfǎ चीनी लेखन-कला

【中国同盟会】 Zhōngguó Tóngménghuì चीनी लीग संघ (1905-1912 ई०, क्वोमिंतांग का पूर्व संगठन)

【中国猿人】 Zhōngguó yuánrén (北京人 Běijīngrén के समान) पेइचिंग मानव

【中国字】 zhōngguózì चीनी अक्षर; चीनी लिखित भाषा

【中果皮】 zhōngguǒpí 〈वन०〉 मध्यभित्ति; फल की भीतरी परत

【中号】 zhōnghào बीच के आकार (का); मीडियम साइज़

【中和】 zhōnghé 〈रसा०〉〈विद्यु०〉 निराकरण; उदासीनीकरण; अप्रभावीकरण: ～剂 निराकर; अप्रभावी; उदासीन करने वाला

【中华】 Zhōnghuá ❶चीनी राष्ट्र ❷चीन

【中华民族】 Zhōnghuá Mínzú चीनी राष्ट्र

【中华人民共和国】 Zhōnghuá Rénmín Gònghéguó चीन लोक गणराज्य

【中级】 zhōngjí मध्यम; मध्यम श्रेणी का: ～人民法院 मध्यम जन-न्यायालय

【中继】 zhōngjì 〈विद्यु०〉 आश्रित होना; समाश्रित होना

【中继器】 zhōngjìqì 〈वैद्यु०〉 रिपीटर

【中继线】 zhōngjìxiàn मुख्य लाइन; जंक्शन

【中继站】 zhōngjìzhàn रिले स्टेशन; रिपीट स्टेशन

【中间】 zhōngjiān ❶के बीच (में): 站在两人～ उन दोनों के बीच खड़ा होना ❷बीच का: ～剥削 बीच में शोषण करना / ～道路 बीच का रास्ता / ～地带 मध्यवर्ती क्षेत्र; बीच में पड़ने वाला क्षेत्र / ～分子 मध्यमार्गी तत्व / ～阶段 बीच की मंज़िल / ～立场 मध्यमार्गी दृष्टिबिन्दु / ～势力 मध्यमार्गी शक्तियाँ / ～突破 शत्रु के मोर्चे को बीच में से तोड़ कर बाहर निकल आना / ～状态 मध्यस्थिति; बीच की स्थिति; ढुलमुल स्थिति

【中间阶层】 zhōngjiān jiēcéng मध्यम श्रेणी

【中间阶级】 zhōngjiān jiējí मध्यवर्ती वर्ग

【中间力量】 zhōngjiān lìliàng मध्यमार्गी शक्तियाँ

【中间路线】 zhōngjiān lùxiàn मध्यमार्ग; मध्यवाद

【中间派】 zhōngjiānpài मध्यमार्गी व्यक्ति; मध्यवर्ती; मध्यवादी

【中间人】 zhōngjiānrén बिचोलिया; मध्यस्थ

【中间商】 zhōngjiānshāng बीच का व्यापारी; दलाल; आढ़ती

【中间体】 zhōngjiāntǐ 〈रसा०〉 माध्यमिक वस्तु

【中间线】 zhōngjiānxiàn 〈यां०〉 मीडियम लाइन; मध्यम रेखा

【中坚】 zhōngjiān केन्द्र; नाभि; रीढ़; मेरुदंड: ～分子 नाभि तत्व; केन्द्र भाग / 干部的～力量 कार्यकर्ताओं का केन्द्र

【中将】 zhōngjiàng (अमरीकी और ब्रिटेन स्थल सेना

और मारीन कोर, अमरीकी वायु सेना) लेफ़्टिनेण्ट जनरल; (अमरीकी और ब्रिटेन जल-सेना) वाइस एडमिरल; (ब्रिटेन वायु सेना) एयर मार्शल

【中焦】 zhōngjiāo 〈ची०चि०〉 शरीर-विवर में शरीर-मध्यदेश (डायाफ़्राम) और नाभि के बीच का भाग जिस में प्लीहा, आमाशय आदि होते हैं

【中觉】 zhōngjiào दोपहर की हल्की सी नींद

【中介】 zhōngjiè माध्यम; मीडियम

【中介子】 zhōngjièzǐ 〈भौ०〉 न्यूट्रेटो

【中景】 zhōngjǐng 〈फ़िल्म〉 सिनेमा के कैमरे से लिया गया मध्यम चित्र (मीडियम शॉट)

【中距离】 zhōngjùlí 〈खेल०〉 मध्य दूरी; दरम्यानी फ़ासला: ～赛跑 दरम्यानी दूरी की दौड़

【中看】 zhōngkàn देखने में अच्छा लगना: ～不中吃 देखने में अच्छा पर खाने में अच्छा न लगना

【中馈】 zhōngkuì 〈लि०〉 ❶गृहिणी का काम जैसे भोजन बनाना: 主～ गृहिणी बनना ❷पत्नी: ～犹虚 अभी तक विवाह न होना

【中栏】 zhōnglán 〈खेल०〉 (बाधा-दौड़ में) लकड़ी का मध्यम जंगला

【中立】 zhōnglì तटस्थता: 守～ तटस्थता बरतना; तटस्थता का रुख अपनाना / 采取～态度 तटस्थ रहना; तटस्थता का रुख अपनाना / 争取某人～ किसी को तटस्थ बना लेना / 善意的～ मित्रतापूर्ण तटस्थता / 勉强的～ अनिच्छापूर्ण तटस्थता / 永久～ स्थाई तटस्थता / 严守～ कड़ी निष्पक्षता बरतना / ～一切可能～的社会力量 उन तमाम सामाजिक शक्तियों को तटस्थ बनाया जाना जिन्हें तटस्थ बनाया जा सकता है / ～政策 तटस्थता की नीति

【中立国】 zhōnglìguó तटस्थ देश या राष्ट्र; तटस्थ शक्ति

【中立主义】 zhōnglì zhǔyì तटस्थतावाद; तटस्थता

【中量级】 zhōngliàngjí 〈खेल०〉 मध्यम वज़न: ～挺举 क्लीन और प्रेस के तरीके से मध्यम वज़न उठाना

【中流】 zhōngliú ❶मंझधार; बीच धार: ～击水 बीच धार में लहरें उछालना ❷नदी का मध्य-भाग ❸मध्यम; औसत; मध्यम श्रेणी का: ～社会 मध्यम समाज

【中流砥柱】 zhōngliú-dǐzhù मुख्य संबल: 做（或成了）～ मुख्य संबल बनना

【中路】 zhōnglù ❶बीच के दर्जे का (गुण में): ～货 बीच के दर्जे का माल ❷बीच रास्ता; आधे रास्ते में ❸〈सैन्य०〉 बिचले कालम

【中路梆子】 zhōnglùbāngzi 晋剧 jìnjù के समान

【中略】 zhōnglüè बीच में कुछ छोड़ा गया (उद्धृत लेख के शब्दलोप के चिह्न के रूप में कोष्ठक में प्रयुक्त)

【中落】 zhōngluò (परिवार के भाग्य का) उतरना

【中美洲】 Zhōng Měizhōu मध्य अमरीका (महाद्वीप)

【中拇指】 zhōngmǔzhǐ मध्यमा; बीच की उँगली

【中脑】 zhōngnǎo मध्य-मस्तिष्क

【中年】 zhōngnián अधेड़ अवस्था: ～人 अधेड़; अधेड़ आयु वाला

【中农】 zhōngnóng मध्यम किसान

【中欧】 Zhōng'ōu मध्य यूरोप

【中派】 zhōngpài मध्यमार्गी; मध्यममार्गी

【中跑】 zhōngpǎo मध्यम दूरी की दौड़; दरम्यानी दूरी की दौड़

【中胚层】 zhōngpēicéng (बीज या अंडे का) मध्यस्तर; बीच की परत

【中篇小说】 zhōngpiān xiǎoshuō लघु-उपन्यास

【中频】 zhōngpín 〈रेडियो〉 मध्यम फ़्रीक्वेंसी

【中期】 zhōngqī मध्यम काल; बिचला दौर: 二十世纪～ बीसवीं शताब्दी के मध्यम / ～选举 बिचले दौर में चुनाव

【中气候】 zhōngqìhòu मध्य-जलवायु

【中秋节】 Zhōngqiū Jié शरदोत्सव; मध्यशरदोत्सव

【中人】 zhōngrén ❶बिचोलिया; आढ़ती; दलाल; बीच का व्यापारी ❷(डील-डौल, बुद्धि आदि में) बीच के दर्जे का

【中沙群岛】 Zhōngshā Qúndǎo चोंगशा द्वीपसमूह

【中山狼】 zhōngshānláng नीति-कथा में चोंगशान लोमड़ी —— अकृतज्ञ व्यक्ति; कृतघ्न व्यक्ति; नमक-हराम

【中山装】 zhōngshānzhuāng चीनी ट्यूनिक सूट

【中生代】 zhōngshēngdài 〈भूगर्भ०〉 मध्यजीव काल; दूसरा भूगर्भ-काल

【中生界】 zhōngshēngjiè 〈भूगर्भ०〉 मध्यजीव स्तर

【中石器时代】 zhōngshíqì shídài मध्यप्रस्तर-काल

【中士】 zhōngshì (अमरीकी और ब्रिटेन थल-सेना और मारीन कोर, ब्रिटेन वायु-सेना) सारजेण्ट; (अमरीकी जल-सेना) पेटी अफ़सर सेकण्ड क्लास; (ब्रिटेन जल-सेना) पेटी अफ़सर फ़र्स्ट क्लास; (अमरीकी वायु-सेना) स्टाफ़ सारजेण्ट

【中世纪】 zhōngshìjì मध्यकाल; मध्ययुग

【中式】 zhōngshì चीनी शैली: ～服装 चीनी पोशाक
zhòngshì भी दे०

【中试】 zhōngshì पूर्वोत्पादन परीक्षण या टेस्ट

【中枢】 zhōngshū केन्द्र: 建立领导～ नेतृत्व-केन्द्र प्रतिष्ठित करना

【中枢神经】 zhōngshū shénjīng केन्द्रीय स्नायु: ～系统 केन्द्रीय स्नायु व्यवस्था

【中水】 zhōngshuǐ 〈वाता०र०〉 रीसाइक्ल्ड वॉटर; पुनर्प्रयोगीय जल

【中碳钢】 zhōngtàngāng 〈धा०वि०〉 मीडियम कार्बन स्टील

【中堂】 zhōngtáng ❶(चीनी परम्परागत एक मंज़िला और कई कमरों वाले मकान का) केन्द्रीय कमरा ❷उक्त कमरे के बीचोंबीच लटका हुआ बड़े आकार का चित्र या लिखावट

【中堂】 zhōngtang मिंग और छिंग राजवंशों में महा-सचिव के लिए प्रयुक्त संबोधन

【中提琴】 zhōngtíqín वायला

【中天】 zhōngtiān ❶आकाश में: 日丽～。सूर्य आकाश में चमकते हुए प्रकाशित हो रहा है। ❷〈खगोल०〉 मध्याह्न संक्रमण

【中听】 zhōngtīng सुनने में अच्छा लगना: 这话不～。यह बात सुनने में अच्छी नहीं लगती।

【中统】 zhōngtǒng （中国国民党中央执行委员会调查统计局 का संक्षिप्त रूप）क्वोमितांग की केन्द्रीय कार्यकारिणी कमेटी की जांच-पड़ताल तथा सांख्यिकी ब्यूरो

【中途】 zhōngtú रास्ते में; बीच रास्ते में: ～下车 बीच रास्ते में गाड़ी से उतरना

【中途岛】 Zhōngtúdǎo मिडवे द्वीप

【中土】 zhōngtǔ ❶दे० 中原 ❷〈लि०〉 चीन

【中外】 zhōngwài चीन और विदेश; देश-विदेश: 闻名～ देश-विदेश (संसार) में विख्यात होना / ～合资经营企业 चीनी और विदेशी पूंजी वाले सांझी कारोबार

【中微子】 zhòngwēizǐ 〈भौ०〉 न्यूट्रीनो

【中纬度】 zhōngwěidù मध्य-अक्षांश

【中卫】 zhōngwèi 〈फ़ुटबाल〉 सेण्टर हाफ़बैक

【中尉】 zhōngwèi (अमरीकी थल-सेना, वायु-सेना और मारीन कोर) फ़र्स्ट लेफ़्टिनेण्ट; (ब्रिटेन थल-सेना और मारीन कोर) लेफ़्टिनेण्ट; (अमरीकी जल-सेना) लेफ़्टिनेण्ट जूनियर ग्रेड; (ब्रिटन जल-सेना) सब-लेफ़्टिनेण्ट; सीनियर कमिशंड ब्रांच अफ़सर; (ब्रिटेन वायु-सेना) फ़्लाइंग अफ़सर

【中文】 Zhōngwén चीनी भाषा; चीनी: ～版 चीनी संस्करण

【中文信息处理】 Zhōngwén xìnxī chǔlǐ 〈कंप्यू०〉 चीनी सूचना प्रोसेसिंग; चीनी इंफ़ारमेशन प्रोसेसिंग

【中午】 zhōngwǔ मध्याह्न; दोपहर

【中西】 zhōngxī चीनी और पश्चिमी: ～医结合 चीनी और पश्चिमी चिकित्सा-पद्धतियों को साथ मिलाना

【中夏】 Zhōngxià चीन के लिए प्राचीन नाम

【中线】 zhōngxiàn ❶(बास्केटबाल, वालीबाल में) सेण्टर लाइन; (फ़ुटबाल में) हाफ़वे लाइन ❷〈गणित०〉 केन्द्रीय रेखा

【中宵】 zhōngxiāo मध्य-रात्रि; आधी रात

【中校】 zhōngxiào (अमरीकी और ब्रिटेन थल-सेना और मारीन कोर, अमरीकी वायु-सेना) लेफ़्टिनेण्ट कर्नल; (अमरीकी और ब्रिटेन जल-सेना) कमाण्डर; (ब्रिटेन वायु-सेना) विंग कमाण्डर

【中心】 zhōngxīn केन्द्र: 找到问题的～ समस्या के मर्म को पकड़ पाना / ～城市 केन्द्रीय या मुख्य नगर / ～工作 प्रधान कार्य; केन्द्रीय कार्य / ～环节 मुख्य कड़ी / ～关键 कुंजी / ～区 केन्द्रीय क्षेत्र (प्रदेश) / ～任务 केन्द्रीय या मुख्य कार्य / ～思想 मुख्य विचार / ～问题 केन्द्रीय या मुख्य समस्या

【中新世】 zhōngxīnshì 〈भूगर्भ०〉 मध्यनव काल; मध्य नूतन काल; अल्प नूतन युग

【中兴】 zhōngxīng (देश का) पुनरुत्थान: 从～到末路 पुनरुत्थान से पतन की ओर जाना

【中型】 zhōngxíng मंझोला; मंझोले आकार का: ～坦克 मंझोला टैंक

【中性】 zhōngxìng ❶〈रसा०〉 मध्यग: ～反应 मध्यग प्रतिक्रिया ❷〈व्या०〉 नपुंसक लिंग

【中休】 zhōngxiū (काम, पढ़ाई आदि के बीच में) अवकाश

【中学】[1] zhōngxué मिडिल स्कूल: 初（高）级～ जूनियर (सीनियर) मिडिल स्कूल / ～生 मिडिलची; मिडिल स्कूल का छात्र

【中学】[2] zhōngxué चीनी विद्या (छिंग राजवंश के अंत में चीनी परम्परागत विद्या के लिए प्रयुक्त): ～为体，西学为用 चीनी विद्या आधारभूत संरचना के रूप में सीखना और पश्चिमी विद्या को व्यावहारिक प्रयोग के लिए सीखना

【中旬】 zhōngxún महीने के बीच के दस दिन: 五月～ मई महीने के बीच के दस दिन

【中亚】 Zhōngyà मध्य-एशिया

【中央】 zhōngyāng ❶केन्द्र: 湖的～有一个亭子。झील के केन्द्र में एक मंडप है। ❷(देश, पार्टी आदि का) सर्वोत्तम नेतृत्वकारी संस्थाएं: ～机关 केन्द्रीय संस्थाएँ / ～政府 केन्द्रीय सरकार / ～直属机关 पार्टी की केन्द्रीय कमेटी या केन्द्रीय सरकार के अधीन संस्थाएँ

【中央邦】 Zhōngyāngbāng (भारत में) मध्यप्रदेश

【中央候补委员】 zhōngyāng hòubǔ wěiyuán केन्द्रीय समिति का वैकल्पिक सदस्य

【中央集权】 zhōngyāng jíquán अधिकारों का केन्द्रीकरण

【中央情报局】 Zhōngyāng Qíngbàojú (अमरीका की) केन्द्रीय सूचना एजेंसी (सी०आई०ए०)

【中央全会】 zhōngyāng quánhuì केन्द्रीय कमेटी का पूर्णाधिवेशन

【中央商务区】 zhōngyāng shāngwùqū केन्द्रीय व्यापार क्षेत्र; सी०बी०डी०

【中央条约组织】 Zhōngyāng Tiáoyuē Zǔzhī मध्य संधि संगठन; सेन्टो

【中央委员】 zhōngyāng wěiyuán (चीनी कम्युनिस्ट पार्टी की) केन्द्रीय समिति का सदस्य

【中央银行】 zhōngyāng yínháng केन्द्रीय बैंक

【中药】 zhōngyào चीनी जड़ी-बूटी; परम्परागत चीनी दवा

【中药铺】 zhōngyàopù चीनी जड़ी-बूटी (दवा) की दुकान

【中药学】 zhōngyàoxué परम्परागत चीनी औषधि-विज्ञान

【中叶】 zhōngyè मध्य: 二十世纪～ बीसवीं शताब्दी के मध्य में

【中医】 zhōngyī ❶चीनी परम्परागत चिकित्सा-विज्ञान ❷चीनी परम्परागत हकीम-वैद्य

【中医科】 zhōngyīkē चीनी परम्परागत हकीमी विभाग

【中医学】 zhōngyīxué चीनी परम्परागत चिकित्सा-विज्ञान

【中医学院】 zhōngyī xuéyuàn चीनी परम्परागत चिकित्सा कालेज

【中医研究院】 zhōngyī yánjiūyuàn चीनी परम्परागत चिकित्सा अकादमी

【中音号】 zhōngyīnhào 〈संगी०〉 ऐल्थॉर्न; ऐल्टो हार्न

【中庸】 zhōngyōng ❶कनफ़्यूशियस का मध्यस्थता का सिद्धांत ❷〈लि०〉 साधारण कौशल का ❸（Zhōngyōng）'मध्यस्थता का सिद्धांत' (पुस्तक का नाम)

【中庸之道】 zhōngyōngzhīdào मध्यस्थता या मध्यम मार्ग का सिद्धांत

【中用】 zhōngyòng (प्रायः निषेध में प्रयुक्त) उपयोगी;काम का: 不～ काम का न होना

【中游】 zhōngyóu ❶(नदी की) मंझ-धार ❷बीच ही में रहने वाला: ～思想 बीच ही में रहने का विचार

【中雨】 zhōngyǔ साधारण वर्षा

【中元节】 Zhōngyuán Jié मृतात्मा उत्सव, चांद्र पंचांग के सातवें महीने का पंद्रहवां दिन, उस दिन लोग मृतात्मा को बलि चढ़ाते थे

【中原】 zhōngyuán मध्यवर्ती मैदान जिस में पीली नदी का मध्यम और निचला भाग शामिल है: 屏障～ मध्यवर्ती मैदानों की रक्षा करना

【中岳】 Zhōng Yuè केन्द्रीय पर्वत (हनान प्रांत में सोंग पर्वत 嵩山 का दूसरा नाम) —— दे० 五岳 Wǔ Yuè

【中云】 zhōngyún 〈मौ०वि०〉 मध्यम स्तर के बादल

【中允】 zhōngyǔn 〈लि०〉 न्यायपूर्ण; उचित; निष्पक्ष: 貌似～ देखने में निष्पक्ष

【中灶】 zhōngzào मध्यम रैंक वाले कार्यकर्ताओं के लिए भोजनालय

【中正】 zhōngzhèng न्यायपूर्ण; उचित; निष्पक्ष; पक्षपात रहित

【中止】 zhōngzhǐ बंद करना या होना; रोकना; काम ठप्प हो जाना: 谈判～ वार्तालाप बंद होना

【中指】 zhōngzhǐ मध्यमा; बीच की उंगली

【中州】 Zhōngzhōu केन्द्रीय प्रदेश (हनान प्रांत का पुराना नाम)

【中州韵】 zhōngzhōuyùn चोंगचओ स्वर-शैली (परंपरागत आपेरा में अभिनेताओं द्वारा अंतिम स्वर पर प्रयुक्त)

【中专】 zhōngzhuān （中等专科学校 का संक्षिप्त रूप）विशेष माध्यमिक स्कूल

【中转】 zhōngzhuǎn रेल बदलना: ～签字 (रेलवे यात्री के लिए) रेल बदलने के लिए हस्ताक्षर

【中转港】 zhōngzhuǎngǎng अंतरपो बंदरगाह; व्यापारिक बंदरगाह

【中转站】 zhōngzhuǎnzhàn अंतरपो केंद्र; व्यापारिक केन्द्र

【中装】 zhōngzhuāng चीनी परम्परागत पोशाक

【中子】 zhōngzǐ 〈भौ०〉 न्यूट्रान: ～物理学 न्यूट्रान भौतिक विज्ञान

【中子弹】 zhōngzǐdàn न्यूट्रान बम

【中子态】 zhōngzǐtài न्यूट्रान स्टेट (स्थिति)

【中子星】 zhōngzǐxīng न्यूट्रान स्टार (तारा)

忪（伀） zhōng आतंकित; भयभीत; डरा हुआ —— दे० 怔忪 zhēngzhōng

sōng भी दे०

忠 zhōng स्वामिभक्त; वफ़ादार: 忠心

【忠臣】 zhōngchén स्वामिभक्त अधिकारी; वफ़ादार अफ़सर

【忠忱】 zhōngchén स्वामिभक्त; वफ़ादार; ईमानदार

【忠诚】 zhōngchéng स्वामिभक्त; वफ़ादार; ईमानदार: 对革命无限～ क्रांति के प्रति असीमता से वफ़ादार रहना; क्रांति में असीम श्रद्धा रखना

【忠告】 zhōnggào ❶सचाई से परामर्श देना: 尽最后的～ आखिरी सलाह दे देना ❷सच्चा परामर्श

【忠鲠】 zhōnggěng वफ़ादार और ईमानदार

【忠厚】 zhōnghòu सच्चा और सहनशील; सच्चा और दयावान; भोला-भाला: 他为人～老实。वह दयावान और निष्कपट है।

【忠魂】 zhōnghún ध्येयनिष्ठ आत्मा

【忠君爱国】 zhōngjūn-àiguó स्वामिभक्ति और देशभक्ति

【忠良】 zhōngliáng ❶वफ़ादार और ईमानदार ❷वफ़ादार और ईमानदार व्यक्ति

【忠烈】 zhōngliè ❶मरते दम तक वफ़ादार ❷शहीद

【忠实】 zhōngshí स्वामिभक्त; सच्चा; सत्यनिष्ठ; वफ़ादार; ईमानदार: ～记录 वफ़ादारी से लिख लेना; सही रूप से नोट करना / ～朋友 ईमानदार या वफ़ादार दोस्त / ～信徒 पक्का अनुयायी / ～走狗 पक्का पिछलग्गू; पक्का पालतू कुत्ता / 对人民无限～ जनता में असीम श्रद्धा रखना

【忠恕】 zhōngshù स्वामिभक्त और दूसरों का लिहाज़ करने वाला

【忠顺】 zhōngshùn स्वामिभक्त और आज्ञाकारी: ～的奴仆 इच्छुक या अनुकूल सेवक या चाकर

【忠孝】 zhōngxiào स्वामिभक्ति और आज्ञाकारिता: ～不能两全。देशभक्ति और माता-पिता के प्रति आज्ञाकारिता दोनों एक साथ पूर्ण नहीं की जा सकतीं।

【忠心】 zhōngxīn स्वामिभक्ति; वफ़ादारी: 表～ अपनी वफ़ादारी प्रकट करना

【忠心耿耿】 zhōngxīn-gěnggěng वफ़ादार और ईमानदार: 对人民～ जनता के प्रति वफ़ादार और ईमानदार होना / ～地为人民服务 तन-मन से और वफ़ादारी से जनता की सेवा करना

【忠信】 zhōngxìn वफ़ादार और ईमानदार; स्वामिभक्त और विश्वसनीय

【忠言】 zhōngyán सच्चा परामर्श; दिली सलाह

【忠言逆耳】 zhōngyán-nì'ěr सच्चा परामर्श सुनने में अप्रिय लगता है: ～利于行。यद्यपि सच्चा परामर्श सुनने में अप्रिय लगता है परन्तु यह व्यवहार के लिए लाभदायक होता है।

【忠义】 zhōngyì स्वामिभक्त और न्यायनिष्ठ

【忠勇】 zhōngyǒng स्वामिभक्त और साहसपूर्ण; वफ़ादार और बहादुर

【忠于】 zhōngyú (के प्रति) वफ़ादार होना: ～人民 जनता के प्रति वफ़ादार होना / ～职责 कर्तव्यनिष्ठा; कर्तव्यपरायणता

【忠贞】 zhōngzhēn स्वामिभक्त और स्थिर: ～不渝 स्वामिभक्त और स्थिर रहना; स्थिरता से स्वामिभक्त रहना

【忠直】 zhōngzhí स्वामिभक्त और न्यायनिष्ठ

终（終） zhōng ❶अंत: 年～ साल का अंत / 自始至～ आरंभ से अंत तक ❷मृत्यु होना; मर जाना: 临～ मरणासन्न अवस्था में होना ❸अंत में: 终归 / ～必成功 अंत में सफल अवश्य होना ❹आरंभ से अंत तक की अवधि: ～日 दिन-भर; सारा दिन; सुबह से शाम तक ❺（Zhōng）एक कुलनाम

【终场】 zhōngchǎng ❶(नाटक, आपेरा, बाल मैच आदि का) अंत: ～前一分钟两队比分相等。अंत होने के पहले एक मिनट पर दोनों टीमों का स्कोर बराबर था । ❷〈पुराना〉 परीक्षा का अंतिम सेशन; अंतिम परीक्षा

【终底于成】 zhōngdǐyúchéng अंत में सफल हुआ

【终点】 zhōngdiǎn ❶विराम-स्थल：退却～ पीछे हटने का विराम-स्थल ❷<खेल०> अंत：～线 अंतिम सीमा-रेखा

【终点站】 zhōngdiǎnzhàn अंतिम स्टेशन; टर्मिनस; टर्मिनल

【终端】 zhōngduān <कंप्यू०> टर्मिनल：～电缆 टर्मिनल केबल

【终端局】 zhōngduānjú (डाक-सेवा में) टर्मिनल स्टेशन

【终伏】 zhōngfú 末伏 mòfú के समान

【终古】 zhōnggǔ <लि०> सदा के लिए; हमेशा के लिए

【终归】 zhōngguī अंत में; आखिर में; आखिरकार：那场球赛我队～失败了。आखिरकार उस मैच में हमारी टीम की भी पराजय हुई। / 问题～可以解决。अंत में सवाल का हल ज़रूर निकलेगा।

【终极】 zhōngjí अंतिम; आखिरी：～目标 अंतिम उद्देश्य

【终结】 zhōngjié अंत होना; समाप्त होना; खत्म होना：辩论～ वाद-विवाद समाप्त होना

【终究】 zhōngjiū अंत में; आखिर में; आखिरकार：个人力量～有限。आखिरकार व्यक्तिगत शक्ति सीमित होती है।

【终久】 zhōngjiǔ 终究 के समान

【终局】 zhōngjú अंत; समाप्ति; आखिर：战争的～ युद्ध का अंत

【终老】 zhōnglǎo मृत्यु तक अपने शेष वर्ष बिताना：～故乡 वृद्धावस्था में अपने जन्मप्रदेश में मृत्यु पर्यन्त जीवन बिताना

【终了】 zhōngliǎo (अवधि का) अंत：学期～ (स्कूल) टर्म का अंत

【终南捷径】 zhōngnán-jiéjìng उच्चाधिकारी बनने का छोटा रास्ता; उद्देश्य प्राप्त करने का सरल उपाय

【终年】 zhōngnián ❶साल भर; वर्ष भर：～积雪的高山 बारहों महीने हिमाच्छादित रहने वाला पर्वत ❷मर जाने की आयु：他～九十岁。वे नब्बे साल की उम्र तक जिये।

【终曲】 zhōngqǔ <संगी०> बाजे की अंतिम गत; आपेरा आदि के अंत में बजाई जाने वाली गत

【终日】 zhōngrì सुबह से शाम तक; दिन भर

【终身】 zhōngshēn आजन्म; जीवन भर：～监禁 आजन्म कैद; डामल / ～流放 जन्म भर काला पानी; जीवन भर के लिए काला पानी

【终身伴侣】 zhōngshēn bànlǚ जीवन साथी; जीवन संगी या संगिनी; अपने पति या पत्नी

【终身大事】 zhōngshēn dàshì अपने जीवन में बड़ी घटना (विवाह के बारे में)

【终身教育】 zhōngshēn jiàoyù आजीवन शिक्षा

【终审】 zhōngshěn <का०> (अदालत का) आखिरी दावा या फ़ैसला; अंतिम निर्णय

【终生】 zhōngshēng आजीवन; जीवन (जन्म, ज़िंदगी, उम्र) भर：奋斗～ आजीवन संघर्ष करना

【终霜】 zhōngshuāng <मौ०वि०> अंतिम तुषार

【终岁】 zhōngsuì सारा साल; सारा वर्ष; वर्ष (साल) भर

【终天】 zhōngtiān ❶सारा दिन; दिन भर：～不停地写 दिन भर निरंतर लिखते रहना ❷<लि०> आजीवन; जीवन भर：～之恨 आजीवन पश्चाताप करते रहना

【终席】 zhōngxí (भोज या सभा का) अंत; समाप्ति：未～即返 (भोज या सभा की) समाप्ति होने के पहले लौट जाना

【终宵】 zhōngxiāo （终夜 zhōngyè भी）सारी रात; रात भर

【终于】 zhōngyú <क्रि०वि०> अंत में; आखिर में; आखिरकार：他～去了。आखिरकार वह चला गया।

【终朝】 zhōngzhāo ❶सारी सुबह; सुबह भर ❷सारा दिन; दिन भर

【终止】 zhōngzhǐ ❶बंद करना; अंत करना; समाप्त करना; रोकना; खत्म करना：～活动 कार्यवाही बंद करना ❷समाप्ति; अंत：～条约通知书 संधि-समाप्ति सूचनापत्र ❸<संगी०> अंतिम बंद

盅 zhōng बिना हैंडल वाला शराब या चाय का प्याला या कप：酒～ बिना हैंडल वाला शराब का प्याला

【盅子】 zhōngzi बिना हैंडल वाला प्याला

钟¹（鐘）zhōng ❶घंटा; घंटी ❷घड़ी; दीवार-घड़ी：～响了。घड़ी बजी। ❸बजे; समय：两点～ दो बजे / 一刻～ पंद्रह मिनट

钟²（鍾）zhōng ❶रीझना; आशिक होना：～爱 (बच्चे पर) रीझना; आशिक होना / ～情 रीझना; आशिक होना; प्रेम में डूबना ❷（Zhōng）एक कुलनाम

钟³（鍾）zhōng 盅 zhōng के समान

【钟摆】 zhōngbǎi (घड़ी का) लटकन; दोलक; पेंडुलम

【钟表】 zhōngbiǎo घड़ी; टाइमपीस：～店 घड़ीसाज़ की दुकान

【钟点】 zhōngdiǎn <बोल०> ❶कोई काम किया जाने वाला समय：到～了，该走了。समय हो गया, चलना चाहिए। ❷घंटा：他来了一个～了。उसे आए एक घंटा हो गया।

【钟点房】 zhōngdiǎnfáng ऐसा होटल जहाँ फ़ी घंटे के अनुसार पगार दी जाती है

【钟点工】 zhōngdiǎngōng फ़ी घंटे के अनुसार मज़दूरी लेने वाला मज़दूर

【钟鼎文】 zhōngdǐngwén प्राचीन कांसे के बर्तनों पर उत्कीर्ण लेख

【钟馗】 Zhōngkuí किंवदंती में भूत-प्रेत मारने वाला देवता, जिस की तस्वीर पुराने ज़माने में लोग भूत-प्रेत आदि हटाने के लिए लटकाते थे

【钟离】 Zhōnglí एक कुलनाम

【钟灵毓秀】 zhōnglíng-yùxiù सुन्दर दृश्य वाले स्थान में उत्तम पुरुष पैदा होते हैं

【钟楼】 zhōnglóu ❶<पुराना> नगर में घंटा-भवन; घंटा घर ❷घड़ी भवन; क्लॉक टावर

【钟鸣鼎食】 zhōngmíng-dǐngshí घंटे बजा-बजाकर स्वादु-स्वादु भोजन 'तिंगों' में रखकर खाना —— धन-बाहुल्य：～之家 राजसी भवन

【钟乳石】 zhōngrǔshí （石钟乳 shízhōngrǔ भी）<भूगर्भ०> स्टैलेक्टाइट

【钟头】 zhōngtóu घंटा：他去了两个～了。उसे गए दो घंटे हो गए।

衷 zhōng ❶हृदय; दिल; मन की भावनाएँ：言不由～ दिली बातें न कहना / 无动于～ भावशून्य होना; उदासीन होना ❷中 zhōng के समान ❸（Zhōng）एक कुलनाम

【衷肠】 zhōngcháng 〈लि०〉 दिली बातें：倾吐～ दिली बातें कह डालना; खुले दिल से बात करना

【衷情】 zhōngqíng मन या दिल की भावनाएँ：互诉～ एक दूसरे की दिली बातें कह डालना

【衷曲】 zhōngqǔ 〈लि०〉 मन या दिल की भावनाएँ：倾吐～ दिली बातें कह डालना; खुले दिल से बात करना

【衷心】 zhōngxīn हार्दिक：～感谢 हार्दिक धन्यवाद देना / ～拥护 हार्दिक समर्थन करना; तहेदिल से समर्थन करना / ～祝贺 हार्दिक बधाई देना

螽 zhōng नीचे दे०

【螽斯】 zhōngsī 〈प्राणि०〉 केटीडिड (कीड़ा)

zhǒng

肿（腫）zhǒng सूजना：他的眼睛～了。उस की आँखें सूजी हुई थीं। / ～消了。सूजन कम हो गयी।

【肿瘤】 zhǒngliú अर्बुद; रसौली; गिल्टी; ट्यूमर：良性～ मामूली ट्यूमर; सामान्य अर्बुद / 恶性～ ज़हरीला फोड़ा; सांघातिक अर्बुद / ～学 अर्बुद विज्ञान

【肿胀】 zhǒngzhàng ❶सूजना; उभड़ना ❷〈ची०चि०〉 त्वचा और उदर-विषयक सूजन

种（種）zhǒng ❶〈जीव०〉 जाति; स्पिशीज़：本地～ स्थानीय जाति या स्पिशीज़ / 外地～ परदेशी या विदेशी जाति या स्पिशीज़ ❷विभिन्न मानव-वंशीय कुल：黄～ पीत जाति / 白～ श्वेत जाति; गोरी जाति ❸बीज; पशुओं की जाति, नस्ल：麦～ गेहूँ के बीज ❹हिम्मत; साहस (有 या 没有 के साथ प्रयुक्त)：有种 yǒuzhǒng ❺〈परि०श०〉 प्रकार; श्रेणी; किस्म; तरह (व्यक्ति और वस्तुओं के लिए प्रयुक्त)：三～书 तीन प्रकार की पुस्तकें / 两～感情 दो प्रकार की भावनाएँ / 各～工具 विभिन्न प्रकार के औज़ार ❻（Zhǒng）एक कुलनाम

zhòng भी दे०

【种畜】 zhǒngchù केवल संतान उत्पन्न कराने के लिए पाला हुआ नर या मादा पशु; प्रजनन-पशु

【种肥】 zhǒngféi बीज खाद

【种类】 zhǒnglèi प्रकार; श्रेणी; शैली; किस्म; तरह：不同～的工具 भिन्न प्रकार के औज़ार

【种马】 zhǒngmǎ साँड़

【种牛】 zhǒngniú साँड़

【种仁】 zhǒngrén गूदा; गिरी; कर्नेल

【种姓】 zhǒngxìng जाति：～制度 जातिप्रथा / 表列～ अनुसूचित जाति; परिगणित जाति / 非表列～ अननुसूचित जाति / 低级～ दलित जाति / 驱逐出～ जाति से बहिष्कार

【种羊】 zhǒngyáng साँड़-भेड़ा

【种种】 zhǒngzhǒng तरह-तरह के; हर प्रकार का：由于～原因 तरह-तरह के कारणों से

【种子】 zhǒngzi ❶बीज：～田 बीज वाला खेत / ～站 बीज-केन्द्र ❷〈खेल०〉 बीज वाला खिलाड़ी या खिलाड़िन; सीडेड खिलाड़ी या खिलाड़िन：～选手 बीजवाला या सीडेड खिलाड़ी या खिलाड़िन / 选～选手 उक्त खिलाड़ियों या खिलाड़िनों को छाँटना

【种族】 zhǒngzú जाति

【种族隔离】 zhǒngzú gélí जातीय पृथकता

【种族灭绝】 zhǒngzú mièjué प्रजातिसंहार

【种族歧视】 zhǒngzú qíshì जाति-भेद; वर्ण-भेद

【种族压迫】 zhǒngzú yāpò जातीय दमन

【种族主义】 zhǒngzú zhǔyì जातिवाद; जातीयता; प्रजातिवाद

冢（塚）zhǒng समाधि; कब्र：古～ प्राचीन समाधि

踵 zhǒng 〈लि०〉 ❶एड़ी：接～ किसी की एड़ी का अनुसरण करना; किसी के पीछे-पीछे चलना या जाना ❷किसी के घर में जाना：～门道谢 किसी को धन्यवाद देने के लिए उस के घर में जाना

【踵事增华】 zhǒngshì-zēnghuá पूर्वज के कार्य को जारी रखना और उसे अधिक सफल बनाना; किसी का कार्य ग्रहण करना और उसे आगे बढ़ाना

【踵武】 zhǒngwǔ 〈लि०〉 दूसरों के पीछे-पीछे चलना; अनुकरण या अनुकरण करना; नकल करना

【踵至】 zhǒngzhì किसी के फ़ौरन बाद पहुंचना

種 zhǒng 〈लि०〉 种 zhǒng के समान

zhòng भी दे०

zhòng

中 zhòng ❶निशाना ठीक बैठाना; बिलकुल ठीक होना; ठीक लगना：～选 चुनाव में जीत लेना; चुना जाना / ～靶心 निशाना ठीक बैठाना ❷निशाना बैठाया जाना; उठाना; पहुंचना; पड़ना; लगना：～毒 विष लगना / ～箭 तीर लगना

zhōng भी दे०

【中标】 zhòngbiāo बोली या टेंडर जीत लेना

【中彩】 zhòngcǎi लॉटरी जीत लेना

【中弹】 zhòngdàn गोली या गोला लगना

【中的】 zhòngdì निशाना ठीक बैठाना; सच्ची बात प्रकट करना：语语～ हरेक बात ठीक-ठीक प्रकट करना

【中风】 zhòngfēng लकवा मारना：死于～ लकवा

मारने से मृत्यु होना

【中计】 zhòngjì किसी के जाल में फंसना：中了敌人的毒计 दुश्मन के प्राणघातक जाल में फंस जाना

【中奖】 zhòngjiǎng पुरस्कार या इनाम जीत लेना

【中举】 zhòngjǔ <पुराना> शाही प्रांतीय परीक्षा में सफल होना

【中肯】 zhòngkěn ठिकाने की (बात)：语语～ हर बात ठिकाने की होना

【中魔】 zhòngmó भूत-प्रेत का गर्दन पर सवार होना; जादू के प्रभाव में पड़ना

【中签】 zhòngqiān लॉटरी आदि जीत लेना; लॉटरी आदि में सौभाग्यशाली अंक होना

【中伤】 zhòngshāng झूठी निंदा करना; मिथ्या दोषा-रोपण करना

【中式】 zhòngshì शाही परीक्षाओं में सफल होना

zhōngshì भी दे०

【中试】 zhòngshì परीक्षा, टेस्ट आदि में सफल होना

【中暑】 zhòngshǔ ❶लू लगना：他～了。उसे लू लग गई। ❷तापाघात

【中邪】 zhòngxié 中魔 के समान

【中意】 zhòngyì मनपसंद; मनोनीत：他买了一件～的大衣。उस ने एक मनपसंद ओवरकोट खरीद लिया।

仲

zhòng ❶बीच का：仲裁 ❷चांद्र पंचांग की एक ऋतु में दूसरा (या बीच का) महीना：～春 चांद्र पंचांग की वसंत ऋतु में दूसरा मास ❸भाइयों में दूसरा：～兄 दूसरा बड़ा भाई / ～弟 दूसरा छोटा भाई ❹（Zhòng）एक कुलनाम

【仲裁】 zhòngcái मध्यस्थता करना; पंचायत करना; सालिस करना; विवेचन करना：～法庭 मध्यस्थनिर्णय न्यायालय / ～者 सालिस; मध्यस्थ; पंच; विवाचक

【仲裁委员会】 zhòngcái wěiyuánhuì पंच-निर्णय समिति; सालिस कमेटी

【仲冬】 zhòngdōng चांद्र पंचांग की शीत ऋतु में दूसरा महीना; चांद्र वर्ष का ग्यारहवाँ महीना

【仲家】 Zhòngjiā चुंगच्या जाति（布依族 Bùyīzú पूई जाति का पुराना नाम）

【仲秋】 zhòngqiū चांद्र पंचांग की शरद् ऋतु में दूसरा महीना; चांद्र वर्ष का आठवाँ महीना

【仲夏】 zhòngxià चांद्र पंचांग की ग्रीष्म ऋतु में दूसरा महीना; चांद्र वर्ष में पांचवाँ महीना

众（衆）

zhòng ❶बहुत; बहुत अधिक; अनेक; अनगिनत：众多 ❷बहुत से लोग; भीड़; सब लोग：观～ दर्शक गण

【众多】 zhòngduō बहुत से (लोग); सब (लोग)：人口～ भारी जनसंख्या

【众寡悬殊】 zhòngguǎ-xuánshū जन-शक्तियों में बहुत अंतर होना

【众口难调】 zhòngkǒu-nántiáo जितने मुंह उतनी ही बातें; जितनी डफली उतने राग

【众口铄金】 zhòngkǒu-shuòjīn लोगों का कोलाहल सही और गलत गड़बड़ा सकता है

【众口一词】 zhòngkǒu-yīcí एक स्वर में; एक मत से; सर्वसम्मति से

【众目睽睽】 zhòngmù-kuíkuí हरेक की चौकस आंखों से देखना：～之下 हरेक की चौकस आंखों में

【众目昭彰】 zhòngmù-zhāozhāng जन-समुदाय द्वारा साफ़-साफ़ देखा जाना

【众怒】 zhòngnù लोगों का क्रोध：～难犯。लोगों के क्रोध में पड़ना बहुत खतरनाक है।

【众叛亲离】 zhòngpàn-qīnlí अपने परिवार के लोगों, रिश्तेदारों या दोस्तों द्वारा गद्दारी करने से बिलकुल अलगाव की स्थिति में पड़ना; अपने लोगों द्वारा उस के विरुद्ध विद्रोह कर देना और अपने अनुयायियों द्वारा उस को छोड़कर भाग जाना

【众擎易举】 zhòngqíng-yìjǔ लोगों की सामूहिक शक्ति के द्वारा भार आसानी से उठाया जा सकता है

【众人】 zhòngrén लोग; सब लोग：～拾柴火焰高。आग उस समय बहुत तेज़ जलती है जब हरेक व्यक्ति उस में लकड़ियाँ डालता है।

【众生】 zhòngshēng सभी प्राणधारी：芸芸～ सभी प्राणधारी जीव; सभी जीवित वस्तुएँ

【众生相】 zhòngshēngxiàng बहुत से लोगों की अपनी-अपनी भिन्न भावनाएँ और अभिव्यंजनाएँ

【众矢之的】 zhòngshǐzhīdì सब लोगों के प्रहार का निशाना

【众庶】 zhòngshù <लि०> प्रजा; आम जनता

【众说纷纭】 zhòngshuō-fēnyún तरह-तरह की रायें; भांति-भांति के मत या विचार

【众所周知】 zhòngsuǒzhōuzhī सर्वविदित; सर्व-विश्रुत

【众望】 zhòngwàng लोगों की आशाएँ：～所归 लोगों का समर्थन प्राप्त करना

【众议员】 zhòngyìyuán प्रतिनिधि सदन का सदस्य; कांग्रेस-मैन; कांग्रेस-वुमैन

【众议院】 zhòngyìyuàn प्रतिनिधि-सदन (अमरीका, जापान आदि में); संसद का निचला सदन (इटली तथा अन्य देशों में)

【众志成城】 zhòngzhì-chéngchéng एकता में बल है; सब लोगों का संकल्प अभेद्य दुर्ग है

种（種）

zhòng उगाना; लगाना：～地或～田 खेती करना; खेतीबारी करना / ～试验田 प्रयोगात्मक खेत पर काम करना / ～菜 साग-भाज़ी उगाना / ～杂粮 सहायक फ़सलें उगाना

zhǒng भी दे०

【种痘】 zhòngdòu （种牛痘 zhòngniúdòu भी） छपना; चेचक या माता का टीका लगाना

【种瓜得瓜，种豆得豆】 zhòng guā dé guā, zhòng dòu dé dòu जो बोवेगा सो काटेगा; जैसी करनी वैसी भरनी; जैसा काम वैसा परिणाम; जैसे पेड़ लगाये वैसे ही फल मिल रहे हैं

【种花】 zhònghuā ❶पुष्प या फूल लगाना ❷<बो०> चेचक या माता का टीका लगाना ❸<बो०> कपास लगाना

【种植】 zhòngzhí उगाना; लगाना; रोपना; आरोपित

करना：～果树 फलदार वृक्ष लगाना
【种植园】 zhòngzhíyuán बाग; बगीचा：～主 बाग का मालिक; प्लांटर

重 zhòng ❶वज़न; भार：举～ वज़न उठाना / 这鱼多～？इस मछली का वज़न कितना है？❷भारी; वज़नी; वज़नदार：这件衣服很～。यह कपड़ा बड़ा भारी है। / 工作～ काम भारी होना / 脚步～ भारी कदम ❸गहरा; भारी; गंभीर：情意～ गहरी भावना / ～病 गंभीर रोग ❹बहुत; बहुत अधिक：重兵 / 重金 ❺महत्वपूर्ण：军事～地 सामरिक महत्व का सैन्य स्थान / 重任 ❻महत्व देना; पूरा ध्यान देना; ज़ोर देना：～调查研究 जांच-पड़ताल और अध्ययन पर ज़ोर देना / 生产和节约并～ उत्पादन और मितव्यय दोनों पर ज़ोर देना ❼सावधान; विचारशील; होशियार; समझदार：慎～ विवेकपूर्ण; सावधान
chóng भी दे०
【重办】 zhòngbàn सख्त सज़ा देना; कड़ा दंड देना
【重兵】 zhòngbīng बहुत-सी फ़ौजें：用～保护 (किसी की) रक्षा के लिए बहुत-सी फ़ौजें रखना
【重柄】 zhòngbǐng 〈लि०〉 बड़ी भारी राजनीतिक शक्ति
【重臣】 zhòngchén 〈लि०〉 (सम्राट का) वह मंत्री जिस का पद बहुत महत्वपूर्ण और जिस के कंधों पर बड़ा भारी कार्यभार हो; महत्वपूर्ण अधिकारी
【重惩】 zhòngchéng सख्त सज़ा देना; कड़ा दंड देना
【重酬】 zhòngchóu ❶उदारता से पुरस्कार या इनाम देना ❷बहुत अधिक पुरस्कार या इनाम देना
【重创】 zhòngchuàng भारी चोट देना या पहुंचाना
【重挫】 zhòngcuò हताश करना
【重大】 zhòngdà बड़ा; भारी; मुख्य; महत्वपूर्ण：～价值 बहुमूल्यता / ～伤亡 भारी या बहुत ज़्यादा हताहत / ～胜利 भारी विजय / ～时期 अहम दौर / ～事件 मारके की बात; अहम घटना / ～损失 भारी नुकसान / ～问题 विशाल प्रश्न; महत्वपूर्ण सवाल / ～意义 महत्व; महत्ता; अहमियत
【重大环境污染事故罪】 zhòngdà huánjìng wūrǎn shìgù zuì 〈वाता०र०〉 पर्यावरणीय प्रदूषण का अपराध
【重担】 zhòngdàn भार; बोझ; आभार; भारी वज़न; भारी काम：把～推给人家 भारी काम दूसरों के मत्थे मढ़ देना
【重地】 zhòngdì महत्वपूर्ण स्थान; सामरिक महत्व का स्थान：生产～ उत्पादन का महत्वपूर्ण स्थान
【重典】 zhòngdiǎn 〈लि०〉 ❶कड़ा दंड; सख्त सज़ा ❷महत्वपूर्ण प्राचीन पुस्तकें और लेख
【重点】 zhòngdiǎn ❶〈भौ०〉 भार; वज़न ❷केन्द्र बिन्दु; प्रमुख केन्द्र; मुख्य निशाना：工作～ काम का केन्द्र बिन्दु / ～防御 प्रमुख स्थलों का बचाव करना / ～工程 प्रमुख परियोजना / ～进攻 केन्द्रित प्रहार करना / ～批判 मुख्य तौर पर आलोचना करना / ～讨论 मुख्य रूप से वाद-विवाद करना
【重点学校】 zhòngdiǎn xuéxiào महत्वपूर्ण स्कूल, कालेज या विश्वविद्यालय; की (key) स्कूल, इंस्टिट्यूट या यूनिवर्सिटी
【重读】 zhòngdú 〈ध्वनि०〉 बलाघात; स्वराघात：～音节 बलाघातयुक्त अक्षर
【重犯】 zhòngfàn बड़ा अपराधी; मुख्य अपराधी
【重负】 zhòngfù भारी बोझ
【重工业】 zhònggōngyè भारी उद्योग
【重轨】 zhòngguǐ भारी पटरी
【重荷】 zhònghè भारी बोझ：肩负～ कंधों पर भारी बोझ उठाना
【重轰炸机】 zhònghōngzhàjī भारी बममार विमान
【重话】 zhònghuà कड़ी बात; सख्त बात; अप्रिय बात
【重活】 zhònghuó भारी काम; भारी परिश्रम
【重机关枪】 zhòngjīguānqiāng भारी मशीनगन
【重寄】 zhòngjì सरकार का भारी कार्यभार
【重价】 zhòngjià ऊँचा दाम：～购粮 ऊँचे दाम देकर गल्ला खरीदना
【重剑】 zhòngjiàn 〈खेल०〉 (पटेबाज़ी में) भारी तलवार; एपे
【重奖】 zhòngjiǎng अत्यधिक पुरस्कार या इनाम देना：～有特殊贡献的科技人员 प्रमुख योगदान वाले वैज्ञानिकों और तकनीशियनों को अत्यधिक पुरस्कार देना
【重介子】 zhòngjièzǐ भारी मध्याणु; हैवी मेसन
【重金】 zhòngjīn पैसे की एक बहुत बड़ी रकम：～购买 पैसे की एक बहुत बड़ी रकम से खरीदना
【重金属】 zhòngjīnshǔ 〈रसा०〉 हैवी मेटल; भारी धातु
【重禁闭】 zhòngjìnbì सख्त कैद; कठिन कारावास
【重晶石】 zhòngjīngshí बेराइट; प्रकृत अवस्था में बोरियम
【重捐重罚】 zhòngjuān-zhòngfá भारी जुर्माना लेना और भारी कर वसूल करना
【重扣】 zhòngkòu 〈खेल०〉 (टेबुल टेनिस में) भारी लप्पा जमाना
【重累】 zhònglèi भार
【重力】 zhònglì गुरुत्वाकर्षण की शक्ति; गुरुत्व：～场 गुरुत्वाकर्षण-क्षेत्र / ～水 गुरुत्वाकर्षण-जल
【重利】 zhònglì ❶भारी सूद：～盘剥 साहूकारी ❷बहुत अधिक मुनाफ़ा
【重量】 zhòngliàng भार; वज़न
【重量级】 zhòngliàngjí 〈खेल०〉 हैवीवेट
【重男轻女】 zhòngnán-qīngnǚ पुरुष को स्त्री से ऊँचा समझना
【重炮】 zhòngpào भारी तोप; बड़ी तोप
【重迫击炮】 zhòngpǎijīpào भारी या हैवी मार्टर
【重切削】 zhòngqiēxiāo 〈यां०〉 हैवी कट
【重氢】 zhòngqīng 〈रसा०〉 भारी उद्जन; भारी हाइड्रोजन; ड्यूटेरियम
【重任】 zhòngrèn भारी कार्य：担当～ भारी ज़िम्मेदारी निभाना
【重伤】 zhòngshāng भारी चोट; सख्त घायल：身负～ भारी चोट लगना या खाना
【重商主义】 zhòngshāng zhǔyì व्यापारवाद：～者 व्यापारवादी

【重赏】 zhòngshǎng अत्यधिक पुरस्कार या इनाम देना
【重赏之下，必有勇夫】 zhòngshǎng zhī xià, bì yǒu yǒngfū जब अत्यधिक पुरस्कार देने का वचन दिया गया तब वीर व्यक्ति आगे बढ़ने के लिए अवश्य आएगा
【重身子】 zhòngshēnzi ❶गर्भवती होना ❷गर्भवती स्त्री
【重视】 zhòngshì प्रमुखता देना; महत्व देना; पूरा ध्यान देना; पूरा ब्यौरा नज़र में रखना: 战术上～敌人 युद्धकला की दृष्टि से दुश्मन का पूरा-पूरा ब्यौरा नज़र में रखना
【重水】 zhòngshuǐ 〈रसा०〉 भारी जल; हैवी वाटर: ～型原子反应堆 भारी-जल प्रमाणु-भट्टी (या -प्रबाधक); हैवी वाटर एटमिक रिएक्टर
【重税】 zhòngshuì भारी कर; भारी लेवी
【重听】 zhòngtīng ऊंचा सुनना: 我有点～。 मैं ऊंचा सुनता हूँ।
【重头戏】 zhòngtóuxì ❶अधिक गाने और अभिनय-मुद्राओं वाला परम्परागत आपेरा ❷〈ला०〉 महत्वपूर्ण कार्य, कार्यवाही आदि: 道路建设是农村城镇建设的～。 मार्ग-निर्माण गांव, नगर व कस्बे के निर्माण का महत्वपूर्ण कार्य है।
【重托】 zhòngtuō महत्वपूर्ण कार्य सौंपना: 不负人民～ जनता द्वारा महत्वपूर्ण कार्य सौंपने में उसे निराश होने न देना
【重望】 zhòngwàng ❶सुख्याति; सुकीर्ति ❷उच्चापेक्षा; प्रत्याशा
【重武器】 zhòngwǔqì भारी अस्त्र-शस्त्र; भारी हथियार
【重孝】 zhòngxiào गहरे शोक में (माता-पिता के मृत्यु होने के बाद प्रयुक्त)
【重心】 zhòngxīn ❶केन्द्र-बिन्दु; गुरुत्वकेन्द्र ❷केन्द्र; मध्यबिन्दु; (रोग, कार्य आदि का) मुख्य स्थान: 问题的～ समस्या का केन्द्र
【重刑】 zhòngxíng कड़ा दंड; सख्त सज़ा
【重型】 zhòngxíng भारी: ～钢轨 भारी पटरी / ～机床 भारी मशीन औज़ार / ～机器 भारी मशीन / ～坦克 भारी टैंक
【重压】 zhòngyā भारी दबाव
【重要】 zhòngyào महत्वपूर्ण; मुख्य; बड़ा: ～标志 महत्वपूर्ण लक्षण या चिह्न / ～措施 महत्वपूर्ण कदम / 在革命的～关头 क्रांति के अहम मौके पर / ～人物 महत्वपूर्ण पुरुष; मुख्य पात्र / ～任务 महत्वपूर्ण कार्य / ～因素 महत्वपूर्ण तत्व
【重音】 zhòngyīn ❶〈ध्वनि०〉 आघात; बलाघात; स्वराघात: 句子～ वाक्याघात ❷〈संगी०〉 एक्सेण्ट
【重用】 zhòngyòng महत्वपूर्ण पद पर नियुक्त करना: ～优秀人才 श्रेष्ठ योग्य व्यक्तियों को महत्वपूर्ण पद पर नियुक्त करना
【重油】 zhòngyóu भारी तेल; हैवी आयल
【重于泰山，轻于鸿毛】 zhòngyútàishān, qīngyúhóngmáo (मौत का) थाई पर्वत से भी ज़्यादा भारी होना या पंख से भी ज़्यादा हल्की होना: 人固有一死，或重于泰山，或轻于鸿毛。 मौत का सामना सब लोगों को समान रूप से करना पड़ता है, परंतु कुछ लोगों को मौत थाई पर्वत से भी ज़्यादा भारी हो कर आती है और कुछ लोगों को पंख से भी ज़्यादा हल्की।
【重元素】 zhòngyuánsù 〈रसा०〉 हैवी एलेमेंट; भारी तत्व
【重载】 zhòngzài (गाड़ी पर) भारी बोझ लादा जाना
【重枣】 zhòngzǎo लाली लिए हुए भूरा (सूखे खजूर जैसा)
【重责】 zhòngzé ❶भारी ज़िम्मेदारी: 担负～ भारी ज़िम्मेदारी निभाना ❷कड़ा दंड; सख्त सज़ा
【重镇】 zhòngzhèn सामरिक महत्व का स्थान: 军事～ सामरिक केन्द्र; रणनीतिक महत्व का स्थान
【重浊】 zhòngzhuó ❶(आवाज़) नीची और मद्धिम ❷छाया हुआ; मेघावृत; मेघाच्छन्न: 天色暗淡～。 आकाश मेघाच्छन्न है; आकाश पर बदली छाई हुई है।
【重子】 zhòngzǐ 〈भौ०〉 बैरियॉन
【重罪】 zhòngzuì भारी अपराध; भारी जुर्म

蚛 zhòng 〈लि०〉 कीड़े का काटना

種 zhòng 〈लि०〉 种 zhòng के समान
zhǒng भी दे०

zhōu

舟 zhōu 〈लि०〉 नाव; नौका; किश्ती: 小～ छोटी नाव
【舟车】 zhōuchē ❶नाव और गाड़ी ❷यात्रा; सफ़र: ～劳顿 यात्रा से थका होना
【舟辑】 zhōují 〈लि०〉 नाव; नौका; किश्ती: 江河湖泽给我们以～和灌溉之利。 अनेक नदियां और झीलें हैं जो जल-परिवहन और सिंचाई के लिए उपयोगी हैं।

州 zhōu ❶〈पुराना〉 एक प्रशासकीय क्षेत्र ❷(स्वायत्त) प्रांतीय स्वराज्य; चओ

诌（謅） zhōu (कहानी आदि) गढ़ना; रचना: 胡～ मन-गढ़ंत कथा की रचना करना

侜 zhōu 〈लि०〉 छलना; धोखा देना: ～张 छलना; धोखा देना

周[1]（週） zhōu ❶घेरा; चक्कर; दायरा: 全体运动员绕场一～。 सारे खिलाड़ियों और खिलाड़िनों ने मैदान का एक चक्कर लगाया। ❷चक्कर लगाना: 周而复始 ❸सारा, सब; सब ओर; चारों ओर: ～身 सारा शरीर / 众所～知 सर्वविदित ❹विचारशील; विचारपूर्ण; ध्यानपूर्ण: 周到 ❺सप्ताह; हफ़्ता: 本～ यह सप्ताह / ～末 सप्ताहांत ❻周波 का संक्षिप्त रूप

周[2]（賙） zhōu (दरिद्रों को) सहायता देना: ～济 (दरिद्रों की) सहायता देना

周[3] Zhōu ❶चओ राजवंश (1046-256 ई०पू०)

❷उत्तरी चओ (557-581 ई०) ❸पश्च चओ (951-960 ई०) ❹एक कुलनाम

【周报】 zhōubào साप्ताहिक; साप्ताहिक पत्र

【周备】 zhōubèi पूरी तरह तैयार होना; सावधानी से हल किया जाना

【周边】 zhōubiān चारों ओर: ～地区 चारों ओर के क्षेत्र / ～国家 चारों ओर के देश

【周遍】 zhōubiàn सब ओर; चारों ओर

【周布】 zhōubù चारों ओर फैलना: 血管～全身。 नाड़ियां सारे शरीर में फैलती हैं।

【周波】 zhōubō 〈विद्यु०〉 चक्कर; चक्र; साईकल

【周长】 zhōucháng वस्तु का घेरा या गोलाई की माप: 大树的～ बड़े पेड़ का घेरा

【周到】 zhōudào विचारशील; विचारपूर्ण; ध्यानपूर्ण; सर्वतोमुख; सर्वांगीण: 服务～ अच्छी सेवा करना / ～的侦察 सर्वांगीण फ़ौज टोह

【周而复始】 zhōu'érfùshǐ चक्कर लगाना और फिर से शुरू होना; चक्कर लगाते रहना

【周回】 zhōuhuí 〈लि०〉 ❶घेरा: 城～约十里。नगर का घेरा लगभग दस ली है। ❷चारों ओर घेरना: 四山～ चारों ओर पहाड़ों से घेरा जाना

【周忌】 zhōujì किसी की मृत्यु का वार्षिक दिवस; मृत्यु दिवस (प्रथम बरसी)

【周刊】 zhōukān साप्ताहिक; साप्ताहिक पत्रिका

【周流】 zhōuliú (लहू का) संचार करना: 血液～全身。 लहू सारे शरीर में संचार करता है।

【周率】 zhōulǜ 〈भौ०〉 फ़्रीक्वेंसी

【周密】 zhōumì पूरा; संपूर्ण; सूक्ष्म; सावधान: ～调查 पूरी (या सूक्ष्म) जांच-पड़ताल करना / ～的工作 मुकम्मिल तौर पर काम करना / 得到明确而～的结论 स्पष्ट और अच्छी तरह सोचे-समझे हुए निष्कर्ष पर पहुंचाना / ～的理论 संपूर्ण सिद्धांत / ～审查 सूक्ष्म जांच करना / ～思索 गंभीरता से विचार करना

【周年】 zhōunián वर्षगांठ; जयंती: 建国五十～ देश की स्थापना की पचासवीं वर्षगांठ / ～纪念 वार्षिकी; जयंती; वार्षिकोत्सव

【周期】 zhōuqī आवर्तकाल; आवर्त; नियत अवधि

【周期表】 zhōuqībiǎo 〈रसा०〉 आवर्त तालिका या सारणी

【周期律】 zhōuqīlǜ 〈रसा०〉 आवर्त नियत

【周期性】 zhōuqīxìng नियतकालिकता; चक्रीयता: ～危机 चक्रीय संकट

【周全】 zhōuquán ❶पूरा; संपूर्ण; विस्तीर्ण: ～的计划 विस्तीर्ण योजना ❷किसी को उस की उद्देश्य पूर्ति के लिए सहायता देना

【周岁】 zhōusuì जीवन का एक पूरा वर्ष: 今天是孩子的～生日。आज बच्चे का पहला जन्मदिवस है।

【周围】 zhōuwéi चारों ओर; इर्द-गिर्द: ～世界 चारों ओर का जगत / 桌子的～坐着四个人。मेज़ के इर्द-गिर्द चार लोग बैठे हुए हैं।

【周围神经】 zhōuwéi shénjīng 〈श०वि०〉 परिधीय स्नायु: ～系统 परिधीय स्नायु व्यवस्था

【周详】 zhōuxiáng समग्र और विस्तृत; पूरा; संपूर्ण: 考虑～ समग्र और विस्तृत रूप से विचार करना

【周恤】 zhōuxù 〈लि०〉 किसी से सहानुभूति दिखाना और उसे दान देना; सहानुभूति रखना और सहायता देना

【周旋】 zhōuxuán ❶चारों ओर का चक्कर लगाना; मंडराना ❷दूसरे लोगों के साथ संग करना; सामाजिक बनाना: 成天跟人～ दिन भर लोगों के साथ संग करना ❸(दुश्मन के खिलाफ़) लड़ना: 与敌人～到底 दुश्मन के खिलाफ़ अंत तक लड़ना / 同敌人在这一地区再～一个时期 कुछ समय के लिए दुश्मन को इस इलाके में दौड़ाते रहना

【周延】 zhōuyán 〈तर्क०〉 पदावच्छेद

【周游】 zhōuyóu चारों ओर यात्रा करना; स्थान-स्थान भ्रमण करना: ～世界 संसार-भ्रमण करना

【周缘】 zhōuyuán (पहिये आदि का) बाहरी घेरा

【周遭】 zhōuzāo चारों ओर का क्षेत्र: ～一个人也没有，静悄悄的。चारों ओर के क्षेत्र में कोई नहीं है, बहुत शांत।

【周章】 zhōuzhāng 〈लि०〉 बहुत घबड़ाना: ～失措 घबड़ाने से पागल होना ❷कष्ट: 煞费～ बहुत कष्ट उठाना या सहना

【周折】 zhōuzhé विघ्न; बाधा; रुकावट: 几经～，才告成功。तरह-तरह की बाधाओं को दूर करने के बाद सफलता मिली।

【周正】 zhōuzhèng 〈बो०〉 सीधा; नियमित रूप वाला: 这桌子做得～。यह मेज़ सीधी बनायी है। / 她帽子戴得～。वह टोपी सीधी पहनती है। / 她模样长得～。वह साधारण रूप वाली है।

【周知】 zhōuzhī हरेक जानता है; सब लोग जानते हैं; सब को मालूम होना: 众所～ सर्वविदित होना / 布告～ सूचना इस लिए दी जाती है कि

【周至】 zhōuzhì 〈लि०〉 विचारशील; विचारपूर्ण; ध्यानपूर्ण: 丁宁～ विचारशील परामर्श देना

【周转】 zhōuzhuǎn ❶〈अर्थ०〉 टर्न ओवर; आमदनी-रफ़्तनी: ～率 टर्न-ओवर रेट ❷आवश्यकता के लिए पर्याप्त होना: ～不开 आवश्यकता के लिए पर्याप्त न होना

洲 zhōu ❶महाद्वीप ❷नदी आदि में टापू: 沙～ रेतीला टापू

【洲际】 zhōujì अंतर्महाद्वीपीय: ～弹道导弹 अंतर्महाद्वीपीय बैलिस्टिक मिसाइल

诪（譸） zhōu 〈लि०〉 ❶फटकारना; कोसना; शाप देना ❷侜 zhōu के समान

【诪张】 zhōuzhāng 侜张 zhōuzhāng के समान

辀（輈） zhōu 〈लि०〉 (तांगे आदि का) बम

掫（掫） zhōu 〈बो०〉 किसी भारी वस्तु को एक सिरे से उठाकर उसे ऊंचा करना: 把箱子～起 संदूक के एक सिरे को उठाकर उसे ऊंचा उठाना

啁 zhōu नीचे दे०
zhāo भी दे०

【啁啾】 zhōujiū चूँ-चूँ करना: 像鸟儿一样～地叫着 चिड़ियों की तरह चूँ-चूँ करना

鸼（鵃） zhōu 鹘鸼 gǔzhōu प्राचीन पुस्तकों में वर्णित एक प्रकार का पक्षी

粥 zhōu 〈अनु०〉 मुर्गे को बुलाने का शब्द

赒（賙） zhōu 周 ²zhōu के समान

粥 zhōu (चावल, बाजरे आदि से बना) पोरिज; लपसी: 大米～ चावल का पोरिज / 小米～ बाजरे का पोरिज
yù भी दे०

【粥少僧多】 zhōushǎo-sēngduō कम पोरिज और ज़्यादा साधु —— (भोजन आदि का) सारी जमात के लिए काफ़ी न होना

盩 zhōu नीचे दे०

【盩厔】 zhōuzhì शेनशी（陕西）प्रांत में एक स्थान（वर्तमान 周至 zhōuzhì）

zhóu

妯 zhóu नीचे दे०

【妯娌】 zhóulǐ बड़े भाई और छोटे भाई की पत्नियाँ; देवरानी-जेठानी

轴（軸） zhóu ❶धुर; धुरा; धुरी: 车～ गाड़ी की धुरी ❷समविभाजक-रेखा: 椭圆的长（短）～ दीर्घवृत वस्तु की लंबी (छोटी) समविभाजक-रेखा ❸छड़; धुरा: 画～ लपेटा हुआ चित्र; लपेटे हुए ढंग का चित्र ❹〈परि०श०〉: 一～线 धागे का एक स्पूल / 一～画 एक लपेटा हुआ चित्र
zhòu भी दे०

【轴承】 zhóuchéng 〈यां०〉 बेयरिंग; धुरी: ～衬 बेयरिंग बुश / ～钢 बेयरिंग स्टील / ～厂 बेयरिंग कारखाना / ～工业 धुरी उद्योग

【轴距】 zhóujù (गाड़ी के) पहिये का आधार; ह्वीलबेस

【轴瓦】 zhóuwǎ 〈यां०〉 （轴衬 zhóuchèn भी） धुरी के छेद के लोहे का छल्ला या अस्तर

【轴线】 zhóuxiàn ❶〈यां०〉 अक्षरेखा ❷स्पूल धागा

【轴心】 zhóuxīn ❶〈यां०〉 धुरी का केन्द्र ❷धुरी

【轴心国】 zhóuxīnguó धुरी देश; धुरी राष्ट्र; धुरी ताकत (अर्थात् दूसरे महायुद्ध में जर्मनी, इटली और जापान)

【轴子】 zhóuzi ❶(लपेटी हुई सुलिपि या चित्र के लिए) बेलन; रोलर ❷(तार वाले बाजे में तार लपेटने की लकड़ी, धातु आदि की) खूंटी

碡 zhóu दे० 碌碡 liùzhou

zhǒu

肘 zhǒu ❶कोहनी; पहुंचा ❷दे० 肘子❷

【肘窝】 zhǒuwō कोहनी के जोड़ के भीतरी भाग में धंसा हुआ स्थान

【肘腋】 zhǒuyè 〈लि०〉 कोहनी और काँख —— हाथ में बहुत निकट —— दे० 变生肘腋 biàn shēng zhǒuyè

【肘子】 zhǒuzi ❶कोहनी; पहुंचा ❷सूअर की टांग का ऊपरी भाग (एक भोजन)

帚（箒） zhǒu झाड़ू: 扫～ झाड़ू / 笤～ छोटा झाड़ू

zhòu

纣（紂） Zhòu चओ (1075-1046 ई०पू०), शांग（商） राजवंश (लगभग 1600-1046 ई०पू०) के अंतिम सम्राट का नाम, एक विख्यात अत्याचारी शासक

【纣棍】 zhòugùn ज़ीन या काठी का पुच्छ-बंध या दुमची

伷 zhòu 〈लि०〉 胄 ¹ zhòu के समान (प्रायः व्यक्तियों के नाम में प्रयुक्त)

咒（呪） zhòu ❶मंत्र: 念～ मंत्र फूँकना ❷शाप देना; अभिशप्त करना; गाली देना; धिक्कारना; कोसना: 你别～我。 मुझे शाप न दो; मुझे गाली मत दो।

【咒骂】 zhòumà गाली देना; फटकार देना; शाप देना; कोसना; धिक्कारना

【咒语】 zhòuyǔ मंत्र

㤘（㑇） zhòu 〈बो०〉 हठी; हठीला; ज़िद्दी

宙 zhòu समय (जिस में अतीत, वर्तमान और भविष्य सम्मिलित हों): 宇～ ब्रह्मांड; विश्व

绉（縐） zhòu एक प्रकार का रेशमी पतला कपड़ा

【绉布】 zhòubù क्रेप

【绉纱】 zhòushā क्रेप, एक प्रकार का रेशमी पतला कपड़ा

荮 zhòu 〈बो०〉 ❶घास से लपेटना ❷〈परि०श०〉 (घासों के रस्से से बांधा कटोरों, प्लेटों आदि का) एक बंडल

轴（軸） zhòu दे० 大轴子 dàzhòuzi नाटकीय प्रोग्राम का अंतिम (प्रायः मुख्य) मद: 压～子 नाटकीय प्रोग्राम का अंतिम दूसरा मद (नाटक आदि)
zhóu भी दे०

胄[1] zhòu प्राचीन काल में सम्राट या अभिजात वर्ग के वंशजः 贵～ अभिजात वर्ग के वंशज

胄[2] zhòu शिरस्त्राण; रक्षक-टोपीः 甲～ कवच; वर्म

咮 zhòu 〈लि०〉 चोंच

昼（晝） zhòu दिन, प्रभात से सायंकाल तक; दिन का समयः ～夜 दिन और रात

酎 zhòu 〈लि०〉 दोबारा खमीरा मदिरा या शराब

【酎金】 zhòujīn 〈लि०〉 बलि चढ़ाने के लिए अभिजात वर्ग द्वारा सम्राट को दिया गया दान

皱（皺） zhòu ❶झुर्री; शिकन; सिकुड़नः 脸上起～ चेहरे पर शिकन पड़ना ❷झुर्री, शिकन या सिकुड़न पड़नाः ～眉头 भौंह सिकोड़ना; त्योरी चढ़ाना / 衣服～了。कपड़ा सिकुड़ गया।

【皱襞】 zhòubì 〈लि०〉 झुर्री; शिकन; सिकुड़न

【皱痕】 zhòuhén सिकुड़ने का निशान; झुर्री; शिकन

【皱胃】 zhòuwèi 〈प्राणि०〉 अबोमासम (abomasum)

【皱纹】 zhòuwén झुर्रियाँ; शिकन; सिकुड़नेंः 他满脸～。उस के चेहरे पर शिकनें पड़ गईं।

【皱纹法兰绒】 zhòuwén fǎlánróng क्रेप फ़लालैन

【皱纹革】 zhòuwéngé सिकुड़न चर्म; श्रिंक लेथर

【皱纹纸】 zhòuwénzhǐ क्रेप पेपर

【皱褶】 zhòuzhě तह की सिलवट; शिकन; सिकुड़न

【皱皱巴巴】 zhòuzhoubābā （皱巴巴 zhòubābā भी） शिकनें पड़ा हुआः ～的脸 शिकनें पड़ा हुआ चेहरा

甃 zhòu 〈बो०〉 ❶कुएँ की दीवार ❷ईंटों से जोड़कर (कुआँ आदि) बनाना

繇 zhòu प्राचीन काल में शकुन-परीक्षण की भाषा
yáo; yóu भी दे०

骤（驟） zhòu ❶(घोड़े का) दुलकी चलनाः 驰～ (घोड़े का) सरपट दौड़ना ❷शीघ्र; जल्दीः 急风～雨 प्रचंड तूफ़ान ❸एकाएक; अचानक; सहसा; अकस्मात्ः 狂风～起。सहसा तेज़ हवा चलने लगी। / 天气～变。एकाएक मौसम बदल गया।

【骤然】 zhòurán एकाएक; अचानक; सहसा; अकस्मात्ः ～离去 अचानक चला जाना

籀 zhòu 〈लि०〉 ❶ज़ोर से पढ़ना; पाठ करना ❷नीचे दे०

【籀文】 zhòuwén चओ राजवंश (1046-256 ई०पू०) में प्रचलित लिपि की एक शैली

zhū

朱[1] zhū ❶सिंदूरी; लाल ❷（Zhū） एक कुलनाम

朱[2]（硃） zhū रक्तपारद; सिंदूर; हिंगुल; शिंगरफ़; सिनाबार

【朱笔】 zhūbǐ लाल स्याही में डुबोकर रंगा हुआ लिखने वाला ब्रुश (पहले छात्रों के प्रश्न-पत्रों आदि पर चिह्नित करने या सरकारी दस्तावेज़ों पर टीका लिखने आदि में प्रयुक्त)

【朱唇皓齿】 zhūchún-hàochǐ लाल ओठ और सफ़ेद दांत —— बहुत सुन्दर (सुरूप या कांतिमय)

【朱顶雀】 zhūdǐngquè 〈प्राणि०〉 रेडपाल (पक्षी)

【朱古力】 zhūgǔlì 巧克力 qiǎokèlì के समान

【朱红】 zhūhóng सिंदूरी; लाल

【朱鹮】 zhūhuán आइबिस (पक्षी)

【朱槿】 zhūjǐn 〈वन०〉 चीनी हिबिस्कस

【朱鹭】 zhūlù (चूड वाला) आइबिस (पक्षी)

【朱轮华毂】 zhūlún-huágǔ खूब सजा हुआ लाल पहिये वाला रथ (प्राचीन काल में अभिजात वर्ग द्वारा प्रयुक्त)

【朱门】 zhūmén लाल फाटक —— धनियों के घरों के लाल लैकर से रंगे हुए फाटक

【朱门酒肉臭，路有冻死骨】 zhūmén jiǔròu chòu, lù yǒu dòngsǐ gǔ लाल-लाल फाटकों के पीछे मांस और मदिरा सड़ जाते हैं जबकि बाहर रास्ते पर जाड़ों से मरने वालों की हड्डियाँ पड़ी रहती हैं

【朱墨】[1] zhūmò लाल और कालाः ～套印 लाल और काले रंग में छपा हुआ

【朱墨】[2] zhūmò सिंदूर या सिनाबार से बनी स्याही

【朱鸟】 zhūniǎo 朱雀[2] के समान

【朱批】 zhūpī लाल स्याही में डुबोकर रंगे हुए ब्रश से लिखी हुई टीका-टिप्पणियाँ या चिह्न

【朱漆】 zhūqī लाख की लाल वार्निश या रोगन; लाल लैकरः ～大门 लाल-लाल फाटक

【朱雀】[1] zhūquè 〈प्राणि०〉 रोज़फ़िंच (पक्षी)

【朱雀】[2] zhūquè अरुण पक्षी —— ❶अट्ठाईस नक्षत्रों （二十八宿） में दक्षिणी दल के सात नक्षत्रों (नं० 22-28) का सामूहिक नाम ❷ताओवाद में दक्षिण का रक्षक देवता

【朱砂】 zhūshā सिंदूर; हिंगुल; ईंगुर; शिंगरफ़; सिनाबार

【朱文】 zhūwén मोहर में उभरे हुए अक्षर

【朱颜】 zhūyán ❶(स्त्री का) सुन्दर मुंह ❷सुन्दर स्त्री; सुन्दरी

邾 Zhū ❶चू राज्य, चओ राजवंश (1046-256 ई०पू०) में त्सओ 邹 राज्य का मूल नाम ❷एक कुलनाम

侏 zhū ❶छोटा और कम लंबा ❷बौना; वामन; नाटा; ठिगना

【侏罗纪】 Zhūluójì 〈भूगर्भ०〉 जुरैसिक पीरियड

【侏罗系】 Zhūluóxì 〈भूगर्भ०〉 जुरैसिक सिस्टम
【侏儒】 zhūrú बौना; वामन; नाटा; ठिगना

诛（誅） zhū ❶(अपराधी का) वध करना; हत्या करना; मार डालना: 伏～ वध होना ❷दंड देना; निंदा करना और दंड देना: 口～笔伐 (दुश्मन पर) वचन और लेखन दोनों से प्रहार करना
【诛戮】 zhūlù 〈लि०〉 हत्या करना; वध करना
【诛求】 zhūqiú 〈लि०〉 मांग करना; ऐंठना: ～无已 जनता से बेअंत मांग करना
【诛心之论】 zhūxīnzhīlùn चुभती हुई आलोचना

茱 zhū नीचे दे०
【茱萸】 zhūyú 山茱萸 shānzhūyú 〈ची०चि०〉 औषधीय कार्नेल वृक्ष का फल

洙 Zhū चू नदी (शानतोंग प्रांत में)

珠 zhū ❶मोती; मुक्ता: 明～ चमकता मोती ❷छोटी और गोल-गोल चीज़: 泪～ आँसू की बूँद
【珠蚌】 zhūbàng मोती का सीप
【珠宝】 zhūbǎo मोती और मणि; ज़ेवर; जवाहरात: ～店 जौहरी की दूकान / ～商 जौहरी; मणिकार; मोती, ज़ेवर, रत्न आदि बेचने वाला
【珠茶】 zhūchá एक प्रकार की हरी चाय (जिस की पत्तियाँ देखने में मोती जैसी लगती है)
【珠翠】 zhūcuì मोती और जेड पत्थर; मोती और जेड से बना आभूषण
【珠冠】 zhūguān मोती जड़ा मुकुट
【珠光宝气】 zhūguāng-bǎoqì जवाहरात से जगमगाता हुआ
【珠玑】 zhūjī 〈लि०〉 ❶मोती ❷〈ला०〉 लेख का श्रेष्ठ शब्द-विन्यास: 字字～。(किसी के लेख की प्रशंसा में प्रयुक्त) हरेक शब्द रत्न है।
【珠江】 Zhūjiāng चूच्यांग नदी; मोती नदी
【珠帘】 zhūlián मोतियों से सजा हुआ पर्दा
【珠联璧合】 zhūlián-bìhé मोतियों की डोरियाँ और जेडों की पेटियाँ —— त्रुटिहीन जोड़ा; एक मधुर मिलन
【珠母】 zhūmǔ मोती का सीप; सीपी; सदफ़
【珠穆朗玛峰】 Zhūmùlǎngmǎfēng जोमोलांगमा पर्वत (पश्चिम में एवरेस्ट पर्वत कहलाता है)
【珠算】 zhūsuàn गिनतारे से हिसाब या गणित करना
【珠圆玉润】 zhūyuán-yùrùn मोती जैसा गोल और जेड जैसा चिकना —— श्रेष्ठ गीत गाना और परिमार्जित लेख लिखना
【珠子】 zhūzi ❶मोती; मुक्ता ❷मोती जैसी चीज़: 汗～ स्वेदबिन्दु

株 zhū ❶पेड़ का तना; पौधे का स्तंभ या तना ❷पौधा; अलग-अलग पौधा: ～距 एक-एक पौधे के बीच का फ़ासला / 枯木朽～ सूखे वृक्ष ❸〈परि०श०〉: 两～桃树 आड़ू के दो पेड़
【株连】 zhūlián फ़ौजदारी मामले में दूसरे को फंसाना; उलझाना; शामिल कर लेना
【株守】 zhūshǒu 〈लि०〉 हठपूर्वक पकड़ में रखना
【株选】 zhūxuǎn बीज के लिए खेत में अच्छे बीज वाले पौधे चुनना

诸¹（諸） zhū ❶सब; सारा; विविध; बहुत: ～位 सज्जनो ! आप लोग ❷（Zhū）एक कुलनाम

诸²（諸） zhū 〈लि०〉 之于（於）या 之乎 की मिली हुई ध्वनि (अक्षर): 付～（之于）行动 अमल में लाना / 有～（之乎）? क्या यह सच है ?
【诸多】 zhūduō 〈लि०〉 बहुत; बहुत-से; कई (अमूर्त वस्तुओं के लिए प्रयुक्त): ～不便 बहुत-सी असुविधाएँ
【诸葛】 Zhūgě एक द्वियक्षर कुलनाम
【诸葛亮】 Zhūgě Liàng ❶चूक ल्यांग, त्रिराज्य（三国）काल (220-280 ई०) में एक सुविख्यात राजनीतिज्ञ और युद्धकलाविद् जो चीनी लोक-कथा में युक्तिकुशलता और बुद्धिमत्ता का प्रतीक माना जाता है ❷अति युक्तिकुशल और बुद्धिमान व्यक्ति
【诸葛亮会】 zhūgéliànghuì चूक ल्यांगों की सभा —— समूह की बुद्धिमत्ता का सामान्य रूप से लाभ उठाने वाली सभा
【诸公】 zhūgōng 〈शिष्ट०〉 (लोगों के दल के लिए प्रयुक्त संबोधन) सज्जनो
【诸宫调】 zhūgōngdiào सोंग（宋）, चिन（金）और य्वान（元）राजवंश में लोकप्रचलित एक प्रकार का सरल गीत
【诸侯】 zhūhóu सामंत: ～割据称雄。सामंती राज्य परस्पर विरोधी छोटी-छोटी रियासतों में खंडित हो गया।
【诸君】 zhūjūn 〈शिष्ट०〉 (लोगों के दल के लिए प्रयुक्त संबोधन) देवियो और सज्जनो; आप लोग
【诸亲好友】 zhūqīn-hǎoyǒu मित्र और संबंधी; दोस्त और रिश्तेदार
【诸如】 zhūrú जैसे: 政府为人民办了不少实事，～修马路，挖运河，等等。सरकार ने जनता के लिए अनेक कल्याणकारी कार्य किये हैं; जैसे, सड़कें बनवाना, नहर खुदवाना, आदि-आदि।
【诸如此类】 zhūrú-cǐlèi आदि-आदि; इत्यादि-इत्यादि; वगैरह-वगैरह; इस प्रकार के; इस तरह की बहुत-सी बातें हैं: ～，不胜枚举。इस तरह की बहुत-सी बातें हैं जो एक-एक करके बतायी नहीं जा सकतीं।
【诸色】 zhūsè 〈लि०〉 सभी प्रकार; विविध: ～人等 सभी प्रकार के लोग; विविध प्रकार के लोग
【诸事】 zhūshì हरेक चीज़; हर बात: 祝～顺遂。आशा है कि आप हर काम में सफल होंगे।
【诸位】 zhūwèi 〈शिष्ट०〉 (लोगों के दल के लिए प्रयुक्त संबोधन) देवियो और सज्जनो ! आप लोग: ～女士，～先生 देवियो और सज्जनो !
【诸子百家】 zhūzǐ bǎijiā पूर्व-छिन（先秦）काल से हान（汉）राजवंश के आरंभिक वर्षों तक विविध विचार-शाखाएं तथा उन के भाष्यकार

铢（銖） zhū प्राचीन काल में भार की एक इकाई,

एक 'ल्यांग'（两）का चौबीसवाँ भाग

【铢积寸累】 zhūjī–cùnlěi बूँद-बूँद करके संचय करना

【铢两悉称】 zhūliǎng–xīchèn समान भार रखना; बिलकुल बराबर होना

猪（豬）zhū सूअर; वराह; शूकर; सूअरनी; सूअरी: 小～ घेंटा; सूअर का बच्चा

【猪八戒倒打一耙】 Zhūbājiè dào dǎ yī pá प्रत्याक्रमण करना; जवाबी हमला करना; प्रत्यारोप लगाना

【猪草】 zhūcǎo सूअर के लिए हरा चारा

【猪场】 zhūchǎng पिग-फ़ार्म; शूकर-पालन-केंद्र

【猪丹毒】 zhūdāndú सुर्खबादा; स्वाइन एरिसिपेलस; हीरक-चर्म रोग

【猪肚】 zhūdǔ सूअर के उदर-भाग का मांस

【猪肝】 zhūgān सूअर के जिगर-भाग का मांस

【猪倌】 zhūguān शूकर पाल; सूअरों का चरवाहा; सूअर चराने वाला

【猪獾】 zhūhuān रेत का बिज्जू या भालांक; सैण्ड बेजर

【猪圈】 zhūjuàn सूअरों का बाड़ा

【猪笼草】 zhūlóngcǎo 〈वन०〉 साधारण शोकहर औषधि

【猪猡】 zhūluó 〈बो०〉 सूअर; वराह; शूकर; सूअरनी

【猪苗】 zhūmiáo घेंटा; सूअर का बच्चा

【猪囊虫病】 zhūnángchóngbìng पॉर्क मीज़िल्स

【猪排】 zhūpái पॉर्क चॉप

【猪皮】 zhūpí सूअर की खाल

【猪婆龙】 zhūpólóng 鼉 tuó (चीनी मगर) का साधारण नाम

【猪气喘病】 zhūqìchuǎnbìng शूकरस्थानीय निमोनिया

【猪舍】 zhūshè शूकरशाला

【猪食】 zhūshí सूअर का खाने वाला खाना

【猪蹄】 zhūtí सूअर का पैर (जो पकाकर खाया जाता है)

【猪头】 zhūtóu सूअर का सिर: ～肉 सूअर के सिर का मांस (भोजन)

【猪腿】 zhūtuǐ सूअर की टांग का मांस; हैम

【猪瘟】 zhūwēn शूकर-ज्वर; सूअर का हैज़ा

【猪窝】 zhūwō सूअर का बाड़ा

【猪血】 zhūxiě उबाला हुआ सूअर का खून (भोजन)

【猪腰子】 zhūyāozi सूअर के गुर्दा-भाग का मांस

【猪油】 zhūyóu सूअर की चर्बी; शूकर-वसा; लार्ड

【猪鬃】 zhūzōng सूअर की पीठ या बगल के बड़े बाल

蛛 zhū लूता; मकड़ा; मकड़ी: ～网 मकड़ी का जाल / 蜘～ मकड़ी

【蛛丝马迹】 zhūsī–mǎjì मकड़ी का धागा और घोड़े के चलने का निशान —— निशान; चिह्न; पता

【蛛形动物】 zhūxíng dòngwù अरैकनिड; मकड़ी, बिच्छू आदि अष्टपाद कीड़े

【蛛蛛】 zhūzhu 蜘蛛 zhīzhū का साधारण नाम

潴（瀦）zhū 〈लि०〉 ❶(पानी) जमा होना ❷वह स्थान जहां पानी जमा हो; तलैया; कुंड

【潴留】 zhūliú 〈चिकि०〉 मल-मूत्र आदि का अवरोध: 尿～ मूत्र का अवरोध

橥（櫫）zhū घरेलू पशु को फंदा डालकर बांधने का खूंटा

zhú

术 zhú 白术 báizhú 〈ची०चि०〉 बड़े सिर वाले अट्रैक्टाइलोडस का प्रकंद / 苍～ 〈ची०चि०〉 चीनी अट्रैक्टाइलोडस का प्रकंद

shù भी दे०

竹 zhú ❶वेणु; कीचक; बाँस: ～林 वेणुवन ❷（Zhú） एक कुलनाम

【竹板书】 zhúbǎnshū बांस के पट्टों की लय के साथ ज़ोर-ज़ोर से कथा सुनाना

【竹箅子】 zhúbìzi भाप में भोजन पकाने के लिए देगची में रखने का बाँस का बर्तन

【竹编】 zhúbiān बाँस से बनी वस्तुएँ

【竹扁担】 zhúbiǎndan बाँस की बहंगी

【竹帛】 zhúbó बाँस की पतली पट्टी और रेशम (प्राचीन काल में इन पर लिखने के लिए प्रयुक्त); प्राचीन पुस्तकें

【竹布】 zhúbù ग्रीष्म वस्त्र बनाने के लिए प्रयुक्त एक प्रकार का हल्का नीला या सफ़ेद कपड़ा

【竹蛏】 zhúchēng 〈प्राणि०〉 साधारण उस्तरे की मूठ के समान खोलवाला घोंघा

【竹筹】 zhúchóu बाँस की खपची; बैम्बो चिप

【竹雕】 zhúdiāo बाँस की नक़्क़ाशी

【竹筏】 zhúfá बाँस का बेड़ा

【竹竿】 zhúgān बाँस; लग्गा; लग्गी; बाँस की छड़ी

【竹黄】 zhúhuáng （竹簧 zhúhuáng भी）बाँस के ऊपर के हरे भाग को काट कर बनायी गई शिल्पकारी की वस्तुएँ / ～扇 बाँस की परत का पंखा

【竹黄菌】 zhúhuángjūn 〈ची०चि०〉 बाँस परोपजीवी कुकुरमुत्ता

【竹蝗】 zhúhuáng बाँस टिड्डी

【竹鸡】 zhújī बैम्बो पार्ट्रिज

【竹荚鱼】 zhújiáyú साउरेल; हार्स मैकरेल (मछली)

【竹简】 zhújiǎn बाँस की पतली पट्टी (प्राचीन काल में इस पर लिखने के लिए प्रयुक्त); बाँस का फट्ठा

【竹节】 zhújié बाँस के कांड में गांठें

【竹节虫】 zhújiéchóng तृण-कीट; वाकिंग-स्टिक

【竹节钢筋】 zhújié gāngjīn कार्रुगेटिड बार

【竹刻】 zhúkè बाँस की नक़्क़ाशी; बाँस-खुदाई

【竹篮子打水一场空】 zhúlánzi dǎshuǐ yīchǎng–kōng बाँस की टोकरी से पानी खींचना —— कुछ प्राप्त न होना; सब व्यर्थ में होना

【竹篱茅舍】 zhúlí–máoshè झोंपड़ी के साथ बाँस का घेरा —— एकांतवासी का सरल वासस्थान

【竹笠】 zhúlì बाँस का टोपा
【竹帘】 zhúlián बाँस का पर्दा; बाँस की खपचियों का पर्दा
【竹帘画】 zhúliánhuà बाँस के पर्दे पर चित्र
【竹笼】 zhúlóng बाँस का पिंजर
【竹马】 zhúmǎ ❶बाँस की छड़ जो खिलौना घोड़े की तरह प्रयुक्त होती है (青梅竹马 qīngméi zhúmǎ भी दे०) ❷लोक नृत्य में प्रयुक्त बाँस का घोड़ा
【竹马之交】 zhúmǎzhījiāo बचपन के मित्र
【竹篾】 zhúmiè बुनने में प्रयुक्त बाँस की लंबी पतली पट्टियाँ; बाँस की खपची
【竹幕】 zhúmù बाँस का पर्दा; चिक; चिलमन
【竹排】 zhúpái बाँस का बेड़ा
【竹牌】 zhúpái बाँस का पांसा: 打三十二张～ बाँस के बत्तीस पांसों से खेलना
【竹器】 zhúqì बाँस की चीज़ें
【竹扦】 zhúqiān बाँस की खूँटी; बाँस के नोकदार टुकड़े
【竹鼠】 zhúshǔ बाँस का चूहा
【竹荪】 zhúsūn स्छवान और क्वेइचओ प्रान्तों के वेणुवन में पाया जाने वाला एक प्रकार का भोज्य कुकुरमुत्ता
【竹笋】 zhúsǔn बांस-अंकुर; बाँस की कोपल; बैम्बो शूट
【竹筒】 zhútǒng बाँस का नल (ट्यूब)
【竹筒倒豆子】 zhútǒng dǎo dòuzi बाँस के नल में से बीन उंडेलना —— बिलकुल न रोक रखना; बिना छिपे सच-सच बताना
【竹席】 zhúxí बाँस की चटाई
【竹叶青】[1] zhúyèqīng 〈प्राणि०〉 हरा बाँस साँप
【竹叶青】[2] zhúyèqīng वेणु-पर्ण-हरित मदिरा; पीलापन लिए हरा 'फ़ेन' (汾) मदिरा, या हल्का पीला 'शाओ-शिंग' (绍兴) मदिरा
【竹椅】 zhúyǐ बाँस की कुर्सी
【竹芋】 zhúyú 〈वन०〉 अरारूट
【竹枝词】 zhúzhīcí ❶प्राचीन काल में प्रेम संबंधी लोक-गीत ❷स्थानीय रीति-रस्म विषयक पुरानी शैली वाली कविताएँ
【竹纸】 zhúzhǐ बाँस से बना कागज़
【竹子】 zhúzi बाँस; वेणु; कीचक

竺 Zhú एक कुलनाम

逐 zhú ❶पीछा करना; खदेड़ना: 随波～流 बहाव या बाढ़ के साथ बहना ❷बाहर निकाल देना: ～出门外 दरवाज़े के बाहर निकाल देना ❸〈पूर्व०〉 एक-एक करके: ～年 साल-दर-साल; वर्ष-प्रति-वर्ष; हर साल / ～月 महीने-दर-महीने; मास-प्रति-मास
【逐北】 zhúběi 〈लि०〉 पराजित शत्रुओं का पीछा करना
【逐步】 zhúbù 〈क्रि०वि०〉 क्रमशः; उत्तरोत्तर; धीरे-धीरे; कदम-ब-कदम: ～升级 कदम-ब-कदम चढ़ना या बढ़ जाना / ～推广 कदम-ब-कदम विकास या प्रचार-प्रसार करना; कदम-ब-कदम फैलाना
【逐处】 zhúchù हर जगह
【逐个】 zhúgè एक-एक करके: ～检查 एक-एक करके जांचना
【逐渐】 zhújiàn क्रमशः; क्रम से; उत्तरोत्तर; धीरे-धीरे: ～过渡 क्रमशः संक्रमण करना
【逐客令】 zhúkèlìng अतिथि को जाने की आज्ञा देना; अतिथि के जाने के लिए दरवाज़ा खोलना
【逐鹿】 zhúlù 〈लि०〉 मृग का पीछा करना —— सिंहासन के लिए लड़ना; राजसत्ता के लिए प्रयास या संघर्ष करना: ～中原 राजसत्ता के लिए केन्द्रीय प्रदेश में होड़ लगाना
【逐日】 zhúrì दिन-प्रति-दिन; रोज़-रोज़; हर दिन या रोज़: 病情～好转 बीमारी की हालत रोज़-ब-रोज़ अच्छी होती जाना / 水平～提高 हर दिन स्तर उन्नत करते जाना
【逐条】 zhútiáo हर धारा पर; हर विषय पर: ～讨论 हर विषय या धारा पर वाद-विवाद करना
【逐一】 zhúyī एक-एक करके: ～清点 एक-एक करके चेक करना और हिसाब करना / 请～赐教。 आप हरेक सवाल पर अपने विचार प्रकट करें।
【逐字逐句】 zhúzì-zhújù शब्दशः; शब्द-प्रति-शब्द और वाक्य-प्रति-वाक्य; हर्फ़-ब-हर्फ़: ～仔细阅读 शब्द- प्रति-शब्द गौर से पढ़ना

烛 (燭) zhú ❶मोमबत्ती: ～光 मोमबत्ती प्रकाश / 点～ मोमबत्ती जलाना ❷〈लि०〉 प्रकाशित करना; रोशन करना: 火光～天。 आग की रोशनी आसमान को रोशन करती है। ❸ (瓦特 wǎtè का साधारण नाम) वाट: 一百～灯泡 एक सौ वाट का बल्ब
【烛花】 zhúhuā मोमबत्ती का जला हुआ भाग
【烛泪】 zhúlèi मोमबत्ती के जलते समय बाहर बहा हुआ मोम
【烛台】 zhútái शमादान; मोमबत्ती रखने की दीवट; बत्तीदान
【烛心】 zhúxīn मोमबत्ती की बत्ती
【烛照】 zhúzhào 〈लि०〉 प्रकाशित करना; रोशन करना: 阳光～万物。सूर्य पृथ्वी पर सभी वस्तुओं को प्रकाशित करता है।

舳 zhú (जहाज़ का) पुट्ठा या पृष्ठभाग
【舳舻】 zhúlú 〈लि०〉 जहाज़ों का काफ़िला: ～千里 जहाज़ों का एक हज़ार ली लंबा काफ़िला; जहाज़ों का बहुत लंबा काफ़िला

瘃 zhú 〈लि०〉 शीतशोथ; बिवाई: 冻～ शीतशोथ; बिवाई

蠋 zhú पतंग या तितली का डिम्ब

躅 (躅) zhú 〈लि०〉 पदचिह्न; पदांक; पैरों का निशान

zhǔ

主 zhǔ ❶अतिथेय; मेज़बान: 宾～ अतिथि और अतिथेय; मेहमान और मेज़बान ❷स्वामी; अधिप; मालिक; स्वामिनी; मालकिन: ～仆 मालिक और नौकर ❸संबंध रखने वाला व्यक्ति: ～顾 ग्राहक / 买～ क्रेता; खरीददार; ग्राहक ❹ईश्वर ❺अल्लाह ❻महत्वपूर्ण; बुनियादी; मुख्य; प्रधान: 应以…为～ मुख्य कार्य … होना चाहिए / ～航道 मुख्य जल-मार्ग ❼प्रबंध करना; संचालन करना; मार्गदर्शन करना: ～办 आयोजित करना / ～讲 भाषण देना ❽प्रकट करना; व्यक्त करना; सूचित करना: ～和 संधि करने का पक्षपोषण करना / ～战 युद्ध करने का पक्षपोषण करना ❾(शकुन-अपशकुन, प्राकृतिक परिवर्तन आदि का) भविष्य बतलाना: 早霞～雨，晚霞～晴。 प्रभात की अरुणाई वर्षा होने की सूचना देती है, जबकि संध्या की अरुणाई मौसम अच्छा होने की सूचना देती है। ❿निश्चित विचार; राय: 他心里没～。 उस के मन में कोई निश्चित विचार नहीं है। ⓫अपने आप: 主动 / 主观 ⓬ (Zhǔ) एक कुलनाम

【主板市场】 zhǔbǎn shìchǎng स्टॉक बाज़ार में मुख्य स्कॉक एक्सचेंज बाज़ार; मेन बोर्ड ऑफ़ स्टॉक मार्केट

【主笔】 zhǔbǐ 〈पुराना〉 ❶प्रधान संपादक ❷प्रधान टीकाकार; प्रधान समीक्षक या समालोचक

【主编】 zhǔbiān ❶प्रधान संपादक ❷(पत्र-पत्रिका का) संपादन करना

【主宾】 zhǔbīn मान-सम्मान का मुख्य अतिथि

【主场】 zhǔchǎng 〈खेल०〉 होम मैदान; होस्ट मैदान

【主持】 zhǔchí ❶प्रबंध करना; संचालन करना; मार्गदर्शन करना: ～制定计划 किसी के निर्देशन या मार्गदर्शन में योजना निर्धारित करना / ～日常工作 किसी के मार्गदर्शन में दैनिक कार्य करना ❷सभापतित्व करना; अध्यक्षता करना: ～会议 सभा, सम्मेलन, अधिवेशन आदि की अध्यक्षता करना ❸समर्थन करना; सहारा देना: ～正义 न्याय का समर्थन करना

【主厨】 zhǔchú ❶रसोइया या बावर्ची बनना ❷रसोइया; बावर्ची

【主创】 zhǔchuàng प्रधान सृष्टिकर्त्ता

【主词】 zhǔcí 〈तर्क०〉 कर्ता; कर्तृपद; विषयी

【主次】 zhǔcì मुख्य और गौण: 分清～ मुख्य और गौण में स्पष्ट भेद करना

【主从】 zhǔcóng मुख्य और आश्रित: ～关系 मुख्य और आश्रित के बीच का संबंध

【主打】 zhǔdǎ मुख्य: ～产品 मुख्य उपज

【主刀】 zhǔdāo 〈चिकि०〉 शल्यकर्मी; ऑपरेटर

【主导】 zhǔdǎo मुख्य तत्व; प्रमुख तत्व: ～思想 मुख्य विचार / ～作用 प्रमुख भूमिका

【主调】 zhǔdiào ❶〈संगी०〉 समस्वरीय अंशों की मुख्य लय ❷(किसी कही हुई बात आदि का) मूल भाव

【主调音乐】 zhǔdiào yīnyuè होमोफ़ोनी

【主动】 zhǔdòng ❶पहल; पहलकदमी: 失去（夺取）～ पहलकदमी गंवाना (हाथ में लेना) / ～地 पहलकदमी पर / ～地位 पहलकदमी / ～精神 स्वप्रेरणा / ～权 पहलकदमी / ～性 पेशकदमी; पहलकदमी; स्वप्रेरणा ❷〈यां०〉 चालक ड्राइविंग: ～齿轮 ड्राइविंग गियर / ～轴 ड्राइविंग शैफ़्ट; ड्राइविंग स्पिंडल

【主动脉】 zhǔdòngmài 〈श०वि०〉 मुख्य धमनी; महाधमनी

【主动脉弓】 zhǔdòngmàigōng महाधमनी का वृतखंड

【主动脉炎】 zhǔdòngmàiyán महाधमनी-शोथ

【主动语态】 zhǔdòng yǔtài 〈व्या०〉 कर्तृवाच्य

【主队】 zhǔduì 〈खेल०〉 होम टीम; होस्ट टीम

【主犯】 zhǔfàn 〈का०〉 मुख्य अपराधी; अपराधी-गुट का मुखिया

【主峰】 zhǔfēng मुख्य चोटी; शिखर

【主父】 Zhǔfù एक कुलनाम

【主妇】 zhǔfù स्वामिनी; मालकिन

【主干】 zhǔgàn ❶〈वन०〉 पेड़ का तना; धड़ ❷मुख्य शक्ति

【主格】 zhǔgé 〈व्या०〉 कर्ता-कारक; कर्ता

【主根】 zhǔgēn 〈वन०〉 मूसला जड़; जड़ का मूल या बड़ा हिस्सा

【主公】 zhǔgōng 主上 के समान

【主攻】 zhǔgōng 〈सैन्य०〉 मुख्य प्रहार: ～和助攻 मुख्य और सहायक प्रहार / ～方向 आक्रमण की मुख्य दिशा

【主攻手】 zhǔgōngshǒu 〈खेल०〉 एस स्पाइकर

【主顾】 zhǔgù ग्राहक

【主观】 zhǔguān मनोगत; आत्मगत: ～错误 मनोगत गलती / ～精神 मनोगत चेतना / ～力量 मनोगत सामर्थ्य; आत्मगत शक्तियाँ / ～努力 आत्म-प्रयत्न / ～世界 मनोगत संसार / ～思维 मनोगत चिंतन / ～随意性 मनोगतवादी स्वेच्छाचारिता / ～愿望 मनोगत (आत्मगत) इच्छा / ～看问题 किसी भी समस्या के प्रति मनोगत रवैया अपनाना

【主观能动性】 zhǔguān néngdòngxìng 〈दर्श०〉 मनोगत प्रेरक शक्ति; मनोगत सक्रियता; आत्मिक पहलकदमी

【主观唯心主义】 zhǔguān wéixīn zhǔyì मनोगतवादी आदर्शवाद

【主观主义】 zhǔguān zhǔyì मनोवाद; मनोगतवाद

【主管】 zhǔguǎn ❶संचालन करना; (के लिए) ज़िम्मेदार होना: ～部门 महकमा; ज़िम्मेदार विभाग / 这工作是谁～的？इस काम का संचालन कौन करता है ? ❷संचालक; ज़िम्मेदार व्यक्ति: 他是这项工作的～。 वह इस काम का संचालक है।

【主婚】 zhǔhūn (प्राय: दुलहा या दुलहिन के माता-पिता का) विवाहोत्सव की अध्यक्षता करना

【主机】 zhǔjī ❶〈यां०〉 मुख्य मशीन; मुख्य इंजन ❷〈सैन्य०〉 लीड प्लेन; लीडर

【主祭】 zhǔjì दाह संस्कार में या बलि के कर्मकाण्ड में पुरोहिती करना

【主家】 zhǔjiā ❶मालिक का घर ❷परिवार के मामलों

का प्रबंध करना
【主见】 zhǔjiàn अपना विचार; मत; राय; अपना निश्चित दृष्टिकोण: 没有～ अपना निश्चित दृष्टिकोण न होना
【主将】 zhǔjiàng प्रधान सेनानी; प्रमुख सेनापति; मुख्य पात्र
【主焦点】 zhǔjiāodiǎn 〈भौ०〉 मुख्य किरण-संगम
【主教】 zhǔjiào बिशप; महापादरी
【主句】 zhǔjù 〈व्या०〉 मुख्य उपवाक्य; मुख्य वाक्य
【主角】 zhǔjué मुख्य पात्र; प्रमुख पात्र; नायक; नायिका: 演～ मुख्य पात्र का अभिनय करना
【主考】 zhǔkǎo ❶परीक्षा लेना ❷मुख्य परीक्षक: ～官(人) परीक्षक; मुमतहिन
【主客】 zhǔkè ❶आतिथेय और अतिथि; मेज़बान और मेहमान ❷मान-सम्मान का मुख्य अतिथि
【主课】 zhǔkè प्रमुख कोर्स; मुख्य कोर्स
【主力】 zhǔlì मुख्य शक्ति: ～兵团 मुख्य फ़ौजी फ़ार-मेशन / ～部队 मुख्य शक्तिवाली फ़ौज / ～战 मुख्य लड़ाई / 最精锐的～ मुख्य शक्ति का बेहतरीन हिस्सा (या श्रेष्ठ भाग) / ～转移 सेना के प्रमुख हिस्से का स्था-नांतरण करना / ～舰队 मुख्य बेड़ा
【主力舰】 zhǔlìjiàn समुद्री भीमकाय जहाज़
【主力军】 zhǔlìjūn मुख्य शक्ति; मुख्य फ़ौज
【主梁】 zhǔliáng मुख्य शहतीर; मुख्य धरन; गर्डर
【主粮】 zhǔliáng मुख्य अन्न; मुख्य अनाज
【主流】 zhǔliú ❶मुख्य धारा; मुख्य प्रवाह: 成为～ मुख्यधारा बनना ❷मुख्य पहलू: ～和支流 मुख्य पहलू और गौण पहलू
【主麻】 zhǔmá 〈इस्लाम〉 जुमा
【主谋】 zhǔmóu ❶कुकर्म करने में मुख्य षड्यंत्रकारी बनना ❷मुख्य षड्यंत्रकारी
【主脑】 zhǔnǎo ❶नियंत्रण केन्द्र ❷नेता; विशिष्ट (व्य-क्ति); अग्रणी
【主权】 zhǔquán सत्ता; प्रभुसत्ता; प्रभुत्वाधिकार: 领土和～ प्रदेश और प्रभुत्वाधिकार / ～国家 सार्वभौम सत्तासंपन्न राष्ट्र; प्रभुसत्ता संपन्न राष्ट्र या राज्य / ～转移 स्वत्व हस्तांतरण
【主儿】 zhǔr ❶स्वामी; मालिक ❷(विशिष्ट प्रकार का) व्यक्ति; आदमी: 企业～ कारोबार का स्वामी / 这～真坏。 यह आदमी सचमुच बहुत खराब है। ❸पति: 她到现在还没～。 अब तक उस का पति नहीं है।
【主人】 zhǔrén ❶स्वामी; मालिक: 国家的～ देश का मालिक ❷आतिथेय; मेज़बान: 女～ स्वामिनी; मेज़बान स्त्री ❸स्वामी; अधिकारी: 房子的～ मकान का मालिक
【主人公】 zhǔréngōng नायक; नायिका; चरितनायक
【主人翁】 zhǔrénwēng ❶मालिक: 新社会的～ नये समाज का मालिक ❷主人公 के समान
【主任】 zhǔrèn निर्देशक; प्रधान; इनचार्ज: ～委员 कमेटी के प्रधान / 政治部～ राजनीतिक विभाग का निर्देशक
【主日】 zhǔrì रविवार; इतवार
【主上】 zhǔshàng (सम्राट के लिए प्रयुक्त संबोधन) स्वामी; मालिक; नाथ; प्रभुसत्ता
【主食】 zhǔshí मुख्य खाद्य वस्तुएँ
【主使】 zhǔshǐ (कुकर्म कराने के लिए) उकसाना; भड़-काना; उभाड़ना; प्रेरक करना: ～者 प्रेरक कर्ता
【主事】 zhǔshì संचालन करना: 主其事 उस काम का संचालन करना
【主帅】 zhǔshuài 主将 के समान
【主题】 zhǔtí मुख्य विषय; मुख्य विचार; मज़मून; स-ब्जेक्ट: ～思想 मुख्य विचार; मुख्य विषय
【主题歌】 zhǔtígē कथा-गीत; थीम सॉग
【主体】 zhǔtǐ ❶मुख्य भाग; कर्ता; निर्माता: ～工程 मुख्य निर्माण कार्य / 政府以工农为～。 सरकार मुख्य रूप से मज़दूरों और किसानों पर आधारित है। / 头脑是我们研究的～。 मन (चिंतन शक्ति) ही हमारे अध्ययन करने का कर्ता है। ❷कर्ता; ज्ञानेन्द्रियों द्वारा ज्ञान प्राप्त करने वाला; सब्जेक्ट: ～和客体 ज्ञानेन्द्रियों द्वारा ज्ञान प्राप्त करने वाला और बाह्य जगत; सब्जेक्ट व ऑब्जेक्ट
【主谓句】 zhǔwèijù 〈व्या०〉 उद्देश्य-विधेय वाक्य
【主文】 zhǔwén 〈का०〉 कोर्ट के फ़ैसले का मुख्य भाग
【主席】 zhǔxí ❶सभापति ❷अध्यक्ष; प्रेसिडेंट: ～座 अध्यक्षासन / 省～ 〈पुराना〉 प्रांत का गवर्नर
【主席台】 zhǔxítái अध्यक्ष-मंच; अध्यक्षपीठ; मंच
【主席团】 zhǔxítuán अध्यक्ष-मंडल; सभापति-मंडल; प्रेसीडियन
【主线】 zhǔxiàn (उपन्यास आदि का) डोरा; सूत्र
【主心骨】 zhǔxīngǔ ❶मेरुदंड: 他是我们这里的～。 वह हमारे यहाँ का मेरुदंड है। ❷अपना निश्चित दृष्टिकोण; अपना विचार: 没有～ अपना निश्चित दृष्टिकोण न होना
【主星】 zhǔxīng 〈खगोल०〉 मूल ग्रह; प्रधान ग्रह
【主刑】 zhǔxíng मुख्य दंड
【主凶】 zhǔxiōng मुख्य अपराधी (हत्या कांड में)
【主旋律】 zhǔxuánlǜ 〈संगी०〉 मुख्य लय
【主演】 zhǔyǎn (नाटक आदि में) मुख्य पात्र का अभिनय करना
【主要】 zhǔyào मुख्य; प्रमुख; प्रधान: ～成份 मुख्यतत्व; मुख्य अवयव / ～攻击目标 प्रहार का मुख्य नि-शाना / ～环节 मुख्य कड़ी / ～课题 मुख्य विषय / ～矛盾 प्रधान (मुख्य) अंतरविरोध
【主页】 zhǔyè 〈कंप्यू०〉 होम पेज
【主义】 zhǔyì सिद्धांत; -वाद: 唯物～ भौतिकवाद
【主意】 zhǔyi ❶उपाय; युक्ति: 出～ उपायों को खोज निकालना; सलाह-मशविरा देना / 这都是他的～。 यह उस की सूझ थी। ❷अपना निश्चित दृष्टिकोण; विचार; राय: 他～打定了。 उस ने अपने मनसूबे बांध रखे हैं। / 他打错了～。 उस ने गलत फ़ैसला किया।
【主因】 zhǔyīn मुख्य कारण; मुख्य हेतु
【主音】 zhǔyīn 〈संगी०〉 प्रधान स्वर
【主语】 zhǔyǔ 〈व्या०〉 उद्देश्य
【主宰】 zhǔzǎi प्रभुता जमाना; निश्चय करना; निर्णय करना: ～世界 दुनिया पर प्रभुत्व जमाना / ～自己的命运 अपना भाग्य निश्चित करना
【主战】 zhǔzhàn युद्ध करने का पक्षपोषण करना: ～派 युद्ध करने का पक्षपोषण करने वाला; लड़ाई जारी रखने के हामी
【主张】 zhǔzhāng पक्षपोषण करना; अनुमोदन करना;

सलाह देना: 我～ मेरी राय है कि / ～实事求是 तथ्यों से सत्य की तलाश करने का पक्षपोषण करना / ～和平解决 समस्या को शांतिपूर्ण ढंग से हल करने की सलाह देना

【主旨】 zhǔzhǐ अभिप्राय; आशय; उद्देश्य; सार: 文章的～ लेख का सार

【主治】 zhǔzhì 〈चिकि०〉 संकेत; निदेश

【主治医生】 zhǔzhì yīshēng प्रमुख (प्रधान) डॉक्टर

【主轴】 zhǔzhóu 〈यां०〉 मुख्य धुरी

【主子】 zhǔzi मालिक: ～和奴才 मालिक और चाकर; आका और दास

诂（詝） zhǔ 〈लि०〉 बुद्धि; चतुराई; अक्ल

拄 zhǔ (लाठी आदि) टेकना: 老人～着拐棍进入会场。 बूढ़ा लाठी टेकता हुआ सभा में प्रविष्ट हुआ।

渚 zhǔ छोटा द्वीप

煮 zhǔ उबालना; पकाना: ～蛋 अंडा उबालना / ～饭 भात रांधना

【煮豆燃萁】 zhǔdòu-ránqí बीन के डंठल जलाकर बीन पकाना —— भ्रातृघातक-संबंधी झगड़ा (थ्साओच् 曹植 की 'सात-कदम कविता' 《七步诗》 से उद्धृत, मूल कविता इस प्रकार है: 煮豆燃豆萁，豆在釜中泣。本是同根生，相煎何太急！बीन पकाने के लिए बीन के डंठल पकाये जाते हैं, बीन कड़ाही में रोते हुए डंठल से कहते हैं: हम दोनों एक ही जड़ से उत्पन्न होते हैं, तुम मुझे जल्दी-जल्दी क्यों भूनते हो!)

属（屬） zhǔ 〈लि०〉 ❶जोड़ना; मिलाना; संयुक्त करना: 前后相～ (दो भागों का) एक साथ जोड़ना ❷(मन, ध्यान) एकत्रित करना: ～意 (अपनी पसंद पर) ध्यान केन्द्रित करना; ध्यान लगाना

shǔ भी दे०

【属望】 zhǔwàng आशा लगाना; उम्मीद करना; आशा रखना

【属垣有耳】 zhǔyuán-yǒu'ěr दीवार के भी कान होते हैं; छिपकर सुनगुन लेने वाले से सचेत रहना

褚 zhǔ 〈लि०〉 ❶कच्चा या घटिया रेशम ❷कपड़े में कच्चा रेशम भरना ❸थैला; थैली

Chǔ भी दे०

劚（斸、斲） zhǔ 〈लि०〉 काटना

嘱（囑） zhǔ आज्ञा देना; कहना; सलाह देना; परामर्श देना; सीख देना; ज़ोर देना: 叮～ बार-बार कहना या आज्ञा देना / 遗～ वसीयत; वसीयतनामा

【嘱咐】 zhǔfù आज्ञा देना; कहना; बताना; शिक्षा देना: 再三～ बार-बार कहना या आज्ञा देना / 临终～ मरते समय कहना या आज्ञा देना

【嘱托】 zhǔtuō कहना; सौंपना; सुपुर्द करना: 我～他办这件事。 मैं ने उस को यह काम सौंप दिया।

瞩（矚） zhǔ घूरना; एकटक देखना; टकटकी लगाकर देखना

【瞩目】 zhǔmù 〈लि०〉 (की ओर) अपना ध्यान केन्द्रित करना: 举世～ संसार के लोगों का ध्यान आकर्षित करना

【瞩望】 zhǔwàng 〈लि०〉 ❶属望 zhǔwàng के समान ❷घूरना; एकटक देखना; टकटकी लगाकर देखना: 举目～ आँख उठाकर एकटक देखना

zhù

伫（佇、竚） zhù 〈लि०〉 बड़ी देर तक खड़ा रहना

【伫候】 zhùhòu 〈लि०〉 खड़े-खड़े राह देखना: ～光临 खड़े-खड़े किसी के आने के लिए बाट जोहना

【伫立】 zhùlì 〈लि०〉 बड़ी देर तक खड़ा रहना

苎（苧） zhù नीचे दे०

níng भी दे०

【苎麻】 zhùmá 〈वन०〉 रैमे (ramie); सनई: ～丝 सूखी सनई के रेशे

芧 zhù 〈लि०〉 苎 zhù के समान

xù भी दे०

助 zhù सहायता देना; मदद करना: 帮～ सहायता देना; मदद करना / 爱莫能～ चाहते हुए भी कोई सहायता न कर सकना

【助爆药】 zhùbàoyào 〈सैन्य०〉 बूस्टर

【助残】 zhùcán अशक्तों की सहायता करना

【助产】 zhùchǎn सूतिकर्म का व्यवहार करना

【助产士】 zhùchǎnshì सूतिका; मिडवाइफ़; जनाई; दाई

【助词】 zhùcí 〈व्या०〉 लघु अव्यय शब्द; बलरहित सहायक शब्द (जैसे, 的，地，得，所，了，着，呢，吗，吧，啊 आदि)

【助动词】 zhùdòngcí 〈व्या०〉 सहायक क्रिया; सहकारी क्रिया

【助攻】 zhùgōng 〈सैन्य०〉 सहायक प्रहार करना: 主攻和～ मुख्य प्रहार और सहायक प्रहार

【助教】 zhùjiào असिस्टैण्ट; सहायक

【助桀为虐】 zhùjié-wéinüè सम्राट च्ये की सहायता करके क्रूर शासन करना —— कुकर्म करने वाले को सहायता और प्रोत्साहन देना

【助老】 zhùlǎo वृद्धों की सहायता करना

【助理】 zhùlǐ सहायक; मुनीब: 部长～ सहायक मंत्री

【助力】 zhùlì सहायक; सहायता; मदद: 给以～ सहायता देना

【助跑】 zhùpǎo 〈खेल०〉 तैयारी दौड़, कूदने, ऊंचा कूदने आदि के पहले का दौड़ना

【助燃】 zhùrán 〈रसा०〉 दहन-समर्थक: ～气体 दहन-

समर्थक गैस
【助人为乐】 zhùrén-wéilè दूसरों की सहायता करने में प्रसन्नता प्राप्त करना
【助熔剂】 zhùróngjì फ़्लकस; प्रवाह, क्षरण, गलन
【助手】 zhùshǒu सहायक; सहायिका; मददगार; मुनीब; असिस्टैण्ट
【助听器】 zhùtīngqì श्रोतियंत्र; आडिफ़ोन
【助推】 zhùtuī आगे बढ़ाना; उन्नत करना; प्रोत्साहन देना
【助威】 zhùwēi प्रोत्साहन देना; बढ़ावा देना; हिम्मत बंधाना: 呐喊～ होड़ में ललकार कर प्रोत्साहन देना
【助兴】 zhùxìng उत्फुल्ल करना: 唱歌～ उत्फुल्ल करने के लिए गाना गाना
【助学】 zhùxué छात्र को आर्थिक सहायता देना
【助学金】 zhùxuéjīn छात्रवृत्ति; वृत्ति
【助养】 zhùyǎng स्नेहपूर्ण पालन-पोषण करने के लिए सहायता करना
【助益】 zhùyì लाभ; हित; फ़ायदा: 毫无～ कोई लाभ न होना
【助战】 zhùzhàn ❶लड़ने में सहायता देना ❷प्रोत्साहन देना; बढ़ावा देना
【助长】 zhùzhǎng प्रोत्साहन देना; बल देना; बल मिलना: ～某人的反动 किसी को अधिक प्रतिक्रियावादी बनने के लिए बढ़ावा देना / ～某人的气焰 किसी की हेकड़ी को शह मिलना
【助纣为虐】 zhùzhòu-wéinüè दे० 助桀为虐

住 zhù ❶रहना; निवास करना; ठहरना: 我～这里。 मैं यहाँ रहता हूँ। / 我在那里～了一夜。 वहाँ मैं एक रात ठहरा। ❷रोकना; रुकना; बंद करना: 风全～了。 हवा बिलकुल थम गई थी। / ～手! हाथ न उठाओ! / ～嘴! बोलना बंद करो! मुंह न खोलो! ❸(क्रिया के बाद प्रयुक्त) स्थिरता से; दृढ़ता से: 捉～ पकड़ लेना / 记～ याद रखना / 站不～ खड़ा न रह सकना / 经不～考验 परीक्षा में असफल होना / 经得～考验 परीक्षा का मुकाबला कर सकना; कसौटी पर खरा उतर सकना
【住持】 zhùchí (बौद्ध धर्म या ताओवाद का) मठाधिप
【住处】 zhùchù निवास-स्थान; रहने की जगह; ठहरने की जगह
【住地】 zhùdì निवास-स्थान; रहने की जगह
【住读】 zhùdú (छात्र का) स्कूल में रहकर पढ़ना
【住房】 zhùfáng रहने के लिए मकान; वास-गृह: ～问题 मकान की समस्या / ～公积金 घर की मद में पैसा जमा करना; हाउसिंग रिज़र्व
【住户】 zhùhù परिवार; घर: 这里有五家～。 यहाँ पाँच परिवार हैं।
【住家】 zhùjiā ❶(अपने परिवार का) रहना; वास करना; निवास करना: 我在北京～。 मैं पेइचिंग में अपने परिवार के साथ रहता हूँ।
【住居】 zhùjū बसना; बसाना; रहना; वास करना; निवास करना: 这里是少数民族～地区。 यहाँ अल्पसंख्यक जातियों का निवास-स्थान है।
【住口】 zhùkǒu चुप रहो; मुंह न खोलो; ज़बान बंद करो
【住声】 zhùshēng बोलना, हँसना, चिल्लाना बंद करना: 这孩子从来没住过声。 इस बच्चे की ज़बान कभी बंद न हुई थी।
【住宿】 zhùsù रहना; ठहरना; टिकना: 在旅店～ सराय में ठहरना / 在校～ छात्रावास में रहना
【住所】 zhùsuǒ घर; निवास-स्थान; वास-स्थान: 固定～ स्थायी वासस्थान
【住闲】 zhùxián खाली घर में रहना; बेकार होना
【住校】 zhùxiào (छात्र का) छात्रावास में रहना
【住院】 zhùyuàn इलाज के लिए अस्पताल में रहना; अस्पताल में भरती होना या करना: ～病人 भीतरी रोगी; इनडोर मरीज़ / ～大夫 हाउस डाक्टर
【住宅】 zhùzhái आवास; निवास; घर; वास-स्थान; भवन: ～区 निवास-क्षेत्र; बस्ती; रिहाइशी इलाका
【住址】 zhùzhǐ पता; सिरनामा

纻（紵） zhù सूखी सनई के रेशों से बुना कपड़ा: ～衣 उक्त कपड़े से बना कपड़ा

杼 zhù ❶〈बुना०〉 जुलाहे की कंघी ❷शटल; शटिल

贮（貯） zhù जमाना; संचित करना; संचय करना: ～粮 अन्न का संचय करना
【贮备】 zhùbèi भविष्य में प्रयोग के लिए संचित करना या अलग रखना
【贮藏】 zhùcáng भविष्य में प्रयोग के लिए संचित करना या अलग रखना: ～室 भंडार; भंडार-घर / ～所 डिपो
【贮存】 zhùcún जमा करना; संचित करना; संचय करना; रख छोड़ना: ～香蕉 केला संचित करना
【贮点红】 zhùdiǎnhóng 朱顶雀 zhūdǐngquè के समान
【贮积】 zhùjī जमा करना; भंडार में एकत्रित कर लेना
【贮木场】 zhùmùchǎng इमारती लकड़ी रखने का घेरा; टिंबर-यार्ड
【贮水池】 zhùshuǐchí पोखर-तालाब
【贮蓄】 zhùxù ❶भविष्य के लिए संचित करना: 土壤养分～ मृत्तिका-पोषक संचित करना ❷पैसा बचा कर रखना
【贮运】 zhùyùn संग्रह और परिवहन

注[1] zhù ❶उंडेलना; ढालना: 大雨如～ मूसलधार गिरना या बरसना ❷(मन, शक्ति) केन्द्रित करना: 注视 / 注意 / ～全力于一处 एक ही लक्ष्य पर अपनी सारी शक्ति केन्द्रित कर देना ❸दाँव; बाज़ी पर लगाया जाने वाला धन: 下～ बाज़ी लगाना ❹〈परि०श०〉 (सौदों या पैसे की रकमों के लिए प्रयुक्त): 一～交易 एक सौदा / 一～钱 पैसे की एक रकम

注[2]（註） zhù ❶टीका लिखना; टिप्पणी करना; व्याख्या करना: 批～ टीका-टिप्पणी करना; आलोचनात्मक टीका करना ❷टीका; टिप्पणी; नोट: 附～ नोट; अनुलेख / 脚～ पादटिप्पणी ❸रिकार्ड करना; खाते में दर्ज करना; रजिस्टर करना
【注册】 zhùcè रजिस्टर करना या कराना: ～处 रजिस्ट्री

दफ़्तर / ～商标 रजिस्टर्ड ट्रेडमार्क / ～资本 रजिस्टर्ड पूँजी / ～证 रजिस्ट्रेशन सर्टीफ़िकेट

【注定】 zhùdìng भाग्य में लिखना; पूर्व-निश्चित होना; अवश्य होना; अवश्यंभावी होना：～要失败 असफलता पूर्व-निश्चित (या अवश्यंभावी) होना

【注家】 zhùjiā टिप्पणीकार

【注脚】 zhùjiǎo पादटिप्पणी

【注解】 zhùjiě ❶टीका लिखना; टिप्पणी करना ❷टीका; टिप्पणी; व्याख्या

【注明】 zhùmíng लिखना; दर्ज़ करना：～日期的 जिस पर तिथि पड़ी हो; दिनांकित

【注目】 zhùmù एकटक देखना; टकटकी लगाकर देखना：引人～ लोगों की दृष्टि आकर्षित करना

【注目礼】 zhùmùlǐ आंखों से अभिवादन (सलाम) करना

【注入】 zhùrù ❶डालना; उंडेलना; ढालना; (नदी का) समुद्र में गिरना：黄河～渤海。पीली नदी बोहाई समुद्र में गिरती है। ❷〈पेट्रोलियम〉 अंतर्वेशन：～井 अंतर्वेशन कूप

【注射】 zhùshè 〈चिकि०〉 इंजेक्शन देना; इंजेक्शन लगाना：皮下（肌肉，静脉）～ अधश्चर्म (पेश्यभ्यंतर, शिराभ्यंतर) इंजेक्शन / ～剂 इंजेक्शन की दवा / ～器 सिरिंज; पिचकारी / ～针 सिरिंज की सूई

【注视】 zhùshì निहारना; एकटक देखना; टकटकी लगा-कर देखना; आंख गड़ाना; गौर से देखना：～事变的发展 परिस्थिति-विकास पर ध्यान देना / ～着荧光屏 निगाह स्क्रीन पर लगना

【注释】 zhùshì टीका; टिप्पणी; व्याख्या：作（加）～ व्याख्यात्मक नोट जोड़ना

【注疏】 zhùshū टीका-टिप्पणी; टीका और उपटीका

【注水】 zhùshuǐ अधिक पानी डाल देना：～肉 अधिक पानी डाल दिया गया कच्चा मांस; इंजेक्शन से कच्चे मांस में पानी भरना

【注塑】 zhùsù साँचे में प्लास्टिक ढालना：～机 फ़ीडिंग मशीन

【注文】 zhùwén व्याख्यात्मक टिप्पणी; नोट्स

【注销】 zhùxiāo रद्द करना：～登记 रजिस्ट्री को रद्द करना

【注意】 zhùyì ध्यान देना; सावधान रहना; परवाह करना：深切～ अच्छी तरह ध्यान देना / 随时～ हर समय निगाह रखना / ～事项 ध्यान देने की बातें

【注意力】 zhùyìlì ध्यान：～集中 एकाग्र होना

【注音】 zhùyīn ध्वन्यात्मक संकेत (करना)

【注音字母】 zhùyīn zìmǔ（注音符号 zhùyīn fúhào भी）ध्वनिमूलक वर्णमाला; राष्ट्रीय ध्वनिमूलक वर्णमाला (चीनी ध्वनिमूलक वर्णमाला की योजना के प्रकाशन के पहले प्रयुक्त)

【注重】 zhùzhòng ध्यान देना; गंभीर रुख अपनाना：～生产 उत्पादन-कार्य के प्रति गंभीर रुख अपनाना / ～研究历史 इतिहास के अध्ययन की ओर ध्यान देना

【注资】 zhùzī 〈वाणि०〉 कंपनी में रजिस्टरी पूँजी बढ़ाना

驻（駐） zhù ❶रुक-रुक कर चलना; रोकना：～足观看 पांव रोककर देखना ❷स्थित होना; तैनात होना; पड़ाव डालना：～华大使馆 चीन में स्थित दूतावास / 敌～我扰。जब दुश्मन पड़ाव डालता है तो हम इसे हैरान-परेशान करते हैं।

【驻跸】 zhùbì 〈लि०〉 (सम्राट का दौरा करने में) अस्थायी रूप से ठहरना

【驻兵】 zhùbīng ❶(में) स्थित सेना ❷सेना तैनात करना; सेना का डेरा डालना

【驻地】 zhùdì ❶पड़ाव का ठिकाना; डेरा डालने का स्थान ❷स्थल; वास-स्थान (स्थानीय संस्था का प्रशासक)

【驻防】 zhùfáng महत्वपूर्ण स्थान पर सेना तैनात करके रक्षा करना; सेना तैनात करना：外省军队来此～。यहाँ दूसरे प्रांतों की सेनाएँ तैनात रही हैं। / ～军 गैरीज़न फ़ौज

【驻节公使】 zhùjié gōngshǐ मिनिस्टर रेज़ीडेंट

【驻军】 zhùjūn ❶फ़ौजें तैनात करना：～南京 नानचिंग में फ़ौजें तैनात करना ❷(किसी स्थान में) तैनात फ़ौजें：南京～ नानचिंग में तैनात फ़ौजें / ～地带 सेनावास-क्षेत्र

【驻守】 zhùshǒu सेना तैनात करके रक्षा करना：～边疆 सीमांत प्रांतों में सेना तैनात करके रक्षा करना

【驻屯】 zhùtún सेना तैनात करना; किसी स्थान पर सेना टिकाना

【驻颜】 zhùyán तरुणावस्था बनाए रखना：～有术 तरुणावस्था बनाए रखने का उपाय प्राप्त होना

【驻在国】 zhùzàiguó देश जहाँ कूटनीतिक संस्था तैनात हो

【驻扎】 zhùzhá (सेना) तैनात करना; सेना का डेरा डालना：～重兵 भारी सेना तैनात करना

柱 zhù ❶स्तंभ; खंभा：梁～ धरन और स्तंभ ❷स्तंभ जैसी वस्तु：水～ जलस्तंभ ❸〈गणित०〉 सिलिंडर

【柱础】 zhùchǔ खंभे की कुर्सी या चौकी

【柱廊】 zhùláng 〈वास्तु०〉 दालान या बरामदा जिस में बहुत-से खंभे हों

【柱面】 zhùmiàn 〈गणित०〉 सिलिंडर：椭圆～ अंडाकार सिलिंडर

【柱身】 zhùshēn 〈वास्तु०〉 खंभे के मध्य का प्रमुख भाग; शैफ़्ट

【柱石】 zhùshí खाभे की कुर्सी; 〈ला०〉 स्तंभ; खंभा：坚强～ सुदृढ़ स्तंभ

【柱头】 zhùtóu ❶〈वन०〉 स्टिग्मा; वर्तिका ❷〈वास्तु०〉 कालम कैप; कालम हेड ❸〈बो०〉 स्तंभ; खंभा

【柱子】 zhùzi स्तंभ; खंभा

【柱座】 zhùzuò खंभे की कुर्सी या चौकी

炷 zhù ❶〈लि०〉 बत्ती; दिया ❷〈लि०〉 (धूप) जलाना ❸〈परि०श०〉：一～香 जलती धूप का एक दंड

祝[1] zhù ❶कामना करना; चाहना; इच्छा करना：～你们身体健康。हम तुम्हारे लिए शक्ति (स्वास्थ्य) की कामना करते हैं। ❷（Zhù）एक कुलनाम

祝[2] zhù 〈लि०〉 काटना; मूँडना：～发为僧 सिर मूँड़कर बौद्ध साधु बनना

【祝词】 zhùcí ❶अभिनंदन के शब्द; शुभ शब्द; बधाई-संदेश ❷प्राचीन काल में बलि चढ़ाने के संस्कार में स्तुति

【祝祷】 zhùdǎo （祝告 zhùgào भी） (ईश्वर की) प्रार्थना करना; स्तुति करना

【祝福】 zhùfú ❶आशीर्वाद देना; दुआ देना; मुबारकबाद कहना: ～你一路平安。मेरा आशीर्वाद है कि तुम रास्ते में सकुशल रहो। ❷नववर्ष की बलि-पूजा: 准备～ नववर्ष की बलिपूजा की तैयारी करना

【祝贺】 zhùhè बधाई देना; अभिनंदन करना; मुबारकबाद देना या कहना: 向你～! बधाई! मुबारकबाद! / ～信 बधाई चिट्ठी; अभिनंदन-पत्र / ～新年 नया साल मुबारक; नए साल की मुबारकबाद देना

【祝捷】 zhùjié विजय का अभिनंदन करना: ～大会 विजय समारोह

【祝酒】 zhùjiǔ (के लिए) जाम पेश करना: 向贵宾们～ आदरणीय अतिथियों के लिए जाम पेश करना

【祝融】 Zhùróng अग्नि-देवता; चूरोंग

【祝寿】 zhùshòu किसी को उस के जन्मदिवस के अवसर पर बधाई देना: 禁止给党的领导者～。पार्टी-नेताओं का जन्मदिन मनाना वर्जित है।

【祝颂】 zhùsòng शुभकामना प्रकट करना; शुभ शब्द कहना

【祝愿】 zhùyuàn शुभकामना करना: 衷心～ हार्दिक शुभकामना देना

【祝赞】 zhùzàn आशीर्वाद देना: ～她一生幸福 उस को सुख-सौभाग्यमय जीवन के लिए आशीर्वाद देना

砫 zhù 石砫 Shízhù स्छवान प्रांत में एक स्थान (वर्तमान 石柱 Shízhù)

疰 zhù नीचे दे०

【疰夏】 zhùxià ❶<ची०चि०> बच्चों का एक ग्रीष्म-रोग जिस के लक्षण बुखार आना, खाने की इच्छा न होना, थकान आदि हैं ❷<बो०> ग्रीष्म में खाने की इच्छा न होना और शरीर का भार कम होना

著 zhù ❶स्पष्ट होना: 卓～ सर्वश्रेष्ठ ❷प्रकट होना; सिद्ध करना; प्रमाणित करना; साबित करना: 颇～成效 काफ़ी कारगर साबित होना या करना ❸(पुस्तक) लिखना; रचना करना: ～书 पुस्तक लिखना ❹पुस्तक; किताब; कृति: 名～ विख्यात पुस्तक / 新～ (किसी की) नई पुस्तक

zhe; zhuó भी दे०

【著称】 zhùchēng विख्यात; प्रसिद्ध; मशहूर: 以风景优美～于世 सुन्दर दृश्य के लिए संसार में प्रसिद्ध होना

【著录】 zhùlù रिकार्ड करना; लेखबद्ध करना

【著名】 zhùmíng प्रसिद्ध; सुप्रसिद्ध; विख्यात; मशहूर: ～论断 सुप्रसिद्ध स्थापना

【著书立说】 zhùshū-lìshuō सिद्धांत को ब्योरेवार बयान करने के लिए पुस्तक लिखना; विद्वत्तापूर्ण कृति लिखना

【著述】 zhùshù ❶लिखना; रचना करना: 从事～ विद्वत्तापूर्ण कृति लिखने में लगना ❷पुस्तक; किताब; कृति; रचना: 主要～ मुख्य कृतियाँ (रचनाएँ)

【著述等身】 zhùshù-děngshēn बहुस्रष्टा लेखक

【著者】 zhùzhě लेखक; रचयिता

【著作】 zhùzuò ❶ग्रंथ लिखना; रचना करना; पुस्तक लिखना: 从事～ पुस्तक लिखने के काम में लगना ❷ग्रंथ; रचना; पुस्तक: 医学～ चिकित्सा की पुस्तक

【著作权】 zhùzuòquán (लेखक का) ग्रंथस्वत्व; कापी-राइट

【著作人】 zhùzuòrén ग्रंथकर्ता; लेखक; रचयिता

蛀 zhù ❶घुन ❷(घुन द्वारा) घुनना; घुन लगना: 毛衣给蛀虫～了。घुन से ऊनी स्वेटर खाया गया।

【蛀齿】 zhùchǐ （蛀牙 zhùyá भी） गला हुआ दांत

【蛀虫】 zhùchóng घुन

【蛀蚀】 zhùshí घुन द्वारा खाया जाना

铸（鑄）zhù ढलना; ढालना: ～币 ढला हुआ सिक्का; सिक्का ढालना / ～钱 सिक्का या मुद्रा ढालना

【铸成大错】 zhùchéng-dàcuò बहुत बड़ी भूल करना

【铸锭】 zhùdìng इस्पात सिलें ढालना: ～机 इस्पात की सिलें ढालने की मशीन

【铸钢】 zhùgāng ढला हुआ इस्पात; इस्पात ढालना

【铸工】 zhùgōng ❶ढालने का काम; ढलाई: ～车间 ढलाईघर; फ़ाउण्ड्री ❷ढलाई-मज़दूर; ढलिया

【铸件】 zhùjiàn ढली हुई वस्तुएँ: 干砂～ सूखी रेत की ढली हुई वस्तुएँ

【铸模】 zhùmú ढालने का साँचा

【铸石】 zhùshí ढालने का पत्थर; पत्थर-ढलाई

【铸铁】 zhùtiě कास्ट आयरन; ढलवाँ लोहा: ～厂 लोहा ढालने का कारखाना

【铸像】 zhùxiàng प्रतिमा

【铸型】 zhùxíng ढालने का साँचा; ढलाई-साँचा

【铸造】 zhùzào ढालना; साँचे में ढालना: ～工厂 ढलाई कारखाना; फ़ोंड्री / ～钱币 सिक्के ढालना; टकसालना

【铸字】 zhùzì टाइपफ़ोंडिंग; टाइपकास्टिंग: ～工人 टाइपफ़ोंडर / ～机 टाइपकास्टिंग मशीन

筑¹（築） zhù निर्माण करना; रचना करना; बनाना: ～路 रास्ता बनाना; रास्ते का निर्माण करना / ～堤 बाँध बाँधना

筑² Zhù (पुराना उच्चारण Zhú) क्वेइचओ प्रांत में क्वेइयांग（贵阳）का दूसरा नाम

【筑埂机】 zhùgěngjī <कृ०> रिजर

【筑室道谋】 zhùshì-dàomóu हर पथिक से पूछना कि मकान कैसे बने —— अपना कोई विचार या योजना न होना, फलतः कोई काम न बन पाना

翥 zhù <लि०> (पक्षी) ऊपर की ओर उड़ना; ऊंचा उड़ना

箸（筯） zhù <बो०> चॉपस्टिक्स

zhuā

抓 zhuā ❶पकड़ना; अधिकार में करना; अपने कब्ज़े में करना: 他从口袋里～出一大把铜元来。उस ने जेब से एक मुट्ठी तांबे के सिक्के निकाल लिये। / 他把那人～了出来。वह उस आदमी को बाहर घसीट लाया। ❷नोचना; खरोंचना: 用指甲～ नाखूनों से नोचना / ～痒痒 खाज खुजलाना; गुदगुदी करना ❸पकड़ लेना; गिरफ़्तार करना: 卖书的给～走了。किताबें बेचने वाले को गिरफ़्तार कर लिया गया। / 小偷被～进县城去了。चोर को घसीटकर शहर ले जाया गया। ❹(किसी पर) विशेष ध्यान देना; ज़ोर देना: ～重点 प्रमुख कार्य पर गिरफ़्त रखना / ～生产 उत्पादन पर ज़ोर देना / ～典型 आदर्श नमूनों पर गिरफ़्त रखना / 你～一～这个问题。तुम इस सवाल को ठीक से उठाओ। ❺(के लिए) ज़िम्मेदार होना: 他是～体育的。वह व्यायाम का ज़िम्मेदार व्यक्ति है। ❻ध्यान आकर्षित करना: 他一出场就～住了观众。मंच पर आते ही उस ने दर्शकों का ध्यान आकर्षित कर लिया।

【抓辫子】 zhuā biànzi (揪辫子 jiū biànzi भी) (दूसरों की) कमियाँ या त्रुटियाँ पकड़कर दोषी ठहराना

【抓膘】 zhuābiāo (सूअर आदि को) मोटा करना

【抓捕】 zhuābǔ पकड़ना; पकड़ लेना; गिरफ़्तार करना: ～逃犯 भागे हुए अपराधी को गिरफ़्तार करना

【抓茬儿】 zhuāchár दोष निकालना

【抓差】 zhuāchāi विशेष कार्य के लिए किसी को भेजना

【抓大事】 zhuā dàshì प्रमुख कार्य को नियंत्रण में रखना

【抓到手】 zhuā dào shǒu हाथ लगना: 敌人什么也抓不到手。दुश्मन के हाथ कुछ न लगे।

【抓点】 zhuādiǎn चुनी हुई इकाइयों पर कार्य केन्द्रित करना: ～带面 समस्त कार्यों को आगे बढ़ाने के लिए चुनी हुई इकाइयों से अनुभव प्राप्त करना

【抓耳挠腮】 zhuā'ěr-náosāi कान और गाल नोचना (चिंता या प्रसन्नता का लक्षण)

【抓哏】 zhuāgén (नट आदि का) अभिनय में दर्शकों को हँसाने के लिए बिना तैयारी की बातें कहना

【抓工夫】 zhuā gōngfu समय का सदुपयोग करना; (कोई काम करने के लिए) समय खोज निकालना

【抓好】 zhuāhǎo अच्छा काम करना; बड़ा प्रयास करना: 他没有把工作～。उस ने काम अच्छा करने के लिए प्रयास नहीं किया।

【抓获】 zhuāhuò (अपराधी को) पकड़ लेना; गिरफ़्तार करना

【抓紧】 zhuājǐn मज़बूती से पकड़ना या गिरफ़्त में रखना: ～时间 समय का सदुपयोग करना; समय का लाभ उठाना / 工作抓得很紧 मज़बूती से कार्य को अपने हाथ में ले लेना / 抓而不紧，不如不抓。मज़बूती से न पकड़ना बिलकुल न पकड़ने के बराबर है।

【抓阄儿】 zhuājiūr लाटरी डालकर निश्चय करना

【抓举】 zhuājǔ 〈खेल०〉 स्नैच

【抓空子】 zhuā kòngzi (कोई काम करने के लिए) समय खोज निकालना

【抓挠】 zhuānao 〈बो०〉 ❶खुजलाना; गुदगुदाना; सहलाना: ～一会儿就不痒了。थोड़ी देर खुजला कर खाज ठीक हो गया। ❷(वस्तुओं को) अव्यवस्थित करना; गड़बड़ाना: 别～东西。वस्तुओं को अव्यवस्थित मत करो; मत गड़बड़ाओ। ❸झगड़ना; लड़ना: 你们俩别～了。तुम दोनों झगड़ा मत करो। ❹जल्दी-जल्दी कोई काम करने की तैयारी करना: 一下子来了这么多人吃饭，怎么～得过来。अचानक इतने लोग खाने आये, जल्दी-जल्दी भोजन कैसे तैयार किया जा सकता है? ❺पैसा कमाना: 他卖水果～俩个钱。वह फल बेचने से कुछ पैसा कमाता है। ❻कोई व्यक्ति या वस्तु जिस पर भरोसा रखा जा सकता हो: 最好派个负责人来，咱好有个～。सब से अच्छा यह होगा कि एक ज़िम्मेदार व्यक्ति यहाँ भेज दो ताकि हम उस पर भरोसा रख सकें। ❼(समस्या, कठिनाई आदि का) समाधान या हल होना: 事先要慎重考虑，出了问题有～。पहले अच्छी तरह सोच-विचार करना चाहिये ताकि समस्या पैदा होने पर समाधान हो सके।

【抓拍】 zhuāpāi ❶दूसरे को बिना बताए उस का फ़ोटो खींचना ❷उक्त समय में खींचा गया फ़ोटो

【抓破脸】 zhuā pò liǎn नाखून से एक-दूसरे का चेहरा नोचना —— खुलेआम लड़ाई-झगड़ा करना

【抓权】 zhuāquán सत्ता पकड़ लेना

【抓人】 zhuārén किसी को पकड़ लेना या गिरफ़्तार करना

【抓瞎】 zhuāxiā अपने को परेशानी में पाना: 事先做好准备，免得临时～。पहले से अच्छी तरह तैयारी करो ताकि उस समय गड़बड़ न हो।

【抓药】 zhuāyào ❶चीनी दवा की दुकान या अस्पताल में नुसखे के अनुसार चीनी दवा लेना ❷नुसखा लेकर चीनी दवा की दुकान में चीनी दवा खरीदना

【抓早儿】 zhuāzǎor यथासंभव पहले: 你～去医院呀！तुम यथासंभव पहले अस्पताल जाओ!

【抓周】 zhuāzhōu पुराने रीति-रिवाज के अनुसार बच्चे के पहले जन्मदिवस के अवसर पर आयोजित बच्चे की रुचि की पहचान की एक परीक्षा (इस में विविध प्रकार की वस्तुएँ, जैसे कलम, किताब, खिलौने तरह-तरह के औज़ार आदि-आदि बच्चे के सामने रखे जाते हैं, जो वस्तु बच्चा उठाता है, उस के अनुसार भविष्य में बच्चे की रुचि जानी जा सकती है)

【抓住】 zhuāzhù पकड़ना; धर दबाना: ～机会 मौका हाथ से न जाने देना / 不要～表面抛弃实质。हमें ऐसा नहीं करना चाहिए कि बाह्य रूप को पकड़ लें और अंतर्वस्तु पर ध्यान न दें।

【抓壮丁】 zhuā zhuàngdīng सेना में भरती कराने के लिए नौजवानों को पकड़ना

【抓总儿】 zhuāzǒngr संपूर्ण कार्यभार ग्रहण करना; कुल ज़िम्मेदारी लेना

挝（撾） zhuā (ढोल) बजाना; मारना: ～鼓 ढोल बजाना ❷抓 zhuā के समान

wō भी दे०

挝（檛、簻） zhuā 〈लि०〉 कोड़ा; चाबुक

髽 zhuā नीचे दे०

【髽髻】 zhuāji（抓髻 zhuāji भी）सिर के दोनों ओर के जूड़े：～夫妻 पहले विवाह के पति-पत्नी

【髽鬏】 zhuājiu （抓鬏 zhuājiu भी）髽髻 के समान

zhuǎ

爪 zhuǎ पंजा; चंगुल
zhǎo भी दे०

【爪尖儿】 zhuǎjiānr भोजन के लिए व्यवहृत सूअर के पैर

【爪儿】 zhuǎr 〈बोल०〉 ❶छोटे जानवर का पंजा, चंगुल ❷बर्तन का पैर：三～锅 तीन पैरों पर खड़ी कड़ाही

【爪子】 zhuǎzi 〈बोल०〉 पंजा; चंगुल：鸡～ मुर्गे का पंजा / 猫～ बिल्ली का पंजा

zhuāi

拽 zhuāi 〈बो०〉 फेंकना; फेंककर मारना：～皮球 बॉल फेंकना / 拿石块～狗 कुत्ते को पत्थर फेंककर मारना
yè；zhuài भी दे०

zhuǎi

转（轉） zhuǎi बोलचाल की भाषा न बोलकर लिखित भाषा बोलना：不用～，说大白话。लिखित भाषा न बोलो, बोलचाल की भाषा बोलो।
zhuǎn；zhuàn भी दे०

【转文】 zhuǎiwén 转文 zhuǎnwén का दूसरा उच्चारण

跩 zhuǎi 〈बो०〉 बत्तख की चाल चलना：他走起路来像鸭子，一～一～的。वह बत्तख की चाल से चलता है।

zhuài

拽 zhuài खींचना; अपनी ओर खींचना; घसीटना：一把～住不放。ज़ोर से किसी व्यक्ति या वस्तु को पकड़कर न छोड़ना
yè；zhuāi भी दे०

zhuān

专（專、耑） zhuān ❶किसी विशेष व्यक्ति, अवसर, उद्देश्य आदि के लिए; एक काम पर मन एकाग्र करना; विशेष; असाधारण：心不～ किसी भी काम पर मन न लगाना / 我们今天～讲这件事。आज हम केवल इस सवाल पर ही वाद-विवाद करेंगे। ❷एकाधिकार करना：～权 एकाधिकार करना; अपने एकाधिकार में लेना / ～卖 बिक्री पर पूरा इजारा ❸（Zhuān）एक कुलनाम

【专案】 zhuān'àn विशेष मामला; खास मुकदमा; स्पेशल केस：～组 स्पेशल केस ग्रुप; विशेष मामला दल; खास मुकदमा ग्रुप

【专差】 zhuānchāi ❶स्पेशल मिशन; राजनीतिक या अन्य विषयक विशेष कार्य：他～去上海。एक विशेष कार्य के लिए वह शांगहाए गया। ❷स्पेशल मिशन के लिए भेजा गया व्यक्ति

【专长】 zhuāncháng कार्य-निपुणता; कार्य-कौशल; विशेष-हुनर：学有～ किसी विषय का विशेष ज्ञान प्राप्त होना; किसी विषय का विशेषज्ञ बनना

【专场】 zhuānchǎng विशेष शो：学生～ छात्रों के लिए विशेष शो / 相声～ हास्यस्पद संवाद का विशेष शो

【专车】 zhuānchē विशेष रेल या कार, स्पेशल ट्रेन या कार

【专诚】 zhuānchéng विशेषतः; विशेष उद्देश्य के लिए：～拜访 किसी से विशेष भेंट करने के लिए जाना

【专程】 zhuānchéng किसी विशेष कार्य के लिए कहीं जाना：～来京会见贵宾 आदरणीय अतिथि से भेंट करने के लिए पेइचिंग आना

【专电】 zhuāndiàn संवाददाता द्वारा समाचार-पत्र को भेजा हुआ विशेष समाचार

【专断】 zhuānduàn स्वेच्छाचारिता; निरंकुशता

【专攻】 zhuāngōng किसी विषय का अध्ययन करना：他～计算机。वह कंप्यूटर का विशेष अध्ययन करता है।

【专号】 zhuānhào (पत्र-पत्रिका का) विशेषांक

【专横】 zhuānhèng स्वेच्छाचार; निरंकुशता; अत्याचारी शासन：～跋扈 स्वेच्छाचारी और निरंकुश; मनमाने ज़ुल्म ढाना

【专机】 zhuānjī ❶विशेष विमान ❷निजी विमान

【专家】 zhuānjiā विशेषज्ञ; विशारद; माहिर：～系统 विशेषज्ञ व्यवस्था

【专刊】 zhuānkān विशेषांक; विशेष कालम

【专科】 zhuānkē ❶अध्ययन या अनुसंधान का विशेष क्षेत्र ❷专科学校 का संक्षिप्त रूप

【专科学校】 zhuānkē xuéxiào व्यावसायिक ट्रेनिंग के लिए कालेज; ट्रेनिंग स्कूल; कालेज

【专科医生】 zhuānkē yīshēng (चिकित्सा) विशेषज्ञ

【专款】 zhuānkuǎn विशेष फ़ंड; विशेष धारा; खास रकम: 教育~ शिक्षा के लिए विशेष फ़ंड

【专栏】 zhuānlán विशेष (विषयों के लिए) कालम: 书评~ बुक रिव्यू स्पेशल कालम

【专栏作家】 zhuānlán zuòjiā (समाचार-पत्र का) स्तंभ लेखक

【专力】 zhuānlì (कोई काम करने में) अपनी शक्ति-संग्रह करना

【专利】 zhuānlì पेटेण्ट: ~品 पेटेण्ट

【专利权】 zhuānlìquán एकाधिकार; पेटेण्ट राइट; स्वाधिकार; स्वामिगत अधिकार

【专利特许证】 zhuānlì tèxǔzhèng एकाधिकार-दान-पत्र

【专列】 zhuānliè (专门列车 zhuānmén lièchē का संक्षिप्त रूप) विशेष ट्रेन

【专卖】 zhuānmài बिक्री पर पूरा इजारा: 粮食~ अनाज की बिक्री पर पूरा इजारा / ~店 〈वाणि०〉 फ़्रैंचीज़्ड स्टोर

【专门】 zhuānmén ❶विशेषतः: 他是~来看我的。 वह मुझ से मिलने विशेषतः आया है । / ~宣传 विशेष रूप से … का प्रचार करना ❷विशेष: ~教育 विशेष शिक्षा / ~利人 दिलोजान से दूसरों की सेवा करना / ~人材 विशेष योग्यता प्राप्त व्यक्ति / ~术语 पारिभाषिक शब्दावली / ~委员会 विशेष समिति / 贡献~技能 विशेष कौशल देना / ~训练 टेकनिकल शिक्षण

【专名】 zhuānmíng विशेष नाम; व्यक्तिवाचक संज्ञा; पारिभाषिक शब्द

【专名号】 zhuānmínghào रेखा चिह्न; व्यक्तिवाचक संज्ञा प्रकट करने के लिए अक्षरों के नीचे या उस के दायें ओर प्रयुक्त रेखा, जैसे, 北京, 孔子

【专凭】 zhuānpíng केवल … पर निर्भर रहना: ~热情 केवल उत्साह पर निर्भर रहना

【专区】 zhuānqū विशेष प्रशासनिक क्षेत्र

【专权】 zhuānquán तानाशाही; निरंकुशता

【专人】 zhuānrén कोई काम करने के लिए विशेष व्यक्ति: 送信~ संदेशवाहक / 负责 विशेष व्यक्ति द्वारा किसी कार्य का भार उठाना

【专任】 zhuānrèn पूरे समय का; नियमित: ~教师 पूरे समय का अध्यापक

【专擅】 zhuānshàn (निचले रैंक द्वारा) सत्ताधिकार का अपहरण करना

【专史】 zhuānshǐ विशेष विषय का इतिहास (जैसे दर्शन का इतिहास)

【专使】 zhuānshǐ विशेष दूत

【专属】 zhuānshǔ विशिष्ट: ~经济区 विशिष्ट आर्थिक क्षेत्र

【专署】 zhuānshǔ 专员公署 का संक्षिप्त रूप

【专题】 zhuāntí विशेष विषय: ~报告 किसी विशेष विषय पर भाषण (देना) / ~批判 किसी विशेष विषय की आलोचना (करना)

【专线】 zhuānxiàn ❶स्पेशल रेलवे लाइन ❷स्पेशल टेलीफ़ोन लाइन

【专心】 zhuānxīn (पर) ध्यान केन्द्रित करना; (में) मन लगाना; धुन बाँधना: ~学习 अध्ययन में मन लगाना; मन लगाकर अध्ययन करना

【专心致志】 zhuānxīn-zhìzhì जी तोड़कर परिश्रम करना; जी जान से; मन लगाकर: ~从事工作 काम में जी जान लगा देना

【专修】 zhuānxiū विशेष विषय के लिए केन्द्रित अध्ययन करना: ~历史 इतिहास के लिए केन्द्रित अध्ययन करना

【专修科】 zhuānxiūkē विशेष कोर्स; स्पेशल कोर्स; शॉर्ट कोर्स

【专业】 zhuānyè ❶विशिष्ट विषय: 该系有三个~。 उस विभाग में तीन विशिष्ट विषय हैं। ❷व्यावसायिक: ~教育 व्यावसायिक शिक्षा / ~生产会议 विशेष व्यवसायों से संबंधित उत्पादन बैठक

【专业队】 zhuānyèduì परियोजना दल

【专业化】 zhuānyèhuà विशेषज्ञता

【专业课】 zhuānyèkè विशिष्ट विषय का कोर्स

【专业学校】 zhuānyè xuéxiào विशिष्ट विषय का विद्यालय

【专一】 zhuānyī पूरे मन से; मन लगाकर; जी तोड़; जी जान से: 心思~ ध्यान केन्द्रित होना / 爱情~ पूरे मन से प्रेम करना

【专意】 zhuānyì विशेष उद्देश्य के लिए; विशेष रूप से

【专用】 zhuānyòng विशेष प्रयोग के लिए: ~电话 विशेष प्रयोग के लिए टेलीफ़ोन / ~教室 विशेष प्रयोग के लिए कक्ष (क्लासरूम)

【专用语】 zhuānyòngyǔ परिभाषा; पारिभाषिक शब्द

【专有名词】 zhuānyǒu míngcí व्यक्तिवाचक संज्ञा

【专员】 zhuānyuán ❶कमिश्नर; दूतावास-सहकारी: 商务~ व्यापारिक सहकारी / 委任~ कमिश्नर नियुक्त करना ❷प्रशासनिक कमिश्नर ❸किसी काम के लिए विशेषतः नियुक्त व्यक्ति

【专员公署】 zhuānyuán gōngshǔ प्रिफ़ेक्चर कमिश्नर का कार्यालय

【专责】 zhuānzé विशेष उत्तरदायित्व; खास ज़िम्मेदारी: 分工明确，各有~。 श्रम का विभाजन स्पष्ट है, हरेक की अपनी-अपनी खास ज़िम्मेदारी होती है ।

【专政】 zhuānzhèng अधिनायकत्व; तानाशाही; डिक्टेटरशिप: ~对象 वह व्यक्ति जिस पर अधिनायकत्व लागू किया जाता है / ~机关 अधिनायकत्व की संस्था

【专职】 zhuānzhí ❶विशेष कार्य; विशेष पद ❷पूरे समय का: ~干部 पूरे समय का कार्यकर्ता

【专制】 zhuānzhì ❶स्वेच्छाचारी (शासन); निरंकुश तानाशाही: ~君主 निरंकुश शासक; तानाशाह / ~统治 निरंकुश शासन; एकतंत्र शासन / ~政权 एकतंत्र शासन; स्वेच्छाचारी शासन / ~政体 एकछत्र साम्राज्य / ~政治 निरंकुशता; निरंकुशतावाद ❷स्वेच्छाचारिता; निरंकुशता

【专制主义】 zhuānzhì zhǔyì निरंकुशतावाद; स्वेच्छाचारिता

【专注】 zhuānzhù (पर) ध्यान केन्द्रित करना; (में) मन लगाना: 全神~ पूरी तरह निमग्न; बिलकुल तल्लीन

【专著】 zhuānzhù विशिष्ट विषय की पुस्तक; किसी

विशेष विषय पर लिखी गयी पुस्तक

脖（膊）zhuān पशु का उदर (पेट)：鸡～ मुर्गे का उदर (पेट)

砖（甎、甎、塼）zhuān ❶ईंट ❷ईंट जैसी वस्तु：茶～ टी ब्रिक; चाय ईंट (दबा कर चाय को ईंट के आकार में रखना)

【砖茶】zhuānchá ईंट चाय; ब्रिक टी

【砖厂】zhuānchǎng ईंट कर्मशाला; ब्रिकफ़ील्ड; ब्रिकयार्ड

【砖红壤】zhuānhóngrǎng मखरला; लैटेराइट

【砖雕】zhuāndiāo ईंट-खोदाई; ईंट-तराशी

【砖坯】zhuānpī कच्ची ईंट

【砖头】zhuāntóu ईंट का टुकड़ा

【砖头】zhuāntou ईंट

【砖窑】zhuānyáo ईंट का भट्ठा

颛（顓）zhuān 〈लि०〉❶अज्ञानी; अनभिज्ञ; मूढ़; जाहिल ❷专 zhuān के समान

【颛蒙】zhuānméng 〈लि०〉 अज्ञानी; निर्बुद्धि; मूढ़; जाहिल

【颛孙】Zhuānsūn एक कुलनाम

【颛顼】Zhuānxū अतिप्राचीन काल में एक पौराणिक सम्राट

【颛臾】Zhuānyú वसंत-शरत (春秋) काल में एक छोटा राज्य (वर्तमान शानतोंग प्रान्त की फ़ेई (费) काउंटी के आसपास)

zhuǎn

转（轉）zhuǎn ❶दिशा बदलना; मुड़ना; बदलना：～向东 पूर्व की ओर मुड़ जाना / ～过头去 पीछे मुड़ना / 晴～多云 मौसम का धूप से मेघाच्छादन में बदलना ❷हस्तांतरित करना; (वस्तु को) एक के हाथ से दूसरे के हाथ में देना：请把书～给他。इस पुस्तक को उस के हाथ में दीजिए।

zhuǎi; zhuàn भी दे०

【转氨基酶】zhuǎn'ānjīméi （转氨酶 zhuǎn'ānméi भी）ग्लूटेमिकपाइरुविक ट्रैंसैमिनेस

【转败为胜】zhuǎnbài-wéishèng पराजय को विजय में बदल डालना

【转背】zhuǎnbèi 〈बो०〉 पीछे मुड़ना：他～走了。वह पीछे मुड़कर चला गया।

【转变】zhuǎnbiàn बदलना; परिवर्तन करना; परिवर्तित करना：～话题 बात बदलना / ～期 संक्रांतिकाल / 从民主革命～到社会主义 जनवादी क्रांति का समाजवाद की ओर संक्रमण करना

【转播】zhuǎnbō (रेडियो या टी०वी० के) अन्य केन्द्र द्वारा प्राप्त संदेश प्रसारित करना या दिखाना; रिले करना：～电台 रेडियो-रेले-स्टेशन

【转侧】zhuǎncè 〈लि०〉 ❶दिशा बदलना ❷(पलंग पर) बेचैनी से करवटें बदलना：他在床上～，不能成寐。वह बिस्तर पर बेचैनी से करवटें बदलता रहा, पर नींद न आ सकी।

【转产】zhuǎnchǎn (कारखाने की) उत्पादन लाइन बदलना

【转车】zhuǎnchē रेलें या बसें बदलना

【转船】zhuǎnchuán नाव, पोत या जहाज़ बदलना

【转达】zhuǎndá बात पहुंचाना; संदेश भेजना या प्रेषित करना：请～我对他的问候。मेरा नमस्कार उन से कहिए।

【转道】zhuǎndào रास्ता बदलना

【转递】zhuǎndì एक से दूसरे तक पहुंचाना; भेजना; प्रेषण करना：请把信～给他。कृपया मेरे इस पत्र को उन्हें दीजिए।

【转调】[1] zhuǎndiào 〈संगी०〉 सुर बदलना

【转调】[2] zhuǎndiào (सरकारी कर्मचारी का) एक स्थान से दूसरे स्थान पर भेजा जाना; तबादला करना

【转动】zhuǎndòng घूमना; फिरना; चक्कर खाना; घुमाना; फिराना：～腰部 कमर मोड़ना

【转发】zhuǎnfā एक से दूसरे तक पहुंचाना; भेजना; प्रेषण करना：～文件 दस्तावेज़ को दूसरी संस्थाओं तक पहुंचाना

【转告】zhuǎngào बात पहुंचाना; संदेश भेजना या प्रेषित करना：～消息 किसी से किसी दूसरे को संदेश प्रेषित करना

【转关系】zhuǎn guānxi संबंध बदल देना; एक इकाई से दूसरी इकाई तक अपनी पार्टी सदस्यता आदि का संबंध बदलना

【转轨】zhuǎnguǐ ❶रेलगाड़ी आदि का एक लाइन से दूसरी लाइन में जाना ❷〈ला०〉 पहले के ढांचे, ढंग आदि को बदल देना

【转化】zhuǎnhuà बदल जाना; रूपांतरित होना; परिवर्तित होना：矛盾的相互～ अंतरविरोधों का पारस्परिक रूपांतर (होना)

【转圜】zhuǎnhuán ❶(किसी स्थिति से) बचना ❷बीच-बचाव करना

【转换】zhuǎnhuàn बदलना; रूपांतरित करना; परिवर्तित करना：～话题 बात बदलना

【转换语法】zhuǎnhuàn yǔfǎ 〈भा०वि०〉 रूपांतरात्मक व्याकरण

【转机】zhuǎnjī ❶विमान बदलना ❷संभलने का आसार; अनुकूल परिवर्तन; मोड़：他的病出现了～。उस के रोग में अनुकूल परिवर्तन प्रकट हुआ।

【转基因】zhuǎnjīyīn 〈जीव०〉 जिनेटिकली मॉडिफ़ाइड (GM); जैविक ढंग से परिवर्तित

【转基因食品】zhuǎnjīyīn shípǐn ट्रांसजेनिक फ़ूड; जैनिक ढंग से विकसित और परिवर्तित खाद्य पदार्थ

【转嫁】zhuǎnjià (स्त्री का) पुनर्विवाह; फिर से विवाह करना ❷दूसरों पर थोप देना; दूसरों के मत्थे मढ़ देना：～经济危机 आर्थिक संकट को दूसरों के मत्थे मढ़ देना; अपना आर्थिक संकट दूसरों पर थोप देना

【转交】 zhuǎnjiāo हस्तांतरण करना; हस्तांतरित करना: 请把此书～给他。कृपया इस पुस्तक को उस के हाथ में हस्तांतरित कीजिए।
【转角】 zhuǎnjiǎo मोड़; कोना; नुक्कड़
【转借】 zhuǎnjiè ❶किसी से उधार लेकर दूसरे को उधार देना ❷अपने प्रमाण-पत्र आदि दूसरे को उधार देना: 请勿将借书证～他人。अपने लाईब्रेरी-कार्ड दूसरे को मत उधार दीजिए।
【转剧】 zhuǎnjù बढ़ाना; वृद्धि करना; अधिक भीषण करना; तेज़ करना: 病势～。रोगी की स्थिति और अधिक बिगड़ गई।
【转科】 zhuǎnkē ❶(रोगी का) एक विभाग से दूसरे विभाग में बदलकर इलाज कराना ❷(छात्र का) एक विभाग से दूसरे विभाग में बदलकर पढ़ना
【转口】 zhuǎnkǒu टैंसिट: ～货物 टैंसिट माल
【转脸】[1] zhuǎnliǎn अपना मुंह मोड़ना: 我～向他问道你去哪儿? मैं ने उस की ओर मुखातिब होकर पूछा कि तुम कहाँ जा रहे हो?
【转脸】[2] zhuǎnliǎn पलक झपकते ही; क्षण भर में: 他刚才还在这儿的, 怎么～就不见了? अभी-अभी वह यहां था, कैसे पलक झपकते ही गायब हो गया?
【转捩点】 zhuǎnlièdiǎn 转折点 के समान
【转录】 zhuǎnlù पहले रिकार्ड किया गया कासेट-टेप या वीडियो-टेप की कापी करना; कापी करना
【转卖】 zhuǎnmài दूसरों से खरीदकर फिर बेच देना; दूसरों के हाथ बेचना
【转年】 zhuǎnnián ❶अगला साल ❷〈बो०〉 दूसरा साल (भूत-काल में) ❸दूसरे साल में
【转念】 zhuǎnniàn पुनर्विचार करना (प्रायः पूर्व विचार बदलना); पूर्व विचार छोड़ने का निश्चय करना: 他正想说时, 一～, 又不说了。वह बोलने ही वाला था, फिर एक नया विचार आया और चुप रहा।
【转让】 zhuǎnràng अपनी वस्तु या अधिकार दूसरे के हाथ देना; हस्तांतरित करना: 技术～ टेकनोलाजी हस्तांतरण / ～人 〈का०〉 हस्तांतरणकारी
【转入】 zhuǎnrù (में) बदलना; मोड़ना; पहुंच जाना: ～敌后 शत्रु के पृष्ठभाग में जाना / ～反攻 उलटकर प्रत्याक्रमण करना
【转弱为强】 zhuǎnruò-wéiqiáng अपनी कमज़ोरी को दूर करके शक्तिशाली बनना
【转身】 zhuǎnshēn ❶मोड़ना; पीठ फेर लेना: 他～向外面跑去。वह मुड़कर (या पीठ फेरकर) बाहर दौड़ गया। / 说完她～走了。यह कहकर वह मुड़ी और चली गयी। ❷थोड़ी देर में; कुछ ही समय में: 他刚才还在这儿的, 一～就走了。वह अभी-अभी यहां था, थोड़ी ही देर में चला गया।
【转生】 zhuǎnshēng 〈बौद्ध धर्म〉 फिर से अवतार; पुनः शरीर-ग्रहण
【转世】 zhuǎnshì 转生 के समान
【转手】 zhuǎnshǒu ❶हस्तांतरण करना; दूसरों के हाथ देना ❷दूसरों के हाथ बेचना
【转售】 zhuǎnshòu दूसरों के हाथ बेचना
【转述】 zhuǎnshù कथित-कथन; रिपोर्ट: 这是～他的话, 不是我自己的话。यह उस का कथित-कथन था, मेरा नहीं।
【转瞬】 zhuǎnshùn पलक झपकते ही; देखते-देखते: ～间我们就到了那里。पलक झपकते ही हम वहाँ पहुंच गये।
【转送】 zhuǎnsòng ❶दूसरों के हाथ देना ❷दूसरों के हाथ भेंट करना
【转体】 zhuǎntǐ 〈खेल०〉 टर्न; ट्विस्ट: ～跳 टर्निंग लीप / ～跳水 ट्विस्ट डाइव
【转托】 zhuǎntuō खुद को दिये गये काम को किसी और व्यक्ति को सौंप देना: 您托我办的事我已～老李了。जो काम आप ने मुझे करने के लिए दिया था उसे मैंने लाओ ली को सौंप दिया है।
【转弯】 zhuǎnwān ❶मुड़ना; मोड़ना: 他转了一个弯。वह मुड़ा। / 左～走! लेफ़्ट ह्वील! लेफ़्ट टर्न मार्च! ❷विचार बदलना: 他思想转不过弯儿来。वह अपना विचार न बदल सका।
【转弯抹角】 zhuǎnwān-mòjiǎo ❶टेढ़े-मेढ़े जाना: 汽车～开进了村子。टेढ़े-मेढ़े रास्ते से होते हुए कार गांव में पहुंच गयी। ❷टेढ़ा-मेढ़ा रास्ता: 这路～很难走。इस टेढ़े-मेढ़े रास्ते पर बमुश्किल चला जा सकता है। ❸घुमा-फिरा कर; भंगिमा से: 他～地说… उस ने घुमा-फिरा कर कहा कि …
【转弯子】 zhuǎn wānzi दे० 转弯❷
【转危为安】 zhuǎnwēi-wéi'ān संकट से सुरक्षित स्थिति में पहुँचना; खतरे की जगह सलामती की हालत पैदा होना
【转文】 zhuǎnwén (zhuǎiwén भी) बोलचाल की भाषा न बोलकर लिखित भाषा बोलना
【转徙】 zhuǎnxǐ एक स्थान छोड़कर दूसरे स्थान पर चले जाना; इधर-उधर फिरना; भटकते फिरना
【转系】 zhuǎnxì दूसरे विभाग में पढ़ने जाना
【转向】 zhuǎnxiàng ❶दिशा बदलना ❷अपना राजनीतिक दृष्टिबिन्दु बदलना
【转向架】 zhuǎnxiàngjià बोगी
【转型】 zhuǎnxíng ❶आकार को पूर्णतः बदल देना; रूपांतर करना ❷उत्पादन की लाइन बदल देना
【转学】 zhuǎnxué (छात्र) दूसरे स्कूल में पढ़ने जाना
【转眼】 zhuǎnyǎn पलक झपकते ही; देखते-देखते: ～间一年过去了。पलक झपकते ही एक साल बीत गया।
【转业】 zhuǎnyè (सैनिक का) कोई और धन्धा अपनाना; सेना से सेवा निवृत होकर दूसरा व्यवसाय करना; व्यवसाय बदलना
【转移】 zhuǎnyí स्थानांतरण करना; जगह बदलना: ～兵力 अपने सैनिक स्थानांतरित करना / ～户头 (संपत्ति का स्वामित्व) हस्तांतरित करना / ～目标 लक्ष्यों को बदल देना / ～视线 ध्यान विकर्षित करना / 战略～ रणनीतिक स्थानांतरण करना
【转义】 zhuǎnyì शब्द-अर्थ बदलना; अर्थ-परिवर्तन करना
【转译】 zhuǎnyì किसी मूल कृति के दूसरी भाषा के अनुवाद से अनुवाद करना

【转引】 zhuǎnyǐn मूलग्रंथ से न होकर दूसरे ग्रंथ आदि से उद्धृत होना
【转院】 zhuǎnyuàn (रोगी का) दूसरे अस्पताल में इलाज कराने जाना
【转运】[1] zhuǎnyùn भाग्य बदलना; भाग्य का सौभाग्य में बदलना; भाग्य-परिवर्तन होना
【转运】[2] zhuǎnyùn ट्रांसपोर्ट करना: ～公司 ट्रांसपोर्ट कंपनी
【转韵】 zhuǎnyùn (पुरानी कविता में) तुक बदलना
【转载】 zhuǎnzài दूसरी पत्रिका आदि में फिर प्रकाशित करना: 各报都～了这条消息。विभिन्न समाचार-पत्रों में यह समाचार फिर प्रकाशित किया गया।
【转赠】 zhuǎnzèng दूसरे की दी हुई वस्तु को किसी और को भेंट के रूप में देना
【转战】 zhuǎnzhàn स्थान बदलकर लड़ते रहना; स्थानांतरित होकर लड़ते रहना: ～各地 स्थान-स्थान पर लड़ते रहना
【转账】 zhuǎnzhàng लेखा बदलना: ～支票 ट्रैंस्फ़र चेक
【转折】 zhuǎnzhé ❶मोड़: 戏剧性的～ नाटकीय मोड़ ❷(निबंध में) एक दिशा से दूसरी दिशा में बदलना
【转折点】 zhuǎnzhédiǎn मोड़; संक्रमणबिन्दु: 二战的～ दूसरे विश्वयुद्ध का मोड़ / 站在巨大的～上 बड़े परिवर्तन के मोड़ पर खड़ा होना
【转折亲】 zhuǎnzhéqīn दूर का रिश्तेदार: 他和周家排了～。उस ने चओ परिवार से अपना दूर का रिश्ता निकाल लिया है।
【转正】 zhuǎnzhèng ❶विकल्पित सदस्य का औपचारिक सदस्य बनना ❷(अस्थायी श्रमिक का) स्थायी श्रमिक बनना
【转制】 zhuǎnzhì व्यवस्था का रूपांतर करना
【转注】 zhuǎnzhù <भा०वि०> परस्पर व्याख्यात्मक या समानार्थक अक्षर, जैसे, 老 (वृद्ध) और 考 (चिरंजीवी)—— चीनी अक्षरों के छै श्रेणियों (六书) में से एक
【转租】 zhuǎnzū पट्टे पर ली हुई वस्तु को दूसरे को पट्टे पर देना; शिकमी (पट्टे पर) देना

zhuàn

传（傳） zhuàn ❶सूत्रों की टीकाएँ:《左～》 ('वसन्त और शरद वार्षिक वृत्तांत'《春秋》का) 'त्स्वो टीका' ❷जीवनी; जीवन-चरित: ～记 जीवनी; जीवन-चरित / 自～ आत्मकथा; स्वरचित जीवनी ❸कथा; कहानी:《白蛇～》'श्वेत-सर्प की कथा'
　chuán भी दे०
【传略】 zhuànlüè संक्षिप्त जीवनी
【传赞】 zhuànzàn राजवंशों के इतिहासों में जीवन-चरितों के अंत में इतिहासकार की टीकाएं

沌 Zhuàn हूपेइ प्रांत में एक नदी का नाम
　dùn भी दे०
【沌口】 Zhuànkǒu हूपेइ प्रांत में एक स्थान

转（轉） zhuàn ❶घूमना; चक्कर काटना या लगाना; केन्द्र के चारों ओर परिक्रमा करना: 地球绕着太阳～。पृथ्वी सूर्य की परिक्रमा करती है। / 他在房里～了几个圈子。वह लगातार कमरे में चक्कर लगाता रहा। ❷<परि०श०> चक्कर: 每分钟 2000～ प्रति मिनट 2000 चक्कर
　zhuǎi; zhuǎn भी दे०
【转笔刀】 zhuànbǐdāo पेंसिल शार्पनर
【转碟】 zhuàndié ❶रकाबी घुमाना ❷घूमती हुई रकाबी
【转动】 zhuàndòng घूमना; घुमाना; चक्कर काटना या लगाना; परिक्रमा करना: 机器不停地～着。मशीन अनवरत घूमती रहती है।
【转筋】 zhuànjīn <ची०चि०> (टांग में) मरोड़ होना: ～霍乱 पैर में मरोड़ देने वाला हैज़ा ❷(शरीर की) ऐंठन; मरोड़
【转炉】 zhuànlú <धा०वि०> कंवर्टर: ～钢 कंवर्टर स्टील
【转轮手枪】 zhuànlún shǒuqiāng रिवाल्वर
【转轮王】 zhuànlúnwáng चक्रवर्ती
【转门】 zhuànmén घूमने वाला दरवाज़ा
【转磨】 zhuànmó <बो०> चक्की के पाट के चारों ओर घूमते रहना —— फ़ैसला न कर पाने की स्थिति
【转盘】 zhuànpán ❶घूमने वाली प्लेट जिस पर कोई चीज़ रख कर घुमाई जाती है (जैसे, रिकार्ड प्लेयर का) ❷<खेल०> जाइयंट स्ट्राइड; चर्ख़ी; चर्ख ❸<कला०> रकाबी घुमाना
【转数】 zhuànshù <यां०> चक्कर: 每分钟～ प्रति मिनट में चक्कर काटने की संख्या
【转速】 zhuànsù घूर्णन-वेग: ～计 वेगमापक यंत्र; टैकोमीटर
【转台】 zhuàntái घूमता हुआ मंच
【转椅】 zhuànyǐ घूमने वाली कुर्सी
【转悠】 zhuànyou (转游 zhuànyou भी) <बोल०> ❶घूमना; चक्कर काटना या लगाना; इधर-उधर लुढ़कता फिरना: 他在屋子里～。वह अपने कमरे में लुढ़कता फिर रहा है। ❷व्यर्थ इधर-उधर घूमना; चहल-कदमी करना: 他在街上～了一下。वह थोड़ी देर सड़क पर इधर-उधर घूमता फिरा।
【转轴】 zhuànzhóu धुरी; धुरा; चक्करदार धुरा
【转子】 zhuànzǐ (मशीन का) घूर्णक भाग; रोटर

啭（囀） zhuàn <लि०> (पक्षी का) चहचहाना; चहकना

瑑 zhuàn <लि०> जेड पत्थर से बनी वस्तुओं पर नक्काशी का उभड़ा हुआ भाग

赚（賺） zhuàn ❶कमाना; लाभ रूप में (धन या रकम) पाना: ～钱 पैसा कमाना; मुनाफ़ा कमाना;

धनोपार्जन करना ❷〈बोल०〉 मुनाफ़ा; लाभ; फ़ायदा: 有～ मुनाफ़ा होना; लाभ होना ❸〈बो०〉 पैसा कमाना

zuàn भी दे०

【赚头】 zhuàntou 〈बोल०〉 मुनाफ़ा; लाभ

谍（譔、莊） zhuàn 撰 zhuàn के समान

撰 zhuàn लिखना; रचना करना: ～文 लेख लिखना / ～稿 समाचार-पत्र आदि के लिए लेख लिखना

【撰述】 zhuànshù ❶लिखना; ग्रंथ-निर्माण करना ❷पुस्तक; ग्रंथ

【撰写】 zhuànxiě लिखना (प्रायः छोटा लेख): ～论文 निबंध, लेख, पेपर आदि लिखना

【撰著】 zhuànzhù लिखना; रचना करना; ग्रंथ-निर्माण करना

篆 zhuàn ❶मुद्रा-लिपि (चीनी लिपि की एक शैली) ❷उक्त लिपि-शैली में लिखना: ～额 शिला-पट्टी का शीर्षक उक्त मुद्रा-लिपि-शैली में लिखना

【篆刻】 zhuànkè (उक्त लिपि में) मुद्रा या मोहर खोदना: ～者 मोहर-नक्काश

【篆书】 zhuànshū मुद्रा-लिपि (चीनी लिपि की एक शैली, प्रायः मुद्रा में प्रयुक्त)

【篆字】 zhuànzì 篆书 के समान

馔（饌） zhuàn 〈लि०〉 भोजन: 酒～ शराब और भोजन

篹 zhuàn 〈लि०〉 ❶馔 zhuàn के समान ❷撰 zhuàn के समान

zuǎn भी दे०

籑 zhuàn 〈लि०〉 篹 zhuàn के समान

zuǎn भी दे०

zhuāng

妆（妝、粧） zhuāng ❶सज्जा-शृंगार करना: 梳～ सजाना-संवारना ❷स्त्रियों के शरीर पर आभूषण: 红～ रेशम-साटन ❸दहेज: ～奁 दुलहिन का साज-सामान; दहेज

【妆粉】 zhuāngfěn विशेष वस्त्र पहनना; भेष बनाना; सजाना; संवारना; सिंगार करना

【妆点】 zhuāngdiǎn सजाना; संवारना; सिंगार करना; शृंगार करना

【妆饰】 zhuāngshì ❶सजाना; संवारना; शृंगार करना ❷(नाटक में) शृंगार करना

【妆梳】 zhuāngshū शृंगार करना और विशेष वस्त्र पहनना

【妆台】 zhuāngtái सिंगार मेज़; सिंगार करने की शीशेदार मेज़

【妆新】 zhuāngxīn 〈बो०〉 ❶विवाह के पहले विवाह के लिए प्रयुक्त कपड़े, लिहाफ़, तकिये आदि विवाह के कमरे में व्यवस्थित रूप से रखना ❷नवविवाह में प्रयुक्त कपड़े, लिहाफ़, तकिये आदि

庄[1] zhuāng ❶गांव; ग्राम; देहात: 李家～ लीच्याच्वांग गांव ❷सामंत; जागीर; ताल्लुका: ～园 जागीर; ताल्लुका ❸बड़ी दूकान; व्यापार का स्थान: 钱～ सराफ़े की दूकान ❹(जुए में) महाजन; हार-जीत का धन लेने-देने वाला ❺（Zhuāng）एक कुलनाम

庄[2]（莊） zhuāng गंभीर: 端～ गंभीर; संजीदा

【庄户】 zhuānghù किसान-परिवार: ～人 किसान / ～人家 किसान-परिवार

【庄稼】 zhuāngjia फ़सल: 收割～ फ़सल काटना / 损坏～ फ़सल को नुकसान पहुंचाना / ～地 खेत / ～汉 किसान; खेतिहर / ～活儿 खेती का काम; खेती-बारी / ～人 किसान; खेतिहर

【庄静】 zhuāngjìng (स्त्री) गंभीर और शांत

【庄田】 zhuāngtián ❶राजपरिवार के असामी को लगान पर दिए गए खेत ❷खेत; कृषिभूमि

【庄严】 zhuāngyán गंभीर; गंभीरतापूर्ण: ～的事业 उत्कृष्ट कार्य / ～声明 गंभीर वक्तव्य; गंभीरतापूर्वक घोषणा करना

【庄院】 zhuāngyuàn गांव में बड़ा मकान

【庄重】 zhuāngzhòng गंभीर: 他神情很～。वह देखने में बहुत गंभीर है।

【庄子】 zhuāngzi 〈बोल०〉 गांव; ग्राम; देहात: 他不是这个～里的人。वह इस गांव का नहीं है।

桩（樁） zhuāng ❶खूँटा; बड़ी मेख: 木～ लकड़ी का खूँटा / 拴马～ रस्सी से घोड़ा बांधने वाला खूँटा ❷〈परि०श०〉: 一～小事 एक छोटा-सा मामला / 一～买卖 एक सौदा

【桩子】 zhuāngzi खूँटा; बड़ी मेख

装[1]（裝） zhuāng ❶सजाना; संवारना; शृंगार करना; वेष धारण करना; भूमिका या पार्ट अदा करना: 他～老大爷。वह एक बूढ़े आदमी का वेष धारण करता है। ❷वेष; पोशाक: 军～ फ़ौजी या सैनिक पोशाक ❸सामान; माल-असबाब: 整～待发 माल-असबाब ठीक-ठाक करके रवाना होने को तैयार हो जाना ❹अभिनय के लिए सज्जा-संवार करने की वस्तुएँ और पोशाकें: 卸～ उक्त सजाने-संवारने की वस्तुएँ और पोशाकें उतारना ❺दिखावा करना; बनना: 不懂～懂 अनजान को जानने का दिखावा करना / ～不知 जानकर अनजान बनना / ～死 धोखा देकर मरने का दिखावा करना; मृतक बनना

装[2]（裝） zhuāng ❶भरना; लादना; बोझ लादना: ～车 गाड़ी लादना / ～箱 संदूक में कसकर भरना / 他～好一碗饭。उस ने कटोरे में भात भरा। ❷बिठाना; लगाना; पुर्ज़े जोड़ना; असेंबल करना: ～一个收音机 पुर्ज़े जोड़कर रेडियो सेट बनाना

【装扮】 zhuāngbàn ❶सजाना; संवारना; शृंगार करना ❷वेष में रहना; वेष धारण करना; भेष धरना: 他～成积极分子。वह प्रगतिशील व्यक्ति का छद्म वेष धारण करता है।

【装备】 zhuāngbèi ❶लैस करना; सुसज्जित करना: ～工农红军 किसान-मज़दूर लाल सेना को हथियारों से लैस करना / ～三个师 तीन डिवीज़नों को फ़ौजी साज़-सामान से लैस करना ❷साज़-सामान; सामग्री: 军队的～ सेना का साज़-सामान

【装裱】 zhuāngbiǎo चित्र आदि को दफ़्ती या गत्ते पर चिपकाना

【装病】 zhuāngbìng झूठमूठ बीमार होने का बहाना करना; रोगी का स्वांग करना; बीमारी का बहाना करना; छद्म रोगी बनना: 他～。वह रोगी का स्वांग करता है।

【装船】 zhuāngchuán नाव आदि लादना; जहाज़ पर माल लादना

【装点】 zhuāngdiǎn सुसज्जित करना; सजना-धजना; सुशोभित करना: 厅内～着花彩。हाल मालाओं से सुसज्जित है।

【装订】 zhuāngdìng ज़िल्द बनाना या बाँधना; नत्थी करना: ～厂 ज़िल्दसाज़ी कारखाना / ～工人 ज़िल्दबंद; ज़िल्दसाज़ / 布面～ कपड़े की ज़िल्द

【装疯卖傻】 zhuāngfēng-màishǎ छद्म पागल बनना और मूढ़ जैसी कार्यवाही करना

【装裹】 zhuāngguo ❶शव को कपड़ा पहनाना ❷शव को कफ़न में लपेटना; कफ़न

【装糊涂】 zhuāng hútu जानकर अनजान बनना; बेखबरी बनना

【装潢】 zhuānghuáng（装璜 zhuānghuáng भी）❶(चित्र आदि को दफ़्ती या गत्ते पर चिपकाना; सुसज्जित करना; सजाना; संवारना ❷सजावट; अलंकार; पैक करना: ～讲究的茶叶筒 सुरुचिपूर्ण ढंग से पैक किया चायदान

【装潢门面】 zhuānghuáng ménmiàn दूकान के सामने की खिड़की पर बिक्री की वस्तुओं को आकर्षक रूप से सजाना; अगवाड़े को सुसज्जित करना

【装幌子】 zhuāng huǎngzi अगवाड़े को सुसज्जित करना

【装货】 zhuānghuò माल चढ़ाना या लादना: ～单 शिपिंग आर्डर / ～港 माल लादने की बंदरगाह

【装机容量】 zhuāngjī róngliàng 〈विद्यु०〉 बिजली पैदा करने की क्षमता

【装甲】 zhuāngjiǎ ❶पट्ट कवच; प्लेट आर्मोर ❷बख्तरबंद: ～列车 बख्तरबंद रेलगाड़ी / ～部队 बख्तरबंद कोर या यूनिट / ～汽车 बख्तरबंद मोटर

【装甲兵】 zhuāngjiǎbīng बख्तरबंद कोर या यूनिट

【装甲车】 zhuāngjiǎchē बख्तरबंद (फ़ौलादी) गाड़ी

【装甲舰】 zhuāngjiǎjiàn लौहरक्षित (पोत)

【装甲师】 zhuāngjiǎshī आर्मर्ड डिवीज़न

【装假】 zhuāngjiǎ दिखावा करना; ढोंग रचना

【装殓】 zhuāngliàn शव को कफ़न पहनाकर ताबूत में रखना

【装聋作哑】 zhuānglóng-zuòyǎ छद्म बहरा और गूँगा बनना; आनाकानी करना; अनसुनी करना

【装门面】 zhuāng ménmian अगवाड़े को सुसज्जित करना

【装模作样】 zhuāngmú-zuòyàng दिखावा करना; ढोंग करना; स्वांग रचना; दिखावटी होना

【装配】 zhuāngpèi पुर्ज़े जोड़ना; असेंबल करना: ～机器 मशीन को असेंबल करना / ～车间 असेंबली वर्कशाप / ～工 असेंबलर / ～组 असेंबली ग्रुप / ～线 असेंबली लाइन

【装腔作势】 zhuāngqiāng-zuòshì इतराना; इठलाना; पाखंड रचना; स्वाँग रचना; खास अंदाज़ अख्तियार करना: 以～来达到名誉和地位的目的 पाखंड का सहारा लेकर अपने लिए शोहरत और ओहदा हासिल करना

【装傻】 zhuāngshǎ मूर्ख का दिखावा करना; अनजान बनना

【装傻充愣】 zhuāngshǎ-chōnglèng 〈बो०〉 मूर्ख का दिखावा करना; अनजान का स्वांग करना

【装设】 zhuāngshè लगाना; बैठाना; रोपना: ～机器 मशीन लगाना

【装饰】 zhuāngshì सजाना; शृंगार करना; अलंकृत करना; सुशोभित करना: ～图案 आभूषित डिज़ाइन / ～画 सजावटी चित्र

【装饰品】 zhuāngshìpǐn आभूषण; गहना; ज़ेवर; अलंकार

【装饰音】 zhuāngshìyīn 〈संगी०〉 मनमोहक स्वर

【装束】 zhuāngshù ❶वेष; वेष-भूषा; भेष: ～朴素 सादा वेष ❷〈लि०〉 (यात्रा के लिए) बंडल बाँधना

【装睡】 zhuāngshuì सोने का दिखावा करना

【装死】 zhuāngsǐ मरने का दिखावा करना

【装蒜】 zhuāngsuàn जानकर अनजान बनना: 你什么都知道，别～了！तुम सब जानते हो, अनजान न बनो!

【装孙子】 zhuāng sūnzi 〈बो०〉 ❶असहाय और दुखी बनना ❷अनजान बनना

【装相】 zhuāngxiàng स्वांग करना; दिखावा करना: 你明明不懂，还要～！ स्पष्ट है कि तुम यह नहीं जानते, फिर भी जानने का स्वांग रचते हो!

【装卸】 zhuāngxiè सामान लादना और उतारना; माल चढ़ाना और उतारना: ～工 जहाज़ी कुली; डॉक मज़दूर; बंदरगाह का मज़दूर; माल लादने या उतारने वाला मज़दूर / ～队 उक्त मज़दूरों का दल

【装修】 zhuāngxiū साज़-सामान लगाना और मरम्मत करना: ～门面 दूकान के अगवाड़े को सजाना

【装烟】 zhuāngyān चिलम में तम्बाकू भरना

【装样子】 zhuāng yàngzi दिखावे की वजह से काम करना; स्वांग रचना

【装运】 zhuāngyùn (माल) लादना और परिवहन करना

【装载】 zhuāngzài लादना; बोझना: ～量 लादने की क्षमता

【装帧】 zhuāngzhēn (किताब, चित्र आदि की) साज़-सज्जा: 书籍的～ पुस्तकों की साज़-सज्जा

【装置】 zhuāngzhì ❶बैठाना; लगाना: ～仪器 यंत्र या उपकरण लगाना ❷अधिष्ठापन; प्रतिष्ठापन; इकाई; उपकरण: 雷达～ रेडार इंस्टालेशन / 自动化～ स्वचालन उपकरण / 减震～ डैंपिंग डिवाइस

【装作】 zhuāngzuò स्वांग रचना; दिखावा करना;

बनना: ～可怜相 दयनीय शक्ल बनाना / 他～生气地说… उस ने बनावटी गुस्से से कहा कि …

zhuǎng

奘 zhuǎng 〈बो०〉 मोटा और बड़ा: 这树很～。यह पेड़ बहुत मोटा और बड़ा है
zàng भी दे०

zhuàng

壮[1] (壯) zhuàng ❶दोहरे बदन का; दृढ़देह; तगड़ा; हट्टा-कट्टा; हृष्ट-पुष्ट: 年轻力～ जवान और बलवान ❷भव्य; शानदार; बड़ा: ～志 महासंकल्प; महान संकल्प; महत्वाकांक्षा ❸दृढ़तर बनाना; मज़बूत बनाना: ～志气 जोश बढ़ाना; साहस बढ़ाना

壮[2] (壯) Zhuàng च्वांग जाति (पहले 僮 Zhuàng)

【壮大】 zhuàngdà ❶विस्तार करना; सुदृढ़ बनाना; शक्तिशाली बनाना: ～革命力量 क्रांतिकारी शक्तियों का विस्तार करना / ～自己 अपने को शक्तिशाली बनाना; अपनी शक्ति में बढ़ोतरी करना ❷मोटा और बलवान; भारी; बड़ा: 手脚～ मोटे और बलवान हाथ-पैर

【壮胆】 zhuàngdǎn किसी का साहस या हौसला बढ़ जाना; किसी के अंदर हिम्मत आ जाना

【壮丁】 zhuàngdīng 〈पुराना〉 (सैनिक बनने योग्य) जवान: 逃～ सेना में जबरन भरती से पिण्ड छुड़ाकर भागना

【壮工】 zhuànggōng अदक्ष (अनिपुण) श्रमिक

【壮观】 zhuàngguān भव्य दृश्य: 大自然的～ महान प्रकृति का भव्य दृश्य

【壮健】 zhuàngjiàn मज़बूत और स्वस्थ; दृढ़देह; तगड़ा

【壮锦】 zhuàngjǐn च्वांग जाति की ज़री

【壮举】 zhuàngjǔ वीरतापूर्ण प्रयास: 中华民族的～ चीनी राष्ट्र का वीरतापूर्ण प्रयास

【壮阔】 zhuàngkuò विस्तृत; शानदार: 规模～ पैमाने में विस्तृत

【壮劳动力】 zhuàngláodònglì ज़्यादा ताकतवर मेहनतकश लोग

【壮丽】 zhuànglì शानदार; ओजस्वी: ～的颂歌 ओजस्वी कीर्तिगान

【壮烈】 zhuàngliè वीरतापूर्ण; बहादुरी का: ～牺牲 वीरतापूर्वक बलिदान या कुरबानी करना

【壮苗】 zhuàngmiáo स्वस्थ पौधा

【壮年】 zhuàngnián प्रौढ़ावस्था: 青～ युवक और प्रौढ़

【壮士】 zhuàngshì वीर; बहादुर

【壮实】 zhuàngshi गठा हुआ (बदन); तगड़ा; गठीला: ～的小伙子 गठीले बदन का जवान

【壮硕】 zhuàngshuò गठा हुआ; गठीला: ～的身躯 गठा हुआ बदन; गठीला बदन

【壮图】 zhuàngtú बड़ी योजना; महान योजना

【壮戏】 zhuàngxì (क्वांगशी और युननान में प्रचलित) च्वांग जाति का आपेरा

【壮心】 zhuàngxīn महा-संकल्प; महत्वाकांक्षा

【壮志】 zhuàngzhì महा-संकल्प; महत्वाकांक्षा

【壮志凌云】 zhuàngzhì-língyún महत्वाकांक्षा से (के साथ)

【壮志未酬】 zhuàngzhì-wèichóu अपनी महत्वाकांक्षा पूरी न होना

【壮族】 Zhuàngzú च्वांग जाति (क्वांगशी और युननान में)

状 (狀) zhuàng ❶रूप; आकार; आकृति: 奇形怪～ अजीबोगरीब ढंग वाला ❷स्थिति; हालत; दशा; अवस्था: ～况 स्थिति; हालत; दशा; अवस्था / 现～ वर्तमान (मौजूदा) स्थिति ❸वर्णन करना; बयान करना: ～语 〈व्या०〉 विधेय-विस्तारक ❹विवरण; उल्लेख; रिकार्ड: 功～ किसी के योगदान का विवरण ❺मुकदमा: 告～ अभियोग करना / ～纸 अभियोग-पत्र ❻प्रमाण-पत्र: 奖～ प्रशंसा-पत्र / 委任～ नियुक्ति-पत्र

【状词】 zhuàngcí लिखा अभियोग; अभियोग

【状况】 zhuàngkuàng स्थिति; हालत; दशा; अवस्था: 健康～ स्वास्थ्य की स्थिति / 经济～ आर्थिक स्थिति

【状貌】 zhuàngmào रंग-ढंग; सूरत-शक्ल

【状态】 zhuàngtài स्थिति; हालत; दशा; अवस्था: 不平衡的～ असमानता की अवस्था / 存在着无纪律～ अनुशासन-हीनता की स्थिति मौजूद होना / 无政府～ अराजकता

【状元红】 zhuàngyuánhóng एक बढ़िया शाओशिंग (绍兴) मदिरा

【状元秀】 zhuàngyuánxiù 〈खेल०〉 टॉप पिक (top pick)

【状元】 zhuàngyuan ❶शाही परीक्षा में पास होने वालों में उत्तम (पहला नंबर) ❷(किसी व्यवसाय में) उत्तम: 养猪"～" सूअर-पालने वालों में उत्तम

【状子】 zhuàngzi अभियोग-पत्र; अभियोग

僮 Zhuàng 〈पुराना〉 च्वांग जाति (वर्तमान 壮 Zhuàng)
tóng भी दे०

撞 zhuàng ❶टकराना; पटकना; बजाना: 汽车～在栅栏上 मोटर का बाड़ी से टकराना / 和自行车相～ साइकिल से टकरा जाना / 一头～在桌子角上 मेज़ के कोने से माथा टकराना / 两排牙齿相～的声音 दांतों के आपस में टकराने की आवाज़ / 用头往墙上～ दीवार पर सर पटकना / ～钟 घंटा बजाना ❷संयोग से मिलना; आ या जा टकराना: 她刚出大门就～上那个人。वह फाटक से निकलते ही उस आदमी से जा टकरायी।

❸(भाग्य) परखना; (किस्मत) आज़माई करना: ～运气 भाग्य परखना ❹अंधाधुंध कार्य करना: 横冲直～ धक्का देकर और कोहनी मारकर रास्ता बनाना

【撞车】 zhuàngchē ❶गाड़ियों का एक दूसरे से टकराना; गाड़ियों से टकराना ❷मतों और हितों में एक दूसरे से टकराना ❸(दो मीटिंगों आदि का) टकराव होना

【撞沉】 zhuàngchén टक्कर मारकर डुबो देना; टक्कर खाने से डूब जाना

【撞击】 zhuàngjī टकराना; टक्कर खाना; टक्कर मारना: 波浪～着岩石。लहरें चट्टानों से टकरा रही हैं।

【撞见】 zhuàngjiàn संयोग से मिलना; टकराना

【撞骗】 zhuàngpiàn मौका ढूंढकर ठगना या धोखा देना

【撞衫】 zhuàngshān पहनावे में समरूपता

【撞锁】 zhuàngsuǒ ❶स्प्रिंग लॉक ❷〈बोल०〉 किसी को घर पर न पाना: 我去他家看他，没想到～了。मैं उस से मिलने उस के घर गया और मैं ने उस के फाटक पर ताला लगा पाया।

【撞针】 zhuàngzhēn (अग्नेय अस्त्र में) फ़ाइयरिंग पिन

幢 zhuàng 〈बो०〉〈परि०श०〉: 一～五层楼房 एक पंच-मंज़िला इमारत
chuáng भी दे०

戇 (戅) zhuàng 〈लि०〉 मंद; सीधा-सादा
gàng भी दे०

【戇直】 zhuàngzhí 〈लि०〉 मंद और व्यवहार में कोरा; सादा और ईमानदार

zhuī

隹 zhuī प्राचीन पुस्तक में वर्णित छोटी पूँछ वाला पक्षी

追 zhuī ❶पीछा करना: ～兵 पीछा करने वाली सेना (सैनिक) / 他没有～我。उस ने मेरा पीछा नहीं किया। ❷मुख्य कारण का पता लगाना: ～根 मूल कारण पूछना; मुख्य कारण का पता लगाना ❸ढूँढ़ना; खोज करना; पाने को उत्सुक होना: ～名逐利 यश और लाभ की खोज करना ❹(स्त्री से) प्रेम करना; प्रेमप्रदर्शन करना ❺स्मरण करना; याद करना; स्मृति करना: ～念 स्मरण करना; स्मृति करना; याद करना / ～悼 किसी की याद में शोक-सभा करना; श्रद्धांजलि अर्पित करना / ～述 बीती हुई बात की चर्चा करना ❻बाद में कोई काम फिर करना: ～加 बाद में और कुछ देना; बढ़ाना / ～认 किसी के मरने के बाद उस को … घोषित करना

【追奔逐北】 zhuībēn-zhúběi （追亡逐北 zhuīwáng-zhúběi भी）पराजित शत्रुओं का पीछा करना

【追本溯源】 zhuīběn-sùyuán （追本穷源 zhuīběn-qióngyuán भी）स्रोत का पता लगाना

【追逼】 zhuībī ❶(भागे हुए शत्रुओं का) पास-पास पीछा करना ❷ज़बरदस्ती वापस लेना

【追补】 zhuībǔ ❶बाद में और कुछ देना; बढ़ाना ❷क्षति-पूर्ति करना: 不可～的损失 हानि जिस की क्षति-पूर्ति न की जा सके

【追捕】 zhuībǔ पीछा करना और गिरफ़्तार करना; पकड़ने के लिए पीछा करना

【追查】 zhuīchá घटना क्रम के अनुसार जांच-पड़ताल करना: ～谣言 अफ़वाह के स्रोत का पता लगाना

【追悼会】 zhuīdàohuì शोक-सभा: 开～ शोक-सभा करना

【追访】 zhuīfǎng रिपोर्टिंग के लिए अनुसरण करना

【追肥】 zhuīféi अतिरिक्त खाद (डालना)

【追风逐电】 zhuīfēng-zhúdiàn हवा और बिजली का पीछा करना —— (रेल आदि का) द्रुतगति से दौड़ना या चलना

【追赶】 zhuīgǎn पीछा करना; किसी को पकड़ने के लिए तेज़ी से चलना: ～先进人物 आगे बढ़े हुए व्यक्तियों को पकड़ने के लिए तेज़ी से चलना

【追怀】 zhuīhuái स्मरण करना; स्मृति करना; याद करना: ～往事 अतीत की बात की स्मृति करना

【追回】 zhuīhuí （追还 zhuīhuán भी）वापस लेना; फिर हाथ आ जाना; फिर से प्राप्त करना: ～赃物 चोरी की गई चीज़ या लूटा हुआ माल वापस लेना

【追悔】 zhuīhuǐ अपने किये पर पछताना; पहले की बात पर पछताना: ～莫及 पछताने में देर होना

【追击】 zhuījī पीछा करते हुए प्रहार करना: ～队 पीछा करने वाला दस्ता

【追缉】 zhuījī (भागे हुए अपराधी का) पीछा करना और गिरफ़्तार करना

【追记】 zhuījì ❶बीती हुई घटना पर नोट करना ❷किसी के मरने के बाद उसे … देना: ～特等功 मरने के बाद उसे विशेष श्रेणी का पुरस्कार दिया जाना

【追歼】 zhuījiān (शत्रुओं का) पीछा करना और बिलकुल नष्ट करना

【追剿】 zhuījiǎo (डाकुओं आदि का) पीछा करना और बिलकुल नष्ट करना

【追缴】 zhuījiǎo ❶तकाज़ा करना ❷(अवैध रूप से प्राप्त धन आदि) वापस देने के लिए हुकम देना: ～赃款 (अपराधी को) लूटी हुई या चोरी की हुई रकम वापस देने के लिए हुकम देना

【追究】 zhuījiū (मुख्य कारण का) पता लगाना; अंत तक जांच-पड़ताल करना: ～原因 मुख्य कारण का पता लगाना

【追捧】 zhuīpěng पीछे-पीछे चलना; अनुसरण करना

【追求】 zhuīqiú ❶ढूँढ़ना; खोज करना; पीछा करना; दौड़ना: ～真理 सत्य की खोज करना / ～形式 तड़क-भड़क दिखाना या चटक-मटक दिखाना ❷(स्त्री से) प्रेम करना; प्रेमप्रदर्शन करना

【追认】 zhuīrèn ❶मरने के बाद किसी को … घोषित करना: ～为烈士 मरने के बाद किसी को शहीद घोषित करना ❷किसी घटना के बाद किसी आज्ञा, निर्णय आदि की पुष्टि करना

【追思】 zhuīsī स्मरण करना; स्मृति करना; याद करना

【追诉】 zhuīsù 〈का०〉 अभियोग प्रस्तुत करना; मुकदमा चलाना

【追溯】 zhuīsù पीछे … तक पता लगाना; (से) काल निर्धारित करना: 这个传说可以～到远古时代。इस किंवदंती का अति प्राचीन काल तक पता लगाया जा सकता है।
【追随】 zhuīsuí अनुसरण (अनुकरण) करना; पीछे-पीछे चलना: ～者 अनुचर; अनुयायी; अनुगामी; पिछलगू; पिट्ठू
【追索】 zhuīsuǒ ❶ढूँढ़ना; खोज करना; पीछा करना ❷तकाज़ा करना; ऐसी वस्तु मांगना जिस के प्राप्त करने का अधिकार हो: ～旧帐 पुराना ऋण मांगना
【追逃】 zhuītáo भागे हुए अपराधी को पकड़ने के लिए पीछा करना
【追讨】 zhuītǎo पुराना ऋण मांगना
【追问】 zhuīwèn (追询 zhuīxún भी) एक सवाल के बाद दूसरा सवाल पूछते रहना; पूछ-ताछ करते रहना: ～原因 मुख्य कारण की पूछ-ताछ करना
【追星族】 zhuīxīngzú स्टार फ़ैन (star fan): सिनेमा-स्टार, गीत-स्टार आदि के प्रेमी या पूजक (अधिकतर युवक और किशोर)
【追想】 zhuīxiǎng स्मरण करना; स्मृति करना; याद करना
【追叙】 zhuīxù ❶बीती हुई बात की चर्चा करना ❷पूर्वकथा या पूर्वघटना का विवरण देना
【追寻】 zhuīxún पीछा करते हुए ढूँढ़ना या खोजना
【追忆】 zhuīyì स्मरण करना; स्मृति करना; याद करना: ～往事 बीती हुई बात की याद करना
【追赃】 zhuīzāng (अपराधी को) चुराए गए या लूटे हुए माल को वापस देने के लिए हुकुम देना
【追赠】 zhuīzèng मरने के बाद किसी व्यक्ति को पदवी देना
【追逐】 zhuīzhú ❶पीछा करना ❷ढूँढ़ना; खोज करना; (के लिए) लालायित रहना: ～名利 यश और लाभ के लिए लालायित रहना / ～利润 मुनाफ़े के लिए दौड़-धूप करना
【追踪】 zhuīzōng पदचिह्न के अनुसार किसी का पीछा करना

骓（騅） zhuī 〈लि०〉 चितकबरा घोड़ा; चितला घोड़ा

椎 zhuī रीढ़ की हड्डी: 脊～ रीढ़; मेरुदंड; कशेरुका chuí भी दे०
【椎骨】 zhuīgǔ रीढ़; रीढ़ की हड्डी; मेरुदंड; कशेरुका
【椎间盘】 zhuījiānpán 〈श०वि०〉 अंतरकशेरुका-चक्र (डिस्क): ～突出症 अंतरकशेरुका-चक्र का बहिःक्षेप

锥（錐） zhuī ❶सुतारी; टेकुआ; सूजा ❷सुतारी जैसी चीज़: 圆～体 मखरूत; शंकु ❸सुतारी से छेदना या बेधना; सूराख करना: ～孔 सुतारी से छेद बनाना; छेदना ❹〈गणित०〉 शंकु
【锥处囊中】 zhuīchǔnángzhōng जेब या थैली में सुतारी रखना —— योग्य व्यक्ति अस्थायी अप्रसिद्धि होने पर भी अंत में प्रकट हो जाएगा
【锥刀之末】 zhuīdāozhīmò कम मुनाफ़ा; अल्प प्राप्ति
【锥度】 zhuīdù ❶कोनिंग टेपर: ～规 टेपर गेज ❷टेपर रेशियो
【锥面】 zhuīmiàn ❶〈गणि०〉 शंकु का बाहरी भाग; शंकु की सतह ❷〈खनि०〉 पिरैमिडी फ़ेस
【锥形】 zhuīxíng शंक्वाकार; पिरैमिड
【锥子】 zhuīzi सुतारी; टेकुआ; सूजा

zhuì

坠（墜） zhuì ❶गिरना; पड़ना: ～在地上 धरती पर गिर पड़ना ❷(भारी वस्तु के कारण) नीचे झुकना: 芒果把树枝～得弯弯的。आम के बोझ से पेड़ की शाखाएँ नीचे झुक गईं। ❸नीचे लटकती हुई वस्तु ❹लटकन; झुमका: 扇～ पंखे का लटकन
【坠地】 zhuìdì (शिशु का) पैदा होना: 呱呱～ (शिशु का) चिल्लाते हुए पैदा होना
【坠毁】 zhuìhuǐ (विमान आदि) धरती पर गिरकर टूट जाना
【坠楼】 zhuìlóu ❶ऊँची इमारत से गिर पड़ना ❷ऊँची इमारत से कूद कर आत्महत्या करना
【坠落】 zhuìluò गिर पड़ना; टपकना; चूना
【坠琴】 zhuìqín च्वेइछिन, एक प्रकार का धनुष से बजाने वाला बाजा
【坠胎】 zhuìtāi दे० 堕胎 duòtāi गर्भपात; गर्भस्राव
【坠子】[1] zhuìzi 〈बो०〉 लटकन (विशेषतः झुमका)
【坠子】[2] zhuìzi ❶च्वेइछिन, एक प्रकार का धनुष से बजाने वाला बाजा ❷च्वेइछिन बजाकर गाया जाने वाला हनान आपेरा (河南坠子)

缀（綴） zhuì ❶सीना; टंकना: 他帽子上～着一块玉。उस की टोपी पर जेड पत्थर का एक टुकड़ा टंका हुआ है। ❷〈लि०〉 दो या अधिक शब्दों का संयोग होना या करना: ～字成文 शब्दों की रचना करके लेख बनाना ❸सजाना; सुसज्जित करना; अलंकृत करना: 点～ सजाना; सुशोभित करना; विभूषित करना
【缀合】 zhuìhé रचना करना; एक साथ रखना
【缀辑】 zhuìjí (पुस्तक रूप में सामग्री को) संकलित करना; संपादन करना: ～成书 संकलित सामग्री से ग्रंथ-निर्माण करना
【缀文】 zhuìwén 〈लि०〉 लेख लिखना

惴 zhuì 〈लि०〉 चिंतित और भयभीत
【惴栗】 zhuìlì 〈लि०〉 डरकर कंपना; थरथराना
【惴惴不安】 zhuìzhuì-bù'ān 〈लि०〉 चिंतित और भयभीत होना; सशंकित होना: 她～地说… उस ने सशंकित होकर कहा कि …

缒（縋） zhuì (रस्से से) नीचे जाना: ～城而出 रस्से से नगर की चहारदीवारी से अपने या किसी को नीचे जाने देना

膇 zhuì 〈लि०〉 पैर सूजना

赘（贅）zhuì ❶आवश्यकता से अधिक; फ़ालतू; बेकार: ～词 अनावश्यक शब्द / ～瘤 फ़ालतू और बेकार चीज़ ❷(पुरुष का) स्त्री के घर जाकर विवाह करना और पत्नी के परिवार का सदस्य बनना ❸〈बो०〉 कष्टप्रद होना: 孩子多了～人。अधिक बच्चों से बहुत कष्ट होता है।

【赘述】zhuìshù अनावश्यक विवरण देना: 不必～ विस्तृत विवरण देने की आवश्यकता न होना

【赘婿】zhuìxù दामाद जो अपनी पत्नी के माता-पिता के घर में रहता है

【赘言】zhuìyán ❶अनावश्यक विवरण देना: 不再～ फिर अनावश्यक विवरण न देना ❷अनावश्यक बात

【赘疣】zhuìyóu ❶मसा; मस्सा; अधिमांस; वार्ट ❷फ़ालतू और बेकार चीज़

【赘余】zhuìyú अनावश्यक; गैरज़रूरी; फ़ालतू

zhūn

肫[1] zhūn 〈लि०〉 ईमानदार; सच्चा; खरा

肫[2] zhūn पक्षी का द्वितीय पेट, गिज़र्ड: 鸡～ मुर्गे का गिज़र्ड

窀 zhūn नीचे दे०

【窀穸】zhūnxī 〈लि०〉 समाधि; कब्र

谆（諄）zhūn गंभीर; संजीदा; ईमानदार

【谆谆】zhūnzhūn गंभीरता से; संजीदगी से: ～告诫 बड़ी संजीदगी के साथ बताना; अथकता से समझाना या उपदेश देना; सच्ची सीख देना; हमेशा सलाह देते रहना

衠 zhūn 〈बो०〉 शुद्ध

zhǔn

准[1] zhǔn (किसी काम को) होने देना; अनुज्ञा देना; अनुमति देना; इजाज़त देना: 请～住校 छात्रावास में रहने की इजाज़त मांगना / 批～ स्वीकृति देना; अनुमोदन करना

准[2]（準）zhǔn ❶के अनुसार; तदनुसार: ～此办理 इस के अनुसार निबाहना या प्रबंध करना ❷मानक; मानदंड; स्टैंडर्ड: ～绳 कसौटी; मानदंड; मानक ❸ठीक-ठीक; माफ़िक; यथार्थ: 投篮～ (बास्केट बाल में) ठीक-ठीक शोटिंग करना / 这表走得不～。यह घड़ी ठीक से नहीं चलती। ❹अवश्य; ज़रूर: 我明天～来。कल मैं अवश्य आऊंगा। ❺नाक: 大王的龙～ महाराज की नाक ❻लगभग; प्राय:: ～决战 अर्ध-निर्णायक लड़ाई; लगभग निर्णायक मुहिम / ～军事组织 परासैनिक संगठन

【准保】zhǔnbǎo 〈क्रि०वि०〉 अवश्य; ज़रूर: 他～来。वह अवश्य आएगा।

【准备】zhǔnbèi ❶तैयार करना: ～工作 तैयारी-काम / ～充足 भरपूर तैयारियाँ होना / 对…有思想～ … के बारे में सोच-विचार कर लेना / ～战斗 लड़ने को तैयार रहना / 为…～条件… के लिए पूर्वशर्त मुहैया करना ❷चाहना; इच्छा रखना या करना; योजना बनाना: 我～明年去上海。मैं चाहता हूँ कि अगले साल में मैं शांगहाए जाऊँ। / 下月他不～去了。अगले महीने में उन का जाना पक्का नहीं है।

【准备金】zhǔnbèijīn तैयार रकम (किसी काम के लिए रखा हुआ पैसा)

【准备资金】zhǔnbèi zījīn तैयार पूँजी; रिज़र्व पूँजी

【准得】zhǔnděi 〈क्रि०वि०〉 अवश्य; ज़रूर; निश्चय ही: 天上乌云密布，今天～下雨。आकाश में बादल छाए हुए हैं, आज पानी अवश्य बरसेगा।

【准点】zhǔndiǎn ठीक समय पर: 列车～到达 रेल-गाड़ी का ठीक समय पर पहुंचना

【准定】zhǔndìng 〈क्रि०वि०〉 अवश्य; ज़रूर; निश्चय ही: 明天我～去。कल मैं अवश्य जाऊँगा।

【准稿子】zhǔngǎozi निश्चित; पक्का: 他什么时候去，还没有～呢。वह कब जाएगा, अभी निश्चित नहीं है।

【准话】zhǔnhuà निश्चित जवाब: 等日子定了以后，我再给您个～。तिथि तय करने के बाद मैं आप को निश्चित जवाब दूँगा।

【准将】zhǔnjiàng (अमरीकी थल-सेना, वायु-सेना और मैरीन-कोर) ब्रिगेडियर जनरल; (ब्रिटेन थल-सेना और मैरीन-कोर) ब्रिगेडियर; (अमरीकी और ब्रिटेन जल-सेना) कमोडोर; (ब्रिटेन वायु-सेना) एयर कमोडोर

【准谱儿】zhǔnpǔr 〈बोल०〉 निश्चित; पक्का: 他明天去不去还没个～。कल वह जाएगा कि नहीं अभी नि-श्चित नहीं है।

【准确】zhǔnquè ठीक; सही; यथार्थ; बिलकुल ठीक: ～计算 बिलकुल ठीक गिनती करना / 发音～ उच्चारण बिलकुल ठीक होना / ～性 प्रामाणिकता; यथार्थता

【准儿】zhǔnr निश्चित; पक्का: 他来不来还没准儿。वह आएगा या नहीं अभी निश्चित नहीं है।

【准时】zhǔnshí ठीक समय पर; यथासमय: ～开会 ठीक समय पर सभा होना / ～出席 (सभा आदि में) ठीक समय पर उपस्थित होना

【准头】zhǔntou यथार्थता (बोलने, निशानेबाज़ी आदि में) : 他说话没个～。आप उस की बात पर भरोसा न करें।

【准尉】zhǔnwèi 〈सैन्य०〉 वारंट अफ़सर; वारंट अधि-कारी

【准信】zhǔnxìn निश्चित जवाब; निश्चित सूचना (संदेश): 他什么时候来，请先给我个～。वह कब आएगा, आने के पहले मुझे निश्चित सूचना दीजिए।

【准星】zhǔnxīng ❶तराजू के डंडे पर लगाए गए निशान ❷(बंदूक की) मक्खी; फ़्रंट साइट

【准行】zhǔnxíng 〈बोल०〉 काम ज़रूर होगा: 这工作你去跟他说～。तुम खुद उस से बात करो, यह काम

ज़रूर होगा।

【准许】 zhǔnxǔ अनुमति देना; इजाज़त देना

【准予】 zhǔnyǔ स्वीकृत करना; मंज़ूर करना; अनुमति देना; इजाज़त देना: ～入境 किसी को देश में प्रवेश करने की अनुमति देना

【准则】 zhǔnzé मानदंड; कसौटी; नियम; सर्वमान्य प्रतिमान; मार्गदर्शक सिद्धांत: 公认的国际法～ अंतर्राष्ट्रीय कानून का सर्वमान्य नियम

埻 zhǔn 〈लि०〉 निशाने का केन्द्र

zhuō

拙 zhuō ❶मूर्ख; बेवकूफ़: 勤能补～ उद्योग से जन्मसिद्ध अज्ञानता की क्षतिपूर्ति हो सकती है; उद्यम अकुशलता (अचतुरता) की क्षतिपूर्ति कर सकता है। ❷〈विन०〉 मेरा: ～荆 〈विन०〉 मेरी पत्नी / ～著 मेरी पुस्तक

【拙笨】 zhuōbèn अचतुर; अकुशल; मंदबुद्धि: 口齿～ स्पष्ट भाषण से असमर्थ

【拙笔】 zhuōbǐ 〈विन०〉 मेरा (तुच्छ) लेख या चित्र

【拙稿】 zhuōgǎo 〈विन०〉 मेरा (तुच्छ) लेख; मेरी (तुच्छ) कृति

【拙见】 zhuōjiàn 〈विन०〉 मेरा विचार या मत

【拙劣】 zhuōliè अचतुर; घटिया; तुच्छ: ～的表演 अकुशल अभिनय

【拙朴】 zhuōpǔ सादा और अनालंकृत

【拙涩】 zhuōsè अचतुर (या अदक्ष, अकुशल) और अस्पष्ट: 译文～ अदक्ष और अस्पष्ट अनुवाद

【拙直】 zhuōzhí सीधा-सादा और खुले दिल का

【拙嘴笨腮】 zhuōzuǐ-bènsāi (拙嘴笨舌 zhuōzuǐ-bènshé भी) स्पष्ट भाषण देने में असमर्थ

【拙作】 zhuōzuò 〈विन०〉 मेरा (तुच्छ) लेख, चित्र आदि; मेरी कृति

捉 zhuō ❶पकड़ना; गिरफ़्तार करना: 活～ किसी को बन्दी बनाना / 警察在～他了。 पुलिसमैन उसे पकड़ना चाहता है। / ～放 बन्दी बना लेना और रिहा कर देना ❷पकड़ना; पकड़े रखना; थामना; मज़बूती से मुट्ठी में पकड़ना: ～笔 कलम पकड़ना

【捉刀】 zhuōdāo 〈लि०〉 किसी और व्यक्ति के लिए (लेख आदि) लिखना: ～人 वह लेखक जो पैसों के बदले दूसरे के नाम पर लिखे

【捉奸】 zhuōjiān अवैध यौन संबंध में किसी को संयोग की स्थिति में पकड़ना

【捉襟见肘】 zhuōjīn-jiànzhǒu सामना करने वाली बहुत-सी (विशेषकर आर्थिक) कठिनाइयाँ होना

【捉迷藏】 zhuōmícáng ❶आँखमिचौली; लुका-छिपी: 玩～ आँखमिचौली या लुका-छिपी खेलना ❷टाल-मटोल से भरा होना: 你就直说吧，不要跟我～了。 सीधी-सीधी बात कहो, टाल-मटोल मत करो।

【捉摸】 zhuōmō (बहुधा निषेध में प्रयुक्त) अनुमान करना या लगाना; अंदाज़ करना: 难以～ कठिनता से अनुमान करना; मुश्किल से अंदाज़ करना

【捉拿】 zhuōná (अपराधी को) पकड़ना; गिरफ़्तार कर लेना: ～杀人凶手 हत्यारे को गिरफ़्तार कर लेना / ～归案 (अपराधी को) पकड़कर कटघरे में खड़ा करना / ～治罪 गिरफ़्तार करना और सज़ा देना

【捉弄】 zhuōnòng चिड़ाना; बेवकूफ़ बनाना; चालबाज़ी करना

桌 zhuō ❶मेज़: 书～ डेस्क; राइटिंग डेस्क / 圆～ गोल मेज़ / 方～ चौकोर मेज़ / 条～ लंबी मेज़ ❷〈परि०श०〉: 两～客人 दो मेज़ों के इर्द-गिर्द बैठे हुए मेहमान (दावत में) / 客人坐满两～。 मेहमान दो मेज़ों के चारों ओर बैठे हुए हैं।

【桌布】 zhuōbù मेज़पोश

【桌灯】 zhuōdēng डेस्क लैंप

【桌面】 zhuōmiàn ❶मेज़ की ऊपरी सतह ❷डेस्क-टॉप

【桌面儿上】 zhuōmiànrshang मेज़ पर; स्पष्टतः; साफ़-साफ़; खुल्लम-खुल्ला; प्रकट रूप से; सार्वजनिक रूप से: ～的话 शिष्ट और युक्तिसंगत बात / 把问题摆到～来。 समस्या को मेज़ पर रखना

【桌帏】 zhuōwéi मेज़ पर पर्दा: 桌上系上～ मेज़ पर पर्दा लगाना

【桌椅板凳】 zhuō yǐ bǎndèng मेज़ें, कुर्सियाँ और बेंचें —— घर का साधारण साज़-सामान

【桌子】 zhuōzi मेज़; डेस्क

倬 zhuō 〈लि०〉 स्पष्ट; उल्लेखनीय; बड़ा; महान

棁 zhuō 〈लि०〉 धरन पर छोटा स्तम्भ

涿 Zhuō हपेइ प्रांत के 涿州 Zhuōzhōu और 涿鹿 Zhuōlù में प्रयुक्त अक्षर

焯 zhuō 〈लि०〉 स्पष्ट होना; समझना
chāo भी दे०

镨（鐯） zhuō 〈बो०〉 कुदाल से ज़मीन खोदना या (कटे हुए खेत की) ठूँठी काटना: ～玉米 कुदाल से मकई की ठूँठी काटना

【镨钩】 zhuōgōu 〈बो०〉 कुदाल

zhuó

灼 zhuó ❶जलना; झुलसना: ～伤 (आग, ऐसिड आदि का) जलना ❷प्रकाशमान; रोशनीदार; ज्योतिमान: ～亮 प्रकाशमान; रोशनीदार; ज्योतिमान; चमकीला

【灼急】 zhuójí चिंतित; परेशान; आकुल

【灼见】 zhuójiàn अंतर्व्याप्त दृष्टिकोण: 真知～ सच्ची जानकारी और गहरी अंतर्दृष्टि

【灼然】 zhuórán बिलकुल साफ़; अति स्पष्ट: ～可见 अति स्पष्ट; बिलकुल साफ़ / ～无疑 निर्विवाद; अकाट्य; अखंडनीय; असंदिग्ध
【灼热】 zhuórè झुलसाने वाली गरमी; आग जैसे गरम; बहुत गरम
【灼灼】 zhuózhuó चमकदार; चमकीला: 目光～ चमकती तीव्र आँखें

茁 zhuó समृद्ध; संपन्न; फलता-फूलता
【茁实】 zhuóshi 〈बो०〉 स्वस्थ और हट्टा-कट्टा; हृष्ट-पुष्ट
【茁长】 zhuózhǎng खूब परवान चढ़ना
【茁壮】 zhuózhuàng स्वस्थ और हट्टा-कट्टा; हृष्ट-पुष्ट: ～成长 खूब परवान चढ़ना

卓 zhuó ❶ऊंचा और सीधा: ～立 सीधा खड़ा होना ❷श्रेष्ठ; विशिष्ट; प्रमुख: ～见 विवेकशील विचार; विलक्षण विचार ❸ (Zhuó) एक कुलनाम
【卓尔不群】 zhuó'ěr-bùqún दूसरे सभी लोगों से बढ़-चढ़ कर होना; सर्वश्रेष्ठ होना; सर्वोत्कृष्ट होना
【卓绝】 zhuójué श्रेष्ठ; परमोत्कृष्ट; अद्वितीय; अत्यंत: 英勇～ बहुत अधिक वीर; बहुत ज़्यादा बहादुर
【卓荦】 zhuóluò 〈लि०〉 (卓跞 zhuóluò भी) अद्वितीय; अप्रतिम; बेजोड़; उत्कृष्ट; असाधारण; विलक्षण
【卓然】 zhuórán अत्युत्तम; बहुत अच्छा; अपूर्व; अद्‌भुत: 成绩～ अत्युत्तम सफलताएँ प्राप्त होना
【卓识】 zhuóshí विवेकपूर्ण विचार; सूक्ष्म दर्शन: 远见～ दूरदर्शिता और विवेकपूर्ण विचार
【卓异】 zhuóyì असाधारण; अद्वितीय; परमोत्कृष्ट
【卓有成效】 zhuóyǒu-chéngxiào सफलतापूर्ण; सफल; पुरअसर: ～的农业改革 कृषि का पुरअसर सुधार करना
【卓越】 zhuóyuè परमोत्कृष्ट; सर्वोत्तम; सर्वश्रेष्ठ: ～的思想 विलक्षण विचार / ～的成就 विशिष्ट सफलताएँ
【卓著】 zhuózhù सर्वश्रेष्ठ; उल्लेखनीय: 对抗战～勤劳 प्रतिरोध-युद्ध के दौरान उल्लेखनीय कार्य करना

斫 zhuó चाकू या कुल्हाड़े से काटना

浊 (濁) zhuó ❶अस्वच्छ (पानी, रंग आदि); गंदा; मैला: ～水 गंदा पानी / ～流 कीचड़ भरी धारा ❷मोटी; भारी (आवाज़): ～声～气 मोटी और भारी आवाज़ में ❸गड़बड़; अस्त-व्यस्त; अराजकतापूर्ण: 浊世
【浊世】 zhuóshì ❶〈लि०〉 अंधेर या अराजकतापूर्ण समय (काल) ❷〈बौद्ध धर्म〉 मानव संसार
【浊音】 zhuóyīn 〈ध्वनि०〉 सघोष; घोष

酌 zhuó ❶प्याले में शराब डालना; (शराब) पीना: 对～ दोनों जनों का आमने-सामने बैठकर शराब पीना / 独～ अकेला शराब पीना ❷शराब के साथ खाना: 便～ अनौपचारिक भोज ❸सोच-विचार करना: ～办 सोच-विचार करके काम करना / ～定 सोच-विचार करके निश्चित करना
【酌量】 zhuóliang सोच-विचार करना; अंदाज़ करना: 按情况～处理 परिस्थितियों के अनुसार (इन सवालों को) समुचित ढंग से सुलझाना / ～减轻人民负担 जनता के ऊपर भार को समुचित रूप से हल्का करना / ～增加工资 वेतन में समुचित बढ़ोतरी करना / ～加以改良老税制 मौजूदा कर-व्यवस्था को उचित संशोधनों के साथ इस्तेमाल करना
【酌情】 zhuóqíng स्थिति के अनुसार सोच-विचार करना: ～处理 स्थिति के अनुसार सोच-विचार करके समस्या हल करना
【酌予】 zhuóyǔ सोच-विचार करके देना: ～补助 सोच-विचार करके उचित आर्थिक सहायता देना

浞 zhuó पानी डालना; भिगोना: 书全都～湿了。 पानी में सारी किताबें भीग गईं।

诼 (諑) zhuó 〈लि०〉 दोष डालना; बदनामी करना: 谣～ अफ़वाहें फैलाना और बदनामी करना

著 1 zhuó 着 [1] zhuó के समान

著 2 zhuó 着 [2] zhuó के समान
zhe; zhù भी दे०

啄 zhuó चोंच मारना: ～食 चुगना; चोंच मारना; ठेंग मारना
【啄木鸟】 zhuómùniǎo कठफोड़वा; कठकोला; काष्ठकट्ट

着 1 zhuó ❶(कपड़ा) पहनना: 穿～ पहनावा; पोशाक ❷छूना; संपर्क में होना; संपर्क में आना: ～陆 ज़मीन पर पहुंचना या लगना; उतरना ❸प्रयोग करना; उपयोग करना: ～墨 स्याही का प्रयोग करना —— लिखना या चित्र खींचना ❹अता-पता: 寻找无～ अता-पता अज्ञात होना

着 2 zhuó ❶भेजना: ～人前来领取 किसी को भेजकर कोई चीज़ मंगवाना ❷(सरकारी दस्तावेज़ों में प्रयुक्त करके अनुल्लंघनीयता का भाव प्रकट होता है): ～即酌情处理。 हिदायत दी जाती है कि स्थिति के अनुसार सोच-विचार करके तत्काल समस्या को हल करें।
zhāo; zháo; zhe भी दे०
【着笔】 zhuóbǐ कलम का प्रयोग करना; लिखने या चित्रकारी करने लगना
【着力】 zhuólì बल लगाना; प्रयास करना; कोशिश करना: ～描绘 किसी व्यक्ति या घटना का वर्णन करने में पूरा ध्यान केन्द्रित करना
【着陆】 zhuólù अवतारित करना; किनारे पर उतरना, उतारना या लगना, लगाना
【着落】 zhuóluò ❶अता-पता: 丢失的行李已经有～了。 खोया हुआ असबाब मिल गया है। ❷निश्चित स्रोत: 这笔经费没有～。 हम अभी भी नहीं जानते कि लागत कहाँ से आएगी ? ❸किसी पर ज़िम्मेदारी पड़ना: 这事就～在你身上了。 इस काम की ज़िम्मेदारी अब तुम पर पड़ती है। ❹〈पुराना〉 सुरक्षित रूप से रखना; अच्छी तरह रखना: ～停当 पूरी तरह व्यवस्थित होना

【着棋】 zhuóqí 〈बो०〉 शतरंज खेलना
【着色】 zhuósè रंगना; रंजित करना; रंग करना या लगाना
【着实】 zhuóshí ❶सचमुच; वास्तव में: 这戏～不错。 यह नाटक सचमुच अच्छा है। ❷कठोरता से: ～批评 किसी की खूब या कठोरता से आलोचना करना
【着手】 zhuóshǒu (कोई काम करना) आरंभ करना; शुरू करना: ～建设 निर्माण-कार्य शुरू कर देना / ～工作 काम शुरू करना
【着手成春】 zhuóshǒu-chéngchūn दे० 妙手回春 miàoshǒu-huíchūn
【着想】 zhuóxiǎng (किसी व्यक्ति या काम के हित के लिए) सोच-विचार करना; ध्यान देना: 为人民的利益～ जनता के हितों के लिए सोच-विचार करना
【着眼】 zhuóyǎn मन में कोई बात या विचार रखना; ध्यान में रखना: 处处～于人民 हर बात पर जनता को ध्यान में रखकर विचार करना / ～点 प्रारंभ का बिन्दु; शुरुआत का बिन्दु
【着意】 zhuóyì मन लगाकर; लगन से: ～经营 मन लगाकर प्रबंध करना
【着重】 zhuózhòng ज़ोर देना: ～武装斗争 सशस्त्र संघर्ष पर ज़ोर देना / ～指出… ज़ोर देकर यह बात कहना कि …
【着重号】 zhuózhònghào अवधारणा-चिह्न
【着装】 zhuózhuāng ❶(कपड़े) पहनना: ～完毕 पहन चुकना ❷पोशाक; वस्त्र: 检查每个战士的～ हर सैनिक की पोशाक की जांच-पड़ताल करना

琢 zhuó टांकी से जेड पत्थर को आकार देना; (मूर्ति, बर्तन आदि) तराश कर बनाना: 精雕细～ संजीदगी और विस्तार से तराशना
zuó भी दे०
【琢磨】 zhuómó ❶(जेड को) तराशना और पॉलिश करना ❷सुधारना (लेख आदि को); परिमार्जित करना
zuómo भी दे०

斮 zhuó चाकू आदि से काटना

椓 zhuó प्राचीन काल में पुरुष के लिंग को काट देने का कठोर दंड

禚 Zhuó एक कुलनाम

斲 zhuó 〈लि०〉 (चाकू से) काटना: ～木为舟 लकड़ी को काटकर नाव बनाना
【斲轮老手】 zhuólún-lǎoshǒu पहिये बनाने वाला विशेषज्ञ
【斲丧】 zhuósàng ऐयाशी में लगा हुआ; ऐयाश; व्यसनी

鷟（鸑） zhuó दे० 鸑鷟 yuèzhuó

缴（繳） zhuó 〈लि०〉 तीर पर बांधी गई रेशमी रस्सी (पक्षी मारने के लिए प्रयुक्त)
jiǎo भी दे०

擢 zhuó 〈लि०〉 खींचना; खींच निकालना ❷पदोन्नति करना या होना: ～升 〈लि०〉 पदोन्नति करना या होना
【擢发难数】 zhuófà-nánshǔ (पाप) बाल जैसे बहुत अधिक, गिना न जा सकना
【擢用】 zhuóyòng 〈लि०〉 पदोन्नति करना और नियुक्त करना

濯 zhuó 〈लि०〉 धोना: ～足 पांव धोना
【濯濯】 zhuózhuó (पहाड़) नंगा; अनावृत; वृक्षरहित; उजाड़: 童山～ वृक्षहीन पहाड़; उजाड़ पहाड़; नंगा पहाड़

镯（鐲、鋜） zhuó कंकण; कंगन; कड़ा: 手～ हस्तसूत्र; कड़ा
【镯子】 zhuózi कड़ा; कंगन; हाथ या पैर में पहनने का चूड़ा या कंगन: 金～ सोने का कड़ा; सोने का कंगन, बाजूबंद आदि

zī

仔 zī नीचे दे०
崽 zǎi; zǐ भी दे०
【仔肩】 zījiān 〈लि०〉 दफ़्तरी बोझ या भार; ज़िम्मेदारी; उत्तरदायित्व

吱 zī 〈अनु०〉 (चूहा, छोटे पक्षी) चींचीं या चूँचूँ करना: 小鸟～～地叫。 छोटा पक्षी चींचीं करता है।
zhī भी दे०
【吱声】 zīshēng 〈बो०〉 बोलना; शब्द निकालना: 问了她几遍，她都不～。 कई बार उस से पूछा, पर वह कुछ न बोली।

孜 zī नीचे दे०
【孜孜】 zīzī परिश्रमी; उद्योगी; मेहनती; उद्यमी
【孜孜不倦】 zīzī-bùjuàn बिना थके और बिना रुके; अथक परिश्रम के साथ; लगन से
【孜孜矻矻】 zīzīkūkū बिना थके और बिना रुके; अथक परिश्रम से

咨 zī ❶दूसरों से सम्मति लेना; सलाह लेना: 咨询 ❷दे० 咨文
【咨访】 zīfǎng 〈लि०〉 सम्मति लेना; सलाह लेना; राय लेना
【咨嗟】 zījiē आह भरना; लंबी सांस खींचना ❷अत्यधिक प्रशंसा करना; आश्चर्य के कारण सांस लेने में बोझ का अनुभव करना
【咨文】 zīwén ❶〈पुराना〉 (बराबर रैंक के सरकारी दफ़्तरों के बीच) सरकारी सूचना ❷संदेश; सूचना; मेसेज: 总统～ प्रेसिडेंट का संदेश या मेसेज

【咨询】 zīxún परामर्श लेना; सम्मति लेना; सलाह लेना; राय लेना; सलाह-मशवरा करना: ～会议 सलाहकार परिषद; परामर्शदात्री परिषद / ～机关 सलाह लेने वाली संस्था; सलाहकारी संस्था / ～委员会 परामर्शदाता समिति; सलाहकार कमेटी

姿 zī ❶मुख-मुद्रा; मुखाकृति; रूप; शक्ल: ～色 (स्त्री का) सुंदर मुख-मुद्रा; सुरूप ❷मुद्रा; अंगविक्षेप: 舞～ नृत्य की मुद्रा

【姿容】 zīróng मुख-मुद्रा; मुखाकृति; रूप; शक्ल: ～秀美 सुंदर मुख-मुद्रा; खूबसूरत शक्ल

【姿势】 zīshì मुद्रा; अंगविक्षेप: ～优美 सुन्दर मुद्रा

【姿态】 zītài ❶मुद्रा; अंगविक्षेप; अंगस्थिति: ～优美 सुन्दर मुद्रा ❷रुख; एटीट्यूड; तौर-तरीका; हैसियत; शक्ल: 以革命者的～出现 कार्यकर्ता की शक्ल अख्तियार करना / 采取不同的～ भिन्न प्रकार के रुख अपनाना / 分析他们的～ उन के रुख का विश्लेषण करना / 不爱这种～ इस तौर-तरीके को नापसन्द करना

兹（茲） zī <लि०> ❶यह : ～事体大。यह सचमुच एक गंभीर बात है। ❷अब; अभी; इस समय: 三年于～。अब तक तीन साल हो चुके। / ～不赘述。अब अधिक वर्णन न किया जाएगा। ❸वर्ष; साल: 今～ यह साल; यह वर्ष / 来～ अगला साल

赀（貲） zī <लि०> ❶गिनना; हिसाब करना; गिनती करना: 所费不～。इस का व्यय (खर्च) मुश्किल से हिसाब किया जा सकता है। ❷पैसा; व्यय; खर्च

资¹（資） zī ❶पैसा; रुपया; खर्च; व्यय: 投～ पूँजी लगाना / 工资 वेतन; तनखाह; मजूरी ❷सहायता देना; आर्थिक सहायता देना: ～助 आर्थिक सहायता देना ❸उपस्थित करना; देना; पहुंचाना: 以～对比 तुलना के लिए उपस्थित करना ❹ (Zī) एक कुलनाम

资²（資） zī ❶बुद्धि; गुण; स्वाभाविक योग्यता: 天～ सहज बुद्धि; स्वाभाविक विवेक ❷हैसियत: 论资排辈 lùn zī pái bèi

【资本】 zīběn ❶पूँजी: ～积累 पूँजी का संचय / 把钱借给他作～ उस को पूँजी के रूप में पैसे उधार देना ❷अपने हित के लिए प्रयोग करने वाली कोई चीज़: 政治～ राजनीतिक पूँजी

【资本帝国主义】 zīběn dìguó zhǔyì पूँजीवादी-साम्राज्यवाद

【资本家】 zīběnjiā पूँजीपति: ～所有制 पूँजीवादी स्वामित्व

【资本主义】 zīběn zhǔyì पूँजीवाद: ～道路 पूँजीवादी मार्ग / ～成分 पूँजीवादी तत्व / ～复辟 पूँजीवाद की पुनर्स्थापना / ～生产 पूँजीवादी उत्पादन / ～自发倾向 पूँजीवादी स्वतः स्फूर्त प्रवृत्ति (झुकाव) / ～总危机 पूँजीवाद का आम संकट

【资材】 zīcái माल; सामग्रियाँ और साज़-सामान

【资财】 zīcái साधन; पूँजी और माल; परिसम्पत्ति: 清点～ (कारखाने आदि की) परिसम्पत्तियों की तालिका या सूची बनाना

【资产】 zīchǎn ❶संपत्ति; जायदाद; धन ❷पूँजी फ़ंड; पूँजी: 固定～ स्थिर पूँजी / 冻结～ संपत्ति को अल्पकाल या सदा के लिए अनुपलभ्य बनाना

【资产阶级】 zīchǎn jiējí पूँजीपति-वर्ग: ～代表人物 पूँजीपति-वर्ग का प्रतिनिधि तत्व / ～包围 पूँजीवादी घेरेबंदी / ～革命 पूँजीवादी क्रांति / ～共和国 पूँजीवादी गणराज्य

【资敌】 zīdí शत्रु को आर्थिक सहायता देना; शत्रु का समर्थन करना

【资方】 zīfāng पूँजीपति पक्ष: ～代理人 पूँजीपति पक्ष का एजेण्ट

【资费】 zīfèi खर्च; व्यय; डाक आदि की फ़ीस; टेलिकम्यूनिकेशन

【资斧】 zīfǔ <लि०> यात्रा का खर्च

【资格】 zīgé ❶हैसियत; योग्यता; हक: 具备必要的～ आवश्यक हैसियत हासिल कर लेना / 你有什么～说他一声呢？भला तुम को क्या हक है कि तुम उसे कुछ शब्द कहो？❷ज्येष्ठता: 老～ अनुभवी; तजरबाकार; तजुर्बेकार

【资格审查委员会】 zīgé shěnchá wěiyuánhuì प्रमाण-पत्र समिति; प्रमाण कमीशन; प्रमाण-पत्र निरीक्षण समिति

【资格证书】 zīgé zhèngshū प्रमाण-पत्र

【资金】 zījīn फ़ंड; जमा-पूँजी; निधि; कोष: ～积累 जमा-पूँजी का संचय / ～周转 पूँजी का परिचालन / 解决～问题 आवश्यक निधि की समस्या को हल करना

【资力】 zīlì वित्तीय शक्ति: ～雄厚 आर्थिक दृष्टि से शक्तिशाली होना

【资历】 zīlì वरिष्ठता; ज्येष्ठता; सेवा करने की वरिष्ठता और रिकार्ड: ～很深 सेवा करने का लंबा रिकार्ड

【资料】 zīliào ❶साधन: 生产～ उत्पादन के साधन / 生活～ जीविका के साधन ❷सामग्री; मसाला: 积累～ सामग्रियों का संचय करना / ～室 रिकार्ड आफ़िस या दफ़्तर; संदर्भावलोकन कक्ष

【资深】 zīshēn सेवा करने का लंबा रिकार्ड वाला; वरिष्ठ: ～科学家 वरिष्ठ विज्ञानवेत्ता

【资送】 zīsòng (किसी को) रुपया-पैसा देकर भेजना: ～出国留学 किसी को आर्थिक सहायता देकर विदेश में पढ़ने के लिए भेजना

【资望】 zīwàng वरिष्ठता और प्रतिष्ठा

【资信】 zīxìn पूँजी और विश्वास; केपिटल व क्रेडिट

【资性】 zīxìng बुद्धि; चतुराई; अक्ल

【资讯】 zīxùn डेट (data); आधार-सामग्री

【资源】 zīyuán प्राकृतिक साधन-स्रोत; साधन-स्रोत: ～调查 प्राकृतिक साधनों का सर्वेक्षण / ～丰富 साधन-स्रोत समृद्ध होना / 野生动物～ जंगली जानवरों का साधन-स्रोत

【资质】 zīzhì बुद्धि; चतुराई; अक्ल: ～高 उच्च बुद्धि वाला व्यक्ति

【资助】 zīzhù आर्थिक सहायता देना: ～清寒学生 दरिद्र छात्रों को आर्थिक सहायता देना / 得到～ वज़ीफ़ा पाना; आर्थिक सहायता प्राप्त करना

菑 zī ❶प्राचीन काल में पहली बार जोती जाने वाली भूमि ❷〈लि०〉 घास छीलना या काटना
〈प्रा०〉 灾 zāi के समान भी

谘（諮）zī 咨 zī❶ के समान

淄 Zī त्स नदी (शानतोंग प्रांत में)

缁（緇）zī 〈लि०〉 काला; श्याम; कृष्ण：～衣 काला कपड़ा

辎（輜）zī प्राचीन काल में एक प्रकार की आवृत गाड़ी

【辎重】 zīzhòng रसद; सामान; असबाब：烧了～ रसद में आग लगा देना

嗞 zī 吱 zī के समान

嵫 zī दे० 崦嵫 Yānzī

粢 zī प्राचीन काल में बलि के अनुष्ठान में प्रयुक्त अनाज

孳 zī जीवनवृद्धि करना; (पौधे, जीव आदि को) उत्पन्न करना

【孳乳】 zīrǔ 〈लि०〉 ❶(पशु) प्रजनन को बढ़ाना ❷मूल से निकलना; उत्पत्ति होना

【孳生】 zīshēng 滋生 zīshēng के समान

【孳孳】 zīzī 孜孜 zīzī के समान

滋 1 zī ❶उगना; उपजना; उत्पन्न होना：滋生 ❷बढ़ाना：～长 उत्पन्न होना; विकसित होना

滋 2 zī 〈बो०〉 (पानी आदि) तेज़ धार छोड़ना; फूट निकलना：水管～水 पानी पाइप से फूट निकलना / 电线～火 बिजली के तार से आग फूट निकलना

【滋补】 zībǔ पौष्टिक; पुष्टिकर; बलवर्द्धक：～药 पौष्टिक औषधि; बलवर्द्धक औषधि

【滋蔓】 zīmàn 〈लि०〉 उत्पन्न होना और फैलना：湖中水草～。 झील में जल-तृण उग गये और बहुत जल्दी फैल गये।

【滋扰】 zīrǎo कष्ट देना; गड़बड़ पैदा करना

【滋润】 zīrùn ❶गीला; भीगा; तर; नम：皮肤～ नरम चमड़ा ❷तर करना; आर्द्र करना：雨露～ पानी और ओस से तर करना ❸〈बो०〉 आराम का：日子过得～ आराम से दिन बिताना

【滋生】 zīshēng ❶उगना; उत्पन्न होना：防止蚊蝇～ मच्छरों और मक्खियों की पैदावार की रोकथाम करना ❷पैदा करना; उत्पन्न करना：～事端 कष्ट देना; गड़बड़ पैदा करना

【滋事】 zīshì कष्ट देना; गड़बड़ पैदा करना：酗酒～ नशे की हालत में गड़बड़ पैदा करना

【滋味】 zīwèi आस्वाद; स्वाद; मज़ा：菜的～很好。 भोजन बहुत स्वादिष्ट है; भोजन का स्वाद बहुत अच्छा है। / 心里不是～ अच्छा न लगना

【滋芽】 zīyá 〈बो०〉 अंकुरित होना

【滋养】 zīyǎng ❶भोजन आदि द्वारा पोषित होना：～品 पौष्टिक भोजन / ～身体 पोषित होना ❷पौष्टिक तत्व; पोषक आहार

【滋育】 zīyù उगना; उत्पन्न होना; जीवन शक्ति देना

趑（趦）zī नीचे दे०

【趑趄】 zījū 〈लि०〉 ❶मुश्किल से चलना ❷आगे बढ़ने में झिझकना：～不前 आगे बढ़ने में झिझकना या हिचकिचाना

觜 zī मृगशिरा, अट्ठाइस नक्षत्रों में बीसवाँ
zuǐ भी दे०

訾 zī ❶〈लि०〉 赀 zī❶ के समान ❷（Zī）एक कुल-नाम
zǐ भी दे०

锱（錙）zī प्राचीन काल में भार की एक इकाई, एक ल्यांग（两）का चौथा भाग

【锱铢必较】 zīzhū-bìjiào हर पैसे पर झगड़ा करना; हर बात पर बहस या वाद-विवाद करना

龇（齜、呲）zī (दांत) निकल आना

【龇牙咧嘴】 zī yá liě zuǐ ❶दांत दिखाना; क्रूर दिखाई देना ❷दर्द से मुंह बनाना या चेहरा विकृत करना

鼒 zī 〈लि०〉 भोजन पकाने का छोटे मुँह वाला त्रिपदी बर्तन

髭 zī मूँछ; ऊपरी ओंठ पर के बाल：～须 दाड़ी-मूँछ

鲻（鯔）zī मुलेट (मछली)

zǐ

子 1 zǐ ❶पुत्र; बेटा; बच्चा：父～ पिता और पुत्र ❷व्यक्तिः 男～ पुरुष / 女～ स्त्री ❸प्राचीन काल में विद्वान के लिए सुन्दर नाम：孔～ कनफ़्यूशियस ❹कनफ़्यूशियसः ～曰 कनफ़्यूशियस ने कहा कि ❺〈लि०〉 तुम; आप：以子之矛，攻子之盾 yǐ zǐ zhī máo, gōng zǐ zhī dùn ❻子书 के समान ❼बीज：西瓜～ तरबूज़ का बीज ❽अंड; अंडा：鱼～ मछली का अंडा / 鸡～ मुर्गी का अंडा ❾छोटा; कोमल; जवान：～鸡 मुर्गी का बच्चा; चूज़ा ❿कोई छोटी, कड़ी और दानेदार चीज़：棋～ (शतरंज की) मुहरें या गोटें ⓫मूल से निकलने वाला; पराधीन; सहायक：～公司 सहायक कंपनी ⓬कांसे के सिक्के：我身上一个～儿也没有。 मेरे पास एक कौड़ी तक भी नहीं है। ⓭〈परि०श०〉 (लंबी और पतली चीज़ के लिए प्रयुक्त)：一～儿线 निश्चित लंबाई का सूत का एक गोला ⓮（Zǐ）एक कुलनाम

子 2
zǐ वाइकाउंटः ～爵 वाइकाउंट

子 3
zǐ बारह पार्थिव शाखाओं（地支）में पहला —— दे० 干支 gānzhī

子 zi ❶(संज्ञा प्रत्यय)：桌～ मेज़; डेस्क / 椅～ कुर्सी / 帽～ टोपी ❷(किसी निश्चित परिमाण शब्द के बाद प्रयुक्त)：这档～事 यह मामला; यह बात / 一下～来了很多人。एक ही समय में बहुत से लोग आए। / 来了一伙～人。लोगों का एक दल आया।

【子部】 zǐbù 子书 के समान
【子城】 zǐchéng बड़े नगर के अंदर छोटा नगर
【子畜】 zǐchù （仔畜 zǐchù भी）नव-उत्पन्न पशु; जानवर का बच्चा
【子代】 zǐdài 〈जीव०〉संतान की पीढ़ी
【子弹】 zǐdàn गोली; कारतूसः ～带 कारतूस-पेटी / ～壳 खाली कारतूस
【子堤】 zǐdī 子埝 के समान
【子弟】 zǐdì ❶पुत्र और छोटा भाईः 职工～ कर्मचारियों के पुत्र और छोटे भाई ❷निचली पीढ़ी के जवानः 工农～兵 ऐसे सैनिक जो मज़दूर-किसान घरानों से आये हों
【子房】 zǐfáng 〈वन०〉(मादा जीवों में) बीजकोष
【子妇】 zǐfù ❶पुत्र और पुत्रवधू ❷पुत्रवधू
【子宫】 zǐgōng गर्भाशय; कोख; बच्चादारीः ～脱垂 गर्भाशय का नीचे सरकना या खिसकना
【子宫颈】 zǐgōngjǐng गर्भाशय का गलाः ～炎 सेर्वि-सिटिस / ～癌 गर्भाशय के गले में कैंसर
【子宫帽】 zǐgōngmào गर्भाशय की टोपी
【子规】 zǐguī 〈प्राणि०〉कोयल; कोकिल; कोकिला
【子姜】 zǐjiāng नर्म अदरक
【子金】 zǐjīn ब्याज; सूद
【子粒】 zǐlì बीज; दाना; बीनः ～饱满 भरा-पूरा दाना
【子棉】 zǐmián न ओटा हुआ कपास; बिनौले न निकाला हुआ कपास
【子母弹】 zǐmǔdàn 榴霰弹 liúxiàndàn का दूसरा नाम
【子母机】 zǐmǔjī 〈सैन्य०〉संयुक्त विमान
【子母扣儿】 zǐmǔkòur स्नैप-फ़ास्नर
【子母雷】 zǐmǔléi 〈सैन्य०〉मुर्गी-अण्डे-बच्चे माइन
【子母钟】 zǐmǔzhōng मास्टर-घड़ी
【子目】 zǐmù उपजातीय मद; उपशीर्षक; अनुशीर्षक
【子囊】 zǐnáng 〈वन०〉ऐस्कस
【子埝】 zǐniàn बाढ़ आते समय बाँध पर जोड़ा हुआ उप-बाँध
【子女】 zǐnǚ पुत्र और पुत्रियाँ; बाल-बच्चे; बेटे-बेटियाँ; संतान
【子时】 zǐshí रात के ग्यारह बजे से एक बजे तक का समयः 一交～ आधी रात के बाद
【子实】 zǐshí बीज; दाना; बीन (फली)
【子书】 zǐshū चीनी पारम्परिक पुस्तकालय में चार वि-भागों में से एक
【子嗣】 zǐsì 〈लि०〉पुत्र; नर संतान
【子孙】 zǐsūn पुत्र और पौत्र; वंशज; संतान; संतति; औलादः ～后代 वंशज; संतान; संतति; औलाद; आने वाली पीढ़ियाँ
【子午莲】 zǐwǔlián 〈वन०〉वाटर लिली
【子午线】 zǐwǔxiàn （子午圈 zǐwǔquān भी）मध्याह्न-रेखा
【子午仪】 zǐwǔyí मध्याह्न-उपकरण; मध्याह्न-यंत्र
【子息】 zǐxī ❶पुत्र; नर संतान ❷〈लि०〉ब्याज; सूद
【子细】 zǐxì 仔细 zǐxì के समान
【子弦】 zǐxián पतला रेशमी तार (सानश्येन 三弦、फीफा 琵琶 और 二胡 अर्हू के बाहरी तार के लिए प्रयुक्त)
【子痫】 zǐxián 〈चिकि०〉इक्लैम्पसिया
【子虚】 zǐxū 〈लि०〉अवास्तविक; झूठा; काल्पनिकः ～乌有 निराधार; अवास्तविक; असत्य; काल्पनिक
【子婿】 zǐxù 〈लि०〉दामाद; जमाता; जमाई
【子药】 zǐyào 子弹 (कारतूस) और 火药 (बारूद) का सामूहिक नाम
【子叶】 zǐyè 〈वन०〉बीजपत्र; बीजपतिया
【子夜】 zǐyè मध्य-रात्रि; आधी रात
【子音】 zǐyīn 〈ध्वनि०〉व्यंजन
【子侄】 zǐzhí पुत्र और भतीजे
【子猪】 zǐzhū घेंटा; घेंटला; सूअर का बच्चा

仔 zǐ छोटा (घरेलू पशु-पक्षी आदि)：～鸡 चूज़ा / ～猪 घेंटा
崽 zǎi; zī भी दे०

【仔畜】 zǐchù 子畜 zǐchù के समान
【仔密】 zǐmì घनिष्ठ रूप से बुना या बिना हुआ (कपड़ा)
【仔细】 zǐxì ❶सावधान; ध्यानपूर्ण; दत्तचित्तः ～听讲 क्लास में ध्यानपूर्वक सुनना / ～解决问题 बड़ी बारीकी के साथ समस्याएँ हल करना ❷सावधान; होशियारः 山路崎岖，你们可要～！ पहाड़ी रास्ता ऊबड़-खाबड़ है, होशियार हो जाओ ! ❸〈बो०〉मितव्ययी; अल्पव्ययी; कमखर्च; किफ़ायतीः 日子过得～ मितव्ययिता से दिन बिताना
【仔鱼】 zǐyú （子鱼 zǐyú भी）मछली का बच्चा; छोटी मछली

姊 zǐ बड़ी बहिनः ～妹 बड़ी बहिन और छोटी बहिन; बहिन

【姊妹城】 zǐmèichéng जोड़-तोड़ के शहर
【姊妹船】 zǐmèichuán एक ही आकार-प्रकार के जहाज़
【姊妹花】 zǐmèihuā दो बहिनें
【姊妹篇】 zǐmèipiān जोड़-तोड़ के ग्रंथ या लेख

耔 zǐ 〈लि०〉पौधे के चारों ओर मिट्टी का ढेर लगाना

秭 zǐ ❶प्राचीन काल में एक संख्या का नाम, दस हज़ार करोड़ ❷秭归 Zǐguī हूपेइ प्रांत में एक स्थान

籽 zǐ बीजः 棉～ कपास का बीज / 花～ फूल का बीज

【籽粒】 zǐlì 子粒 zǐlì के समान

【籽棉】 zǐmián 子棉 zǐmián के समान
【籽实】 zǐshí 子实 zǐshí के समान

笫 zǐ 〈लि०〉 बांस की पट्टियों से बुनी चटाई: 床～ पलंग की चटाई

梓 zǐ ❶〈वन०〉 चीनी काटाल्पा ❷छपाई के लिए काष्ठ काटना: 付～ छपाईघर भेजना
【梓里】 zǐlǐ 〈लि०〉 जन्मस्थान; जन्मभूमि

紫 zǐ बैंगनी रंग; नीललोहित रंग
【紫菜】 zǐcài 〈वन०〉 लीवर
【紫草】 zǐcǎo 〈वन०〉 एशियाई पुक्कून; चीनी ग्रोमवेल
【紫草茸】 zǐcǎoróng 〈ची०चि०〉 शलक; लाख; शलक लाख
【紫癜】 zǐdiàn 〈चिकि०〉 परप्यूरा (एक चर्मरोग)
【紫貂】 zǐdiāo 〈प्राणि०〉 सेबल
【紫丁香】 zǐdīngxiāng 〈वन०〉 लाइलैक
【紫毫】 zǐháo (गहरे बैंगनी रंग के) खरगोश के बालों से बना लिखने का ब्रश
【紫绀】 zǐgàn 〈चिकि०〉 सिनोसिस
【紫河车】 zǐhéchē 〈ची०चि०〉 मनुष्य का सूखा गर्भपोष
【紫红】 zǐhóng बैंगनी-सा लाल; बैंगनीपन लिए लाल रंग
【紫花】 zǐhuā हल्का लाल-सा रंग; कपिश; भूरा रंग
【紫花地丁】 zǐhuādìdīng 〈वन०〉 चीनी वायोलेट (बैंजनी)
【紫花苜蓿】 zǐhuāmùxu 〈वन०〉 रिजका; लुसर्न; ऐल्फ़ैल्फ़ा
【紫胶】 zǐjiāo शलक; लाख; शलक लाख
【紫胶虫】 zǐjiāochóng लाख का कीड़ा
【紫禁城】 zǐjìnchéng (पेइचिंग में) निषिद्ध नगर
【紫荆】 zǐjīng 〈वन०〉 चीनी रेडबड
【紫羚羊】 zǐlíngyáng 〈प्राणि०〉 बांगो
【紫罗兰】 zǐluólán वायलेट
【紫茉莉】 zǐmòlì 〈वन०〉 मार्वेल; फ़ोर-ओक्लॉक
【紫萍】 zǐpíng काई; शैवाल
【紫杉】 zǐshān 〈वन०〉 जापानी श्यामपर्णी
【紫石英】 zǐshíyīng जमुनिया; फ़ीरोजा; याकूतेजिमरी
【紫苏】 zǐsū 〈वन०〉 बैंगनी पेरिला
【紫檀】 zǐtán 〈वन०〉 लाल चंदन
【紫藤】 zǐténg 〈वन०〉 चीनी विस्टेरिया
【紫铜】 zǐtóng लाल ताँबा
【紫外线】 zǐwàixiàn पराबैंगनी किरण; अल्ट्रावायलट रेज़: ～灯 अल्ट्रावायलट लैम्प
【紫菀】 zǐwǎn 〈वन०〉 तारक वृक्ष
【紫葳】 zǐwēi 凌霄花 língxiāohuā का दूसरा नाम
【紫微垣】 zǐwēiyuán परिध्रुवीय तारापुंज
【紫薇】 zǐwēi 〈वन०〉 क्रेप मेर्टल; क्रेप मेंहदी
【紫药水】 zǐyàoshuǐ 龙胆紫 lóngdǎnzǐ का साधारण नाम
【紫云英】 zǐyúnyīng 〈वन०〉 चीनी मिल्क वैच (दूधिया पौधा, चारे आदि के लिए)
【紫竹】 zǐzhú काला बांस

訾 zǐ 〈लि०〉 बदनामी करना; झूठी निंदा करना
zī भी दे०
【訾议】 zǐyì 〈लि०〉 समालोचना करना; गुण-दोष-विवेचन करना; चरित्र आदि पर आपत्ति या आक्षेप करना: 无可～ अनिंद्य

滓 zǐ तरल पदार्थों के तले में जम जाने वाला पदार्थ; तलछट: 渣～ तलछट; मैल; निरर्थक वस्तु

zì

自[1] zì ❶स्वयं; खुद; आत्म-: ～嘲 आत्म-उपहास; आत्म-विडम्बना / ～吹～擂 अपने मुंह मियां-मिट्ठू बनना और डींग मारना ❷〈क्रि०वि०〉 अवश्य; ज़रूर; निस्संदेह; बेशक: ～不待言 बेशक कहने की ज़रूरत न होना / ～当努力。निस्संदेह भरसक प्रयत्न करना चाहिए।

自[2] zì से: ～古以来 प्राचीन काल से; सनातन काल से / ～此 यहाँ से / 来～四面八方 चारों ओर से आना
【自爱】 zì'ài व्यक्तिनिष्ठा; आत्मसम्मान
【自傲】 zì'ào ❶घमंडी; अहंकारी; मिथ्याभिमानी ❷किसी बात पर गर्व करना
【自拔】 zìbá (पीड़ा, कुकर्म आदि से) अपने को मुक्त करना; बचाना; छुड़ाना: 不能～ अपने को मुक्त न कर सकना
【自白】 zìbái अपना स्पष्टीकरण देना; अपनी सफ़ाई देना; अपने को निर्दोष साबित करना; अपने को न्यायसंगत सिद्ध करना: ～书 पाप-स्वीकृति-पत्र
【自报公议】 zìbào-gōngyì स्व-मूल्यांकन और सार्वजनिक वाद-विवाद
【自暴自弃】 zìbào-zìqì आत्मग्लानि होना; नाउम्मीदी में प्रयास छोड़ देना
【自卑】 zìbēi आत्म-अनादर होना; अपने को तुच्छ समझना: ～感 लघुता की भावना
【自备】 zìbèi अपने लिए तैयार करना या प्रबंध करना: ～汽车 अपने लिए तैयार की हुई कार
【自便】 zìbiàn अपनी सुविधा के लिए; जैसी अपनी पसंद: 请～。आप अपनी इच्छानुसार काम करें।
【自不量力】 zìbù-liànglì अपने को या अपनी शक्ति को वास्तव से बहुत अधिक कूतना; अपनी खुद की हद न जानना
【自裁】 zìcái 〈लि०〉 आत्महत्या करना; अपने आप को मार डालना
【自残】 zìcán अपने को घायल करना
【自惭】 zìcán लज्जित होना; शर्मिंदा होना
【自惭形秽】 zìcán-xínghuì अपने को दूसरों की संगति में अयोग्य समझना
【自沉】 zìchén डूब कर आत्महत्या करना
【自称】 zìchēng अपने को … कहना: ～专家 अपने को विशेषज्ञ कहना / ～是先进单位 अपनी इकाई को प्रगतिशील इकाई कहना

【自成一家】 zìchéng–yījiā (सुलिपि, चित्रकला आदि में) अपनी स्वयं की शैली होना; अद्वितीय या बिलकुल नयी शैली होना

【自乘】 zìchéng 〈गणित०〉 घातक्रिया; संवर्गीकरण: 三～得九。3 का वर्गफल नौ होता है।

【自持】 zìchí ❶अपने को नियंत्रित करना या नियंत्रण में रखना ❷मितभाषी; वाकसंयमी; स्थिर-चित्त

【自筹】 zìchóu (फ़ंड आदि) स्वतंत्र रूप से जमा करना; एकत्र करना: ～资金 स्वतंत्र रूप से फ़ंड (पूँजी) संग्रह करना

【自出机杼】 zìchū–jīzhù (साहित्यिक कृति आदि का) विचार बिलकुल नया होना; शैली का अपूर्ण होना

【自从】 zìcóng 〈पूर्व०〉 से; जब से; से लेकर: ～去年春天到现在 पिछले वसंत से अब तक / ～你来了以后，我的身体一直很好。जब से तुम आये हो तब से मेरा स्वास्थ्य अच्छा है।

【自打】 zìdǎ 〈बो०〉 से; जब से

【自大】 zìdà अहम्मन्य; घमंडी; अभिमानी; मदांध: ～狂 अहम्मन्यता; महत्वोन्माद

【自得】 zìdé संतोषपूर्ण; आत्मतुष्ट: 安闲～ स्वतंत्र और संतोषपूर्ण

【自得其乐】 zìdé–qílè अपने-आप खुश होना; किसी बात या काम से खुशी हासिल होना

【自动】 zìdòng ❶स्वेच्छा से; स्वेच्छापूर्वक: ～参加 स्वेच्छा से भाग लेना / ～招供 स्वेच्छा से स्वीकृति-पत्र सम्मुख उपस्थित करना ❷आप-से-आप; स्वतः; खुद-ब-खुद: ～失效 आप-से-आप अवैध हो जाना / ～延长 (पट्टा आदि) आप-से-आप समय बढ़ाना

【自动步枪】 zìdòng bùqiāng स्वचालित राइफ़ल

【自动车床】 zìdòng chēchuáng स्वचालित खराद

【自动词】 zìdòngcí 〈व्या०〉 अक्रमक क्रिया

【自动电话交换机】 zìdòng diànhuà jiāohuànjī स्वचालित टेलीफ़ोन एक्सचेंज

【自动电梯】 zìdòng diàntī स्वचालित लिफ़्ट

【自动对光】 zìdòng duìguāng स्वचालित दूरी-मापक यंत्र; स्वचालित रेंज फ़ाइण्डर

【自动扶梯】 zìdòng fútī एस्केलेटर; चल सोपान

【自动柜员机】 zìdòng guìyuánjī स्वचालित गणक (या टेलर) मशीन; ए०टी०एम०

【自动化】 zìdònghuà स्वचालन

【自动控制】 zìdòng kòngzhì स्वचालित नियंत्रण

【自动流水线】 zìdòng liúshuǐxiàn स्वचालित उत्पादन-लाइन

【自动铅笔】 zìdòng qiānbǐ स्वचालित पेंसिल

【自动切割机】 zìdòng qiēgējī स्वचालित कटाई-यंत्र

【自动制动机】 zìdòng zhìdòngjī स्वचालित ब्रेक

【自渎】 zìdú 〈लि०〉 हस्तमैथुन

【自发】 zìfā स्वतःस्फूर्त: ～斗争 स्वतःस्फूर्त संघर्ष / ～倾向 स्वतःस्फूर्त प्रवृत्ति / ～势力 स्वतः उत्पन्न शक्ति / ～性 स्वयंस्फूर्तिता / 群众的～活动 जन-समुदाय की स्वतःस्फूर्त कार्यवाही

【自反】 zìfǎn अपने आप से पूछना

【自肥】 zìféi अपने को मोटा करना; फ़ंड या सामान हड़पकर अपने को धनी बनाना

【自费】 zìfèi अपने खर्च पर: ～留学 अपने खर्च पर विदेश में पढ़ना / ～旅行 अपने खर्च पर यात्रा करना

【自焚】 zìfén अपने को जलाकर मार डालना

【自分】 zìfèn 〈लि०〉 अपना मूल्यांकन करना; अपने को आंकना; स्वयं अनुमान करना: 他～必死。उस ने स्वयं अनुमान किया कि इस बार उस की मृत्यु अवश्य होगी।

【自封】 zìfēng ❶अपने को … घोषित कर देना; अपने को … की उपाधि देना: ～为教授 अपने को प्रोफ़ेसर घोषित कर देना ❷अपने को सीमित करना या अलग करना: 故步～ अपने दरबे में बंद हो जाना

【自奉】 zìfèng 〈लि०〉 अपनी आवश्यकताएँ या इच्छाएँ स्वयं पूरी या संतुष्ट करना: ～甚俭 मन मारकर सादा जीवन बिताना

【自负】[1] zìfù स्वयं अपने सिर पर उत्तरदायित्व लेना: ～盈亏 अपने नफ़े-नुकसान के लिए खुद ज़िम्मेदार होना

【自负】[2] zìfù आत्माभिमान होना; दिमाग चढ़ जाना; दंभ की भावना में डूब जाना: 他很～。वह अपने को बड़ा समझता है।

【自高自大】 zìgāo–zìdà अहंमान्य; घमंडी; गर्वपूर्ण: ～的宗派主义 गर्वपूर्ण संकीर्णतावाद

【自告奋勇】 zìgào–fènyǒng किसी कठिन या संकटपूर्ण कार्य में स्वेच्छापूर्वक सहायता देना; अपने आप प्रदान करना

【自个儿】 zìgěr （自各儿 zìgěr भी） 〈बो०〉 स्वयं; खुद; अपने-आप: 他～来的。वह खुद आया।

【自耕农】 zìgēngnóng भूमिधर किसान; मालिक-किसान

【自供】 zìgòng अपने पापों को प्रकट रूप में स्वीकार करना: ～状 पाप-स्वीकृति-पत्र

【自顾不暇】 zìgù–bùxiá अपनी देख-भाल करने का समय भी न होना (दूसरे की देख-भाल करने का समय कहाँ)

【自汗】 zìhàn 〈ची०चि०〉 स्वतः पसीना आना

【自豪】 zìháo किसी पर गर्व होना; स्वाभिमान की भावना पैदा होना: ～感 स्वाभिमान; आत्मगौरव

【自好】 zìhào आत्मसम्मान; स्वाभिमान

【自花不稔性】 zìhuā bùrěnxìng 〈वन०〉 स्वतः-शक्तिहीनता

【自花传粉】 zìhuā chuánfěn 〈वन०〉 स्वतःपरागण

【自画像】 zìhuàxiàng आत्मचित्रण; अपना चित्र बनाना

【自毁】 zìhuǐ 〈सैन्य०〉 आत्म-हनन; स्वतः नष्ट होना: ～导弹 मिसाइल आत्म-हनन / ～装置 स्वतः नष्ट होने का उपकरण

【自己】 zìjǐ ❶स्वयं; आप; अपने आप; आप से आप; खुद; खुद-ब-खुद: 我～去。मैं खुद जाऊंगा। / ～动手，丰衣足食。स्वयं काम करो और अपने खाने-पहनने का अच्छा प्रबंध करो; स्वावलंबन के ज़रिए पर्याप्त खाने-कपड़े का उत्पादन करो। ❷घनिष्ठ रूप से संबंधित; अपना: ～人 स्वजन; अपना आदमी

【自给】 zìjǐ आत्मनिर्भर; स्वावलंबी: 做到经济上～ आर्थिक रूप से आत्मनिर्भर बनना / ～经济 अपनी ज़रूरतें पूरी करने के लिए उद्योग-धन्धा

【自给自足】 zìjǐ–zìzú आत्मनिर्भरता: ～的自然经

济 आत्मनिर्भरता वाली प्राकृतिक अर्थव्यवस्था
【自家】 zìjiā 〈बो०〉 स्वयं; आप; खुद: ～人 अपना आदमी; स्वजन
【自荐】 zìjiàn अपनी सिफ़ारिश करना
【自矜】 zìjīn अपनी अत्यधिक प्रशंसा करना
【自尽】 zìjìn आत्महत्या करना; अपने-आप को मार डालना
【自经】 zìjīng 〈लि०〉 अपने को फांसी या सूली पर लटकाना
【自刭】 zìjǐng 〈लि०〉 अपनी गर्दन काट कर आत्महत्या करना
【自疚】 zìjiù अपनी गलती पर पछताना; पश्चाताप करना
【自咎】 zìjiù 〈लि०〉 अपने पर आक्षेप करना; अपनी भर्त्सना करना
【自救】 zìjiù आत्मरक्षा करना; अपनी रक्षा करना: 生产～ उत्पादन में लग कर स्वयं को सहायता पहुँचाना
【自居】 zìjū अपने को … समझना: 以专家～ अपने को विशेषज्ञ समझना
【自决】 zìjué आत्मनिर्णय: ～权 आत्मनिर्णय का अधिकार
【自觉】 zìjué ❶(प्रायः निषेध में प्रयुक्त) अभिज्ञ होना; सचेत होना: 这种病初起时，病人常不～。 इस रोग के आरंभ में रोगी खुद अकसर अनभिज्ञ रहता है। ❷जागरूक; सचेत; चेतनाशील: ～的能动性 जागरूक गत्यात्मक भूमिका / ～的活动和努力 जागरूक कार्य-वाही और प्रयत्न / ～或不～地 जानबूझकर या अनजाने में / ～性 सजगता
【自觉自愿】 zìjué-zìyuàn अपनी सजगता और इच्छा से
【自绝】 zìjué किसी को स्वयं अंतिम रूप से त्याग देना; खुद के द्वारा अंतिम रूप से किसी का परित्याग करना: ～于人民 खुद के द्वारा अंतिम रूप से जनता का परित्याग करना
【自掘坟墓】 zìjué-fénmù अपनी कब्र आप खोदना; अपने विनाश के लिए कोई काम करना
【自考】 zìkǎo （自学考试 zìxué kǎoshì का संक्षिप्त रूप）आत्मशिक्षित परीक्षा
【自控】 zìkòng 自动控制 का संक्षिप्त रूप
【自夸】 zìkuā अपनी अत्यधिक प्रशंसा करना
【自郐以下】 zìkuàiyǐxià और बाकी नाम लेने योग्य भी नहीं है
【自宽】 zìkuān अपने को आश्वासन देना; सांत्वना देना
【自愧不如】 zìkuì-bùrú（自愧弗如 zìkuì-fúrú भी）अपनी हीनता, निम्नता या घटियापन के कारण लज्जित होना
【自来】 zìlái शुरू से; प्रारंभतः; मूलतः
【自来火】 zìláihuǒ 〈बो०〉 ❶दियासलाई; माचिस ❷सिगरेट आदि जलाने का यंत्र; लाइटर
【自来水】 zìláishuǐ नल का पानी: ～管 जल-कल / ～厂 जल-घर; वाटर-वर्क्स / ～塔 जल-टंकी की मीनार / ～龙头 पानी की कल
【自来水笔】 zìláishuǐbǐ फ़ाउँटेनपेन
【自理】 zìlǐ अपनी रखवाली करना; अपने लिए प्रबंध करना: 费用～ अपना खर्च आप देना / 生活～ खुद रहन-सहन का प्रबंध करना
【自力】 zìlì अपनी शक्ति पर निर्भर रहना: ～更生 स्वावलंबन; आत्मनिर्भरता; अपने ही प्रयत्नों पर निर्भर रहना
【自力霉素】 zìlìméisù 〈औष०〉 मिटोमाइसिन
【自立】 zìlì अपने पैरों पर खड़ा होना: ～于世界民族之林 विश्व के राष्ट्र-समुदाय में खुद अपने ही पैरों पर खड़ा होना
【自量】 zìliàng अपनी योग्यता या शक्ति आंकना: 不知～ अपनी योग्यता में अत्यधिक ऊँची धारणा रखना
【自料】[1] zìliào पहले से समझ लेना; विचार करना; अनुमान करना
【自料】[2] zìliào ग्राहक द्वारा सप्लाई की गई सामग्री: ～加工 प्रोसेसिंग के लिए ग्राहकों की अपनी सामग्री स्वीकार करना
【自流】 zìliú ❶(पानी) अपने आप बहना: ～井 पाताल-कुआँ ❷(काम) संचालन रहित होना; नियंत्रण से बाहर हो जाना; (व्यक्ति) अपनी इच्छानुसार काम करना: 听其～ बिना नेतृत्व दिए लोगों को अपनी इच्छानुसार काम करने देना
【自留】 zìliú अपने प्रयोग के लिए कोई चीज़ आगे के लिए रख छोड़ना: ～地 निजी प्रयोग के लिए छोड़ा गया खेत; निजी प्रयोग का खेत
【自卖自夸】 zìmài-zìkuā अपने बेचने वाले माल की प्रशंसा करना; अपना राग अलापना; अपने मुंह मियाँ मिट्ठू बनना
【自满】 zìmǎn आत्मतुष्ट: ～情绪 आत्मतुष्टि
【自明】 zìmíng स्वयंसिद्ध; आत्मविवरणशील: ～之理 स्वयंसिद्धि
【自鸣得意】 zìmíng-déyì आत्मतुष्टि प्रकट करना (प्रायः बुरे अर्थ में)
【自鸣钟】 zìmíngzhōng समय का घंटा; (हर घंटे के बाद) खुद बजने वाली घड़ी
【自命】 zìmìng अपने को … समझना: ～不凡 अपने को असाधारण समझना; आत्माभिमान; व्यक्तिनिष्ठा
【自馁】 zìněi विश्वास खोना; उत्साह भंग होना; निरुत्साह होना
【自欺欺人】 zìqī-qīrén अपने आप को और दूसरों को धोखा देना
【自谦】 zìqiān विनम्र होना: ～之词 विनम्रसूचक बात
【自谴】 zìqiǎn अपने को डांटना; अपने पर आक्षेप करना
【自戕】 zìqiāng 〈लि०〉 आत्महत्या करना
【自强不息】 zìqiáng-bùxī अपने को सुधारने के लिए अनवरत प्रयत्न करते रहना
【自轻自贱】 zìqīng-zìjiàn आत्म-अकिंचनकारी: 他是第一个～的人。 वह सर्वप्रथम आत्म-अकिंचनकारी व्यक्ति है।
【自取灭亡】 zìqǔ-mièwáng किसी का अपना ही पूर्ण आत्म-विनाश हो जाना; अपने हाथों कब्र खोदना
【自取其咎】 zìqǔ-qíjiù अपने लिए इल्ज़ाम मोल लेना: 你这是～。 तुम ने खुद मुसीबत मोल ली।
【自然】 zìrán ❶प्रकृति: 改造～ प्रकृति का रूपांतर

करना / ～条件 प्राकृतिक परिस्थितियाँ / ～法则 प्राकृतिक नियम ❷स्वतंत्र विकास; आप-से-आप: 你先别问，到那时候你～会明白。इस समय तुम मत पूछो, समय आने पर तुम अपने-आप समझ सकते हो। ❸बेशक; इस में संदेह नहीं कि: ～，要把二者间界限划好，必须经过细致的研究和分析。इस में संदेह नहीं कि इन दोनों विभाजन-रेखाओं को सही ढंग से खींचने के लिए सावधानी से अध्ययन करना और विश्लेषण करना निहायत ज़रूरी है।

【自然】 zìran स्वाभाविक: 他演得很～。उस का अभिनय बहुत स्वाभाविक है।

【自然保护区】 zìrán bǎohùqū वन्य-जंतु रक्षास्थान; प्रकृति रक्षणक्षेत्र; नेचर रिज़र्व

【自然辩证法】 zìrán biànzhèngfǎ प्रकृति संबंधी द्वन्द्ववाद

【自然博物馆】 zìrán bówùguǎn प्राकृतिक अजायब-घर

【自然村】 zìráncūn प्राकृतिक रूप से बसा हुआ गांव

【自然地理】 zìrán dìlǐ प्राकृतिक भूगोल

【自然而然】 zìrán'érrán अवश्य; निस्संदेह; बेशक; स्वभावतः; स्वतः; आप से आप; आप ही आप

【自然规律】 zìrán guīlǜ प्राकृतिक नियम; प्रकृतिसिद्ध नियम

【自然界】 zìránjiè प्राकृतिक संसार; प्राकृतिक जगत्

【自然经济】 zìrán jīngjì प्राकृतिक अर्थव्यवस्था (अर्थ-तंत्र)

【自然科学】 zìrán kēxué प्रकृति (प्राकृतिक) विज्ञान

【自然硫】 zìránliú प्राकृतिक गंधक

【自然人】 zìránrén प्राकृतिक व्यक्ति

【自然数】 zìránshù 〈गणित०〉 प्राकृतिक संख्या

【自然现象】 zìrán xiànxiàng प्राकृतिक घटनाक्रम

【自然灾害】 zìrán zāihài प्राकृतिक विपत्ति; देवी विपत्ति

【自然主义】 zìrán zhǔyì प्रकृतिवाद; स्वभाववाद

【自然资源】 zìrán zīyuán प्राकृतिक साधन (साधन-स्रोत)

【自燃】 zìrán स्वतः जलना

【自认】 zìrèn शांतिपूर्वक स्वीकार करना: ～晦气 अपना दुर्भाग्य चुपचाप मान लेना

【自如】 zìrú 〈लि०〉 स्वतंत्रता से; सुविधा से; आसानी से: 运用～ स्वतंत्रता से उपयोग करना; आसानी से इस्तेमाल करना

【自若】 zìruò 〈लि०〉 अव्यग्र; स्थिरात्मा; शांतिपूर्ण; शांतः 神志～ चित्त शांतिपूर्ण दिखाई देना

【自杀】 zìshā आत्महत्या करना; अपने आप को मार डालना

【自上而下】 zìshàng'érxià ऊपर से नीचे; ऊँचे स्तर से लेकर नीचे स्तर तक

【自身】 zìshēn खुद; स्वयं; अपना: 不顾～安危 अपनी सुरक्षा और संकट की अवहेलना करना / ～难保 अपनी रक्षा भी न हो सकना

【自生自灭】 zìshēng-zìmiè खुद पैदा होना और खुद बरबाद होना

【自食其果】 zìshí-qíguǒ स्वयं की करनी का कड़वा फल चखना; अपनी करनी का फल भोगना

【自食其力】 zìshí-qílì अपने पसीने की कमाई पर गुज़ारा करना; अपनी रोज़ी खुद कमाना

【自食其言】 zìshí-qíyán अपनी बातों से फिर जाना; अपना वचन तोड़ना

【自始至终】 zìshǐ-zhìzhōng आदि से अंत तक; अथ से इति तक; ओर से छोर तक; शुरू से आखिर तक

【自视】 zìshì अपने को समझना: ～甚高 अपने को बहुत ऊंचा समझना

【自是】[1] zìshì स्वभावतः; स्वाभाविक रूप से; निस्संदेह; बेशक: 亲人相会，～高兴。अपने प्रियजन से मिलकर स्वभावतः प्रसन्नता हुई।

【自是】[2] zìshì अपने को सही समझना: 他很～，又很固执。वह अकसर अपने को सही समझता है और वह हठी भी है।

【自恃】 zìshì ❶अत्यधिक आत्मविश्वास: 骄傲～ अत्यधिक आत्मविश्वास और अहंकार ❷〈लि०〉 भरोसा रखना: ～有 अपने योगदान पर भरोसा रखना

【自首】 zìshǒu आत्मसमर्पण: ～书 आत्मसमर्पण का पत्र

【自赎】 zìshú (निश्चित मूल्य देकर) छुड़वा लेना; अपने अपराध के लिए प्रायश्चित करना: 立功～ योगदान करके अपने अपराध के लिए प्रायश्चित करना

【自述】 zìshù ❶अपनी स्थिति का विवरण देना ❷अपनी स्थिति के बारे में विवरण देना

【自私】 zìsī स्वार्थी: 他很～。वह बहुत स्वार्थी है।

【自私自利】 zìsī-zìlì स्वार्थीपन: ～性 स्वार्थपरता

【自诉】 zìsù 〈का०〉 वैयक्तिक अभियोजन: ～人 वैयक्तिक अभियोजक

【自讨苦吃】 zìtǎo-kǔchī कष्ट को निमंत्रण देना; मुसीबत मोल लेना

【自讨没趣】 zìtǎo-méiqù फटकार मोल लेना

【自投罗网】 zìtóu-luówǎng खुद फांस में आना

【自外】 zìwài बाहरी आदमी के रूप में खड़ा होना; अपने को बाहरी आदमी समझना

【自卫】 zìwèi आत्मरक्षा: ～能力 आत्मरक्षा करने की क्षमता / ～队 आत्मरक्षा दल

【自卫反击】 zìwèi fǎnjī आत्मरक्षा के लिए प्रत्याक्रमण करना

【自为阶级】 zìwèi jiējí अपने उद्देश्य की प्राप्ति के लिए प्रयत्नशील वर्ग

【自慰】 zìwèi अपने को आश्वासन (सांत्वना) देना

【自刎】 zìwěn गर्दन काटकर आत्महत्या करना

【自问】 zìwèn ❶अपने आप से पूछना: 扪心～ अपने से पूछ-ताछ करना ❷अपने आप तौलने के बाद निष्कर्ष पर पहुंचना: ～有能力完成这一任务。इस काम को पूरा करने की अपनी क्षमता पर पूरा भरोसा होना

【自我】 zìwǒ (द्व्यक्षर क्रिया के पहले प्रयुक्त) आत्म-: ～表现 आत्माभिव्यक्ति / ～吹嘘 आत्मप्रशंसा; आत्मश्लाघा; आत्मस्तुति / ～反省 आत्मचिंतन / ～改造 आत्मसुधार; आत्मसंस्कार / ～检查 आत्म-निरीक्षण / ～教育 आत्म-शिक्षा; आत्म-शिक्षण / ～批评 आत्म-

आलोचना; अपनी आलोचना करना / ~陶醉 घमंड के नशे में चूर होना / ~牺牲 आत्म-त्याग; आत्मबलिदान / ~欣赏 आत्मगुणबोध

【自习】 zìxí स्वयं अध्ययन करना

【自下而上】 zìxià'érshàng नीचे से: ~的监督 नीचे से निरीक्षण

【自相残杀】 zìxiāng-cánshā परस्पर हत्या; बन्धु-वध; बन्धु-घात

【自相矛盾】 zìxiāng-máodùn स्वतः विरोध करना; परस्पर-विरोधी बातें कहना

【自销】 zìxiāo (कारखाना आदि) अपने हाथों माल बेचना

【自卸卡车】 zìxiè kǎchē टिप ट्रक; डम्प ट्रक

【自新】 zìxīn सुधारना: 予以~之路 किसी को सुधरने का मौका देना / 悔过~ अपने किए पर पश्चाताप करना और नए सिरे से ज़िंदगी शुरू करना

【自信】 zìxìn आत्मविश्वास: ~心 आत्मविश्वास

【自行】 zìxíng ❶स्वयं: ~解决 स्वयं हल हो जाना ❷अपने आप; खुद-ब-खुद: ~退出 खुद-ब-खुद हट जाना / ~消灭 अपने-आप नष्ट होना

【自行车】 zìxíngchē साइकिल: ~架 साइकिल फ़्रेम; साइकिल रैक / ~比赛 साइकिल प्रतियोगिता

【自行火炮】 zìxíng huǒpào 〈सैन्य०〉 स्वचालित गन

【自行其是】 zìxíng-qíshì (दूसरों की राय न मानकर) जो काम ठीक समझा वही करना

【自省】 zìxǐng अपने से पूछ-ताछ करना; अपनी योग्यता, कार्यवाही आदि की जांच-पड़ताल करना

【自修】 zìxiū ❶(छात्र) स्वाध्याय करना ❷स्वयं अध्ययन करना: ~英语 अंग्रेज़ी का स्वयं अध्ययन करना

【自诩】 zìxǔ 〈लि०〉 आत्मप्रशंसा या आत्मस्तुति करना; अपने मुंह मियाँ मिट्ठू बनना; डींग मारना

【自序】 zìxù (自叙 zìxù भी) ❶लेखक की प्रस्तावना या भूमिका ❷आत्म-चरित संबंधी लेख

【自选】 zìxuǎn 〈खेल०〉 वैकल्पिक: ~动作 वैकल्पिक हरकत

【自选市场】 zìxuǎn shìchǎng (自选商场 zìxuǎn shāngchǎng भी) सुपरमार्केट; स्वयंसेवी बाज़ार

【自炫】 zìxuàn 〈लि०〉 अपनी अत्यधिक प्रशंसा करना

【自学】 zìxué स्वाध्याय; स्वाध्ययन: ~课本 स्वाध्ययन पुस्तक

【自寻烦恼】 zìxún-fánnǎo अनावश्यक रूप से अपनी चिंता करना

【自言自语】 zìyán-zìyǔ अपने आप से बातें करना

【自以为是】 zìyǐwéishì अपने को सदा सही समझना; बड़ी ढिठाई के साथ त्रुटिहीनता का दावा करना

【自缢】 zìyì 〈लि०〉 गले में फांसी लगाकर आत्महत्या करना

【自用】 zìyòng ❶〈लि०〉 स्वमतयुक्त: 刚愎~ हठी और स्वमतयुक्त ❷निजी; निजी इस्तेमाल के लिए: ~汽车 निजी कार

【自由】 zìyóu ❶स्वतंत्रता; स्वाधीनता; आज़ादी: 言论、集会、结社、思想、信仰~ भाषण, सभा, संगठन, राजनीतिक आस्था और धार्मिक विश्वास की स्वतंत्रता ❷〈दर्श०〉 स्वतंत्रता: ~和必然 स्वतंत्रता और आवश्यकता ❸स्वतंत्र; स्वच्छंद; आज़ाद: ~买卖 स्वतंत्र क्रय-विक्रय; आज़ाद खरीद-फ़रोख्त / ~选择 स्वतंत्र चुनाव / ~出入 स्वच्छंदता से आना-जाना

【自由党】 zìyóudǎng उदार दल

【自由放任】 zìyóu-fàngrèn स्वेच्छाचारिता: ~主义 स्वेच्छाचारितावाद

【自由港】 zìyóugǎng स्वतंत्र या उन्मुक्त बंदरगाह

【自由化】 zìyóuhuà उदारीकरण; उदारवादीकरण

【自由竞争】 zìyóu jìngzhēng स्वतंत्र प्रतियोगिता (होड़)

【自由恋爱】 zìyóu liàn'ài स्वतंत्र-प्रेम

【自由贸易】 zìyóu màoyì स्वतंत्र या उन्मुक्त व्यापार

【自由散漫】 zìyóu-sǎnmàn अनुशासन में शिथिल: ~性 अनुशासन के प्रति व्यक्तिवादी अरुचि

【自由诗】 zìyóushī स्वतंत्र कविता

【自由市场】 zìyóu shìchǎng स्वतंत्र बाज़ार

【自由体操】 zìyóu tǐcāo 〈खेल०〉 स्वतंत्र व्यायाम

【自由王国】 zìyóu wángguó 〈दर्शन०〉 मुक्ति का राज्य

【自由泳】 zìyóuyǒng 〈खेल०〉 फ़्री-स्टाइल (तैरना); मुक्त शैली की तैराकी

【自由职业】 zìyóu zhíyè स्वतंत्र पेशा; आज़ाद पेशा: ~者 (或人员) स्वतंत्र व्यवसायिक व्यक्ति; आज़ाद पेशे के लोग

【自由式】 zìyóushì 〈खेल०〉 मुक्त शैली का: ~摔跤 मुक्त शैली की कुश्ती / ~游泳 मुक्त-तैराकी

【自由主义】 zìyóu zhǔyì उदारवाद: ~者 उदारवादी; उदारपंथी

【自由资本】 zìyóu zīběn गैर इजारेदार पूँजी

【自由资产阶级】 zìyóu zīchǎnjiējí गैर-इजारेदार पूँजीपति वर्ग

【自由自在】 zìyóu-zìzài स्वच्छंदता से और बिना रोकटोक

【自圆其说】 zìyuán-qíshuō अपना कथन युक्तियुक्त बनाना: 不能~ अपना कथन युक्तियुक्त न बना सकना

【自怨自艾】 zìyuàn-zìyì पछताना; पश्चाताप करना

【自愿】 zìyuàn स्वेच्छा; स्वेच्छा से; स्वेच्छापूर्वक; स्वेच्छानुसार; अपनी इच्छा से: ~参加 स्वेच्छा से भाग लेना / ~结合 स्वेच्छापूर्वक सम्मिलन / ~原则 स्वेच्छा का सिद्धांत

【自在】 zìzài स्वतंत्र; बेरोकटोक: 逍遥~ स्वतंत्र और बेरोकटोक

【自在】 zìzai सुखकर; आराम का: 日子过得挺~ आराम से दिन बिताना

【自在阶级】 zìzài jiējí अपने स्वाभाविक रूप में स्थित वर्ग

【自在之物】 zìzài zhī wù वस्तुसत्व

【自责】 zìzé अपने पर आक्षेप करना; अपनी निंदा आप करना; अपने आप को डांटना

【自找】 zìzhǎo अपनी करनी से आप कष्ट उठाना; मुसीबत मोल लेना: ~苦吃 स्वयं कष्ट उठाना; जलती आग में कूदना

【自知之明】 zìzhīzhīmíng अपने आप को समझने

की समझदारी; आत्मज्ञान; आत्मबोध: 无～ आत्मज्ञान का अभाव होना

【自治】 zìzhì स्वायत्त शासन; स्वशासन: 实行地方～ स्थानीय स्वशासन कायम करना / 民族～ जातियों का स्वायत्त शासन

【自治领】 zìzhìlǐng स्वशासित उपनिवेश; डोमिनियन

【自治区】 zìzhìqū स्वायत्त प्रदेश; स्वायत्तशासी प्रदेश

【自治县】 zìzhìxiàn स्वायत्त काउंटी; स्वायत्त ज़िला

【自治州】 zìzhìzhōu स्वायत्त चओ

【自制】[1] zìzhì अपना बना: ～沙发 खुद बनाया हुआ सोफ़ा

【自制】[2] zìzhì आत्मसंयम; आत्मसंवरण: 难以～ कठिनता से आत्मसंयम कर सकना

【自重】[1] zìzhòng मान से अपना संचालन करना; स्थिर-चित्त: 请～。 कृपया शिष्टता से कार्य कीजिए।

【自重】[2] zìzhòng अपना भार; खुद का वज़न: 机器～ मशीन का कुल भार; खुद मशीन का वज़न

【自主】 zìzhǔ आत्मावलंबन; आत्मनिर्णय; स्वायत्त; पहलकदमी: 独立～ स्वतंत्रता और पहलकदमी / 不由～ अनिच्छापूर्वक

【自主权】 zìzhǔquán आत्मनिर्णय का अधिकार

【自主知识产权】 zìzhǔ zhīshí chǎnquán स्वायत्त बौद्धिक संपत्ति (ओन इंटेलिक्चुअल प्रॉपर्टी)

【自助游】 zìzhùyóu आत्म-सेवा यात्रा

【自传】 zìzhuàn आत्मकथा; स्वरचित जीवनी

【自转】 zìzhuǎn 〈खगोल०〉 अपनी धुरी पर घूमना: 地球～ पृथ्वी का अपनी धुरी पर घूमना

【自走式】 zìzǒushì स्वचालित: ～联合收割机 स्वचालित काम्बाइन हार्वेस्टर

【自足】 zìzú आत्मतुष्ट: ～经济 आत्मतुष्ट अर्थतंत्र

【自尊】 zìzūn आत्मादर: ～心 आत्मसम्मान

【自作聪明】 zìzuò-cōngmíng अपने को बुद्धिमान समझना

【自作自受】 zìzuò-zìshòu अपनी करनी से आप कष्ट उठाना

【自作主张】 zìzuò-zhǔzhāng बिना किसी से सलाह-मशविरा किये खुद निर्णय करना

字 zì ❶शब्द; अक्षर: 汉～ चीनी अक्षर / ～义 शब्दार्थ ❷शब्द या अक्षर का उच्चारण: 他说话～～清楚。 बोलने में उस के हर शब्द या अक्षर का उच्चारण साफ़ है। ❸लिखे या छपे अक्षर का रूप; हस्तलिखित अक्षर की शैली: 篆～ चित्र-अक्षर / 黑体～ मोटा टाइप; काले मोटे शब्द या अक्षर ❹हस्तलिपि: ～画 हस्तलिपि और चित्र ❺रसीद; भरपाई; प्राप्ति-पत्रक: 货物收到后写个～儿给他。 माल प्राप्त होने के बाद उसे एक रसीद दीजिए। ❻व्यक्ति के नाम के शब्दार्थ के अनुसार दिया गया अन्य नाम: 诸葛亮～孔明。 च्योक ल्यांग ने अपने को खोंगमिंग का नाम दिया। ❼〈लि०〉 (लड़की की) सगाई की जाना: 待～闺中 (लड़की का) अंतःपुर में सगाई की जाने की प्रतीक्षा करना

【字典】 zìdiǎn शब्दकोश; डिक्शनरी: 《新华～》 'शिन-ह्वा शब्दकोश'

【字典纸】 zìdiǎnzhǐ इंडिया पेपर, चीन से भारत आने-वाला एक प्रकार का नमी सोखने वाला कागज़ जिस का प्रयोग नक्काशी आदि के प्रूफ़ लेने में होता है। तथा कोश आदि के लिए भी इस कागज़ का इस्तेमाल किया जाता है

【字调】 zìdiào 〈ध्वनि०〉 चीनी अक्षरों की तान (टोन)

【字幅】 zìfú सुलिपि का लपेटा हुआ क्षितिजीय या लंबा-कागज़

【字号】 zìhào ❶दूकान का नाम ❷दूकान: 老～ पुरानी दूकान; चिरकालिक दूकान

【字画】 zìhuà सुलिपि और चित्र

【字汇】 zìhuì शब्दावली

【字迹】 zìjì लिखावट: ～工整 सुन्दर लिखावट; करीने की लिखावट / ～模糊 अव्यक्त लिखावट; अस्पष्ट लिखावट

【字句】 zìjù लेख में शब्द और वाक्य: ～通顺 लेख में ऐसे शब्द और वाक्य लिखना जो बेरोकटोक पढ़े जा सकें और जिन का मतलब भी साफ़ हो

【字据】 zìjù लिखित गिरवी (जैसे, रसीद, पट्टा, संविदा आदि); लिखा-पढ़ी

【字里行间】 zìlǐ-hángjiān शब्दों और वाक्यों में: 他的信～充满了乐观主义精神。उस के पत्र के शब्दों और वाक्यों में आशावाद की भावनाएँ भरी हुई हैं।

【字码儿】 zìmǎr 〈बोल०〉 संख्या; अंक

【字谜】 zìmí अक्षर और शब्द के बारे में पहेली

【字面】 zìmiàn आक्षरिक: ～上的意义 आक्षरिक अर्थ

【字模】 zìmú 〈मुद्रण०〉 टाइप ढालने का सांचा; ठप्पा: ～雕刻机 मेट्रिक्स कटिंग मशीन

【字母】 zìmǔ ❶वर्ण; अक्षर; हर्फ़: ～顺序 वर्णक्रम / 印地语～ हिन्दी वर्णमाला / 汉语拼音～ चीनी ध्वन्यात्मक वर्णमाला ❷(ध्वनि-प्रक्रिया में) आद्य-व्यंजन (声母) का प्रतीक होने वाला अक्षर; जैसे, आद्यव्यंजन m के लिए 明 míng

【字母表】 zìmǔbiǎo वर्णमाला; ककहरा

【字幕】 zìmù (चलचित्र का) केप्शन; उपशीर्षक; अनुशीर्षक: 中文～ चीनी केप्शन, उपशीर्षक या अनुशीर्षक

【字盘】 zìpán 〈मुद्रण०〉 केस; टाइप रखने के छोटे-छोटे खानोंवाला तख्ता: 大写～ कैपिटल या बड़े अक्षर का केस / 小写～ छोटे अक्षर का केस

【字书】 zìshū शब्दपुस्तक; शब्दावली; शब्दकोश

【字体】 zìtǐ ❶लिखित या मुद्रित अक्षर का रूप ❷सुलिपि की शैली

【字条】 zìtiáo संक्षिप्त नोट; नोट; परचा

【字帖儿】 zìtiěr संक्षिप्त नोट; नोट; परचा

【字帖】 zìtiè (सुलिपि के लिए) सुलेख-पुस्तक; सुलेख-कापी

【字眼】 zìyǎn वाक्य में प्रयुक्त अक्षर या शब्द; शब्द-विन्यास: 用适当的～形容 उचित शब्दों से वर्णन करना / 挑～ शब्दों के प्रयोग में त्रुटि निकालना

【字样】 zìyàng ❶लिखित अक्षरों का आदर्श ❷मुद्रित या लिखित अक्षर या शब्द (संक्षेप में सूचित करना, बनाना, सावधान करना आदि): 黑板上写着"禁止吸烟"的～。 ब्लैक-बोर्ड पर 'सिगरेट पीना मना है' लिखा हुआ है।

【字斟句酌】 zìzhēn-jùzhuó शब्दों को ध्यानपूर्वक

चुनना

【字纸】 zìzhǐ रद्दी; बेकार कागज़: ～篓 रद्दी की टोकरी

【字字珠玑】 zìzì-zhūjī (किसी के लेख की प्रशंसा में प्रयुक्त) प्रत्येक शब्द रत्न है।

剚 (倳) zì 〈लि०〉 चाकू से चुभाना

牸 zì मादा पशु (विशेषतः गाय): ～牛 गाय

恣 zì ❶स्वच्छंदता से काम करना: ～意 मनचला; धर्म-विचारहीन; असंयत; स्वेच्छाकृत ❷〈बो०〉 सुखप्रद; आराम का: ～得很 बहुत आराम का

【恣情】 zìqíng ❶जी भरकर: ～欢笑 खूब हंसना ❷मनमौजी; स्वेच्छाकृत

【恣肆】 zìsì 〈लि०〉 ❶स्वच्छंदता से काम करना ❷(लेख-शैली) मुक्त और प्राकृतिक; प्रभावशाली और बेरोकटोक

【恣睢】 zìsuī 〈लि०〉 स्वेच्छाचारी; मनमौजी: 暴戾～ क्रूर और निरंकुश

【恣行无忌】 zìxíng-wújì स्वेच्छया और निर्लज्जता से कार्यवाही करना; उतावलेपन से आचरण करना

【恣意妄为】 zìyì-wàngwéi स्वेच्छया और हठपूर्वक कार्यवाही करना; उतावलेपन से आचरण करना

【恣纵】 zìzòng 〈लि०〉 विलासी; अननुशासित

眦 (眥) zì नेत्रकोष; कनखी; आँखों के कोने

渍 (漬) zì ❶तर करना; भिगोना; तरल पदार्थ में रखना; (सन आदि को) भिगोकर नरम करना: ～麻 सन को भिगोकर नरम करना ❷भूमि की निम्न सतह पर जमा पानी: 防洪排～ बाढ़ से रक्षा करना और भूमि पर जमे पानी को निकालना ❸(मिट्टी, चर्बी आदि के सूखने से) धब्बे लग जाना: 他衣服上～了很多油泥。उस के कपड़े पर तेल के सूखने से बहुत से धब्बे लग गये हैं। ❹〈बो०〉 दाग; धब्बा; छींटा: 墙上～痕斑驳。दीवार पर सीलन से लगी हुई काई के सूखने से जगह-जगह दाग-धब्बे बन गये थे।

胔 zì 〈लि०〉 काटा हुआ माँस का बड़ा टुकड़ा

觜 zì 〈लि०〉 सड़ा हुआ माँस

zōng

枞 (樅) zōng नीचे दे०

【枞阳】 Zōngyáng आनह्वइ प्रांत में एक स्थान

宗[1] zōng ❶पूर्वज; पुरखा; बाप-दादा: 祖～ पूर्वज; पुरखा; बाप-दादा ❷कुल; वंश; गोत्र; खानदान: 同～ एक ही वंश का ❸शाखा; पंथ; मत; संप्रदाय; अध्ययन का विभाग या शाखा; पक्ष; गुट्ट: 正～ रूढ़िनिष्ठ शाखा; वास्तविक; असली; सच्चा; शुद्ध / 毗湿奴～ वैष्णव / 禅～ छान संप्रदाय; ध्यान संप्रदाय ❹मूल उद्देश्य; प्रयोजन; अभिप्राय; मकसद: ～旨 उद्देश्य; प्रयोजन; मकसद ❺(विद्या-संबंधी या कलात्मक कार्य में) किसी को अपने आदर्श के रूप में लेना: 他的画～齐白石。चित्रकला में वह छी पाइ-श् को अपना आदर्श मानता है। ❻आदर्श; नमूना: 诗～ कविता का शाखाध्यक्ष ❼〈परि०श०〉: 一～心事 एक चिंताजनक बात ❽ (Zōng) एक कुलनाम

宗[2] zōng 〈पुराना〉 तिब्बत में प्रशासकीय इकाई लग-भग काउंटी के बराबर

【宗祠】 zōngcí पूर्वजों का मंदिर या हाल

【宗法】 zōngfǎ पितृतंत्रात्मक वंश प्रथा: ～社会 पितृतंत्रात्मक समाज / ～经济 पितृतंत्रात्मक अर्थव्यवस्था / ～思想 पितृतंत्रात्मक विचार-धारा / ～制度 पितृतंत्र; पितृसत्ता; पितामहतंत्र

【宗匠】 zōngjiàng (विद्या-संबंधी या कलात्मक कार्य में) महा-पंडित; महान कलाकार: 一代～ अपने समय का महानतम पंडित

【宗教】 zōngjiào धर्म: 背叛～ धर्मघात

【宗教改革】 zōngjiào gǎigé धर्मसुधार

【宗教节日】 zōngjiào jiérì धार्मिकोत्सव

【宗教纠纷】 zōngjiào jiūfēn धार्मिक झगड़ा

【宗教狂热】 zōngjiào kuángrè धर्मांधता; धार्मिक कट्टरता

【宗教偏见】 zōngjiào piānjiàn धार्मिक पूर्वाग्रह

【宗教信仰】 zōngjiào xìnyǎng धर्मविश्वास; धार्मिक विश्वास: ～自由 धार्मिक स्वतंत्रता

【宗教仪式】 zōngjiào yíshì धर्म कर्म; धार्मिक क्रिया

【宗筋】 zōngjīn 〈ची०चि०〉 लिंग; शिश्न; पुरुषेन्द्रिय

【宗庙】 zōngmiào सम्राट या अभिजातों के पूर्वजों का मंदिर

【宗派】 zōngpài शाखा; गुट; दल; पक्ष: ～活动 पक्ष-विभिन्नता; गुटबाज़ी / ～组织 गुट्ट / ～主义 संकीर्णतावाद

【宗谱】 zōngpǔ वंश-वृक्ष; परिवार-वृक्ष; कुरसीनामा

【宗亲】 zōngqīn एक ही कुल के सदस्य; सगोत्र

【宗社】 zōngshè 〈लि०〉 देश; मुल्क

【宗师】 zōngshī विद्या और सत्यनिष्ठा का महा-पंडित

【宗室】 zōngshì ❶सम्राट का वंश ❷सम्राट का वंश-सदस्य

【宗祧】 zōngtiāo वंश-परम्परा: 继承～ वंश-परम्परा जारी रखना

【宗仰】 zōngyǎng आदर करना; सम्मान करना: 海内～ देश भर में आदर किया जाना

【宗支】 zōngzhī (宗枝 zōngzhī भी) एक ही वंश के वंशज

【宗旨】 zōngzhǐ प्रयोजन; उद्देश्य; अभिप्राय; मकसद: 开会的～ सभा का उद्देश्य

【宗主国】 zōngzhǔguó अधिराज; उपनिवेशवादी देश

【宗主权】 zōngzhǔquán अधिराजत्व; अधिराज्य; अधिपत्य

【宗族】 zōngzú ❶पितृतंत्रात्मक वंश ❷सगोत्र

综（綜）zōng एक साथ रखना; जोड़ना: 综合 zèng भी दे०
【综观】zōngguān विस्तीर्ण सर्वेक्षण करना: ～全局 समूची स्थिति का विस्तीर्ण सर्वेक्षण करना
【综合】zōnghé ❶संश्लेषण करना; समन्वय करना: ～群众的经验 जनता के बीच अनुभवों का निचोड़ निकालना ❷समन्वयात्मक; संश्लेषणात्मक: ～研究 चौतरफ़ा अनुसंधान; संश्लेषणात्मक अध्ययन करना / ～训练 संश्लिष्ट प्रशिक्षण; चौतरफ़ा ट्रेनिंग
【综合报道】zōnghé bàodào आम लिखित समाचार
【综合报告】zōnghé bàogào आम रिपोर्ट
【综合大学】zōnghé dàxué बहुभागीय विश्वविद्यालय
【综合经营】zōnghé jīngyíng व्यापक प्रबंध: ～单位 संयुक्त प्रबंधक इकाई
【综合利用】zōnghé lìyòng बहुप्रयोजनीय प्रयोग
【综合平衡】zōnghé pínghéng चौतरफ़ा संतुलन
【综合性合作社】zōnghéxìng hézuòshè बहुधंधी सहकारी समिति
【综合语】zōnghéyǔ 〈भा०वि०〉 संश्लिष्ट भाषा
【综计】zōngjì जोड़ लगाना; लेखा लगाना; कुल मिलाकर
【综括】zōngkuò जोड़ लगाना; लेखा लगाना: ～起来 संक्षेप में
【综述】zōngshù संक्षेप करना; सारांश निकालना: 综上所述 ऊपरोक्त (ऊपर की, ऊपर बताई गयी) बातों से
【综治】zōngzhì （综合治理 zōnghé zhìlǐ का संक्षिप्त रूप）चौतरफ़ा सुधार; चहुँमुखी सुधार

棕（椶）zōng ❶ताल; ताड़ (वृक्ष) ❷ताड़ का रेशा: ～毛 ताड़ का रेशा
【棕绷】zōngbēng （棕绷子 zōngbēngzi भी）ताड़ की रस्सियों से बाँधा हुआ लकड़ी के खाट का चौखट
【棕黑】zōnghēi गहरा भूरा
【棕红】zōnghóng लाली लिए हुए भूरा
【棕黄】zōnghuáng पीलापन लिए भूरा
【棕榈】zōnglú ताल; ताड़
【棕榈酸】zōnglúsuān ताड़ का अम्ल
【棕榈油】zōnglúyóu ताड़-तेल
【棕壤】zōngrǎng 〈कृ०〉 भूरे रंग की मिट्टी; भूरी मिट्टी
【棕色】zōngsè भूरा (रंग)
【棕色云团】zōngsè yúntuán 〈वाता०र०〉 भूरा बादल
【棕绳】zōngshéng ताड़ का रस्सा या रस्सी
【棕毯】zōngtǎn ताड़ से बुनी चादर
【棕熊】zōngxióng भूरा भालू या रीछ
【棕衣】zōngyī ताड़ की छाल से बनी बरसाती (बिना आस्तीन की बरसाती)

腙 zōng 〈रसा०〉 हाइड्रेज़ोन

骔（騣、騌）zōng घोड़े का सटा या अयाल

踪（蹤）zōng पद-चिह्न; निशान; सुराग: 失～ गायब होना; अदृश्य होना; लापता होना
【踪迹】zōngjì निशान; चिह्न; सुराग: 那里不见有他的～。वहाँ उस का कोई चिह्न न था।
【踪影】zōngyǐng (प्रायः निषेध में प्रयुक्त) निशान; चिह्न; सुराग: 毫无～ कोई निशान न होना

鬃 zōng घोड़े, सुअर आदि की गर्दन पर लंबे बाल: 马～ घोड़े की गर्दन के लंबे बाल

zǒng

总（總、緫）zǒng ❶एकत्र करना; इकट्ठा करना; जमा करना: ～起来说 सारांश यह कि; सारांश में यह कहा जा सकता है कि ❷सारा; सामान्य; कुल: ～的形势 सामान्य परिस्थिति / ～产量 कुल उत्पादन / ～罢工 आम (सर्वव्यापी) हड़ताल ❸प्रमुख; प्रधान; आम: ～纲 आम सिद्धांत; आम कार्यक्रम / ～头目 प्रधान मुखिया / ～后台 पर्दे के पीछे प्रमुख नियंत्रण करनेवाला ❹〈क्रि०वि०〉 हमेशा; सदा: 他做事～是很认真。वह जो कुछ भी करता है, बड़ी संजीदगी के साथ करता है। / 早上他～是出去散步。सुबह वह हमेशा बाहर घूमने जाता है। ❺〈क्रि०वि०〉 आखिर; अंत में; किसी तरह; देर-सबेर: 问题～是要解决的。अंत में समस्या का समाधान किया ही जाएगा। / 孩子～是孩子，哪能像大人一样干活。आखिर बच्चा तो बच्चा ही है, वह कैसे बड़े आदमी की तरह काम कर सकता है। ❻〈क्रि०वि०〉 अवश्य; ज़रूर; निश्चय ही; शायद; संभवतः: 他明天～会来的。कल वह अवश्य आएगा। / 他～有一万多块钱了。उस के पास संभवतः दस हज़ार से अधिक य्वान होंगे।
【总编辑】zǒngbiānjí प्रधान संपादक
【总部】zǒngbù हेड-क्वार्टर; जनरल हेडक्वार्टर
【总裁】zǒngcái (राजनीतिक पार्टी का) डिरेक्टर-जनरल; (कंपनी का) प्रेसिडेंट; (बैंक का) गवर्नर
【总参谋部】zǒngcānmóubù जनरल स्टाफ़ का हेड-क्वार्टर
【总参谋长】zǒngcānmóuzhǎng चीफ़ आफ़ जनरल स्टाफ़
【总产值】zǒngchǎnzhí कुल उत्पादन-मूल्य
【总称】zǒngchēng आम नाम: 各种军用船只的～是舰艇。विभिन्न सैन्य नावों का आम नाम नौ सैनिक जहाज़ है।
【总赤字】zǒngchìzì कुल घाटा
【总得】zǒngděi अवश्य; ज़रूर; करना पड़ना: 我今天～去一趟。मुझे आज ज़रूर जाना है।
【总店】zǒngdiàn केन्द्रीय दूकान
【总动员】zǒngdòngyuán पूर्ण रूप से गोलबंद करना; आम जत्थेबंदी: ～令 आम जत्थेबंदी का आदेश
【总督】zǒngdū ❶(छिंग राजवंश में) गवर्नर-जनरल: 两广～ क्वांगतोंग और क्वांगशी का गवर्नर-जनरल ❷(ब्रिटिश उपनिवेश आदि में) वाइसराय: 印度～ भारत

का वाइसराय; लाट
【总队】 zǒngduì सेना में एक इकाई, बराबर रेजिमेंट या डिवीज़न
【总额】 zǒng'é सर्वयोग; कुल: 工资～ कुल वेतन; वेतन का सर्वयोग / 存款～ कुल अमानत
【总而言之】 zǒng'éryánzhī सारांश यह कि; संक्षेप में यह कि; तात्पर्य यह कि; एक शब्द में
【总反攻】 zǒngfǎngōng आम जवाबी हमला
【总方针】 zǒngfāngzhēn आम नीति
【总负责人】 zǒngfùzérén सर्वप्रमुख ज़िम्मेदार व्यक्ति; व्यक्ति जिस पर किसी क्षेत्र के कार्य की समूची ज़िम्मेदारी हो
【总纲领】 zǒnggānglǐng आम कार्यक्रम
【总工程师】 zǒnggōngchéngshī प्रधान (चीफ़) इंजीनियर
【总工会】 zǒnggōnghuì मज़दूर महासंघ: 组织～ मज़दूर महासंघ संगठित करना / 中华全国～ अखिल चीन मज़दूर संघ
【总公司】 zǒnggōngsī केन्द्रीय कंपनी
【总攻击】 zǒnggōngjī सामूहिक आक्रमण
【总共】 zǒnggòng कुल (सब) मिलाकर: 我们班～五十个学生。हमारी क्लास में कुल मिलाकर पचास छात्र हैं।
【总管】 zǒngguǎn ❶कार्य की समूची ज़िम्मेदारी लेना ❷<पुराना> स्टूवर्ड; बटलर; प्रधान सेवक
【总观全局】 zǒng guān quánjú पूरी स्थिति के सिंहावलोकन से
【总归】 zǒngguī <क्रि०वि०> आखिर; किसी तरह; हर सूरत में: ～敌人是要被解决的。हर सूरत में दुश्मन का खात्मा हो जाएगा।
【总行】 zǒngháng केन्द्रीय बैंक
【总合】 zǒnghé एक साथ मिलाना; जोड़ निकालना: 把二者～起来 इन दोनों को एक साथ मिलाकर रखा जाय तो …
【总和】 zǒnghé कुल; सर्वयोग; पूरा योग; योगफल: 三年产量的～ तीन साल का कुल उत्पादन
【总后方】 zǒnghòufāng (युद्धकाल में) आम पृष्ठभाग
【总后勤部】 zǒnghòuqínbù जनरल लाजिस्टिक डिपार्टमेंट; जनरल प्रदायवाहिक विभाग
【总汇】 zǒnghuì ❶(नदियों का) मिलन: ～入海 (नदियों का) मिलकर समुद्र में बहना ❷संगम; समूह; राशि: 人民是智慧的海洋，力量的～。जनता बुद्धि का सागर और बल का पूर्णयोग है।
【总机】 zǒngjī स्विचबोर्ड; टेलीफ़ोन-ऐक्सचेंज
【总集】 zǒngjí जनरल संग्रह, जैसे, 萧统《文选》 श्याओथोंग का 'लेख-काव्य-संग्रह'
【总计】 zǒngjì ❶<गणित०> सर्वयोग; कुलमीज़ान; महायोग; कुल-योग ❷कुल; कुल मिलाकर: ～十万元。कुल मिलाकर एक लाख य्वान है।
【总价】 zǒngjià कुल (दाम)
【总监】 zǒngjiān इंस्पेक्टर जनरल; चीफ़ इंस्पेक्टर
【总角】 zǒngjiǎo <लि०> प्राचीन काल में बालक के बालों का एक जूड़े में गुंथे होना; बचपन; बाल्यावस्था: ～之交 बचपन का मित्र
【总结】 zǒngjié ❶सारांश करना या निकालना; निचोड़ करना या निकालना; निष्कर्ष करना; सार निकालना: ～经验 अनुभव का सारांश निकालना / 工作的基本～ काम का बुनियादी निचोड़ / ～发言 समापन-भाषण; उपसंहारात्मक भाषण / ～会 सारांश करने की सभा
【总经理】 zǒngjīnglǐ जनरल मैनेजर; प्रेसिडेंट
【总局】 zǒngjú प्रमुख ब्यूरो
【总开关】 zǒngkāiguān मास्टर स्विच
【总开支】 zǒngkāizhī संपूर्ण व्यय
【总口号】 zǒngkǒuhào आम नारा
【总括】 zǒngkuò उपसंहार करना; संक्षेप में कहना: ～起来 संक्षेप में यह कि; सारांश यह कि
【总揽】 zǒnglǎn सारी ज़िम्मेदारी अपना लेना; सब कुछ ले लेना: ～一切 सब कुछ अपने हाथ में ले लेना
【总理】 zǒnglǐ प्रधान मंत्री: ～办公室 प्रधान मंत्री का सचिवालय
【总领事】 zǒnglǐngshì कौंसल जनरल: ～馆 कौंसलेट जनरल
【总路线】 zǒnglùxiàn आम-दिशा
【总论】 zǒnglùn (पुस्तक के आरंभ में) भूमिका; प्रस्तावना
【总目】 zǒngmù सम्मिलित विषय-सूची
【总目标】 zǒngmùbiāo सामान्य उद्देश्य; आम लक्ष्य
【总评】 zǒngpíng विहंगावलोकन; संपूर्ण समालोचना; आम टिप्पणी
【总书记】 zǒngshūjì सेक्रेटरी जनरल; महासचिव
【总数】 zǒngshù कुल-योग; सर्वयोग; योगफल
【总司令】 zǒngsīlìng प्रधान सेनापति; कमांडर-इन-चीफ़: ～部 जनरल हेडक्वाटर; सदर मुकाम
【总算】 zǒngsuàn <क्रि०वि०> ❶अंत में; आखिर; किसी तरह: 经过努力任务～完成了。बड़े प्रयत्न करने पर अंत में कार्य पूरा हो गया। ❷सब (कुल) मिलाकर; के विचार से: 小孩子的画能画成这样子，～不错了。बच्चे के लिए यह चित्र काफ़ी अच्छा है।
【总体】 zǒngtǐ संपूर्ण; सर्वांग; समग्रता: 矛盾的～ अंतरविरोध की समग्रता / ～战 सर्वांगीण युद्ध / 不了解～ संपूर्ण को न समझना
【总统】 zǒngtǒng राष्ट्रपति; प्रेसिडेंट: ～府 राष्ट्रपति भवन / ～选举 राष्ट्रपति चुनाव / ～制 राष्ट्रपति प्रथा
【总头目】 zǒngtóumù प्रधान मुखिया
【总头子】 zǒngtóuzi सरगना
【总退却】 zǒngtuìquè संपूर्ण रूप से पीछे हटना
【总危机】 zǒngwēijī आम संकट
【总务】 zǒngwù ❶सेवाकार्य: ～处 सेवाकार्य विभाग ❷सेवाकार्य करने वाला ज़िम्मेदार
【总悬浮颗粒物】 zǒngxuánfú kēlìwù <वाता०र०> संपूर्ण निलंबित कण
【总演习】 zǒngyǎnxí पूर्ण पूर्वाभ्यास; आम रिहर्सल
【总则】 zǒngzé आम उसूल; सामान्य सिद्धांत
【总闸门】 zǒngzhámén <पेट्रोलियम> मास्टर वाल्व; मास्टर गेट
【总长】 zǒngzhǎng ❶<पुराना> मंत्री ❷<बोल०> 总参谋长 का संक्षिप्त रूप
【总账】 zǒngzhàng आम हिसाब-किताब

【总政治部】 zǒngzhèngzhìbù प्रधान राजनीतिक विभाग: ～主任 उक्त विभाग का निर्देशक
【总之】 zǒngzhī 〈संयो०〉 ❶संक्षेप में; एक शब्द में; सारांश यह कि: 我没工夫，也没兴趣，～，我不干。 मुझे समय नहीं और रुचि भी नहीं, थोड़े शब्दों में, मैं यह काम नहीं करूंगा। ❷किसी भी तरह; जो भी हो: 他家住几号我记不清，～在这楼里。उस के घर का नम्बर मुझे ठीक-ठीक याद नहीं, यह निश्चित है कि उस का घर इसी इमारत में है।
【总支】 zǒngzhī प्रधान पार्टी-शाखा
【总值】 zǒngzhí कुल मूल्य: 生产～ कुल उत्पादन-मूल्य
【总指挥】 zǒngzhǐhuī ❶प्रधान कमांडर ❷जनरल डाइरेक्टर
【总指挥部】 zǒngzhǐhuībù जनरल हेडक्वार्टर
【总状花序】 zǒngzhuànghuāxù 〈वन०〉 रेसीम
【总装配线】 zǒngzhuāngpèixiàn जनरल ऐसेम्बली लाइन

捴 （揔） zǒng 〈लि०〉 总 zǒng के समान

偬 （傯） zǒng 倥偬 kǒngzǒng ❶अति आवश्यक; तुरंत ❷दरिद्रता; गरीबी

zòng

纵[1] （縱） zòng ❶उत्तर से दक्षिण तक या दक्षिण से उत्तर तक: 纵贯 ❷आगे से पीछे तक; गहराई में: 纵深 / ～的方面 गहराई की दृष्टि से ❸纵队 का संक्षिप्त रूप: 五～ पांचवाँ कालम

纵[2] （縱） zòng ❶छोड़ना; मुक्त करना: 欲擒故纵 yùqín-gùzòng ❷निर्बंधन होना; बंधन-मुक्त करने देना: ～声大笑 ठहाका मारकर हँसना ❸आगे या ऊपर की ओर कूदना: 他突然向前一～抱住了小偷的腰。 सहसा उस ने एक छलांग मारी और चोर की कमर पकड़ ली।

纵[3] （縱） zòng 〈लि०〉 यद्यपि; हालांकि: ～有天大困难，我们也决不退却。यद्यपि हमारे सामने बड़ी-बड़ी कठिनाइयाँ पड़ी हैं पर हम कभी पीछे नहीं हटेंगे।

纵[4] （縱） zòng 〈बो०〉 सिलवटें पड़ना; झुर्रियाँ पड़ना: 衣服压～了。कपड़े पर झुर्रियाँ पड़ गईं।
【纵步】 zòngbù ❶लंबे डग भरना या रखना; लंबे कदमों से चलना: ～向前走去 आगे की ओर लंबे कदमों से चलना ❷आगे की ओर कूदना; छलांग मारना: 他一个～跳过了障碍。उस ने एक ही छलांग मारकर बाधा पार कर ली।
【纵队】 zòngduì ❶〈सैन्य०〉 श्रेणी; पंक्ति; कतार; पांत: 一路～ सिंगल फ़ाइल ❷〈सैन्य०〉 कालम; ब्रिगेड: 第五～ पांचवाँ कालम / 国际～ अंतर्राष्ट्रीय ब्रिगेड
【纵隔】 zònggé 〈श०वि०〉 मध्यस्थानिका; मीडियास्टिनम
【纵观】 zòngguān विस्तृत दृष्टि से देखना; सामान्य सर्वेक्षण करना: ～全局 संपूर्ण स्थितियों का सामान्य सर्वेक्षण करना
【纵贯】 zòngguàn उत्तर से दक्षिण तक या दक्षिण से उत्तर तक पार करना: ～四省的运河 उत्तर से दक्षिण तक चार प्रांतों से गुज़रने वाली नहर
【纵横】 zònghéng ❶लंबाई और चौड़ाई में; लंब और अनुप्रस्थ रूप में: 铁路～ लंब और अनुप्रस्थ रूप में कई रेलवे होना ❷बिना किसी बाधा के; स्वतंत्रता से: 笔意～ स्वतंत्रता से लिखना ❸निर्बाध रूप से जाना या दौड़ना: 红军长征～十一个省。लाल सेना ने लंबे अभियान में ग्यारह प्रांतों को एक छोर से दूसरे छोर तक पार किया।
【纵横捭阖】 zònghéng-bǎihé विभिन्न दोशों या राजनीतिक दलों के बीच पैंतरे बदलना
【纵横驰骋】 zònghéng-chíchěng (किसी भी सेना का) स्वतंत्रता से और वेग से स्थान-परिवर्तन करना; एक छोर से दूसरे छोर तक निर्बाध रूप से जाना या दौड़ना: 红军～于数省之间。लाल सेना ने कई प्रांतों के बीच स्वतंत्रता से और वेग से स्थान-परिवर्तन किया।
【纵横家】 zònghéngjiā (युद्धरत देश काल, 475-221 ई०पू० में) राजनीतिक युद्धकलाविद्
【纵横交错】 zònghéng-jiāocuò आड़ी-तिरछी; जालदार: ～的河流 जालदार नदियाँ
【纵虎归山】 zònghǔ-guīshān बाघ को पहाड़ में वापस जाने देना —— शत्रु को छोड़कर भविष्य के लिए मुसीबत मोल लेना
【纵火】 zònghuǒ जानबूझकर आग लगाना: ～犯 जानबूझकर आग लगाने का अपराधी
【纵酒】 zòngjiǔ अति मदिरा-पान करना
【纵览】 zònglǎn दूर तक देखना: ～四周 चारों ओर दूर तक देखना / ～群书 विस्तृत रूप में पढ़ना
【纵令】[1] zònglìng यदि … भी; अगर … भी: ～有危险，有什么可怕的。यदि संकट भी हो तो डरने की क्या बात है।
【纵令】[2] zònglìng किसी दोष के होते हुए भी चुप रहना या आंख मीच लेना
【纵论】 zònglùn स्वतंत्रता से बोलना; विस्तृत वादविवाद होना: ～天下大事 संसार की घटनाओं के बारे में स्वतंत्रता से बोलना
【纵目】 zòngmù यथासंभव दूर तक देखना: ～四望 चारों ओर यथासंभव दूर तक देखना
【纵情】 zòngqíng पूर्ण उत्साह से: ～歌唱 पूर्ण उत्साह से गाना
【纵然】 zòngrán यदि … भी; यद्यपि: ～他不来，我们也要去。यदि वह न भी आया, तो भी हम जाएँगे।
【纵容】 zòngróng किसी दोष के होते हुए भी चुप रहना या आंख मीच लेना; किसी ओर से आँख मूंद लेना: ～侵略 आक्रमण की ओर से आँख मूंद लेना
【纵射】 zòngshè 〈सैन्य०〉 लम्बाक्ष; एंफ़िलेड
【纵身】 zòngshēn कूदना; उछलना; छलांग मारना: ～一跳 ऊपर की ओर कूदना

【纵深】 zòngshēn 〈सैन्य०〉 व्यापक रूप से तथा गहराई से; विस्तार से और गहराई से: 向～发展 विस्तार से और गहराई से विकास करना या होना

【纵声】 zòngshēng खूब ज़ोर से (हंसना आदि): ～歌唱 खूब ज़ोर से गाना गाना

【纵使】 zòngshǐ यदि … भी; यद्यपि; हालांकि

【纵谈】 zòngtán स्वतंत्रता से बोलना: ～大好形势 बड़ी शानदार परिस्थिति के बारे में स्वतंत्रता से बोलना

【纵眺】 zòngtiào यथासंभव दूर तक देखना: ～四周景色 यथासंभव दूर तक चारों ओर के सुन्दर दृश्य देखना

【纵向】 zòngxiàng ऊपर से नीचे तक की दिशा; उत्तर से दक्षिण तक की दिशा: ～联合 ऊपर से नीचे तक संयुक्त करना

【纵欲】 zòngyù जी भर के इन्द्रिय सुख का मज़ा लेना; इन्द्रिय-सुख में लिप्त होना

【纵坐标】 zòngzuòbiāo 〈गणित०〉 कोटि-अंक; आर्डिनेट

粽（糉） zòng नीचे दे०

【粽子】 zòngzi त्सोंग-त्स्, नाग-नौका त्यौहार में खाया जाने वाला, पिरामिड के आकार का, लसदार चावल से बना और बांस या नरकट की पत्तियों से बांधा हुआ डम्पलिंग

豵 zòng 〈बो०〉 नर सूअर

zōu

邹（鄒） Zōu ❶चओ（周）राजवंश में एक राज्य (वर्तमान शानतोंग प्रांत की त्सओ काउन्टी के आसपास) ❷एक कुलनाम

驺（騶） zōu ❶प्राचीन काल में अभिजातों के रथ-प्रबंधक ❷（Zōu）एक कुलनाम

诹（諏） zōu 〈लि०〉 सलाह लेना; परामर्श लेना; राय लेना

【诹访】 zōufǎng 〈लि०〉 सलाह लेना; परामर्श लेना; राय लेना

【诹吉】 zōují 〈लि०〉 (विवाह के लिए) मंगल दिन चुनना

陬 zōu 〈लि०〉 ❶कोना ❷पर्वत की जड़ या तराई; दामन

缬（緅） zōu 〈लि०〉 लालपन लिए काला रंग

鄹¹（郰） Zōu वसंत-शरद（春秋）काल में लू राज्य（鲁国）का एक स्थान (वर्तमान शानतोंग प्रांत की छूफ़ू काउन्टी के दक्षिण-पूर्व में)

鄹² Zōu दे० 邹 Zōu❶

鲰（鯫） zōu 〈लि०〉 ❶छोटी मछली ❷छोटा

zǒu

走 zǒu ❶चलना; जाना: ～在路上 रास्ते पर चलना / ～历史必由之路 इतिहास के अनिवार्य पथ का ही अनुसरण करना / ～中间路线 मध्य की कार्यदिशा अपनाना ❷दौड़ना: 奔～相告 दौड़-दौड़ कर एक दूसरे को खबर बताना ❸(गाड़ी, नाव आदि) चलना: 这船一小时能～几里? यह नाव एक घंटे में कितने ली चल सकती है? / 这钟～得快。यह घड़ी तेज़ चलती है। ❹छोड़ना; चला जाना: 车刚～。गाड़ी अभी-अभी चली गयी। / 他应该到那里～一趟。उसे वहाँ एक बार जाना चाहिए। ❺〈शिष्ट०〉 मृत्यु होना; चल बसना; गुज़र जाना: 她～得太早了。वह बहुत जल्दी चल बसी। ❻(रिश्तेदारों, मित्रों के बीच) आना-जाना: ～娘家 माइके जाना / 他们两家～得很近。वे दो परिवार अकसर एक-दूसरे से मिलने आते-जाते हैं। ❼गुज़रना; से: ～这个门进去。इस दरवाज़े से भीतर जाना ❽रिसना; बाहर निकलने देना; बह निकलना; (भेद आदि) खुल जाना; प्रकट होना: ～气 हवा निकलना / ～风 (भेद आदि) खुल जाना; प्रकट होना ❾मूल रूप का खो जाना या बदलना: ～样 मूल रूप खो जाना या बदलना / ～调 (गायन या वादन में) लय, तान आदि में अनुकूल न होना

【走板】 zǒubǎn ❶(आपेरा के गायन में) लय, तान आदि में अनुकूल न होना ❷(भाषण आदि देने में) मूल विषय से अलग हो जाना या अनुकूल न होना: 他的话～了。उस की बात मूल विषय के अनुकूल नहीं है।

【走背运】 zǒu bèiyùn दुर्भाग्य होना; तकदीर फूट जाना

【走笔】 zǒubǐ 〈लि०〉 जल्दी-जल्दी लिखना: ～疾书 जल्दी-जल्दी लिखना

【走边】 zǒubiān परम्परागत आपेरा में सैनिक की भूमिका अदा करने वाले अभिनेता का रात में रास्ते के किनारे पर जल्दी-जल्दी चलना

【走镖】 zǒubiāo 〈पुराना〉 सशस्त्र रक्षक के माल-असबाब की रक्षा करना

【走村串寨】 zǒucūn-chuànzhài एक गांव से दूसरे गांव जाना

【走道】 zǒudào ❶फुटपाथ; सड़क की पटरी ❷पगडंडी; पैदल चलने का तंग रास्ता; मकान के अंदर का रास्ता

【走道儿】 zǒudàor 〈बोल०〉 चलना; पैदल चलना: 孩子近来会～了。आजकल बच्चा चल सकता है।

【走低】 zǒudī 〈वाणि०〉 दाम, भाव आदि नीचे गिरना

【走电】 zǒudiàn बिजली का रिसाव

【走跌】 zǒudiē 〈वाणि०〉 दाम आदि नीचे गिरने की प्रवृत्ति

【走动】 zǒudòng ❶चलना-फिरना; (बैठे-बैठे थककर) टहलना: 坐久了要～～。बैठे-बैठे थककर टहलना चा-

हिए। ❷(मित्रों और संबंधियों का) एक दूसरे से मिलने आना-जाना: 这两家常～。ये दो घर एक दूसरे से मिलने अकसर आते-जाते हैं।

【走读】 zǒudú दिन के स्कूल में उपस्थित होना: ～生 दिन के स्कूल में छात्र; दिन का छात्र

【走访】 zǒufǎng देखने, मिलने या भेंट करने जाना: 记者～读者 संवाददाता का पाठकों से भेंट करने जाना

【走钢丝】 zǒu gāngsī ❶〈कला०〉 तार पर चलना ❷खतरनाक काम करना

【走狗】 zǒugǒu पिछलग्गू; गुर्गा; … के पीछे दौड़ने वाला कुत्ता; पालतू कुत्ता; भाड़े का कुत्ता

【走关节】 zǒu guānjié घूसखोरी से (कानूनों, नियमों आदि) राज़ी कर लेना

【走过场】 zǒu guòchǎng केवल व्यवहारिकता के रूप में कोई काम करना; बेमन से या सतही तौर पर कोई काम करना

【走好】 zǒuhǎo 〈वाणि०〉 विकास की प्रवृत्ति अच्छी होना

【走红】 zǒuhóng किस्मत का करवट लेना; भाग्य खुल जाना

【走后门】 zǒu hòumén चोर दरवाज़े से दाखिल होना या अंदर घुसना; चोर दरवाज़े से

【走话】 zǒuhuà 〈बो०〉 (भेद आदि) खुल जाना; प्रकट होना

【走回头路】 zǒu huítóulù अपनी गति को उल्टी दिशा में मोड़ देना; पीछे मुड़कर चल देना

【走火】 zǒuhuǒ ❶〈विद्यु०〉 चिनगारियाँ छोड़ना ❷(बंदूक आदि का) अचानक फ़ायर करना या गोली चलना ❸अत्युक्ति करना: 他说话常～。वह अक्सर अत्युक्ति करता है। ❹आग लग जाना: 厨房～了。रसोईघर में आग लग गई।

【走江湖】 zǒu jiānghú एक स्थान से दूसरे स्थान जगह-जगह घूम-फिरकर मदारी का खेल दिखाने तथा भविष्यवाणी बताने आदि से जीवन बिताना

【走廊】 zǒuláng गैलरी; गलियारा; बरामदा; दालान

【走漏】 zǒulòu ❶(भेद) खुल जाना: ～消息 भेद खुल जाना ❷गैर कानूनी तौर पर आयात-निर्यात करना और कर न चुकाना

【走路】 zǒulù ❶रास्ता चलना; पैदल चलना: 孩子会～了吗? क्या बच्चा चल सकता है? ❷छोड़ना; चला जाना: 挟起皮包～ अपना बस्ता समेटकर रास्ता नापना

【走马】 zǒumǎ ❶घोड़े पर सवार होकर दौड़ना ❷शानदार घोड़ा

【走马灯】 zǒumǎdēng दौड़ते घोड़े की बग्घी पर लगी लालटेन; एनिमेटिड पिक्चर्स

【走马疳】 zǒumǎgān 〈चिकि०〉 नोमा

【走马换将】 zǒumǎ-huànjiàng सेनापति बदलना; कर्मचारी बदलना

【走马看花】 zǒumǎ-kànhuā घोड़े पर सवार होकर फूलों को देखने के समान; सरसरी निगाह से देखना; सरसरी तौर से

【走马上任】 zǒumǎ-shàngrèn पद ग्रहण करना; कार्यभार ग्रहण करना; ज़िम्मेदारी लेना

【走门路】 zǒu ménlù (走门子 zǒu ménzi भी) बलशाली सहायक से प्रार्थना करना

【走南闯北】 zǒunán-chuǎngběi उत्तर-दक्षिण की यात्रा करना; दूर तक यात्रा करना

【走内线】 zǒu nèixiàn विपक्ष के परिवार-सदस्य या विश्वस्त व्यक्ति के द्वारा कोई कार्यवाही करना

【走牛】 zǒuniú 〈वाणि०〉 स्टॉक बाज़ार का भाव बढ़ने की ओर होना

【走棋】 zǒuqí मोहरा चलाना

【走强】 zǒuqiáng 〈वाणि०〉 दाम आदि ऊपर बढ़ने की प्रवृत्ति

【走俏】 zǒuqiào (माल का) अच्छा बिकना; बड़ी मांग पर होना

【走亲戚】 zǒu qīnqi संबंधियों से मिलने जाना

【走禽】 zǒuqín धावी पक्षी

【走热】 zǒurè लोकप्रिय, लोकप्रचलित या विक्रयशील बनना

【走软】 zǒuruǎn 〈वाणि०〉 दाम आदि नीचे गिरने की प्रवृत्ति; मंदी बाज़ार पैदा होने की प्रवृत्ति

【走弱】 zǒuruò 〈वाणि०〉 दाम आदि नीचे गिरने की प्रवृत्ति; विक्रयशील न होने की प्रवृत्ति

【走色】 zǒusǎi रंग उतरना; रंग उड़ना: 衣服～了。कपड़े का रंग उतर गया।

【走扇】 zǒushàn (दरवाज़े या खिड़की का टेढ़े हो जाने के कारण) ठीक से बंद न किया जा सकना

【走墒】 zǒushāng मिट्टी में पानी का वाष्पीकरण

【走神儿】 zǒushénr बेध्यान होना; अनमना होना; अन्यमनस्क होना: 开车时不能～。कार चलाते समय तुम्हें बेध्यान नहीं होना चाहिए।

【走绳】 zǒushéng (走索 zǒusuǒ भी) रस्से या डोरी पर चलना या नाचना

【走失】 zǒushī ❶रास्ते में खो जाना; लापता या गायब हो जाना: 孩子～了。लड़का लापता हो गया; लड़का रास्ते में खो गया। ❷(मूल भाव आदि) खो जाना: 译文～原意。अनुवाद में मूल भाव खो गया।

【走时】 zǒushí (走时运 zǒu shíyùn भी) भाग्य अच्छा होना; किस्मत का करवट लेना; भाग्य खुल जाना

【走兽】 zǒushòu चौपाया; (चार पैरों वाला) जानवर

【走水】 zǒushuǐ ❶पानी टपकना: 房顶～了。छत से पानी टपक रहा है। ❷(पानी) बहना: 水渠～畅通。नहर में पानी वेग से बह रहा है। ❸〈शिष्ट०〉 आग लगना: 厨房～了。रसोईघर में आग लग गई।

【走私】 zǒusī चोरी से माल लाना-ले जाना: 反对～ चुंगी-चोरी का विरोध करना / ～贩子 चोरी से माल लाने-ले जाने का व्यापार / ～货 चोरी से लाया हुआ माल

【走题】 zǒutí (भाषण आदि का) बीच में मुख्य विषय को भूल जाना: 文章～ लेख के बीच में मुख्य विषय को भूल जाना

【走投无路】 zǒutóu-wúlù अंधी गली में फंस जाना; बेबसी की हालत में पड़ना; किसी भी सूरत में न बच सकना

【走弯路】 zǒu wānlù टेढ़े-मेढ़े रास्ते पर चलना: 少～ बहुत से टेढ़े-मेढ़े रास्तों में भटकने से बचना

【走味儿】 zǒuwèir (चाय, भोजन आदि का) मूल स्वाद

खो जाना

【走下坡路】 zǒu xiàpōlù पतनोन्मुख होना：他们在～。वे पतनोन्मुख हो रहे हैं।

【走险】 zǒuxiǎn खतरा मोल लेना; जोखिम उठाना

【走向】 zǒuxiàng ❶एलाइन्मेण्ट：边界线的～ सीमा-रेखा का एलाइन्मेण्ट ❷<भूगर्भ०> स्ट्राइक：～断层 स्ट्राइक फ़ाउल्ट ❸(की ओर) चलना：～反面 अपने विपरीत तत्वों में बदल जाना / ～胜利 विजय की ओर अभियान (कूच) करना

【走相】 zǒuxiàng बेढंगा बनना; कुरूप बनना

【走形】 zǒuxíng (रूप का) बदल जाना

【走形式】 zǒu xíngshì केवल व्यवहारिकता या दिखावे के लिए कोई काम करना; बेमन से या सतही तौर पर कोई काम करना

【走熊】 zǒuxióng <वाणि०> स्टॉक बाज़ार का भाव गिरने की ओर होना

【走穴】 zǒuxué (अभिनेता का) अतिरिक्त आय के लिए चोरी-चोरी बाहर अभिनय करना या दूसरा व्यवसाय करना; मूनलाइट

【走眼】 zǒuyǎn गलत देखना：你把好货当次货，你可看～了。तुम ने बढ़िया चीज़ को घटिया चीज़ समझ कर गलती की है।

【走样】 zǒuyàng रूप (शक्ल) का बदलना; ढंग का परिवर्तन होना：他把我的话说～了。उस ने मेरी बात को ठीक से नहीं बताया। / 鞋～了。जूते का रूप बदल गया।

【走一步，看一步】 zǒu yī bù，kàn yī bù एक कदम चलकर दूसरे कदम चलने के पहले चारों ओर देखना —— बिना योजना किये, या सतर्कता से आगे चलना

【走运】 zǒuyùn भाग्योदय होना; भाग जागना; किस्मत जागना; किस्मत का धनी होना：不～ किस्मत का हेठा होना; किस्मत उलटना

【走着瞧】 zǒuzheqiáo इंतज़ाम करना और देखना：咱们～！देखें (कि कौन सही है)।

【走资派】 zǒuzīpài <पुराना> पूँजीवादी रास्ता अपनाने वाले कर्ताधर्ता (या सत्ताधारी) लोग

【走字】 zǒuzì <बो०> सौभाग्य होना; भाग्य अच्छा होना; किस्मत का धनी होना

【走卒】 zǒuzú पिछलग्गू; पिट्ठू; प्यादा

【走嘴】 zǒuzuǐ बात करने में असावधानी से गलती कर जाना; कहने में आकस्मिक भूल होना

zòu

奏 zòu ❶बजाना; वाद्य-वादन करना; वाद्य-संगीत प्रस्तुत करना：～乐 बाजा बजाना; वाद्य-वादन करना / 独～ (वाद्य) सोलो ❷प्राप्त होना; हासिल होना：奏效 ❸सम्राट को तथ्य-कथन आदि बताना; सम्राट से निवेदन करना：～闻 सम्राट से निवेदन करना

【奏案】 zòu'àn सरकारी कागज़ात की जांच करने वाली सम्राट की मेज़

【奏本】 zòuběn सम्राट के सामने प्रार्थना-पत्र आदि प्रस्तुत करना

【奏技】 zòujì <लि०> (गायक, नट आदि) अभिनय करना

【奏捷】 zòujié युद्ध में विजय प्राप्त करना; सफल होना：～归来 विजयपूर्वक वापस आना

【奏凯】 zòukǎi युद्ध में विजित होना; विजयी होना

【奏鸣曲】 zòumíngqǔ <संगी०> सोनाटा：小～ सोनाटिना / ～式 सोनाटा राग का गीत; सोनाटा का रूप

【奏疏】 zòushū सम्राट के सामने प्रस्तुत किया गया सरकारी-कागज़

【奏效】 zòuxiào नतीजा हासिल करना; सफलता प्राप्त करना; अपने मकसद में कामयाब होना; सफल होना：难于～ नतीजा हासिल करना मुश्किल हो जाना

【奏议】 zòuyì ❶सम्राट के सामने प्रस्तुत किया गया सरकारी-कागज़ ❷सम्राट के सामने प्रस्तुत किये गये विभिन्न सरकारी-कागज़ात का सामान्य नाम

【奏章】 zòuzhāng सम्राट के सामने प्रस्तुत किया गया प्रस्ताव-पत्र

【奏折】 zòuzhé सम्राट के सामने प्रस्तुत किया गया सरकारी-कागज़：上～ सम्राट के सामने प्रस्ताव-पत्र प्रस्तुत करना

揍 zòu ❶मारना; पीटना; ठोंकना：我一定得～他一顿。मैं ज़रूर किसी दिन उस को ठोंकूंगा। ❷<बो०> तोड़-फोड़ करना; टुकड़े-टुकड़े करना：他把杯子给～了。उस ने गिलास के टुकड़े-टुकड़े कर दिये।

zū

租 zū ❶किराये पर या पट्टे पर लेना या देना：～地 लगान पर ली हुई ज़मीन / ～房 भाड़े पर लिए गए कमरे / ～别人土地 दूसरों से लगान पर ज़मीन लेना ❷लगान; भाड़ा; किराया：房～ मकान का किराया / 减～减息 लगान और सूद कम करना; लगान और सूद में कटौती करना / 交（缴）～ लगान का भुगतान करना; लगान अदा करना ❸भूमि कर

【租佃】 zūdiàn (ज़मींदार का) लगान पर काश्तकार को ज़मीन देना：～关系 काश्तकारी संबंध / ～制度 काश्तकारी-प्रथा

【租户】 zūhù भाड़े पर मकान या अन्य वस्तु लेने वाला

【租价】 zūjià किराया; भाड़ा; भाड़े की राशि, मुनाफ़ा

【租界】 zūjiè विदेशियों को पट्टे पर दी गई बस्ती：英～ बरतानिया को पट्टे पर दी गई बस्ती

【租借】 zūjiè पट्टा करना; पट्टे पर लेना या देना：～地 पट्टे पर ली हुई बस्ती, प्रादेशिक भूमि आदि; लीज़-होल्ड

【租金】 zūjīn किराया; भाड़ा

【租赁】 zūlìn पट्टे पर लेना या देना; किराये (भाड़े) पर लेना या देना：～土地 भूमि को पट्टे पर लेना

【租米】 zūmǐ <पुराना> लगान के रूप में दिया गया

चावल
【租钱】 zūqian <बो०> किराया; भाड़ा
【租让】 zūràng पट्टे या इजारे पर लेना या देना
【租税】 zūshuì महसूल; टैक्स; भूमि कर
【租息】 zūxī लगान और सूद: 加重～ लगान और सूद में बढ़ोतरी करना
【租用】 zūyòng इस्तेमाल के लिए किराये पर लेना: ～家具 इस्तेमाल के लिए किराये पर फ़र्नीचर लेना
【租约】 zūyuē पट्टा; किराया-पत्र: 短期～ अल्पकालीन पट्टा
【租债】 zūzhài किराया और ऋण
【租子】 zūzi लगान

zú

足 1 zú ❶पद; पैर; पांव; टांग: ～迹 पद-चिह्न / 自首至～ सिर से पैर तक ❷(कुछ बर्तन का) पद; पाद: 三～鼎 त्रिपाद 'तिन'

足 2 zú ❶पर्याप्त; काफ़ी; यथेष्ट: 丰衣～食 काफ़ी खुराक और कपड़ा-लत्ता होना
【足本】 zúběn (उपन्यास आदि का) असंक्षिप्त संस्करण
【足彩】 zúcǎi（足球彩票 zúqiú cǎipiào का संक्षिप्त रूप）फ़ुटबॉल लॉटरी
【足秤】 zúchèng (विषमभुजतुला से) पूरी माप; पूरी तौल
【足尺】 zúchǐ (मानदंड से) पूरी नाप
【足赤】 zúchì शुद्ध स्वर्ण
【足额】 zú'é नियत लक्ष्य: 不～ नियत लक्ष्य पूरा न होना
【足跟】 zúgēn एड़ी
【足够】 zúgòu पर्याप्त; यथेष्ट; काफ़ी: ～的时间 काफ़ी समय
【足见】 zújiàn इस से यह जाना जा सकता है कि; इस से यह ज़ाहिर होता है कि: 近几年来他翻译了许多名著，～他是付出了艰巨劳动的。इधर कई साल में उस ने अनेक प्रसिद्ध पुस्तकों का अनुवाद किया है, इस से यह विदित है कि उस ने कठोर परिश्रम किया है।
【足金】 zújīn शुद्ध स्वर्ण
【足球】 zúqiú ❶फ़ुटबाल: ～比赛 फ़ुटबाल-मैच / ～场 फ़ुटबाल ग्राउंड / ～队 फ़ुटबाल टीम ❷(मैच में प्रयुक्त) फ़ुटबाल
【足球宝贝】 zúqiú bǎobèi फ़ुटबाल बेबी (football baby)
【足球先生】 zúqiú xiānsheng प्रतिवर्ष में निर्वाचित फ़ुटबाल के श्रेष्ठ खिलाड़ी
【足色】 zúsè (सोना, चांदी) प्रामाणिक शुद्धता का
【足岁】 zúsuì वास्तविक आयु; असली उम्र
【足坛】 zútán फ़ुटबाल जगत्: ～名将 फ़ुटबाल जगत् में प्रसिद्ध खिलाड़ी
【足下】 zúxià (प्रायः पत्र में प्रयुक्त, मित्रों के बीच शिष्ट संबोधन) आप: ～以为如何? आप का क्या विचार है? आप की क्या राय है?
【足以】 zúyǐ पर्याप्त; काफ़ी: 你的话不～说服他。तुम्हारी बातें उसे गलती महसूस करवाने में काफ़ी नहीं है।
【足音】 zúyīn पदध्वनि
【足银】 zúyín शुद्ध चाँदी
【足月】 zúyuè पूर्ण विकसित (गर्भ शिशु)
【足智多谋】 zúzhì-duōmóu बुद्धिमान और युक्ति-कुशल

卒 1 zú ❶सैनिक; सिपाही: 士～ सैनिक; सिपाही ❷नौकर ❸(चीनी शतरंज में) पैदल

卒 2 zú ❶समाप्त करना; अंत करना: ～其事 काम पूरा करना ❷अंत में; आखिर: ～底于成 अंत में सफल होना ❸मृत्यु होना; मर जाना; गुज़र जाना: 病～ रोग से मृत्यु होना
cù भी दे०
【卒岁】 zúsuì <लि०> साल काटना: 存聊以～之想 साल काटने की उम्मीद करना
【卒业】 zúyè <लि०> स्नातक होना; ग्रैजुएशन होना
【卒子】 zúzi ❶<पुराना> सामान्य सैनिक ❷(चीनी शत-रंज में) पैदल

族 zú ❶वंश; कुल; गोत्र; खानदान: 同～ एक ही कुल का ❷प्राचीन काल में एक क्रूर मृत्युदंड जिस में अपराधी तथा उस के परिवार के सदस्यों की हत्या, यहां तक कि उस की माता और पत्नी की परिवार के सदस्यों की भी हत्या की जाती थी ❸जाति: 汉～ हान जाति ❹सामान्य गुण वाली वस्तुओं का दल, वर्ग या श्रेणी: 语～ भाषा परिवार ❺（一族 yīzú भी）सामान्य विशेषताओं वाले व्यक्ति: 上班～ ड्यूटी पर जाने वाले व्यक्ति / 足彩一～ एक दूसरे से होड़ लगाकर फ़ुटबॉल लाटरी खरीदने वाले व्यक्ति
【族类】 zúlèi एक ही कुल
【族灭】 zúmiè दे० 族❷
【族谱】 zúpǔ किसी वंश के वंश-वृक्ष और वंश के प्रसिद्ध सदस्यों के चरित्र का अभिलेखन करने वाली पुस्तक
【族亲】 zúqīn वंश के सदस्य; सगोत्र; बिरादरी के व्यक्ति
【族权】 zúquán वंश-सत्ता; बिरादरी की सत्ता
【族群】 zúqún ❶जाति; समूह; वर्ग ❷सामान्य विशेष-ताओं वाले व्यक्तियों या वस्तुओं का समूह
【族人】 zúrén एक ही वंश के सदस्य; बिरादर; सजातीय
【族长】 zúzhǎng कुल के बड़े-बूढ़े; सजातियों का मुखिया

镞（鏃）zú <लि०> तीर की नोक; फल; गांसी; पैकान: 箭～ फल; गांसी; पैकान

zǔ

诅（詛）zǔ <लि०> ❶फटकारना; शाप देना;

धिक्कारना; कोसना ❷शपथ लेना; सौगंध खाना

【诅骂】 zǔmà कोसना; शाप देना; शपथ लेना; कसम खाना

【诅咒】 zǔzhòu कोसना; शाप देना; शपथ लेना; कसम खाना

阻 zǔ रोकना; रुकावट डालना; बाधा डालना: 拦～ रोकना; बाधा डालना; रुकावट डालना

【阻碍】 zǔ'ài ❶रोकना; रुकावट डालना; बाधा डालना: ～进步 प्रगति में रुकावट डालना / ～生产力发展 उत्पादक शक्तियों के विकास को रोकना ❷बाधा; रुकावट: 毫无～ कोई बाधा न होना

【阻挡】 zǔdǎng रोकना; थामना; बंधन लगाना: 不要～我干这活。मुझे यह काम करने से मत रोको।

【阻挡犯规】 zǔdǎng fànguī 〈बास्केटबाल〉 ब्लॉकिंग

【阻断】 zǔduàn बाधा डालना; रुकावट डालना; विघ्न डालना

【阻遏】 zǔ'è रोकना; एकाएक रोक देना

【阻隔】 zǔgé अलग करना या होना; पृथक् होना; विभाजित होना: 山川～ पहाड़ों और नदियों से अलग होना

【阻梗】 zǔgěng 〈लि०〉 बाधा डालना; रुकावट डालना: 交通～。यातायात रुक गया।

【阻击】 zǔjī रोककर प्रहार करना; रोककर धावा बोलना: ～南来之敌 दक्षिण से आयी शत्रु-सेनाओं की राह रोकना / ～战 अवरोधक लड़ाई / ～阵地 अवरोधक मोर्चेबंदी

【阻截】 zǔjié बाधा डालना; रुकावट डालना; मार्ग रोकना

【阻绝】 zǔjué बाधा डालना; रुकावट डालना; रोकना

【阻抗】 zǔkàng 〈विद्यु०〉 अवबाधा; प्रतिबाधा; इम्पेडंस

【阻拦】 zǔlán रोकना; बाध्य करना; मार्ग रोकना: 他要去，不要～。यदि वह जाना चाहता है तो उसे मत रोको।

【阻力】 zǔlì ❶रोक; अवरोध; बाधा; रुकावट: 冲破各种～ बाधाओं को तोड़कर निकल आना ❷〈भौ०〉 रैज़िस्टेंस: 空气～ एयर रैज़िस्टेंस

【阻难】 zǔnàn किसी को निष्फल कर देना; रुकावट डालना

【阻挠】 zǔnáo बाधा पहुंचाना; निष्फल कर देना; विघ्न उपस्थित करना: ～双方和谈 दोनों पक्षों की सुलह-वार्ता में विघ्न उपस्थित करना

【阻尼】 zǔní 〈भौ०〉 डैम्पिंग: ～器 डैंपर

【阻塞】 zǔsè रुकना; रोकना; बाधा डालना; रुकावट डालना; मार्ग रोकना: 交通～ यातायात रुक जाना / ～道路 मार्ग रोकना

【阻抑】 zǔyì रोकना; रुकावट डालना; रोक रखना

【阻雨】 zǔyǔ वर्षा से रोकना

【阻援】 zǔyuán शत्रु-कुमक को रोकना

【阻止】 zǔzhǐ रोकना; रुकावट डालना; बाध्य करना: 对此不加～ इस पर रोक न लगाना / 让他去吧，别～他。उसे जाने दो, मत रोको।

【阻滞】 zǔzhì रोकना; देर करना; विलंब करना: ～部队 डिलेइंग फ़ोर्स / ～战斗 डिलेइंग एक्शन

组（組） zǔ ❶संगठन करना; रूप देना: 改～ पुनर्संगठन करना ❷ग्रुप; दल: 互助～ परस्पर सहायता दल ❸〈परि०श०〉 सेट; सीरीज़; श्रेणी: 一～邮票 एक सेट स्टाम्प्स

【组胺】 zǔ'àn （组织胺 zǔzhī'àn भी） 〈रसा०〉 हिस्टामीन

【组办】 zǔbàn संगठन करना और प्रबंध करना: ～音乐会 संगीत सभा का संगठन करना और प्रबंध करना

【组成】 zǔchéng बनना; बनाना; संगठित होना; संघटित होना; रूप देना: ～统一战线 संयुक्त मोर्चे का संगठन करना / ～部分 अभिन्न अंग; संघटित अंग; अंग

【组分】 zǔfèn अंग; भाग; अभिन्न अंग; संघटित भाग

【组稿】 zǔgǎo (संपादकों का) किसी निर्दिष्ट विषय पर लिखने के लिए लेखकों का संगठन करना

【组歌】 zǔgē गीत-संग्रह; गीतों का स्वीट (suite)

【组阁】 zǔgé मंत्रिमंडल बनाना

【组合】 zǔhé ❶एक साथ करना; इकट्ठा करना; संगृहीत करना: 由三部分～而成 तीन भागों को संगृहीत करके बनाया जाना ❷संयोग; सम्मिलन; मिलन: 词的～叫词组。शब्दों का सम्मिलन वाक्यांश या पदबन्ध कहलाता है। ❸〈गणित०〉 संचय; संचयन

【组合机床】 zǔhé jīchuáng एग्रिगेट मशीन

【组合音响】 zǔhé yīnxiǎng हाई-फ़ाई स्टियरियों कंपोनण्ट सिस्टम; हाई-फ़ाई (सेट)

【组画】 zǔhuà कई चित्रों से मिलाकर बनाई गई चित्र-श्रेणी

【组建】 zǔjiàn (संस्था, ग्रुप आदि) संगठन करना और स्थापित करना: ～剧团 नाटक-मंडल का संगठन करना और स्थापित करना

【组接】 zǔjiē 〈फ़िल्म〉 मोंताज (करना)

【组曲】 zǔqǔ 〈संगी०〉 स्वीट (suite); वाद्य संगीत की रचना

【组织】 zǔzhī ❶संगठित करना; बनाना: ～兵力 फ़ौज संगठित करना / ～群众 आम जनता को संगठित करना / ～政府 सरकार बनाना ❷संगठन: ～不纯 संगठन की अशुद्धि होना / ～处分 संगठनात्मक दंड / ～观念 संगठनात्मक धारणा / ～路线 संगठनात्मक कार्य-दिशा / ～条例 संगठन-विधिनियम / ～原则 संगठन-सिद्धांत ❸बुनाई; बुनावट; बुनने की शैली: 斜纹～ ट्वील बुनाई; दुसूती या खेस की बुनाई ❹〈श०वि०〉 तंतु: 肌肉～ मांस तंतु / ～疗法 तंतु-चिकित्सा; टिशुथेरापी

【组织学】 zǔzhīxué 〈श०वि०〉 ऊतक-विज्ञान

【组装】 zǔzhuāng मशीन के पुर्ज़ों को फ़िट करना; पुर्ज़े जोड़ना: ～收录两用机 रेडियो केसेट रिकार्डर के पुर्ज़े जोड़ना

【组字游戏】 zǔzì yóuxì वर्ग-पहेली; शब्द-पहेली

俎 zǔ ❶प्राचीन काल में बलि चढ़ाते समय प्रयुक्त बर्तन ❷प्राचीन काल में मांस काटते समय प्रयुक्त काष्ठ (ब्लाक) ❸（Zǔ） एक कुलनाम

【俎豆】 zǔdòu ❶बलि चढ़ाने के बर्तन ❷〈लि०〉 बलिदान

【俎上肉】 zǔshàngròu <लि०> काष्ठ (ब्लाक) पर मांस —— बलि; शिकार

祖 zǔ ❶दादा; पितामहः ～父 दादा; पितामह ❷पूर्वज; पुरखा; बापदादाः 曾～ प्रपितामह / 高～ प्रप्रपितामह ❸(व्यवसाय, धार्मिक संप्रदाय आदि का) संस्थापक; प्रवर्तकः 鼻～ आरंभकर्त्ता; प्रणेता; प्रवर्तक ❹ (Zǔ) एक कुलनाम

【祖辈】 zǔbèi पूर्वज; पुरखे; बापदादे

【祖本】 zǔběn (काष्ठ-ब्लाक से छपी हुई पुस्तक का) पहला संस्करण; (शिला-लेख से लिया गया) पहला चरबा

【祖妣】 zǔbǐ स्वर्गवासी पितामही

【祖产】 zǔchǎn पूर्वजों की भू-संपत्ति

【祖传】 zǔchuán अपने पूर्वजों से विरासत के रूप में प्राप्तः ～秘方 अपने पूर्वजों से रियासत के रूप में प्राप्त गुप्त नुसखा

【祖代】 zǔdài पीढ़ियों के लिए; पीढ़ी से पीढ़ी तक; पीढ़ी-दर-पीढ़ीः ～务农 पीढ़ी-दर-पीढ़ी किसान होना

【祖坟】 zǔfén पूर्वजों की समाधियाँः 祭～ पूर्वजों की समाधियों पर भेंट चढ़ाना

【祖父】 zǔfù दादा; पितामह

【祖国】 zǔguó जन्मभूमि; मातृभूमि; पितृभूमि

【祖籍】 zǔjí परिवार का मूल स्थान; पूर्वजों का घर या स्थान

【祖饯】 zǔjiàn <लि०> विदाई की दावत देना

【祖居】 zǔjū ❶पूर्वजों का घर या स्थान ❷किसी स्थान में पीढ़ी-दर-पीढ़ी रहनाः ～上海 पीढ़ी-दर-पीढ़ी शांगहाए में रहना

【祖考】 zǔkǎo ❶अपना स्वर्गवासी पितामह ❷दे० 祖先

【祖鲁语】 Zǔlǔyǔ जुलू (भाषा)

【祖率】 zǔlǜ <गणित०> त्सू छोंगच् (祖冲之) (429-500 ई०) द्वारा हिसाब लगायी गयी वृत्त की परिधि और व्यास का समीपवर्ती अनुपात, अर्थात् 3.1415926 और 3.1415927 के बीच

【祖母】 zǔmǔ दादी; पितामही

【祖母绿】 zǔmǔlǜ हरे रंग का पन्ना; जमुर्रद

【祖上】 zǔshàng पूर्वज; पुरखे; बापदादे

【祖师】 zǔshī (祖师爷 zǔshīyé भी) ❶(किसी व्यवसाय, विद्या-शाखा आदि का) संस्थापक; प्रवर्तक ❷(बौद्ध धर्म या ताओवाद के संप्रदाय का) आदिगुरु; गुरु

【祖述】 zǔshù (पूर्व श्रेष्ठ व्यक्तियों के) उदाहरण का अनुसरण करना

【祖孙】 zǔsūn दादा और पोता; पितामह और पौत्रः ～三代 (पितामह, पिता और पुत्र) तीन पीढ़ियाँ

【祖先】 zǔxiān पूर्वज; पुरखे; बापदादे

【祖像】 zǔxiàng पूर्वजों के चित्रः 挂～ पूर्वजों के चित्र लटकाना

【祖业】 zǔyè ❶祖产 के समान ❷पूर्वजों की स्तुत्य सफलताएँ

【祖遗】 zǔyí अपने पूर्वजों से उत्तराधिकार में प्राप्तः ～的田产 उक्त रूप से प्राप्त भू-संपत्ति

【祖荫】 zǔyìn <लि०> पूर्वजों का संरक्षण या कृपा

【祖茔】 zǔyíng पूर्वज की समाधि

【祖宗】 zǔzong पूर्वज; पुरखे; बापदादेः ～崇拜 पूर्वज पूजा

【祖祖辈辈】 zǔzǔbèibèi पीढ़ी-दर-पीढ़ीः 他家～都是农民。उस के घरवाले पीढ़ी-दर-पीढ़ी किसान रहे हैं।

zuān

钻（鑽） zuān ❶छेदना; छेद करनाः ～孔 छेदना; छेद करना / ～木取火 लकड़ी छेदने से आग पाना ❷अंदर जाना; गुज़रनाः ～山洞 गुहा में जाना / ～入水中 डुबकियाँ खाना ❸गहरा अध्ययन करना; अनुसंधान करनाः ～书本 पुस्तकों का गहरा अध्ययन करना ❹रिश्वत देकर तरक्की चाहनाः 钻营
zuàn भी दे०

【钻故纸堆】 zuān gùzhǐduī पुरानी पिछड़ी हुई पुस्तकों में अन्वेषण करना

【钻劲】 zuānjìn अध्ययनशीलता; कार्यशीलताः 学习需要～。अध्ययन के लिए अध्ययनशीलता की आवश्यकता है।

【钻空子】 zuān kòngzi (कानून, संविदा आदि में) कमज़ोरी का फ़ायदा उठाना; बदनीयत से अवसर ताकना

【钻门子】 zuān ménzi निपुणता से घूम-फिर कर लाभपूर्ण स्थिति प्राप्त करना

【钻谋】 zuānmóu रिश्वत देकर तरक्की चाहना

【钻牛角尖】 zuān niújiǎojiān अंधी गली में फंसने जाना

【钻圈】 zuānquān <कला०> धातु की गोलाकार पत्ती में से कूद निकलना

【钻探】 zuāntàn ट्यूब की खोदाईः ～队 ड्रिलिंग दल / ～机 ड्रिलिंग मशीन

【钻心】 zuānxīn (दर्द, खुजली आदि) सहने योग्य न होनाः 疼得～ असहनीय दर्द

【钻研】 zuānyán गहरा अध्ययन करनाः ～学问 विद्या का गहरा अध्ययन करना

【钻营】 zuānyíng रिश्वत देकर तरक्की चाहना

躜（躦） zuān ऊपर या आगे की ओर वेग से चलना, बढ़ना आदि

zuǎn

篹 zuǎn 纂[1]zuǎn के समान
zhuàn भी दे०

缵（纘） zuǎn <लि०> उत्तराधिकार (विरासत) में पाना

纂[1] zuǎn <लि०> संपादन करनाः 编～ संपादन करना

纂 2 （鬢） zuǎn 〈बो॰〉 केक-जैसा जूड़ा

籫 （篹） zuǎn 纂 [1] zuǎn के समान
zhuàn भी दे॰

zuàn

钻 （鑽） zuàn ❶बरमा ❷हीरा; हीरक; रत्न; मणि; ज़ेवर: ～戒 हीरा जड़ित मुद्रा ❸छेदना; छेद करना: ～木头 लकड़ी छेदना
zuān भी दे॰

【钻床】 zuànchuáng 〈यां॰〉 ड्रिलिंग मशीन; ड्रिलर; मशीनी बर्मा

【钻杆】 zuàngǎn 〈पेट्रोलियम〉 ड्रिल राड (पाइप)

【钻机】 zuànjī 〈पेट्रोलियम〉 ड्रिलिंग रिग; ड्रिलिंग मशीन

【钻井】 zuànjǐng वेल ड्रिलिंग: ～船 आयल रिग / ～队 ड्रिलिंग टीम

【钻具】 zuànjù 〈पेट्रोलियम〉 ड्रिलिंग टुल; ड्रिलिंग रिग

【钻石】 zuànshí ❶हीरा; हीरक ❷रत्न

【钻塔】 zuàntǎ 〈खनि॰〉 बोरिंग टावर; डेरिक

【钻头】 zuàntóu बरमे की अनी; अनी: 装上～ अनी लगाना / 卸下～ अनी उतारना

赚 （賺） zuàn 〈बोल॰〉 छलना; धोखा देना
zhuàn भी दे॰

攥 zuàn बंधना: 他两手～成了拳头。उस के हाथों की मुट्ठियाँ बंध गईं। / 手里～着斧子 हाथ में कुल्हाड़ी लेना

zuī

朘 zuī 〈बो॰〉 लिंग; शिश्न

zuǐ

咀 zuǐ 嘴 zuǐ का लोकप्रचलित रूप
jǔ भी दे॰

觜 zuǐ 嘴 zuǐ के समान
zī भी दे॰

嘴 zuǐ ❶मुख; मुंह: 张～ मुंह खोलना ❷मुंह जैसी चीज़: 瓶～ बोतल का मुंह ❸बोलना: 别～。मत बोलो!

【嘴巴】 zuǐba ❶मुख; मुंह: 张开～ मुंह खोलना ❷थप्पड़: 打～ थप्पड़ मारना / 挨～ थप्पड़ खाना

【嘴笨】 zuǐbèn बोलने में अचतुर (अकुशल)

【嘴馋】 zuǐchán स्वादिष्ट भोजन पसंद करना; लालच होना; खट्टा मीठा जी होना: 他一见这些糖果就～。ये मिठाइयाँ देख कर उस का जी खट्टा मीठा होने लगा।

【嘴唇】 zuǐchún ओष्ठ; ओठ; होंठ: 咬～ ओठ चबाना (काटना)

【嘴乖】 zuǐguāi 〈बोल॰〉 (बच्चे का) बड़ों से बात करने में चतुर और मनोहर होना: 这孩子～。यह बच्चा मीठी-मीठी बातें करता है।

【嘴尖】 zuǐjiān ❶तेज़, तीखी या चुभती हुई बात कहने वाला; तीक्ष्ण शब्दों में कहने वाला: 这人～。यह आदमी तेज़ बात करता है। ❷खाने में भोजन चुन-चुन कर खाना: 别～了，给什么吃什么。जो दिया है खा लो, नुक्ताचीनी न करो।

【嘴角】 zuǐjiǎo होंठ का कोना

【嘴紧】 zuǐjǐn सावधानी से बोलने वाला

【嘴啃泥】 zuǐkěnní मुंह के बल गिर पड़ना: 他摔了个～。वह मुंह के बल गिर पड़ा।

【嘴快】 zuǐkuài जो भेद को गुप्त न रख सके; देश-काल को भूल कर बात करने वाला; बड़बोला; वाचाल

【嘴脸】 zuǐliǎn 〈अना॰〉 मुंह; मुखाकृति: 丑恶～ बदसूरत चेहरा

【嘴皮子】 zuǐpízi 〈बोल॰〉 〈अना॰〉 ओठ; होंठ: 他两片～可会说了。वह किसी भी प्रश्न के किसी भी पहलू पर वाद-विवाद कर सकता है।

【嘴贫】 zuǐpín （嘴频 zuǐpín भी） बातूनी; वाचाल; मुखर; बकवासी

【嘴勤】 zuǐqín गप्पी; बातूनी

【嘴软】 zuǐruǎn डरते-डरते बोलना: 吃人～。मेहमान मेज़बान के विरुद्ध नहीं बोल सकता।

【嘴松】 zuǐsōng असावधानी से बोलना; अकसर अननुकूल बात बोलना

【嘴碎】 zuǐsuì बातूनी; वाचाल; बकवासी

【嘴损】 zuǐsǔn 〈बो॰〉 तेज़, तीखी या चुभती बातें कहने वाला; व्यंग्यपूर्ण बातें कहने वाला

【嘴甜】 zuǐtián मीठी-मीठी बातें बोलने वाला; मधुर भाषी

【嘴稳】 zuǐwěn जो भेद को गुप्त रख सके; बोलने में सावधान

【嘴严】 zuǐyán सावधानी से बोलने वाला

【嘴硬】 zuǐyìng गलती या हार मानने में हठीला और अनिच्छुक होना: 他～，不肯认错。वह अपनी गलती नहीं मानता, हठीला है।

【嘴直】 zuǐzhí स्पष्टवादी; स्पष्टवक्ता

【嘴子】 zuǐzi ❶〈बो॰〉 मुख-जैसी या मुख के कार्य करने वाली वस्तु: 山～ पहाड़ की तलहटी की नोक ❷〈संगी॰〉 मुखनलिका; मुखनाल; मुखिका; बाजे का मुंह में रखकर बजाने वाला भाग

zuì

冣 zuì 〈लि०〉 最 zuì के समान

最 zuì ❶(विशेषण या क्रिया के पहले प्रयुक्त) सब से; सर्व-; -तम: ～多 सब से अधिक (ज़्यादा) / ～少 सब से कम / ～高 सब से ऊँचा; सर्वोच्च ❷सब से ऊँचा व्यक्ति या वस्तु: 中华之～ चीन में सब से अच्छा (व्यक्ति या वस्तु)

【最爱】 zuì'ài विशेषकर लोकप्रिय व्यक्ति या वस्तु

【最初】 zuìchū प्रथम; पहला; आरंभिक: 我们～相会是在 1980 年。1980 में हम लोग पहली बार मिले थे। / ～阶段 पहला दौर; पहली मंज़िल; पहली अवस्था

【最大公约数】 zuìdà gōngyuēshù 〈गणित०〉 सब से बड़ा सामान्य भाजक; गुरुतम समभाजक

【最大航程】 zuìdà hángchéng मैक्सिमम रैंज; अधिकतम अधिसीमा

【最大射程】 zuìdà shèchéng एक्सट्रीम (मैक्सिमम) रैंज; अधिकतम अधिसीमा

【最低纲领】 zuìdī gānglǐng अल्पतम कार्यक्रम

【最低价格】 zuìdī jiàgé न्यूनतम दाम (मूल्य)

【最多】 zuìduō अधिकाधिक; ज़्यादा से ज़्यादा: 他的书～。उस के पास सब से अधिक पुस्तकें हैं। / 这屋里～只能坐十个人。इस कमरे में अधिक से अधिक दस आदमी बैठ सकते हैं।

【最高】 zuìgāo उच्चतम; सर्वोच्च: ～当局 उच्चाधिकारी / ～峰 उच्चतम चोटी / ～阶段 उच्चतम अवस्था / ～决策机关 उच्चतम नीति निर्णायक संस्था / ～年产量 अधिकतम वार्षिक उपज / ～权力机关 सर्वोच्च सत्ताधिकारी संस्था / ～统帅 सर्वोच्च सेनापति; सर्वोच्च कमांडर-इन-चीफ़ / ～职位 सर्वोच्च पद / ～纪录 सर्वोच्च रिकार्ड

【最高点】 zuìgāodiǎn चरमबिन्दु; उच्चतम शिखर; चोटी: 达到～ चरमबिन्दु पर पहुंचना

【最高纲领】 zuìgāo gānglǐng सर्वोच्च कार्यक्रम

【最高国务会议】 zuìgāo guówù huìyì सर्वोच्च राज्य सम्मेलन; सुप्रीम स्टेट कांफ़्रेंस

【最高级】 zuìgāojí ❶सर्वोपरि; सर्वोच्च: ～会议 शिखर सम्मेलन ❷〈व्या०〉 उत्तमावस्था

【最高人民法院】 zuìgāo rénmín fǎyuàn सर्वोच्च जन-न्यायालय; सुप्रीम पीपुल्स कोर्ट

【最高人民检察院】 zuìgāo rénmín jiǎncháyuàn सर्वोच्च जन प्रोक्यूरेसी; सर्वोच्च जन-प्रोक्यूरेटर कार्यालय

【最好】 zuìhǎo ❶सब से अच्छा; सर्वश्रेष्ठ; सर्वोत्तम: 北京戏～。पेइचिंग के ऑपेरा का मुकाबला नहीं है। ❷सब से अच्छा यह कि: ～我去。सब से अच्छा यह है कि मैं जाऊँ।

【最后】 zuìhòu अंतिम; आखिरी: ～关头 अंतिम घड़ी / ～灭亡 आखिरी खात्मा / ～期限 परमावधि / ～胜利 अंतिम विजय / ～通过 अंतिम रूप से पास करना / ～挣扎 अपनी मृत्यु-शय्या पर पड़े हुए छटपटाना

【最后决定权】 zuìhòu juédìngquán अंतिम रूप से निर्णय करने का अधिकार; आखिरी फ़ैसले का हक़

【最后通牒】 zuìhòu tōngdié अंतिम चेतावनी; अल्टीमेटम

【最后修正案】 zuìhòu xiūzhèng'àn अंतिम संशोधित रूप

【最惠国】 zuìhuìguó मोस्ट-फ़ेवर्ड-नेशन; अत्यधिक अनुकूल राष्ट्र (वह राष्ट्र जिस में सब से कम आयात कर लगे); कृपापात्र देश: ～待遇 मोस्ट-फ़ेवर्ड-नेशन ट्रीटमेंट

【最佳】 zuìjiā ❶सब से अच्छा; श्रेष्ठ; उत्तम: ～运动员 श्रेष्ठ खिलाड़ी ❷〈भौ०〉 अनुकूलतम: ～数 अनुकूलतम संख्या

【最近】 zuìjìn ❶अभी हाल में ही: ～他很忙。अभी हाल में ही वह बहुत व्यस्त है। ❷निकट भविष्य में: ～我要去上海。निकट भविष्य में मैं शांगहाए जाऊंगा।

【最轻量级】 zuìqīngliàngjí 〈खेल०〉 बेंटमवेट: ～抓举 झटके से बेंटमवेट उठाना

【最为】 zuìwéi 〈क्रि०वि०〉 (द्व्यक्षरीय विशेषण या क्रिया के पहले प्रयुक्त) अधिकतम मात्रा में; अत्यंत; नितांत रूप से: 我们～幸福。हमारा सुख चरम सीमा पर पहुंच गया है।

【最小公倍数】 zuìxiǎo gōngbèishù 〈गणित०〉 लघुतम समापवर्त्य

【最终】 zuìzhōng अंतिम; आखिरी: ～目的 अंतिम (चरम) लक्ष्य

晬 zuì 〈लि०〉 शिशु का एक वर्ष पूरा होना

罪 (辠) zuì ❶अपराध; जुर्म: 受贿～ घूस खाने का अपराध / ～上加～ अपराध पर अपराध करना ❷गलती; त्रुटि; दोष: 归～于人 दूसरों पर (के ऊपर) दोष मढ़ना ❸दुख; पीड़ा; कष्ट: 受～ सताया जाना ❹किसी पर दोष मढ़ना: ～其官吏 उन के अधिकारियों को दोषी ठहराना / ～己 अपने को दोषी ठहराना

【罪案】 zuì'àn फ़ौजदारी मुकदमे का विस्तारपूर्ण विवरण

【罪不容诛】 zuìbùróngzhū वह जघन्य अपराधी जिसे मृत्यु-दंड देना भी अपर्याप्त हो

【罪大恶极】 zuìdà-èjí जघन्यतम अपराध: ～分子 कट्टर अपराधी, जिस ने बेहद खूनी अपराध किए हों

【罪恶】 zuì'è अपराध; पाप; दुष्कर्म: ～累累 नाना प्रकार के अपराध / ～目的 अपराधपूर्ण उद्देश्य

【罪恶滔天】 zuì'è-tāotiān घोर अपराध; जघन्य अपराध; संगीन जुर्म

【罪恶昭彰】 zuì'è-zhāozhāng (罪恶昭著 zuì'è-zhāozhù भी) जेल में डालने योग्य कुख्यात अपराध होना; अपराधों के लिए विख्यात होना

【罪犯】 zuìfàn अपराधी; पापी; मुजरिम

【罪该万死】 zuìgāiwànsǐ (वह अपराधी जिसे) दस हज़ार बार मृत्यु-दंड दिया जा सके

【罪过】 zuìguo ❶गलती; त्रुटि; पाप: 这是他的～。यह उस की गलती है। / ～啊! यह कितना बड़ा पाप है! ❷〈विन०〉 धन्यवाद! शुक्रिया!

【罪咎】 zuìjiù गलती; त्रुटि; कसूर; दोष

【罪款】 zuìkuǎn अपराधों की सूची

【罪魁】 zuìkuí प्रमुख अपराधी; मुख्य अपराधी
【罪魁祸首】 zuìkuí–huòshǒu अव्वल नम्बर का अपराधी; मुख्य गुनहगार
【罪戾】 zuìlì 〈लि०〉 पाप; अपराध
【罪名】 zuìmíng दोष; इलज़ाम: 偷窃的～ चोरी का दोष
【罪莫大焉】 zuìmòdàyān इस से बड़ा अपराध नहीं है
【罪孽】 zuìniè पाप; कुकर्म: ～深重 पापात्मा
【罪愆】 zuìqiān 〈लि०〉 दोष; त्रुटि; अपराध; पाप; ज़ुर्म
【罪情】 zuìqíng फ़ौजदारी मुकदमे का विस्तारपूर्ण विवरण
【罪人】 zuìrén दोषी; अपराधी; पापी
【罪刑】 zuìxíng अपराध और दंड
【罪刑法定】 zuìxíng fǎdìng 〈का०〉 केवल कानून के अनुसार दंड दिया जाने वाला अपराध
【罪行】 zuìxíng अपराध; दोष; कुकर्म: ～严重 गंभीर अपराध
【罪尤】 zuìyóu 〈लि०〉 दोष; त्रुटि; कुकर्म; पाप
【罪有应得】 zuìyǒuyīngdé अपराध के लिए उचित दंड होना
【罪责】 zuìzé अपराध का उत्तरदायित्व; ज़ुर्म की ज़िम्मेदारी: 把～推在别人身上 अपने दोष के लिए दूसरे को दोषी ठहराना
【罪证】 zuìzhèng अपराध का प्रमाण: ～确凿 अकाट्य प्रमाण; अखंड्य प्रमाण
【罪状】 zuìzhuàng अपराध के बारे में तथ्य: 党八股的八大～ घिसे पिटे पार्टी-लेखन के आठ प्रमुख आरोप

檇（槜） zuì नीचे दे०
【槜李】 zuìlǐ त्स्वेइ ली, आलूचे की एक किस्म (वृक्ष या फल)

蕞 zuì नीचे दे०
【蕞尔】 zuì'ěr 〈लि०〉 (क्षेत्र) लघु; छोटा: ～小国 छोटा देश

醉 zuì ❶मत्त; मदहोश; मदांध: 他喝～了。वह शराब के नशे में है। ❷तन्मय होना; तल्लीन होना: ～心于学问 विद्या में तन्मय होना ❸(कुछ खाद्य पदार्थ का) शराब में तर करना: ～枣 शराब में तर किया हुआ खजूर / ～蟹 शराब में डूबा हुआ केकड़ा
【醉鬼】 zuìguǐ मतवाला; मदमत्त; मस्त; मदहोश
【醉汉】 zuìhàn मतवाला; शराबी
【醉红】 zuìhóng गहरा लाल: ～的叶子 गहरी लाल पत्ती
【醉话】 zuìhuà नशे में कही हुई बात
【醉酒】 zuìjiǔ मत; मदांध; मदहोश
【醉拳】 zuìquán मतवाला बाक्सिंग (बाक्सिंग का एक रूप जिस की गतिविधि मतवाले जैसी होती है)
【醉生梦死】 zuìshēng–mèngsǐ ऐसा जीवन बिताना जैसे नशे में या सपने में हो
【醉态】 zuìtài मदिराग्रस्त दशा
【醉翁之意不在酒】 zuìwēng zhī yì bù zài jiǔ बूढ़े पियक्कड़ की प्रसन्नता मदिरा में न होना —— बल्कि मन में दूसरी वस्तु होना; दूरस्थ अभिप्राय होना
【醉乡】 zuìxiāng मदहोशी की हालत; नशीली हालत; मदिराग्रस्त दशा: 沉入～ मदिराग्रस्त दशा में डूब जाना
【醉醺醺】 zuìxūnxūn मदिराग्रस्त; मदहोश; नशीला: 他～的在街上走。वह नशे में लड़खड़ाता हुआ सड़क पर जा रहा था।
【醉眼】 zuìyǎn 〈लि०〉 नशीली आँखें: ～乜斜 तिरछी नशीली आंखें
【醉意】 zuìyì नशे के लक्षण या भाव: 微有～ थोड़े नशे की हालत में होना

zūn

尊1 zūn ❶आयु में बड़ा; पद में ऊँचा; बड़े दर्जे या पद का; उच्च पीढ़ी का: ～长 बड़ा; बड़ा-बूढ़ा; ज्येष्ठ ❷आदर करना; सम्मान करना; इज़्ज़त करना: ～敬 आदर करना; इज़्ज़त करना; (के प्रति) सम्मान प्रकट करना / 自～ आत्मसम्मान; आत्माभिमान ❸〈आदर०〉 आप का: ～夫人 आप की पत्नी / ～大人 आप के पिता; आप के माता-पिता ❹〈परि०श०〉 ①(मूर्ति के लिए): 一～佛 बुद्ध की एक मूर्ति ②(तोप के लिए): 三～大炮 तीन बड़ी तोपें

尊2 zūn 樽 zūn के समान
【尊称】 zūnchēng ❶आदरपूर्वक संबोधन करना: 人们～他为老师。लोग उसे आदरपूर्वक अध्यापक जी कहते हैं। ❷आदरसूचक संबोधन: '您' 是 '你' 的～。'आप' 'तुम' का आदरसूचक संबोधन है; '您'（nín आप） '你'（ni तुम ） के लिए आदरसूचक संबोधन है।
【尊崇】 zūnchóng आदर करना; मान करना; श्रद्धा करना
【尊甫】 zūnfǔ 〈लि०〉 〈आदर०〉 आप के पिता जी
【尊府】 zūnfǔ ❶〈आदर०〉 आप का निवास-स्थान; आप का घर ❷〈लि०〉 〈आदर०〉 आप के पिता जी
【尊公】 zūngōng ❶〈लि०〉 〈आदर०〉 आप के पिता जी ❷आप
【尊贵】 zūnguì आदरणीय; मान्य: ～的客人 आदरणीय अतिथि
【尊号】 zūnhào सम्राट या साम्राज्ञी को दी गयी आदरपूर्ण उपाधि
【尊驾】 zūnjià 〈आदर०〉 आप: 恭候～光临。हम आप के आगमन की सादर प्रतीक्षा करते हैं।
【尊敬】 zūnjìng आदर करना; मान करना; श्रद्धा करना: ～师长 अध्यापकों का आदर करना / ～的来宾们! माननीय अतिथियो!
【尊命】 zūnmìng 〈आदर०〉 आप के निर्देश; आप की आज्ञा
【尊亲】 zūnqīn ❶अपने उच्च पीढ़ी के संबंधी ❷〈आदर०〉 आप के संबंधी

【尊容】 zūnróng आप का मुंह; आप की मुखमुद्रा
【尊师爱生】 zūnshī-àishēng छात्रों द्वारा अध्यापकों का आदर किया जाना और अध्यापकों द्वारा छात्रों को पसंद किया जाना
【尊师重道】 zūnshī-zhòngdào अध्यापकों का आदर करना और उन की शिक्षा को पावन समझना
【尊堂】 zūntáng 〈लि०〉〈आदर०〉 आप की माता जी
【尊翁】 zūnwēng 〈लि०〉〈आदर०〉 आप के पिता जी
【尊严】 zūnyán प्रतिष्ठा; मर्यादा; मान-मर्यादा; सम्मान: 国家～ राष्ट्रीय प्रतिष्ठा / 维护法律的～ कानून की पवित्रता की रक्षा करना / 维护民族～ राष्ट्र के सम्मान की रक्षा करना
【尊意】 zūnyì 〈आदर०〉 आप का मत; आप का विचार; आप की राय: 不知～如何? न जाने आप की क्या राय है?
【尊重】 zūnzhòng ❶आदर करना; मान करना; इज़्ज़त करना: 互相～ एक दूसरे का आदर करना / ～历史 इतिहास का आदर करना / ～人民的愿望 जनता की आकांक्षा का सम्मान करना ❷गंभीर; उचित (व्यवहार): 放～些! शिष्टता से रहिए!

遵 zūn पालन करना; अनुसरण करना; के अनुसार: ～纪爱民 अनुशासन का पालन करना और जनता से प्रेम करना / ～嘱 आप की सलाह के अनुसार; वसीयत को अमल में उतारना
【遵办】 zūnbàn आदेशानुसार कार्यपालन करना
【遵从】 zūncóng किसी के आदेशानुसार कार्य करना: ～上级指示 ऊपरी रैंक के आदेशानुसार कार्य करना
【遵奉】 zūnfèng (के अनुसार) कार्य करना; अनुसरण करना
【遵命】 zūnmìng 〈शिष्ट०〉 जो आज्ञा: ～照办 किसी की आज्ञानुसार कार्य करना
【遵守】 zūnshǒu मानना; निभाना; पालन करना; पाबंदी लगाना: ～法律和规定 कायदे-कानूनों का पालन करना / ～时间 समय की पाबंदी करना / ～诺（誓）言 प्रतिज्ञा (व्रत)-पालन करना / ～协定 समझौते का पालन करना
【遵行】 zūnxíng (किसी के अनुसार) कार्य करना; अनुसरण करना; पालन करना: ～一贯的原则 स्थिर सिद्धांतों का पालन करना
【遵循】 zūnxún अनुसरण करना; पालन करना: ～和平共处的原则 शांतिपूर्ण अस्तित्व के सिद्धांत का अनुसरण करना
【遵依】 zūnyī पालन करना; किसी के आदेशानुसार कार्य करना
【遵义会议】 Zūnyì Huìyì त्सुन-ई मीटिंग (जनवरी 1935 ई० क्वेइ-चओ प्रांत की त्सुन-ई में हुई एक ऐतिहासिक मीटिंग जिस में चीनी कम्युनिस्ट पार्टी की केन्द्रीय कमेटी में वामपंथी अवसरवाद शासन की समाप्ति हुई और संपूर्ण पार्टी में अध्यक्ष माओ के नेतृत्व की स्थापना हुई)
【遵照】 zūnzhào पालन करना; अनुसरण करना; (किसी के आदेशानुसार) कार्य करना: ～上级命令 ऊपरी रैंक की आज्ञानुसार

樽（罇） zūn प्राचीन काल में शराब रखने का बर्तन
【樽俎】 zūnzǔ ❶प्राचीन काल में शराब या भोजन रखने का बर्तन ❷भोज; दावत

鳟（鱒） zūn 〈प्राणि०〉 ट्राउट (मछली)

zǔn

撙 zǔn बचना; बचाना; किफ़ायत करना; मितव्यय करना: ～下一些钱 कुछ रुपये-पैसे बचाना
【撙节】 zǔnjié किफ़ायत करना; मितव्यय करना: ～开支 खर्च में किफ़ायत करना

zùn

捘 zùn 〈लि०〉 उँगली से दबाना

zuō

作 zuō कर्मशाला; वर्कशाप: 木工～ बढ़इयों की वर्कशाप
zuò भी दे०
【作场】 zuōchǎng 〈बो०〉 कर्मशाला; वर्कशाप
【作坊】 zuōfang कर्मशाला; वर्कशाप: 造纸～ कागज़ वर्कशाप

嘬 zuō 〈बो०〉 चूसना: ～芒果 आम चूसना
【嘬瘪子】 zuō biězi 〈बो०〉 उलझन या असमंजस में पड़ना; हैरानी की स्थिति में होना
【嘬牙花子】 zuō yáhuāzi 〈बो०〉 हैरानी या किंकर्तव्यविमूढ़ता की स्थिति में पड़ना

zuó

昨 zuó ❶बीता हुआ कल: ～夜 (बीती हुई) कल रात ❷अतीत: ～非 〈लि०〉 अतीत की गलतियाँ
【昨儿】 zuór （昨儿个 zuórge भी）〈बो०〉 (बीता हुआ) कल: ～晚上 पिछली रात; कल रात
【昨日】 zuórì (बीता हुआ) कल
【昨晚】 zuówǎn पिछली रात; कल रात

zuó zuǒ 1666

捽 zuó 〈बो०〉 जल्दी से पकड़ना; कसकर पकड़ना: 孩子～住妈妈的衣服。बच्चे ने माता के कपड़े को कसकर पकड़ लिया।

笮（筰）zuó बांस की पट्टियों से बटकर बनाया मोटा रस्सा: ～桥（竹索桥 zhúsuǒqiáo）उक्त रस्सों से बना पुल

Zé भी दे०

琢 zuó नीचे दे०

zhuó भी दे०

【琢磨】 zuómo अच्छी तरह विचार करना: 你～～该怎么办。तुम अच्छी तरह विचार करो कि क्या करना चाहिए। / 这个问题他～了很久。वह बड़ी देर तक इस सवाल पर विचार करता रहा।

zuǒ

左 zuǒ ❶बायाँ; बायीं ओर: ～面 बायीं ओर / ～手 बायाँ हाथ; बायीं ओर ❷पूर्व; प्राची: 山～ थाए-हांग पर्वत के पूर्व का क्षेत्र, विशेषतः शानतोंग प्रांत ❸विचित्र; अजीब; अशास्त्रीय; विधर्मी: ～脾气 मिज़ाज विचित्र होना ❹गलत; ठीक नहीं: 你说～了。तुम ने ठीक नहीं कहा। ❺भिन्न; विपरीत; उल्टा; प्रतिकूल: 意见相～ विपरीत मत होना; मतैक्य न होना ❻प्रगतिशील; क्रांतिकारी: ～派 वामपक्ष / ～翼政党 वामपक्षी पार्टी; गरमदल ❼〈लि०〉 佐 zuǒ के समान ❽ (Zuǒ) एक कुलनाम

【左膀右臂】 zuǒbǎng-yòubì विश्वासी सहयोगी; प्रमुख सहायक; योग्य सहायक

【左边锋】 zuǒbiānfēng 〈फ़ुटबाल〉 लेफ़्ट विंग; आउटसाइड लेफ़्ट

【左边】 zuǒbian बायीं ओर; बायीं तरफ़

【左不过】 zuǒbuguò 〈बो०〉 ❶किसी भी तरह; किसी भी अवस्था (हालत) में; जो भी हो; जैसे भी हो सके: 不是你来，就是我去，～是这么一回事。या तो तुम आओ या मैं जाऊँ, जो भी हो, एक ही बात है। ❷केवल; सिर्फ़: 你怎么啦？—— 没什么，～有点头痛。तुम क्या हो गये？—— कुछ नहीं, सिर में ज़रा दर्द हो रहा है।

【左侧】 zuǒcè बायीं ओर; बायाँ पार्श्व

【左道旁门】 zuǒdào-pángmén ❶विधर्मी संप्रदाय; पाखंडी ❷मिथ्या-दृष्टि; अपसिद्धांत

【左锋】 zuǒfēng 〈बास्केटबाल〉 लेफ़्ट फ़ार्वर्ड

【左顾右盼】 zuǒgù-yòupàn दायें-बायें दृष्टि डालना; चारों ओर देखना: 他～，乐极了。दायें-बायें दृष्टि डालते हुए उसे अत्यंत प्रसन्नता हुई।

【左后卫】 zuǒhòuwèi 〈फ़ुटबाल〉 लेफ़्ट बैक

【左近】 zuǒjìn निकट स्थान में; पड़ोस में: 房子～有小河。मकान के पास एक छोटी-सी नदी है।

【左邻右舍】 zuǒlín-yòushè पड़ोसी

【左轮手枪】 zuǒlún shǒuqiāng（左轮 zuǒlún भी） रिवाल्वर

【左面】 zuǒmiàn बायीं ओर; बायीं तरफ़

【左内锋】 zuǒnèifēng 〈फ़ुटबाल〉 इंसाइड लेफ़्ट

【左派】 zuǒpài ❶वामपक्ष: ～进步分子 वामपक्षी प्रगतिशील तत्व ❷वामपक्षी; वामदल का

【左撇子】 zuǒpiězi सव्यसाची; वामहस्त; सब्बा आदमी

【左迁】 zuǒqiān 〈लि०〉 पदावनत करना; पद घटाना; ओहदा कम करना

【左前卫】 zuǒqiánwèi 〈फ़ुटबाल〉 लेफ़्ट हाफ़बैक; लेफ़्ट हाफ़

【左倾】 zuǒqīng वामपक्ष झुकाव वाला; प्रगतिशील; क्रांति की ओर प्रवृत्त

【"左"倾】 zuǒqīng 'वामपंथी': ～机会主义 'वामपंथी' अवसरवाद / ～冒险主义 'वामपंथी' दुस्साहसवाद

【左券】 zuǒquàn दे० 稳操左券 wěncāozuǒquàn विश्वस्त रीति से सफल होना; निश्चित रूप से विजय पाना

【左嗓子】 zuǒsǎngzi ❶गाने में स्वर संवाद न होना ❷व्यक्ति जो गाने में संवादी न हो

【左手】 zuǒshǒu ❶बायाँ हाथ ❷左首 के समान

【左首】 zuǒshǒu बायीं ओर; बायीं तरफ़

【左思右想】 zuǒsī-yòuxiǎng भिन्न दृष्टिकोण से अच्छी तरह विचार करना

【左袒】 zuǒtǎn 〈लि०〉 किसी की तरफ़दारी करना

【左舷】 zuǒxián (सामने से) जहाज़ का बायाँ हिस्सा

【左性子】 zuǒxìngzi （左性 zuǒxìng भी） हठीला; ज़िद्दी; हठी; अड़ियल

【左翼】 zuǒyì ❶〈सैन्य०〉 वामपक्ष ❷वामपक्षी: ～政党 वामपक्षी पार्टी; गरमदल

【左右】 zuǒyòu ❶वाम और दक्षिण; बायाँ और दायाँ: ～摇摆 कभी दाएँ और कभी बाएँ भटकना / ～张望 इधर-उधर देखना ❷(संख्या के बाद प्रयुक्त) लगभग; निकट; करीब: 他年纪不过二十～。यह बीस-एक वर्ष का युवक होगा। / 三点钟～ लगभग तीन बजे ❸नौकर-चाकर; अनुचर वर्ग; अनुगामी: 屏退～ अपने अनुचरों को निकल जाने की आज्ञा देना ❹काबू पाना; बस में करना; नियंत्रण रखना; प्रभाव डालना: ～这些力量 इन शक्तियों पर प्रभाव डालना ❺〈बो०〉〈क्रि०वि०〉 किसी भी अवस्था (हालत) में; जैसे भी हो सके; जो भी हो; किसी तरह: 我～没事，跟你一起去吧。जो भी हो, मुझे इस समय काम नहीं है, चलें, मैं तुम्हारे साथ चलूँ।

【左…右…】 zuǒ…yòu… पुनरावृत्ति सहित; बार-बार; बारंबार; अच्छी तरह: 左劝右劝 बार-बार समझाना

【左右逢源】 zuǒyòu-féngyuán ❶किसी भी उपाय से सफलता पा सकना ❷दोनों ओर से लाभ प्राप्त होना

【左右开弓】 zuǒyòu-kāigōng दोनों हाथों से बारी-बारी से एक ही क्रिया करना; दोनों हाथों का एक ही काम कर सकना

【左右手】 zuǒyòushǒu दायाँ हाथ; योग्य सहायक

【左右袒】 zuǒyòutǎn किसी की तरफ़दारी करना

【左右为难】 zuǒyòu-wéinán दुविधा में पड़ना;

असमंजस में पड़ना
【左证】 zuǒzhèng (佐证 zuǒzhèng भी) प्रमाण; सबूत

佐 zuǒ ❶सहायता करना: ～理 निबटारे के लिए सहायता करना / ～餐 भात या रोटी के साथ भोजन करना ❷सहायक; मददगार: 僚～ सरकारी अधिकारी का सहायक
【佐料】 zuǒliào 作料 zuóliao के समान
【佐命】 zuǒmìng राजवंश के संस्थापक की सहायता
【佐药】 zuǒyào 〈ची०चि०〉 गुणवर्द्धी औषधि

撮 zuǒ 〈परि०श०〉 (बाल के लिए) गुच्छा; लट: 一～山羊胡子 बकरे के समान छोटी दाढ़ी
【撮子】 zuǒzi लट: 一～头发 बालों की एक लट; बालों का एक गुच्छा

zuò

作 zuò ❶उठना; उठ बैठना: 日出而～ सूरज निकलते ही उठ बैठना या काम करना ❷कोई काम करना: 作孽 ❸(लेख आदि) लिखना: ～诗 कविता लिखना / ～书 पत्र लिखना ❹कृति: 佳～ श्रेष्ठ कृति / 新～ नई पुस्तक; नई कृति ❺दिखाना; दिखावा करना: 装模～样 दिखावा करना; ढोंग करना; स्वांग रचना ❻मानना; समझना: ～废 बेकार होना; रद्द होना; अवैध होना / 认贼～父 दुश्मन को अपने सगे रिश्तेदार मानना ❼(कै आदि) आना; पैदा होना: ～呕 कै आना; मतली होना; मिचलाना; वमन करना

zuō भी दे०
【作案】 zuò'àn अपराध का आचरण करना: ～时被捕 अपराध करते समय पकड़ा जाना
【作罢】 zuòbà त्यागना; त्याग करना; छोड़ना; खत्म होना; बंद या समाप्त होना: 计划～。 योजना छोड़ दी गई ।
【作保】 zuòbǎo प्रतिभू या जमानती बनना
【作弊】 zuòbì धोखा करना; बेईमानी करना: 考试～ परीक्षा में बेईमानी करना
【作壁上观】 zuòbìshàngguān दुर्ग-प्राचीर पर बैठ कर लड़ाई देखना —— बैठकर देखना; तमाशाई बनना
【作别】 zuòbié 〈लि०〉 बिछुड़ना; विदा होना: 与亲友～ संबंधियों और मित्रों से विदा होना
【作瘪子】 zuò biězi 嘬瘪子 zuō biězi के समान
【作成】 zuòchéng किसी को उस का उद्देश्य प्राप्त करने के लिए सहायता देना
【作词】 zuòcí (गीत के लिए) शब्द लिखना
【作答】 zuòdá उत्तर देना; जवाब देना: 马上～ फ़ौरन जवाब देना
【作对】 zuòduì विरोध करना: 他们专门同我～。 ये लोग हर बात में मेरा विरोध करते हैं ।
【作恶】 zuò'è कुकर्म करना; अत्याचार करना: 停止～ कुकर्म करना बन्द करना / ～多端 तरह-तरह के कुकर्म करना
【作伐】 zuòfá 〈लि०〉 शादी कराना
【作法】[1] zuòfǎ जादू करना; जादू-टोना करना
【作法】[2] zuòfǎ ❶लेख लिखने का उपाय; लेखन-कौशल ❷काम करने का ढंग: 改变～ अपने तौर-तरीके बदलना
【作法自毙】 zuòfǎ-zìbì केवल अपने को बिगाड़ने के लिए कोई कानून बनाना; अपनी ही चाल से तबाह होना; अपने खोदे गड्ढे में जा गिरना
【作风】 zuòfēng कार्यशैली: 好～ अच्छी कार्यशैली / ～正派 कार्यशैली ठीक होना
【作复】 zuòfù उत्तर में लिखना: 迅即～ शीघ्र ही उत्तर में लिखना
【作梗】 zuògěng बाधा डालना; रुकावट डालना; रोड़ा अटकाना: 从中～ बीच में बाधा डालना
【作古】 zuògǔ 〈लि०〉〈शिष्ट०〉 मृत्यु होना; गुज़र जाना
【作怪】 zuòguài उत्पात मचाना; गड़बड़ पैदा करना: 鬼魂～ भूत-प्रेत बनकर उत्पात मचाना / 过左的观点在党内～。 उग्रवामपंथी दृष्टिकोण पार्टी में गड़बड़ी पैदा कर रहा है । / 宗派主义思想在头脑里～ संकीर्णतावादी विचारों का दिमाग में उत्पात मचाना
【作害】 zuòhài (पक्षियों और कीड़ों का फ़सल आदि पर) हानि या नुकसान पहुंचाना
【作合】 zuòhé शादी कराना; विवाह कराना
【作家】 zuòjiā लेखक; ग्रंथकार: ～协会 लेखक संघ
【作假】 zuòjiǎ ❶नकली बनाना; जाली बनाना; बनावटी तैयार करना ❷धोखा देना; चाल चलना ❸कृत्रिम ढंग से आचरण करना
【作价】 zuòjià किसी वस्तु के लिए दाम लगाना; मूल्यांकन करना; मूल्य का निश्चय करना: 合理～ उचित मूल्य का निश्चय करना
【作奸犯科】 zuòjiān-fànkē कानून तोड़ना और अपराधी जैसा आचरण करना
【作茧自缚】 zuòjiǎn-zìfù अपने चारों ओर कोया बनाना या जाल बुनना; अपने बुने जाले में उलझा लेना
【作践】 zuòjian (बोल० में प्रायः zuójian) बरबाद करना; नष्ट करना; अपव्यय करना: ～粮食 अनाज बरबाद करना
【作客】 zuòkè 〈लि०〉 डेरा डालना: ～他乡 परदेश में डेरा डालना
【作客思想】 zuòkè sīxiǎng अस्थाई रूप से काम करने का विचार
【作困兽斗】 zuòkùnshòudòu कोने में ढकेले हुए पशु की तरह लड़ना; पीछा किए जा रहे पशु द्वारा पलट कर लड़ना
【作乐】 zuòlè मौज करना; रंगरेलियाँ मनाना; चुहल करना; आनंद लेना: 饮酒～ मदिरा पीते-पीते मौज करना
【作冷】 zuòlěng जूड़ी आना; बुखार में कंपकंपाहट होना
【作脸】 zuòliǎn इज़्ज़त हासिल करना; (किसी का) नाम रोशन करना
【作料】 zuòliao (बोल० में प्रायः zuóliao) मसाला
【作乱】 zuòluàn सशस्त्र विद्रोह करना
【作美】 zuòměi (प्रायः निषेध में प्रयुक्त) (मौसम आदि

का) मदद करना; सहयोग करना: 天公不～。ईश्वर सहयोग नहीं करता; मौसम मदद नहीं करता।

【作难】 zuònán ❶अपने को दुखद या विकट परिस्थिति में पाना ❷किसी के लिए काम को कठिन बनाना

【作难】 zuònàn 〈लि०〉 सशस्त्र विद्रोह आरंभ करना

【作鸟兽散】 zuòniǎoshòusàn पशु-पक्षियों की तरह तितर-बितर होना; भगदड़ मचाना या पड़ना; इधर-उधर भाग जाना

【作孽】 zuòniè कुकर्म करना; पाप करना

【作弄】 zuònòng (बोल० में प्रायः zuōnòng) मूर्ख (बेवकूफ़) बनाना; उल्लू बनाना; चिढ़ाना; सताना

【作陪】 zuòpéi माननीय अतिथि के आदर-सत्कार में सहायता करना; मुख्य अतिथि के साथ-साथ भोजन पर आमंत्रित किया जाना

【作品】 zuòpǐn (साहित्य और कला की) कृतियाँ

【作曲】 zuòqǔ संगीत रचना; गीत लिखना: ～家 गीतकार; संगीतकार; स्वरकार

【作色】 zuòsè चेहरे पर क्रोध का भाव प्रकट होना; चेहरे पर शिकन आना: 听了你这话，他愤然～。तुम्हारी ये बातें सुनकर उस के चेहरे पर शिकन आ गई।

【作势】 zuòshì स्वांग रचना; बनावटी ढंग से व्यवहार करना: 装腔～ पाखंड रचना; स्वांग रचना

【作数】 zuòshù गिनती के लायक होना; मान्य होना: 他说话～不～? क्या उस की बात गिनती के लायक है या नहीं ?

【作耍】 zuòshuǎ 〈बो०〉 ❶हँसी उड़ाना; उल्लू बनाना ❷मज़ाक: 这事不是～的。यह कोई मज़ाक नहीं है।

【作死】 zuòsǐ (बोल० में प्रायः zuōsǐ) मृत्यु मोल लेना; अपने सिर मुसीबत लेना: 醉后开快车，不是～吗? नशे में कार जल्दी चलाना, क्या यह मृत्यु मोल लेना नहीं है ?

【作速】 zuòsù शीघ्र ही; जल्दी-जल्दी: ～前往 शीघ्र ही वहाँ जाना

【作祟】 zuòsuì ❶(भूत या प्रेत का) आना ❷कष्ट पहुंचाना; बुरा असर डालना; हानि पहुंचाना: 造谣～ अफ़वाहें फैलाना और चालबाज़ियां करना

【作态】 zuòtài बनावटी मुद्रा में होना; दिखाना; ढोंग करना; चेहरे बनाना: 惺惺～ बनना; ढोंग करना; स्वांग करना

【作痛】 zuòtòng दर्द होना: 隐隐～ मीठी-मीठा दर्द होना

【作威作福】 zuòwēizuòfú अपनी सत्ता का बड़ी नृशंसता के साथ अनुचित प्रयोग करना: 骑在人民头上～ जनता की गर्दन पर सवार होकर हुकूमत जताना

【作为】[1] zuòwéi ❶आचरण; चाल-चलन; रंग-ढंग; कार्यवाही: 从他的～看他的态度 उस के आचरण से उस का रुख भांप लेना ❷सफलता; सिद्धि: 新校长很有～。नया कुलपति एक सक्रिय और सुयोग्य व्यक्ति है। ❸योग्यता का क्षेत्र: 大有～ किसी की भी योग्यना और प्रतिभा के लिए पूरी संभावनाएँ होना; बहुत बड़ी संभावनाएँ होना; किसी की भी योग्यता या प्रतिभा का पूरा विकास हो सकना

【作为】[2] zuòwéi ❶मानना; समझना: ～靠山 किसी को अपना सहारा समझना / ～借口 बहाने के रूप में प्रयोग करना ❷के रूप में; की हैसियत से: ～朋友，我劝你不要去。दोस्त की हैसियत से मैं तुम को सलाह देता हूँ कि वहाँ मत जाना। ❸〈का०〉 कार्यवाही; क्रिया; क्रिया करना

【作伪】 zuòwěi (कला कृतियों आदि में) नकली काम करना; धोखा देना

【作文】 zuòwén ❶(छात्र का) लेखन करना ❷लेखन; कंपोज़िशन

【作物】 zuòwù फ़सल: 高产～ ऊंची पैदावार वाली फ़सल; ज़्यादा उगने वाली फ़सल

【作息】 zuòxī काम करना और आराम करना: 准时～ ठीक समय पर काम करना और आराम करना / ～时间表 टाइम-टेबल

【作响】 zuòxiǎng आवाज़ निकलना: 北风吹得呼呼～。उत्तरी वायु सनसनाती हुई बह रही है।

【作兴】 zuòxing 〈बो०〉 ❶(प्रायः निषेध में प्रयुक्त) उचित होना; न्यायसंगत होना: 不～骂人。दूसरों को गाली देना न्यायसंगत नहीं है। ❷हो सकता है; शायद: ～要下雪。हो सतका है बर्फ़ गिरेगी। ❸लोक-प्रचलित होना: 中秋节～吃月饼。मध्य-शरद उत्सव के दिन लोगों में चंद्राकार केक खाने का रिवाज़ है।

【作秀】 zuòxiù （做秀 zuòxiù भी）दिखाना; प्रोग्राम दिखाना; अभिनय करना

【作痒】 zuòyǎng खुजलाना; खुजली उठना: 头皮～ सिर खुजलाना

【作业】 zuòyè ❶स्कूल में अध्यापक का प्रदत्त कार्य; अभ्यास: 做～ अभ्यास करना / 改～ अभ्यास ठीक करना ❷कार्य: 水下～ जल के अंदर कार्य; अण्डर्वाटर आपरेशन / ～班 कार्यदल / ～区 कार्यक्षेत्र

【作揖】 zuòyī (बोल० में प्रायः zuōyī) दोनों हाथों की एक मुट्ठी बांधकर सामने उठाकर, सिर थोड़ा-सा झुकाकर प्रणाम करना

【作艺】 zuòyì (अभिनेता का) अभिनय करना: 登台～ मंच पर जाकर अभिनय करना

【作俑】 zuòyǒng 〈लि०〉 मृतक के साथ दफ़नायी जाने वाली मूर्तियाँ बनाना; कुकर्म करने का सूत्रपात करना: 始～者 कुकर्म करने का प्रतिपादक

【作用】 zuòyòng ❶प्रभावित करना: ～于感官 इन्द्रियों को प्रभावित करना ❷क्रिया: 化学～ रासायनिक क्रिया / 力学～ गतिविज्ञान संबंधी क्रिया ❸भूमिका: 带头～ प्रारंभकर्ता की भूमिका / 骨干～ मेरुदण्ड की भूमिका / 模范～ आदर्श भूमिका / 桥梁～ सेतु की भूमिका / 起先锋～ हिरावल की भूमिका अदा करना ❹उद्देश्य: 说这话有什么～? यह बात कहने का क्या उद्देश्य है ? / 失去其部分或全部～ अपनी आंशिक या समूची उपयोगिता खो बैठना

【作乐】 zuòyuè 〈लि०〉 वाद्य-वादन करना; वाद्य-संगीत प्रस्तुत करना

【作战】 zuòzhàn लड़ना; युद्ध करना; लड़ाई करना: ～部队 लड़ने वाली फ़ौज / ～地图 बैटल मैप / ～方案 लड़ाई का कार्यक्रम या योजना / ～方针 सामरिक कार्यवाही संबंधी नीति / ～物资 युद्ध-सामग्री / ～演习 कृत्रिम युद्ध

【作者】 zuòzhě लेखक; लेखिका; ग्रंथकार

【作证】 zuòzhèng ❶प्रमाण या सबूत के रूप में प्रयुक्त होना ❷साक्षी देना; गवाही देना
【作中】 zuòzhōng बिचौला या मध्यस्थ बनना
【作准】 zuòzhǔn ❶作数 के समान ❷सत्य; प्रामाणिक: ～文本 प्रामाणिक टैक्सट (पाठ)

坐 zuò ❶बैठना: 请～。बैठिए ! बैठ जाइए ! / 在书桌面前～下 मेज़ पर जा बैठना ❷(यातायात-साधन से) कोई काम करना: ～飞机去 विमान से (में बैठकर) जाना ❸(मकान की पीठ) … की ओर स्थित होना: 这房子～北朝南。यह मकान दक्षिण की ओर स्थित है। ❹सिगड़ी पर केटली, डेगची आदि रखना: 把壶～上 (सिगड़ी आदि पर) केटली रखना ❺座[1] zuò के समान ❻(मकान का) भूमि के नीचे धसकना: 这房子向后～了。इस मकान का पिछला भाग नीचे की ओर धसक गया। ❼(बंदूक, तोप आदि का छूटने के झटके से) पीछे हटना: ～力 (बंदूक आदि का छूटने के झटके से) पीछे हटना; झटका खाना या देना ❽फलना; वृक्षों का फलों से युक्त होना; फल लाना: ～果 फलना; फलित होना; फल लाना ❾दंड दिया जाना: 连～ सामूहिक रूप से दंड भुगतना ❿<लि०> क्योंकि; चूँकि: ～此解职 इस कारण पदच्युत होना
【坐班】 zuòbān ठीक समय पर काम पर जाना और काम खत्म कर चले जाना
【坐标】 zuòbiāo <गणित०> कोआर्डिनेट: ～轴 कोआर्डिनेट ऐक्सिस
【坐不下】 zuòbuxià (गाड़ी, मेज़, कमरे आदि में बहुत से लोगों के लिए) काफ़ी सीट न होना: 这屋～这么多人。इस कमरे में इतने आदमियों के बैठने के लिए काफ़ी जगह नहीं है।
【坐禅】 zuòchán <बौद्ध धर्म> ध्यान में बैठना; धार्मिक ध्यान करना
【坐吃山空】 zuòchī-shānkōng यदि कोई व्यक्ति केवल भोजन करता और काम न करता तो वह पहाड़ जैसी बड़ी धन-संपत्ति भी खत्म कर सकता है
【坐次】 zuòcì सीटों का क्रम; बैठने का क्रम
【坐待】 zuòdài बैठकर प्रतीक्षा करना: ～胜利 बैठकर विजय की प्रतीक्षा करना
【坐等】 zuòděng बैठकर प्रतीक्षा करना: ～二十分钟 बीस मिनट तक बैठकर प्रतीक्षा करते रहना
【坐地分赃】 zuòdì-fēnzāng (रिंगलीडर, अपराधी का बिना भाग लिए) लूट-खसोट के फलों का बंटवारा करना
【坐地虎】 zuòdìhǔ स्थानीय निरंकुश
【坐垫】 zuòdiàn गद्दी
【坐而论道】 zuò'érlùndào बैठकर राजनीति के बारे में बातचीत करना; मुख्य सिद्धांतों पर कोरी बकवास करना
【坐骨】 zuògǔ <श०वि०> इस्कियम
【坐骨神经】 zuògǔ shénjīng नितंब-तंत्रिका: ～痛 नितंब-तंत्रिका का दर्द; शियाटिका
【坐观成败】 zuòguān-chéngbài दूसरे की सफलता या असफलता के प्रति खड़े-खड़े तमाशा देखने का रुख अपनाना
【坐馆】 zuòguǎn ❶<पुराना> निजी शिक्षक बनना ❷सरकारी दफ़्तर में मुंशी या क्लर्क बनना
【坐果】 zuòguǒ फलना; फलित होना; फल लाना
【坐化】 zuòhuà (बौद्ध भिक्षु का) आसन करने की मुद्रा में मृत्यु होना
【坐家女】 zuòjienǚ <बो०> अविवाहित स्त्री
【坐江山】 zuò jiāngshān देश का शासन चलाना
【坐监狱】 zuò jiānyù （坐监 zuòjiān भी）जेल में जाना; कैद काटना
【坐劲】[1] zuòjìn शक्तिशाली समर्थन करना; साथ देना
【坐劲】[2] zuòjìn (बंदूक का छूटने के झटके से) पीछे हटना
【坐禁闭】 zuò jìnbì चुना जाना; कैद किया जाना
【坐井观天】 zuòjǐng-guāntiān कुएँ की तह से आकाश देखना —— जो देखा बहुत सीमित
【坐具】 zuòjù बैठने की वस्तु; सीट
【坐科】 zuòkē पुरानी शैली के ऑपेरा विद्यालय में ऑपेरा-अभिनय सीखना
【坐困】 zuòkùn सीमित किया जाना; बंद किया जाना: ～孤城 असहाय नगर में घेरा जाना
【坐蜡】 zuòlà <बो०> कठिन स्थिति में फंसना; कष्ट में पड़ना
【坐牢】 zuòláo जेल में जाना; जेल काटना; कैद काटना
【坐冷板凳】 zuò lěngbǎndèng ठंडी बेंच पर बैठना —— महत्वहीन पार्ट अदा करना और ध्यान न दिया जाना
【坐力】 zuòlì (बंदूक का छूटने के झटके से) पीछे हटना
【坐立不安】 zuòlì-bù'ān न बैठने में आराम, न खड़े होने में; चिंता के मारे बुरा हाल हो जाना
【坐龙亭】 zuò lóngtíng (सम्राट का) राजसिंहासन पर बैठना: 皇帝～了。सम्राट सिंहासनारूढ़ हो गया है; शहंशाह की तख्तपोशी हो गई है।
【坐落】 zuòluò (भूमि या इमारत का किसी स्थान में) स्थित होना: 我们厂～在郊区。हमारा कारखाना उपनगर में स्थित है।
【坐骑】 zuòqí सवारी के लिए काठीदार घोड़ा
【坐蓐】 zuòrù <लि०> (सूतिका का) बच्चा पैदा करने के बाद लगभग एक महीने तक सूतक में होना
【坐山雕】 zuòshāndiāo भस्म के रंग का गिद्ध; पहाड़ी गिद्ध
【坐山观虎斗】 zuò shān guān hǔ dòu पहाड़ की चोटी पर बैठकर बाघों के लड़ने का तमाशा देखना —— जब दूसरे लड़ रहे हैं तब सुरक्षित स्थान में बैठकर देखना और बीच में फ़ायदा उठाने का मौका ताकना
【坐商】 zuòshāng दूकानदार
【坐失良机】 zuòshī-liángjī अच्छा अवसर हाथ से निकलने देना
【坐视】 zuòshì हाथ पर हाथ धरे बैठकर देखना: ～不理 हाथ पर हाथ धरे बैठे रहना
【坐胎】 zuòtāi गर्भ होना; पाँव भारी होना
【坐探】 zuòtàn ❶विपक्ष के अंदर जाकर जासूस का काम करना ❷जासूस; गुप्तचर
【坐桶】 zuòtǒng पाखाने की बंद चौकी; कमोड
【坐位】 zuòwèi ❶बैठने की जगह; सीट: 留几个～ कुछ खाली सीट रखना ❷बैठने की कुर्सी, बेंच आदि; सीट: 搬几个～来。कुछ सीट लाओ।
【坐卧不宁】 zuòwò-bùníng （坐卧不安 zuòwò-

bùān भी）न बैठने में आराम न खड़े होने में; चिंता के मारे बुरा हाल हो जाना

【坐误】 zuòwù (अवसर) हाथ से निकलने देना：因循～ काम में बड़ी देर तक विलंब करना और मौका हाथ से निकलने देना

【坐席】 zuòxí ❶भोज में बैठना या भाग लेना ❷बैठने की जगह; सीट

【坐享其成】 zuòxiǎng-qíchéng दूसरे की मेहनत से लाभ उठाना

【坐药】 zuòyào 〈चीo चिo〉 गुदा, योनि आदि में रखने की दवाई की बत्ती

【坐以待毙】 zuòyǐdàibì बैठे-बैठे मौत या हार का इंतज़ार करना

【坐以待旦】 zuòyǐdàidàn बैठे-बैठे भोर होने का इंतज़ार करना

【坐月子】 zuò yuèzi 〈बोलo〉 (सूतिका का) बच्चा पैदा करने के बाद लगभग एक महीने तक सूतक में होना

【坐赃】 zuòzāng ❶〈बोo〉 चोरी का या लूटा हुआ माल किसी के यहां गुप्त रूप से रखकर उसे चोर या डाकू ठहराना ❷〈लिo〉 घूस लेने का अपराध करना

【坐镇】 zuòzhèn (कमांडर का) स्वयं रक्षा-भार लेने के लिए उपस्थित होना

【坐庄】 zuòzhuāng ❶माल छांटने, खरीदने आदि के लिए दूकान का स्थायी एजेंट बनना ❷(जुए में) महाजन

【坐罪】 zuòzuì दंड देना; सज़ा देना

阼 zuò प्राचीन काल में मकान के सामने पूर्व की सीढ़ियाँ जहाँ मेज़बान मेहमानों का स्वागत किया करते थे

岞 zuò नीचे देo

【岞山】 Zuòshān शानतोंग प्रांत में एक स्थान

怍 zuò 〈लिo〉 लज्जित; शर्मिंदा：～色 लज्जित होने की भावना

柞 zuò नीचे देo

【柞蚕】 zuòcán टसर; त्रसर (कीड़ा)：～丝 टसर; त्रसर; रेशम

【柞栎】 zuòlì टोथ्ड ओक (वृक्ष)

【柞丝绸】 zuòsīchóu पांजी, चीन का माड़ीदार मुलायम रेशमी कपड़ा

胙 zuò प्राचीन काल में बलि चढ़ाने का मांस

祚 zuò 〈लिo〉 ❶सुख ❷राजगद्दी; राजसिंहासन

唑 zuò (ध्वन्यनुवाद में प्रयुक्त अक्षर)：咔～ 〈रसाo〉 काबाज़ोल / 噻～ 〈रसाo〉 थाइयज़ोल

座[1]（坐）zuò सीट; बैठने की जगह：满～ (हाल आदि में) खाली सीट न होना / 这个电影院有一千个～儿。इस सिनेमाघर में एक हज़ार सीटें हैं। / 在～的同志 यहाँ उपस्थित साथी

座[2] zuò ❶आधार; खंभे की कुर्सी; चौकी; स्तंभ-पाद; पद-स्थल：花瓶～儿 फूलदान का स्टैण्ड / 塑像～儿 मूर्ति का आधार; मूर्ति की कुर्सी या चौकी ❷〈खगोलo〉 राशि; राशि-नक्षत्र; तारासमूह; नक्षत्र-मंडल：大熊～ सप्तर्षि मंडल ❸〈परिoशo〉 (पहाड़, इमारत आदि बड़ी अचलित वस्तु के लिए प्रयुक्त)：一～山 एक पहाड़ / 一～楼 एक इमारत / 一～桥 एक पुल / 一～水库 एक जलाशय

【座舱】 zuòcāng ❶(विमान में) यात्रियों का केबिन ❷(लड़ाकू वायुयान का) कॉकपिट

【座车】 zuòchē (रेलवे) डिब्बा; यात्रियों का डिब्बा

【座次】 zuòcì सीट का नंबर：～表 सीट के नंबरों की सूची

【座垫】 zuòdiàn आसन; गद्दी; मसनद

【座号】 zuòhào सीट-नंबर

【座机】 zuòjī किसी का निजी विमान

【座落】 zuòluò 坐落 zuòluò के समान

【座上客】 zuòshàngkè आदरणीय अतिथि; प्रतिष्ठित अतिथि

【座谈】 zuòtán अनौपचारिक रूप से वाद-विवाद करना：～会 गोष्ठी

【座位】 zuòwèi बैठने की जगह; सीट

【座无虚席】 zuòwúxūxí कोई खाली सीट न होना：大厅里坐满了观众，～。सारा हाल दर्शकों से खचाखच भर गया है।

【座右铭】 zuòyòumíng नीति-वचन; आदर्श-वचन; आदर्शोक्ति

【座钟】 zuòzhōng डेस्क क्लॉक

【座子】 zuòzi ❶आधार; चौकी; स्तंभ-पाद; पद-स्थल ❷(साइकिल, मोटरसाइकिल आदि का) गद्दा

做（作）zuò ❶करना; बनाना; पैदा करना：～鞋子 जूता बनाना / 用土豆等～沙拉 आलू आदि से सलाद बनाना ❷लिखना：～文章 लेख लिखना / ～诗 कविता लिखना; कविता बनाना ❸पकाना：～饭 चावल पकाना; भोजन पकाना ❹कोई काम करना; काम में जुटना या लगना：～家务事 घर के काम में जुटना / ～买卖 व्यापार करना ❺(घर में) मनाना; संस्कार करना：～生日 जन्म-दिन मनाना / ～寿 (वृद्ध व्यक्ति का) जन्म-दिन मनाना ❻बनना：～官 अधिकारी बनना / ～见证人 साक्षी बनना ❼(के रूप में) प्रयुक्त होना：这首诗可以～教材。यह कविता पाठ्य-सामग्री के रूप में प्रयुक्त की जा सकती है। ❽संबंध रखना या स्थापित करना：～朋友 मित्र बनना / ～对头 दुश्मन बनना ❾दिखावा करना; स्वांग रचना; ढोंग करना：～样子 दिखावा करना / ～鬼脸 मुंह चिढ़ाना

【做爱】 zuò'ài संभोग करना

【做伴】 zuòbàn किसी के साथ रहना, चलना आदि：他一个人住，需要有人～。वह अकेला रहता है और उसे किसी को साथ रखने की ज़रूरत है। / 我也去，给你～儿。मैं भी तुम्हारे साथ जाऊंगा और तुम्हारा सहचारी बनूँगा।

【做操】 zuòcāo व्यायाम करना; कसरत करना
【做东】 zuòdōng आतिथेय (मेज़बान) बनना; अपने खर्च से किसी को भोजन करवाना: 走，找个馆子，今天我～。चलें, किसी रेस्तोरां में चलें, आज भोजन मेरी ओर से होगा।
【做法】 zuòfǎ कोई काम करने का ढंग या उपाय: 一般的～ कोई काम करने का साधारण उपाय
【做工】 zuògōng ❶दूसरों के यहाँ चाकरी करना: 出来～ दूसरों के यहाँ चाकरी करके निर्वाह करना / 他在学校～。वह स्कूल में मजूरी करता है। ❷做功 के समान ❸कारीगरी; कार्यकुशलता: ～精美 श्रेष्ठ कार्यकुशलता
【做公的】 zuògōngde 〈पुराना〉 सामंती काल में सरकारी दफ़्तर का संदेशवाहक
【做功】 zuògōng （做工 भी） (परम्परागत ऑपेरा में) अभिनेता का अभिनय
【做官】 zuòguān अधिकारी बनना; ओहदा पाना: ～当老爷 नौकरशाह और लाट के समान व्यवहार करना
【做鬼】 zuòguǐ ठगना; धोखा देना; चाल चलना; कपट करना
【做活儿】 zuòhuór शारीरिक श्रम करना; काम करना: 他在地里～。वह खेत में श्रम कर रहा है।
【做活局子】 zuò huójúzi साथ मिलकर कपट करना
【做绝】 zuòjué पैंतरे बदलने के लिए कोई जगह न होना: 坏事～ हर प्रकार का दुष्टकर्म कर बैठना
【做客】 zuòkè अतिथि बनना; अतिथि की हैसियत से आना या जाना: 到朋友家～ मित्र के घर जाकर अतिथि बनना
【做礼拜】 zuò lǐbài प्रार्थना के लिए गिरजा में जाना
【做满月】 zuò mǎnyuè बच्चे के पैदा होने के पूरे एक महीने का दिन मनाना
【做媒】 zuòméi वर-कन्या का जोड़ मिलाना; शादी कराना
【做梦】 zuòmèng ❶स्वप्न (सपना) देखना; ख्वाब देखना: 昨晚他做了一个梦。कल रात में उस ने एक स्वप्न देखा। ❷खयाली पुलाव पकाना; मंसूबे बांधना; हवाई किले बांधना; कपोल कल्पना करना: 白日～ दिवा स्वप्न देखना; दिन दहाड़े स्वप्न देखना
【做派】 zuòpài 做功 के समान
【做亲】 zuòqīn ❶(दो परिवारों का) विवाह से संबंधी बनना ❷विवाह होना; वधू के साथ विवाह होना
【做圈套】 zuò quāntào (किसी को धोखा देने के लिए) जाल डालना; जाल फेंकना
【做人】 zuòrén ❶(अच्छा, उचित) व्यवहार करना: 懂得如何～处世 समाज में उचित व्यवहार कैसे करना यह जानना ❷नेक आदमी बनना
【做人情】 zuò rénqíng किसी पर कृपा करना
【做生活】 zuò shēnghuó 〈बो०〉 शारीरिक श्रम करना; काम करना
【做生意】 zuò shēngyi व्यापार करना; सौदा करना: 做成一笔生意 सौदा पटाना; सौदा ठीक करना
【做声】 zuòshēng बोलना; आवाज़ निकलना (जैसे बोलते, खांसी करते समय): 别～！ चुच ! चुप रहो ! / 他没有～。वह बोला नहीं।
【做事】 zuòshì ❶काम करना: 他～小心。वह ध्यानपूर्वक काम करता है। ❷धन्धा करना: 你是做什么事的？ तुम क्या धन्धा करते हो ? तुम्हरा पेशा क्या है ?
【做手脚】 zuò shǒujiǎo धोखे से चीज़ उड़ा लेना
【做文章】 zuò wénzhāng ❶लेख लिखना ❷किसी बात की चर्चा करना; किसी बात के बारे में हलचल मचाना: 抓住一点小事～ ज़रा-सी बात पर हलचल मचाना
【做戏】 zuòxì ❶नाटक का अभिनय करना ❷दिखावा करना: 他这是在～，不要相信他。वह दिखावा कर रहा है, उस पर विश्वास न करो।
【做小】 zuòxiǎo किसी की रखेल बनना
【做学问】 zuò xuéwèn अनुसंधान कार्य में रत रहना
【做眼色】 zuò yǎnsè 〈बो०〉 आंख का इशारा करना
【做一天和尚撞一天钟】 zuò yītiān héshang zhuàng yītiān zhōng जब तक मैं बौद्ध भिक्षु हूँ, तब तक घंटी बजाता रहूँगा —— अपने काम के प्रति उदासीनता का रुख अपनाना
【做贼心虚】 zuòzéi-xīnxū दिल में चोर होना: 他们～。उन के दिल में चोर है।
【做针线】 zuò zhēnxian सीने-पिरोने का काम करना: 她不会～。वह सीने-पिरोने का काम नहीं कर सकती।
【做主】 zuòzhǔ ❶निर्णय करना या होना: 中国的事情要由中国人民～。चीन के मामलों का निर्णय चीनी जनता द्वारा होना चाहिए। ❷समर्थन करना
【做作】 zuòzuo दिखावे का; दिखावटी बना हुआ; ढोंगी; आडंबरपूर्ण; बनावटी; अप्राकृतिक: 他老是这么～。वह हमेशा इस तरह दिखावे करता है। / 他演得太～了。उस का अभिनय बहुत अस्वाभाविक है।

酢 zuò 〈लि०〉 दे० 酬酢 chóuzuò ❶आतिथेय के स्वास्थ्य या सम्मान के नाम पर अतिथि का मदिरा-पान करना ❷मित्रतापूर्वक परिचय कराना
cù भी दे०

附 录

(परिशिष्ट)

汉语拼音方案

(चीनी ध्वनीमूलक प्रणाली)

一、字母表 **वर्णमाला**

字母 वर्ण	A a	B b	C c	D d	E e	F f
注音字母 ध्वनिमूलक वर्णमाला	ㄚ	ㄅㄝ	ㄘㄝ	ㄉㄝ	ㄜ	ㄝㄈ
国际音标 अंतरराष्टीय ध्वनिमूलक	[a]	[pɛ]	[ts‘ɛ]	[tɛ]	[ɤ]	[ɛf]
印地语 हिन्दी	आ	पे	थ्से	ते	अ	एफ़
	G g	H h	I i	J j	K k	L l
	ㄍㄝ	ㄏㄚ	ㄧ	ㄐㄧㄝ	ㄎㄝ	ㄝㄌ
	[kɛ]	[xa]	[i]	[tɕiɛ]	[k‘ɛ]	[ɛl]
	के	हा	इ	च्ये	खे	एल्
	M m	N n	O o	P p	Q q	R r
	ㄝㄇ	ㄋㄝ	ㄛ	ㄆㄝ	ㄑㄧㄡ	ㄚㄦ
	[ɛm]	[nɛ]	[o]	[p‘ɛ]	[tɕ‘iou]	[ar]
	एम्	ने	ओ	फे	छ्यू	आर
	S s	T t	U u	* V v	W w	X x
	ㄝㄙ	ㄊㄝ	ㄨ	ㄪㄝ	ㄨㄚ	ㄒㄧ
	[ɛs]	[t‘ɛ]	[u]	[vɛ]	[wa]	[ɕi]
	एस्	थे	उ	वे	वा	शी
	Y y	Z z				
	ㄧㄚ	ㄗㄝ				
	[ja]	[tsɛ]				
	या	त्से				

* V का प्रयोग केवल विदेशी, अल्पसंख्यक जाति के या बोली के शब्दों में होता है।

二、声母表 चीनी ध्वन्यात्यक वर्णमाला के आद्यक्षर

b	p	m	f	d	t	n	l
ㄅ	ㄆ	ㄇ	ㄈ	ㄉ	ㄊ	ㄋ	ㄌ
玻	坡	摸	佛	得	特	纳	勒
[p]	[p‘]	[m]	[f]	[t]	[t‘]	[n]	[l]
प्	फ्	म्	फ़्	त्	थ्	न्	ल्

g	k	h		j	q	x	
ㄍ	ㄎ	ㄏ		ㄐ	ㄑ	ㄒ	
哥	科	喝		基	欺	希	
[k]	[k‘]	[h]		[tɕ]	[tɕ‘]	[ɕ]	
क्	ख्	ह्		ची	छी	शी	

zh	ch	sh	r	z	c	s	
ㄓ	ㄔ	ㄕ	ㄖ	ㄗ	ㄘ	ㄙ	
知	痴	诗	日	资	雌	思	
[tʂ]	[tʂ‘]	[ʂ]	[ɻ]	[ts]	[ts‘]	[s]	
च्	छ्	श्	र्	त्स्	थ्स्	स्	

* ng (ㄫ) [ŋ] कुछ बोलियों में आद्यक्षर हो सकता है, पर मानक चीनी उच्चारण में केवल तुकांत में इस का प्रयोग होता है।

三、韵母表 चीनी ध्वन्यात्मक वर्णमाला के अंत्याक्षर

无韵头组 तुकारंभहीन दल	i 韵头组 i तुकारंभ दल	u 韵头组 u तुकारंभ दल	ü 韵头组 ü तुकारंभ दल
	i(yi) ㄧ [j] 衣 इ	u(wu) ㄨ [u] 乌 उ	ü(yu) ㄩ [y] 迂 यू
a ㄚ [a] 啊 आ	ia(ya) ㄧㄚ [ia] 呀 या	ua(wa) ㄨㄚ [ua] 蛙 वा	
ai ㄞ [ai] 哀 आए		uai(wai) ㄨㄞ [uai] 歪 वाए	

an ㄢ [an] 安 आन	ian(yan) ㄧㄢ [iɛn] 烟 येन	uan(wan) ㄨㄢ [uan] 弯 वान	
ang ㄤ [aŋ] 昂 आंग	iang(yang) ㄧㄤ [iaŋ] 央 यांग	uang(wang) ㄨㄤ [uaŋ] 汪 वांग	
ao ㄠ [au] 奥 आओ	iao(yao) ㄧㄠ [iau] 腰 याओ		
e ㄜ [ɤ] 鹅 अ			
ê ㄝ [ɛ] 欸 ए	ie(ye) ㄧㄝ [iɛ] 耶 ये		üe(yue) ㄩㄝ [yɛ] 约 य्वे
ei ㄟ [ei] 欸 एइ		ui，uei (wei) ㄨㄟ [uei] 威 वेइ	
en ㄣ [ən] 恩 अन	in(yin) ㄧㄣ [in] 因 इन	un(wen) ㄨㄣ [un] 温 वन	ün(yun) ㄩㄣ [yn] 晕 युन
eng ㄥ [əŋ] 亨的韵母 अंग	ing (ying) ㄧㄥ [iŋ] 英 इंग	ueng(weng) ㄨㄥ[uŋ][uəŋ]翁 वंग	
er ㄦ [ɤr] 耳 अर			
i(yi) ㄧ [i] 衣 इ	Iu ㄧㄡ [iu] 忧 यू		
o ㄛ [o] 喔 ओ		uo(wo) ㄨㄛ [uo] 窝 वो	
ong ㄨㄥ[uŋ]轰的韵母 ओंग	iong(yong) ㄩㄥ[iuŋ] [yŋ]雍 योंग		
ou ㄡ [ou] 呕 अओ	iou ㄧㄡ [iou] 忧 यओ		

* （1）zi（资）、ci（雌）और si（思）के अंत्याक्षर का उच्चारण है [Ɔ],परंतु लिखा जाता है i ; zhi (知)、chi（痴)、shi（诗）और ri(日) के अंत्याक्षर का उच्चारण है [Ƨ],परंतु लिखा जाता है i ।

（2）अंत्याक्षर 儿（耳、二 आदि）लिखने में er होता है ; जब वह तुकान्त में हो,तब r लिखा जाता है; जैसे,儿童 ertong,परंतु 花儿 huar लिखा जाता है।

（3）अंत्याक्षर ㄝ[ɛ] जब अकेला आता है तो ê लिखा जाता है।

（4）i से आरंभित अंत्याक्षरों के पहले यदि आद्यक्षर न हो तो yi (衣) , ya (呀) , ye (耶) , yao (腰) , you (忧)， yan (烟)， yin (因)， yang (央)， ying (英)， yong (雍) लिखे जाते हैं।

u से आरंभित अंत्याक्षरों के पहले यदि आद्यक्षर न हो तो wu(乌), wa(蛙), wo(窝), wai(歪), wei(威), wan(弯), wang(汪), weng(翁) लिखे जाते हैं।

ü से आरंभित अंत्याक्षरों के पहले यदि आद्यक्षर न हो तो yu(迂), yue(约), yuan(冤), yun(晕)लिखे जाते हैं, ü के ऊपर के दो बिंदु लुप्त होते हैं।

ü से आरंभित अंत्याक्षरों के पहले यदि आद्यक्षर j, q अथवा x हो, तो ju（居）, qu（区）अथवा xu （虚）लिखा जाता है, ü के ऊपर के दो बिंदु भी लुप्त हो जाते हैं, परंतु ü के पहले आद्यक्षर n अथवा l हो तो nü（女）अथवा lü（吕）लिखा जाता है। ü के ऊपर के दो बिंदु लुप्त नहीं होते।

（5）iou, uei अथवा uen के पहले यदि आद्यक्षर हो तो क्रमशः iu, ui अथवा un लिखा जाता है, जैसे, niu（牛）, gui（归）अथवा lun（论）।

四、声调符号 **चार धुन-चिह्न**

阴平	阳平	上声	去声
ऊंचा समतल	ऊंचा उठता	गिरकर उठता	नीचे गिरता
ˉ	ˊ	ˇ	ˋ

धुन-चिह्न अक्षर के आधारभूत अंत्याक्षर के ऊपर लगाया जाता है, मध्यस्थ या हल्का धुन（轻声）का चिह्न नहीं होता, जैसे

妈 mā	麻 má	马 mǎ	骂 mà	吗 ma
阴平	阳平	上声	去声	轻声

五、隔音符号 **अक्षर-विभाजन चिह्न**

a, o अथवा e से आरंभिक अक्षर जब दुसरे अक्षर के आगे आता है और अक्षरों के सीमा में गड़बड़ पैदा हो जाती हो, तो अक्षर-विभाजन चिह्न （'）का प्रयोग किया जाता है; जैसे , pí'ǎo（皮袄）, míng'é（名额）, Yán'ān（延安）।

中国历史年代简表

(चीनी इतिहास का संक्षिप्त कालानुक्रम)

<table>
<tr><th colspan="6">朝 代 राजवंश</th><th>年 代 काल</th></tr>
<tr><td>五帝</td><td colspan="5">पंचसम्राट</td><td>लगभग 2600-1070ई०पू०</td></tr>
<tr><td>夏</td><td colspan="5">श्या राजवंश</td><td>लगभग 1070-1600ई०पू०</td></tr>
<tr><td rowspan="2">商</td><td colspan="2">前 期</td><td>पूर्व शांग</td><td colspan="2" rowspan="2">शांग राजवंश</td><td>लगभग 1600-1300ई०पू०</td></tr>
<tr><td colspan="2">后 期</td><td>उत्तर शांग</td><td>लगभग 1300-1046ई०पू०</td></tr>
<tr><td rowspan="4">周</td><td colspan="2">西 周</td><td>पश्चिमी चओ</td><td colspan="2" rowspan="4">चओ राजवंश</td><td>1046-771 ई०पू०</td></tr>
<tr><td colspan="2">东 周</td><td>प्राच्य चओ</td><td>770-476 ई०पू०</td></tr>
<tr><td colspan="2">春 秋</td><td>वसंत-शरद काल</td><td>770-476 ई०पू०</td></tr>
<tr><td colspan="2">战 国</td><td>युद्धरत देश काल</td><td>475-221 ई०पू०</td></tr>
<tr><td>秦</td><td colspan="5">छिन राजवंश</td><td>221-206 ई०पू०</td></tr>
<tr><td rowspan="2">汉</td><td colspan="2">西 汉</td><td>पश्चिमी हान</td><td colspan="2" rowspan="2">हान राजवंश</td><td>206-25 ई०पू०</td></tr>
<tr><td colspan="2">东 汉</td><td>प्राच्य हान</td><td>25-220 ई०</td></tr>
<tr><td rowspan="3">三国</td><td colspan="2">魏</td><td>वेह</td><td colspan="2" rowspan="3">त्रिराज्य</td><td>220-265 ई०</td></tr>
<tr><td colspan="2">蜀 汉</td><td>शू हान</td><td>221-263 ई०</td></tr>
<tr><td colspan="2">吴</td><td>वू</td><td>222-280 ई०</td></tr>
<tr><td>西晋</td><td colspan="5">पश्चिमी चिन राजवंश</td><td>265-317 ई०</td></tr>
<tr><td>东晋</td><td colspan="5">प्राच्य चिन राजवंश</td><td>317-420 ई०</td></tr>
<tr><td rowspan="9">南北朝</td><td rowspan="4">南朝</td><td>宋</td><td>सोंग</td><td rowspan="4">दक्षिणी रा.वं.</td><td rowspan="9">दक्षिणी और उत्तरी राजवंश</td><td>420-479 ई०</td></tr>
<tr><td>齐</td><td>छी</td><td>479-502 ई०</td></tr>
<tr><td>梁</td><td>ल्यांग</td><td>502-557 ई०</td></tr>
<tr><td>陈</td><td>छन</td><td>557-589 ई०</td></tr>
<tr><td rowspan="5">北朝</td><td>北魏</td><td>उत्तरी वेह</td><td rowspan="5">उत्तरी रा.वं.</td><td>386-534 ई०</td></tr>
<tr><td>东魏</td><td>प्राच्य वेह</td><td>534-550 ई०</td></tr>
<tr><td>北齐</td><td>उत्तरी छी</td><td>550-577 ई०</td></tr>
<tr><td>西魏</td><td>पश्चिमी वेह</td><td>535-556 ई०</td></tr>
<tr><td>北周</td><td>उत्तरी चओ</td><td>557-581 ई०</td></tr>
<tr><td>隋</td><td colspan="5">स्वेइ राजवंश</td><td>581-618 ई०</td></tr>
<tr><td>唐</td><td colspan="5">थांग राजवंश</td><td>618-907 ई०</td></tr>
</table>

五代	后梁	पश्च ल्यांग	पंच राजवंश	907-923 ई०
	后唐	पश्च थांग		923-936 ई०
	后晋	पश्च चिन		936-947 ई०
	后汉	पश्च हान		947-950 ई०
	后周	पश्च चओ		951-960 ई०
宋	北宋	उत्तरी सोंग राजवंश	सोंग राजवंश	960-1127 ई०
	南宋	दक्षिणी सोंग राजवंश		1127-1279 ई०
	辽	ल्याओ राजवंश		907-1125 ई०
	金	चिन राजवंश		1125-1234 ई०
元			य्वान राजवंश	1206-1368 ई०
明			मिंग राजवंश	1368-1644 ई०
清			छिंग राजवंश	1616-1911 ई०
中华民国			चीन गणराज्य	1912-1949 ई०
中华人民共和国			चीन लोक गणराज्य	1949-ई०

天干地支表

(आकाशीय स्तंभ व पार्थिव शाखाएं)

天干 आकाशीय स्तंभ

1	甲	jiǎ	दस आकाशीय स्तंभों में प्रथम
2	乙	yǐ	दस आकाशीय स्तंभों में द्वितीय
3	丙	bǐng	दस आकाशीय स्तंभों में तृतीय
4	丁	dīng	दस आकाशीय स्तंभों में चतुर्थ
5	戊	wù	दस आकाशीय स्तंभों में पंचम
6	己	jǐ	दस आकाशीय स्तंभों में षष्ठ
7	庚	gēng	दस आकाशीय स्तंभों में सप्तम
8	辛	xīn	दस आकाशीय स्तंभों में अष्टम
9	壬	rén	दस आकाशीय स्तंभों में नवम
10	癸	guǐ	दस आकाशीय स्तंभों में अंतिम

地支 पार्थिव शाखाएं

1	子	zǐ	बारह पार्थिव शाखाओं में प्रथम
2	丑	chǒu	बारह पार्थिव शाखाओं में द्वितीय
3	寅	yín	बारह पार्थिव शाखाओं में तृतीय
4	卯	mǎo	बारह पार्थिव शाखाओं में चतुर्थ
5	辰	chén	बारह पार्थिव शाखाओं में पंचम
6	巳	sì	बारह पार्थिव शाखाओं में षष्ठ
7	午	wǔ	बारह पार्थिव शाखाओं में सप्तम
8	未	wèi	बारह पार्थिव शाखाओं में अष्टम
9	申	shēn	बारह पार्थिव शाखाओं में नवम
10	酉	yǒu	बारह पार्थिव शाखाओं में दशम

11	戌	xū	बारह पार्थिव शाखाओं में एकादशाम
12	亥	hài	बारह पार्थिव शाखाओं में अंतिम

干支次序表 आकाशीय स्तंभों व पार्थिव शाखाओं का अनुक्रमण

1	甲子	jiǎzǐ	31	甲午	jiǎwǔ
2	乙丑	yǐchǒu	32	乙未	yǐwèi
3	丙寅	bǐngyín	33	丙申	bǐngshēn
4	丁卯	dīngmǎo	34	丁酉	dīngyǒu
5	戊辰	wùchén	35	戊戌	wùxū
6	己巳	jǐsì	36	己亥	jǐhài
7	庚午	gēngwǔ	37	庚子	gēngzǐ
8	辛未	xīnwèi	38	辛丑	xīnchǒu
9	壬申	rénshēn	39	壬寅	rényín
10	癸酉	guǐyǒu	40	癸卯	guǐmǎo
11	甲戌	jiǎxū	41	甲辰	jiǎchén
12	乙亥	yǐhài	42	乙巳	yǐsì
13	丙子	bǐngzǐ	43	丙午	bǐngwǔ
14	丁丑	dīngchǒu	44	丁未	dīngwèi
15	戊寅	wùyín	45	戊申	wùshēn
16	己卯	jǐmǎo	46	己酉	jǐyǒu
17	庚辰	gēngchén	47	庚戌	gēngxū
18	辛巳	xīnsì	48	辛亥	xīnhài
19	壬午	rénwǔ	49	壬子	rénzǐ
20	癸未	guǐwèi	50	癸丑	guǐchǒu
21	甲申	jiǎshēn	51	甲寅	jiǎyín
22	乙酉	yǐyǒu	52	乙卯	yǐmǎo
23	丙戌	bǐngxū	53	丙辰	bǐngchén
24	丁亥	dīnghài	54	丁巳	dīngsì
25	戊子	wùzǐ	55	戊午	wùwǔ
26	己丑	jǐchǒu	56	己未	wùwǔ
27	庚寅	gēngyín	57	庚申	gēngshēn
28	辛卯	xīnmǎo	58	辛酉	xīnyǒu
29	壬辰	rénchén	59	壬戌	rénxū
30	癸巳	guǐsì	60	癸亥	guǐhài

二十四节气

(चौबीस सौरावधियां)

1	立春	वसन्तारंभ	फ़र्वरी 3,4 या 5
2	雨水	वृष्टि	फ़र्वरी 18,19 या 20
3	惊蛰	कीट-जागरण	मार्च 5,6 या 7
4	春分	वसंत-विषुव	मार्च 20 या 21
5	清明	शुद्ध उज्ज्वलता	अप्रैल 4,5 या 6
6	谷雨	अन्नवृष्टि	अप्रैल 19,20 या 21
7	立夏	ग्रीष्मारंभ	मई 5,6 या 7
8	小满	अन्न की अल्पतर पूर्णता	मई 20,21 या 22
9	芒种	दानों में बाली पड़ना	जून 5,6 या 7
10	夏至	उत्तरायण	जून 21 या 22
11	小暑	अल्पतर उष्णता	जुलाई6,7 या 8
12	大暑	अधिकतर उष्णता	जुलाई 22,23 या 24
13	立秋	शरदारंभ	अगस्त 7,8 या 9
14	处暑	उष्णता का अंत	अगस्त 22,23 या 24
15	白露	श्वेत तुषार	सितंबर 7,8 या 9
16	秋分	शरदविषुव	सितंबर 22,23 या 24
17	寒露	शीतल तुषार	अक्तूबर 8 या 9
18	霜降	तुहिन अवरोह	अक्तूबर 23 या 24
19	立冬	शीतारंभ	नवंबर 7 या 8
20	小雪	अल्पतर हिम	नवंबर 22 या 23
21	大雪	अधिकतर हिम	दिसंबर 6,7 या 8
22	冬至	दक्षिणायण	दिसंबर 21,22 या 23
23	小寒	अल्पतर शीत	जनवरी 5,6 या 7
24	大寒	अधिकतर शीत	जनवरी 20 या 21

中国少数民族分布简表

(चीनी अल्पसंख्यक जातियां)

民族名称	主要分布地区
蒙古族	内蒙古自治区、辽宁省、新疆维吾尔自治区、吉林省、黑龙江省、甘肃省、青海省、河北省、河南省。
回族	宁夏回族自治区、甘肃省、河南省、河北省、青海省、山东省、云南省、安徽省、新疆维吾尔自治区、辽宁省、北京市、天津市等。
藏族	西藏自治区、青海省、四川省、甘肃省、云南省。
维吾尔族	新疆维吾尔自治区。
苗族	贵州省、湖南省、云南省、广西壮族自治区、四川省、广东省。
彝 yí 族	云南省、四川省、贵州省。
壮族	广西壮族自治区、云南省、广东省。
布依族	贵州省。
朝鲜族	吉林省、黑龙江省、辽宁省。
满族	辽宁省,黑龙江省、辽宁省、河北省、北京市、内蒙古自治区。
侗 dòng 族	贵州省、湖南省、广西壮族自治区。
瑶族	广西壮族自治区、湖南省、云南省、广东省、贵州省。
白族	云南省。
土家族	湖南省、湖北省。
哈尼族	云南省。
哈萨克族	新疆维吾尔自治区、甘肃省、青海省。
傣 dǎi 族	云南省。
黎族	广东省。
傈僳 lìsù 族	云南省。
佤 wǎ 族	云南省。
畲 shē 族	福建省、浙江省、江西省、广东省。
高山族	台湾省。
拉祜 hù 族	云南省。
水族	贵州省。
东乡族	甘肃省。
纳西族	云南省。
景颇族	云南省。

柯尔克孜族	新疆维吾尔自治区。
土族	青海省。
达斡 wò 尔族	内蒙古自治区、黑龙江省、新疆维吾尔自治区。
仫佬 mùlǎo 族	广西壮族自治区。
羌 qiāng 族	四川省。
布朗族	云南省。
撒拉族	青海省、甘肃省。
毛难族	广西壮族自治区。
仡佬 gēlǎo 族	贵州省。
锡伯族	新疆维吾尔自治区、辽宁省。
阿昌族	云南省。
普米族	云南省。
塔吉克族	新疆维吾尔自治区。
怒族	云南省。
乌孜别克族	新疆维吾尔自治区。
俄罗斯族	新疆维吾尔自治区。
鄂温克族	内蒙古自治区、黑龙江省。
保安族	甘肃省。
裕固族	甘肃省
京族	广西壮族自治区。
塔塔尔族	新疆维吾尔自治区。
独龙族	云南省。
鄂伦春族	黑龙江省、内蒙古自治区。
赫哲族	黑龙江省。
门巴族	西藏自治区。
珞巴族	西藏自治区。
德昂族	云南省。
基诺族	云南省。

计量单位

(तौल और माप)

一、公制 मीट्रक पद्धति

1. 长度 नाप

名称	微米 माईक्रोन	毫米 मिलिमीटर	厘米 सेंटीमीटर	分米 डेसिमीटर	米 मीटर	十米 डेकामीटर	百米 हेक्टोमीटर	千米 किलोमीटर
缩写	μ; mu	mm	cm	dm	m	dam	hm	km
等数		1000mu	10mm	10cm	10dm	10m	100m	1000m

2. 面积 वर्गक्षेत्रफल

名称	平方毫米 वर्गमिलिमीटर	平方厘米 वर्गसेंटीमीटर	平方分米 वर्गडेसिमीटर	平方米 वर्गमीटर	平方千米/公里 वर्गकिलोमीटर
缩写	mm^2	cm^2	dm^2	m^2	km^2
等数		$100mm^2$	$100cm^2$	$100dm^2$	$1000000m^2$

3. 体积 घनक्षेत्रफल

名称	立方毫米 घनमिलिमीटर	立方厘米 घनसेंटीमीटर	立方分米 घनडेसिमीटर	立方米 घनमीटर
缩写	mm^3	cm^3	dm^3	Mm^3
等数		$1000mm^3$	$1000cm^3$	$1000dm^3$

4. 地积 मापने की मीटरी इकाई

名称	公厘（平方米） वर्गमिलिमीटर	公亩 आर	公顷 हेक्टर	方公里 वर्गकिलोमीटर
缩写	m^2	a	ha	km^2
等数		$100m^2$	100a	100ha

5. 容量 माप, धारिता

名称	毫升 मिलिलीटर	厘升 सेंटीलीटर	分升 डेसिलीटर	升 लीटर	十升 डेकालीटर	百升 हेक्टोलीटर	千升 किलोलीटर
缩写	ml	cl	dl	l	dal	hl	kl
等数		10ml	10cl	10dl	10l	10dal	10hl/1000l

6. 重量 तौल

名称	毫克 मिलिग्राम	厘克 सेंटीग्राम	分克 डेसिग्राम	克 ग्राम	十克 डेकाग्राम	百克 हेक्टोग्राम	千克 किलोग्राम	吨 टन
缩写	mg	cg	dg	g	dag	hg	kg	t
等数		10mg	10cg	10dg	10g	10dag/ 100g	1000g	1000kg

二、市制 श् पद्धति, चीनीपद्धति

1. 长度 नाप

名称	毫 हाओ	厘 ली	分 फ़न	寸 थ्सुन	尺 छ्र	丈 चांग	里 ली	注： 1 公里=2 市里 1 米=3 市尺
等数		10 毫	10 厘	10 分	10 寸	10 尺	150 丈	

2. 面积 वर्गक्षेत्रकल

名称	平方毫 वर्गहाओ	平方厘 वर्गली	平方分 वर्गफ़न	平方寸 वर्गथ्सुन	平方尺 वर्गछ्र	平方丈 वर्गचांग	平方里 वर्गली
等数		100 平方毫	100 平方厘	100 平方分	100 平方寸	100 平方尺	22500 平方丈

3. 地积 **माप**

名称	毫 हाओ	厘 ली	分 फ़न	亩 मू	顷 छिंग	注：
等数		10 毫	10 厘	10 分	100 亩	1 公顷=15 市亩 1 市亩=6.667 公亩

4. 重量 **तौल**

名称	丝 स्	毫 हाओ	厘 ली	分 फ़न	钱 छचेन	两 ल्यांग	斤 चिन	担 तान	注：
等数		10 丝	10 毫	10 厘	10 分	10 钱	10 两	100 斤	1 公斤= 2 市斤

5. 容量 **माप, धारिता**

名称	撮 थ्स्वो	勺 शाओ	合 क़	升 शंग	斗 तओ	石 तान	注：
等数		10 撮	10 勺	10 合	10 升	10 斗	1 公升= 1 市升

三、英美制 **ब्रिटेन व अमरीका की पद्धति**

1. 长度 **नाप**

名称	英寸 इंच	英尺 फ़ुट	码 गज	英寻 फ़दम	英里 मील	注：1 公里 =0.621 英里 1 米 =3.281 英尺
缩写	im	ft	yd	fm	mi	
等数		12im	3ft	2yd	880fm	

2. 面积及地积 **क्षेत्रफल**

名称	平方英寸 वर्गइंच	平方英尺 वर्गफ़ुट	平方码 वर्गगज	英亩 एकेड़	平方英里 वर्गमील	注： 1 公顷 =2.47 英亩
缩写	sq.im	sq.ft	sq.yd	a.	Sq.mi	
等数		144 sq.in	9 sq.ft	4840 sq.yd	640a	

3. 重量 तौल

一、常衡 ऐवर्डुपाइज़, माल की तौल

名称	打兰 ड्राम	盎司 आउंस	磅 पौंड	英担 हण्ड्रेडवेट	吨 टन	注： 1 公斤 =2.205 磅
缩写	dr.	oz.	lb.	cwt.	t, tn	
等数		16 dr.	16 oz.	英 112lb. 美 100lb.	2240lb. 2000lb.	

二、金衡 सोने-चांदी की तौल

名称	谷 ग्रेन	英钱 पेनीवेट	盎司 आउंस	磅 पौंड
缩写	gr.	dwt.	oz.t.	lb.t.
等数		20 gr.	20 dwt.	120 oz.t.

三、药衡 औषध व्यासारी की तौल

名称	谷 ग्रेन	英分 स्क्रुपल	打兰 ड्राम	盎司 आउंस	磅 पौंड
缩写	gr.	scr.ap.	dr.ap.	oz.ap.	lb.ap.
等数		20 gr.	3 scr.ap.	8 dr.ap.	12 oz.ap.

4. 容量 माप, धारिता

一、干量 सूखी चीज़ों की माप

名称	品脱 पाइण्ट	夸脱 क्वार्ट	加仑 गैलन	配克 पैक	蒲式耳 बुशल	注： 1 公升=0220 加仑
缩写	pt.	qt.	gal.	pk.	bu.	
等数		2 pts.	4 qts.	2 gals.	4 pks.	

二、液量 द्रव की माप

名称	及耳 गिल	品脱 पाइण्ट	夸脱 क्वार्ट	加仑 गैलन
缩写	gi.	pt.	qt.	gal.
等数		4gi.	2pts.	4qts.

四、印制 भारतीय पद्धति

1. 长度 नाप

名称	हाथ	गज	दंड	कोस	योजन	नोट: 9योजन ≈ 15km
等数		2हाथ	2गज	2000दंड	4कोस	1हाथ(自肘至中指尖) ≈ 50cm

2. 地积 क्षेत्रफल

名称	बिस्वासी	बिस्वा	बीघा	नोट：
等数		20 बिस्वासी	20 बिस्वा	1बीघा ≈ 0.25हेक्टर

3. 重量 तौल

名称	चावल	धान	रत्ती	माशा	तोला	छटांक
等数		2चावल	4धान	8रत्ती	12माशा	5तोला

पाव	सेर	धरा	पसेरी	पसेरी	मन	नोट： 1 मन ≈ 40kg 1 माशा ≈ 1g 1 चावल ≈ 1/64g
4छटाक	4पाव	4सेर	4सेर	5सेर	40सेर	

联合国主要机构

(संयुक्त राष्ट्र संघ के मुख्य संगठन)

安全理事会（安理会）	सुरक्षा परिषद
国际电信联盟（国际电联）	अंतर्राष्ट्रीय दूरसंचार संध
国际法院	अंतर्राष्ट्रीय न्यायालय
国际货币基金组织	अंतर्राष्ट्रीय मुद्रा कोष संगठन
国家开发协会	अंतर्राष्ट्रीय विकास संध
国际劳工组织	अंतर्राष्ट्रीय श्रमिक संगठन
国际民用航空组织	अंतर्राष्ट्रीय नागरिक विमान संगठन
国际农业发展基金	अंतर्राष्ट्रीय कृषि विकास कोष
国际原子能机构	अंतर्राष्ट्रीय आणविक ऊर्जा एजेंसी
经济及社会理事会（经社理事会）	आर्थिक व सामाजिक परिषद
联合国大会（联大）	संयुक्तराष्ट्र महासभा (महासभा)
联合国大学	संयुक्तराष्ट्र विश्वविद्यालय
联合国儿童基金会（儿童基金会）	संयुक्तराष्ट्र बाल कोष (यूनिसेफ़)
联合国工业发展组织（工发组织）	संयुक्तराष्ट्र औद्योगिक विकास संगठन
联合国环境规划署	संयुक्तराष्ट्र पर्यावरण कार्यक्रम
联合国教育、科学及文化组织（教科文组织）	संयुक्तराष्ट्र शैक्षाणिक,वैज्ञानिक एवं सांस्कृतिक संगठन (यूनेस्को)
联合国开发计划署	संयुक्तराष्ट्र विकास कार्यक्रम
联合国粮食及农业组织	संयुक्तराष्ट्र खाद्य एवं कृषि संगठन
联合国贸易和发展会议（贸发会议）	संयुक्तराष्ट्र व्यापार और विकास सम्मेलन
联合国难民事务高级专员办事处（联合国难民事务高级专员）	संयुक्तराष्ट्र शरणार्थी उच्चायोग (संयुक्तराष्ट्र शरणार्थी उच्चायुक्त)
联合国人口活动基金	संयुक्तराष्ट्र जनसंख्या गतिविधि कोष

联合国特别基金	संयुक्तराष्ट्र विशेष कोष
秘书处	सचिवालय
世界粮食理事会	विश्व खाद्य परिषद
世界贸易组织（世贸组织）	विश्व व्यापार संगठन (डब्ल्यूटीओ)
世界气象组织	विश्व मौसनविज्ञान संगठन (डब्ल्यूएमओ)
世界卫生组织（世卫组织）	विश्व स्वास्थ्य संगठन (डब्ल्यूएचओ)
世界银行（世行）	विश्व बैंक (डब्ल्यूबी)
世界知识产权组织	विश्व बौद्धिक संपदा संगठन
托管理事会	ट्रस्टीशिप कौंसिल
万国邮政联盟	यूनिवर्सल पोस्टल यूनियन

中国现行军衔表

(चीनी सेनाओं में अब प्रचलित रेंक्स)

	陆军 आर्मी	空军 एयर फ़ोर्स	海军 नेवी
上　　将	जनरल	एयर जनरल	एडमिरल
中　　将	लेफ़्टिनेंट जनरल	एयर लेफ़्टिनेंट जनरल	वाइस एडमिरल
少　　将	मेजर जनरल	एयर मेजर जनरल	रियर एडमिरल
大　　校	सीनियर कर्नल	एयर सीनियर कर्नल	सीनियर कैप्टेन
上　　校	कर्नल	एयर कर्नल	कैप्टेन
中　　校	लेफ़्टिनेंट कर्नल	एयर लेफ़्टिनेंट कर्नल	कैमांडर
少　　校	मेजर	एयर मेजर	लेफ़्टिनेंट कमांडर
上　　尉	कैप्टेन	एयर कैप्टेन	लेफ़्टिनेंट
中　　尉	फ़र्स्ट लेफ़्टिनेंट	एयर फ़र्स्ट लेफ़्टिनेंट	लेफ़्टिनेंट, जूनियर ग्रेड
少　　尉	सेकंड लेफ़्टिनेंट	एयर सेकंड लेफ़्टिनेंट	एनसाइन
六级士官	सार्जेंट, सिक्स्थ क्लास	एयर सार्जेंट, सिक्स्थ क्लास	पेटी अफ़सर, सिक्स्थ क्लास
五级士官	सार्जेंट, फ़िफ़्थ क्लास	एयर सार्जेंट, फ़िफ़्थ क्लास	पेटी अफ़सर, फ़िफ़्थ क्लास
四级士官	सार्जेंट, फ़ोर्थ क्लास	एयर सार्जेंट, फ़ोर्थ क्लास	पेटी अफ़सर, फ़ोर्थ क्लास
三级士官	सार्जेंट, थर्ड क्लास	एयर सार्जेंट, थर्ड क्लास	पेटी अफ़सर, थर्ड क्लास
二级士官	सार्जेंट, सेकंड क्लास	एयर सार्जेंट, सेकंड क्लास	पेटी अफ़सर, सेकंड क्लास
一级士官	सार्जेंट, फ़र्स्ट क्लास	एयर सार्जेंट, फ़र्स्ट क्लास	पेटी अफ़सर, फ़र्स्ट क्लास
上 等 兵	प्राइवेट	एयरमैन	सीमैन
列　　兵	रिक्रूट	एयरमैन रिक्रूट	सीमैन रिक्रूट

化学元素表

(रासायनिक तत्व)

中文	汉语拼音	印地文	符号	原子序数	中文	汉语拼音	印地文	符号	原子序数
锕	ā	एक्टिनियम	Ac	89	氟	fú	फ़्लोरीन	F	9
锿	āi	आइन्स्टाइनियम	Es	99	钆	gá	गाडोलिनियम	Gd	64
砹	ài	ऐस्टेटीन	At	85	钙	gài	कैलसियम	Ca	20
钯	bā	पैलेडियम	Pd	46	锆	gào	ज़र्कोनियम	Zr	40
钡	bèi	बेरियम	Ba	56	镉	gé	कैडमियम	Cd	48
铋	bì	बिस्मथ	Bi	83	铬	gè	क्रोमियम	Cr	24
铍	bō	बोह्निनयम	Bh	107	汞	gǒng	मक्युरी,पारद	Hg	80
铂	bó	प्लैटिनम	Pt	78	钴	gǔ	कोबाल्ट	Co	27
钚	bù	प्लूटोनियम	Pu	94	硅	guī	सिलिकन	Si	14
鐽	dá	डार्म्स्टाड्टियम	Ds	110	铪	hā	हैफ़नियम	Hf	72
氮	dàn	नाइट्रोजन	N	7	氦	hài	हीलियम	He	2
锝	dé	टेक्निशियम	Tc	43	𬭶	hēi	हासियम	Hs	108
镝	dí	डिस्प्रोसियम	Dy	66	钬	huǒ	होल्मियम	Ho	67
碲	dì	टेल्यूरियम	Te	52	镓	jiā	गैलियम	Ga	31
碘	diǎn	आयोडीन	I	53	钾	jiǎ	पोटैसियम	K	19
铥	diū	थूलियम	Tm	69	金	jīn	स्वर्ण,गोल्ड	Au	79
氡	dōng	रेडॉन	Rn	86	锔	jú	क्यूरियम	Cm	96
𬭊	dù	डुब्नियम	Db	105	锎	kāi	कैलिफ़ोनियम	Cf	98
锇	é	ऑसनियम	Os	76	钪	kàng	स्कैण्डियम	Sc	21
铒	ěr	अरबियम	Er	68	氪	kè	क्रिप्टन	Kr	36
钒	fán	वैनेडियम	V	23	铼	lái	रेनियम	Re	75
钫	fāng	फ़्रान्सियम	Fr	87	镧	lán	लैन्थैनम	La	57
镄	fèi	फ़र्मियम	Fm	100	铹	láo	लौरेन्सियम	Lr	103

中文	汉语拼音	印地文	符号	原子序数	中文	汉语拼音	印地文	符号	原子序数
铑	lǎo	रोडियम	Rh	45	钋	pō	पोलोनियम	Po	84
镭	léi	रेडियम	Ra	88	钷	pǒ	प्रोमीथियम	Pm	61
锂	lǐ	लीथियम	Li	3	镤	pú	प्रोटैक्टिनियम	Pa	91
钌	liǎo	रूथेनियम	Ru	44	镨	pǔ	प्रज़िओडिमियम	Pr	59
磷	lín	फ़ास्फ़ोरस	P	15	铅	qiān	सीस,लेड,प्लम्बम	Pb	82
硫	liú	गन्धक,सल्फर	S	16	氢	qīng	हाइड्रोजन	H	1
𬬻	lú	रुथेर्फ़ोर्डियम	Rf	104	铷	rú	रुबीडियम	Rb	37
镥	lǔ	रुटेटियम	Lu	71	铯	sè	सीज़ियम	Cs	55
𬬭	lún	रोंट्जेनियम	Rg	111	钐	shān	समेरियम	Sm	62
铝	lǚ	ऐलुमिनियम	Al	13	砷	shēn	आर्सेनिक	As	33
氯	lǜ	क्लोरीन	Cl	17	铈	shì	सीरियम	Ce	58
鿏	mài	मैट्नेरियम	Me	109	锶	sī	स्ट्रोन्शियम	Sr	38
镅	méi	अमेरिकियम	Am	95	铊	tā	थैलियम	Tl	81
镁	měi	मैग्नीशियम	Mg	12	钛	tài	टाइटेनियम	Ti	22
钔	mén	मेंडलिवियम	Md	101	钽	tǎn	टैंटेलम	Ta	73
锰	měng	मैंगनीज़	Mn	25	碳	tàn	कार्बन	C	6
钼	mù	मोलिब्डेनम	Mo	42	铽	tè	टर्बियम	Tb	65
镎	ná	नेप्च्यूनियम	Np	93	锑	tī	ऐंटिमनी	Sb	51
钠	nà	सोडियम	Na	11	铁	tiě	लोह,फेरम	Fe	26
氖	nǎi	निऑन	Ne	10	铜	tóng	ताम्र,कॉपर	Cu	29
铌	ní	नायोबियम	Nb	41	钍	tǔ	थोरियम	Th	90
镍	niè	निकेल	Ni	28	钨	wū	टंग्स्टेन,वुल्फ्राम	W	74
钕	nǚ	नियोडिमियम	Nd	60	硒	xī	सिलीनियम	Se	34
锘	nuò	नोबेलियम	No	102	锡	xī	बंग,टीन	Sn	50
锫	péi	बर्केलियम	Bk	97	𬭳	xǐ	सीबोर्जियम	Sg	106
硼	péng	बोरॉन	B	5	氙	xiān	ज़ीनॉन	Xe	54
铍	pí	बेरिलियम	Be	4	锌	xīn	यशद,ज़िंक	Zn	30
溴	xiù	ब्रोमीन	Br	35	铟	yīn	इंडियम	In	49

中文	汉语拼音	印地文	符号	原子序数	中文	汉语拼音	印地文	符号	原子序数
氩	yà	आर्गान	Ar	18	银	yín	रजत,सिल्वर	Ag	47
氧	yǎng	ऑक्सिजन	O	8	铀	yóu	यूरेनियम	U	92
铱	yī	इरीडियम	Ir	77	铕	yǒu	यूरोपियम	Eu	63
钇	yǐ	इट्रियम	Y	39	锗	zhě	जर्मेनियम	Ge	32
镱	yì	इटर्बियम	Yb	70					